DROIT ET PRATIQUE DES AUDIENCES CORRECTIONNELLES ET DE POLICE

Les deux premières éditions de cet ouvrage
sont parues avec les mêmes auteurs
dans la collection « Guides Dalloz »,
sous le titre *Le Guide des audiences correctionnelles*.

La première a été couronnée
au 5e Salon du livre juridique
du Conseil constitutionnel
du PRIX DU LIVRE DE LA PRATIQUE JURIDIQUE 2013.

D A L L O Z   A C T I O N

DROIT ET PRATIQUE DES AUDIENCES CORRECTIONNELLES ET DE POLICE

QUATRIÈME ÉDITION
1er août 2023

CHRISTIAN GUÉRY
Conseiller honoraire à la chambre criminelle
de la Cour de cassation

BRUNO LAVIELLE
Conseiller à la chambre criminelle
de la Cour de cassation

Lefebvre Dalloz

DALLOZ

ISBN 978-2-247-19811-5

Tour Lefebvre Dalloz
CS 90358
10, Place des Vosges
92072 Paris La Défense Cedex
SERVICE CLIENTÈLE
+33 (0)1 83 10 10 10
src-dalloz@lefebvre-dalloz.fr

www.editions-DALLOZ.fr

@Dalloz_Action

Avant-propos de la quatrième édition

Qui n'a jamais entendu dire que le droit pénal était plus simple que le droit civil, que les pénalistes étaient généralement moins doués que les « purs » civilistes – ceci que l'on se rassure, aussi bien du côté des juges que des avocats – et, somme toute, qu'appliquer le droit et la procédure pénale relevait d'un exercice beaucoup plus aisé que les autres branches du droit ? À tout le moins reconnaissait-on l'importance de la masse d'affaires à traiter et qu'elle pouvait, à la marge, servir d'excuse. Ce qui nécessitait tout de même de commencer à rechercher dans les effectifs, des magistrats solides et méthodiques, capables en outre d'enchaîner un nombre certains d'heures d'audiences comme pour vider l'océan des turpitudes humaines à la petite cuillère.

Or voilà que la pression du taux de réponse pénale et une exigence sociale et politique de multiplication des réformes, ont naturellement conduit le système pénal à l'épuisement.

Fonctionnaires de justice, greffiers, magistrats ont, au fil de plusieurs événements dramatiques, enfin cru pouvoir faire entendre leur voix. Les États généraux de la Justice ont posé diagnostic et propositions sur la table.

Sont discutés au moment même du bouclage de cette quatrième édition, deux projets de loi, l'un organique, relatif à l'ouverture, la modernisation et la responsabilité du corps judiciaire, l'autre, d'orientation et de programmation 2023-2027.

Le chapitre 1er de celui-là, visait initialement à procéder par voie d'ordonnance à la réécriture de la partie législative du code de procédure pénale « afin d'en clarifier la rédaction et le plan », et ce, « dans le délai de vingt-quatre mois à compter de la publication de la présente loi ». La nouvelle codification est pourtant annoncée à droit constant, sous réserve de « modifications nécessaires pour assurer le respect de la hiérarchie des normes » et « la cohérence rédactionnelle des textes »..., de « remédier aux éventuelles erreurs ou omissions », « d'abroger les dispositions obsolètes »... de sorte qu'il est assez malaisé d'imaginer qu'elle clarifie véritablement l'application de la procédure pénale au quotidien.

Ce d'autant, qu'au chapitre deuxième dudit projet de loi apparaissaient déjà et sans attendre, diverses dispositions relatives à l'enquête, à l'instruction, au jugement et à l'exécution des peines dont on pouvait d'emblée raisonnablement penser qu'elles seraient amplement amendées et complétées par un incorrigible législateur qui croit encore que voter des lois permet assurément de les faire connaître et encore mieux, de les appliquer.

Les sénateurs de la commission des lois, premiers saisis, écrivaient que « contrairement à ce qu'indique le gouvernement, ces deux projets de loi ne constituent qu'une traduction approximative des conclusions du comité des États généraux de la justice ». Ils les adoptaient cependant, sous réserve de... 85 amendements. Les députés en étaient saisis dans un contexte de violences urbaines inégalées.

Ainsi, apparaît donc une nouvelle fois inéluctable, l'éparpillement de dispositions diverses, dont on fait mine de croire qu'elles sauveront le système d'une faillite maintes fois repoussée par la seule abnégation de ses acteurs.

Pourquoi ne pas reconnaître avec Jacques-Henri Robert[1] que « les principes directeurs ont déserté le droit pénal », à l'exception d'un article préliminaire dont les principes ne trouvent pas toujours de soutien dans les articles qui le suivent, quand ces articles en sont véritablement et ne constituent pas, au gré d'une numérotation baroque, un enchevêtrement ou tout est fait pour perdre le praticien, sans parler du justiciable. Et l'on s'étonne que le droit, la responsabilité individuelle... soient des notions qui échappent à une partie non négligeable de la population ?

Disons-le tout net, le juge pénal ne peut lui aussi que se perdre dans les méandres d'un droit changeant, instable, imprécis et si loin des principes qui avaient permis d'asseoir un code pénal né en 1810 et un code de procédure pénale né avec la cinquième République.

Les questions d'hier sont maintenues, alors que la production d'une jurisprudence européenne des droits, la vitalité de la question prioritaire de constitutionnalité, le renouveau des arrêts de la Cour de cassation à travers notamment leur motivation développée, les réformes de la prescription ou celles touchant au discernement, rendent l'approche de la procédure pénale d'audience plus incertaine encore.

Que ces questions soient générales : par exemple, quels effets peuvent avoir sur l'audience la multiplication des voies de poursuites ? La diminution des ouvertures d'information ne signifie-t-elle pas que l'instruction criminelle est pratiquement réservée aujourd'hui à la grande délinquance organisée ou aux affaires criminelles ? Peut-on raisonnablement confier ces audiences, quotidiennement sous l'œil de la presse, à des professionnels dont la matière pénale ne serait pas la spécialité ?... ou plus techniques : peut-on ou doit-on joindre une nullité invoquée au fond ? Dans quels cas doit-on requalifier en donnant la parole à la défense et dans quels cas est-il indispensable de demander son accord ? Peut-on ou doit-on évoquer cette affaire devant la cour d'appel saisie d'un recours ? Peut-on ou doit-on entendre tel témoin ? Doit-on ou non utiliser les critères de l'article 144 du code de procédure pénale, dans telle situation procédurale ? La lourdeur des peines correctionnelles ne dicte-t-elle pas une attention renouvelée aux enjeux de l'audience en matière de libertés publiques et de respect de principes fondamentaux, dont tous ne s'accordent peut-être pas dans les mêmes termes à considérer la liste close ? Les confiscations finiront-elles un jour par s'inscrire dans un champ stabilisé ?...

Dans la suite des principes posés par la Cour européenne des droits de l'homme, à quoi doit ressembler une salle d'audience ? Quel impact le droit de la garde à vue a-t-il sur la décision de fond ? Les règles à appliquer à l'audition des témoins devant les juridictions correctionnelles sont-elles identiques au premier et au second degré ? L'impartialité commande-t-elle le refus de tout signe distinctif chez le juge comme chez l'avocat ?

Il convient de se demander désormais : la conventionnalité de ce texte a-t-elle déjà été appréciée ? Tel article a-t-il déjà été examiné ou soumis à l'appréciation du Conseil constitutionnel ? La Cour de cassation a-t-elle ou non refusé de le saisir de cette question ? Les termes de la QPC présentée sont-ils exactement les mêmes, reposent-ils sur les mêmes fondements que ceux qui ont justifié un précédent refus de transmission ou une déclaration de constitutionnalité qui n'aurait pas fait... le tour de la question. Le refus de transmission lui-même n'est-il pas porteur d'une solution jurisprudentielle nouvelle ou d'un revirement de jurisprudence ? De surcroît, au contrôle de conventionnalité de la norme s'ajoute un contrôle de proportionnalité dont le résultat peut aboutir à délaisser une incrimination du code pénal français au bénéfice d'un grand principe tel la liberté d'expression.

Les domaines concernant la garde à vue, l'exécution du mandat d'amener, la rédaction du procès-verbal de présentation devant le procureur de la République ou le JLD, les délais de présentation dans le cadre de l'article 803-3 du code de procédure pénale, l'audition libre, les avocats désignés en matière de terrorisme, le droit d'appel des parties civiles, la procédure relative au secret-défense ont été déjà touchés par une décision prononçant soit l'inconstitutionnalité, soit une réserve d'interprétation.

Ceci, sans compter les nombreuses modifications du droit pénal de fond, notamment en matière de droit de la presse...

1. *Dr. pénal* juin 2023, repère 6.

De nouvelles contraintes ont vu le jour, argumentatives et juridiques notamment par l'obligation faite aux juges de motiver le prononcé ou le non-prononcé de telle peine.

Les avocats se trouvent dans une situation similaire à celle des juges : on peut beaucoup plus difficilement désormais s'improviser avocat pénaliste ! Faire ses premières armes en comparution immédiate fait toujours partie de l'apprentissage, mais l'aisance dans la prise de parole ne suffit plus.

C'est dans ce cadre normatif en pleine évolution que nous avons conçu la quatrième édition de cet ouvrage, toujours avec l'idée d'aider les professionnels, de la création de l'audience à l'utilisation des voies de recours. Plusieurs titres sont dédiés aux questions spécifiques posées devant la chambre des appels correctionnels, très souvent délaissées par les ouvrages de procédure pénale. D'autres développent les nouvelles interactions entre juges et avocats. Magistrats et avocats trouveront aussi, dans ce livre un état des lieux des nullités de procédure, entendu dans le cadre français et de la Convention européenne des droits de l'homme. Les étudiants y découvriront, parfois assez loin des manuels universitaires, ce qui fait la réalité des audiences correctionnelles d'aujourd'hui.

Avouons-le, rien n'était finalement simple et rapide dans cette nouvelle édition actualisée en l'état des textes et de la jurisprudence parus jusqu'au début de juillet 2023.

Nous espérons qu'il répondra aux attentes de tous.

Christian Guéry et Bruno Lavielle
15 juillet 2023

Sommaire

Table des matières

LIVRE

1. LES AUDIENCES

SECTION 0
ORIENTEUR

1.00 Sommaire du livre.

TITRE

11. Les audiences correctionnelles

Section 0 Orienteur

11.00 **Sommaire du titre.**

CHAPITRE

111. Création, fixation, rythme, changement des audiences

SECTION 0
ORIENTEUR

111.00 **Sommaire du chapitre.**

111.01 **Principaux textes applicables.**

TEXTES SOURCES

• COJ, art. L. 211-1, L. 211-9, L. 212-4 à L. 212-8, L. 311-8, L. 312-7, L. 411-2

• COJ, art. R. 121-1, R. 121-2, R. 122-1, R. 123-1 à R. 123-4, R. 123-14 à R. 123-17, R. 212-3 à R. 212-6, R. 212-9-1, R. 212-37, R. 212-37-1, R. 212-42, R. 212-44, R. 212-49, R. 311-3, R. 312-3, R. 312-4, R. 312-11-1, R. 312-14, R. 312-17, R. 312-27, R. 312-42, R. 312-49, R. 312-53, R. 312-57

• C. pr. pén., art. 381, 398, 398-1, 399, 510, 511

TEXTES *IN EXTENSO*

À NOTER. Ne figurent pas ci-dessous les textes intégralement reproduits dans les développements.

• **COJ, art. L. 211-1** [mod. par L. n° 2019-222, 23 mars 2019, art. 95]

Le tribunal judiciaire statue en première instance en matière civile et pénale. Lorsqu'il statue en matière pénale, il est dénommé tribunal correctionnel ou tribunal de police.

• **COJ, art. L. 211-9**

Le tribunal correctionnel connaît des délits, sans préjudice des autres compétences prévues par les dispositions du code de procédure pénale.

• **COJ, art. L. 212-4** [mod. par L. n° 2019-222, 23 mars 2019, art. 95]

Les avocats peuvent être appelés, dans l'ordre du tableau, à suppléer les juges pour compléter le tribunal judiciaire.

Toutefois, la formation de jugement ne peut comprendre une majorité de juges non professionnels.

• **COJ, art. L. 212-5**

Les règles relatives à l'organisation et au fonctionnement du tribunal correctionnel statuant à juge unique sont fixées par les articles 398 et 398-1 du code de procédure pénale.

• **COJ, art. L. 212-6** [mod. par L. n° 2019-222, 23 mars 2019, art. 95]

Le procureur de la République représente, en personne ou par ses substituts, le ministère public près le tribunal judiciaire.

Le siège du ministère public devant le tribunal de police est occupé par le procureur de la République ou par le commissaire de police dans les cas et conditions prévus aux articles 45 à 48 du code de procédure pénale.

• **COJ, art. L. 212-7** [mod. par ord. n° 2019-964,18 sept. 2019, art. 35]

Quand un département compte plusieurs tribunaux judiciaires, le procureur général peut désigner l'un des procureurs de la République de ce département pour représenter, sous son autorité, l'ensemble des parquets dans le cadre de leurs relations avec les autorités administratives du département et assurer la coordination des activités s'y rapportant. Celui-ci tient les autres procureurs informés de ses diligences et rend compte au procureur général.

• **COJ, art. L. 212-8** [mod. par L. n° 2019-222, 23 mars 2019, art. 95]

Le tribunal judiciaire peut comprendre, en dehors de son siège, des chambres de proximité dénommées « tribunaux de proximité », dont le siège et le ressort ainsi que les compétences matérielles sont fixées par décret.

Ces chambres peuvent se voir attribuer, dans les limites de leur ressort, des compétences matérielles supplémentaires, par une décision conjointe du premier président de la cour d'appel et du procureur général près cette cour, après avis des chefs de juridiction et consultation du conseil de juridiction concernés.

• **COJ, art. L. 311-8**

Les règles relatives à la compétence de la chambre de l'instruction, de la chambre de l'application des peines et de la chambre des appels correctionnels sont fixées par le code de procédure pénale.

• **COJ, art. L. 312-3**

Les avocats dans l'ordre du tableau peuvent être appelés à suppléer les conseillers pour compléter la cour d'appel.

Toutefois, la formation de jugement de la cour d'appel ne peut comprendre, en matière pénale, une majorité de juges non professionnels.

• **COJ, art. L. 312-7**

Le procureur général représente en personne, ou par ses substituts, le ministère public près la cour d'appel.

• **COJ, art. L. 411-2**

La Cour de cassation statue sur les pourvois en cassation formés contre les arrêts et jugements rendus en dernier ressort par les juridictions de l'ordre judiciaire.

La Cour de cassation ne connaît pas du fond des affaires, sauf disposition législative contraire.

• **COJ, art. R. 121-2** [mod. par décr. n° 2019-912, 30 août 2019]

Le premier président de la Cour de cassation, le premier président de la cour d'appel et le président du tribunal judiciaire peuvent présider toute formation de jugement au sein de leur juridiction.

• **COJ, art. R. 122-1**

Les magistrats du ministère public n'assistent pas aux délibérations des juges.

• **COJ, art. R. 123-1** [mod. par décr. n° 2019-912, 30 août 2019, art. 7 et 22]

Le greffe des cours d'appel et des tribunaux judiciaires comprend l'ensemble des services administratifs du siège et du parquet.

Toutefois, le tribunal judiciaire de Paris est doté d'un secrétariat des parquets autonome ; d'autres juridictions sont dotées d'un secrétariat de parquet autonome. La liste de ces juridictions est fixée par arrêté du garde des Sceaux, ministre de la Justice, conformément au tableau II annexé au présent code.

La Cour de cassation est dotée d'un secrétariat de parquet autonome.

En application des dispositions de l'article L. 123-1, lorsqu'un conseil de prud'hommes a son siège dans la même commune que le siège d'un tribunal judiciaire ou de l'une de ses chambres de proximité, le greffe du tribunal judiciaire ou le greffe détaché de la chambre de proximité comprend également les services administratifs du conseil de prud'hommes.

• **COJ, art. R. 123-2** [mod. par décr. n° 2019-912, 30 août 2019, art. 7]

Sans préjudice du deuxième alinéa de l'article L. 123-1, les greffes et les greffes détachés font partie de la juridiction dont ils dépendent.

• **COJ, art. R. 123-3**

Les services du greffe sont dirigés par un directeur de greffe.

Dans les secrétariats de parquet autonomes, le secrétaire en chef du parquet est directeur de greffe.

Le directeur de greffe est un directeur des services de greffe judiciaires.

Les chefs de juridiction exercent leur autorité et un contrôle hiérarchique sur le directeur de greffe, dans les conditions définies à la présente section. Ils ne peuvent toutefois se substituer à lui dans l'exercice de ses fonctions.

Le directeur de greffe définit et met en œuvre les mesures d'application des directives générales qui lui sont données par les chefs de juridiction. Il tient ces derniers informés de ses diligences.

• **COJ, art. R. 123-4**

Sous le contrôle des chefs de juridiction, le directeur de greffe :

1° Exprime les besoins nécessaires au fonctionnement de la juridiction ;

2° Alloue les moyens octroyés à la juridiction ;

3° Participe à l'exécution de la dépense et à son suivi.

Dans le respect des dispositions d'ordre statutaire propres à chacune des catégories de personnel intéressées et en se conformant aux dispositions en vigueur, le directeur de greffe assure la gestion du personnel du greffe et l'organisation générale du service de celui-ci.

• **COJ, art. R. 123-14**

Des personnels appartenant à la catégorie C de la fonction publique, et, le cas échéant, des auxiliaires et des vacataires concourent au fonctionnement des différents services du greffe.

Ces personnels peuvent, à titre exceptionnel et temporaire, et après avoir prêté le serment prévu à l'article 26 du décret n° 2003-466 du 30 mai 2003, être chargés des fonctions énumérées à l'article R. 123-13 et d'une partie des fonctions énumérées à l'article R. 123-5. Au-delà d'un délai de quatre mois, ils sont, sur leur demande, déchargés de ces fonctions.

• **COJ, art. R. 123-15** [mod. par décr. n° 2019-912, 30 août 2019, art. 7 et 22]

Les chefs de juridiction décident de la répartition de l'effectif des fonctionnaires entre les services du siège et du parquet à la préparation de laquelle participe le directeur de greffe. Lorsque le greffe comprend les services administratifs d'un conseil de prud'hommes, le président du conseil de prud'hommes est consulté sur la répartition de l'effectif entre les différents services du greffe. Dans les cours d'appel et les tribunaux judiciaires, la décision est prise, après avis de l'assemblée des magistrats du siège et du parquet et de l'assemblée des fonctionnaires.

Les dispositions du premier alinéa ne sont pas applicables aux juridictions dotées d'un secrétariat de parquet autonome.

• **COJ, art. R. 123-16** [mod. par décr. n° 2019-912, 30 août 2019, art. 7]

L'affectation à l'intérieur des divers services du siège ou du parquet est fixée par le directeur de greffe, sous le contrôle des chefs de juridiction, et, le cas échéant, après consultation du président du conseil de prud'hommes.

Lorsque le directeur de greffe envisage de modifier l'affectation d'un agent exerçant ses fonctions auprès d'un magistrat spécialisé, il recueille au préalable l'avis de ce magistrat.

• **COJ art. R. 123-17** [mod. par décr. n° 2019-912, 30 août 2019, art. 7 et 22]

Pour des raisons impérieuses de service, les agents des greffes peuvent être délégués dans les services d'une autre juridiction du ressort de la même cour d'appel.

Cette délégation est prononcée par décision du premier président de la cour d'appel et du procureur général près cette cour après consultation, selon le cas, du président du tribunal judiciaire, du procureur de la République et du directeur de greffe de la juridiction d'affectation de l'agent. Elle ne peut excéder une durée de quatre mois.

Lorsque l'agent est délégué dans les services d'une autre juridiction ayant son siège dans le ressort du même tribunal judiciaire, les chefs de cour peuvent renouveler la délégation pour des durées qui ne peuvent excéder quatre mois, sans que la durée totale de la délégation n'excède douze mois.

Lorsque l'agent est délégué dans les services d'une juridiction ayant son siège dans le ressort d'un autre tribunal judiciaire, les chefs de cour peuvent renouveler la délégation pour une durée qui ne peut excéder deux mois. La délégation peut être de nouveau renouvelée, pour des durées qui ne peuvent excéder deux mois, par décision du garde des Sceaux, ministre de la Justice, sans que la durée totale de la délégation n'excède douze mois.

Un bilan annuel écrit des délégations prononcées au sein du ressort de la cour d'appel est présenté au comité technique de service déconcentré placé auprès du premier président de cette cour.

Les agents délégués dans une autre juridiction perçoivent les indemnités dans les mêmes conditions que les fonctionnaires de leur catégorie et suivant les mêmes taux.

• **COJ, art. R. 212-3** [mod. par décr. n° 2019-912, 30 août 2019, art. 23]

Le tribunal judiciaire est organisé en une ou plusieurs chambres et en différents services. Certains services peuvent regrouper des chambres.

Chacune des chambres est présidée par le président du tribunal judiciaire, un premier vice-président ou un vice-président, ou à défaut, par le magistrat du siège dont le rang est le plus élevé.

Le service, lorsqu'il est composé de plusieurs magistrats, est coordonné par l'un d'entre eux.

Le nombre et le contenu des services sont fixés par l'ordonnance prévue à l'article R. 121-1.

Le président du tribunal judiciaire procède à la désignation du magistrat coordonnateur d'un service, après concertation avec les magistrats du service, par la même ordonnance que celle, prise après avis de l'assemblée des magistrats du siège, qui est mentionnée à l'alinéa précédent.

Ce magistrat est notamment chargé de l'animation du service. Il est l'interlocuteur des personnes, organismes et autorités avec lesquels ce service est en relation. L'administration du service est exercée par un directeur des services de greffe judiciaires, conformément aux dispositions des articles R. 123-3 et R. 123-4.

• **COJ, art. R. 212-4** [mod. par décr. n° 2019-912, 30 août 2019, art. 23]

Lorsque le tribunal judiciaire comprend plusieurs premiers vice-présidents, le président, en cas d'absence ou d'empêchement, est suppléé dans les fonctions qui lui sont spécialement attribuées, par le premier vice-président qu'il aura désigné ou, à défaut, par le premier vice-président dont le rang est le plus élevé et, en cas d'absence ou d'empêchement de ce dernier, par le vice-président dont le rang est le plus élevé.

Lorsque le tribunal ne comprend qu'un seul premier vice-président, le président est suppléé par ce magistrat et, en cas d'absence ou d'empêchement de ce dernier, par le vice-président dont le rang est le plus élevé.

Lorsque le tribunal ne comprend pas de premier vice-président, le président est suppléé par le vice-président qu'il aura désigné ou, à défaut, par le vice-président dont le rang est le plus élevé.

Lorsque le tribunal ne comprend qu'un seul vice-président, le président est suppléé par ce magistrat et, en cas d'absence ou d'empêchement de ce dernier, par le juge dont le rang est le plus élevé.

Lorsque le tribunal ne comprend pas de vice-président, le président est suppléé par le juge qu'il aura désigné ou, à défaut, par le juge dont le rang est le plus élevé.

L'ordonnance de désignation, prise conformément aux dispositions de l'article L. 121-3, peut être modifiée en cours d'année judiciaire par une nouvelle ordonnance du président en cas de cessation ou interruption des fonctions du suppléant initialement désigné.

• **COJ, art. R. 212-5** [mod. par décr. n° 2019-912, 30 août 2019, art. 23]

Le président, les premiers vice-présidents et les vice-présidents du tribunal judiciaire sont, en cas d'absence ou d'empêchement, remplacés pour le service de l'audience par un magistrat du siège désigné conformément aux dispositions de l'article L. 121-3 ou, à défaut, par le magistrat du siège présent dont le rang est le plus élevé.

En cas d'absence ou d'empêchement d'un juge, celui-ci est remplacé par un autre juge du tribunal, dans l'ordre du rang.

• **COJ, art. R. 212-6** [mod. par décr. n° 2019-912,30 août 2019, art. 22]

L'ordonnance prise par le président du tribunal judiciaire en application de l'article L. 121-3 intervient dans la première quinzaine du mois de décembre après avis de l'assemblée générale des magistrats du siège. Elle précise le nombre, le jour et la nature des audiences. Une expédition est transmise au premier président de la cour d'appel et au procureur général près cette cour.

Les magistrats des chambres civiles peuvent, en cas de changement d'affectation dans le tribunal, siéger aux audiences de la chambre à laquelle ils appartenaient pour rapporter les affaires dont ils avaient été chargés avant leur changement d'affectation.

Chaque chambre connaît des affaires qui lui ont été distribuées. Toutefois, si les besoins du fonctionnement d'une chambre le nécessitent, le président du tribunal, sur demande ou après avis du procureur de la République, peut attribuer une partie des affaires qui ont été distribuées à cette chambre à une autre chambre du tribunal.

• **COJ, art. R. 212-9-1**

Dans les tribunaux composés d'au moins deux chambres, les jugements peuvent être rendus par une formation de deux chambres réunies présidée par le président du tribunal et comprenant, outre les présidents de ces chambres, deux magistrats assesseurs affectés dans chacune de ces chambres. Elle siège au nombre de sept.

La formation de chambres réunies peut être saisie lorsqu'une affaire est d'une particulière complexité ou est susceptible de recevoir devant les chambres des solutions divergentes.

Lorsque l'affaire n'est pas distribuée, le président du tribunal peut saisir cette formation après avoir recueilli l'avis du président de la chambre à laquelle l'affaire doit être distribuée selon les dispositions de l'ordonnance portant sur le service de la juridiction.

Une fois l'affaire distribuée, le président du tribunal ne peut saisir cette formation qu'avec l'accord du président de la chambre à laquelle l'affaire a été distribuée ou à la demande de celui-ci, de la chambre, du ministère public ou de l'une des parties.

La décision de saisine de cette formation est une mesure d'administration judiciaire.

• **COJ, art. R. 212-37** [mod. par décr. n° 2022-1258, 26 sept. 2022, art. 1]

L'assemblée des magistrats du siège du tribunal judiciaire émet un avis sur :

1° Le projet de décision fixant le nombre et le jour des audiences correctionnelles, conformément au code de procédure pénale ;

[…]

4° L'affectation des magistrats dans les formations de jugement spécialisées en matière militaire en temps de paix rt en matière d'intérêts fondamentaux de la Nation conformément au code de procédure pénale ;

[…]

• **COJ, art. R. 212-37-1**

L'avis ne peut être émis sur le projet d'ordonnance mentionné au 3° de l'article R. 212-37 que lorsque les magistrats qui se sont prononcés représentent au moins 50 % des magistrats présents ou représentés lors de la constatation du *quorum*.

Si l'avis est défavorable ou si le *quorum* mentionné au premier alinéa n'est pas atteint, l'assemblée est de nouveau convoquée dans un délai minimum de huit jours ne pouvant excéder un mois et le projet d'ordonnance, éventuellement modifié selon les observations qui auraient été formulées par l'assemblée, lui est de nouveau soumis. L'assemblée est alors réputée avoir valablement émis son avis.

• **COJ, art. R. 212-42** [mod. par décr. n° 2019-912, 30 août 2019, art. 23]

L'assemblée des magistrats du siège et du parquet émet un avis sur :

1° Le nombre, le jour et la nature des audiences […]

• **COJ, art. R. 212-49**

Le président du tribunal judiciaire préside l'assemblée plénière des magistrats et des fonctionnaires.

Cette assemblée comprend :

1° Les membres de l'assemblée des magistrats du siège et du parquet ;

2° Les membres des assemblées des fonctionnaires du greffe et, le cas échéant, du secrétariat de parquet autonome.

Assistent aux réunions de l'assemblée plénière des magistrats et des fonctionnaires :

1° Les magistrats honoraires mentionnés aux articles R. 212-34 et R. 212-38 ;

2° Les magistrats exerçant à titre temporaire du tribunal judiciaire ;

3° Les auditeurs de justice, les fonctionnaires en stage rémunérés à titre permanent, les autres stagiaires ainsi que les fonctionnaires et les agents qui, placés sous l'autorité des magistrats, concourent au fonctionnement de la juridiction mais ne relèvent pas de la direction des services judiciaires.

• **COJ, art. R. 311-3**

Sauf disposition particulière, la cour d'appel connaît de l'appel des jugements des juridictions situées dans son ressort.

• **COJ, art. R. 312-3**

Le premier président et les présidents de chambre sont, en cas d'absence ou d'empêchement, remplacés pour le service de l'audience par un magistrat du siège désigné conformément aux dispositions de l'article L. 121-3 ou, à défaut, par le magistrat du siège présent dont le rang est le plus élevé.

En cas d'absence ou d'empêchement d'un conseiller, celui-ci est remplacé par un autre conseiller de la cour.

• **COJ, art. R. 312-4** [mod. par décr. n° 2019-912, 30 août 2019, art. 23]

Dans les départements d'outre-mer, selon les besoins du service, le premier président de la cour d'appel peut, par ordonnance, déléguer les magistrats du siège des tribunaux judiciaires

du ressort de cette cour pour exercer des fonctions judiciaires à la cour d'appel.

Les magistrats du siège de la cour d'appel doivent être en majorité.

• **COJ, art. R. 312-11-1**

Les arrêts peuvent être rendus par une formation de deux chambres réunies présidée par le premier président et comprenant, outre les présidents de ces chambres, deux conseillers assesseurs affectés dans chacune de ces chambres. Elle siège au nombre de sept.

La formation de chambres réunies peut être saisie lorsqu'une affaire est d'une particulière complexité ou est susceptible de recevoir devant les chambres des solutions divergentes.

Lorsque l'affaire n'est pas distribuée, le premier président peut saisir cette formation après avoir recueilli l'avis du président de la chambre à laquelle l'affaire doit être distribuée selon les dispositions de l'ordonnance portant sur le service de la juridiction.

Une fois l'affaire distribuée, le premier président ne peut prendre cette décision qu'avec l'accord du président de la chambre à laquelle l'affaire a été distribuée ou à la demande de celui-ci, de la chambre, du ministère public ou de l'une des parties.

La décision de saisine de cette formation est une mesure d'administration judiciaire.

• **COJ, art. R. 312-14**

Le procureur général répartit les substituts entre les chambres de la cour d'appel et les divers services du parquet.

Il peut modifier à tout moment cette répartition.

Il peut exercer lui-même les fonctions qu'il leur a spécialement déléguées.

• **COJ, art. R. 312-17** [mod. par décr. n° 2019-912, 30 aout 2019, art. 23]

Dans les départements d'outre-mer, selon les besoins du service, le procureur général près la cour d'appel peut déléguer les magistrats du parquet près les tribunaux judiciaires du ressort de cette cour pour remplir les fonctions du ministère public près la cour d'appel.

• **COJ, art. R. 312-27**

La cour d'appel se réunit en assemblée générale dans les conditions prévues à la présente section selon l'une des formations suivantes :

1° L'assemblée des magistrats du siège ;

2° L'assemblée des magistrats du parquet ;

3° L'assemblée des magistrats du siège et du parquet ;

4° L'assemblée des fonctionnaires du greffe ;

5° L'assemblée plénière des magistrats et des fonctionnaires.

L'assemblée plénière des magistrats et des fonctionnaires comporte une commission plénière.

L'assemblée des magistrats du siège, l'assemblée des magistrats du parquet, l'assemblée des magistrats du siège et du parquet et l'assemblée des fonctionnaires du greffe comportent une commission restreinte.

• **COJ, art. R. 312-42**

L'assemblée des magistrats du siège de la cour d'appel émet un avis sur :

1° Le projet de décision préparé par le premier président de la cour d'appel et le procureur général près cette cour fixant le nombre et le jour des audiences correctionnelles, conformément à l'article 511 du code de procédure pénale [...]

• **COJ, art. R. 312-42-1**

L'avis ne peut être émis sur le projet d'ordonnance mentionné au 3° de l'article R. 312-42 que lorsque les magistrats qui se sont prononcés représentent au moins 50 % des magistrats présents ou représentés lors de la constatation du *quorum*.

Si l'avis est défavorable ou si le *quorum* mentionné au premier alinéa n'est pas atteint, l'assemblée est de nouveau convoquée, dans un délai minimum de huit jours ne pouvant excéder un mois, et le projet d'ordonnance, éventuellement modifié selon les observations qui auraient été formulées par l'assemblée, lui est de nouveau soumis. L'assemblée est alors réputée avoir valablement émis son avis.

• **COJ, art. R. 312-53**

L'assemblée des fonctionnaires émet un avis sur les questions mentionnées à l'article R. 312-49.

• **COJ, art. R. 312-57**

L'assemblée plénière procède à un échange de vues sur les questions qui ont été soumises à l'avis de l'assemblée des magistrats du siège et du parquet et de l'assemblée des fonctionnaires du greffe et qui ont fait préalablement l'objet d'un vote de celles-ci.

Elle émet un avis sur le projet de juridiction et sur l'ordre du jour du conseil de juridiction.

• **C. pr. pén., art. 381**

Le tribunal correctionnel connaît des délits.

Sont des délits les infractions que la loi punit d'une peine d'emprisonnement ou d'une peine d'amende supérieure ou égale à 3 750 €.

• **C. pr. pén., art. 399** [mod. par Ord. n° 2019-964, 18 sept. 2019]

Le nombre et le jour des audiences correctionnelles sont fixés par décision conjointe du président du tribunal judiciaire et du procureur de la République.

Il en est de même de la composition prévisionnelle de ces audiences, sans préjudice des pouvoirs propres du ministère public en matière d'audiencement.

Les décisions prévues au présent article sont prises, après avis de l'assemblée générale du tribunal, à la fin de l'année judiciaire pour l'année judiciaire suivante, et peuvent, en cas de nécessité, être modifiées en cours d'année dans les mêmes conditions.

En cas d'impossibilité de parvenir à des décisions conjointes, le nombre et le jour des audiences correctionnelles sont fixés par le seul président du tribunal judiciaire, et la composition prévisionnelle de ces audiences est déterminée par le seul procureur de la République, après avis du premier président de la cour d'appel et du procureur général.

• **C. pr. pén., art. 510** [mod. par L. n° 2020-1672, 24 déc. 2020, art. 26]

La chambre des appels correctionnels est composée d'un président de chambre et de deux conseillers. Les fonctions du ministère public sont exercées par le procureur général ou par l'un de ses avocats généraux ou de ses substituts ; celles du greffe par un greffier de la cour d'appel.

Toutefois, lorsque le jugement attaqué a été rendu selon les modalités prévues au troisième alinéa de l'article 398 ou selon celles prévues au troisième alinéa de l'article 464, la chambre des appels correctionnels est composée d'un seul de ces magistrats exerçant les pouvoirs confiés au président de chambre, sauf si le prévenu est en détention provisoire pour les faits qui lui sont reprochés ou si [Dispositions déclarées non conformes à la Constitution par la décision du Conseil constitutionnel n° 2019-778 DC du 21 mars 2019.] l'appelant demande expressément que l'affaire soit examinée par une formation collégiale. La chambre des appels correctionnels ainsi composée ne peut alors prononcer une peine d'emprisonnement ferme d'une durée supérieure à cinq ans. Elle peut toutefois, si ce renvoi lui paraît justifié en raison de la complexité des faits ou en raison de l'importance de la peine susceptible d'être prononcée, décider, d'office ou à la demande des parties ou du ministère public, de renvoyer l'affaire devant la chambre des appels correctionnels siégeant en formation collégiale.

111.02 Jurisprudence de référence.

• **Crim. 14 mai 1990,** nº 89-83.945, P nº 191

* V. s[s] nº 111.64.

« L'article 486, alinéa 1er, du code de procédure pénale exige que la minute du jugement mentionne le nom des magistrats qui l'ont rendu. »

111.03 Bibliographie indicative.

Ouvrages. Ph. Milburn, Ch. Mouhanna, V. Perrocheau, *Enjeux et usages de la composition pénale : Controverses et compromis dans la mise en place d'un dispositif pénal inédit*, Cafi, Paris, 2005 – J. Danet (dir.), *La réponse pénale : dix ans de traitement des délits,* PUR, 2013 – A. Philippe, *La fabrique des jugements*, La Découverte, 2022.

Thèse. C. Viennot, *Le procès pénal accéléré : étude des transformations du jugement pénal,* « NBT », vol. 120, Dalloz, 2012.

Articles. A. Seid Algadi, « Compte-rendu de la réunion du 24 sept. 2014, commission Droit pénal du barreau de Paris « L'audience correctionnelle » – R. Brizais, J. Danet, V. Gaudron, J.-N. Retière, « Dix ans de traitement des délits », *Cah. justice* 2013/14 – Collectif, « L'audience judiciaire entre tradition et devenir », *Rev. justice actualités*, ENM, déc. 2017 – J. Faget, « La fabrique de la décision pénale. Une dialectique des asservissements et des émancipations », *Champ pénal* 2008, vol. 5, http:// champpenal.revues.org/3983.

Rapports. B. Bastard, C. Mouhanna, W. Ackermann, *Une justice dans l'urgence : le traitement en temps réel des affaires pénales*, Centre de sociologie des organisations CNRS/ Sciences Po/GIP, « Mission de recherche droit et justice », 2005 – D. Dray, *Une nouvelle figure de la pénalité : la décision correctionnelle en temps réel. De la décision des substituts de poursuivre une affaire jusqu'au prononcé de la peine par les juges. Le tribunal de grande instance de Bobigny*, Rapport de recherche GIP, « Mission de recherche Droit et Justice », 1999 – J.-P. Collomp, *Inspection générale des services judiciaires : Rapport sur la gestion des flux dans les tribunaux de grande instance,* juin 2001 – Ph. Rouget, M.-C. Desdevises, S. Lorvellec, *Les nouvelles formes du parquet,* Université de Nantes/ Mission de recherche Droit et Justice, 2001. 11 – S. Zientara-Logeay, *L'audience pénale a-t-elle encore un avenir ?,* Carnet de la Mission de recherche Droit et Justice, déc. 2017.

SECTION 1
DÉTERMINATION DU NOMBRE DE JOURS D'AUDIENCE

111.11 Absence de règle générale. Il n'existe pas de règle générale sur le nombre d'audiences qu'il convient de tenir, quel qu'en soit l'objet d'ailleurs, selon la taille de la juridiction, le nombre de magistrats ou de greffiers composant l'effectif théorique ou réellement disponible. Il n'existe pas non plus de ratio, nombre d'affaires à juger/nombre de journées d'audiences ou nombre d'audiences à tenir/taux de réponse pénale. Il n'existe pas plus de « calculs d'équilibre », entre les audiences à juge unique et les audiences collégiales ou encore, les audiences publiques classiques, les audiences sur comparution sur reconnaissance préalable de culpabilité ou encore le temps passé à la validation de compositions pénales, voire entre le nombre de jugements et celui des ordonnances pénales délictuelles.

De fortes disparités peuvent ainsi exister, à quelques ressorts de distances, dans les choix de poursuites, et par exemple, la nature des faits poursuivis en ordonnance pénale délictuelle, selon la procédure de comparution sur reconnaissance préalable de culpabilité ou lors d'audiences classiques. Tout est ici question d'appréciation au niveau local, ce qui peut être évidemment profitable lorsque notamment les magistrats du parquet et ceux du siège s'entendent pour définir leurs priorités, mais ce qui peut être également un handicap en termes d'unification des pratiques au plan national et parfois une source de désaccords sérieux entre siège et parquet.

Un classement des différentes juridictions existe, qui distingue les tribunaux judiciaires par groupes d'appartenance, mais un « petit » tribunal peut avoir plus d'audiences qu'un tribunal de la classe supérieure avec moins de dossiers examinés à chaque audience. Les juridictions les plus importantes comptent plusieurs chambres correctionnelles.

Le critère du « taux de réponse pénale »[1] est un critère éminemment lié à l'activité du parquet qui

1. L'activité des juridictions fait l'objet d'une évaluation régulière par la sous-direction de la statistique et des études du secrétariat général du ministère de la Justice. Effectuées trimestriellement, ces collectes de données statistiques permettent une appréciation globale du fonctionnement des juridictions. La publication des chiffres clés retenait, 1 335 752 affaires poursuivables en 2018, 1 337 510 en 2019 et 1 199 000 en 2020 et un taux de réponse pénale successivement de 87,7, 86,7 et 84 %. Il faut observer que l'année 2020 a nécessairement subi un impact du fait de la pandémie de Covid-19.
– Les décisions en matière pénale rendues par les tribunaux correctionnels, qui s'élevaient à 528 314 en 2019 (181 154 ord. pénales, 85 345 ord. de CRPC, 261 812 jugements), ont été de 448 145 en 2020 (186 821 ord. pénales, 59 243 ord. de CRPC et 202 081 jugements). La juridiction correctionnelle a rendu par ailleurs 48 761 autres décisions (intérêts civils…) en 2019 et 55 861 en 2020.
– Les 351 186 décisions rendues en matière pénale par les tribunaux de police, qui concernaient 286 998 ordonnances pénales et 64 188 jugements hors intérêts civils en 2019, ont été de 391 915 en 2020 (348 148 ord. pénales et 43 767 jugements hors intérêts civils).
– Les chambres des appels correctionnels qui ont dénombré 47 839 puis 37 811 affaires nouvelles en 2019 puis 2020, en ont rendus ces années-là, 45 142 puis 38 730, comptant un nombre d'affaires en cours au 31 décembre de 40 171 en 2019 pour 42 368 en 2020. Source : ministère de la Justice DICOM. Activité des juridictions, 7 juill. 2021.

n'a pas en lui-même d'effet direct sur le nombre d'audiences à tenir ou créer puisqu'aussi bien le « taux de réponse » peut rester constant voire augmenter avec un changement du nombre d'audiences et une modification des choix dans les voies de poursuites. De fortes disparités existent encore ici entre les tribunaux, alors qu'un rapport de 2001 soulignait déjà qu'à « l'inverse du domaine civil, pour lequel le procès est d'abord l'affaire des parties, la justice pénale est plus particulièrement l'affaire du juge, ou plus précisément des magistrats, puisque le ministère public y occupe une place prépondérante. Ainsi peut-on pour autant que les autorités judiciaires locales s'y prêtent, introduire des mécanismes de régulation efficaces dans le processus de production des décisions correctionnelles »[1].

Les juridictions s'avisent donc, selon leurs nécessités, de créer les audiences utiles. De fait, ces audiences s'inscrivent la plupart du temps dans un calendrier rodé au fil des années, avec peu de possibilités de changement notamment du fait du déroulement concomitant au sein de la juridiction d'autres audiences dans différents services, des habitudes du barreau local et de l'absence de salles disponibles. Une autre constante est le souhait généralement manifesté par le parquet de voir créer un plus grand nombre d'audiences et la résistance des magistrats du siège ou encore des greffiers à ce surcroît de travail. Enfin, occasionnellement, des audiences spéciales peuvent être créées pour absorber un contentieux particulier, mobilisant l'attention du tribunal pendant plusieurs jours, voire plusieurs semaines.

111.12 Bonnes pratiques. Il paraît indispensable pour tout service correctionnel, dans une concertation aboutie entre les magistrats du siège, ceux du parquet et les personnels de greffe, que soit évaluée la charge pénale de la juridiction. Ainsi, d'une part, il convient que la répartition des procédures de compositions pénales, renvois devant le délégué du procureur, ordonnances pénales, comparution sur reconnaissance préalable de culpabilité et audiences publiques classiques, avec à l'intérieur de ces dernières, les audiences à juge unique et les audiences collégiales, dans leurs différentes compositions[2], obéissent à des critères clairs et connus de tous ; d'autre part, il convient de définir ce que sont les dossiers prioritaires, par type de procédure (on peut raisonnablement soutenir que les dossiers d'instruction qui ont déjà par nature et lourdeur procédurale en amont, pris du temps, doivent être audiencés dès que possible *a fortiori* lorsqu'ils concernent un ou plusieurs détenus), et par type de contentieux (agressions sexuelles, homicides involontaires à l'occasion de la conduite d'un véhicule, dossiers comportant nombre de victimes personnes physiques...) et de faire en sorte, après évaluation des stocks, qu'ils soient régulièrement évacués. Si nous abordons ici la question de l'audiencement[3], nous touchons aussi au sacro-saint domaine réservé du parquet dans le choix des poursuites et plus largement de l'orientation des procédures.

Mais à ne pas vouloir en débattre, comme cela se produit parfois, certaines juridictions offrent le visage de voies procédurales peu maîtrisées, de critères d'affectation des dossiers plus que flous, jusque et y compris dans la pratique de jurisprudences discordantes.

Ainsi, en matière de contentieux routiers, peut-on observer des écarts peu explicables entre les sanctions prononcées par ordonnance pénale, sur CRPC ou à l'audience, sans que l'on sache, en outre, ce qui a permis de choisir telle voie de poursuites plutôt que telle autre. Ainsi encore, les sommes allouées sur le fondement des dispositions de l'article 475-1 du code de procédure pénale peuvent-elles connaître des écarts majeurs, selon les juges qui statuent, de même que les indemnités allouées aux victimes pour des préjudices apparemment fort semblables.

Il faut encourager l'examen commun de ces différents points pour renforcer la cohérence et la crédibilité de la politique pénale de la juridiction.

Il sera d'ailleurs relevé que le procureur de la République doit informer, au moins une fois par an, l'assemblée des magistrats du siège et du parquet des conditions de mise en œuvre, dans le ressort, de la politique pénale et des instructions générales adressées à cette fin par le ministre de la Justice en application du deuxième alinéa de l'article 30 du code de procédure pénale[4], obligation diversement appliquée en pratique.

111.13 Modalités de fixation du nombre de jours d'audiences. Le nombre et le jour des audiences correctionnelles sont fixés par décision conjointe du président du tribunal judiciaire et du procureur de la République.

Il en est de même de la composition prévisionnelle de ces audiences, sans préjudice des pouvoirs

1. J.-P. Collomp, *Inspection générale des services judiciaires : rapport sur la gestion des flux dans les tribunaux de grande instance*, juin 2001.
2. V. s[s] n°s 113.21 s.
3. V. s[s] n° 112.21.
4. C. pr. pén., art. 39-1 – L. n° 2013-669, 25 juill. 2013 relative aux attributions du garde des Sceaux et des magistrats du ministère public en matière de politique pénale et de mise en œuvre de l'action publique, *JO* 26 juill. 2013, p. 12441.

propres du ministère public en matière d'audiencement.

Les décisions prévues au présent article sont prises, après avis de l'assemblée générale des magistrats du siège et du parquet du tribunal[1], à la fin de l'année judiciaire pour l'année judiciaire suivante, et peuvent, en cas de nécessité, être modifiées en cours d'année dans les mêmes conditions.

En cas d'impossibilité de parvenir à des décisions conjointes, le nombre et le jour des audiences correctionnelles sont fixés par le seul président du tribunal judiciaire, et la composition prévisionnelle de ces audiences est déterminée par le seul procureur de la République, après avis du premier président de la cour d'appel et du procureur général[2]. La question d'un désaccord peut surtout se poser dans l'hypothèse où les sous-effectifs d'une juridiction peuvent en conduire les membres à envisager la suppression de certaines audiences.

L'article 511 du même code reprend ce dispositif pour les audiences de la cour d'appel[3][4]. En cas d'impossibilité de parvenir à une décision conjointe, le nombre et le jour des audiences correctionnelles sont ici fixés par le seul premier président.

SECTION 2
CONSULTATION PRÉALABLE DES ASSEMBLÉES

§ 1
Consultation préalable des commissions et assemblées pour avis

111.21 Assemblée des magistrats du siège du tribunal judiciaire. Les dispositions relatives aux assemblées générales se tenant au sein du tribunal judiciaire figurent aux articles R. 212-22 s. du code de l'organisation judiciaire[5]. Celles concernant les juridictions du second degré, aux articles D. 311-1 à R. 314-7 du même code[6].

L'assemblée des magistrats du siège du tribunal judiciaire, (le cas échéant après réunion de la commission permanente, dénommée commission plénière depuis le 1er janvier 2015[7] et de la commission restreinte[8]), prévue aux articles R. 212-34 s. du COJ, émet, aux termes de l'article R. 212-37[9], un avis sur :

1° Le projet de décision fixant le nombre et le jour des audiences correctionnelles, conformément au code de procédure pénale ;

2° Les critères généraux de répartition des dossiers entre les chambres et de distribution des affaires entre les magistrats spécialisés du tribunal ;

3° Le projet d'ordonnance, préparé par le président du tribunal, de répartition dans les chambres, services et pôles des magistrats du siège dont le tribunal est composé et de désignation du magistrat chargé de la coordination d'un service ou d'un pôle conformément aux articles R. 212-3 et R. 212-62 ;

4° L'affectation des magistrats dans les formations de jugement spécialisées en matière militaire en temps de paix et en matière d'intérêts fondamentaux de la nation, conformément au code de procédure pénale ;

5° La désignation, en cas de pluralité de juges de l'application des peines, par le président du tribunal, de celui qui exercera les attributions mentionnées au titre XI du livre V du code de procédure pénale (troisième partie : Décrets) ;

6° La désignation, en cas de pluralité de magistrats chargés des fonctions de juge pour enfants, par le président du tribunal, de celui qui exercera les attributions mentionnées à l'article R. 251-3 ;

7° abrogé[10] ;

8° Le projet d'ordonnance préparé par le président du tribunal désignant un magistrat pour exercer les fonctions de juge des libertés et de la détention conformément au premier alinéa de l'article 137-1-1 du code de procédure pénale ;

9° Le projet d'ordonnance préparé par le président du tribunal désignant le magistrat coordonnateur en matière de droit de la famille et des personnes qui exercera les attributions mentionnées à l'article R. 213-9-1 ;

10° Le projet d'ordonnance préparé par le président du tribunal désignant le magistrat chargé de contrôler l'exécution des mesures d'instruction conformément à l'article 155-1 du code de procédure civile[11] ;

11° La désignation du président du tribunal maritime et de ses deux assesseurs magistrats par le

1. COJ, art. R. 212-42, R. 312-49.
2. C. pr. pén., art. 399 ; COJ, art. R. 212-37.
3. C. pr. pén., art. R. 312-42 d.
4. Sur le principe du co-audiencement, aussi : v. s^s n° 112.21.
5. COJ, art. R. 212-22 mod. par Décr. n° 2019-912, 30 août 2019, *JO* 1er sept., n° 2, art. 23 (V).
6. Les spécificités concernant les cours d'appel ne seront pas plus amplement développées dans cet ouvrage.
7. Décr. n° 2014-1458, 8 déc. 2014 relatif à l'organisation et au fonctionnement des juridictions de l'ordre judiciaire, *JO* 9 déc., art. 15 – V. s^s n° 111.31.
8. V. s^s n° 111.31.
9. COJ, art. R. 212-37, mod. par Décr. n° 2019-912, 30 août 2019, art. 13, puis par Décr. n° 2022-1258, 26 sept. 2022, *JO* 28 sept., n° 11, art. 2.
10. Décr. n° 2017-683, 28 avr. 2017 tirant les conséquences de la suppression des juridictions de proximité et des juges de proximité, *JO* 30 avr., n° 38.
11. COJ, art. R. 212-37 ; réd. issue Décr. n° 2019-912, 30 août 2019, *JO* 1er sept., n° 2, art. 13.

président du tribunal auprès duquel est institué un tribunal maritime ;

12° Le projet d'ordonnance préparé par le président du tribunal désignant le magistrat coordonnateur de la protection et de la conciliation de justice qui exercera les attributions mentionnées à l'article R. 213-9-10 ;

13° Le projet d'ordonnance préparé par le président du tribunal désignant un magistrat du tribunal judiciaire pour exercer les fonctions prévues à l'article L. 1454-2 du code du travail.

Les magistrats du siège doivent donc être consultés avant toute décision sur le nombre d'audiences correctionnelles et le jour auquel elles se tiendront. Ceci concerne bien évidemment l'ensemble de l'année, bien que l'habitude ait pu être prise ici et là de ne pas recueillir l'avis de l'assemblée générale sur les audiences devant se tenir en période de vacation. Il est vrai que dans cette hypothèse la diminution du nombre d'audiences par rapport aux autres périodes de l'année n'appelle en général pas de discussions sous réserve de l'existence de dossiers urgents, notamment en raison de la présence de détenus et du souhait habituel du ministère public de voir maintenu un certain niveau d'activité correctionnelle, en particulier durant l'été. Cet avis doit être précis et porter aussi sur les horaires auxquels se tiendront les audiences. Il n'existe cependant pas de sanction à l'absence de consultation véritable des assemblées et de prise en compte des avis formulés. De sensibles différences s'expriment donc sur le terrain.

Le rapport Vallemont remis en décembre 2006 abordant la question du dialogue social dans les juridictions soulignait notamment : « Les témoignages des membres de la commission ont confirmé le constat fait par le rapport de l'IGSJ de juin 2001 sur l'utilisation plutôt formelle faite par les juridictions des assemblées générales. Considérées lors de leur création comme une innovation en termes de démocratie administrative, leurs modalités de fonctionnement se sont progressivement « routinisées » et on s'est plus attaché au respect de la lettre qu'à celui de l'esprit qui prévalait lors de leur institution. Les AG sont aujourd'hui - sauf exception - plus des lieux d'information que de dialogue »[1].

Il faut y voir l'une des raisons de la création de l'article R. 212-37-1 du code de l'organisation judiciaire par le décret du 8 décembre 2014[2], qui dispose désormais que l'avis ne peut être émis sur le projet d'ordonnance mentionné au 3° de l'article R. 212-37 que lorsque les magistrats qui se sont prononcés représentent au moins 50 % des magistrats présents ou représentés lors de la constatation du *quorum*.

Si l'avis est défavorable ou si le *quorum* mentionné au premier alinéa n'est pas atteint, l'assemblée est de nouveau convoquée dans un délai minimum de huit jours ne pouvant excéder un mois et le projet d'ordonnance, éventuellement modifié selon les observations qui auraient été formulées par l'assemblée, lui est de nouveau soumis. L'assemblée est alors réputée avoir valablement émis son avis.

L'assemblée des magistrats du parquet[3] émet un avis sur :

1° L'organisation des services du parquet ;

2° Les relations avec les services de police judiciaire ;

3° Les conditions dans lesquelles le ministère public exerce ses attributions ;

4° Le projet de décision fixant le nombre et le jour des audiences correctionnelles, conformément au code de procédure pénale ;

5° Les critères généraux de répartition des dossiers entre les chambres et de distribution des affaires entre les magistrats spécialisés du tribunal[4].

111.22 Assemblée des magistrats du siège et du parquet. L'assemblée des magistrats du siège et du parquet, présidée par le président du tribunal[5] émet un avis sur :

1° Le nombre, le jour et la nature des audiences ;

2° Le projet de répartition des emplois de fonctionnaires entre les services du siège et du parquet, préparé par le président du tribunal judiciaire et le procureur de la République, en liaison avec le ou les directeurs de greffe ;

3° Le projet de répartition de l'effectif des fonctionnaires à l'intérieur des services du siège et du parquet ;

4° Les heures d'ouverture et de fermeture au public du greffe ;

5° Les besoins nécessaires au fonctionnement de la juridiction exprimés par le président du tribunal judiciaire et le procureur de la République avec le concours du directeur de greffe ;

6° L'affectation des moyens alloués à la juridiction ;

7° Les mesures relatives à l'entretien des locaux, à la bibliothèque et au mobilier ;

8° Les conditions de travail du personnel et les problèmes de sécurité ;

1. S. Vallemont (prés.), Rapport de la commission du dialogue social dans les juridictions, déc. 2006.
2. Décr. n° 2014-1458, 8 déc. 2014, *JO* 9 déc. 2014, n° 21, art. 9.
3. COJ, art. R. 212-38 s. mod. par Décr. n° 2019-912, 30 août 2019, *JO* 1er sept., n° 2, art. 13.
4. COJ, art. R. 212-40.
5. COJ, art. R. 212-41, mod. par Décr. n° 2019-912, 30 août 2019, art. 13, *ibid*.

9° Les questions intéressant le fonctionnement interne de la juridiction ;

10° Les projets de convention constitutive des maisons de justice et du droit relevant du ressort de la juridiction ;

11° La désignation, par le président du tribunal judiciaire et le procureur de la République, du ou des magistrats chargés d'animer et de coordonner les actions conduites au sein des maisons de justice et du droit relevant du ressort de la juridiction [1].

Les magistrats du siège exerçant au sein d'une chambre de proximité du tribunal judiciaire, peuvent participer à l'assembée des magistrats du siège et du parquet, soit en présentiel, soit par l'utilisation d'un moyen de télécommunication audiovisuelle [2].

Il faut également mentionner que l'assemblée des magistrats du siège et du parquet procède à des échanges de vues sur l'activité de la juridiction. Les textes prévoient encore qu'elle étudie l'évolution de la jurisprudence et plus largement toutes les questions intéressant le fonctionnement de la juridiction et concernant l'ensemble des magistrats. Elle prépare les réunions de l'assemblée plénière. Elle examine le rapport annuel d'activité des maisons de justice et du droit situées dans le ressort de la juridiction.

Elle entend encore le rapport du juge de l'application des peines [3]. On ne pourra qu'insister sur cette dernière nécessité malheureusement souvent oubliée, alors même que l'aménagement *ab initio* des peines privatives de liberté, rend plus que jamais nécessaire l'implication des juges de l'application des peines dans la définition d'une politique pénale de la juridiction correctionnelle.

111.23 Assemblée des fonctionnaires. L'assemblée des fonctionnaires du greffe est présidée par le directeur de greffe [4].

Elle émet un avis sur les questions mentionnées à l'article R. 212-42 à l'exception du 11° [5].

La participation à cette assemblée des directeurs des services de greffe judiciaire, des greffiers, des autres fonctionaires et des agents contractuels affectés dans un greffe détaché peut, le cas échéant, avoir lieu par l'utilisation d'un moyen de télécommunication audiovisuelle [6].

111.24 Assemblée plénière des magistrats et des fonctionnaires du greffe. Les articles R. 212-49 et suivants du COJ fixent les règles applicables à l'assemblée qui réunit l'ensemble des membres de la juridiction [7] y compris les magistrats du siège exerçant au sein d'une chambre de proximité du tribunal judiciaire ainsi que des directeurs des services de greffe judiciaires, des greffiers, des autres fonctionnaires et des agents contractuels affectés dans un greffe détaché, le cas échéant par l'utilisation d'un moyen de télécommunication audiovisuelle [8].

Le président du tribunal judiciaire préside l'assemblée plénière des magistrats et des fonctionnaires [9].

Cette assemblée procède à un échange de vues sur les questions qui ont été soumises à l'avis de l'assemblée des magistrats du siège et du parquet, de l'assemblée des fonctionnaires du greffe et, le cas échéant, de celle du secrétariat de parquet autonome et qui ont fait préalablement l'objet d'un vote de celles-ci [10].

Ces instances de concertation ne remplissent pas toujours le rôle pourtant essentiel qui leur est confié.

§ 2
Commission plénière, commission restreinte et comité de gestion

111.31 Commission plénière. La commission permanente, émanation de l'assemblée plénière [11], présidée par le président du tribunal de grande instance, existait dans toutes les juridictions quelle que soit leur taille jusqu'au 31 décembre 2014. À compter du 1er janvier 2015 elle est devenue la commission plénière.

Aux termes du nouvel article R. 212-51 [12] du code de l'organisation judiciaire le président du tribunal judiciaire préside la commission plénière, qui comprend en qualité de membres de droit, le procureur de la République et le ou les directeurs de greffe. Cette commission comprend, en outre, les membres des commissions restreintes de l'assemblée des magistrats du siège et du parquet et de l'assemblée des fonctionnaires des juridictions dans des condi-

1. COJ, art. R. 212-42, mod. par Décr. n° 2019-912, 30 août 2019, *JO* 1er sept., n° 2, art. 23 (V).
2. COJ, art. R. 212-41-1, créé par Décr. n° 2019-912, 30 août 2019, art. 13, *ibid.*
3. COJ, art. R. 212-44.
4. COJ, art. R. 212-45, mod. par Décr. n° 2019-912, 30 août 2019, art. 13, *ibid.*
5. COJ, art. R. 212-46 s.
6. COJ, art. R. 212-45-1 créé par Décr. n° 2019-912, 30 août 2019, art. 13, *ibid.*
7. COJ, art. R. 212-49, mod. par Décr. n° 2019-912, 30 août 2019, *JO* 1er sept., n° 2, art. 13, à R. 212-50.
8. COJ, art. R. 212-49-1 créé par Décr. n° 2019-912, 30 août 2019, *ibid.*
9. COJ, art. R. 212-49.
10. COJ, art. R. 212-50.
11. COJ, art. R. 212-51 s. mod. par Décr. n° 2019-912, 30 août 2019, art. 23 – pour les tribunaux d'instance : COJ, art. R. 222-32 s. abrog. par Décr. n° 2019-912, 30 août 2019, *ibid.* – pour les cours d'appel : COJ, art. R. 312-58 s.
12. Réd. issue Décr. n° 2019-912, 30 août 2019, art. 23 (V).

tions fixées par le règlement intérieur de l'assemblée plénière. Dans les juridictions qui ne comportent pas de commissions restreintes, les membres de la commission plénière sont élus par l'assemblée des magistrats du siège et du parquet et par l'assemblée des fonctionnaires, au scrutin de liste proportionnel avec panachage et vote préférentiel, dans des conditions fixées par le règlement intérieur de l'assemblée plénière. Les modalités de dépôt des candidatures et de l'élection sont alors déterminées par le président du tribunal judiciaire. Seuls peuvent être élus les membres de l'assemblée plénière qui ont fait acte de candidature. Chaque candidat se présente avec son suppléant. Les membres sont élus pour deux ans. Le mandat des membres titulaires est renouvelable deux fois. Les magistrats et les fonctionnaires élus doivent être en nombre égal.

La commission plénière ne peut valablement siéger que si plus de la moitié de ses membres sont présents[1].

Le vote a lieu à la majorité des membres présents. En cas de partage des voix, celle du président est prépondérante[2]. Elle :

1° Prépare les réunions de l'assemblée plénière ; à cet effet, le président du tribunal judiciaire lui communique, quinze jours au moins avant la date de la réunion, après délibération des assemblées concernées, les projets de décisions qui feront l'objet d'échanges de vues à l'assemblée plénière ; la commission fait connaître au président ses avis et propositions ;

2° (abrogé) ;

3° Donne son avis sur les demandes d'attribution de mobilier, matériel technique et autres équipements spéciaux non financés sur les moyens propres de la juridiction ;

4° Propose les mesures tendant à faciliter l'accueil et les démarches au public ;

5° Assure les liaisons avec les organismes sociaux ou professionnels dont l'activité est liée au fonctionnement de la justice, ainsi qu'avec les autorités locales[3].

111.32 Commission restreinte. La commission restreinte[4], qui n'existe que dans les tribunaux judiciaires comptant au moins 20 magistrats est une émanation de l'assemblée des magistrats du siège, de l'assemblée des magistrats du siège et du parquet et des assemblées des fonctionnaires du greffe et du secrétariat de parquet autonome[5][6]. Elle a pour mission de préparer les réunions des assemblées et doit donc avoir communication des propositions d'organisation du service qui seront soumises à celles-ci. L'effectif à considérer semble devoir être l'effectif réel et non théorique de la juridiction bien qu'aucune directive précise n'existe sur ce point.

Plus intéressant dans le décret précité du 8 décembre 2014, la commission plénière peut saisir le comité de gestion mentionné aux articles R. 212-60 et R. 212-61 de toute question relative à ses compétences[7].

111.33 Comité de gestion. Le comité de gestion[8][9], composé du président du tribunal judiciaire, du procureur de la République et du directeur de greffe, se réunit aux dates arrêtées conjointement par ses membres en début de semestre, selon une fréquence au moins mensuelle. L'ordre du jour, arrêté par le président, est composé des questions proposées par ses membres. Le comité débat des questions de gestion et de fonctionnement de la juridiction et, éventuellement, d'autres questions proposées par ses membres. Les orientations arrêtées lors des réunions du comité sont consignées par le président sur un registre de délibérations et sont communiquées aux membres de la commission plénière.

Il n'existe pratiquement aucune littérature sur la portée réelle de cette institution.

111.34 Conseil de juridiction. On peut signaler que le projet de loi d'orientation et de programmation du ministère de la justice 2023-2027, enregistré à la présidence du Sénat le 3 mai 2023, prévoit la création auprès du tribunal judiciaire[10] et de chaque cour d'appel[11] d'un conseil de juridiction dont les missions, la composition, l'organisation et le fonctionnement sont fixés par décret en Conseil d'État, et qui sera un lieu d'échanges et de communication entre la juridiction et la cité qui, en fonction de son ordre du jour ou lorsque sa consultation sera requise par des dispositions législatives ou réglementaires, comprendra parmi ses membres, un député et un sénateur élus dans des circonscriptions situées dans le ressort de la juridiction.

1. COJ, art. R. 212-52.
2. COJ, art. R. 212-53.
3. COJ, art. R. 212-54, mod. par Décr. n° 2019-912, 30 août 2019, art. 23.
4. COJ, art. R. 212-55.
5. C. pr. pén., art. R. 212-22.
6. Les commissions restreintes sont facultatives dans les tribunaux d'instance : COJ, art. R. 212-10 – en revanche les commissions restreintes existent quel que soit l'effectif dans chaque cour d'appel : COJ, art. R. 312-27.
7. COJ, art. R. 212-54-1, créé par Décr. n° 2014-1458, 8 déc. 2014, *JO* 9 déc., art. 18.
8. COJ, art. R. 212-60, mod. par Décr. n° 2019-912, 30 août 2019, *JO* 1er sept., n° 2, art. 23 (V) et R. 212-61.
9. Décr. n° 2014-1458, 8 déc. 2014, art. 4 – POUR les dispositions concernant le comité de gestion au sein de la cour d'appel : COJ, art. R. 312-69-1 et R. 312-69-2 (v. art. 5).
10. Future COJ, art. L. 212-9.
11. Future COJ, art. L. 312-9.

SECTION 3
JOURS, HEURES ET NATURE DES AUDIENCES

111.41 Jours et heures. Le nombre des audiences étant déterminé, il y a lieu de définir les jours et heures auxquels elles se tiennent.

La situation est évidemment variable selon la taille des juridictions concernées et l'on sait que lorsque le tribunal judiciaire est composé de plusieurs chambres et services, ceux-ci peuvent être regroupés en pôles dont le nombre et le contenu sont fixés par l'ordonnance prévue à l'article R. 121-1 du code de l'organisation judiciaire [1]. Chaque pôle est alors coordonné par l'un des magistrats qui le composent.

Certaines juridictions privilégient les audiences d'une demi-journée, étant observé que le dépassement de ce cadre est généralement la règle. Ainsi les audiences du matin débutant entre 8 heures et 9 heures se termineront rarement avant 14 heures, bien souvent sans pause pour le repas des différents acteurs. Un tel fonctionnement a l'inconvénient de pénaliser le déroulement du reste de la journée pour des raisons évidentes. Les audiences de l'après-midi, qui débutent entre 13 h 30 et 14 heures s'achèvent rarement avant 20 heures. Elles sont fréquemment plus longues et posent diverses difficultés, d'attention des juges et des justiciables notamment en ce qui concerne la prise en charge de leurs enfants par les prévenus, l'heure de sortie des établissements scolaires coïncidant rarement avec celle de la fin de l'audience, de surveillance des locaux judiciaires à des heures tardives... Plus tard encore dans la soirée, certains prévenus se trouvent handicapés pour rentrer chez eux à une heure décente lorsqu'ils ne disposent plus de transports en commun. Les transferts de détenus à des heures avancées peuvent être plus problématiques surtout s'ils s'inscrivent après une journée d'attente. L'attention des juges est évidemment émoussée lorsque l'audience se poursuit après minuit ce qui, dans certaines juridictions, n'est pas rare. Le débat se déplace alors sur la durée effective des audiences [2].

111.42 Horaires de convocation. En termes de convocations, les prévenus et victimes sont généralement tous convoqués à la même heure, soit celle du début de l'audience. Ceci a l'inconvénient de provoquer des durées d'attente parfois longues mais l'avantage de simplifier en amont la gestion de l'audiencement et, sur le cours de l'audience, de permettre au président et à l'huissier audiencier d'assurer une gestion efficace et dans l'instant des dossiers en état et de ceux qui ne le sont pas, y compris s'agissant de la disponibilité des avocats.

Convoquer les prévenus ou victimes à des heures différenciées selon les dossiers, expose en effet le tribunal à des absences pouvant interrompre le cours de l'audience faute de présents. À l'inverse, il est vrai que la pratique d'horaires différents permet le déroulement d'une audience plus sereine, dans une salle moins bondée, la pression baissant nettement sur les différents acteurs de la scène judiciaire. Ces deux pratiques co-existent donc selon les juridictions.

111.43 Répartition des audiences collégiales et à juge unique. La répartition des audiences entre celles qui se tiennent de manière collégiale et celles qui se tiennent à juge unique est là aussi largement contrainte par les données locales. La division entre les premières et les secondes est *a priori* sans appel et résulte des dispositions de l'article 398-1 du code de procédure pénale [3]. Deux éléments viennent la troubler. D'une part, il est plus simple de trouver un magistrat que trois. D'autre part, un certain nombre d'infractions de la compétence collégiale peuvent ressortir de celle du juge unique si l'on oublie de caractériser dans l'acte de poursuite telle ou telle circonstance aggravante. Le parquet, partie poursuivante peut ainsi disposer d'une variable d'ajustement non négligeable dans l'approvisionnement de telles audiences, plutôt que de telles autres.

À titre subsidiaire, le juge unique dispose, même s'il en use peu, de la possibilité de renvoyer en collégiale [4].

Enfin, peut se poser plus de fois que nécessaire, la question d'une mauvaise orientation des dossiers aboutissant à remplir l'audience collégiale de dossiers de la compétence du juge unique, ce qui obligera la composition à décider de la retenue ou non de ces dossiers par un seul de ses magistrats, généralement son président.

111.44 Audiences généralistes ou audiences spécialisées. La question de la tenue d'audiences spécialisées par type de contentieux ou la préférence donnée à des audiences « tout-venant » peut se poser.

En faveur des premières, le rythme accéléré de l'examen successif de dossiers de même nature, la facilitation de la prise de décision par des magistrats rodés, la mise en jeu en cours d'audience de compétences techniques particulières et d'une jurisprudence homogène (contentieux de la circulation, travail dissimulé, infractions fiscales...).

1. COJ, art. R. 212-62, mod. par Décr. n° 2019-912, 30 août 2019, art. 23 (V) – V. s[s] n° 111.51.
2. V. s[s] n° 112.41.
3. V. s[s] n° 113.91.
4. V. s[s] n° 113.102.

En faveur de l'option inverse, le souhait de ne pas avoir à traiter des dossiers de même nature durant au moins 6 heures de temps, le risque de confusion entre des affaires trop proches, le caractère complexe de certains types de contentieux propre au droit fiscal, douanier ou de droit pénal du travail. Là encore, à l'exception du contentieux des infractions au code de la route voire d'urbanisme, qui semble donner lieu partout à des audiences spécialisées, les pratiques sont diverses et fonction des souhaits et des besoins exprimés par les acteurs de terrain.

111.45 **Audiences en fonction des modalités de poursuites.** Un autre choix peut se dessiner selon le mode de poursuite et en particulier les pratiques dites de la justice « en temps réel » qui déclinera prioritairement comparutions immédiates, convocations par procès-verbal, puis COPJ et modes classiques de citation[1]. Dans la plupart des juridictions, certaines audiences sont « réservées » aux convocations sur COPJ ressortant de la permanence pénale. Parfois des audiences ne se trouvent pourvues que par les renvois des dossiers intervenus lors d'audiences précédentes, ce qui évite des renvois à plusieurs mois ou de les rajouter à des audiences déjà constituées, ceci appelant nécessairement de nouveaux renvois.

Il est un fait cependant que le taux de non-comparution des prévenus est bien plus élevé sur citations, que sur COPJ, et que par suite les audiences auxquelles les prévenus ont été invités à se présenter dès la fin de leur audition par les services d'enquête ou de leur garde à vue, sont beaucoup plus lourdes, ce d'autant que désormais la plupart des prévenus sont assistés d'un avocat.

Si l'initiative et l'opportunité des poursuites appartiennent indubitablement au parquet, il n'y a que des avantages pour le parquet et le siège d'un même tribunal à s'accorder sur les modes de poursuite par type de contentieux, et à l'inscription au rôle de telle ou telle audience les dossiers poursuivis sur COPJ, procès-verbal du procureur, citations directes ou renvoi du juge d'instruction. De semblables discussions devraient pouvoir de même être organisées, avec les juges d'instruction et pourquoi pas le barreau, sur la politique d'ouverture d'informations délictuelles et/ou la création d'un bureau des enquêtes, parfois pour des infractions semblables (notamment en matière de mœurs ou de violences intrafamiliales), qui au final n'ont pas subi le même traitement judiciaire mais peuvent se trouver appelées lors d'une même audience. Enfin, l'évocation partagée des réquisitions et des sanctions intervenues lors de différentes audiences, de même que les écarts pouvant exister entre les jurisprudences de première et de seconde instance est plus qu'opportune dans un souci d'homogénéisation des décisions et de crédibilité de l'institution.

111.46 **Place des comparutions immédiates.** Une autre des questions récurrentes est celle de savoir si les comparutions immédiates viennent sur le fil d'audiences dont le rôle est déjà fixé et souvent chargé, ou si des audiences spécifiques leur sont dédiées. Toute la question est ici d'une part, de connaître la pratique de la juridiction en matière de comparution immédiate (usage intensif pour des faits parfois très graves pouvant faire encourir à leurs auteurs jusqu'aux *maxima* prévus par la loi ou usage modéré voire résiduel, pour les seules récidives de délits routiers par exemple, ou les faits non contestés pour lesquels le ministère public n'a toutefois pas fait le choix d'un plaider-coupable), d'autre part, de maîtriser les effectifs de la juridiction et de savoir notamment si deux collégiales peuvent le cas échéant fonctionner en même temps. Les problèmes de disponibilité des magistrats et fonctionnaires, sans compter celle de salles d'audiences, semblent plutôt conduire, en particulier dans les petites et moyennes juridictions, à un rajout des comparutions immédiates sur les audiences correctionnelles fixes, ce qui évidemment en allonge la durée[2].

Dans tous les cas, un *modus vivendi* doit là encore être arrêté avec le parquet et entre magistrats du siège, sur la nature des dossiers faisant l'objet de cette procédure rapide, sur le temps nécessaire à la préparation de ces affaires « sur l'audience », sur le cas échéant, la prise de ces dossiers par l'un des assesseurs de la composition, et sur l'horaire à partir duquel il peut être admis de privilégier le recours au juge des libertés et de la détention. On sait en effet que le principe est le déferement à l'audience en cours le jour même[3]. Toutefois lorsque celle-ci s'éternise déjà depuis de longues heures et n'est pas achevée, voire lorsqu'elle a une perspective d'achèvement encore lointaine, qui se plaindra d'une pratique raisonnée de la saisine du JLD, en vue d'une décision sur une mesure de contrainte (contrôle judiciaire, assignation à résidence sous surveillance électronique, détention provisoire)[4] et d'un renvoi à la première audience utile ?

Il a ainsi pu être rappelé qu'il résulte de l'article 396 du code de procédure pénale qu'en cas de recours à la procédure de comparution immédiate prévue par

1. SUR CE SUJET : B. Bastard, C. Mouhanna, W. Ackermann, *Une justice dans l'urgence. Le traitement en temps réel des affaires pénales*, Centre de sociologie des organisations CNRS/Sciences Po/GIP, « Mission de recherche droit et justice », 2005.

2. V. s[s] n° 421.01 s.
3. C. pr. pén., art. 395 et 396.
4. V. s[s] titre 81.

l'article 395 du même code, le procureur de la République peut traduire le prévenu devant le juge des libertés et de la détention si la réunion du tribunal est impossible le jour même et si les éléments de l'espèce lui paraissent exiger une mesure de détention provisoire. En conséquence ne justifie pas sa décision la cour d'appel qui, pour prononcer la nullité de la procédure postérieure à l'établissement des procès-verbaux de comparution de prévenus qui ont été conduits devant le juge des libertés et de la détention par application du texte précité, retient que le ministère public ne rapporte pas la preuve, concrète et effective, de l'impossibilité de faire comparaître ces prévenus devant la formation de jugement le jour même où ils ont été déférés, une telle condition n'étant pas exigée par la loi [1].

Il est au moins de bonne pratique, lorsque la comparution immédiate se greffe sur une audience classique, en particulier à juge unique alors complétée par deux assesseurs d'astreinte, de systématiser son horaire de début à une heure précise, afin que les magistrats mobilisés soient fixés sur l'étendue de leur contrainte.

111.47 Possibilité d'une formation en chambres réunies. Le décret du 8 décembre 2014 [2] est venu ouvrir la possibilité, dans les tribunaux composés d'au moins deux chambres, que les jugements puissent être rendus par une formation de deux chambres réunies présidée par le président du tribunal et comprenant, outre les présidents de ces chambres, deux magistrats assesseurs affectés dans chacune de ces chambres. Celle-ci siège alors au nombre de sept.

La formation de chambres réunies peut être saisie lorsqu'une affaire est d'une particulière complexité ou est susceptible de recevoir devant les chambres des solutions divergentes. Lorsque l'affaire n'est pas distribuée, le président du tribunal peut saisir cette formation après avoir recueilli l'avis du président de la chambre à laquelle l'affaire doit être distribuée selon les dispositions de l'ordonnance portant sur le service de la juridiction. Une fois l'affaire distribuée, le président du tribunal ne peut saisir cette formation qu'avec l'accord du président de la chambre à laquelle l'affaire a été distribuée ou à la demande de celui-ci, de la chambre, du ministère public ou de l'une des parties. La décision de saisine de cette formation est une mesure d'administration judiciaire. La même disposition est offerte aux cours d'appel par le nouvel article R. 312-11 du code de l'organisation judiciaire.

1. Crim. 23 mai 2006, n° 05-83.149, P n° 142 ; *RSC* 2007. 120, obs. A. Giudicelli.
2. Décr. n° 2014-1458, 8 déc. 2014, *JO* 9 déc., n° 21, art. 2 et 3.

Il ne semble pas que l'état des effectifs et la charge des juridictions aient à ce jour permis de développer cette voie procédurale.

111.48 Traitement des procès exceptionnels. La direction des services judiciaires, sous-direction de la performance et des méthodes (SDPM), bureau des schémas d'organisation, des méthodes et des études (PM1), a publié en janvier 2011, un « Guide méthodologique sur l'organisation d'un procès sensible », qui après avoir énoncé un certain nombre de critères permettant de savoir que l'on a à faire à un procès requérant une attention supérieure à celle qui est mise en œuvre lors des audiences « ordinaires », récapitule les spécificités en affectant les étapes.

Ces critères sont :

- un nombre souvent important de mis en cause et/ou de victimes et/ou des parties civiles ;

- la dangerosité du ou des mis en cause ;

- la nature de l'infraction, critère listé comme non déterminant à lui seul, mais devant être apprécié au regard des circonstances qui ont entouré la commission de l'infraction et du retentissement médiatique qu'elle a pu provoquer ou est susceptible de provoquer. Ce critère est indissociable de celui de la médiatisation prévisible ou existante du procès à venir ;

- le caractère historique prévisible. Bien que difficile à apprécier, il est possible de le déduire, notamment, de la qualité ou la personnalité du mis en cause ou de la victime (personnage public notamment) ;

- un degré de médiatisation élevé, quelle que soit la phase de la procédure ;

- un bouleversement attendu, important et durable de l'activité ordinaire de la juridiction ; ce critère aura tout particulièrement à être retenu en cas de tenue d'une audience correctionnelle nécessitant la désignation de magistrats désignés à titre complémentaires comme suppléants et par suite indisponibles au titre de leurs services habituels ;

- la nécessité d'une organisation particulière sur le plan mobilier ou immobilier ou en matière de prévention des risques d'atteinte aux biens ou aux personnes, *qu'elle concerne* l'institution judiciaire, *les parties au procès ou les médias* ;

- la durée prévisible du procès, fonction de la complexité de l'affaire, qui peut remettre en cause l'organisation de certains services.

La plupart de ces critères pourront être décelés dès la phase d'enquête et/ou d'instruction, voire en amont, notamment si les médias ont contribué à rendre l'affaire publique. Dans la perspective de la tenue d'un tel procès et tout spécialement compte tenu de son retentissement médiatique probable, il sera toujours utile de se référer aux expériences réussies de procès similaires ayant pu se tenir dans une configuration juridictionnelle comparable (même taille de tribunal, même nombre d'acteurs professionnels requis...). Il faut surtout noter à ce stade l'importance d'éléments habituellement peu ou beaucoup moins prégnants (accès au site, accueil, orientation, sécurité, place dévolue aux victimes notamment handicapées, affluence particulière des médias...) et qui doivent être pris en compte au plus tôt dans la procédure avec le soin d'y associer l'ensemble des acteurs locaux (au-delà des murs de la juridiction : préfecture, mairie, SDIS...).

Sur le traitement d'un procès hors-normes, on consultera avec intérêt les premiers développements parus à la suite du procès des attentats de Paris de novembre 2015 [1].

111.49 Possible jugement correctionnel devant une chambre de proximité. Les retouches apportées successivement à la carte judiciaire, et sans aucun doute à ce jour non achevées, avaient amené la création de chambres détachées qui s'étaient vues reconnaître des compétences en matière correctionnelle. À titre d'exemple, on signalera un décret prévoyant depuis le 1er janvier 2018, que les trois chambres détachées situées à Dole, Millau et Guingamp disposent de nouvelles compétences, traitées jusqu'alors au sein des tribunaux de grande instance respectifs de Lons-le-Saunier, Rodez et Saint-Brieuc.

Il s'agit ici des matières correctionnelles relevant de la compétence d'un seul magistrat [2], et des questions civiles relatives à la tutelle des mineurs dévolues au juge aux affaires familiales [3] [4]. Un autre exemple peut être cité qui concerne l'outre-mer, avec les chambres de Saint-Martin et Saint-Barthélémy [5].

Un nouvelle évolution des textes [6] a prévu que les chambres de proximité des tribunaux judiciaires puissent se voir attribuer, dans les limites de leur ressort, des compétences matérielles supplémentaires, par une décision conjointe du premier président de la cour d'appel et du procureur général près cette cour, après avis des chefs de juridiction et consultation du conseil de juridiction concernés [7].

Les chambres de proximité connaissent seules, dans leur ressort, des compétences qui leur sont attribuées par décret ou en application du dernier alinéa de l'article L. 212-8 [8] et les articles R. 212-8 et suivants du COJ viennent préciser un certain nombre des règles procédurales qui leur sont applicables [9].

SECTION 4
ORDONNANCES DU PRÉSIDENT DU TRIBUNAL JUDICIAIRE

111.51 Formalisation des choix. Chaque année, le premier président de la Cour de cassation, le premier président de la cour d'appel et le président du tribunal judiciaire répartissent les juges dans les différents pôles, chambres et services de la juridiction. [10]. Cette répartition des juges est faite par ordonnance prise, conformément aux dispositions de l'article L. 121-3 du COJ, avant le début de l'année judiciaire. Cette ordonnance peut être modifiée en cours d'année, pour prendre en compte un changement dans la composition de la juridiction ou pour prévoir un service allégé pendant la période au cours de laquelle les magistrats, les fonctionnaires et les auxiliaires de justice bénéficient de leurs congés annuels. Les mesures prises en application des dispositions du présent article sont des mesures d'administration judiciaire [11], ce que confirme également l'article 398 du code de procédure pénale. Même dans les juridictions ou un tableau nominatif et mensuel définit les participations de chaque magistrat à telle ou telle audience, le président ou son délégataire ont l'obligation de prendre et de signer une ordonnance qui annexe le cas échéant ledit tableau.

L'ordonnance prise par le président du tribunal judiciaire en application de l'article L. 121-3 intervient dans la première quinzaine du mois de décem-

1. G.-T. Journa, « Les leçons organisationnelles du procès du 13 novembre », *D. actu.* 13 nov. 2022.
2. C. pr. pén., art. 398-1.
3. COJ, art. L. 213-3-1.
4. Décr. n° 2017-1745, 22 déc. 2017 attribuant compétence en matière contraventionnelle à certaines chambres détachées de tribunaux de grande instance, *JO* 24 déc., n° 14.
5. Décr. n° 2018-197, 21 mars 2018, venu attribuer une pleine compétence à la chambre détachée de Saint-Martin et Saint-Barthélémy du tribunal de grande instance de Basse-Terre (Guadeloupe), *JO* 23 mars, n° 11.
6. Décr. n° 2019-914, 30 août 2019 modifiant le code de l'organisation judiciaire et portant diverses adaptations pour l'application de l'article 95 de la loi n° 2019-222 du 23 mars 2019 de programmation 2018-2022 et de réforme pour la justice et en particulier l'annexe III, Tableau IV-III relatif aux compétences matérielles des chambres de proximité de Dole, Guebwiller, Guingamp, Haguenau, Illkirch-Graffenstaden, Marmande Millau, Molsheim, Saint-Martin, Saint-Laurent-du-Maroni, Saint-Avold, Sarrebourg, Schiltigheim, Sélestat et Thann (annexe de l'article D. 212-19-1), *JO* 1er sept., n° 4.
7. COJ, art. L. 212-8.
8. COJ, art. R. 219-19-3.
9. Décr. n° 2019-912, 30 août 2019 modifiant le code de l'organisation judiciaire et pris en application des articles 95 et 103 de la loi n° 2019-222 du 23 mars 2019 de programmation 2018-2022 et de réforme pour la justice, *JO* 1er sept., n° 2.
10. COJ, art. L. 121-3, mod. par L. n° 2019-222, 23 mars 2019, *JO* 24 mars, n° 2, art. 95.
11. COJ, art. R. 121-1.

bre après avis de l'assemblée générale des magistrats du siège. Elle précise le nombre, le jour et la nature des audiences. Une expédition est transmise au premier président de la cour d'appel et au procureur général près cette cour[1]. Bien que les textes ne le prévoient pas il n'y a que des avantages à ce qu'une telle ordonnance soit communiquée largement et en particulier au bâtonnier de l'Ordre des avocats[2], à la chambre des huissiers...

Dans les mêmes conditions, le président de la juridiction désigne le ou les magistrats délégués pour statuer selon la procédure simplifiée (ordonnances pénales délictuelles), et appelé à valider les compositions pénales ou à homologuer les propositions de peines dans le cadre de la procédure de comparution sur reconnaissance préalable de culpabilité.

Toute création d'une audience supplémentaire doit donner lieu à une ordonnance particulière.

SECTION 5
COMPOSITION DES JURIDICTIONS

111.61 Origine des magistrats : président et assesseurs. Le président de l'audience ne peut être qu'un magistrat professionnel. En dehors de l'hypothèse d'une « collégiale tournante »[3], au cours de laquelle un assesseur se voit confier l'instruction d'un dossier, c'est en effet un professionnel de l'audience qui va présider. Il est probable qu'il ait la plupart du temps déjà été lui-même assesseur, ce qui l'aura familiarisé avec ces fonctions. Il peut toutefois, soit n'avoir connu jusqu'alors que des fonctions civiles, soit avoir fait l'objet d'un recrutement direct, en application des textes ci-après mentionnés et trouver ici ses premières fonctions judiciaires.

S'agissant des assesseurs, la situation est encore plus contrastée, car la loi a diversifié les voies de recrutement des magistrats notamment aptes à assurer un assessorat correctionnel. Ainsi :

Peuvent être nommés directement aux fonctions du second grade de la hiérarchie judiciaire, à condition d'être âgés de trente-cinq ans au moins :

1° Les personnes remplissant les conditions prévues à l'article 16 et justifiant de sept années au moins d'exercice professionnel les qualifiant particulièrement pour exercer des fonctions judiciaires ;

2° Les directeurs des services de greffe judiciaires justifiant de sept années de services effectifs dans leur corps ;

3° Les fonctionnaires de catégorie A du ministère de la justice ne remplissant pas les conditions prévues au 1° de l'article 16 et justifiant de sept années de services effectifs au moins en cette qualité[4].

Peuvent être nommés directement aux fonctions du premier grade de la hiérarchie judiciaire :

1° Les personnes remplissant les conditions prévues à l'article 16 et justifiant de quinze années au moins d'exercice professionnel les qualifiant particulièrement pour exercer des fonctions judiciaires ;

2° Les directeurs des services de greffe judiciaires qui remplissent des conditions de grade et d'emploi définies par décret en Conseil d'État et que leur compétence et leur expérience qualifient particulièrement pour exercer des fonctions judiciaires visées au présent article[5].

Mais il existe aussi une possibilité d'intégration provisoire au sein du corps judiciaire[6], y compris à temps partiel.

Ainsi, et avant même la loi du 8 août 2016, pouvaient être nommées magistrats exerçant à titre temporaire, pour exercer, « *une part limitée de la compétence de la juridiction dans laquelle ils sont nommés* »[7], et en particulier, des fonctions de juge d'instance, d'assesseur dans les formations collégiales des tribunaux de grande instance, de juge du tribunal de police ou de juge chargé de valider les compositions pénales, les personnes âgées d'au moins trente-cinq ans que leur compétence et leur expérience qualifiaient particulièrement pour exercer ces fonctions.

Ces personnes doivent, soit remplir les conditions prévues au 1°, 2° ou 3° de l'article 22, soit être membre ou ancien membre des professions libérales juridiques et judiciaires soumises à un statut législatif ou réglementaire ou dont le titre est protégé et justifier de cinq années au moins d'exercice professionnel.

Les magistrats exerçant à titre temporaire ne peuvent demeurer en fonction au-delà de l'âge de soixante-quinze ans[8]. Ils sont nommés pour une durée de cinq ans, renouvelable une fois, dans les formes prévues pour les magistrats du siège[9].

Cette dernière limite d'âge, particulièrement haute, doit être soulignée. Au terme des autres limites

1. COJ, art. R. 212-6.
2. Not. : St. Bortoluzzi, D. Piau, Th. Wickers, *Règles de la profession d'avocat*, 17e éd. « Dalloz action », 2022, nos 116.153 s.
3. V. ss no 211.15.
4. Ord. no 58-1270, 22 déc. 1958 portant loi organique relative au statut de la magistrature, *JO* 23 déc., p. 11551 ; dans sa version issue de la loi organique no 2016-1090 du 8 août 2016 relative aux garanties statutaires, aux obligations déontologiques et au recrutement des magistrats ainsi qu'au Conseil supérieur de la magistrature, *JO* 11 août, no 1, art. 22.
5. Ord. no 58-1270, 22 déc. 1958, art. 23, *ibid.*
6. Ord. no 58-1270, 22 déc. 1958, art. 40-1 s., *ibid.*
7. Ord. no 58-1270, 22 déc. 1958, art. 41-10 A, *ibid.*
8. Ord. no 58-1270, 22 déc. 1958, art. 41-10, *ibid.*
9. Ord. no 58-1270, 22 déc. 1958, art. 41-12, *ibid.*

posées par l'article 41-11 de l'ordonnance du 22 décembre 1958 pour les magistrats affectés dans un tribunal judiciaire, et répartis dans les différentes formations de la juridiction selon les modalités fixées par l'ordonnance annuelle prévue par le code de l'organisation judiciaire, ceux-ci peuvent, en qualité d'assesseurs dans une formation collégiale, traiter des contentieux civil et pénal, étant précisé qu'il ne peut y avoir dans ces formations plus d'un assesseur choisi parmi les magistrats recrutés en application de la présente sous-section. Cette dernière formulation et le fait que les magistrats exerçant à titre temporaire soient soumis au statut[1], laissent entendre que ces dispositions peuvent s'articuler sans difficulté avec celles, inchangées, de l'article L. 212-4 du COJ qui disposent que la formation de jugement ne peut comprendre, en matière pénale, une majorité de juges non professionnels.

En qualité de juge du tribunal de police, ils ne peuvent connaître que d'une part limitée du contentieux relatif aux contraventions.

Lorsqu'ils sont chargés de valider les compositions pénales, ils ne peuvent assurer plus du tiers de ce service, ce qui pose une exigence d'évaluation interne de ce type de contentieux... dont on ignore la sanction en cas de non-respect.

Enfin, des magistrats honoraires peuvent également être nommés pour exercer des fonctions d'assesseur dans les formations collégiales des tribunaux judiciaires et des cours d'appel ou des fonctions de substitut près les tribunaux judiciaires ou de substitut général près les cours d'appel. Ils peuvent également être désignés par le premier président de la cour d'appel pour présider la formation collégiale statuant en matière de contentieux social des tribunaux judiciaires et des cours d'appel spécialement désignés pour connaître de ce contentieux[2].

Un décret du 27 décembre 2016[3], précise les nouvelles fonctions que peuvent exercer les magistrats de l'ordre judiciaire (fonctions d'encadrement intermédiaire dans les cours d'appel et dans les tribunaux judiciaire, fonctions de juge des libertés et de la détention).

111.62 **Désignation des magistrats.** Il convient ensuite de définir la ou les compositions du tribunal appelé à siéger lors de ces audiences. C'est encore au président de la juridiction qu'il appartient de désigner nominativement les magistrats qui siégeront à telle ou telle audience. La désignation des magistrats du tribunal correctionnel appelés à statuer dans les conditions prévues à l'alinéa 3 de l'article 398 du code de procédure pénale, est effectuée en effet par le président du tribunal judiciaire selon les modalités fixées pour la répartition des juges entre les diverses chambres de ce tribunal ; s'il y a lieu, le président du tribunal correctionnel répartit les affaires entre ces magistrats[4]. Il peut déléguer cette désignation à un premier vice-président ou vice président chargé du service pénal[5]. De même il peut être suppléé en cas d'absence ou d'empêchement[6]. Lorsque le président est suppléé, la décision doit toutefois faire mention de son empêchement. Il a en effet été jugé qu'aux termes des articles 40 et 41 du décret du 6 juillet 1810 modifié, les présidents de chambre des cours d'appel sont suppléés pour le service de l'audience, s'il y a lieu, par un magistrat du siège désigné par le premier président ou à défaut, par le magistrat du siège présent le plus ancien dans l'ordre des nominations à la cour, l'arrêt devant sous peine de nullité, faire mention de l'empêchement du président titulaire ainsi suppléé[7].

Les pratiques sont ici variées. Certains chefs de juridiction opèrent une délégation complète et autorisent le magistrat délégué à prendre et signer *es-qualité* les ordonnances de roulement, d'autres conservent cette attribution. La première solution est évidemment plus souple que la seconde et permet aux magistrats d'identifier clairement au sein du tribunal celle ou celui qui a la responsabilité d'établir ce tableau de service et de même, de n'avoir qu'un interlocuteur en cas de nécessité de se faire remplacer à la suite d'un congé, d'un arrêt maladie ou d'un stage de formation continue obligatoire. De même, c'est le président de la juridiction ou son délégué qui établissait la liste des juges de proximité, et qui désigne désormais des magistrats exerçant à titre temporaire, susceptibles de siéger en tant qu'assesseur au sein de la formation collégiale du tribunal correctionnel[8].

Théoriquement à la marge, et dans les hypothèses ou un sous-effectif récurrent empêche la tenue normale des audiences avec les magistrats présents au tribunal dans lequel elles doivent se tenir, un magistrat placé auprès du premier président de la cour d'appel[9], peut être délégué au tribunal concerné et se voir confier, un rôle de président ou

1. Ord. n° 58-1270, 22 déc. 1958, art. 41-13, *ibid.*
2. Ord. n° 58-1270, 22 déc. 1958, art. 41-25 s, *ibid.*
3. D. n° 2016-1905, 27 déc. 2016 portant dispositions statutaires relatives à la magistrature pris en application de la loi organique n° 2016-1090 du 8 août 2016, *JO* 29 déc., n° 60.
4. C. pr. pén., art. 398, al. 4.
5. COJ, art. L. 121-3, R. 121-1, R. 212-4.
6. COJ, art. R. 212-59.
7. Crim. 20 mars 1975, n° 74-92.658, P n° 86.
8. C. pr. pén., art. 398, al. 5 – v. s[s] n° 211.23.
9. POUR UNE VISION COMPLÈTE du statut de ces magistrats : LO n° 80-844, 29 oct. 1980 modifiant l'ordonnance n° 58-1270, 22 déc. 1958 portant loi organique relative au statut de la magistrature, *JO* 30 oct., p. 2522, art. 1er.

d'assesseur lors d'une ou de plusieurs audiences correctionnelles. Cette affectation obéit à des critères stricts et ne peut intervenir de manière ponctuelle, ni excéder une durée de huit mois. Il sera toutefois d'emblée précisé que la chambre criminelle a jugé que la méconnaissance des règles fixées par l'article 3-1, alinéas 2 et 3, de l'ordonnance du 22 décembre 1958, en ce qu'elles régissent la durée de l'affectation des magistrats concernés, lesquels ont qualité pour exercer leurs fonctions dans l'ensemble des tribunaux de première instance de la cour d'appel, n'affecte pas la régularité des actes qu'ils ont accomplis [1].

Sur délégation du premier président de la cour d'appel concernée, un magistrat d'une autre juridiction du ressort, peut également présider ou compléter la composition correctionnelle. En cas de vacance d'emploi ou d'empêchement d'un ou plusieurs magistrats ou lorsque le renforcement temporaire et immédiat des juridictions du premier degré apparaît indispensable pour assurer le traitement du contentieux dans un délai raisonnable, le premier président peut en effet, par ordonnance, déléguer les présidents de chambre et les conseillers de la cour d'appel, les juges des tribunaux judiciaires, pour exercer des fonctions judiciaires dans les tribunaux du ressort de la cour d'appel dont le service est assuré par des magistrats du corps judiciaire.

Un tel magistrat ne peut être délégué plus de cinq fois au cours de la même année judiciaire. Ses délégations ne peuvent excéder une durée totale de trois mois... L'ordonnance du premier président précise le motif et la durée de la délégation ainsi que la nature des fonctions qui seront exercées par le magistrat délégué [2].

Dans tous les cas, il convient que le tableau de service nominatif soit précisément établi et qu'il soit communiqué suffisamment à l'avance à l'ensemble des membres de la juridiction. De ce point de vue, il faut en particulier le communiquer au service du greffe correctionnel apte à repérer d'éventuelles incompatibilités [3] lors de l'audiencement des dossiers.

La question d'une communication de ce même tableau au Barreau local pose inévitablement la question du « risque » d'un choix de ses juges par l'une ou l'autre des parties. Observons tout d'abord que ce « risque » peut exister aussi au regard du ministère public qui par l'intermédiaire du procureur général s'est vu communiquer ladite ordonnance. Mais surtout, ce « risque », s'il existe pour quelques dossiers bien ciblés, ne doit pas être surévalué. D'une part, le président et les assesseurs sont toujours à même de se déporter dans une cause dont ils ont déjà eu à connaître ou dont ils veulent se tenir à l'écart [4]. D'autre part, un dossier sortant de l'ordinaire, pour quelque cause que ce soit peut toujours donner lieu à la création, soit d'une audience spéciale, soit d'une composition particulière qui devra évidemment être la plus éloignée possible des intérêts en présence. Sur ce dernier point, faire appel aux derniers magistrats nommés sur place qui ne connaissent assurément aucune des parties concernées peut être un choix judicieux. Dans tous les cas, le tableau du service correctionnel sous quelque forme qu'il se présente doit être confirmé par une ordonnance présidentielle.

Enfin, pour éviter toute « éviction larvée », de telle composition ou de tel magistrat, tout comme pour éviter que des dossiers soient successivement examinés par différents magistrats du même degré, peut être fixée comme bonne pratique le renvoi systématique d'une composition à une date ultérieure où siégera également la même composition. Il convient d'ailleurs de relever que le Tribunal des conflits a déjà jugé que la décision prise par le président d'une juridiction judiciaire de modifier une ordonnance de roulement, constitue une mesure relevant du fonctionnement du service public de la justice et dont l'examen conduit à porter une appréciation sur la marche des services judiciaires. La juridiction judiciaire peut seule procéder à cet examen et il s'ensuit qu'un recours contre une telle décision, fondé sur le fait qu'elle constituerait une sanction déguisée relève de sa compétence [5].

111.63 Critères de choix du président d'audience et des assesseurs. Étroitement lié au nombre d'audiences à assumer chaque semaine et aux autres attributions de ces juges, le choix du président de la juridiction correctionnelle et de ses assesseurs doit obéir à quelques impératifs simples. D'une part, il apparaît évidemment délicat de confier cette audience publique et quotidiennement ouverte à la presse locale, à un président d'audience qui ne goûte que peu la matière pénale ou ne souhaite pas assumer ces fonctions pour diverses raisons. La charge habituelle de ces audiences, de même que leurs horaires incertains, amènent d'ailleurs en général peu de concurrence au sein des juridictions pour y participer. La préférence donnée aux magistrats pénalistes, juges de l'application des peines, juges d'instruction ou ayant déjà occupé ces fonctions, est évidente. Les juges d'instruction peuvent être utilement réservés pour une participation aux audiences tenues à juge unique, d'une part parce que

1. Crim. 14 févr. 2001, n°s 00-86.724, 00-86.725, P n° 43.
2. COJ, art. L. 121-4, R. 121-3 ; POUR le parquet, art. R. 122-2, R. 122-3.
3. V. s^s n°s 211.71 s.
4. V. s^s n° 211.231.
5. T. confl., 12 févr. 2018, req. n° 4115, *M. B... S... c/min. Justice, Lebon ; AJDA* 2018. 374.

la nette décrue du nombre d'ouvertures d'informations ces dernières années peut, le cas échéant, justifier que leur activité soit réorientée (dès lors toutefois que leur nombre est stable au sein de la juridiction, ce qui est de plus en plus rare), d'autre part pour éviter tout problème lié à des incompatibilités[1], enfin pour éclairer le tribunal dans l'hypothèse où celui-ci envisagerait un complément d'information, sur les difficultés liées à la continuation de telle enquête. La présence des juges de l'application des peines est quant à elle particulièrement opportune dans l'appréhension des peines applicables et de leur suivi, en particulier pour des publics déjà confiés à ce magistrat et au service pénitentiaire d'insertion et de probation par le passé.

Il est encore justifié de disposer d'un ou de plusieurs présidents constants et d'assesseurs réguliers de manière à asseoir des jurisprudences et des pratiques d'audiences homogènes. La participation régulière à la matière correctionnelle permet également d'étendre les connaissances professionnelles des assesseurs et d'enrichir les débats par une meilleure maîtrise de la jurisprudence européenne, nationale et locale et l'évocation de points de droits déjà rencontrés et tranchés lors de précédentes audiences. *A contrario*, la permanence « figée » d'une juridiction qui ne serait jamais recomposée, semble plutôt à proscrire en ce qu'elle peut donner l'image d'une justice rigidifiée, peu apte à reconsidérer des points de vue immuables y compris sur la manière de mener l'audience[2].

111.64 Contestation par les parties de la composition. Au-delà des hypothèses de récusation ou de mise en œuvre de la procédure de suspicion légitime[3], il convient de mentionner ici, que si une difficulté affecte la composition du tribunal correctionnel, il appartient aux parties de soulever cette irrégularité au plus tard devant la cour d'appel, faute de quoi elles ne seraient pas recevables à l'invoquer pour la première fois devant la Cour de cassation, en application de l'article 599 du code de procédure pénale. Lorsque la cour d'appel constate l'irrégularité de la composition du tribunal correctionnel, elle doit annuler le jugement et évoquer, en application de l'article 520. Il en va ainsi par exemple lorsque la Cour constate que, contrairement aux dispositions de l'article 486, alinéa 1, du code de procédure pénale, la minute du jugement ne mentionne pas le nom des magistrats qui l'ont rendu[4].

1. V. s^{s} n°s 211.71 s.
2. Sur la question de la participation des juges de proximité et des citoyens en matière correctionnelle, v. s^{s} n°s 211.24 et 113.41.
3. V. s^{s} n° 211.171.
4. Crim. 14 mai 1990, n° 89-83.945, P n° 191.

SECTION 6
SALLE D'AUDIENCE

111.71 Absence de définition et d'homogénéité. On cherchera vainement dans le code de l'organisation judiciaire[5], ou dans le code de procédure pénale[6] une définition de la salle d'audience, qui est le lieu naturel dans lequel la justice est rendue[7]. On sait, pour la pratiquer, que la salle d'audience est de taille variable, située en des endroits différents de la juridiction, et, selon le caractère plus ou moins récent de celle-ci, équipée de moyens audio ou vidéo, seuls propres de nos jours à assurer le caractère pleinement contradictoire et public des échanges qui vont s'y jouer ; mais de définition point. Dès lors, les configurations de salles d'audiences peuvent être sensiblement variables d'un site judiciaire à l'autre. Les procès exceptionnels connaissent la création de salles d'audiences dédiées qui doivent être pensées bien en amont du début du procès.

La salle d'audience correctionnelle n'est d'ailleurs pas celle qui pose le plus de difficultés. Bien plus nombreuses sont les interrogations au sujet des salles où siègent les juges des libertés et de la détention et qui ne respectent pas toujours le libre accès du public (lorsqu'il n'y a pas été fait exception de manière motivée) et dont il est proposé de manière récurrente, ou prévu, qu'elles se situent à proximité des centres de rétention voire dans les aéroports[8]. On mentionnera en cette matière particulière, un arrêt de la première chambre civile de la Cour de cassation retenant qu'ayant apprécié les conditions d'exercice de la justice au regard de la nature de ce contentieux soumis à de brefs délais imposés par la loi, et estimé que rien n'établissait que ces conditions étaient meilleures au siège du tribunal, le premier président, constatant l'existence d'un juste équilibre entre les objectifs poursuivis par l'État et les moyens utilisés par ce dernier pour les atteindre, a exactement retenu que le juge, qui avait tenu l'audience dans la salle située à proximité de la

5. Exception faite des articles L. 513-4 et L. 513-8 relatif à l'organisation des audiences à Saint-Pierre et Miquelon par un moyen de communication audiovisuelle et L. 532-17 pour Wallis-et-Futuna (*id.*).
6. Articles relatifs aux incidents pouvant s'y dérouler (402, 405) ou concernant les témoins (454, 457...).
7. E. Madranges, « Prétoire, audience et symboles, libres propos », *D. actu.* 10 janv. 2018.
8. L. n° 2003-1119, 26 nov. 2003 ; réd. issue L. n° 2011-672, 16 juin 2011, disposait que si une salle d'audience attribuée au ministère de la Justice permettant au juge des libertés et de la détention de statuer publiquement sur le maintien ou non en zone d'attente avait été spécialement aménagée sur l'emprise sur l'emprise ferroviaire, portuaire ou aéroportuaire, il statuait dans cette salle (Ceseda, art. L. 222-4, abrog. par Ord. n° 2020-1733, 16 déc. 2020, art. 1 (V). V. désormais Cededa, art. L. 342-6 s.).

zone d'attente, avait statué publiquement et dans le respect des prescriptions légales et conventionnelles [1].

La salle correctionnelle comporte en général une estrade où siégeront les trois juges de la formation collégiale ou le juge unique [2]. Mais il peut se faire qu'en certaines matières (requêtes, CRPC...) la configuration d'une salle ordinaire organisée autour d'une table centrale soit utilisée. La plupart du temps les juges et le parquet occupent une situation surélevée par rapport au public, aux parties privées et donc aux avocats [3].

Le procureur et le greffier se trouvent en vis-à-vis, de part et d'autre de l'estrade, sans que leur emplacement à droite ou à gauche des juges ne soit systématique. N'est pas non plus systématique la présence d'un huissier ni l'emplacement qui lui est réservé [4].

Moins imposante que la salle d'assises, la salle correctionnelle peut accueillir également d'autres juges notamment en formations civiles, selon la plus ou moins grande disponibilité des locaux de la juridiction. De même que la salle d'assises, la salle correctionnelle doit être mitoyenne ou voisine d'une salle des délibérés. Celle-ci gagnerait à bénéficier d'un même équipement informatique que la salle des débats afin que les juges puissent accéder à l'intégralité du dossier de la procédure, ce qui, contrairement à la procédure criminelle actuelle dans le temps du délibéré, leur est permis.

111.72 **Présence d'un box pour détenus.** Un box est en général prévu pour le ou les détenus dans chaque salle consacrée à une activité pénale. Selon sa situation et son équipement, notamment audio, et bien sûr la nature des affaires appelées et la dangerosité supposée des intéressés, il est ou pas utilisé. Dans cette dernière hypothèse le détenu comparaît à la barre comme les autres parties, mais encadré de gendarmes ou policiers ou membres de l'escorte pénitentiaire.

Il a été jugé de longue date en matière criminelle que les juges du fond peuvent prendre des mesures de sécurité particulières pour la comparution des accusés présentant une particulière dangerosité [5], le recours à un enclos de verre à l'intérieur duquel sont placés les accusés durant leur comparution à l'audience, étant licite dès lors que ce dispositif, dans lequel lesdits accusés sont libres de leurs mouvements, comporte des aménagements permettant à chacun d'eux de communiquer librement et secrètement avec son conseil [6]. Plus récemment encore, et pour un mis en examen, la chambre criminelle a jugé que la gravité des infractions pour lesquelles le mis en examen est poursuivi justifie le refus d'extraire ce dernier du box sécurisé de la salle d'audience sans que ce maintien dans le box ne constitue une violation du respect de la dignité humaine, de la présomption d'innocence et des droits de la défense [7]. Il faut mentionner que le recours à un box pour détenus a pu pendant un certain temps, sembler toléré par la Cour européenne des droits de l'Homme de Strasbourg, quelle que soit sa configuration. Même si dans l'espèce concernée il était plus question de « cage » que de « box », on aurait pu pourtant penser à un rejet de principe, après un premier arrêt de grande chambre rendu contre la Russie qui avait donné l'occasion à la cour de Strasbourg d'affirmer que « l'enfermement d'une personne dans une cage en métal pendant son procès constitue en soi, compte tenu de son caractère objectivement dégradant, incompatible avec les normes de comportement civilisé qui caractérisent une société démocratique, un affront à la dignité humaine contraire à l'article 3 de la convention » [8]. Mais si elle a encore pu condamner la Russie dans une autre affaire, toujours au titre d'une violation de l'article 3 de la convention européenne des droits de l'homme et de traitements inhumains et dégradants c'est uniquement dans la configuration d'un box surpeuplé dans lequel s'entassaient plusieurs prévenus [9]. Plus précisément, elle a retenu une violation de l'article 3 de la convention pour un box vitré de 5,4 m^2 dans lequel dix accusés, « ont enduré ces conditions pendant plusieurs heures à raison de trois jours par semaine, pendant environ deux mois ; enfin, l'affaire ayant été médiatisée, les accusés se sont trouvés constamment exposés dans ces conditions aux médias et à l'opinion publique ». En revanche, elle a écarté une telle violation, pour un second box dans lequel : « M. B... disposait de 1,2 m^2 d'espace personnel et n'a donc pas subi une promiscuité extrême ; il n'y a pas suffisamment d'éléments pour étayer les arguments relatifs à de mauvaises conditions de ventilation, chauffage et climatisation ; enfin, les obstacles que les box vitrés auraient mis à la participation de M. B... au procès et à sa communication avec son avocat ne suffisent pas en eux-mêmes pour emporter violation de l'article 3 ».

1. Civ. 1re, 11 juill. 2018, n° 18-10.062, P.
2. V. aussi ss n° 531.46.
3. V. ss n° 521.44.
4. V. ss nos 212.21 s.
5. Crim, 20 févr. 1985, n° 84-94.750, P. n° 81.
6. Crim. 15 mai 1985, n° 84-95.752, P. n° 188.
7. Crim. 18 nov. 2020, n° 20-84.893, P ; F. Engel, « Du refus de laisser un mis en examen comparaître hors du box sécurisé », *D. actu.* 8 janv. 2021.
8. CEDH, gde ch., 17 juill. 2014, *Svinarenko et Slyadnev c/ Russie*, req. nos 32541/08, 43441/08 ; *RSC* 2014. 623, obs. J.-P. Marguénaud.
9. CEDH 4 oct. 2016, *Yaroslav Belousov c/Russie*, req. nos 2653/13, 60980/14.

Dans un arrêt ultérieur[1] à la suite d'une plainte d'un ressortissant russe notamment pour le fait qu'on l'ait obligé à rester dans une cage de verre au cours des audiences, le principe qu'en soi l'usage de ces « pièces », « cabines » ou « box » ne suffisait pas à caractériser un traitement inhumain ou dégradant a été repris par renvoi à la jurisprudence précédente. Des arrêts plus récents ont pu retenir en revanche, une violation de la convention au titre de son article 3, mais en distinguant selon les audiences et situations de chaque espèce[2].

Il semble donc qu'en l'état, la Cour de Strasbourg se soit toujours refusée à poser le principe d'une interdiction absolue de ces dispositifs. Pour autant, un arrêt très récent a retenu que même si le requérant n'est pas physiquement présent au tribunal, le fait de se trouver enfermé dans un box en métal au sein du centre de détention pour assister à son audience retransmise en visioconférence constituait un traitement humiliant, inhumain et dégradant[3].

Dans ce contexte, la politique de sécurisation des box[4] des salles d'audiences des juridictions françaises, par la mise en place de câbles en acier ou surtout, de vitrages les isolant de la salle, a été régulièrement et vigoureusement dénoncée par les avocats qui y ont vu un obstacle certain à l'exercice des droits de la défense et à la libre communication avec leurs clients[5]. Il peut y être ajouté la difficulté de placement des interprètes. Le Barreau des Hauts de Seine devant le juge des référés de Nanterre, puis le Syndicat des avocats de France (SAF) devant le tribunal de grande instance de Paris, ont ainsi assigné à jour fixe Madame la garde des Sceaux et l'Agent judiciaire de l'État (AJE), pour faute lourde, demandant le retrait des dispositifs de sécurité installés dans plusieurs salles d'audience. Le juge des référés de Nanterre a ordonné une expertise suivant décision du 21 décembre 2017[6]. Suivant jugement du 12 février 2018[7], le tribunal de grande instance de Paris considérant que l'avocat, pris en sa qualité d'auxiliaire de justice, ne peut pas être considéré comme usager du service public de la justice au sens de l'article L. 141-1 du code de l'organisation judiciaire, de même que les barreaux et associations représentatives de la profession d'avocat, a déclaré irrecevables les demandes qui lui étaient faites aux fins de retrait immédiat des dispositifs barreaux, grillages, cages de verre installés sur les box des salles d'audience des juridictions françaises. La cour d'appel de Paris a confirmé ce jugement[8], la première chambre civile de la Cour de cassation rejetant le pourvoi du conseil de l'Ordre des avocats de Paris et de son Bâtonnier a jugé que l'action en responsabilité pour faute lourde ou déni de justice prévue à l'article L. 141-1 du code de l'organisation judiciaire n'est ouverte qu'aux usagers du service public de la justice qui critiquent, au regard de la mission dont est investi ce service et en leur qualité de victime directe ou par ricochet de son fonctionnement, une procédure déterminée dans laquelle ils sont ou ont été impliqués[9].

L'inauguration du nouveau tribunal de grande instance de Paris, dont 9 salles pénales sur 27 ont été initialement équipées de box en verre, a été l'occasion d'une nouvelle démarche des avocats[10]. Dans un avis du 17 avril 2018, le Défenseur des droits, M. Jacques Toubon avait demandé aux ministres de la Justice et de l'Intérieur de mettre un terme à l'installation généralisée des box sécurisés dans les salles d'audience[11].

Après que le Conseil d'État a considéré que le contentieux relatif à ces boxes concerne l'institution judiciaire et ressort donc de sa compétence[12], puis a rejeté le recours pour excès de pouvoir formé contre la décision implicite de refus d'abroger l'arrêté du 18 août 2016 précisant les modalités d'installation de box sécuriés dans les salles daudience[13], la

1. CEDH 28 nov. 2017, *Kavkazskiy c/Russie*, req. n° 19327/13. T. Coustet, « Palais de justice : l'usage des box vitrés devant la CEDH », *D. actu.* 28 nov. 2017.
2. CEDH 30 janv. 2018, *Polikhovich c/Russie*, req. n°s 62630/13, 5562/15 – CEDH, 30 janv. 2018, *Stepan Zimin c/Russie*, req. n°s 63686/13, 60894/14.
3. CEDH 17 avr. 2018, *Karachentsev c/Russie,* req. n° 23229/11 ; *D. actu.* 7 mai 2018, V. Morgante.
4. Plan de lutte contre le terrorisme et arrêté du 18 août 2016 portant approbation de la politique ministérielle de défense et de sécurité, *BOMJ* n° 2016-08, 31 août 2016.
5. A. Portmann, « Des avocats contre le "bocal judiciaire" des assises de Grenoble », *D. actu.* 6 nov. 2015 – T. Coustet, « Sécurisation des box : un dossier « prioritaire » pour la Chancellerie », *D. actu.* 24 oct. 2017 – J. Mucchielli, « La cour d'assises de Pontoise ordonne qu'un accusé soit jugé hors du box en verre », *D. actu.* 20 déc. 2017.
6. Ord. référé, 21 déc. 2017, RG n° 17/02983.
7. TGI Paris 18 févr. 2018, RG n ° 17/15785.
8. Paris, Pôle 2, ch.1, 19 mars 2019, n° RG 18/05017.
9. Civ. 1re, 13 mai 2020, n° 19-17.970, P ; G. Deharo, « Box vitrés : irrecevabilité de la demande formée par le Bâtonnier de Paris et le conseil de l'Ordre des avocats », *D. actu.* 29 mai 2020.
10. J. Mucchielli, « Les avocats sont venus au tribunal de Paris pour exiger le démontage des cages en verre », *D. actu.* 24 avr. 2018.
11. Déf. des droits, avis, 17 avr. 2018, n° 2018-128, relative à l'implantation de box à barreaux et de box vitrés dans des salles d'audience des palais de justice, pour faire comparaître les personnes prévenues lorsqu'elles sont détenues, *Gaz. Pal.* 18 avr. 2018 : « Box vitrés : le défenseur des droits dit non à leur généralisation », L. Garnerie ; O. Dufour, « Box vitrés, la colère monte d'un cran », *Gaz. Pal.* 17 avr. 2018, n° 321q3, p. 5.
12. CE, juge des référés, 16 févr. 2018, n° 417944, *Ordre des avocats au barreau de Versailles, AJDA* 2018. 370, obs. M-C de Montecler ; *D.* 2018. 1611, obs. J. Pradel.
13. CE, 21 juin 2021, req. n° 418694, F. Engel, « Box vitrés : le CE valide leur installation », *D. actu.* 8 juill. 2021.

chambre criminelle, saisie de deux questions prioritaires de constitutionnalité[1] a refusé de les renvoyer au Conseil constitutionnel au visa de l'article 309 du code de procédure pénale et au motif qu'« il appartient au président de la cour d'assises, dans le cadre de son pouvoir de police, à son initiative ou sur la demande du ministère public, d'une partie ou de son avocat et sous le contrôle de la Cour de cassation, de veiller, au cas par cas, à l'équilibre entre, d'une part, la sécurité des différents participants au procès et, d'autre part, le respect des droits de la défense, les modalités pratiques de comparution de l'accusé devant la juridiction devant permettre à ce dernier, dans un espace digne et adapté, ou à l'extérieur de celui-ci, de participer de manière effective aux débats et de s'entretenir confidentiellement avec ses avocats... ». L'article 401 du code de procédure pénale[2] reconnaissant au président du tribunal correctionnel ce même pouvoir de police et d'appréciation des conditions dans lesquelles peuvent se dérouler les débats, il y a fort à parier que, posée pour la matière délictuelle, la question recevrait la même réponse.

En réalité, il convient de rappeler qu'une directive européenne renforçant la présomption d'innocence[3] qui devait être transposée en droit interne par les États membres au plus tard le 1er avril 2018, encadre déjà cette question, en prévoyant en son article 5, que :

1. Les États membres prennent les mesures appropriées pour veiller à ce que les suspects et les personnes poursuivies ne soient pas présentés, à l'audience ou en public, comme étant coupables par le recours à des mesures de contrainte physique.

2. Le paragraphe 1 n'empêche pas les États membres d'appliquer les mesures de contrainte physique qui s'avèrent nécessaires pour des raisons liées au cas d'espèce relatives à la sécurité ou à la nécessité d'empêcher les suspects ou les personnes poursuivies de prendre la fuite ou d'entrer en contact avec des tiers.

En conclusion, le président du tribunal correctionnel disposant de la police de l'audience, demeure libre d'apprécier si la comparution de tel détenu doit avoir lieu dans un box ou à la barre.

111.73 **Équipement.** La procédure française ne connaît pas du sténographe ou sténotypiste présent dans les salles d'Amérique du Nord, y compris et c'est sans doute regrettable lors des procès pouvant présenter un intérêt particulier, à quoi il est vrai, il peut être pallié par un enregistrement intégral[4] qui demeure néanmoins exceptionnel.

L'idéal serait que chaque salle, parfaitement sonorisée, dispose d'un ou de plusieurs écrans, ne serait-ce que pour assurer la diffusion des enregistrements vidéos plus fréquents en procédure pénale, en particulier ceux des victimes d'agressions sexuelles ou encore d'images de vidéosurveillance exploitées à titre probatoire dans tel ou tel dossier. Ces écrans sont également nécessaires pour qu'il soit recouru à la vidéo conférence. Ils peuvent être utilement mis en œuvre lors des affaires concernant d'importants accidents de la circulation pour diffusion des plans, photographies ou reconstitution et travaux d'expert.

L'équipement informatique complet à disposition des magistrats du siège comme du parquet est rendu nécessaire par l'épaississement sensible des procédures et leur numérisation, si l'on souhaite un fonctionnement réellement dynamique de l'audience et surtout conforme aux garanties procédurales.

La question a récemment été posée du respect du droit de la personne poursuivie de disposer du temps et des facultés nécessaires à la préparation de sa défense, dans l'hypothèse d'une remise à l'avocat du prévenu de la copie de la procédure sur CD-ROM sans mise à disposition du matériel permettant de le consulter. Au visa des articles 6, § 3 de la convention européenne des droits de l'homme et 393 du code de procédure pénale, la chambre criminelle censure l'arrêt de la cour d'appel qui avait énoncé qu'aucune disposition légale ne prévoyait la mise à disposition par l'autorité judiciaire d'un tel matériel au conseil du prévenu lors d'un déférrement en vue d'une comparution immédiate, jugeant qu'en prononçant ainsi, alors que la libre consultation du dossier de la procédure implique la mise à disposition, de la personne déférée et de son avocat du matériel nécessaire à sa lecture effective, la cour avait violé les textes susvisés[5].

Bien que le recours aux témoins soit extrêmement rare en matière correctionnelle, il convient de souligner qu'une salle des témoins devrait exister dans

1. Crim. 28 nov. 2018, n° 18-82.010, P. « QPC sur les box vitrés : pas de renvoi au Conseil constitutionnel », *D. actu.* 7 déc. 2018, obs. D. Goetz. V. également : « La CGLPL demande la suppression complète des box vitrés », *D. actu.* 29 mars 2019, obs. M.B.
2. V. s[s] n° 544.21.
3. Dir. 2016/343, Parlement et Conseil, 9 mars 2016 portant renforcement de certains aspects de la présomption d'innocence et du droit d'assister à son procès dans le cadre des procédures pénales, *JOUE L* 65, 11 mars, p. 1.
4. V. s[s] n° 523.61.
5. Crim. 9 mars 2022, n° 21-82.580, P. qui est également important en ce qu'il juge que l'avis sollicitant l'accord du prévenu pour comparaître devant la juridiction de jugement par visio-conférence à l'occasion d'un jugement sur le fond constitue une pièce essentielle à la garantie du caractère équitable au procès, ce qui impose sa traduction lorsque le prévenu ne comprend pas le français. M. Slimani « Précisions sur la consultation du dossier et la traduction des pièces », *D. actu.* 24 mars 2022.

chaque ensemble judiciaire à proximité des salles d'audiences.

Un emplacement pour les représentants de la presse serait judicieux.

Les termes employés dans les quelques lignes qui précédent laissent supposer que l'équipement idéal de la salle d'audience pénale reste à parfaire dans bon nombre de juridictions. Il n'est d'ailleurs qu'à comparer le niveau d'installation des salles des juridictions internationales avec le niveau moyen des salles d'audiences françaises pour souhaiter, sans grande originalité, la manifestation d'une politique volontariste d'équipement de ces lieux dans lesquels la justice est rendue « au nom du peuple français ».

La salle d'audience doit enfin être dépourvue d'insignes, ou de symboles religieux encore que certaines comportent quelques peintures classiques, qui prêtent de temps à autre à critiques.

111.74 Délocalisation de la salle d'audience. La délocalisation de la salle d'audience est généralement décidée pour les affaires exceptionnelles par leur importance médiatique, le nombre de prévenus ou de victimes. Le procès des « prothèses PIP » avec plus de 5 000 plaintes, s'est ainsi déroulé dans un hall d'exposition[1] ; avec 2 600 parties civiles, le procès de la catastrophe de l'usine AZF, à Toulouse pareillement, le procès des attentats du 13 novembre 2015, dans une salle d'audience construite pour les besoins de la cause au sein de l'ancien Palais de justice de Paris[2]... et il s'agit d'une situation que connaissent également quelques cours d'assises au « périmètre » exceptionnel[3].

Cette délocalisation impose que soit assuré le respect des principes fondamentaux de la procédure.

Il convient de mentionner que la loi de programmation pour la justice de 2019[4] est venue créer au sein du code de l'organisation judiciaire, un article L. 124-2 en vertu duquel : lorsqu'une audience ne peut être matériellement tenue dans le respect des droits des parties ou dans des conditions garantissant la bonne administration de la justice, elle peut se dérouler dans toute commune située dans le ressort d'une juridiction limitrophe. Le premier président de la cour d'appel, après avis du procureur général, fixe par ordonnance le lieu et le jour de ces audiences[5].

Ce texte, s'il mentionne les exigences tenant aux droits des parties et à la bonne administration de la justice, ne donne pas de plus amples explications sur les circonstances pouvant guider ce choix et qui semblent, au terme de l'emploi de l'adverbe « matériellement » tenir à une incapacité des locaux judiciaires à permettre le déroulement serein d'une ou de plusieurs audiences. Il ne devrait pas permettre l'éviction, de fait, du siège naturel de la juridiction. Dans le domaine voisin de la délocalisation des salles d'audience au sein des zones d'attente en matière de droit des étrangers, on relèvera le communiqué du Défenseur des droits en date du 6 octobre 2017, ayant considéré que :

- les garanties procédurales fondamentales ne sont à ce jour pas réunies pour permettre la tenue des audiences au sein de l'annexe ;

- le droit à une juridiction indépendante et impartiale, la publicité des débats judiciaires et les droits de la défense sont susceptibles d'être gravement compromis par le dispositif procédural actuel et les modalités fonctionnelles d'ouverture de cette salle d'audiences délocalisée, située dans une zone d'accessibilité réduite ;

- les conditions pour une prise en charge des mineurs non accompagnés ne sont pas réunies. Il relève l'absence de cadre juridique clair et de représentant du parquet dans l'annexe ainsi que l'absence de moyens donnés à l'Aide sociale à l'enfance pour assurer la prise en charge[6].

Enfin, à l'occasion du traitement judiciaire de la pandémie de Covid-19, l'article 6 de l'ordonnance du 25 mars 2020[7] avait prévu de manière tout à fait exceptionnelle, que lorsqu'une juridiction pénale du premier degré est dans l'incapacité totale ou partielle de fonctionner, le premier président de la cour d'appel puisse désigner par ordonnance, après avis du procureur général près cette cour, des chefs de juridiction et des directeurs de greffe des juridictions concernées, une autre juridiction de même nature et du ressort de la même cour pour connaître de tout ou partie de l'activité relevant de la compétence de la juridiction empêchée. L'ordonnance déterminait alors les activités faisant l'objet du transfert de compétence et la date à laquelle le transfert de compétences intervient. Elle était prise pour une durée ne pouvant excéder un mois après la cessation de l'état d'urgence sanitaire déclaré dans les conditions de l'article 4 de la loi du 23 mars 2020. Elle devait faire l'objet d'une publication dans deux journaux diffusés dans le ressort de la cour et de

1. Palais de l'Europe, parc Chanot à Marseille.
2. *Cahiers de la justice*, 2023/1, « Le procès du 13 novembre : témoignages et analyses ».
3. V. aussi s[s] n° 111.48.
4. L. n° 2019-222, 23 mars 2019 de programmation 2018-2022 et de réforme pour la justice, *JO* 24 mars, n° 2.
5. *Ibid.*, art. 103.
6. Déf. des droits, communiqué, 10 oct. 2017.
7. Ord. n° 2020-303, 25 mars 2020 portant adaptation de règles de procédure pénale sur le fondement de la loi n° 2020-290 du 23 mars 2020 d'urgence pour faire face à l'épidémie de covid-19, *JO* 26 mars, art. 6.

toute autre mesure de publicité dans tout lieu jugé utile. La juridiction désignée était alors compétente pour les affaires en cours à la date d'entrée en vigueur de l'ordonnance de désignation.

En pratique ce transfert pouvait concerner toutes les juridictions pénales du premier degré dont tribunal de police et correctionnel. Il ne semble pas que ces dispositions aient été mises en œuvre.

111.75 Délocalisation des services de la juridiction. La loi du 23 mars 2019 précitée, a également créé deux articles dans le code de l'organisation judiciaire permettant une dérogation aux règles usuelles concernant le siège et le ressort des juridictions.

D'une part, lorsque la continuité du service de la justice ne peut plus être assurée au sein du bâtiment où siège la juridiction, dans les conditions offrant les garanties nécessaires au maintien de la sécurité des personnes et des biens, tout ou partie des services de la juridiction peut, à titre provisoire, être transféré dans une autre commune du ressort de la même cour d'appel.

Ce transfert est prononcé par ordonnance du premier président de la cour d'appel après avis du procureur général près cette cour.

La durée du transfert ne peut excéder six mois. Cependant, si la situation l'exige, elle peut faire l'objet d'une prorogation pour une durée égale dans les conditions définies ci-dessus. Un décret en Conseil d'État détermine les conditions d'application du présent article[1].

D'autre part, lorsqu'une juridiction a compétence nationale, elle peut tenir des audiences dans toute commune du territoire national. Le premier président de la cour d'appel dont relève la juridiction à compétence nationale, après avis du procureur général, fixe par ordonnance le lieu et le jour de ces audiences[2].

Il est aisé de voir que cette seconde disposition résulte d'un choix ponctuel, de tenue d'une audience, dont il est au demeurant permis de penser que la juridiction nationale anti-terroriste usera peu, préférant tenir ses audiences au sein de l'ancien Palais de justice de Paris, tandis que la première est liée à une contrainte bâtimentaire et au déménagement de tout ou partie des services juridictionnels.

111.76 Enregistrement vidéo des audiences. Les audiences devant les juridictions judiciaires, sans préjudice des dispositions particulières du code de la santé publique, du code de procédure pénale et du code de l'entrée et du séjour des étrangers et du droit d'asile, peuvent, par décision du président de la formation de jugement, d'office ou à la demande d'une partie, et avec le consentement de l'ensemble des parties, se dérouler dans plusieurs salles d'audience reliées directement par un moyen de télécommunication audiovisuelle garantissant la confidentialité de la transmission.

L'une ou plusieurs de ces salles d'audience peuvent se trouver en dehors du ressort de la juridiction saisie.

Pour la tenue des débats en audience publique, chacune des salles d'audience est ouverte au public. Pour la tenue des débats en chambre du conseil, il est procédé hors la présence du public dans chacune des salles d'audience.

Le décret du 25 avril 2022[3] est venu préciser que « si l'intérêt de la bonne administration de la justice le justifie, le président du tribunal judiciaire peut décider qu'une audience du tribunal correctionnel qui se déroule publiquement en application de l'article 400 sera retransmise en direct dans plusieurs salles d'audience de la juridiction.

« S'il s'agit de l'audience d'un tribunal correctionnel disposant d'une compétence spécialisée qui s'étend aux ressorts d'autres tribunaux judiciaires, il peut décider que cette audience sera retransmise en direct dans une ou plusieurs salles d'audience du tribunal judiciaire dans le ressort duquel les faits ont été commis, avec l'accord du président de cette juridiction.

« La décision de retransmission de l'audience est portée à la connaissance des parties. Elle constitue une mesure d'administration judiciaire insusceptible de recours ».

Le décret du 20 juillet 2022[4] est venu compléter le texte précédent en précisant que « la salle d'audience de la juridiction dans laquelle a lieu la retransmission peut être située hors des locaux habituels de cette juridiction, dans tout lieu de la ville où cette juridiction a son siège ».

Il faut comprendre cette possibilité de recours à des salles extérieures à la juridiction, suffisamment grandes pour accueillir, par exemple, un grand nombre de victimes, leurs avocats un public important voire la presse, comme un aveu de l'insuffisance des espaces judiciaires même contemporains.

Seules sont ici encore autorisées les prises de vues et de son prévues par les articles L. 221-1 et suivants du code du patrimoine. Les modalités d'application

1. COJ, art. L. 124-1, mod. par L. n° 2019-222, 23 mars 2019, *JO* 24 mars, n° 2, art. 103.
2. COJ, art. L. 124-3, *ibid.*
3. Décr. n° 2022-656, 25 avr. 2022 renforçant la prise en compte des intérêts des victimes au cours de la procédure pénale créant l'article C. pr. pén., art. D. 45-2-1 *bis, JO* 26 avr., n° 30.
4. Décr. n° 2022-1021, 20 juill. 2022 précisant les dispositions des articles D. 45-1-4-1, D. 45-2-1 *bis* et D. 45-37-8 du code de procédure pénale, *JO* 21 juill., n° 16.

du présent article sont fixées par décret en Conseil d'État[1 2].

Il convient de noter que par sa décision du 6 septembre 2018[3], le Conseil constitutionnel se prononçant sur la loi pour une immigration maîtrisée, un droit d'asile effectif et une intégration réussie[4] a notamment relevé qu'en permettant que les audiences considérées par ce contentieux puissent se tenir au moyen d'une communication audiovisuelle, le législateur a entendu contribuer à la bonne administration de la justice et au bon usage des deniers publics. Relevant les garanties prévues par le législateur dans ces différentes hypothèses du point de vue de l'organisation des audiences, dont l'assistance de la personne par son conseil si elle en a un, il a jugé que, compte tenu notamment des caractéristiques de ces procédures, les dispositions contestées ne méconnaissaient ni le droit à un recours juridictionnel effectif, ni les droits de la défense, ni le droit à un procès équitable. Cette décision, ainsi formulée, pose à l'évidence la question de l'avenir de l'audience publique bien au-delà du contentieux des étrangers en situation irrégulière[5].

1. COJ, art. L. 111-12.
2. V. s[s] n°s 221.81 s. – ÉGAL[T], sur la possibilité de filmer les audiences pénales, v. s[s] n° 523.61 s.
3. Cons. const. 6 sept. 2018, n° 2018-770 DC, consid. 26 s.
4. L. n° 2018-778, 10 sept. 2018 pour une immigration maîtrisée, un droit d'asile effectif et une intégration réussie, *JO* 11 sept., n° 1.
5. V. aussi, S. Zientara Logeay, « L'audience pénale a-t-elle encore un avenir ? », *Carnet de la Mission Droit et Justice*, déc. 2017.

CHAPITRE

112. Contenu, charge et durée des audiences

SECTION 0 ORIENTEUR

112.00 **Sommaire du chapitre.**

112.01 **Principaux textes applicables.**

TEXTES SOURCES

- C. pr. pén., art. 399
- C. trav., art. L. 3121-16, L. 3121-18
- Circ. 6 juin 2001, n° SJ-01-134 Cab Dir/6.06.01, relative à la durée des audiences, dite circulaire Lebranchu – extrait

TEXTES *IN EXTENSO*

À NOTER. Ne figurent pas ci-dessous les textes intégralement reproduits dans les développements.

• **C. trav., art. L. 3121-16**

Dès que le temps de travail quotidien atteint six heures, le salarié bénéficie d'un temps de pause d'une durée minimale de vingt minutes consécutives.

• **C. trav., art. L. 3121-18**

La durée quotidienne de travail effectif par salarié ne peut excéder dix heures, sauf :

1° En cas de dérogation accordée par l'inspecteur du travail dans des conditions déterminées par décret ;

2° En cas d'urgence, dans des conditions déterminées par décret ;

3° Dans les cas prévus à l'article L. 3121-19.

• **Circ. 6 juin 2001, n° SJ-01-134 Cab Dir/6.06.01,** dite circulaire Lebranchu

Il convient donc de vous assurer qu'en principe, la durée de ces audiences commençant en début de matinée ou d'après midi n'excède pas 6 heures, cette durée incluant le temps du délibéré des affaires évoquées le même jour. Lorsque ces audiences sont organisées sur plus d'une demi-journée, elles ne doivent pas dépasser, en principe, la durée de 8 heures Si des circonstances tout à fait exceptionnelles, par exemple lors de l'examen de certaines affaires d'assises, conduisent à ne pouvoir respecter cette exigence, il convient, en toute hypothèse, de s'assurer que la durée d'une audience, sur une journée, n'excède pas 10 heures…

112.02 **Jurisprudence de référence.**

> Durée de l'audience

• **CEDH 19 oct. 2004,** *Makhfi c/France*, req. n° 59335/00

* V. s[s] n° 112.41.

« Viole le principe du procès équitable le fait de poursuivre l'audience de nuit au risque que l'accusé et son défenseur ne puissent suivre les débats, répondre aux questions et plaider en étant dans un état de fatigue excessif et que les juges et les jurés ne puisse rendre un jugement éclairé. »

SECTION 1 DISPOSITIONS RELATIVES À LA TENUE DE CERTAINES AUDIENCES EN MATIÈRE DE CONTENTIEUX SPÉCIALISÉS

112.11 **Règles particulières.** Pour la poursuite, l'instruction puis le jugement d'un certain nombre d'infractions, des procédures et juridictions spécialisées ont été instituées au fil des années. Il va de soi que les règles communes énoncées dans cet ouvrage doivent être adaptées en fonction de la spécificité de ces contentieux et en particulier de leur complexité qui entraîne la plupart du temps, devant la juridiction de jugement, des débats d'une durée particulière. La « spécialisation » voulue par le législateur demeure toutefois largement contrainte par les sous-effectifs et les moyens alloués aux juridictions et nombre des magistrats siégeant en ces matières, notamment au stade du jugement, auront bien d'autres occupations juridictionnelles[1]. Les magistrats qui composent ces juridictions doivent être spécialement désignés.

Le code de procédure pénale fixe les règles relatives à la compétence, à l'organisation et au fonctionnement de certains tribunaux judiciaire :

1° En matière militaire en temps de paix ;

2° En matière économique et financière ;

3° En matière sanitaire ;

4° En matière de terrorisme ;

5° En matière de délinquance organisée ;

6° En matière de pollution des eaux maritimes par rejets des navires[2 3].

Sans que l'article L. 213-9 du COJ s'y réfère, il est encore possible de distinguer, au sein du code de procédure pénale, des dispositions spécialement applicables :

- En matière de crimes contre l'humanité et de crimes et délits de guerre[4 5] ;
- En matière de trafic de stupéfiants[6] ;
- En matière de traite des êtres humains, de proxénétisme ou de recours à la prostitution des mineurs[7] ;
- En matière d'accident collectif[8 9].

Il existe donc aujourd'hui de multiples textes applicables selon la nature du contentieux, dont les articles 706-2 et suivants du code de procédure pénale qui se déclinent à ce jour jusqu'à l'article 706-182, et qui rendent la matière finalement peu lisible[10].

Il faut noter que la loi du 6 décembre 2013[11] a modifié l'article 704 du code de procédure pénale pour étendre la compétence des juridictions interrégionales spécialisées aux infractions qui étaient jusqu'alors de la compétence des pôles économiques et financiers des tribunaux de grande instance. Elle a par ailleurs supprimé les pôles économiques et financiers, sauf dans les tribunaux de grande instance de certaines cours d'appel dont la liste est fixée par décret[12 13].

SECTION 2
PRINCIPE DU CO-AUDIENCEMENT DES AFFAIRES

112.21 **Collaboration siège-parquet.** Le nombre et le jour des audiences correctionnelles sont fixés par décision conjointe du président du tribunal judiciaire et du procureur de la République. Il en est de même de la composition prévisionnelle de ces audiences, sans préjudice des pouvoirs propres du ministère public, en matière d'audiencement. Les décisions prévues à l'article 399 du code de procédure pénale sont prises, après avis de l'assemblée générale du tribunal, à la fin de l'année judiciaire pour l'année judiciaire suivante et peuvent, en cas de nécessité, être modifiées en cours d'année dans les mêmes conditions. En cas d'impossibilité de parvenir à des décisions conjointes, le nombre et le jour des audiences correctionnelles sont fixés par le seul président du tribunal juidiciaire et la composition prévisionnelle des audiences est déterminée par le seul procureur de la République, après avis du premier président de la cour d'appel et du procureur général[14].

La nature et le nombre d'affaires appelées à l'audience sont donc en principe déterminés par le siège et le parquet, mais selon des modalités extrêmement variables d'un tribunal à l'autre. Dans nombre de juridictions c'est le ministère public qui fixe le nombre d'affaires et leur nature par audience. Il se peut qu'un magistrat du parquet soit chargé de ce faire ou qu'il délègue totalement ou partiellement cette tâche à un fonctionnaire chargé d'équilibrer les audiences.

Dans d'autres juridictions, ces répartitions s'opèrent à l'amiable, sans formalisme particulier, entre magistrat du parquet désigné et président ou premier vice-président chargé du service correctionnel.

Enfin, au stade le plus élaboré, ce sont de véritables commissions d'audiencement qui sont instaurées, composées du magistrat chargé du service

1. Sur les règles de compétence, v. s[s] livre 3.
2. COJ, art. L. 213-9 ; mod. par L. n° 2019-222, 23 mars 2019 de programmation 2018-2022 et de réforme pour la justice, *JO* 24 mars, n° 2, art. 95.
3. Pour la juridiction d'instruction : COJ, art. L. 213-11.
4. C. pr. pén., art. 628 s.
5. L. n° 2011-1862, 13 déc. 2011 relative à la répartition des contentieux et à l'allégement de certaines procédures juridictionnelles, art. 22, *JO* 14 déc., p. 21105.
6. C. pr. pén., art. 706-26 s.
7. C. pr. pén., art. 706-34.
8. C. pr. pén., art. 706-176 s. mod. par Ord. n° 2019-964, 18 sept. 2019, pris en application de la loi n° 2019-222 du 23 mars 2019 de programmation 2018-2022 et de réforme pour la justice, *JO* 19 sept., n° 5, art. 35 (VD), en vigueur depuis le 1er janv. 2020.
9. L. n° 2011-1862, 13 déc. 2011, art. 23.
10. A noter les modifications concernant les pôles interrégionaux spécialisés en matière d'atteintes à l'environnement et à la santé publique issues de L. n° 2020-1672, 24 déc. 2020, *JO* 26 déc., n° 4, art. 15.
11. L. n° 2013-1117, 6 déc. 2013 relative à la lutte contre la fraude fiscale et la grande délinquance économique et financière, art. 704, *JO* 7 déc., p. 19941.
12. NOT. : décr. n° 2014-69, 29 janv. 2014 modifiant les articles D. 47-2 et D. 47-3 du code de procédure pénale, *JO* 31 janv., p. 1828, de nouveau mod. par Décr. n° 2019-966, 18 sept., *JO* 19 sept., n° 7, art. 8.
13. Sur les règles de compétence : v. s[s] livre 3.
14. C. pr. pén., art. 399.

pénal, du magistrat du parquet délégué dans ces fonctions, d'un greffier ou greffier en chef chargé de ce même service et associant parfois le barreau local. Les avantages de ce dernier fonctionnement ne sont pas à décrire : moindres contestations sur la charge des audiences, possibilités de fixation d'horaires différenciés, prise en compte des emplois du temps des avocats et donc diminution des risques de demandes de renvois, gestion anticipée des demandes de copie...

Un réel co-audiencement suppose une collaboration bien en amont de l'audience, avec prélecture des dossiers, évaluation précise du temps d'audience nécessaire et le cas échéant incluant le temps du délibéré si l'on veut qu'il soit immédiat. Compte tenu de la charge actuelle des services et des délais usuels d'audiencement, fréquemment comptés en termes de mois, il faut bien admettre qu'à de rares exceptions, ce système ne peut être, le plus souvent, qu'incomplètement mis en place. Pourtant tous gagneraient à un réel co-audiencement impliquant également les juges d'instruction qui sont les mieux à même d'une part, d'aviser le service correctionnel de la prochaine ordonnance de règlement qu'ils comptent rendre dans un dossier comptant un ou plusieurs détenus, d'autre part des difficultés particulières que telle information peut présenter, enfin et peut être surtout, de la durée prévisionnelle de l'évocation de ce dossier. La durée prévisible de l'examen de toute affaire semble d'ailleurs constituer le b.a-ba d'une réelle politique d'audiencement.

De telles projections sont assez souvent évoquées en période de vacation, notamment parce que les audiences peuvent être alors tenues par des magistrats peu rodés aux pratiques correctionnelles. Elles gagneraient à l'être tout au long de l'année. Il n'est pas inconcevable que le service de l'audiencement soit pareillement avisé par les magistrats instructeurs des perspectives de correctionnalisation. Les dossiers d'information sont en effet généralement importants ne serait-ce qu'au regard des peines encourues, comptent un ou plusieurs détenus et nécessitent un créneau horaire inhabituel qu'il convient d'anticiper. En outre, leur appréciation par un ou des magistrats connaissant la matière correctionnelle est souhaitable.

À terme, l'instauration d'un tel système qui peut s'apparenter à une mise en état des affaires pénales, avec vérification des expertises obligatoires, contrôle du caractère complet des mises en examen et de leur concordance avec les termes de l'ordonnance de renvoi dans les dossiers d'information complexes, gestion des citations pour les prévenus domiciliés hors ressort, vérification d'éventuelles détentions pour autres causes, obtention de bulletins n° 1 actualisés du casier judiciaire, appel à la cause des organismes sociaux, obtention d'un extrait K-bis récent des personnes morales poursuivies, mise à disposition systématique des avocats d'une copie numérisée ou papier complète des dossiers appelés... est susceptible de permettre un gain de temps appréciable au début d'audiences qui ne se trouvent plus polluées par des difficultés d'ordre technique qui auraient pu et dû être gérées bien en amont.

SECTION 3
CRITÈRES DE FIXATION DES DOSSIERS

112.31 **Choix des priorités.** Il n'est pas certain que les magistrats du parquet et ceux du siège aient, en tous lieux, exactement la même vision des priorités. Ceci milite fortement et encore pour l'élaboration commune d'une politique de juridiction adaptée aux contraintes locales, tant en termes d'ordre public que de moyens à disposition. Schématiquement, nombre de parquets semblent privilégier les convocations par officier de police judiciaire, ce qui est flatteur en termes de nombre de dossiers audiencés mais recouvre des infractions à l'importance variable. Si l'avantage du traitement en temps réel a été de donner un plus fort taux de réponse pénale rapide que par le passé, notamment à un certain nombre d'agressions de voie publique, il a pu contribuer à laisser de côté le traitement d'enquêtes plus lourdes attendant plus longtemps la délivrance d'une citation, voire l'audiencement du dossier, qui glisse alors de semaines en mois et de mois en années.

Au regard de « l'agenda des audiences », le seul critère impératif est celui qui concerne les dossiers comportant un détenu et qui doivent faire l'objet d'un audiencement dans un délai de deux mois à compter de l'ordonnance de renvoi.

Si le juge d'instruction estime que les faits constituent un délit, il prononce en effet, par ordonnance, le renvoi de l'affaire devant le tribunal correctionnel. Cette ordonnance précise, s'il y a lieu, que le prévenu bénéficie des dispositions de l'article 132-78 du code pénal (relatives à l'exemption de peine).

L'ordonnance de règlement met fin à la détention provisoire, à l'assignation à résidence avec surveillance électronique ou au contrôle judiciaire. S'il a été décerné, le mandat d'arrêt conserve sa force exécutoire ; s'ils ont été décernés, les mandats d'amener ou de recherche cessent de pouvoir recevoir exécution, sans préjudice de la possibilité pour le juge d'instruction de délivrer un mandat d'arrêt contre le prévenu.

Toutefois, le juge d'instruction peut, par ordonnance distincte spécialement motivée, maintenir le prévenu en détention, sous assignation à résidence avec surveillance électronique ou sous contrôle judiciaire, jusqu'à sa comparution devant le tribunal. L'ordonnance de maintien en détention provisoire est motivée par référence aux 2°, 4°, 5° et 6° de l'article 144 du code de procédure pénale.

Le prévenu en détention est immédiatement remis en liberté si le tribunal correctionnel n'a pas commencé à examiner au fond à l'expiration d'un délai de deux mois à compter de la date de l'ordonnance de renvoi.

Toutefois, si l'audience sur le fond ne peut se tenir avant l'expiration de ce délai, le tribunal peut, à titre exceptionnel, par une décision mentionnant les raisons de fait ou de droit faisant obstacle au jugement de l'affaire, ordonner la prolongation de la détention pour une nouvelle durée de deux mois. La comparution personnelle du prévenu est de droit si lui-même ou son avocat en font la demande. Cette décision peut être renouvelée une fois dans les mêmes formes. Si le prévenu n'a toujours pas été jugé à l'issue de cette nouvelle prolongation, il est remis immédiatement en liberté[1].

En pratique, le jugement de la personne renvoyée détenue devant le tribunal correctionnel par le juge d'instruction doit intervenir dans les deux mois, ou exceptionnellement dans les quatre mois de cette ordonnance, après prolongation de la détention ou une dernière fois dans les six mois de l'ordonnance dans les mêmes conditions.

Le délai de deux mois prévu par l'article 179 du code de procédure pénale, à l'expiration duquel le prévenu maintenu en détention lors de son renvoi devant le tribunal correctionnel doit être mis en liberté si le tribunal n'a pas commencé à examiner l'affaire au fond ou ordonné la prolongation de la mesure, constitue un délai de comparution devant la juridiction de jugement qui, calculé, de quantième à quantième à compter du jour où l'ordonnance de renvoi a été rendue, expire à 24 heures, le jour du second mois suivant, portant le même quantième[2].

Un second critère de fixation d'un dossier peut être lié à l'ancienneté des faits, tant il est vrai que la notion de délai raisonnable trouve bien évidemment ici à s'appliquer et qu'à supposer la culpabilité établie – ce qui peut être d'autant moins évident que les preuves ou souvenirs s'estompent avec le temps – le prononcé d'une peine n'a plus véritablement grand sens, des années après les faits. Enfin, le risque d'une reviviscence de ces faits par des victimes qui avaient entamé un travail d'oubli est également dommageable et commande que régulièrement le service de l'audiencement « déstocke » les dossiers les plus anciens.

D'où un troisième critère très proche qui concerne les dossiers d'instruction. Ces dossiers traitent souvent de faits anciens et dont la complexité réelle ou apparente a conduit à cette modalité de poursuite. La lourdeur procédurale qui les accompagne a, de fait, ralenti le cours de la justice. Ils concernent pourtant dans la majorité des cas des affaires aux enjeux pénaux importants. Il convient donc, sinon de « rattraper le temps perdu », du moins de ne pas les pénaliser dans le temps de l'audiencement une fois que la clarté des faits a été consacrée par une ordonnance de règlement et de faire en sorte que le mis en examen comme les victimes soient rapidement fixés sur la décision. La difficulté est alors que ces dossiers sont souvent dévoreurs de temps d'audience, et que contre un dossier d'information, le parquet peut vouloir privilégier cinq ou six procédures sur COPJ.

Un quatrième critère de choix peut être celui de la multiplicité des poursuites contre un même prévenu, le cas échéant sous différentes voies[3] et tant devant une composition collégiale, qu'une juge unique. Dans ce cas, le regroupement des dossiers à une même audience ne présente que des avantages en ce qu'il permet le cas échéant une jonction des procédures[4], facilite le regroupement des extraits pour exécution, rassemble pareillement les procédures devant la cour d'appel en cas d'exercice d'une voie de recours. Il est de ce point de vue absolument nécessaire que le service de l'audiencement vérifie avant toute fixation, si d'autres dossiers concernant la même personne ne sont pas encore en cours de traitement, auquel cas il peut être opportun de différer l'audiencement de quelques affaires à la date à laquelle elles seront toutes en état d'être jugées.

Il est à noter qu'une organisation doit être clairement mise en place qui intègre la possibilité désormais offerte au juge d'instruction de préciser dans son ordonnance de renvoi la date d'audience, en applicaion des dispositions de l'article 179-2 du code de procédure pénale[5].

112.32 **Situation des dossiers complexes.** Qu'il s'agisse d'un dossier complexe par la nature des faits (infractions en matière de droit pénal des affaires par exemple), ou leur multiplicité, du nombre de prévenus, de la lourdeur des peines encourues, du nombre de victimes ou par son retentissement médiatique, les règles sus-énoncées doivent évidemment être amodiées lorsqu'une juridiction se trouve avoir à juger un dossier exceptionnel. Plus que tous autres, ces dossiers nécessitent une préparation particulière qui commence souvent par la fixation

1. C. pr. pén., art. 179, al. 1 à 5 (v. s^s n°s 814.16 s.).
2. POUR une ordonnance du 22 décembre dont les effets expiraient le 22 février suivant à minuit : Crim. 11 déc. 2001, n° 01-83.440, P n° 260 ; *D.* 2002. 371.
3. COPJ, citation, ORTC.
4. V. s^s n° 532.54.
5. C. pr. pén., art. 179-2, créé par L. n° 2019-222, 23 mars 2019, *JO* du 24 mars, n° 2, art. 56, en vigueur depuis le 25 mars 2019 – V. aussi s^s n° 411.41.

d'une journée ou de nombreuses journées d'audience durant lesquelles ils seront seuls évoqués. La comparution de multiples prévenus, témoins ou experts et des avocats, parfois spécialisés ou retenus ailleurs par d'autres affaires du même type exige une anticipation particulière, les victimes ressentant comme un affront supplémentaire un éventuel renvoi de l'affaire décidé au dernier moment.

Les convocations ou citations devront donc être délivrées largement en amont après qu'un accord ait été pris avec les différents avocats sur leur disponibilité à la date envisagée. Ce temps sera en outre nécessaire à la délivrance de toutes copies utiles et évitera que la défense n'invoque un retard dans la possibilité qu'elle a eue de prendre en compte la défense de ses clients[1].

112.33 Calibrage type. Un rapide tour d'horizon permet de penser que dans la majorité des juridictions, vingt à trente dossiers sont en moyenne examinés en juge unique, tandis que douze à seize, sont audiencés en audiences collégiales. Encore ces chiffres peuvent-ils varier aussi selon le nombre de prévenus par dossier, la complexité des faits et les modes de saisine. Les audiences composées par des COPJ peuvent compter un nombre sensiblement plus important de dossiers, alors même que se pose souvent un problème d'évaluation du temps nécessaire à leur examen qui n'a été effectuée que sur compte-rendu téléphonique de l'enquêteur et qui peut se révéler parfois très trompeuse. Au-delà, on soulignera les impondérables liés au nombre de prévenus présents, d'avocats choisis ou commis d'office, d'éventuels témoins ou de victimes, constituées ou non parties civiles... outre la durée moyenne variable selon chaque magistrat président ou parquetier pour présenter un même dossier. Enfin, demeure le fait que cette différenciation entre « juges uniques » et « collégiales » demeure assez aléatoire, certains dossiers de la compétence du juge unique étant autrement plus complexes et contestés que des dossiers d'instruction, par exemple réglés avec l'assentiment de toutes les parties et qui peuvent même faire l'objet d'un « plaider coupable »[2].

La difficulté essentielle est bien celle de l'évaluation du « temps-dossier ». Exception faite du dossier concernant des faits extrêmement simples, reconnus et le cas échéant abordés en l'absence du prévenu ou de sa victime, il n'existe plus de dossier susceptible d'être évoqué, toutes causes entendues en moins de cinq minutes. Il serait d'ailleurs opportun de savoir si le sentiment que la justice est rendue, peut se faire jour lorsque se produit une telle évocation, au pas de charge qui abrège généralement l'interrogatoire d'identité du prévenu, simplifie à l'extrême la lecture de la prévention, fait fi des articles de loi, présente les faits de manière directive, laisse à peine le temps à l'intéressé de s'exprimer, enchaîne sur des réquisitions de principe, une défense discrète et l'oubli de donner la parole au prévenu en dernier...

Pour les affaires les plus significatives du quotidien correctionnel, il n'est guère envisageable qu'une agression sexuelle ou un homicide involontaire à l'occasion de la conduite d'un véhicule, en dehors de toutes circonstances particulières, soient par exemple, évoqués en moins d'une heure à une heure trente, temps de délibéré non compris.

112.34 Situation particulière du tribunal correctionnel citoyen. En matière de charge des audiences, une surprise particulière pour les magistrats professionnels avait résulté de la limitation à un nombre très restreint de dossiers devant cette nouvelle juridiction durant l'expérimentation de cette procédure aujourd'hui abandonnée. Deux ou trois affaires audiencées, même au prétexte de la méconnaissance par les citoyens assesseurs des règles de droit, donnaient à ces audiences une configuration fondamentalement différente des audiences classiques connaissant fréquemment en matière collégiale des rôles remplis de quinze à vingt-cinq dossiers selon la nature et la difficulté des affaires. La question s'était d'ailleurs alors posée de l'impact de cette dernière réforme sur une volonté de gestion toujours plus rapide et productiviste des flux...[3] [4].

SECTION 4
DURÉE DES AUDIENCES

112.41 Horaires. Au temps de la composition des rôles d'audiences, c'est évidemment la durée envisa-

1. V. s[s] n° 524.61.
2. V. s[s] n° 431.42.

3. Suivant dépêche du 11 juin 2012, la DSJ informait les organisations syndicales de magistrats que la ministre de la Justice entendait suspendre le développement de l'expérimentation tendant à l'implantation de jurés populaires dans les juridictions correctionnelles, contrairement à l'arrêté du 16 févr. 2012, qui était venu en prévoir l'extension à 8 nouvelles cours d'appel, après celles de Toulouse et Dijon. Seules ces dernières poursuivaient donc l'expérimentation jusqu'à ce qu'un bilan officiel soit établi. un arrêté en ce sens intervenait le 13 juin 2012 (*JO* 23 juin, p. 10336) – AUSSI : X. Salvat et D. Boccon-Gibod, *Rapport sur l'expérimentation des citoyens assesseurs dans les ressorts des cours d'appel de Dijon et Toulouse*, févr. 2013 – Le 18 mars 2013, Mme Taubira, ministre de la Justice, garde des Sceaux, mettait un terme à l'expérimentation, au 30 avr. 2013 : arr. 18 mars 2013 mettant fin à l'expérimentation des dispositions prévoyant la participation de citoyens assesseurs au fonctionnement de la justice pénale, *JO* 22 mars, p. 4897, NOR : JUSD1306459A.
4. Sur le tribunal correctionnel citoyen, v. s[s] n°s 113.41 s.

gée pour chaque affaire qui va être prise en compte et conditionner les plannings. Il y a là à instaurer deux contrôles : le premier sur le temps prévisionnel par dossier, qui varie souvent de manière significative entre la vision du parquetier et celle du juge du siège ; le second sur le temps « acceptable » de durée globale de l'audience.

Conformément à la circulaire du 6 juin 2001[1], dite Lebranchu, « une audience pénale organisée sur une demi-journée ne doit pas, en principe excéder six heures, incluant le délibéré des affaires évoquées le même jour ; une audience organisée sur plus d'une demi-journée, ne doit pas dépasser, en principe, une durée de huit heures ». Il va de soi que ces durées ne sont qu'indicatives et qu'elles dépendant largement de la nature des affaires évoquées. Certains dossiers sont d'une charge émotionnelle intense et ne peuvent être réduits à leur durée d'examen. Le comportement des parties à l'audience ainsi que celui de leurs avocats interfère souvent avec une durée « théorique » qu'il n'est pas possible de dire fixe pour chaque dossier par nature de faits et nombre de prévenus ou de victimes. Une durée globale de l'audience de 6 à 7 heures paraît raisonnable, ce d'autant que le travail du greffier n'est pas achevé avec la fin de l'audience. Pour exemple, il semble donc en ce qui concerne les audiences de l'après-midi, que celles débutant vers 13 h 30 ou 14 heures puissent s'achever autour de 21 heures maximum, divers aléas empêchant de fixer ici une règle strictement mathématique. L'une des questions à résoudre est de savoir si le temps des délibérés est inclus ou non dans cette durée, ce à quoi la circulaire apportait une réponse en précisant que la durée des audiences « incluait le temps du délibéré des affaires évoquées le même jour ».

Il faut noter, s'agissant de la valeur des circulaires, que celles-ci ne trouvent à s'appliquer que si elles ont été publiées au *Bulletin officiel*. Un site officiel[2] les recense conformément aux dispositions de l'article 1er du décret du 8 décembre 2008[3]. Une circulaire prise avant le 1er mai 2009 et non mise en ligne à cette date sur le site internet dédié est réputée abrogée, sans que sa mise en ligne ultérieure ne puisse la remettre en vigueur[4]. La circulaire du 6 juin 2001 relative à la durée des audiences, dite Lebranchu, n'a pas été mise en ligne. Elle a toutefois été de nouveau évoquée courant 2021 à l'occasion de contestations diverses sur la durée des audiences pénales. Aucun autre texte sur le sujet n'a été édicté.

Dans tous les cas, il appartient à la juridiction d'apprécier la durée d'audience au-delà de laquelle il est déraisonnable de siéger. Il est opportun lorsque cela est possible, soit quand un consensus se dégage sur cette question, que l'assemblée générale des magistrats du siège, voire l'assemblée plénière soient amenées à se prononcer.

Sera rappelé à ce stade l'arrêt *Makhfi c/France* rendu le 19 octobre 2004[5] par lequel la Cour européenne des droits de l'Homme a précisé qu'il était primordial que les accusés et leurs défenseurs « puissent suivre les débats, répondre aux questions et plaider en n'étant pas dans un état de fatigue excessif » et, s'agissant en l'espèce d'une procédure criminelle, qu'il, « est crucial que les juges et jurés bénéficient de leurs pleines capacités de concentration et d'attention pour suivre les débats et pouvoir rendre un jugement éclairé » (§ 40)[6]. La Cour de Strasbourg avait déjà jugé dans une autre espèce qu'un état de fatigue avait dû placer des accusés dans un état de moindre résistance physique et morale au moment où « ils abordèrent une audience très importante pour eux, vu la gravité des infractions qu'on leur reprochait et des peines qu'ils encouraient. Malgré l'assistance de leurs conseils, qui eurent l'occasion de présenter leurs arguments, ce fait par lui-même regrettable affaiblit sans nul doute leur position à un moment crucial où ils avaient besoin de tous leurs moyens pour se défendre, et notamment pour affronter leur interrogatoire dès l'ouverture de l'audience et pour se concerter efficacement avec leurs avocats »[7]. Il ne semble pas que la cour ait à ce jour été saisie de la difficulté tenant à la durée excessive d'une audience au cours de laquelle plusieurs dossiers ont été évoqués[8].

112.42 **Suspensions.** Aucune disposition législative ou réglementaire n'a trait aux suspensions d'audience. Le président de la composition décide donc, d'initiative ou à la demande de ses assesseurs ou de l'une des parties au procès de suspendre ou pas le cours de l'audience.

1. Circ. 6 juin 2001, non-publiée, circ. dite Lebranchu.
2. http://www.circulaires.gouv.fr
3. Décr. n° 2008-1281, 8 déc. 2008 relatif aux conditions de publication des instructions et circulaires, *JO* 10 déc., p. 18777, art. 1er : « [...] Une circulaire ou une instruction qui ne figure pas sur le site mentionné au précédent alinéa n'est pas applicable. Les services ne peuvent en aucun cas s'en prévaloir à l'égard des administrés. [...] ».
4. CE 23 févr. 2011, *Assoc. La Cimade* a., req. n° 334022, *Lebon* ; *D.* 2011. 758 ; *AJDA* 2011. 415 ; *AJDA* 2011. 529, tribune G. Koubi ; *RDSS* 2011. 514, ét. G. Koubi.
5. CEDH 19 oct. 2004, *Makhfi c/France*, req. n° 59335/00, *D.* 2005. 472, note D. Roets.
6. En l'espèce : « les avocats de la défense plaidèrent après avoir assisté à des débats d'une durée de 15 h 45 et l'audience, pour le deuxième jour, dura 17 h 15 » et la Cour retenait finalement une violation du paragraphe 3 de l'article 6 de la convention, combiné avec le paragraphe 1.
7. CEDH 6 déc. 1988, *Barberà, Messegué et Jabardo c/ Espagne*, req. n° 10590/83, § 70.
8. Sur la gestion des renvois, en cas de prévision d'une durée excessive d'audience, v. ss nos 532.31 s.

La charge des audiences pénales amène la majorité des juridictions à limiter à l'extrême le nombre d'interruptions. Il est même assez fréquent qu'une seule pause ait lieu à l'occasion du déjeuner lorsque l'audience a débuté le matin et ne peut s'achever rapidement. Le président de la composition collégiale doit cependant être à l'écoute de ses assesseurs, des parties et de leurs avocats, sur d'éventuelles demandes de suspension. Il est important que la juridiction soit également à l'écoute du greffe, lorsque celui-ci sollicite éventuellement une ou plusieurs suspensions.

Les bonnes pratiques en la matière consistent dans tous les cas à éviter le morcellement de l'audience et *a fortiori* de l'évocation d'une affaire par la multiplication des suspensions ; de veiller au traitement équitable des parties dans la réponse faite à d'éventuelles demandes de suspension (ne pas systématiquement accepter les demandes du parquet et refuser celles de la défense) ; de regrouper les délibérés en cours d'audience après un nombre limité de suspensions dans le but de gagner du temps.

De ce point de vue, il est possible de « mettre en délibéré » en fin de matinée, un ensemble de dossiers dans lesquels les décisions seront rendues après la pause méridienne ; de veiller en revanche, à ce qu'une personne sous escorte soit fixée le plus rapidement possible sur son sort de même que son escorte, surtout si elle doit regagner un établissement pénitentiaire éloigné, puis être libérée... Il n'y a également que des avantages à donner une durée prévisionnelle de la suspension avant que le tribunal se retire. Ceci peut être formulé ainsi : « le tribunal se retire pour délibérer, l'audience est suspendue et ne reprendra au plus tôt qu'à... ». Cette manière de procéder évite de laisser les acteurs du procès, comme le public, dans l'incertitude quant au moment précis de reprise des débats et contribue à faire baisser la tension inhérente à toute audience répressive.

Lorsque les débats se poursuivent sur plusieurs jours, la suspension peut être décidée le soir jusqu'au lendemain. En cas d'interruption plus longue les débats peuvent être « *mis en continuation* », à une date et un horaire que le tribunal aura soin d'indiquer à toutes les parties et auxquels la même composition sera observée[1].

Les juridictions correctionnelles ne sauraient en revanche, sans interrompre le cours de la justice, ordonner qu'il soit sursis à statuer, pour une durée indéterminée sur une action dont elles sont saisies[2].

112.43 Nombre d'audiences hebdomadaires et temps de préparation. Ce sont évidemment la charge et la durée des audiences, le nombre de leurs tâches « annexes », qui permettent d'évaluer combien un même président ou les mêmes assesseurs peuvent assumer d'audiences par semaine. En moyenne, s'agissant d'audiences collégiales, les présidents d'audiences assument une audience et demie à deux par semaine (soit au moins une semaine avec une audience, suivie d'une semaine avec deux), dès lors qu'ils ont également par ailleurs d'autres charges qui sont généralement l'homologation (ou non) des compositions pénales, des propositions de peines sur CRPC, les décisions sur ordonnances pénales délictuelles... voire une ou plusieurs audiences à juge unique et parfois l'exercice d'autres compétences totalement étrangères à la matière pénale.

Il est généralement admis que le temps de préparation d'une audience correctionnelle correspond au moins, à l'équivalent du temps de tenue de l'audience. Ainsi, un magistrat qui doit assumer 14 heures d'audience dans la semaine (une audience de 6 heures et une de 8 heures), ce qui n'est pas rare, devrait pouvoir bénéficier *a minima* d'un temps de préparation de 14 heures. Le temps de travail hebdomadaire restant pouvant être utilisé pour ses autres attributions et la mise en forme des décisions les plus importantes au temps de la motivation avec le cas échéant, tenue des délibérés qui n'auront pas eu lieu au fil de l'audience.

Encore une fois, ce sont la nature des faits poursuivis, la durée et la complexité de l'enquête ou de l'information, le nombre de prévenus et de parties civiles, la présence d'éventuels témoins, l'intervention d'un ou de plusieurs avocats, d'interprètes, les difficultés juridiques susceptibles d'être posées... qui permettront de déterminer plus précisément la durée de préparation d'un dossier, et par suite, de celle de l'audience.

SECTION 5
DISPOSITIONS APPLICABLES OUTRE-MER

112.51 Règles communes aux juridictions d'outre-mer. Le code de procédure pénale, ainsi que les règlements qui le modifient, est applicable aux départements de la Guadeloupe, de la Guyane, de la Martinique, de La Réunion, aux collectivités de Saint-Barthélemy, de Saint-Martin et de Saint-Pierre-et-Miquelon[3].

À la date de parution de cet ouvrage, ledit code est applicable, dans sa rédaction résultant de la loi du 3 août 2018[4] renforçant la lutte contre les violences

1. C. pr. pén., art. 461.
2. Crim. 2 juin 1999, n° 98-84.139, NP, *Procédures* 1999. Comm. 257, obs. J. Buisson.
3. C. pr. pén., art. R. 250 s.
4. L. n° 2018-703, 3 août 2018 renforçant la lutte contre les violences sexuelles et sexistes, *JO* 5 août 2018, n° 7.

sexuelles et sexistes, en Nouvelle-Calédonie, en Polynésie française et dans les îles Wallis-et-Futuna, sous réserve des adaptations prévues au présent titre et aux seules exceptions :

1° Pour la Nouvelle-Calédonie et la Polynésie française, du cinquième alinéa de l'article 398 et des articles 529-3 à 529-6 ;

2° Pour les îles Wallis-et-Futuna, des articles 52-1, 83-1 et 83-2, du cinquième alinéa de l'article 398 et des articles 529-3 à 529-6[1].

La même loi a modifié l'article 711-1 du code pénal qui dispose désormais que sous réserve des adaptations prévues au présent titre, les livres Ier à V sont applicables, dans leur rédaction résultant de la loi n° 2018-703 du 3 août 2018 renforçant la lutte contre les violences sexuelles et sexistes, en Nouvelle-Calédonie, en Polynésie française et dans les îles Wallis-et-Futuna.

Les dispositions applicables à Wallis-et-Futuna figurent aux articles L. 531-1 à L. 533-1 du code de l'organisation judiciaire ; celles concernant la Polynésie française, figurent aux articles L. 551-1 à L. 553-1 du même code ; celles concernant la Nouvelle-Calédonie, figurent aux articles L. 561-1 à L. 563-1 du même code.

112.52 Cas particuliers - Mayotte. Les dispositions particulières au département de Mayotte, figurent aux articles L. 521-1, L. 314-2, R. 216-1, D. 314-1 (en vertu duquel, une chambre d'appel de la cour d'appel de Saint-Denis de La Réunion siège à Mamoudzou pour connaître en appel des décisions rendues par les juridictions du premier degré du département de Mayotte), et R. 214-6 (relatif à la Civi) du code de l'organisation judiciaire.

En vertu de dispositions applicables depuis le 31 mars 2011 et à l'exception des articles 254 à 267, 288 à 303 et 305, le code de procédure pénale (Dispositions législatives) est applicable à Mayotte sous réserve des adaptations prévues au titre deux du sixième livre de ce code[2].

112.53 Collectivité territoriale de Saint-Pierre-et-Miquelon. Les dispositions particulières à Saint-Pierre-et-Miquelon, figurent aux articles L. 511-1 à L. 513-11 du code de l'organisation judiciaire.

En vertu de dispositions applicables à compter du 1er juillet 2011, pour l'application du premier alinéa de l'article 399, le président du tribunal supérieur d'appel, après avis du président du tribunal de première instance et du procureur de la République, fixe par ordonnance, pendant la première quinzaine du mois de décembre, le nombre des audiences correctionnelles pour l'année judiciaire suivante[3]. Pour l'application de l'article 398, le tribunal correctionnel est toujours composé du président ou d'un juge du tribunal de première instance. Les articles L. 952-6 et L. 952-7 du code de l'organisation judiciaire relatifs au remplacement de ces magistrats et aux modalités particulières d'exercice des fonctions juridictionnelles sont applicables au tribunal correctionnel[4]. Les articles 398-1 et 398-2 du présent code ne sont pas applicables[5].

112.54 Terres australes et antarctiques françaises. Le titre IV du code de l'organisation judiciaire relatif aux dispositions applicables aux Terres australes et antarctiques françaises ne comporte aucune disposition législative.

1. C. pr. pén., art. 804 ; réd. L. n° 2018-703, 3 août 2018.
2. C. pr. pén., art. 877 et R. 360 s.
3. C. pr. pén., art. 926.
4. C. pr. pén., art. 924.
5. C. pr. pén., art. 925.

CHAPITRE

113. Audience collégiale et audience à juge unique

SECTION 0 ORIENTEUR

113.00 **Sommaire du chapitre.**

113.01 **Principaux textes applicables.**

TEXTES SOURCES

• COJ, art. L. 121-2

• C. pén., art. 132-21

• C. pr. pén., art. 398, 398-1 [mod. par L. n° 2022-52, 24 janv. 2022 et L. n° 2022-1089, 30 juill. 2022], 398-2, 399-1, 399-2, 592, 702, 702-1, 703, 710 [mod. par L. n° 2021-1729, 22 déc. 2021], 710-1 [créé par L. n° 2021-1729, 22 déc. 2021, art. 11], 711 [mod. par L. n° 2020-1672, 24 déc. 2020], 775-1, 803-7

TEXTES *IN EXTENSO*

À NOTER. Ne figurent pas ci-dessous les textes intégralement reproduits dans les développements.

• C. pén., art. 132-21

L'interdiction de tout ou partie des droits civiques, civils et de famille mentionnée à l'article 131-26 ne peut, nonobstant toute disposition contraire, résulter de plein droit d'une condamnation pénale.

Toute personne frappée d'une interdiction, déchéance ou incapacité quelconque qui résulte de plein droit, en application de dispositions particulières, d'une condamnation pénale, peut, par le jugement de condamnation ou par jugement ultérieur, être relevée en tout ou partie, y compris en ce qui concerne la durée, de cette interdiction, déchéance ou incapacité, dans les conditions fixées par le code de procédure pénale.

• **C. pr. pén., art. 592**

Ces décisions (Note des auteurs : ici, les arrêts et jugements rendus en dernier ressort par les juridictions de jugement) sont déclarées nulles lorsqu'elles ne sont pas rendues par le nombre de juges prescrit ou qu'elles ont été rendues par des juges qui n'ont pas assisté à toutes les audiences de la cause. Lorsque plusieurs audiences ont été consacrées à la même affaire, les juges qui ont concouru à la décision sont présumés avoir assisté à toutes ces audiences.

Ces décisions sont également déclarées nulles lorsqu'elles ont été rendues sans que le ministère public ait été entendu.

Sont, en outre, déclarées nulles les décisions qui, sous réserve des exceptions prévues par la loi, n'ont pas été rendues ou dont les débats n'ont pas eu lieu en audience publique.

• **C. pr. pén., art. 702** [mod. par ord. n° 2019-964, 18 sept. 2019, art. 35]

En temps de paix, les crimes et délits contre les intérêts fondamentaux de la Nation sont instruits et jugés par les juridictions de droit commun et selon les règles du présent code.

Lorsque les faits poursuivis constituent un crime ou un délit prévu et réprimé par les articles 411-1 à 411-11 et 413-1 à 413-12 du code pénal ou une infraction connexe, la compétence est dévolue aux juridictions prévues et organisées par les articles 697 et 698-6. Sont également compétents sur toute l'étendue du territoire national le procureur de la République, le tribunal judiciaire et la cour d'assises de Paris selon les modalités déterminées aux articles 628-1 à 628-6 et 698-6.

Si le tribunal correctionnel mentionné à l'article 697 se déclare incompétent pour connaître des faits dont il a été saisi, il renvoie le ministère public à se pourvoir ainsi qu'il avisera ; il peut, le ministère public entendu, décerner par la même décision mandat de dépôt ou d'arrêt contre le prévenu.

• **C. pr. pén., art. 702-1**

Toute personne frappée d'une interdiction, déchéance ou incapacité ou d'une mesure de publication quelconque résultant de plein droit d'une condamnation pénale ou prononcée dans le jugement de condamnation à titre de peine complémentaire peut demander à la juridiction qui a prononcé la condamnation ou, en cas de pluralité de condamnations, à la dernière juridiction qui a statué, de la relever, en tout ou partie, y compris en ce qui concerne la durée, de cette interdiction, déchéance ou incapacité. Si la condamnation a été prononcée par une cour d'assises, la juridiction compétente pour statuer sur la demande est la chambre de l'instruction dans le ressort de laquelle la cour d'assises a son siège.

Lorsque la demande est relative à une déchéance, interdiction ou incapacité prononcée en application de l'article L. 626-6 du code de commerce, la juridiction ne peut accorder le relèvement que si l'intéressé a apporté une contribution suffisante au paiement du passif du débiteur. La juridiction peut accorder, dans les mêmes conditions, le relèvement des interdictions, déchéances et incapacités résultant des condamnations pour banqueroute prononcées en application des articles 126 à 149 de la loi n° 67-563 du 13 juillet 1967 sur le règlement judiciaire, la liquidation des biens, la faillite personnelle et les banqueroutes.

Sauf lorsqu'il s'agit d'une mesure résultant de plein droit d'une condamnation pénale, la demande ne peut être portée devant la juridiction compétente qu'à l'issue d'un délai de six mois après la décision initiale de condamnation. En cas de refus opposé à cette première demande, une autre demande ne peut être présentée que six mois après cette décision de refus. Il en est de même, éventuellement, des demandes ultérieures. En cas d'interdiction du territoire prononcée à titre de peine complémentaire à une peine d'emprisonnement, la première demande peut toutefois être portée devant la juridiction compétente avant l'expiration du délai de six mois en cas de remise en liberté. La demande doit être déposée au cours de l'exécution de la peine.

Les dispositions du deuxième alinéa (1°) de l'article 131-6 du code pénal permettant de limiter la suspension du permis de conduire à la conduite en dehors de l'activité professionnelle sont applicables lorsque la demande de relèvement d'interdiction ou d'incapacité est relative à la peine de suspension du permis de conduire.

Pour l'application du présent article, le tribunal correctionnel est composé d'un seul magistrat exerçant les pouvoirs du président. Il en est de même de la chambre des appels correctionnels ou de la chambre de l'instruction, qui est composée de son seul président, siégeant à juge unique. Ce magistrat peut toutefois, si la complexité du dossier le justifie, décider d'office ou à la demande du condamné ou du ministère public de renvoyer le jugement du dossier devant la formation collégiale de la juridiction. Le magistrat ayant ordonné ce renvoi fait alors partie de la composition de cette juridiction. La décision de renvoi constitue une mesure d'administration judiciaire qui n'est pas susceptible de recours.

• **C. pr. pén., art. 703**

Toute demande présentée par un condamné en vue d'être relevé d'une interdiction, d'une déchéance, d'une incapacité ou d'une mesure de publication, formée en application des dispositions du premier alinéa de l'article 702-1 précise la date de la condamnation ainsi que les lieux où a résidé le requérant depuis sa condamnation ou sa libération.

Elle est adressée, selon le cas, au procureur de la République ou au procureur général qui s'entoure de tous les renseignements utiles, prend, s'il y a lieu, l'avis du juge de l'application des peines et saisit la juridiction compétente.

La juridiction saisie statue en chambre du conseil sur les conclusions du ministère public, le requérant ou son conseil entendus ou dûment convoqués. S'il paraît nécessaire d'entendre un condamné qui se trouve détenu, il peut être procédé conformément aux dispositions de l'article 712 du présent code.

La décision est signifiée à la requête du ministère public lorsqu'elle est rendue hors de la présence du requérant ou de son conseil. Elle peut être, selon le cas, frappée d'appel ou déférée à la Cour de cassation.

Mention de la décision par laquelle un condamné est relevé totalement ou partiellement d'une interdiction, déchéance, incapacité ou d'une mesure de publication est faite en marge du jugement ou de l'arrêt de condamnation et au casier judiciaire.

• **C. pr. pén., art. 710** [mod. par L. n° 2021-1729, 22 déc. 2021, art. 11]

Tous incidents contentieux relatifs à l'exécution sont portés devant le tribunal ou la cour qui a prononcé la sentence ; cette juridiction peut également procéder à la rectification des erreurs purement matérielles contenues dans ses décisions. Pour l'examen de ces demandes, elle tient compte du comportement de la personne condamnée depuis la condamnation, de sa personnalité, ainsi que de la situation matérielle, familiale et sociale.

En matière criminelle, la chambre de l'instruction connaît des rectifications et des incidents d'exécution auxquels peuvent donner lieu les arrêts de la cour d'assises.

Sont également compétents pour connaître des demandes prévues par le présent article, selon les distinctions prévues par les deux alinéas précédents, soit le tribunal ou la cour, soit la chambre de l'instruction dans le ressort duquel le condamné est détenu. Le ministère public de la juridiction destinataire d'une demande déposée par une personne détenue peut adresser cette requête à la juridiction du lieu de détention.

Pour l'application du présent article, le tribunal correctionnel est composé d'un seul magistrat exerçant les pouvoirs du président. Il en est de même de la chambre des appels correctionnels ou de la chambre de l'instruction, qui est composée de son seul président, siégeant à juge unique. Ce magistrat peut toutefois, si la complexité du dossier le justifie, décider d'office ou à la demande du condamné ou du ministère public de renvoyer le jugement du dossier devant la formation collégiale de la juridiction. Le magistrat ayant ordonné ce renvoi fait alors partie de la composition de cette juridiction. La décision de renvoi constitue une mesure d'administration judiciaire qui n'est pas susceptible de recours.

• **C. pr. pén., art. 710-1** [créé par L. n° 2021-1729, 22 déc. 2021, art. 11]

Lorsqu'une personne condamnée demande, en application de l'article 132-4 du code pénal, la confusion de peines prononcées contre elle après que les condamnations sont devenues définitives, sa demande est portée devant le tribunal correctionnel, dont la décision peut faire l'objet d'un appel devant la chambre des appels correctionnels. Sont compétents le ou les tribunaux correctionnels ayant prononcé les peines ou se trouvant au siège d'une des juridictions ayant prononcé les peines. Les deux derniers alinéas de l'article 710 du présent code sont alors applicables. Si l'une ou plusieurs des peines prononcées sont des peines criminelles, le renvoi à la formation collégiale du tribunal ou de la chambre des appels correctionnels est de droit s'il est demandé par le condamné ou le ministère public.

• **C. pr. pén., art. 711** [mod. par L. n° 2020-1672, 24 déc. 2020, art. 26]

Le tribunal ou la cour, sur requête du ministère public ou de la partie intéressée, statue en chambre du conseil après avoir entendu le ministère public, le conseil de la partie s'il le demande et, s'il échet, la partie elle-même, sous réserve des dispositions de l'article 712. Lorsque le requérant est détenu, sa comparution devant la juridiction n'est de droit que s'il en fait la demande expresse dans sa requête.

L'exécution de la décision en litige est suspendue si le tribunal ou la cour l'ordonne.

Le jugement sur l'incident est signifié à la requête du ministère public aux parties intéressées.

En cas d'accord des parties, la dcision peut être prise, sans audience, par ordonnance du président de la juridiction.

• **C. pr. pén., art. 775-1**

Le tribunal qui prononce une condamnation peut exclure expressément sa mention au bulletin n° 2 soit dans le jugement de condamnation, soit par jugement rendu postérieurement sur la requête du condamné instruite et jugée selon les règles de compétence et procédure fixées par les articles 702-1 et 703. Les juridictions compétentes sont alors composées conformément aux dispositions du dernier alinéa de l'article 702-1.

L'exclusion de la mention d'une condamnation au bulletin n° 2 emporte relèvement de toutes les interdictions, déchéances ou incapacités de quelque nature qu'elles soient résultant de cette condamnation.

Les dispositions du présent article ne sont pas applicables aux personnes condamnées pour l'une des infractions mentionnées à l'article 706-47.

Le présent article est également applicable aux jugements ou arrêts de déclaration d'irresponsabilité pénale pour cause de trouble mental.

Si un ressortissant français a été condamné par une juridiction étrangère, il peut également, selon la même procédure, demander au tribunal correctionnel de son domicile, ou de Paris s'il réside à l'étranger, que la mention soit exclue du bulletin n° 2.

113.02 Jurisprudence de référence.

> Conventionnalité et régularité de la composition à juge unique

• **Crim. 14 mars 2001,** n° 00-86.411, NP

* V. s^s n° 113.91.

« Aucune disposition de la convention européenne des droits de l'homme n'interdit à un tribunal de statuer, comme en l'espèce, en application de l'article 398, alinéa 3, du code de procédure pénale, dans la composition d'un seul magistrat exerçant les pouvoirs conférés au président. »

• **Crim. 1er déc. 1998,** n° 98-82.010, NP

* V. s^s n° 113.102.

« Doit être rejetée l'exception de nullité soulevée pour la première fois en cause d'appel prise de ce que, en première instance, le prévenu avait comparu devant un juge unique et non devant un tribunal en formation collégiale, dès lors qu'il lui appartenait d'élever cette contestation devant le premier juge pour lui permettre la mise en œuvre de la procédure de renvoi prévue par l'article 398-2 alinéa 1er du code de procédure pénale. »

> Juridiction compétente en matière de rectification d'erreurs matérielles

• PRINCIPE : **Crim. 29 juin 1966,** n° 65-92.592, P n° 187

* V. s^s n° 113.191.

« Le Tribunal ou la Cour qui a prononcé la sentence peut procéder à la rectification des erreurs purement matérielles contenues dans sa décision. Les juges possèdent à cet égard un pouvoir souverain d'appréciation que limite seule la défense de modifier la chose jugée, de restreindre ou d'accroître les droits consacrés par cette décision. »

• LIMITE : **Crim. 20 nov. 2007,** n° 07-84.166, P n° 286

* V. s[s] n° 113.211.

« Si les juridictions répressives peuvent interpréter leurs décisions lorsque des difficultés s'élèvent sur le sens de celles-ci, il leur est interdit d'en restreindre ou d'en étendre les dispositions et de modifier ainsi la chose jugée. Est, dès lors, écartée à bon droit comme se heurtant à ce principe, la requête, présentée sur le fondement de l'article 710 du code de procédure pénale, par le procureur général, tendant à ce que soit rectifiée l'erreur contenue dans un précédent arrêt dont la minute ne comportait pas la signature du greffier. Selon le requérant, l'erreur aurait consisté dans la mention, contenue dans le dispositif, du prononcé d'une peine complémentaire d'un mois de suspension du permis de conduire alors que les notes d'audience qui, elles, étaient signées du président et du greffier, mentionnaient que la prévenue avait été condamnée à un an de suspension de son permis de conduire. En effet, l'absence de signature du greffier sur la minute affecte la validité de la décision et ne saurait être réparée sous le couvert d'interprétation ou de rectification suivant la procédure prévue par l'article 710 du code de procédure pénale. »

• COUR DE CASSATION : **Crim.19 janv. 2022,** n° 21-80.413, P

* V. s[s] n° 113.193.

« La mention du nom d'un avocat général, étranger à la procédure, en lieu et place du nom de celui dont les conclusions ont permis de rendre l'arrêt en cause, constitue une erreur matérielle susceptible de rectification. »

> Juridiction compétente en matière de relèvement, composition

• **Crim. 15 juin 1994,** n° 93-83.847, P n° 242

* V. s[s] n° 113.132.

« Selon l'article 55-1 C. pén., dont les dispositions sont reprises par l'art. 702-1 C. pr. pén., les demandes en relèvement des interdictions, déchéances ou incapacités doivent être présentées à la juridiction qui a prononcé la condamnation, cette juridiction étant éventuellement composée des mêmes magistrats. De telles dispositions ne sont pas incompatibles avec l'exigence d'impartialité prévue par l'art. 6 Conv. EDH. »

• **Crim. 9 janv. 2002,** n° 01-80.397, P n° 1

* V. s[s] n° 113.132.

En effet, il s'agit de trancher un incident d'exécution et non de décider du bien-fondé d'une accusation en matière pénale.

• **Crim. 31 mai 1994,** n° 93-83.486, P n° 214

* V. s[s] n° 113.122.

Selon l'article 55-1 du code pénal devenu 702-1 du code de procédure pénale, le relèvement des interdictions, déchéances ou incapacités ne s'applique pas aux peines de substitution à l'emprisonnement prononcées à titre de peines principales.

> Juridiction compétente en matière de confusion

• PRINCIPE : **Crim. 6 juin 2001,** n° 01-80.172, P n° 140

* V. s[s] n° 113.241.

Il résulte de la combinaison des articles 132-4 du code pénal et 710 du code de procédure pénale, qu'est compétente pour statuer sur une requête en confusion de peines résultant de condamnations devenues définitives la juridiction ayant prononcé l'une des peines visées par la requête ou, si cette juridiction est une cour d'assises, la chambre de l'instruction dans le ressort de laquelle cette cour a son siège.

• CONSTITUTIONNALITÉ : **Cons. const., 21 juill. 2021,** n° 2021-925 QPC

* V. s[s] n° 113.242.

Dans cette décision le conseil constitutionnel a déclaré contraire à la Constitution la deuxième phrase du premier alinéa de l'article 710 du code de procédure pénale, dans sa rédaction résultant de la loi n° 2019-222 du 23 mars 2019 de programmation 2018-2022 et de réforme de la justice.

> Interprète

• **Crim. 6 mars 1997,** n° 96-80.953, P n° 93

* V. s[s] n° 113.133.

Les dispositions de l'article 407 C. pr. pén. sont applicables au requérant agissant dans le cadre de l'article 702-1 du même code, lorsque celui-ci ne parle pas suffisamment la langue française.

> Délai

• **Crim. 9 juin 1999,** n° 98-83.947, P n° 134

* V. s[s] n° 113.131.

L'accomplissement du délai de six mois après la décision initiale de condamnation, prévu par l'article 702-1, al. 3, C. pr. pén. doit être apprécié non pas au jour de la demande présentée au procureur de la République ou au procureur général, mais au jour où celui-ci a saisi la juridiction compétente.

> Personne intéressée

• **Crim. 21 nov. 2006,** n° 05-85.985, P n° 292

* V. s[s] n° 113.182.

Toute personne visée par une mesure d'exécution d'une décision pénale est recevable à présenter une requête soulevant des incidents relatifs à cette exécution, quand bien même n'aurait-elle pas été partie à l'instance pénale ayant conduit à l'arrêt de condamnation.

> > ILLUSTRATIONS

• **Crim. 7 nov. 1968,** P n° 288 ; *D.* 1969. 9 [Trésor public]

• **Crim. 7 févr. 1996,** n° 94-83.869, P n° 66 [commune]

* V. s[s] n° 113.184.

> Droits de la défense

• **Crim. 16 janv. 1996,** n° 95-80.404, P n° 23

• **Crim. 15 oct. 2003,** n° 03-81.101, P n° 192

* V. s[s] n° 113.133.

Il résulte des articles 702-1 et 703 C. pr. pén., ainsi que des principes généraux du droit, que devant la juridiction saisie d'une demande en relèvement d'interdiction, le requérant ou son avocat doit avoir la parole le dernier.

• **Crim. 31 janv. 1996,** n° 94-85.326, P n° 58

* V. s[s] n° 113.133.

Il se déduit des dispositions combinées des articles 460, 513 et 703 C. pr. pén., ainsi que des principes généraux du droit, que l'avocat de la partie requérante doit avoir la parole le dernier ; il en est de même de la partie elle-même si elle est présente.

> **Motivation**

• **Crim. 28 févr. 2001,** n° 99-87.963, P n° 55

* V. s^s n° 113.143.

Le juge saisi d'une requête en relèvement d'interdiction est tenu de motiver sa décision et de répondre aux chefs péremptoires de l'argumentation du requérant. Ne donne pas de base légale à sa décision la cour d'appel qui rejette une requête en relèvement de la peine complémentaire d'interdiction définitive du territoire français, sans répondre à l'argumentation du requérant, qui faisait valoir que cette peine complémentaire ne satisfaisait pas, en ce qu'elle méconnaissait le droit au respect de sa vie familiale, aux exigences de l'article 8 de la convention européenne des droits de l'homme.

• **Crim. 15 oct. 2003,** n° 02-86.505, P n° 194

* V. s^s n° 113.143.

La décision doit être motivée au regard de la situation de l'intéressé au jour de la demande en relèvement d'interdiction du territoire français et non au jour de la condamnation.

> **Publicité – Chambre du conseil**

• **Crim. 15 juin 1994,** n° 93-83.847, P n° 242

* V. s^s n° 113.132.

Il résulte de l'article 703 du code de procédure pénale que la juridiction correctionnelle appelée à prononcer sur une demande en relèvement statue en chambre du conseil. L'exigence de publicité édictée par l'article 6 de la convention européenne des droits de l'homme ne concerne que les procédures portant sur le bien-fondé de toute accusation en matière pénale et non celles portant sur des incidents d'exécution.

• **Crim. 6 févr. 1991,** n° 90-82.930, P n° 61

* V. s^s n° 113.183.

S'il est regrettable que les mentions d'un arrêt statuant sur une demande de confusion de peines ne permettent pas de savoir si l'affaire a été jugée en chambre du conseil, l'irrégularité ne doit pas entraîner l'annulation de la décision, dès lors qu'il n'est pas établi qu'elle ait porté atteinte aux intérêts du demandeur.

• **Crim. 20 févr. 2013,** n° 12-83.869, P n° 45

* V. s^s n° 113.134.

Lorsqu'une requête en relèvement de l'interdiction du territoire français a été jugée en audience publique, et non pas en chambre du conseil, l'irrégularité commise n'entraîne pas l'annulation de la décision, dès lors qu'il n'est pas établi, ni même allégué, que l'inobservation des formes ainsi prescrites par la loi a eu pour effet de porter atteinte aux intérêts du requérant.

> **Recours**

• **Crim. 16 sept. 1992,** n° 92-84.463, P n° 283

* V. s^s n° 113.134.

Lorsque le tribunal correctionnel statue sur un incident relatif à l'exécution des peines, dans les conditions prévues par les articles 710 et 711 C. pr. pén., son jugement, rendu en chambre du conseil, doit être, à la requête du ministère public, signifié aux parties intéressées pour faire courir, à leur égard, le délai d'appel ; encourt la cassation l'arrêt qui déclare irrecevable l'appel formé plus de dix jours après le prononcé du jugement, rendu « contradictoirement », sur une requête en confusion de peines, sans rechercher la date de signification de ce jugement.

• **Crim. 5 mars 1991,** n° 90-82.781, P n° 109

* V. s^s n° 113.134.

Le point de départ du délai de pourvoi est fixé au jour de la signification de la décision se prononçant sur un incident contentieux. Est, dès lors, recevable le pourvoi formé alors que cette signification n'a pas été opérée.

> **Exemples : permis de conduire**

• **Crim. 11 juill. 1994,** n° 93-85.801, P n° 271

* V. s^s n° 113.151.

Il résulte de l'article L. 11-4 modifié C. route, excluant l'application des articles 702-1 C. pr. pén. et 133-16 C. pén. à la perte de points affectant le permis de conduire, que cette mesure ne présente pas le caractère d'une sanction pénale, accessoire à une condamnation, et qu'en conséquence ni son incompatibilité alléguée avec l'article 6, § 1 Conv. EDH, ni son fondement légal ne ressortissent au juge répressif.

> **Interdiction de séjour**

• **Crim. 5 sept. 1994,** n° 94-83.525, P n° 294

* V. s^s n° 113.171.

L'article 702-1 C. pr. pén. permet à toute personne condamnée à la peine complémentaire de l'interdiction de séjour d'en solliciter le relèvement auprès de la juridiction qui l'a prononcée depuis l'abrogation, intervenue le 1er mars 1994, de l'article 44-2 anc. C. pén.

> **Interdiction du territoire**

• **Crim. 6 nov. 2013,** n° 12-83.529, P n° 222

* V. s^s n° 113.172.

Lorsque l'interdiction du territoire français est prononcée par la chambre des appels correctionnels, la chambre de l'application des peines est incompétente pour statuer sur une requête en relèvement et doit relever d'office son incompétence.

• **CEDH 5 oct. 2000,** *Maaouia c/ France*, req. n° 39652/98

* V. s^s n° 113.172.

La mesure d'interdiction du territoire constitue une mesure de prévention spécifique en matière de police des étrangers par conséquent l'article 6, § 1 Conv. EDH ne s'applique pas à la procédure en relèvement de cette interdiction.

• **Crim. 25 mai 2005,** n° 04-85.180, P n° 158

• **Crim. 30 mars 2011,** n° 09-86.641, P n° 68

* V. s^s n° 113.172.

En vertu des dispositions de l'article 8 Conv. EDH, la juridiction amenée à statuer sur une demande de relèvement d'interdiction définitive du territoire prononcée à titre complémentaire doit rechercher si le maintien de la mesure respecte un juste équilibre entre, d'une part, les impératifs de sûreté publique, de prévention des infractions pénales et de protection de la santé publique et, d'autre part, le droit au respect de la vie privée et familiale.

> **Mesure de publication**

• **Crim. 6 mars 2001, n° 00-82.842,** P n° 57

* V. s[s] n° 113.182.

L'éditeur d'une publication de presse, désignée par la juridiction pénale pour procéder à la diffusion de la condamnation, est une partie intéressée au sens de l'article 711 C. pr. pén. Il est recevable à saisir la juridiction répressive d'un incident contentieux relatif à l'exécution de la peine de diffusion prononcée.

> **Confusion**

• **Crim. 19 janv. 2010,** n° 09-87.474, P n° 10

* V. s[s] n° 113.183.

Le prévenu détenu, régulièrement cité à personne, qui n'est pas conduit à l'audience ne saurait être condamné contradictoirement dès lors que la décision ne constate pas qu'il a manifesté sa volonté de ne pas être présent aux débats. Encourt la cassation l'arrêt rendu contradictoirement à signifier à l'égard d'un prévenu cité à sa personne, au centre pénitentiaire où il était détenu pour autre cause, et qui constate qu'il ne comparaît pas, à une date à laquelle il était toujours détenu.

• **Crim. 30 mars 2011,** n° 10-88.016, P n° 69

* V. s[s] n° 113.242.

La comparution est de droit, en matière de confusion de peines, pour le requérant détenu qui en a fait la demande.

• **Crim. 5 nov. 1985,** n° 84-95.728, P n° 343

* V. s[s] n° 113.242.

Dès lors qu'en prononçant une condamnation la juridiction de jugement a déjà refusé la confusion de la peine qu'elle infligeait avec une peine antérieure définitive, le condamné ne peut présenter par la suite une requête en confusion de peines en utilisant les dispositions des articles 710 et 711.

• **Crim. 2 nov. 2017,** n° 17-80.833, P

* V. s[s] n° 113.252.

L'article 132-23-1 du code pénal, interprété à la lumière de l'article 3 de la décision-cadre 2008/675/JAI du Conseil du 24 juillet 2008 et de l'arrêt de la Cour de justice de l'Union européenne en date du 21 septembre 2017, C-171/16, permet d'ordonner la confusion d'une peine prononcée par une juridiction française et d'une peine prononcée par une juridiction d'un État membre de l'Union européenne dès lors que la seconde a été intégralement exécutée au jour où il est statué sur la requête en confusion.

> **Rectification des erreurs matérielles et omission de statuer**

• **Crim. 19 juin 2013,** n° 12-87.385, NP

* V. s[s] n° 113.191.

Attendu que saisie par les parties civiles d'une requête en rectification d'erreur matérielle contenue dans l'arrêt, en raison d'une discordance entre les motifs et le dispositif quant au montant des dommages-intérêts alloués, la cour d'appel, après avoir relevé que les juges du second degré avaient indiqué que les dommages-intérêts accordés par le premier juge devaient être augmentés, a ordonné la rectification demandée ; Attendu qu'en l'état de ces énonciations, la cour d'appel a fait une juste application des dispositions des articles 710 et 711 du code de procédure pénale.

• **Crim. 19 juin 2013,** n° 12-82.239, NP

* V. s[s] n° 113.191.

« Attendu qu'il résulte de l'arrêt attaqué et des pièces de procédure que, par jugement du 27 mai 2010, le tribunal de grande instance de Pontoise a déclaré Mme Y... et M. Z... coupables d'escroquerie et les a condamnés, la première, à quatre mois d'emprisonnement avec sursis, le second, à un an d'emprisonnement avec sursis et mise à l'épreuve et, solidairement, au paiement de dommages-intérêts au profit de la partie civile ; Attendu que, faisant droit à une requête de Mme Y... fondée sur l'article 710 du code de procédure pénale, le tribunal a dit que le dispositif du jugement devait être rectifié, en ce sens que la condamnation aux dommages-intérêts ne vise que M. Z... ; Attendu que, pour confirmer cette décision, l'arrêt attaqué retient que ni les motifs du jugement ni les notes d'audience ne mentionnent la condamnation solidaire des deux prévenus à des dommages-intérêts ; que les juges ajoutent que, dans ses conclusions, la partie civile n'avait formulé aucune demande d'indemnisation à l'encontre de Mme Y..., son ex-employée ; que cet élément a été rappelé par l'avocat de la partie civile à l'audience de la cour ; Attendu qu'en l'état de ces énonciations, la cour d'appel a justifié sa décision ; D'où il suit que les moyens doivent être écartés. »

> **Dispense B2 : effets**

• **Crim. 28 janv. 2004,** n° 03-81.703, P n° 20

* V. s[s] n° 113.162.

L'exclusion de la mention d'une condamnation au bulletin n° 2 du casier judiciaire n'emporte relèvement de toutes les interdictions, déchéances ou incapacités de quelque nature qu'elles soient, que lorsque celles-ci résultent de plein droit de la condamnation.

• **Crim. 4 juin 2008,** n° 08-80.651, P n° 140

* V. s[s] n° 113.161.

Il résulte des articles 775-1 et 706-47 du code de procédure pénale, dans leur rédaction issue de la loi du 9 mars 2004, que les dispositions donnant au tribunal la faculté d'exclure la mention d'une condamnation au bulletin n° 2 du casier judiciaire ne sont pas applicables aux personnes condamnées pour agression sexuelle.

113.03 Bibliographie indicative.

Encyclopédies. Rép. pén., V° *Incapacités et interdictions professionnelles*, par Y. Faivre ; V° *Incidents contentieux d'exécution des sentences pénales*, par M. Herzog-Evans, n°s 17 s. – J.-Cl. Pr. pén., « Exécution des sentences pénales. Incidents contentieux, erreurs matérielles et interprétation des sentences pénales », art. 710 à 712, fasc. 20, par A. Gailly.

Ouvrages. G. Métairie, *La justice de proximité : Une approche historique*, « Léviathan », Puf, 2004 – R. Montagnon, *L'avenir des juridictions de proximité*, L'Harmattan, 2005 – A. Wyvekens et J. Faget (dir.), *La justice de proximité en Europe*, « Trajets », Érès, 2001.

Contributions. J. Danet, « Le juge unique progression ou progrès ? », *in Réforme de la justice, réforme de l'État*, Puf,

2003, p. 150 – G. Roujou de Boubée, « Le juge unique en matière pénale. Essai d'un bilan provisoire », *in Mél. Bouloc*, Dalloz, 2006, p. 1001.

Articles. J.-L. Aubert, « La distinction du fait et du droit dans le pourvoi en cassation en matière civile », *D.* 2005. Chron. 1115 – X. Bachellier, « Le pouvoir souverain des juges du fond », *BICC* 15 mai 2009, p. 18 – D. Becheraoui, « Le contentieux de la confusion des peines », *RSC* 2002. 531 – J. Boedels, « Le costume des juges de proximité », *Gaz. Pal.* 2003. 142, p. 25 – J. Buisson, « les erreurs matérielles », *Procédures* 1998. Chron. 7 – Collectif « La procédure de comparution immédiate », *AJ pénal* 2011. 10 – L. Cadiet, « Juridictions de proximité », *JCP* 2003. Chron. 128 – E. Camous, « Les modes alternatifs de règlement des poursuites constituent-ils une justice de proximité ? », *Gaz. Pal.* 2003. 302, p. 5 – C. Charruault, « La souveraineté du juge du fond à l'épreuve de quelques faits », *BICC* 15 mai 2009, p. 24 – P. Chevalier et T. Moussa, « Le décret relatif à la juridiction de proximité », *JCP* 2003. Chron. 181 – M-A Cohendet, « La collégialité des juridictions : un principe en voie de disparition ? », Revue française de droit constitutionnel 2006/4 p. 713 s. – C. Coleno et J.-J. Barbieri, « *De minimis curat praetor* (à propos du juge de proximité) », *LPA* 22 juill. 2003, p. 4 ; 23 juill. 2003, p. 6 – J.-M. Coulon, « La justice à l'épreuve », *D.* 2002. Chron. 2683 – H. Dalle, « Le juge et la justice de proximité », *Gaz. Pal.* 2003. 302, p. 31 – M. Gaget, « Les instruments d'une justice de proximité », *Gaz. Pal.* 2003. 302, p. 21 – R. Gassin, « Les fondements juridiques de la réinsertion des délinquants en droit positif français », *RSC* 1996. 443 ; « L'audience de jugement – Bilan des réformes depuis 1993 » *D.* 1995. 103 – M. Herzog-Evans, « Nature, domaine, conditions et effets des confusions de peine : à propos de trois arrêts de la chambre criminelle », *AJ pénal* 2007. 27 – J.-Ch. Laurent, « Correctionnalisation », *JCP* 1950. I. 852 et 877 – B. Lavielle, L. Belfanti, « Tribunaux populaires ? Premières interrogations au sujet de la Loi n° 2011-939 du 10 août 2011 », *Gaz. Pal.* 20 et 27 sept. 2011, p. 12 ; « Citoyens-assesseurs : la machine infernale (suite et fin... ?) », *Gaz. Pal.* 23-25 oct. 2011 – L. Le Gunehec, « Commentaires des dispositions pénales de la loi du 8 février 1995 », *JCP* 1995. I. 3864 – M.-C. Lebreton, « La justice de proximité : un premier bilan pessimiste », *D.* 2004. 2808 – P. Lemoine, « Les pourvois formés contre les jugements rendus par les juridictions de proximité en matière pénale : premiers constats », *BICC* 15 sept. 2005, p. 3 – V. Malabat, « L'avant-projet du futur code de procédure pénale : refonte, simplification ou confusion des phases de la procédure pénale », *AJ pénal* 2010. 162 – A. Maron, « Voici venu le temps des juges de proximité », *Dr. pénal* 2004 – F. Natali, « Les avocats et le projet de loi Perben », *D.* 2002. Chron. 2343 – J. Pradel, « La notion européenne de tribunal impartial et indépendant selon le droit français », *RSC* 1990. 692 – D. Rebut, « Le droit à un tribunal impartial devant la Chambre criminelle », *RSC* 1998. 449 – T. Renoux, « Le statut des magistrats, garants de la démocratie », *LPA* 18 juin 2003, p. 4 – M.-C. Rivier, « Les justices de proximité en droit comparé », *Gaz. Pal.* 2003. 302, p. 17 – F. Ruel, « Les débuts difficiles de la juridiction de proximité », *Gaz. Pal.* 2004. 289, p. 15 – J.-E. Schoettl, « Le statut des juges de proximité devant le Conseil constitutionnel », *LPA* 13 mars 2003, p. 7 – Y. Strickler, « le juge unique en procédure pénale », *LPA* 2002, n° 35, p. 9 – G. Thomas, « Le relèvement des interdictions, déchéances ou incapacités professionnelles », *JCP* 1973. I. 2581.

Rapports. P. Fauchon, *Rapport au nom de la Commission des lois sur le projet de loi relatif à la juridiction de proximité*, Doc. AN, n° 404, 2002 – X. Salvat et D. Boccon-Gibod, *Rapport sur l'expérimentation des citoyens assesseurs dans les ressorts des cours d'appel de Dijon et Toulouse*, Cour de cassation, févr. 2013.

SECTION 1
PRINCIPE DE LA COLLÉGIALITÉ

113.11 **Imparité.** Sauf disposition particulière, les juges statuent en nombre impair [1]. Le tribunal correctionnel est en principe composé d'un président et de deux juges [2]. Longtemps le principe de la collégialité a prévalu, qui garantissait disait-on à la fois l'impartialité pour le justiciable et la sécurité pour les magistrats. Certitude d'une décision acquise à plusieurs après débats, confort des magistrats sécurisés par l'impossibilité d'individualiser les décisions.

Dès la loi du 29 décembre 1972 [3], a cependant été instituée la possibilité de juger certaines affaires pénales à juge unique [4]. La masse des affaires à traiter et l'insuffisance récurrente du nombre de magistrats et de fonctionnaires ont suffi à justifier, depuis 1995, la multiplication des cas dans lesquels un magistrat siégeant seul peut connaître d'infractions auparavant soumises à l'attention de plusieurs.

La collégialité demeure néanmoins obligatoire :

– lorsque le prévenu est en état de détention provisoire dans l'affaire pour laquelle il comparaît à l'audience ;

– lorsqu'il est poursuivi selon la procédure de comparution immédiate ;

– pour le jugement des délits prévus à l'article 398-1, lorsque ces délits sont connexes à d'autres délits non prévus par cet article [5] ;

– lorsque le juge unique initialement saisi, envisage de prononcer une peine ferme d'une durée supérieure à cinq ans [6].

Il avait encore été jugé que lorsqu'il est saisi par le juge de l'application des peines d'une demande de révocation du sursis avec mise à l'épreuve, le tribu-

1. COJ, art. L. 121-2.
2. C. pr. pén., art. 398, al. 1er.
3. L. n° 72-1226, 29 déc. 1972 simplifiant et complétant certaines dispositions relatives à la procédure pénale, aux peines et à leur exécution, *JO* 30 déc., p. 13783.
4. Déjà prévu en matière civile depuis : L. n° 70-613, 10 juill. 1970.
5. C. pr. pén., art. 398-1, dern. al.
6. C. pr. pén., art. 398-2, al. 4.

nal correctionnel doit statuer dans la formation collégiale prévue par l'alinéa 1 de l'article 398[1], ce qui *a priori* est tout à fait logique dès lors que l'article 398-1 se conçoit comme une exception au principe posé par l'article 398.

Il est encore possible de rappeler dès ce stade les dispositions des articles 591 et 592 du code de procédure pénale qui prévoient que sont déclarés nuls les arrêts de chambre de l'instruction, ou arrêts et jugements rendus en dernier ressort par les juridictions de jugement lorsqu'ils ne sont pas rendus par le nombre de juges prescrit ou par des juges qui n'ont pas assisté à toutes les audiences de la cause[2].

Nonobstant, la question de la collégialité demeure prégnante, à l'aube d'une énième réforme annoncée de la procédure pénale, en partie issue des États généraux de la justice. On en voudra pour preuve, cet extrait du rapport du CSM remis au président de la République le 24 septembre 2021 : « Une des meilleures préventions des attaques *ad hominem* est la collégialité, dont le champ n'a eu malheureusement de cesse de diminuer au cours des dernières décennies. Le Conseil considère qu'une telle évolution, en confrontant le justiciable à un seul magistrat, est de nature à porter atteinte à l'autorité des décisions de justice, à la confiance en l'institution, et à favoriser la prise à partie du juge et la mise en cause de son impartialité. Le Conseil appelle par conséquent de ses vœux une rupture avec l'évolution constatée, dans le sens d'un rétablissement ou d'une mise en œuvre effective de la collégialité »[3].

§ 1
Collégialité classique

113.21 Composition professionnelle. Même si elle est quelque peu passée de mode du fait des sous-effectifs chroniques, la composition correctionnelle classique concerne trois magistrats professionnels, en général un vice-président ou premier vice-président qui préside et deux assesseurs qui peuvent être vice-président ou juge. Rien n'exclut en effet, si la juridiction peut l'assumer que l'ensemble des compositions collégiales soient confiées à trois magistrats professionnels. Il est même d'usage que ce soit le cas lorsque la juridiction doit juger une affaire sortant quelque peu de l'ordinaire ou intéressant une personnalité locale ou nationale. Il est d'ailleurs dans ce cas possible et souhaitable, si les débats sont appelés à se prolonger, que comme en matière criminelle, un ou plusieurs magistrats suppléants soient désignés[4]. Il est enfin d'usage que tel procès exceptionnel présidé par le président de la juridiction pour le siège, voit la place du parquet occupée par le procureur de la République en personne.

Si les trois magistrats professionnels sont en principe issus du tribunal concerné, il existe des possibilités de délégation par le premier président d'un magistrat appartenant en principe à l'un des autres tribunaux de la cour ou à la cour elle-même[5].

§ 2
Collégialité classique aménagée

113.31 Mixité. Nombre de juridictions voient régulièrement l'un des deux magistrats assesseurs, remplacé naguère par un juge de proximité, et dorénavant par un magistrat recruté à titre temporaire[6] ; plus occasionnellement c'est un avocat qui viendra compléter la juridiction[7]. À dire vrai c'était surtout le champ exceptionnellement élargi de la juridiction « citoyenne », dont les règles de fonctionnement seront brièvement rappelées ci-après, qui tendait à réduire tout simplement la collégialité classique, qu'elle soit pleinement assumée par les magistrats professionnels ou complétée comme précisé ci-dessus[8].

§ 3
Tentative avortée de composition du tribunal correctionnel dans sa formation citoyenne

113.41 Origine et disparition. La loi du 10 août 2011[9], était venue créer un tribunal correctionnel « dans sa formation citoyenne ». Aux termes de

1. Crim. 3 févr. 2004, n° 03-83.873, P n° 27.
2. Notons pour la matière civile : Civ. 2e, 23 juin 2022, n° 21-11.399, aux termes duquel est annulé (cf. article 459 du code de procédure civile) un arrêt qui mentionne que la cour d'appel était composée, lors des débats, de quatre magistrats qui en ont délibéré, dès lors que la copie du courriel adressé par le président de chambre signataire de l'arrêt attaqué à l'avocat du défendeur au pourvoi n'est pas de nature à établir le respect de la règle de l'imparité. T. Goujon-Bethan « Quand un courriel du président ne sauve pas le jugement de nullité pour violation de l'imparité », *D. actu.* 22 sept. 2022.
3. CSM, formation plénière, avis remis au président de la République, 24 sept. 2021, p. 29-30.
4. C. pr. pén., art. 398 al. 2.
5. V. ss n° 111.61.
6. V. ss n° 211.23.
7. V. ss n° 211.26.
8. POUR UNE ANALYSE plus complète : Ch. Guéry, B. Lavielle, *Le guide des audiences correctionnelles*, « Guides Dalloz », 1re éd., 2013, nos 113.41 s.
9. L. n° 2011-939, 10 août 2011 sur la participation des citoyens au fonctionnement de la justice pénale et le jugement des mineurs, *JO* 11 août, p. 13744 – Cons. const. ▶

l'article 399-1 du code de procédure pénale alors en vigueur : « Pour le jugement des délits énumérés à l'article 399-2, le tribunal correctionnel est composé, outre des trois magistrats mentionnés au premier alinéa de l'article 398, de deux citoyens assesseurs désignés selon les modalités prévues au sous-titre II du titre préliminaire. Il ne peut alors comprendre aucun autre juge non professionnel ».

Après le dépôt du rapport sur l'expérimentation des citoyens assesseurs dans les ressorts des cours d'appel de Dijon et Toulouse[1], et alors que cette expérimentation devait initialement se poursuivre jusqu'au 1er janvier 2014 dans dix cours d'appel, le décret du 18 mars 2013, a décidé l'arrêt de l'expérimentation du dispositif au 30 avril 2013[2]. L'article 54-II de la loi du 10 août 2011 ayant prévu que les articles 399-1 à 399-11 du code de procédure pénale étaient applicables à titre expérimental à compter du 1er janvier 2012 dans au moins deux cours d'appel et jusqu'au 1er janvier 2014 dans au plus dix cours d'appel, les articles 399-1 à 399-11 ont disparu du code de procédure pénale à cette dernière date.

Parce qu'il n'est pas dit que sous une forme ou sous une autre, l'échevinage citoyen en matière correctionnelle n'a pas vocation à être de nouveau tenté dans les prochaines années, la présente édition rappelle ci-dessous les dispositions essentielles de cette réforme avortée.

▶ 4 août 2011, n° 2011-635 DC, art., non-conformes 5 (399-2, 4° et 5°, du C. pr. pén.), 38 (10-3, 2e phrase), 49 (24-2, 2° et 3°, 24-1, de l'ord. n° 45-174 du 2 févr. 1945), et conforme 15 de la loi, *loi sur la participation des citoyens au fonctionnement de la justice pénale et le jugement des mineurs*, non-conformité partielle – effet différé – réserve, *JO* 11 août, p. 13763 ; *Rec.*, p. 407 ; *AJFP* 2012. 121, note J. Wolikow : après les juridictions situées dans les cours d'appel de Toulouse et de Dijon, l'arrêté, 16 févr. 2012 (*JO* 25 févr., p. 3199) était venu prévoir l'extension de l'expérimentation, à compter du 1er janv. 2013, aux cours d'Angers, Bordeaux, Colmar, Douai, Fort-de-France, Lyon, Montpellier et Orléans. Un arrêté, 2 mai 2012 (*JO* 8 mai, p. 8266) fixait le nombre de citoyens assesseurs devant figurer sur les listes annuelles. La direction des services judiciaires informait le 11 juin 2012 les organisations syndicales de magistrats que la ministre de la Justice entendait arrêter le développement de l'expérimentation tendant à l'implantation des jurés populaires dans les tribunaux correctionnels. L'expérimentation s'est cependant poursuivie dans les seules cours de Dijon et Toulouse suivant un arrêté en ce sens du 13 juin 2012 (*JO* 23 juin 2012, p. 10336).

1. X. Salvat et D. Boccon-Gibod, *Rapport sur l'expérimentation des citoyens assesseurs dans les ressorts des cours d'appel de Dijon et Toulouse*, févr. 2013.
2. Arr. 18 mars 2013 mettant fin à l'expérimentation des dispositions prévoyant la participation de citoyens assesseurs au fonctionnement de la justice pénale, *JO* 22 mars, p. 4897, NOR : JUSD1306459A.

A. Procédure de désignation des citoyens-assesseurs

113.51 Établissement de la liste annuelle selon une procédure *sui generis*. L'établissement de la liste annuelle répondait à une procédure *sui generis* mêlant tirage au sort et sélection à l'initiative de la commission créée à cet effet.

La loi du 10 août 2011 précisait que la liste annuelle des citoyens assesseurs de chaque tribunal de grande instance était dressée, après établissement de la liste annuelle du jury d'assises, par la commission instituée par l'article 262 du code de procédure pénale[3].

113.52 Soumission au secret des membres de la commission. Les membres de la commission, dépositaires de nombreuses informations confidentielles, étaient, en vertu de l'article R. 2-8 du code de procédure pénale, soumis au secret professionnel dans les conditions et sous les peines prévues par les articles 226-13 et 226-14 du code pénal relatifs à l'atteinte au secret professionnel. Cette infraction était punie d'un an d'emprisonnement et de 15 000 euros d'amende.

113.53 Réversibilité de l'inscription sur la liste. Le premier président de la cour d'appel avait la possibilité, en vertu de l'article 10-6 du code de procédure pénale, issu de la loi du 10 août 2011, de prononcer le retrait de la liste annuelle de certains citoyens assesseurs dans des situations particulières, comme par exemple en cas de manquement aux devoirs de ses fonctions, à l'honneur ou à la probité.

B. Compétences

113.61 Formation et indemnisation. Les citoyens jurés suivaient avant leur prise de fonctions, en vertu de l'article R. 2-12 du code de procédure pénale issu du décret du 12 octobre 2011, une formation, par nature obligatoire, d'une journée, sur le fonctionnement de la justice pénale et les fonctions qu'ils devront exercer. Cette formation était d'une densité particulière puisqu'aux termes de l'article R. 2-14, elle portait sur :

– la composition, les modes de saisine et la compétence des juridictions pénales comportant des citoyens assesseurs ;

– les délits relevant de la compétence de ces juridictions ;

– les règles relatives à la responsabilité pénale et aux causes d'irresponsabilité ;

3. C. pr. pén., art. 10-5, anc.

- le rôle respectif des magistrats du siège et du ministère public, ainsi que des avocats de la défense et de la partie civile ;

- les règles déontologiques qui s'imposent aux juges, notamment les obligations découlant pour eux des exigences d'impartialité et de probité[1] ;

- le principe de la présomption d'innocence et les règles relatives à l'administration de la preuve en matière pénale ;

- les règles relatives au prononcé des peines et à leur exécution.

Elle comprenait en outre la visite d'un établissement pénitentiaire.

Les citoyens assesseurs étaient indemnisés au titre des frais de justice correctionnelle[2]. Ces dernières dispositions ont été abrogées par le décret du 26 août 2013[3], tandis que les articles R. 2 à R. 2-14 du code de procédure pénale, peut-être oubliés, existent toujours à la date de parution de cet ouvrage.

113.62 Champ de compétence – Infractions concernées. C'est un champ largement étendu qui était offert à la nouvelle juridiction, trois magistrats professionnels et deux citoyens assesseurs étant compétents pour juger :

1° Les atteintes à la personne humaine passibles d'une peine d'emprisonnement d'une durée égale ou supérieure à cinq ans prévues au titre II du livre II du code pénal ;

2° Les vols avec violence prévus au dernier alinéa de l'article 311-4, au 1° et au dernier alinéa de l'article 311-5 et à l'article 311-6 du code pénal, ainsi que les extorsions prévues aux articles 312-1 et 312-2 du même code ;

3° Les destructions, dégradations et détériorations dangereuses pour les personnes passibles d'une peine d'emprisonnement d'une durée égale ou supérieure à cinq ans prévues à la section 2 du chapitre II du titre II du livre III du code pénal.

Le tribunal citoyen était également compétent pour connaître des contraventions connexes aux délits énumérés à l'article 399-2 et lorsqu'ils étaient connexes à ceux énumérés au même article, les délits prévus aux 2° à 5°[4] et 7° *bis*[5] de l'article 398-1 du présent code ainsi que les délits d'atteintes aux biens prévus au chapitre Ier du titre Ier et aux chapitres Ier et II du titre II du livre III du code pénal[6]. La seule exclusion concernait le jugement des délits prévus à l'article 399-2, mais mentionnés aux articles 706-73 et 706-74[7].

Le Conseil constitutionnel dans sa décision précitée avait exclu de la compétence de cette juridiction divers délits que le projet avait envisagés, au motif que « les infractions prévues au livre IV du code pénal et celles prévues au code de l'environnement... d'une nature telle que leur examen nécessite des compétences juridiques spéciales »[8].

C.
Règles de fonctionnement

113.71 Serment. Le service des citoyens assesseurs était composé, par trimestre d'avance, dans les différentes juridictions concernées, selon les conditions précisées par les articles 10-7 à 10-9 du code de procédure pénale.

Les citoyens assesseurs devaient prêter un serment, à l'ouverture de la première audience à laquelle ils étaient appelés à siéger, tel qu'énoncé par l'article 10-11 dudit code.

113.72 Récusation et désignation supplémentaire. Les citoyens assesseurs désignés pour siéger à une audience pouvaient être récusés mais seulement pour l'une des causes de récusation prévues à l'article 668 pour les magistrats ou s'il existait une raison objective de contester leur impartialité, leur honorabilité ou leur probité[9]. Cette récusation pouvait être demandée par le ministère public ou les

1. NOT. le sens et la portée du serment que les citoyens assesseurs étaient amenés à prêter à l'ouverture de la première audience à laquelle ils sont appelés à siéger : C. pr. pén., art. 10-11, anc.
2. C. pr. pén., art. R. 92-1.
3. Décr. n° 2013-770, 26 août 2013 relatif aux frais de justice, *JO* 28 août, p. 14561.
4. Soit : 2° Les délits prévus par le code de la route ainsi que, lorsqu'ils sont commis à l'occasion de la conduite d'un véhicule, par les articles 222-19-1, 222-20-1, 223-1 et 434-10 du code pénal ; 3° Les délits en matière de réglementations relatives aux transports terrestres ; 4° Les délits de port ou transport d'armes de la 6e catégorie prévus par l'article L. 2339-9 du code de la défense ; 5° Les délits prévus par les articles 222-11, 222-12 (1° à 15°), 222-13 (1° à 15°), 222-16, 222-17, 222-18, 222-32, 225-10-1, 227-3 à 227-11, 311-3, 311-4 (1° à 11°), 313-5, 314-5, 314-6, 321-1, 322-1 à 322-4-1, 322-12, 322-13, 322-14, 431-22 à 431-24, 433-3, premier et deuxième alinéas, 433-5, 433-6 à 433-8, al. 1, 433-10, al. 1, 446-1, 446-2 et 521-1 du code pénal et L. 628 du code de la santé publique.
5. Le délit prévu par l'article L. 126-3 du code de la construction et de l'habitation, soit l'occupation collective des espaces communs ou des toits des immeubles collectifs d'habitation en empêchant délibérément l'accès ou la libre circulation des personnes ou le bon fonctionnement des dispositifs de sécurité.
6. C. pr. pén., art. 399-3 version en vigueur du 1er janv. 2012 au 1er janv. 2014 : vol simple et vols aggravés, recel et infractions assimilées ou voisines, destructions, dégradations et détériorations.
7. C. pr. pén., art. 399-2 *ibid. in fine* : infractions visées aux dispositions relatives à la criminalité et à la délinquance organisées.
8. Cons. const. 4 août 2011, n° 2011-635 DC, préc., consid. 14, préc. (v. s^s^ n° 113.41).
9. V. également : J. Pradel, « Le citoyen comme juge pénal – À propos L. 10 août 2011 », *JCP* 2011. Actu. 923.

parties avant l'examen au fond. Les trois magistrats de la juridiction devaient statuer sur la demande de récusation [1], qui n'était donc pas de droit comme en matière criminelle [2].

L'article 10-8 du code de procédure pénale prévoyait en outre la possibilité de désigner des citoyens assesseurs supplémentaires et si chaque citoyen assesseur ne pouvait être appelé à siéger, y compris comme assesseur supplémentaire, plus de dix jours d'audience dans l'année, lorsque l'examen d'une affaire se prolonge au-delà de cette durée, il était évidemment tenu de siéger jusqu'à l'issue du délibéré [3].

113.73 **Répartition du service des audiences.** Le premier président de la cour d'appel et le président du tribunal de grande instance décidaient par ordonnance de la répartition du service des audiences entre les citoyens assesseurs, en vertu de l'article R. 2-11 du code de procédure pénale, issu du décret du 12 octobre 2011 [4], conformément aux dispositions de l'article 10-7. La participation de deux citoyens assesseurs excluait la participation d'un juge de proximité.

113.74 **Statut et rôle du citoyen assesseur.** Le tribunal composé des trois seuls magistrats était compétent pour examiner les dossiers dans lesquels l'ensemble des prévenus devaient être jugés par défaut [5]. Lorsque l'action de la partie civile n'était pas jointe à celle du ministère public, le tribunal correctionnel statuait également dans sa composition prévue au premier alinéa de l'article 398 du code de procédure pénale (avec les trois seuls magistrats professionnels) pour fixer le montant de la consignation en application de l'article 392-1 [6].

Le président de la juridiction ou l'assesseur désigné par lui, devait exposer, de façon concise, les faits reprochés au prévenu et les éléments à charge et à décharge figurant dans le dossier. Dans son rapport oral, il ne devait pas manifester son opinion sur la culpabilité du prévenu. À l'issue de son rapport, il donnait lecture de la qualification légale des faits objets de la poursuite [7].

On trouvait ici, sans justification particulière à cette originalité, une différence sensible avec la comparution devant la formation professionnelle, dans laquelle le président ou l'un des assesseurs, par lui désigné, constate d'abord l'identité du prévenu et donne connaissance de l'acte qui a saisi le tribunal [8]. Peut-on s'autoriser à écrire que cette mise à distance de la qualification des faits par rapport au rappel des faits, des éléments recueillis lors de l'enquête et des déclarations du prévenu, ouvrait néanmoins des perspectives intéressantes quant à une réforme de la procédure ordinaire ?

Le président devait par ailleurs veiller à ce que les citoyens assesseurs puissent prendre utilement connaissance de tous les éléments du dossier [9], ces mêmes citoyens pouvant poser des questions au prévenu, à la partie civile, aux témoins et aux experts en demandant la parole au président, prendre des notes mais en aucun cas manifester leur opinion [10].

Les décisions sur la qualification des faits, la culpabilité du prévenu et la peine étaient prises par les magistrats et les citoyens assesseurs [11]. Sur toute autre question, les décisions étaient prises par les seuls magistrats.

S'agissant du délibéré, originalité là encore, celle-ci toute entière due à l'absence de connaissance particulière des citoyens assesseurs en matière judiciaire, il y avait lieu d'une part, pour le président, sauf à en décider autrement dans l'intérêt d'une bonne administration de la justice, de permettre la tenue du délibéré à l'issue des débats, avant l'examen de toute autre affaire [12] et d'autre part, avant de délibérer sur la peine, de rappeler aux citoyens assesseurs les peines encourues compte tenu, le cas échéant, de l'état de récidive et les dispositions des articles 132-19, 132-20, 132-24 et, s'il y a lieu, 132-19-1 et 132-19-2 du code pénal, ainsi que l'existence des différents modes de personnalisation des peines [13]. Il n'est sans doute pas inopportun de s'interroger sur la possibilité d'un mode de fonctionnement approchant, dans les compositions ordinaires, notamment estivales, lorsqu'elles voient passer comme assesseurs des magistrats civilistes peu au fait des dispositions du code de procédure pénale.

113.75 **Liens avec la juridiction correctionnelle « classique ».** Lorsque le tribunal correctionnel composé conformément au premier alinéa de l'article 398 du code de procédure pénale (juge unique) constatait que la qualification retenue dans l'acte qui le saisissait entrait dans les prévisions de l'article 399-2 (tribunal correctionnel dans sa formation citoyenne), il renvoyait l'affaire devant le tribunal correctionnel dans sa formation citoyenne. S'il avait été saisi selon la procédure de comparution immédiate, le tribunal correctionnel pouvait ordonner le placement sous contrôle judiciaire ou en détention provisoire du prévenu jusqu'à la date de l'audience

1. C. pr. pén., art. 10-12, anc.
2. C. pr. pén., art. 297.
3. C. pr. pén., art. 10-10, anc.
4. Décr. n° 2011-1271, 12 oct. 2011 relatif à la participation des citoyens au fonctionnement de la justice pénale, *JO* 13 oct., p. 17221.
5. C. pr. pén., art. 399-5, anc.
6. C. pr. pén., art. 399-6, anc.
7. C. pr. pén., art. 461-2, anc.
8. C. pr. pén., art. 406.
9. C. pr. pén., art. 461-3, anc.
10. C. pr. pén., art. 461, anc.
11. C. pr. pén., art. 399-4 et 486-2, anc.
12. C. pr. pén., art. 486-2, anc.
13. C. pr. pén., art. 486-4, anc.

de renvoi. Quelle que soit la procédure selon laquelle il avait été saisi, il pouvait ordonner le maintien de ces mesures de sûreté jusqu'à cette date lorsque le prévenu en faisait l'objet lors de sa comparution [1].

Lorsque le tribunal correctionnel dans sa formation citoyenne constatait que la qualification retenue dans l'acte qui le saisissait relevait du tribunal correctionnel composé conformément au premier alinéa de l'article 398, l'affaire était jugée immédiatement par les seuls magistrats.

Lorsqu'il constatait que la qualification retenue dans l'acte qui le saisissait relevait du tribunal correctionnel composé conformément au troisième alinéa du même article 398, l'affaire pouvait être soit renvoyée devant le tribunal correctionnel ainsi composé, soit jugée immédiatement par le seul président [2].

Lorsque le tribunal correctionnel dans sa composition prévue au troisième alinéa de l'article 398 constatait que la qualification retenue dans l'acte qui le saisissait relevait de l'article 399-2, il renvoyait l'affaire devant le tribunal correctionnel dans sa formation citoyenne [3].

Enfin, en cas de requalification des faits conduisant à retenir une infraction qui ne relevait pas de la compétence du tribunal correctionnel dans sa formation citoyenne, la décision était prise par les seuls magistrats [4].

§ 4
Situation particulière du tribunal correctionnel pour mineurs

113.81 Tribunal correctionnel pour mineurs : origine, objet et disparition. La loi du 10 août 2011 [5] était venue créer le tribunal correctionnel pour mineurs, reprenant l'une des propositions de la commission Varinard [6] et l'inscrivant aux articles 24-1 [7] à 24-4 [8] de l'ordonnance du 2 février 1945 [9]. Le tribunal correctionnel pour mineurs constituait donc une formation spécialisée du tribunal correctionnel [10] instituée au sein de chaque tribunal de grande instance comprenant un tribunal pour enfants [11].

Il était compétent pour juger les mineurs âgés de plus de 16 ans poursuivis pour un ou plusieurs délits punis d'une peine d'emprisonnement égale ou supérieure à trois ans et commis en état de récidive légale, ainsi que les délits et contraventions connexes aux délits reprochés aux mineurs, notamment pour le jugement des coauteurs ou complices majeurs de ceux-ci.

Cette juridiction a été supprimée par la loi du 18 novembre 2016 [12] de modernisation de la justice du XXIe siècle, à compter du 1er janvier 2017 [13].

Cette même loi a modifié l'article 8-2 de l'ordonnance précitée pour poser dorénavant que : « En matière correctionnelle, le procureur de la République pourra, à tout moment de la procédure, s'il estime que des investigations suffisantes sur la personnalité du mineur ont été effectuées, le cas échéant à l'occasion d'une précédente procédure, et que des investigations sur les faits ne sont pas ou ne sont plus nécessaires, requérir du juge des enfants qu'il ordonne la comparution de mineurs soit devant le tribunal pour enfants, soit devant la chambre du conseil, dans un délai compris entre un et trois mois. Les dispositions des deux derniers alinéas de l'article 82 et des deux premiers alinéas de l'article 185 du code de procédure pénale sont alors applicables, l'appel ou le recours du parquet étant porté devant le président de la chambre spéciale des mineurs de la cour d'appel ou son remplaçant, qui statuera dans les quinze jours de sa saisine. L'appel ou le recours du procureur de la République sera porté à la connaissance du mineur, de ses représentants légaux et de son avocat, qui pourront présenter par écrit toutes observations utiles » [14, 15].

SECTION 2
EXCEPTION DE LA COMPÉTENCE DU JUGE UNIQUE ?

113.91 Extension progressive. Pour le jugement des délits énumérés à l'article 398-1 du code de procé-

1. C. pr. pén., art. 399-9, anc.
2. C. pr. pén., art. 399-10, anc.
3. C. pr. pén., art. 399-11, anc.
4. C. pr. pén., art. 486-5, anc.
5. L. n° 2011-939, 10 août 2011 sur la participation des citoyens au fonctionnement de la justice pénale et le jugement des mineurs, *JO* 11 août, p. 13744.
6. Rapport de la commission Varinard chargée de formuler des propositions de réforme de l'ordonnance du 2 février 1945 relative aux mineurs délinquants, déposé le 3 déc. 2008, prop. n° 33.
7. Ord. n° 45-174, 2 févr. 1945, art. 24-1.
8. Ord. n° 45-174, 2 févr. 1945, art. 24-4.
9. Ord. n° 45-174, 2 févr. 1945, préc.
10. COJ, art. L. 251-7, abrog. par L. n° 2016-1547, 18 nov. 2016, art. 29 (V).
11. COJ, art. L. 251-8, *ibid.*
12. L. n° 2016-1547, 18 nov. 2016 de modernisation de la justice du XXIe siècle, *JO* 19 nov., n° 1.
13. L. n° 2016-1547, 18 nov. 2016, art. 29 – POUR UNE ANALYSE PLUS COMPLÈTE du tribunal correctionnel pour mineurs : Ch. Guéry, B. Lavielle, *Le guide des audiences correctionnelles*, « Guides Dalloz », 2e éd., 2015, n°s 113.121 s.
14. Sur la procédure de comparution à délai rapproché d'un mineur : Cons. const. 21 sept. 2012, n° 2012-272 QPC, art., conformité de l'art. 8-2 de l'ord. n° 45-174 du 2 févr. 1945, *procédure de comparution à délai rapproché d'un mineur*, conformité, *JO* 22 sept., p. 15024 ; *Rec.* 486 ; *D.* 2013. 1584, obs. N. Jacquinot et A. Mangiavillano.
15. V. s^s^ n° 312.14.

dure pénale, le tribunal est composé d'un seul de ces magistrats exerçant les pouvoirs conférés au président[1].

Le Conseil constitutionnel avait estimé en 1975[2] que la détermination des délits relevant de la juridiction du juge unique ne pouvait être laissée à la détermination du président du tribunal et la répartition des affaires relevant de la collégiale ou de la composition à juge unique relève donc uniquement de la loi. Pour autant, il n'a jamais affirmé que la collégialité des juridictions était un principe de valeur constitutionnelle, ce que certains commentateurs ont pu clairement regretter[3].

C'est la loi qui fixe leurs compétences respectives. Des débats avaient été réouverts sur la départition des infractions ainsi posée par l'article 398-1, à l'occasion des « Chantiers de la Justice ». Le rapport sur l'amélioration et la simplification de la procédure pénale[4] avait ainsi suggéré une clarification de la répartition entre collégialité et juge unique, par le remplacement de la liste actuelle d'infractions par un seuil unique de peine encourue, ou à défaut par une simplification de la liste actuelle. Le projet de loi de programmation 2018-2022[5] et de réforme pour la justice, avait pour sa part, proposé l'extension de la compétence du juge unique déterminée par l'article 398-1 du code de procédure pénale, en fixant un seuil maximal de cinq ans d'emprisonnement, en procédant à la désignation explicite des délits concernés, et en étendant sa compétence à divers délits dont les menaces par concubin, les blessures involontaires causées par un chien, la cession de stupéfiants pour consommation personnelle, certaines atteintes à la vie privée, les atteintes à l'exercice de l'autorité parentale, les atteintes à l'état civil des personnes, les atteintes à l'autorité de la justice, et certains faux et usages de faux.

La loi du 23 mars 2019[6] qui en est le résultat a soumis à la compétence du juge unique :

– tous les délits qu'énonce l'article 398-1 du code de procédure pénale, punis d'une peine inférieure ou égale à cinq ans d'emprisonnement, en précisant que pour l'appréciation de ce seuil de cinq ans, il n'est pas tenu compte des aggravations résultant de l'état de récidive ou des dispositions des articles 132-76 (aggravation encourue en raison de l'appartenance ou de la non-appartenance, vraie ou supposée, de la victime à une prétendue race, une ethnie, une nation, ou une religion déterminée), 132-77 (aggravation encourue en cas de crime ou délit précédé, accompagné ou suivi de propos, écrits, images, objets ou actes de toute nature portant atteinte à l'honneur ou à la considération de la victime ou d'un groupe de personne dont fait partie la victime à raison de son sexe, son orientation sexuelle ou identité de genre vraie ou supposée) ou 132-79 du code pénal (recours à un moyen de cryptologie),

– ceux pour lesquels une peine d'emprisonnement n'est pas encourue, à l'exception des délits de presse,

– sous la réserve que le tribunal statue obligatoirement dans les conditions prévues par le premier alinéa de l'article 398 lorsque le prévenu est en état de détention provisoire lors de sa comparution à l'audience ou lorsqu'il est poursuivi selon la procédure de comparution immédiate. Il statue également dans les conditions prévues par le premier alinéa de l'article 398 pour le jugement des délits prévus au présent article lorsque ces délits sont connexes à d'autres délits non prévus par cet article ;

Cette même loi a étendu le champ de la procédure de l'ordonnance pénale à tous les délits relevant du juge unique, sauf les atteintes volontaires et involontaires à la personne, ce qui évite le maintien dans le code de procédure pénale de deux listes différentes d'infractions. Elle supprime également l'exclusion de cette dernière procédure en cas de récidive, afin de restituer au parquet sa liberté de choix en la matière.

Certains textes sont déjà venus modifier le contenu de cet article 398-1[7] tandis que les lois du 24 décem-

1. C. pr. pén., art. 398, al. 3.
2. Cons. const. 23 juill. 1975, n° 75-56 DC, art., non conforme, 6 de la loi (C. pr. pén., art. 398, trois derniers al. et 398-1), *loi modifiant et complétant certaines dispositions de procédure pénale spécialement le texte modifiant les articles 398 et 398-1 du code de procédure pénale*, non-conformité partielle, *JO* 24 juill., p. 7533 ; *Rec.*, p. 22 ; *Lebon* 22 ; *RJC* I. 32 ; *RD publ.* 1975. 1313, note L. Favoreu et L. Philip ; *D.* 1977. 629, note L. Hamon et G. Levasseur ; *AJDA* 1976. 44, note J. Rivero ; not. : « *L'article 34 de la Constitution qui réserve à la loi le soin de fixer les règles concernant la procédure pénale s'oppose à ce que le législateur, s'agissant d'une matière aussi fondamentale que celle des droits et libertés des citoyens, confie à une autre autorité l'exercice, dans les conditions ci-dessus rappelées, des attributions définies par les dispositions en cause de l'article 6 de la loi déférée.* ». Le Conseil constitutionnel a du à plusieurs fois depuis redire que le jugement pénal à juge unique ou encore la procédure simplifiée de l'ordonnance pénale étaient conformes à la Constitution (V. notamment Cons. const. 29 août 2002, n° 2002-461 DC ; Cons. const. 22 oct. 2009, n° 2009-590 DC...).
3. M-A Cohendet, « La collégialité des juridictions : un principe en voie de disparition ? », Revue française de droit constitutionnel 2006/4 p. 713 s.
4. J. Baume et F. Natali, « Chantiers de la Justice, Amélioration et simplification de la procédure pénale », 2018, mesure 23.
5. Projet de loi de programmation 2018-2022 et de réforme pour la justice, n° 463 déposé au Sénat le 20 avr. 2018, art. 40.
6. L. n° 2019-222, 23 mars 2019, art. 61 et 109-XVII applicable depuis le 1er sept. 2019, mod. par L. n° 2022-1089, 30 juill. 2022, *JO* 31 juill., n° 1, art. 1.
7. Ord. n° 2020-1144, 16 sept. 2020, *JO* 17 sept., n° 39, art. 8, applicable depuis le 1er janv. 2021 (abrogeant le 12° de l'article 398-1) et L. n° 2021-1104,22 août 2021, *JO* 24 août, n° 1, art. 291 (modifiant 6°, 7° et 9°) et L. n° 2022-52, 24 janv. 2022, *JO* 25 janv., n° 1, art. 10.

bre 2020[1] et du 24 janvier 2023[2] sont venues ajouter de nouveaux délits à la liste des compétences du juge unique.

De l'exception à l'extension du domaine du juge unique, la question sous-jacente demeure : l'avenir est-il ouvertement à la prééminence du juge unique pénal, ce qui au demeurant rapprocherait un peu plus notre procédure de règles déjà connues notamment des pays anglo-saxons ?[3 4].

La Cour de cassation a eu l'occasion de juger qu'aucune disposition de la convention européenne des droits de l'homme n'interdit à un tribunal de statuer en application de l'article 398, alinéa 3, du code de procédure pénale, dans la composition d'un seul magistrat exerçant les pouvoirs conférés au président[5].

L'article 398-2, alinéa 3, du code de procédure pénale affirme toujours pour l'heure que le tribunal correctionnel siégeant dans sa composition prévue par le troisième alinéa de l'article 398 (formation à juge unique) peut, si ce renvoi lui paraît justifié en raison de la complexité des faits ou, au regard notamment des dispositions du dernier alinéa, en raison de l'importance de la peine susceptible d'être prononcée, décider, d'office ou à la demande des parties ou du ministère public, de renvoyer l'affaire devant le tribunal correctionnel siégeant dans les conditions prévues au premier alinéa du même article. Cette possibilité paraît peu usitée en pratique. Si elle est prise, cette décision constitue une mesure d'administration judiciaire qui n'est pas susceptible de recours[6].

Rappelons enfin que les règles sur la composition et la compétence des juridictions sont d'ordre public[7], et que les parties, même assistées d'un avocat, ne peuvent y renoncer[8]. Encourt, par exemple, la cassation la cour d'appel qui statue à juge unique sur l'appel d'une personne condamnée pour obstacles à l'exercice des fonctions d'un inspecteur du travail, infraction qui ne figure pas dans la liste des infractions prévue à l'article 398-1 du code de procédure pénale[9].

À la date de publication de cet ouvrage la compétence du juge unique pénal peut être présentée comme suit, s^{s} tableau 113.91-1.

113.92 Compétence du juge unique en matière d'intérêts civils. Lorsque la juridiction correctionnelle n'a pas statué en même temps sur l'action publique et sur l'action civile, elle a pu renvoyer sur intérêts civils[10] dans l'attente notamment que la victime produise des justificatifs, se soumette à une expertise, affine sa demande indemnitaire...

Dans cette hypothèse l'article 464 du code de procédure pénale dispose en fin de son troisième alinéa que le tribunal est composé du seul président siégeant à juge unique et que la présence du ministère public n'est pas obligatoire[11]. Il a également été jugé qu'il résulte des dispositions des articles 464 et 711 du code de procédure pénale, que la présence du ministère public n'est pas obligatoire lorsque le débat porte, devant la juridiction correctionnelle saisie d'une requête en rectification d'erreur matérielle, sur les seuls intérêts civils[12].

Il a encore été jugé que la cour d'appel saisie d'une demande de l'administration fiscale, seule appelante du jugement ayant déclaré le prévenu coupable de fraude fiscale, afin de voir prononcer, en application de l'article 1745 du code général des impôts, la solidarité du condamné avec le redevable légal des impôts fraudés, peut statuer hors la présence du ministère public, l'instance ne portant plus que sur les intérêts civils[13].

La chambre criminelle avait par ailleurs indiqué, que même lorsqu'elle statuait sur les seuls intérêts civils, la chambre des appels correctionnels devait être composée d'un président de chambre et de deux conseillers devant assister à toutes les audiences au cours de laquelle la cause était instruite, plaidée ou jugée ; ces règles étant d'ordre public, les parties ne pouvaient y renoncer. Était par suite cassé un arrêt qui, en cette matière, mentionnait qu'un conseiller rapporteur avait entendu seul les plaidoiries, les parties ne s'y étant pas opposées[14].

1. L. n° 2020-1672, 24 déc. 2020, *JO* 26 déc., n° 4, art. 26 (les délits de prise du nom d'un tiers ou de fausse déclaration relative à l'état civil d'une personne prévus à l'article 434-23).
2. L. n° 2023-22, 24 janv. 2023, *JO* 25 janv., n° 1, art. 9 (incluant après le seizième alinéa du 1° de l'article 398-1 du code de procédure pénale, les délits d'accès et de maintien frauduleux dans un système de traitement automatisé de données prévus au premier alinéa de l'article 323-1).
3. Un signe parmi d'autres ressort sans doute des dispositions de l'article 464 du code de procédure pénale, qui prévoit qu'au cas de renvoi sur intérêts civils le tribunal est composé du seul président siégeant à juge unique.
4. Pour un récapitulatif des délits de la compétence du juge unique à la date de publication de cette édition, v. s^{s} tableau 113.91-1.
5. Crim. 14 mars 2001, n° 00-86.411, NP.
6. Sur les autres passerelles de la collégiale vers la juge unique et inversement, v. s^{s} n°s 113.102 s.
7. Crim. 19 déc. 1988, n° 88-83.678, P n° 433.
8. Crim. 22 mars 2016, n° 15-83.834, P n° 95.
9. Crim. 28 mars 2023, n° 22-82.032, P.
10. V. s^{s} n° 621.61.
11. NOT. : Crim. 18 déc. 2001, n° 01-81.045, P n° 274.
12. Crim. 3 nov. 2009, n° 09-80.991, P n° 183 ; *AJ pénal* 2010. 39, obs. J. Lasserre Capdeville ; *Procédures* 2010, n° 88, obs. J. Buisson.
13. Crim. 14 mai 2014, n° 13-81.796, NP, *Dr. pénal* 2014, n° 108, note J.-H. Robert.
14. Crim. 22 mars 2016, n° 15-83.834, P n° 95 – Crim. 28 nov. 2017, n° 17-80.416, P.

TABLEAU 113.91-1. INFRACTIONS DE LA COMPÉTENCE DU JUGE UNIQUE (C. PR. PÉN., ART. 398-1)

	C. pr. pén., art. 398-1, issu L. n° 2023-22, 24 janv. 2023, art. 9
398-1, 1°	• violences prévues aux articles 222-11,222-12, 222-13 et 222-14-5 ; • appels ou messages malveillants et agressions sonores prévus à l'article 222-16 ; • menaces prévues aux articles 222-17 à 222-18-3 ; • atteintes involontaires à l'intégrité de la personne prévues aux articles 222-19-1,222-19-2,222-20-1 et 222-20-2 ; • exhibition sexuelle prévue à l'article 222-32 ; • cession ou offre illicite de stupéfiants à une personne en vue de sa consommation personnelle prévues à l'article 222-39 ; • délit de risques causés à autrui prévu à l'article 223-1, lorsqu'il est commis à l'occasion de la conduite d'un véhicule ; • délit de recours à la prostitution prévu à l'article 225-12-1 ; • atteintes à la vie privée et à la représentation de la personne prévues aux articles 226-1 à 226-2-1,226-3-1,226-4 à 226-4-2 et 226-8 ; • abandons de famille, violations des ordonnances prises par le juge aux affaires familiales en cas de violences et atteintes à l'exercice de l'autorité parentale prévus aux articles 227-3 à 227-11 ; • vol, filouterie, et détournement de gage ou d'objet saisi prévus aux articles 311-3 et 311-4,313-5,314-5 et 314-6 ; • recel prévu à l'article 321-1 ; • destructions, dégradations et détériorations ne présentant pas de danger pour les personnes et l'installation illicite sur un terrain communal prévues aux articles 322-1 à 322-4-1 ; • destructions, dégradations et détériorations involontaires par explosion ou incendie prévues à l'article 322-5 ; • menaces de destruction, de dégradation ou de détérioration et les fausses alertes prévues aux articles 322-12 à 322-14 ; • accès et maintien frauduleux dans un système de traitement automatisé de données prévus au premier alinéa de l'article 323-1 ; • intrusion dans un établissement d'enseignement scolaire prévue aux articles 431-22 à 431-25 ; • menaces et actes d'intimidation commis contre les personnes exerçant une fonction publique prévus à l'article 433-3 ; • outrages et rébellions prévus aux articles 433-5 à 433-10 ; • opposition à l'exécution de travaux publics ou d'utilité publique prévue à l'article 433-11 ; • usurpations de fonctions, de signes, de titres et l'usage irrégulier de qualité prévus aux articles 433-12 à 433-18 ; • atteintes à l'état civil des personnes prévues aux articles 433-18-1 à 433-21-1 ; • délit de fuite prévu à l'article 434-10 ; • délit de prise du nom d'un tiers prévu à l'article 434-23 ; • atteintes au respect dû à la justice prévues aux articles 434-24,434-26,434-35,434-35-1 et 434-38 à 434-43-1 ; • faux prévus aux articles 441-1 à 441-3,441-5 et 441-6 à 441-8 ; • vente à la sauvette prévue aux articles 446-1 et 446-2 ; • sévices graves ou actes de cruauté envers les animaux prévus aux articles 521-1 et 521-2 ;
398-1, 2°	délits prévus par le code de la route
398-1, 3°	délits en matière de chèques prévus aux articles L. 163-2, L. 163-3 et L. 163-7 du code monétaire et financier
398-1, 4°	délits en matière de réglementations relatives aux transports prévus aux quatre premières parties du code des transports
398-1, 5°	délits de port ou transport d'armes de la catégorie D figurant sur une liste fixée par un décret en Conseil d'État prévus par l'article L. 317-8 du code de la sécurité intérieure
398-1, 6°	délits prévus par le code de l'environnement en matière de chasse, de pêche en eau douce, de protection du patrimoine naturel, ainsi que par le titre VIII du livre V du même code
398-1, 7°	délits prévus par le code forestier et par le code de l'urbanisme
398-1, 8°	délits prévus par le code de la construction et de l'habitation
398-1, 9°	délits prévus par le code rural et de la pêche maritime en matière de garde et de circulation des animaux et de pêche maritime
398-1, 10°	délits prévus aux articles L. 335-2, L. 335-3 et L. 335-4 du code de la propriété intellectuelle, lorsqu'ils sont commis au moyen d'un service de communication au public en ligne
398-1, 10° *bis*	délits prévus à l'article L. 3136-1 du code de la santé publique et à l'article 16 de la loi n° 2021-1040 du 5 août 2021 relative à la gestion de la crise sanitaire
398-1, 11°	délit d'usage de stupéfiants prévu à l'article L. 3421-1 du code de la santé publique ainsi que le délit prévu à l'article 60 *bis* du code des douanes

La solution était inverse en cas d'appel en matière contraventionnelle même lorsque la chambre n'était appelée à statuer que sur les intérêts civils : il résultait en effet de l'article 547 du code de procédure pénale, dans sa rédaction issue de la loi du 9 mars 2004, que l'appel des jugements de police était porté devant le président de la chambre des appels correctionnels, siégeant à juge unique. Méconnaissait donc cette disposition l'arrêt qui mentionnait que la cour d'appel était composée de trois magistrats[1].

1. Crim. 14 juin 2006, n° 05-84.266, P n° 180 – Crim. 11 avr. 2012, n° 11-87.688, P n° 89.

La nouvelle rédaction de l'article 510 du code de procédure pénale issue de la loi de programmation 2018-2022 et de réforme pour la justice[2], simplifie ce système en prévoyant que lorsque le jugement attaqué a été rendu selon les modalités prévues [...] au troisième alinéa de l'article 464, la chambre des appels correctionnels est composée d'un seul magistrat exerçant les pouvoirs confiés au président de chambre. Toutefois, le second alinéa de cet article 510, évoquant l'appel tant sur l'action publique, que sur l'action civile, et se terminant par la possibilité pour le juge, « *si ce renvoi lui paraît justifié en raison de la complexité des faits [ou en raison de l'importance de la peine susceptible d'être prononcée]* », de décider, d'office ou à la demande des parties ou du ministère public, de renvoyer l'affaire devant la chambre des appels correctionnels siégeant en formation collégiale, la question sera sans doute posée, d'un possible renvoi en formation collégiale sur la seule question des intérêts civils.

La question a enfin été évoquée lors des États généraux de la justice du transfert au juge civil de l'indemnisation des préjudices complexes[3].

D'ores et déjà issu de la loi du 24 janvier 2023[4], un nouvel article 495-24-2 du code de procédure pénale vient dire que, lorsque l'action publique concernant un délit ayant causé un préjudice à une victime est éteinte par le paiement d'une amende forfaitaire délictuelle, la victime peut toutefois demander au procureur de la République de citer l'auteur des faits à une audience devant le tribunal pour lui permettre de se constituer partie civile. Le tribunal, composé d'un seul magistrat exerçant les pouvoirs conférés au président, ne statue alors que sur les seuls intérêts civils, au vu du dossier de la procédure qui est versé au débat. Le procureur de la République informe la victime de ses droits ainsi que, lorsqu'il cite l'auteur des faits devant le tribunal correctionnel, de la date de l'audience.

113.93 État d'urgence sanitaire et juge unique. Il faut noter que l'ordonnance du 25 mars 2020 portant adaptation de règles de procédure pénale pour faire face à la pandémie de Covid-19[5] avait prévu en cas de persistance d'une crise sanitaire de nature à compromettre le fonctionnement des juridictions malgré la mise en œuvre des autres dispositions de ce texte, le recours systématique au juge unique et en particulier :

– Que par dérogation aux dispositions de l'article 398 du code de procédure pénale, le tribunal correctionnel puisse statuer, quelle que soit la nature du délit dont il est saisi et quel que soit le mode de sa saisine, en n'étant composé que de son seul président, ou du magistrat désigné pour le remplacer, sur décision du président du tribunal judiciaire constatant que la réunion de la formation collégiale de la juridiction n'est pas possible, sans préjudice de la possibilité pour le président de renvoyer l'affaire à une formation collégiale si ce renvoi lui paraît justifié en raison de la complexité ou de la gravité des faits [6] ;

– Que par dérogation aux dispositions de l'article 510 du code de procédure pénale, la chambre des appels correctionnels et la chambre spéciale des mineurs puissent statuer, dans tous les cas, en n'étant composée que de leur seul président, ou d'un magistrat désigné pour le remplacer, sur décision du premier président de la cour d'appel constatant que la réunion de la formation collégiale de la juridiction n'est pas possible, sans préjudice de la possibilité pour le président de renvoyer l'affaire à une formation collégiale si ce renvoi lui paraît justifié en raison de la complexité ou de la gravité des faits[7].

Ces dispositions ne sont finalement pas entrées en vigueur[8]. Il est d'ailleurs possible de se demander dans quelle mesure elles ne heurtaient pas nos principes constitutionnels, le Conseil constitutionnel ayant encore eu l'occasion de juger qu'en limitant « les conditions de l'accès à une formation collégiale en appel correctionnel, le législateur avait, compte tenu du quantum des peines d'emprisonnement susceptibles d'être prononcées, porté une atteinte excessive à la garantie des droits protégée par l'article 16 de la Déclaration de 1789 »[9].

SECTION 3
DIFFICULTÉS DE COORDINATION, PASSERELLES, REQUALIFICATIONS, APPEL

113.101 Difficultés liées à des défauts de coordination. L'énumération de l'article 398-1 du code de procédure pénale est *a priori* des plus simples. Le visa des articles devrait clairement délimiter le champ de compétence du juge unique. La difficulté provient ici

1. Réd. issue L. n° 2023-22, 24 janv. 2023, *JO* 25 janv., n° 1, art. 9.
2. L. n° 2019-222, 23 mars 2019 de programmation 2018-2022 et de réforme pour la justice, art. 62.
3. P. Januel, « Les États généraux de la justice dressent une feuille de route », *D. actu.* 9 juin 2022.
4. L. n° 2023-22, 24 janv. 2023, *JO* 25 janv. 2023, n° 1, art. 25.
5. Ord. n° 2020-303, 25 mars 2020 portant adaptation de règles de procédure pénale sur le fondement de la loi n° 2020-290 du 23 mars 2020 d'urgence pour faire face à l'épidémie de covid-19, *JO* 26 mars 2020, n° 3, art. 8 s.
6. Ord. n° 2020-303, 25 mars 2020, art. 9, II.
7. Ord. n° 2020-303, 25 mars 2020, art. 9, III.
8. Circ. CRIM-BOL n° 2020-00027, NOR JUSD2008571V, 26 mars 2020, p. 12 s.
9. Cons. const. 21 mars 2019, n° 2019-778 DC, concernant la loi de programmation 2018-2022 et de réforme pour la justice § 297.

d'une énumération qui mélange articles ponctuels et série d'articles, dans lesquelles par défaut de coordination lors de leur insertion dans le code pénal, de nouvelles dispositions viennent se glisser. Ainsi, l'article 398-1 retient-il les articles 227-3 à 227-11, au sein desquels a été inclus un article 227-4-1 posant depuis 2001, la possibilité d'une responsabilité pénale des personnes morales pour les infractions de la section (abandon de famille) et prévoyant les peines applicables. Le principe d'une responsabilité générale des personnes morales étant acquis[1], l'insertion dudit article ne pose plus de difficulté... sauf en ce qu'elle affirme indirectement la possibilité pour le juge unique d'être compétent en matière de jugement des personnes morales, ce que rien ne précise explicitement dans l'article 398-1.

Ce même article énumère également la série des articles 322-1 à 322-4-1, qui inclut l'article 322-3-1[2], réprimant les destructions, dégradations ou détériorations aggravées commises sur un immeuble classé, une découverte archéologique, un bien culturel ou un édifice affecté au culte et les punissant de sept ans d'emprisonnement et de 100 000 euros d'amende ou de peines supérieures en cas de circonstance aggravante. S'il est clair qu'au regard de la prohibition du prononcé à juge unique d'une peine d'emprisonnement supérieure à cinq ans, cette infraction ressort d'une compétence de la collégialité, ladite prohibition ne s'applique que si le tribunal envisage le prononcé d'un tel *quantum* et non parce qu'un *quantum* supérieur à cinq ans est encouru. La difficulté existe bel et bien au regard de l'importance des peines encourues et d'une étourderie du législateur. Il y a là manifestement deux bonnes raisons d'éviter d'envisager de faire juger de tels faits par un seul magistrat.

La loi du 23 mars 2019 de programmation 2018-2022 et de réforme de la justice, n'a pas remédié à ces difficultés de coordination.

113.102 Passerelles – Du juge unique vers la collégialité. Le renvoi est possible :

- lorsque le juge constate que la qualification retenue dans l'acte qui le saisit ne relève pas des dispositions de l'article 398-1[3] ;

- lorsque le juge estime que le renvoi est justifié, en raison de la complexité des faits[4] ;

- ou, au regard notamment des dispositions du dernier alinéa de l'article 398-2, en raison de l'importance de la peine susceptible d'être prononcée (soit lorsque la peine envisagée est supérieure à cinq ans)[5].

Dans ce dernier cas, le juge peut décider, d'office ou à la demande des parties ou du ministère public, de renvoyer l'affaire devant le tribunal correctionnel siégeant en formation collégiale. Bien que la question ne semble pas avoir été tranchée à ce jour, il semble que, comme en d'autres domaines[6], l'aggravation de la peine liée à l'état de récidive n'a pas à être prise en compte à ce stade.

Un tel renvoi est une mesure d'administration judiciaire qui n'est susceptible d'aucun recours. Dans tous les cas l'incompétence du juge unique doit être soulevée en premier ressort et le demandeur ne saurait reprocher à la cour d'appel d'avoir rejeté l'exception de nullité soulevée pour la première fois devant elle et prise de ce que, en première instance, il avait comparu devant un juge unique et non devant une juridiction en formation collégiale, dès lors qu'il lui appartenait d'élever cette contestation devant le premier juge pour lui permettre la mise en œuvre de la procédure de renvoi prévue par l'article 398-2, alinéa 1er, du code de procédure pénale[7].

113.103 De la collégialité vers le juge unique. Lorsque le tribunal correctionnel, dans sa composition collégiale, constate que la qualification retenue dans l'acte qui le saisit relève des dispositions de l'article 398-1, et sous réserve des dispositions du dernier alinéa de cet article, l'affaire peut soit être renvoyée devant le tribunal correctionnel siégeant dans les conditions prévues par le troisième alinéa de l'article 398, soit être jugée par le seul président[8]. Compte tenu de la charge habituelle des audiences collégiales et afin de ne pas distraire deux assesseurs en prenant sur le fil de l'audience une affaire ressortant de la compétence du juge unique, il sera le plus souvent prudent de renvoyer l'affaire « à juge unique » sur une audience spécialement dédiée à cet effet. À moins que le président décide de l'évoquer seul, si notamment il s'agit d'une affaire simple, pour laquelle les faits sont reconnus. Dans ce cas, les pratiques varient : certains présidents prennent le dossier en présence des deux assesseurs de la formation collégiale en ayant pris soin d'indiquer qu'il s'agit d'une affaire à juge unique, qu'il évoque seul ; d'autres préfèrent suspendre l'audience collégiale, faire sortir les assesseurs, reprendre seul à juge unique pour l'évocation du dossier concerné puis, à l'issue, délibéré rendu, suspendre à nouveau, rappeler leurs assesseurs et reprendre en la forme collégiale. Dans

1. C. pén., art. 121-2 ; mod. par L. n° 2004-204, 9 mars 2004, art. 54.
2. C. pén., art. 322-3-1 ; créé par L. n° 2008-696, 15 juill. 2008, art. 34, mod. par L. n° 2016-925, 7 juill. 2016, *JO* 8 juill., n° 1, art. 97 (V).
3. C. pr. pén., art. 398-2, al. 1.
4. C. pr. pén., art. 398-2, al. 3 ; et, s'agissant des requêtes, C. pr. pén., art. 710, al. 4.
5. C. pr. pén., art. 398-2, al. 3.
6. Sur les comparutions immédiates : v. ss n° 421.23.
7. Crim. 1er déc. 1998, n° 98-82.010, NP.
8. C. pr. pén., art. 398-2, al. 2.

tous les cas ces modifications procédurales devront être mentionnées sur les notes d'audience.

Si le renvoi sur une audience à juge unique ne s'impose pas lorsque le prévenu n'est pas comparant, le président pouvant toujours dans ce cas évoquer le ou les dossiers, en fin d'audience, ses assesseurs libérés, il convient de veiller à ce que, en amont, l'orientation des affaires soit correctement effectuée par les services du parquet. De telles difficultés ne sont en effet pas rares et allongent inutilement le temps d'audience.

Il est un autre écueil qui résulte du renvoi de dossiers initialement venus devant le tribunal selon la procédure de comparution immédiate, pour lesquels le tribunal a renvoyé à une date ultérieure, notamment parce que le prévenu a sollicité un délai pour préparer sa défense, prévenu qui n'a pas été placé en détention. La question a pu se poser de savoir si dans une telle hypothèse, le renvoi pouvait être opéré devant un juge unique, compétent pour juger le délit poursuivi. Les termes du dernier alinéa de l'article 398-1 du code de procédure pénale, qui dispose que le tribunal statue obligatoirement dans sa formation collégiale lorsque le prévenu « *est poursuivi selon la procédure de comparution immédiate* », semblent clairement conduire à un examen par trois juges d'une affaire renvoyée même sans détention. La mesure de sûreté, prise ou non, ne modifie en effet pas, la nature de la voie procédurale choisie par le parquet.

Dernier écueil, le président saisi d'une affaire ressortant de la compétence du juge unique mais qui, à la lecture du dossier, compte tenu de la gravité des faits et/ou des antécédents du prévenu, aura pu envisager le prononcé d'une peine supérieure à cinq ans, ou aura pu apprendre du substitut d'audience que celui-ci entend requérir telle peine, se gardera évidemment de renvoyer en juge unique, dès lors que cette formation ne peut prononcer une peine d'emprisonnement ferme d'une durée supérieure à cinq ans.

113.104 Difficultés des requalifications. Si le juge unique requalifie les faits dont il est saisi en un délit de la compétence de la collégialité, il renvoie le parquet à se pourvoir ainsi qu'il en avisera, en vue d'une saisine de la collégialité[1].

À l'inverse, si la collégialité requalifie en un délit de la compétence du juge unique, elle demeure saisie en vertu des dispositions de l'article 464, alinéa 5, du code de procédure pénale. Ces situations ne sont pas rares, dès lors que plusieurs circonstances aggravantes de faits de vols ou encore de violences, sont finalement écartées par la juridiction et que le délit n'est plus au final aggravé que d'une seule circonstance[2].

1. C. pr. pén., art. 469, al. 3.

113.105 Juge unique et appel. L'article 510 du code de procédure pénale, dans sa version issue de la loi n° 2019-222 du 23 mars 2019, rectifiée par la loi n° 2020-1672 du 24 décembre 2020, dispose que la chambre des appels correctionnels, qui siège en principe en formation collégiale, peut statuer à juge unique lorsque le jugement attaqué a lui-même été rendu à juge unique, soit en application de l'article 398, alinéa 3, du code de procédure pénale renvoyant à l'article 398-1 dudit code fournissant la liste des délits le permettant, soit en vertu de l'avant-dernier alinéa de l'article 464, du même code, lorsque sont seuls en cause les intérêts civils.

En revanche, la chambre criminelle juge que la chambre des appels correctionnels ne peut statuer à juge unique lorsque le jugement attaqué a été rendu par une formation collégiale[3].

Elle ne le peut pas plus, sur l'appel du prévenu qui avait expressément demandé à être jugé par une formation collégiale[4]. Il sera rappelé qu'en vertu des dispositions de l'article 510 du code de procédure pénale l'appelant peut formuler cette demande dans le délai d'un mois à compter de la déclaration d'appel[5].

Peu importe alors que la partie civile n'ait pas soulevé l'irrégularité de la composition de la chambre des appels correctionnels devant la cour d'appel, dès lors que les règles relatives à la composition de la chambre des appels correctionnels sont d'ordre public, les parties ne pouvant y renoncer[6], même si elles sont assistées d'un avocat[7].

Ces règles sont constantes et il a encore été rappelé récemment[8], qu'il résulte des articles 510 et 592 du code de procédure pénale que, la chambre des appels correctionnels n'est composée d'un seul magistrat exerçant les pouvoirs confiés au président de chambre que lorsque le jugement attaqué a été rendu par un seul des magistrats composant le tribunal correctionnel, exerçant les pouvoirs confiés au président pour le jugement des délits mentionnés à l'article 398-1 du même code, et que sont nuls les arrêts rendus en dernier ressort par les juridictions de jugement lorsqu'ils ne sont pas rendus par le nombre de juges prescrit.

Encourt la cassation l'arrêt qui, pour déclarer le prévenu irrecevable en son appel du jugement l'ayant déclaré coupable du délit d'obstacle à l'exercice des fonctions d'un agent de contrôle de l'inspection du travail, siège à juge unique alors que cette infraction ne

2. Sur la question des requalifications : v. s^{s} n°s 551.11 s.
3. Crim. 1er sept. 2020, n° 19-85.495, NP ; Crim. 27 mai 2021, n° 20-81.652, NP.
4. Crim. 14 déc. 2022, n° 22-80.249, P.
5. V. aussi Cons. const. 21 mars 2019, n° 2019-778 DC.
6. PAR EX. : Crim. 1er févr. 2000, n° 99-80.533, P n° 50.
7. Crim. 22 mars 2016, n° 15-83.834, P, n° 95.
8. Crim. 28 mars 2023, n° 22-82.032, P.

fait pas partie des délits susceptibles d'être jugés, selon l'énumération figurant à l'article 398-1 du code de procédure pénale, par le tribunal correctionnel composé d'un seul magistrat exerçant les pouvoirs conférés au président, de sorte que le jugement attaqué n'ayant pas été rendu selon les modalités prévues au troisième alinéa de l'article 398, la cour d'appel ne pouvait être elle-même composée d'un seul magistrat exerçant les pouvoirs confiés au président de chambre.

SECTION 4
PRINCIPE DE COMPÉTENCE DU JUGE UNIQUE EN MATIÈRE DE RELÈVEMENT DES INTERDICTIONS, DÉCHÉANCES, INCAPACITÉS OU MESURES DE PUBLICATION

113.111 **Possibilité d'un relèvement.** Toute personne frappée d'une interdiction, déchéance ou incapacité quelconque qui résulte de plein droit, en application de dispositions particulières, d'une condamnation pénale, peut, par le jugement de condamnation ou par jugement ultérieur, être relevée en tout ou partie, y compris en ce qui concerne la durée, de cette interdiction, déchéance ou incapacité, dans les conditions fixées par le code de procédure pénale[1]. Ce relèvement peut donc être, soit immédiat, prononcée par la juridiction de jugement le jour même de celui-ci, soit ultérieur, devant les mêmes juges ou d'autres.

Les articles 702-1 et 703 du code de procédure pénale donnent compétence, pour statuer sur les demandes de relèvement d'interdictions, déchéances ou incapacités, à la juridiction qui a prononcé la condamnation, éventuellement composée des mêmes magistrats. Ces dispositions ne sont pas incompatibles avec l'obligation d'impartialité prévue par l'article 6 de la convention européenne des droits de l'homme, dès lors qu'il s'agit de trancher un incident d'exécution et non de décider du bien-fondé d'une accusation en matière pénale[2].

Depuis l'entrée en vigueur de la loi du 24 novembre 2009[3], dite loi pénitentiaire, le tribunal correctionnel appelé à statuer en matière de relèvement des interdictions, déchéances, incapacités ou mesures de publication, est en principe composé d'un seul magistrat, siégeant à juge unique exerçant les pouvoirs du président, sauf si ce magistrat, compte tenu de la complexité du dossier, décide d'office ou à la demande du condamné ou du ministère public de renvoyer le jugement du dossier devant la formation collégiale de la juridiction. Le magistrat ayant ordonné ce renvoi fait alors partie de la composition. La décision de renvoi constitue une mesure d'administration judiciaire insusceptible de recours[4, 5]. Bien que soit mentionné le terme de « renvoi », rien n'exclut dans l'hypothèse où une collégialité pourrait être immédiatement réunie, que ce renvoi soit opéré immédiatement à l'audience lors du premier appel devant un juge unique. Même dans l'hypothèse où une telle requête serait appréciée par une collégialité, sans mention explicite d'un renvoi du juge unique primitivement saisi, on voit mal le grief qui pourrait être soulevé par la défense.

En cette matière, la juridiction saisie statue en chambre du conseil[6].

S'agissant des recours possibles sur la procédure de relèvement, la chambre criminelle a transmis au Conseil constitutionnel une question prioritaire de constitutionnalité[7] par laquelle le requérant reprochait aux dispositions de l'article 702, alinéa 1 et 703, alinéa 4 du code de procédure pénale, de ne permettre à une personne d'interjeter appel de la décision statuant sur sa demande de relèvement que lorsque cette mesure a été prononcée par une juridiction correctionnelle de première instance ou, en cas de pluralité de condamnations, lorsque cette juridiction s'est prononcée en dernier. Il soulignait que lorsque la peine dont est demandé le relèvement a été prononcée par une juridiction correctionnelle d'appel ou une cour d'assises ou lorsque, en cas de pluralité de condamnations, l'une de ces juridictions a statué en dernier, la personne est privée de la faculté d'interjeter appel de la décision ce dont il résulterait une distinction injustifiée contraire au principe d'égalité devant la justice ainsi qu'une méconnaissance de la garantie des droits.

Suivant décision du 7 juillet 2023[8], le Conseil constitutionnel a rappelé que lorsque la condamnation a été prononcée par une cour d'assises, la juridiction compétente pour statuer sur une demande de relèvement, est la chambre de l'instruction, la décision pouvant être, selon le cas, frappée d'appel ou déférée à la Cour de cassation. Les arrêts de la chambre de l'instruction et des juridictions correctionnelles

1. C. pén., art. 132-21, al. 2.
2. Crim. 9 janv. 2002, n° 01-80.397, P n° 1 ; *D.* 2002. 941 ; *RSC* 2002. 583, obs. B. Bouloc.
3. L. n° 2009-1436, 24 nov. 2009, art. 94-III.
4. C. pr. pén., art. 702-1, al. 5.
5. Pour une illustration en matière criminelle : Crim. 4 juin 2014, n° 12-87.476, NP, *AJ pénal* 2015. 162, obs. M. Herzog-Evans : « *Il se déduit de l'arrêt déféré que le président de la chambre de l'instruction, estimant que la complexité du dossier le justifiait, a décidé de renvoyer le jugement du dossier devant la formation collégiale ; que les dispositions de l'article 702-1, dernier alinéa, du code de procédure pénale n'exigent pas que cette décision, qui constitue une mesure d'administration judiciaire, soit formalisée par écrit.* »
6. C. pr. pén., art. 703, al. 3.
7. Crim. 11 mai 2023, n° 22-83.579 NP.
8. Cons. const. 7 juill. 2023, n° 2023-1057 QPC.

d'appel étant rendus en dernier ressort en application de l'article 567 du code de procédure pénale, il résulte des dispositions contestées que, lorsque la mesure dont le relèvement est demandé a été prononcée par l'une de ces juridictions ou, en cas de pluralité de condamnations, par une telle juridiction statuant en dernier, la personne condamnée porte sa demande devant une juridiction dont la décision est insusceptible d'appel. En revanche, lorsque cette mesure a été prononcée par une juridiction correctionnelle de première instance ou, en cas de pluralité de condamnations, par une telle juridiction statuant en dernier, la personne condamnée porte sa demande devant une juridiction dont la décision est susceptible d'appel. Les sages ont considéré que cette distinction, qui n'est au demeurant pas fondée sur la nature criminelle ou correctionnelle de la peine, est sans lien avec l'objet des dispositions contestées, qui est de permettre à une personne condamnée de demander le relèvement d'une mesure d'interdiction, de déchéance, d'incapacité ou de publicité prononcée à son encontre.

Par suite, le premier alinéa de l'article 702-1 du code de procédure pénale, dans sa rédaction résultant de la loi n° 2009-1436 du 24 novembre 2009 pénitentiaire, et la seconde phrase du quatrième alinéa de l'article 703 du même code, dans sa rédaction résultant de la loi n° 93-2 du 4 janvier 1993 portant réforme de la procédure pénale, sont déclarés contraires à la Constitution, la date d'abrogation des dispositions contestées étant fixée au 31 mars 2024, les mesures prises avant cette date en application des dispositions déclarées contraires à la Constitution ne peuvent être contestées sur le fondement de cette inconstitutionnalité.

§ 1
Requêtes

113.121 **Principe.** Toute personne frappée d'une interdiction, déchéance ou incapacité ou d'une mesure de publication quelconque résultant de plein droit d'une condamnation pénale ou prononcée dans le jugement de condamnation à titre de peine complémentaire peut demander à la juridiction qui a prononcé la condamnation ou, en cas de pluralité de condamnations, à la dernière juridiction qui a statué, de la relever, en tout ou partie, y compris en ce qui concerne la durée, de cette interdiction, déchéance ou incapacité.

Un tel dispositif n'était pas sans inconvénient dans certaines configurations procédurales. Ainsi, lorsque la peine complémentaire avait été prononcée par une cour d'assises ou par une juridiction correctionnelle d'appel, le recours étant porté devant une juridiction statuant en dernier ressort, le justiciable était privé du bénéfice d'un second degré de juridiction. Le Conseil constitutionnel, saisi sur QPC en a relevé le caractère inconstitutionnel[1].

113.122 **Condamnation prononcée à titre de peine complémentaire.** Le texte ne vise que les mesures résultant de plein droit d'une condamnation ou prononcées à titre de peine complémentaire. Ainsi, il ne s'applique pas aux peines dites de substitution, aujourd'hui dénommées peines privatives ou restrictives de liberté[2].

Le Conseil constitutionnel a été saisi à plusieurs reprises de questions prioritaires de constitutionnalité, qui l'ont successivement amené à déclarer notamment conformes à la Constitution :

– l'annulation de plein droit du permis de conduire pour certains conducteurs de véhicules en état alcoolique en état de récidive légale et/ou à l'origine de blessure ou homicide involontaire[3], ou la publication des condamnations pour pratique commerciale trompeuse[4], en les qualifiant de peines proportionnées à leur objet ;

– mais aussi, les articles L. 723-2, alinéas 1 et 3, et L. 724-7 du code de commerce qui excluent l'accès ou le maintien aux fonctions de juge consulaire lorsque la personne a été condamnée pénalement pour des agissements contraires à l'honneur, à la probité ou aux bonnes mœurs, considérant que ces dispositions sans caractère répressif et ayant pour objet d'assurer que les professionnels appelés à exercer les fonctions de juge au tribunal de commerce ou à élire ces juges présentent les garanties d'intégrité et de moralité indispensables à l'exercice de fonctions juridictionnelles et n'instituent pas des sanctions ayant le caractère d'une punition[5].

1. Cons. const. 7 juill. 2023, n° 2023-1057 QPC ; v. s[s] n° 113.111.
2. Crim. 31 mai 1994, n° 93-83.486, P n° 214 ; *RSC* 1995. 100, obs. B. Bouloc.
3. Cons. const. 29 sept. 2010, n° 2010-40 QPC, art. conforme L. 234-13 du C. route, *annulation du permis de conduire*, conformité, *JO* 30 sept., p. 17782 ; *Rec.*, p. 255 ; *D.* 2010. 2732, obs. G. Roujou de Boubée, T. Garé et S. Mirabail ; *D.* 2011. 1713, obs. V. Bernaud et L. Gay ; *AJ pénal* 2010. 501, obs. J.-B. Perrier ; *RSC* 2011. 182, obs. B. de Lamy ; *RSC* 2011. 193, Chron. C. Lazerges ; *Dr. pénal* 2010. Comm. 122, obs. J.-H. Robert.
4. Cons. const. 29 sept. 2010, n° 2010-41 QPC, art. conforme L. 121-4 du C. consom., *publication du jugement de condamnation*, conformité, *JO* 30 sept., p. 17783 ; *Rec.*, p. 255 ; *D.* 2011. 54, note B. Bouloc ; *D.* 2011. 1713, obs. V. Bernaud et L. Gay ; *RSC* 2011. 182, obs. B. de Lamy ; *RSC* 2011. 193, Chron. C. Lazerges.
5. Cons. const. 1er avr. 2011, n° 2011-114 QPC, art. conformes L. 723-2, al. 1 et 3, et L. 724-7 du C. com., *déchéance de plein droit des juges consulaires*, conformité, *JO* 2 avr., p. 5894 ; *Rec.*, p. 178 ; *D.* 2011. 2823, obs. G. Roujou de Boubée, T. Garé, S. Mirabail et T. Potaszkin ; *D.* 2012. 1638, obs. V. Bernaud et N. Jacquinot ; *Dr. pénal* 2011. Comm. 82, obs. J.-H. Robert. Le texte de l'article L. 723-2 du code de commerce a été modifié par la L. n° 2021-1317, 11 oct. 2021, *JO* 12 oct., n° 1, art. 3, en vigueur depuis le 13 oct. 2021.

Encore saisi d'une question prioritaire de constitutionnalité au sujet du 6° de l'article L. 653-5 du code de commerce, dans sa rédaction résultant de la loi du 26 juillet 2005[1], il a pu juger que si les sanctions de faillite personnelle ou d'interdiction de gérer pouvant être prononcées par le juge civil ou commercial pour les manquements mentionnés dans les dispositions contestées sont identiques à celles encourues devant la juridiction pénale pour les mêmes manquements constitutifs du délit de banqueroute et si le juge pénal peut condamner l'auteur de ce délit à une peine d'emprisonnement et à une peine d'amende, ainsi qu'à plusieurs autres peines complémentaires d'interdictions, les faits prévus et réprimés par les articles précités doivent être regardés comme susceptibles de faire l'objet de sanctions de nature différente. D'où une déclaration de conformité à la Constitution de la disposition visée[2].

Saisi de la question de la constitutionnalité de l'article L. 8253-1 du code du travail, dans sa rédaction résultant de la loi du 29 décembre 2012 de finances pour 2013[3], sanctionnant l'emploi illégal d'un travailleur étranger, il a encore décidé que cet article qui oblige l'employeur d'un étranger non autorisé à exercer une activité salariée en France à acquitter une contribution spéciale et punit ces mêmes faits d'une peine d'emprisonnement de cinq ans et d'une amende de 15 000 euros, connaît donc de sanctions pécuniaires comparables dans leur montant ; en revanche, le juge pénal peut condamner l'auteur d'une telle infraction à une peine d'emprisonnement ou, s'il s'agit d'une personne morale, à une peine de dissolution, ainsi qu'à plusieurs peines complémentaires. Il résulte de ce qui précède que les faits prévus et réprimés par les articles précités doivent être regardés comme susceptibles de faire l'objet de sanctions de nature différente. Le grief tiré de la méconnaissance du principe de nécessité et de proportionnalité des peines doit donc être écarté[4].

1. L. n° 2005-845, 26 juill. 2005 de sauvegarde des entreprises, *JO* 27 juill., p. 12187.
2. Cons. const. 29 sept. 2016, n° 2016-570 QPC, art. conforme L. 653-5 6° du C. com., *cumul des poursuites pénales pour banqueroute avec la procédure de redressement ou de liquidation judiciaire et cumul des mesures de faillite ou d'interdiction prononcées dans ces cadres*, conformité, *JO* 1er oct., n° 57 ; *D.* 2016. 1925 ; *D.* 2017. 1877, obs. C. Mascala ; *Rev. Sociétés* 2016. 755, note H. Matsopoulou ; *Rev. Sociétés* 2016. 770, obs. P. Roussel Galle ; *RSC* 2017. 305, obs. H. Matsopoulou.
3. L. n° 2012-1509, 29 déc. 2012 de finances pour 2013, *JO* 30 déc., p. 20859.
4. Cons. const. 30 mars 2017, n° 2016-621 QPC, art. conforme L. 8253-1 du C. trav., *cumul des poursuites pénales et administratives en cas d'emploi illégal d'un travailleur étranger*, conformité, *JO* 1er avr., n° 104 ; *D.* 2017. 765 ; *Constitutions* 2017. 296, chron. C. Pouly ; *RSC* 2017. 325, obs. A. Cerf-Hollender.

De même, la chambre criminelle de la Cour de cassation, dans une décision de refus de transmission au Conseil constitutionnel, a-t-elle pu considérer que l'article 8[5] de l'ordonnance du 6 juin 2005[6] interdisant de soumissionner aux marchés visés par ce texte, aux personnes ayant fait l'objet, depuis moins de cinq ans, d'une condamnation définitive pour l'une des infractions prévues par les articles [...] 441-7 du code pénal, n'institue pas une sanction ayant le caractère d'une punition, mais a pour objet d'assurer l'intégrité et la moralité des candidats aux marchés prévus par ce texte[7].

Il a encore été jugé qu'il résulte des articles 4[8], alinéas 2 et 24, de l'ordonnance du 28 juin 1945[9] qui a expressément abrogé toute disposition contraire, que la destitution d'un notaire résultant d'une sanction disciplinaire ne peut donner lieu à réhabilitation. Ainsi convient-il de déclarer irrecevable la requête en relèvement d'une telle mesure[10].

Dès lors, la juridiction saisie d'une demande de relèvement doit veiller à ce que l'objet de cette demande entre bien dans les prévisions légales, autrement dit que le requérant est confronté à une sanction ayant le caractère d'une punition et non à une indignité ou à une mesure de prophylaxie sociale ou encore dont le relèvement est exclu par un texte spécial.

113.123 Non-inscription d'une condamnation au bulletin n° 2. Une autre disposition prévoit que le tribunal qui prononce une condamnation, peut exclure expressément sa mention du bulletin n° 2 du casier judiciaire de la personne, soit dans le jugement de condamnation, soit par jugement rendu postérieurement sur la requête du condamné instruite et jugée selon les règles de compétence et procédure fixées par les articles 702-1 et 703.

Les juridictions compétentes sont alors composées conformément aux dispositions du dernier alinéa de l'article 702-1 soit par un seul magistrat exerçant les pouvoirs du président[11].

V. ss tableau 113.123-1 page suivante.

5. Ord. n° 2005-649, 6 juin 2005, art. 8, abrogé par ord. n° 2015-899, 23 juill. 2015, *JO* 24 juill., n° 38, art. 102.
6. Ord. n° 2005-649, 6 juin 2005, art. 8, préc.
7. Crim. 6 avr. 2011, n° 11-90.009, P n° 72 ; *AJDA* 2011. 869.
8. Ord. n° 45-1418, 28 juin 1945, art. 4 ; mod. par Cons. const. 27 janv. 2012, n° 2011-211 QPC.
9. Ord. n° 45-1418, 28 juin 1945 relative à la discipline des notaires et de certains officiers ministériels, *JO* 29 juin, p. 3926.
10. Crim. 14 févr. 2012, n° 10-86.832, P n° 46 ; *D.* 2012. 562 *D.* 2012. 1775, Chron. C. Roth, B. Laurent, P. Labrousse et M.-L. Divialle.
11. Pour plus de précisions, v. ss n° 113.161.

TABLEAU 113.123-1. PRINCIPALES REQUÊTES POUVANT ÊTRE FORMULÉES SUR LE FONDEMENT ET/OU DANS LES FORMES PRÉVUES PAR LES ARTICLES 702-1 ET 703 DU CODE DE PROCÉDURE PÉNALE

Requête en relèvement d'interdiction	Requête en relèvement, même partiel, d'une interdiction des droits civiques, civils et de famille
	Requête en relèvement d'interdiction d'exercer une fonction publique
	Requête en relèvement d'interdiction d'exercer une activité professionnelle ou sociale
	Requête en relèvement d'interdiction d'exercer une profession commerciale ou industrielle ou toute autre profession réglementée
	Requête en relèvement d'interdiction de séjour
	Requête en relèvement d'interdiction du territoire français
	Requête en relèvement de l'interdiction de quitter le territoire de la République
	Requête en relèvement de l'interdiction d'émettre des chèques
	Requête en relèvement de l'interdiction d'utiliser des cartes de paiement
	Requête en relèvement d'une suspension du permis de conduire, y compris relèvement partiel aux fins de limiter la suspension en dehors de l'activité professionnelle
	Requête en relèvement de la durée de l'interdiction à se présenter à nouveau aux épreuves du permis de conduire, du permis de chasser
	Requête en relèvement d'interdiction d'exercer dans un établissement dont la fermeture a été ordonnée, l'activité à l'occasion de laquelle l'infraction a été commise
	Requête en relèvement de l'interdiction d'exploiter un établissement ouvert au public ou utilisé par le public
	Requête en relèvement de l'exclusion des marchés publics
Requête en relèvement de déchéance	Requête en relèvement d'un retrait de l'autorité parentale
	Requête en dispense de révocation d'un sursis simple antérieurement accordé
Requête en relèvement d'incapacité	Requête en relèvement d'une mesure de suivi socio-judiciaire
	Requête en relèvement d'incapacité électorale
	Requête en dispense d'inscription d'une dispense de peine au casier judiciaire[a]
	Requête en dispense d'inscription d'une condamnation au bulletin n° 2 du casier judiciaire
	Ibid. dans l'hypothèse de l'article 775-2
	Requête en dispense d'inscription d'une condamnation au bulletin n° 3 du casier judiciaire
	Requête d'un ressortissant français condamné par une juridiction étrangère dont la condamnation figure au bulletin n° 1 de son casier judiciaire, aux fins de retrait de cette mention (auprès du tribunal correctionnel de son domicile, ou de Paris s'il réside à l'étranger, C. pr. pén., art. 770-1[b])
	Requête en dispense d'inscription d'une déclaration d'irresponsabilité pénale au bulletin n° 2 du casier judiciaire[c]
	Requête d'un ressortissant français condamné par une juridiction étrangère dont la condamnation figure au bulletin n° 2 de son casier judiciaire, aux fins de retrait de cette mention (auprès du tribunal correctionnel de son domicile, ou de Paris s'il réside à l'étranger, C. pr. pén., art. 775-1[d])
	Requête en dispense d'inscription d'une déclaration d'irresponsabilité pénale au bulletin n° 3 du casier judiciaire[e]
Requête en relèvement de mesure de publication	Requête en relèvement d'une mesure de publication
	Requête en relèvement d'une mesure d'affichage
	Requête en relèvement d'une mesure de diffusion

a C. pén., art. 132-59.
b C. pr. pén., art. 770-1 ; créé par L. n° 2012-409, 27 mars 2012, *JO* 28 mars, n° 1, art. 14.
c C. pr. pén., art. 775-1.
d C. pr. pén., art. 775-1 ; mod. par L. n° 2012-409, 27 mars 2012, art. 14.
e C. pr. pén., art. 777-1.

§ 2
Procédure

113.131 **Demande et délai.** Toute demande présentée par un condamné en vue d'être relevé d'une interdiction, d'une déchéance, d'une incapacité ou d'une mesure de publication, formée en application des dispositions du premier alinéa de l'article 702-1 du code de procédure pénale, précise la date de la condamnation, ainsi que les lieux où a résidé le requérant depuis sa condamnation ou sa libération [1].

Sauf lorsqu'il s'agit d'une mesure résultant de plein droit d'une condamnation pénale, la demande ne peut être portée devant la juridiction compétente qu'à l'issue d'un délai de six mois après la décision initiale de condamnation et, en cas de refus d'une première demande, six mois après cette décision de refus et ainsi de suite pour les demandes ultérieures [2]. Ce délai a pour point de départ le jour où la décision ayant prononcé cette peine est devenue définitive [3] et s'apprécie non au jour de la demande auprès du procureur, mais au jour où celui-ci a saisi la juridiction compétente [4]. En cas d'interdiction du territoire prononcée à titre de peine complémentaire à une peine d'emprisonnement, la première demande peut toutefois être portée devant la juridiction compétente avant l'expiration du délai de six mois en cas de remise en liberté. La demande doit alors être déposée au cours de l'exécution de la peine [5].

113.132 **Saisine de la juridiction.** La saisine de la juridiction compétente par le parquet est obligatoire. Néanmoins, les textes ne précisent pas le délai dans lequel cette saisine doit intervenir et force est de reconnaître que l'audiencement de ces requêtes n'est pas toujours prioritaire, alors même qu'une certaine urgence au regard de la situation du condamné existe bel et bien. Ces requêtes ne doivent subir aucun retard injustifié résultant notamment du souhait de retarder de manière artificielle un éventuel relèvement. Ce, d'autant qu'en cas de refus opposé à cette première demande, une autre demande ne peut être présentée que six mois après cette décision de refus et qu'il en est de même, éventuellement, des demandes ultérieures.

Le fait que les dispositions combinées des articles 55-1 du code pénal, alors applicable, et 703 du code de procédure pénale donnent compétence pour statuer en chambre du conseil sur les demandes de relèvement d'interdictions, déchéances ou incapacités à la juridiction qui a prononcé la condamnation, éventuellement composée des mêmes magistrats, n'a pas été jugé incompatible avec l'obligation d'impartialité, ni davantage avec l'exigence de publicité prévue par l'article 6, § 1, de la convention européenne des droits de l'homme, dès lors qu'il s'agit, comme en l'espèce, d'un incident d'exécution [6], jurisprudence réaffirmée : « ces dispositions ne sont pas incompatibles avec l'obligation d'impartialité prévue par l'article 6 de la convention européenne des droits de l'homme, dès lors qu'il s'agit de trancher un incident d'exécution et non de décider du bien-fondé d'une accusation en matière pénale » [7].

La requête est adressée, selon le cas, au procureur de la République ou au procureur général qui s'entoure de tous les renseignements utiles, prend, s'il y a lieu, l'avis du juge de l'application des peines et saisit la juridiction compétente. La juridiction saisie statue en chambre du conseil sur les conclusions du ministère public, le requérant ou son conseil entendus ou dûment convoqués. S'il paraît nécessaire d'entendre un condamné qui se trouve détenu, il peut être procédé conformément aux dispositions de l'article 712, soit par la délivrance d'une commission rogatoire au président du tribunal judiciaire le plus proche du lieu de détention, soit, par recours à la visioconférence dans les conditions prévues à l'article 706-71 [8].

113.133 **Interprète et avocat.** Avant même l'entrée en vigueur de la loi du 27 mai 2014 [9], il avait été jugé que les dispositions de l'article 407 du code de procédure pénale étaient applicables au requérant agissant dans le cadre de l'article 702-1 dudit code, et que lorsque le demandeur ne parlait pas suffisamment la langue française le président désignait d'office un interprète [10].

Selon l'article 703 du code de procédure pénale, la juridiction saisie d'une demande de relèvement d'une interdiction, d'une déchéance, d'une incapacité ou d'une mesure de publication statue en chambre du conseil sur les conclusions du ministère public, le requérant ou son avocat entendus ou dûment convoqués. Il se déduit des dispositions combinées de cet article et des articles 460 et 513 du même code, ainsi que des principes généraux du droit, que l'avocat de la partie requérante doit avoir

1. C. pr. pén., art. 703, al. 1.
2. C. pr. pén., art. 702-1, al. 3.
3. Crim. 13 janv. 2016, n° 14-86.337, P n° 12 ; *Dr. pénal* 2016, comm. 53, note É. Bonis-Garçon.
4. Crim. 9 juin 1999, n° 98-83.943, P n° 134.
5. V. s[s] n° 113.172.
6. Crim. 15 juin 1994, n° 93-83.847, P n° 242 ; *D.* 1995. 94, note J.-F. Renucci.
7. Crim. 9 janv. 2002, n° 01-80.397, P n° 1 ; *D.* 2002. 941 ; *RSC* 2002. 583, obs. B. Bouloc.
8. C. pr. pén., art. 703, al. 2 et 3.
9. L. n° 2014-535, 27 mai 2014 portant transposition de la directive 2012/13/UE du Parlement européen et du Conseil, 22 mai 2012, relative au droit à l'information dans le cadre des procédures pénales, *JO* 28 mai, p. 8864 (v. s[s] n° 221.231).
10. Crim. 6 mars 1997, n° 96-80.953, P., n° 93.

la parole en dernier[1] ; il en est de même de la partie elle-même, si elle est présente[2].

113.134 Irrégularités de procédure. Quand bien même les mentions contradictoires de l'arrêt d'une cour d'appel statuant sur une demande en relèvement d'interdiction du territoire français, ne permettent pas de savoir si l'affaire a été jugée en chambre du conseil, comme le prescrit l'article 703, alinéa 3, du code de procédure pénale, l'irrégularité commise ne doit pas entraîner l'annulation de la décision, dès lors qu'il n'est pas établi qu'elle ait porté atteinte aux intérêts du demandeur[3].

Lorsqu'une requête en relèvement de l'interdiction du territoire français a été prononcée en audience publique, et non pas en chambre du conseil, l'irrégularité commise n'entraîne pas l'annulation de la décision, dès lors qu'il n'est pas établi, ni même allégué, que l'inobservation des formes ainsi prescrites par la loi a eu pour effet de porter atteinte aux intérêts du requérant[4].

En revanche, en vertu des dispositions des articles 464 et 711 du code de procédure pénale, la présence du ministère public n'est pas obligatoire lorsque le débat porte, devant la juridiction correctionnelle saisie d'une requête en rectification d'erreur matérielle, sur les seuls intérêts civils[5].

113.135 Recevabilité et bien fondé de la requête. Le débat sur la recevabilité puis, sur le bien-fondé de la requête, obéit aux règles ordinaires. La décision est toutefois signifiée à la requête du ministère public lorsqu'elle est rendue hors de la présence du requérant ou de son conseil. Elle peut être, selon le cas, frappée d'appel ou déférée à la Cour de cassation. Le défaut de signification à la diligence du ministère public ne saurait donc faire courir les délais de recours.

113.136 Mention de la décision. Mention de la décision par laquelle un condamné est relevé totalement ou partiellement d'une interdiction, déchéance, incapacité ou d'une mesure de publication est faite en marge du jugement ou de l'arrêt de condamnation et au casier judiciaire[6].

113.137 Déclaration d'irresponsabilité pénale. La procédure en matière de modification ou de levée des interdictions prononcées à titre de mesure de sûreté en application des dispositions de l'article 706-136 du code de procédure pénale, en cas de déclaration d'irresponsabilité pénale, obéit encore à un autre régime puisqu'elle dépend du juge des libertés et de la détention[7].

§ 3
Motivation particulière

113.141 Principe. Le juge saisi d'une requête en relèvement d'interdiction est tenu de motiver sa décision et de répondre « sans insuffisance » aux chefs péremptoires de l'argumentation du requérant[8].

S'appliquent donc à la procédure particulière de relèvement, les exigences de motivation que connaissent les décisions sur le fond.

113.142 Interdiction en matière commerciale. Lorsque la demande est relative à une déchéance, interdiction ou incapacité prononcée en application de l'article L. 626-6 du code de commerce, la juridiction ne peut accorder le relèvement que si l'intéressé a apporté une contribution suffisante au paiement du passif du débiteur. La juridiction peut accorder, dans les mêmes conditions, le relèvement des interdictions, déchéances et incapacités résultant des condamnations pour banqueroute prononcées en application des articles 126 à 149 de la loi du 13 juillet 1967[9] [10]soit la faillite personnelle et les autres sanctions personnelles prévues au titre II de la loi du 25 janvier 1985[11].

113.143 Interdiction définitive du territoire français. En matière d'interdiction définitive du territoire français, ne donne pas de base légale à sa décision la cour d'appel qui rejette une requête en relèvement, sans répondre à l'argumentation du requérant, qui faisait valoir que cette peine complémentaire ne satisfaisait pas, en ce qu'elle méconnaissait le droit au respect de sa vie familiale, aux exigences de l'article 8 de la convention européenne des droits de l'homme[12].

1. Crim. 16 janv. 1996, n° 95-80.404, P n° 23.
2. Crim. 31 janv. 1996, n° 94-85.326, P n° 58 ; *D.* 1996. 260, obs. J. Pradel – Crim. 15 oct. 2003, n° 03-81.101, P n° 192.
3. Crim. 13 avr. 1999, n° 98-81.744, P n° 79.
4. Crim. 20 févr. 2013, n° 12-83.869, P n° 45 ; *D.* 2013. 2713, obs. G. Roujou de Boubée, T. Garé, M.-H. Gozzi, S. Mirabail et T. Potaszkin.
5. Crim. 3 nov. 2009, n° 09-80.991, P n° 183 ; *D.* 2010. 39, Chron. A. Leprieur, P. Chaumont et E. Degorce ; *AJ pénal* 2010. 39, obs. J. Lasserre Capdeville ; *Procédures* 2010, n° 88, obs. J. Buisson.
6. C. pr. pén., art. 703, al. 4 à 5.
7. C. pr. pén., art. 706-137.
8. Crim. 20 nov. 2007, n° 07-84.271, NP – Crim. 21 janv. 2009, n° 08-83.698, NP.
9. L. n° 67-563, 13 juill. 1967 sur le règlement judiciaire, la liquidation des biens, la faillite personnelle et les banqueroutes, *JO* 14 juill., p. 7059.
10. C. pr. pén., art. 702-1, al. 2.
11. L. n° 85-98, 25 janv. 1985 relative au redressement et à la liquidation judiciaires des entreprises, *JO* 26 janv., p. 1097.
12. Crim. 28 févr. 2001, n° 99-87.963, P n° 55 ; *RSC* 2001. 839, obs. D.-N. Commaret – Crim. 25 mai 2005, n° 04-85.180, P n° 158.

Il avait été jugé que le juge saisi d'une requête en relèvement de la peine complémentaire d'interdiction du territoire français est tenu de motiver sa décision au regard de la situation de l'intéressé au jour de la demande[1]. La chambre criminelle a cependant jugé, que ne justifie pas sa décision la cour d'appel qui rejette une requête en relèvement de la peine d'interdiction définitive du territoire français sans rechercher si, au jour où elle statue, le maintien de la mesure respecte un juste équilibre entre, d'une part, le droit au respect de la vie privée et familiale du requérant, d'autre part, les impératifs de sûreté publique, de prévention des infractions et de protection de la santé publique prévus par l'article 8 de la convention européenne des droits de l'homme[2], d'où il résulte que c'est bien à la date de la décision et non de la requête qu'il convient de raisonner.

La chambre criminelle renvoie en principe en la matière à l'appréciation des juges du fond, qui ont par exemple : « souverainement apprécié qu'il n'était pas survenu de disproportion entre le respect de la vie privée et familiale de l'intéressé et le but recherché par la mesure d'éloignement depuis que la condamnation avait été prononcée »[3].

Mais elle sanctionne pour contradiction de motifs, et sur le fondement de l'article 8 de la convention européenne des droits de l'homme, l'arrêt qui rejette une requête en relèvement de l'interdiction définitive du territoire français par des motifs qui méconnaissent le principe de proportionnalité destiné à assurer un juste équilibre entre, d'une part, le droit au respect de la vie privée et familiale, d'autre part, les impératifs de la défense de l'ordre public, de la prévention des infractions pénales et de la protection de la santé publique[4][5].

§ 4
Permis de conduire

113.151 **Permis de conduire.** Les dispositions du deuxième alinéa (1°) de l'article 131-6 du code pénal permettant de limiter la suspension du permis de conduire à la conduite en dehors de l'activité professionnelle sont applicables, lorsque la demande de relèvement d'interdiction ou d'incapacité est relative à la peine de suspension du permis de conduire[6].

En revanche, il résulte de l'article L. 223-4 du code de la route, excluant l'application des articles 702-1 du code de procédure pénale et 133-16 du code pénal à la perte de points affectant le permis de conduire, que cette mesure ne présente pas le caractère d'une sanction pénale, accessoire à une condamnation, et qu'en conséquence ni son incompatibilité alléguée avec l'article 6, § 1, de la convention européenne des droits de l'homme, ni son fondement légal ne ressortissent au juge répressif[7].

La situation est plus complexe quant à la possibilité de solliciter sur le fondement de l'article 702-1 du code de procédure pénale, un relèvement, partiel ou total, de la durée d'interdiction d'obtenir la délivrance d'un nouveau permis de conduire, infligée en suite d'une annulation de ce titre.

Bien que fortement critiquée par la doctrine, la chambre criminelle avait décidé que selon l'article L. 234-13 du code de la route, le permis de conduire du prévenu était annulé de plein droit en cas de condamnation pour conduite sous l'empire d'un état alcoolique commise en état de récidive et que cette mesure ne pouvait pas faire l'objet d'une décision de relèvement dans les conditions prévues par l'article 702-1 du code de procédure pénale[8].

Cette position résultait, semble-t-il, de l'analyse qui était faite de la nature de cette mesure, comprise comme une mesure à caractère réel, excluant l'application des dispositions de l'article 702-1 du code de procédure pénale, prévoyant le relèvement des interdictions résultant d'une condamnation pénale[9]. Rappelant que constitue une simple faculté, de l'exercice de laquelle ils ne doivent aucun compte, la latitude donnée aux juges répressifs qui prononcent une condamnation, de relever le condamné, en tout ou partie, des peines accessoires ou complémentaires résultant de plein droit de cette condamnation, la chambre criminelle jugeait cependant qu'il en est ainsi pour la suspension ou l'annulation du permis de conduire prononcée à titre complémentaire[10]. Et en matière d'annulation constatée de plein droit, elle avait décidé que si les dispositions de l'article 55-1 (ancien) du code pénal ne permettent pas le relèvement d'une mesure d'annulation du permis de conduire, elles autorisent les juges à relever, en tout ou en partie, le condamné du délai avant

1. Crim. 15 oct. 2003, n° 02-86.505, P n° 194 ; *D.* 2003. IR 2868.
2. Crim. 30 mars 2011, n° 09-86.641, P n° 68 ; *D.* 2011. 1221, obs. M. Bombled ; *AJ pénal* 2011. 262.
3. Crim. 15 mai 2013, n° 12-86.006, NP – Crim. 8 juin 2017, n° 16-86.416, NP.
4. Crim. 3 juin 2015, n° 14-86.507, P n° 138 ; *D.* 2015. 1209.
5. Sur la motivation en cas de dispense d'inscription au B2 du casier judiciaire, v. s[s] n° 113.162.
6. C. pr. pén., art. 702-1, al. 4.
7. Crim. 11 juill. 1994, n° 93-85.801, P n° 271 ; *D.* 1994. 247 ; *RSC* 1995. 344, obs. B. Bouloc ; *RSC* 1995. 589, obs. J.-P. Delmas Saint-Hilaire ; *Dr. pénal* 1994, n° 262, note J.-H. Robert.
8. Crim. 18 janv. 2000, n° 99-81.778, P n° 25 ; *D.* 2000. IR 89.
9. Crim. 17 juin 1986, n° 85-94.859, P n° 209.
10. Crim. 30 nov. 1988, n° 87-82.703, P n° 408.

l'expiration duquel il ne peut solliciter un nouveau permis, dès lors que l'annulation n'a pas été prononcée à titre de peine principale[1].

§ 5
Dispense d'inscription au bulletin n° 2 du casier judiciaire

113.161 Non-inscription d'une condamnation au B2 : champ d'application et effets. Traditionnellement de la compétence des juridictions correctionnelles soit, à l'occasion des poursuites, soit postérieurement, cette faculté de solliciter une dispense d'inscription de la condamnation au bulletin n° 2 (voir n° 3) du casier judiciaire doit être distinguée de la faculté ouverte aux juridictions de l'application des peines de statuer en la matière[2].

La non-inscription d'une condamnation au B 2 emporte relèvement de toutes les interdictions, déchéances ou incapacités de quelque nature qu'elles soient qui résultent de cette condamnation. Traditionnellement fondées sur le souhait du requérant de pouvoir se présenter à un concours de la fonction publique, on voit donc que les effets des requêtes en exclusion de la mention d'une condamnation au bulletin n° 2 vont bien au-delà de cette possibilité. Ces dispositions qui concernent également dans les mêmes conditions, une dispense de mention au bulletin n° 3 du casier judiciaire, sont également applicables aux jugements ou arrêts de déclaration d'irresponsabilité pénale pour cause de trouble mental, mais elles ne le sont pas aux personnes condamnées pour l'une des infractions mentionnées à l'article 706-47[3]. La dispense de mention d'une condamnation au B2 entraîne dispense d'inscription de la même condamnation au B3.

Ainsi, il résulte des dispositions des articles 775-1[4], dernier alinéa, et 706-47[5] du code de procédure pénale, dans leur rédaction issue de la loi du 9 mars 2004[6], que les dispositions donnant au tribunal la faculté d'exclure la mention d'une condamnation au bulletin n° 2 du casier judiciaire ne sont pas applicables aux personnes condamnées pour agression sexuelle.

Encourt donc la censure l'arrêt qui, après avoir déclaré le prévenu coupable d'agression sexuelle commise le 1er septembre 2005 et l'avoir condamné à trois mois d'emprisonnement avec sursis, a ordonné la non-inscription de cette condamnation au bulletin n° 2 du casier judiciaire[7]. Autrement dit, il n'y a pas de possibilité de dispense de mention au bulletin n° 2 du casier judiciaire pour les infractions que le législateur estime les plus graves[8], mais cette dispense peut être prononcée en matière de déclaration d'irresponsabilité pénale.

L'article 777-1 du code de procédure pénale prévoit que la mention d'une condamnation peut être exclue du bulletin n° 3 du casier judiciaire dans les conditions fixées, pour l'exclusion de la mention d'une condamnation du bulletin n° 2, par l'alinéa 1er de l'article 775-1, ne contient aucune référence à l'alinéa 3 de ce dernier article interdisant toute possibilité d'exclusion de cette nature aux personnes condamnées pour l'une des infractions, parmi lesquelles le viol, énumérées à l'article 706-47 et que fait donc l'exacte application de ces textes la chambre de l'instruction qui, saisie d'une demande en exclusion du bulletin n° 3 du casier judiciaire d'une condamnation prononcée pour viols et tentative de viol, déclare cette demande recevable[9].

Signalons également une décision venue dire qu'il résulte de l'article 775-1, dernier alinéa, du code de procédure pénale que la juridiction de jugement qui prononce une condamnation pour une infraction visée à l'article 706-47 dudit code n'a pas la faculté d'exclure la mention de cette condamnation au bulletin n° 2 du casier judiciaire mais que justifie toutefois sa décision la cour d'appel qui fait droit à la requête du condamné tendant au retrait de la mention, portée au bulletin n° 2 de son casier judiciaire, d'une condamnation pour agression sexuelle aggravée, dès lors qu'en vertu du principe de l'autorité qui s'attache à la chose jugée, fût-ce de manière erronée, la décision de justice, devenue définitive, ayant prononcé cette condamnation et ordonné sa non-inscription au

1. Crim. 17 oct. 1991, n° 88-82.809, P n° 358 ; *JCP* 1992. IV. 325 ; *D.* 1992. Somm. 206, note P. Couvrat et M. Massé.
2. V. s[s] n°s 113.221 s.
3. C. pr. pén., art. 775-1 ; mod. par L. n° 2012-409, 27 mars 2012, art. 14.
4. C. pr pén., art. 775-1.
5. C. pr. pén., art. 706-47 ; mod. par L. n° 2016-1087, 8 août 2016 art. 157.
6. L. n° 2004-204, 9 mars 2004 portant adaptation de la justice aux évolutions de la criminalité, *JO* 10 mars, p. 4567.
7. Crim. 4 juin 2008, n° 08-80.651, P n° 140 ; *AJ pénal* 2008. 428.
8. Soit les infractions de meurtre ou d'assassinat d'un mineur précédé ou accompagné d'un viol, de tortures ou d'actes de barbarie ou pour les infractions d'agression ou d'atteintes sexuelles ou de proxénétisme à l'égard d'un mineur, ou de recours à la prostitution d'un mineur prévues par les articles 222-23 à 222-31, 225-7 (1°), 225-7-1, 225-12-1, 225-12-2 et 227-22 à 227-27 du code pénal et encore les crimes de meurtre ou assassinat commis avec tortures ou actes de barbarie, les crimes de tortures ou d'actes de barbarie et les meurtres ou assassinats commis en état de récidive légale.
9. Crim. 22 juin 2005, n° 05-81.247, P n° 188 ; *AJ pénal* 2005. 376, obs. M. Herzog-Evans ; *Dr. pénal* 2005, n° 164, obs. A. Maron.

bulletin n° 2 du casier judiciaire, ne peut être remise en cause[1, 2].

113.162 Non-inscription d'une condamnation au B2 : illustrations. À l'inverse des exigences jurisprudentielles de motivation en matière de relèvement d'interdiction[3], le refus d'exclure la mention d'une condamnation au bulletin n° 2 du casier judiciaire relève de l'exercice d'une faculté que les juges n'ont pas à motiver spécialement et ne conduit pas à méconnaître les dispositions conventionnelles invoquées soit, l'article 3 du premier protocole additionnel à la convention européenne des droits de l'homme[4]. Autrement formulé, l'exclusion de la mention d'une condamnation au bulletin n° 2 du casier judiciaire relève de l'appréciation du juge, l'article 775-1 du code de procédure pénale ne prévoyant aucune motivation spéciale[5].

Le rejet d'une demande d'exclusion de la mention d'une condamnation au bulletin n° 2 du casier judiciaire ne fait toutefois pas obstacle à ce que, la situation du condamné s'étant modifiée, les juges soient saisis d'une nouvelle demande aux mêmes fins[6]. De plus, les juges ne peuvent rejeter la requête d'un condamné tendant à l'exclusion de la mention de sa condamnation au bulletin n° 2 du casier judiciaire, en retenant que les renseignements recueillis sur lui sont insuffisants et que la mesure n'est pas justifiée, si les conditions de l'article 775-2 sont remplies[7]. Il va donc de soi que l'énoncé des raisons du rejet de la requête ne peut qu'être profitable à la bonne compréhension de la décision et permette le cas échéant de limiter les demandes ultérieures.

Ce dernier article dispose que les condamnés à une peine ne pouvant donner lieu à réhabilitation de plein droit bénéficient, sur simple requête, de l'exclusion de la mention de leur condamnation au bulletin n° 2, selon les règles de compétence fixées par l'article précédent, à l'expiration d'un délai de vingt années à compter de leur libération définitive ou de leur libération conditionnelle non suivie de révocation, s'ils n'ont pas, depuis cette libération, été condamnés à une peine criminelle ou correctionnelle.

Une dispense d'inscription de condamnation au bulletin n° 2 du casier judiciaire emporte relèvement de toutes les interdictions, déchéances ou incapacités de quelque nature qu'elles soient, à condition qu'elles résultent de plein droit de la condamnation[8].

Cependant une jurisprudence ancienne en matière de permis de conduire, aux termes de laquelle, l'annulation de plein droit du permis de conduire, prévue par l'article L. 15 II (devenu L. 234-13) du code de la route, revêt le caractère, non d'une interdiction, d'une déchéance ou d'une incapacité, mais d'une peine complémentaire obligatoire et, comme telle, n'entre pas dans les prévisions de l'article 775-1, alinéa 2, du code de procédure pénale[9]. Autrement dit, une dispense d'inscription d'annulation du permis de conduire sur le B2 est possible, mais elle n'emporte pas relèvement.

À l'inverse, on rappellera qu'un ensemble de peines ou mesures ne figurent pas au bulletin n° 2 du casier judiciaire[10], par exemple, une contravention de police[11], les dispenses de peine[12] ou encore les mesures de composition pénale[13], et par suite qu'une demande d'exclusion les concernant, est donc sans objet.

§ 6
Interdiction de séjour et interdiction de territoire

113.171 Interdiction de séjour. Il est possible pour toute personne condamnée à la peine complémentaire de l'interdiction de séjour d'en solliciter, sur le fondement de l'article 702-1 du code de procédure pénale, le relèvement auprès de la juridiction qui l'a prononcée depuis l'abrogation, intervenue le 1er mars 1994, de l'article 44-2 du code pénal[14].

Rappelons toutefois que selon l'article 131-32 du code pénal, l'interdiction cesse de plein droit lorsque le condamné a atteint l'âge de soixante-cinq ans[15].

1. Crim. 28 sept. 2010, n° 10-80.530, P n° 143 ; *D.* 2011. 2231, obs. J. Pradel.
2. Sur les principales interdictions, déchéances, incapacités… pour lesquelles une requête sur le fondement ou dans les formes des articles 702-1 et 703 du code de procédure pénale est envisageable, v. tableau 113.123-1.
3. V. s[s] n° 113.172.
4. Crim. 4 mai 2006, n° 05-81.151, P n° 119 ; *AJDA* 2006. 1627 ; *D.* 2006. 1769 ; *AJ pénal* 2006. 317 ; *RTD com.* 2006. 925, obs. B. Bouloc.
5. Crim. 31 mai 2017, n° 15-86.947, NP.
6. Crim. 14 nov. 1991, n° 90-84.086, P n° 408 ; *RSC* 1992. 741, obs. A. Vitu.
7. Crim. 25 mai 2004, n° 03-87.722, P n° 134 ; *D.* 2004. 2271.
8. Crim. 28 janv. 2004, n° 03-81.703, P n° 20 ; *JCP* 2004. IV. 1485.
9. Crim. 30 mai 1991, n° 87-81.210, P n° 229.
10. C. pr. pén., art. 775.
11. C. pr. pén., art. 775, 3°.
12. C. pr. pén., art. 775, 12°.
13. C. pr. pén., art. 775, 14°.
14. Crim. 5 sept. 1994, n° 94-83.525, P n° 294 ; *RSC* 1995. 344, obs. B. Bouloc ; *RSC* 1995. 124, obs. J.-P. Dintilhac.
15. Ce qui n'empêche pas une cour d'assises de condamner une personne âgée de cinquante-huit ans à treize ans de réclusion criminelle et dix ans d'interdiction de séjour, Crim. 23 juin 2021, n° 20-84.705.

113.172 Particularités en matière de relèvement d'une interdiction du territoire. L'article L. 541-2 du code de l'entrée et du séjour des étrangers et du droit d'asile (Ceseda) imposait à l'étranger comme condition de recevabilité de sa requête, qu'il réside « hors de France », sauf s'il y subissait une peine d'emprisonnement sans sursis ou s'il faisait l'objet d'une assignation à résidence. Cet article a été abrogé à compter du 1er mai 2021[1].

La question s'était posée de la compatibilité de ces dispositions avec la garantie du droit à un recours effectif résultant de l'article 13 de la convention européenne des droits de l'homme. Sur ce point il avait été jugé que l'application de ce texte ne constituait ni une restriction excessive au droit d'accès à un tribunal défini par les articles 6 et 13 de la convention européenne des droits de l'homme ni, après examen de la situation personnelle et familiale de l'intéressée, une atteinte disproportionnée aux droits protégés par l'article 8 de ladite convention[2].

Par ailleurs, le droit à un recours effectif devant une instance nationale n'étant garanti qu'aux personnes qui justifient d'un grief sérieux d'atteinte à un droit reconnu par la convention européenne des droits de l'homme, il avait été jugé qu'encourt la censure l'arrêt qui, pour déclarer recevable la requête aux fins de relèvement de la mesure d'interdiction définitive du territoire français accompagnant la peine de huit ans d'emprisonnement prononcée contre lui pour infractions à la législation sur les stupéfiants, constate que depuis l'exécution de sa peine privative de liberté l'intéressé vit et travaille en France depuis six ans. De tels éléments qui découlaient de la situation irrégulière en France du requérant ne constituant pas un grief sérieux d'atteinte à un droit protégé par l'article 8, § 1, de la convention européenne des droits de l'homme[3].

Il faut encore noter qu'en cas d'interdiction du territoire prononcée à titre de peine complémentaire à une peine d'emprisonnement, la première demande de relèvement peut être portée devant la juridiction compétente avant l'expiration du délai de six mois en cas de remise en liberté. La demande doit être déposée au cours de l'exécution de la peine[4]. Le juge saisi d'une requête en relèvement de la peine complémentaire d'interdiction du territoire français est tenu de motiver sa décision au regard de la situation de l'intéressé au jour de la demande[5]. Une importante décision est venue préciser récemment que lorsque l'interdiction du territoire français est prononcée par la chambre des appels correctionnels, la chambre de l'application des peines est incompétente pour statuer sur une requête en relèvement et doit relever d'office cette incompétence[6].

La Cour européenne des droits de l'Homme a pu décider qu'une mesure d'interdiction du territoire constitue une mesure de prévention spécifique en matière de police des étrangers et que par suite l'article 6, § 1, de la convention européenne des droits de l'homme ne s'appliquait pas à la procédure en relèvement de cette interdiction[7].

En revanche, le juge saisi d'une requête en relèvement d'interdiction est tenu de motiver sa décision et de répondre aux chefs péremptoires de l'argumentation du requérant. Ne donne ainsi pas de base légale à sa décision la cour d'appel qui rejette une requête en relèvement de la peine complémentaire d'interdiction définitive du territoire français, sans répondre à l'argumentation du requérant, qui faisait valoir que cette peine complémentaire ne satisfaisait pas, en ce qu'elle méconnaissait le droit au respect de sa vie familiale, aux exigences de l'article 8 de la convention européenne des droits de l'homme[8]. La chambre criminelle a poursuivi son analyse sur le fondement des dispositions de l'article 8 de la convention européenne des droits de l'homme, sanctionnant la cour d'appel qui, saisie d'une demande de relèvement d'une peine d'interdiction définitive du territoire français par un requérant invoquant le droit au respect de sa vie privée et familiale, ne recherche pas si le maintien de la mesure en cause respecte un juste équilibre entre le droit précité et les impératifs visés à l'article 8, § 2, de ladite convention[9].

En statuant sans rechercher si, au jour de la demande, le maintien de la mesure en cause respectait un juste équilibre entre, d'une part, le droit au respect de sa vie privée et familiale du requérant et, d'autre part, les impératifs de sûreté publique, de prévention des infractions pénales et de protection de la santé publique, prévu par l'article 8 de la convention européenne des droits de l'homme, la cour d'appel n'a pas donné de base légale à sa décision[10]. Pour un exemple de rejet de pourvoi au motif que le maintien de la mesure en cause respecte un juste

1. Abrogé par Ord. n° 2020-1733, 16 déc. 2020, art. 1 (V).
2. Crim. 21 févr. 2007, n° 06-85.291, NP, *Dr. pénal* 2008. Chron. 2 – Crim. 30 mars 2011, n° 09-86.641, P n° 68 ; *D.* 2011. Actu. 1221, obs. M. Bombled ; *AJ pénal* 2011. 262.
3. Crim. 13 juin 2007, n° 06-86.065, P n° 162 ; *D.* 2007. 2032 ; *AJ pénal* 2007. 435, obs. M. Herzog-Evans ; *RSC* 2008. 404, Chron. P. Poncela.
4. C. pr. pén., art. 702-1, al. 3.
5. Crim. 15 oct. 2003, n° 02-86.505, P n° 194 ; *D.* 2003. 2868.
6. Crim. 6 nov. 2013, n° 12-83.529, P n° 222 ; *D.* 2013. 2644.
7. CEDH 5 oct. 2000, *Maaouia c/ France*, req. n° 39652/98, *D.* 2001. Somm. 2346, obs. B. de Lamy.
8. Crim. 28 févr. 2001, n° 99-87.963, P n° 55 ; *RSC* 2001. 839, obs. D.-N. Commaret.
9. Crim. 25 mai 2005, n° 04-85.180, P n° 158 – Crim. 30 mars 2011, n° 09-86.641, P n° 68 ; *D.* 2011. 1221, obs. M. Bombled ; *AJ pénal* 2011. 262.
10. Crim. 26 sept. 2007, n° 06-85.931, NP, *Dr. pénal* 2008. Chron. 2.

équilibre entre, d'une part, le droit au respect de la vie privée et familiale du requérant et, d'autre part, les impératifs de sûreté publique, de prévention des infractions pénales et de protection de la santé publique prévus par l'article 8 de la convention européenne des droits de l'homme[1].

SECTION 5
COMPÉTENCE DU JUGE UNIQUE EN MATIÈRE D'INCIDENTS CONTENTIEUX RELATIFS À L'EXÉCUTION ET AUX ERREURS MATÉRIELLES

§ 1
Procédure en matière d'incidents contentieux relatifs à l'exécution

113.181 **Principe.** Depuis l'entrée en vigueur de la loi du 24 novembre 2009[2], dite loi pénitentiaire, le tribunal correctionnel appelé à statuer en matière d'incidents contentieux relatifs à l'exécution, à l'exception des demandes de confusion de peine, est composé d'un seul magistrat exerçant les pouvoirs du président. Il en est de même de la chambre des appels correctionnels ou de la chambre de l'instruction, qui est également composée de son seul président, siégeant à juge unique. Ce magistrat peut toutefois, si la complexité du dossier le justifie, décider d'office ou à la demande du condamné ou du ministère public de renvoyer le jugement du dossier devant la formation collégiale de la juridiction. Le magistrat ayant ordonné ce renvoi fait alors partie de la composition. La décision de renvoi constitue une mesure d'administration judiciaire insusceptible de recours[3].

Il est sans doute particulièrement opportun que la décision au sujet de laquelle une interprétation, une rectification d'erreur matérielle ou une difficulté d'exécution est soulevée, revienne devant les juges qui l'ont rendu et qui sont les mieux à même d'en expliciter le sens. On signalera sur ce point l'arrêt d'une chambre civile de la Cour de cassation qui a posé que le défaut d'impartialité d'une juridiction ne peut résulter du seul fait que les magistrats saisis d'une requête aux fins d'interprétation et de rectification d'un jugement soient les mêmes que ceux qui ont rendu la décision[4].

113.182 **Requêtes.** Tous incidents contentieux relatifs à l'exécution sont portés devant le tribunal ou la cour qui a prononcé la sentence ; cette juridiction peut également procéder à la rectification des erreurs purement matérielles contenues dans ses décisions[5]. C'est sur le fondement de cet article que la juridiction statue sur les demandes de confusion de peines présentées en application de l'article 132-4 du code pénal, mais dans ce cas en la forme collégiale.

Toutefois, en cette dernière matière, dès lors qu'en prononçant une condamnation la juridiction du jugement a déjà refusé la confusion de la peine qu'elle infligeait avec une peine antérieure devenue définitive, le condamné ne saurait, en utilisant les dispositions de l'article 710 du code de procédure pénale présenter une requête en confusion de peines, mettant ainsi en cause l'autorité de la chose jugée attachée à la décision précédente[6].

Toute personne visée par une mesure d'exécution d'une décision pénale est recevable à présenter une requête soulevant des incidents relatifs à cette exécution. Est donc recevable, la requête en difficulté d'exécution d'une personne morale, visée par un arrêté de liquidation d'astreinte prononcée en application de l'article L. 480-7 du code de l'urbanisme, alors même qu'elle n'était pas partie à l'instance pénale ayant conduit à l'arrêt de condamnation[7].

Pareillement, saisie en application de l'article 710 du code de procédure pénale d'une requête portant sur une difficulté d'exécution de la mesure de confiscation d'un bien immobilier acquis en commun par deux époux et définitive à l'égard du mari, condamné pénalement, la cour d'appel est tenue de statuer sur la demande de l'épouse, non condamnée, après avoir précisé si celle-ci doit être considérée ou non comme propriétaire de bonne foi de sa part indivise au sens des articles 131-21 et 222-49 du code pénal[8].

Le tribunal qui fixe une astreinte à la charge de la partie condamnée à la remise en état ou à la démolition d'une construction irrégulièrement édifiée, en application des dispositions de l'article L. 480-7 du même code de l'urbanisme peut être saisi sur requête, du contentieux relatif au titre exécutoire émis par l'autorité administrative, ce contentieux échappant donc à la compétence des juridictions administratives[9].

1. Crim. 12 mars 2008, n° 07-82.970, NP, *Dr. pénal* 2009. Chron. 3, obs. V. Peltier.
2. L. n° 2009-1436, 24 nov. 2009 pénitentiaire, *JO* 25 nov., p. 20192, art. 94-IV.
3. C. pr. pén., art. 710, al. 4.
4. Civ. 2e, 3 mars 2011, n° 11-01.191, P II, n° 61 ; *D.* 2011. 2150, Chron. J.-M. Sommer, L. Leroy-Gissinger, H. Adida-Canac et O.-L. Bouvier.
5. C. pr. pén., art. 710, al. 1.
6. Crim. 5 nov. 1985, n° 84-95.728, P n° 343.
7. Crim. 21 nov. 2006, n° 05-85.985, P n° 292 ; *AJ pénal* 2007. 89, obs. G. Roussel.
8. Crim. 20 mai 2015, n° 14-81.741, P n° 121.
9. T. confl. 10 juill. 1990, *Guérin*, req. n° 2623, *Lebon* 396 ; *D.* 1990. 212.

L'éditeur d'une publication de presse, désignée par la juridiction pénale pour procéder à la diffusion de la condamnation, est une partie intéressée au sens de l'article 711 du code de procédure pénale. Il est recevable à saisir la juridiction répressive d'un incident contentieux relatif à l'exécution de la peine de diffusion prononcée[1]. L'omission par un tribunal de préciser les modalités d'exécution d'une mesure de publication qu'il a ordonnée relève du contentieux de l'exécution régi par les articles 710 et 711 du code de procédure pénale. Justifie en conséquence sa décision la cour d'appel qui, pour confirmer le jugement ayant, sur requête du ministère public fondée sur ces textes, ordonné la publication d'une condamnation, antérieurement prononcée, dans certaines éditions d'un journal, retient que le tribunal n'a fait que rendre effective ladite condamnation et n'a pas porté atteinte à l'autorité de la chose jugée[2].

Est encore illustrative d'un incident d'exécution, la requête sollicitant la déduction de la durée de la peine, d'une détention provisoire antérieure. Dans ce cas précis, on citera en particulier un arrêt se distinguant de la jurisprudence antérieure, aux termes duquel il a été jugé que l'article 716-4 du code de procédure pénale n'exclut pas de son domaine d'application la détention provisoire subie à l'étranger pour des faits jugés en France, mais prévoit au contraire, en termes généraux, que quand il y a eu détention provisoire à quelque stade que ce soit de la procédure, cette détention est intégralement déduite de la durée de la peine prononcée[3]. Il pouvait difficilement en être autrement, après que la chambre criminelle ait refusé de transmettre une QPC aux motifs que : « l'article 716-4 du code de procédure pénale n'exclut pas de son domaine d'application la détention provisoire subie à l'étranger pour des faits jugés en France »[4, 5].

La loi du 15 août 2014 relative à l'individualisation des peines est venue compléter le premier alinéa de l'article 710 en indiquant que pour l'examen de ces demandes, la juridiction tient compte du comportement de la personne condamnée depuis la condamnation, de sa personnalité, ainsi que de la situation matérielle, familiale et sociale.

Comblant une incertitude législative, la chambre criminelle est venue préciser, par un arrêt récent[6], que tous les incidents contentieux relatifs à l'exécution des sentences pénales pour lesquels aucune autre procédure n'est prévue par la loi, tels que la mise à exécution par le ministère public d'une peine d'emprisonnement en application de l'article 723-16 du code de procédure pénale, relèvent des articles 710 à 712 du code de procédure pénale.

Justifie donc sa décision la cour d'appel qui pour déclarer recevable une requête en incident d'exécution retient que la contestation formée en l'espèce par le condamné, portant sur la mise à exécution d'une peine, par le ministère public, sur le fondement de l'article 723-16 du code de procédure pénale, alors que le juge de l'application des peines est saisi dans le cadre de l'article 723-15 du même code, constitue un incident, au sens de l'article 710 précité, en l'absence de disposition particulière prévoyant une procédure spéciale.

V. s^s tableau 113.182-1 page suivante.

113.183 Procédure – Convocation, comparution. Le tribunal ou la cour, sur requête du ministère public ou de la partie intéressée, statue en chambre du conseil après avoir entendu le ministère public, le conseil de la partie s'il le demande et, s'il échet, la partie elle-même, sous réserve des dispositions de l'article 712 (soit après audition sur commission rogatoire délivrée au président du tribunal le plus proche du lieu de détention ou par visioconférence conformément aux dispositions de l'article 706-71), la comparution du requérant détenu devant la juridiction n'étant de droit que s'il en fait la demande expresse dans sa requête[7].

Signalons toutefois, un arrêt aux termes duquel il a été jugé que le prévenu détenu, régulièrement cité à personne, qui n'est pas conduit à l'audience ne saurait être condamné contradictoirement dès lors que la décision ne constate pas qu'il a manifesté sa volonté de ne pas être présent aux débats. Encourt la cassation l'arrêt rendu contradictoirement à signifier à l'égard d'un prévenu cité à sa personne, au centre pénitentiaire où il était détenu pour autre cause, et qui constate qu'il ne comparaît pas, à une date à laquelle il était toujours détenu[8]. En réalité, c'est bien une pratique consistant à ne pas signaler aux condamnés détenus la possibilité qui leur est offerte de comparaître, qu'il convient de sanctionner, et les magistrats du siège doivent être attentifs aux termes employés dans la requête les saisissant et dans l'avis donné au détenu. Il ne peut, par exemple, être admis, que figure sur ce document, la mention systématique que « le condamné ne sera pas extrait mais représenté à sa demande par un avocat choisi ou désigné d'office ».

1. Crim. 6 mars 2001, n° 00-82.842, P n° 57 ; *D.* 2001. 1774.
2. Crim. 15 sept. 2015, n° 14-82.133, P n° 836.
3. Crim. 13 mars 2013, n° 12-83.024, P n° 64 ; *JCP* 2013. 470 ; *Dr. pénal* 2013. Comm. 84, V. Peltier.
4. Crim. 5 oct. 2011, n° 11-90.087, P n° 196 ; *D.* 2011. 2811, note N. Maziau ; *AJ pénal* 2012. 356, note M. Herzog-Evans.
5. Pour un récapitulatif sur la diversité des requêtes susceptibles d'être présentées sur le fondement de l'article 710 du code de procédure pénale, v. s^s tableau 113.182-1.
6. Crim. 23 mars 2022, n° 21-83.549, P.
7. C. pr. pén., art. 711.
8. Crim. 19 janv. 2010, n° 09-87.474, P n° 10 ; *D.* 2010. 444, obs. M. Léna ; *AJ pénal* 2010. 202.

TABLEAU 113.182-1. PRINCIPALES REQUÊTES POUVANT ÊTRE FORMULÉES SUR LE FONDEMENT ET/OU DANS LES FORMES PRÉVUES PAR L'ARTICLE 710 DU CODE DE PROCÉDURE PÉNALE

Article (C. pr. pén.)	Requête	Commentaires
708, al. 3	Requête en suspension ou fractionnement d'une peine de police	Le ministère public est compétent pour la prise de décision si la peine doit être suspendue pendant moins de trois mois et pour saisir le tribunal de police dans les autres cas
	Requête en suspension ou fractionnement d'une peine correctionnelle non privative de liberté	Le ministère public est compétent pour la prise de décision si la peine doit être suspendue pendant moins de trois mois et pour saisir le tribunal correctionnel dans les autres cas
708, al. 4	Requête en modification d'un fractionnement de peine d'amende	Le fractionnement peut aussi être directement sollicité auprès du Trésor Public
	Requête en modification d'un fractionnement de peine de jours-amende	
	Requête en modification d'un fractionnement de peine de suspension du permis de conduire	
710	Requête en interprétation de jugement	
	Requête en rectification d'erreur matérielle	
	Requête en difficulté d'exécution	La chambre de l'instruction connaît des rectifications et des incidents d'exécution affectant les décisions des cours d'assises
	Requête en omission de statuer	
	Requête en confusion de peines	En cette matière l'audience est nécessairement tenue en la forme collégiale
	Requête en contestation de refus de restitution par le procureur de la République d'un objet placé sous main de justice	
735-1	Requête en demande de révocation d'un sursis simple en suite d'une peine d'emprisonnement prononcée par la juridiction pénale d'un État de l'UE	Texte modifié par la loi du 15 août 2014 qui renvoie désormais à la procédure prévue par l'art. 735
748	Requête en contestation d'identité d'un condamné	En cette matière l'audience est publique
770	Requête en suppression de la fiche du casier judiciaire concernant un mineur de dix-huit ans, passé un délai de trois ans à compter de ladite décision, lorsque la rééducation de ce mineur apparaît comme acquise	La juridiction compétente est le tribunal pour enfants du lieu de la poursuite initiale, du domicile actuel du mineur ou celui de son lieu de naissance. La suppression de la fiche affecte tous les bulletins du casier judiciaire de l'intéressé. Le tribunal pour enfants statue en dernier ressort
	Requête en suppression de la fiche du casier judiciaire concernant un mineur de dix-huit à vingt et un ans, passé un délai de trois ans à compter de ladite décision, lorsque la rééducation de jeune majeur apparaît comme acquise	La suppression de la fiche ne peut intervenir qu'après exécution des peines privatives de liberté, le paiement des amendes et, le cas échéant, après expiration du délai des peines complémentaires prononcées
778	Requête aux fins de rectification des décisions intervenues en cas d'usurpation d'état civil ou de condamnation sous une fausse identité	Si la décision a été rendue par une cour d'assises, la requête est soumise à la chambre de l'instruction. Mention de la rectification est faite en marge de la décision visée par la demande
	Requête en rectification d'une mention portée au casier judiciaire	
	Requête en contestation sur la réhabilitation de droit	
	Requête en cas de difficultés d'interprétation sur une loi d'amnistie	

Il est encore possible de relever une jurisprudence civile susceptible de s'appliquer à l'identique en matière pénale, aux termes de laquelle l'article 462 du code de procédure civile ne fixant pas de délai de comparution devant le juge chargé de réparer les erreurs et omissions matérielles affectant un jugement, les dispositions des articles 643 et 645 du même code, qui ont pour objet d'en augmenter la durée, ne sont pas applicables [1].

1. Civ. 2e, 18 oct. 2012, no 11-24.807, P II, no 177 ; *BICC* 15 févr. 2013, no 300.

Pour l'examen des demandes, la juridiction saisie tient compte du comportement de la personne condamnée depuis la condamnation, de sa personnalité, ainsi que de sa situation matérielle, familiale et sociale[1].

L'exécution de la décision en litige est suspendue si le tribunal ou la cour l'ordonne. Le jugement sur l'incident est signifié à la requête du ministère public aux parties intéressées[2].

S'il est regrettable que les mentions d'un arrêt statuant sur une demande de confusion de peines ne permettent pas de savoir si l'affaire a été jugée en chambre du conseil, comme le prescrit l'article 711 du code de procédure pénale, ou en audience publique, l'irrégularité commise ne doit cependant pas entraîner l'annulation de la décision, dès lors qu'il n'est pas établi qu'elle ait porté atteinte aux intérêts du demandeur[3]. Il faut noter qu'il résulte des dispositions des articles 464 et 711 du code de procédure pénale, que la présence du ministère public n'est pas obligatoire lorsque le débat porte, devant la juridiction correctionnelle saisie d'une requête en rectification d'erreur matérielle, sur les seuls intérêts civils[4]. L'omission de statuer sur les demandes indemnitaires, commise par la juridiction correctionnelle, relève donc bien de la procédure de l'article 710.

La juridiction correctionnelle ne peut statuer sur un incident contentieux concernant l'exécution d'une précédente décision, sans que toutes les parties intéressées aient été en mesure de faire connaître leurs observations. Dès lors, encourt la cassation l'arrêt qui a fait droit à la requête aux fins d'annulation de l'état exécutoire établi par un receveur municipal en vue de recouvrer une astreinte en matière d'urbanisme, liquidée par le maire, sans que celui-ci, ni la commune, partie civile, n'aient été appelés à présenter leurs observations[5]. Il se déduit des dispositions combinées des articles 460, 513, 710, 711 et 712 du code de procédure pénale, ainsi que des principes généraux du droit, que le conseil de la partie doit avoir la parole le dernier et qu'il en est de même de la partie elle-même si elle est présente[6].

Classiquement, la chambre criminelle décide qu'en statuant en chambre du conseil sur un incident contentieux relatif à l'exécution d'une sentence pénale, une cour d'appel fait l'exacte application des dispositions de l'article 711 du code de procédure pénale, qui ne sont pas contraires à l'article 6, § 1, de la convention européenne dès lors que les juges ne sont pas appelés à décider du bien-fondé d'une accusation en matière pénale[7].

113.184 **Procédure – Signification de la décision.** Lorsque le tribunal correctionnel statue sur un incident relatif à l'exécution des peines, dans les conditions prévues par les articles 710 et 711 du code de procédure pénale, son jugement, rendu en chambre du conseil, doit être, à la requête du ministère public, signifié aux parties intéressées pour faire courir, à leur égard, le délai d'appel. Encourt donc la cassation l'arrêt qui déclare irrecevable l'appel formé plus de dix jours après le prononcé du jugement, rendu « contradictoirement », sur une requête en confusion de peines, sans rechercher la date de signification de ce jugement[8]. Postérieurement jugé[9], au visa des mêmes articles 710 et 711 du code de procédure pénale, que pour déclarer irrecevable l'appel interjeté d'un jugement statuant en la matière, la cour ne peut s'abstenir de rechercher la date de signification du jugement.

A été comprise comme une « partie intéressée » au sens de l'article 711 du code de procédure pénale, une commune, qui est donc recevable à intervenir à un incident contentieux relatif à l'exécution d'une mesure de démolition ordonnée, en application de l'article L. 480-5 du code de l'urbanisme, du fait d'une occupation irrégulière de son territoire[10]. Le Trésor public a également qualité pour présenter une requête en interprétation d'une décision de justice qui a alloué des dommages-intérêts complémentaires à l'agent d'un service public victime d'un accident et a réservé les droits de cet agent à percevoir de l'administration des prestations en conséquence de l'accident. En effet, le Trésor public, qui disposait de plein droit, entre les tiers responsables de l'accident, pour subrogation aux droits de la victime, d'une action en remboursement des prestations par lui versées[11], était « intéressé », au sens de l'article 711 du code de procédure pénale, à l'interprétation de la décision en cause[12].

1. C. pr. pén., art. 710, al. 1.
2. C. pr. pén., art. 711.
3. Crim. 6 févr. 1991, n° 90-82.930, P n° 61 ; *RSC* 1991. 749, obs. A. Vitu ; *RSC* 1992. 65, obs. A. Vitu.
4. Crim. 3 nov. 2009, n° 09-80.991, P n° 183 ; *D.* 2010. 39, Chron. A. Leprieur, P. Chaumont et E. Degorce ; *AJ pénal* 2010. 39, obs. J. Lasserre Capdeville.
5. Crim. 3 avr. 2001, n° 00-87.294, P n° 88 ; *D.* 2001. 1850 ; *RDI* 2002. 70, obs. G. Roujou de Boubée ; *RSC* 2001. 815, obs. J.-H. Robert.
6. Crim. 19 avr. 1988, n° 86-95.841, P n° 169.
7. Crim. 3 févr. 2004, n° 03-83.873, P n° 27 ; *D.* 2004. 736 ; *AJ pénal* 2004. 165, obs. P. Remillieux.
8. Crim. 16 sept. 1992, n° 92-84.463, P n° 283.
9. Crim. 20 févr. 2013, n° 12-85.774, P n° 44.
10. Crim. 7 févr. 1996, n° 94-83.869, P n° 66 ; *RDI* 1997. 503, obs. G. Roujou de Boubée.
11. Ord. n° 59-76, 7 janv. 1959 relative aux actions en réparation civile de l'État et de certaines autres personnes publiques, *JO* 8 janv., p. 563 – ANTÉRIEUREMENT : L. n° 48-1450, 20 sept. 1948 portant réforme du régime des pensions civiles et militaires et ouverture de crédits pour la mise en application de cette réforme, *JO* 21 sept., p. 9298.
12. Crim. 7 nov. 1968, n° 67-92.276, P n° 288 ; *D.* 1969. 9.

Lorsqu'un incident contentieux relatif à l'exécution d'une peine est porté devant un tribunal, la décision rendue peut-être attaquée par la voie de l'appel, conformément aux dispositions de l'article 496 du code de procédure pénale[1].

Le point de départ du délai de pourvoi doit être fixé au jour de cette signification et est, dès lors, recevable le pourvoi formé alors que cette signification n'a pas été opérée[2].

Quant aux effets d'une telle procédure, il sera signalé que la requête par laquelle, en application de l'article 711 du code de procédure pénale, auquel il n'est pas dérogé en matière de contributions indirectes, le ministère public porte devant le tribunal un incident contentieux relatif à l'exécution d'une sentence pénale est un acte de poursuite interruptif du délai de prescription[3].

113.185 Cas particulier de la liquidation d'astreinte prononcée en matière d'infractions au droit de l'urbanisme. L'astreinte n'est ni une peine, ni une réparation civile, mais une mesure comminatoire destinée à contraindre le débiteur à exécuter une obligation de faire. Elle a toute son utilité en matière d'infractions au droit de l'urbanisme où les contrevenants après avoir attendu généralement passivement le développement d'une procédure, multiplient les recours et continuent à bénéficier du bien irrégulièrement édifié. Lorsque le débiteur ne s'exécute pas, le préfet peut liquider l'astreinte et émettre un état exécutoire.

Dans sa dernière rédaction[4], l'article L. 480-8 du code de l'urbanisme dispose : « Les astreintes sont liquidées au moins une fois chaque année et recouvrées par l'État, pour le compte de la ou des communes aux caisses desquelles sont reversées les sommes perçues, après prélèvement de 4 % de celles-ci pour frais d'assiette et de recouvrement. »

Le contentieux du recouvrement de l'astreinte ressort de la compétence des juridictions judiciaires[5], et plus précisément, en vertu de l'article 710 du code de procédure pénale, de celle de la juridiction correctionnelle qui a prononcé l'astreinte (comprendre la dernière s'étant prononcée).

À l'issue d'une procédure ou les juges avaient cru pouvoir déduire de la présence de l'article 710 du code de procédure pénale dans le titre premier du livre cinquième dudit code, intitulé « De l'exécution des peines », lequel ne fait aucune référence à l'exécution des dispositions civiles des décisions prononcées par les juridictions répressives, la compétence du juge de l'exécution en matière d'exécution de cette astreinte, la chambre criminelle a jugé que la créance d'une commune en liquidation du produit d'une astreinte assortissant l'arrêt de la chambre correctionnelle d'une cour d'appel condamnant un prévenu à une amende pour infraction aux règles de l'urbanisme et lui ordonnant la démolition des ouvrages édifiés irrégulièrement, trouve son fondement dans la condamnation, pénale et civile, prononcée par la juridiction répressive, le contentieux du recouvrement de l'astreinte prononcée ressortissant ainsi aux juridictions répressives[6]. Un second arrêt du même jour est venu préciser que l'astreinte est prise pour garantir l'exécution d'une mesure à caractère réel destinée à faire cesser une situation illicite[7], et que cette décision est susceptible de faire l'objet d'un recours du ministère public en vertu de son droit général d'appel des décisions prononcées par la juridiction correctionnelle.

La limite importante de cette procédure, demeure qu'une juridiction correctionnelle, saisie en application de l'article 710 du code de procédure pénale d'un incident contentieux relatif à l'exécution d'une décision, n'a pas le pouvoir de restreindre ou d'accroître les droits qu'elle consacre et de modifier ainsi la chose jugée[8].

La chambre criminelle a déjà jugé au visa des articles 710 et 711 du code de procédure pénale : « que la juridiction correctionnelle ne peut statuer sur un incident contentieux concernant l'exécution d'une précédente décision sans que toutes les parties intéressées aient été mises en mesure de faire connaître leurs observations[9] ». S'il avait été jugé que la commune n'avait pas à être appelée à l'instance en contestation de liquidation de l'astreinte[10], considération prise que : « ni l'alinéa 1er dudit article (L. 480-7) qui prévoit le prononcé de l'astreinte, ni l'alinéa 4 qui en autorise le reversement, n'exigent la présence aux débats de la commune au profit de laquelle le recouvrement est opéré », la chambre criminelle a ensuite jugé, au visa des articles 710 et 711 du code de procédure pénale,

1. Crim. 29 déc. 1964, n° 64-91.912, P n° 350.
2. Crim. 5 mars 1991, n° 90-82.781, P n° 109.
3. Crim. 31 mai 2012, n° 11-84.687, P n° 142 ; *D.* 2012. 1742.
4. C. urba., art. L. 480-8, en vigueur depuis le 29 déc. 2019.
5. T. confl., 10 juill. 1990, req. n° 02623, Guerin, *Lebon* 396 – T. confl., 28 févr. 2011, req. n° C3785, *Larme c/ Marennes (Cne)*, NP – Crim. 23 nov. 1994, n° 93-81.605, P n° 375.
6. Crim. 24 mars 2015, n° 14-84.300, P n° 64 ; *AJ pénal* 2015. 322, obs. D. Cholet.
7. Crim. 24 mars 2015, n° 14-84.154, P n° 62 ; *RDI* 2015. 487, obs. G. Roujou de Boubée ; *AJ pénal* 2015. 372, obs. D. Cholet.
8. Crim. 22 juill. 1986, n° 85-80.991, P n° 240 – Crim. 21 avr. 1998, n° 97-84.419, NP – Crim. 17 déc. 2002, n° 02-84.134, P n° 232 ; *D.* 2003. 252 – Crim. 24 juin 2008, n° 08-80.232, NP, *AJ pénal* 2009. 141, obs. M. Herzog-Evans.
9. Crim. 3 avr. 2001, n° 00-87.294, P n° 88 ; *D.* 2001. 1850 ; *RDI* 2002. 70, obs. G. Roujou de Boubée ; *RSC* 2001. 815, obs. J.-H. Robert.
10. Crim. 22 mai 1986, n° 85-93.238, P n° 169.

L. 480-1 à L. 480-9 du code de l'urbanisme, qu'une commune, dotée d'un plan d'occupation des sols, dont le maire a le pouvoir, en application des dispositions de l'article L. 480-9 du code de l'urbanisme, de faire procéder à la démolition ordonnée par le tribunal est recevable à intervenir dans un incident contentieux relatif à l'exécution d'une mesure de démolition[1]. Plus récemment, elle a sanctionné le non-respect de cette règle, en cassant un arrêt ayant fait droit à une requête aux fins d'annulation d'un état exécutoire établi par un receveur municipal en vue de recouvrer une astreinte en matière d'urbanisme, liquidée par le maire, sans que celui-ci, ni la commune, partie civile, n'aient été appelés à présenter leurs observations, au motif que « la juridiction correctionnelle ne peut statuer sur un incident contentieux concernant l'exécution d'une précédente décision sans que toutes les parties intéressées aient été en mesure de faire connaître leurs observations »[2]. Cette position est, en l'état actuel des textes, acquise.

Par ailleurs, les décisions rendues par application des dispositions de l'article L. 480-7 du code de l'urbanisme, relatives au relèvement, au reversement ou à la dispense de l'astreinte, doivent être rendues publiquement après examen en audience publique, toutes les parties intéressées étant appelées à présenter leurs observations sur la requête[3].

Parmi les autres décisions rendues en la matière, on notera qu'il a été répondu au requérant faisant valoir le caractère tardif et donc préjudiciable de la liquidation de l'astreinte, qu'il appartenait au prévenu d'exécuter la démolition à laquelle il avait été définitivement condamné, sans attendre la mise en œuvre de l'astreinte et qu'il ne saurait donc se prévaloir du caractère tardif de sa liquidation intervenue avant sa prescription, la cour d'appel a justifié sa décision[4]. A également été jugé que saisie sur le fondement de l'article 710 du code de procédure pénale, d'un incident contentieux relatif à l'exécution, la juridiction est compétente en vertu de l'article 111-5 du code pénal, pour apprécier, par voie d'exception, la légalité d'un acte administratif, en l'espèce un retrait de permis de construire, la démolition sous astreinte des ouvrages édifiés irrégulièrement trouvant son fondement dans la condamnation pénale prononcée par la juridiction répressive[5].

1. Crim. 7 févr. 1996, n° 94-83.869, P n° 66 ; *RDI* 1997. 503, obs. G. Roujou de Boubée.
2. Crim. 3 avr. 2001, n° 00-87.294, P n° 88 ; *D.* 2001. 1850 – Crim. 16 févr. 2016, n° 15-82.731, NP.
3. Crim. 8 mars 2016, n° 15-84.061, NP.
4. Crim. 16 janv. 2018, n° 17-81.126, NP.
5. Crim. 21 nov. 2017, n° 17-80.016, P ; *AJDA* 2017. 2338 ; *D.* 2017. 2427 ; *RDI* 2018. 97, obs. G. Roujou de Boubée ; *AJCT* 2018. 230, obs. L. Moreau.

§ 2
Procédure en matière de rectification des erreurs matérielles

113.191 Rectification des erreurs matérielles – Notion. Tous incidents contentieux relatifs à l'exécution sont portés devant le tribunal ou la cour qui a prononcé la sentence. Ces termes, figurant au premier alinéa de l'article 710 du code de procédure pénale, dans sa rédaction résultant de la loi n° 2021-1729 du 22 décembre 2021 pour la confiance dans l'institution judiciaire, sont conformes à la Constitution[6]. Le tribunal ou la cour, ou le président de la juridiction, qui a prononcé la sentence peut procéder à la rectification des erreurs purement matérielles contenues dans sa décision, aux termes de l'article 710 et de l'article 711, alinéa 4, du code de procédure pénale.

La notion « d'erreur purement matérielle » est évidemment délicate à cerner. S'il est logique de permettre aux juges de rectifier une erreur matérielle qui s'est glissée dans la décision et n'a pu être repérée au stade de la mise en forme, il faut éviter que cette décision soit purement et simplement revue, a posteriori, sans débat contradictoire, poussant à l'extrême à la dénaturation du jugement ou de l'arrêt en cause. Il est ainsi jugé qu'il n'appartient pas à une juridiction saisie en application de l'article 710 du code de procédure pénale de modifier, sous le couvert d'interprétation ou de rectification, la chose jugée en substituant à la décision initiale des dispositions nouvelles qui ne seraient pas la réparation d'erreurs matérielles. Méconnaît ce principe, la cour d'appel qui fait droit à la requête en rectification d'erreur matérielle présentée par le procureur de la République, tendant à substituer une peine de cinq ans d'emprisonnement à celle de cinq mois, seule mentionnée dans un jugement devenu définitif[7].

La question de l'erreur matérielle prend souvent sa source dans une imprécision des termes employés et il convient une nouvelle fois d'attirer l'attention des juges sur la nécessité d'apporter le même soin à la matière pénale qu'à la matière civile. Ainsi, il est nécessaire de préciser si, dans telle affaire d'agression sexuelle sur mineure de 15 ans, Madame X... la mère de l'enfant se constitue en son nom ou en sa qualité de représentant légal de la mineure, pour éviter des contestations ultérieures, en particulier devant le juge chargé des intérêts civils. À titre d'exemple, l'Assemblée plénière de la Cour de cassation a pu considérer qu'il n'y avait pas lieu à rectification d'une erreur matérielle, dans une affaire où, d'une part, M. X... a saisi la commission de recours amiable de

6. Cons. const. 18 nov. 2022, n° 2022-1024 QPC.
7. Crim. 17 déc. 2002, n° 02-84134, P n° 232.

la caisse d'allocations familiales de Paris d'une demande portant sur les « allocations familiales », d'autre part, que la commission de recours amiable de la caisse a interprété la lettre de saisine du requérant comme visant les allocations familiales ainsi que l'allocation de logement familial et l'allocation de rentrée scolaire et qu'il convenait d'interpréter l'arrêt du 5 avril 2013[1], en ce sens que les termes « allocations familiales » employés tant dans le dispositif que dans les motifs de l'arrêt visent les trois allocations dont la commission de recours amiable de la caisse d'allocations familiales de Paris a estimé qu'elle était saisie par la requête de M. X...[2].

S'il a de tout temps été jugé que l'article 710, alinéa 1er, permet au juge de réparer les erreurs matérielles d'un précédent arrêt, c'est à la condition de ne rien y ajouter[3]. Par suite, les juges possèdent un pouvoir souverain pour procéder à la rectification des erreurs purement matérielles, pouvoir que limite seule la défense de modifier la chose jugée, de restreindre ou d'accroître les droits consacrés par cette décision[4]. Il ne saurait en conséquence appartenir à une juridiction saisie en vertu de l'article 710 du code de procédure pénale d'ajouter, sous couvert d'interprétation, des dispositions nouvelles qui ne seraient pas une réparation d'erreurs matérielles[5].

Le dispositif d'un arrêt devant par ailleurs être interprété par les motifs auxquels il s'unit et dont il est la conséquence, un défaut de concordance entre le dispositif et les motifs, résultat d'une erreur purement matérielle, peut en principe être réparé selon la procédure des articles 710 et 711 du code de procédure pénale[6]. En cas de contrariété des motifs avec le dispositif de la décision, le juge est fondé à procéder à la rectification de l'erreur matérielle survenue[7]. Plus précisément, sur la question d'une discordance entre motifs et dispositifs sur le montant de l'indemnisation à allouer aux parties civiles, et admettant que le dispositif d'une décision devant être interprété par les motifs auxquels il s'unit et dont il est la conséquence, un défaut de concordance entre le dispositif et les motifs, lorsque, comme en l'espèce, il est seulement le résultat d'une erreur purement matérielle, peut être réparé selon la procédure prévue par les articles 710 et 711 du code de procédure pénale[8].

En effet, l'erreur matérielle peut concerner aussi bien les dispositions pénales que civiles de la décision et en matière d'action civile conjointe aux poursuites répressives, doit être cassé l'arrêt qui, après avoir déclaré le prévenu coupable de vols de divers biens, omet de statuer sur les demandes indemnitaires de la partie civile portant sur les biens dont la victime avait été privée, en se bornant à confirmer le jugement qui ne se prononçait pas sur lesdites demandes[9][10].

113.192 Procédure simplifiée en matière de rectification des erreurs purement matérielles. Depuis l'entrée en vigueur de la loi du 3 juin 2016[11], l'article 711, alinéa 4, indique que pour la rectification des erreurs purement matérielles et en cas d'accord des parties, la décision peut être prise, sans audience, par ordonnance du président de la juridiction. La chambre criminelle a eu l'occasion de juger qu'encourt la cassation l'ordonnance du président d'une chambre correctionnelle qui statue, sans audience, sur une demande de rectification d'erreur matérielle sans constater l'accord des parties[12].

Cet effort louable de simplification concerne les hypothèses d'accord de l'ensemble des parties sur l'existence de l'erreur et sa portée. La rédaction perfectible du texte semble le cantonner aux demandes effectuées par l'une des parties et non par le ministère public encore que la DACG ait pu contester cette analyse[13]. La notion de partie intéressée peut être considérée comme concernant toute personne visée par une mesure d'exécution d'une décision pénale présentant une requête soulevant des incidents relatifs à cette exécution quand bien même elle n'aurait pas été partie à l'instance[14]. La terminologie « président de la juridiction », semble indiquer que c'est le président de la juridiction concernée, statuant à juge unique ou en formation

1. Cass., ass. plén., 5 avr. 2013, n° 11-17.520, P n° 2.
2. Cass., ass. plén., 12 juill. 2013, n° 11-17.520, P n° 4 ; *D.* 2013. 1009 ; *D.* 2013. 1298, Chron. O.-L. Bouvier ; *D.* 2014. 445, obs. O. Boskovic, S. Corneloup, F. Jault-Seseke, N. Joubert et K. Parrot.
3. Crim. 14 mars 1961, *D.* 1961. 30 – Crim. 16 mars 1964, n° 64-90.186, P n° 99 ; *JCP* 1964. II. 13685, note Larguier.
4. Crim. 29 juin 1966, n° 65-92.592, P n° 187 – Crim. 4 juill. 1995, n° 94-84.081, P n° 246 – Crim. 17 déc. 2002, n° 02-84.134, P n° 232.
5. Crim. 23 mai 1967, n° 66-93.857, P n° 60.
6. Crim. 17 févr. 2009, n° 08-87.726, P n° 39 ; *D.* 2009. 623, obs. S. Lavric ; *D.* 2009. 1249, note J. Pradel ; *AJ pénal* 2009. 188.
7. Crim. 2 mai 2007, n° 06-88.306, P n° 114 ; *D.* 2007. 1597.
8. Crim. 7 déc. 2016, n° 15-87.724, NP.
9. Pour une illustration : Crim. 19 juin 2013, nos 12-87.385, 12-82.239, NP – Crim. 3 nov. 2009, n° 08-88.438, P n° 182 ; *D.* 2009. 2866 ; *D.* 2010. 39, Chron. A. Leprieur, P. Chaumont et E. Degorce ; *D.* 2010. 2254, obs. J. Pradel.
10. Pour une illustration : arrêts rendus le 19 juin 2013, ss n° 113.231.
11. L. n° 2016-731, 3 juin 2016 renforçant la lutte contre le crime organisé, le terrorisme et leur financement et améliorant l'efficacité et les garanties de la procédure pénale, *JO* 4 juin, n° 1.
12. Crim. 31 janv. 2023, n° 22-83.035, P.
13. Fiche « Mesures de la LPJ : droit des peines. L'exécution de la peine requêtes post-sentencielles, dispositions d'application immédiate », avr. 2019.
14. Crim. 21 nov. 2006, n° 05-85.985, P. n° 292.

collégiale qui se prononce et non le président du tribunal judiciaire.

Le texte ne prévoit par ailleurs aucune modalité de signification de la décision, ce qui est sans doute logique dans la perspective d'un accord de tous, mais assez malvenu en l'absence d'audience et donc au regard de l'absence des parties devant le magistrat, dont rien ne dit comment elles sauront s'il a été donné satisfaction à leur demande et dans quel délai, et leur coupe par ailleurs toute possibilité de recours, ce qui paraît peu conforme au droit au recours effectif fondé sur l'article 13 de la convention européenne des droits de l'homme. Au demeurant, qui peut assurer que la rectification correspondra toujours à la commune volonté exprimée des parties ? À tout le moins, il conviendra alors qu'en amont cette volonté ait été clairement exprimée par écrit et dans les mêmes formes...

113.193 Procédure en cas d'appel ou de pourvoi en cassation. En cas d'appel contre la décision dont il est soutenu qu'elle contient une erreur, la juridiction compétente pour y remédier est la chambre de la cour d'appel qui est saisie.

En application de l'article 710 du Code de procédure pénale, les erreurs purement matérielles contenues dans un jugement ne peuvent être rectifiées que par le tribunal qui l'a rendu ou, en cas d'appel, par la juridiction à laquelle il est déféré[1]. En effet, l'appel du prévenu, portant sur les dispositions tant pénales que civiles du jugement entrepris, a dessaisi le tribunal, qui ne peut plus procéder à la rectification de sa décision[2].

En cas de recours contre un jugement ayant prononcé sur une requête en rectification d'erreur matérielle, l'affaire est dévolue à la cour d'appel dans son entier, sans que puissent être opposées les dispositions des articles 509 et 515 du code de procédure pénale, ces textes étant étrangers à la procédure prévue par les articles 710 et 711 dudit Code[3].

Dans l'hypothèse d'un double pourvoi contre un arrêt de chambre correctionnelle ayant d'une part, statué au fond et contre un second arrêt ayant d'autre part, statué sur sa propre rectification d'erreur matérielle, la cassation de l'arrêt statuant au fond, mettant la cause et les parties au même état où elles étaient avant la décision cassée, postule dès lors, l'annulation de l'arrêt ultérieur qui, dans le but de régulariser l'arrêt cassé, avait procédé à une rectification d'erreur matérielle[4].

En revanche, le moyen de cassation qui se fonde sur une erreur matérielle contenue dans l'arrêt attaqué, susceptible d'être rectifiée suivant la procédure prévue par les articles 710 et 711 du code de procédure pénale, est irrecevable devant la chambre criminelle[5].

La rectification d'une erreur matérielle commise dans un arrêt de la chambre criminelle est enfin recevable lorsque par exemple, la mention du nom d'un avocat général, étranger à la procédure, a été portée en lieu et place du nom de celui dont les conclusions ont permis de rendre l'arrêt en cause[6].

113.194 Procédure en cas de jugement par défaut. L'article 489 du code de procédure pénale selon lequel le jugement par défaut est non avenu en toutes ses dispositions lorsque le prévenu forme opposition à son exécution est sans application à celles des dispositions de la décision prononçant sa relaxe, lesquelles, en l'absence d'appel du ministère public ou de la partie civile, deviennent définitives. En présence d'une difficulté d'interprétation portant sur l'objet de la relaxe partielle, la juridiction appelée à statuer sur l'opposition peut, afin de déterminer l'étendue de sa saisine, réparer une discordance entre le dispositif et les motifs lorsqu'elle est le résultat d'une erreur purement matérielle, après avoir soumis cette question au débat contradictoire[7].

113.195 Rectification des erreurs matérielles – Illustrations. Sur les erreurs matérielles affectant l'action publique, les illustrations jurisprudentielles sont nombreuses. L'erreur est « purement » matérielle lorsqu'il existe une discordance entre dispositif et motifs[8].

Lorsqu'une prévenue a été condamnée sous le nom d'une autre personne totalement étrangère à l'instance, par suite d'une erreur purement matérielle, la juridiction ayant statué a qualité pour ordonner la rectification de l'erreur ainsi commise dans les conditions prévues par les articles 710 et 711 du code de procédure pénale[9].

Dès lors que l'intitulé et le dispositif de l'arrêt précisent qu'il a été rendu « en chambre du conseil », en application de l'article 778 du code de procédure pénale, une mention incidente contenant les mots « à l'audience publique de ce jour » ne constitue qu'une erreur de plume manifeste relevant éventuellement de la procédure de rectification prévue par l'article 710 dudit Code mais sans incidence sur la régularité de la décision prononcée[10].

1. Crim. 4 juill. 1995, n° 94-84.081, P n° 246.
2. Crim. 2 mai 2001, n° 00-85.144, NP.
3. Crim. 17 juin 2003, n° 02-82.003, P n° 124.
4. Crim. 24 mai 2011, nos 10-81.054, 10-87.002, P n° 105.
5. Crim. 15 mars 2017, n° 16-87.610, NP – Crim. 25 mars 2015, n° 13-84.422, P n° 68 – Crim. 16 déc. 1992, n° 92-80.696, P n° 422.
6. Crim. 19 janv. 2022, n° 21-80.413, P, *D. actu.* 15 févr. 2022, « Erreur matérielle : la rectification du nom de l'avocat général », M. Dominati.
7. Crim. 18 mai 2016, n° 15-83.848, NP.
8. Crim. 12 avr. 1988, n° 88-80.525, P n° 153.
9. Crim. 27 févr. 1969, n° 68-92.533, P n° 103.
10. Crim. 8 oct. 1984, n° 83-94.011, P n° 289.

La rectification d'une omission par les juges d'avoir précisé les modalités d'exécution d'une peine complémentaire d'affichage[1], de publication[2] ou encore les caractères typographiques de l'affichage ou le coût des mesures de publication prescrites en vertu de l'article 7 de la loi du 1er août 1905 (devenu C. consom., art. L. 216-3)[3] de la loi du 1er août 1905[4] ou par l'article 1741[5], alinéa 3, du code général des impôts[6] sont susceptibles de faire l'objet d'une procédure en rectification d'erreur matérielle.

Pour un exemple qui concerne l'instruction, mais illustratif, constitue une erreur matérielle évidente susceptible d'être rectifiée en application de l'article 710 du code de procédure pénale, la mention erronée « dit l'appel mal fondé », contenue dans le dispositif de l'arrêt de la chambre de l'instruction, qui, sur l'appel de la partie civile contre une ordonnance du juge d'instruction refusant d'informer sur sa plainte contre personne non dénommée, après avoir exposé les motifs pour lesquels les juges estiment que l'appel est bien fondé, infirme la décision entreprise et ordonne le renvoi du dossier au juge d'instruction pour poursuivre l'information. Méconnaît le texte précité, la chambre de l'instruction qui refuse de procéder à la rectification d'une telle erreur. La cassation encourue l'est sans renvoi, ainsi que le permet l'article L. 411-3 du code de l'organisation judiciaire, la Cour de cassation procédant elle-même à la rectification[7].

A pu encore être admise la requête en rectification d'erreur matérielle affectant une précédente décision sur intérêts civils, les juges d'appel énonçant que l'emploi, dans le dispositif, de l'adjectif « irrévocable » à la place de « définitif », procède d'une erreur de plume, les motifs employés reprenant quant à eux exactement les termes de l'article L. 211-13 du code des assurances sur lequel se fonde le raisonnement[8].

La jurisprudence comporte en effet un nombre significatif d'exemples d'erreurs matérielles en matière d'intérêts civils. Encourt la cassation, l'arrêt d'une cour d'appel rejetant, au motif du respect de l'autorité de la chose jugée, la requête de la partie civile en rectification d'une précédente décision qui, après avoir, dans ses motifs, évalué les diverses composantes du préjudice corporel personnel, avait commis une erreur manifeste et purement matérielle dans la totalisation du dommage, et reproduit cette erreur dans son dispositif portant condamnation à des dommages-intérêts[9].

A également été considéré comme une erreur matérielle, l'erreur de calcul résultant de ce que, dans une opération consistant à soustraire du montant global du préjudice patrimonial de chacune des parties civiles le montant des remboursements attribués à une caisse de sécurité sociale, l'arrêt a omis de tenir compte d'une partie de ces remboursements alors qu'il résultait des motifs du même arrêt que les juges entendaient les inclure dans la somme à soustraire et qu'ainsi la rectification prononcée aboutit à rendre le dispositif de la décision conforme à ce que, d'après ses motifs, ont manifestement voulu décider les juges du fond[10]. D'où le rejet du pourvoi contre l'arrêt où les juges ont accepté de corriger le montant d'une indemnité allouée, au motif que la somme mentionnée ne résultait que d'une erreur dans l'addition des préjudices indemnisables analysés dans la motivation et dont les indemnités réparatrices avaient été fixées « par postes nettement différenciés » ; la chambre criminelle a jugé alors qu'« en prononçant ainsi, par rectification d'une erreur d'addition évidente et purement matérielle reprise dans le dispositif de sa première décision, la cour d'appel, qui, contrairement au grief allégué, n'a nullement restreint les droits de la partie civile tels qu'elle les avait déterminés de façon détaillée et non ambiguë, a justifié sa décision »[11]. Pareille approbation de la cour d'appel qui, faisant droit à une requête, a relevé que le premier juge avait, dans le dispositif de la décision rectifiée, manifestement oublié d'additionner le montant des frais médicaux et pharmaceutiques exposés par la caisse et compris dans sa créance, au préjudice économique résultant des incapacités encourues par la victime et que cet oubli résultait de l'absence totale de contestation relative à ce chef de préjudice, la chambre criminelle jugeant qu'« en l'état de ces motifs, d'où il résulte que l'erreur et l'omission relevées par le premier juge étaient évidentes et purement matérielles, la cour d'appel a, sans porter atteinte à l'autorité de la chose jugée, justifié sa décision »[12].

En revanche, c'est la cassation qui est prononcée en cas de violation de la loi, au visa de l'article 591 du code de procédure pénale, ou lorsque les erreurs de calcul semblent résulter de motifs insuffisants, contradictoires ou erronés, en violation de l'article 593 du code de procédure pénale.

1. Crim. 14 juin 2000, n° 99-84.924, NP.
2. Crim. 15 sept. 2015, n° 14-82.133, P n° 233.
3. Crim. 3 nov. 1993, n° 92-81.014, P n° 323 – Crim. 13 mars 1984, n° 83-91.081, P n° 106.
4. L. 1er août 1905 sur la répression des fraudes dans la vente des marchandises et les falsifications des denrées alimentaires et des produits agricoles, *JO* 5 août, p. 4813.
5. CGI, art. 1741.
6. Crim. 22 oct. 2003, n° 02-87.826, NP.
7. Crim. 2 mai 2007, n° 06-88.306, P n° 114 ; *D.* 2007. 1597.
8. Crim. 3 nov. 2009, n° 09-80.991, P n° 183 ; *Dr. pénal* 2010, n° 13, obs. A. Maron et M. Haas ; *AJ pénal* 2010. 39, obs. J. Lasserre Capdeville.
9. Crim. 25 févr. 1991, n° 89-85.863, P n° 93.
10. Crim. 24 janv. 1978, n° 77-90.717, P n° 26.
11. Crim. 18 sept. 1995, n° 94-84.969, NP.
12. Crim. 20 mars 2001, n° 00-82.550, NP.

Ainsi, toujours en matière d'intérêts civils, matière propice aux calculs, l'omission d'avoir pris en compte pour l'évaluation du préjudice subi par la victime d'un accident soumis au recours d'un tiers payeur, une partie des prestations versées par ce dernier, ne saurait être considérée comme une erreur matérielle susceptible d'une rectification, alors que la créance de la partie civile souverainement déterminée par les juges et consacrée par le dispositif de l'arrêt devenu définitif s'en trouverait réduite, sans que les motifs de la première décision ne commandent une telle rectification[1]. Cassation encore, de l'arrêt qui, pour déterminer le préjudice subi par la victime au titre du matériel médicalisé, après avoir énoncé qu'il serait procédé à la capitalisation des frais futurs sur la base d'un « taux de rente viagère de 25,637 », évalue celui-ci sur la base du prix du renouvellement périodique des différents matériels[2] ; ou qui retient que seules 2 616 heures d'assistance sont imputables à l'accident et qui condamne l'assureur au paiement de 2 794, 11 heures[3] ; ou qui, pour évaluer le préjudice subi au titre de la perte de revenus annuelle du conjoint survivant, énonce qu'il convient de prendre en compte la somme qui a été servie au défunt au titre de l'année 2012, soit 26 154 euros, en y ajoutant le revenu généré cette même année par son activité libérale, soit 4 943 euros, et que le revenu reconstitué perçu était dès lors de 36 039, 60 euros, « sans expliciter davantage la méthode de calcul lui ayant permis d'aboutir à ce résultat, qui ne correspond pas à l'addition des deux premiers montants »[4].

Enfin, est possible la rectification du montant alloué au titre des dispositions de l'article 475-1 du code de procédure pénale dès lors qu'en corrigeant une erreur purement matérielle affectant le montant de l'indemnité accordée au titre des frais irrépétibles, les juges n'ont fait que rendre la décision conforme à ce qu'avait manifestement voulu décider le tribunal[5]. De même a pu être admise une rectification affectant l'application de l'article 618-1 du code de procédure pénale[6].

§ 3
Procédure en matière d'omission de statuer

113.201 Omission de statuer – Notion – Situation antérieure à la modification de l'article 10 du code de procédure pénale. En matière d'omission de statuer, il est faux de prétendre comme on l'entend parfois que cette rectification particulière n'est pas possible en matière pénale. C'est essentiellement en matière de peines, qu'il a été jugé que des oublis pouvaient être réparés par la procédure des articles 710 et 711 du code de procédure pénale.

Ainsi relèvent du contentieux de l'exécution prévu par ces articles : l'omission, par la cour d'appel, de déterminer les extraits de sa décision dont l'affichage est ordonné[7] ; l'omission de fixer les caractères typographiques de l'affichage de son arrêt en application de l'article 7 (devenu C. consom., art. L. 216-3) de la loi du 1er août 1905[8] ; l'omission, par un tribunal, de déterminer les modalités selon lesquelles la publication d'un jugement sera ordonnée, car en précisant ces modalités, le tribunal ne fait que rendre effective la condamnation prononcée et ne porte pas atteinte à l'autorité de la chose jugée[9] ; l'omission, par les juges, de fixer le point de départ du délai prévu pour l'exécution de la mesure de démolition d'un ouvrage irrégulièrement édifié, ce délai courant, en vertu de l'article 569 du même code, à compter du jour où la décision est devenue définitive[10] ; l'omission de statuer sur une demande d'exclusion de la condamnation du bulletin n° 2 du casier judiciaire[11]. Il a encore été jugé que l'omission de la fixation de la durée de l'interdiction de séjour dans la décision qui a prononcé cette peine, la durée de l'interdiction de séjour ne constituant que l'une des modalités de cette peine et la fixation de cette durée postérieurement au jugement qui l'avait prononcée ayant pour effet non de modifier la peine elle-même mais d'en régler une difficulté d'exécution[12]. On peut penser qu'une procédure similaire serait admise dans l'hypothèse où la juridiction qui a prononcé un suivi socio-judiciaire, aurait omis de préciser la durée de la peine privative de liberté encourue en cas de non-respect.

Par ailleurs, le principe de l'autorité qui s'attache à la chose jugée, même de manière erronée, s'oppose à ce qu'une décision de justice devenue définitive soit remise en cause. Il a ainsi pu être jugé que devait être cassé l'arrêt ayant décidé que le sursis assortissant, à hauteur de deux ans, la peine de six ans d'emprisonnement prononcée par arrêt, en date du 1er février 2010, ne pourrait être révoqué, cette mesure ayant été prononcée sans base légale, le sursis simple

1. Crim. 9 févr. 1994, n° 93-81.360, P n° 61 – Crim. 5 déc. 1989, n° 89-81.596, P n° 464.
2. Crim. 1er avr. 2014, n° 13-82.710, NP.
3. Crim. 24 mars 2015, n° 14-80.895, NP.
4. Crim. 27 sept. 2016, n° 15-84.238, NP.
5. Crim. 9 mars 2016, n° 15-80.894, NP.
6. Crim. 9 févr. 2022, n° 20-86.626, NP.
7. Crim. 3 avr. 1996, n° 95-81.857, P n° 152 – Crim. 3 déc. 1997, n° 97-81.718, P n° 412.
8. Crim. 3 nov. 1993, n° 92-81.014, P n° 323.
9. Crim. 15 sept. 2015, n° 14-82.133, P n° 197 ; *D. actu.* 6 oct. 2015, obs. J. Gallois.
10. Crim. 13 mars 1996, n° 95-84.226, P n° 113.
11. Crim. 8 déc. 1999, n° 98-87.793, P n° 297.
12. Crim. 12 sept. 2008, n° 06-89.402, NP, *AJ pénal* 2008. 31, note M. Herzog-Evans.

n'étant applicable qu'aux seules condamnations à l'emprisonnement prononcées pour une durée de cinq ans au plus ; qu'en effet, d'une part, la révocation du sursis assortissant une condamnation devenue définitive n'est pas subordonnée à la régularité de son prononcé, qui ne peut plus être remise en question, et que, d'autre part, la juridiction prononçant une nouvelle condamnation est seule habilitée à dispenser le condamné de la révocation de plein droit du sursis antérieurement accordé, la cour d'appel a excédé ses pouvoirs et méconnu le texte susvisé[1].

Mais il ressort aussi des dispositions de l'article 593, alinéa 2, du code de procédure pénale que les arrêts sont déclarés nuls, s'il a été omis de prononcer sur une ou plusieurs demandes des parties et il était de jurisprudence constante que l'omission de statuer constituait donc un cas d'ouverture à cassation[2] et que d'autre part, si les juridictions pouvaient, par application de l'article 710 du code de procédure pénale, procéder à la rectification des erreurs purement matérielles contenues dans leurs décisions, ce pouvoir trouvait sa limite dans la défense de modifier la chose jugée, de restreindre ou d'accroître les droits consacrés par une précédente décision[3], même lorsque celle-ci avait statué hors la limite des conclusions des parties (en l'espèce en diminuant le montant d'une indemnité admise par le prévenu et son assureur)[4]. La procédure de l'article 710 ne pouvait donc être utilisée en cas d'oubli par le tribunal d'une ou de plusieurs parties civiles.

113.202 Illustrations. S'agissant des dispositions intéressant une partie civile, il est possible de citer un arrêt autorisant le recours aux articles 710 et 711 en cas d'omission, par les juges, de fixer le point de départ du paiement d'une rente au titre de l'assistance d'une tierce personne, lequel doit être fixé à la date du retour à domicile[5] ; ou encore, que la créance d'une commune en liquidation du produit d'une astreinte assortissant l'arrêt de la chambre correctionnelle d'une cour d'appel condamnant un prévenu à une amende pour infraction aux règles de l'urbanisme et lui ordonnant la démolition des ouvrages édifiés irrégulièrement, trouve son fondement dans la condamnation, pénale et civile, prononcée par la juridiction répressive, le contentieux du recouvrement de l'astreinte prononcée ressortissant ainsi aux juridictions répressives[6]. Toujours en matière d'action civile conjointe aux poursuites répressives, devait être cassé l'arrêt qui, après avoir déclaré le prévenu coupable de vols de divers biens, omettait de statuer sur les demandes indemnitaires de la partie civile portant sur les biens dont la victime avait été privée, en se bornant à confirmer le jugement qui ne se prononçait pas sur lesdites demandes[7].

Là encore, si les juridictions correctionnelles pouvaient procéder à la rectification d'erreurs purement matérielles contenues dans leurs décisions, elles ne pouvaient, « sans porter atteinte à l'autorité de la chose jugée, restreindre ou accroître les droits consacrés par la décision, objet de la rectification, au motif, notamment, qu'il aurait été omis de statuer sur un des chefs de demande »[8].

113.203 Omission de statuer – Situation postérieure à la modification de l'article 10 du code de procédure pénale. Lorsque la juridiction répressive a omis de se prononcer sur une ou plusieurs demandes de la partie civile régulièrement constituée, celle-ci peut ressaisir la juridiction afin qu'il soit statué sur sa demande conformément aux articles 710 et 711. La présence du ministère public à cette audience est facultative[9].

Il résulte des article 10, dans sa rédaction issue de la loi du 23 mars 2019 applicable depuis le 25 mars 2019, et 710 et 711, que lorsque la juridiction répressive a omis de se prononcer sur une ou plusieurs demandes de la partie civile régulèrement constituée, celle-ci ne peut obtenir qu'il soit statué sur ces demandes qu'en ressaisissant cette juridiction[10]. En l'espèce la cour d'appel avait omis de se prononcer sur la demande relative au déficit fonctionnel permanent (DFP) et le recours qui lui est ouvert entraîne l'irrecevabilité du moyen qui dénonce en réalité une omission de statuer susceptible d'être rectifiée suivant la procédure prévue aux articles 710 et 711 du code de procédure pénale.

§ 4
Limites jurisprudentielles

113.211 Jurisprudence ayant rejeté la requête. A été jugé, qu'il n'appartient pas à une juridiction

1. Crim. 4 avr. 2013, n° 10-88.834, P n° 78 ; *D.* 2013. 1004 ; *D.* 2013. 2713, obs. G. Roujou de Boubée, T. Garé, M.-H. Gozzi, S. Mirabail et T. Potaszkin ; *AJ pénal* 2013. 407, obs. L. Priou ; *RSC* 2013. 402, obs. X. Salvat.
2. Crim. 6 juin 2007, n° 06-84.832, NP – Crim. 2 déc. 2008, n° 08-82.827, NP.
3. Crim. 15 juin 2004, n° 04-80.667, NP.
4. Crim. 12 janv. 2010, n° 12-81.123, NP.
5. Crim. 18 oct. 2011, n° 11-81.568, P n° 211.
6. Crim. 24 mars 2015, n° 14-84.300, P n° 64.
7. Crim. 3 nov. 2009, n° 08-88.438, P n° 182 ; *D.* 2009. 2866 ; *D.* 2010. 39, Chron. A. Leprieur, P. Chaumont et E. Degorce ; *D.* 2010. 2254, obs. J. Pradel.
8. Crim. 16 déc. 2014, n° 13-87.352 – Crim. 13 nov. 2002, n° 02-81.215, NP.
9. C. pr. pén., art. 10, al. 3, réd. L. n° 2019-222, 23 mars 2019, *JO* 24 mars, n° 2, art. 42.
10. Crim. 9 mars 2021, n° 19-86.568, P.

saisie en application de l'article 710 du code de procédure pénale de modifier, sous le couvert d'interprétation ou de rectification, la chose jugée en substituant à la décision initiale des dispositions nouvelles qui ne seraient pas la réparation d'erreurs matérielles et que méconnaît ce principe, la cour d'appel qui fait droit à la requête en rectification d'erreur matérielle présentée par le procureur de la République, tendant à substituer une peine de cinq ans d'emprisonnement à celle de cinq mois, seule mentionnée dans un jugement devenu définitif[1]. De longue date le principe est donc posé selon lequel, les juridictions sont sans pouvoir pour modifier, en suivant cette procédure, les peines prononcées, telles qu'elles sont portées sur la minute qui, signée du président et du greffier, fait foi jusqu'à inscription de faux[2]. Saisie d'une requête de l'Administration des Douanes tendant à la rectification de son arrêt, la cour d'appel qui énonce que les premiers juges, après avoir déclaré faire droit aux conclusions de ladite administration réclamant la condamnation de X... et de Y... à une amende de 700 000 francs égale au minimum des pénalités encourues pour importation en contrebande de marchandise prohibée, n'avaient pu prononcer une peine de 7 000 francs inférieure au minimum légal que par suite d'une erreur matérielle manifeste, en se bornant à confirmer le jugement entrepris sans préciser le montant des pénalités douanières, a commis à son tour dans son précédent arrêt une erreur purement matérielle qu'il importait de rectifier ; en substituant par voie de rectification une peine plus élevée à celle qui avait été prononcée, fût-ce par erreur, en première instance et qu'elle avait maintenue en confirmant la décision à elle déférée, la cour d'appel a méconnu le sens et la portée des dispositions ci-dessus rappelées[3]. Ainsi, ni les mentions portées sur les notes d'audience, ni les réquisitions du ministère public, ni la cohérence de la peine avec les motifs de la décision ne permettent de rectifier des peines prononcées et mentionnées sur la minute signée par le président et le greffier, minute qui fait foi jusqu'à inscription de faux[4].

De même, si les juridictions répressives peuvent interpréter leurs décisions lorsque des difficultés s'élèvent sur le sens de celles-ci, il leur est interdit d'en restreindre ou d'en étendre les dispositions et de modifier ainsi la chose jugée. Est, dès lors, écartée à bon droit comme se heurtant à ce principe, la requête, présentée sur le fondement de l'article 710 du code de procédure pénale, par le procureur général, tendant à ce que soit rectifiée l'erreur contenue dans un précédent arrêt dont la minute ne comportait pas la signature du greffier. Selon le requérant, l'erreur aurait consisté dans la mention, contenue dans le dispositif, du prononcé d'une peine complémentaire d'un mois de suspension du permis de conduire alors que les notes d'audience qui, elles, étaient signées du président et du greffier, mentionnaient que la prévenue avait été condamnée à un an de suspension de son permis de conduire. En effet, l'absence de signature du greffier sur la minute affecte la validité de la décision et ne saurait être réparée sous le couvert d'interprétation ou de rectification suivant la procédure prévue par l'article 710 du code de procédure pénale[5]. Il a encore été jugé dans une espèce où le prévenu avait saisi le tribunal d'une requête en rectification d'erreur matérielle, exposant qu'une peine de deux ans d'emprisonnement dont six mois avec sursis avait été, en réalité, prononcée à son encontre, pour infractions à la législation sur les stupéfiants (au lieu d'une peine de trois ans dont six mois avec sursis) et où le tribunal avait fait droit à cette requête, décision confirmée par l'arrêt qui retient que la peine de deux ans d'emprisonnement dont six mois avec sursis est celle mentionnée sur le « rôle d'audience », qu'elle était conforme aux réquisitions du ministère public, qu'il est mentionné que le tribunal a vérifié que « compte tenu du dossier pénal et de l'implication respective de chacun des prévenus, Mahdi X... ne pouvait se voir infliger une peine de trois ans d'emprisonnement dont six mois avec sursis », dès lors que l'article 710 du code de procédure pénale, n'autorise pas les juges à porter atteinte à la chose jugée par une décision devenue définitive[6]. Doit être infirmé le jugement rectificatif par lequel le tribunal correctionnel modifie le nombre de prévenus condamnés au paiement des dommages et intérêts à la partie civile dès lors que le dispositif du jugement fait foi jusqu'à inscription de faux et que son autorité ne peut être détruite par de simples notes d'audience[7].

Une juridiction correctionnelle, saisie en application de l'article 710 d'un incident contentieux relatif à l'exécution d'une décision, n'a pas le pouvoir de restreindre ou d'accroître les droits qu'elle consacre et de modifier ainsi la chose jugée ; en disant que l'interdiction « d'effectuer pendant deux ans toute opération chirurgicale de quelque

1. Crim. 17 déc. 2002, nº 02-84.134, P nº 232 ; *AJ pénal* 2006. 314, obs. M. Herzog-Evans.
2. Crim. 23 oct. 1969, nº 69-92.689, P nº 265.
3. Crim. 22 juill. 1986, nº 85-90.771, P nº 240.
4. Crim. 27 juin 2007, nº 07-81.320, NP.
5. Crim. 20 nov. 2007, nº 07-84.166, P nº 286.
6. Crim. 12 juin 2007, nº 07-82.255, P nº 154 ; *D.* 2007. 1873 ; *Procédures* 2007, nº 230, note J. Buisson.
7. Crim. 17 juin 2003, nº 02-82.003, P nº 124 ; *AJ pénal* 2003. 27.

nature que ce soit » devrait s'interpréter comme celle de pratiquer tous les actes spécifiques qui lui seraient permis dans le cadre de son activité d'urologue et plus particulièrement les interventions manuelles ou instrumentales de quelque nature que ce soit sur l'organisme et notamment sur les parties internes, l'arrêt, en retranchant de sa décision initiale l'interdiction de la chirurgie dans les domaines autres que celui de l'urologie et en y ajoutant une interdiction relative à des activités médicales étrangères à la chirurgie dans le domaine de l'urologie, a méconnu le sens et la portée du principe ci-dessus rappelé[1]. Pas plus une juridiction correctionnelle, saisie en application de l'article 710 du code de procédure pénale, d'un incident contentieux relatif à l'exécution d'une décision, n'a, sous le couvert d'une difficulté d'exécution, le pouvoir d'ajouter à la décision ayant ordonné une mesure de démolition un délai sous astreinte qu'elle ne prévoyait pas[2].

Si les juridictions de jugement peuvent procéder, en application de l'article 710 du code de procédure pénale, à la rectification des erreurs purement matérielles contenues dans leurs décisions, ce pouvoir trouve sa limite dans la défense de modifier la chose jugée, de restreindre ou d'accroître les droits consacrés par ces décisions. Ainsi, après avoir rappelé que la publication de la décision condamnant un prévenu pour fraude fiscale, prévue par l'article 1741 du code général des impôts[3], constitue une peine complémentaire obligatoire et non une réparation civile, et que les juges ne sont pas tenus de préciser le coût des insertions dans les journaux dont, en application des articles 131-35 du code pénal et 1741 précité, le montant peut atteindre, sans l'excéder, le maximum de l'amende prévue par ce dernier texte, soit la somme de 250 000 francs, la chambre criminelle a pu décider qu'encourait la censure la cour d'appel qui, sous couvert d'interprétation ou de rectification d'erreur d'un arrêt ayant condamné un prévenu à la peine de la publication sans en préciser le coût, avait fixé à 8 000 francs le montant des frais ainsi mis à charge du prévenu[4].

1. Crim. 24 juin 2008, n° 08-80.232, NP, *AJ pénal* 2009. 141, obs. M. Herzog-Evans.
2. Crim. 7 févr. 1996, n° 94-83.869, P n° 66 ; *RDI* 1997. 503, obs. G. Roujou de Boubée.
3. Depuis : Cons. const. 10 déc. 2010, n° 2010-72/75/82 QPC, art. non-conforme 1741, al. 4, du CGI, *publication et affichage du jugement de condamnation*, non-conformité totale, *JO* 11 déc., p. 21710 ; *Rec.*, p. 382 ; *D.* 2011. 929, note B. Bouloc ; *D.* 2011. 1713, obs. V. Bernaud et L. Gay ; *D.* 2011. 2823, obs. G. Roujou de Boubée, T. Garé, S. Mirabail et T. Potaszkin ; *AJ pénal* 2011. 76, obs. J.-B. Perrier ; *RSC* 2011. 193, Chron. C. Lazerges ; *RSC* 2011. 624, obs. S. Detraz ; *RSC* 2012. 230, obs. B. de Lamy.

En matière de difficultés liées à la mise en forme informatique parfois délicate des décisions, il est possible de citer une jurisprudence civile, aux termes de laquelle, il a été jugé que modifie les droits et obligations des parties, en violation de l'article 462 du code de procédure civile, une cour d'appel qui, retenant l'existence d'une erreur matérielle résultant d'une fusion informatique malencontreuse affectant la totalité du contenu de la décision, remplace l'intégralité des motifs et du dispositif d'un arrêt par celui figurant dans un autre arrêt du même jour, concernant les mêmes appelants mais d'autres intimés.[5]

113.212 Exemples relatifs à l'interprétation des décisions. Le dispositif d'un arrêt devant être interprété par les motifs auxquels il s'unit et dont il est la conséquence, un défaut de concordance entre le dispositif et les motifs peut, lorsqu'il est le résultat d'une erreur purement matérielle, être réparé selon la procédure prévue par les articles 710 et 711 du code de procédure pénale[6]. Justifie pareillement sa décision la cour d'appel qui réduit d'un tiers, au lieu des deux tiers, l'indemnisation d'un conducteur-victime, les motifs de l'arrêt rectifié lui permettant de rendre le dispositif conforme à la volonté des juges[7]. Si les juges peuvent, en application de l'article 710 du code de procédure pénale, procéder à la rectification des erreurs purement matérielles contenues dans leurs décisions, ce pouvoir trouve sa limite dans la défense de modifier la chose jugée et de restreindre ou d'accroître les droits consacrés par ces décisions. Tel est le cas lorsque la rectification ordonnée porte, non sur une simple erreur de calcul affectant une opération arithmétique et apparaissant avec évidence des motifs mêmes de la décision erronée, mais sur une fausse application de la méthode de calcul retenue[8].

À titre d'exemple, lorsqu'une partie civile sollicite la condamnation du prévenu à lui payer une somme de 2000 euros à titre de dommages et intérêts, voit sa demande « partiellement acceptée » au titre des motifs, sans mention chiffrée, et se voit allouer au dispositif une somme de 8 000 euros, alors que les notes d'audience font état de 800 euros, l'interprétation de la décision en faveur de cette dernière somme, ne peut être utilement contestée, le tribunal n'étant pas autorisé à statuer *ultra petita*.

4. Crim. 28 mars 1996, n° 95-81.921, P n° 144.
5. Civ. 2e, 21 févr. 2013, n° 12-13.636, P II, n° 35.
6. Sur la discordance entre les motifs et le dispositif d'un arrêt de chambre de l'instruction : Crim. 17 févr. 2009, n° 08-87.726, P n° 39.
7. Crim. 19 mai 2009, n° 08-87.877, P n° 98 ; *Dr. pénal* 2009. Comm. 117, obs. A. Maron et M. Haas.
8. Crim. 26 avr. 1990, n° 89-82.768, P n° 161.

§ 5
Procédures spécifiques

A.
Relèvements par les juridictions de l'application des peines

113.221 Relèvement d'une interdiction d'exercer ou de diriger. Dans le but de faciliter les mesures d'aménagement de peine, notamment lorsqu'elles comportent l'exercice d'une activité professionnelle, la loi pénitentiaire de 2009 est venue préciser que lorsqu'elles se prononcent sur l'octroi d'une des mesures prévues aux articles 712-6 et 712-7, les juridictions de l'application des peines peuvent dans le même jugement, sur la demande du condamné, le relever en tout ou partie, y compris en ce qui concerne la durée, d'une interdiction résultant de plein droit d'une condamnation pénale ou prononcée à titre de peine complémentaire, soit d'exercer une fonction publique ou d'exercer une activité professionnelle ou sociale, soit d'exercer une profession commerciale ou industrielle, de diriger, d'administrer, de gérer ou de contrôler à un titre quelconque, directement ou indirectement, pour son propre compte ou pour le compte d'autrui, une entreprise commerciale ou industrielle ou une société commerciale.

Cette décision peut également être prise par le juge de l'application des peines, statuant conformément à l'article 712-6, préalablement à l'octroi d'une mesure d'aménagement de la peine, afin de permettre ultérieurement son prononcé. Elle peut être prise par ordonnance sauf opposition du ministère public.

113.222 Relèvement d'une inscription de la condamnation au Bulletin numéro 2. Dans les mêmes conditions, les juridictions de l'application des peines peuvent également, dans les cas prévus par les deux premiers alinéas, exclure du bulletin n° 2 du casier judiciaire les condamnations qui font obstacle au projet d'aménagement de peines [1].

113.223 Exception. Le dispositif de l'article 712-22 ne concerne pas l'ensemble des interdictions, par exemple les interdictions du territoire pour les étrangers, mais seulement celles qu'il mentionne. En revanche, il peut concerner une interdiction même si celle-ci ne résulte pas de la condamnation dont la juridiction d'application des peines est chargée de fixer les modalités d'exécution [2].

1. C. pr. pén., art. 712-22 ; mod. par L. n° 2009-1436, 24 nov. 2009, *JO* 25 nov., n° 1, art. 78.
2. C. pr. pén., art. D. 49-25-1 ; créé par décr. n° 2010-1276, 27 oct. 2010, *JO* 28 oct., n° 6, art. 4, III.

B.
Restitution d'objets saisis

113.231 Autorité compétente. Les dispositions de l'article 710 du code de procédure pénale prévoient depuis la réforme de 2009 qu'un juge unique est compétent pour statuer en matière de demande de restitution. La juridiction compétente peut ordonner la restitution des biens d'office ou sur demande du prévenu, de la partie civile, de la personne civilement responsable ou de toute autre personne qui prétend avoir des droits sur l'objet placé sous la main de la justice [3].

La restitution d'un objet saisi par la justice est ordonnée, soit par le juge d'instruction, soit par la juridiction de jugement, soit par le procureur de la République ou le procureur général, lorsque plus aucune juridiction n'est saisie. Depuis la loi du 3 juin 2016 [4], les décisions de non-restitution peuvent se fonder, outre sur les motifs déjà prévus par la loi, sur le fait que le bien « est l'instrument ou le produit direct ou indirect de l'infraction » [5].

La juridiction qui a prononcé la sentence est également compétente en matière de recours sur un refus de restitution opposé par le ministère public.

Est à signaler la diffusion d'une importante circulaire du 19 avril 2018, fixant les principes généraux sur la réception, la conservation et le sort final des scellés judiciaires, qui précise que la restitution aux personnes condamnées n'a lieu que sur présentation de la quittance du comptable du Trésor justifiant du paiement de la totalité des condamnations pécuniaires mises à sa charge [6].

Selon le premier alinéa de l'article 41-4 du code de procédure pénale, lorsque la juridiction saisie a épuisé sa compétence sans avoir statué sur la restitution des objets placés sous main de justice, il appartient, selon le cas, au procureur de la République ou au procureur général, de décider de leur restitution. La juridiction compétente en application de l'article 710 du même code ne peut être saisie que de la difficulté d'exécution née de la décision prise par le magistrat du ministère public [7].

3. C. pr. pén., art. 478 et 479.
4. L. n° 2016-731, 3 juin 2016 renforçant la lutte contre le crime organisé, le terrorisme et leur financement et améliorant l'efficacité et les garanties de la procédure pénale, *JO* 4 juin, n° 1, art. 41-4, 99, 373 et 481 du code de procédure pénale.
5. V. en particulier : L. Ascensi, *Droit et pratique des saisies et confiscations pénales*, 3e éd., « Dalloz référence », 2024-2025 ; J.-Cl. Pr. pén., « Restitution, aliénation et destruction des objets placés sous main de justice par les juridictions d'instruction », art. 99 à 99-2, Fascicule 20, par. L. Eyrignac, 15 juin 2011 (mise à jour févr. 2020), § 3.
6. Circ. conjointe DSJ/DACG, 19 avr. 2018, NOR : JUSB1808638C, p. 36.
7. Crim. 5 févr. 2002, n° 01-81.803, P n° 22.

Le texte n'est donc pas applicable lorsque aucune juridiction n'a été saisie ou que la juridiction saisie a épuisé sa compétence sans statuer sur la question de la restitution. Cette procédure ne saurait évidemment être utilisée lorsque l'objet réclamé a fait l'objet d'une confiscation, d'où l'absence de caractère sérieux de la question prioritaire de constitutionnalité posée à ce sujet[1]. Par ailleurs, la décision de refus de restitution d'une juridiction saisie sur le fondement de l'article 41-4 du code de procédure pénale par une personne reconnue coupable d'avoir commis des infractions et condamnée pénalement par une décision distincte d'une juridiction répressive qui a omis de se prononcer sur la restitution de biens saisis au cours de l'enquête ou de l'information, ne peut être considérée comme une décision statuant sur des poursuites au sens de l'article 4 du Protocole n° 7 à la Convention EDH[2].

Il résulte par ailleurs des deux premiers alinéas de l'article 41-4 qu'il appartient en principe au président de la chambre de l'instruction ou à la chambre de l'instruction à qui est déférée la décision de non-restitution rendue par le procureur de la République ou le procureur général sur la requête présentée par la personne entre les mains de laquelle le bien a été saisi, non pas de rechercher si le demandeur justifie d'un droit lui permettant de détenir légitimement celui-ci, mais seulement de rechercher si la propriété est contestée ou susceptible de l'être. Néanmoins, lorsqu'aucune juridiction n'a été saisie au terme de l'enquête ou lorsque la juridiction saisie a épuisé sa compétence sans avoir statué sur la restitution des objets placés sous main de justice, le président de la chambre de l'instruction ou la chambre de l'instruction est tenu de trancher la contestation relative à la propriété des objets réclamés si la décision sur la restitution en dépend[3].

Il a encore été jugé que les dispositions des premier et troisième alinéas de l'article 41-4 du code de procédure pénale, dont il résulte que, si la restitution n'a pas été demandée ou décidée dans un délai de six mois à compter de la décision par laquelle la dernière juridiction saisie a épuisé sa compétence, les objets placés sous main de justice qui n'ont pas été restitués deviennent propriété de l'État, sous réserve des droits des tiers, s'appliquent aux créances figurant sur les contrats d'assurance sur la vie saisies en application des articles 706-153 et 706-155, alinéa 2, du code de procédure pénale. Leur dévolution à l'État entraîne la résolution du contrat d'assurance sur la vie et le transfert des fonds à l'État, en application de l'article L. 160-9 du code des assurances, L. 223-29 du code de la mutualité ou L. 932-23-2 du code de la sécurité sociale dont les dispositions s'étendent à la non-restitution définitive de tels biens. Justifie sa décision l'arrêt de la chambre de l'instruction qui, pour rejeter la requête en restitution d'une créance figurant sur un contrat d'assurance sur la vie, relève que la juridiction saisie ayant, par jugement du 13 mai 2019, épuisé sa compétence, sans avoir statué sur la restitution de la créance, le requérant disposait d'un délai ayant expiré le 13 novembre 2019 pour saisir le procureur de la République d'une requête en restitution, et qu'à défaut le ministère public était fondé à statuer d'office pour dire n'y avoir lieu à restituer la créance devenue propriété de l'État[4].

Selon le deuxième alinéa de l'article 41-4 du code de procédure pénale, une décision de non-restitution peut donc notamment être fondée sur le fait que le bien saisi est l'instrument ou le produit direct ou indirect de l'infraction. Mais, ainsi que la chambre criminelle l'a jugé dans une décision disant n'y avoir lieu à renvoi d'une question prioritaire de constitutionnalité, les dispositions de l'article 481 al. 3 du code de procédure pénale « doivent être interprétées à la lumière des dispositions de la directive 2014/42/UE du Parlement européen et du Conseil du 3 avril 2014 et dont il résulte que le refus de restitution d'un bien saisi constituant l'instrument ou le produit direct ou indirect de l'infraction est une simple faculté pour la juridiction saisie, impliquant nécessairement d'être mises en oeuvre en préservant les droits du requérant de bonne foi dont le titre de propriété ou de détention est régulier, ce dernier bénéficiant en outre d'un recours contre la décision rendue »[5]. À l'instar de la motivation sur la peine, la décision de restitution devra se fonder ici sur les circonstances de l'infraction, la personnalité de son auteur ainsi que sa situation personnelle[6].

113.232 Modalités et délais. Constitutionnalité. L'article 41-4 du code de procédure pénale modifié à plusieurs reprises, et en dernier lieu par les lois du 3 juin 2016[7] et du 23 mars 2019[8], dispose dans son alinéa 3 : « Si la restitution n'a pas été demandée ou décidée dans un délai de six mois à compter de la décision de classement ou de la décision par laquelle la dernière juridiction saisie a épuisé sa compétence,

1. Crim. 19 juin 2013, n° 12-88.072, NP.
2. Crim. 30 mars 2022, n° 21-82.427.
3. Crim. 6 janv. 2021, n° 20-80.128, P ; C. Fonteix, « Le juge de la restitution intervenant en fin de procédure devient juge de la propriété, lorsque celle-ci apparaît contestable », *D. Actu* 11 févr. 2021.
4. Crim. 8 mars 2023, n° 22-81.100, P.
5. Crim. 17 juin 2018, n° 17-87.424, P n° 129.
6. Pour une illustration de motivation approuvée par la chambre criminelle en cas de restitution d'un instrument de l'infraction, Crim. 20 janv. 2021, n° 20-81.118, P n° 75.
7. L. n° 2016-731, 3 juin 2016, préc.
8. L. n° 2019-222, 23 mars 2019, art. 56.

les objets non restitués deviennent propriété de l'État, sous réserve des droits des tiers. Il en est de même lorsque le propriétaire ou la personne à laquelle la restitution a été accordée ne réclame pas l'objet dans un délai d'un mois à compter d'une mise en demeure adressée à son domicile. Les objets dont la restitution est de nature à créer un danger pour les personnes ou les biens deviennent propriété de l'État, sous réserve des droits des tiers, dès que la décision de non-restitution ne peut plus être contestée, ou dès que l'arrêt de non-restitution est devenu définitif ».

Les dispositions précitées peuvent paraître extrêmement sévères en ce qui concerne le délai dans lequel doit être présentée la demande de restitution. En effet, si la restitution n'a pas été demandée dans le délai de six mois à compter de la décision par laquelle la dernière juridiction saisie a épuisé sa compétence[1], en cas de décision contradictoire, ou du jour où le prévenu a eu connaissance de la décision sur l'action publique par laquelle la dernière juridiction saisie a épuisé sa compétence[2], les fonds placés sous scellés deviennent propriété de l'État[3], de même que tout objet saisi et la requête doit être déclarée irrecevable.

Une première question prioritaire de constitutionnalité posée au sujet de ces dispositions a été jugée comme ne présentant pas un caractère sérieux en ce qu'elle visait, à l'évidence, des dispositions justifiées par l'objectif à valeur constitutionnelle d'une bonne administration de la justice, soit, plus précisément, la nécessité d'éviter l'encombrement des services des scellés des juridictions par des objets dont la propriété n'était pas revendiquée, laissant aux parties au procès pénal un délai raisonnable pour revendiquer la propriété des objets saisis à compter de la décision de classement sans suite ou de celle par laquelle la dernière juridiction saisie a épuisé sa compétence, et réservant les droits des tiers, sans mettre en cause les principes fondamentaux du régime de la propriété, auquel elles n'apportent pas une atteinte disproportionnée[4].

Une deuxième question prioritaire de constitutionnalité posée au regard du principe constitutionnel de droit à un recours effectif invoqué par le requérant et garanti par l'article 16 de la Déclaration de 1789, s'est vu reconnaître un caractère sérieux en ce que l'article 41-4, alinéa 3, du code de procédure pénale ne prévoit pas, lorsque la restitution d'un objet placé sous main de justice n'a pas été demandée ou décidée dans un délai de six mois à compter de la décision de classement ou de la décision par laquelle la dernière juridiction saisie a épuisé sa compétence, de recours contre le transfert automatique de propriété à l'État, sous réserve des droits des tiers, de l'objet non restitué[5]. Elle a amené le Conseil constitutionnel[6] à déclarer conforme à la Constitution la disposition résultant de l'article 41-4, alinéa 3, du code de procédure pénale, aux termes de laquelle, si la restitution n'a pas été demandée ou décidée dans un délai de six mois à compter de la décision de classement ou de la décision par laquelle la dernière juridiction saisie a épuisé sa compétence, les objets non restitués deviennent propriété de l'État, sous la réserve de ne pas faire courir ce délai à l'égard des propriétaires dont le titre est connu ou qui ont réclamé cette qualité au cours de l'enquête ou de la procédure, sans que la décision de classement ait été portée à leur connaissance.

Dans une autre décision du 3 décembre 2021[7], le Conseil constitutionnel a déclaré conformes à la Constitution les mots « lorsque le bien saisi est l'instrument ou le produit direct ou indirect de l'infraction » figurant au deuxième alinéa de l'article 41-4 du code de procédure pénale, dans sa rédaction résultant de la loi n° 2019-222 du 23 mars 2019 de programmation 2018-2022 et de réforme pour la justice. Après avoir rappelé que « les dispositions contestées, telles qu'interprétées par la Cour de cassation, prévoient que la restitution peut être refusée lorsque le bien saisi est l'instrument ou le produit de l'infraction » il a souligné le caractère facultatif de la décision de non-restitution, et, conformément à sa jurisprudence habituelle, pris en compte la portée effective que la jurisprudence constante de la Cour de cassation donne à ces dispositions pour en apprécier la constitutionnalité. Considérant que la décision de refus de restitution de l'instrument ou du produit de l'infraction prise en application des dispositions contestées avait une finalité préventive, et non répressive, le Conseil a jugé que « le refus de restitution pour ce motif ne constitue ni une peine ni une sanction ayant le caractère d'une punition » et que « Le grief tiré de la méconnaissance de l'article 8 de la Déclaration de 1789 doit donc être écarté comme inopérant ». Au titre d'une éventuelle atteinte au droit de propriété, il a jugé d'une part, que « ces dispositions, qui visent à prévenir le renouvellement d'infractions et à lutter contre toute forme d'enrichissement illicite, poursuivent l'objectif de valeur constitutionnelle de sauvegarde de l'ordre

1. Crim. 23 nov. 2011, n° 11-82.931, NP.
2. Crim. 9 déc. 2014, n° 13-86.775, P n° 263.
3. Crim. 14 avr. 2010, n° 09-83.308, NP.
4. Crim. 15 févr. 2011, n° 10-90.124, P n° 25.
5. Crim. 6 mai 2014, n° 13-86.775, NP.
6. Cons. const. 9 juill. 2014, n° 2014-406 QPC, art., sous réserve 41-4 du C. pr. pén., *transfert de propriété à l'État des biens placés sous main de justice*, CONFORMITÉ – RÉSERVE, *JO* 11 juill., p. 11613, n° 120 ; *D.* 2014. 1498 – SUR LE REFUS DE RENVOI d'une autre question prioritaire de constitutionnalité : Crim. 9 févr. 2016, n° 15-83.175, P n° 36.
7. Cons. const. 3 déc. 2021, n° 2021-951 QPC, sur saisine de : Crim. 15 sept. 2021, n° 21-82.427.

public », d'autre part, que la décision de non-restitution (non obligatoire) et susceptible de faire l'objet d'un recours suspensif par l'intéressé devant le président de la chambre de l'instruction ou la chambre de l'instruction, dans le délai d'un mois suivant sa notification ne portait pas au droit de propriété une atteinte disproportionnée au regard de l'objectif poursuivi.

Dans le même temps[1], la chambre criminelle saisissait à nouveau les Sages qui statuaient sur la conformité aux droits et libertés que la Constitution garantit du deuxième alinéa de l'article 41-4 du code de procédure pénale, au titre des mots « dans le délai d'un mois suivant sa notification » figurant au deuxième alinéa de l'article 41-4 du code de procédure pénale, dans sa rédaction résultant de la loi n° 2019-222 du 23 mars 2019 de programmation 2018-2022 et de réforme pour la justice. Suivant décision du 18 février 2022, le Conseil constitutionnel écartait le grief d'inconstitutionnalité[2]. Pour ce faire, il a relevé, d'une part, qu'« en application des dispositions contestées, la personne intéressée dispose d'un délai d'un mois pour former un tel recours par déclaration au greffe du tribunal ou de la cour ou par lettre recommandée avec avis de réception », d'autre part, que le délai prévu par les dispositions contestées « ne commence à courir qu'à compter du jour où la décision de refus de restitution a été effectivement portée à sa connaissance » et enfin qu'en ne prévoyant pas que la notification de la décision fasse mention des voies et délais de recours, les dispositions contestées ne méconnaissent pas le droit à un recours juridictionnel effectif.

113.233 Dispositions relatives aux droits des tiers. L'article 479 du code de procédure pénale, dans ses dispositions en vigueur depuis le 12 août 2011, précisait déjà avant les dernières évolutions législatives, réglementaires et jurisprudentielles intéressant les confiscations, que toute personne autre que le prévenu, la partie civile ou la personne civilement responsable qui prétend avoir droit sur des objets placés sous la main de la justice, peut également en réclamer la restitution au tribunal saisi de la poursuite.

Seuls, les procès-verbaux relatifs à la saisie des objets peuvent lui être communiqués.

Le tribunal statue par jugement séparé, les parties entendues.

Ce texte n'a pas été modifié.

La chambre criminelle avait eu l'occasion de juger que les tiers qui prétendent qu'a été confisqué un bien leur appartenant, ou plus généralement un droit dont ils sont titulaires, sans qu'ils aient été mis en mesure de se défendre, peuvent intervenir volontairement en instance d'appel[3]. Elle avait également reconnu (en l'espèce en matière criminelle) au tiers prétendant être le propriétaire d'un bien ayant fait l'objet d'une décision de confiscation, la faculté de porter un incident contentieux devant le juge répressif en application des articles 131-21 du code pénal et 710 du code de procédure pénale[4]. De même, que l'autorité de chose jugée de la décision prononçant la confiscation du bien dont la restitution est demandée n'est pas opposable au propriétaire de bonne foi, sans rechercher si la requérante pouvait ou non être considérée comme tel[5].

Les dernières modifications de l'article 131-21 du code pénal[6] sont notamment venues développer les conditions dans lesquelles le tiers de bonne foi est avisé de la tenue d'une audience à l'issue de laquelle la confiscation d'un bien lui appartenant ou sur lequel il a des doits est susceptible d'intervenir. Elles ont été précisées par des dispositions réglementaires qui ont en particulier expressément inclu l'époux de bonne foi dans le champ d'application des nouvelles dispositions, en cas de confiscation d'un bien commun[7], pour tenir compte d'une autre décision du Conseil constitutionnel en date du 24 novembre 2021 qui concernait ce cas particulier[8], et ce même si cet époux pouvait de toute façon être vu comme disposant d'un droit de propriété sur le bien litigieux.

1. Crim. 1er déc. 2021, n° 21-81.083.
2. Cons. const. 18 févr. 2022, n° 2021-970 QPC.
3. Crim. 15 janv. 2014, n° 13-81.874, P, n° 12 ; *D.* 2014. 211 ; *Procédures* 2014, comm. 78, obs. A.-S. Chavent-Leclere.
4. Crim. 10 avr. 2019, n° 18-85.370, P n° 73, *AJ Pénal* 2019, 401, obs. J. Hennebois ; *RSC* 2019, 662, obs. R. Parizot.
5. Crim. 4 nov. 2021, n° 21-80.487, NP.
6. V. s^s n° 716.291.
7. C. pr. pén., art. D. 45-2-1 ; créé par Décr. n° 2022-546, 13 avr. 2022, art. 5 – V. Crim. 15 sept. 2021, n° 21.90.029 pour la transmission de la QPC énonçant « la confiscation d'un bien commun prononcée en répression d'une infraction commise par l'un des époux est susceptible de porter atteinte au droit de propriété de l'époux de bonne foi, au principe de la personnalité des peines, et au droit au recours effectif, en ce que la loi ne prévoit pas que l'époux de bonne foi doit être cité à comparaître devant la juridiction de jugement avec l'indication de la possibilité pour le tribunal d'ordonner la confiscation d'un bien appartenant à la communauté conjugale, non plus que le droit pour l'intéressé de présenter ou faire présenter par un avocat ses observations à l'audience avec la faculté pour lui d'interjeter appel de la décision de confiscation prononcée ».
8. Cons. const. 24 nov. 2021, n° 2021949/950, constatant que ni les dispositions contestées ni aucune autre disposition ne prévoient que l'époux non condamné soit mis en mesure de présenter ses observations sur la mesure de confiscation devant la juridiction de jugement qui envisage de la prononcer et déclarant contraires à la Constitution les deuxième, quatrième, cinquième, sixième, huitième alinéas et le reste du neuvième alinéa de l'article 131-21 du code pénal, dans sa rédaction résultant de la loi n° 2013-1117 du 6 décembre 2013.

La Chancellerie avait pu préciser[1] que ces personnes n'étaient pas considérées comme une partie à la procédure comme l'accusé, la partie civile ou le civilement responsable.

L'article D. 45-2-1 du code de procédure pénale[2] dispose donc que si le bien avait été placé sous main de justice, la personne peut demander sa restitution en application de l'article 479. Elle peut alors prétendre à la mise à disposition des seules pièces de la procédure se rapportant à la saisie de ce bien.

Si la confiscation du bien est prononcée par le tribunal, la personne est informée par tout moyen de cette décision et, lorsque celle-ci est devenue définitive, elle peut demander la restitution de ce bien en application de l'article 710.

Les dispositions de cet article ne sont pas applicables en ce qui concerne la confiscation obligatoire des objets qualifiés de dangereux ou nuisibles par la loi ou le règlement, ou dont la détention est illicite.

Cependant, au terme d'un arrêt important[3], la chambre criminelle a jugé que ces personnes ont « le droit de bénéficier de l'assistance d'un avocat tout au long de la procédure, en première instance comme en appel ou en cassation » et de se voir communiquer « en temps utile outre les procès-verbaux de saisie, en cas de saisie spéciale, les réquisitions aux fins de saisie, l'ordonnance et les pièces précisément identifiées de la procédure sur lesquelles [la juridiction] se fonde dans ses motifs décisoires », ce qui sera soumis au contrôle de la Cour de cassation. Dès lors que leur titre est connu ou qu'elles ont réclamé cette qualité au cours de la procédure elles « sont recevables à interjeter appel ou à former un pourvoi en cassation contre la décision ordonnant la confiscation d'un bien leur appartenant »[4].

Cette jurisprudence permet à la personne dont le titre est connu ou qui a réclamé cette qualité au cours de la procédure, d'exercer un recours véritable contre la décision de confiscation, sans être cantonné à l'exercice *a posteriori* d'une contestation de la décision au moyen d'une requête en difficulté d'exécution présentée en application de l'article 710. On relèvera par ailleurs que le pourvoi en cassation est recevable non seulement de la part du tiers propriétaire partie à la décision de confiscation, intervenu après avoir été avisé de la date d'audience, mais aussi lorsque cette formalité n'a pas été accomplie. En effet, la chambre criminelle a déclaré recevables les pourvois de sociétés qui n'étaient pas parties à l'arrêt ayant prononcé la confiscation de biens leur appartenant.

Par un autre arrêt[5], la chambre criminelle a jugé qu'est seul recevable à agir en application de l'article 710 du code de procédure pénale en incident d'exécution d'une décision de confiscation définitive, le propriétaire juridique ou légal du bien confisqué, non condamné pénalement, qui conserve entier son droit de propriété sur celui-ci, nonobstant la libre disposition dont peut bénéficier une tierce personne.

Elle rappelle à cette occasion, de manière fort pédagogique « 10. Selon la jurisprudence de la Cour de cassation, caractérise la libre disposition d'un bien le fait, pour une personne, de posséder la totalité ou une majorité des parts de la société qui en est propriétaire (Crim. 23 mai 2013, n° 12-87.473, P ; Crim. 29 janv. 2014, n° 13-80.062, P), d'interposer une société immobilière, dont elle assure la gestion de fait, entre son patrimoine et elle, en recourant à des prête-noms de l'entourage familial pour exercer les fonctions ou les rôles de dirigeant de droit, d'administrateurs et d'associés (Crim. 8 nov. 2017, n° 17-82.632, P ; Crim. 23 oct. 2019, n° 18-87.097, P), de bénéficier de la signature bancaire du compte d'une société et d'en user librement (Crim. 3 avr. 2019, n° 18-83.052, NP) ou encore le fait, sans être titulaire de parts au sein de la société propriétaire du bien immobilier, de faire de ce dernier sa résidence principale sans payer aucun loyer et gérer ladite société constituée pour les besoins de la cause entre ses deux filles (Crim. 19 nov. 2014, n° 13-88.331, NP).

11. S'il résulte de ces décisions que celui qui bénéficie de la libre disposition d'un bien peut en être considéré comme le propriétaire économique, ce statut n'est pas, pour la Cour de cassation, de nature à remettre en cause le titre de propriété régulier auquel s'attachent des droits et des obligations définis, dont dispose le propriétaire juridique ou légal du bien, qualifié de propriétaire de bonne foi par l'article 131-21 du code pénal, tel que cela ressort de sa jurisprudence qui interdit à l'un d'invoquer les moyens de l'autre (Crim. 15 janv. 2014, n° 13-81.874, P).

12. C'est au regard de cette dichotomie que la Cour de cassation a, notamment au visa de l'article 6, § 2, de la directive 2014/42/UE du Parlement européen et du Conseil du 3 avril 2014, étendu la protection des droits du propriétaire de bonne foi au propriétaire des biens constituant l'objet ou le produit de l'infraction et énoncé que le jugement qui rejette une demande de restitution est suscep-

1. Circ. Justice-DACG, 27 déc. 2021, relative aux dispositions de la loi n° 2021-1729 du 22 décembre 2021 pour la confiance dans l'institution judiciaire tirant les conséquences de décisions QPC rendues par le Conseil constitutionnel, NOR : JUSD2138990 C, p. 11.
2. C. pr. pén., art. D. 45-2-1 précité.
3. Crim. 7 sept. 2022, n° 21-84.322, P.
4. V. le sommaire de cet arrêt, s[s] n° 716.291.
5. Crim. 5 oct. 2022, n° 21-86.043, P.

tible d'appel de la part de la personne qui a formulé cette demande, sans que puisse lui être opposée l'autorité de la chose jugée de la décision ordonnant la confiscation (Crim. 7 nov. 2018, n° 17-87.424, P).

13. La Cour de cassation a également permis au propriétaire de bonne foi, non condamné pénalement, d'agir sur le fondement de l'article 710 du code de procédure pénale aux fins de soulever tout incident contentieux relatif à l'exécution d'une décision pénale, même définitive, ordonnant une mesure de confiscation, y compris lorsque le bien confisqué constitue le produit direct ou indirect de l'infraction (Crim. 4 nov. 2021, n° 21-80.487, NP).

14. Ces solutions limitant au propriétaire de bonne foi la possibilité de remettre en cause une confiscation devenue définitive garantissent la sécurité juridique dans la gestion des biens confisqués et l'effectivité non seulement des décisions de justice prononçant une confiscation mais également des instruments européens favorisant le gel et la confiscation des produits du crime ».

De nouveau attaqué sur un autre flanc, le contentieux de la confiscation-restitution a donné lieu à une nouvelle QPC ainsi formulée : « Les dispositions combinées des articles 484 et 710 du code de procédure pénale, en ce qu'elles ne permettent pas à la personne qui sollicite la restitution d'un bien placé sous main de justice de bénéficier d'un second degré de juridiction pour l'examen de sa requête en incident contentieux, lorsque la difficulté d'exécution résulte d'une décision prononcée par une cour d'appel, sont-elles conformes aux articles 6 et 16 de la Déclaration des droits de l'homme et du citoyen de 1789 ? ».

La chambre criminelle a dit n'y a voir lieu à renvoi, la différence des régimes juridiques critiquée étant justifiée par la nécessité de saisir de la difficulté d'exécution la juridiction ayant rendu la décision litigieuse, qui est la plus à même de porter une appréciation à cet égard, le droit au double degré de juridiction n'ayant par ailleurs pas en lui-même valeur constitutionnelle[1].

113.234 Restitution de matériel informatique. Une difficulté particulière est récurrente devant les juridictions correctionnelles : celle de la restitution du matériel informatique appréhendé dans le cadre des enquêtes ouvertes pour fixation, enregistrement ou transmission d'image ou de représentation d'un mineur présentant un caractère pornographique en vue de sa diffusion[2]. Il a généralement été procédé à la saisie du matériel informatique, à une expertise révélant la présence des images ou représentations punissables, qui doivent demeurer sur le matériel à titre probatoire. Le prévenu sollicite pourtant la restitution dudit matériel une fois la condamnation prononcée. Le lui remettre est problématique puisqu'il serait mis à sa disposition les éléments permettant la réalisation du délit nonobstant la valeur du matériel informatique saisi. Aucune ligne des frais de justice ne permet de procéder au « nettoyage » des disques durs et autres périphériques avant restitution. Il n'est pas possible de lui remettre le matériel pour qu'il procède lui-même à ce « nettoyage ». Au total, la confiscation doit être maintenue alors même que la vente des appareils saisis, par le service des domaines, au regard de leur contenu, n'est pas plus envisageable...

113.235 Restitution des prélèvements effectués sur le corps humain. Les prélèvements effectués sur le corps humain à des fins de recherches médico-légales pour les nécessités d'une enquête ou d'une information, qui ne peuvent faire l'objet d'un droit patrimonial aux termes de l'article 16-1 du code civil, ne constituent pas des objets susceptibles de restitution au sens de l'article 41-4 du code de procédure pénale[3].

La question posée doit toutefois être résolue au regard des dispositions plus précises des articles 230-29 et 230-30 du code de procédure pénale[4]. Le premier rappelle que les prélèvements biologiques qui sont nécessaires aux besoins de l'enquête ou de l'information judiciaire peuvent être effectués au cours d'une autopsie judiciaire et que sous réserve des nécessités de l'enquête ou de l'information judiciaire, le conjoint, le concubin, le partenaire lié par un pacte civil de solidarité, les ascendants ou les descendants en ligne directe du défunt sont informés dans les meilleurs délais de ce qu'une autopsie a été ordonnée et que des prélèvements biologiques ont été effectués. Le second, que lorsqu'une autopsie judiciaire a été réalisée dans le cadre d'une enquête ou d'une information judiciaire et que la conservation du corps du défunt n'est plus nécessaire à la manifestation de la vérité, l'autorité judiciaire compétente délivre dans les meilleurs délais l'autorisation de remise du corps et le permis d'inhumer.

Le praticien ayant procédé à une autopsie judiciaire est tenu de s'assurer de la meilleure restauration possible du corps avant sa remise aux proches du défunt.

Il ne peut être refusé aux proches du défunt qui le souhaitent d'avoir accès au corps avant sa mise en bière, sauf pour des raisons de santé publique. L'accès au corps se déroule dans des conditions qui leur garantissent respect, dignité, décence et huma-

1. Crim. 5 avr. 2023, n° 22-85.904, NP.
2. C. pén., art. 227-23.
3. Crim. 3 févr. 2010, n° 09-83.468, P n° 18 ; *D.* 2010. 655 ; *D.* 2010. 1653, Chron. P. Chaumont, A. Leprieur et E. Degorce ; *AJ pénal* 2010. 250, obs. G. Royer ; *RTD civ.* 2010. 354, obs. T. Revet.
4. Créés par L. n° 2011-525, 17 mai 2011, *JO* 8 mai 2011, n° 1, art. 147.

nité. Une charte de bonnes pratiques, dont le contenu est défini par voie réglementaire, informe les familles de leurs droits et devoirs. Elle est obligatoirement affichée en un lieu visible.

À l'issue d'un délai d'un mois à compter de la date de l'autopsie, les proches du défunt ayant qualité pour pourvoir aux funérailles peuvent demander la restitution du corps auprès du procureur de la République ou du juge d'instruction, qui doit y répondre par une décision écrite dans un délai de quinze jours.

113.236 Non-lieu à restitution. Dans tous les cas, la décision prise doit être motivée et il résulte de l'article 41-4, alinéas 1 et 2, du code de procédure pénale[1] que si la propriété d'un objet placé sous main de justice n'est pas sérieusement contestée, et que la confiscation n'en a pas été prononcée, sa restitution ne peut être refusée que lorsque celle-ci est de nature à créer un danger pour les personnes ou pour les biens, ou lorsqu'une disposition particulière en prévoit la destruction. Méconnaît ce texte et encourt, dès lors, la cassation l'arrêt d'une cour d'appel qui se déclare incompétente pour connaître d'un tel recours, au motif qu'il s'agirait d'un incident d'exécution d'un arrêt de cour d'assises, relevant de la compétence exclusive de la chambre (d'accusation) de l'instruction en vertu des dispositions de l'article 710, alinéa 2, du code de procédure pénale, alors que le refus de restitution était fondé sur le danger qu'une telle mesure aurait été de nature à créer pour les personnes[2].

La juridiction saisie, sur le fondement de l'article 710 du code de procédure pénale, de la difficulté d'exécution résultant du refus de restitution d'objets mobiliers décidé, en application de l'article 41-4, alinéa 1er, de ce code, par le procureur de la République ou le procureur général, est tenue de trancher la contestation relative à la propriété des objets réclamés lorsque la décision sur la restitution en dépend[3].

En revanche, il n'y a pas lieu d'admettre un recours fondé sur les dispositions de l'article 710 du code de procédure pénale par le titulaire du compte bancaire ouvert auprès d'un établissement habilité par la loi à tenir des comptes de dépôts et sur lequel ont été saisies au cours de l'enquête ou de l'instruction des sommes d'argent dont ni la confiscation, ni la restitution, n'a été ordonnée par une décision définitive de la juridiction de jugement et qui ne peut donc en obtenir restitution que selon les modalités et dans les délais prévus par l'article 41-4 du code de procédure pénale[4].

Doit être cassé l'arrêt d'une cour d'appel rejetant le recours formé contre un refus de restitution d'objets saisis, pour des motifs tenant aux circonstances de l'infraction et aux antécédents du requérant[5]. Les demandeurs ne sauraient se faire un grief de ce que la cour d'appel a, conformément aux dispositions de l'article 41-4 du code de procédure pénale, statué en chambre du conseil, alors que les intéressés, dont l'avocat était présent à l'audience, n'ont émis aucune contestation à ce sujet, et dès lors qu'ils ne démontrent pas, au demeurant, en quoi il a été ainsi porté atteinte à leurs intérêts[6]. L'exigence de publicité édictée par l'article 6, § 1, de la convention européenne de sauvegarde des droits de l'Homme, ne peut être valablement invoquée, par le demandeur à une action en restitution sur laquelle il a été statué en chambre du Conseil conformément à l'article 41-1 du code de procédure pénale, dès lors que l'intéressé présent à l'audience n'a élevé aucune contestation sur la procédure suivie tant au regard du droit interne que de la convention européenne de sauvegarde des droits de l'Homme et qui ne démontre pas en quoi il a été ainsi porté atteinte à ses intérêts[7].

113.237 Problématique des scellés détruits. Les dispositions de l'article 710 du code de procédure pénale prévoient depuis la réforme de 2009 qu'un juge unique est compétent pour statuer en matière de demande de restitution.

Lorsque la restitution du scellé s'avère impossible à raison du fonctionnement défectueux du service de la justice, en particulier dans les hypothèses de destruction ou de perte du scellé, le propriétaire peut solliciter la condamnation de l'État sur le fondement de l'article L. 141-1 du code de l'organisation judiciaire.

Interrogée sur la question de savoir si le président de la chambre de l'instruction est compétent pour statuer seul, sur la contestation de la décision du procureur de la République de détruire un objet placé sous main de justice et si cette décision du ministère public doit répondre à une formalisation particulière, la chambre criminelle au visa de l'article 41-5 du code de procédure pénale, a répondu d'une part, que la président de la chambre d'instruction statuant seul avait excédé ses pouvoirs, la décision encourant la cassation de ce chef ; par ailleurs, que la décision par laquelle le procureur de la République ordonne la destruction des biens meubles saisis dont la conservation n'est plus nécessaire à la manifestation de la vérité, s'il s'agit d'objets qualifiés par la loi de dangereux ou nui-

1. Sur la constitutionnalité de l'article 41-4, v. sˢ nº 113.232.
2. Crim. 12 juin 1996, nº 96-81.129, P nº 249 ; *RSC* 1997. 152, obs. J.-P. Dintilhac.
3. Crim. 5 févr. 2002, nº 01-82.110, P nº 21 ; *D.* 2002. 1240.
4. Crim. 19 févr. 2014, nº 13-81.159, P nº 46 ; *D.* 2014. 546.
5. Crim. 10 juill. 1996, nº 95-85.629, P nº 295 ; *RSC* 1997. 152, obs. J.-P. Dintilhac.
6. Crim. 19 nov. 2002, nº 02-82.330, NP.
7. Crim. 30 avr. 1998, nº 96-80.885, P nº 146.

sibles, ou dont la détention est illicite, est motivée. Elle est notifiée par tout moyen aux personnes ayant des droits sur le bien, si celles-ci sont connues, et aux personnes mises en cause. Cette décision peut être écrite ou orale, à condition que le procès-verbal d'enquête rende compte de cette décision et de ses motifs [1].

À la question de savoir si la juridiction de jugement est compétente pour autoriser, à compter de sa saisine, l'aliénation avant jugement des objets placés sous main de justice au cours de l'enquête ou de l'information judiciaire, la chambre criminelle a jugé que la cour d'appel ne tient pas de l'article 710 du code de procédure pénale ni d'aucune autre disposition législative ou réglementaire le pouvoir d'autoriser l'aliénation des biens saisis au cours de l'enquête ou de l'information judiciaire [2].

113.238 Classement sans suite et demande de restitution. Lorsqu'une requête en restitution est présentée au procureur de la République alors qu'aucune juridiction n'a été saisie en raison du classement sans suite de la procédure au cours de laquelle le bien objet de la requête en restitution a été saisi, la restitution ne peut être refusée au motif que le bien est le produit ou l'instrument de l'infraction, dès lors qu'en l'état dudit classement, aucune juridiction de jugement n'est susceptible de constater l'existence de cette infraction. Elle ne peut l'être que si elle est de nature à créer un danger pour les personnes ou les biens ou lorsqu'une disposition particulière prévoit la destruction du bien [3].

Il sera observé avec le commentateur de cette décision, qu'un classement sans suite est toujours révocable et que par suite une demande dans un tel contexte n'est pas nécessairement synonyme de restitution.

C. Confusions

113.241 Juridiction compétente. Situation antérieure à l'entrée en vigueur de la loi du 22 décembre 2021. Jusqu'à l'entrée en vigueur des dispositions issues de la loi du 22 décembre 2021 [4], seule était compétente en cette matière, la formation collégiale du tribunal correctionnel ou de la chambre appelée à se prononcer. Il résultait en outre de l'article 710 du code de procédure pénale que seule pouvait ordonner la confusion de plusieurs peines, la juridiction qui avait prononcé au moins l'une de celles-ci [5]. Il se déduisait également de la combinaison des articles 132-4 du code pénal et 710 du code de procédure pénale, qu'était compétente pour statuer sur une requête en confusion de peines résultant de condamnations devenues définitives, la juridiction ayant prononcé l'une des peines visées par la requête ou, si cette juridiction est une cour d'assises, la chambre de l'instruction dans le ressort de laquelle cette cour a son siège [6].

Il sera rappelé que la confusion n'est plus de droit entre peine criminelle et peine correctionnelle. Aussi a-t-il pu être décidé que, lorsqu'une personne détenue dépose une demande de confusion de peines devenues définitives, dont l'une a été prononcée par une cour d'assises et l'autre par un tribunal correctionnel, sont également compétents pour statuer sur cette requête, la chambre de l'instruction dont dépend la cour d'assises qui a prononcé la condamnation criminelle et le tribunal correctionnel qui a prononcé la condamnation correctionnelle ou, depuis le 1er janvier 2005, la chambre de l'instruction ou le tribunal correctionnel du lieu de détention [7]. Le ministère public de la juridiction destinataire d'une demande de confusion déposée par une personne détenue peut d'ailleurs d'office adresser cette requête à la juridiction du lieu de détention [8].

113.242 Situation issue des dispositions de la loi du 22 décembre 2021. Après que le Conseil constitutionnel a déclaré contraire à la Constitution la deuxième phrase du premier alinéa de l'article 710 du code de procédure pénale, dans sa rédaction issue de la loi n° 2019-222 du 23 mars 2019 de programmation 2018-2022 et de réforme de la justice [9], la loi [10] est venue créer un nouvel article 710-1 du code de procédure pénale dont il résulte que lorsqu'une personne condamnée demande, en application de l'article 132-4 du code pénal, la confusion de peines prononcées contre elle après que les condamnations sont devenues définitives, sa demande est portée devant le tribunal correctionnel, dont la décision

1. Crim. 15 févr. 2023, n° 22-83.956, P ; Pour un autre exemple concernant le recours contre des décisions de destruction de biens saisis : Crim. 23 nov. 2022, n° 22-80.950, P.
2. Crim. 15 févr. 2023, n° 21-87.146, P.
3. Crim. 1er févr. 2023, n° 22-80.461, P ; T. Scherer, « Classement sans suite : la restitution des biens saisis s'impose », *D. actu*, 8 févr. 2023.
4. L. n° 2021-1729, 22 déc. 2021, art. 11.
5. Crim. 2 déc. 1992, n° 92-81.251, P n° 400.
6. Crim. 6 juin 2001, n° 01-80.172, P n° 140 ; *RSC* 2002. 99, obs. B. Bouloc.
7. Crim. 7 nov. 2007, n° 07-84.303, P n° 271 ; *AJ pénal* 2008. 46, obs. M. Herzog-Evans.
8. C. pr. pén., art. 710, al. 3, *in fine*.
9. Cons. const. 21 juill. 2021, n° 2021-925 QPC ; M. Dominati, « Confusion de peines et double degré de juridiction : inconstitutionnalité », *D. Actu* 8 sept. 2021 ; *D.* 2021. 1430 ; *AJ pénal* 2021. 491, obs. J. Falxa ; *RSC* 2021. 892, obs. A. Botton.
10. L. n° 2021-1729, 22 déc. 2021, art. 11, entrée en vigueur le 24 déc. 2021.

peut faire l'objet d'un appel devant la chambre des appels correctionnels.

Sont compétents le ou les tribunaux correctionnels ayant prononcé les peines ou se trouvant au siège d'une des juridictions ayant prononcé les peines. Les deux derniers alinéas de l'article 710 du présent code sont alors applicables. Si l'une ou plusieurs des peines prononcées sont des peines criminelles, le renvoi à la formation collégiale du tribunal ou de la chambre des appels correctionnels est de droit s'il est demandé par le condamné ou le ministère public.

Il résulte clairement de ces dispositions qu'en dehors de cette dernière hypothèse, la compétence en matière de confusion revient au juge unique.

113.243 Comparution du détenu. Il convient de souligner une particularité, parfois oubliée des juridictions, qui avisent d'autorité les détenus que leur extraction n'étant pas obligatoire, ils seront représentés par un avocat, formulation qui fait peu de cas de leur volonté propre. En application de l'article 711 al. 1 du code de procédure pénale, la chambre de l'instruction statuant sur la requête en confusion de peines d'un requérant détenu qui a demandé expressément dans sa requête à comparaître, est tenue de l'entendre. Il peut être raisonnablement soutenu que le requérant est dautant plus à même de faire valoir ce droit qu'il est avisé de son existence.

Encourt la cassation l'arrêt qui rejette une demande de confusion de peines, sans avoir entendu le requérant détenu, non comparant, alors qu'il avait demandé expressément dans sa requête à comparaître et qu'il n'a pas manifesté ultérieurement sa volonté de ne pas être présent aux débats[1].

Enfin, mentionnons que l'article 712 dispose que dans toutes les hypothèses où il paraît nécessaire d'entendre un condamné qui se trouve détenu, la juridiction saisie peut donner commission rogatoire au président du tribunal judiciaire le plus proche du lieu de détention qui peut déléguer l'un des juges de la juridiction pour procéder à l'audition du détenu par procès-verbal ou faire application des dispositions de l'article 706-71 (recours à un moyen de télécommunication audiovisuelle).

113.244 Motivation. Une question prioritaire de constitutionnalité ainsi formulée : « Les articles 132-4 du code pénal et 710 du code de procédure pénale portent-ils atteinte aux droits garantis par l'article 34 de la Constitution de 1958 et par les articles 6, 8 et 16 de la Déclaration des droits de l'Homme et du citoyen en ce que d'une part les dispositions légales susvisées n'énumèrent pas les critères d'octroi d'une confusion de peines et ne prévoient pas non plus d'obligation de motivation en la matière ; en ce que d'autre part, l'autorité de la chose jugée attachée par la jurisprudence de la Cour de cassation aux décisions statuant sur les confusions de peines prive le condamné dont la situation se serait, le cas échéant, modifiée, de la possibilité de déposer une nouvelle requête ? » n'a pas été transmise au Conseil constitutionnel par la chambre criminelle. Celle-ci a retenu en effet que la question n'était pas nouvelle et que l'article 132-4 du code pénal définit avec une clarté et une précision suffisantes les cas dans lesquels une confusion de peines peut, ou parfois doit, être accordée ; que, d'autre part, le pouvoir souverain reconnu aux juridictions du fond pour apprécier son opportunité, lorsqu'elle est facultative, ne les dispense pas de motiver leur décision, sous le contrôle de la Cour de cassation ; qu'enfin, l'impossibilité de réitérer une demande de confusion de peines, après un premier rejet, n'est que la conséquence de l'autorité de chose jugée qui s'attache, par principe, aux décisions de justice devenues définitives ; qu'ainsi, à l'évidence, les règles applicables respectent les droits et libertés garantis par la Constitution qu'invoque la question prioritaire de constitutionnalité[2].

Pour illustration, un arrêt a encore pu décider que si la juridiction statuant sur une demande de confusion facultative de peines doit motiver sa décision notamment sur le fondement des dispositions de l'article 710 du code de procédure pénale, le demandeur ne saurait faire grief à l'arrêt de ne pas avoir tenu compte, autrement qu'il l'a fait, des prescriptions dudit article dès lors qu'il lui appartenait de produire des éléments de nature à justifier de l'évolution de son comportement, de sa personnalité et de sa situation matérielle, familiale et sociale, pour permettre à la juridiction, au besoin après vérifications ou investigations complémentaires, d'apprécier le mérite de sa demande[3].

113.245 Confusion de peines complémentaires. Lorsqu'une juridiction rejette la demande de confusion de peines principales mais ne statue pas immédiatement sur la demande de confusion de peines complémentaires, l'intéressé reste en mesure de saisir la juridiction ayant prononcé l'une des deux condamnations pour solliciter cette confusion des peines complémentaires. En l'espèce, le rejet, par la dernière juridiction appelée à statuer, de la demande de confusion de peines d'emprisonnement ne fait pas obstacle à ce que le condamné saisisse ultérieurement d'une demande de confusion des peines d'interdiction de solliciter un permis de conduire, la

1. Crim. 30 mars 2011, n° 10-88.016, P n° 69 ; *D.* 2011. 1220, obs. M. Léna ; *AJ pénal* 2011. 535, obs. M. Herzog-Evans.
2. Crim. 7 mai 2014, n° 14-90.011, NP.
3. Crim. 11 juill. 2017, n° 16-85.676, P.

juridiction ayant prononcé l'une des deux condamnations. Il ne saurait être fait grief à une cour d'appel de ne pas avoir statué sur la confusion des peines complémentaires alors que la demande de confusion ne portait que sur les peines d'emprisonnement[1].

113.246 **Appel du jugement.** Enfin, il résulte de la combinaison des articles 496, 510 et 710 du code de procédure pénale que l'appel du jugement par lequel le tribunal correctionnel statue sur une requête en confusion de peines est porté devant la chambre des appels correctionnels de la cour d'appel et non devant la chambre de l'application des peines[2] ce qui aurait tout à fait pu se concevoir.

D. Peines privatives de liberté des personnes condamnées à l'étranger

113.251 **Difficultés d'exécution des peines privatives de liberté des personnes condamnées à l'étranger – Personnes transférées en France.** Lorsque, en application d'une convention ou d'un accord internationaux, une personne détenue en exécution d'une condamnation prononcée par une juridiction étrangère est transférée sur le territoire français pour y accomplir la partie de la peine restant à subir, l'exécution de la peine est poursuivie conformément aux dispositions du chapitre V du titre II du livre V du code de procédure pénale.

Tous incidents contentieux relatifs à l'exécution de la peine privative de liberté restant à subir en France sont portés devant le tribunal correctionnel du lieu de détention.

Les dispositions de l'article 711 du code de procédure pénale sont applicables[3].

Dès son arrivée sur le sol français, le condamné détenu est présenté au procureur de la république du lieu d'arrivée dans les termes prévus à l'article 728-3 du même code. Passées ces formalités, la peine prononcée à l'étranger est, par l'effet de la convention ou de l'accord internationaux, directement et immédiatement exécutoire sur le territoir national pour la partie qui restait subir dans l'État étranger. Toutefois, lorsque la peine prononcée est, par sa nature ou sa durée, plus rigoureuse que la peine prévue par la loi française pour les mêmes faits, le tribunal correctionnel du lieu de détention, saisi par le procureur de la République ou le condamné, lui substitue la peine qui correspond le plus en droit français ou réduit cette peine au maximum légalement applicable. Il détermine en conséquence, suivant les cas, la nature et, dans la limite de la partie qui restait à subir dans l'État étranger, la durée de la peine à exécuter[4].

Aux termes d'une jurisprudence constante, la peine restant à subir s'entend de la durée de la peine subie par l'intéressé dans l'État de condamnation et des réductions de peine pour le temps de détention subi en France. L'exécution sur le territoire français est régie par les règles internes de procédure pénale[5] et l'application de la peine est régie par les dispositions du code de procédure pénale[6].

Lorsque la peine prononcée est, par sa nature ou sa durée, plus rigoureuse que la peine prévue par la loi française pour les mêmes faits, le tribunal correctionnel du lieu de détention, saisi par le procureur de la République ou le condamné, lui substitue la peine qui correspond le plus en droit français ou réduit cette peine au maximum légalement applicable[7]. Il détermine en conséquence, suivant les cas, la nature et, dans la limite de la partie qui restait à subir dans l'État étranger, la durée de la peine à exécuter[8].

Il se déduit de l'article 728-4 du code de procédure pénale que cette adaptation se fait au regard de la loi française en vigueur à la date du transfèrement du condamné en France

La juridiction saisie d'une requête en conversion de peine doit statuer en audience publique[9].

À défaut de dispositions spécifiques cette procédure s'exerce devant le tribunal correctionnel en sa formation collégiale.

La chambre criminelle a eu l'occasion de définir les attributions de la juridiction saisie d'un tel contentieux : La juridiction française saisie aux fins d'adaptation d'une peine prononcée à l'étranger, en vue de la poursuite de son exécution en France, n'a d'autre pouvoir que de substituer à la peine prononcée par la juridiction étrangère celle lui correspondant le plus en droit français, ou de réduire cette peine au maximum légalement applicable[10]. Appelée à se prononcer sur la situation d'un ressortissant français condamné à plusieurs peines en Espagne et transféré en France pour les subir, elle a toutefois posé le principe que l'adaptation de peines prononcées dans un État étranger, à l'encontre d'une personne transférée pour leur exécution en France,

1. Crim. 6 mars 2002, n° 01-84.857, P n° 60 ; *RSC* 2002. 811, obs. B. Bouloc.
2. Crim. 9 janv. 2013, n° 12-83.047, P n° 12 ; *D.* 2013. 1304, obs. J.-P. Céré, M. Herzog-Evans et E. Péchillon ; *AJ pénal* 2013. 114.
3. C. pr. pén., art. 728-7.
4. C. pr. pén., art. 728-4.
5. Crim. 18 déc. 1996, n° 93-80.513, P n° 478.
6. C. pr. pén., art. 728-8.
7. Pour une illustration à partir de la convention de voisinage entre la France et la Principauté de Monaco du 18 mai 1963 : Crim. 21 juin 2006, n° 06-80.107, P n° 195.
8. C. pr. pén., art. 728-4.
9. Crim. 31 mars 2005, n° 04-84.625, NP.
10. Crim. 24 juin 2015, n° 13-87.316, P. n° 833.

ne peut avoir pour effet d'aggraver la situation qui aurait été la sienne dans l'État de condamnation[1].

Une personne condamnée par les juridictions marocaines à la réclusion criminelle à perpétuité pour constitution d'une bande criminelle en vue de préparer et commettre des actes terroristes comprenant, notamment, la fabrication d'armes et d'explosifs, faits commis au Maroc, courant 2003, avait ainsi été transférée en France, le 15 mai 2012, en application de la convention franco-marocaine du 10 août 1981. Elle avait obtenu que sa peine soit ramenée à 30 ans de réclusion criminelle prévue par les articles 421-2-1 et 421-6 du code pénal, ce dernier issu de la loi n° 2006-64 du 23 janvier 2006, pour le crime de direction ou organisation d'une association de malfaiteurs en vue de la préparation d'actes de terrorisme ayant pour objet une ou plusieurs destructions par substances explosives ou incendiaires. Après rejet de son pourvoi, elle saisissait la Cour de Strasbourg en invoquant les articles 3 (interdiction de la torture), 6 (droit à un procès équitable) et 7 (pas de peine sans loi) de la Convention européenne des droits de l'homme, se plaignant de ce que les juridictions françaises avaient jugé que la peine substituée devait résulter des dispositions applicables à la date du transfèrement et non de celles en vigueur à l'époque de la commission des faits ainsi que les conditions dans lesquelles son procès avait eu lieu au Maroc.

Sa requête a été déclarée irrecevable, par la Cour qui a retenu :

- que l'article 7 ne s'applique pas à l'exécution d'une peine, notamment, comme en l'espèce, dans le cadre d'une procédure liée au transfert d'une personne condamnée dans un autre pays ;

- que les questions portant sur l'exécution d'une peine ne relèvent pas de l'article 6 pour autant que le juge national n'est pas amené à se prononcer sur le « bienfondé » d'une accusation en matière pénale au sens de l'article 6 ;

- que s'agissant de l'article 3, au regard des éléments dont elle dispose, la Cour ne relève aucune apparence de violation des droits et libertés garantis par la Convention[2].

113.252 Difficultés liées à la mise en œuvre du principe de reconnaissance mutuelle des jugements en matière pénale au sein de l'Union européenne. Issus de la loi du 10 mars 2010[3], deux articles du code pénal régissent les effets des condamnations prononcées par un autre État de l'Union que la France. Il est ainsi prévu que pour l'application du code pénal et du code de procédure pénale, les condamnations prononcées par les juridictions pénales d'un État membre de l'Union européenne sont prises en compte dans les mêmes conditions que les condamnations prononcées par les juridictions pénales françaises et produisent les mêmes effets juridiques que ces condamnations[4].

Par ailleurs, pour l'appréciation des effets juridiques des condamnations prononcées par les juridictions pénales d'un État membre de l'Union européenne, la qualification des faits est déterminée par rapport aux incriminations définies par la loi française et sont prises en compte les peines équivalentes aux peines prévues par la loi française[5].

Plusieurs décisions sont venues préciser l'application dans le temps de ces dispositions. Ainsi la chambre criminelle a-t-elle considéré que pour la mise en oeuvre des règles de la récidive en application de l'article 132-23-1du code pénal, il suffit que l'infraction constitutive du second terme, qu'il dépend de l'agent de ne pas commettre, soit postérieure à l'entrée en vigueur de ladite disposition[6]. Mais encore, qu'en vertu de l'article 112-2, alinéa 1-3° du code pénal, aux termes duquel les lois relatives au régime d'exécution et d'application des peines sont applicables immédiatement à l'exécution des condamnations prononcées à raison de faits commis avant leur entrée en vigueur, quand elles n'ont pas pour résultat de rendre plus sévères les peines prononcées par la décision de condamnation, ledit dispositif est d'application immédiate. Il en va ainsi de l'article 132-23-1 du code pénal qui permet de prendre en compte les condamnations prononcées par une juridiction d'un État membre de l'Union européenne dans les mêmes conditions que les condamnations prononcées par les juridictions françaises, lorsque son application permet de réduire au maximum légal le plus élevé la durée totale de plusieurs peines à exécuter, dont l'une a été prononcée dans une juridiction d'un État membre de l'Union européenne, et que la durée cumulée de ces peines excède ce maximum[7].

La loi du 5 août 2013[8], modifiée par la loi du 17 août 2015[9], instaure aux articles 728-10 et sui-

1. Crim. 30 nov. 2016, n° 15-83.869, P, *D. actu.* 14 déc. 2016, obs. L. Priou-Alibert.
2. CEDH, 26 sept. 2019, *Robert c/France*, req. n° 1652/16.
3. L. n° 2010-242, 10 mars 2010 tendant à amoindrir le risque de récidive criminelle et portant diverses dispositions de procédure pénal, *JO* 11 mars, n° 2.
4. C. pén., art. 132-23-1.
5. C. pén., art. 132-23-2.
6. Crim. 24 mars 2015, n° 15-80.023, P n° 66 ; *AJ pénal* 2015. 420, obs. Lasserre Capdeville.
7. Crim. 8 janv. 2020, n° 19-80.349, P ; *Dr. pénal* 2020 Comm. 65, V. Peltier.
8. L. n° 2013-711, 5 août 2013 portant diverses dispositions d'adaptation dans le domaine de la justice en application du droit de l'Union européenne et des engagements internationaux de la France, *JO* 6 août, p. 13338.
9. L. n° 2015-993, 17 août 2015 portant adaptation de la procédure pénale au droit de l'Union européenne, *JO* 18 août, n° 2, p. 14331.

vants du code de procédure pénale les règles applicables, d'une part, à l'exécution sur le territoire des autres États membres de l'Union européenne des condamnations à une peine ou à une mesure de sûreté, prononcées par les juridictions françaises, et d'autre part, les dispositions relatives à l'exécution sur le territoire français des condamnations prononcées par les juridictions des autres États membres de l'Union européenne.

Si les premières[1] intéressent essentiellement le ministère public, les secondes[2], une fois que le procureur de la République a apprécié qu'il pouvait être procédé à l'adaptation de la peine ou de la mesure de sûreté privative de liberté prononcée, impliquent le président du tribunal judiciaire ou le juge par lui délégué[3] et ne sauraient donc *a priori* être dévolues à la juridiction correctionnelle « habituelle ».

Ainsi, en vertu des dispositions de l'article 728-44 du code de procédure pénale : « Lorsque la durée de la peine ou de la mesure de sûreté privative de liberté prononcée est supérieure à celle qui aurait pu être légalement prononcée par une juridiction française pour les mêmes faits, le procureur de la République propose de la réduire au maximum légal encouru selon la loi française pour l'infraction correspondante. Lorsque la condamnation porte sur plusieurs infractions, il se réfère au maximum légal encouru pour l'infraction correspondante la plus sévèrement sanctionnée ».

La décision du procureur de la République[4] et le cas échéant l'ordonnance homologuant ou refusant d'homologuer la proposition d'adaptation sont notifiées à la personne condamnée qui dispose d'un recours devant la chambre des appels correctionnels en vertu des dispositions de l'article 728-48 du code de procédure pénale. L'article 728-49 ouvre au procureur de la République la possibilité de présenter une nouvelle demande fondée sur la même décision d'adaptation ou une nouvelle. Les articles 728-49 et suivants du code de procédure pénale, détaillent la procédure applicable et les voies de recours offertes.

L'une des principales difficultés à prévoir en la matière concernera la possibilité ou pas d'une adaptation des peines d'emprisonnement pour la protection du public (*imprisonment for public protection sentence*), prononcées notamment par les juridictions du Royaume-Uni et qui constituent des peines à durée indéterminée comme ne comportant pas de terme fixé. Ce type de peine existe encore, bien que la CEDH ait condamné le Royaume-Uni, le 9 juillet 2013[5] pour sa législation sur la condamnation à perpétuité l'estimant incompatible avec l'article 3 de la convention européenne des droits de l'homme, et exigeant des législations nationales qu'elles comportent une possibilité de libération et une possibilité de réexamen.

La question de la mesure, pour ne pas dire, de la proportionnalité de ces peines est hautement susceptible de poser des difficultés.

Enfin, dans un important arrêt rendu par la chambre criminelle le 2 novembre 2017[6], la Haute juridiction énonce que l'article 132-23-1 du code pénal, interprété à la lumière de l'article 3 de la décision-cadre 2008/675/JAI[7] et de l'arrêt de la CJUE du 21 septembre 2017[8], permet d'ordonner la confusion d'une peine prononcée par une juridiction française et d'une peine prononcée par une juridiction d'un État membre de l'Union européenne dès lors que la seconde a été intégralement exécutée au jour où il est statué sur la requête en confusion. Ainsi, le droit pénal européen n'est pas seulement une cause d'aggravation de la situation de la personne poursuivie ou condamnée.

SECTION 6
PRESTATIONS DE SERMENT PROFESSIONNEL

113.261 De la prestation de serment de certains professionnels. Un certain nombre de professionnels doivent, avant d'exercer leurs fonctions, prêter serment devant le tribunal judiciaire dans le ressort duquel ils sont installés. S'il est d'usage que la plupart de ces prestations de serment se déroulent devant le tribunal judiciaire statuant en chambre civile, rien n'exclut que le tribunal correctionnel reçoive ces serments en particulier de ceux qui auront l'occasion d'exercer leurs fonctions en lien avec les activités pénales de la juridiction. Les textes les plus récents prévoient que la prestation de serment peut avoir lieu au siège du tribunal dans lequel tel professionnel assermenté exercera ses fonctions, ou à celui d'une de ses chambres de proximité[9].

1. C. pr. pén., art. 728-15 à 728-30.
2. C. pr. pén., art. 728-31 à 728-76.
3. C. pr. pén., art. 728-46.
4. C. pr. pén., art. 728-43.
5. CEDH 9 juill. 2013, *Vinter a. c/ Royaume-Uni*, req. n°s 66069/09, 130/10, 3896/10.
6. Crim 2 nov. 2017 n° 17-80.833, P, revirement sur Crim. 19 nov. 2014, n° 13-80.161, P n° 247 ; *D. actu.* 7 janv. 2015, obs. M. Lena.
7. Décision-cadre 2008/675/JAI, Conseil, 24 juill. 2008 relative à la prise en compte des décisions de condamnation entre les États membres de l'Union européenne à l'occasion d'une nouvelle procédure pénale *JOUE L* 220, 15 août, p. 32.
8. CJUE 21 sept. 2017, *Beshkovaff*, aff. C-171/16 ; *Lexbase* 8 nov. 2017, obs. J. Perot.
9. Par ex. : Décr. n° 2019-913, 30 août 2019, *JO* 1er sept., n° 3, art. 21, qui ajoute à l'article R. 15-33-29 du code de procédure pénal cette possibilité pour les gardes particuliers.

Une formule générale existe aux termes de laquelle l'impétrant doit lever la main droite après que le président de la juridiction qui aura lu ou demandé au greffier de lire la décision de nomination, puis reçu les réquisitions du parquet, lui ait rappelé qu'il jure et promet de bien et loyalement remplir ses fonctions et d'observer en tout, les devoirs qu'elles lui imposent. Mais il existe aussi des formules particulières et il sera évidemment important que la prestation adéquate soit prêtée selon les cas.

Sans qu'il puisse être question ici d'exhaustivité, sont citées ci-dessus un certain nombre de formules, qui se distinguent parfois les unes des autres, à quelques mots près.

TABLEAU 113-261-1. FORMULES DE PRESTATIONS DE SERMENTS PROFESSIONNELS

Profession	Formule du serment
• Agents de l'État et des collectivités territoriales chargés de constater les infractions en matière de contrôle sanitaire • Agents commissionnés pour procéder à la recherche et à la constatation des infractions aux dispositions de la loi n° 92-3 du 3 janvier 1992 sur l'eau, appartenant aux services de l'État chargés de l'environnement, de l'agriculture, de l'industrie, de l'équipement, des transports, de la mer, de la santé et de la défense • Agents commissionnés de l'Office national de la Chasse et du conseil supérieur de la pêche • Agents commissionnés des parcs nationaux • Agents commissionnés pour procéder à la constatation des infractions à l'article 40-5 de la loi n° 87-565 du 22 juillet 1987 relative à l'organisation de la sécurité civile, à la protection de la forêt contre l'incendie et à la prévention des risques majeurs • Agents de la direction régionale de l'industrie de la recherche et de l'environnement, chargés de procéder aux contrôles et constatations prévues aux articles L. 226-3 à L. 226-5 du code de l'environnement	Je jure et promets de bien et loyalement remplir mes fonctions et d'observer en tout, les devoirs qu'elles m'imposent. Je jure également de ne rien révéler ou utiliser de ce qui sera porté à ma connaissance à l'occasion de l'exercice de mes fonctions.
Agents enquêteurs des accidents du travail	Je jure et promets d'accomplir loyalement les enquêtes qui me seront confiées et de ne rien révéler des secrets dont j'aurai connaissance dans l'accomplissement de ma mission.
Agents des douanes	Je jure et promets de bien et loyalement remplir mes fonctions et d'observer en tout, les devoirs qu'elles m'imposent.
Agents habilités à la protection et au contrôle des matières nucléaires	Je jure de bien et fidèlement remplir mes fonctions et de ne rien révéler ou utiliser, directement ou indirectement, même après la cessation de mes fonctions, de ce qui aura été porté à ma connaissance à l'occasion de leur exercice.
Agent de la police nationale ou de la gendarmerie nationale, en vertu de l'article L. 434-1 A du code de la sécurité intérieure (L. n° 2021-1109, 24 août 2021)	Je jure de servir avec dignité et loyauté la République, ses principes de liberté, d'égalité et de fraternité et sa Constitution.
Agents des personnes morales concourant au service public pénitentiaire	Je jure de bien et loyalement remplir mes fonctions et d'observer les devoirs qu'elles m'imposent dans le strict respect des personnes confiées au service public pénitentiaire et de leurs droits. Je m'engage à me conformer à la loi, aux ordres reçus et à ne faire qu'un usage légitime des pouvoirs qui me sont confiés.
Agents de l'Office national des forêts/Agents des services de l'État chargés des forêts	Je jure et promets de bien et loyalement remplir mes fonctions et d'observer en tout, les devoirs qu'elles m'imposent. Je jure également de ne rien révéler ou utiliser de ce qui sera porté à ma connaissance à l'occasion de l'exercice de mes fonctions[a].
Agents de surveillance et gardes nommés en conformité à l'article 23 de la loi du 15 juillet 1845 sur la police des chemins de fer	Formule générale et, je jure et promets en outre d'observer les lois et règlements concernant la police des chemins de fer et de constater par des procès-verbaux les contraventions qui viendraient à ma connaissance.
Agents verbalisateurs des infractions à la police des cours d'eaux non domaniaux Gardes champêtres, gardes particuliers des bois et gardes pêche	Je jure de veiller à la conservation de toutes les propriétés soumises à la loi publique et de toutes celles dont la garde m'a été confiée par l'acte de ma nomination.
Agents de la direction générale du commerce et des prix Commissaires et contrôleurs à la direction générale du commerce intérieur et des prix	Je jure de remplir avec fidélité et probité les fonctions qui me sont confiées.

Profession	Formule du serment
Agents de l'administration des impôts Ingénieurs, agents et préposés des Eaux et forêts	Je jure de remplir avec fidélité et probité les fonctions qui me sont confiées.
Assesseurs non-magistrats des Civi	Je jure de bien et fidèlement remplir ma mission et de garder le secret des délibérations.
Assesseurs du tribunal pour enfants	Je jure de bien et fidèlement remplir ma mission et de garder religieusement le secret des délibérations[b].
Assesseurs maritimes (du tribunal maritime)	Je jure de bien et fidèlement remplir mes fonctions et de garder le secret des délibérations[c].
Assistants d'enquête	Je jure de bien et loyalement remplir mes missions, d'observer les devoirs et la réserve qu'elles m'imposent. Je jure également de ne rien révéler ou utiliser de ce qui sera porté à ma connaissance à l'occasion de l'exercice de mes fonctions[d].
Assistants de justice	Je jure de conserver le secret des informations sur les affaires judiciaires ainsi que sur les actes du parquet et des juridictions d'instruction et de jugement, dont j'aurai connaissance à l'occasion de mes travaux au sein des juridictions[e].
Commissaires de justice	Je jure de loyalement remplir mes fonctions avec exactitude et probité et d'observer en tout les devoirs qu'elles m'imposent[f].
Délégués du procureur	Je jure d'exercer mes fonctions avec rigueur, loyauté, impartialité et dignité et de respecter le secret professionnel.
Gardes particuliers / Gardes-jurés	Je jure et promets de bien et loyalement remplir mes fonctions et d'observer en tout, les devoirs qu'elles m'imposent. Je jure également de ne rien révéler ou utiliser de ce qui sera porté à ma connaissance dans l'exercice de mes fonctions[g].
Greffiers militaires	*Idem.*
Inspecteurs des lois sociales en agriculture	Je jure de ne point révéler les secrets de fabrication et, en général, les procédés d'exploitation dont je pourrais avoir connaissance.
Inspecteurs du travail et de la main-d'œuvre	Je jure de ne point révéler les secrets de fabrication et, en général les procédés d'exploitation dont je pourrais avoir connaissance dans l'exercice de mes fonctions.
Inspecteurs des affaires maritimes	Je jure et je promets de bien et loyalement remplir mes fonctions et d'observer en tout, les devoirs qu'elles m'imposent. Je jure également de ne rien révéler ou utiliser de ce qui sera porté à ma connaissance à l'occasion de mes fonctions.
Juristes assistants	Je jure de conserver le secret des informations sur les affaires judiciaires ainsi que sur les actes du parquet et des juridictions d'instruction et de jugement, dont j'aurai eu connaissance à l'occasion de mes travaux au sein des juridictions[h].
Officiers et militaires de la gendarmerie	Je jure d'obéir à mes chefs en tout ce qui concerne le service auquel je suis appelé, et dans l'exercice de mes fonctions de ne faire usage de la force qui m'est confiée que pour le maintien de l'ordre et l'exécution des lois.

a C. forestier, art. R. 161-5.
b COJ, art. L. 251-5.
c Décr. n° 2015-261, 5 mars 2015 relatif au fonctionnement et à l'organisation des tribunaux maritimes, art. 7.
d C. pr. pén., art. 21-3, créé par L. n° 2023-22, 24 janv. 2023 ; C. pr. pén., art. R. 15-3-7, créé par décr. n° 2023-747, 9 août 2023.
e Décr. n° 96-513, 7 juin 1996, art. 7 ; réd. issue décr. n° 2008-1159, 10 nov. 2008, *JO* 13 nov., n° 18.
f Décr. n° 2022-949, 29 juin 2022 relatif aux conditions d'exercice des commissaires de justice, art. 21 ; mod. par décr. n° 2022-1743, 29 déc. 2022, applicable depuis le 1er janv. 2023.
g C. pr. pén., art. R. 15-33-29, al. 2 ; mod. par décr. n° 2020-128, 18 févr. 2020, art. 4 ; C. rural et pêche, art. L. 942-2 et R. 942-2, R. 942-3 et R. 942-3-1.
h COJ, art. R. 123-39, issu décr. n° 2017-1618, 28 nov. 2017, *JO* 30 nov., n° 11.

TITRE

12. Les audiences de police

SECTION 0

Orienteur

12.00 Sommaire du titre.

CHAPITRE

121. Particularités concernant l'audience devant le tribunal de police

SECTION 0 ORIENTEUR

121.00 **Sommaire du chapitre.**

121.01 **Principaux textes applicables.**

TEXTES SOURCES

- COJ, art. L. 211-1, L. 211-9-1, L. 212-6
- C. pr. pén., art. 41-2, 41-3 al. 1, 45, 398 al. 5, 521 à 549
- C. pr. pén., art. R. 41-11

TEXTES *IN EXTENSO*

À NOTER. Ne figurent pas ci-dessous les textes intégralement reproduits dans les développements.

• **COJ, art. L. 211-1** [mod. par L. n° 2019-222, 23 mars. 2019, art. 95]

Le tribunal judiciaire statue en première instance en matière civile et pénale. Lorsqu'il statue en matière pénale, il est dénommé tribunal correctionnel ou tribunal de police.

• **COJ, art. L. 211-9-1**

Le tribunal de police connaît des contraventions, sous réserve de la compétence du juge des enfants.

• **COJ, art. L. 212-6** [mod. par L. n° 2019-222, 23 mars. 2019, art. 95]

Le procureur de la République représente, en personne ou par ses substituts, le ministère public près le tribunal judiciaire.

Le siège du ministère public devant le tribunal de police est occupé par le procureur de la République ou par le commissaire de police dans les cas et conditions prévus aux articles 45 à 48 du code de procédure pénale.

• **C. pr. pén., art. 41-2** [mod. par L. n° 2021-1729, 22 déc. 2021, art. 14]

Le procureur de la République, tant que l'action publique n'a pas été mise en mouvement, peut proposer, directement ou par l'intermédiaire d'une personne habilitée, une composition pénale à une personne physique qui reconnaît avoir commis un ou plusieurs délits punis à titre de peine principale d'une peine d'amende ou d'une peine d'emprisonnement d'une durée inférieure ou égale à cinq ans, ainsi que, le cas échéant, une ou plusieurs contraventions connexes qui consiste en une ou plusieurs des mesures (énoncées points 1° à 19°).

• **C. pr. pén., art. 41-3, al. 1**

La procédure de composition pénale est également applicable aux contraventions.

• **C. pr. pén., art. 45** [mod. par ord. n° 2019-964, 18 sept. 2019, art. 35]

Le procureur de la République près le tribunal judiciaire occupe le siège du ministère public devant le tribunal de police pour les contraventions de la 5e classe ne relevant pas de la procédure de l'amende forfaitaire. Il peut l'occuper également en toute matière devant le tribunal de police, s'il le juge à propos, au lieu et place du commissaire de police qui exerce habituellement ces fonctions sous le contrôle du procureur de la République.

Toutefois, dans le cas où les infractions forestières sont soumises aux tribunaux de police, les fonctions du ministère public sont remplies par le directeur régional de l'administration chargée des forêts ou par le fonctionnaire qu'il désigne, sauf si le procureur de la République estime opportun d'occuper ces fonctions.

• **C. pr. pén., art. 523** [mod. par L. n° 2021-1729, 22 déc. 2021, art.14 (V)]

Le tribunal de police est constitué par un juge du tribunal judiciaire, un officier du ministère public ainsi qu'il est dit aux articles 45 et suivants, et un greffier.

Lorsqu'il connaît des contraventions des quatre premières classes, à l'exception de celles déterminées par un décret en Conseil d'État, ainsi que des contraventions de la cinquième classe relevant de la procédure de l'amende forfaitaire, le tribunal de police peut être constitué par un magistrat exerçant à titre temporaire ou par un magistrat honoraire exerçant des fonctions juridictionnelles dans les conditions prévues à la section II du chapitre V *bis* de l'ordonnance n° 58-1270 du 22 décembre 1958 portant loi organique relative au statut de la magistrature. Si l'importance du contentieux le justifie, le président du tribunal judiciaire peut décider qu'à titre exceptionnel, le magistrat exerçant à titre temporaire ou le magistrat honoraire exerçant des fonctions juridictionnelles préside une partie des audiences du tribunal de police consacrées aux contraventions de la cinquième classe, à l'exception de celles déterminées par décret en Conseil d'État.

• **C. pr. pén., art. 529-7**

Pour les contraventions au code de la route des deuxième, troisième, quatrième et cinquième classes dont la liste est fixée par décret en Conseil d'État, à l'exception de celles relatives au stationnement, l'amende forfaitaire est minorée si le contrevenant en règle le montant dans les conditions prévues par l'article 529-8.

• **C. pr. pén., art. 537**

Les contraventions sont prouvées soit par procès-verbaux ou rapports, soit par témoins à défaut de rapports et procès-verbaux, ou à leur appui.

Sauf dans les cas où la loi en dispose autrement, les procès-verbaux ou rapports établis par les officiers et agents de police judiciaire et les agents de police judiciaire adjoints, ou les fonctionnaires ou agents chargés de certaines fonctions de police judiciaire auxquels la loi a attribué le pouvoir de constater les contraventions, font foi jusqu'à preuve contraire.

La preuve contraire ne peut être rapportée que par écrit ou par témoins.

• **Décr. n° 2017-683, 28 avr. 2017** tirant les conséquences de la suppression des juridictions de proximité et des juges de proximité (et de leur remplacement par les magistrats exerçant à titre temporaire), et en particulier :

• **C. pr. pén., art. R. 41-11** [mod. par décr. n° 2022-889, 14 juin 2022, art. 1er]

En application de l'article 523, le tribunal de police ne peut être constitué par un magistrat exerçant à titre temporaire ou un magistrat honoraire exerçant des fonctions juridictionnelles pour le jugement des contraventions suivantes :

1° Diffamation non publique prévue par l'article R. 621-1 du code pénal ;

2° Injure non publique prévue par l'article R. 621-2 du code pénal ;

3° Provocation non publique présentant un caractère raciste ou discriminatoire prévue par l'article R. 625-7 du code pénal ;

4° Diffamation non publique présentant un caractère raciste ou discriminatoire prévue par l'article R. 625-8 du code pénal ;

5° Injure non publique présentant un caractère raciste ou discriminatoire prévue par l'article R. 625-8-1 du code pénal.

121.03 **Bibliographie indicative.**

Article. T. Besse, « Article 537 du code de procédure pénale et procès équitable en matière contraventionnelle : preuve contraire ou *probatio diabolica* ? », *Dr. pénal* 2017. 22.

SECTION 1
RAPPEL DES RÈGLES DE COMPÉTENCE

121.11 **Avertissement.** Il n'est pas question d'aborder dans cet ouvrage toutes les dispositions applicables en matière de jugement des contraventions. Il sera juste souligné ici quelques-unes des spécificités concernant l'audience devant le tribunal de police, à l'exclusion notamment des procédures simplifiées et en particulier du contentieux de l'amende forfaitaire.

121.12 **Compétence matérielle du tribunal de police.** Le tribunal judiciaire est dénommé tribunal de police pour le jugement des contraventions[1] [2]ou, autrement dit, le tribunal de police connaît des contraventions[3].

Il sera rappelé que les contraventions, ainsi que les classes dont elles relèvent, sont déterminées par décrets en Conseil d'État[4] et que c'est l'article 131-13 du code pénal qui fixe le montant des amendes encourues pour les cinq classes de contravention[5] soit :

1. COJ, art. L. 211-1.
2. V. ss n° 121.51.
3. COJ, art. L. 211-9-1 et C. pr. pén., art. 521.
4. C. pén., art. R. 610-1.
5. C. pén., art. R. 610-3 – Pour un ex. récent et passage d'une contravention de la 4e à la 5e classe, « Est puni de l'amende prévue pour les contraventions de la 5e classe le fait, hors les cas prévus aux articles 222-13, 222-32, 222-33, 222-33-1-1, 222-33-2-2 et 222-33-2-3, d'imposer à une personne tout propos ou comportement à connotation sexuelle ou sexiste qui soit porte atteinte à sa dignité en raison de son caractère dégradant ou humiliant, soit créé à son encontre une situation intimidante, hostile ou offensante.

   « Les personnes coupables de la contravention prévue au présent article encourent également les peines complémentaires suivantes :

   « 1° La peine de stage prévue aux 1°, 4°, 5° ou 7° de l'article 131-5-1 ;

   « 2° Un travail d'intérêt général pour une durée de vingt à cent vingt heures ». (C. pén. art. R. 625-8-3 issu Décr. n° 2023-227, 30 mars 2023 relatif à a contravention d'outrage sexiste et sexuel, *JO* 31 mars, n° 17).

1° 38 euros au plus pour les contraventions de la 1re classe ;

2° 150 euros au plus pour les contraventions de la 2e classe ;

3° 450 euros au plus pour les contraventions de la 3e classe ;

4° 750 euros au plus pour les contraventions de la 4e classe ;

5° 1 500 euros au plus pour les contraventions de la 5e classe, montant qui peut être porté à 3 000 euros en cas de récidive lorsque le règlement le prévoit, hors les cas où la loi prévoit que la récidive de la contravention constitue un délit. Le tribunal de police est constitué en principe par un juge du tribunal judiciaire, un officier du ministère public ainsi qu'il est dit aux articles 45 et suivants, et un greffier[1].

Enfin, si le tribunal régulièrement saisi d'un fait qualifié de délit par la loi, estime, au résultat des débats, que ce fait ne constitue qu'une contravention, il prononce la peine et statue, s'il y a lieu, sur l'action civile[2].

121.13 Compétence territoriale des tribunaux de police. Est compétent le tribunal de police du lieu de commission ou de constatation de la contravention ou celui de la résidence du prévenu.

Est également compétent le tribunal de police du siège de l'entreprise détentrice du véhicule en cas de contravention, soit aux règles relatives au chargement ou à l'équipement de ce véhicule, soit aux réglementations relatives aux transports terrestres.

Les articles 383 à 387 sont applicables au jugement des infractions de la compétence du tribunal de police[3].

Le tribunal de police compétent à l'égard d'un prévenu l'est donc à l'égard de tous coauteurs ou complices.

Le tribunal de police du lieu de commission d'une contravention est compétent pour connaître des contraventions connexes commises même en dehors de son ressort[4]. Dans une espèce où pour dire compétent le tribunal de police de Lille, la cour d'appel, après avoir relevé que les faits reprochés avaient été commis au siège de la société, domiciliée dans le Pas-de-Calais, avait énoncé qu'à la suite de nombreuses investigations, auditions et saisies au siège de la société, du 26 juin 1992 au 25 mai 1993, et auprès des importateurs, fournisseurs, transporteurs et clients, domiciliés dans divers départements, avec lesquels cette entreprise était liée, les infractions ont été constatées au siège de la direction nationale des renseignements et enquêtes douanières de Lille, où ont été centralisés, collationnés et analysés les résultats de l'enquête, la chambre criminelle a cassé indiquant qu'en prononçant ainsi, alors qu'il ne résulte pas de ces constatations que le lieu retenu pour déterminer la compétence du tribunal de police était celui où les contraventions avaient été matériellement constatées, la cour d'appel a méconnu le texte susvisé[5].

Il résulte de la combinaison des articles 522 et 385 que, devant le tribunal de police, les exceptions tirées de la nullité de la citation doivent, à peine de forclusion, être présentées avant toute défense au fond[6]. En revanche, l'exception d'incompétence territoriale qui est d'ordre public, peut être soulevée pour la première fois devant la Cour de cassation[7].

121.14 Situation des mineurs en matière de police, antérieurement à l'entrée en vigueur du Code de la justice pénale des mineurs. Les mineurs auxquels était imputée une infraction qualifiée de crime ou de délit n'étaient déjà pas déférés aux juridictions pénales de droit commun, et n'étaient justiciables que des tribunaux pour enfants ou des cours d'assises des mineurs.

Ceux auxquels était imputée une contravention de police de cinquième classe étaient déférés aux juridictions pour enfants dans les conditions précédemment prévues à l'article 20-1 de l'ordonnance du 2 février 1945[8]. Les contraventions de la 5e classe commises par des mineurs, étaient instruites et jugées dans les conditions prévues aux articles 8 à 19 de l'ordonnance du 2 février 1945 modifiée[9].

Sous réserve de l'application des articles 524 à 530-1 du code de procédure pénale, les contraventions de police des quatre premières classes, commises par les mineurs, étaient déférées au tribunal de police siégeant dans les conditions de publicité prescrites à l'article 14 pour le tribunal pour enfants.

Si la contravention était établie, le tribunal pouvait soit simplement admonester le mineur, soit prononcer la peine d'amende prévue par la loi. Toutefois, les mineurs de treize ans ne pouvaient faire l'objet que d'une admonestation.

En outre, si le tribunal de police estimait utile, dans l'intérêt du mineur, l'adoption d'une mesure de surveillance, il pouvait, après le prononcé du jugement, transmettre le dossier au juge des enfants qui avait la faculté de placer le mineur sous le régime de la liberté surveillée.

1. V. ss no 121.21.
2. C. pr. pén., art. 466.
3. C. pr. pén., art. 522.
4. Crim. 17 oct. 1978, no 77-93.784, P no 274 ; *D.* 1979. IR 102.
5. Crim. 29 oct. 1998, no 97-84.433, P no 282.
6. Crim. 1er févr. 1968, no 66-90.044, P no 36.
7. Crim. 28 févr. 2006, no 05-85.840, P no 57 ; *D.* 2006. IR 1002.
8. Ord. no 45-174, 2 févr. 1945 relative à l'enfance délinquante, *JO* 4 févr., p. 530, art. 1er.
9. Ord. no 45-174, 2 févr. 1945, art. 20-1.

L'appel des décisions des tribunaux de police était porté devant la cour d'appel dans les conditions prévues à l'article 7 de l'ordonnance du 22 décembre 1958[1] relative à l'organisation des juridictions pour enfants[2].

Les lois du 13 décembre 2011[3], puis du 24 décembre 2012[4] [5] avaient déjà prévu que le juge de proximité un temps compétent pour les contraventions des quatre premières classes en vertu du deuxième alinéa de l'article 521 du code de procédure pénale ne le soit plus. La suppression de cette appellation et la nouvelle rédaction des articles 521 et 523 du code de procédure pénale avait conduit à ce que toutes les contraventions commises par des mineurs puissent être jugées par le tribunal de police, qui pouvait être tenu par un magistrat exerçant à titre temporaire.

121.15 Situation des mineurs depuis l'entrée en vigueur du Code de la justice pénale des mineurs. L'entrée en vigueur du Code de la justice pénale des mineurs (CJPM), le 30 septembre 2021 a repris les grands principes de l'ordonnance de 1945. Si le droit pénal des mineurs « poursuit irrémédiablement son rapprochement vers celui des majeurs »[6], tel n'a pas été le cas en matière de contraventions.

Sous réserve des dispositions des articles 628-1, 706-17, 706-27, 706-72-1 et 706-168 du code de procédure pénale, sont compétentes les juridictions de jugement pour mineurs :

1° De la résidence du mineur ou de celle de ses représentants légaux[7] ;

2° Du lieu où le mineur a été placé à titre provisoire ou définitif ;

3° Du lieu de l'infraction ;

4° Du lieu où le mineur a été trouvé[8].

Le tribunal de police est compétent pour juger les contraventions des quatre premières classes commises par les mineurs.

Lorsque le mineur est âgé d'au moins treize ans, il peut prononcer à son encontre :

- Une dispense de peine ;

- Une peine d'amende, qui ne peut excéder la moitié de la peine encourue, sans pouvoir excéder 7 500 € ;

- Une des peines complémentaires énumérées à l'article 131-16 du code pénal[9].

Si le mineur est âgé de moins de treize ans et considéré comme responsable, il peut faire l'objet d'un avertissement judiciaire.

Le juge des enfants et le tribunal pour enfants sont compétents pour juger :

1° Des contraventions de la cinquième classe et des délits commis par les mineurs ;

2° Des contraventions des quatre premières classes commises par les mineurs, lorsqu'elles sont connexes aux infractions mentionnées au 1°[10].

Lorsqu'il statue seul en chambre du conseil, le juge des enfants ne peut prononcer à l'égard du mineur de plus de treize ans que :

- Une mesure éducative ou une dispense de mesure éducative ou une déclaration de réussite éducative ;

- La confiscation de l'objet ayant servi à l'infraction ;

- Une peine de stage ;

- Une peine de travail d'intérêt général si le mineur est âgé de plus de seize ans au moment de son prononcé.

C'est en revanche le tribunal pour enfants qui connaît :

1° Des contraventions de la cinquième classe et des délits commis par les mineurs âgés d'au moins treize ans ;

2° Des crimes commis par les mineurs de moins de seize ans ;

3° Des contraventions des quatre premières classes commises par les mineurs, lorsqu'elles sont connexes aux infractions mentionnées aux 1° et 2°[11].

Le tribunal pour enfants peut, en sus des peines mentionnées précédemment, les autres peines applicables aux mineurs.

Il en ressort que le juge de police connait toujours des contraventions des quatre premières classes lorsqu'elles sont commises par un mineur mais pas des contraventions de 5e classe, des délits ni *a fortiori* d'un crime.

121.16 Suspension et interruption de la prescription en matière de contravention. On sait que la prescription de l'action publique est d'une année en matière de contravention, à compter du jour où l'infraction a été commise[12].

On rappellera que dans l'hypothèse d'une disqualification d'un délit en contravention, cette prescription peut se trouver acquise en l'absence de tout

1. Ord. n° 58-1274, 22 déc. 1958 relative à l'organisation des juridictions pour enfants, *JO* 23 déc., p. 11559.
2. Ord. n° 45-174, 2 févr. 1945, art. 21.
3. L. n° 2011-1862, 13 déc. 2011 relative à la répartition des contentieux et à l'allègement de certaines procédures juridictionnelles, *JO* 14 déc., p. 21105.
4. L. n° 2012-1441, 24 déc. 2012 relative aux juridictions de proximité, *JO* 26 déc., p. 20395.
5. Ord. n° 45-174, 2 févr. 1945, art. 21.
6. M. Lena, « CJPM : premiers retours d'expériences », *AJ Pénal*, 2022. 57.
7. Réd. issue L. n° 2021-218, 26 févr. 2021, art. 10.
8. CJPM, art. L. 231-1.
9. CJPM, art. L. 121-3.
10. CJPM, art. L. 231-2.
11. CJM, art. L. 231-3.
12. C. pr. pén., art. 9.

acte interruptif de cette prescription entre la date des faits et celle de l'acte qui a saisi le tribunal[1].

Et encore que le juge est tenu de répondre à un moyen soulevant la prescription de l'action publique[2].

La chambre criminelle a eu récemment l'occasion de préciser en cette matière, que si l'émission d'un avis de contravention constitue, conformément à l'article 9-2 du code de procédure pénale, un acte d'enquête ou de poursuite de nature à interrompre la prescription de l'action publique, il n'en va pas de même en ce qui concerne la décision par laquelle le ministère public se borne à informer, par courrier, un contrevenant de l'irrecevabilité d'une requête en exonération ou d'une réclamation de sorte qu'il appartiendra au juge de renvoi de vérifier la date de signature des titres exécutoires[3].

Elle a par ailleurs jugé que la transmission tardive de l'opposition du contrevenant par le greffe ne suspend pas l'écoulement du délai de prescription, d'une part, parce que l'article R. 46 du code de procédure pénale, selon lequel il appartient au greffe d'aviser sans délai le procureur de la République ou l'officier du ministère public de l'opposition formée par le prévenu, n'institue aucun délai dont la méconnaissance serait susceptible d'être sanctionnée ; d'autre part, parce que le délai de transmission de l'opposition au ministère public, à supposer qu'il caractérise un retard anormal traduisant un dysfonctionnement du greffe, n'ayant pas placé l'officier du ministère public dans l'impossibilité d'agir, ne constitue pas un obstacle de fait assimilable à la force majeure pouvant suspendre la prescription dans les conditions prévues par l'article 9-3 du code de procédure pénale. Il sera relevé, comme le souligne la commentatrice de cet arrêt, que la question de savoir comment l'officier du ministère public aurait pu intervenir sur l'organisation du greffe pour réduire le délai de transmission de l'opposition au ministère public demeure entière[4].

Enfin, dans l'hypothèse d'une poursuite pour contravention au code de la voirie routière, la chambre criminelle a eu l'occasion de rappeler que si l'action publique se prescrit par une année révolue à compter du jour où l'infraction a été commise si, dans cet intervalle, il n'a été effectué aucun acte d'instruction ou de poursuite, selon l'article L. 116-6 du code de la voirie routière, l'action en réparation de l'atteinte portée au domaine public routier est imprescriptible. Il en résulte que, si les auteurs ou les personnes civilement responsables peuvent être condamnés à la réparation du dommage causé, quel que soit le temps écoulé depuis le fait constitutif de la contravention de voirie routière, cette contravention se prescrit selon les dispositions de l'article 9 du code de procédure pénale[5].

SECTION 2
COMPOSITION DU TRIBUNAL DE POLICE

121.21 **Tribunal de police.** Lorsqu'il statue en matière pénale, le tribunal judiciaire est dénommé tribunal correctionnel ou tribunal de police selon qu'il juge des délits (et éventuellement les contraventions connexes) ou des contraventions seules[6].

La loi organique du 8 août 2016 est venue ouvrir la possibilité de recruter des magistrats honoraires pour exercer des fonctions juridictionnelles (MHFJ)[7]. La loi du 18 novembre 2016[8] a supprimé les expressions « juridictions de proximité » et « juges de proximité » pour, en matière de contraventions, les remplacer par « tribunal de police » et « magistrats exerçant à titre temporaire »[9]. La loi du 22 décembre 2021[10] a ouvert sous certaines réserves la possibilité aux MHFJ de siéger au tribunal de police. L'article 41-11 du code de procédure pénale[11] énonce les cinq catégories de contraventions qui ne peuvent être jugées par un magistrat exercant titre temporaire ou un magistrat honoraire.

Ainsi de principe, le tribunal de police est constitué par un juge du tribunal judiciaire, un officier du ministère public ainsi qu'il est dit aux articles 45 et suivants, et un greffier[12]. Dans les villes les plus importantes, les tribunaux de police sont évidemment constitués d'un plus grand nombre de magistrats et fonctionnaires.

Lorsqu'il connaît des contraventions des quatre premières classes, à l'exception de celles déterminées

1. Crim. 7 mai 1996, n° 95-83.992, P n° 196.
2. Crim. 10 nov 2004, n° 04-83.541, P n° 283 ; y compris lorsque les arguments péremptoires sont contenus dans l'acte d'opposition à une ordonnance pénale : Crim. 15 oct. 2014, n° 12-83.594, P n° 209.
3. Crim. 13 sept. 2022, n° 21-86.424, NP.
4. Crim. 6 sept. 2022, n° 22-80.358, NP, D. Goetz, « Suspension et interruption de la prescription en matière contraventionnelle », *D. actu.* 27 sept. 2022.
5. Crim. 3 janv. 2023, n° 22-83.368, P ; A. Roques, « Prescription d'une contravention à la voirie routière : le délai d'un an s'applique », *D. actu.* 15 févr. 2023.
6. COJ, art. L. 211-1 et L. 211-9-1.
7. LO n° 2016-1090, 8 août 2016 relative aux garanties statutaires, aux obligations déontologiques et au recrutement des magistrats ainsi qu'au Conseil de la magistrature (v. Ord. n° 58-1270, 22 déc. 1958 portant loi organique relative au statut de la magistrature, art. 41-25 s.).
8. L. n° 2016-1547, 18 nov. 2016 de modernisation de la justice du XXIe siècle, *JO* 19 nov., n° 1.
9. Les juridictions de proximité ont effectivement été supprimées à compter du 1er juillet 2017.
10. L. n° 2021-1729, 22 déc. 2021 pour la confiance dans l'institution judiciaire, art. 14.
11. C. pr. pén., art. 41-11 issu Décr. n° 2022-889, 14 juin 2022.
12. C. pr. pén., art. 523, al. 1.

par un décret en Conseil d'État, ainsi que des contraventions de la cinquième classe relevant de la procédure de l'amende forfaitaire, le tribunal de police peut être constitué par un magistrat exerçant à titre temporaire ou par un magistrat honoraire exerçant des fonctions juridictionnelles dans les conditions prévues à la section II du chapitre V *bis* de l'ordonnance n° 58-1270 du 22 décembre 1958 portant loi organique relative au statut de la magistrature. Si l'importance du contentieux le justifie, le président du tribunal judiciaire peut décider qu'à titre exceptionnel, le magistrat exerçant à titre temporaire ou le magistrat honoraire exerçant des fonctions juridictionnelles préside une partie des audiences du tribunal de police consacrées aux contraventions de la cinquième classe, à l'exception de celles déterminées par décret en Conseil d'État[1].

Le décret du 14 juin 2022[2] est venu tirer les conséquences de la modification de l'article 523 du code de procédure pénale par la loi du 22 décembre 2021[3] et donc

exclure que le tribunal de police puisse être constitué par un magistrat exerçant à titre temporaire ou un magistrat honoraire exerçant des fonctions juridictionnelles pour le jugement des contraventions suivantes :

1° Diffamation non publique prévue par l'article R. 621-1 du code pénal ;

2° Injure non publique prévue par l'article R. 621-2 du code pénal ;

3° Provocation non publique présentant un caractère raciste ou discriminatoire prévue par l'article R. 625-7 du code pénal ;

4° Diffamation non publique présentant un caractère raciste ou discriminatoire prévue par l'article R. 625-8 du code pénal ;

5° Injure non publique présentant un caractère raciste ou discriminatoire prévue par l'article R. 625-8-1 du code pénal[4].

121.22 Représentant du ministère public. Au fil des multiples réformes intervenues, et malgré la simplicité du principe fondateur (le procureur de la République occupe le siège du ministère public), on trouve ici des dispositions dont le législateur a voulu récemment clarifier la lettre.

Ainsi que l'indique le code de l'organisation judiciaire, le siège du ministère public devant le tribunal de police est en effet occupé par le procureur de la République ou par le commissaire de police dans les cas et conditions prévus aux articles 45 à 48 du code de procédure pénale[5].

Mais dans sa rédaction issue de l'ordonnance du 18 septembre 2019[6], le code de procédure pénale précise à son tour, que le procureur de la République près le tribunal judiciaire occupe le siège du ministère public devant le tribunal de police pour les contraventions de la cinquième classe ne relevant pas de la procédure de l'amende forfaitaire. Il peut l'occuper également en toute matière devant le tribunal de police s'il le juge à propos, au lieu et place du commissaire de police qui exerce habituellement ces fonctions sous le contrôle du procureur de la République.

Toutefois, dans le cas où les infractions forestières sont soumises aux tribunaux de police ou aux juridictions de proximité, les fonctions du ministère public sont remplies par le directeur régional de l'administration chargée des forêts ou par le fonctionnaire qu'il désigne, sauf si le procureur de la République estime opportun d'occuper ces fonctions[7].

En cas d'empêchement du commissaire de police, le procureur général désigne, pour une année entière, un ou plusieurs remplaçants qu'il choisit parmi les commissaires et les « commandants ou capitaines de police »[8] en résidence dans le ressort du tribunal judiciaire[9].

À titre exceptionnel, et en cas de nécessité absolue, pour la tenue de l'audience, le juge du tribunal d'instance peut appeler, pour exercer les fonctions du ministère public, le maire du lieu où siège[10] le tribunal de police ou un de ses adjoints[11].

S'il y a plusieurs commissaires de police au lieu où siège le tribunal de police, le procureur général désigne celui qui remplit les fonctions du ministère public[12].

Lorsqu'il résulte d'une pièce régulièrement versée au dossier de la procédure que le fonctionnaire de police mentionné au jugement du tribunal de police comme ayant occupé le siège du ministère public n'a pas été désigné par le procureur général près la cour d'appel pour exercer les fonctions du ministère public près le tribunal de police, la composition de cette juridiction est irrégulière[13]. Il est traditionnellement cité ici une très ancienne jurisprudence en vertu de

1. C. pr. pén., art. 523, mod. par L. n° 2021-1729, 22 déc. 2021, art. 14 (V).
2. Décr. n° 2022-889, 14 juin 2022.
3. L. n° 2021-1729, 22 déc. 2021, art. 14.
4. C. pr. pén., art. R. 41-11.
5. COJ, art. L. 222-3.
6. Ord. n° 2019-964, 18 sept. 2019, *JO* 19 sept., n° 5, art. 35.
7. C. pr. pén., art. 45.
8. L. n° 96-647, 22 juill. 1996 tendant à renforcer la répression du terrorisme et des atteintes aux personnes dépositaires de l'autorité publique ou chargées d'une mission de service public et comportant des dispositions relatives à la police judiciaire, *JO* 23 juill., p. 11104.
9. C. pr. pén., art. 46, mod. par Ord. n° 2019-964, 18 sept. 2019, art. 18 et 35.
10. L. n° 2005-47, 26 janv. 2005, *JO* 27 janv., n° 1, art. 9 VII.
11. C. pr. pén., art. 46.
12. C. pr. pén., art. 47.
13. Crim. 22 oct. 1987, n° 87-80.955, P n° 366.

laquelle, il y a présomption que le commissaire de police, qui a représenté le ministère public près le tribunal de simple police, dans une ville où il existe plusieurs commissaires de police, a été régulièrement habilité par le procureur général à remplir les fonctions du ministère public, s'il n'a été soulevé à l'audience aucune contestation à ce sujet, et si le jugement ne renferme aucune énonciation d'où l'on puisse induire le contraire[1].

Enfin, s'il n'y a pas de commissaire de police au lieu où siège le tribunal de police[2], le procureur général désigne, pour exercer les fonctions du ministère public, un commissaire ou un commandant ou capitaine de police en résidence dans le ressort du tribunal judiciaire[3].

S'il a pu être jugé que l'omission du nom du commissaire de police exerçant les fonctions du ministère public près le tribunal de police et en présence duquel la condamnation a été prononcée ne constituait pas une violation d'une formalité substantielle, le renvoi par l'article 543 à l'article 486 n'imposant que de constater la présence du ministère public à l'audience[4], il ne saurait qu'être conseillé de faire figurer sur les jugements de police la qualité de celui qui tient la place du ministère public.

Par ailleurs, et de jurisprudence constante, le jugement de (simple) police rendu et prononcé en l'absence du ministère public est nul[5], tandis qu'encourt la cassation le jugement qui constate la présence du ministère public mais ne mentionne pas qu'il a eu la parole en ses « conclusions »[6].

121.23 **Greffier.** Il n'existe aucune spécificité en ce qui concerne le statut ou le rôle du greffier devant le tribunal de police. Tout au plus peut-on préciser que les greffiers en chef de tribunaux d'instance dépendent des chefs de Cour.

À titre exceptionnel et pour des raisons d'ordre géographique, économique ou social, un tribunal d'instance peut comporter un ou plusieurs greffes détachés[7].

SECTION 3
SAISINE DE LA JURIDICTION

121.31 **Saisine.** Le tribunal de police est saisi des infractions de sa compétence soit par le renvoi qui lui en est fait par la juridiction d'instruction, soit par la comparution volontaire des parties, soit par la citation délivrée directement au prévenu et à la personne civilement responsable de l'infraction[8].

Si l'instruction préparatoire est obligatoire en matière de crime, sauf dispositions spéciales, elle est facultative en matière de délit ; elle peut également avoir lieu en matière de contravention si le procureur de la République le requiert en application de l'article 44 du code de procédure pénale.

L'avertissement délivré par le ministère public dispense de citation s'il est suivi de la comparution volontaire de la personne à laquelle il est adressé.

Il indique l'infraction poursuivie et vise le texte de loi qui la réprime[9].

La citation obéit aux règles qui seront spécifiées pour la matière délictuelle[10].

La saisine par officier ou agent de police judiciaire, ou chef d'établissement pénitentiaire est également possible du fait du renvoi de l'article 533 à l'article 390-1 du code de procédure pénale.

121.32 **Règles applicables.** Les articles 388-1, 388-2, 388-3, 388-4 et 390 à 392-1 du code de procédure pénale sont applicables devant le tribunal de police.

Ces articles sont relatifs à :

- 388-1 : la nécessité pour la personne dont la responsabilité civile est susceptible d'être engagée à l'occasion d'une infraction d'homicide ou de blessures involontaires qui a entraîné pour autrui un dommage quelconque pouvant être garanti par un assureur, de préciser le nom et l'adresse de celui-ci, ainsi que le numéro de sa police d'assurance. Il en est de même pour la victime lorsque le dommage qu'elle a subi peut être garanti par un contrat d'assurance. Ces renseignements sont consignés dans les procès-verbaux d'audition.

- au fait que lorsque des poursuites pénales sont exercées, les assureurs appelés à garantir le dommage sont admis à intervenir et peuvent être mis en cause devant la juridiction répressive, même pour la première fois en cause d'appel ; ils doivent se faire représenter par un avocat.

- et, en ce qui concerne les débats et les voies de recours, à l'application des règles concernant les personnes civilement responsables et les parties civiles à l'assureur du prévenu et à celui de la partie civile sous réserve des dispositions de l'alinéa 2 de l'article 388-1, du deuxième alinéa de l'article 385-1, de l'article 388-2 et du dernier alinéa de l'article 509.

- C. pr. pén., art. 388-2 : l'obligation, dix jours au moins avant l'audience, d'effectuer la mise en cause de l'assureur par toute partie qui y a intérêt au

1. Crim. 26 juin 1919, *DP* 1921. 1. 11.
2. C. pr. pén., art. 48.
3. C. pr. pén., art. 48.
4. Crim. 28 mai 1974, n° 72-92.129, P n° 203.
5. Crim. 25 mars 1922, P n° 128.
6. Crim. 28 avr. 1944, *D.* 1945. 84.
7. COJ, art. R. 222-6.
8. C. pr. pén., art. 531.
9. C. pr. pén., art. 532.
10. V. s[s] n°s 411.05 s.

moyen d'un acte d'huissier ou d'une lettre recommandée, avec demande d'avis de réception, qui mentionne la nature des poursuites engagées, l'identité du prévenu, de la partie civile et, le cas échéant, de la personne civilement responsable, le numéro des polices d'assurance, le montant de la demande en réparation ou, à défaut, la nature et l'étendue du dommage, ainsi que le tribunal saisi, le lieu, la date et l'heure de l'audience.

- C. pr. pén., art. 388-3 : l'opposabilité à l'assureur de la décision concernant les intérêts civils lorsqu'il est intervenu au procès ou a été avisé dans les conditions prévues par l'article 388-2.

- C. pr. pén., art. 388-4[1] : en cas de poursuites par citation prévue à l'article 390 ou convocation prévue à l'article 390-1, le fait que les avocats des parties puissent consulter le dossier de la procédure au greffe du tribunal judiciaire dès la délivrance de la citation ou au plus tard deux mois après la notification de la convocation.

À leur demande, les parties ou leur avocat peuvent se faire délivrer copie des pièces du dossier. Si le dossier a fait l'objet d'une numérisation, cette copie est remise sous forme numérisée, le cas échéant par un moyen de télécommunication selon les modalités prévues à l'article 803-1. La délivrance de cette copie intervient dans le mois qui suit la demande. Toutefois, en cas de convocation en justice et si la demande est faite moins d'un mois après la notification de cette convocation, cette délivrance intervient au plus tard deux mois après cette notification. La délivrance de la première copie de chaque pièce du dossier est gratuite.

- C. pr. pén., art. 390 : relatif à la délivrance de la citation dans des délais et formes prévus par les articles 550 et suivants.

- C. pr. pén., art. 390-1 : extension des possibilités de convocation en justice sur instructions du procureur de la République et dans les délais prévus par l'article 552, soit par un greffier, un officier ou agent de police judiciaire ou un délégué ou un médiateur du procureur de la République, soit, si le prévenu est détenu, par le chef de l'établissement pénitentiaire[2].

- C. pr. pén., art. 390-2 : nouvelles règles issues de la loi du 27 mai 2014, lorsque le délai entre la signification de la citation prévue à l'article 390 ou la notification de la convocation prévue à l'article 390-1 et l'audience devant le tribunal est inférieur à deux mois et que le prévenu ou son avocat n'ont pas pu obtenir avant l'audience la copie du dossier demandé en application de l'article 388-4, le tribunal est tenu d'ordonner, si le prévenu en fait la demande, le renvoi de l'affaire à une date fixée à au moins deux mois à compter de la délivrance de la citation ou de la notification de la convocation.

- C. pr. pén., art. 391 : concernant l'avis à toute personne ayant porté plainte par le parquet de la date de l'audience et de son droit si elle ne comprend pas la langue française, à sa demande, à une traduction de l'avis d'audience. À titre exceptionnel, il peut en être effectué une traduction orale ou un résumé oral[3].

- C. pr. pén., art. 392 : l'obligation faite à la partie civile, qui cite directement un prévenu devant un tribunal répressif, de faire, dans l'acte de citation, élection de domicile dans le ressort du tribunal saisi, à moins qu'elle n'y soit domiciliée.

- C. pr. pén., art. 392-1 : relatif aux règles de consignation.

Par suite, il sera noté que les dispositions qui prévoient désormais qu'en cas de poursuites par citation prévue à l'article 390 ou convocation prévue à l'article 390-1, les parties ou leur avocat peuvent, avant toute défense au fond ou à tout moment au cours des débats, demander, par conclusions écrites, qu'il soit procédé à tout acte qu'ils estiment nécessaire à la manifestation de la vérité, que ces conclusions peuvent être adressées avant le début de l'audience, par lettre recommandée avec demande d'avis de réception ou par remise au greffe contre récépissé et que s'il estime que tout ou partie des actes demandés sont justifiés et qu'il est possible de les exécuter avant la date de l'audience, le président du tribunal peut, après avis du procureur de la République, en ordonner l'exécution selon les règles applicables au cours de l'enquête préliminaire[4], ainsi que les modalités de réalisation de ces mesures, ne sont pas applicables en matière de police. Le fait que l'article 388-5 et l'article 533 soient tous deux issus de la loi du 27 mai 2014[5] milite en faveur d'une exclusion volontaire de ces dispositions du domaine de la juridiction de police, ce qu'il est possible de regretter.

Il n'y a pas lieu en revanche de s'étonner de l'absence de renvoi en matière de police au texte de l'article 389 du code de procédure pénale. En effet, un texte spécifique reprend exactement le même principe en prescrivant que l'avertissement délivré par le ministère public dispense de citation s'il est suivi de la comparution volontaire de la personne à laquelle il est adressé. Cet avertissement indique l'infraction poursuivie et vise le texte de loi qui la réprime[6].

1. Mod. par Ord. n° 2019-964, 18 sept. 2019, *JO* 19 sept., n° 5, art. 35 (VD).
2. L. n° 2016-731, 3 juin 2016, art. 76.
3. L. n° 2015-993, 17 août 2015, art. 7.
4. C. pr. pén., art. 388-5.
5. L. n° 2014-535, 27 mai 2014, art. 8.
6. C. pr. pén., art. 532.

SECTION 4
INSTRUCTION ET DÉROULEMENT DU PROCÈS

121.41 Pouvoirs propres du président. On relève ici une originalité par rapport à la procédure correctionnelle.

Avant le jour de l'audience, le président peut, sur la requête du ministère public ou de la partie civile, estimer ou faire estimer les dommages, dresser ou faire dresser des procès-verbaux, faire ou ordonner tous actes requérant célérité[1].

Il n'est pas certain que ces dispositions soient souvent mises en œuvre.

121.42 Dispositions communes avec le tribunal correctionnel. Les dispositions des articles 400 à 405, 406 à 408 du code de procédure pénale, sont applicables à la procédure devant le tribunal de police.

Toutefois, les sanctions prévues par l'article 404, alinéa 2, en cas de trouble apporté à l'ordre de l'audience, ne peuvent être prononcées que par le tribunal correctionnel, saisi par le ministère public, au vu du procès-verbal dressé par le juge du tribunal de police relatant l'incident[2].

Ces articles sont relatifs à :

- C. pr. pén., art. 400 : la publicité des audiences et le huis clos.

La publicité doit, à peine de nullité, être constatée non seulement pour l'audience dans laquelle le jugement est rendu, mais aussi pour toutes les audiences où il a été fait des actes d'instruction.

- C. pr. pén., art. 401 : la police de l'audience reconnue au président.
- C. pr. pén., art. 402 : la possibilité pour le président d'interdire l'accès de la salle aux mineurs.
- C. pr. pén., art. 403 : *(abrogé)*.
- C. pr. pén., art. 404 : l'expulsion d'une personne troublant l'ordre.
- C. pr. pén., art. 405 : l'expulsion du prévenu.
- C. pr. pén., art. 406 : l'information du prévenu sur le droit à l'interprète, le droit au silence et l'appel des parties.
- C. pr. pén., art. 407 : les règles relatives à l'interprétariat à l'audience.
- C. pr. pén., art. 408 : le cas particulier du prévenu, de la partie civile ou du témoin atteint de surdité et leur assistance.

Sont également applicables les règles édictées par les articles 418 à 426 concernant la constitution de partie civile ; par les articles 427 à 457 relatifs à l'administration de la preuve sous réserve de ce qui est dit à l'article 537 ; par les articles 458 à 461 concernant la discussion par les parties ; par l'article 462 relatif au jugement[3].

Bien que les textes ci-dessus ne le spécifient pas expressément, les règles applicables aux majeurs protégés[4], en particulier en ce qui concerne l'obligation d'une expertise préalable sont applicables en matière contraventionnelle[5].

Dans tous les cas le prévenu aura la parole en dernier car en application de l'article 536 du code de procédure pénale qui, pour les débats devant l'ancienne juridiction de proximité renvoie à l'article 460, le prévenu ou son avocat auront donc toujours la parole les derniers[6].

121.43 Assistance ou représentation. Sont applicables devant le tribunal de police les dispositions des articles 410 à 415 du code de procédure pénale relatives à la comparution et à la représentation du prévenu et de la personne civilement responsable.

Toutefois, lorsque la contravention poursuivie n'est passible que d'une peine d'amende, le prévenu peut se faire représenter par un avocat ou par un fondé de procuration spéciale[7]. Cette dernière possibilité est tout à fait spécifique au tribunal de police. La chambre criminelle en a une application stricte et a pu juger qu'en matière de contravention de dégradation ou détérioration légère, prévue et réprimée par l'article R. 635-1 du code pénal, ce texte prévoyant outre la peine d'amende applicable aux contraventions de la cinquième classe des peines complémentaires, le prévenu ne pouvait se faire représenter par un fondé de procuration spéciale, en l'espèce son épouse[8].

La procuration visée par l'article 152 du code d'instruction criminelle[9] doit, en principe, être écrite et non verbale[10]. Toutefois, le prévenu est régulièrement représenté par un mandataire verbal, lorsqu'aucune contestation n'est élevée par le ministère public ou la partie civile sur l'existence ou la spécialité du mandat[11]. Mais il se déduit de l'article 544 du code de procédure pénale que, lorsque la contravention est passible d'autres peines que celle de l'amende, le prévenu ne peut se faire représenter par un fondé de procuration spéciale[12].

1. C. pr. pén., art. 534.
2. C. pr. pén., art. 535.
3. C. pr. pén., art. 536.
4. V. s[s] n° 221.101.
5. C. pr. pén., art. D. 47-23.
6. Crim. 18 oct. 2006, n° 06-82.734, P n° 251 ; *D.* 2006. 3012 ; *AJ pénal* 2006. 512.
7. C. pr. pén., art. 544.
8. Crim. 17 nov. 1998, n° 97-86.104, P n° 300 – Crim. 22 juin 2011, n° 11-80.070, P n° 151 ; *D.* 2011. 1824.
9. C. pr. pén., art. 544.
10. Crim. 2 juill. 1859, *DP* 1859. 1. 320.
11. Crim. 19 janv. 1873, *DP* 1873. 1. 163.
12. Crim. 22 juin 2011, n° 11-80.070, P n° 151 ; *D.* 2011. 1824.

Il résulte des dispositions de l'article 544, alinéa 2, que le prévenu traduit devant le tribunal de police pour une contravention passible d'une simple peine d'amende est régulièrement représenté par un avocat. Dès lors la décision rendue à son égard est contradictoire, et le délai d'appel part du jour du jugement[1].

Il avait pu être décidé que lorsque le prévenu a demandé à être jugé en son absence conformément aux dispositions de l'article 411 du code de procédure pénale, le tribunal de police a l'obligation de répondre au chef péremptoire des conclusions soulevant l'exception de prescription de l'action publique[2]. Rappelons cependant que la jurisprudence considère, en matière de police comme en matière correctionnelle que le prévenu ne saurait se faire un grief d'une insuffisance ou d'un défaut de réponse à conclusions, dès lors que les écrits qu'il a adressés à la juridiction ne valent pas conclusions régulièrement déposées au sens de l'art. 459 du code de procédure pénale, faute pour lui d'avoir comparu à l'audience ou d'y avoir été représenté[3].

La personne civilement responsable peut toujours se faire représenter par un avocat[4].

La constitution de partie civile obéit aux mêmes règles que devant le tribunal correctionnel[5].

121.44 **Débats.** Lorsque le tribunal de police a été saisi par ordonnance du juge d'instruction, il faut rappeler que celle-ci, devenue définitive, couvre s'il en existe, les vices de la procédure[6]. Le juge de police assure la direction des débats dans les mêmes conditions que son homologue statuant en matière correctionnelle. Il est donc renvoyé aux dispositions de cet ouvrage sur la tenue de l'audience[7].

Le respect dû aux principes applicables à l'audience est le même, le rôle du greffe, des avocats et du ministère public également, qu'il s'agisse d'exceptions ou incidents de procédure ou du fond.

À titre d'exemple, il a pu être jugé qu'aux termes de l'article 427 du code de procédure pénale auquel se réfère l'article 536 du même code, le juge de police ne peut fonder sa décision que sur des preuves qui sont contradictoirement discutées devant lui. Enfreint cette disposition, le jugement qui se fonde sur des documents non soumis à publication et qui n'ont pas été communiqués au prévenu ou à son conseil[8].

121.45 **Preuve des contraventions.** L'article 536 du code de procédure pénale rend applicable devant le tribunal de police, « les articles 27 à 457 relatifs à l'administration de la preuve, sous réserve de ce qui est dit à l'article 537 ». Ceci renvoie au principe de liberté de la preuve[9] et l'article 537 ne peut donc se lire que comme une dérogation, en matière de contraventions donnant lieu à établissement d'un procès-verbal, en définissant la foi qu'il convient d'apporter à ceux-ci.

Sauf dans les cas où la loi en dispose autrement, les procès-verbaux ou rapports établis par les officiers et agents de police judiciaire et les agents de police judiciaire adjoints, ou les fonctionnaires ou agents chargés de certaines fonctions de police judiciaire auxquels la loi a attribué le pouvoir de constater les contraventions, font foi jusqu'à preuve contraire. La preuve contraire ne peut être rapportée que par écrit ou par témoins[10].

Texte spécifique à la matière contraventionnelle, l'article 537 du code de procédure pénale a pu être critiqué pour sa sévérité ou comme imposant un système de preuve impossible[11] mais sa conventionnalité et sa constitutionnalité ont été affirmées à plusieurs reprises[12].

Ce texte a notamment donné lieu à une question prioritaire de constitutionnalité au terme de laquelle il était recherché si le pluriel affectant le mot « témoin » impose au juge de ne retenir que la preuve contraire des faits consignés d'un procès-verbal est rapportée, que s'il est en présence d'au moins deux témoignages et ne puisse corrélativement décider, si un seul témoignage est produit, fût-il digne de foi, que la preuve contraire est rapportée ?

La chambre criminelle[13] a refusé de renvoyer cette question au Conseil constitutionnel au motif que la présomption de culpabilité instituée par ce texte en matière de contravention ne revêt pas de caractère irréfragable ; que le respect des droits de la défense est assuré devant la juridiction de jugement, laquelle ne peut exiger du prévenu qu'il fasse citer plusieurs témoins, seul étant à prendre en considération, au regard de la disposition critiquée, le caractère probant

1. Crim. 16 févr. 1977, n° 76-90.675, P n° 64 – Crim. 3 mars 2004, n° 03-85.524, NP, *Dr. pénal* 2004. Comm. 99, obs. A. Maron.
2. Crim. 27 mai 1987, n° 86-93.921, P n° 223.
3. Crim. 16 juin 2011, n° 10-87.568, P n° 139 ; *D. actu.* 29 juin 2011, obs. C. Girault ; *RSC* 2011. 664, obs. J. Danet ; *RSC* 2011. 869, obs. X. Salvat ; *D.* 2011. Actu. 1688 ; *D.* 2011. Pan. 2239, obs. J. Pradel ; *D.* 2012. Chron. 171, obs. C. Roth, A. Leprieur et M.-L. Divialle ; *Dr. pénal* 2011, n° 114, obs. A. Maron et M. Haas ; *Procédures* 2011, n° 275, obs. A. Maron et M. Haas.
4. C. pr. pén., art. 544 et 415.
5. C. pr. pén., art. 536.
6. C. pr. pén., art. 178.
7. V. s^s^ n° 544.21.
8. Crim. 20 nov. 1984, n° 84-91.332, P n° 361.
9. V. s^s^ n°s 545.41 s.
10. C. pr. pén., art. 537.
11. T. Besse, « Article 537 du code de procédure pénale et procès équitable en matière contraventionnelle : preuve contraire ou *probatio diabolica* ? », *Dr. pénal* 2017. 22.
12. V. s^s^ n°s 121.46 et 121.47.
13. Crim. 29 nov. 2016, n° 16-83.659, P.

de la déclaration de chaque témoin cité, fût-il unique ; que se trouve ainsi préservé l'équilibre des droits des parties[1]. Elle a par suite appliqué ce principe par un arrêt de cassation[2] d'une décision qui avait cru pouvoir juger que le mot témoin étant au pluriel, la preuve contraire devait être apportée par au moins deux témoins de telle sorte que l'attestation écrite d'un seul témoin ne suffisait pas à contredire les énonciations d'un procès-verbal. En réalité, un témoignage, à décharge, fait devant le juge, seul étant à prendre en considération le caractère probant de la déclaration de chaque témoin cité, fût-il unique, la cour d'appel n'avait pas justifié sa décision. Les contraventions sont donc prouvées soit par procès-verbaux ou rapports, soit par un ou plusieurs témoins à défaut de rapports et procès-verbaux, ou à leur appui. Il s'agit, ni plus ni moins pour la personne poursuivie, de démontrer l'insuffisance ou la fausseté des constatations des agents. Ainsi, une juridiction de proximité ne peut, sans violer les dispositions de l'article 537 du code de procédure pénale, prononcer la relaxe d'un contrevenant sans constater que la preuve contraire aux énonciations du procès-verbal a été rapportée par écrit ou par témoins[3].

De manière constante, la chambre criminelle considère qu'une attestation écrite ne constitue pas une preuve par écrit ou par témoin[4].

Par ailleurs, certaines contraventions (circulation en sens interdit, défaut d'indication d'un changement de direction[5] ...) ne commandent guère d'indications, de constatations précises[6]. Pour d'autres en revanche, la jurisprudence peut être plus exigeante. Ainsi a-t-il pu être jugé, par exemple, que le procès-verbal qui n'indique pas les circonstances matérielles concrètes, hormis le temps et le lieu, de nature à caractériser le non-respect, par un véhicule, de la distance de sécurité avec celui qui le précède ne comporte pas de constatations, au sens de l'article 537 du code de procédure pénale, de nature à établir l'inobservation des prescriptions de l'article R. 412-12 du code de la route[7].

Dans une espèce plus où la juridiction de proximité avait désigné un expert, à la suite de la contestation des vitesses relevées par un radar fixe, la chambre criminelle a pu dire que la juridiction de proximité avait fait exacte de l'article 537 du code de procédure pénale dès lors qu'il résulte du rapport de cet expert l'impossibilité pour les véhicules en cause d'atteindre les vitesses relevées par l'appareil de contrôle automatique[8]. Ce qui a amené le professeur Jacques-Henry Robert à s'interroger sur la qualification d'écrit d'un tel rapport d'expertise alors même que la jurisprudence était jusqu'alors hostile à l'admission d'une attestation écrite[9], ou par photographies[10] comme recevable au regard des dispositions de l'article 537. Peut-être faut-il y voir le fait que la mesure d'enquête avait été ordonnée par la juridiction elle-même ?

Toujours sur cette notion d'écrit, il est possible de renvoyer à une espèce à l'occasion de laquelle a été posée la question de savoir si le ticket horodateur constitue un écrit au sens de l'article 537. La chambre criminelle y a répondu[11] par la positive et qu'il appartenait à la juridiction d'en apprécier la force probante.

On peut d'ailleurs noter au passage une relative sévérité dans l'application de ces dispositions puisque la chambre criminelle estime avec constance qu'une erreur matérielle touchant le procès-verbal initial[12] n'affecte pas la validité des poursuites.

1. Sur la notion de présomption de culpabilité : v. s[s] n°s 522.13 s.
2. Crim. 28 mars 2017, n° 16-83.659, P.
3. Crim. 16 févr. 2005, n° 04-86.729, P n° 64 – Crim. 12 oct. 2005, n° 05-81.542, P n° 257 – Crim. 23 nov. 2011, n° 11-84.608, NP – EX. : Crim. 6 déc. 2011, n° 11-83.445, NP, aux termes duquel « La preuve contraire aux énonciations du procès-verbal n'avait pas été rapportée par écrit ou par témoins, et que le bon fonctionnement de l'appareil de contrôle en cause (radar automatique) était suffisamment établi par son homologation annuelle, en application de l'arrêté précité, la juridiction de proximité a méconnu le sens et la portée des textes susvisés en admettant la contestation du prévenu relative au fait que le procès-verbal ne satisfaisait pas aux exigences de l'arrêté du 15 juillet 2004 relatif à l'homologation des équipements de constatation automatisée du franchissement de feux rouges. »
4. À titre d'exemples : Crim. 7 févr. 2001, n° 00-84.520, P n° 39, *Dr. pénal* 2001, chron. 45, attestation de la mère du prévenu expliquant qu'il n'a pas commis l'infraction ; Crim. 18 juin 2003, n° 03-80.262, *Dr. pénal* 2003, comm. 154, obs. A. Maron ; *JCP G* 2004, I, 105, obs. A. Maron ; *RSC* 2004. 428, note J. Buisson, attestation établie par la passagère du véhicule du prévenu ; Crim. 16 déc. 2015, n° 14-88.199, NP, attestation émanant du passager de l'auteur d'une contravention au code de la route ; Crim. 13 janv. 2016, n° 15-81.596, NP ; Crim.,17 déc. 2019, n° 19-84.192, NP.
5. Crim. 20 sept. 2016, n° 16-80.148, P : « Les mentions du procès-verbal de contravention selon lesquelles le véhicule conduit par le prévenu a opéré, au lieu indiqué, un "changement de direction sans avertissement préalable" suffisent à établir la matérialité de l'infraction relevée. »
6. Ainsi : Crim. 20 sept. 2016, n° 16-80.148, P : qui admet que les constatations de l'agent verbalisateur, selon lesquelles le véhicule conduit par M. Y... a opéré, au lieu indiqué, un changement de direction sans avertissement préalable, suffisent à établir la matérialité de l'infraction relevée (v. s[s] n° 121.48).
7. Crim. 27 janv. 2016, n° 15-80.581, P n° 21 ; *Dr. pénal* 2016, comm. 45.
8. Crim. 8 mars 2016, n° 15-83.019, P n° 68 ; *Dr. pénal* 2016, n° 5, comm. 77.
9. Crim. 26 sept. 2007, n° 07-82.877, NP.
10. Crim. 29 janv. 2014, n° 13-83.283, P n° 30 – Crim. 25 mars 2014, n° 13-81.559, NP.
11. Crim. 13 déc. 2016, n° 15-86.915, P ; *D.* 2017. 9.
12. ex. : Crim. 25 févr. 2014, n° 13-82.338, NP.

Dans tous les cas, on trouve ici une différence fondamentale avec la procédure correctionnelle. La jurisprudence de la chambre criminelle est riche en cassations notamment de décisions de juridictions de proximité ayant oublié la portée de cet article 537.

121.46 Conventionnalité de l'article 537 du code de procédure pénale. L'article 537 du code de procédure pénale, qui dispose que les contraventions sont prouvées soit par procès-verbaux ou rapports soit par témoins et que la preuve contraire ne peut être rapportée que par écrit ou par témoins, n'est pas incompatible avec le principe conventionnel de « l'égalité des armes » dès lors qu'il impose à chacune des parties au procès-verbal les mêmes modes de preuve[1].

Ne constitue pas une ingérence injustifiée dans la vie privée, au sens de l'article 8 de la convention européenne des droits de l'homme, la constatation des contraventions d'excès de vitesse au moyen d'un cinémomètre associé à un appareil de prise de vue, dès lors que cet appareil n'est utilisé qu'aux seules fins de relever l'immatriculation du véhicule en infraction et de permettre, le cas échéant, l'identification du contrevenant[2].

121.47 Non-renvoi de QPC – Constitutionnalité de l'article 537 du code de procédure pénale. À la question : « L'article 537 du code de procédure pénale porte-t-il atteinte aux droits et libertés garantis par l'article 66 de la Constitution et l'article 7 de la Déclaration des droits de l'Homme et du citoyen du 26 août 1789 ? », la chambre criminelle a apporté une réponse négative, refusant de transmettre au Conseil constitutionnel[3]. Elle a en effet considéré que la question, ne portant pas sur l'interprétation d'une disposition constitutionnelle dont le Conseil constitutionnel n'aurait pas encore eu l'occasion de faire application, n'est pas nouvelle ; et qu'elle ne présente pas, à l'évidence, un caractère sérieux dès lors que, d'une part, seuls font foi jusqu'à preuve contraire les procès-verbaux régulièrement établis, sous le contrôle de l'autorité judiciaire, et rapportant des faits que leur auteur a personnellement constatés, ce qui exclut tout risque d'arbitraire, que, d'autre part, cette présomption ne revêt pas de caractère irréfragable, et qu'enfin, le respect des droits de la défense, devant la juridiction de jugement, assure l'équilibre des droits des parties.

Elle avait précédemment estimé que la présomption de culpabilité instituée par ce texte en matière de contravention ne revêt pas de caractère irréfragable, que le respect des droits de la défense est assuré devant la juridiction de jugement et que se trouve ainsi assuré l'équilibre des droits des parties[4].

Elle juge donc de manière constante qu'aux termes de l'article 537 du code de procédure pénale, les procès-verbaux établis par les officiers et agents de police judiciaires font foi jusqu'à preuve du contraire des contraventions qu'ils constatent, cette preuve ne pouvant être apportée que par écrit ou par témoins[5].

121.48 Illustrations. Encourt la cassation le jugement qui relaxe un prévenu du chef de la contravention de stationnement gênant sur un emplacement réservé aux livraisons au seul motif que le procès-verbal ne porte pas la mention « sans manutention »[6].

« Pour relaxer Philippe X... du chef d'infraction à l'article R. 412-30 du code de la route, le jugement énonce qu'il résulte de l'enquête préliminaire et des débats et notamment des explications fournies par Philippe X... que ce dernier a franchi le feu au vert mais a été contraint de laisser passer plusieurs véhicules avant de pouvoir tourner à gauche de sorte qu'il demeurait à l'intersection alors que le feu était repassé au rouge ; Mais attendu qu'en statuant ainsi, sans constater expressément que la preuve contraire aux énonciations du procès-verbal avait été rapportée dans les conditions prévues par la loi, la juridiction de proximité a méconnu le texte susvisé »[7].

Une juridiction de proximité ne peut, sans violer les dispositions de l'article 537 du code de procédure pénale, prononcer la relaxe d'un contrevenant sans constater expressément que la preuve contraire aux énonciations du procès-verbal a été rapportée par écrit ou par témoins[8].

Il avait pu être jugé que si les appareils de mesure appelés « parcmètres » ne sont pas, en l'état actuel des textes, soumis au contrôle de l'État, cette absence de vérification réglementaire est sans incidence sur la valeur des procès-verbaux constatant une infraction à la réglementation sur le stationnement payant des véhicules. Ces procès-verbaux font foi en application des articles 537 du code de procédure pénale et R. 253 du code de la route jusqu'à preuve contraire, c'est-à-dire jusqu'à ce que soit établie par le contrevenant la preuve du non-fonctionnement ou du fonctionnement défectueux de l'appareil ayant per-

1. Crim. 10 juill. 1996, n° 95-85.785, P n° 289 ; *Procédures* 1997. Comm. 19, obs. J. Buisson.
2. Crim. 7 mai 1996, n° 95-85.674, P n° 189 ; *Procédures* 1996. Comm. 270, obs. J. Buisson.
3. Crim. 15 janv. 2014, n° 13-90.032, P n° 14 ; *AJ pénal* 2014. 254, obs. J.-B. Perrier.
4. Crim. 22 janv. 2013, n° 12-90.067, NP – encore jugé par : Crim. 4 mars 2014, n° 13-90.041, NP.
5. Crim. 23 nov. 2011, n° 11-84.608, NP – Crim. 4 janv. 2017, n° 16-83.149, NP.
6. Crim. 12 oct. 2005, n° 05-81.542, P n° 257.
7. Crim. 9 nov. 2005, n° 05-83.869, NP.
8. Crim. 16 févr. 2005, n° 04-86.729, P n° 64 ; *JCP* 2005. IV. 1782 ; *RSC* 2005. 596, obs. A. Giudicelli ; *RSC* 2006. 405, obs. J. Buisson.

mis la constatation de l'infraction[1]. Dans tous les cas et en application des articles 537 du code de procédure pénale et R. 253 du code de la route, les procès-verbaux constatant les infractions à la réglementation sur le stationnement payant des véhicules font foi jusqu'à preuve contraire. Il appartient au prévenu d'apporter la preuve du fonctionnement défectueux de l'appareil horodateur ayant permis la constatation de l'infraction[2].

Les témoins cités par le prévenu doivent être entendus dans les règles prévues aux articles 435 à 457 et 513 du code de procédure pénale.

Encourt la censure la décision qui, pour écarter la demande d'audition d'un témoin formée par sa citation à l'audience par acte d'huissier, fait état d'un lien supposé entre ce témoin et le prévenu, alors que la preuve contraire aux énonciations des procès-verbaux dressés en matière contraventionnelle ne peut, aux termes de l'article 537 du code de procédure pénale, être rapportée que par écrit ou par témoins[3].

Il résulte du jugement attaqué que Gilles X... est poursuivi pour tapage injurieux troublant la tranquillité d'autrui ; que les poursuites sont fondées sur un procès-verbal dressé par deux officiers de police judiciaire constatant l'infraction et identifiant son auteur. Attendu que, pour relaxer le prévenu, le jugement relève qu'il produit deux attestations de témoins qui établissent que les faits rapportés dans le procès-verbal sont inexacts et qu'il n'y a eu aucune gêne pour les voisins. Mais attendu qu'en prononçant ainsi, alors qu'une attestation écrite ne constitue pas une preuve par écrit ou par témoins, au sens de l'article 537 du code de procédure pénale, la juridiction de proximité a violé le texte susvisé[4]. D'où il suit que la cassation est encourue.

Cependant tout procès-verbal ou rapport n'a de valeur probante que s'il est régulier en la forme, si son auteur a agi dans l'exercice de ses fonctions et a rapporté sur une matière de sa compétence ce qu'il a vu, entendu ou constaté personnellement[5 6]. Il doit comporter outre les constatations de l'infraction, la signature de l'agent verbalisateur, son numéro matricule et l'indication de son service en matière de police de la circulation[7].

Justifie ainsi sa décision, sans méconnaître la force probante attachée par l'article 537 du code de procédure pénale aux procès-verbaux établissant la preuve des contraventions, la juridiction de proximité qui relaxe un prévenu poursuivi pour avoir déposé des cartons sur la voie publique en infraction avec les dispositions du règlement sanitaire départemental, dès lors que le procès-verbal, base de la poursuite, ne relève aucun élément d'où il résulterait que l'agent verbalisateur ait personnellement constaté les circonstances dans lesquelles les cartons en cause avaient été abandonnés et qu'il appartenait au juge de rechercher si les constatations du procès-verbal étaient de nature à démontrer la culpabilité du prévenu[8].

Toutefois, s'il est vrai que les procès-verbaux établis par des agents n'ayant pas eux-mêmes constaté les contraventions qui y sont rapportées sont dépourvus de la force probante particulière prévue par les articles 429 et 537 du code de procédure pénale et par l'article R. 253 du code de la route, leurs énonciations valent à titre de simples renseignements et peuvent suffire à fonder la conviction des juges. En conséquence, justifie sa décision la cour d'appel qui déclare le prévenu coupable d'inobservation de la signalisation imposant l'arrêt absolu en se fondant sur un procès-verbal établi par des agents ayant rapporté ce qu'ils ont entendu de leur collègue, agissant dans l'exercice de ses fonctions et qui leur rendait compte, par liaison radio, de ses propres constatations[9].

Méconnaît en revanche les dispositions des articles 537 du code de procédure pénale et L. 121-3 du code de la route, la cour d'appel qui, pour condamner le titulaire du certificat d'immatriculation en qualité de pécuniairement redevable de l'amende écarte, par motifs adoptés, une attestation susceptible d'apporter la preuve qu'il n'était pas le conducteur du véhicule aux motifs adoptés que cette preuve devait être rapportée par écrit ou par témoin, alors qu'en application de l'alinéa premier du second de ces textes le pécuniairement redevable de l'amende peut apporter tous éléments pour l'établir[10].

Il faut noter l'extrême précision des textes s'agissant de matières spéciales. Ainsi les inspecteurs du travail, les contrôleurs du travail et les fonctionnaires de contrôle assimilés constatent les infractions par des procès-verbaux qui font foi jusqu'à preuve du contraire.

1. Crim. 23 mai 1984, n° 83-94.782, P n° 189.
2. Crim. 15 févr. 2000, n° 99-83.971, P n° 67 ; *Procédures* 2000. Comm. 134, obs. J. Buisson.
3. Crim. 4 mars 2014, n° 13-81.135, P n° 62 ; *D.* 2014. 668 ; *D.* 2014. 1414, Chron. B. Laurent, C. Roth, G. Barbier, P. Labrousse et C. Moreau ; *AJ pénal* 2014. 377, obs. L. Auffret.
4. Crim. 26 mai 2010, n° 09-88.746, NP, *Rev. pénit.* 2011. 152.
5. C. pr. pén., art. 536 et 429.
6. EX. : Douai, 3 juin 1986, *Gaz. Pal.* 24-25 sept. 1986, p. 8.
7. Crim. 18 mai 1994, n° 93-85.576, P n° 191 ; *D.* 1994. 184.
8. Crim. 13 févr. 2007, n° 06-85.976, P n° 41 ; *D.* 2007. 2632, obs. G. Roujou de Boubée, T. Garé, M.-H. Gozzi et S. Mirabail ; *AJ pénal* 2007. 189.
9. Crim. 5 nov. 1996, n° 96-80.151, P n° 392 ; *D.* 1997. Somm. 145, obs. J. Pradel.
10. Crim. 29 mai 2013, n° 12-85.303, P n° 120 ; *AJ pénal* 2013. 6010, note J.-P. Céré.

Ces procès-verbaux sont transmis au procureur de la République. Un exemplaire est également adressé au représentant de l'État dans le département.

Avant la transmission au procureur de la République, l'agent de contrôle informe la personne visée au procès-verbal des faits susceptibles de constituer une infraction pénale ainsi que des sanctions encourues[1]. Ces précisions ou exigences textuelles feront souvent l'objet de débats de procédure devant la juridiction de police.

121.49 **Question du supplément d'information.** S'il y a lieu à supplément d'information, il y est procédé par le juge du tribunal de police, conformément aux articles 114, 119, 120 et 121 du code de procédure pénale.

Les dispositions de l'article 463, alinéa 3, sont applicables[2].

Il convient de rappeler que ces articles ont trait aux conditions dans lesquelles les parties sont entendues par le juge d'instruction (notamment en ce qui concerne l'assistance d'un avocat), l'assistance du procureur de la République auxdits actes, les pouvoirs du juge et les règles d'établissement des procès-verbaux.

Une fois saisie, seule la juridiction de jugement peut procéder à un supplément d'information, à l'exclusion du ministère public[3]. L'espèce ayant donné lieu à cette dernière décision concernait des investigations résultant d'un transport sur place du ministère public en matière d'infraction à la circulation.

En revanche, le ministère public peut obtenir à toute époque du supplément d'information la communication du dossier sous condition de le restituer dans les 24 heures[4].

Le supplément d'information consistera en une ou plusieurs auditions, un transport, une expertise ou toute mesure que le juge estimera utile.

L'absence de renvoi, par l'article 538 aux dispositions de l'article 463, alinéa 1, renvoyant lui-même aux dispositions des articles 151 et suivants du code de procédure pénale, exclut le recours du juge de police à une commission rogatoire, ce qui est sans doute regrettable.

SECTION 5
JUGEMENT DE POLICE

121.51 **Forme.** Le jugement est rendu à l'audience ou mis en délibéré à une audience ultérieure et répond aux mêmes exigences de forme que le jugement correctionnel. Il doit donc contenir des motifs et un dispositif explicites, énoncer le cas échéant les infractions dont les prévenus sont déclarés coupables, les peines, les textes de prévention et de répression appliqués, les condamnations civiles.

Le jugement est qualifié vis-à-vis des parties.

121.52 **Incompétence.** Si le tribunal de police estime que le fait constitue un crime ou un délit, il se déclare incompétent. Il renvoie le ministère public à se pourvoir ainsi qu'il avisera[5].

Il n'a donc pas à désigner la juridiction territorialement compétente et ne peut prétendre la saisir directement.

Il résulte des articles 522-2 et 531 du code de procédure pénale que la juridiction de proximité ne peut renvoyer une affaire devant le tribunal de police, après s'être déclarée incompétente, que si elle en a été saisie par l'acte de poursuite, c'est-à-dire par le renvoi qui lui en a été fait par la juridiction d'instruction, par la comparution volontaire des parties ou par la citation délivrée directement au prévenu. Méconnaît ces textes et principe le jugement par lequel une juridiction de proximité, devant laquelle a été portée par erreur une affaire dans laquelle le prévenu était cité devant le tribunal de police, se déclare incompétente et renvoie la cause devant cette juridiction, alors que n'ayant été saisie ni par la citation, ni par la comparution volontaire du prévenu, elle n'avait pas le pouvoir de statuer, fût-ce sur sa compétence[6].

Saisie de l'appel d'un jugement d'incompétence du tribunal de police, une cour d'appel, qui constate que le fait poursuivi est un délit, ne peut confirmer le jugement, mais doit, par application de l'article 549 du code de procédure pénale, se prononcer au fond[7].

121.53 **Relaxe.** Si le tribunal de police estime que le fait ne constitue aucune infraction à la loi pénale, ou que le fait n'est pas établi, ou qu'il n'est pas imputable au prévenu, il renvoie celui-ci des fins de la poursuite.

Les dispositions des articles 470-1 (possibilité malgré relaxe de statuer sur la réparation des dommages en application des règles de droit civil) et 472 (possibilité de condamnation à des dommages-intérêts contre la partie civile pour abus de constitution) sont applicables[8].

1. C. trav., art. L. 8113-7.
2. C. pr. pén., art. 538.
3. Crim. 20 juill. 2011, n° 10-83.846, P n° 162 ; *AJ pénal* 2011. 601, obs. J. Lasserre Capdeville.
4. C. pr. pén., art. 538, 463, al. 3.
5. C. pr. pén., art. 540.
6. Crim. 7 juin 2017, n° 16-85.614, P.
7. Crim. 2 mai 2001, n° 00-85.493, P n° 103 ; *Procédures* 2001. Comm. 178, obs. J. Buisson.
8. C. pr. pén., art. 541 réd. issue L. n° 2021-1729, 22 déc. 2021, art. 14 (V).

Le juge de police qui n'est pas lié par la qualification donnée à la prévention ne peut prononcer une décision de relaxe qu'autant qu'il a vérifié que les faits dont il est saisi ne sont constitutifs d'aucune contravention[1].

Par une décision de 2019[2], le Conseil constitutionnel avait déjà déclaré que l'impossibilité pour une personne mise hors de cause, citée devant la juridiction pénale comme civilement responsable, de solliciter la condamnation de la partie civile aux paiements des dommages-intérêts et des frais non payés par l'État, portait atteinte à l'équilibre des parties dans le procès pénal. Suivant deux décisions ultérieures[3], le Conseil constitutionnel a jugé contraire à la Constitution les dispositions les articles 543 al. 1er et 800-2 du Code de procédure pénale (aff. n° 2021-910 QPC) et les articles 536 al. 1er et 541 du Code de procédure pénale (aff. n° 2021-909 QPC) qui organisent l'instruction définitive devant le tribunal de police au motif qu'elles ne prévoyaient pas la possibilité, pour la personne poursuivie, d'obtenir devant le tribunal de police la condamnation de la partie civile pour constitution abusive en cas de relaxe et le remboursement de ses frais irrépétibles.

Modifié par la loi du 22 décembre 2021, l'article 541 du code de procédure pénale dispose désormais que « si le tribunal de police estime que le fait ne constitue aucune infraction à la loi pénale, ou que le fait n'est pas établi, ou qu'il n'est pas imputable au prévenu, il renvoie celui-ci des fins de la poursuite. Les articles 470-1 et 472 sont applicables ».

La juridiction de police, comme le tribunal correctionnel, qui prononce un non-lieu ou une relaxe, ou toute autre décision autre qu'une condamnation ou une déclaration d'irresponsabilité pénale peut donc, à la demande de l'intéressé, accorder à la personne poursuivie pénalement ou civilement responsable une indemnité qu'elle détermine au titre des frais qu'elle a exposés et qui ne sont pas payés par l'État[4].

121.54 **Condamnation.** Si le tribunal de police estime que le fait constitue une contravention, il prononce la peine, sous réserve des dispositions des articles 132-59 à 132-70 du code pénal et des articles 747-3 et 747-4 du présent code[5].

Les dispositions de l'article 530-1, alinéa 2, du code de procédure pénale, n'ont vocation à s'appliquer qu'en cas de condamnation effective du prévenu à une peine d'amende et ne sauraient faire obstacle à l'application de la dispense de peine prévue, en matière contraventionnelle, par les articles 132-59 et suivants du code pénal[6].

Il résulte de l'article 539 du code de procédure pénale, applicable en cause d'appel, que le juge qui déclare le prévenu coupable d'une contravention doit, sauf s'il fait application des dispositions des articles 469-1 à 469-3 du code de procédure pénale (anciens textes relatifs à l'ajournement de peine), prononcer simultanément la peine.

Il en est ainsi, notamment, lorsque la juridiction répressive est saisie d'une poursuite exercée contre un prévenu à raison de faits, non indivisibles, de nature à constituer les contraventions prévues par les articles L. 221-5 et L. 221-17 du code du travail[7].

Il statue s'il y a lieu sur l'action civile conformément aux dispositions de l'article 464, alinéas 2 et 3[8].

Doit être cassé l'arrêt d'une cour d'appel qui condamne « solidairement et conjointement » au paiement des dommages-intérêts envers la victime de l'infraction les coauteurs de faits constituant, à la date de leur commission, une contravention de la 4e classe, la solidarité édictée par l'article 480-1 du même code, n'étant applicable, en matière de police, qu'aux condamnés pour contravention de la 5e classe[9].

121.55 **Exemption de peine.** Si le prévenu bénéficie d'une cause légale d'exemption de peine, le tribunal de police déclare coupable et l'exempte de peine. Il statue, s'il y a lieu, sur l'action civile ainsi qu'il est dit à l'article 539 du code de procédure pénale[10].

121.56 **Peines encourues.** Les peines contraventionnelles encourues par les personnes physiques sont :

1° L'amende ;

2° Les peines privatives ou restrictives de droits prévues à l'article 131-14 ;

3° La peine de sanction-réparation prévue par l'article 131-15-1.

Ces peines ne sont pas exclusives d'une ou de plusieurs des peines complémentaires prévues aux articles 131-16 et 131-17[11].

1. Crim. 31 mai 2005, n° 04-86.384, P n° 166 ; *D.* 2005. IR 2217 ; *JCP* 2005. IV. 2629 ; *AJ pénal* 2005. 368, obs. C. Saas.
2. Cons. const. 5 avr. 2019, n° 2019-773 QPC.
3. Cons. const. 26 mai 2021, nos 2021-909 QPC et 2021-910 QPC.
4. C. pr. pén., art. 800-2, réd. issue L. n° 2021-1729, 22 déc. 2021, art. 14 (V).
5. C. pr. pén., art. 539 al. 1.
6. Crim. 9 nov. 2005, n° 05-84.504, P n° 291 ; *D.* 2006. IR 11 ; *AJ pénal* 2006. 80, obs. J.-P. Céré.
7. Crim. 17 janv. 1989, n° 88-82.353, P n° 20.
8. C. pr. pén., art. 539 al. 2.
9. Crim. 28 juin 1995, n° 94-83.028, P n° 245.
10. C. pr. pén., art. 542.
11. C. pén., art. 131-12.

Constituent des contraventions les infractions que la loi punit d'une amende n'excédant pas 3 000 euros indique l'article 131-13 du code pénal qui fixe le montant par classe des contraventions[1].

Les contraventions punies d'une amende dont le taux est proportionnel au montant ou à la valeur exprimée en numéraire du préjudice, des réparations ou de l'objet de l'infraction constituent des contraventions de la 5e classe dont la peine d'amende ne peut excéder les montants fixés par le 5° de l'article 131-13[2].

La diminution du montant de l'amende prononcée de 20 % dans la limite de 1 500 euros prévue par l'article 707-2 du code de procédure pénale est applicable aux amendes prononcées par le tribunal de police ou par la juridiction de proximité, aux amendes forfaitaires majorées (mais pas aux amendes forfaitaires minorées ou non majorées) ou encore aux droits fixes de procédure prévus par les dispositions de l'article 1018 A[3] du code général des impôts[4].

Pour toutes les contraventions de la 5e classe, une ou plusieurs des peines privatives ou restrictives de droits suivantes peuvent être prononcées :

1° La suspension, pour une durée d'un an au plus, du permis de conduire, cette suspension pouvant être limitée à la conduite en dehors de l'activité professionnelle ; cette limitation n'est toutefois pas possible en cas de contravention pour laquelle la suspension du permis de conduire, encourue à titre de peine complémentaire, ne peut pas être limitée à la conduite en dehors de l'activité professionnelle ;

2° L'immobilisation, pour une durée de six mois au plus, d'un ou de plusieurs véhicules appartenant au condamné ;

3° La confiscation d'une ou de plusieurs armes dont le condamné est propriétaire ou dont il a la libre disposition ;

4° Le retrait du permis de chasser, avec interdiction de solliciter la délivrance d'un nouveau permis pendant un an au plus ;

5° L'interdiction, pour une durée d'un an au plus, d'émettre des chèques autres que ceux qui permettent le retrait de fonds par le tireur auprès du tiré ou ceux qui sont certifiés et d'utiliser des cartes de paiement ;

6° La confiscation de la chose qui a servi ou était destinée à commettre l'infraction ou de la chose qui en est le produit. Toutefois, cette confiscation ne peut pas être prononcée en matière de délit de presse[5].

La peine d'amende ne peut être prononcée cumulativement avec une des peines privatives ou restrictives de droits énumérées à l'article 131-14.

Les peines privatives ou restrictives de droits énumérées à cet article peuvent être prononcées cumulativement[6].

Pour toutes les contraventions de la cinquième classe, la juridiction peut prononcer à la place ou en même temps que la peine d'amende la peine de sanction-réparation selon les modalités prévues par l'article 131-8-1.

Dans ce cas, la juridiction fixe le montant maximum de l'amende, qui ne peut excéder 1 500 euros, dont le juge de l'application des peines pourra ordonner la mise à exécution en tout ou partie dans les conditions prévues par l'article 712-6 du code de procédure pénale si le condamné ne respecte pas l'obligation de réparation[7].

Les peines complémentaires encourues et les conditions de leur prononcé figurent aux articles 131-16 à 131-18 du code pénal.

121.57 **Spécificités des amendes contraventionnelles.** On sait que lorsque, à l'occasion d'une même procédure, la personne poursuivie est reconnue coupable de plusieurs infractions en concours, chacune des peines encourues peut être prononcée. Toutefois, lorsque plusieurs peines de même nature sont encourues, il ne peut être prononcé qu'une seule peine de cette nature dans la limite du maximum légal le plus élevé.

Chaque peine prononcée est réputée commune aux infractions en concours dans la limite du maximum légal applicable à chacune d'entre elles[8].

Par dérogation aux dispositions qui précèdent, les peines d'amende pour contraventions, et elles seules, se cumulent entre elles et avec celles encourues ou prononcées pour les délits en concours[9].

La règle de non-cumul des peines n'est donc pas applicable aux contraventions de police[10]. Des condamnations cumulatives à des peines d'amende peuvent être prononcées lorsqu'il est relevé autant de fautes distinctes punissables séparément[11]. En application de l'article 132-7 du code de procédure pénale, les peines prononcées pour des contraventions ne se confondent pas avec celles qui le sont

1. V. ss no 121.12.
2. C. pén., art. R. 610-4.
3. CGI, art. 1018 A.
4. C. pr. pén., art. R. 55 s. ; issus décr. no 2009-383, 6 avr. 2009, art. 1er ; mod. par décr. no 2017-683, 28 avr. 2017, art. 3 et circ. CRIM 2005-20 E8/07-09-2005, 7 sept. 2005, *BOMJ* no 99, NOR : JUSD0530127C.
5. C. pén., art. 131-14.
6. C. pén., art. 131-15.
7. C. pén., art. 131-15-1.
8. C. pén., art. 132-3.
9. C. pén., art. 132-7.
10. Cass., ch. réunies, 7 juin 1842, S. 1842, 1, 496 concl. Dupin.
11. Crim. 8 juin 1971, no 70-91.873, P no183, note X, *Gaz. Pal.* 1971, p. 537.

pour un délit compris dans la même poursuite lorsque ces infractions diffèrent en leurs éléments constitutifs[1]. Justifie ainsi sa décision, la cour d'appel qui condamne le prévenu ayant mis en vente plusieurs exemplaires d'un produit comportant un mode d'utilisation en langue étrangère à autant d'amendes que de contraventions constatées à la législation sur l'emploi de la langue étrangère, dès lors que la commercialisation de chaque article constitue une faute distincte, punissable séparément[2].

Telle est également la règle lorsque les infractions en matière de droit du travail sont constatées pour de multiples salariés mais avec parfois des réserves ou subtilités importantes.

À titre d'exemples :

– S'il résulte des dispositions des articles R. 260-2, alinéa 2, et R. 262-1 du code du travail qu'en cas de poursuite unique pour une pluralité de contraventions, l'amende n'est appliquée autant de fois qu'il y a de nouvelles infractions qu'en cas de récidive légale, cette dérogation au principe du cumul des peines contraventionnelles n'est pas applicable lorsque les contraventions ont été relevées dans des établissements distincts[3] ;

– Les contraventions à la règle du repos dominical donnent lieu, qu'elles aient été perpétrées une seule fois ou à plusieurs reprises, à autant d'amendes qu'il y a de personnes illégalement employées[4] ; d'une part, les contraventions à la règle du repos dominical donnent lieu à autant d'amendes qu'il y a de personnes illégalement employées et, d'autre part, qu'il n'y a pas lieu de distinguer selon que les salariés ainsi employés sont ou non les mêmes dans le même temps[5] ;

– (aux motifs de l'arrêt attaqué) qu'en matière de contravention, la matérialité de l'infraction peut être établie par des procès-verbaux de l'inspection du travail qui font foi jusqu'à preuve du contraire en application des articles 537 du code de procédure pénale et L. 8113-7 du code du travail ; qu'en l'espèce, l'inspection du travail a relevé à l'encontre de la société A..., suivant procès-verbal du 9 octobre 2012, 4 821 contraventions pour absence d'enregistrement de la durée du travail sur le fondement des dispositions de l'article R. 3173-2 du code du travail ; que ce nombre, obtenu par l'inspection du travail par les déclarations de la société A... ainsi qu'il résulte du procès-verbal, correspond à celui de ses salades sur la durée de la prévention retenue[6].

Et cette multiplication des amendes par le nombre de salariés concernés peut être expressément prévues par des textes spéciaux, y compris d'ailleurs en matière délictuelle :

– il ressort des dispositions de l'article R. 3124-15 du code du travail qu'en cas de poursuite unique pour plusieurs infractions relatives au travail de nuit, prévu par l'article L. 3122-32 de ce code, et en l'absence de récidive, l'amende est appliquée autant de fois qu'il y a de personnes employées dans des conditions contraires aux prescriptions légales ; qu'en application des dispositions du second alinéa dudit article R. 3124-15, en cas de pluralité de contraventions entraînant les peines de la récidive, l'amende est appliquée autant de fois qu'il a été relevé de nouvelles infractions[7] ;

– l'article L. 8256-2 du code du travail réprime le fait pour toute personne, directement ou par personne interposée, d'embaucher, de conserver à son service ou d'employer pour quelque durée que ce soit un étranger non muni du titre l'autorisant à exercer une activité salariée en France, en méconnaissance des dispositions du premier alinéa de l'article L. 8251-1 ainsi que de recourir sciemment, directement ou indirectement, aux services d'un employeur d'un étranger non autorisé à travailler d'un emprisonnement de cinq ans et d'une amende de 15 000 euros, l'amende étant appliquée autant de fois qu'il y a d'étrangers concernés ;

– l'amende encourue pour les infractions prévues à l'article L. 4741-1 du même code est appliquée autant de fois qu'il y a de travailleurs de l'entreprise concernés indépendamment du nombre d'infractions relevées dans le procès-verbal prévu à l'article L. 8113-7[8]...

Il convient donc de retenir des articles 132-3 et 132-7 du code pénal que, lorsque, à l'occasion d'une même procédure, plusieurs peines de même nature, à l'exception des amendes pour contraventions, sont encourues pour des infractions en concours, il ne peut être prononcé qu'une seule peine de cette nature dans la limite du maximum légal le plus élevé ; est cassé pour violation de ces textes, l'arrêt qui, après avoir déclaré une personne coupable de quatre contraventions au code de la route, prononce à son encontre quatre peines d'amende et, en répression de trois de ces infractions, trois peines complémentaires de 30 jours, 15 jours et 30 jours de suspension du permis de conduire, alors qu'une seule peine de

1. Crim. 7 janv. 1998, n° 97-82.988 P n° 4; 1998. *RSC* 766, obs. Bouloc.
2. Crim. 26 avr. 2000, n° 98-86.408, P n° 163 ; Crim. 14 nov. 2000, n° 99-86.216, P n° 342 ; *JCP* 2001. II. 10525, note E. Dreyer ; *Dr. pénal* 2001. 51, obs. J.-H. Robert ; *RSC* 2001. 585, obs. Delmas Saint-Hilaire.
3. Crim. 19 nov. 1991, n° 91-81.095, P n° 419.
4. Crim. 5 oct. 1999, n° 98-85.045, NP.
5. Crim. 30 nov. 1999, n° 99-82.580, NP.
6. Crim. 15 nov. 2016, n° 15-81.116, NP.
7. Crim. 19 juin 2018, n° 17-80.299, NP.
8. Crim. 21 juin 2016, n° 15-85.197, NP, mais avec une seule amende par salarié ; Crim. 21 avr. 2020, n° 19-85.279, NP.

suspension du permis de conduire devait être prononcée pour les contraventions poursuivies [1].

À nouveau à titre d'exemple, lorsqu'à l'occasion d'une même procédure, la personne poursuivie est reconnue coupable de plusieurs infractions en concours, les unes visées à l'article L. 263-2, al. 1er, du code du travail, les autres d'homicide ou de blessures involontaires prévus par les articles 221-6, 222-19 et 222-20 du code pénal, les peines de même nature se cumulent dès lors que leur total n'excède pas le maximum légal de la peine la plus élevée qui est encourue ; justifie dès lors sa décision l'arrêt qui, pour avoir déclaré un employeur coupable du délit de blessures involontaires et de trois infractions à la réglementation relative à la sécurité des travailleurs, le condamne à une amende de 6 000 € pour la première infraction et à trois amendes de 3 000 € pour les autres délits [2].

121.58 Particularité en cas de jugement faisant suite à un recours contre une amende forfaitaire. Certaines contraventions peuvent faire l'objet de la procédure simplifiée d'amende forfaitaire qui entraîne l'extinction de l'action publique par le paiement d'une amende tarifée. Cette procédure a pour objectif d'éviter l'engorgement des tribunaux de police par un contentieux de masse. Elle présente un caractère original en ce que le contrevenant est donc d'abord invité à payer une amende forfaitaire, et ne fait l'objet d'un jugement que dans l'hypothèse où il conteste l'infraction dans les formes requises. Il sera rappelé qu'il résulte des dispositions de l'article 530 du code de procédure pénale telles qu'interprétées par la décision du Conseil constitutionnel en date du 7 mai 2015 que la requête en incident contentieux est recevable lorsque le demandeur prétend que l'avis d'amende forfaitaire majorée ne lui a pas été envoyé et qu'il appartient au juge, pour prononcer sur la recevabilité de la réclamation adressée à l'officier du ministère public, de vérifier si la preuve de l'envoi de l'avis au contrevenant est rapportée par le ministère public. En conséquence, méconnaît ces dispositions la cour d'appel qui, pour déclarer irrecevable la réclamation adressée par le contrevenant à l'officier du ministère public au motif que l'avis d'amende forfaitaire majorée ne lui a pas été joint, relève que l'intéressé n'invoque aucun motif légitime pouvant expliquer la non-réception de l'avis d'amende forfaitaire majorée [3].

À côté de la procédure d'amende forfaitaire que l'on peut qualifier « de droit commun » et organisée aux articles 529 à 529-2 et 530 à 530-5 du code de procédure pénale, le législateur et l'autorité réglementaire ont organisé des procédures « spéciales » qui sont propres à certains types d'infractions [4].

Le décret du 30 mars 2023 [5] est venu créer un article R. 49-6-2 du code de procédure pénale qui précise que le montant de l'amende forfaitaire minorée prévue par l'article 529-2-1 est fixé à 150 euros pour les contraventions de la cinquième classe.

L'ensemble de ces procédures, de droit commun ou spéciales, partagent le fait qu'il est ouvert au contrevenant, à deux stades de la procédure, la possibilité de contester l'amende : il peut, en application de l'article 529-2 du code de procédure pénale, adresser à l'officier du ministère public une requête en exonération du paiement de l'amende forfaitaire, dans le délai de 45 jours à compter de la constatation de l'infraction ou suivant l'envoi de l'avis d'amende forfaitaire. En application de l'article 530-1 du code de procédure pénale, au vu de la requête, le ministère public peut, soit renoncer à l'exercice des poursuites, soit engager de telles poursuites, le cas échéant en la forme de la procédure simplifiée, soit aviser l'intéressé de l'irrecevabilité de sa réclamation. Le requérant pourra donc encore contester l'amende devant son juge.

Toutefois, le deuxième alinéa de ce dernier texte dispose que : « En cas de condamnation, l'amende prononcée ne peut être inférieure au montant de l'amende ou de l'indemnité forfaitaire dans les cas prévus par le premier alinéa de l'article 529-2, le premier alinéa de l'article 529-5 ou le premier alinéa du III de l'article 529-6, ni être inférieure au montant de l'amende forfaitaire majorée dans les cas prévus par le second alinéa de l'article 529-2, le second alinéa de l'article 529-5 et le second alinéa du III de l'article 529-6 ».

Ainsi, lorsque par exemple, est poursuivie une contravention de quatrième classe, le montant de l'amende susceptible d'être prononcée par la juridiction saisie ne peut, selon ces dispositions, être inférieur à la somme de 135 euros, montant de l'amende forfaitaire dont le contrevenant a été invité à s'acquit-

1. Crim. 11 janv. 2005, n° 04-85.916 P n° 12, *Gaz. Pal.* 2005. 2. 2848, note Y. Monnet ; *Dr. pénal* 2005. 40, obs. J.-H. Robert.
2. Crim. 13 sept. 2005, n° 04-85.736 P n° 224, *AJ pénal* 2005. 371, obs. Delprat.
3. Crim. 18 mai 2016, n° 15-86.095, P n° 148, ainsi que Crim. 18 mai 2016, n° 15-84.729, P n° 147 et Cons. const., 7 mai 2015, n° 2015-467 QPC.
4. PAR EX. : L. n° 2023-22, 24 janv. 2023, *JO* 25 janv., n° 1, art. 25, qui démultiplie la possibilité d'amendes forfaitaires au travers d'infractions prévues par le code pénal mais aussi le code de commerce, le code du patrimoine, le code des transports, le code rural et de la pêche maritime… – Cette même loi créé l'article 495-24-2 du code de procédure pénale qui prévoit que dans l'hypothèse où la procédure d'amende forfaitaire délictuelle a été utilisée mais qu'une victime demande réparation, celle-ci pourra demander au procureur de la République de citer l'auteur des faits à une audience devant le tribunal pour lui permettre de se constituer partie civile.
5. Décr. n° 2023-227, 20 mars 2023, *JO* 31 mars, n°17.

ter. La chambre criminelle applique de façon rigoureuse ces dispositions en cassant les jugements des anciennes juridictions de proximité ou des actuels tribunaux de police qui, alors que les poursuites ont été diligentées après que le contrevenant eut adressé à l'officier du ministère public une requête en exonération, ont prononcé une amende d'un montant inférieur à celui de l'amende forfaitaire [1].

Il sera souligné que, que la chambre criminelle a procédé dans une telle hypothèse à une cassation sans renvoi, par application des dispositions de l'article L. 411-3 du code de l'organisation judiciaire [2]. Elle a ainsi fixé, elle-même, le montant de l'amende conformément au montant minimal prévu par la loi [3].

121.59 Frais et dépens. Sont applicables à la procédure devant le tribunal de police les articles 475-1 à 486 concernant les frais de justice et dépens, la restitution des objets placés sous la main de la justice et la forme des jugements.

Toutefois, les dispositions de l'article 480-1 ne sont applicables qu'aux condamnés pour contraventions de la cinquième classe [4].

Les décisions des juridictions répressives, à l'exception de celles qui ne statuent que sur les intérêts civils, sont soumises à un droit fixe de procédure dû par chaque condamné.

Ce droit est de :

1° 31 euros pour les ordonnances pénales en matière contraventionnelle ou correctionnelle ;

2° 31 euros pour les autres décisions des tribunaux de police et des juridictions de proximité et celles des juridictions qui ne statuent pas sur le fond [5].

SECTION 6
VOIES DE RECOURS ET PROCÉDURES APPLICABLES

121.61 Opposition. Sont également applicables devant le tribunal de police les dispositions des articles 487 et 488 relatives aux jugements par défaut, et 489 à 495 relatives à l'opposition [6].

121.62 Appel – Une faculté limitée. La faculté d'appeler [7] appartient au prévenu, à la personne civilement responsable, au procureur de la République, au procureur général et à l'officier du ministère public près le tribunal de police, lorsque l'amende encourue est celle prévue pour les contraventions de la cinquième classe, lorsqu'a été prononcée la peine prévue par le 1° de l'article 131-16 du code pénal, ou lorsque la peine d'amende prononcée est supérieure au maximum de l'amende encourue pour les contraventions de la deuxième classe.

Lorsque des dommages et intérêts ont été alloués, la faculté d'appeler appartient également au prévenu et à la personne civilement responsable.

Cette faculté appartient dans tous les cas à la partie civile quant à ses intérêts civils seulement.

Dans les affaires poursuivies à la requête du directeur régional de l'administration chargée des forêts, l'appel est toujours possible de la part de toutes les parties, quelles que soient la nature et l'importance des condamnations [8].

Dans les affaires poursuivies à la requête du directeur régional de l'administration chargée des forêts, l'appel est toujours possible de la part de toutes les parties, quelles que soient la nature et l'importance des condamnations [9].

Méconnaît les dispositions de l'article 546, alinéa 4, du code de procédure pénale, la cour d'appel qui déclare l'appel du prévenu irrecevable, tout en relevant que les infractions avaient été poursuivies sur l'initiative d'agents de l'Office national de la chasse et de la faune sauvage, lesquels sont, aux termes de l'article 2 du décret du 6 décembre 1995 [10], assimilés aux agents assermentés de l'État chargé des forêts [11].

Il s'agit d'un système peu lisible et régulièrement critiqué par la Cour de cassation dans ses rapports annuels depuis 2009 [12], avec la proposition d'une modification de l'article 546 du code de procédure pénale et une extension du droit d'appel à toute la matière contraventionnelle aux fins de limiter ses propres saisines. Ce point avait été intégré dans une proposition de loi déposée au Sénat par M. P. Bas [13].

Plus clairement, il est donc actuellement possible de faire appel d'un jugement de tribunal de police si le jugement indique qu'il est rendu *en premier ressort* et :

1. PAR EX. : Crim. 10 janv. 2017, n° 16-82.838, NP – Crim. 6 déc. 2017, n° 16-87.436, NP.
2. Réd. issue L. n° 2016-1547, 18 nov. 2016, art. 38.
3. Crim. 30 oct. 2018, n° 18-81.156, NP.
4. C. pr. pén., art. 543.
5. CGI, art. 1018 A 1° et 2°.
6. C. pr. pén., art. 545 (v. s[s] n°s 914.11 s.).
7. V. s[s] n°s 912.05 s.
8. C. pr. pén., art. 546.
9. C. pr. pén., art. 546 ; mod. par L. n° 2014-1170, 13 oct. 2014, *JO* 14 oct., n° 1, art. 73.
10. Décr. n° 95-1272, 6 déc. 1995 portant statut des personnels de l'Office national de la chasse, *JO* 7 déc., p. 17824, art. 2.
11. Crim. 14 mai 2008, n° 07-87.168, P n° 110 ; *AJ pénal* 2008. 382 ; *RSC* 2008. 916, obs. J.-H. Robert.
12. *Rapport annuel de la Cour de cassation 2014*, p. 85, qui dénombre en la matière 647 et 543 pourvois en 2013 et 2014 mais note les réserves de la DACG sur cette proposition.
13. Prop. loi d'orientation et de programmation pour le redressement de la justice, n° 641, déposé au Sénat le 18 juill. 2017, initialement art. 23 et 24.

- si la peine encourue est une amende de 5e classe (jusqu'à 1 500 euros),

- ou si les juges ont prononcé une suspension du permis de conduire pour une durée de 3 ans maximum,

- ou si les juges ont prononcé une peine d'amende supérieure à 150 euros.

L'article 546 du code de procédure pénale qui exclut la faculté d'appeler des jugements de police lorsque la peine prononcée n'excède pas le maximum de l'amende encourue pour les contraventions de la deuxième classe n'est pas contraire à l'article 2 du protocole n° 7 additionnel à la convention européenne des droits de l'homme qui prévoit que le droit de faire examiner par une juridiction supérieure la déclaration de culpabilité ou la condamnation peut faire l'objet d'exceptions pour les infractions mineures [1].

En vertu du premier alinéa de l'article 546 du code de procédure pénale, le prévenu a la faculté d'appeler contre un jugement de police lorsque la peine d'amende encourue est celle prévue pour les contraventions de la cinquième classe. Pour déterminer l'amende encourue, il y a lieu, lorsque le prévenu est poursuivi pour plusieurs contraventions, de totaliser les amendes dont il est passible [2]. Le pourvoi contre un jugement susceptible d'appel en raison de cette totalisation n'est pas recevable si le demandeur n'a pas usé de la voie de l'appel [3].

Les condamnations d'une valeur indéterminée rendent susceptibles d'appel les jugements des tribunaux de police qui prononcent ces condamnations [4].

Toutefois, le jugement du tribunal de police contenant des dispositions pénales et civiles entre dans la catégorie des décisions rendues en premier ressort susceptibles d'appel de la part du prévenu quelle que soit la peine prononcée ou encourue [5]. Il résulte du deuxième alinéa de l'article 546 du code de procédure pénale que le jugement du tribunal de police est susceptible d'appel lorsqu'il prononce sur les intérêts civils. Encourt donc la cassation l'arrêt qui déclare irrecevable l'appel du prévenu contre un jugement du tribunal de police l'ayant déclaré coupable de deux contraventions au code de la santé publique, ayant ajourné le prononcé de la peine et ayant prononcé sur les intérêts civils (arrêt n° 1). Le pourvoi contre ce même jugement est par voie de conséquence irrecevable (arrêt n° 2) [6].

Chaque partie le souhaitant, partie privée ou ministère public, peut faire appel par déclaration au greffe du tribunal qui a rendu la décision attaquée, dans un délai de 10 jours :

- à partir du jugement, si la partie était présente ou représentée,

- à partir de la signification, si la partie n'était ni présente ni représentée,

- soit dans les délais prévus par les articles 498 à 500 du code de procédure pénale.

Si les dispositions de l'article 546 du code de procédure pénale restreignent sous certaines réserves la faculté d'appeler en matière de police selon la nature et l'importance des condamnations prononcées ou encourues, elles ne sauraient faire obstacle, en revanche, à ce que l'administration des douanes qui, en application des dispositions de l'article 343-2 du code des douanes, exerce à titre principal l'action publique pour l'application des sanctions fiscales, soit admise à bénéficier du même droit d'appel que le ministère public [7].

Il y a lieu surtout de souligner ici l'importance particulière que revêt une exacte qualification du jugement sur l'exercice voies de recours et leurs délais.

Doit être cassé, pour violation des dispositions d'ordre public de l'article 546 du code de procédure pénale, l'arrêt qui, au lieu de le déclarer irrecevable, examine le bien-fondé d'un appel formé contre un jugement improprement qualifié de rendu en premier ressort. Rien ne restant à juger sur cet appel, la cassation doit avoir lieu sans renvoi. Mais la qualification erronée de « rendu en premier ressort » d'un jugement de police ne saurait avoir pour effet de préjudicier au justiciable qui, induit en erreur sur la voie de recours applicable, a interjeté appel de cette décision. En conséquence, le délai de pourvoi à son encontre ne commence à courir que de la date de signification de l'arrêt qui constate l'irrecevabilité de cet appel [8].

Le pourvoi en cassation contre un jugement portant à tort qu'il a été rendu en dernier ressort est irrecevable mais il a cependant pour effet de différer, jusqu'à la notification de l'arrêt de la Cour de Cassation, l'ouverture du délai d'appel du jugement [9]. Lorsque la juridiction de proximité a mentionné à tort que le jugement était rendu en dernier ressort, cette mention erronée ayant été de nature à induire les parties en erreur sur la voie de recours qui leur était ouverte, il y a lieu de reporter le point de départ du délai d'appel au jour de la notification du présent arrêt [10].

1. Crim. 6 févr. 2002, n° 01-84.216, P n° 23.
2. Crim. 30 avr. 2002, n° 01-86.725, P n° 90 – Crim. 4 févr. 2009, n° 08-85.939, P n° 27.
3. Crim. 24 juin 1986, n° 85-91.581, P n° 220.
4. Crim. 20 juill. 1912, P n° 418.
5. Crim. 18 juill. 1990, n° 88-80.211, P n° 290.
6. Crim. 10 déc. 2002, n° 02-81.868, P n° 220.
7. Crim. 6 nov. 1973, n° 72-93.930, P n° 401.
8. Crim. 1er oct. 1987, n° 86-96.004, P n° 318.
9. Crim. 29 oct. 1986, n° 85-96.356, P n° 312.
10. Crim. 4 févr. 2009, n° 08-85.939, P n° 27 ; *AJ pénal* 2009. 235 ; *Procédures* 2009, n° 253, obs. J. Buisson.

La partie civile qui tient de l'article 546 du code de procédure pénale la faculté d'appeler, dans tous les cas, des jugements du tribunal de police, ne peut se pourvoir contre ces jugements. En effet, selon l'article 567 du même code, le pourvoi en cassation n'est reçu que contre les arrêts et jugements rendus en dernier ressort. Il en est ainsi d'un jugement sur la compétence prononcé en matière d'infraction de presse[1].

121.63 **Modalités de l'appel** Après que la déclaration d'appel a été faite au greffier de la juridiction qui a rendu la décision attaquée[2], l'appel des jugements de police est porté devant la cour d'appel dont dépend la juridiction ayant statué.

La déclaration d'appel doit être signée par le greffier et par l'appelant lui-même, ou par un avocat, ou par un fondé de pouvoir spécial et dans ce dernier cas, le pouvoir est annexé à l'acte dressé par le greffier. Si l'appelant ne peut signer, il en est fait mention par le greffier.

Puis, la déclaration d'appel est inscrite sur un registre public à ce destiné et toute personne a le droit de s'en faire délivrer une copie[3].

Les articles 502 à 504, alinéas 1 et 2, sont applicables à l'appel des jugements de police[4]. La loi du 3 juin 2016, avait inséré un nouvel alinéa 2 à l'article 502, disposant que la déclaration d'appel pouvait indiquer que ce recours était limité aux peines prononcées, à certaines d'entre elles ou à leurs modalités d'application, cet alinéa étant bien évidemment applicable à la matière contraventionnelle.

La loi du 23 mars 2019 de programmation 2018-2022[5] est venu réécrire cet alinéa comme suit : « La déclaration indique si l'appel porte sur la décision sur l'action publique ou sur la décision sur l'action civile ou sur les deux décisions. Si l'appel concerne la décision sur l'action publique, la déclaration indique s'il porte sur l'ensemble de la décision ou s'il est limité aux peines prononcées, à certaines d'entre elles ou à leurs modalités d'application. Si la décision sur l'action publique a déclaré le prévenu coupable de plusieurs infractions, l'appel sur cette décision précise s'il concerne l'ensemble des infractions ou certaines d'entre elles. Si la déclaration ne comporte aucune de ces précisions, l'appel est considéré comme portant sur l'intégralité de la décision. Le prévenu qui a limité la portée de son appel sur l'action publique aux peines prononcées dans les conditions prévues au présent alinéa peut, selon les modalités prévues au premier alinéa, revenir sur cette limitation dans un délai d'un mois à compter de la déclaration d'appel ; si l'affaire est audiencée en appel avant ce délai d'un mois, il peut revenir sur cette limitation au moment de l'audience. Le prévenu qui n'a pas limité la portée de son appel lors de la déclaration d'appel peut toujours le faire ultérieurement, jusqu'à l'audience de jugement ».

On ne saurait mieux dire combien il faut être attentif, en tant que partie ou représentant du ministère pubic dans la détermination du champ de son appel[6] une éventuelle délimitation devant ressortir nettement de l'acte d'appel[7].

121.64 **Composition de la juridiction d'appel.** L'appel est suivi et jugé dans la même forme que les appels des jugements correctionnels. La cour est cependant composée du seul président de la chambre des appels correctionnels, siégeant à juge unique.

Il résulte de l'article 547 du code de procédure pénale, dans sa rédaction issue de la loi du 9 mars 2004, que l'appel des jugements de police est porté devant le président de la chambre des appels correctionnels, siégeant à juge unique. Méconnaît cette disposition l'arrêt qui mentionne que la cour d'appel était composée de trois magistrats[8].

Aux termes de l'article 547, alinéa 3, du code de procédure pénale, pour l'appel des jugements de police, la cour est en effet composée du seul président de la chambre des appels correctionnels, siégeant à juge unique.

Le jugement de la contravention de diffamation non publique prévue par l'article R. 621-1 du code pénal ne fait pas exception à cette disposition[9].

Lorsqu'elle est composée, par application de l'article 547 du code de procédure pénale, de son seul président de chambre, la chambre des appels correctionnels peut, en cas d'empêchement de ce magistrat, être présidée par le conseiller qui a été désigné pour le remplacer par le premier président de la cour d'appel, selon les modalités prévues aux

1. Crim. 3 mars 1993, n° 92-85.500, P n° 98.
2. V. s[s] n°s 913.21 s.
3. C. pr. pén., art. 502.
4. C. pr. pén., art. 547.
5. L. n° 2019-222, 23 mars 2019, art. 62.
6. Pour un exemple (correctionnel) : Crim. 29 juin 2022, n° 21-82.318, com. E. Delacoure, « Dévolution et motivation, quelques précisions », *D. actu.* 11 juill. 2022, qui juge que lorsque le prévenu a expressément limité son appel, l'affaire est dévolue à la cour d'appel conformément à ces restrictions. Seul le prévenu relaxé peut se prévaloir de l'autorité de la chose jugée attachée à la relaxe, de sorte que la circonstance aggravante de réunion peut être imputée à un autre prévenu, à condition qu'elle soit motivée.
7. Crim. 12 nov. 1974, n° 74-91.229 – Crim. 19 févr. 2014, n° 13-82.065 P ; *RSC* 2014. 573, obs. S. Detraz.
8. Crim. 14 juin 2006, n° 05-84.266, P n° 180 ; *AJ pénal* 2006. 417 et 457.
9. Crim. 11 avr. 2012, n° 11-87.688, P n° 89 ; *D.* 2012. 1405 ; *D.* 2013. 457, obs. E. Dreyer.

articles L. 710-1 et R. 213-6 et suivants du code de l'organisation judiciaire[1].

Il résulte des dispositions de l'article 549 du code de procédure pénale que, lorsque la cour d'appel statue sur l'appel d'un jugement de police, la formalité du rapport prévue par l'article 513 du même code ne trouve pas à s'appliquer[2].

Les dispositions des articles 505 à 509, 511 et 514 à 520 du code de procédure pénale, sont applicables aux jugements rendus par les tribunaux de police ou les juridictions de proximité.

La cour d'appel, saisie de l'appel d'un jugement d'incompétence du tribunal de police ou de la juridiction de proximité, si elle constate que le fait poursuivi constitue un délit, prononce la peine et statue, s'il y a lieu, sur les dommages-intérêts[3]. La chambre criminelle a ainsi jugé que « l'article 547 du Code de procédure pénale confie à la chambre correctionnelle de la cour d'appel la mission de juger l'appel des décisions rendues par les tribunaux de police, dans les mêmes conditions et selon les mêmes formes qu'elle juge l'appel des tribunaux correctionnels ; qu'il suit de là que cette juridiction doit procéder aux disqualifications que commande l'exacte application de la loi, méconnue par les premiers juges ; que saisie de la cause entière par l'effet dévolutif de l'appel, elle doit, dans le cas où le fait reproché, constitutif d'un délit, a été déféré à tort au juge de police, statuer au fond et prononcer les peines correctionnelles applicables »[4].

Les restrictions apportées par l'article 546 du code de procédure pénale quant à la faculté d'appeler en matière de police, visant à assurer une bonne administration de la justice, sont impératives et s'appliquent au ministère public comme à toute autre partie sans que les juges aient à provoquer leurs explications sur ce point. Justifie donc sa décision une cour d'appel qui d'office, et sans avoir invité préalablement les parties à présenter des observations, déclare irrecevable l'appel formalisé à l'encontre d'un jugement de la juridiction de proximité après avoir constaté qu'il n'entrait pas dans les prévisions de l'article 546 du code de procédure pénale[5].

121.65 Pourvoi en cassation. Les arrêts de la chambre de l'instruction et les arrêts et jugements rendus en dernier ressort en matière criminelle, correctionnelle et de police peuvent être annulés en cas de violation de la loi sur pourvoi en cassation formé par le ministère public ou par la partie à laquelle il est fait grief, suivant les distinctions posées par le code de procédure pénale[6].

Les jugements rendus en premier et dernier ressort par le tribunal de police peuvent donc faire l'objet d'un pourvoi devant la chambre criminelle de la Cour de cassation à compter du jour où la décision a été rendue, ou pendant les cinq jours qui suivent. Le pourvoi est formé par déclaration au greffe du tribunal ou de la cour qui a rendu la décision. Si le demandeur est détenu le pourvoi est formé au moyen d'une déclaration auprès du chef d'établissement pénitentiaire, adressée par lui au greffe de la juridiction qui a rendu la décision attaquée[7].

1. Crim. 5 oct. 2004, n° 04-84.056, P n° 231 ; *AJ pénal* 2005. 32.
2. Crim. 15 mai 2012, n° 11-84.907, P n° 119.
3. C. pr. pén., art. 549.
4. Crim. 12 oct. 1994, n° 93-85.703, P n° 326.
5. Crim. 17 févr. 2015, n° 14-80.770, P n° 27 ; *D.* 2015. 492 ; *Dr. pénal* 2015. Comm. 57, A. Maron et M. Haas.
6. C. pr. pén., art. 567, al. 1.
7. C. pr. pén., art. 576.

LIVRE

2. LES ACTEURS

SECTION 0

ORIENTEUR

2.00 Sommaire du livre.

TITRE

21. Les professionnels de l'audience

SECTION 0

ORIENTEUR

21.00 Sommaire du titre.

CHAPITRE

211. Tribunal

SECTION 0
ORIENTEUR

211.00 Sommaire du chapitre.

211.01 Principaux textes applicables.

TEXTES SOURCES

• Ord. n° 58-1270, 22 déc. 1958, art. 1, 3-1, 4 à 6, 8, 9, 9-1, 32, 41-20

• COJ, art. L. 111-1 à L. 111-14, L. 121-1, L. 212-4

• COJ, art. R. 111-3, R. 111-4, R. 111-6, R. 123-2, R. 123-3

• C. pr. pén., art. 49, 137-1, 253, 398 à 398-3, 486, 510, 512, 512-1, 662, 668 à 674-1

TEXTES *IN EXTENSO*

• **Ord. 22 déc. 1958, art. 1** [réd. L. n° 2016-1090, 8 août 2016, art. 1]

I. – Le corps judiciaire comprend :

1° Les magistrats du siège et du parquet de la Cour de cassation, des cours d'appel et des tribunaux de première instance ainsi que les magistrats du cadre de l'administration centrale du ministère de la Justice ;

1° *bis* Les magistrats exerçant les fonctions d'inspecteur général, chef de l'inspection générale de la justice, d'inspecteur général de la justice et d'inspecteur de la justice ;

2° Les magistrats du siège et du parquet placés respectivement auprès du premier président et du procureur général d'une cour d'appel et ayant qualité pour exercer les fonctions du grade auquel ils appartiennent à la cour d'appel à laquelle ils sont rattachés et dans l'ensemble des tribunaux de première instance du ressort de ladite cour ;

3° Les auditeurs de justice.

II. – Tout magistrat a vocation à être nommé, au cours de sa carrière, à des fonctions du siège et du parquet.

• **Ord. 22 déc. 1958, art. 3-1, al. 1 à 3** [mod. par L. n° 2019-221, 23 mars 2019, art. 1 et 8]

Les magistrats mentionnés au 2° du I de l'article 1er sont appelés à remplacer temporairement les magistrats de leur grade des tribunaux de première instance et de la cour d'appel qui se trouvent empêchés d'exercer leurs fonctions du fait de congés de maladie, de longue maladie, pour maternité ou adoption ou du fait de leur participation à des stages de formation, ou admis à prendre leur congé annuel.

Ils peuvent, en outre, être temporairement affectés dans ces juridictions pour exercer, pour une durée qui n'est pas renouvelable et qui ne peut excéder huit mois, les fonctions afférentes à un emploi vacant de leur grade.

Ils peuvent enfin, pour une durée qui n'est pas renouvelable et qui ne peut excéder huit mois, être temporairement affectés dans un tribunal de première instance, ainsi qu'à la cour d'appel pour les magistrats du premier grade, pour renforcer l'effectif d'une juridiction afin d'assurer le traitement du contentieux dans un délai raisonnable...

• **Ord. 22 déc. 1958, art. 4**

Les magistrats du siège sont inamovibles.

En conséquence, le magistrat du siège ne peut recevoir, sans son consentement, une affectation nouvelle, même en avancement.

• **Ord. 22 déc. 1958, art. 5**

Les magistrats du parquet sont placés sous la direction et le contrôle de leurs chefs hiérarchiques et sous l'autorité du garde des Sceaux, ministre de la Justice. À l'audience, leur parole est libre.

• **Ord. 22 déc. 1958, art. 6** [réd. L. n° 2016-1090, 8 août 2016, art. 10 et 11]

Tout magistrat, lors de sa nomination à son premier poste, et avant d'entrer en fonction, prête serment en ces termes :

« Je jure de bien et fidèlement remplir mes fonctions, de garder le secret des délibérations et de me conduire en tout comme un digne et loyal magistrat ». Il ne peut, en aucun cas, être relevé de ce serment.

Le serment est prêté devant la cour d'appel. Toutefois, pour les magistrats directement nommés à la Cour de cassation, il est prêté devant cette juridiction.

L'ancien magistrat prête à nouveau serment lorsqu'il est réintégré.

• **Ord. 22 déc. 1958, art. 7-1** [réd. L. n° 2016-1090, 8 août 2016, art. 26]

Les magistrats veillent à prévenir ou à faire cesser immédiatement les situations de conflit d'intérêts.

Constitue un conflit d'intérêts toute situation d'interférence entre un intérêt public et des intérêts publics ou privés qui est de nature à influencer ou à paraître influencer l'exercice indépendant, impartial et objectif d'une fonction.

• **Ord. 22 déc. 1958, art. 8** [réd. L. n° 2017-54, 20 janv. 2017, art. 3]

L'exercice des fonctions de magistrat est incompatible avec l'exercice de toutes fonctions publiques et de toute autre activité professionnelle ou salariée. Lorsque la loi prévoit la présence au sein du collège d'une autorité administrative indépendante ou d'une autorité publique indépendante de membres désignés parmi les magistrats en activité, il ne peut être désigné d'autre membre en activité du même corps, à l'exclusion du président de l'autorité concernée.

Des dérogations individuelles peuvent toutefois être accordées aux magistrats, par décision des chefs de cour, pour donner des enseignements ressortissant à leur compétence ou pour exercer des fonctions ou activités qui ne seraient pas de nature à porter atteinte à la dignité du magistrat et à son indépendance, à l'exception des activités d'arbitrage, sous réserve des cas prévus par les dispositions législatives en vigueur.

Les magistrats peuvent, sans autorisation préalable, se livrer à des travaux scientifiques, littéraires ou artistiques.

• **Ord. 22 déc. 1958, art. 9** [réd. L. n° 2016-1090, 8 août 2016, art. 1]

L'exercice des fonctions de magistrat est incompatible avec l'exercice d'un mandat au Parlement, au Parlement européen ou au Conseil économique, social et environnemental, ainsi que de membre du congrès ou d'une assemblée de province de la Nouvelle-Calédonie, de représentant à l'assemblée de la Polynésie française, de membre de l'assemblée territoriale des îles Wallis-et-Futuna, de conseiller territorial de Saint-Barthélemy, de conseiller territorial de Saint-Martin ou de conseiller territorial de Saint-Pierre-et-Miquelon ou avec la fonction de membre du gouvernement de la Nouvelle-Calédonie ou du gouvernement de la Polynésie française.

Nul ne peut être nommé magistrat ni le demeurer dans une juridiction dans le ressort de laquelle se trouve tout ou partie du département dont son conjoint est député ou sénateur.

L'exercice des fonctions de magistrat est également incompatible avec l'exercice d'un mandat de conseiller régional, de conseiller départemental, de conseiller municipal ou de conseiller d'arrondissement, de conseiller de Paris, de conseiller de la métropole de Lyon, de conseiller de l'Assemblée de Corse, de conseiller de l'Assemblée de Guyane ou de conseiller de l'Assemblée de Martinique dans le ressort de la juridiction à laquelle appartient ou est rattaché le magistrat.

Nul ne peut être nommé magistrat ni le demeurer dans une juridiction dans le ressort de laquelle il aura exercé depuis moins de cinq ans, une fonction publique élective visée au présent article ou fait acte de candidature à l'un de ces mandats, à l'exception du mandat de représentant au Parlement européen, depuis moins de trois ans.

Les dispositions des trois alinéas qui précèdent ne s'appliquent pas aux magistrats de la Cour de cassation.

• **Ord. 22 déc. 1958, art. 9-1** [réd. L. n° 2016-1090, 8 août 2016, art. 26]

Les magistrats et anciens magistrats ne peuvent exercer la profession d'avocat, de notaire, d'huissier de justice, de commissaire-priseur judiciaire, de greffier de tribunal de commerce, d'administrateur judiciaire ou de mandataire judiciaire ou travailler au service d'un membre de ces professions dans le ressort d'une juridiction où ils ont exercé leurs fonctions depuis moins de cinq ans.

Les dispositions de l'alinéa précédent ne s'appliquent pas aux magistrats de la Cour de cassation.

• **Ord. 22 déc. 1958, art. 32** [réd. L. n° 2019-221, 23 mars 2019, art. 8]

Nul ne peut être nommé magistrat dans le ressort d'un tribunal judiciaire ou d'un tribunal de première instance où il aura exercé depuis moins de cinq ans les professions d'avocat, avoué, notaire, huissier de justice ou agréé près les tribunaux de commerce. Toutefois, cette exclusion est étendue, pour une nomination déterminée, à un ou plusieurs autres ressorts de tribunaux du ressort de la cour d'appel, dès lors que la commission prévue à l'article 34 a émis un avis en ce sens.

• **Ord. 22 déc. 1958, art. 41-10 A** [réd. L. n° 2021-1728, 22 déc. 2021, art. 1]

Les magistrats mentionnés à la présente section ne peuvent exercer qu'une part limitée de la compétence de la juridiction dans laquelle ils sont nommés. Ils ne peuvent composer majoritairement une formation collégiale de la juridiction dans laquelle ils sont nommés ou affectés ni composer majoritairement la cour d'assises ou la cour criminelle départementale.

• **Ord. 22 déc. 1958, art. 41-10** [réd. L. n° 2021-1728, 22 déc. 2021, art. 1]

Peuvent être nommées magistrats exerçant à titre temporaire, pour exercer des fonctions de juge d'instance, d'assesseur dans les formations collégiales des tribunaux judiciaire, de juge du tribunal de police ou de juge chargé de valider les compositions pénales, les personnes âgées d'au moins trente-cinq ans que leur compétence et leur expérience qualifient particulièrement pour exercer ces fonctions.

Elles peuvent également être nommées pour exercer une part limitée des compétences matérielles pouvant être dévolues par voie réglementaire aux chambres de proximité.

Elles peuvent enfin exercer les fonctions d'assesseur dans les cours d'assises et les cours criminelles départementales.

Elles doivent soit remplir les conditions prévues au 1°, 2° ou 3° de l'article 22, soit être membre ou ancien membre des professions libérales juridiques et judiciaires soumises à un statut législatif ou réglementaire ou dont le titre est protégé et justifier de cinq années au moins d'exercice professionnel.

Les magistrats exerçant à titre temporaire ne peuvent demeurer en fonction au-delà de l'âge de soixante-quinze ans.

• **Ord. 22 déc. 1958, art. 41-11** [réd. L. n° 2021-1728, 22 déc. 2021, art. 1]

Les magistrats recrutés dans le cadre de la présente sous-section sont répartis dans les différents services de la juridiction selon les modalités fixées par l'ordonnance annuelle prévue par le code de l'organisation judiciaire. Ils traitent des contentieux civil et pénal à l'exclusion de la départition prud'homale.

En qualité d'assesseurs dans une formation collégiale du tribunal judiciaire, ils traitent des contentieux civil et pénal.

En qualité de juge du tribunal de police, ils ne peuvent connaître que d'une part limitée du contentieux relatif aux contraventions.

Lorsqu'ils sont chargés de valider les compositions pénales, ils ne peuvent assurer plus du tiers de ce service.

Lorsqu'ils exercent les fonctions de juge des contentieux de la protection ou de juge chargé de connaître des compétences matérielles pouvant être dévolues par voie réglementaire aux chambres de proximité, ils ne peuvent exercer plus du tiers du service du tribunal ou de la chambre de proximité dans lesquels ils sont affectés.

Lorsque ces fonctions sont également exercées par un magistrat honoraire exerçant des fonctions juridictionnelles, les troisième à avant-dernier alinéas sont applicables à l'ensemble des magistrats mentionnés à la présente section.

• **Ord. 22 déc. 1958, art. 41-12** [réd. L. n° 2021-1728, 22 déc. 2021, art. 1]

Les magistrats recrutés au titre de l'article 41-10 sont nommés pour une durée de cinq ans, renouvelable une fois, dans les formes prévues pour les magistrats du siège (...)

• **Ord. 22 déc. 1958, art. 41-25** [mod. L. n° 2021-1728, 22 déc. 2021, art. 1]

Des magistrats honoraires peuvent être nommés pour exercer les fonctions de juge des contentieux de la protection, d'assesseur dans les formations collégiales des tribunaux judiciaires et des cours d'appel, de juge du tribunal de police ou de juge chargé de valider les compositions pénales, de substitut près les tribunaux judiciaires ou de substitut général près les cours d'appel. Ils peuvent également être nommés pour exercer une part limitée des compétences matérielles pouvant être dévolues par voie réglementaire aux chambres de proximité. Ils peuvent également être désignés par le premier président de la cour d'appel pour présider la formation collégiale statuant en matière de contentieux social des tribunaux judiciaires et des cours d'appel spécialement désignées pour connaître de ce contentieux. Ils peuvent enfin exercer les fonctions d'assesseur dans les cours d'assises et les cours criminelles départementales.

• **COJ, art. L. 111-1**

Les juridictions judiciaires rendent leurs décisions au nom du peuple français.

• **COJ, art. L. 111-2** [réd. L. n° 2016-1090, 8 août 2016]

Le service public de la justice concourt à l'accès au droit et assure un égal accès à la justice.

Sa gratuité est assurée selon les modalités fixées par la loi et le règlement.

• **COJ, art. L. 111-3**

Les décisions de justice sont rendues dans un délai raisonnable.

• **COJ, art. L. 111-4** [réd. L. n° 2016-1090, 8 août 2016, art. 1]

La permanence et la continuité du service public de la justice demeurent toujours assurées.

• **COJ, art. L. 111-5**

L'impartialité des juridictions judiciaires est garantie par les dispositions du présent code et celles prévues par les dispositions particulières à certaines juridictions ainsi que par les règles d'incompatibilité fixées par le statut de la magistrature.

• **COJ, art. L. 111-6** [réd. L. n° 2016-1090, 8 août 2016, art. 18]

Sous réserve de dispositions particulières à certaines juridictions, la récusation d'un juge peut être demandée :

1° Si lui-même ou son conjoint a un intérêt personnel à la contestation ;

2° Si lui-même ou son conjoint est créancier, débiteur, héritier présomptif ou donataire de l'une des parties ;

3° Si lui-même ou son conjoint est parent ou allié de l'une des parties ou de son conjoint jusqu'au quatrième degré inclusivement ;

4° S'il y a eu ou s'il y a procès entre lui ou son conjoint et l'une des parties ou son conjoint ;

5° S'il a précédemment connu de l'affaire comme juge ou comme arbitre ou s'il a conseillé l'une des parties ;

6° Si le juge ou son conjoint est chargé d'administrer les biens de l'une des parties ;

7° S'il existe un lien de subordination entre le juge ou son conjoint et l'une des parties ou son conjoint ;

8° S'il y a amitié ou inimitié notoire entre le juge et l'une des parties.

9° S'il existe un conflit d'intérêts, au sens de l'article 7-1 de l'ordonnance n° 58-1270 du 22 décembre 1958 portant loi organique relative au statut de la magistrature.

Les magistrats du ministère public, partie jointe, peuvent être récusés dans les mêmes cas.

• **COJ, art. L. 111-7** [réd. L. n° 2016-1090, 8 août 2016, art. 18]

Le juge qui suppose en sa personne une cause de récusation ou estime en conscience devoir s'abstenir se fait remplacer par un autre juge spécialement désigné.

Le magistrat du ministère public qui suppose en sa personne un conflit d'intérêts, au sens de l'article 7-1 de l'ordonnance n° 58-1270 du 22 décembre 1958 portant loi organique relative au statut de la magistrature, ou estime en conscience devoir s'abstenir se fait remplacer.

• **COJ, art. L. 111-8**

En matière civile, le renvoi à une autre juridiction de même nature et de même degré peut être ordonné pour cause de suspicion légitime, de sûreté publique ou s'il existe des causes de récusation contre plusieurs juges.

En matière pénale, le renvoi d'un tribunal à un autre peut être ordonné conformément aux articles 662 à 667-1 du code de procédure pénale.

• **COJ, art. L. 111-9**

Ne peut faire partie d'une formation de jugement du second degré le juge qui a précédemment connu de l'affaire en premier ressort.

Ne peut faire partie d'une formation de jugement de la Cour de cassation le juge qui a précédemment connu de l'affaire en premier ou en dernier ressort.

• **COJ, art. L. 111-10**

Les conjoints, les parents et alliés jusqu'au troisième degré inclus ne peuvent, sauf dispense, être simultanément membres d'un même tribunal ou d'une même cour en quelque qualité que ce soit.

Aucune dispense ne peut être accordée lorsque la juridiction ne comprend qu'une chambre ou que l'un des conjoints, parents ou alliés au degré mentionné à l'alinéa précédent est le président de la juridiction ou le chef du parquet près celle-ci.

En aucun cas, même si la dispense est accordée, les conjoints, les parents ou alliés mentionnés à l'alinéa premier ne peuvent siéger dans une même cause.

• **COJ, art. L. 111-11**

Pour l'application des articles L. 111-6 et L. 111-10, la personne liée au juge par un pacte civil de solidarité est assimilée au conjoint.

• **COJ, art. L. 111-12**

Les audiences devant les juridictions judiciaires, sans préjudice des dispositions particulières du code de la santé publique du code de procédure pénale et du code de l'entrée et du séjour des étrangers et du droit d'asile, peuvent, par décision du président de la formation de jugement, d'office ou à la demande d'une partie, et avec le consentement de l'ensemble des parties, se dérouler dans plusieurs salles d'audience reliées directement par un moyen de télécommunication audiovisuelle garantissant la confidentialité de la transmission.

L'une ou plusieurs de ces salles d'audience peuvent se trouver en dehors du ressort de la juridiction saisie.

Pour la tenue des débats en audience publique, chacune des salles d'audience est ouverte au public. Pour la tenue des débats en chambre du conseil, il est procédé hors la présence du public dans chacune des salles d'audience.

Les prises de vue et les prises de son ne peuvent faire l'objet d'aucun enregistrement ni d'aucune fixation, hors le cas prévu par les articles L. 221-1 et suivants du code du patrimoine.

Les modalités d'application du présent article sont fixées par décret en Conseil d'État.

• **COJ, art. L. 111-13, al. 1** [mod. L. n° 2019-222, 23 mars 2019, art. 33]

Sous réserve des dispositions particulières qui régissent l'accès aux décisions de justice et leur publicité, les décisions rendues par les juridictions judiciaires sont mises à la disposition du public à titre gratuit sous forme électronique…

• **COJ, art. L. 111-14** [créé L. n° 2019-222, 23 mars 2019, art. 33]

Les tiers peuvent se faire délivrer copie des décisions de justice par le greffe de la juridiction concernée conformément aux règles applicables en matière civile ou pénale et sous réserve des demandes abusives, en particulier par leur nombre ou par leur caractère répétitif ou systématique.

Les éléments permettant d'identifier les personnes physiques mentionnées dans la décision, lorsqu'elles sont parties ou tiers, sont occultés si leur divulgation est de nature à porter atteinte à la sécurité ou au respect de la vie privée de ces personnes ou de leur entourage.

Un décret en Conseil d'État fixe, pour les décisions de premier ressort, d'appel ou de cassation, les conditions d'application du présent article.

• **COJ, art. L. 121-1** [mod. L. n° 2019-222, 23 mars 2019, art. 95]

Sauf disposition particulière, à la Cour de cassation, dans les cours d'appel, les tribunaux judiciaires, les fonctions de jugement sont exercées par des magistrats appartenant au corps judiciaire ; les règles applicables à leur nomination sont fixées par le statut de la magistrature.

Les autres juridictions judiciaires sont composées soit de magistrats du corps judiciaire, soit de juges non professionnels désignés dans les conditions prévues par les textes organisant ces juridictions.

• **COJ, art. L. 212-4** [mod. L. n° 2019-222, 23 mars 2019, art. 95]

Les avocats peuvent être appelés, dans l'ordre du tableau, à suppléer les juges pour compléter le tribunal judiciaire.

Toutefois, la formation de jugement ne peut comprendre une majorité de juges non professionnels.

• **COJ, art. R. 111-3**

La dispense prévue à l'article L. 111-10 est accordée par décret. Toutefois, pour les conseillers prud'hommes, elle est accordée par ordonnance du premier président de la cour d'appel.

• **COJ, art. R. 111-4**

Ne peut faire partie d'une formation de jugement tout juge dont le conjoint, un parent ou allié jusqu'au troisième degré inclus est partie au procès ou représente ou assiste l'une des parties. La personne liée au juge par un pacte civil de solidarité est assimilée au conjoint.

• **COJ, art. R. 111-6** [mod. par Décr. n° 2019-912, 30 août 2019, art. 22]

Les costumes des magistrats de la Cour de cassation, de la cour d'appel, du tribunal judiciaire, des auditeurs de justice, des directeurs des services de greffe judiciaires et greffiers de ces juridictions ainsi que les insignes portés par les assesseurs des tribunaux judiciaires et de la cour d'appel spécialement désignés en application des articles L. 211-16 et L. 311-16 sont fixés par décret conformément au tableau I annexé au présent code.

• **C. pr. pén., art. 49** [mod. par Ord. n° 2019-964, 18 sept. 2019, art. 35]

Le juge d'instruction est chargé de procéder aux informations, ainsi qu'il est dit au chapitre Ier du titre III.

Il ne peut, à peine de nullité, participer au jugement des affaires pénales dont il a connu en sa qualité de juge d'instruction.

Le juge d'instruction exerce ses fonctions au siège du tribunal judiciaire auquel il appartient.

• **C. pr. pén., art. 137-1** [mod. par L. n° 2016-1547, 18 nov. 2016, art. 17]

La détention provisoire est ordonnée ou prolongée par le juge des libertés et de la détention. Les demandes de mise en liberté lui sont également soumises.

...

Il ne peut, à peine de nullité, participer au jugement des affaires pénales dont il a connu...

• **C. pr. pén., art. 523** [mod. par L. n° 2021-1729, 22 déc. 2021, art. 14]

Le tribunal de police est constitué par un juge du tribunal judiciaire, un officier du ministère public ainsi qu'il est dit aux articles 45 et suivants, et un greffier.

Lorsqu'il connaît des contraventions des quatre premières classes, à l'exception de celles déterminées par un décret en Conseil d'État, ainsi que des contraventions de la cinquième classe relevant de la procédure de l'amende forfaitaire, le tribunal de police peut être constitué par un magistrat exerçant à titre temporaire ou par un magistrat honoraire exerçant des fonctions juridictionnelles dans les conditions prévues à la section II du chapitre V *bis* de l'ordonnance n° 58-1270 du 22 décembre 1958 portant loi organique relative au statut de la magistrature. Si l'importance du contentieux le justifie, le président du tribunal judiciaire peut décider qu'à titre exceptionnel, le magistrat exerçant à titre temporaire ou le magistrat honoraire exerçant des fonctions juridictionnelles préside une partie des audiences du tribunal de police consacrées aux contraventions de la cinquième classe, à l'exception de celles déterminées par décret en Conseil d'État.

• **C. pr. pén., art. R. 41-11** [réd. issue décr. n° 2022-889, 14 juin 2022, art. 1]

En application de l'article 523, le tribunal de police ne peut être constitué par un magistrat exerçant à titre temporaire ou un magistrat honoraire exerçant des fonctions juridictionnelles pour le jugement des contraventions suivantes :

1° Diffamation non publique prévue par l'article R. 621-1 du code pénal ;

2° Injure non publique prévue par l'article R. 621-2 du code pénal ;

3° Provocation non publique présentant un caractère raciste ou discriminatoire prévue par l'article R. 625-7 du code pénal ;

4° Diffamation non publique présentant un caractère raciste ou discriminatoire prévue par l'article R. 625-8 du code pénal ;

5° Injure non publique présentant un caractère raciste ou discriminatoire prévue par l'article R. 625-8-1 du code pénal.

211.02 Jurisprudence de référence.

> Juges de proximité (Constitutionnalité)

• **Cons. const. 29 août 2002**, n° 2002-461 DC, *JO* 10 sept., p. 14953

* V. ss n° 211.32.

« 15. Considérant que, à la date à laquelle le Conseil constitutionnel se prononce sur la loi déférée, le législateur n'a adopté aucune disposition relative au statut des membres des juridictions de proximité ; que, par suite, dans le silence de la loi sur l'entrée en vigueur de son titre II, les juridictions de proximité ne pourront être mises en place qu'une fois promulguée une loi fixant les conditions de désignation et le statut de leurs membres ; que cette loi devra comporter des garanties appropriées permettant de satisfaire au principe d'indépendance, indissociable de l'exercice de fonctions juridictionnelles, et aux exigences de capacité qui découlent de l'article 6 de la Déclaration de 1789 ; que, sous cette double réserve, doit être rejeté le moyen tiré de ce que le législateur n'aurait pas épuisé sa compétence en créant ce nouvel ordre de juridiction ;

16. Considérant, en deuxième lieu, que l'article 64 de la Constitution n'interdit pas, par lui-même, la création des juridictions de proximité dont les membres ne sont pas des magistrats de carrière, dès lors que ces juges exercent une part limitée des compétences dévolues aux tribunaux d'instance et aux tribunaux de police ; [...]

19. Considérant, en premier lieu, que l'article 66 de la Constitution, aux termes duquel "Nul ne peut être arbitrairement détenu. L'autorité judiciaire, gardienne de la liberté individuelle, assure le respect de ce principe dans les conditions prévues par la loi", ne s'oppose pas à ce que soient dévolues à la juridiction de proximité des compétences en matière pénale dès lors que ne lui est pas confié le pouvoir de prononcer des mesures privatives de liberté ; qu'en n'attri-

buant à cette juridiction que le jugement de contraventions de police, le législateur a satisfait à cette condition ;

20. Considérant, en second lieu, que le législateur n'a pas méconnu l'étendue de sa compétence en confiant à un décret en Conseil d'État le soin de préciser celles de ces contraventions qui seront transférées à la juridiction de proximité. »

• **Cons. const. 20 févr. 2003,** n° 2003-466 DC, *JO* 27 févr., p. 3480

* V. s[s] n° 211.32.

« 3. Considérant qu'il résulte tant des dispositions de l'article 64 de la Constitution que du rapprochement de ces dispositions de celles des articles 65 et 66, qui constituent avec ledit article 64 le titre VIII relatif à "l'autorité judiciaire", que le troisième alinéa de l'article 64, aux termes duquel "une loi organique porte statut des magistrats", vise les magistrats de carrière de l'ordre judiciaire ;

4. Considérant que, si les fonctions de magistrat de l'ordre judiciaire doivent en principe être exercées par des personnes qui entendent consacrer leur vie professionnelle à la carrière judiciaire, la Constitution ne fait pas obstacle à ce que, pour une part limitée, des fonctions normalement réservées à des magistrats de carrière puissent être exercées à titre temporaire par des personnes qui n'entendent pas pour autant embrasser la carrière judiciaire, à condition que, dans cette hypothèse, des garanties appropriées permettent de satisfaire au principe d'indépendance, indissociable de l'exercice de fonctions judiciaires, ainsi qu'aux exigences de capacité, qui découlent de l'article 6 de la Déclaration de 1789 ; qu'il importe à cette fin que les intéressés soient soumis aux droits et obligations applicables à l'ensemble des magistrats sous la seule réserve des dispositions spécifiques qu'impose l'exercice à titre temporaire ou partiel de leurs fonctions ;

5. Considérant que la loi du 9 septembre 2002 susvisée a créé des juridictions de proximité auxquelles elle a transféré une part limitée des compétences dévolues jusqu'alors aux tribunaux d'instance et de police, juridictions composées de magistrats de carrière ; qu'il appartenait dès lors au législateur organique de soumettre les juges de proximité aux mêmes droits et obligations que ceux des magistrats de carrière, sous réserve des dérogations et aménagements justifiés par le caractère temporaire de leurs fonctions et leur exercice à temps partiel ;

6. Considérant que la loi organique relative au statut des juges de proximité doit par suite déterminer elle-même les règles statutaires qui leur sont applicables, sous la seule réserve de la faculté de renvoyer au pouvoir réglementaire la fixation de certaines mesures d'application des règles qu'elle a posées ;

7. Considérant, pour autant, que l'insertion des conditions de désignation et des règles statutaires régissant les juges de proximité dans l'ordonnance du 22 décembre 1958 portant loi organique relative au statut de la magistrature n'a ni pour objet ni pour effet d'intégrer les juges de proximité dans le corps judiciaire régi par le statut des magistrats pris en application de l'article 64 de la Constitution ;

8. Considérant qu'il résulte de ce qui précède que l'ensemble des dispositions des articles 1er et 2 de la loi soumise à l'examen du Conseil constitutionnel a un caractère organique à l'exception de l'article 41-18 nouveau de l'ordonnance du 22 décembre 1958, lequel confie l'organisation de l'activité et des services de la juridiction de proximité au magistrat du siège du tribunal de grande instance chargé de l'administration du tribunal d'instance dans le ressort duquel se trouve la juridiction de proximité ; que les dispositions de cet article, qui tendent à une bonne administration de la justice et ne méconnaissent pas l'indépendance des juges de proximité, ne sont pas contraires à la Constitution ; qu'elles ont valeur de loi ordinaire ;

En ce qui concerne le recrutement, la nomination et la formation des juges de proximité :

12. Considérant, toutefois, que, si les connaissances juridiques constituent une condition nécessaire à l'exercice de fonctions judiciaires, ni les diplômes juridiques obtenus par les candidats désignés ci-dessus, ni leur exercice professionnel antérieur ne suffisent à présumer, dans tous les cas, qu'ils détiennent ou sont aptes à acquérir les qualités indispensables au règlement des contentieux relevant des juridictions de proximité ; qu'il appartiendra en conséquence à la formation compétente du Conseil supérieur de la magistrature, avant de rendre son avis, de s'assurer que les candidats dont la nomination est envisagée sont aptes à exercer les fonctions de juge de proximité et, le cas échéant, de les soumettre à la formation probatoire prévue par l'article 41-19 ; que le Conseil supérieur de la magistrature pourra disposer, pour chaque nomination, non seulement du dossier du candidat proposé par le ministre de la Justice mais aussi des dossiers des autres candidats ; qu'en outre, dans le cas où le stage probatoire n'aura pas permis de démontrer la capacité du candidat, il reviendra au Conseil supérieur de la magistrature d'émettre un avis négatif à sa nomination, même si cet avis a pour effet de ne pas pourvoir un poste offert au recrutement ;

13. Considérant, en second lieu, que, si aucune règle de valeur constitutionnelle ne s'oppose à des conditions de recrutement différenciées aux fonctions de juge de proximité, c'est à la condition que le législateur organique précise lui-même le niveau de connaissances ou d'expérience juridiques auquel doivent répondre les candidats à ces fonctions, de manière à satisfaire aux exigences de capacité qui découlent de l'article 6 de la Déclaration de 1789 et afin que soit garantie, en application du même article, l'égalité des citoyens devant la justice ;

14. Considérant que l'exercice antérieur de "fonctions impliquant des responsabilités... dans le domaine... administratif, économique ou social" ne révèle pas par lui-même, quelles que soient les qualités professionnelles antérieures des intéressés, leur aptitude à rendre la justice ; qu'en définissant de telles catégories de candidats aux fonctions de juge de proximité sans préciser le niveau de connaissances ou d'expérience juridiques auquel ils doivent répondre, le législateur organique a manifestement méconnu l'article 6 de la Déclaration de 1789 ;

15. Considérant qu'il s'ensuit que sont contraires à la Constitution, au 3° de l'article 41-17 introduit dans l'ordonnance du 22 décembre 1958 susvisée, les mots : "administratif, économique ou social" ; que, sous les réserves énoncées au considérant 12, les autres dispositions de l'article 41-

17 et de l'article 41-19 ne sont pas contraires à la Constitution ;

En ce qui concerne les règles régissant le cumul des fonctions de juge de proximité avec une autre activité professionnelle :

16. Considérant qu'en vertu de l'article 41-22 nouveau, les juges de proximité peuvent exercer une activité professionnelle concomitamment à leurs fonctions judiciaires ; qu'il est ainsi fait exception à l'article 8 de l'ordonnance statutaire qui rend incompatible, sauf dérogation individuelle, l'exercice de toute autre activité professionnelle ou salariée ;

17. Considérant, toutefois, que l'article 41-22 pose quatre limitations à l'exercice d'une activité professionnelle ;

18. Considérant, en premier lieu, que les juges de proximité ne peuvent pratiquer aucune activité professionnelle qui soit "de nature à porter atteinte à la dignité de la fonction et à son indépendance" ;

19. Considérant, en deuxième lieu, qu'ils ne peuvent exercer concomitamment aucune activité d'agent public, à l'exception de celles de professeur ou de maître de conférences des universités et de celles visées au deuxième alinéa de l'article 8 de l'ordonnance du 22 décembre 1958 susvisée ;

20. Considérant, en troisième lieu, que l'article 41-22 interdit à un membre des "professions libérales juridiques et judiciaires soumis à un statut législatif ou réglementaire ou dont le titre est protégé", comme à ses salariés, d'exercer des fonctions de juge de proximité dans le ressort du tribunal de grande instance où il a son domicile professionnel, ainsi que d'effectuer un acte de sa profession dans le ressort de la juridiction de proximité à laquelle il est affecté ; que cette dernière interdiction doit s'entendre comme portant également, le cas échéant, sur l'activité exercée en qualité de membre d'une association ou d'une société qui a pour objet l'exercice en commun de la profession et dans le cadre ou au nom de laquelle exerce l'intéressé ;

21. Considérant, en quatrième lieu, qu'en vertu du quatrième alinéa de l'article 41-22, un juge de proximité ne peut connaître d'un litige présentant un lien avec son activité professionnelle, que celle-ci soit exercée à titre individuel ou, comme il a été dit ci-dessus, dans le cadre ou au nom d'une association ou d'une société dont il est membre ; que cette interdiction s'applique également lorsque lui-même, ou ladite association ou société, entretient ou a entretenu des relations professionnelles avec l'une des parties ; que, dans ces hypothèses, il appartient au président du tribunal de grande instance, en vertu de l'article 41-22, de soumettre l'affaire à un autre juge de proximité du même ressort s'il est saisi d'une demande en ce sens par le juge concerné ou par l'une des parties ; que ces dispositions doivent faire obstacle, en toutes circonstances, à ce qu'un juge connaisse d'un litige en rapport avec ses autres activités professionnelles ;

22. Considérant, enfin, qu'aux termes du troisième alinéa de l'article 41-22 : "En cas de changement d'activité professionnelle, les juges de proximité en informent le premier président de la cour d'appel dans le ressort de laquelle ils sont affectés, qui leur fait connaître, le cas échéant, que leur nouvelle activité n'est pas compatible avec l'exercice de leurs fonctions judiciaires" ; que, si cette disposition ne confère pas le pouvoir de décision au premier président de la cour d'appel, il appartient à celui-ci, en application de l'article 50-2 de l'ordonnance du 22 décembre 1958 susvisée, de saisir le Conseil supérieur de la magistrature s'il estime que l'intéressé a méconnu son obligation d'information ou que sa nouvelle activité est incompatible avec l'exercice de fonctions juridictionnelles ;

23. Considérant, dans ces conditions, que, sous les réserves d'interprétation énoncées aux considérants 20 et 21, l'article 41-22 nouveau de l'ordonnance du 22 décembre 1958 susvisée n'est pas contraire aux exigences d'indépendance et d'impartialité du juge qui découlent de l'article 16 de la Déclaration de 1789 ; [...] ».

• **Cons. const. 20 janv. 2005,** n° 2004-510 DC, *JO* 27 janv., p. 1412
* V. s^s n° 211.32.

« 13. Considérant que le 2° de l'article 5 de la loi déférée complète l'article L. 331-5 du code de l'organisation judiciaire par deux alinéas ainsi rédigés : "Le président du tribunal de grande instance établit avant le début de l'année judiciaire la liste des juges de proximité de son ressort susceptibles de siéger en qualité d'assesseur au sein de la formation collégiale du tribunal correctionnel. – Cette formation ne peut comprendre plus d'un juge de proximité" ;

14. Considérant que les auteurs des saisines soutiennent que ces dispositions méconnaissent tant l'article 66 de la Constitution que le principe d'égalité devant la justice ; En ce qui concerne l'article 66 de la Constitution :

15. Considérant que, selon les requérants, l'article 66 de la Constitution serait méconnu du fait de l'attribution au juge de proximité du pouvoir de prononcer des mesures privatives de liberté ;

16. Considérant qu'aux termes de l'article 66 de la Constitution : "Nul ne peut être arbitrairement détenu. L'autorité judiciaire, gardienne de la liberté individuelle, assure le respect de ce principe dans les conditions prévues par la loi" ; que, si ces dispositions s'opposent à ce que le pouvoir de prononcer des mesures privatives de liberté soit confié à une juridiction qui ne serait composée que de juges non professionnels, elles n'interdisent pas, par elles-mêmes, que ce pouvoir soit exercé par une juridiction pénale de droit commun au sein de laquelle siègent de tels juges ;

17. Considérant, toutefois, que doivent être apportées en pareil cas des garanties appropriées permettant de satisfaire au principe d'indépendance, indissociable de l'exercice de fonctions judiciaires, ainsi qu'aux exigences de capacité, qui découlent de l'article 6 de la Déclaration de 1789 ; que, s'agissant des formations correctionnelles de droit commun, la proportion des juges non professionnels doit rester minoritaire ;

18. Considérant, d'une part, que les juges de proximité sont soumis aux mêmes droits et obligations que les magistrats de carrière, sous réserve des dérogations et aménagements justifiés par le caractère temporaire de leurs fonctions et leur exercice à temps partiel ; que, par sa décision du 20 février 2003 susvisée, le Conseil constitutionnel a considéré que, sous les réserves qu'il a émises et compte tenu de la déclaration de non-conformité qu'il a prononcée, les dispositions organiques fixant le statut des juges de proximité

apportaient les garanties d'indépendance et de capacité requises par la Constitution ;

19. Considérant, d'autre part, qu'en vertu du dernier alinéa de l'article 5 de la loi déférée, un seul juge de proximité pourra siéger parmi les trois juges composant le tribunal correctionnel ; qu'en pareille hypothèse, afin d'assurer le respect des exigences constitutionnelles rappelées au considérant 17, les autres membres du tribunal devront être des magistrats professionnels ;

20. Considérant que, sous cette réserve, les dispositions critiquées ne méconnaissent pas l'article 66 de la Constitution ;

En ce qui concerne l'égalité devant la justice :

21. Considérant que, selon les requérants, les dispositions critiquées entraînent une rupture d'égalité devant la justice ; qu'en premier lieu, les justiciables pourraient être jugés par des formations composées différemment, notamment en raison des disparités de recrutement des juges de proximité ; qu'en second lieu, le président du tribunal de grande instance pourrait choisir arbitrairement ceux de ces juges appelés à remplir la fonction d'assesseur ;

22. Considérant que, si le législateur peut prévoir des règles de procédure différentes selon les faits, les situations et les personnes auxquelles elles s'appliquent, c'est à la condition que ces différences ne procèdent pas de distinctions injustifiées et que soient assurées aux justiciables des garanties égales, notamment quant au respect du principe des droits de la défense, qui implique en particulier l'existence d'une procédure juste et équitable ;

23. Considérant, en premier lieu, que les justiciables seront jugés par une formation collégiale du tribunal correctionnel qui, quelle que soit sa composition, appliquera les mêmes règles de procédure et de fond ;

24. Considérant, en second lieu, que la latitude laissée au président du tribunal de grande instance, pour établir la liste des juges de proximité de son ressort susceptibles de siéger en qualité d'assesseur, a pour objet de lui permettre de choisir les mieux à même de remplir cette fonction ; qu'elle ne prive le justiciable d'aucune garantie ;

25. Considérant, au demeurant, que cette procédure de désignation permet de prendre en compte la disponibilité des juges de proximité et répond à un souci de bonne administration de la justice ; que l'ordonnance fixant leur répartition dans les formations du tribunal correctionnel sera d'ailleurs prise après avis de l'assemblée générale des magistrats du siège, en vertu des articles L. 710-1 et R. 311-23 du code de l'organisation judiciaire ;

26. Considérant que sont, par suite, infondés les griefs tirés d'une violation du principe d'égalité devant la justice. »

> Magistrats exerçant à titre temporaire

• **Cons. const. 28 juill. 2016,** n° 2016-732 DC, *JO* 11 août

* V. s^s^ n° 211.32.

74. L'article 41-10 A de l'ordonnance du 22 décembre 1958 ne saurait, sans méconnaître le principe d'indépendance de l'autorité judiciaire, être interprété comme permettant qu'au sein d'un tribunal plus d'un tiers des fonctions normalement réservées à des magistrats de carrière puissent être exercées par des magistrats recrutés provisoirement, que ce soit à temps partiel ou à temps complet.

S'agissant des magistrats exerçant à titre temporaire :

78. Sous la même réserve que celle énoncée au paragraphe 74, l'article 39 est conforme à la Constitution.

> Obligation de motivation des décisions

• **CEDH 24 juill. 2007,** *Baucher c/ France*, req. n° 53640/00

* V. s^s^ n° 211.61.

La seule lecture à l'audience du dispositif du jugement du tribunal correctionnel avant l'expiration du délai d'appel a porté atteinte aux droits de la défense du requérant... faute d'avoir pu obtenir le jugement complet avant l'expiration du délai d'appel, le requérant avait donc pour seule issue d'interjeter appel sans connaître aucun élément de la motivation retenue par le tribunal correctionnel... partant il y a eu violation de l'article 6, § 1 et 6, § 3, b) de la Conv. EDH.

> Greffier

• **Crim. 19 juill. 1907,** *DP* 1910. 1. 30

• **Crim. 3 août 1912,** *DP* 1913. 1. 498

* V. s^s^ n° 211.61.

Une décision rendue sans l'assistance du greffier est nulle.

• **Crim. 12 mai 1971,** n° 70-92.821, P n° 153

* V. s^s^ n° 211.61.

Le dépôt tardif de la minute d'un jugement ne peut entraîner la nullité de celui-ci quand il n'a été causé, de ce fait, aucun préjudice au prévenu.

• **Crim. 27 sept. 2000,** n° 00-81.634, NP

* V. s^s^ n° 211.62.

Il n'y a pas violation de l'article 398-3 C. pr. pén. lorsqu'un arrêt mentionne que la cour d'appel était assistée de « Mme B, agent administratif, faisant fonction de greffier » dès lors que cette mention, en l'absence de toute contestation des avocats des parties présents à l'audience, suffit à établir la régularité de la décision prononcée.

• **Civ. 1re, 15 mai 2007,** n° 06-15.904, P I, n° 188

* V. s^s^ n° 211.61.

Le greffier présent lors du prononcé de la décision est présumé avoir assisté aux débats.

> Composition de la juridiction

• **Crim. 19 déc. 1988,** n° 88-83.678, P n° 433

* V. s^s^ n° 211.11

Les règles sur la composition et la compétence des juridictions sont d'ordre public.

• **Crim. 28 nov. 2017,** n° 17-80.416, P n° 270

* V. s^s^ n° 211.11

Même lorsqu'elle statue sur les seuls intérêts civils, la chambre des appels correctionnels est composée d'un président de chambre et de deux conseillers, qui doivent assister à toutes les audiences au cours desquelles la cause est instruite, plaidée ou jugée. Ces règles sont d'ordre public, les parties ne pouvant y renoncer.

• **Crim. 13 juin 1996,** n° 95-85.020, P n° 254

* V. s^s^ n° 211.26.

Suffit à rapporter la preuve de la régularité de la composition de la cour d'appel, en l'absence de contestation des avocats des parties, présents à l'audience, l'arrêt qui mentionne qu'un des conseillers assesseurs, empêché, a été remplacé par l'avocat le plus ancien, sans que l'arrêt constate le barreau d'appartenance de cet avocat, ni l'empêchement de tous les magistrats du siège de la cour d'appel.

> Incompatibilités (Oui)

• **Crim. 5 déc. 1903,** P n° 411

* V. s^s n° 211.131.

Ne peuvent participer au jugement de l'affaire, les magistrats qui ont requis l'ouverture de l'information.

• **Crim. 23 sept. 2010,** n° 10-81.245, P n° 140

* V. s^s n° 211.143.

Fait l'exacte application de l'article 137-1 du code de procédure pénale, la cour d'appel qui, pour annuler le jugement, retient que, dans la composition du tribunal correctionnel, devant lequel le prévenu a été traduit selon la procédure de comparution immédiate, figurait le juge des libertés et de la détention, qui avait ordonné sa détention provisoire.

• **Crim. 26 avr. 1990,** n° 88-84.586, P n° 162

* V. s^s n° 211.131.

Selon l'article 6 de la convention européenne de sauvegarde des droits de l'Homme et des libertés fondamentales, toute personne a droit à ce que sa cause soit entendue par un tribunal indépendant et impartial. Il en résulte que ne peut participer au jugement d'une affaire un magistrat qui en a connu en qualité de représentant du ministère public.

• **Crim. 21 sept. 1989,** n° 89-80.676, P n° 325

* V. s^s n° 211.142.

Le magistrat qui a fait des actes d'instruction dans une procédure ayant abouti à une condamnation ne peut siéger à la chambre d'accusation saisie d'une demande de confusion de peines parmi lesquelles figure celle prononcée par ladite condamnation.

• **Crim. 30 mars 2011,** n° 10-86.140, P n° 67

* V. s^s n° 211.143.

Un magistrat qui a prononcé une condamnation par défaut et décerné un mandat d'arrêt ne peut, en qualité de juge des libertés et de la détention, statuer sur les suites données au mandat d'arrêt, sans qu'il soit porté atteinte à l'exigence d'impartialité.

• **Crim. 11 mars 1986,** n° 84-94.708, P n° 100

* V. s^s n° 211.145.

Les magistrats de la cour d'appel ne peuvent faire partie de la chambre correctionnelle s'ils ont, dans l'affaire soumise à cette juridiction, à l'occasion de l'appel d'une ordonnance de non-lieu rendue par le juge d'instruction, participé à un arrêt de la chambre (d'accusation) de l'instruction dans lequel a été examinée la valeur des charges pouvant justifier le renvoi devant le tribunal correctionnel.

• **CEDH 24 juin 2010,** *Mancel et Branquart c/ France*, req. n° 22349/06

* V. s^s n° 211.153.

En l'espèce, la crainte d'un manque d'impartialité tenait au fait que sept des neuf juges ayant siégé à la chambre criminelle, qui a statué le 30 novembre 2005 sur le pourvoi formé par les requérants contre l'arrêt de condamnation, avaient auparavant siégé à la chambre qui s'était prononcée le 27 novembre 2002 sur le pourvoi formé par le procureur général près la cour d'appel d'Amiens contre l'arrêt de relaxe. Pareille situation, la Cour en convient, pouvait susciter des doutes chez les requérants quant à l'impartialité de la Cour de cassation.

> Incompatibilités (non)

• **Crim. 18 mai 1977,** n° 76-93.009, P n° 180

* V. s^s n° 211.151.

Les incompatibilités prévues par l'article 253 du code de procédure pénale sont de droit étroit et ne peuvent être étendues par voie d'analogie ; elles ne sauraient concerner un magistrat qui a participé au jugement de l'accusé dans une précédente affaire.

• **Crim. 23 nov. 1966,** n° 66-91.933, P n° 266

* V. s^s n° 211.133.

Aucune disposition de loi n'interdit à un magistrat du ministère public de requérir successivement contre le même accusé devant la chambre (d'accusation) de l'instruction et devant la cour d'assises.

• **Crim. 21 mai 2003,** n° 02-87.150, P n° 103

* V. s^s n° 211.133.

Aucun texte légal ou conventionnel n'interdit à un magistrat du ministère public qui ne décide pas du bien-fondé de l'accusation en matière pénale, de requérir successivement dans la même affaire devant les cours d'assises statuant en première instance et en appel.

• **Crim. 5 sept. 1990,** n° 90-83.664, P n° 310

* V. s^s n° 211.131.

La seule circonstance que le président de la chambre de l'instruction (d'accusation) ait exercé préalablement la fonction de procureur de la République adjoint près le tribunal où s'est faite l'instruction ne saurait entraîner la censure de l'arrêt attaqué dès lors qu'il n'est pas établi que ce magistrat ait accompli des actes de procédure ou dirigé l'action des membres du Parquet ayant eu à connaître de l'affaire.

• **Crim. 14 janv. 2003,** n° 02-87.062, P n° 6

* V. s^s n° 211.111.

La seule circonstance qu'un juge d'instruction soit le conjoint d'un magistrat du ministère public exerçant ses fonctions près le même tribunal n'est pas de nature à faire naître un doute objectivement justifié quant à son impartialité, dès lors qu'il n'est pas établi que son conjoint soit intervenu directement ou indirectement dans le déroulement de l'information.

• **Crim. 6 mars 1991,** n° 90-83.815, P n° 291

* V. s^s n° 211.111.

Ne constitue pas une cause d'incompatibilité empêchant un magistrat de siéger à la cour d'assises en qualité d'assesseur le fait que son conjoint, lui-même magistrat, ait, en remplacement du juge d'instruction chargé de l'affaire, statué sur une demande de mise en liberté formée par un coïnculpé de l'accusé non soumis au même débat devant la cour d'assises.

> Récusation, suspicion légitime

• **Crim. 17 avr. 2013,** n° 13-82.672, P n° 94

* V. s^s n° 211.221.

Une requête par laquelle un prévenu allègue qu'une formation correctionnelle d'un tribunal de grande instance ne présenterait pas toutes les garanties d'impartialité, la présidente de cette formation ayant apporté un soutien logistique aux parties civiles en leur distribuant un formulaire pré-imprimé intitulé « constitution de partie civile » accompagné d'un document intitulé « présentation des dossiers de demande d'indemnisation » et ayant tenu une réunion avec les avocats des parties civiles hors la présence des avocats des prévenus, constitue non pas une requête en suspicion légitime visant une juridiction, mais une requête en récusation et doit, dès lors, être présentée au premier président de la cour d'appel. La chambre criminelle de la Cour de cassation est incompétente pour statuer sur une telle requête.

• **Crim. 12 mars 2014,** n° 13-81.273, P n° 76

* V. s[s] n° 211.201.

Le prévenu n'est pas recevable à mettre en cause devant la Cour de cassation l'impartialité des magistrats de la cour d'appel, en invoquant l'article 6 de la convention européenne des droits de l'homme, dès lors qu'il n'a pas usé de la faculté qu'il avait d'en demander la récusation, par application de l'article 668 du code de procédure pénale.

• **Crim. 19 juin 2018,** n° 17-84.930, P

* V. s[s] n° 211.143.

Le refus du juge d'homologuer la peine proposée par le procureur de la République dans le cadre d'une procédure de comparution sur reconnaissance préalable de culpabilité ne fait pas en soi obstacle à ce que ce magistrat intervienne ensuite dans la même affaire en qualité de juge des libertés et de la détention et ordonne le placement en détention provisoire du prévenu dans l'attente de son jugement en comparution immédiate.

211.03 Bibliographie indicative.

Ouvrages. B. Beignier, J. Villaceque et J. Volff, *Droit et déontologie des magistrats*, LGDJ, 2022 – L. Belfanti, *Magistrat,* Dalloz corpus, 2019 – J.-L. Bodiguel, *Les magistrats : un corps sans âme ?*, Puf, 1991 – CSM, *Recueil des obligations déontologiques des magistrats*, La documentation française, 2019 – A. Garapon, *Bien juger : essai sur le rituel judiciaire*, O. Jacob, 1997.

Contributions. A. Vitu, « La récusation en matière pénale », *in Mél. Jean Vincent*, Dalloz, 1981, p. 429.

Dossier « L'impartialité des magistrats pénalistes », *AJ pénal* 2021. 343 s.

Articles. S. Bendel-Vasseur, « La procédure de récusation et de renvoi pour cause de suspicion légitime en matière pénale », *BICC* 15 nov. 2010, p. 6 – D.-N. Commaret, « Impartialité du juge. Incompatibilités. Appréciations portées sur la valeur des charges ou la culpabilité. Motivation des décisions », *RSC* 2000. 852 – F. De Baets, « Récusation : crime de lèse-magistrat ? », *AJ pénal* 2011. 291 – N. Fricero, « Récusation et abstention des juges : analyse comparative de l'exigence commune d'impartialité », Nouveaux cahiers du Conseil constitutionnel, n° 40, juin 2013 – A. Giudicelli, « Exigence d'impartialité et participation d'un même magistrat aux phases d'instruction et de jugement d'une même procédure », *RSC* 2012. 617 – G. Lacan, « Impartialité du juge, une exigence légitime du citoyen », *Gaz. Pal.* 2013. 8 – J.-L. Nadal, « l'impartialité du magistrat » *Gaz. Pal.* 2012. 14 – E. Vergès, « La justice pénale citoyenne : derrière une volonté politique, l'élaboration d'une catégorie juridique (loi n° 2011-939 du 10 août 2011 sur la participation des citoyens au fonctionnement de la justice pénale et le jugement des mineurs) », *RSC* 2011. 667.

SECTION 1
PRÉSIDENT ET MODES DE PRÉSIDENCES

211.11 Qualité du président. Sauf disposition particulière, à la Cour de cassation, dans les cours d'appel, les tribunaux judiciaires, les fonctions de jugement sont exercées par des magistrats appartenant au corps judiciaire ; les règles applicables à leur nomination sont fixées par le statut de la magistrature[1].

Précisons d'emblée que les règles sur la composition et la compétence des juridictions sont d'ordre public[2] et qu'il ne peut donc y être dérogé, fût-ce avec l'accord des parties[3].

Le code de l'organisation judiciaire et le code de procédure pénale ne mentionnent pas spécifiquement la fonction de « président du tribunal correctionnel ». La plupart des textes évoquent « Le président », certains « Le président du tribunal ou le magistrat délégué par lui à cet effet »[4]. La chambre criminelle de la Cour de cassation a, au détour d'un arrêt non publié, affirmé que l'article 398 du code de procédure pénale, ne réservait pas au président du tribunal [de grande instance] judiciaire, la présidence du tribunal correctionnel, ce qui semble découler naturellement de l'alinéa 1er de ce même article[5].

Le ou les magistrats chargés de présider les audiences correctionnelles sont donc désignés par le président de la juridiction[6], ce qui entraîne un formalisme certain. Rien n'exclut que le président du tribunal préside lui-même de manière régulière des audiences correctionnelles. Rien n'empêche non plus à ce magistrat de présider de manière plus

1. COJ, art. L. 121-1, mod. par L. n° 2019-222, 23 mars 2019, art. 95, *JO* 24 mars 2019, en vigueur depuis le 1er janv. 2020.
2. Crim. 19 déc. 1988, n° 88-83.678, P n° 433.
3. Crim. 28 nov. 2017, n° 17-80.416, P n° 270.
4. SUR l'ordonnance pénale : C. pr. pén., art. 495-1 mod. par L. n° 2019-222, 23 mars 2019, *JO* 24 mars, n° 2, art. 61, en vigueur depuis le 1er sept. 2019 – SUR la CRPC : C. pr. pén., art. 495-9 mod. par Ord. n° 2019-964, 18 sept. 2019, *JO* 19 sept., n° 4, art. 35 (VD), en vigueur depuis le 1er janv. 2020.
5. Crim. 15 juin 1999, n° 98-86.142, NP.
6. V. s[s] n°s 111.62 s.

exceptionnelle une audience ayant, par exemple, un fort retentissement local. Dans cette hypothèse, il est d'usage que le procureur de la République prenne la place de l'accusation.

Au-delà de ces situations exceptionnelles, la présidence des formations « à juge unique », peut être confiée à n'importe lequel des magistrats du tribunal, en plus d'autres attributions, civiles par exemple. Rien n'exclut que des juges aux affaires familiales puissent siéger. Il peut d'ailleurs être opportun de créer, dans les plus grandes juridictions, une chambre pénale de la famille connaissant notamment des contentieux relatifs aux abandons de famille, non-représentation d'enfants, non-respect des ordonnances de protection prises par le JAF et évidemment des violences contre les conjoints, partenaires de PACS et concubins. Peuvent pareillement siéger des juges d'instance. Peuvent encore être désignés les juges d'instruction de la juridiction, puisqu'ils ne peuvent notamment pas connaître de dossiers dans lesquels ils ont réalisé un ou plusieurs actes et qu'il y a là, à la fois la possibilité de faire appel à des magistrats pénalistes et l'absence de risque d'incompatibilité, la majeure partie des ordonnances de renvoi étant destinée à la cour d'assises ou à la composition collégiale du tribunal correctionnel. Peuvent tout autant siéger les juges de l'application des peines qui par nature sont les mieux à même d'éclairer leurs collègues sur les conditions dans lesquelles telles ou telles peines s'exécutent sur le ressort.

En formation collégiale, la chambre criminelle avait eu par le passé l'occasion d'indiquer que la présence du juge de l'application des peines dans la composition du tribunal susceptible de révoquer, à l'occasion du jugement d'un délit, le sursis avec mise à l'épreuve accordé au prévenu par une décision antérieure n'était pas incompatible avec l'article 6 de la convention européenne des droits de l'homme. En effet, l'avis que ce juge est appelé à donner, en application de l'article 132-48 du code de procédure pénale, ne porte pas sur la valeur des charges pesant sur le prévenu mais sur les modalités d'exécution d'une peine déjà prononcée[1]. Cette jurisprudence garde son intérêt aujourd'hui, malgré la possibilité offerte au juge de l'application des peines de révoquer lui-même un sursis probatoire[2], puisque la juridiction collégiale conserve à l'occasion de nouvelles poursuites, la possibilité, après avis du juge de l'application des peines d'ordonner la révocation totale ou partielle du ou des sursis antérieurement accordés[3], voire d'ordonner immédiatement de ce chef, l'incarcération du prévenu[4].

211.12 Pénalistes ? Le seul critère pertinent en vue de la désignation de tel ou tel magistrat pour siéger en correctionnelle paraît être son attirance ou du moins son absence « d'allergie » à la matière pénale. Les enjeux humains ne sont pas minces au pénal. Les règles de procédure sinon plus exigeantes, en tout cas plus souvent invoquées qu'au civil. Un magistrat civiliste « pur » ne se reconnaîtra pas nécessairement en juge correctionnel et la polyvalence un temps vanté n'a souvent eu pour autre but que de cacher les problèmes d'effectifs que connaissent nombre de juridictions, en particulier petites et moyennes. Ne doivent donc siéger en matière pénale que les magistrats aptes à appréhender cette matière et à s'intéresser autant aux prévenus qu'à leurs victimes.

211.13 Grade. Aucune disposition ne réserve la présidence du tribunal correctionnel à un vice-président ou premier vice-président. Il est toutefois d'usage que les formations collégiales soient présidées par un magistrat ayant au moins rang de vice-président. Ce choix « hiérarchique », peut renforcer l'autorité du président du tribunal correctionnel, lors de la tenue des débats publics. Il ne faut pas qu'il pèse, lors des délibérés, sur la liberté de parole des assesseurs. La règle collégiale est en effet une règle strictement égalitaire et nul n'a de parole prépondérante lorsqu'il s'agit de statuer sur la culpabilité, puis sur la peine.

211.14 Remplacements. Contrairement à ce qui existe devant la cour d'assises[5], aucune disposition ne prévoit expressément le remplacement du président du tribunal correctionnel qui viendrait à être empêché durant les débats. Toutefois lorsqu'un procès paraît de nature à entraîner de longs débats, le président du tribunal judiciaire peut décider qu'un ou plusieurs magistrats du siège supplémentaires assisteront aux débats. Dans le cas où un ou plusieurs magistrats du siège composant le tribunal correctionnel seraient empêchés de suivre les débats jusqu'au prononcé du jugement, ils sont remplacés par le ou les magistrats du siège supplémentaires, dans l'ordre de leur nomination au tribunal judiciaire, en commençant par le plus ancien du rang le plus élevé[6]. Cette disposition permet de prévoir des assesseurs supplémentaires comme en matière criminelle, quitte à ce que ceux-ci ne se retirent pas pour délibérer avec la collégialité si aucun des deux

1. Crim. 18 oct. 2000, n° 99-86.289, P n° 302 ; *D.* 2001. 42.
2. C. pr. pén., art. 742, mod. par L. n° 2019-222, 23 mars 2019, *JO* 24 mars, n° 2, art. 81.
3. C. pén., art. 132-48, mod. par L. n° 2019-222, 23 mars 2019, art. 80, *ibid.*
4. C. pén., art. 132-51.
5. C. pr. pén., art. 246.
6. C. pr. pén., art. 398, al. 2, mod. par Ord. n° 2019-964, 18 sept. 2019, *JO* 19 sept., n° 4, art. 35.

assesseurs en titre ne défaille[1]. Elle semble également permettre de prévoir un magistrat apte à suppléer le président en cas d'indisponibilité de celui-ci qui se révélerait dans le cours des débats. Elle impose néanmoins dans ce cas à ce « président remplaçant », de connaître parfaitement et donc d'avoir préparé le dossier à l'identique du président désigné, ce qui ne peut se concevoir, au regard de la charge de travail que cela représente, que dans la perspective d'un dossier à l'importance exceptionnelle. En cas d'indisponibilité prolongée ou de décès de l'un des magistrats avant la fin des débats et à défaut de remplaçant, le procès doit être repris du début.

Plusieurs tempéraments jurisprudentiels sérieux à la sévérité apparente des règles de désignation des magistrats doivent être mentionnés. D'une part, en cas de remplacement par un autre magistrat, il existe une présomption légale que le magistrat remplaçant avait qualité pour remplacer son collègue empêché[2]. D'autre part, la procédure pénale relevant, selon l'article 34 de la Constitution, du domaine de la loi, la méconnaissance éventuelle des dispositions réglementaires du code de l'organisation judiciaire, relatives à la composition des juridictions répressives, ne saurait entraîner la nullité des décisions qu'elles rendent[3]. Faute d'ordonnance du premier président pour l'activité des cours d'appel, ou du président pour celle des tribunaux de première instance, le remplacement ou la suppléance d'un magistrat est donc exercé, conformément aux dispositions des articles R. 213-6 et R. 213-7 du code de l'organisation judiciaire, par le magistrat du siège le plus ancien dans l'ordre des nominations[4]. Depuis un arrêt de 1988, la chambre criminelle considère que dès lors que l'arrêt attaqué énonce que la chambre correctionnelle de la cour d'appel était composée de trois conseillers, le premier nommé étant dit « faire fonction de président », il s'en déduit que celui-ci a été régulièrement appelé à présider en l'empêchement du président titulaire, et que se trouvent donc respectées les dispositions édictées par l'article 510 du code de procédure pénale[5].

211.15 Modes de présidence. Tous les présidents d'audience ne gèrent pas de la même façon leurs fonctions[6]. Tout d'abord, chaque magistrat préside l'audience en fonction de ses qualités et aussi de ses défauts. Le temps consacré aux affaires diffère sensiblement d'un magistrat à l'autre, selon que le président se place en « juge arbitre », résumant l'accusation et les déclarations du prévenu, ne lui posant que peu de questions et laissant le soin au ministère public et aux avocats de véritablement démontrer le bien-fondé ou le caractère infondé des poursuites, ou au contraire, dénoue ou tente de dénouer à nouveau tous les fils de l'enquête. Certains considéreront qu'un dossier d'instruction n'a pas à être géré à l'audience de la même façon qu'un dossier venant sur COPJ. Et ceci, soit dans le sens d'une plus grande attention consacrée au premier qui concernera en général des faits plus graves, soit dans celui de développements importants pour le second qui n'a pas toujours fait l'objet d'une enquête complète, le tout contrebalancé évidemment par l'attitude des parties. En outre, certains présidents assumeront l'intégralité de la charge de présentation des dossiers de l'audience. D'autres, confieront à l'un ou l'autre de leurs assesseurs, le soin de présenter, certains dossiers du rôle ou encore les affaires venant sur comparution immédiate, afin de ne pas retarder leur évocation. Ces différents modes de présidence influent nécessairement sur les temps d'audience, la nature des décisions, voire le *quantum* des peines prononcées. Ceci sans même évoquer l'impact évident du recours par un ou plusieurs des prévenus au droit au silence reconnu par l'article 406[7] du code de procédure pénale.

Il semble opportun que le président du tribunal correctionnel signale le cas échéant, au président du tribunal, les dysfonctionnements éventuels consécutifs à un mauvais comportement ou à un désintérêt total de la matière, par l'un des assesseurs.

SECTION 2
ASSESSEURS

211.21 Rôle de l'assesseur. Nombre de jeunes magistrats abordent l'audience correctionnelle en en devenant l'un des assesseurs. Il n'est pas exagéré de dire que se trouve là un des rôles les plus ingrats

1. À signaler toutefois en matière criminelle : Crim. 5 janv. 2022, n° 21-80.355, P, par lequel la Cour de cassation a jugé d'une part, que s'il résulte de l'article 248, troisième alinéa, du code de procédure pénale, que les assesseurs supplémentaires ne prennent part à la délibération de la cour d'assises qu'en cas d'empêchement d'un assesseur titulaire, leur assistance à la délibération n'est pas interdite par la loi et d'autre part, que le président de la cour d'assises n'ayant pas, par ordonnance, constaté l'empêchement d'un assesseur titulaire, le secret du délibéré étant absolu, il doit être présumé, en l'absence d'énonciation contraire, que l'assesseur supplémentaire n'a exprimé aucune opinion et n'a pas pris part au vote.
2. Crim. 23 juill. 1958, P n° 258.
3. Dans une hypothèse de désignation tardive du président titulaire de la chambre correctionnelle de la cour d'appel : Crim. 3 avr. 1996, n° 95-81.756, P n° 153.
4. Crim. 10 déc. 1985, n° 84-92.105, P n° 395.
5. Crim. 24 oct. 1988, n° 87-91.203, P n° 360.
6. SUR le rôle du président d'audience, v. s[s] titre 51.
7. C. pr. pén., art. 406 ; mod. par L. n° 2014-535, 27 mai 2014, art. 8 (v. s[s] n° 541.21).

de la magistrature. La question est simple. En voici la version sombre. Si le président fait un bon travail, l'assesseur qui est en accord avec lui n'y trouve rien à redire, voire s'ennuie. Si le président ne fait pas bien son travail, l'assesseur, selon son rang, hésitera souvent à demander à prendre la parole pour refaire, par exemple, tout ou partie de l'instruction à l'audience. La réalité des audiences correctionnelles habituelles est sans doute à mi-chemin...

Une version peut être plus conforme à la réalité de la vie des juridictions correctionnelles amène à considérer qu'une bonne audience collégiale est une audience au cours de laquelle, les assesseurs ont pu participer aux débats, consultant les pièces d'un dossier dont rien n'interdit qu'ils aient pu le lire avant l'audience, posant des questions. C'est à ce prix que le délibéré sera de qualité, chacun des magistrats se trouvant en possession des pièces essentielles du procès.

Mais surtout et au-delà, les assesseurs peuvent effectivement présenter à leur tour tel dossier, présider telle affaire dans le cadre de « présidences tournantes », trop rares il est vrai, voire, gérer avec les deux autres membres de la composition, une audience au cours de laquelle, de manière égalitaire, chacun des magistrats présents présidera un tiers des affaires du rôle. L'intérêt pour les acteurs est évident. La pratique, si des écarts significatifs existent dans les Agirs professionnels des trois membres de la collégialité, sera plus délicate...

C'est l'article 406 du code de procédure pénale, qui prévoit que « le président ou l'un des assesseurs par lui désigné, constate l'identité du prévenu et donne connaissance de l'acte qui saisit le tribunal... », qui autorise cette pratique.

Il n'apparaît pas possible en revanche au président de la formation collégiale d'imposer à l'un de ses assesseurs la prise de tel ou tel dossier, le lien hiérarchique éventuel s'évinçant de l'audience pénale.

211.22 Assesseur, magistrat en fonction. Il a été dit[1] selon quelles modalités les magistrats sont désignés pour participer aux audiences. Les assesseurs seront, de manière classique, un juge généraliste ou spécialisé du siège, un juge d'instance du siège ou du ressort, un juge placé auprès du premier président ou un magistrat de l'un des tribunaux de la cour délégué dans ces fonctions ; cette image peut cependant être brouillée par le recours à un magistrat exerçant à titre temporaire ou un avocat (v. ci-après).

L'important est ici le verbe « participer ». L'assesseur est, l'un des membres de la collégialité et si, contrairement au président, il n'a pas une connaissance complète du dossier en début d'audience – encore que rien n'exclut qu'il l'ait consulté avant l'ouverture de celle-ci, ce qui ne saurait qu'être conseillé pour les dossiers sensibles – il doit participer autant que nécessaire à son déroulement, pour arriver au délibéré en maîtrisant l'histoire toujours singulière du prévenu et de la victime. Il peut poser des questions, selon les présidents, soit par son intermédiaire, soit directement. Il convient que les règles selon lesquelles d'éventuelles questions sont posées par les assesseurs soient en tout cas suffisamment claires au sein de la composition, pour éviter qu'une question que le président avait prévu de poser un peu plus tard dans son instruction ne soit posée à contretemps de son interrogatoire. Il convient surtout de préserver la sérénité des débats et une bonne coordination entre les membres d'une collégialité stable, reste de ce point de vue la meilleure des garanties.

211.23 Possible recours à un magistrat exerçant à titre temporaire. Après recrutement par la commission d'avancement prévue à l'article 34[2] de l'ordonnance du 22 décembre 1958[3], pouvaient déjà être nommées pour exercer des fonctions de juge d'instance ou d'assesseur dans les formations collégiales des tribunaux de grande instance, les personnes âgées de moins de soixante-cinq ans révolus, que leur compétence et leur expérience qualifiaient particulièrement pour exercer ces fonctions. Elles devaient, soit remplir les conditions prévues aux 1°, 2° ou 3° de l'article 22[4], soit être membre ou ancien membre des professions libérales juridiques et judiciaires soumises à un statut législatif ou réglementaire ou dont le titre est protégé et justifier de sept années au moins d'exercice professionnel[5].

Depuis l'entrée en vigueur des modifications issues de la loi organique du 8 août 2016[6], puis de la loi du 22 décembre 2021[7], l'article 41-10[8] de l'ordonnance du 22 décembre 1958 précise que : « Peuvent être nommées magistrats exerçant à titre tempo-

1. V. s[s] n° 111.62.

2. Ord. n° 58-1270, 22 déc. 1958, art. 34 ; mod. par LO n° 2016-1090, 8 août 2016, art. 20.
3. Ord. n° 58-1270, 22 déc. 1958 portant loi organique relative au statut de la magistrature, *JO* 23 déc., p. 11551.
4. Ord. n° 58-1270, 22 déc. 1958, art. 22 ; mod. par LO n° 2016-1090, 8 août 2016, art. 46.
5. Ord. n° 58-1270, 22 déc. 1958, art. 12 ; mod. par LO n° 2016-1090, 8 août 2016, art. 47.
6. LO n° 2016-1090, 8 août 2016 relative aux garanties statutaires, aux obligations déontologiques et au recrutement des magistrats ainsi qu'au Conseil supérieur de la magistrature, *JO* 11 août, n° 1, art. 39.
7. LO n° 2021-1728, 22 déc. 2021, art. 1, *JO* 23 déc., n° 1.
8. Ord. n° 58-1270, 22 déc. 1958, art. 41-10, mod. par LO n° 2021-1728, 22 déc. 2021 dite pour la confiance dans l'institution judiciaire, art. 1, *JO* 23 déc., n° 1.

raire, pour exercer des fonctions de juge des contentieux de la protection, d'assesseur dans les formations collégiales des tribunaux judiciaires, de juge du tribunal de police ou de juge chargé de valider les compositions pénales, les personnes âgées d'au moins trente-cinq ans que leur compétence et leur expérience qualifient particulièrement pour exercer ces fonctions ». Elles peuvent également être nommées pour exercer une part limitée des compétences matérielles dévolues aux chambres de proximité ou encore exercer les fonctions d'assesseur dans les cours d'assises et les cours criminelles départementales.

On observera que ces réformes successives ont notamment abaissé la durée de l'exercice professionnel préalable de sept à cinq années [1] et porté la limite d'âge de 65 à 75 ans [2] ce qui est une forme de traduction d'une volonté de recrutement élargie et des sous-effectifs dans les juridictions.

Six mois au moins avant l'expiration de leur premier mandat de cinq années, ils peuvent en demander le renouvellement. Le renouvellement, possible une fois, est accordé de droit sur avis conforme du Conseil supérieur de la magistrature. Il est de droit dans la même juridiction [3].

En vertu de l'article 50 [4] de la loi organique du 8 août 2016, les juges de proximité dont le mandat était en cours à la date de publication de cette loi organique ont pu être nommés, à leur demande, pour le reste de leur mandat, comme magistrats exerçant à titre temporaire dans le tribunal de grande instance du ressort dans lequel se trouve la juridiction de proximité au sein de laquelle ils ont été nommés, dans les formes prévues à l'article 41-12 [5] de l'ordonnance du 22 décembre 1958, dans sa rédaction résultant de la loi organique. Leur demande devait intervenir dans le mois suivant la publication de ladite loi organique [6].

La loi du 18 novembre 2016 [7], dite de modernisation de la justice du XXIe siècle, complétée par le décret du 28 avril 2017 [8], est venue définitivement supprimer juridiction et juge de proximité [9]. La très grande majorité des juges de proximité précédemment en fonction, a accepté le statut de magistrat exerçant à titre temporaire. Lorsqu'ils sont affectés en qualité d'assesseurs dans une formation collégiale du tribunal judiciaire, ces magistrats sont répartis dans les différentes formations de la juridiction selon les modalités fixées par l'ordonnance annuelle prévue par le code de l'organisation judiciaire et traitent des contentieux civil et pénal. Le statut des magistrats à titre temporaire a encore été retouché par la loi du 22 décembre 2021 [10].

Étaient dénombrés au 12 mai 2021, 450 magistrats exerçant à titre temporaire affectés dans les juridictions de première instance [11].

Il ne peut y avoir dans ces formations plus d'un assesseur choisi parmi les magistrats recrutés dans le cadre du présent chapitre, soit, exerçant à titre temporaire ou honoraire exerçant des fonctions juridictionnelles [12].

Enfin, il sera rappelé qu'en application des articles 523 et R. 41-11 du code de procédure pénale, le tribunal de police ne peut être constitué par un magistrat exerçant à titre temporaire ou un magistrat honoraire exerçant des fonctions juridictionnelles pour le jugement des contraventions suivantes :

1° Diffamation non publique prévue par l'article R. 621-1 du code pénal ;

2° Injure non publique prévue par l'article R. 621-2 du code pénal ;

3° Provocation non publique présentant un caractère raciste ou discriminatoire prévue par l'article R. 625-7 du code pénal ;

4° Diffamation non publique présentant un caractère raciste ou discriminatoire prévue par l'article R. 625-8 du code pénal ;

5° Injure non publique présentant un caractère raciste ou discriminatoire prévue par l'article R. 625-8-1 du code pénal [13].

1. Ord. n° 58-1270, 22 déc. 1958, art. 41-10, al. 4 modifié.
2. Ord. n° 58-1270, 22 déc. 1958, art. 41-10, al. 5 modifié.
3. Ord. n° 58-1270, 22 déc. 1958, art. 41-12 ; mod. par L. n° 2021-1728, 22 déc. 2021, *ibid.*
4. LO n° 2016-1090, 8 août 2016, art. 50, *JO* 11 août 2016.
5. Ord. n° 58-1270, 22 déc. 1958, art. 41-12 ; mod. par LO n° 2021-1728, 22 déc. 2021, art. 1. *JO* 23 déc. 2021.
6. Les dispositions relatives à la formation probatoire prévues à l'article 41-12 de l'ordonnance de 1958 ne leur sont pas applicables. Les dispositions du premier alinéa dudit article 41-12, concernant la nomination pour un second mandat de magistrat exerçant à titre temporaire, leur étaient applicables. La limite d'âge de soixante-quinze ans mentionnée à l'article 41-10, alinéa 5, de l'ordonnance de 1958 est applicable aux anciens juges de proximité ayant opté pour ce nouveau statut.
7. L. n° 2016-1547, 18 nov. 2016 de modernisation de la justice du XXIe siècle, *JO* 19 nov. 2016.
8. Décr. n° 2017-683, 28 avr. 2017 tirant les conséquences de la suppression des juridictions de proximité et des juges de proximité, *JO* du 30 avr. 2017.
9. V. ss n° 211.24.
10. LO n° 2021-1728, 22 déc. 2021 dite pour la confiance dans l'institution judiciaire et articles 41-10 à 41-16 de l'Ord. du 22 décembre 1958 modifiée, outre art. 12 et 14 de la loi organique n° 2019-221 du 23 mars 2019 – ÉGALT : Décr. n° 93-21, 7 janv. 1993, mod. par Décr. n° 2016-1905, 27 déc. 2016 ; arr. 28 juin 2017 ; circ. 27 oct. 2016 relative à la mise en œuvre des dispositions d'application immédiate de la loi organique n° 2016-1090 du 8 août 2016 et du 29 mars 2017 portant sur la mise en œuvre de la réforme relative aux magistrats exerçant à titre temporaire.
11. Question écrite n° 22602, *JO* Sénat, 29 avr. 2021, p. 2774.
12. V. ss nos 211.31 s.
13. C. pr. pén., art. R. 41-11, mod. par Décr. n° 2022-889, 12 juin 2022.

211.24 Juge de proximité assesseur – Suppression au 1er juillet 2017. Depuis la loi du 26 janvier 2005[1], le juge de proximité pouvait participer au jugement des délits soumis à l'appréciation de la formation collégiale du tribunal correctionnel[2]. Il ne pouvait y avoir plus d'un juge de proximité dans la composition.

Après un accueil mitigé en juridictions et dans certains ressorts, cette participation s'est révélée enrichissante, en ce qu'elle a apporté un œil « citoyen » au sein de la collégialité, même si elle a pu, à l'inverse, trouver ses limites dans le niveau de compétence des juges de proximité lorsqu'étaient évoqués des contentieux plus techniques (droit du travail, fraude fiscale, corruption ou prise illégale d'intérêt...) et que ces domaines n'étaient pas de ceux dans lesquels le juge de proximité exerçait antérieurement ses compétences.

Au 1er juillet 2017, et en application de la loi organique du 8 août 2016[3] et de la loi du 18 novembre 2016[4], la terminologie juridiction et juge de proximité a disparu.

Aucune restriction aux compétences des juges de proximité statuant en matière correctionnelle ne leur interdisait de rapporter un dossier dans l'exercice d'une collégialité vraiment partagée. Le statut des magistrats exerçant à titre temporaire ou des magistrats honoraires le permet pareillement.

211.25 Possible recours à un magistrat honoraire. La loi organique du 8 août 2016[5] confirmée par celle du 22 décembre 2021[6] est venue élargir les possibilités de recourir à d'anciens magistrats, y compris pour l'exercice de fonctions juridictionnelles. Elle a également prévu des hypothèses d'exercice par ces magistrats honoraires d'activités non juridictionnelles et mis un terme à la « réserve judiciaire ».

Des magistrats honoraires peuvent ainsi être nommés pour exercer des fonctions d'assesseur dans les formations collégiales des tribunaux de grande instance et des cours d'appel ou des fonctions de substitut près les tribunaux de grande instance ou de substitut général près les cours d'appel. Ils peuvent également être désignés par le premier président de la cour d'appel pour présider la formation collégiale statuant en matière de contentieux social des tribunaux de grande instance et des cours d'appel spécialement désignés pour connaître de ce contentieux[7].

« Des magistrats honoraires peuvent être nommés pour exercer les fonctions de juge des contentieux de la protection, d'assesseur dans les formations collégiales des tribunaux judiciaires et des cours d'appel, de juge du tribunal de police ou de juge chargé de valider les compositions pénales, de substitut près les tribunaux judiciaires ou de substitut général près les cours d'appel. Ils peuvent également être nommés pour exercer une part limitée des compétences matérielles pouvant être dévolues par voie réglementaire aux chambres de proximité. Ils peuvent également être désignés par le premier président de la cour d'appel pour présider la formation collégiale statuant en matière de contentieux social des tribunaux judiciaires et des cours d'appel spécialement désignées pour connaître de ce contentieux. Ils peuvent enfin exercer les fonctions d'assesseur dans les cours d'assises et les cours criminelles départementales ».

Sont donc concernés ici des magistrats honoraires exerçant des fonctions juridictionnelles ou non juridictionnelles et des magistrats exerçant à titre temporaire.

Sans qu'il soit aisé de comprendre les distinctions posées en termes de limite d'âge, les magistrats honoraires exerçant les fonctions juridictionnelles mentionnées à l'article 41-25[8] ne peuvent demeurer en fonction au-delà de l'âge de soixante-douze ans[9].

Le nombre d'indemnités de vacations dues selon l'affectation de ces magistrats est fixé par arrêté[10].

1. L. n° 2005-47, 26 janv. 2005 relative aux compétences du tribunal d'instance, de la juridiction de proximité et du tribunal de grande instance, *JO* 27 janv., p. 1409 – AUSSI : L. n° 2012-1441, 24 déc. 2012 relative aux juridictions de proximité, ayant reporté au 1er janvier 2015 l'entrée en vigueur des dispositions de l'article 70 de la loi n° 2011-1862, 13 déc. 2011 relative à la répartition des contentieux et à l'allégement de certaines procédures juridictionnelles (supprimant la juridiction de proximité), *JO* 26 déc., p. 20395 ; L'article 99 de la loi de finances pour 2015, n° 2014-1654, 29 déc. 2014, *JO* 30 déc., p. 22828, a reporté une nouvelle fois la suppression de la juridiction de proximité jusqu'au 1er janv. 2017.
2. V. ss n° 211.31.
3. LO n° 2016-1090, 8 août 2016, *JO* 11 août 2016.
4. L. n° 2016-1547, 18 nov. 2016 de modernisation de la justice du XXIe siècle, *JO* 19 nov. 2016.
5. LO n° 2016-1090, 8 août 2016 – ÉGALT : Ord. 22 déc. 1958, art. 41-25 s., 77 et 78 (modifiés par la L. n° 2021-1728, 22 déc. 2021, outre art. 12 de la loi organique n° 2019-221, 23 mars 2019 – ÉGALT : Décr. n° 93-21, 7 janv. 1993, mod. par Décr. n° 2016-1905, 27 déc. 2016 et Décr. n° 2019-921, 30 août 2019 ; arr. des 28, 30 juin et 19 juill. 2017, 27 nov. 2018, 31 mai 2019.
6. LO n° 2021-1728, 22 déc. 2021 dite pour la confiance dans l'institution judiciaire *JO* 23 déc., n° 1.
7. Ord. n° 58-1270, 22 déc. 1958, art. 41-25 ; mod. par LO n° 2021-1728, 22 déc. 2021, art. 1, *JO* 23 déc., n° 1.
8. Ord. n° 58-1270, 22 déc. 1958, art. 41-25.
9. Ord. n° 58-1270, 22 déc. 1958, art. 41-31 ; mod. par L. n° 2016-1090, 8 août 2016, *JO* 11 août, art. 40 2016.
10. Arr. 28 juin 2017 fixant les conditions d'application de l'article 35-6 du décret n° 93-21 du 7 janvier 1993 pris pour l'application de l'ordonnance n° 58-1270 du 22 décembre 1958 modifiée portant loi organique relative au statut de la magistrature concernant les magistrats exerçant à ▶

211.26 **Avocat assesseur.** Les avocats peuvent être appelés, dans l'ordre du tableau, à suppléer les juges pour compléter le tribunal judiciaire. Toutefois, la formation de jugement ne peut comprendre, en matière pénale, une majorité de juges non professionnels[1]. Il ne peut donc notamment être question qu'un seul juge professionnel préside assisté anciennement d'un juge de proximité ou aujourd'hui exerçant à titre temporaire et d'un avocat. Moins connu et sans doute moins utilisé, un texte du même code prévoit le même dispositif pour la cour d'appel[2].

En termes d'échanges avec les auxiliaires de justice sur les pratiques professionnelles, il est particulièrement intéressant de permettre, à l'occasion, à des avocats de siéger en formation collégiale et de délibérer avec les juges professionnels. Chacun sera souvent surpris, au-delà du rôle institutionnel habituel, de voir l'autre exposer ses propres modes de raisonnement, voire son échelle des valeurs. La limite d'un tel concours se trouve évidemment dans la disponibilité des membres du barreau local.

En termes de régularité de cette désignation il convient de bien mentionner sur les notes d'audience, puis sur la décision rendue, les nom, prénom et qualité d'avocat auprès du barreau local, de l'avocat appelé à siéger. Toutefois, une décision a décidé que suffit à rapporter la preuve de la régularité de la composition de la cour d'appel, en l'absence de contestation des avocats des parties, présents à l'audience, l'arrêt qui mentionne qu'un des conseillers assesseurs, empêché, a été remplacé par l'avocat le plus ancien, sans que l'arrêt constate le barreau d'appartenance de cet avocat, ni l'empêchement de tous les magistrats du siège de la cour d'appel[3]. L'avocat ainsi désigné, conserve son titre d'avocat et s'il bénéficie des mêmes droits que les magistrats avec lesquels il siège, il est soumis aux mêmes obligations.

L'exercice de la profession d'avocat par un avocat ressortissant d'un État membre de l'Union européenne autre que la France est exclusif de toute participation, même à titre occasionnel, à l'exercice de fonctions au sein d'une juridiction[4][5].

SECTION 3
BREF RETOUR SUR LA SITUATION DES JUGES DE PROXIMITÉ

211.31 **Textes fondateurs.** La juridiction de proximité avait été créée par la loi d'orientation et de programmation pour la justice du 9 septembre 2002[6]. Elle était composée de juges non professionnels[7], siégeant à juge unique, nommés pour une durée de sept ans non renouvelable, soumis, sous quelques réserves au statut de la magistrature. Par suite, sont intervenus plusieurs textes, dont une loi organique du 26 février 2003[8], la loi du 26 janvier 2005[9], qui est venue autoriser la présence d'un juge de proximité dans la formation correctionnelle collégiale, et de nombreux décrets.

La juridiction de proximité a été supprimée[10] par la loi du 13 décembre 2011[11], qui a toutefois maintenu les juges de proximité[12]. La loi du 24 décembre 2012[13], a reporté au 1er janvier 2015, l'entrée en vigueur des dispositions de l'article 70 de la loi du 13 décembre 2011, date remplacée par le 1er janvier 2017 par la loi de finances pour 2015[14]. La loi organique du 8 août 2016[15] a entériné la suppression de la juridiction de proximité et des juges de proximité, ce qu'ont confirmé, la loi du 18 novem-

▶ titre temporaire, *JO* 2 juill., n° 9 ; NOR : JUSB1718664A. Ce texte a été modifié par l'arrêté du 24 décembre 2019, portant dispositions relatives aux indemnités allouées aux magistrats exerçant à titre temporaire, aux magistrats honoraires exerçant des fonctions juridictionnelles et aux magistrats honoraires exerçant des activités non juridictionnelles en application de la réforme des juridictions de première instance issue de la loi organique n° 2019-221 du 23 mars 2019 relative au renforcement de l'organisation des juridictions, entré en vigueur au 1er janvier 2020, *JO* 28 déc. 2019 NOR : JUSB1936278A.

1. COJ, art. L. 212-4 ; L. n° 2011-1862, 13 déc. 2011, art. 1er ; mod. par L. n° 2016-1547, 18 nov. 2016, art. 15, dite de modernisation de la justice du XXIe siècle, *JO* 19 nov., n° 1.
2. COJ, art. L. 312-3 ; mod. par L. n° 2011-94, 25 janv. 2011, art. 32.
3. Crim. 13 juin 1996, n° 95-85.020, P n° 254.
4. L. n° 71-1130, 31 déc. 1971, art. 91 ; mod. par ord. n° 2016-1809, 22 déc. 2016, art. 25, *JO* 23 déc., n° 19.
5. V. aussi ss nos 212.52 et 212.53.
6. L. n° 2002-1138, 9 sept. 2002, titre II, art. 7 s.
7. AUSSI : ord. n° 58-1270, 22 déc. 1958, art. 41-17 s. ; EN PARTICULIER : art. 41-19, al. 5 : les juges de proximité prêtaient serment devant la cour d'appel avant leur prise de fonctions. Ces dispositions ont été abrogées par la L. n° 2016-1090 du 8 août 2016.
8. LO n° 2003-153, 26 févr. 2003 relative aux juges de proximité, *JO* 27 févr., p. 3479.
9. L. n° 2005-47, 26 janv. 2005 relative aux compétences du tribunal d'instance, de la juridiction de proximité et du tribunal de grande instance, *JO* 27 janv., p. 1409.
10. Pour de plus amples précisions sur la juridiction et les juges de proximité : Ch. Guery, B. Lavielle, *Le guide des audiences correctionnelles*, 2e éd., « Guides Dalloz », 2015, nos 211.31 s.
11. L. n° 2011-1862, 13 déc. 2011 relative à la répartition des contentieux et à l'allégement de certaines procédures juridictionnelles, *JO* 14 déc., p. 21105, chap. 1er.
12. Les dispositions nouvelles devaient s'appliquer à compter du 1er janv. 2013.
13. L. n° 2012-1441, 24 déc. 2012 relative aux juridictions de proximité, *JO* 26 déc., n° 1.
14. L. n° 2014-1654, 29 déc. 2014 de finances pour 2015, art. 99, *JO* 30 déc., n° 2.
15. L. n° 2016-1090, 8 août 2016, art. 39 ; abrogeant le chapitre V *quinquies*.

bre 2016[1], qui a fixé au 1er juillet 2017 la date de disparition des juridictions et des juges de proximité, puis le décret du 28 avril 2017[2].

L'apport des juges de proximité aux juridictions, notamment correctionnelles, étant cependant nécessaire à leur fonctionnement, le législateur a prévu que ces juges de proximité puissent opter pour le statut de magistrat recruté à titre temporaire[3] en vertu de la loi du 8 août 2016[4].

211.32 Constitutionnalité. La constitutionnalité de ces dispositions avait été sous quelques réserves admises par trois décisions du Conseil constitutionnel : celle du 29 août 2002[5], qui avait accepté le principe de la compétence du législateur pour créer cette nouvelle juridiction, celles du 20 février 2003[6] et du 20 janvier 2005[7], qui étaient venues poser quelques réserves relatives au choix des candidats et à l'avis et au rôle du Conseil supérieur de la magistrature dans leur sélection, de même qu'aux conditions d'exercice de leurs fonctions.

La loi organique du 8 août 2016, déférée en tant que telle au Conseil constitutionnel a amené à nouveau celui-ci à préciser :

« 73. Les fonctions de magistrat de l'ordre judiciaire doivent en principe être exercées par des personnes qui entendent consacrer leur vie professionnelle à la carrière judiciaire. La Constitution ne fait cependant pas obstacle à ce que, pour une part limitée, des fonctions normalement réservées à des magistrats de carrière puissent être exercées à titre temporaire par des personnes qui n'entendent pas pour autant embrasser la carrière judiciaire, à condition que, dans cette hypothèse, des garanties appropriées permettent de satisfaire au principe d'indépendance qui est indissociable de l'exercice de fonctions judiciaires. Il importe à cette fin que les intéressés soient soumis aux droits et obligations applicables à l'ensemble des magistrats sous la seule réserve des dispositions spécifiques qu'impose l'exercice à titre temporaire de leurs fonctions.

74. L'article 41-10 A de l'ordonnance du 22 décembre 1958 ne saurait, sans méconnaître le principe d'indépendance de l'autorité judiciaire, être interprété comme permettant qu'au sein d'un tribunal plus d'un tiers des fonctions normalement réservées à des magistrats de carrière puissent être exercées par des magistrats recrutés provisoirement, que ce soit à temps partiel ou à temps complet »[8].

211.33 Désignation. Avant le début de l'année judiciaire, le président du tribunal de grande instance établissait par ordonnance la liste des juges de proximité de son ressort susceptibles de siéger en qualité d'assesseur au sein de la formation collégiale du tribunal correctionnel. Cette ordonnance pouvait être rectifiée en cours d'année pour prendre en compte une modification de la composition de la juridiction ou pour prévoir un service allégé pendant la période au cours de laquelle les magistrats, les fonctionnaires et les auxiliaires de justice bénéficient de leurs congés annuels. Cette formation ne pouvait comprendre plus d'un juge non professionnel[9].

La loi organique du 8 août 2016 est venue modifier l'article 41-11[10] de l'ordonnance du 22 décembre 1958, ajoutant dans quatre alinéas successifs que :

« Lorsqu'ils sont affectés dans un tribunal de grande instance, ces magistrats sont répartis dans les différentes formations de la juridiction selon les modalités fixées par l'ordonnance annuelle prévue par le code de l'organisation judiciaire.

En qualité d'assesseurs dans une formation collégiale, ils traitent des contentieux civil et pénal. Il ne peut y avoir dans ces formations plus d'un assesseur choisi parmi les magistrats recrutés en application de la présente sous-section.

1. L. n° 2016-1547, 18 nov. 2016 de modernisation de la justice du XXIe siècle, *JO* 19 nov., n° 1.
2. Décr. n° 2017-683, 28 avr. 2017 tirant les conséquences de la suppression des juridictions de proximité et des juges de proximité, *JO* 30 avr., n° 38.
3. Ce mode de recrutement n'avait eu jusque-là que peu d'écho puisqu'une quarantaine seulement de magistrats à titre temporaire étaient dénombrés par les services judiciaires en 2014.
4. V. ss n° 211.23.
5. Cons. const. 29 août 2002, n° 2002-461 DC, art., non conforme 6, et sous réserve 3, 7 à 13, 16 à 20, 22, 23, 37, 38, 42 et 49 de la loi, *loi d'orientation et de programmation pour la justice*, non-conformité partielle, *JO* 10 sept., p. 14953.
6. Cons. const. 20 févr. 2003, n° 2003-466 DC, art., nonconforme 41-17 3° (mots), et sous réserve 12, 20 et 21, et sans caractère de loi organique 41-18, de l'ord. du 22 déc. 1958, *loi organique relative aux juges de proximité*, nonconformité partielle, *JO* 27 févr., p. 3480 ; *D.* 2004. 1271, obs. S. Nicot ; *RSC* 2003. 602, obs. V. Bück.
7. Cons. const. 20 janv. 2005, n° 2004-510 DC, art., non conforme 10, et sous réserve 3 et 7 de la loi, *loi relative aux compétences du tribunal d'instance, de la juridiction de proximité et du tribunal de grande instance*, nonconformité partielle, *JO* 27 janv., p. 1412 ; *D.* 2006. 826, obs. V. Ogier-Bernaud et C. Severino ; *RSC* 2006. 124, obs. V. Bück.
8. Cons. const. 28 juill. 2016, n° 2016-732 DC, art., nonconformes 7-3 I. 1° à 6° 48, 49, 50, paragraphe X (mots), XIV et XV, 72-1 (mots), et sous réserve 35 et 39 de l'ord. n° 58-1270 du 22 déc. 1958, *loi organique relative aux garanties statutaires, aux obligations déontologiques et au recrutement des magistrats ainsi qu'au Conseil supérieur de la magistrature*, non-conformité partielle – réserve, *JO* 11 août ; *AJDA* 2016. 1604 ; *Constitutions* 2016. 396, chron. J. Benetti.
9. C. pr. pén., art. 398, al. 5.
10. Ord. n° 58-1270, 22 déc. 1958, art. 41-11 ; mod. par LO n° 2016-1090, 8 août 2016, art. 39, *JO* 11 août, n° 1.

En qualité de juge du tribunal de police, ils ne peuvent connaître que d'une part limitée du contentieux relatif aux contraventions.

Lorsqu'ils sont chargés de valider les compositions pénales, ils ne peuvent assurer plus du tiers de ce service. »

On s'interrogera cependant, mais en vain, sur les limites posées par les deux derniers alinéas et ce que signifie « une part limitée du contentieux relatif aux contraventions... » et « le tiers du service des compositions pénales » : s'agira-t-il des dossiers enregistrés, des dossiers traités, des dossiers validés... ? Quelle serait la sanction d'une violation manifeste de ces « quotas » ?

211.34 **Compétence.** Depuis la loi du 26 janvier 2005 [1], il était donc possible de recourir à un juge de proximité [2] pour composer la formation correctionnelle collégiale, mais seulement à un, de sorte que les magistrats professionnels demeurent toujours majoritaires. Il ne pouvait donc siéger aux côtés d'un avocat. Les juridictions ne se privaient pas de ce concours, qui permettait aux magistrats professionnels de s'attacher à d'autres taches, parfois considérées comme plus nobles que la participation à une audience pénale. Le juge de proximité avait voix délibérative au même titre que les deux magistrats professionnels.

En revanche, un juge de proximité ne pouvait présider une audience correctionnelle à juge unique, dès lors qu'il ne pouvait se voir confier seul la possibilité de prononcer des peines privatives de liberté. Par ailleurs, et peut-être principalement, le juge de proximité était compétent depuis cette même loi, pour connaître, à juge unique de l'ensemble des contraventions de la 4e classe [3], y compris commises par un mineur [4] ou une personne morale, la connaissance des contraventions de la 5e classe étant réservée au tribunal de police.

Le président du tribunal de grande instance pouvait encore donner délégation à la juridiction de proximité pour valider les mesures de composition pénale [5]. Il revenait au magistrat du siège du tribunal de grande instance chargé de l'administration du tribunal d'instance d'organiser l'activité et les services de la juridiction de proximité. Il fixait par une ordonnance annuelle la répartition des juges de proximité dans les différents services de la juridiction. Cette ordonnance était prise en la forme prévue par le code de l'organisation judiciaire [6].

Les dispositions de l'article 41-10 [7] de l'ordonnance du 22 décembre 1958 modifiées par la loi organique du 8 août 2016, spécifient s'agissant des magistrats exerçant à titre temporaire, qu'ils peuvent exercer des fonctions de juge d'instance, d'assesseur dans les formations collégiales des tribunaux de grande instance, de juge du tribunal de police ou de juge chargé de valider les compositions pénales.

211.35 **Conséquences de la disparition des juges de proximité.** La fin de la juridiction de proximité ayant été annoncée dès 2011, il aura donc fallu six années pour qu'elle devienne réalité par application de la loi du 18 novembre 2016 [8] et du décret du 28 avril 2017 ayant, comme l'intitulé de ce dernier texte l'indique, tiré les conséquences de la suppression des juridictions de proximité et des juges de proximité.

Ces épisodes – tout comme ceux relatifs aux citoyens assesseurs – sont surtout révélateurs de l'absence d'effectifs suffisants pour juger un contentieux pénal auquel les autorités entendent voir apportées des réponses de plus en plus rapides et systématiques.

Mais surtout, les statistiques présentées par le ministère de la Justice pour l'année 2014, dénombraient un total de 447 138 décisions (jugements et ordonnances pénales), réparties entre les tribunaux de police pour 48 933 et les juridictions de proximité pour 398 205 soit 89,05 % du contentieux contraventionnel. Le seuil d'un tiers fixé par la loi contraindra mathématiquement les magistrats professionnels à prendre en charge 66 % du contentieux des quatre premières classes de contraven-

1. L. n° 2005-47, 26 janv. 2005 relative aux compétences du tribunal d'instance, de la juridiction de proximité et du tribunal de grande instance, *JO* 27 janv., p. 1409.
2. Cette loi avait exclu de cette possibilité la Nouvelle-Calédonie, la Polynésie Française et les îles Wallis-et-Futuna. L'article 72 de la loi du 13 déc. 2011 l'a au contraire prévu.
3. Un décret du 25 mars 2005, transféré par le décret n° 2007-1388, 26 sept. 2007 (art. 10) a réservé les contraventions d'injures ou de diffamations non publiques visées aux articles R. 621-1, R. 621-2, R. 624-3 et R. 624-4 du code pénal, à la connaissance du tribunal de police (C. pr. pén., art. R. 41-11). En application de l'article 521, les contraventions suivantes relèvent donc toujours de la compétence du tribunal de police : 1° Diffamation non publique prévue par l'article R. 621-1 du code pénal ; 2° Injure non publique prévue par l'article R. 621-2 du code pénal ; 3° Diffamation non publique présentant un caractère raciste ou discriminatoire prévue par l'article R. 624-3 du code pénal ; 4° Injure non publique présentant un caractère raciste ou discriminatoire prévue par l'article R. 624-4 du code pénal.
4. Ord. n° 45-174, 2 févr. 1945, art. 21 ; dispositions désormais transférées dans le Code de la justice pénale des mineurs (CJPM), v. s^s n° 121.15.
5. C. pr. pén., art. 41-2.
6. Ord. n° 58-1270, 22 déc. 1958, art. 41-18.
7. Ord. n° 58-1270, 22 déc. 1958, art. 41-10 ; mod. par LO n° 2016-1090, 8 août 2016, art. 39 *JO* 11 août, n° 1.
8. L. n° 2016-1547, 18 nov. 2016, suivie du décr. n° 2017-683, 28 avr. 2017, tirant les conséquences de la suppression des juridictions de proximité et des juges de proximité.

tions, outre celui de la cinquième classe, ce qui ne peut, bien évidemment contribuer, à moyens constants, à l'amélioration du traitement des procédures devant le tribunal de police. On peut y voir l'un des arguments parmi bien d'autres, appuyant les annonces de recrutement massifs portées par l'actuel Garde des sceaux[1].

SECTION 4
ASSISTANTS EXCEPTIONNELS

211.41 **Auditeur de justice français.** En vertu de l'article premier[2] de l'ordonnance portant loi organique relative au statut de la magistrature, le corps judiciaire comprend :

« 1° Les magistrats du siège et du parquet de la Cour de cassation, des cours d'appel et des tribunaux judiciaires ainsi que les magistrats du cadre de l'administration centrale du ministère de la Justice ;

1° *bis* Les magistrats exerçant les fonctions d'inspecteur général, chef de l'inspection générale de la justice, d'inspecteur général de la justice et d'inspecteur de la justice ;

2° Les magistrats du siège et du parquet placés respectivement auprès du premier président et du procureur général d'une cour d'appel et ayant qualité pour exercer les fonctions du grade auquel ils appartiennent à la cour d'appel à laquelle ils sont rattachés et dans l'ensemble des tribunaux de première instance du ressort de ladite cour ;

3° Les auditeurs de justice. »[3] Ils sont soumis à un régime de stages et d'études adapté à leur formation d'origine[4]. Ils participent sous la responsabilité des magistrats à l'activité juridictionnelle, sans pouvoir toutefois recevoir délégation de signature et peuvent notamment :

- Assister le juge d'instruction dans tous les actes d'information ;

- Assister les magistrats du ministère public dans l'exercice de l'action publique ;

- Siéger en surnombre et participer avec voix consultative aux délibérés des juridictions civiles et correctionnelles ;

- Présenter oralement devant celles-ci des réquisitions ou des conclusions ;

- Assister aux délibérés des cours d'assises[5].

Ils sont astreints au secret professionnel[6]. Par ailleurs, les auditeurs de justice, en stage au parquet près le tribunal judiciaire, assistent à l'assemblée des magistrats du parquet[7]. Les auditeurs de justice, en stage dans le tribunal judiciaire, assistent à l'assemblée des magistrats du siège et du parquet[8].

Ces auditeurs de justice siègent donc habituellement aux côtés du ou des magistrats tenant l'audience correctionnelle et se retirent avec eux en salle de délibérés. Il est d'usage de leur donner la parole en premier pour avoir leur avis sur la culpabilité puis sur la peine. Ils ne sauraient évidemment rendre un délibéré en l'absence du ou des juges ayant tenu l'audience.

211.42 **Magistrat et futur magistrat d'États étrangers.** Les magistrats et futurs magistrats d'États étrangers régulièrement admis à faire un stage auprès d'une juridiction de l'ordre judiciaire peuvent, en vertu de l'article de la loi du 11 juillet 1975[9], être autorisés à assister aux actes et aux délibérés de la juridiction. Ils sont astreints au secret. Ce texte a été complété par le décret d'application relatif à la formation et au perfectionnement par l'École nationale de la magistrature des magistrats et futurs magistrats étrangers[10]. Ces magistrats prêtent serment dans les termes suivants : « Je jure de conserver le secret des travaux et actes du parquet, des juridictions d'instruction et de jugement dont j'aurai eu connaissance au cours de mon stage ».

Dès lors ils peuvent participer aux audiences correctionnelles dans les mêmes conditions que les auditeurs de justice.

211.43 **Personne admise à la formation d'avocat : élève avocat.** La personne admise à la formation d'avocat est astreinte au secret professionnel pour tous les faits et actes qu'elle a à connaître au cours de sa formation et des stages qu'elle accomplit auprès des professionnels, des juridictions et des organismes divers ; Lorsqu'au cours de sa formation dans le centre, elle accomplit un stage en juridic-

1. Proj. Loi Orientation et programmation du ministère de la Justice 2023-2027, texte n° 569 (2022-2023) de M. Eric Dupond-Moretti, garde des Sceaux, ministre de la Justice, déposé au Sénat le 3 mai 2023.
2. Ord. n° 58-1270, 22 déc. 1958, art. 1er ; mod. par L. n° 2001-539, 25 juin 2001, art. 32 ; mod. par LO n° 2016-1090, 8 août 2016, art. 1er, *ibid.*
3. Ord. n° 58-1270, 22 déc. 1958, art. 15 (mod. par L. n° 92-189, 25 févr. 1992, art. 21 et 22) s.
4. Ord. n° 58-1270, 22 déc. 1958, art. 18-2 ; mod. par L. n° 92-189, 25 févr. 1992, art. 19, 21 et 26.
5. Ord. n° 58-1270, 22 déc. 1958, art. 19 ; mod. par LO n° 2016-1090, 8 août 2016, art. 6, *ibid.*
6. Ord. n° 58-1270, 22 déc. 1958, art. 20 ; mod. par LO n° 2016-1090, 8 août 2016, art. 10, *ibid.*
7. COJ, art. R. 212-38 ; codifié par décr. n° 2008-522, 2 juin 2008.
8. COJ, art. R. 212-41 ; codifié par décr. n° 2008-522, 2 juin 2008.
9. L. n° 75-631, 11 juill. 1975 relative aux stages des magistrats et futurs magistrats étrangers, *JO* 13 juill., p. 7236.
10. Décr. n° 76-310, 2 avr. 1976 relatif a la formation et au perfectionnement par l'École nationale de la magistrature des magistrats et futurs magistrats étrangers, *JO* 10 avr., p. 2180.

tion, elle peut assister aux délibérés, en vertu des dispositions de la loi du 31 décembre 1971[1].

Dès son admission à la formation, elle doit, sur présentation du président du conseil d'administration du centre régional de formation professionnelle, prêter serment devant la cour d'appel dans le ressort de laquelle le centre a son siège, en ces termes : « Je jure de conserver le secret de tous les faits et actes dont j'aurai eu connaissance en cours de formation ou de stage ». Si donc l'assistance d'un tel stagiaire ne pose de difficulté après prestation de serment, il ne peut être question d'admettre dans les mêmes conditions, un élève avocat pré-stagiaire qui n'a pas prêté le serment ci-dessus[2].

211.44 Situation des assistants de justice. L'assistant de justice, est recruté parmi les personnes titulaires d'un diplôme sanctionnant une formation juridique d'une durée au moins égale à quatre années d'études supérieures après le baccalauréat et que leur compétence qualifie particulièrement pour exercer ces fonctions ; nommé pour une durée de deux ans renouvelable deux fois, il est soumis au secret professionnel. Il a vocation à aider, à assister les magistrats dans la prise de décision en apportant son concours aux travaux préparatoires réalisés par les magistrats des tribunaux d'instance, de grande instance et des cours d'appel pour l'exercice de leurs attributions, mais il ne peut se substituer à eux, ni les remplacer[3]. Préalablement à sa prise d'activité, l'assistant de justice prête serment devant la cour d'appel, en ces termes : « Je jure de conserver le secret des informations sur les affaires judiciaires ainsi que sur les actes du parquet et des juridictions d'instruction et de jugement, dont j'aurais eu connaissance à l'occasion de mes travaux au sein des juridictions »[4].

Il n'a aucun pouvoir juridictionnel, pas d'autorité sur le personnel des greffes.

Au siège, les assistants de justice ne peuvent siéger aux côtés des magistrats, faire office de rapporteur, procéder à l'audition des parties, ni même remplacer un juge dans une commission juridictionnelle ou administrative.

Ils peuvent toutefois assister à une audience publique sans formulation particulière, ni dans les notes d'audience, ni dans le jugement qui sera rendu.

En revanche, ils ne peuvent siéger en audiences de cabinet ou encore à la chambre de l'instruction car ils ne bénéficient pas des dispositions de l'article 19[5] de l'ordonnance de 1958 applicable aux auditeurs de justice.

211.45 Assistant spécialisé. L'article 706[6] du code de procédure pénale dispose que peuvent exercer des fonctions d'assistant spécialisé auprès d'un pôle de l'instruction mentionné à l'article 52-1 ou d'un tribunal judiciaire mentionné aux articles 704 ou 705 les fonctionnaires de catégorie A ou B ainsi que les personnes titulaires, dans des matières définies par décret, d'un diplôme national sanctionnant une formation d'une durée au moins égale à quatre années d'études supérieures après le baccalauréat qui remplissent les conditions d'accès à la fonction publique et justifient d'une expérience professionnelle minimale de quatre années.

Peuvent exercer des fonctions d'assistant spécialisé en matière sanitaire les fonctionnaires de catégorie A ou B relevant des ministres chargés de la santé, de la recherche et de l'agriculture ainsi que les personnes titulaires, dans des matières définies par décret, d'un diplôme national sanctionnant une formation d'une durée au moins égale à quatre années d'études supérieures après le baccalauréat qui remplissent les conditions d'accès à la fonction publique et justifient d'une expérience professionnelle minimale de quatre années[7,8,9].

Ces assistants en général issus d'autres administrations, et qui sont soumis à une formation obligatoire avant d'intégrer une juridiction, peuvent donc intervenir tant au stade de l'instruction prépara-

1. L. n° 71-1130, 31 déc. 1971 portant réforme de certaines professions judiciaires et juridiques, art. 12-2 ; créé par L. n° 2004-130, 11 févr. 2004, art. 17.
2. SUR les conditions dans lesquelles un élève-avocat peut assister au délibéré, v. s[s] n° 711.26.
3. NOT. : L. n° 95-125, 8 févr. 1995 relatives à l'organisation des juridictions et à la procédure civile, pénale et administrative, *JO* 9 févr., p. 2175, art. 20 – Décr. n° 96-513, 7 juin 1996 relatif aux assistants de justice, *JO* 14 juin, p. 8863 ; mod. par décr. n° 2008-1159, 10 nov. 2008 modifiant le décret n° 96-513 du 7 juin 1996 relatif aux assistants de justice, *JO* 10 déc., p. 18777 – Arr. 7 juin 1996 pris en application de l'article 8 du décret n° 96-513 du 7 juin 1996 et fixant le montant de l'indemnité de vacation horaire allouée aux assistants de justice, *JO* 14 juin, p. 8864, NOR : JUSB9610167A – Circ. SJ 96-07 AB1, 18 juin 1996 sur les assistants de justice, *BOMJ*, n° 96/62, p. 14 ; mise à jour par : Circ. 31 janv. 2008, DSJ/SDRHG/B1/AG, assistants de justice.
4. Décr. n° 96-513, 7 juin 1996, art. 7 ; mod. par décr. n° 2008-1159, 10 nov. 2008, art. 7.
5. Ord. n° 58-1270, 22 déc. 1958, art. 19 ; mod. par LO n° 2016-1090, 8 août 2016, art. 6.
6. C. pr. pén., art. 706 ; mod. par Ord. n° 2019-964, 18 sept. 2019, art. 35 (VD).
7. C. pr. pén., art. 706-2 ; mod. par L. n° 2016-1547, 18 nov. 2016, art. 26.
8. C. pr. pén., art. 47-4 ; mod. par décr. n° 2014-65, 29 janv. 2014, art. 1er.
9. L. n° 1998-546, 2 juill. 1998 portant diverses dispositions d'ordre économique et financier, *JO* 3 juill., p. 10127 – L. n° 2002-303, 4 mars 2002 relative aux droits des malades et à la qualité du système de santé, *JO* 5 mars, p. 4118 – L. n° 2007-204 du 9 mars 2004 portant adaptation de la justice aux évolutions de la criminalité, *JO* 10 mars, p. 4567.

toire, qu'auprès du parquet ou de la juridiction de jugement, à titre de « conseillers techniques », puisqu'ils sont, notamment en vertu du même texte, chargés d'assister les juges d'instruction dans tous les actes d'information, les magistrats du ministère public dans l'exercice de l'action publique, ou encore de remettre aux magistrats des documents de synthèse ou d'analyse qui peuvent être versés au dossier de la procédure. Le procureur général peut aussi leur demander d'assister le ministère public devant la juridiction d'appel.

Ils ont accès au dossier de la procédure pour l'exécution des tâches qui leur sont confiées et sont soumis au secret professionnel sous les peines prévues à l'article 226-13 du code pénal.

Saisie d'une question prioritaire de constitutionnalité relativement à l'application de ces textes, la chambre criminelle a jugé que ces dispositions qui permettent aux magistrats, tant au cours de l'enquête que dans le cadre d'une information judiciaire ou au stade du jugement, de faire établir des documents de synthèse ou d'analyse par des assistants spécialisés, dont l'indépendance vis-à-vis de leur administration d'origine est garantie par le règlement auquel la loi renvoie, ne privent pas la personne d'un procès juste et équitable ; que ces éléments ne sauraient être utilisés au soutien d'une déclaration de culpabilité que s'ils ont été portés à la connaissance du prévenu avant l'audience, de telle sorte qu'il a pu présenter ses observations devant la juridiction de jugement[1].

211.46 Juriste assistant. L'article 24 de la loi du 18 novembre 2016[2] est venu insérer après le chapitre III du titre II du livre Ier du code de l'organisation judiciaire, un chapitre III *bis* ainsi rédigé depuis ses dernières modifications :

« Des juristes assistants sont institués auprès des juridictions. Peuvent être nommées en qualité de juristes assistants auprès des magistrats des tribunaux judiciaires et des tribunaux de première instance, des cours d'appel ainsi qu'à la Cour de cassation les personnes titulaires d'un diplôme de doctorat en droit ou sanctionnant une formation juridique au moins égale à cinq années d'études supérieures après le baccalauréat avec une année d'expérience professionnelle dans le domaine juridique et que leur compétence qualifie particulièrement pour exercer ces fonctions. Ces juristes assistants sont nommés, à temps partiel ou complet, pour une durée maximale de trois années, renouvelable une fois. Ils sont tenus au secret professionnel et peuvent accéder aux dossiers de procédure pour l'exercice des tâches qui leur sont confiées »[3].

Le décret du 28 novembre 2017[4] est venu préciser la nature des missions pouvant être confiées à ces juristes, recrutés en qualité d'agents contractuels de l'État relevant de la catégorie A, susceptibles d'être placés auprès des magistrats de la Cour de cassation, des cours d'appel, des tribunaux de grande instance et de première instance, des tribunaux d'instance. Il précise les incompatibilités, les modalités de recrutement et d'affectation ainsi que la formation des juristes assistants. Il détermine les cas dans lesquels il peut être mis fin avant son terme à leurs fonctions. Il soumet les juristes assistants à l'obligation de prêter serment incluant le respect du secret professionnel.

Leur rôle étant de contribuer par leur expertise, en matière civile et en matière pénale, à l'analyse juridique des dossiers techniques ou comportant des éléments de complexité qui leur sont soumis par les magistrats sous la direction desquels ils sont placés. Ils ne participent ni à la procédure, ni aux audiences. Ils ne peuvent assister aux délibérés[5].

Par ailleurs, ce décret élargit les personnes habilitées à accéder à Cassiopée en donnant cette possibilité aux juristes assistants ainsi qu'aux assistants spécialisés pour l'exercice des seules missions qui leur sont confiées.

211.47 Candidat à une intégration effectuant un stage juridictionnel. Les candidats à une intégration dans la magistrature « au titre des articles 22 et 23 suivent, s'ils sont admis par la commission prévue à l'article 34, une formation probatoire organisée par l'École nationale de la magistrature comportant un stage en juridiction effectué selon les modalités prévues à l'article 19 »[6]. Ils peuvent donc assister aux délibérés comme les auditeurs de justice.

Bien que les assistants de services sociaux et les étudiants des écoles se préparant à l'exercice de cette profession soient tenus au secret professionnel dans les conditions et sous les réserves énoncées aux articles 226-13 et 226-14 du code pénal[7] ou encore que soient également tenus à ce même secret les membres du service pénitentiaire d'insertion et de

1. Crim. 5 déc. 2017, n° 17-81.672, P.
2. L. n° 2016-1547, 18 nov. 2016 de modernisation de la justice du XXIe siècle, *JO* 19 nov. 2016.
3. COJ, art. L. 123-4, mod. par L. n° 2019-222, 23 mars 2019, *JO* 24 mars, n° 2, art. 95-I-7 et par L. n° 2021-1729, 22 déc. 2021, *JO* 23 déc., n° 2, art. 61.
4. Décr. n° 2017-1618, 28 nov. 2017 relatif aux juristes assistants et aux personnes habilitées à accéder au bureau d'ordre national automatisé de procédures judiciaires, *JO* 30 nov., n° 11.
5. COJ, art. R. 123-30, créé par Décr. n° 2017-1618, 28 nov. 2017, art. 1, *ibid.*
6. Ord. n° 58-1270, 22 déc. 1958, art. 25-3 ; mod. par L. n° 2007-287, 5 mars 2007, art. 9.
7. CASF, art. L. 411-3, mod. par L. n° 2007-308, 5 mars 2007, art. 14.

probation (SPIP)[1], aucune disposition ne les autorise à assister aux délibérés des juridictions.

Les juridictions reçoivent enfin, et de manière régulière, divers autres stagiaires, dont les collégiens ou lycéens qui ne peuvent évidemment assister aux délibérés, fût-ce d'un commun accord des membres de la juridiction et des avocats des parties, bien que de telles pratiques existent.

SECTION 5
GREFFIER

§ 1
Statut

211.51 **Juridiction de rattachement.** La Cour de cassation, les cours d'appel, les tribunaux de grande instance, les tribunaux d'instance, les tribunaux d'instance ayant compétence exclusive en matière pénale, les juridictions de proximité et les conseils de prud'hommes comprennent un greffe composé de fonctionnaires de l'État[2]. Les dispositions particulières applicables au greffe des autres juridictions sont fixées par les textes sur l'organisation et le fonctionnement de ces juridictions, mentionnés à l'article L. 261-1[3]. En ce qui concerne les juridictions correctionnelles, les dispositions applicables figurent donc dans le code de procédure pénale.

Le greffe de la Cour de cassation, des cours d'appel et des tribunaux de grande instance comprend l'ensemble des services administratifs du siège et du parquet. Toutefois, certaines juridictions sont dotées d'un secrétariat de parquet autonome. La liste de ces juridictions est fixée par arrêté du garde des Sceaux, ministre de la Justice, conformément au tableau II annexé au présent code[4]. Les greffes et les greffes détachés font partie de la juridiction dont ils dépendent[5] et sont dirigés par un directeur de greffe[6] qui est un directeur des services de greffe judiciaires. Ces personnels appartiennent en principe aux catégories A (directeur de greffe de la juridiction ; directeurs des services de greffe judiciaires) ou B (greffiers) de la fonction publique. Toutefois, des fonctionnaires appartenant à la catégorie C de la fonction publique, et, le cas échéant, des auxiliaires et des vacataires concourent au fonctionnement des différents services du greffe. Ces personnels peuvent, à titre exceptionnel et temporaire, et après avoir prêté le serment prévu à l'article 24 du décret du 13 octobre 2015[7], être chargés des fonctions énumérées à l'article R. 123-13 (assistance des magistrats à l'audience et établissement des actes de greffe, notes et procès-verbaux dans les cas prévus par les lois et règlements) et d'une partie des fonctions énumérées à l'article R. 123-5 (tenue des documents et des différents registres prévus par les textes en vigueur et délibérations de la juridiction, le dépôt, sous le contrôle des chefs de juridiction, des minutes et archives ; la délivrance des expéditions et copies et la garde des scellés et de toutes sommes et pièces déposées au greffe ; l'établissement et la délivrance des reproductions de toute pièce conservée dans les services de la juridiction). Au-delà d'un délai de quatre mois, ils sont, sur leur demande, déchargés de ces fonctions[8].

211.52 **Affectation.** Les chefs de juridiction décident de la répartition de l'effectif des fonctionnaires entre les services du siège et du parquet à la préparation de laquelle participe le directeur de greffe. Dans les cours d'appel et les tribunaux de grande instance, la décision est prise, après avis de l'assemblée des magistrats du siège et du parquet et de l'assemblée des fonctionnaires. Ces dispositions ne sont pas applicables aux juridictions dotées d'un secrétariat de parquet autonome[9]. L'affectation à l'intérieur des divers services du siège ou du parquet est fixée par le directeur de greffe, sous le contrôle des chefs de juridiction.

211.53 **Délégation.** Lorsque le directeur de greffe[10] envisage de modifier l'affectation d'un agent exerçant ses fonctions auprès d'un magistrat spécialisé, il recueille au préalable l'avis de ce magistrat[11]. Selon les besoins du service, les agents des greffes peuvent être délégués dans les services d'une autre juridiction du ressort de la même cour d'appel.

Cette délégation est prononcée par décision du premier président de la cour d'appel et du procureur général près cette cour après consultation, selon le cas, du président du tribunal judiciaire, du magistrat chargé de la direction et de l'administration du tribunal d'instance, du procureur de la République et du directeur de greffe de la juridiction d'affecta-

1. C. pr. pén., art. D. 581, al. 1er.
2. COJ, art. L. 123-1.
3. COJ, art. L. 123-2.
4. COJ, art. R. 123-1, mod. par Décr. n° 2019-912, 30 août 2019, art. 7 et 22, en vigueur depuis le 1er janv. 2020.
5. COJ, art. R. 123-2, *ibid.*
6. COJ, art. R. 123-3.
7. Décr. n° 2015-1275, 13 oct. 2015 portant statut particulier des greffiers des services judiciaires, *JO* 15 oct., n° 14.
8. COJ, art. R. 123-14 ; mod. par décr. n° 2016-1359, 11 oct. 2016, art. 7.
9. COJ, art. R. 123-15.
10. V. décr. n° 2015-1273, 13 oct. 2015 portant statut particulier du corps des directeurs des services de greffe judiciaire, *JO* 15 oct., n° 12.
11. COJ, art. R. 123-16.

tion de l'agent. Elle ne peut excéder une durée de quatre mois.

Lorsque l'agent est délégué dans les services d'une autre juridiction ayant son siège dans le ressort du même tribunal judiciaire, les chefs de cour peuvent renouveler la délégation pour des durées qui ne peuvent excéder quatre mois, sans que la durée totale de la délégation n'excède douze mois.

Lorsque l'agent est délégué dans les services d'une juridiction ayant son siège dans le ressort d'un autre tribunal judiciaire, les chefs de cour peuvent renouveler la délégation pour une durée qui ne peut excéder deux mois. La délégation peut être de nouveau renouvelée, pour des durées qui ne peuvent excéder deux mois, par décision du garde des Sceaux, ministre de la Justice, sans que la durée totale de la délégation n'excède douze mois [1].

211.54 **Missions.** Aux termes de l'article 4 [2] du décret du 13 octobre 2015 portant statut particulier des greffiers des services judiciaires précité : « les greffiers sont des techniciens de la procédure. Ils assistent les magistrats dans les actes de leur juridiction et authentifient les actes juridictionnels dans les cas et suivant les conditions prévus par le code de l'organisation judiciaire, le code du travail et les textes particuliers.

Les greffiers exercent également des fonctions d'assistance des magistrats dans le cadre de la mise en état et du traitement des dossiers ainsi que dans le cadre des recherches juridiques. Selon les directives des magistrats, ils rédigent des projets de décisions et de réquisitoires.

Dans le cadre d'un service d'accueil et d'informations générales du public, les greffiers peuvent être chargés de fonctions consistant à renseigner, orienter et accompagner les usagers dans l'accomplissement des formalités ou procédures judiciaires.

Ils peuvent être en charge de fonctions d'enseignement professionnel.

Ils accomplissent, à titre accessoire ou temporaire, les actes de gestion nécessaires au fonctionnement des juridictions dans les domaines administratif, budgétaire et des ressources humaines ».

211.55 **Serment.** Le serment du greffier est : « Je jure de bien et loyalement remplir mes fonctions et de ne rien révéler ou utiliser de ce qui sera porté à ma connaissance à l'occasion de leur exercice » [3].

§ 2
Distinctions

211.61 **Greffier ordinaire.** Les greffiers exerçant dans les juridictions sont installés dans leurs fonctions à une audience solennelle de la juridiction dans laquelle ils sont affectés. Ils peuvent aussi être installés par écrit [4]. En matière contraventionnelle et correctionnelle, leur présence est prévue auprès du tribunal de police [5], du tribunal correctionnel [6] et de la chambre des appels correctionnels [7].

L'article R. 232-4 du COJ prévoyait que le greffe de la juridiction de proximité était le greffe du tribunal d'instance [8]. Le greffe des juridictions judiciaires assume pareillement l'assistance aux fonctions dévolues aux magistrats exerçant à titre temporaire.

Des textes propres à certaines procédures exigent expressément la présence d'un greffier comme l'article 394, alinéa 3, du code de procédure pénale qui mentionne l'assistance du greffier en cas de convocation par procès-verbal, lorsque le procureur de la République estime nécessaire de soumettre le prévenu jusqu'à sa comparution devant le tribunal à une ou plusieurs obligations du contrôle judiciaire et qu'il le fait traduire devant le juge des libertés et de la détention. De même, dans le cadre de la procédure de comparution immédiate, l'alinéa 1er, de l'article 396 du code de procédure pénale énonce que si la réunion du tribunal est impossible le jour même, et, si les éléments de l'espèce lui paraissent exiger une mesure de détention provisoire, le procureur de la République peut traduire le prévenu devant le juge des libertés et de la détention, statuant en chambre du conseil, avec l'assistance d'un greffier. L'article 495-9 relatif à l'homologation de la proposition de peine en matière de comparution sur reconnaissance préalable de culpabilité ne le mentionne en revanche pas, même si l'on imagine mal qu'il soit possible de s'en dispenser [9].

En matière pénale, la présence du greffier a toujours été considérée comme étant d'ordre public. Une décision rendue sans son assistance est nulle [10]. En revanche, rien n'interdit que plusieurs greffiers se succèdent dans une même cause, notamment dans l'hypothèse de longs débats. Il suffira que les changements intervenus soient mentionnés sur les

1. COJ, art. R. 123-17 ; mod. par décr. n° 2019-912, 30 août 2019, modifiant le code de l'organisation judiciaire et pris en application des articles 95 et 103 de la loi n° 2019-222 du 23 mars 2019 et de réforme pour la justice, art. 22, en vigueur depuis le 1er janv. 2020.
2. Décr. n° 2015-1275, 13 oct. 2015, art. 4, *JO* 15 oct., n° 14.
3. Décr. n° 2015-1275, 13 oct. 2015, art. 24, *ibid.*
4. Décr. n° 2015-1275, 13 oct. 2015, art. 26.
5. C. pr. pén., art. 523.
6. C. pr. pén., art. 398-3.
7. C. pr. pén., art. 510.
8. Article abrogé à compter du 1er juill. 2017, par Décr.n° 2017-683, 28 avr. 2017, art. 1.
9. V. ss n° 432.11.
10. Crim. 19 juill. 1907, *DP* 1910. 1. 30 – Crim. 3 août 1912, *DP* 1913. 1. 498.

notes d'audience et la décision. Le greffier tient en effet les notes d'audiences qui mentionnent le déroulement du procès et tous incidents pouvant en affecter le cours[1], signe jugement ou arrêt avec le président de la composition dans les trois jours du prononcé de la décision[2]. Ce dépôt est mentionné par une inscription sur un registre spécialement tenu au greffe à cet effet. Même si d'usage le greffier de l'audience est celui qui signe la décision finale, le greffier signant la minute peut ne pas être celui qui a assisté aux débats. Il convient qu'aucune ambiguïté sur ce point ne résulte de la décision.

Les mêmes règles s'appliquent aux arrêts de la cour d'appel[3] et aux jugements de police[4]. Il faut toutefois noter de sérieux tempéraments à ces exigences formelles. L'article 486 du code de procédure pénale n'exige pas que le nom du greffier, qui a assisté les magistrats au cours de la procédure, soit mentionné. Il suffit pour le désigner que sa signature figure au bas de l'acte[5]. La mention de l'assistance de la cour d'appel par un fonctionnaire faisant fonction de greffier lors des débats, et par un greffier lors du prononcé de l'arrêt, implique la capacité de chacun d'eux[6]. La première chambre civile de la Cour de cassation[7] a même pu juger que le greffier présent lors du prononcé de la décision est présumé avoir assisté aux débats.

D'ailleurs, les formalités prévues par l'article 486 du code de procédure pénale ne sont pas prescrites à peine de nullité. Ainsi, le dépôt tardif de la minute d'un jugement ne peut entraîner la nullité de celui-ci quand il n'a été causé, de ce fait, aucun préjudice au prévenu[8]. Mentionnons tout de même l'ancienneté relative de cette dernière décision dont l'objet s'accommode mal de l'effectivité du droit de recours...

Enfin, le prévenu ne saurait se faire un grief de l'inobservation du délai de trois jours fixé par le texte précité pour le dépôt au greffe de la minute de l'arrêt, dès lors que ces dispositions ne sont pas prescrites à peine de nullité et qu'il lui appartenait, s'il n'était pas en mesure de faire valoir ses moyens de défense dans le délai d'un mois à compter de la date du pourvoi, de solliciter du président de la chambre criminelle la dérogation prévue par l'article 585-1 du code de procédure pénale[9]. Cette dernière jurisprudence bien que réitérée[10], demeure contestable, d'une part parce qu'elle réduit à néant l'utilité du deuxième alinéa de l'article 486 du code de procédure pénale et d'autre part, au regard d'une décision de la Cour européenne des droits de l'Homme qui a condamné la France pour défaut de communication de la motivation du jugement au condamné : « La seule lecture à l'audience du dispositif du jugement du tribunal correctionnel avant l'expiration du délai d'appel a porté atteinte aux droits de la défense du requérant... faute d'avoir pu obtenir le jugement complet avant l'expiration du délai d'appel, le requérant avait donc pour seule issue d'interjeter appel sans connaître aucun élément de la motivation retenue par le tribunal correctionnel... partant il y a eu violation de l'article 6, § 1 et 6, § 3, b) de la convention européenne des droits de l'homme »[11].

211.62 Fonctionnaire ou agent faisant fonction de greffier. La pénurie habituelle des personnels de greffe amène un certain nombre de fonctionnaires des catégories C à « faire fonction de greffier ». Ainsi, des personnels appartenant à la catégorie C de la fonction publique, et, le cas échéant, des auxiliaires et des vacataires concourent au fonctionnement des différents services du greffe. Ces personnels peuvent, à titre exceptionnel et temporaire, et après avoir prêté le serment prévu à l'article 24 du décret du 13 octobre 2015[12], être chargés des fonctions énumérées à l'article R. 123-13 et d'une partie des fonctions énumérées à l'article R. 123-5. Au-delà d'un délai de quatre mois, ils sont, sur leur demande, déchargés de ces fonctions[13]. Ils peuvent donc « à titre exceptionnel et temporaire », assister les magistrats à l'audience, à condition néanmoins d'avoir prêté serment : « Justifient la régularité de la composition de la cour d'appel, les énonciations d'un arrêt précisant qu'il a été prononcé en présence d'un auxiliaire de bureau faisant fonction de secrétaire-greffier, serment prêté, dès lors que l'article 15 [abrogé] du décret n° 67-1044 du 30 novembre 1967 relatif à l'organisation des secrétariats-greffes des juridictions civiles et pénales autorise à titre exceptionnel les auxiliaires à assister les magistrats aux audiences après avoir prêté serment »[14].

Il sera prudent de mentionner ladite prestation de serment, même si un arrêt non publié a pu décider que dès lors que la capacité du greffier repose sur

1. C. pr. pén., art. 453 – v. s^s n° 726.21.
2. C. pr. pén., art. 486 – v. s^s n°s 725.21 s.
3. C. pr. pén., art. 512.
4. C. pr. pén., art. 543.
5. Crim. 15 déc. 1965, n° 65-90.734, P n° 276.
6. Crim. 16 mai 1995, n° 93-83.690, P n° 175.
7. Civ. 1re, 15 mai 2007, n° 06-15.904, P I, n° 188 ; *Gaz. Pal.* 2008 Jur. 35, note E. du Rusquec.
8. Crim. 12 mai 1971, n° 70-92.821, P n° 153.
9. Crim. 24 juin 2009, n° 09-81.119, P n° 134 ; *D.* 2009. 2040 ; *AJ pénal* 2009. 410.
10. Crim. 16 sept. 2009, n° 09-81.120, NP.
11. CEDH 24 juill. 2007, *Baucher c/ France*, req. n° 53640/00 ; *D.* 2007. 2305, obs. M. Léna ; *AJ pénal* 2007. 529, obs. C. Porteron.
12. V. s^s n° 211.55.
13. COJ, art. R. 123-14.
14. Crim. 14 janv. 1975, n° 74-92.742, P n° 15 – COJ, art. R. 123-14, préc.

une présomption qui dispense, sauf preuve contraire d'irrégularité non rapportée en l'espèce, de toute mention spéciale relative notamment au serment professionnel, le moyen tenant à l'absence de mention sur l'arrêt est inopérant[1].

Une dernière décision a encore pu juger qu'il n'y a pas violation de l'article 398-3 du code de procédure pénale par la cour dont l'arrêt mentionne qu'elle était assistée de « Mme B..., agent administratif, faisant fonction de greffier », dès lors que cette mention, en l'absence de toute contestation des avocats des parties présents à l'audience, suffit à établir la régularité de la décision prononcée[2].

211.63 **Greffier militaire.** En temps de paix, les infractions commises par les militaires sur le territoire de la République relèvent des juridictions de droit commun lorsqu'elles sont commises hors service et des juridictions de droit commun spécialisées en matière militaire lorsqu'elles sont commises en service[3]. Le secrétariat-greffe des juridictions statuant en matière militaire est dès lors assuré, soit par le personnel du greffe de la juridiction de droit commun spécialisée, soit par des officiers greffiers et des sous-officiers commis-greffiers.

Pour ces derniers, le texte de référence demeure le décret du 12 septembre 2008[4]. Les officiers greffiers et les commis greffiers du service de la justice militaire sont des militaires de carrière qui exercent des fonctions d'auxiliaires de justice. Ils assistent le juge dans les actes de sa juridiction et authentifient les actes juridictionnels. Ils exercent, au sein des juridictions des forces armées comme au sein des juridictions spécialisées en matière militaire, les attributions qui leur sont dévolues par le code de justice militaire. À ce titre, ils rédigent des projets de réquisitoires et de décisions selon les indications des magistrats. Les officiers greffiers assurent en outre la gestion et l'administration des formations du service de la justice militaire. Ils sont également chargés en temps de guerre, sous l'autorité des commissaires du Gouvernement, de la gestion administrative des juridictions des forces armées.

Les officiers greffiers et les commis greffiers peuvent être affectés dans les juridictions mentionnées à l'article 697 du code de procédure pénale[5] et dans les formations interarmées ou relevant d'une armée ou de tout organisme mentionné à l'article L. 4138-2[6] du code de la défense. Les officiers greffiers du service de la justice militaire constituent un corps d'officiers de carrière dont la hiérarchie comporte différents grades[7]. Ces officiers greffiers sont recrutés au grade d'officier greffier de 2e classe, au choix, et sur proposition de la commission mentionnée à l'article 9, parmi les commis greffiers de 1re classe qui en ont fait la demande et réunissent, au 1er janvier de l'année de leur nomination, au moins neuf ans de service militaire depuis leur nomination au grade de commis greffier de 2e classe. Les intéressés doivent être âgés, à cette même date, de trente-six ans au moins et de quarante-sept ans au plus. Ils ne peuvent pas faire acte de candidature plus de trois fois[8]. Les commis greffiers sont recrutés au grade de commis greffier de 2e classe par concours sur épreuves ouvert aux sous-officiers et officiers mariniers des armées et des formations rattachées qui, admis sur examen à un stage de formation, ont satisfait aux épreuves du stage. Les candidats doivent, au 1er janvier de l'année au titre de laquelle est organisé le concours, être âgés de vingt-cinq ans au moins et de quarante-trois ans au plus et avoir accompli au moins cinq ans de service militaire, dont trois en qualité de sous-officier. Ils ne peuvent pas faire acte de candidature plus de trois fois à l'examen et plus de deux fois au concours susmentionné[9].

Dans un certain nombre de juridictions, un ou des greffiers militaires, sont mis à disposition, en sorte qu'ils peuvent exercer aussi des fonctions normalement dévolues aux greffiers « civils », point précisé par la convention signée entre le ministère de la Défense et le ministère de la Justice le 1er décembre 2014[10]. Les greffiers militaires, qualifiés d'auxiliaires de justice, sont « acteurs et garants de la spécialisation en matière militaire des juridictions de droit commun, tant en ce qui concerne la procédure pénale spécifique aux affaires pénales militaires, qu'en ce qui concerne le droit pénal militaire lui-même [...] Ils peuvent également tenir des audiences correctionnelles, les services de l'audiencement, du greffe correctionnel, de l'exécu-

1. Crim. 3 mai 1995, n° 94-84.020, NP, *Dr. pénal* 1995, n° 194.
2. Crim. 27 sept. 2000, n° 00-81.634, NP.
3. CJM, art. L. 2 (v. s^s^ n°s 312.21 s.).
4. Décr. n° 2008-930, 12 sept. 2008 portant statuts particuliers des corps d'officiers greffiers et de commis greffiers du service de la justice militaire, *JO* 16 sept., n° 12 ; not. mod. par décr. n° 2017-1360, 19 sept. 2017, *JO* 21 sept., n° 11.
5. Mod. par Ord. n° 2019-964, 18 sept. 2019, *JO* 19 sept., n° 4, art. 35 (VD), en vigueur depuis le 1er janv. 2020.
6. C. défense, art. L. 4138-2 ; mod. par Ord. n° 2020-1447, 25 nov. 2020, *JO* 26 nov., art. 12, en vigueur depuis le 27 nov. 2020.
7. Décr. n° 2008-952, 12 sept. 2008 portant statut particulier du corps des sous-officiers de gendarmerie, n° 34, art. 2 – EX. : l'officier greffier en chef a un grade équivalent à celui de lieutenant-colonel ou capitaine de frégate de la hiérarchie militaire générale.
8. Décr. n° 2008-952, 12 sept. 2008, art. 3 (mod. par décr. n° 2009-1713, 30 déc. 2009, art. 2) et 4.
9. Décr. n° 2008-952, 12 sept. 2008, art. 20.
10. Conv. de gestion relative à l'affectation en personnel du ministère de la Défense au sein du ministère de la Justice, Boc. n° 13, 19 mars 2015, n° 1.

tion des peines et des juges de l'application des peines. Le greffier militaire doit impérativement être affecté aux affaires militaires et dans un service pénal ».

SECTION 6
INCOMPATIBILITÉS

§ 1
Règles d'incompatibilités

211.71 **Raison d'être.** C'est afin de préserver autant la réalité du principe d'impartialité des juridictions que son apparence, qu'un certain nombre de règles d'incompatibilités ont été élaborées tant par les textes, que par la jurisprudence y compris européenne[1].

L'impartialité des juridictions judiciaires est garantie par les dispositions du code de l'organisation judiciaire et celles prévues par les dispositions particulières à certaines juridictions ainsi que par les règles d'incompatibilité fixées par le statut de la magistrature[2]. Ces incompatibilités lorsqu'elles existent, justifient autant l'exercice d'une contestation par les parties, que l'abstention d'initiative du ou des magistrats concernés ou la mise en œuvre d'une procédure de récusation ou de suspicion légitime. Ainsi, l'exigence d'impartialité s'impose aux juridictions d'instruction à l'encontre desquelles le grief peut être invoqué, indépendamment de la mise en œuvre des procédures de récusation ou de renvoi[3]. Cette question de l'impartialité des magistrats trouve des développements particuliers autour de l'activité des magistrats pénalistes, quitte à être parfois qualifiée de « serpent de mer » au détour d'interrogations sur les représentants du ministère public[4].

Par ailleurs, la règle posée par la jurisprudence de la Cour européenne en la matière est très claire : il faut, pour apprécier l'impartialité du juge, procéder à une approche objective « qui amène à rechercher si le juge offrait des garanties suffisantes pour écarter tout doute légitime sur son attitude », par rapport à une approche subjective qui consisterait à tenter « d'établir ce que le juge pensait en son for intérieur en la circonstance ». En l'espèce soumise à la Cour, lorsque le Président d'une cour d'assises a, dans une affaire soumise à cette juridiction, antérieurement rempli les fonctions de magistrat du ministère public, même s'il n'existe aucun motif de mettre en cause son impartialité personnelle, il convient de tenir compte de considérations de caractère organique. On est en effet en droit de craindre que ce magistrat n'offre pas assez de garanties, et l'impartialité du tribunal auquel il incombe de décider « du *bien-fondé de l'accusation* » peut paraître sujette à caution. La cour conclut donc à la violation de l'article 6, § 1[5]. *A contrario*, l'appréciation de l'impartialité du juge n'est pas arbitraire et commande la prise en considération d'éléments objectifs établissant l'extériorisation d'un préjugé pour que la partialité éventuelle du juge puisse être caractérisée et sanctionnée ; en l'absence d'éléments permettant d'étayer les soupçons d'un requérant (lien de parenté entre un magistrat et un ingénieur que le requérant soupçonnait d'être impliqué dans l'affaire initiale), la violation de l'article 6 n'a pas été considérée en l'espèce comme établie[6].

211.72 **Règles d'incompatibilité intéressant les greffiers.** Les dispositions du titre Ier du livre Ier du code de l'organisation judiciaire relatives aux incompatibilités sont applicables aux greffiers. Ils ne peuvent en outre être affectés dans une juridiction dans le ressort de laquelle leur conjoint, partenaire d'un pacte civil de solidarité, parent ou allié jusqu'au troisième degré inclusivement exerce soit des fonctions d'officier public ou ministériel, soit la profession d'avocat, sauf dispense accordée par le garde des Sceaux, ministre de la Justice, après avis des chefs de cour[7].

Par ailleurs, les greffiers ne peuvent effectuer des expertises ou des consultations à la demande d'une autorité judiciaire ou administrative qu'après avoir reçu l'accord exprès du garde des Sceaux, ministre de la Justice[8].

211.73 **Règles d'incompatibilité intéressant les avocats.** Les règles d'incompatibilités intéressant les avocats[9] figurent aux articles 111[10] et suivants du décret du 27 novembre 1991[11] modifié organisant la profession d'avocat. Aux termes de la dernière

1. Conv. Edh, art. 6, § 1, C. pr. pén., art. prélim., COJ, art. L. 111-5, L. 111-9.
2. COJ, art. L. 111-5.
3. Crim. 23 mars 2004, n° 03-87.854, P n° 76 ; *D.* 2004. 1213 ; *RSC* 2004. 668, obs. A. Giudicelli ; *RSC* 2004. 672, obs. A. Giudicelli.
4. « L'impartialité des magistrats pénalistes », Dossier *AJ pénal* 2021. 343 s.
5. CEDH 1er oct. 1982, *Piersack c/ Belgique*, req. n° 8692/79.
6. CEDH 4 avr. 2006, *Moullet c/ France*, req. n° 27251/04.
7. Décr. n° 2015-1275, 13 oct. 2015, art. 27.
8. Décr. n° 2015-1275, 13 oct. 2015, art. 28.
9. NOT : St. Bortoluzzi, D. Piau, Th. Wickers, *Règles de la profession d'avocat*, 17e éd., « Dalloz action », 2022, nos 431.00 s. à 434.00 s.
10. Décr. n° 91-1197, 27 nov. 1991, art. 111 ; mod. par décr. n° 2016-882, 29 juin 2016, art. 4.
11. Décr. n° 91-1197, 27 nov. 1991 organisant la profession d'avocat, *JO* nov., p. 15502.

rédaction de ce texte, issue du décret du 29 janvier 2020[1], « la profession d'avocat est incompatible :

a) avec toutes les activités de caractère commercial, qu'elles soient exercées directement ou par personne interposée ;

b) avec les fonctions d'associé dans une société en nom collectif, d'associé commandité dans les sociétés en commandite simple et par actions, de gérant dans une société à responsabilité limitée, de membre du directoire ou directeur général d'une société anonyme, de gérant d'une société civile à moins que celles-ci n'aient [...] pour objet la gestion d'intérêts familiaux ou l'exercice de la profession d'avocat.

Les incompatibilités prévues aux alinéas précédents ne font pas obstacle à la commercialisation, à titre accessoire, de biens ou de services connexes à l'exercice de la profession d'avocat si ces biens ou services sont destinés à des clients ou à d'autres membres de la profession.

L'avocat ou la société d'avocat qui fait usage de la dérogation prévue au b) ou au quatrième alinéa en informe par écrit, le conseil de l'ordre du barreau dont il ou elle relève dans un délai de trente jours suivant le début de l'activité concernée. Le conseil de l'ordre peut lui demander tous renseignements ou documents utiles pour lui permettre d'apprécier si une telle activité est compatible avec les règles de déontologie de la profession. »

Le décret du 30 juin 2023 portant code de déontologie des avocats[2] est venu abroger le décret n° 2005-790 du 12 juillet 2005 relatif aux règles de déontologie de la profession d'avocat et développer les incompatibilités de fonctions (art. 21 à 35) ainsi que les conditions d'exercice de la profession (art. 36 à 50).

S'agissant des magistrats, une incompatibilité peut donc être d'origine personnelle, professionnelle, élective, familiale ou fonctionnelle.

§ 2
Incompatibilités personnelles

211.81 Causes de récusation tenant à la personne du magistrat. Il sera rappelé à titre de préambule que tandis que la procédure de récusation a pour objet d'écarter telle personne de la connaissance d'une affaire particulière, la procédure de renvoi pour cause de suspicion légitime a pour objet de dessaisir une juridiction d'instruction ou de jugement.

Le code de l'organisation judiciaire dispose que, « sous réserve de dispositions particulières à certaines juridictions, la récusation d'un juge peut être demandée :

1° Si lui-même ou son conjoint a un intérêt personnel à la contestation ;

2° Si lui-même ou son conjoint est créancier, débiteur, héritier présomptif ou donataire de l'une des parties ;

3° Si lui-même ou son conjoint est parent ou allié de l'une des parties ou de son conjoint jusqu'au quatrième degré inclusivement ;

4° S'il y a eu ou s'il y a procès entre lui ou son conjoint et l'une des parties ou son conjoint ;

5° S'il a précédemment connu de l'affaire comme juge ou comme arbitre ou s'il a conseillé l'une des parties ;

6° Si le juge ou son conjoint est chargé d'administrer les biens de l'une des parties ;

7° S'il existe un lien de subordination entre le juge ou son conjoint et l'une des parties ou son conjoint ;

8° S'il y a amitié ou inimitié notoire entre le juge et l'une des parties ;

9° S'il existe un conflit d'intérêts, au sens de l'article 7-1 de l'ordonnance n° 58-1270 du 22 décembre 1958 portant loi organique relative au statut de la magistrature.

Les magistrats du ministère public, partie jointe, peuvent être récusés dans les mêmes cas »[3][4].

Il convient justement d'observer que le code de procédure pénale consacre ses articles 668 à 674-2 à la récusation devant les juridictions répressives et que si ces dispositions particulières ont donc vocation à s'appliquer ici, il n'existe pas de correspondance parfaite entre ces textes[5]. Ainsi, d'un côté le magistrat du parquet, partie jointe peut être récusé, de l'autre[6], il ne le peut pas. Ainsi, l'existence d'un procès actuel entre le juge ou son conjoint est-elle visée par le code de l'organisation judiciaire et non par le code de procédure pénale, qui n'évoque que les procès passés. Il n'est question ici que de conjoint, alors que le code de procédure pénale évoque depuis 2004, conjoint, partenaire lié par un pacte civil de solidarité et concubin... Le code de

1. Décr. n° 2020-58, 29 janv. 2020 modifiant l'article 111 du décret n° 91-1197 du 27 novembre 1991 organisant la profession d'avocat, *JO* 30 janv., n° 3.
2. Décr. n° 2023-552, 30 juin 2023 portant code de déontologie des avocats, *JO* 2 juill., n° 2 – Les avocats au Conseil d'État et à la Cour de cassation sont couverts par un code de déontologie propre : Décr. n° 2023-146, 1er mars 2023 relatif au code de déontologie des avocats au Conseil d'État et à la Cour de cassation, *JO* 2 mars, n° 10.
3. COJ, art. L. 111-6 ; mod. par L. n° 2016-1547, 18 nov. 2016, art. 18, *JO* 19 nov., n° 1.
4. SUR la procédure de récusation, v. ss n° 211.181.
5. V. ss n° 211.191.
6. C. pr. pén., art. 669.

procédure pénale retient les causes de récusation en la personne des parents et des alliés du juge, de son « conjoint » ou de ceux des parties[1], ce que le code de l'organisation judiciaire ne fait pas.

Signalons enfin, que le décret du 6 mai 2017 est venu largement modifier les dispositions du code de procédure civile en unifiant, en matière civile, récusation et renvoi pour cause de suspicion légitime[2]. Par ailleurs, à titre de comparaison, devant la juridiction administrative, le président d'une formation de jugement qui décide de porter plainte contre le justiciable pour des outrages commis à l'audience ne peut pas rester juge de l'affaire[3].

211.82 **Magistrat adhérant à une association.** Une décision de la chambre criminelle a censuré un arrêt de la cour d'appel de Toulouse dans l'affaire dite AZF. L'un des magistrats chargés de juger cette affaire était vice-président de l'Institut national d'aide aux victimes et de médiation (Inavem). Pendant que se déroulait le procès, l'Inavem a conclu une convention avec la Fédération nationale des victimes d'attentats et d'accidents collectifs (Fenvac), qui a eu pour objet de faire des deux signataires des « partenaires privilégiés ». Or, la Fenvac était partie civile dans l'affaire AZF. La chambre criminelle, sans grande surprise, est venue juger que si l'adhésion d'un juge à une association, et spécialement à une association ayant pour mission de veiller à l'information et à la garantie des droits des victimes, laquelle, aux termes de l'article préliminaire II du code de procédure pénale, entre dans les attributions de l'autorité judiciaire, n'est pas, en soi, de nature à porter atteinte à la présomption d'impartialité dont il bénéficie, il en va autrement en l'espèce, en raison des liens étroits, traduits par la convention du 10 décembre 2011, noués entre les deux fédérations, dont l'une était partie civile dans la procédure et l'autre avait pour vice-président l'un des juges siégeant dans la formation de jugement ; qu'ainsi, en omettant d'aviser les parties de cette situation, alors que ces éléments étaient de nature à créer, dans leur esprit, un doute raisonnable, objectivement justifié, sur l'impartialité de la juridiction, la cour d'appel a méconnu les textes susvisés et le principe selon lequel toute personne a droit à ce que sa cause soit entendue par un tribunal indépendant et impartial[4].

Il doit être précisé au cas d'espèce, que la conseillère concernée avait avisé le premier président de la cour d'appel des fonctions qu'elle exerçait au sein de l'Inavem et que le président de chambre appelé à présider cette affaire avait demandé en vain à ce même premier président de procéder au remplacement de la conseillère concernée. La chambre criminelle relève encore qu'il ne ressort pas des éléments soumis à son appréciation que les demandeurs aient eu connaissance, lors des débats, des fonctions de Mme J... au sein de l'Inavem et des relations existant entre cette association et la Fenvac, et qu'ils aient pu présenter, en temps utile, une requête en récusation. Mais elle mentionne surtout qu'il aurait été possible pour la cour d'aviser les parties de la situation et suggère donc qu'en cas d'absence d'incident, cette situation particulière aurait pu ne pas être ultérieurement sanctionnée.

211.83 **Membre de la Légion d'honneur.** On relèvera en revanche que la qualité de membre de l'ordre de la Légion d'honneur, conférée à des magistrats, en raison de services civils ou sous les armes, ne saurait, à elle seule, avoir pour effet de les faire participer, avec l'ensemble des personnes, civiles ou militaires, également distinguées dans le même ordre, à une communauté de vues et d'esprit, y compris sur les sujets concernant la défense, de sorte qu'il pourrait en résulter un soupçon de partialité à leur encontre lorsqu'est en cause, dans l'affaire qu'ils ont à juger, un acte accompli au nom de la France et dans l'exercice de ses fonctions, par un agent de l'État bénéficiaire de la même distinction[5].

211.84 **Conflit d'intérêts.** Aux causes de récusation traditionnelles est venue s'ajouter la notion de conflits d'intérêts définie comme toute situation d'interférence entre un intérêt public et des intérêts publics ou privés qui est de nature à influencer ou à paraître influencer l'exercice indépendant, impartial et objectif d'une fonction[6], que les magistrats doivent veiller à prévenir ou à faire cesser immédiatement.

Les nouveaux textes instituent pour les juges l'obligation de remettre dans les deux mois qui suivent l'installation dans leurs fonctions, une déclaration exhaustive, exacte et sincère de leurs intérêts ainsi que – pour partie – patrimoniale, et organisent le contrôle et la sanction d'éventuels manquements, dans les conditions édictées par un décret en Conseil d'État de mai 2017[7].

1. NOT. : C. pr. pén., art. 668, 6°.
2. Décr. n° 2017-892, 6 mai 2017 portant diverses mesures de modernisation et de simplification de la procédure civile, *JO* 10 mai, n° 104 – C. pr. civ., art. 341 s.
3. CE 21 mars 2023, req. n° 456347, J.-M. Pastor « Un magistrat ne peut plus juger celui contre lequel il a porté plainte », *D. actu.* 31 mars 2023.
4. Crim. 13 janv. 2015, n° 12-87.059, P n° 180 ; *D.* 2015. 157 ; *AJ pénal* 2015. 191, note Y. Mayaud ; *RSC* 2015. 115, obs. A. Giudicelli.
5. Crim. 20 juin 2017, n° 16-80.935, P n° 172.
6. Ord. n° 58-1270, 22 déc. 1958, art. 7-1 ; créé par LO n° 2016-1090, 8 août 2016, art. 26.
7. Décr. n° 2017-713, 2 mai 2017 relatif à la déclaration d'intérêts des magistrats de l'ordre judiciaire, *JO* 4 mai, n° 56.

211.85 **Magistrat et prise illégale d'intérêts.** Créé par la loi venue modifier les termes de l'infraction de prise illégale d'intérêts prévue et réprimée par l'article 432-12[1], un article 432-12-1 du code pénal, précise désormais que constitue une prise illégale d'intérêts punie des peines prévues à l'article 432-12 le fait, par un magistrat ou toute personne exerçant des fonctions juridictionnelles, de prendre, recevoir ou conserver, directement ou indirectement, dans une entreprise ou dans une opération à l'égard de laquelle elle a la charge de prendre une décision judiciaire ou juridictionnelle, un intérêt de nature à influencer, au moment de sa décision, l'exercice indépendant, impartial et objectif de sa fonction[2].

§ 3
Incompatibilités professionnelles

211.91 **Impossibilité d'exercer une autre profession.** L'exercice des fonctions de magistrat est incompatible avec l'exercice de toutes fonctions publiques et de toute autre activité professionnelle ou salariée, aux termes de l'ordonnance du 22 décembre 1958 portant loi organique relative au statut de la magistrature.

Lorsque la loi prévoit la présence au sein du collège d'une autorité administrative indépendante ou d'une autorité publique indépendante de membres désignés parmi les magistrats en activité, il ne peut être désigné d'autre membre en activité du même corps, à l'exclusion du président de l'autorité concernée.

Des dérogations individuelles peuvent être accordées aux magistrats, par décision des chefs de cour, pour donner des enseignements ressortissant à leur compétence ou pour exercer des fonctions ou activités qui ne seraient pas de nature à porter atteinte à la dignité du magistrat et à son indépendance, à l'exception des activités d'arbitrage, sous réserve des cas prévus par les dispositions législatives en vigueur. Les magistrats peuvent, sans autorisation préalable, se livrer à des travaux scientifiques, littéraires ou artistiques[3]. Lorsqu'ils obtiennent un détachement auprès d'un autre ministère ou d'une administration ou de l'École nationale de la magistrature ou d'un autre établissement de formation, ils n'exercent évidemment plus dans le même temps leurs attributions de magistrat. En revanche un certain nombre de magistrats en fonction sont amenés à réaliser des interventions à l'École nationale de la magistrature, soit au titre de la formation initiale, soit au titre de la formation continue des magistrats sans pour autant cesser leurs activités en juridiction. Ils peuvent dans les mêmes conditions intervenir dans les autres écoles ou centres de formation aux métiers du droit.

Des dispositions particulières sont prévues même après cessation des fonctions de magistrat, dans le domaine des professions du droit. Les magistrats et anciens magistrats ne peuvent ainsi exercer la profession d'avocat, d'avoué, de notaire, d'huissier de justice, de greffier de tribunal de commerce, d'administrateur judiciaire ou de mandataire-liquidateur ou travailler au service d'un membre de ces professions dans le ressort d'une juridiction où ils ont exercé leurs fonctions depuis moins de cinq ans. Ces dispositions ne s'appliquent toutefois pas aux magistrats de la Cour de cassation, cette juridiction ayant une compétence nationale[4].

D'autres concernent plus spécifiquement des emplois susceptibles d'être occupés dans des collectivités territoriales d'outre mer et les magistrats et anciens magistrats ne peuvent ainsi occuper un emploi au service des collectivités d'outre-mer de Saint-Barthélemy, de Saint-Martin, de Mayotte, de la Polynésie française et de Saint-Pierre-et-Miquelon ou de leurs établissements publics lorsqu'ils ont exercé leurs fonctions sur le territoire de la collectivité intéressée depuis moins de deux ans[5].

Les conditions dans lesquelles un magistrat en disponibilité ou demandant à être placé en cette position peut se voir autoriser à exercer une activité privée sont prévues à l'article 9-2[6] de l'ordonnance du 22 décembre 1958.

§ 4
Incompatibilités électives

211.101 **Limites à l'exercice d'un mandat électoral.** L'exercice des fonctions de magistrat est incompatible avec l'exercice d'un mandat au Parlement,

1. L. n° 2021-1729, 22 déc. 2021, art. 15, *JO* 23 déc. 2021.
2. *Ibid.* « Prise illégale d'intérêts – La réforme du délit de prise illégale d'intérêts par la loi n° 2021-1729 du 22 déc. 2021 : confiance dans l'institution judiciaire ou défiance dans l'institution parlementaire », *Dr. pénal* 2022, Et. 6, F. Stasiak ; « Le délit de prise illégale d'intérêts enfin revisité », *AJ pénal* 2022. 64, E. Daoud et E. de Castelbajac ; « Prise illégale d'intérêts : dernier acte de la réforme de la loi "3DS" », Id., p. 305, S. Penaud.
3. Ord. n° 58-1270, 22 déc. 1958, art. 8 ; mod. par L. n° 2017-54, 20 janv. 2017, art. 3.
4. Ord. n° 58-1270, 22 déc. 1958, art. 9-1 ; créé par L. n° 94-101, 5 févr. 1994, art. 3 ; mod. par LO n° 2016-1090, 8 août 2016, art. 26, *JO* 11 août, n° 1.
5. Ord. n° 58-1270, 22 déc. 1958, art. 9-1-1 ; mod. par LO n° 2007-223, 21 févr. 2007, art. 14 ; mod. par L. n° 2016-1090, 8 août 2016, art. 12, *ibid.*
6. Ord. n° 58-1270, 22 déc. 1958, art. 9-2 ; créé par L. n° 94-101, 5 févr. 1994, art. 3.

au Parlement européen ou au Conseil économique, social et environnemental, ainsi que de membre du congrès ou d'une assemblée de province de la Nouvelle-Calédonie, de représentant à l'assemblée de la Polynésie française, de membre dc l'assemblée territoriale des îles Wallis-et-Futuna, de conseiller territorial de Saint-Barthélemy, de conseiller territorial de Saint-Martin, de conseiller général de Mayotte ou de conseiller territorial de Saint-Pierre-et-Miquelon ou avec la fonction de membre du gouvernement de la Nouvelle-Calédonie ou du gouvernement de la Polynésie française.

Nul ne peut être nommé magistrat ni le demeurer dans une juridiction dans le ressort de laquelle se trouve tout ou partie du département dont son conjoint est député ou sénateur.

L'exercice des fonctions de magistrat est également incompatible avec l'exercice d'un mandat de conseiller régional, de conseiller général, de conseiller municipal ou de conseiller d'arrondissement, de conseiller de Paris ou de membre de l'Assemblée de Corse dans le ressort de la juridiction à laquelle appartient ou est rattaché le magistrat. L'exercice des fonctions de magistrat est également incompatible avec l'exercice d'un mandat de conseiller régional, de conseiller départemental, de conseiller municipal ou de conseiller d'arrondissement, de conseiller de Paris, de conseiller de la métropole de Lyon, de conseiller de l'assemblée de Corse, de conseiller de l'assemblée de Guyane ou de conseiller de l'assemblée de Martinique dans le ressort de la juridiction à laquelle appartient ou est rattaché le magistrat.

Nul ne peut être nommé magistrat ni le demeurer dans une juridiction dans le ressort de laquelle il aura exercé depuis moins de cinq ans, une fonction publique élective visée au présent article ou fait acte de candidature à l'un de ces mandats, à l'exception du mandat de représentant au Parlement européen, depuis moins de trois ans.

Les dispositions des trois alinéas qui précèdent ne s'appliquent pas aux magistrats de la Cour de cassation[1].

§ 5
Incompatibilités familiales

211.111 **Liens de famille ou d'alliance.** Les conjoints, les parents et alliés jusqu'au troisième degré inclus ne peuvent, sauf dispense, être simultanément membres d'un même tribunal ou d'une même cour en quelque qualité que ce soit.

Aucune dispense ne peut être accordée lorsque la juridiction ne comprend qu'une chambre ou que l'un des conjoints, parents ou alliés au degré mentionné ci-dessus est le président de la juridiction ou le chef du parquet près celle-ci.

En aucun cas, même si la dispense est accordée, les conjoints, les parents ou alliés ainsi visés ne peuvent siéger dans une même cause[2]. La prohibition de siéger « dans une même cause », concerne juridictions d'instruction comme de jugement. Deux magistrats conjoints ne peuvent connaître d'une même cause, l'un comme président de la cour d'assises devant laquelle l'accusé a été renvoyé par arrêt de la chambre d'accusation sur réquisition de l'autre, substitut du procureur Général[3]. Malgré l'évidence de ces dispositions, il faut noter que quelques décisions en font encore application, parfois au visa de la convention européenne des droits de l'homme : « Selon l'article 6 de la convention européenne de sauvegarde des droits de l'Homme, 2 magistrats conjoints ne peuvent connaître d'une même cause. Encourt, dès lors, la cassation l'arrêt rendu par la chambre (d'accusation) de l'instruction, où siégeait un conseiller, conjoint du magistrat du parquet qui avait pris des réquisitions ayant conduit au prononcé, par le juge d'instruction, de l'ordonnance entreprise »[4].

Ces dispositions étaient reprises et précisées par la partie réglementaire du même code qui disposait que les conjoints, les parents et alliés jusqu'au degré d'oncle ou de neveu inclusivement, ne pouvaient être simultanément membres d'un même tribunal ou d'une même cour en quelque qualité que ce soit, sauf dispense accordée par décret[5].

Elles figurent aux articles R. 111-3 et suivants du même code. Ne peut donc faire partie d'une formation de jugement tout juge dont le conjoint, un parent ou allié jusqu'au troisième degré inclus est partie au procès ou représente ou assiste l'une des parties et, innovation importante, la personne liée au juge par un pacte civil de solidarité est assimilée au conjoint[6]. Ces incompatibilités sont fondées sur l'existence d'un lien matrimonial ou civil enregistré. Un concubinage, même notoire entre deux magistrats du siège ou entre un magistrat du parquet et un autre du siège du même tribunal n'est pas expressément visé par les textes. Toutefois, d'une part il ne fait aucun doute qu'il doit conduire un magistrat à s'abstenir de siéger dans une affaire traitée par son compagnon[7] et qu'à défaut les parties pourraient

1. Ord. n° 58-1270, 22 déc. 1958, art. 9 ; mod. par LO n° 2016-1090, 8 août 2016, art. 12, *JO* 11 août, n° 1.

2. COJ, art. L. 111-10.
3. Crim. 29 juin 1983, n° 83-90.795, P n° 204.
4. Crim. 29 févr. 1996, n°s 95-82.648, 95-84.967, P n° 99.
5. COJ, art. R. 721-1 ; abrog. par Décr. n° 2008-522, 2 juin 2008, *JO* 4 juin, n° 11.
6. COJ, art. L. 111-11 et R. 111-4.
7. V. s^s n° 211.231.

parfaitement soulever cette difficulté. D'autre part, la situation de concubinage est expressément visée en revanche à l'article 668 du code de procédure pénale qui prévoit la procédure de récusation[1].

Une même prohibition existe lorsqu'un greffier et un magistrat sont mariés, dès lors que ces dispositions visent l'appartenance à une même juridiction « en quelque qualité que ce soit ». Elle s'applique pareillement lorsqu'un magistrat est marié ou pacsé avec un avocat et qu'ils ne peuvent donc connaître de la même affaire.

Ces incompatibilités ont toutefois une limite et il a été jugé que la seule circonstance qu'un juge d'instruction soit le conjoint d'un magistrat du ministère public exerçant ses fonctions près le même tribunal n'est pas de nature à faire naître un doute objectivement justifié quant à son impartialité dès lors qu'il n'est pas établi que son conjoint soit intervenu directement ou indirectement dans le déroulement de l'information[2]. Ou encore que ne constitue pas une cause d'incompatibilité empêchant un magistrat de siéger à la cour d'assises en qualité d'assesseur le fait que son conjoint, lui même magistrat, ait, en remplacement du juge d'instruction chargé de l'affaire, statué sur une demande de mise en liberté formée par un coïnculpé de l'accusé non soumis au même débat devant la cour d'assises[3]. Un même magistrat pouvant se prononcer sur les diverses demandes de mise en liberté présentées par un même accusé dans une même affaire, rien ne s'oppose à ce que deux magistrats conjoints puissent siéger séparément à la cour d'assises puis à la chambre (d'accusation) de l'instruction à l'occasion de demandes de mise en liberté déposées successivement par un accusé devant ces deux juridictions[4].

Les soupçons de partialité qui peuvent peser sur un juge ne sauraient s'étendre à un autre par le seul fait qu'ils siègent habituellement ensemble[5].

Dans tous les cas, il est important que les mentions du jugement ou de l'arrêt, permettent au justiciable, autant qu'à la Cour de cassation, de connaître avec précision la composition de la juridiction afin notamment de pouvoir s'assurer de l'absence de lien familial entre l'un et l'autre des acteurs du procès. Sera cité ici une jurisprudence rendue, au visa de l'article 6, § 1 de la Convention européenne des droits de l'homme, à l'occasion d'un recours contre un arrêt d'une chambre de l'instruction mais qui trouverait pareillement à s'appliquer en matière de juridiction de jugement[6]. Il s'agissait en l'espèce d'une composition comprenant deux personnes portant partiellement le même patronyme. La Cour estime qu'en l'absence de mention excluant tout lien de parenté ou d'alliance entre elles, elle n'est pas en mesure de s'assurer de l'impartialité de la juridiction, l'arrêt encourant par là même la censure. Le risque de doute sur la composition de la juridiction gagne donc à être levé par une mention expresse dans la décision.

§ 6
Incompatibilités fonctionnelles

A.
Pluralité d'interventions du magistrat dans la même affaire

211.121 **Double degré de juridiction.** La participation des magistrats de la chambre des appels correctionnels, dans une composition identique, à des débats successifs, relatifs à des poursuites portant sur les mêmes faits mais dirigées contre des prévenus différents, n'est pas contraire à l'exigence d'impartialité énoncée par l'article 6 de la convention européenne des droits de l'homme[7].

Un premier texte précise en revanche que ne peut faire partie d'une formation de jugement du second degré le juge qui a précédemment connu de l'affaire en premier ressort. Ne peut non plus faire partie d'une formation de jugement de la Cour de cassation le juge qui a précédemment connu de l'affaire en premier ou en dernier ressort[8]. On peut rapprocher cette prohibition de celle qui est posée par l'article 668, 5°, du code de procédure pénale, qui autorise la récusation du juge qui a connu du procès comme magistrat, arbitre ou conseil, ou qui a déposé comme témoin sur les faits du procès.

Au-delà, d'une application stricte des textes en prévoyant certaines, les incompatibilités fonctionnelles qui commandent l'éviction du juge qui a porté un pré-jugement sur la culpabilité, donnent lieu à une jurisprudence importante et il convient de distinguer plusieurs sous-catégories pour tenter de définir les règles applicables.

1°
Incompatibilités entre différentes fonctions successives au siège puis au parquet

211.131 **Incompatibilités entre l'exercice, dans la même affaire, de fonctions au parquet puis au**

1. V. s[s] n° 211.191.
2. Crim. 14 janv. 2003, n° 02-87.062, P n° 6 ; *D.* 2003. 944 ; *RSC* 2003. 884, obs. J.-F. Renucci.
3. Crim. 6 mars 1991, n° 90-83.815, P n° 291.
4. Crim. 28 mars 2001, n° 01-80.390, P n° 86.
5. Crim. 18 déc. 2001, n° 01-84.170, P n° 273 ; *D.* 2002. 862.
6. Crim. 9 déc. 2015, n° 15-80.369, NP.
7. Crim. 2 déc. 2009, n° 09-81.856, NP.
8. COJ, art. L. 111-9.

siège. Il ne peut être question pour un magistrat d'être à la fois à l'origine des poursuites ou impliqué dans celles-ci à quelque stade que ce soit et appelé à juger la même affaire. Cette solution a été affirmée de longue date. La séparation des fonctions de poursuite, d'instruction et de jugement demeure un principe fondamental de notre organisation juridictionnelle, même si elle a longtemps connu une exception majeure avec les fonctions du juge des enfants (exception revue par la décision du Conseil constitutionnel du 8 juillet 2011[1], puis par le législateur, v. s^{s} n° 211.141) et qu'elle n'est pas à l'abri des critiques s'agissant de l'exécution des peines qui reste à la charge du ministère public. Au demeurant, les dernières jurisprudences européennes relatives à l'absence d'indépendance suffisante des magistrats du parquet français renforcent le débat[2].

À ce jour, l'article préliminaire du code de procédure pénale retient que la procédure pénale doit garantir la séparation des autorités chargées de l'action publique et des autorités de jugement. La jurisprudence énonce logiquement que ne peuvent participer au jugement de l'affaire, les magistrats qui ont requis l'ouverture de l'information[3], qui, en cours d'information, ont pris des réquisitions[4], qui ont signé le réquisitoire définitif de renvoi devant le tribunal correctionnel et qu'en définitive, un magistrat ne peut connaître comme juge des affaires dans lesquelles il a fait un acte de poursuite comme magistrat du ministère public[5]. Selon l'article 6 de la convention européenne des droits de l'homme, toute personne a droit à ce que sa cause soit entendue par un tribunal indépendant et impartial. Il en résulte que ne peut participer au jugement d'une affaire un magistrat qui en a connu en qualité de représentant du ministère public[6].

Toutefois, la seule circonstance que le président de la chambre d'accusation (de l'instruction) ait exercé préalablement la fonction de procureur de la République adjoint près le tribunal où s'est faite l'instruction ne saurait entraîner la censure de l'arrêt attaqué dès lors qu'il n'est pas établi que ce magistrat ait accompli des actes de procédure ou dirigé l'action des membres du Parquet ayant eu à connaître de l'affaire[7].

Une décision a abordé la situation de deux magistrats conjoints, l'un au parquet, l'autre au siège ayant à connaître de la même affaire. Lors d'une manifestation sur la voie publique, M. X... avait été interpellé pour avoir porté des coups à un fonctionnaire de police et à une journaliste, qui prenaient des clichés photographiques des participants à cette manifestation. Poursuivi des chefs de violences et de rébellion devant le tribunal correctionnel, il avait été condamné à une peine de dix-huit mois d'emprisonnement avec sursis et mise à l'épreuve et à une peine d'amende le ministère public relevant appel de cette décision, ainsi que le prévenu et deux parties civiles. L'arrêt confirmant le jugement entrepris sur la déclaration de culpabilité mentionne qu'a siégé un conseiller, qui est le conjoint du procureur de la République au nom duquel les poursuites ont été engagées et l'appel interjeté. La chambre criminelle juge qu'en statuant dans cette composition, alors que celle-ci était de nature à créer, dans l'esprit du prévenu, un doute raisonnable sur l'impartialité de la juridiction, la cour d'appel a méconnu les textes susvisés et le principe ci-dessus rappelé[8].

211.132 Incompatibilités entre l'exercice, dans la même affaire, de fonctions au siège puis au parquet. À l'inverse de la situation précédente, il a été jugé de très longue date également que ne méconnaissait pas l'exigence d'impartialité, le fait pour un magistrat ayant connu d'une affaire en qualité de magistrat du siège, de requérir après avoir intégré le parquet[9]. Cette jurisprudence a été confirmée par l'affirmation qu'aucune atteinte à l'indépendance et à l'impartialité de la chambre de l'instruction ne résulte du fait que le représentant du ministère public présent lors du prononcé de l'arrêt ait précédemment connu en tant que juge d'instruction de l'affaire dont elle est saisie[10]. Le seul fait que le juge chargé d'instruire une procédure, relative à des faits distincts, ait effectué des actes de poursuite, en tant que membre du ministère public, dans une procédure antérieure, visant les mêmes personnes, pour des infractions similaires, n'est pas de nature à

1. Cons. const. 8 juill. 2011, n° 2011-147 QPC, art., conforme L. 251-3, et non-conforme L. 251-4, du COJ, *composition du tribunal pour enfants*, non-conformité partielle – effet différé, *JO* 9 juill. 2011, p. 11979 ; *Rec.*, p. 343 ; *D.* 2012. 1638, obs. V. Bernaud et N. Jacquinot ; *AJ fam.* 2011. 435, obs. V. A.-R. ; *AJ fam.* 2011. 391, point de vue L. Gebler ; *AJ pénal* 2011. 596, obs. J.-B. Perrier ; *RSC* 2011. 728, chron. C. Lazerges ; *RSC* 2012. 227, obs. B. de Lamy ; *RTD civ.* 2011. 756, obs. J. Hauser.
2. CEDH 23 nov. 2010, *Moulin c/ France*, req. n° 37104/06 ; *D.* 2011. 338, obs. S. Lavric, note J. Pradel ; *D.* 2010. 2761, édito. F. Rome ; *D.* 2011. 26, point de vue F. Fourment ; *D.* 2011. 277, note J.-F. Renucci ; *RSC* 2011. 208, obs. D. Roets – Crim. 15 déc. 2010, n° 10-83.674, P n° 207 ; *D.* 2011. 338, obs. S. Lavric, note J. Pradel ; *RSC* 2011. 142, obs. A. Giudicelli.
3. Crim. 5 déc. 1903, P n° 411.
4. Crim. 14 sept. 1905, P n° 411.
5. Crim. 29 oct. 1979, n° 78-92.295, P n° 296.
6. Crim. 26 avr. 1990, n° 88-84.586, P n° 162 ; *D.* 1990. 379, obs. J. Pradel ; *RSC* 1991. 119, obs. A. Braunschweig.
7. Crim. 5 sept. 1990, n° 90-83.664, P n° 310.
8. Crim. 9 juin 2015, n° 14-83.322, P n° 139 ; *D.* 2015. 1322.
9. Crim. 2 août 1901, P n° 221.
10. Crim. 3 nov. 1992, n° 92-84.052, NP, *Dr. pénal* 1993, n° 99, note A. Maron.

faire naître un doute objectivement justifié sur son impartialité[1].

On ne voit pas ce qui exclurait l'application de ce principe aux juridictions de jugement. Cette position est justifiée par le fait que le représentant du ministère public, quelles qu'aient été ses fonctions antérieures, requiert l'application de la loi et ne prend pas, *stricto sensu*, de décision à l'audience.

211.133 Absence d'incompatibilité entre différentes fonctions successives au parquet. Aucune disposition de loi n'interdit à un magistrat du ministère public de requérir successivement contre le même accusé devant la chambre (d'accusation) de l'instruction et devant la cour d'assises[2]. Le magistrat qui a occupé les fonctions du ministère public auprès d'une Cour d'assises dont l'arrêt a été cassé peut, sans que puisse être invoquée une violation de l'article 6 de la convention européenne de sauvegarde des Droits de l'Homme et des libertés fondamentales, exercer les mêmes fonctions devant la cour d'assises de renvoi[3]. Aucun texte légal ou conventionnel n'interdit à un magistrat du ministère public qui ne décide pas du bien-fondé de l'accusation en matière pénale, de requérir successivement dans la même affaire devant les cours d'assises statuant en première instance et en appel[4].

2°
Incompatibilités entre différentes fonctions successives au siège

211.141 Juge des enfants. Le juge des enfants voyait depuis longtemps discutée la question de sa compétence « tous azimuts », puisqu'il pouvait instruire, juger et même appliquer les peines dans une même affaire, ceci de manière tout à fait dérogatoire aux principes applicables aux majeurs[5]. En suite de sa décision du 8 juillet 2011[6], le Conseil constitutionnel avait affirmé « que le principe d'impartialité des juridictions ne s'oppose pas à ce que le juge des enfants qui a instruit la procédure puisse, à l'issue de cette instruction, prononcer des mesures d'assistance, de surveillance ou d'éducation ; que, toutefois, en permettant au juge des enfants qui a été chargé d'accomplir les diligences utiles pour parvenir à la manifestation de la vérité et qui a renvoyé le mineur devant le tribunal pour enfants de présider cette juridiction de jugement habilitée à prononcer des peines, les dispositions contestées portent au principe d'impartialité des juridictions une atteinte contraire à la Constitution ; que, par suite, l'article L. 251-3 du code de l'organisation judiciaire est contraire à la Constitution », reportant au 1er janvier 2013 la date de cette abrogation.

Le législateur avait rapidement intégré cette sanction, l'article L. 251-3 du code de l'organisation judiciaire ayant été rédigé comme suit : « Le tribunal pour enfants est composé d'un juge des enfants, président, et de plusieurs assesseurs. Le juge des enfants qui a renvoyé l'affaire devant le tribunal pour enfants ne peut présider cette juridiction. Lorsque l'incompatibilité prévue au deuxième alinéa et le nombre de juges des enfants dans le tribunal de grande instance le justifient, la présidence du tribunal pour enfants peut être assurée par un juge des enfants d'un tribunal pour enfants sis dans le ressort de la cour d'appel et désigné par ordonnance du premier président »[7]. Ces dispositions étaient entrées en vigueur puis avaient été modifiées le 1er janvier 2013.

La réécriture dudit article a toutefois connu quelques difficultés notamment en lien avec les difficultés d'effectifs que connaissent nombre de juridictions.

Par une décision du 26 mars 2021[8], le Conseil constitutionnel a déclaré contraire à la Constitution le deuxième alinéa de l'article L. 251-3 du code de l'organisation judiciaire, dans sa rédaction résultant de la loi n° 2019-222 du 23 mars 2019 de programmation 2018-2022 et de réforme pour la justice.

À la suite d'une nouvelle intervention législative cet article dispose désormais : « Le tribunal pour enfants est composé d'un juge des enfants, président, et de plusieurs assesseurs.

Le juge des enfants qui a été chargé de l'instruction ou qui a renvoyé l'affaire devant le tribunal pour enfants ne peut présider cette juridiction.

Lorsque l'incompatibilité prévue au deuxième alinéa et le nombre de juges des enfants dans le tribunal judiciaire le justifient, la présidence du

1. Crim. 20 févr. 2008, nos 02-82.676 et 07-82.110, P n° 44.
2. Crim. 23 nov. 1966, n° 66-91.933, P n° 266.
3. Crim. 10 déc. 1986, n° 86-91.567, P n° 370.
4. Crim. 21 mai 2003, n° 02-87.150, P n° 103 ; *D.* 2003. 2052.
5. M. Huyette, « Commentaire de l'arrêt de la chambre criminelle du 7 avril 1993, procureur général près la cour d'appel de Reims », *RSC* 1994. 67 – P. Cohn, « Juge des enfants, être ou ne pas être impartial ? », *AJ pénal* 2021. 348.
6. Cons. const. 8 juill. 2011, n° 2011-147 QPC, consid. n° 11, préc. (v. ss n° 211.31).
7. L. n° 2011-1940, 26 déc. 2011 visant à instaurer un service citoyen pour les mineurs délinquants, art. 5, *JO* 27 déc., p. 22275.
8. Cons. const. 26 mars 2021, n° 2021-893 QPC. L'abrogation de ces dispositions a toutefois été reportée au 31 décembre 2022. Jusqu'à l'entrée en vigueur d'une nouvelle loi et au plus tard jusqu'au 31 décembre 2022, dans les instances où le mineur a fait l'objet d'une ordonnance de renvoi postérieure à la présente décision, le juge des enfants qui a instruit l'affaire ne peut présider le tribunal pour enfants. D. Goetz « QPC : non-conformité totale de la présidence du tribunal pour enfants par un juge des enfants ayant instruit l'affaire », *D. actu.*, 31 mars 2021.

tribunal pour enfants peut être assurée par un juge des enfants d'un tribunal pour enfants sis dans le ressort de la cour d'appel et désigné par ordonnance du premier président »[1].

211.142 **Juge d'instruction.** Le juge d'instruction ne peut, à peine de nullité, participer au jugement des affaires pénales dont il a connu en sa qualité de juge d'instruction[2] même remplaçant. Cette prohibition est renforcée par les dispositions spécifiques à la cour d'assises, puisque ne peuvent faire partie de la cour en qualité de président ou d'assesseur, les magistrats qui, dans l'affaire soumise à la cour d'assises, ont, soit fait un acte de poursuite ou d'instruction, soit participé à l'arrêt de mise en accusation ou à une décision sur le fond relative à la culpabilité de l'accusé[3]. Elle se déduit également des dispositions de l'article 6, § 1 de la convention européenne de sauvegarde des droits de l'Homme relatives au « tribunal indépendant et impartial ». Ainsi, cette interdiction concerne également l'auditeur de justice qui a assisté le juge d'instruction dans l'accomplissement d'actes d'information et qui ne peut dès lors, après sa nomination à la fonction de juge, siéger comme assesseur du président des assises dans cette affaire[4]. Il s'agit là de l'incompatibilité la plus connue. Cette nullité est d'ordre public et les parties ne peuvent renoncer à s'en prévaloir. Elle peut être opposée pour la première fois en appel, mais pas devant la Cour de cassation.

Si elle exclut à l'évidence qu'un magistrat ayant instruit la totalité d'une affaire puisse participer à son jugement ou même à son appréciation par la juridiction d'instruction du second degré, les hypothèses rencontrées en jurisprudence ont surtout eu à apprécier la possibilité pour un juge d'instruction intervenu ponctuellement dans un dossier de faire partie de la composition de jugement. Elle trouve également à s'appliquer aux magistrats de la chambre de l'instruction ayant eu à connaître d'une information et qui ne peuvent, s'ils ont accompli des actes impliquant une appréciation des charges, participer à son jugement. Ainsi, le magistrat qui a participé à un arrêt de la chambre d'accusation rendu sur la détention provisoire d'un inculpé renvoyé ultérieurement devant la cour d'assises, ne peut faire partie de cette juridiction, car il a nécessairement procédé à un examen préalable du fond[5].

Ne peut donc participer au jugement d'une affaire, le juge qui a remplacé le juge d'instruction pour notifier une (inculpation) mise en examen et qui ne peut siéger à la cour d'assises[6], celui qui a remplacé le juge d'instruction, même s'il s'est borné à rendre une ordonnance rejetant une demande de mise en liberté, ce qui implique un examen préalable du fond[7] (la chambre criminelle a pu juger en sens contraire sur un sujet voisin pour une décision de rejet de demande de mise en liberté formulée devant la cour d'assises ayant à juger l'accusé[8]) ; ne peuvent faire partie de la chambre correctionnelle d'une cour d'appel les magistrats qui, dans l'affaire soumise à cette juridiction, ont participé à un arrêt de la chambre (d'accusation) de l'instruction dans lequel a été examinée la valeur des charges pouvant justifier le renvoi devant le tribunal correctionnel[9].

Ne peuvent faire partie de la chambre des appels correctionnels les magistrats qui, dans l'affaire soumise à cette juridiction, ont participé à un arrêt de la chambre d'accusation (*id.*) dans lequel a été examinée la valeur des charges pouvant justifier le renvoi devant le tribunal correctionnel[10]. Le magistrat qui a fait des actes d'instruction dans une procédure ayant abouti à une condamnation ne peut siéger à la chambre (d'accusation) (*id.*) saisie d'une demande de confusion de peines parmi lesquelles figure celle prononcée par ladite condamnation[11].

En revanche un magistrat qui se limiterait à adresser aux officiers de police judiciaire un rappel de commission rogatoire, ou solliciterait par courrier un expert au sujet du retard dans le dépôt de son rapport, ou demanderait par soit-transmis à une autre juridiction les pièces issues d'un précédent dossier... ne serait pas concerné par cette incompatibilité. Peut juger cette même affaire, le juge qui a rendu une ordonnance autorisant une visite domiciliaire pour la recherche et la constatation des infractions à la réglementation économique ou fiscale en vertu de l'article L. 41 du livre des procédures fiscales, qui n'est pas un acte d'instruction au sens de l'article 49 du code de procédure pénale. Dès lors, n'est pas entaché de la nullité prévue par l'article 49 du code de procédure pénale, le jugement d'une affaire où a participé un juge d'instruction qui n'a accompli au cours de la procédure aucun acte d'information et qui a seulement rendu une telle ordonnance[12].

1. COJ, art. L. 251-3 réd. L. n° 2022-52, 24 janv. 2022, art. 27.
2. C. pr. pén., art. 49, al. 2 – ÉGAL[T] : S. Besançon, « Tour d'horizon des principales incompatibilités fonctionnelles présentes en procédure pénale », *AJ pénal* 2021. 355.
3. C. pr. pén., art. 253.
4. Crim. 21 juin 1978, n° 77-93.607, P n° 209.
5. Crim. 12 oct. 1983, n° 82-93.569, P n° 243.
6. Crim. 18 mai 1976, n° 75-90.366, P n° 168.
7. Crim. 18 mars 1982, n° 81-93.150, P n° 79.
8. Crim. 4 févr. 1987, n° 86-94.062, P n° 59.
9. Crim. 7 avr. 1992, n° 91-86.396, P n° 148.
10. Crim. 3 nov. 1994, n° 93-83.688, NP, *Dr. pénal* 1995. Chron. 57, obs. V. Lesclous et C. Marsat.
11. Crim. 21 sept. 1989, n° 89-80.676, P n° 325 ; *RSC* 1990. 593, obs. A. Braunschweig.
12. Crim. 18 oct. 1982, n° 81-93.500, P n° 221.

Cette incompatibilité est donc d'interprétation stricte[1] et ne saurait s'appliquer au membre du tribunal ou de la cour que l'une ou l'autre de ces juridictions aurait chargé de procéder à un supplément d'information et qui demeure capable de concourir à la décision au fond[2].

Par ailleurs et à titre d'exemples, il n'importe que le magistrat ayant instruit l'affaire ait été présent au prononcé de l'arrêt d'une cour d'appel, dont lecture a été donnée conformément à l'article 485, dernier alinéa, du code de procédure pénale, dès lors qu'il n'a participé ni aux débats, ni au délibéré[3] ; peut encore faire partie de la chambre correctionnelle saisie du fond de l'affaire, le magistrat qui a participé à un arrêt de la chambre (d'accusation) de l'instruction qui, dans la même procédure, a confirmé une ordonnance du juge d'instruction ayant rejeté une demande d'actes, dès lors que cette décision n'a pas porté sur la valeur des charges pouvant justifier le renvoi des prévenus devant le tribunal correctionnel[4] ; justifie encore sa décision, la cour d'appel qui retient que l'article 49, alinéa 2, du code de procédure pénale est d'interprétation stricte et que son application ne saurait être étendue au cas où le magistrat ayant la charge d'instruire une plainte avec constitution de partie civile déposée par le prévenu, a concouru au jugement des infractions reprochées à celui-ci, alors au surplus qu'il s'agit d'affaires distinctes et indépendantes[5].

Si l'article 49 du code de procédure pénale interdit au juge d'instruction de participer au jugement des affaires dont il a connu, cette disposition de loi ne saurait être étendue au cas où un juge, qui a concouru à un jugement, procède par la suite à des actes d'instruction dans une information concernant le même inculpé, alors au surplus qu'il s'agit d'affaires distinctes et indépendantes par leur objet[6]. Si les articles 6 de la convention européenne des droits de l'homme et 49 du code de procédure pénale s'opposent à ce qu'un magistrat qui a statué sur les faits et les charges justifiant le renvoi devant la juridiction de jugement participe à la décision au fond, aucune disposition légale ou conventionnelle n'interdit à un conseiller, qui a concouru à l'arrêt de la chambre (d'accusation) de l'instruction rejetant une requête en annulation de pièces de l'information, de faire ensuite partie de la chambre des appels correctionnels saisie de l'affaire[7].

La question de la capacité d'un juge d'instruction ayant statué en qualité de président de la juridiction correctionnelle en matière de comparution immédiate, à instruire le dossier renvoyé à l'instruction par cette composition, n'a semble-t-il pas donné lieu à jurisprudence. L'impartialité de son intervention paraît toutefois délicate à soutenir.

211.143 Juge des libertés et de la détention. Le juge des libertés et de la détention (JLD) ne peut, à peine de nullité, participer au jugement des affaires pénales dont il a connu[8]. Ne peut composer la juridiction appelée à juger le prévenu selon la procédure de comparution immédiate, le magistrat qui, en qualité de juge des libertés et de la détention, a statué auparavant, sur la requête du procureur de la République, aux fins de détention provisoire de l'intéressé. Fait, dès lors, l'exacte application de l'article 137-1 du code de procédure pénale, la cour d'appel qui, pour annuler le jugement et ordonner la mise en liberté du prévenu, retient que ce dernier, placé en détention provisoire par le juge des libertés et de la détention, a été traduit en comparution immédiate devant le tribunal correctionnel présidé par le même juge des libertés et de la détention[9].

Cette incompatibilité existe même si l'audience n'a eu pour objet que de prescrire une expertise psychiatrique et de renvoyer à une date ultérieure l'examen des faits en prononçant un maintien en détention. Un magistrat qui a prononcé une condamnation par défaut et décerné un mandat d'arrêt ne peut, en qualité de juge des libertés et de la détention, statuer sur les suites données au mandat d'arrêt, sans qu'il soit porté atteinte à l'exigence d'impartialité[10]. Cette question est assez proche de celle qui concerne la possibilité pour un magistrat ayant statué par défaut de juger le même prévenu sur son opposition[11].

En revanche, le défaut d'impartialité du juge des libertés et de la détention ne saurait se déduire du seul fait que ce magistrat a rendu successivement à l'encontre de la personne qui lui est présentée une décision d'incarcération provisoire en vue de lui permettre de préparer sa défense dans le délai qu'elle a sollicité, puis une ordonnance de placement en détention provisoire[12]. Il n'existe pas à notre connaissance de décision ayant statué dans le même

1. Crim. 19 janv. 1983, n° 82-92.535, P n° 23.
2. Crim. 27 janv. 1899, *DP* 1899. 1. 240.
3. Crim. 20 juin 1996, n° 95-82.078, P n° 271 ; *D.* 1996. 589, note B. Bouloc.
4. Crim. 19 févr. 1998, n° 96-83.423, P n° 74 ; *RSC* 1998. 581, obs. J.-P. Dinthilac.
5. Crim. 17 déc. 2002, n° 02-81.586, NP.
6. Crim. 2 oct. 1980, n° 80-90.268, P n° 245.
7. Crim. 9 nov. 1995, n° 94-84.204, P n° 346 ; *D.* 1996. 259, obs. J. Pradel.
8. C. pr. pén., art. 137-1, al. 3 ; mod. par L. n° 2016-1547, 18 nov. 2016, art. 17 ; applicable depuis le 1er sept. 2017.
9. Crim. 8 déc. 2009, n° 09-85.623, P n° 208 ; *D.* 2010. 2254, obs. J. Pradel ; *AJ pénal* 2010. 86 – Crim. 23 sept. 2010, n° 10-81.245, P n° 140 ; *D.* 2011. 124, Chron. L. Lazerges-Cousquer, A. Leprieur et E. Degorce.
10. Crim. 30 mars 2011, n° 10-86.140, P n° 67 ; *D.* 2011. 1083 ; *D.* 2011. 1849, Chron. C. Roth, A. Leprieur et M.-L. Divialle.
11. V. ss n° 211.144.
12. Crim. 10 août 2016, n° 16-83.318, P.

sens, ni en sens inverse d'ailleurs, pour une juridiction qui aurait prononcé une incarcération provisoire, puis après jugement ultérieur, maintenu l'intéressé en détention. Il faut dire que la Cour européenne des droits de l'Homme a déjà jugé que le simple fait d'avoir participé à la procédure antérieure, ne justifie pas en soi une prévention quant à l'impartialité du magistrat. Toutefois, l'incompatibilité sera retenue si le magistrat a participé à un rejet de demande de mise en liberté partiellement ou totalement fondé sur la culpabilité de la personne poursuivie[1]. La question est vraiment celle de la motivation qui aborde ou non les éléments de culpabilité de la personne concernée. C'est seulement si ces éléments de culpabilité sont explicitement pris en compte que l'incompatibilité ne fera aucun doute. Sera enfin citée, une autre décision, plus prudemment accueillie par la doctrine, aux termes de laquelle, le refus du juge d'homologuer une comparution sur reconnaissance préalable de culpabilité ne fait pas obstacle à ce qu'il intervienne par la suite, dans la même affaire, en qualité de juge des libertés et de la détention, pour ordonner le placement en détention provisoire du même individu dans l'attente d'une comparution immédiate[2]. Pour autant, et à défaut d'autres éléments critiques, le simple fait d'avoir exercé successivement ces deux fonctions n'implique pas nécessairement un manque d'impartialité, ce qu'avait déjà jugé la Cour européenne des droits de l'homme dans l'arrêt *Hauschildt c/ Danemark*, précité.

Plus récemment la chambre criminelle est venue affirmer qu'un juge d'instruction ayant mis une personne en examen ne pouvait intervenir en qualité de juge des libertés et de la détention dans ce même dossier[3].

Le Conseil constitutionnel a, par une décision du 19 janvier 2023[4], dit que le principe d'impartialité ne s'oppose pas à ce que le juge des libertés et de la détention qui a autorisé une perquisition statue sur la contestation d'une saisie effectuée à cette occasion par un autre juge des libertés et de la détention sous réserve que les dispositions contestées (C. pr. pén., art. 56-1 al. 4 et LPF, art. L. 16 B) ne sauraient, sans méconnaître le principe d'impartialité, être interprétées comme permettant qu'un même juge des libertés et de la détention effectue une saisie et statue sur sa contestation.

211.144 **Jugement sur opposition.** Plus délicat, la même composition peut *a priori* juger sur opposition l'affaire dans laquelle elle a primitivement statué par défaut, soit en l'absence du prévenu[5]. Cette solution est validée par la Cour européenne des droits de l'Homme en ces termes : « les juges ne sont en aucune manière liées par leur première décision, ils reprennent à son point de départ l'ensemble de l'affaire, toutes les questions soulevées par celle-ci restant ouvertes et faisant cette fois, l'objet d'un débat contradictoire à la lumière de l'information plus complète que peut leur fournir la comparution personnelle de l'intéressé »[6].

La chambre criminelle a pour sa part relevé l'absence d'atteinte au principe d'impartialité dans l'hypothèse de magistrats statuant sur une opposition, voie de rétractation nécessairement portée devant la juridiction ayant statué une première fois par défaut, et éventuellement composée des mêmes magistrats, qui n'est pas en contradiction avec l'article 6, § 1, de la convention européenne des droits de l'homme[7]. Cette position n'est pas nécessairement convaincante si l'on observe que si le code de l'organisation judiciaire ne la prohibe pas pour deux interventions du même juge au même degré de juridiction, l'article 111-9 dudit code dispose tout de même que « Ne peut faire partie d'une formation de jugement du second degré le juge qui a précédemment connu de l'affaire en premier ressort. Ne peut faire partie d'une formation de jugement de la Cour de cassation le juge qui a précédemment connu de l'affaire en premier ou en dernier ressort ».

On notera en matière civile, une jurisprudence de la deuxième chambre civile de la Cour de cassation rendue sur un pourvoi qui faisait valoir que la jurisprudence de la Cour européenne des droits de l'Homme, fondée sur l'article 6, § 1, de la convention de sauvegarde des droits de l'Homme et des libertés fondamentales interdit à un même magistrat de trancher deux fois de suite une même discussion, du fait qu'il a nécessairement un préjugé pour son second examen du dossier et rejeté au motif que le défaut d'impartialité d'une juridiction appelée à connaître de la contestation de la mesure d'exécution forcée d'une décision de justice ne peut résulter du seul fait qu'elle ait précédemment connu de l'appel formé contre cette décision et que les requérants ne produisent aucun élément de nature à faire peser sur les magistrats de la cour d'appel visés par la requête un soupçon légitime de partialité[8].

1. CEDH 24 mai 1989, *Hauschildt c/ Danemark*, req. n° 10486/83.
2. Crim. 19 juin 2018, n° 17-84.930, P, *D. actu.* 19 juill. 2018, obs. W. Azoulay.
3. Crim. 28 juin 2022, n° 22-82.698, P.
4. Cons. const., 19 janv. 2023, n° 2022-1031 QPC.
5. Crim. 25 juill. 1989, n° 88-87.658, P n° 296 – Crim. 23 oct. 1996, n° 98-85.585, P n° 370 ; *D.* 1997. 13 ; *RSC* 1997. 400, obs. J.-P. Dintilhac.
6. CEDH 10 juin 1996, *Thomann c/ Suisse*, req. n° 17602/91 ; *D.* 1997. 207, obs. J.-F. Renucci ; *RSC* 1997. 472, obs. R. Koering-Joulin.
7. Crim. 23 oct. 1996, n° 98-85.585, P n° 370 (v. égal^t s^s n°s 914.11 s.).
8. Civ. 2e, 3 avr. 2014, n° 14-01.414, P II, n° 95 ; *D.* 2014. 876.

211.145 **Magistrats de la cour d'appel.** Les magistrats de la cour d'appel ne peuvent faire partie de la chambre correctionnelle s'ils ont, dans l'affaire soumise à cette juridiction, à l'occasion de l'appel d'une ordonnance de non-lieu rendue par le juge d'instruction, participé à un arrêt de la chambre (d'accusation) de l'instruction dans lequel a été examinée la valeur des charges pouvant justifier le renvoi devant le tribunal correctionnel[1]. De même, avait-il été jugé que ne peuvent siéger par la suite, les magistrats de la chambre (d'accusation) de l'instruction ayant confirmé l'ordonnance rendue par le juge d'instruction rejetant la demande de mainlevée des obligations du contrôle judiciaire présentée par un mis en examen, poursuivi pour abus de biens sociaux, au motif qu'une reprise des fonctions de ce dernier au sein de la société « au préjudice de laquelle il a détourné des sommes importantes, provoquerait inévitablement un trouble à l'ordre social », ce qui traduisait bel et bien un parti pris sur la culpabilité[2].

En fait, il pourrait sembler logique, dès que l'examen concret du dossier permet de déterminer qu'un magistrat a, à un stade antérieur de la procédure, participé à un acte ayant pour objet ou finalité de rechercher les preuves d'une infraction ou de voir si des charges suffisantes pèsent contre le mis en examen de l'avoir commise, de retenir l'incompatibilité.

Mais un arrêt a encore pu décider que le simple fait qu'un juge ait pris, avant le procès, une décision relative à la détention provisoire ne peut, en soi, suffire à justifier que soit contestée son impartialité et que le bien-fondé du grief de partialité des juges ne saurait être établi par la seule circonstance que les magistrats composant la chambre des appels correctionnels de la cour d'appel avaient antérieurement composé la chambre de l'instruction ayant confirmé l'ordonnance de placement en détention provisoire rendue par le juge des libertés et de la détention[3]. Il se situe dans la droite ligne d'une décision de la cour de Strasbourg aux termes de laquelle, le fait qu'un juge de première instance ou d'appel ait déjà pris des décisions avant le procès, notamment au sujet de la détention provisoire, ne peut justifier en soi les appréhensions du requérant quant à son impartialité[4]. Il en va différemment quand, comme cela a déjà été précisé, la décision sur la détention provisoire apparaît avoir été commandée par des considérations anticipant le fond même de l'affaire[5].

Il a encore été jugé qu'aucune disposition conventionnelle ne fait obstacle à ce que l'un des magistrats composant la chambre de l'instruction statuant sur une demande d'annulation de pièces ait précédemment rendu, dans la même procédure, en qualité de juge des libertés et de la détention, une ordonnance rejetant une demande de mise en liberté ; il s'agit de deux instances distinctes dont ni l'une, ni l'autre n'implique qu'il soit prononcé sur la culpabilité[6]. De même, la prohibition qu'édicte l'article 253 du code de procédure pénale ne s'étend pas au magistrat qui a pris part à l'arrêt par lequel la chambre des appels correctionnels s'est déclarée incompétente en raison du caractère criminel des faits incriminés dès lors que ledit arrêt ne préjuge pas du fond et, en conséquence, ne constitue pas « une décision sur le fond relative à la culpabilité de l'accusé » au sens de l'article 253 du code de procédure pénale[7][8].

D'autres décisions sont venues surtout indiquer que le prévenu n'est pas recevable à mettre en cause devant la Cour de cassation l'impartialité des magistrats de la cour d'appel, en invoquant l'article 6 de la convention européenne des droits de l'homme, dès lors qu'il n'a pas usé de la faculté qu'il avait d'en demander la récusation, par application de l'article 668 du code de procédure pénale[9]. Cependant, il a aussi été jugé qu'un magistrat qui a présidé le tribunal correctionnel ayant prononcé une peine d'emprisonnement avec sursis ne peut ensuite siéger à la chambre des appels correctionnels saisie d'une requête en dispense de révocation dudit sursis[10].

211.146 **Juge de l'application des peines et juge correctionnel.** Il a été jugé qu'aucune disposition légale n'interdit au juge de l'application des peines qui a fixé les modalités d'une peine de travail d'intérêt général de faire partie du tribunal correctionnel appelé à statuer sur la violation de cette mesure[11].

1. Crim. 11 mars 1986, nº 84-94.708, P nº 100.
2. Crim. 29 mars 2000, nº 99-80.837, NP, *RSC* 2000. 852, obs. D.-N. Commaret.
3. Crim. 28 mars 2012, nº 11-85.225, P nº 85 ; *D.* 2012. 1130 ; *RSC* 2012. 617, obs. A. Giudicelli ; *RSC* 2012. 929, obs. J.-F. Renucci.
4. CEDH 10 sept. 2002, *Mujea c/ Roumanie*, req. nº 44686/98, § 5.
5. CEDH 16 nov. 2000, *Rajas Morales c/ Italie*, req. nº 39676/98, § 33 et 34 – CEDH 22 avr. 2010, *Chesne c/ France*, req. nº 29808/06, § 40 ; *RSC* 2010. 690, obs. D. Roets – CEDH 26 oct. 2010, *Serrat c/ Espagne*, req. nº 38715/06, § 38 ; *Dr. pénal* 2011, nº 4, chron. 3, comm. 17, obs. E. Dreyer.
6. Crim. 27 oct. 2004, nº 04-85.182, P nº 260 ; *D.* 2004. 3194 ; *D.* 2005. 684, obs. J. Pradel.
7. Crim. 22 août 1981, nº 81-91.309, P nº 245.
8. SUR les incompatibilités spécifiques à la chambre des appels correctionnels, v. ss nos 921.51 s.
9. Crim. 9 sept. 2009, nº 08-87.312, NP – Crim. 12 mars 2014, nº 13-81.273, P nº 76 ; *D.* 2014. 724 – Crim. 19 avr. 2017, nº 17-80.664, NP.
10. Crim. 27 févr. 1991, nº 90-84.091, P nº 99 ; *D.* 1992. 97, obs. J. Pradel ; *RSC* 1991. 604, obs. A. Braunschweig.
11. Crim. 6 nov. 1986, nº 85-93.937, P nº 329.

De même, que la présence du juge de l'application des peines dans la composition du tribunal susceptible de révoquer, à l'occasion du jugement d'un délit, le sursis avec mise à l'épreuve accordé au prévenu par une décision antérieure n'est pas incompatible avec l'article 6 de la Convention européenne des droits de l'homme. En effet, l'avis que ce juge est appelé à donner, en application de l'article 132-48 du Code de procédure pénale, ne porte pas sur la valeur des charges pesant sur le prévenu mais sur les modalités d'exécution d'une peine déjà prononcée[1]. Et encore, qu'aucune disposition légale ou conventionnelle n'interdit aux juges qui ont prononcé une peine assortie d'un sursis avec mise à l'épreuve de faire partie de la juridiction appelée à statuer sur une requête en révocation[2].

211.147 Juge délégué aux victimes et juge correctionnel. Au sujet de la compatibilité des fonctions de juge des victimes (Judevi) avec celle de juge correctionnel, il est possible de signaler un avis de la Cour de cassation saisi de la question suivante : « Le tribunal correctionnel statuant sur intérêts civils - composé du seul juge délégué aux victimes en application de l'article D. 47-6-3 du code de procédure pénale créé par le décret n° 2007-1605 du 13 novembre 2007 - peut-il, sans méconnaître les dispositions du premier alinéa de l'article préliminaire du code de procédure pénale relatif au caractère équitable de la procédure pénale et à la préservation de l'équilibre des droits des parties, statuer dans un litige opposant d'une part, une victime et, d'autre part, un auteur responsable ? »

La Cour a considéré que la demande qui concerne la compatibilité des fonctions de juge correctionnel appelé à statuer sur les intérêts civils et de juge délégué aux victimes au regard des dispositions de l'article préliminaire du code de procédure pénale suppose l'examen de la nature et de l'étendue des mesures qui, le cas échéant, ont été prises par le magistrat, en qualité de juge délégué aux victimes, avant de statuer sur les intérêts civils. Cette qualité ne ferait pas obstacle en soi à ce qu'il statue. La demande ne relève donc pas de la procédure d'avis prévue par les textes susvisés[3].

L'annulation par le Conseil d'État[4] des dispositions des articles D. 47-6-4 à D. 47-6-11 du code de procédure pénale relatives aux attributions du Judevi et leur non-remplacement, limite sans aucun doute l'intérêt de la question.

1. Crim. 18 oct. 2000, n° 99-86.289 ; P n° 302.
2. Crim. 3 févr. 2004, n° 03-83.873, P n° 27 ; *D.* 2004. 736 ; *AJ pénal* 2004. 165, obs. P. Remillieux.
3. Cass., avis, 20 juin 2008, n° 08-00.005, P n° 1 ; *D.* 2008. 1902, obs. M. Léna ; *RSC* 2008. 633, obs. A. Giudicelli.
4. CE 28 déc. 2009, req. n° 312314, *Syndicat de la magistrature, Lebon ; AJDA* 2010. 862.

B. Pluralité d'interventions du magistrat vis-à-vis d'un même justiciable dans des affaires distinctes

211.151 Exercice successif de fonctions civiles ou pénales à l'égard du même justiciable. Il n'est pas rare que des multi-récidivistes comparaissent à plusieurs reprises devant le, ou les mêmes juges composant le tribunal correctionnel. Il ne saurait être soutenu que des derniers ne sauraient les juger à nouveau au fil de leurs comparutions successives, même s'il est indéniable que la répétition des déferements des mêmes personnes, parfois pour les mêmes motifs, a nécessairement un effet sur le contenu des débats et les décisions prises[5].

Concernant essentiellement la matière criminelle, les jurisprudences suivantes ont cependant vocation à trouver application dans des hypothèses où la juridiction correctionnelle se trouverait exposée aux mêmes difficultés procédurales (renvoi, avec ou sans remise en liberté, annulation de pièces et renvoi au parquet à mieux se pourvoir, puis retour de l'affaire pour jugement au fond...). Il a, par exemple, été jugé que le fait qu'un juge de la chambre de l'instruction ait eu à connaître, dans une autre formation de jugement, d'une procédure antérieure et distincte, n'est pas de nature à jeter un doute sur son impartialité à connaître et juge de faits nouveaux et connexes à la procédure initiale, relevés dans une procédure postérieure, soumis à l'appréciation de la juridiction d'instruction du second degré[6].

Les incompatibilités prévues par l'article 253 du code de procédure pénale sont de droit étroit et ne peuvent être étendues par voie d'analogie ; elles ne sauraient concerner un magistrat qui a participé au jugement de l'accusé dans une précédente affaire[7]. Aucune disposition légale ou conventionnelle n'interdit à un magistrat, ayant antérieurement eu à connaître de procédures concernant un accusé de faire partie de la cour d'assises appelée à juger cette personne pour des faits distincts, seraient-ils connexes, ce magistrat demeurant libre de se for-

5. Pour un exemple aux termes duquel, la circonstance que le magistrat présidant la cour d'assises ait eu, antérieurement, à se prononcer dans une autre poursuite contre le même accusé, a été jugé non contraire à l'exigence d'impartialité résultant des articles 6 de la convention européenne des droits de l'homme et préliminaire du code de procédure pénale : Crim. 17 oct. 2012, n° 10-88.321, P n° 221.
6. Crim. 20 juin 2018, n° 17-86.710, NP ; ÉGAL[T] : A. Giudicelli, « Exigence d'impartialité et participation d'un même magistrat aux phases d'instruction et de jugement d'une même procédure », *RSC* 2012. 617.
7. Crim. 18 mai 1977, n° 76-93.009, P n° 180.

mer, en toute objectivité, une opinion sur l'affaire soumise à son examen[1].

Ne contrevient pas non plus à son devoir d'impartialité le magistrat qui est désigné pour présider la cour d'assises, devant laquelle comparait un accusé dont le cas avait été disjoint de la procédure, et qui, lors d'une session antérieure, avait présidé la cour d'assises ayant eu à juger les seuls accusés alors présents[2]. Lorsque la cour d'assises saisie de l'affaire a été appelée, dans les conditions prévues à l'article 148-1 du code de procédure pénale, à se prononcer sur une demande de mise en liberté de l'accusé, les magistrats qui ont participé à cette décision peuvent siéger à la cour d'assises ayant à juger ledit accusé[3].

Dans l'hypothèse proche où le tribunal correctionnel saisi des poursuites viendrait à renvoyer l'examen de l'affaire à une date ultérieure, du fait par exemple de l'indisponibilité de l'avocat de l'une des parties, et à prononcer un maintien en détention jusqu'à la nouvelle date fixée pour l'examen de l'affaire, il ne semble pas que puisse être contestée la présence, lors de l'audience de renvoi, de l'un des magistrats ayant statué sur la détention. Cette hypothèse se retrouve également en matière de comparution immédiate lorsque le prévenu ayant sollicité un délai pour préparer sa défense, se trouve placé ou maintenu en détention jusqu'à l'examen au fond. On peut encore citer en matière de renvoi, la décision qui juge que le renvoi de l'affaire à une autre session n'interdit pas au magistrat qui présidait la cour d'assises de siéger en la même qualité à celle qui est appelée à connaître à nouveau de la cause, dès lors que la cour d'assises qui a ordonné le renvoi n'a pris aucune décision impliquant une appréciation de la culpabilité de l'accusé[4].

Plus clairement encore, la chambre criminelle a pu affirmer que la circonstance que des magistrats composant la juridiction correctionnelle aient eu à se prononcer sur une autre poursuite concernant le même prévenu n'est pas contraire à l'exigence d'impartialité et à l'article 6, § 3, d) de la convention européenne des droits de l'homme[5]. Il en va de même des faits connexes sur lesquels les magistrats demeurent libres de se former, en toute objectivité, une opinion[6]. En revanche, le droit de tout accusé de voir sa cause entendue par un tribunal impartial en application de l'article 6 de la convention européenne des droits de l'homme doit s'apprécier objectivement ; ainsi doit être récusé le magistrat qui préside le tribunal saisi de faits contre les dirigeants sociaux lorsque ce magistrat était assesseur lors du jugement de faits mettant en cause indirectement cette société et qu'à cette occasion le tribunal avait émis une opinion sur la régularité des activités de la société[7]. Le juge des enfants qui a reçu le procès-verbal d'une enquête sociale sur la situation de famille d'une enfant victime d'attentats à la pudeur, n'accomplit pas un acte de poursuite ou d'instruction en adressant une copie de cette pièce au juge d'instruction chargé de l'information ouverte contre les individus inculpés de crime et peut, dès lors, faire partie de la cour d'assises en qualité d'assesseur[8]. Toutefois une décision ultérieure estime que, la garantie du droit à un juge impartial, au sens de l'article 6, § 1, de la convention européenne des droits de l'homme, fait obstacle à ce qu'un juge des enfants, qui a connu des faits, objet de l'accusation, en recueillant la plainte d'une victime mineure et en procédant à diverses vérifications sur son objet, avant de la transmettre au procureur de la République, siège comme assesseur à la cour d'assises, pour le jugement de l'auteur des faits[9].

Selon l'article 55-1 (ancien) du code pénal, dont les dispositions sont reprises par l'article 702-1 du code de procédure pénale, les demandes en relèvement des interdictions, déchéances ou incapacités doivent être présentées à la juridiction qui a prononcé la condamnation, cette juridiction étant éventuellement composée des mêmes magistrats. De telles dispositions ne sont pas incompatibles avec l'exigence d'impartialité prévue par l'article 6 de la convention européenne des droits de l'homme[10].

Les dispositions de l'article 6, § 1, de la convention européenne des droits de l'homme et de l'article 668 du code de procédure pénale ne font pas non plus obstacle à ce que les mêmes magistrats composent la chambre criminelle lors de pourvois successifs au cours de la même affaire[11].

Aucune disposition légale ou conventionnelle ne fait obstacle à ce qu'un même magistrat puisse faire partie de la Commission de révision des condamnations pénales, appelée à connaître de requêtes successives tendant à la révision d'une même condamnation. En conséquence, ne peut être admise la requête, présentée sur le fondement des articles 668, 5° et

1. Crim. 23 juin 1999, n°s 98-80.561, 98-80.571, 98-80.573, P n° 147.
2. Crim. 13 nov. 1996, n° 96-82.403, P n° 402 ; *RSC* 1997. 400, obs. J.-P. Dintilhac.
3. Crim. 4 févr. 1987, n° 86-94.062, P n° 59.
4. Crim. 12 sept. 2007, n° 07-80.755, P n° 201 ; *AJ pénal* 2007. 539, obs. S. Lavric.
5. Crim. 15 mars 1994, n° 93-81.110, P n° 97.
6. Crim. 10 juill. 1997, n° 96-83.507, P n° 271.
7. Paris, 26 oct. 2000, *D.* 2001. 1646, note J.-P. Marguénaud.
8. Crim. 3 oct. 1968, n° 68-90.808, P n° 242.
9. Crim. 10 janv. 1996, n° 95-81.591, P n° 9 ; *D.* 1996. 260, obs. J. Pradel.
10. Crim. 15 juin 1994, n° 93-83.847, P n° 242 ; *D.* 1995. 94, note J.-F. Renucci.
11. Crim. 22 nov. 2005, n° 05-86.631, P n° 305 ; *D.* 2006. 14 ; *D.* 2006. 617, obs. J. Pradel ; *AJ pénal* 2006. 180.

674-1 du code de procédure pénale, en récusation d'un membre de la Commission de révision au motif qu'il avait connu, en qualité de rapporteur, d'une précédente demande de révision de la même condamnation[1].

Il est possible de comparer ces jurisprudences avec des décisions récentes[2] du Conseil d'État en vertu de laquelle, il résulte de l'article L. 821-2 du code de justice administrative (CJA) que la formation de jugement appelée à délibérer à nouveau sur une affaire à la suite d'une annulation par le Conseil d'État de la décision précédemment prise sur cette même affaire ne peut comprendre aucun magistrat ayant participé au délibéré de cette décision, sauf impossibilité structurelle pour la juridiction à laquelle l'affaire a été renvoyée de statuer dans une formation de jugement ne comprenant aucun membre ayant déjà participé au jugement de l'affaire.

211.152 Jugements successifs de nature non pénale. La circonstance que l'un des magistrats composant la juridiction correctionnelle ait précédemment statué en qualité de juge des référés dans le litige civil opposant le prévenu aux parties civiles n'est pas contraire à l'exigence d'impartialité énoncée par l'article 6, § 1, de la convention européenne des droits de l'homme[3]. On rappellera ici que même si le demandeur s'est constitué partie civile devant la juridiction répressive, la juridiction civile, saisie en référé, demeure également compétente pour ordonner toutes mesures provisoires relatives aux faits qui sont l'objet des poursuites, lorsque l'existence de l'obligation n'est pas sérieusement contestable[4].

La circonstance que le juge d'instruction chargé d'une information du chef de banqueroute ait préalablement participé au jugement d'ouverture de la procédure de redressement judiciaire à l'occasion de laquelle le délit aurait été commis n'est pas, en soi, de nature à faire naître un doute objectivement justifié sur l'impartialité du magistrat en cause[5]. En revanche, il a pu être jugé qu'il résulte de l'article 6, § 1, de la convention européenne des droits de l'homme et de l'article 510 du code de procédure pénale que ne peut faire partie de la chambre des appels correctionnels le magistrat qui, à l'occasion d'une instance civile, s'est déjà prononcé sur tout ou partie des faits qui ont justifié le renvoi du prévenu devant le juge pénal.

Il s'ensuit que le magistrat qui, à l'occasion d'une instance civile, a porté une appréciation sur la faute qu'un expert-comptable et un commissaire aux comptes ont pu commettre en ne signalant pas des anomalies affectant les comptes d'une société ne peut, sans méconnaître l'exigence d'impartialité, participer ensuite à la chambre correctionnelle qui, pour statuer sur une demande de dommages-intérêts formée par l'acquéreur de parts de ladite société, est amenée à se prononcer sur le point de savoir si la dissimulation, par le vendeur, des anomalies en question, a été corroborée par l'intervention de ces deux professionnels[6].

Aucune disposition légale n'interdit à un juge ayant rendu une décision civile concernant la garde d'un mineur de faire ensuite partie de la juridiction correctionnelle qui sanctionne l'infraction constituée par l'inobservation des dispositions prévues par ladite décision[7]. Peut siéger à la cour d'assises un magistrat qui, en qualité de juge civil, a fait partie de la formation qui a prononcé le divorce de l'accusé à ses torts exclusifs, dès lors que le jugement de divorce est fondé sur des faits différents de ceux qui ont motivé le renvoi devant la cour d'assises[8].

Est régulière, tant au regard de l'article 253 du code de procédure pénale que de l'article 6, § 1, de la convention européenne des droits de l'homme, la composition de la cour d'assises appelée à juger l'accusé à laquelle siège un magistrat ayant participé antérieurement au jugement de divorce de celui-ci, prononcé à ses torts exclusifs mais fondé sur des faits d'adultère, étrangers à ceux de viols aggravés retenus par l'arrêt de renvoi et excluant, dès lors, qu'une appréciation de culpabilité ait pu être portée sur le compte du demandeur, avant sa mise en accusation[9].

En matière criminelle il a pu être jugé qu'il n'importe qu'un assesseur de la cour d'assises ait pris, en sa qualité de juge des tutelles, une mesure de protection concernant l'accusé. La composition de la cour d'assises est régulière tant au regard de l'article 253 du code de procédure pénale que de l'article 6, § 1, de la convention européenne des droits de l'homme, dès lors que ce magistrat n'a porté aucune appréciation sur la culpabilité de l'accusé pour les faits reprochés[10].

211.153 Incompatibilités et dispositions conventionnelles. En sus des exemples déjà cités, une autre décision retient que l'exigence d'impartialité

1. Crim. 15 févr. 2005, n° 05-80.732, P n° 59 ; *D.* 2005. 856 ; *D.* 2006. 617, obs. J. Pradel.
2. CE 26 mars 2018, n° 402044, *Lebon* – CE 5 oct. 2018, n° 408665, *Lebon*.
3. Crim. 16 juin 1988, n° 87-82.682, P n° 274.
4. C. pr. pén., art. 5-1.
5. Crim. 10 mars 2004, n° 03-87.441, P n° 65 ; *D.* 2004. 1237 ; *RTD com.* 2004. 608, obs. C. Mascala ; *RTD com.* 2004. 627, obs. B. Bouloc.
6. Crim. 5 nov. 2003, n° 02-84.137, P n° 210 ; *D.* 2004. 397.
7. Crim. 19 janv. 1983, n° 80-93.436, P n° 110.
8. Crim. 24 nov. 1993, n° 93-82.270, P n° 354.
9. Crim. 5 juill. 1994, n° 93-85.829, P n° 265 ; *D.* 1995. 143, obs. J. Pradel.
10. Crim. 14 mars 2001, n° 00-83.786, P n° 65 ; *D.* 2001. 1669.

s'impose aux juridictions d'instruction à l'encontre desquelles le grief peut être invoqué indépendamment de la mise en œuvre des procédures de récusation ou de renvoi, bien qu'elle indique que le seul fait que le juge chargé d'instruire une procédure, relative à des faits distincts, ait effectué des actes de poursuite dans une procédure antérieure, visant les mêmes personnes, pour des infractions similaires, n'est pas de nature à faire naître un doute objectivement justifié sur l'impartialité du magistrat concerné[1].

La jurisprudence européenne sur ce point peut paraître en retrait par rapport à certaines décisions de la chambre criminelle de la Cour de cassation.

La première décision rendue en ce domaine par la Cour européenne contre la France, date du 16 décembre 1992 et concernait la participation des deux mêmes conseillers d'une cour d'appel, à la chambre (d'accusation) de l'instruction ayant maintenu en détention provisoire le requérant, d'abord, dans une affaire de destruction d'immeuble par substance explosive, puis, à la chambre des appels correctionnels, dans une autre affaire, où l'intéressé était poursuivi pour détention illégitime d'armes de guerre, et devant laquelle il fût condamné à quatre années d'emprisonnement. La Cour, sans se fonder sur la dualité des poursuites - alors que le requérant soutenait que les deux affaires n'en faisaient qu'une - a affirmé l'impartialité des deux conseillers composant la chambre des appels correctionnels au motif que, lorsqu'ils avaient composé la chambre d'accusation, ils n'avaient fondé leur décision (de maintien en détention provisoire) que sur les propres déclarations de l'inculpé et s'étaient bornés « *à apprécier sommairement les données disponibles* »[2].

Le simple fait de participer à la procédure antérieure, ne justifie donc pas en soi une prévention quant à l'impartialité du magistrat. En revanche, et là comme la chambre criminelle, l'incompatibilité est retenue si le magistrat a participé à un rejet de demande de mise en liberté partiellement ou totalement fondé sur la probable culpabilité du mis en examen[3].

Si la chambre criminelle a pu considérer que la spécificité du rôle de la Cour de cassation et la nature du contrôle qu'elle exerce sur la légalité des décisions ainsi que son contrôle juridique de l'appréciation des faits par les juges du fond ne font pas obstacle à ce que les mêmes magistrats composent la chambre criminelle lors de l'examen de pourvois successifs formés au cours de la même procédure[4], il faut relever que dans un arrêt rendu le 24 juin 2010[5], la Cour de Strasbourg a considéré, à propos d'une affaire dans laquelle la chambre criminelle avait rejeté le pourvoi formé contre l'arrêt d'une cour d'appel statuant après cassation, que le fait que sept des neuf conseillers ayant siégé au sein de la chambre criminelle avaient composé la formation qui s'était prononcée sur le premier pourvoi était de nature à susciter des doutes sur l'impartialité de la juridiction, dans la mesure où la Cour de cassation était conduite, à l'occasion des deux pourvois, à vérifier l'appréciation, par la cour d'appel, des éléments constitutifs de l'infraction.

C.
Autres cas d'incompatibilités fonctionnelles

211.161 **Incompatibilités relatives à l'huissier de justice.** L'huissier de justice[6] ne peut instrumenter pour lui-même, pour son conjoint, pour ses parents et alliés et ceux de son conjoint, en ligne directe à l'infini, ni pour ses parents et alliés collatéraux, jusqu'au degré de cousin issu de germain inclusivement[7].

211.162 **Incompatibilités tenant aux fonctions d'interprète.** L'interprète ne peut, même du consentement du prévenu ou du ministère public, être pris parmi les juges composant le tribunal, le greffier qui tient l'audience, les parties et les témoins[8]. Bien que cette pratique soit condamnable, il faut bien convenir qu'il arrive à certaines juridictions correctionnelles, notamment ultra-marines, de déroger à ce sain principe, lorsque notamment afin de ne pas renvoyer l'affaire se présentant à un horaire tardif et en présence d'un prévenu s'exprimant mal en français, un membre de la famille se propose pour traduire questions du tribunal et réponse du mis en cause...

Les incompatibilités qui, aux termes de l'article 407, alinéa 3, du code de procédure pénale, concernent seulement les juges composant la juridiction correctionnelle, le greffier, les parties et les témoins, sont de droit étroit et ne peuvent être étendues par analogie ; l'assistance des experts aux

1. Crim. 20 févr. 2008, n°s 02-82.676, 07-82.110, P n° 44 ; *D.* 2008. 779 ; *Dr. pénal* 2009. Chron. 1, obs. D. Guerin.
2. CEDH 16 déc. 1992, *Sainte-Marie c/ France*, req. n° 12981/87.
3. CEDH 24 mai 1989, *Hauschildt c/ Danemark*, req. n° 10486/83.
4. Crim. 22 nov. 2005, n° 05-86.631, P n° 305 ; *D.* 2006. 14 ; *D.* 2006. 617, obs. J. Pradel ; *AJ pénal* 2006. 180.
5. CEDH 24 juin 2010, *Mancel et Branquart c/ France*, req. n° 22349/06 ; *D.* 2010. 1945, obs. S. Lavric ; *RSC* 2010. 693, obs. D. Roets.
6. L'Ordonnance n° 2016-728 du 2 juin 2016 fixe le statut de commissaire de justice, nouvelle dénomination de la profession d'huissier de justice (et de commissaire-priseur) et cette nouvelle dénomination est entrée en vigueur le 1er juillet 2022 – v. ss nos 212.21 s.
7. C. pr. pén., art. 550, al. 3.
8. C. pr. pén., art. 407, al. 3.

débats, prévue par l'article 168, alinéa 3, du code de procédure pénale, autorise leur concours à l'audition des témoins lorsqu'il en est justifié par la technicité des questions débattues[1].

211.163 Incompatibilités particulières concernant les magistrats siégeant en matière militaire. « Nul ne peut, à peine de nullité, siéger comme président ou juge ou remplir les fonctions de juge d'instruction dans une affaire soumise à un tribunal aux armées :

1° S'il est parent ou allié du prévenu jusqu'au degré de cousin issu de germain inclusivement ;

2° S'il a porté plainte ou mis en mouvement l'action publique ou a été entendu comme témoin ou en ce qui concerne seulement les présidents et juges, s'il a participé officiellement à l'enquête ;

3° Si, dans les cinq ans qui ont précédé le jugement, il a été engagé dans un procès contre le prévenu ;

4° S'il a précédemment connu de l'affaire comme administrateur ou comme président ou juge de la chambre de l'instruction ;

5° S'il est conjoint ou concubin du prévenu ou lié avec ce dernier par un pacte civil de solidarité.

Les parents et alliés, jusqu'au degré d'oncle et de neveu inclusivement, ne peuvent, à peine de nullité, être membres d'un même tribunal aux armées. »[2] Tout président ou juge qui estime se trouver dans l'un des cas prévus à l'article L. 111-15 est tenu de le déclarer à la juridiction dans laquelle il est appelé à siéger ; celle-ci décide par décision motivée s'il relève de l'un des cas précités et s'il doit en conséquence s'abstenir. Dans la même situation, le juge d'instruction est tenu de saisir le président de la chambre de l'instruction ; cette juridiction décide s'il doit s'abstenir. Dans ce cas, l'affaire est renvoyée au procureur de la République près le tribunal aux armées[3].

211.164 Incompatibilités concernant les magistrats exerçant à titre temporaire. Par dérogation à l'article 8[4] de l'ordonnance du 22 décembre 1958, les magistrats recrutés dans le cadre de la sous-section I, des magistrats exerçant à titre temporaire, « Peuvent exercer une activité professionnelle concomitamment à leurs fonctions judiciaires, sous réserve que cette activité ne soit pas de nature à porter atteinte à la dignité de la fonction et à son indépendance. Les membres des professions libérales juridiques et judiciaires soumis à un statut législatif ou réglementaire ou dont le titre est protégé et leurs salariés ne peuvent exercer des fonctions judiciaires dans le ressort du tribunal de grande instance où ils ont leur domicile professionnel ; ils ne peuvent effectuer aucun acte de leur profession dans le ressort de la juridiction à laquelle ils sont affectés.

Ces magistrats ne peuvent exercer concomitamment aucune activité d'agent public, à l'exception de celle de professeur et de maître de conférences des universités.

En cas de changement d'activité professionnelle, le magistrat en informe le premier président de la cour d'appel dans le ressort de laquelle il est affecté, qui lui fait connaître, le cas échéant, que sa nouvelle activité n'est pas compatible avec l'exercice de ses fonctions judiciaires.

Le magistrat ne peut connaître d'un litige présentant un lien avec son activité professionnelle ou lorsqu'il entretient ou a entretenu des relations professionnelles avec l'une des parties. Dans ces hypothèses, le président du tribunal de grande instance ou le juge chargé de l'administration du tribunal d'instance auquel l'intéressé est affecté décide, à la demande de celui-ci ou de l'une des parties, que l'affaire sera soumise à un autre juge du tribunal ou, s'il exerce des fonctions d'assesseur, qu'elle sera renvoyée à une formation de jugement autrement composée. Cette décision de renvoi n'est pas susceptible de recours.

Le magistrat ne peut ni mentionner cette qualité, ni en faire état dans les documents relatifs à l'exercice de son activité professionnelle, tant pendant la durée de ses fonctions que postérieurement »[5].

211.165 Incompatibilités concernant les magistrats honoraires. De semblables dispositions sont prévues pour les magistrats honoraires par l'article 41-29[6] de l'ordonnance du 22 décembre 1958 modifiée par la loi du 8 août 2016[7].

211.166 Incompatibilités concernant les anciens juges de proximité. Les juges de proximité ne pouvaient exercer concomitamment aucune activité d'agent public, à l'exception de celle de professeur et de maître de conférences des universités. Ils ne pouvaient connaître des litiges présentant un lien avec leur activité professionnelle ou lorsqu'ils entretenaient ou avaient entretenu des relations professionnelles avec l'une des parties. Une telle hypothèse pouvait ne pas être rare si l'on veut bien observer les modes de recrutement « locaux » des juges de proximité. Dans ces cas, le président du tribunal de

1. Crim. 22 sept. 2009, n° 08-83.166, NP.
2. CJM, art. L. 111-15 ; transféré par L. n° 2011-1862, 13 déc. 2011, art. 32, *JO* 14 déc., n° 1.
3. CJM, art. L. 111-16 ; transféré par L. n° 2011-1862, 13 déc. 2011, art. 32.
4. Ord. n° 58-1270, 22 déc. 1958, art. 8 ; mod. par L. n° 2017-54, 20 janv. 2017, art. 3.
5. Ord. n° 58-1270, 22 déc. 1958, art. 41-14 ; mod. par LO n° 2016-1090, 8 août 2016, art. 39, *JO* 11 août, n° 1.
6. Ord. n° 58-1270, 22 déc. 1958, art. 41-29 ; créé par LO n° 2016-1090, 8 août 2016, art. 40, *ibid.*
7. L. n° 2016-1090, 8 août 2016, préc.

grande instance dans le ressort duquel ils sont affectés décidait, à leur demande ou à celle de l'une des parties, que l'affaire serait soumise à un autre juge de proximité du même ressort. Cette décision de renvoi était insusceptible de recours[1] et devait intervenir sans délai.

SECTION 7

RÉCUSATION, SUSPICION LÉGITIME, ABSTENTION, AUTRES CAUSES DE RENVOIS

211.171 Position de la question : jurisprudence européenne. Demander à être jugé par une autre juridiction ou un autre magistrat que celui primitivement ou naturellement désigné, ou imposer à celui-ci de se démettre, résulte nécessairement d'un doute émis sur son impartialité et donc sur sa capacité à juger sereinement tels faits.

Si l'impartialité se définit d'ordinaire par l'absence de préjugé ou de parti pris, elle peut, notamment sous l'angle de l'article 6, § 1, de la Convention européenne des droits de l'homme, s'apprécier de diverses manières. On peut distinguer entre une démarche subjective et une démarche objective[2]. La démarche subjective consiste à essayer de déterminer ce que tel juge pensait dans son for intérieur en telle circonstance[3]. La démarche objective conduit à se demander si, indépendamment de la conduite du juge, certains faits vérifiables autorisent à suspecter l'impartialité de ce dernier[4].

Il convient en réalité de rechercher les éléments de nature à créer, dans l'esprit des parties un doute raisonnable, objectivement justifié, sur l'impartialité de la juridiction qui soit de nature à remettre en cause la présomption d'impartialité dont tout juge bénéficie[5]. Et la jurisprudence européenne précise que l'appréciation de l'impartialité du juge n'est pas arbitraire et commande la prise en considération d'éléments objectifs établissant l'extériorisation d'un préjugé afin que la partialité éventuelle du juge puisse être caractérisée et sanctionnée ; en l'absence d'éléments permettant d'étayer les soupçons d'un requérant (lien de parenté entre un magistrat et un ingénieur que le requérant soupçonnait d'être impliqué dans l'affaire initiale), la violation de l'article 6 n'a pas été retenue[6].

211.172 Position nationale. Au risque que les juridictions primitivement saisies se voient confisquer le traitement des affaires leur incombant en vertu des dispositions du code de procédure pénale ou de l'organisation judiciaire, le dessaisissement du juge naturel se doit d'être pratiqué avec une extrême mesure[7]. Il ne s'agit pas de permettre à des parties privées de choisir leur juridiction ou leurs juges. C'est la raison pour laquelle seule la chambre criminelle de la Cour de cassation a compétence en la matière[8], de telles décisions ne pouvant être fondées que sur des faits graves et établis.

Une cour d'appel a, à bon droit annulé pour excès de pouvoir le jugement rendu par un tribunal correctionnel dès lors qu'aucun texte n'autorise une juridiction pénale à renvoyer la procédure dont elle est saisie devant une autre juridiction pénale de son choix[9].

En outre, les textes sont très exigeants sur les conditions de recevabilité des requêtes en particulier du respect du principe du contradictoire qui commande une signification de ladite requête à toutes les parties intéressées, du ministère public au mis en examen ou prévenu ainsi qu'aux parties civiles et au civilement responsable.

211.173 Position du Conseil supérieur de la Magistrature. Le point B1 du recueil des obligations déontologiques des magistrats publié en 2010 précisait que « l'impartialité du magistrat constitue, pour celui-ci, un devoir absolu, destiné à rendre effectif l'un des principes fondateurs de la République : l'égalité des citoyens devant la loi ». Il a notamment été rappelé dans une décision importante rendue en matière disciplinaire[10].

1. Ord. n° 58-1270, 22 déc. 1958, art. 41-22 ; créé par L. n° 2003-153, 26 févr. 2003, art. 1er ; abrog. par LO n° 2016-1090, 8 août 2016, art. 39.
2. CEDH 1er oct. 1982, *Piersack c/ Belgique*, req. n° 8692/79, § 30, *AFDI* 1985. 415, obs. V. Coussirat-Coustère ; *JDI* 1985. 210, obs. P. Rolland et P. Tavernier.
3. CEDH 1er oct. 1982, *Piersack c/ Belgique, ibid.*
4. CEDH 20 mai 1998, *Gautrin a. c/ France*, req. nos 21257/93, 21258/93, 21259/93, 21260, § 58, *Rec.* 1998-III – CEDH 6 juin 2000, *Morel c/ France*, req. n° 34130/96, § 40, *Rec.* 2000-IV ; *D.* 2001. Somm. 1062, obs. N. Fricero ; *D.* 2001. 339 ; *D.* 2001. 328, Chron. C. Goyet ; *D.* 2001. 1610, obs. M.-L. Niboyet.
5. CEDH 26 févr. 1993, *Padovani c/ Italie*, req. n° 13396/87, *AJDA* 1993. 483, chron. J.-F. Flauss ; *RSC* 1994. 362, obs. R. Koering-Joulin.
6. CEDH 4 avr. 2006, *Moulet c/ France*, req. n° 27251/04.
7. G. Royer, « Le juge naturel en droit criminel interne », *RSC*, 2006, p. 787.
8. En application des articles 662, 665 et 665-1 du code de procédure pénale. Les procédures en renvoi de juridiction sont prévues aux articles C. pr. pén., art. 662 à 667-1 : cas de suspicion légitime (662), de renvoi à la juridiction du lieu de détention (664), pour cause de sûreté publique (665, al. 1.), pour une bonne administration de la justice (665, al. 2), pour cause d'interruption du cours de la justice (art. 665-1). PAR EX. : Crim. 3 mai 2000, n° 99-83.350, P n° 177 – V. aussi : P. Collet, « La conception de l'impartialité par la chambre criminelle de la Cour de cassation », *RSCDPC*, 2016/3, p. 485 s.
9. Crim. 8 juill. 2015, nos 14-92.351 et 14-82.352, *JurisData* 2015-017008.
10. CSM, 19 déc. 2019, n° 234.

Le dernier recueil des obligations déontologiques des magistrats publié par le CSM en novembre 2019[1] développe cet item de l'impartialité pour les magistrats du siège, comme pour ceux du parquet, rappelant de principe que « L'impartialité oblige le magistrat à se défaire de tout préjugé. Élément essentiel de la confiance du public dans l'institution judiciaire, elle constitue un droit, garanti par l'article 6 de la Convention de sauvegarde des droits de l'homme et des libertés fondamentales. Elle conditionne le respect du principe fondamental d'égalité des citoyens devant la loi ».

§ 1
Récusation

A.
Personne susceptible d'être concernée

211.181 Juge, conseiller, président de chambre ou premier président. Si les textes distinguent le sort des juges, du premier président d'une cour d'appel[2] ou encore des magistrats de la Cour de cassation[3], le principe demeure que tout juge, conseiller, président de chambre ou de la cour d'appel peut être récusé. Le fait que les textes ne mentionnent pas expressément les qualités de vice-président, premier vice président ou encore de premier président de chambre n'exclut évidemment pas que les procédures de récusation leur soient, le cas échéant, appliquées.

Il en va ainsi pour ce qui nous concerne, de tout magistrat statuant en matière pénale en première ou deuxième instance, au stade de l'instruction[4], comme à celui du jugement, de tout magistrat professionnel ou magistrat exerçant à titre temporaire et encore ex-juge de proximité, dès lors que ce dernier remplit une fonction juridictionnelle. Le juge de l'application des peines et les magistrats siégeant au tribunal de l'application des peines ou à la chambre de l'application des peines sont susceptibles le cas échéant de faire l'objet d'une telle procédure, dès lors que les exigences de l'article 6, § 1, de la convention européenne des droits de l'homme s'appliquent au droit de l'application des peines[5]. Le responsable d'une association de réinsertion des condamnés désigné pour siéger dans la formation élargie de la chambre de l'application des peines conformément à l'article 712-13, alinéa 2, du code de procédure pénale peut être concerné[6]. Les assesseurs « civils » des tribunaux pour enfants[7] sont pareillement concernés.

Enfin, il convient de bien distinguer la requête en suspicion légitime visant une juridiction de la requête en récusation visant un ou plusieurs magistrats, entrant dans les prévisions de l'article 668 du code de procédure pénale et qui, selon les dispositions de l'article 669 doit, à peine de nullité, être présentée au Premier président de la cour d'appel, la chambre criminelle étant incompétente pour statuer sur une telle requête[8]. On notera cependant l'existence d'un subtil distinguo introduisant la notion de récusation « collective » lorsqu'une ou plusieurs parties entendent mettre en cause, à titre individuel, plusieurs des magistrats composant la juridiction saisie, sinon tous. Si le Code de procédure pénale n'envisage pas explicitement cette « récusation collective » elle semble pouvoir être réglée par application de l'article 674-2, alinéa 2, qui renvoie aux dispositions de l'article 355 du Code de procédure civile qui dispose : « La récusation contre plusieurs juges doit, à peine d'irrecevabilité, être demandée par un même acte à moins qu'une cause de récusation ne se révèle postérieurement »[9].

211.182 Citoyen assesseur. La question aurait pareillement concerné les assesseurs citoyens participant à la juridiction correctionnelle, si cette expérimentation avait été poursuivie[10]. Les citoyens assesseurs désignés pour siéger à une audience ne pouvaient cependant être récusés que pour l'une des causes de récusation prévues à l'article 668 pour les magistrats ou s'il existait une raison objective de contester leur impartialité, leur honorabilité ou leur probité[11]. Cette récusation pouvait être demandée par le ministère public ou les parties avant l'examen au fond. Les trois

1. CSM « Recueil des obligations déontologiques des magistrats », La documentation française, nov. 2019, p. 21 s.
2. C. pr. pén., art. 672.
3. C. pr. pén., art. 674-1.
4. SUR l'exigence d'impartialité qui s'impose aux juridictions d'instruction à l'encontre desquelles le grief peut être invoqué indépendamment de la mise en œuvre des procédures de récusation ou de renvoi : Crim. 23 mars 2004, n° 03-87.854, P n° 76 ; *D.* 2004. 1213 ; *RSC* 2004. 668, obs. A. Giudicelli ; *RSC* 2004. 672, obs. A. Giudicelli.
5. CEDH 28 juin 1984, *Campbell et Fell c/ Royaume-Uni*, req. n°s 7819/7, 7878/77.
6. SUR l'irrecevabilité du recours porté devant la Cour de cassation par un procureur général dans une telle hypothèse, alors qu'il n'a pas usé de la possibilité de récuser ce juge par application de l'article 668 du même code : Crim. 2 mars 2011, n° 10-83.257, P n° 46 ; *AJ pénal* 2011. 533, obs. M. Herzog-Evans.
7. COJ, art. L. 251-3 à L. 251-6.
8. Crim. 20 juin 2013, n° 13-84.177, P n° 149 – J. Pradel, « Suspicion légitime et récusation distinction », *D.* 2013, Panorama-procédure pénale, 1993-1994.
9. H. Angevin, J.-Cl. Pr. pén., art. 662 à 667-1, renvois d'un tribunal à un autre, n° 58.
10. Arr. 18 mars 2013 mettant fin à l'expérimentation des dispositions prévoyant la participation de citoyens assesseurs au fonctionnement de la justice pénale, *JO* 22 mars, p. 4897, NOR : JUSD1306459A : à compter du 30 avril 2013.
11. J. Pradel, « Le citoyen comme juge pénal. À propos de la loi, 10 août 2011 », *JCP* 2011. Actu. 923.

magistrats de la juridiction devaient statuer sur la demande de récusation[1], qui n'était donc pas de droit comme en matière criminelle concernant les jurés[2].

211.183 **Avocat participant à la juridiction.** L'avocat complétant occasionnellement la juridiction[3][4]accomplit une tache juridictionnelle et en tant que tel est susceptible de récusation.

Ce champ d'application précisé, la récusation peut se définir comme un incident soulevé par l'une des parties à la cause aux fins d'écarter un juge suspecté de partialité.

211.184 **Juré de cour d'assises – Interprète – Expert – Greffier.** Des dispositions particulières régissent les conditions de récusation des jurés de cour d'assises[5] et des interprètes[6]. Les experts, pour rares qu'ils soient devant la juridiction correctionnelle, ne peuvent pas être récusés en matière répressive, contrairement à ce qui est prévu en matière civile par l'article 234 du code de procédure civile. Le greffier de la juridiction qui est étranger à la délibération des juges ne peut non plus être récusé.

211.185 **Magistrat du ministère public.** Enfin le représentant du parquet, aux termes de l'article 669 du code de procédure pénale, ne peut, jamais être visé par une requête en récusation. Le ministère public ne décidant pas du bien-fondé de l'accusation en matière pénale, la jurisprudence avait pu décider que le moyen pris de la partialité éventuelle de ce magistrat est inopérant[7] et ce, même dans une espèce déjà ancienne où le ministère public aurait été le parrain du fils d'un des prévenus[8].

Depuis la modification de l'article 31 du code de procédure pénale qui dispose désormais que « Le ministère public exerce l'action publique et requiert l'application de la loi, dans le respect du principe d'impartialité auquel il est tenu »[9], la chambre criminelle a pu réaffirmer que « Le ministère public ne décidant pas du bien fondé d'une accusation en matière pénale, le moyen pris de la partialité supposée de ce magistrat est inopérant »[10].

Pour autant, le CSM a notamment rappelé[11] « que le magistrat du parquet doit veiller dans la direction et le contrôle des enquêtes à ce que les investigations soient menées de manière impartiale, à charge et à décharge, dans le respect des droits de chacun » et qu'en « exerçant le contrôle de proportionnalité des actes d'enquête et de la loyauté dans l'administration de la preuve, il démontre son impartialité ».

Par ailleurs, il sera rappelé qu'un autre texte spécifie que les magistrats du ministère public, mais seulement s'ils sont partie-jointe, peuvent être récusés dans les mêmes cas que ceux qui sont prévus pour les juges[12].

B. Causes

211.191 **Causes.** « Tout juge ou conseiller peut être récusé pour les causes ci-après :

1° Si le juge ou son conjoint ou son partenaire lié par un pacte civil de solidarité ou son concubin sont parents ou alliés de l'une des parties ou de son conjoint, de son partenaire lié par un pacte civil de solidarité ou de son concubin jusqu'au degré de cousin issu de germain inclusivement.

La récusation peut être exercée contre le juge, même au cas de divorce ou de décès de son conjoint, de son partenaire lié par un pacte civil de solidarité ou de son concubin, s'il a été allié d'une des parties jusqu'au deuxième degré inclusivement ;

2° Si le juge ou son conjoint ou son partenaire lié par un pacte civil de solidarité ou son concubin, si les personnes dont il est tuteur, subrogé tuteur, curateur ou conseil judiciaire, si les sociétés ou associations à l'administration ou à la surveillance desquelles il participe ont intérêt dans la contestation ;

3° Si le juge ou son conjoint ou son partenaire lié par un pacte civil de solidarité ou son concubin, est parent ou allié, jusqu'au degré indiqué ci-dessus, du tuteur, subrogé tuteur, curateur ou conseil judiciaire d'une des parties ou d'un administrateur, directeur ou gérant d'une société, partie en cause ;

4° Si le juge ou son conjoint ou son partenaire lié par un pacte civil de solidarité ou son concubin, se trouve dans une situation de dépendance vis-à-vis d'une des parties ;

5° Si le juge a connu du procès comme magistrat, arbitre ou conseil, ou s'il a déposé comme témoin sur les faits du procès ;

6° S'il y a eu procès entre le juge, son conjoint, son partenaire lié par un pacte civil de solidarité ou son concubin leurs parents ou alliés en ligne directe,

1. C. pr. pén., art. 10-12.
2. C. pr. pén., art. 297.
3. COJ, art. L. 212-4.
4. V. s[s] n° 211.26.
5. C. pr. pén., art. 297 s.
6. En matière correctionnelle : C. pr. pén., art. 407, al. 2 – en matière criminelle : C. pr. pén., art. 344, al. 2.
7. Crim. 22 mai 2001, n° 00-83.793, NP.
8. Crim. 6 janv. 1998, n° 97-81.466, P n° 1 ; *Procédures* 1998, n° 96, obs. J. Buisson.
9. L.n° 2013-669, 25 juill. 2013, art. 3, *JO* 26 juill. 2013, n° 2.
10. Crim. 9 mars 2016, n° 14-86.795.
11. CSM « Recueil des obligations déontologiques des magistrats », 2019, préc.
12. COJ, art. L. 111-6.

et l'une des parties, son conjoint, ou ses parents ou alliés dans la même ligne ;

7° Si le juge ou son conjoint ou son partenaire lié par un pacte civil de solidarité ou son concubin, ont un procès devant un tribunal où l'une des parties est juge ;

8° Si le juge ou son conjoint ou son partenaire lié par un pacte civil de solidarité ou son concubin, leurs parents ou alliés en ligne directe ont un différend sur pareille question que celle débattue entre les parties ;

9° S'il y a eu entre le juge ou son conjoint ou son partenaire lié par un pacte civil de solidarité ou son concubin et une des parties toutes manifestations assez graves pour faire suspecter son impartialité. »[1]

Cette énumération est limitative[2].

Il n'y a évidemment que des avantages à ce que les incompatibilités éventuelles soient dénoncées ou repérées bien en amont du temps de l'audience car si la récusation peut être mise en œuvre quelle que soit la voie de poursuite choisie, elle peut se situer à tout stade de la procédure, sous la réserve importante posée par l'Assemblée plénière en 2004[3][4]. Elle risque bien entendu d'avoir des effets d'autant plus dévastateurs qu'elle intervient tardivement.

C. Procédure

211.201 **Moment de la récusation.** Pour les avocats, le choix du moment où ils vont mettre en œuvre la procédure de récusation, voie de droit facultative, est important, puisque l'Assemblée plénière a jugé en matière criminelle, que l'accusé n'est pas recevable à mettre en cause devant la Cour de cassation l'impartialité du président de la cour d'assises, en invoquant une violation de la convention européenne des droits de l'homme, dès lors qu'il n'a pas fait usage de la possibilité d'en obtenir le respect en récusant le président de la cour d'assises par application de l'article 668 du code de procédure pénale et qu'en s'abstenant de le faire avant la clôture des débats, il a renoncé sans équivoque à s'en prévaloir[5].

Il a pareillement été décidé que le demandeur ne saurait mettre en cause devant la Cour de cassation l'impartialité des juges composant le tribunal correctionnel et la chambre des appels correctionnels, dès lors qu'il n'a pas usé de la possibilité d'en obtenir le respect en récusant ces magistrats en application de l'article 668 du code de procédure pénale ou en présentant une requête en suspicion légitime sur le fondement de l'article 662 du même code[6]. Enfin, le prévenu n'est pas recevable à mettre en cause devant la Cour de cassation l'impartialité des magistrats de la cour d'appel, en invoquant l'article 6 de la convention européenne des droits de l'homme, dès lors qu'il n'a pas usé de la faculté qu'il avait d'en demander la récusation, par application de l'article 668 du code de procédure pénale[7].

La partie civile n'est pas plus recevable à mettre en cause devant la Cour de cassation l'impartialité d'un des magistrats ayant siégé à la chambre de l'instruction, en invoquant une violation de l'article 6, § 1, de la convention européenne des droits de l'homme, dès lors qu'elle n'a pas usé de la possibilité d'en obtenir le respect en récusant ce magistrat par application de l'article 668 du code de procédure pénale[8]. De solutions plus anciennes, une juridiction ne peut relever d'office un moyen de récusation[9] et la circonstance que l'un des magistrats composant la juridiction aurait pu être récusé sur la foi d'éléments connus des parties, et ne l'a finalement pas été, ne vicie pas la décision rendue[10]. La solution est générale et on peut rappeler qu'elle vise également le juge d'instruction[11] et le juge des libertés et de la détention[12]. Il faut noter en revanche que la chambre criminelle a pu limiter les effets de cette jurisprudence en retenant récemment, qu'en l'absence de convocation ou de débat contradictoire, il n'était pas établi que le mis en examen

1. C. pr. pén., art. 668 ; mod. par L. n° 2004-204, 9 mars 2004, art. 88, COJ, art. R. 111-4.
2. Crim. 20 févr. 1908, P n° 72.
3. Cass., Ass. plén., 11 juin 2004, n° 98-82.323, P n° 1 ; *D.* 2005. 684, obs. J. Pradel ; *AJ pénal* 2004. 325, obs. P. Remillieux.
4. V. s[s] n° 211.201.
5. Cass., Ass. plén., 11 juin 2004, n° 98-82.323, P n° 1, préc. – EN CE SENS : Crim. 29 sept. 2004, n° 04-80.079, P n° 226.
6. Crim. 9 sept. 2009, n° 08-87.312, NP.
7. Crim. 12 mars 2014, n° 13-81.273, P n° 76 ; *D.* 2014. 724 – Crim. 12 oct. 2016, n° 16-81.172, NP.
8. Crim. 22 févr. 2005, n° 04-84.040, P n° 68.
9. Req. 17 déc. 1901, *DP* 1903. I. 347.
10. Req. 5 févr. 1930, *DH* 1930. 146.
11. Crim. 22 mars 2017, n° 16-80.050, P, n° 81 ; *JCP* 2017. 529 – Crim. 28 mars 2017, n° 17-80.041, P n° 87 ; *JCP* 2017. 609.
12. Crim. 21 juin 2011, n° 10-88.306 ; Crim. 25 sept. 2018, n° 18-84.067, P, n° 162, D. actu. 19 oct. 2018, obs. D. Goetz : « Un juge des libertés et de la détention peut être l'objet d'une procédure de récusation sur le fondement et dans les formes prévues par les articles 668 et suivants du code de procédure pénale. Est irrecevable le grief fait par une personne mise en examen à une chambre de l'instruction d'avoir rejeté son moyen de nullité d'un débat contradictoire et d'une ordonnance de prolongation de sa détention provisoire, pris de la partialité, alléguée par elle, du juge des libertés et de la détention qui avait, par une ordonnance antérieure et annulée, déjà prononcé sur la demande du juge d'instruction à cette fin, dès lors qu'informée du nom du juge qui allait statuer, il lui appartenait, si elle avait un doute sur l'impartialité de ce magistrat, de le récuser, par les voies de droit, préalablement à la tenue de ce débat ».

avait eu connaissance de l'identité du juge des libertés et de la détention avant la notification de l'ordonnance, de sorte qu'il ne pouvait lui être fait grief de ne pas avoir engagé de procédure de récusation[1].

D'une manière générale, il convient en tout cas pour la juridiction de mettre en place tout système permettant de disposer lors de l'audiencement d'une affaire et sur la cote de chaque dossier, de la mention en clair et à jour, du nom de l'ensemble des magistrats étant intervenus, en particulier pour les dossiers d'instruction : membres du parquet, juges d'instruction, y compris en remplacement pour un acte ponctuel au visa de l'urgence, sous réserve des exemples évoqués ci-dessus, juges des libertés et de la détention, magistrats de la chambre de l'instruction ayant pu connaître d'un recours...

211.202 **Procédure.** La personne mise en examen, le prévenu, l'accusé et toute partie à l'instance qui veut récuser un juge d'instruction, un juge de police, un, plusieurs ou l'ensemble des juges du tribunal correctionnel, des conseillers de la cour d'appel ou de la cour d'assises doit, à peine de nullité, présenter requête au premier président de la cour d'appel. Encore une fois, les magistrats du ministère public ne peuvent être récusés. La requête doit désigner nommément le ou les magistrats récusés et contenir l'exposé des moyens invoqués avec toutes les justifications utiles à l'appui de la demande.

La partie qui aura procédé volontairement devant une cour, un tribunal ou un juge d'instruction ne sera reçue à demander la récusation qu'à raison des circonstances survenues depuis, lorsqu'elles seront de nature à constituer l'une des causes de récusation énumérées à l'article 668[2][3].

Le lien de parenté ou d'alliance peut être retenu « jusqu'au degré de cousin issu de germain inclusivement » et même après le divorce d'avec son conjoint, ou, bien que le texte soit sur ce point particulièrement mal rédigé, après la séparation d'avec son concubin ou partenaire ou son décès, si ce dernier était l'allié de l'une des parties jusqu'au deuxième degré inclusivement[4]. Mais cette alliance ou parenté ne suffit pas en elle-même. Il est nécessaire que l'allié ou le parent soit personnellement intervenu dans la cause. Ainsi, la seule circonstance qu'un juge d'instruction soit le conjoint d'un magistrat du ministère public exerçant ses fonctions près le même tribunal n'est pas de nature à faire naître un doute objectivement justifié quant à son impartialité, dès lors qu'il n'est pas établi que son conjoint soit intervenu directement ou indirectement dans le déroulement de l'information[5].

211.203 **Qualité du demandeur.** En matière de composition pénale, qui se développe aux termes des textes[6] avant toute mise en mouvement de l'action publique, il est délicat de parler de « *partie à l'instance* ». Néanmoins, il ne semble pas douteux qu'un justiciable qui aurait de sérieux arguments à faire valoir en faveur de la récusation du juge du siège chargé de l'homologation de la proposition du procureur pourrait avoir recours à la procédure de récusation.

Cependant, il a été jugé, en matière d'information judiciaire que la victime non constituée partie civile ou encore un témoin assisté, qui ne saurait se prévaloir de la qualité de partie à la procédure[7], ne peuvent entamer de procédure de récusation et cette procédure n'est donc ouverte qu'aux parties au procès, soit au Ministère public partie poursuivante, aux parties civiles, aux civilement responsables, aux tiers intervenants.

211.204 **Procédure antérieure.** La lettre du texte ne retient, s'agissant de l'existence entre les parties concernées d'un procès, que le procès passé (« s'il y a eu procès... »), ce qui est sans doute contestable. Une jurisprudence est d'ailleurs venue, au visa des dispositions conventionnelles, juger qu'est objectivement de nature à faire naître un doute sur l'impartialité du juge d'instruction, selon l'article 6 de la convention européenne des droits de l'homme, et constitue, dès lors, un motif de dessaisissement pour cause de suspicion légitime, au sens de l'article 662 du code de procédure pénale, la circonstance que le magistrat instructeur, contre lequel une plainte avec constitution de partie civile a été déposée, a rendu une ordonnance de refus d'informer. Saisie de l'appel d'une telle ordonnance la chambre d'accusation ne pouvait, à défaut du dépôt d'une requête déposée en application de l'article 662 du code de procédure pénale, ou d'une demande de récusation selon l'article 668 du code de procédure pénale, que constater l'irrégularité de la procédure contraire à l'article 6 de la convention européenne des droits de l'homme[8]. Cette décision est particulièrement intéressante en ce qu'elle fait prévaloir les dispositions conventionnelles sur l'absence de procédure en récusation, qu'elle retient

1. Crim. 28 juin 2022, n° 22-82.698, P.
2. V. s[s] n°s 211.191 s.
3. C. pr. pén., art. 669.
4. C. pr. pén., art. 668, al. 3.
5. Crim. 14 janv. 2003, n° 02-87.062, P n° 6 ; *D.* 2003. 944 ; *RSC* 2003. 884, obs. J.-F. Renucci.
6. C. pr. pén., art. 41-2 s.
7. Crim. 13 févr. 2002, n° 01-83.529, NP, *D.* 2009. 2039, obs. K. Gachi ; *AJ pénal* 2009. 505, obs. L. Ascensi.
8. Crim. 16 mai 2000, n° 99-85.444, P n° 191 ; *D.* 2000. 198 ; *RSC* 2000. 852, obs. D.-N. Commaret.

l'irrégularité de la procédure à l'occasion « *d'un procès en cours* », et qu'elle établit le lien entre les notions de récusation et de suspicion légitime[1].

Il est clair que le texte permet les interprétations les plus larges puisqu'il n'explicite, ni les formules « intérêt dans la contestation », ou « différend sur pareille question que celle débattue entre les parties », ni ne précise les termes de « société » ou la nature des « procès » en cours devant un tribunal ou l'une des parties serait juge et encore moins ce que peuvent bien être ces « *manifestations assez graves pour faire suspecter l'impartialité* » - qu'il s'agisse d'ailleurs de manifestations « d'amitié ou inimitié notoire entre le juge et l'une des parties » comme le code de procédure civile le prévoit pour sa part en son article 341, 8°. Il s'agira donc de se pencher concrètement sur chaque cas.

Il est d'ailleurs de l'intérêt d'une bonne administration de la justice que les cas d'ouvertures à récusation permettent de couvrir un vaste champ d'hypothèses, dès lors que la crainte d'impartialité s'apprécie aussi dans la manière dont les parties privées peuvent craindre de voir le procès pris en compte. En quelque sorte, une parfaite illustration de la formule anglaise célèbre : « Not only must Justice be done ; it must also be seen to be done »[2].

211.205 Notification. Cette requête est adressée au premier président de la cour d'appel à laquelle appartient le magistrat concerné. Le premier président notifie en la forme administrative la requête dont il a été saisi au président de la juridiction à laquelle appartient le magistrat récusé.

La requête en récusation ne dessaisit pas le magistrat dont la récusation est proposée. Toutefois, le premier président peut, après avis du procureur général, ordonner qu'il sera sursis, soit à la continuation de l'information ou des débats, soit au prononcé du jugement[3]. Le premier président reçoit le mémoire complémentaire du demandeur, s'il y a lieu, et celui du magistrat dont la récusation est proposée ; il prend l'avis du procureur général et statue sur la requête[4].

Le premier président de la cour d'appel ayant adressé la requête au magistrat intéressé via le président de la juridiction à laquelle appartient ce juge, il est logique que celui-ci, toujours en la forme administrative, fasse part de ses observations, par la voie hiérarchique. Il sera opportun que le magistrat concerné, prenne acte de la demande, commente ou rectifie le cas échéant la présentation des faits effectuée par le requérant, indique tous éléments permettant de rejeter ou le cas échéant de justifier la requête, annexe s'il l'estime utile à sa réponse toutes pièces complémentaires. Cette procédure pouvant le cas échéant être ultérieurement liée à des poursuites disciplinaires, il convient d'y apporter tout le soin nécessaire, tout en donnant une réponse rapide à la demande qui interviendra généralement à des moments importants de la procédure concernée. La reconnaissance par le magistrat concerné des faits articulés dans la requête, si elle peut le conduire à une abstention « volontaire »[5], oblige quand même le premier président à statuer sur la demande. Ce dernier n'a aucune obligation de communiquer aux parties les éléments recueillis, sauf au travers de la motivation de sa décision.

L'ordonnance statuant sur la récusation n'est susceptible d'aucune voie de recours, pas même d'un pourvoi en cassation[6]. Elle produit effet de plein droit[7].

211.206 Non-renvoi de QPC. Une question prioritaire de constitutionnalité avait été transmise à la chambre criminelle dans les termes suivants : « Les articles 669, 670, 671, 672 et 673 du code de procédure pénale portent-ils atteinte aux droits et libertés garantis par la Constitution et notamment :

- au droit à la liberté en général comme droit naturel de l'Homme consacré par les articles 4 et 5 de la Déclaration des droits de l'Homme et du citoyen du 26 août 1789, (ci-après "DDHC") ;

- au droit à la justice et aux droits de la défense garantis par l'article 16 DDHC ;

- au droit à la liberté d'expression garanti par l'article 11 DDHC ;

- à l'article 34 de la Constitution du 4 octobre 1958 fixant, en partie, le domaine de la loi ;

- au principe d'égalité garanti par l'article 6 DDHC et l'article 1er de la Constitution du 4 octobre 1958 ;

- au principe de la légalité des délits et des peines consacré par les articles 7 et 8 DDHC,

En ce qu'ils :

- désignent, en la personne du premier président de la cour d'appel, un organe juridictionnel inapte, au regard de l'exigence absolue d'impartialité du juge qu'implique nécessairement l'article 16 DDHC, à juger de l'impartialité des membres de l'assemblée générale de ladite cour ;

- ne prévoient ni le principe d'un sursis à statuer accompagnant la présentation de la requête en récusation ni la possibilité de demander et d'obtenir

1. V. s[s] nos 211.221 s.
2. G. Hewart CJ, *in R v. Sussex Justices, Ex parte McCarthy* [1924] 1 KB 256, [1923] *All ER* Rép. 233.
3. C. pr. pén., art. 670.
4. C. pr. pén., art. 671, al. 1.
5. V. s[s] n° 211.231.
6. Crim. 14 mars 2001, n° 01-81.700, P n° 69.
7. C. pr. pén., art. 671, al. 2.

ultérieurement l'annulation du jugement au cas où la récusation du juge est prononcée ;

- imposent le prononcé automatique d'une amende civile à l'encontre du demandeur en cas de rejet de la demande de récusation dont le montant peut varier, à la discrétion du premier président, de 75 à 750 euros, soit du simple au décuple, sans qu'aucun critère d'appréciation soit fixé par la loi[1] ;

- suppriment toutes voies de recours à l'encontre des décisions rendues par le premier président de la cour d'appel et le premier président de la Cour de cassation, sans qu'aucune raison impérieuse d'un intérêt général justifie une telle atteinte substantielle au droit d'accès à un tribunal garanti notamment par l'article 16 DDHC ? »

La chambre criminelle a refusé le renvoi de cette question au Conseil constitutionnel aux motifs que : « La question posée ne présente pas, à l'évidence, un caractère sérieux, dès lors que, d'une part, les règles qui fixent, dans les articles 669 à 672 du code de procédure pénale, la procédure de récusation d'un juge ou d'un conseiller, sont de nature administrative et non juridictionnelle et répondent à l'objectif à valeur constitutionnelle d'une bonne administration de la justice, en l'espèce la prévention de demandes abusives de nature à paralyser le cours normal de la justice ; qu'il en va ainsi de la faculté laissée au premier président de la Cour de cassation ou de la cour d'appel d'apprécier, dans chaque cas, s'il y a lieu de surseoir à la continuation de l'information, des débats ou du prononcé du jugement, comme de l'absence de recours prévu contre la décision de ce magistrat ;

Que, d'autre part, la récusation étant une mesure d'administration judiciaire ne saurait avoir pour effet de remettre en cause la chose jugée ;

Qu'en outre, le seul fait que le premier président d'une cour d'appel appartienne à la même juridiction que le magistrat dont la récusation est demandée ne peut suffire à faire douter de son impartialité, s'agissant d'une compétence découlant de la responsabilité administrative qu'il exerce ;

Que, par ailleurs, si l'article 673 du même code impose au premier président de la Cour de cassation ou de la cour d'appel, lorsqu'il rejette une demande de récusation, de prononcer la condamnation du demandeur à une amende civile, ce texte lui donne le pouvoir d'en moduler le montant, de sorte qu'est garanti le principe de l'individualisation de la sanction ;

Qu'il n'est ainsi porté aucune atteinte aux principes des droits de la défense et du droit à un recours effectif, garantis par l'article 16 de la Déclaration des droits de l'Homme et du citoyen, ni aux principes de la légalité des délits et des peines et de la nécessité de ces dernières, garantis par l'article 8 de ce texte ;

Qu'enfin, le demandeur n'explicite pas en quoi les dispositions critiquées porteraient atteinte aux autres droits et libertés qu'il invoque »[2].

211.207 Cas particuliers. Toute demande de récusation visant le premier président de la cour d'appel doit faire l'objet d'une requête adressée au premier président de la Cour de cassation qui, après avis du procureur général près ladite cour, statue par une ordonnance, laquelle n'est susceptible d'aucune voie de recours. Les dispositions de l'article 670 sont applicables[3].

La demande en récusation d'un magistrat de la Cour de cassation, saisie en matière pénale, doit être motivée ; elle est déposée au greffe. Le ministère d'un avocat n'est pas obligatoire[4]. Ce texte vise concrètement les magistrats de la chambre criminelle ou les magistrats de chambres réunies ou d'une assemblée plénière statuant en matière pénale. À l'inverse des demandes intéressant les magistrats des tribunaux et cour d'appel, la demande de récusation visant un magistrat de la Cour de cassation a un effet suspensif. L'article 674-2, alinéa 2, du code de procédure pénale renvoie en effet aux règles de procédure civile qui prévoient notamment que le magistrat doit, dès qu'il a communication de la demande, s'abstenir jusqu'à ce qu'il ait été statué sur la récusation.

La chambre compétente statue dans le mois du dépôt de la requête au greffe, après observations du magistrat récusé. Pour le surplus, les dispositions du livre II, titre XX, du code de procédure civile seront observées[5][6].

D.
Effets et sanction

211.211 Effets. Si le premier président de la cour d'appel ou le président de la chambre de la Cour de cassation concernée fait droit à la demande de récusation, le magistrat visé par la requête est remplacé par un autre, en application des règles ordinaires d'empêchement. S'il s'agit d'un juge d'instruction, le président du tribunal judiciaire procède à son remplacement par application des articles 83 et suivants du code de procédure pénale. S'il s'agit du juge des libertés et de la détention, il sera procédé

1. C. pr. pén., art. 673.

2. Crim. 6 juill. 2011, n° 11-82.861, P n° 157 ; *D.* 2011. 2043.
3. C. pr. pén., art. 672.
4. C. pr. pén., art. 674-1.
5. C. pr. pén., art. 674-2.
6. C. pr. civ., art. 339 à 355.

conformément aux dispositions de l'article 137-1, alinéa 2, du code de procédure pénale et sans doute opportun que le président de la juridiction assume directement cette tâche. Les autres juges seront remplacés sur décision présidentielle et si la constitution du tribunal, est devenue impossible faute de juges en nombre suffisant pour suppléer les juges écartés, il sera procédé comme en matière de renvoi pour cause de suspicion légitime.

Les actes de la procédure régulièrement accomplis avant l'arrêt de la Cour de cassation ordonnant le renvoi de l'affaire devant d'autres juges continuent de produire leurs effets[1].

Dans l'hypothèse où un procès aurait été suspendu et où la composition de la juridiction serait modifiée, il conviendrait évidemment en application des dispositions de l'article 592 du code de procédure pénale de le reprendre en totalité.

Si la requête est rejetée, la justice poursuit son cours, le reprenant si un sursis à l'examen du litige avait été initialement décidé.

211.212 **Sanction.** Toute ordonnance rejetant une demande de récusation prononce la condamnation du demandeur à une amende civile de 75 euros à 750 euros[2]. Lorsque la récusation vise un magistrat de la Cour de cassation et qu'elle échoue, l'amende encourue est celle de l'article 363 du code de procédure civile, qui renvoie à l'article 353 du même code soit 3 000 euros au maximum. Enfin, d'après l'article C. 787 de l'Instruction générale[3] prise pour l'application du code de procédure pénale, se référant à une jurisprudence ancienne[4], « la partie qui succombe est passible d'autant d'amendes qu'il y a eu de juges distinctement récusés »[5].

Le caractère obligatoire de l'amende civile en cas de rejet de la requête mériterait sans doute une question prioritaire de constitutionnalité au regard du libre exercice des droits de la défense, sauf à ce qu'une loi vienne préciser qu'une telle amende ne puisse être encourue qu'en cas de manœuvres dilatoires, manœuvres abusives ou de mauvaise foi caractérisée dans la mise en cause d'un ou de plusieurs magistrats.

En ce qui concerne les magistrats de la Cour de cassation, le renvoi aux dispositions de procédure civile les autorise à engager la responsabilité civile du demandeur, le juge soupçonné à tort pouvant prétendre à des dommages et intérêts[6].

1. Crim. 26 mars 1985, n° 83-94.510, P n° 128.
2. C. pr pén., art. 673.
3. Instruction générale du 27 février 1959 prise pour l'application du code de procédure pénale, Code de procédure pénale, cinquième partie, *JO* 28 févr., p. 2492.
4. Montpellier 14 août 1848, *DP* 1848. 2. 177, aff. Groc.
5. Req. 29 nov. 1887, *DP* 1888. 1. 260.

§ 2 Suspicion légitime

211.221 **Distinctions avec la procédure de récusation.** En matière pénale, le renvoi d'un tribunal à un autre peut être ordonné conformément aux articles 662 à 667-1 du code de procédure pénale[7]. L'hypothèse d'une interruption du cours de la justice est traitée par l'article 665-1 du code de procédure pénale et le renvoi dans l'intérêt d'une bonne administration de la justice est régi par les alinéas 2 et 3 de l'article 665. L'article 662 est donc tout entier consacré au cas de suspicion légitime.

En matière criminelle, correctionnelle ou de police, la chambre criminelle de la Cour de cassation peut dessaisir toute juridiction d'instruction ou de jugement et renvoyer la connaissance de l'affaire à une autre juridiction du même ordre pour cause de suspicion légitime. La requête aux fins de renvoi peut être présentée soit par le procureur général près la Cour de cassation, soit par le ministère public établi près la juridiction saisie, soit par les parties. La requête doit être signifiée à toutes les parties intéressées qui ont un délai de dix jours pour déposer un mémoire au greffe de la Cour de cassation. La présentation de la requête n'a point d'effet suspensif à moins qu'il n'en soit autrement ordonné par la Cour de cassation[8].

Le renvoi pour cause de suspicion légitime est donc un incident de procédure qui permet à une partie, à l'occasion d'une instance en cours, de demander le dessaisissement d'une juridiction qu'elle suspecte de partialité dans son ensemble[9].

Comme pour toutes les requêtes en renvoi, doit être visée une juridiction, effectivement saisie, à la date de la requête à défaut de quoi la chambre criminelle constatera la requête sans objet et dira qu'il n'y a lieu à statuer[10]. En outre, la chambre criminelle de la Cour de cassation déclare irrecevable une requête lorsqu'elle porte sur plusieurs affaires[11] de même que si elle ne vise qu'un prévenu dans une affaire en concernant plusieurs[12].

Il a été jugé qu'une requête par laquelle un prévenu allègue qu'une formation correctionnelle d'un tribunal de grande instance ne présenterait pas

6. Montpellier, 13 nov. 1930, *Gaz. Pal.* 1930. 2. 945.
7. COJ, art. L. 111-8.
8. C. pr. pén., art. 662.
9. Pour une illustration médiatique de la distinction entre suspicion légitime et récusation : Crim. 20 juin 2013, n° 13-84.177, P n° 149 ; *D.* 2013. 1993, obs. J. Pradel.
10. Crim. 8 juill. 2015, n° 15-84.144, NP ; Crim. 29 mars 2017, n° 17-81.993, NP ; Crim. 13 juin 2017, n° 17-83.553, NP ; Crim. 3 oct. 2018, n° 18-85.551, NP.
11. Crim. 1 sept. 2011, n° 11-86.460, NP ; Crim. 25 juill. 2018, n° 18-84.416, NP.
12. Crim. 20 juill. 2011, n° 11-85.465, NP.

toutes les garanties d'impartialité, la présidente de cette formation ayant apporté un soutien logistique aux parties civiles en leur distribuant un formulaire pré-imprimé intitulé « constitution de partie civile » accompagné d'un document intitulé « présentation des dossiers de demande d'indemnisation » et ayant tenu une réunion avec les avocats des parties civiles hors la présence des avocats des prévenus, constitue non pas une requête en suspicion légitime visant une juridiction, mais une requête en récusation et doit, dès lors, être présentée au premier président de la cour d'appel. La chambre criminelle de la Cour de cassation est incompétente pour statuer sur une telle requête[1].

211.222 Requête en suspicion légitime. La requête en suspicion légitime doit viser une juridiction et non un magistrat nommément désigné[2]. Elle doit articuler des faits précis et le demandeur ne saurait se faire un grief de ce que la chambre de l'instruction n'a pas répondu à son mémoire excipant de la nullité de l'ordonnance de refus d'informer et d'irrecevabilité de constitution de partie civile, en raison du défaut d'impartialité du juge instruction, dès lors qu'il résulte des pièces de la procédure que les griefs sont allégués, à l'encontre de « tous magistrats du siège et du parquet de la cour d'appel de Colmar, instruction comprise » et qu'ils ne pouvaient, dès lors, en l'absence d'articulation de faits précis, s'analyser en une mise en cause personnelle du magistrat instructeur, de nature à faire naître un doute justifié sur son impartialité[3]. Une requête par laquelle un (*inculpé*) mis en examen reproche à un membre de la chambre (d'accusation) de l'instruction des manifestations assez graves pour faire suspecter son impartialité constitue non pas une requête en suspicion légitime mais une requête en récusation et doit, dès lors, être présentée, à peine de nullité, au premier président de la cour d'appel. La chambre criminelle de la Cour de cassation est incompétente pour statuer sur une telle requête[4]. Les requêtes en suspicion légitime ne sont recevables ni contre le ministère public, ni contre les militaires de la gendarmerie[5]. Elle n'est recevable que si la juridiction d'instruction ou de jugement contre laquelle elle est formée est déjà saisie de la poursuite[6].

La question a pu se poser de l'application de cette procédure à la Cour de cassation elle-même. Une première décision en matière pénale avait jugé que la requête dirigée contre tous les magistrats de la chambre criminelle devait être déclarée irrecevable, la Cour de cassation ne pouvant être visée par une demande de renvoi pour cause de suspicion légitime[7]. La deuxième chambre civile a également estimé que la procédure de renvoi pour cause de suspicion légitime n'est pas applicable à la Cour de cassation[8].

N'est pas recevable la requête aux fins de dessaisissement et de renvoi pour cause de suspicion légitime présentée par le conseil (de l'inculpé) du mis en examen et non par (l'inculpé) le mis en examen lui-même ainsi que l'exige l'article 662 du code de procédure pénale[9]. N'est pas recevable la requête aux fins de dessaisissement et de renvoi pour cause de suspicion légitime présentée par le conseil du requérant s'il n'est pas avocat aux Conseils[10]. La délivrance d'un mandat d'arrêt par le juge d'instruction, au cours de l'information et avant tout interrogatoire, ne confère pas à celui qui en est l'objet la qualité de personne mise en examen et, par voie de conséquence, celle de partie au sens de l'article 662 du code de procédure pénale. Est, dès lors, irrecevable la requête aux fins de renvoi pour cause de suspicion légitime présentée par une personne faisant l'objet d'un mandat d'arrêt, au cours d'une information[11].

La requête doit dire quelle est la juridiction dont le dessaisissement est demandé et la procédure qui motive cette demande. Elle doit contenir l'exposé précis et circonstancié des faits qui la fondent et qui sont de nature à établir un soupçon de partialité à l'encontre la juridiction concernée au-delà de simples allégations[12].

Cette requête doit être signifiée à toutes les parties intéressées, qui ont un délai de dix jours pour déposer un mémoire au greffe de la Cour de cassation et ceci à

1. Crim. 17 avr. 2013, n° 13-82.672, P n° 94.
2. Crim. 29 janv. 1948, P n° 40.
3. Crim. 1er juill. 2009, n° 08-87.080, NP.
4. Crim. 25 nov. 1976, n° 76-92.090, P n° 343.
5. Crim. 7 avr. 1976, n° 75-92.601, P n° 107.
6. Crim. 19 mai 1967, n° 66-93.370, P n° 155.
7. Crim. 15 juin 1934, P n° 119.
8. Civ. 2e, 14 déc. 1977, n° 77-00.004, P II, n° 239 – v. égalt ss n° 211.231.
9. Crim. 5 sept. 1988, n° 88-84.081, P n° 314 – confirmé par : Crim. 14 nov. 2012, n° 12-86.954, P n° 248 ; *D.* 2012. 2739 ; *D.* 2013. 1993, obs. J. Pradel – Le même jour la chambre criminelle a jugé que le mémoire présentant une question prioritaire de constitutionnalité soulevée à l'occasion d'une requête tendant au renvoi d'une affaire devant une autre juridiction pour cause de suspicion légitime, sans le recours au ministère d'un avocat au Conseil d'État et à la Cour de cassation, doit porter la signature du requérant en personne, un mémoire présenté par son avocat, s'il n'est pas avocat aux Conseils, n'étant pas recevable (même affaire). Cette position, si elle respecte la lettre des textes, peut poser la question d'exigences formelles excessives.
10. Crim. 14 nov. 2012, n° 12-86.954, P n° 248 ; *D.* 2012. 2739 ; *D.* 2013. 1993, obs. J. Pradel.
11. Crim. 28 avr. 2011, n° 10-87.750, P n° 86 ; *D.* 2011. 1563 ; *D.* 2011. 2231, obs. J. Pradel.
12. Civ. 2e, 19 mars 1980, Gaz. Pal. 1980, p. 548, note J. Viatte.

peine d'irrecevabilité[1]. Les témoins assistés sont des parties intéressées au sens de l'article 662 du code de procédure pénale. À peine d'irrecevabilité, la requête en renvoi pour cause de suspicion légitime doit donc leur être signifiée[2]. Concernant les modalités de signification, elle sera effectuée par acte d'huissier, par le chef d'établissement pénitentiaire pour les personnes incarcérées, ou par un magistrat ou greffier. La chambre criminelle a pu admettre une notification par remise en main propre dans un contexte d'émeutes à Mayotte[3].

La procédure particulière aux requêtes en dessaisissement pour cause de suspicion légitime commande que, devant la Cour de cassation, les débats qui sont, par leur nature, susceptibles de porter atteinte à l'ordre public ou aux intérêts de la justice, aient lieu en chambre du conseil[4].

211.223 **Exemples.** Constitue un motif suffisant de suspicion légitime, l'hostilité manifestée publiquement par un juge d'instruction à l'égard d'un inculpé[5].

Est objectivement de nature à faire naître un doute sur l'impartialité de la juridiction d'instruction, au sens de l'article 6 de la convention européenne des droits de l'homme, et constitue, dès lors, un motif de dessaisissement pour cause de suspicion légitime, au sens de l'article 662 du code de procédure pénale, la circonstance qu'un juge d'instruction ait à instruire sur les faits dénoncés par la partie civile après avoir opposé à celle-ci un refus d'informer injustifié[6].

Est objectivement de nature à faire naître un doute sur l'impartialité de la juridiction, selon l'article 6 de la convention européenne des droits de l'homme, et constitue, dès lors, un motif de dessaisissement pour cause de suspicion légitime, au sens de l'article 662 du code de procédure pénale, la circonstance que l'assemblée générale des magistrats d'un tribunal a adopté une motion de soutien à l'un de ses membres, constitué partie civile dans une procédure pendante devant ce tribunal[7].

La connexité existant entre deux affaires, dont l'une a fait l'objet d'un renvoi à une autre juridiction pour cause de suspicion légitime, justifie à elle seule le renvoi de la seconde devant cette même juridiction[8].

Les circonstances de l'espèce dans lesquelles ont été exercées des poursuites, sur la dénonciation d'un magistrat du parquet se présentant comme victime des faits, sont de nature, non à douter de l'indépendance des membres du tribunal mais à faire craindre que la juridiction ayant à décider du bien-fondé de l'accusation n'offre pas les garanties suffisantes d'impartialité, selon l'article 6 de la convention européenne des droits de l'homme, et constituent, dès lors, un motif de dessaisissement pour cause de suspicion légitime, au sens de l'article 662 du code de procédure pénale[9].

À l'inverse, ne sont pas objectivement de nature à faire naître un doute sur l'impartialité de la juridiction de jugement et ne constituent pas un motif de dessaisissement pour cause de suspicion légitime, les conditions déloyales dans lesquelles l'action pénale aurait été, aux dires du demandeur, exercée contre lui à l'occasion d'une précédente poursuite devant la même juridiction, ces faits, à les supposer établis, étant étrangers à la conduite de l'action pénale concernant la procédure en cours[10]. Il n'existe pas plus de motifs de renvoi pour cause de suspicion légitime lorsqu'un juge d'instruction, qui envisage la mise en examen d'une personne bénéficiant d'une immunité parlementaire, rend une ordonnance, visant à obtenir la levée de cette immunité, dans laquelle il relève les indices graves et concordants laissant penser que la personne poursuivie a participé aux faits dont il est saisi[11]. La seule circonstance qu'un juge d'instruction soit le conjoint d'un magistrat du ministère public exerçant ses fonctions près le même tribunal n'est pas de nature à faire naître un doute objectivement justifié quant à son impartialité dès lors qu'il n'est pas établi que son conjoint soit intervenu directement ou indirectement dans le déroulement de l'information[12]. La chambre criminelle a pu plus récemment, rejeter une requête en suspicion légitime motivée par la constitution de partie civile de l'association Anticor dans le dossier dit des époux Balkany, au motif que « ces éléments ne sont pas de nature à faire naître un doute sur l'impartialité du tribunal de grande instance de Paris, dès lors que M. Éric Alt ne fait pas partie de la composition en charge du jugement de l'affaire, qu'il n'exerce aucune fonction pénale et que plus de trois cents magistrats sont affectés à la juridiction en cause »[13].

Pour les avocats, la chambre criminelle a posé le principe que : « la mise en cause d'un avocat dans

1. Crim. 5 sept. 1988, n° 88-84.081, P n° 314.
2. Crim. 30 mai 2012, n° 12-83.749, P n° 138.
3. Crim. 9 mai 2018, n° 18-81.759, NP.
4. Crim. 20 sept. 1989, n° 89-83.954, P n° 323.
5. SUR le fait admis par le juge d'avoir publiquement déclaré à un inspecteur de police, à l'issue d'un interrogatoire : « ... *Ah ! je suis avec l'affaire X..., je ne peux pas le voir, celui-là. Ah ! c'est plus fort que moi, je ne peux pas le voir, vous devriez lui acheter un punching-ball ou le mettre au Tranxène 5* » : Crim. 21 août 1990, n° 90-84.352, P n° 305.
6. Crim. 5 janv. 2005, n° 04-86.947, P n° 10 ; *AJ pénal* 2005. 162, obs. J. Leblois-Happe.
7. Crim. 3 nov. 1994, n° 94-84.752, P n° 351.
8. Crim. 3 nov. 1994, n° 94-84.753, P n° 352.
9. Crim. 30 nov. 1994, n° 94-85.539, P n° 392.
10. Crim. 20 mars 1996, n° 96-81.215, P n° 124.
11. Crim. 10 juill. 1996, n° 96-82.640, P n° 294.
12. Crim. 14 janv. 2003, n° 02-87.062, P n° 6 ; *D.* 2003. 944 ; *RSC* 2003. 884, obs. J.-F. Renucci.
13. Crim. 28 mai 2019, n° 19-83.400, NP.

une plainte avec constitution de partie civile n'est pas à elle seule de nature à justifier le dessaisissement de la juridiction d'instruction régulièrement saisie »[1]. Toutefois elle a pu admettre le renvoi, que l'avocat concerné soit mis en cause[2] ou victime[3].

Rappelons enfin que le demandeur ne saurait mettre en cause devant la Cour de cassation l'impartialité des juges composant le tribunal correctionnel et la chambre des appels correctionnels, dès lors qu'il n'a pas usé de la possibilité d'en obtenir le respect en récusant ces magistrats en application de l'article 668 du code de procédure pénale ou en présentant une requête en suspicion légitime sur le fondement de l'article 662 du même code[4], dans le fil d'une décision antérieure rendue par l'assemblée plénière de la Cour de cassation[5].

211.224 **Conséquences.** On notera, en matière civile, une décision ayant jugé que la décision par laquelle le président d'une juridiction visée par une demande de renvoi pour cause de suspicion légitime qui, après avoir estimé cette demande fondée, distribue l'affaire à une autre formation de la juridiction est une mesure d'administration judiciaire qui n'est pas susceptible de recours, fût-ce pour excès de pouvoir[6].

En matière pénale, la Cour de cassation qui fait droit à la requête en suspicion légitime renvoie l'examen de l'affaire à une autre juridiction. L'arrêt statuant sur la demande de renvoi est signifié aux parties dans les conditions prévues à l'article 666 du code de procédure pénale. La désignation d'une juridiction d'instruction par la Cour de cassation, en application de l'article 662 du même code, entraîne la compétence de la juridiction de jugement[7]. Les actes de la procédure régulièrement effectués, réalisés antérieurement à l'arrêt de la chambre criminelle ordonnant le renvoi d'un tribunal à un autre, dans l'intérêt d'une bonne administration de la justice, en application des dispositions de l'article 662, continuent à produire leurs effets[8]. Si la requête est rejetée, une nouvelle demande peut être présentée ainsi que le prévoit l'article 667, mais uniquement fondée sur des faits survenus depuis.

211.225 **Jurisprudence européenne.** On peut noter ici une jurisprudence européenne retenant que la présence au sein d'un jury, d'un policier qui connaissait depuis longtemps un témoin clef de l'accusation, lui-même policier, est de nature à heurter le droit à un procès équitable[9][10].

En relation cette fois avec les recours intentés par des citoyens français sur le terrain de l'impartialité des juridictions au sens le plus large, on pourra citer, dans une hypothèse intéressant une procédure devant l'Autorité des marchés financiers (*AMF, anciennement, Commission des opérations de Bourse, COB*) mais qui manifestement, par les considérations prises, en dépasse le cadre, la décision de la CEDH du 20 janvier 2011[11], aux termes de laquelle le justiciable doit connaître l'identité de ses juges :

« 41. La Cour rappelle qu'aux fins de l'article 6, § 1, l'impartialité doit s'apprécier selon une démarche subjective, essayant de déterminer la conviction personnelle de tel juge en telle occasion, et aussi selon une démarche objective amenant à s'assurer qu'il offrait des garanties suffisantes pour exclure à cet égard tout doute légitime (v., entre autres, *Hauschildt c/ Danemark*, 24 mai 1989, § 46, série A nº 154, et *De Cubber c/ Belgique*, 26 oct. 1984, § 24, série A nº 86). Seule est en cause en l'espèce l'appréciation objective, qui consiste à se demander si indépendamment de la conduite personnelle du juge, certains faits vérifiables autorisent à suspecter l'impartialité de ce dernier. En la matière, même les apparences peuvent revêtir de l'importance. Il y va de la confiance que les tribunaux d'une société démocratique se doivent d'inspirer aux justiciables, à commencer, au pénal, par les prévenus (*Didier c/ France* (déc.), nº 58188/00, 27 août 2002).

42. La Cour convient du caractère particulier, voire formel comme l'indique le Gouvernement, du grief du requérant, dans la mesure où il se plaint de l'absence de mention de l'identité des personnes qui composaient la formation de jugement ayant prononcé à son encontre l'interdiction définitive d'exercer l'activité de gestion pour le compte de tiers. Il ne s'agit donc pas pour la Cour de se livrer à une appréciation de la réalité des doutes sur l'impartialité tel qu'elle le fait traditionnellement en examinant un cumul de fonctions au sein d'une entité comme celle litigieuse en l'espèce (Didier et Dubus, précités). Ce qui est en cause, c'est l'impossibilité même de vérifier, du fait des dispositions de droit interne alors en vigueur, l'impartialité de la com-

1. Crim. 24 nov. 2015, nº 15-86.851, NP.
2. Crim. 14 déc. 2016, nº 16-85.616, NP ; Crim. 10 janv. 2017, nº 17-80.051, NP ; Crim. 9 mai 2019, nº 19-83.109, NP.
3. Crim. 25 janv. 2017, nº 17-80.433, NP ; Crim. 18 oct. 2017, nº 17-85.998, NP.
4. Crim. 9 sept. 2009, nº 08-87.312, NP – v. s[s] nºs 211.201 s.
5. Cass., Ass. plén., 11 juin 2004, nº 98-82.323, P nº 1.
6. Civ. 2e, 1er févr. 2018, nº 17-14.730, P.
7. Crim. 5 avr. 1960, P nº 208.
8. Crim. 26 mars 1985, nº 83-94.510, P nº 128.
9. Conv. EDH, art. 6.
10. CEDH 20 déc. 2011, *Hanif and Khan c/ Royaume-Uni*, req. nºs 52999/08, 61779/08 – L'article 257, 4º du code de procédure pénale déclare incompatible avec les fonctions de juré celles de « *fonctionnaire des services de police ou de l'administration pénitentiaire et militaire de la gendarmerie en activité de service* ».
11. CEDH 20 janv. 2011, *Vernes c/ France*, req. nº 30183/06.

mission. En effet, la loi ne permettait pas au requérant d'avoir connaissance de la composition de la commission qui lui a infligé la sanction précitée, et donc de s'assurer de l'absence d'un éventuel préjugement de sa part ou d'un lien de l'un de ses membres avec la partie en cause, susceptibles de vicier la procédure. Dans ces conditions, et au nom des apparences, la Cour est d'avis, avec le requérant, que le défaut d'indication de l'identité de l'ensemble des membres de la COB ayant délibéré était de nature à faire douter de son impartialité.

43. La Cour observe à cet égard que, dans le même souci de transparence et de mise en conformité de la procédure devant la COB puis l'AMF avec les exigences de l'article 6, § 1 de la convention que celui qui a prévalu pour le grief précédent (paragraphes 18, 19 et 20 ci-dessus), des modifications postérieures à la procédure litigieuse permettent désormais de connaître l'identité des membres et de solliciter leur récusation. »

En outre, ce même arrêt rappelait :

« 48. que, dans les arrêts *Kress c/ France* ([GC], n° 39594/98, §§ 72-76, CEDH 2001-VI) et *Martinie* (précité, §§ 53-54), (le Cour) a conclu à la violation de l'article 6, § 1 de la convention du fait de la participation et même de la simple présence du commissaire du gouvernement au délibéré de la formation de jugement du Conseil d'État. La Cour considère que la présente affaire, antérieure à la réforme du code de justice administrative en la matière entrée en vigueur le 1er septembre 2006 (*Étienne c/ France* (déc.), n° 11396/08, 15 sept. 2009), ne présente pas d'éléments susceptibles de la distinguer de cette jurisprudence.

49. Partant, il y a eu violation de l'article 6, § 1 de la convention. »

Dans une affaire [1] les requérants se plaignaient du défaut d'impartialité de la chambre criminelle de la Cour de cassation en raison de la présence lors de l'examen de leurs pourvois contre l'arrêt de la cour d'appel de Paris (du 14 avril 2005) de sept des neuf conseillers ayant statué à l'occasion du pourvoi formé par le procureur général près la cour d'appel d'Amiens contre l'arrêt de cette juridiction en date du 29 novembre 2001. Ils soutenaient que la Cour de cassation devrait être composée autrement lorsqu'elle examine un pourvoi formé contre un arrêt rendu après une première cassation.

« 36... La Cour constate qu'en l'espèce, la crainte d'un manque d'impartialité tenait au fait que sept des neuf juges ayant siégé à la chambre criminelle, qui a statué le 30 novembre 2005 sur le pourvoi formé par les requérants contre l'arrêt de condamnation, avaient auparavant siégé à la chambre qui s'était prononcée le 27 novembre 2002 sur le pourvoi formé par le procureur général près la cour d'appel d'Amiens contre l'arrêt de relaxe. Pareille situation, la Cour en convient, pouvait susciter des doutes chez les requérants quant à l'impartialité de la Cour de cassation. Il lui appartient toutefois d'examiner si ces doutes se révèlent objectivement justifiés (*Morel c/ France*, n° 34130/96, § 44, CEDH 2000-VI).

37. La Cour est, dès lors, appelée à décider si, compte tenu de la nature et de l'étendue du contrôle juridictionnel incombant à ces magistrats dans le cadre du pourvoi formé contre l'arrêt de relaxe, ces derniers ont fait preuve, ou ont pu légitimement apparaître comme ayant fait preuve, d'un parti pris quant à la décision qu'ils ont ensuite rendue lors du pourvoi contre l'arrêt de condamnation. Ce serait notamment le cas si les questions qu'ils avaient eues à traiter à l'occasion du second pourvoi avaient été analogues à celles sur lesquelles ils ont statué lors du premier (*Saraiva de Carvalho c/ Portugal*, 22 avr. 1994, § 38, série A n° 286-B ; et Morel, précité, § 47).

38. La Cour estime qu'elle doit statuer en tenant compte de la particularité du rôle et de la nature du contrôle exercé par la Cour de cassation. La Cour rappelle que le pourvoi en cassation constitue une voie de recours à finalité différente de celle de l'appel (*Civet c/ France* [GC], n° 29340/95, § 43, CEDH 1999-VI) et que le rôle de la Cour de cassation et le contrôle qu'elle exerce sont spécifiques. Les possibilités de cassation étant limitées, de par les dispositions de l'article 591 du code de procédure pénale, aux violations de la loi, il ne rentre pas dans les attributions de la Cour de cassation de revenir, comme le fait une cour d'appel, sur l'appréciation des éléments de pur fait. Le contrôle exercé par la Cour de cassation est un contrôle de légalité, mêlé à certains égards de fait lorsqu'elle exerce un contrôle juridique de l'appréciation des faits. La Cour de cassation "n'en a pas moins pour mission de contrôler l'adéquation entre, d'une part, les faits établis par les juges du fond et, d'autre part, la conclusion à laquelle ces derniers ont abouti sur le fondement de ces constatations" (*Civet*, précité, § 43). Au-delà d'un examen de la régularité de l'arrêt qui lui est déféré, elle vérifie que la décision est justifiée et adéquatement motivée.

39. À la suite du premier pourvoi, la Cour de cassation, effectuant un contrôle de légalité de l'arrêt de la cour d'appel du 29 novembre 2001, s'est prononcée au regard des éléments factuels sur la réalité de l'infraction de prise illégale d'intérêts reprochée aux requérants, en caractérisant à la fois l'élément matériel et moral du délit. Dès lors, la Cour admet que les requérants ont pu nourrir des

1. CEDH 24 juin 2010, *Mancel et Branquart c/ France*, req. n° 22349/06 ; *D.* 2010. 1945, obs. S. Lavric ; *RSC* 2010. 693, obs. D. Roets.

soupçons quant au caractère impartial de la Cour de cassation, laquelle, saisie du deuxième pourvoi, était amenée une nouvelle fois à vérifier l'appréciation, par la cour d'appel de renvoi, des éléments constitutifs de l'infraction.

40. La Cour estime que dans ces circonstances, il existait des raisons objectives de craindre que la Cour de cassation ait fait preuve d'un parti pris ou de préjugés quant à la décision qu'elle devait rendre lors du second pourvoi formé par les requérants.

41. Partant, il y a eu violation de l'article 6, § 1 de la convention en tant qu'il garantit le droit à un tribunal impartial. »

En matière de participation de deux conseillers de la chambre des appels correctionnels à la procédure antérieure, en l'espèce à des décisions de la chambre de l'instruction, la Cour européenne des droits de l'Homme a pu décider[1] :

« 36. À cet égard, la Cour rappelle que le simple fait qu'un juge ait déjà pris des décisions avant le procès, notamment au sujet de la détention provisoire, ne peut justifier en soi des appréhensions quant à son impartialité (*Hauschildt c/ Danemark*, 24 mai 1989, § 50 ; *Sainte-Marie c/ France*, 7 déc. 1992, n° 12981/87, § 32). La question portant sur le maintien d'un placement en détention provisoire ne se confond pas avec la question portant sur la culpabilité de l'intéressé ; on ne saurait ainsi assimiler des soupçons à un constat formel de culpabilité. Toutefois, des circonstances particulières peuvent, dans une affaire donnée, mener à une conclusion différente (*Sainte-Marie*, précité § 32).

37. En l'espèce, la Cour estime que la motivation retenue par la chambre de l'instruction de la cour d'appel d'Orléans, dans les deux arrêts précités des 17 avril et 31 juillet 2003, constitue davantage une idée préconçue de la culpabilité du requérant que la simple description d'un "état de suspicion", au sens de la jurisprudence de la Cour.

38. S'il ne peut être reproché à la chambre de l'instruction d'avoir repris le fait, mis en exergue par l'instruction du dossier, que le seul trafic reconnu par le requérant apparaissait effectivement comme étant "des plus conséquents", la Cour considère en revanche qu'en s'exprimant en des termes clairs et non équivoques quant au rôle exact du requérant et à sa place dans le réseau délictueux ("il agissait en véritable professionnel du trafic", et était considéré comme "l'un des principaux trafiquants"), ainsi que sur l'étendue de son implication dans ce trafic ("dont il tirait très largement bénéfice") les magistrats de la chambre de l'instruction de la cour d'appel d'Orléans sont allés au-delà d'un simple état de suspicion à son encontre. Elle constate qu'en adoptant une telle motivation, et notamment en tirant des conclusions catégoriques de discordances apparentes, relevées dans l'arrêt du 17 avril 2003, entre les déclarations du requérant et certains éléments matériels recueillis lors des investigations (v. le paragraphe 15 ci-dessus), la chambre de l'instruction ne s'est pas limitée à une appréciation sommaire des faits reprochés pour justifier la pertinence d'un maintien en détention provisoire, mais s'est au contraire prononcée sur l'existence d'éléments de culpabilité à la charge du requérant.

39. La Cour ne saurait dès lors conclure que les décisions litigieuses ne comportent aucune motivation ou appréciation quelconque de culpabilité au regard des faits reprochés au requérant (*contra : Kiratli c/ Turquie*, (déc.), n° 6497/04, 9 oct. 2007, et *Gosselin c/ France*, (déc.), 6 avr. 2004). Elle estime en conséquence que l'impartialité objective des deux magistrats de la chambre des appels correctionnels de la cour d'appel d'Orléans – qui ont fait partie de la chambre de l'instruction de la cour d'appel d'Orléans ayant rendu les arrêts litigieux des 17 avril et 31 juillet 2003 – pouvait ainsi paraître sujette à caution. Il s'ensuit que les appréhensions du requérant peuvent passer pour objectivement justifiées.

40. Partant, il y a eu violation de l'article 6, § 1 de la convention ».

Pour autant la jurisprudence européenne peut connaître en ce domaine quelques tempéraments, puisqu'il a notamment été jugé, dans une hypothèse où deux des trois membres de la chambre correctionnelle d'une cour d'appel qui avait jugé l'accusé avaient précédemment siégé à la chambre d'accusation et y avaient participé à une décision confirmant une ordonnance refusant l'élargissement de l'intéressé, que les juges de la détention fondèrent leur arrêt sur les propres déclarations de l'intéressé [...] et que les juges (en cause) se bornèrent à apprécier sommairement les données disponibles pour déterminer si, de prime abord, les soupçons de la gendarmerie avaient quelque consistance et laissaient craindre un risque de fuite. En conclusion, la participation de ces juges à la juridiction de jugement n'a pas porté atteinte à l'impartialité de la chambre des appels correctionnels, les appréhensions du requérant ne pouvant passer pour objectivement justifiées[2]. L'appréciation de la Cour de Strasbourg découle en fait de l'examen de l'étendue et de la nature des mesures adoptées par le juge avant le procès[3].

1. CEDH 22 avr. 2010, *Chesne c/ France*, req. n° 29808/06 ; *D.* 2010. 1215, obs. S. Lavric ; *AJ pénal* 2010. 346, obs. L. Ascensi ; *RSC* 2010. 690, obs. D. Roets.

2. CEDH 16 déc. 1992, *Sainte-Marie c/ France*, req. n° 12981/87, § 33 et 34 ; *D.* 1993. Somm. 384, obs. J.-F. Renucci.

3. CEDH 24 févr. 1993, *Fey c/ Autriche*, req. n° 14396/88, § 30.

La chambre criminelle s'inscrit dans le fil de cette jurisprudence, en décidant d'une part, que le simple fait qu'un juge ait pris, avant le procès, une décision relative à la détention provisoire ne peut, en soi, suffire à justifier que soit contestée son impartialité, et d'autre part, que le bien-fondé du grief de partialité des juges ne saurait être établi par la seule circonstance que les magistrats composant la chambre des appels correctionnels de la cour d'appel avaient antérieurement composé la chambre de l'instruction ayant confirmé l'ordonnance de placement en détention provisoire rendue par le juge des libertés et de la détention[1].

§ 3
Abstention

211.231 **Abstention.** Le juge qui suppose en sa personne une cause de récusation ou estime en conscience devoir s'abstenir se fait remplacer par un autre juge spécialement désigné[2]. La loi du 18 novembre 2016[3] est venue ajouter que le magistrat du ministère public qui suppose en sa personne un conflit d'intérêts, au sens de l'article 7-1[4] de l'ordonnance du 22 décembre 1958[5] portant loi organique relative au statut de la magistrature, ou estime en conscience devoir s'abstenir se fait remplacer[6]. Si le code de procédure pénale à la différence du COJ et du C. pr. civ. ne prévoit pas explicitement l'abstention, l'article 674 évoque la possibilité pour le juge dans certaines circonstances de se « récuser d'office » et l'exigence d'une autorisation du Premier président de la cour d'appel à laquelle il appartient, ce qui concerne bien cette hypothèse[7].

Doit donc se récuser sans attendre, tout magistrat qui peut légitimement craindre un manque d'impartialité au moment d'apprécier telle affaire dans laquelle il est appelé à siéger ou requérir. Il y va de la confiance que les tribunaux se doivent d'inspirer aux justiciables dans une société démocratique[8].

Il ne s'agit pas que les activités annexes du magistrat le conduisent à se déporter d'un grand nombre de contentieux qu'il aurait été naturellement appelé à connaître. C'est bien le suivi de l'activité de magistrat dans ses attributions naturelles et non l'exercice d'activités annexes qui doit primer. La question d'un changement d'affectation ou de l'abandon de ses activités accessoires peut alors être posée[9].

La participation d'un magistrat au travail parlementaire ou réglementaire, dans le cours d'un détachement par exemple, doit encore conduire, si une question posée concerne la portée desdits textes, à l'abstention du magistrat concerné, conformément à la jurisprudence européenne[10].

Aucun des juges ou conseillers visés à l'article 668 ne peut se récuser d'office sans l'autorisation du premier président de la cour d'appel dont la décision, rendue après avis du procureur général, n'est susceptible d'aucune voie de recours[11]. L'article 668 dudit code énonce les causes de récusation. Les termes de l'article 674 du même code sont curieux si l'on observe que le choix de s'abstenir relève d'abord de la responsabilité personnelle du juge, qui sera souvent le seul à connaître la cause motivant sa démarche. Surtout, il a pu se faire qu'un chef de cour avisé d'une difficulté tenant à la présidence d'une association d'aide aux victimes par une magistrate appelée à présider un important procès correctionnel, n'ait pas jugé utile, nonobstant la démarche de l'intéressé, de la décharger de telle audience, cette présence fondant ultérieurement la cassation de l'arrêt[12].

Dans la pratique des juridictions, cette procédure demeure peu usitée, le magistrat ne souhaitant pas siéger dans telle affaire, en informe verbalement son chef de juridiction, qui le remplacera, s'il s'agit d'un juge d'instruction par l'article 84 du code de procé-

1. Crim. 28 mars 2012, n° 11-85.225, P n° 85 ; *D.* 2012. 1130 ; *RSC* 2012. 617, obs. A. Giudicelli ; *RSC* 2012. 929, obs. J.-F. Renucci.
2. COJ, art. L. 111-7 ; créé par ord. n° 2006-673, 8 juin 2006, art. 1er et C. pr. civ., art. 339, mod. par Déc. n° 2019-913, 30 août 2019, *JO* 1er sept., n° 3, art. 19.
3. LO n° 2016-1090, 8 août 2016 relative aux garanties statutaires, aux obligations déontologiques et au recrutement des magistrats ainsi qu'au Conseil supérieur de la magistrature, *JO* 11 août 2016.
4. Ord. n° 58-1270, 22 déc. 1958, art. 7-1 ; créé par LO n° 2016-1090, 8 août 2016, art. 26.
5. Ord. n° 58-1270, 22 déc. 1958 portant loi organique relative au statut de la magistrature *JO* 23 déc., p. 11551.
6. COJ, art. L. 111-7, al. 2 ; issu de L. n° 2016-1547, 18 nov. 2016, art. 18 – En vertu de l'article 7 de l'ordonnance n° 58-1270 du 22 décembre 1958, constitue un conflit d'intérêts toute situation d'interférence entre un intérêt public et des intérêts publics ou privés qui est de nature à influencer ou à paraître influencer l'exercice indépendant, impartial et objectif d'une fonction.
7. L'article C. pr. pén. 674 renvoie d'ailleurs aux cas de récusation énoncés par l'article C. pr. pén. 668, mais la jurisprudence retient toutefois que les causes pour lesquelles le juge non récusé par les parties peut être autorisé à s'abstenir, n'ont pas été déterminées par la loi (Crim. 29 janv. 1913, *DP*, 1915, 1, p. 56) ce qui laisse ouverte la possibilité de fonder l'abstention sur d'autres causes que celles de l'article 668.
8. CEDH 1er oct. 1982, *Piersack c/ Belgique*, req. n° 8692/79, § 30.
9. La charte de déontologie des membres de la juridiction administrative (art. 23) privilégie en ce sens l'abandon de l'activité accessoire.
10. CEDH 8 févr. 2000, *Mc Gonnell c/ GB*, req. N° 28488/95, § 57.
11. C. pr. pén., art. 674.
12. Crim. 13 janv. 2015, n° 12-87.059, P n° 15.

dure pénale, ou, s'il s'agit d'un autre magistrat, par les dispositions du code de l'organisation judiciaire. Une autre solution est que les dossiers comportant un empêchement soient échangés entre collègues ou audiencés de manière à éviter tout incident de cette nature.

§ 4
Renvois pour autres causes

211.241 Bonne administration de la justice – Procédure. Le Conseil constitutionnel reconnaît « la bonne administration de la justice » comme un « objectif de valeur constitutionnelle qui résulte des articles 12,15 et 16 de la Déclaration des droits de l'homme et du citoyen de 1789 »[1]. Cette notion n'est toutefois définie ni par le code de l'organisation judiciaire ni par celui de procédure pénale. Elle vise bien une juridiction et non des magistrats et tend à permettre que justice soit rendue aux mieux des intérêts de tous. Elle a pu ainsi s'appliquer pour délocaliser une cour d'assises vers une salle permettant à l'accusé de se mouvoir en fauteuil roulant[2] ou remédier à des problèmes de sécurité[3].

Le renvoi d'une affaire d'une juridiction à une autre peut être ordonné, dans l'intérêt d'une bonne administration de la justice, par la chambre criminelle, soit sur requête du procureur général près la Cour de cassation, soit sur requête du procureur général près la cour d'appel dans le ressort de laquelle la juridiction saisie a son siège, agissant d'initiative ou sur demande des parties. Sont irrecevables les requêtes présentées par les seules parties privées[4]. Ont pu ainsi être regroupées des procédures intéressant des faits connexes ou identiques[5] ou poursuivies selon diverses voies procédurales[6].

La requête doit être signifiée à toutes les parties intéressées, qui ont un délai d'un mois[7] pour déposer un mémoire au greffe de la Cour de cassation[8]. La loi du 3 juin 2016 a en effet porté à un mois le délai antérieurement fixé à 8 jours.

1. V. par exemple, Cons. const. 21 mars 2019, n° 2019-779 DC par laquelle le Conseil censure certaines dispositions, principalement de nature pénale, de la loi de programmation 2018-2022 et de réforme pour la justice.
2. Crim. 14 déc. 2016, n° 16-87.334, NP ;
3. Crim. 3 oct. 2018, n° 18-85.553, NP.
4. Crim. 26 sept. 2017, n° 17-85.578, NP ; Crim. 13 mars 2019, n° 19-81.841, NP.
5. Crim. 17 oct. 2018, n° 18-85.773, NP, affaire dite du Médiator.
6. Crim. 20 févr. 2019, n° 19-81.266, NP.
7. Depuis L. n° 2016-731, 3 juin 2016, contre 8 jours auparavant.
8. Crim. 21 sept. 2016, n° 16-85.616, NP.

Dans les dix jours de la réception de la demande et s'il n'y donne pas suite, le procureur général près la cour d'appel informe le demandeur des motifs de sa décision. Ce dernier peut alors former un recours devant le procureur général près la Cour de cassation qui, s'il ne saisit pas la chambre criminelle l'informe des motifs de sa décision.

Le dernier alinéa de l'article 665 qui prévoit que la chambre criminelle statue dans les huit jours de la requête n'est pas très cohérent avec la modification précitée qui donne un délai d'un mois aux parties pour déposer leur mémoire au greffe de la Cour de cassation à compter de la signification de la requête[9][10]. Ce délai était en tout état de cause rarement respecté en pratique compte tenu de la nécessité d'un enregistrement du dossier, de son attribution à un conseiller rapporteur, de la réception de l'avis de l'avocat général...

Le renvoi d'une affaire d'une juridiction à une autre peut également être ordonné pour cause de sûreté publique par la chambre criminelle, mais seulement à la requête du procureur général près la Cour de cassation[11].

211.242 Constitutionnalité des dispositions relatives au renvoi de l'affaire pour bonne administration de la justice. Saisie d'une première question prioritaire de constitutionnalité critiquant ces dispositions en ce qu'elles ne prévoyaient pas que la requête aux fins de renvoi soit signifiée aux parties ni que celles-ci puissent déposer un mémoire au greffe de la Cour de cassation, et l'estimant donc non-conforme aux droits et libertés garantis par les articles 6 et 16 de la Déclaration des droits de l'Homme et du citoyen, la chambre criminelle a refusé de saisir le Conseil constitutionnel dès lors qu'il appartient à la chambre criminelle, conformément à l'article préliminaire du code de procédure pénale, de veiller, lors de l'examen de la requête, au respect du principe de la contradiction[12].

Saisie d'une deuxième question prioritaire de constitutionnalité, en ce que le procureur général a, aux termes de ce texte, seul pouvoir de solliciter le dépaysement d'une affaire, les dispositions en cause créant ainsi une différence de traitement entre le ministère public et les autres parties, contraire à ces principes, la chambre criminelle l'a jugé non sérieuse, dès lors que, d'une part, la Cour de cassation s'assure, afin que soit respecté le principe de la contradiction, que la requête soit notifiée à chacune des parties qui sont informées du droit de déposer

9. C. pr. pén., art. 665 ; mod. par L. n° 2016-731, 3 juin 2016, art. 98.
10. V. s[s] n° 311.85.
11. V. s[s] n° 311.84.
12. Crim. 8 juill. 2010, n° 10-90.048, P.

un mémoire au greffe (dans le délai de un mois, anciennement huit jours), de la notification, le respect de ces principes garantissant l'existence d'une procédure juste et équitable et l'équilibre des droits des parties, et que, d'autre part, la différence de traitement établie par ce texte entre le procureur général qui a seul le pouvoir de saisir la Cour de cassation d'une demande de renvoi, et les autres parties, se justifie en ce que l'appréciation de l'opportunité de cette saisine, dans l'intérêt d'une bonne administration de la justice, ne peut relever que des attributions du ministère public. Elle a donc refusé de la transmettre au Conseil constitutionnel[1].

Lors d'une troisième question de constitutionnalité relative à l'article 665 du code de procédure pénale, la chambre criminelle a pu rappeler qu'en application de l'article 23-5[2] de l'ordonnance du 7 novembre 1958[3], la question prioritaire de constitutionnalité ne peut être posée devant la Cour de cassation qu'à l'occasion d'un pourvoi[4].

Dans le cadre de ces dispositions dérogatoires aux principes d'ordre public qui régissent la compétence des juridictions, seule la chambre criminelle est donc compétente pour désigner, dans l'intérêt d'une bonne administration de la justice, une autre juridiction que celle qui est primitivement saisie[5]. Les parties qui invoquent ce texte doivent évidemment préciser les motifs pouvant justifier le dessaisissement de la première juridiction saisie, à défaut de quoi leur requête sera rejetée. Ainsi pour une demande de parties civiles qui sollicitent le renvoi de l'affaire devant une juridiction de leur choix sans invoquer aucun motif[6].

La procédure de l'article 665 est assez formaliste et la requête tendant au renvoi d'une affaire dans l'intérêt d'une bonne administration de la justice doit être notifiée à chacune des parties, celles-ci devant être informées de leur droit de déposer un mémoire au greffe de la Cour de cassation (dans un délai de un mois, anciennement huit jours) suivant cette notification[7]. Il s'agit là de respecter le principe de la contradiction conformément à la décision QPC précitée du 8 juillet 2010.

La requête du procureur général tendant au renvoi devant une autre juridiction dans l'intérêt d'une bonne administration de la justice, doit pareillement être signifiée à la personne qui a été nommément visée dans le réquisitoire introductif[8]. À titre d'exemple, la mise en cause d'un magistrat dans une constitution de partie civile peut n'être pas suffisante à justifier un tel dessaisissement[9].

Il convient de retenir que la désignation d'une juridiction d'instruction par la Cour de cassation emporte pour le jugement de l'affaire, la compétence de la cour d'assises du département où l'instruction s'est déroulée[10].

211.243 Bonne administration de la justice – Exemples. D'une manière générale, l'existence de condamnations, de poursuites ou même d'une enquête concernant un magistrat, un greffier, fonctionnaire, un délégué du procureur[11] amèneront la chambre criminelle à faire droit à la requête. *A fortiori*, en cas de poursuites impliquant magistrat du siège et du parquet, l'un comme mis en examen, l'autre comme plaignant[12].

Elle a pu encore faire droit à des requêtes visant d'anciens membres de la juridiction ou parents de membres actuellement en fonction dans telle juridiction[13]. Cette situation vaut évidemment lorsque des fonctionnaires ou magistrats sont parties civiles voire même simples victimes[14].

211.244 Renvoi à la juridiction du lieu de détention. Toujours à la requête du ministère public auprès de la juridiction saisie ou du procureur général près la Cour de cassation, il peut être procédé dans l'intérêt d'une bonne administration de la justice au dessaisissement d'une juridiction au profit d'une

1. Crim. 15 juin 2011, nº 11-83.703, P nº 133 ; *D.* 2011. 1765.
2. Ord. nº 58-1067, 7 nov. 1958, art. 23-5 ; créé par LO nº 2009-1523, 10 déc. 2009, art. 1er.
3. Ord. nº 58-1067, 7 nov. 1958 portant loi organique sur le Conseil constitutionnel, *JO* 9 nov., p. 10129.
4. Crim. 16 déc. 2014, nº 14-88.038, P nº 274 ; *Dr. pénal* 2015, nº 59, note A. Maron et M. Haas.
5. Crim. 9 déc. 2014, nº 13-84.394, P nº 262 ; *D. actu.* 21 janv. 2015, obs. L. Priou-Alibert.
6. Crim. 3 nov. 1993, nº 93-84.934, P nº 324 – Crim. 19 mai 2015, nº 15-82.859, NP.
7. Crim. 2 sept. 2010, nº 10-86.257, P nº 130.
8. Crim. 17 mai 2011, nº 11-83.617, P nº 99.
9. Crim. 21 sept. 1993, nº 93-84.156, P nº 267.
10. Crim. 8 janv. 1997, nº 96-84.882, P nº 3.
11. Crim. 20 mars 2012, nº 12-82.001, NP.
12. Crim. 10 mars 2015, nº 15-81.382, NP.
13. Crim. 9 sept. 2014, nº 14-86.077, NP (ex-époux d'une juge) ; Crim. 11 juill. 2012, nº 12-84.683, NP (poursuites devant la juridiction de jugement, d'une association d'insertion dont le président était un conseiller de la cour d'appel, anciennement président de la cour d'assises et dont l'épouse était juge de l'application des peines au sein de la juridiction saisie) ; Crim. 9 sept. 2014, nº 14-86.077 (poursuites des chefs de travail dissimulé et de blanchiment de fraude fiscale contre l'ex-époux d'une juge participant régulièrement au tribunal correctionnel, pour des faits qui étaient en lien avec la liquidation de la communauté matrimoniale).
14. Crim. 18 oct. 2011, nº 11-87.441, NP (vol au préjudice du procureur de la République de la juridiction) ; Crim. 13 mai 2015, nº 15-82.738, NP (Escroquerie au préjudice de deux magistrats de la cour d'appel) et en matière d'outrages : Crim. 8 févr. 2017, nº 17-80.811, NP ; Crim. 2 nov. 2017, nº 17-86.299, NP ; Crim. 9 mai 2019, nº 19-83.110, NP ; Crim. 28 mai 2019, nº 19-83.397, NP ; Crim. 5 juin 2019, nº 19-83.581, NP.

autre dans le ressort de laquelle le prévenu est détenu.

Il va de soi que cette mesure a essentiellement pour objectif d'éviter de longs transfèrements de détenus présumés dangereux. Ce dessaisissement est opéré selon la procédure du règlement de juges (C. pr. pén., art. 658 et 659), avec une compétence alternative, soit de la chambre de l'instruction lorsque la juridiction du lieu de détention appartient au même ressort de cour d'appel que la juridiction saisie, soit de la chambre criminelle dans les autres cas.

211.245 Renvoi pour interruption du cours de la justice ou impossibilité de composer la juridiction normalement compétente. Le renvoi peut encore être ordonné par la chambre criminelle si la juridiction normalement compétente ne peut être légalement composée ou si le cours de la justice se trouve autrement interrompu.

La requête aux fins de renvoi peut être présentée, soit par le procureur général près la Cour de cassation, soit par le ministère public établi près la juridiction saisie.

La requête doit être signifiée à toutes les parties intéressées qui ont un délai de dix jours pour déposer un mémoire au greffe de la Cour de cassation.

La chambre criminelle statue dans les quinze jours de la requête[1].

Une unification de ces textes en termes de conditions (parties privées autorisées à agir ou non) ou de délais, notamment de réponse de la chambre criminelle (huit ou quinze jours) serait souhaitable. On observera que la loi du 3 juin 2016 n'a pas en ce cas porté le délai donné aux parties pour déposer un mémoire à un mois... Cette procédure est rarement appliquée de nos jours[2].

211.246 Pouvoir propre du Premier président. Dans un souci de simplification, il a toutefois été ouvert au Premier président de la cour d'appel, si la juridiction normalement compétente ne peut être composée en raison de l'existence des incomptabilités prévues par la loi, la possibilité d'ordonner le renvoi devant la juridiction limitrophe située dans le ressort de cette cour et désignée par l'ordonnance prévue au dernier alinéa de l'article 667-1 du code de procédure pénale.

La requête aux fins de renvoi est présentée par le procureur de la République de la juridiction saisie. Elle est signifiée à toutes les parties intéressées, qui ont un délai de dix jours pour présenter leurs observations auprès du premier président. Celui-ci statue dans les quinze jours de la requête. Sa décision constitue une mesure d'administration judiciaire qui n'est pas susceptible de recours.

Après avis des présidents des tribunaux judiciaires concernés et du procureur général, le premier président prend chaque année une ordonnance indiquant, pour chacune des juridictions de son ressort, la juridiction devant laquelle des procédures sont susceptibles d'être renvoyées en application des dispositions du présent article. Cette ordonnance ne peut être modifiée en cours d'année[3].

211.247 Renvoi pour cause de sûreté publique. À la seule requête du procureur général près la Cour de cassation, il peut être procédé à ce type de renvoi, pour éviter les désordres que pourrait provoquer le jugement de l'affaire sur place, lorsqu'il est à craindre que l'instruction ou le jugement de l'affaire dans la ville ou la région où ont été commis les faits ne soient de nature à provoquer de nouvelles scènes de désordre qui porteraient atteinte à la paix publique[4].

Il sera noté qu'aucune signification aux parties n'est ici exigée.

1. C. pr. pén., art. 665-1.
2. SUR laquelle, v. s[s] n°s 311.86 et 311.87.
3. C. pr. pén., art. 667-1, mod. par Ord. n° 2019-964, 18 sept. 2019, *JO* 19 sept., n° 4, art. 35 (VD).
4. C. pr. pén., art. 665, al. 1 – V. S. Guinchard et J. Buisson, *Procédure pénale*, 4e éd. 2008, n° 1181.

CHAPITRE

212. Ministère public – Défense – Autres professionnels

SECTION 0
ORIENTEUR

212.00 **Sommaire du chapitre.**

212.01 **Principaux textes applicables.**

TEXTES SOURCES

• L. n° 71-1130, 31 déc. 1971 portant réforme de certaines professions judiciaires et juridiques, art. 11, art. 93 à 100 (Dispositions relatives à l'accès partiel à la profession d'avocat en France par les ressortissants des États membres de l'Union européenne ayant acquis leur qualification dans un autre État membre)

• L. n° 2013-1117, 6 déc. 2013 relative à la lutte contre la fraude fiscale et la grande délinquance économique et financière

• COJ, art. L. 122-1 à L. 122-4, L. 212-6, L. 217-1 à L. 217-4, L. 312-7

• COJ, art. R. 122-1, R. 122-2, R. 122-3, R. 122-4

• C. pr. pén., art. prélim., 31, 32, 33, 417, 464, 495-9, 696-108, 803

TEXTES *IN EXTENSO*

• **L. n° 71-1130, 31 déc. 1971, art. 11** (mod. par Ord. n° 2018-310, 27 avr. 2018, art. 1)

Nul ne peut accéder à la profession d'avocat s'il ne remplit les conditions suivantes :

1° Être français, ressortissant d'un État membre des Communautés européennes ou partie à l'accord sur l'Espace économique européen, ou ressortissant d'un État ou d'une unité territoriale n'appartenant pas à ces Communautés ou à cet Espace économique qui accorde aux Français la faculté d'exercer sous les mêmes conditions l'activité professionnelle que l'intéressé se propose lui-même d'exercer en France, sous réserve des décisions du conseil des Communautés européennes relatives à l'association des pays et territoires d'outre-mer à la Communauté économique européenne ou avoir la qualité de réfugié ou d'apatride reconnue par l'Office français de protection des réfugiés et apatrides ;

2° Être titulaire, sous réserve des dispositions réglementaires prises pour l'application de la directive 2005/36/CE du Parlement européen et du Conseil du 7 septembre 2005, et de celles concernant les personnes ayant exercé certaines fonctions ou activités en France, d'au moins une maîtrise en droit ou de titres ou diplômes reconnus comme équivalents pour l'exercice de la profession par arrêté conjoint du garde des Sceaux, ministre de la Justice, et du ministre chargé des universités ;

3° Être titulaire du certificat d'aptitude à la profession d'avocat, sous réserve des dispositions réglementaires mentionnées au 2°, ou, dans le cadre de la réciprocité, de l'examen prévu au dernier alinéa du présent article ;

4° N'avoir pas été l'auteur de faits ayant donné lieu à condamnation pénale pour agissements contraires à l'honneur, à la probité ou aux bonnes mœurs ;

5° N'avoir pas été l'auteur de faits de même nature ayant donné lieu à une sanction disciplinaire ou administrative de destitution, radiation, révocation, de retrait d'agrément ou d'autorisation ;

6° N'avoir pas été frappé de faillite personnelle ou d'autre sanction en application du titre VI de la loi n° 85-98 du 25 janvier 1985 relative au redressement et à la liquidation judiciaires des entreprises ou, dans le régime antérieur à cette loi, en application du titre II de la loi n° 67-563 du 13 juillet 1967 sur le règlement judiciaire, la liquidation des biens, la faillite personnelle et les banqueroutes.

Les titulaires de la licence en droit qui ont obtenu ce diplôme sous le régime antérieur à celui fixé par le décret n° 54-343 du 27 mars 1954 relatif au nouveau régime des études et des examens en vue de la licence en droit sont considérés, pour l'application de la présente loi, comme titulaires d'une maîtrise en droit. Il en est de même pour les licenciés en droit ayant obtenu ce titre lorsque la licence a été organisée sur quatre années.

Sans préjudice des dispositions du titre VI, l'avocat ressortissant d'un État ou d'une unité territoriale n'appartenant pas aux Communautés européennes ou à l'Espace économique européen, s'il n'est pas titulaire du certificat d'aptitude à la profession d'avocat, doit subir, pour pouvoir s'inscrire à un barreau français, les épreuves d'un examen de contrôle des connaissances en droit français selon des modalités fixées par décret en Conseil d'État. Il en est de même d'un ressortissant d'un État membre des Communautés européennes ou partie à l'accord sur l'Espace économique européen qui aurait acquis la qualité d'avocat dans un État ou une unité territoriale n'appartenant pas à ces Communautés ou à cet Espace économique et qui ne pourrait invoquer le bénéfice des dispositions réglementaires prises pour l'application de la directive 2005/36/CE du 7 septembre 2005.

• **L. 31 déc. 1971, art. 93**

Les dispositions du présent titre sont applicables aux professionnels qui ne peuvent accéder à la profession d'avocat ou l'exercer dans son intégralité sous leur titre d'origine en application des directives 77/249/CE du 22 mars 1977 tendant à faciliter l'exercice effectif de la libre prestation de services par les avocats, 98/5/CE du 16 février 1998 visant à faciliter l'exercice permanent de la profession d'avocat dans un État membre autre que celui où la qualification a été acquise ou 2005/36/CE du Parlement européen et du Conseil du 7 septembre 2005 modifiée relative à la reconnaissance des qualifications professionnelles.

• **L. 31 déc. 1971, art. 94**

I. – Saisi d'une demande en ce sens, que ce soit pour un établissement ou pour une prestation temporaire et occasionnelle de services en France, le garde des Sceaux, ministre de la Justice, accorde un accès partiel à la profession d'avocat pour les activités de consultation juridique ou de rédaction d'actes sous seing privé lorsque les trois conditions suivantes sont remplies :

1° Le professionnel est pleinement qualifié pour exercer dans un État membre de l'Union européenne ou partie à l'Espace économique européen l'activité professionnelle pour laquelle un accès partiel est sollicité ;

2° Les différences entre l'activité professionnelle légalement exercée dans l'État membre de l'Union européenne ou partie à l'Espace économique européen et la profession d'avocat sont si importantes que l'application de mesures de compensation, au sens de l'article 14 de la directive 2005/36/CE du 7 septembre 2005 modifiée, reviendrait à imposer au demandeur de suivre le programme complet d'enseignement et de formation requis par les dispositions des 2° et 3° de l'article 11 de la présente loi pour avoir pleinement accès à la profession ;

3° L'activité professionnelle peut être exercée de manière autonome dans l'État membre d'origine.

II. – Sauf si les connaissances acquises par le demandeur en droit français sont de nature à rendre cette vérification inutile, le demandeur à un établissement en France peut être soumis à une épreuve d'aptitude.

III. – L'accès partiel peut être refusé pour des raisons impérieuses d'intérêt général si ce refus est proportionné à la protection de cet intérêt.

IV. – L'accès partiel à la profession d'avocat peut être également refusé sur le fondement des dispositions des 4°, 5° et 6° de l'article 11 ou pour un autre motif tiré d'une atteinte à l'ordre public.

V. – La décision qui accorde l'accès partiel précise le champ des activités professionnelles ouvertes au demandeur.

VI. – Les activités sont exercées sous le titre professionnel de l'État d'origine utilisé dans la ou les langues de cet État. Le professionnel qui bénéficie d'un accès partiel indique clairement aux destinataires des services le champ des activités qu'il est autorisé à exercer.

VII. – Lorsque l'accès partiel est accordé pour une prestation temporaire et occasionnelle de services, l'autorisation demeure valable pour toute nouvelle prestation temporaire et occasionnelle de services dans le même champ d'activité pendant une durée d'un an.

• **L. 31 déc. 1971, art. 95**

Le professionnel autorisé à accéder partiellement à la profession d'avocat pour les activités de consultation juridique ou de rédaction d'actes sous seing privé est inscrit sur la liste tenue par le garde des Sceaux, ministre de la Justice, rendue accessible au public. Il ne fait pas partie d'un barreau et n'est pas inscrit au tableau des avocats.

Les dispositions des autres titres de la présente loi ne lui sont applicables qu'en cas de mention expresse.

• **L. 31 déc. 1971, art. 96**

Tout professionnel autorisé à exercer partiellement la profession d'avocat en application du présent titre doit être couvert par une assurance souscrite personnellement ou collectivement et garantissant les conséquences pécuniaires de la responsabilité civile professionnelle qu'il peut encourir au titre de ces activités.

Il doit également justifier d'une garantie financière, qui ne peut résulter que d'un engagement de caution pris par une entreprise d'assurance régie par le code des assurances ou par un établissement de crédit ou une société de financement habilités à cet effet, spécialement affectée au remboursement des fonds, effets ou valeurs reçus à ces occasions.

• **L. 31 déc. 1971, art. 97**

Tout professionnel autorisé à exercer partiellement la profession d'avocat en application du présent titre doit respecter le secret professionnel conformément aux dispositions des articles 226-13 et 226-14 du code pénal et s'interdire d'intervenir s'il a un intérêt direct ou indirect à l'objet de la prestation fournie.

• **L. 31 déc. 1971, art. 98**

Sera puni des peines prévues à l'article 72 tout professionnel autorisé à exercer partiellement l'activité d'avocat en application du présent titre qui aura, en violation des dispositions de celui-ci, donné des consultations ou rédigé pour autrui des actes sous seing privé en matière juridique en dehors du champ dans lequel il a été autorisé à le faire.

• **L. 31 déc. 1971, art. 99**

Les organismes chargés de représenter les professions mentionnées à l'article 56 et les organisations professionnelles représentatives de ces professions peuvent exercer les droits reconnus à la partie civile en ce qui concerne les infractions prévues à l'article 98.

• **L. 31 déc. 1971, art. 100**

Les conditions d'application du présent titre, notamment celles relatives à la formalisation des demandes prévues à l'article 94 et à la suspension ou au retrait de l'autorisation délivrée en application du même article, sont fixées par décret en Conseil d'État.

• **COJ, art. L. 122-1** [mod. par L. n° 2019-222, 23 mars 2019, art. 95]

À la Cour de cassation, dans les cours d'appel et les tribunaux judiciaires, le ministère public est exercé par des magistrats appartenant au corps judiciaire ; les règles applicables à leur nomination sont fixées par le statut de la magistrature.

Devant les autres juridictions, le ministère public est exercé soit par des magistrats du corps judiciaire, soit par des personnes habilitées dans les conditions prévues par les textes organisant ces juridictions.

• **COJ, art. L. 122-2** (*ibid.*)

Le ministère public est exercé, en toutes matières, devant toutes les juridictions du premier degré du ressort du tribunal judiciaire par le procureur de la République.

• **COJ, art. L. 122-3** (*ibid.*)

Le ministère public est exercé, en toutes matières, devant toutes les juridictions du second degré et les cours d'assises instituées dans le ressort de la cour d'appel par le procureur général.

• **COJ, art. L. 122-4**

Tout magistrat d'un parquet ou d'un parquet général peut exercer les fonctions du ministère public au sein de ce parquet.

• **COJ, art. L. 212-6**

Le procureur de la République représente, en personne ou par ses substituts, le ministère public près le tribunal judiciaire. Le siège du ministère public devant le tribunal de police est occupé par le procureur de la République ou par le commissaire de police dans les cas et conditions prévus aux articles 45 à 48 du code de procédure pénale.

• **COJ, art. L. 217-1** [mod. par L. n° 2019-222, 23 mars 2019, art. 69 et 95]

Est placé auprès du tribunal judiciaire de Paris, aux côtés du procureur de la République, un procureur de la République financier, dont les attributions sont fixées par le code de procédure pénale.

• **COJ, art. L. 217-2** (*ibid.*)

Par dérogation aux articles L. 122-2 et L. 212-6, le procureur de la République financier, en personne ou par ses substituts, exerce le ministère public auprès du tribunal judiciaire de Paris pour les affaires relevant de ses attributions.

• **COJ, art. L. 217-3** [mod. par L. n° 2019-222, 23 mars 2019, art. 69]

Par dérogation à l'article L. 122-4, le procureur de la République financier et ses substituts n'exercent les fonctions de ministère public que pour les affaires relevant de leurs attributions.

• **COJ, art. L. 217-4** [mod. par L. n° 2019-222, 23 mars 2019, art. 69]

Les dispositions législatives du code de l'organisation judiciaire faisant mention du procureur de la République ne sont applicables au procureur de la République financier que si elles le prévoient expressément.

• **COJ, art. R. 122-1**

Les magistrats du ministère public n'assistent pas aux délibérations des juges.

• **COJ, art. R. 122-2** [mod. par Décr. n° 2019-912, 30 août 2019, art. 23]

En cas de vacance d'emploi ou d'empêchement d'un ou plusieurs magistrats ou lorsque le renforcement temporaire et immédiat des juridictions du premier degré apparaît indispensable pour assurer le traitement du contentieux dans un délai raisonnable, le procureur général peut déléguer, pour remplir les fonctions du ministère public près les tribunaux du ressort de la cour d'appel, un magistrat du parquet général ou un magistrat du parquet d'un tribunal judiciaire du ressort de cette cour. Cette délégation ne peut excéder une durée de trois mois.

La décision mentionnée au premier alinéa précise le motif et la durée de la délégation ainsi que la nature des fonctions qui seront exercées par le magistrat délégué.

• **COJ, art. R. 122-3** (*ibid.*)

En cas de vacance d'emploi ou d'empêchement d'un ou plusieurs magistrats ou lorsque le renforcement temporaire et immédiat de la cour d'appel apparaît indispensable pour assurer le traitement du contentieux dans un délai raisonnable, le procureur général peut déléguer, pour remplir les fonctions du ministère public près la cour d'appel, un procureur de la République adjoint ou un vice-procureur du parquet d'un tribunal judiciaire du ressort de cette cour. Cette délégation ne peut excéder une durée de trois mois.

La décision mentionnée au premier alinéa précise le motif et la durée de la délégation ainsi que la nature des fonctions qui seront exercées par le magistrat délégué.

• **COJ, art. R. 122-4** (*ibid.*)

Pour l'organisation du service de fin de semaine ou du service allégé pendant la période au cours de laquelle les magistrats bénéficient de leurs congés annuels, le procureur général peut désigner, après avis des procureurs de la République concernés, un magistrat du parquet d'un tribunal judiciaire de son ressort pour exercer également les compétences du ministère public près d'au plus deux autres tribunaux judiciaires du ressort de la cour d'appel.

La décision portant désignation en précise le motif et la durée ainsi que les tribunaux pour lesquels elle s'applique.

• **C. pr. pén., art. prélim.**

[...] III. – Toute personne suspectée ou poursuivie est présumée innocente tant que sa culpabilité n'a pas été établie. Les atteintes à sa présomption d'innocence sont prévenues, réparées et réprimées dans les conditions prévues par la loi.

Elle a le droit d'être informée des charges retenues contre elle et d'être assistée d'un défenseur.

• **C. pr. pén., art. 30** [mod. par L. n° 2013-669, 25 juill. 2013, art. 1]

Le ministre de la Justice conduit la politique pénale déterminée par le Gouvernement. Il veille à la cohérence de son application sur le territoire de la République.

À cette fin, il adresse aux magistrats du ministère public des instructions générales.

Il ne peut leur adresser aucune instruction dans des affaires individuelles.

Chaque année, il publie un rapport sur l'application de la politique pénale déterminée par le Gouvernement, précisant les conditions de mise en œuvre de cette politique et des instructions générales adressées en application du deuxième alinéa. Ce rapport est transmis au Parlement. Il peut donner lieu à un débat à l'Assemblée nationale et au Sénat.

• **C. pr. pén., art. 696-108** [L. n° 2020-1672, 24 déc. 2020, art. 1er]

Les procureurs européens délégués sont compétents sur l'ensemble du territoire national pour rechercher, poursuivre et renvoyer en jugement les auteurs et complices des infractions pénales portant atteinte aux intérêts financiers de l'Union européenne mentionnées aux articles 4, 22, 23 et 25 du règlement (UE) 2017/1939 du Conseil du 12 octobre 2017 mettant en œuvre une coopération renforcée concernant la création du Parquet européen, qui sont commises après le 20 novembre 2017 (et voir tous les articles du Titre dixième *bis* introduits par cet article).

212.02 Jurisprudence de référence.

> Parquet

• **Crim. 8 janv. 1972,** n° 70-91.567, P n° 8

* V. ss n° 212.15.

Le ministère public étant partie intégrante et nécessaire des juridictions répressives, doit être entendu, à peine de nullité, en ses réquisitions. La preuve de l'accomplissement de cette formalité substantielle doit résulter de l'arrêt.

> Avocat

• **Crim. 22 sept. 1999,** n° 98-86.557, P n° 196

* V. ss n° 212.35.

Encourt ainsi la cassation, l'arrêt de la cour d'appel qui, pour rejeter la demande du prévenu sollicitant la désignation d'un avocat d'office, énonce que l'intéressé a, depuis 8 mois, eu tout loisir de choisir un avocat ou de s'en faire désigner un.

212.03 Bibliographie indicative.

Ouvrages. St. Bortoluzzi, D. Piau, Th. Wickers, *Règles de la profession d'avocat,* 17e éd., « Dalloz action », 2022 – Chr. Mouhanna, W. Ackermann, *Le parquet en interaction avec son environnement : à la recherche des politiques pénales*, Ministère de la Justice, Mission de recherche droit et Justice, 2001.

Articles. B. Bonzom, « De l'indépendance des magistrats du parquet à l'égard des tribunaux », *Rev. pénit.* 1984. 47 – F. Casorla et H. Maynier, « du procureur général près de la Cour de cassation au procureur général de la République », *Gaz. Pal.* 2/4 mai 1993. 2 – CCJE, Avis n° 12 du Conseil consultatif des juges européens sur juges et procureurs dans une société démocratique (8 déc. 2009) www. coe.int/t/dghl/cooperation/ccpe – Conférence nationale des premiers présidents, « Statut du parquet français : la note de la Conférence des premiers présidents au CSM », *D. actu.*, 2 sept. 2020 – L. Favoreu, « Brèves observations sur la situation du parquet au regard de la Constitution », *RSC* 1994. 625 – J. Ficara, « Propositions pour la constitution d'un ministère public français indépendant », *AJ pénal* 2012. 509 – S. Jouniot, « Impartialité du ministère public : le serpent de mer de la procédure pénale refait surface », *AJ pénal* 2021. 344 – H. Jung, « Problèmes et principes généraux de politique criminelle. Prélude à une étude comparée des procédures pénales en Europe – Premiers repérages », *APC* 1993. 15 – J.-P. Jean, « Le ministère public entre modèle jacobin et modèle européen », *RSC* 2005. 670 ; « Le ministère public français au regard des justices pénales d'Europe », *AJ pénal* 2011. 106 (et l'ensemble du dossier intitulé « Faut-il réformer le statut du ministère public ? ») – P. Lemoine, « La liberté de parole des magistrats du ministère public », *Dr. pénal* 2008. 7 – E. Letouzey, « L'intégration du parquet européen dans la procédure pénale française : la révolution tranquille », *Dr. pénal* 2021, Ét. 6 – Ph. Milburn, D. Salas, « Les procureurs de la République. De la compétence personnelle a l'identité collective », *APC* 2007/1, n° 29, p. 95 – J.-L. Nadal, « quel rôle pour le ministère public ? », *D.* 2007. Entretien. 2296 – J. Pradel et J.-P. Laborde, « Du ministère public en matière pénale. À l'heure d'une éventuelle autonomie », *D.* 1997. Chron. 141 – J.-F. Renucci, « Le procureur est-il un magistrat au sens de l'article 5, § 3 de la convention européenne des droits de l'homme ? », *D.* 2003. 2268 – C. Saas, « De la composition pénale au plaider-coupable : le pouvoir de sanction du procureur », *RSC* 2004. 827 – J.-C. Saint-Pau, « le ministère public concurrence-t-il le juge du siège ? », *Dr. pénal* 2007. Ét. 14 – D. Soulez-Larivière, « Propositions pour une différenciation des corps du Siège et du Parquet », *AJ pénal* 2012. 508.

SECTION 1
REPRÉSENTANT DU MINISTÈRE PUBLIC

212.11 Origine – Statut. À la Cour de cassation, dans les cours d'appel et les tribunaux judiciaires, le ministère public est exercé par des magistrats appartenant au corps judiciaire ; les règles applicables à leur nomination sont fixées par le statut de la magistrature. Devant les autres juridictions, le ministère public est exercé soit par des magistrats du corps judiciaire, soit par des personnes habilitées dans les conditions prévues par les textes organisant ces juridictions[1]. Le siège du ministère public devant le tribunal de police est occupé par le procureur de la

1. COJ, art. L. 122-1, mod. par L. n° 2019-222, 23 mars 2019, *JO* 24 mars, n° 2, art. 95.

République ou par le commissaire de police dans les cas et conditions prévus aux articles 45 à 48 du code de procédure pénale[1]. Le siège du ministère public devant l'ancienne juridiction de proximité était occupé par le procureur de la République ou par le commissaire de police dans les cas et conditions prévus aux articles 45 à 48 du code de procédure pénale[2].

Si la règle générale est la présence de magistrats professionnels dans les rangs du parquet, et si le procureur de la République près le tribunal judiciaire occupe le siège du ministère public devant le tribunal de police même pour les contraventions de la 5e classe, il convient en effet de rappeler qu'il peut l'occuper également en toute matière devant le tribunal de police, s'il le juge à propos, au lieu et place du commissaire de police qui exerce habituellement ces fonctions[3]. À défaut, ces fonctions sont tenues par « l'officier du ministère public ».

Les règles concernant la désignation et le remplacement du commissaire de police qui exerce les poursuites en matière contraventionnelle figurent aux articles 46 à 48 du code de procédure pénale. Il convient d'y être attentif, dès lors que, par exemple, la composition d'un tribunal de police est irrégulière lorsque les fonctions du ministère public sont exercées par un inspecteur principal de la police nationale qui n'a pas été désigné par le procureur général près la cour d'appel conformément aux dispositions des articles 46 et suivants du code de procédure pénale[4].

En tout état de cause, le procureur de la République a autorité sur les officiers du ministère public près les tribunaux de police et les chambres détachées de son ressort. Il peut leur dénoncer les contraventions dont il est informé et leur enjoindre d'exercer des poursuites. Il peut aussi, le cas échéant, requérir l'ouverture d'une information[5].

Enfin, dans le cas où les infractions forestières sont soumises aux tribunaux de police, les fonctions du ministère public sont remplies, soit par un ingénieur des eaux et forêts, soit par un chef de district ou un agent technique, désigné par le conservateur des eaux et forêts[6]. Des infractions aussi spécifiques, mais de nature correctionnelle, ne peuvent voir intervenir au poste du ministère public de tels professionnels, ce qui pourrait somme toute s'envisager en matière de contentieux techniques.

Le ministère public est exercé, en toutes matières, devant toutes les juridictions du premier degré du ressort du tribunal judiciaire par le procureur de la République[7]. Le procureur de la République représente, en personne ou par ses substituts, le ministère public près ce tribunal[8]. De même que pour le président de la juridiction, ce texte n'impose donc pas que le procureur de la République assure lui-même la place de l'accusation devant le tribunal correctionnel. Mais de même que le président qui peut siéger à une audience ou dans une affaire particulière, il peut décider de requérir à telle audience, ou dans telle affaire, si cela lui paraît convenable à l'intérêt de la justice et en particulier lors de tout procès médiatisé.

Le procureur de la République représente en personne ou par ses substituts le ministère public près le tribunal judiciaire, sans préjudice des dispositions de l'article 105 du code forestier et de l'article 446 du code rural. Il représente également en personne ou par ses substituts le ministère public auprès de la cour d'assises instituée au siège du département. Il représente de même, et dans les mêmes conditions, le ministère public auprès du tribunal de police conformément à l'article 45 du code de procédure pénale[9].

Le ministère public est exercé, en toutes matières, devant toutes les juridictions du second degré et les cours d'assises instituées dans le ressort de la cour d'appel par le procureur général[10]. Le procureur général représente en personne, ou par ses substituts, le ministère public près la cour d'appel[11]. Il peut, dans les mêmes conditions, représenter le ministère public auprès des autres cours d'assises du ressort de la cour d'appel[12].

Tout magistrat d'un parquet ou d'un parquet général peut exercer les fonctions du ministère public au sein de ce parquet[13]. Cette disposition illustre la règle d'indivisibilité du ministère public.

Les grandes lignes des activités des parquets sont résumées dans un important travail annuel publié par la DACG : le rapport annuel du ministère public[14].

212.12 Indépendance du parquet. La question récurrente de l'indépendance du parquet « à la française » ne peut être abordée dans un ouvrage de

1. COJ, art. L. 222-3, abrog. par L. n° 2016-1547, 18 nov. 2016, art. 15 (V), se référer aux articles du C. pr. pén.
2. COJ, art. L. 232-3, avant le 1er juill. 2017.
3. C. pr. pén., art. 45.
4. Crim. 22 oct. 1987, n° 87-80.955, P n° 366.
5. C. pr. pén., art. 44.
6. C. pr. pén., art. 45, al. 2.
7. COJ, art. L. 122-2 mod. par L. n° 2019-222, 23 mars 2019, *JO* 24 mars, n° 2, art. 95.
8. COJ, art. L. 212-6 mod. par L. n° 2019-222, 23 mars 2019, *JO* 24 mars, n° 2, art. 95.
9. C. pr. pén., art. 39.
10. COJ, art. L. 122-3.
11. COJ, art. L. 312-7.
12. C. pr. pén., art. 34.
13. COJ, art. L. 122-4.
14. La DACG a publié le 23e rapport annuel du ministère public le 19 octobre 2022.

ce type[1]. Il sera juste rappelé ici que le Conseil constitutionnel a fait application du principe d'indépendance de l'autorité judiciaire aux magistrats du parquet, s'agissant de l'exercice de l'action publique par le ministère public[2].

Signalons cependant, le renvoi par le Conseil d'État d'une question prioritaire de constitutionnalité relative à l'article 5 de l'ordonnance du 22 décembre 1958[3], et la réponse du Conseil constitutionnel[4] aux termes de laquelle :

« D'une part, l'autorité du garde des Sceaux sur les magistrats du parquet se manifeste notamment par l'exercice de son pouvoir de nomination et de sanction. En application de l'article 28 de l'ordonnance du 22 décembre 1958, les décrets portant nomination aux fonctions de magistrat du parquet sont pris par le Président de la République sur proposition du garde des Sceaux, après avis de la formation compétente du Conseil supérieur de la magistrature. En application de l'article 66 de la même ordonnance, la décision de sanction d'un magistrat du parquet est prise par le garde des Sceaux après avis de la formation compétente du Conseil supérieur de la magistrature. Par ailleurs, en application du deuxième alinéa de l'article 30 du code de procédure pénale, le ministre de la Justice peut adresser aux magistrats du ministère public des instructions générales de politique pénale, au regard notamment de la nécessité d'assurer sur tout le territoire de la République l'égalité des citoyens devant la loi. Conformément aux dispositions des articles 39-1 et 39-2 du même code, il appartient au ministère public de mettre en œuvre ces instructions.

D'autre part, en application du même article 30 du code de procédure pénale, le ministre de la Justice ne peut adresser aux magistrats du parquet aucune instruction dans des affaires individuelles. En vertu de l'article 31 du même code, le ministère public exerce l'action publique et requiert l'application de la loi, dans le respect du principe d'impartialité auquel il est tenu. En application de l'article 33, il développe librement les observations orales qu'il croit convenables au bien de la justice. L'article 39-3 confie au procureur de la République la mission de veiller à ce que les investigations de police judiciaire tendent à la manifestation de la vérité et qu'elles soient accomplies à charge et à décharge, dans le respect des droits de la victime, du plaignant et de la personne suspectée. Conformément à l'article 40-1 du code de procédure pénal, le procureur de la République décide librement de l'opportunité d'engager des poursuites.

Pour l'ensemble de ces motifs, le Conseil constitutionnel juge que les dispositions contestées de l'article 5 de l'ordonnance n° 58-1270 du 22 décembre 1958 assurent une conciliation équilibrée entre le principe d'indépendance de l'autorité judiciaire et les prérogatives que le Gouvernement tient de l'article 20 de la Constitution. Elles ne méconnaissent pas non plus la séparation des pouvoirs ».

À nouveau saisis le 14 juin 2021 par le Conseil d'État[5] d'une question prioritaire de constitutionnalité posée par la Ligue des droits de l'homme portant sur le troisième alinéa de l'article 35 du code de procédure pénale et sur le deuxième alinéa de l'article 39-1 du même code, et précisément sur les rapports particuliers que le parquet établit soit d'initiative, soit sur demande, les Sages ont estimé qu'il résultait de l'ensemble des dispositions qu'ils rappelaient :

« que la Constitution consacre l'indépendance des magistrats du parquet, dont découle le libre exercice de leur action devant les juridictions, que cette indépendance doit être conciliée avec les prérogatives du Gouvernement et qu'elle n'est pas assurée par les mêmes garanties que celles applicables aux magistrats du siège » (§ 9).

Procédant à un examen détaillé du statut des magistrats du parquet, « assurent une conciliation équilibrée entre le principe d'indépendance de l'autorité judiciaire et les prérogatives que le Gouvernement tient de l'article 20 de la Constitution » (paragr. 18) et après avoir écarté le grief tiré de la séparation des pouvoirs et, pour les mêmes motifs, celui tiré de la méconnaissance par le législateur de l'étendue de sa compétence, le Conseil constitutionnel a déclaré les dispositions contestées conformes à la Constitution (paragr. 19)[6].

Les questions de l'impartialité[7] comme celle de l'indépendance des membres du parquet, parfois qualifiée « d'Arlésienne de la Vème République »[8] font l'objet de débats récurrents sans que pour l'heure une réforme du statut des membres du parquet ne semble véritablement d'actualité.

Plus concrètement, la question a pu se poser de savoir si le représentant du ministère public pouvait

1. V. notamment S. Guinchard, A. Varinard et Th. Debard, *Institutions juridictionnelles*, 16e éd., « Précis Dalloz », 2021, § 866.
2. Cons. const. 22 juill. 2016, n° 2016-555 QPC.
3. CE 27 sept. 2017, *Union syndicale des magistrats*, req. n° 410403, NP.
4. Cons. const. 8 déc. 2017, n° 2017-680 QPC, art., conforme, première phrase (mots) de l'ord. n° 58-1270, 22 déc. 1958, *indépendance des magistrats du parquet*, conformité, *JO* 9 déc. ; *AJ pénal* 2018. 83, note A. Taleb-Karlsson.
5. CE, 9 juin 2021, req. n° 450789.
6. Cons. const., 14 sept. 2021, n° 2021-927 QPC.
7. S. Jouniot, « Impartialité du ministère public : le serpent de mer de la procédure pénale refait surface », *AJ pénal* 2021. 344.
8. F. Molins, « Indépendance et responsabilité des magistrats », www.courdecassation.fr et *Gaz. Pal.* 11 janv. 2022.

être cité comme témoin dans une affaire qu'il avait eu à traiter. Par un arrêt de la chambre criminelle déjà ancien[1], il avait été décidé que le ministère public est, dans toute juridiction répressive, partie intégrante et nécessaire de cette juridiction et que dès lors, le magistrat du parquet qui, par l'effet d'une citation, a reçu la qualité de témoin dans les poursuites dirigées contre un prévenu, ne saurait, aussi longtemps que cette qualité lui est attachée, exercer les fonctions du ministère public auprès du tribunal correctionnel chargé de statuer sur lesdites poursuites ; jusqu'à ce qu'il ait été pourvu au remplacement de ce magistrat, le tribunal correctionnel ne peut statuer ni sur la régularité de la citation qui lui a été délivrée ni sur les poursuites elles-mêmes.

La question a de nouveau été posée devant l'assemblée plénière de la Cour de cassation au sujet d'une décision de la commission d'instruction de la Cour de justice de la République mais n'a pas été tranchée au fond[2].

212.13 Remplacements. En cas de vacance d'emploi ou d'empêchement d'un ou plusieurs magistrats ou lorsque le renforcement temporaire et immédiat des juridictions du premier degré apparaît indispensable pour assurer le traitement du contentieux dans un délai raisonnable, le procureur général peut déléguer, pour remplir les fonctions du ministère public près les tribunaux du ressort de la cour d'appel, un magistrat du parquet général ou un magistrat du parquet d'un tribunal judiciaire du ressort de cette cour. Cette délégation ne peut excéder une durée de trois mois. La décision du procureur général précise le motif et la durée de la délégation ainsi que la nature des fonctions qui seront exercées par le magistrat délégué[3][4].

Pour l'organisation du service de fin de semaine ou du service allégé pendant la période au cours de laquelle les magistrats bénéficient de leurs congés annuels, le procureur général peut désigner, après avis des procureurs de la République concernés, un magistrat du parquet d'un tribunal judiciaire de son ressort pour exercer également les compétences du ministère public près d'au plus deux autres tribunaux judiciaires du ressort de la cour d'appel. La décision portant désignation en précise le motif et la durée ainsi que les tribunaux pour lesquels elle s'applique[5].

La règle dite de l'indivisibilité du ministère public autorise, bien que la pratique s'en abstienne généralement, que se succèdent dans la même affaire, plusieurs magistrats différents du parquet, alors qu'à compter de l'ouverture des débats, la composition du tribunal en ce qui concerne les juges du siège, ne peut plus évoluer.

On relèvera toutefois que la chambre criminelle a jugé que l'action publique relative à des crimes, délits ou contraventions de la cinquième classe reprochés à un mineur est exercée par des magistrats désignés chargés spécialement des affaires concernant les mineurs ; que les fonctions du ministère public sont remplies par le procureur général ou un magistrat du ministère public spécialement chargé des affaires concernant les mineurs et que cette règle constitue une dérogation au principe de l'indivisibilité des magistrats du ministère public édicté aux articles 34 et 39 du code de procédure pénale. Elle a par conséquent, au visa de l'article L. 12-2 du CJPM, cassé un arrêt en considérant que les réquisitions d'un magistrat du parquet non spécialement habilité en matière d'affaires concernant les mineurs, ne pouvaient avoir valablement saisi le juge d'instruction, ni le juge des libertés et de la détention[6].

212.14 Présence aux audiences. Le procureur de la République est représenté auprès de chaque juridiction répressive. Il assiste aux débats des juridictions de jugement ; toutes les décisions sont prononcées en sa présence. Il assure l'exécution des décisions de justice[7]. Il prend, au nom de la loi, les réquisitions tant écrites qu'orales qu'il croit convenables au bien de la justice. Dans le cas où des réquisitions écrites sont prises, mention en est faite dans les notes tenues par le greffier et le tribunal est tenu d'y répondre[8].

En l'état de son statut actuel, le représentant du ministère public est tenu de prendre des réquisitions écrites conformes aux instructions qui lui sont données dans les conditions prévues aux articles 36 (le procureur général peut enjoindre aux procureurs de la République, par instructions écrites et versées au dossier de la procédure, d'engager ou de faire engager des poursuites ou de saisir la juridiction compétente de telles réquisitions écrites que le procureur général juge opportunes), 37 (Le procureur général a autorité sur tous les officiers du ministère public du ressort de la cour d'appel) et 44. Il développe librement les observations orales qu'il croit convenables au bien de la justice[9], illustration de la traditionnelle formule : « *La plume est serve mais la parole est libre.* »

1. Crim. 26 juill. 1983, n° 83-91.899, P n° 228.
2. Cass., ass. plén. 28 juill 2023, n°s 21-86.418, 21-87.457, 22-80.634, 22-81.029, 22-83.929, 22-83.930, 22-83.949, 22.85.784, P.
3. COJ, art. R. 122-2, mod. par Décr. n° 2019-912, 30 août 2019, art. 23 (V).
4. COJ, art. R. 122-3, *ibid.*
5. COJ, art. R. 122-4, *ibid.*
6. Crim. 13 avr. 2023, n° 23-80.470, P.
7. C. pr. pén., art. 32.
8. C. pr. pén., art. 458.
9. C. pr. pén., art. 33.

Il est possible de rappeler qu'il avait été estimé en son temps, que le fait, pour un magistrat du parquet de demander, dans une affaire individuelle, que des instructions du ministre de la Justice ou du procureur général, soient écrites et versées au dossier, conformément aux articles 30 et 36 du code de procédure pénale, ne constituait pas un manquement ni à la loyauté, ni au principe de subordination hiérarchique[1]. Les instructions dans des affaires individuelles ont été prohibées par la modification de l'article 30, issue de la loi du 25 juillet 2013.

Le représentant du ministère public doit être entendu par la juridiction même s'il est partie jointe. Devant les tribunaux correctionnels, en application des articles 458 et 512 du code de procédure pénale, le ministère public, fût-il partie jointe, prend au nom de la loi les réquisitions tant écrites qu'orales qu'il croit convenables au bien de la justice. Justifie donc sa décision la cour d'appel qui, saisie de l'action fiscale pour infractions à la législation sur les contributions indirectes, statue après avoir entendu le ministère public, alors même que son appel avait été, dans la cause, déclaré irrecevable par un précédent arrêt[2].

S'il est connu que les magistrats du ministère public n'assistent pas aux délibérations des juges[3], il faut souligner qu'il existe même un certain nombre de procédures de nature pénale auxquelles le ministère public est dispensé d'assister. Ainsi de l'homologation des propositions de peines en matière de comparution sur reconnaissance préalable de culpabilité[4], des audiences sur intérêts civils[5].

La présence du ministère public à l'audience de lecture s'impose en revanche, non seulement lorsque la décision est rendue par la formation de jugement qui a débattu de l'affaire et en a délibéré, mais encore lorsque la décision est lue par l'un des membres de ladite formation en application des dispositions de l'article 485, dernier alinéa, du code de procédure pénale[6].

212.15 Rôle. Le ministère public exerce l'action publique et requiert l'application de la loi dans le respect du principe d'impartialité auquel il est tenu[7]. Autrement dit, les magistrats du ministère public exercent les poursuites au nom de la société en vue de faire constater la culpabilité du prévenu et de lui voir appliquer une peine.

Il sera signalé à ce stade la non-transmission par la chambre criminelle d'une question prioritaire de constitutionnalité ainsi rédigée : « Les articles 40, alinéa 1er, 40-1, 75, alinéa 1er, 79 et 80, alinéa 1er, du code de procédure pénale sont-ils ensemble contraires à la Constitution au regard des articles 6, 7, 8, 9 et 16 de la Déclaration des droits de l'Homme et du citoyen, ainsi qu'au principe du droit à une procédure juste et équitable, d'égalité devant la loi et d'égalité devant la justice, en ce qu'ils confèrent au procureur de la République le pouvoir discrétionnaire de choisir le mode de poursuite : enquête préliminaire ou information judiciaire, choix duquel résulte pour la personne mise en cause la faculté ou non d'exercer au cours de cette phase préalable au procès pénal les droits premiers de la défense que sont le droit d'être assisté par un avocat, le droit de prendre connaissance du dossier de la procédure, le droit de contester la légalité des poursuites et le droit de solliciter des actes d'investigations et des expertises techniques, autant de droits qu'une personne mise en examen dans le cadre d'une information judiciaire est en mesure d'exercer, à la différence d'une personne mise en cause dans le cadre d'une enquête préliminaire qui en est privée jusqu'à sa comparution en qualité de prévenue devant le tribunal correctionnel ? » La chambre criminelle a en effet décidé que les dispositions légales critiquées, qui permettent au procureur de la République, lorsqu'il estime que les faits portés à sa connaissance constituent un délit, de décider que la poursuite se fera, après enquête préliminaire, par la voie de la citation directe devant le tribunal, sans ouverture d'information, ne modifient pas le déroulement du procès pénal, et ne privent pas la personne d'un procès juste et équitable, celle-ci quant au respect des droits de la défense ayant, devant la juridiction, des garanties équivalentes à celles dont elle aurait bénéficié si l'affaire avait fait l'objet d'une information[8].

Le ministère public étant partie intégrante et nécessaire des juridictions répressives, doit être entendu, à peine de nullité, en ses réquisitions. La preuve de l'accomplissement de cette formalité substantielle doit résulter de l'arrêt[9]. Une fois que les poursuites sont engagées et la juridiction compétente saisie, le ministère public est libre d'abandonner les poursuites mais la juridiction est tenue de statuer. Exercé d'initiative et en premier son appel sera dit appel principal, mais il peut être aussi principal s'il se trouve dans le délai *ad hoc*[10]. Exercé en suite de l'appel de l'une des parties privées, son

1. *Recueil des obligations déontologiques des magistrats*, Conseil supérieur de la magistrature, Dalloz, 2010, recomm. a. 19.
2. Crim. 12 déc. 2007, n° 07-81.823, P n° 310 ; *AJ pénal* 2008. 98 ; *RSC* 2008. 612, obs. H. Matsopoulou.
3. COJ, art. R. 122-1.
4. C. pr. pén., art. 495-9, al. dern.
5. C. pr. pén., art. 464, al. 4.
6. Crim. 11 févr. 1991, n° 90-80.414, P n° 66 ; *RSC* 1992. 117, obs. A. Braunschweig.
7. C. pr. pén., art. 31 – v. s[s] n° 212.12.
8. Crim. 11 févr. 2014, n° 13-88.059, P n° 39.
9. Crim. 8 janv. 1972, n° 70-91.567, P n° 8.
10. V. s[s] n°s 911.11 s.

appel sera dit incident. Il est d'usage qu'il exerce systématiquement son droit d'appel après qu'un prévenu ait fait usage du sien pour éviter à la Cour de se heurter au principe de l'interdiction de la réformation *in pejus*[1].

Le ministère public, qui veille au respect de l'application de la loi et à l'exécution des décisions de justice, dispose d'un droit général d'appel des décisions prononcées par la juridiction correctionnelle[2], aussi bien en matière de relaxe[3] que de décision conforme à ses réquisitions[4].

212.16 Procureur de la République financier. Compétence. La loi du 6 décembre 2013[5] est venue créer un parquet national financier (PNF) avec à sa tête procureur de la République financier dont les compétences sont spécifiées aux articles 705 et suivants du code de procédure pénale. Est ainsi placé auprès du tribunal judiciaire de Paris, aux côtés du procureur de la République, un procureur de la République financier, dont les attributions sont fixées par le code de procédure pénale[6]. Par dérogation aux articles L. 122-2 et L. 212-6, le procureur de la République financier, en personne ou par ses substituts, exerce le ministère public auprès du tribunal judiciaire de Paris pour les affaires relevant de ses attributions[7].

Le procureur de la République financier et les juridictions d'instruction et de jugement de Paris ont en outre seuls compétence pour la poursuite, l'instruction et le jugement des délits prévus aux articles L. 465-1 et L. 465-2 du code monétaire et financier (atteintes à la transparence des marchés). Cette compétence s'étend aux infractions connexes. Le procureur de la République financier et le juge d'instruction de Paris exercent leurs attributions sur toute l'étendue du territoire national[8]. Dans les autres hypothèses visées à l'article 705, le dessaisissement au profit de cette nouvelle juridiction est donc possible mais non obligatoire. Une circulaire relative à la lutte contre la fraude fiscale »[9] évoque le rôle du PNF et les compétences concurrentes des JIRS, de la Junalco et du parquet européen.

La chambre criminelle a jugé que le procureur de la République financier tient de l'article 40 du code de procédure pénale le droit de requérir l'ouverture d'une information au vu de tout renseignement dont il est destinataire, concernant des infractions entrant dans le champ de sa compétence matérielle définie à l'article 705 du code précité, serait-elle concurrente de celle du procureur de la République près le tribunal de grande instance de Paris, pour les affaires présentant une grande complexité, laquelle est laissée à l'appréciation des juges du fond[10].

212.17 Procureur de la République financier. Exemple. Dans une décision particulièrement motivée[11], la chambre criminelle est venue préciser l'étendue de la compétence du procureur de la République financier en matière de blanchiment.

Le procureur de la République financier est compétent, en application du 6 de l'article 705 du code de procédure pénale, pour la poursuite du délit de blanchiment des infractions citées, notamment, aux 1 à 5 du même article, parmi lesquelles figure celle de détournement de biens publics prévue par l'article 432-15 du code pénal, lorsque les faits revêtent un caractère de complexité qui peut être caractérisé, notamment, par la dimension internationale des faits, la présence de multiples sociétés écrans dans plusieurs pays considérés comme des paradis fiscaux et des circuits de blanchiment complexes.

La Cour de cassation considère que les textes qui définissent le délit de blanchiment, qui est une infraction générale, distincte et autonome, n'imposent ni que l'infraction ayant permis d'obtenir les sommes blanchies ait eu lieu sur le territoire national ni que les juridictions françaises soient compétentes pour la poursuivre.

Selon la société demanderesse, le procureur de la République financier n'a été institué que pour veiller à la moralisation de la vie publique française et ne peut connaître du blanchiment d'infractions commises à l'étranger susceptibles de correspondre aux délits visés dans le livre IV du code pénal, consacré aux « crimes et délits contre la Nation, l'État et la paix publique ».

Cette interprétation stricte de l'article 705 susvisé, qui aboutirait à interdire à ce magistrat de connaître du délit de blanchiment de sommes provenant d'infractions commises à l'étranger et susceptibles de correspondre à celles constituant la

1. C. pr. pén., art. 515, al. 2 (v. s[s] n° 941.31).
2. Crim. 24 mars 2015, n° 14-84.154, P n° 62 ; *AJ pénal* 2015. 372, obs. D. Cholet.
3. Crim. 29 juin 1999, n° 97-84.166, P n° 158 ; *D.* 1999. 244.
4. Crim. 24 janv. 2007, n° 06-82.052, P n° 15 ; *AJ pénal* 2007. 144.
5. L. n° 2013-1117, 6 déc. 2013 relative à la lutte contre la fraude fiscale et la grande délinquance économique et financière, *JO* 7 déc., p. 19941 – v. s[s] n°s 315.51 s.
6. COJ, art. L. 217-1.
7. COJ, art. L. 217-2.
8. C. pr. pén., art. 705-1.
9. Circ. DACG : CRIM « 2021 » – 10 / G3, 4 oct. 2021, *DP* 2021/F/0122/FC4, relative à la lutte contre la fraude fiscale, *BOMJ*, 8 oct. 2021.
10. Crim. 22 mars 2016, n° 15-83.206, P n° 88 ; *D.* 2017. 74, obs. Th. Wickers ; *AJ pénal* 2016. 261 ; *RSC* 2016. 364, obs. F. Cordier – AUSSI : Crim. 22 mars 2016, n° 15-83.205, P n° 93 ; *D.* 2016. 713 ; *D.* 2017. 74, obs. Th. Wickers ; *AJ pénal* 2016. 261, obs. P. de Combles de Nayves.
11. Crim. 1er avr. 2020, n° 19-80.875, P – v. s[s] n° 315.52.

catégorie des atteintes à la probité, va à l'encontre de la volonté du législateur qui, en votant la loi nº 2013-1115 du 6 décembre 2013, a souhaité doter l'organisation judiciaire d'un parquet hautement spécialisé dont l'objet, à la faveur d'une centralisation des moyens et des compétences, est de lutter contre les formes les plus complexes de la délinquance économique et financière à dimension, notamment, internationale.

Elle est également en contradiction avec la volonté des instances européennes et internationales qui tendent à favoriser la dimension internationale des poursuites en matière de blanchiment.

Les faits de l'espèce étant détaillés, la chambre criminelle considère être en mesure de s'assurer que les faits constituant l'infraction d'origine du délit de blanchiment, commis en Russie et consistant dans le détournement de fonds au préjudice de personnes publiques, peuvent recevoir, en France la qualification de détournements de biens publics, faits prévus et réprimés par l'article 432-15 du code pénal, déjà en vigueur à la date de commission des faits par les mis en cause, et que c'est à bon droit que le procureur de la République financier a diligenté, en France, une enquête préliminaire sur le blanchiment de fonds qui en constituent le produit.

212.18 **Parquet national antiterroriste.** C'est la loi organique de 2019[1] et la loi de programmation ordinaire du même jour[2] qui sont venues créer le parquet national antiterroriste (PNAT), à compétence nationale avec à sa tête le procureur de la République national antiterroriste. Ces textes ont été complétés par un décret modifiant le COJ[3] et précisant les règles applicables à ce nouvel acteur. Ils se sont insérés dans le titre quinzième du Livre 4 du code de procédure pénale dont les dispositions initiales étaient bien antérieures[4].

Ce nouveau parquet spécialisé est dirigé par le procureur de la République antiterroriste siégeant à Paris et développant, depuis le 1er juillet 2019, une compétence nationale pour le traitement des infractions terroristes mentionnées à l'article 706-16 du code de procédure pénale, des crimes contre l'humanité et des crimes et délits de guerre mentionnés à l'article 628, des crimes de tortures et de disparitions forcées commis par les autorités étatiques mentionnées à l'article 628-10 et des infractions relatives à la prolifération d'armes de destruction massive et de leurs vecteurs mentionnées à l'article 706-167 du même code. Ces textes sont également applicables à la poursuite, l'instruction et au jugement des infractions d'évasion incriminées par les articles 434-27 à 434-37 du même code, des infractions d'association de malfaiteurs prévues à l'article 450-1 dudit code lorsqu'elles ont pour objet la préparation de l'une des infractions d'évasion précitées, des infractions prévues aux articles L. 824-4 à L. 824-7 du code de l'entrée et du séjour des étrangers et du droit d'asile ainsi que des infractions prévues à l'article L. 224-1 du code de [*la*] sécurité intérieure, lorsqu'elles sont commises par une personne détenue, prévenue, condamnée, recherchée dans le cadre d'un mandat d'arrêt européen ou réclamée dans le cadre d'une extradition pour des actes de terrorisme incriminés par les articles 421-1 à 421-6 du code pénal[5]. Il appartient évidemment à la juridiction saisie de tels faits de vérifier sa compétence et elle est tenue de se déclarer incompétente et de renvoyer le ministère public à se pourvoir ainsi qu'il avisera si elle constate que les faits déférés ne sont pas des actes de terrorisme ou assimilés par les dispositions sus-énoncées[6].

En application de l'article 706-16 du code de procédure pénale, le PNAT exerce une compétence concurrente avec les parquets locaux en matière de lutte contre le terrorisme, même si s'agissant des infractions relevant des articles 421-1 à 421-6 du code pénal et à l'exclusion des infractions de provocation directe à des actes de terrorisme ou d'apologie publique de tels actes, les parquets locaux n'ont pas vocation à engager ou conduire l'action publique sous une qualification terroriste. Le parquet premier saisi a donc pour l'essentiel vocation à mener les premières diligences, souvent dans l'urgence, et à aviser le PNAT afin qu'il indique son souhait ou non de se saisir.

Une fois saisi le procureur national antiterroriste a seul la charge de l'enquête judiciaire, de sa conduite et de son suivi. De manière originale il peut requérir tout procureur de la République afin qu'il réalise un ou des actes d'enquêtes qu'il fixe[7].

Deux spécificités intéressent plus particulièrement ici l'audience pénale :

– L'action civile en réparation d'un dommage consécutif à une infraction terroriste en peut être exercée que devant une juridiction civile, séparément de l'action publique (C. pr. pén., art. 706-16-1) ;

– La juridiction saisie en application de ces textes reste compétente quelles que soient les incrimina-

1. LO nº 2019-221, 23 mars 2019 relative au renforcement de l'organisation des juridictions, *JO* 24 mars 2019, nº 1 – v. ss nos 315.71 s.
2. L. nº 2019-222, 23 mars 2019 de programmation 2018-2022 et de réforme pour la justice, *JO* 24 mars 2019, nº 2.
3. Décr., nº 2019-626, 24 juin 2019, *JO* 25 juin 2019, nº 3.
4. C. pr. pén., art. 706-16 à 706-25-15.
5. C. pr. pén., art. 706-16, mod. par Ord. nº 2020-1733, 16 déc. 2020, art. 11, en vigueur depuis le 1er mai 2021.
6. Crim. 15 nov. 2006, nº 06-85.275, P nº 289, *D.* 2006. IR, 3014 ; Crim. 18 nov. 2015, nº 15-80.900, P, *AJ pénal* 2016. 150, obs, Royer.
7. C. pr. pén., art. 706-17-1.

tions retenues lors du règlement ou du jugement de l'affaire, sous réserve de l'application des articles 181 et 469 (nature criminelle des faits). Si les faits constituent une contravention, le juge d'instruction prononce le renvoi de l'affaire devant le tribunal de police compétent en application de l'article 522 (C. pr. pén., art. 706-19).

212.19 **Parquet européen.** Les dispositions issues de la loi du 24 décembre 2020[1] ayant finalisé l'intégration du Parquet européen dans nos dispositions internes sont trop complexes et récentes pour être abordées en détail dans cet ouvrage.

Il sera simplement mentionné ici, que le procureur européen délégué (par chaque État partie) est un magistrat indépendant qui dispose des pouvoirs d'enquêtes classiques[2] mais aussi des pouvoirs reconnus en France au juge d'instruction[3] afin de pouvoir mener des enquêtes concernant des faits de fraude ou de manquements à la probité portant atteinte aux intérêts financiers de l'Union, et que l'on peut imaginer comme particulièrement complexes. La circulaire précitée du 4 octobre 2021[4] rappelle que le parquet européen est compétent en matière de fraude à la TVA lorsque les faits ont un lien avec le territoire de deux États membres ou plus et entraînent un préjudice d'au moins 10 millions d'euros. Il a surtout une compétence de principe pour toute fraude fiscale portant atteinte aux intérêts de l'UE pour un préjudice supérieur à 100 000 euros.

Il ne peut qu'être remarqué, au plan de son statut, ce qui le distingue de son homologue national[5].

Les conditions de sa saisine sont développées aux articles 696-111 et 696-112 du code de procédure pénale.

Les procédures dont sont saisis les procureurs européens délégués relèvent de la compétence des juridictions de jugement de Paris, tant en première instance qu'en appel. Par dérogation aux articles 206, 207, 207-1, 221-1 à 221-3, la chambre de l'instruction de la cour d'appel de Paris ne peut toutefois pas évoquer ces procédures[6].

Les droits des parties ne font l'objet que des trois articles 696-129 à 696-131 et ne permettent la constitution de partie civile que lorsqu'il a été procédé à l'un des actes mentionnés au premier alinéa de l'article 696-130. La clôture de la procédure obéit aux dispositions de l'article 696-132 du même code.

L'articulation des compétences entre le procureur européen, les procureurs européens délégués et l'autorité judiciaire française est développée aux articles 696-133 à 696-137.

1. L. n° 2020-1672, 24 déc. 2020, relative au Parquet européen, à la justice environnementale et à la justice pénale spécialisée, art. 1er, *JO* 26 déc. 2020, n° 4.
2. C. pr. pén., art. 696-109.
3. C. pr. pén., art. 696-118 s.
4. V. s^s n° 222.16.
5. « L'intégration du Parquet européen dans la procédure pénale française : la révolution tranquille », E. Letouzy, *Dr. pénal* 2021, Et. 6, point 7.
6. C. pr. pén., art. 696-110.

SECTION 2
HUISSIER AUDIENCIER

212.21 **Huissier. Changement de nom.** À compter du 1er juillet 2022, les professions de commissaire-priseur judiciaire et d'huissier de justice ont fusionné pour ne faire qu'une, celle de commissaire de justice[7]. Le commissaire de justice reprend l'ensemble des missions des huissiers de justice et des commissaires-priseurs judiciaires :

- la signification des actes judiciaires et extrajudiciaires ;
- la mise en application des décisions de justice ;
- les constats ;
- le recouvrement amiable et judiciaire ;
- les inventaires, les prisées (estimation d'objets mobiliers) et les ventes judiciaires ;
- les mesures conservatoires ;
- la rédaction d'actes sous seing privé et le conseil juridique ;
- la médiation judiciaire et conventionnelle ;
- l'administration d'immeubles ;
- l'intermédiation de mandataire d'assurance.

Les noms de commissaire de justice et d'huissier seront indistinctement utilisés dans les développements suivants[8].

7. L. n° 2015-990, 6 août 2015 pour la croissance, l'activité et l'égalité des chances économiques, *JO* 7 août, n° 1 ; Ord. n° 2016-728, 2 juin 2016 relative au statut de commissaire de justice, *JO* 3 juin, n° 24 ; Décr. n° 2018-872, 9 oct. 2018, *JO* 10 oct. 2018, n° 7 ; Décr. n° 2019-1185, 15 nov. 2019 relatif à la formation professionnelle des commissaires de justice et aux conditions d'accès à cette profession, *JO* 17 nov., n° 2 ; Décr. n° 2021-1625, 10 déc. 2021, relatif aux compétences des commissaires de justice, art. 8 à 13, *JO* 12 déc., n° 62 ; Décr. n° 2022-729, 28 avr. 2022 relatif à l'organisation de la profession de commissaire de justice, *JO* 29 avr., n° 38 ; Décr. n° 2022-949, 29 juin 2022 relatif aux conditions d'exercice des commissaires de justice, *JO* 30 juin, n° 17, mod. par Décr. n° 2022-1743, 29 déc. 2022, art. 4, *JO* 31 déc., n° 47, art. 4 ; Arr. 5 mai 2023 relatif à la carte professionnelle de commissaire de justice et à ses modalités de délivrance, *JO* 10 mai, n° 11.
8. Ord., n° 2016-728, 2 juin 2016 préc., art. 23 IX : « Dans tous les textes législatifs : 1° La référence aux huissiers de justice et aux huissiers désigne les commissaires de justice ; 2° La référence aux commissaires-priseurs judiciaires désigne les « commissaires de justice. »

212.22 Huissier instrumentaire et huissier audiencier – Distinction. On distingue *l'huissier instrumentaire,* d'ailleurs désormais nommé commissaire de justice, celui qui délivre les actes, et *l'huissier audiencier*, qui va participer au déroulement de l'audience, en recueillant les convocations des personnes présentes, établissant les dossiers en état d'être jugés et ceux pouvant présenter une difficulté, organisant la « fluidité » de l'appel des causes et des transitions entre les différentes affaires appelées, remettant éventuellement aux justiciables divers formulaires. L'huissier audiencier est donc défini comme étant chargé d'assurer le service personnel près les cours et tribunaux[1].

En matière pénale, il assiste ainsi aux audiences solennelles et aux audiences publiques, effectue l'appel des causes et participe au maintien de l'ordre sous l'autorité du président.

Les textes[2] prévoient que les cours d'appel et les tribunaux judiciaires choisissent leurs huissiers audienciers parmi les huissiers de justice en résidence à leur siège. Chaque année, dans la première quinzaine qui suit la rentrée judiciaire, ces juridictions fixent, après avoir consulté les intéressés, l'ordre de service desdits huissiers audienciers. Les tribunaux de police choisissent dans les mêmes conditions leurs huissiers audienciers parmi les huissiers de justice établis dans le ressort du tribunal judiciaire dont ils dépendent ; les officiers ministériels ainsi désignés sont tenus de faire le service des audiences et d'assister le tribunal toutes les fois qu'ils en sont requis. Le nombre d'huissiers est fonction des besoins de la juridiction concernée.

L'huissier d'audience n'est plus jamais un huissier en titre. Il s'agit parfois d'un clerc et bien plus souvent encore d'une personne, salariée par l'étude et qui va remplir ce rôle. Les textes prévoient cette substitution, l'article 14 du décret du 29 février 1956 disposant que les huissiers de justice, peuvent se faire suppléer à leurs frais pour le service des audiences, soit par leurs clercs assermentés, soit par des clercs agréés à cet effet par chaque juridiction sauf dans le cas où la juridiction jugerait nécessaire leur présence personnelle.

Malgré les dispositions ci-dessus rappelées, les règles de désignation de ces huissiers audienciers manquent généralement de clarté et si les études se disputent assez rarement le privilège d'avoir ainsi un de leur salarié à l'audience, il faut bien reconnaître que les conditions dans lesquelles, certaines études collaborent au service public, parfois en échange d'un plus grand nombre de désignations pour délivrer des citations dans tel ou tel domaine, mériteraient plus de transparence.

212.23 Rôle. Les huissiers audienciers ont pour mission : « En matière pénale, d'assister aux audiences solennelles et aux audiences des cours d'assises ; s'agissant des autres audiences publiques, de faire l'appel des causes et, lorsque le président estime que le déroulement des débats le justifie, de maintenir l'ordre sous son autorité ». Ces dispositions, anciennement issues du décret de 1956[3], figurent désormais sous l'article 8 du décret du 10 décembre 2021, dans le chapitre qu'il consacre au service des audiences[4].

La loi du 28 mars 2011 n'avait donc pas modifié ces dispositions[5], pas plus que le changement de dénomination des huissiers de justice[6].

Une convention cadre avait été signée le 8 décembre 2011, entre la Direction des services judiciaires et la Chambre nationale des Huissiers de justice, afin de préciser les missions de l'huissier aux audiences pénales. Elle doit être déclinée au plan local, par la signature d'un protocole entre les chefs de cour, les chefs de juridiction et la chambre régionale et départementale des huissiers de justice. Le but avoué en est une harmonisation des pratiques entre les juridictions, outre l'incitation des présidents d'audiences à veiller à limiter le temps de présence de l'huissier à l'appel des causes et en toute hypothèse, à s'engager « à le libérer lorsque sa présence pour les nécessités du bon déroulement des débats ne se justifie plus, lorsqu'il ne reste plus que des affaires par défaut à juger ou encore lorsque les magistrats se retirent pour délibérer en fin d'audience ». Il y est prévu qu'en toute hypothèse, le président doit autoriser d'office, ou à sa demande, l'huissier de justice à quitter la salle lorsque sa présence peut manifestement être limitée à l'appel des causes, compte tenu de la nature de l'audience ou du contentieux traité. Il est également souligné que

1. Ord. n° 45-2592, 2 nov. 1945, art. 1er ; mod. par L. n° 2010-1609, 22 déc. 2010, art. 2 et 14.
2. Décr. n° 56-222, 29 févr. 1956 pris pour l'application de l'ordonnance du 2 novembre 1945 relative au statut des huissiers de justice, *JO,* du 3 mars 1956, p. 2214, art. 12 ; abrog. par Décr. n° 2021-1625, 10 déc. 2021, art. 33.
3. Décr. n° 56-222, 29 févr. 1956, art. 11 ; mod. par décr. n° 2012-634, 3 mai 2012, art. 19 et abrog. par Décr. n° 2021-1625, 10 déc. 2021, art. 33. – Circ. DACG n° CRIM 07-16/E6, 19 déc. 2007 concernant l'application des dispositions relatives aux huissiers de justice audienciers en matière pénale, telles que résultant des articles 16 (IV) et 18 du décr. n° 2007-1388, 26 sept. 2007 pris pour l'application de la L. n° 2007-297, 5 mars 2007 relative à la prévention de la délinquance et modifiant le C. pén. et le C. pr. pén.
4. Décr. n° 2021-1625, 10 déc. 2021, art. 33 (VD), *JO* 12 déc. 2021.
5. L. n° 2011-331, 28 mars 2011 de modernisation des professions judiciaires ou juridiques et certaines professions réglementées, *JO* 29 mars, p. 5447, art. 17.
6. V. s^s n° 212.21.

« l'huissier de justice n'a pas vocation à intervenir pour se substituer aux forces de l'ordre, lorsque le trouble à l'ordre public est caractérisé ». Plus inquiétante, l'affirmation selon laquelle « la mission de l'huissier de justice doit en conséquence présenter un caractère exceptionnel justifié par la nature des affaires évoquées ». On pourrait y voir l'annonce d'un retrait progressif des huissiers des audiences pénales, ce qui serait assurément un élément de plus de détérioration du service public de la justice, alors même que le niveau de l'indemnisation mis en place ne peut sérieusement grever les finances publiques... À moins qu'on y trouve un renfort inattendu pour un retour à des durées d'audiences plus raisonnables ?

Il faut souligner l'importance du rôle d'un bon huissier d'audience, qui pourra veiller au déroulement efficace de l'audience et à la sérénité des débats (ne serait-ce qu'en rappelant l'interdiction de l'usage des téléphones portables, du port de couvre-chefs, des discussions trop animées dans les rangs des publics, en veillant à ce qu'il ne soit pas procédé à l'enregistrement audio ou vidéo clandestin d'extraits d'audiences et jusqu'à l'éviction des porteurs de sandwichs ou de boissons...), renseigner certaines victimes, donner aux uns et aux autres quelques informations complétant les propos du président ou du greffier, orienter voire accompagner les uns ou les autres auprès du bureau de l'exécution ou d'une association d'aide aux victimes présentes dans les murs.

212.24 **Autonomie.** La marge d'autonomie laissée aux huissiers d'audience est variable selon les présidents. Certains laissent le soin à l'huissier d'appeler les dossiers en fonction de leur état, quitte à gérer d'ailleurs le planning de certains avocats qui peuvent se trouver appelés à plusieurs audiences en même temps. Dans ce cas, l'huissier d'audience avisera « en temps réel » chaque cabinet d'avocat que « son » affaire va passer dans quelques minutes, ce qui évitera un fastidieux temps d'attente aux avocats. D'autres présidents énonceront à chaque fois l'ordre dans lequel ils entendent voir appelés les dossiers ne laissant dans ce cas que peu de marge d'appréciation à l'huissier.

Entre les deux, situation la plus courante, quelques indications pourront être données juste avant l'audience par le président du tribunal, notamment au sujet de renvois ou d'un horaire de passage convenu préalablement avec les parties et l'huissier appréciera par lui-même ceux des dossiers qu'il convient de faire passer et dans quel ordre il convient de le faire. Dans tous les cas il est important, dans l'hypothèse où des renvois sont probables, que les avocats des parties, le ministère public, le greffier aient été avisés en amont, afin d'éviter des pertes de temps inutiles et que les parties privées attendent en vain l'appel de leur affaire. De même, il faut systématiser en cas de renvois l'organisation de leur caractère contradictoire[1].

212.25 **Indemnisation.** Le décret du 8 novembre 2011[2], à ce jour toujours en vigueur, a fixé le montant de l'indemnisation des huissiers de justice au titre de leur assistance aux audiences pénales. Chaque huissier de justice audiencier reçoit une indemnité journalière de :

1° 20 euros pour le service d'une audience de la Cour de cassation ;

2° 130 euros pour le service d'une audience de la cour d'assises ;

3° 60 euros pour le service d'une audience du tribunal correctionnel, du tribunal pour enfants ou d'une chambre des appels correctionnels ;

4° 30 euros pour le service d'une audience du tribunal de police[3].

SECTION 3
AVOCAT

§ 1
Assistance – Représentation

212.31 **Assistance et représentation – Distinction.** Les conditions dans lesquelles un avocat peut être appelé, de manière exceptionnelle, à compléter la juridiction collégiale ont déjà été abordées[4].

La participation des avocats à l'audience est plus classiquement déclinée par leur intervention auprès des prévenus, des parties civiles ou des tiers intervenants. En leur présence à l'audience on dit qu'ils assistent la partie. En leur absence, on dit qu'ils la représentent.

Des décisions de principe en la matière ont jugé, avant la loi du 9 mars 2004 ayant réécrit les articles 410[5] et 411[6] du code de procédure pénale, que le droit au procès équitable et le droit de tout accusé à l'assistance d'un défenseur s'opposent à ce que la juridiction juge un prévenu non comparant et non excusé sans entendre l'avocat présent à l'audience pour assurer sa défense[7] et qu'en applica-

1. V. s[s] n°s 532.31 s.
2. Décr. n° 2011-1469, 8 nov. 2011 modifiant l'indemnisation des huissiers de justice au titre de leur assistance aux audiences pénales, *JO* 10 nov., p. 18892.
3. C. pr. pén., art. R. 179.
4. V. s[s] n° 211.26.
5. C. pr. pén., art. 410 ; mod. par L. n° 2004-204, 9 mars 2004, art. 133, *JO* 10 mars, n° 1.
6. C. pr. pén., art. 411 ; mod. par L. n° 2004-204, 9 mars 2004, art. 133, *ibid.*
7. Cass., Ass. plén., 2 mars 2001, n° 00-81.388, P n° 6 ; *D.* 2001. 1899, note J. Pradel.

tion de l'article 410 dernier alinéa du code de procédure pénale, l'avocat qui se présente pour assurer la défense d'un prévenu cité à personne, non comparant ni excusé, doit être entendu s'il en fait la demande, même hors le cas prévu par l'article 411 du même code.

Encourt la censure l'arrêt qui a décidé de retenir l'affaire sans avoir entendu en dernier l'avocat qui s'était présenté et qui avait demandé le renvoi de l'affaire et sans avoir donné la parole à cet avocat après l'examen sur le fond, au motif que celui-ci n'avait pas de pouvoir de représentation [1].

Plus originale, une décision de la Cour européenne des droits de l'homme [2], rendue en grande chambre et concernant l'impossibilité faite au requérant, avocat de son état, poursuivi pour outrage à magistrat, de se défendre seul dans le cadre de cette procédure, les juridictions internes exigeant qu'il soit représenté par un avocat, qui a jugé que l'obligation d'être représenté par un avocat dans une procédure pénale est compatible avec les droits de la défense. Dans cette espèce, la Cour observe que la règle portugaise relative à l'obligation d'être représenté par un avocat dans une procédure pénale vise essentiellement à garantir une bonne administration de la justice et un procès équitable respectant le droit de l'accusé à l'égalité des armes. Eu égard à la marge d'appréciation laissée aux États membres quant au choix des moyens à mettre en œuvre pour garantir la défense d'un accusé, la Cour estime à la fois pertinentes et suffisantes les raisons fournies par le Gouvernement à l'appui de l'obligation d'être assisté. Enfin, en ce qui concerne l'équité globale du procès, la Cour observe que la défense du requérant a été assurée par une avocate commise d'office. Elle n'aperçoit aucune raison convaincante de douter que la défense du requérant par cette avocate n'ait pas été assurée convenablement ou de considérer que la conduite de la procédure par les juridictions nationales ait été d'une quelconque manière inéquitable.

212.32 **Pouvoir de représentation.** L'avocat qui intervient à l'audience le fait, soit en raison de sa qualité professionnelle, soit en vertu d'un mandat (pouvoir) qui lui a été spécialement délivré par son client afin qu'il le représente devant ses juges [3].

Dans une affaire particulière, la chambre criminelle de la Cour de cassation avait déclaré un pourvoi irrecevable, aux motifs que le requérant avait donné à son avocat un pouvoir pour agir en cassation daté du 25 mai 2010, alors que l'arrêt de la cour d'appel avait été rendu le 27 mai et qu'une telle lettre visant une décision de justice non-encore prononcée, partant indéterminée, ne pouvait constituer un pouvoir spécial au sens de l'article 576 du code de procédure pénale [4]. Saisie, la CEDH après avoir rappelé que l'article 6 n'astreint pas les États contractants à créer des cours d'appel ou de cassation, souligne qu'un État qui se dote de juridictions de cette nature, a l'obligation de veiller à ce que les justiciables jouissent auprès d'elles des garanties fondamentales de cette disposition [5], notamment en ce qu'elle assure aux plaideurs un droit effectif d'accès aux tribunaux pour les décisions relatives au « bien-fondé de toute accusation en matière pénale » [6]. Par suite, la Cour estime qu'en déclarant irrecevable le pourvoi en cassation du requérant, les autorités ont fait preuve d'un formalisme excessif ayant porté une atteinte disproportionnée à son droit d'accès au tribunal. Le requérant a en effet été privé de tout examen au fond de son recours, alors qu'il avait fait l'objet d'une condamnation pénale et que sa liberté d'expression était en cause. La Cour conclut donc à la violation de l'article 6, § 1 de la convention.

Enfin, il faut rappeler deux jurisprudences à la portée certaine en termes de représentation, et lourdes d'enjeux de responsabilité pour l'avocat :

- la première selon laquelle la mention, sur le récépissé du dépôt de la demande d'aide juridictionnelle figurant au dossier, du nom de l'avocat choisi par le prévenu, fait présumer l'existence d'un mandat donné au conseil, par son client, aux fins de le représenter [7] ;
- la seconde qui a jugé que le prévenu, régulièrement cité, non comparant, dont l'avocat, présent à l'audience pour assurer sa défense, a été entendu et a déposé des conclusions, ne peut invoquer les dispositions de l'article 568, alinéa 2, du code de procédure pénale qui ne font courir le délai de pourvoi qu'à compter de la signification de l'arrêt. L'affaire ayant été mise en délibéré et l'avertissement prévu par l'article 462, alinéa 2, du même code, ayant été donné, le délai de cinq jours francs pour se pourvoir

1. Crim. 23 oct. 2007, n° 07-82.313, P n° 251 ; *D.* 2007. 2949, obs. S. Lavric ; *AJ pénal* 2008. 39, obs. C. Girault.
2. CEDH 4 avr. 2018, *Correia de Matos c/ Portugal*, req. n° 56402/12.
3. V. égal^t s^s n° 221.21.
4. Crim. 1er mars 2011, n° 10-83.903, NP – Dispositions réformées par : L. n° 2011-94, 25 janv. 2011, entrée en vigueur le 1er janv. 2012 et le texte modifié ne reprend pas la condition de la production d'un mandat spécial, lorsque la déclaration de pourvoi a été formée par l'avocat du demandeur au pourvoi.
5. CEDH 17 janv. 1970, *Delcourt c/ Belgique*, req. n° 2689/65, série A, n° 11, § 25.
6. CEDH 9 janv. 2014, *Viard c/ France*, req. n° 71658/10, § 30 ; *AJ pénal* 2014. 241, obs. S. Lavric – CEDH 12 juill. 2016, *Reichmann c/ France*, req. n° 50147/11, § 29 ; *D.* 2016. 1652.
7. Crim. 12 mars 2003, n° 02-85.112, P n° 66 ; *D.* 2003. 1730, obs. J. Pradel.

en cassation a pour point de départ le jour du prononcé de la décision[1]. Solution reprise, dans une décision ultérieure ayant jugé que le droit d'être entendu que reconnaît le dernier alinéa de l'article 410 du code de procédure pénale à l'avocat qui se présente pour assurer la défense d'un prévenu implique, même en l'absence du mandat de représentation prévu par le premier alinéa de l'article 411 dudit code, que celui-ci puisse déposer des conclusions qui doivent être visées par le président et le greffier et auxquelles les juges sont tenus de répondre, la décision étant, dans ce cas, rendue contradictoirement[2] et encore reformulée par un arrêt retenant que le dépôt de conclusions écrites l'avocat fait présumer l'existence d'un mandat[3].

212.33 Faculté d'être assisté devant la juridiction correctionnelle. Le prévenu qui comparaît a la faculté de se faire assister par un défenseur. Toute personne suspectée ou poursuivie a en effet, outre le droit d'être informée des charges retenues contre elle, celui d'être assistée d'un défenseur[4].

Ceci signifie clairement qu'aucun prévenu majeur n'est obligé d'être assisté d'un avocat devant la juridiction correctionnelle. Ce point pourrait être contesté en ce que l'intervention d'un professionnel du droit aux côtés d'un prévenu ne peut *a priori* lui nuire et surtout parce qu'il entraîne parfois, en cas de désignation tardive d'un défenseur, ou d'un nouveau défenseur ou de demande d'un avocat à la dernière minute, d'inutiles renvois. Mais hormis la situation prévue par l'article 397 du code de procédure pénale pour la comparution immédiate[5], rien n'exclut évidemment qu'un prévenu puisse se défendre seul, voire soit invité à faire savoir s'il accepte de se défendre seul, lorsque par exemple, une grève du barreau fait obstacle à son assistance.

212.34 Droit d'être assisté – Avocat commis d'office. Lorsque le prévenu n'avait pas fait choix d'un défenseur avant l'audience et demandait cependant à être assisté, le président en commettait un d'office. Sur ce point précis, il faut signaler la modification de l'article 417[6] du code de procédure pénale qui prévoit en son alinéa 2 que : « Si le prévenu n'a pas fait choix d'un défenseur avant l'audience, le président l'informe, s'il n'a pas reçu cette information avant l'audience, qu'il peut, à sa demande, bénéficier d'un avocat commis d'office. Si le prévenu formule cette demande, le président commet un défenseur d'office ». L'avocat est tenu de déférer aux désignations et commissions d'office, sauf motif légitime d'excuse ou d'empêchement admis par l'autorité qui a procédé à la désignation ou à la commission[7].

Cette réécriture fait suite à la décision par laquelle la chambre criminelle avait précisé que l'exercice de la faculté reconnue au prévenu qui comparaît devant la juridiction correctionnelle de se faire assister d'un avocat, et, s'il n'en a pas fait le choix à l'audience et demande cependant à être assisté, de s'en faire désigner un d'office par le président, implique, pour être effectif, y compris en cause d'appel, que ce dernier l'ait préalablement informé de cette faculté, s'il n'a pas reçu cette information avant l'audience. En conséquence, avait été censuré au visa des articles 16 de la Déclaration des droits de l'Homme et du citoyen, 14, § 3, d) du Pacte international relatif aux droits civils et politiques, 6, § 3, c) de la convention européenne des droits de l'homme, 417 du code de procédure pénale, l'arrêt de la chambre des appels correctionnels qui statuant à l'égard d'un prévenu comparant seul, n'avait pas constaté qu'il avait été informé de son droit d'être assisté d'un avocat[8].

De ce point de vue, les décisions qui avaient pu indiquer que l'article 417 du code de procédure pénale qui ne prévoit pas devant les juridictions correctionnelles, sauf cas particuliers d'infirmité, l'assistance obligatoire d'un défenseur, n'impose au président d'en commettre un d'office que si le prévenu comparant, qui n'a pas fait choix d'un avocat avant l'audience, demande cependant à être assisté[9] ou encore, qu'une cour d'appel n'a porté aucune atteinte aux droits de la défense et a satisfait aux exigences de l'article 6, § 3, c) de la convention européenne des droits de l'homme dès lors que le prévenu n'a pas cru devoir utiliser la faculté dont il disposait de se faire assister par un défenseur en l'absence du conseil de son choix défaillant[10], sont aujourd'hui dépassées[11]. Le défenseur ne peut être choisi ou désigné que parmi les avocats inscrits à un barreau[12] admis à plaider devant le tribunal. L'assistance d'un défenseur est obligatoire quand le pré-

1. Crim. 13 mai 2003, n° 00-87.553, n° 02-80.673, P n° 95.
2. Crim. 12 déc. 2006, n° 05-86.214, P n° 310 ; *D.* 2007. 445, obs. C. Girault ; *AJ pénal* 2007. 139, obs. C. Girault ; *RSC* 2007. 322, obs. R. Filniez.
3. Crim. 14 oct. 2008, n° 08-81.617, P n° 207 ; *AJ pénal* 2009. 185, obs. L. Ascensi ; *RSC* 2009. 411, obs. R. Finielz.
4. C. pr. pén., art. prélim. III.
5. V. s^s chap. 422.
6. C. pr. pén., art. 417 ; mod. par L. n° 2011-1862, 13 déc. 2011, art. 64.
7. Décr. n° 2023-552, 30 juin 2023 portant code de déontologie des avocats, *JO* 2 juill., n° 2, art. 6, al. 2.
8. Crim. 24 nov. 2010, n° 10-80.551, P n° 188 ; *D.* 2011. 14 ; *RSC* 2011. 151, obs. J. Danet.
9. Crim. 16 janv. 1995, n° 94-80.720, P n° 20.
10. Crim. 17 mai 1993, n° 92-85.733, NP, *Dr. pénal* 1993, chronique des parquets et de l'instruction, obs. V. Lesclous et C. Marsat, 56.
11. V. s^s n° 524.41.
12. La référence aux avoués a été supprimée par : L. n° 2011-525, 17 mai 2011 de simplification et d'amélioration de la qualité du droit, *JO* 18 mai, p. 8537, art. 186.

venu est atteint d'une infirmité de nature à compromettre sa défense[1].

Les textes[2] mentionnent que la citation à prévenu informe celui-ci qu'il peut se faire assister d'un avocat de son choix, ou s'il en fait la demande, d'un avocat commis d'office. Il est cependant toujours opportun de s'assurer que cette information a été clairement énoncée et qu'elle était compréhensible pour un prévenu moyen. Un arrêt ancien a pu estimer que la connaissance insuffisante de la langue française ne pouvait être considérée comme constituant, pour un prévenu une « *infirmité de nature à compromettre sa défense* » justifiant l'assistance obligatoire d'un défenseur ainsi que le prévoit l'article 417 du code de procédure pénale[3].

Par ailleurs, et cette fois en matière de traduction, signalons une décision de la Cour de Strasbourg qui a pu rappeler que l'article 6, § 3, a) de la convention ne confère pas un droit général pour tout accusé de se faire traduire tout le dossier de sa cause[4] et considérer qu'il ne saurait donc être reproché au Gouvernement belge de ne pas avoir fait droit à la demande de traduction des dossiers répressifs. Cette décision doit bien entendue être comprise au regard des dernières dispositions issues de la loi du 27 mai 2014[5].

212.35 Absence d'un avocat – Report d'audience. La chambre criminelle avait pu juger que si l'article 417 du code de procédure pénale, comme l'article 6, § 3, c) de la convention européenne des droits de l'homme, reconnaissaient au prévenu le droit de se faire assister par un défenseur de son choix, la nécessité d'assurer la continuité du cours de la justice et celle de permettre le jugement des prévenus dans un délai raisonnable faisaient obstacle à ce que l'absence du défenseur choisi entraîne nécessairement le renvoi de l'affaire[6], anticipant en quelque sorte sur la réforme précitée issue de la loi du 13 décembre 2011.

Il faut à l'inverse, mentionner une autre décision ayant affirmé que l'article 417 du code de procédure pénale impose au président de commettre un défenseur d'office au prévenu comparant qui en fait la demande et que l'inobservation de cette formalité substantielle porte atteinte aux droits de la défense. S'il avait pu être jugé qu'encourt la cassation, l'arrêt de la cour d'appel qui, pour rejeter la demande du prévenu sollicitant la désignation d'un avocat d'office, énonce que l'intéressé a, depuis 8 mois, eu tout loisir de choisir un avocat ou de s'en faire désigner un[7], il semble donc que la chambre criminelle ait désormais une optique plus restrictive puisqu'elle a pu encore décider que si un prévenu a comparu seul à l'audience, il a obtenu auparavant la désignation, au titre de l'aide juridictionnelle, d'un avocat avec lequel il a été invité à prendre contact, puis il a été informé, au moment où il a été convoqué par le parquet général, de sa faculté d'être assisté d'un conseil[8] et que dans ces conditions la cour d'appel n'a méconnu ni les dispositions de l'article 417 du code de procédure pénale, ni celles de l'article 6, § 3, de la convention européenne des droits de l'homme en refusant le renvoi[9].

Surtout, le tribunal devra répondre de manière motivée à toute demande de report de l'audience fondée sur l'absence de l'avocat. Ainsi, les juges ne peuvent sans le motiver, refuser le renvoi d'une affaire sollicité par le prévenu en raison de l'absence de l'avocat choisi et du refus de l'intéressé de se faire assister de l'avocat de permanence[10].

212.36 Désignation d'un avocat « sur l'audience ». Dans toutes ces hypothèses, la désignation d'un avocat « sur l'audience » rend néanmoins problématique la prise en compte par ce professionnel de l'ensemble des éléments d'un dossier, au volume parfois important et une véritable connaissance de son client. En outre, ce dernier viendra rarement à l'audience avec les justificatifs que l'avocat pourra souhaiter produire.

Enfin, dans l'hypothèse extrême où la citation d'un témoin pourrait s'avérer utile, il est évident qu'une intervention *in extremis* n'en permettra pas la réalisation. Ne nous situant pas, par hypothèse, dans le cadre d'une comparution immédiate[11], il convient de reconnaître qu'un renvoi sera souvent demandé dans de telles circonstances et qu'il devra être admis.

En effet la pratique qui consiste à inviter l'avocat commis d'office à préparer la défense de son client, tandis que d'autres dossiers sont évoqués, ne semble pas opportune, sauf simplicité extrême des faits et faiblesse des enjeux en termes de répression. Dans l'hypothèse où intervient une désignation d'avocat sur l'audience, dans une procédure consistante à

1. C. pr. pén., art. 417.
2. C. pr. pén., art. 390 s.
3. Crim. 7 nov. 1968, n° 68-91.175, P n° 289.
4. CEDH 29 mai 1975, *X... c/ Autriche, DR* 1975. 2. 68.
5. L. n° 2014-535, 27 mai 2014 portant transposition de la directive 2012/13/UE du Parlement européen et du Conseil, 22 mai 2012 relative au droit à l'information dans le cadre des procédures pénales (v. s[s] n° 221.231).
6. Crim. 17 janv. 1996, n° 95-82.114, P n° 29.
7. Crim. 22 sept. 1999, n° 98-86.557, P n° 196 ; *D.* 1999. 266.
8. Crim. 27 nov. 2013, n° 12-85.447, P n° 239 ; *AJ pénal* 2014. 186, obs. P. de Combles de Nayves.
9. V. s[s] n° 532.37.
10. Crim. 24 mai 2006, n° 05-85.685, P n° 147 ; *D.* 2007. 973, obs. J. Pradel ; *AJ pénal* 2006. 412, obs. J. Leblois-Happe ; *RSC* 2006. 847, obs. R. Finielz.
11. V. s[s] n° 424.101.

l'issue de laquelle de lourdes peines sont encourues, on ne peut que trop recommander au président de la juridiction d'inviter le greffier à mentionner aux notes d'audience, que tous avertissements utiles ont été donnés au prévenu sur la possibilité d'un renvoi et, si tel est le cas, qu'il a néanmoins sollicité un jugement immédiat.

212.37 **Faculté d'être assisté devant le tribunal de police.** La présence d'un avocat est aussi une faculté devant le tribunal de police et les articles 535 et 536 du code de procédure pénale n'opèrent d'ailleurs aucun renvoi aux dispositions de l'article 417, mais rien n'exclut évidemment qu'un prévenu poursuivi devant le tribunal de police puisse se faire assister d'un avocat. Ainsi, avait-il été jugé qu'encourait la cassation, le jugement d'une juridiction de proximité qui, sans répondre à une demande de renvoi adressée par courrier reçu avant l'audience, statue par décision contradictoire à signifier à l'encontre du prévenu [1]. L'originalité est ici dans l'article 544 du code de procédure pénale qui dispose que lorsque la contravention poursuivie n'est passible que d'une peine d'amende, le prévenu peut se faire représenter par un avocat ou par un fondé de procuration spéciale [2].

En ce qui concerne les victimes, toute personne qui, conformément à l'article 2, prétend avoir été lésée par un délit, peut, si elle ne l'a déjà fait, se constituer partie civile à l'audience même. Le ministère d'un avocat n'est alors pas obligatoire [3], mais là encore rien ne l'interdit. Les mêmes pratiques que celles décrites précédemment s'imposent, lorsque c'est la partie civile qui demande « tardivement » à être assistée.

Quelle que soit la peine encourue, le prévenu peut aussi, par lettre adressée au président du tribunal et qui sera jointe au dossier de la procédure, demander à être jugé en son absence en étant représenté au cours de l'audience par son avocat ou par un avocat commis d'office. Ces dispositions sont applicables quelles que soient les conditions dans lesquelles le prévenu a été cité [4].

212.38 **Pluralité d'avocats.** En matière d'instruction les dispositions de l'article 115 du code de procédure pénale détaillent les conditions dans lesquelles les parties doivent faire connaître au juge d'instruction, le nom de leur avocat et en cas de pluralité de celui auquel seront adressées convocations et notifications, précisant qu'à défaut de choix, celles-ci seront adressées à l'avocat premier choisi [5].

On ne trouvera rien de similaire aux articles 410 à 412, l'article 410, alinéa 3, disposant même que si un avocat se présente pour assurer la défense du prévenu, il doit être entendu s'il en fait la demande, même hors le cas prévu par l'article 411. Une jurisprudence déjà ancienne avait fixé ce principe : « En application de l'article 410 dernier alinéa du code de procédure pénale, l'avocat qui se présente pour assurer la défense d'un prévenu cité à personne, non comparant ni excusé, doit être entendu s'il en fait la demande, même hors le cas prévu par l'article 411 du même code. Encourt la censure l'arrêt qui a décidé de retenir l'affaire sans avoir entendu en dernier l'avocat qui s'était présenté et qui avait demandé le renvoi de l'affaire et sans avoir donné la parole à cet avocat après l'examen sur le fond, au motif que celui-ci n'avait pas de pouvoir de représentation » [6].

Ainsi, l'intervention d'un avocat dans un dossier correctionnel résultera au mieux d'un courrier adressé au greffe et versé au dossier, au pire d'une simple mention manuscrite sur la cote dudit dossier. Dans les dossiers les plus importants, il est d'usage, d'une part de constituer une cote distincte répertoriant les constitutions d'avocat par prévenu, et d'autre part, que les avocats constitués se présentent au président d'audience, souvent pour faire état ou lui remettre des écritures qu'ils auront prises.

Par ailleurs, le greffe doit avoir soin de convoquer ou aviser tous les avocats mentionnés dans tel dossier, la règle précitée applicable à l'instruction n'étant pas transposée au stade de l'audience.

Enfin, rien n'exclut qu'interviennent à l'audience plusieurs avocats dans une même cause et ce alors même qu'un avocat serait déjà clairement identifié dans le dossier. La difficulté sera alors de s'assurer que l'ensemble des avocats choisis a pu disposer du temps nécessaire à préparer la défense de leur client

1. Crim. 12 avr. 2012, n° 11-86.898, P n° 97 ; *RSC* 2012. 926, obs. J.-F. Renucci (v. s^s n°s 532.31 s.).
2. V. s^s n° 121.43.
3. C. pr. pén., art. 418.
4. C. pr. pén., art. 411, al. 1.
5. Cependant, un arrêt de la Cour de Strasbourg a considéré qu'en jugeant irrecevable l'appel formé par le nouvel avocat d'un justiciable qui n'avait pas été désigné conformément aux dispositions du code de procédure pénale, elle l'a privé d'un examen au fond de son recours et a condamné la France pour violation de l'article 6, § 1er, de la convention européenne des droits de l'homme qui garantit le droit à un procès équitable : CEDH 30 juin 2016, *Duceau c/ France*, req. n° 29151/11 ; Il convient de relever un élément fondamental, dans cette affaire, l'avocat avait été traité comme tel dans le cadre de l'information, et ce n'est qu'au niveau de la chambre de l'instruction que la régularité de sa désignation avait été remise en cause ; Il en résulte, selon la Cour, un excès de formalisme qui pourrait ne pas être relevé dans d'autres occurrences.
6. Crim. 23 oct. 2007, n° 07-82.313, P n° 251 ; *D.* 2007. 2949, obs. S. Lavric ; *AJ pénal* 2008. 39, obs. C. Girault.

et, *a contrario*, que le cours de la justice n'est pas interrompu.

§ 2
Changement et retrait d'avocat

212.41 Changement d'avocat. De la même façon que ci-dessus, il n'existe pas de disposition spécifique à l'audience correctionnelle relativement à la procédure de changement d'avocat.

Si le prévenu détenu souhaitant changer d'avocat, aura généralement signé au greffe de l'établissement pénitentiaire un formulaire qui est en principe communiqué au greffe correctionnel, il peut arriver que le prévenu non assisté et en particulier libre, déclare à l'audience son souhait de faire appel à un nouvel avocat qui le cas échéant ne sera pas présent. Ceci est une cause de renvoi regrettable en ce qu'elle pourrait majoritairement être évitée au cours des longs mois qui séparent souvent l'avis d'audience de l'audience elle-même.

Dans tous les cas de changement tardif d'avocat, il appartient à la juridiction de jugement d'apprécier le bien-fondé ou non de la demande et d'y répondre par une décision motivée[1].

Dans l'hypothèse d'un changement d'avocat en cause d'appel ou en cours de débats devant la juridiction de première instance ou d'appel, il peut raisonnablement être soutenu que ce seul événement ne justifie pas en lui seul une reprise intégrale des débats. Ainsi, un arrêt de la chambre criminelle a pu décider que dès lors que le tribunal correctionnel a procédé contradictoirement, en présence du précédent avocat du prévenu, au visionnage de l'enregistrement (vidéo) de sorte que le changement d'avocat ne justifiait pas à lui seul qu'il soit procédé à un nouveau visionnage, la cour d'appel, sans qu'il soit porté atteinte aux droits de la défense, a souverainement apprécié l'opportunité d'ordonner un supplément d'information et a justifié sa décision[2].

La Cour européenne des droits de l'Homme est venue ici préciser, dans une première affaire, que « si les demandes de renvoi accompagnées de justificatifs objectifs doivent non seulement être effectivement examinées par les juridictions internes, mais également donner lieu à une réponse motivée, celles qui sont infondées ou qui ne reposent que sur de simples affirmations non étayées de l'"accusé" sont assurément préjudiciables à la bonne administration de la justice » et a constaté l'absence de violation de l'article 6, § 3, c) de la convention européenne des droits de l'homme par la France. Dans une seconde affaire, les magistrats de la cour d'appel n'avaient pas motivé leur refus de reporter l'audience, la cour d'appel ayant seulement indiqué qu'elle retenait l'affaire après avoir délibéré sur la demande de renvoi. Si la Cour de cassation avait rejeté le moyen des requérants au motif que la cour d'appel avait souverainement apprécié la valeur des arguments présentés, la CEDH a estimé qu'elle ne pouvait s'assurer que la cour d'appel avait effectivement examiné la question de savoir si les excuses fournies par les requérants étaient valables. Dès lors, n'étant pas en mesure d'exercer son contrôle sur le respect de la convention elle a constaté la violation de l'article 6, § 1 et 3, c).

Finalement et de manière fort équilibrée, les juges de Strasbourg estiment qu'on ne saurait imputer à un État la responsabilité de toute défaillance d'un avocat commis d'office ou choisi par l'accusé, la conduite de la défense appartenant à l'accusé et à son avocat. L'article 6, § 3, c) de la convention européenne des droits de l'homme n'oblige les autorités à intervenir que si la carence de l'avocat d'office est manifeste ou si on les en informe suffisamment tôt. Tel n'est pas le cas si le requérant n'a pas mis à profit le délai de 10 jours, entre le désistement de l'avocat et l'audience devant la cour d'appel, pour rechercher un autre avocat ou n'a invoqué aucune difficulté particulière à laquelle il aurait été confronté et qui l'aurait empêché d'en contacter un. En outre, elle constate qu'à l'audience, malgré le rejet de sa demande de renvoi, il a été mis en mesure de se défendre. En revanche, il convient d'insister sur le fait que tout refus de renvoi doit être motivé.

212.42 Appréciation des motifs du retrait de l'avocat par le juge. Bien qu'ayant trait à la matière criminelle, sera signalée ici une question prioritaire de constitutionnalité ainsi formulée : « L'article 9 de la loi n° 71-1130 du 31 décembre 1971 portant réforme de certaines professions judiciaires et juridiques qui dispose que "l'avocat régulièrement commis d'office par le bâtonnier ou par le président de la cour d'assises ne peut refuser son ministère sans faire approuver ses motifs d'excuse ou d'empêchement par le bâtonnier ou par le président", est-il contraire à la Constitution du 4 octobre 1958, au regard des articles 7 et 16 de la Déclaration des droits de l'Homme et du citoyen du 26 août 1789 ainsi qu'aux droits de la défense qui résultent des principes fondamentaux reconnus par les lois de la République, en ce que cette disposition, telle qu'interprétée par la Cour de cassation, suivant une jurisprudence constante, confère au seul président de la cour d'assises le pouvoir de rejeter les motifs d'excuse de l'avocat qu'il a lui-même commis d'office, sans motivation ni recours ? »

1. V. s^s n°s 524.41 s.
2. Crim. 13 sept. 2016, n° 15-83.779, NP.

Dans cette espèce, la chambre criminelle de la Cour de cassation a décidé que, si cette disposition tend à éviter qu'un accusé soit jugé sans l'assistance d'un avocat et au-delà d'un délai raisonnable, l'appréciation, non motivée, par le seul président de la cour d'assises, des motifs d'excuses invoqués par l'avocat qu'il a lui-même commis pour assurer la défense d'un accusé, peut être de nature à porter atteinte aux droits de la défense, reconnus par le Conseil constitutionnel comme découlant de l'article 16 de la Déclaration des droits de l'Homme du 26 août 1789, et a donc renvoyé la question prioritaire de constitutionnalité au Conseil constitutionnel[1].

Dans sa décision, le Conseil constitutionnel a déclaré les dispositions critiquées, conformes à la Constitution[2].

§ 3
Avocats autorisés à intervenir en France

212.51 Avocat du barreau local et avocat « extérieur ». En matière pénale, les parties peuvent être assistées ou représentées par un, ou plusieurs avocats, inscrits auprès de n'importe quel barreau français[3]. Il est d'usage que l'avocat extérieur soit présenté au président de la composition correctionnelle avant l'audience par l'un ou l'une de ses confrères du barreau local. L'article 158 du décret du 27 novembre 1991[4] prévoyait que l'avocat plaidant devant une juridiction extérieure au ressort de son barreau se présente au président et au représentant du ministère public tenant l'audience, au bâtonnier de l'ordre et au confrère plaidant pour la partie adverse. Si cet article a été abrogé par le décret du 12 juillet 2005, le règlement intérieur national diffusé par le Conseil national des Barreaux reprend toutefois cette exigence[5].

S'il n'est pas d'usage de demander à un avocat qui n'est pas connu du tribunal de justifier de sa qualité par la présentation de sa carte professionnelle, ceci a pu, épisodiquement amener de parfaits inconnus à intervenir aux côtés de « leur » client... et peut donc justifier, dans des affaires particulières, une telle demande.

S'agissant plus classiquement des interventions et de l'exercice des voies de recours par des avocats extérieurs au barreau concerné, signalons qu'en matière pénale, tout avocat peut intervenir devant n'importe quelle juridiction sans postulant et qu'il résulte de l'article 576, alinéa 2, du code de procédure pénale, dans sa rédaction issue de la loi du 25 janvier 2011 portant réforme de la représentation devant les cours d'appel, que l'avocat formant le pourvoi doit exercer auprès de la juridiction qui a statué.

A, en conséquence, été jugé irrecevable le pourvoi formé sans pouvoir spécial par un avocat inscrit au barreau de Paris contre un arrêt rendu par la chambre de l'instruction de la Cour d'appel de Versailles dès lors que l'information est menée au tribunal de grande instance de Pontoise, les dispositions de l'article 1er, III, de la loi du 31 décembre 1971[6] n'étant alors pas applicables[7].

Il résulte par ailleurs de l'article 576 du code de procédure pénale et de l'article 1er, III, de la loi du 31 décembre 1971, dans sa rédaction issue de la loi du 25 janvier 2011, portant réforme de la représentation devant les cours d'appel, qu'un avocat inscrit au barreau de Paris peut, sans être muni d'un pouvoir spécial, former un pourvoi contre un arrêt rendu par la cour d'appel de Versailles, dès lors qu'il avait assisté le prévenu devant le tribunal correctionnel de Nanterre dans l'instance ayant donné lieu à l'arrêt attaqué[8].

212.52 Avocats de l'Union européenne ou de la confédération helvétique. Tout ressortissant de l'un des États membres de l'Union européenne peut exercer en France la profession d'avocat à titre permanent sous son titre professionnel d'origine, à l'exclusion de tout autre, si ce titre professionnel figure sur une liste fixée par décret. Dans ce cas, il est soumis, sous réserve des dispositions du chapitre 1er du titre 4, aux dispositions de la loi du

1. Crim. 7 févr. 2018, n° 17-90.025, NP.
2. Cons. const. 4 mai 2018., n° 2018-704 QPC.
3. Les statistiques du ministère de la Justice, établissent qu'au 1er janvier 2018, 66 958 avocats ont été recensés sur l'ensemble du territoire national contre 48 461 dix ans plus tôt (+38 %). Avec 28 145 avocats, le barreau de Paris concentre à lui seul 42 % de l'effectif total. La féminisation de la profession atteint 55,6 % contre 49,9 % dix ans auparavant (Statistiques ministère de la Justice, sept. 2018, C. Moreau).
4. Décr. n° 91-1197, 27 nov. 1991 organisant la profession d'avocat, art. 158 ; abrog. par Décr. n° 2005-790, 12 juill. 2005, art. 22. V. aussi Décr. n° 2019-966, 18 sept. 2019 portant substitution du tribunal judiciaire au tribunal de grande instance et au tribunal d'instance en application de l'article 95 de la loi n° 2019-222 du 23 mars 2019 de programmation 2018-2022 et de réforme pour la justice et diverses dispositions relatives à l'organisation judiciaire et modifiant l'annexe du décret n° 2019-913 du 30 août 2019 pris en application de l'article 95 de la loi n° 2019-222 du 23 mars 2019 de programmation (2018-2022) et de réforme pour la justice, *JO* 19 sept., n° 7.
5. CNB, Règlement intérieur national, art. 1 *bis*.
6. L. n° 71-1130, 31 déc. 1971 portant réforme de certaines professions judiciaires et juridiques, *JO* 5 janv., p. 131.
7. Crim. 8 janv. 2013, n° 12-85.343, P n° 1.
8. Crim. 5 juin 2013, n° 12-86.022, P n° 129.

31 décembre 1971 organisant certaines professions judiciaires et juridiques[1] récemment complétées[2].

Les articles 200 et suivants du décret de 1991[3], précisent par ailleurs les conditions dans lesquelles les avocats ressortissants de l'un des États membres de l'Union européenne, d'un autre État partie à l'accord sur l'Espace économique européen ou de la Confédération suisse ayant acquis leur qualification dans l'un de ces États membres ou parties autres que la France ou dans la Confédération suisse, peuvent venir accomplir à titre permanent ou occasionnel, sous leur titre professionnel d'origine, leur activité professionnelle en France.

Au titre des dispositions de l'article 201 du décret du 27 novembre 1991, réécrit en 2013[4], puis 2019[5], sont reconnus en France comme avocats les ressortissants des États membres de l'Union européenne, des autres États parties à l'accord sur l'Espace économique européen ou de la Confédération suisse qui exercent leurs activités professionnelles dans l'un de ces États membres ou parties autres que la France ou dans la Confédération suisse sous l'un des titres professionnels suivants :

- en Belgique : avocat, *advocaat*, *rechtsanwalt* ;
- en Bulgarie : (formule non reproduite)[6] ;
- en République tchèque : *advokajt* ;
- au Danemark : *advokat* ;
- en Allemagne : *rechtsanwalt* ;
- en Estonie : *vandeadvokaat* ;
- en Grèce : *dikigoros* ;
- en Espagne : *abogado, advocat, avogado, abokatu* ;
- en Irlande : *barrister, solicitor* ;
- en Italie : *avvocato* ;
- à Chypre : *dikigoros* ;
- en Croatie : *odvjetnik, odvjetnica* ;
- en Lettonie : *zverinats advokalts* ;
- en Lituanie : *advokatas* ;
- au Luxembourg : avocat ;
- en Hongrie : *ügyvéd* ;
- à Malte : *avukat, prokuratur legali* ;
- aux Pays-Bas : *advocaat* ;
- en Autriche : *rechtsanwalt* ;
- en Pologne : *adwokat, radca prawny* ;
- au Portugal : *advogado* ;
- en Roumanie : avocat ;
- en Slovénie : *odvetnik, odvetnica* ;
- en Slovaquie : *advokajt, komercpn prajvnik* ;
- en Finlande : *asianajaja, advokat* ;
- en Suède : *advokat* ;
- au Royaume-Uni : *advocate, barrister, solicitor* ;
- en Suisse : avocat, *advokat, anwalt, fürsprecher, fürsprech, avvocato, rechtsanwalt* ;
- en Islande : *lögmaour* ;
- au Liechtenstein : *rechtsanwalt* ;
- en Norvège : *advokat.*

Lorsqu'un avocat mentionné à l'article 202-1 du décret assure la représentation ou la défense d'un client en justice ou devant les autorités publiques, il exerce ses fonctions dans les mêmes conditions qu'un avocat inscrit à un barreau français[7].

À la suite d'une décision de la Cour de justice des Communautés européennes (devenue CJUE)[8], l'avocat membre de l'UE agit librement et il n'a donc pas à être associé à un avocat « national » ou du barreau local dans lequel il intervient, même si l'usage et qu'une telle intervention s'accompagne d'une présentation au tribunal ou à la cour concernée par un membre du Conseil de l'ordre. Conformément aux articles 83 et 84 de la loi du 31 décembre 1971[9] modifiée, l'inscription au tableau du barreau de son choix est de droit pour l'avocat souhaitant exercer à titre permanent sous son titre professionnel d'origine sur production d'une attestation délivrée par l'autorité compétente de l'État membre de l'Union européenne auprès de laquelle il est inscrit[10].

En vertu de l'article 91 de la loi du 31 décembre 1971, l'exercice de la profession d'avocat par un avocat ressortissant d'un État membre de l'Union européenne autre que la France est exclusif de toute participation, même à titre occasionnel, à l'exercice de fonctions au sein d'une juridiction[11].

Deux décisions rendues le même jour par la première chambre civile de la Cour de cassation peuvent être citées ici.

L'exigence d'une activité juridique exercée sur le territoire national pour bénéficier de la dispense de formation et de diplôme prévue à l'article 98 du décret du 27 novembre 1991 n'est pas contraire à

1. L. n° 71-1130, 31 déc. 1971, art. 83 – AUSSI : Décr. n° 91-1197, 27 nov. 1991, titre IV, chap. 1er ; mod. par décr. n° 2005-531, 24 mai 2005.
2. Ord. n° 2016-1809, 22 déc. 2016 relative à la reconnaissance des qualifications professionnelles de professions réglementées, art. 25, *JO* 23 déc. 2016.
3. Décr. n° 91-1197, 27 nov. 1991, art. 200 s. mod. par de nombreux décrets dont le Décr. n° 2004-1123, *JO* 14 oct. 2004, Décr. n° 2017-1370, 20 sept. 2017, Décret n° 2019-849, 20 août 2019.
4. Décr. n° 91-1197, 27 nov. 1991, art. 201 ; mod. par décr. n° 2013-684, 24 juill. 2013, art. 1.
5. Décr. n° 2019-265, 3 avr. 2019, art. 3 (VD), *JO* 4 avr. 2019 (relatif à la procédure du Brexit et au retrait de la Grande-Bretagne de l'UE au 31 janvier 2020).
6. CONSULTER : *JO* 20 févr. 2009, n° 24.
7. Décr. n° 91-1197, 27 nov. 1991, art. 202-1 ; mod. par décr. n° 2019-966, 18 sept. 2019, art. 8.
8. CJCE, plén., 10 juill. 1991, aff. C-294/89 ; *JCP E* 1991. Pan. 908.
9. L. n° 71-1130, 31 déc. 1971, art. 83 et 84.
10. Civ. 1re, 28 juin 2012, n° 11-15.370, P I, n° 144 ; *D.* 2012. 1749 ; *D.* 2013. 136, obs. Th. Wickers ; *D.* 2013. 324, obs. O. Boskovic, S. Corneloup, F. Jault-Seseke, N. Joubert et K. Parrot.
11. V. ss nos 211.26.

l'article 45[1] du traité sur le fonctionnement de l'Union européenne, dès lors que cette réglementation se justifie par des raisons impérieuses d'intérêt général de protection des justiciables, qu'elle est propre à garantir la réalisation de l'objectif qu'elle poursuit et qu'exigeant des connaissances et qualifications de nature à protéger les droits de la défense et la bonne administration de la justice, elle n'excède pas ce qui est nécessaire pour l'atteindre[2].

Selon une jurisprudence constante de la Cour de justice de l'Union européenne, l'ensemble des dispositions du traité sur le fonctionnement de l'Union européenne relatives à la libre circulation des personnes vise à faciliter l'exercice des activités professionnelles de toute nature sur le territoire de l'Union et s'oppose aux mesures qui pourraient défavoriser ces ressortissants lorsqu'ils souhaitent exercer une activité économique sur le territoire d'un autre État membre. Il résulte de la même jurisprudence qu'une mesure qui entrave la libre circulation des travailleurs et la liberté d'établissement ne peut être admise que si elle poursuit un objectif légitime compatible avec le traité et se justifie par des raisons impérieuses d'intérêt général, à condition que l'application d'une telle mesure soit propre à garantir la réalisation de l'objectif en cause et n'aille pas au-delà de ce qui est nécessaire pour atteindre cet objectif[3].

En conséquence, la cour d'appel, qui :

- rappelle que les dispositions de l'article 98, 4°, du décret du 27 novembre 1991, qui présentent un caractère dérogatoire aux règles d'accès à la profession d'avocat, telles qu'elles sont fixées par la loi, sont d'interprétation stricte ;

- considère que la dispense de la formation théorique et pratique et du certificat d'aptitude à la profession d'avocat implique que le candidat ait acquis les connaissances nécessaires à l'exercice d'une pratique professionnelle donnée, qui incluent nécessairement l'application du droit national, lequel, s'il comprend un grand nombre de règles du droit de l'Union européenne, conserve néanmoins une spécificité et ne se limite pas à ces seules règles ;

- retient qu'une telle restriction, qui ne constitue pas une discrimination, est justifiée par la nécessité de garantir au justiciable une défense pertinente et efficace et que les personnes originaires d'autres États membres de l'Union européenne ou de pays tiers peuvent accéder à la profession d'avocat en France, dès lors qu'elles justifient de leur aptitude à exercer celle-ci conformément aux conditions générales fixées par l'article 11[4] de la loi du 31 décembre 1971 portant réforme de certaines professions judiciaires et juridiques ;

- et qui fait ainsi ressortir que la mesure en cause se justifie par des raisons impérieuses d'intérêt général de protection des justiciables contre le préjudice qu'ils pourraient subir du fait de services fournis par des personnes qui n'auraient pas les qualifications professionnelles nécessaires et que cette mesure, exigeant des connaissances et qualifications de nature à protéger les droits de la défense et la bonne administration de la justice, est propre à garantir la réalisation de l'objectif qu'elle poursuit et ne va pas au-delà de ce qui est nécessaire pour l'atteindre ;

- décide à bon droit qu'une demande d'admission au barreau, sous le bénéfice de la dispense de formation et de diplôme prévue à l'article 98, 4°, du décret du 27 novembre 1991, doit être rejetée[5].

Il sera noté qu'en revanche, ce qui traduit toute la difficulté en la matière, la même chambre civile de la Cour de cassation a jugé qu'il résulte des articles 83 et 84 de la loi du 31 décembre 1971 que l'avocat, ressortissant de l'un des États membres de l'Union européenne, souhaitant exercer à titre permanent sous son titre professionnel d'origine, est inscrit sur une liste spéciale du tableau du barreau de son choix et que cette inscription est de droit sur production d'une attestation délivrée par l'autorité compétente de l'État membre de l'Union européenne auprès de laquelle il est inscrit, établissant que ladite autorité lui reconnaît le titre. Est en conséquence censurée, la décision de la cour d'appel qui, pour rejeter la demande d'inscription d'un avocat au barreau de Luxembourg sur la liste spéciale du tableau sous son titre professionnel d'origine, retient que la remise par celui-ci d'une attestation sur l'honneur indiquant faussement qu'il n'avait jamais présenté de demandes d'inscription auprès d'autres barreaux caractérise une méconnaissance des principes essentiels de la profession, en ce qu'elle porte atteinte aux principes de probité, de moralité et d'honneur. En effet, seule était requise la production de l'attestation mentionnée à l'article 84, et la cour d'appel, qui a ajouté aux textes précités une condition qu'ils ne comportent pas, les a donc violés par fausse application[6].

1. TFUE, art. 45 (TCE-A, 39 ; TCE-M, 48 ; CEE, 48) – AUSSI : I. Pingel (dir.), *De Rome à Lisbonne : Commentaire article par article des traités UE et CE* 2e éd., Helbing Lichtenhahn – Dalloz – Bruylant, 2010, p. 463.
2. Civ. 1re, 14 déc. 2016, n° 14-25.800, P ; *JCP* 2016. 1435, et II. 167, note J. Pertek.
3. CJCE 30 nov. 1995, *Gebhard*, aff. C-55/94 – CJUE 10 mars 2011, *Casteels*, aff. C-379/09, *Casteels*, points 21 et 22 – CJCE 8 nov. 2011, *Radziejewski*, aff. C-461/11, point 33.
4. L. n° 71-1130, 31 déc. 1971, art. 11, préc.
5. Civ. 1re, 14 déc. 2016, n° 15-26.635, P I, n° 250 ; *D.* 2016. 2579.
6. Civ. 1re, 17 janv. 2018, n° 16-22.868, P I, n° 6 ; *D.* 2018. 247 – ÉGALT : CJUE 18 mai 2017, aff. C-99/16, *Lahorgue c/ Ordre des avocats du barreau de Lyon a.* – ANTÉRIEUREMENT : Civ. 1re, 28 juin 2012, n° 11-15.370, P I, n° 144 ; *D. actu.* 18 juill. 2012, obs. C. Tahri ; *D.* 2012. 1749 ; *D.* 2013. 136, obs. Th. Wickers ; *Gaz. Pal.* 6-8 janv. 2013. 9, note D. Piau.

212.53 **Avocat étranger.** Sous réserve de réciprocité, les avocats de nationalité étrangère sont autorisés à intervenir devant les juridictions françaises[1]. Le barreau de Paris dispose de la liste des conventions permettant cette réciprocité et qui existe notamment avec la quasi-totalité des pays de l'Afrique francophone, anciennement colonies françaises.

Ces avocats doivent s'exprimer en français et sont soumis aux règles disciplinaires françaises. Tout avocat, même de nationalité étrangère, plaidant devant les juridictions répressives françaises, est tenu de le faire en français, seule langue de procédure admise[2].

Le procureur général près la cour d'appel dans le ressort de laquelle est assurée la prestation de services, le bâtonnier de l'ordre des avocats territorialement compétent, le président et les membres de la juridiction ou de l'organisme juridictionnel ou disciplinaire ou le représentant qualifié de l'autorité publique devant lequel se présente l'avocat peuvent lui demander de justifier de sa qualité[3].

Au rang des décisions rendues en la matière, il est possible de citer à titre d'exemple, le refus d'inscription au barreau de la Seine Saint-Denis, sur recours du parquet général de Paris, d'un avocat de nationalité ivoirienne, le règlement relatif à l'harmonisation des règles régissant la profession d'avocat dans l'espace de l'Union économique et monétaire ouest-africaine (Uemoa) du 25 septembre 2014 permettant l'établissement des avocats ressortissants d'un pays de l'Uemoa dans un autre, ne liant, ni ne bénéficiant à la France qui n'était pas partie à cet accord, l'intéressé n'établissant pas, par ailleurs, que des ressortissants français aient pu s'inscrire au barreau de Côte-d'Ivoire[4].

§ 4
Aide juridictionnelle

212.61 **Commission d'office/Aide juridictionnelle.** Toute personne poursuivie devant une juridiction pénale peut demander l'assistance d'un avocat à quelque stade que ce soit de la procédure et quelles que soient ses ressources, y compris devant la Cour de cassation[5]. Cependant, dans la mesure où la personne dispose de revenus supérieurs au plafond de l'aide juridictionnelle totale, l'avocat est en droit de percevoir des honoraires. Le dispositif reste donc essentiellement destiné à pallier l'absence de ressources de tel justiciable.

La commision d'office concerne la matière pénale, l'aide juridictionnelle vise plus largement la prise en charge par l'État de tout ou partie des frais liés à une procédure judiciaire.

Chaque année paraît début janvier une circulaire précisant le montant des pafonds de ressources et de patrimoine à apprécier pour l'admission à l'aide juridictionnelle (AJ).

Au système antérieur à 2016, qui distinguait un nombre important de tranches de revenus[6] susceptibles d'ouvrir droit à l'aide juridictionnelle partielle, le décret du 12 janvier 2016[7], intervenu après une sévère grève des avocats, était venu réduire à deux le nombre de tranches.

Ainsi la part contributive de l'État est-elle depuis cette date de 100 % en cas d'AJ totale et de 25 % ou 55 % en cas d'aide juridictionnelle partielle.

Plus récemment, il a été décidé de calculer les plafonds d'admissibilité à l'AJ en fonction non seulement des ressources du demandeur, mais aussi

1. Au 1er janvier 2018, 2 731 avocats étaient inscrits à la fois à un barreau français et à un barreau étranger, la quasi-totalité d'entre eux issus du barreau de Paris (94 %), tandis que 2 333 avocats étrangers sont inscrits à un barreau français, dont plus des trois-quarts à celui de Paris (1 800) (Statistiques ministère de la Justice, sept. 2018, C. Moreau). Au 1er janvier 2016, 2 177 avocats étrangers étaient inscrits au tableau de 64 barreaux, dont plus des trois-quarts à celui de Paris (1 664). Avec 3,3 % le barreau des Hauts de Seine arrivait en seconde position (71). Parmi les 2 177 recensés en 2016, 1 106 étaient originaires d'un État de l'Union européenne (51 %), pour la plus grande part d'Allemagne (10 %) et du Royaume-Uni (9 %). Hors Union européenne, les avocats étaient principalement originaires d'un pays d'Afrique (27 %) et d'Amérique du Nord (9 %) (http://www.justice.gouv.fr/art_pix/1_1_pejc_com_stat_prof_avocat_2016.pdf). [Au 1er janv. 2011, ils étaient 1 709 dont 892 originaires d'un État de l'UE (52,2 %), pour la plus grande part d'Allemagne (12,5 %), du Royaume-Uni (10,8 %). Hors UE, ils étaient principalement originaires d'un pays d'Afrique (27,2 %) et d'Amérique du Nord (10 %)].
2. Crim. 8 févr. 2012, nº 11-88.044, P nº 39.
3. Décr. nº 91-1197, 27 nov. 1991, art. 202, al. 3.
4. Paris, pôle 2, ch. 1, 26 janv. 2017, RG nº 16/15764 : qui retient notamment que le texte invoqué qui permet aux avocats de chacun des deux pays d'intervenir devant les juridictions nationales de l'un et de l'autre, ne prévoit pas cependant que les ressortissants d'un des deux États puissent s'inscrire dans un barreau de l'autre pays.
5. Le décr. nº 2023-457, 12 juin 2023 portant diverses dispositions en matière d'aide juridique, *JO* 14 juin, nº 5, modifiant notamment le décret nº 2020-1717 du 28 décembre 2020, est venu revaloriser la rétribution des officiers publics ou ministériels (commissaires de justice, notaires, avocats aux conseils et greffiers des tribunaux de commerce.
6. Note du 30 déc. 2015 relative au montant des plafonds de ressources, des correctifs pour charges familiales et des tranches de ressources pour l'admission à l'aide juridictionnelle à compter du 1er janvier 2016, *BOMJ*, nº 2015-12, 31 déc. 2015, Note SG-15-016/SADJAV/30.12.2015, NOR : JUST1532602N : À la différence du jugement civil, le jugement pénal doit expressément mentionner dans le dispositif l'obligation pour le condamné de rembourser à l'État la contribution versée à l'avocat de la partie civile bénéficiaire de l'aide juridictionnelle.
7. Décr. nº 2016-11, 12 janv. 2016 relatif au montant de l'aide juridictionnelle, *JO* 13 janv., nº 11.

de son patrimoine mobilier et financier ou encore de son patrimoine immobilier.

La circulaire du secrétariat général du ministère de la justice du 17 janvier 2023[1] – qui ne concernait pas la Nouvelle-Calédonie ni Wallis-et-Futuna[2] – précise que pour que le demandeur soit admis à l'aide juridictionnelle, le revenu fiscal de référence (RFR) figurant sur l'avis d'imposition le plus récent doit donc être inférieur ou égal à :

– 12 271 euros ou 1 464 363 XPF (francs Pacifique) pour l'aide juridictionnelle totale ;

– 18 404 euros ou 2 196 165 XPF pour l'aide juridictionnelle partielle.

Pour que le demandeur soit admis partiellement à l'aide juridictionnelle, les tranches de ressources à prendre en compte pour une personne seule dans son foyer fiscal sont les suivantes, en fonction du lieu de la demande :

Part contributive de l'État	Pour un revenu en €		Pour un revenu en francs Pacifique (XPF)	
	Supérieur ou égal à	Inférieur ou égal à	Supérieur ou égal à	Inférieur ou égal à
55 %	12 272 €	14 505 €	1 464 363 XPF	
25 %	14 506 €	18 404 €	1 730 878 XPF	

Tableaux issus circ. 17 janv. 2023, NOR : JUST2301654C précit.

En l'absence de revenu fiscal de référence ou lorsque le revenu fiscal de référence ne peut pas être appliqué (en raison d'un changement de situation, par exemple), les ressources prises en compte correspondent au double du montant des revenus imposables perçus au cours des 6 derniers mois, après déduction d'un abattement de 10 %.

212.62 **Prise en compte du patrimoine mobilier et financier du demandeur.** Pour être éligible à l'aide juridictionnelle, le demandeur doit disposer d'un patrimoine mobilier ou financier (notamment épargne) inférieur ou égal à 12 271 euros ou 1 464 363 XPF[3].

Ce plafond est majoré en fonction de la composition du foyer fiscal. Ces majorations sont présentées dans les tableaux, ci-après (v. ss tableaux 212.62-1 et 212.62-2).

Pour les foyers fiscaux composés de plus de sept personnes, les plafonds de ressources sont augmentés de 1 395 euros ou de 166 498 XPF par personne supplémentaire.

Classiquement, si le montant des ressources comporte des décimales, il est arrondi à l'entier supérieur.

Les ressources prises en compte sont les revenus du travail, les loyers, rentes, retraites et pensions alimentaires du demandeur ainsi que celles de son conjoint et des personnes vivant habituellement à son foyer. En revanche, les prestations familiales et certaines prestations sociales n'entrent pas dans le calcul des revenus.

Exceptionnellement, même si le demandeur ne remplit pas les conditions de ressources, l'aide peut lui être accordée si sa situation apparaît particulièrement digne d'intérêt au vu du litige et des charges prévisibles du procès. Certaines personnes sont dispensées de justifier leurs ressources :

– les bénéficiaires de l'allocation du fonds national de solidarité et de l'allocation temporaire d'attente ;

– les victimes d'infractions criminelles les plus graves (exemples : meurtre, acte de torture et de barbarie, viol).

212.63 **Prise en compte du patrimoine immobilier du demandeur.** Le patrimoine immobilier s'apprécie sans prendre en compte les biens qui ne pourraient être vendus ou donnés en gage sans entraîner un trouble grave pour les intéressés et notamment :

– la résidence principale ;

– les biens destinés à l'usage professionnel.

Pour être éligible à l'aide juridictionnelle, le demandeur doit disposer d'un patrimoine immobilier inférieur ou égal à 36 808 euros ou 4 392 329 XPF.

Ce plafond est majoré en fonction de la composition du foyer fiscal. Ces majorations sont présentées dans les tableaux ci-après (v. ss tableaux 212.63-1 et 212.63-2).

Pour les foyers fiscaux composés de plus de sept personnes, les plafonds de ressources sont augmentés de 4 185 euros ou 499 408 XPF par personne supplémentaire (v. ss tableaux 212.63-1 et 212.63-2 ci-après).

1. Ministère de la Justice, Secrétariat général, Service de l'accès au droit et à la justice et de l'aide aux victimes, Circ. Justice, 17 janv. 2023, Montant des plafonds de ressources et de patrimoine pour l'admission à l'aide juridictionnelle, NOR : JUST2301654C, pris en application de L. n° 91-647, 10 juill. 1991 modifiée relative à l'aide juridique et Décr. n° 2020-1717, 28 déc. 2020 modifié portant application de la loi précitée et relatif à l'aide juridictionnelle et à l'aide à l'intervention d'un avocat dans les procédures non juridictionnelles.
2. Il faut noter que l'article 50 de la loi n° 2021-1729 du 22 décembre 2021 pour la confiance dans l'institution judiciaire avait néanmoins étendu l'application des dispositions relatives à l'accès au droit à la Nouvelle-Calédonie. V. aussi Décr. n° 2023-457, 12 juin 2023 portant diverses dispositions en matière d'aide juridique, *JO* 14 juin, n° 5.
3. Circ. Justice, 17 janv. 2023, Montant des plafonds de ressources et de patrimoine pour l'admission à l'aide juridictionnelle, NOR : JUST2301654C, précit.

TABLEAU 212.62-1. MONTANTS PLAFONDS POUR LE PATRIMOINE MOBILIER OU FINANCIER DU DEMANDEUR, EN EUROS

Montants plafonds pour le patrimoine mobilier ou financier applicables dans l'ensemble des départements, Saint Barthélémy, Saint-Martin et Saint-Pierre-et-Miquelon						
Montant maximum du patrimoine mobilier, pour un foyer fiscal se composant de :						
1 personne	2 personnes	3 personnes	4 personnes	5 personnes	6 personnes	7 personnes
12 271	14 480	16 689	18 084	19 480	20 875	22 270

TABLEAU 212.62-2. MONTANTS PLAFONDS POUR LE PATRIMOINE MOBILIER OU FINANCIER DU DEMANDEUR, EN FRANCS PACIFIQUE

Montants plafonds pour le patrimoine mobilier ou financier applicables en Polynésie française, en francs Pacifique (XPF)						
Montant maximum du patrimoine mobilier, pour un foyer fiscal se composant de :						
1 personne	2 personnes	3 personnes	4 personnes	5 personnes	6 personnes	7 personnes
1 464 363	1 727 948	1 991 533	2 158 031	2 324 529	2 491 027	2 657 525

Tableaux issus circ. 17 janv. 2023, NOR : JUST2301654C précit.

TABLEAU 212.63-1. MONTANTS PLAFONDS POUR LE PATRIMOINE IMMOBILIER DU DEMANDEUR, EN EUROS

Montants plafonds pour le patrimoine immobilier applicables dans l'ensemble des départements, Saint Barthélémy, Saint-Martin et Saint-Pierre-et-Miquelon						
Montant maximum du patrimoine mobilier, pour un foyer fiscal se composant de :						
1 personne	2 personnes	3 personnes	4 personnes	5 personnes	6 personnes	7 personnes
36 808	43 433	50 058	54 244	58 429	62 614	66 799

TABLEAU 212.63-2. MONTANTS PLAFONDS POUR LE PATRIMOINE IMMOBILIER DU DEMANDEUR, EN FRANCS PACIFIQUE

Montants plafonds pour le patrimoine immobilier applicables en Polynésie française, en francs Pacifique (XPF)						
Montant maximum du patrimoine mobilier, pour un foyer fiscal se composant de :						
1 personne	2 personnes	3 personnes	4 personnes	5 personnes	6 personnes	7 personnes
4 392 329	5 182 949	5 973 568	6 472 976	6 972 384	7 471 791	7 971 199

Tableaux issus circ. 17 janv. 2023, NOR : JUST2301654C précit.

212.64 Suites de l'octroi de l'aide juridictionnelle. Une étude récente de la sous-direction de la statistique et des études du ministère de la justice[1] retient que les bénéficiaires de l'aide juridictionnelle ont été de plus en plus nombreux depuis 2016 et jusqu'à la crise sanitaire de 2020, année durant laquelle 968 000 demandes d'AJ ont été traitées contre près de 1,2 million l'année précédente ; elles ont été acceptées dans 90 % des cas, 40 % des procédures concernant une juridiction pénale.

En cas d'admission à l'aide totale, aucun frais n'incombe au justiciable. Cependant, les sommes qu'il aurait déjà engagées avant de formuler une demande juridictionnelle ne lui sont pas remboursées. Les professionnels sont rémunérés de façon forfaitaire en fonction du barème. En cas d'aide partielle, l'État prend en charge une partie des frais exposés par le justiciable. La contribution de l'État correspond à un pourcentage du montant du forfait établi au titre de l'aide juridictionnelle totale. La participation de l'État n'est donc pas calculée sur la base des dépenses réelles du justiciable, mais en fonction de ces barèmes.

Si le bénéficiaire perd le procès ou s'il est condamné aux dépens (à payer les frais du procès), il doit rembourser à son adversaire les frais que ce dernier a engagés, à l'exception des honoraires d'avocat (sauf si le tribunal en décide autrement). S'il gagne le procès et que ses ressources augmentent de telle sorte qu'il dépasse le plafond de l'aide juridictionnelle, l'État peut lui demander le remboursement de l'aide, de même que le recouvrement des frais avancés par l'État au titre de l'aide juridiction-

1. Infostat Justice, n° 187, août 2022.

nelle étant une obligation prévue par la loi du 10 juillet 1991 relative à l'aide juridique, des dispositions sont prévues pour recouvrer les sommes contre la partie condamnée aux dépens ou assimilée qui ne bénéficie pas de l'aide juridictionnelle, ou le bénéficiaire de l'AJ [1].

L'aide peut être retirée, totalement ou en partie, si le bénéficiaire ne saisit pas la juridiction dans un délai de douze mois suivant l'acceptation de la demande d'aide, si les ressources du bénéficiaire augmentent largement en cours d'instance, si la juridiction considère que la procédure est abusive ou dilatoire.

212.65 **Impact de la réglementation européenne.** La directive 2016/1919 EU [2], adoptée le 26 octobre 2016 qui devait être transposée avant le 25 mai 2019, contenait des dispositions faisant déjà partie du *corpus* de règles françaises applicables en la matière. Elle précisait notamment les modalités destinées à garantir l'effectivité du droit d'accès à un avocat prévu par la directive 2013/48 [3], en permettant aux suspects et aux personnes poursuivies dans le cadre des procédures pénales, ainsi qu'aux personnes dont la remise est demandée qui font l'objet d'une procédure relative au mandat d'arrêt européen de bénéficier de l'assistance d'un avocat rémunéré par les États membres. Elle s'applique également aux personnes qui n'étaient pas initialement des suspects ou des personnes poursuivies mais qui deviennent des suspects ou des personnes poursuivies au cours de leur interrogatoire par la police ou par une autre autorité chargée de l'application de la loi.

En établissant des règles minimales communes concernant le droit à l'aide juridictionnelle pour les suspects, les personnes poursuivies et les personnes dont la remise est demandée, ladite directive vise à renforcer la confiance des États membres dans le système de justice pénale des autres États membres et, par conséquent, à faciliter la reconnaissance mutuelle des décisions en matière pénale.

Si les montants et modalités de cette aide demeurent appréciés par chaque État de l'Union, ils devront néanmoins obéir à des critères liés aux ressources financières du bénéficiaire ou au bien-fondé de son action, ces deux critères pouvant être combinés. S'agissant des ressources, il convient de prendre en compte le revenu, la situation familiale, les coûts liés à l'assistance de l'avocat et le niveau de vie dans l'État concerné. En ce qui concerne l'appréciation du bien-fondé de l'action, elle repose sur la gravité de l'infraction, la complexité de l'affaire et la sévérité de la sanction encourue. Si la personne concernée comparaît devant un juge compétent qui statue sur sa détention, ou si elle est en détention, le critère est réputé rempli. Les bénéficiaires de l'aide juridictionnelle doivent pouvoir, dans certaines circonstances, demander et obtenir le remplacement de l'avocat qui leur a été désigné.

L'autorité devant statuer sur l'octroi de l'AJ et la désignation de l'avocat doit être « *une autorité indépendante compétente* » qui devrait prendre la décision d'octroyer ou non l'aide juridictionnelle sans retard indu. Une voie de recours effective devrait être disponible lorsque le droit à l'aide juridictionnelle a été compromis ou l'octroi de l'aide juridictionnelle a été retardé ou refusé, en tout ou partie. L'article 7 de la directive, impose de prendre les mesures nécessaires afin que le système d'aide juridictionnelle soit « effectif » et de « qualité adéquate », de même que les services fournis par les professionnels à ce titre. L'indépendance de la profession juridique doit être respectée. D'autres dispositions mettent à la charge des États des obligations en matière de formation à destination des personnels qui participent à la décision d'octroi de l'aide juridictionnelle, ainsi qu'à destination des avocats qui fournissent des services à ce titre.

Il est également possible de consulter sur le sujet les recommandations du Conseil national des barreaux européens (CCBE) [4].

212.66 **Aide juridictionnelle provisoire.** L'article 20 [5] de la loi du 10 juillet 1991 relative à l'aide juridique dispose dans ses deux premiers alinéas : « Dans les cas d'urgence, sous réserve de l'application des règles relatives aux commissions ou désignations d'office, l'admission provisoire à l'aide juridictionnelle peut être prononcée par la juridiction compétente ou son président.

L'admission provisoire à l'aide juridictionnelle peut également être accordée lorsque la procédure met en péril les conditions essentielles de vie de l'intéressé, notamment en cas d'exécution forcée emportant saisie de biens ou expulsion ».

1. Note du 30 déc. 2015, NOR : JUST1532602N, préc.
2. Dir. (UE) 2016/1919, Parlement et Conseil, 26 oct. 2016 concernant l'aide juridictionnelle pour les suspects et les personnes poursuivies dans le cadre des procédures pénales et pour les personnes dont la remise est demandée dans le cadre des procédures relatives au mandat d'arrêt européen, *JOUE L* 297, 4 nov., p. 1.
3. Dir. 2013/48/UE, Parlement et Conseil, 22 oct. 2013 relative au droit d'accès à un avocat dans le cadre des procédures pénales et des procédures relatives au mandat d'arrêt européen, au droit d'informer un tiers dès la privation de liberté et au droit des personnes privées de liberté de communiquer avec des tiers et avec les autorités consulaires, *JOUE L* 294, 6 nov., p. 1.
4. T. Coustet, « Aide juridique : des recommandations à l'échelle européenne », *D. actu.* 5 avr. 2018.
5. L. n° 91-647, 10 juill. 1991, art. 20, modifiée par L. n° 2020-1721, 29 déc. 2020, art. 234, *JO* 30 déc., n° 1, en vigueur depuis le 31 déc. 2020.

Le décret portant application de la loi du 10 juillet 1991 modifiée, précise pour sa part : « L'admission provisoire peut être accordée dans une situation d'urgence, notamment lorsque la procédure met en péril les conditions essentielles de vie de l'intéressé ou en cas d'exécution forcée emportant saisie de biens ou expulsion. Elle est accordée de plein droit au demandeur et au défendeur lorsque la procédure concerne la délivrance d'une ordonnance de protection »[1].

Le second alinéa de l'article 61 du décret du 28 décembre 2020, modifié par le décret du 12 juin 2023 précité, dispose désormais que « l'admission provisoire est accordée par la juridiction compétente ou son président ou par le président de la commission mentionnée à l'article L. 432-13 ou à l'article L. 632-1 du code de l'entrée et du séjour des étrangers et du droit d'asile, soit sur une demande présentée sans forme par l'intéressé, soit d'office si celui-ci a présenté une demande d'aide juridictionnelle sur laquelle il n'a pas encore été statué ».

Le président du tribunal correctionnel lorsqu'il est saisi, peut donc allouer l'AJ provisoire et éviter le renvoi d'une affaire jusqu'à ce que le bureau d'aide juridictionnelle ait rendu sa décision. Le refus de certains greffiers de retenir une telle demande lorsque l'avocat qui la formule n'est pas muni d'un pouvoir express de son client ne semble absolument pas justifiable, dès lors que tout avocat qui se présente devant le tribunal correctionnel doit y être entendu qu'il soit muni d'un pouvoir ou non[2].

Les décisions refusant l'aide juridictionnelle peuvent faire l'objet d'appel et de pourvoi. Cependant la décision du premier président de la Cour de cassation contre le rejet d'une demande d'aide juridictionnelle n'est pas susceptible de recours[3].

SECTION 4
ESCORTES ET SERVICE D'ORDRE DU PALAIS

212.71 Sécurité. Les services de police et de gendarmerie ou ceux de l'administration pénitentiaire assurant la présence des prévenus retenus sous escorte, par exemple entre le temps du déferement au parquet et celui de la comparution devant le tribunal, ou détenus, en vertu d'un titre antérieurement délivré dans la même affaire ou pour autre cause, ont la responsabilité de leur encadrement. Toutefois, dans l'enceinte judiciaire, la juridiction apprécie les conditions dans lesquelles comparaît le prévenu. La question des locaux de retenue existant dans les juridictions de grande importance sous la dénomination de « dépôt », dans les autres de « geôles », et des conditions d'attente de la comparution par les détenus et de leurs escortes est une question réelle, qui a d'ailleurs pu donner lieu ponctuellement à des recommandations ou remarques du Contrôleur général des lieux de privation de liberté (CGLPL)[4].

En principe, une fois dans la salle d'audience, le détenu comparaît dans le « box des accusés », mais rien n'interdit qu'il puisse comparaître au pied de la barre, parmi d'autres co-prévenus ou même à proximité des victimes[5]. Tout sera ici une question d'appréciation au regard du dossier à juger, du nombre de prévenus ou de victimes présents et prendra en compte la configuration des lieux et d'éventuels risques d'une trop grande proximité entre les acteurs du procès. La décision de faire comparaître tel prévenu à la barre plutôt que dans le box, appartient au président de l'audience en vertu de son pouvoir de police[6].

Une hypothèse en développement amène à se soucier de la question de la réalisation en cours d'audience d'une communication par visioconférence, car il importe dans ce cas, que l'ensemble des parties au procès aient un égal accès à la séquence qui va se dérouler sous cette forme, à commencer par le prévenu. Il est vrai que l'équipement de la plupart des salles d'audiences demeure de ce point de vue perfectible...

212.72 Port des menottes. En pratique, et vis-à-vis de personnes retenues qui se montreraient agitées ou qui présenteraient déjà une ou plusieurs condamnations pour évasion, il est toujours utile pour le président de la juridiction de s'accorder avec le chef d'escorte sur les modalités de présence à l'audience. Bien que les textes soient silencieux sur ces points, il semble raisonnable de soutenir qu'il appartient au parquet de régler la question du port des menottes ou non par le détenu retenu en cellule au sein du palais de justice et qui doit s'entretenir

1. Décr. n° 2020-1717, 28 déc. 2020 portant application de la loi n° 91-647 du 10 juillet 1991 relative à l'aide juridique et relatif à l'aide juridictionnelle et à l'aide à l'intervention de l'avocat dans les procédures non juridictionnelles, art. 61, *JO* 29 déc. 2020, n° 32.
2. C. pr. pén., art. 410, al. 3.
3. Civ. 2e, 25 mars 2010, n° 09-16.902, P II, n° 67 ; *D.* 2010. 968.
4. POUR UN EX. : recomm. 8 avr. 2009 relatives au dépôt du tribunal de grande instance de Bobigny (qui insistent sur l'entretien du local, le respect de l'intimité des personnes, l'exigence de confidentialité des entretiens, et le fait que toute personne doit pouvoir comparaître dignement devant son juge, ce qui appelle l'attention des autorités sur le respect de notions essentielles comme le sommeil ou le repos, la toilette, le repas...), *JO* 15 avr., n° 58 – Rapport de visite des geôles du TGI de Nantes en date du 10 novembre 2009.
5. V. ss n° 111.72.
6. V. ss n° 544.21.

avec son avocat, et au président de la juridiction de décider dès lors que les débats ont débuté.

En tout état de cause, le code de procédure pénale prévoit que nul ne peut être soumis au port des menottes ou des entraves que s'il est considéré soit comme dangereux pour autrui ou pour lui-même, soit comme susceptible de tenter de prendre la fuite[1].

La loi du 15 juin 2000[2] est venue ajouter un second alinéa à l'article 803 du code de procédure pénale précisant que dans ces deux hypothèses, toutes mesures utiles doivent être prises, dans les conditions compatibles avec les exigences de sécurité, pour éviter qu'une personne menottée ou entravée soit photographiée ou fasse l'objet d'un enregistrement audiovisuel.

Il est possible de citer ici plusieurs décisions de la cour de Strasbourg qui indiquent pouvoir accepter que des mesures de sécurité telles que le port des menottes ou l'escorte soient nécessaires pour assurer la sûreté du transport des personnes détenues. Cela n'exclut pas que, dans certaines circonstances, des éléments liés à la personne du détenu soient pris en compte pour décider de la nécessité de l'application d'une telle mesure[3]. Pour autant, la Cour ne discernant rien dans le dossier pouvant laisser supposer que l'absence de menottes lors de la comparution du requérant devant le tribunal pouvait faire craindre un risque de violence, de dommage, de fuite ou encore d'atteinte à la bonne administration de la justice, elle n'estime pas dès lors que le recours aux menottes avait pour objet de restreindre l'intéressé de manière raisonnable et considère que cette mesure était disproportionnée au regard des nécessités de la sécurité, invoquées par le Gouvernement[4].

Antérieurement à l'entrée en vigueur de la loi de 2000, les dispositions réglementaires précisaient déjà que dans les conditions définies par l'article 803 du code de procédure pénale, et par mesure de précaution contre les évasions, les détenus pouvaient être soumis au port des menottes ou, s'il y avait lieu, des entraves pendant leur transfèrement ou leur extraction, ou lorsque les circonstances ne permettaient pas d'assurer efficacement leur garde d'une autre manière mais que toutefois, aucun lien ne devait être laissé à un détenu au moment de sa comparution devant une juridiction[5]. Il avait toutefois pu être jugé que ne violait aucune disposition légale la cour d'appel qui jugeait un prévenu comparaissant les poignets entravés par des menottes, dès lors qu'il ne résultait ni des faits constatés ni d'une demande de donner acte formé par l'intéressé que l'entrave corporelle à laquelle celui-ci avait été soumis, dans un but de sécurité publique, aurait pu compromettre la liberté de sa défense[6]. La chambre criminelle avait encore été amenée à juger que les dispositions de l'article D. 173 du code de procédure pénale (ancien[7]) selon lequel aucun lien ne doit être laissé à un détenu au moment de sa comparution devant une juridiction, n'étaient pas prescrites à peine de nullité[8].

De principe, tout prévenu comparait donc aujourd'hui libre de ses entraves sauf dans les deux hypothèses mentionnées à l'article 803, alinéa 1, du code de procédure pénale précisées par l'alinéa 2 de ce texte.

212.73 **Pouvoirs de l'escorte.** Un décret du 13 mai 2014[9], est venu confirmer que le chef d'escorte avait toute compétence en matière de fouille des personnes détenues lorsque ces mesures doivent être réalisées à l'occasion d'une extraction ou d'un transfèrement. L'article R. 57-7-79 du code de procédure pénale est ainsi complété par un dernier alinéa qui précise que lorsque les mesures de fouille des personnes détenues, intégrales ou par palpation, sont réalisées à l'occasion de leur extraction ou de leur transfèrement par l'administration pénitentiaire, elles sont mises en œuvre sur décision du chef d'escorte. Leur nature et leur fréquence sont décidées au vu de la personnalité des personnes intéressées et des circonstances dans lesquelles se déroule l'extraction ou le transfèrement.

Le président du tribunal correctionnel aura également soin de solliciter du parquet qu'il requière une

1. C. pr. pén., art. 803, al. 1.
2. L. n° 2000-516, du 15 juin 2000, *JO* 16 juin, n° 1.
3. CEDH 16 déc. 1997, *Raninen c/ Finlande*, req. n° 20972/92, § 55 – CEDH 14 janv. 2014, *Carpen c/ Roumanie*, req. n° 61258/10, § 31.
4. CEDH 24 mai 2007, *Gorodnitchev c/ Russie*, req. n° 52058/99, § 105 et spécialement § 108 aux termes duquel : « Même s'il n'est pas démontré que la mesure litigieuse visait à avilir ou à humilier le requérant la Cour estime que l'exposition du requérant en menottes durant les audiences publiques des 5 et 22 févr. 1999, sans qu'une telle mesure ait été raisonnablement nécessaire à la sécurité du public ou à la bonne administration de la justice, constitua un traitement dégradant au sens de l'article 3 de la convention. »
5. C. pr. pén., art. D. 283-4, abrog. par Décr., n° 2013-368, 30 avr. 2013, art. 2.
6. Crim. 30 nov. 1976, n° 76-92.088, P n° 344.
7. C. pr. pén., art. D. 176, abrog. par Décr., n° 96-287, 2 avr. 1996, art., 5 (V).
8. Crim. 21 janv. 1981, n° 80-94.421, P n° 31. Les articles D. 172 à D. 175 du c. pr. pén. ont été repris sous les articles D. 283-3 à D. 283-6 par Décr. n° 96-287 du 2 avril 1996 dont la quasi-totalité des dispositions ont été abrogées par les Décr. n° 2010-1635 du 23 déc. 2010 et n° 203-368 du 30 avr. 2013.
9. Décr. n° 2014-477, 13 mai 2014 relatif à la fouille des personnes détenues et à la délégation de signature du chef d'établissement pénitentiaire, *JO* 15 mai, p. 8059.

escorte lorsque de manière il est vrai un peu exceptionnelle, sera envisagée, lors de la lecture du délibéré, la délivrance d'un titre de détention à l'encontre d'un prévenu ayant comparu libre.

Dans tous les cas, à l'issue de l'audience, l'escorte reprend ses droits et il n'appartient là encore qu'au chef d'escorte de savoir s'il accepte, et selon quelles modalités, que la famille ou des proches du prévenu, puissent lui adresser quelques mots. La remise d'argent ou de colis est fortement déconseillée en ce qu'elle risque de se heurter à l'entrée en maison d'arrêt au règlement pénitentiaire et aux principes élémentaires de sûreté. Le contact avec des proches dont il n'est pas possible dans l'instant de savoir s'ils bénéficient ou bénéficieront d'un permis de visite, ni même de connaître avec certitude leur identité, n'est de même à admettre qu'avec une extrême prudence. Sur ces points il ne saurait qu'être conseillé au président de la juridiction de ne pas prendre parti si la demande lui est adressée en fin d'audience, souvent sous forme d'apostrophe, et de renvoyer cette décision au responsable de l'escorte.

Le code pénitentiaire entré en vigueur le 1er mai 2022[1] dispose que les conditions dans lesquelles l'administration pénitentiaire peut faire usage des menottes ou entraves sont fixées par les dispositions de l'article 803 du code de procédure pénale[2].

SECTION 5
PRESSE

212.81 Compte-rendu des débats. La presse locale et parfois nationale demeure l'une des spectatrices attitrée des audiences pénales, dans une société ou le recueil des faits divers l'emporte souvent sur les facultés d'analyse des causes et des conséquences de la délinquance. S'adjoignent parfois aux représentants de la presse écrite, dessinateurs, photographes et preneurs d'images et il convient de rappeler que dès l'ouverture de l'audience criminelle, l'emploi de tout appareil d'enregistrement ou de diffusion sonore, de caméra de télévision ou de cinéma, d'appareils photographiques est interdit sous peine d'amende[3] sous réserve d'un accord du président de la cour et/ou aux fins de constitution des archives audiovisuelles de la Justice[4], s'agissant cette fois des seules audiences publiques. Sont donc concernés aussi bien les enregistrements sonores qu'audiovisuels[5].

Les modifications issues d'une part, de la création de l'article 802-3 du code de procédure pénale, par la loi du 24 décembre 2020[6] autorisant une captation sonore du déroulement de l'audience permettant sa diffusion en différé, par un moyen de télécommunicaion grantissant la confidentialité de la transmission, aux parties civiles qui en ont fait la demande, d'autre part de la création dans la loi de 1881 sur la liberté de la presse par la loi du 22 décembre 2021[7] d'un article 38 *quater*, sont développées *infra* (V. ss nos 922.41 s).

Plus généralement, et encore dès l'ouverture de l'audience des juridictions administratives ou judiciaires, l'emploi de tout appareil permettant d'enregistrer, de fixer ou de transmettre la parole ou l'image est interdit. Par principe les téléphones portables doivent être éteints. Le président peut faire procéder à la saisie de tout appareil et du support de la parole ou de l'image utilisés en violation de cette interdiction. Toutefois, sur demande présentée avant l'audience, le président peut autoriser des prises de vues, quand les débats ne sont pas commencés et à la condition que les parties ou leurs représentants et le ministère public y consentent. Toute infraction aux dispositions du présent article est punie de 4 500 euros d'amende. Le tribunal pourra en outre prononcer la confiscation du matériel ayant servi à commettre l'infraction et du support de la parole ou de l'image utilisé. Est interdite, sous les mêmes peines, la cession ou la publication, de quelque manière et par quelque moyen que ce soit, de tout enregistrement ou document obtenu en violation des dispositions du présent article[8]. Il n'en demeure pas moins que

1. Prévu dans la loi n° 2021-1717 du 22 décembre 2021 pour la confiance dans l'institution judiciaire, le code pénitentiaire issu de l'Ordonnance n° 2022-478 du 30 mars 2022 portant partie législative dudit code a été publié au *JO* du 5 avril 2022, sa partie règlementaire étant issue du Décret n° 2022-479 du 30 mars 2022, *JO* 5 avr., n° 9.
2. C. pénit. art., L. 226-1.
3. C. pr. pén., art. 308.
4. C. patr., art. L. 221-1 s. et R. 221-1 s.
5. L. n° 2014-640, 20 juin 2014 relative à la réforme des procédures de révision et de réexamen d'une condamnation pénale définitive, *JO* 21 juin, p. 10209 ; concernant uniquement les condamnations prononcées par une cour d'assises, prévoit une modification de l'article 308 du code de procédure pénale en ce que les débats de la cour d'assises font l'objet d'un enregistrement sonore sous le contrôle du président qui peut également, à la demande de la victime ou de la partie civile, ordonner que l'audition ou la déposition de ces dernières fassent l'objet dans les mêmes conditions d'un enregistrement audiovisuel. Au regard de l'importance des peines encourues même devant la juridiction correctionnelle, on peut se demander s'il ne serait pas logique que ces enregistrements soient aussi envisagés prochainement en matière délictuelle.
6. L. n° 2020-1672, 24 déc. 2020, art. 9, *JO* 26 déc., n° 4.
7. L. n° 2021-1729, 22 déc. 2021, art. 1 qui créé un article 38 *quater* disposant notamment que par dérogation au premier alinéa de l'article 38 *ter* de la loi du 29 juillet 1881, l'enregistrement sonore ou audiovisuel d'une audience peut être autorisé, pour un motif d'intérêt public d'ordre pédagogique, informatif, culturel ou scientifique, en vue de sa diffusion.
8. L. 29 juill. 1881, art. 38 *ter*.

la décision appartient pleinement aux chefs de cour et de juridiction concernés.

La question est différente sur les demandes d'interviews qui peuvent être formulées par la presse, soit dans le cadre de l'information générale due au public, soit à propos d'affaires particulières [1].

Enfin, et plus communément, dans les deux hypothèses d'une dangerosité du prévenu ou d'un risque de fuite, toutes mesures utiles doivent être prises, dans les conditions compatibles avec les exigences de sécurité, pour éviter qu'une personne menottée ou entravée soit photographiée ou fasse l'objet d'un enregistrement audiovisuel [2].

1. La fiche pédagogique « Conférence de presse : la préparation et la prise de parole », élaborée par le pôle communication du ministère de la Justice qui recèle des conseils et informations qui, même s'ils portent en premier lieu sur une conférence de presse, peuvent s'avérer également utiles lors d'un entretien filmé.

2. C. pr. pén., art. 803, al. 2.

TITRE

22. Les sujets du procès

SECTION 0
ORIENTEUR

22.00 **Sommaire du titre.**

CHAPITRE

221. Prévenu et civilement responsable

SECTION 0
ORIENTEUR

221.00 **Sommaire du chapitre.**

221.01 **Principaux textes applicables.**

TEXTES SOURCES

• C. pr. pén., art. prélim., 1, 6, 409, 410, 410-1, 411, 412, 413, 414, 415, 416, 417, 706-43, 706-71, 706-112, 706-116

• C. pén., art. 132-19

TEXTES *IN EXTENSO*

• **C. pén., art. 132-19** [mod. par L. n° 2019-222, 23 mars 2019, art. 74]

Lorsqu'un délit est puni d'une peine d'emprisonnement, la juridiction peut prononcer une peine d'emprisonnement ferme ou assortie en partie ou en totalité du sursis pour une durée inférieure à celle qui est encourue. Elle ne peut toutefois prononcer une peine d'emprisonnement ferme d'une durée inférieure ou égale à un mois.

Toute peine d'emprisonnement sans sursis ne peut être prononcée qu'en dernier recours si la gravité de l'infraction et la personnalité de son auteur rendent cette peine indispensable et si toute autre sanction est manifestement inadéquate.

Dans ce cas, si la peine est inférieure ou égale à six mois, elle doit, sauf impossibilité résultant de la personnalité ou de la situation du condamné, faire l'objet d'une des mesures d'aménagement prévues à l'article 132-25. Dans les autres cas prévus au même article 132-25, elle doit également être aménagée si la personnalité et la situation du condamné le permettent, et sauf impossibilité matérielle.

Le tribunal doit spécialement motiver sa décision, au regard des faits de l'espèce et de la personnalité de leur auteur ainsi que de sa situation matérielle, familiale et sociale conformément aux dispositions de l'article 464-2 du code de procédure pénale.

221.02 Jurisprudence de référence.

AVOCAT

> Avis obligatoire du droit d'être assisté

• **Crim. 24 nov. 2010,** n° 10-80.551, P n° 188

* V. ss n° 221.41.

L'exercice de la faculté reconnue au prévenu qui comparaît devant la juridiction correctionnelle de se faire assister d'un avocat, et, s'il n'en a pas fait le choix à l'audience et demande cependant à être assisté, de s'en faire désigner un d'office par le président, implique, pour être effectif, y compris en cause d'appel, que ce dernier l'ait préalablement informé de cette faculté, s'il n'a pas reçu cette information avant l'audience.

En conséquence, encourt la censure au visa des articles 16 de la Déclaration des droits de l'Homme et du citoyen, 14, § 3, d) du Pacte international relatif aux droits civils et politiques, 6, § 3, c) de la convention européenne des droits de l'homme, 417 du code de procédure pénale, l'arrêt de la chambre des appels correctionnels qui statue à l'égard d'un prévenu comparant seul, sans constater qu'il avait été informé de son droit d'être assisté d'un avocat.

> Obligation d'entendre l'avocat présent

• **Cass., ass. plén., 2 mars 2001,** n° 00-81.388, P n° 6

* V. ss n° 221.21.

Le droit au procès équitable et le droit de tout accusé à l'assistance d'un défenseur s'opposent à ce que la juridiction juge un prévenu non comparant et non excusé sans entendre l'avocat présent à l'audience pour assurer sa défense.

• **Crim. 2 déc. 2009,** n° 08-86.790, P n° 203

* V. ss n° 221.21.

L'avocat qui se présente pour assurer la défense du prévenu doit être entendu s'il en fait la demande.

• Caractère contradictoire de la décision rendue en présence d'un avocat muni ou pas d'un mandat express de représentation

• **Crim. 16 mai 2001,** n° 00-86.331, P n° 127

* V. ss n° 221.21.

Le droit au procès équitable et le droit de tout accusé à l'assistance d'un défenseur s'opposent à ce que la juridiction juge un prévenu non comparant et non excusé sans entendre l'avocat présent à l'audience pour assurer sa défense. La présence à l'audience de l'avocat ayant reçu mandat exprès de représenter le prévenu a pour effet de donner à l'arrêt un caractère contradictoire.

• **Crim. 12 mars 2003,** n° 02-85.112, P n° 66

* V. ss n° 211.11.

La mention, sur le récépissé du dépôt de la demande d'aide juridictionnelle figurant au dossier, du nom de l'avocat choisi par le prévenu, fait présumer l'existence d'un mandat donné au conseil, par son client, aux fins de le représenter.

• **Crim. 12 mars 2003,** n° 02-85.313, P n° 67 – Crim. 14 oct. 2008, n° 08-81.617, P n° 207

* V. ss n° 221.21.

Le dépôt de conclusions écrites pour le compte du prévenu fait présumer l'existence d'un mandat donné à l'avocat par son client pour le représenter.

• **Crim. 12 déc. 2006,** n° 05-86.214, P n° 310

* V. ss n° 221.21.

Le droit d'être entendu que reconnaît le dernier alinéa de l'article 410 du code de procédure pénale à l'avocat qui se présente pour assurer la défense d'un prévenu implique, même en l'absence du mandat de représentation prévu par le premier alinéa de l'article 411 dudit code, que celui-ci puisse déposer des conclusions qui doivent être visées par le président et le greffier et auxquelles les juges sont tenus de répondre. La décision, en ce cas, est rendue contradictoirement.

• **Crim. 14 oct. 2008,** n° 08-81.617, P n° 207

* V. ss n° 221.21.

Justifie sa décision la cour d'appel qui, pour écarter l'argumentation de prévenus soutenant que leur appel est recevable dès lors que, n'ayant pas comparu et leur avocat étant dépourvu d'un mandat de comparution, la décision entreprise aurait dû leur être signifiée, retient que le dépôt de conclusions écrites par leur avocat fait présumer l'existence d'un mandat et qu'en conséquence, les premiers juges ont, à juste titre, qualifié le jugement de contradictoire.

En effet, le dépôt de conclusions par un avocat qui se présente pour assurer la défense d'un prévenu absent implique qu'il agit en vertu d'un mandat de représentation et il en résulte que la décision est rendue contradictoirement.

EXCUSE

> Appréciation de la validité

• **Crim. 16 janv. 1989,** n° 88-82.331, P n° 16

* V. ss n° 221.31.

Pour l'application de l'article 410 du code de procédure pénale, l'appréciation d'une excuse, invoquée par le prévenu détenu qui refuse de comparaître, relève du pouvoir souverain des juges du fond.

> Excuse reçue postérieurement aux débats – Obligation de répondre

• **Crim. 1er févr. 1995,** n° 94-80.360, P n° 46

* V. ss n° 221.33.

Doit être assimilée à l'excuse prévue par l'article 410 du code de procédure pénale, sur la validité de laquelle les juges sont tenus de se prononcer, la lettre du prévenu non comparant, parvenue après les débats et invoquant une cause d'empêchement légitime. Encourt la cassation l'arrêt qui statue par décision contradictoire en omettant de se prononcer sur une telle excuse, parvenue après les débats, pendant la durée du délibéré.

QUALIFICATION DES RENVOIS

> Absence après citation à personne

• **Crim. 7 déc. 2010,** nº 09-88.369, P nº 196

* V. s^s nº 221.25.

Il résulte des articles 410 et 412 du code de procédure pénale que le prévenu, cité à personne, qui n'a pas comparu, ne peut être jugé contradictoirement, en cas d'absence à une audience ultérieure à laquelle l'affaire a été renvoyée, que s'il a été régulièrement cité à personne pour cette nouvelle audience, ou s'il est établi qu'il a eu connaissance de la citation.

> Qualification de la décision rendue en l'absence du prévenu détenu

• **Crim. 19 janv. 2010,** nº 09-87.474, P nº 10

* V. s^s nº 221.73.

Le prévenu détenu, régulièrement cité à personne, qui n'est pas conduit à l'audience ne saurait être condamné contradictoirement dès lors que la décision ne constate pas qu'il a manifesté sa volonté de ne pas être présent aux débats.

Encourt la cassation l'arrêt rendu contradictoirement à signifier à l'égard d'un prévenu cité à sa personne, au centre pénitentiaire où il était détenu pour autre cause, et qui constate qu'il ne comparaît pas, à une date à laquelle il était toujours détenu.

CIVILEMENT RESPONSABLE

• **Crim. 8 févr. 1982,** nº 81-92.670, P nº 44

* V. s^s nº 221.151.

Les juges répressifs sont tenus de préciser la qualité, au sens de l'article 1384 du code civil, en vertu de laquelle ils déclarent une personne civilement responsable du prévenu.

INTERPRÈTE

> Absence d'obligation de traduction de l'entier dossier répressif

• **CEDH 12 janv. 2010,** 2e sect., *H. Khatchadourian c/ Belgique*, req. nº 22738/08

* V. s^s nº 221.231.

« Le requérant se plaint de ne pas avoir été informé de manière détaillée dans une langue qu'il comprend de la nature et de la cause des accusations portées contre lui, le privant par là du bénéfice gratuit d'un interprète et du droit de choisir sa défense librement. Il allègue une violation de l'article 6, § 3, a), c) et e) de la convention qui se lit comme suit :

3. Tout accusé a droit notamment à :

a) être informé, dans le plus court délai, dans une langue qu'il comprend et d'une manière détaillée, de la nature et de la cause de l'accusation portée contre lui ;

[...]

c) se défendre lui-même ou avoir l'assistance d'un défenseur de son choix et, s'il n'a pas les moyens de rémunérer un défenseur, pouvoir être assisté gratuitement par un avocat d'office, lorsque les intérêts de la justice l'exigent ;

[...]

e) se faire assister gratuitement d'un interprète, s'il ne comprend pas ou ne parle pas la langue employée à l'audience. »

La Cour rappelle qu'aux termes du paragraphe 3 a) de l'article 6 de la convention, tout accusé a le droit à « être informé, dans le plus court délai, dans une langue qu'il comprend et d'une manière détaillée, de la nature et de la cause de l'accusation portée contre lui ». L'accusé qui ne comprend pas ou ne parle pas la langue de la procédure est en droit d'obtenir une traduction gratuite notamment de l'acte d'accusation conformément à l'article 6, § 3, e) de la convention (*Kamasinski c/ Autriche*, 19 déc. 1989, § 74, série A nº 168).

En l'espèce, la Cour constate que le requérant est de nationalité libanaise, que sa langue maternelle est l'arménien occidental et qu'il ne maîtrise pas la langue de la procédure, le néerlandais. Il a, pour cette raison, obtenu, à sa demande, une traduction gratuite des réquisitions finales établies par le parquet. La Cour constate que ce document de 228 pages vise tous les faits, et leur base juridique, dont a été saisi le juge d'instruction en ce qui concerne le requérant.

Le requérant soutient que cela n'a pas suffi pour lui permettre de comprendre de manière détaillée les accusations portées contre lui et qu'il n'est donc pas à même de préparer correctement sa défense. Il se plaint du refus par les juridictions belges de traduire aux frais de l'État belge les cinq dossiers répressifs dans lesquels il est impliqué. Il se plaint également de la tardiveté et de la très mauvaise qualité de la traduction des réquisitions finales qui ne lui a pas permis d'en comprendre avec précision le sens.

Outre le caractère particulièrement volumineux des dossiers en l'espèce (environ 400 000 pages), la Cour rappelle que l'article 6, § 3, a) de la convention ne confère pas un droit général pour tout accusé de se faire traduire tout le dossier de sa cause (*X. c/ Autriche*, 29 mai 1975, D.R., 2, p. 68) et considère qu'il ne saurait donc être reproché au Gouvernement belge de ne pas avoir fait droit à la demande de traduction des dossiers répressifs.

S'agissant de la circonstance selon laquelle la traduction des réquisitions finales serait parvenue tardivement au requérant, à savoir quinze mois après la demande faite par son conseil et dix-huit mois après que les réquisitions eurent été prononcées, la Cour est d'avis qu'elle ne saurait entrer en ligne de compte vu que l'affaire est toujours pendante devant les juridictions d'instruction et qu'à ce stade, le requérant dispose de la traduction depuis trois ans.

Quant à la circonstance selon laquelle la traduction est de mauvaise qualité, la Cour relève les éléments suivants dans le dossier. Le requérant a bénéficié à sa demande des services d'un interprète de sa langue maternelle lors des interrogatoires qui ont eu lieu au début de l'instruction. Le requérant a demandé et obtenu les services d'un interprète en arabe devant la chambre du conseil. Il devrait bénéficier des mêmes facilités devant les juridictions du fond. Il dispose également d'une copie de l'ensemble des dossiers qui le concernent. Enfin, il ressort clairement du dossier, et notamment des

« expertises » faites à l'initiative du requérant, que le sens général du texte des réquisitions est accessible dans une langue qu'il comprend même si la précision de certains termes a pu lui échapper.

Eu égard à l'ensemble de ces éléments, la Cour est d'avis que le requérant a disposé d'une information suffisante dans une langue qu'il comprend des charges portées contre lui de manière à préparer adéquatement sa défense. »

> Interprète-Avocat

• **Crim. 29 juin 2005,** nº 04-86.110, P nº 199

* V. s[s] nº 221.242.

Il résulte de l'article 6.3 de la convention européenne des droits de l'homme que tout prévenu a le droit de se faire assister gratuitement d'un interprète pour s'entretenir, dans une langue qu'il comprend, avec l'avocat commis pour préparer sa défense.

221.03 Bibliographie indicative.

> Action civile

Articles. F. Giraud, « Les actions civiles au tribunal correctionnel : conséquences civiles et répressives », *RSC* 1995. 547.

> Défense

Articles. Ch. Gavalda-Moulenat, « L'avocat face à ses nouvelles fonctions au sein du procès pénal. Quelle place pour la défense pénale ? », *Dr. pénal* 2009. Ét. 5 – « Rapport du groupe de travail sur les aspects constitutionnels et conventionnels de la réforme de la procédure pénale », *Dr. pénal* 2010. Ét. 11.

> Incapacité

Articles. N. Descot, « La participation effective du majeur protégé au procès pénal après la loi du 5 mars 2007 », *AJP* 2008. 21.

Ouvrage. N. Peterka, A. Caron-Deglise, F. Arbellot, *Protection de la personne vulnérable*, « Dalloz Action », 2020, 5e édition.

> Interprètes

Articles. B. Lavielle, « Une réforme pénale impérieuse : La traduction des actes de procédure pénale aux parties civiles, mis en examen ou prévenus étrangers », *AJ pénal* 2009. 443 ; « L'obligation de traduire "les pièces essentielles à l'exercice de la défense" : quelques problèmes en perspective... », *Gaz. Pal.* 26 oct. 2013. 13 ; « Traduction des pièces essentielles de la procédure pénale : acte II », *Gaz. Pal.* 19 nov. 2013.

> Responsabilité civile des artisans

Articles. C. Meyer-Royère, « La responsabilité des artisans du fait des apprentis : une évolution dans la logique des choses », *LPA* 8 mai 2000, nº 91, p. 59 ; *LPA* 9 mai 2000, nº 92, p. 11.

> Responsabilité civile des commettants

Contribution. R. Kessous et F. Desportes, « Les responsabilités civiles et pénales du préposé », *Rapp. C. cass.* 2000, p. 256 – N. Molfessis, « La responsabilité des commettants du fait de leurs préposés ou l'irrésistible enlisement de la Cour de cassation », *in Mél. Gobert*, Economica, 2004, p. 495.

Articles. H. Groutel, « La responsabilité personnelle du préposé », *RCA* 2002. Chron. 4 – S. Fournier, « Faute personnelle du préposé », *LPA* 23 juill. 1997, nº 88.

Actes de colloque « Fait du préposé et responsabilité civile », 1er février 2013, Responsabilité civile et assurances, mars 2013, nº 3.

> Responsabilité civile des enseignants

Articles. Y. Buttner, « La responsabilité pénale : les atteintes par imprudence dans le cadre scolaire », *AJ fam.* 2004. 90 ; « La répression de l'imprévoyance des personnels d'éducation », *AJ pénal* 2006. 156 – P. Carli, « Accident de la circulation lié à un défaut de surveillance scolaire », *JCP* 1991. I. 3514 – F. Chabas, *Gaz. Pal.* 1982. 2. Doctr. 501 – Y. Mayaud, « L'aboutissement de l'affaire du Drac, une transition réussie vers la dépénalisation », *RSC* 2001. 804 ; « L'autorité disciplinaire des instituteurs, un impératif d'efficacité par la non-violence », *RSC* 2004. 87 ; « Défenestration accidentelle d'un élève et responsabilité pénale de l'instituteur », *RSC* 2006. 62 ; « Initiation scolaire à la voile, mort accidentelle d'un élève et responsabilité pénale d'un professeur d'éducation physique », *RSC* 2006. 64.

> Responsabilité civile des parents

Contribution. J.-P. Gridel, « Glose d'un article imaginaire inséré dans le code civil en suite de l'arrêt *Blieck* : Chacun répond, de plein droit, du dommage causé par celui dont il avait mission de régler le mode de vie ou de contrôler l'activité », *in Mél. Drai*, Dalloz, 2000, p. 609.

Articles. F. Alt-Maes, « Les nouveaux droits reconnus à la victime d'un mineur », *JCP* 1992. I. 3627 ; « La garde, fondement de la responsabilité du fait du mineur », *JCP* 1998. I. 154 – F. Boulanger, « Autorité parentale et responsabilité parentale », *D.* 2005. Chron. 2245 – Hugon, « La responsabilité civile délictuelle des services chargés d'une mesure d'assistance éducative », *Dr. fam.* 2004. Ét. 25 – E. Leverbe, « Le civilement responsable du fait du mineur », *RCA* 2005. Ét. 4 – P. Reynaud, « Responsabilité des père et mère et résidence alternée », *AJ fam.* 2002. 133 – C. Siffrein-Blanc, « Vers une réforme de la responsabilité civile des parents », *RTD civ.* 2011. 479.

> Visioconférence

Articles. M. Janin, L. Dumoulin, C. Licoppe, J. Danet, L. Mulcahy (coll.), « La visioconférence dans le prétoire », *Cah. just.* 2011. 11 à 86.

SECTION 1
PRÉVENU LIBRE

§ 1
Définitions et difficultés liées à la comparution

221.11 Définitions. Sous le double impact de la masse des affaires à juger en matière correctionnelle et de son effet sur les délais d'audiencement, et de la présomption d'innocence qui tend à limiter la comparution de personnes détenues, la règle générale est celle du prévenu libre.

Ce prévenu se présente donc devant ses juges, libre de ses mouvements étant toutefois observé qu'il a pu faire l'objet dans le cadre de l'affaire appelée, d'une mesure de détention provisoire qui s'est achevée, d'un contrôle judiciaire ou d'une assignation à résidence avec surveillance électronique, ces dernières étant notamment des mesures de contraintes évidentes mais qui ne modifient pas sa dénomination.

Il peut par ailleurs être détenu pour autre cause (DPAC), c'est-à-dire soit faire l'objet d'un mandat de dépôt en attente de jugement dans une autre affaire, soit être détenu en exécution de peine. Il est alors primordial de savoir à quel titre il est détenu, car selon les cas, la détention en cours s'imputera ou non sur une éventuelle peine d'emprisonnement ferme prononcée dans l'affaire lui valant sa comparution. Dans cette hypothèse, il comparaîtra sous escorte et le président de la juridiction aura soin de demander, au représentant du parquet ou au chef d'escorte la fiche pénale retraçant sa situation pénale exacte.

Enfin, il sera également « retenu sous escorte », en matière de comparution immédiate parce que déféré devant le tribunal dans la suite immédiate de sa garde à vue et de sa présentation au parquet.

Dans tous ces cas, le prononcé d'une peine d'emprisonnement sans sursis non assortie d'un titre de détention imposera en général sa remise en liberté, soit à l'issue de l'audience, soit à l'issue de la peine en cours d'exécution ou lors de la mainlevée du titre de détention, ce qui peut poser des difficultés concrètes lorsque plusieurs peines vont être ramenées à l'écrou, entrecoupées de remise(s) en liberté, et qui est évidemment préjudiciable et à une bonne compréhension de l'articulation des peines et à la mise en place d'un projet de sortie s'inscrivant dans une certaine durée, le cas échéant au bénéfice d'un aménagement de peine.

A.
Obligation de comparaître

221.21 Obligation de comparaître – Modalités. Le prévenu régulièrement cité à personne doit comparaître, à moins qu'il ne fournisse une excuse reconnue valable par la juridiction devant laquelle il est appelé[1]. Le prévenu a la même obligation lorsqu'il est établi que, bien que n'ayant pas été cité à personne, il a eu connaissance de la citation régulière le concernant dans les cas prévus par les articles 557, 558 et 560 du code procédure pénale.

Si ces conditions sont remplies, le prévenu non comparant et non excusé est jugé par jugement contradictoire à signifier, sauf s'il est fait application des dispositions de l'article 411 (hypothèse dans laquelle le prévenu a expressément demandé à être jugé en son absence et qui aboutit au prononcé d'un jugement contradictoire).

Si un avocat se présente pour assurer la défense du prévenu, il doit être entendu s'il en fait la demande, même hors le cas prévu par l'article 411, soit lorsque le prévenu a par lettre adressée au président du tribunal demandé à être jugé en son absence, en étant représenté[2]. Le principe est encore rappelé, dans l'hypothèse où la citation n'a pas été délivrée à personne et si un avocat se présente, que ce dernier doit être entendu s'il en fait la demande[3]. Encourt notamment la censure l'arrêt qui a décidé de retenir l'affaire sans avoir entendu en dernier l'avocat qui s'était présenté et qui avait demandé le renvoi de l'affaire et sans avoir donné la parole à cet avocat après l'examen sur le fond, au motif que celui-ci n'avait pas de pouvoir de représentation[4 5]. Il faut noter, ce qui n'est pas sans enjeu en termes de responsabilité professionnelle des avocats, que la présence à l'audience de l'avocat ayant reçu mandat exprès de représenter le prévenu a pour effet de donner à l'arrêt un caractère contradictoire[6]. De même, la mention, sur le récépissé du dépôt de la demande d'aide juridictionnelle figurant au dossier, du nom de l'avocat choisi par le prévenu, fait présumer l'existence d'un mandat donné au conseil, par son client, aux fins de le représenter[7 8].

Enfin une importante décision est venue poser le principe selon lequel le dépôt de conclusions écrites pour le compte du prévenu fait présumer l'existence d'un mandat donné à l'avocat par son client pour le représenter[9], solution réaffirmée depuis à plusieurs reprises[10].

Dans tous les cas, le droit au procès équitable et le droit de tout accusé à l'assistance d'un défenseur s'opposent à ce que la juridiction juge un prévenu non comparant et non excusé sans entendre l'avo-

1. V. s[s] n°s 221.31 s.

2. C. pr. pén., art. 410.
3. C. pr. pén., art. 412.
4. Crim. 23 oct. 2007, n° 07-82.313, P n° 251 ; *D.* 2007. 2949, obs. S. Lavric ; *AJ pénal* 2008. 39, obs. C. Girault.
5. SUR le pouvoir de représentation, v. s[s] n° 212.32.
6. Crim. 16 mai 2001, n° 00-86.331, P n° 127 ; *D.* 2001. 2240.
7. Crim. 12 mars 2003, n° 02-85.112, P n° 66.
8. V. s[s] n° 212.32.
9. Crim. 12 mars 2003, n° 02-85.313, P n° 67 ; *D.* 2003. 1730, obs. J. Pradel ; *RSC* 2003. 882, obs. J.-F. Renucci.
10. Crim. 12 déc. 2006, n° 05-86.214, P n° 310 ; *D.* 2007. 445, obs. C. Girault ; *AJ pénal* 2007. 139, obs. C. Girault ; *RSC* 2007. 322, obs. R. Filniez – Crim. 14 oct. 2008, n° 08-81.617, P n° 207 ; *AJ pénal* 2009. 185, obs. L. Ascensi ; *RSC* 2009. 411, obs. R. Finieltz.

cat présent à l'audience pour assurer sa défense[1]. Au visa des articles 6, § 1 et § 3, c) de la convention européenne des droits de l'homme, ensemble les articles 410, 411, 417 et 494 du code de procédure pénale, le droit à un procès équitable et le droit de tout accusé à l'assistance d'un défenseur s'opposent à ce que la juridiction correctionnelle, saisie d'une opposition, déclare celle-ci non avenue au motif que l'opposant n'est pas comparant, alors que l'avocat chargé de le représenter avait demandé à être entendu sur le fond de l'affaire[2].

En résumé, un avocat qui se présente pour assurer la défense du prévenu doit par principe être entendu s'il en fait la demande[3] et ce même pour une simple demande de renvoi. Il doit par ailleurs avoir la parole en dernier, même sur un incident dès lors qu'il n'est pas joint au fond[4]. Le risque en est, tout à fait logiquement, que la forclusion édictée par l'article 385 du code de procédure pénale (conditions dans lesquelles les nullités de procédure peuvent être soulevées devant le tribunal correctionnel lorsque le renvoi a été opéré par le juge d'instruction ou la chambre de l'instruction) est applicable au prévenu dont la défense, devant le tribunal correctionnel, a été assurée, en son absence, par un avocat dépourvu de mandat de représentation, dans les conditions prévues par l'article 410, alinéa 3, du code de procédure pénale, et qui n'a pas contesté devant le premier juge, avant toute défense au fond, la régularité des actes de l'enquête[5].

221.22 Audition à domicile. Si le prévenu ne peut, en raison de son état de santé, comparaître devant le tribunal et s'il existe des raisons graves de ne point différer le jugement de l'affaire, le tribunal ordonne, par décision spéciale et motivée, que le prévenu, éventuellement assisté de son avocat, sera entendu à son domicile ou à la maison d'arrêt dans laquelle il se trouve détenu, par un magistrat commis à cet effet, accompagné d'un greffier. Procès-verbal est dressé de cet interrogatoire. Le débat est repris après citation nouvelle du prévenu, et les dispositions de l'article 411, alinéas 1 et 2, sont applicables. Dans tous les cas, le prévenu est jugé contradictoirement[6].

La personne poursuivie ne saurait se faire un grief de ce que la cour d'appel ait refusé d'appliquer les dispositions de l'article 416 du code de procédure pénale, dès lors qu'elle était représentée à l'audience par un avocat de son choix qui a plaidé au fond et qu'elle a fait déposer des conclusions auxquelles les juges ont répondu[7].

Lorsqu'un prévenu a été entendu en ses explications à son domicile selon la procédure de l'article 416 du code de procédure pénale c'est à bon droit que l'arrêt de la cour d'appel mentionne, sur nouvelle citation, que le prévenu est jugé contradictoirement et qu'il a été entendu, bien qu'il ne soit pas présent à l'audience[8].

Selon l'article 416 du code de procédure pénale, si le prévenu ne peut, en raison de son état de santé comparaître devant le tribunal et s'il existe des raisons graves de ne point différer le jugement de l'affaire, le tribunal ordonne, par décision spéciale et motivée, que le prévenu, éventuellement assisté de son avocat, sera entendu à son domicile par un magistrat commis à cet effet, procès-verbal étant dressé de cet interrogatoire ; le débat est repris après citation nouvelle du prévenu. La cour d'appel qui, à ce stade après avoir entendu l'avocat, statue, contradictoirement à l'égard du prévenu non comparant, justifie sa décision nonobstant l'absence au dossier de la procédure de la lettre de celui-ci prévue par l'article 411, alinéa 1er, du code de procédure pénale demandant à être jugé en son absence[9].

L'article 416 du code de procédure pénale pas plus qu'aucun autre texte, ne prescrit que lorsque l'affaire revient à l'audience après audition à son domicile du prévenu, il doive être donné lecture de l'arrêt précédent ni du procès-verbal d'audition du prévenu. Le nouveau rapport qui doit être présenté et qui a pour objet de faire connaître aux juges d'appel les éléments de la cause sur laquelle ils ont à statuer suffit à porter ces actes à la connaissance de la Cour[10].

Le recours à ces dispositions paraît à ce jour résiduel.

221.23 Moyens de contrainte. Lorsque le prévenu cité dans les conditions prévues par le premier alinéa de l'article 410 du code de procédure pénale ne comparaît pas et que la peine qu'il encourt est égale ou supérieure à deux années d'emprisonnement, le tribunal peut ordonner le renvoi de l'affaire et, par décision spéciale et motivée, décerner mandat d'amener ou mandat d'arrêt.

Si le prévenu est arrêté à la suite du mandat d'amener ou d'arrêt, il est fait application des dispositions de l'article 135-2. Toutefois, dans le cas où la personne est placée en détention provisoire par le

1. Cass., ass. plén., 2 mars 2001, n° 00-81.388, P n° 6 ; *D.* 2001. 1899, note J. Pradel.
2. Crim. 19 févr. 2003, n° 01-88.361, P n° 45 ; *D.* 2003. 806.
3. Crim. 2 déc. 2009, n° 08-86.790, P n° 203 ; *AJ pénal* 2010. 87.
4. Crim. 26 avr. 2017, n° 15-86.504, NP.
5. Crim. 4 avr. 2013, n° 12-85.067, P n° 79.
6. C. pr. pén., art. 416.
7. Crim. 4 mai 2004, nos 03-86.073, 98-83.685, P n° 107 ; *AJ pénal* 2004. 290, obs. J. Coste.
8. Crim. 16 févr. 1966, n° 65-91.820, P n° 50.
9. Crim. 22 janv. 2003, n° 02-82.316, P n° 17.
10. Crim. 22 juin 1971, n° 70-92.914, P n° 202.

juge des libertés et de la détention, elle doit comparaître dans les meilleurs délais, et au plus tard dans le délai d'un mois, devant le tribunal correctionnel, faute de quoi elle est mise en liberté[1].

Peu fréquente devant la juridiction correctionnelle la délivrance d'un mandat, en vue de la comparution, doit être utilisée avec modération. Par hypothèse, le tribunal qui ordonne le renvoi et décerne mandat d'amener avise indirectement le prévenu qu'il sera recherché à la date du renvoi par les gendarmes ou les fonctionnaires de police dont dépend son domicile, lui laissant tout loisir de leur échapper. Son avocat ou des membres de sa famille présents dans la salle peuvent l'en avertir. La situation est différente sur un mandat d'arrêt dont la mise à exécution sera recherchée plus immédiatement après sa délivrance.

Dans un premier temps, il semble possible pour les dossiers d'une relative importance de laisser entendre qu'en cas de nouvelle non comparution, le tribunal aura recours à la délivrance d'un mandat. Cela peut parfois suffire à convaincre le récalcitrant auquel son avocat aura décrit les inconvénients d'une comparution sous escorte ou après émission d'un mandat d'arrêt.

221.24 Problématiques tenant à l'apparence ou au comportement du prévenu. Le comportement ouvertement outrancier d'un prévenu, d'une partie civile ou d'un témoin, se règle par la mise en œuvre des dispositions relatives à la police de l'audience, voire par des poursuites pour outrage à magistrat[2]. L'expulsion de la salle d'audience, si elle est possible, doit être pratiquée avec retenue.

Plus couramment, un aspect vestimentaire inadéquat, la tenue en main de nourriture ou de boisson, un comportement bruyant susceptible de gêner les débats en cours..., se régleront en amont par l'intervention de l'huissier d'audience ou des forces de police ou de gendarmerie présentes.

La problématique du port de signes ou de vêtements religieux distinctifs est plus récente. Seront signalées à ce propos trois décisions de la Cour européenne des droits de l'homme. Il a tout d'abord été jugé[3], s'agissant d'un témoin, que le refus opposé par celui-ci au président de la juridiction qui lui demandait de retirer sa calotte, au motif que le code vestimentaire des institutions judiciaires excluait vêtements et symboles religieux dans les enceintes judiciaires, suivi de sa condamnation pour outrage à magistrat, était contraire au droit fondamental reconnu par l'article 9 de la convention de manifester sa religion. La sanction prononcée au seul motif du refus de retirer ce « couvre-chef » n'était pas nécessaire dans une société démocratique.

Il a été jugé, d'autre part, et dans la continuité de la première décision, que l'exclusion d'une partie civile de la salle d'audience au motif qu'elle refusait d'ôter son foulard a constitué une « restriction » dans l'exercice par cette dernière du droit de manifester sa religion. Retenant que la façon dont Mme L... s'est comportée lors de son entrée en salle d'audience n'était pas irrespectueuse ou ne constituait pas - ou ne risquait pas de constituer - une menace pour le bon déroulement de l'audience, la Cour estime que la nécessité de la restriction litigieuse ne se trouve pas établie et que l'atteinte portée au droit de l'intéressée à la liberté de manifester sa religion n'était pas justifiée dans une société démocratique[4]. La Cour retient là encore, une violation de l'article 9 de la convention. Il n'existe aucune raison de penser qu'elle ne statuerait pas exactement dans le même sens au sujet d'un prévenu (alors au demeurant que l'audience concernée au cas d'espèce se déroulait devant une chambre de l'instruction).

Elle avait enfin, précédemment eu à se prononcer[5], dans une affaire ou la requérante, se déclarait musulmane pratiquante, et indiquait porter la burqa et le niqab afin d'être en accord avec sa foi, sa culture et ses convictions personnelles. À cette occasion, concernant l'entrée en vigueur de la loi n° 2010-1192 du 11 octobre 2010, sur tout le territoire de la République française, portant interdiction à chacun de dissimuler son visage dans l'espace public, la Cour avait rejeté toute violation des articles 8, 9 et 14 de la convention[6].

La situation se présente de temps à autres, d'élus qui, poursuivis ou cités comme témoins, font choix de comparaître devant la juridiction correctionnelle ou de police, ceints de leur écharpe tricolore. L'article D. 2122-4 du Code général des collectivités publiques qui est alors invoqué dispose en effet en son premier alinéa, que : « Les maires portent l'écharpe tricolore avec glands à franges d'or dans les cérémonies publiques et toutes les fois que

1. C. pr. pén., art. 410-1.
2. V. s^s^ n° 544.21.
3. CEDH 5 déc. 2017, *Hamidovic c/ Bosnie-Herzégovine*, req. n° 57792/15 ; *AJDA* 2018. 1595, étude F.-X. Bréchot.
4. CEDH 18 sept. 2018, *Lachiri c/ Belgique*, req. n° 3413/09, *D. actu.*, « Cachez ce voile que je ne saurais voir », V.-O. Dervieux, 26 sept. 2018.
5. CEDH 1er juill. 2014, *SAS c/ France*, req. n° 43835/11 ; *AJDA* 2014. 1348 ; *AJDA* 2014. 1763, chron. L. Burgorgue-Larsen ; *AJDA* 2014. 1866, ét. P. Gervier ; *D.* 2014. 1451, et les obs. ; *D.* 2014. 1701, chron. C. Chassang ; *D.* 2015. 1007, obs. REGINE ; *Constitutions* 2014. 483, chron. M. Afroukh ; *RSC* 2014. 626, obs. J.-P. Marguénaud ; *RTD civ.* 2014. 620, obs. J. Hauser ; *RTD eur.* 2015. 95, chron. P. Ducoulombier.
6. Pour la situation des professionnels de l'audience, v. s^s^ n°s 531.23 et 531.32.

l'exercice de leurs fonctions peut rendre nécessaire ce signe distinctif de leur autorité ». Cet article de portée réglementaire ne saurait être utilement avancé comme permettant, en toutes circonstances une comparution dans ces formes. En tout état de cause, ces élus ne se trouvent pas au sens strict dans « l'exercice de leurs fonctions » et le pouvoir de police du président qui estimerait que le port de l'écharpe est de nature à troubler la sérénité des débats, suffit à justifier une demande de l'ôter.

221.25 Qualification des décisions de renvois et question de la saisine effective de la juridiction. Il avait été jugé que le prévenu régulièrement cité à personne, qui ne comparaît pas et ne fournit pas une excuse reconnue valable par la juridiction devant laquelle il est appelé, est jugé contradictoirement. Il continue d'en être ainsi sans qu'il y ait lieu de citer à nouveau le prévenu, lorsque l'affaire, au vu de cette première citation, a été renvoyée à une audience ultérieure à date fixe[1].

A été à bon droit jugé contradictoirement le prévenu non comparant qui a fait citer plusieurs témoins pour la date, le lieu et l'heure de l'audience à laquelle il était lui-même invité à comparaître, établissant ainsi, conformément à l'article 412 du code de procédure pénale, la connaissance qu'il avait eue de la citation régulière le concernant et dont le contrôle échappe à la Cour de cassation[2].

Mais la chambre criminelle considère qu'il résulte des articles 410 et 412 du code de procédure pénale que le prévenu, cité à personne, qui n'a pas comparu, ne peut être jugé contradictoirement, en cas d'absence à une audience ultérieure à laquelle l'affaire a été renvoyée, que s'il a été régulièrement cité à personne pour cette nouvelle audience, ou s'il est établi qu'il a eu connaissance de la citation[3].

Tous les développements antérieurs sont fondés sur les termes mêmes de l'article 410 du code de procédure pénale qui évoque un prévenu « régulièrement cité à personne » et fonde la qualification contradictoire du jugement sur la nécessité que « ces conditions (des deux premiers alinéas de l'article 410) sont remplies ».

Dans les hypothèses où le prévenu n'a pas été régulièrement cité, il ne saurait être prononcé de jugement par défaut et c'est bien son absence de saisine régulière que le tribunal doit constater, renvoyant le ministère public à se pourvoir. La juridiction, selon des formules variables se déclare alors non saisie ou non valablement saisie.

1. Crim. 20 juill. 1960, P n° 383.
2. Crim. 26 mai 1998, n° 97-81.328, P n° 174.
3. Crim. 7 déc. 2010, n° 09-88.369, P n° 196 ; *D.* 2011. Actu. 308 ; *D. actu.* 7 févr. 2011, obs. M. Léna.

Il en va ainsi dans le contexte d'une décision rendue en premier ressort, où la chambre criminelle[4], a jugé qu'en l'absence du prévenu à l'audience du 8 septembre 1999, l'affaire n'avait pu être renvoyée contradictoirement à celle du 17 novembre suivant alors qu'aucune citation à comparaître à cette audience n'avait été délivrée à la personne du prévenu, et que la cour d'appel avait méconnu les textes susvisés (articles 410 et 412 du code de procédure pénale) ; de même, et au visa de l'article 520 que la cour d'appel qui annule, sur l'appel du prévenu, un jugement par défaut improprement qualifié de contradictoire, doit évoquer et statuer à nouveau sur le fond[5]. Situations encore sanctionnées, alors qu'il ne résulte d'aucune pièce de la procédure que le prévenu ait été régulièrement informé de la date à laquelle les débats devaient avoir lieu[6] ou lorsque l'huissier qui a délivré une citation à la dernière adresse déclarée du prévenu appelant, conformément à l'article 503-1 du code de procédure pénale, n'a pas accompli les diligences prévues par l'article 558, alinéa 2 ou 4[7].

B. Excuses

221.31 Excuses liées au prévenu (ou à la partie civile). Pour les raisons les plus diverses, l'une des parties au procès peut ne pas pouvoir ou ne pas souhaiter comparaître à la date prévue. Fréquemment d'ailleurs, et dans un souci de confraternité, l'avocat de la partie adverse ne s'opposera pas à la demande de renvoi. Il est néanmoins important que la juridiction adopte sur ce point des règles claires à défaut de quoi l'entier service correctionnel peut se trouver désorganisé. C'est au seul tribunal qu'appartient la décision de renvoyer ou non l'examen de l'affaire à une date ultérieure[8].

L'article 410 du code de procédure pénale n'est pas incompatible avec les dispositions de l'article 6 de la convention européenne des droits de l'homme lequel ne confère pas au prévenu la faculté de s'abstenir de comparaître en justice. Le prévenu régulièrement cité à personne qui ne comparaît pas doit, selon l'article 410, précité, fournir une excuse reconnue valable. Ne peut valoir excuse au sens de ce texte la demande de renvoi présentée par le conseil du prévenu et ce dernier doit, dès lors, en son absence être jugé contradictoirement, par décision à signifier[9]. Cette disposition n'est pas non plus contraire aux dispositions de l'article 14 du Pacte

4. Crim. 27 juin 2000, n° 00-80.780, P n° 247.
5. Crim. 7 déc. 2010, n° 09-88.369, P n° 196.
6. Crim. 28 juin 2017, n° 16-87.736, NP.
7. Crim. 11 juill. 2017, n° 17-80.157, NP.
8. V. égal^{t} s^{s} n°s 532.31 s.
9. Crim. 21 juin 1995, n° 94-84.571, P n° 230.

international relatif aux droits civils et politiques[1]. Le prévenu, qui a eu connaissance de la citation, ne comparait pas et ne fournit, comme en l'espèce, aucune excuse personnelle reconnue valable, doit être jugé contradictoirement en son absence, par décision à signifier[2].

L'hypothèse d'un prévenu absent de l'audience en raison de son état de santé est assez fréquente. Il appartient au tribunal de savoir si les éléments portés à sa connaissance suffisent à établir la réalité de cette indisponibilité médicale. Une simple déclaration de son avocat, ou une attestation ne sont pas satisfaisantes et un certificat médical récent ou un bulletin d'hospitalisation est indispensable. Dans le doute, il conviendra de commettre tel expert utile pour connaître la réalité de l'état du prévenu et la compatibilité ou pas de cet état avec une éventuelle comparution en justice. Une telle démarche entraînera inévitablement le renvoi de l'examen de l'affaire à une date ultérieure. Ensuite, il conviendra à la juridiction de décider si la présence physique du prévenu est indispensable ou s'il peut être jugé simplement représenté par son avocat.

Pour l'application de l'article 410 du code de procédure pénale, l'appréciation d'une excuse, invoquée par le prévenu détenu qui refuse de comparaître, relève du pouvoir souverain des juges du fond[3]. Par exemple, une cour d'appel ne peut se prononcer par décision contradictoire sans examiner si l'attestation de l'employeur aux termes de laquelle le prévenu était au jour de l'audience en déplacement professionnel, constituait une excuse valable ou non[4]. Mais à l'inverse une cour peut décider que le certificat médical adressé par le prévenu cité à personne après un premier renvoi de l'affaire sur sa demande, est imprécis et non circonstancié, et qu'en conséquence... il échet de déclarer son excuse non valable...[5]. Au visa de l'article 6, § 3, de la convention européenne des droits de l'homme, la chambre criminelle a pu rappeler que toute personne poursuivie, qui ne souhaite pas se défendre elle-même, a droit à l'assistance d'un défenseur de son choix ; que la demande de renvoi de l'affaire présentée à cette fin peut être formée par lettre ou par télécopie et a cassé le jugement d'une juridiction de proximité, qui, pour rejeter une demande de renvoi adressée par télécopie parvenue avant l'audience et statuer par décision contradictoire à signifier, avait énoncé qu'il n'y avait pas lieu, à défaut de comparution du prévenu, d'un avocat ou d'une personne munie d'un mandat spécial, de faire droit à cette demande[6].

Il résulte donc de l'article 410 du code de procédure pénale que le prévenu cité à personne, qui ne comparaît pas mais fournit une excuse, ne peut être jugé contradictoirement qu'autant que celle-ci n'est pas reconnue valable par la juridiction de jugement, qui doit le préciser dans sa décision. Par ailleurs, les juges sont tenus de répondre aux chefs péremptoires des conclusions transmises par un prévenu non comparant qui a demandé à être jugé en son absence conformément aux dispositions de l'article 411, alinéa 1er, du code de procédure pénale[7]. Enfin et plus délicat encore à respecter, le principe plusieurs fois repris selon lequel, doit être assimilée à l'excuse prévue par l'article 410 du code de procédure pénale, sur la validité de laquelle les juges sont tenus de se prononcer, la lettre du prévenu non comparant, parvenue après les débats et invoquant une cause d'empêchement légitime[8] [9].

221.32 **Excuses liées à l'avocat.** Fréquemment une demande de report de l'audience sera formulée par un avocat indisponible, notamment lorsqu'il se trouve retenu devant une juridiction extérieure. Il n'y a pas lieu pour la juridiction de s'y opposer, mais elle peut solliciter le cas échéant la preuve d'une convocation de l'avocat devant tel tribunal ou telle cour d'assises, en particulier si l'avocat concerné est coutumier des demandes de reports, et anticiper avec cet avocat, une date à laquelle le renvoi pourra être utilement décidé.

L'hypothèse d'une excuse liée à l'état de santé de l'avocat du prévenu est aussi fréquente. Il n'est pas d'usage que le tribunal exige la preuve de son problème de santé par l'avocat concerné ou celui qui va venir le représenter à l'audience. Il est possible de citer ici un arrêt qui a décidé :

– d'une part, que la cour d'appel ayant déclaré non avenue l'opposition du prévenu à un arrêt rendu par défaut, le prévenu n'ayant pas comparu à l'audience, bien que régulièrement cité, et n'ayant fourni aucune excuse, son conseil, également absent, ayant, par télécopie reçue la veille de l'audience, sollicité le renvoi de l'affaire en arguant de son propre état de santé qui l'empêcherait de plaider et en soutenant qu'il ne pouvait se faire substituer par l'un de ses collaborateurs, cette cour a justifié sa décision, dès lors qu'aucun avocat n'était présent à l'audience pour assurer la défense du prévenu qui ne

1. Crim. 15 déc. 1998, n° 98-81.109, NP, *Procédures* 1999, n° 165, note J. Buisson.
2. Crim. 1er mars 2000, n° 98-86.635, NP.
3. Crim. 16 janv. 1989, n° 88-82.331, P n° 16.
4. Crim. 15 juin 1981, n° 80-94.954, P n° 205.
5. Crim. 17 nov. 1987, n° 87-84.025, P n° 412.
6. Crim. 25 févr. 2014, n° 13-81.554, P n° 52 ; *D.* 2014. 609 ; *AJ pénal* 2014. 376, obs. D. Luciani-Mien.
7. Crim. 14 mai 1997, n° 96-83.946, P n° 182.
8. Crim. 19 juin 2012, n° 11-87.545, P n° 151 ; *RSC* 2012. 928, obs. J.-F. Renucci.
9. V. égalt ss n° 221.33.

conteste pas avoir eu personnellement connaissance de la citation ;

– d'autre part, et pour un autre prévenu dans la même affaire, que celui-ci ayant formé opposition à cet arrêt de défaut, il n'a pas comparu à l'audience bien que régulièrement cité et a demandé à son avocat de le représenter ; que cet avocat a sollicité le renvoi de l'affaire et, subsidiairement, à être entendu sur le fond ; que, pour rejeter ces demandes, l'arrêt attaqué énonce que, ni la présence de l'avocat du prévenu à l'audience, ni les écritures déposées par lui ne permettent d'écarter les dispositions de l'article 494, alinéa 1er, du code de procédure pénale (relatives à la recevabilité de l'opposition) ; mais qu'en statuant ainsi, alors qu'elle ne pouvait refuser d'entendre l'avocat chargé de représenter le prévenu, la cour d'appel a méconnu le sens et la portée de l'article 6, § 1 et 3, de la convention européenne des droits de l'homme[1].

221.33 **Excuse légitime mais non reçue.** Les juges sont tenus de se prononcer sur une excuse lorsqu'elle est présentée avant l'audience, dans les conditions prévues par l'article 410 du code de procédure pénale ; porte atteinte aux intérêts de la personne poursuivie et encourt, dès lors, la cassation, l'arrêt qui statue contradictoirement à l'égard du prévenu alors que celui-ci avait effectué les diligences nécessaires pour aviser le président, avant l'audience, d'une cause d'empêchement et que, pour une raison qui ne lui est pas imputable, la cour d'appel ne s'est pas prononcée sur la validité de cette excuse. Il s'agissait en l'espèce d'une audience du 20 mars 1995 pour laquelle par télécopies adressées au président de la chambre correctionnelle les 17 et 18 mars 1995 et par lettre recommandée reçue au greffe de cette chambre le 20 mars 1995, le prévenu avait sollicité le renvoi de son affaire à une date ultérieure, en raison de son hospitalisation, documents apparemment absents du dossier lors de l'audience[2].

221.34 **Excuses reçues postérieurement à l'audience.** Plus curieusement, et comme déjà signalé, la jurisprudence impose également à la juridiction de se prononcer sur les excuses parvenues à la juridiction après les débats mais avant que le délibéré ne soit rendu. Ainsi, s'il est justifié par une lettre, en date du 12 janvier 2001, parvenue au greffe de la cour d'appel le 18 janvier 2001, soit après les débats mais avant le prononcé de la décision, que l'avocat du prévenu a sollicité, en raison de l'hospitalisation de ce dernier, le renvoi de l'affaire à une date ultérieure, la cour, en s'abstenant de se prononcer sur la validité de cette excuse, tout en condamnant le prévenu par décision contradictoire, a méconnu le texte susvisé et le principe énoncé par l'article 410 du code de procédure pénale[3].

Doit encore être assimilée à l'excuse prévue par l'article 410 sur la validité de laquelle les juges sont tenus de se prononcer, la lettre du prévenu non comparant, parvenue après les débats et invoquant une cause d'empêchement légitime. Encourt la cassation l'arrêt qui statue par décision contradictoire en omettant de se prononcer sur une telle excuse, parvenue après les débats, pendant la durée du délibéré[4].

Pour refuser d'ordonner la réouverture des débats sollicitée par l'avocat du prévenu au motif que son client n'avait pas été touché par la citation, l'arrêt attaqué prononce « que les juges du fond, qui avaient constaté qu'Adel X... avait été cité à l'adresse indiquée dans son acte d'appel, que cette adresse avait été vérifiée comme étant exacte par l'huissier, mais que, personne n'ayant voulu recevoir l'acte dans son régiment, la citation avait été remise en mairie sans que l'on sache si le prévenu avait jamais été averti de cette remise et que le courrier de son conseil ne fournissait aucune autre explication que les modalités de délivrance de la citation et susceptibles de permettre de retenir une excuse à cette défaillance ; Mais attendu qu'en statuant ainsi, sans autrement s'expliquer sur l'urgence particulière qui imposait, en l'espèce, de ne point différer le jugement de l'affaire et alors que l'article préliminaire du code de procédure pénale exige que cette procédure soit équitable et contradictoire et préserve l'équilibre des droits des parties, la cour d'appel n'a pas donné de base légale à sa décision[5] ».

Toute la difficulté reposera en l'espèce, sur la preuve de la réception non seulement par la juridiction, mais par le président de la composition saisie des faits, d'une excuse avant que ne soit rendu le délibéré.

§ 2
Assistance et représentation par un avocat

221.41 **Faculté d'être assisté.** Le prévenu qui comparaît a la faculté de se faire assister par un défenseur, tant en vertu des dispositions du III de l'article préliminaire du code de procédure pénale, que

1. Crim. 19 févr. 2003, n° 01-88.361, P n° 45 ; *D.* 2003. 806.
2. Crim. 20 mars 1996, n° 95-83.687, P n° 122.
3. Crim. 2 oct. 2002, n° 01-83.084, NP.
4. Crim. 1er févr. 1995, n° 94-80.360, P n° 46 ; *Dr. pénal* 1996. Chron. 22, obs. V. Lesclous et C. Marsat – Crim. 19 juin 2012, n° 11-87.545, P n° 151 ; *RSC* 2012. 928, obs. J.-F. Renucci.
5. Crim. 21 févr. 2007, n° 06-85.750, NP, *Dr. pénal* 2007, n° 94, note A. Maron.

de l'article 417 du même code, ou encore de la convention européenne des droits de l'homme[1]. Le prévenu peut également comparaître et se défendre seul.

L'exercice de la faculté reconnue au prévenu qui comparaît devant la juridiction correctionnelle de se faire assister d'un avocat, et, s'il n'en a pas fait le choix à l'audience et demande cependant à être assisté, de s'en faire désigner un d'office par le président, implique, pour être effectif, y compris en cause d'appel, que ce dernier l'ait préalablement informé de cette faculté, s'il n'a pas reçu cette information avant l'audience. Cette dernière hypothèse est *a priori* résiduelle, dès lors que cet avis figure sur les citations et convocations en justice. Mais encourt la censure au visa des articles 16 de la Déclaration des droits de l'Homme et du citoyen, 14, § 3, d) du Pacte international relatif aux droits civils et politiques, 6, § 3, c) de la convention européenne des droits de l'homme, 417 du code de procédure pénale, l'arrêt de la chambre des appels correctionnels qui statue à l'égard d'un prévenu comparant seul, sans constater qu'il avait été informé de son droit d'être assisté d'un avocat[2].

Le choix ou la désignation d'un avocat « sur l'audience », pose évidemment des difficultés en présence de dossiers importants ou contestés. De même, la connaissance de son client par l'avocat intervenant « au pied levé », nécessite sans aucun doute un temps suffisant d'entretien et d'échange avec le prévenu. Il semble qu'en pareille hypothèse, le tribunal ait donc, si la demande lui en est faite, l'obligation de renvoyer l'examen de l'affaire à une date ultérieure. En ce sens, un arrêt avait décidé que l'article 417 du code de procédure pénale imposait au président de commettre un défenseur d'office au prévenu comparant qui en fait la demande et que l'inobservation de cette formalité substantielle portait atteinte aux droits de la défense[3]. Il faut voir dans cette jurisprudence l'origine de la réécriture en décembre 2011, de l'article 417 du code de procédure pénale, qui dispose que si le prévenu n'a pas fait choix d'un défenseur avant l'audience, le président l'informe, s'il n'a pas reçu cette information avant l'audience, qu'il peut, à sa demande, bénéficier d'un avocat commis d'office. Si le prévenu formule cette demande, le président commet un défenseur d'office[4].

Il a pu même être jugé que fait une exacte application de l'article 417 du code de procédure pénale dans son ancienne rédaction, la cour d'appel qui pour, écarter la demande de renvoi de l'affaire à une audience ultérieure, retient que le prévenu demandeur, a fait le choix, avant l'audience, d'un défenseur qui ne s'y est pas présenté[5]. On le voit, l'important est comme toujours en la matière que la juridiction qui doit statuer sur un incident motive clairement sa décision.

221.42 **Obligation d'être assisté.** L'assistance d'un défenseur est obligatoire quand le prévenu est atteint d'une infirmité de nature à compromettre sa défense[6]. Une jurisprudence ancienne a pu décider que la connaissance insuffisante de la langue française ne peut être considérée comme constituant, pour un prévenu une « infirmité de nature à compromettre sa défense », justifiant l'assistance obligatoire d'un défenseur ainsi que le prévoit l'article 417 du code de procédure pénale[7].

À l'inverse, il avait été décidé qu'aux termes de l'article 417 du code de procédure pénale, modifié par la loi du 17 juillet 1970, l'assistance d'un défenseur était obligatoire quand le prévenu encourait la peine de la tutelle pénale aujourd'hui supprimée. Il avait été donc jugé que devait être cassé l'arrêt qui ne constatait pas qu'un prévenu passible de la tutelle pénale[8], ait eu l'assistance d'un défenseur devant la cour d'appel, même si celle-ci s'était abstenue de prononcer cette peine[9].

Enfin l'assistance d'un avocat est également obligatoire dans la première phase de la procédure de comparution immédiate, lorsqu'il est demandé au prévenu s'il accepte d'être jugé immédiatement ou sollicite un délai pour préparer sa défense[10].

La cour de Strasbourg a jugé que l'obligation faite à un prévenu d'être représenté par un avocat dans une procédure pénale est compatible avec les droits de la défense[11][12].

221.43 **Avocat inscrit au barreau.** Dans tous les cas, le défenseur est choisi parmi les avocats inscrits à un barreau[13]. Le tribunal n'a donc pas d'autre solution dans l'hypothèse où un proche du prévenu, ou un membre de sa famille se présente pour « le défendre », que de refuser cette intervention.

Il a encore été jugé que si l'article 417 du code de procédure pénale, comme l'article 6, § 3, c) de la

1. V. s[s] n°s 212.33 s., 524.42.
2. Crim. 24 nov. 2010, n° 10-80.551, P n° 188 ; *D.* 2011. 14 ; *RSC* 2011. 151, obs. J. Danet.
3. V. s[s] n° 212.36.
4. C. pr. pén., art. 417, al. 2 ; mod. par L. n° 2011-1862, 13 déc. 2011, art. 64.
5. Crim. 27 juin 2012, n° 11-86.679, P n° 162 ; *D.* 2012. 2917, obs. G. Roujou de Boubée, T. Garé, M.-H. Gozzi, S. Mirabail et T. Potaszkin.
6. C. pr. pén., art. 417, al. 4.
7. Crim. 7 nov. 1968, n° 68-91.175, P n° 289.
8. Supprimée par : L. n° 81-82, 2 févr. 1981, art. 70.
9. Crim. 9 mai 1972, n° 72-90.111, P n° 162.
10. C. pr. pén., art. 397-1.
11. CEDH 4 avr. 2018, *Correia de Matos c/ Portugal*, req. n° 56402/12.
12. V. s[s] n° 212.31.
13. C. pr. pén., art. 417, al. 3.

convention européenne des droits de l'homme, reconnaissent au prévenu le droit de se faire assister par un défenseur de son choix, la nécessité d'assurer la continuité du cours de la justice et celle de permettre le jugement des prévenus dans un délai raisonnable font obstacle à ce que l'absence du défenseur choisi entraîne nécessairement le renvoi de l'affaire[1]. Cette jurisprudence trouve tout particulièrement à s'appliquer lorsque l'affaire à juger concerne plusieurs, voire un grand nombre de prévenus et a déjà fait l'objet de plusieurs renvois. Le tribunal n'a alors que le choix entre juger l'ensemble des prévenus en privant tel ou tel de l'assistance de l'avocat de son choix ou de disjoindre, ce qui en termes de compréhension des débats peut poser des difficultés et dans tous les cas ne vienne surcharger l'audiencement.

221.44 Divergence d'intérêts. Il peut se faire que le tribunal estime qu'un avocat est mal placé pour défendre plusieurs prévenus ayant des intérêts contraires ou s'étant dénoncés à un stade antérieur de la procédure.

Il n'appartient pas à la juridiction de trancher cette difficulté. Si l'avocat concerné entend maintenir sa possibilité de défendre deux ou plusieurs personnes semblant avoir des intérêts divergents, il doit être décidé d'une suspension d'audience durant laquelle il sera fait appel au bâtonnier de l'Ordre ou à l'un de ses représentants, membre du conseil de l'Ordre, pour se prononcer. Le renvoi de l'examen de l'affaire est probable, si un nouvel avocat est désigné pour l'une des parties, afin de lui permettre de prendre une connaissance suffisante de la procédure.

221.45 Faculté d'être représenté. Quelle que soit la peine encourue, le prévenu peut, par lettre adressée au président du tribunal et qui sera jointe au dossier de la procédure, demander à être jugé en son absence en étant représenté au cours de l'audience par son avocat ou par un avocat commis d'office. Ces dispositions sont applicables quelles que soient les conditions dans lesquelles le prévenu a été cité.

L'avocat du prévenu, qui peut intervenir au cours des débats, est entendu dans sa plaidoirie et le prévenu est alors jugé contradictoirement.

Si le tribunal estime nécessaire la comparution personnelle du prévenu, il peut renvoyer l'affaire à une audience ultérieure en ordonnant cette comparution. Le procureur de la République procède alors à une nouvelle citation du prévenu.

Le prévenu qui ne répondrait pas à cette nouvelle citation peut être jugé contradictoirement si son avocat est présent et entendu. Le tribunal peut également, le cas échéant, après avoir entendu les observations de l'avocat, renvoyer à nouveau l'affaire en faisant application des dispositions de l'article 410-1 du code de procédure pénale.

Lorsque l'avocat du prévenu qui a demandé à ce qu'il soit fait application des dispositions du présent article n'est pas présent au cours de l'audience, le prévenu est, sauf renvoi de l'affaire, jugé par jugement contradictoire à signifier[2].

Ce texte n'accorde pas le droit de ne pas comparaître devant ses juges et de n'y être que représenté par son avocat. La juridiction qui souhaite absolument entendre le prévenu peut procéder conformément à l'alinéa 3 de cet article. Il s'agit alors d'être cohérent et encourt donc la cassation l'arrêt qui après avoir ordonné cette comparution du prévenu ayant demandé par lettre à être représenté par son avocat, a renvoyé l'affaire en continuation à une audience ultérieure, où elle a prononcé contradictoirement en l'absence de l'avocat et du prévenu, sans que ce dernier ait été réassigné[3].

Il est encore intéressant de noter dans cette hypothèse, que lorsque, saisie d'une demande du prévenu à être jugé en son absence à laquelle sont jointes des conclusions, la juridiction a ordonné sa comparution personnelle, celui-ci, s'il a eu connaissance de la nouvelle citation et n'a pas répondu à cette invitation sans fournir d'excuse reconnue valable, doit être jugé contradictoirement sans que le tribunal ait à répondre à ces conclusions[4]. Ou encore, qu'il résulte des articles 410 et 411 du code de procédure pénale que, lorsque, saisie d'une demande du prévenu à être jugé en son absence à laquelle sont jointes des conclusions, la juridiction a ordonné sa comparution personnelle, celui-ci, s'il a eu connaissance de la nouvelle citation et n'a pas répondu à cette invitation sans fournir d'excuse reconnue valable, doit être jugé contradictoirement sans que la cour d'appel ait à répondre à ces conclusions[5]. Cette position se justifie par la sanction du non-respect d'un dépôt régulier desdites conclusions, à l'audience, visées par le président et le greffier[6].

§ 3
Hypothèse d'une responsabilité pénale résultant d'une délégation de fonctions municipales

221.51 Responsabilité pénale par délégation. Hors l'hypothèse classique de la délégation de fonc-

1. Crim. 17 janv. 1996, nº 95-82.114, P nº 29 ; *Procédures* 1996, nº 192, note J. Buisson.
2. C. pr. pén., art. 411.
3. Crim. 24 janv. 1996, nº 95-83.681, P nº 45.
4. Crim. 31 mai 2000, nº 99-85.443, P nº 210 ; *Dr. pénal* 2000. Chron. 42, obs. Cl. Marsat.
5. Crim. 6 mars 2002, nº 01-82.681, NP.
6. C. pr. pén., art. 459, al. 2.

tions et de pouvoirs susceptible d'aboutir à des poursuites contre le délégué du chef d'entreprise ou le représentant une personne morale[1], il convient de citer ici le texte disposant que le maire est seul chargé de l'administration, mais qu'il peut, sous sa surveillance et sa responsabilité, déléguer par arrêté une partie de ses fonctions à un ou plusieurs de ses adjoints et, en l'absence ou en cas d'empêchement des adjoints ou dès lors que ceux-ci sont tous titulaires d'une délégation à des membres du conseil municipal[2]. La jurisprudence criminelle a pu en effet en illustrer l'application encore récemment.

Il avait déjà été jugé qu'un adjoint engage sa responsabilité pénale pour les infractions qu'il commet dans l'exercice d'une fonction déléguée par le maire d'une commune, dès lors qu'il dispose de la compétence, des pouvoirs et des moyens nécessaires à l'accomplissement de sa mission et que justifie sa décision la cour d'appel qui condamne du chef de tapage nocturne l'adjoint titulaire d'une délégation du maire pour les fêtes et cérémonies, en retenant qu'il est l'organisateur d'une fête communale bruyante, dont il surveillait les émissions acoustiques à l'aide d'un appareil approprié[3]. Il existait en l'espèce un arrêté par lequel le maire avait délégué à son adjoint les actes afférents aux fêtes et cérémonies.

La chambre criminelle a plus précisément indiqué, qu'il résulte de l'article L. 2122-18[4] du code général des collectivités territoriales que la délégation de fonctions du maire à un élu, opérant transfert de la responsabilité pénale, ne peut prendre que la forme d'un arrêté municipal.

Méconnaît donc ce texte la cour d'appel qui, pour condamner du chef d'homicide involontaire deux conseillers municipaux responsables d'un comité des fêtes, retient qu'ils avaient reçu une délégation de fait du maire de la commune[5].

§ 4
Exécution immédiate de la peine privative de liberté

221.61 Placement en détention à l'issue de l'audience – Mandat de dépôt ou d'arrêt. De manière sans doute un peu exceptionnelle dans la pratique, le prévenu libre peut être placé en détention à l'issue du délibéré. Il sera simplement rappelé à ce stade[6], que s'il s'agit d'un délit de droit commun ou d'un délit de nature militaire prévu par le livre III du code de justice militaire et si la peine prononcée est au moins d'une année d'emprisonnement sans sursis, le tribunal peut, par décision spéciale et motivée, lorsque les éléments de l'espèce justifient une mesure particulière de sûreté, décerner mandat de dépôt ou d'arrêt contre le prévenu[7].

Les règles applicables sont plus sévères en matière de récidive, puisque le tribunal peut, par décision spéciale et motivée, décerner mandat de dépôt ou d'arrêt contre le prévenu, quelle que soit la durée de la peine d'emprisonnement prononcée[8].

221.62 Prononcé de la peine d'emprisonnement sans sursis avec aménagement. Situation antérieure au 24 mars 2020. Dans sa version issue de la loi de 2014[9], l'article 132-19 du code pénal disposait dans ses deux derniers alinéas, qu'en matière correctionnelle, une peine d'emprisonnement sans sursis ne pouvait être prononcée qu'en dernier recours si la gravité de l'infraction et la personnalité de son auteur rendaient cette peine nécessaire et si toute autre sanction était manifestement inadéquate ; dans ce cas, la peine d'emprisonnement devait, si la personnalité et la situation du condamné le permettaient, et sauf impossibilité matérielle, faire l'objet d'une des mesures d'aménagement prévues aux sous-sections 1 et 2 de la section 2 du présent chapitre.

Lorsque le tribunal correctionnel prononçait une peine d'emprisonnement sans sursis et[10] ne faisant pas l'objet d'une des mesures d'aménagement prévues aux mêmes sous-sections 1 et 2, il devait spécialement motiver sa décision, au regard des faits de l'espèce et de la personnalité de leur auteur ainsi que de sa situation matérielle, familiale et sociale.

Après quelques débats, cette loi instaurant notamment la contrainte pénale[11] avait confirmé cette priorité donnée aux aménagements de peine et conservé les seuils les autorisant.

Rien n'excluait donc, et surtout pas les dispositions des articles 132-24 et suivants du code pénal, que le tribunal décide, lorsqu'il prononçait une

1. V. s[s] n° 221.131.
2. CGCT, art. L. 2122-18, al. 1.
3. Crim. 4 sept. 2007, n° 07-80.072, P n° 193 ; *AJDA* 2007. 1783 ; *D.* 2007. 2472 ; *D.* 2008. 109, Chron. D. Caron et S. Ménotti ; *AJ pénal* 2007. 436.
4. CGCT, art. L. 2122-18 ; mod. par LO n° 2014-125, 14 févr. 2014, art. 9.
5. Crim. 18 juin 2013, n° 12-84.368, P n° 141 ; *D.* 2014. 396, obs. Centre de droit et d'économie du sport, Université de Limoges ; *AJ pénal* 2014. 74, note J.-P. Vial ; *AJCT* 2014. 55, obs. J.-P. Vial.
6. Pour plus de développements, v. s[s] n°s 716.424 s.
7. C. pr. pén., art. 465.
8. C. pr. pén., art. 465-1, mod. par L. n° 2019-222, 23 mars 2019, art. 74, *JO* 24 mars, n° 2, art. 74.
9. L. n° 2014-896, 15 août 2014, relative à l'individualisation des peines et renforçant l'efficacité des sanctions pénales, *JO* 17 août, p. 13647, art. 3.
10. Le mot « ou » a été remplacé par la conjonction de coordination « et » par la loi n° 2016-731 du 3 juin 2016.
11. L. n° 2014-896, 15 août 2014 préc. La contrainte pénale a été remplacée par le sursis probatoire à compter du 24 mars 2020.

peine d'emprisonnement sans sursis égale ou inférieure à deux ans d'emprisonnement, ou, pour une personne en état de récidive légale, une peine égale ou inférieure à un an, les modalités selon lesquelles elle devrait s'exercer, ce texte disposant qu'en matière correctionnelle, les peines pouvaient être personnalisées selon les modalités prévues à la section qu'il ouvrait et qui couvre les articles 132-25 à 132-70-3[1].

La chambre criminelle avait d'ailleurs jugé qu'il résultait des articles 132-19 du code pénal, 723-2 et 723-7-1 du code de procédure pénale que la juridiction qui ordonnait l'aménagement de la condamnation à une peine d'emprisonnement qu'elle prononçait devait choisir la nature de la mesure d'aménagement tout en laissant au juge de l'application des peines le soin d'en définir les modalités d'exécution. Devait en conséquence être cassé l'arrêt qui se bornait à énoncer que la peine d'emprisonnement sans sursis prononcée à l'encontre du prévenu pourrait faire l'objet d'un aménagement *ab initio* selon des modalités à définir en accord avec le juge d'application des peines[2].

Cette volonté du législateur de voir se multiplier les aménagements de peine *ab initio* pouvait encore être vérifiée à la lecture des articles 132-25 et suivants qui traitaient au titre des modes de personnalisation des peines, de la semi-liberté, du placement à l'extérieur et du placement sous surveillance électronique, du fractionnement des peines, du sursis simple, du sursis avec mise à l'épreuve, du sursis assorti de l'obligation d'accomplir un travail d'intérêt général, de la dispense de peine et des différentes formes d'ajournement.

Ces dispositions étaient également applicables en cas de prononcé d'un emprisonnement partiellement assorti du sursis ou du sursis avec mise à l'épreuve, lorsque la partie ferme de la peine était inférieure ou égale à deux ans, ou, si la personne était en état de récidive légale, inférieure ou égale à un an.

221.63 Prononcé de la peine d'emprisonnement sans sursis avec aménagement. Situation née de l'entrée en vigueur au 24 mars 2020 des dispositions de la loi du 23 mars 2019[3]. Concernant le prononcé d'une peine d'emprisonnement, la loi de 2019 est venue interdire le prononcé d'une peine d'emprisonnement ferme d'une durée inférieure ou égale à un mois[4] souvent objet de fortes critiques[5].

Elle a ensuite repris le principe antérieurement énoncé selon lequel, toute peine d'emprisonnement sans sursis ne peut être prononcée qu'en dernier recours si la gravité de l'infraction et la personnalité de son auteur rendent cette peine indispensable et si toute autre sanction est manifestement inadéquate[6].

Puis elle a fixé les règles applicables à l'aménagement de peine « *ab initio* » en déclinant dans les deux derniers alinéas de l'article 132-19 :

« Dans ce cas, si la peine est inférieure ou égale à six mois, elle doit, sauf impossibilité résultant de la personnalité ou de la situation du condamné, faire l'objet d'une des mesures d'aménagement prévues à l'article 132-25. Dans les autres cas prévus au même article 132-25, elle doit également être aménagée si la personnalité et la situation du condamné le permettent, et sauf impossibilité matérielle.

Le tribunal doit spécialement motiver sa décision, au regard des faits de l'espèce et de la personnalité de leur auteur ainsi que de sa situation matérielle, familiale et sociale conformément aux dispositions de l'article 464-2 du code de procédure pénale ».

D'importantes précisions sur la mise en œuvre de ces dispositions ont d'ores et déjà été apportées par la chambre criminelle au fil d'arrêts rendus depuis l'entrée en vigueur de cette réforme[7].

221.64 Prononcé de peine d'emprisonnement sans sursis et sans aménagement. Au-delà de l'affirmation du principe de l'aménagement, il reste la possibilité pour la juridiction de prononcer une peine d'emprisonnement ferme non-aménagée mais dans ce cas avec l'impérative nécessité de préciser les raisons pour lesquelles elle choisit une peine d'emprisonnement sans sursis, et rejette la possibilité d'un aménagement.

Sous l'empire de la loi de 2014, il avait ainsi été jugé que devait être cassé l'arrêt qui pour condamner à la peine de trois mois d'emprisonnement sans sursis une personne reconnue coupable de vol, se bornait à retenir, par motifs propres et adoptés, que les faits étaient d'autant plus graves qu'ils avaient été commis au préjudice d'une personne âgée qui restait psychologiquement traumatisée et que la peine tenait exactement compte de la personnalité du prévenu[8]. Ne répondait pas plus aux exigences de la motivation spéciale imposée par l'article 132-24, alinéa 3, du code pénal, dans sa rédaction issue de la loi pénitentiaire du 24 novembre 2009, et encourait, dès lors, la cassation, l'arrêt qui prononçait une

1. V. égal[t] s[s] n°s 716.121 s.
2. Crim. 20 avr. 2017, n° 16-80.091, P.
3. L. n° 2019-222 de programmation 2018-2022 et de réforme pour la justice du 23 mars 2019, *JO* 24 mars, n° 2.
4. C. pén., art. 132-19, al. 1 – v. s[s] n°s 716.145 s.
5. V. dossier « La courte peine d'emprisonnement ferme », Gaz. Pal, 21-23 juill. 2013, p. 4 s.
6. C. pén., art. 132-19, al. 2.
7. V. s[s] n°s 716.148 s.
8. Crim. 12 oct. 2010, n° 10-81.044, P n° 156 ; *D.* 2010. 2775, obs. M. Lena ; *D.* 2011. 2823, obs. G. Roujou de Boubée, T. Garé, S. Mirabail et T. Potaszkin.

peine d'emprisonnement, pour partie sans sursis, sans caractériser la nécessité de la peine d'emprisonnement ferme ni l'impossibilité d'ordonner une mesure d'aménagement[1]. La cassation était pareillement encourue lorsque la cour d'appel n'avait pas expliqué en quoi, outre la gravité des faits, la personnalité des prévenus rendait les peines prononcées à leur encontre nécessaires et exclusives de toute autre sanction[2]. Au gré de nombreuses décisions rendues depuis la fin de l'année 2016, la chambre criminelle avait précisé aux juridictions du fond les conditions de prononcé de la peine d'emprisonnement sans sursis et sans aménagement. Ainsi :

– S'il résulte de l'article 132-19, alinéa 2, du code pénal que le juge qui prononce en matière correctionnelle une peine d'emprisonnement sans sursis doit en justifier la nécessité au regard de la gravité de l'infraction, de la personnalité de son auteur et du caractère manifestement inadéquat de toute autre sanction, il n'est tenu, selon le troisième alinéa du même texte, de spécialement motiver sa décision au regard de la situation matérielle, familiale et sociale du prévenu que pour refuser d'aménager la peine d'emprisonnement sans sursis d'une durée n'excédant pas deux ans, ou un an en cas de récidive légale, ainsi prononcée. Dès lors, justifie sa décision la cour d'appel qui, pour prononcer une peine d'un an d'emprisonnement sans sursis et sans aménagement, retient, par motifs exempts d'insuffisance comme de contradiction, dans l'exercice de son pouvoir souverain d'appréciation, que la gravité de l'infraction, la personnalité de son auteur et le caractère manifestement inadéquat de toute autre sanction rendent nécessaire une peine d'emprisonnement sans sursis et que les faits de l'espèce, la personnalité du prévenu et sa situation matérielle, familiale et sociale ne permettent pas d'aménager ladite peine[3].

– Il résulte de l'article 132-19 du code pénal que le juge qui prononce une peine d'emprisonnement sans sursis doit en justifier la nécessité au regard de la gravité de l'infraction, de la personnalité de son auteur et du caractère manifestement inadéquat de toute autre sanction. Encourt la censure l'arrêt qui, pour prononcer une peine de trois ans d'emprisonnement, retient que la gravité des faits et la personnalité du prévenu rendent nécessaire le prononcé d'une peine d'emprisonnement ferme et que toute autre sanction serait manifestement inadéquate, sans s'expliquer sur les éléments de la personnalité du prévenu qu'elle a pris en considération pour fonder sa décision et sur le caractère inadéquat de toute autre sanction[4].

– S'il résulte de l'article 132-19, alinéa 2, du code pénal que le juge qui prononce en matière correctionnelle une peine d'emprisonnement sans sursis, doit en justifier la nécessité au regard de la gravité de l'infraction de la personnalité de son auteur et du caractère manifestement inadéquat de toute autre sanction, il n'est tenu, selon le troisième alinéa du même texte, de spécialement motiver sa décision au regard de la situation matérielle, familiale et sociale du prévenu que pour refuser d'aménager la peine d'emprisonnement sans sursis d'une durée n'excédant pas deux ans, ou un an en cas de récidive légale, ainsi prononcée. Ainsi, n'encourt pas la censure, l'arrêt qui, bien que ne se prononçant pas expressément sur le caractère manifestement inadéquat de toute autre sanction qu'une peine d'emprisonnement sans sursis, comporte des motifs dont il résulte que les juges ont entendu, implicitement mais nécessairement, fonder leur appréciation de la nécessité d'une telle peine sur l'inadéquation de toute autre sanction.

N'était pas tenue, au regard des exigences de l'article 132-19 du code pénal, de caractériser autrement l'impossibilité d'ordonner une mesure d'aménagement de peine la cour d'appel qui prononce une peine d'emprisonnement sans sursis en l'absence du prévenu régulièrement cité et faute d'éléments lui permettant d'apprécier la situation personnelle de celui-ci en vue d'un tel aménagement[5].

Et s'agissant encore d'un refus d'aménagement, que le juge qui prononçait une peine d'emprisonnement sans sursis devait en justifier la nécessité au regard de la gravité de l'infraction, de la personnalité de son auteur et du caractère manifestement inadéquat de toute autre sanction ; que, si la peine prononcée n'était pas supérieure à deux ans, ou à un an pour une personne en état de récidive légale, le juge, qui décidait de ne pas l'aménager, devait, en outre, soit constater une impossibilité matérielle de le faire, soit motiver spécialement sa décision au regard des faits de l'espèce et de la situation matérielle, familiale et sociale du prévenu[6,7].

1. Crim. 10 nov. 2010, n° 10-80.265, P n° 179 ; *D.* 2011. 2823, obs. G. Roujou de Boubée, T. Garé, S. Mirabail et T. Potaszkin ; *RSC* 2011. 872, obs. D. Boccon-Gibod.
2. Crim. 27 sept. 2011, n° 11-80.252, P n° 185 ; *D.* 2012. 2917, obs. G. Roujou de Boubée, T. Garé, M.-H. Gozzi, S. Mirabail et T. Potaszkin ; *AJ pénal* 2012. 289, obs. L. Priou-Alibert (v. s^s n°s 724.52 s.).
3. Crim. 29 nov. 2016, n° 15-86.116, P ; *D.* 2016. 2464 ; *AJ pénal* 2017. 96, obs. A.-G. Robert ; *Rev. sociétés* 2017. 438, note B. Bouloc ; *RSC* 2017. 314, obs. H. Matsopoulou ; *RTD com.* 2017. 459, obs. B. Bouloc.
4. Crim. 29 nov. 2016, n° 15-86.712, P n° 316 ; *D.* 2016. 2465 ; *D.* 2017. 2501, obs. G. Roujou de Boubée, T. Garé, C. Ginestet, M.-H. Gozzi, S. Mirabail et E. Tricoire ; *AJ pénal* 2017. 96.
5. Crim. 29 nov. 2016, n° 15-83.108, P ; *D.* 2016. 2465 ; *AJ pénal* 2017. 96.
6. Crim. 10 mai 2017, n° 15-87.799, NP.
7. V. s^s n°s 716.121 s.

Comme indiqué précédemment d'importantes précisions sur la mise en œuvre de ces dispositions ont d'ores et déjà été apportées par la chambre criminelle au fil d'arrêts rendus depuis l'entrée en vigueur de la loi de 2019[1].

SECTION 2
PRÉVENU DÉTENU

§ 1
Extraction

221.71 **Modalités d'extraction.** Au jour indiqué pour la comparution à l'audience, le prévenu en état de détention y est conduit par la force publique[2]. Ce texte vise aussi bien le prévenu détenu dans la cause qu'il s'agit de juger ou détenu pour autre cause, qu'il soit détenu à titre provisoire ou en train d'exécuter une peine. Il peut pareillement trouver à s'appliquer au détenu sous écrou extraditionnel.

Cette conduite matérielle du prévenu-détenu devant ses juges ne se confond pas avec la signification qui a dû lui être faite des motifs de sa convocation en justice, en particulier par l'intermédiaire du greffe de l'établissement pénitentiaire. La formulation impérative de cet article permet de considérer que le parquet a la possibilité, comme le juge d'instruction en pareille hypothèse, de solliciter le cas échéant « une extraction forcée » du détenu qui refuserait d'y déférer. Il importe alors de savoir quels sont les avantages et inconvénients de la venue à l'audience d'un prévenu dans de telles conditions.

Il faut se référer à un autre texte dans l'hypothèse d'un prévenu qui comparaît détenu après que le tribunal ait décerné lors d'une précédente audience mandat d'amener ou d'arrêt à son encontre. Lorsque le prévenu cité dans les conditions prévues par le premier alinéa de l'article 410 ne comparaît pas et que la peine qu'il encourt est égale ou supérieure à deux années d'emprisonnement, le tribunal peut en effet ordonner le renvoi de l'affaire et, par décision spéciale et motivée, décerner mandat d'amener ou mandat d'arrêt. Dans ce cas, si le prévenu est arrêté à la suite du mandat d'amener ou d'arrêt, il est fait application des dispositions de l'article 135-2. Toutefois, dans le cas où la personne est placée en détention provisoire par le juge des libertés et de la détention, elle doit comparaître dans les meilleurs délais, et au plus tard dans le délai d'un mois, devant le tribunal correctionnel, faute de quoi elle est mise en liberté[3].

221.72 **Caractère obligatoire.** L'extraction s'impose sauf renonciation expresse de l'intéressé, quelle que soit la nature de la comparution (requête en confusion, demande de mise en liberté, jugement sur le fond...), pour permettre l'exercice effectif des droits de la défense. Il a pu être ainsi précisé dans une espèce particulière qu'aux termes de l'article 409 du code de procédure pénale, au jour indiqué pour la comparution à l'audience, le prévenu en état de détention y est conduit par la force publique ; le respect de cette disposition, applicable à la procédure de révocation d'un sursis avec mise à l'épreuve en vertu de l'article 744 du code précité, est commandé par le libre exercice du droit de la défense et s'impose aux juridictions correctionnelles. Encourt la cassation l'arrêt qui, pour statuer contradictoirement sur la révocation d'un sursis avec mise à l'épreuve à l'égard d'un condamné régulièrement cité mais absent, énonce que la comparution de ce dernier qui, étant détenu, sollicitait sa conduite devant les juges, n'est pas nécessaire en raison de l'irrecevabilité de son appel[4].

Les excuses pouvant justifier d'un renvoi, qui ont été examinées ci-dessus pour le prévenu libre, peuvent pareillement trouver à s'appliquer et pour les mêmes raisons au prévenu détenu[5].

221.73 **Difficultés pratiques.** Le seul impératif est ici, pour le parquet de prévoir l'extraction du prévenu, au jour et à l'heure prévus pour son jugement et de s'assurer, qu'à la date de l'audience il sera toujours détenu, ce qui, pour ceux des prévenus qui exécutent notamment de courtes peines d'emprisonnement peut être source de contretemps. Il n'y a ici que des avantages à ce que le service de l'exécution des peines ait un œil particulièrement attentif sur d'éventuels aménagements de peine qui pourraient faire obstacle à l'extraction et soyons clairs, à la purge de la situation pénitentiaire du prévenu.

Une deuxième source de difficultés résulte des changements de lieu de détention et là encore seul un parfait accord entre le greffe pénitentiaire et le parquet évitera des transfèrements lointains à quelques jours d'une comparution en justice.

Enfin, la troisième hypothèse d'incident en la matière concerne le prévenu convoqué libre qui est devenu détenu entre le moment où il s'est vu signifier sa date de comparution et le jour de l'audience ou variantes, qui est en garde à vue, ou en délai de transfèrement sur mandat, ou placé en milieu psychiatrique, au moment de cette audience. Ce genre de situations, plus fréquentes qu'il n'y paraît, ne sera souvent révélé qu'incidemment si l'un des acteurs de l'audience a eu connaissance de « l'empêche-

1. V. s[s] n°s 716.148 s.
2. C. pr. pén., art. 409.
3. C. pr. pén., art. 410-1.
4. Crim. 26 mai 1993, n° 92-85.360, P n° 194.
5. V. s[s] n°s 221.31 s.

ment », et commandera alors un renvoi de l'affaire à une date ultérieure, pour extraction.

Il s'agit d'une hypothèse qui demeure néanmoins problématique, une personne avisée de la date de l'audience pouvant être jugée par décision contradictoire à signifier, alors qu'elle était dans l'impossibilité de se déplacer pour cause... de détention ou de rétention, dans des cas où il n'est manifestement pas possible de considérer qu'il lui appartenait d'en aviser le tribunal et où celui-ci pouvait en être dans la parfaite ignorance. *A fortiori* si cette hypothèse concerne une instance d'appel...

Dans tous les cas, le prévenu détenu, régulièrement cité à personne, qui n'est pas conduit à l'audience ne saurait être condamné contradictoirement dès lors que la décision ne constate pas qu'il a manifesté sa volonté de ne pas être présent aux débats. Encourt la cassation l'arrêt rendu contradictoirement à signifier à l'égard d'un prévenu cité à sa personne, au centre pénitentiaire où il était détenu pour autre cause, et qui constate qu'il ne comparaît pas, à une date à laquelle il était toujours détenu[1].

221.74 Problématiques liées à la reprise des missions d'extractions judiciaires par le ministère de la Justice et des Libertés. La charge des extractions judiciaires jusqu'alors confiée au ministère de l'Intérieur a été transférée au ministère de la Justice à compter du 5 septembre 2011. La circulaire du 2 septembre 2011[2] ne cachait pas le double objectif suivant :

- diminuer le nombre d'extractions judiciaires en développant l'utilisation de la visioconférence dans les cas prévus par l'article 706-71 du code de procédure pénale, notamment pour les débats et les audiences en matière de détention provisoire[3] ;
- rationaliser le recours aux mesures d'extractions.

A été créée, une Autorité de régulation et de programmation des extractions judiciaires (Arpej) dont les moyens, notoirement insuffisants, ont déjà amené nombre de difficultés lors d'extractions demandées en temps et en heure et qui n'ont pu être effectuées, entraînant le cas échéant des remises en liberté de détenus, y compris lorsqu'ils étaient poursuivis pour des faits d'une gravité certaine.

Même si la circulaire précitée insistait sur le fait que dans tous les cas, la gendarmerie et la police nationales continuent d'assurer le prêt de main forte pour les missions d'extractions de personnes présentant un risque grave de trouble à l'ordre public ou inscrites sur le registre des détenus particulièrement signalés et, de la même façon, restent compétentes pour présenter à l'autorité judiciaire toutes personnes n'ayant pas encore fait l'objet d'une mise sous écrou, consécutive à une décision judiciaire (point 2.3), et encore interviennent en renfort sur demande des services pénitentiaires, en cas de transfèrement ou d'escorte d'une personne détenue inscrite au registre des détenus particulièrement signalés ou présentant un risque grave de trouble à l'ordre public (point 4.3.1) la mise en œuvre de ce dispositif a mécontenté nombre d'acteurs judiciaires.

Cette circulaire a été abrogée par celle du 28 septembre 2017, commune aux ministères de la Justice et de l'Intérieur[4] qui tente de réorganiser ce dispositif.

221.75 Arpej – Missions. Les missions de cette autorité – et les pôles de rattachement des extractions judiciaires (PREJ) qui en dépendent – sont multiples :

- renseigner les outils collaboratifs qui permettent aux autorités judiciaires une visualisation du plan de charge des PREJ ;
- être l'interlocuteur hiérarchique des agents positionnés sur les PREJ. Il gère le service des agents ainsi que les demandes de congés ;
- recevoir les réquisitions d'extractions transmises par les juridictions ;
- programmer et planifier les missions d'extractions judiciaires ;
- positionner les effectifs et les moyens nécessaires (véhicules...) à l'exécution des missions ;
- informer les autorités judiciaires immédiatement et, par tout moyen, en cas de difficulté pour réaliser une extraction judiciaire ;
- solliciter l'autorité judiciaire requérante si le transport de la personne détenue nécessite un véhicule médicalisé ;
- gérer la mise à disposition des premiers surveillants sur les missions d'extractions judiciaires, en remplacement ou en renfort de l'escorte, ainsi que celles des personnels féminins en tant que de besoin ;
- demander le prêt de main forte aux services préfectoraux lorsque la personne dont l'extraction est requise présente un risque grave de trouble à l'ordre public ou est inscrite sur le registre des détenus particulièrement signalés ;

1. Crim. 19 janv. 2010, n° 09-87.474, P n° 10 ; *D.* 2010. 444, obs. M. Léna ; *AJ pénal* 2010. 202 ; *Dr. pénal* 2010, n° 53, note A. Maron et M. Haas.
2. Circ. 2 sept. 2011 relative aux modalités d'organisation de la reprise des missions d'extractions judiciaires par le ministère de la Justice et des libertés, *BOMJL* 30 sept. 2011, NOR : JUSK1140047C.
3. SUR le recours à la visioconférence, v. s[s] n° 221.81.
4. Circ. 28 sept. 2017 relative à l'organisation de la reprise des missions d'extraction judiciaire par le ministère de la Justice, *BOMJ* 4 oct., NOR : JUST1723413C.

– établir les statistiques à partir des données collectées et répond aux demandes de statistiques des juridictions ;

– archiver et mettre à jour les dossiers opérationnels utilisés par les agents des PREJ pour circuler au sein des juridictions et en communique une copie aux chefs de juridiction concernés ;

– communiquer avec les services Arpej des autres directions interrégionales des services pénitentiaires. Il leur transmet notamment les dossiers opérationnels si un équipage extérieur à la direction interrégionale est amené à effectuer une mission sur son ressort.

Il peut être raisonnablement soutenu que ARPEJ et PREJ ne disposent pas des moyens nécessaires à l'accomplissement de la totalité de leurs missions, notamment dans un contexte d'augmentation constante du nombre de détenus[1].

Il est possible de citer ici, en matière de placement en détention provisoire, un arrêt par lequel la chambre criminelle a constaté que la non-comparution du mis en examen était imputable non à des circonstances imprévisibles et insurmontables extérieures au service de la justice, mais à un dysfonctionnement dans l'organisation du service en charge des extractions judiciaires[2].

§ 2 Visioconférence

221.81 **Recours à la visioconférence.** Les dispositions de l'article 706-71 du code de procédure pénale[3], relatives à l'utilisation des moyens de télécommunication au cours de la procédure, rendues applicables à la cour d'appel, en application de l'article 512 du même code[4], ne permettent pas *a priori* le déroulement intégral du procès correctionnel en vidéo ou visioconférence.

En l'état des textes, et en matière d'audience de jugement, il n'est possible de recourir à des moyens de télécommunications que pour l'audition :

– des témoins ;

– des parties civiles ;

– des experts[5].

Ces dispositions sont toutefois également applicables, avec l'accord du procureur de la République et de l'ensemble des parties, pour la comparution du prévenu devant le tribunal correctionnel, si celui-ci est détenu[6].

Il a déjà été jugé que : « L'utilisation de la visioconférence n'est pas subordonnée à la démonstration de circonstances imprévisibles et irrésistibles »[7], ou encore que : « le recours à la visioconférence, qui n'a pas à être motivé, n'est nullement subordonné à l'impossibilité de faire conduire le détenu dans le prétoire »[8].

221.82 **Visioconférence étendue. Inconstitutionnalité.** Le Conseil constitutionnel a été saisi pour la première fois de dispositions relatives à l'usage de la visioconférence devant les juridictions pénales lors de l'examen de la constitutionnalité de la loi n° 2019-222 du 23 mars 2019 de programmation 2018-2022 et de réforme pour la justice. Il s'agissait en l'occurrence de dispositions qui avaient pour objet d'étendre les possibilités de recours à la visioconférence dans le contentieux de la détention provisoire en supprimant, à l'article 706-71 du C. pr. pén., la possibilité jusque-là reconnue à la personne placée en détention provisoire de s'y opposer pour les audiences relatives à la prolongation de sa détention[9].

Les sages ont d'abord relevé que la suppression de cette faculté d'opposition visait à contribuer à la bonne administration de la justice et au bon usage des deniers publics, en évitant les difficultés et les coûts occasionnés par l'extraction de l'intéressé. Mais retenant que le recours à la visioconférence pouvait être imposé même lorsque le recours n'était pas justifié par des risques graves de troubles à l'ordre public ou d'évasion (soit les deux motifs permettant, en droit commun, d'imposer la visioconférence pour le placement en détention provisoire ou sa prolongation) et soulignant « l'importance de la garantie qui s'attache à la présentation physique de l'intéressé devant le magistrat ou la juridiction compétent dans le cadre d'une procédure de détention provisoire » ils ont conclu que la suppression de cette faculté d'opposition, de manière générale, pour tout le contentieux de la prolongation de la détention provisoire, portait une atteinte excessive aux droits de la défense. Cette position a été complétée à l'occasion d'autres saisines ultérieures[10].

1. À titre d'exemple, et non des moindres, le PREJ de l'Essonne est chargé des extractions judiciaires de la maison d'arrêt de Fleury-Mérogis et du centre pénitentiaire sud-francilien de Corbeil-Essonnes.
2. Crim. 5 oct. 2016, n° 16-84.629, P n° 259 ; F. Fourment, « Le service des extractions judiciaires au pas de l'autorité judiciaire », *Gaz. Pal.* 217, p. 63.
3. C. pr. pén., art. 706-71, mod. par L. n° 2023-22, 24 janv., art. 12, *JO*, 25 janv., n° 1, art. 12.
4. Crim. 25 mai 2016, n° 16-81.217, P ; *D.* 2016. 1201.
5. « Spécificités de la visioconférence devant le tribunal correctionnel », *AJ pénal* 2019. 249, interview J. Sauvez, magistrat.
6. C. pr. pén., art. 706-71, al. 2.
7. Crim. 24 févr. 2010, n° 09-88.024, NP.
8. Crim. 2 mars 2011, n° 10-88.524, NP, *RSC* 2011. 419, obs. J. Danet.
9. Cons. const., 21 mars 2019, n° 2019-778 DC.
10. Cons. const., 20 sept. 2019, n° 2019-802 QPC ; Cons. const., 20 avr. 2020, n° 2020-836 QPC.

221.83 Visioconférence et crise sanitaire. Inconstitutionnalité. Saisi d'une question prioritaire de constitutionnalité relative au recours à la visioconférence sans accord des parties devant les juridictions pénales dans un contexte d'urgence sanitaire, le Conseil constitutionnel[1] a estimé que les dispositions de l'article 706-71 du code de procédure pénale, applicables pendant l'état d'urgence sanitaire déclaré par la loi du 23 mars 2020 et pendant un mois après la fin de celui-ci, qui permettaient de recourir, sans l'accord des parties, à un moyen de télécommunication audiovisuelle devant l'ensemble des juridictions pénales autres que criminelles, par leur généralité permettant d'imposer au justiciable le recours à un moyen de télécommunication audiovisuelle devant le tribunal correctionnel ou la chambre des appels correctionnels, ou devant les juridictions spécialisées compétentes pour juger les mineurs en matière correctionnelle et encore lors du débat contradictoire préalable au placement en détention provisoire d'une personne ou à la prolongation d'une détention provisoire, quelle que soit alors la durée pendant laquelle la personne a, le cas échéant, été privée de la possibilité de comparaître physiquement devant le juge appelé à statuer sur la détention provisoire était contraire à la Constitution, en ce surtout qu'elles ne soumettaient son exercice à aucune condition légale ni ne l'encadraient par aucun critère.

Saisi d'une deuxième QPC sur le même sujet d'une utilisation de la visioconférence sans accord des parties devant les juridictions pénales dans un contexte d'urgence sanitaire[2] et rappelant qu'une nouvelle fois ces dispositions ne soumettaient le choix du juge pénal de recourir à la visioconférence à aucune condition légale et ne l'encadraient par aucun critère le Conseil a dit que les atteintes portées aux droits de la défense par les dispositions contestées ne pouvaient pas être justifiées par le contexte de crise sanitaire qui existait durant la période d'application de ces dispositions. Il en a dès lors conclu que, sans qu'il soit besoin de statuer sur les autres griefs, ces dispositions devaient à leur tour être déclarées contraires à la Constitution.

1. Cons. const., 15 janv. 2021, n° 2020-872. Saisi d'un recours en annulation pour excès de pouvoir contre ces mêmes dispositions, le Conseil d'État a jugé, dans des termes très proches de cette décision d'inconstitutionnalité, que les dispositions de l'article 5 portaient une atteinte excessive au droit à un procès équitable protégé par l'article 6 de la Convention européenne de sauvegarde des droits de l'homme et des libertés fondamentales et les a donc jugées illégales, CE 5 mars 2021, req. n° 440037, points 9 à 11.
2. Cons. const., 4 juin 2021, n° 2021-911/919 QPC – ÉGAL^T^ : CE 27 nov. 2020, n°s 446712, 446724, 446728, 446736, 446816, point 12, CE 12 févr. 2021, n°s 448972 et 448975, pts 11 et 12.

221.84 Recours à la visioconférence en matière de détention provisoire. Principes[3]. En matière de détention provisoire devant une chambre de l'instruction, on relèvera une décision suivant laquelle, aux termes de l'article 706-71 du code de procédure pénale, dans sa rédaction issue de la loi du 14 mars 2011 entrée en vigueur le 16 mars 2011, lorsqu'il s'agit d'une audience au cours de laquelle il doit être statué sur le placement en détention provisoire ou la prolongation de la détention provisoire, la personne détenue peut refuser l'utilisation d'un moyen de télécommunication audiovisuelle, sauf si son transport paraît devoir être évité en raison des risques graves de trouble à l'ordre public ou d'évasion.

Encourt ainsi la cassation, l'arrêt de la chambre de l'instruction, qui, pour rejeter la demande du mis en examen, appelant d'une ordonnance ayant prolongé sa détention provisoire, qui souhaitait être présent à l'audience en raison de troubles de l'audition dont il se plaignait, se borne à retenir qu'il ne résultait pas des documents produits que son audition par visioconférence soit impossible, alors que seuls des risques graves de trouble à l'ordre public ou d'évasion, pouvaient, dans un tel cas, permettre de passer outre au refus de la personne détenue d'utiliser un moyen de télécommunication audiovisuelle[4].

Ce dispositif est également applicable aux audiences relatives au contentieux de la détention provisoire devant (la chambre de l'instruction ou) la juridiction de jugement. Les dispositions de l'article 706-71 du code de procédure pénale, qui autorisent le recours à la visioconférence pour la comparution du prévenu devant le tribunal correctionnel, sont applicables devant la cour d'appel en application de l'article 512 du même code, en l'absence de dérogation légalement prévue[5].

Lorsqu'il s'agit d'une audience au cours de laquelle il doit être statué sur le placement en détention provisoire ou la prolongation de la détention provisoire, la personne détenue peut cependant refuser l'utilisation d'un moyen de télécommunication audiovisuelle, sauf si son transport paraît devoir être évité en raison des risques graves de trouble à l'ordre public ou d'évasion.

Ces différentes décisions doivent être lues en parallèle de celles du Conseil constitutionnel qui ont été évoquées.

À noter une jurisprudence aux termes de laquelle l'utilisation de la visioconférence, lorsqu'il doit être statué sur une demande de mise en liberté, et non sur un placement en détention provisoire ou une prolongation de cette mesure, n'est pas subordon-

3. V. s^s^ n° 221.89.
4. Crim. 11 oct. 2011, n° 11-85.602, P n° 197 ; *D.* 2011. 2732, obs. M. Léna ; *RSC* 2012. 197, obs. J. Danet.
5. Crim. 25 mai 2016, n° 16-81.217, P n° 158.

née à l'accord du détenu, de sorte qu'en infirmant au fond la décision de mise en liberté entreprise, les juges n'ont fait qu'user des pouvoirs qu'ils tenaient de l'effet dévolutif de l'appel interjeté par le ministère public[1].

221.85 Recours à la visioconférence pour une décision mise en délibéré ou concernant les intérêts civils. La visioconférence est possible pour la comparution d'une personne à l'audience au cours de laquelle est rendu un jugement ou un arrêt qui avait été mis en délibéré ou au cours de laquelle il est statué sur les seuls intérêts civils[2].

Il a été jugé que, si l'article 706-71 du code de procédure pénale prévoit l'accord de la personne poursuivie et détenue lors de sa comparution, par le moyen de la visioconférence, à l'occasion des débats devant la juridiction, un tel accord n'est pas requis lors du prononcé, par le même moyen, de la décision mise en délibéré, à l'occasion duquel aucune déclaration ou explication n'est immédiatement requise de la part du condamné[3].

221.86 Recours à la visioconférence lors de l'interrogatoire du prévenu devant le tribunal de police. Ce moyen est enfin autorisé pour l'interrogatoire du prévenu devant le tribunal de police (et anciennement devant la juridiction de proximité), si celui-ci est détenu pour une autre cause[4].

221.87 Recours à la visioconférence et exercice des droits de la défense. Cet outil nouveau, qui modifie nécessairement le déroulement du procès pénal, dans la confrontation directe des parties entre elles et d'elles-mêmes avec le juge et le procureur, sans même évoquer la relation de ces parties avec leurs avocats, doit être utilisé avec précaution.

Relativement à l'exercice des droits de la défense, on signalera une décision de la chambre criminelle retenant qu'il résulte de l'article 706-71, alinéas 2 et 5, du code de procédure pénale que la possibilité accordée au prévenu, notamment, de s'entretenir confidentiellement avec son avocat, ne s'applique qu'à l'audience des débats et non à celle à laquelle est prononcée la décision annoncée[5].

221.88 Du bon usage de la visioconférence. Avis du CGLPL. Un avis du Contrôleur général des lieux privatifs de liberté[6], exclut que l'usage de la visioconférence ne devienne une commodité inconditionnelle et souhaite qu'il soit précisément encadré. Ont été énoncés trois cas (alternatifs) dans lesquels il paraît acceptable : si la présence de l'intéressé aux débats met en péril l'ordre public, notamment l'intégrité physique du comparant, de tiers, de victimes ou de témoins ; si c'est le seul moyen pour qu'un conseil assiste l'intéressé ; si c'est l'unique moyen de respecter le délai raisonnable dans lequel la procédure doit s'accomplir.

221.89 Visioconférence et CEDH. Dans l'une de ses décisions la Cour rappelle tout d'abord que les articles 10 et 11 de la convention relative à l'entraide judiciaire en matière pénale entre les États membres de l'Union européenne, signée à Bruxelles le 29 mai 2000, se lisent comme suit : article 10 (Audition par vidéoconférence) :

« 1. Si une personne qui se trouve sur le territoire d'un État membre doit être entendue comme témoin ou expert par les autorités judiciaires d'un autre État membre, ce dernier peut demander, s'il est inopportun ou impossible pour la personne à entendre de comparaître en personne sur son territoire, que l'audition ait lieu par vidéoconférence, conformément aux paragraphes 2 à 8.

2. L'État membre requis consent à l'audition par vidéoconférence, pour autant que le recours à cette méthode ne soit pas contraire aux principes fondamentaux de son droit et à condition qu'il dispose des moyens techniques permettant d'effectuer l'audition. Si l'État membre requis ne dispose pas des moyens techniques permettant une vidéoconférence, l'État membre requérant peut les mettre à la disposition de l'État membre requis avec l'accord de celui-ci.

3. Les demandes d'audition par vidéoconférence contiennent, outre les informations indiquées à l'article 14 de la convention européenne d'entraide judiciaire et à l'article 37 du traité Benelux, la raison pour laquelle il n'est pas souhaitable ou pas possible que le témoin ou l'expert soit présent en personne à l'audition, le nom de l'autorité judiciaire et des personnes qui procéderont à l'audition.

4. L'autorité judiciaire de l'État membre requis cite à comparaître la personne concernée selon les formes prévues par sa législation.

5. Les règles suivantes s'appliquent à l'audition par vidéoconférence :

a) l'audition a lieu en présence d'une autorité judiciaire de l'État membre requis, assistée au besoin d'un interprète ; cette autorité est aussi responsable de l'identification de la personne entendue et du respect des principes fondamentaux du droit de cet État membre. Si l'autorité judiciaire de l'État membre requis estime que les principes fondamentaux du droit de cet État membre ne sont pas respectés pendant l'audition, elle prend immédiate-

1. Crim. 20 sept. 2016, n° 16-84.386, NP, *D.* 2017. 1676, obs. J. Pradel ; *RSC* 2016. 806, obs. F. Cordier.
2. C. pr. pén., art. 706-71, al. 3.
3. Crim. 20 févr. 2019, n° 18-80.777, P n° 46 ; *D. actu.*, H. Diazle, 7 mars 2019.
4. C. pr. pén., art. 706-71, al. 3.
5. Crim. 20 juin 2017, n° 16-83.436, NP.
6. Avis 14 oct. 2011 relatif à l'emploi de la visioconférence à l'égard des personnes privées de liberté, *JO* 9 nov., n° 65.

ment les mesures nécessaires pour veiller à ce que l'audition se poursuive conformément auxdits principes ;

b) les autorités compétentes des États membres requérants et requis conviennent, le cas échéant, des mesures relatives à la protection de la personne à entendre ;

c) l'audition est effectuée directement par l'autorité judiciaire de l'État membre requérant, ou sous sa direction, conformément à son droit interne ;

d) à la demande de l'État membre requérant ou de la personne à entendre, l'État membre requis veille à ce que celle-ci soit, au besoin, assistée d'un interprète ;

e) la personne à entendre peut invoquer le droit de ne pas témoigner qui lui serait reconnu par la loi soit de l'État membre requis, soit de l'État membre requérant.

6. Sans préjudice de toutes mesures convenues en ce qui concerne la protection des personnes, l'autorité judiciaire de l'État membre requis établit, à l'issue de l'audition, un procès-verbal indiquant la date et le lieu de l'audition, l'identité de la personne entendue, les identités et les qualités de toutes les autres personnes de l'État membre requis ayant participé à l'audition, toutes les éventuelles prestations de serment et les conditions techniques dans lesquelles l'audition s'est déroulée. Ce document est transmis par l'autorité compétente de l'État membre requis à l'autorité compétente de l'État membre requérant.

[...]

9. Les États membres peuvent, s'ils le souhaitent, appliquer également les dispositions du présent article, lorsqu'il y a lieu et avec l'accord de leurs autorités judiciaires compétentes, aux auditions par vidéoconférence auxquelles participe une personne poursuivie pénalement. Dans ce cas, la décision de tenir la vidéoconférence et la manière dont elle se déroule doivent faire l'objet d'un accord entre les États membres concernés et sont conformes à leur droit national et aux instruments internationaux en la matière, y compris la convention européenne de sauvegarde des droits de l'Homme et des libertés fondamentales de 1950.

Tout État membre peut, lorsqu'il fait la notification prévue à l'article 27, paragraphe 2, déclarer qu'il n'appliquera pas le premier alinéa. Cette déclaration peut être retirée à tout moment. Les auditions ne peuvent avoir lieu que si la personne poursuivie pénalement y consent. Le Conseil adopte dans un instrument juridique contraignant les règles pouvant être nécessaires pour assurer la protection des droits des personnes poursuivies pénalement ».

Au cas d'espèce, dans lequel le requérant se plaignait d'avoir été contraint de participer par vidéoconférence aux débats d'appel de la deuxième procédure pénale le concernant, la cour de Strasbourg rappelle : « 52. Quoique non mentionnée en termes exprès au paragraphe 1 de l'article 6, la faculté pour l'"accusé" de prendre part à l'audience découle de l'objet et du but de l'ensemble de l'article. Du reste, les alinéas c), d) et e) du paragraphe 3 reconnaissent à "tout accusé" le droit à "se défendre lui-même", "interroger ou faire interroger les témoins" et "se faire assister gratuitement d'un interprète, s'il ne comprend pas ou ne parle pas la langue employée à l'audience", ce qui ne se conçoit guère sans sa présence (*Colozza c/ Italie*, 12 févr. 1985, série A n° 89, p. 14, § 27, et *Sejdovic* précité, § 81). 53. L'article 6, lu comme un tout, reconnaît donc à l'accusé le droit de participer réellement à son procès. Cela inclut en principe, entre autres, le droit non seulement d'y assister, mais aussi d'entendre et suivre les débats (*Stanford c/ Royaume-Uni*, 23 févr. 1994, série A n° 282-A, p. 10, § 26) ». Mais elle ajoute aussitôt, « 72... que la participation du requérant aux audiences d'appel par vidéoconférence poursuivait des buts légitimes à l'égard de la convention, à savoir la défense de l'ordre public, la prévention du crime, la protection des droits à la vie, à la liberté et à la sûreté des témoins et des victimes des infractions, ainsi que le respect de l'exigence du "délai raisonnable" de durée des procédures judiciaires [...] »[1].

§ 3
Comparution

221.91 **Port des menottes.** Dans les conditions définies par l'article 803 du code de procédure pénale et par mesure de précaution contre les évasions ou un danger pour autrui ou pour eux-mêmes, les détenus peuvent être soumis au port des menottes ou, s'il y a lieu, des entraves pendant leur transfèrement ou leur extraction ou leur comparution lorsque les circonstances ne permettent pas d'assurer efficacement leur garde d'une autre manière[2].

Le principe demeure donc la comparution sans entrave[3].

Toutes mesures doivent être prises par ailleurs, dans les conditions compatibles avec les exigences

1. CEDH, 5 oct. 2006, *Marcello Viola c/ Italie*, req. n° 45106/04.
2. V. s^{s} n°s 212.71 s.
3. Et ce même s'il avait pu jadis être jugé que les dispositions abrogées aujourd'hui de l'article D. 283-4 du code de procédure pénale selon lequel aucun lien ne devait être laissé à un détenu au moment de sa comparution devant une juridiction, n'étaient pas prescrites à peine de nullité (Crim. 21 janv. 1981, n° 80-94.421, P n° 31).

de sécurité, pour éviter qu'une personne menottée ou entravée soit photographiée ou fasse l'objet d'un enregistrement audiovisuel[1].

221.92 Spécificités liées à la présence d'un détenu. Au-delà de ces contraintes, l'audience se déroule pour le prévenu détenu de la même manière que pour le prévenu libre. En général les affaires comportant des détenus sont appelées les premières, ne serait-ce que pour libérer au plus vite les escortes parfois venues d'établissements pénitentiaires lointains. En cas de pluralité de prévenus, il a déjà été dit que si l'usage est de laisser le prévenu détenu dans le box des accusés[2], rien n'interdit qu'il comparaisse aux côtés des prévenus libres. Cela pourra être déconseillé si l'on craint une certaine animosité entre les uns et les autres, mais à l'inverse conseillé avec prudence, par exemple en matière de violences réciproques, si l'on souhaite que chacun montre les gestes accomplis au moment des faits.

La particularité du dossier dans lequel comparaît un détenu est la plupart du temps de nécessiter un délibéré immédiat et une décision sur la détention en cours, encore que rien n'y oblige.

Il se déduit en effet des dispositions des articles 179 et 464-1 du code de procédure pénale que la comparution d'un prévenu détenu devant une juridiction correctionnelle se prolonge pendant toute la durée des débats et, si l'affaire a été mise en délibéré, jusqu'à la clôture de ceux-ci par le jugement. La notion de clôture des débats est en effet étrangère à la matière correctionnelle. Ainsi la comparution du prévenu ne fait cesser de plein droit la détention provisoire qu'au prononcé dudit jugement, lequel doit alors statuer sur le maintien en détention par une décision spéciale et motivée[3]. La remise en liberté intervient également si le tribunal omet de prononcer un éventuel maintien en détention.

Dès lors que la mesure particulière de sûreté, prévue par l'article 464-1 du code de procédure pénale, a été ordonnée, ses effets se prolongent, sans qu'il soit nécessaire de la renouveler, jusqu'au jugement sur le fond. Justifie sa décision une cour d'appel qui, pour rejeter les conclusions du prévenu qui soutenait être illégalement détenu à compter d'un jugement avant dire droit ayant prescrit, sans le motiver, son maintien en détention provisoire, retient que le tribunal, qui, initialement, dès la comparution du prévenu, avait ordonné, par une décision spéciale et motivée, la mesure particulière de sûreté prévue par l'article 464-1 du code de procédure pénale, n'était plus tenu de la renouveler lors de son jugement avant dire droit[4].

La présence d'un ou de plusieurs détenus suppose sans aucun doute une attention particulière du président dans la préparation de l'affaire, et impose d'intégrer dans le temps d'audience, la durée nécessaire à la réflexion de la collégialité ou même du juge unique. Il n'est pas inutile pour les dossiers les plus lourds d'envisager de préparer ce type de dossier avec les assesseurs[5].

L'ultime spécificité de la situation du prévenu détenu concerne sa situation après le délibéré. Dans tous les cas, même en cas de relaxe ou de prononcé d'une peine autre que l'emprisonnement sans sursis, le détenu devra retourner à l'établissement pénitentiaire d'origine pour les formalités de levée d'écrou. Le président de la juridiction aura le soin de le préciser à l'intéressé et à ses proches éventuellement présents, notamment en cas d'audience tardive pour éviter tout malentendu et à l'inverse permettre le cas échéant que la famille ou les proches puissent se rendre aux portes de l'établissement pour y prendre en charge le prévenu libéré.

SECTION 3
PRÉVENU INCAPABLE MAJEUR, MINEUR OU DANS L'INCAPACITÉ D'ÊTRE JUGÉ

§ 1
Dispositions particulières pour les majeurs protégés

221.101 Dispositions spécifiques. La Cour européenne des droits de l'homme avait jugé dès le début des années 2000, à propos d'une personne placée sous mandat spécial, puis sous curatelle, qu'« un individu reconnu inapte à défendre ses intérêts civils et bénéficiant d'une assistance à cet effet (doit) pouvoir également disposer d'une assistance pour se défendre contre une accusation pénale dirigée contre lui »[6]. En l'espèce, alors que le prévenu était placé sous curatelle, situation connue de la juridiction, le tribunal correctionnel saisi sur citation directe l'avait déclaré coupable d'agressions sexuelles aggravées, par un jugement contradictoire à signifier, rendu en son absence, celle de son curateur et celle d'un avocat, sans de surcroît qu'une expertise psychiatrique pourtant demandée par le parquet ait été rendue.

La chambre criminelle avait pourtant eu assez tôt l'occasion de juger que dans le silence de la loi sur les effets du recours en cassation formé au nom

1. C. pr. pén., art. 803, al. 2.
2. V. s[s] n° 111.72.
3. Crim. 25 juin 1986, n° 85-95.498, P n° 226.
4. Crim. 25 mai 1988, n° 87-85.273, P n° 220.
5. V. s[s] n° 512.51.
6. CEDH 30 janv. 2001, *Vaudelle c/ France*, req. n° 35683/97.

d'un prévenu privé de l'exercice de ses facultés intellectuelles et qui ne peut communiquer avec son avocat, il appartenait à la cour de prendre les mesures nécessaires pour préserver les droits des parties et l'intérêt de la justice, et en pratique de surseoir à statuer sur l'examen des pourvois[1].

S'agissant de la procédure devant une chambre de l'instruction, elle avait pareillement jugé qu'il se déduit des articles 6, § 1 et 3 a et c de la Convention européenne des droits de l'homme et de l'article préliminaire du code de procédure pénale, que lorsque l'altération des facultés d'une personne mise en examen est telle que celle-ci se trouve dans l'impossibilité d'assurer effectivement sa défense, il doit être sursis à son renvoi devant la juridiction de jugement[2].

Des dispositions spécifiques ont par suite été prises par le législateur pour assurer la prise en compte suffisante des intérêts des majeurs protégés prévenus devant la juridiction de jugement. Elles figurent aux articles 706-112 et suivants du code de procédure pénale et retiennent notamment l'obligation de recourir avant jugement à une expertise médicale afin d'évaluer sa responsabilité pénale au moment des faits, autrement dit, pour déterminer si l'intéressé était ou non atteint au moment des faits d'un trouble psychique ou neuropsychique ayant aboli ou altéré son discernement ou ayant aboli ou entravé le contrôle de ses actes, afin de permettre à la juridiction saisie d'appliquer les dispositions de l'article 122-1 du code pénal[3], et l'assistance obligatoire par un avocat[4]. Ces dispositions sont complétées par les articles D. 47-14 et suivants du même code[5].

Le terme de juge des tutelles, qui figure encore dans certaines dispositions, est remplacé par celui de juge chargé des contentieux de la protection (JCP) depuis le 1er janvier 2020[6].

221.102 Obligation d'aviser le tuteur des poursuites, du jugement et de la date d'audience. En application de ces textes, une décision de la chambre criminelle avait imposé que le tuteur d'une personne majeure protégée soit avisé des poursuites exercées contre elle, des décisions de condamnation dont elle a fait l'objet, ainsi que de la date d'audience, en application de l'article 706-113 du code de procédure pénale et jugé qu'encourait la cassation l'arrêt qui méconnaissait ce principe[7]. Méconnaît encore le sens et la portée de l'article 706-113 du code de procédure pénale la cour d'appel qui condamne la prévenue alors que son curateur n'avait été informé, ni des poursuites, ni du jugement de condamnation prononcé à son encontre et qu'il n'avait pas été avisé de la date d'audience[8].

Plus exigeante, une jurisprudence de la chambre criminelle avait imposé entre-temps, lorsqu'il est établi, au cours de la procédure, qu'une personne majeure fait l'objet d'une mesure de protection juridique, que le procureur de la République ou le juge d'instruction avise des poursuites son curateur ou son tuteur[9].

Une décision de la chambre criminelle en sera l'aboutissement logique : elle a ainsi prononcé la cassation d'un l'arrêt pour lequel la Cour de cassation était en mesure de s'assurer par les pièces contradictoirement produites devant elle, que le prévenu avait été placé sous curatelle renforcée le 27 novembre 2014, sans qu'il ressorte des pièces de procédure que l'Udaf 68, son curateur, eût été informée des poursuites et du jugement de condamnation dont l'intéressé faisait l'objet, et qu'elle ait été avisée de la date d'audience devant la juridiction du second degré. que la cour d'appel a ainsi statué sur une procédure méconnaissant le texte susvisé et le principe ci-dessus rappelé, alors même qu'il n'est pas établi que les juges aient eu connaissance de la mesure de protection juridique dont bénéficiait le prévenu[10].

De manière également tout à fait logique, le Conseil constitutionnel est à son tour venu déclarer non conformes à la Constitution les dispositions de l'article 706-113 du code de procédure pénale, qui ne prévoyaient initialement pas l'avis au tuteur ou au curateur en matière de placement en garde à vue d'un majeur protégé[11]. Cet article, encore modifié[12], dispose désormais dans son premier alinéa, que sans préjudice de l'application des articles 706-112-1 à 706-112-3, lorsque la personne fait l'objet de poursuites, le procureur de la République ou le juge d'instruction en avise le curateur ou le tuteur

1. Crim. 5 juin 1997, n° 96-82.783, P n° 228 – v. s^{s} n° 221.122.
2. Crim. 11 juill. 2007, n° 07-83.056, P n° 185.
3. C. pr. pén., art. 706-115, D. 47-21.
4. C. pr. pén., art. 706-116.
5. C. pr. pén., art. D. 47-14 mod. par Décr. n° 2021-1794, 23 déc. 2021, *JO* 26 déc., n° 57, art. 6, entré en vigueur le 31 déc. 2021.
6. Décr. n° 2019-914, 30 août 2019 modifiant le code de l'organisation judiciaire et portant diverses adaptations pour l'application de l'article 95 de la loi n° 2019-222 du 23 mars 2019 de programmation 2018-2022 et de réforme pour la justice, *JO* 1er sept., n° 4.
7. Crim. 14 avr. 2010, n° 09-83.503, P n° 74 ; *D.* 2010. 2115, obs. J.-J. Lemouland, D. Noguéro et J.-M. Plazy ; *AJ fam.* 2010. 282, obs. L. Pécaut-Rivolier ; *AJ pénal* 2010. 409 ; *RTD civ.* 2010. 763, obs. J. Hauser.
8. Crim. 29 janv. 2013, n° 12-82.100, P n° 32 ; *D.* 2013. 366 ; *RTD civ.* 2013. 350, obs. J. Hauser.
9. Crim. 3 mai 2012, n° 11-88.725, P n° 105 ; *D.* 2012. 1615, obs. C. Girault ; *AJ fam.* 2012. 409.
10. Crim. 10 janv. 2017, n° 15-84.469, P n° 10.
11. Crim. 19 juin 2018, n° 18-80.872, P – Cons. const. 14 sept. 2018, n° 2018-730 QPC ; *D.* 2018. 1757, et les obs.
12. Cons. const. 15 janv. 2021, n° 2020-873 QPC.

ainsi que le juge des tutelles (sic). Il en est de même si la personne fait l'objet d'une alternative aux poursuites consistant en la réparation du dommage ou en une médiation, d'une composition pénale ou d'une comparution sur reconnaissance préalable de culpabilité ou si elle est entendue comme témoin assisté[1].

Au stade antérieur au jugement, la chambre de l'instruction s'était encore vue imposer l'obligation de s'assurer que le mis en examen, atteint de troubles cognitifs, mnésiques, exécutifs et phasiques aggravés, disposait de la capacité à se défendre et de surseoir à statuer sur l'ordonnance de mise en accusation, sans pouvoir décider que la compatibilité éventuelle de son état avec sa comparution personnelle n'a vocation qu'à être examinée par la juridiction de jugement[2]. Enfin, lorsque les éléments recueillis au cours d'une procédure concernant un crime ou un délit puni d'une peine d'emprisonnement font apparaître qu'une personne devant être entendue librement en application de l'article 61-1 fait l'objet d'une mesure de protection juridique, l'officier ou l'agent de police judiciaire en avise par tout moyen le curateur ou le tuteur, qui peut désigner un avocat ou demander qu'un avocat soit désigné par le bâtonnier pour assister la personne lors de son audition. Si le tuteur ou le curateur n'a pu être avisé et si la personne entendue n'a pas été assistée par un avocat, les déclarations de cette personne ne peuvent servir de seul fondement à sa condamnation[3]. Lorsque le tuteur ou le curateur est avisé en application de l'article 706-112-2, les dispositions des deux premiers alinéas de l'article D. 47-14 relatifs à la possibilité de choisir un avocat ou d'en demander la désignation et celle de demander l'examen par un médecin sont applicables[4].

En résumé, il faut retenir que toute personne bénéficiant d'un régime civil de protection a vocation à se voir appliquer les règles mises en place par les articles 706-112 et suivants quelle que soit la nature de la procédure judiciaire dont elle fait l'objet et le stade de celle-ci. Tant qu'elle n'a pas recouvré ses moyens intellectuels elle ne peut être jugée ni même renvoyée devant la juridiction de jugement.

221.103 Obligation de recourir à une expertise médicale avant jugement. Si ces textes s'appliquent évidemment lorsqu'il est apparu que la personne poursuivie fait l'objet d'une mesure de protection, il est donc raisonnable, si les éléments de la procédure font naître un doute sur l'existence d'une telle mesure de protection juridique, que le procureur de la République, le juge d'instruction ou la juridiction de jugement procède ou fasse procéder aux vérifications nécessaires, notamment sur l'existence d'un dossier auprès du juge des contentieux de la protection théoriquement compétent vis-à-vis de la personne, et par suite que la juridiction de jugement, notamment saisie dans le cadre d'une comparution immédiate prescrive, le cas échéant, une expertise psychiatrique de la personne poursuivie[5].

Une vraie difficulté sera en l'espèce de trouver un expert psychiatre disponible dans le délai contraint du renvoi si une mesure de détention provisoire est confirmée ou décidée. L'expertise prévue par l'article 706-115 peut toutefois être confiée à un expert psychiatre ou à un médecin figurant sur la liste prévue par l'article 431 du code civil. Dans les deux cas, les dispositions du 9° de l'article R. 117 sont alors applicables[6]. En outre, en matière correctionnelle, s'il apparaît des éléments issus de la procédure civile ayant conduit à la mise en œuvre de la mesure de protection juridique, et notamment des certificats médicaux ou des expertises y figurant et qui ont été versés au dossier de la procédure pénale à la demande du ministère public, du juge d'instruction ou du tribunal correctionnel, des indications suffisantes pour apprécier si l'intéressé était ou non atteint au moment des faits d'un trouble psychique ou neuropsychique ayant aboli ou altéré son discernement ou ayant aboli ou entravé le contrôle de ses actes, le juge d'instruction ou le président du tribunal correctionnel peut, sauf opposition de la personne mise en examen ou du prévenu et de son avocat, dire qu'il n'y a pas lieu de soumettre l'intéressé à une expertise, par ordonnance motivée qui peut être prise en même temps que l'ordonnance de règlement ou par jugement motivé qui peut être joint au jugement sur le fond[7].

Ces dispositions sont également applicables en matière contraventionnelle.

On notera qu'en cas de manquement de la juridiction de premier ressort à ses obligations en la matière, les textes prévoient :

– Lorsqu'en cas d'appel la chambre des appels correctionnels constate que le prévenu a été jugé sans que l'expertise prévue par l'article 706-115 ait été réalisée, hors les cas où elle est facultative ou a été jugée inutile en application des dispositions des

1. C. pr. pén., art. 706-113, mod. par L. n° 2021-1729, 22 déc. 2021, *JO* 23 déc., n° 2, art. 14 (V).
2. Crim. 19 sept. 2018, n° 18-83.868, P n° 161.
3. C. pr. pén., art. 706-112-2 créé par L. n° 2019-222, 23 mars 2019, *JO* 23 déc., n° 2, art. 48.
4. C. pr. pén., art. D. 47-14 mod. par Décr., n° 2021-1794, 23 déc. 2021, modifiant le code de procédure pénale et relatif notamment à la peine de confiscation, *JO* 26 déc., n° 57, art. 6.
5. C. pr. pén., art. D. 47-14, *ibid.*
6. C. pr. pén., art. D. 47-24.
7. C. pr. pén., art. D. 47-23.

articles D. 47-22 ou D. 47-23, elle ordonne qu'il soit procédé à cette expertise.

– La chambre renvoie alors l'affaire à une audience ultérieure, puis, au vu du résultat de l'expertise et conformément aux dispositions de l'article 520, annule le jugement, évoque et statue sur le fond[1] ;

– Lorsqu'en cas d'appel la chambre des appels correctionnels constate que le prévenu a été jugé sans être assisté par un avocat conformément aux dispositions de l'article 706-116, son président fait désigner par le bâtonnier un avocat, l'intéressé étant informé que les frais seront à sa charge sauf s'il remplit les conditions d'accès à l'aide juridictionnelle.

– La chambre renvoie alors l'affaire à une audience ultérieure à laquelle le prévenu sera assisté par un avocat, puis, conformément aux dispositions de l'article 520, annule le jugement, évoque et statue sur le fond[2].

Il conviendra en cas d'exercice des voies de recours, de bien vérifier si le majeur protégé était ou non assisté et en capacité légale d'acter.

Une espèce particulière mérite d'être mentionnée en marge de ces développements. Après que le juge de l'application des peines a notifié à un condamné son obligation de se soumettre à des soins, des suites de sa condamnation à deux mois d'emprisonnement avec sursis et mise à l'épreuve pendant dix-huit mois et l'annulation de son permis de conduire pour conduite sous l'empire d'un état alcoolique en récidive, l'intéressé, assisté de son curateur, a sollicité suivant requête la révision de cette condamnation au motif que la juridiction de jugement ignorait, au jour du procès, qu'il était placé sous le régime de la curatelle renforcée, de sorte qu'il n'avait pu bénéficier des règles de procédure spéciales applicables aux personnes protégées et qu'il n'avait, notamment, pas fait l'objet de l'expertise obligatoire, prévue par l'article 706-115 du code de procédure pénale, visant à évaluer sa responsabilité pénale. La commission d'instruction de la Cour de révision et de réexamen des condamnations pénales saisissait la Cour de révision et de réexamen de la requête en révision et transmettait à la chambre criminelle de la Cour de cassation la demande de ce dernier tendant à la suspension de l'exécution de sa condamnation. La chambre criminelle a rejeté cette demande, considérant que l'appréciation des mérites de celle-ci ne saurait être dissociée de celle des chances de succès de sa demande en révision et que si le placement du condamné sous curatelle renforcée, fait inconnu de la juridiction au jour du procès, justifiait qu'il bénéficiât des dispositions prévues aux articles 706-112 et suivants du code de procédure pénale, l'affirmation du requérant selon laquelle l'expertise prévue par l'article 706-115 du code de procédure pénale aurait nécessairement conclu à l'abolition de son discernement au moment des faits, et non à l'existence d'une altération, sans effet sur la déclaration de culpabilité, demeure, à ce stade de la procédure, à l'état de simple allégation ; qu'en outre, il n'est pas justifié par M. X... d'incidences graves sur sa vie privée ou professionnelle de l'exécution de la condamnation[3].

La chambre criminelle a rappelé de manière très claire que l'article 706-115 du code de procédure pénale impose que toute personne majeure bénéficiant d'une mesure de protection juridique, faisant l'objet de poursuites pénales, doit être soumise, avant tout jugement au fond, à une expertise médicale afin d'évaluer sa responsabilité pénale au moment des faits. Le défaut d'expertise porte une atteinte substantielle aux droits de la personne poursuivie bénéficiant d'une mesure de protection juridique à l'époque des faits, en ce qu'il ne lui permet pas d'être jugée conformément à son degré de responsabilité pénale[4]. Il faut noter que l'article D. 47-22 du code de procédure pénale a par suite été modifié : l'ordonnance pénale et la comparution sur reconnaissance préalable de culpabilité étant des voies de poursuites, elles n'ont plus lieu d'y figurer, l'expertise n'étant désormais facultative qu'uniquement en cas d'alternatives aux poursuites, de composition pénale, ou lorsque le majeur protégé est entendu comme témoin assisté[5].

Enfin, cette expertise du majeur protégé n'a pas le même objet que l'expertise rendue obligatoire par l'article 706-47 du code de procédure pénale pour une série d'infractions en particulier, de nature sexuelle. Dans l'hypothèse de poursuites de ces chefs contre un majeur protégé, il conviendra d'être particulièrement attentif à la rédaction de la mission, plus complexe encore qu'à l'ordinaire[6].

§ 2
Question de la minorité du prévenu

221.111 Appréciation de l'âge du prévenu. Principes. Le tribunal correctionnel ne peut juger un prévenu mineur.

1. C. pr. pén., art. D. 47-25.
2. C. pr. pén., art. D. 47-26.
3. Crim. 31 mars 2015, n° 15-80.599, NP.
4. Crim. 16 déc. 2020, n° 19-83.619, P ; M. Dominati, « L'obligation d'expertise médicale du majeur protégé constitue une formalité substantielle », *D. actu.* 14 janv. 2021.
5. Décr. n° 2023-89, 13 févr. 2023 relatif à l'application de l'article 706-115 du code de procédure pénale, *JO* 14 févr., n° 7.
6. V. s[s] n° 621.85.

S'il constate cette minorité, il doit se déclarer incompétent et ne peut, comme on le voit parfois, prononcer une relaxe. On signalera que dans une espèce qui concernait une saisine en comparution immédiate au-delà de la peine maximale encourue le permettant, la chambre criminelle avait décidé que l'affirmation du tribunal selon laquelle il était incompétent était impropre car « les juges auraient dû constater qu'en vertu de l'article 395 du code de procédure pénale, la procédure utilisée était inapplicable, qu'ils n'étaient pas valablement saisis et renvoyer le ministère public à se mieux pourvoir »[1]. Mais dans notre hypothèse, et comme cela sera précisé ci-après, la chambre criminelle a encore récemment validé la mention par la juridiction de son incompétence en raison de la minorité du prévenu.

Si elle est saisie au cours des débats d'une question ou d'un doute sur l'âge réel du prévenu, la juridiction de jugement doit donc prendre toutes mesures utiles pour s'assurer qu'elle est bien compétente[2].

Sur cette question, la loi[3] est venue ajouter à l'alinéa 1er de l'article 388 du code civil, qui dispose que « le mineur est l'individu de l'un ou l'autre sexe qui n'a point encore l'âge de dix-huit ans accomplis », trois autres alinéas qui précisent notamment les conclusions qui peuvent être tirés d'examens radiologiques ou biologiques d'une personne. Il est désormais prévu que « les examens radiologiques osseux aux fins de détermination de l'âge, en l'absence de documents d'identité valables et lorsque l'âge allégué n'est pas vraisemblable, ne peuvent être réalisés que sur décision de l'autorité judiciaire et après recueil de l'accord de l'intéressé » (alinéa 2) et que « les conclusions de ces examens, qui doivent préciser la marge d'erreur, ne peuvent à elles seules permettre de déterminer si l'intéressé est mineur [...] » (alinéa 3). Le quatrième alinéa dudit article précise quant à lui qu'en cas de doute sur la minorité de l'intéressé, il ne peut être procédé à une évaluation de son âge à partir d'un examen du développement pubertaire des caractères sexuels primaires et secondaires.

Les juridictions répressives apprécient souverainement l'âge réel du prévenu, indépendamment de son placement sous tutelle de mineur[4] et selon toutes modalités, qui bien que parfois discutées (âge osseux après radiographie de la main et du poignet ou de la clavicule) ont souvent été utilisées pour tenter de s'assurer de l'état de l'état de minorité ou de majorité du prévenu.

1. Crim. 27 sept. 1988, n° 88-84.865, NP.
2. V. égalt ss n° 221.114.
3. L. n° 2016-297, 14 mars 2016, relative à la protection de l'enfant, *JO* 15 mars, n° 1, art. 43.
4. Crim. 19 juin 2013, n° 12-82.912, P n° 147.

221.112 Constitutionnalité de l'article 388 du code civil. L'article 388 du code civil précité a fait l'objet d'une question prioritaire de constitutionnalité, renvoyée aux Sages, invoquant notamment des atteintes à l'exigence de protection de l'intérêt supérieur de l'enfant, au droit au respect de son intégrité physique et au principe de précaution.

Dans une décision du 21 mars 2019[5], ils ont déclaré les deuxième et troisième alinéas de l'article 388, dans sa rédaction résultant de la loi n° 2016-297 du 14 mars 2016 relative à la protection de l'enfant, conformes à la Constitution.

Cette décision a fait l'objet de quelques critiques au motif, énoncé par le Conseil lui-même, « que les résultats de ce type d'examen peuvent comporter une marge d'erreur significative »[6]. Mais ces critiques ont tout autant relevé les exigences posées par le Conseil sur le caractère subsidiaire de ce type d'examen et le recueil d'un consentement éclairé de l'intéressé, dans une langue qu'il comprend, la majorité ne pouvant par ailleurs être déduite du seul refus de se soumettre audit examen[7].

221.113 Mise en œuvre. Plusieurs arrêts importants sont venus rappeler les conditions de mise en œuvre de ces nouvelles dispositions en censurant tout d'abord un arrêt de cour d'appel qui :

- d'une part, avait pris en considération un examen médical qui ne pouvait être pratiqué qu'en l'absence de documents d'identité valables sans s'expliquer sur le moyen du demandeur, soutenant qu'il avait prouvé sa minorité par la production, devant le tribunal correctionnel, d'un document d'état-civil, traduit en français et par une décision du juge des enfants, rendue dans une procédure d'assistance éducative ayant retenu sa minorité ;

- d'autre part, avait retenu les résultats d'un examen osseux sans préciser quelle autorité judiciaire avait ordonné cet examen, ni constaté que M. F... avait donné son accord à sa réalisation, ni répondu au moyen dans lequel il soutenait qu'il ne résultait pas de cet examen qu'il y ait consenti[8].

5. Cons. const., 21 mars 2018, n° 2018-768, *AJDA* 2019. 1448, note Escach-Dubourg ; *D.* 2019. 742, note Parinet ; *ibid.* 709, note Fulchiron ; *Gaz. Pal.*, 21 mai 2019 « L'intérêt supérieur de l'enfant, exigence constitutionnelle opératoire », M.-X. Catto.
6. ÉGALT : Défenseur des Droits, avis n° 17-03, 7 févr. 2017, Comité consultatif national d'éthique, avis n° 88 de 2005 sur les méthodes de détermination de l'âge à des fins juridiques.
7. P. de Corson « Examens radiologiques osseux : quand le Conseil constitutionnel fait rimer absence de fiabilité avec conformité », *La Revue des droits de l'homme* [En ligne], Actualités Droits-Libertés, mis en ligne le 21 juin 2019.
8. Crim. 11 déc. 2019, n° 18-84.938, P ; *D. actu.* 16 janv. 2020, obs. F. Charlent « Précisions sur les modalités de réalisation de l'examen radiologique osseux ».

Par ailleurs, la chambre criminelle a jugé, rappelant à la fois l'autonomie et l'office du juge pénal :

- qu'il ne relève pas de l'office du juge pénal d'analyser comme le juge civil les documents d'état civil au regard de l'ordre public international et de la législation civile du pays d'origine du prévenu ;

- que l'examen osseux n'a pas à être pris en considération lorsque la juridiction retient que les documents argués de faux sont authentiques et établissent la minorité[1].

Il sera encore mentionné que la première chambre civile de la Cour de cassation a jugé le 12 janvier 2022[2] que lorsque seuls les tests osseux concluent à la majorité de l'intéressé, le doute doit profiter à ce dernier et la minorité, établie par d'autres éléments ou indices, doit être retenue.

221.114 Nouvel article 397-2-1 du code de procédure pénale. La loi du 24 janvier 2022[3] est venue en outre créer un nouvel article 397-2-1 du code de procédure pénale, qui dispose :

« S'il lui apparaît que la personne présentée devant lui est mineure, le tribunal renvoie le dossier au procureur de la République.

S'il s'agit d'un mineur âgé d'au moins treize ans, le tribunal statue au préalable, après avoir entendu les réquisitions du procureur de la République et les observations du mineur et de son avocat, sur son placement ou son maintien en détention provisoire jusqu'à sa comparution soit devant le juge d'instruction spécialisé, soit devant le juge des enfants ou le juge des libertés et de la détention spécialisé, selon les modalités prévues aux articles L. 423-6 ou L. 423-9 du code de la justice pénale des mineurs. La décision est spécialement motivée au regard de la nécessité de garantir le maintien du mineur à la disposition de la justice. La comparution devant le juge compétent doit avoir lieu dans un délai de vingt-quatre heures, à défaut de quoi le mineur est remis en liberté d'office.

Le présent article est également applicable devant le juge des libertés et de la détention statuant en application de l'article 396 du présent code ».

Cet article a pour vocation de permettre de conserver sous main de justice, le temps de le déférer devant une juridiction compétente, le mineur renvoyé par erreur devant la juridiction correctionnelle. Considérant que cette procédure permet le placement en détention d'un mineur en dehors des dispositions du nouveau CJPM, le Syndicat de la magistrature, le Syndicat des avocats de France et l'association Groupe d'information et de soutien des immigrés ont saisi le Conseil d'État de divers recours dont deux questions prioritaires de constitutionnalité portant sur la conformité à la Constitution de l'article 397-2-1 du code de procédure pénale, du quatrième alinéa de l'article 55-1 du code de procédure pénale[4] et des articles L. 413-16 et L. 413-17 du code de la justice pénale des mineurs[5], relatifs aux relevés signalétiques contraints[6].

Suivant sa décision du 10 février 2023, le Conseil constitutionnel a retenu une non-conformité partielle (celle des mots « 61-1 ou » figurant au quatrième alinéa de l'article 55-1 du code de procédure pénale, dans sa rédaction résultant de la loi n° 2022-52 du 24 janvier 2022) et émis des réserves[7].

Ces dernières concernent :

- Le placement ou le maintien en détention provisoire qui ne doivent pas excéder la rigueur nécessaire (paragraphe 12) ;

- L'impossibilité de procéder à un relevé d'empreintes palmaires ou digitales ou à la prise de photographies hors la présence de l'avocat du mineur, des représentants légaux ou de l'adulte approprié (paragraphe 23) ;

- Le régime de l'audition libre (paragraphe 23 et 24).

§ 3
Dispositions particulières pour les personnes dans l'incapacité de fait ou de droit de comparaître

221.121 S'assurer de la bonne compréhension de l'enjeu du procès. Au-delà même des hypothèses dans lesquelles le prévenu bénéficie d'un régime de protection, il est des cas où le prévenu présente, au jour de son procès une incapacité à y participer et à en comprendre les enjeux.

L'allongement de l'espérance de vie et celui des délais de prescription, l'amélioration des techniques utilisées lors de certaines enquêtes, le vieillissement de la population pénale et carcérale, conduisent naturellement à l'augmentation du nombre de poursuites contre des personnes qui ne présentaient

1. Crim. 5 janv. 2022, n° 21-80.516, P. *AJ pénal*, 2022, p. 84, E. Gallardo, « Détermination de la minorité » ; *JCP* 2022. 131.
2. Civ. 1re, 12 janv. 2022, n° 20-17.343, P 28, 207 ; A. Cheynet de Beaupré, « Face à un âge peu vraisemblable, les tests osseux ne peuvent à eux seuls conduire à retenir la majorité de l'intéressé », *JCP G* 28 mars 2022, 380 ; E. Supiot « Tests osseux : doute et intérêt supérieur de l'enfant », *D. actu.*, 26 janv. 2022.
3. L. n° 2022-52, 24 janv. 2022 relative à la responsabilité pénale et à la sécurité intérieure, *JO* 25 janv., n° 1.
4. Mod. par L. n° 2022-52, 24 janv. 2022, *JO* 25 janv., n° 1, art. 30.
5. Créés *ibid.*
6. CE 29 nov. 2022, req. n° 464528 ; *D. actu.*, 8 déc. 2022, obs. D. Goetz.
7. Cons. const. 10 févr. 2023, n° 2022-1034 QPC, *D.* 2023. 298 ; *AJ pénal* 2023. 191, obs. E. Gallardo.

ni abolition, ni altération des facultés mentales à la date des faits, mais qui se trouvent au terme du processus judiciaire, incapables de comparaître devant une juridiction de jugement et de répondre de leurs actes. Parfois atteintes de pathologies dégénératives irréversibles, elles ne retrouveront d'ailleurs jamais, pour certaines, de capacité à comparaître en justice.

La Cour de Strasbourg a eu l'occasion de se pencher sur la situation d'une personne atteinte de graves troubles (psychose chronique de type schizophrénique), et de juger que : « La "participation réelle" (au procès), dans ce contexte, présuppose que l'accusé comprenne globalement la nature et l'enjeu pour lui du procès, notamment la portée de toute peine pouvant lui être infligée ». En l'espèce, les autorités nationales ont veillé à ce que l'état de santé du requérant lui permette de se défendre convenablement... représenté par des avocats expérimentés qui ont pu l'assister et lui faire comprendre l'importance de l'enjeu du procès eu égard à la nature de son mal (d'où l'absence de violation de l'article 6, § 1 de la convention) [1].

Dans une espèce concernant l'auteur du meurtre de sa mère diagnostiqué en état de schizophrénie paranoïde, la Cour de justice de l'UE [2] a notamment jugé que « l'article 47 de la charte des droits fondamentaux de l'UE ainsi que l'article 8, paragraphe 2, de la directive 2012/13 et l'article 12 de la directive 2013/48 doivent être interprétés en ce sens qu'ils s'opposent à une réglementation nationale (...) qui prévoit une procédure judiciaire autorisant, pour des motifs thérapeutiques et de sûreté, l'internement psychiatrique de personnes qui, en état de démence, ont commis des actes présentant un danger pour la société, si cette réglementation ne permet pas à la juridiction compétente de vérifier que les droits procéduraux visés par ces directives ont été respectés au cours de procédures antérieures à celle dont elle est saisie, non soumise à un tel contrôle juridictionnel ».

221.122 Incapacité du prévenu et droits de la défense. Dès le dix-neuvième siècle, la chambre criminelle avait jugé qu'il devait être sursis à statuer sur l'examen d'un pourvoi lorsque le prévenu ou l'accusé, sain d'esprit au moment des faits, était privé ultérieurement de l'exercice de ses facultés intellectuelles au point de ne pouvoir communiquer avec son avocat [3].

Elle a de nouveau décidé qu'une juridiction répressive doit faire droit à la demande de renvoi qui lui est présentée par l'avocat du prévenu, s'il est établi que, pour des raisons de santé (hémiplégie avec aphasie complète et trouble des fonctions intellectuelles), la personne poursuivie est dans l'impossibilité absolue de communiquer avec son avocat et de présenter sa défense. Il y a lieu, pour la Cour de cassation, de surseoir à statuer jusqu'à ce qu'il soit justifié que l'état de santé du demandeur lui permette de présenter sa défense lors de l'instance de cassation, et, notamment, d'exercer la faculté de produire un mémoire personnel [4].

221.123 Accessibilité à la sanction pénale. La chambre criminelle saisie d'un pourvoi à l'encontre d'un arrêt par lequel les juges, bien que rendus destinataires d'un certificat médical explicite, avaient refusé le renvoi de l'audience à une date ultérieure, a jugé, au visa de l'article 6, § 1, et 3, a) et c), de la convention européenne des droits de l'homme et l'article préliminaire du code de procédure pénale qu'il se déduit de ces textes que, lorsque l'altération des facultés physiques ou mentales d'un prévenu est telle qu'elle est incompatible avec sa participation personnelle à la procédure, il appartient aux juges de vérifier qu'il est accessible une sanction pénale et de s'assurer de la mise en œuvre de garanties spéciales lui permettant d'exercer effectivement les droits de la défense. Encourt ainsi la censure une cour d'appel, saisie d'une demande de renvoi et d'expertise présentée à l'audience par un avocat, sur la base d'un certificat médical faisant état de l'impossibilité définitive du prévenu, victime d'un accident cérébral postérieurement à l'acte d'appel, de se présenter à son procès, qui statue sur l'action publique sans procéder aux vérifications adéquates ni provoquer, le cas échéant, la mise en œuvre des procédures d'assistance ou de représentation nécessaires à l'exercice des droits de la défense [5].

Ainsi dans une telle hypothèse, le recours à une expertise judiciaire ayant pour objet de déterminer si le prévenu est accessible à une éventuelle sanction après qu'aient été mises en œuvre les dispositions légales lui permettant d'être pleinement défendu, est-il incontournable.

Pour autant, si la juridiction se trouve dans la certitude, ne serait-ce qu'au retour de l'expertise diligentée, que le prévenu ne retrouvera jamais sa capacité à être jugé, la problématique demeure. Et ce d'autant plus qu'au-delà de la situation du seul prévenu, c'est bien celle de ses éventuelles victimes, le cas échéant constituées parties civiles, qu'il convient d'apprécier.

1. CEDH 23 févr. 2012, *G... c/ France*, req. n° 27244/09.
2. CJUE, 19 sept. 2019, aff. C-467/18, EP : *JurisData* 2019-016835, *Dr. pénal* 2019, chron. 5, 13.
3. Crim. 23 déc. 1859, P n° 287.
4. Crim. 5 juin 1997, n° 96-82.783, P n° 228 ; *RTD civ.* 1997. 907, obs. J. Hauser – v. s^s n° 221.101.
5. Crim. 11 juill. 2017, n° 16-82.960, P n° 201 – v. s^s n° 221.101.

Une autre décision est venue juger, au même visa que dans l'arrêt précité, il se déduit de ces textes qu'il ne peut être statué sur la culpabilité d'une personne que l'altération de ses facultés physiques ou psychiques met dans l'impossibilité de se défendre personnellement contre l'accusation dont elle fait l'objet, fut-ce en présence de son tuteur ou de son curateur et avec l'assistance de son avocat ; qu'en l'absence de l'acquisition de la prescription de l'action publique ou de disposition légale lui permettant de statuer sur les intérêts civils, la juridiction pénale, qui ne peut interrompre le cours de la justice, est tenue de renvoyer l'affaire à une audience ultérieure et ne peut la juger qu'après avoir constaté que l'accusé ou le prévenu a recouvré la capacité à se défendre[1], ce qui exclut la solution de la relaxe que la cour d'appel avait cru pouvoir en l'espèce adopter.

S'imposait ici à l'évidence l'intervention du législateur sur ce sujet délicat[2] qui met autant en jeu la nécessité de fixer la décision pénale concernant le prévenu dans un délai raisonnable, que celle de ne pas paralyser la décision sur l'action civile.

221.124 Réforme de l'article 10 du code de procédure pénale. L. 23 mars 2019. L'article 10 du code de procédure pénale a été complété par un dernier alinéa qui précise que lorsque l'état mental ou physique d'une personne citée ou renvoyée devant une juridiction de jugement rend durablement impossible sa comparution personnelle dans des conditions lui permettant d'exercer sa défense et que la prescription de l'action publique se trouve ainsi suspendue, le président de cette juridiction peut, d'office, ou à la demande du ministère public ou des parties, décider, après avoir ordonné une expertise permettant de constater cette impossibilité, qu'il sera tenu une audience publique pour statuer uniquement sur l'action civile. La personne doit alors être représentée à cette audience par un avocat[3].

Ce texte concerne toutes les juridictions pénales et permet donc par dérogation aux dispositions de l'article 5 du code de procédure pénale, une fois déposée l'expertise constatant l'impossibilité durable de la personne d'être jugée pénalement, de statuer sur les intérêts civils.

Il ne modifie pas en l'état la « paralysie » de l'instance pénale du moins en ce qui concerne la personne affectée, une disjonction ayant pu intervenir au profit de co-prévenus éventuels, ni les positionnements de la chambre criminelle préalablement exposés.

Se pose néanmoins encore la question de savoir dans quelles conditions la chambre de l'instruction, qui n'est pas concernée par l'article 10, pourrait renvoyer devant une juridiction de jugement aux fins de voir statuer sur l'action civile.

SECTION 4
PRÉVENU PERSONNE MORALE

221.131 Dispositions spécifiques en cas de poursuite d'une personne morale. La responsabilité pénale des personnes morales est consacrée à l'article 121-2 du code pénal dont le premier alinéa dispose : « Les personnes morales, à l'exclusion de l'État, sont responsables pénalement, selon les distinctions des articles 121-4 à 121-7, des infractions commises, pour leur compte, par leurs organes ou représentants ». Cette responsabilité concerne, depuis 2004, toutes les infractions à l'exception de celles pour lesquelles le législateur a expressément écarté cette responsabilité[4].

La chambre criminelle a précisé à plusieurs reprises que les organes ou représentants auteurs de l'infraction ne doivent pas se confondre avec le « représentant légal » mentionné à l'article 706-43 du code de procédure pénale[5].

Les dispositions concernant la poursuite, l'instruction et le jugement des infractions commises par les personnes morales sont prévues au titre dix-huitième du Livre quatrième du code de procédure pénale[6].

221.132 Représentant légal. L'action publique est exercée à l'encontre de la personne morale prise en la personne de ses organes ou de son représentant légal à l'époque des poursuites, notions qui ne sont pas définies par la loi. La doctrine retient que les organes peuvent être « collectifs ou individuels, englobant tout un ensemble de personnes ou toute personne chargée, par la loi ou les statuts de la personne morale, de son administration, de sa direction ou de son contrôle »[7], tandis que la notion de représentant « peut aussi bien désigner les personnes qui, en vertu des statuts, ont la possibilité d'agir au nom de la personne morale que celles à qui

1. Crim. 5 sept. 2018, n° 17-84.402, P n° 149 ; S. Fucini, « Trouble mental irréversible au cours du jugement : relaxe impossible », *D. actu.* 14 sept. 2018 ; *RSC* 2018. 935, obs. F. Cordier.
2. AUSSI : J. Mucchielli, « L'impossible interrogatoire de Denis Mannechez, paralysé et muet », *D. actu.*, 8 déc. 2018.
3. C. pr. pén., art. 10, al. 4 créé par L. n° 2019-222, 23 mars 2019, art. 42, *JO* 24 mars, n° 2.
4. Essentiellement les infractions à la loi du 29 juillet 1881 sur la liberté de la presse.
5. Crim. 8 janv. 2019, n°s 17-87.246 et 17-86.430 NP.
6. C. pr. pén., art. 706-41 s.
7. R. Bernardini, Rép. pén., V° « Personne morale », oct. 2017, n° 53.

des textes spéciaux confient le soin d'agir pour le compte de ladite personne morale, le plus souvent suite à une désignation par l'autorité judiciaire »[1].

Un administrateur judiciaire ou un liquidateur ont également cette qualité dans le cadre d'une procédure collective[2].

La personne morale peut encore être représentée par toute personne bénéficiant, conformément à la loi ou à ses statuts, d'une délégation de pouvoir à cet effet. Un salarié titulaire d'une délégation de pouvoirs lui conférant la compétence, l'autorité et les moyens nécessaires à l'accomplissement de sa mission peut avoir la qualité de représentant au sens de l'article 121-2 du code pénal[3]. Le salarié d'une société titulaire d'une délégation de pouvoirs en matière d'hygiène et de sécurité, et comme tel investi dans ce domaine de la compétence, de l'autorité et des moyens nécessaires à l'exercice de sa mission, est un représentant de la personne morale au sens de l'article 121-2 du code pénal, et engage la responsabilité de celle-ci en cas d'atteinte involontaire à la vie ou à l'intégrité physique trouvant sa cause dans un manquement aux règles qu'il était tenu de faire respecter en vertu de sa délégation[4]. Au regard des conséquences de la délégation de pouvoirs en cas de condamnation, la juridiction aura soin, si un doute existe, de caractériser évidemment l'existence des critères permettant de retenir une telle délégation, soit la « *compétence, l'autorité et les moyens nécessaires* ».

Statuant à propos d'une « société-mère », la chambre criminelle a retenu que les salariés de ses filiales non titulaires d'une délégation de pouvoirs qui la représentaient en raison du mode d'organisation transversal propre au groupe et des missions qui leur étaient confiées, comme les membres du comité du groupe dont l'existence n'était prévue ni par la loi ni par les statuts mais qui était composé des dirigeants du groupe et avait pour mission de valider les paiements illicites, avaient la qualité d'organe ou de représentant ou sens de l'article 121-2 précité[5].

Ce représentant ou ces organes représentent la personne morale à tous les actes de la procédure. Toutefois, lorsque des poursuites pour des mêmes faits ou des faits connexes sont engagées à l'encontre du représentant légal, celui-ci peut saisir par requête le président du tribunal judiciaire aux fins de désignation d'un mandataire de justice pour représenter la personne morale.

221.133 Constitutionnalité. La chambre criminelle avait eu l'occasion de juger qu'il résulte de l'article 706-43, alinéa 1er, du code de procédure pénale que, lorsque des poursuites sont exercées contre une personne morale, et que l'action publique est également mise en mouvement, pour les mêmes faits ou pour des faits connexes, contre le représentant légal de celle-ci, la désignation d'un mandataire de justice pour représenter la personne morale au cours des poursuites est facultative et laissée à l'initiative de son représentant légal[6].

Cette question de la possibilité de solliciter la désignation d'un mandataire de justice et non de l'obligation de le faire a donné lieu à une question prioritaire de constitutionnalité[7] à l'issue de laquelle le Conseil constitutionnel, après avoir relevé qu'en cas de contrariété d'intérêts entre la personne morale et son représentant, « les organes d'une personne morale demeurent compétents, dans les conditions prévues par la loi ou les statuts, pour imposer à son représentant légal de solliciter la désignation d'un mandataire de justice, lui retirer son mandat de représentation en justice ou désigner un autre représentant légal » a retenu que le grief tiré de la méconnaissance des droits de la défense devait être écarté.

La cour de justice de l'UE a pour sa part dit que des dispositions nationales qui permettent qu'une personne morale soit sanctionnée pénalement en raison d'une infraction imputée à la personne physique qui a le pouvoir de la représenter sans que la juridiction compétente puisse apprécier la réalité de cette infraction et sans que la personne morale puisse faire valoir utilement ses observations à cet égard ne sont pas conformes à l'article 48 de la Charte des droits fondamentaux (présomption d'innocence et respect des droits de la défense)[8].

221.134 Modalités des poursuites. La personne chargée de représenter la personne morale en application du deuxième alinéa doit faire connaître son identité à la juridiction saisie, par lettre recommandée avec demande d'avis de réception.

1. H. Matsopoulou, Rép. pén., V° « Responsabilité pénale des personnes morales », avr. 2019, § 69.
2. C. com., art. L. 631-12 et L. 641-4.
3. Crim. 26 juin 2001, n° 00-83.466, P n° 161.
4. Crim. 25 mars 2014, n° 13-80.376, P n° 94 ; *D.* 2014. 826 ; *RDI* 2014. 410, obs. G. Roujou de Boubée ; *Dr. soc.* 2014. 948, Chron. R. Salomon.
5. Crim. 16 juin 2021, n° 20-83.098, P.
6. Crim. 15 févr. 2005, nos 04-87.191, 04-87.193 et 04-87.192, P n° 57.
7. Cons. const. 19 nov. 2020, n° 2020-865 QPC relative aux dispositions de l'article 706-43 du code de procédure pénale, dans sa rédaction issue de l'ordonnance n° 2019-964 du 18 septembre 2019 prise en application de la loi n° 2019-222 du 23 mars 2019 de programmation 2018-2022 et de réforme pour la justice.
8. CJUE 10 nov. 2022, aff. C-203/21 ; C. Fauchon, « Responsabilité pénale des personnes morales : la CJUE impose le respect de l'article 48 de la Charte », *D. actu.* 2 déc. 2022.

Il en est de même en cas de changement du représentant légal en cours de procédure.

En l'absence de toute personne habilitée à représenter la personne morale dans les conditions prévues au présent article, le président du tribunal judiciaire désigne, à la requête du ministère public, du juge d'instruction ou de la partie civile, un mandataire de justice pour la représenter[1].

Lorsqu'une signification est faite à une personne morale, l'huissier doit sans délai, informer celle-ci par lettre simple de la signification effectuée, du nom du requérant, ainsi que de l'identité de la personne à laquelle la copie a été remise[2].

La question a pu se poser de savoir si la citation délivrée à la personne morale devait mentionner le nom de son représentant légal. Sur ce point les choses paraissent claires depuis un arrêt de la chambre criminelle de 2010[3] ayant approuvé une cour d'appel ayant décidé que l'article 555 du code de procédure pénale n'imposait pas de le mentionner et que l'original de l'acte avait été délivré à la société prise en la personne de son représentant légal, en son siège administratif et remis à son directeur qui l'avait signé et n'avait pas contesté avoir qualité pour l'accepter. Ainsi, l'important n'est pas que la citation mentionne expressément le nom du représentant légal (elle peut viser la société X... prise en la personne de son représentant légal), mais que ce soit bien le représentant légal autorisé de la personne morale qui a eu connaissance de la citation.

N'est pas non plus nulle, la citation délivrée en méconnaissance des dispositions de l'article 555 du code de procédure pénale à une personne morale, dès lors que celle-ci, qui a été représentée devant les juges du fond par un avocat et s'est défendue au fond, ne justifie d'aucune atteinte à ses intérêts[4].

Enfin, l'obligation d'énoncer le fait poursuivi dans une citation n'impose pas d'identifier, lorsque la poursuite vise une personne morale, l'organe ou le représentant ayant commis l'infraction pour le compte de cette personne. Dès lors, n'excède pas sa saisine, la cour d'appel qui détermine qui est cet organe ou représentant[5]. Il résulte de l'article 706-43, alinéa 1er, du code de procédure pénale que lorsque des poursuites sont exercées contre une personne morale, et que l'action publique est également mise en mouvement, pour les mêmes faits ou pour des faits connexes, contre le représentant légal de celle-ci, la désignation d'un mandataire de justice pour représenter la personne morale au cours des poursuites est facultative et laissée à l'initiative de son représentant légal[6][7].

La chambre criminelle a eu l'occasion de préciser[8], que l'organe ou le représentant susceptible d'engager, sur le fondement de l'article 121-2 du code pénal, la responsabilité pénale de la personne morale pour le compte de laquelle il a agi ne saurait se confondre avec le « représentant légal » de la personne morale désigné pour la représenter dans le cadre de poursuites pénales au visa de l'article 706-43 du code de procédure pénale.

221.135 Mandataire de justice. Dans l'hypothèse de poursuites concomitantes contre la personne morale et son représentant légal la désignation d'un mandataire qui est facultative, est laissée à l'initiative du représentant légal de la personne morale[9]. Précision doit être faite cependant que la personne morale poursuivie, qui a désigné un préposé, également poursuivi, pour la représenter devant le tribunal correctionnel, ne peut se faire un grief de ce qu'un mandataire de justice n'ait pas été désigné par le président du tribunal, conformément aux dispositions de l'article 706-43, dernier alinéa, du code de procédure pénale, une telle désignation n'étant obligatoire que lorsque la personne morale est poursuivie pour les mêmes faits ou pour des faits connexes, en même temps que son représentant légal[10]. La relaxe du représentant légal d'une personne morale attrait devant la juridiction correctionnelle en son nom personnel ne peut mettre obstacle à ce que, conformément à l'article 706-43 du code de procédure pénale, il soit appelé à représenter ultérieurement celle-ci dans les poursuites engagées contre elle à raison des mêmes faits[11].

Dès lors qu'un mandataire de justice a été désigné pour représenter la personne morale au cours des poursuites en application de l'article 706-43, alinéa 1er, du code de procédure pénale, son représen-

1. C. pr. pén., art. 706-43.
2. C. pr. pén., art. 555, al. 2.
3. Crim. 9 mars 2010, n° 09-82.823, NP.
4. Crim. 20 oct. 2009, n° 09-81.721, P n° 172 ; *D.* 2009. 2753 ; *D.* 2010. 2732, obs. G. Roujou de Boubée, T. Garé et S. Mirabail ; *AJ pénal* 2010. 31, obs. J. Lasserre Capdeville ; *Rev. Sociétés* 2010. 121, note H. Matsopoulou ; *RTD com.* 2010. 440, obs. B. Bouloc.
5. Crim. 24 mai 2005, n° 04-86.813, P n° 154 ; *D.* 2005. 1807 ; *AJDI* 2005. 844 ; *RDI* 2005. 452, obs. G. Roujou de Boubée ; *AJ pénal* 2005. 330, obs. A. Boisset ; *Dr. soc.* 2005. 928, obs. F. Duquesne ; *RTD com.* 2005. 862, obs. B. Bouloc.
6. Crim. 15 févr. 2005, nos 04-87.191, 04-87.192, 04-87.193, P n° 57 ; *Gaz. Pal.* 2005. 2. 4184, note M.-C. Sordino.
7. V. ss n° 221.134.
8. Crim. 17 oct. 2017, n° 16.87-249, P.
9. Crim. 15 févr. 2005, nos 04-87.191, 04-87.192, 04-87.193, préc. – Crim. 20 mars 2007, n° 05-85.253, P n° 86 ; *Dr. pénal* 2007. 88, obs. J.-H. Robert.
10. Crim. 3 nov. 1999, n° 98-85.665, P n° 242.
11. Crim. 30 mai 2000, n° 99-84.212, P n° 206 ; *D.* 2001. 2350, obs. G. Roujou de Boubée ; *Dr. soc.* 2000. 1148, obs. P. Morvan ; *RSC* 2000. 816, obs. B. Bouloc ; *RSC* 2000. 851, obs. A. Giudicelli-Delage ; *RTD com.* 2000. 1023, obs. B. Bouloc.

tant légal n'a plus qualité pour la représenter dans la procédure. Il s'ensuit que, postérieurement à la désignation du mandataire de justice, la déclaration de pourvoi, faite au nom de la société représentée par le président du conseil d'administration, est irrecevable[1].

Le mandataire de l'article 706-43 doit être distingué d'autres mandataires que peuvent notamment générer les procédures collectives. Il résulte des articles L. 622-9 du code de commerce dans sa rédaction antérieure à la loi du 26 juillet 2005, et 706-43 du code de procédure pénale, que, d'une part, le liquidateur judiciaire désigné par le tribunal de commerce lors du placement en liquidation judiciaire de la personne morale, ne représente le débiteur que pour les actions patrimoniales, d'autre part, lorsque l'action publique est exercée à l'encontre de la personne morale en liquidation judiciaire, il doit lui être désigné un mandataire de justice pour la représenter. Encourt la cassation l'arrêt qui, pour rejeter le moyen pris de l'irrecevabilité des poursuites pénales des chefs d'homicides involontaires exercées à l'encontre de la société en ce qu'elle est représentée par le liquidateur judiciaire désigné par le tribunal de commerce lors du placement en liquidation judiciaire de celle-ci, retient que le liquidateur a qualité pour représenter la personne morale[2].

221.136 Une action des organes ou représentant pour le compte de la personne morale. Il convient, en application de l'article 121-2 du code pénal, que les juges recherchent si les manquements relevés résultent de l'action ou de l'abstention de l'un des organes ou représentants de la société prévenue, et s'ils ont été commis pour le compte de celle-ci, au sens du texte susvisé.

Encourt dès lors la censure l'arrêt d'une cour d'appel qui, pour déclarer coupable de blessures involontaires une société, à la suite d'un accident du travail, se borne à relever que tout manquement aux règles en matière de sécurité constitue nécessairement une faute pénale commise pour le compte de la personne morale sur qui pèse l'obligation de sécurité, sans rechercher si les manquements relevés résultaient de l'abstention d'un des organes ou représentants de cette société, et s'ils avaient été commis pour le compte de celle-ci[3]. Encourt la censure l'arrêt ayant déclaré une personne morale coupable sans rechercher par quel organe ou représentant le délit lui étant reproché a été commis pour son compte[4].

Une jurisprudence tenace et fortement critiquée avait pu en effet admettre un temps, que les juges recourent à une présomption pour caractériser cette exigence légale, soit le fait que l'infraction en cause (en l'espèce un homicide involontaire) ait été commise par un représentant de la personne morale poursuivie[5], ces décisions ayant déclaré des personnes morales coupables d'homicides ou de blessures involontaires, sans que soit identifiée la personne physique, organe ou représentant de ladite personne morale. La formule adoptée par la chambre était alors toujours la même : l'imputation des faits à la personne morale était admise « *dès lors que cette infraction n'a pu être commise, pour le compte de la société, que par ses organes ou représentants* »[6]. Cette jurisprudence était d'ailleurs étendue à des faits volontaires[7].

Saisie d'une question prioritaire de constitutionnalité concernant l'article 121-2 du code pénal, la chambre criminelle refusait de renvoyer au Conseil constitutionnel, cette question ne « présentant pas à l'évidence un caractère sérieux, dès lors que l'article 121-2 du code pénal instituant la responsabilité pénale des personnes morales prévoit de façon précise que cette responsabilité ne peut être engagée que du seul fait d'infractions commises, pour leur

1. Crim. 5 janv. 2000, n° 99-84.613, P n° 4.
2. Crim. 10 févr. 2010, n° 08-87.357, P n° 22 ; *AJ pénal* 2010. 243, obs. G. Royer ; *Rev. Sociétés* 2010. 193, obs. Ph. Roussel Galle ; *Dr. soc.* 2010. 1257, obs. F. Duquesne ; *RTD com.* 2010. 813, obs. B. Bouloc.
3. Crim. 6 mai 2014, n° 13-82.677, P n° 126 ; *D.* 2014. 1094 ; *D.* 2014. 1414, Chron. B. Laurent, C. Roth, G. Barbier, P. Labrousse et C. Moreau ; *AJ pénal* 2014. 412, note E. Mercinier et M. Pugliese ; *Dr. soc.* 2014. 948, Chron. R. Salomon.
4. Crim. 1er avr. 2014, n° 12-86.501, P n° 99 ; *D.* 2014. 826 ; *D.* 2014. 2207, obs. J.-C. Galloux et J. Lapousterle ; *AJ pénal* 2014. 356, obs. J. Gallois.
5. Crim. 20 juin 2006, n° 05-85.255, P n° 188 ; *D.* 2007. 617, note J.-Ch. Saint-Pau, FAVORABLE ; *JCP* 2006. II. n° 10199, note E. Dreyer, CRITIQUE ; *RSC* 2006. 825, obs. Y. Mayaud, CRITIQUE ; *Dr. pénal* 2006. 128, comm. M. Véron, CRITIQUE – DANS LA SUITE DE CET ARRÊT : Crim. 26 juin 2007, n° 06-84.821, NP, *Dr. pénal* 2007, comm. 135, obs. M. Véron, CRITIQUE – Crim. 15 janv. 2008, n° 07-80.800, P n° 6 ; *JCP* 2008. II, n° 10082, note J.-Y. Maréchal, CRITIQUE.
6. Notons que J.-Ch. Saint-Pau avait proposé en substance de retenir la responsabilité directe de la personne morale sur le fondement de l'article 121-1 du code pénal, ou la responsabilité de la personne morale par représentation (C. pén., art. 121-2), ou encore de poser l'existence d'une présomption d'imputation de l'infraction à la personne morale lorsque les circonstances de l'infraction permettent de déterminer que les faits incriminés n'ont pu être commis que par les organes ou représentants.
7. Pour un arrêt relatif à un faux et à une complicité de faux imputé à une personne morale, admettant à son tour que l'organe ou représentant n'ait pas été identifié dès lors que les infractions : « qui s'inscrivaient dans le cadre de la politique commerciale des sociétés », et ne pouvaient « avoir été commises, pour le compte de celles-ci, que par leurs organes ou représentants » : Crim. 25 juin 2008, n° 07-80.261, P n° 167 ; *Rev. Sociétés* 2008. 873, note H. Matsopoulou, critique – pour une infraction de marchandage : Crim. 1er sept. 2009, n° 08-88.309, NP.

compte, par leurs organes ou représentants, qu'il ne contrevient pas au principe de la légalité des délits et des peines et ne comporte aucune dérogation injustifiée au principe d'égalité devant la loi »[1].

Faut-il y voir une relation de cause à effet ? De nombreuses décisions intervenues en la matière, permettent d'affirmer aujourd'hui que la chambre criminelle est revenue à une plus grande orthodoxie dans le respect des dispositions précitées. Ainsi a-t-elle jugé :

– qu'en prononçant sans rechercher si les manquements relevés résultaient de l'abstention de l'un des organes ou représentants de la société prévenue, et s'ils avaient été commis pour le compte de cette société, la cour d'appel n'a pas justifié sa décision au regard de l'article 121-2 du code pénal[2] ;

– qu'en prononçant ainsi, sans rechercher si les manquements relevés résultaient de l'abstention de l'un des organes ou représentants de la personne morale et s'ils avaient été commis pour le compte de celle-ci, la chambre de l'instruction n'a pas justifié sa décision[3] ;

– qu'en statuant ainsi (blessures involontaires relevées contre un CHU) sans mieux rechercher si les faits reprochés avaient été commis pour le compte de la personne morale poursuivie, par l'un de ses organes ou représentants au sens de l'article 121-2 du code pénal, la cour d'appel n'a pas justifié sa décision[4] ;

– que méconnaît l'article 121-2 du code pénal la cour d'appel qui, après avoir constaté la matérialité de l'infraction, ne recherche pas, quel que soit le mode de poursuite et au besoin en ordonnant un supplément d'information, si les manquements relevés résultaient de l'abstention de l'un des organes ou représentants de la société prévenue et s'ils avaient été commis pour le compte de celle-ci[5] ;

– que la mise en jeu de la responsabilité pénale de la personne morale implique l'identification de l'organe ou du représentant qui commet l'infraction pour son compte. Tel n'est pas le cas lorsque la personne physique identifiée n'était pas encore en fonction au moment des faits[6] ;

– que, pour débouter les parties civiles après relaxe, l'arrêt énonce que l'ordonnance de renvoi ne désigne aucun organe ou représentant de la société Colas Rhône-Alpes Auvergne en qualité d'auteur de la faute, que le chef de chantier et le conducteur de travaux n'ont pas reçu de délégation de pouvoirs écrite de la société Colas, une telle délégation n'étant jamais consentie par une société de cette importance à un chef de chantier auquel il est reproché de ne pas avoir apporté de modification au plan transmis par la ville, et n'étant pas démontrée pour le conducteur des travaux qui n'aurait pas mis en place une signalisation du chantier. Mais attendu qu'en statuant ainsi, alors qu'après avoir constaté la matérialité des manquements, il lui appartenait de rechercher, au besoin en ordonnant un supplément d'information, si lesdits manquements résultaient de l'abstention de l'un des organes ou représentants de la société prévenue et s'ils avaient été commis pour le compte de celle-ci, la cour d'appel, a méconnu le sens et la portée des textes susvisés et des principes ci-dessus rappelés ; d'où il suit que la cassation est encourue[7] ;

– que, pour retenir la responsabilité pénale de la société Stichting Greenpeace Council, l'arrêt retient que cette personne morale était l'organisatrice de l'opération, dont elle avait fourni la logistique et les moyens importants, et qu'elle avait mandaté M. Y... et X... pour la diriger sur place. Mais attendu qu'en se déterminant par ces seuls motifs, dont il ne résulte pas que les dégradations ou détériorations ont été commises, pour le compte de la personne morale prévenue, par ses représentants, la cour d'appel n'a pas justifié sa décision[8].

La chambre criminelle a encore jugé en ce sens (à la suite d'un accident survenu lors d'un transport scolaire) qu'en statuant sans désigner l'organe ou le représentant d'une commune ayant commis l'infraction pour le compte de celle-ci, ou constater au profit de son salarié, l'existence d'une délégation de pouvoirs, ou d'un statut ou d'attributions propres à en faire ce représentant de la personne morale, au sens de l'article 121-2 du code pénal, la cour d'appel a méconnu le sens et la portée des textes susvisés et les principes ci-dessus énoncés[9].

Plus récemment encore, la chambre criminelle a pu juger que ne méconnaît pas les exigences de l'article 121-2 du code pénal, la cour d'appel qui pour déclarer une société coupable de blessures involontaires et infractions à la règlementation sur

1. Crim. 27 avr. 2011, n° 11-90.013, NP.
2. Crim. 1er avr. 2014, n° 12-86.501, P n° 99 – Crim. 6 mai 2014, n° 13-82.677, P n° 126 – Crim. 6 mai 2014, n° 12-88.354, P n° 124 – Crim. 6 mai 2014, n° 13-81.406, P n° 125.
3. Crim. 3 juin 2014, n° 13-81.056, NP – AUSSI : *Gaz. Pal.* 18-19 juin 2014, n° 169-170, Jur., p. 8 à 10, note R. Mésa : « Confirmation de l'absence d'autonomie et de caractère direct de la responsabilité pénale des personnes morales. »
4. Crim. 13 oct. 2015, n° 14-86.921, NP.
5. Crim. 22 mars 2016, n° 15-81.484, P n° 100 ; *D.* 2016. 2424, obs. G. Roujou de Boubée, T. Garé, C. Ginestet, M.-H. Gozzi, L. Miniato et S. Mirabail ; *AJ pénal* 2016. 381, obs. J. Lasserre Capdeville.
6. Crim. 6 sept. 2016, n° 14-85.205, P n° 232 ; *D. actu.* 3 oct. 2016, obs. Aubert.
7. Crim. 27 sept. 2016, n° 15-85.248, P ; *AJ pénal* 2016. 599, obs. C. Girault ; *RSC* 2016. 757, obs. Y. Mayaud.
8. Crim. 16 nov. 2016, n° 14-86.980, P n° 301 ; *D.* 2016. 2401 ; *AJ pénal* 2017. 87, obs. D. Aubert.
9. Crim. 6 nov. 2018, n° 17-86.417, NP.

l'hygiène, la sécurité et les conditions de travail identifie une autre société, personne morale qui assure la présidence, comme étant l'organe, qui pour son compte, a commis ces infractions [1].

Enfin, sur le sujet de l'articulation d'une responsabilité à la suite d'agissements « pour le compte » de la personne morale et d'une responsabilité personnelle, la chambre criminelle a pu préciser que le fait qu'un dirigeant ait agi dans son propre intérêt n'est pas de nature à exclure qu'il l'ait fait également pour le compte de la personne morale [2], ou encore que la règle *ne bis in idem* ne s'oppose ni à ce que le représentant d'une personne morale à laquelle est imposée une sanction fiscale, soit lui-même pénalement condamné, ni à ce qu'il soit déclaré solidaire de la dette fiscale de la personne morale [3]. Elle est attentive à ce que n'existe pas au fil des responsabilités retenues de contradictions de motifs [4].

221.137 Responsabilité pécuniaire du représentant de la personne morale. Dans un domaine particulier, qui est celui de la responsabilité pécuniaire du représentant de la personne morale, prévu par certains textes spécifiques, il a été jugé qu'en application de l'article L. 121-3, alinéa 3, du code de la route, lorsque, le certificat d'immatriculation du véhicule est établi au nom d'une personne morale, la responsabilité pécuniaire prévue au premier alinéa de cet article incombe au représentant légal de cette personne morale.

En conséquence, la citation doit être délivrée à la seule personne physique qui était, au moment des faits, le représentant légal de la personne morale titulaire du certificat d'immatriculation et qui, à ce titre, est pécuniairement redevable de l'amende encourue [5].

221.138 Absence de moyens de contrainte. Le représentant de la personne morale poursuivie ne peut, en cette qualité, faire l'objet d'aucune mesure de contrainte autre que celle applicable au témoin [6].

Toutefois, en application des articles 139, 140 et 706-45 du code de procédure pénale, une personne morale peut être placée sous contrôle judiciaire et notamment soumise à l'obligation de verser un cautionnement, et à l'interdiction d'exercer certaines activités professionnelles. Justifie sa décision, au regard de ces textes, la chambre d'accusation qui interdit à une société d'exercer une activité professionnelle lorsque l'infraction qui lui est reprochée a été commise dans l'exercice ou à l'occasion de l'exercice de fait de ces activités. Lorsqu'un cautionnement a été décidé, les juges n'ont pas à s'expliquer sur l'affectation de la partie de son montant à la garantie de représentation de la personne mise en examen à tous les actes de la procédure et pour l'exécution du jugement, qui est de droit en vertu de l'article 142 du code de procédure pénale [7].

221.139 Situation de la personne morale absorbée. Saisie de la question de savoir dans quelles conditions, en cas de fusion-absorption, la société absorbante peut être condamnée pénalement pour des faits commis, avant la fusion, par la société absorbée, la chambre criminelle, dans un arrêt très pédagogique [8], bouleversant le régime de la responsabilité des personnes morales dans cette hypothèse toute particulière [9], a jugé que :

– Selon la jurisprudence constante de la Cour de cassation, le principe posé par l'article 121-1 du code pénal, selon lequel nul n'est responsable pénalement que de son propre fait, dont l'interprétation doit respecter l'article 6 de la Convention européenne des droits de l'homme, s'oppose à ce qu'à la suite d'une opération de fusion-absorption, la société absorbante soit poursuivie et condamnée pour des faits commis antérieurement à ladite opération par la société absorbée, dissoute par l'effet de la fusion [10].

– La Cour de cassation a maintenu sa jurisprudence même après que la Cour de justice de l'Union européenne eut dit pour droit que les dispositions de l'article 19, § 1, de la directive 78/855/CEE du Conseil du 9 octobre 1978 relative à la fusion des sociétés anonymes, codifiées à l'article 105, § 1, de la directive (UE) 2017/1132 du Parlement européen et du Conseil du 14 juin 2017 relative à certains aspects du droit des sociétés, doivent être interprétées en ce sens qu'une fusion par absorption entraîne la transmission à la société absorbante de l'obligation de payer une amende infligée après cette fusion pour des infractions au code du travail commises par la société absorbée avant la fusion [11] ; elle a en effet considéré que, d'une part, l'arti-

1. Crim. 21 juin 2022, nº 20-86.857, P. *D. actu.*, 11 juill. 2022, « L'exigence d'identification de l'organe ou du représentant de la personne morale en cas de pluralité de sociétés », M. Recotillet.
2. Crim. 29 janv. 2020, nº 17-83.577, P, *Dr. pén.* 2020, comm. 73.
3. Crim. 23 oct. 2019, nº 18-85.088, P, *Dr. pén.* 2019, comm. 206.
4. Crim. 7 mars 2023, nº 22-82.921, NP.
5. Crim. 19 déc. 2012, nº 12-80.861, P nº 284 ; *RSC* 2013. 398, obs. D. Boccon-Gibod.
6. C. pr. pén., art. 706-44.
7. Crim. 19 mars 2002, nº 01-88.829, P nº 64 ; *D.* 2002. 1529.
8. Crim. 25 nov. 2020, nº 18-86.955, P.
9. La jurisprudence encore appliquée par Crim. 25 oct. 2016, nº 16-80.366, P nº 275, n'a donc plus lieu d'être.
10. Crim. 20 juin 2000, nº 99-86.742, P nº 237 ; Crim. 14 oct. 2003, nº 02-86.376, P nº 189.
11. CJUE, arrêt du 5 mars 2015, *Modelo Continente Hipermercados SA c/ Autoridade para as Condições de Trabalho*, C-343/13.

cle 121-1 du code pénal ne pouvait s'interpréter que comme interdisant que des poursuites pénales soient engagées à l'encontre de la société absorbante pour des faits commis par la société absorbée avant que cette dernière ne perde son existence juridique par l'effet d'une fusion-absorption, d'autre part, ledit article ne pouvait être écarté comme contraire à la directive du 9 octobre 1978 puisqu'une directive ne peut pas produire un effet direct à l'encontre d'un particulier[1].

- Cette interprétation de l'article 121-1 du code pénal se fondait sur la considération que la fusion, qui entraîne la dissolution de la société absorbée, lui fait perdre sa personnalité juridique et entraîne l'extinction de l'action publique en application de l'article 6 du code de procédure pénale. La société absorbante, personne morale distincte, ne saurait en conséquence être poursuivie pour les faits commis par la société absorbée. Elle repose également sur l'assimilation de la situation d'une personne morale dissoute à celle d'une personne physique décédée. Or, cette approche anthropomorphique de l'opération de fusion-absorption doit être remise en cause car, d'une part, elle ne tient pas compte de la spécificité de la personne morale, qui peut changer de forme sans pour autant être liquidée, d'autre part, elle est sans rapport avec la réalité économique.

- En effet, selon l'article L. 236-3 du code de commerce, la fusion-absorption, si elle emporte la dissolution de la société absorbée, n'entraîne pas sa liquidation. De même, le patrimoine de la société absorbée est universellement transmis à la société absorbante et les actionnaires de la première deviennent actionnaires de la seconde. En outre, en application de l'article L. 1224-1 du code du travail, tous les contrats de travail en cours au jour de l'opération se poursuivent entre la société absorbante et le personnel de l'entreprise. Il en résulte que l'activité économique exercée dans le cadre de la société absorbée, qui constitue la réalisation de son objet social, se poursuit dans le cadre de la société qui a bénéficié de cette opération.

- La Cour européenne des droits de l'homme, se fondant sur la continuité économique existant entre la société absorbée et la société absorbante, en déduit que « la société absorbée n'est pas véritablement « autrui » à l'égard de la société absorbante » et juge en conséquence que le prononcé d'une amende civile, à laquelle est applicable le volet pénal de l'article 6 de la Convention européenne des droits de l'homme, à l'encontre d'une société absorbante, pour des actes restrictifs de concurrence commis avant la fusion par la société absorbée, ne porte pas atteinte au principe de personnalité des peines[2]. Ainsi, la continuité économique et fonctionnelle de la personne morale conduit à ne pas considérer la société absorbante comme étant distincte de la société absorbée, de sorte que l'article 6 de la Convention européenne des droits de l'homme ne s'oppose pas à ce que l'article 121-1 du code pénal soit désormais interprété comme permettant que la première soit condamnée pénalement pour des faits constitutifs d'une infraction commise par la seconde avant l'opération de fusion-absorption.

- L'article 6 du code de procédure pénale, qui ne prévoit pas expressément l'extinction de l'action publique lors de l'absorption d'une société, ne s'oppose pas non plus à cette interprétation. Dès lors que la nouvelle interprétation de l'article 121-1 du code pénal est possible, elle devient nécessaire si elle est la seule à même, en l'état du droit interne, de permettre de tirer les conséquences de l'arrêt de la Cour de justice du 5 mars 2015, précité.

Après avoir poursuivi son analyse du sens et de la portée de l'arrêt précité du 5 mars 2015, la chambre criminelle énonce :

- En l'état actuel du droit interne, l'interprétation de l'article 121-1 du code pénal autorisant le transfert de responsabilité pénale entre la société absorbée et la société absorbante est la seule voie permettant de sanctionner pécuniairement la société absorbante pour des faits commis avant la fusion par la société absorbée.

- Il se déduit de ce qui précède qu'en cas de fusion-absorption d'une société par une autre société entrant dans le champ de la directive précitée, la société absorbante peut être condamnée pénalement à une peine d'amende ou de confiscation pour des faits constitutifs d'une infraction commise par la société absorbée avant l'opération.

- La personne morale absorbée étant continuée par la société absorbante, cette dernière, qui bénéficie des mêmes droits que la société absorbée, peut se prévaloir de tout moyen de défense que celle-ci aurait pu invoquer.

SECTION 5
LE CIVILEMENT RESPONSABLE

221.141 Définition et appel à la cause. Peut être définie comme civilement responsable toute personne qui, selon la loi, répond des conséquences civiles d'une faute commise par une autre personne sur laquelle elle exerce une autorité (par exemple, l'employeur vis-à-vis de son salarié ou les parents vis-à-vis de leur enfant mineur)[3].

1. Crim. 25 oct. 2016, n° 16-80.366, P n° 275.

2. CEDH, 24 oct. 2019, *Carrefour France c/ France*, req. n° 37858/14.

3. Lexique de la Cour de cassation, accessible en ligne.

En cas de demande indemnitaire, le civilement responsable doit être mis en cause dès les poursuites. Aux termes de l'article 3 du code de procédure pénale, le juge de répression ne peut connaître de l'action civile qu'autant qu'il est saisi de l'action publique ; dès lors, il ne saurait, après qu'un jugement définitif a statué sur cette action et sur le principe des dommages-intérêts dont le montant reste à fixer, admettre la mise en cause du civilement responsable [1].

§ 1
Responsabilités civiles classiques posées par l'article 1242 du code civil

221.151 **Champ.** La question est ici celle des personnes civilement responsables du fait des agissements d'autrui, en l'espèce, du prévenu renvoyé devant la juridiction pénale, ces personnes étant mentionnées à l'article 1242 (anc. 1384) du code civil [2].

La jurisprudence exige que la juridiction pénale précise la qualité, au sens de l'article 1242 du code civil, en vertu de laquelle elle déclare une personne civilement responsable du prévenu [3]. Il s'agit des catégories évoquées ci-après.

A.
Parents du fait de leurs enfants mineurs (C. civ., art. 1242, al. 4) [4]

221.161 **Responsabilité de plein droit.** L'absence de faute ne suffit pas à évincer ce principe de responsabilité de plein droit dont le fondement est l'article 1242, alinéa 4, du code civil, dès lors que les parents exercent l'autorité parentale et qu'existe une communauté d'habitation entre le mineur et ses parents. Il suffit d'un fait dommageable du mineur [5].

Cette responsabilité civile des parents doit bien évidemment être distinguée de la responsabilité pénale encourue par les parents qui se soustraient, sans motif légitime, à leurs obligations légales au point de compromettre la santé, la sécurité, la moralité ou l'éducation de leur enfant mineur [6].

La cohabitation résulte de ce que l'enfant a sa résidence habituelle au domicile de ses parents ou de l'un d'eux [7].

Par ailleurs, la première chambre civile a pu juger que, sauf acte usuel, le juge des enfants ne peut autoriser la personne, le service ou l'établissement à qui est confié l'enfant à accomplir un acte relevant de l'autorité parentale qu'à titre exceptionnel, lorsque l'intérêt de l'enfant le justifie, et en cas de refus abusif ou injustifié ou en cas de négligence des détenteurs de l'autorité parentale [8].

221.162 **Résidence de l'enfant.** Le défaut de cohabitation dépourvu de cause légitime, soit ne résultant pas d'une décision autorisant la résidence séparée ou confiant l'enfant à un foyer éducatif, ne faisait pas cesser la présomption légale de responsabilité pesant solidairement sur le père et la mère par l'effet de l'article 1242, alinéa 4, du code civil, en raison du dommage causé par l'enfant mineur [9]. De même, une mère dont l'enfant avait été confié à un établissement spécialisé, a pu à l'occasion de l'exercice du droit de visite, être considérée responsable du viol commis par son fils, dès lors que selon l'article 375-7 du code civil, les père et mère dont l'enfant a fait l'objet d'une mesure d'assistance éducative, conservent sur lui leur autorité parentale et en exercent tous les attributs qui ne sont pas inconciliables avec l'application de la mesure [10].

Progressivement toutefois, les jurisprudences tant civile que criminelle ont évoluées. Une association chargée par décision du juge des enfants d'organiser et de contrôler à titre permanent le mode de vie d'un mineur a ainsi été jugée comme demeurant responsable de plein droit du fait dommageable commis par ce mineur, même lorsque celui-ci habite avec ses parents, dès lors qu'aucune décision judiciaire n'a suspendu ou interrompu cette mission éducative [11].

La jurisprudence a ensuite énonçé que la responsabilité du parent chez lequel la résidence habituelle de l'enfant n'a pas été fixée ne peut, sans faute de sa part, être engagée [12] ; dans sa suite, se situe une autre

1. Crim. 20 mars 2005, n° 84-91.047, P n° 119.
2. C. civ., art. 1242 (anc. 1384) ; réd. ord. n° 2016-131, 10 févr. 2016, art. 2.
3. Crim. 8 févr. 1982, n° 81-92.670, *P* n° 44.
4. Crim. 15 juin 2000, n° 99-84.912, P n° 232 ; *D.* 2000. 245.
5. Cass., ass. plén., 9 mai 1984, n° 79-16.612, P AP n° 4. Cahiers juridiques des assurances mutuelles agricoles, oct. 1984, p. 590, obs. H. Groutel.
6. C. pén., art. 227-17 – P. Rousseau, « La responsabilité pénale des parents de mineurs délinquants ou criminels », *D. actu.*, 29 juin 2021.
7. Civ. 2e, 20 janv. 2000, n° 98-14.479, P II, n° 14 ; A. Gouttenoire-Cornut, *JCP* 2000. 1607. V. aussi : Civ. 2e, 19 févr. 1997, n° 93-14.646, *D.* 1997. 119 ; *RTD civ.* 1997. 648, obs. J. Hauser.
8. C. civ., art. 1242, al. 4 (anc. 1384, al. 5) ; réd. ord. n° 2016-131, 10 févr. 2016, art. 2 – Civ. 1re, 4 janv. 2017, n° 15-28.935, P ; *D.* 2017. 62 ; *AJ fam.* 2017. 138, obs. P. Pedron ; *RTD civ.* 2017. 117, obs. J. Hauser.
9. Crim. 21 août 1996, n° 95-84.102, P n° 309.
10. Crim. 25 mars 1998, n° 94-86.137, P n° 114.
11. Civ. 2e, 6 juin 2002, nos 00-12.014, 00.15.606, 00.18.286, 00.19.694 et 00-19.922, P. II, n° 120 – Crim. 8 janv. 2008, n° 07-81.725, P n° 3.
12. Crim. 6 nov. 2012, n° 11-86.857, P n° 241 ; *D.* 2012. 2658, obs. I. Gallmeister ; *AJ fam.* 2012. 613, obs. F. Chénedé ; *RTD civ.* 2013. 106, obs. J. Hauser.

décision rappelant que la responsabilité de plein droit prévue par le quatrième alinéa de l'article 1242 (anc. 1384) du code civil incombe au seul parent chez lequel la résidence habituelle de l'enfant a été fixée, quand bien même l'autre parent, bénéficiaire d'un droit de visite et d'hébergement, exercerait conjointement l'autorité parentale et aurait commis une faute civile personnelle dont l'appréciation ne relève pas du juge pénal. En conséquence, doit être cassé l'arrêt qui retient le comportement fautif du père, cité en qualité de civilement responsable, qui s'est désintéressé de son enfant et n'a aucunement exercé son pouvoir de surveillance et de contrôle de l'éducation de celui-ci[1]. En résumé, en cas de divorce ou de séparation, cette responsabilité de plein droit incombe au seul parent chez lequel la résidence habituelle de l'enfant mineur a été fixée, quand bien même l'autre parent exercerait conjointement l'autorité parentale.

Interrogée sur la question de savoir si l'application qu'elle fait de l'article 1242 al. 4 du code civil, en jugeant que concernant les parents séparés, seul le parent chez lequel est fixée la résidence de l'enfant mineur est civilement responsable, la chambre criminelle, aux motifs que les dispositions contestées ne font pas obstacle à l'indemnisation des victimes par le juge pénal selon le principe de la réparation intégrale de leur préjudice, lorsqu'il statue sur les conséquences dommageables des agissements d'un mineur auteur d'une infraction et l'en déclare solidairement responsable avec le seul parent chez lequel sa résidence a été fixée et qu'il ne saurait découler une atteinte au principe d'égalité du choix procédural effectué par les victimes de rechercher l'indemnisation de leur préjudice lié à l'infraction devant le juge pénal ou devant le juge civil, avait dit n'y avoir lieu de renvoyer au Conseil constitutionnel[2].

Suivant décision du 21 avril 2023[3], le Conseil constitutionnel saisi d'une QPC a décidé que la différence de traitement entre le parent chez lequel la résidence de l'enfant a été fixée, qui est responsable de plein droit du dommage causé par ce dernier, et l'autre parent, qui ne peut être responsable qu'en cas de faute personnelle, est fondée sur une différence de situation en rapport avec l'objet de la loi. Ces dispositions n'instituant, par elles-mêmes, aucune différence de traitement entre les victimes d'un dommage causé par un enfant mineur, et ne méconnaissant pas le principe d'égalité devant la loi, lesdites dispositions sont conformes à la Constitution.

1. Crim. 29 avr. 2014, nº 13-84.207, P nº 116 ; *D.* 2014. 1620, note L. Perdrix ; *D.* 2015. 124, obs. P. Brun et O. Gout ; *AJ fam.* 2014. 370, obs. A. Zelcevic-Duhamel ; *RTD civ.* 2014. 639, obs. J. Hauser.
2. Crim. 14 févr. 2023, nº 22-84.760, NP.
3. Cons. const. 21 avr. 2023, nº 2023-1045 QPC.

221.163 **Motivation de la décision.** Il incombe, selon l'article 470-1 du code de procédure pénale, à la juridiction civile, saisie sur renvoi de la juridiction correctionnelle après une relaxe pour une infraction non intentionnelle et la mise en cause de tiers responsables, de se prononcer sur les responsabilités civiles des prévenus ou des personnes civilement responsables et des tiers responsables mentionnés dans la décision de renvoi.

Méconnaît le sens et la portée de ce texte, une cour d'appel qui après avoir prononcé une relaxe de prévenus mineurs et retenu que des tiers responsables devaient être mis en cause, statue sur la responsabilité civile de leurs parents préalablement au renvoi de l'affaire devant la juridiction civile[4].

B.
Commettants du fait de leurs préposés dans les fonctions auxquelles ils les ont employés (C. civ., art. 1242, al. 5)[5]

221.171 **Rapport de subordination.** Le principe est que l'employeur est responsable des dommages causés par son employé, lorsque ce subordonné agit dans le cadre de ses fonctions. Le rapport de subordination prévu par l'article 1242, alinéa 5, du code civil ne peut exister sans le droit pour les commettants de donner aux préposés des ordres et instructions sur la manière de remplir les fonctions auxquelles il les emploie, autorité et subordination corrélatives sans lesquelles il n'y a pas de véritables commettants et préposés au sens de la loi ; cette autorité et cette subordination qui doivent être réelles ne peuvent résulter d'une situation de pure apparence[6]. La responsabilité n'est pas plus susceptible d'être retenue lorsque le lien de préposition a cessé[7].

221.172 **Responsabilité du commettant en rapport avec les fonctions de l'employé – Exemples.** De même que pour les parents vis-à-vis de leurs enfants, les possibilités d'exonération de cette responsabilité civile sont très limitées. La responsabilité de l'employeur est donc susceptible de s'effacer lorsqu'il est établi que le préposé a agi hors des fonctions auxquelles il était employé, sans autorisation et à des fins étrangères à ses attributions[8] ; mais

4. Crim. 27 mai 2014, nº 13-83.262, P nº 138 ; *D. actu.* 9 juin 2017, obs. F. Winckelmuller.
5. C. civ., art. 1242, al. 5 (anc. 1384, al. 5) ; réd. ord. nº 2016-131, 10 févr. 2016, art. 2.
6. Crim. 15 févr. 1972, nº 71-91.734, P nº 59 ; *D.* 1972. 368 ; *JCP* 1972. II. 171589, note D. Mayer.
7. Crim. 17 févr. 2016, nº 14-86.970, NP.
8. Pour une illustration d'un défaut de réponse à conclusions d'une cour d'appel saisie de cette question : Crim. 6 avr. 2016, nº 14-85.501, NP, *RTD com.* 2016. 574, obs. L. Saenko.

souvent par souci des victimes, la jurisprudence semble décider que les agissements répréhensibles du prévenu ne sont pas totalement sans rapport avec sa fonction, d'où l'obligation pour l'employeur d'en garantir les conséquences civiles.

Ainsi pour des exemples en matière criminelle, l'assassinat d'un chef de service, commis sur les lieux du travail par un de ses subordonnés venant d'apprendre qu'il était licencié, n'a pas été jugé indépendant du rapport de préposition et entraîne la responsabilité civile du commettant[1] ; de même, le commettant a-t-il été déclaré civilement responsable d'un crime d'incendie volontaire, commis par un employé pendant ses heures de travail dans un bâtiment de l'entreprise, l'employeur étant civilement responsable du dommage causé par son préposé soit que l'acte dommageable ait été commis par ce dernier dans les fonctions auxquelles il était employé, soit que cet acte se rattache au lien de préposition qui unit le préposé à son employeur[2]. Pareillement, en matière de violences volontaires délictuelles, le préposé qui frappe un client qui consommait dans le restaurant des produits qu'il sortait de son sac, dans le but ultime de faire respecter le règlement de l'établissement ne commet pas un abus de fonction, le commettant ne s'exonérant de sa responsabilité que si son préposé a agi hors des fonctions auxquelles il était employé, sans autorisation et à des fins étrangères à ses attributions, ce qui n'était pas le cas en l'espèce[3]. Une banque dont le préposé, après avoir démarché un client et alimenté le compte ouvert au nom de ce dernier par des versements en espèce reçus de sa part, détourne les fonds par des virements au profit de son compte personnel, domicilié dans le même établissement est civilement responsable[4]. Le préposé qui commet à l'occasion de la signature de contrats avec les clients des faits d'abus de blanc-seing et d'escroquerie au préjudice d'acheteurs de maisons individuelles, et les justifie « par le désir de réussir et d'augmenter ses gains par un développement à tout prix, même par des mensonges des artifices ou des faux, de sa clientèle personnelle » ne se place pas en dehors de ses fonctions[5]. L'employeur d'une société de gardiennage dont le préposé a commis des vols dans les locaux soumis à sa surveillance est civilement responsable[6], de même que l'employeur de salariés qui commettent des vols au préjudice d'un client au cours d'une installation de matériel, ses préposés n'ayant pas agi hors des fonctions auxquelles ils étaient employés, même s'ils l'avaient fait sans autorisation et à des fins étrangères à leurs attributions[7].

Il résulte des dispositions de l'article 1242, alinéa 5, du code civil, que le commettant ne peut s'exonérer de sa responsabilité, s'agissant des actes commis par son préposé, que si ce dernier a agi en dehors de ses fonctions, sans autorisation et à des fins étrangères à ses attributions. Justifie en conséquence sa décision la cour d'appel qui, à la suite de faits de harcèlement moral commis par un salarié investi de fonctions représentatives lors de réunions du comité d'établissement d'une société, déclare celle-ci civilement responsable de son préposé, aux motifs que les agissements dénoncés, commis au temps et sur les lieux du travail, étaient étrangers aux mandats du préposé poursuivi et à la défense des intérêts des salariés de l'entreprise, et qu'ils étaient connus des dirigeants de la personne morale qui n'étaient pas intervenus pour les faire cesser[8].

221.173 **Droit pénal douanier.** La responsabilité civile de l'employeur peut encore être recherchée en matière d'infractions douanières sur le fondement des dispositions combinées de l'article 1242, alinéa 5, du code civil et de l'article 404 du code des douanes qui dispose que « les propriétaires des marchandises sont responsables civilement du fait de leurs employés en ce qui concerne les droits, confiscations, amendes et dépens ». La généralité de ces termes et l'impossibilité d'y déroger laissent pendante l'opportunité d'une question prioritaire de constitutionnalité sur une disposition d'un code éminemment dérogatoire aux règles du droit commun...

S'il est vrai qu'au regard des dispositions de l'article 1384, alinéa 5, du code civil (ancien), une société ne saurait être déclarée civilement responsable des infractions commises par son représentant légal qui n'est pas son préposé, c'est, cependant à bon droit, la responsabilité civile et pénale se confondant en matière douanière et fiscale, que les juges du fond, qui ont constaté que la société en cause avait la qualité d'intéressée à la fraude au sens de l'article 399 du code des douanes, l'ont condamnée solidairement par application de l'article 407 du même code au paiement des confiscations et amendes prononcées contre le prévenu[9]. De même, s'il est vrai qu'au regard de l'article 1384, alinéa 5, du code civil, une société commerciale ne saurait être déclarée civilement responsable de son représentant légal,

1. Crim. 25 mars 1998, n° 96-85.593, P n° 113 ; *D.* 1998. 157.
2. Crim. 2 nov. 1971, n° 70-90.473, P n° 288.
3. Crim. 14 juin 1990, n° 88-87.396, P n° 245.
4. Crim. 4 janv. 1996, n° 94-85.432, P n° 6.
5. Crim. 6 avr. 1994, n° 93-83.024, NP.
6. Crim. 16 févr. 1999, n° 96-86.225, P n° 23 ; *JCP* 2000. I. 199, n° 11, obs. G. Viney.
7. Crim. 19 mars 1992, n° 89-85.403, NP, *Gaz. Pal.* 1992. 2. Somm. 386.
8. Crim. 28 mai 2013, n° 11-88.009, P n° 119 ; *Dr. soc.* 2014. 269, ét. R. Salomon.
9. Crim. 28 mai 1980, n° 79-92.004, P n° 160.

coupable d'infractions cambiaires, il n'en demeure pas moins qu'une telle société est tenue solidairement, dans les conditions prévues à l'article 407 du code des douanes, au paiement des confiscations et amendes prononcées[1]. Notons que depuis 2011, l'article 407 précité dispose que les propriétaires des marchandises de fraude, ceux qui se sont chargés de les importer ou de les exporter, les intéressés à la fraude, les complices et adhérents sont tous solidaires pour le paiement de l'amende et peuvent être soumis à une contrainte judiciaire, des sommes tenant lieu de confiscation et des dépens[2].

L'employé, qui a importé en contrebande des marchandises prohibées en utilisant le camion de son employeur lors d'un transport effectué pour le compte de celui-ci pendant le temps du travail, même s'il a agi sans autorisation et à des fins étrangères à ses attributions, n'était pas hors de ses fonctions au sens de l'article 1384, alinéa 5, du code civil, et l'infraction douanière qu'il a commise n'est pas indépendante du lien de préposition l'unissant à son employeur qui doit être déclaré civilement responsable. Et l'amende douanière, à laquelle a été condamné le préposé, en raison de son caractère partiellement indemnitaire, peut être mise à la charge du civilement responsable[3]. Dès lors que le préposé a été reconnu responsable de l'infraction poursuivie, le juge a l'obligation de statuer sur l'action civile exercée contre le commettant, civilement responsable en application de l'article 1242 (anc. 1384) du code civil. En effet, les dispositions de l'article 418 du code de procédure pénale ne subordonnent pas la recevabilité de la constitution de partie civile à la présentation d'une demande de dommages-intérêts, et encourt donc la cassation, l'arrêt par lequel une cour d'appel, après avoir déclaré le prévenu coupable de l'infraction dénoncée, se déclare incompétente pour statuer sur une demande de réparations civiles au motif que celle-ci n'est dirigée que contre le commettant en sa qualité de civilement responsable[4].

221.174 Exonération de responsabilité du commettant – Abus de fonction. Le commettant ne peut être exonéré de sa responsabilité que s'il démontre que son préposé a commis un abus de fonction. Il s'agit d'une question controversée ponctuée par plusieurs arrêts très stricts de l'Assemblée plénière de la Cour de cassation ayant successivement indiqué que le commettant s'exonère de sa responsabilité à la triple condition que son préposé ait agi hors des fonctions auxquelles il était employé, sans autorisation, et à des fins étrangères à ses attributions[5]. Par suite, une compagnie d'assurances ne peut s'exonérer de sa responsabilité civile lorsque l'un de ses inspecteurs, chargé de faire souscrire à un particulier des contrats de capitalisation, a détourné des fonds qui lui avaient été remis dans l'exercice de ses fonctions[6].

De même, un arrêt *Costedoat*, fort critiqué par la doctrine, était-il venu décider que n'engageait pas sa responsabilité à l'égard des tiers le préposé qui agissait sans excéder les limites de la mission qui lui avait été impartie par son commettant[7].

Dans un arrêt *Cousin*, du 14 décembre 2001[8], l'Assemblée plénière a décidé que : « Le préposé condamné pénalement pour avoir intentionnellement commis, fût-ce sur l'ordre du commettant, une infraction ayant porté préjudice à un tiers engage sa responsabilité civile à l'égard de celui-ci ».

Dès lors, et même dans l'hypothèse où le commettant a ordonné la commission d'un délit, le préposé reste civilement tenu de réparer le dommage de la victime. Si l'employeur est civilement condamné, il pourra après avoir indemnisé la victime, exercer une action récursoire contre son salarié.

C. Instituteurs à raison du dommage causé par leurs élèves sous leur surveillance (C. civ., art. 1242, al. 6[9])

221.181 Principe d'une responsabilité générale de l'État. Une responsabilité générale de l'État, mise en jeu devant les tribunaux de l'ordre judiciaire, a été instituée par la loi du 5 avril 1937[10,11] pour tous les cas où un dommage causé par un élève a son origine dans la faute d'un membre de l'enseignement et il n'est dérogé à cette règle que dans le cas où le préjudice subi doit être regardé comme indé-

1. Crim. 10 mai 1989, n° 87-82.658, P n° 187.
2. Réd. L. n° 2011-525, 17 mai 2011.
3. Crim. 19 févr. 2003, n° 02-81.851, P n° 43.
4. Crim. 26 oct. 1982, n° 81-94.768, P n° 233.
5. Crim. 4 janv. 1996, n° 94-85.432, P n° 6.
6. Cass., ass. plén., 19 mai 1988, n° 87-82.654, P n° 5 ; *D.* 1988. 513, note C. Larroumet ; *Defrénois* 1988. 1097, obs. J.-L. Aubert ; *RTD civ.* 1989. 89, obs. P. Jourdain.
7. Cass., ass. plén., 25 févr. 2000, n°s 97-17.378, 97-20.152, P n° 2 ; *D.* 2000. 673, note Ph. Brun ; *D.* 2000. 467, obs. Ph. Delebecque.
8. Cass., ass. plén., 14 déc. 2001, n° 00-82.066, P n° 17 ; *D.* 2002. 1230, note J. Julien ; *D.* 2002. 1317, obs. D. Mazeaud ; *D.* 2002. 2117, obs. B. Thullier ; *JCP* 2002. I. 124, n° 22, obs. G. Viney ; *JCP* 2002. II. 10026, note M. Billiau.
9. C. civ., art. 1242, al. 6 (anc. 1384, al. 6) ; réd. ord. n° 2016-131, 10 févr. 2016, art. 2.
10. L. 5 avr. 1937 « modifiant les règles de la preuve en ce qui concerne la responsabilité civile des instituteurs et l'article 1384 (paragraphe 5, dernier al.) du code civil relatif à la substitution de la responsabilité de l'État à celle des membres de l'enseignement public », *JO* 6 avr., p. 3923.
11. C. éduc., art. L. 911-4 ; mod. par L. n° 2015-177, 16 févr. 2015, art. 15.

pendant du fait de l'agent, soit que ce préjudice ait son origine dans un dommage afférent à un travail public, soit qu'il trouve sa cause dans un défaut d'organisation du service[1]. Il est à noter qu'alors que l'article 1242, al. 6 du code civil mentionne les instituteurs, l'article L. 911-4 du code de l'éducation concerne plus largement les membres de l'enseignement public.

En application de cette même loi, les tribunaux judiciaires de droit commun sont compétents pour connaître des actions exercées contre l'État pris, non comme civilement responsable, mais comme substitué aux membres de l'enseignement public, sans qu'en soient exclues les juridictions répressives[2]. Si l'action indemnitaire contre l'État substitué aux membres de l'enseignement public doit être, selon l'article L. 911-4 du code de l'éducation, portée, à titre principal, devant les juridictions civiles de droit commun, ce même texte n'exclut pas qu'elle le soit devant les juridictions répressives ordinaires, telle la cour d'assises, accessoirement à l'action publique ainsi que le prévoit l'article 3 du code de procédure pénale[3].

En pratique, la responsabilité des instituteurs pour les dommages causés par leurs élèves pendant que ceux-ci sont sous leur surveillance, ne peut être retenue que si une faute invoquée contre eux est prouvée, ce qui exclut l'application à leur encontre de la responsabilité fondée sur l'article 1242, alinéa 1er, du code civil[4]. La faute d'imprudence ou de négligence, reprochée à l'instituteur, doit nécessairement être distincte de celle reprochée au mineur délinquant et en outre la juridiction répressive, saisie de l'action publique du fait des infractions commises par les seuls mineurs, n'est pas compétente pour statuer sur l'action civile fondée sur les fautes imputées par la victime aux instituteurs chargés de leur surveillance[5]. Autrement formulé, lorsque la responsabilité d'un membre de l'enseignement public se trouve engagée à la suite d'un fait dommageable commis au détriment des élèves qui lui sont confiés, la responsabilité de l'État est substituée à celle de l'enseignant, qui ne peut jamais être mis en cause devant les tribunaux civils par la victime ou ses représentants[6]. Ces instituteurs ne peuvent s'exonérer qu'en prouvant un cas de force majeure ou une faute exclusive de la victime. Enfin, pour condamner l'État à réparer le dommage causé par les élèves pendant le temps où ils sont sous la surveillance de leur instituteur, il faut retenir la responsabilité d'un instituteur déterminé, auteur d'une faute personnelle. Il ne suffit pas d'énoncer qu'il n'y avait aucun surveillant dans les lieux où se sont déroulés les faits et que l'accident est révélateur de l'insuffisance de l'encadrement[7]. Ni la responsabilité de l'État ni celle de l'établissement privé d'enseignement sous contrat d'association ne se trouvent engagées dans un accident survenu à l'occasion de la pratique amicale du rugby par les élèves pendant une récréation, en l'absence de faute d'un enseignant ou d'un manquement du collège quant à la qualité des lieux et du matériel mis à la disposition des joueurs[8].

Par principe, la réparation du préjudice subi par la victime, par l'État, peut donc toujours être prononcée par la juridiction répressive compétente.

221.182 Poursuites pénales contre un enseignant. Dans l'hypothèse de poursuites pénales contre un enseignant, les parents d'élèves mineurs doivent se constituer parties civiles non plus, comme antérieurement au texte de 2015, contre le représentant de l'État, soit le Préfet, mais contre l'autorité académique compétente et en aucun cas contre le prévenu ; ils obtiendront le cas échéant réparation de leur préjudice, de l'État, substitué à l'enseignant fautif. Ici, la question du caractère volontaire ou non de l'acte de l'enseignant est sans intérêt dès lors que la responsabilité personnelle d'un membre de l'enseignement public, à laquelle est substituée celle de l'État par application de l'article L. 911-4 du code de l'éducation, ne peut être directement recherchée[9].

En revanche, les dispositions de l'article L. 911-4 du code de l'éducation n'empêchent pas la victime de se constituer partie civile contre l'instituteur lui-même dans un seul but vindicatif, autrement dit « à l'appui de l'action publique ». Pour une illustration, la décision jugeant que, si la constitution de partie civile, qui tend seulement à établir la culpabilité du prévenu, était recevable, l'action civile en réparation du dommage ne pouvait être suivie contre l'enseignant, la cour d'appel, qui avait ordonné une expertise médicale de la victime dans le cadre d'une action indemnitaire dirigée contre le prévenu, a méconnu les textes susvisés et les principes ci-dessus énoncés[10]. Cassation également prononcée, d'une condamnation de l'enseignante déclarée coupable

1. CE 25 mars 1983, *Héritiers de J. Bacou*, req. n° 31682 ; *JCP* 1984. II. 20287, note E. Mirieu de Labarre.
2. Cass., ch. mixte, 23 avr. 1976, n° 74-90.569, P n° 1 ; *D.* 1977. 21, note J. Martin.
3. Crim. 30 nov. 1994, n° 94-80.336, P n° 387.
4. Civ. 2e, 11 mars 1981, n° 78-16.333, P II, n° 55.
5. Crim. 12 nov. 1997, n° 92-83.250, P n° 385.
6. Crim. 7 nov. 2017, n° 16-84.329, P.
7. Civ. 2e, 17 juill. 1991, n° 89-17.216, P II, n° 232.
8. Civ. 2e, 10 mai 2001, n° 99-11.287, P II, n° 96 ; *D.* 2001. 2851, rapp. P. Guerder, note O. Tournafond ; *D.* 2002. 1315, obs. D. Mazeaud ; *RDSS* 2002. 118, obs. F. Monéger ; *RTD civ.* 2001. 601, obs. P. Jourdain.
9. Crim. 31 janv. 1995, n° 93-85.711, P n° 38.
10. Crim. 14 sept. 2011, n° 10-82.984, NP.

de violences sur ses élèves, à payer des dommages et intérêts aux parents des victimes[1].

Dès lors, dans les hypothèses de poursuites intentées pour violences volontaires de la part de l'enseignant sur l'un ou plusieurs de ses élèves, la constitution de partie civile dirigée contre l'enseignant et tendant à voir affirmée la culpabilité du prévenu est recevable, alors que la demande indemnitaire ne l'est pas. Les membres de l'enseignement public, même lorsqu'ils ont commis volontairement une infraction, ne peuvent jamais être mis en cause par le représentant légal d'un élève exerçant l'action civile ; et il en est ainsi même si la victime de violences est un pupille de l'État représenté par le préfet, son tuteur[2].

Doit être considéré comme membre de l'enseignement public, au sens de l'article L. 911-4 du code de l'éducation, l'agent territorial spécialisé des écoles maternelles, qui appartient à la communauté éducative et remplit une mission d'accueil des élèves, d'assistance pédagogique et de surveillance, auquel est imputée une faute pénale (harcèlement moral aggravé) commise à l'occasion d'activités scolaires ou périscolaires, d'enseignement ou de surveillance[3].

221.183 **Règles applicables aux établissements privés sous contrat.** Ces règles sont également applicables aux établissements privés sous contrat[4]. Lorsqu'une institution a passé un contrat d'association avec l'enseignement public, la responsabilité de l'État, substituée à celle des membres de l'enseignement pour les dommages causés par leurs élèves pendant que ceux-ci sont sous leur surveillance, n'est pas une responsabilité de plein droit, au sens de l'ancien article 1384, alinéa 1er, du code civil et ne peut être retenue, conformément aux dispositions des alinéas 6 et 8 de l'ancien article 1384, que si une faute de l'instituteur est prouvée conformément au droit commun[5]. En revanche, les agents du service de l'éducation surveillée (aujourd'hui protection judiciaire de la jeunesse) du ministère de la Justice n'ont pas la qualité de membres de l'enseignement public et l'article L. 911-4 du code de l'éducation ne leur étant pas applicable c'est la juridiction administrative qui est compétente pour connaître de l'action en réparation du dommage subi par un mineur confié à un tel établissement[6].

D.
Artisan en raison du dommage causé par leurs apprentis sous leur surveillance (C. civ., art. 1242, al. 6)[7]

221.191 **Responsabilité des artisans en raison du dommage causé par leurs apprentis[8].** Il sera renvoyé aux dispositions du code civil dans cette matière qui connaît peu d'exemples récents. Il est possible toutefois de rappeler qu'ayant constaté qu'un apprenti, en formation dans un garage, s'y était emparé d'un véhicule à l'heure où il était chargé d'ouvrir l'établissement et avait causé un accident, c'est à bon droit que les juges du fond ont, en application de l'alinéa 6 de l'article 1242 du code civil, retenu la responsabilité civile de l'employeur dès lors qu'il résultait des mentions de l'arrêt que les faits dommageables avaient été commis à une heure où l'apprenti était sous la surveillance dudit employeur et que celui-ci n'avait ni prouvé ni même offert de prouver que malgré une surveillance normale il n'avait pu empêcher ces faits[9]. Les différentes responsabilités du fait d'autrui édictées par l'article 1242 du code civil étant non pas cumulatives, mais alternatives, n'encourt pas cassation l'arrêt d'une cour qui, après avoir constaté que lors du fait délictueux l'apprenti se trouvait sous la surveillance et l'autorité de l'artisan, refuse de retenir la responsabilité des père et mère dudit apprenti[10].

§ 2
De quelques solidarités particulières

221.201 **Textes spéciaux.** Certains textes prévoient expressément de manière dérogatoire que puisse être désignée comme civilement responsable une autre personne que l'auteur de l'infraction pénale poursuivie devant le tribunal correctionnel et que cette personne soit notamment tenue du paiement des amendes. Ainsi :

221.202 **Diffamation.** En matière de diffamation, les propriétaires des journaux ou écrits pério-

1. Crim. 20 sept. 2006, n° 05-87.229, P n° 230 ; *AJDA* 2007. 106 ; *D.* 2007. 187, note C. Ambroise-Castérot ; *D.* 2007. 973, obs. J. Pradel ; *AJ pénal* 2006. 503, obs. G. Roussel ; *RSC* 2007. 116, obs. A. Giudicelli – Crim. 7 nov. 2017, n° 16-84.329, P ; *RSC* 2017. 740, obs. Y. Mayaud – D. Goetz, « Rappels utiles sur la responsabilité des membres de l'enseignement public », *D. actu.* 20 nov. 2017.
2. Crim. 24 mai 1973, n° 70-91.066, P n° 238.
3. Crim. 2 févr. 2022, n° 21-82.535, P, *D. actu.*, 16 févr. 2022, L. Priou-Alibert « Des intérêts civils dirigés à l'encontre d'un membre de l'enseignement public ».
4. T. confl. 27 nov. 1995, req. n° 02963, *Lebon ; Gaz. Pal.* 1996. 1. 280.
5. Civ. 2e, 16 mars 1994, n° 92-19.649, P II, n° 92 ; *RDSS* 1995. 160, obs. J.-M. Lhuillier.
6. T. confl. 25 mars 1968, *D.* 1968. 534, concl. M. Dutheillet de Lamothe.
7. C. civ., art. 1242, al. 6 (anc. 1384, al. 6) ; réd. ord. n° 2016-131, 10 févr. 2016, art. 2.
8. C. civ., art. 1242, al. 6.
9. Crim. 14 mai 1980, n° 79-92.213, P n° 146.
10. Crim. 2 oct. 1985, n° 84-92.443, P n° 294.

diques sont responsables des condamnations pécuniaires prononcées au profit des tiers contre les personnes désignées dans les articles 42 et 43, conformément aux dispositions des articles 1240[1], 1241[2], 1242[3] du code civil. Dans les cas prévus au deuxième alinéa de l'article 6, le recouvrement des amendes et dommages-intérêts pourra être poursuivi sur l'actif de l'entreprise[4].

221.203 **Infractions douanières.** En matière d'infractions douanières, les propriétaires des marchandises sont responsables civilement du fait de leurs employés en ce qui concerne les droits, confiscations, amendes et dépens et ils répondent civilement des infractions commises par leurs préposés même en dehors de leurs fonctions[5 6]. Lorsqu'à l'occasion d'une escroquerie commise au préjudice de son employeur un préposé s'est également rendu coupable d'importation en contrebande, l'obligation mise à sa charge de réparer le dommage résultant de l'infraction de droit commun n'est pas incompatible avec la condamnation solidaire du commettant aux pénalités douanières. Les condamnations contre plusieurs personnes pour un même fait de fraude sont solidaires, tant pour les pénalités pécuniaires tenant lieu de confiscation que pour l'amende et les dépens. Il n'en est autrement qu'à l'égard des infractions aux articles 53-1 et 61-1 qui sont sanctionnés par des amendes individuelles[7]. La solidarité n'étant pas une peine, mais un moyen d'exécution, une cour d'appel peut limiter au regard de circonstances de fait et à l'égard de certains coprévenus, l'étendue de la solidarité[8].

221.204 **Infractions fiscales.** En matière d'infractions fiscales, la solidarité pénale pour le paiement des amendes peut être prononcée sans qu'il soit besoin de la décision spéciale et motivée visée à l'alinéa 2 de l'article 480-1 du code de procédure pénale. Les juges du fond apprécient souverainement l'opportunité de prononcer la solidarité prévue à l'article 1745 du code général des impôts entre les personnes condamnées définitivement en application des articles 1741, 1742 ou 1743 dudit code et le redevable légal de l'impôt fraudé, pour le paiement de cet impôt ainsi que pour celui des pénalités fiscales y afférente[9].

221.205 **Infractions de pêche.** En matière d'infractions de pêche, le tribunal pouvait déclarer responsables des amendes prononcées en application des dispositions du décret du 9 janvier 1852 les armateurs de bateaux de pêche, qu'ils en soient ou non propriétaires, à raison des faits des patrons et équipages de ce bateau, ceux qui exploitent les établissements de cultures marines et dépôts de coquillages, à raison des faits de leurs agents ou employés. Le texte prévoyait qu'ils étaient, dans tous les cas, responsables des condamnations civiles[10].

221.206 **Pollution par les rejets des navires.** Les règles de procédure applicables pour l'enquête, la poursuite, l'instruction et s'il s'agit de délits, le jugement des infractions en matière de pollution des eaux marines et des voies ouvertes à la navigation maritime prévues et réprimées par le chapitre VIII du titre 1er du livre II du code de l'environnement sont fixées aux articles 706-107 et suivants du code de procédure pénale. Lorsqu'elles sont commises dans les eux territoriales, les eaux intérieures et les voies navigables, la compétence d'un tribunal judiciaire peut être étendue au ressort d'une ou plusieurs cours d'appel[11]. En matière de pollution par les rejets des navires, le tribunal peut, compte tenu des circonstances de fait et notamment des conditions de travail de l'intéressé, décider que le paiement des amendes prononcées à l'encontre du capitaine, en vertu des articles L. 218-11 à L. 218-19 du code de l'environnement, est en totalité ou en partie à la charge du propriétaire ou de l'exploitant à condition que le propriétaire ou l'exploitant ait été cité à l'audience[12].

221.207 **Dommages commis aux tiers par un condamné exécutant une peine de travail d'intérêt général.** En matière de dommages commis aux tiers par un condamné exécutant une peine de travail d'intérêt général, l'État répond du dommage ou de la part du dommage qui est causé à autrui par un condamné et qui résulte directement de l'application d'une décision comportant l'obligation d'accomplir un travail d'intérêt général. L'État est subrogé de plein droit dans les droits de la victime. L'action en responsabilité et l'action récursoire sont portées devant les tribunaux de l'ordre judiciaire[13].

221.208 **Infractions à la réglementation routière.** En matière d'infractions à la réglementation sur le stationnement et autres, l'article L. 121-2 du code de la route dispose que par dérogation aux

1. C. civ., art. 1240 (anc. 1382) ; réd. ord. n° 2016-131, 10 févr. 2016, art. 2.
2. C. civ., art. 1241 (anc. 1383) ; réd. ord. n° 2016-131, 10 févr. 2016, art. 2.
3. C. civ., art. 1242 (anc. 1384) ; réd. ord. n° 2016-131, 10 févr. 2016, art. 2.
4. L. 29 juill. 1881, art. 44.
5. C. douanes, art. 404.
6. Crim. 9 mai 1983, n° 81-94.050, P n° 133.
7. C. douanes, art. 406.
8. Crim. 21 oct. 1965, n° 63-91.135, P n° 205.
9. Crim. 2 mars 1987, n° 85-93.947, P n° 101.
10. Décr. 9 janv. 1852 sur l'exercice de la pêche maritime, art. 12 ; abrog. par ord. n° 2010-462, 6 mai 2010, art. 4.
11. V. L. n° 2020-1672, 24 déc. 2020, *JO* 26 déc. 2020, n° 4.
12. C. envir., art. L. 218-23.
13. C. pén., art. 131-24.

dispositions de l'article L. 121-1, le titulaire du certificat d'immatriculation du véhicule est responsable pécuniairement des infractions à la réglementation sur le stationnement des véhicules ou sur l'acquittement des péages pour lesquelles seule une peine d'amende est encourue, à moins qu'il n'établisse l'existence d'un événement de force majeure ou qu'il ne fournisse des renseignements permettant d'identifier l'auteur véritable de l'infraction.

Dans le cas où le véhicule était loué à un tiers, cette responsabilité pèse, avec les mêmes réserves, sur le locataire.

Dans le cas où le véhicule a été cédé, cette responsabilité pèse, avec les mêmes réserves, sur l'acquéreur du véhicule.

Lorsque le certificat d'immatriculation du véhicule est établi au nom d'une personne morale, la responsabilité pécuniaire prévue au premier alinéa incombe, sous les mêmes réserves, au représentant légal de cette personne morale.

Par ailleurs, l'article L. 121-3, modifié par la loi du 18 novembre 2016, précise que par dérogation aux dispositions de l'article L. 121-1, le titulaire du certificat d'immatriculation du véhicule est redevable pécuniairement de l'amende encourue pour des infractions dont la liste est fixée par décret en Conseil d'État, à moins qu'il n'établisse l'existence d'un vol ou de tout autre événement de force majeure ou qu'il n'apporte tous éléments permettant d'établir qu'il n'est pas l'auteur véritable de l'infraction.

La personne déclarée redevable en application des dispositions du présent article n'est pas responsable pénalement de l'infraction. Lorsque le tribunal de police, y compris par ordonnance pénale, fait application des dispositions du présent article, sa décision ne donne pas lieu à inscription au casier judiciaire, ne peut être prise en compte pour la récidive et n'entraîne pas retrait des points affectés au permis de conduire. Les règles sur la contrainte judiciaire ne sont pas applicables au paiement de l'amende.

Lorsque le certificat d'immatriculation du véhicule est établi au nom d'une personne morale, la responsabilité pécuniaire prévue au premier alinéa incombe, sous les réserves prévues au premier alinéa de l'article L. 121-2, au représentant légal de cette personne morale.

Lorsque le véhicule était loué à un tiers, la responsabilité pécuniaire prévue au premier alinéa incombe au locataire, sous les réserves prévues au premier alinéa de l'article L. 121-2.

Dans le cas où le véhicule a été cédé, la responsabilité pécuniaire prévue au premier alinéa du présent article incombe, sous les réserves prévues au premier alinéa de l'article L. 121-2, à l'acquéreur du véhicule[1 2].

§ 3 Modalités d'intervention des civilement responsables

221.211 **Présence au procès.** Le civilement responsable peut être présent lors du procès pénal, soit qu'il vienne spontanément à l'audience, soit qu'il ait été convoqué ou cité par la partie poursuivante, généralement le ministère public.

Ainsi a-t-il pu être jugé qu'il entre dans les pouvoirs du ministère public de poursuivre un commettant, même en l'absence de toute constitution de partie civile, comme civilement responsable des frais engagés pour la poursuite du délit reproché à son préposé[3] ; en revanche, aux termes de l'article 3 du code de procédure pénale, le juge de répression ne peut connaître de l'action civile qu'autant qu'il est saisi de l'action publique ; dès lors il ne saurait, après qu'un jugement définitif a statué sur cette action et sur le principe des dommages-intérêts dont le montant reste à fixer, admettre la mise en cause du civilement responsable[4]. Il ne peut pas plus intervenir en cause d'appel s'il n'était pas présent en première instance. Il est partie à la procédure même s'il a été mis en cause à la requête d'une partie civile[5] et comparaît personnellement, le cas échéant assisté d'un avocat ou, ne comparaît pas, le cas échéant représenté par son avocat.

L'instruction à l'audience terminée, la partie civile est entendue en sa demande, le ministère public

1. En l'absence d'identification de l'auteur d'un excès de vitesse, seul le représentant légal de la société titulaire du certificat d'immatriculation ou locataire du véhicule peut, en application de l'article L. 121-3 du code de la route, être déclaré pécuniairement redevable de l'amende encourue : Crim. 17 avr. 2013, nº 12-87.490, P nº 90 – pour s'exonérer de sa responsabilité pécuniaire, il appartient à la personne poursuivie en cette qualité d'apporter tous éléments permettant d'établir qu'il n'est pas l'auteur véritable de l'infraction : Crim. 17 déc. 2013, nº 12-87.923, P nº 256 – Satisfait aux dispositions de l'article L. 121-3 du code de la route, sans méconnaître l'article 537 du code de procédure pénale, le jugement de la juridiction de proximité qui, pour dire le propriétaire d'un véhicule non redevable pécuniairement de l'amende encourue pour une contravention d'excès de vitesse, alors que le procès-verbal n'avait pas permis l'identification du conducteur, retient que les attestations que la personne poursuivie a versées aux débats établissent qu'elle n'était pas l'auteur véritable de l'infraction : Crim. 17 mars 2010, nº 09-83.820, NP.
2. V. s[s] nº 221.221.
3. Crim. 9 déc. 1980, nº 80-90.355, P nº 342.
4. Crim. 20 mars 1985, nº 84-91.047, P nº 119.
5. Crim. 3 mai 1979, nº 78-92.431, P nº 157.

prend ses réquisitions, le prévenu, et, s'il y a lieu, la personne civilement responsable, présentent leur défense, précise l'article 460 du code de procédure pénale. Le civilement responsable interviendra donc après le prévenu. Toutefois, l'alinéa 2 de ce même article précise que la partie civile et le ministère public peuvent répliquer et que le prévenu ou son avocat auront toujours la parole les derniers.

221.212 Représentation. La personne civilement responsable peut toujours se faire représenter par un avocat. Dans ce cas, le jugement est contradictoire à son égard[1].

Il résulte de l'article 415 du code de procédure pénale que la personne civilement responsable peut toujours se faire représenter par un avocat qui n'est pas tenu de produire un pouvoir spécial[2]. S'il est logique que l'avocat du civilement responsable soit entendu après le prévenu, dont il répond pécuniairement, ce même prévenu devra toujours avoir la parole en dernier.

Le tribunal classiquement statuera sur la culpabilité, puis sur le prononcé des peines individualisées, puis sur l'application éventuelle de la solidarité pénale pour le paiement des amendes infligées, avant d'évoquer, le cas échéant, les conséquences civiles de la condamnation.

221.213 Exercice des voies de recours. Le civilement responsable (tous comme les co-prévenus) dispose des voies de recours ordinaires et extraordinaires : il peut faire appel, former un pourvoi en cassation. En matière d'appel, cette voie de recours n'est ouverte qu'en ce qui concerne les intérêts civils[3].

La cour ne peut, sur le seul appel du prévenu, du civilement responsable, de la partie civile ou de l'assureur de l'une de ces personnes, aggraver le sort de l'appelant[4]. L'appel non limité de ce dernier saisit la cour d'appel de l'action civile dans son intégralité ; à l'inverse, le prévenu, condamné en première instance pour blessures involontaires, qui a limité son appel à l'action introduite contre lui accessoirement à l'action publique, est recevable à discuter devant les juges du second degré, non pas le principe même de sa responsabilité civile, mais son étendue[5]. Le principe même de la responsabilité civile est subordonné à l'existence de l'infraction et, par suite, à la décision définitive à intervenir sur l'infraction poursuivie. En conséquence, la personne déclarée civilement responsable par une décision qui n'a été frappée d'appel que par le prévenu, se trouve exonérée de cette responsabilité par une décision définitive de relaxe rendue en faveur de ce prévenu[6].

Le civilement responsable peut se pourvoir en cassation[7].

Il peut faire opposition dans les délais fixés par l'article 491 (dix jours s'il réside en métropole, un mois s'il réside hors de ce territoire) lesquels courent à compter de la signification du jugement quel qu'en soit le mode[8].

La personne condamnée en qualité de civilement responsable et qui a indemnisé la victime, peut se retourner contre le prévenu car elle est subrogée dans les droits de celui-ci. Mais ce recours doit être exercé devant le juge civil et non devant le juge pénal, car le préjudice invoqué résulte de l'inexécution d'une obligation légale et non pas de l'infraction[9].

En matière de responsabilité des instituteurs, il a été jugé que le préfet, qui exerce l'action récursoire de l'État contre l'instituteur n'invoque pas un préjudice résultant directement de l'infraction, dès lors que le dommage allégué trouve sa source dans l'application de la loi substituant la responsabilité de l'État à celle des membres de l'enseignement. L'action exercée devant la juridiction répressive est donc irrecevable même lorsque le Préfet excipe de sa double qualité de demandeur, à l'action civile et à l'action récursoire[10].

§ 4
Responsabilité personnelle de l'employeur

221.221 Autres cas de responsabilité civile de l'employeur. Exemples. À titre d'exemple, l'article L. 121-1 du code de la route dispose que : « Le conducteur d'un véhicule est responsable pénalement des infractions commises par lui dans la conduite dudit véhicule. Toutefois, lorsque le conducteur a agi en qualité de préposé, le tribunal pourra, compte tenu des circonstances de fait et des conditions de travail de l'intéressé, décider que le paiement des amendes de police prononcées en vertu du présent code sera, en totalité ou en partie, à la charge du commettant si celui-ci a été cité à l'audience ».

Cette disposition sanctionne le comportement fautif personnel de l'employeur en raison des conditions de travail faites à son salarié. En outre, elle n'exclut pas que soit recherchée la responsabilité

1. C. pr. pén., art. 415.
2. Crim. 7 nov. 2000, n° 00-81.844, NP.
3. C. pr. pén., art. 497, 2°.
4. C. pr. pén., art. 515, al. 2.
5. Crim. 15 mai 1968, n° 67-90.511, P n° 158.
6. Crim. 8 janv. 1959, n° 67-90.511, P n° 34 ; *D.* 1960. 414, note R. Meurisse.
7. C. pr. pén., art. 567.
8. C. pr. pén., art. 493.
9. Crim. 18 juill. 1978, n° 77-93.513, P n° 235.
10. Crim. 24 mai 1973, n° 70-91.066, P n° 238.

personnelle du chef d'entreprise, notamment pour des défauts d'entretien du véhicule[1].

En matière de défaut d'assurance, les textes prévoient la responsabilité de toute personne au volant du véhicule sans distinction entre le propriétaire et le conducteur[2]. Ces textes précisent qu'une assurance garantissant la responsabilité civile doit être souscrite pour la mise ou le maintien en circulation d'un véhicule.

On peut également citer ici, toujours dans le domaine des infractions routières et par dérogation aux dispositions de l'article L. 121-1 du code de la route, la responsabilité pécuniaire du titulaire du certificat d'immatriculation du véhicule pour les infractions à la réglementation sur le stationnement des véhicules ou sur l'acquittement des péages pour lesquelles seule une peine d'amende est encourue, à moins qu'il n'établisse l'existence d'un événement de force majeure ou qu'il ne fournisse des renseignements permettant d'identifier l'auteur véritable de l'infraction. Dans le cas où le véhicule était loué à un tiers, cette responsabilité pèse, avec les mêmes réserves, sur le locataire. Lorsque le certificat d'immatriculation du véhicule est établi au nom d'une personne morale, la responsabilité pécuniaire prévue au premier alinéa incombe, sous les mêmes réserves, au représentant légal de cette personne morale[3 4]. La Cour de cassation a jugé que, cette présomption simple préserve les droits de la défense et n'est pas contraire aux exigences de la convention européenne des droits de l'homme[5]. On peut également préciser qu'a été jugé que la contestation de la qualité du conducteur, qui ressort de l'appréciation souveraine des juges du fond, n'est pas recevable pour la première fois devant la Cour de cassation[6 7].

SECTION 6
INTERPRÈTE

§ 1
Droit à la traduction en langue étrangère des pièces de procédure

221.231 **Origine et évolution.** Dans le cas où le prévenu, la partie civile ou le témoin ne parlait pas suffisamment la langue française, ou s'il était nécessaire de traduire un document versé aux débats, le président désignait traditionnellement, à la demande des parties ou d'office, un interprète, âgé de vingt et un ans au moins, et lui faisait prêter serment d'apporter son concours à la justice en son honneur et en sa conscience.[8]. Ce texte « de référence » concernant l'audience, existe toujours et a été complété par diverses dispositions.

Avec l'intervention de la loi du 5 août 2013[9], de celle du 27 mai 2014[10], puis du 3 juin 2016[11], c'est bien pour la juridiction en termes d'obligation qu'il convient de raisonner, puisque ces textes consacrent le droit à l'interprétariat et à la traduction.

La directive 2010/64[12] du Parlement européen et du Conseil, énonce en son article 3, § 1, que les États membres veillent à ce que les suspects ou les personnes poursuivies qui ne comprennent pas la langue de la procédure pénale concernée bénéficient, dans un délai raisonnable, de la traduction écrite de tous les documents essentiels pour leur permettre d'exercer leurs droits de défense et pour garantir le caractère équitable de la procédure et précise les contours de ce droit nouveau.

Le paragraphe 7 du même article précise : « À titre d'exception aux règles générales fixées aux paragraphes 1, 2, 3 et 6, une traduction orale ou un résumé oral des documents essentiels peuvent être fournis à la place d'une traduction écrite, à condition que cette traduction orale ou ce résumé oral ne portent pas atteinte au caractère équitable de la procédure ». Il s'agit sans doute là de l'un des points qui donnera lieu aux débats les plus vifs : qu'est-ce qu'une exception en la matière ? Quel sera le niveau d'exigence des juges en termes de « caractère équitable » de la procédure ?

La loi du 5 août 2013 avait partiellement intégré cette directive en ajoutant un III à l'article préliminaire du code de procédure pénale (« Si la personne suspectée ou poursuivie ne comprend pas la langue française, elle a droit, dans une langue qu'elle comprend et jusqu'au terme de la procédure, à l'assistance d'un interprète, y compris pour les entretiens avec

1. Crim. 6 mai 1964, nº 63-92.994, P nº 151 ; *D.* 1964. 562.
2. C. route, art. L. 324-2 – C. assur., art. L. 211-26.
3. C. route, art. L. 121-2.
4. Crim. 30 sept. 2009, nº 09-80.178, P nº 163.
5. Crim. 9 avr. 1992, nº 91-80.672, P nº 155.
6. Crim. 24 févr. 2010, nº 09-84.667, P nº 38 ; *D.* 2010. 897 ; *RSC* 2011. 89, obs. E. Fortis.
7. AUSSI : V. s^s nº 221.208.
8. C. pr. pén., art. 407, al. 1 (v. s^s nº 221.245).
9. L. nº 2013-711, 5 août 2013 portant diverses dispositions d'adaptation dans le domaine de la justice en application du droit de l'Union européenne et des engagements internationaux de la France, *JO* 6 août, p. 13338.
10. L. nº 2014-535, 27 mai 2014 portant transposition de la directive 2012/13/UE du Parlement européen et du Conseil, 22 mai 2012 relative au droit à l'information dans le cadre des procédures pénales, *JO* 28 mai, p. 8864.
11. L. nº 2016-731, 3 juin 2016 renforçant la lutte contre le crime organisé, le terrorisme et leur financement, et améliorant l'efficacité et les garanties de la procédure pénale, *JO* 4 juin, nº 1.
12. Dir. 2010/64/UE, Parlement et Conseil, 20 oct. 2010 relative au droit à l'interprétation et à la traduction dans le cadre des procédures pénales, *JOUE L* 280/1, 26 oct., p. 1.

son avocat ayant un lien direct avec tout interrogatoire ou toute audience, et, sauf renonciation expresse et éclairée de sa part, à la traduction des pièces essentielles à l'exercice de sa défense et à la garantie du caractère équitable du procès qui doivent, à ce titre, lui être remises ou notifiées en application du présent code »), en créant un article 803-5 au code de procédure pénale (indiquant pour l'essentiel que « s'il existe un doute sur la capacité de la personne suspectée ou poursuivie à comprendre la langue française, l'autorité qui procède à son audition ou devant laquelle cette personne comparaît vérifie que la personne parle et comprend cette langue. À titre exceptionnel, il peut être effectué une traduction orale ou un résumé oral des pièces essentielles qui doivent lui être remises ou notifiées en application du présent code »). Les textes d'application pris initialement par le décret du 25 octobre 2013, figurent aux articles D. 594 et suivants du même code[1].

C'est bien une volonté d'un droit à l'interprétariat et à la traduction, transversal à toute la procédure pénale, droit participant à l'équilibre de cette procédure et au respect des droits de la défense, que traduit l'introduction de ces dispositions dans l'article préliminaire du code de procédure pénale.

Ainsi, le jugement de révocation d'un sursis probatoire et sa notification qui informe le condamné des modalités d'exercice des voies de recours sont des pièces essentielles de la procédure qui doivent être traduites dans une langue comprise par l'intéressé pour garantir l'exercice des droits de la défense et le principe du procès équitable. Faute de traduction, le délai d'appel ne peut courir[2].

L'article D. 594-8 relatif à la traduction des pièces essentielles à l'exercice de la défense, précise que celle-ci « doit intervenir dans un délai raisonnable qui permette l'exercice des droits de la défense et tienne compte du nombre et de la complexité des documents à traduire et de la langue dans laquelle ils doivent être traduits ». Même s'il concerne un contentieux ouvert devant une chambre de l'instruction, on peut citer ici un arrêt qui retient que les dispositions des directives 2010/64[3] et 2013/48[4], ont été transposées en droit interne par les lois du 5 août 2013[5], du 27 mai 2014[6] et du 3 juin 2016[7], et que par suite toute demande de traduction de pièces essentielles acceptée par le juge d'instruction doit être satisfaite dans un délai raisonnable, conformément aux dispositions générales de l'article préliminaire du code de procédure pénale et aux dispositions particulières de l'article D. 594-8 du même code et qu'il n'a donc pas été porté atteinte aux droits de la défense[8].

Il a été jugé que la notification de l'ordonnance de mise en accusation traduite dans une langue étrangère comprise par l'accusé, permettant à celui-ci d'exercer une voie de recours et les droits de la défense, reporte la date à laquelle l'ordonnance devient définitive, sauf lorsque la traduction n'a pas été effectuée dans le délai raisonnable prévu par l'article D. 594-8 du code de procédure pénale[9].

221.232 Portée. Les dispositions initiales semblaient suffisantes au stade de l'audience, en ce qu'elles visaient à la fois la nécessité d'assister une des parties lors de son expression orale, mais encore à lui permettre de discuter tout document écrit versé aux débats après qu'il ait été traduit. Par exemple, les dispositions de l'article 407 du code de procédure pénale avaient ainsi été reconnues applicables au requérant agissant en application de l'article 702-1 du même code (en matière de relèvement de l'interdiction définitive du territoire français) lorsqu'il ne parlait pas suffisamment la langue française[10].

C'était en réalité une raison supplémentaire de s'étonner, qu'avant l'audience, aucun texte de droit interne ne soit venu prévoir la traduction aux parties, sinon du dossier de la procédure dans son entier, du moins de l'acte de saisine du tribunal et des pièces essentielles[11].

En outre, il était bien évident que tant l'absence de traduction de ces pièces au jour de l'audience, ou encore la traduction d'une pièce, en cours d'audience retardait le cours des débats et n'offrait pas toutes les garanties d'une traduction incontestable, ne permettant pas par ailleurs une préparation efficace de sa défense au prévenu, ni le respect des droits des autres parties.

Cela était et reste d'autant plus vrai que le propos à interpréter ou le document à traduire est long,

1. C. pr. pén., art. D. 594 et suivants révisés en dernier lieu par Décr. n° 2022-656, 25 avr. 2022, art. 4, *JO* 26 avr., n° 30,
2. Crim. 23 mars 2022, n° 21-83.064, P.
3. Dir. 2010/64/UE, 20 oct. 2010, préc.
4. Dir. 2013/48/UE, Parlement et Conseil, 22 oct. 2013 relative au droit d'accès à un avocat dans le cadre des procédures pénales et des procédures relatives au mandat d'arrêt européen, au droit d'informer un tiers dès la privation de liberté et au droit des personnes privées de liberté de communiquer avec des tiers et avec les autorités consulaires, *JOUE L* 294, 6 nov., p. 1.
5. L. n° 2013-711, 5 août 2013, préc.
6. L. n° 2014-535, 27 mai 2014, préc.
7. L. n° 2016-731, 3 juin 2016, préc.
8. Crim. 21 mars 2017, n° 17-80.241, NP.
9. Crim. 15 juin 2021, n° 21-81.843, P.
10. Crim. 6 mars 1997, n° 96-80.953, P n° 93 ; *Dr. pénal* 1998, comm. 103, obs. A. Maron.
11. B. Lavielle, « Une réforme impérieuse : la traduction des actes de procédure pénale aux parties civiles, mis en examen ou prévenus étrangers », *AJ pénal* 2009. 443 ; « Traduction des pièces essentielles de la procédure pénale : acte II », *Gaz. Pal.* 19 nov. 2013.

détaillé ou vise une infraction de nature technique ou complexe. Il est donc nécessaire que ces difficultés, lorsqu'elles se présentent, soient prises en compte bien en amont de l'audiencement.

De même faut-il souligner l'absence d'un droit général à la traduction, même si comme cela a été précisé, la jurisprudence de la chambre criminelle tend à l'appliquer largement. Cependant, la Cour de Strasbourg a pu rappeler que l'article 6, § 3, a) de la convention ne confère pas un droit général pour tout accusé de se faire traduire l'intégralité du dossier de sa cause[1], solution maintenue à plusieurs reprises, l'article 6, § 3 n'imposant pas un droit général à tout accusé de se faire traduire tout le dossier de sa cause, mais seulement des actes et pièces qui lui permettent de comprendre ledit dossier[2] ; ou ayant encore considéré qu'il ne saurait être reproché au gouvernement (belge en l'espèce) de ne pas avoir fait droit la demande de traduction des dossiers répressifs[3]. Il est encore possible de citer à ce titre, un autre arrêt de la Cour de Strasbourg rappelant que le paragraphe 3 e) de l'article 6 proclame le droit à l'assistance gratuite d'un interprète, que ce droit ne vaut pas pour les seules déclarations orales à l'audience, mais aussi pour les pièces écrites et pour l'instruction préparatoire mais qu'il ne va pas jusqu'à exiger une traduction écrite de toute preuve documentaire ou pièce officielle du dossier[4].

Si ces jurisprudences intègrent évidemment la difficulté majeure que représenterait une obligation de traduction intégrale des procédures, elles ne peuvent cependant totalement satisfaire en ce qu'elles induisent un avantage certain au bénéfice du national qui n'a pas besoin de traduction par rapport à l'étranger, qui viendrait le cas échéant à être jugé dans la même cause, et qui n'aurait donc qu'une connaissance imparfaite des pièces de la procédure, laissant en tout état de cause à la juridiction de jugement le soin d'apprécier ce qui est essentiel et ce qui ne l'est pas.

221.233 Question de la nullité pouvant résulter d'une absence de traduction. En ce qui concerne l'éventuelle nullité pouvant résulter d'une absence de traduction, la jurisprudence de la chambre criminelle est très claire : suivant un arrêt du 7 janvier 2015[5], elle est venue juger que l'omission par le juge d'instruction de faire procéder, de sa propre initiative, à la traduction écrite d'une pièce essentielle du dossier, au sens de l'article D. 594-6 du code de procédure pénale, qui est une formalité non prévue à peine de nullité, ne saurait avoir d'incidence sur la validité d'un acte régulièrement accompli, dès lors que n'ont pas été compromis les droits de la défense et la faculté d'exercer une voie de recours de la personne mise en examen, qui conserve, tout au long de la procédure suivie contre elle, le droit d'en demander la traduction écrite dans les conditions et formes prévues par la loi. Reprenant cette solution à l'occasion d'une exception de nullité soulevée devant un tribunal de police faute de traduction du contrôle auquel la prévenue de nationalité bulgare avait été soumise[6], la chambre criminelle a réaffirmé qu'il résulte des articles préliminaires, 803-5 du code de procédure pénale, et de l'article 6, § 3, de la convention européenne des droits de l'homme, que la personne suspectée ou poursuivie qui ne comprend pas la langue française a droit, dans une langue qu'elle comprend et jusqu'au terme de la procédure, à la traduction des pièces essentielles à l'exercice de sa défense ; que ces formalités, non prévues à peine de nullité, ne sauraient avoir d'incidence sur la validité d'un acte régulièrement accompli, pourvu que n'aient pas été compromis les droits de la défense et dès lors que la personne poursuivie conserve, tout au long de la procédure suivie contre elle, le droit de demander la traduction écrite des pièces de procédure dans les conditions et les formes prévues par la loi.

Dans un autre arrêt[7], concernant la demande de traduction de deux interrogatoires par un ressortissant britannique, la cassation est prononcée faute pour la cour d'appel d'avoir vérifié s'il n'était pas résulté de cette absence de traduction une atteinte irrémédiable aux droits de la défense de l'intéressé à l'occasion des interrogatoires en cause[8].

Encore convient-il que le principal intéressé puisse se plaindre du manquement à la traduction : dans une espèce particulière la chambre criminelle a ainsi jugé que le demandeur ne saurait se faire un grief de ce que la cour d'appel a déclaré irrecevable, comme tardive, l'exception de nullité de la procédure, soulevée en première instance, fondée sur le défaut d'assistance par un interprète, dès lors que, devant la juridiction du second degré, non comparant ni représenté, bien qu'il ait eu régulièrement connaissance de la citation, il n'a pas repris ladite exception[9]. En revanche, la Cour de justice de l'UE a pu juger que le droit de l'Union s'oppose à la

1. Déjà jugé : CEDH 29 mai 1975, *X... c/ Autriche*, req. n° 6185/73, *DR* 1975. 2. 68.
2. CEDH 19 déc. 1989, *Kamasinski c/ Autriche*, préc.
3. CEDH 12 janv. 2010, *H. Khatchadourian c/ Belgique*, req. n° 22738/08.
4. CEDH 4 nov. 2010, *Katritsch c/ France*, req. n° 22575/08, *AJ pénal* 2011. 137, obs. C. Porteron.
5. Crim. 7 janv. 2015, n° 14-86.226, P n° 12 ; *D.* 2015. 212 ; *D.* 2015. 1738, obs. J. Pradel ; *AJ pénal* 2015. 152, obs. D. Brach-Thiel ; *RTD eur.* 2016. 374-35, obs. B. Thellier de Poncheville.
6. Crim. 26 janv. 2016, n° 15-80.299, P n° 16 ; *D.* 2016. 316.
7. Crim. 15 nov. 2015, n° 15-83.696, NP.
8. V. aussi s[s] n°s 524.31 s.
9. Crim. 12 juill. 2016, n° 14-87.784, NP.

réglementation portugaise, en vertu de laquelle la violation du droit à la traduction et à l'assistance d'un interprète doit être invoquée dans un délai déterminé sous peine de forclusion, lorsque ce délai commence à courir avant même que la personne concernée ait été informée, dans une langue qu'elle maitrise, d'une part, de l'existence et de la portée de son droit à l'interprétation et à la traduction et, d'autre part, de l'existence et du contenu du document essentiel en cause [1].

Depuis le décret du 25 octobre 2013 précité, c'est à l'article D. 594-3 du code de procédure pénale qu'il convient de se reporter.

221.234 Choix et serment. L'interprète prête serment « d'apporter son concours à la justice en son honneur et en sa conscience ».

Il n'existe pour les interprètes qu'une formule de serment, celle de l'article 407 du code de procédure pénale dont les termes ne sont pas sacramentels. Dès lors, lorsque l'arrêt constate que l'interprète a prêté le serment dans les termes et formes voulues par la loi, il y a présomption que le serment prêté est celui de l'article 407.

Selon la jurisprudence constante de la chambre criminelle, l'interprète non assermenté commis à l'audience par le président en exécution des prescriptions de l'article 407 du code de procédure pénale doit, à peine de nullité, prêter le serment prévu par ce texte [2].

Initialement, la chambre criminelle exigeait que l'interprète même inscrit sur une liste, prête à chaque désignation par la juridiction le serment prévu par l'article 407 du code de procédure pénale [3].

Elle a progressivement assoupli sa jurisprudence, jugeant que, si aucune énonciation de l'arrêt n'indiquait que l'interprète avait prêté à l'audience le serment prescrit par l'article 407 du code de procédure pénale, il résultait cependant des mentions du jugement que l'interprète, qui déjà avait prêté son concours devant le tribunal, était « interprète assermenté », la chambre criminelle ajoutant, d'une part, qu'elle était en mesure de s'assurer que cet interprète était inscrit sur la liste des experts près la cour d'appel de Versailles, d'autre part, que le fait que l'interprète n'ait pas prêté à nouveau serment à l'audience, ne devait pas, selon les dispositions de l'article 802 du code de procédure pénale, entraîner l'annulation de l'arrêt dès lors qu'il n'était pas établi ni même allégué que cette irrégularité avait eu pour effet de porter atteinte aux intérêts du demandeur [4].

La chambre criminelle a encore jugé « que, si aucune énonciation de l'arrêt n'indique que l'interprète ait prêté à l'audience le serment prescrit par l'article 407 du code de procédure pénale, elle était en mesure de s'assurer que cet interprète était inscrit sur la liste des experts près la cour d'appel d'Aix-en-Provence » [5].

Un arrêt publié a pareillement jugé, dans une espèce où il était soutenu par le pourvoi que les mentions imprécises de l'arrêt attaqué n'établissaient pas que M. Y... Z... ait prêté serment ou ait été assermenté pour être inscrit sur une liste d'expert judiciaire en qualité d'interprète, et que la Cour de cassation n'était pas en mesure de s'assurer du respect des dispositions légales précitées, que les mentions de l'arrêt mettent la Cour de cassation en mesure de s'assurer que l'interprète ayant assisté le prévenu devant la cour d'appel était inscrit sur la liste des interprètes de ladite cour et qu'il a prêté son concours chaque fois que cela a été nécessaire [6].

Par ailleurs, en matière d'information judiciaire, il résulte d'une jurisprudence constante de la chambre criminelle que, lorsqu'il a été régulièrement inscrit sur les listes prévues à l'article 157 du code de procédure pénale, un expert n'a pas à renouveler son serment chaque fois qu'il est commis [7].

La même solution a été adoptée s'agissant de l'intervention d'un interprète devant la chambre de l'instruction, sur le fondement de l'article 102 du code de procédure pénale : « Attendu que, l'interprète, ayant prêté serment lors de son inscription sur la liste des experts de la cour d'appel, n'avait pas à le renouveler devant la chambre de l'instruction, en application de l'article 102 du code de procédure pénale » [8].

Enfin, la mention des notes d'audience régulièrement signées selon laquelle l'interprète a prêté serment pallie les insuffisances de l'arrêt [9].

1. CJUE, 1er août 2022, aff. C-242/22, C. Fauchon, « Procédure pénale : violation du droit à la traduction par les autorités portugaises », *D. actu.* 3 oct. 2022.
2. PAR EX. : Crim. 2 févr. 1977, n° 76-92.003, P n° 42 ; *D.* 1977. IR 151 – Crim. 12 janv. 2000, n° 99-83.399, P n° 19 ; *Dr. pénal* 2000. Chron. 19, obs. C. Marsat – Crim. 25 nov. 2009, n° 09-83.690, NP.
3. Crim. 16 juin 1970, n° 69-92.008, P n° 205 – Crim. 17 déc. 1970, n° 68-91.412, P n° 343 ; *JCP* 1971. II. 16830, note H. Gaudemet, CRITIQUE ; *Gaz. Pal.* 1971. 1. Somm. 6. – Crim. 28 févr. 1974, n° 73-90.899, P n° 89 ; *D.* 1974. IR 95 ; *JCP* 1974. II. 17807.
4. Crim. 28 mars 1991, n° 90-83.227, P n° 152 ; *Dr. pénal* 1991. 155, 166 et 273.
5. Crim. 23 févr. 2011, n° 09-88.510, NP.
6. Crim. 29 mars 2017, n° 16-82.192, P n° 105 ; *D.* 2017. 2501, obs. G. Roujou de Boubée, T. Garé, C. Ginestet, M.-H. Gozzi, S. Mirabail et E. Tricoire.
7. Crim. 17 oct. 1967, n° 67-90.053, P n° 256 – Crim. 3 nov. 1994, nos 94-83.226, 94-84.171, P n° 347 ; *D.* 1995. IR 27 ; *D.* 1995. Somm. 146, obs. J. Pradel.
8. Crim. 4 avr. 2007, n° 07-80.542, NP – Crim. 14 sept. 2004, n° 04-83.948, NP – EN MATIÈRE d'extradition : Crim. 19 mai 1992, n° 92-81.283, P n° 194.
9. Crim. 1er avr. 2015, n° 13-85.068, NP.

§ 2
Droit à l'assistance d'un interprète en langue étrangère

221.241 Demande et désignation. Depuis l'entrée en vigueur de la loi du 27 mai 2014[1], l'article 406 du code de procédure pénale énonce : « Le président ou l'un des assesseurs, par lui désigné, après avoir, s'il y a lieu, informé le prévenu de son droit d'être assisté par un interprète, constate son identité et donne connaissance de l'acte qui a saisi le tribunal. Il informe le prévenu de son droit, au cours des débats, de faire des déclarations, de répondre aux questions qui lui sont posées ou de se taire... »[2].

L'article D. 594-1 du code de procédure pénale relatif au droit à l'interprète lors des auditions, dispose *in fine* que « l'assistance de l'interprète doit intervenir sans délai ».

L'interprète ne peut, même du consentement du prévenu ou du ministère public, être pris parmi les juges composant le tribunal, le greffier qui tient l'audience, les parties et les témoins[3]. Contrairement aux dispositions de l'article 23 du code de procédure civile qui dispose que le juge n'est pas tenu de recourir à un interprète lorsqu'il connaît la langue dans laquelle s'expriment les parties, il n'est pas envisageable en matière pénale que le juge procède de lui-même à un dialogue en langue étrangère avec l'une des parties.

Comme par le passé, la désignation d'un traducteur interprète suppose, à défaut d'initiative de la juridiction, une demande de l'une ou l'autre des parties au procès. Le demandeur ne peut se faire un grief du défaut de référence à la désignation de l'interprète par le président, et de l'absence de mention du serment prévu à l'article 407 du code de procédure pénale, dès lors qu'il ne résulte d'aucune mention de l'arrêt attaqué, ni d'aucunes conclusions qu'Ahmed Y..., comparant en personne assisté de son conseil, ait sollicité l'assistance d'un interprète, ou fait connaître qu'il ne maîtrisait pas la langue française, ni qu'il ait personnellement bénéficié de l'assistance de l'interprète présent à l'audience[4].

221.242 Connaissance suffisante de la langue française – Appréciation. Aujourd'hui comme hier, les juges apprécient souverainement si un prévenu a une connaissance suffisante de la langue française pour être entendu sans être assisté par un interprète[5]. L'ancienneté du séjour en France, la fréquentation des écoles ou lycées français, l'obtention de diplômes français, la vie commune avec un Français ou une Française... sont autant de critères qui peuvent amener la juridiction à rejeter la demande d'interprète, de même que l'existence d'antécédents judiciaires au cours desquels ce problème n'a jamais été soulevé. Certains prévenus qui ont assisté à la procédure d'instruction sans difficulté apparente peuvent connaître lors de leur jugement quelques difficultés soudaines de compréhension... surprenantes. Ceci explique sans doute que la chambre criminelle ait pu dire que les juges d'appel, qui apprécient souverainement si un prévenu a une connaissance suffisante de la langue française pour être entendu sans l'assistance d'un interprète, et qui n'ont été saisis en l'espèce d'aucune demande en ce sens, ainsi qu'il ressort des pièces de procédure, ont, en prononçant comme ils l'ont fait, justifié leur décision, alors même que le prévenu était assisté en première instance[6].

Ne méconnaît pas non plus les dispositions des articles 6, § 3, a) et 14 de la convention européenne de sauvegarde des droits de l'Homme, l'arrêt qui constate que les débats se sont déroulés en langue française et que les prévenus, bien que possédant cette nationalité, mais se disant incapables de mesurer et d'apprécier les nuances de leur langue nationale, étaient assistés d'un interprète[7].

Passé cet examen préalable, il résulte encore de l'article 6, § 3, de la convention européenne des droits de l'homme que tout prévenu a le droit de se faire assister gratuitement d'un interprète pour s'entretenir, dans une langue qu'il comprend, avec l'avocat commis pour préparer sa défense[8] et ceci, quelle que soit la nature du procès, puisqu'il a été par exemple admis, que les dispositions de l'article 407 sont applicables au requérant agissant dans le cadre de l'article 702-1 dudit code, lorsqu'il ne parle pas suffisamment la langue française. Devait donc être cassé l'arrêt qui ne constatait pas qu'un interprète doit être désigné, alors qu'il résultait des pièces de procédure que le requérant ne parlait pas suffisamment la langue française[9]. Et c'est donc bien autant vis-à-vis de la juridiction de jugement, que vis-à-vis de l'avocat de la partie concernée que doit être appréciée le cas échéant la nécessité de désigner un interprète, ce qui peut éventuellement poser la question d'une double désignation d'inter-

1. L. n° 2014-535, 27 mai 2014, art. 8 [entrée en vigueur depuis le 2 juin 2014].
2. SUR la situation des victimes ou parties civiles au regard de l'interprétariat, v. s[s] n° 222.61.
3. C. pr. pén., art. 407, al. 3.
4. Crim. 10 oct. 2001, n° 01-81.220, NP.
5. Crim. 30 juin 1981, n° 80-94.053, P n° 225.
6. Crim. 24 nov. 1999, n° 99-81.028, NP.
7. Crim. 13 mars 1989, n° 86-93.846, P n° 118.
8. Crim. 29 juin 2005, n° 04-86.110, P n° 199 ; *D.* 2005. 2104 ; *AJ pénal* 2005. 419, obs. P. R ; *RSC* 2005. 868, obs. D.-N. Commaret.
9. Crim. 6 mars 1997, n° 96-80.953, P n° 93.

prête : comment concilier en effet l'intervention d'un interprète dans le cours des entretiens confidentiels du prévenu avec son avocat et celle de ce même interprète à l'audience où peut être tenu un tout autre discours... [1].

Il doit bien sûr être constaté aux notes d'audience et dans le jugement que l'interprète a prêté son concours chaque fois que cela a été nécessaire et, le cas échéant, qu'il était présent à toutes les audiences de la cause [2, 3].

221.243 **Assistance par moyen de télécommunication.** L'assistance par un interprète peut enfin, le cas échéant, se faire par un moyen de télécommunication, conformément aux dispositions de l'avant-dernier alinéa de l'article 706-71 [4]. Toutefois, il faut souligner ici que l'avant-dernier alinéa du texte de loi mentionne : « En cas de nécessité, résultant de l'impossibilité pour un interprète de se déplacer, l'assistance de l'interprète au cours d'une audition, d'un interrogatoire ou d'une confrontation peut également se faire par l'intermédiaire de moyens de télécommunications ». Il ne semble pas que la chambre criminelle ait eu à se prononcer en matière de visioconférence aux fins d'intervention d'un interprète pour le prévenu. On relèvera toutefois l'exigence posée par une autre chambre de la Cour de cassation de la mention à la procédure d'une impossibilité pour l'interprète de se déplacer. Elle l'a rappelé en matière de garde à vue, en indiquant qu'il résulte de l'article 706-71 du code de procédure pénale, applicable à la notification des droits attachés à la garde à vue, que c'est seulement lorsque l'impossibilité de l'interprète de se déplacer est constatée au procès-verbal qu'il peut être recouru à des moyens de télécommunication [5]. Elle l'a répété en matière de rétention administrative, cassant la décision d'un premier président aux motifs qu'en statuant par des motifs impropres à caractériser l'impossibilité pour l'interprète de se déplacer, alors qu'il résulte des dispositions de l'article 706-71, applicables à la notification des droits attachés à la garde à vue, que c'est seulement lorsque cette impossibilité est constatée au procès-verbal qu'il peut être recouru à des moyens de télécommunication, le premier président a violé le texte susvisé [6].

L'article D. 594-4 du code de procédure pénale a inclus la possibilité d'une traduction par un moyen de télécommunication pour l'interprétariat en langue étrangère et en langue des signes [7].

221.244 **Jurisprudences européenne et française.** La directive 2010/64 [8] relative au droit à l'interprétation et à la traduction dans le cadre des procédures pénales précitée a une portée étendue. Elle vise en effet, la phase préparatoire et celle du procès pénal proprement dit, les décisions privatives de liberté comme celles intéressant le fond.

S'agissant spécifiquement de la phase de jugement, on rappellera :

– son point 20 qui mentionne : « Aux fins de la préparation de la défense, les communications entre les suspects ou les personnes poursuivies et leur conseil juridique ayant un lien direct avec tout interrogatoire ou toute audience pendant la procédure, ou l'introduction d'un recours ou d'autres demandes dans le cadre de la procédure, comme une demande de mise en liberté sous caution, devraient faire l'objet d'une interprétation si celle-ci est nécessaire pour garantir le caractère équitable de la procédure » ;

– le point 30 qui mentionne : « Afin de garantir le caractère équitable de la procédure, il est nécessaire que les documents essentiels, ou au moins les passages pertinents de ces documents, soient traduits pour les suspects ou les personnes poursuivies conformément à la présente directive. Certains documents, comme toute décision privative de liberté, toutes charges ou tout acte d'accusation et tout jugement, devraient toujours être considérés comme des documents essentiels à cette fin et, par conséquent, être traduits. Les autorités compétentes des États membres devraient déterminer, de leur propre initiative ou sur demande des suspects ou des personnes poursuivies ou de leur conseil juridique, les autres documents qui sont essentiels pour garantir le caractère équitable de la procédure et qui devraient par conséquent être également traduits ».

Il convient là encore de se référer aux dispositions de portée générale de l'article préliminaire du code de procédure pénale [9], en soulignant que leur caractère transversal et la référence de cet article à la nécessité qu'il soit statué sur l'accusation dont une personne fait l'objet dans un délai raisonnable, englobe la nécessité d'une traduction des pièces essentielles du dossier dans un délai lui-même raisonnable, même si cette notion peut donner lieu à des appréciations variables au regard de la nature même de la traduction (contenu et ampleur).

1. V. s^s^ n° 221.261.
2. Crim. 18 juill. 1991, n° 90-86.926, P n° 302.
3. V.égal^t^ s^s^ n° 524.31.
4. C. pr. pén., art. D. 594-4.
5. Civ. 1re, 12 mai 2010, n° 09-12.923, P I, n° 114 ; *D.* 2010. 1287 ; *D.* 2010. 2868, obs. O. Boskovic, S. Corneloup, F. Jault-Seseke, N. Joubert et K. Parrot.
6. Civ. 1re, 30 janv. 2013, n° 12-12.132, NP.
7. C. pr. pén., art. D. 594-4, mod. par Décr. n° 2022-656, 25 avr. 2022, *JO* 26 avr., n° 30, art. 4.
8. Dir. 2010/64/UE, Parlement et Conseil, 20 oct. 2010 relative au droit à l'interprétation et à la traduction dans le cadre des procédures pénales, *JOUE L* 280/1, 26 oct., p. 1.
9. V. s^s^ n° 211.131.

Reste qu'il appartiendra aux juridictions du fond de définir ce qu'il convient d'entendre par « pièce essentielle à l'exercice de (la défense du prévenu) », dès lors qu'on peut ne pas être totalement convaincu par les dispositions de l'article D. 594-62 du code de procédure pénale, qui liste les pièces dont la traduction est obligatoire, soit les : « décisions de placement en détention provisoire, de prolongation ou de maintien de la détention, ou de rejet d'une demande de mise en liberté et les ordres d'incarcération prononcés dans le cadre de l'exécution d'un mandat d'arrêt européen » ; « décisions de saisine de la juridiction de jugement » ; « décisions statuant sur l'action publique et portant condamnation, prononcées ou homologuées par une juridiction » ; « procès-verbaux de première comparution ou de mise en examen supplétive, lorsque la copie en a été demandée en application de l'article 114 », même si avant cela, il reconnaît la possibilité pour le procureur de la République ou pour la juridiction d'instruction ou de jugement saisie d'ordonner, d'office ou à la demande de la personne, la traduction d'un document considéré comme essentiel à l'exercice de la défense et à la garantie du caractère équitable du procès. Le plus délicat sera sans doute pour la juridiction de définir « les passages des documents », qu'elle entendrait ne pas faire traduire dans son intégralité[1].

221.245 Choix et serment. L'interprète est choisi sur la liste dressée près de la cour d'appel ou d'une autre cour d'appel ou de la Cour de cassation ou hors liste. Dans ce dernier cas, ses compétences doivent être attestées par une pratique régulière des audiences ou l'un des participants à l'audience. En sus du motif légitime qui peut justifier une demande de récusation[2], il existe des incompatibilités tenant à la fonction de l'interprète et celui-ci ne peut, même du consentement du prévenu ou du ministère public, être pris parmi les juges composant le tribunal, le greffier qui tient l'audience, les parties et les témoins[3]. Il n'est pas souhaitable, au-delà des incompatibilités expressément visées par le texte[4] de désigner une personne issue de la famille de l'une des parties, ce qui est pourtant un cas de figure fréquent.

L'article D. 594-11 du code de procédure pénale reprend peu ou prou l'état du droit antérieur en prescrivant que : « lorsqu'en application des dispositions du présent code un interprète ou un traducteur est requis ou désigné par l'autorité judiciaire compétente, celui-ci est choisi :

1° Sur la liste nationale des experts judiciaires dressée par le bureau de la Cour de cassation, ou sur la liste des experts judiciaires dressée par chaque cour d'appel ;

2° À défaut, sur la liste des interprètes traducteurs prévue par l'article du code de l'entrée et du séjour des étrangers et du droit d'asile ;

3° En cas de nécessité, il peut être désigné une personne majeure ne figurant sur aucune de ces listes, dès lors que l'interprète ou le traducteur n'est pas choisi parmi les enquêteurs, les magistrats ou les greffiers chargés du dossier, les parties ou les témoins.

Les interprètes ou les traducteurs ne figurant sur aucune des listes mentionnées au 1° ou au 2° prêtent, chaque fois qu'ils sont commis, le serment d'apporter leur concours à la justice en leur honneur et leur conscience. Leur serment est alors consigné par procès-verbal.

Les interprètes et les traducteurs sont tenus de respecter la confidentialité de l'interprétation et des traductions fournies ».

En l'absence de toute contestation à l'audience, la personne appelée à remplir la fonction d'interprète est présumée avoir eu l'âge requis par la loi[5].

L'interprète prête serment « *d'apporter son concours à la justice en son honneur et en sa conscience* »[6]. Quoique certaines tournures d'arrêt puissent en faire douter, il reste de jurisprudence constante que l'interprète commis à l'audience par le Président, en exécution des prescriptions de l'article 407 du code de procédure pénale, doit prêter le serment prévu par ce texte, même s'il est inscrit sur une liste d'experts près une cour d'appel ou sur la liste nationale[7].

Il n'existe pour les interprètes qu'une formule de serment, celle de l'article 407 du code de procédure pénale dont les termes ne sont pas sacramentels. Dès lors, lorsque l'arrêt constate que l'interprète a prêté le serment dans les termes et formes voulues par la loi, il y a présomption que le serment prêté est celui de l'article 407[8].

Si donc lorsqu'il est fait appel au concours d'un interprète devant une juridiction de jugement, cet interprète doit prêter le serment prescrit par l'article 407 du code de procédure pénale, par application de l'article 802 de ce code, dès lors que ledit interprète est inscrit sur une liste d'experts judiciaires et assermenté, et qu'il n'est ni établi, ni allégué que l'omission de la formalité du serment à l'audience ait eu pour effet de porter atteinte aux intérêts du prévenu, la nullité qui en résulte ne saurait être

1. C. pr. pén., art. D. 594-7.
2. C. pr. pén., art. 407, al. 2 (v. s^s n° 221.246).
3. C. pr. pén., art. 407, al. 3.
4. V. s^s n° 211.162.
5. Crim. 25 juin 1998, n° 97-81.647, P n° 208 ; *D.* 1998. 224.
6. C. pr. pén., art. 407, al. 1.
7. Crim. 17 déc. 1970, n° 68-91.412, P n° 343.
8. Crim. 10 nov. 1964, n° 64-91.283, P n° 293.

prononcée[1]. L'interprète désigné par le président de la juridiction correctionnelle doit prêter le serment prévu par l'article 407 du code de procédure pénale ; s'il ne résulte pas non plus des mentions de l'arrêt qu'il était assermenté, la cassation est encourue[2].

221.246 Récusation, recours et sanctions. Le ministère public, le prévenu et la partie civile peuvent récuser l'interprète en motivant leur récusation. Le tribunal se prononce sur cette récusation, et sa décision n'est susceptible d'aucune voie de recours[3]. C'est là une différence importante avec les experts qui eux, ne peuvent être récusés. Cette procédure est spécifique et n'obéit pas aux règles déjà exposées pour la récusation des juges[4].

La plupart du temps les causes de récusation pouvant être soutenues à l'appui d'une demande de récusation d'un magistrat trouveront pareillement à s'appliquer à un interprète, auquel doit bien entendu être assimilé le traducteur, mais les parties peuvent invoquer tout élément sur lequel elles peuvent présenter une demande « motivée » ... à commencer par la piètre qualité de ce professionnel. La démonstration du bien-fondé de la demande résultera de la haute probabilité du risque d'incompétence de l'interprète ou de sa partialité.

La jurisprudence est toutefois très peu fournie en la matière.

Dans tous les cas la mention de l'intervention au procès d'un interprète ou d'une traduction demandée et effectuée de telle ou telle pièce, ou d'un refus de faire droit à une demande d'intervention d'un interprète ou de traduction d'une pièce doit être mentionnée aux notes d'audience lors des débats et dans le jugement.

Lorsque, devant une juridiction de jugement, il est fait appel au concours d'un interprète, le jugement ou l'arrêt doit expressément constater que ledit interprète a prêté le serment exigé par l'article 407 du code de procédure pénale. L'omission par le président de la cour d'appel de cette formalité substantielle vicié de nullité l'ensemble de la procédure devant cette Cour, la prestation de serment de l'interprète n'étant pas prescrite par la loi dans le seul intérêt du prévenu, mais étant ordonné pour le bien de la justice, afin d'assurer au mieux l'oralité et le caractère contradictoire des débats. Il s'ensuit que la partie civile a qualité pour se plaindre de la violation de cette disposition[5].

Semblant s'écarter du principe d'oralité des débats, un autre arrêt a pu juger que si des témoins, cités à la requête du prévenu, ont été entendus, sans avoir préalablement prêté serment et si l'un d'entre eux n'a pas bénéficié du concours d'un interprète, l'arrêt n'encourt pas pour autant la censure, dès lors qu'il résulte des motifs... que pour asseoir leur conviction sur la culpabilité, les juges du second degré se sont essentiellement fondés sur les déclarations de ces témoins recueillies sous la foi du serment au cours de l'information judiciaire ; qu'ainsi, l'inobservation des formalités prévues par les articles 437, 443 et 446 du code de procédure pénale n'a pas eu pour effet de porter atteinte aux intérêts du prévenu au sens de l'article 802 du même code[6].

L'absence de désignation d'un interprète dans les conditions précitées ou la désignation d'un interprète dans des conditions qui portent atteinte aux droits des parties justifient que la décision de première instance soit réformée en appel, la cour évoquant ou que la décision rendue en appel soit cassée en suite d'un pourvoi articulé sur l'un de ces différents points.

L'article D. 594-2 du code de procédure pénale précise que si la personne suspectée ou poursuivie qui fait l'objet d'une audition conteste l'absence d'interprète ou la qualité de l'interprétation, elle peut faire des observations qui sont soit mentionnées dans le procès-verbal d'audition, d'interrogatoire ou dans les notes d'audience si elles sont faites immédiatement, soit versées au dossier de la procédure si elles sont faites ultérieurement.

Si, à titre d'exception, la pièce de procédure a fait l'objet d'une traduction orale ou d'un résumé oral, conformément aux dispositions du deuxième alinéa de l'article 803-5, il en est fait mention par procès-verbal ou dans les notes d'audiences. Cette mention peut, le cas échéant, figurer dans le document lui-même, notamment dans le procès-verbal de convocation prévu par le dernier alinéa de l'article 390-1, ou dans le procès-verbal de débat contradictoire préalable à un placement en détention provisoire ou à une prolongation de détention provisoire prévu par l'article 145[7].

221.247 Absence de droit de s'exprimer dans sa langue maternelle. Il a pu être jugé qu'aucune disposition du code de procédure pénale, de la déclaration universelle des droits de l'Homme ou de la CEDH ne reconnaît à un prévenu français, citoyen français de surcroît, le droit de s'exprimer à l'audience dans une autre langue de son choix, fût-elle sa « langue maternelle » ; par suite doit être rejetée la demande d'un prévenu de nationalité française, parlant et maîtrisant parfaitement la langue française, tendant à être autorisé à s'exprimer en langue basque

1. Crim. 28 mars 1991, n° 90-83.227, P n° 152.
2. Crim. 12 janv. 2000, n° 99-83.399, P n° 19.
3. C. pr. pén., art. 407, al. 2.
4. V. ss nos 211.171 s.
5. Crim. 28 févr. 1974, n° 73-90.899, P n° 89.
6. Crim. 19 juin 2002, n° 01-86.302, NP.
7. C. pr. pén., art. D. 594-9.

avec l'assistance d'un interprète[1]. La question de la conformité de cette jurisprudence à la Charte européenne des langues régionales ou minoritaires[2], pour l'instant non ratifiée par la France, peut se poser[3].

§ 3
Droit à l'assistance d'un interprète en langage des signes

221.251 Droit à l'assistance d'un interprète en langue des signes. Si le prévenu est atteint de surdité, le président nomme d'office pour l'assister lors du procès un interprète en langue des signes ou toute personne qualifiée maîtrisant un langage ou une méthode permettant de communiquer avec les sourds. Celui-ci prête serment d'apporter son concours à la justice en son honneur et en sa conscience. Le président peut également décider de recourir à tout dispositif technique permettant de communiquer avec la personne atteinte de surdité. Si le prévenu sait lire et écrire, le président peut également communiquer avec lui par écrit. Les autres dispositions de l'article 407 sont applicables. Le président peut procéder de même avec les témoins ou les parties civiles atteints de surdité[4].

L'assistance par un interprète en langue étrangère ou en langue des signes, peut le cas échéant, se faire par un moyen de télécommunication, conformément aux dispositions de l'avant dernier alinéa de l'article 706-71, comme le confirment les articles D. 594-4 et D. 594-5 du code de procédure pénale[5].

§ 4
Interprète, avocat et exercice des droits de la défense

221.261 Nécessité d'être assisté d'un avocat et nécessité d'être assisté d'un interprète – Distinction. Le législateur, comme la jurisprudence, distinguaient par ailleurs la nécessité d'être assisté d'un interprète et celle d'être assisté d'un avocat. Les deux apparaissant complémentaires mais indépendantes l'une de l'autre, il était d'autant plus curieux que parfois le tribunal décide de l'intervention d'un interprète, sans pour autant que soit désigné d'office un avocat au prévenu, ou l'inverse. Un arrêt ancien avait ainsi pu estimer que la connaissance insuffisante de la langue française ne pouvait être considérée comme constituant, pour un prévenu une « infirmité de nature à compromettre sa défense », justifiant l'assistance obligatoire d'un défenseur ainsi que le prévoit l'article 417 du code de procédure pénale[6].

221.262 Interprète lors des entretiens avec l'avocat. Une question relativement nouvelle concerne l'intervention d'un interprète non pas à l'audience pour permettre « l'accès au juge », mais aussi avant, pour permettre l'accès du prévenu (ou d'une partie civile) à son avocat et réciproquement de l'avocat à la partie concernée. Il s'agit en effet de faire en sorte que l'intervention de l'avocat soit concrète et effective pour reprendre la terminologie des juges de Strasbourg. Et il reste à souligner qu'il peut être délicat de faire appel à un seul et même interprète, pour les entretiens du prévenu ou de la victime avec son avocat et pour la traduction des propos du prévenu au tribunal, dès lors que les confidences faites à son avocat ne sont pas toujours celles que l'on fait à son juge...

Il était possible ici de se référer à une jurisprudence concernant l'instruction qui avait jugé que les articles 116 et 145-3 du code de procédure pénale, et l'article 6, § 3, de la convention européenne de sauvegarde des droits de l'Homme posent en principe la libre communication entre la personne poursuivie et son avocat. En vertu de ce principe, la demande de la personne mise en examen, tendant à la désignation d'un interprète chargé de l'assister dans ses entretiens avec son avocat, et à la prise en charge par l'État des frais en résultant, si elle bénéficie de l'aide juridictionnelle, ne peut être déclarée irrecevable. Il appartient au juge d'instruction, régulièrement saisi d'une requête à cette fin, s'il n'y fait pas droit, de la rejeter par ordonnance motivée, susceptible d'appel dans les conditions prévues par l'article 186-1 du code de procédure pénale[7]. Ou encore, tout mis en examen ne comprenant pas la langue française a le droit, s'il en fait la demande, de se faire assister gratuitement d'un interprète pour s'entretenir, dans une langue qu'il comprend, avec l'avocat commis ou choisi pour préparer, en temps utile, sa défense[8].

1. Poitiers, 8 janv. 1993, *BICC* 1993. 361.
2. Charte européenne des langues régionales et minoritaires, 5 nov. 1992. Mais on rappellera que suivant décision n° 99-412 DC du 15 juin 1999, le Conseil constitutionnel a déclaré que cette Charte en ce qu'elle confère des droits spécifiques à des « groupes » de locuteurs de langues régionales ou minoritaires, à l'intérieur de « territoires » dans lesquels ces langues sont pratiquées, porte atteinte aux principes constitutionnels d'indivisibilité de la République et d'unité du peuple français.
3. V. s[s] n° 545.21.
4. C. pr. pén., art. 408.
5. Décr.n° 2022-656, 25 avr. 2022 renforçant la prise en compte des intérêts des victimes au cours de la procédure pénale, art. 4, VI, *JO* 26 avr. 2022, n° 30.
6. Crim. 7 nov. 1968, n° 68-91.175, P n° 289.
7. Crim. 6 déc. 1994, n° 94-84.235, P n° 394 ; *D.* 1995. 147, obs. J. Pradel.
8. Crim. 14 juin 2016, n° 16-81.833, P n° 179 ; *D.* 2016. 1433.

A encore été jugé que cette demande entre dans la catégorie des mesures qui peuvent, en application de l'article 82-1 du Code de procédure pénale, être sollicitées par la personne mise en examen au cours de l'information. Ainsi, excède ses pouvoirs le président de la chambre de l'instruction disant n'y avoir lieu de saisir ladite chambre d'une telle requête sur laquelle le juge d'instruction n'avait pas statué dans le délai d'un mois [1] et, au visa de l'article 6, § 3 de la convention européenne des droits de l'homme, que tout prévenu a le droit de se faire assister gratuitement d'un interprète pour s'entretenir, dans une langue qu'il comprend, avec l'avocat commis pour préparer sa défense [2]. Même s'il est intervenu en matière d'instruction préparatoire, sera signalé ici un arrêt aux termes duquel la chambre criminelle écarte un moyen tenant à l'absence de désignation par le juge d'instruction d'un interprète aux fins d'entretien du mis en examen détenu avec son avocat à la maison d'arrêt, au motif que le conseil n'alléguait pas avoir recherché, comme il y avait été invité par le juge d'instruction, un interprète disponible sur les listes visées à l'article D. 594-16 du code de procédure pénale [3].

Il convient pour autant de rappeler le principe selon lequel la défense constitue pour toute personne un droit fondamental à caractère constitutionnel [4].

221.263 Compatibilité des fonctions d'avocat et d'interprète. À la marge des développements qui précédent, il sera indiqué un arrêt par lequel la deuxième chambre civile de la Cour de cassation [5] est venu juger que l'exercice de la profession d'avocat n'est pas, en soi, incompatible avec l'indépendance nécessaire à l'inscription sur une liste d'experts judiciaires, la condition d'indépendance devant être appréciée au regard de la situation de chaque candidat ; que, lorsque cette condition est vérifiée, il appartient à l'assemblée générale des magistrats du siège de la cour d'appel concernée d'apprécier les mérites de la candidature au regard des autres critères prévus à l'article 2, 6°, du décret du 23 décembre 2004.

Il s'agissait en l'espèce pour une avocate d'être également autorisée à pratiquer en qualité d'expert judiciaire, la traduction en langue roumaine. Il va de soi, que ce cumul de fonctions ne saurait toutefois être envisagé par son bénéficiaire dans une même affaire.

1. Crim. 25 mai 2005, n° 05-81.628, P n° 157 ; *D.* 2005. 1884 ; *RSC* 2005. 868, obs. D.-N. Commaret.
2. Crim. 29 juin 2005, n° 04-86.110, P n° 199 ; *D.* 2005. 2104 ; *AJ pénal* 2005. 419, obs. P. R. ; *RSC* 2005. 868, obs. D.-N. Commaret.
3. Crim. 12 sept. 2017, n° 17-83.874, P n° 219 ; *AJ pénal* 2017. 501, obs. M.-H. Yazici ; *RSC* 2017. 769, obs. F. Cordier.
4. Cass., ass. plén., 30 juin 1995, n° 94-20.302, P n° 4 ; *D.* 1995. 513, concl. M. Jeol, note R. Drago ; *JCP* 1995. II. 22478, concl. M. Jeol et note A. Perdriau.
5. Civ. 2e, 6 sept. 2018, n° 17-60.331, P ; *D.* 2018. 1761, F. Mélin : « Un avocat peut être expert judiciaire ».

CHAPITRE

222. La victime et ses représentants

SECTION 0

ORIENTEUR

222.00 **Sommaire du chapitre.**

222.01 Principaux textes applicables.

TEXTES SOURCES

- C. pr. pén., art. 2, 2-1 à 2-21, 3, 5, 391, 392, 392-1, 418 à 420, 420-1, 421, 422, 424 à 426, 472, 475-1
- C. com., art. L. 622-4
- CSS, art. L. 451-1
- CGCT, art. L. 2122-22, L. 2132-5 à L. 2132-7
- C. trav., art. L. 2132-3
- L. 29 juill. 1881, art. 48-1 à 48-6, 49

TEXTES *IN EXTENSO*

- **C. com., art. L. 622-4**

Dès son entrée en fonction, l'administrateur est tenu de requérir du débiteur ou, selon le cas, de faire lui-même tous actes nécessaires à la conservation des droits de l'entreprise contre les débiteurs de celle-ci et à la préservation des capacités de production.

L'administrateur a qualité pour inscrire au nom de l'entreprise tous hypothèques, nantissements, gages ou privilèges que le débiteur aurait négligé de prendre ou de renouveler.

- **CSS, art. L. 451-1**

Sous réserve des dispositions prévues aux articles L. 452-1 à L. 452-5, L. 454-1, L. 455-1, L. 455-1-1 et L. 455-2 aucune action en réparation des accidents et maladies mentionnés par le présent livre ne peut être exercée conformément au droit commun, par la victime ou ses ayants droit.

- **CGCT, art. L. 2122-22** [mod. par L. n° 2022-217, 21 févr. 2022, art. 110, 173, 177]

Le maire peut, en outre, par délégation du conseil municipal, être chargé, en tout ou partie, et pour la durée de son mandat : [...]

16° D'intenter au nom de la commune les actions en justice ou de défendre la commune dans les actions intentées contre elle, dans les cas définis par le conseil municipal, et de transiger avec les tiers dans la limite de 1 000 € pour les communes de moins de 50 000 habitants et de 5 000 € pour les communes de 50 000 habitants et plus ;

[...]

- **CGCT, art. L. 2132-5**

Tout contribuable inscrit au rôle de la commune a le droit d'exercer, tant en demande qu'en défense, à ses frais et risques, avec l'autorisation du tribunal administratif, les actions qu'il croit appartenir à la commune, et que celle-ci, préalablement appelée à en délibérer, a refusé ou négligé d'exercer.

- **CGCT, art. L. 2132-6**

Le contribuable adresse au tribunal administratif un mémoire détaillé.

Le maire soumet ce mémoire au conseil municipal lors de la plus proche réunion tenue en application des articles L. 2121-7 et L. 2121-9.

- **CGCT, art. L. 2132-7**

Lorsqu'un jugement est intervenu, le contribuable ne peut se pourvoir en appel ou en cassation qu'en vertu d'une nouvelle autorisation.

- **C. trav., art. L. 2132-3**

Les syndicats professionnels ont le droit d'agir en justice.

Ils peuvent, devant toutes les juridictions, exercer tous les droits réservés à la partie civile concernant les faits portant un préjudice direct ou indirect à l'intérêt collectif de la profession qu'ils représentent.

- **L. 29 juill. 1881, art. 48-1** [mod. par L. n° 2017-86, 27 janv. 2017, art. 174]

Toute association régulièrement déclarée depuis au moins cinq ans à la date des faits, se proposant, par ses statuts, de défendre la mémoire des esclaves et l'honneur de leurs descendants, de combattre le racisme ou d'assister les victimes de discrimination fondée sur leur origine nationale, ethnique, raciale ou religieuse, peut exercer les droits reconnus à la partie civile en ce qui concerne les infractions prévues par les articles 24 (alinéa 7), 32 (alinéa 2) et 33 (alinéa 3), de la présente loi, ainsi que les délits de provocation prévus par le 1° de l'article 24, lorsque la provocation concerne des crimes ou délits commis avec la circonstance aggravante prévue par l'article 132-76 du code pénal.

Toutefois, quand l'infraction aura été commise envers des personnes considérées individuellement, l'association ne sera recevable dans son action que si elle justifie avoir reçu l'accord de ces personnes ou si elle justifie que ces personnes ne s'opposent pas aux poursuites.

• **L. 29 juill. 1881, art. 48-1-1** [mod. par L. n° 2017-86, 27 janv. 2017, art. 173]

Toute association régulièrement déclarée depuis au moins cinq ans se proposant, par ses statuts, de lutter contre l'esclavage ou de défendre la mémoire des esclaves et l'honneur de leurs descendants peut exercer les droits reconnus à la partie civile en ce qui concerne les infractions d'apologie, de négation, de minoration ou de banalisation des crimes de réduction en esclavage ou d'exploitation d'une personne réduite en esclavage prévues aux articles 24 et 24 *bis*.

Toutefois, quand l'infraction a été commise envers des personnes considérées individuellement, l'association n'est recevable dans son action que si elle justifie avoir reçu l'accord de ces personnes ou si elle justifie que ces personnes ne s'opposent pas aux poursuites.

• **L. 29 juill. 1881, art. 48-2** [mod. par L. n° 2017-86, 27 janv. 2017, art. 176]

Toute association régulièrement déclarée depuis au moins cinq ans à la date des faits qui se propose, par ses statuts, de défendre les intérêts moraux et l'honneur de la Résistance ou des déportés, d'assister les victimes de crimes de guerre ou de crimes contre l'humanité, de défendre leur mémoire ou de lutter contre les discriminations peut exercer les droits reconnus à la partie civile en ce qui concerne :

1° L'apologie des crimes de guerre, des crimes contre l'humanité ou des crimes ou délits de collaboration avec l'ennemi mentionnée au cinquième alinéa de l'article 24, lorsque ces crimes ou délits ont donné lieu à une ou plusieurs condamnations prononcées par une juridiction française ou internationale ;

2° L'infraction prévue à l'article 24 *bis*.

• **L. 29 juill. 1881, art. 48-3** [mod. par L. n° 2022-297, 2 mars 2022, art. unique]

Toute association régulièrement déclarée depuis au moins cinq ans à la date des faits et inscrite auprès de l'Office national des combattants et des victimes de guerre dans des conditions fixées par décret en Conseil d'État, qui se propose par ses statuts de défendre les intérêts moraux et l'honneur des anciens combattants et victimes de guerre et des morts pour la France, peut exercer les droits reconnus à la partie civile en ce qui concerne les délits de diffamation ou d'injures qui ont causé un préjudice direct ou indirect à la mission qu'elle remplit. En cas de diffamation ou d'injure contre les armées prévues par l'article 30 et le premier alinéa de l'article 33, les dispositions du 1° de l'article 48 ne sont pas applicables. En cas de diffamation ou d'injure commises envers des personnes considérées individuellement, l'association ne sera recevable dans son action que si elle justifie avoir reçu l'accord de ces personnes ou de leurs ayants droit.

• **L. 29 juill. 1881, art. 48-4** [mod. par L. n° 2017-86, 27 janv. 2017, art. 170]

Toute association, régulièrement déclarée depuis au moins cinq ans à la date des faits, se proposant, par ses statuts, de combattre les violences ou les discriminations fondées sur l'orientation sexuelle ou identité de genre ou d'assister les victimes de ces discriminations peut exercer les droits reconnus à la partie civile en ce qui concerne les délits prévus par le huitième alinéa de l'article 24, le troisième alinéa de l'article 32 et le quatrième alinéa de l'article 33, ainsi que les délits de provocation prévus par le 1° de l'article 24, lorsque la provocation concerne des crimes ou délits commis avec la circonstance aggravante prévue par l'article 132-77 du code pénal.

Toutefois, quand l'infraction aura été commise envers des personnes considérées individuellement, l'association ne sera recevable dans son action que si elle justifie avoir reçu l'accord de ces personnes.

• **L. 29 juill. 1881, art. 48-5**

Toute association, régulièrement déclarée depuis au moins cinq ans à la date des faits, se proposant, par ses statuts, de combattre les violences ou les discriminations fondées sur le sexe ou d'assister les victimes de ces discriminations peut exercer les droits reconnus à la partie civile en ce qui concerne les délits prévus par le neuvième alinéa de l'article 24, le troisième alinéa de l'article 32 et le quatrième alinéa de l'article 33, ainsi que les délits de provocation prévus par le 1° de l'article 24, lorsque la provocation concerne des crimes ou délits d'agressions sexuelles ou commis avec la circonstance aggravante prévue par l'article 132-80 du code pénal.

Toutefois, quand l'infraction aura été commise envers des personnes considérées individuellement, l'association ne sera recevable dans son action que si elle justifie avoir reçu l'accord de ces personnes.

• **L. 29 juill. 1881, art. 48-6**

Toute association, régulièrement déclarée depuis au moins cinq ans à la date des faits, se proposant, par ses statuts, de combattre les violences ou les discriminations fondées sur le handicap ou d'assister les victimes de ces discriminations peut exercer les droits reconnus à la partie civile en ce qui concerne les délits prévus au neuvième alinéa de l'article 24, au troisième alinéa de l'article 32 et au quatrième alinéa de l'article 33, ainsi que les délits de provocation prévus par le 1° de l'article 24, lorsque la provocation concerne des crimes ou délits aggravés en raison du handicap de la victime.

Toutefois, quand l'infraction aura été commise envers des personnes considérées individuellement, l'association ne sera recevable dans son action que si elle justifie avoir reçu l'accord de ces personnes.

• **L. 29 juill. 1881, art. 49**

Dans tous les cas de poursuites correctionnelles ou de simple police, le désistement du plaignant ou de la partie poursuivante arrêtera la poursuite commencée.

222.02 Jurisprudence de référence.

> Préjudice personnel et direct – Notion

• **Crim. 23 sept. 2010,** n° 09-84.108, P n° 141

* V. s^s n° 222.71.

Justifie sa décision la cour d'appel qui, pour déclarer recevable la constitution de partie civile faite au nom d'un enfant, né de relations incestueuses imposées par un père à sa fille, et bien fondée la demande de réparation du préjudice moral de l'enfant, retient notamment que l'enfant est privé du droit de faire établir sa filiation en vertu de l'article 310-2 du code civil et que les circonstances de sa conception justifient la réparation de traumatismes psychiques.

> Accident du travail – Régime indemnitaire

• **Crim. 13 sept. 2005,** n° 04-85.736, P n° 224

* V. s^s^ n° 222.15.

Selon l'article L. 451-1 du code de la sécurité sociale, aucune action en réparation du préjudice causé par un accident du travail ne peut, en dehors des cas prévus par ce texte, être exercée conformément au droit commun, par la victime contre l'employeur et ses préposés.

Encourt dès lors la censure l'arrêt qui après avoir dit les faits établis et jugé à bon droit la constitution de partie civile recevable, déclare néanmoins l'employeur responsable des préjudices subis par la victime d'un accident du travail.

ACTION CIVILE

> Qualité de victime. Terrorisme

• **Crim. 15 févr. 2022,** n° 21-80.264, P.

* V. s^s^ n° 222.72.

Encourt la cassation l'arrêt de la chambre de l'instruction qui déclare la constitution de partie civile irrecevable, alors qu'il ressort des circonstances qu'elle retient que l'action dans laquelle l'intéressé s'est engagé pour interrompre la commission ou empêcher le renouvellement d'atteintes intentionnelles graves aux personnes, auxquelles il s'est ainsi lui-même exposé, est indissociable de ces infractions, de sorte que le préjudice pouvant en résulter pour lui peut être en relation directe avec ces dernières.

• **Crim. 15 févr. 2022,** n° 21-80.265, P.

* V. s^s^ n° 222.72.

Encourt la cassation l'arrêt de la chambre de l'instruction qui déclare la constitution de partie civile irrecevable, alors que les circonstances qu'elle retient, desquelles il ressort que l'intéressée s'est blessée en tentant de fuir le lieu d'une action criminelle ayant pour objet de tuer indistinctement un grand nombre de personnes, à laquelle, du fait de sa proximité, elle a pu légitimement se croire exposée, initiative indissociable de l'action criminelle qui l'a déterminée, suffisent à caractériser la possibilité du préjudice allégué et de la relation directe de celui-ci avec les assassinats et tentatives, objet de l'information.

• **Crim. 15 févr. 2022,** n° 21-80.670, P.

* V. s^s^ n° 222.72.

Il ressort des circonstances qu'elle retient que l'action dans laquelle Mme [K] [C] s'est engagée pour interrompre la commission ou empêcher le renouvellement d'atteintes intentionnelles graves aux personnes, auxquelles elle s'est ainsi elle-même exposée, est indissociable de ces infractions, de sorte que le préjudice pouvant en résulter pour elle peut être en relation directe avec ces dernières.

> Avis à victime. Erreur – Effet

• **Crim. 20 avr. 2017,** n° 16-83.199, P n° 112

* V. s^s^ n° 222.21.

La règle du double degré de juridiction fait obstacle à ce que la partie civile, quelle que soit la raison pour laquelle elle n'a pas été partie au jugement de première instance (en l'espèce, une erreur d'horaire de l'audience sur l'avis à victime qui lui avait été délivré), intervienne pour la première fois en cause d'appel.

> Recevabilité de l'action civile au seul soutien de l'action publique

• **Crim. 8 juin 1971,** n° 69-92.311, P n° 182

* V. s^s^ n° 222.11.

L'intervention d'une partie civile peut n'être motivée que par le souci de corroborer l'action publique et d'obtenir que soit établie la culpabilité du prévenu. Dès lors la constitution de partie civile doit être accueillie à ces fins, quand bien même il serait allégué ou démontré que la réparation du dommage causé par l'infraction échapperait à la compétence de la juridiction répressive.

> Effets du non versement de la consignation dans le délai imparti

• **Crim. 18 déc. 2007,** n° 07-82.106, P n° 315

* V. s^s^ n° 222.132.

Il résulte de l'article 392-1 du code de procédure pénale que, lorsque l'action de la partie civile qui cite directement un prévenu devant le tribunal correctionnel n'est pas jointe à celle du ministère public, le tribunal fixe le montant de la consignation que la partie civile doit, sous peine de non-recevabilité de cette citation directe, verser au greffe, dans le délai fixé, et ne peut ultérieurement modifier les dispositions de ce jugement devenues définitives à l'égard de la partie civile. Encourt la censure l'arrêt qui, pour écarter une exception de prescription, retient qu'a interrompu la prescription un jugement accordant à cette partie civile un nouveau délai pour verser la consignation. En effet, le défaut de versement de la consignation avant l'expiration du délai initialement fixé rendait irrecevable la poursuite.

> Irrecevabilité – Effets en cas de citation directe

• **Crim. 13 juin 1991,** n° 89-87.107, P n° 251

* V. s^s^ n° 222.74.

L'action publique ne peut être mise en mouvement par une partie civile qui ne justifie pas d'un préjudice personnel trouvant sa source dans l'infraction poursuivie. Ni les infractions à la législation sur les pompes funèbres, ni la méconnaissance d'arrêtés municipaux ne sont susceptibles de créer un préjudice personnel au district, pris en la personne de son président. La citation directe, à la requête de ce dernier, n'a donc pas valablement saisi le Tribunal de l'action publique.

> Irrecevabilité des créanciers d'une société

• **Crim. 24 avr. 1971,** n° 69-93.249, P n° 117

* V. s^s^ n° 222.101.

Le délit d'abus des biens ou du crédit d'une société ne cause de préjudice direct qu'à la société elle-même et à ses actionnaires. Les créanciers de la société ne peuvent souffrir à raison de cette infraction que d'un préjudice qui, à le supposer établi, est indirect et dont la réparation, dès lors, ne peut, aux termes des dispositions conjuguées des articles 2 et 3 du code de procédure pénale, être demandée aux juridictions répressives.

> Recevabilité du liquidateur d'une société

• **Crim. 12 juin 2012,** n° 11-87.799, NP

* V. s^s^ n° 222.101.

Le liquidateur représente la société et non les créanciers et peut se constituer partie civile pour demander des dommages et intérêts au nom de celle-ci qui a subi un préjudice direct consécutivement au délit d'abus de biens sociaux commis par son dirigeant et la complice de celui-ci.

> Appel à la cause de l'organisme social

• **Crim. 18 sept. 2007,** n° 07-80.347, P n° 212

* V. s^s n° 222.114.

Le préjudice résultant d'une infraction doit être réparé dans son intégralité, sans perte ni profit pour aucune des parties, et la mise en cause de l'organisme social, prévue par l'article L. 376-1 du code de la sécurité sociale, s'impose à peine d'irrecevabilité de la demande en réparation de la partie civile. Encourt la cassation l'arrêt qui prononce sur la demande en réparation des préjudices de la partie civile, sans s'assurer que l'organisme social avait été mis en cause, et en s'abstenant de vérifier s'il avait contribué à indemniser le préjudice corporel de la victime et s'il bénéficiait d'un recours.

> Action civile sur citation directe. Sanction

• **Crim. 6 nov. 1979,** n° 78-92.862, P n° 308

* V. s^s n° 222.197.

La partie civile qui a elle-même mis en mouvement l'action publique ne peut être condamnée à des dommages-intérêts envers le prévenu relaxé qu'autant qu'il est constaté par les juges qu'elle a agi de mauvaise foi ou témérairement. Une telle faute ne saurait se déduire du seul exercice du droit de citation directe qui est ouvert à la partie civile par les articles 2, 3, 388 et 392 du code de procédure pénale.

> Action civile et relaxe

• **Crim. 5 févr. 2014,** n° 12-80.154, P n° 35

* V. s^s n° 222.193.

Saisi du seul appel d'un jugement de relaxe formé par la partie civile, le juge répressif ne peut rechercher si les faits qui lui sont déférés constituent une infraction pénale sans méconnaître le principe de la présomption d'innocence garanti par l'article 6, § 2, de la convention européenne des droits de l'homme.

L'autorité de la chose jugée ne s'attachant à aucune des dispositions du jugement entrepris, cet appel de la partie civile a pour effet de déférer à la juridiction du second degré l'action en réparation des conséquences dommageables qui peuvent résulter de la faute civile du prévenu définitivement relaxé, cette faute devant être démontrée à partir et dans la limite des faits objet de la poursuite.

• **Crim. 27 mai 2014,** n° 13-83.262, P n° 138

* V. s^s n° 222.192.

Il incombe, selon l'article 470-1 du code de procédure pénale, à la juridiction civile, saisie sur renvoi de la juridiction correctionnelle après une relaxe pour une infraction non intentionnelle et la mise en cause de tiers responsables, de se prononcer sur les responsabilités civiles des prévenus ou des personnes civilement responsables et des tiers responsables mentionnés dans la décision de renvoi.

Méconnaît le sens et la portée de ce texte, une cour d'appel qui après avoir prononcé une relaxe de prévenus mineurs et retenu que des tiers responsables devaient être mis en cause, statue sur la responsabilité civile de leurs parents préalablement au renvoi de l'affaire devant la juridiction civile.

> Transmissibilité aux héritiers

• **Cass., ass. plén., 9 mai 2008,** n°s 05-87.379, 06-87.751, P n° 2

* V. s^s n° 222.214.

Sauf exceptions légales, le droit de la partie civile de mettre en mouvement l'action publique est une prérogative de la victime qui a personnellement souffert de l'infraction. Dès lors, lorsque l'action publique n'a été mise en mouvement ni par la victime, ni par le ministère public, seule la voie civile est ouverte aux ayants droit de ladite victime pour exercer le droit à réparation reçu en leur qualité d'héritiers (arrêt n° 2, n° 06-85.751). Par ailleurs, lorsque le ministère public a mis en mouvement l'action publique et que la victime n'avait pas renoncé à l'action civile, le droit à réparation des préjudices subis par celle-ci est transmis à ses héritiers qui sont recevables à l'exercer devant la juridiction saisie des seuls intérêts civils, peu important que leur auteur n'ait pas introduit d'action à cette fin avant son décès (arrêt n° 1, n° 05-87.379).

ACTION CIVILE, ASSOCIATION

> Défense des intérêts collectifs

• **Crim. 26 mai 1992,** n° 89-83.536, P n° 211

* V. s^s n° 222.292.

Les associations qui, par dérogation légale aux dispositions de l'article 2 du code de procédure pénale, sont autorisées à exercer à l'encontre des auteurs de certaines infractions les droits reconnus à la partie civile, doivent être en mesure de justifier devant les juges de l'agrément auquel elles sont assujetties par la loi.

> Nécessité de l'accord de la victime, effet

• **Crim. 15 juin 2000,** n° 99-84.171, P n° 227

* V. s^s n° 222.293.

L'exception d'irrecevabilité de la constitution de partie civile d'une association, tirée de ce que l'obtention de l'accord préalable de victimes n'aurait pas été vérifiée par la cour d'appel, soulevée pour la première fois devant la Cour de cassation, est un moyen nouveau, mélangé de fait et de droit, et donc irrecevable.

> Recevabilité d'une association non agréée en matière de protection de l'environnement

• **Crim. 25 sept. 2012,** n° 10-82.938, P n° 198

* V. s^s n° 222.472.

Il résulte de l'article L. 142-2 du code de l'environnement que les associations régulièrement déclarées depuis au moins cinq ans à la date des faits peuvent, bien que n'étant pas agréées, exercer les droits reconnus à la partie civile à la condition que leurs statuts visent à la sauvegarde de tout ou partie des intérêts mentionnés à l'article L. 211-1 du code de l'environnement.

Ce dernier article ayant pour objet de poser le principe de la gestion de la ressource en eau renvoyant aux chapitres I à VII du titre I du livre II du code de l'environnement et non pas à son chapitre VIII, spécifique aux eaux marines, une telle association n'est, par suite, pas recevable à se constituer partie civile pour une infraction de pollution de ces eaux prévue et réprimée dans ce dernier chapitre.

• **Crim. 8 sept. 2020,** n° 19-84.995, P 21

• **Crim. 8 sept. 2020,** n° 19-85.004, P 17

* V. s^{s} n° 222.74, 222.471

En l'absence de préjudice propre, directement causé par le délit qu'elles invoquent, est irrecevable la constitution de partie civile de deux associations de défense de l'environnement du chef de mise en danger de la vie d'autrui en raison des carences des pouvoirs publics dans leur action à mener contre la pollution atmosphérique.

> Recevabilité d'une association ayant son siège social à l'étranger

• **Crim. 20 août 2014,** n° 14-80.394, P n° 175

* V. s^{s} n° 222.295.

Attendu que la question prioritaire de constitutionnalité est ainsi rédigée :

« Les dispositions de l'article 5, alinéa 2, de la loi du 1er juillet 1901 sont-elles non conformes à la Constitution en ce qu'elles violent le principe constitutionnel du droit à un recours juridictionnel effectif garanti par l'article 16 de la Déclaration des droits de l'Homme et du citoyen, en ce qu'elles privent du droit d'ester en justice toute association ayant son siège social à l'étranger sans principal établissement en France ? » ;

Qu'elle vise en réalité les alinéas 2 et 3 dudit article ;

Attendu que la disposition législative contestée est applicable à la procédure ;

Attendu qu'à supposer que cette disposition ait été déclarée intégralement conforme à la Constitution par la décision du Conseil constitutionnel n° 71-44 DC du 16 juillet 1971, la décision de la Cour européenne des droits de l'Homme du 15 janvier 2009 (*Ligue du monde islamique et Organisation mondiale du secours islamique c/ France*) est de nature à constituer un changement de circonstances de droit ;

Attendu que la question posée présente un caractère sérieux, en ce que les dispositions de l'article 5 de la loi du 1er juillet 1901, qui ne reconnaissent pas le droit d'ester en justice à une association ayant son siège social à l'étranger et ne disposant pas d'un établissement en France, sont susceptibles de porter une atteinte disproportionnée au droit à un recours juridictionnel effectif garanti par l'article 16 de la Déclaration des droits de l'Homme et du citoyen de 1789 ;

D'où il suit qu'il y a lieu de la renvoyer au Conseil constitutionnel.

• **Cons. const. 7 nov. 2014,** n° 2014-424 QPC

* V. s^{s} n° 222.295.

7. Considérant, toutefois, que les dispositions du troisième alinéa de l'article 5 de la loi du 1er juillet 1901 n'ont pas pour objet et ne sauraient, sans porter une atteinte injustifiée au droit d'exercer un recours juridictionnel effectif, être interprétées comme privant les associations ayant leur siège à l'étranger, dotées de la personnalité morale en vertu de la législation dont elles relèvent mais qui ne disposent d'aucun établissement en France, de la qualité pour agir devant les juridictions françaises dans le respect des règles qui encadrent la recevabilité de l'action en justice ; que, sous cette réserve, les dispositions contestées ne méconnaissent pas les exigences de l'article 16 de la Déclaration de 1789 ;

Article 1er. – Sous la réserve énoncée au considérant 7, le troisième alinéa de l'article 5 de la loi du 1er juillet 1901 relative au contrat d'association est conforme à la Constitution.

ACTION CIVILE, PERSONNE MORALE

> Obligation d'être représenté

• **Crim. 6 mai 1985,** n° 84-90.316, P n° 170

* V. s^{s} n° 222.281.

Si l'article 117, deuxième alinéa, de la loi du 24 juillet 1966 attribue au directeur général d'une société anonyme, à l'égard des tiers, les pouvoirs conférés au président du conseil d'administration par l'article 113 de cette loi, il n'en résulte pas que le directeur général puisse ester en justice au nom de la société en l'absence d'une délégation spéciale donnée par le conseil d'administration ou d'une clause particulière des statuts.

> Recevabilité au titre du préjudice moral

• **Com. 15 mai 2012,** n° 11-10.278, P IV, n° 101

* V. s^{s} n° 222.101.

Une personne morale est en droit d'obtenir réparation du préjudice moral qu'elle subit.

> Personne morale faisant l'objet d'une procédure collective – Commissaire à l'exécution du plan

• **Crim. 17 nov. 2004,** n° 03-82.657, P n° 291

* V. s^{s} n° 222.101.

Le commissaire à l'exécution du plan trouve dans les pouvoirs qui lui sont conférés par l'article L. 621-68, alinéa 2, du code de commerce, en vue de poursuivre les actions exercées avant le jugement arrêtant le plan par le représentant des créanciers pour la défense de leurs intérêts collectifs, qualité pour engager en leur nom toute action aux mêmes fins.

> *Idem* liquidateur

• **Crim. 5 déc. 2012,** n° 11-85.838, P n° 271

* V. s^{s} n° 222.101.

Les dispositions de l'article L. 641-9 II du code de commerce ne font pas obstacle à l'exercice, par le liquidateur, des actions en dommages et intérêts en réparation du préjudice résultant des infractions d'abus de biens sociaux commises par les dirigeants des personnes morales en liquidation judiciaire.

ACTION CIVILE, SYNDICAT

> Limites au droit d'agir

• **Crim. 23 janv. 2002,** n° 01-83.559, P n° 12

* V. s^{s} n° 222.501.

Un syndicat professionnel n'est recevable à se porter partie civile que pour la défense des intérêts collectifs de la profession qu'il représente. Tel n'est pas le cas d'une organisation syndicale qui s'est constituée partie civile à la suite d'un délit de harcèlement sexuel dont l'un des salariés du secteur de la profession qu'il représente aurait été victime sur le lieu de son travail de la part de son supérieur hiérarchique.

222.03 Bibliographie indicative.

Ouvrage. R. Coutanceau, J. Smith et S. Lemitre (dir.), *Trauma et résilience : victimes et auteurs*, « Psychothérapies », Dunod, 2012.

Articles. J. Alix, « La Cour de cassation redessine les contours de la constitution des parties civiles des victimes d'attentats terroristes », *AJ pénal* 2022. 143 – D. Charmatz, « La place des victimes en dehors de l'audience correctionnelle », *Dr. pénal* 2017. 21 – S. Detraz, « La théorie des infractions d'intérêt général : moribonde ou assainie ? », *Procédures*, 2009, Étude 10 – F. Giraud, « Les actions civiles au tribunal correctionnel : conséquences civiles et répressives », *RSC* 1995. 547 – J. Hennebois, « Le parcours de la plainte avec constitution de partie civile », *AJ Pénal* 2020, 11 – B. Laperou-Scheneider, « À la recherche d'une cohérence de l'exercice par les associations des "droits reconnus à la partie civile" », *Dr. pénal* 2016, Ét. 13 – Y. Mayaud, « L'action civile est elle devenue plus facile en matière de terrorisme », *Le club des juristes*, 23 févr. 2022 – M. Picot, « La participation de l'enfant victime au procès pénal », *AJ fam.* 2003. 373.

222.05 **Problématique.** Dans la majorité des procès, un prévenu sera opposé à une victime. La situation sera rendue plus complexe lorsque se multiplieront, alternativement ou cumulativement, soit les prévenus, soit les victimes, et encore plus, lorsqu'à côté de la victime, interviendront ses représentants au sens juridique du terme (parents d'une victime mineure, administrateur *ad hoc*...) et, dans une acception plus large, tous ceux qui tiendront leur droit d'agir de sa situation, et en particulier des associations de défense.

SECTION 1
DÉFINITIONS ET STATUT DE LA VICTIME

§ 1
Victime et victimes

222.11 **Victime « simple » – Absence de définition légale.** Aux termes de l'article préliminaire du code de procédure pénale, « L'autorité judiciaire veille à l'information et à la garantie des droits des victimes au cours de toute procédure pénale ».

Si le sens commun entrevoit clairement qui peut se prétendre victime d'une infraction et si la doctrine a pu, par exemple, déterminer la victime comme étant « un individu qui reconnaît avoir été atteint dans son intégrité personnelle par un agent causal externe ayant entraîné un dommage évident, identifié comme tel par la majorité du corps social »[1], force est de constater que pendant longtemps aucun texte du code pénal ou de procédure pénale n'a défini la victime. À l'inverse, une certaine confusion est même entretenue par différents textes, entre la victime et la partie civile.

Aux termes d'une directive européenne[2] prise en son article 2, la notion de victime concerne :

i) toute personne physique ayant subi un préjudice, y compris une atteinte à son intégrité physique, mentale, ou émotionnelle ou une perte matérielle, qui a été directement causé par une infraction pénale ;

ii) les membres de la famille d'une personne dont le décès résulte directement d'une infraction pénale et qui ont subi un préjudice du fait du décès de cette personne ;

Les « membres de la famille », sont le conjoint, la personne qui est engagée dans une relation intime, stable et continue avec la victime et vit en ménage avec elle, les parents en ligne directe, les frères et sœurs et les personnes qui sont à la charge de la victime ;

L'« enfant » étant toute personne âgée de moins de dix-huit ans.

Cette directive a été transposée dans notre droit par une loi de 2015[3] et un décret de 2016[4].

Bien entendu une victime n'est jamais tenue de se constituer partie civile, mais cette constitution est en revanche nécessaire si elle entend être indemnisée de son préjudice par la juridiction répressive saisie. Pour autant, l'intervention d'une partie civile peut n'être motivée que par le souci de corroborer l'action publique et d'obtenir que soit établie la culpabilité du prévenu. Dès lors, la constitution de partie civile doit être accueillie à ces fins, quand bien même il serait allégué ou démontré que la réparation du dommage causé par l'infraction échapperait à la compétence de la juridiction répressive[5]. C'est notamment le cas en matière d'accident du travail dont l'indemnisation incombe au tribunal des affaires sociales[6]. C'est encore le cas en matière de terrorisme, la loi disposant que « Lorsqu'elle est exercée devant les juridictions répressives, l'action civile portant sur une infraction qui constitue un acte de terrorisme ne peut avoir pour objet que de mettre en mouvement l'action publique ou de soutenir cette action. Elle ne peut tendre à la réparation du dommage causé par cette infraction »[7]. L'indemnisation relève ici exclusivement du Fonds de garantie des victimes des actes de terrorisme et du tribunal judiciaire de Paris (JIVAT).

Quatre arrêts rendus par la chambre criminelle le 15 février 2022 sont venus préciser les critères de la

1. G. Lopez et S. Bornstein, *Victimologie clinique*, Maloine, 1995.
2. Dir. 2012/29/UE, Parlement et Conseil, 25 oct. 2012 établissant des normes minimales concernant les droits, le soutien et la protection des victimes de la criminalité et remplaçant la décision-cadre 2001/220/JAI du Conseil, *JOUE L* 315.
3. L. n° 2015-993, 17 août 2015 portant adaptation de la procédure pénale au droit de l'UE, *JO* 18 août, p. 14331.
4. Décr. n° 2016-214, 26 févr. 2016 relatif aux droits des victimes, *JO* 28 févr., n° 4.
5. Crim. 8 juin 1971, n° 69-92.311, P n° 182.
6. CSS, art. L. 451-1 – V. ss n° 222.15.
7. C. pr. pén., art. 706-16-1, créé par L. n° 2019-222, 23 mars 2019, *JO* 24 mars, n° 2, art. 64 (V).

constitution de partie civile des victimes d'attentats terroristes, remodelant ce faisant la notion de victime dans le contexte d'attaques terroristes[1].

222.12 Positionnement procédural. Il est peu de dire que la place de la victime n'a cessé de s'affirmer depuis quelques dizaines d'années[2].

Il existe en tous cas une vraie difficulté procédurale quant au positionnement devant le tribunal correctionnel, de la « simple » victime d'un délit qui n'est, ni un simple témoin des faits que l'on traiterait comme un témoin ordinaire[3], ni une partie civile avec le statut qui est alors le sien.

Doit-on lui faire quitter la salle comme un témoin « ordinaire » avant de l'entendre ? Doit-on l'inviter à se placer au banc des parties civiles, même si elle a clairement annoncé son choix de ne pas se constituer ? La question n'est pas abordée par les textes et pas plus clairement tranchée par la pratique.

D'usage, et dès lors qu'aucune partie ne proteste sur ce point, qui doit, dans les instances très discutées faire l'objet *a minima* d'un tour de parole des différentes parties, la victime peut demeurer dans la salle d'audience et évoquer les faits, sans prestation de serment, dès lors qu'elle aura assisté à l'instruction de l'affaire. Cette pratique se justifie dès lors que la constitution de partie civile est possible jusqu'aux réquisitions du ministère public[4].

Contrairement à une formulation souvent et improprement utilisée, cette audition de la victime ne s'effectue pas en vertu du « pouvoir discrétionnaire » du président de la juridiction, un tel pouvoir n'étant prévu par le code de procédure pénale qu'en matière criminelle[5].

222.13 Différenciation des victimes d'une même infraction. Du fait du caractère exceptionnel d'une procédure qui permet tout en réprimant la commission d'une infraction par la condamnation de l'auteur des faits, l'intervention de la ou des victimes qui, soit ne formulent aucune demande, soit lui demandent réparation de leurs différents chefs de préjudice, la question se pose de savoir quelles victimes vont devoir être avisées de la tenue du procès pénal puis pouvoir y intervenir.

Par exemple, en matière de vol d'un chéquier suivi de falsification et usage de chèques volés : la victime sera-t-elle au regard de la procédure pénale, le seul titulaire du chéquier volé, celui entre les mains duquel ce chéquier se trouvait lors du vol et qui n'en était pas nécessairement le titulaire, l'établissement bancaire qui a payé divers bénéficiaires de chèques falsifiés, les bénéficiaires eux-mêmes pour les troubles et tracas qui leur ont été causés, et ce même s'ils ont au final obtenu le règlement du montant du chèque ? Sur une situation proche, on observera qu'il a été jugé que l'utilisation frauduleuse de la carte bancaire d'un tiers porte préjudice non seulement à ce dernier, mais encore à l'établissement bancaire, détenteur et possesseur des sommes détournées[6]. Et encore, que l'abus de confiance peut ouvrir droit à réparation, non seulement aux propriétaires, mais encore aux détenteurs et possesseurs de biens détournés victimes d'un préjudice résultant de l'ensemble des éléments constitutifs de l'infraction[7]. Dans cette dernière espèce, la chambre criminelle a énoncé que « la désignation des victimes dans la prévention, non limitative, ne lie pas la juridiction de jugement ».

La question est importante au moins à un double titre : d'abord en ce qui concerne « les avis à victimes » délivrés avant l'audience et qui vont permettre aux destinataires d'être avisés de la tenue d'un procès ; ensuite, en ce qui concerne les possibilités de constitution de partie civile et la question de leur recevabilité.

L'interrogation est également particulièrement cruciale en matière d'accidents collectifs, par le nombre de victimes initiales et d'ayants droit appelés au procès dans une configuration qui nécessite à chaque fois que l'institution judiciaire tout entière s'adapte, notamment en ce qui concerne l'organisation de l'audience[8].

222.14 Différenciation de statut des victimes. C'est une vraie difficulté que de voir qu'à un procès reposant sur les mêmes faits et les mêmes poursuites, certaines victimes ne vont pas comparaître, ni faire connaître leurs souhaits ou demandes, d'autres adresseront un courrier plus ou moins précis au tribunal, d'autres se présenteront en personnes, d'autres assistées d'avocats. Certains avocats se présenteront seuls pour représenter des victimes. Enfin, des associations se présenteront parfois à l'occasion d'une poursuite intéressant initialement une ou des victimes individuelles. Il est clair que la configuration du procès change selon ces différentes hypothèses et qu'il appartiendra à la juridiction de s'adapter à celles-ci.

Les mêmes questions se posent s'agissant des ayants droit, avec souvent la difficulté pour le juge

1. V. s[s] n° 222.72.
2. F. Dreifuss-Netter, « L'action civile des victimes d'infractions, une action peu civile… », *D.* 2022. 1402. Y. Mayaud, « L'évolution de la place de la victime dans le procès pénal », *Justice et cassation* 2016, 107.
3. V. s[s] n°s 561.14 s.
4. C. pr. pén., art. 421.
5. C. pr. pén., art. 310.
6. Crim. 14 nov. 2007, n° 06-88.538, P n° 278 ; *D.* 2008. 759, note J. Lasserre Capdeville ; *AJ pénal* 2008. 42 ; *RTD com.* 2008. 638, obs. B. Bouloc.
7. Crim. 20 mars 2019, n° 17-85.246, P n° 56.
8. V. s[s] n° 111.48.

pénal de s'assurer d'une connaissance exhaustive de toutes les personnes pouvant prétendre à l'indemnisation de leur préjudice.

À la lisière des développements qui vont suivre il est possible de citer ici une décision de la chambre criminelle qui est venue rappeler la possibilité d'une constitution de partie civile des proches d'une personne décédée en raison des coups mortels qu'elle a reçus, dans le cadre d'une procédure suivie des chefs de non-empêchement de crime ou de délit et de non-assistance à personne en péril[1].

Dès lors que les ayants droit ne réclament pas l'indemnisation pour des coups mortels reçus par la victime mais font la preuve d'une aggravation de l'état de la victime jusqu'au processus fatal, alors que celui dont la responsabilité est recherchée avait la possibilité d'en empêcher la survenance, la recevabilité de leur constitution ne fait pas de doute. Bien qu'il s'agisse d'une infraction d'omission, les ayants droit de la victime directe de violences sont donc fondés à solliciter l'indemnisation des préjudices par ricochet qui leur ont été personnellement causés par les délits de non-empêchement de crime ou délit contre les personnes et de non-assistance à personne en péril dont le prévenu a été déclaré coupable.

222.15 Exclusion des victimes d'accident du travail. Sous réserve des dispositions prévues aux articles L. 452-1 à L. 452-5 (faute inexcusable de l'employeur), L. 454-1 (faute d'un tiers)[2], L. 455-1, L. 455-1-1 (accident sur une voie ouverte à la circulation publique et impliquant un véhicule terrestre à moteur conduit par l'employeur, un préposé ou une personne appartenant à la même entreprise que la victime) et L. 455-2 du code de la sécurité sociale aucune action en réparation des accidents et maladies mentionnés par le présent livre ne peut être exercée conformément au droit commun, par la victime ou ses ayants droit[3][4]. Seul le tribunal aux affaires sociales était compétent pour connaître de ces procédures.

Il est remplacé par le tribunal du contentieux de l'incapacité institué auprès du « Pôle social » spécialement désigné par décret depuis le 1er janvier 2019[5] ce qui est logique dès lors que les dommages sont réparés de manière forfaitaire devant les organismes de sécurité sociale.

Il faut rappeler cette règle qui, en application de l'article L. 451-1 du code de la sécurité sociale, exclue qu'aucune action en réparation du préjudice causé par un accident du travail ne puisse, en dehors des cas prévus par ce texte, être exercée conformément au droit commun contre l'employeur ou ses préposés par la victime ou ses ayants droit, car elle est encore trop souvent ignorée des juges du fond[6].

Encourt dès lors la cassation l'arrêt d'une cour d'appel qui, après avoir constaté le caractère professionnel d'un accident, et dit recevable la constitution de partie civile de la victime de cet accident contre son employeur, a accueilli la demande de la partie civile en ce qu'elle tendait à la réparation de son préjudice[7]. Encourt encore la censure l'arrêt qui après avoir dit les faits (d'homicide et blessures involontaires et infraction aux dispositions protectrices de la sécurité des travailleurs) établis et jugé à bon droit la constitution de partie civile recevable, déclare néanmoins l'employeur responsable des préjudices subis par la victime d'un accident du travail[8]. On notera la sévérité de cette solution qui ne concernait en l'espèce qu'une condamnation au versement d'une somme au titre des dispositions de l'article 475-1 du code de procédure pénale. Le principe est intangible : aucune action en réparation du préjudice causé par un accident du travail ne peut, en dehors des cas (que l'article L. 451-1 précité) prévoit, être exercée conformément au droit commun, par la victime contre l'employeur et ses préposés (précisant en l'espèce que la juridiction

1. Crim. 13 mai 2015, n° 13-83.191, P n° 107 – V. DÉJÀ : Crim. 19 juin 1996, n° 95-81.945, P n° 260 ; *D.* 1997. 142, obs. J. Pradel.
2. CSS, art. L. 454-1, mod. par L. n° 2014-1554, 22 déc. 2014, art. 16, al. 1.
3. CSS, art. L. 451-1.
4. Cons. const. 18 juin 2010, n° 2010-8 QPC, art., sous réserve L. 451-1 et L. 452-2 à L. 452-5 du C. séc. soc., *faute inexcusable de l'employeur*, conformité – réserve, *JO* 19 juin, p. 11149 ; *Rec.* p. 117 : déclarant, sous la réserve énoncée au considérant 18, les dispositions de l'article L. 451-1 du code de la sécurité sociale conformes à la Constitution [qu'en présence d'une faute inexcusable de l'employeur, les dispositions de ce texte ne sauraient toutefois, sans porter une atteinte disproportionnée au droit des victimes d'actes fautifs, faire obstacle à ce que ces mêmes personnes, devant les juridictions de sécurité sociale, puissent demander à l'employeur réparation de l'ensemble des dommages non couverts par le livre IV du code de la sécurité sociale] ; *AJDA* 2010. 1232 ; *D.* 2010. 1634 ; *D.* 2011. 35, obs. P. Brun et O. Gout ; *D.* 2011. 459, Chron. S. Porchy-Simon ; *D.* 2011. 768, Chron. P. Sargos ; *D.* 2011. 840, obs. Équipe de recherche en droit social de Lyon 2 ; *D.* 2011. 1713, obs. V. Bernaud et L. Gay ; *D.* 2012. 901, obs. P. Lokiec et J. Porta ; *Dr. soc.* 2011. 1208, note X. Prétot ; *RDT* 2011. 186, obs. G. Pignarre ; *RDSS* 2011. 76, note S. Brimo ; *Constitutions* 2010. 413, obs. C. Radé.
5. Depuis cette même date le contentieux général de la sécurité sociale et le contentieux technique de la sécurité sociale sont devenus le contentieux médical et le contentieux non-médical de la sécurité sociale.
6. Pour exemples, Crim. 30 avr. 2002, n° 01-85.219, *D.* 2003. 30, obs. J. Pradel ; Crim. 4 janv. 2023, n° 22-80.696, P.
7. Crim. 10 mars 1993, n° 92-81.893, P n° 105.
8. Crim. 13 sept. 2005, n° 04-85.736, P n° 224 ; *AJ pénal* 2005. 371, obs. L. Delprat ; *RSC* 2006. 334, obs. A. Cerf-Hollender.

répressive n'a pas compétence pour se prononcer sur la responsabilité civile de l'entreprise dont elle a souverainement apprécié qu'elle était utilisatrice du salarié victime, et qui ne pouvait, dès lors, être considérée comme un tiers, la cour d'appel a méconnu le texte susvisé et le principe ci-dessus rappelé)[1].

Les dispositions légales d'ordre public sur la réparation des accidents du travail excluent les dispositions propres à l'indemnisation des victimes d'infraction. Est, dès lors, irrecevable en ses demandes formées devant une commission d'indemnisation des victimes d'infraction (Civi) fondées sur l'article 706-3 du code de procédure pénale, la victime d'un accident du travail constituant par ailleurs un délit d'atteinte involontaire à la personne[2].

Les dispositions propres à l'indemnisation des victimes d'infractions ne sont pas applicables aux victimes d'un accident du travail imputable à l'employeur ou à ses préposés même en cas de faute intentionnelle de l'employeur ou du préposé. Par suite, viole les articles L. 451-1 et L. 452-5 du code de la sécurité sociale et 706-3 du code de procédure pénale, une cour d'appel qui, pour indemniser la victime d'un accident du travail blessée par les coups et blessures volontaires de l'un de ses collègues de travail, énonce que, si l'accident est dû à la faute intentionnelle de l'employeur ou de l'un de ses préposés, la victime conserve le droit de demander la réparation du préjudice conformément aux règles du droit commun dans la mesure où ce préjudice n'est pas réparé par application des autres dispositions du code de la sécurité sociale[3]. Il en va de même en cas de faute inexcusable de l'employeur et la décision du Conseil constitutionnel du 18 juin 2010 n'a pas ouvert le droit aux victimes d'accidents du travail d'engager une action devant les juridictions de droit commun en la matière[4].

Aucune action en réparation du préjudice causé par un accident du travail ne pouvant, en dehors des cas prévus par l'article L. 451-1 du code de la sécurité sociale, être exercée conformément au droit commun par la victime contre l'employeur et le dirigeant de l'entreprise utilisatrice, ou leurs préposés, la juridiction répressive, dans le cas d'un accident subi par un travailleur intérimaire au sein de l'entreprise utilisatrice, n'est pas compétente pour statuer sur la responsabilité civile en la matière[5]. La juridiction répressive, dans le cas d'un accident subi par un travailleur intérimaire au sein de l'entreprise utilisatrice, n'est pas non plus compétente pour statuer sur la responsabilité civile de cette dernière. Encourt dès lors la cassation, par voie de retranchement, l'arrêt qui, après avoir condamné du chef de blessures involontaires une société ayant employé un travailleur intérimaire, victime d'un accident du travail, confirme, sur les intérêts civils, la disposition du jugement déclarant l'intéressée responsable du préjudice subi par ce salarié[6]. Encourt de même la censure l'arrêt qui, après avoir dit les faits établis et jugé à bon droit la constitution de partie civile recevable, condamne l'entreprise utilisatrice à payer au salarié intérimaire, victime d'un accident du travail, des dommages-intérêts en réparation de son préjudice matériel non pris en charge par la sécurité sociale[7].

L'accident survenu au temps et au lieu du travail est un accident du travail. La circonstance que l'employeur soit reconnu coupable du délit travail dissimulé n'a pas d'incidence sur le droit de la victime à la protection de la législation sur les accidents du travail. Il résulte des dispositions d'ordre public de l'article L. 451-1 du code de la sécurité sociale que la victime d'un accident du travail ne peut exercer conformément au droit commun aucun recours contre l'employeur. La caisse qui a servi les prestations prévues par le livre IV du code de la sécurité sociale, n'ayant pas de recours subrogatoire, ne peut intervenir à l'instance pour en demander le remboursement, y compris dans le cas où la victime accomplissait un travail clandestin[8].

Lorsqu'il est saisi des demandes de réparations formulées par les ayants droit d'un salarié victime d'un accident mortel du travail, dans le cadre d'une poursuite du chef d'homicide involontaire, le juge pénal doit rechercher si ces parties civiles ont, ou non, la qualité d'ayants droit au sens des articles L. 434-7 à L. 434-14 du code de la sécurité sociale. S'ils n'ont pas cette qualité, ces ayants droit peuvent agir aux fins de réparation conformément au droit

1. Crim. 30 nov. 2021, n° 20-86.488, Lexbase Pénal n° 2022, n° 9, note E. Gouesse. V. aussi, Crim. 10 mars 2020, n° 19-82.631, *Dr. pénal* 2020, chron. 9, M. Segonds.
2. Civ. 2e, 7 mai 2003, n° 01-00.815, P II, n° 138 ; *D.* 2003. 1476.
3. Civ. 2e, 7 févr. 2008, n° 07-10.838, P II, n° 26 ; *D.* 2008. 620 ; *D.* 2008. 2373, Chron. J.-M. Sommer et C. Nicoletis ; *JCP* 2008. II. 10056, note C. Radé.
4. Cons. const. 18 juin 2010, n° 2010-8 QPC, *JO* 19 juin 2010, *AJDA* 2010. 1232 ; *D.* 2010. 1634.
5. Crim. 2 oct. 2012, n° 11-85.032, P n° 206 ; *D.* 2012. 2606 ; *D.* 2013. 2713, obs. G. Roujou de Boubée, T. Garé, M.-H. Gozzi, S. Mirabail et T. Potaszkin ; *AJ pénal* 2013. 99, obs. J. Lasserre Capdeville ; *Dr. soc.* 2013. 142, Chron. R. Salomon et A. Martinel ; *RSC* 2013. 385, obs. A. Cerf-Hollender – Crim. 18 sept. 2012, n° 11-84.279, P n° 186 ; *Dr. soc.* 2013. 142, Chron. R. Salomon et A. Martinel ; *RSC* 2013. 385, obs. A. Cerf-Hollender.
6. Crim. 25 avr. 2017, n° 15-85.890, P n° 118.
7. Crim. 18 sept. 2012, n° 11-84.279, P n° 186 ; *Dr. soc.* 2013. 142, Chron. R. Salomon et A. Martinel ; *RSC* 2013. 385, obs. A. Cerf-Hollender.
8. Crim. 11 févr. 2003, n° 02-81.729, P n° 30 ; *D.* 2003. 2335, note Y. Saint-Jours ; *RSC* 2003. 803, obs. A. Giudicelli-Delage.

commun, ainsi que le prévoit l'article L. 451-1 du même code.

Il en résulte qu'en pareille hypothèse, s'agissant d'un accident subi par le salarié passager d'un tracteur conduit dans un champ par un autre salarié de la même entreprise, le juge du fond est tenu de faire application de la loi, d'ordre public, du 5 juillet 1985 relative à l'indemnisation des victimes d'accidents de la circulation, qui prévoit que ces victimes, hormis les conducteurs de véhicules terrestres à moteur, sont indemnisées des dommages résultant des atteintes à leur personne, sans que puisse leur être opposée leur propre faute, à l'exception de leur faute inexcusable si elle a été la cause exclusive de l'accident. Dans ces conditions, il n'y a pas matière à partage de responsabilité entre le responsable de l'accident et la victime[1].

222.16 Conséquences du caractère définitif d'une décision erronée. Il peut arriver qu'une décision devenue définitive ait retenu, à tort, la compétence du tribunal correctionnel pour statuer sur la réparation des conséquences dommageables d'un accident du travail. Lorsque la procédure se poursuit sur intérêts civils, notamment aux fins d'expertise, puis de liquidation, la juridiction saisie peut-elle revenir sur l'erreur initiale ?

C'est l'hypothèse dont a été saisie la chambre criminelle, dans une affaire où le tribunal correctionnel avait condamné un salarié pour des blessures occasionnées à un de ses collègues puis reçu les constitutions de parties civiles de la victime et de ses proches, déclarant le prévenu entièrement responsable du préjudice par elles subi, tardant à statuer sur l'indemnisation et renvoyant sur intérêts civils. Le tribunal saisi en cette matière avait retenu que l'obligation mise à la charge du débiteur l'avait été en méconnaissance de la législation en matière d'accident du travail mais qu'en vertu de l'autorité de la chose jugée s'attachant au jugement initial devenu définitif, le juge statuant sur intérêts civils n'avait plus que le pouvoir d'évaluer le préjudice.

La cour d'appel avait cru pouvoir dire que le dispositif du jugement déclarant les constitutions de partie civile recevables et le prévenu responsable du préjudice subi ne pouvaient emporter dérogation aux règles d'ordre public régissant l'indemnisation des accidents du travail et avait réformé ledit jugement.

La chambre criminelle a cassé cet arrêt[2] considérant qu'une juridiction statuant sur la seule évaluation du dommage éprouvé par la victime d'une infraction, dommage dont la réparation a été ordonnée par une décision antérieure devenue définitive, ne peut, sans méconnaître l'autorité de la chose jugée, écarter le principe de cette réparation. Il s'agit de la reprise d'une solution déjà donnée[3] et qui se justifie, la « chose jugée étant un instrument de rationalisation et de moralisation des stratégies judiciaires »[4] et l'autorité de la chose jugée permettant de contrôler et de sanctionner la diligence des parties, en s'opposant « à ce qu'une même partie réitère le même procès, dans le but de rectifier un mauvais choix initial, ou de réparer une omission et de prolonger artificiellement le contentieux »[5].

§ 2
Avis à victimes

222.21 Réalisation. Toute personne ayant porté plainte est avisée par le parquet de la date de l'audience[6].

Ce texte de principe est complété de manière un peu redondante en matière de procédures rapides, soit pour les convocations par procès-verbal et les comparutions immédiates, par l'article 393-1 du code de procédure pénale, aux termes duquel : « Dans les cas prévus à l'article 393, la victime doit être avisée par tout moyen de la date de l'audience »[7]. La circulaire d'application de la loi du 15 juin 2000[8], soulignait que cet avis était dû même lorsqu'il avait été fait application des dispositions de l'article 420-1 du code de procédure pénale (constitution de partie civile dès l'audition initiale par les services d'enquête). L'utilisation du verbe conjugué « doit » et non « peut » contraint les juridictions à renvoyer l'examen de

1. Crim. 11 mars 2014, n° 12-86.769, P n° 69 ; *D.* 2014. 725.
2. Crim. 20 oct. 2020, n° 19-81.967,
3. Crim. 19 oct. 1982, NP.
4. J. Normand, *RTD Civ.* 1995, p. 177.
5. R. Perrot et N. Fricero, J.-Cl. Pr. civ., fasc. 554, autorité de la chose jugée, 1998, spécial. n° 5.
6. C. pr. pén., art. 391, mod. par L. n° 2019-222, 23 mars 2019, *JO* 24 mars, n° 2, art. 42.
7. Cons. const. 6 mai 2011, n° 2011-125 QPC, art., sous réserve 393, et conforme 803-2 du C. pr. pén., *déférement devant le procureur de la République*, conformité – réserve, *JO* 7 mai, p. 7850 ; *Rec.* p. 218 : déclarant, sous la réserve énoncée au considérant 13, [le procureur de la République ne saurait, sans méconnaître les droits de la défense, interroger, hors la présence d'un avocat, la personne déférée et consigner les déclarations de celui-ci sur les faits qui font l'objet de la poursuite dans le procès-verbal mentionnant les formalités de la comparution], l'article 393 du code de procédure pénale conforme à la Constitution ; *D.* 2012. 1638, obs. V. Bernaud et N. Jacquinot ; *AJ pénal* 2011. 471, obs. J.-B. Perrier ; *Constitutions* 2011. 525, obs. E. Daoud et A. Talbot ; *RSC* 2011. 415, obs. J. Danet.
8. Circ. 20 déc. 2000, CRIM 2000-16 F1/20-12-2000, présentation des dispositions de la loi du 15 juin 2000 renforçant la protection de la présomption d'innocence et les droits des victimes concernant l'instruction, la détention provisoire, le juge des libertés et de la détention et le jugement correctionnel, *BOMJ*, n° 80, 1er oct. 31, déc. 2000, NOR : JUSD0030220C, point 1.5.2.

l'affaire en l'absence d'accomplissement de cette formalité.

Il avait encore été complété concernant les mineurs par la retouche de l'article 6 de l'ordonnance du 2 février 1945[1] : « La victime est avisée, par tout moyen, de la date de l'audience de jugement devant le juge des enfants, le tribunal pour enfants ou le tribunal correctionnel pour mineurs, afin de pouvoir se constituer partie civile selon les modalités prévues par le code de procédure pénale », formulation évidemment maladroite, dès lors que seuls les représentants légaux d'une victime le cas échéant mineure peuvent se constituer partie civile pour elle[2]. La loi du 18 novembre 2016 qui avait modifié cette ordonnance n'avait toutefois pas changé ses termes[3]. Ces textes devaient en outre être reliés aux dispositions de l'article 40-2 du code de procédure pénale, qui mentionnent : « Le procureur de la République avise les plaignants et les victimes si elles sont identifiées, ainsi que les personnes ou autorités mentionnées au deuxième alinéa de l'article 40, des poursuites ou des mesures alternatives aux poursuites qui ont été décidées à la suite de leur plainte ou de leur signalement.

Lorsqu'il décide de classer sans suite la procédure, il les avise également de sa décision en indiquant les raisons juridiques ou d'opportunité qui la justifient ».

Il faut désormais se référer aux dispositions du CJPM et en particulier à son article L. 512-1, al. 2 qui dispose : « Les victimes sont avisées et les parties civiles sont citées selon les modalités prévues par les articles 391 et 420 du code de procédure pénale. Toutefois, lorsqu'il a été statué sur l'action civile lors de l'audience d'examen de la culpabilité, la partie civile est avisée par tout moyen de la date de l'audience de prononcé de la sanction ». La problématique rédactionnelle dénoncée ci-dessus demeure.

222.22 Portée et contenu. Initialement, les textes n'imposaient qu'un avis sur la date de l'audience. Ils ne prévoyaient donc pas d'information complète de la victime sur ses droits, son accompagnement par une association d'aide, la possibilité de l'intervention d'un avocat. Nous le regrettions lors d'une édition précédente en rappelant que la proposition n° 43 du rapport dit Lienemann[4] prévoyait : « La procédure de désignation d'un avocat commis d'office pour l'assistance de la victime devra être mise en place, notamment dans le cadre de la procédure de comparution immédiate », et que l'article 41 du code de procédure pénale dispose *in fine* quant à lui que « Le procureur de la République peut également recourir à une association d'aide aux victimes ayant fait l'objet d'un conventionnement de la part des chefs de la cour d'appel, afin qu'il soit porté aide à la victime de l'infraction ».

Les pratiques concernant les avis à victimes étaient par suite, extrêmement variables d'une juridiction à l'autre. Les exigences du parquet dans le temps de l'enquête n'étaient pas uniformes et seule était souvent avisée la « victime de premier rang » de l'infraction. Les pratiques des services de police et de gendarmerie étaient tout aussi variables, comme leur plus ou moins grande conviction à rechercher les victimes pour les aviser de la date et de l'heure de l'audience. La position des juridictions de jugement était par suite fluctuante. Que décider lorsque les victimes avaient été avisées de l'heure de l'audience par un message laissé sur leur répondeur téléphonique, ou un papillon glissé sous l'essuie-glace de leur véhicule dégradé... et qu'elles étaient absentes à l'audience ?

Il nous semble que s'il appartient à la juridiction de renvoyer l'examen de l'affaire lorsque ne figure nulle part en procédure la mention d'un avis à la ou aux victimes, il est possible de passer outre lorsque des efforts semblent avoir été faits en vue de l'informer de la date de l'audience mais tout dépend des circonstances de l'espèce.

Lorsque la victime est absente, qu'il ne résulte pas de manière claire de la procédure qu'elle a été effectivement avisée, et que son préjudice est de nature à être important, le renvoi s'impose, de même qu'il s'impose, en particulier en matière de procédures rapides, lorsqu'il est établi ou probable que cette victime est encore hospitalisée et dans l'impossibilité de comparaître et de faire valoir ses droits. Il s'agit là d'une réelle difficulté au déferement en comparution immédiate des auteurs de violences graves, sauf pour le tribunal à ne statuer que sur leur maintien en liberté, leur placement sous contrôle judiciaire ou leur assignation à résidence sous surveillance électronique ou en détention provisoire et à ordonner le renvoi de l'affaire à une date ultérieure, le temps d'aviser la ou les victimes et de lui ou de leur permettre de constituer avocat[5].

À titre d'exemple, et si au plan des principes, la décision qui suit est parfaitement compréhensible, elle semble en revanche difficilement conciliable

1. Ord. 2 févr. 1945, art. 6 ; mod. par L. n° 2011-939, 10 août 2011, art. 29, ord. abrogée depuis le 30 septembre 2021 et l'entrée en vigueur du code de la justice pénale des mineurs.
2. SUR le tribunal correctionnel pour mineurs, v. s[s] n°s 113.81 et 222.231.
3. L. n° 2016-1547, 18 nov. 2016 de modernisation de la justice du XXIe siècle, art. 29.
4. M.-N. Lienemann, H. Magliano, J. Calmette, « Pour une nouvelle politique publique d'aide aux victimes », rapport remis au Premier ministre en janvier 1999.
5. V. s[s] n°s 222.51 s.

avec la volonté affichée d'un « véritable » droit des victimes.

Dans une affaire où le prévenu avait été convoqué par procès-verbal devant le tribunal correctionnel des chefs de faux et usage tandis qu'un avis à victime mentionnant un horaire erroné avait été adressé à M. Y..., qui se plaignait des agissements du prévenu, un jugement rendu en l'absence de M. Y... et statuant uniquement sur l'action publique, avait déclaré le prévenu coupable des faits susvisés et l'avait condamné à deux mois d'emprisonnement avec sursis. Le ministère public ayant interjeté appel de cette décision, la cour d'appel annulait le jugement entrepris et ordonnait le renvoi de l'affaire à une audience ultérieure afin, notamment, d'examiner la constitution de partie civile de M. Y., énonçant que l'empêchement pour ce dernier de se constituer partie civile en raison d'une erreur d'horaire figurant sur l'avis à victime à lui adressé, avait porté atteinte au principe du procès équitable dont le respect est prescrit à peine de nullité. La chambre criminelle casse cet arrêt au motif que la règle du double degré de juridiction fait obstacle à ce que la partie civile, quelle que soit la raison pour laquelle elle n'a pas été partie au jugement de première instance, intervienne pour la première fois en cause d'appel[1]. Il est vrai que la voie civile reste ouverte à cette victime oubliée dans la mise en œuvre de poursuites pénales au cours desquelles la victime se voit « par exception », reconnaître la plénitude de ses droits.

Le contenu de l'avis à victime a au fil de lois successives[2] été considérablement renforcé, ainsi qu'il sera précisé *infra* (v. s^s n°s 222.32 s.)[3].

222.23 Nécessité d'un avis à certains tiers en matière de confiscation. Évolution. L'évolution de la jurisprudence de la chambre criminelle relativement aux confiscations[4] nécessitait que soit posée en termes législatifs puis règlementaires la question de l'envoi au propriétaire ou au titulaire de droits sur un bien saisi ou susceptible de faire l'objet d'une confiscation, d'un avis d'audience lui explicitant l'éventualité de cette dernière et la possibilité de faire valoir ses droits, voire de la délivrance d'une citation aux mêmes fins[5].

On peut noter ici que cette situation était déjà envisagée pour « le propriétaire de l'immeuble, le bailleur, le propriétaire du fonds où est exploité un établissement dans lequel sont constatés les faits visés au 2° de l'article 225-10 du code pénal (proxénétisme hôtelier) »[6] et que la loi prévoyait également que le titulaire de la licence de débit de boissons ou de restaurant ou propriétaire du fonds de commerce dans lequel est exploité l'un des établissements visés au même article, et qui ne fait pas l'objet de poursuites, soit cité à l'audience, à la diligence du ministère public afin de faire valoir ses observations[7].

Mais surtout, la Cour de justice de l'Union européenne avait dit pour droit que « l'article 4 de la décision-cadre 2005/212, lu à la lumière de l'article 47 de la Charte des droits fondamentaux, doit être interprété en ce sens qu'il s'oppose à une réglementation nationale qui permet la confiscation, dans le cadre d'une procédure pénale, d'un bien appartenant à une personne autre que celle qui a commis l'infraction pénale, sans que cette première personne dispose d'une voie de recours effective »[8].

Saisi à son tour par la chambre criminelle, le Conseil constitutionnel a déclaré contraire à la Constitution les mots « ou, sous réserve des droits du propriétaire de bonne foi, dont elles ont la libre disposition » figurant à l'article 225-25 du code pénal prévoyant que les personnes coupables de traite des êtres humains ou de proxénétisme peuvent être condamnées à la confiscation de tout ou partie des biens dont elles sont propriétaires, mais également à celle de biens qui sont seulement à leur libre disposition, sous réserve des droits du propriétaire de bonne foi. Il a considéré que se trouvaient méconnus par ce texte le droit à un recours juridictionnel effectif et les droits de la défense garantis par l'article 16 de la Déclaration des droits de l'homme et du citoyen de 1789, en ce que « ni [l'article 225-25] ni aucune autre disposition ne prévoient que le propriétaire dont le titre est connu ou qui a réclamé cette qualité au cours de la procédure soit mis en mesure de présenter ses observations sur la mesure de confiscation envisagée par la juridiction de jugement aux fins, notamment, de faire valoir le droit qu'il revendique et sa bonne foi »[9]. Cette décision a été suivie de deux autres, l'une en date du 23 septembre 2021[10], l'autre du 24 novembre de la même année[11], abrogeant les dispositions de l'article 131-21

1. Crim. 20 avr. 2017, n° 16-83.199, P n° 112 ; *AJ pénal* 2017. 298, obs. G. Royer.
2. L. n° 2015-993, 17 août 2015, *JO* 18 août 2015, n° 2, L. n° 2019-774, 24 juill. 2019, *JO* 26 juill. 2019, n° 3, L. n° 2020-936, 30 juill. 2020, *JO* 31 juill. 2020, n° 2.
3. V. égal^t s^s n°s 222.221 s.
4. V. s^s n°s 716.82, 716.291.
5. V. nota. M. Segonds, « Les droits des tiers », *in* L. Ascensi, P. Beauvais et R. Parizot (dir.), *La confiscation des avoirs criminels, Nouveaux enjeux juridiques*, LGDJ, 2021, p. 104.
6. C. pr. pén., art. 706-37 – v. s^s n° 223.61.
7. C. pr. pén., art. 706-38.
8. CJUE, 14 janv. 2021, *Okrazhna prokuratura – Haskovo et Apelativna prokuratura – Plovdiv/OM*, aff. C-393/19.
9. Cons. const. 23 avr. 2021, n° 2021-899 QPC, *D.* 2021. 801 ; *AJ pénal* 2021. 323.
10. Cons. const. 23 sept. 2021, n° 2021-932 QPC.
11. Cons. const. 24 nov. 2021, n° 2021-949/950 QPC.

du code pénal permettant la confiscation de biens appartenant à des tiers.

C'est la loi pour la confiance dans l'institution judiciaire [1] qui est finalement venu ajouter un dernier alinéa à l'article 131-21 du code pénal [2] disposant que « hors le cas mentionné au septième alinéa, lorsque la peine de confiscation porte sur des biens sur lesquels toute personne autre que le condamné dispose d'un droit de propriété, elle ne peut être prononcée si cette personne dont le titre est connu ou qui a réclamé cette qualité au cours de la procédure n'a pas été mise en mesure de présenter ses observations sur la mesure de confiscation envisagée par la juridiction de jugement aux fins, notamment, de faire valoir le droit qu'elle revendique et sa bonne foi ». Ces dispositions ont été complétées par plusieurs décrets [3] dont les dispositions concernant le tribunal correctionnel se trouvent désormais à l'article D. 45-2-1 du code de procédure pénale [4] qui s'appliquent également par renvoi, à la chambre des appels correctionnels [5] et au tribunal de police [6].

222.24 **Modalités.** En application du dernier alinéa de l'article 131-21 et de l'article D. 54-2-1 du code pénal, lorsqu'est susceptible d'être prononcée par le tribunal correctionnel ou la chambre des appels correctionnels la confiscation d'un bien sur lequel une personne autre que le prévenu dispose d'un droit de propriété, y compris s'il s'agit de l'époux du prévenu et que le bien fait partie de la communauté, que ce titre est connu ou que cette personne a réclamé cette qualité au cours de la procédure, le ministère public avise celle-ci par tout moyen de la date d'audience, au moins dix jours avant celle-ci. Ce délai de dix jours n'est pas applicable si le tribunal est saisi selon la procédure de comparution immédiate.

Il sera donc souligné que cet avis n'a pas nécessairement à être donné par la voie d'un acte d'huissier qui semblait pourtant de nature à s'assurer que son destinataire soit effectivement touché.

Cet avis informe la personne que la confiscation de ce bien peut être ordonnée et qu'elle a le droit de présenter elle-même ou par un avocat ses observations à l'audience, le cas échéant selon les modalités prévues au troisième alinéa, aux fins, notamment, de faire valoir le droit qu'elle revendique et sa bonne foi. Cet avis précise que la personne devra si nécessaire communiquer tout justificatif établissant son titre de propriété.

Ces observations peuvent être faites par un document écrit remis au greffe du tribunal correctionnel et consigné par le greffier soit avant l'audience, soit pendant l'audience, ou adressé au greffe du tribunal par lettre recommandée avec demande d'accusé de réception parvenue au moins 24 heures avant la date d'audience.

Si le bien avait été placé sous main de justice, la personne peut demander sa restitution en application de l'article 479. Elle peut alors prétendre à la mise à disposition des seules pièces de la procédure se rapportant à la saisie de ce bien.

Si la confiscation du bien est prononcée par le tribunal, la personne est informée par tout moyen de cette décision et, lorsque celle-ci est devenue définitive, elle peut demander la restitution de ce bien en application de l'article 710 [7].

Les dispositions de cet article D. 45-2-1 ne sont pas applicables en ce qui concerne la confiscation obligatoire des objets qualifiés de dangereux ou nuisibles par la loi ou le règlement, ou dont la détention est illicite.

Il n'y a pas non plus lieu d'aviser la personne mentionnée au premier alinéa de la date d'audience conformément aux dispositions du présent article si celle-ci est convoquée comme témoin devant le tribunal correctionnel. Dans ce cas, lors de son audition, le président lui rappelle qu'elle peut faire ses observations sur la peine de confiscation qui est susceptible d'être prononcée [8].

Dès lors il convient, non seulement que les juridictions respectent ces nouvelles dispositions mais surtout qu'elles s'engagent dans une démarche pro active, explicative, pour tout dire pédagogique, leur permettant d'échapper, au temps du jugement, à la critique d'une décision de confiscation qui n'aurait aucunement ménagé les droits des tiers de bonne

1. L. n° 2021-1729, 22 déc. 2021 pour la confiance dans l'institution judiciaire, *JO* 23 déc., n° 2.
2. C. pén., art. 131-21 mod., par L. n° 2022-299, 2 mars 2022, art. 12, *JO* 3 mars, n° 5.
3. Décr. n° 2021-1794, 23 déc. 2021 modifiant le Code de procédure pénale et relatif notamment à la peine de confiscation, *JO* 26 déc., n° 57.
4. Décr.n° 2022-546, 13 avr. 2022, *JO* 14 avr. 2022, n° 43.
5. C. pr. pén., art. D. 45-27 qui se réfère à tort à l'article D. 45-2 par suite d'une erreur matérielle figurant dans les dispositions de renumérotation du décret n° 2022-656 du 25 avril 2022 *renforçant la prise en compte des intérêts des victimes au cours de la procédure pénale, JO* 26 avr., n° 30. En son état issu du décret n° 2021-1794 du 23 décembre 2021, préc., l'article D. 45-27 se référait bien aux dispositions de l'ancien article D. 45-2-1 *bis* issu de ce texte, applicable devant le tribunal correctionnel, et devenu l'article D. 45-2-1 par suite de l'entrée en vigueur des décrets n° 2022-246 du 25 février 2022, préc., et n° 2022-546 du 13 avril 2022, préc.
6. C. pr. pén., art. D. 46-1-4 qui se réfère à tort, en raison d'un oubli de renumérotation, à l'article D. 45-2-1 *bis* alors que ce texte est devenu l'article D. 45-2-1 par suite de la renumérotation opérée par les décrets n° 2022-246 du 25 février 2022 et n° 2022-546 du 13 avril 2022, préc.
7. V. s[s] n°s 113.231 s.
8. C. pr. pén., art. D. 45-2-1.

foi. Les dispositions précitées concernent donc toutes les personnes autre que le prévenu disposant d'un droit de propriété sur un bien dont la confiscation est encourue et non seulement eux pour lesquels quelques saisies ont été réalisées, généralement dans le temps de l'enquête ou de l'information[1].

Un arrêt extrêmement pédagogique de la chambre criminelle[2] a tenté de parfaire ce dispositif dans les motifs suivants.

Il résulte des articles 6, § 1, et 13 de la Convention de sauvegarde des droits de l'homme et des libertés fondamentales et 1 du Protocole additionnel n° 1 à celle-ci que toute personne dont le titre est connu ou qui a revendiqué cette qualité pendant la procédure a droit à ce que sa cause soit entendue par une juridiction ordonnant la confiscation d'un bien dont elle est propriétaire ou dont elle revendique la propriété. Il résulte de l'article 131-21 du code pénal dans sa rédaction issue de la loi n° 2021-1729 du 22 décembre 2021, applicable à compter du 31 décembre 2021, que lorsque la peine de confiscation porte sur des biens sur lesquels toute personne autre que le condamné dispose d'un droit de propriété, elle ne peut être prononcée si cette personne, dont le titre est connu ou qui a réclamé cette qualité au cours de la procédure, n'a pas été mise en mesure de présenter ses observations sur la mesure de confiscation envisagée par la juridiction de jugement aux fins, notamment, de faire valoir le droit qu'elle revendique et sa bonne foi. Pour tenir compte des décisions rendues tant par la Cour européenne des droits de l'homme (CEDH, arrêt du 16 avril 2019, *Bokova c/ Russie*, n° 27879/13, § 55 ; CEDH, arrêt du 10 avril 2012, *Silickiene c/ Lituanie*, n° 20496/02, § 50), que par la Cour de justice de l'Union européenne (CJUE, arrêt du 14 janvier 2021, OM, C-393/19, § 61), les personnes dont le titre est connu ou qui ont réclamé cette qualité au cours de la procédure sont recevables à interjeter appel ou à former un pourvoi en cassation contre la décision ordonnant la confiscation d'un bien leur appartenant. Outre ce droit à exercer un recours contre la décision de confiscation, la personne propriétaire du bien dont la confiscation est envisagée dont le titre est connu ou qui a réclamé cette qualité au cours de la procédure et qui est convoquée conformément aux dispositions de l'article 131-21 susvisées, bénéficie des droits suivants. D'une part, si l'article D. 45-2-1 du code de procédure pénale, qui complète l'article 131-21 du code pénal, prévoit que la personne concernée a le droit de présenter elle-même ou par un avocat ses observations à l'audience, il résulte de la jurisprudence de la Cour européenne des droits de l'homme et de la Cour de justice de l'Union européenne qu'elle a le droit également de bénéficier de l'assistance d'un avocat tout au long de la procédure, en première instance comme en appel ou en cassation. D'autre part, la juridiction correctionnelle qui statue sur la mesure de confiscation est tenue de s'assurer que lui ont été communiqués en temps utile outre les procès-verbaux de saisie, en cas de saisie spéciale, les réquisitions aux fins de saisie, l'ordonnance et les pièces précisément identifiées de la procédure sur lesquelles elle se fonde dans ses motifs décisoires. Encourt la cassation l'arrêt de la cour d'appel qui ordonne à l'encontre de la prévenue des mesures de confiscations de biens appartenant à des personnes morales qui n'ont pas été mises en mesure de présenter leurs observations au cours des débats[3].

§ 3
Droits des victimes

222.31 Nouveaux droits des victimes (depuis la loi du 17 août 2015). D'importantes modifications du code de procédure pénale ont été apportées par la loi du 17 août 2015[4] au titre préliminaire de son livre Ier. Ces droits ont été renforcés par des textes ultérieurs et en dernier lieu par les loi du 22 décembre 2021[5] et celle du 24 janvier 2023[6], pour cette dernière essentiellement en ce qui concerne le dépôt de plainte.

Il sera notamment rappelé que les officiers et agents de police judiciaire sont tenus de recevoir les plaintes déposées par les victimes d'infractions à la loi pénale, y compris lorsque ces plaintes sont déposées dans un service ou une unité de police judiciaire territorialement incompétents. Dans ce cas, la plainte est, s'il y a lieu, transmise au service ou à l'unité territorialement compétents[7]. Toute victime d'une infraction pénale peut également déposer plainte et voir recueillir sa déposition par les

1. ÉGALT : L. Ascensi, *Droit et pratique des saisies et confiscations pénales*, 3e éd., « Dalloz Référence », 2023, nos 131.41 s.
2. Crim. 7 sept. 2022, n° 21-84.322, P.
3. Pour un tableau récapitulatif des règles imposées au tribunal correctionnel en matière de motivation des peines de confiscation, v. ss n° 716.311.
4. L. n° 2015-993, 17 août 2015 portant adaptation de la procédure pénale au droit de l'Union européenne, *JO* 18 août, p. 14331, art. 7, v. ss nos 525.11 s.
5. L. n° 2021-1729, 22 déc. 2021, art. 14 (V), *JO* 23 déc., n° 2.
6. L. n° 2023-22, 24 janv. 2023, art. 12 et 13, *JO* 25 janv., n° 1.
7. C. pr. pén., art. 15-3 al. 1. Cet article et les suivants détaillent les conditions dans lesquelles le procès-verbal de réception de plainte est établi et les informations qu'il doit contenir. V. aussi décr. n° 2022-656, 25 avr. 2022 renforçant la prise en compte des intérêts des victimes au cours de la procédure pénale, *JO* 26 avr., n° 30.

services ou unités de police judiciaire par un moyen de télécommunication audiovisuelle garantissant la confidentialité de la transmission. La victime est avisée de ses droits énumérés à l'article 10-2[1].

Deux textes successifs sont venus ajouter, pour les victimes de violences conjugales et assimilées, une obligation d'information sur la possibilité de bénéficier du dispositif électronique mobile anti-rapprochement prévu à l'article 138-3 du présent code, l'article 132-45-1 du code pénal ou l'article 515-11-1 du code civil, qui est susceptible d'être ordonné par la juridiction compétente[2], et la possibilité de bénéficier d'une aide d'urgence au titre de l'article L. 214-9 du code de l'action sociale et des familles[3].

222.32 Droit à l'information. Contenu de l'avis. C. pr. pén., art. 10-2.

Les officiers et les agents de police judiciaire informent par tout moyen les victimes de leur droit :

1° D'obtenir la réparation de leur préjudice, par l'indemnisation de celui-ci ou par tout autre moyen adapté, y compris, s'il y a lieu, une mesure de justice restaurative ;

2° De se constituer partie civile soit dans le cadre d'une mise en mouvement de l'action publique par le parquet, soit par la voie d'une citation directe de l'auteur des faits devant la juridiction compétente ou d'une plainte portée devant le juge d'instruction ;

3° D'être, si elles souhaitent se constituer partie civile, assistées d'un avocat qu'elles peuvent choisir ou qui, à leur demande, est désigné par le bâtonnier de l'ordre des avocats près la juridiction compétente, les frais étant à la charge des victimes sauf si elles remplissent les conditions d'accès à l'aide juridictionnelle ou si elles bénéficient d'une assurance de protection juridique ;

4° D'être aidées par un service relevant d'une ou de plusieurs collectivités publiques ou par une association d'aide aux victimes agréée dans des conditions définies par décret ;

5° De saisir, le cas échéant, la commission d'indemnisation des victimes d'infraction, lorsqu'il s'agit d'une infraction mentionnée aux articles 706-3 ou 706-14 du présent code ;

6° D'être informées sur les mesures de protection dont elles peuvent bénéficier, notamment les ordonnances de protection prévues au titre XIV du livre Ier du code civil. Les victimes sont également informées des peines encourues par les auteurs des violences et des conditions d'exécution des éventuelles condamnations qui pourraient être prononcées ;

7° Pour les victimes qui ne comprennent pas la langue française, de bénéficier d'un interprète et d'une traduction des informations indispensables à l'exercice de leurs droits ;

8° D'être accompagnées chacune, à leur demande, à tous les stades de la procédure, par leur représentant légal et par la personne majeure de leur choix, y compris par un avocat, sauf décision contraire motivée prise par l'autorité judiciaire compétente ;

9° De déclarer comme domicile l'adresse d'un tiers, sous réserve de l'accord exprès de celui-ci. Toutefois, lorsque la victime est une personne dépositaire de l'autorité publique ou chargée d'une mission de service public et que l'infraction a été commise en raison de ses fonctions ou de sa mission, elle est informée qu'elle peut déclarer, sans cet accord, son adresse professionnelle.

10° S'il s'agit de victimes de violences pour lesquelles un examen médical a été requis par un officier de police judiciaire ou un magistrat, de se voir remettre le certificat d'examen médical constatant leur état de santé[4].

La liste des droits énoncés est désormais conséquente d'autant qu'elle ne se conçoit que complétée, d'un certain nombre d'adresses et de points contacts (Barreau local, association d'aide aux victimes, coordonnées du tribunal judiciaire, ...) et le cas échéant traduites si les enquêteurs connaissent d'emblée la nationalité étrangère de la victime et ses difficultés d'appréhension de la langue française.

222.33 Droit à interprète et à traduction. Article 10-3. L'article 10-3[5] du code de procédure pénale dispose que : « Si la partie civile ne comprend pas la langue française, elle a droit, à sa demande, à l'assistance d'un interprète et à la traduction, dans une langue qu'elle comprend, des informations qui sont indispensables à l'exercice de ses droits et qui lui sont, à ce titre, remises ou notifiées en application du présent code.

L'autorité qui procède à l'audition de la partie civile ou devant laquelle cette personne comparaît s'assure que la personne parle et comprend la langue française.

À titre exceptionnel, il peut être effectué une traduction orale ou un résumé oral des informations mentionnées au premier alinéa.

Les modalités d'application du présent article sont précisées par un décret, qui définit notamment

1. V. ss nos 222.32 s.
2. L. no 2019-1480, 28 déc. 2019, *JO* 29 déc., no 2, art. 13 ; C. pr. pén., art. 15-3-2.
3. L. no 2023-140, 28 févr. 2023, *JO* 1er mars 2023, no 1, art. 4 ; C. pr. pén., art. 15-3-2-1 entrant en vigueur à une date fixée par décret, et au plus tard neuf mois après sa promulgation (30 sept. 2022). V. aussi ss no 716.281.
4. C. pr. pén., art. 10-2 mod. par L. no 2021-1729, 22 déc. 2021, *JO* 23 déc., no 2, art. 14 (V).
5. C. pr. pén., art. 10-3, créé par L. no 2015-993, 17 août 2015, art. 7.

les pièces essentielles devant faire l'objet d'une traduction ». On retrouve ici le pendant des dispositions applicables au prévenu ce qui n'est qu'une traduction du principe d'égalité des armes.

Ce premier article est heureusement complété par la réécriture de l'article 391[1] du même code qui dispose que : « lorsque la victime ne comprend pas la langue française, elle a droit à sa demande à une traduction de l'avis d'audience. À titre exceptionnel il peut être effectué une traduction orale ou un résumé oral ». Il est possible de regretter cette demi-mesure car le texte aurait pu d'emblée prévoir que lorsque la procédure établit une connaissance insuffisante de la langue française par la victime, il est procédé à la traduction de tous les actes la concernant, au premier rang desquels l'avis d'audience.

222.34 Victime mineure – Droit d'être accompagnée. Article 10-4. L'article 10-4[2] du code de procédure pénale prévoit que : « À tous les stades de l'enquête, la victime peut, à sa demande, être accompagnée par son représentant légal et par la personne majeure de son choix, sauf décision contraire motivée prise par l'autorité judiciaire compétente ». La loi du 24 janvier 2023 d'orientation et de programmation du ministère de l'Intérieur est venue ajouter un second alinéa ainsi rédigé : « Lorsque la victime est assistée par un avocat, celui-ci peut, à l'issue de chacune de ses auditions, poser des questions. Il peut également présenter des observations écrites. Celles-ci sont jointes à la procédure ». Elle ouvre également la possibilité pour toute victime d'une infraction pénale de déposer plainte et voir recueillir sa déposition par les services ou unités de police judiciaire par un moyen de télécommunication audiovisuelle garantissant la confidentialité de la transmission[3].

Cet article évoque toujours la victime et non la seule partie civile, mélange des termes habituel, mais problématique dans la mise en œuvre des dispositions applicables à l'une, à l'autre ou au deux.

222.35 Évaluation aux fins de mesures de protection spécifiques. Articles 10-5 et 10-5-1. L'article 10-5[4] du code de procédure pénale dispose : « Dès que possible, les victimes font l'objet d'une évaluation personnalisée, afin de déterminer si elles ont besoin de mesures spécifiques de protection au cours de la procédure pénale.

L'autorité qui procède à l'audition de la victime recueille les premiers éléments permettant cette évaluation. Au vu de ces éléments, l'évaluation peut être approfondie, avec l'accord de l'autorité judiciaire compétente.

La victime est associée à cette évaluation. Le cas échéant, l'association d'aide aux victimes requise par le procureur de la République ou le juge d'instruction en application de l'article 41 y est également associée ; son avis est joint à la procédure.

Les modalités d'application du présent article sont précisées par décret ».

La loi du 30 juillet 2020[5] relative aux faits de violences conjugales est venue créer un article 10-5-1 du code de procédure pénale disposant que lorsque l'examen médical d'une victime de violences a été requis par un officier de police judiciaire ou un magistrat, le certificat d'examen médical constatant son état de santé est remis à la victime selon des modalités précisées par voie réglementaire[6]. Ce texte n'exclut donc pas la remise d'un tel certificat à une victime de faits étrangers à des violences conjugales ou assimilées.

222.36 Déclaration d'adresse. Article 40-4-1. L'article 40-4-1[7] du code de procédure pénale, indique que : « La victime qui souhaite se constituer partie civile peut déclarer :

1° Une adresse personnelle ;

2° L'adresse d'un tiers, sous réserve de l'accord exprès de celui-ci.

Elle est avisée qu'elle doit signaler au procureur de la République, par lettre recommandée avec demande d'avis de réception, tout changement de l'adresse déclarée. Elle est également avisée que toute notification faite à la dernière adresse déclarée sera réputée faite à sa personne.

Faute par elle d'avoir déclaré un changement d'adresse, la partie civile ne peut opposer le défaut de notification des actes qui auraient dû lui être notifiés aux termes de la loi ».

On retrouve là encore la formulation applicable au prévenu en matière de déclaration d'adresse, seule de nature à permettre à la procédure de ne pas connaître de retards inutiles liés à une recherche d'adresse de l'une ou l'autre des parties.

222.37 Échanges d'informations. Article 10-6. À la suite d'accidents, de sinistres, de catastrophes ou d'infractions susceptibles de provoquer de nom-

1. C. pr. pén., art. 391 ; mod. par ord. n° 2015-1288, 15 oct. 2015, art. 6.
2. C. pr. pén., art. 10-4 ; créé par L. n° 2015-993, 17 août 2015, art. 7, mod. par L. n° 2021-1729, 22 déc. 2021, art. 14 (V) et par L. n° 2023-22, 24 janv. 2023, art. 13.
3. C. pr. pén., art. 15-3-1-1 issu de la L. n° 2023-22, 24 janv. 2023, art. 12.
4. C. pr. pén., art. 10-5 ; créé par L. n° 2015-993, 17 août 2015, art. 7.
5. L. n° 2020-936, 30 juill. 2020 visant à protéger les victimes de violences conjugales, *JO* 31 juill. 2020, n° 2.
6. Décr. n° 2021-364, 31 mars 2021 relatif aux modalités de remise des certificats médicaux aux victimes de violences, *JO* 1er avr. 2021, n° 39.
7. C. pr. pén., art. 40-4-1 ; créé par L. n° 2015-993, 17 août 2015, art. 7, mod. par L. n° 2019-222, 23 mars 2019, *JO* 24 mars, n° 2, art. 42.

breuses victimes, les administrations, au sens de l'article L. 100-3 du code des relations entre le public et l'administration, intervenant dans la gestion de la crise, la prise en charge des victimes de ces événements, leur accompagnement ou la mise en œuvre de leurs droits, les parquets et les juridictions en charge de la procédure ainsi que les associations d'aide aux victimes agréées au sens du dernier alinéa de l'article 41 du présent code peuvent échanger entre elles les données, informations ou documents strictement nécessaires à la conduite de ces missions ainsi qu'à l'information des personnes présentes sur les lieux des événements et de leurs proches.

Toute personne recevant des données, informations ou documents en application du premier alinéa du présent article est tenue au secret professionnel dans les conditions et sous les peines fixées aux articles 226-13 et 226-14 du code pénal[1].

Ce texte a été complété par un décret du 13 septembre 2021[2].

SECTION 2
RAPPELS SUR L'ACTION CIVILE

222.41 Relation action civile et action publique. L'action civile en réparation d'un dommage causé par un crime, un délit ou une contravention appartient à tous ceux qui ont personnellement souffert du dommage directement causé par l'infraction[3] et elle peut être exercée en même temps que l'action publique et devant la même juridiction, pour tous chefs de dommages, aussi bien matériels que corporels ou moraux, qui découleraient des faits objets de la poursuite[4]. Ce point sera développé ci-après, mais il doit être souligné qu'un arrêt important[5], rendu en plénière de chambre, est venu préciser que « les droits de la partie civile ne peuvent être exercés que par les personnes justifiant d'un préjudice résultant de l'ensemble des éléments constitutifs de l'infraction visée à la poursuite ; que tel n'est pas le cas du préjudice découlant du comportement consistant, pour des participants à une compétition sportive, à s'entendre pour en fausser le résultat, ce comportement n'étant que l'un des faits constitutifs de l'infraction d'escroquerie ».

Cette facilité offerte à la victime de n'avoir pas à disjoindre son action en réparation des poursuites contre le fait pénalement qualifié qui est à l'origine de ses dommages, ne doit en aucun cas faire oublier le caractère accessoire de l'action civile en matière répressive et spécialement correctionnelle. Ainsi, une cour d'appel n'est plus compétente pour se prononcer sur les demandes d'une personne s'étant constituée partie civile à l'audience devant le tribunal, celui-ci ayant définitivement constaté l'extinction de l'action publique suite au désistement présumé de la partie civile ayant fait délivrer la citation directe[6]. De même, lorsqu'elle est saisie du seul appel de la partie civile formé à l'encontre d'un jugement ayant constaté l'extinction de l'action publique et débouté l'intéressée de ses demandes, la cour d'appel n'est compétente pour prononcer sur le droit à réparation de la partie civile à partir et dans la limite des faits objets de la poursuite, que si elle a préalablement constaté que c'est à tort que les premiers juges ont déclaré l'action publique éteinte[7]. L'action civile n'est donc pas envisageable si l'action publique n'est pas née ou si elle a disparu sous l'effet d'une cause d'extinction constatée par la juridiction qui se voit interdire de statuer au plan civil.

Pas plus, en application des dispositions de l'article 5 du code de procédure pénale, la partie qui a exercé son action devant la juridiction civile compétente, ne peut la porter devant la juridiction répressive et qu'il n'en est autrement que si celle-ci a été saisie par le ministère public avant qu'un jugement sur le fond ait été rendu par la juridiction civile. Enfin, lorsque l'action civile est exercée devant une juridiction répressive, elle se prescrit selon les règles de l'action publique (alors qu'exercée devant la juridiction civile, elle se prescrit évidemment selon les règles du code civil)[8].

La victime a la possibilité de se constituer partie civile par voie d'action ou par voie d'intervention. Par voie d'action, c'est elle qui suscite les poursuites ; par voie d'intervention, la victime va se joindre à l'instance déjà introduite à l'initiative du parquet, et solliciter soit, que sa parole soit entendue « *au soutien de l'action publique* », soit une indemnisation de ses préjudices.

Afin d'éviter les abus de constitution de partie civile devant le juge d'instruction, la loi du 5 mars 2007[9] est

1. C. pr. pén., art. 10-6, mod. par L. n° 2019-774, 24 juill. 2019 relative à l'organisation et à la transformation du système de santé, *JO* 26 juill., n° 3, art. 69.
2. Décr. n° 2021-1182, 13 sept. 2021, portant création d'un traitement automatisé de données à caractère personnel dénommé « système d'information interministériel des victimes d'attentats et de catastrophes » (SIVAC) et modifiant le code de procédure pénale, *JO* 15 sept., n° 10.
3. C. pr. pén., art. 2.
4. C. pr. pén., art. 3.
5. Crim. 21 nov. 2018, n° 17-81.096, P n° 193 ; *Dr. pénal* 2019, comm. 13, note A. Maron et M. Haas.
6. Crim. 5 janv. 2017, n° 15-82.562, P n° 5.
7. Crim. 1er avr. 2020, n° 19-80.069, P.
8. C. pr. pén., art. 10.
9. L. n° 2007-291, 5 mars 2007 tendant à renforcer l'équilibre de la procédure pénale, *JO* 6 mars, p. 4206. C. pr. pén., art. 85 mod. par L. n° 2019-222, 23 mars 2019 art. 53, *JO* 24 mars, n° 2.

venue préciser que « la plainte avec constitution de partie civile n'est recevable qu'à condition que la personne justifie soit que le procureur de la République lui a fait connaître, à la suite d'une plainte déposée devant lui ou un service de police judiciaire, qu'il n'engagera pas lui-même des poursuites, soit qu'un délai de trois mois s'est écoulé depuis qu'elle a déposé plainte devant ce magistrat, contre récépissé ou par lettre recommandée avec demande d'avis de réception, ou depuis qu'elle a adressé, selon les mêmes modalités, copie à ce magistrat de sa plainte déposée devant un service de police judiciaire. Cette condition de recevabilité n'est pas requise s'il s'agit d'un crime ou s'il s'agit d'un délit prévu par la loi du 29 juillet 1881 sur la liberté de la presse ou par les articles L. 86, L. 87, L. 91 à L. 100, L. 102 à L. 104, L. 106 à L. 108 et L. 113 du code électoral ».

Pour ce contentieux particulier, la prescription de l'action publique est suspendue, au profit de la victime, du dépôt de la plainte jusqu'à la réponse du procureur de la République ou, au plus tard, une fois écoulé le délai de trois mois[1] et qu'*a contrario*, la suspension de la prescription de l'action publique ne peut être invoquée, lorsque l'existence d'une plainte préalable n'est pas exigée[2].

Il est encore possible de souligner ici l'existence d'une décision aux termes de laquelle, lorsque la personne qui, s'étant constituée partie civile en portant plainte devant le juge d'instruction, a omis de justifier du dépôt préalable d'une plainte auprès du procureur de la République ou d'un service de police judiciaire dans les conditions fixées par le deuxième alinéa du texte susvisé, et, lorsqu'il s'agit d'une personne morale, de l'identité de son représentant légal, elle demeure recevable à apporter ces justifications devant la chambre de l'instruction au soutien de son appel de l'ordonnance du magistrat instructeur ayant sanctionné sa carence en déclarant sa constitution de partie civile irrecevable[3].

En tout état de cause s'agissant des poursuites directement diligentées par la partie civile devant la juridiction de jugement et non plus d'instruction, les dispositions de l'article 551 du code de procédure pénale relatives à la citation directe, notamment à la diligence de la partie civile, n'imposent pas, en la matière, que soit établie au préalable l'existence d'une décision de classement par le parquet.

222.42 Audience de consignation. Devant le tribunal correctionnel, la victime va pouvoir citer la ou les personnes qu'elle met en cause mais l'affaire ne sera alors plaidée qu'après qu'une première audience s'est tenue sur la consignation (ou l'absence de consignation si la victime bénéficie de l'aide judiciaire) et a donné lieu à la fixation d'une date de l'audience à laquelle les faits seront abordés[4]. Le fait que l'obtention de l'aide juridictionnelle soit avérée dès la première audience ne permet pas pour autant au tribunal d'évoquer les faits de suite et il y a lieu de renvoyer à l'audience de fond.

Les personnes morales à but lucratif doivent, sous peine de non-recevabilité de la citation directe, produire au tribunal leur bilan et leur compte de résultat afin de permettre la détermination du montant de la consignation[5][6]. Toutefois, la personne morale à but lucratif qui, ayant fait délivrer une citation directe devant le tribunal correctionnel, a omis de justifier de ses ressources en joignant son bilan et son compte de résultat demeure recevable à apporter ces justifications devant la cour d'appel au soutien de son appel du jugement ayant sanctionné sa carence en déclarant sa citation irrecevable[7].

De même que lors de sa fixation par le doyen des juges d'instruction lors d'une plainte déposée en vue de l'ouverture d'une information judiciaire, le montant de la consignation doit être équitable et prendre en compte aussi bien les frais du procès, que les sommes à allouer en cas de condamnation de la partie civile, que les ressources de celle-ci.

La personne bénéficiaire de l'aide juridictionnelle est dispensée du versement d'une consignation[8]. Cette dispense vaut, que l'aide juridictionnelle accordée soit totale ou partielle la loi ne distinguant pas[9]. Il est important pour la crédibilité de la procédure que les montants de consignation soient homogènes au sein d'une même juridiction.

Lorsque le dépôt d'une telle plainte a été dûment constaté et si la consignation des frais arbitrée par le juge a été effectuée dans le délai imparti, l'action publique est valablement mise en mouvement dès le jour du dépôt de ladite plainte[10]. En cas de citation directe devant le tribunal correctionnel, le dépôt au greffe du montant de la consignation fixée conformément aux dispositions de l'article R. 236, alinéa 2 (ancien) du code de procédure pénale a pour seule conséquence de rendre recevable l'action de la partie civile et ne constitue pas un acte interruptif de prescription[11]. Ce point est important en ce que,

1. C. pr. pén., art. 85, al. 2.
2. Crim. 14 mars 2017, n° 15-86.199, P ; *D.* 2017. 706 ; *D.* 2018. 208, obs. E. Dreyer.
3. Crim. 30 mars 2016, n° 14-85.109, P n° 107 ; *D.* 2016. 786.
4. V. s[s] n° 222.131.
5. C. pr. pén., art. 392-1.
6. L. n° 2011-1862, 13 déc. 2011 relative à la répartition des contentieux et à l'allégement de certaines procédures juridictionnelles, *JO* 14 déc., p. 21105, art. 59.
7. Crim. 1er sept. 2020, n° 19-84.600, P.
8. C. pr. pén., art. 88 et 392-1.
9. Crim. 30 nov. 1999, n° 99-84.100, P n° 277 ; *D.* 2000. 55.
10. Crim. 17 juin 1986, n° 85-90.313, P n° 208.
11. Crim. 15 avr. 1991, n° 90-82.838, P n° 177.

avant le versement de la consignation, le tribunal n'a pas, par exemple, à s'interroger sur la recevabilité de l'action d'une association ou d'éventuelles nullités de la procédure. C'est seulement après le règlement de la consignation que le débat véritable sur la forme et sur le fond pourra être engagé.

Le jugement du tribunal correctionnel qui, en application de l'article 392-1 du code de procédure pénale, fixe le montant de la consignation que la partie civile devra verser au greffe, et le délai de ce versement, ne met pas fin à la procédure, et l'appel qui en est interjeté n'est pas immédiatement recevable[1].

Deux arrêts sont venus préciser les conditions et conséquences du versement de cette consignation. La chambre criminelle a tout d'abord refusé de transmettre une QPC au motif que « l'article 88 du code de procédure pénale, qui réserve au seul bénéficiaire de l'aide juridictionnelle la dispense de consignation, ne porte pas atteinte au droit à l'accès au juge et au droit à un recours effectif de l'allocataire du revenu de solidarité active socle, dès lors que celui-ci bénéficie de l'aide juridictionnelle sur simple présentation du certificat d'admission à cette allocation, et que le juge, faisant application des dispositions critiquées, dispense de la consignation la personne, allocataire de cette prestation, s'il constate son admission au bénéfice de l'aide juridictionnelle, ce qui assure à cette personne les droits garantis par l'article 6 de la Déclaration des droits de l'Homme et du citoyen de 1789 »[2].

Comme pour illustrer ce non-renvoi et s'éloignant de la stricte lettre de l'article 392-1, la chambre criminelle a ensuite rappelé que, selon l'article 392-1 du code de procédure pénale, le tribunal correctionnel, saisi par une citation directe de la partie civile, fixe en fonction des ressources de celle-ci, lorsqu'elle n'a pas obtenu l'aide juridictionnelle, le montant de la consignation destinée à garantir le paiement de l'amende civile susceptible de lui être infligée en cas de relaxe du prévenu, si la citation directe est jugée abusive ou dilatoire. Elle a ensuite jugé, que le comité d'hygiène, de sécurité et des conditions de travail (CHSCT) [devenu comité social et économique (CSE)] n'ayant pas de budget propre, il doit en principe être dispensé de consigner, y compris lorsqu'il n'a pas obtenu, ni même sollicité, l'aide juridictionnelle ; que ce n'est que dans le cas où il est établi, notamment au vu des débats à l'audience, que cette institution représentative du personnel dispose en réalité de ressources, que la juridiction peut l'astreindre au versement d'une consignation, dont elle fixe le montant en fonction du niveau de ces dernières[3].

Elle a encore jugé, au visa de l'article 392-1[4] du code de procédure pénale, « que vaut le dépôt en application de ce texte la réception, dans le délai imparti, et sous réserve que le titre soit ultérieurement honoré d'un chèque adressé par courrier au greffe de la juridiction qui a rendu la décision aux fins de consignation », sanctionnant l'excès de formalisme d'une cour qui avait cru pouvoir déclarer une citation irrecevable au motif que les parties civiles à l'initiative de cette citation avaient, en l'espèce, adressé la consignation par lettre recommandée au greffe du tribunal[5].

222.43 Plainte ou retrait de plainte de la victime. Dans certaines hypothèses toutefois, les poursuites ne vont même être possibles qu'à la condition que la victime elle-même soit partie à l'instance. Par exemple, dans les cas prévus par les articles 226-1 et 226-2 (atteintes à la vie privée), l'action publique ne peut être exercée que sur plainte de la victime, de son représentant légal ou de ses ayants droit[6].

Le délit de l'article 226-1 du code pénal, qui réprime l'atteinte à l'intimité de la vie privée, ne pouvant, selon l'article 226-6 du même code, être poursuivi que sur plainte de la victime ou de ses ayants droit, entre dans les prévisions de l'article 6, alinéa 3, du code de procédure pénale, selon lequel l'action publique s'éteint en cas de retrait de plainte lorsque celle-ci est une condition nécessaire de la poursuite[7].

Si en principe la renonciation à l'action civile ne peut arrêter, ni suspendre l'exercice de l'action publique, c'est sous réserve des cas visés à l'alinéa 3 de l'article 6[8]. Autrement dit, une victime qui se désistera, retirera sa plainte ou renoncera à celle-ci, toutes formulations admissibles, ne mettra fin à l'action publique que si sa plainte était la condition *sine qua non* des poursuites.

Le délit de l'article 357-1, 1°, qui réprime l'abandon de foyer entre dans les prévisions de l'article 6, alinéa 3, du code de procédure pénale qui décide que l'action publique s'éteint, en cas de retrait de plainte, lorsque celle-ci est une condition nécessaire de la poursuite. Dès lors, le tribunal permanent des Forces armées qui avait constaté le désistement du plaignant, devait, ainsi qu'il l'a fait, déclarer l'action publique éteinte[9].

1. Crim. 26 nov. 1997, n° 96-84.570, P n° 402 ; *D.* 1998. 33.
2. Crim. 8 avr. 2015, n° 15-80.381, NP.
3. Crim. 28 mars 2017, n° 16-82.060, P.
4. C. pr. pén., art. 392-1 ; mod. par L. n° 2011-1862, 13 déc. 2011, art. 59.
5. Crim. 9 juin 2015, n° 14-80.328, P n° 140.
6. C. pén., art. 226-6.
7. Crim. 14 janv. 1997, n° 96-82.901, P n° 9.
8. C. pr. pén., art. 2, al. 2.
9. Crim. 28 oct. 1965, n° 65-MI068, P n° 216.

222.44 Brefs rappels sur la règle *electa una via*. L'action civile en réparation du dommage causé par l'infraction, prévue par l'article 2 du code de procédure pénale, peut également être exercée devant une juridiction civile, séparément de l'action publique. Toutefois, il est sursis au jugement de cette action tant qu'il n'a pas été prononcé définitivement sur l'action publique lorsque celle-ci a été mise en mouvement.

La mise en mouvement de l'action publique n'impose pas la suspension du jugement des autres actions exercées devant la juridiction civile, de quelque nature qu'elles soient, même si la décision à intervenir au pénal est susceptible d'exercer, directement ou indirectement, une influence sur la solution du procès civil[1]. Ce dispositif, issu de la loi du 5 mars 2007[2], modifie assez substantiellement la règle antérieure, traduite par la formule « Le pénal tient le civil en état », qui résultait du second alinéa de l'article 4 alors rédigé comme suit : « ... Il est sursis au jugement de cette action exercée devant la juridiction civile tant qu'il n'a pas été prononcé définitivement sur l'action publique lorsque celle-ci a été mise en mouvement ».

Par ailleurs, la partie civile qui a exercé son action devant la juridiction civile compétente ne peut la porter devant la juridiction répressive. Il n'en est autrement que si celle-ci a été saisie par le ministère public avant qu'un jugement sur le fond ait été rendu par la juridiction civile[3]. Ainsi, est rejeté le pourvoi contre un arrêt de cour d'appel qui constate que l'appelant ayant saisi la juridiction prud'homale de demandes indemnitaires résultant du harcèlement moral qu'il alléguait, il ne pouvait, ensuite, présenter devant la juridiction pénale, les mêmes demandes fondées sur les mêmes faits à l'encontre de la même partie[4].

La difficulté habituelle qu'auront à résoudre les juridictions civile ou pénale sera donc ici de savoir dans quelle mesure elles devront suspendre voire rejeter une demande déjà présentée devant l'autre.

L'autorité de la « chose jugée » au pénal sur le civil s'attache à ce qui a été définitivement, nécessairement et certainement, décidé par le juge pénal sur l'existence du fait qui forme la base commune de l'action civile et pénale, sur sa qualification ainsi que sur la culpabilité de celui à qui le fait est imputé.

Par suite, viole ce principe une cour d'appel qui, saisie d'une demande en annulation d'un testament pour insanité d'esprit de la testatrice, retient que l'autorité de la chose jugée au pénal ne s'impose pas à la juridiction civile, tout en constatant que, pour déclarer la légataire universelle instituée par le testament, coupable du délit d'abus de faiblesse commis au cours de la période pendant laquelle ce testament avait été rédigé, la juridiction pénale avait retenu, par un motif qui en était le soutien nécessaire, que la testatrice ne pouvait manifester sa volonté, caractérisant ainsi son insanité d'esprit lors de la rédaction du testament[5].

Selon l'article 4 du code de procédure pénale, dans sa rédaction issue de la loi du 5 mars 2007, la mise en mouvement de l'action publique n'impose pas la suspension du jugement des autres actions exercées devant les juridictions civiles, de quelque nature qu'elles soient, même si la décision à intervenir au pénal est susceptible d'exercer, directement ou indirectement, une influence sur la solution du procès civil.

Il en va de même, *a fortiori*, au cas de simple dépôt d'une plainte pénale.

Il s'ensuit que le simple exercice par le juge civil de la faculté discrétionnaire, que la loi lui ouvre de mener à son terme le procès porté devant lui, exclut toute atteinte de sa part à la présomption d'innocence de la personne dont il est amené, le cas échéant, à sanctionner le comportement[6].

En revanche, une juridiction pénale ayant, par une décision définitive, alloué une indemnisation à une partie au titre de la réparation de l'ensemble de ses préjudices, la nouvelle demande, qui vise à indemniser les mêmes préjudices, formée devant une juridiction civile se heurte à l'autorité de chose jugée[7].

Il est possible de rappeler que la difficulté du « chevauchement » de l'action civile devant la juridiction civile et la juridiction répressive ne se pose qu'en cas d'identité d'objet, de cause et de parties. Ainsi, en l'état des dernières jurisprudences, et à titre d'exemples, n'ont pas un objet identique les actions suivantes :

– la plainte avec constitution de partie civile portée devant la juridiction pénale par un salarié à l'encontre de son employeur à raison d'atteintes

1. C. pr. pén., art. 4.
2. L. n° 2007-291, 5 mars 2007 tendant à renforcer l'équilibre de la procédure pénale, *JO* mars, p. 4206.
3. C. pr. pén., art. 5.
4. Crim. 7 juin 2017, n° 16-82.592, NP – DANS LE DOMAINE social : Crim. 17 juin 2014, n° 12-85.869, NP : ayant rejeté le pourvoi contre un arrêt ayant accueilli une exception d'irrecevabilité tirée du fait que l'action prud'homale antérieurement engagée par la partie civile et l'action répressive visent le même objet, la même cause et les mêmes parties, ladite société et le président de celle-ci, dès lors que ce dernier a été poursuivi devant le juge répressif en sa qualité de président directeur général de cette société.
5. Civ. 1re, 24 oct. 2012, n° 11-20.442, P I, n° 209 ; *D.* 2013. 68, note N. Rias ; *RTD civ.* 2013. 87, obs. J. Hauser.
6. Civ. 1re, 31 oct. 2012, n° 11-26.476, P I, n° 226 ; *Dr. pénal* 2013, Comm. 15, note A. Maron et M. Haas.
7. Civ. 2e, 10 nov. 2010, n° 09-14.728, P II, n° 180 ; *AJ pénal* 2011. 196, obs. J. Lasserre Capdeville.

personnelles résultant de faits constitutifs du délit de discrimination, alors que le salarié avait antérieurement saisi le juge prud'homal de demandes pour licenciement abusif[1] ;

- l'exercice, par un salarié, d'une action devant le conseil de prud'hommes contre son employeur, pour licenciement abusif, ne fait pas obstacle à ce que le syndicat professionnel auquel il est affilié se constitue partie civile devant le juge correctionnel dans les poursuites engagées contre le même employeur, à l'occasion du même licenciement, pour atteinte à l'exercice régulier des fonctions de délégué du personnel. En effet, les deux actions n'ont pas la même cause juridique[2] ;

- l'action en paiement des lettres de change, exercée par la partie civile à l'encontre de la société tirée, est distincte de l'action en réparation du préjudice résultant du délit de complicité d'escroquer commis par le dirigeant de cette société[3] ;

- encourt la censure l'arrêt qui, dans une poursuite pour défaut d'assurance de responsabilité des constructeurs, accueille l'exception d'irrecevabilité de l'action civile fondée sur ce texte alors que les demandes dont était saisi le juge civil tendaient à la mise en œuvre de la garantie décennale et non à la réparation du dommage né de l'infraction[4] ;

- en revanche, l'identité de cause, d'objet et de parties des actions portées devant la juridiction civile et la juridiction répressive, exigée pour l'application des dispositions de l'article 5 du code de procédure pénale, est établie dans le cas où un salarié cite devant le tribunal correctionnel le dirigeant de la société qui l'emploie afin d'obtenir la réparation du dommage résultant pour lui de délits d'entrave, de discrimination syndicale et de harcèlement moral, après avoir, pour les mêmes faits, assigné à des fins indemnitaires ladite société devant le conseil de prud'hommes[5] ;

- il y a identité de parties lorsque la demande en inscription de faux, est d'abord portée devant la juridiction civile contre des personnes morales de droit public et ensuite devant la juridiction pénale contre leurs représentants[6].

Enfin, l'exception d'irrecevabilité de l'action civile tirée de l'article 5 du code de procédure pénale suppose que les demandes d'indemnisation aient été portées devant le juge civil et devant le juge pénal. Il en résulte que ce texte n'est pas applicable lorsque le demandeur à l'action civile devant le juge pénal a également saisi le juge administratif[7].

222.45 Effet de l'absence de faute pénale non intentionnelle sur l'action civile. L'absence de faute pénale non intentionnelle au sens de l'article 121-3 du code pénal ne fait pas obstacle à l'exercice d'une action devant les juridictions civiles afin d'obtenir la réparation d'un dommage sur le fondement de l'article 1241[8] (anc. 1383) du code civil si l'existence de la faute civile prévue par cet article est établie ou en application de l'article L. 452-1 du code de la sécurité sociale, si l'existence de la faute inexcusable prévue par cet article est établie[9].

L'article 4-1 du code de procédure pénale dissocie la faute civile de la faute pénale non intentionnelle, notamment pour ce qui a trait à la reconnaissance de la faute inexcusable de l'employeur. En conséquence la juridiction de sécurité sociale n'est pas soumise à l'autorité de chose jugée attachée aux décisions de la juridiction répressive. Ainsi le jugement ayant relaxé l'employeur n'interdit pas de lui imputer une faute à l'origine de l'accident du travail[10].

Il résulte de l'article 4-1 du code de procédure pénale que la faute pénale non intentionnelle, au sens des dispositions de l'article 121-3 du code pénal, est dissociée de la faute inexcusable au sens des dispositions de l'article L. 452-1 du code de la sécurité sociale.

Il appartient dès lors à la juridiction de la sécurité sociale de rechercher si les éléments du dossier permettent de retenir la faute inexcusable de l'employeur, laquelle s'apprécie de façon distincte des éléments constitutifs de l'infraction d'homicide involontaire[11].

222.46 Constitution de partie civile devant la juridiction répressive et référé civil. Même si le demandeur s'est constitué partie civile devant la juridiction répressive, la juridiction civile, saisie en référé, demeure compétente pour ordonner toutes mesures provisoires relatives aux faits qui sont l'objet des poursuites, lorsque l'existence de l'obligation n'est pas sérieusement contestable[12].

Une assignation en référé ne peut s'analyser en une action en justice au sens de l'article 5 du code de procédure pénale et la juridiction répressive n'est pas dessaisie de l'action civile lorsqu'une instance

1. Crim. 19 nov. 2013, n° 12-83.294, P n° 228 ; *Gaz. Pal.* 9 févr. 2013, p. 44, note F. Fourment.
2. Crim. 13 mars 1984, n° 80-94.765, P n° 103.
3. Crim. 11 déc. 2002, n° 01-87.278, NP.
4. Crim. 11 janv. 2005, n° 04-82.934, P n° 11.
5. Crim. 3 avr. 2007, n° 06-86.748, P n° 99 ; *D.* 2007. *AJ* 1424 ; *D.* 2008. Pan. 2758, obs. J. Pradel ; *AJ pénal* 2007. 328, obs. C. Saas.
6. Crim. 18 sept. 2002, n° 01-84.552, NP.
7. Crim. 30 mars 2021, n° 17-82.096, P.
8. C. civ., art. 1241 (anc. 1383) ; réd. ord. n° 2016-131, 10 févr. 2016, art. 2.
9. C. pr. pén., art. 4-1.
10. Civ. 2e, 16 sept. 2003, n° 01-16.715, P II, n° 263.
11. Civ. 2e, 15 mars 2012, n° 10-15.503, P II, n° 46 ; rect. par un arrêt du 3 mai 2012.
12. C. pr. pén., art. 5-1.

en référé est engagée par la partie civile dans les conditions prévues par l'article 5-1 du code précité. Justifie, dès lors, sa décision la juridiction correctionnelle qui, en pareil cas, sursoit à statuer sur l'indemnisation de la victime dans l'attente du résultat d'une expertise ordonnée par le juge des référés[1]. Cette solution avait déjà été énoncée, plus explicitement peut-être, au motif que l'assignation devant le juge des référés dont l'objet est de voir ordonner des mesures conservatoires ou de remise en état qui s'imposent pour prévenir un dommage imminent ou pour faire cesser un trouble manifestement illicite, ne saurait s'analyser en une action en justice au sens de l'article 5 du code de procédure pénale[2].

222.47 Constitution de partie civile après paiement d'une amende forfaitaire délictuelle par l'auteur des faits. Lorsque la loi le prévoit, l'action publique peut être éteinte par le paiement d'une amende forfaitaire délictuelle, fixée par la loi et qui ne peut excéder le montant prévu au premier alinéa de l'article 131-13 du code pénal, soit 3 000 euros[3]. Les règles applicables à cette procédure qui figurent aux articles 495-18 à 495-25 et D. 45-3 à D. 45-21 du code de procédure pénale ne seront pas plus développées ici. Elles ont été récemment fortement critiquées par la défenseure des droits[4].

Il sera juste précisé qu'en cas de requête en exonération, le représentant du ministère public saisi apprécie la suite à donner qui peut être un avis d'irrecevabilité d'une contestation non motivée ou non effectuée en utilisant le formulaire joint à l'avis d'amende forfaitaire ou à l'avis d'amende forfaitaire majoré, un classement sans suite, ou l'exercice de poursuites conformément aux articles 389 à 390-1, 393 à 397-7, 495 à 495-6 ou 495-7 à 495-16. Dans le cas de poursuite les règles développées par ailleurs dans cet ouvrage s'appliquent.

On relèvera en revanche que lorsque l'action publique concernant un délit ayant causé un préjudice à une victime est éteinte par le paiement d'une amende forfaitaire délictuelle, la victime peut demander au procureur de la République de citer l'auteur des faits à une audience devant le tribunal pour lui permettre de se constituer partie civile. Le tribunal, composé d'un seul magistrat exerçant les pouvoirs conférés au président, ne statue alors que sur les seuls intérêts civils, au vu du dossier de la procédure qui est versé au débat. Le procureur de la République informe la victime de ses droits ainsi que, lorsqu'il cite l'auteur des faits devant le tribunal correctionnel, de la date de l'audience[5].

SECTION 3
CONSTITUTION DE PARTIE CIVILE

§ 1
Recevabilité

222.51 Conditions de recevabilité de l'action civile. L'action civile en réparation du dommage causé par un crime, un délit ou une contravention appartient à tous *ceux qui ont personnellement souffert du dommage directement causé par l'infraction*[6]. Toute personne qui, conformément à l'article 2, prétend avoir été lésée par un délit, peut, si elle ne l'a déjà fait, se constituer partie civile à l'audience même[7]. L'action civile peut être exercée en même temps que l'action publique et devant la même juridiction. Elle sera recevable pour tous chefs de dommages, aussi bien matériels que corporels ou moraux, qui découleront des faits objets de la poursuite[8]. Le demandeur à l'action civile peut être une personne physique, comme une personne morale et cette dernière peut tout à fait demander une indemnisation au titre de son propre préjudice moral[9][10]. La juridiction saisie doit rechercher si le préjudice allégué découle directement de l'infraction jugée[11], ou, plus précisément, de l'ensemble des éléments constitutifs de l'infraction visée à la poursuite[12]. Ainsi, la chambre criminelle a-t-elle pu encore censurer un arrêt ayant reçu la constitution de partie civile de la commune de Papeete, considérant que son préjudice résultait non de l'ensemble des éléments constitutifs des infractions poursuivies à l'encontre de M. B..., mais de la mise en oeuvre par le maire, de son pouvoir de police en application des dispositions des articles L. 2212-4 du code général des collectivités territoriales[13].

Dans certaines hypothèses la juridiction doit rechercher plus spécifiquement la qualité du plaignant. Ainsi, l'action civile en réparation du dommage directement causé au comité d'entreprise par

1. Crim. 11 avr. 1991, n° 90-81.450, P n° 173.
2. Crim. 4 oct. 1983, n° 82-93.674, P n° 237.
3. C. pr. pén., art. 495-17, mod. par L. n° 2022-52, 24 janv. 2022, art. 29. V. aussi s[s] n° 121.58, amende forfaitaire contraventionnelle.
4. Défenseure des droits, Décis.-cadre n° 2023-030, 31 mai 2023.
5. C. pr. pén. art. 495-24-2, créé par L. n° 2023-22, 24 janv. 2023, *JO* 25 janv., n° 1, art. 25 (V).
6. C. pr. pén., art. 2.
7. C. pr. pén. art. 418.
8. C. pr. pén., art. 3.
9. POUR UN EX. : Crim. 11 déc. 2013, n° 12-86.296, NP, *D. actu.* 6 janv. 2014, obs. D. Le Drévo.
10. V. s[s] n°s 222.101 s.
11. Crim. 9 févr. 2016, n° 14-88.065, NP.
12. Crim. 21 nov. 2018, n° 17-81.096, P. n° 193 précité.
13. Crim. 28 mai 2019, n° 18-81.367, NP.

un crime, un délit ou une contravention doit être exercée par l'un de ses membres régulièrement mandaté à cet effet. L'abrogation, par le décret n° 2008-244 du 7 mars 2008, lors de la recodification du code du travail, de l'article R. 432-1 de ce code qui énonçait ce principe, ne remet pas en cause ce dernier, cette recodification, sauf dispositions expresses contraires, étant intervenue à droit constant. Encourt par suite la cassation l'arrêt qui a déclaré la constitution de partie civile d'un comité d'entreprise recevable, sans rechercher si la personne mandatée pour le représenter en était membre[1].

S'il est vrai qu'une constitution de partie civile peut avoir pour seul objet de corroborer l'action publique, encore faut-il, pour qu'elle soit recevable, au stade de l'information judiciaire, que les circonstances sur lesquelles elle s'appuie permettent à la juridiction d'instruction d'admettre comme possible, non seulement l'existence du préjudice allégué, mais aussi la relation directe de celui-ci avec l'infraction poursuivie.

Dès lors, une personne ne saurait soutenir avoir subi un préjudice direct et personnel du fait de l'usage frauduleux de son nom au pied d'un tract publié dont l'objet était de contester l'existence de crimes contre l'humanité[2]. Pareillement a-t-il été jugé que la constitution de partie civile d'un particulier du chef du délit prévu par l'article 434-25 du code pénal (atteinte à l'autorité de la justice) est irrecevable, cette incrimination ayant pour objet exclusif la protection de l'intérêt public qui s'attache à l'autorité de la justice et qui incombe au seul ministère public[3].

Il est important de rappeler ici que pour qu'une constitution de partie civile soit recevable devant la juridiction d'instruction, il suffit que les circonstances sur lesquelles elle s'appuie permettent au juge d'admettre comme possible l'existence du préjudice allégué et la relation directe de celui-ci avec une infraction à la loi pénale[4] et que les exigences devant la juridiction de jugement sont évidemment plus strictes.

Ainsi, il a pu jugé que lorsqu'une information judiciaire a été ouverte à la suite d'un crime ou d'un délit, les parties civiles sont recevables à mettre en mouvement l'action publique pour l'ensemble des faits se rattachant à cette infraction par un lien d'indivisibilité, peu important que ces faits ne soient susceptibles de porter atteinte qu'à l'intérêt général lui-même[5]. La chambre criminelle rappelle ici que l'indivisibilité des faits, qui suppose un lien tellement intime entre eux que l'existence des uns ne se comprendrait pas sans celle des autres[6], commande qu'ils fassent simultanément l'objet de poursuites, même en cas d'inaction du ministère public. Elle ajoute que cette règle s'impose notamment lorsque les faits indivisibles ne sont susceptibles de porter atteinte qu'à l'intérêt général lui-même et que tel est le cas du financement d'entreprise terroriste incriminé à l'article 421-2-2 du code pénal[7]. Une interprétation différente, qui exclurait la possibilité pour la partie civile de saisir le juge d'instruction des faits indivisibles susceptibles de caractériser une infraction d'intérêt général, aurait pour conséquence de faire obstacle à la manifestation de la vérité relativement aux faits pour lesquels la partie civile est recevable à se constituer.

Les tribunaux répressifs ne sont, pour leur part, compétents pour connaître de l'action civile en réparation du dommage né d'une infraction qu'accessoirement à l'action publique. Il en résulte que ces tribunaux ne peuvent se prononcer sur l'action civile qu'autant qu'il a été préalablement statué au fond sur l'action publique. Encourt la censure l'arrêt qui, après avoir constaté que l'action publique était éteinte, déclare recevable une action civile portée devant la juridiction répressive par voie de citation directe à l'encontre d'un prévenu définitivement relaxé par une précédente décision ayant acquis force de chose jugée[8].

Les deux critères primordiaux sont ici le caractère direct et personnel du préjudice.

En l'absence d'un préjudice direct et personnel, c'est d'une irrecevabilité de la constitution de partie civile qu'il conviendra de parler et non de débouté.

Compte tenu du caractère accessoire à l'action publique de la constitution de partie civile, il était possible de s'interroger sur la compétence des juridictions répressives dans l'hypothèse d'une abrogation de la loi pénale.

La cassation ou l'annulation d'un arrêt motivée par l'abrogation de la loi pénale postérieure à la saisine de la juridiction répressive n'a d'effet sur la décision qu'en ce qu'elle concerne l'action publique. Les juridictions correctionnelles ou de police restent compétentes pour statuer sur l'action civile lorsqu'elles ont été saisies, en même temps que de

1. Crim. 9 sept. 2020, n° 19-83.139, P.
2. Crim. 19 févr. 2002, n° 00-86.244, P n° 34 ; *D.* 2002. 1321.
3. Crim. 13 sept. 2005, n° 04-87.258, P n° 221.
4. Crim. 13 avr. 1967, P n° 66 ; *D.* 1967. 593.
5. Crim. 20 avr. 2022, n° 21-81.889, P. ; L. Priou-Alibert « De la recevabilité des constitutions de parties civiles pour un ensemble de faits indivisibles », *D. Actu* 24 mai 2022. V. précédemment : Crim. 4 avr. 2012, n° 11-81.124, P n° 86, *D.* 2012, 2118, obs. J. Pradel.
6. Crim. 31 mai 2016, n° 15-85.920, P n° 165 ; *D.* 2016. 1989, note D. Rebut.
7. Crim. 7 sept. 2021, n° 19-87.367, P.
8. Crim. 18 nov. 2014, n° 13-88.240, P n° 239 ; *D.* 2014. 2410 ; *AJ pénal* 2015. 93, obs. J. Gallois ; *AJ pénal* 2015. 149, obs. J.-B. Perrier.

l'action publique, antérieurement à l'abrogation de la loi pénale. Lorsque la cassation d'un arrêt est motivée par l'abrogation de la loi pénale postérieure à la saisine des juges répressifs, il appartient à la Cour de cassation de se prononcer aussi sur la partie du pourvoi qui concerne les intérêts civils [1].

Dans une hypothèse voisine, l'abrogation, en cours d'instance devant la Cour de cassation, de l'arrêté préfectoral qu'il est reproché au prévenu d'avoir méconnu, n'est pas de nature à priver d'objet le pourvoi formé par la partie civile contre l'arrêt ayant prononcé sur les intérêts civils, dès lors que les juridictions pénales restent compétentes pour statuer sur l'action civile lorsqu'elles en ont été régulièrement saisies avant que la base légale de la poursuite ait cessé d'être applicable [2].

222.52 Conditions de déclaration d'une irrecevabilité de la constitution. Lorsque les conditions de recevabilité de la constitution de partie civile ne sont pas réunies, c'est une irrecevabilité et non un débouté que prononce le tribunal ou la cour.

Ainsi, c'est à peine d'irrecevabilité de leur citation, que les personnes morales à but lucratif, doivent produire au tribunal leur bilan et leur compte de résultat afin de permettre la détermination du montant de la consignation [3] [4]. Sur ce point particulier, sera cité un arrêt ayant jugé qu'il résulte des articles 6, § 1, de la convention européenne des droits de l'homme et préliminaire du code de procédure pénale que le juge ne peut relever d'office l'irrecevabilité d'une constitution de partie civile sans avoir invité au préalable les parties à présenter leurs observations [5]. Ceci suppose clairement une réouverture des débats, si l'irrecevabilité est relevée en cours de délibéré et n'a pas été débattue avant que la juridiction ne se retire.

À l'inverse, rappelons qu'en cas de décision de relaxe, les juges doivent prononcer un débouté au sujet de la demande de la partie civile et non une irrecevabilité : « si c'est à tort que la cour d'appel, en confirmant le jugement en ses dispositions déférées à la cour, a déclaré irrecevable la constitution de partie civile de M. B..., alors qu'après relaxe du prévenu du chef de dénonciation calomnieuse par les premiers juges, elle aurait dû le débouter de ses demandes, la partie civile ne saurait s'en faire un grief, faute d'intérêt, ne subissant du fait de cette erreur aucun préjudice » [6].

222.53 Constitution de partie civile des incapables. L'incapable mineur victime ne peut se constituer partie civile personnellement. C'est l'un de ses représentants légaux, en principe le père ou la mère qui se constituera pour lui. À défaut d'intérêt de ceux-ci pour leur enfant, il est toujours possible de faire désigner un représentant en la personne d'un administrateur *ad hoc*.

Le procureur de la République ou le juge d'instruction, saisi de faits commis volontairement à l'encontre d'un mineur, désigne en effet un administrateur *ad hoc* lorsque la protection des intérêts de celui-ci n'est pas complètement assurée par ses représentants légaux ou par l'un d'entre eux. Lorsque les faits sont qualifiés d'incestueux au sens des articles 222-31-1 ou 227-27-2 du code pénal [7], la désignation de l'administrateur *ad hoc* est obligatoire, sauf décision spécialement motivée du procureur de la République ou du juge d'instruction. L'administrateur *ad hoc* assure la protection des intérêts du mineur et exerce, s'il y a lieu, au nom de celui-ci les droits reconnus à la partie civile. En cas de constitution de partie civile, le juge fait désigner un avocat d'office pour le mineur s'il n'en a pas déjà été choisi un. Ces dispositions sont applicables devant la juridiction de jugement [8].

Il est possible de préciser ici que la Cour de cassation a considéré que les parents de victimes de viols, mineures au moment des faits, pouvaient se constituer partie civile, y compris lorsque leurs enfants n'avaient pas dénoncé les faits du temps de leur minorité ni depuis leur majorité. Il faut cependant y voir une classique affirmation [9] du caractère personnel du dommage subi par les parents, même dans l'hypothèse d'une absence d'action judiciaire de leurs enfants. Dans cette hypothèse les parents ne réclameront d'indemnisation que de leur préjudice propre [10].

1. Crim. 26 janv. 1988, n° 87-81.152, P n° 35.
2. Crim. 8 avr. 2014, n° 11-84.722, P n° 102 ; *D.* 2014. 935 ; *Dr. soc.* 2014. 827, Chron. R. Salomon ; *RDT* 2014. 630, obs. P. Bourdon.
3. C. pr. pén., art. 392-1.
4. L. n° 2011-1862, 13 déc. 2011, art. 59.
5. Crim. 14 mai 2014, n° 12-84.075, P n° 133 ; *D.* 2014. 1155 ; *D.* 2014. 1736, obs. J. Pradel ; *AJ pénal* 2014. 492, obs. P. de Combles de Nayves.
6. Crim. 18 sept. 2012, n° 11-87.612, P n° 189.
7. Terminologie conservée malgré : Cons. const. 16 sept. 2011, n° 2011-163 QPC, art. non-conforme 222-31-1 du C. pén., *définition des délits et crimes incestueux*, non-conformité totale, *JO* 17 sept., p. 15600 ; *Rec.* p. 446 ; *D.* 2011. 2823, obs. G. Roujou de Boubée, T. Garé, S. Mirabail et T. Potaszkin ; *D.* 2012. 1033, obs. M. Douchy-Oudot ; *AJ pénal* 2011. 588, obs. C. Porteron ; *RSC* 2011. 830, obs. Y. Mayaud ; *RSC* 2012. 131, obs. E. Fortis ; *RSC* 2012. 183, obs. J. Danet ; *RSC* 2012. 221, obs. B. de Lamy – Cons. const. 17 févr. 2012, n° 2011-222 QPC, art. non conforme 227-27-2 du C. pén., *définition du délit d'atteintes sexuelles incestueuses*, non-conformité totale, *JO* 18 févr., p. 2846 ; *Rec.* p. 123 ; *D.* 2012. 2917, obs. G. Roujou de Boubée, T. Garé, M.-H. Gozzi, S. Mirabail et T. Potaszkin ; *RSC* 2013. 436, obs. B. de Lamy.
8. C. pr. pén., art. 706-50, R. 53 s.
9. Crim. 9 févr. 1989, n° 87-81.359, P n° 63 ; Crim. 12 janv. 1994, n° 93-81.065, P n° 16 ; Crim. 9 oct. 1995, n° 94-83.171, P n° 297.
10. Crim. 26 févr. 2020, n° 19-82.119, NP.

L'incapable majeur ne peut pas plus se constituer et il importe ici que le curateur ou tuteur soit avisé des poursuites, pour le jour venu, présenter toute demande qu'il estimera utile à la défense des intérêts de la personne protégée. S'il existe des raisons plausibles de présumer que le curateur ou le tuteur est coauteur ou complice de l'infraction, et faute de subrogé curateur ou de subrogé tuteur, le procureur de la République ou le juge d'instruction demande au juge des tutelles la désignation d'un tuteur ou curateur *ad hoc*. Il en est de même si le tuteur ou le curateur est victime de l'infraction. À défaut, le président du tribunal judiciaire désigne un représentant *ad hoc* pour assister la personne au cours de la procédure pénale[1].

222.54 Constitution de partie civile et prévenu bénéficiaire d'une procédure collective. En ce qui concerne les infractions nées avant la procédure collective, il faut retenir que dès jugement d'ouverture d'une telle procédure, les créanciers antérieurs, dans notre propos les plaignants et victimes, sont tenus de déclarer leurs créances afin qu'elles soient inscrites au passif de l'entreprise en difficulté et intégrées au plan[2]. Toute action individuelle, en réparation du préjudice causé, devant les juridictions répressives est par suite prohibée postérieurement à ce jugement d'ouverture[3]. On dit encore que le jugement d'ouverture interrompt ou interdit toute action en justice des créanciers antérieurs tendant à la condamnation du débiteur au paiement d'une somme d'argent et ce, même devant les juridictions pénales.

Pour autant, la constitution de partie civile au soutien de l'action publique demeure dans tous les cas possible. Si le défaut de déclaration de créance par les victimes d'infractions pénales, au passif de la liquidation judiciaire prononcée à l'égard de l'auteur d'une infraction, ayant son origine antérieurement au jugement d'ouverture de la procédure collective, interdit la condamnation de ce dernier au paiement d'une somme d'argent, la créance des victimes étant éteinte en application de l'article L. 621-46 du code précité, elle ne saurait les priver de leur droit de se constituer parties civiles pour corroborer l'action publique[4].

De même, il est possible de demander à la juridiction pénale de fixer le montant du préjudice subi qui découle directement des infractions poursuivies[5], la jurisprudence précisant au passage que la somme allouée au titre de l'article 475-1 du code de procédure pénale, qui n'a pas le caractère de dommages et intérêts et n'obéit pas aux règles fixées par les articles L. 622-21 et L. 622-22 du code de commerce, peut être mise à la charge de l'auteur de l'infraction personnellement dans les liens d'une procédure collective[6].

En ce qui concerne les préjudices nés d'infractions postérieures à l'ouverture de la procédure collective, en particulier d'infractions situées dans ce temps procédural – la banqueroute par exemple –, l'article L. 654-17 du code de commerce prévoit que la juridiction répressive est saisie soit sur la poursuite du ministère public, soit sur constitution de partie civile de l'administrateur, du mandataire judiciaire, du représentant des salariés, du commissaire à l'exécution du plan, du liquidateur ou de la majorité des créanciers nommés contrôleurs agissant dans l'intérêt collectif des créanciers lorsque le mandataire de justice ayant qualité pour agir n'a pas agi, après une mise en demeure restée sans suite dans un délai et des conditions fixés par décret en Conseil d'État. L'action individuelle d'un « créancier-victime » n'apparaît pas possible.

Mais si elle a su marquer son exigence d'un préjudice distinct du montant de la créance déclarée dans le cadre de la procédure commerciale pour censurer l'indemnisation d'un préjudice[7], la chambre criminelle de la Cour de cassation a pu admettre, au motif que l'infraction de présentation de comptes annuels infidèles, à la supposer établie, est susceptible d'avoir occasionné un préjudice personnel et direct à la société partie civile, distinct de sa créance déclarée, la recevabilité de la constitution de partie civile d'une société se disant trompée par l'apparence de solvabilité résultant de la présentation de bilans et de comptes inexacts et victime de banqueroute par détournement d'actif[8].

Le principe qu'elle affirme est que si l'article L. 654-17 du code de commerce n'interdit pas à un créancier de se constituer partie civile par voie d'intervention dans une information ouverte notamment du chef de banqueroute par détournement d'actif, c'est à la condition que soit invoqué, par cette partie civile, un préjudice particulier distinct du montant de sa créance déclarée dans la procédure collective ouverte contre son débiteur et résultant directement de l'infraction[9].

1. C. pr. pén., art. 706-114 ; v. s[s] n° 222.261.
2. C. com., art. L. 622-24.
3. C. com., art. L. 622-21.
4. Crim. 23 janv. 2008, n° 07-82.174, NP.
5. Crim. 24 févr. 1999, n° 98-81.945, P n° 26 ; *D.* 1999. 98 ; *Rev. Sociétés* 1999. 408, note B. Bouloc.
6. Crim. 24 févr. 1999, n° 98-81.945, préc. – Cass., ch. mixte. 27 févr. 1981, n° 79-90.757, P n° 76.
7. Crim. 17 févr. 2016, n° 15-80.984, NP.
8. Crim. 29 juin 2016, n° 15-84.652, NP.
9. Crim. 17 juin 2014, n° 13-83.288, P n° 150 ; *D.* 2014. 1373 ; *Rev. Sociétés* 2015. 195, note B. Bouloc ; *RSC* 2015. 334, obs. H. Matsopoulou ; *RTD com.* 2014. 708, obs. B. Bouloc.

La suspension des poursuites individuelles s'impose, en cas de règlement judiciaire ou de liquidation de biens, à l'égard du prévenu comme à celui du civilement responsable[1].

En revanche, si la personne physique ou morale, dirigeant de droit ou de fait d'une personne morale, qui bénéficie de la procédure collective ne peut plus faire l'objet d'une condamnation civile, l'action civile demeure possible si le prévenu ne bénéficie pas d'une telle procédure.

Ainsi, le mandataire social d'une société, auquel la faillite ou le règlement judiciaire de celle-ci n'a pas été étendu, et qui n'a pas été condamné au comblement du passif social, doit répondre sur son patrimoine personnel, qui n'est pas le gage de la masse des créanciers, des conséquences de ses agissements délictueux (abus de confiance) qui ont causé un préjudice direct à l'un de ses créanciers[2], solution confirmée *a contrario* par la cassation de l'arrêt qui déclare recevable l'action civile indemnitaire exercée par les créanciers d'une société contre un dirigeant de ladite société, prévenu d'abus de confiance, alors que la liquidation des biens de la société avait été étendue à ce dirigeant personnellement par un jugement devenu définitif[3]. Solution identique pour l'hypothèse d'une société qui n'est pas la victime du délit d'escroquerie, et dont la mise en liquidation judiciaire ne fait pas obstacle à la condamnation pécuniaire de ses dirigeants, auteurs du délit, qui n'ont pas eux-mêmes été l'objet d'une procédure collective[4]. Pareillement en matière de présentation de comptes annuels infidèles et complicité de cette infraction[5], d'abus de biens sociaux[6]... Il résulte encore de l'article L. 641-9, 1, du code de commerce, dans sa version issue de la loi n° 2005-845 du 26 juillet 2005, que le débiteur ne peut se constituer partie civile que dans le but de déclencher ou de soutenir l'action publique, le liquidateur disposant seul de la faculté d'exercer l'action civile afin d'assurer la défense des intérêts patrimoniaux de ce dernier[7]. Ce principe s'applique lorsque sont en cause les seuls intérêts civils, mais également lorsque la constitution de partie civile est associée à l'action publique. Il s'en déduit que ni le représentant statutaire de la personne morale mise en liquidation judiciaire, ni son mandataire, désigné en lieu et place des dirigeants sociaux, n'est recevable à solliciter la réparation du préjudice subi par le débiteur[8].

Enfin, la chambre criminelle retient que l'action civile en réparation du préjudice résultant du délit de banqueroute ou d'abus de biens sociaux a un objet différent de celui de l'action en comblement de l'insuffisance d'actif[9]. Ainsi, la cour d'appel qui, déclare recevable la constitution de partie civile de la Banque P..., créancière gagiste de la société A..., ayant fait l'objet d'une liquidation judiciaire, fixe le montant du dommage et détermine les sommes que MM. J... et E... X..., dirigeants de droit et de fait de cette société, seront tenus solidairement de lui verser, n'a fait qu'user de son pouvoir d'apprécier souverainement, dans la limite des conclusions des parties, les indemnités propres à réparer les dommages nés de ces infractions, a justifié sa décision[10]. De même doit être approuvée, la cour qui après avoir déclaré la prévenue coupable d'escroquerie au préjudice de la société G..., la condamne à verser à cette société, en réparation de son préjudice, la somme de 747 285, 80 euros correspondant à celle visée par la prévention, déduction faite des montants pris en charge par le fonds de garantie des sociétés d'affacturage, dès lors que le dommage directement subi par la société G... du fait de l'escroquerie commise à son préjudice est, contrairement à ce que soutient la demanderesse, distinct de l'augmentation du passif de la société LST résultant du retard apporté à la déclaration de cessation des paiements, du fait d'un apport artificiel de trésorerie[11].

Il est aisé de déduire des lignes qui précédent que, dans une telle configuration, la juridiction correctionnelle doit disposer de l'ensemble des pièces émanant de la juridiction commerciale...

222.55 Possibilité d'une constitution de partie civile de l'auteur d'une infraction ? Pouvant paraître purement théorique, cette hypothèse connaît néanmoins quelques illustrations jurisprudentielles. Précisons tout d'abord qu'aucun texte n'exclut explicitement que l'auteur d'un fait qualifié pénalement, à son tour victime d'une infraction, ne puisse se retourner contre l'auteur de celui-ci. Ainsi le détenteur de produits stupéfiants qui se les fait voler, le voleur qui se fait prendre tout ou partie de son butin ou bien plus fréquemment encore, les constitutions de parties civiles croisées d'auteurs de violences réciproques.

Il a pu sembler à certains auteurs que la notion d'indignité d'une telle victime ou l'existence d'un préjudice né d'une situation immorale faisaient obstacle à leur constitution de partie civile. Cependant c'est actuellement une orientation somme

1. Crim. 7 janv. 1980, n° 79-90.608, P n° 9.
2. Crim. 3 nov. 1976, n° 76-91.232, P n° 307.
3. Crim. 22 mars 1988, n° 86-95.186, P n° 140.
4. Crim. 11 juin 2008, n° 07-81.655, NP.
5. Crim. 3 avr. 1995, n° 94-82.484, NP.
6. Crim. 26 févr. 1998, n° 96-86.505, NP, *Rev. Sociétés* 1998. 604, note B. Bouloc.
7. Crim. 9 mars 2016, n° 14-86.631, P n° 73.
8. Crim. 24 juin 2020, n° 18-85.540, P.
9. Crim. 7 nov. 2012, n° 11-87.013, NP.
10. Crim. 11 mars 2015, n° 13-86.155, NP.
11. Crim. 22 oct. 2014, n° 13-82.898, NP.

toute plus simple que semble choisir la Cour de cassation dans toutes les hypothèses où un prévenu en vient à souhaiter se constituer contre ses complices ou co-auteurs en soutenant qu'ils l'auraient incité voire obligé à commettre tels faits, et par suite en en faisant leur victime : il n'y a pas de préjudice direct résultant d'une condamnation pour des faits auxquels on a volontairement participé.

Dans un arrêt de 1997, la chambre criminelle a pu ainsi affirmer que l'auteur d'une infraction n'est pas recevable à se constituer partie civile à l'encontre des personnes qui l'auraient incité à commettre celle-ci, en alléguant le préjudice que lui auraient causé sa déclaration de culpabilité et sa condamnation[1]. Cette solution, déjà choisie en 1967[2] parce que « les faits dont le demandeur se plaint ne sont autres que ceux pour lesquels il est inculpé », et en 1968[3], parce que le demandeur devait être déclaré irrecevable à vouloir se constituer partie civile « en vue de poursuivre la réparation du préjudice qu'il pourrait avoir subi du fait de leurs agissements communs » mérite d'être approuvée. Dans une décision de 2001[4] est posé le principe qu'une personne qui, de mauvaise foi, a remis une somme d'argent à l'auteur principal d'un délit de trafic d'influence ou à son complice, en vue d'obtenir une décision favorable d'une autorité publique, est irrecevable à se constituer partie civile contre eux.

Encourt, dès lors, la censure l'arrêt qui, après avoir constaté que les parties civiles avaient sciemment remis des fonds au prévenu afin qu'il abuse de son influence pour leur faire obtenir une décision favorable d'une autorité publique, condamne ce dernier, solidairement avec son complice, à leur rembourser les sommes versées, à titre de dommages-intérêts.

Un autre arrêt synthétise la position de la Cour : l'auteur d'une infraction n'est pas recevable à se constituer partie civile à l'encontre des personnes qui l'auraient incité à commettre celle-ci, en alléguant le préjudice que lui causerait une éventuelle condamnation[5].

La chambre criminelle a encore jugé que n'encourt pas la censure l'arrêt de la chambre de l'instruction qui, dans une information ouverte notamment des chefs de faux, présentation de comptes inexacts, banqueroute et abus de bien sociaux, déclare irrecevables les constitutions de partie civile des commissaires aux comptes par des motifs dont il résulte que les intéressés ont participé à un concert frauduleux visant à masquer la situation financière obérée des sociétés contrôlées et qu'ils ne sauraient dès lors se prévaloir d'un préjudice découlant directement des faits d'usage de faux et d'entrave à l'exercice de leurs missions dont le magistrat instructeur était également saisi[6].

222.56 **Acte de terrorisme et action civile.** Il n'est pas possible pour une victime d'acte de terrorisme de solliciter une indemnisation de ses préjudices devant la juridiction saisie de l'action publique.

Lorsqu'elle est exercée devant les juridictions répressives, l'action civile portant sur une infraction qui constitue un acte de terrorisme ne peut avoir pour objet que de mettre en mouvement l'action publique ou de soutenir cette action.

Elle ne peut tendre à la réparation du dommage causé par cette infraction.

L'action civile en réparation de ce dommage ne peut être exercée que devant une juridiction civile, séparément de l'action publique. L'article 5 du code de procédure pénale n'est alors pas applicable.

Lorsque la juridiction répressive est saisie d'une demande tendant à la réparation du dommage causé par cette infraction, elle renvoie l'affaire, par une décision non susceptible de recours, devant la juridiction civile compétente en application de l'article L. 217-6 du code de l'organisation judiciaire, la juridiction spécialisée pour l'indemnisation des victimes d'actes de terrorisme (JIVAT) du tribunal judiciaire de Paris, qui l'examine d'urgence selon une procédure simplifiée déterminée par décret en Conseil d'État[7].

L'article L. 217-6 du code de l'organisation judiciaire[8] donne compétence exclusive au tribunal judiciaire de Paris, en matière civile, pour connaître des demandes indemnitaires, après saisine du Fonds de garantie des victimes des actes de terrorisme.

Au 1er avril 2019, les procédures en cours devant les juridictions civiles ont été transférées en l'état au tribunal judiciaire de Paris. Il n'y a pas eu lieu de renouveler les actes, formalités et jugements régulièrement intervenus avant le transfert des procédures. Les parties ont été informées par la juridiction antérieurement compétente qu'il leur appartient d'accomplir les actes de la procédure devant le tribunal judiciaire de Paris. Les archives et les minutes du secrétariat de la juridiction antérieurement compétente ont été transférées au greffe du tribunal judiciaire de Paris[9].

1. Crim. 28 oct. 1997, n° 96-85.880, P n° 357.
2. Crim. 17 janv. 1967, n° 66-91.837, P n° 24.
3. Crim. 27 mars 1968, n° 67-92.602, P n° 105.
4. Crim. 7 févr. 2001, n° 00-83.023, P n° 38 ; *D.* 2002. 1462, obs. J. Pradel.
5. Crim. 21 sept. 2016, n° 16-82.082, P.
6. Crim. 30 mars 2021, n° 20-84.472, P.
7. C. pr. pén. art. 706-16-1, créé par L. n° 2019-222, 23 mars 2019, *JO* 24 mars, n° 2, art. 64 (V) – V. s[s] n° 315.72.
8. COJ, art. L. 217-6, mod. par Ord. n° 019-964, 18 sept. 2019, *JO* 19 sept., n° 5, art. 35.
9. L. n° 2019-222, art. 64 (VIII).

La chambre criminelle a déjà eu une lecture extrêment stricte de ces dispositions puis qu'elle a cassé et annulé (par voie de retranchement), l'arrêt civil attaqué, qui, après avoir déclaré recevables des constitutions de partie civile, les a jugées fondées en leur principe alors qu'il appartenait seulement à la cour d'asssies spécialement composée, au constat que des demandes de réparation étaient présentées par les parties civiles, de les déclarer recevables et de renvoyer l'affaire devant le tribunal judiciaire de Paris, compétent en application de l'article précité du code de l'organisation judiciaire[1].

§ 2
Préjudices subis

A.
Préjudice personnel

222.61 Notion de préjudice personnel. Personnel et direct, le préjudice revendiqué par la partie civile doit tout d'abord et à l'évidence être certain. La chambre criminelle n'en a pas autrement jugé en matière de loterie publicitaire et de constitution de partie civile à l'occasion de poursuites pour pratiques commerciales trompeuses : l'absence de perception des gains promis n'est de nature à constituer par la déception qu'elle engendre, sur le fondement de la responsabilité délictuelle, qu'un préjudice moral et les juges doivent suffisamment caractériser l'intérêt patrimonial auquel les comportements sanctionnés auraient porté atteinte[2].

Compte tenu du caractère dérogatoire de la constitution de partie civile devant la juridiction répressive, il ne peut être question d'envisager l'indemnisation de préjudices, dont la victime constituée n'a pas eu à souffrir personnellement, hors les cas où la partie qui intervient en justice représente une victime incapable, par exemple un mineur ou un majeur bénéficiant d'un régime de protection[3].

Toutefois, une conception relativement élargie du préjudice personnel, est possible dès lors qu'il a, par exemple, été jugé qu'il résulte des articles 2 et 3 du code de procédure pénale que les proches de la victime d'une infraction de coups ou violences volontaires sont recevables à rapporter la preuve d'un dommage dont ils ont personnellement souffert et découlant directement des faits, objet de la poursuite. Il en est ainsi du dommage causé par le spectacle de l'état physique ou psychique découlant des graves blessures infligées à un conjoint[4], autrement qualifié de préjudice d'affection.

Justifie encore sa décision, au regard des dispositions des articles 2 et 3 du code de procédure pénale, la cour d'appel qui condamne le prévenu à réparer le préjudice moral des parents de la victime, grièvement blessée au volant d'une voiture volée qu'elle conduisait sans permis mais qui aurait pu survivre à ses blessures si elle avait été secourue à temps, dès lors que l'action civile des ayants droit était exercée contre le passager du véhicule, reconnu coupable du délit de non-assistance à personne en péril pour avoir pris la fuite après l'accident[5].

Bien que relatif à l'instruction préparatoire, il est encore possible de citer sur cet aspect de la question un arrêt venu indiquer qu'il résulte des articles 2, 3, 85 et 87 du code de procédure pénale que, pour qu'une constitution de partie civile soit recevable devant la juridiction d'instruction, il suffit que les circonstances sur lesquelles elle s'appuie permettent au juge d'admettre comme possible l'existence du préjudice allégué et la relation directe de celui-ci avec une infraction pénale et qu'entre dans les prévisions de ces textes, le préjudice invoqué par un assureur et résultant des manœuvres frauduleuses d'une personne, bénéficiaire auprès de lui d'une stipulation pour autrui souscrite par un tiers, pour le déterminer à lui remettre des sommes indues[6].

Sur cet aspect toute la difficulté est en réalité de caractériser l'existence d'un préjudice personnel et non d'emprunt. La chambre criminelle a déjà cassé un arrêt, en considérant que si c'est à bon droit que le demandeur a été déclaré irrecevable à mettre en mouvement l'action publique en réparation du préjudice subi par le défunt, en revanche, c'est à tort que la chambre de l'instruction n'a pas prononcé sur l'exercice du droit à réparation du préjudice personnel propre invoqué par le demandeur[7]. Elle a ultérieurement repris la même position dans une espèce concernant abus de faiblesse et abus de confiance, où la partie civile avait invoqué, dans sa constitution et dans les mémoires déposés devant la chambre de l'instruction, un préjudice personnel et direct, résultant des infractions dénoncées et des agissements de son frère, retenant à nouveau qu'il suffit, au stade de l'instruction, que les circonstances sur lesquelles la plainte s'appuie permettent

1. Crim. 29 mars 2023, n° 22-84.267, P ; E. Delacoure, « Le juge pénal face à l'action civile en matière de terrorisme », *D. actu.* 19 avr. 2023.
2. Crim. 22 nov. 2022, n° 21-86.010, P. M. Recotillet, « Quelle réparation de préjudice en cas de pratique commerciale trompeuse », *D. actu.* 7 déc. 2022.
3. V. s^s n°s 222.216 s.
4. Crim. 23 mai 1991, n° 90-83.280, P n° 220.
5. Crim. 19 juin 1996, n° 95-81.945, P n° 260 ; *D.* 1997. Somm. 142, obs. J. Pradel.
6. Crim. 3 mars 2015, n° 13-88.514, P n° 38 ; *D.* 2015. 629 ; *AJ pénal* 2015. 432, obs. J. Lasserre Capdeville ; *RGDA* 2015. 222, note R. Schultz.
7. Crim. 27 mars 2013, n° 12-82.398, NP.

au juge d'admettre comme possibles l'existence du préjudice allégué et la relation directe de celui-ci avec une infraction à la loi pénale, et enfin, que le droit de la partie civile de mettre en mouvement l'action publique est une prérogative de la victime qui a personnellement souffert de l'infraction [1].

B. Préjudice direct

222.71 Exigence d'un préjudice direct. Si dans la majorité des situations soumises à examen des juridictions, le caractère direct du préjudice ne fait aucun doute (blessures consécutives aux coups, décès suivant l'accident de la route, détournement de fonds par usage frauduleux d'un chèque ou d'une carte de paiement...), les tribunaux peuvent avoir à examiner un certain nombre de situations plus délicates.

Bien que concernant la matière criminelle, les exemples suivants sont illustratifs.

Il résulte des articles 2 et 3 du code de procédure pénale que les proches de la victime d'une infraction sont recevables à rapporter la preuve d'un dommage dont ils ont personnellement souffert et qui découle des faits, objet de la poursuite. Encourt, dès lors, la cassation l'arrêt de la cour d'assises, qui, pour déclarer irrecevable la constitution de partie civile faite au nom d'un enfant, né des relations incestueuses imposées par un père à sa fille mineure, se borne à énoncer que l'enfant « n'est pas la victime du viol commis sur la personne de sa mère et qu'il ne subit aucun préjudice découlant de cette infraction » [2].

Aux termes des articles 2 et 3 du code de procédure pénale, les proches de la victime d'une infraction sont recevables à rapporter la preuve d'un dommage dont ils ont personnellement souffert et qui découle des faits objet de la poursuite. Encourt la cassation l'arrêt qui, pour écarter la demande tendant à la réparation du préjudice moral de l'enfant né d'un viol, partie civile, retient que celui-ci ne peut se prévaloir d'un préjudice du seul fait des circonstances dans lesquelles il a été conçu, la conception ne pouvant être dissociée de la naissance, alors que le préjudice invoqué résulte directement des faits criminels poursuivis [3].

Aux termes de l'article 3 du code de procédure pénale, l'action civile est recevable pour tous chefs de dommages, aussi bien matériels que corporels ou moraux, qui découlent des faits, objet de la poursuite. Justifie sa décision la cour d'appel qui, pour déclarer recevable la constitution de partie civile faite au nom d'un enfant, né de relations incestueuses imposées par un père à sa fille, et bien fondée la demande de réparation du préjudice moral de l'enfant, retient notamment que l'enfant est privé du droit de faire établir sa filiation en vertu de l'article 310-2 du code civil et que les circonstances de sa conception justifient la réparation de traumatismes psychiques [4].

Enfin, un arrêt ayant retenu l'irrecevabilité de la constitution de partie civile de la ville de Nice des suites de l'attentat du 14 juillet 2016, énonce clairement que les droits de la partie civile ne peuvent être exercés que par les personnes justifiant d'un préjudice résultant de l'ensemble des éléments constitutifs de l'une des infractions visées à la poursuite ; que ni le préjudice matériel invoqué par la commune sur le territoire de laquelle les faits constitutifs de ces infractions ont été commis, ni le préjudice allégué par cette dernière résultant de l'atteinte à son image consécutive auxdits faits ne découle de l'ensemble des éléments constitutifs des infractions à la législation sur les armes ou de l'un des crimes contre la vie ou l'intégrité des personnes, ou du crime de participation à un groupement en vue de la préparation d'un ou plusieurs crimes d'atteintes aux personnes, toutes infractions en relation avec une entreprise terroriste dont le juge d'instruction est saisi, seules infractions des chefs desquels l'information a été ouverte, une telle entreprise terroriste n'étant susceptible d'avoir porté directement atteinte, au-delà des victimes personnes physiques, qu'aux intérêts de la Nation [5].

222.72 Précisions apportées par les arrêts du 15 février 2022 et leurs suites. Rendus par la chambre criminelle, pendant le déroulement du procès des attentats du 13 novembre 2015, plusieurs arrêts sont venus admettre une conception élargie de la qualité de partie civile devant le juge d'instruction [6]. Il convient de rappeler qu'à ce stade procédural, il faut, mais il suffit pour que la partie civile soit admise que la plainte permette d'admettre comme possibles l'existence du préjudice qu'elle allègue et la

1. Crim. 22 janv. 2020, n° 19-82.173, NP.
2. Crim. 4 févr. 1998, n° 97-80.305, P n° 43.
3. Crim. 23 sept. 2010, n° 09-82.438, P n° 139 ; *D.* 2011. 35, obs. P. Brun et O. Gout ; *D.* 2011. 124, Chron. L. Lazerges-Cousquer, A. Leprieur et E. Degorce ; *D.* 2011. 2231, obs. J. Pradel ; *Just. & cass.* 2011. 61, étude P. Chaumont ; *Just. & cass.* 2011. 193, avis D. Boccon-Gibod ; *AJ pénal* 2011. 27, étude C. Ambroise-Castérot ; *RTD civ.* 2011. 132, obs. P. Jourdain.
4. Crim. 23 sept. 2010, n° 09-84.108, P n° 141 ; *D.* 2010. 2365, obs. M. Léna ; *D.* 2011. 35, obs. P. Brun et O. Gout ; *D.* 2011. 124, Chron. L. Lazerges-Cousquer, A. Leprieur et E. Degorce ; *D.* 2011. 2231, obs. J. Pradel ; *D.* 2011. 2565, obs. A. Laude ; *AJ pénal* 2011. 27, ét. C. Ambroise-Castérot.
5. Crim. 12 mars 2019, n° 18-80.911, P n° 53 ; A.-S. Chavent-Leclère, *Procédures* 2019, comm. 167.
6. V. s^{s} n° 222.02.

relation directe de ce dernier avec une infraction à la loi pénale.

Ont été posée à l'occasion des arrêts précités les questions de recevabilité de constitutions de parties civiles émanant de personnes qui n'avaient pas été spécialement visées par l'auteur des faits mais s'était trouvées confrontées à son action, soit qu'elle ait poursuivi pour tenter de le neutraliser, le chauffeur qui au volant d'un camion fonçait dans la foule sur la promenade des anglais à Nice[1], soit s'étant blessée en fuyant les lieux de ce même attentat, dès lors qu'elle était suffisamment proche du lieu des faits pour s'y croire légitimement exposée[2], soit encore qu'elle ait frappé l'auteur de coups de couteau ayant causé la mort d'une jeune fille à la gare Saint-Charles à Marseille, pour tenter de l'empêcher d'en tuer une autre[3].

Dans ces situations, la chambre criminelle a considéré :

- qu'il ressort des circonstances que la chambre de l'instruction retient que l'action dans laquelle M... s'est engagé pour interrompre la commission ou empêcher le renouvellement d'atteintes intentionnelles graves aux personnes, auxquelles il s'est ainsi lui-même exposé, est indissociable de ces infractions, de sorte que le préjudice pouvant en résulter pour elle peut être en relation directe avec ces dernières,

- que les circonstances que la chambre d'instruction retient, desquelles il ressort que Mme... s'est blessée en tentant de fuir le lieu d'une action criminelle ayant pour objet de tuer indistinctement un grand nombre de personnes, à laquelle, du fait de sa proximité, elle a pu légitimement se croire exposée, initiative indissociable de l'action criminelle qui l'a déterminée, suffisent à caractériser la possibilité du préjudice allégué et de la relation directe de celui-ci avec les assassinats et tentatives, objet de l'information ;

- il ressort des circonstances que la cour retient que l'action dans laquelle Mme... s'est engagée pour interrompre la commission ou empêcher le renouvellement d'atteintes intentionnelles graves aux personnes, auxquelles elle s'est ainsi elle-même exposée, est indissociable de ces infractions, de sorte que le préjudice pouvant en résulter pour elle peut être en relation directe avec ces dernières[4].

Il convient toutefois de rappeler que la recevabilité de la constitution de partie civile devant la juridiction de jugement est appréciée dans des conditions plus strictes que celle qui prévaut devant les juridictions d'instruction et que les règles ci-dessus énoncées doivent donc être appréciées par les juges de jugement au regard des critères habituels qu'ils mettent en œuvre.

Par un arrêt rendu en chambre mixte le 25 mars 2022[5], la Cour de cassation a par ailleurs jugé que le préjudice d'attente et d'inquiétude que subissent les victimes par ricochet ne se confond pas avec le préjudice d'affection, et ne se rattache à aucun autre poste de préjudice indemnisant ces victimes, mais constitue un préjudice spécifique qui est réparé de façon autonome.

222.73 Principe de réparation intégrale du préjudice. Le préjudice résultant d'une infraction doit être réparé dans son intégralité, sans perte ni profit pour aucune des parties. Encourt la censure l'arrêt qui, pour déclarer irrecevable la constitution de partie civile de l'Urssaf contre les auteurs d'une infraction de travail dissimulé, retient qu'en calculant le montant de son préjudice sur la base du montant des cotisations éludées, l'Urssaf demande en réalité à la juridiction correctionnelle la condamnation des prévenus au paiement des cotisations éludées dont l'action en recouvrement obéit à des règles spécifiques prévues par le code de sécurité sociale, alors que l'organisme social justifiait d'un préjudice résultant du défaut de paiement desdites cotisations[6].

Dans une autre espèce[7], la chambre criminelle admet la constitution de partie civile d'un transporteur tenu à garantir, sur le fondement des dispositions du code de commerce pour la perte (en l'espèce le vol) des objets qu'il avait pris la responsabilité de transporter, contre la personne condamnée pour recel dudit vol. La chambre criminelle considère que la partie civile qui était garante, en qualité de voiturier, de la perte des objets qu'elle avait la responsabilité de transporter, conformément à l'article L. 133-1 du code de commerce, a bien été victime d'un dommage causé directement par l'infraction et que par suite sa constitution est recevable. On peut rapprocher cette dernière jurisprudence de celle qui juge que l'établissement bancaire, victime de l'utilisation frauduleuse d'un code d'accès bancaire ayant permis à l'auteur de l'escroquerie d'obtenir de la banque la remise de sommes indûment prélevées

1. Crim. 15 févr. 2022, n° 21-80.264, P.
2. Crim. 15 févr. 2022, n° 21-80.265, P.
3. Crim. 15 févr. 2022, n° 21-80.670, P.
4. R. Parizot, « La conception élargie de la notion de partie en matière de terrorisme », *JCP* 2022. Act. 560.
5. Cass., ch. mixte, 25 mars 2022, n° 20-17.072, P, V. rapport MM. Besson et Samuel, assistés de MM. Allain et Dureux, auditeurs SDER. *D.* 2022. 774, note S. Porchy-Simon ; *ibid.* 1934, obs. M. Bacache, A. Guégan et S. Porchy-Simon ; *AJ pénal* 2022. 262, note C. Lacroix. V. s^s^ n°s 222.75 et 222.211.
6. Crim. 13 mai 2014, n° 13-81.240, P n° 132 ; *D.* 2014. 1158 ; *Dr. soc.* 2014. 827, Chron. R. Salomon ; *Dr. soc.* 2014. 948, Chron. R. Salomon.
7. Crim. 12 mai 2015, n° 14-80.766, P n° 102.

sur le compte d'un tiers, a un préjudice puisqu'il est dépossédé de fonds qu'il détient et qu'il est tenu de représenter à son client[1]. Une autre décision est intéressante sur le sujet qui pour déclarer recevable la constitution de partie civile de la société Air France, dire le prévenu responsable d'un dommage subi par cette dernière et le condamner à lui verser la somme de 500 euros, relève que le délit de harcèlement moral dont M. X... a été déclaré coupable, de même que les agissements fautifs dont il a été reconnu responsable, ont directement causé à ladite société un dommage dès lors que, pour commettre ces faits, l'intéressé a outrepassé les pouvoirs hiérarchiques qui lui avaient été dévolus par son employeur ; que les juges en déduisent qu'en agissant ainsi, celui-ci a terni l'image de la compagnie auprès de ses autres salariés[2].

222.74 Conséquences de l'absence de préjudice direct ou personnel. L'action publique ne peut être mise en mouvement par une partie civile qui ne justifie pas d'un préjudice personnel trouvant sa source dans l'infraction poursuivie. Ni les infractions à la législation sur les pompes funèbres, ni la méconnaissance d'arrêtés municipaux ne sont susceptibles de créer un préjudice personnel au district, pris en la personne de son président. La citation directe, à la requête de ce dernier, n'a donc pas valablement saisi le Tribunal de l'action publique[3].

Il a encore été jugé qu'alors que le délit dénoncé de mise en danger d'autrui se définit comme le fait d'exposer autrui à un risque immédiat de mort ou de blessures de nature à entraîner une mutilation ou une infirmité permanente par la violation manifestement délibérée d'une obligation particulière de prudence ou de sécurité imposée par la loi ou le règlement, une association personne morale ne peut, par essence, exciper d'une telle exposition au risque d'atteinte à l'intégrité physique[4].

Il appartient donc aux juges constatant que l'action civile n'a pas été régulièrement engagée de dire dans cette hypothèse que le tribunal n'a pas été valablement saisi quel qu'ait été le positionnement du parquet à l'audience. Mais rappelons qu'une juridiction ne peut relever d'office l'irrecevabilité de la constitution de partie civile sans avoir invité au préalable les parties à présenter leurs observations[5].

1. Crim. 4 nov. 2007, n° 07-80.576, P n° 277 ; *AJ pénal* 2008. 42 ; *RTD com.* 2008. 638, obs. B. Bouloc ; *D. actu.* 12 juin 2015, note L. Priou-Alibert.
2. Crim. 14 nov. 2017, n° 16-85.161, P.
3. Crim. 13 juin 1991, n° 89-87.107, P n° 251.
4. Crim. 8 sept. 2020, n°s 19-85.004 et 19-84.995, *AJ pénal* 2020. 471.
5. POUR L'INSTRUCTION : Crim. 3 mai 2007, n° 06-82.149, P n° 116 ; *D.* 2007. 1663 ; *AJ pénal* 2007. 333 ; *RSC* 2007. 836, obs. R. Finielz – AU STADE DU JUGEMENT : Crim. 14 mai 2014, n° 12-84.075, P n° 133, préc.

222.75 Jurisprudence de la 2e chambre civile de la Cour de cassation. Précisions complémentaires sur la qualité de victime et la notion de préjudice. Par une série d'arrêts du 27 octobre 2022[6] la deuxième chambre civile a jugé, contrairement au positionnement du FGTI qui était critiqué par des victimes indirectes, que l'indemnisation du préjudice personnel des proches d'une victime d'un acte terrorisme ayant survécu, n'était pas exclue, selon les règles du droit commun. Elle a en revanche écarté tout droit indemnitaire au profit d'un simple témoin[7] précisant que le fait pour une personne de s'être trouvée à proximité du lieu d'un attentat et d'en avoir été le témoin ne suffit pas, en soi, à lui conférer la qualité de victime.

L'arrêt précité de la chambre mixte du 25 mars 2022[8], avait détaillé son raisonnement en indiquant que :

– Les proches d'une personne, qui apprennent que celle-ci se trouve ou s'est trouvée exposée, à l'occasion d'un événement, individuel ou collectif, à un péril de nature à porter atteinte à son intégrité corporelle, éprouvent une inquiétude liée à la découverte soudaine de ce danger et à l'incertitude pesant sur son sort.

– La souffrance, qui survient antérieurement à la connaissance de la situation réelle de la personne exposée au péril et qui naît de l'attente et de l'incertitude, est en soi constitutive d'un préjudice directement lié aux circonstances contemporaines de l'événement.

– Ce préjudice, qui se réalise ainsi entre la découverte de l'événement par les proches et leur connaissance de son issue pour la personne exposée au péril, est, par sa nature et son intensité, un préjudice spécifique qui ouvre droit à indemnisation lorsque la victime directe a subi une atteinte grave ou est décédée des suites de cet événement.

– Il résulte de ce qui précède que le préjudice d'attente et d'inquiétude que subissent les victimes par ricochet ne se confond pas, ainsi que le retient exactement la cour d'appel, avec le préjudice d'affection, et ne se rattache à aucun autre poste de préjudice indemnisant ces victimes, mais constitue un préjudice spécifique qui est réparé de façon autonome.

– Il s'ensuit que c'est sans indemniser deux fois le même préjudice que la cour d'appel a accueilli les demandes présentées au titre de ce préjudice spécifique d'attente et d'inquiétude.

6. Nota. Civ. 2e, 27 oct. 2022, n°s 21-24.424, 21-24.425, 21-24.426, P ; R. Bigot, « Terrorisme : individualisation des victimes par ricochet même en cas de survie de la victime directe », *D. actu.* 30 nov. 2022 ; C. Quézel-Ambrunaz, « Victimes d'acte de terrorisme : redéfinition des contours de leur indemnisation », *Lexbase Hebdo*, éd. privé, nov. 2022.
7. Civ. 2e, 27 oct. 2022, n° 21-13.134, P.
8. Cass., ch. mixte 25 mars 2022, n° 20-17.072, P.

Toujours en relation avec des faits de nature terroriste, cette fois ceux survenus le 13 novembre 2015 à Paris, il est possible citer ici un arrêt de la chambre criminelle ayant retenu une irrecevabilité de la constitution de partie civile d'une personne ne s'étant pas trouvé dans la trajectoire des tirs terroristes visant la brasserie « La Belle Equipe » et n'ayant été que le témoin malheureux de ces faits, comme d'autres personnes passant sur les voies publiques près des différents bars ou restaurants parisiens dont les clients ont été la cible des attaques perpétrées ce soir-là par les occupants du véhicule noir, a pu être retenue. Les circonstances sur lesquelles la constitution de partie civile s'appuyait ne permettaient pas d'admettre comme possible la relation directe du préjudice allégué avec les infractions commises[1].

Par deux arrêts en date du 24 janvier 2023[2], la chambre criminelle a par ailleurs jugé, par le premier, qu'il résulte des énonciations de l'arrêt attaqué que les plaignantes ont « suivi un mouvement de foule dont à l'origine elles ignoraient la cause, de sorte qu'elles n'ont pu se croire exposées à une action criminelle ayant pour but de tuer indistinctement un grand nombre de personnes » et qu'en conséquence, la possibilité de l'existence d'un préjudice en relation directe avec les infractions poursuivies n'est pas caractérisée ; dans le second, que « si l'intéressée se trouvait à proximité, elle n'a pas été en situation de prendre la mesure des faits qui étaient en train de se dérouler, de sorte qu'elle ne s'est pas crue exposée à une action criminelle ayant pour objet de tuer indistinctement un grand nombre de personnes » et qu'en conséquence, la possibilité de l'existence d'un préjudice en relation directe avec les infractions poursuivies n'est pas caractérisée.

Aux confins des règles de droit pénal et de droit civil, il est possible de considérer que nous assistons, spécifiquement au travers des conséquences d'un certain nombre d'actes terroristes, à une reconfiguration, à tout le moins à un approfondissement certain, des conditions précises dans lesquelles la constitution de partie civile peut ou non aboutir. Elle est sans doute loin d'être achevée.

C.
Préjudice indirect

222.81 Exclusion du préjudice indirect. Principe. L'action civile devant les tribunaux répressifs demeure un droit exceptionnel et n'est pas ouverte à tous ceux qui se prétendent victimes d'un agissement contraire à la loi.

222.82 Fraude fiscale, abus de confiance et détournement de fonds. Exemples. Un particulier n'est pas recevable à se constituer partie civile dans une affaire de fraude fiscale au seul motif, que cette fraude fait peser sur l'ensemble des contribuables des charges indues.

De même, les délits d'abus de confiance et de détournement de fonds commis au préjudice d'un département ne lèsent directement que les intérêts de celui-ci ; est en conséquence irrecevable, la plainte avec constitution de partie civile déposée par des conseillers généraux soutenant que ces infractions leur auraient causé, en tant que contribuables, un préjudice matériel, et en tant qu'élus, un préjudice moral en raison du discrédit jeté sur leurs fonctions[3].

Ne peut qu'être indirect le préjudice subi par une région en raison de propos, provoquant à la haine ou à la discrimination raciale, tenus par un de ses membres[4].

222.83 Préjudice des ordres professionnels. La constitution de partie civile, au stade de l'information, n'est recevable que si les circonstances sur lesquelles elle s'appuie permettent à la juridiction d'admettre comme possibles, *non seulement l'existence du préjudice allégué, mais aussi la relation directe de celui-ci avec l'infraction poursuivie*. En conséquence, la chambre nationale et la chambre départementale des huissiers de justice ne sont pas recevables à se constituer parties civiles dans une poursuite exercée à l'encontre d'un de leur pair pour des faits d'abus de confiance commis par ce dernier dans l'exercice de ses fonctions, le préjudice résultant de l'atteinte à la réputation de la profession d'huissier de justice causé par le délit reproché ne pouvant qu'être indirect[5].

Devant la juridiction répressive, saisie d'infractions qui, commises par des huissiers de justice, n'ont causé de préjudice direct qu'aux personnes auxquelles appartiennent les sommes détournées, la chambre nationale des huissiers de justice, à défaut de dispositions spéciales, n'est pas fondée à obtenir le remboursement des sommes exposées en exécution de ses obligations légales, le préjudice subi par cet organisme étant nécessairement indirect[6].

222.84 Dénonciation mensongère à l'autorité judiciaire. Ne constituent pas non plus des dom-

1. Crim. 11 avr. 2018, nº 17-82.818, NP.
2. Crim. 24 janv. 2023, nº 21-82.778, P. et 21-85.828, P ; D. Floreancig, « De témoin à victime directe d'un attentat terroriste : les critères de distinction posés par la chambre criminelle », *D. actu.* 21 févr. 2023.
3. Crim. 21 mars 2000, nº 99-83.890, P nº 122 ; *D.* 2000. 148.
4. Crim. 14 févr. 2006, nº 05-83.899, P nº 36 ; *D.* 2006. 807 ; *AJ pénal* 2006. 174, obs. C. Girault.
5. Crim. 2 mai 2007, nº 06-84.130, P nº 111.
6. Crim. 29 juin 2005, nº 04-84.623, P nº 197 ; *D.* 2005. 2336.

mages directement causés par l'infraction de dénonciation mensongère à l'autorité judiciaire, prévue par l'article 434-26 du code pénal, les frais exposés par l'État à la suite de la mobilisation de la force publique pour effectuer des investigations relatives à des faits d'enlèvement et de séquestration qui se sont révélés imaginaires. Font l'exacte application des articles 2 et 3 du code de procédure pénale les juges qui déclarent irrecevable la constitution de partie civile de l'agent judiciaire du Trésor tendant à obtenir le remboursement de tels frais [1].

222.85 Acquisition, détention, cession et recel d'armes. Dans une information ouverte des seuls chefs d'acquisition, détention, cession et recel d'une arme, contre une personne ayant confié à un adolescent un pistolet à l'aide duquel celui-ci s'est suicidé quelques jours plus tard, est irrecevable, faute de pouvoir se réclamer d'un préjudice résultant directement des infractions, la constitution de partie civile de la mère de celui à qui cette arme a été remise [2]. Il aurait pu en aller différemment si les poursuites avaient également concerné l'infraction d'homicide involontaire, voire celle de non-assistance à personne en danger.

222.86 Atteintes à l'image d'une personne morale. La discussion reste ouverte en matière d'atteintes à l'image d'une personne morale en raison des agissements de ses salariés ou dirigeants. Ainsi, après avoir jugé que ne peut qu'être indirect le préjudice d'une personne morale pour l'atteinte à sa réputation causée par la mise en examen de ses dirigeants des chefs d'infractions à la législation sur les marchés publics, trafic d'influence et corruption [3] et que ne peut pareillement qu'être indirect le préjudice d'une association pour l'atteinte à sa réputation causée par la mise en examen de salariés ou de dirigeants des chefs notamment d'infractions à la législation sur les substances vénéneuses et usage de produits dopants [4], la chambre criminelle a dit qu'est encore indirect, pour une société intervenant comme sponsor d'une équipe cycliste, le préjudice résultant de l'atteinte que porterait à son image de marque la commission, imputée à un coureur à cette équipe, d'infractions liées à la pratique du dopage [5].

1. Crim. 20 janv. 2009, n° 08-82.357, P n° 17 ; *AJ pénal* 2009. 183, obs. C. Duparc ; *Procédures* 2009, n° 122, note J. Buisson.
2. Crim. 25 oct. 2005, n° 04-85.280, P n° 262 ; *D.* 2005. 2967 ; *D.* 2006. 617, obs. J. Pradel.
3. Crim. 9 juin 1999, n° 98-82.897, P n° 123.
4. Crim. 12 sept. 2000, n° 00-80.587, P n° 264.
5. Crim. 29 sept. 2009, n° 09-81.159, P n° 160 ; *D.* 2010. 2254, obs. J. Pradel ; *AJ pénal* 2009. 508 ; *RSC* 2012. 884, obs. X. Salvat.

Pourtant, dans une affaire ou une compagnie aérienne se prévalait d'une atteinte à son image de marque auprès de sa clientèle du fait d'agissement de certains membres de son personnel navigant (infractions à la législation sur les stupéfiants) l'ayant exposée à de vives critiques de la presse et des quolibets de la part de sa clientèle, la Cour de cassation a pu juger à l'inverse, que la cour d'appel qui avait retenu un préjudice direct et personnel n'avait fait qu'user du pouvoir qui appartient au juge du fond d'apprécier, dans les limites des conclusions de la partie civile, l'étendue exacte du préjudice causé par les infractions, a justifié sa décision [6]. De même, a-t-elle pu casser, mais pour un autre motif, un arrêt qui avait pu retenir que la condamnation d'un ancien secrétaire général d'une société pour détournements de fonds, allait nécessairement porter atteinte à l'image qu'ont les investisseurs de la société [7].

Une partie de la doctrine semble considérer que la chambre criminelle n'opérerait pas de distinction suffisante entre les notions de préjudice direct et de préjudice personnel, l'expression « tous ceux qui ont personnellement souffert du dommage directement causé par l'infraction » figurant à l'article 2 du code de procédure pénale ne semblant pas totalement correspondre aux exigences posées en matière civile. En tout état de cause, il existe une incertitude sur ce sujet, qui peut relancer de manière plus générale la question de l'étendue de la prise en compte par le juge répressif des dommages résultant, directement de l'infraction, et des personnes susceptibles d'être concernées par ceux-ci.

Peut-on penser que les deux décisions suivantes rendues en matière d'atteinte à l'image, sont de nature à clore le débat ? Cela est peu certain.

– Dans une espèce ou la cour d'appel avait déclaré irrecevables les constitutions de partie civile de la société M... Handball et de l'association M... Handball, du fait du retentissement médiatique que les infractions (relatives à un match « arrangé ») avaient engendré, retentissement qui a eu un impact négatif sur l'image mais surtout sur les résultats du club, la chambre criminelle a jugé que : « si c'est à tort que, pour déclarer irrecevables les constitutions de partie civile de la société M... Handball et de l'association M... Handball, l'arrêt énonce, notamment, que leur préjudice est indirect en ce qu'il prend sa source dans la relation contractuelle qui les unit aux prévenus, alors que l'existence d'une relation contractuelle entre l'auteur des faits et la partie civile n'est pas en elle-même de nature à exclure la recevabilité de la constitution de cette dernière, l'arrêt n'encourt toutefois pas la censure. Qu'en

6. Crim. 16 nov. 2011, n° 10-88.835, NP.
7. Crim. 28 juin 2017, n° 16-82.138, NP.

effet, les droits de la partie civile ne peuvent être exercés que par les personnes justifiant d'un préjudice résultant de l'ensemble des éléments constitutifs de l'infraction visée à la poursuite ; que tel n'est pas le cas du préjudice découlant du comportement consistant, pour des participants à une compétition sportive, à s'entendre pour en fausser le résultat, ce comportement n'étant que l'un des faits constitutifs de l'infraction d'escroquerie »[1]. Cette jurisprudence, qui consacre la qualité de victime à celui qui a souffert d'un préjudice « résultant de l'ensemble des éléments constitutifs de l'infraction visée à la poursuite », a été citée par la chambre criminelle dans son important arrêt du 15 décembre 2021[2] modifiant l'appréciation de la règle *ne bis in idem*. La Cour a rappelé que l'application de cette jurisprudence pouvait conduire à ce que certains plaignants, qui étaient recevables à se constituer partie civile pour l'un des faits poursuivis, ne puissent obtenir réparation en l'absence de préjudice en relation avec la seule qualification retenue.

- Enfin, sera mentionné un arrêt important ayant jugé que les droits de la partie civile ne peuvent être exercés que par les personnes justifiant d'un préjudice résultant de l'ensemble des éléments constitutifs de l'une des infractions visées à la poursuite. Est irrecevable à se constituer partie civile la commune qui invoque un préjudice matériel de même qu'un préjudice résultant de l'atteinte à son image à la suite de la réalisation d'un attentat sur son territoire dès lors que, d'une part, l'information résultant de ces faits a été ouverte des seuls chefs d'infractions à la législation sur les armes, de crimes contre la vie ou l'intégrité des personnes et de participation à un groupement en vue de la préparation d'un ou plusieurs crimes d'atteintes aux personnes, toutes infractions en relation avec une entreprise terroriste, cette dernière n'étant susceptible d'avoir porté directement atteinte, au-delà des victimes personnes physiques, qu'aux intérêts de la nation, d'autre part, aucun des préjudices allégués ne découle de l'ensemble des éléments constitutifs desdites infractions[3].

222.87 Frais inhérents aux mauvais traitements à animal domestique. Plus étonnant mais toujours marqué de la volonté de la chambre criminelle de ne pas ouvrir davantage l'étendue des recours offerts aux parties civiles, justifie sa décision la cour d'appel qui énonce que ne constituent pas un préjudice né directement de l'infraction de mauvais traitements les dépenses engagées pour la garde de l'animal par le tiers auquel il a été confié[4].

1. Crim. 21 nov. 2018, n° 17-81.096, P n° 193.
2. Crim. 15 déc. 2021, n° 21-81.864, P.
3. Crim. 12 mars 2019, n° 18-80.911, P n° 53.

222.88 Paiement des droits successoraux. La dépense résultant, pour l'héritier de la victime d'un homicide involontaire, de l'obligation légale d'acquitter les droits de mutation après décès ne constitue pas un élément du préjudice né directement de l'infraction ou des faits objet de la poursuite[5].

222.89 Biens mal acquis. Dans une procédure suivie au titre des « biens mal acquis », la chambre criminelle a pu encore décider que le préjudice dont se prévaut le propriétaire d'un bien saisi au cours d'une information judiciaire, ne trouvant pas sa source dans les infractions poursuivies, est indirect au sens de l'article 2 du code de procédure pénale[6].

S'agissant d'une qualification plus rarement utilisée, une espèce a jugé que : 1° Le délit d'apologie de crimes d'atteintes volontaires à la vie, prévu par l'article 24[7], alinéa 5, de la loi du 29 juillet 1881, consiste dans le fait de présenter ces infractions sous un jour favorable, par l'un des moyens énumérés à l'article 23 de la même loi. Justifie sa décision la cour d'appel qui, pour déclarer un prévenu coupable de cette infraction, relève qu'il a offert à un enfant prénommé Jihad, né le 11 septembre 2009, un tee-shirt portant, sur le dos, l'inscription « Jihad, né le 11 septembre », et sur la poitrine l'inscription « Je suis une bombe », et en déduit que ces mentions font référence aux attentats commis le 11 septembre 2001 à New York et qu'elles visent à présenter sous un jour favorable les crimes évoqués aux yeux des personnes appelées à voir ce vêtement en milieu scolaire, et ajoute que l'utilisation d'un très jeune enfant comme support d'un jugement bienveillant sur des actes criminels dépasse les limites admissibles de la liberté d'expression. Et que, 2° ce délit ne peut occasionner pour la commune lieu des faits, fussent-ils commis dans une école maternelle, un préjudice personnel et direct né de l'infraction, dont elle pourrait demander réparation[8].

222.90 Préjudice syndical. À l'inverse, les syndicats professionnels peuvent exercer tous les droits réservés à la partie civile concernant les faits portant un préjudice direct ou indirect à l'intérêt collectif de la profession qu'ils représentent[9] et que justifie

4. Crim. 19 avr. 2005, n° 04-82.513, P n° 134 ; *D.* 2009. 1977 ; *AJ pénal* 2009. 411, obs. E. Péchillon ; *Dr. pénal* 2005, n° 154, note A. Maron.
5. Crim. 29 avr. 2014, n° 13-80.693, P n° 114.
6. Crim. 5 mars 2014, n° 13-84.978, P n° 18 ; *D.* 2014. 613.
7. L. 29 juill. 1881, art. 24 ; mod. par L. n° 2017-86, 27 janv. 2017, art. 170 et 173.
8. Crim. 17 mars 2015, n° 13-87.358, P n° 56 ; *D.* 2015. 954, note A. Serinet ; *Procédures* 2015, n° 168, note A.-S. Chevant-Leclère ; *JCP* 2015. II. 559, note E. Dreyer ; *CCE* 2015, n° 43, note A. Lepage ; *Gaz. Pal.* 2015. 1. 47, note S. Detraz ; *Dr. pénal* 2015. Repère 1, note J.-H. Robert.
9. V. ss nos 222.501 s.

donc sa décision, la cour d'appel qui déclare recevable l'action d'un syndicat à l'encontre d'une société des chefs d'omission de déclaration (formalité ayant disparu avec l'entrée en vigueur du règlement 2016/679 [1], dit RGPD) à la Cnil d'un système de vidéosurveillance [2] et d'autres infractions à la loi du 6 janvier 1978 [3], dès lors que les faits, commis par l'employeur au sein du site de production et à ses abords immédiats, avaient pour conséquence de permettre l'enregistrement illicite de l'image des salariés dans leur activité, et notamment dans l'exercice de leurs droits syndicaux, et d'en permettre le traitement et la conservation, sans le consentement des intéressés [4].

D.
Préjudice en droit des sociétés

222.101 **Droit pénal des sociétés.** La société commerciale, prise en la personne de son représentant au jour des poursuites, peut demander l'indemnisation des préjudices qui lui ont été causés, en ce y compris le préjudice moral [5]. Pour exemple et de manière classique, la société d'assurances subit un préjudice direct du fait de l'abus de confiance commis par son mandataire qui a détourné les placements financiers dont elle était détentrice et qu'elle a dû rembourser à ses clients [6].

À l'inverse, le délit d'abus des biens ou du crédit d'une société ne cause de préjudice direct qu'à la société elle-même et à ses actionnaires. La société actionnaire majoritaire d'une société victime d'un abus de biens sociaux, agissant à titre personnel et non sur le fondement de l'action sociale, est ainsi recevable à se constituer partie civile dès lors qu'elle démontre l'existence d'un préjudice propre, distinct du préjudice social, découlant directement de l'infraction [7].

Mais les créanciers de la société ne peuvent souffrir à raison de cette infraction que d'un préjudice qui, à le supposer établi, est indirect et dont la réparation, dès lors, ne pouvait être demandée qu'aux juridictions civiles. L'action civile devant les tribunaux répressifs étant un droit exceptionnel qui, en raison de sa nature, doit être strictement renfermé dans les limites fixées par les articles 2 et 3 du code de procédure pénale, il s'ensuit que la constitution de partie civile d'un créancier de la société est irrecevable du chef d'abus de biens sociaux, fût-ce pour corroborer l'action publique [8]. Ne peut qu'être indirect le préjudice d'une personne morale pour l'atteinte à sa réputation causée par la mise en examen de ses dirigeants des chefs d'infractions à la législation sur les marchés publics, trafic d'influence et corruption. Justifie dès lors sa décision, la chambre d'accusation qui déclare irrecevable la constitution de partie civile intervenante de cette personne morale [9].

Un point procédural important concerne la possibilité d'action laissée au pénal aux actionnaires agissant individuellement. Les actionnaires, exerçant l'action sociale au nom d'une société victime d'abus de biens sociaux, sont en effet recevables à se constituer partie civile et à solliciter des dommages-intérêts à l'encontre de l'auteur de ce délit, peu important que le représentant légal de cette société, partie civile, n'invoque l'existence d'aucun préjudice [10].

Le commissaire à l'exécution du plan trouve dans les pouvoirs qui lui sont conférés par l'article L. 621-68, alinéa 2, du code de commerce, en vue de poursuivre les actions exercées avant le jugement arrêtant le plan par le représentant des créanciers pour la défense de leurs intérêts collectifs, qualité pour engager en leur nom toute action aux mêmes fins [11].

Mais la chambre criminelle est là encore vigilante à ne pas ouvrir davantage le recours à « toutes les victimes » en jugeant par exemple qu'un mandataire liquidateur, ès qualités de représentant de la société, est irrecevable à se constituer partie civile contre les dirigeants de la société du chef de l'infraction de contrefaçon de marques en application de l'article L. 716-5 du code de la propriété intellectuelle aux termes duquel seul le propriétaire de la

1. Règl. (UE) 2016/679, Parlement et Conseil, 27 avr. 2016 relatif à la protection des personnes physiques à l'égard du traitement des données à caractère personnel et à la libre circulation de ces données, et abrogeant la directive 95/46/CE, *JOUE L* 119, 4 mai, p. 1, dit RGPD.
2. AUSSI sur la vidéosurveillance sur le lieu de travail : Ch. Feral-Schuhl, *Cyberdroit*, 7e éd., « Praxis », Dalloz, 2018, nos 125.81 s.
3. L. no 78-17, 6 janv. 1978 relative à l'informatique, aux fichiers et aux libertés, *JO* 7 janv., p. 227.
4. Crim. 9 févr. 2016, no 14-87.753, P no 29 ; *Dr. soc.* 2016. 665, chron. R. Salomon ; *JCP S* 2016. 1166, note B. Bossu.
5. Crim. 15 mai 2012, no 11-10.278, P no 101 ; *D.* 2012. 2285, obs. X. Delpech, note B. Dondero ; *D.* 2012. 2688, obs. J.-C. Hallouin, E. Lamazerolles et A. Rabreau ; *Rev. Sociétés* 2012. 620, note Ph. Stoffel-Munck ; *RTD civ.* 2013. 85, obs. J. Hauser.
6. Crim. 11 déc. 2013, no 12-86.624, P no 251 ; *D.* 2013. 2916 ; *AJ pénal* 2014. 132, obs. J. Gallois ; *RTD com.* 2014. 426, obs. B. Bouloc.
7. Crim. 17 mai 2023, no 22-83.762, NP.
8. Crim. 9 nov. 1992, no 92-81.432, P no 361 – CONFIRMANT : Crim. 24 avr. 1971, no 69-93.249, P no 117.
9. Crim. 8 juin 1999, no 98-82.897, P no 123.
10. Crim. 16 déc. 2009, no 08-88.305, P no 218 ; *D.* 2010. 381 ; *D.* 2010. 1663, obs. C. Mascala ; *AJ pénal* 2010. 144 ; *Dr. pénal* 2010, no 37, note J.-H. Robert ; *JCP* 2010. 15 et 117, obs. P. Mistretta ; *Procédures* 2010, no 93, note J. Buisson.
11. Crim. 17 nov. 2004, no 03-82.657, P no 291 ; *D.* 2005. 566, obs. A. Lienhard.

marque et le bénéficiaire d'un droit exclusif d'exploitation peuvent exercer l'action civile[1]. Et encore, que les délits de malversation et d'abus de confiance, commis par un mandataire judiciaire dans et à l'occasion de l'exercice de ses fonctions, ne causent un préjudice direct qu'aux seules personnes pouvant revendiquer les sommes détournées. Encourt dès lors la censure l'arrêt d'une cour d'appel qui, pour allouer des dommages-intérêts au Conseil national des administrateurs et mandataires judiciaires, pour l'atteinte portée à l'image des professions, énonce que ce Conseil a pour mission la défense de leurs intérêts collectifs, alors qu'aucune disposition légale ne l'autorise à se constituer partie civile pour obtenir le remboursement des sommes exposées en exécution de ses obligations légales[2]. Pour autant, les dispositions de l'article L. 641-9 II du code de commerce ne font pas obstacle à l'exercice, par le liquidateur, des actions en dommages et intérêts en réparation du préjudice résultant des infractions d'abus de biens sociaux commises par les dirigeants des personnes morales en liquidation judiciaire[3]. Et le liquidateur qui représente la société et non les créanciers, peut se constituer partie civile pour demander des dommages et intérêts au nom de celle-ci qui a subi un préjudice direct consécutivement au délit d'abus de biens sociaux commis par son dirigeant et la complice de celui-ci[4].

222.102 **Action *ut singuli*.** Outre l'action en réparation du préjudice subi personnellement, les actionnaires peuvent, soit individuellement, soit par une association répondant aux conditions fixées à l'article L. 225-120 du code de commerce soit en se groupant dans les conditions fixées par décret en Conseil d'État, intenter l'action sociale en responsabilité contre les administrateurs ou le directeur général. Les demandeurs sont habilités à poursuivre la réparation de l'entier préjudice subi par la société, à laquelle, le cas échéant, les dommages-intérêts sont alloués[5]. Initialement ouverte aux seuls actionnaires des sociétés anonymes cette action est aujourd'hui reconnue dans tous les types de société.

Il s'agit d'une action subsidiaire qui s'exerce à défaut d'exercice de l'action sociale par les organes de la société.

Elle s'exerce à titre individuel ou par l'intermédiaire d'une association telle que prévue à l'article L. 225-120 du code de commerce[6]. Aux termes des articles 17 et 39 de la loi du 24 juillet 1867, les actionnaires d'une société anonyme sont autorisés à exercer l'action sociale en responsabilité contre les administrateurs pour faute commise dans l'exercice de leur mandat aux fins d'obtenir réparation du préjudice à eux personnellement causés mais non pour faire prononcer la nullité d'un acte social[7]. Les dommages-intérêts obtenus pour le préjudice propre sont acquis au demandeur qui peut également obtenir au bénéfice de la société des dommages-intérêts qui reviennent à celle-ci. En cas de poursuites pour abus de biens sociaux, les associés, hors le cas d'exercice de l'action sociale ut singuli, ne peuvent demander à la juridiction correctionnelle réparation du préjudice résultant de la perte ou de la baisse de valeur de leurs titres, ou de la perte des gains escomptés. En effet, la dévalorisation des titres d'une société découlant des agissements fautifs de ses dirigeants constitue, non pas un dommage propre à chaque associé, mais un préjudice subi par la société elle-même[8].

Seuls les administrateurs et le directeur général peuvent être visés par une action sociale exercée *ut singuli* par les actionnaires d'une société anonyme, conformément à l'article L. 225-252[9] du code de commerce. Ayant constaté que les tiers à l'encontre desquelles les actionnaires avaient dirigé leur action n'étaient pas investis de ces qualités, une cour d'appel en a déduit à bon droit que ces demandes étaient irrecevables[10].

Pour une illustration des difficultés d'exercice de cette action, on pourra consulter un arrêt ponctué d'une double cassation. L'arrêt attaqué a, à tort, déclaré recevable l'action engagée par la société S..., en énonçant que celle-ci, en sa qualité démontrée d'associé de la société T... a exercé l'action sociale dont elle dispose, par application de l'article L. 225-252 du code du commerce, pour obtenir réparation du préjudice subi par cette dernière société du fait de l'abus de biens sociaux commis par la société R... via son dirigeant M. X...-Y..., et la restitution des fonds dans le patrimoine de la société victime de l'abus, alors que la citation délivrée par la partie civile, qui définit l'étendue de la saisine de la juridiction, ne visait que l'atteinte à ses intérêts propres, et qu'une

1. Crim. 31 janv. 2006, nº 05-83.050, P nº 29 ; *D.* 2006. 982, obs. A. Lienhard ; *AJ pénal* 2006. 179.
2. Crim. 12 déc. 2007, nº 07-80.886, P nº 307 ; *AJ pénal* 2008. 99.
3. Crim. 5 déc. 2012, nº 11-85.838, P nº 271 ; *D.* 2012. 2958 ; *AJ pénal* 2013. 164, obs. J. Gallois ; *Rev. Sociétés* 2013. 305, note B. Bouloc ; *RSC* 2013. 358, obs. H. Haritini ; *Dr. pénal* avr. 2013, comm. 60, obs. J.-H. Robert.
4. Crim. 12 juin 2012, nº 11-87.799, NP, *D.* 2013. 1647, obs. C. Mascala ; *Dr. pénal* avr. 2013, comm. 60, obs. J.-H. Robert – CONFIRMANT : Crim. 12 oct. 1995, nº 95-80.730, P nº 305.
5. C. com., art. L. 225-252 ; mod. par L. nº 2001-420, 15 mai 2001, art. 107.
6. NOT. : C. com., art. L. 225-120, al. 1.
7. Com. 16 oct. 1972, nº 70-13.691, P IV, nº 237.
8. Crim. 13 déc. 2000, nº 99-80-387, P nº 373.
9. C. com., art. L. 225-252 ; mod. par L. nº 2001-420, 15 mai 2001, art. 107.
10. Com. 19 mars 2013, nº 12-14.213, P IV, nº 42 ; *D.* 2013. 833.

demande distincte ne pouvait être présentée ultérieurement, au nom d'une autre personne morale ; et qu'en outre, pour déclarer recevable l'action civile de la société S..., la cour d'appel retient que celle-ci invoque et justifie de sa qualité de coindivisaire qui serait victime du délit d'abus de confiance commis par l'autre coindivisaire, via son représentant légal, M. X...-Y..., alors que le préjudice subi par le coindivisaire, en conséquence de l'atteinte aux droits de l'indivision, ne peut être qu'indirect[1].

222.103 **Établissements bancaires.** L'utilisation frauduleuse de la carte bancaire d'un tiers porte préjudice non seulement à ce dernier, mais encore à l'établissement bancaire, détenteur et possesseur des sommes détournées[2]. L'abus de confiance peut préjudicier et ouvrir droit à réparation, non seulement aux propriétaires, mais encore aux détenteurs des deniers détournés. Ainsi une banque, en sa qualité de détentrice de deniers détournés par son préposé, est fondée à invoquer un préjudice direct dont elle doit être dédommagée[3]. L'utilisation frauduleuse d'un code d'accès bancaire ayant permis à l'auteur de l'escroquerie d'obtenir de la banque la remise de sommes indûment prélevées sur le compte d'un tiers porte directement préjudice à l'établissement bancaire, dépossédé des fonds qu'il détient et qu'il est tenu de représenter à son client[4].

En revanche, si aux termes de l'article 3 du code de procédure pénale, l'action civile est recevable pour tous chefs de dommages, aussi bien matériels que moraux, qui découlent des faits, objet de la poursuite, encourt la cassation l'arrêt qui alloue des dommages-intérêts à des banques en réparation d'un préjudice commercial et matériel causé par des articles de presse ayant porté atteinte à leur image, en leur imputant un soutien inconsidéré à un groupe de sociétés en redressement judiciaire dont les dirigeants ont été déclarés coupables de banqueroute et présentation de comptes annuels infidèles, alors que le préjudice allégué est sans lien direct de causalité avec les faits objets de la poursuite[5].

Dans la médiatisée affaire concernant M. Kerviel et la Société Générale, la chambre criminelle a pu tout d'abord décider que commet le délit d'abus de confiance le salarié d'une banque chargé des fonctions d'opérateur de marché qui, en prenant, à l'insu de son employeur, des positions spéculatives au mépris de son mandat et au-delà de la limite autorisée, détourne de l'usage auquel ils étaient destinés les fonds et les moyens techniques qui lui étaient confiés. Elle a rappelé toutefois que lorsque plusieurs fautes ont concouru à la production du dommage, la responsabilité de leurs auteurs se trouve engagée dans une mesure dont l'appréciation appartient souverainement aux juges du fond et qu'encourait dès lors la cassation, l'arrêt qui, après avoir relevé, de la part de la victime d'infractions volontaires contre les biens, des fautes ayant concouru au développement de la fraude et à ses conséquences financières, n'en tire pas les conséquences sur l'évaluation du montant de l'indemnité due par le prévenu[6].

Cet arrêt peut être rapproché d'un autre ayant rappelé que saisi du seul appel d'un jugement de relaxe formé par la partie civile, le juge répressif ne peut rechercher si les faits qui lui sont déférés constituent une infraction pénale sans méconnaître le principe de la présomption d'innocence garanti par l'article 6, § 2, de la convention européenne des droits de l'homme. L'autorité de la chose jugée ne s'attachant à aucune des dispositions du jugement entrepris, cet appel de la partie civile a pour effet de déférer à la juridiction du second degré l'action en réparation des conséquences dommageables qui peuvent résulter de la faute civile du prévenu définitivement relaxé, cette faute devant être démontrée à partir et dans la limite des faits objet de la poursuite[7].

§ 3
Cession de créance et subrogation

222.111 **Cession de créance.** Un cessionnaire de créance n'est pas recevable devant la juridiction

1. Crim. 29 juin 2016, n° 15-81.904, NP ; *Rev. Sociétés* 2017. 35, note B. Bouloc.
2. Crim. 26 mars 1990, n° 88-84.584, P n° 130 ; *D.* 1991. 274, obs. G. Azibert ; *RSC* 1991. 69, obs. A. Vitu – Crim. 14 nov. 2007, n° 06-88.538, P n° 278 ; *D.* 2008. 759, note J. Lasserre Capdeville ; *AJ pénal* 2008. 42 ; *RTD civ.* 2008. 309, obs. P. Jourdain ; *RTD com.* 2008. 638, obs. B. Bouloc.
3. Crim. 8 janv. 1998, n° 97-80.645, P n° 7.
4. Crim. 14 nov. 2007, n° 07-80.576, P n° 277 ; *AJ pénal* 2008. 42.
5. Crim. 17 nov. 2004, n° 03-82.657, P n° 291 ; *D.* 2005. 566, obs. A. Lienhard.
6. Crim. 19 mars 2014, n° 12-87.416, P n° 86 ; *D.* 2014. 912, obs. T. Coustet, note J. Lasserre Capdeville ; *D.* 2014. 1564, obs. C. Mascala ; *AJ pénal* 2014. 293, note J. Gallois ; *RSC* 2015. 379, obs. F. Stasiak – DANS CE SENS, sur le partage de responsabilité en cas de faute de la victime ayant concouru à la réalisation du dommage : Cass., ch. mixte, 28 janv. 1972, n° 70-90.072, P n° 37 – EN SENS CONTRAIRE, sur le partage de responsabilité en cas de faute de la victime d'une infraction intentionnelle contre les biens : Crim. 4 mars 1991, n° 89-86.576, P n° 108 – Crim. 13 févr. 1997, n° 96-81.641, P n° 61 ; *Rev. Sociétés* 1997. 575, note B. Bouloc ; *RSC* 1997. 850, obs. J.-F. Renucci ; *RSC* 1997. 851, obs. J.-F. Renucci ; *RSC* 1998. 339, obs. J.-F. Renucci – Crim. 10 mars 2004, n° 02-85.285, P n° 64 ; *D.* 2004. 1240. ; *D.* 2005. 684, obs. J. Pradel.
7. Crim. 5 févr. 2014, n° 12-80.154, P n° 35 ; *D.* 2014. 807, note L. Saenko ; *D.* 2014. 1414, chron. B. Laurent, C. Roth, G. Barbier, P. Labrousse et C. Moreau ; *AJ pénal* 2014. 422, obs. C. Renaud-Duparc ; *Dr. pénal* 2014. Ét. 10, par A. Bonnet, et Comm. 46, obs. A. Maron et M. Haas.

répressive, et si pour déclarer irrecevable la constitution de partie civile de X..., qui invoquait sa qualité de cessionnaire d'une créance sur telle société, les juges observent que celui-ci ne justifie pas d'un intérêt direct et personnel pouvant servir de base à l'action civile devant la juridiction répressive, l'arrêt attaqué n'encourt pas les griefs du moyen dès lors que le demandeur n'a souffert aucun dommage personnel résultant directement des faits dénoncés dans la plainte ; qu'en effet l'exercice de l'action civile devant les juridictions répressives est un droit exceptionnel qui, en raison de sa nature, doit être strictement renfermé dans les limites fixées par le code de procédure pénale [1].

222.112 **Subrogation.** Le subrogé dans les droits de la victime d'une infraction ne peut demander l'indemnisation du préjudice résultant de cette infraction, un tel préjudice n'étant, ni direct, ni personnel pour le tiers subrogé. Encourt dès lors la cassation l'arrêt qui accorde des dommages-intérêts au cessionnaire des parts d'une société civile victime d'un abus de confiance, au motif que cette cession de parts aurait entraîné subrogation dans les droits de ladite société [2]. Le cessionnaire, avec subrogation, des droits des porteurs de parts ne peut demander, par la voie pénale, l'indemnisation d'un préjudice subi par ceux-ci, ce préjudice étant pour lui indirect par rapport à l'infraction retenue [3].

222.113 **Assureur.** L'assureur de la victime d'un vol, ayant indemnisé celle-ci au titre de son contrat [4] n'est pas plus recevable en sa constitution et les dispositions de la loi n° 83-608 [5] du 8 juillet 1983 qui prévoit l'intervention de l'assureur au procès pénal pour les seules infractions d'homicide et de blessures involontaires ne s'appliquent pas au-delà de ces seules hypothèses.

Par ailleurs, sur une question récurrente devant les juridictions répressives, il convient de rappeler qu'a été constamment jugé le fait que l'assureur de la victime de l'infraction ne disposant, devant celle-ci, d'aucun recours subrogatoire contre le responsable du dommage, l'indemnisation de la victime par son assureur ne dispense pas l'auteur de l'infraction de réparer le préjudice qui en découle [6].

Toute autre est bien sûr l'hypothèse dans laquelle le préjudice direct subi par une compagnie d'assurances du fait de son mandataire qui a détourné des fonds remis par des clients en vue de souscrire à des placements financiers est constitué par le montant de ces placements dont elle a été privée et qu'elle a dû reverser à leurs souscripteurs, et l'action est donc dans ce cas recevable [7].

Les dispositions de l'article R. 211-13, dernier alinéa, du code des assurances ouvrant un recours à l'assureur contre le responsable de l'accident n'excluent pas la possibilité pour lui de réclamer plutôt au souscripteur du contrat d'assurance la réparation des conséquences de la faute contractuelle qu'il a éventuellement pu commettre. L'inopposabilité aux victimes de la réduction proportionnelle des obligations de l'assureur constitue, pour la part d'indemnité que celui-ci doit payer au-delà de cette réduction, une suite immédiate et directe de la non-déclaration par le souscripteur de l'aggravation du risque [8].

222.114 **Organismes de protection sociale et assimilés.** La chambre criminelle a encore eu récemment l'occasion de rappeler qu'il se déduit des articles 2 et 418 du code de procédure pénale et L. 376-1, alinéa 9, du code de la sécurité sociale que, lorsqu'elles exercent l'action subrogatoire dans le cadre d'une procédure pénale, l'intervention des caisses de sécurité sociale est fondée uniquement sur l'action accordée à la victime de l'infraction par le code de procédure pénale. A cette occasion, elles ne formulent donc pas des demandes indemnitaires en réparation d'un dommage dont elles ont personnellement souffert et qui a été directement causé par l'infraction, mais cherchent à obtenir de leurs auteurs le remboursement des prestations qu'elles ont versées aux assurés. Elles ne peuvent dès lors se constituer partie civile, droit réservé aux victimes [9].

La caisse primaire d'assurance-maladie dont l'intervention, après versement de prestations à l'assuré social, est fondée uniquement sur l'action accordée à la victime de l'infraction par le code de procédure pénale, n'est recevable qu'autant que la victime a elle-même saisi le juge de la répression [10]. Les caisses primaires d'assurance-maladie sollicitent d'ailleurs en général, en même temps que la condamnation de l'auteur des faits au remboursement de leurs débours, que soit constaté leur désistement dans l'hypothèse où la victime « principale », soit l'assuré, ne se constituerait pas partie civile. Ces solutions valent pour tous les organismes de protection sociale (CPAM, MSA, RSI, CNMSS, CGSS...).

Cependant, lorsqu'après avoir déclaré le prévenu coupable de violences, le tribunal correctionnel a ordonné une expertise en vue d'évaluer le préjudice

1. Crim. 6 nov. 1990, n° 90-82.712, NP.
2. Crim. 8 févr. 1993, n° 91-84.601, P n° 63.
3. Crim. 2 mai 1984, n° 83-93.262, P n° 150.
4. Crim. 8 avr. 1986, n° 85-91.987, P n° 116.
5. L. n° 83-608, 8 juill 1983 renforçant la protection des victimes d'infraction, *JO* 9 juill., p. 2122.
6. Crim. 14 nov. 2007, n° 06-88.538, P n° 278 ; *D.* 2008. 759, note J. Lasserre Capdeville ; *AJ pénal* 2008. 42.
7. Crim. 16 nov. 2005, n° 05-80.540, P n° 297.
8. Civ. 1re, 25 mai 1988, n° 85-15.598, NP.
9. Crim. 31 janv. 2023, n° 22-82.917, P.
10. Crim. 30 mai 1979, n° 78-93.137, P n° 190.

subi par la partie civile et a accueilli la demande de la caisse primaire d'assurance-maladie qui sollicitait le remboursement des prestations servies à cette dernière, la chambre criminelle a pu juger que la carence de la partie civile qui ne s'est pas présentée devant l'expert, n'empêche pas l'intervention de la caisse primaire d'assurance-maladie à l'instance pénale[1].

De la même manière, ni le désistement en cause d'appel[2], ni l'acquiescement de la partie civile ne font obstacle à l'action de la caisse de sécurité sociale devenue partie à l'instance : « Lorsque l'intervention d'une caisse de sécurité sociale a été régulièrement admise par le Tribunal, cette caisse devient partie à l'instance. Elle dispose d'un droit propre qui lui permet de déférer la décision aux juges du second degré dans la limite de ses intérêts, nonobstant l'acquiescement de la victime à la décision de première instance, et de remettre ainsi en question ses rapports avec le prévenu. Encourt, dès lors, la cassation l'arrêt qui, sur le seul appel d'une caisse primaire d'assurance-maladie qui demandait de majorer l'indemnité réparant l'atteinte à l'intégrité physique de la victime, rejette cette prétention au motif qu'en l'absence d'appel de la partie lésée, la juridiction du second degré ne peut augmenter ladite indemnité »[3].

La loi de financement de la sécurité sociale du 21 décembre 2006 a réformé les conditions d'exercice du recours des tiers payeurs, en matière de réparation du dommage corporel, les troisième et cinquième alinéas de l'article L. 376-1 du code de la sécurité sociale disposant : « les recours subrogatoires des Caisses contre les tiers s'exercent poste par poste sur les seules indemnités qui réparent des préjudices qu'elles ont pris en charge, à l'exclusion des préjudices à caractère personnel [...]. Cependant, si le tiers payeur établit qu'il a effectivement et préalablement versé à la victime une prestation indemnisant de manière incontestable un poste de préjudice personnel, son recours peut s'exercer sur ce poste de préjudice ».

Sur cette articulation, parfois malaisée à comprendre du côté des victimes, spécifiquement non assistées, un certain nombre de parquets effectuent eux-mêmes cette démarche, en particulier en matière de procédures de comparutions immédiates, ce qui évite de fâcheux contretemps au jour de l'audience.

Contrairement à la pratique de bon nombre de juridictions, il convenait donc jusqu'à il y a peu de temps, de renvoyer l'examen d'une affaire dans laquelle la victime n'avait pas appelé à la cause son organisme social, à une audience ultérieure et ceci, sur l'action publique comme sur l'action civile. L'action civile était en effet irrecevable si le tribunal statuait sur l'action publique et renvoyait « sur intérêts civils ». Selon un attendu de principe qui n'avait jamais été démenti, le préjudice résultant d'une infraction doit être réparé dans son intégralité, sans perte ni profit pour aucune des parties, et la mise en cause de l'organisme social, prévue par l'article L. 376-1 du code de la sécurité sociale, s'impose à peine d'irrecevabilité de la demande en réparation de la partie civile. Encourt la cassation l'arrêt qui prononce sur la demande en réparation des préjudices de la partie civile, sans s'assurer que l'organisme social avait été mis en cause, et en s'abstenant de vérifier s'il avait contribué à indemniser le préjudice corporel de la victime et s'il bénéficiait d'un recours[4].

L'article L. 376-1 précité a cependant été modifié en 2016[5], précisant en son huitième alinéa : « Dans le cadre d'une procédure pénale, la déclaration en jugement commun ou l'intervention des caisses de sécurité sociale peut intervenir après les réquisitions du ministère public, dès lors que l'assuré s'est constitué partie civile et qu'il n'a pas été statué sur le fond de ses demandes ».

Dès lors, l'appel à la cause de l'organisme social peut intervenir avant l'audience « sur intérêts civils », une fois passée l'audience répressive, mais à la condition que la victime n'ait pas, dès ce stade, été indemnisée par la juridiction répressive. Il convient de noter que cette modification n'a pas été prévue en ce qui concerne d'éventuels droits de l'agent judiciaire de l'État pour lequel les textes n'ont pas été modifiés. Il n'en demeure pas moins que dès lors que des prestations sont susceptibles d'avoir été versées, il demeure nécessaire de mettre en cause l'organisme social concerné : l'intéressé ou ses ayants droit « doivent appeler ces caisses en déclaration de jugement commun ou réciproquement »[6]. L'indemnisation complète du préjudice corporel nécessite toujours la connaissance des débours de l'organisme social et la mise en cause de celui-ci s'impose à peine d'irrecevabilité de la demande en réparation de la partie civile[7].

Il a été jugé en revanche, que la mise en cause de l'organisme social, prescrite à peine d'irrecevabilité par l'article L. 376-1 du code de la sécurité sociale ne s'impose que lorsque la demande de réparation

1. Crim. 24 juin 2003, n° 02-85.497, P n° 131 ; *AJ pénal* 2003. 68, obs. J. L.-H.
2. Crim. 4 janv. 1990, n° 89-82.261, NP.
3. Crim. 28 nov. 1989, n° 89-81.771, P n° 450.
4. Crim. 18 sept. 2007, n° 07-80.347, P n° 212 ; *AJ pénal* 2007. 543, obs. G. R.
5. L. n° 2016-1547, 18 nov. 2016, art. 1 – L. n° 2016-1827, 23 déc. 2016, art. 64.
6. CSS, art. L. 376-1, al. 8.
7. Crim. 30 mai 2017, n° 16-85.483, NP.

porte sur des chefs de préjudice soumis à recours dudit organisme et qu'encourt la cassation l'arrêt qui déclare l'action civile de la victime irrecevable, faute de mise en cause de l'organisme de sécurité sociale, alors que cette action demeurait recevable en ce qu'elle tendait à la réparation de préjudices, moral et matériel, exclus de l'assiette du recours de cet organisme[1].

Enfin, en matière de préjudice propre de l'organisme social, on mentionnera la décision jugeant qu'une cour d'appel ne peut, sans se contredire ou mieux s'en expliquer, retenir, d'une part, qu'un prévenu, gérant d'un GAEC s'est rendu coupable de travail dissimulé en employant deux salariés notamment sans avoir effectué de déclaration auprès des organismes de protection sociale et, d'autre part, dire irrecevable la constitution de partie civile de la Caisse de mutualité sociale agricole, faute de préjudice directement causé à celle-ci[2]. S'agissant d'un préjudice qualifié d'indirect, on citera encore la décision qui rappelle que la juridiction répressive ne peut prononcer la condamnation du prévenu à des réparations civiles qu'autant que cette condamnation est fondée sur un préjudice résultant directement de l'infraction et casse l'arrêt qui condamne le prévenu à payer des dommages-intérêts à la caisse primaire d'assurance-maladie alors que le préjudice allégué ne résulte pas directement de l'infraction d'ouverture et exploitation sans autorisation d'un établissement de santé privé qui était reprochée au prévenu[3].

Encourt la censure l'arrêt qui, pour déclarer irrecevable la constitution de partie civile de l'Urssaf contre les auteurs d'une infraction de travail dissimulé, retient qu'en calculant le montant de son préjudice sur la base du montant des cotisations éludées, l'Urssaf demande en réalité à la juridiction correctionnelle la condamnation des prévenus au paiement des cotisations éludées dont l'action en recouvrement obéit à des règles spécifiques prévues par le code de sécurité sociale, alors que l'organisme social justifiait d'un préjudice résultant du défaut de paiement desdites cotisations[4].

222.115 Subrogation du Fonds de garantie. « Le fonds est subrogé dans les droits de la victime pour obtenir des personnes responsables du dommage causé par l'infraction ou tenues à un titre quelconque d'en assurer la réparation totale ou partielle le remboursement de l'indemnité ou de la provision versée par lui, dans la limite du montant des réparations à la charge desdites personnes.

Le fonds peut exercer ses droits par toutes voies utiles, y compris par voie de constitution de partie civile devant la juridiction répressive et ce, même pour la première fois, en cause d'appel. Lorsqu'il se constitue partie civile par lettre recommandée, le fonds peut demander le remboursement des sommes mises à sa charge sans limitation de plafond.

Les administrations ou services de l'État et des collectivités publiques, les organismes de sécurité sociale, les organismes qui assurent la gestion des prestations sociales, les établissements financiers et les entreprises d'assurance sont tenus de réunir et de communiquer au fonds les renseignements dont ils disposent ou peuvent disposer et qui sont utiles à la mise en œuvre de son action récursoire. Les renseignements ainsi recueillis ne peuvent être utilisés à d'autres fins que celles prévues au présent article ou à l'article L. 422-8 du code des assurances. Leur divulgation est interdite.

Lorsque l'auteur de l'infraction a fait l'objet d'une obligation d'indemnisation de la victime dans le cadre d'une peine de sanction-réparation, d'un sursis avec mise à l'épreuve ou d'une décision d'aménagement de peine ou de libération conditionnelle et que la victime a été indemnisée par le fonds, soit en application du présent titre, soit du titre XIV *bis*, cette obligation doit alors être exécutée au bénéfice du Fonds de garantie dans l'exercice de son recours subrogatoire et de son mandat de recouvrement au profit de la victime. »[5] [6]

§ 4
État partie civile

222.121 État, partie civile au soutien d'un de ses fonctionnaires. La présence de l'Agent judiciaire de l'État[7] sera fréquente devant les juridictions répressives dès lors que l'État aura été amené à maintenir le traitement d'un fonctionnaire blessé (notamment un policier ou un gendarme), à verser une pension en suite du décès d'un fonctionnaire consécutivement à une infraction pénale, ou encore aura subi un préjudice matériel (là encore, et en particulier, les dommages volontaires occasionnés aux véhicules affectés aux différents services de l'État). Mais il sera également recevable à se prévaloir d'un préjudice moral.

1. Crim. 1er mars 1995, no 93-83.174, P no 91 – Crim. 16 oct. 2012, no 12-80.441, P no 218.
2. Crim. 14 sept. 2004, no 03-87.679, P no 203.
3. Crim. 9 mai 2007, no 06-85.021, P no 120 ; *D.* 2007. 1662 ; *AJ pénal* 2007. 333.
4. Crim. 13 mai 2014, no 13-81.240, P no 132 ; *D.* 2014. 1158.
5. C. pr. pén., art. 706-11 ; mod. par L. no 2016-731, 3 juin 2016, art. 84.
6. V. ss no 223.141.
7. Décr. no 2012-985, 23 août 2012 substituant la dénomination « agent judiciaire de l'État » à la dénomination « agent judiciaire du Trésor », *JO* 24 août, p. 13762.

L'article L. 376-1[1] du code de la sécurité sociale n'ayant pas été modifié en ce qui le concerne, l'intervention de l'AJE doit toujours être réalisée avant les réquisitions du ministère public à peine d'irrecevabilité.

Au visa de l'article 1er[2] de l'ordonnance du 7 janvier 1959[3] « I. lorsque le décès, l'infirmité où la maladie d'un agent de l'État est imputable à un tiers, l'État est recevable, par subrogation, à intervenir devant les juridictions répressives pour demander le remboursement de toutes les prestations par lui versées à la victime ou à ses ayants droit[4].

II. Cette action concerne notamment :

– Le traitement ou la solde et les indemnités accessoires pendant la période d'interruption du service ;

– Les frais médicaux et pharmaceutiques ;

– Le capital-décès ;

– Les arrérages des pensions et rentes viagères d'invalidité ainsi que les allocations et majorations accessoires ;

– Les arrérages des pensions de retraite et de réversion prématurées, jusqu'à la date à laquelle la victime aurait pu normalement faire valoir ses droits à pension, ainsi que les allocations et majorations accessoires ;

– Les arrérages des pensions d'orphelin.

III. Le remboursement par le tiers responsable des arrérages de pensions ou rentes ayant fait l'objet d'une concession définitive est effectué par le versement d'une somme liquidée en calculant le capital représentatif de la pension ou de la rente. »

Il a en outre été jugé que l'article 2 du code de procédure pénale attribuant l'action civile à tous ceux qui ont personnellement souffert du dommage directement causé par l'infraction, n'en sont pas exclus les établissements publics[5], solution ultérieurement confirmée : « Les articles 2 et 3 du code de procédure pénale ouvrent l'action civile à tous ceux qui ont personnellement souffert du dommage, matériel ou moral, découlant des faits, objet de la poursuite, sans en exclure les personnes morales de droit public »[6] [7].

Il a encore pu être jugé qu'aux termes de l'article 12[8] de l'ordonnance du 4 février 1959[9], l'État, tenu de réparer le préjudice causé par les menaces et attaques subies par les fonctionnaires à l'occasion de l'exercice de leurs fonctions, est dans ce cas subrogé aux droits de la victime pour obtenir le remboursement des sommes versées à son agent et dispose en outre, aux mêmes fins, d'une action directe qu'il peut exercer par voie de constitution de partie civile devant la juridiction pénale. Cette dernière disposition rend recevable l'action civile de l'État même au cas où le fonctionnaire victime de l'infraction ne s'est pas personnellement constitué partie civile[10].

Il résulte encore de l'article 11[11], alinéa 4, de la loi du 13 juillet 1983[12] que, si l'État dispose d'une action directe lui permettant de se constituer partie civile contre l'auteur de menaces proférées envers un fonctionnaire, cette action ne peut tendre qu'à lui permettre d'obtenir de l'auteur des menaces les sommes qu'il aurait lui-même versées au fonctionnaire victime[13].

Toutefois, il se déduit de l'article 11[14], alinéa 4, de la loi du 13 juillet 1983[15] que l'action directe que peut exercer, au besoin par voie de constitution de partie civile devant la juridiction pénale, la collectivité publique subrogée aux droits de la victime pour obtenir des auteurs des menaces ou attaques la restitution des sommes versées au fonctionnaire intéressé suppose que l'action publique a été mise en mouvement, soit par la victime elle-même, soit par le ministère public[16].

222.122 État partie civile ou partie intervenante, « victime » de l'un de ses agents. Il résulte de la loi des 16-24 août 1790[17] et du décret du 16 fructidor an III[18] que, sauf dispositions contraires, les tribunaux judiciaires ne sont pas compétents pour réparer les conséquences dommageables d'une faute engageant la responsabilité d'une personne morale de droit public à l'occasion de la gestion d'un service public administratif[19].

1. C. séc. soc. L. 376-1 ; mod. par L. n° 2017-1836, 30 déc. 2017, art. 46.
2. Ord. n° 59-76, 7 janv. 1959, art. 1er ; mod. par L. n° 68-2, 2 janv. 1968, art. 1er.
3. Ord. n° 59-76, 7 janv. 1959 relative aux actions en réparation civile de l'État, *JO* 8 janv., p. 563.
4. Crim. 6 déc. 2000, n° 99-85.245, NP.
5. Crim. 8 mars 1995, n° 94-82.566, P n° 93.
6. Crim. 7 avr. 1999, n° 98-80.067, P n° 69.
7. V. s^s n° 222.541.
8. Ord. n° 59-244, 4 févr. 1959, art. 12.
9. Ord. n° 59-244, 4 févr. 1959, préc.
10. Crim. 1er déc. 1970, n° 69-90.531, P n° 316.
11. L. n° 83-634, 13 juill. 1983, art. 11 ; mod. par L. n° 2016-483, 20 avr. 2016, art. 20.
12. L. n° 83-634, 13 juill. 1983 portant droits et obligations des fonctionnaires, *JO* 14 juill., p. 2174, dite loi Le Pors.
13. Crim. 18 juin 1991, n° 89-87.207, P n° 261.
14. L. n° 83-634, 13 juill. 1983, art. 11 ; mod. par L. n° 2016-483, 20 avr. 2016, art. 20.
15. L. n° 83-634, 13 juill. 1983, préc.
16. Crim. 10 mai 2005, n° 04-84.633, P n° 142 ; *D.* 2005. 1732 ; *AJ pénal* 2005. 332, obs. G. Roussel.
17. Loi des 16-24 août 1790 sur l'organisation judiciaire, *Rec. Duvergier*, p. 361.
18. Décret du 16 fructidor an III, (2 sept. 1795) qui défend aux tribunaux de connaître des actes d'administration et annule toutes procédures et jugements intervenus à cet égard, *Rec. Duvergier*, p. 315.
19. Crim. 30 sept. 2008, n° 07-87.734, P n° 199 ; *D.* 2008. 2672 ; *AJ pénal* 2008. 512, obs. J. Lasserre Capdeville.

Mais la compétence de la juridiction administrative pour statuer sur l'action en réparation des conséquences dommageables d'un accident de service n'est pas exclusive de celle des tribunaux répressifs. Justifie dès lors sa décision la juridiction correctionnelle qui, dans les poursuites exercées du chef d'homicide involontaire contre le dirigeant d'une entreprise privée au sein de laquelle, la victime, militaire de carrière, effectuait un stage de reconversion, retient sa compétence pour statuer, en application du droit commun de la responsabilité civile, sur la réparation du préjudice des ayants droit du défunt[1].

Par ailleurs, la juridiction judiciaire est compétente pour statuer sur la réparation des conséquences dommageables de la faute commise par un agent public lorsque celle-ci revêt le caractère d'une faute personnelle, détachable de la fonction. Il appartient donc à la juridiction saisie de caractériser la faute et de dire en quoi elle est rattachable ou détachable du service. À titre d'exemples, en déclarant M. X... coupable du délit de diffamation, en prononçant à son encontre une peine d'amende, et en le condamnant à verser des dommages-intérêts à la partie civile, soit en se reconnaissant ainsi compétente pour statuer sur la responsabilité civile du prévenu, maire ayant agi dans l'exercice de ses fonctions, sans rechercher si la faute imputée à celui-ci présentait le caractère d'une faute personnelle détachable du service, la cour d'appel a méconnu les textes susvisés et le principe rappelé ci-dessus[2]. De même, pour déclarer la juridiction judiciaire incompétente aux fins de statuer sur l'action civile, après confirmation du jugement sur la déclaration de culpabilité s'agissant des faits non couverts par la prescription de l'action publique, l'arrêt énonce que le harcèlement moral commis par le prévenu dans le cadre de ses fonctions de maire a constitué une faute non détachable du service. Mais attendu qu'en se déterminant ainsi, alors que la seule circonstance que le prévenu avait commis les faits reprochés dans l'exercice de ses fonctions ne pouvait exclure que son comportement relevât d'un manquement volontaire et inexcusable à des obligations d'ordre professionnel et déontologique et qu'en l'occurrence, il résulte des énonciations de l'arrêt sur l'action publique que, par ses agissements répétés, l'intéressé poursuivait un objectif sans rapport avec les nécessités du service, à savoir évincer les parties civiles de leurs responsabilités professionnelles, et que cette situation a altéré la santé de ces dernières, qui ont subi des arrêts de travail durant plusieurs mois, ainsi que compromis leur avenir professionnel, la cour d'appel, qui n'a pas tiré les conséquences légales de ses propres constatations, a fait une inexacte application des textes susvisés et du principe ci-dessus rappelé[3].

Constitue une telle faute « détachable du service », celle qui révèle un manquement volontaire et inexcusable à des obligations d'ordre professionnel et déontologique. Justifie dès lors sa décision la cour d'appel qui, après avoir déclaré coupable de blessures involontaires un chirurgien spécialiste en orthopédie, agent du service public hospitalier, qui, de garde de nuit à son domicile, avait différé l'intervention urgente que justifiait l'arrivée à l'hôpital de la victime d'un accident, se déclare incompétente pour statuer sur la réparation des conséquences dommageables de cette infraction après avoir déduit de ses constatations souveraines que la faute commise par l'intéressé n'est pas détachable de sa fonction[4].

Les juridictions pénales sont donc compétentes pour apprécier, à la suite de sa condamnation pénale, la responsabilité de l'agent d'un service public à raison des fautes personnelles détachables de la fonction, lorsque l'Administration exerce, aux fins de réparation, les droits de la partie civile prévus par les articles 2 et 3 du code de procédure pénale[5].

A été précisé le fait que si la responsabilité de l'État est engagée en raison des fautes commises par ses agents lorsqu'elles ne sont pas dépourvues de tout lien avec le service, cette responsabilité n'est pas exclusive de celle des fonctionnaires auxquels est reprochée une faute personnelle détachable du service.

Encourt la cassation l'arrêt d'une cour d'appel qui, après avoir condamné un fonctionnaire de la police nationale pour des violences aggravées commises sur le conducteur d'un véhicule qu'il venait d'interpeller, en lui portant des coups de poing au visage et en usant de « bien plus de force que nécessaire », se déclare incompétente pour connaître des demandes en réparation formées par la partie civile à l'encontre du policier, aux motifs que, si les violences exercées par le policier constituent une infraction pénale, elles l'ont été avec les moyens du service et à l'occasion de l'interpellation d'un délinquant, de sorte que la faute commise n'est pas détachable du service et que le contentieux de sa réparation relève des juridictions administratives[6].

1. Crim. 20 oct. 2009, n° 08-82.675, P n° 173 ; *D.* 2009. 2753 ; *AJ pénal* 2010. 81, obs. J. Lasserre Capdeville.
2. Crim. 15 mars 2016, n° 14-87.237, P n° 81 ; *AJDA* 2016. 576 ; *AJCT* 2016. 462, obs. Y. Mayaud.
3. Crim. 29 nov. 2016, n° 15-80.229, P ; *AJDA* 2017. 150 ; *AJCT* 2017. 168, obs. Y. Mayaud.
4. Crim. 14 mai 2008, n° 07-84.696, P n° 119 ; *AJ pénal* 2008. 333.
5. Crim. 10 mars 2004, n° 02-85.285, P n° 64 ; *D.* 2004. 1240 ; *D.* 2005. 684, obs. J. Pradel.
6. Crim. 10 févr. 2009, n° 08-84.339, P n° 34 ; *D.* 2009. 2238, obs. J. Pradel ; *AJFP* 2009. 326, obs. C. Fortier ; *AJ pénal* 2009. 231, obs. J. Lasserre Capdeville ; *RSC* 2009. 373, obs. Y. Mayaud.

Constitue une faute personnelle, détachable de la fonction, le manquement volontaire et inexcusable d'un agent public à des obligations d'ordre professionnel et déontologique (en l'espèce déclaré coupable de violences volontaires aggravées n'ayant pas entraîné d'incapacité totale de travail supérieure à huit jours et, en répression, condamné à un mois d'emprisonnement avec sursis). L'agent, auteur d'une telle faute, est tenu personnellement d'en réparer les conséquences dommageables[1].

Ne justifie pas sa décision la juridiction répressive qui se reconnaît compétente pour statuer sur la responsabilité civile d'un maire, ayant agi dans l'exercice de ses fonctions, condamné pour atteinte à la liberté d'accès et à l'égalité dans les marchés publics, sans rechercher, même d'office, si la faute imputée à celui-ci présentait le caractère d'une faute personnelle détachable du service[2].

L'État est recevable à se constituer partie civile et à demander réparation du préjudice moral qu'il a subi, en suite des infractions dont ses agents ont été déclarés coupables, dès lors que leurs actes ont jeté le discrédit sur l'ensemble des personnels civils et militaires du ministère de la Défense et constituent un facteur d'affaiblissement de l'autorité de l'État dans l'opinion publique[3].

On citera encore pour exemple, un rejet de pourvoi contre un arrêt qui a déclaré le prévenu coupable de concussion par personne dépositaire de l'autorité publique, l'a condamné et, au plan civil, dit tenu à verser à l'agent judiciaire du Trésor, solidairement avec M. Z..., la somme de 41 801 euros en réparation de son préjudice matériel et, solidairement avec MM. Z... et Y..., la somme de 2 000 euros en réparation de son préjudice moral[4].

§ 5
Constitution de partie civile par voie d'action

222.131 Spécificités de la constitution par voie d'action – Possibilité de mettre en mouvement l'action publique. Au-delà même de la place singulière admise en droit français pour une action de la victime, non pas dans le cadre d'un procès en réparation du dommage devant des juges civils comme cela reste possible et est, exclusivement possible dans un certain nombre de droits étrangers, mais dans le déroulement du procès punitif, l'action publique pour l'application des peines elle-même, normalement mise en mouvement et exercée par les magistrats ou par les fonctionnaires auxquels elle est confiée par la loi, peut aussi être mise en mouvement par la partie lésée, dans les conditions déterminées par le code de procédure pénale[5].

L'exercice de l'action civile devant le tribunal de la répression a pour conséquence nécessaire de mettre en mouvement l'action publique[6]. Mais il n'en est ainsi qu'autant que l'action civile a été régulièrement introduite soit par une plainte avec constitution de partie civile, soit par une citation directe, soit par la comparution volontaire du prévenu selon l'article 389[7] et que le mode de convocation est régulier.

S'agissant de la comparution volontaire du prévenu, rappelons qu'à défaut de citation régulière, si ce prévenu est néanmoins présent, le tribunal doit lui demander s'il accepte de comparaître volontairement et faire acter sa réponse par le greffier. En tout état de cause, le tribunal n'est pas saisi si le ministère public ne prend pas de réquisitions, quand bien même le prévenu se serait-il présenté volontairement[8].

Ainsi, lorsqu'une partie privée va vouloir mettre en mouvement l'action civile qui lui appartient mais aussi l'action publique, elle va devoir en principe faire citer la personne devant la juridiction répressive compétente. Les règles applicables en matière de citation devront être scrupuleusement respectées[9].

222.132 Partie civile agissante et présente. La partie civile, qui cite directement un prévenu devant un tribunal répressif, fait, dans l'acte de citation, élection de domicile dans le ressort du tribunal saisi, à moins qu'elle n'y soit domiciliée[10].

Le tribunal vérifiera tout d'abord sa compétence, car lorsqu'il est saisi par une citation directe de la partie civile, il ne peut fixer la consignation sans s'être préalablement reconnu compétent pour connaître du fond du procès[11].

Il s'attachera ensuite à la régularité de ladite citation, appellera les parties et constatera qu'il convient de faire consigner la partie civile présente ou représentée. En effet, lorsque l'action de la partie civile n'est pas jointe à celle du ministère public, le tribunal correctionnel fixe, en fonction des ressources de la partie civile, le montant de la consi-

1. Crim. 16 nov. 2004, n° 03-87.114, P n° 289 ; *AJ pénal* 2005. 76, obs. J. C.
2. Crim. 17 oct. 2007, n° 06-87.566, P n° 248 ; *AJ pénal* 2007. 534.
3. Crim. 4 mai 2006, n° 05-81.743, NP.
4. Crim. 1er déc. 2010, n° 10-81.012, NP.
5. C. pr. pén., art. 1er.
6. Crim. 8 mai 1903, *DP* 1905. 1. 534.
7. Crim. 6 déc. 1928, *DP* 1930. 1. 140.
8. Crim. 7 juin 2000, n° 99-86.818, NP, *Procédures* 2000, n° 221, note J. Buisson – Crim. 20 avr. 2017, n° 16-81.452, NP.
9. V. ss n° 411.31.
10. C. pr. pén., art. 392.
11. Crim. 11 oct. 1988, n° 88-80.521, P n° 340.

gnation que celle-ci doit, si elle n'a pas obtenu l'aide juridictionnelle, déposer au greffe et le délai dans lequel elle devra être faite sous peine de non-recevabilité de la citation directe. Cette consignation garantit le paiement de l'amende civile susceptible d'être prononcée en application du second alinéa de l'article 392-1[1].

La juridiction aura soin de ne fixer, ni une consignation trop faible ne garantissant qu'imparfaitement le paiement d'une éventuelle amende pour procédure abusive, ni trop importante au regard des capacités contributives de la partie poursuivante. De même un délai raisonnable devra être laissé pour le versement effectif de cette consignation. Sur ce point précis, un arrêt est venu indiquer que l'obligation faite à la partie civile de verser, sauf admission au bénéfice de l'aide juridictionnelle ou décision de dispense, une consignation fixée en fonction de ses ressources s'applique à toute personne, physique ou morale, que d'autre part, si les personnes morales à but non lucratif ne sont pas soumises à l'obligation, à peine d'irrecevabilité de la plainte, de joindre à celle-ci leur bilan et compte de résultat, les juges peuvent fonder leur décision sur toutes pièces, au besoin en demandant leur production par la partie civile, pour vérifier les ressources de celle-ci, qu'enfin, la finalité de la consignation, telle qu'énoncée par l'article 88-1 du code de procédure pénale, à savoir l'éventualité du prononcé d'une amende civile, justifie qu'ils prennent en compte également le contenu de la plainte et tous autres éléments versés au dossier[2].

La pratique d'une prorogation du délai de consignation est à prohiber, dès lors en tout cas qu'il est échu. La chambre criminelle confirme avec constance qu'elle considère que tout jugement rendu postérieurement au délai fixé à la partie civile pour le versement de la consignation prévue à l'article 392-1 du code de procédure pénale est nul, dès lors que celle-ci ne s'est pas acquittée de son obligation. Plus explicitement encore et au visa de cet article, elle considère que lorsque l'action de la partie civile qui cite directement un prévenu devant le tribunal correctionnel n'est pas jointe à celle du ministère public, le tribunal fixe le montant de la consignation que la partie civile doit, sous peine de non-recevabilité de cette citation directe, verser au greffe, dans le délai fixé, en vue de garantir le paiement de l'amende civile susceptible d'être prononcée en cas de relaxe et qu'il ne peut ultérieurement modifier les dispositions de ce jugement devenues définitives à l'égard de la partie civile[3]. Il s'agissait en l'espèce d'un tribunal, saisi par une citation directe délivrée le 2 février 2006 par deux plaignants pour diffamation, qui avait, par jugement du 28 février 2006, fixé une consignation à verser par la partie civile avant le 17 avril 2006. Cette consignation n'ayant pas été déposée dans le délai imparti, le tribunal fixait un nouveau délai par jugement du 18 avril 2006. Les prévenus soulevaient la prescription courte des actions publique et civile applicable en matière de presse. La cour d'appel avait considéré que ladite prescription s'était trouvée interrompue tant par le jugement du 28 février que par celui du 18 avril 2006, ce que la chambre criminelle censure.

Une autre décision a pu se prononcer en cas de pluralité de poursuites. Une personne d'une part, renvoyée devant le tribunal correctionnel pour faux et usage à l'issue d'une information ouverte sur plainte avec constitution de partie civile d'une partie civile, et d'autre part, citée directement par celle-ci devant le même tribunal pour atteinte au secret des correspondances, était relaxée des deux premiers chefs, mais déclarée coupable du dernier. Elle soulevait devant la cour d'appel l'irrecevabilité de la citation directe pour défaut de consignation. La cour d'appel énonçait que la citation directe faisait suite à une plainte avec constitution de partie civile, laquelle avait nécessairement donné lieu à consignation, et qu'au surplus, l'action de la partie civile avait été jointe à celle du ministère public. La chambre criminelle sanctionne ce raisonnement, considérant, d'une part, que la somme consignée dans le cadre de l'information concernait des faits autres que ceux visés par la citation directe, d'autre part, que l'action de la partie civile ne pouvait être considérée comme jointe à celle du ministère public, exercée des seuls chefs de faux et usage[4].

Par ailleurs, la citation délivrée par la partie civile ne peut être déclarée irrecevable en application de l'article 392-1 du code de procédure pénale, lorsque, dans le délai fixé par le tribunal, le montant de la consignation mise à la charge de la partie civile a été déposé au greffe, par celle-ci ou toute autre personne agissant pour son compte. Lorsque la consignation a été déposée par une personne autre que la partie civile, la juridiction correctionnelle ne saurait, sans ajouter au texte précité, déclarer la citation irrecevable au motif que cette personne n'aurait pas produit un pouvoir spécial[5].

Il résulte de l'article 392-1 du code de procédure pénale que le défaut de consignation dans le délai imparti entraîne l'irrecevabilité de la citation. Comme le souligne la doctrine, c'est par une appli-

1. C. pr. pén., art. 392-1, al. 1.
2. Crim. 1er févr. 2017, n° 16-81.852, P ; *D.* 2017. 409.
3. Crim. 18 déc. 2007, n° 07-82.106, P n° 315 ; *D.* 2008. 298, obs. M. Léna.
4. Crim. 18 sept. 2002, n° 01-87.464, NP.
5. Crim. 14 mai 2002, n° 01-85.999, P n° 112 ; *D.* 2002. 2097.

cation littérale de cet énoncé que la chambre criminelle retient encore qu'il n'importe que la partie poursuivante ait présenté après l'expiration dudit délai une demande d'aide juridictionnelle qui a abouti, dès lors qu'une telle demande n'avait pas pour effet de réouvrir ce délai [1].

En revanche, le défaut de versement, par la partie civile poursuivante, de la consignation imposée par l'article 392-1 du code de procédure pénale n'est pas une cause d'irrecevabilité de la citation directe délivrée à sa requête lorsque le tribunal a omis d'en fixer le montant et le délai de versement [2].

222.133 Partie civile agissante et absente – La question du désistement. La partie civile régulièrement citée qui ne comparaît pas ou n'est pas représentée à l'audience est considérée comme se désistant de sa constitution de partie civile [3]. Dans ce cas le tribunal constatera ce désistement. Il en est ainsi, par exemple, des caisses de sécurité sociale qui se constituent partie civile pour obtenir le remboursement de leurs débours et qui demandent la plupart du temps, dès leur constitution par écrit, que soit constaté leur désistement en cas de non-constitution de la victime principale au jour de l'audience.

Cette disposition n'est évidemment applicable qu'à celui qui a effectivement eu la qualité de partie civile. Ainsi, à défaut de règlement du montant de la consignation dans les délais fixés par le juge, le plaignant qui n'a pas acquis la qualité de partie civile ne peut mettre l'action publique en mouvement et ne saurait, en conséquence, être condamné au titre de l'article 425 du code de procédure pénale [4]. Par ailleurs, lorsque le tribunal correctionnel est saisi par l'ordonnance de renvoi du juge d'instruction, la demande de dommages-intérêts présentée par le prévenu sur le fondement de l'article 425 du code de procédure pénale à l'encontre de la partie civile qui s'est désistée de son action, est irrecevable, ce texte n'étant applicable que dans le cas où l'action publique a été mise en mouvement par une citation directe délivrée à la requête de la partie civile [5].

En revanche, l'article 49 de la loi du 29 juillet 1881 ne met pas obstacle à ce que, en cas de désistement de la partie civile, le tribunal alloue au prévenu, sur le fondement de l'article 425 du code de procédure pénale, des dommages-intérêts pour abus de citation directe (même arrêt).

L'article 425, premier alinéa, du code de procédure pénale, qui prévoit que la partie civile non comparante ou non représentée et régulièrement citée est considérée comme se désistant de sa constitution de partie civile, est sans application en cause d'appel [6]. A, dès lors, justifié sa décision la cour d'appel qui, après avoir constaté que la partie civile, qui avait été reçue en sa constitution et indemnisée de son préjudice par le tribunal, n'avait pas comparu ni n'était représentée, a, statuant par défaut à son égard, confirmé le jugement [7]. Mais un arrêt ayant confirmé le jugement entrepris sur l'irrecevabilité de sa constitution de partie civile pour désistement présumé a été censuré par la chambre criminelle au motif, qu'en statuant ainsi, alors qu'elle n'était plus compétente pour se prononcer sur les demandes d'une personne s'étant constituée partie civile à l'audience devant le tribunal, celui-ci ayant définitivement constaté l'extinction de l'action publique suite au désistement présumé de la partie civile ayant fait délivrer la citation directe, la cour d'appel a méconnu le sens et la portée des textes susvisés et du principe ci-dessus rappelé [8].

222.134 Signification de la décision et recours. Le jugement constatant le désistement présumé de la partie civile lui est signifié par exploit d'huissier, conformément aux dispositions des articles 550 et suivants. Ce jugement est assimilé à un jugement par défaut, et l'opposition est soumise aux dispositions des articles 489 à 495 [9].

L'article 425, alinéa 1, du code de procédure pénale n'établit qu'une simple présomption qui ne joue pas si elle est contredite par les éléments de la cause. En présence d'une présomption simple, la partie doit être admise à démontrer que son défaut n'impliquait pas l'intention de se désister [10]. Dans tous les cas, le désistement de la partie civile ne met pas obstacle à l'action civile devant la juridiction compétente [11].

La partie civile dont le désistement présumé a été constaté par jugement assimilé à un jugement par défaut peut exercer un recours contre une telle décision, soit par la voie de l'opposition, en application de l'article 425, alinéa 3, du code de procédure pénale, soit par celle de l'appel, sur le fondement des articles 497 et 499 du code précité [12].

Il faut noter que l'article 425 joue également lors d'une constitution de partie civile incidente. Dans

1. Crim. 29 janv. 2008, n° 07-84.254, NP, *RSC* 2008. 357, obs. R. Finielz.
2. Crim. 29 avr. 2003, n° 02-85.315, P n° 90 ; *D.* 2003. 1601.
3. C. pr. pén., art. 425, al. 1.
4. Crim. 10 sept. 2002, n° 01-82.998, NP.
5. Crim. 11 déc. 2001, n° 00-88.269, P n° 262.
6. Crim. 21 févr. 2001, n° 00-85.636, NP.
7. Crim. 20 oct. 2010, n° 10-81.118, P n° 167 ; *D.* 2010. 2842 ; *Procédures* 2011, n° 28, note A.-S. Chavent-Leclère.
8. Crim. 5 janv. 2017, n° 15-82.562, P.
9. C. pr. pén., art. 425, al. 3.
10. Chambéry, 14 oct. 1965, *JCP* 1966. II. 14712, note M. B.
11. C. pr. pén., art. 426.
12. Crim. 3 juin 2004, n° 03-87.092, P n° 146.

ce cas, une espèce rappelle que les dispositions de l'article 425-1 du code de procédure pénale ne peuvent être appliquées qu'à la partie civile qui n'a pas manifesté son intention de persister dans son action civile. Dans le cas où l'action publique n'a pas été mise en mouvement par la citation délivrée à la requête de la partie civile, il appartient au prévenu de conclure devant les juges du fond à l'application de ce texte et de demander qu'il soit donné acte du désistement de la partie civile. La constatation du désistement de la partie civile est une décision par défaut susceptible d'opposition[1].

222.135 Constitution de partie civile devant la juridiction d'instruction et sort fait à une constitution devant la juridiction de jugement. Il peut arriver qu'une partie civile se constitue devant le juge d'instruction et envisage de se constituer « directement » devant la juridiction de jugement selon les spécificités ou l'évolution de « son » affaire. Sur ce point, les solutions suivantes ont été progressivement dégagées.

En premier lieu, il sera rappelé qu'une constitution de partie civile est recevable devant la juridiction d'instruction, en vertu des articles 1, 2 et 85 du code de procédure pénale, dès lors que les circonstances sur lesquelles elle s'appuie permettent au juge d'admettre comme possibles l'existence du préjudice allégué et la relation directe de celui-ci avec une infraction à la loi pénale[2].

Par ailleurs, la partie civile constituée devant le juge d'instruction ne peut abandonner la voie de l'instruction préparatoire en cours, pour traduire quiconque, en raison des mêmes faits, par voie de citation directe, devant la juridiction correctionnelle[3]. Toutefois, la chambre criminelle de la Cour de cassation a pu juger qu'aucune plainte avec constitution de partie civile déposée devant le juge d'instruction ne fait obstacle à la saisine directe par voie de citation directe dès lors que l'auteur de la plainte n'avait pas versé la consignation fixée par le juge d'instruction. La partie civile qui a initialement fait le choix de la voie de l'instruction préparatoire peut donc abandonner celle-ci pour user de celle de la citation directe à l'encontre de la même personne pour les mêmes faits du moment que la consignation fixée par le juge d'instruction n'a pas été versée[4].

Si, en dehors de ce cas, la partie civile qui a effectivement saisi le juge d'instruction ne peut abandonner la voie de l'instruction préparatoire pour traduire directement l'inculpé devant la juridiction correctionnelle, elle peut au contraire après la clôture de l'information, user de la voie de la citation directe contre une personne qui n'a pas été impliquée dans cette information[5]. Dès lors qu'elle s'est constituée partie civile auprès du juge d'instruction, la victime d'une infraction n'a plus la possibilité de saisir par voie de citation directe le tribunal correctionnel de poursuites contre des personnes qui n'ont pas été renvoyées devant cette juridiction par le magistrat instructeur bien qu'elles aient été visées par la plainte et mises en cause lors de l'information sans toutefois avoir été inculpées[6]. *A contrario*, la citation est donc possible pour toute autre personne non visée dans la plainte initiale, peu important que la personne ait été entendue comme témoin dans le cadre de l'instruction préparatoire[7]. Toutefois, des termes extrêmement restrictifs ont été retenus dans une décision par laquelle la chambre criminelle a pu décider qu'il résultait des dispositions de l'article 388 du code de procédure pénale que la victime d'une infraction peut mettre en mouvement l'action publique en usant de la voie de la citation directe à l'égard de personnes qui n'ont pas été l'objet de l'information diligentée à raison des mêmes faits, à la condition que ces personnes n'aient pas été dénoncées dans la plainte, mises en cause dans les poursuites ou impliquées, même en qualité de témoins, dans la procédure et qu'enfin, la plainte initiale ou les imputations exprimées au cours de l'information ne renferment pas des précisions telles que l'identification des personnes visées ne laisserait place à aucun doute[8].

Une ordonnance de non-lieu ne fait pas obstacle à la citation directe, pour les mêmes faits, d'une personne qui n'a été ni mise en examen lors de l'information ni entendue comme témoin assisté ni nommément désignée par les réquisitions du ministère public ou dans une plainte avec constitution de partie civile[9]. À l'inverse, justifie sa décision la cour d'appel qui, pour déclarer irrecevables les citations à comparaître devant la juridiction correctionnelle délivrées, à la demande des victimes d'un glissement de terrain ou de leurs ayants droit à trois préfets et à trois fonctionnaires de la direction départementale de l'Équipement, au responsable du bureau de recherches géologiques et minières ainsi qu'à cet

1. Crim. 11 mai 1977, n° 76-91.964, P n° 170.
2. Crim. 29 nov. 2016, n° 15-86.409, P ; *D.* 2016. 2522.
3. Crim. 4 janv. 1990, n° 89-80.778, P n° 7.
4. Crim. 11 janv. 2000, n° 99-81.143, P n° 10 ; *Dr. pénal* 2000. Chron. 29.
5. Cass., ch. réun., 24 avr. 1961, n° 59-95.402, P n° 2 ; *D.* 1961. 733, note P. Bouzat ; *JCP* 1961. II. 12131, rapp. Monguilan.
6. Crim. 17 janv. 1983, n° 82-90.262, P n° 19 ; *JCP* 1984. II. 20232, note W. Jeandidier.
7. T. corr. Gap, 13 janv. 2000, *D.* 2000. 773, note M. Redon.
8. Crim. 7 oct. 1986, n° 85-91.841, P n° 273.
9. Crim. 12 nov. 2008, n° 07-88.222, P n° 227 ; *D.* 2009. 606, note S. Detraz ; *AJ pénal* 2009. 82, obs. C. Duparc ; *RSC* 2009. 399, obs. R. Finielz.

établissement public, retient que chacun des prévenus avait fait l'objet d'une mise en cause explicite, en sa qualité professionnelle, dans l'information conduite sur les mêmes faits et clôturée par une ordonnance de non-lieu devenue définitive, faute d'appel des mêmes victimes ou ayants droit, parties civiles [1].

Dans un autre arrêt [2], la chambre criminelle retenait que les énonciations de l'arrêt attaqué, exactement reprises aux moyens, permettaient à la Cour de cassation de s'assurer que s'il n'avait pas été mis en examen, ni entendu comme témoin assisté, le Commissariat à l'énergie atomique, personne morale, avait fait l'objet d'une mise en cause explicite au cours de l'information ouverte contre personne non dénommée des chefs d'homicide et blessures involontaires à la suite d'un accident du travail survenu à la centrale de Cadarache le 31 mars 1994 et clôturée par une ordonnance de non-lieu, devenue définitive. Elle en déduisait que, les citations directes délivrées postérieurement à cette décision par Mme X... et l'union fédérale des syndicats du nucléaire CFDT, parties civiles, ainsi que la constitution de partie civile de M. Y..., victime de l'accident, ayant été à bon droit déclarées irrecevables par l'arrêt, les moyens devaient être écartés.

Un arrêt ultérieur de la chambre criminelle, tirant de l'examen de l'arrêt attaqué et des pièces de la procédure que la société la Française des jeux avait porté plainte et s'était constituée partie civile contre personne non dénommée du chef d'abus de confiance en visant M. X..., gérant de la société IDBP, qu'à l'issue de l'information, le juge d'instruction avait renvoyé la seule personne morale devant le tribunal correctionnel, que la société La Française des jeux avait interjeté appel et que, pour déclarer cet appel irrecevable, la chambre de l'instruction avait relevé notamment qu'il était loisible à la société La Française des jeux de faire citer directement M. X... devant le tribunal correctionnel, en déduisant que l'ordonnance du juge d'instruction ne lui faisait pas grief, cassait la décision au motif qu'en statuant ainsi, alors qu'une ordonnance de non-lieu fait obstacle à la citation directe, à raison des mêmes faits, d'une personne qui a été nommément mise en cause dans la plainte avec constitution de partie civile initiale, la cour d'appel a méconnu le texte susvisé [3, 4].

222.136 Possibilité pour la partie civile d'être représentée. La partie civile peut toujours se faire représenter par un avocat. Dans ce cas le jugement est contradictoire à son égard [5].

Un nombre effectivement important de victimes constituées se feront représenter à l'audience par un avocat. Notons que celui-ci, dont c'est le métier, aura toute latitude pour solliciter telle réparation qu'il estimera fondée. Avant cela, l'avocat représentant une partie civile, victime de viols (pour le tribunal correctionnel, d'agressions sexuelles), a même qualité, en l'absence de celle-ci, pour demander le huis clos de droit (en matière correctionnelle, facultatif) prévu par l'alinéa 3 de l'article 306 du code de procédure pénale (en matière correctionnelle par l'article 400, al. 2) [6].

En termes d'égalité des armes et lorsque la juridiction pressent l'éventualité d'un déséquilibre manifeste entre un prévenu assisté et une victime seule, notamment dans les procédures de comparutions immédiates ou lorsque le préjudice corporel sera vraisemblablement important, il n'est pas interdit au président du tribunal de suggérer à la victime de solliciter l'assistance d'un avocat, le cas échéant commis d'office, quitte à ce qu'une telle désignation entraîne le renvoi de l'examen de l'affaire.

Une illustration et un commentaire récents ont rappelé que le juge répressif du fond ne peut que déclarer irrecevable la demande de l'assureur d'une déchéance de garantie à l'égard de l'assuré, en application des dispositions d'ordre public de l'article 385-1 du code de procédure pénale, selon lesquelles l'exception fondée sur une cause de nullité ou sur une clause du contrat d'assurance, tendant à mettre l'assureur hors de cause, n'est recevable que si elle est de nature à exonérer totalement l'assureur de son obligation de garantie à l'égard des tiers, ce dont il se déduit que le juge pénal n'a pas compétence pour examiner l'exception en ce qu'elle oppose seulement l'assureur à l'assuré [7].

1. Crim. 2 déc. 2008, n° 08-80.066, P n° 243 ; *AJ pénal* 2009. 84.
2. Crim. 11 oct. 2011, n° 09-87.841, NP.
3. C. pr. pén., art. 186, al. 2.
4. Crim. 6 avr. 2016, n° 15-81.523, NP – AUSSI concernant des infractions très spécifiques ayant jugé que, dès lors que le délit d'exécution de travaux sans garantie de livraison à prix et délai convenus était mentionné dans la plainte avec constitution de partie civile de 2006, que ce fait ayant été examiné par la juridiction d'instruction sous tous les rapports qu'il pouvait avoir avec l'application de la loi pénale, il appartenait aux parties civiles d'exercer un recours contre la décision de renvoi ne les retenant pas, et que les parties civiles ne pouvaient être admises à l'invoquer à nouveau par la voie d'une citation directe, la cour d'appel a justifié sa décision : Crim. 19 avr. 2017, n° 16-83.788, NP.
5. C. pr. pén., art. 424.
6. Crim. 15 mai 2002, n° 01-88.330, P n° 115.
7. Crim. 18 oct. 2022, n° 21-81.876, NP, obs. R. Schulz, « Irrecevabilité, devant le juge pénal, de l'exception de garantie tirée d'une déchéance à l'égard de l'assuré mais pas opposable au tiers », *Revue générale du droit des assurances*, déc. 2022.

§ 6
Constitution de partie civile par voie d'intervention

222.141 Procédure à suivre en cas de constitution par voie d'intervention – Principes. Toute personne qui, conformément à l'article 2, prétend avoir été lésée par un délit, peut, si elle ne l'a déjà fait, se constituer partie civile à l'audience même. Le ministère d'un avocat n'est pas obligatoire. La partie civile peut, à l'appui de sa constitution, demander des dommages-intérêts correspondant au préjudice qui lui a été causé[1].

Lorsque l'action publique a été mise en mouvement sur citation directe d'une partie civile, sauf en matière de presse, toute personne qui prétend avoir été lésée par le délit objet de la poursuite est recevable à se constituer partie civile à l'audience, par voie d'intervention[2].

Les tribunaux de répression n'étant compétents pour connaître de l'action civile en réparation du dommage provenant d'une infraction qu'accessoirement à l'action publique, il en résulte que ces tribunaux ne peuvent se prononcer sur l'action civile qu'autant qu'ils ont préalablement statué sur l'action publique[3], avec la nuance cependant des dispositions de l'article 470-1 du code de procédure pénale[4].

Malgré les termes de l'article 418 du code de procédure pénale qui évoquent l'existence un dommage ayant « lésé » la personne, la constitution de partie civile au soutien de l'action publique a été admise de longue date. Ainsi, l'intervention d'une partie civile peut n'être motivée que par le souci de corroborer l'action publique et d'obtenir que soit établie la culpabilité du prévenu. Dès lors, la constitution de partie civile doit être accueillie à ces fins, quand bien même il serait allégué ou démontré que la réparation du dommage causé par l'infraction échapperait à la compétence de la juridiction répressive[5].

222.142 Modalités de la constitution – Règle principale. La déclaration de constitution de partie civile se fait, soit avant l'audience au greffe, soit pendant l'audience par déclaration consignée par le greffier ou par dépôt de conclusions[6].

Lorsqu'elle est faite avant l'audience, la déclaration de partie civile doit préciser l'infraction poursuivie et contenir élection de domicile dans le ressort du tribunal saisi, à moins que la partie civile n'y soit domiciliée. Elle est immédiatement transmise par le greffier au ministère public qui cite la partie civile pour l'audience[7].

Lors de l'audience, elle peut intervenir jusqu'à ce que le ministère public prenne ses réquisitions sur le fond[8].

La plainte doit être explicite, tant dans le principe d'une volonté de se constituer partie civile et non d'un simple rappel des faits destiné à parfaire l'information du tribunal, que, si possible, dans le chiffrage du préjudice dont il est demandé l'indemnisation. Ce préjudice doit être justifié.

De nombreuses juridictions déduisent de courriers plus ou moins clairs de victimes parfois insuffisamment informées ou tardivement prévenues, y compris de lettres ou formulaires-types déposées à l'audience, une volonté de se constituer partie civile. Ainsi d'une « demande de réparation », ou de « récupérer mon bien », ou de « voir le prévenu condamné à payer pour sa faute » et renvoient, faute de chiffrage et de tout justificatif utile, à une audience sur intérêts civils avec demande de renseignements complémentaires aux plaignants. Il est en tout cas exclu qu'un simple courrier de la victime indiquant qu'elle ne pourra être présente à l'audience, soit analysé comme manifestant une volonté claire de se constituer partie civile.

Dans une hypothèse où par télécopie du 12 octobre 2004, l'avocat de Y... avait sollicité un renvoi en indiquant être « dans l'impossibilité de se présenter à l'audience du 15 octobre 2004 où il devait défendre les intérêts de son client, étant retenu sur un procès de Cour d'assises », une cour d'appel a pu, constatant que, ni au cours de l'enquête, ni dans la lettre de son avocat adressée au président du tribunal, le demandeur n'avait expressément déclaré se constituer partie civile, confirmer la décision du tribunal qui avait retenu l'affaire et déclarer l'appel du plaignant irrecevable[9].

Enfin, il sera rappelé que l'avocat qui se présente pour une partie civile est présumé représenter sa cliente et que le tribunal n'a pas à exiger de sa part la production d'un pouvoir de représentation.

222.143 Constitution de partie civile lors de la procédure initiale et sort fait à une constitution devant la juridiction de jugement. Afin de faciliter les démarches des victimes mais « par dérogation »

1. C. pr. pén., art. 418.
2. Crim. 12 nov. 2008, n° 07-88.222, P n° 227 ; *D.* 2009. 606, note S. Detraz ; *AJ pénal* 2009. 82, obs. C. Duparc ; *RSC* 2009. 399, obs. R. Finielz.
3. Crim. 7 déc. 1967, n° 67-90.685, P n° 319.
4. V. s[s] n° 222.191.
5. Crim. 8 juin 1971, n° 69-92.311, P n° 182.
6. C. pr. pén., art. 419.
7. C. pr. pén., art. 420.
8. C. pr. pén., art. 421.
9. Crim. 19 sept. 2006, n° 05-85.967, P n° 223 ; *AJ pénal* 2006. 458, obs. M.-E. Charbonnier.

aux dispositions qui précèdent, toute personne qui se prétend lésée peut se constituer partie civile, directement ou par son avocat, par lettre recommandée avec avis de réception ou par télécopie parvenue au tribunal vingt-quatre heures au moins avant la date de l'audience, lorsqu'elle demande soit la restitution d'objets saisis, soit des dommages-intérêts ; elle joint à sa demande toutes les pièces justificatives de son préjudice. Ces documents sont immédiatement joints au dossier.

Avec l'accord du procureur de la République, la demande de restitution ou de dommages-intérêts peut également être formulée par la victime, au cours de l'enquête de police, auprès d'un officier ou d'un agent de police judiciaire, qui en dresse procès-verbal. Cette demande vaut constitution de partie civile si l'action publique est mise en mouvement et que le tribunal correctionnel ou de police est directement saisi. Il faut noter que « l'accord du procureur » est rarement acté dans les procédures. Il ne semble pas exister de jurisprudence ayant sanctionné cette absence de mention par une irrecevabilité de la constitution. Dans les cas prévus aux deux alinéas précédents, la partie civile n'est pas tenue de comparaître.

En cas de contestation sur la propriété des objets dont la restitution est demandée, ou si le tribunal ne trouve pas dans la demande, dans les pièces jointes à celle-ci et dans le dossier, les motifs suffisants pour statuer, la décision sur les seuls intérêts civils est renvoyée à une audience ultérieure à laquelle toutes les parties sont citées à la diligence du ministère public[1].

Bon nombre de victimes se constitueront par courrier préalablement à l'audience. Bien que l'exigence d'une lettre recommandée avec avis de réception ou d'une télécopie ait une visée essentiellement probatoire, il a pu être jugé que le télex ne constituait pas un mode régulier de constitution de partie civile avant l'audience au regard des dispositions de l'article 420-1 du code de procédure pénale[2], ni une lettre simple[3]. En tous cas, dès lors que le prévenu n'a pas invoqué devant les juges du fond l'irrecevabilité en la forme de la constitution de partie civile faite par lettre, le moyen pris de cette cause d'irrecevabilité est nouveau et mélangé de fait et comme tel irrecevable devant la Cour de cassation[4].

Dans cette hypothèse, heureusement accompagnées par nombre d'associations d'aide aux victimes, les victimes auront en principe chiffré et détaillé leur préjudice. La difficulté essentielle pour les juridictions du fond sera ici de disposer des renseignements et justificatifs utiles à l'indemnisation de l'entier préjudice. À défaut, s'imposera le renvoi à une audience ultérieure sur intérêts civils.

Sur un point particulier, géré de manières très diverses devant les juridictions du fond, il sera à nouveau rappelé à ce stade, que le préjudice résultant d'une infraction doit être réparé dans son intégralité, sans perte ni profit pour aucune des parties, et que la mise en cause de l'organisme social, prévue par l'article L. 376-1 du code de la sécurité sociale, s'impose à peine d'irrecevabilité de la demande en réparation de la partie civile. Encourt la cassation l'arrêt qui prononce sur la demande en réparation des préjudices de la partie civile, sans s'assurer que l'organisme social avait été mis en cause, et en s'abstenant de vérifier s'il avait contribué à indemniser le préjudice corporel de la victime et s'il bénéficiait d'un recours[5].

222.144 Relation entre l'action civile devant la juridiction répressive et l'action civile devant la juridiction civile. Le désistement de la partie civile devant le juge pénal ne met pas obstacle à l'action civile devant la juridiction compétente[6]. Aux termes de l'article 425 du code de procédure pénale, la partie civile qui a mis l'action publique en mouvement et ne comparaît pas à l'audience est considérée comme se désistant de son action.

Il se déduit de l'article 426 du code de procédure pénale que la partie civile qui s'est désistée de l'action qu'elle avait engagée devant la juridiction pénale ne peut, ultérieurement, exercer cette même action que devant la juridiction civile[7].

De même, se déduit-il du même article que la partie civile qui, après avoir cité directement un prévenu devant le tribunal correctionnel sur le fondement de la loi du 29 juillet 1881, se désiste de son action, est irrecevable à se constituer à nouveau partie civile, à l'occasion d'une autre poursuite engagée par le ministère public à raison des mêmes propos[8].

En définitive, la partie civile peut, sous les réserves ci-dessus, et dans la limite des règles de prescription de l'action civile, intenter ultérieurement une action en réparation devant les juridictions civiles.

222.145 Action civile devant la juridiction civile et même action devant la juridiction répressive. La partie qui a exercé son action devant la juridiction civile compétente ne peut la porter devant la juridiction répressive. Il n'en est autrement que si celle-ci a

1. C. pr. pén., art. 420-1.
2. Pau, 24 févr. 1993, *Dr. pénal* 1994, n° 198, note A. Maron.
3. Paris, 25 nov. 1988, *Dr. pénal* 1989, n° 45.
4. Crim. 15 févr. 2000, n° 99-84.869, NP.
5. Crim. 18 sept. 2007, n° 07-80.347, P n° 212 ; *AJ pénal* 2007. 543, obs. G. R.
6. C. pr. pén., art. 426.
7. Crim. 2 mai 1972, n° 71-91.059, P n° 148.
8. Crim. 15 mars 2005, n° 04-84.463, P n° 90 ; *D.* 2005. 2986, obs. G. Roujou de Boubée, T. Garé et C. Mascala.

été saisie par le ministère public avant qu'un jugement sur le fond ait été rendu par la juridiction civile[1].

La disposition de l'article 5 du code de procédure pénale, selon laquelle la partie qui a exercé son action devant la juridiction civile ne peut la porter devant la juridiction répressive, n'est susceptible d'application qu'autant que les demandes, respectivement portées devant le juge civil et devant le juge pénal, ont le même objet, la même cause, et visent les mêmes parties.

Tel n'est pas le cas, à défaut d'objet identique, de la plainte avec constitution de partie civile portée devant la juridiction pénale par un salarié à l'encontre de son employeur à raison d'atteintes personnelles résultant de faits constitutifs du délit de discrimination, alors que le salarié avait antérieurement saisi le juge prud'homal de demandes pour licenciement abusif[2].

Selon l'article 5 du code de procédure pénale, la partie qui a exercé son action devant la juridiction civile compétente peut la porter devant la juridiction répressive, si celle-ci a été saisie par le ministère public avant qu'un jugement sur le fond ait été rendu pas la juridiction civile.

Encourt la cassation la cour d'appel qui, ajoutant au texte une condition qu'il ne comporte pas, déclare irrecevable une constitution de partie civile effectuée conformément à l'article précité, mais qui n'aurait pas été précédée d'un désistement de l'action préalablement engagée devant la juridiction civile[3].

Si, aux termes de l'article 5 du code de procédure pénale, la partie qui a exercé son action devant la juridiction civile compétente ne peut la porter devant la juridiction répressive, cette règle n'est pas applicable lorsque la juridiction civile préalablement saisie est un tribunal étranger. Cette disposition, tout comme celle de l'article 4, alinéa 2, dudit code, en ce qu'elle touche à l'ordre même des juridictions en même temps qu'aux règles de procédure et au fonctionnement des instances judiciaires, ne saurait, en effet, à défaut d'une convention expresse conclue avec l'État étranger, recevoir application dans les rapports judiciaires internationaux[4].

En matière d'infractions à la loi sur la presse on citera une décision aux termes de laquelle il résulte des dispositions de l'article 53 de la loi du 29 juillet 1881 que les mêmes faits ne sauraient recevoir une double qualification sans créer une incertitude dans l'esprit du prévenu, et que, si des instances relatives aux mêmes imputations qualifiées différemment et visant des textes de loi distincts ont été engagées successivement, la seconde se trouve frappée de nullité :

« Attendu que, pour confirmer les dispositions du jugement ayant rejeté l'exception de nullité de la citation introductive d'instance, prise de ce que la société Le Trio, ayant d'abord saisi le juge des référés au titre de l'article 1382 du code civil, ne pouvait agir ensuite devant le juge répressif sur le fondement des articles 29, alinéa 1, et 32, alinéa 1, de la loi sur la presse incriminant la diffamation, l'arrêt énonce qu'il s'évince des articles 5 et 5-1 du code de procédure pénale que l'assignation devant le juge des référés, dont l'objet est de voir ordonner des mesures conservatoires pour faire cesser un trouble manifestement illicite, ne saurait s'analyser en une action en justice au sens de cet article, et ne saurait faire obstacle au droit de la victime d'une infraction de saisir le juge pénal ; que les juges ajoutent que, bien que le délai d'une action en diffamation se prescrive par trois mois, il n'en demeure pas moins qu'une victime doit être en capacité de saisir le juge des référés, avant ou dans le temps d'une poursuite en matière de délit de presse ; Mais attendu qu'en prononçant ainsi, alors que, pour les mêmes faits, deux instances ont été engagées sur des fondements différents, la première sur celui de l'article 1382 du code civil, la seconde sur celui des articles 29 et 32 de la loi de 1881, la cour d'appel a méconnu le texte susvisé et le principe ci-dessus énoncé »[5].

222.146 Relation entre l'action civile devant la juridiction répressive et le recours devant la Civi. Toute personne ayant subi un préjudice résultant de faits volontaires ou non qui présentent le caractère matériel d'une infraction, peut obtenir de la commission d'indemnisation des victimes d'infractions (Civi) :

- la réparation intégrale des dommages qui résultent des atteintes à la personne, lorsque sont réunies les conditions prévues aux articles 706-3 et suivants du code de procédure pénale ;

- et en cas de vol, d'une escroquerie, d'un abus de confiance, d'une extorsion de fonds ou d'une destruction, d'une dégradation ou d'une détérioration d'un bien lui appartenant, notamment d'une destruction par incendie d'un véhicule terrestre à moteur lui appartenant, une indemnisation plafonnée, dans les conditions prévues aux articles 706-14 et suivants.

Lorsqu'une juridiction condamne l'auteur d'une infraction mentionnée aux articles 706-3 et 706-14

1. C. pr. pén., art. 5.
2. Crim. 19 nov. 2013, n° 12-83.294, P n° 228.
3. Crim. 20 mars 1989, n° 88-81.640, P n° 134 – Crim. 4 déc. 1997, n° 97-81.816, P n° 414 ; *Dr. pénal* 1998, n° 43, obs. A. Maron.
4. Crim. 22 nov. 1967, n° 66-93.880, P n° 297.
5. Crim. 10 sept. 2013, n° 11-86.311, P n° 177 ; *D.* 2013. 2276 ; *D.* 2014. 508, obs. E. Dreyer ; *AJ pénal* 2014. 34, obs. N. Verly.

à verser des dommages-intérêts à la partie civile, elle doit d'ailleurs informer cette dernière de la possibilité de saisir la commission d'indemnisation des victimes d'infraction[1].

Si la victime ou ses ayants droit se constituent partie civile devant la juridiction répressive ou engagent une action contre les personnes responsables du dommage, ils doivent indiquer, en tout état de la procédure, s'ils ont saisi la Civi instituée par l'article 706-4 du Code de procédure pénale et si, le cas échéant, celle-ci leur a accordé une indemnité.

À défaut de cette indication, la nullité du jugement en ce qui concerne ses dispositions civiles pourra être demandée par toute personne intéressée pendant deux ans à compter de la date à partir de laquelle ledit jugement est devenu définitif[2].

La nullité, pour défaut de cette indication, du jugement ou de l'arrêt en ce qui concerne ses dispositions civiles, ne peut être demandée par toute personne intéressée, pendant deux ans, qu'à compter de la date à partir de laquelle ledit jugement ou ledit arrêt est devenu définitif[3].

222.147 Relation entre l'action civile et la responsabilité administrative. Classiquement, dans la ligne des conclusions de Laferrière sur l'arrêt du Tribunal des conflits du 5 mai 1877, il y a faute de service « si l'acte dommageable est impersonnel, s'il révèle un administrateur plus ou moins sujet à erreur » et il y a faute personnelle s'il révèle « l'homme avec ses faiblesses, ses passions, ses imprudences »[4]. Dans un arrêt en date du 15 juin 2015[5], le Tribunal des conflits semble avoir arrêté une règle de répartition assez simple dans son énoncé : « ... la réparation de dommages causés par un agent public peut être demandée au juge judiciaire lorsqu'ils trouvent leur origine dans une faute personnelle de cet agent, au juge administratif lorsqu'ils trouvent leur origine dans une faute non détachable du service ou encore à l'un et l'autre des deux ordres de juridiction lorsqu'ils trouvent leur origine dans une faute qui, bien que personnelle, n'est pas dépourvue de tout lien avec le service ; qu'il en va ainsi indépendamment de la personne contre laquelle l'action est engagée ; qu'il appartient seulement à la juridiction compétemment saisie de rejeter l'action portée devant elle si elle l'estime mal dirigée ».

Les juridictions judiciaires ne sont donc compétentes pour statuer sur la réparation des conséquences dommageables de la faute commise par un agent public, que dans l'hypothèse où cette faute est détachable du service ou non dépourvue de tout lien avec le service[6]. Elles sont en revanche incompétentes pour statuer sur la responsabilité civile d'un agent public, du fait du délit commis dans l'exercice de ses fonctions, en l'absence de faute personnelle détachable de ses fonctions[7].

Sans préjudice de la possibilité d'engager, devant la juridiction administrative, la responsabilité de l'État, des collectivités territoriales ou de leurs établissements publics en raison des fautes commises par leurs agents et non dépourvues de tout lien avec le service, les juridictions de l'ordre judiciaire, spécialement la juridiction répressive statuant sur les intérêts civils, sont compétentes pour connaître de la responsabilité personnelle de ces agents lorsque la faute qui leur est reprochée constitue un manquement volontaire et inexcusable à des obligations d'ordre professionnel et déontologique. Méconnaît ce principe l'arrêt d'une cour d'appel qui, après être entré en voie de condamnation contre un maire du chef de harcèlement moral sur des agents communaux, retient, pour déclarer la juridiction répressive incompétente aux fins de statuer sur l'action civile, que les faits, ayant été commis par le prévenu dans le cadre de ses fonctions, ont constitué une faute non détachable du service, alors qu'il résulte de ses énonciations sur l'action publique que, par leur gravité et les objectifs personnels poursuivis par leur auteur, les agissements incriminés étaient susceptibles d'être regardés comme relevant d'un manquement volontaire et inexcusable à des obligations d'ordre professionnel et déontologique[8].

Les tribunaux répressifs de l'ordre judiciaire étant incompétents pour statuer sur la responsabilité d'une administration ou d'un service public en raison d'un fait dommageable commis par l'un de leurs agents, l'agent d'un service public n'est personnellement responsable des conséquences dommageables de l'acte délictueux qu'il a commis que si celui-ci constitue une faute détachable de ses fonctions. Encourt la cassation l'arrêt de la cour d'appel qui, en se reconnaissant compétente pour statuer sur la responsabilité civile du prévenu, maire ayant agi dans l'exercice de ses fonctions, poursuivi du chef de

1. C. pr. pén., art. 706-15.
2. C. pr. pén., art. 706-12.
3. Crim. 22 sept. 1999, n° 99-80.594, P n° 194.
4. T. confl. 5 mai 1877, *Laumonnier-Carriol*, *Rec.* 437, n° 95.
5. T. confl. 15 juin 2015, n° 15-04.007, *Verhoeven c/ Barthélémy*, P.
6. Crim. 10 févr. 2009, n° 08-84.339, P n° 34 ; *AJDA* 2009. 847 ; *AJDA* 2009. 1844, note M. Yazi-Roman et P. Grimaud ; *D.* 2009. 2238, obs. J. Pradel ; *AJFP* 2009. 326, obs. C. Fortier ; *AJ pénal* 2009. 231, obs. J. Lasserre Capdeville ; *RSC* 2009. 373, obs. Y. Mayaud – Crim. 7 nov. 2012, n° 11-82.961, P n° 243 ; *AJDA* 2012. 2143 ; *D.* 2012. 2664 ; *AJCT* 2013. 155, obs. M. Yazi-Roman – T. confl. 19 mai 2014, n° 14-03.939, P n° 3.
7. EX. : Crim. 15 mars 2016, n° 14-87.237, P n° 81 ; *AJDA* 2016. 576 ; *AJCT* 2016. 462, obs. Y. Mayaud.
8. Crim. 29 nov. 2016, n° 15-80.229, P ; *AJDA* 2017. 150 ; *AJCT* 2017. 168, obs. Y. Mayaud.

diffamation publique envers particulier, sans rechercher si la faute imputée à celui-ci présentait le caractère d'une faute personnelle détachable du service, condamne le prévenu à verser des dommages-intérêts à la partie civile[1].

SECTION 4
CONSÉQUENCES PROCÉDURALES DE LA CONSTITUTION DE PARTIE CIVILE

§ 1
Aboutissement de la constitution de partie civile

A.
Décision sur l'action civile

222.151 Impossibilité d'être entendu comme témoin. La personne qui s'est constituée partie civile ne peut plus être entendue comme témoin. Elle ne prête donc pas serment[2].

Toutefois, la partie civile est assimilée au témoin en ce qui concerne le paiement des indemnités, sauf décision contraire du tribunal[3].

La partie civile prend généralement place au premier rang de la salle d'audience, comme le prévenu. Les parties sont en général d'un côté et de l'autre de la salle. La partie civile peut comme ce dernier sous certaines conditions, faire choix de ne pas se présenter, son avocat la représentant. Dans ce cas le jugement est contradictoire à son égard[4].

222.152 Unicité de décision. Le tribunal correctionnel, comme de police, doit statuer en principe par un seul jugement sur l'action publique et l'action civile dont il est saisi. Cette solution est logique et évite notamment le risque de voir des recours diligentés contre chacune des décisions aboutir à des solutions divergentes.

Les tribunaux répressifs ne sont compétents pour connaître de l'action civile en réparation du dommage né d'une infraction qu'accessoirement à l'action publique. Il en résulte que ces tribunaux ne peuvent se prononcer sur l'action civile qu'autant qu'il a été préalablement statué au fond sur l'action publique. Encourt la censure l'arrêt qui, après avoir constaté que l'action publique était éteinte, déclare recevable une action civile portée devant la juridiction répressive par voie de citation directe à l'encontre d'un prévenu définitivement relaxé par une précédente décision ayant acquis force de chose jugée[5]. En application des articles 2, 3, 425, 464 et 512 du code de procédure pénale, les juridictions répressives ne sont compétentes pour connaître de l'action civile en réparation du dommage né d'une infraction qu'accessoirement à l'action publique. Il en résulte que ces juridictions ne peuvent se prononcer sur l'action civile qu'autant qu'il a été préalablement statué au fond sur l'action publique. Méconnaît ces textes et ce principe la cour d'appel qui a statué sur la recevabilité de la constitution d'une partie civile à l'audience devant le tribunal, alors qu'elle n'était plus compétente pour se prononcer, le tribunal ayant définitivement constaté l'extinction de l'action publique suite au désistement présumé de la partie civile ayant fait délivrer la citation directe et qui n'a pas comparu à l'audience[6]. De même doit être annulé l'arrêt d'une cour d'appel statuant sur les seuls intérêts civils, à la suite d'un jugement ayant constaté l'extinction de l'action publique[7].

Les juridictions correctionnelles, après avoir statué sur l'action publique, ne peuvent connaître ultérieurement de l'action civile que si elles s'en sont réservé la faculté par une décision excluant leur dessaisissement ; encourt, dès lors, la cassation, la cour d'appel qui, après avoir liquidé les chefs de préjudice à caractère personnel soumis à son examen et sursis à statuer sur le seul préjudice patrimonial soumis à recours des tiers payeurs, déclare recevable une demande complémentaire ultérieure de la victime tendant à la réparation d'autres chefs de préjudice à caractère personnel[8].

Il est donc radicalement prohibé de statuer sur l'action publique et de mettre en délibéré sur l'action civile. Il n'est en revanche pas interdit de renvoyer sur intérêts civils pour liquidation des préjudices mais le principe de la recevabilité de la constitution de partie civile aura été arrêté. Le renvoi sur intérêts civils est même de droit s'il est demandé par les parties civiles et à cette audience le tribunal sera composé à juge unique[9].

222.153 Décision du tribunal sur la recevabilité de la constitution de partie civile. Le tribunal apprécie la recevabilité de la constitution de partie civile et, le cas échéant déclare cette constitution irrecevable.

L'irrecevabilité peut également être soulevée par le ministère public, le prévenu, le civilement responsable ou une autre partie civile[10].

1. Crim. 15 mars 2016, n° 14-87.237, P n° 81 ; *AJDA* 2016. 576 ; *AJCT* 2016. 462, obs. Y. Mayaud.
2. V. s[s] n°s 223.14 s.
3. C. pr. pén., art. 422.
4. C. pr. pén., art. 424.
5. Crim. 18 nov. 2014, n° 13-88.240, P n° 239 ; *D.* 2014. 2410 ; *AJ pénal* 2015. 93, obs. J. Gallois ; *AJ pénal* 2015. 149, obs. J.-B. Perrier.
6. Crim. 5 janv. 2017, n° 15-82.562, P.
7. Crim. 1er avr. 2020, n° 19-80.069, P.
8. Crim. 24 févr. 1993, n° 92-82.543, P n° 87.
9. C. pr. pén., art. 464, al. 4.
10. C. pr. pén., art. 423.

Il résulte toutefois des articles 6, § 1, de la convention européenne des droits de l'homme et préliminaire du code de procédure pénale que le juge ne peut relever d'office l'irrecevabilité d'une constitution de partie civile sans avoir invité au préalable les parties à présenter leurs observations[1].

Il a encore été récemment rappelé que la juridiction répressive reste compétente pour prononcer sur l'action civile après le décès de la personne poursuivie à condition qu'une décision sur le fond concernant l'action publique ait été rendue au moment du décès[2]. De même, les juridictions correctionnelles restent compétentes pour statuer sur l'action civile lorsque l'abrogation de la loi pénale survient après une décision sur le fond[3].

Il se déduit par ailleurs des articles 3 et 464 du code de procédure pénale que, lorsque le tribunal correctionnel soulève d'office l'irrecevabilité de la constitution d'une partie civile ou est saisi, par les parties ou le ministère public, d'une telle contestation, en application de l'article 423 du code de procédure pénale, il ne peut statuer sur la recevabilité de ladite constitution qu'accessoirement à la décision qu'il rend sur le fait délictueux et par le jugement qui prononce sur l'action publique. En cas d'appel sur l'action publique par le prévenu ou le ministère public, la méconnaissance de cette règle d'ordre public porte nécessairement atteinte, au sens de l'article 497 du code de procédure pénale, aux intérêts de la partie civile. Il s'ensuit que toute partie civile, constituée devant le tribunal correctionnel, peut faire appel d'un jugement qui, après avoir statué sur l'action publique, a, à tort, renvoyé à une audience ultérieure l'examen de la recevabilité de sa constitution. En l'absence d'un tel appel, la partie civile ne saurait reprocher à la cour d'appel statuant sur l'action civile de lui opposer l'autorité de la chose jugée sur l'action publique. Au cas d'espèce, l'application immédiate de ces règles de procédure, résultant d'une interprétation nouvelle de la Cour de cassation, non prévisible pour la partie civile, a été écartée dès lors qu'elle aboutissait à priver celle-ci d'un procès équitable, en lui interdisant l'accès au juge. Dès lors, la chambre criminelle a décidé qu'encourait l'annulation l'arrêt qui, statuant sur intérêts civils, avait opposé l'autorité de la chose jugée sur l'action publique à la partie civile non appelante du jugement qui, après avoir déclaré le prévenu coupable, avait renvoyé à une audience ultérieure l'examen de la recevabilité de sa constitution. Les juges ont dit qu'il appartiendra à la cour d'appel de renvoi de statuer sur la recevabilité de la constitution de partie civile puis, le cas échéant, de rechercher l'existence d'une faute civile du prévenu définitivement relaxé, cette faute devant être démontrée à partir et dans la limite des faits objet de la poursuite[4].

B.
Droit à réparation

222.161 **Droit à indemnisation.** Le principe fondamental est celui de la réparation intégrale des préjudices quelle que soit leur nature : corporel, matériel, économique, moral, d'agrément, perte de chance… Son corollaire est que l'indemnisation se fasse sans perte ni profit pour aucune des parties[5].

Cependant, il est utile de rappeler que des circonstances extérieures à l'infraction et au préjudice subi ne sauraient venir diminuer ou exclure le droit à réparation. Pour illustration, l'arrêt qui décide que la circonstance que le conjoint ou le concubin survivant de la victime d'un accident ait reconstitué un foyer avec une tierce personne n'est pas de nature à dispenser le tiers responsable de réparer entièrement le préjudice qu'il a causé, dès lors que cette circonstance n'est pas la conséquence nécessaire du fait dommageable[6].

À l'inverse, à l'occasion de poursuites pour infractions à la législation sur les chèques et en particulier retrait abusif de provision, une cour d'appel ne saurait, sous le couvert de dommages et intérêts destinés à réparer le préjudice particulier causé par l'infraction, ordonner le remboursement d'une créance contractuelle préexistante, dont la seule débitrice était un tiers non poursuivi[7], l'action civile, en remboursement de la créance que la remise du chèque était destinée à éteindre, ne pouvant être dirigée que contre le débiteur lui-même[8].

222.162 **Évaluation du montant de l'indemnisation.** Une fois prononcé sur l'action publique et sur la peine, le tribunal statue, s'il y a lieu, sur l'action civile, et peut ordonner le versement provisoire, en tout ou partie, des dommages-intérêts alloués. Il a aussi la faculté, s'il ne peut se prononcer en l'état

1. Crim. 14 mai 2014, n° 12-84.075, P n° 133 ; *D.* 2014. 1155 ; *D.* 2014. 1736, obs. J. Pradel ; *AJ pénal* 2014. 492, obs. P. de Combles de Nayves – Crim. 3 mai 2007, n° 06-82.149, P n° 116 ; *D.* 2007. 1663 ; *AJ pénal* 2007. 333 ; *RSC* 2007. 836, obs. R. Finielz.
2. Crim. 10 mai 2012, n° 12-82.810, P n° 111.
3. Crim. 22 mars 2011, n° 10-80.203, P n° 58 ; *D.* 2011. 1849, chron. C. Roth, A. Leprieur et M.-L. Divialle ; *D.* 2011. 2823, obs. G. Roujou de Boubée, T. Garé, S. Mirabail et T. Potaszkin ; *AJ pénal* 2011. 412, obs. J. Gallois.
4. Crim. 15 févr. 2022, n° 20-86.486, P.
5. SUR l'exigence d'une réparation sans profit pour la victime, v. not. : Crim. 9 nov. 1972, n° 71-91.598, P n° 332 ; Crim. 18 oct. 1983, n° 83-90.140, P n° 249 ; Crim. 31 mai 2005, n° 04-83.989, P n° 165.
6. Crim. 29 juin 2010, n° 09-82.462, P n° 118 ; *D.* 2010. 1999.
7. Crim. 18 déc. 2019, n° 18-85.535, NP.
8. Crim. 22 sept. 2015, n° 14-83.787, P n° 203.

sur la demande en dommages-intérêts, d'accorder à la partie civile une provision, exécutoire nonobstant opposition ou appel[1].

La juridiction correctionnelle a donc toute latitude pour indemniser l'intégralité des préjudices, les indemniser en partie et renvoyer à une audience sur intérêts civils pour une autre partie, notamment aux fins de production de justificatifs ou de réalisation d'une expertise, ou remettre à une audience ultérieure le débat sur l'ensemble des demandes indemnitaires, en accordant ou pas une indemnité provisionnelle. Le renvoi est de droit s'il est demandé par les parties civiles[2] et il est parfois plus qu'opportun qu'un véritable débat contradictoire s'instaure sur l'indemnisation surtout à défaut de communication préalable d'écritures ou de pièces.

La décision du tribunal peut être ou non assortie de l'exécution provisoire.

Trop souvent les juridictions correctionnelles « forfaitisent » l'indemnisation et il est rare que les parties civiles disposent, dès l'audience pénale, de l'ensemble des pièces propres à établir la réalité et l'étendue de leur préjudice. Il est vrai que si certains préjudices sont aisés à évaluer (vol de numéraire ou d'un objet précis, dégradation mobilière...), d'autres plus spécifiques[3] ou encore certains postes d'un préjudice corporel devraient être appréciés avec finesse.

Dans ces cas, il appartient au tribunal de renvoyer à une audience ultérieure l'appréciation de cas qui devant une instance civile donneraient lieu à un examen détaillé.

L'audience sur intérêts civils se tiendra à juge unique, la présence du ministère public n'étant pas obligatoire. Le tribunal ne peut allouer plus que ce qui est réclamé, ce serait statuer *ultra petita*, ni moins que ce qu'admet devoir le prévenu : les juges du fond, statuant sur les intérêts civils, doivent se prononcer dans les limites des conclusions dont ils sont saisis. Méconnaît ce principe et encourt la cassation l'arrêt qui, en l'état d'un accident ayant causé la mort d'un chef de famille, évalue à 35 % seulement la part de la veuve dans le budget familial et fixe respectivement à 567 672 francs et à 59 107 francs son préjudice patrimonial et le solde lui revenant après déduction de créances sociales, alors que le défendeur avait demandé d'évaluer la part de la veuve à 45 % et de fixer respectivement à 608 220 francs et à 76 045 francs son préjudice patrimonial et le solde auquel elle pouvait prétendre.

En ce qui concerne le montant de l'indemnisation allouée, la chambre criminelle a jugé au visa des articles 2, 3 et 593 précités, qu'il appartient aux juridictions du fond de réparer, dans les limites des conclusions des parties, le préjudice dont elles reconnaissent le principe et au cas d'espèce a estimé – certes pour un préjudice de plus de trois millions d'euros et alors que la cour d'appel avait pris en compte une transaction depuis annulée – qu'en se déterminant ainsi qu'elle l'avait fait, sans mieux s'expliquer sur le montant alloué au regard du montant du préjudice retenu, elle n'avait pas justifié sa décision[4]. Elle s'est également reconnue le droit, sur le fondement de l'exigence d'une réparation sans profit pour la victime, corollaire du principe de réparation intégrale, de censurer une indemnisation excessive, dans l'hypothèse où une cour d'appel, après avoir déclaré le prévenu coupable d'abus de biens sociaux pour avoir perçu, en sa qualité de directeur administratif et financier d'une société, des salaires exorbitants au regard des possibilités financières de l'entreprise, l'a condamné à payer au mandataire liquidateur de celle-ci une somme correspondant à l'intégralité des salaires perçus, alors que le préjudice subi ne pouvait être supérieur à l'excès de rémunération versée[5]. Enfin, en matière fiscale, elle est venue rappeler que si les juges répressifs, saisis de poursuites des chefs de fraude fiscale et blanchiment, peuvent indemniser l'État du dommage résultant du blanchiment, ils n'ont pas compétence pour réparer le préjudice subi par le Trésor public du fait du délit fiscal, qui est indemnisé par les majorations fiscales et les intérêts de retard[6].

Mais dans la majorité de ses décisions, elle renvoie à l'appréciation souveraine des juges du fond, ex. : « En évaluant, comme elle l'a fait, la réparation du préjudice financier et moral de la personne morale, qui résulte directement de l'infraction poursuivie, la cour d'appel n'a fait qu'user de son pouvoir d'apprécier souverainement l'indemnité propre à réparer le dommage né de l'infraction »[7]. Plus classiquement, encore en matière criminelle : « qu'en évaluant, comme elle l'a fait, la réparation des préjudices résultant de l'infraction pour M. K..., la Cour n'a fait qu'user de son pouvoir d'apprécier souverainement, dans la limite des conclusions des parties, et par des motifs exempts d'insuffisance comme de contradiction, les

1. C. pr. pén., art. 464.
2. C. pr. pén., art. 464, al. 4.
3. P. Bonfils, « Présentation du rapport de la commission relative à la réparation du préjudice économique et financier par les juridictions pénales », *Dr. pénal* 2020, Et. 8.
4. Crim. 16 déc. 2015, n° 13-84.592, NP, *Rev. Sociétés* 2016. 322, note H. Matsopoulou ; *RSC* 2016. 273, obs. H. Matsopoulou.
5. Crim. 7 déc. 2016, n° 15-86.731, P.
6. Crim. 29 janv. 2020, n° 17-83.577, P ; O. Claude « Les exigences de motivation dans les affaires de fraude fiscale et de blanchiment », *D. actu.*, 12 févr. 2020.
7. Crim. 11 déc. 2013, *D. actu.* 6 janv. 2014, obs. D. Le Drévo.

indemnités propres à réparer les dommages nés de l'infraction »[1].

222.163 Modalités de réparation du dommage. Les juges du fond apprécient souverainement les modalités de la réparation du dommage résultant de l'infraction ; ils peuvent ainsi allouer à la partie civile une indemnité sous forme de rente, au lieu du capital demandé par celle-ci, au titre du préjudice découlant de son incapacité permanente partielle[2]. La réparation sera le plus souvent exécutée sous forme d'allocation de dommages et intérêts mais elle peut résulter d'une mesure réelle comme une publication ou un affichage.

222.164 Indemnisation des frais de la partie civile - Principe. Le tribunal condamne l'auteur de l'infraction ou la personne condamnée civilement en application de l'article 470-1 à payer à la partie civile la somme qu'il détermine, au titre des frais non payés par l'État et exposés par celle-ci. Le tribunal tient compte de l'équité ou de la situation économique de la partie condamnée. Il peut, même d'office, pour des raisons tirées des mêmes considérations, dire qu'il n'y a pas lieu à cette condamnation.

Les dispositions du présent article sont également applicables aux organismes tiers payeurs intervenant à l'instance[3].

222.165 Droit à indemnisation des fonctionnaires de police. On sait qu'en application de l'article 2 du code de procédure pénale l'action civile en réparation du préjudice causé par l'infraction appartient à tous ceux qui ont personnellement souffert du dommage directement causé par le crime, le délit ou la contravention.

Le caractère direct du préjudice réparé est apprécié de manière stricte par la chambre criminelle[4] mais la question assez fréquente du droit ou non des policiers à l'indemnisation des préjudices liés à leur service ne semblait pas avoir donné lieu à une réponse claire jusqu'à il y a peu.

La chambre criminelle a en tous cas pu retenir que le complément de traitement dénommé indemnité de sujétions spéciales alloué aux fonctionnaires de police actifs[5] compense de manière forfaitaire les risques que ceux-ci encourent dans l'exercice de leurs fonctions, c'est-à-dire la particulière pénibilité de leurs conditions de travail, et non pas les conséquences réelles de ces risques lorsqu'ils se réalisent par la faute d'un tiers. Leur demande indemnitaire est donc parfaitement recevable[6].

Il sera rappelé en revanche qu'il résulte des articles 706-3 du code de procédure pénale, L. 4111-1, D. 4122-7 et L. 4123-4 du code de la défense nationale, que les militaires blessés ou tués en service, y compris lorsqu'ils participent à des opérations extérieures, sont éligibles tant aux dispositions du code des pensions militaires d'invalidité et des victimes de guerre, qu'aux modalités d'indemnisation complémentaires fondés sur la responsabilité de l'État relevant de la compétence exclusive de la juridiction administrative[7].

222.166 Indemnisation des frais irrépétibles payés au titre de la protection fonctionnelle des fonctionnaires. À la question classique, et ainsi formulée lors d'une demande d'avis, de savoir si les frais irrépétibles payés au titre de la protection fonctionnelle des fonctionnaires, en application de la circulaire du 5 mai 2008[8], en vertu de l'article 11[9] de la loi du 13 juillet 1983[10], sont des frais payés par l'État au sens de l'article 475-1 du code de procédure pénale, la Cour de cassation a indiqué qu'il résulte de cet article : « que les frais non payés par l'État, c'est-à-dire ceux ne figurant pas dans l'énumération des frais de justice de l'article R. 92, et exposés par la partie civile, peuvent donner lieu, s'il paraît inéquitable de les laisser à la charge de celle-ci, à condamnation de l'auteur de l'infraction ou de la personne condamnée civilement en application de l'article 470-1 dudit code. En application de l'article 11 de la loi n° 83-634 du 13 juillet 1983, portant droits et obligations des fonctionnaires, un agent public victime d'attaques dans le cadre de ses fonctions bénéficie, s'il en fait la demande, d'une protection de la collectivité publique qui l'emploie, pouvant se traduire notamment par la prise en charge totale ou partielle des frais engagés pour sa défense. Il résulte de la combinaison de ces textes que l'agent peut réclamer à l'auteur de l'infraction le remboursement de divers frais, dont ceux exposés

1. Crim. 4 nov. 2015, n°s 14-84.661, 14-86.836, P n° 241.
2. Crim. 19 juin 1996, n° 95-82.631, P n° 262.
3. C. pr. pén., art. 475-1.
4. PAR EX. : Crim. 14 mai 2019, n° 17-87.259, NP ; Crim. 20 mars 2019, n° 17-85.246, P n° 56 ; Crim. 12 mars 2019, n° 18-80.911, P n° 53...
5. L. n° 48-1504, 28 sept. 1948, art. 1er et 4, Décr. n° 58-517, 29 mai 1958, art. 1er, L. n° 95-73, 21 janv. 1995 d'orientation et de programmation relative à la sécurité, art. 19, mod. par Ord. n° 2012-351, 12 mars 2012.
6. Crim. 14 janv. 2020, n° 19-82.145, P ; L. Priou Alibert « De l'indemnité de sujétions spéciales des forces de police », *D. actu.*, 13 févr. 2020.
7. Civ., 2e, 28 mars 2013, n° 11-18.025, P II, n° 65.
8. Circ. DGAFP, FP B8 n° 2158, 5 mai 2008 relative à la protection fonctionnelle des agents publics de l'État – AUSSI : Circ. DAP 08-001108/RH2, 6 nov. 2008 relative à la protection statutaire des agents des services pénitentiaires, *BOMJ* 30 déc. 2008, Justice 2008/6, texte 26/28, p. 1, NOR : JUSK0840013C.
9. L. n° 83-634, 13 juill. 1983, art. 11 ; mod. par L. n° 2016-483, 20 avr. 2016, art. 20.
10. L. n° 83-634, 13 juill. 1983 portant droits et obligations des fonctionnaires, *JO* 14 juill., p. 2174, dite loi Le Pors.

par la collectivité publique dans le cadre de sa défense, à charge pour lui de les restituer à cette dernière dans l'hypothèse où elle n'userait pas de la faculté de se constituer partie civile au procès pénal » ; qu'elle était donc d'avis que les frais payés au titre de la protection fonctionnelle des agents publics en application de l'article 11[1] de la loi du 13 juillet 1983[2], sont des frais non payés par l'État au sens de l'article 475-1 du code de procédure pénale[3]. Le second alinéa de l'article 475-1, n'a été rajouté que par la loi du 21 décembre 2006[4], ce qui explique un certain nombre de jurisprudences citées ci-après qui lui sont antérieures.

La question essentielle qui se pose ici est celle de la définition des frais concernés.

L'inclusion dans l'article 475-1 de l'hypothèse où le prévenu, relaxé, a été condamné civilement en application de l'article 470-1 du code de procédure pénale, a amené la Cour de cassation à censurer un arrêt qui avait dit n'y avoir lieu de prévoir au profit de la partie civile le remboursement des frais de détective privé ou d'expertise qu'elle avait engagés, considérant que lesdits frais étaient entrés dans le cadre de la procédure pénale, close par une relaxe. La chambre criminelle censure cette motivation, la cour ne pouvant refuser d'indemniser la partie civile desdits frais en se fondant sur la décision de relaxe car il lui appartenait de rechercher si ces frais n'entraient pas dans les prévisions de l'article 475-1 du code de procédure pénale[5].

222.167 Mise en œuvre de l'article 475-1 du code de procédure pénale. La condamnation prévue par l'article 475-1 du code de procédure pénale ne peut être prononcée que contre l'auteur de l'infraction, et ne peut bénéficier à une personne autre que la partie civile[6], en particulier aux parties intervenantes[7] même subrogées dans les droits de la victime de l'infraction[8], à l'assureur du prévenu[9].

La condamnation prévue par l'article 475-1[10] du code de procédure pénale dans sa rédaction issue de la loi du 4 janvier 1993[11], au profit de la partie civile, au titre des frais non payés par l'État et exposés par celle-ci, ne peut être prononcée que contre l'auteur de l'infraction. Encourt la cassation l'arrêt qui fait application de ce texte à l'assureur du prévenu, partie intervenante[12]. L'article 475-1 du code de procédure pénale ne saurait permettre à la juridiction correctionnelle de condamner le civilement responsable à verser à la partie civile une somme correspondant aux frais non recouvrables qu'elle a dû exposer[13].

Dans une espèce originale, une cour d'appel avait encore pu croire qu'il était possible de condamner sur le fondement des dispositions de l'article 475-1 la partie civile sanctionnée pour abus de constitution, sur le fondement de l'article 472. La chambre criminelle l'a refusé, la cour d'appel ne pouvant prononcer à l'encontre de ladite partie civile une condamnation sur le fondement de l'article 475-1 du code de procédure pénale, l'abus de constitution de partie civile n'étant pas, aux termes de l'article 475-1, précité, une infraction pénale[14].

Il a été jugé que les dispositions de l'article 475-1 du code de procédure pénale, alinéa 2, issues de la loi du 21 décembre 2006[15], sont devenues immédiatement applicables aux tiers payeurs intervenant à l'instance[16].

La somme allouée au titre de l'article 475-1 du code de procédure pénale, qui n'a pas le caractère de dommages-intérêts et n'obéit pas aux règles fixées par les articles 47 (devenu C. com., art. L. 622-21[17]) et 48 (devenu C. com., art. L. 662-22[18]) de la loi du 25 janvier 1985[19], peut être mise à la charge de l'auteur de l'infraction personnellement[20] dans les liens d'une procédure collective[21].

Bien qu'analysé par la doctrine comme rejoignant la recherche d'équité voulue par ces dispositions, c'est dans une formulation qui n'a plus cours que la chambre criminelle avait pu approuver une cour

1. L. n° 83-634, 13 juill. 1983, art. 11, préc.
2. L. n° 83-634, 13 juill. 1983, préc.
3. Cass., avis, n° 17001P, 9 janv. 2017, n° 16-70.010, P ; *AJDA* 2017. 556 : demande d'avis du tribunal correctionnel de Créteil.
4. L. n° 2006-1640, 21 déc. 2006 de financement de la sécurité sociale pour 2007, *JO* 22 déc., p. 19315, art. 25 V.
5. Crim. 31 mars 2020, n° 19-85.545, NP.
6. Crim. 19 févr. 1998, n° 97-80.177, P n° 172.
7. Crim. 16 déc. 1998, n° 98-80.479, P n° 342.
8. Crim. 25 sept. 1996, n° 96-80.546, P n° 331 ; *Dr. pénal* 1997, n° 44, note A. Maron.
9. Crim. 27 nov. 1990, n° 90-81.839, P n° 405.
10. C. pr. pén., art. 475-1 ; créé par L. n° 81-82, 2 févr. 1981, art. 91 ; mod. par L. n° 91-647, 10 juill. 1991, art. 75 ; mod. par L. n° 93-2, 4 janv. 1993, art. 129 ; mod. par L. n° 2006-1640, 21 déc. 2006, art. 25 ; mod. par L. n° 2011-1862, 13 déc. 2011, art. 65.
11. L. n° 93-2, 4 janv. 1993 portant réforme de la procédure pénale, *JO* 4 janv., p. 215.
12. Crim. 18 mai 1994, n° 93-82.872, P n° 196.
13. Crim. 12 oct. 1982, n° 81-94.489, P n° 212.
14. Crim. 17 avr. 1985, n° 84-92.225, p. 148.
15. L. n° 2006-1640, 21 déc. 2006, art. 25.
16. Crim. 9 mai 2007, n° 07-80.894, P n° 118 ; *D.* 2007. 1728 ; *AJ pénal* 2007. 333.
17. C. com., art. L. 622-21 ; mod. par ord. n° 2008-1345, 18 déc. 2008, art. 30.
18. C. com., art. L. 622-22 ; mod. par ord. n° 2014-326, 12 mars 2014, art. 26.
19. L. n° 85-98, 25 janv. 1985 relative au redressement et à la liquidation judiciaires des entreprises, *JO* 26 janv., p. 1097 ; codifiée par ord. n° 2000-912, 18 sept. 2000 relative à la partie législative du code de commerce, *JO* 21 sept., p. 14783.
20. AUSSI autour de la question : P.-M. Le Corre, *Droit et pratique des procédures collectives*, 12e éd., « Dalloz action », 2022, n° 621.511.
21. Crim. 19 févr. 1998, n° 97-80.177, P n° 172.

d'appel qui caractérise l'existence d'une infraction à la charge du prévenu définitivement relaxé et condamne celui-ci à payer à la partie civile une somme au titre des frais visés à l'article 475-1 du code de procédure pénale[1].

La Cour de cassation juge que saisi du seul appel d'un jugement de relaxe formé par la partie civile, le juge répressif ne peut rechercher si les faits qui lui sont déférés constituent une infraction pénale sans méconnaître le principe de la présomption d'innocence garanti par l'article 6, § 2, de la convention européenne des droits de l'homme. L'autorité de la chose jugée ne s'attachant à aucune des dispositions du jugement entrepris, cet appel de la partie civile a cependant pour effet de déférer à la juridiction du second degré l'action en réparation des conséquences dommageables qui peuvent résulter de la faute civile du prévenu définitivement relaxé, cette faute devant être démontrée à partir et dans la limite des faits objet de la poursuite[2][3].

La solidarité édictée par l'article 480-1 du code de procédure pénale pour les restitutions et les dommages-intérêts n'est pas applicable au paiement des frais non recouvrables, lesquels ne peuvent donner lieu qu'à une condamnation *in solidum*[4]. Les juridictions ne peuvent donc prononcer au titre de l'article 475-1 une condamnation solidaire. Elles ont le choix entre une condamnation individualisée de tel prévenu à payer telle somme à la partie civile ou la condamnation des différents prévenus au paiement *in solidum* de telle somme[5].

Les dispositions de l'article 475-1 du code de procédure pénale, qui ne concernent que les juges du fond, ne sont pas applicables devant la Cour de cassation[6]. Elles ont été jugées conformes à la Constitution[7].

222.168 Texte dérogatoire. Indemnisation en matière d'atteintes à la propriété intellectuelle. L'article L. 331-1-3[8] du code de la propriété intellectuelle, issu de la loi du 29 octobre 2007[9] et modifié en 2014[10], prévoit de manière spécifique que : « Pour fixer les dommages et intérêts, la juridiction prend en considération distinctement :

1° Les conséquences économiques négatives de l'atteinte aux droits, dont le manque à gagner et la perte subis par la partie lésée ;

2° Le préjudice moral causé à cette dernière ;

3° Et les bénéfices réalisés par l'auteur de l'atteinte aux droits, y compris les économies d'investissements intellectuels, matériels et promotionnels que celui-ci a retirées de l'atteinte aux droits.

Toutefois, la juridiction peut, à titre d'alternative et sur demande de la partie lésée, allouer à titre de dommages et intérêts une somme forfaitaire. Cette somme est supérieure au montant des redevances ou droits qui auraient été dus si l'auteur de l'atteinte avait demandé l'autorisation d'utiliser le droit auquel il a porté atteinte. Cette somme n'est pas exclusive de l'indemnisation du préjudice moral causé à la partie lésée. »

On retiendra donc ici, d'une part, les précisions originales de ce texte sur les éléments de préjudice à prendre en compte aux fins de déterminer le montant de l'indemnisation et d'autre part, que l'indemnisation forfaitaire ne peut intervenir qu'à la demande de la partie civile[11].

C. Solidarité et responsabilités partagées des prévenus

222.171 Condamnation solidaire des prévenus. Les personnes condamnées pour un même crime[12] ou un même délit[13], sont tenues solidairement des restitutions et des dommages-intérêts[14]. On note peu de jurisprudence en la matière et essentiellement tournée vers une application très stricte de ces dispositions.

Ainsi, il ne peut être fait droit à une demande de solidarité sollicitée par l'un des condamnés mais qui

1. Crim. 7 oct. 2009, n° 08-88.320, P n° 165 ; *Dr. pénal* 2009, n° 157, note A. Maron et M. Haas ; *Procédures* 2010, n° 90, note J. Buisson.
2. Crim. 5 févr. 2014, n° 12-80.154, P n° 35 ; *D.* 2014. 807, note L. Saenko ; *D.* 2014. 1414, chron. B. Laurent, C. Roth, G. Barbier, P. Labrousse et C. Moreau ; *AJ pénal* 2014. 422, obs. C. Renaud-Duparc.
3. V. s^s n° 222.193.
4. Crim. 29 juin 2016, n° 14-86.372, P n° 209.
5. V. s^s n° 222.173.
6. Crim. 3 mars 1993, n° 92-83.293, P n° 96 – MAIS : C. pr. pén., art. 618-1.
7. Cons. const. 21 oct. 2011, n° 2011-190 QPC, art., non conforme 800-2, conforme 475-1 du C. pr. pén., *frais irrépétibles devant les juridictions pénales*, non-conformité partielle – effet différé, *JO* 22 oct., p. 17969 ; *Rec.* p. 522 ; *D.* 2012. 449, point de vue C.-J. Berr ; *AJ pénal* 2012. 232, obs. G. Roussel.
8. CPI, art. L. 331-1-3 ; créé par L. n° 2007-1544, 29 oct. 2007, art. 32 ; mod. par L. n° 2014-315, 11 mars 2014, art. 2.
9. L. n° 2007-1544, 29 oct. 2007 de lutte contre la contrefaçon, *JO* 30 oct, p. 17775.
10. L. n° 2014-315, 11 mars 2014 renforçant la lutte contre la contrefaçon, *JO* 12 mars, p. 5112.
11. Pour les premières applications de ce texte : Crim. 24 oct. 2006, n° 05-85.995, NP – Crim. 19 mai 2009, n° 08-87.195, NP – Crim. 10 déc. 2013, n° 13-81.572, NP, *RTD eur.* 2014. 440, obs. S. Adalid – Crim. 13 oct. 2015, n° 14-88.485, NP, *RTD com.* 2016. 121, obs. F. Pollaud-Dulian – Crim. 27 févr. 2018, n° 16-86.881, P n° 35 ; *AJ pénal* 2018. 253, obs. J. Lasserre Capdeville – H. Diaz, « Évaluation et indemnisation du préjudice résultant du délit de contrefaçon », *D. actu.* 21 mars 2018.
12. C. pr. pén., art. 375-2.
13. C. pr. pén., art. 480-1.
14. POUR le tribunal de police : C. pr. pén., art. 543.

n'a pas été demandée par l'une au moins des parties civiles[1], ce qui est logique, la solidarité étant destinée à faciliter le recouvrement des sommes allouées et bénéficiant donc aux parties civiles et au Trésor public.

La solidarité édictée par l'article 55 du code pénal (ancien), qui s'impose au juge comme une conséquence légale de la condamnation qu'il prononce, ne saurait être étendue aux dommages-intérêts résultant de faits connexes pour lesquels aucune personne n'a été condamnée. Il s'ensuit que doit être censuré l'arrêt d'une cour d'appel qui, pour condamner solidairement des receleurs à réparer la totalité du préjudice subi par la victime d'un vol unique commis par auteur non identifié et dont partie des objets volés a été retrouvée chez les divers prévenus, retient qu'en raison de la connexité, évidente en l'espèce, la solidarité, applicable en cas de recel partiel, ne saurait être cantonnée à partir des seuls objets retrouvés chez les prévenus[2].

222.172 Frais de la partie civile – Absence de solidarité en matière d'article 475-1 du code de procédure pénale. La solidarité édictée par l'article 480-1 du code de procédure pénale pour les restitutions et dommages-intérêts n'est pas applicable au paiement des frais non recouvrables[3].

Il avait été jugé qu'il n'y avait pas plus lieu de prononcer en ce cas de condamnation *in solidum*. La solidarité édictée par l'article 480-1 du code de procédure pénale pour les restitutions et dommages-intérêts n'est pas applicable au paiement des frais non recouvrables. Encourt dès lors la cassation, l'arrêt qui, après avoir déclaré le prévenu coupable des infractions reprochées, le condamne à verser, *in solidum* avec les autres prévenus, la somme allouée à la partie civile au titre de l'article 475-1 du code de procédure pénale[4]. Plusieurs arrêts postérieurs sont venus au contraire juger que la solidarité édictée par l'article 480-1 pour les restitutions et les dommages-intérêts n'est pas applicable au paiement des frais non recouvrables, mais que ceux-ci peuvent donner lieu à une condamnation *in solidum*[5].

222.173 Impossibilité de prononcer un partage de responsabilité entre les auteurs. Cette règle fondée sur les dispositions précitées du code de procédure pénale, a été rappelée à plusieurs reprises : le partage de responsabilité entre les coauteurs d'un dommage échappe à la compétence de la juridiction répressive[6].

Cette règle est à distinguer bien évidemment de la question d'un partage de responsabilité entre auteur et victime.

Lorsque plusieurs fautes ont concouru à la production du dommage, la responsabilité de leurs auteurs se trouve engagée dans une mesure dont l'appréciation appartient souverainement aux juges du fond. Encourt donc la cassation l'arrêt qui, après avoir relevé, de la part de la victime d'infractions volontaires contre les biens, des fautes ayant concouru au développement de la fraude et à ses conséquences financières, n'en tire pas les conséquences sur l'évaluation du montant de l'indemnité due par le prévenu[7].

D. Droit à restitution

222.181 Restitutions. Le tribunal correctionnel est compétent pour statuer sur la restitution des objets placés sous main de justice, à la demande du prévenu, de la partie civile ou de la personne civilement responsable. Il peut également ordonner d'office cette restitution[8]. Ces dispositions sont applicables devant le tribunal de police[9].

Rappelons que le tribunal correctionnel est compétent lorsqu'est invoqué par un requérant à la restitution un droit réel immobilier[10].

Le Conseil constitutionnel a par ailleurs été amené à dire que l'article 41-4 du code de procédure pénale, qui prévoit que la restitution d'un bien saisi

1. Crim. 30 oct. 2019, n° 18-82.920, P ; *D. actu.* 27 nov. 2019, obs. L. Priou-Alibert. Précédemment, Crim. 28 mai 1970, n° 68-92.054, P, n° 174.
2. Crim. 26 mars 1990, n° 88-84.584, P n° 130 ; *RSC* 1991. 69, obs. A. Vitu.
3. Crim. 25 juin 2014, n° 13-84.450, P n° 163 ; *D.* 2014. 1453 – Crim. 22 oct. 2014, n° 13-82.048, NP.
4. Crim. 7 nov. 2012, n° 11-87.013, NP.
5. Crim. 25 juin 2014, n° 13-84.450, P n° 163 ; *D.* 2014. 1453 – Crim. 16 juin 2015, n° 14-82.595, P n° 151 ; *AJ pénal* 2016. 43, obs. G. Royer ; *RTD com.* 2015. 607, obs. B. Bouloc – Crim. 30 mars 2016, n° 13-85.765, P n° 109 ; *D.* 2016. 786 – Crim. 29 juin 2016, n° 14-86.372, P n° 209.
6. Crim. 12 févr. 1985, n° 83-95.082, P n° 68 – Crim. 7 avr. 2009, n° 08-85.519, P n° 65 ; *D.* 2009. 1485 ; *AJ pénal* 2009. 316, obs. C. Duparc – Crim. 26 févr. 2013, n° 12-81.746, P n° 47 ; *D.* 2013. 772 ; *D.* 2013. 1993, obs. J. Pradel.
7. Crim. 19 mars 2014, n° 12-87.416, P n° 86 ; *D.* 2014. 912, obs. T. Coustet, note J. Lasserre Capdeville ; *D.* 2014. 1564, obs. C. Mascala ; *AJ pénal* 2014. 293, note J. Gallois ; *RSC* 2015. 379, obs. F. Stasiak – DANS LE MÊME SENS, sur le partage de responsabilité en cas de faute de la victime ayant concouru à la réalisation du dommage : Cass., ch. mixte, 28 janv. 1972, n° 70-90.072, P n° 37 – EN SENS CONTRAIRE, sur le partage de responsabilité en cas de faute de la victime d'une infraction intentionnelle contre les biens : Crim. 4 mars 1991, n° 89-86.576, P n° 108 ; *RSC* 1992. 319, obs. P. Bouzat ; *RTD com.* 1992. 253, obs. P. Bouzat – Crim. 13 févr. 1997, n° 96-81.641, P n° 61 ; *Rev. sociétés* 1997. 575, note B. Bouloc ; *RSC* 1997. 850, obs. J.-F. Renucci ; *RSC* 1997. 851, obs. J.-F. Renucci ; *RSC* 1998. 339, obs. J.-F. Renucci.
8. C. pr. pén., art. 478 (v. s[s] n° 113.231).
9. C. pr. pén., art. 543.
10. C. pr. pén., art. 384 et Crim. 9 sept. 2020, n° 19-84.301, P.

peut être refusée lorsqu'il a été l'instrument ou le produit de l'infraction, n'entraîne pas une privation de propriété au sens de l'article 17 de la Déclaration de 1789[1], cette non-restitution, n'étant ni une peine ni une sanction ayant le caractère d'une punition.

La bonne gestion des scellés commande impérativement qu'il soit statué sur ce point autant de fois que possible même si, lorsqu'aucune juridiction n'a été saisie ou lorsque la juridiction saisie a épuisé sa compétence sans avoir statué sur la restitution des objets, le procureur de la République ou le procureur général est compétent pour décider, d'office ou sur requête, de la restitution de ces objets lorsque la propriété n'en est pas sérieusement contestée[2].

En cas de contestation sur la propriété des objets dont la restitution est demandée, ou si le tribunal ne trouve pas dans la demande, dans les pièces jointes à celle-ci et dans le dossier, les motifs suffisants pour statuer, la décision sur les seuls intérêts civils est renvoyée à une audience ultérieure à laquelle toutes les parties sont citées à la diligence du ministère public[3].

La décision de refus de restitution d'une juridiction, saisie sur le fondement de l'article 41-4 du code de procédure pénale par une personne reconnue coupable d'avoir commis des infractions et condamnée pénalement par une décision distincte d'une juridiction répressive qui a omis de se prononcer sur la restitution de biens saisis au cours de l'enquête ou de l'information, ne peut être considérée comme une décision statuant sur des poursuites au sens de l'article 4 du Protocole n° 7 à la Convention[4].

§ 2
Non-aboutissement de la constitution de partie civile

A.
Relaxe, infraction non intentionnelle et dommages et intérêts[5]

222.191 Absence de faute pénale non intentionnelle et recours devant le juge civil. L'absence de faute pénale non intentionnelle au sens de l'article 121-3 du code pénal ne fait pas obstacle à l'exercice d'une action devant les juridictions civiles afin d'obtenir la réparation d'un dommage sur le fondement de l'article 1241 du code civil si l'existence de la faute civile prévue par cet article est établie ou en application de l'article L. 452-1 du code de la sécurité sociale si l'existence de la faute inexcusable prévue par cet article est établie[6].

La déclaration par le juge répressif de l'absence de faute pénale non intentionnelle ne fait pas obstacle à ce que le juge civil retienne une faute civile d'imprudence ou de négligence[7].

Justifie sa décision au regard tant de l'article 1147 du code civil que des articles L. 1110-5 et L. 1142-1 du code de la santé publique, la cour d'appel qui, pour déclarer un médecin spécialisé en chirurgie plastique et réparatrice responsable des conséquences dommageables du décès d'une patiente, retient qu'en lui appliquant, avant la réalisation de l'objectif de réduction de sa surcharge pondérale fixé par un endocrinologue, un traitement chirurgical qui ne pouvait être envisagé que comme un ultime recours, en omettant de lui délivrer l'information qu'il lui devait sur le traitement proposé et les risques prévisibles qu'il comportait et en n'appelant pas l'attention des anesthésistes sur le risque particulier de complication thromboembolique encouru, il a commis des fautes qui ont contribué de façon directe à la production du dommage[8].

222.192 Relaxe et dommages et intérêts devant le juge pénal. Il faut rappeler que le tribunal saisi, à l'initiative du ministère public ou sur renvoi d'une juridiction d'instruction, de poursuites exercées pour une infraction non intentionnelle au sens des deuxième, troisième et quatrième alinéas de l'article 121-3 du code pénal, et qui prononce une relaxe demeure compétent, sur la demande de la partie civile ou de son assureur formulée avant la clôture des débats, pour accorder, en application des règles du droit civil, réparation de tous les dommages résultant des faits qui ont fondé la poursuite[9].

Toutefois, lorsqu'il apparaît que des tiers responsables doivent être mis en cause, le tribunal renvoie l'affaire, par une décision non susceptible de recours, devant la juridiction civile compétente qui l'examine d'urgence selon une procédure simplifiée déterminée par décret en Conseil d'État[10].

Dans le cas prévu par l'alinéa 2 de l'article 470-1, la décision de renvoi de la juridiction pénale désigne la juridiction civile compétente et précise l'identité des tiers responsables qui paraissent devoir être mis en cause.

1. Cons. const. 3 déc. 2021, n° 2021-951 QPC, D. Goetz, « Refus de restitution d'objets placés sous main de justice : pas d'atteinte au droit de propriété », *D. actu.* 10 déc. 2021.
2. C. pr. pén., art. 41-4.
3. C. pr. pén., art. 420-1, *in fine.*
4. Crim. 30 mars 2022, n° 21-82.427, P.
5. C. pr. pén., art. 470-1.
6. C. pr. pén., art. 4-1.
7. Civ. 1re, 30 janv. 2001, n° 98-14.368, P I, n° 19 ; *D.* 2002. 1320, obs. Ph. Delebecque ; *D.* 2001. 2232, obs. P. Jourdain ; *RSC* 2001. 613, obs. A. Giudicelli ; *RTD civ.* 2001. 376, obs. P. Jourdain.
8. Crim. 5 juin 2007, n° 06-86.331, P n° 152 ; *AJ pénal* 2007. 385, obs. S. L. ; *RSC* 2008. 78, obs. Y. Mayaud.
9. C. pr. pén., art. 470-1.
10. *Id.*

Une copie de la décision de renvoi et le dossier de l'affaire sont aussitôt transmis par le secrétariat-greffe à la juridiction désignée[1].

Ces dispositions ne sont applicables que dans les seuls cas visés à cet article et non pour une décision de relaxe intervenant pour d'autres infractions[2].

La juridiction correctionnelle ne peut, après relaxe, user de la faculté que lui confère l'article 470-1 du code de procédure pénale de faire application des règles de droit civil pour statuer sur les conséquences dommageables d'un homicide ou de blessures involontaires si ce n'est sur la demande de la partie civile ou de son assureur formulée avant la clôture des débats[3]. Ce principe ayant été constamment rappelé ultérieurement, les juridictions correctionnelles ne pouvant user de la faculté que leur confère l'article 470-1 du code de procédure pénale de faire application des règles de droit civil pour statuer sur les conséquences dommageables d'une infraction non intentionnelle au sens des alinéas 2 et 3 de l'article 121-3 du code pénal, si ce n'est sur la demande de la partie civile ou de son assureur formulée avant la clôture des débats. Encourt dès lors la cassation l'arrêt qui confirme le jugement entrepris sur les intérêts civils, alors que ni la partie civile ni son assureur n'avaient formulé, avant la clôture des débats, une demande subsidiaire tendant à l'application de l'article 470-1 du code de procédure pénale[4].

Par application de l'article 470-1 du code de procédure pénale, la juridiction répressive peut donc, après relaxe d'un prévenu du chef d'homicide involontaire, retenir à la charge de celui-ci une faute d'imprudence en rapport de causalité avec la perte de chance qui lui est imputable[5], ou encore après relaxe d'un prévenu du chef de blessures involontaires, retenir à la charge de ce prévenu une faute contractuelle en relation de cause à effet avec le dommage consécutif auxdites blessures[6].

La faculté pour la partie civile d'interjeter appel dans l'instance pénale quant à ses intérêts civils est un droit spécifique et absolu, auquel l'article 470-1 du code de procédure pénale n'apporte aucune limite. Encourt la cassation l'arrêt qui déclare irrecevable l'appel d'une partie civile au seul motif que celle-ci a omis d'invoquer le texte susvisé devant les premiers juges[7].

En cas de relaxe du prévenu du chef d'homicide ou de blessures involontaires, il appartient aux seuls juges du fond, saisis par la partie civile d'une demande de réparation selon les règles du droit civil, d'apprécier si des tiers responsables doivent être mis en cause et si, en conséquence, l'affaire doit être renvoyée devant la juridiction civile compétente, leur décision à cet égard n'étant, selon l'article 470-1 du code de procédure pénale, susceptible d'aucun recours[8].

Si les juges du second degré, saisis du seul appel de la partie civile, ne peuvent prononcer aucune peine contre le prévenu définitivement relaxé, ils n'en sont pas moins tenus, au regard de l'action civile, de rechercher si les faits qui leur sont déférés constituent une infraction pénale et de prononcer, en conséquence, sur la demande de réparation de la partie civile[9].

Concernant le second alinéa de l'article 470-1 du code de procédure pénale, on signalera une décision aux termes de laquelle, il incombe, selon l'article 470-1 du code de procédure pénale, à la juridiction civile, saisie sur renvoi de la juridiction correctionnelle après une relaxe pour une infraction non intentionnelle et la mise en cause de tiers responsables, de se prononcer sur les responsabilités civiles des prévenus ou des personnes civilement responsables et des tiers responsables mentionnés dans la décision de renvoi.

Méconnaît donc le sens et la portée de ce texte, une cour d'appel qui après avoir prononcé une relaxe de prévenus mineurs et retenu que des tiers responsables devaient être mis en cause, statue sur la responsabilité civile de leurs parents préalablement au renvoi de l'affaire devant la juridiction civile[10].

222.193 Relaxe et pouvoirs de la juridiction d'appel en cas d'appel de la partie civile. Si les juges d'appel, saisis du seul appel de la partie civile d'un jugement de relaxe, ne peuvent prononcer une peine, la décision des premiers juges ayant acquis force de chose jugée au regard de l'action publique, ils n'en sont pas moins tenus d'apprécier et qualifier les faits en vue de condamner, s'il y a lieu, le prévenu relaxé à des dommages et intérêts[11]. Il en est de même contre le prévenu définitivement relaxé en raison de l'application d'une cause d'irresponsabilité pénale[12].

1. C. pr. pén., art. R. 41-2.
2. Crim. 11 oct. 2000, n° 00-83.219, NP.
3. Crim. 25 mai 1988, n° 87-84.419, P n° 219.
4. Crim. 12 févr. 1997, n° 96-82.666, P n° 56.
5. Crim. 20 mars 1996, n° 95-81.168, P n° 119 ; *RTD civ.* 1996. 912, obs. P. Jourdain.
6. Crim. 3 mars 1993, n° 92-83.293, P n° 96.
7. Crim. 26 oct. 2004, n° 04-80.126, P n° 252 ; *RSC* 2005. 100, obs. A. Giudicelli ; *Dr. pénal* 2005, n° 14, note A. Maron.
8. Crim. 10 févr. 1987, n° 86-91.264, P n° 63.
9. Crim. 26 sept. 2002, n° 02-81.514, NP.
10. Crim. 27 mai 2014, n° 13-83.262, P n° 138.
11. Crim. 22 oct. 1997, n° 96-85.970, P n° 345 ; *D.* 1997. 264.
12. Crim. 1er juin 2010, n° 09-87.159, P n° 96 ; *D.* 2010. 1792 ; *D.* 2010. 2468, obs. F.-G. Trébulle ; *D.* 2010. 2732, obs. G. Roujou de Boubée, T. Garé et S. Mirabail ; *AJ pénal* 2010. 393, obs. J. Lasserre Capdeville.

Saisi du seul appel d'un jugement de relaxe formé par la partie civile, le juge répressif ne peut rechercher si les faits qui lui sont déférés constituent une infraction pénale sans méconnaître le principe de la présomption d'innocence garanti par l'article 6, § 2, de la convention européenne des droits de l'homme.

L'autorité de la chose jugée ne s'attachant à aucune des dispositions du jugement entrepris, cet appel de la partie civile a pour effet de déférer à la juridiction du second degré l'action en réparation des conséquences dommageables qui peuvent résulter de la faute civile du prévenu définitivement relaxé, cette faute devant être démontrée à partir et dans la limite des faits objet de la poursuite[1].

Saisie, après un jugement de relaxe, des seuls intérêts civils, la cour d'appel, qui doit se borner à établir, le cas échéant, une faute civile commise par le prévenu, ne peut le faire que dans la limite des faits objet de la poursuite. Il s'en déduit que la réparation du dommage qu'elle fixe doit se rapporter à la seule période visée par la prévention, vérification devant être faite que celle-ci n'est pas, en tout ou en partie, atteinte par la prescription de l'action publique[2].

Si l'appel d'un jugement de relaxe formé par la seule partie civile a pour effet de déférer à la juridiction du second degré l'action en réparation du dommage pouvant résulter de la faute civile du prévenu définitivement relaxé, encore faut-il que cette faute soit démontrée à partir et dans la limite des faits objet de la poursuite. Justifie sa décision la cour d'appel qui, pour débouter la partie civile de sa demande d'indemnisation formée contre une personne relaxée en première instance, retient qu'il subsiste un doute raisonnable sur l'intention frauduleuse de cette dernière[3].

Si l'appel formé par la seule partie civile contre un jugement ayant statué sur les intérêts civils après relaxe du prévenu a pour effet de déférer à la juridiction du second degré l'action en réparation du dommage pouvant résulter de la faute civile commise par la personne relaxée, encore faut-il que cette faute soit démontrée à partir et dans la limite des faits objet de la poursuite. Encourt dès lors la cassation l'arrêt qui, sur le seul appel d'une banque, partie civile, d'un jugement prononçant sur intérêts civils après relaxe d'une personne poursuivie pour blanchiment du produit d'abus de confiance commis par l'employé de cette banque au préjudice de ses clients, condamne la personne relaxée à lui verser des dommages-intérêts au motif qu'elle a mis des comptes bancaires ouverts au nom de tiers à la disposition du préposé de la banque afin de lui permettre de dissimuler à son employeur le montant de prétendues commissions, de tels faits n'étant pas visés dans la poursuite[4].

Il se déduit des articles 2 et 497 du code de procédure pénale et de l'article 6, § 1, de la convention européenne des droits de l'homme que le dommage dont la partie civile, seule appelante d'un jugement de relaxe, peut obtenir réparation doit résulter d'une faute démontrée à partir et dans la limite des faits objet de la poursuite et que si les juges répressifs, saisis des seuls intérêts civils, peuvent, après avoir mis l'auteur présumé de la faute en mesure de s'expliquer sur le nouveau fondement envisagé, donner à la faute civile le fondement adéquat, différent de celui sur lequel reposait la qualification des infractions initialement poursuivies, c'est à la condition de ne pas prendre en considération des faits qui n'étaient pas compris dans les poursuites. Méconnaît ces textes et ce principe la cour d'appel qui condamne le prévenu, relaxé des chefs d'abus de faiblesse et d'escroquerie, à indemniser le préjudice subi par sa mère, victime des faits, en prenant en considération sa qualité de tuteur pour retenir une opération de détournement de fonds et non de remise, alors que cette qualité n'était pas visée dans l'acte de poursuite[5].

222.194 Relaxe définitive et sort de la partie civile non appelante. Il se déduit des articles 437, 509 et 513 du code de procédure pénale que, lorsque les dispositions civiles du jugement sont devenues définitives, la partie civile constituée en première instance, qui n'est plus partie en appel, ne peut être entendue qu'en qualité de témoin et ne saurait, dès lors, être assistée d'un avocat. Encourt la censure l'arrêt d'une cour d'appel qui, infirmant sur le seul appel du ministère public un jugement de relaxe ayant par ailleurs débouté la partie civile de ses demandes, mentionne que l'intéressée, entendue en qualité de témoin, était « assistée de son conseil »[6]. Solution réaffirmée le même jour : la partie civile,

1. Crim. 5 févr. 2014, n° 12-80.154, P n° 35 ; *D.* 2014. 807, note L. Saenko ; *D.* 2014. 1414, chron. B. Laurent, C. Roth, G. Barbier, P. Labrousse et C. Moreau ; *AJ pénal* 2014. 422, obs. C. Renaud-Duparc ; *JCP* 17 févr. 2014, Actu. n° 195, p. 314, note J.-Y. Maréchal, *D.* 2014. Ét. 807, note L. Saenko.
2. Crim. 3 nov. 2015, n° 14-80.844, P n° 237 ; *D.* 2015. 2321.
3. Crim. 17 févr. 2016, n° 15-80.634, P n° 52 ; *AJ pénal* 2016. 436, obs. J. Gallois.
4. Crim. 19 mai 2016, n° 15-81.491, P n° 152 ; *D.* 2016. 1139 ; *RTD com.* 2016. 571, obs. L. Saenko.
5. Crim. 7 déc. 2016, n° 16-80.083, P ; *D.* 2016. 2572 ; *D. actu.* 8 févr. 2017, D. Goetz, « Définition de la faute civile en cas de relaxe et d'appel de la seule partie civile ».
6. Crim. 29 mars 2017, n° 16-82.484, P ; *D.* 2017. 1557, chron. G. Guého, E. Pichon, B. Laurent, L. Ascensi et G. Barbier ; *AJ pénal* 2017. 288 ; *RSC* 2017. 342, obs. F. Cordier – C. Bénelli de Bénazé, « Pas d'avocat pour la victime non appelante d'un jugement », *D. actu.* 28 avr. 2017.

constituée en première instance, qui n'est plus partie en appel, ne peut comparaître à l'audience ou s'y faire représenter et ne peut être entendue qu'en qualité de témoin[1].

222.195 Inconstitutionnalité de l'article 800-2 du code de procédure pénale (réd. L. 15 juin 2000). À la demande de l'intéressé, toute juridiction prononçant un non-lieu, une relaxe ou un acquittement pouvait accorder à la personne poursuivie une indemnité qu'elle déterminait au titre des frais non payés par l'État et exposés par celle-ci.

Cette indemnité était à la charge de l'État. La juridiction pouvait toutefois ordonner qu'elle soit mise à la charge de la partie civile lorsque l'action publique avait été mise en mouvement par cette dernière.

Ces dispositions étaient également applicables devant la Cour de cassation en cas de rejet d'un pourvoi portant sur une décision de non-lieu, de relaxe ou d'acquittement.

Un décret en Conseil d'État fixait les conditions d'application de cet article[2].

Suivant sa décision du 21 octobre 2011[3], le Conseil constitutionnel a déclaré cet article contraire à la Constitution, considérant que la possibilité donnée par l'article 800-2, à la personne poursuivie ayant bénéficié d'un non-lieu, d'une relaxe ou d'un acquittement, d'obtenir le remboursement des frais exposés pour sa défense par la partie civile lorsque celle-ci a mis en mouvement l'action publique, prive les autres parties appelées au procès pénal de la faculté d'obtenir le remboursement de tels frais lorsque, pour un autre motif, elles n'ont fait l'objet d'aucune condamnation. La déclaration d'inconstitutionnalité devait prendre effet le 1er janvier 2013[4].

222.196 Article 800-2 du code de procédure pénale (réd. L. 29 déc. 2012). Avant la prise d'effet de ladite déclaration d'inconstitutionnalité, le législateur a voté un texte issu de la loi du 29 décembre 2012[5] aux termes duquel[6], à la demande de l'intéressé, toute juridiction prononçant un non-lieu, une relaxe, un acquittement ou toute décision autre qu'une condamnation ou une déclaration d'irresponsabilité pénale pouvait accorder à la personne poursuivie pénalement ou civilement responsable une indemnité qu'elle déterminait au titre des frais non payés par l'État et exposés par celle-ci.

Cette indemnité était à la charge de l'État. La juridiction pouvait toutefois ordonner qu'elle soit mise à la charge de la partie civile lorsque l'action publique avait été mise en mouvement par cette dernière.

Les deux premiers alinéas étaient applicables devant la Cour de cassation en cas de rejet d'un pourvoi portant sur une décision mentionnée au premier alinéa.

Le décret du 27 décembre 2001[7,8], continuait pour l'essentiel à s'appliquer en l'espèce. Ce texte détaillait l'assiette de l'indemnité[9], les conditions de sa demande, en précisant notamment qu'elle devait être effectuée avant que la juridiction ne statue sur l'action publique[10] et que lorsque l'action publique avait été mise en mouvement par la partie civile, la juridiction d'instruction ou de jugement ne pouvait mettre l'indemnité à la charge de cette dernière que sur réquisitions du procureur de la République et par décision motivée, si elle estimait que la constitution de partie civile avait été abusive ou dilatoire. Il était alors fait application, selon le cas, des dispositions de l'article 177-2 ou 392-1 (sur l'amende civile)[11].

Il est possible de citer ici une jurisprudence aux termes de laquelle :

« Attendu que, selon ces textes[12], en cas de renvoi des fins de la poursuite, la juridiction de jugement ne peut mettre l'indemnité correspondant aux frais non payés par l'État et exposés par la personne relaxée, à la charge de la partie civile, que sur réquisitions du procureur de la République et par décision motivée, si elle estime que la constitution de partie civile a été abusive ou dilatoire ;

Attendu qu'après avoir relaxé le prévenu, le juge du second degré condamne la partie civile à lui verser la somme de 1 500 euros au titre de l'article 800-2 du code de procédure pénale ;

Mais attendu qu'en statuant ainsi, sans mentionner les réquisitions du ministère public en ce sens et

1. Crim. 29 mars 2017, n° 15-86.434, P ; *D.* 2017. 763 ; *D.* 2017. 1557, chron. G. Guého, E. Pichon, B. Laurent, L. Ascensi et G. Barbier ; *AJ pénal* 2017. 288, obs. G. Pitti ; *RSC* 2017. 342, obs. F. Cordier – W. Azoulay, « De la perte de qualité de partie civile en appel correctionnel à l'impossible assistance de l'avocat », *D. actu.* 20 avr. 2017.
2. C. pr. pén., art. 800-2 ; mod. par L. n° 2012-1509, 29 déc. 2012, art. 109.
3. Cons. const. 21 oct. 2011, n° 2011-190 QPC, préc. (v. s[s] n° 222.167).
4. SUR l'ensemble du sujet voir : O. Mouysset, « La charge des frais de défense de la personne renvoyée des fins de la poursuite », *Dr. pénal* 2006, Et. 1.
5. L. n° 2012-1509, 29 déc. 2012 de finances pour 2013, *JO* 30 déc., p. 20859.
6. C. pr. pén., art. 800-2, préc.
7. Décr. n° 2001-1321, 27 déc. 2001 pris pour l'application de l'article 800-2 du code de procédure pénale et relatif à l'indemnité pouvant être accordée à la suite d'un non-lieu, d'une relaxe ou d'un acquittement, *JO* 29 déc., p. 21288.
8. C. pr. pén., art. R. 249-2 s., modifié uniquement sur la suppression de la mention de la juridiction de proximité, par le décret n° 2017-683, 28 avr. 2017.
9. C. pr. pén., art. R. 249-2.
10. C. pr. pén., art. R. 249-3.
11. C. pr. pén., art. R. 249-5.
12. C. pr. pén., art. 800-2 et R. 245-9.

sans s'en expliquer autrement, la cour d'appel a méconnu le sens et la portée des textes susvisés »[1].

Cette décision, qui semble imposer la prise de réquisitions conformes sans lesquelles, même en présence de conclusions écrites auxquelles il aurait été omis de répondre par le parquet, semblait d'une extrême sévérité pour la partie civile injustement poursuivie.

La décision statuant sur la demande d'indemnisation doit être rendue par la juridiction en même temps que la décision statuant sur l'action publique, sauf si l'état du dossier ne permet pas de déterminer le montant de l'indemnité[2].

Le paiement de l'indemnité est effectué par le régisseur d'avances au vu de la décision de la juridiction. Lorsque la décision met l'indemnité à la charge de la partie civile, l'indemnité est payée par le régisseur à titre d'avance faite par le Trésor public. Le recouvrement du montant de l'indemnité auprès de la partie civile est poursuivi à la diligence des comptables de la direction générale des finances publiques par toutes voies de droit[3].

222.197 Inconstitutionnalité de l'article 800-2 du code de procédure pénale (réd. L. 29 déc. 2012) et nouvelle modification du même article 800-2. Le Conseil constitutionnel a de nouveau été saisi à propos de cet article, d'une question prioritaire de constitutionnalité[4] portant sur l'impossibilité, pour une personne citée comme civilement responsable devant la juridiction pénale, d'obtenir une indemnité au titre des frais exposés pour sa défense dans le cas où elle serait mise hors de cause alors que la personne poursuivie ferait l'objet d'une condamnation, et l'éventualité d'une atteinte à l'équilibre des droits des parties dans le procès pénal.

Le Conseil a déclaré le premier alinéa de l'article 800-2 du code de procédure pénale, dans sa rédaction résultant de la loi nº 2012-1509 du 29 décembre 2012 de finances pour 2013, contraire à la Constitution, repoussant l'abrogation desdites dispositions au 31 mars 2020 pour les décisions rendues par les juridictions pénales après cette date. Il a en outre posé une réserve d'interprétation en vertu de laquelle, les dispositions du premier alinéa de l'article 800-2 du code de procédure pénale doivent être interprétées comme permettant aussi à une juridiction pénale prononçant une condamnation ou une décision de renvoi devant une juridiction de jugement, d'accorder à la personne citée comme civilement responsable, mais mise hors de cause, une indemnité au titre des frais non payés par l'État et exposés par celle-ci[5].

Aux termes d'une nouvelle décision[6], par laquelle a été déclarée contraire à la Constitution la référence 475-1 figurant au premier alinéa de l'article 543 du code de procédure pénale, dans sa rédaction résultant de la loi nº 2011-1862 du 13 décembre 2011 relative à la répartition des contentieux et à l'allègement de certaines procédures juridictionnelles, le Conseil constitutionnel a jugé que jusqu'à l'entrée en vigueur d'une nouvelle loi et, au plus tard, jusqu'au 31 décembre 2021, toute juridiction prononçant un non-lieu, une relaxe, un acquittement ou toute décision autre qu'une condamnation ou une déclaration d'irresponsabilité pénale peut, à la demande de l'intéressé, accorder à la personne poursuivie pénalement ou civilement responsable une indemnité qu'elle détermine au titre des frais non payés par l'État et exposés par celle-ci. Il en est de même, pour la personne civilement responsable, en cas de décision la mettant hors de cause.

La loi pour la confiance dans l'institution judiciaire[7] est venue ajouter au début de l'article 800-2 du code de procédure pénale l'alinéa suivant : « À la demande de l'intéressé, toute juridiction prononçant un non-lieu, une relaxe, un acquittement ou toute décision autre qu'une condamnation ou une déclaration d'irresponsabilité pénale peut accorder à la personne poursuivie pénalement ou civilement responsable une indemnité qu'elle détermine au titre des frais non payés par l'État et exposés par celle-ci. Il en est de même, pour la personne civilement responsable, en cas de décision la mettant hors de cause ». Par cette même loi, les deuxième et troisième alinéas de l'article 800-2 sont rendus applicables devant la Cour de cassation en cas de rejet d'un pourvoi portant sur une décision mentionnée au deuxième alinéa.

222.198 Sanction de la constitution de partie civile abusive. Dans le cas prévu par l'article 470 du code de procédure pénale, soit si le tribunal estime que le fait poursuivi ne constitue aucune infraction à la loi pénale ou que le fait n'est pas établi, ou qu'il n'est pas imputable au prévenu et qu'il le renvoie des fins de la poursuite et lorsque la partie civile a elle-même mis en mouvement l'action publique, le tribunal statue par le même jugement sur la demande en dommages-intérêts formée par la personne relaxée contre la partie civile pour abus de constitution de partie civile[8]. Ces dispositions ont

1. Crim. 25 mars 2014, nº 12-86.490, NP.
2. C. pr. pén., art. R. 249-4.
3. C. pr. pén., art. R. 249-7 ; mod. par décr. nº 2014-551, 27 mai 2014, art. 24.
4. Crim. 15 janv. 2019, nº 18-90.031, NP.
5. Cons. const. 5 avr. 2019, nº 2019-773QPC, *Société Uber BV. et autres.*
6. Cons. const. 26 mai 2021, nº 2021-910 QPC.
7. L. nº 2021-1729, du 22 déc. 2021, *JO* 23 déc, nº 2, art. 14.
8. C. pr. pén., art. 472.

été jugées applicables aux hypothèses dans lesquelles les juges correctionnels ont retenu que « le fait poursuivi ne constitue aucune infraction à la loi pénale ou que le fait n'est pas établi ou qu'il n'est pas imputable au prévenu »[1]. Il a encore été jugé que « le tribunal ne peut condamner une partie civile à payer des dommages-intérêts au prévenu, pour abus de constitution de partie civile, sur le fondement de l'article 472 du code de procédure pénale que dans les cas prévus par l'article 470 du même code, auquel il renvoie »[2]. Mais la chambre criminelle a jugé que l'article 472 du code de procédure pénale est applicable lorsque la relaxe est prononcée après que la prescription de l'action publique eut été constatée[3].

La partie civile qui a elle-même mis en mouvement l'action publique ne peut être condamnée à des dommages-intérêts envers le prévenu relaxé qu'autant qu'il est constaté par les juges qu'elle a agi de mauvaise foi ou témérairement[4]. Une telle faute ne saurait se déduire du seul exercice du droit de citation directe qui est ouvert à la partie civile par les articles 2, 3, 388 et 392 du code de procédure pénale[5]. Justifie l'attribution de dommages-intérêts à ce prévenu sur le fondement de l'article 472 du code de procédure pénale, la cour d'appel qui relève que la partie civile a agi de mauvaise foi et dans l'intention de nuire au prévenu[6]. Pour condamner la partie civile à payer à M. Y... des dommages-intérêts sur le fondement de l'article 472 du code de procédure pénale, l'arrêt énonce, par motifs adoptés, que les poursuites engagées par la partie civile, téméraires pour l'application du droit dont elle s'est prévalue, caractérisent, quels que soient les mérites et l'issue à venir des litiges commerciaux et des poursuites pénales dont M. X... fait l'objet, une intention de nuire particulière et personnelle de ce dernier à l'égard de l'avocat de la société avec laquelle il est en litige. Attendu qu'en l'état de ces énonciations, relevant de son pouvoir souverain d'appréciation, dont il résulte que la partie civile, procédant de façon téméraire, a abusé de son droit d'agir en justice, la cour d'appel a justifié sa décision[7].

Lorsque l'action publique a été mise en mouvement par la citation directe de la partie civile, qu'elle est, après renvoi, citée à nouveau, cette fois par le prévenu, pour voir statuer sur l'action qu'elle avait engagé, son désistement à l'audience ne fait pas obstacle à ce que le ministère public ayant été entendu en ses réquisitions sur le délit, des dommages-intérêts soient alloués au prévenu qui en avait fait la demande en raison de cette poursuite abusive par application de l'article 425, alinéa 2, du code de procédure pénale[8].

En matière d'infractions au droit pénal de la presse, l'article 49 de la loi du 29 juillet 1881 ne met pas obstacle à ce que, en cas de désistement de la partie civile, le tribunal alloue au prévenu, sur le fondement de l'article 425 du code de procédure pénale, des dommages-intérêts pour abus de citation directe[9].

Ces procédures sont encadrées par les dispositions légales qui excluent d'en voir le champ étendu. En premier lieu, à défaut de règlement du montant de la consignation dans les délais fixés par le juge, le plaignant qui n'a pas acquis la qualité de partie civile ne peut mettre l'action publique en mouvement et ne saurait, en conséquence, être condamné au titre de l'article 425 du code de procédure pénale[10]. Par ailleurs, les dispositions de l'article 472 du code de procédure pénale, afférentes à la procédure devant le tribunal correctionnel, ne sont pas applicables devant le tribunal de police[11]. La personne relaxée ne peut demander la condamnation de la partie civile à des dommages-intérêts que lorsque cette dernière a elle-même mis en mouvement l'action publique par citation directe et non après une plainte avec constitution de partie civile devant le doyen des juges d'instruction[12] ou un arrêt de la chambre de l'instruction[13].

Encourt la cassation l'arrêt qui condamne une partie civile à payer à la personne relaxée des dommages-intérêts pour abus de constitution de partie civile, en application de l'article 472 du code de procédure pénale, alors que l'action publique n'a pas été mise en mouvement par la partie civile, le prévenu ayant été renvoyé devant le tribunal correctionnel par un arrêt de la chambre de l'instruction[14].

Il avait été jugé qu'aux termes de l'article 515 du code de procédure pénale, la cour d'appel ne peut, sur le seul appel de la partie civile, aggraver le sort de celle-ci. Encourt la cassation l'arrêt attaqué qui, sur

1. Crim. 17 janv. 2012, n° 11-82.072, P n° 11 – Crim. 14 déc. 2004, n° 04-83.071, NP.
2. Crim. 9 mai 2012, n° 11-83.150, P n° 107 ; *D.* 2012. 1484 ; *D.* 2013. 457, obs. E. Dreyer.
3. Crim. 16 janv. 2018, n° 16-87.699, P.
4. Crim. 17 févr. 2015, n° 13-85.848, NP.
5. Crim. 6 nov. 1979, n° 78-92.862, P n° 308.
6. Crim. 7 mai 2002, n° 01-84.492, P n° 102 ; *D.* 2002. 1883 ; *RSC* 2003. 91, obs. B. Bouloc.
7. Crim. 20 juin 2017, n° 16-82.908, NP.
8. Crim. 22 févr. 1966, n° 64-90.865, P n° 56.
9. Crim. 11 déc. 2001, n° 00-88.269, P n° 262.
10. Crim. 10 sept. 2002, n° 01-82.998, NP.
11. Crim. 2 févr. 1988, n° 87-81.377, P n° 50.
12. Crim. 19 déc. 2006, n° 06-80.844, NP, *AJ pénal* 2007. 144 ; *RSC* 2007. 326, obs. R. Filniez.
13. Crim. 6 oct. 2010, n° 09-88.002, P n° 151 ; *AJ pénal* 2011. 132, obs. S. Pradelle.
14. Crim. 6 oct. 2010, n° 09-88.002, préc.

le seul appel de la partie civile contre un jugement de relaxe, accorde des dommages-intérêts pour abus de constitution de partie civile au prévenu intimé, dont la demande a été rejetée par les premiers juges [1].

On notera toutefois, un autre arrêt, ayant pu dire que les dispositions combinées des articles 472 et 515, alinéa 3, du code de procédure pénale ne font pas obstacle à ce que les juges du second degré élèvent le montant des réparations allouées au prévenu relaxé, bien que seule la partie civile ait interjeté appel, dès lors qu'il allègue une aggravation de préjudice postérieure au jugement et se rattachant directement à l'abus de constitution de partie civile dont elle est la conséquence et le développement. Cette aggravation peut résulter pour le prévenu intimé, après relaxe définitive sur l'action publique, de la poursuite injustifiée de la procédure en cause d'appel, à l'initiative d'une partie civile déclarée de mauvaise foi [2].

Enfin, la chambre criminelle a considéré que les dispositions de l'article 515, alinéa 2, du code de procédure pénale interdisant d'aggraver le sort de l'appelant ne font pas obstacle à ce que le prévenu relaxé en première instance puisse saisir la juridiction du second degré, statuant sur le seul appel de la partie civile ayant mis en mouvement l'action publique, d'une demande tendant à faire constater que la poursuite exercée est abusive et qu'elle lui cause un préjudice ouvrant droit à réparation. Il n'importe en ce cas que, devant les premiers juges, le prévenu n'ait pas sollicité de dommages-intérêts sur le fondement de l'article 472 du code de procédure pénale [3].

Il faut noter qu'en matière de contributions indirectes l'Administration des impôts, agissant à titre principal pour l'application des sanctions fiscales, exerce non une action civile mais une action publique d'une nature particulière ; elle ne peut, dès lors, être assimilée à une partie civile [4]. Si, selon l'article 472, le tribunal peut, à la demande de la personne acquittée, condamner la partie qui a mis en mouvement l'action publique à des dommages-intérêts pour action abusive, c'est seulement lorsque celle-ci a la qualité de partie civile. Tel n'est pas le cas de l'Administration des impôts, partie poursuivante en matière de contributions indirectes [5].

Au-delà de l'indemnisation de la personne injustement objet d'une constitution de partie civile, le code de procédure pénale envisage aussi la possibilité d'une condamnation à une amende civile [6].

222.199 Poursuites après information ouverte sur constitution de partie civile conclue par un non-lieu. Quand, après une information ouverte sur constitution de partie civile, une décision de non-lieu a été rendue, la personne mise en examen et toutes personnes visées dans la plainte, et sans préjudice d'une poursuite pour dénonciation calomnieuse, peuvent, si elles n'usent de la voie civile, demander des dommages-intérêts au plaignant dans les formes indiquées ci-après.

L'action en dommages-intérêts doit être introduite dans les trois mois du jour où l'ordonnance de non-lieu est devenue définitive. Elle est portée par voie de citation devant le tribunal correctionnel où l'affaire a été instruite. Ce tribunal est immédiatement saisi du dossier de l'information terminée par une ordonnance de non-lieu, en vue de sa communication aux parties. Les débats ont lieu en chambre du conseil : les parties, ou leurs conseils, et le ministère public sont entendus. Le jugement est rendu en audience publique [7].

L'action exercée en vertu de l'article 91 est fondée sur l'article 1382 (devenu 1240) du code civil et l'existence d'une faute de la partie civile doit être rapportée [8] ; le seul fait qu'un non-lieu soit intervenu, même pour absence ou insuffisance des charges, ne permet pas à l'action de prospérer [9]. Les juges du fond apprécient souverainement l'existence de cette faute ou imprudence [10].

Par ailleurs, l'article 177-2 du même code prévoit que « Lorsqu'il rend une ordonnance de non-lieu à l'issue d'une information ouverte sur constitution de partie civile, le juge d'instruction peut, sur réquisitions du procureur de la république et par décision motivée, s'il considère que la constitution de partie civile a été abusive ou dilatoire, prononcer contre la partie civile une amende civile ». Il faut noter qu'au visa des articles 177-2, 212-2 et 593 du code de procédure pénale, la chambre criminelle a jugé qu'il se déduit des premiers de ces textes que la juridiction d'instruction qui prononce une condamnation à une amende civile doit motiver sa décision en tenant compte des ressources et charges du plaignant [11].

La décision définitive, rendue par la juridiction d'instruction en application de l'article 177-2, ayant déclaré la constitution de partie civile abusive ou dilatoire s'impose à la juridiction correction-

1. Crim. 19 juin 1989, n° 88-85.534, P n° 260.
2. Crim. 18 oct. 1993, n° 92-84.261, P n° 296.
3. Crim. 27 mai 2004, n° 03-81.080, P n° 140 ; *D.* 2004. 1933 ; *D.* 2005. 684, obs. J. Pradel ; *RSC* 2005. 104, obs. A. Giudicelli.
4. V. s[s] n° 223.73.
5. Crim. 7 déc. 1992, n° 92-81.892, P n° 404.
6. C. pr. pén. art. 392-1, al. 3 – v. s[s] n° 311.27.
7. C.pr. pén. art. 91, al. 1 et 2.
8. Crim. 5 mai 1971, n° 70-90.573, P n° 137.
9. Crim. 2 janv. 1970, n° 69-91.890, P n° 2.
10. Crim. 11 juin 1979, n° 76-93.093, P n° 202 ; Crim. 12 oct. 1995, n° 94-84.416 P n° 307, *Dr. pénal* 1996, comm. 19, obs. A. Maron ;
11. Crim. 5 sept. 2018, n° 17-84.980, P n° 145.

nelle. Fait exacte application de ce texte la cour d'appel qui retient que le caractère abusif ou dilatoire de la plainte ne peut être remis en cause devant elle à l'occasion d'une action en indemnisation des préjudices causés par une telle plainte[1].

En revanche, le rejet d'une amende civile rendue par le juge d'instruction en application de l'article 177-2 du code de procédure pénale ne s'impose pas au tribunal correctionnel saisi dans les conditions prévues à l'article 91 du même code[2].

B.
Droits de la partie civile en cas de décision sur l'action publique, de renvoi sur la recevabilité de l'action civile et d'appel du prévenu ou du ministère public

222.201 **Nouvelle interprétation jurisprudentielle. Faits.** La situation est ici celle d'un tribunal correctionnel saisi des chefs d'emploi d'un étranger non muni d'une autorisation de travail salarié, travail dissimulé, rétribution inexistante ou insuffisante du travail d'une personne vulnérable ou dépendante, traite d'être humain, soumission d'une personne vulnérable ou dépendante à des conditions de travail ou d'hébergement incompatibles avec la dignité humaine qui a, sur l'action publique, constaté que les faits n'étaient pas prescrits et déclaré M. X... coupable des chefs précités. Statuant sur l'action civile, il a ordonné le renvoi de l'ensemble des demandes présentées par les parties civiles (l'URSSAF du Centre, M. Y... et l'association A...), y compris sur la recevabilité desdites demandes, à l'audience du tribunal statuant sur intérêts civils du 24 mars 2017. 8. M. X... a relevé appel principal de ce jugement en ses seules dispositions pénales et le ministère public, appel incident.

Statuant sur la seule action publique, la cour a confirmé la condamnation du chef d'emploi d'un étranger en situation irrégulière mais relaxé du chef de l'infraction de traite.

Statuant ultérieurement sur l'action civile, le tribunal auquel l'examen de l'action civile est revenu entre-temps, a déclaré irrecevable la constitution d'une association en l'absence de condamnation du chef de traite et limité l'indemnisation de la victime au seul préjudice résultant de la condamnation du chef d'emploi d'un étranger non muni d'une autorisation de travail en raison de l'autorité de chose jugée attachée à l'arrêt de la cour d'appel. M. Y... et l'association A... ont relevé appel de cette dernière décision. La cour a statué sur les intérêts civils et son arrêt a fait l'objet d'un pourvoi[3].

222.202 **Raisonnement de la chambre criminelle.** Très pédagogiquement, la chambre criminelle expose, que le pourvoi pose en substance la question de savoir si la relaxe du prévenu par la cour d'appel, saisie de la seule action publique, peut être opposée à la partie civile dans l'hypothèse où le tribunal correctionnel a renvoyé à une audience ultérieure sa décision sur l'action civile, y compris sur la recevabilité de la constitution de partie civile.

La réponse à cette question implique de rechercher si la partie civile pouvait faire appel du jugement initial. Sur la recevabilité de l'appel des parties civiles du jugement du tribunal correctionnel, la chambre criminelle énonce qu'il se déduit des articles 3 et 464 du code de procédure pénale que lorsque le tribunal correctionnel soulève d'office l'irrecevabilité de la constitution d'une partie civile ou est saisi, par les parties ou le ministère public, d'une telle contestation, en application de l'article 423 du code de procédure pénale, il ne peut statuer sur la recevabilité desdites constitutions qu'accessoirement à la décision qu'il rend sur le fait délictueux et par le jugement qui prononce sur l'action publique.

En cas d'appel sur l'action publique par le prévenu ou le ministère public, la méconnaissance de cette règle d'ordre public porte nécessairement atteinte, au sens de l'article 497 du code de procédure pénale, aux intérêts de la partie civile, laquelle se trouve privée de la possibilité de participer au débat sur l'action publique devant la cour d'appel et de mettre celle-ci en mesure, après évocation, de statuer également sur son action civile. Il s'ensuit que toute partie civile, constituée devant le tribunal correctionnel, peut faire appel d'un jugement qui, après avoir statué sur l'action publique, a, à tort, renvoyé à une audience ultérieure l'examen de la recevabilité de sa constitution. Dès lors, en l'absence d'un tel appel, la partie civile ne saurait reprocher à la cour d'appel statuant sur l'action civile de lui opposer l'autorité de la chose jugée sur l'action publique.

222.203 **Portée de la décision.** Au visa de l'article 6, § 1, de la Convention de sauvegarde des droits de l'homme et des libertés fondamentales, la chambre décide toutefois que l'application immédiate d'une règle de procédure, résultant d'une interprétation nouvelle de la Cour de cassation, non prévisible pour la partie civile, doit être écartée dès lors qu'elle aboutit à la priver d'un procès équitable, en lui interdisant l'accès au juge. L'application immédiate

1. Crim. 2 mai 2002, nº 11-85.120, P nº 103.
2. Crim. 31 mars 2020, nº 19-82.697, NP.
3. Crim. 15 févr. 2022, nº 20-86.486, P.

des principes visés précédemment, énoncés pour la première fois par la Cour de cassation dans le présent arrêt, et qui ne résultent pas de façon évidente de la lettre des articles 3, 464 et 497 du code de procédure pénale, aboutirait en l'espèce à priver les parties civiles d'un procès équitable, en leur interdisant l'accès au juge.

En effet, faute d'appel du jugement du tribunal correctionnel, la cour d'appel n'étant saisie que de l'action publique, les parties civiles n'ont pu intervenir en cause d'appel ni se constituer partie civile devant cette juridiction. Elles ont par la suite été privées de leur droit de discuter devant la juridiction correctionnelle, alors saisie de l'action publique, de la question de l'existence des délits. Cette discussion ne pourra avoir lieu non plus devant la juridiction civile dès lors que la Cour de cassation juge que, devant le juge civil, l'autorité de la chose jugée au pénal sur le civil s'attache à ce qui a été définitivement, nécessairement et certainement décidé par le juge pénal sur l'existence du fait qui forme la base commune de l'action civile et de l'action pénale, sur sa qualification ainsi que sur la culpabilité de celui à qui le fait est imputé[1].

L'arrêt attaqué est donc annulé en toutes ses dispositions, la cour de renvoi devant rechercher l'existence d'une faute civile du prévenu définitivement relaxé, cette faute devant être démontrée à partie et dans les faits objets de la poursuite.

SECTION 5
VICTIMES « SECONDAIRES »

222.211 Liens de famille avec la victime « principale ». Au-delà de la victime dite principale, et souvent dans les affaires les plus graves, en particulier celles concernant une victime lourdement blessée, ou handicapée après des faits de violences, ou décédée des suites d'un homicide involontaire, diverses personnes peuvent avoir la volonté d'être présentes au procès pénal, que ce soit d'ailleurs pour porter témoignage (en particulier dans nombre d'affaires d'homicide au volant d'un véhicule dont les conséquences patrimoniales auront été prises en charge par les compagnies d'assurances) ou se constituer partie civile.

Cette situation doit être gérée avec délicatesse. D'une part, l'audience correctionnelle ne saurait par trop se rapprocher d'un hommage funèbre, ni donner lieu à l'expression de souffrances indéniables mais qui en empêcheraient le déroulement. D'autre part, la charge émotionnelle est telle qu'il serait assurément mal compris qu'elle ne puisse, dans une certaine mesure s'exprimer[2].

Dans tous les cas, le droit à réparation du dommage résultant de la souffrance physique éprouvée par la victime avant son décès, étant né dans son patrimoine, se transmet à ses héritiers. Ne peut donc être rejetée la demande d'indemnisation formée par les héritiers d'une victime, décédée quelques instants après l'accident et chez laquelle n'a été constatée aucune perte de conscience, pour obtenir réparation du dommage résultant pour ladite victime de la souffrance physique éprouvée avant son décès[3].

La Cour de cassation admet que soit sollicitée devant la juridiction répressive, et par des proches de la victime, aussi bien l'indemnisation du préjudice patrimonial (économique), que d'un préjudice moral.

Cette possibilité de se constituer partie civile ouverte à un grand nombre d'ayants droit, voire de proches de la victime initiale, a même pu amener certains à souhaiter la « création d'une partie civile "principale" unique, réservée à la victime ou à son représentant, et d'une partie civile "secondaire" pour les membres de la famille et les associations, afin de redonner une place prépondérante à la victime directe et lui réserver certains droits »[4].

Il sera rappelé que par une série d'arrêts concernant plus précisément les conséquences des actes de terrorisme[5], la deuxième chambre civile de la Cour de cassation a, le 27 octobre 2022, notamment jugé qu'aucun texte n'exclut l'indemnisation des proches de la victime directe d'un attentat, en cas de survie de celle-ci et qu'interpréter les articles L. 126-1, L. 422-1 et L. 422-2 du code des assurances comme excluant l'indemnisation des proches d'une victime survivante conduirait à réserver aux proches des victimes d'attentats un sort plus défavorable qu'à ceux des victimes d'autres infractions. Elle a encore rappelé que par un arrêt rendu en chambre mixte le 25 mars 2022[6], la Cour de cassation a admis l'indemnisation du préjudice d'attente et d'inquiétude que peuvent subir les proches d'une victime exposée à un péril de nature à porter atteinte à son intégrité corporelle, y compris en cas de survie de celle-ci. Par suite, elle a jugé que n'est pas exclue, lorsque la victime directe d'un acte de terrorisme a survécu, l'indemnisation du préjudice personnel de ses proches selon les règles du droit commun[7].

1. Civ. 1re, 24 oct. 2012, n° 11-20.442, P n° 209.

2. V. ss nos 525.11 s. et 546.11 s.
3. Crim. 28 oct. 1992, n° 91-85.925, P n° 349 ; *D.* 1993. 203, obs. J. Pradel.
4. A. Boulay, « Comment aujourd'hui sanctionner les crimes les plus graves ? », *ACP* 7 nov. 2011, n° 248.
5. V. ss n° 222.75.
6. Cass., ch. mixte, 25 mars 2022, n° 20-17.072, P.
7. Civ. 2e, 27 oct. 2022, n° 21-24.426, P.

222.212 **Ascendants.** Si les dispositions de l'article 434-1 du code pénal ont pour objet l'intérêt général et répriment le trouble causé à l'ordre public par une abstention délictueuse, elles ont aussi pour but la protection des intérêts privés. Dès lors, justifie sa décision la chambre d'accusation qui, pour déclarer recevable la constitution de partie civile, à la suite d'une plainte portée pour non-dénonciation de crime, contre un évêque, par les parents d'enfants ayant, au temps de leur minorité, subi des viols et des atteintes sexuelles de la part d'un prêtre, retiennent qu'en ne révélant pas aux autorités judiciaires ou administratives le comportement sexuel du prêtre envers les enfants dont celui-ci avait la charge, l'évêque a privé les parents d'une information qui leur eût permis de comprendre le comportement de leurs fils et d'adopter envers eux une attitude propre à apaiser leurs difficultés à un âge difficile de leur existence et que ce silence a empêché les parents de faire obstacle à la poursuite des rencontres entre leurs enfants et le prêtre[1].

222.213 **Descendants - Préjudice personnel et direct.** Pareillement, les descendants de la victime dite principale, doivent être admis à se constituer partie civile pour autant que le préjudice personnellement revendiqué soit directement en lien avec les faits poursuivis et jugés.

Il résulte des articles 2 et 3 du code de procédure pénale que les enfants d'une personne victime d'un abus de l'état d'ignorance et de faiblesse sont recevables à rapporter la preuve d'un dommage dont ils ont directement souffert et qui découle directement des faits objet de la poursuite[2].

Il résulte des articles 2 et 3 du code de procédure pénale que les proches de la victime d'une infraction sont recevables à rapporter la preuve d'un dommage dont ils ont personnellement souffert et qui découle des faits, objet de la poursuite. Encourt, dès lors, la cassation l'arrêt de la cour d'assises, qui, pour déclarer irrecevable la constitution de partie civile faite au nom d'un enfant, né des relations incestueuses imposées par un père à sa fille mineure, se borne à énoncer que l'enfant « n'est pas la victime du viol commis sur la personne de sa mère et qu'il ne subit aucun préjudice découlant de cette infraction »[3].

222.214 **Héritiers - Transmission de l'action.** Si la victime d'une infraction dispose d'un droit à réparation du dommage subi qui, étant né dans son patrimoine, se transmet, à son décès, à ses héritiers, ceux-ci ne peuvent exercer ce droit que devant la juridiction civile lorsque l'action publique n'a été mise en mouvement, ni par la victime elle-même, ni par le ministère public[4]. Cette analyse a été réaffirmée par l'assemblée plénière de la Cour de cassation dans deux décisions du 9 mai 2008. Sauf exceptions légales, le droit de la partie civile de mettre en mouvement l'action publique est une prérogative de la victime qui a personnellement souffert de l'infraction.

Dès lors, lorsque l'action publique n'a été mise en mouvement ni par la victime, ni par le ministère public, seule la voie civile est ouverte aux ayants droit de ladite victime pour exercer le droit à réparation reçu en leur qualité d'héritiers[5].

Par ailleurs, lorsque le ministère public a mis en mouvement l'action publique et que la victime n'avait pas renoncé à l'action civile, le droit à réparation des préjudices subis par celle-ci est transmis à ses héritiers qui sont recevables à l'exercer devant la juridiction saisie des seuls intérêts civils, peu important que leur auteur n'ait pas introduit d'action à cette fin avant son décès[6] : le droit à réparation du préjudice éprouvé par la victime se transmet à ses héritiers mais ils ne peuvent être considérés comme victimes directes de faits commis à l'égard de leur auteur lorsque ce dernier, bien qu'il en eût été informé, n'avait jamais déposé plainte ni manifesté cette intention de son vivant. Le droit à réparation des héritiers est donc recevable devant les juridictions répressives lorsque l'action publique a été mise en mouvement par le ministère public, dans le cas contraire seule la voie civile est ouverte au demandeur[7].

Toute personne victime d'un dommage, quelle qu'en soit la nature, a droit d'en obtenir réparation de celui qui l'a causé par sa faute ; le droit à réparation du préjudice éprouvé par la victime avant son décès, étant né dans son patrimoine, se transmet à ses héritiers. Lorsque l'action publique a été mise en mouvement par le ministère public et que la victime n'a pas renoncé à l'action civile, ses ayants

1. Crim. 27 févr. 2001, n° 00-84.532, P n° 48 ; *D.* 2001. 1998.
2. Crim. 3 nov. 2009, n° 08-88.438, P n° 182 ; *D.* 2009. 2866 ; *D.* 2010. 39, Chron. A. Leprieur, P. Chaumont et E. Degorce ; *D.* 2010. 2254, obs. J. Pradel ; *Dr. pénal* 2010, n° 2, note M. Véron.
3. Crim. 4 févr. 1998, n° 97-80.305, P n° 43 ; *D.* 1999. 445, note D. Bourgault-Coudevylle ; *RSC* 1998. 579, obs. J.-P. Dintilhac ; *RTD civ.* 1999. 64, obs. J. Hauser.
4. Crim. 27 avr. 2004, n° 03-87.065, P n° 96 ; *RSC* 2004. 904, obs. D.-N. Commaret.
5. Cass., ass. plén., 9 mai 2008, n° 06-85.751, P n° 2 ; *JCP* 2008. II. 10124, note J.-Y. Maréchal ; *D.* 2008. 1415 ; *D.* 2008. 2757, obs. J. Pradel ; *AJ pénal* 2008. 366, Ét. C. Saas.
6. Cass., ass. plén., 9 mai 2008, n° 05-87.379, P n° 2 ; *AJ pénal* 2008. 421, obs. C. Duparc.
7. Cass., ass. plén., 9 mai 2008, n°s 05-87.379, 06-85.751, P n° 2.

droit sont recevables à agir devant la juridiction saisie[1].

Cette situation doit bien sûr être distinguée de celle où les descendants allèguent d'un préjudice directement consécutif au décès, par exemple de leur auteur, dans laquelle leur constitution est évidemment recevable[2].

Enfin, il a encore pu être jugé que dès lors qu'est indirect le préjudice causé au légataire universel résultant des infractions de vol, abus de confiance et abus de faiblesse commises à l'égard de la défunte, qui n'a pas mis en mouvement l'action publique, sa constitution de partie civile est irrecevable[3].

222.215 Collatéraux. Pour qu'une constitution de partie civile soit recevable devant la juridiction d'instruction, il suffit que les circonstances sur lesquelles elle s'appuie permettent au juge d'admettre comme possibles l'existence du préjudice allégué et la relation directe de celui-ci avec une infraction à la loi pénale. Encourt dès lors la cassation l'arrêt qui, pour déclarer irrecevable une constitution de partie civile, énonce qu'est nécessairement indirect pour la sœur de la victime, le préjudice moral résultant de l'atteinte physique ou du trouble psychologique causé par des faits de viols et agressions sexuelles aggravés[4].

222.216 Proches de la victime principale. La fiancée, le compagnon, la concubine de la victime « principale »... peuvent également se constituer partie civile pour demander réparation du préjudice subi, y compris au titre d'un préjudice économique dans l'hypothèse, par exemple, où la compagne du défunt était enceinte et peut évoquer à la fois son préjudice moral, la perte du salaire du compagnon prédécédé et le préjudice en résultant, également sur le plan financier pour l'enfant à naître, sans oublier bien sûr la perte de chance pour cet enfant de connaître son père...

La difficulté dans le temps du procès pénal sera souvent pour la juridiction de disposer de justificatifs de la communauté de vie ayant existé entre la victime et celui ou celle qui se présente comme partie civile et il faut admettre que le niveau des exigences est fort variable de ce point de vue d'une juridiction à l'autre.

La circonstance que le conjoint ou le concubin survivant de la victime d'un accident ait reconstitué un foyer avec une tierce personne n'est pas de nature à dispenser le tiers responsable de réparer entièrement le préjudice qu'il a causé, dès lors que cette circonstance n'est pas la conséquence nécessaire du fait dommageable[5].

222.217 Victimes de faits survenus à l'étranger. Seule la qualité de victime directe de nationalité française au moment de la commission d'une infraction commise à l'étranger attribue compétence aux lois et juridictions françaises sur le fondement des articles 113-7 du code pénal et 689 du code de procédure pénale.

Une femme de nationalité française alléguant avoir subi des préjudices découlant du crime de torture dont son époux étranger a été victime à l'étranger n'est pas, au sens du premier texte, la victime directe de l'infraction[6] [7].

SECTION 6
PERSONNE VULNÉRABLE : MINEUR NON ÉMANCIPÉ, MAJEUR PROTÉGÉ[8]

222.221 Avis – Exigences formelles. Si l'avis à une victime majeure et capable ne pose pas, au-delà des réserves susmentionnées[9], de graves difficultés et s'il constituera l'énorme majorité des avis donnés, il est des hypothèses ou la qualité de la victime peut engendrer quelques complications procédurales.

Avant d'aborder ces cas particuliers, précisons qu'il n'y aura que des intérêts au sein de chaque juridiction à revoir régulièrement les avis à victimes, souvent rédigés de longue date et qui pour certains comportent des éléments erronés tant sur les droits susceptibles d'être mis en œuvre, notamment en matière d'aide juridictionelle, les textes qui les fondent, que sur les coordonnées de telle association de victimes... ou même du tribunal judiciaire : adresse postale, numéro de téléphone, boîte mail...

De même ces avis devront-ils, autant que possible, être unifiés pour les audiences correctionnelles, celles du tribunal de police, du tribunal pour enfants et tous types de convocations ou d'audiences confondues : homologation de composition pénale, comparution sur reconnaissance préalable de culpabilité, audiences classiques...

1. Crim. 10 nov. 2009, nº 09-82.028, P nº 185 ; *AJ pénal* 2010. 140, obs. J. Lasserre Capdeville.
2. V. ss nº 222.212.
3. Crim. 20 mai 2008, nº 06-88.261, P nº 123 ; *D.* 2008. 1696 ; *AJ pénal* 2008. 421, obs. C. Duparc.
4. Crim. 27 mai 2009, nº 09-80.023, P nº 107 ; *AJ pénal* 2009. 363, obs. C. Duparc.
5. Crim. 29 juin 2010, nº 09-82.462, P nº 118 ; *D.* 2010. 1999.
6. Crim. 8 nov. 2016, nº 16-84.115, P ; *D.* 2016. 2339 ; *AJ pénal* 2017. 88, obs. D. Brach-Thiel.
7. V. ss nº 313.42.
8. AUSSI : N. Peterka et A. Caron-Déglise, *Protection de la personne vulnérable*, 5e éd., « Dalloz action », 2020.
9. V. ss nos 222.21 et 222.22.,

§ 1
Mineur

222.231 Mineur victime – Protection particulière. Un mineur victime ne peut se constituer partie civile compte tenu de son incapacité juridique. La minorité de l'enfant justifie d'une protection particulière déjà en partie assurée par l'aménagement des règles de prescription[1], l'éventualité d'un huis clos lors de la tenue du procès[2], la possibilité d'être représenté en justice par ses représentants légaux, l'éventualité de désignation d'un administrateur *ad hoc*. Les conditions dans lesquelles la juridiction et les parties pourront, le cas échéant recevoir le témoignage de l'enfant mineur et la manière même de procéder à son audition sont spécifiques. Avant même de savoir s'il y aura ou pas constitution de partie civile, l'avis devra bien être donné au représentant légal du mineur ou des dispositions prises pour qu'intervienne un tiers chargé de la défense de ses intérêts.

A.
Représentants légaux

222.241 Information obligatoire. L'obligation d'aviser le ou les représentants légaux du mineur est la règle. Elle peut se heurter à une première difficulté, spécialement lors des procédures rapides, lorsque les parents ne vivent plus ensemble et *a fortiori* si l'un des parents s'est vu retirer l'autorité parentale. Une seconde difficulté peut résulter d'un désaccord des parents sur la démarche à suivre, l'un souhaitant se constituer partie civile au nom du mineur, l'autre pas. Ces hypothèses demeurent toutefois à la marge. Une fois avisés, ces parents pourront soit assister au procès pénal concernant l'auteur d'une infraction commise à l'encontre de leur enfant, soit se constituer partie civile. Dans cette dernière hypothèse cette constitution pourra être faite au nom du mineur ès-qualité de représentant légal de même qu'en leur nom pour le préjudice propre dont ils auront pu avoir à souffrir.

222.242 Mineur devenant majeur en cours de procédure. Les actes accomplis au nom du mineur, partie civile, au cours de la procédure d'instruction, n'ont pas à être réitérés par celui-ci après sa majorité[3]. Le mineur qui devient majeur en cours de procédure n'est donc tenu de réitérer ni la constitution de partie civile, ni l'appel interjeté en son nom par ses représentants légaux. Il importera en revanche pour le tribunal de le recevoir en sa constitution ès-qualités de victime devenue majeure dès lors que ce sera le cas. Autrement dit, il ne sera plus possible à ses parents de le représenter, une fois la majorité acquise, et la constitution de partie civile se fera au profit du seul mineur et à son nom, sauf si les parents peuvent, en outre, justifier d'un préjudice personnel.

B.
Administrateur *ad hoc*

222.251 Désignation. Que les parents se désintéressent du mineur, qu'ils soient en désaccord total quant à une éventuelle intervention au procès ou qu'ils soient impliqués dans les faits dont il a été victime, la loi prévoit une possibilité de désignation d'une personne spécialement chargée de la défense des intérêts dudit mineur.

Le procureur de la République ou le juge d'instruction, saisi de faits commis volontairement à l'encontre d'un mineur, désigne un administrateur *ad hoc* lorsque la protection des intérêts de celui-ci n'est pas complètement assurée par ses représentants légaux ou par l'un d'entre eux. Lorsque les faits sont qualifiés d'incestueux au sens des articles 222-31-1[4] ou 227-27-2 du code pénal, la désignation de l'administrateur *ad hoc* est obligatoire, sauf décision spécialement motivée du procureur de la République ou du juge d'instruction. L'administrateur *ad hoc* assure la protection des intérêts du mineur et exerce, s'il y a lieu, au nom de celui-ci les droits reconnus à la partie civile. En cas de constitution de partie civile, le juge fait désigner un avocat d'office pour le mineur s'il n'en a pas déjà été choisi un.

Ces dispositions sont applicables devant la juridiction de jugement[5].

Il sera donc nécessaire pour le parquet, si cela n'a pas été fait avant la comparution, de faire désigner un administrateur *ad hoc*, notamment chargé de contacter un avocat pour l'enfant, ce qui entraînera généralement le report de l'examen de l'affaire. Ces situations sont souvent complexes, par exemple en matière de violences intrafamiliales, la compagne ou l'épouse du prévenu ne souhaitant pas se constituer partie civile, voire demandant à pouvoir « retirer sa

1. V. s[s] n°s 634.11 s.
2. V. s[s] n°s 523.21 s.
3. Crim. 17 sept. 2003, n° 02-87.391, P n° 167 ; *D.* 2003. 2603.
4. Cons. const. 16 sept. 2011, n° 2011-163 QPC, art. non-conforme 222-31-1 du C. pén., *définition des délits et crimes incestueux*, non-conformité totale, *JO* 17 sept., p. 15600 ; *Rec.* p. 446 ; *D.* 2011. 2823, obs. G. Roujou de Boubée, T. Garé, S. Mirabail et T. Potaszkin ; *D.* 2012. 1033, obs. M. Douchy-Oudot ; *AJ pénal* 2011. 588, obs. C. Porteron ; *RSC* 2011. 830, obs. Y. Mayaud ; *RSC* 2012. 131, obs. E. Fortis ; *RSC* 2012. 183, obs. J. Danet ; *RSC* 2012. 221, obs. B. de Lamy : néanmoins dès lors qu'une des infractions a été commise sur le mineur par un ascendant, la désignation d'un administrateur *ad hoc* demeure possible.
5. C. pr. pén., art. 706-50.

plainte », alors que les enfants ont pu également être victimes de violences. Dans ce cas une désignation d'administrateur *ad hoc* pour les enfants mineurs semble incontournable pour que leurs droits puissent être effectivement respectés.

Le critère du recours à un administrateur *ad hoc* est donc très large au regard du texte précité et la jurisprudence n'hésite pas à valider le recours à ce nouvel intervenant. On a ainsi pu écrire que l'on connaissait aujourd'hui une « *désignation quasiment systématique d'administrateur* ad hoc *dans des cas où l'enfant est suivi par un juge des enfants ou lorsque le milieu familial laisse présager des difficultés à assumer la procédure* » [1].

La seule véritable limite semble être que le mineur assisté soit vivant. Si en application de l'article 706-50 du code de procédure pénale, un administrateur *ad hoc* peut être désigné pour assurer la protection des intérêts d'un mineur, victime de faits commis volontairement, et exercer, s'il y a lieu, au nom de celui-ci, les droits reconnus à la partie civile, cette désignation ne peut en effet intervenir qu'en faveur d'un mineur vivant [2].

Une cour d'appel a pu décider que le fait pour la mère de n'avoir pas dénoncé les violences commises sur sa fille par le prévenu avec qui elle avait une relation et qu'elle a continué à fréquenter après leur commission caractérise son ambivalence et permet de considérer que la protection des intérêts du mineur victime n'est pas complètement assurée par ses représentants légaux [3].

Aux termes de l'article 388-2 du code civil [4], si le juge des tutelles n'a pas été préalablement saisi à cette fin, un administrateur *ad hoc* chargé de représenter le mineur peut être désigné par le juge saisi de l'instance dans laquelle les intérêts du mineur sont en opposition avec ceux de ses représentants légaux.

Fait l'exacte application de ce texte la cour d'assises qui désigne un administrateur *ad hoc* pour représenter un mineur et se constituer partie civile en son nom, en raison du préjudice résultant pour lui de l'assassinat de sa sœur et pour lequel ses représentants légaux, en l'espèce ses parents, sont poursuivis comme complices [5].

Est encore justifiée la désignation d'un administrateur *ad hoc* pour chacun des enfants pour assurer la protection de leurs intérêts, eu égard au climat conflictuel existant entre les parents, au fait que l'un et l'autre se trouvent actuellement mis en examen pour des faits commis volontairement sur un mineur, le magistrat instructeur ayant justement estimé que la protection des intérêts de A... et B..., victimes présumées des agressions sexuelles reprochées à leur père, tous deux mineurs, n'était pas complètement assurée par leur mère [6].

222.252 Choix et mission de l'administrateur *ad hoc*. L'administrateur *ad hoc* représente l'enfant dans la procédure pénale et exerce en son nom les droits de la partie civile. Il est désigné par le magistrat compétent, soit parmi les proches de l'enfant, soit sur une liste de personnalités dont les modalités de constitution sont fixées par décret en Conseil d'État. Ce décret précise également les conditions de leur indemnisation [7]. L'administrateur *ad hoc* accompagnera le mineur dans la procédure et assurera le respect de ses droits.

Il s'agira en général soit d'une personne désignée par le Conseil départemental, soit d'un membre d'une association agréée.

Depuis la loi du 5 mars 2007 [8], tout mineur victime d'une des infractions mentionnées à l'article 706-47 est assisté par un avocat lorsqu'il est entendu par le juge d'instruction. À défaut de désignation d'un avocat par les représentants légaux du mineur ou par l'administrateur *ad hoc*, le juge avise immédiatement le bâtonnier afin qu'il commette un avocat d'office. Les dispositions de l'article 114 sont applicables à cet avocat en cas d'auditions ultérieures [9]. Dès lors, on peut estimer que ce mineur conservera le bénéfice de cette désignation d'avocat lors du jugement.

Dans les trois mois de l'achèvement de sa mission, l'administrateur *ad hoc* transmettra à l'autorité qui l'a désigné un rapport dans lequel seront détaillées les démarches effectuées pour l'exercice de la mission définie à l'article 706-50, et précisées, le cas échéant, les formalités accomplies en vue du placement des sommes perçues par le mineur à l'occasion de la procédure [10].

222.253 Conflit d'interventions. Que décider lorsque les parents se sont désintéressés ou ont semblé se désintéresser du sort de leur enfant, qu'un administrateur *ad hoc* a été désigné et que subitement les représentants légaux souhaitent intervenir à la procédure ès-qualités de partie civile au nom de

1. A. et Ch. Guéry, « Administrateur *ad hoc* : us et abus », *Gaz. Pal.* 1998. 2. Doctr. 1073.
2. Crim. 15 juin 2000, n° 99-87.322, P n° 230 ; *Dr. fam.* 2000, n° 134, note Th. Fossier.
3. Douai, 24 juill. 2003, RG n° 03/01858.
4. Lorsque, dans une procédure, les intérêts d'un mineur apparaissent en opposition avec ceux de ses représentants légaux, le juge des tutelles dans les conditions prévues à l'article 389-3 ou, à défaut, le juge saisi de l'instance lui désigne un administrateur *ad hoc* chargé de le représenter.
5. Crim. 28 févr. 1996, n° 95-81.565, P n° 98.
6. Crim. 31 janv. 2001, n° 00-84.451, NP.
7. C. pr. pén., art. 706-51, art. R. 53 s.
8. APPLICABLE depuis le 1er juillet 2007.
9. C. pr. pén., art. 706-51-1.
10. C. pr. pén., art. R. 53-8 ; mod. par décr. n° 2005-627, 30 mai 2005, art. 1er.

leur enfant ? Sur ce point la chambre criminelle a jugé que la désignation d'un administrateur *ad hoc* en application de l'article 706-50 du code de procédure pénale, pour assurer la protection des intérêts d'un mineur et exercer au nom de celui-ci les droits reconnus à la partie civile, fait obstacle à ce que le représentant légal du mineur puisse également intervenir au nom de celui-ci en qualité de partie civile dans la même procédure[1].

Malgré les termes extrêmement clairs de cette dernière décision, il semble opportun d'admettre que le « réveil » d'un représentant légal, au motif par exemple d'une mauvaise compréhension de ses droits et de l'intérêt du mineur, *a fortiori* lorsqu'intervient un avocat alors choisi, puisse amener à reconsidérer la désignation d'un administrateur *ad hoc* premier désigné.

Il est vrai toutefois qu'une seconde décision ne l'admet pas : le fait que des liens affectifs aient été récemment renoués entre les enfants et leur mère et que la constitution de partie civile de celle-ci et le choix d'un avocat pour défendre leurs intérêts puissent manifester sa volonté et sa possibilité d'assurer complètement la protection des intérêts du mineur, ne remettent pas en cause l'irrecevabilité de la constitution dès lors qu'un administrateur *ad hoc* est déjà désigné[2].

Le seul moyen de faire droit à une constitution de partie civile est alors de donner, dans le même temps, mainlevée de la désignation de l'administrateur *ad hoc*. Il existe en effet une autre hypothèse dans laquelle la mainlevée peut être ordonnée : les parents ont jugé, en toute connaissance de cause, qu'il était de l'intérêt de leur enfant de se tenir en dehors de la procédure engagée, et ce non par défaut de protection mais pour éviter ce qu'on appelle en psychologie « la victimisation secondaire », c'est-à-dire les effets négatifs que peut avoir pour l'enfant, la répétition multiple de ce qu'il a vécu. Ne pas se précipiter dans les affres de la procédure pénale n'est pas nécessairement ne pas souhaiter protéger la victime ! Or, certains membres du ministère public ou juges d'instruction, par conviction ou par méconnaissance des raisons ayant poussé la famille à ne pas se constituer partie civile, désignent systématiquement un administrateur *ad hoc*. Dès lors, le « réveil » des parents peut être une façon de reprendre à leur compte la protection assurée, et la représentation active de leur enfant à l'audience.

Quant à un éventuel conflit entre le mineur, disons pratiquement majeur ou en tout cas capable de discernement, et l'administrateur *ad hoc*, sur la nature ou l'étendue d'une éventuelle constitution de partie civile ou la parole qu'il convient de porter, il ne peut se résoudre que sur le fondement des dispositions de l'article 388-1 du code civil, qui lui ouvre un accès au juge.

222.254 Recours sur la désignation. La désignation d'un administrateur *ad hoc* en application des dispositions de l'article 706-50 est notifiée aux représentants légaux du mineur et peut être contestée par ces derniers par la voie de l'appel dans un délai de dix jours à compter de la notification. Cet appel n'est pas suspensif. Il est porté devant la chambre de l'instruction ou la chambre des appels correctionnels[3].

Saisi de l'appel d'une ordonnance du juge d'instruction ayant désigné un administrateur *ad hoc* pour exercer, au nom d'un enfant mineur, les droits reconnus à la partie civile, le président de la chambre de l'instruction excède ses pouvoirs en décidant de ne pas soumettre l'appel à la chambre de l'instruction aux motifs que ladite ordonnance n'entre pas dans les prévisions de l'article 186 du code de procédure pénale, alors que l'appel est prévu par l'article R. 53-7 du même code[4].

Un accusé n'est pas recevable à contester le choix de la personne désignée comme administrateur *ad hoc* par le juge d'instruction, en application de l'article 706-50 du code de procédure pénale, pour assurer la protection des intérêts de la victime mineure[5].

222.255 Indemnisation de l'administrateur *ad hoc*. Un arrêt, rendu au visa des articles R. 216 et A. 43-8 du code de procédure pénale, est venu rappeler que, selon ces textes, la rémunération due à la personne régulièrement désignée en qualité d'administrateur *ad hoc* étant modulée suivant le déroulement de la procédure, chaque phase de celle-ci donne lieu à une indemnité. En l'espèce, après accomplissement de sa mission, l'administrateur *ad hoc* avait présenté un mémoire de frais d'un montant de 275 euros en visant les cotations Iaah 1 et Iaah 5, ce mémoire avait été taxé à la somme de 100 euros par ordonnance contre laquelle la partie prenante avait formé un recours. Pour confirmer cette décision, l'arrêt d'appel retient, notamment, que la seule mission de l'administrateur *ad hoc* est celle de l'accompagnement d'un mineur à une audience correctionnelle qui relève de la référence « Iaah 5 » correspondant à la somme de 100 euros. La chambre criminelle, casse sans renvoi, considérant que la chambre de l'instruction a méconnu les

1. Crim. 12 sept. 2000, n° 00-81.971, P n° 266 ; *D.* 2000. 275 ; *RSC* 2001. 405, obs. D.-N. Commaret.
2. Crim. 12 févr. 2003, n° 02-81.328, NP.
3. C. pr. pén., art. R. 53-7 ; mod. par décr. n° 2005-627, 30 mai 2005, art. 1er.
4. Crim. 16 mars 2005, n° 04-83.300, P n° 93 ; *D.* 2005. 1250 ; *AJ pénal* 2005. 288, obs. C. Girault.
5. Crim. 23 févr. 2000, n° 99-85.433, NP.

textes susvisés, au motif que l'administrateur *ad hoc* a, d'une part, été désigné par le procureur de la République lors d'une enquête non suivie d'une instruction préparatoire, et que, d'autre part, il lui a été confié une mission d'accompagnement du mineur à une audience correctionnelle[1].

222.256 **Situation du mineur étranger.** Les seules dispositions spécifiques aux mineurs étrangers figurent dans le code de l'entrée et du séjour des étrangers et du droit d'asile (Ceseda). Lorsqu'un étranger mineur non accompagné d'un représentant légal n'est pas autorisé à entrer en France, le procureur de la République, avisé immédiatement par l'autorité administrative, lui désigne sans délai un administrateur *ad hoc*. Celui-ci assiste le mineur durant son maintien en zone d'attente et assure sa représentation dans le cadre des procédures administratives et juridictionnelles relatives à ce maintien.

Il assure également la représentation du mineur dans toutes les procédures administratives et juridictionnelles afférentes à son entrée en France.

L'administrateur *ad hoc* est désigné par le procureur de la République compétent sur une liste de personnes morales ou physiques dont les modalités de constitution sont fixées par décret en Conseil d'État. Ce décret précise également les conditions de leur indemnisation[2]. Les règles relatives à l'établissement de la liste des administrateurs *ad hoc* désignés pour la représentation des mineurs maintenus en zone d'attente ou demandeurs du statut de réfugié en application des dispositions des articles L. 221-5[3] et L. 751-1[4] sont fixées à l'article R. 111-13[5] du Ceseda, celles concernant leur indemnisation à l'article R. 111-20[6].

Il semble que ces textes permettent la désignation d'un administrateur *ad hoc* dans l'hypothèse où un mineur de nationalité étrangère, se trouvant dans la situation ci-dessus, serait victime d'une infraction.

§ 2
Majeur protégé

222.261 **Incapable majeur.** Aucune personne bénéficiant d'un régime de protection ne peut *a priori* se constituer partie civile autrement que par la voix de la personne physique ou du représentant de l'association chargé de la mesure le concernant. Il est donc nécessaire que la juridiction s'assure qu'en plus de l'incapable, son administrateur, curateur ou tuteur ait été régulièrement avisé de la date de l'audience et mis en mesure d'organiser le respect des droits de la personne protégée. Il sera particulièrement utile que soit jointe à la procédure la décision du juge des contentieux de la protection confirmant la réalité et l'actualité de la mesure de protection notamment par rapport à la date des faits. Rappelons que la particulière vulnérabilité de la victime est une circonstance aggravante de bon nombre d'infractions.

222.262 **Effets distincts des mesures de curatelle et de tutelle.** Si la situation n'a jamais été contestée pour le majeur placé sous tutelle en vertu des dispositions de l'article 504 du code civil, elle a pu paraître plus complexe pour les autres régimes de protection. Elle a été progressivement précisée par la chambre criminelle en ce qui concerne la personne sous curatelle.

Ainsi avait-il été jugé qu'un majeur en curatelle pouvait, sauf dispositions contraires non invoquées au cas d'espèce, exercer seul les actions relatives à ses droits patrimoniaux et défendre à de telles actions[7]. Le curateur n'avait pas le pouvoir, en cette seule qualité, de représenter en justice le majeur en curatelle, ni d'exercer en son nom les voies de recours. Le prévenu n'est cependant pas recevable à invoquer pour la première fois devant la Cour de cassation le défaut de pouvoir du curateur qui a, seul, exercé l'action civile au nom du majeur protégé[8].

La Cour de cassation a confirmé que « le curateur ne dispose pas du droit d'appel (d'une ordonnance de mise en accusation) »[9], ni en sa seule qualité de curateur « du pouvoir de représenter en justice le majeur placé sous curatelle, ni d'exercer en son nom les voies de recours, et que le pourvoi qu'il forme ès qualités est irrecevable »[10].

Il faut retenir de ces éléments que l'usage est toutefois d'exiger la présence du curateur notamment aux fins de communication de la décision à celui-ci et d'exécution aisée des décisions prises à l'encontre du prévenu dans les intérêts du majeur

1. Crim. 15 févr. 2011, n° 10-85.031, NP.
2. Ceseda, art. L. 221-5 ; mod. par L. n° 2006-911, 24 juill. 2006, art. 48.
3. Ceseda, art. L. 221-5, préc.
4. Ceseda, art. L. 751-1 ; mod. par L. n° 2016-274, 7 mars 2016, art. 1er.
5. Ceseda, art. R. 111-13 ; mod. par décr. n° 2016-1457, 28 oct. 2016, art. 2.
6. Ceseda, art. R. 111-20 ; mod. par décr. n° 2016-1457, 28 oct. 2016, art. 2.
7. Civ. 1re, 15 juin 1973, n° 70-12.904, P I, n° 204.
8. Crim. 1er juin 1994, n° 87-80.278, P n° 216 ; *D.* 1995. 358, note J. Massip.
9. Crim. 2 sept. 2009, n° 09-83.008, NP, *RTD civ.* 2010. 763, obs. J. Hauser.
10. Crim. 6 mai 1996, n° 95-85.508, NP – Crim. 10 nov. 1999, n° 98-84.661, NP – Crim. 26 févr. 2003, n° 02-80.771, NP : « dès lors qu'il résulte de la déclaration de pourvoi que l'avocat n'avait pas été mandaté par la personne protégée » – Crim. 12 mai 2004, n° 03-84.439, NP – Crim. 16 mai 2012, n° 11-84.480, NP.

protégé. Un dernier arrêt mérite d'être cité qui précise que la mesure de curatelle dont fait l'objet une personne ne constitue pas, à la différence de la situation de la personne sous tutelle, un obstacle de droit à sa capacité d'agir en justice de nature à suspendre la prescription de l'action publique ou à reporter le point de départ du délai de celle-ci, seule étant requise l'assistance du curateur qu'il lui appartient de solliciter[1].

SECTION 7
SITUATIONS PARTICULIÈRES

222.271 Victime détenue. Il peut arriver que la victime des faits soit détenue, soit que ces faits se soient déroulés en milieu carcéral, soit qu'entre la date de commission et la date du jugement, cette victime, impliquée dans de nouveaux faits ou devant exécuter une peine ou encore en attente d'une extradition, ait été incarcérée.

Dans tous les cas il est primordial d'une part, que cette victime soit elle aussi avisée de la date de l'audience et d'autre part, extraite de l'établissement pénitentiaire dans lequel elle est détenue, afin qu'elle puisse faire valoir ses droits. La situation pourra être délicate, notamment dans les grands ressorts, car une incarcération de fraîche date de celle qui *a priori* était la victime de premiers faits n'est pas une hypothèse des plus courantes et surtout, peut être ignorée des autres acteurs du procès pénal.

222.272 Victime et situation illicite. Le fait qu'une personne se soit trouvée dans une situation illicite ou illégale au moment des faits ne semblait pas devoir exclure sa constitution de partie civile dès lors qu'elle peut établir l'existence d'un dommage directement consécutif aux faits dénoncés.

On citera ici la situation de la personne étrangère, se trouvant en situation irrégulière sur le territoire national et victime de vol, de violences, de mauvais traitements ou réduite en esclavage[2]. Ou encore quelques situations issues du droit pénal du travail : si la législation sur le travail clandestin a été édictée en vue de l'intérêt général, elle n'en tend pas moins également à la protection des particuliers qui peuvent, lorsque sa méconnaissance leur a causé un préjudice personnel et direct, en obtenir réparation devant la juridiction pénale. Justifie ainsi sa décision la cour d'appel qui déclare recevable et fondée l'action civile du travailleur clandestin justifiant d'un préjudice directement causé par le délit de travail dissimulé dont son employeur est déclaré coupable[3].

Le délit d'emploi d'un étranger non muni d'une autorisation de travail salarié cause nécessairement un préjudice direct et personnel au travailleur étranger irrégulièrement employé. Justifie, dès lors, sa décision la cour d'appel qui, après avoir déclaré le prévenu coupable d'emploi d'un étranger non muni d'une autorisation de travail, le condamne à la réparation du préjudice moral subi par ce salarié[4]. La circonstance que l'employeur soit reconnu coupable du délit travail dissimulé n'a pas d'incidence sur le droit de la victime à la protection de la législation sur les accidents du travail[5].

Pour autant, d'autres décisions sont plus réservées. Il suffit, pour que la demande de constitution de partie civile par voie d'intervention soit recevable devant la juridiction d'instruction, que les circonstances sur lesquelles elle s'appuie permettent au juge d'admettre comme possible l'existence d'un préjudice allégué et la relation directe de ce préjudice avec l'infraction poursuivie, dès lors qu'il n'est pas établi, au demeurant, que le plaignant ait lui-même participé, par son action personnelle, aux faits incriminés. Il en est ainsi de l'action intentée par l'endossataire de chèques volés et falsifiés[6].

L'auteur d'une infraction n'est en revanche pas recevable à se constituer partie civile à l'encontre des personnes qui l'auraient incité à commettre celle-ci, en alléguant le préjudice que lui auraient causé sa déclaration de culpabilité et sa condamnation[7].

La personne qui, de mauvaise foi, a remis une somme d'argent à l'auteur principal d'un délit de trafic d'influence ou à son complice, en vue d'obtenir une décision favorable d'une autorité publique, est irrecevable à se constituer partie civile contre eux. Encourt, dès lors, la censure l'arrêt qui, après avoir constaté que les parties civiles avaient sciemment remis des fonds au prévenu afin qu'il abuse de son influence pour leur faire obtenir une décision favorable d'une autorité publique, condamne ce dernier, solidairement avec son complice, à leur rembourser les sommes versées, à titre de dommages-intérêts[8 9].

1. Crim. 7 juin 2017, n° 16-85.191, P.
2. V. en particulier, C. pén., art. 224-1 B.
3. Crim. 6 févr. 2001, n° 00-81.526, P n° 32 ; *D.* 2002. 1457, obs. J. Pradel ; *RSC* 2002. 343, obs. A. Cerf-Hollender.
4. Crim. 11 avr. 2012, n° 11-85.224, P n° 87 ; *D.* 2012. 1409 ; *AJ pénal* 2013. 284, obs. H. Vlamynck.
5. Crim. 11 févr. 2003, n° 02-81.729, P n° 30 ; *D.* 2003. 2335, note Y. Saint-Jours ; *RSC* 2003. 803, obs. G. Giudicelli-Delage.
6. Crim. 13 juin 1978, n° 77-90.343, P n° 193.
7. Crim. 28 oct. 1997, n° 96-85.880, P n° 353 ; *D.* 1998. 268, note D. Mayer et J.-F. Chassaing ; *RSC* 1998. 346, obs. J.-P. Dintilhac – Crim. 21 sept. 2016, n° 16-82.082, P.
8. Crim. 7 févr. 2001, n° 00-83.023, P n° 38 ; *D.* 2002. 1462, obs. J. Pradel ; *RTD com.* 2001. 787, obs. B. Bouloc.
9. V. s[s] n° 222.55.

222.273 Situation du président de la République. Dans une espèce célèbre, l'Assemblée plénière de la Cour de cassation qui voyait objecter à la recevabilité de la constitution de partie civile d'un président de la République en exercice, le fait :

« 1° que la partie civile doit pouvoir être sanctionnée civilement et pénalement du fait de sa dénonciation ; qu'en vertu de l'article 67 de la Constitution, le président de la République ne peut, durant son mandat et devant aucune juridiction ou autorité administrative française, être requis de témoigner non plus que faire l'objet d'une action, d'un acte d'information, d'instruction ou de poursuite ; qu'en déclarant recevable la constitution de partie civile de M. Y... qui, en sa qualité de président de la République en exercice, n'est pas susceptible d'être sanctionné civilement ou pénalement du fait de sa dénonciation, la cour d'appel a violé les articles 226-10 et 434-26 du code pénal, ensemble les articles 91, 177-2, 472 et 516 du code de procédure pénale ;

2° que toute partie civile doit pouvoir être interrogée au cours de la procédure initiée par sa constitution et confrontée à la personne poursuivie ; qu'en vertu de l'article 67 de la Constitution, le président de la République ne peut, durant son mandat et devant aucune juridiction ou autorité administrative française, être requis de témoigner ; qu'en déclarant recevable la constitution de partie civile de M. Y... qui, en sa qualité de président de la République en exercice, ne peut être ni interrogé par les juges du fond ni confronté au prévenu, la cour d'appel a violé l'article 6 de la convention de sauvegarde des droits de l'Homme et des libertés fondamentales, ensemble les articles 82-1 et 442-1 du code de procédure pénale ;

3° que les fonctions du président de la République française en exercice, qui lui permettent notamment de prononcer la nomination des magistrats du siège et du parquet, font peser un doute légitime quant à l'indépendance et l'impartialité des magistrats amenés à statuer dans les affaires dans lesquelles il est partie ; qu'en déclarant recevable la constitution de partie civile de M. Y... dans les poursuites engagées contre M. X... du chef d'escroquerie et en condamnant ce dernier à lui verser différentes sommes à titre de dommages-intérêts et de frais irrépétibles, la cour d'appel a violé les textes et principes susvisés ;

4° que tout justiciable a droit à un tribunal indépendant et impartial à chacune des phases de la procédure ; qu'en affirmant que "rien n'établit que le ministère public ou l'autorité de nomination des magistrats ont pu porter atteinte *in concreto* d'une quelconque façon à l'indépendance ou l'impartialité des juges", tout en constatant que "tant le parquet de Nanterre que celui de Versailles ont fait diligence pour que cette affaire soit examinée au plus vite et que des moyens d'enquête inhabituels ont été déployés (brigade criminelle et brigade financière)", que "cette célérité peut sans doute être attribuée à la qualité de la victime" et "qu'il est certain que le parquet local, de sa propre initiative, a déployé un zèle manifeste", la cour d'appel s'est contredite et a violé l'article 6 de la convention de sauvegarde des droits de l'Homme et des libertés fondamentales ;

5° que les fonctions du président de la République française en exercice, qui lui permettent notamment de prononcer la nomination des magistrats du siège et du parquet, rompent l'égalité des armes entre les différentes parties en le faisant bénéficier d'une situation de net avantage par rapport aux prévenus ; qu'en déclarant recevable la constitution de partie civile de M. Y... dans les poursuites engagées contre M. X... du chef d'escroquerie, la cour d'appel a violé les textes et principes susvisés », a rejeté ces différents moyens, retenant que le président de la République, en sa qualité de victime, était recevable, en application de l'article 2 du code de procédure pénale, à exercer les droits de la partie civile pendant la durée de son mandat[1].

SECTION 8
PERSONNE MORALE – GÉNÉRALITÉS

222.281 Représentation. La personne morale doit être représentée pour agir en justice. Si l'article 117 (devenu C. com., art. L. 225-56[2]), deuxième alinéa, de la loi du 24 juillet 1966[3] attribue au directeur général d'une société anonyme, à l'égard des tiers, les pouvoirs conférés au président du conseil d'administration par l'article 113 (devenu C. com., art. L. 225-51[4]) de cette loi, il n'en résulte pas que le directeur général puisse ester en justice au nom de la société en l'absence d'une délégation spéciale donnée par le conseil d'administration ou d'une clause particulière des statuts[5].

Par application des dispositions combinées des articles 6, § 1 et 14 de la convention européenne des droits de l'homme et des articles 1 et 5 de son premier protocole additionnel, lesquelles ont, en vertu de l'article 55 de la Constitution, une valeur

1. Cass., ass. plén., 15 juin 2012, n° 10-85.678, P n° 1 ; *D.* 2012. 1916, note O. Beaud ; *AJ pénal* 2013. 46, obs. S. Lavric.
2. C. com., art. L. 225-56 ; mod. par L. n° 2001-420, 15 mai 2001, art. 107.
3. L. n° 66-537, 24 juill. 1966 sur les sociétés commerciales, *JO* 26 juill., p. 6402 ; codifiée.
4. C. com., art. L. 225-51 ; mod. par L. n° 2003-706, 1er août 2003, art. 117.
5. Crim. 6 mai 1985, n° 84-90.316, P n° 170.

supérieure à la loi du 30 mai 1857[1], toute personne morale étrangère, qui se prétend victime d'une infraction, est habilitée à se constituer partie civile devant une juridiction française dans les conditions prévues par l'article 2 du code de procédure pénale. En conséquence, doit être censuré l'arrêt d'une cour d'appel qui, pour déclarer une société de droit liechtensteinois irrecevable en sa constitution de partie civile, se borne à retenir, sur le fondement de la loi du 30 mai 1857, qu'une telle société, non bénéficiaire d'un décret prévu à l'article 2 de cette loi, ni d'une convention diplomatique conclue à cet effet, n'est pas reconnue en France et n'a donc pas la capacité d'ester en justice[2].

222.282 Personne morale victime directe de l'infraction. *A priori*, seul le ministère public défend l'intérêt général ou collectif. Il pourrait donc paraître surprenant que des établissements publics puissent agir en justice. Pourtant et par la simple application des dispositions du code de procédure pénale, les personnes morales de droit public comme de droit privé, peuvent se constituer partie civile dès lors qu'elles peuvent établir l'existence à leur préjudice d'un dommage directement consécutif à l'infraction poursuivie.

Les articles 2 et 3 du code de procédure pénale ouvrent l'action civile à tous ceux qui ont personnellement souffert du dommage, matériel ou moral, découlant des faits, objet de la poursuite, sans en exclure les personnes morales de droit public. L'atteinte portée, par une contravention à la police de la chasse, aux intérêts qu'un parc national a pour mission légale de préserver, en application de l'article L. 241-1 du code rural (ancien), caractérise, pour celui-ci, un préjudice personnel découlant directement des faits poursuivis, distinct du trouble social. Sa constitution de partie civile est dès lors recevable[3].

On signalera encore en matière d'indemnisation du préjudice moral, la décision venue rappeler que si le préjudice moral des collectivités ou établissements publics peut se confondre avec le trouble social, que répare l'exercice de l'action publique lorsque l'infraction ne porte atteinte qu'à l'intérêt général, il n'en est pas de même lorsque cette infraction cause un préjudice direct à leurs intérêts personnels. Dès lors, justifie sa décision la cour d'appel qui accorde à un office public d'habitations à loyers modérés (OPDHLM), constitué partie civile dans les poursuites pénales exercées contre son directeur général des chefs de corruption passive de fonctionnaire et d'abus de confiance, la réparation du préjudice moral personnel que subit cet organisme, du fait des infractions commises[4].

222.283 Victime faisant l'objet d'une procédure collective. Le jugement qui ouvre ou prononce la liquidation judiciaire emporte de plein droit, à partir de sa date, dessaisissement pour le débiteur[5] de l'administration et de la disposition de ses biens même de ceux qu'il a acquis à quelque titre que ce soit tant que la liquidation judiciaire n'est pas clôturée. Les droits et actions du débiteur concernant son patrimoine sont exercés pendant toute la durée de la liquidation judiciaire par le liquidateur. Le débiteur peut se constituer partie civile dans le but d'établir la culpabilité de l'auteur d'un crime ou d'un délit dont il serait victime[6]. On ne peut mieux exprimer que la constitution de partie civile d'une personne objet d'une procédure collective est possible si elle est effectuée « à l'appui de l'action publique ». Le droit qu'un débiteur soumis à une procédure de liquidation de biens et qui se prétend lésé par une infraction tient de l'article 85 du code de procédure pénale, de se constituer partie civile devant le juge d'instruction compétent est une prérogative attachée à sa personne, l'action publique ainsi mise en mouvement pouvant avoir pour seul objet d'établir la culpabilité de l'auteur présumé de l'infraction. Encourt, en conséquence, la cassation, l'arrêt qui se fonde exclusivement sur les dispositions de l'article 15[7] de la loi du 13 juillet 1967[8] [devenu C. com., art. L. 641-9] pour dire n'y avoir lieu à informer sur la plainte avec constitution de partie civile des chefs d'escroquerie et d'émission de chèques sans provision du dirigeant d'une société déclarée en liquidation de biens[9].

L'administrateur judiciaire, tenant de l'article L. 622-4[10] du code de commerce la possibilité de faire tous actes nécessaires à la conservation des

1. L. 30 mai 1857 qui autorisent les sociétés belges légalement constituées à exercer leurs droits en France, *Bulletin des Lois*, 11e s., B. 503, n° 4578 ; abrogée par L. n° 2007-1787, 20 déc. 2007, art. 27.
2. Crim. 12 nov. 1990, n° 89-81.851, P n° 377.
3. Crim. 7 avr. 1999, n° 98-80.067, P n° 69 ; *D.* 1999. 127 ; *RSC* 1999. 827, obs. J.-H. Robert ; *RSC* 2000. 645, obs. A. Giudicelli.
4. Crim. 18 déc. 1996, n° 94-82.781, P n° 474.
5. AUSSI sur de la question : P.-M. Le Corre, *Droit et pratique des procédures collectives*, 12e éd., « Dalloz action », 2022, n° 552.321.
6. C. com., art. L. 641-9, al. 1 et 2 ; art. not. mod. par L. n° 2005-845, 26 juill. 2005, art. 1er et 104 ; mod. par ord. n° 2010-1512, 9 déc. 2010, art. 5 ; mod. par ord. n° 2014-326, 12 mars 2014, art. 66.
7. L. n° 67-563, 13 juill. 1967, art. 15 ; abrog. par L. n° 85-98, 25 janv. 1985, art. 238.
8. L. n° 67-563, 13 juill. 1967 sur le règlement judiciaire, la liquidation des biens, la faillite personnelle et les banqueroutes, *JO* 14 juill, p. 7059.
9. Crim. 16 déc. 1980, P n° 348 ; *D.* 1981. IR 217, obs. F. Derrida ; *Gaz. Pal.* 1981. 2. 467.
10. C. com., art. L. 622-4 ; mod. par ord. n° 2008-1345, 18 déc. 2008, art. 163.

droits de l'entreprise en redressement judiciaire contre les débiteurs de celle-ci, peut valablement interjeter appel au nom de la société, serait-il dépourvu de pouvoir de représentation en justice[1].

Est recevable la constitution de partie civile du commissaire à l'exécution du plan des chefs de présentation et de publication de comptes annuels infidèles contre les dirigeants d'une société faisant l'objet d'une procédure collective et de confirmation de comptes inexacts contre le commissaire aux comptes, en vertu des pouvoirs que lui confère l'article 67[2] [devenu C. com., art. L. 626-25[3]], alinéa 2, de la loi du 25 janvier 1985[4] pour engager une action au nom des créanciers[5].

La suspension des poursuites individuelles et l'obligation de déclarer au représentant des créanciers les créances antérieures au jugement d'ouverture de la procédure collective, prévues par les articles L. 622-20[6] et L. 622-24[7] du code de commerce, ne s'appliquent qu'aux actions tendant soit à la condamnation du débiteur au paiement d'une somme d'argent, soit à la résolution d'un contrat pour défaut de paiement d'une somme d'argent. Tel n'est pas le cas de l'action des parties civiles et de l'organisme social ayant pour seul objet la constatation de la responsabilité civile de la société en liquidation judiciaire[8].

S'il s'agit en revanche d'obtenir une réparation patrimoniale, ce sera selon le stade de la procédure l'administrateur judiciaire ou le liquidateur qui exercera l'action civile[9]. Toutefois le débiteur peut agir seul en réparation des préjudices extrapatrimoniaux, en particulier du préjudice moral, car si le dessaisissement du débiteur en liquidation des biens résultant de l'article 15[10] [devenu C. com., art. L. 641-9] de la loi du 13 juillet 1967[11] est général et embrasse l'intégralité du patrimoine sans considération de l'origine des biens, c'est à bon droit que les juges du fond énoncent que la seule exception à ce principe est contenue dans l'article L. 112-2[12] du code des procédures civiles d'exécution qui précise quels sont les biens exclus du droit de gage général du créancier, dont le dessaisissement édicté au profit de la masse n'est qu'une application, et décident que les indemnités allouées à un débiteur en liquidation des biens en réparation du préjudice corporel dont il a été victime par le fait d'un tiers, devaient être versées à la masse des créanciers[13].

Du côté des créanciers de la société en procédure collective, rappelons que si l'article L. 654-17[14] du code de commerce ne leur interdit pas de se constituer partie civile par voie d'intervention, c'est à la condition que soit invoqué par eux, un préjudice distinct du montant des créances déclarées dans la procédure collective ouverte contre leur débiteur et résultant directement de l'infraction[15].

222.284 Auteur des faits faisant l'objet d'une procédure collective. Les créanciers d'un débiteur en liquidation judiciaire ne peuvent, dans les hypothèses prévues par l'article L. 643-11[16] du code de commerce, recouvrer l'exercice individuel de leurs actions contre ce débiteur qu'après que la procédure collective a été clôturée pour insuffisance d'actif. Encourt la censure l'arrêt qui déclare recevable la demande d'indemnité formée par les victimes d'un abus de confiance, sans constater que la liquidation judiciaire dont l'auteur des faits avait été l'objet était clôturée[17].

SECTION 9 PERSONNE MORALE – ASSOCIATION

§ 1 Règles générales

222.291 Défense de l'intérêt personnel. Les associations ont bien évidemment le droit d'être avisées de la tenue de l'audience afin de pouvoir le cas échéant se constituer partie civile lorsqu'il apparaît

1. Crim. 27 févr. 2002, n° 01-82.594, P n° 52 ; *D.* 2002. 2258 ; *RTD com.* 2002. 557, obs. B. Bouloc.
2. L. n° 85-98, 25 janv. 1985, art. 67 ; codifié par ord. n° 2000-912, 18 sept. 2000, art. 4.
3. C. com., art. L. 626-25 ; not. mod. par L. n° 2005-845, 26 juill. 2005, art. 1er et 79 ; mod. par ord. n° 2009-112, 30 janv. 2009, art. 11 ; mod. par L. n° 2016-1547, 18 nov. 2016, art. 99.
4. L. n° 85-98, 25 janv. 1985 relative au redressement et à la liquidation judiciaires des entreprises, *JO* 26 janv., p. 1097.
5. Crim. 27 nov. 1997, n° 96-85.520, P n° 405.
6. C. com., art. L. 622-20 ; mod. par ord. n° 2014-326, 12 mars 2014, art. 25.
7. C. com., art. L. 622-24 ; mod. par ord. n° 2014-326, 12 mars 2014, art. 27.
8. Crim. 20 mars 2001, n° 98-87.544, P n° 71 ; *RSC* 2001. 577, obs. Y. Mayaud ; *RSC* 2001. 801, obs. B. Bouloc.
9. Crim. 11 déc. 1973, n° 73-91.525, P n° 459.
10. L. n° 67-563, 13 juill. 1967, art. 15, préc.
11. L. n° 67-563, 13 juill. 1967, préc.
12. C. pr. exéc., art. L. 112-2 ; codifié par ord. n° 2011-1895, 19 déc. 2011.
13. Cass., ass. plén., 15 avr. 1983, n° 80-13.339, P n° 4.
14. C. com., art. L. 654-17 ; créé par L. n° 2005-845, 26 juill. 2005, art. 1er, 146 et 165.
15. Crim. 17 juin 2014, n° 13-83.288, P n° 150 ; *D.* 2014. 1373 ; *Rev. Sociétés* 2015. 195, note B. Bouloc ; *RSC* 2015. 334, obs. H. Matsopoulou ; *RTD com.* 2014. 708, obs. B. Bouloc.
16. C. com., art. L. 643-11 ; mod. par L. n° 2015-1702, 21 déc. 2015, art. 93.
17. Crim. 6 avr. 2016, n° 15-81.272, P n° 123 ; *D.* 2016. 1409, note N. Balat et F. Safi ; *RDI* 2016. 471, obs. G. Roujou de Boubée ; *RSC* 2016. 773, obs. H. Matsopoulou ; *RTD com.* 2016. 568, obs. L. Saenko.

qu'elles ont été les victimes directes, par exemple, de vols ou de dégradations de leurs locaux. Disposant de la personnalité juridique, elles seront alors prises en la personne de leur représentant légal. La difficulté sera ici souvent d'avoir dans le temps de l'audience pénale, tous les documents utiles et en particulier les statuts et la composition du bureau. Et parfois celle de la frontière délicate entre l'intérêt personnel de l'association et l'intérêt collectif de ses membres.

Une association n'ayant pas pour but la défense des intérêts de ses membres, qui a été spécialement créée pour lutter contre le tabagisme et qui est reconnue d'utilité publique à cet effet, subit un préjudice direct et personnel du fait d'une publicité clandestine en faveur du tabac. La recevabilité de son action découle de la spécificité du but et de l'objet de sa mission [1] ; ou encore, une association qui n'a pas pour but la défense des intérêts de ses membres, qui a été spécialement créée pour conserver la mémoire des victimes de la déportation et qui a été reconnue d'utilité publique à cet effet subit un préjudice direct et personnel du fait de l'apologie des crimes de guerre, la déportation étant un de ces crimes. La recevabilité découle de la spécialité du but et de l'objet de sa mission [2].

Pour qu'une constitution de partie civile soit recevable devant la juridiction d'instruction, il suffit que les circonstances sur lesquelles elle s'appuie permettent au juge d'admettre comme possible l'existence du préjudice allégué et la relation directe de celui-ci avec une infraction à la loi pénale [3]. Cet arrêt est à noter en ce qu'il s'agissait en l'espèce d'une constitution de partie civile de l'association Transparence International France, émanation d'une organisation non gouvernementale internationale, dans une procédure contre trois chefs d'État étrangers et certaines personnes de leur entourage, pour détournement de fonds publics, abus de biens sociaux, blanchiment, complicité de ces délits, abus de confiance et recel, la partie civile faisant valoir que des biens provenant des infractions dénoncées, elles-mêmes relevant du phénomène de la corruption, étaient détenus par les personnes en cause sur le territoire français. La chambre criminelle, au visa de l'article 2 [4] du code de procédure pénale, retient qu'à les supposer établis, les délits poursuivis, spécialement le recel et le blanchiment en France de biens financés par des détournements de fonds publics, eux-mêmes favorisés par des pratiques de corruption mais distincts de cette infraction, seraient de nature à causer à l'association Transparence International France un préjudice direct et personnel en raison de la spécificité du but et de l'objet de sa mission.

En revanche la chambre criminelle a approuvé une chambre de l'instruction d'avoir énoncé que l'action civile devant les juridictions répressives est un droit exceptionnel qui en raison, de sa nature, doit être strictement renfermé dans les limites des articles 2 et 3 du code de procédure pénale et que l'article L. 142-2 du code de l'environnement qui permet aux associations agréées pour la défense de l'environnement de se constituer partie civile, d'interprétation stricte s'agissant d'un texte spécial, ne s'applique qu'à la condition que l'infraction dénoncée relève de la liste limitative des infractions aux dispositions législatives relatives à la protection de l'environnement ou ayant pour objet la lutte contre les pollutions ou les nuisances énumérées par cet article, l'association n'étant pas susceptible par ailleurs de subir un préjudice personnel directement causé par le délit dénoncé de mise en danger d'autrui [5].

Dans tous les cas, la règle appliquée ici au stade d'une juridiction d'instruction n'est pas tout à fait transposable aux juridictions de jugement : là ou durant l'instruction suffisent la possibilité de l'existence du préjudice allégué et de sa relation directe avec une infraction à la loi pénale, le tribunal ne recevra la constitution de partie civile que si la réalité d'un préjudice directement consécutif à une infraction qu'il sanctionne est établie.

222.292 **Défense des intérêts collectifs.** Mais les associations existent également, et peut-être surtout, pour défendre les intérêts collectifs de leurs adhérents conformément à leur objet déclaré. Dans cette hypothèse, les associations qui, par dérogation légale aux dispositions de l'article 2 du code de procédure pénale, sont autorisées à exercer à l'encontre des auteurs de certaines infractions les droits reconnus à la partie civile, doivent être en mesure de justifier devant les juges de l'agrément auquel elles sont assujetties par la loi [6]. Si, selon l'article 1er de la loi du 5 janvier 1988 [7], les associations régulièrement déclarées ayant pour objet statutaire explicite la défense des intérêts des consommateurs peuvent exercer les droits de la partie civile relativement aux faits portant un préjudice direct ou indirect à l'intérêt collectif des consommateurs,

1. Crim. 29 avr. 1986, n° 84-93.719, P n° 146.
2. Crim. 14 janv. 1971, n° 70-90.558, P n° 14.
3. Crim. 9 nov. 2010, n° 09-88.272, NP ; *D.* 2010. 2707, obs. S. Lavric ; *D.* 2010. 2641, édito. F. Rome ; *D.* 2010. 2760, entretien G. Roujou de Boubée ; *D.* 2011. 112, point de vue M. Perdriel-Vaissière ; *RSC* 2011. 858, obs. X. Salvat.
4. C. pr. pén., art. 2 ; mod. par ord. n° 58-1296, 23 déc. 1958, art. 1er.
5. Crim. 8 sept. 2020, n° 19-85.004, P 17.
6. Crim. 26 mai 1992, n° 89-83.536, P n° 211 ; *D.* 2014. 1373 ; *RSC* 2015. 334, obs. H. Matsopoulou.
7. L. n° 88-14, 5 janv. 1988 relative aux actions en justice des associations agréées de consommateurs et à l'information des consommateurs, *JO* 6 janv., p. 219.

c'est à la condition d'avoir été agréées à cette fin. Encourt la cassation l'arrêt qui, dans une poursuite du chef de fraudes et falsifications, reçoit la constitution de partie civile d'une association sans rechercher si elle a été régulièrement agréée par arrêté conforme aux dispositions de l'article 2 du décret du 6 mai 1988[1] pris pour l'application de la loi susmentionnée ou si cette association a personnellement subi un préjudice résultant directement de l'infraction[2].

À défaut d'habilitation légale, une association ne peut donc se constituer « au-delà » de son préjudice direct. En effet, le retrait de l'agrément prévu par l'article L. 621-1 du code de la consommation fait obstacle à ce que l'association de protection des consommateurs qui en bénéficiait lorsqu'elle a fait citer des prévenus devant la juridiction pénale, obtienne réparation d'un préjudice direct ou indirect à l'intérêt collectif des consommateurs[3], et ce, même si elle avait demandé réparation avant de perdre son agrément.

Aux termes de l'article 2 du code de procédure pénale, et sauf dérogation législative, l'action civile ne peut être exercée devant les juridictions pénales que par celui qui a subi un préjudice personnel prenant directement sa source dans l'infraction poursuivie ; il n'en est pas ainsi d'une association qui, n'entrant pas dans les prévisions des articles 2-1[4] et suivants du code précité a pour but « de regrouper et défendre les familles des victimes des accidents de la circulation et d'agir pour améliorer notamment la sécurité routière » et dont le préjudice allégué n'est autre que celui, réparé, subi par la famille de la victime d'un accident de la circulation[5]. Il n'en est pas non plus ainsi d'une association qui, n'entrant pas dans les prévisions des articles 2-1 et suivants du code précité, a pour objet « le respect du suffrage universel » et dont le préjudice moral allégué n'est pas distinct du préjudice social dont la réparation est assurée par l'exercice même de l'action publique[6].

222.293 Accord de la victime. Dans de nombreux cas, la loi exige que l'association ait reçu l'accord de la victime « principale » pour agir[7].

L'exercice de l'action civile devant les juridictions pénales est un droit exceptionnel qui, en raison de sa nature, doit être strictement renfermé dans les limites fixées par le code de procédure pénale ; si les associations se proposant de combattre le racisme peuvent exercer les droits reconnus à la partie civile, une telle action n'est recevable lorsque l'infraction aura été commise envers une personne considérée individuellement que si l'association justifie avoir reçu l'accord de la personne intéressée, lorsque cet accord peut être recueilli.

Dans le cas d'une atteinte volontaire à la vie d'une personne en raison de son origine raciale, à défaut d'avoir pu recueillir l'accord de la victime elle-même, les associations entrant dans la catégorie de celles prévues par l'article 2-1, alinéa 1er, du code de procédure pénale, sont irrecevables à exercer les droits reconnus à la partie civile. Dès lors, encourt la cassation l'arrêt de la chambre de l'instruction qui, pour infirmer l'ordonnance d'irrecevabilité de la constitution de partie civile du MRAP dans une information suivie pour meurtre à caractère racial, retient, d'une part, qu'en raison du décès de la victime antérieurement à l'intervention de l'association, la condition de l'accord de la personne ne peut être opposée à celle-ci, et, d'autre part, qu'en l'absence de disposition légale relative à la manifestation de la volonté des ayants droit de la victime, l'opposition manifestée par certains membres de la famille ne peut avoir d'effet juridique[8].

Lorsque l'infraction de discrimination raciale a été commise envers une personne considérée individuellement, l'accord de celle-ci est nécessaire pour rendre recevable la constitution de partie civile de l'association, tant par voie d'action que par voie d'intervention. Fait l'exacte application de l'article 2-1 du code de procédure pénale la cour d'appel qui, pour déclarer irrecevable la constitution de partie civile par voie d'intervention de l'association SOS racisme dans l'information ouverte par le procureur de la République du chef de discrimination raciale envers sept personnes nommément désignées, retient que cette constitution a été faite sans l'accord préalable des personnes intéressées[9].

L'exception d'irrecevabilité de la constitution de partie civile d'une association, tirée de ce que l'obtention de l'accord préalable de victimes n'aurait pas été vérifiée par la cour d'appel, soulevée pour la première fois devant la Cour de cassation, est un moyen nouveau, mélangé de fait et de droit, et donc irrecevable[10].

1. Décr. n° 88-619, 6 mai 1988 modifiant le décret n° 66-388 du 13 juin 1966 relatif à la tutelle administrative des associations, fondations et congrégations, *JO* 8 mai, p. 6630.
2. Crim. 23 janv. 1992, n° 89-82.111, P n° 24.
3. Crim. 6 sept. 2022, n° 20-86.225, P.
4. C. pr. pén., art. 2-1 ; créé par L. n° 72-546, 1er juill. 1972, art. 8.
5. Crim. 23 juin 1986, n° 85-91.469, P n° 218.
6. Crim. 6 mars 1990, n° 88-81.385, P n° 104.
7. Pour des exemples, v. ss nos 222.301, 222.311.
8. Crim. 25 sept. 2007, n° 05-88.324, P n° 220 ; *AJ pénal* 2008. 83, note C. Saas ; *RSC* 2008. 108, obs. A. Giudicelli.
9. Crim. 25 nov. 2008, n° 07-88.006, P n° 238 ; *RSC* 2009. 133, obs. A. Giudicelli.
10. Crim. 15 juin 2000, n° 99-84.171, P n° 227.

222.294 **Objet statutaire de l'association.** Il convient de relever que le code de procédure pénale – pas plus que les textes extérieurs à ce code – ne mentionnent nominativement celles des associations qui peuvent intervenir en justice. Le code de procédure pénale énumère simplement, dans les articles 2-1 [1] à 2-23, et en fonction de l'objet statutaire qu'elles ont déclaré, celles des associations qui se sont vu reconnaître la possibilité d'intervenir en justice au fil de lois successives. Cet objet statutaire s'interprète restrictivement.

Ainsi une association admise à se constituer partie civile « relativement aux faits de nature à nuire aux intérêts moraux et matériels des familles » (l'Union nationale des associations familiales, Unaf), ne peut se voir reconnaître le droit d'agir sur le fondement des dispositions de l'article 2-1 en matière de racisme.

Il résulte de la combinaison des articles 47, 48 [2], et 48-1 [3] de la loi du 29 juillet 1881 que seuls le ministère public et certaines associations se proposant par leurs statuts de combattre le racisme ou d'assister les victimes de discrimination raciale ou religieuse peuvent mettre en mouvement l'action publique en cas de délit prévu par l'article 24 [4], alinéa 6, de cette loi [5].

Est encore irrecevable la constitution de partie civile d'une association de protection d'une appellation contrôlée qui ne figure pas parmi celles qui sont énumérées par les articles 2-1 à 2-21 (devenu 2-23) du code de procédure pénale et qui, la poursuite ayant été engagée pour tromperie, ne peut justifier d'un préjudice découlant directement des faits délictueux [6].

Au visa de l'article 2-13 du code de procédure pénale, la chambre criminelle a encore pu relever qu'une association régulièrement déclarée, dont l'objet statutaire est la défense et la protection des animaux, ne peut exercer les droits reconnus à la partie civile qu'en ce qui concerne les infractions réprimant les sévices graves ou actes de cruauté et les mauvais traitements envers les animaux ainsi que les atteintes volontaires à la vie d'un animal prévues par le code pénal ; après avoir déclaré les prévenues coupables de tromperies sur la marchandise et d'importation de marchandises prohibées, l'arrêt attaqué déclare recevable la constitution de partie civile de la Fondation 30 millions d'Amis, ayant pour objet social, tel que défini par ses statuts, la défense et la protection des animaux mais en prononçant ainsi, la cour d'appel a méconnu le sens et la portée du texte ci-dessus visé [7].

En revanche et pour un exemple en sens inverse, l'action relative au prix de vente des produits alimentaires rentre dans la défense des intérêts matériels des familles. Les associations familiales étant habilitées, en vertu de l'article 3 du code de la famille et de l'aide sociale, à exercer, devant toutes les juridictions, l'action civile relativement aux faits de nature à nuire aux intérêts moraux et matériels des familles, c'est à bon droit qu'une cour d'appel, qui relève qu'une telle association mène une action particulière dans le domaine des prix, lui accorde des dommages-intérêts en réparation du préjudice par elle subi du fait de la publicité trompeuse portant sur des produits alimentaires [8]. Est encore recevable, l'action civile d'une union départementale d'associations familiales en cas d'accident mortel dû à une fraude sur le lait [9]. Concernant une association d'assistance aux victimes de terrorisme, la chambre criminelle a pu juger que l'article 2-9 du code de procédure pénale ne subordonne pas la recevabilité de la constitution de partie civile d'une association à la nécessité d'assister une victime dans l'affaire dans laquelle l'action civile est exercée, mais seulement à l'objet statutaire de l'association qui doit tendre à l'assistance des victimes d'infractions, et à la date de sa déclaration [10].

Il faut retenir surtout, qu'outre les dispositions précitées des articles 2-1 et suivants du code de procédure pénale, de multiples textes épars, appartenant ou pas à d'autres codes, reconnaissent, comme dans les exemples ci-dessus, le droit d'agir en justice à de multiples associations [11].

Parmi les derniers textes, on citera, l'article unique de la loi du 7 mars 2012 [12] qui dispose que :

I. – Pour l'application de l'article 30 de la loi du 29 juillet 1881 sur la liberté de la presse, les formations supplétives sont considérées comme faisant partie des forces armées.

II. – Toute association, régulièrement déclarée depuis au moins cinq ans à la date des faits, qui se

1. C. pr. pén., art. 2-1 ; créé par L. n° 72-546, 1er juill. 1972, art. 8.
2. L. 29 juill. 1881, art. 48 ; mod. par L. n° 2013-711, 5 août 2013, art. 21.
3. L. 29 juill. 1881, art. 48-1 ; mod. par L. n° 2017-86, 27 janv. 2017, art. 174.
4. L. 29 juill. 1881, art. 24 ; mod. par L. n° 2017-86, 27 janv. 2017, art. 170 et 173.
5. Crim. 17 déc. 2002, n° 01-85.650, P n° 227 ; *D.* 2003. 865 ; *RSC* 2003. 556, obs. Y. Mayaud.
6. Crim. 29 oct. 2013, n° 12-84.108, P n° 208 ; *Rev. sociétés* 2014. 454, note B. Bouloc ; *RTD com.* 2014. 206, obs. B. Bouloc.
7. Crim. 7 janv. 2014, n° 13-80.857, NP.
8. Crim. 3 sept. 1992, n° 91-86.591, P n° 281 ; *RTD com.* 1993. 592, obs. P. Bouzat.
9. Crim. 20 déc. 1951, *Gaz. Pal.* 1952. 1. 92.
10. Crim. 22 avr. 2020, n° 19-81.273, *AJ pénal* 2020. 369.
11. V. ss n° 222.401.
12. L. n° 2012-326, 7 mars 2012 relative aux formations supplétives des forces armées, *JO* 8 mars, p. 4317, art. unique.

propose par ses statuts de défendre les intérêts moraux et l'honneur de personnes ou de groupes de personnes faisant ou ayant fait partie de formations supplétives de l'armée peut exercer les droits reconnus à la partie civile en ce qui concerne les délits de diffamation ou d'injure prévus par la loi du 29 juillet 1881 précitée qui ont causé un préjudice direct ou indirect à la mission qu'elle remplit. En cas de diffamation ou d'injure prévues à l'article 30 et au premier alinéa de l'article 33 de la même loi, le 1° de l'article 48 de ladite loi n'est pas applicable. En cas de diffamation ou d'injure commises envers des personnes considérées individuellement, l'association n'est recevable dans son action que si elle justifie avoir reçu l'accord de ces personnes ou de leurs ayants droit.

Parmi les textes plus anciens on renverra aux articles 48-1 [1] et suivants de la loi du 29 juillet 1881, qui déclinent les associations autorisées à agir selon la nature des infractions poursuivies en matière de presse [2].

222.295 **Association étrangère.** Selon les dispositions combinées des articles 6, § 1 et 14 de la convention européenne des droits de l'homme, toute personne morale, quelle que soit sa nationalité, a droit à ce que sa cause soit entendue par un tribunal indépendant et impartial.

Méconnaît ces textes et ce principe la cour d'appel qui déclare irrecevable l'action d'une organisation de droit étranger pour inobservation des formalités exigées par l'article 5 de la loi du 1er juillet 1901 [3], alors que toute personne morale étrangère, qui se prétend victime d'une infraction, est habilitée à se constituer partie civile, devant une juridiction française, dans les conditions prévues par l'article 2 [4] du code de procédure pénale, même si elle n'a pas d'établissement en France et n'a pas fait de déclaration préalable à la préfecture [5].

Notons sur ce point la réponse du Conseil constitutionnel à une QPC transmise par la chambre criminelle, aux termes de laquelle, après réserve d'interprétation : « Considérant, toutefois, que les dispositions du troisième alinéa de l'article 5 de la loi du 1er juillet 1901 n'ont pas pour objet et ne sauraient, sans porter une atteinte injustifiée au droit d'exercer un recours juridictionnel effectif, être interprétées comme privant les associations ayant leur siège à l'étranger, dotées de la personnalité morale en vertu de la législation dont elles relèvent mais qui ne disposent d'aucun établissement en France, de la qualité pour agir devant les juridictions françaises dans le respect des règles qui encadrent la recevabilité de l'action en justice... », les sages ont indiqué que le troisième alinéa de l'article 5 [6] de la loi du 1er juillet 1901 relative au contrat d'association est conforme à la Constitution [7].

§ 2
Associations de lutte contre les violences et les discriminations

A.
Lutte contre le racisme et les discriminations

222.301 **Qualité à agir.** Toute association régulièrement déclarée depuis au moins cinq ans à la date des faits, se proposant par ses statuts de combattre le racisme ou d'assister les victimes de discrimination fondée sur leur origine nationale, ethnique, raciale ou religieuse, peut exercer les droits reconnus à la partie civile en ce qui concerne, d'une part, les discriminations réprimées par les articles 225-2 et 432-7 du code pénal et l'établissement ou la conservation de fichiers réprimés par l'article 226-19 du même code, d'autre part, les atteintes volontaires à la vie et à l'intégrité de la personne, les menaces, les vols, les extorsions et les destructions, dégradations et détériorations qui ont été commis au préjudice d'une personne à raison de son origine nationale, de son appartenance ou de sa non-appartenance, vraie ou supposée, à une ethnie, une race ou une religion déterminée.

Toutefois, lorsque l'infraction aura été commise envers une personne considérée individuellement, l'association ne sera recevable dans son action que si elle justifie avoir reçu l'accord de la personne intéressée ou, si celle-ci est mineure, l'accord du titulaire de l'autorité parentale ou du représentant légal, lorsque cet accord peut être recueilli.

Toute fondation reconnue d'utilité publique peut exercer les droits reconnus à la partie civile dans les

1. L. 29 juill. 1881, art. 48-1 ; mod. par L. n° 2017-86, 27 janv. 2017, art. 174.
2. V. s[s] n°s 222.411 s.
3. L. 1er juill. 1901 relative au contrat d'association, *JO* 2 juill., p. 4025.
4. C. pr. pén., art. 2 ; mod. par ord. n° 58-1296, 23 déc. 1958, art. 1er.
5. Crim. 8 déc. 2009, n° 09-81.607, P n° 205 ; *D.* 2010. 202, obs. M. Léna ; *D.* 2010. 2254, obs. J. Pradel ; *D.* 2010. 2323, obs. L. d'Avout et S. Bollée ; *RSC* 2010. 182, obs. A. Giudicelli.
6. L. 1er juill. 1901, art. 5 ; mod. par ord. n° 2015-904, 23 juill. 2015, art. 1er.
7. Cons. const. 7 nov. 2014, n° 2014-424 DC, art. sous réserve 5, al. 3, de la loi du 1er juill. 1901, *capacité juridique des associations ayant leur siège social à l'étranger*, conformité – réserve ; *AJDA* 2014. 2218 ; *D.* 2014. 2309 ; *Rev. crit. DIP* 2015. 383, note L. d'Avout – Crim. 20 août 2014, n° 14-80.394, P n° 175 ; *D.* 2014. 1692.

mêmes conditions et sous les mêmes réserves que l'association mentionnée au présent article[1].

En cas d'atteinte volontaire à la vie, si la victime est décédée, l'association doit justifier avoir reçu l'accord de ses ayants droit[2].

La règle est générale et on observera donc à ce stade et pour toutes les autres associations, l'exigence légale d'une association régulièrement déclarée, cela va de soi, existant depuis un certain temps, en général « au moins cinq ans », et apte à se constituer partie civile pour les dommages résultants d'un nombre limité d'infractions, que ces articles 2-1 et suivants énoncent.

222.302 **Recevabilité de l'action.** En ce qui concerne l'infraction prévue par l'article 24 *bis*[3] de ladite loi (complicité de contestation de crimes contre l'humanité), l'objet statutaire de l'association, défini par l'article 48-2[4] de la loi du 29 juillet 1881, issu de la loi du 13 juillet 1990[5], doit avoir été déclaré depuis au moins cinq ans, à la date des faits, pour permettre l'exercice des droits reconnus à la partie civile, condition en l'espèce non remplie par la Licra, d'où son irrecevabilité[6].

Il a en effet été rappelé de longue date que l'exercice de l'action civile devant les tribunaux de répression est un droit exceptionnel qui, en raison de sa nature, doit être strictement renfermé dans les limites fixées par le code de procédure pénale. Si, aux termes de l'article 2-1, du code de procédure pénale modifié par la loi du 1er juillet 1972[7], les associations constituées sous le régime de la loi du 1er juillet 1901 et se proposant par leurs statuts de combattre le racisme peuvent, sous certaines conditions et à l'égard de certaines infractions, exercer les droits reconnus à la partie civile, une telle action n'est recevable que dans les cas limitativement prévus par le texte[8].

À l'inverse, encourt la cassation l'arrêt de la chambre d'accusation qui a déclaré irrecevable la plainte avec constitution de partie civile pour infractions aux articles 187-1 et 416 du code pénal d'une association, régulièrement déclarée, se proposant de combattre le racisme, au motif qu'elle n'a pas allégué avoir personnellement souffert d'un préjudice en relation avec ladite infraction. En effet, une telle association agissant conformément aux dispositions de l'article 2-1 du code de procédure pénale tient, sans autre condition, le pouvoir d'exercer les droits reconnus à la partie civile[9].

En outre, les infractions poursuivies doivent être en rapport avec l'objet statutaire de l'association : la constitution de partie civile d'associations se proposant de lutter contre le racisme n'est recevable que si les infractions énumérées à l'article 2-1 du code de procédure pénale ont été commises à raison de considérations raciales[10].

Mais toute association régulièrement déclarée depuis au moins cinq ans à la date des faits, se proposant par ses statuts de combattre le racisme, a le droit d'agir, en application de l'article 48-1 de la loi du 29 juillet 1881, sans autre condition que celles prévues par ce texte, lequel n'exige pas, notamment, l'unicité d'objet[11]. Cette dernière décision est intéressante s'agissant en l'espèce d'une association dénommée Alliance générale contre le racisme et pour le respect de l'identité française et chrétienne (Agrif), qui par ses statuts manifestait formellement son intention de lutter contre le racisme, en spécifiant que la lutte s'inscrivait dans le cadre des « valeurs menacées de notre civilisation » et plus précisément contre « le racisme antifrançais et antichrétien », et qui avait fait citer pour provocation à la discrimination, à la haine ou à la violence à l'égard d'un groupe de personnes, à raison de son appartenance à une religion, le directeur d'une publication à la suite notamment de la parution d'une « caricature représentant une religieuse d'aspect grotesque occupée devant un sapin de Noël à gonfler avec une pompe à bicyclette un Christ en croix, trouvé parmi d'autres cadeaux ».

Pareillement a-t-il pu être jugé que justifie sa décision, la cour d'appel qui, pour déclarer irrecevable l'action civile d'une association exercée contre une personne poursuivie du chef de provocation à la discrimination, la haine ou la violence envers un groupe de personnes à raison de leur appartenance à la nation israélienne, pour avoir appelé au boycott des produits en provenance d'Israël, sur le fondement de l'article 24[12], alinéa 8, de la loi du 29 juillet 1881, retient que cette association a pour seul objet social d'entreprendre toutes les actions,

1. C. pr. pén., art. 2-1 à 2-6 et 2-8 à 2-23 ; complétés par un alinéa ajouté par L. n° 2016-1547, 18 nov. 2016, art. 43.
2. C. pr. pén., art. 2-1 ; réd. L. n° 2017-86, 27 janv. 2017, art. 206.
3. L. 29 juill. 1881, art. 24 *bis* ; mod. par L. n° 2017-86, 27 janv. 2017, art. 173.
4. L. 29 juill. 1881, art. 48-2 ; créé par L. n° 90-615, 13 juill. 1990, art. 13 ; mod. par L. n° 2017-86, 27 janv. 2017, art. 176.
5. L. n° 90-615, 13 juill. 1990 tendant à réprimer tout acte raciste, antisémite ou xénophobe, *JO* 14 juill., p. 8333.
6. Crim. 21 mai 1996, n° 94-83.370, P n° 209 ; *D.* 1996. 210.
7. L. n° 72-546, 1er juill. 1972 relative à la lutte contre le racisme, *JO* 2 juill., p. 6803, art. 8.
8. Crim. 22 déc. 1975, n° 74-92.080, P n° 291.
9. Crim. 1er déc. 1981, n° 80-92.810, P n° 317.
10. Crim. 3 mai 1995, n° 95-80.725, P n° 161 ; *RSC* 1995. 836, obs. J.-P. Dintilhac.
11. Crim. 16 avr. 1991, n° 90-87.508, P n° 182 ; *D.* 2013. 2777.
12. L. 29 juill. 1881, art. 24 ; mod. par L. n° 2004-1486, 30 déc. 2004, art. 20 et 22.

notamment en justice, pour lutter contre toute forme de discrimination commerciale ou boycott, et non de combattre le racisme ou d'assister les victimes de discrimination fondées sur leur origine nationale, ethnique ou religieuse comme l'exige l'article 48-1 de ladite loi [1].

Un dernier arrêt est venu préciser que l'application de l'article 2-1 du code de procédure pénale n'est pas subordonnée à la caractérisation d'une circonstance aggravante déterminée. Par voie de conséquence, encourt la cassation l'arrêt qui, pour déclarer une association irrecevable en sa constitution de partie civile pour des faits de dégradations aggravées, retient, sans mieux rechercher si les faits ont été commis à raison de l'appartenance ou de la non-appartenance, vraie ou supposée, des victimes à une ethnie, une race ou une religion déterminée, qu'aucune circonstance aggravante tenant à un tel mobile n'a été relevée. Il suffit en l'espèce au juge de constater que l'auteur des faits a agi à raison de l'origine ou de la religion de la victime peu importe que cette circonstance aggravante n'ait pas été retenue à la prévention [2].

222.303 Cas de lutte contre la traite des êtres humains et l'esclavage. Peu éloigné, même s'il s'en distingue, de la lutte contre le racisme et les discriminations, le nouvel article 2-22 du code de procédure pénale issu de la loi du 5 août 2013 [3], est venu reconnaître à toute association régulièrement déclarée depuis au moins cinq ans à la date des faits dont l'objet statutaire comporte la lutte contre la traite des êtres humains et l'esclavage, la possibilité d'exercer les droits reconnus à la partie civile en ce qui concerne les infractions de traite des êtres humains, de réduction en esclavage, d'exploitation d'une personne réduite en esclavage, de travail forcé et de réduction en servitude, réprimées par les articles 224-1 A à 224-1 C (section relative à la réduction en esclavage et l'exploitation de personnes réduites en esclavage), 225-4-1 à 225-4-9 (section relative à la traite des êtres humains), 225-14-1 et 225-14-2 (articles relatifs au travail forcé et à la réduction en servitude) du code pénal.

Toutefois, l'association n'est recevable dans son action que si elle justifie avoir reçu l'accord de la victime. Si celle-ci est un mineur ou un majeur protégé, l'accord doit être donné par son représentant légal.

1. Crim. 19 nov. 2013, n° 12-84.083, P n° 232 ; *D.* 2013. 2777.
2. Crim. 4 avr. 2023, n° 22-82.585, P.
3. L. n° 2013-711, 5 août 2013 portant diverses dispositions d'adaptation dans le domaine de la justice en application du droit de l'Union européenne et des engagements internationaux de la France, *JO* 6 août, p. 13338, art. 2.

222.304 Protection particulière des agents chargés d'une mission de service public. La loi confortant le respect des principes de la République du 24 août 2021 [4] est venue autoriser, toute association régulièrement déclarée depuis au moins cinq ans à la date des faits et dont l'objet statutaire comporte la lutte contre les violences, les injures, les diffamations, le harcèlement moral, les discours de haine ou la divulgation d'informations dont sont victimes les agents chargés d'une mission de service public à exercer les droits reconnus à la partie civile en ce qui concerne les atteintes volontaires à la vie et à l'intégrité de la personne et les agressions et autres atteintes, enlèvements et séquestrations réprimés par les articles 221-1 à 221-5-5, 222-1 à 222-18-3, 222-22 à 222-33-1, 223-1-1 et 224-1 à 224-5-2 du code pénal, si elle justifie avoir reçu l'accord de la victime ou, si cette dernière est un majeur sous tutelle, de son représentant légal [5].

Il faut encore retenir ici, l'objet étroit de ce texte qui ne concerne que les agents chargés d'une mission de service public qui doivent avoir donné leur accord à l'action de l'association.

B.
Lutte contre les violences sexuelles ou familiales

222.311 Qualité à agir. Toute association régulièrement déclarée depuis au moins cinq ans à la date des faits, dont l'objet statutaire comporte la lutte contre les violences sexuelles, contre le harcèlement sexuel ou contre les violences exercées sur un membre de la famille, peut exercer les droits reconnus à la partie civile, en ce qui concerne les atteintes volontaires à la vie et à l'intégrité de la personne, les agressions et autres atteintes sexuelles, l'enlèvement et la séquestration et la violation de domicile réprimés par les articles 221-1 à 221-4, 222-1 à 222-18, 222-23 à 222-33, 224-1 à 224-5, 226-4 et 432-8 du code pénal, lorsque la victime de ces infractions était majeure à la date des faits. Toutefois, l'association ne sera recevable dans son action que si elle justifie avoir reçu l'accord de la victime. Si celle-ci est un majeur en tutelle, l'accord doit être donné par son représentant légal.

Toute fondation reconnue d'utilité publique peut exercer les droits reconnus à la partie civile dans les mêmes conditions et sous les mêmes réserves que l'association mentionnée au présent article [6].

4. L. n° 2021-1109, 24 août 2021, *JO* 25 août, n° 1.
5. C. pr. pén., art. 2-25.
6. C. pr. pén., art. 2-1 à 2-6 et 2-8 à 2-23 ; complétés par un alinéa ajouté par L. n° 2016-1547, 18 nov. 2016, art. 43.

En cas d'atteinte volontaire à la vie, si la victime est décédée, l'association doit justifier avoir reçu l'accord de ses ayants droit[1].

Ces associations peuvent donc joindre leur action à une action publique déjà engagée ou mettre elles-mêmes l'action publique en mouvement en prenant l'initiative de se constituer partie civile pour toutes infractions en rapport avec leur objet déclaré. Nul ne contestera l'utilité de ce texte en particulier pour tout ce qui concerne les violences intrafamiliales ou faites aux femmes. La difficulté sera encore ici que leur action ne sera recevable que si l'association justifie avoir reçu l'accord de la victime ou de son représentant légal si elle est mineure.

Cette dernière condition n'est en revanche pas exigée lorsque l'infraction a été commise à l'étranger et qu'il est fait application de l'article 222-22, alinéa 2, du code pénal (lorsque les agressions sexuelles ont été commises à l'étranger par un français ou par une personne résidant habituellement sur le territoire français).

222.312 **Recevabilité de l'action.** Toute association régulièrement déclarée depuis au moins cinq ans à la date des faits et se proposant, aux termes de ses statuts, de combattre les violences sexuelles, tient, sans autre condition, des dispositions de l'article 2-2 du code de procédure pénale, le pouvoir d'exercer les droits reconnus à la partie civile pour mettre l'action publique en mouvement en ce qui concerne les infractions prévues par les articles 332, 333 et 333-1 du code pénal. La Cour de cassation exerce son contrôle sur l'interprétation donnée par les juges du fond des statuts d'une telle association qui sont joints aux pièces de la procédure[2].

Selon les dispositions de l'article 469 du code de procédure pénale, lorsqu'il est saisi par le renvoi ordonné par le juge d'instruction ou la chambre de l'instruction, et que la victime, constituée partie civile, était assistée d'un avocat lorsque ce renvoi a été ordonné, le tribunal correctionnel ne peut, d'office ou à la demande des parties, se déclarer incompétent au motif que le fait déféré serait de nature à entraîner une peine criminelle. Encourt la cassation l'arrêt qui, pour dire recevable l'exception d'incompétence soulevée par une association, également constituée partie civile au cours de l'instruction mais n'ayant pas été assistée d'un avocat, retient que cette association avait la qualité de victime, alors que la victime des faits poursuivis, seule visée par l'article 469, alinéa 4, du code de procédure pénale, était constituée partie civile et assistée d'un avocat lorsque le renvoi devant le tribunal correctionnel a été ordonné et que les parties ne pouvaient plus soulever l'incompétence de ce tribunal[3].

Enfin, la constitution de l'association n'est recevable que dans les cas limitativement prévus par la loi. Le délit prévu par l'article 63, alinéa 2, du code pénal ne figurant pas parmi les infractions énumérées par les articles 2-2 et 2-3 du code de procédure pénale, les associations visées dans ces deux textes ne sauraient se constituer parties civiles à raison d'un tel délit dont un tiers a été victime[4].

C. Enfance en danger – Maltraitance

222.321 **Qualité à agir.** Toute association régulièrement déclarée depuis au moins cinq ans à la date des faits et dont l'objet statutaire comporte la défense ou l'assistance de l'enfant en danger et victime de toutes formes de maltraitance peut exercer les droits reconnus à la partie civile en ce qui concerne les atteintes volontaires à la vie et à l'intégrité, les agressions et autres atteintes sexuelles commises sur la personne d'un mineur, et les infractions de mise en péril des mineurs réprimées par les articles 221-1 à 221-5, 222-1 à 222-18-1, 222-23 à 222-33-1, 223-1 à 223-10, 223-13, 224-1 à 224-5, 225-7 à 225-9, 225-12-1 à 225-12-4, 227-1, 227-2, 227-15 à 227-27-1 du code pénal, lorsque l'action publique a été mise en mouvement par le ministère public ou la partie lésée.

Toute association, inscrite auprès du ministère de la Justice dans des conditions fixées par décret en Conseil d'État, est recevable dans son action même si l'action publique n'a pas été mise en mouvement par le ministère public ou la partie lésée en ce qui concerne l'infraction mentionnée à l'article 227-23 du code pénal[5]. Il en est de même lorsqu'il est fait application des dispositions du second alinéa de l'article 222-22 et de l'article 227-27-1 dudit code.

Toute fondation reconnue d'utilité publique peut exercer les droits reconnus à la partie civile dans les mêmes conditions et sous les mêmes

1. C. pr. pén., art. 2-2 ; complété par un alinéa ajouté par L. n° 2017-86, 27 janv. 2017, art. 206.
2. Crim. 23 mars 1982, n° 82-90.318, P n° 83.
3. Crim. 21 juin 2011, n° 10-85.671, P n° 145 ; *D.* 2011. 1821 ; *AJ pénal* 2011. 527, obs. J. Lasserre Capdeville ; *RSC* 2011. 605, obs. Y. Mayaud ; *RSC* 2011. 662, obs. J. Danet.
4. Crim. 3 mai 1988, n° 87-84.365, P n° 188.
5. Soit en fait notamment, les infractions d'enregistrement ou de transmission en vue de sa diffusion de l'image ou de la représentation d'un mineur présentant un caractère pornographique ; d'offre, de mise à disposition ou de diffusion d'une telle image ou représentation, d'importation, d'exportation... ; de consultation habituelle d'un service de communication au public en ligne mettant à disposition une telle image ou représentation.

réserves que l'association mentionnée au présent article[1][2].

Les droits reconnus à ces associations sont cependant moins importants puisqu'elles ne peuvent que se joindre à l'action publique déjà mise en mouvement par le ministère public ou par la victime.

222.322 Conditions d'inscription auprès du ministre de la Justice. « I. - Toute association visée au deuxième alinéa de l'article 2-3 peut être inscrite auprès du ministre de la Justice, selon les modalités précisées au II du présent article, si elle remplit, à la date de sa demande d'inscription, les deux conditions suivantes :

a) justifier de l'existence d'au moins cinq années d'activité effective en vue de la défense ou l'assistance de l'enfant en danger et victime de toutes formes de maltraitance ;

b) justifier d'un nombre total d'adhérents supérieur ou égal à mille.

II. - La demande d'inscription, adressée au ministre de la Justice, comprend les documents suivants :

a) les statuts de l'association ;

b) un extrait du Journal officiel de la République française attestant de la date de sa déclaration ;

c) un rapport d'activité portant sur les cinq dernières années ;

d) un document justifiant du nombre de ses adhérents.

Lorsque le dossier remis est complet, il en est délivré récépissé.

La décision d'inscription ou de refus d'inscription est notifiée à l'association intéressée dans un délai de deux mois à compter de la date de délivrance du récépissé. Si aucune décision n'est notifiée dans ce délai, l'inscription est réputée acquise. La décision de refus d'inscription est motivée.

Le ministre de la Justice établit et tient à jour dans un registre la liste des associations habilitées à se constituer partie civile en application du deuxième alinéa de l'article 2-3.

L'inscription peut être retirée, par décision motivée du ministre de la Justice, lorsque l'association ne remplit plus les conditions énoncées au I du présent article. L'association est au préalable mise en demeure de présenter ses observations.

L'association qui entend contester une décision de refus ou de retrait d'inscription doit, préalablement à tout recours contentieux, présenter un recours gracieux auprès du ministre de la Justice.

III. - Toute association inscrite adresse chaque année au ministre de la Justice son rapport d'activité, qui précise notamment le nombre de ses adhérents. »[3]

D. Lutte contre les discriminations fondées sur le sexe ou les mœurs

222.331 Qualité à agir. Toute association régulièrement déclarée depuis au moins cinq ans à la date des faits, se proposant par ses statuts de combattre les discriminations fondées sur le sexe, sur les mœurs ou sur l'orientation ou l'identité sexuelle, peut exercer les droits reconnus à la partie civile en ce qui concerne les discriminations réprimées par les articles 225-2 et 432-7 du code pénal et les articles L. 1146-1 et L. 1155-2[4] du code du travail, lorsqu'elles sont commises en raison du sexe, de la situation de famille, des mœurs ou de l'orientation ou l'identité sexuelle de la victime ou à la suite d'un harcèlement sexuel.

Toutefois, en ce qui concerne les discriminations commises à la suite d'un harcèlement sexuel, l'association n'est recevable dans son action que si elle justifie avoir reçu l'accord écrit de la personne intéressée, ou, si celle-ci est mineure et après l'avis de cette dernière, celui du titulaire de l'autorité parentale ou du représentant légal.

L'association peut également exercer les droits reconnus à la partie civile en cas d'atteintes volontaires à la vie ou à l'intégrité de la personne et de destructions, dégradations et détériorations réprimées par les articles 221-1 à 221-4, 222-1 à 222-18 et 322-1 à 322-13 du code pénal, lorsque ces faits ont été commis en raison du sexe ou des mœurs de la victime, dès lors qu'elle justifie avoir reçu l'accord de la victime ou, si celle-ci est un mineur ou un majeur protégé, celui de son représentant légal.

Toute fondation reconnue d'utilité publique peut exercer les droits reconnus à la partie civile dans les mêmes conditions et sous les mêmes réserves que l'association mentionnée au présent article[5].

En cas d'atteinte volontaire à la vie, si la victime est décédée, l'association doit justifier avoir reçu l'accord de ses ayants droit[6].

Si s'agissant des discriminations prévues et réprimées par les articles 225-2 et 432-7 du code pénal ainsi que par l'article L. 123-1 (devenu C. trav., art.

1. C. pr. pén., art. 2-3.
2. C. pr. pén., art. 2-1 à 2-6 et 2-8 à 2-23 ; complétés par un alinéa ajouté par L. n° 2016-1547, 18 nov. 2016, art. 43.
3. C. pr. pén., art. R. 1 ; mod. par décr. n° 2007-1388, 26 sept. 2007, art. 6.
4. C. trav., art. L. 1155-2 ; mod. par L. n° 2012-954, 6 août 2012, art. 7.
5. C. pr. pén., art. 2-13 ; mod. L. n° 2016-1547, 18 nov. 2016, art. 43.
6. C. pr. pén., art. 2-6 ; mod. L. n° 2017-86, 27 janv. 2017, art. 206.

L. 1142-1)[1] du code du travail (à l'exception du dernier alinéa), aucune autre condition n'est requise, il faut, pour les infractions de harcèlement sexuel[2], et les infractions d'atteintes volontaires à la vie, d'atteintes à l'intégrité de la personne, de destructions, dégradations, détériorations lorsque ces faits ont été commis en raison du sexe ou des mœurs de la victime, que l'association puisse justifier de l'accord de la victime.

E.

Droit des malades et handicapés

222.341 **Qualité à agir.** Toute association régulièrement déclarée depuis au moins cinq ans à la date des faits ayant, en vertu de ses statuts, vocation à défendre ou à assister les personnes malades ou handicapées peut exercer les droits reconnus à la partie civile en ce qui concerne les discriminations réprimées par les articles 225-2 et 432-7 du code pénal, lorsqu'elles sont commises en raison de l'état de santé ou du handicap de la victime. En outre, lorsque l'action publique a été mise en mouvement par le ministère public ou la partie lésée, l'association pourra exercer les droits reconnus à la partie civile en ce qui concerne les atteintes volontaires à la vie, les atteintes à l'intégrité physique ou psychique, les agressions et autres atteintes sexuelles, le délaissement, l'abus de vulnérabilité, le bizutage, l'extorsion, l'escroquerie, les destructions et dégradations et la non-dénonciation de mauvais traitements, prévus par les articles 221-1 à 221-5, 222-1 à 222-18, 222-22 à 222-33-1, 223-3 et 223-4, 223-15-2, 225-16-2, 312-1 à 312-9, 313-1 à 313-3, 322-1 à 322-4 et 434-3 du code pénal lorsqu'ils sont commis en raison de l'état de santé ou du handicap de la victime. Toutefois, l'association ne sera recevable dans son action que si elle justifie avoir reçu l'accord de la victime ou, si celle-ci est un mineur ou un majeur protégé, celui de son représentant légal.

Toute association régulièrement déclarée depuis au moins cinq ans à la date des faits ayant, en vertu de ses statuts, vocation à défendre ou à assister les personnes handicapées peut également exercer les droits reconnus à la partie civile en ce qui concerne les infractions aux article L. 162-1 à L. 164-3[3] du code de la construction et de l'habitation, prévues et réprimées par l'article L. 183-4[4] du même code.

1. Anc^t C. trav., art. L. 123-1, al. dern.
2. Anc^t C. trav., art. L. 123-1, al. dern. et L. n° 83-634, 13 juill. 1983, art. 6 *ter* ; mod. par L. n° 2016-1691, 9 déc. 2016, art. 10.
3. CCH, art. L. 111-7 ; mod. par ord. n° 2020-71 relative à la réécriture des règles de construction et recodifiant le livre 1er du CCH, 29 janv. 2020, art. 4, *JO* 31 janv., n° 62.
4. CCH, art. L. 152-4 ; mod. id.

Toute fondation reconnue d'utilité publique peut exercer les droits reconnus à la partie civile dans les mêmes conditions et sous les mêmes réserves que l'association mentionnée au présent article[5].

222.342 **Recevabilité de l'action.** L'action en réparation du préjudice causé par une infraction n'appartient qu'à ceux qui ont personnellement souffert du dommage directement causé par cette infraction. Ainsi, c'est à tort que la cour d'appel a accordé des dommages-intérêts à l'Association des paralysés de France en réparation de son préjudice moral (préjudice résultant pour elle des agissements des prévenus de nature à « *salir non seulement ses dirigeants mais l'action même de ses volontaires et bénévoles* »), dès lors qu'il résulte des motifs de l'arrêt que le préjudice allégué comme découlant de l'escroquerie retenue n'était pas réalisé au détriment de la personne morale, partie civile[6]. Les prévenus avaient en l'espèce collecté des fonds pour une association d'apparence philanthropique qui prétendait faussement œuvrer pour les handicapés.

A encore été jugé que l'association de défense des handicapés de l'Yonne, qui exposait que des jeunes femmes handicapées mentales, confiées à un établissement de l'Yonne, avaient été soumises à des interventions chirurgicales en vue de les rendre définitivement stériles, était irrecevable à se constituer partie civile, devant le juge d'instruction de Sens, des chefs de violences aggravées et non-dénonciation de crimes, les infractions dénoncées n'étant pas de celles prévues par l'article 2-8 du code de procédure pénale et pour lesquelles une association ayant vocation à défendre ou à assister les personnes malades ou handicapées peut exercer les droits reconnus à la partie civile[7].

F.

Lutte contre la délinquance routière

222.351 **Qualité à agir.** Toute association régulièrement déclarée depuis au moins cinq ans à la date des faits qui se propose par ses statuts de combattre la délinquance routière et de défendre ou d'assister les victimes de cette délinquance peut exercer les droits reconnus à la partie civile en ce qui concerne les délits d'homicide ou blessures involontaires commis à l'occasion de la conduite d'un véhicule automobile terrestre à moteur lorsque l'action publique a été mise en mouvement par le ministère public ou la partie lésée.

5. C. pr. pén., art. 2-8 ; réd. L. n° 2016-1547, 18 nov. 2016, art. 43.
6. Crim. 10 juin 1991, n° 90-85.003, P n° 247.
7. Crim. 9 oct. 2002, n° 01-88.831, NP.

Toutefois, l'association ne sera recevable dans son action que si elle justifie avoir reçu l'accord de la victime ou, si celle-ci est mineure, celui du titulaire de l'autorité parentale ou du représentant légal.

Toute fondation reconnue d'utilité publique peut exercer les droits reconnus à la partie civile dans les mêmes conditions et sous les mêmes réserves que l'association mentionnée au présent article[1].

G.
Lutte contre le bizutage

222.361 **Qualité à agir.** Toute association régulièrement déclarée depuis au moins cinq ans à la date des faits et ayant pour objet statutaire la défense ou l'assistance des étudiants et élèves d'établissements d'enseignement victimes de bizutage peut exercer les droits reconnus à la partie civile en ce qui concerne les infractions prévues à la section 3 *bis* du chapitre V du titre II du livre II du code pénal[2].

Toutefois, l'association n'est recevable dans son action que si elle justifie avoir reçu l'accord de la victime ou, si celle-ci est un mineur ou un majeur protégé, celui de son représentant légal[3].

§ 3
Association de lutte contre les crimes de guerre, contre l'humanité et le terrorisme et pour la défense des déportés, anciens combattants et victimes de guerre

222.371 **Crime contre l'humanité ou de guerre.** Toute association régulièrement déclarée depuis au moins cinq ans qui se propose, par ses statuts, de combattre les crimes contre l'humanité ou les crimes de guerre ou de défendre les intérêts moraux et l'honneur de la Résistance ou des déportés peut exercer les droits reconnus à la partie civile en ce qui concerne les crimes de guerre et les crimes contre l'humanité.

Toute fondation reconnue d'utilité publique peut exercer les droits reconnus à la partie civile dans les mêmes conditions et sous les mêmes réserves que l'association mentionnée au présent article[4].

Une telle association peut poursuivre la réparation de son préjudice direct ou indirect. Une association qui n'a pas pour but la défense des intérêts de ses membres, qui a été spécialement créée pour conserver la mémoire des victimes de la déportation et qui a été reconnue d'utilité publique à cet effet subit un préjudice direct et personnel du fait de l'apologie des crimes de guerre, la déportation étant un de ces crimes. La recevabilité découle de la spécialité du but et de l'objet de sa mission[5].

Mais selon l'article 48-2[6] de la loi du 29 juillet 1881, pour exercer les droits reconnus à la partie civile en ce qui concerne les faits de contestation de crimes contre l'humanité et d'apologie de crimes contre l'humanité, une association doit, par ses statuts, se proposer de défendre les intérêts moraux et l'honneur de la Résistance ou des déportés. Tel n'est pas le cas d'une association dont l'objet est de lutter contre le racisme[7].

222.372 **Résistance – Déporté.** Toute association régulièrement déclarée depuis au moins cinq ans à la date des faits qui se propose, par ses statuts, de défendre les intérêts moraux et l'honneur de la Résistance ou des déportés peut exercer les droits reconnus à la partie civile en ce qui concerne soit l'apologie des crimes de guerre ou des crimes ou délits de collaboration avec l'ennemi, soit les destructions ou dégradations de monuments ou les violations de sépultures, soit les délits de diffamation ou injures, qui ont causé un préjudice direct ou indirect à la mission qu'elle remplit.

Toute fondation reconnue d'utilité publique peut exercer les droits reconnus à la partie civile dans les mêmes conditions et sous les mêmes réserves que l'association mentionnée au présent article[8].

222.373 **Ancien combattant – Victime de guerre.** Toute association, régulièrement déclarée depuis au moins cinq ans à la date des faits et inscrite auprès de l'Office national des anciens combattants et victimes de guerre dans des conditions fixées par décret en Conseil d'État, qui se propose par ses statuts de défendre les intérêts moraux et l'honneur des anciens combattants et victimes de guerre et des morts pour la France peut exercer les droits reconnus à la partie civile en ce qui concerne les dégradations ou destructions de monuments ou les violations de sépultures, qui ont causé un préjudice direct ou indirect à la mission qu'elle remplit.

1. C. pr. pén., art. 2-12 ; réd. L. n° 2016-1547, 18 nov. 2016, art. 43.
2. L. n° 2017-86, 27 janv. 2017 relative à l'égalité et à la citoyenneté, *JO* 28 janv., n° 1.
3. C. pr. pén., art. 2-24 ; L. n° 2017-86, 27 janv. 2017, art. 208 – CURIEUSEMENT, il n'a pas été prévu l'exercice des mêmes droits par une fondation reconnue d'utilité publique…
4. C. pr. pén., art. 2-4 ; mod. L. n° 2016-1547, 18 nov. 2016, art. 43.
5. Crim. 14 janv. 1971, n° 70-90.558, P n° 14.
6. L. 29 juill. 1881, art. 48-2 ; mod. par L. n° 2017-86, 27 janv. 2017, art. 176.
7. Crim. 28 nov. 2006, n° 06-80.340, P n° 300 ; *D.* 2007. 160 ; *AJ pénal* 2007. 144.
8. C. pr. pén., art. 2-5 ; mod. L. n° 2016-1547, 18 nov. 2016, art. 43.

Toute fondation reconnue d'utilité publique peut exercer les droits reconnus à la partie civile dans les mêmes conditions et sous les mêmes réserves que l'association mentionnée au présent article[1].

La loi du 17 décembre 1991[2] à l'origine de l'article 2-11 a également créé, après l'article 48-2[3] de la loi du 29 juillet 1881 sur la liberté de la presse, un article 48-3[4] permettant à toute association régulièrement déclarée depuis au moins cinq ans à la date des faits et inscrite auprès de l'Office national des anciens combattants et victimes de guerre (ONACVG)[5] dans des conditions fixées par décret en Conseil d'État, qui se propose par ses statuts de défendre les intérêts moraux et l'honneur des anciens combattants et victimes de guerre et des morts pour la France, d'exercer les droits reconnus à la partie civile en ce qui concerne les délits de diffamation ou d'injures qui ont causé un préjudice direct ou indirect à la mission qu'elle remplit[6].

Il ne serait sans doute pas inutile de refondre les articles 2-4, 2-5 et 2-11 du code de procédure pénale qui ont tout de même des champs d'application extrêmement proches.

222.374 **Terrorisme.** Toute association régulièrement déclarée depuis au moins cinq ans qui se propose, par ses statuts, d'assister les victimes d'infractions peut exercer les droits reconnus à la partie civile en ce qui concerne les infractions entrant dans le champ d'application de l'article 706-16 lorsque l'action publique a été mise en mouvement par le ministère public ou la partie lésée.

Toute association régulièrement déclarée ayant pour objet statutaire la défense des victimes d'une infraction entrant dans le champ d'application du même article 706-16 et regroupant plusieurs de ces victimes peut, si elle a été agréée à cette fin, exercer les droits reconnus à la partie civile en ce qui concerne cette infraction lorsque l'action publique a été mise en mouvement par le ministère public ou la partie lésée. Les conditions dans lesquelles les associations mentionnées au présent alinéa peuvent être agréées, après avis du ministère public, compte tenu de leur représentativité, sont fixées par décret[7].

Toute fondation reconnue d'utilité publique peut exercer les droits reconnus à la partie civile dans les mêmes conditions et sous les mêmes réserves que l'association mentionnée au présent article[8].

Il faut noter que depuis l'une des dernières modifications de ce texte[9] c'est à compter de la date de la constitution de la partie civile et non plus à compter de la date des faits, que s'apprécie la condition de déclaration.

En matière d'actes de terrorisme, une association ne peut donc intervenir qu'alors qu'une instance est déjà engagée, ce qui paraît logique s'agissant d'actes majoritairement criminels.

Dans tous les cas une juridiction ne saurait, pour déclarer la constitution de partie civile d'une telle association irrecevable, retenir que les infractions de participation à une association de malfaiteurs en vue de préparer des actes de terrorisme ayant pour objet la préparation d'un ou plusieurs crimes d'atteintes aux personnes et de direction ou organisation d'une association de malfaiteurs en vue de la préparation d'un ou plusieurs crimes d'atteintes aux personnes visées au 1° de l'article 421-1 du code pénal et de financement d'une entreprise terroriste, constituent des infractions dites d'intérêt général. En effet, l'article 2-9 du code de procédure pénale ne subordonne pas la recevabilité de la constitution de partie civile d'une association à la nécessité d'assister une victime dans l'affaire dans laquelle l'action civile est exercée, mais seulement à l'objet statutaire de l'association, qui doit tendre à l'assistance des victimes d'infractions, et à la date de sa déclaration[10].

§ 4
Associations de luttes contre les atteintes culturelles

222.381 **Exclusion sociale ou culturelle.** Toute association régulièrement déclarée depuis au moins cinq ans à la date des faits ayant, en vertu de ses statuts, vocation à lutter contre l'exclusion sociale ou culturelle des personnes en état de grande pauvreté ou en raison de leur situation de famille peut exercer les droits reconnus à la partie civile en ce qui concerne les discriminations réprimées par les articles 225-2, 225-14 et 432-7 du code pénal. Toutefois, l'association ne sera recevable dans son action que si elle justifie avoir reçu l'accord de la

1. C. pr. pén., art. 2-11 ; mod. L. n° 2016-1547, 18 nov. 2016, art. 43.
2. L. n° 91-1257, 17 déc. 1991 permettant aux associations d'anciens combattants et victimes de guerre d'ester en justice, *JO* 19 déc., p. 16530.
3. L. 29 juill. 1881, art. 48-2, préc.
4. L. 29 juill. 1881, art. 48-3 ; créé par L. n° 91-1257, 17 déc. 1991, art. 1er.
5. http://www.onac-vg.fr/
6. V. ss nos 222.411 s.
7. C. pr. pén., art. 2-9 ; mod. L. n° 2016-731, 3 juin 2016, art. 15.
8. C. pr. pén., art. 2-9 ; mod. L. n° 2016-1547, 18 nov. 2016, art. 43.
9. L. n° 2011-939, 10 août 2011 relative à la participation des citoyens au fonctionnement de la justice pénale et au jugement des mineurs, *JO* 11 août, p. 13744, art. 23.
10. Crim. 22 avr. 2020, n° 19-81.273, NP.

victime ou, si celle-ci est un mineur ou un majeur protégé, celui de son représentant légal[1].

Toute fondation reconnue d'utilité publique peut exercer les droits reconnus à la partie civile dans les mêmes conditions et sous les mêmes réserves que l'association mentionnée au présent article[2].

222.382 **Défense de la langue française.** Toute association régulièrement déclarée se proposant par ses statuts la défense de la langue française et agréée dans les conditions fixées par décret en Conseil d'État peut exercer les droits reconnus à la partie civile en ce qui concerne les infractions aux dispositions des textes pris pour l'application des articles 2, 3, 4, 6, 7 et 10 de la loi du 4 août 1994[3] relative à l'emploi de la langue française.

Toute fondation reconnue d'utilité publique peut exercer les droits reconnus à la partie civile dans les mêmes conditions et sous les mêmes réserves que l'association mentionnée au présent article[4].

222.383 **Défense du patrimoine archéologique.** Toute association agréée déclarée depuis au moins trois ans, ayant pour but l'étude et la protection du patrimoine archéologique, peut exercer les droits reconnus à la partie civile en ce qui concerne les faits réprimés par l'article 322-3-1 du code pénal et portant un préjudice direct ou indirect aux intérêts collectifs qu'elle a pour objet de défendre.

Un décret en Conseil d'État fixe les conditions dans lesquelles les associations mentionnées à l'alinéa précédent peuvent être agréées.

Toute fondation reconnue d'utilité publique peut exercer les droits reconnus à la partie civile dans les mêmes conditions et sous les mêmes réserves que l'association mentionnée au présent article[5].

Les dispositions relatives à la procédure d'agrément des associations mentionnées au premier alinéa de l'article 2-21 sont fixées par les articles R. 114-6 à R. 114-17 du code du patrimoine[6].

Il est sans doute vain de se demander pourquoi à l'inverse de toutes autres ces associations bénéficient de ce droit particulier dès lors qu'elles sont déclarées depuis au moins trois ans et non cinq.

1. C. pr. pén., art. 2-10 ; mod. L. n° 2017-86, 27 janv. 2017, art. 108.
2. C. pr. pén., art. 2-10 ; mod. L. n° 2016-1547, 18 nov. 2016, art. 43.
3. L. n° 94-665, 4 août 1994 relative à l'emploi de la langue française, *JO* 5 août, p. 11392.
4. C. pr. pén., art. 2-14 ; mod. L. n° 2016-1547, 18 nov. 2016, art. 43.
5. C. pr. pén., art. 2-21 ; mod. L. n° 2016-1547, 18 nov. 2016, art. 43.
6. C. pr. pén., art. R. 1-2.

§ 5
Autres associations

222.391 **Protection des animaux.** Toute association régulièrement déclarée depuis au moins cinq ans à la date des faits et dont l'objet statutaire est la défense et la protection des animaux peut exercer les droits reconnus à la partie civile en ce qui concerne les infractions réprimant l'abandon, les sévices graves ou de nature sexuelle, les actes de cruauté et les mauvais traitements envers les animaux ainsi que les atteintes volontaires à la vie d'un animal prévus par le code pénal.

Toute fondation reconnue d'utilité publique peut exercer les droits reconnus à la partie civile dans les mêmes conditions et sous les mêmes réserves que l'association mentionnée au présent article[7].

Les associations de protection animale reconnues d'utilité publique peuvent exercer les droits reconnus à la partie civile en ce qui concerne les sévices et actes de cruauté incriminés par l'article 453 du code pénal et portant un préjudice direct ou indirect aux intérêts qu'elles ont pour objet de défendre[8]. Est dès lors irrecevable la constitution de partie civile d'une association de protection animale dans une poursuite qui n'est pas fondée sur une infraction audit article 453 (devenu 521-1 du code pénal ; en l'espèce il s'agissait d'une infraction à l'article 1er du décret du 1er octobre 1980[9], qui sous peine des sanctions contraventionnelles édictées par l'article R. 38[10] du code pénal, interdit de procéder à un abattage rituel en dehors d'un abattoir[11]).

Des faits initialement retenus sous la qualification délictuelle de mauvais traitement à animal domestique par professionnel ayant été requalifiés en contravention de défaut de soins à animal domestique, les constitutions de partie civile des associations de défense et de protection des animaux doivent être déclarées irrecevables en application de l'article 2-13 du code de procédure pénale qui, dans ce cas, ne les autorise pas à intervenir[12].

7. C. pr. pén., art. 2-13 ; réd. L. n° 2016-1547, 18 nov. 2016, art. 43.
8. L. n° 76-629, 10 juill. 1976 relative à la protection de la nature, *JO* 13 juill., p. 4203, art. 14 ; mod. par L. n° 92-1336, 16 déc. 1992, art. 290 ; abrogée.
9. Décr. n° 80-791, 1er oct. 1980 pris pour l'application de l'article 276 du code rural, *JO* 5 oct., p. 2326, art. 1er ; abrogé le 7 août 2003 ; C. rur., art. L. 214-3 et R. 214-17 ; mod. par décr. n° 2014-519, 21 mai 2014, art. 1er.
10. C. rur., art. R. 38 ; abrogé – C. rur., art. R. 214-70 et R. 214-73.
11. Crim. 13 mars 1984, n° 83-92.406, P n° 104.
12. Crim. 30 mai 2012, n° 11-88.268, P n° 136 ; *D.* 2007. 160 ; *AJ pénal* 2007. 144 – DANS CE SENS : Crim. 22 mai 2007, n° 06-86.339, P n° 133.

222.392 **Accident de transport collectif.** Toute association régulièrement déclarée ayant pour objet statutaire la défense des victimes d'un accident survenu dans les transports collectifs ou dans un lieu ou local ouvert au public ou dans une propriété privée à usage d'habitation ou à usage professionnel et regroupant plusieurs de ces victimes peut, si elle a été agréée à cette fin, exercer les droits reconnus à la partie civile en ce qui concerne cet accident lorsque l'action publique a été mise en mouvement par le ministère public ou la partie lésée.

Les conditions dans lesquelles les associations visées au premier alinéa peuvent être agréées, après avis du ministère public, compte tenu de leur représentativité, sont fixées par décret.

Toute fédération d'associations, régulièrement déclarée depuis au moins cinq ans à la date des faits et inscrite auprès du ministère de la Justice, dans des conditions fixées par décret en Conseil d'État, dont l'objet statutaire est la défense des victimes d'accidents collectifs, peut exercer les droits reconnus à la partie civile, en ce qui concerne un accident collectif survenu dans les circonstances visées au premier alinéa, lorsque l'action publique a été mise en mouvement par le ministère public ou la partie lésée.

Les associations et fédérations d'associations prévues par le présent article peuvent demander réparation des frais exposés en lien avec l'accident et qui sont la conséquence directe ou indirecte de l'infraction pour laquelle elles ont exercé les droits reconnus à la partie civile.

Toute fondation reconnue d'utilité publique peut exercer les droits reconnus à la partie civile dans les mêmes conditions et sous les mêmes réserves que l'association mentionnée au présent article[1].

De manière originale, le texte prévoit que l'association doit regrouper « plusieurs victimes ». Outre que la notion de « plusieurs » victimes manque quelque peu de précision, on saisit mal l'utilité de cette exigence puisque par hypothèse, le bureau de l'association compte « plusieurs » personnes dont on peut raisonnablement penser qu'elles ont été elles-mêmes des victimes de tels accidents. En tout état de cause le rôle dévolu à l'association est important puisque le code prévoit notamment au stade de l'instruction préparatoire que lorsqu'une association regroupant plusieurs victimes s'est constituée partie civile en application des dispositions de l'article 2-15, l'avis est donné à cette seule association, à charge pour elle d'en informer les victimes regroupées en son sein, sauf si ces victimes se sont également constituées parties civiles à titre individuel[2].

Dans tous les cas, l'intervention en justice de ces associations ne peut être qu'incidente.

Les associations et fédérations d'associations prévues par le présent article peuvent demander réparation des frais exposés en lien avec l'accident et qui sont la conséquence directe ou indirecte de l'infraction pour laquelle elles ont exercé les droits reconnus à la partie civile depuis le rajout opéré par la loi du 13 décembre 2011[3].

222.393 **Dispositions réglementaires particulières (fédération d'associations).**

I. – Toute fédération d'associations visée au troisième alinéa de l'article 2-15 peut être inscrite auprès du ministre de la Justice, selon les modalités précisées au II du présent article, si elle remplit, à la date de sa demande d'inscription, les trois conditions suivantes :

a) Justifier de l'existence d'au moins cinq années d'activité effective en vue de la défense des intérêts des victimes d'accidents collectifs ;

b) Rassembler au moins dix associations de victimes agréées sur le fondement du premier alinéa de l'article 2-15 ;

c) Justifier d'un nombre total d'adhérents à ces associations, ayant la qualité de victimes d'infraction, supérieur ou égal à 1 000.

II. – La demande d'inscription, adressée au ministre de la Justice, comprend les documents suivants :

a) Les statuts de la fédération ;

b) Un extrait du Journal officiel de la République française attestant de la date de sa déclaration ;

c) Un rapport d'activité portant sur les cinq dernières années ;

d) Un document justifiant du nombre d'associations agréées affiliées à la fédération et du nombre de leurs adhérents.

Lorsque le dossier remis est complet, il en est délivré récépissé.

La décision d'inscription ou de refus d'inscription est notifiée à la fédération intéressée dans un délai de deux mois à compter de la date de délivrance du récépissé. Si aucune décision n'est notifiée dans ce délai, l'inscription est réputée acquise. La décision de refus d'inscription est motivée.

Le ministre de la Justice établit et tient à jour dans un registre la liste des fédérations habilitées à se constituer partie civile en application du troisième alinéa de l'article 2-15.

L'inscription peut être retirée, par décision motivée du ministre de la Justice, lorsque la fédération ne remplit plus les conditions énoncées au I du présent

1. C. pr. pén., art. 2-15 ; réd. L. n° 2016-1547, 18 nov. 2016, art. 43.
2. C. pr. pén., art. 90-1 ; mod. par L. n° 2016-731, 3 juin 2016, art. 15.
3. L. n° 2011-1862, 13 déc. 2011 relative à la répartition des contentieux et à l'allégement de certaines procédures juridictionnelles, *JO* 14 déc., p. 21105, art. 56.

article. La fédération est au préalable mise en demeure de présenter ses observations.

La fédération qui entend contester une décision de refus ou de retrait d'inscription doit, préalablement à tout recours contentieux, présenter un recours gracieux auprès du ministre de la Justice.

III. – Toute fédération inscrite adresse chaque année au ministre de la Justice son rapport d'activité, qui précise notamment le nombre des associations qui la composent et celui de leurs adhérents [1].

222.394 Lutte contre la toxicomanie et le trafic de stupéfiants. Toute association régulièrement déclarée depuis au moins cinq ans à la date des faits qui se propose, par ses statuts, de lutter contre la toxicomanie ou le trafic de stupéfiants peut exercer les droits reconnus à la partie civile en ce qui concerne les infractions prévues par les articles 222-34 à 222-40 et par l'article 227-18-1 du code pénal lorsque l'action publique a été mise en mouvement par le ministère public ou la partie lésée.

Toute fondation reconnue d'utilité publique peut exercer les droits reconnus à la partie civile dans les mêmes conditions et sous les mêmes réserves que l'association mentionnée au présent article [2].

Là encore, l'action publique doit avoir été mise en mouvement par le ministère public « ou la partie lésée ».

222.395 Droits et libertés individuels – Sectes. Toute association reconnue d'utilité publique régulièrement déclarée depuis au moins cinq ans à la date des faits et se proposant par ses statuts de défendre et d'assister l'individu ou de défendre les droits et libertés individuels et collectifs peut, à l'occasion d'actes commis par toute personne physique ou morale dans le cadre d'un mouvement ou organisation ayant pour but ou pour effet de créer, de maintenir ou d'exploiter une sujétion psychologique ou physique, exercer les droits reconnus à la partie civile en ce qui concerne les infractions contre l'espèce humaine, d'atteintes volontaires ou involontaires à la vie ou à l'intégrité physique ou psychique de la personne, de mise en danger de la personne, d'atteinte aux libertés de la personne, d'atteinte à la dignité de la personne, d'atteinte à la personnalité, de mise en péril des mineurs ou d'atteintes aux biens prévues par les articles 214-1 à 214-4, 221-1 à 221-6, 222-1 à 222-40, 223-1 à 223-15, 223-15-2, 224-1 à 224-4, 225-5 à 225-15, 225-17, 226-1 à 226-23, 227-1 à 227-27, 311-1 à 311-13, 312-1 à 312-12, 313-1 à 313-3, 314-1 à 314-3, 324-1 à 324-6 et 511-1-2 du code pénal, les infractions d'exercice illégal de la médecine ou de la pharmacie prévues par les articles L. 4161-5 [3] et L. 4223-1 [4] du code de la santé publique, et les infractions de publicité mensongère, de fraudes ou de falsifications prévues par les articles L. 121-6 [5] (L. 132-3 [6]) et L. 213-1 [7] (L. 441-1 [8]) à L. 213-4 [9] (L. 413-2 [10]) du code de la consommation.

Toute fondation reconnue d'utilité publique peut exercer les droits reconnus à la partie civile dans les mêmes conditions et sous les mêmes réserves que l'association mentionnée au présent article [11].

En matière de lutte contre les manipulations mentales et les dérives sectaires, on retient un champ d'interventions possibles extrêmement large et qui va au-delà du seul code pénal.

Si c'est à tort que les juges du second degré ont fait application des dispositions de l'article 2-17 [12] du code de procédure pénale dans leur rédaction résultant de la loi du 12 juin 2001 [13], (depuis modifiée), la censure n'est pas encourue dès lors que la Cour de cassation est en mesure de s'assurer, au vu des énonciations de l'arrêt, que, devant les premiers juges, la constitution de partie civile de l'union nationale des associations de défense de la famille et de l'individu était recevable sur le fondement des anciennes dispositions de l'article 2-17 du code de procédure pénale dans leur rédaction issue de la loi du 15 juin 2000 [14], sans qu'il soit besoin de mettre en cause la personne morale concernée [15].

1. C. pr. pén., art. R. 1-1.
2. C. pr. pén., art. 2-16 ; mod. par L. n° 2016-1547, 18 nov. 2016, art. 43.
3. CSP, art. L. 4161-5 ; mod. par ord. n° 2005-1040, 26 août 2005, art. 11.
4. CSP, art. L. 4223-1 ; mod. par L. n° 2009-1437, 24 nov. 2009, art. 50.
5. C. consom., art. L. 121-6 ; abrog. par ord. n° 2016-301, 14 mars 2016, art. 34.
6. C. consom., art. L. 132-3 ; codifié par ord. n° 2016-301, 14 mars 2016.
7. C. consom., art. L. 213-1 ; abrog. par ord. n° 2016-301, 14 mars 2016, art. 34.
8. C. consom., art. L. 441-1 ; codifié par ord. n° 2016-301, 14 mars 2016.
9. C. consom., art. L. 213-4 ; abrog. par ord. n° 2016-301, 14 mars 2016, art. 34.
10. C. consom., art. L. 413-2 ; codifié par ord. n° 2016-301, 14 mars 2016.
11. C. pr. pén., art. 2-17 ; mod. par L. n° 2001-504, 12 juin 2001, art. 22 ; mod. par L. n° 2004-800, 6 août 2004, art. 31 ; mod. par L. n° 2016-1547, 18 nov. 2016, art. 43 ; mod. par L. n° 2017-86, 27 janv. 2017, art. 171.
12. C. pr. pén., art. 2-17 ; mod. par L. n° 2001-504, 12 juin 2001, art. 22 ; mod. par L. n° 2004-800, 6 août 2004, art. 31 ; mod. par L. n° 2016-1547, 18 nov. 2016, art. 43 ; mod. par L. n° 2017-86, 27 janv. 2017, art. 171.
13. L. n° 2001-504, 12 juin 2001 tendant à renforcer la prévention et la répression des mouvements sectaires portant atteinte aux droits de l'homme et aux libertés fondamentales, *JO* 13 juin, p. 9337.
14. C. pr pén., art. 2-17 ; créé par L. n° 2000-516, 15 juin 2000, art. 105 ; puis modifié.
15. Crim. 11 sept. 2002, n° 02-81.593, NP.

222.396 **Accident du travail – Maladie professionnelle.** Toute association régulièrement déclarée depuis au moins cinq ans qui se propose, par ses statuts, de défendre ou d'assister les victimes d'accidents du travail ou de maladies professionnelles peut exercer les droits reconnus à la partie civile en ce qui concerne les infractions prévues par les articles 221-6, 222-19 et 222-20 du code pénal commises à l'occasion d'une activité professionnelle, lorsque l'action publique a été mise en mouvement par le ministère public ou la partie lésée.

Toutefois, l'association ne sera recevable dans son action que si elle justifie avoir reçu l'accord de la victime ou, si celle-ci est mineure, celui du titulaire de l'autorité parentale ou du représentant légal.

Toute fondation reconnue d'utilité publique peut exercer les droits reconnus à la partie civile dans les mêmes conditions et sous les mêmes réserves que l'association mentionnée au présent article[1].

Ici encore l'association ne peut qu'intervenir dans une instance déjà engagée par le ministère public.

222.397 **Lutte contre le travail illégal.** Objet d'une numérotation aberrante et d'un classement qui ne l'est pas moins, l'article 2-21-1[2] du code de procédure pénale ouvre cependant opportunément à toute association, tout syndicat professionnel ou tout syndicat de salariés de la branche concerné régulièrement déclaré depuis au moins deux ans à la date des faits et dont l'objet statutaire comporte la défense des intérêts collectifs des entreprises et des salariés la possibilité d'exercer les droits reconnus à la partie civile en ce qui concerne les infractions définies au livre II de la huitième partie du code du travail même si l'action publique n'a pas été mise en mouvement par le ministère public ou par la partie lésée[3].

La loi du 18 novembre 2016[4] est venue, comme pour les autres textes, permettre aux fondations reconnues d'utilité publique « d'exercer les droits reconnus à la partie civile dans les mêmes conditions et sous les mêmes réserves que l'association mentionnée » à l'article 2-21-1 du code de procédure pénale[5].

Par suite, les organisations syndicales représentatives peuvent exercer en justice toutes les actions résultant de l'application du présent titre en faveur d'un salarié, sans avoir à justifier d'un mandat de l'intéressé.

Il suffit que celui-ci ait été averti, dans des conditions déterminées par voie réglementaire, et ne s'y soit pas opposé dans un délai de quinze jours à compter de la date à laquelle l'organisation syndicale lui a notifié son intention.

L'intéressé peut toujours intervenir à l'instance engagée par le syndicat et y mettre un terme à tout moment[6].

222.398 **Infraction contre les élus.** L'article 2-19 du code de procédure pénale a été réécrit par la loi du 24 janvier 2023[7].

En cas d'infractions prévues aux livres II ou III du code pénal, au chapitre III du titre III du livre IV du même code ou par la loi du 29 juillet 1881 sur la liberté de la presse commises à l'encontre d'une personne investie d'un mandat électif public en raison de ses fonctions ou de son mandat, peuvent exercer les droits reconnus à la partie civile, si l'action publique a été mise en mouvement par le ministère public ou par la partie lésée, et avec l'accord de cette dernière ou, si celle-ci est décédée, de ses ayants droit :

1° Pour les élus municipaux, l'Association des maires de France, toute association nationale reconnue d'utilité publique ou régulièrement déclarée depuis au moins cinq ans dont les statuts se proposent d'assurer la défense des intérêts de ces élus et, sous les mêmes conditions, toute association départementale qui lui est affiliée ;

2° Pour les élus départementaux, l'Assemblée des départements de France ainsi que toute association nationale reconnue d'utilité publique ou régulièrement déclarée depuis au moins cinq ans dont les statuts se proposent d'assurer la défense des intérêts de ces élus et, sous les mêmes conditions, toute association qui lui est affiliée ;

3° Pour les élus régionaux, territoriaux et de l'Assemblée de Corse, Régions de France ainsi que toute association nationale reconnue d'utilité publique ou régulièrement déclarée depuis au moins cinq ans dont les statuts se proposent d'assurer la défense des intérêts de ces élus et, sous les mêmes conditions, toute association qui lui est affiliée ;

4° Au titre d'un de ses membres, le Sénat, l'Assemblée nationale, le Parlement européen ou la collectivité territoriale concernée.

Il en est de même lorsque ces infractions sont commises sur le conjoint ou le concubin de l'élu, sur le partenaire lié à celui-ci par un pacte civil de

1. C. pr. pén., art. 2-18 ; mod. par L. n° 2016-1547, 18 nov. 2016, art. 43.
2. C. pr. pén., art. 2-21-1 ; mod. L. n° 2016-1547, 18 nov. 2016, art. 43.
3. L. n° 2014-790, 10 juill. 2014 visant à lutter contre la concurrence sociale déloyale, *JO* 11 juill., p. 11496, art. 11.
4. L. n° 2016-1547, 18 nov. 2016 de modernisation de la justice du XXIe siècle, *JO* 19 nov., n° 1.
5. C. pr. pén., art. 2-19 ; mod. L. n° 2016-1547, 18 nov. 2016, art. 43.
6. C. trav., art. L. 8223-4 ; créé par L. n° 2014-790, 10 juill. 2014, art. 9.
7. L. n° 2023-22, 24 janv. 2023, visant à permettre aux assemblées d'élus et aux différentes associations d'élus de se constituer partie civile pour soutenir pleinement, au pénal, une personne investie d'un mandat électif public victime d'agression, *JO* 25 janv., n° 2, art. 1.

solidarité, sur les ascendants ou les descendants en ligne directe de celui-ci ou sur toute autre personne vivant habituellement à son domicile, en raison des fonctions exercées par l'élu ou de son mandat.

Toute fondation reconnue d'utilité publique peut exercer les droits reconnus à la partie civile dans les mêmes conditions et sous les mêmes réserves que les associations mentionnées au présent article.

222.399 **Locataire - Bailleur - Propriétaire.** Toute association régulièrement déclarée depuis au moins cinq ans à la date des faits qui se propose, par ses statuts, de défendre les intérêts moraux et matériels des locataires, propriétaires et bailleurs d'immeubles collectifs à usage d'habitation peut exercer les droits reconnus à la partie civile en cas d'atteintes volontaires à l'intégrité de la personne ou de destructions, dégradations et détériorations réprimées par les articles 222-1 à 222-18 et 322-1 à 322-13 du code pénal lorsque l'action publique a été mise en mouvement par le ministère public ou la partie lésée et que l'infraction a été commise dans un immeuble faisant partie de son objet associatif.

Toutefois, l'association ne sera recevable dans son action que si elle justifie avoir reçu l'accord de la victime ou, si celle-ci est un mineur ou un majeur protégé, celui de son représentant légal.

Toute fondation reconnue d'utilité publique peut exercer les droits reconnus à la partie civile dans les mêmes conditions et sous les mêmes réserves que l'association mentionnée au présent article[1].

222.400 **Lutte contre la corruption et les infractions assimilées.** « Toute association agréée déclarée depuis au moins cinq ans à la date de la constitution de partie civile, se proposant par ses statuts de lutter contre la corruption, peut exercer les droits reconnus à la partie civile en ce qui concerne les infractions suivantes :

1° Les infractions traduisant un manquement au devoir de probité, réprimées aux articles 432-10 à 432-15 du code pénal ;

2° Les infractions de corruption et trafic d'influence, réprimées aux articles 433-1, 433-2, 434-9, 434-9-1, 435-1 à 435-10 et 445-1 à 445-2-1 du même code ;

3° Les infractions de recel ou de blanchiment, réprimées aux articles 321-1, 321-2, 324-1 et 324-2 dudit code, du produit, des revenus ou des choses provenant des infractions mentionnées aux 1° et 2° du présent article ;

4° Les infractions réprimées aux articles L. 106 à L. 109 du code électoral.

Un décret en Conseil d'État fixe les conditions dans lesquelles les associations mentionnées au premier alinéa du présent article peuvent être agréées.

Toute fondation reconnue d'utilité publique peut exercer les droits reconnus à la partie civile dans les mêmes conditions et sous les mêmes réserves que l'association mentionnée au présent article. »[2]

Le décret du 12 mars 2014[3] est venu fixer les conditions à respecter pour l'obtention d'un agrément. L'agrément prévu à l'article 2-23 du code de procédure pénale peut être accordé, pour trois années[4], à une association se proposant par ses statuts de lutter contre la corruption lorsqu'elle remplit les conditions suivantes :

« 1° Cinq années d'existence à compter de sa déclaration ;

2° Pendant ces années d'existence, une activité effective et publique en vue de lutter contre la corruption et les atteintes à la probité publique, appréciée notamment en fonction de l'utilisation majoritaire de ses ressources pour l'exercice de cette activité, de la réalisation et de la diffusion de publications, de l'organisation de manifestations et la tenue de réunions d'information dans ces domaines ;

3° Un nombre suffisant de membres, cotisant soit individuellement, soit par l'intermédiaire d'associations fédérées ;

4° Le caractère désintéressé et indépendant de ses activités, apprécié notamment eu égard à la provenance de ses ressources ;

5° Un fonctionnement régulier et conforme à ses statuts, présentant des garanties permettant l'information de ses membres et leur participation effective à sa gestion »[5].

À titre d'exemple il est possible de citer un arrêté portant agrément de l'association Transparency International France[6] ou un autre portant agrément de l'association Anticor[7], association contre la corruption en vue de l'exercice des droits de la partie civile.

La chambre criminelle a pu rappeler à propos de cette disposition, que si l'action civile en réparation

1. C. pr. pén., art. 2-20 ; mod. L. n° 2016-1547, 18 nov. 2016, art. 43.
2. C. pr. pén., art. 2-23 ; créé par L. n° 2013-1117, 6 déc. 2013, art. 1er ; réd. L. n° 2016-1547, 18 nov. 2016, art. 43.
3. Décr. n° 2014-327, 12 mars 2014 relatif aux conditions d'agrément des associations de lutte contre la corruption en vue de l'exercice des droits reconnus à la partie civile, *JO* 14 mars, p. 5261.
4. Décr. n° 2014-327, 12 mars 2014, art. 3.
5. Décr. n° 2014-327, 12 mars 2014, art. 1er.
6. Arr. 12 oct. 2017 portant agrément de l'association Transparency International France en vue de l'exercice des droits de la partie civile, *JO* 20 oct., n° 4, NOR : JUSD1728107A – Arr. 22 oct. 2014 portant agrément de l'association Transparency International France en vue de l'exercice des droits de la partie civile, *JO* 30 oct., p. 18036, NOR : JUSD1422729A.
7. Arr. 15 févr. 2018 portant agrément de l'association Anticor en vue de l'exercice des droits de la partie civile, *JO* 23 févr. n° 16, NOR : JUSD1803404A – Arr. 19 févr. 2015 portant agrément de l'association Anticor, association contre la corruption en vue de l'exercice des droits de la partie civile, *JO* 7 mars, p. 4269 ; NOR : JUSD1505420A.

du dommage causé par un délit appartient à tous ceux qui ont personnellement souffert du dommage directement causé par cette infraction, l'article 2-23 du code de procédure pénale second subordonne la recevabilité de la constitution de partie civile d'une association agréée de lutte contre la corruption à sa déclaration d'existence en préfecture depuis au moins cinq ans[1].

Elle a ensuite posé une exigence encore plus stricte, jugeant que lorsqu'une information judiciaire ne concerne aucune des infractions mentionnées à l'article 2-23, précité, et que l'association constituée ne justifie pas d'un préjudice personnel directement causé par les faits poursuivis au sens de l'article 2 du code de procédure pénale, sa constitution doit être déclarée irrecevable[2]. Cette dernière décision qui restreint le champ d'action des associations au profit d'une plus grande orthodoxie juridique est à noter. Dans l'affaire, dite Bygmalion, elle fait suite à la recevabilité de l'action civile, décidée par les juges d'instruction, au motif que l'association Anticor avait pour objet de lutter contre toutes infractions à la probité publique, rejoignant ainsi les exigences figurant à l'article premier du décret du 12 mars 2014, précité. La chambre de l'instruction avait elle-même retenu le même positionnement, admettant la recevabilité de cette constitution de partie civile, en considérant qu'une association, peut, même hors habilitation législative, agir en justice au nom d'intérêts collectifs dès lors que ceux-ci entrent dans son objet social[3]. On peut regretter cette porte fermée à l'action des associations de lutte contre la corruption et souhaiter sur ce point une réforme législative qui marque une volonté politique assumée de lutter contre ce type de délinquance.

222.401 **Appréciation critique.** On a de longue date critiqué la montée en puissance des associations et le risque qu'elle faisait courir à l'action publique[4] évoquant tantôt les moralistes au prétoire[5] ou encore la privatisation du procès pénal[6]. C'est sans doute oublier qu'un certain nombre d'affaires en particuliers financières, ne doivent leur existence qu'à l'activisme de certaines associations.

On admettra à l'inverse que la profusion des droits reconnus à des associations aux objets divers ne contribue pas à la clarification de notre procédure pénale. L'espoir émis dans la première édition de cet ouvrage, qu'un dépoussiérage, un ré-ordonnancement de ce dispositif soit entamé dès lors qu'on comprend peu, au-delà des différences de dates auxquelles ces textes sont intervenus, ce qui justifie des différences de traitement parfois importantes entre des associations dont le but légitime a été admis pour toutes et qui se sont vu reconnaître le droit exorbitant d'agir devant le juge répressif aura été de courte durée. La critique il est vrai n'était pas originale[7].

L'article 2-21-1 du code de procédure pénale illustre à merveille l'incapacité du législateur à mettre de l'ordre dans ses textes, ne serait-ce que pour permettre aux justiciables de mieux les utiliser. Toutefois, la difficulté ne s'arrête pas là puisque de très nombreux textes extérieurs au code de procédure pénale reconnaissent encore à diverses associations le droit de se constituer parties civiles.

§ 6
Spécificités en matière de droit de la presse

A.
Particularités procédurales

222.411 **Contraintes particulières en matière de droit de la presse.** En matière de presse, l'acte initial de poursuite fixe irrévocablement la nature, l'étendue et l'objet de celle-ci. Les faits doivent être appréciés au regard de la qualification fixée irrévocablement à l'acte initial des poursuites ; toute erreur sur ce point, si elle est sans influence sur la validité de la citation, fait en revanche obstacle à la condamnation[8].

Autre exemple, la délibération préalable à l'engagement des poursuites, prévue par l'article 48[9], 1°, de la loi du 29 juillet 1881[10] sur la presse en cas de diffamation envers un corps constitué, doit indiquer avec une précision suffisante les faits qu'elle entend dénoncer, et mentionner la nature des poursuites qu'elle requiert, sans que ses insuffisances puissent être réparées par le réquisitoire introductif[11]. Il se déduit encore de ces principes qu'aucune associa-

1. Affaire dite des contribuables de Levallois-Perret, Crim. 11 oct. 2017, n° 16-86.868, P n° 227 ; *D. actu.* 27 oct. 2017, obs. W. Azoulay.
2. Affaire dite *Bygmalion*, Crim. 31 janv. 2018, n° 17-80.659, P n° 26 ; *D.* 2018. 296 ; *Gaz. Pal* 22 févr. 2018, M. Mayel, « L'action civile d'une association (ou la valse à trois temps de l'association au sein du procès pénal) ».
3. Crim. 9 nov. 2010, n° 09-88.272, NP, *D.* 2010. 2707, obs. S. Lavric ; *RSC* 2011. 858, obs. X. Salvat.
4. J. Larguier, « L'action publique menacée », *D.* 1958. 29.
5. S. Guinchard, « Les moralistes au prétoire » *in* (écrits en hommage à) *J. Foyer auteur et législateur*, PUF, 1997, p. 477.
6. X. Pin, « La privatisation du procès pénal », *RSC*, 2002, p. 245-261.
7. A. Decocq, « L'avenir funèbre de l'action publique », *in Mél. Terré*, Dalloz – Juris-Classeur, 1999, p. 786 – C. Ambroise-Casterot, Rép. pén., *V°* Action civile.
8. Crim. 30 mars 2005, n° 04-85.610, P n° 112 ; *D.* 2005. 1589 ; *D.* 2007. 1038, obs. J.-Y. Dupeux et Th. Massis – AUSSI v. s[s] chap. 414.
9. L. 29 juill. 1881, art. 48 ; mod. par L. n° 2013-711, 5 août 2013, art. 21.
10. L. 29 juill. 1881 sur la liberté de la presse, *JO* 30 juill., p. 4201.
11. Crim. 25 juin 2013, n° 12-84.696, P n° 160 ; *D.* 2014. 508, obs. E. Dreyer.

tion agissant sur le fondement des articles 48-1 et suivants de la loi du 29 juillet 1881 ne saurait être admise à intervenir comme partie civile dans la procédure déjà engagée par une autre [1].

Les constitutions de partie civile pour provocation à la haine raciale de la LDH [2], la Licra [3], le Mrap [4] et Sos racisme [5] sont recevables, dès lors que l'incohérence de la rédaction de l'article 48-1 [6] de la loi du 29 juillet 1881 avec la rédaction, modifiée, de son article 24 [7] ne tient pas à la volonté du législateur de limiter la constitution de partie civile des associations en matière d'infractions à la loi sur la presse, mais s'explique par le défaut de coordination de ce texte lors des modifications qui ont conduit à ajouter des alinéas [8] à l'article 24.

Quand l'infraction aura été commise envers des personnes considérées individuellement, l'association n'est recevable dans son action que si elle justifie de l'accord de ces personnes, exception faite des hypothèses visées à l'article 48-2 [9].

222.412 **Presse – La question du désistement.** Dans tous les cas de poursuites correctionnelles ou de simple police, le désistement du plaignant ou de la partie poursuivante arrêtera la poursuite commencée [10].

Le désistement prévu par l'article 49 de la loi du 29 juillet 1881, s'il n'est assujetti à aucune forme particulière quant à la manifestation de volonté qui l'exprime, n'en suppose pas moins l'existence d'une renonciation par laquelle le plaignant manifeste clairement sa volonté d'abandonner l'action [11]. La simple abstention qui n'implique pas de la part de la personne qui se prétend diffamée la volonté formelle d'abandonner la poursuite qu'elle a engagée, ne saurait être considérée comme emportant désistement de son action au sens de l'article 49 de la loi du 29 juillet 1881, lequel est seul applicable en matière d'infraction à la loi sur la presse à l'exclusion de l'article 425 du code de procédure pénale [12].

De même, justifie sa décision la cour d'appel qui, pour rejeter l'exception de désistement d'action de la partie civile énonce d'une part, que la décision du plaignant de ne pas faire citer le journaliste après qu'il a réalisé que la citation avait été délivrée à un homonyme ne peut être interprétée comme la manifestation de la volonté de la partie poursuivante de renoncer à exercer l'action régulièrement engagée à l'égard du directeur de la publication et de la société éditrice, et d'autre part, que la partie civile n'a pas manifesté sa volonté de désistement de manière claire et non équivoque et qu'il ne lui en pas été donné acte [13].

En matière de diffamation ou d'injures le désistement du plaignant, d'après l'article 49 de la loi du 29 juillet 1881, met fin aux poursuites commencées. Mais ce désistement opère *in rem* et éteint l'action publique à l'égard de tous auteurs, co-auteurs ou complices. Le plaignant n'est pas autorisé à arrêter la poursuite à l'égard de certains auteurs, co-auteurs ou complices de l'infraction pour la laisser continuer envers les autres [14].

Il résulte des dispositions de l'article 49 de la loi du 29 juillet 1881 que le désistement d'action du plaignant, lorsqu'il en est donné acte par jugement, met fin aux poursuites du chef de diffamation et éteint l'action à l'égard de tous les auteurs, coauteurs ou complices [15].

On relève toutefois une décision par laquelle la chambre criminelle a pu juger que le désistement, par la partie civile, de l'appel interjeté contre les dispositions du jugement ayant condamné l'auteur de propos injurieux n'éteint pas l'action à l'égard des autres auteurs, coauteurs ou complices [16].

Il résulte de l'article 49 de la loi du 29 juillet 1881 que le désistement du plaignant, lorsqu'il en a été donné acte par jugement, met fin aux poursuites du chef de diffamation et éteint l'action à l'égard de tous auteurs, coauteurs ou complices des faits poursuivis. Ces dispositions sont applicables aux infractions visées par l'article 93-3 [17] de la loi du 29 juillet 1982 [18], en cas de diffamation commise par un moyen de communication audiovisuelle et par un message ayant fait l'objet d'une fixation préalable à sa

1. Crim. 10 mai 2006, n° 05-81.403, P n° 125 ; *AJ pénal* 2006. 372 ; *Gaz. Pal.* 2007. 1. 422, note Y. Monnet.
2. La Ligue des droits de l'Homme (Ldh), créée en 1898, https://www.ldh-france.org/
3. Ligue internationale contre le racisme et l'antisémitisme (Licra), créée en 1927, http://www.licra.org/
4. Mouvement contre le racisme et pour l'amitié entre les peuples (Mrap), créé en 1946, https://mrap.fr/
5. Association créée en 1984, https://sos-racisme.org/
6. L. 29 juill. 1881, art. 48-1 ; mod. par L. n° 2017-86, 27 janv. 2017, art. 174.
7. L. 29 juill. 1881, art. 24 ; mod. par L. n° 2017-86, 27 janv. 2017, art. 170 et 173 et L. n° 2021-1109, 24 août 2021, art. 38, *JO* 25 août, n° 1.
8. Fort-de-France, 18 mai 2010, RG n° 00070/2010, *D.* 2010. 2139, obs. V. Égéa.
9. L. 29 juill. 1881, art. 48-2 ; mod. par L. n° 2017-86, 27 janv. 2017, art. 176.
10. L. 29 juill. 1881, art. 49.
11. Crim. 23 déc. 1965, n° 64-92.645, P n° 293.
12. Crim. 7 févr. 1984, n° 83-91.104, P n° 44.
13. Crim. 30 sept. 2008, n° 07-87.953, NP, *Dr. pénal* 2009. Chron. 6, obs. O. Mouysset.
14. Crim. 22 mai 1986, n° 84-93.603, P n° 168.
15. Crim. 29 janv. 2008, n° 07-83.880, P n° 24 ; *AJ pénal* 2008. 197.
16. Crim. 21 juin 2005, n° 04-85.778, P n° 186.
17. L. n° 82-652, 29 juill. 1982, art. 93-3 ; mod. par L. n° 2009-669, 12 juin 2009, art. 27.
18. L. n° 82-652, 29 juill. 1982 sur la communication audiovisuelle, *JO* 30 juill., p. 2431.

communication au public. Encourt la cassation l'arrêt qui a admis l'effet partiel du désistement de la partie civile en se fondant sur la divisibilité des faits compris dans la poursuite, introduite en l'espèce par un acte unique du plaignant incriminant, sous la même qualification, des propos tenus dans la même émission de télévision, par des complices du directeur de la publication du service de communication audiovisuelle, au sens de l'article 93-3 susvisé. Si les juges ont à bon droit constaté que le désistement de la partie civile dont il avait été donné acte par jugement n'était plus susceptible de rétractation, ils ne pouvaient sans méconnaître l'article 49 susvisé en limiter la portée[1].

Le désistement du plaignant intervenu avant que la Cour de cassation ait statué sur le pourvoi formé par le prévenu contre l'arrêt qui l'avait condamné pour diffamation, a pour effet de mettre fin aux poursuites[2]. Le désistement d'action, qui, en application de l'article 49 de la loi du 29 juillet 1881, met fin à une poursuite correctionnelle en diffamation, a pour effet d'éteindre l'action en diffamation exercée par le plaignant devant la juridiction des référés antérieurement à la saisine du juge du fond. Il n'y a donc pas lieu de statuer sur le pourvoi formé contre l'arrêt rendu en référé[3].

Il se déduit de l'article 426 du code de procédure pénale que la partie civile qui, après avoir cité directement un prévenu devant le tribunal correctionnel sur le fondement de la loi du 29 juillet 1881, se désiste de son action, est irrecevable à se constituer à nouveau partie civile, à l'occasion d'une autre poursuite engagée par le ministère public à raison des mêmes propos[4].

Le désistement prévu par l'article 49 de la loi du 29 juillet 1881 peut être rétracté tant que sa régularité n'a pas été appréciée et qu'il n'en a pas été donné acte par la juridiction saisie, dans les formes prévues par la loi. Les énonciations des notes d'audience ne peuvent suppléer l'absence d'un jugement de donné acte[5].

B.
Associations habilités en matière d'infractions au droit de la presse

222.421 Racisme (L. 29 juill. 1881, art. 48-1). Toute association régulièrement déclarée depuis au moins cinq ans à la date des faits, se proposant, par ses statuts, de défendre la mémoire des esclaves et l'honneur de leurs descendants, de combattre le racisme ou d'assister les victimes de discrimination fondée sur leur origine nationale, ethnique, raciale ou religieuse, peut exercer les droits reconnus à la partie civile en ce qui concerne les infractions prévues par les articles 24, alinéa 7, 32, alinéa 2, et 33, alinéa 3, de la présente loi, ainsi que les délits de provocation prévus par le 1° de l'article 24, lorsque la provocation concerne des crimes ou délits commis avec la circonstance aggravante prévue par l'article 132-76[6] du code pénal.

Toutefois, quand l'infraction aura été commise envers des personnes considérées individuellement, l'association ne sera recevable dans son action que si elle justifie avoir reçu l'accord de ces personnes[7], ou si elle justifie que ces personnes ne s'opposent pas aux poursuites[8].

Ainsi la Licra a-t-elle été, dans une espèce, déclarée recevable en sa constitution de partie civile dès lors que, régulièrement déclarée depuis plus de cinq ans à la date des faits, cette association se propose, par ses statuts de combattre le racisme et d'assister les victimes de discrimination, et peut donc exercer les droits reconnus à la partie civile[9].

Le racisme visé par l'article 48-1 de la loi du 29 juillet 1881 modifiée s'entend de toute discrimination fondée sur l'origine ou l'appartenance ou la non-appartenance soit à une race, soit à une ethnie, soit à une nation, soit à une religion, sans restriction, ni exclusion. Toute association régulièrement déclarée depuis au moins cinq ans à la date des faits, se proposant par ses statuts de combattre le racisme, a le droit d'agir, en application de l'article 48-1 de la loi du 29 juillet 1881, sans autre condition que celles prévues par ce texte, lequel n'exige pas, notamment, l'unicité d'objet[10].

La liste de l'article 48-1 est limitative et ne concerne que des crimes ou délits. Le droit d'agir reconnu aux associations habilitées par l'article 48-1 de la loi du 29 juillet 1881 n'est prévu que pour les délits limitativement énumérés par ce texte. Par suite, est irrecevable la constitution de partie civile d'une telle association dès lors que les faits

1. Crim. 28 mars 1995, n° 94-84.677, P n° 129.
2. Crim. 25 mai 1956, P n° 391.
3. Civ. 2e, 15 juin 2000, n° 98-18.665, P II, n° 101.
4. Crim. 15 mars 2005, n° 04-84.463, P n° 90 ; *D.* 2005. 2986, obs. G. Roujou de Boubée, T. Garé et C. Mascala.
5. Crim. 26 avr. 1994, n° 92-84.095, P n° 150.
6. C. pén., art. 132-76 ; mod. par L. n° 2017-86, 27 janv. 2017, art. 171.
7. L. 29 juill. 1881, art. 48-1 ; mod. par L. n° 2011-525, 17 mai 2011, art. 172 ; mod. par L. n° 2017-86, 27 janv. 2017, art. 174.
8. C. pén., art. 132-76 ; mod. par L. n° 2017-86, 27 janv. 2017, art. 171.
9. Crim. 2 oct. 2012, n° 12-80.419, P n° 204 ; *D. actu.* 30 oct. 2012, obs. S. Lavric ; *D.* 2012. 2521 ; *D.* 2013. 457, obs. E. Dreyer ; *Dr. pénal* 2012, n° 157, obs. M. Véron.
10. Crim. 16 avr. 1991, n° 90-87.508, P n° 182.

poursuivis s'analysent en une contravention d'injure raciale non publique[1].

Il résulte de la combinaison des articles 47, 48, et 48-1 de la loi du 29 juillet 1881 que seuls le ministère public et certaines associations se proposant par leurs statuts de combattre le racisme ou d'assister les victimes de discrimination raciale ou religieuse peuvent mettre en mouvement l'action publique en cas de délit prévu par l'article 24, alinéa 6, de cette loi. La mission de combattre le racisme ou d'assister les victimes de discrimination n'entre pas dans la défense de l'intérêt des familles, mission confiée par la loi à l'Union nationale des associations familiales (Unaf)[2].

Aucune disposition ne fait obstacle à l'intervention d'une association habilitée par l'article 48-1 de la loi du 29 juillet 1881 et qui entend se constituer partie civile dans une procédure engagée par une autre partie ou le ministère public du chef des infractions visées par ce texte. En conséquence, justifie sa décision la cour d'appel qui reçoit en leur constitution de partie civile les associations habilitées par ledit article et leur alloue des dommages-intérêts, les propos incriminés portant directement atteinte aux intérêts moraux et aux valeurs défendus par ces associations[3].

L'article 48-1 de la loi sur la presse permet à des associations réunissant certaines conditions d'exercer les droits reconnus à la partie civile concernant le délit de provocation prévu par l'article 24 de la même loi. Il résulte de la combinaison de ces diverses dispositions que l'action publique en cas de délit de provocation à la haine ou à la discrimination raciale ne peut être mise en mouvement que par le ministère public, sans qu'une plainte préalable soit nécessaire ou par l'une des associations habilitées et qu'elle ne saurait être exercée à la requête de la partie lésée ; qu'en cet état, les demandeurs ne pouvaient procéder comme ils l'ont fait ; qu'il leur aurait été seulement permis au cas où ils auraient été nommés ou désignés dans l'article incriminé, de se constituer parties civiles par voie d'intervention[4].

L'imputation d'un comportement criminel en relation avec leur appartenance religieuse est diffamatoire envers les membres d'une congrégation religieuse, ainsi qu'envers l'ensemble des religieux susceptibles d'être associés à ce comportement, et une association habilitée au sens de l'article 48-1 peut donc agir sans avoir reçu l'accord des victimes de l'infraction[5].

Pour rejeter la demande de l'Alliance générale contre le racisme et pour le respect de l'identité Française et chrétienne (Agrif) soutenant que le dessin publié en première page du n° 38 de *La Grosse Bertha*, représentant le pape Jean-Paul II sodomisé par un travesti qui s'écrie : « *bienvenue au Brésil* », constituait une provocation à la discrimination, à la haine ou à la violence envers les catholiques, l'arrêt retient que la faute avait été commise envers Jean-Paul II individuellement et que l'Agrif n'apportait pas la preuve que celui-ci avait donné son accord à l'action. Qu'en statuant ainsi, alors que l'Agrif soutenait qu'en la personne du « père commun des fidèles c'est l'ensemble du peuple chrétien qui était violemment injurié, chaque fidèle étant donc recevable à demander en justice la réparation du préjudice causé par cette violence » et que le dessin représentait le pape en sa qualité de chef de l'Église catholique, la cour d'appel a violé le texte susvisé[6].

Attendu qu'il résulte de l'arrêt attaqué et des pièces de la procédure que l'Agrif a déposé plainte avec constitution de partie civile pour provocation à la discrimination raciale, sur le fondement des articles 24, alinéa 6, et 48-1 de la loi du 29 juillet 1881, en raison de la publication, par le journal *Texte intégral* daté du 1er avril 1995, à la suite du texte de l'encyclique *Evangelium vitae*, en dernière page de couverture, d'une affiche élaborée par l'association de lutte contre le sida « Act Up », comportant notamment la photographie du pape Jean-Paul II et la légende « ce pape est un assassin » ; qu'aux termes de l'article 48-1, alinéa 2, de la loi du 29 juillet 1881, c'est seulement quand l'infraction a été commise « envers des personnes considérées individuellement » que l'association plaignante doit justifier avoir reçu l'accord de ces personnes ; que tel n'était pas le cas, en l'espèce, dès lors que le pape Jean-Paul II n'était pas accusé d'assassinat à titre particulier mais en tant que représentant suprême des catholiques rappelant et actualisant, par son encyclique *Evangelium Vitae*, la doctrine de l'Église catholique et qu'à travers lui, c'était l'ensemble de la communauté des catholiques qui était visée et qu'en exigeant néanmoins l'accord du Y... Jean-Paul II, la chambre d'accusation a violé, par fausse application, le texte susvisé ; que, par ordonnance du 9 mai 1996, le juge d'instruction a déclaré irrecevable la constitution de partie civile de l'Agrif, en application de l'article 48-1, alinéa 2, de la loi du 29 juillet 1881, au

1. Crim. 27 nov. 2012, n° 11-86.982, P n° 261 ; *D.* 2012. 2894 ; *D.* 2013. 457, obs. E. Dreyer ; *D.* 2013. 2713, obs. G. Roujou de Boubée, T. Garé, M.-H. Gozzi, S. Mirabail et T. Potaszkin ; *AJ pénal* 2013. 217, obs. G. Royer.
2. Crim. 17 déc. 2002, n° 01-85.650, P n° 227 ; *D.* 2003. 865 ; *RDSS* 2003. 466, obs. E. Alfandari ; *RSC* 2003. 556, obs. Y. Mayaud.
3. Crim. 12 oct. 2010, n° 10-80.825, P n° 157 ; *D.* 2010. 2706 ; *AJ pénal* 2011. 133, obs. G. Royer ; *RSC* 2011. Chron. 135, obs. J. Francillon.
4. Crim. 3 mars 1980, n° 78-91.949, P n° 74.
5. Crim. 7 déc. 1993, n° 92-81.094, P n° 373.
6. Crim. 28 févr. 1996, n° 93-20.663, NP.

motif que cette association ne justifiait pas avoir reçu l'accord de la personne visée personnellement par le document incriminé, en l'occurrence le pape Jean-Paul II que pour confirmer cette ordonnance, l'arrêt attaqué se prononce par les motifs partiellement reproduits au moyen ;

Qu'en statuant ainsi, la cour d'appel, qui a exactement apprécié la teneur du document incriminé et décidé que l'infraction dénoncée concernait la personne du pape, considérée individuellement, a justifié sans encourir les griefs allégués[1 2].

222.422 Lutte contre l'esclavage (L. 29 juill. 1881, art. 48-1-1). Toute association régulièrement déclarée depuis au moins cinq ans se proposant, par ses statuts, de lutter contre l'esclavage ou de défendre la mémoire des esclaves et l'honneur de leurs descendants peut exercer les droits reconnus à la partie civile en ce qui concerne les infractions d'apologie, de négation, de minoration ou de banalisation des crimes de réduction en esclavage ou d'exploitation d'une personne réduite en esclavage prévues aux articles 24[3] et 24 *bis*[4] de la loi du 29 juillet 1881.

Toutefois, quand l'infraction a été commise envers des personnes considérées individuellement, l'association n'est recevable dans son action que si elle justifie avoir reçu l'accord de ces personnes ou si elle justifie que ces personnes ne s'opposent pas aux poursuites[5].

222.423 Résistance – Déporté (L. 29 juill. 1881, art. 48-2). Toute association régulièrement déclarée depuis au moins cinq ans à la date des faits, qui se propose, par ses statuts, de défendre les intérêts moraux et l'honneur de la Résistance ou des déportés peut exercer les droits reconnus à la partie civile en ce qui concerne l'apologie des crimes de guerre, des crimes contre l'humanité ou des crimes ou délits de collaboration avec l'ennemi mentionnée au cinquième alinéa de l'article 24[6], lorsque ces crimes ou délits ont donné lieu à une ou plusieurs condamnations prononcées par une juridiction française ou internationale[7] et en ce qui concerne l'infraction prévue par l'article 24 *bis*[8].

Il résulte de la combinaison des articles 47, 48, et 48-1 de la loi du 29 juillet 1881 que seuls le ministère public et certaines associations se proposant par leurs statuts de combattre le racisme ou d'assister les victimes de discrimination raciale ou religieuse peuvent mettre en mouvement l'action publique en cas de délit prévu par l'article 24, alinéa 6, de cette loi[9].

L'objet statutaire de l'association, défini par l'article 48-2[10] de la loi du 29 juillet 1881, issu de la loi du 13 juillet 1990[11], doit avoir été déclaré depuis au moins cinq ans, à la date des faits, pour permettre l'exercice des droits reconnus à la partie civile, en ce qui concerne l'infraction prévue par l'article 24 *bis* de ladite loi[12].

A fait une exacte application des textes, la chambre de l'instruction qui a décidé que l'Association Générations Mémoire Harkis (GMH) qui a pour objet statutaire d'œuvrer en faveur de la communauté des harkis, notamment en valorisant une mémoire positive, ne saurait mettre en mouvement l'action publique du chef d'apologie des crimes de guerre, dès lors qu'en vertu des dispositions combinées des articles 48-2[13] de la loi du 29 juillet 1881 et 2-5 du code de procédure pénale, seule une association se proposant, par ses statuts, de défendre les intérêts moraux et l'honneur de la Résistance et des déportés peut intenter une telle action[14].

Selon l'article 48-2[15] de la loi du 29 juillet 1881, pour exercer les droits reconnus à la partie civile en ce qui concerne les faits de contestation de crimes contre l'humanité et d'apologie de crimes contre l'humanité, une association doit, par ses statuts, se proposer de défendre les intérêts moraux et l'honneur de la Résistance ou des déportés. Tel n'est pas le cas d'une association dont l'objet est de lutter contre le racisme[16].

Aucune disposition n'interdit à une association habilitée par l'article 48-2[17] de la loi du 29 juillet 1881, qui se propose, par ses statuts, de défendre les intérêts moraux et l'honneur de la Résistance ou des déportés et qui peut exercer les droits reconnus à la

1. Crim. 10 févr. 1998, n° 96-84.890, NP.
2. L. 29 juill. 1881, art. 48-1 ; mod. par L. n° 2017-86, 27 janv. 2017, art. 174.
3. L. 29 juill. 1881, art. 24 ; mod. par L. n° 2014-1353, 13 nov. 2014, art. 5 et L. n° 2021-1109, 24 août 2021, art. 38, *JO* 25 août, n° 1.
4. L. 29 juill. 1881, art. 24 *bis* ; mod. par L. n° 2014-1353, 13 nov. 2014, art. 5. et L. n° 2021-1109, 24 août 2021, art. 38, *JO* 25 août, n° 1.
5. L. 29 juill. 1881, art. 48-1-1 ; mod. par L. n° 2017-86, 27 janv. 2017, art. 173.
6. L. 29 juill. 1881, art. 24, préc.
7. L. n° 2017-86, 27 janv. 2017, art. 176.
8. L. 29 juill. 1881, art. 24 *bis*, préc.
9. Crim. 17 déc. 2002, n° 01-85.650, P n° 227 ; *D.* 2003. 865 ; *RDSS* 2003. 466, obs. E. Alfandari ; *RSC* 2003. 556, obs. Y. Mayaud.
10. L. 29 juill. 1881, art. 48-2 ; créé par L. n° 90-615, 13 juill. 1990, art. 13.
11. L. n° 90-615, 13 juill. 1990 tendant à réprimer tout acte raciste, antisémite ou xénophobe *JO* 14 juill., p. 8333.
12. Crim. 21 mai 1996, n° 94-83.370, P n° 209.
13. L. 29 juill. 1881, art. 48-2, préc.
14. Crim. 1er sept. 2005, n° 04-86.756, NP, *Dr. pénal* 2006, n° 1, note M. Véron.
15. L. 29 juill. 1881, art. 48-2, préc.
16. Crim. 28 nov. 2006, n° 06-80.340, P n° 300 ; *D.* 2007. 160 ; *AJ pénal* 2007. 144.
17. L. 29 juill. 1881, art. 48-2, préc.

partie civile en matière d'apologie de crimes de guerre, de crimes contre l'humanité, ou de crimes ou délits de collaboration avec l'ennemi ainsi que de contestation d'un ou plusieurs crimes contre l'humanité, de se constituer partie civile par voie d'intervention dans une procédure engagée par une autre partie ou par le ministère public du chef de ces infractions [1].

Selon les dispositions des articles 47, 48 et 48-2 de la loi du 29 juillet 1881, seuls le ministère public et certaines associations spécifiées par le dernier de ces textes peuvent mettre en mouvement l'action publique en ce qui concerne l'infraction d'apologie de crimes de guerre prévue par l'article 24, alinéa 5, de la loi du 29 juillet 1881. En conséquence, c'est à bon droit que, par application de ces textes et en l'absence d'un droit d'action propre à faire jouer les articles 6 et 13 de la convention européenne des droits de l'homme, la chambre de l'instruction confirme l'ordonnance du juge d'instruction déclarant irrecevable la plainte avec constitution de partie civile portée, du chef d'apologie de crimes de guerre, par une organisation syndicale de droit étranger, à raison de propos relatifs à l'assassinat du fondateur du syndicat, en retenant que les restrictions légales, qui s'appliquent sans distinction de l'origine nationale des parties, ne méconnaissent pas les dispositions de ladite convention [2] [3].

222.424 Ancien combattant – Victime de guerre (L. 29 juill. 1881, art. 48-3). Toute association régulièrement déclarée depuis au moins cinq ans à la date des faits et inscrite auprès de l'Office national des anciens combattants et victimes de guerre dans des conditions fixées par décret en Conseil d'État, qui se propose par ses statuts de défendre les intérêts moraux et l'honneur des anciens combattants et victimes de guerre et des morts pour la France, peut exercer les droits reconnus à la partie civile en ce qui concerne les délits de diffamation ou d'injures qui ont causé un préjudice direct ou indirect à la mission qu'elle remplit.

En cas de diffamation ou d'injure contre les armées prévues par l'article 30 de la loi du 29 juillet 1881 et le premier alinéa de l'article 33, les dispositions du 1° de l'article 48 ne sont pas applicables [4].

En cas de diffamation ou d'injure commises envers des personnes considérées individuellement, l'association ne sera recevable dans son action que si elle justifie avoir reçu l'accord de ces personnes ou de leurs ayants droit.

222.425 Violence et discrimination fondées sur l'orientation ou l'identité sexuelle (L. 29 juill. 1881, art. 48-4). Toute association, régulièrement déclarée depuis au moins cinq ans à la date des faits, se proposant, par ses statuts, de combattre les violences ou les discriminations fondées sur l'orientation ou identité sexuelle ou d'assister les victimes de ces discriminations peut exercer les droits reconnus à la partie civile en ce qui concerne les délits prévus par le huitième alinéa de l'article 24 [5] de la loi du 29 juillet 1881, le troisième alinéa de l'article 32 [6] et le quatrième alinéa de l'article 33 [7], ainsi que les délits de provocation prévus par le 1° de l'article 24, lorsque la provocation concerne des crimes ou délits commis avec la circonstance aggravante prévue par l'article 132-77 du code pénal [8].

Toutefois, quand l'infraction aura été commise envers des personnes considérées individuellement, l'association ne sera recevable dans son action que si elle justifie avoir reçu l'accord de ces personnes.

222.426 Violence et discrimination fondées sur le sexe (L. 29 juill. 1881, art. 48-5). Toute association, régulièrement déclarée depuis au moins cinq ans à la date des faits, se proposant, par ses statuts, de combattre les violences ou les discriminations fondées sur le sexe ou d'assister les victimes de ces discriminations peut exercer les droits reconnus à la partie civile en ce qui concerne les délits prévus par le huitième alinéa de l'article 24 de la loi du 29 juillet 1881, le troisième alinéa de l'article 32 [9] et le quatrième alinéa de l'article 33 [10], ainsi que les délits de provocation prévus par le 1° de l'article 24, lorsque la provocation concerne des crimes ou délits d'agressions sexuelles ou commis avec la circonstance aggravante prévue par l'article 132-80 [11] du code pénal [12].

1. Crim. 27 avr. 2011, n° 09-80.774, P n° 78 ; *D.* 2011. 1284, obs. S. Lavric ; *D.* 2012. 765, obs. E. Dreyer ; *AJ pénal* 2011. 418, obs. G. Royer ; *RSC* 2012. 175, obs. J. Francillon.
2. Crim. 28 févr. 2012, n° 11-81.402, P n° 57 ; *D.* 2013. 457, obs. E. Dreyer.
3. L. 29 juill. 1881, art. 48-2 ; créé par L. n° 90-615, 13 juill. 1990, art. 13 ; mod. par L. n° 2017-86, 27 janv. 2017, art. 176.
4. L. 29 juill. 1881, art. 48-3 ; mod. par L. n° 2006-449, 18 avr. 2006, art. 27.
5. L. 29 juill. 1881, art. 24 ; mod. par L. n° 2017-86, 27 janv. 2017, art. 170, 173 et L. n° 2021-1109, 24 août 2021, art. 38, *JO* 25 août, n° 1.
6. L. 29 juill. 1881, art. 32 ; mod. par L. n° 2017-86, 27 janv. 2017, art. 170 et L. n° 2019-222, 23 mars 2019, art. 71 (V) *JO* 24 mars, n° 2.
7. L. 29 juill. 1881, art. 33 ; mod. par L. n° 2017-86, 27 janv. 2017, art. 170 et L. n° 2021-1109, 24 août 2021, art. 38, *JO* 25 août, n° 1.
8. L. 29 juill. 1881, art. 48-4 ; mod. par L. n° 2017-86, 27 janv. 2017, art. 170.
9. L. 29 juill. 1881, art. 32, préc.
10. L. 29 juill. 1881, art. 32, préc.
11. C. pén., art. 132-80 ; mod. par L. n° 2010-769, 9 juill. 2010, art. 32.
12. L. 29 juill. 1881, art. 48-5 ; mod. par L. n° 2014-1353, 13 nov. 2014, art. 5.

Toutefois, quand l'infraction aura été commise envers des personnes considérées individuellement, l'association ne sera recevable dans son action que si elle justifie avoir reçu l'accord de ces personnes.

222.427 Violence et discrimination fondées sur le handicap (L. 29 juill. 1881, art. 48-6 [1]). Toute association, régulièrement déclarée depuis au moins cinq ans à la date des faits, se proposant, par ses statuts, de combattre les violences ou les discriminations fondées sur le handicap ou d'assister les victimes de ces discriminations peut exercer les droits reconnus à la partie civile en ce qui concerne les délits prévus au huitième alinéa de l'article 24, au troisième alinéa de l'article 32 [2] et au quatrième alinéa de l'article 33 [3], ainsi que les délits de provocation prévus par le 1° de l'article 24, lorsque la provocation concerne des crimes ou délits aggravés en raison du handicap de la victime.

Toutefois, quand l'infraction aura été commise envers des personnes considérées individuellement, l'association ne sera recevable dans son action que si elle justifie avoir reçu l'accord de ces personnes.

§ 7
De quelques textes hors code de procédure pénale accordant à des associations le droit de se constituer partie civile

222.431 Domaine d'intervention d'associations se fondant sur des textes divers. Sans établir une énumération exhaustive, tant le désordre l'emporte ici sur la méthode, ni même d'exclure les redondances, est présenté ci-après par « domaine d'intervention », les références à d'autres textes fondant le droit d'intervention d'associations diverses.

A.
Droit de la famille

222.441 Associations familiales. L'union nationale et les unions départementales des associations familiales sont habilitées, sans préjudice de tous les droits et prérogatives pouvant résulter de leurs statuts, à : « [...] 4° Exercer devant toutes les juridictions, sans avoir à justifier d'un agrément ou d'une autorisation préalable de l'autorité publique, notamment de l'agrément prévu à l'article L. 621-1 du code de la consommation, l'action civile relativement aux faits de nature à nuire aux intérêts moraux et matériels des familles, y compris pour les infractions prévues par l'article 227-24 du code pénal » [4].

La jurisprudence a ainsi pu admettre l'intervention d'une union départementale ou nationale d'associations familiales en cas d'accident mortel dû à une fraude sur le lait [5], ou que l'action relative au prix de vente des produits alimentaires rentrant dans la défense des intérêts matériels des familles, et les associations familiales étant habilitées, en vertu de l'article 3 du code de la famille et de l'aide sociale, à exercer, devant toutes les juridictions, l'action civile relativement aux faits de nature à nuire aux intérêts moraux et matériels des familles, c'était à bon droit qu'une cour d'appel, qui relève qu'une telle association mène une action particulière dans le domaine des prix, lui accorde des dommages-intérêts en réparation du préjudice par elle subi du fait de la publicité trompeuse portant sur des produits alimentaires [6].

À l'inverse, une association constituée sous le régime de la loi du 1er juillet 1901 [7] et à laquelle aucune disposition spéciale de la loi ne reconnaît un droit particulier, n'est pas recevable à se constituer partie civile devant les tribunaux répressifs à raison de faits d'avortement ou de propagande anticonceptionnelle, quels que soient les buts qu'elle se propose statutairement. Si, en revanche, et en semblable matière, l'union nationale et les unions départementales d'associations familiales sont habilitées par l'article 3 [8], § 4, du code de la famille et de l'aide sociale à exercer l'action civile devant les mêmes juridictions, il n'en est toutefois pas ainsi d'une association familiale locale [9] [10].

En matière de défense des intérêts moraux de la famille et en particulier des mineurs, on rappellera ici qu'en vertu de l'article 99 [11] de la loi du 30 juillet 1987 [12], modifié par la loi du 5 mars 2007 [13], est interdite l'installation, à moins de deux cents mètres d'un établissement d'enseignement, d'un établissement dont l'activité est la vente ou la mise à disposition du public d'objets à caractère pornographique. L'infraction est punie de deux ans d'emprisonnement et de 30 000 euros d'amende. Sont pas-

1. L. 29 juill. 1881, art. 48-6 ; mod. par L. n° 2014-1353, 13 nov. 2014, art. 5.
2. L. 29 juill. 1881, art. 32, préc.
3. L. 29 juill. 1881, art. 33, préc.
4. CASF, art. L. 211-3 ; mod. par ord. n° 2016-301, 14 mars 2016, art. 2.
5. Crim. 20 déc. 1951, *Gaz. Pal.* 1952. 1. 92.
6. Crim. 3 sept. 1992, n° 91-86.591, P n° 281.
7. L. 1er juill. 1901 relative au contrat d'association, *JO* 2 juill., p. 4025.
8. C. fam., art. 3 ; mod. par L. n° 88-14, 5 janv. 1988, art. 11.
9. Crim. 20 déc. 1977, n° 76-90.025, P n° 404.
10. AUSSI : v. ss n° 222.461.
11. L. n° 87-588, 30 juill. 1987, art. 99 ; mod. par L. n° 2007-293, 5 mars 2007, art. 6.
12. L. n° 87-588, 30 juill. 1987 portant diverses mesures d'ordre social, *JO* 31 juill., p. 8574.
13. L. n° 2007-293, 5 mars 2007 réformant la protection de l'enfance, *JO* 6 mars, p. 4215.

sibles des mêmes peines les personnes qui favorisent ou tolèrent l'accès d'un mineur à un établissement où s'exerce l'une des activités visées au premier alinéa. Pour cette infraction, les associations de parents d'élèves, de jeunesse et de défense de l'enfance en danger, régulièrement déclarées depuis au moins cinq ans à la date des faits, peuvent exercer les droits reconnus à la partie civile.

B. Droit de la santé publique

222.451 **Associations défendant les droits des femmes à l'accès à la contraception et à l'interruption volontaire de grossesse.** Toute association régulièrement déclarée depuis au moins cinq ans à la date des faits, dont l'objet statutaire comporte la défense des droits des femmes à accéder à la contraception et à l'interruption de grossesse, peut exercer les droits reconnus à la partie civile en ce qui concerne les infractions prévues par l'article L. 2223-2 [1] du code de la santé publique lorsque les faits ont été commis en vue d'empêcher ou de tenter d'empêcher une interruption volontaire de grossesse ou les actes préalables prévus par les articles L. 2212-3 à L. 2212-8 [2]. Il peut être rappelé qu'« est puni de deux ans d'emprisonnement et de 30 000 euros d'amende le fait d'empêcher ou de tenter d'empêcher de pratiquer ou de s'informer sur une interruption volontaire de grossesse ou les actes préalables prévus par les articles L. 2212-3 à L. 2212-8 par tout moyen, y compris par voie électronique ou en ligne, notamment par la diffusion ou la transmission d'allégations ou d'indications de nature à induire intentionnellement en erreur, dans un but dissuasif, sur les caractéristiques ou les conséquences médicales d'une interruption volontaire de grossesse :

1° Soit en perturbant l'accès aux établissements mentionnés à l'article L. 2212-2, la libre circulation des personnes à l'intérieur de ces établissements ou les conditions de travail des personnels médicaux et non médicaux ;

2° Soit en exerçant des pressions morales et psychologiques, des menaces ou tout acte d'intimidation à l'encontre des personnes cherchant à s'informer sur une interruption volontaire de grossesse, des personnels médicaux et non médicaux travaillant dans les établissements mentionnés au même article L. 2212-2, des femmes venues recourir à une interruption volontaire de grossesse ou de l'entourage de ces dernières » [3].

Deux arrêts importants, encore intervenus en matière d'entrave à interruption volontaire de grossesse ont tranché plusieurs points sur ce sujet [4]. Il résulte ainsi des dispositions combinées des articles L. 162-15-1 (devenu CSP, art. L. 2223-1) du code de la santé publique et 5 [5] et 6 [6] de la loi du 1er juillet 1901 que l'objet statutaire de l'association, défini par le premier de ces textes, doit avoir été déclaré depuis au moins cinq ans avant la date des faits à raison desquels elle entend exercer les droits reconnus à la partie civile. Pour qu'une association puisse se constituer partie civile, dans des poursuites exercées pour entrave à interruption volontaire de grossesse, son objet statutaire doit, aux termes de l'article L. 162-15-1 (devenu CSP, art. L. 2223-1) du code de la santé publique, comporter la défense des droits des femmes à accéder à la contraception et à l'avortement. L'objet social d'une association tendant à la « défense des droits et à la dignité de la femme... », comprend nécessairement la défense du droit des femmes à accéder à la contraception et à l'avortement. En matière d'entrave à interruption volontaire de grossesse, les dispositions de l'article L. 162-15-1 (devenu CSP, art. L. 2223-1) du code de la santé publique, relatives aux seules associations, ne font pas obstacle à l'application de celles de l'article L. 411-11 (devenu C. trav., art. L. 2411-11) du code du travail régissant l'action civile des syndicats professionnels [7].

En outre, « Toute association régulièrement déclarée depuis au moins cinq ans à la date des faits dont l'objet statutaire comporte la lutte contre l'esclavage, la traite des êtres humains, le proxénétisme ou l'action sociale en faveur des personnes prostituées peut exercer les droits reconnus à la partie civile en ce qui concerne les infractions réprimées par les articles 224-1 A à 224-1 C, 225-4-1 à 225-4-9, 225-5 à 225-12-2, 225-14-1 et 225-14-2 du code pénal, lorsque l'action publique a été mise en mouvement par le ministère public ou la partie lésée. Toutefois, l'association n'est recevable dans son action que si elle justifie avoir reçu l'accord de la victime. Si celle-ci est un mineur ou un majeur protégé, l'accord est donné par son représentant légal.

Si l'association mentionnée au premier alinéa du présent article est reconnue d'utilité publique, son action est recevable y compris sans l'accord de la victime.

1. CSP, art. L. 2223-2 ; mod. par L. n° 2017-347, 20 mars 2017 relative à l'extension du délit d'entrave à l'interruption volontaire de grossesse, art. unique.
2. CSP, art. L. 2223-1.
3. CSP, art. L. 2223-2 ; mod. par L. n° 2017-347, 20 mars 2017, art. unique.
4. Crim. 27 nov. 1996, nos 96-80.223, 95-85.118, P n° 431.
5. L. 1er juill. 1901, art. 5 ; mod. par ord. n° 2015-904, 23 juill. 2015, art. 1.
6. L. 1er juill. 1901, art. 6 ; mod. par L. n° 2014-856, 31 juill. 2014, art. 74.
7. V. ss nos 222.501 s.

Toute fondation reconnue d'utilité publique peut exercer les droits reconnus à la partie civile dans les mêmes conditions et sous les mêmes réserves que l'association mentionnée au présent article. »[1]

Dans une procédure criminelle la Cour a pu, en application de ces dispositions, déclarer recevable la constitution de partie civile d'une association de cette nature contre des accusés d'homicide volontaire faisant par ailleurs l'objet de poursuites, devant la juridiction correctionnelle, du chef de proxénétisme, délit qu'elle a estimé se rattacher par un lien de connexité au crime, objet de l'accusation[2].

222.452 Droit de la santé publique – Lutte contre l'alcoolisme et le tabagisme. Les associations dont l'objet statutaire comporte la lutte contre l'alcoolisme, régulièrement déclarées depuis au moins cinq ans à la date des faits, peuvent exercer les droits reconnus à la partie civile pour les infractions prévues au titre V du Livre III de la troisième partie législative du code de la santé publique (CSP). Peuvent exercer les mêmes droits les associations de consommateurs mentionnées à l'article L. 421-1 (devenu C. consom., art. L. 621-1) du code de la consommation pour les infractions prévues au chapitre Ier du présent titre ainsi que les associations familiales mentionnées aux articles L. 211-1[3] et L. 211-2 du code de l'action sociale et des familles pour les infractions prévues aux chapitres I et III du présent titre[4].

La constatation par les juges du fond que l'ouverture illicite d'un débit de boissons a contrarié l'action que le comité national de défense contre l'alcoolisme[5] poursuit dans l'intérêt de la santé publique et que cette ouverture lui a causé un préjudice distinct du trouble social sanctionné par la condamnation pénale implique l'existence d'un préjudice direct subi par cette partie civile agissant au sens de l'article L. 96 (devenu CSP, art. L. 3355-1[6]) du code des débits de boissons et des mesures contre l'alcoolisme du fait de l'infraction sanctionnée[7]. L'arrêt doit détailler le préjudice en cause, car si les ligues antialcooliques reconnues d'utilité publique tiennent des dispositions de l'article L. 96 (devenu CSP, art. L. 3355-1) du code des débits de boissons le pouvoir d'exercer les droits reconnus à la partie civile relativement aux faits contraires aux dispositions dudit code, les demandes en réparation du dommage causé par une infraction ne sauraient pourtant être accueillies que lorsqu'il est justifié d'un préjudice direct[8], que si les juges précisent la nature du dommage directement causé à la partie civile[9].

Les associations dont l'objet statutaire comporte la lutte contre le tabagisme, régulièrement déclarées depuis au moins cinq ans à la date des faits, peuvent exercer les droits reconnus à la partie civile pour les infractions aux dispositions du présent titre.

Peuvent exercer les mêmes droits les associations de consommateurs mentionnées à l'article L. 421-1 (devenu C. consom., art. L. 621-1) du code de la consommation ainsi que les associations familiales mentionnées aux articles L. 211-1[10] et L. 211-2 du code de l'action sociale et des familles[11].

Les associations dont l'objet statutaire comporte la lutte contre le tabagisme, régulièrement déclarées depuis au moins cinq ans à la date des faits, tiennent de l'article 18 (devenu CSP, art. L. 3515-7) de la loi du 9 juillet 1976 le pouvoir d'exercer les droits reconnus à la partie civile pour les infractions aux dispositions de cette loi[12]. En raison de la spécificité de son but et de l'objet de sa mission, le comité national de lutte contre le tabagisme, association qui tient de l'article 18 (devenu CSP, art. L. 3515-7[13]) de la loi du 9 juillet 1976 le pouvoir d'exercer les droits reconnus à la partie civile, subit nécessairement un préjudice direct et personnel du fait de la publicité illicite en faveur du tabac[14].

En raison de la spécificité de son but et de l'objet de sa mission, une association de lutte contre l'alcoolisme, qui tient de l'article L. 96 (devenu CSP, art. L. 3355-1) du code des débits et boissons, le pouvoir d'exercer les droits reconnus à la partie civile, peut exercer son action devant la juridiction civile dès lors qu'elle subit, du seul fait de la publicité illicite en faveur de l'alcool, un préjudice direct et personnel[15].

1. C. pr. pén., art. 2-22 ; mod. par L. n° 2016-1547, 18 nov. 2016 ; art. 43 ; issu de L. n° 75-229, 9 avr. 1975 habilitant les associations constituées pour la lutte contre le proxénétisme à exercer l'action civile, *JO* 11 avr., p. 3788, art. unique ; abrog. par L. n° 2016-444, 13 avr. 2016, art. 13.
2. Crim. 8 juill. 1985, n° 85-90.450, P n° 257.
3. CASF, art. L. 211-1 ; mod. par L. n° mod. par L. n° 2013-404, 17 mai 2013, art. 15.
4. CSP, art. L. 3355-1 ; mod. par L. n° 2004-806, 9 août 2004, art. 43.
5. Comité national de défense contre l'alcoolisme (CNDCA), devenu Association nationale de prévention en alcoologie et addictologie (Anpaa), créée le 2 mars 1872, sous l'appellation Association contre l'abus des boissons alcooliques, http://www.anpaa.asso.fr/.
6. CSP, art. L. 3515-7 ; mod. par L. n° 2004-806, 9 août 2004, art. 43.
7. Crim. 19 mars 1975, n° 74-91.443, P n° 83.
8. Crim. 8 janv. 1976, n° 74-93.334, P n° 6.
9. Crim. 23 juin 1983, n° 77-93.166, P n° 195.
10. CASF, art. L. 211-1 ; mod. par L. n° mod. par L. n° 2013-404, 17 mai 2013, art. 15.
11. CSP, art. L. 3515-7 ; créé par ord. n° 2016-623, 19 mai 2016, art. 1er.
12. Crim. 29 juin 1994, n° 93-81.572, P n° 261.
13. CSP, art. L. 3515-7 ; créé par ord. n° 2016-623, 19 mai 2016, art. 1er.
14. Crim. 30 oct. 1995, n° 94-83.386, P n° 335 ; *RSC* 1996. 645, obs. B. Bouloc.
15. Civ. 2e, 25 juin 1998, n° 96-10.397, P II, n° 228.

Lorsque l'action publique a été mise en mouvement par le ministère public ou la partie lésée, et sous réserve de l'accord de la victime, les associations agréées au niveau national dans les conditions prévues à l'article L. 1114-1 peuvent exercer les droits reconnus à la partie civile en ce qui concerne les infractions prévues par les articles 221-6, 222-19 et 222-20 du code pénal ainsi que les infractions prévues par des dispositions du code de la santé publique, portant un préjudice à l'intérêt collectif des usagers du système de santé[1].

C.
Droit de la consommation et fraudes

222.461 **Qualité à agir.** Les associations régulièrement déclarées ayant pour objet statutaire explicite la défense des intérêts des consommateurs peuvent, si elles ont été agréées à cette fin, exercer les droits reconnus à la partie civile relativement aux faits portant un préjudice direct ou indirect à l'intérêt collectif des consommateurs[2].

Toutefois, si selon l'article 1er[3] (devenu C. consom., art. L. 621-1[4]) de la loi du 5 janvier 1988[5], les associations régulièrement déclarées ayant pour objet statutaire explicite la défense des intérêts des consommateurs peuvent exercer les droits de la partie civile relativement aux faits portant un préjudice direct ou indirect à l'intérêt collectif des consommateurs, c'est à la condition d'avoir été agréées à cette fin.

Encourt la cassation l'arrêt qui, dans une poursuite du chef de fraudes et falsifications, reçoit la constitution de partie civile d'une association sans rechercher si elle a été régulièrement agréée par arrêté conforme aux dispositions de l'article 2[6] du décret du 6 mai 1988[7] (puis du 3 mai 2001[8]) pris pour l'application de la loi susmentionnée ou si cette association a personnellement subi un préjudice résultant directement de l'infraction[9].

Selon l'article 2 du code de procédure pénale et sauf dérogation législative, l'action civile ne peut être exercée devant les juridictions pénales que par celui qui a subi un préjudice personnel prenant directement sa source dans l'infraction poursuivie. Le préjudice moral allégué par une association de consommateurs qui ne se prévaut pas des dispositions de l'article 1er[10] (devenu C. consom., art. L. 621-1[11]) de la loi du 5 janvier 1988[12], n'est pas distinct du préjudice social dont la réparation est assurée par l'exercice même de l'action publique[13].

Méconnaît encore les dispositions des articles 2 du code de procédure pénale et L. 421-1 (devenu C. consom., art. L. 621-1[14]) du code de la consommation, la cour d'appel qui accorde réparation d'un préjudice qualifié d'associatif, qui ne trouve son origine ni dans une atteinte directe ou indirecte à l'intérêt collectif des consommateurs ni dans un dommage personnellement et directement causé à l'association demanderesse, alors qu'il résulte de ces textes que les associations régulièrement déclarées ayant pour objet statutaire explicite la défense des intérêts des consommateurs ne peuvent exercer les droits reconnus à la partie civile que relativement aux faits portant un préjudice direct ou indirect à l'intérêt collectif des consommateurs, sauf à justifier avoir souffert elles-mêmes du dommage directement causé par l'infraction[15].

Les organisations définies à l'article L. 211-2[16] du code de l'action sociale et des familles sont dispensées de l'agrément pour agir en justice dans les conditions prévues au présent article[17].

Toute personne qui prétendra qu'une appellation d'origine est appliquée, à son préjudice direct ou indirect et contre son droit, à un produit naturel ou fabriqué, contrairement à l'origine de ce produit, aura une action en justice pour faire interdire l'usage de cette appellation.

La même action appartiendra aux syndicats et associations régulièrement constitués, depuis six mois au moins, quant aux droits qu'ils ont pour objet de défendre[18]. Les personnes, syndicats et associations visés aux deux premiers alinéas de l'article L. 431-6[19]

1. CSP, art. L. 1114-2.
2. C. consom., art. L. 621-1 ; codifié par ord. n° 2016-301, 14 mars 2016.
3. L. n° 88-14, 5 janv. 1988, art. 1er ; codifié par L. n° 93-949, 26 juill. 1993, art. 4.
4. C. consom., art. L. 621-1 ; créé par L. n° 88-14, 5 janv. 1988, art. 1er.
5. L. n° 88-14, 5 janv. 1988 relative aux actions en justice des associations agréées de consommateurs et à l'information des consommateurs, *JO* 6 janv., p. 219 ; codifiée.
6. Décr. n° 88-856, 6 mai 1988, art. 2 ; devenu décr. n° 2001-387, 3 mai 2001, art. 2.
7. Décr. n° 88-856, 6 mai 1988 relatif au contrôle des instruments de mesure, *JO* 8 mai, p. 6758 ; abrog. par décr. n° 2001-387, 3 mai 2001.
8. Décr. n° 2001-387, 3 mai 2001 relatif au contrôle des instruments de mesure, *JO* 6 mai, p. 7164.
9. Crim. 23 janv. 1992, n° 89-82.111, P n° 24.
10. L. n° 88-14, 5 janv. 1988, art. 1er ; codifié par L. n° 93-949, 26 juill. 1993, art. 4.
11. C. consom., art. L. 621-1, préc.
12. L. n° 88-14, 5 janv. 1988, préc.
13. Crim. 16 déc. 1992, n° 91-86.314, P n° 426.
14. C. consom., art. L. 621-1, préc.
15. Crim. 3 mai 2006, n° 05-85.715, P n° 116 ; *AJ pénal* 2006. 363, obs. C. Rondey ; *RSC* 2007. 99, obs. C. Ambroise-Castérot.
16. CASF, art. L. 211-2.
17. C. consom., art. L. 621-1, préc.
18. C. consom., art. L. 431-6 ; codifié par ord. n° 2016-301, 14 mars 2016.
19. C. consom., id.

du code de la consommation qui se prétendront lésés par les faits prohibés par les articles L. 431-2[1] et L. 431-4[2] du code de la consommation peuvent se constituer partie civile conformément aux dispositions du code de procédure pénale[3].

222.462 Association ayant qualité à agir pour la défense des investisseurs en titres ou en produits financiers. D'autres textes existent dans des domaines plus spécifiques. Pour exemple, les associations régulièrement déclarées ayant pour objet statutaire explicite la défense des investisseurs en titres financiers ou en produits financiers peuvent agir en justice devant toutes les juridictions même par voie de constitution de partie civile, relativement aux faits portant un préjudice direct ou indirect à l'intérêt collectif des investisseurs ou de certaines catégories d'entre eux.

Ces associations sont :

- les associations agréées, dans des conditions fixées par décret, après avis du ministère public et de l'Autorité des marchés financiers, lorsqu'elles justifient de six mois d'existence et, pendant cette même période, d'au moins deux cents membres cotisant individuellement et lorsque leurs dirigeants remplissent des conditions d'honorabilité et de compétence fixées par décret ;

- les associations qui répondent aux critères de détention de droits de vote définis par l'article L. 225-120[4] du code de commerce si elles ont communiqué leurs statuts à l'Autorité des marchés financiers[5].

Lorsque plusieurs personnes physiques, identifiées en leur qualité d'investisseur, ont subi des préjudices individuels qui ont été causés par le fait d'une même personne et qui ont une origine commune, toute association mentionnée à l'article L. 452-1[6] du code monétaire et financier peut, si elle a été mandatée par au moins deux des investisseurs concernés, agir en réparation devant toute juridiction, au nom de ces investisseurs[7]. Tout investisseur ayant donné son accord, dans les conditions prévues à l'article L. 452-2[8], à l'exercice d'une action devant une juridiction pénale est considéré en ce cas comme exerçant les droits reconnus à la partie civile en application du code de procédure pénale. Toutefois, les significations et notifications qui concernent l'investisseur sont adressées à l'association[9]. L'association qui exerce une action en justice en application des articles L. 452-2[10] et L. 452-3[11] peut se constituer partie civile devant le juge d'instruction ou la juridiction de jugement du siège social ou du lieu d'habitation de la personne mise en cause ou, à défaut, du lieu de la première infraction[12]. Ces dernières associations peuvent donc se constituer, relativement aux faits causant un préjudice direct ou indirect à l'intérêt collectif des investisseurs ou seulement à l'intérêt particulier de certains d'entre eux, et même agir par voie de constitution initiale de partie civile, à la seule condition d'être agréées à cette fin.

Au-delà de ces rappels, la possibilité d'action des associations de consommateurs n'est pas limitée à une série d'infractions particulières, le texte n'en énonçant pas. Aucune infraction ayant porté un préjudice direct ou indirect à l'intérêt collectif des consommateurs n'est exclue des prévisions de l'article L. 621-1[13] du code de la consommation.

La prohibition des loteries qui ont pour résultat l'attribution par l'intervention du hasard d'un bien de consommation aux joueurs, tend à la protection de ces derniers contre l'attrait de l'aléa que ces jeux comportent ; il s'ensuit que sa transgression est de nature à porter atteinte non seulement à l'intérêt général mais aussi à l'intérêt collectif des consommateurs.

Encourt la cassation l'arrêt qui déclare irrecevable l'action civile de l'Union fédérale des consommateurs, association agréée, habilitée, en vertu de l'article 46[14] de la loi du 27 décembre 1973[15], à demander réparation du préjudice direct ou indirect ainsi porté à cet intérêt collectif, lequel ne se confond pas avec le préjudice subi personnellement par les victimes directes de ladite infraction[16].

Encourt la cassation l'arrêt qui, pour déclarer une association de consommateurs agréée irrecevable (UFC-Que Choisir ?) en sa constitution de partie

1. C. consom., art. L. 431-2 ; codifié par ord. n° 2016-301, 14 mars 2016.
2. C. consom., art. L. 431-4 ; codifié par ord. n° 2016-301, 14 mars 2016.
3. C. consom., art. L. 431-7 ; mod. par L. n° 2006-1772, 30 déc. 2006, art. 16 et 89.
4. C. com., art. L. 225-120 ; mod. par ord. n° 2005-1126, 8 sept. 2005, art. 22.
5. C. mon. fin, art. L. 452-1 ; mod. par ord. n° 2009-15, 8 janv. 2009, art. 3.
6. C. mon. fin, art. L. 452-1, préc.
7. C. mon. fin, art. L. 452-2, al. 1 ; art. mod. par L. n° 2003-706, 1er août 2003, art. 126.
8. C. mon. fin, art. L. 452-2, al. 1, préc.
9. C. mon. fin, art. L. 452-3.
10. C. mon. fin, art. L. 452-2, préc.
11. C. mon. fin, art. L. 452-3.
12. C. mon. fin, art. L. 452-4.
13. C. consom., art. L. 621-1, préc. ; codifié par ord. n° 2016-301, 14 mars 2016.
14. L. n° 73-1193, 27 déc. 1973, art. 46 ; créé par L. n° 73-1193, 27 déc. 1973 ; abrog. par L. n° 88-14, 5 janv. 1988, art. 9.
15. L. n° 73-1193, 27 déc. 1973 d'orientation du commerce et de l'artisanat, *JO* 30 déc., p. 14139.
16. Crim. 22 août 1990, n° 86-92.614, P n° 306 ; *RSC* 1991. 771, obs. P. Bouzat ; *RTD com.* 1991. 278, obs. B. Bouloc ; *RTD com.* 1991. 319, obs. P. Bouzat.

civile, dans les poursuites exercées du chef d'homicides et blessures involontaires consécutives à l'effondrement d'une tribune édifiée dans une enceinte sportive relevant du public, retient que ces infractions n'ont pas été commises à raison de considérations économiques en relation avec le droit de la consommation, alors que, selon l'article L. 222-1, du code précité, les services doivent, dans ces conditions normales d'utilisation, présenter la sécurité à laquelle on peut légitimement s'attendre[1]. Il s'ensuit que l'action civile d'associations de consommateurs est recevable à l'occasion de poursuites pénales du chef d'escroquerie, si les circonstances de fait établissent que l'infraction a porté un préjudice direct ou indirect à l'intérêt des consommateurs[2]. Caractérise suffisamment le préjudice direct ou indirect invoqué par une association de consommateurs agréée la cour d'appel qui relève que la revente à perte, incompatible avec une concurrence saine et loyale, est contraire à l'intérêt général des consommateurs[3]. Tel est encore le cas d'une publicité de nature à induire en erreur sur les prestations de service offertes par une agence de voyages[4, 5].

D.
Droit de l'environnement et urbanisme

222.471 Association ayant qualité à agir pour la protection de l'environnement. Pour pouvoir exercer l'action civile devant les juridictions répressives, les associations de protection de l'environnement doivent avoir été agréées.

Lorsqu'elles exercent leurs activités depuis au moins trois ans, les associations régulièrement déclarées et exerçant leurs activités statutaires dans le domaine de la protection de la nature et de la gestion de la faune sauvage, de l'amélioration du cadre de vie, de la protection de l'eau, de l'air, des sols, des sites et paysages, de l'urbanisme, ou ayant pour objet la lutte contre les pollutions et les nuisances et, d'une manière générale, œuvrant principalement pour la protection de l'environnement, peuvent faire l'objet d'un agrément motivé de l'autorité administrative.

La Fédération nationale des chasseurs et les fédérations départementales des chasseurs sont éligibles à l'agrément mentionné ci-dessus.

Dans les départements du Bas-Rhin, du Haut-Rhin et de la Moselle, la procédure d'agrément est applicable aux associations inscrites depuis trois ans au moins.

Ces associations sont dites « associations agréées de protection de l'environnement ».

Cet agrément est attribué dans des conditions prévues par décret en Conseil d'État. Il peut être retiré lorsque l'association ne satisfait plus aux conditions qui ont conduit à le délivrer.

Les associations exerçant leurs activités dans les domaines mentionnés au premier alinéa ci-dessus et agréées antérieurement au 3 février 1995 sont réputées agréées en application du présent article.

Les décisions prises en application de ces dispositions sont soumises à un contentieux de pleine juridiction[6].

L'article L. 141-1 du code de l'environnement[7], n'ouvre pas la possibilité aux associations agréées de protection de l'environnement de se constituer partie civile en matière d'infractions à la police de la pêche maritime[8].

Toute association ayant pour objet la protection de la nature et de l'environnement peut engager des instances devant les juridictions administratives pour tout grief se rapportant à celle-ci.

Toute association de protection de l'environnement agréée au titre de l'article L. 141-1[9] ainsi que les associations mentionnées à l'article L. 433-2[10] justifient d'un intérêt pour agir contre toute décision administrative ayant un rapport direct avec leur objet et leurs activités statutaires et produisant des effets dommageables pour l'environnement sur tout ou partie du territoire pour lequel elles bénéficient de l'agrément dès lors que cette décision est intervenue après la date de leur agrément[11].

Les associations agréées mentionnées à l'article L. 141-2[12] peuvent exercer les droits reconnus à la partie civile en ce qui concerne les faits portant un préjudice direct ou indirect aux intérêts collectifs qu'elles ont pour objet de défendre et constituant une infraction aux dispositions législatives relatives à la protection de la nature et de l'environnement, à l'amélioration du cadre de vie, à la protection de

1. Crim. 24 juin 1997, n° 96-82.424, P n° 251 ; *D.* 1997. 185 ; *AJFP* 1998. 38 ; *AJFP* 1998. 40, note H. Bonnard ; *RSC* 1997. 835, obs. Y. Mayaud.
2. Crim. 30 janv. 1995, n° 93-81.730, P n° 37.
3. Crim. 10 oct. 1996, n° 95-80.226, P n° 358 ; *D.* 1997. 20 ; *RTD com.* 1997. 339, obs. B. Bouloc.
4. Crim. 15 oct. 1997, n° 96-85.785, P n° 337 ; *RTD com.* 1998. 431, obs. B. Bouloc.
5. AUSSI : v. s^s n° 222.491.
6. C. envir., art. L. 141-1 ; mod. par L. n° 2012-1460, 27 déc. 2012, art. 15.
7. C. rur., art. L. 252-3 ; abrog. par ord. n° 2015-1242, 7 oct. 2015, art. 2.
8. Crim. 23 mai 2000, n° 99-86.246, P n° 199.
9. C. envir., art. L. 141-1, préc.
10. C. envir., art. L. 433-2 ; mod. par L. n° 2006-1772, 30 déc. 2006, art. 98 ; abrog. par L. n° 2016-1087, 8 août 2016, art. 144.
11. C. envir., art. L. 142-1 ; mod. par L. n° 2016-1087, 8 août 2016, art. 144.
12. C. envir., art. L. 141-2 ; mod. par L. n° 2016-1087, 8 août 2016, art. 144.

l'eau, de l'air, des sols, des sites et paysages, à l'urbanisme, ou ayant pour objet la lutte contre les pollutions et les nuisances, la sûreté nucléaire et la radioprotection, les pratiques commerciales et les publicités trompeuses ou de nature à induire en erreur quand ces pratiques et publicités comportent des indications environnementales ainsi qu'aux textes pris pour leur application.

Mais l'article L. 142-2 du code de l'environnement qui permet aux associations agréées pour la défense de l'environnement de se constituer partie civile, texte spécial d'interprétation stricte, ne s'applique qu'à la condition que l'infraction dénoncée relève de la liste limitative des infractions aux dispositions législatives relatives à la protection de l'environnement ou ayant pour objet la lutte contre les pollutions ou les nuisances énumérées par cet article. Justifie dès lors sa décision la chambre de l'instruction qui retient qu'une association ne peut, sur le fondement de l'article L. 142-2 du code de l'environnement qui a pour objet de protéger le cadre de vie, la nature et l'environnement, se constituer partie civile pour le délit de mise en danger d'autrui, qui s'attache à la protection des êtres humains [1].

On relèvera une décision ayant retenu que l'indemnisation du préjudice moral personnel d'une association habilitée n'est pas exclusive d'une indemnisation du préjudice écologique [2].

En revanche d'autres décisions ont pu juger qu'en l'absence de préjudice propre, directement causé par le délit qu'elles invoquaient, les constitutions de partie civile de deux associations de défense de l'environnement du chef de mise en danger de la vie d'autrui en raison des carences des pouvoirs publics dans leur action à mener contre la pollution atmosphérique étaient irrecevables [3].

222.472 Association ayant qualité à agir pour la protection de l'eau ou les installations classées. Ce droit est également reconnu, sous les mêmes conditions, aux associations régulièrement déclarées depuis au moins cinq ans à la date des faits et qui se proposent, par leurs statuts, la sauvegarde de tout ou partie des intérêts visés à l'article L. 211-1 [4], en ce qui concerne les faits constituant une infraction aux dispositions relatives à l'eau, ou des intérêts visés à l'article L. 511-1, en ce qui concerne les faits constituant une infraction aux dispositions relatives aux installations classées [5].

Les associations régulièrement déclarées depuis au moins cinq ans à la date des faits peuvent, bien que n'étant pas agréées, exercer les droits reconnus à la partie civile à la condition que leurs statuts visent à la sauvegarde de tout ou partie des intérêts mentionnés à l'article L. 211-1 [6] du code de l'environnement.

Ce dernier article ayant pour objet de poser le principe de la gestion de la ressource en eau renvoyant aux chapitres I à VII du titre I du livre II du code de l'environnement et non pas à son chapitre VIII, spécifique aux eaux marines, une telle association n'est, par suite, pas recevable à se constituer partie civile pour une infraction de pollution de ces eaux prévue et réprimée dans ce dernier chapitre [7].

Lorsque plusieurs personnes physiques identifiées ont subi des préjudices individuels qui ont été causés par le fait d'une même personne et qui ont une origine commune, dans les domaines mentionnés à l'article L. 142-2 [8], toute association agréée au titre de l'article L. 141-1 [9] peut, si elle a été mandatée par au moins deux des personnes physiques concernées, agir en réparation devant toute juridiction au nom de celles-ci.

Le mandat ne peut être sollicité. Il doit être donné par écrit par chaque personne physique concernée.

Toute personne physique ayant donné son accord à l'exercice d'une action devant une juridiction pénale est considérée en ce cas comme exerçant les droits reconnus à la partie civile, en application du code de procédure pénale. Toutefois, les significations et notifications sont adressées à l'association.

L'association qui exerce une action en justice en application des dispositions des alinéas précédents peut se constituer partie civile devant le juge d'instruction ou la juridiction de jugement du siège social de l'entreprise mise en cause ou, à défaut, du lieu de la première infraction [10].

D'ailleurs, l'article suivant prévoit que les collectivités territoriales et leurs groupements peuvent exercer les droits reconnus à la partie civile en ce qui concerne les faits portant un préjudice direct ou indirect au territoire sur lequel ils exercent leurs compétences et constituant une infraction aux dis-

1. Crim. 8 sept. 2020, nº 19-85.004, P 17.
2. Crim. 25 janv. 2022, nº 21-84.366, NP.
3. Crim. 8 sept. 2020, nº 19-84.995, P, P. J-M. Pastor, « Pollution de l'air : les associations de défense de l'environnement ne peuvent se constituer partie civile », *D. actu.* 16 sept. 2020.
4. C. envir., art. L. 142-2 ; mod. par L. nº 2016-1087, 8 août 2016, art. 101.
5. C. envir., art. L. 142-2, préc.
6. C. envir., art. L. 142-2, préc.
7. Crim. 25 sept. 2012, nº 10-82.938, P nº 198 ; *D.* 2012. 2711, note Ph. Delebecque ; *D.* 2012. 2557, obs. F.-G. Trébulle ; *D.* 2012. 2673, point de vue L. Neyret ; *D.* 2012. 2675, Chron. V. Ravit et O. Sutterlin ; *D.* 2012. 2917, obs. G. Roujou de Boubée, T. Garé, M.-H. Gozzi, S. Mirabail et T. Potaszkin ; *AJ pénal* 2012. 574, note A. Montas et G. Roussel ; *RSC* 2013. 363, obs. J.-H. Robert ; *RSC* 2013. 447, Chron. M. Massé.
8. C. envir., art. L. 142-2, préc.
9. C. envir., art. L. 141-1, préc.
10. C. envir., art. L. 142-3.

positions législatives relatives à la protection de la nature et de l'environnement ainsi qu'aux textes pris pour leur application [1].

Ces dispositions sont complétées par les articles R. 142-1 à R. 142-9 du même code, qui dispose notamment que les personnes physiques qui, sur le fondement de l'article L. 142-3 [2], entendent demander réparation des préjudices qui ont été causés par le fait d'une même personne et qui ont une origine commune, peuvent donner à une association agréée de protection de l'environnement le mandat d'agir ou de poursuivre en leur nom, une action engagée à titre individuel, devant toute juridiction, dans les conditions fixées par le présent chapitre [3].

Une association régulièrement constituée pour la défense de l'environnement et, plus précisément, pour la protection des eaux et rivières, est recevable et fondée à se constituer partie civile pour obtenir du prévenu, reconnu coupable du délit de pollution de cours d'eau, réparation du préjudice résultant pour elle de cette infraction sur le seul fondement de l'atteinte ainsi portée aux intérêts collectifs qu'elle a statutairement mission de défendre [4].

Toute association agréée de protection de l'environnement en application des dispositions de l'article L. 141-1 du code de l'environnement peut exercer les droits reconnus à la partie civile en ce qui concerne les faits constituant une infraction à l'alinéa 1er du présent article et portant un préjudice direct ou indirect aux intérêts collectifs qu'elle a pour objet de défendre [5].

La possibilité, offerte par l'article L. 480-1 [6], alinéa 5, du code de l'urbanisme, aux associations agréées de protection de l'environnement d'exercer les droits de la partie civile en ce qui concerne les infractions en matière de permis de construire qui portent un préjudice direct ou indirect aux intérêts collectifs qu'elles ont pour objet de défendre, n'exclut pas le droit, pour une association non agréée, qui remplit les conditions prévues par l'article 2 du code de procédure pénale, de se constituer partie civile à l'égard des mêmes faits. Satisfait à ces conditions, en raison de la spécificité du but et de l'objet de sa mission, une association, qui ne poursuit pas la défense des intérêts de ses membres mais dont l'objet statutaire est la protection de l'environnement, du cadre de vie, de la faune et de la flore d'un village [7].

À titre d'exemple, les dispositions de l'article L. 160-1 [8] du code de l'urbanisme permettent d'exercer les droits reconnus à la partie civile en ce qui concerne les infractions à l'article L. 480-4 dudit code (en l'espèce construction sans permis) portant un préjudice direct ou indirect aux intérêts collectifs qu'elles ont pour objet de défendre, aux associations régulièrement déclarées depuis au moins trois ans et agréées, dès lors qu'elles se proposent par leurs statuts d'agir pour la protection et l'amélioration du cadre de vie et de l'environnement [9].

Dans l'ordre des juridictions administratives, par un arrêt du 30 mars 2015 [10], le Conseil d'État a estimé qu'une association de protection de l'environnement doit démontrer le caractère direct et certain du préjudice moral dont elle sollicite la réparation.

E.
Droit de la pêche et de la chasse

222.481 **Pêche fluviale.** Les fédérations départementales ou interdépartementales des associations agréées de pêche et de protection du milieu aquatique, la Fédération nationale de la pêche et de la protection du milieu aquatique, la commission syndicale de la Grande Brière Mottière, les associations agréées de pêcheurs professionnels en eau douce et le Comité national de la pêche professionnelle en eau douce peuvent exercer les droits reconnus à la partie civile en ce qui concerne les faits constituant une infraction au présent titre et aux textes pris pour son application et portant un préjudice direct ou indirect aux intérêts collectifs qu'ils ont pour objet de défendre [11].

Encourt la cassation l'arrêt d'une cour d'appel qui refuse toute indemnisation à une fédération départementale de pêche au motif qu'elle ne justifiait pas d'un préjudice découlant directement d'une infraction de pollution de rivière, alors que la fédération avait l'obligation statutaire de veiller à la protection et à l'empoissonnement des eaux et pouvait avoir engagé des frais d'alevinage [12].

1. C. envir., art. L. 142-4 ; créé par L. n° 2008-757, 1er août 2008, art. 5.
2. C. envir., art. L. 142-3, préc.
3. C. envir., art. R. 142-1.
4. Crim. 1er oct. 1997, n° 96-86.001, P n° 317.
5. C. urb., art. L. 480-1 ; mod. par L. n° 2016-925, 7 juill. 2016, art. 105.
6. C. urb., art. L. 480-1, préc.
7. Crim. 12 sept. 2006, n° 05-86.958, P n° 217 ; *D.* 2006. 2549 ; *RDI* 2006. 492, obs. G. Roujou de Boubée ; *RDI* 2006. 492, obs. G. Roujou de Boubée ; *RSC* 2007. 303, obs. J.-H. Robert.
8. C. urb., art. L. 160-1 ; mod. par L. n° 2010-788, 12 juill. 2010, art. 26.
9. Crim. 1er déc. 1981, n° 81-90.898, P n° 316.
10. CE 30 mars 2015, *Assoc. pour la protection des animaux sauvages (Aspas)*, req. n° 375144, *Lebon ; AJDA* 2015. 718 ; *AJDA* 2015. 1754, note B. Busson.
11. C. envir., art. L. 437-18 ; mod. par L. n° 2006-1772, 30 déc. 2006, art. 95.
12. Crim. 4 févr. 1986, n° 85-93.156, P n° 43.

Encourt également la cassation, l'arrêt qui pour déclarer irrecevables les actions d'une association de pêche et d'un comité de défense d'un bassin tendant à la réparation de leur préjudice du fait de la pollution d'une rivière par certaines sociétés retient que de telles actions relèvent de la police des eaux réglementées par des textes relatifs aux installations classées pour la protection de l'environnement ; que les rejets des matières polluantes sont soumis à autorisation préfectorale à l'exception des rejets de nocivité négligeable et que l'association et le comité se sont substitués à l'autorité administrative seule compétente pour délivrer les autorisations obligatoires alors que ces autorisations sont toujours accordées sans réserve des droits des tiers et que l'association et le comité étaient fondés à demander réparation de leur préjudice même s'il avait pour cause une activité polluante réglementée[1].

Il résulte encore de l'article L. 437-18[2] du code de l'environnement[3], que les associations agréées, en application de l'article L. 252-1[4] du même code, au titre de la protection de la nature et de l'environnement, peuvent exercer les droits reconnus à la partie civile en ce qui concerne les faits constituant une infraction aux dispositions du chapitre II du titre troisième du livre II dudit code, et portant un préjudice direct ou indirect aux intérêts collectifs qu'elles ont pour objet de défendre ; que tel étant le cas de l'association « Eaux et Rivières de Bretagne » et de l'infraction de pollution de cours d'eau prévue et réprimée par l'article L. 232-2[5] du code, précité, c'est à bon droit que cette association, dont la preuve du retrait ou de la suspension de l'agrément n'est pas rapportée par le prévenu, demandeur à l'exception, a été reçue en sa constitution de partie civile[6].

Rendu à propos de l'échouage du pétrolier Erika, un important arrêt de la chambre criminelle est venu poser le double principe que l'action en défense de l'intérêt collectif environnemental peut, selon les textes internes en vigueur, être notamment exercée par les différentes personnes morales de droit public, par les associations agréées de protection de l'environnement et par les collectivités territoriales ou leur groupement ou peut être le fait de syndicats professionnels dont la profession subit un préjudice collectif à la suite d'un dommage environnemental, toutes ces personnes s'apparentant à des gardiens de l'environnement, et que les textes internationaux qui, sous certaines conditions, ne s'opposent pas à la réparation du préjudice résultant de l'atteinte à l'environnement en la limitant à la baisse des bénéfices due à son altération et au coût des mesures de remise en état raisonnables effectivement prises ou qui doivent être prises, ne sont pas incompatibles avec la mise en œuvre d'une telle action donnant lieu à des réparations dont le montant est souverainement évalué par le juge du fond[7].

222.482 **Pêche maritime.** Les organisations professionnelles de pêcheurs peuvent, d'après la codification opérée par l'ordonnance du 6 mai 2010[8], exercer les droits reconnus à la partie civile en ce qui concerne les faits qui constituent une infraction aux dispositions du livre relatif à la pêche maritime et l'aquaculture marine et des règlements pris pour son application et portant un préjudice direct ou indirect aux intérêts collectifs qu'elles ont pour objet de défendre[9].

Auparavant, l'action civile des associations de pêcheurs était réglementée par l'article 21 *bis*[10] (devenu C. rur., art. L. 944-4[11]) du décret-loi du 9 janvier 1852[12], abrogé par l'ordonnance du 6 mai 2010[13] qui a créé un livre IX du code rural, qui ouvrait aux organisations professionnelles de pêcheurs maritimes la possibilité d'exercer les droits reconnus à la partie civile en ce qui concerne les infractions édictées par cette loi, relatives à la pêche maritime, portant un préjudice direct ou indirect aux intérêts collectifs qu'elles ont pour objet de défendre.

222.483 **Chasse.** Les fédérations départementales des chasseurs peuvent exercer les droits reconnus à la partie civile en ce qui concerne les faits constituant une infraction aux dispositions du titre 1er du Livre IV (Patrimoine naturel) du code de l'environnement, de son titre 2 et des textes pris pour son application et portant un préjudice direct

1. Crim. 28 avr. 1993, n° 91-21.691, P n° 156.
2. C. rur., art. L. 437-18 ; mod. par L. n° 2006-1772, 30 déc. 2006, art. 95.
3. C. rur., art. L. 238-9, al. 2.
4. C. rur., art. L. 252-1 ; mod. par ord. n° 2015-1242, 7 oct. 2015, art. 2.
5. C. rur., art. L. 232-2 ; mod. par ord. n° 2006-1224, 5 oct. 2006, art. 29.
6. Crim. 28 févr. 1996, n°s 95-80.063, 95-80.061, NP, *Dr. envir.* 1996. 8, obs. J.-H. Robert.
7. Crim. 25 sept. 2012, n° 10-82.938, P n° 198 ; *D.* 2012. 2711, note Ph. Delebecque ; *D.* 2012. 2557, obs. F. G. Trébulle ; *D.* 2012. 2673, point de vue L. Neyret ; *D.* 2012. 2675, Chron. V. Ravit et O. Sutterlin ; *D.* 2012. 2917, obs. G. Roujou de Boubée, T. Garé, M.-H. Gozzi, S. Mirabail et T. Potaszkin ; *RSC* 2013. 363, obs. J.-H. Robert ; *D.* 2012. 447, Chron. M. Massé.
8. Ord. n° 2010-462, 6 mai 2010 créant un livre IX du code rural relatif à la pêche maritime et à l'aquaculture marine, *JO* 7 mai, p. 8304.
9. C. rur., art. L. 944-4 ; codifié par ord. n° 2010-462, 6 mai 2010 ; mod. par L. n° 2010-874, 27 juill. 2010, art. 87.
10. Décr.-L. 9 janv. 1852, art. 21 *bis ;* mod. par L. n° 86-2, 3 janv. 1986, art. 16 ; abrog. par ord. n° 2010-462, 6 mai 2010, art. 4 (devenu C. rur., art. L. 944-4).
11. C. rur., art. L. 944 ; mod. par L. n° 2010-874, 27 juill. 2010, art. 87.
12. Décr.-L. 9 janv. 1852 sur l'exercice de la pêche maritime, *JO Rec. Duvergier*, p. 53.
13. Ord. n° 2010-462, 6 mai 2010, préc.

ou indirect aux intérêts collectifs, matériels et moraux qu'elles ont pour objet de défendre.

À ces fins, une copie des procès-verbaux et rapports prévus aux articles L. 428-19 [1] et suivants du code de l'environnement est adressée au président de la fédération départementale ou interdépartementale concernée [2].

Là encore le préalable est celui de l'existence d'un préjudice directement consécutif à l'infraction poursuivie. L'Office national de la chasse et de la faune sauvage et les gardes nationaux ne sauraient prétendre subir un préjudice personnel et direct découlant du délit de refus d'obtempérer à une sommation de s'arrêter prévu et réprimé par l'article L. 233-1 [3] du code de la route [4].

Ayant reçu de leurs statuts fixés par l'autorité réglementaire le pouvoir de représenter les intérêts de la chasse devant les juridictions du département, et la mission de participer à la conservation de la faune sauvage et au contrôle de son commerce, les fédérations départementales de chasseurs sont habilitées à se porter parties civiles dans des poursuites pour transport et vente, dans leur département, de gibier abattu dans des conditions illégales, et à réclamer des dommages-intérêts aux auteurs de ces infractions, quel que soit le lieu où le gibier a été abattu [5].

Ici, l'action peut s'exercer devant la juridiction civile seule. Viole les articles L. 252-1 [6] et suivants du code rural, un tribunal qui, pour débouter une fédération de chasseurs de sa demande de réparation, retient qu'elle ne rapporte pas la preuve d'un préjudice direct, certain et personnel qui lui aurait été causé par la contravention de défaut de marquage d'un animal tué en application d'un plan de chasse, alors que les fédérations départementales de chasseurs agréées tiennent de la loi le pouvoir d'exercer les droits reconnus à la partie civile en ce qui concerne les faits portant un préjudice direct ou indirect aux intérêts collectifs qu'elles ont pour objet de défendre [7].

F.
Outre-mer

222.491 Dispositions applicables en Nouvelle-Calédonie, en Polynésie française, à Wallis-et-Futuna, dans les terres australes et antarctiques françaises et à Mayotte. Les associations agréées mentionnées à l'article L. 611-1, L. 621-1, L. 631-1 du code de l'environnement peuvent exercer les droits reconnus à la partie civile en ce qui concerne les faits portant un préjudice direct ou indirect aux intérêts collectifs qu'elles ont pour objet de défendre et constituant une infraction aux dispositions relatives à la protection de la nature et de l'environnement, à l'amélioration du cadre de vie, à la protection de l'eau, de l'air, des sols, des sites et paysages, à l'urbanisme, ou ayant pour objet la lutte contre les pollutions et les nuisances [8].

SECTION 10
PERSONNE MORALE – SYNDICAT ET ORGANISATION PROFESSIONNELLE – PERSONNE MORALE DE DROIT PUBLIC

§ 1
Syndicat

222.501 Règles générales. Un syndicat professionnel peut tout d'abord agir en justice pour la défense de tous ses intérêts propres, lorsque par exemple un local syndical a été l'objet d'un vol ou de dégradations.

Les syndicats professionnels ont en outre, le droit d'agir en justice et peuvent, devant toutes les juridictions, exercer tous les droits réservés à la partie civile concernant les faits portant un préjudice direct ou indirect à l'intérêt collectif de la profession qu'ils représentent [9].

Pour exercer les droits réservés à la partie civile relativement aux faits portant un préjudice direct ou indirect à l'intérêt collectif de la profession qu'ils représentent, les syndicats professionnels doivent avoir une existence légale au moment où ces faits ont été commis [10].

La constitution de partie civile du syndicat n'exclut aucunement celle du salarié protégé considéré. Les faits d'entrave à l'exercice du droit syndical, consistant, pour les dirigeants d'une entreprise, après mise à pied conservatoire d'un délégué syndical, à ne pas l'avoir convoqué à une réunion de concertation et à avoir demandé au syndicat de lui désigner un suppléant, portent atteinte aux intérêts du syndicat mais sont également de nature à causer un préjudice personnel et direct au délégué syndical en le privant de la possibilité de circuler dans

1. C. rur., art. L. 428-19 ; abrog. par ord. n° 2012-34, 11 janv. 2012, art. 11.
2. C. envir., art. L. 421-6 ; mod. par ord. n° 2012-34, 11 janv. 2012, art. 11.
3. C. route, art. L. 233-1 ; mod. par L. n° 2017-258, 28 févr. 2017, art. 26.
4. Crim. 9 nov. 2004, n° 03-83.681, P n° 272.
5. Crim. 6 juin 1989, n° 88-84.365, P n° 238.
6. C. rur., art. L. 252-1 (mod. par ord. n° 2015-1242, 7 oct. 2015, art. 2 s.).
7. Civ. 2e, 12 oct. 2000, n° 98-16.364, P II, n° 140 ; *D.* 2000. 278.
8. C. envir., art. L. 611-3, L. 621-3, L. 631-3.
9. C. trav., art. L. 2132-3 (anct art. L. 411-11).
10. Crim. 22 mai 2007, n° 06-84.748, P n° 132 ; *D.* 2007. 1785 ; *AJ pénal* 2007. 333.

l'entreprise et d'exercer ses fonctions de représentation[1].

Un syndicat professionnel n'est recevable à se porter partie civile que pour la défense des intérêts collectifs de la profession qu'il représente. Tel n'est pas le cas d'une organisation syndicale qui s'est constituée partie civile à la suite d'un délit de harcèlement sexuel dont l'un des salariés du secteur de la profession qu'il représente aurait été victime sur le lieu de son travail de la part de son supérieur hiérarchique[2]. Si, aux termes de l'article L. 411-11 (devenu C. trav., art. L. 2132-3) du code du travail, les syndicats professionnels peuvent, au nom de la profession qu'ils représentent, exercer tous les droits reconnus à la partie civile, c'est à la condition que les faits déférés portent un préjudice, direct ou indirect, à l'intérêt collectif de ladite profession. Si les faits de faux et usage qui sont poursuivis ne sont pas susceptibles de constituer une atteinte à l'intérêt collectif de la profession que représentaient les organismes constitués, la cassation ne pouvait qu'être prononcée[3]. Justifie en revanche sa décision la cour d'appel qui déclare recevable l'action d'un syndicat à l'encontre d'une société des chefs d'omission de déclaration à la Cnil d'un système de vidéosurveillance et d'autres infractions à la loi du 6 janvier 1978[4], dès lors que les faits, commis par l'employeur au sein du site de production et à ses abords immédiats, avaient pour conséquence de permettre l'enregistrement illicite de l'image des salariés dans leur activité, et notamment dans l'exercice de leurs droits syndicaux, et d'en permettre le traitement et la conservation, sans le consentement des intéressés[5]. En ce qui concerne les médicaments et les établissements pharmaceutiques, il résulte des dispositions combinées des articles L. 551 (abrogé) et L. 556 (abrogé) du code de la santé publique que sont réprimées les infractions à la réglementation concernant la publicité[6], laquelle s'adresse aux consommateurs, à l'exclusion de l'information de caractère scientifique adressée aux membres du corps médical ; que par son objet cette réglementation, qui comporte un étroit contrôle du ministre de la Santé publique, vise essentiellement à protéger la santé des personnes, qui pourrait être compromise par un abus ou par un mauvais usage des médicaments, ainsi que l'a admis le Conseil d'État dans un avis du 15 mars 1979[7] ; que le législateur n'a aucunement eu pour but de protéger les intérêts du corps médical, mais seulement les intérêts généraux des malades et de la santé publique, dont la protection est confiée au seul ministère public. Les dispositions de l'article L. 551 (devenu CSP, art. L. 5122-1)[8], alinéa 1er, du code de la santé publique ont été édictées dans l'intérêt de la Santé publique et non dans celui de la profession médicale. L'action civile du syndicat de la médecine générale est donc irrecevable.

Un syndicat professionnel n'est recevable à se porter partie civile que pour la défense des intérêts collectifs de la protection qu'il représente. Tel n'est pas le cas d'une organisation syndicale de bijoutiers qui s'est constituée partie civile à la suite d'un vol avec port d'arme et d'un meurtre dont un de ses adhérents a été victime[9]. Un syndicat professionnel ne saurait être partie civile à la procédure suivie contre un membre de la profession pour une infraction en rapport avec celle-ci, dès lors que la seule mise en examen de l'intéressé n'est pas de nature à causer un préjudice aux intérêts collectifs défendus par le syndicat. En effet, les syndicats n'ont qualité pour agir que lorsque le litige soulève une question de principe dont la solution, susceptible d'avoir des conséquences pour l'ensemble de leurs adhérents, est de nature à porter un préjudice, même indirect, à l'intérêt collectif de la profession[10].

Si les syndicats professionnels peuvent, devant toutes les juridictions, exercer tous les droits reconnus à la partie civile, c'est à la condition que les faits déférés au juge puissent, par eux-mêmes, porter un préjudice direct ou indirect à l'intérêt collectif de la profession, distinct aussi bien de l'intérêt privé de la victime que des intérêts généraux de la société. Lorsque les faits dénoncés sont de nature à caractériser un acte intentionnel dont aurait été personnellement victime un magistrat, un syndicat de magistrats n'est pas habilité à poursuivre la réparation du trouble occasionné par l'infraction, dès lors que les intérêts matériels et moraux de la magistrature ne peuvent être distingués des intérêts généraux de la société[11].

Le préjudice indirect, qui serait porté, par un délit d'abus de biens sociaux, à l'intérêt collectif de la profession, ne se distingue pas du préjudice lui-

1. Crim. 30 oct. 2006, n° 05-86.380, P n° 260 ; *AJ pénal* 2007. 33, obs. G. Royer.
2. Crim. 23 janv. 2002, n° 01-83.559, P n° 12 ; *RSC* 2002. 832, obs. G. Giudicelli-Delage ; *Dr. pénal* 2002, n° 66, note M. Véron.
3. Crim. 18 juill. 2017, n° 15-84.859, NP.
4. L. n° 78-17, 6 janv. 1978 relative à l'informatique, aux fichiers et aux libertés, *JO* 7 janv., p. 227 ; mod. en dernier lieu par L. n° 2022-52, 24 janv. 2022.
5. Crim. 9 févr. 2016, n° 14-87.753, P n° 29 ; *Dr. soc.* 2016. 665, chron. R. Salomon.
6. NOT. : CSP, art. L. 5122-3, mod. par ord. n° 2016-966, 15 juill. 2016.
7. CE, avis, sect. soc., 15 mars 1979, n° 324344, *[*]*.
8. CSP, art. L. 551 ; abrog. par ord. 2000-548, 15 juin 2000, art. 4.
9. Crim. 29 janv. 1986, n° 85-93.219, P n° 39.
10. Crim. 16 févr. 1999, n° 98-81.621, P n° 18.
11. Crim. 27 oct. 1992, n° 92-84.511, P n° 344.

même indirect, qu'auraient pu subir les salariés de l'entreprise. En conséquence, est à bon droit déclarée irrecevable la constitution de partie civile d'une fédération de syndicats[1]. En revanche il a pu être jugé que les syndicats peuvent se constituer partie civile devant le juge d'instruction, du chef de prise illégale d'intérêts, dès lors que les faits invoqués rendent possible l'existence d'un préjudice, fût-il indirect, résultant de l'atteinte aux intérêts moraux de la profession et distinct de celui qu'ont ou subir individuellement les salariés[2].

222.502 **Code du travail.** C'est dans le domaine du non-respect des dispositions du code du travail qu'on trouvera pour l'essentiel des exemples d'action civile des syndicats.

Ainsi, un syndicat professionnel a qualité pour intenter l'action civile dans le cas d'entrave au fonctionnement d'un comité d'entreprise. Un comité d'établissement a, dans le cadre de l'établissement, les mêmes attributions qu'un comité d'entreprise. Ces attributions portent notamment sur les conditions collectives de travail et de vie du personnel. L'intérêt collectif de la profession est donc en jeu, et le syndicat professionnel intéressé a qualité pour exercer les droits réservés à la partie civile, indépendamment des actions pouvant être intentées par le comité d'entreprise ou d'établissement lui-même[3].

S'il est exact que les dispositions du code du travail relatives au repos hebdomadaire ont été édictées dans l'intérêt de l'ensemble des travailleurs et que leur violation est de nature à causer un préjudice aux intérêts collectifs de la profession concernée, encore faut-il, pour qu'une union de syndicats puisse bénéficier des dispositions de l'article L. 411-23 (devenu C. trav., art. L. 2133-3) du code précité qu'elle soit en mesure d'invoquer une atteinte effective aux intérêts collectifs de l'un des groupes professionnels qu'elle représente. La simple éventualité d'une telle atteinte ne saurait justifier son action[4].

L'exercice d'un travail dissimulé est de nature à causer à la profession représentée par le syndicat demandeur un préjudice distinct de celui subi personnellement par les salariés concernés.

Par suite, au visa de l'article L. 2132-3 du code du travail, la chambre criminelle a censuré un arrêt qui avait déclaré la constitution d'un syndicat irrecevable au motif qu'il n'établissait l'existence d'aucun préjudice même indirect porté à l'intérêt collectif de la profession, distinct de l'intérêt général et du préjudice individuel subi par les salariés[5].

La circonstance qu'un texte a été édicté dans un intérêt général ne saurait faire obstacle à l'application de l'article L. 411-11 (devenu C. trav., art. L. 2132-3) du code du travail autorisant les syndicats professionnels à exercer, devant toutes les juridictions, les droits réservés à la partie civile, relativement aux faits portant un préjudice, direct ou indirect, à la profession qu'ils représentent, dès lors qu'il ressort des éléments de la cause qu'il a été porté atteinte à l'exercice de ladite profession. Tel est le cas d'un syndicat professionnel défendant les intérêts collectifs des inspecteurs et contrôleurs du travail lorsqu'il est fait obstacle à l'accomplissement des devoirs de ces fonctionnaires[6].

Le délit de violation du secret médical, lorsqu'il est commis à l'occasion de l'exercice par l'employeur du contrôle des arrêts de maladie de ses agents hospitaliers peut être de nature à préjudicier à l'intérêt collectif de la profession à laquelle appartient ce personnel, et par suite à autoriser l'action civile des syndicats qui le représente[7]. Conformément aux dispositions de l'article L. 411-11[8] [devenu C. trav., art. L. 2132-3] du code du travail, un syndicat de préparateurs en pharmacie a qualité pour exercer les droits de la partie civile relativement à une infraction à l'article L. 584[9] [devenu CSP, art. L. 4241-1] du code de la santé publique, lequel interdit aux pharmaciens d'employer, dans la préparation et la délivrance au public des médicaments destinés à la médecine humaine et à la médecine vétérinaire des personnes qui n'ont pas le titre de préparateur en pharmacie. De tels faits sont de nature à causer un préjudice à la profession représentée par le syndicat[10].

Les syndicats d'employés, techniciens, agents de maîtrise des industries chimiques peuvent valablement se constituer parties civiles au cours d'une information ouverte contre inconnu du chef d'homicides et blessures involontaires, à la suite d'un accident survenu à plusieurs membres de cette profession, lorsque les infractions susvisées, dont l'un des éléments peut être caractérisé par l'inobservation des règlements, pourraient, au sens de l'arti-

1. Crim. 29 nov. 2000, n° 99-80.324, P n° 359.
2. Crim. 27 juin 2012, n° 11-86.920, P n° 160 ; *D.* 2012. 2782, note E. Dreyer ; *D.* 2012. 2622, obs. P. Lokiec et J. Porta ; *AJ pénal* 2012. 489, obs. E. Daoud.
3. Crim. 7 oct. 1959, n° 58-93.562, P n° 410.
4. Crim. 10 janv. 1984, n° 83-91.443, P n° 14.
5. Crim. 6 déc. 2011, n° 10-86.829, P n° 244 ; *D.* 2012. 104, obs. M. Bombled ; *D.* 2012. 2118, obs. J. Pradel ; *D.* 2012. 2622, obs. P. Lokiec et J. Porta.
6. Crim. 19 mars 1985, n° 84-90.353, P n° 113.
7. Crim. 27 mai 1999, n° 98-82.978, P n° 109 ; *D.* 2000. 120, note Y. Saint-Jours.
8. C. trav., art. L. 411-11 ; mod. par L. n° 2001-152, 19 févr. 2001, art. 1er ; abrog. par ord. n° 2007-329, 12 mars 2007, art. 12.
9. CGI, art. L. 584 ; mod. par L. n° 77-745, 8 juill. 1977, art. 3 ; abrog. par ord. n° 2000-548, 15 juin 2000, art. 4.
10. Crim. 20 nov. 1984, n° 84-91.237, P n° 353.

cle 11 du Livre III (devenu C. trav., art. L. 2132-3) du code du travail, être de nature à causer un préjudice direct ou indirect aux intérêts collectifs de la profession que ces syndicats représentent, ce préjudice étant distinct de l'intérêt particulier de ses membres et de l'intérêt général[1].

On peut noter que dans une espèce ou un « protocole de fin de contentieux » avait été conclu le 17 juin 2005 entre l'Assedic Alpes-Provence et l'un de ses salariés, la chambre criminelle a estimé que la transaction signée entre deux parties, aux termes de laquelle l'une d'elles renonce à toute action judiciaire ou extra-judiciaire contre l'autre, n'est pas de nature à lui interdire de se constituer partie civile - avec un syndicat également partie à la procédure - dans une procédure pénale dirigée contre cette dernière, dès lors que cette constitution n'a pour objet que de venir au soutien de l'action publique[2].

222.503 **Autres dispositions.** Il existe d'autres dispositions applicables en matière d'action civile des syndicats, et organismes professionnels ou interprofessionnels qui peuvent exercer les droits réservés à la partie civile dans les poursuites engagées par les administrations fiscales soit par voie de plainte sur le fondement des articles 1741[3] et 1743[4] du code général des impôts, soit par voie de citation directe[5].

Encourt la cassation pour violation des articles L. 411-11 (devenu C. trav., art. L. 2132-3) du code du travail et 1744[6] du code général des impôts l'arrêt qui déboute des syndicats professionnels vitivinicoles de l'action civile qu'ils ont exercée contre un viticulteur condamné pour infractions à la législation sur la détention et la circulation des sucres au motif que le préjudice allégué par ces syndicats et dont les juges n'ont pas dénié l'existence n'a pas été personnellement souffert par eux et n'est pas en relation directe avec les infractions retenues. Il appartenait aux juges de répondre aux chefs péremptoires des conclusions de ces syndicats qui faisaient état d'une atteinte portée par ces infractions aux intérêts collectifs des professions qu'ils représentent[7].

Tous syndicats, formés conformément à la loi du 31 mars 1884[8] pour la défense des intérêts généraux de l'agriculture ou de la viticulture ou du commerce et trafic des boissons, eau-de-vie naturelle, alcools de fruits, denrées alimentaires, produits agricoles, engrais, produits médicamenteux, marchandises quelconques, pourront exercer sur tout le territoire de la France et d'outre-mer, les droits reconnus à la partie civile par les articles 388, 85 à 89 du code de procédure pénale, relativement aux faits de fraudes et falsifications prévues par les lois en vigueur, ou recourir, s'ils le préfèrent, à l'action ordinaire devant le tribunal civil, en vertu des articles 1382 (devenu C. civ., art. 1240) et suivants du code civil (L. 5 août 1908[9], modifiant l'article 11[10] de la loi du 1er août 1905[11] modifiant et complétant cette loi par un article additionnel).

Toute personne qui prétendra qu'une appellation d'origine est appliquée, à son préjudice direct ou indirect et contre son droit, à un produit naturel ou fabriqué, contrairement à l'origine de ce produit, aura une action en justice pour faire interdire l'usage de cette appellation. La même action appartiendra aux syndicats et associations régulièrement constitués, depuis six mois au moins, quant aux droits qu'ils ont pour objet de défendre[12].

Il résulte de l'article 23[13] (devenu 22[14] du code du vin) du décret du 30 juillet 1935[15], que l'Institut national des appellations d'origine peut, dans les mêmes conditions que les syndicats professionnels, contribuer à la défense des appellations d'origine et se constituer partie civile relativement aux faits portant un préjudice direct ou indirect aux intérêts qu'il représente. Il est ainsi recevable à se constituer partie civile dans une poursuite exercée pour falsification d'un vin d'appellation d'origine contrôlée[16].

1. Crim. 26 oct. 1967, n° 67-91.098, P n° 274.
2. Crim. 14 janv. 2014, n° 11-81.362, P n° 5 ; *D.* 2014. 2423, obs. G. Roujou de Boubée, T. Garé, M.-H. Gozzi, S. Mirabail et C. Ginestet ; *AJ pénal* 2014. 301, obs. C. Porteron ; *RSC* 2014. 66, obs. Y. Mayaud.
3. CGI, art. 1741 ; mod. par L. n° 2017-1837, 30 déc. 2017, art. 106.
4. CGI, art. 1743 ; mod. par L. n° 2013-1278, 29 déc. 2013, art. 21.
5. LPF, art. L. 233 ; mod. par ord. n° 2010-420, 27 avr. 2010, art. 94.
6. CGI, art. 1744 ; transféré par décr. n° 81-859, 15 sept. 1981, art. 2.
7. Crim. 9 oct. 1975, n° 75-90.087, P n° 213.
8. L. 21 mars 1884 relative aux syndicats professionnels, *JO* 22 mars, p. 1577, dite Waldeck-Rousseau.
9. L. 5 août 1908 modifiant l'article 11 de la loi du 1er août 1905 sur la répression des fraudes dans la vente des marchandises et des falsifications des denrées alimentaires et des produits agricoles et complétant cette loi par un article additionnel, *JO* 11 août, p. 5637, art. 2 ; mod. par ord. n° 2016-131, 10 févr. 2016, art. 6.
10. L. 21 mars 1884 dite Waldeck-Rousseau.
11. L. 1er août 1905 sur les fraudes et falsifications en matière de produits ou de services, *JO* 5 août, p. 4813.
12. C. consom., art. L. 115-8, al. 1 et 2.
13. Loi du 1er août 1905 sur les fraudes et falsifications en matière de produits ou de services *JO* 5 août 1905 page 4813.
14. C. vin, art. 22 ; abrog. par décr. n° 2003-851, 1er sept. 2003, art. 4.
15. Décret-loi 30 juill. 1935 relatif à la défense du marché des vins et régime économique de l'alcool, *JO* 31 juill., p. 8314.
16. Crim. 17 déc. 1997, n° 96-86.164, P n° 433 ; *RTD com.* 1998. 698, obs. B. Bouloc.

Les droits prévus à l'article L. 3355-1[1] du code de la santé publique sont également reconnus aux syndicats formés conformément à la loi du 31 mars 1884[2] pour la défense des intérêts généraux du commerce des boissons[3].

§ 2 Associations professionnelles, ordres, organisations, fédérations et ligues sportives

222.511 Associations professionnelles. Certaines associations regroupant des professionnels se voient expressément reconnaître le droit d'agir devant les juridictions pénales.

À titre d'exemple, les actions civiles et les demandes relatives à la propriété littéraire et artistique, y compris lorsqu'elles portent également sur une question connexe de concurrence déloyale, sont exclusivement portées devant des tribunaux de grande instance, déterminés par voie réglementaire. Les organismes de défense professionnelle régulièrement constitués ont qualité pour ester en justice pour la défense des intérêts dont ils ont statutairement la charge[4].

222.512 Ordres et groupements des professionnels de la santé. Les conditions dans lesquelles les ordres professionnels, chargés d'assurer le respect des devoirs incombant aux membres des professions en lien avec la santé publique, disposent du pouvoir de se constituer partie civile sont détaillées dans une circulaire du 24 septembre 2013[5].

Les groupements professionnels régulièrement constitués d'infirmiers ou d'infirmières sont habilités à exercer des poursuites devant la juridiction pénale en raison d'infractions relatives à l'exercice de la profession d'infirmier ou d'infirmière, sans préjudice de la faculté de se porter partie civile dans toute poursuite intentée par le ministère public[6].

Les conseils de l'Ordre des médecins, qui ont notamment pour mission d'assurer la défense de l'honneur et de l'indépendance de la profession médicale, peuvent exercer devant la juridiction pénale l'action civile en réparation du dommage causé par des infractions autres que l'exercice illégal de la médecine, telles que les complicités d'exercice illégal de la pharmacie, de tromperie et de publicité mensongère commises par un membre de la profession, lorsque celles-ci portent atteinte aux intérêts communs qu'ils ont la charge de défendre. Un conseil départemental de l'Ordre des médecins est, aux termes des articles L. 382 (devenu CSP, art. L. 4121-2[7]) et L. 394 (devenu CSP, art. L. 4123-1[8]) du code de la santé publique, recevable dans sa constitution de partie civile pour tout dommage causé du fait de l'infraction pénale qui, commise par l'un de ses membres, porte atteinte aux intérêts communs qu'il a la charge de défendre[9].

222.513 Organismes représentant les professions judiciaires. En vertu de la loi du 31 décembre 1971[10] portant réforme de certaines professions judiciaires et juridiques, les organismes chargés de représenter les professions visées à l'article 56[11] (avocats au Conseil d'État et à la Cour de cassation, avocats inscrits à un barreau français, notaires, [huissiers de justice, commissaires-priseurs judiciaires désormais commissaires de justice], administrateurs judiciaires et mandataires-liquidateurs) ainsi que les organisations professionnelles représentatives de ces professions peuvent exercer les droits reconnus à la partie civile[12] en ce qui concerne les infractions prévues à l'article 66-2[13] (le fait en violation des dispositions du présent chapitre, de donner des consultations ou rédiger pour autrui des actes sous seing privé en matière juridique).

Mais la chambre criminelle assume une jurisprudence stricte sur la notion de défense d'un intérêt collectif qui fonde l'action civile des ordres professionnels. Elle a jugé qu'une chambre départementale d'huissiers n'était pas recevable à intervenir dans une poursuite exercée à l'occasion de délits de rébellion et menaces de mort contre un de ses membres[14] ou encore d'injure[15] ; elle l'a confirmé dans l'hypothèse d'abus de confiance commis par

1. CSP, art. L. 3355-1 ; mod. par L. n° 2004-806, 9 août 2004 ; art. 43.
2. L. 31 mars 1884 pour la défense des intérêts généraux du commerce des boissons ; mod. par L. n° 2004-806, 9 août 2004 relative à la politique de la santé publique, *JO* 11 août, p. 14277.
3. CSP, art. L. 3355-2.
4. CPI, art. L. 331-1 ; mod. par L. n° 2011-525, 17 mai 2011, art. 196.
5. Circ. 24 sept. 2013 relative aux relations entre les parquets et les ordres des professions en lien avec la santé publique, *BOMJ*, n° 2013-09, 30 sept. 2013, NOR : JUSD1323940C.
6. CSP, art. L. 4314-1 ; mod. par L. n° 2009-526, 12 mai 2009, art. 125.
7. CSP, art. L. 4121-2 ; mod. par ord. n° 2017-192, 16 févr. 2017, art. 1er.
8. CSP, art. L. 4123-1 ; mod. par L. n° 2004-204, 9 mars 2004, art. 27.
9. Crim. 15 févr. 2000, n° 99-81.290, P n° 66 ; *Procédures* 2000, comm. 151, J. Buisson.
10. L. n° 71-1130, 31 déc. 1971 portant réforme de certaines professions judiciaires et juridiques, *JO* 5 janv., p. 131.
11. L. n° 71-1130, 31 déc. 1971, art. 56 ; mod. par L. n° 2011-94, 25 janv. 2011, art. 12.
12. NOT. : St. Bortoluzzi, D. Piau, Th. Wickers, *Règles de la profession d'avocat*, 17e éd., « Dalloz action », 2022, n° 112.12.
13. L. n° 71-1130, 31 déc. 1971, art. 66-2 ; créé par L. n° 90-1259, 31 déc. 1990, art. 26 et 67.
14. Crim. 29 juin 1971, n° 70-91.804, P n° 212.
15. Crim. 26 avr. 2000, n° 00-80.151, NP, *Procédures* 2000, comm. 203, J. Buisson.

un huissier et tant en ce qui concerne la constitution de partie civile d'une chambre départementale que de la chambre nationale.

Ainsi, si en vertu des dispositions de l'ordonnance du 2 novembre 1945 [1] relative au statut des huissiers en son article 8 [2] (devenu art. 16, 11° à compter du 1er janvier 2019 [3]), la chambre nationale peut, devant toutes les juridictions, exercer tous les droits réservés à la partie civile relativement aux faits portant un préjudice direct ou indirect à l'intérêt collectif de la profession, ce droit d'action n'est pas général et inconditionnel.

Dans une information suivie contre un huissier de justice pour abus de confiance commis dans l'exercice de ses fonctions, où la chambre nationale et la chambre départementale des huissiers de justice s'étaient constituées parties civiles intervenantes et où le mis en examen pour complicité des délits susvisés, avait contesté devant le juge d'instruction la recevabilité de ces constitutions de parties civiles et où, pour confirmer l'ordonnance rejetant cette contestation, un arrêt avait énoncé que les parties civiles avaient subi un préjudice moral direct du fait des agissements d'un de leur membre, la chambre criminelle a censuré cette décision. La chambre criminelle a considéré qu'en statuant ainsi, alors que ne peut qu'être indirect le préjudice résultant de l'atteinte à la réputation de la profession d'huissier de justice causé par les délits d'abus de confiance reprochés à l'un de ses membres, la chambre de l'instruction avait méconnu le sens et la portée de l'article 2 du code de procédure pénale [4].

A.
Fédérations

222.521 Comité national olympique, fédérations et lutte contre le dopage. Le Comité national olympique et sportif français peut exercer les droits reconnus à la partie civile en ce qui concerne les infractions mentionnées aux titres II et III du livre Ier, aux titres I et II du livre II ainsi qu'au titre II du livre III [5].

Les fédérations agréées peuvent exercer les droits reconnus à la partie civile en ce qui concerne les infractions portant un préjudice direct ou indirect aux intérêts collectifs de leurs licenciés et des associations et sociétés sportives qui en sont membres [6]. Elles ont aussi un droit d'agir en matière de dopage puisque peuvent exercer les droits reconnus à la partie civile, en ce qui concerne les infractions mentionnées à la section relative à la lutte contre le dopage :

1° Le Comité national olympique et sportif français pour les faits commis à l'occasion des compétitions dont il a la charge ;

2° Les fédérations sportives agréées par le ministre chargé des sports, chacune pour ce qui la concerne, sauf lorsque l'auteur de l'infraction relève de son pouvoir disciplinaire.

Lorsque des poursuites sont engagées en application des dispositions de la présente section, l'Agence française de lutte contre le dopage peut exercer les droits de la partie civile. Toutefois, elle ne peut à l'égard d'une même personne et s'agissant des mêmes faits, concurremment exercer les pouvoirs de sanction qu'elle tient du présent code et les droits de la partie civile [7] dispositions rendues applicables par l'article L. 241-5 [8], du même code, en matière de lutte contre le dopage animal.

222.522 Fédérations et ligues sportives : respect des règles techniques et déontologiques [9]**.** La loi de 1984 [10] permettait aux fédérations sportives et à leurs organes délégataires de se constituer partie civile dans les poursuites exercées contre les dirigeants de groupements sportifs leur étant affiliés et leurs licenciés pour les infractions portant atteinte aux intérêts matériels et moraux du sport professionnel. Tel était le cas d'abus de confiance et de faux commis dans la gestion d'un groupement sportif et se rapportant notamment au transfert et au droit à l'image des joueurs. En revanche, était considéré comme indirect, pour une société intervenant comme sponsor d'une équipe cycliste, le préjudice résultant de l'atteinte que porterait à son image de marque la commission, imputée à un coureur à cette équipe, d'infractions liées à la pratique du dopage, d'où l'irrecevabilité au pénal de son action [11].

1. Ord. n° 45-2592, 2 nov. 1945 relative au statut des huissiers, *JO* 3 nov. 1945, p. 7163.
2. Ord. n° 45-2592, 2 nov. 1945, art. 8 ; mod. par L. n° 2011-331, 28 mars 2011, art. 25 ; abrog. par ord. n° 2016-728, 2 juin 2016, art. 24.
3. Ord. n° 2016-728, 2 juin 2016 relative au statut de commissaire de justice, *JO* 3 juin, n° 24.
4. Crim. 2 mai 2007, n° 06-84.130, P n° 111 – Crim. 9 mars 2016, n° 13-85.943, P n° 71 ; *D.* 2016. 662 ; *Procédures* 2016. comm. 169, J. Buisson et A.-S. Chavent-Leclère.
5. C. sport, art. L. 141-2 ; mod. par L. n° 2018-202, 26 mars 2018, art. 2.
6. C. sport, art. L. 131-10 ; mod. par L. n° 2017-261, 1er mars 2017, art. 3.
7. C. sport, art. L. 232-30.
8. C. sport, art. L. 241-5.
9. L. n° 84-610, 16 juill. 1984 relative à l'organisation et à la promotion des activités physiques et sportives, *JO* 17 juill., p. 2288 ; abrogée par ord. n° 2006-596, 23 mai 2006, art. 7 3° ; en vigueur le 25 juill. 2007.
10. L. n° 84-610, 16 juill. 1984 relative à l'organisation et à la promotion des activités physiques et sportives, *JO* 17 juill., p. 2288.
11. Crim. 29 sept. 2009, n° 09-81.159, P n° 160 ; *D.* 2010. 2254, obs. J. Pradel ; *AJ pénal* 2009. 508 ; *RSC* 2012. 884, obs. X. Salvat.

La loi du 1er mars 2017[1], précitée, visant à préserver l'éthique du sport, à renforcer la régulation et la transparence du sport professionnel et à améliorer la compétitivité des clubs a créé un art. L. 132-1-1 du code du sport qui dispose que les ligues professionnelles créées en application de l'article L. 132-1 peuvent exercer les droits reconnus à la partie civile en ce qui concerne les infractions portant un préjudice direct ou indirect aux intérêts collectifs des associations et sociétés sportives qui en sont membres et aux intérêts des acteurs des compétitions sportives à caractère professionnel de leurs disciplines. Elle a modifié, l'article L. 332-17 du même code qui permet aux fédérations sportives agréées, aux ligues professionnelles créées en application de l'article L. 132-1, aux associations de supporters et aux associations ayant pour objet la prévention de la violence à l'occasion de manifestations sportives agréées par le ministre chargé des sports et à toute autre association ayant pour objet social la lutte contre le racisme, la xénophobie et l'antisémitisme et ayant été déclarées depuis au moins trois ans au moment des faits d'exercer les droits reconnus à la partie civile en ce qui concerne les infractions mentionnées aux articles L. 312-14 à L. 312-17 et L. 332-3 à L. 332-10.

222.523 **Fédérations et contrôle de la pêche en eau douce et de la gestion des ressources piscicoles.** Les fédérations départementales ou interdépartementales des associations agréées de pêche et de protection du milieu aquatique, la Fédération nationale de la pêche et de la protection du milieu aquatique, la commission syndicale de la Grande Brière Mottière, les associations agréées de pêcheurs professionnels en eau douce et le Comité national de la pêche professionnelle en eau douce peuvent exercer les droits reconnus à la partie civile en ce qui concerne les faits constituant une infraction au présent titre et aux textes pris pour son application et portant un préjudice direct ou indirect aux intérêts collectifs qu'ils ont pour objet de défendre[2].

B.
Syndic d'immeuble

222.531 **Qualité à agir.** La constitution de partie civile d'un syndic d'immeuble suppose l'aval de la copropriété.

S'il est vrai que les dispositions du code de l'urbanisme relatives au permis de construire ont été édictées en vue de l'intérêt général, elles n'en tendent pas moins également à la protection des particuliers auxquels l'exécution de travaux de construction en méconnaissance des prescriptions légales peut causer un préjudice direct et personnel de nature à servir de base à une action civile d'un syndicat de copropriétaires devant la juridiction répressive[3].

§ 3
Personnes morales de droit public

222.541 **Textes généraux.** Sans que l'on sache très bien pourquoi ce texte se situe à cet endroit, intercalé entre l'article 2-6 et l'article 2-8, des dispositions prévoient, en cas de poursuites pénales pour incendie volontaire commis dans les bois, forêts, landes, maquis, garrigues, plantations ou reboisements, que les personnes morales de droit public peuvent se constituer partie civile devant la juridiction de jugement en vue d'obtenir le remboursement, par le condamné, des frais qu'elles ont exposés pour lutter contre l'incendie[4].

Plus généralement, les articles 2 et 3 du code de procédure pénale ouvrent l'action civile à tous ceux qui ont personnellement souffert du dommage, matériel ou moral, découlant des faits, objet de la poursuite, sans exclure les personnes morales de droit public. Un établissement public de santé est dès lors recevable, dans des poursuites exercées pour entrave à interruption volontaire de grossesse à l'intérieur de ses locaux, à demander la réparation du préjudice qu'il a personnellement subi du fait de l'infraction[5].

Une commune, également station balnéaire, qui en 2005 battait pavillon bleu, gage de la qualité des eaux de baignade et de protection de l'écosystème, a indiscutablement subi un préjudice lié à la perte de cette image, faisant suite à la pollution des eaux de l'étang reconnue imputable à la SARL S... tel que notamment démontré par le tableau des tonnages des ordures ménagères en baisse dans les six mois qui ont suivi la pollution de décembre 2004 ; qu'il convient donc de recevoir la constitution de partie civile de la commune de Port-la-Nouvelle, de déclarer la SARL S... responsable du préjudice occasionné à la commune de Port-la-Nouvelle, de condamner la SARL S... prise en la personne de son représentant légal, à lui payer la somme de 10 000 euros à titre de dommages-intérêts en réparation du préjudice lié à la perte de l'image de station balnéaire de qualité[6].

1. L. n° 2017-261, 1er mars 2017, *JO* 2 mars, n° 1.
2. C. envir., art. L. 437-18 ; mod. par L. n° 2006-1772, 30 déc. 2006, art. 95.
3. Crim. 19 mars 1985, n° 83-94.179, P n° 118.
4. C. pr. pén., art. 2-7 ; créé par L. n° 87-565, 22 juill. 1987, art. 35.
5. Crim. 27 nov. 1996, n° 96-80.223, P n° 431.
6. Crim. 26 janv. 2010, n° 09-82.067, NP, *D.* 2010. 2468, obs. F.-G. Trébulle.

Il a pu être jugé à l'inverse, que ne constituent pas des dommages directement causés par l'infraction de dénonciation mensongère à l'autorité judiciaire, prévue par l'article 434-26 du code pénal, les frais exposés par l'État à la suite de la mobilisation de la force publique pour effectuer des investigations relatives à des faits d'enlèvement et de séquestration qui se sont révélés imaginaires. Font donc l'exacte application des articles 2 et 3 du code de procédure pénale les juges qui déclarent irrecevable la constitution de partie civile de l'agent judiciaire du Trésor tendant à obtenir le remboursement de tels frais [1].

Autre exemple, l'action civile ne peut être exercée devant les juridictions répressives que par ceux qui ont souffert personnellement du dommage causé directement par l'infraction. Doit, dès lors, être cassé l'arrêt qui a admis la constitution de partie civile de l'Agent judiciaire du Trésor public (devenu Agent judiciaire de l'État), au nom de l'État, en raison du remboursement par l'État, conformément à une convention passée par lui avec la Caisse centrale de crédit hôtelier du préjudice souffert par cette caisse du fait d'une escroquerie dont elle avait été victime, et il n'importe à cet égard que la Caisse ait délivré à l'État une quittance subrogative [2].

A.
Commune

222.551 **Autorisation donnée au maire de la commune de se constituer partie civile au nom de celle-ci.** Une commune peut, par la voix de son maire, se constituer partie civile. En effet, le maire peut, « par délégation du conseil municipal, être chargé, en tout ou partie, et pour la durée de son mandat : [...] 16° D'intenter au nom de la commune les actions en justice ou de défendre la commune dans les actions intentées contre elle, dans les cas définis par le conseil municipal » [3]. Modifié [4], cet article pose la nécessité d'une délibération précise du conseil municipal qui soit antérieure au dépôt de la plainte. Il ouvre également la possibilité d'une transaction. Accordée « pour la durée de son mandat » la délégation n'a pas à être réitérée autant de fois que de procès. Pour autant, elle n'est possible que pour les matières énoncées limitativement à l'article L. 2122-22, elle doit être suffisamment précise et le conseil municipal peut y mettre fin à tout moment [5], le maire devant par ailleurs rendre compte à chacune des réunions obligatoires du conseil municipal de l'exercice de cette délégation [6].

Satisfait aux exigences de l'article L. 2122-22, 16° du code général des collectivités territoriales, la délibération du conseil municipal donnant au maire une délégation générale pour ester en justice au nom de la commune [7].

À défaut d'une preuve de la délibération du conseil municipal en ce sens, il convient de renvoyer l'examen de l'affaire pour régularisation éventuelle avant la tenue de l'audience, ou de rejeter une telle constitution si cette irrégularité apparaît au stade des plaidoiries ou du délibéré. Toutefois, la chambre criminelle a jugé qu'une commune pouvait produire devant les juges d'appel une délégation accordée par son conseil municipal à son maire pour ester en justice quand les premiers juges avaient retenus l'irrecevabilité de la consitution de partie civile faute d eproduction d'une telle délégation, pourvu qu'elle soit antérieure aux faits et que la commune ne soit pas pas à l'origine de l'action publique [8].

A l'inverse, il avait été jugé que la délibération du conseil municipal qui se borne à se référer aux dispositions précitées, sans définir les cas dans lesquels le maire pourra ester en justice au nom de la commune, ne satisfait pas aux exigences légales [9]. Ou encore que la reproduction du texte légal, amputé de sa dernière phrase « dans les cas définis par le conseil municipal » ne comportait pas de délégation de compétence satisfaisant à l'impératif de précision requis par la loi à défaut de définir les cas de délégation ou de préciser expressément que ladite délégation concerne l'ensemble du contentieux de la commune [10].

Par ailleurs, ne satisfait pas aux exigences de l'article L. 2122-22 [11], 16°, du code général des collectivités territoriales, la délibération du conseil municipal qui se borne à charger le maire d'intenter, au nom de la commune, des actions en justice, sans préciser les cas de délégation ou sans indiquer, de manière expresse, que la délégation concerne l'ensemble du contentieux de la commune. En outre, la régularité de la délibération du conseil municipal doit s'apprécier antérieurement au dépôt de plainte avec constitution de partie civile. Dès lors, une

1. Crim. 20 janv. 2009, n° 08-82.357, P n° 17 ; *AJ pénal* 2009. 183, obs. C. Duparc.
2. Crim. 9 janv. 1973, n° 72-90.366, P n° 10.
3. CGCT, art. L. 2122-22 ; mod. par L. n° 2017-257, 28 févr. 2017, art. 74 et L. n° 2018-1021, 23 novembre 2018, art. 6 et 9.
4. L. n° 2017-257, 28 févr. 2017 relative au statut de Paris et à l'aménagement métropolitain, *JO* 1er mars, n° 2 et L. n° 2018-1021, 23 nov. 2018, *JO* 25 nov., n° 1.
5. CGCT, art. L. 2122-23, al.4.
6. CGCT, art. L. 2122-23, al. 3.
7. Crim. 31 mars 2020, n° 19-82.019, NP.
8. Crim. 28 mai 2019, n° 18-83.060, NP.
9. Crim. 8 oct. 1996, n° 95-84.475, P n° 348.
10. Crim. 12 sept. 2018, n° 17-87.194, NP.
11. CGCT, art. L. 2122-22 ; mod. par L. n° 2017-257, 28 févr. 2017, art. 74.

nouvelle délibération, intervenue postérieurement, est sans effet sur la recevabilité de la constitution de partie civile[1].

En revanche, l'autorisation initiale donnée au maire de la commune de se constituer partie civile au nom de celle-ci implique le pouvoir d'exercer les voies de recours ouvertes dans cette action, peu important l'élection d'un nouveau maire[2].

En résumé, pour être valable, la délégation donnée au maire doit être, soit expressément générale[3], ou bien préciser les cas de délégation, si le conseil municipal a entendu en limiter la portée.

Il faut admettre que ces jurisprudences successives ne semblaient pas lever toutes les incertitudes en la matière. Un arrêt récent est venu opportunément censurer une cour d'appel qui avait confirmé l'irrecevabilité d'une telle constitution en considérant que les délégations produites autorisaient le maire à intenter au nom de la commune, par voie d'action ou d'intervention, toute action en justice quelle que soit sa nature ou à défendre la commune de toutes les actions intentées contre elle, ceci devant l'ensemble des juridictions administratives, civiles et pénales, ainsi que devant toutes les juridictions sans exception, en charge de contentieux spécialisés, aussi bien en première instance qu'en appel ou en cassation[4].

222.552 Recevabilité de l'action. Pour que la commune soit recevable, elle doit évidemment justifier d'un préjudice : ne saurait prétendre être indemnisée du préjudice matériel résultant pour elle de la destruction d'un chalet de plage, une commune, qui avait illégalement autorisé cette construction[5].

Il se déduit encore de l'article 2 du code de procédure pénale, des articles 1 (devenu CGCT, art. L. 1522-1[6]), 1°, de la loi du 7 juillet 1983[7], 437 (devenu C. com., art. L. 242-6[8]), 3°, de la loi du 24 juillet 1966[9], et de l'article L. 242-6[10], 3°, du code de commerce qu'une collectivité territoriale, agissant pour son compte, est irrecevable à se constituer partie civile en raison du délit d'abus de biens sociaux commis au préjudice de la société d'économie mixte dont elle est l'associée ou la créancière, sauf à démontrer l'existence d'un préjudice propre, distinct du préjudice social, découlant directement de l'infraction[11]. De même, est irrecevable à se constituer partie civile la commune qui invoque un préjudice matériel de même qu'un préjudice résultant de l'atteinte à son image à la suite de la réalisation d'un attentat sur son territoire dès lors que, d'une part, l'information résultant de ces faits a été ouverte des seuls chefs d'infractions à la législation sur les armes, de crimes contre la vie ou l'intégrité des personnes et de participation à un groupement en vue de la préparation d'un ou plusieurs crimes d'atteintes aux personnes, toutes infractions en relation avec une entreprise terroriste, cette dernière n'étant susceptible d'avoir porté directement atteinte, au-delà des victimes personnes physiques, qu'aux intérêts de la nation, d'autre part, aucun des préjudices allégués ne découle de l'ensemble des éléments constitutifs desdites infractions[12].

La question se pose régulièrement de la recevabilité de la constitution de partie civile d'une commune dans le cadre d'une procédure d'outrage contre des agents ou policiers municipaux et accessoirement de son droit d'obtenir le remboursement des frais d'avocats engagés pour cette action. La chambre criminelle a jugé qu'il se déduit de l'article 11[13] de la loi du 13 juillet 1983[14] que l'action directe que peut exercer, au besoin par voie de constitution de partie civile devant la juridiction pénale, la collectivité publique subrogée aux droits de la victime pour obtenir des auteurs des menaces ou attaques la restitution des sommes versées au fonctionnaire concerné en réparation de son préjudice, inclut le remboursement des frais qu'elle a engagés pour la défense de l'agent victime dont elle est l'employeur.

1. Crim. 28 janv. 2004, n° 02-88.471, P n° 19 ; *AJ pénal* 2004. 160, obs. A. Pitoun ; *RDI* 2009. 118, obs. G. Roujou de Boubée.
2. Crim. 12 juill. 2016, n° 15-84.508, NP.
3. Crim. 18 févr. 2003, n° 02-80.668, NP ; Crim. 28 janv. 2004, n° 02-88.471, P., n° 19 ; Crim. 13 mars 2007, n° 06-85.713, NP : *"satisfait aux exigences de l'article L. 2122-22, 16°, du code général des collectivités territoriales, la délibération du conseil municipal donnant au maire une délégation générale pour ester en justice au nom de la commune"*. V. CE, 4 mai 1998, *Mme de Verteuil*, req. n° 188292 ; CE, 18 juill. 2018, *Métropole Aix-Marseille-Provence*, req. n° 416407.
4. Crim. 4 avr. 2023, n° 22-83.613, P.
5. Crim. 4 nov. 2008, n° 08-82.591, P n° 220 ; *AJDA* 2009. 220 ; *RDI* 2009. 118, obs. G. Roujou de Boubée ; *AJ pénal* 2009. 77 ; *RSC* 2009. 386, obs. J.-H. Robert.
6. CGCT, art. 1522-1 ; mod. par ord. n° 2003-1212, 18 déc. 2003, art. 2.
7. L. n° 83-597, 7 juill. 1983 relative aux sociétés d'économie mixte locales, *JO* 8 juill., p. 2099.
8. C. com., art. L. 242-6 ; mod. par L. n° 2013-1117, 6 déc. 2013, art. 30.
9. L. n° 66-537, 24 juill. 1966 sur les sociétés commerciales, *JO* 26 juill., p. 6402 ; codifiée.
10. C. com., art. L. 242-6 ; mod. par L. n° 2013-1117, 6 déc. 2013, art. 30.
11. Crim. 3 déc. 2014, n° 13-87.224, P n° 254 ; *D.* 2014. 2521 ; *D.* 2015. 1506, obs. C. Mascala ; *AJ pénal* 2015. 45.
12. Crim. 12 mars 2019, n° 18-80.911, P n° 53.
13. L. n° 83-634, 13 juill. 1983, art. 11 ; mod. par L. n° 2016-483, 20 avr. 2016, art. 20.
14. L. n° 83-634, 13 juill. 1983 portant droits et obligations des fonctionnaires, *JO* 14 juill., p. 2174, dite loi Le Pors.

Encourt la censure l'arrêt d'une cour d'appel qui entend limiter, en application de l'article 11 susvisé, l'action directe d'une commune à l'obtention de la restitution, par l'auteur des outrages, des sommes qu'elle a versées directement à un agent municipal en réparation de son préjudice, sans y assimiler les frais d'avocat pris en charge par ladite commune[1].

222.553 Constitution de partie civile d'un contribuable face à l'inertie de la commune. Tout contribuable inscrit au rôle de la commune a le droit d'exercer, tant en demande qu'en défense, à ses frais et risques, avec l'autorisation du tribunal administratif, les actions qu'il croit appartenir à la commune, et que celle-ci, préalablement appelée à en délibérer, a refusé ou négligé d'exercer[2].

Un contribuable inscrit au rôle de la commune, autorisé par décision administrative, en vertu de l'article L. 2132-5[3] du code général des collectivités territoriales, à exercer à ses frais et risques une action en justice pour le compte de la commune et que cette dernière refuse d'exercer, consistant à se constituer partie civile devant les juridictions répressives, est ainsi habilité, si l'action publique à raison d'une partie des faits dénoncés est déjà exercée par un procureur de la République, à se constituer partie civile par voie d'intervention devant le juge d'instruction saisi de ces faits, et, pour les autres, à déposer plainte avec constitution de partie civile devant le juge d'instruction compétent[4]. Si est irrecevable le pourvoi formé « *à titre conservatoire* » par un contribuable déclarant agir au nom d'une commune avant d'y être autorisé par le tribunal administratif, la nécessité de saisir la juridiction administrative, par application des articles L. 2132-5[5] et L. 2132-7[6] du code général des collectivités territoriales, constitue un obstacle de droit qui suspend les délais d'exercice des voies de recours[7].

La constitution de partie civile d'un contribuable, autorisé par le tribunal administratif, en application de l'article L. 2132-5 du code général des collectivités territoriales, à se substituer aux organes de la commune, devient cependant sans objet lorsque le maire intervient par la suite régulièrement dans l'information au nom de la collectivité territoriale[8].

1. Crim. 2 sept. 2014, n° 13-84.663, P n° 176 ; *D.* 2014. 1767 ; *AJ pénal* 2014. 585, obs. D. Luciani-Mien.
2. CGCT, art. L. 2132-5 ; codifié par L. n° 96-142, 21 févr. 1996.
3. CGCT, art. L. 2132-7 ; codifié par L. n° 96-142, 21 févr. 1996.
4. Crim. 15 nov. 2000, n° 00-83.551, P n° 343.
5. CGCT, art. L. 2132-5, préc.
6. CGCT, art. L. 2132-7, préc.
7. Crim. 21 sept. 2005, n° 05-80.131, P n° 234.
8. Crim. 25 nov. 2003, n° 03-80.905, P n° 219.

B.
Autres textes spéciaux

222.561 Multiplicité. Il existe des dispositions particulières qui soulignent de manière supplémentaire ce droit ouvert aux personnes morales, dans de multiples domaines et au détour de textes les plus divers. Ne sont succinctement présentés ici que les exemples ayant pu donner lieu à des illustrations jurisprudentielles.

222.562 Action environnementale. Ainsi, l'Agence de l'environnement et de la maîtrise de l'énergie, le Conservatoire de l'espace littoral et des rivages lacustres, l'Office national de l'eau et des milieux aquatiques, les agences de l'eau, l'Office national de la chasse et de la faune sauvage et le Centre des monuments nationaux peuvent exercer les droits reconnus à la partie civile en ce qui concerne les faits portant un préjudice direct ou indirect aux intérêts qu'ils ont pour objet de défendre et constituant une infraction aux dispositions législatives relatives à la protection de la nature et de l'environnement, à l'amélioration du cadre de vie, à la protection de l'eau, de l'air, des sols, des sites et paysages, à l'urbanisme ou ayant pour objet la lutte contre les pollutions et les nuisances, ainsi qu'aux textes pris pour leur application.

Sans préjudice de l'indemnisation des autres dommages subis, les personnes morales de droit public mentionnées à l'alinéa précédent intervenues matériellement ou financièrement ont droit au remboursement, par le ou les responsables, des frais exposés par elles.

Les chambres d'agriculture, les parcs naturels régionaux et le Centre national de la propriété forestière peuvent également exercer les droits reconnus à la partie civile dans les conditions définies ci-dessus[9].

Pour autant, l'Office national de la chasse n'est pas recevable à se constituer partie civile à l'occasion de poursuites du chef d'outrages à un garde-chasse de l'Office, si n'est pas caractérisé son préjudice personnel résultant directement des faits[10].

Les collectivités territoriales et leurs groupements peuvent exercer les droits reconnus à la partie civile en ce qui concerne les faits portant un préjudice direct ou indirect au territoire sur lequel ils exercent leurs compétences et constituant une infraction aux dispositions législatives relatives à la protection de la nature et de l'environnement ainsi qu'aux textes pris pour leur application[11].

9. C. envir., art. L. 132-1 ; mod. par L. n° 2016-1087, 8 août 2016, art. 30 et 41.
10. Crim. 17 avr. 1985, n° 84-92.225, p. 148.
11. C. envir., art. L. 142-4 ; créé par L. n° 2008-757, 1er août 2008, art. 5.

En matière de défense de l'eau, des milieux aquatiques et marins et sans préjudice de l'indemnisation des autres dommages subis, les personnes morales de droit public intervenues matériellement ou financièrement ont droit au remboursement, par la ou les personnes à qui incombe la responsabilité de l'incident ou de l'accident, des frais exposés par elles. À ce titre, elles peuvent se constituer partie civile devant les juridictions pénales saisies de poursuites consécutives à l'incident ou à l'accident[1].

Lorsque les personnes morales de droit public interviennent, matériellement ou financièrement, pour atténuer les dommages résultant d'un incident ou d'un accident causé par une installation mentionnée à l'article L. 511-2[2] du code de l'environnement (installation classée) ou pour éviter l'aggravation de ces dommages, elles ont droit au remboursement, par les personnes responsables de l'incident ou de l'accident, des frais qu'elles ont engagés, sans préjudice de l'indemnisation des autres dommages subis. À ce titre, elles peuvent se constituer partie civile devant les juridictions pénales saisies de poursuites consécutives à l'incident ou à l'accident.

Cette action s'exerce sans préjudice des droits ouverts par l'article L. 142-2[3] du code de l'environnement aux associations répondant aux conditions de cet article[4].

Selon l'article L. 514-16[5] du code de l'environnement, les personnes morales de droit public intervenant pour atténuer les dommages causés par une installation classée ou pour éviter l'aggravation de ces dommages peuvent se constituer partie civile devant les juridictions pénales saisies de poursuites consécutives à l'incident ou à l'accident à l'origine du dommage. Fait l'exacte application de ce texte, la cour d'appel qui, dans des poursuites pour infraction à la réglementation du travail, admet la recevabilité de l'action civile d'un établissement public départemental des services d'incendie et de secours qui était intervenu pour atténuer ou éviter l'aggravation des dommages que l'incendie consécutif à l'infraction précitée avait causé à une installation classée et était susceptible de causer à son environnement immédiat[6].

Lorsque les personnes morales de droit public interviennent, matériellement ou financièrement, pour atténuer les dommages causés par un incident ou un accident lié à une opération de gestion de déchets ou pour éviter l'aggravation de ces dommages, elles ont droit au remboursement par les personnes responsables de cet incident ou accident des frais qu'elles ont engagés, sans préjudice de l'indemnisation des autres dommages subis. À ce titre, elles peuvent se constituer partie civile devant les juridictions pénales saisies de poursuites consécutives à l'incident ou à l'accident. Cette action s'exerce sans préjudice des droits ouverts aux associations de protection de l'environnement agréées au titre de l'article L. 141-1[7].

La commune ainsi que l'établissement public de coopération intercommunale compétent en matière d'urbanisme peuvent exercer les droits reconnus à la partie civile, en ce qui concerne les faits commis sur leur territoire et constituant une infraction à l'alinéa premier du présent article[8] (infractions aux dispositions des titres I, II, III, IV et VI du livre relatif aux constructions, aménagements et démolitions).

222.563 **Action sociale.** L'employeur ou le travailleur indépendant, qui ne s'est pas conformé aux prescriptions de la législation de sécurité sociale, est poursuivi devant le tribunal de police, soit à la requête du ministère public, éventuellement sur la demande du ministre chargé de la sécurité sociale, soit à la requête de toute partie intéressée et, notamment, de tout organisme de sécurité sociale[9].

222.564 **Action fiscale : principe.** Lorsqu'une information est ouverte par l'autorité judiciaire sur la plainte de l'Administration fiscale en matière de droits, taxes, redevances et impositions de toute nature mentionnés au code général des impôts, cette administration peut se constituer partie civile[10]. Il existe en la matière des formalités particulières, et notamment que sous peine d'irrecevabilité, les plaintes tendant à l'application de sanctions pénales en matière d'impôts directs, de taxe sur la valeur ajoutée et autres taxes sur le chiffre d'affaires, de droits d'enregistrement, de taxe de publicité foncière et de droits de timbre sont déposées par l'Administration sur avis conforme de la commission des infractions fiscales (CIF)[11].

1. C. envir., art. L. 211-5.
2. C. envir., art. L. 511-2. mod. par Cons. const., 14 oct. 2011, n° 2011-183/184 QPC.
3. C. envir., art. L. 142-2 ; mod. par L. n° 2016-1087, 8 août 2016, art. 101.
4. C. envir., art. L. 514-16.
5. C. envir., art. L. 514-16.
6. Crim. 13 mars 2001, n° 00-82.581, P n° 62 ; *D.* 2001. 1768 ; *RSC* 2002. 345, obs. A. Cerf-Hollender.
7. C. envir., art. L. 541-6 ; mod. par ord. n° 2010-1579, 17 déc. 2010, art. 5.
8. C. urb., art. L. 480-1 ; mod. par L. n° 2016-925, 7 juill. 2016, art. 105.
9. CSS, art. L. 244-1 ; mod. par L. n° 2014-1554, 22 déc. 2014, art. 7.
10. LPF, art. L. 232 ; mod. par L. n° 64-1278, 23 déc. 1964, art. 34.
11. LPF, art. L. 228 ; mod. par L. n° 2013-1117, 6 déc. 2013, art. 9. Il sera rappelé que ce n'est que le 19 septembre 2018 que les députés ont approuvé en première lecture, l'article du projet de loi contre la fraude (fiscale) qui instaure un mécanisme de transmission automatique au parquet des affaires ayant donné lieu à des pénalités fiscales ▶

Toutefois, si la constitution de partie civile devant les juridictions correctionnelles, dans des poursuites exercées pour les infractions visées au code général des impôts [1], permet à l'administration de suivre la procédure et d'y intervenir dans l'intérêt du fisc, elle ne lui ouvre pas le droit de demander, pour le préjudice causé au Trésor public par la fraude une réparation distincte de celle qui est assurée par les majorations et amendes fiscales (au cas d'espèce un franc à titre de dommages et intérêts et 3 000 francs sur le fondement de l'article 475-1 du code de procédure pénale) [2]. Sur la nature de l'action exercée par l'administration fiscale et sa portée, un arrêt a jugé qu'a fait l'exacte application des articles 14.5 [3] du Pacte international relatif aux droits civils et politiques, 2.1 [4] du protocole additionnel n° 7 de la convention européenne des droits de l'homme, L. 232 [5] du Livre des procédures fiscales, préliminaire, 421, 591 et 593 du code de procédure pénale, la cour d'appel, qui, pour déclarer recevable la constitution de partie civile de l'administration fiscale, intervenue à hauteur d'appel, retient que celle-ci ne saurait être assimilée à une victime se constituant partie civile pour obtenir la réparation d'un préjudice personnel et direct occasionné par une infraction et que la nature spécifique de son action qui n'est ni une action civile ni une action publique, trouve son fondement, non pas dans les articles 2 et 3 du code de procédure pénale mais dans l'article L. 232 du Livre des procédures fiscales, cette action ne lui ouvrant pas, comme en droit commun, le droit de demander une réparation distincte de celle assurée par les majorations et amendes fiscales mais ayant pour but de lui permettre de suivre la procédure et d'intervenir dans les débats [6].

222.565 Action fiscale : société en liquidation. Enfin une hypothèse particulière a donné lieu à plusieurs décisions lorsque les poursuites sont exercées contre une société faisant l'objet d'une procédure collective.

Suivant une première décision, la chambre criminelle avait saisi la chambre commerciale d'une demande d'avis ainsi formulée : « Les amendes, pénalités proportionnelles et mesures de confiscation prévues par l'article 1791 du code général des impôts peuvent-elles être prononcées à l'encontre d'une société dont la liquidation judiciaire a été clôturée ? Doit-on distinguer selon que l'ouverture de la procédure collective est ou non antérieure au 1er juillet 2014, date d'entrée en vigueur de l'ordonnance n° 2014-326 du 12 mars 2014 modifiant l'article 1844-7 du code civil, et suivant les motifs de la clôture ? » [7].

Par un autre arrêt elle a tranché dans le sens que : « Et sur le troisième moyen de cassation, après avis de la chambre commerciale, pris de la violation des articles 1559, 1560-1, 1563, 1565, 1791, 1797, 1799 et 1804 B du code général des impôts, 124, 126, 146, 149, 149, 152, 154 de l'annexe IV du code général des impôts, des articles L. 235 à L. 238 du livre des procédures fiscales, des articles 121-3 et 122-3 du code pénal, de l'article 339 de la loi d'adaptation n° 92-1336 du 16 décembre 1992, des articles L. 621-40, L. 621-41, L. 621-43, L. 621-44, L. 621-46 du code de commerce, des articles 591 à 593 du code de procédure pénale, défaut de motifs ;

« en ce que l'arrêt attaqué a déclaré l'action fiscale éteinte, à l'égard de la société Newby, du fait de l'ouverture à son égard d'une procédure de liquidation judiciaire ;

« aux motifs que la société Newby a fait l'objet d'une liquidation judiciaire devenue définitive ; qu'il convient, en conséquence, de constater l'extinction de l'action publique et fiscale à l'encontre de celle-ci qui était poursuivie en qualité de solidairement responsable ;

« alors que, lorsque l'activité incriminée est exercée par une personne morale, l'ouverture d'une procédure collective à l'égard de cette personne morale n'a pas pour effet d'entraîner l'extinction de l'action fiscale exercée par la direction générale des douanes et droits Indirects en cas d'infraction aux contributions indirectes ; que si, dans cette hypothèse, la condamnation au paiement de l'impôt, qui s'analyse en une réparation civile, ne peut être sollicitée que dans le respect des règles de la procédure collective, il en va différemment des autres sanctions ; qu'en déclarant l'action fiscale éteinte, quand elle ne l'était pas, et que l'administration pouvait demander le prononcé de l'amende et de la pénalité proportionnelle, les juges du fond ont violé les textes susvisés » ;

« Vu les articles 1791 du code général des impôts, L. 622-21 et L. 622-22 du code de commerce ;

▶ importantes. Le montant de la fraude déclenchant cette transmission est fixé à 100 000 euros, ce qui relativise tout de même, ce que d'aucuns ont appelé la suppression « du verrou de Bercy », cf. L. n° 2018-898, 23 oct. 2018, art. 36, *JO* 24 oct., n° 1. L'article L. 228 a de nouveau été modifié par la Loi de finances n° 2019-1479, du 28 décembre 2019, *JO* 29 déc., n° 1, art. 149.

1. LPF, art. L. 232 ; mod. par L. n° 64-1278, 23 déc. 1964, art. 34.
2. Crim. 17 avr. 1989, n° 88-81.189, P n° 156.
3. Pacte international relatif aux droits civils et politiques, art. 14.5.
4. Protocole additionnel n° 7 de la convention européenne des droits de l'homme, art. 2.1.
5. LPF, art. L. 232 ; mod. par L. n° 64-1278, 23 déc. 1964, art. 34.
6. Crim. 8 nov. 2017, n° 17-82.968, P.
7. Crim. 2 avr. 2014, n° 13-81.307, NP.

Attendu qu'en matière de contributions indirectes, le redressement ou la liquidation judiciaire de la personne poursuivie ne fait pas obstacle à ce que celle-ci puisse être condamnée, sur les poursuites de l'administration, aux amendes, pénalités proportionnelles et confiscation prévues par l'article 1791 du code général des impôts ;

Attendu que, pour déclarer éteinte l'action fiscale dirigée contre la société Newby, l'arrêt énonce que cette société a fait l'objet d'une liquidation judiciaire ;

Mais attendu qu'en prononçant ainsi, alors que si, en raison de son caractère de réparation civile, la condamnation au paiement des droits éludés ne pouvait être prononcée à l'encontre de la société en liquidation, celle-ci pouvait être poursuivie en paiement des amendes et pénalités, la cour d'appel a méconnu les textes susvisés et le principe ci-dessus énoncé ;

D'où il suit que la cassation est à nouveau encourue »[1].

222.566 Qualité à agir. Pour d'autres infractions, on rappellera la vigilance de la chambre criminelle sur la qualité à agir du demandeur : la commune étant la seule victime directe d'un délit d'ingérence imputé à un adjoint au maire, la constitution de partie civile d'un ancien maire, qui ne peut exciper d'un dommage personnel et qui n'a pas obtenu en tant que contribuable l'autorisation du tribunal administratif prévue par l'article L. 316-8 (devenu CGCT, art. L. 2132-7[2]) du code des communes, n'est pas recevable[3].

Mais la qualité à agir peut être reconnue à l'État dans les domaines les plus divers : aux termes des articles 15 et 18 du décret du 22 décembre 1959[4] et 77[5] de l'arrêté du 23 décembre 1959[6] réglementant les jeux dans les casinos des stations balnéaires, thermales et climatiques, l'État et les collectivités locales sont propriétaires de la partie des sommes représentant le montant des impositions et prélèvements dus, dès leur entrée dans la cagnotte. L'État et les collectivités locales propriétaires d'une partie des sommes entrées dans la cagnotte, aux termes des articles précités sont recevables à se constituer parties civiles sur les poursuites exercées du chef d'escroquerie contre les croupiers d'un casino et des joueurs complices ayant employé des manœuvres frauduleuses pour obtenir des sommes qui auraient dû, à défaut, entrer dans la cagnotte[7].

222.567 Personne morale à but lucratif. Une exigence supplémentaire en matière de constitution de partie civile des personnes morales à but lucratif a été posée[8] par la loi du 13 décembre 2011[9], qui est venue imposer que la plainte devant le doyen des juges d'instruction ou devant le tribunal, soit accompagnée de pièces justifiant des ressources de la personne morale, en particulier du bilan et du compte de résultat, notamment afin de permettre de déterminer le montant de la consignation. En ce qui concerne la juridiction de jugement, cette exigence est posée sous peine d'irrecevabilité de la citation directe.

1. Crim. 20 mai 2015, n° 13-81.307, NP.
2. CGCT, art. L. 2132-7 ; codifié par L. n° 96-142, 21 févr. 1996.
3. Crim. 2 févr. 1988, n° 87-82.242, P n° 51.
4. Décr. n° 59-1489, 22 déc. 1959 portant réglementation des jeux dans les casinos des stations balnéaires, thermales et climatiques, *JO* 29 déc., p. 12489 ; abrog. par décr. n° 2014-1253, 27 oct. 2014.
5. Arr. 23 déc. 1959, art. 77 ; abrog. par arr. 14 mai 2007 relatif à la réglementation des jeux dans les casinos, *JO* 17 mai, p. 9568, NOR : INTD0754510A, art. 93.
6. Arr. 23 déc. 1959 portant réglementation des jeux dans les casinos, *JO* 29 déc. 1959, p. 12489.
7. Crim. 26 mars 1998, n° 96-85.201, P n° 118 ; *RSC* 1998. 580, obs. J.-P. Dintilhac.
8. C. pr. pén., art. 392-1 ; mod. par L. n° 2011-1862, 13 déc. 2011, art. 59.
9. L. n° 2011-1862, 13 déc. 2011 relative à la répartition des contentieux et à l'allègement de certaines procédures juridictionnelles, *JO* 14 déc., p. 21105.

CHAPITRE

223. Témoins, représentants et tiers intervenants

SECTION 0
ORIENTEUR

223.00 Sommaire du chapitre.

223.01 Principaux textes applicables.

TEXTES SOURCES

• C. pr. pén., art. 105, 388-1 à 388-3, 393-1, 397-5, 435 à 455, 457, 513, 551, 706-11, 706-12, 706-15, 706-57 à 706-62

• C. pr. pén., art. R. 92, R. 123 à R. 125, R. 127 à R. 135, R. 138

• C. pén., art. 434-11 à 434-16, 434-44

• Ord. n° 59-76, 7 janv. 1959, art. 1 à 3

223.02 Jurisprudence de référence.

TÉMOINS

> Hors les dispositions légales, le président ne peut discrétionnairement entendre les témoins cités par les parties

• **Crim. 17 févr. 1965,** n° 64-91.404, P n° 53

* V. ss n° 223.15.

« Mais sur le second moyen de cassation pris de la violation et fausse application des articles 437 et suivants du code de procédure pénale et 7 de la loi du 20 avril 1810 pour défaut de motifs et manque de base légale ;

En ce que l'arrêt attaqué a admis la validité du jugement rendu ensuite d'un débat au cours duquel l'officier rédacteur du procès-verbal avait été entendu par le tribunal d'office et sans avoir prêté serment ;

Alors, d'une part, que le président du tribunal correctionnel ne jouit pas d'un pouvoir discrétionnaire pour appeler d'office à la barre une personne quelconque et ne peut entendre que les personnes dont les parties requièrent l'audition comme témoins ;

Et alors, d'autre part, que tout témoin non reprochable doit, à peine de nullité, être entendu sous la foi du serment, d'autant d'ailleurs que le moyen avait été soulevé par les conclusions d'appel de l'inculpé ;

Vu lesdits articles ;

Attendu qu'aux termes de l'article 446 du code de procédure pénale, avant de commencer leur déposition, les témoins prêtent serment de dire toute la vérité, rien que la vérité ;

Attendu que pour rejeter l'exception de nullité soulevée avant tout débat au fond et reprise au moyen, l'arrêt attaqué énonce qu'aucune disposition légale n'interdit au tribunal correctionnel de s'éclairer en entendant à titre de simple renseignement les agents de l'Administration ;

Mais attendu qu'en agissant ainsi le président du tribunal correctionnel s'est arrogé un pouvoir discrétionnaire que l'article 310 du code de procédure pénale n'attribue qu'aux présidents des cours d'assises ;

Qu'il a ainsi commis un excès de pouvoir et violé les dispositions de l'article 446 susvisé ;

Que dès lors, l'arrêt attaqué encourt cassation de ce chef. »

> La juridiction peut passer outre le défaut de comparution des témoins cités

• **Crim. 9 févr. 1987,** n° 86-92.864, P n° 61

* V. s^s n° 223.23.

« Sur le deuxième moyen de cassation proposé par Alain X... et pris de la violation des articles 437 et suivants du code de procédure pénale, 6-3, § d de la convention européenne des droits de l'homme, ensemble violation des droits de la défense ;

En ce que l'arrêt attaqué a refusé d'annuler le jugement de première instance qui avait décidé de passer outre à l'audition des témoins cités par la défense ; aux motifs que les premiers juges ne peuvent qu'être approuvés d'avoir décidé de passer outre à l'audition de MM. A..., Premier ministre en exercice à l'époque du jugement, B..., directeur adjoint des impôts au ministère de l'Économie, des Finances et du Budget, C..., procureur de la République à Aix-en-Provence, D..., commissaire principal de police au service régional de police judiciaire de Marseille, cités devant eux à comparaître en qualité de témoins à la requête de X... ; qu'en effet – nonobstant les allégations des conclusions dudit prévenu du 12 février 1986 relatives au "lancement de l'affaire par une dénonciation anonyme manuscrite et émanée du cabinet de l'actuel Premier ministre" – l'audition de ces personnes n'était pas de nature à apporter davantage de lumière sur les infractions dont la Cour est saisie ; que les prévenus ne sauraient tirer quelque argument que ce soit de leur défaut de comparution ;

Alors qu'aux termes de l'article 6-3, § d de la convention européenne des droits de l'homme, tout accusé a droit à interroger ou faire interroger les témoins à charge et obtenir la convocation et l'interrogation des témoins à décharge dans les mêmes conditions que les témoins à charge ; qu'en décidant de passer outre à l'audition de tous les témoins à charge cités par la défense, sans même relever que ces derniers justifiaient de leur non-comparution par un motif d'excuse valable et légitime, le jugement de première instance a violé tant le texte susvisé que les droits de la défense et devait être nécessairement annulé ;

Attendu qu'il appert du jugement confirmé par l'arrêt attaqué que des témoins cités par X... ne se sont pas présentés et se sont excusés ; que le tribunal a passé outre à leur audition ;

Attendu que pour écarter les conclusions de X... demandant acte du "refus de comparaître devant le tribunal correctionnel, malgré leurs citations comme témoins, de MM. A..., Premier ministre en exercice, Rochet, sous-directeur des impôts, C..., procureur de la République à Aix-en-Provence, et D..., commissaire de police", la cour d'appel énonce que l'audition de ces personnes n'était pas de nature à apporter davantage de lumière sur les infractions dont la Cour était saisie, que les prévenus ne sauraient tirer quelque argument que ce soit de leur défaut de comparution ;

Attendu qu'en cet état l'arrêt attaqué ne saurait encourir les griefs formulés au moyen ; qu'en effet le demandeur n'est pas fondé à invoquer une violation de l'article 6-3 paragraphe d de la convention européenne de sauvegarde des droits de l'Homme et des libertés fondamentales, dès lors qu'il n'est pas établi, ni même allégué, qu'il lui ait été refusé de poser des questions à un témoin entendu au cours des débats ou de convoquer et d'interroger des témoins à décharge dans les mêmes conditions que les témoins à charge ;

D'où il suit que le moyen ne saurait être accueilli. »

> Les dispositions de l'article 446 ne sont pas applicables aux directeurs départementaux de l'Agriculture et de la Forêt

• **Crim. 7 avr. 1993,** n° 92-82.343, P n° 154

* V. s^s n° 223.74.

« Vu lesdits articles, ensemble l'article 460, devenu L. 238-3, du code rural ;

Attendu que selon l'article 460, codifié sous l'article L. 238-3, du code rural, les fonctionnaires qualifiés par la voie réglementaire pour exercer, conjointement avec le ministère public, toutes les poursuites et actions en réparation des infractions aux dispositions du titre II du Livre III – devenu le titre III du Livre II – du code rural, et des textes pris pour son application, à l'exception des infractions à l'interdiction de pêcher sans la permission du détenteur du droit de pêche, ont le droit d'exposer l'affaire devant la juridiction appelée à en connaître et d'y être entendus à l'appui de leurs conclusions ; que ce droit s'oppose à ce qu'ils soient entendus comme témoins, serment préalablement prêté par application des dispositions de l'article 446 du code de procédure pénale ;

Attendu qu'il résulte des mentions de l'arrêt attaqué qu'à l'audience où la cause a été débattue, le représentant de la direction départementale de l'Agriculture et de la Forêt du Vaucluse, serment préalablement prêté dans les termes de l'article 446 du code de procédure pénale, a été entendu en ses observations et a déposé des conclusions pour son Administration ;

Mais attendu qu'en procédant ainsi, alors qu'il résulte de l'article 10 du décret du 6 février 1986, codifié sous l'article R. 238-5 du code rural, que les directeurs départementaux de l'Agriculture et de la Forêt figurent au nombre des fonctionnaires qualifiés mentionnés à l'article 458, devenu l'article L. 238-2, du code rural, la cour d'appel a méconnu le principe et les textes sus-énoncés ;

D'où il suit que la cassation est encourue de ce chef. »

> Les fonctionnaires de l'inspection du travail, qui n'ont pas qualité pour engager des poursuites sur les infractions constatées, doivent prêter serment

• **Crim. 26 sept. 1995,** n° 94-80.983, P n° 287

* V. s^s n°s 223.72, 223.77.

« Sur le premier moyen de cassation proposé en faveur de Jean-Pierre Y... et pris de la violation des articles 437, 446, 591 du code de procédure pénale, L. 611-1 du code du travail, ensemble violation des droits de la défense et de l'article 6-1 de la convention européenne de sauvegarde des droits de l'Homme et des libertés fondamentales :

En ce qu'il résulte des mentions de l'arrêt attaqué que Mme A..., inspectrice à l'inspection du Travail, partie poursuivante, a prêté le serment des témoins visés par l'article 446 du code de procédure pénale ;

Alors que, d'une part, l'audition des parties poursuivantes est exclusive de tout serment ; qu'en faisant prêter le serment des témoins à l'inspecteur du Travail, partie poursuivante, la cour d'appel a violé l'article 446 du code de procédure pénale et méconnu les droits de la défense ;

Et alors que, d'autre part, et en toute hypothèse, les exigences d'un procès équitable, d'un procès à armes égales, font qu'il est juridiquement inconcevable qu'une partie poursuivante signataire d'un procès-verbal à l'origine de poursuites puisse être entendue une fois le serment des témoins prêtés ; qu'ainsi l'arrêt attaqué viole les exigences de l'article 6-1 précité ;

Attendu que les agents de la Direction du Travail et de l'emploi n'ont pas qualité pour engager les poursuites relatives aux infractions qu'ils sont chargés de constater ;

Que, dès lors, c'est à bon droit que la juridiction de jugement a procédé en l'espèce à l'audition de l'inspecteur du Travail comme témoin, serment préalablement prêté conformément à l'article 446 du code de procédure pénale ;

D'où il suit que le moyen n'est pas fondé. »

> Le représentant de la Direction départementale de la Concurrence, de la Consommation et de la répression des Fraudes ne peut être entendu que comme témoin

• **Crim. 3 janv. 1996,** n° 94-83.916, P n° 2

* V. s[s] n° 223.76.

« Sur le premier moyen de cassation pris de la violation des articles 437, 446 et 591 du code de procédure pénale, de l'article 6 de la convention européenne de sauvegarde des droits de l'Homme et des libertés fondamentales, ainsi que de la loi du 1er août 1905, ensemble violation des droits de la défense :

En ce qu'il résulte des énonciations de l'arrêt attaqué que la cour d'appel, à l'audience du 16 mars 1994 à laquelle elle avait précédemment renvoyé contradictoirement l'affaire pour citation de la Direction départementale de la Concurrence, de la Consommation et de la répression des Fraudes de l'Essonne, a entendu, sur la demande de M. l'avocat général, le représentant de cette administration en ses explications à titre de simple renseignement ; alors qu'aux termes de l'article 446 du code de procédure pénale, dont les dispositions s'appliquent même aux agents des administrations, les témoins entendus à l'audience doivent, avant de commencer leur déposition, prêter le serment de dire toute la vérité, rien que la vérité ; qu'en cas de poursuites fondées sur la loi du 1er août 1905, les agents de la Direction de la Concurrence, de la Consommation et de la répression des Fraudes ne tiennent d'aucun texte la possibilité d'intervenir comme partie à l'instance ; que dès lors, en mentionnant qu'à la demande du ministère public a été entendu, à titre de simple renseignement, sans serment préalable, un agent de cette administration chargé de rechercher et constater les infractions poursuivies, la cour d'appel a violé les textes susvisés et méconnu les droits de la défense ;

Attendu que l'arrêt attaqué, qui condamne le prévenu pour publicité de nature à induire en erreur, mentionne que les débats ont eu lieu en présence d'un représentant de la Direction départementale de la Concurrence, de la Consommation et de la répression des Fraudes de l'Essonne, lequel a été entendu à titre de simple renseignement sur la demande du ministère public ; que l'arrêt ajoute que cette administration n'a pas la qualité de partie intervenante ;

Attendu que, si l'agent de l'Administration intéressée aux poursuites ne pouvait être entendu qu'en qualité de témoin, l'arrêt n'encourt pas la censure dès lors qu'il n'est pas établi que l'omission de la formalité du serment ait eu pour effet de porter atteinte aux intérêts du prévenu, les juges d'appel ne s'étant pas fondés sur les déclarations fournies par ce fonctionnaire pour asseoir en tout ou en partie leur conviction sur la culpabilité ;

D'où il suit que le moyen ne saurait être accueilli. »

> Le non-respect des dispositions de l'article 446 n'est sanctionné que si les juges se sont fondés sur les déclarations du témoin n'ayant pas prêté serment

• **Crim. 17 déc. 1997,** n° 96-86.164, P n° 433

* V. s[s] n° 223.76.

« Attendu que, selon les mentions de l'arrêt attaqué, le représentant de la direction départementale, de la Concurrence, de la consommation et de la répression des fraudes a été entendu comme partie intervenante dans les poursuites exercées contre les prévenus pour délit de fraude ;

Que, toutefois, si l'agent de l'Administration ne pouvait être entendu qu'en qualité de témoin, il n'est pas établi que l'omission de la formalité du serment ait eu pour effet de porter atteinte aux intérêts des prévenus, les juges ne s'étant pas fondés sur les déclarations fournies par ce fonctionnaire pour asseoir en tout ou partie leur conviction sur la culpabilité ;

D'où il suit que le moyen ne peut être admis. »

> Les dispositions de l'article 451 ne sont pas prescrites à peine de nullité

• **Crim. 25 janv. 2000,** n° 99-82.476, P n° 38

* V. s[s] n°s 223.35, 223.77.

« Attendu que, contrairement à ce qui est soutenu au moyen, l'inspecteur du Travail entendu comme témoin sur les infractions au code du travail qu'il a constatées dans l'exercice de ses fonctions, n'entre pas dans les prévisions de l'article 451 du code de procédure pénale, dont, au demeurant, les dispositions ne sont pas prescrites à peine de nullité. »

> Défaut de respect des prescriptions concernant le témoin

• **Crim. 20 févr. 2019,** n° 18-80.421, P n° 47

* V. s[s] n° 223.35.

Si les prescriptions des articles 435 à 457 et 513 du code de procédure pénale relatives à l'audition d'un témoin par la chambre des appels correctionnels n'ont pas été respectées, la cassation n'est cependant pas encourue dès lors que la déclaration de culpabilité n'a pas été fondée, même pour parti, sur les déclarations faites à l'audience par Mme B...

> Tout accusé a le droit d'interroger ou de faire interroger les témoins à charge

• **Crim. 27 juin 2001,** n° 00-87.414, P n° 164

* V. s[s] n° 223.43.

« Il résulte de l'article 6.3 d, de la convention européenne des droits de l'homme que les juges d'appel sont tenus, lorsqu'ils en sont légalement requis, d'ordonner l'audition contradictoire des témoins à décharge dans les mêmes conditions que les témoins à charge. Le refus des juges de faire droit à une telle demande doit être motivé. »

> Tout accusé a le droit d'interroger ou de faire interroger les témoins à décharge non entendus et même non cités en première instance

• **Crim. 29 juin 2022,** n° 21-85.470

* V. s[s] n° 223.13.

« dès lors que les témoins, régulièrement cités devant la cour d'appel, n'avaient pas été entendus par le tribunal, ils devaient l'être par la juridiction du second degré, peu important qu'ils n'aient pas été cités en première instance, l'article 513 susvisé ne prévoyant pas une telle restriction ».

> L'absence de prestation de serment n'est sanctionnée que si elle a eu pour effet de porter atteinte aux intérêts du prévenu

• **Crim. 19 juin 2002,** n° 01-86.302, NP

* V. s[s] n° 223.35.

« Attendu que si des témoins, cités à la requête du prévenu, ont été entendus sans avoir préalablement prêté serment et que si l'un d'entre eux n'a pas bénéficié du concours d'un interprète, l'arrêt attaqué n'encourt pas pour autant la censure, dès lors qu'il résulte des motifs exactement repris au moyen que, pour asseoir leur conviction sur la culpabilité, les juges du second degré se sont essentiellement fondés sur les déclarations de ces témoins recueillies sous la foi du serment au cours de l'information judiciaire ;

Qu'ainsi, l'inobservation des formalités prévues par les articles 437, 443 et 446 du code de procédure pénale n'a pas eu pour effet de porter atteinte aux intérêts du prévenu au sens de l'article 802 du même code ;

D'où il suit que le moyen doit être écarté. »

> Le non-respect de la formule du serment prévue à l'article 446 n'est sanctionné que si les juges se fondent sur les déclarations de ce témoin

• **Crim. 22 janv. 2003,** n° 01-88.651, NP

* V. s[s] n° 223.35.

« Sur le premier moyen de cassation, pris de la violation des articles 445, 446, 512, 591 et 593 du code de procédure pénale, défaut de motifs, manque de base légale ;

En ce que l'arrêt attaqué, qui fait état de l'audition des témoins Y... et Z... à la demande du conseil du prévenu, ne constate pas que ces témoins ont prêté le serment de dire toute la vérité, rien que la vérité, prévu par l'article 446 du code de procédure pénale ;

Alors que les dispositions de l'article 446 relatives au serment que les témoins doivent prêter avant de commencer leur déposition devant une juridiction de jugement correctionnel, sont punies à peine de nullité de la décision, de sorte qu'en l'espèce l'arrêt attaqué ne peut qu'être censuré ;

Attendu que le demandeur ne saurait se faire un grief de l'inobservation des dispositions de l'article 446 du code de procédure pénale relatives au serment des témoins, dès lors que les juges ne se sont pas fondés sur les déclarations de ces témoins pour asseoir leur conviction sur la culpabilité ;

D'où il suit que le moyen doit être écarté. »

> Le curateur d'une personne majeure protégée doit, en application de l'article 706-113 du code de procédure pénale, être avisé des poursuites exercées contre elle et des décisions de condamnation dont elle a fait l'objet

• **Crim. 27 nov. 2012,** n° 11-88.678, P n° 258

* V. s[s] n° 223.63.

« Vu l'article 706-113 du code de procédure pénale ;

Attendu que, selon ce texte, le curateur d'une personne majeure protégée doit être avisé des poursuites et des décisions de condamnation dont cette personne fait l'objet ;

Attendu qu'il résulte de l'arrêt attaqué et des pièces de procédure que M. X... a été poursuivi pour violences aggravées en récidive alors qu'il était placé en curatelle ; que condamné en première instance à une peine de quinze ans d'emprisonnement, le prévenu et le ministère public ont interjeté appel ;

Attendu qu'avant de confirmer la déclaration de culpabilité du prévenu et de prononcer sur la peine, l'arrêt mentionne que le curateur, avisé de l'audience, n'était ni présent ni représenté ;

Mais attendu qu'en l'état de ces énonciations dont il ne résulte pas que le curateur du prévenu avait été informé des poursuites et du jugement de condamnation prononcé à l'encontre du majeur protégé, la cour d'appel a méconnu le texte susvisé et le principe ci-dessus rappelé ;

D'où il résulte que la cassation est encourue. »

• **Crim. 24 juin 2014,** n° 13-84.364, P n° 161

* V. s[s] n° 223.63.

« Le procureur de la République, lorsqu'il poursuit un majeur protégé en vue de son jugement, en avise le curateur ou le tuteur, ainsi que le juge des tutelles. Il doit faire de même en cas de relaxe, d'acquittement, de déclaration d'irresponsabilité ou de condamnation.

Encourt la censure l'arrêt qui, pour écarter le moyen de nullité tiré par le prévenu de l'absence de convocation de sa curatrice aux débats, énonce que les poursuites ont été engagées avant l'entrée en vigueur de l'article 706-113 du code de procédure pénale, issu de la loi du 5 mars 2007, que l'intéressé n'a pas fait connaître qu'il bénéficiait d'une curatelle et qu'en outre, la mesure de remise en état des lieux n'a pas la nature d'une sanction pénale, alors que les réquisitions aux fins de relèvement d'astreinte étaient postérieures à l'entrée en vigueur de la loi du 5 mars 2007 et que la mesure de curatelle, ayant été publiée, était nécessairement connue du ministère public. »

ASSUREURS ET FONDS DE GARANTIE

> Nécessité d'appel à la cause de l'organisme social de la victime

• **Crim. 18 sept. 2007,** n° 07-80.347, P n° 212

* V. s[s] n° 223.103.

Le préjudice résultant d'une infraction doit être réparé dans son intégralité, sans perte ni profit pour aucune des parties, et la mise en cause de l'organisme social, prévue par l'article L. 376-1 du code de la sécurité sociale, s'impose à peine d'irrecevabilité de la demande en réparation de la partie civile. Encourt la cassation l'arrêt qui prononce sur la demande en réparation des préjudices de la partie civile, sans s'assurer que l'organisme social avait été mis en cause, et en s'abstenant de vérifier s'il avait contribué à indemniser le préjudice corporel de la victime et s'il bénéficiait d'un recours.

> Fonds de Garantie. Pouvoirs de la juridiction

• **Cass., ch. mixte 28 mai 1990,** n° 88-86.030, P n° 1

• **Cass., ch. mixte 28 mai 1990,** n° 89-80.655, P n° 215

* V. s^{s} n° 223.141.

Aux termes de l'article R. 421-15 du code des assurances, en aucun cas, l'intervention du Fonds de garantie ne peut motiver sa condamnation (n° 88-86.030), ou encore poser en principe que le fonds est « tenu à garantie » (*id.*) et que la décision doit uniquement être déclarée opposable au fonds (n° 89-80.655).

223.03 Bibliographie indicative.

> Agent judiciaire de l'État

Articles. J. Buisson, « À propos de l'arrêt de la Cour de cassation, chambre criminelle du 6 décembre 2000, l'agent judiciaire du Trésor peut toujours intervenir lorsqu'un agent de l'État a été victime d'une infraction pénale », *Procédures* 2001, n° 98.

> Assureurs et Fonds de garantie

Encyclopédies. Rép. civ., *V° Fonds de garantie*, par S. Abravanel-Jolly – Rép. pén., *V° Assurance*, par S. Porchy-Simon.

Ouvrages. Ph. Alessandra, *L'intervention de l'assureur au procès pénal*, Economica, 1989 – Y. Lambert-Faivre, L. Leveneur, *Droit des assurances*, 14e éd., « Précis Dalloz » 2017, n°s 672 s.

Contributions. G. Durry, « Une innovation en procédure pénale : l'intervention de certains assureurs devant les juridictions de jugement », *in Mél. Larguier*, PUG, 1993, p. 105.

Dossier. « L'assureur et l'infraction pénale », *AJ Pénal* 2021. 287.

Articles. M. Blin, « L'intervention de l'assureur au procès pénal », *Gaz. Pal.* 1985. 1. Doctr. 141 – A. D'Hauteville, « L'intervention des assureurs au procès pénal en application de la loi du 8 juillet 1983 », *JCP* 1984. I. 3139 – G. Defrance, « L'intervention de l'assureur au pénal », *Jurispr. Auto* 2002. 4 – J. Pradel, « Un nouveau stade dans la protection des victimes d'infractions », *D.* 1983. 241.

> Témoins

Encyclopédies. Rép. pén., *V° Instruction à l'audience*, par Coujard ; *Témoin*, par David – J.-Cl. Pr. pén., « Tribunal correctionnel. – Administration de la preuve. – Preuve testimoniale », art. 427 à 457, fasc. 30, par Pelletier.

Articles. H. Aberkane, « Les sanctions relatives au témoignage », *RSC* 1959. 1 – C. Ayela et D. Dassa-Le Deist, « Le développement de la cross-examination dans le procès pénal français », *JCP* 2006. I. 186 – M. Blondet, « Le témoignage des assistantes sociales devant les juridictions répressives », *JCP* 1968. I. 2178 – M. Delmas-Marty, « À propos du secret professionnel », *D.* 1982. Chron. 267 – J. Le Calvez, « Les dangers du "x" en procédure pénale : opinion contre le témoin anonyme », *D.* 2002. Chron. 3024 – R. Legeais, « L'utilisation de témoignages sous forme anonyme ou déguisée dans la procédure des juridictions répressives », *RID comp.* 1998. 711 – M. Lemonde, « La protection des témoins devant les tribunaux français », *RSC* 1996. 815 – F. Warembourg-Auque, « Réflexions sur le secret professionnel », *RSC* 1978. 237.

SECTION 1
TÉMOIN

§ 1
Situation et problématiques

223.11 Diversité théorique du témoignage. Les témoins sur les faits ou sur la personnalité peuvent être appelés en justice par l'une quelconque des parties au procès. Un témoin peut donc être appelé à s'exprimer sur les circonstances mêmes d'une infraction, sur la personnalité du prévenu ou de sa victime, y compris sur le comportement de tel ou tel depuis les faits et jusqu'au procès.

223.12 Faible présence des témoins devant la juridiction correctionnelle. Autant le témoin est-il cité à volonté dans les affaires criminelles, le cas échéant en plus grand nombre encore devant la cour d'assises d'appel, autant il est rare devant les tribunaux correctionnels. Moindre importance des affaires, nature des faits majoritairement établie, incertitude des horaires de passage devant des juridictions surchargées... peu d'explications satisfaisantes en fait, dès lors que même face à des contestations sérieuses, la citation délivrée au témoin reste exceptionnelle, que ce soit d'ailleurs à la diligence du ministère public ou d'une partie privée, sur les faits comme sur la personnalité du prévenu ou de la partie civile. Mieux, il est exceptionnel que la juridiction elle-même, ordonne la comparution d'un témoin. Le cas échéant, elle préférera parfois mandater un de ses membres pour réaliser un supplément d'information et faire entendre ou entendre elle-même, par son représentant, telle personne.

223.13 Nécessité ou pas de faire droit à une demande d'audition de témoin. Dans le dernier état de sa jurisprudence, la Cour de Strasbourg indique que la convention européenne des droits de l'homme laisse le soin aux États de juger de l'utilité d'une offre de preuve par témoin [1]. Il ne suffit pas au requérant qui allègue la violation de l'article 6, § 3, de démontrer qu'il n'a pu interroger un témoin à décharge. Encore faut-il qu'il rende vraisemblable que la convocation dudit témoin était nécessaire à la recherche de la vérité et que le refus de l'interroger a

1. CEDH 12 févr. 2004, *Morel c/ France*, req. n° 43284/98, § 63.

causé un préjudice aux droits de la défense[1]. Pour le dire plus simplement tout est encore une fois ici question de motivation de la décision d'entendre ou de ne pas entendre tel ou tel.

Cependant, la CEDH a estimé que n'avait pas bénéficié d'un procès équitable, l'accusé qui n'avait jamais eu, non plus que son conseil, une occasion suffisante d'interroger un témoin[2]. Le fait que le témoin ait été entendu dans le cadre de l'enquête préliminaire, de flagrance, ou dans le cours de l'instruction n'est pas suffisant[3][4]. Enfin, « le caractère déterminant des dépositions de D..., en l'absence de confrontation avec le requérant en audience publique, emporte la conclusion que les juridictions internes, aussi rigoureux qu'ait été leur examen, n'ont pas pu apprécier correctement et équitablement la fiabilité de cette preuve »[5]. Tout récemment, la Cour européenne des droits de l'Homme conclut à la violation de l'article 6 de la Convention dans un dossier où était en cause l'absence d'audition de témoins à décharge. Elle réitère ainsi sa jurisprudence antérieure selon laquelle le refus des juridictions internes d'auditionner de tels témoins peut, à l'aune de l'ensemble de la procédure, porter atteinte au droit à un procès équitable[6].

Dans une autre décision, la CJUE a dit que le droit de l'Union (Directive (UE) 2016/343 du Parlement européen et du Conseil du 9 mars 2016 et charte des droits fondamentaux de l'Union européenne) s'oppose en principe à l'application d'une réglementation nationale qui permet à une juridiction nationale de fonder sa décision statuant sur la culpabilité ou l'innocence de la personne poursuivie sur la déposition dudit témoin obtenue lors d'une audition menée devant un juge au cours de la phase préliminaire de cette procédure, mais sans la participation de la personne poursuivie ou de son avocat, lorsqu'il n'est pas possible d'interroger un témoin à charge lors de la phase judiciaire d'une procédure pénale. Une exception est possible s'il existe un motif sérieux justifiant la non-comparution du témoin lors de la phase judiciaire de la procédure pénale, à condition que la déposition de ce témoin ne constitue pas le fondement unique ou déterminant de la condamnation de la personne poursuivie et qu'il existe des éléments compensateurs suffisants[7]. Au cas d'espèce, les témoignages n'avaient pu initialement être recueillis en présence des prévenus ou de leurs avocats puisque les premiers n'avaient pas encore été interpellés, ni pu être réitérés à la suite de l'exécution de mesures d'éloignements des témoins, ressortissants de pays tiers, en situation irrégulière sur le territoire bulgare.

De manière claire, la chambre criminelle[8] indique que si les juges peuvent refuser l'audition d'un témoin lorsque la demande d'audition ne précise pas suffisamment son objet et son utilité[9], d'une manière plus générale, l'opportunité pour une juridiction de procéder à l'audition d'un témoin, compte tenu des indications qui lui sont données par les parties, relève de son appréciation souveraine, en particulier lorsque seule l'action civile est dévolue à la cour d'appel[10]. Mais les juges sont tenus de répondre à la requête tendant à l'audition d'un témoin, dès lors qu'elle a été formulée par conclusions régulièrement déposées en application de l'article 459 du code de procédure pénale et ils ne peuvent se contenter d'écarter la demande sans motif[11]. Leur motivation doit être comme toujours expresse et claire. Les supputations d'une juridiction de proximité ne sauraient tenir lieu de motif : les témoins cités par le prévenu doivent être entendus dans les règles prévues aux articles 435 à 457 et 513 du code de procédure pénale. Encourt la censure la décision qui, pour écarter la demande d'audition d'un témoin formée par sa citation à l'audience par acte d'huissier, fait état d'un lien supposé entre ce témoin et le prévenu, alors que la preuve contraire aux énonciations des procès-verbaux dressés en matière contraventionnelle ne peut, aux termes de l'article 537 du code de procédure pénale, être rapportée que par écrit ou par témoins[12][13].

La chambre criminelle avait affirmé peu de temps avant, que ne méconnaissait pas les dispositions de l'article 6, § 3, d) de la convention européenne des

1. CEDH 12 févr. 2004, *Morel c/ France*, préc.
2. CEDH 19 déc. 1990, *Delta*, req. n° 11444/85, *D.* 1991. Somm. 213, obs. J. Pradel ; *JCP* 1992. I. 3601, n° 24 ; *RSC* 1991. 393, obs. L.-E. Pettiti.
3. Crim. 12 janv. 1989, n° 88-81.592, P n° 13 ; *D.* 1989. Somm. 174, obs. J. Pradel ; *RSC* 1989. 350.
4. V. s[s] n° 223.43.
5. CEDH 14 juin 2016, *Riahi c/ Belgique*, req. 65400/10, § 42.
6. CEDH 15 déc. 2022, *Vasarab et Paulus c/Slovaquie*, req. n° 28081/19 et29664/19. E. Delacoure, « Procédure inéquitable pour refus d'audition de témoins à décharge », *D. actu.* 1er févr. 2023.
7. CJUE, 8 déc. 2022, C-348/21 ; A. Lefebvre, « CJUE : la recevabilité d'un témoignage en l'absence du défendeur est soumis à condition », *D. actu.* 13 janv. 2023.
8. Crim. 4 mars 2014, n° 13-81.916, P n° 63 ; *D.* 2014. 668 ; *Procédures* avr. 2014. Comm. 120, p. 30, note A.-S. Chavant-Leclère.
9. Crim. 27 oct. 1993, n° 93-80.113 P, *RSC* 1994. 343, obs. J.-H. Robert.
10. Crim. 20 oct. 2021, n° 19-86.294, *AJ pénal* 2021. 548, obs.
11. Crim. 13 févr. 2008, n° 07-81.097, *D.* 2008. 1805, note J-L. Lennon.
12. Crim. 4 mars 2014, n° 13-81.135, P n° 62 ; *D.* 2014. 668 ; *D.* 2014. 1414, Chron. B. Laurent, C. Roth, G. Barbier, P. Labrousse et C. Moreau ; *AJ pénal* 2014. 377, obs. L. Auffret.
13. Pour plus de précisions sur cette question, v. s[s] n°s 121.45 s. et 223.51.

droits de l'homme, la cour d'appel qui, par décision motivée, avait rejeté la demande de complément d'information présentée par un prévenu aux fins d'audition contradictoire d'un coauteur des faits et de témoins à charge, auxquels il n'avait pu être confronté devant le tribunal, dès lors que ce prévenu n'avait pas usé de la faculté, prévue par l'article 513, alinéa 2, du code de procédure pénale, permettant de faire citer l'ensemble de ces témoins devant la juridiction du second degré pour qu'ils soient entendus dans les règles prévues aux articles 435 à 457 du même code[1].

Prenant plus clairement en compte la modification de l'article 513 du code de procédure pénale depuis le 1er janvier 2001 qui mentionne expressément que le ministère public peut s'opposer à l'audition de témoins déjà entendus par le tribunal, la chambre criminelle a ensuite jugé que l'audition d'un témoin cité par le prévenu est de droit, sauf s'il a déjà été entendu par les juges du premier degré et donc sous réserve d'une opposition du parquet à laquelle il conviendra de répondre. Elle juge constamment que *dès lors que les témoins, régulièrement cités devant la cour d'appel, n'ont pas été entendus par le tribunal, ils doivent l'être par la juridiction du second degré*, peu important qu'ils n'aient pas été cités en première instance, l'article 513 susvisé ne prévoyant pas une telle restriction[2]. En refusant l'audition de quatre témoins sur sept cités, alors que ceux-ci n'avaient pas été entendus par le tribunal et que le ministère public ne s'était pas opposé à ces auditions, la cour d'appel a méconnu le sens et la portée de l'article 513, al. 2 du code de procédure pénale[3].

223.14 Distinction entre témoin et victime. Beaucoup de victimes sont d'abord le témoin contraint des faits auxquels elles se trouvent confrontées. Ainsi en va-t-il en matière des agressions sexuelles, physiques ou morales. Il en résulte parfois une certaine ambiguïté dans le positionnement des victimes. Si celles-ci se constituent d'emblée partie civile, elles jouissent peu ou prou des mêmes droits que le prévenu. Mais si elles sont simplement là pour dire ce qu'elles ont vécu, sans demander quoique ce soit, elles vont se trouver dans un statut qui n'est pas explicitement précisé par le code.

Le président d'audience aura donc soin d'interroger la victime sur la place qu'elle entend occuper lors de l'examen de « son » affaire, mais la possibilité de se constituer partie civile jusqu'aux réquisitions du parquet, permet d'admettre que la « simple victime », assiste aux débats et s'exprime sans prestation de serment.

223.15 Absence de pouvoir discrétionnaire du président de la juridiction correctionnelle. L'article 310 du code de procédure pénale ne permet qu'au président de la cour d'assises de décider qu'il entendra, en vertu de son pouvoir discrétionnaire, sans prestation de serment et à titre de simple renseignement une personne dont le témoignage est requis à la barre[4]. La pratique de certains magistrats, de procéder ainsi devant la juridiction correctionnelle ou pire, de laisser intervenir une personne de l'assistance plus ou moins identifiée, dans le cours des débats, est évidemment critiquable.

Cependant, le dernier alinéa de l'article 444 du code de procédure pénale dispose que : « Peuvent également, avec l'autorisation du tribunal, être admises à témoigner, les personnes, proposées par les parties, qui sont présentes à l'ouverture des débats sans avoir été régulièrement citées ».

Ce texte laisse donc toute latitude au président, en juge unique, ou à la composition, en collégialité, pour décider s'il est fait droit ou non à la demande d'audition. Il est important que les parties signalent en début d'audience la présence de ces personnes, car les règles de l'audition du témoin leur sont applicables (sortie de la salle d'audience, audition préalable du prévenu voire de la partie civile, prestation de serment... v. ss nos 223.31 s.) même si elles ne sont pas sanctionnées d'une nullité.

On signalera par ailleurs une disposition du CJM qui permet au juge des enfants et au tribunal pour enfants d'entendre, à titre de simple renseignement, les co-auteurs ou complices majeurs d'un mineur poursuivi[5]. L'inverse devant la juridiction correctionnelle ne saurait être envisagé.

§ 2
Convocation

223.21 Convocation ou avis. Les victimes sont avisées de la date de l'audience au cours de laquelle sera appelée « leur » affaire. L'article 393-1[6] du code de procédure pénale, issu de la loi du 15 juin 2000[7], prévoit expressément que la victime est avisée par tout moyen en cas de comparution immédiate ou de convocation par procès-verbal. Mais comme le

1. Crim. 25 févr. 2014, no 13-81.508, P no 49 ; *D.* 2014. 609, dans la suite de Crim. 25 juin 1996, no 95-80.592, Crim. 23 mai 2001, no 00-87.656.
2. Crim. 29 juin 2022, no 21-85.470, P.
3. Crim. 16 janv. 2019, no 17-81.946, P.
4. Crim. 17 févr. 1965, P no 53.
5. CJM, art. L. 511-4.
6. C. pr pén., art. 393-1 ; créé par L. no 2000-516, 15 juin 2000, art. 115 ; mod. par L. no 2014-535, 27 mai 2014, art. 8 – v. ss no 222.21.
7. L. no 2000-516, 15 juin 2000 renforçant la protection de la présomption d'innocence et les droits des victimes, *JO* 16 juin, p. 9038.

signalait déjà la circulaire du 20 décembre 2000[1], la victime doit être également avisée lorsqu'il est fait application des dispositions de l'article 420-1 du code de procédure pénale[2]. Le contenu des avis à victime a été considérablement complété ces dernières années[3].

Par une décision encore récente, la chambre criminelle saisie d'un pourvoi contre un arrêt indiquant que la victime avait été rendue destinataire d'un avis pour l'audience mentionnant un horaire erroné et ou le jugement ayant statué uniquement sur l'action publique, la cour, saisie par le ministère public avait, pour annuler le jugement entrepris et ordonner le renvoi de l'affaire à une audience ultérieure afin, notamment, d'examiner la constitution de partie civile de cette personne, énoncé que l'empêchement pour ce dernier de se constituer partie civile en raison d'une erreur d'horaire figurant sur l'avis à victime à lui adresser, avait porté atteinte au principe du procès équitable dont le respect est prescrit à peine de nullité, a annulé cette décision. Elle a considéré que la règle du double degré de juridiction fait obstacle à ce que la partie civile, quelle que soit la raison pour laquelle elle n'a pas été partie au jugement de première instance, intervienne pour la première fois en cause d'appel[4].

Lorsque la juridiction s'avise du défaut d'avis à victime ou de son caractère insuffisant (erreur, brièveté du délai donné avant l'audience...) elle est justifiée à ordonner le renvoi de l'examen de l'affaire pour régularisation. En matière de comparution immédiate il n'est par exemple pas rare que la victime n'ait pas eu le temps de se préparer à venir, ou de constituer avocat, ou d'aviser sa caisse de sécurité sociale lorsqu'elle aura subi des soins médicaux en suite des faits[5]. Ce sont autant de difficultés qui empêchent la retenue immédiate de l'affaire et peuvent conduire le tribunal, en cas de réquisitions en ce sens, à ne statuer que sur le placement du prévenu sous contrôle judiciaire, assignation à résidence sous surveillance électronique ou en détention provisoire, jusqu'à l'audience de renvoi.

Une difficulté supplémentaire est née de l'ajout à l'article 391 d'un dernier alinéa venu préciser : « Lorsque l'avis d'audience a été adressé à la victime mais qu'il n'est pas établi qu'il a été reçu par celle-ci, le tribunal qui statue sur l'action publique parce qu'il estime que la présence de la victime n'est pas indispensable aux débats peut renvoyer le jugement de l'affaire sur l'action civile à une audience ultérieure, composée conformément au troisième alinéa de l'article 464 ; le tribunal doit alors fixer la date de cette audience et la victime doit en être avisée »[6]. En effet, l'article 421 du code de procédure pénale, inchangé, dispose pour sa part : « À l'audience, la déclaration de partie civile doit, à peine d'irrecevabilité, être faite avant les réquisitions du ministère public sur le fond ou, si le tribunal a ordonné l'ajournement du prononcé de la peine, avant les réquisitions du ministère public sur la peine ».

Ainsi le législateur a-t-il présupposé la capacité du tribunal à estimer que la présence de la victime n'est pas indispensable aux débats. Ceci est contestable tant la pratique de la correctionnelle sait bien que sont importantes les confrontations « à chaud », d'autant plus que les procédures dites rapides l'ont souvent été au niveau de leur mise en forme et que ce qui est écrit ne correspond pas toujours à la réalité des faits. Mais surtout, que bien qu'ignorante des suites judiciaires données, cette victime va désirer se constituer partie civile. Après que la juridiction s'est prononcée sur la peine...

Nous ne saurions que trop conseiller à la juridiction saisie, dans les dossiers d'une certaine importance notamment par l'écho local donné aux faits concernés, de renvoyer l'examen de l'affaire à une date ultérieure pour s'assurer de la convocation régulière de la victime et de sa volonté ou non de se constituer partie civile, ce qui permettra également d'éviter de saisir le service des intérêts civils d'une masse de dossiers qui ne connaîtront aucun avenir.

En ce qui concerne les témoins, l'article 397-5[7], issu de la loi du 10 juin 1983[8], avait déjà prévu que les témoins soient pareillement avisés sans délai et par tous moyens. La procédure de comparution immédiate n'interdit donc pas au prévenu, le cas échéant après demande d'un renvoi pour « préparer sa défense », de faire citer les témoins de son choix[9].

1. Circ. CRIM 2001-07 F1/14-05-2001, 14 mai 2001 présentation des dispositions de la loi du 15 juin 2000 renforçant la protection de la présomption d'innocence et les droits des victimes relatives aux victimes, *BOMJ*, n° 82, 1er avr.-30 juin 2001, NOR : JUSD0130065C, point 1.5.2.
2. Circ. CRIM 2000-16 F1, 20 déc. 2000, point 1.5.2.
3. V. ss nos 222.21, 222.32 s.
4. Crim. 20 avr. 2017, n° 16-83.199, P n° 112 ; *AJ pénal* 2017. 298, obs. G. Royer.
5. La rédaction de l'article L. 376-1 du code de la sécurité sociale issue de la loi n° 2016-1547 du 18 novembre 2016 prévoit toutefois désormais : « dans le cadre d'une procédure pénale, la déclaration en jugement commun ou l'intervention des caisses de sécurité sociale peut intervenir après les réquisitions du ministère public, dès lors que l'assuré s'est constitué partie civile et qu'il n'a pas été statué sur le fond de ses demandes ».
6. L. n° 2019-222, 23 mars 2019, art. 42.
7. C. pr. pén., art. 397-5 ; créé par L. n° 81-82, 2 févr. 1981, art. 51-I ; mod. par L. n° 83-466, 10 juin 1983, art. 25.
8. L. n° 81-82, 2 févr. 1981 portant abrogation ou révision de certaines dispositions de la loi n° 81-82 du 2 février 1981 et complétant certaines dispositions du code pénal et du code de procédure pénale, *JO* 11 juin, p. 1755.
9. Crim. 18 avr. 1988, n° 87-84.819, P n° 161.

Simplement le témoin en matière de comparution immédiate n'a pas à être cité dans les formes des articles 550 et suivants. Enfin ce dernier texte précise également que lorsqu'ils sont requis verbalement par un officier de police judiciaire ou un agent de la force publique, ces mêmes témoins sont tenus de comparaître sous les sanctions prévues aux articles 438 à 441.

223.22 Citation. Les témoins sont en principe cités ainsi qu'il est dit aux articles 550 et suivants du code de procédure pénale[1]. Les règles concernant les citations et significations figurent en effet aux articles 550 et suivants du code de procédure pénale[2]. De même que la citation du prévenu comporte un certain nombre de mentions destinées à l'informer des raisons pour lesquelles il est renvoyé devant telle juridiction, la citation du témoin précise, aux termes de l'article 551 du code de procédure pénale, cette qualité et les sanctions applicables au cas de non-comparution, de refus de comparaître ou de faux témoignage.

Au-delà de la citation, avec son formalisme et son coût, l'article C. 613 du code de procédure pénale mentionne que les témoins peuvent être appelés devant la juridiction correctionnelle dans les conditions prévues à l'article 101, alinéa 2, soit par lettre simple, par lettre recommandée ou par la voie administrative. La limite de cette option est que ne répondant pas aux dispositions concernant les citations, elle ne pourra donner lieu en cas de défaillance du témoin à aucune sanction ou mesure de contrainte.

En principe et d'usage, la juridiction et le ministère public sont avisés de la citation ou de la convocation d'un ou de plusieurs témoins pour telle affaire. Seul le respect de cette procédure permet en principe, d'une part de s'assurer de l'identité du témoin, d'autre part, de permettre l'organisation de l'audience lorsque par extraordinaire un nombre conséquent de témoins sont cités et augmentent d'autant le temps d'audience prévisible.

Mais contrairement à ce qui se passe devant la cour d'assises[3], ni le ministère public, ni la partie civile, ni le prévenu ne sont dans les principes, tenus de signifier la liste des personnes qu'ils désirent faire entendre devant le tribunal en qualité de témoins. L'argument parfois entendu sur « l'irrecevabilité » de tels témoignages doit donc être écarté devant le tribunal correctionnel.

En effet, avec l'autorisation du tribunal, peuvent être admises à témoigner les personnes proposées par les parties qui sont présentes à l'ouverture des débats, sans avoir été régulièrement citées[4], ce qui exclut toute « dénonciation » préalable et surtout, qu'en vertu des dispositions de l'article 6, § 3, d) de la convention européenne des droits de l'homme, directement applicable devant les juridictions nationales, tout prévenu a le droit d'interroger ou de faire interroger les témoins à charge et d'obtenir la convocation et l'interrogation des témoins à décharge dans les mêmes conditions que les témoins à charge. Dès lors que le tribunal est en mesure de s'assurer de l'identité du déposant, et dans le souci d'une bonne administration de la justice, il convient non pas de renvoyer l'examen du dossier afin de voir régularisée une citation de témoin, mais d'entendre immédiatement celui-ci.

223.23 Moyens de contrainte. Toute personne citée pour être entendue comme témoin est tenue aux termes de l'article 437 du code de procédure pénale, de comparaître, de prêter serment et de déposer. Cette règle vaut également pour les personnes tenues au secret professionnel qui doivent comparaître avant de pouvoir l'invoquer. Ainsi a été jugé depuis longtemps que la dispense de déposer sur les secrets dont un témoin est dépositaire ne saurait justifier son refus absolu de prêter serment[5]. Le caractère absolu de cette règle est donc notamment applicable, aux médecins, assistantes sociales et journalistes.

L'article 438 du code de procédure pénale prévoit que le témoin qui ne comparaît pas ou qui refuse de prêter serment ou de déposer peut être, sur réquisitions du ministère public, condamné par le tribunal à une amende de 3 750 euros[6]. Selon l'article 440, le témoin condamné à une amende pourra, au plus tard dans les cinq jours de la signification de cette décision faite à sa personne ou à son domicile, former opposition. La voie de l'appel ne lui sera ouverte que sur le jugement rendu sur cette opposition. L'article 439 du code de procédure pénale permet au tribunal, sur réquisitions du ministère public ou même d'office, d'ordonner que le témoin qui ne comparaît pas et n'a pas fait valoir d'excuse valable et légitime, soit immédiatement amené devant lui par la force publique pour y être entendu. À cette fin, le tribunal peut renvoyer l'examen de l'affaire à une audience ultérieure.

Pour autant, il a pu être jugé qu'une juridiction correctionnelle, en décidant de passer outre à

1. C. pr. pén., art. 435.
2. V. s[s] n°s 411.11 s.
3. C. pr. pén., art. 281 – SUR le défaut ou l'irrégularité de la notification de la liste des témoins qui donnent à l'accusé le droit de s'opposer à l'audition des témoins : Crim. 20 déc. 1945, *D.* 1946. 135.
4. C. pr. pén., art. 444.
5. Crim. 11 juin 1926, *DH* 1926. 378.
6. La loi n° 2000-1354, 30 déc. 2000 a supprimé la référence à l'article 109 du code de procédure pénale.

l'absence d'un témoin excusé, n'a pas méconnu les dispositions de l'article 6, § 3, d) de la convention européenne des droits de l'homme dès lors qu'il n'est pas établi, ni même allégué, qu'il ait été refusé au prévenu de poser des questions à un témoin entendu au cours des débats ou de convoquer et d'interroger des témoins à décharge dans les mêmes conditions que les témoins à charge[1].

§ 3
Identification et serment

223.31 Vérification d'identité et isolement des témoins. Les témoins doivent faire connaître à la demande du président d'audience, leurs noms, prénoms, âge, profession et domicile, s'ils sont parents ou alliés du prévenu, de la personne civilement responsable ou de la partie civile et s'ils sont à leur service. Le cas échéant, le président leur fait préciser quelles relations ils ont ou ont eu avec le prévenu, la personne civilement responsable ou la partie civile[2].

Il est important de cerner les circonstances dans lesquelles le témoin a pu connaître l'une des parties de même que les conditions dans lesquelles son témoignage a été sollicité lorsqu'il ne s'est pas proposé lui-même de l'apporter. Ces vérifications peuvent être approfondies puisqu'une décision a même indiqué : « que s'il est vrai que la preuve de la vérité du fait diffamatoire est légalement prohibée, au sens de l'article 35 de la loi du 29 juillet 1881, lorsqu'un témoin, poursuivi dans une autre procédure, se trouve appelé à déposer sous la foi du serment en application de l'article 55 de ladite loi et que les faits diffamatoires sont en rapport étroit avec ceux qui ont motivé sa poursuite, il appartient aux juges, saisis d'une demande de sursis à statuer, de vérifier la réalité de l'empêchement invoqué ; que, d'autre part, une telle vérification, qui précède la déposition du témoin, entre dans les prévisions de l'article 445 du code de procédure pénale et n'exige pas le serment prévu par l'article 446 du même code »[3].

Cet « appel des témoins » ne peut intervenir qu'après que le président, ou l'un de ses assesseurs, ait constaté l'identité du ou des prévenus et lui ou leur ait donné connaissance de l'acte de saisine de la juridiction et que de même il ait été constaté la présence ou l'absence du civilement responsable, d'une partie civile, voire d'experts et d'interprètes[4].

Après ces vérifications, le président ordonne aux témoins de se retirer dans la pièce qui leur est destinée. Ils ne peuvent en sortir que pour déposer. Le président prend, s'il en est besoin, toutes mesures utiles pour empêcher les témoins de conférer entre eux avant leur déposition[5]. Il est clair que la configuration étriquée de la plupart des palais de justice ne permet plus toujours l'isolement des témoins qui sont le plus souvent laissés en dehors de la salle d'audience, parfois dans la salle des pas perdus, dans l'attente de leur déposition.

En outre, si le nombre des témoins est tel qu'il suppose de longs débats, il convient là aussi de s'inspirer des solutions appliquées en matière criminelle et de déterminer un ordre de passage organisé sur plusieurs jours, qui permette d'éviter aux témoins d'attendre leur appel, parfois de longues heures dans des conditions de confort relatif, et de les autoriser à vaquer à leurs occupations en attendant leur comparution.

223.32 Situation particulière du témoin ayant assisté à une partie des débats. Le fait qu'un témoin ait assisté à une partie des débats avant son audition, n'est pas sanctionné par une nullité devant la cour d'assises[6] et il est possible de transposer cette solution devant le tribunal correctionnel. S'il lui reviendra d'apprécier la valeur probante d'un tel témoignage, la juridiction ne peut en revanche déclarer une telle audition irrecevable ou la refuser *a priori*.

En effet, il a été jugé que doit être cassé, en application de l'article 513, alinéa 2, du code de procédure pénale, l'arrêt de la cour d'appel qui, pour refuser d'entendre des témoins cités par le prévenu et non entendus par le tribunal, énonce que les auditions envisagées n'ont été portées à la connaissance des magistrats qu'au cours des débats, « en sorte qu'il n'a pu être procédé ainsi qu'il est prescrit par l'article 436 du code de procédure pénale »[7]. Doit encore être souligné le fait qu'en application de l'article 513 du code de procédure pénale, les témoins cités par le prévenu doivent être entendus dans les règles prévues par les articles 435 à 457 dudit code, le ministère public pouvant s'y opposer si ces témoins ont déjà été entendus par le tribunal, mais que méconnaît le sens et la portée de ces dispositions la cour d'appel qui rejette la demande d'audition d'un témoin formulée par le prévenu sans donner les raisons de ce refus, alors que ce témoin n'a pas été entendu par le tribunal[8]. Solution encore répétée dès lors que le refus par la cour

1. Crim. 9 févr. 1987, nº 86-92.864, P nº 61.
2. C. pr. pén., art. 445.
3. Crim. 28 juin 1994, nº 94-81.435, P nº 257.
4. C. pr. pén., art. 406.
5. C. pr. pén., art. 436.
6. Crim. 15 févr. 1989, nº 88-84.356, P nº 76.
7. Crim. 29 mars 2006, nº 05-80.027, P nº 93 ; *D.* 2006. 1184 ; *AJ pénal* 2006. 318, obs. P. R.
8. Crim. 13 févr. 2008, nº 07-81.097, P nº 38 ; *D.* 2008. 1805, note J.-L. Lennon ; *AJ pénal* 2008. 197 ; *RSC* 2008. 984, obs. J.-F. Renucci.

d'appel, d'entendre le témoin ne peut être admis alors qu'il ne résulte ni de l'arrêt, ni des notes d'audiences, que le ministère public se soit opposé à l'audition demandée et que le témoin cité par la défense ait été entendu par le tribunal[1].

223.33 Désignation éventuelle d'un interprète. Si le témoin (comme le prévenu et la partie civile) ne parle pas suffisamment la langue française ou s'il est nécessaire de traduire un document versé aux débats, le président désigne d'office un interprète âgé de vingt et un ans au moins, et lui fait prêter serment d'apporter son concours à la justice en son honneur et en sa conscience[2].

Le ministère public et les parties peuvent récuser l'interprète en motivant leur récusation.

Le tribunal apprécie souverainement si la personne a une connaissance suffisante de la langue française pour être entendu sans être assisté par un interprète[3] et se prononce sur cet incident, la décision n'étant susceptible d'aucune voie de recours. Cet interprète ne peut en aucun cas être pris parmi les juges composant le tribunal, le greffier qui tient l'audience, les parties et les témoins, même avec le consentement du prévenu ou du ministère public[4]. Le recours usuel à un membre de la famille lorsque le témoin est lui-même issu du cercle familial de l'une des parties est donc en principe à proscrire.

L'hypothèse inverse d'un prévenu (et par voie de conséquence d'un témoin) parlant et maîtrisant parfaitement la langue française et sollicitant la désignation d'un interprète afin de pouvoir s'exprimer en langue basque a donné lieu à une décision relevant qu'aucune disposition du code de procédure pénale, de la déclaration universelle des droits de l'Homme ou de la convention européenne des droits de l'homme ne reconnaît ce droit, s'agisse-t-il même de la langue maternelle du requérant[5].

Si le témoin (comme le prévenu ou la partie civile) est atteint de surdité, le président nomme d'office pour l'assister, un interprète en langue des signes ou toute personne qualifiée maîtrisant un langage ou une méthode permettant de communiquer avec les sourds. Le président peut également décider de recourir à tout dispositif technique permettant de communiquer avec la personne atteinte de surdité[6]. L'interprète éventuellement désigné prête serment d'apporter son concours à la justice en son honneur et en sa conscience. Le président peut également recourir à tout dispositif technique permettant de communiquer avec la personne atteinte de surdité. Si le témoin (comme l'accusé ou la partie civile) sait lire et écrire, le président peut également aux termes de l'article 408 du code de procédure pénale, communiquer par écrit. Si le témoin est sourd-muet, et conformément aux dispositions de l'article 443, les mêmes dispositions sont applicables.

Dans tous les cas l'interprète doit prêter serment, même s'il est inscrit sur une liste d'experts près la cour d'appel ou sur la liste nationale[7]. Toutefois le fait que l'interprète n'ait pas prêté à nouveau serment à l'audience, ne doit pas, selon les dispositions de l'article 802 du code de procédure pénale, entraîner l'annulation de l'arrêt dès lors qu'il n'est pas établi ni même allégué que cette irrégularité ait eu pour effet de porter atteinte aux intérêts du demandeur[8].

223.34 Exclusion du serment. Hors l'hypothèse des représentants de certaines administrations[9], certaines personnes sont dispensées du serment par la loi. Ainsi, les enfants en dessous de l'âge de seize ans[10]. De même, sont reçues sans serment préalable les dépositions :

1° Du père, de la mère ou de tout autre ascendant du prévenu ou de l'un des prévenus présents et impliqués dans la même affaire ;

2° Du fils, de la fille ou de tout autre descendant ;

3° Des frères et sœurs ;

4° Des alliés aux mêmes degrés ;

5° Du mari ou de la femme ; cette prohibition subsiste même après le divorce[11].

Cette énumération est limitative et ne comprend donc ni les parents du plaignant[12], ni les cousins germains du prévenu[13], ni le plaignant lui-même s'il ne s'est pas porté partie civile (même arrêt). Cependant, ces mêmes personnes peuvent être

1. Crim. 16 janv. 2018, n° 17-80.466, NP.
2. C. pr. pén., art. 407.
3. Crim. 30 juin 1981, n° 80-94.053, P n° 225.
4. C. pr. pén., art. 407, al. 3.
5. Poitiers, 8 janv. 1993, *BICC* 1993. 361.
6. L. n° 2005-102, 11 févr. 2005 pour l'égalité des droits et des chances, la participation et la citoyenneté des personnes handicapées, *JO* 12 févr., p. 2353, art. 76.
7. Crim. 17 déc. 1970, P n° 343 ; *JCP* 1971. II. 16830, note J. Gaudemet.
8. Crim. 28 mars 1991, n° 90-83.227, P n° 152.
9. V. s[s] n°s 223.71 s.
10. C. pr. pén., art. 447.
11. C. pr. pén., art. 448. À noter que suivant décision du 28 février 2020, n° 2020-828/829 QPC, le Conseil constitutionnel saisi à propos des dispositions similaires des articles 331 et 335 du code de procédure pénale applicables en matière criminelle, considérant que la différence de traitement instaurée par les dispositions contestées entre les époux, les concubins et personnes liées par un pacte civil de solidarité, excluant le serment entre les premiers et l'imposant aux autres, était contraire au principe d'égalité devant la loi, les a jugé contraires à la Constitution, avec effet différé au 31 décembre 2020. Il n'y a donc aucune raison de penser que les dispositions applicables à la matière correctionnelle puissent encore être considérées comme conformes à la Constitution.
12. Crim. 17 juin 1911, P n° 315.
13. Crim. 5 août 1911, *DP* 1912. 1. 388.

entendues après prestation de serment si nul ne s'y oppose[1]. La liste résultant des articles 447 et 448 recoupe celle qui est prévue en matière criminelle par l'article 335 du code de procédure pénale.

Enfin, certains condamnés ne peuvent témoigner en justice si ce n'est pour y donner de simples renseignements ou faire de simples déclarations. Ce sera le cas des personnes qui se sont vu infliger une interdiction des droits civiques, civils, et de famille[2]. En ce cas, ils sont entendus sans prestation de serment ; mais il n'y a pas de nullité lorsque l'audition a eu lieu sous serment s'il n'y a eu aucune opposition des parties[3].

223.35 Préalables à la déposition et serment. L'article 442 du code de procédure pénale précise qu'avant de procéder à l'audition des témoins, le président interroge le prévenu et reçoit ses déclarations ; le témoin ne peut donc être entendu le premier. En outre, le président avise le tribunal, lorsque le témoin a porté les faits à la connaissance de la justice en vertu d'une obligation légale ou de sa propre initiative ou encore lorsque la dénonciation est récompensée pécuniairement par la loi[4]. Tel n'est pas le cas de l'inspecteur du travail entendu comme témoin sur les infractions au code du travail qu'il a constatées dans l'exercice de ses fonctions et qui n'entre pas dans les prévisions de l'article 451 du code de procédure pénale, dont, au demeurant, les dispositions ne sont pas prescrites à peine de nullité[5].

De même qu'aux assises, il est également important que le témoin soit entendu avant même qu'il puisse être donné aux assistants au procès, connaissance de sa déposition écrite s'il a déjà été entendu dans le cours de l'enquête[6].

Avant de déposer, les témoins prêtent serment de dire toute la vérité, rien que la vérité, ils lèvent la main droite et disent « Je le jure »[7]. Aucun retranchement à cette formule n'est admis par la jurisprudence. Ceci étant, on relève autant de décisions retenant la nullité d'une déposition avant laquelle le témoin a juré de dire « la vérité, rien que la vérité », au lieu de « toute la vérité rien que la vérité »[8], ou annulant les dépositions de témoins qui selon l'arrêt « avaient prêté serment »[9], même s'il était précisé que ce serment avait été prêté « conformément à la loi »[10], qu'en sens inverse, des décisions constatant que « X... a été entendu comme témoin conformément à l'article 155 du code d'instruction criminelle[11] » et que ce serment a bien été prêté dans les termes prescrits par ledit article[12] ou « qu'une addition ne vicie pas le serment si elle est surabondante »[13] tandis que la formule du serment a été jugée substantielle et ne supportant aucun retranchement[14].

Une décision a pu juger que la mention selon laquelle un témoin a prêté le serment « de parler sans haine et sans crainte, de dire la vérité, rien que la vérité » n'est pas de nature à entraîner la nullité, l'omission du mot « toute » n'ayant pas modifié la substance du serment prêté[15].

De même pourra-t-on citer un arrêt postérieur aux termes duquel : « si des témoins, cités à la requête du prévenu, ont été entendus sans avoir préalablement prêté serment et si l'un d'entre eux n'a pas bénéficié du concours d'un interprète, l'arrêt attaqué n'encourt pas pour autant la censure, dès lors qu'il résulte des motifs exactement repris au moyen que, pour asseoir leur conviction sur la culpabilité, les juges du second degré se sont essentiellement fondés sur les déclarations de ces témoins recueillies sous la foi du serment au cours de l'information judiciaire »[16].

Enfin, à la condition que l'engagement pris par le témoin reproduise la substance de celui prévu par l'article 446, il a été admis qu'un témoin prête serment selon le rite prescrit par son culte[17] et notamment qu'au lieu de « jurer », il « s'engage et promette », solutions généralement données lors de contentieux soulevés en cours de procédures criminelles.

Le jugement doit mentionner l'accomplissement des formalités, la seule mention « serment témoin » dans les notes d'audience ne suffisant pas à suppléer l'absence de toute mention dans le jugement en ce qui concerne la prestation de serment d'un témoin.

Le témoin qui a prêté serment n'est pas tenu de le renouveler, s'il est entendu plusieurs fois au cours des débats. Il est opportun, en face d'un témoignage nouveau ou remettant en cause les acquits de l'enquête voire de l'instruction, que le président lui rappelle le serment initialement prêté pour lui en souligner l'importance[18]. Et donc tout aussi opportun que dans les affaires disputées, le témoin ne quitte pas la salle sitôt sa déposition achevée à

1. C. pr. pén., art. 449.
2. C. pén., art. 131-26.
3. Crim. 21 févr. 1979, n° 78-93.190, P n° 78.
4. C. pr. pén., art. 451.
5. Crim. 25 janv. 2000, n° 99-82.476, P n° 38 ; *RSC* 2000. 845, obs. G. Giudicelli-Delage.
6. Circ. pr. pén., 1er mars 1960, art. C. 623.
7. C. pr. pén., art. 446.
8. Crim. 25 janv. 1912, *DP* 1912. 5. 28.
9. Crim. 13 nov. 1924, P n° 380.
10. Crim. 5 mars 1919, P n° 63.
11. C. pr. pén., art. 446.
12. Crim. 27 mai 1933, *DH* 1933. 381.
13. Crim. 24 mars 1938, P n° 92.
14. Crim. 2 nov. 1971, n° 71-91.023, P n° 289.
15. Crim. 18 juin 1997, n° 96-83.175, P n° 241.
16. Crim. 19 juin 2002, n° 01-86.302, NP – AUSSI : Crim. 17 déc. 1997, n° 96-86.164, P n° 433.
17. Crim. 16 déc. 1875, P n° 352.
18. C. pr. pén., art. 446, 450.

moins que l'ensemble des parties aient donné leur accord en ce sens.

La jurisprudence plus récente retient que : « le demandeur ne saurait se faire un grief de l'inobservation des dispositions de l'article 446 du code de procédure pénale relatives au serment des témoins, dès lors que les juges ne se sont pas fondés sur les déclarations de ces témoins pour asseoir leur conviction sur la culpabilité »[1]. Ou encore : « (que) ... si les prescriptions des articles 435 à 457 et 513 du code de procédure pénale relatives à l'audition d'un témoin par la chambre des appels correctionnels n'ont pas été respectées, la cassation n'est cependant pas encourue dès lors que la déclaration de culpabilité n'a pas été fondée, même pour partie, sur les déclarations faites à l'audience par Mme U... »[2].

L'attention du témoin doit être appelée sur la nécessité pour lui de délivrer un témoignage spontané. Il doit pouvoir s'exprimer sans être interrompu. Après seulement, il sera soumis aux questions du président et de ses assesseurs, de la partie civile, du ministère public puis de la défense selon l'ordre classique du tour de parole.

§ 4
Déposition

223.41 Refus de déposer et secret professionnel. Le témoin a vocation à déposer. Aucun texte ne lui reconnaît de « droit au silence ».

Cependant il peut arriver que soient évoquées devant la juridiction correctionnelle les dispositions de l'article 226-13 du code pénal en vertu desquelles, la révélation d'une information à caractère secret par une personne qui en est dépositaire soit par état ou par profession, soit en raison d'une fonction ou d'une mission temporaire, est punie d'un an d'emprisonnement et de 15 000 euros d'amende. Ces dispositions sont complétées par celles de l'article suivant qui précise que l'article 226-13 n'est pas applicable dans les cas où la loi impose ou autorise la révélation du secret. En outre, il n'est pas applicable :

1° À celui qui informe les autorités judiciaires, médicales ou administratives de privations ou de sévices, y compris lorsqu'il s'agit d'atteintes ou mutilations sexuelles, dont il a eu connaissance et qui ont été infligées à un mineur ou à une personne qui n'est pas en mesure de se protéger en raison de son âge ou de son incapacité physique ou psychique ;

2° Au médecin qui, avec l'accord de la victime, porte à la connaissance du procureur de la République les sévices ou privations qu'il a constatés, sur le plan physique ou psychique, dans l'exercice de sa profession et qui lui permettent de présumer que des violences physiques, sexuelles ou psychiques de toute nature ont été commises. Lorsque la victime est un mineur ou une personne qui n'est pas en mesure de se protéger en raison de son âge ou de son incapacité physique ou psychique, son accord n'est pas nécessaire ;

3° Aux professionnels de la santé ou de l'action sociale qui informent le préfet et, à Paris, le préfet de police du caractère dangereux pour elles-mêmes ou pour autrui des personnes qui les consultent et dont ils savent qu'elles détiennent une arme ou qu'elles ont manifesté leur intention d'en acquérir une.

Le signalement aux autorités compétentes effectué dans les conditions prévues au présent article ne peut faire l'objet d'aucune sanction disciplinaire.

Si un témoin, en particulier assistante sociale, médecin, avocat... vient à évoquer le secret professionnel devant la juridiction de jugement il sera généralement utile de lui rappeler la teneur de ces deux articles. Dans tous les cas la juridiction devra dire si ce refus de témoigner est fondé ou non puis en tirer toutes conséquences utiles y compris dans la violation du secret par la production de documents.

N'a pas donné de base légale à sa décision la cour d'appel qui, dans la procédure engagée, du chef de fausse attestation et usage, par le médecin psychiatre d'un établissement spécialisé, contre, notamment, la mère d'un majeur protégé qui y a séjourné, refuse d'écarter des débats les pièces du dossier médical et psychologique de ce dernier, produites par la partie poursuivante, sans rechercher si l'examen public et contradictoire, devant la juridiction correctionnelle, de ces pièces, couvertes par le secret professionnel, constitue une mesure nécessaire et proportionnée à la défense de l'ordre et à la protection des droits de la partie civile au sens de l'article 8 de la convention européenne des droits de l'homme[3].

L'article 66-5[4] de la loi du 31 décembre 1971[5], dans sa rédaction issue de la loi du 11 février 2004[6], édictant que les correspondances échangées entre

1. Crim. 22 janv. 2003, n° 01-88.651, NP.
2. Crim. 20 févr. 2019, n° 18-80.421, P, « Audition d'un témoin sans prestation de serment », M. Recotillet, *D. actu.* 19 mars 2019 – ÉGAL^T^ : Crim. 23 oct. 2013, n° 18-83.326, NP, *Dr. pénal* 2014. 14, note A. Maron et M. Haas.
3. Crim. 24 avr. 2007, n° 06-88.051, P n° 108 ; *AJ pénal* 2007. 331, obs. C. Saas ; *RSC* 2007. 815, obs. Y. Mayaud ; *RSC* 2007. 838, obs. R. Finielz ; *RSC* 2007. 895, obs. J.-F. Renucci.
4. L. n° 71-1130, 31 déc. 1971, art. 66-5 ; mod. par L. n° 2011-331, 28 mars 2011, art. 4.
5. L. n° 71-1130, 31 déc. 1971 portant réforme de certaines professions judiciaires et juridiques, *JO* 5 janv., p. 131.
6. L. n° 2004-130, 11 févr. 2004 réformant le statut de certaines professions judiciaires ou juridiques, des experts judiciaires, des conseils en propriété industrielle et des experts en ventes aux enchères publiques, *JO* 12 févr., p. 2847, art. 34.

avocats, à l'exception de celles portant la mention « officielle », sont couvertes par le secret professionnel[1], est applicable aux correspondances échangées avant son entrée en vigueur et n'ayant fait l'objet d'une communication que postérieurement à cette date. Encourt la censure l'arrêt qui pour relaxer du chef de violation du secret professionnel un avocat ayant produit une lettre en justice le 24 septembre 2004 retient que cette lettre lui avait été adressée par un confrère le 16 mai 2003 et, qu'officialisant un accord entre les parties, elle n'avait pas le caractère confidentiel[2].

Dans une espèce intéressant un avocat un arrêt a pu décider d'une part, que cité directement devant le tribunal correctionnel pour avoir, en cette qualité, commis une violation du secret professionnel il n'était pas fondé à soutenir que la citation qui lui a été délivrée est irrégulière en ce qu'elle ne vise que les articles 226-13 et 226-31 du code pénal, à l'exclusion des textes régissant la profession d'avocat ; d'autre part, que justifiait sa décision l'arrêt qui, pour entrer en voie de condamnation contre un avocat du chef de violation du secret professionnel, retient que l'obligation au secret professionnel résultant de l'article 160[3] du décret du 27 novembre 1991[4], applicable à la date des faits, consistant notamment à s'abstenir de communiquer, sauf pour l'exercice des droits de la défense, des renseignements extraits du dossier ou de publier des documents, pièces ou lettres intéressant une information en cours, n'a pas été abolie par le décret du 15 mai 2007[5] portant diverses dispositions relatives à la profession d'avocat ; enfin, que c'est par une appréciation souveraine des faits et circonstances de la cause, que les juges du fond retiennent qu'en l'espèce, la violation de ce secret n'était pas rendue nécessaire par l'exercice des droits de la défense[6].

223.42 Modalités de la déposition. Les témoins déposent évidemment de manière séparée. Ceux qui ont été cités par les parties poursuivantes sont entendus les premiers, sauf au président à régler lui-même souverainement l'ordre d'audition de ces témoins. Une fois lesdits témoins entendus, rien n'interdit qu'ils soient en revanche confrontés si le besoin s'en fait sentir.

Les témoins déposent verbalement. Il convient donc que le témoin ne soit pas arrêté dans sa déposition spontanée avant que la juridiction et les parties puissent lui poser des questions. Bien que cette règle expressément prévue devant la cour d'assises[7] ne soit pas mentionnée dans les dispositions relatives à la procédure devant le tribunal correctionnel il y a lieu de l'appliquer dès lors que l'article 454 prévoit que c'est « Après chaque déposition... », que les questions peuvent être posées.

Les témoins peuvent, exceptionnellement, s'aider de documents avec l'autorisation du président[8]. Il faut dans tous les cas éviter qu'ils relisent un document pré-rédigé ce qui peut laisser sceptique sur l'authenticité de leur témoignage. Il n'est pas interdit à un témoin de manifester, au cours de sa déposition, son opinion sur la culpabilité du prévenu[9], même s'il peut paraître opportun qu'il dépose avec retenue, ce à quoi le président peut l'inviter.

Sous réserve du pouvoir de police du président, le ministère public et les avocats des parties peuvent poser directement des questions au témoin (comme au prévenu, à la partie civile et à toutes personnes appelées à la barre), en demandant la parole au président. Le prévenu et la partie civile peuvent également poser des questions par l'intermédiaire du président[10].

La pratique du « contre-interrogatoire » y compris en ce qui concerne les témoins est très peu courante devant les juridictions correctionnelles. Enfin, les témoins peuvent se voir présenter les scellés ou pièces à convictions[11], mais là encore, la présence des objets saisis devant le tribunal correctionnel et dans chaque affaire examinée, est loin d'être la règle.

Le greffier tient note du déroulement des débats et principalement, sous la direction du président, des déclarations des témoins ainsi que des réponses du prévenu. Les notes d'audience, qui ne sont pas des procès-verbaux reprenant l'intégralité des propos tenus, sont signées par le greffier. Elles doivent normalement être visées par le président,

1. NOT. : St. Bortoluzzi, D. Piau, Th. Wickers, *Règles de la profession d'avocat*, 17e éd., « Dalloz action », 2022, nos 411.00 s.
2. Crim. 4 déc. 2007, no 06-88.025, P no 295 ; *D.* 2008. 301 ; *D.* 2008. 944, obs. B. Blanchard ; *AJ pénal* 2008. 92, obs. G. Royer.
3. Décr. no 91-1197, 27 nov. 1991, art. 160 ; abrog. par décr. no 2005-790, 12 juill. 2005, art. 22.
4. Décr. no 91-1197, 27 nov. 1991 organisant la profession d'avocat, *JO* 28 nov., p. 15502.
5. Décr. no 2007-932, 15 mai 2007 portant diverses dispositions relatives à la profession d'avocat, *JO* 16 mai, p. 9230.
6. Crim. 28 oct. 2008, no 08-81.432, P no 215 ; *D.* 2009. 2238, obs. J. Pradel ; *D.* 2009. 2825, obs. G. Roujou de Boubée, T. Garé et S. Mirabail ; *AJ pénal* 2009. 26, Ét. C. Porteron ; *RSC* 2009. 97, obs. Y. Mayaud.
7. C. pr. pén., art. 331, al. 4 ; art. mod. par L. no 2004-204, 9 mars 2004, art. 154.
8. C. pr. pén., art. 452 ; mod. par L. no 93-1013, 24 août 1993, art. 28.
9. Crim. 28 févr. 1979, no 78-92.709, P no 90.
10. C. pr. pén., art. 442-1 (créé par L. no 2000-516, 15 juin 2000, art. 39), 454 (mod. par L. no 2000-516, 15 juin 2000, art. 39).
11. C. pr. pén., art. 455 ; mod. par L. no 93-1013, 24 août 1993, art. 28.

au plus tard dans les trois jours qui suivent chaque audience[1].

Une fois entendu, le témoin peut se retirer, à moins que le président n'en décide autrement ou que le témoin souhaite assister à la fin des débats ce qui lui est loisible de faire[2].

223.43 Limites à la possibilité de se référer à des témoignages antérieurement recueillis dans la procédure. Les témoins cités par le prévenu doivent être entendus dans les règles prévues par les articles 435 à 457 du code de procédure pénale, selon l'article 513 dudit code, le ministère public pouvant s'y opposer si ces témoins ont déjà été entendus par le tribunal. Méconnaît le sens et la portée de ces dispositions la cour d'appel qui rejette la demande d'audition d'un témoin formulée par le prévenu sans donner les raisons de ce refus, alors que ce témoin n'a pas été entendu par le tribunal[3].

Outre la possibilité de se référer à tous témoignages issus de la procédure d'enquête ou d'instruction, la juridiction de jugement peut, lorsque la cassation d'une décision a été prononcée pour défaut ou insuffisance de motifs, fonder sa conviction sur les témoignages recueillis au cours des précédents débats. Il n'en irait autrement que si ces débats avaient été eux-mêmes frappés d'annulation[4].

Reste qu'en principe : « tout accusé a droit à interroger ou faire interroger les témoins à charge et obtenir la convocation et l'interrogation des témoins à décharge dans les mêmes conditions que les témoins à charge ; qu'il en résulte que, sauf impossibilité dont il leur appartient de préciser les causes, les juges d'appel sont tenus, lorsqu'ils en sont légalement requis, d'ordonner l'audition contradictoire desdits témoins »[5].

La précision exigée par la chambre criminelle peut résulter par exemple, du fait que la cour d'appel, pour passer outre à la défaillance d'un témoin cité par la défense, retient que son audition n'est pas utile, ses déclarations écrites figurant au dossier et correspondant aux autres témoignages[6].

En la matière, la Cour européenne donne à la notion de « témoin » un caractère autonome[7] et l'accusé doit donc pouvoir être « confronté » aux experts, témoins, partie civile, ou co-inculpé (mis en examen), et plus largement à toute personne dont les dires sont portés à la connaissance du juge et qu'il prend en compte pour rendre son jugement de culpabilité ou de relaxe. Toutes ces personnes constituent des témoins au sens de l'article 6, § 3, d).

223.44 Possibilité d'un témoignage par visioconférence. L'article 706-71[8] du code de procédure pénale, a été complété par les lois du 9 mars 2004[9] et du 24 novembre 2009[10] pour permettre l'utilisation de moyens de télécommunication audiovisuelle (système de visioconférence) en vue de l'audition notamment des témoins devant la juridiction de jugement[11]. Dans cette hypothèse, ces opérations peuvent faire l'objet d'un enregistrement audiovisuel ou sonore, les dispositions des troisième à huitième alinéas de l'article 706-52 sont alors applicables (aussi : v. s^s n°s 221.81 s.).

223.45 Protection des témoins et possibilité d'un témoignage anonyme. Les personnes à l'encontre desquelles il n'existe aucune raison plausible de soupçonner qu'elles ont commis ou tenté de commettre une infraction et qui sont susceptibles d'apporter des éléments de preuve intéressant la procédure peuvent, sur autorisation du procureur de la République ou du juge d'instruction, déclarer comme domicile l'adresse du commissariat ou de la brigade de gendarmerie. Si la personne a été convoquée en raison de sa profession, l'adresse déclarée peut être son adresse professionnelle.

L'adresse personnelle de ces personnes est alors inscrite sur un registre coté et paraphé, qui est ouvert à cet effet, ce qui était un droit déjà reconnu à un certain nombre de fonctionnaires concourant à la procédure[12] depuis la loi du 15 avril 1999[13].

De même, et toujours dans un but de protection des témoins, en cas de procédure portant sur un crime ou sur un délit puni d'au moins trois ans d'emprisonnement, lorsque l'audition de la personne est susceptible de mettre gravement en danger la vie ou l'intégrité physique de ce témoin, celle des membres de sa famille ou de ses proches, le juge des libertés et de la détention, saisi par requête motivée

1. C. pr. pén., art. 453.
2. C. pr. pén., art. 454.
3. Crim. 13 févr. 2008, n° 07-81.097, P n° 38 ; *D.* 2008. 1805, note J.-L. Lennon ; *AJ pénal* 2008. 197 ; *RSC* 2008. 984, obs. J.-F. Renucci.
4. Crim. 8 févr. 2000, n° 99-86.820, P n° 58.
5. Crim. 27 juin 2001, n° 00-87.414, P n° 164 ; *RSC* 2002. 339, obs. J.-F. Renucci.
6. Crim. 4 mars 2008, n° 07-87.356, P n° 54 ; *AJ pénal* 2008. 245.
7. CEDH 6 mai 1985, *Bönisch c/ Autriche*, req. n° 8658/79.
8. C. pr. pén., art. 706-71 ; mod. par ord. n° 2016-1636, 1er déc. 2016, art. 4.
9. L. n° 2004-204, 9 mars 2004 portant adaptation de la justice aux évolutions de la criminalité, *JO* 10 mars, p. 4567, art. 17 et 143.
10. L. n° 2009-1436, 24 nov. 2009 pénitentiaire, *JO* 25 nov. 2009, p. 20192, art. 93.
11. C. pr. pén., art. 706-71, al. 2.
12. C. pr. pén., art. 706-57 ; mod. par L. n° 2009-526, 12 mai 2009, art. 126.
13. L. n° 2009-526, 12 mai 2009 de simplification et de clarification du droit et d'allègement des procédures, *JO* 13 mai, p. 7920.

du procureur de la République ou du juge d'instruction peut, par décision motivée, autoriser que les déclarations de ces personnes soient recueillies sans que leur identité apparaisse dans le dossier de la procédure. Il peut le cas échéant recueillir lui-même les déclarations du témoin. La décision du juge des libertés et de la détention n'est pas susceptible de recours. Elle ne fait pas apparaître l'identité de la personne. Elle est jointe au procès-verbal de l'audition du témoin, sur lequel ne figure pas la signature de l'intéressé. L'identité et l'adresse de la personne sont inscrites dans un autre procès-verbal, signé par l'intéressé, qui est versé dans un dossier distinct du dossier de la procédure, dans lequel figure également la requête faite au juge des libertés et de la détention. L'identité et l'adresse de la personne sont inscrites sur un registre coté et paraphé qui est ouvert à cet effet au tribunal judiciaire[1].

Les difficultés peuvent apparaître lorsque le prévenu conteste les déclarations d'un témoin qui ont été recueillies dans de telles conditions. Le recueil anonyme du témoignage heurte en effet et le plein respect du contradictoire et le principe d'oralité des débats.

Dans ces hypothèses, il a été jugé d'une part, qu'était inopérant le moyen de cassation pris de l'audition de témoins sous le sceau de l'anonymat dès lors que la preuve de l'infraction résultait d'autres éléments[2] et d'autre part, que le recours aux dépositions anonymes pour asseoir une condamnation n'est pas en toutes circonstances incompatible avec la convention européenne des droits de l'homme[3].

Par ailleurs, n'entre pas dans les prévisions de l'article 706-58 du code de procédure pénale le procès-verbal dressé par un officier de police, avant tout acte d'enquête, qui se borne à consigner les déclarations spontanées d'une personne qui n'a pas été interrogée. Il s'ensuit qu'il n'y a pas lieu d'appliquer, pour l'établissement d'un tel procès-verbal, les dispositions du livre IV du code de procédure pénale relatives à la protection des témoins[4].

Il convient donc que toute la procédure ne repose pas toute entière sur de telles dépositions - ce que rappelle l'article 706-62 - et que le prévenu ou l'accusé n'ait pas été privé de toute mesure de confrontation le recours au témoignage anonyme étant réservé aux circonstances exceptionnelles et nécessitant que les droits de la défense soient respectés[5]. La cour de Strasbourg a pu ainsi déclarer que sans méconnaître les indéniables difficultés de la lutte contre le trafic des stupéfiants - notamment en matière de recherche et d'administration des preuves -, non plus que les ravages provoqués par celui-ci dans la société, ces éléments ne sauraient conduire à limiter à un tel point les droits de la défense de « tout accusé »[6]. Mais il a pu à encore être décidé que si « une condamnation fondée uniquement sur les dépositions d'un témoin à charge que l'accusé ou son conseil n'ont pu interroger à aucun stade de la procédure est contraire aux dispositions de l'article 6 de la convention européenne des droits de l'homme sauf si le défaut de confrontation est dû à l'impossibilité de localiser le témoin alors qu'il a été activement recherché par les autorités et à condition que le témoignage litigieux ne constitue pas le seul élément sur lequel repose la condamnation »[7].

D'autre part, la personne mise en examen ou renvoyée devant la juridiction de jugement peut demander à être confrontée avec le témoin entendu en application des dispositions de l'article 706-58 du code de procédure pénale par l'intermédiaire d'un dispositif technique permettant l'audition du témoin à distance ou à faire interroger ce témoin par son avocat par ce même moyen. La voix du témoin est alors rendue non identifiable par des procédés techniques appropriés. Si la juridiction ordonne un supplément d'information aux fins d'audition du témoin, ce dernier est entendu soit par un juge d'instruction désigné pour exécuter ce supplément d'information soit, si l'un des membres de la juridiction a été désigné pour exécuter cette audition, en utilisant le dispositif technique précité[8].

Enfin, dans l'hypothèse résiduelle d'infiltration, prévue aux articles 706-81 et suivants du code de procédure pénale, l'officier de police judiciaire sous la responsabilité duquel se déroule l'opération d'infiltration peut seul être entendu en qualité de témoin sur l'opération. S'il ressort du rapport mentionné au troisième alinéa de l'article 706-81 que la

1. C. pr. pén., art. 706-58 ; mod. par L. n° 2002-1138, 9 sept. 2002, art. 39.
2. Crim. 4 juin 1997, n° 96-85.802, P n° 222 ; *D.* 1998. 174, obs. J. Pradel.
3. CEDH 26 mars 1996, *Doorson c/ Pays-Bas*, req. n° 20524/92, § 69, *Rec.* 1996-II ; *D.* 1997. 207, obs. J.-F. Renucci ; *RSC* 1997. 484, obs. R. Koering-Joulin.
4. Crim. 28 mai 2014, n°s 11-81.640 et 13-83.197, P n° 142 ; *AJ pénal* 2014. 542, obs. L. Ascensi.
5. CEDH 23 avr. 1997, *Van Mechelen a. c/ Pays-Bas*, req. n°s 21363/93, 21364/93, 21427/93, 22056/93, *BICC* 15 juill. 1997, n° 875 ; *D.* 1997. 359, obs. J.-F. Renucci ; *D.* 1998. 174, obs. J. Pradel ; *RSC* 1998. 396, obs. R. Koering-Joulin.
6. CEDH 20 sept. 1993, *Saïdi c/ France*, req. n° 14647/89, § 44 ; *D.* 1995. 104, obs. J.-F. Renucci ; *RSC* 1994. 142, obs. L.-E. Pettiti ; *RSC* 1994. 362, obs. R. Koering-Joulin.
7. CEDH 13 nov. 2003, *Rahdad c/ France*, req. n° 71846/01, *D.* 2004. 988, obs. J.-F. Renucci ; *AJ pénal* 2004. 76, obs. J. L.-H. ; *RSC* 2004. 441, obs. F. Massias.
8. C. pr. pén., art. 706-61 ; mod. par L. n° 2004-204, 9 mars 2004, art. 141.

personne mise en examen ou comparaissant devant la juridiction de jugement est directement mise en cause par des constatations effectuées par un agent ayant personnellement réalisé les opérations d'infiltration, cette personne peut demander à être confrontée avec cet agent dans les conditions prévues par l'article 706-61. Les questions posées à l'agent infiltré à l'occasion de cette confrontation ne doivent pas avoir pour objet ni pour effet de révéler, directement ou indirectement, sa véritable identité[1].

Dans le fil de la décision du 20 novembre 1989[2], le principe qui semble se dégager est donc que les témoignages, doivent être produits devant l'accusé lors de l'audience publique, en vue d'un débat contradictoire afin que celui-ci puisse contester tout témoignage à charge et interroger son auteur, ayant par ailleurs le droit de faire entendre des témoins à décharge « dans les mêmes conditions » que les témoins à charge.

223.46 Témoignage des membres du gouvernement et des représentants des puissances étrangères. Le Premier ministre, les ministres et secrétaires d'État ne peuvent comparaître comme témoins qu'après y avoir été autorisés, sur le rapport du garde des Sceaux, par décret pris en conseil des ministres[3]. Lorsque cette autorisation est accordée, la déposition est reçue dans les formes ordinaires[4]. Lorsque l'autorisation n'a pas été accordée ou la comparution n'a pas été demandée dans les formes ci-dessus, la déposition est reçue par écrit dans la demeure du témoin par le premier président de la cour d'appel ou si le témoin réside hors du chef-lieu de la cour par le président du tribunal judiciaire de sa résidence. Il doit dans ce cas être adressé au magistrat désigné et par la juridiction saisie une liste des demandes et questions sur lesquelles le témoignage est requis[5]. Une cour d'appel ne fait qu'user de son pouvoir souverain d'appréciation en rejetant une demande tendant à la réception par écrit de la déposition d'un membre du gouvernement cité comme témoin et pour lequel le gouvernement n'a pas donné l'autorisation de comparaître[6].

La déposition écrite d'un représentant d'une puissance étrangère est demandée par l'entremise du ministre des Affaires étrangères. Si la demande est agréée, cette déposition est reçue par le premier président de la cour d'appel ou par le magistrat qu'il aura délégué. Il est alors procédé dans les formes prévues aux articles 654, alinéa 2, et 655[7]. Les membres d'un poste consulaire peuvent être appelés à témoigner mais qu'ils ne sont pas tenus de déposer sur des faits ayant trait à leurs fonctions[8].

223.47 Audition du président de la République. Pour résiduelle que soit l'hypothèse, la Cour de cassation a pu décider que : « rapproché de l'article 3 et du titre II de la Constitution, l'article 68 doit être interprété en ce sens qu'étant élu directement par le peuple pour assurer, notamment, le fonctionnement régulier des pouvoirs publics ainsi que la continuité de l'État, le président de la République ne peut, pendant la durée de son mandat, être entendu comme témoin assisté, ni être mis en examen, cité ou renvoyé pour une infraction quelconque devant une juridiction pénale de droit commun ; qu'il n'est pas davantage soumis à l'obligation de comparaître en tant que témoin prévue par l'article 101 du code de procédure pénale, dès lors que cette obligation est assortie par l'article 109 dudit code d'une mesure de contrainte par la force publique et qu'elle est pénalement sanctionnée »[9]. L'article 67 de la Constitution prévoit désormais que le président de la République n'est pas responsable des actes accomplis en cette qualité, sous réserve des dispositions des articles 53-2 et 68. Il ne peut, durant son mandat et devant aucune juridiction ou autorité administrative française, être requis de témoigner non plus que faire l'objet d'une action, d'un acte d'information, d'instruction ou de poursuite. Tout délai de prescription ou de forclusion est suspendu. Les instances et procédures auxquelles il est ainsi fait obstacle peuvent être reprises ou engagées contre lui à l'expiration d'un délai d'un mois suivant la cessation des fonctions.

1. C. pr. pén., art. 706-86 ; créé par L. n° 2004-204, 9 mars 2004, art. 1er.
2. CEDH 20 nov. 1989, *Kostovski c/ Pays-Bas*, req. n° 11454/85 ; *RSC* 1990. 149, obs. L.-E. Pettiti ; *RSC* 1990. 388, obs. L.-E. Pettiti.
3. C. pr. pén., art. 652, C. 672.
4. C. pr. pén., art. 653.
5. C. pr. pén., art. 654.
6. Crim. 12 juin 1978, n° 77-93.769, P n° 190.
7. C. pr. pén., art. 656.
8. Conv. Vienne, 24 avr. 1963 – L. n° 69-1039, 20 nov. 1969 autorisant la ratification de la convention de Vienne sur les relations diplomatiques, en date du 18 avril 1961, et la ratification de la convention de Vienne sur les relations consulaires, en date du 24 avril 1963, *JO* 21 nov., p. 11350 – Décr. n° 71-284, 29 mars 1971 portant publication de la convention de Vienne sur les relations diplomatiques et du protocole de signature facultative concernant le règlement obligatoire des différends, ouverts à la signature à Vienne le 18 avril 1961, *JO* 17 avr., p. 3695 – Décr. n° 71-288, 29 mars 1971 portant publication de la convention de Vienne sur les relations consulaires et du protocole de signature facultative concernant le règlement obligatoire des différends, ouverts à la signature à Vienne le 24 avril 1963, *JO* 18 avr., p. 3739.
9. Cass., ass. plén., 10 oct. 2001, n° 01-84.922, P n° 11 ; *D.* 2002. 237, note C. Debbasch ; *D.* 2001. 3365, Chron. L. Favoreu ; *D.* 2002. 674, note J. Pradel ; *RSC* 2002. 128, obs. A. Giudicelli ; *RSC* 2002. 676, obs. V. Bück ; *RSC* 2002. 678, obs. V. Bück.

Cette jurisprudence se situe assurément dans le débat plus large sur le statut pénal du chef de l'État.

223.48 **Audition des parlementaires.** Aucune disposition légale ne prévoit de règles particulières en cas de convocation, puis d'audition par le tribunal correctionnel d'un parlementaire en qualité de témoin.

223.49 **Portée du témoignage.** À l'instar des autres moyens de preuve, la juridiction apprécie librement la portée qu'il convient d'accorder au témoignage. Dans l'hypothèse d'un témoignage entraînant la conviction du tribunal à l'encontre des autres moyens de preuve réunis ou d'autres témoignages, il est important que la juridiction motive sa décision [1] et explicite ce qui l'a fait pencher dans tel sens plutôt que dans tel autre.

Si à l'audience de jugement, une personne entendue comme témoin ou à titre de renseignement contredit les conclusions d'une expertise ou apporte au point de vue technique des indications nouvelles, le président demande aux experts, au ministère public, à la défense et, s'il y a lieu, à la partie civile, de présenter leurs observations. Cette juridiction, par décision motivée déclare, soit qu'il sera passé outre aux débats, soit que l'affaire sera renvoyée à une date ultérieure. Dans ce dernier cas, cette juridiction peut prescrire quant à l'expertise toute mesure qu'elle estimera utile [2].

Enfin, l'obligation faite au témoin de témoigner de manière sincère et complète peut être sanctionnée, le cas échéant, par des poursuites pour faux témoignage dès lors qu'il y a eu prestation de serment [3].

À noter une hypothèse résiduelle, celle de la constatation par la juridiction elle-même d'une infraction résultant d'une perturbation apportée à l'audience [4] [5] ou d'infractions de droit commun commises à l'audience, en particulier de l'ordre des menaces ou des violences [6].

§ 5 Témoignage devant d'autres juridictions répressives

223.51 **Tribunal de police.** Plus encore que devant la juridiction correctionnelle, le témoignage est rare devant le juge de police et jusqu'au 1er juillet 2017 devant le juge de proximité. En tous cas, les règles applicables au témoignage devant les juridictions correctionnelles le sont également devant ces juridictions en vertu des dispositions des articles 535 et 536 du code de procédure pénale qui opèrent un renvoi aux règles posées par les articles 400 à 405 relatifs à la publicité et à la police de l'audience, 406 à 408 relatifs à la comparution des parties, 427 à 457 relatifs à l'administration de la preuve.

Une seule exception est à retenir en matière de jugement des contraventions, celle qui concerne l'hypothèse du supplément d'information, visée à l'article 538, puisqu'à l'inverse de l'article 463 du code de procédure pénale, le juge saisi ne peut délivrer une commission rogatoire, notamment aux fins d'audition d'un témoin. Il est donc contraint à procéder lui-même à une éventuelle audition.

223.52 **Chambre des appels correctionnels.** L'appel des jugements rendus par la juridiction de police ou de proximité, lorsqu'il est possible, est porté devant la chambre des appels correctionnels [7], de même que l'appel des jugements rendus par le tribunal correctionnel [8]. Les règles applicables en première instance le sont également devant la cour d'appel. Les témoins cités par le prévenu sont entendus selon les dispositions des articles 435 à 457 du code de procédure pénale. Le ministère public peut s'opposer à l'audition d'un témoin déjà entendu en première instance : « Selon l'article 513 du code de procédure pénale, les témoins cités par le prévenu doivent être entendus dans les règles prévues par les articles 435 à 457 dudit code, le ministère public pouvant s'y opposer si ces témoins ont déjà été entendus par le tribunal. Méconnaît le sens et la portée de ces dispositions la cour d'appel qui rejette la demande d'audition d'un témoin formulée par le prévenu sans donner les raisons de ce refus, alors que ce témoin n'a pas été entendu par le tribunal. » [9]

Saisi de cet incident, la cour devra trancher la difficulté avant tout débat au fond [10].

SECTION 2 REPRÉSENTANT D'UNE PERSONNE PROTÉGÉE

223.61 **Curateur ou tuteur – Dispositions générales.** Le procureur de la République ou le juge d'instruction avise le curateur ou le tuteur, ainsi que le juge des tutelles, des poursuites dont la personne

1. V. ss nos 724.21 s.
2. C. pr. pén., art. 169.
3. C. pén., art. 434-13.
4. C. pr. pén., art. 404 et 405.
5. pour la cour d'assises : C. pr. pén., art. 321 et 322.
6. C. pr. pén., art. 675 à 678 (v. ss nos 544.21 s.).
7. C. pr. pén., art. 547.
8. C. pr. pén., art. 496 s.
9. Crim. 13 févr. 2008, n° 07-81.097, P n° 38 ; *D.* 2008. 1805, note J.-L. Lennon ; *AJ pénal* 2008. 197 ; *RSC* 2008. 984, obs. J.-F. Renucci.
10. C. pr. pén., art. 512 et 513.

protégée fait l'objet. Il en est de même si la personne fait l'objet d'une alternative aux poursuites consistant en la réparation du dommage ou en une médiation, d'une composition pénale ou d'une comparution sur reconnaissance préalable de culpabilité ou si elle est entendue comme témoin assisté.

Le curateur ou le tuteur peut prendre connaissance des pièces de la procédure dans les mêmes conditions que celles prévues pour la personne poursuivie.

Si la personne est placée en détention provisoire, le curateur ou le tuteur bénéficie de plein droit d'un permis de visite.

Le curateur ou le tuteur est avisé de la date d'audience. Lorsqu'il est présent à l'audience, il est entendu par la juridiction en qualité de témoin [1].

Ces dispositions s'inscrivent dans la droite ligne de la jurisprudence de la Cour européenne, aux termes de laquelle : « un individu reconnu inapte à défendre ses intérêts civils et bénéficiant d'une assistance à cet effet (doit) pouvoir également disposer d'une assistance pour se défendre contre une accusation pénale dirigée contre lui » [2]. Dans cette espèce, comme le relevait la Cour, l'avis du jugement portant ouverture de la curatelle avait été transmis au procureur de la République de Paris, il n'était pas contesté que les autorités judiciaires avaient été informées du placement du requérant sous curatelle, mais le tribunal correctionnel, saisi sur citation directe, soit sans instruction préalable, prononçait un jugement de condamnation réputé contradictoire, en l'absence du requérant à l'audience et de représentant, et sans le bénéfice du rapport d'expertise psychiatrique que le parquet avait pourtant lui-même préalablement ordonné. Un arrêt de la chambre criminelle déduit de l'article 6, § 1 et 3, a) et c), de la convention européenne des droits de l'homme et de l'article préliminaire du code de procédure pénale que, lorsque l'altération des facultés physiques ou mentales d'un prévenu est telle qu'elle est incompatible avec sa participation personnelle la procédure, il appartient aux juges de vérifier qu'il est accessible une sanction pénale et de s'assurer de la mise en œuvre de garanties spéciales lui permettant d'exercer effectivement les droits de la défense [3]. En matière correctionnelle et criminelle, ainsi que pour les contraventions de la cinquième classe, le ministère public avise le curateur ou le tuteur de la date et de l'objet de l'audience par lettre recommandée ou, selon les modalités prévues par l'article 803-1, dix jours au moins avant la date de l'audience. Toutefois, l'information du tuteur peut, en cas d'urgence, être faite par tous moyens [4]. Il est clair que la pratique juridictionnelle est en la matière très perfectible, que les connexions entre les services pénaux et ceux chargés des mesures de protection gagneraient à être amplement améliorées et que nombre de renvois sont encore ordonnés faute de délivrance de ces avis.

L'exigence légale est l'avis donné au curateur ou tuteur et dès lors que la preuve de cet avis figure en procédure, l'absence du représentant du majeur protégé ne fait pas obstacle au déroulement du procès.

Il sera mentionné que la chambre criminelle, saisie d'une QPC concernant l'article 706-113 du code de procédure pénale, tout en jugeant que : « la vérification, par le tuteur ou curateur, de ce que l'assistance du majeur protégé par un avocat sera assurée durant la garde à vue, ou que le refus, par ce majeur, d'une telle assistance est dépourvu d'équivoque, entre, à l'évidence, s'il est informé de la mesure de garde à vue, dans sa mission » a saisi le Conseil constitutionnel [5]. Ce dernier a déclaré le premier alinéa de l'article 706-113 du code de procédure pénale, dans sa rédaction résultant de la loi n° 2008-174 du 25 février 2008 relative à la rétention de sûreté et à la déclaration d'irresponsabilité pénale pour cause de trouble mental, contraire à la Constitution, avec effet au 1er octobre 2019 [6].

La LPJ [7] est venue modifier la première phrase de l'article 706-113 ainsi : « Lorsque la personne fait l'objet de poursuites, le procureur de la République ou le juge d'instruction en avise le curateur ou le tuteur ainsi que le juge des tutelles ».

Le Conseil constitutionnel a, après l'entrée en vigueur de la loi du 23 mars 2019, été de nouveau saisi d'une question prioritaire de constitutionnalité portant sur la nouvelle rédaction de cet article 706-113. Il a jugé qu'« en ne prévoyant pas que l'officier de police judiciaire ou l'autorité judiciaire sous le contrôle de laquelle est réalisée la perquisition soit, en principe, tenu d'avertir le représentant d'un majeur protégé lorsque les éléments recueillis au cours de l'enquête préliminaire font apparaître que la personne fait l'objet d'une mesure de protection juridique révélant qu'elle n'est pas en mesure d'exer-

1. C. pr. pén., art. 706-113, al. 1 à 3 et 5.
2. CEDH 30 janv. 2001, *Vaudelle c/ France*, req. n° 35683/97, § 62, *D.* 2002. 353 ; *D.* 2002. 354, note A. Gouttenoire-Cornut et E. Rubi-Cavagna ; *D.* 2002. 2164, obs. J.-J. Lemouland ; *RTD civ.* 2001. 330, obs. J. Hauser ; *RTD civ.* 2001. 439, obs. J.-P. Marguénaud – AUSSI : T. Fossier et D. Guihal, « Le régime des poursuites pénales engagées contre un majeur protégé », *JCP* 2007. I. 146 – T. Fossier et T. Verheyde, « Réforme des tutelles : la protection de la personne », *AJ fam.* 2007. 160.
3. Crim. 11 juill. 2017, n° 16-82.960, P.
4. C. pr. pén., art. D. 47-15 ; codifié par décr. n° 2007-1658, 23 nov. 2007, art. 1er.
5. Crim. 19 juin 2018, n° 18-80.872, NP.
6. Cons. const., 14 sept. 2018, n° 2018-730 QPC.
7. L. n° 2019-222, 23 mars 2019 de programmation pour la justice, art. 48-IV et 109-XIII, applicable depuis le 1er juin 2019.

cer seule son droit de s'opposer à la réalisation de cette opération, le législateur a méconnu le principe d'inviolabilité du domicile ». Il a déclaré l'inconstitutionnalité du premier alinéa de l'article 706-113 du Code de procédure pénale[1].

La loi du 22 décembre 2021[2] a encore modifié la rédaction de cet article qui dispose que « sans préjudice de l'application des articles 706-112-1 à 706-112-3, lorsque la personne fait l'objet de poursuites, le procureur de la République ou le juge d'instruction en avise le curateur ou le tuteur ainsi que le juge des tutelles ». L'article 706-112-3, créé par la même loi vise la protection d'une personne protégée objet d'une perquisition ; l'article 706-112-1, issu quant à lui de la loi du 24 décembre 2020[3], traite de la garde à vue de la personne.

223.62 **Serment du curateur ou tuteur.** Le tuteur ou le curateur entendu comme témoin est tenu de prêter serment conformément aux dispositions des articles 331 et 446 du code de procédure pénale, sauf dans les cas prévus par les articles 335 ou 448 (cas d'exclusion du serment en raison de l'âge, des liens de parenté ou d'alliance) Les dispositions des articles 325 et 436 ne lui sont pas applicables[4]. Ainsi le curateur ou tuteur prête le serment des témoins[5], mais à leur différence, il n'est pas obligé de se retirer de la salle d'audience avant d'être entendu. Il semble que ces dispositions soient assez largement méconnues des juridictions du fond, notamment en ce qui concerne la prestation de serment, avant que ne soient indiqués au tribunal quelques éléments sur le suivi de la mesure de protection.

223.63 **Avis du curateur ou tuteur.** En outre, le tuteur ou curateur d'une personne majeure protégée doit également être avisé des poursuites exercées contre elle, des décisions de condamnation dont elle a fait l'objet, ainsi que de la date d'audience, en application de l'article 706-113[6] du code de procédure pénale. Encourt la cassation l'arrêt qui méconnaît ce principe[7]. Le curateur d'une personne majeure protégée doit, en application de l'article 706-113 du code de procédure pénale, être avisé des poursuites exercées contre elle, des décisions de condamnation dont elle a fait l'objet et de la date de toute audience. Encourt la cassation l'arrêt qui méconnaît ce principe. Toutefois, lorsqu'il n'est pas établi que la cour d'appel était informée de la mesure de protection du prévenu, seule l'annulation de l'arrêt doit être prononcée par la Cour de cassation[8].

Et la loi exige encore que le procureur de la République ou le juge d'instruction avise le curateur ou le tuteur des décisions de non-lieu, de relaxe, d'acquittement, d'irresponsabilité pénale pour cause de trouble mental, ou de condamnation dont la personne fait l'objet[9]. Il résulte des dispositions de l'article 706-113 du code de procédure pénale que le curateur d'une personne majeure protégée doit être avisé des poursuites et des décisions de condamnation dont cette personne fait l'objet[10]. Encourt la censure l'arrêt qui, pour écarter le moyen de nullité tiré par le prévenu de l'absence de convocation de sa curatrice aux débats, énonce que les poursuites ont été engagées avant l'entrée en vigueur de l'article 706-113 du code de procédure pénale, issu de la loi du 5 mars 2007[11], que l'intéressé n'a pas fait connaître qu'il bénéficiait d'une curatelle et qu'en outre, la mesure de remise en état des lieux n'a pas la nature d'une sanction pénale, alors que les réquisitions aux fins de relèvement d'astreinte étaient postérieures à l'entrée en vigueur de la loi du 5 mars 2007 et que la mesure de curatelle, ayant été publiée, était nécessairement connue du ministère public[12]. Cette dernière décision semble marquer une évolution plus sévère pour le parquet, par rapport à une autre rendue deux ans plus tôt[13]. Elle a été confirmée par un nouvel arrêt de la chambre criminelle aux termes duquel la méconnaissance des obligations d'information du curateur vicie la procédure « alors même qu'il n'est pas établi que les juges aient eu connaissance de la mesure de protection juridique dont bénéficiait le prévenu »[14]. La posture semble

1. Cons. const. 15 janv. 2021, n° 2020-873 QPC : *JO* 16 janv., n° 71, *Procédures* n° 3, mars 2021, comm. 83, *Dr. pénal* 2021, alert. 22, W. Roumier ; *D.* 2021. 80.
2. L. n° 2021-1729, 22 déc. 2021 pour la confiance dans l'institution judiciaire, *JO* 23 déc., n° 2.
3. L. n° 2020-1672, 24 déc. 2020, art. 26, relative au parquet européen, à la justice environnementale et à la justice pénale spécialisée, *JO* 26 déc. 2020, n° 4.
4. C. pr. pén., art. D. 47-20 ; codifié par décr. n° 2007-1658, 23 nov. 2007, art. 1er.
5. V. ss n° 223.35.
6. C. pr. pén., art. 706-113 ; mod. par L. n° 2008-174, 25 févr. 2008, art. 4.
7. Crim. 14 avr. 2010, n° 09-83.503, P n° 74 ; *D.* 2010. 2115, obs. J.-J. Lemouland, D. Noguéro et J.-M. Plazy ; *AJ pénal* 2010. 409 ; *AJ fam.* 2010. 282, obs. L. Pécaut-Rivolier ; *RTD civ.* 2010. 763, obs. J. Hauser – Crim. 3 mai 2012, n° 11-88.725, P n° 105 ; *D.* 2012. 1615, obs. C. Girault ; *AJ fam.* 2012. 409.
8. Crim. 10 janv. 2017, n° 15-84.469, P.
9. C. pr. pén., art. 706-113, al. 4.
10. Crim. 27 nov. 2012, n° 11-88.678, P n° 287 ; *AJ fam.* 2013. 62, obs. T. Verheyde ; *AJ pénal* 2013. 169, obs. J.-B. Perrier – Crim. 29 janv. 2013, n° 12-82.100, P n° 32 ; *D. actu.* 18 févr. 2013, obs. C. Gayet ; *RTD civ.* 2013. 350, obs. J. Hauser.
11. L. n° 2007-308, 5 mars 2007 portant réforme de la protection juridique des majeurs, *JO* 7 mars, p. 4325.
12. Crim. 24 juin 2014, n° 13-84.364, P n° 161 ; *D.* 2014. 1452 ; *D.* 2014. 2259, obs. J.-J. Lemouland, D. Noguéro et J.-M. Plazy ; *RSC* 2014. 788, obs. J.-H. Robert.
13. Crim. 3 mai 2012, n° 11-88.725, P n° 105 ; *D.* 2012. 1615, obs. C. Girault.
14. Crim. 10 janv. 2017, n° 15-84.469, P ; *D. actu.* 16 févr. 2017, obs. D. Goetz.

acquise : la mesure de tutelle étant publiée, elle ne saurait être ignorée des autorités poursuivantes. Si l'on ajoute à ce rapide panorama, que la chambre criminelle a également jugé que les dispositions de l'article 706-113 ayant une portée générale, au stade de l'instruction préparatoire, le tuteur d'un majeur protégé maintenu en détention provisoire doit également être avisé de la date de l'audience peu important que le majeur protégé ait été placé sous tutelle après le placement en détention provisoire [1], et que le tuteur doit être avisé de toute audience concernant la personne protégée, notamment devant le juge des libertés et de la détention ou la chambre de l'instruction [2], on retiendra la portée générale et extrêmement protectrice des dispositions susvisées.

L'information du curateur ou du tuteur des décisions de non-lieu, de relaxe, d'acquittement ou de condamnation prévue par le quatrième alinéa de l'article 706-113 est faite par lettre recommandée ou selon les modalités prévues par l'article 803-1. Le curateur ou le tuteur est informé par lettre simple ou selon les modalités prévues par l'article 803-1, par le procureur de la République ou par son délégué, de l'exécution d'une composition pénale [3].

C'est donc bien un triple avis qui doit être donné au curateur ou tuteur : celui de poursuites ou d'une alternative aux poursuites, d'une composition pénale ou d'une comparution sur reconnaissance préalable de culpabilité ; celui de la date de l'audience ; celui du résultat de l'audience. Seul le respect de ces trois étapes est de nature à satisfaire les exigences de la Cour européenne des droits de l'Homme ayant considéré qu'une telle assistance, réelle était fondamentale au regard des exigences de l'article 6 de la convention européenne des droits de l'homme [4].

De ce point de vue, et bien que la loi ne le prévoie pas expressément, il ne peut y avoir que des avantages pour le tribunal à indiquer dans son dispositif, qu'une copie de la décision sera également adressée, par le greffe correctionnel, au juge des contentieux de la protection (*JCP*).

SECTION 3
REPRÉSENTANTS D'UNE ADMINISTRATION

223.71 Problématique. La question peut se poser de connaître le statut, et par suite les modalités procédurales applicables, aux personnes appelées à comparaître devant le tribunal en raison de leur connaissance « professionnelle » des faits, parce qu'ils ont été associés à l'enquête ou aux poursuites. Doivent-ils dans ce cas être entendus comme témoins, après prestation de serment et dans le respect des règles sus-énoncées ? Peuvent-ils être entendus librement ? Les textes et la pratique distinguent ceux de ces représentants de l'administration qui ont, conjointement avec le ministère public, qualité pour constater et poursuivre les infractions et ceux qui ne l'ont pas.

223.72 Cas particulier des fonctionnaires habilités à constater et à poursuivre des infractions. Cette catégorie de fonctionnaires ayant qualité pour exercer conjointement avec le ministère public, les poursuites pénales consécutives aux infractions qu'ils sont chargés de constater, est dispensée de l'obligation de prêter le serment des témoins lorsqu'ils exposent l'affaire devant la juridiction appelée à en connaître [5].

En pratique, le président de la juridiction fera un résumé des faits, interrogera le prévenu, entendra d'éventuels témoins, donnera la parole à ce fonctionnaire représentant le service à l'origine des poursuites qui aura évidemment été préalablement avisé de la date de l'audience. Pourront ensuite et comme usuellement être entendues la ou les parties civiles, le ministère public, la défense.

223.73 Administration fiscale. Les représentants de l'Administration fiscale qui mènent l'action tendant au prononcé de sanctions fiscales, soit l'« *action fiscale* », distincte à la fois de l'action publique et de l'action civile, appartiennent à cette première catégorie.

En matière de contributions indirectes et d'impôts, l'Administration, peut agir à titre principal pour l'application des sanctions fiscales, exerçant une action publique d'une nature particulière [6] ou à titre conjoint avec le ministère public. Dans cette dernière hypothèse elle ne peut être assimilée à une simple partie civile [7]. Elle a toutefois des pouvoirs différents suivant que l'infraction est punissable d'une peine pécuniaire ou d'une peine d'emprisonnement.

Lorsqu'il s'agit d'une infraction seulement punissable d'une peine pécuniaire, elle a seule le droit de poursuivre, à l'exclusion du ministère public qui ne peut jouer dans le procès que le rôle de partie jointe. Le ministère public est ainsi irrecevable à poursuivre

1. Crim. 12 juill. 2016, n° 16-82.714, P ; *D.* 2016. 1652.
2. Crim. 19 déc. 2017, n° 17-85.841, NP.
3. C. pr. pén., art. D. 47-18 ; codifié par décr. n° 2007-1658, 23 nov. 2007, art. 1er.
4. CEDH 30 janv. 2001, *Vaudelle c/ France*, req. n° 35683/97, § 62, préc.
5. Crim. 26 sept. 1995, n° 94-80.983, P n° 258.
6. LPF, art. L. 235, al. 2 ; mod. par décr. n° 2011-646, 9 juin 2011, art. 1er, L. 237 ; mod. par décr. n° 93-265, 26 févr. 1993, art. 8 et 15 – C. douanes, art. 343 ; mod. par L. n° 2010-1658, 29 déc. 2010, art. 64.
7. Crim. 7 déc. 1992, n° 92-81.892, P n° 404.

comme à être appelant[1]. Lorsque l'Administration fiscale fait appel, ce recours ne saisit la cour que de l'action fiscale[2].

Pour autant, le ministère public prend à l'audience les réquisitions qu'il croit convenables au bien de la justice[3].

Lorsqu'il s'agit d'une infraction punissable d'emprisonnement, l'exercice de l'action publique est réservé au ministère public[4]. L'Administration conserve toutefois le droit, qui appartient à toute partie lésée, de citer directement le prévenu devant la juridiction répressive et de mettre en mouvement l'action publique[5].

Lorsque l'infraction est passible d'une peine d'emprisonnement et de peines pécuniaires, le ministère public peut poursuivre pour l'application des peines d'emprisonnement et d'amende. Il peut requérir l'application de toutes les pénalités à l'exclusion des réparations[6]. L'Administration ne peut agir que pour l'application de la peine pécuniaire, sauf si des agents des douanes ont été requis pour effectuer une enquête judiciaire[7]. Si l'Administration agit seule, ou la première, elle saisit le juge pénal de son action fiscale, mais elle met en mouvement *ipso facto* l'action publique comme le ferait une partie civile. La saisine est globale, mais le ministère public a seul qualité pour requérir l'application des peines privatives de liberté[8].

Dans la logique de ce qui précède on rappellera ici que lorsque l'action pour l'application des sanctions fiscales a été exercée par la seule Administration des Douanes, le ministère public est sans qualité pour suivre cette action en première instance ou en appel[9].

223.74 Infractions forestières. Dans le cas où des infractions forestières sont soumises au tribunal de police ou à la juridiction de proximité, le directeur régional de l'administration chargée des forêts, ou le fonctionnaire qu'il désigne, remplit toutes les fonctions du ministère public, sous l'autorité du procureur de la République dans les conditions prévues à l'article 44 du code de procédure pénale.

Le procureur de la République peut occuper les fonctions du ministère public à la place du directeur régional de l'administration chargée des forêts chaque fois qu'il l'estime opportun[10].

Le directeur régional de l'administration chargée des forêts peut, tant que l'action publique n'a pas été mise en mouvement, proposer au mis en cause de transiger sur la poursuite des infractions forestières.

Cette faculté n'est pas applicable aux contraventions des quatre premières classes pour lesquelles l'action pénale est éteinte par le paiement d'une amende forfaitaire en application de l'article 529 du code de procédure pénale, non plus qu'au délit mentionné à l'article L. 163-1[11].

Le directeur régional de l'administration chargée des forêts exerce dans l'intérêt de l'État l'action civile en réparation de tout préjudice causé aux bois et forêts de l'État.

Lorsque l'action publique est engagée à l'initiative du procureur de la République, le directeur régional de l'administration chargée des forêts exerce, sans mandat spécial, l'action civile :

1° Dans l'intérêt des collectivités et personnes morales propriétaires de bois et forêts relevant du régime forestier lorsqu'elles ne sont ni présentes ni représentées à l'audience ;

2° Dans l'intérêt des propriétaires de bois et forêts des particuliers qui ne sont ni présents ni représentés à l'audience lorsque les infractions ont été commises :

a) Dans une forêt de protection ;

b) Sur des terrains mis en défens ;

c) À l'intérieur d'un périmètre de restauration des terrains en montagne ;

d) En matière de défrichement ;

e) En matière de défense et de protection des forêts contre l'incendie ;

f) En matière d'interdiction de circulation de véhicules et de dépôts de matières, d'ordures ou de déchets dans les territoires exposés au risque d'incendie mentionnés aux chapitres II à IV du titre III ainsi que dans les bois et forêts concernés par un arrêté préfectoral pris en application de l'article L. 131-6[12].

Il avait ainsi pu être jugé que les fonctionnaires qualifiés pour exercer, conjointement avec le ministère public, toutes les poursuites et actions en

1. Crim. 9 mars 1994, n° 93-80.897, P n° 95 – Crim. 16 janv. 1995, n° 93-85.863, P n° 19 ; *RSC* 1995. 812, obs. B. Bouloc – Crim. 25 avr. 2007, n° 06-86.603, P n° 110 ; *Dr. pénal* 2007, n° 107, note J.-H. Robert ; *AJ pénal* 2007. 279, obs. G. Roussel.
2. Crim. 10 juill. 1963, 2 esp., P n° 251 – Crim. 12 oct. 1966, *JCP* 1966. IV. 158.
3. Crim. 12 déc. 2007, n° 07-81.823, P n° 310 ; *AJ pénal* 2008. 98 ; *RSC* 2008. 612, obs. H. Matsopoulou.
4. Crim. 29 nov. 1929, *Gaz. Pal.* 1930. 1. 11 – Crim. 4 mars 1991, n° 90-81.998, P n° 107.
5. Crim. 16 juin 1927, *DP* 1927. 1. 77, note Henry.
6. Crim. 10 déc. 1920, P n° 478.
7. LPF, art. L. 235 ; mod. par décr. n° 2011-646, 9 juin 2011, art. 1er.
8. Crim. 7 juin 1939, P n° 122.
9. Crim. 22 mars 2006, n° 04-87.598, NP, *AJ pénal* 2010. 139, obs. G. Roussel.
10. C. forestier, art. L. 161-22 ; codifié par ord. n° 2012-92, 26 janv. 2012.
11. C. forestier, art. L. 161-25 ; codifié par ord. n° 2012-92, 26 janv. 2012.
12. C. forestier, art. L. 161-28 ; codifié par ord. n° 2012-92, 26 janv. 2012.

réparation des infractions aux dispositions [du code rural dans sa rédaction alors applicable] et des textes pris pour son application, à l'exception des infractions de pêche sans la permission du détenteur du droit de pêche fonctionnaires dont font partie les directeurs départementaux de l'Agriculture et de la Forêt ont le droit d'exposer l'affaire devant la juridiction appelée à en connaître et sont entendus à l'appui de leurs observations. Ce droit s'oppose à ce qu'ils déposent comme témoins, serment préalablement prêté par application de l'article 446 du Code de procédure pénale[1].

L'article L. 173-12[2] du code de l'environnement, dans son dernier état, ne prévoit plus pour sa part, que des possibilités de transaction.

223.75 Voirie routière. Les infractions à la police de la conservation du domaine public routier peuvent être poursuivies à la requête du directeur départemental de l'Équipement ou du chef du service technique intéressé. Ceux-ci peuvent faire citer les prévenus et les personnes civilement responsables par des agents de l'administration[3].

Lorsque les infractions concernent la voirie nationale, les fonctions de ministère public près le tribunal de police peuvent être remplies par le directeur départemental de l'Équipement ou par l'agent désigné par lui pour le suppléer ; devant le tribunal correctionnel et la cour d'appel, le directeur départemental de l'Équipement ou son délégué peut exposer l'affaire ou être entendu à l'appui de ses conclusions[4]. Les dispositions relatives à la prestation de serment ne leur sont donc pas applicables.

223.76 Autres cas. La situation d'autres fonctionnaires non habilités par la loi à constater les infractions est évidemment différente. Compte tenu de l'impossibilité de les entendre à titre discrétionnaire, les agents de la Direction de la concurrence de la consommation et de la répression des fraudes (Direction régionale ou Direction générale CCRF) doivent ainsi être entendus en tant que témoins et à ce titre, être convoqués par citation d'huissier, délivrée à la requête du ministère public, conformément aux articles 550 et suivants et 435 du code de procédure pénale, se présenter, ne pas assister aux débats tant qu'ils n'ont pas déposé, tel que le prévoit l'article 436 du code de procédure pénale, et prêter le serment prévu à l'article 446 du même code. Toutefois, par application de l'article 802 du code de procédure pénale, l'inobservation de la formalité du serment ne peut entraîner la nullité de la décision dès lors que cette omission n'a pas eu pour effet de porter atteinte aux intérêts du prévenu.

Il a été plus clairement énoncé que les agents de la direction de la concurrence, de la consommation et de la répression des fraudes, intéressée aux poursuites en matière de fraudes et falsifications, ne tiennent d'aucun texte la possibilité d'intervenir à l'instance. Ils ne peuvent être entendus à l'audience qu'en qualité de témoin.

Pareillement, par application de l'article 802 du code de procédure pénale, l'inobservation de la formalité du serment ne saurait entraîner la nullité de la décision dès lors que cette omission n'a pas eu pour effet de porter atteinte aux intérêts du prévenu. Il en est ainsi lorsque les juges ne se fondent pas sur les déclarations du fonctionnaire pour asseoir en tout ou partie leur conviction sur la culpabilité[5].

Un arrêt postérieur énonce que l'arrêt, qui désigne à tort la direction de la concurrence, de la consommation et de la répression des fraudes comme partie intervenante, n'encourt néanmoins pas la censure, dès lors qu'il résulte de ses mentions que le représentant de cette administration a été entendu après avoir prêté serment, et que les éléments qu'il a apportés à la barre en sa seule qualité de témoin, à supposer même qu'ils aient été formalisés par un écrit remis à la cour, ont été librement discutés par les parties[6].

L'article L. 525-1 du code de la consommation, dans sa rédaction issue d'une loi du 17 mars 2014[7] dispose : « Devant les juridictions pénales, l'autorité administrative chargée de la concurrence et de la consommation peut, à la demande du tribunal, présenter ses observations à l'audience ». Ce texte reprend en substance, les dispositions antérieurement issus de l'article L. 141-1, créé par la loi du 27 juillet 1993, qui reprenait lui-même les dispositions de l'ordonnance du 1er décembre 1986 applicables en la matière et prévoyait que : « le ministre chargé de l'économie ou son représentant peut, devant les juridictions civiles ou pénales, déposer des conclusions et les développer oralement à l'audience. Il peut également produire les PV et rapports d'enquête ».

Ces dernières dispositions ne modifient en rien les exigences sus-énoncées.

1. Crim. 7 avr. 1993, n° 92-82.343, P n° 154.
2. C. envir., art. L. 173-12 ; mod. par L. n° 2016-1087, 8 août 2016, art. 135.
3. C. voirie rout., art. L. 116-4 ; codifié par L. n° 89-413, 22 juin 1989.
4. C. voirie rout., art. L. 116-5 ; codifié par L. n° 89-413, 22 juin 1989.
5. Crim. 17 déc. 1997, n° 96-86.164, P n° 433 ; *RTD com.* 1998. 698, obs. B. Bouloc.
6. Crim. 30 juin 2009, n° 08-86.919, P n° 138 ; *D.* 2010. 181, note E. Agostini ; *AJ pénal* 2009. 410.
7. Ord. n° 2016-301, 14 mars 2016 relative à la partie législative du code de la consommation, ancien article L. 215-1, issu L. n° 2014-344, 17 mars 2014 relative à la consommation, *JO* 18 mars, n° 1.

De même pour les inspecteurs du service des établissements classés.

De même encore, pour un agent assermenté d'une commune, au sujet duquel la chambre criminelle rappelle que les demandeurs ne sauraient se faire un grief de l'audition d'un fonctionnaire territorial sans prestation de serment, dès lors que la cour d'appel ne n'est pas fondée sur les déclarations de celui-ci pour retenir leur culpabilité, laquelle a été établie au vu de l'enquête antérieure à l'audience[1].

De même enfin pour les inspecteurs du service des établissements classés[2].

223.77 Audition des inspecteurs et contrôleurs du travail. L'audition est soumise devant les juridictions correctionnelles aux dispositions de l'article 446 du code de procédure pénale[3]. Cette position a été confirmée par un arrêt postérieur venu préciser que l'inspecteur du Travail entendu comme témoin sur les infractions au code du travail qu'il a constatées dans l'exercice de ses fonctions n'entre pas dans les prévisions de l'article 451 du code de procédure pénale, de sorte que le président n'a pas à donner à la cour l'avertissement prévu par ce texte, dont, au demeurant, les dispositions ne sont pas prescrites à peine de nullité[4].

Il a enfin été jugé que l'audition sous serment de la Direction du travail, dont l'un des agents a constaté les infractions, objet des poursuites, ne porte aucune atteinte au droit à un procès équitable prévu par l'article 6 de la convention européenne des droits de l'homme[5].

SECTION 4
DOUANES

223.81 Action douanière. Aux termes de l'article 343[6] du code des douanes :

« 1. L'action pour l'application des peines est exercée par le ministère public.

2. L'action pour l'application des sanctions fiscales est exercée par l'administration des douanes ; le ministère public peut l'exercer accessoirement à l'action publique.

3. Dans les procédures dont les agents des douanes ont été saisis en application des I et II de l'article 28-1 du code de procédure pénale, le ministère public exerce l'action pour l'application des sanctions fiscales.

Sur autorisation du ministère public, cette action peut être exercée par l'administration des douanes et, dans ce cas, l'article 350 du présent code est applicable.

Dans ces mêmes procédures, l'administration des douanes exerce l'action en paiement des droits et taxes compromis ou éludés, prévue à l'article 377 *bis*. À cette fin, elle est informée de la date de l'audience par l'autorité judiciaire compétente ».

Ce sont donc bien trois actions de nature différentes dont il est question ici.

L'action douanière est une action indépendante de l'action publique, elle n'est pas non plus assimilable à une action civile : il s'agit d'une action publique spéciale. C'est par impropriété de terme que l'acte par lequel les douanes introduisent l'action fiscale, ou encore, affirment leur présence dans une procédure pénale en cours, est communément appelé « constitution de partie civile ». Cette action qu'elles tiennent de l'article 343, alinéa 2, du code des douanes ne peut être ni assimilée à l'action civile, ni confondue avec celle-ci. En vertu de ce texte, les douanes poursuivent à titre principal pour l'application des sanctions fiscales ; le ministère public peut agir de même accessoirement à l'action publique[7]. Cette action est exercée par un fonctionnaire dénommé agent poursuivant et en application de l'article 343, alinéa 2, du code des douanes, la déclaration d'appel faite pour l'Administration, par un de ses agents de poursuite, ou, sur les instructions de celui-ci, par tout autre agent, ne nécessite ni mandat spécial ni mention d'une habilitation[8].

Si l'Administration des Douanes a le monopole de la poursuite[9] devant le tribunal de police[10], en matière correctionnelle, elle ne peut exercer que l'action fiscale pour obtenir la condamnation du prévenu aux peines d'amende ou de confiscation. Les délits douaniers sont poursuivis par le ministère public dans les conditions du droit commun[11]. Autrement dit, les actions étant indépendantes l'une de l'autre, le ministère public ne peut relever appel sur la seule action fiscale et les douanes ne peuvent relever appel sur la seule action publique[12].

On notera cependant une décision admettant dans ce cas que le ministère public formule tout de

1. Crim. 24 oct. 2017, n° 16-85.066, NP.
2. Crim. 26 avr. 1977, n° 75-93.045, P n° 137.
3. Crim. 26 sept. 1995, n° 94-80.983, P n° 287.
4. Crim. 25 janv. 2000, n° 99-82.476, P n° 38 ; *RSC* 2000. 845, obs. G. Giudicelli-Delage.
5. Crim. 23 avr. 2003, n° 02-84.688, NP.
6. C. douanes, art. 343 ; mod. par L. n° 2010-1658, 29 déc. 2010, art. 64.
7. Crim. 5 janv. 1967, n° 64-93.753, P n° 9.
8. Crim. 2 juill. 1997, n° 96-84.813, P n° 263.
9. Crim. 23 nov. 1987, n°s 84-94.729, 85-95.530, P n° 422 – Crim. 27 févr. 2002, n° 01-82.619, P n° 50.
10. C. douanes, art. 356 ; mod. par L. n° 60-1384, 23 déc. 1960, art. 96 ; mod. par L. n° 2002-1576, 30 déc. 2002, art. 44.
11. Crim. 30 mai 1994, n° 93-82.430, P n° 209.
12. Crim. 22 mars 2006, n° 04-87.598, NP, *AJ pénal* 2010. 139, obs. G. Roussel.

même, des observations à l'audience : après avoir constaté que l'action fiscale était seule en cause et déclaré irrecevable l'appel du procureur de la République, l'arrêt énonce que le ministère public, partie jointe, est entendu en ses observations. En prononçant ainsi, la cour d'appel a fait l'exacte application des articles L. 235 [1] du livre des procédures fiscales, 458 et 512 du code de procédure pénale [2].

La difficulté est que certains agissements supportent une qualification de droit commun et une qualification douanière (importation et exportation de produits stupéfiants en particulier). Dans cette hypothèse, tout en étant indépendantes l'une de l'autre, certains développements leur sont communs : ainsi, le prévenu condamné au titre de l'infraction de droit commun peut être ultérieurement poursuivi au titre de l'infraction fiscale nonobstant la règle *non bis in idem* [3]. La chambre criminelle considère en effet que les éléments constitutifs de l'infraction douanière diffèrent de ceux de l'infraction de droit commun, tant en ce qui concerne l'élément matériel que l'élément légal. Par suite, a encore été jugé que le jugement rendu sur l'infraction de droit commun interrompt la prescription de l'action fiscale fondée sur les délits douaniers [4].

Dans tous les cas, le représentant du service des douanes est entendu à l'instar des services fiscaux, avant les réquisitions du parquet. Il se peut toutefois qu'une contestation s'élève sur les constatations matérielles fondant les poursuites douanières et qu'elle vise en particulier un fonctionnaire des douanes. Dans ce cas, rien ne s'oppose à ce que celui-ci, même s'il a participé à l'enquête initiale, soit entendu ès-qualités de témoin, dans les règles ordinaires.

223.82 Douane judiciaire. Des agents des douanes de catégories A et B, spécialement désignés par arrêté des ministres chargés de la justice et du budget, pris après avis conforme d'une commission dont la composition et le fonctionnement sont déterminés par décret en Conseil d'État, peuvent être habilités à effectuer des enquêtes judiciaires sur réquisition du procureur de la République ou sur commission rogatoire du juge d'instruction. Leur compétence est nationale s'agissant des infractions visées à l'article 28-1 [5] du code de procédure pénale, modifié notamment par la loi du 20 juillet 2010 [6]. Comme ci-dessus, l'action publique pour l'application des peines et l'action pour l'application des sanctions fiscales sont exercées par le ministère public, tandis que l'action en paiement des sommes fraudées ou indûment obtenues est exercée par l'Administration des Douanes. Là encore, l'autorité poursuivante avise la douane judiciaire de la date de l'audience.

L'action en paiement des droits et taxes compromis ou éludés est exercée par les services douaniers, comme dans toutes les procédures judiciaires portant sur des infractions douanières. Il s'agit des sommes de toute nature dont les droits et taxes sont perçus par l'Administration des Douanes. Cette action a le caractère d'une action civile [7].

SECTION 5
ORGANISMES DE SÉCURITÉ SOCIALE

223.91 Principes applicables. Les différentes caisses de sécurité sociale (CPAM, CNMSS, CGSS, MSA, RSI...) disposent devant les juridictions répressives, et contre l'auteur de l'infraction, d'une action en remboursement de leurs débours, c'est-à-dire les sommes qu'elles ont exposées pour leur assuré.

C'est l'alinéa 2 de l'article L. 376-1 [8] du code de la sécurité sociale qui le prévoit en spécifiant : « Les caisses de sécurité sociale sont tenues de servir à l'assuré ou à ses ayants droit les prestations prévues par le présent livre, sauf recours de leur part contre l'auteur responsable de l'accident dans les conditions ci-après ».

Ce recours n'est envisageable devant le tribunal correctionnel que si la victime elle-même s'est constituée partie civile, et a exercé devant la juridiction pénale l'action civile [9].

1. LPF, art. L. 235 ; mod. par décr. n° 2011-646, 9 juin 2011, art. 1er.
2. Crim. 24 sept. 2008, n° 07-88.088, NP.
3. Crim. 11 mars 2009, n° 08-82.586, P n° 54 ; *D.* 2009. 1281 ; *AJ pénal* 2009. 274.
4. Crim. 8 sept. 2010, n° 09-80.244, NP, *Dr. pénal* 2010, n° 140, note J.-H. Robert.
5. C. pr. pén., art. 28-1 ; mod. par L. n° 2016-731, 3 juin 2016, art. 36.
6. L. n° 2010-819, 20 juill. 2010 tendant à l'élimination des armes à sous-munitions, *JO* 21 juill., p. 13425, art. 4 ; les infractions prévues par le code des douanes ; les infractions en matière de contributions indirectes, d'escroquerie sur la taxe sur la valeur ajoutée et de vols de biens culturels ; les infractions relatives à la protection des intérêts financiers de l'Union européenne ; les infractions prévues par les articles L. 2339-1 à L. 2339-11, L. 2344-7 et L. 2353-13 du code de la défense ; les infractions prévues par les articles 324-1 à 324-9 du code pénal ; les infractions prévues au code de la propriété intellectuelle ; les infractions prévues aux articles 56 et 57 de la loi n° 2010-476, 12 mai 2010 relative à l'ouverture à la concurrence et à la régulation du secteur des jeux d'argent et de hasard en ligne ; ainsi que les infractions connexes aux infractions visées aux 1° à 7°.
7. Crim. 8 janv. 1998, n° 97-84.996, P n° 9.
8. CSS, art. L. 376-1 ; mod. par L. n° 2017-1836, 30 déc. 2017, art. 46.
9. Crim. 1er juin 1965, n° 65-90.226, P n° 49.

Il avait été jugé que si les caisses de sécurité sociale, les caisses de mutualité sociale agricole et les personnes morales de droit public à raison des prestations allouées au titre de l'aide sociale peuvent intervenir devant la juridiction répressive aux fins prévues par les articles L. 397 (devenu CSS, art. L. 376-1[1]) du code de la sécurité sociale, 1046 du code rural (devenu CSS, art. L. 376-1[2]) et 149 du code de la famille et de l'aide sociale (devenu CASF, art. L. 132-10), leur intervention n'échappe pas aux règles de l'exercice de l'action civile devant les juridictions répressives, telles qu'elles résultent des articles 3, 418 à 426 du code de procédure pénale. Leur action doit donc être intentée au plus tard avant les réquisitions du ministère public sur le fond. À défaut, leur intervention est irrecevable et ne peut plus être portée que devant la juridiction civile[3].

En présence d'une réclamation qui ne porte que sur des postes de préjudice non-soumis à recours, la mise en cause de l'organisme social n'est toutefois pas obligatoire[4].

Cependant, une modification majeure de l'article L. 376-1 du code de la sécurité sociale, issue de la loi du 18 novembre 2016[5], est venue lui ajouter la mention selon laquelle, « dans le cadre d'une procédure pénale, la déclaration en jugement commun ou l'intervention des caisses de sécurité sociale peut intervenir après les réquisitions du ministère public, dès lors que l'assuré s'est constitué partie civile et qu'il n'a pas été statué sur le fond de ses demandes »[6].

Ainsi considère-t-on classiquement que faute d'action civile de la victime principale, l'action des caisses de sécurité sociale doit être déclarée irrecevable par le tribunal correctionnel. Plus généralement un certain nombre de caisses demandent au tribunal de bien vouloir constater leur désistement faute de constitution de la victime « principale ». Par suite, les organismes sociaux ne peuvent intervenir pour la première fois en cause d'appel[7].

Tant en ce qui concerne la terminologie adéquate que la qualité qu'il convient de reconnaître à ces organismes, signalons que la chambre criminelle a rappelé qu'il se déduit des articles 2 et 418 du code de procédure pénale et L. 376-1, alinéa 9, du code de la sécurité sociale que, lorsqu'elles exercent l'action subrogatoire dans le cadre d'une procédure pénale, l'intervention des caisses de sécurité sociale est fondée uniquement sur l'action accordée à la victime de l'infraction par le code de procédure pénale. A cette occasion, elles ne formulent donc pas des demandes indemnitaires en réparation d'un dommage dont elles ont personnellement souffert et qui a été directement causé par l'infraction, mais cherchent à obtenir de leurs auteurs le remboursement des prestations qu'elles ont versées aux assurés. Elles ne peuvent dès lors se constituer partie civile, droit réservé aux victimes[8].

§ 1
Appel à la cause

223.101 Droit de l'organisme social de rentrer dans ses fonds. À la question de savoir dans quelles conditions un organisme de sécurité sociale amené à verser des prestations à la victime, doit être présent lors du jugement de l'auteur des faits, l'article L. 454-1[9] du code de la sécurité sociale apporte les réponses suivantes :

Lorsque, sans entrer dans les cas régis par les dispositions législatives applicables aux accidents du travail, la lésion dont l'assuré social ou son ayant droit est atteint est imputable à un tiers, l'assuré ou ses ayants droit conservent contre l'auteur de l'accident le droit de demander la réparation du préjudice causé, conformément aux règles du droit commun, dans la mesure où ce préjudice n'est pas réparé par application du livre 4 du code de la sécurité sociale.

Les caisses de sécurité sociale sont tenues de servir à l'assuré ou à ses ayants droit les prestations prévues par le présent livre, sauf recours de leur part contre l'auteur responsable de l'accident dans les conditions ci-après. Les « tiers payeurs » peuvent donc poursuivre le recouvrement des sommes qu'ils ont versé à la victime auprès du responsable de son dommage.

Les recours subrogatoires des caisses contre les tiers s'exercent poste par poste sur les seules indemnités qui réparent des préjudices qu'elles ont pris en charge, à l'exclusion des préjudices à caractère personnel.

Conformément à l'article 1346-3[10] (anc. 1252) du code civil, la subrogation ne peut nuire à la victime subrogeante, créancière de l'indemnisation, lorsqu'elle n'a été prise en charge que partiellement par les prestations sociales ; en ce cas, l'assuré social

1. *Ibid.*
2. CSS, art. L. 376-1, préc.
3. Crim. 11 juill. 1977, n° 75-90.831, P n° 262.
4. Crim. 16 oct. 2012, n° 12-80.441.
5. L. n° 2016-1547, 18 nov. 2016, art. 1er ; puis L. n° 2016-1827, 23 déc. 2016.
6. SUR les conséquences de cette modification importante, v. ss n° 223.101.
7. Crim. 26 nov. 1991, n° 90-83.008, P n° 437.
8. Crim. 31 janv. 2023, n° 22-82.917, P ; V. aussi ss n° 223.111.
9. CSS, art. L. 454-1 ; mod. par L. n° 2017-1836, 30 déc. 2017, art. 46.
10. C. civ., 1346-3 ; créé par ord. n° 2016-131, 10 févr. 2016, art. 3.

peut exercer ses droits contre le responsable, par préférence à la caisse subrogée.

Cependant, si le tiers payeur établit qu'il a effectivement et préalablement versé à la victime une prestation indemnisant de manière incontestable un poste de préjudice personnel, son recours peut s'exercer sur ce poste de préjudice.

Hors le cas où la caisse est appelée en déclaration de jugement commun conformément aux dispositions ci-après, la demande de la caisse vis-à-vis du tiers responsable s'exerce en priorité à titre amiable.

Signalons toutefois la possibilité d'exceptions fondées sur l'existence de dispositions particulières. Dans une espèce ou un organisme tiers payeur suisse avait pris en charge d'importants frais de reconversion professionnelle à la suite de l'accident de la circulation dont son assuré avait été victime, cette dernière, bien que partie civile n'avait pas demandé réparation de l'incidence professionnelle au responsable. La cour d'appel en avait déduit que faute d'assiette, le tiers payeur suisse ne pouvait recouvrer cette somme. La chambre criminelle, casse l'arrêt, considérant, au visa des articles 93 du règlement (CEE) n° 1408/71 du 14 juin 1971, applicable selon l'accord du 21 juin 1999, entre les États de l'UE et la confédération helvétique, devenu 85 du règlement (CE) n° 883/2004 applicable selon l'accord du 31 mars 2012, entre les États membres de l'UE et la confédération au recours subrogatoire des tiers payeurs suisses, 72 et 74 de la loi fédérale suisse du 6 octobre 2000, 1382, devenu 1240 du code civil et 2 du code de procédure pénale, que la carence totale ou partielle de la victime d'une infraction, constituée partie civile, ne saurait priver le tiers payeur de son droit d'obtenir de la juridiction pénale le remboursement de ses dépenses à concurrence du préjudice réel dont la réparation incombe au tiers responsable[1].

223.102 **Indemnité de l'assuré victime.** La personne victime, les établissements de santé, le tiers responsable et son assureur sont tenus d'informer la caisse de la survenue des lésions causées par un tiers dans des conditions fixées par décret.

L'intéressé ou ses ayants droit doivent indiquer, en tout état de la procédure, la qualité d'assuré social de la victime de l'accident ainsi que les caisses de sécurité sociale auxquelles celle-ci est ou était affiliée pour les divers risques. Ils doivent appeler ces caisses en déclaration de jugement commun ou réciproquement. À défaut du respect de l'une de ces obligations, la nullité du jugement sur le fond pourra être demandée pendant deux ans, à compter de la date à partir de laquelle ledit jugement est devenu définitif, soit à la requête du ministère public, soit à la demande des caisses de sécurité sociale intéressées ou du tiers responsable, lorsque ces derniers y auront intérêt.

En contrepartie des frais qu'elle engage pour obtenir le remboursement mentionné au troisième alinéa ci-dessus, la caisse d'assurance maladie à laquelle est affilié l'assuré social victime de l'accident recouvre une indemnité forfaitaire à la charge du tiers responsable et au profit de l'organisme national d'assurance maladie. Le montant de cette indemnité est égal au tiers des sommes dont le remboursement a été obtenu, dans les limites d'un montant maximum de 910 euros et d'un montant minimum de 91 euros. À compter du 1er janvier 2007, les montants mentionnés au présent alinéa sont révisés chaque année, par arrêté des ministres chargés de la sécurité sociale et du budget, en fonction du taux de progression de l'indice des prix à la consommation hors tabac prévu dans le rapport économique, social et financier annexé au projet de loi de finances pour l'année considérée.

Cette indemnité est établie et recouvrée par la caisse selon les règles et sous les garanties et sanctions, prévues au chapitre 3 du titre III et aux chapitres 2, 3 et 4 du titre IV du livre Ier ainsi qu'aux chapitres 3 et 4 du titre IV du livre II applicables au recouvrement des cotisations de sécurité sociale.

Lorsque l'assuré victime de l'accident est affilié au régime agricole, l'indemnité est recouvrée selon les règles et sous les garanties et sanctions prévues aux chapitres 2, 3 et 4 du titre IV du livre Ier ainsi qu'aux articles L. 725-3[2] à L. 725-3-3[3][4]du code rural et de la pêche maritime[5].

223.103 **Action en nullité de jugement.** Certaines juridictions considérant que l'action en nullité du jugement prévue à l'article ci-dessus n'est jamais exercée, faisaient peu de cas des dispositions qui viennent d'être rappelées. Et assez généralement, elles recevaient la constitution de partie civile et renvoyaient à l'audience sur intérêts civils en invitant cette partie à aviser ou citer l'organisme social. Cette pratique était condamnable.

La chambre criminelle avait ainsi rappelé – en parlant d'irrecevabilité de la demande de réparation de la partie civile et non de « simple » nullité du jugement –, que le préjudice résultant d'une infraction devant être réparé dans son intégralité, sans perte ni profit pour aucune des parties, la mise en

1. Crim. 12 avr. 2022, n° 21-81.893, *JurisData* 2022-009933.

2. C. rur., art. L. 725-3 ; mod. par L. n° 2016-1827, 23 déc. 2016, art. 24.
3. C. rur., art. L. 725-3-3 ; créé par ord. n° 2010-104, 28 janv. 2010, art. 2.
4. C. rur., art. L. 725-4 ; abrog. par L. n° 2013-1203, 23 déc. 2013, art. 82-I-4°.
5. CSS, art. L. 376-1 ; mod. par L. n° 2017-1836, 30 déc. 2017, art. 46.

cause de l'organisme social, prévue par l'article L. 376-1[1] du code de la sécurité sociale, s'imposait à peine d'irrecevabilité de la demande en réparation de la partie civile à laquelle ne restait plus que la voie civile.

Encourait ainsi la cassation l'arrêt qui prononce sur la demande en réparation des préjudices de la partie civile, sans s'assurer que l'organisme social avait été mis en cause, et en s'abstenant de vérifier s'il avait contribué à indemniser le préjudice corporel de la victime et s'il bénéficiait d'un recours[2].

223.104 Moment de l'appel à la cause. La modification précitée de l'article L. 376-1[3] du code de la sécurité sociale, issue de la loi du 18 novembre 2016[4], permet que la déclaration en jugement commun ou l'intervention des caisses de sécurité sociale intervienne après les réquisitions du ministère public, dès lors que l'assuré s'est constitué partie civile et qu'il n'a pas été statué sur le fond de ses demandes. L'appel à la cause de l'organisme social pourra donc désormais intervenir dans un second temps.

Mais cet appel n'en reste pas moins obligatoire afin que l'indemnisation du préjudice corporel soit complète[5], les parties et la juridiction ne pouvant s'en dispenser que si la demande indemnitaire ne porte que sur des postes de préjudice exclus de l'assiette du recours. Sur ce dernier aspect, encourt la cassation l'arrêt qui déclare l'action civile de la victime irrecevable, faute de mise en cause de l'organisme de sécurité sociale, alors que cette action demeurait recevable en ce qu'elle tendait à la réparation de préjudices, moral et matériel, exclus de l'assiette du recours de cet organisme[6], ceci de jurisprudence constante[7].

Toutefois, depuis la réforme issue de la loi du 21 décembre 2006[8], intégrée à l'alinéa 5 de l'article L. 376-1[9] du code de la sécurité sociale, précité, si le tiers payeur établit qu'il a effectivement et préalablement versé à la victime une prestation indemnisant de manière incontestable un poste de préjudice personnel, son recours peut s'exercer sur ce poste de préjudice. Il a encore été rappelé, par la deuxième chambre civile de la Cour de cassation, qu'une cour d'appel ne peut refuser toute imputation de la créance d'un organisme social visé à l'article 29 [devenu CSS, art. L. 376-1][10] de la loi du 5 juillet 1985[11] sur le préjudice d'une victime, au motif que cet organisme n'a pas constitué avocat ou fait connaître le montant de sa créance, alors qu'aucune injonction de produire le décompte de ses débours ne lui a été délivrée par le juge[12]. Solution déjà indiquée par un arrêt de l'assemblée plénière aux termes duquel, les prestations versées par des caisses de sécurité sociale à la victime d'un accident du travail doivent être déduites de l'indemnité à laquelle le tiers responsable est tenu envers la victime pour réparer les atteintes à son intégrité physique et que viole donc les dispositions de l'article L. 454-1[13] du code de la sécurité sociale, la cour d'appel qui condamne le tiers responsable à indemniser la victime d'un accident du travail, sans tenir compte, pour la détermination du préjudice, des prestations versées par la caisse de sécurité sociale, au motif que celle-ci, assignée, n'a pas comparu, ni fait connaître le montant de sa créance[14].

Cette solution concerne aussi bien les infractions de blessures ou homicides involontaires consécutifs à des accidents de la circulation que toutes les infractions ayant donné lieu au versement de prestations, en particulier d'indemnités journalières[15].

223.105 Une règle applicable à toutes les voies de poursuite. Enfin, il doit toujours être souligné que l'action civile ne s'exerce devant les juridictions répressives qu'accessoirement à l'action publique et ce quelle que soit la voie de poursuite qui a été choisie. Dès lors qu'antérieurement à la modification de l'article L. 376-1[16] du code de la sécurité sociale par l'article 13 de la loi du 18 novembre 2016[17], était irrecevable la constitution de partie civile du tiers payeur, intervenant après l'ordonnance d'homologation de la comparution sur reconnaissance préalable de culpabilité ayant statué sur l'action publique et déclaré recevable la constitution de partie civile de la victime, la chambre criminelle approuve la cour d'appel d'avoir déclaré irrecevable la constitution de partie civile de la caisse

1. CSS, art. L. 376-1, préc.
2. Crim. 18 sept. 2007, n° 07-80.347, P n° 212 ; *AJ pénal* 2007. 543, obs. G. R. – Crim. 1er mars 1995, n° 93-83.174, P n° 91.
3. CSS, art. L. 376-1, préc.
4. L. n° 2016-1547, 18 nov. 2016 de modernisation de la justice du XXIe siècle, *JO* 19 nov., n° 1, art. 13.
5. Crim. 30 mai 2017, n° 16-85.483, NP.
6. Crim. 1er mars 1995, n° 93-83.174, P n° 91.
7. Crim. 16 oct. 2012, n° 12-80.441, P n° 218.
8. L. n° 2006-1640 de financement de la sécurité sociale pour 2007, *JO* 22 déc., p. 19315.
9. CSS, art. L. 376-1 ; mod. not. par L. n° 2006-1640, 21 déc. 2006, art. 25.
10. L. n° 85-677, 5 juill. 1985, art. 29 ; mod. par L. n° 94-678, 8 août 1994, art. 15.
11. L. n° 85-677, 5 juill. 1985 tendant à l'amélioration de la situation des victimes d'accidents de la circulation et à l'accélération des procédures d'indemnisation, *JO* 6 juill., p. 7584.
12. Civ. 2e, 16 janv. 2014, n° 12-28.119, P II, n° 8.
13. CSS, art. L. 454-1 ; mod. par L. n° 2017-1836, 30 déc. 2017, art. 46.
14. Cass., ass. plén., 31 oct. 1991, n° 88-17.449, P n° 388.
15. PAR EX. : Civ. 2e, 20 nov. 2014, n° 13-21.250, P II, n° 8.
16. CSS, art. L. 376-1, préc.
17. L. n° 2016-1547, 18 nov. 2016 de modernisation de la justice du XXIe siècle, *JO* 19 nov., n° 1, art. 13.

de prévoyance et de retraite du personnel de la SNCF, après avoir rappelé que devant les juridictions pénales, l'action civile est l'accessoire de l'action publique et que la constitution de partie civile doit intervenir avant les réquisitions du ministère public, fût-ce dans le cadre d'une procédure de comparution sur reconnaissance préalable de culpabilité[1].

223.106 **Réalisation et champ de l'appel à la cause de l'organisme social.** L'appel à la cause est normalement le fait de la victime partie civile, mais peut dans certains tribunaux être réalisé à l'initiative du parquet, et plus précisément du service de l'audiencement. Cela est notamment conseillé en matière de comparution immédiate et plus généralement d'audiencement rapide, le parquet délivrant dans ce cas un avis à victime en même temps qu'il avise l'organisme social concerné... pour autant qu'il le connaisse.

Le renvoi sur intérêts civils pour « régularisation », avant la modification de l'article L. 376-1[2] était manifestement contraire à la loi. Depuis la modification de l'article L. 376-1[3] du code de la sécurité sociale[4], l'organisme social peut intervenir même après les réquisitions du parquet sur les poursuites pénales, pourvu que le tribunal n'ait pas statué sur le plan civil. Ainsi l'organisme social pourra n'être appelé que devant le juge en charge des intérêts civils.

Dans cette nouvelle configuration, le renvoi pour appel à la cause de l'organisme social peut encore être source de difficultés et de lenteurs aggravées dans l'indemnisation des victimes. Il ne saurait que trop être conseillé à veiller dans chaque juridiction à ce qu'un membre de la juridiction correctionnelle établisse un lien solide avec la caisse de sécurité sociale locale, afin qu'une majorité de procédures puissent connaître un dénouement rapide.

Le tribunal correctionnel doit donc être vigilant et avant même de se lancer dans l'examen des faits de la prévention veiller, en présence d'une victime d'un préjudice corporel important ayant manifestement donné lieu à une intervention de l'organisme social (hospitalisation, intervention chirurgicale, soins, suivi médical... équipement prothétique...), à savoir si elle entend se constituer partie civile et interroger le cas échéant cette partie civile sur l'appel à la cause de son organisme de sécurité sociale.

§ 2
Intervention

223.111 **Modalités de l'intervention.** Lorsqu'ils revendiquent un préjudice propre, lié par exemple à un vol dans leurs locaux ou à une fraude aux prestations sociales, les organismes sociaux peuvent parfaitement se constituer partie civile.

En revanche, lorsqu'elles exercent, dans le cadre d'une procédure pénale contre le responsable du préjudice causé à un de leurs assurés, l'action subrogatoire notamment prévue par l'article L. 376-1 du code de la sécurité sociale, les caisses de sécurité sociale, voient leur intervention fondée uniquement sur l'action accordée à la victime de l'infraction par le code de procédure pénale. A cette occasion, elles ne formulent donc pas des demandes indemnitaires en réparation d'un dommage dont elles ont personnellement souffert et qui a été directement causé par l'infraction, mais cherchent à obtenir des auteurs de celle-ci le remboursement des prestations qu'elles ont versées à leurs assurés. Comme cela a déjà été dit, elles ne peuvent dès lors se constituer partie civile, droit réservé aux victimes[5].

Dès lors que l'organisme social est représenté à l'audience, il est cependant partie à l'instance[6] et, à l'égal de la partie civile, dont dans le second cas ci-dessus évoqué, il n'a donc pas la qualité, il est dispensé des formes exigées pour l'audition des témoins. Il est assez rare qu'un représentant personne physique de l'organisme social se présente. En général la demande sera formulée par écrit, reçue avant l'audience et accompagnée d'un relevé des débours, soit provisoire, ce qui imposera un renvoi à une audience ultérieure sur intérêts civils, sans exclure que le versement d'une provision à la victime soit ordonné, soit définitif, ce qui pourra le cas échéant permettre le règlement définitif de l'affaire y compris sur le plan civil.

En ce qui concerne l'assiette de sa demande, il convient de retenir que l'organisme social peut prétendre outre le remboursement de ses débours au règlement par le prévenu par ailleurs reconnu civilement responsable au règlement d'une indemnité forfaitaire prévue par les dispositions de l'article L. 376-1 du code de la sécurité sociale. Le montant de cette indemnité est égal au tiers des sommes dont le remboursement a été obtenu, dans les limites d'un montant maximum de 1 162 euros et d'un montant minimum de 115 euros, montant révisé chaque année[7], par arrêté des ministres chargés de la sécurité sociale et du budget, en fonction du taux de progression de l'indice des prix à la consommation hors tabac prévu dans le rapport économique, social et financier annexé au projet de loi de finances

1. Crim. 7 mars 2017, n° 16-83.000, NP.
2. CSS, art. L. 376-1, préc.
3. CSS, art. L. 376-1, préc.
4. V. s^{s} n° 223.91.
5. Crim. 31 janv. 2023, n° 22-82.917, P.
6. Crim. 28 nov. 1989, n° 89-81.771, P n° 450.
7. Arr. 15 déc. 2022 relatif aux montants minimal et maximal de l'indemnité forfaitaire de gestion prévue aux articles L. 376-1 et L. 454-1 du code de la sécurité sociale pour l'année 2023, *JO* 31 déc., n° 148, NOR : SPRS2236213A.

pour l'année considérée. Les dispositions de ce texte, qui autorisent la caisse de sécurité sociale à recouvrer l'indemnité forfaitaire selon les règles et sous les garanties et sanctions prévues pour le recouvrement des cotisations de sécurité sociale, ne font pas obstacle à ce que le juge alloue cette indemnité à la caisse, lorsqu'il condamne le tiers responsable au remboursement des prestations servies [1].

En matière de recours des tiers payeurs en suite d'accidents du travail, on citera uniquement à ce stade un arrêt venu poser en principe que dans la mesure où son montant excède celui des pertes de revenu et l'incidence professionnelle, la rente servie en application de l'article L. 434-2 [2] du code de la sécurité sociale répare nécessairement, en tout ou en partie, l'atteinte objective à l'intégrité physique de la victime que représente le poste de préjudice personnel du déficit fonctionnel permanent [3]. Le tribunal doit donc, après avoir apprécié le préjudice résultant de l'atteinte à l'intégrité physique de la victime d'un accident dans tous ses éléments, pris ou non en charge par l'organisme de sécurité sociale, imputer la créance de la caisse sur les postes du préjudice patrimonial puis, le cas échéant, pour l'excédent, sur le poste indiqué du préjudice extrapatrimonial.

223.112 Droit d'appel des organismes sociaux. En ce qui concerne la faculté d'appel des organismes sociaux, elle existe quelle que soit la position adoptée par la partie civile (absence d'appel, acquiescement ou désistement) car la caisse de sécurité sociale, partie à l'instance, dispose d'un droit propre d'appel qui lui permet de déférer la décision aux juges du second degré dans la limite de ses intérêts, nonobstant l'acquiescement de la victime à la décision de première instance et de remettre ainsi en question ses rapports avec le prévenu [4]. De même si après s'être constituée partie civile, la victime laisse s'éteindre son action en transigeant avec le responsable, la juridiction pénale reste valablement saisie de la demande de la caisse [5].

En revanche, en l'absence d'appel de la partie civile, il n'est évidemment pas possible à la cour de modifier le montant d'indemnisation du préjudice et la portée de l'appel des organismes sociaux reste limitée à la fixation des sommes dues à la caisse intervenante [6].

223.113 Intervention des organismes sociaux en matière de lutte contre les fraudes aux prestations sociales. Les directeurs des organismes de sécurité sociale, ainsi que les directeurs des organismes admis à encaisser des cotisations ou à servir des prestations au titre des régimes obligatoires de base sont tenus, lorsqu'ils ont connaissance d'informations ou de faits pouvant être de nature à constituer une fraude, de procéder aux contrôles et enquêtes nécessaires. Ils transmettent à l'autorité compétente de l'État le rapport établi à l'issue des investigations menées.

L'organisme local d'assurance-maladie informe le cas échéant, s'il peut être identifié, l'organisme d'assurance-maladie complémentaire de l'assuré de la mise en œuvre de la procédure visée au présent article.

Les organismes nationaux des différents régimes suivent les opérations réalisées par les organismes mentionnés au premier alinéa. Ils en établissent annuellement une synthèse qui est transmise au ministre chargé de la sécurité sociale. Un arrêté du ministre chargé de la sécurité sociale en définit le contenu et le calendrier d'élaboration.

Lorsqu'à l'issue des investigations prévues au présent article une fraude est constatée pour un montant supérieur à un seuil fixé par décret, les organismes visés au premier alinéa portent plainte en se constituant partie civile. En ce cas, ils sont dispensés de la consignation prévue à l'article 88 du code de procédure pénale.

Les organismes nationaux sont avisés par l'organisme de sécurité sociale de cette fraude et de la suite donnée. À défaut de plainte avec constitution de partie civile de l'organisme lésé, les organismes nationaux peuvent agir, en son nom et pour son compte, à l'expiration d'un délai d'un mois après une mise en demeure de ce dernier restée infructueuse. Les organismes nationaux peuvent aussi déposer plainte avec constitution de partie civile au nom et pour le compte d'un ou plusieurs organismes de sécurité sociale qui les mandatent à cette fin [7].

Le seuil mentionné au quatrième alinéa de l'article L. 114-9 [8] est fixé comme suit :

a) Pour les prestations des branches maladie et accidents du travail et maladies professionnelles, huit fois le montant du plafond mensuel de la sécurité sociale ;

b) Pour les prestations des branches famille, huit fois le plafond mensuel de la sécurité sociale ;

1. Crim. 19 févr. 2008, n° 07-86.114, P n° 42 ; *D.* 2008. 994 ; *AJ pénal* 2008. 245 – AUSSI : CE, avis, 28 mars 2001, req. n° 228598, *Lebon*.
2. CSS, art. L. 434-2 ; mod. par L. n° 2015-1702, 21 déc. 2015, art. 89.
3. Crim. 19 mai 2009, n° 08-82.666, P n° 97 ; *D.* 2009. 1767 ; *D.* 2009. 1714, Chron. P. Chaumont et E. Degorce ; *D.* 2010. 49, obs. P. Brun et O. Gout.
4. Crim. 15 juin 1976, n° 75-91.782, P n° 213 ; Crim. 28 nov. 1994, n° 92-85.828, P n° 70.
5. Crim. 23 mars 1960, *D.* 1960. 667.
6. Crim. 15 juin 1976, n° 75-91.782, préc.
7. CSS, art. L. 114-9 ; mod. par L. n° 2016-1827, 23 déc. 2016, art. 106.
8. CSS, art. L. 114-9, préc.

c) Pour les prestations des branches vieillesse, quatre fois le plafond mensuel de la sécurité sociale ;

d) Pour le recouvrement des cotisations et contributions, huit fois le plafond mensuel de la sécurité sociale.

Pour l'application du présent article, le montant du plafond mensuel de la sécurité sociale est celui en vigueur au moment des faits ou, lorsqu'elle s'est répétée, à la date du début de la fraude[1]. Les dispositions des articles L. 133-4 et R. 133-9-1 du code de la sécurité sociale permettant aux caisses de sécurité sociale d'obtenir la répétition des sommes indûment versées aux professionnels de santé en cas d'inobservation des règles de tarification ou de facturation, ou bien en cas de facturation d'actes non effectués ou de prestations et produits non délivrés, ne font pas obstacle à ce que ces organismes exercent, en application de l'article 3 du code de procédure pénale, l'action en réparation du préjudice qu'ils ont subi, la cour d'appel, qui a évalué la réparation des préjudices résultant pour les parties civiles de l'infraction en usant de son pouvoir d'apprécier souverainement, dans la limite des conclusions des parties, l'indemnité propre à réparer le dommage né de l'infraction[2].

223.114 Possible intervention des organismes sociaux devant les juridictions civiles. L'organisme social qui n'a pas été partie au procès répressif peut toujours agir en remboursement de ses débours devant la juridiction civile.

SECTION 6
AGENT JUDICIAIRE DE L'ÉTAT[3]

223.121 Rôle. Toute action portée devant les tribunaux de l'ordre judiciaire et tendant à faire déclarer l'État créancier ou débiteur pour des causes étrangères à l'impôt et au domaine doit, sauf exception prévue par la loi, être intentée à peine de nullité par ou contre l'agent judiciaire de l'État[4].

Ainsi, l'agent judiciaire de l'État doit être appelé à la cause lorsque l'État a été amené à verser des indemnités journalières ou à assumer une prise en charge d'un de ses fonctionnaires victime d'une infraction pénale, ou encore à assumer le coût des réparations de dommages matériels appartenant à l'État ou l'une de ses collectivités, car il peut demander que ces sommes soient mises à la charge de l'auteur des faits[5].

Quand son intervention a été régulièrement admise par le tribunal, l'agent judiciaire de l'État devient partie à l'instance. Il dispose alors d'un droit d'appel propre lui permettant de déférer la décision aux juges du second degré dans la limite de ses intérêts, et ce, même si la partie civile, aux droits de laquelle il est subrogé, n'a pas usé de cette voie de recours[6].

La modification de l'article L. 376-1[7] du code de la sécurité sociale n'a pas été étendue aux textes intéressant l'intervention de l'agent judiciaire de l'État, en sorte qu'il semble bien que la partie civile ait encore, le concernant, l'obligation de l'aviser de la date de l'audience initiale et ne puisse attendre un éventuel renvoi sur intérêts civils.

SECTION 7
ASSUREURS ET FONDS DE GARANTIE

§ 1
Assureur

223.131 Principe classique. Classiquement, seuls étaient pris en considération les intérêts de la victime principale en cas d'exercice de l'action civile devant la juridiction répressive, d'où, l'irrecevabilité des tiers lésés et en particulier des assureurs. Jusqu'en 1983, cette règle était absolue. Puis, en matière d'homicide ou de blessures involontaires, le législateur a octroyé[8], par la loi du 8 juillet 1983[9], le pouvoir aux assureurs d'intervenir, dans certains cas, devant le juge répressif. Ainsi cette intervention est possible devant le juge de police, le juge correctionnel ou la cour d'assises. En revanche il n'y a pas d'intervention possible devant les juridictions d'instruction.

La jurisprudence a admis cette intervention quelle que soit l'origine de l'homicide ou les blessures involontaires, la loi ne distinguant pas. Encore faut-il que la victime elle-même exerce l'action en

1. CSS, art. D. 114-5 ; créé par décr. n° 2006-1612, 15 déc. 2006, art. 1er ; mod. par décr. n° 2015-20, 12 janv. 2015, art. 1er.
2. Crim. 16 janv. 2019, n° 17-86.581, P. C. Fonteix, « Escroquerie au préjudice d'organismes sociaux : action civile ou répétition de l'indu ? », *D. actu.* 19 févr. 2019.
3. Décr. n° 2012-985, 23 août 2012 substituant la dénomination « agent judiciaire de l'État » à la dénomination « agent judiciaire du Trésor », *JO* 24 août, p. 13762.
4. L. n° 55-366, 3 avr. 1955, art. 38 ; mod. par L. n° 61-1396, 21 déc. 1961, art. 75 ; mod. par décr. n° 2012-985, 23 août 2012, art. 3.
5. Ord. n° 59-76, 7 janv. 1959 et en dernier lieu L. n° 85-677, 5 juill. 1985.
6. Crim. 8 déc. 1970, n° 70-90.878, P n° 326 – Crim. 23 juin 1993, n° 92-86.295, P n° 220.
7. CSS, art. L. 376-1 ; mod. par L. n° 2006-1640, 21 déc. 2006, art. 25.
8. C. pr. pén., art. 388-1 à 388-3, 385-1 et 385-2.
9. L. n° 83-608, 8 juill. 1983 renforçant la protection des victimes d'infraction, *JO* 9 juill., p. 2122.

réparation qui lui appartient en vertu de l'article 2 du code de procédure pénale. À défaut l'intervention, volontaire ou forcée de l'assureur, est sans objet[1].

223.132 **Cas.** *La personne dont la responsabilité civile est susceptible d'être engagée à l'occasion d'une infraction d'homicide ou de blessures involontaires* qui a entraîné pour autrui un dommage quelconque pouvant être garanti par un assureur doit préciser le nom et l'adresse de celui-ci, ainsi que le numéro de sa police d'assurance. Il en est de même pour la victime lorsque le dommage qu'elle a subi peut être garanti par un contrat d'assurance. Ces renseignements sont consignés dans les procès-verbaux d'audition.

Lorsque des poursuites pénales sont exercées, les assureurs appelés à garantir le dommage sont admis à intervenir et peuvent être mis en cause devant la juridiction répressive, même pour la première fois en cause d'appel ; l'intervention de l'assureur sera donc volontaire ou forcée. Dans tous les cas, ils doivent se faire représenter par un avocat. Le but de cette intervention est bien sûr de rendre opposable à l'assureur la décision qui va être rendue sur les intérêts civils.

En ce qui concerne les débats et les voies de recours, les règles concernant les personnes civilement responsables et les parties civiles sont applicables respectivement à l'assureur du prévenu et à celui de la partie civile sous réserve des dispositions de l'alinéa ci-dessus et des articles 385-1, alinéa 3, 388-2 et 509, alinéa 2[2].

Une décision a vu la chambre criminelle dire qu'il résulte de l'article 388-1 du code de procédure pénale qu'en cas de poursuites exercées du chef d'homicide ou de blessures involontaires, peuvent être mis en cause les assureurs appelés à garantir un dommage quelconque subi à l'occasion de cette infraction, y compris des dommages matériels occasionnés par une contravention poursuivie concomitamment (en l'espèce un défaut de maîtrise) et consistant dans l'inobservation de prescriptions réglementaires[3].

223.133 **Champ limité quant aux infractions.** En application de l'article 388-1, lorsque des poursuites pénales sont exercées, les assureurs appelés à garantir le dommage sont donc admis à intervenir et peuvent être mis en cause devant la juridiction répressive, même pour la première fois en cause d'appel ; ils doivent se faire représenter par un avocat.

En vertu de l'article L. 121-12 du code des assurances, les assureurs qui ont versé à leur assuré l'indemnité prévue par le contrat sont subrogés dans les droits et actions de l'assuré contre les tiers qui, par leur fait, ont causé le dommage ayant donné lieu à la responsabilité de l'assureur. La jurisprudence refuse d'étendre cette possibilité d'intervention au-delà de ces hypothèses, et l'assureur ne peut intervenir « au pénal » lors de poursuites diligentées pour conduite sous l'empire d'un état alcoolique[4], des coups ou violences volontaires avec arme[5] ou encore pour vol[6]. Le juge doit s'assurer, même d'office, du respect de l'article 388-1 du code de procédure pénale limitant l'intervention ou la mise en cause de l'assureur au cas de poursuites pénales pour infraction d'homicide ou de blessures involontaires[7]. L'assureur couvrant la responsabilité civile du prévenu, conducteur non autorisé d'un véhicule automobile et de son civilement responsable, qui a indemnisé la victime en cette qualité, ne peut exercer, devant la juridiction répressive, contre le responsable de l'accident ayant obtenu la garde ou la conduite du véhicule sans autorisation, l'action récursoire prévue à l'article L. 211-1[8] du code des assurances[9].

223.134 **Assureurs concernés et décisions prises à leur égard.** Il résulte de l'article 388-1 du code de procédure pénale que, devant la juridiction répressive saisie de poursuites pour homicide ou blessures involontaires, seul l'assureur du prévenu ou de la personne civilement responsable peut intervenir ou être mis en cause en tant qu'assureur de responsabilité et l'intervention de l'assureur de la victime qui s'est constituée partie civile est donc irrecevable[10]. L'intervention de cet assureur sera donc volontaire ou forcée. Elle a pour objet de lui rendre opposable la décision à venir sur les intérêts civils. Fait l'exacte application de ce texte la cour d'appel qui, saisie par la partie civile de conclusions tendant à la condamnation du prévenu et de son assureur au paiement des indemnités réclamées, se borne, après avoir condamné le prévenu au paiement desdites indemnités, à déclarer la décision opposable à son assureur[11]. *A contrario* méconnaît cette règle la cour d'appel qui condamne l'assureur *in solidum* avec son

1. Crim. 12 oct. 1994, n° 93-85.113, P n° 330.
2. C. pr. pén., art. 388-1 ; mod. par L. n° 2011-94, 25 janv. 2011, art. 32.
3. Crim. 11 juill. 2017, n° 16-82.904, P.
4. Crim. 23 avr. 1991, n° 90-81.451, P n° 189.
5. Crim. 31 mai 1989, n° 87-84.123, P n° 229.
6. Crim. 26 sept. 1996, n° 96-80.679, P n° 332 ; *D.* 1996. 261.
7. Crim. 2 mars 1988, n° 86-91.105, P n° 111.
8. C. assur., art. L. 211-1 ; mod. par L. n° 2007-1774, 17 déc. 2007, art. 1er.
9. Crim. 27 mai 2014, n° 13-80.849, P n° 137 ; *D.* 2014. 1202 – SUR LE DÉFAUT DE QUALITÉ de l'assureur d'un prévenu, subrogé dans les droits de la partie civile et des tiers payeurs qu'il a indemnisés, pour exercer devant la juridiction pénale, sur le fondement de l'article 388-1 du code de procédure pénale, une action récursoire contre des codébiteurs solidaires : Crim. 3 juin 1992, n° 91-80.752, P n° 218.
10. Crim. 2 avr. 1992, n° 91-83.259, P n° 138.
11. Crim. 8 nov. 1988, n° 87-91.097, P. n° 378.

assuré à payer une indemnité à la partie civile outre les frais d'expertise, tout en déclarant l'arrêt opposable audit assureur[1].

L'intervention de l'assureur d'un tiers conducteur du véhicule impliqué dans l'accident, étant irrecevable, son pourvoi l'est également[2].

Dans les cas où l'intervention de l'assureur est admise par la loi, elle n'est qu'accessoire et concerne le seul assureur du prévenu ou du civilement responsable. Cette intervention est volontaire ou forcée. De même, l'intervention de l'assureur d'un tiers conducteur du véhicule impliqué dans l'accident, étant irrecevable, son pourvoi l'est également[3]. Ce même article 388-1 indique que l'assureur peut intervenir même pour la première fois en cause d'appel[4]. L'assureur couvrant la responsabilité civile du prévenu, conducteur non autorisé d'un véhicule automobile et de son civilement responsable, qui a indemnisé la victime en cette qualité, ne peut exercer, devant la juridiction répressive, contre le responsable de l'accident ayant obtenu la garde ou la conduite du véhicule sans autorisation, l'action récursoire prévue à l'article L. 211-1[5] du code des assurances[6].

223.135 Mise en cause. Toute personne qui y a intérêt doit, dix jours au moins avant l'audience, effectuer la mise en cause de l'assureur dans les formes prescrites par la loi à l'article 388-2 du code de procédure pénale (acte d'huissier ou lettre recommandée avec demande d'avis de réception qui mentionne la nature des poursuites engagées, l'identité du prévenu, de la partie civile et, le cas échéant de la personne civilement responsable, le numéro des polices d'assurance, le montant de la demande de réparation ou, à défaut, la nature et l'étendue du dommage ainsi que le tribunal saisi, le lieu, la date et l'heure de l'audience).

En cas d'irrespect de ce texte, le prévenu et son assureur ne sauraient faire grief du refus par la cour d'appel de surseoir à statuer dans l'attente de cette mise en cause[7].

En vertu des dispositions de l'article 388-3 du code de procédure pénale, la décision concernant les intérêts civils est opposable à l'assureur qui est intervenu au procès ou a été avisé dans les conditions prévues par l'article 388-2.

Si à l'inverse, les formes et délais prescrits par l'article 388-2 n'ont pas été respectés, la décision est inopposable à l'assureur[8].

223.136 Exception de nullité du contrat d'assurance. Évolutions et incertitudes jurisprudentielles. Dans les cas prévus par les articles 388-1 et 388-2 du code de procédure pénale, l'exception fondée sur une cause de nullité ou sur une clause du contrat d'assurance et tendant à mettre l'assureur hors de cause est, à peine de forclusion, présentée par celui-ci avant toute défense au fond. L'assureur mis en cause dans les conditions prévues par l'article 388-2 qui n'intervient pas au procès pénal est réputé renoncer à toute exception ; toutefois, s'il est établi que le dommage n'est pas garanti par l'assureur prétendu, celui-ci est mis hors de cause par le tribunal[9].

Les dispositions de ce texte sont d'ordre public[10] et l'exception fondée sur une cause de nullité ou sur une clause du contrat d'assurance et tendant à mettre l'assureur hors de cause n'est recevable devant la juridiction répressive que si elle est de nature à exonérer totalement l'assureur de son obligation de garantie à l'égard des tiers. N'entre pas dans cette catégorie l'exception par laquelle l'assureur oppose à l'assuré la déchéance de la garantie pour déclaration tardive du sinistre, une telle exception, selon l'article R. 124-1 du code des assurances, n'étant pas de nature à exonérer l'assureur de son obligation de garantie à l'égard des victimes de l'infraction. En pareil cas, la juridiction répressive doit, sous peine d'excéder ses pouvoirs, déclarer même d'office l'exception irrecevable.

Dans tous les cas, cette exception de non garantie ou de nullité du contrat doit donc, comme toutes les autres exceptions de nullité de procédure, être soulevée avant toute défense au fond, et en particulier avant le début de l'évocation des faits[11], mais seule l'exception tendant à le mettre hors de cause, doit être soulevée par l'assureur avant toute défense au fond[12]. Si, selon l'alinéa 2 de l'article 385-1 du code de procédure pénale, l'assureur, mis en cause dans les conditions prévues par les articles 388-1 et

1. Crim. 19 oct. 2010, n° 10-80.166, *JurisData* n° 2010-021383 ; *Resp. civ. et assur.* 2011, comm. 84, note H. Groutel.
2. Crim. 17 févr. 1993, n° 92-81.477, P n° 77.
3. Crim. 17 févr. 1993, n° 92-81.477, P n° 77.
4. Crim. 15 déc. 1987, n° 86-96.862, P n° 461.
5. C. assur., art. L. 211-1 ; mod. par L. n° 2007-1774, 17 déc. 2007, art. 1er.
6. Crim. 27 mai 2014, n° 13-80.849, P n° 137.
7. Crim. 29 févr. 2000, n° 98-85.825, P n° 87.
8. Crim. 22 janv. 1997, n° 96-81.002, P n° 23.
9. C. pr. pén., art. 385-1.
10. Crim. 9 oct. 1986, n° 85-91.040, P n° 279.
11. Crim. 25 oct. 1990, n° 89-83.779, P n° 356.
12. Crim. 19 déc. 2000, n° 00-80.479, P n° 382 ; *D.* 2001. 522, en l'espèce : « Est donc recevable, alors même qu'elle ne serait pas soulevée avant toute défense au fond, l'exception de non-assurance opposée par l'assureur du prévenu à l'une des parties civiles, dans une procédure suivie pour homicide involontaire. Une telle exception est en effet de nature à exonérer totalement l'assureur de son obligation de garantie à l'égard de la partie civile à laquelle elle est opposée, sans tendre pour autant à le mettre hors de cause, dès lors qu'elle n'affecte pas la garantie due par lui aux autres parties civiles. »

388-2 et qui n'intervient pas au procès pénal, est réputé renoncer à toute exception, cette disposition ne fait pas obstacle, lorsque cet assureur n'a pas comparu en première instance, à ce qu'il soumette à la cour d'appel avant toute défense au fond, les exceptions visées à l'alinéa 1er dudit article 385-1. Encourt dès lors la cassation l'arrêt qui, pour déclarer irrecevable une exception de nullité du contrat d'assurance présentée, avant toute défense au fond, devant la juridiction du second degré, retient que l'assureur, qui a été régulièrement mis en cause et qui n'a pas comparu devant le tribunal correctionnel, est réputé avoir renoncé à toute exception [1].

Cette exception ne peut par ailleurs être retenue par la juridiction que si elle est de nature à totalement exonérer l'assureur de sa garantie à l'égard des tiers [2]. La jurisprudence retient à ce titre : le défaut d'assurance [3] ; les fausses déclarations intentionnelles de l'assuré [4] ; les exclusions de garantie opposables à la victime ayant souscrit le contrat d'assurance, si elle s'est elle-même placée, en connaissance de cause, dans une situation exclusive de garantie [5]. Une illustration et un commentaire récents ont rappelé que le juge répressif du fond ne peut que déclarer irrecevable la demande de l'assureur de déchéance de garantie à l'égard de l'assuré, en application des dispositions d'ordre public de l'article 385-1 du Code de procédure pénale, selon lesquelles l'exception fondée sur une cause de nullité ou sur une clause du contrat d'assurance, tendant à mettre l'assureur hors de cause, n'est recevable que si elle est de nature à exonérer totalement l'assureur de son obligation de garantie à l'égard des tiers, ce dont il se déduit que le juge pénal n'a pas compétence pour examiner l'exception en ce qu'elle oppose seulement l'assureur à l'assuré [6].

Par ailleurs, jusqu'à un arrêt de revirement du 29 août 2019 [7], la Cour de cassation jugeait que la nullité d'un contrat d'assurance était opposable à tout bénéficiaire de la garantie stipulée [8] ; il en était ainsi de la nullité résultant de la fausse déclaration de l'assuré qui était opposable à la victime, dès lors que l'assureur qui déniait sa garantie avait régulièrement mis en cause le FGAO [9]. La chambre criminelle se fondait notamment sur l'article R. 211-13 du code des assurances qui ne prévoit l'inopposabilité à la victime que de certaines déchéances et exclusions de garantie.

Depuis cet arrêt du 29 août 2019 faisant suite à un arrêt rendu par la Cour de justice de l'UE le 20 juillet 2017 [10], la Cour de cassation juge qu'il se déduit des articles L. 113-8 et R. 211-13 du code des assurances, interprétés à la lumière de l'article 3, paragraphe 1, de la directive 72/166/CEE du Conseil du 24 avril 1972 et de l'article 2, paragraphe 1, de la deuxième directive 84/5/CEE du Conseil du 30 décembre 1983 et des articles 3 et 13 de la directive 2009/103 du Conseil du 16 septembre 2009, que la nullité édictée par l'article L. 113-8 du code des assurances n'est pas opposable aux victimes d'un accident de la circulation ou à leurs ayants droit et que le FGAO ne peut être appelé à indemniser la victime dans un tel cas [11].

Saisie pour avis, par la chambre criminelle, de la question de savoir si la nullité du contrat d'assurance automobile, pour fausse déclaration intentionnelle relative à l'identité du conducteur habituel, doit être déclarée inopposable à la victime, y compris quand elle est tout à la fois le passager du véhicule ayant causé l'accident et le souscripteur de l'assurance, auteur de cette fausse déclaration, la 2e chambre civile de la Cour de cassation [12] a :

– rappelé qu'il résulte, désormais, de l'article L. 211-7-1 du code des assurances, issu de la loi

1. Crim. 16 janv. 2007, n° 06-80.185, P n° 9 ; *AJ pénal* 2007. 185, obs. G. Royer – Crim. 15 mai 2018, n° 17-82.516, NP.
2. Crim. 9 avr. 1992, n° 91-81.296, NP – Crim. 4 déc. 2001, n° 01-81.985, P n° 249.
3. Crim. 6 juin 1989, n° 88-85.152, P n° 239, en l'espèce : « Sauf l'hypothèse prévue à l'article R. 211-4 du code des assurances, l'adjonction d'une remorque au véhicule assuré crée non une aggravation du risque couvert, mais une modification de l'instrument de celui-ci et constitue un cas de non-assurance. »
4. Crim. 19 déc. 2000, n° 00-80.479, P n° 382 ; *D.* 2001. 522.
5. Crim. 5 oct. 1994, nos 91-84.237, 93-82.939, P n° 317, en l'espèce : « Si, aux termes de l'article R. 211-13 du code des assurances, les exclusions de garantie prévues aux articles R. 211-10 et R. 211-11 du même code ne sont pas opposables aux victimes ou à leurs ayants droit, il en est autrement à l'égard de la victime qui, souscripteur du contrat d'assurance, s'est elle-même placée, en connaissance de cause, dans une situation exclusive de la garantie. Justifie, dès lors, sa décision la cour d'appel qui, après avoir constaté que le souscripteur du contrat était transporté dans sa propre voiture conduite, avec son accord, par un tiers dont il savait qu'il n'était pas titulaire du permis de conduire, déclare l'assureur non tenu à garantie. »
6. Crim. 18 oct. 2022, n° 21-81.876, NP, obs. R. Schulz, « Irrecevabilité, devant le juge pénal, de l'exception de garantie tirée d'une déchéance à l'égard de l'assuré mais pas opposable au tiers », *Revue générale du droit des assurances*, déc. 2022.
7. Civ. 2e, 29 août 2019, n° 18-14.768, P ; *D. actu.* 20 sept. 2019, obs. R. Bigot.
8. Crim. 31 mai 1988, n° 87-84.010, P n° 234.
9. Crim. 12 juin 2012, n° 11-87.395, NP.
10. CJUE 20 juill. 2017, aff. C 287-16, notamment pt 27, H. Groutel, « Un an de droit des assurances », *Revue responsabilité et assurances*, mai 2018, p. 7 ; J. Landel, « assurance automobile : la Cour de justice de l'Union européenne met le pied dans la fourmilière », *Revue générale du droit des assurances*, 2017, p. 552.
11. Civ. 2e, 16 janv. 2020, n° 18-23.381, P ; *D. actu.* 29 janv. 2020, obs. R. Bigot – Crim. 8 sept. 2020, n° 19-84.983, P.
12. Civ. 2e, 30 mars 2023, n° 22-70.015, renvoi préjudiciel CJUE.

n° 2019-486 du 22 mai 2019, adoptée pour mettre en conformité le code des assurances avec le droit de l'Union, que la nullité d'un contrat d'assurance automobile n'est pas opposable aux victimes des dommages nés d'un accident de la circulation, ou à leurs ayants droit, et que, dans une telle hypothèse, l'assureur qui garantit la responsabilité civile du fait du véhicule impliqué, est tenu de les indemniser. Le texte ajoute que l'assureur est subrogé dans les droits que possède le créancier de l'indemnité contre la personne responsable de l'accident, à concurrence du montant des sommes qu'il a versées ;

- souligné que depuis l'évolution de sa jurisprudence et l'entrée en vigueur de l'article L. 211-7-1 du code des assurances, la Cour de cassation ne s'est jamais prononcée sur la question de savoir si la nullité du contrat d'assurance est inopposable à la victime, passager du véhicule, lorsqu'elle est également le preneur d'assurance, auteur de la fausse déclaration intentionnelle ayant entraîné la nullité du contrat d'assurance ;

- retenu qu'aucun des arrêts rendus par la Cour de justice de l'Union européenne (CJUE) interprétant la directive 2009/103 du Parlement européen et du Conseil du 16 septembre 2009, concernant l'assurance de la responsabilité civile résultant de la circulation de véhicules automobiles et le contrôle de l'obligation d'assurer cette responsabilité, applicable au litige, ou les directives antérieures qu'elle a consolidées, n'est relatif à cette situation précise (*Candolin*, 30 juin 2005, aff. C-537/03 ; *Churchill Insurance Company*, 1er déc. 2011, aff. C-442/10 ; Marques *Almeida*, 23 oct. 2012, aff. C-300/10 ; *Csonka e.a.*, 11 juill. 2013, aff. C-409/11 ; *Fidelidade*, 20 juill. 2017, aff. C-287/16 ; *Delgado Mendes*, 14 sept. 2017, aff. C-503/16 ; *Van Ameyde*, 10 juin 2021, aff. C-923/19) ;

- observé que s'il ressort de cette jurisprudence que l'unique distinction admise par la réglementation de l'Union en matière d'assurance obligatoire de responsabilité civile automobile est celle entre conducteur et passager et, si le fait que le passager victime soit également l'assuré du véhicule ne permet pas de lui dénier la qualité de tiers victime, aucun de ces arrêts n'a eu à connaître de la situation d'un assuré victime passager qui serait à l'origine d'une annulation du contrat d'assurance en raison de sa faute. Notamment, l'arrêt *Fidelidade*, précité, qui était relatif aux conséquences à tirer de la nullité d'un contrat, concernait la situation de victimes qui n'étaient pas les preneurs d'assurance. Et l'arrêt *Churchill Insurance Company*, susmentionné, ne concernait pas les conséquences à tirer de la nullité d'un contrat, mais une disposition nationale qui avait pour effet d'exclure de manière automatique, dans certaines circonstances, l'obligation pour l'assureur de dédommager un assuré, passager victime, lorsqu'il avait autorisé une personne non assurée à conduire.

Elle s'est également interrogée sur le point de savoir si, dans l'hypothèse où la nullité du contrat d'assurance serait déclarée inopposable à la victime, preneur d'assurance, l'assureur pourrait, sans contrevenir au droit de l'Union, être admis à exercer un recours à son encontre, fondé sur la faute intentionnelle commise lors de la conclusion du contrat, pour obtenir remboursement des sommes qu'il lui a payées en exécution du contrat, la jurisprudence nationale considérant, en effet, que le souscripteur d'un contrat d'assurance de responsabilité civile automobile qui fait volontairement de fausses déclarations engage par là même sa responsabilité vis-à-vis de l'assureur, et, en cas d'annulation de ce contrat pour fausse déclaration intentionnelle, est tenu de rembourser à l'assureur l'indemnité que celui-ci a versée à la victime[1].

Par suite, et conformément aux dispositions de l'article 267 du TFUE, elle a saisi la CJUE d'un renvoi préjudiciel aux fins que la Cour dise si les articles 3 et 13 de la directive 2009/103 du Parlement européen et du Conseil du 16 septembre 2009 s'opposent à une réglementation nationale qui déclarerait opposable au passager victime, qui est aussi le preneur d'assurance, la nullité du contrat résultant de sa fausse déclaration intentionnelle au moment de la conclusion du contrat d'assurance et si la circonstance que le FGAO soit tenu d'indemniser cette victime, dans le cas où la nullité du contrat lui serait déclarée opposable, serait de nature à influer sur la solution.

Enfin, l'existence d'une renonciation de l'assureur à se prévaloir de la nullité d'un contrat d'assurance relève de l'appréciation souveraine des juges du fond[2].

223.137 Hypothèse de l'absence de contrat d'assurance – Conditions d'intervention de l'assureur. L'absence de souscription d'une assurance obligatoire, en particulier en matière de conduite automobile est une infraction délictuelle prévue et réprimée par l'article L. 324-2[3] du code de la route[4] et punie de 3 750 euros d'amende ; l'amende est majorée de 50 % au profit du Fonds de garantie des assurances obligatoire de dommages[5], spécificité qu'il est recommandé au président de l'audience d'annoncer lors de son délibéré pour limiter notam-

1. Civ. 1re, 26 févr. 1991, n° 88-15.814, P I, n° 76.
2. Crim. 4 juin 2013, n° 12-84.557, P n° 125.
3. C. route, art. L. 324-2 ; mod. par L. n° 2016-1547, 18 nov. 2016, art. 36.
4. C. assur., art. L. 211-1 ; mod. par L. n° 2007-1774, 17 déc. 2007, art. 1er.
5. C. assur., art. L. 211-27 ; créé par L. n° 2004-204, 9 mars 2004, art. 59.

ment toute contestation ultérieure devant le BEX et qui en tout état de cause gagne à figurer expressément dans le jugement rendu [1].

Si cette infraction est fréquemment poursuivie devant les juridictions correctionnelles, la difficulté se présentera surtout lorsqu'un contrat aura un temps été souscrit, puis ne l'aura plus été. Si l'assureur entend soulever devant la juridiction répressive une exception de nullité ou de non-garantie, il lui appartient afin que soit respecté le principe du contradictoire, de mettre en cause le souscripteur du contrat, si celui-ci n'est présent à l'instance à aucun titre [2].

Lorsqu'une compagnie d'assurances entend décliner sa garantie, elle doit mettre en cause le souscripteur de la police, en le faisant citer en qualité de partie intervenante à l'instance s'il ne figure pas déjà dans la procédure à un autre titre, la délivrance d'une citation à comparaître en qualité de témoin ne satisfaisant pas à cette exigence [3].

Toujours dans le sens du respect du contradictoire, il résulte des articles 385-1 du code de procédure pénale et 6, § 1, de la convention européenne des droits de l'homme que les juges ne peuvent opposer à l'assureur la forclusion résultant de la tardiveté de la présentation de l'exception de nullité ou de non-garantie sans avoir mis préalablement les parties en demeure de conclure sur ce point [4].

L'assureur doit satisfaire aux exigences de l'article R. 421-5 [5] du code des assurances, relatives à la concomitance des avis à donner au Fonds de garantie et aux victimes [6].

Enfin, en application de l'article 475-1 du code de procédure pénale, seul l'auteur de l'infraction peut être condamné par le tribunal à payer à la partie civile la somme qu'il détermine au titre des frais non payés par l'État et exposés par celle-ci. Une partie intervenante, tel un assureur, ne peut pas, dès lors, faire l'objet d'une condamnation sur ce fondement [7].

223.138 Étendue de l'indemnisation en cas d'intervention préalable de l'assureur. Un arrêt est venu poser en principe que l'indemnisation de la victime par son assureur, lequel ne dispose devant la juridiction répressive d'aucun recours subrogatoire contre le responsable du dommage, ne dispense pas ce dernier de réparer le préjudice résultant de l'infraction dont il a été déclaré coupable [8].

Ainsi dans l'hypothèse classique d'une indemnisation partielle de la victime par son assureur, d'une part de son préjudice, est-il tout aussi classiquement plaidé qu'il convient de déduire de la part indemnitaire les indemnités d'ores et déjà versées au titre du contrat d'assurance souscrit par la ou les victimes. La chambre criminelle, saisie d'un pourvoi notamment fondé sur cet argumentaire et l'affirmation que la cour d'appel ne pouvait refuser de vérifier auprès des parties civiles l'existence d'une telle assurance et le versement corrélatif de la garantie, puis ériger en postulat qu'en tout état de cause cette couverture éventuelle ne pouvait dispenser les auteurs des dommages de réparer ceux-ci, le rejette, au motif que l'indemnisation de la victime par son assureur, lequel ne dispose devant la juridiction répressive d'aucun recours subrogatoire contre le responsable du dommage, ne dispense pas ce dernier de réparer le préjudice résultant de l'infraction dont il a été déclaré coupable et que la cour d'appel, qui a souverainement apprécié le préjudice subi par les parties civiles, a justifié sa décision [9].

Cette jurisprudence favorable aux victimes, semble justifiée par le souhait de ne pas voir les juridictions du fond se lancer dans des calculs indemnitaires complexes prenant au demeurant en compte la plus ou moins bonne couverture assurantielle des victimes, étant observé que l'indemnisation doit être complète et qu'il appartiendra le cas échéant à l'assureur, muni de sa quittance subrogatoire, de réclamer le remboursement de la somme versée au coupable-responsable. Une solution inverse poserait d'ailleurs inévitablement la question de la légitimité de la victime à réclamer au responsable le remboursement de ses primes d'assurance...

En revanche, en matière d'homicide et de blessures involontaires, d'autres décisions ont posé le principe que la réparation devant intervenir sans perte ni profit pour la victime, doit être cassé l'arrêt qui a omis de prendre en compte l'indemnité versée par l'assureur [10].

En résumé dans de telles hypothèses, la juridiction répressive est fondée à recevoir la constitution de partie civile, ne serait-ce que venant à l'appui de l'action publique, ou encore en vue de l'indemnisation d'un préjudice non pris en compte par l'assureur, en particulier d'une franchise. L'assureur est subrogé dans les droits de la victime, en matière

1. V. s[s] n° 733.13.
2. Crim. 14 déc. 1989, n°s 89-80.192, 88-82.456, P n°s 480 et 481 ; *Gaz. Pal.* 1990. 1. 62, note J. Appietto.
3. Crim. 2 juill. 1996, n° 95-85.986, P n° 281 ; *Dr. pénal* 1996, n° 277, note A. Maron.
4. Crim. 7 juin 1995, n° 94-84.548, P n° 203 ; *RSC* 1996. 136, obs. J.-P. Dintilhac.
5. C. assur., art. R. 421-5 ; mod. par décr. n° 2018-229, 30 mars 2018, art. 13.
6. Crim. 24 juin 2008, n° 07-86.521, P n° 159 ; *D.* 2009. 253, obs. H. Groutel ; *AJ pénal* 2008. 428.
7. Crim. 6 nov. 2001, n° 01-80.451, P n° 229.
8. Crim. 9 févr. 1994, n° 93-83.047, P n° 59 ; *RTD civ.* 1995. 123, obs. P. Jourdain.
9. Crim. 12 oct. 2011, n° 10-86.691, NP.
10. Crim. 22 janv. 2008, n° 07-82.555, NP.

d'homicide et de blessures involontaires. Dans les autres cas il devra agir devant les juridictions civiles afin d'obtenir le remboursement des sommes versées.

223.139 Appel de l'assureur. L'appel de l'assureur intervenant au procès pénal sur le fondement des dispositions de l'article 388-1 du code de procédure pénale, obéit à des formalités particulières. Cet appel de l'assureur produit effet à l'égard de l'assuré en ce qui concerne l'action civile. Cet appel doit, dans un délai de trois jours, être notifié à l'assuré par lettre recommandée avec demande d'avis de réception adressée par l'assureur[1]. Cette formalité n'est toutefois pas prévue à peine d'irrecevabilité de l'appel, car aux termes de l'article 509, alinéa 2, du code de procédure pénale, l'appel de l'assureur produit effet à l'égard de l'assuré. Dès lors, encourt la cassation l'arrêt de la cour d'appel qui, saisie par l'assureur d'un prévenu, déclare irrecevable, à l'endroit du premier seulement, la demande des ayants droit d'une victime au motif que ledit prévenu n'avait pas interjeté appel[2]. Mais, faute d'avoir mis en cause l'assureur de la victime devant la juridiction répressive, dans les formes et délais prévus à l'article 388-1, alinéa 2, et 388-2 du code de procédure pénale, le prévenu et son assureur ne sauraient se faire un grief du refus, par la cour d'appel, de surseoir à statuer dans l'attente de cette mise en cause[3].

S'il doit être rappelé que la cour d'appel ne peut, sur le seul appel du prévenu, du civilement responsable, de la partie civile ou l'assureur de l'une de ces personnes, aggraver le sort de l'appelant[4], l'assureur du prévenu ou du civilement responsable est recevable, dans la mesure de ses intérêts civils, à remettre en cause devant la cour d'appel ce qui a été jugé en première instance, notamment quant à la qualification de l'infraction[5].

Il résulte des dispositions combinées des articles 385-1 et 388-1 du code de procédure pénale que l'assureur intervenant au procès pénal dans une poursuite pour homicide involontaire est également recevable à proposer une exception tirée de l'incompétence des juridictions de l'ordre judiciaire pour connaître de l'action civile dirigée contre son assuré[6].

Au plan strictement civil, la cour peut encore, sur les appels des parties civiles, de l'assureur du prévenu ou du Fonds de garantie, modifier le jugement dans un sens défavorable aux parties civiles[7]. Les juges du second degré peuvent aussi, sur les appels du civilement responsable, du prévenu et de son assureur, diminuer le montant des indemnités mises solidairement à la charge des appelants et du prévenu au profit des parties civiles, dès lors que l'appel de l'assureur produit effet, en ce qui concerne l'action civile, à l'égard de l'assuré lui-même ou, en matière de conduite de véhicule automobile, à l'égard de toute personne (le préposé du prévenu, dans le cas de l'espèce) qui, conduisant le véhicule assuré avec l'autorisation du propriétaire ou du souscripteur du contrat, était personnellement revêtue de la qualité d'assuré[8].

§ 2
Fonds de garantie

223.141 Intervention du Fonds de garantie. Le fonds de garantie est subrogé dans les droits de la victime pour obtenir des personnes responsables du dommage causé par l'infraction ou tenues à un titre quelconque d'en assurer la réparation totale ou partielle le remboursement de l'indemnité ou de la provision versée par lui, dans la limite du montant des réparations à la charge desdites personnes.

Le fonds peut exercer ses droits par toutes voies utiles, y compris par voie de constitution de partie civile devant la juridiction répressive et ce, même pour la première fois, en cause d'appel. Lorsqu'il se constitue partie civile par lettre recommandée, le fonds peut demander le remboursement des sommes mises à sa charge sans limitation de plafond[9].

Le Fonds de garantie des assurances obligatoires de dommages peut intervenir, même devant les juridictions répressives, et même pour la première fois en cause d'appel, en vue notamment de contester le principe ou le montant de l'indemnité réclamée, dans toutes les instances engagées entre les victimes d'accidents ou leurs ayants droit, d'une part, les responsables ou leurs assureurs, d'autre part. Il intervient alors à titre principal et peut user de toutes les voies de recours ouvertes par la loi[10].

En vertu des dispositions de l'article L. 421-1[11] du code des assurances, ce Fonds de garantie des assurances obligatoires de dommages indemnise, les victimes ou les ayants droit des victimes des dommages nés d'un accident survenu en France dans

1. C. pr. pén., art. 509.
2. Crim. 3 nov. 1988, n° 86-91.143, P n° 368.
3. Crim. 29 févr. 2000, n° 98-85.825, P n° 87.
4. C. pr. pén., art. 515, al. 2.
5. Crim. 20 janv. 1993, n° 92-81.825, P n° 27.
6. Crim. 2 déc. 2003, n° 02-85.254, P n° 226 ; *D.* 2004. 539 ; *D.* 2005. 403, obs. J. Penneau ; *AJ pénal* 2004. 118, obs. A. Pitoun ; *RSC* 2004. 344, obs. Y. Mayaud ; *RSC* 2004. 671, obs. A. Giudicelli.
7. Crim. 29 sept. 1993, n° 92-85.713, P n° 270.
8. Crim. 19 avr. 1988, n° 87-84.200, P n° 165.
9. C. pr. pén., art. 706-11, al. 1 et 2 ; v. s[s] n° 222.114.
10. C. assur., art. L. 421-5 ; mod. par L. n° 2003-706, 1er août 2003, art. 81.
11. C. assur., art. L. 421-1 ; mod. par ord. n° 2017-1609, 27 nov. 2017, art. 1er.

lequel est impliqué un véhicule au sens de l'article L. 211-1[1], soit notamment :

1. s'agissant de dommages résultant d'atteintes à la personne :

a) Lorsque le responsable des dommages est inconnu ;

b) Lorsque le responsable des dommages n'est pas assuré, sauf par l'effet d'une dérogation légale à l'obligation d'assurance ;

c) Lorsque l'assureur du responsable est totalement ou partiellement insolvable, dans certaines situations.

2. s'agissant des dommages aux biens, dans les conditions et limites fixées par décret en Conseil d'État :

a) Lorsque le responsable des dommages est inconnu, sous réserve que l'accident ait causé une atteinte à la personne ;

b) Lorsque le responsable des dommages est identifié mais n'est pas assuré, sauf par l'effet d'une dérogation légale à l'obligation d'assurance ;

c) Lorsque l'assureur du responsable est totalement ou partiellement insolvable, dans certaines situations.

Lorsqu'il intervient au titre du c des 1 et 2 pour prendre en charge, pour le compte de l'entreprise en liquidation, le règlement des dommages mentionnés à l'article L. 211-1[2], le Fonds de garantie ne peut exercer aucun recours contre les assurés et souscripteurs de contrats pour le recouvrement des indemnités qu'il a versées.

II. – Le Fonds de garantie indemnise également, dans les conditions prévues aux 1 et 2 du présent II, les victimes ou les ayants droit des victimes de dommages nés d'un accident de la circulation causé, dans les lieux ouverts à la circulation publique, par une personne circulant sur le sol ou un animal et en particulier :

1. Le Fonds de garantie indemnise les dommages résultant d'atteintes à la personne :

a) Lorsque la personne responsable du dommage est inconnue ou n'est pas assurée ;

b) Lorsque l'animal responsable du dommage n'a pas de propriétaire ou que son propriétaire est inconnu ou n'est pas assuré.

2. Le Fonds de garantie indemnise les dommages aux biens, dans les conditions et limites fixées par décret en Conseil d'État :

a) Lorsque la personne responsable du dommage est identifiée mais n'est pas assurée ;

b) Lorsque la personne responsable du dommage est inconnue, sous réserve que l'accident ait causé une atteinte à la personne ;

c) Lorsque le propriétaire de l'animal responsable du dommage n'est pas assuré[3].

La victime ou ses ayants droit ne peuvent agir directement contre le Fonds de garantie. Cette règle est bien fixée par l'article R. 421-14[4] du code des assurances : « En dehors de ces cas mentionnés à l'alinéa précédent et des contestations auxquelles peut donner lieu l'application des dispositions du dernier alinéa de l'article R. 421-15, le Fonds de garantie ne peut être cité en justice par la victime ou ses ayants droit, notamment en déclaration de jugement commun pour l'application de l'article L. 421-1. »

En revanche, si l'auteur d'un accident ayant causé un dommage est poursuivi devant la juridiction répressive, dans des conditions nécessitant l'appel à la cause du Fonds de garantie, le responsable des dommages étant connu, la demande d'indemnité doit être adressée au Fonds de garantie dans le délai d'un an à compter soit de la date de la transaction, soit de la date de la décision de justice passée en force de chose jugée. Lorsque le responsable des dommages est inconnu, la demande des victimes ou de leurs ayants droit tendant à la réparation des dommages qui leur ont été causés doit être adressée au Fonds de garantie dans le délai de trois ans à compter de l'accident.

En outre, les victimes ou leurs ayants droit doivent, dans le délai de cinq ans à compter de l'accident :

a) Si le responsable est inconnu, avoir réalisé un accord avec le Fonds de garantie ou exercé contre celui-ci l'action prévue à l'article R. 421-14 ;

b) Si le responsable est connu, avoir conclu une transaction avec celui-ci ou intenté contre lui une action en justice.

Les délais prévus aux alinéas précédents ne courent que du jour où les intéressés ont eu connaissance du dommage, s'ils prouvent qu'ils l'ont ignoré jusque-là.

Lorsque l'indemnité consiste dans le service d'une rente ou le paiement échelonné d'un capital, la demande d'indemnité doit être adressée au Fonds de garantie dans le délai d'un an à compter de la date de l'échéance pour laquelle le débiteur n'a pas fait face à ses obligations.

Ces différents délais sont impartis à peine de forclusion, à moins que les intéressés ne prouvent qu'ils ont été dans l'impossibilité d'agir avant l'expiration desdits délais[5].

1. C. assur., art. L. 211-1 ; mod. par L. nº 2007-1774, 17 déc. 2007, art. 1er.
2. C. assur., art. L. 211-1, préc.
3. C. assur., art. L. 421-1, préc.
4. C. assur., art. R. 421-14 ; mod. par décr. nº 2004-176, 17 févr. 2004, art. 1er.
5. C. assur., art. R. 421-12 ; mod. par décr. nº 2004-176, 17 févr. 2004, art. 1er.

Lorsque la demande d'indemnité est portée devant une juridiction répressive, la victime ou ses ayants droit doivent, dix jours au moins avant l'audience retenue pour les débats, aviser le Fonds de garantie par lettre recommandée avec demande d'avis de réception de leur constitution de partie civile ou de l'éventualité de cette constitution. Cet avis doit mentionner, outre les diverses indications prévues au troisième alinéa du présent article, les nom, prénoms et adresse de l'auteur des dommages et, le cas échéant, du civilement responsable ainsi que la juridiction saisie de l'action publique et la date de l'audience[1].

Intervenant au procès pénal, le Fonds devient une partie à la procédure.

Selon l'article L. 420-5[2] du code des assurances le Fonds de garantie automobile peut intervenir dans toutes les instances engagées entre les victimes d'accidents ou leurs ayants droit, d'une part, les responsables ou leurs assureurs, d'autre part, en vue notamment de contester le principe ou le montant de l'indemnité réclamée ; cette énumération n'étant pas limitative, le Fonds doit être admis à intervenir dans lesdites procédures toutes les fois qu'il y a intérêt. Il pourra contester le défaut d'assurance du prévenu[3] comme contester le principe ou le montant de l'indemnité réclamée, ou faire constater s'il y a lieu par le juge saisi que le fait dommageable a le caractère d'un accident du travail dont la réparation incombe à ce titre à un organisme de sécurité sociale[4].

Quant aux conséquences de cette intervention du fonds, les juges ne peuvent se contenter de donner acte au Fonds de sa comparution, alors qu'il leur était demandé de dire que la décision lui serait opposable[5]. Ils ne peuvent non plus et en aucun cas, le condamner, fût-ce au titre d'une quelconque solidarité ou le déclarer responsable[6]. Il résulte notamment de décisions rendues à la même date par la chambre mixte de la Cour de cassation, qu'aux termes de l'article R. 421-15 du code des assurances, en aucun cas, l'intervention du Fonds de garantie ne peut motiver sa condamnation[7], ou encore poser en principe que le fonds est « tenu à garantie »[8] et que la décision doit uniquement être déclarée opposable au fonds[9].

1. C. assur., art. R. 421-15.
2. C. assur., art. L. 420-5 ; mod. par L. n° 2003-706, 1er août 2003, art. 81.
3. Crim. 28 avr. 1987, n° 85-92.490, P n° 172.
4. Crim. 14 mars 1972, n° 71-91.174, P n° 99.
5. Civ. 2e, 6 déc. 1995, n° 93-20.170, P II, n° 305 ; *RCA* 1996, n° 108.
6. Civ. 1re, 28 avr. 1987, n° 85-12.190 P I, n° 130 ; *JCP* 1989. II. 21216, note C. Barreau.
7. Cass., ch. mixte, 28 mai 1990, n° 88-86.030, P n° 1.
8. *Ibid.*
9. Cass., ch. mixte, 28 mai 1990, n° 89-80.655, P n° 1.

223.142 Subrogation au profit du Fonds de garantie. Le fonds est subrogé dans les droits de la victime pour obtenir des personnes responsables du dommage causé par l'infraction ou tenues à un titre quelconque d'en assurer la réparation totale ou partielle le remboursement de l'indemnité ou de la provision versée par lui, dans la limite du montant des réparations à la charge desdites personnes.

Le fonds peut exercer ses droits par toutes voies utiles, y compris par voie de constitution de partie civile devant la juridiction répressive et ce, même pour la première fois, en cause d'appel. Lorsqu'il se constitue partie civile par lettre recommandée, le fonds peut demander le remboursement des sommes mises à sa charge sans limitation de plafond.

Les administrations ou services de l'État et des collectivités publiques, les organismes de sécurité sociale, les organismes qui assurent la gestion des prestations sociales, les établissements financiers et les entreprises d'assurance sont tenus de réunir et de communiquer au fonds les renseignements dont ils disposent ou peuvent disposer et qui sont utiles à la mise en œuvre de son action récursoire. Les renseignements ainsi recueillis ne peuvent être utilisés à d'autres fins que celles prévues au présent article ou à l'article L. 422-8[10] du code des assurances. Leur divulgation est interdite.

Lorsque l'auteur de l'infraction a fait l'objet d'une obligation d'indemnisation de la victime dans le cadre d'une peine de sanction-réparation, d'un sursis avec mise à l'épreuve ou d'une décision d'aménagement de peine ou de libération conditionnelle et que la victime a été indemnisée par le fonds, soit en application du présent titre, soit du titre XIV *bis*, cette obligation doit alors être exécutée au bénéfice du Fonds de garantie dans l'exercice de son recours subrogatoire et de son mandat de recouvrement au profit de la victime[11].

Il se déduit de la combinaison des articles 2 et 706-11 du code de procédure pénale et L. 421-5[12] du code des assurances que le recours subrogatoire du Fonds de garantie des victimes des actes de terrorisme et d'autres infractions aux fins d'obtenir des personnes responsables du dommage causé par l'infraction le remboursement de l'indemnité qu'il a versée, dans la limite des réparations mises à leur charge, ne peut s'exercer que devant les juridictions de jugement[13]. En l'espèce le FGTI tentait de se constituer devant la chambre de l'instruction.

10. C. assur., art. L. 422-8 ; créé par L. n° 2008-644, 1er juill. 2008, art. 2.
11. C. pr. pén., art. 706-11.
12. C. assur., art. L. 421-5, préc.
13. Crim. 5 oct. 2010, n° 09-82.862, P n° 146 ; *D.* 2010. Actu. 2582.

Il résulte des dispositions combinées des articles L. 422-1[1] du code des assurances et 706-11 du code de procédure pénale que, si le Fonds de garantie des victimes des actes de terrorisme et d'autres infractions est subrogé dans les droits des victimes, il ne peut exercer son recours que dans la limite des réparations mises à la charge des personnes responsables du dommage causé par l'infraction ou tenues, à un titre quelconque, d'en assurer la réparation totale ou partielle ; il s'ensuit que c'est à bon droit que la cour d'appel déclare irrecevable, en l'état, la demande de Fonds de garantie tendant à être remboursé des sommes versées en application de la transaction intervenue avec les victimes, alors que des expertises sont en cours et que le préjudice des victimes n'est pas déterminé par la juridiction de jugement[2]. S'il résulte des dispositions combinées des articles L. 422-1 du code des assurances et 706-11 du code de procédure pénale que le Fonds de garantie des victimes des actes terroristes et d'autres infractions est subrogé dans les droits des victimes, il ne peut exercer son recours que s'il justifie que les personnes dans les droits desquelles il est subrogé ont subi un préjudice découlant de l'infraction[3]. Il résulte de l'article 706-11 du code de procédure pénale que, dans l'instance sur recours subrogatoire du Fonds de garantie des victimes des actes de terrorisme et autres infractions (FGTI), l'auteur d'une infraction est en droit d'opposer à ce dernier les exceptions qu'il aurait été en mesure d'opposer à la victime subrogeante et notamment de discuter l'existence et le montant des indemnités allouées en réparation des préjudices subis[4].

En revanche, le Fonds de garantie des victimes des actes de terrorisme et d'autres infractions, subrogé dans les droits de la victime qu'il a indemnisée, peut se constituer partie civile devant la juridiction répressive, sans que cette constitution soit subordonnée à celle de la victime[5].

223.143 Voies de recours ouvertes au Fonds de garantie. Pouvant intervenir dans toute cause où il y a intérêt, le fonds peut en tant que partie, utiliser toutes les voies de recours ouvertes par la loi. Méconnaît la portée de ces dispositions l'arrêt qui, sur le seul appel du Fonds de garantie automobile contre un jugement ayant déclaré le prévenu coupable de défaut d'assurance, décide que cet organisme n'a pas qualité pour remettre en cause les effets civils de cette déclaration de culpabilité[6].

L'appel formé par le Fonds de garantie contre un jugement ayant fait droit à l'exception de nullité du contrat d'assurance soulevée par l'assureur remet nécessairement en question à l'égard de toutes les parties intimées, compte tenu de l'indivisibilité de ce chef de litige, la chose jugée en première instance quant à la validité du contrat[7]. Toutefois, en l'absence d'appel du prévenu ou de la personne responsable, viole l'article 562 du code de procédure civile, la cour d'appel qui diminue, sur les seuls appels de la victime et du Fonds de garantie, la condamnation prononcée en première instance contre la personne responsable, le recours du Fonds de garantie ne pouvant avoir d'effet que dans les rapports de cet organisme avec la victime[8].

L'indemnité allouée par les premiers juges à la partie civile est définitivement fixée à l'égard du prévenu non appelant, mais elle peut être réduite à l'égard du Fonds de garantie, seul appelant[9]. En revanche, aux termes de l'article 15 (devenu C. assur., art. L. 420-1[10], puis 421-1[11]) de la loi du 31 décembre 1951[12] complétée par l'ordonnance du 23 septembre 1958[13] (alinéa ajouté devenu C. assur., art. L. 421-5[14]), le Fonds de garantie agit à titre principal et peut user de toutes les voies de recours ouvertes par la loi pour, notamment, contester le montant de l'indemnité réclamée par la partie civile ; si en l'absence d'un appel du prévenu la condamnation de ce dernier au profit de la partie civile ne peut, par application de l'article 515 du code de procédure pénale, être modifiée dans un sens défavorable à celle-ci, il n'en est pas de même à l'égard du Fonds de garantie partie intervenante à titre principal dont l'appel remet en cause ses propres rapports avec la partie civile. Le Fonds de garantie peut ainsi, même en l'absence d'un appel du prévenu, demander une modification du partage de responsabilité décidé par le tribunal[15].

Enfin, il doit être statué sur l'appel du Fonds de garantie même si la condamnation prononcée con-

1. C. assur., art. L. 422-1 ; mod. par L. n° 2014-896, 15 août 2014, art. 27.
2. Crim. 13 mars 1996, n° 95-81.995, P n° 112 ; *Dr. pénal* 1996. Comm. 275, note J.-H. Robert.
3. Crim. 24 nov. 2004, n° 04-80.226, P n° 298 ; *D.* 2005. 798.
4. Civ. 2e, 3 nov. 2011, n° 10-17.358, P II, n° 202 ; *D.* 2011. 2867 ; *D.* 2012. 644, Chron. H. Adida-Canac, O.-L. Bouvier et L. Leroy-Gissinger.
5. Crim. 31 mai 2000, n° 99-84.507, P n° 209 ; *D.* 2000. 219.
6. Crim. 28 avr. 1987, n° 85-92.490, P n° 172 ; *D.* 1988. Somm. 149, obs. J.-Cl. Berr et H. Groutel.
7. Crim. 12 mai 1987, n° 86-90.193, P n° 193.
8. Civ. 1re, 10 juin 1997, n° 95-13.066, NP, *RCA* 1997, n° 286.
9. Crim. 6 nov. 1984, n° 82-94.284, P n° 333.
10. C. assur., art. L. 420-1 ; mod. par L. n° 85-677, 5 juill. 1985, art. 9.
11. C. assur., art. L. 421-1 ; mod. par L. n° 2012-1510, 29 déc. 2012, art. 78.
12. L. n° 51-1508, 31 déc. 1951 relative aux comptes spéciaux du Trésor pour l'année 1952, *JO* 1er janv. 1952, p. 48.
13. Ord. n° 58-896, 23 sept. 1958 relatives à des dispositions générales d'ordre financier, *JO* 28 sept., p. 8912, art. 20 : insertion d'un alinéa devenu C. assur., art. L. 421-5.
14. C. assur., art. L. 421-5, préc.
15. Crim. 17 janv. 1973, n° 72-92.337, P n° 19.

tre le prévenu par un jugement de défaut reste susceptible d'opposition, dès lors que si les rapports entre la partie civile et le prévenu ne peuvent être remis en cause par l'appel du Fonds de garantie, il n'en est pas de même des rapports du fonds et de la partie civile, tels qu'ils découlent du jugement commun contradictoirement rendu en leur présence[1].

223.144 Autres fonds de garantie. Les autres fonds, comme celui des victimes des actes de terrorisme et d'autres infractions, ou pour la réparation des préjudices résultant de la contamination par le virus d'immunodéficience humaine causée par une transfusion de produits sanguins ou une injection de produits dérivés du sang, peuvent intervenir devant les juridictions répressives, même pour la première fois en cause d'appel, en cas de constitution de partie civile de la victime ou de ses ayants droit contre le ou les responsables des faits, et ce dans les mêmes conditions que ci-dessus. Toutefois l'exercice par le Fonds de garantie des victimes des actes de terrorisme et d'autres infractions des droits qui lui sont reconnus par l'article 706-11 du code de procédure pénale n'est pas subordonné à la constitution de partie civile des victimes qu'il a indemnisées et aux droits desquelles il se trouve subrogé[2].

SECTION 8
EXPERT JUDICIAIRE

223.151 Absence devant la juridiction de jugement. À l'instar des témoins, sans doute plus encore que ceux-ci, les experts judiciaires se font rares devant la juridiction correctionnelle[3]. Absence pure et simple d'expertise au dossier, risque d'allongement des débats, satisfaction des parties de ne voir explicitées – au mieux – que les conclusions de l'expertise en accidentologie ou psychiatrique ou psychologique diligentée, les raisons de cette non-fréquentation peuvent être multiples. Cette disparition de l'expert judiciaire en matière correctionnelle n'en reste pas moins notable, tant au plan pénal qu'au plan civil, et peut être regrettée au regard des enjeux parfois forts qui se nouent devant le juge du délit et de l'abondance habituelle des débats expertaux devant les cours d'assises.

À l'évidence encore, et contrairement à d'autres pratiques ailleurs dans le monde, les parties privées n'ont pas non plus l'habitude de citer leurs propres experts, essentiellement alors pour des raisons de coûts.

223.152 Irrécusabilité. Si la récusation de l'expert judiciaire est possible[4] en matière civile[5], aucun texte ne la prévoit en matière pénale. La sanction des soupçons de partialité de l'expert désigné par le juge répressif ne pourra donc être qu'une demande de contre-expertise ou de nullité de l'expertise.

Justifie sa décision la chambre de l'instruction qui, pour rejeter une demande d'annulation des ordonnances de désignation d'un expert et des rapports déposés par lui, prononce par des motifs d'où il résulte que, si le défaut d'impartialité d'un expert peut constituer une cause de nullité, les reproches adressés par les requérantes à l'expert concerné ne suffisent pas à priver les rapports de cet expert dont la désignation est contestée du caractère d'avis technique soumis à la contradiction et à l'appréciation ultérieure des juges[6].

Cependant, une autre décision a pu estimer que la désignation d'un expert dépendant de l'une des parties ne permet pas de garantir les conditions d'un procès équitable. Doit donc être approuvée la chambre de l'instruction qui, pour annuler la désignation d'un expert, les actes accomplis par lui et ceux accomplis en sa présence, sur commission rogatoire, retient, notamment, que cet expert est salarié de la société partie civile ayant déposé la plainte initiale et que chaque page de son rapport d'expertise, qui mentionne que ce document est la propriété intellectuelle de ladite société, est rédigé à son en-tête[7].

223.153 Serment. Si l'expert comparaît il doit prêter serment[8] « d'apporter son concours à la justice en son honneur et en sa conscience », conformément aux termes de l'article 168 du code de procédure pénale. Il résulte de ce même article que les experts, qui en tout état de cause doivent prêter serment, ne sont jamais entendus à titre de simples renseignements[9]. Un expert qui a été commis en cours d'instruction et qui est cité et notifié comme témoin, rendant compte de sa mission au cours des débats, doit prêter le serment de l'article 168 et non celui des témoins de l'article 331[10].

1. Crim. 22 févr. 1973, nº 72-91.322, P nº 94.
2. Crim. 2 juin 1993, nº 92-85.871, P nº 197 ; *JCP* 1993. IV. 2216.
3. AUSSI : T. Moussa (dir.), *Droit de l'expertise*, 5e éd., « Dalloz action », 2023-2024, nos 322.15, 361.21.
4. AUSSI : T. Moussa (dir.), *Droit de l'expertise*, 5e éd., « Dalloz action », 2023-2024, nos 224.121 s.
5. C. pr. civ., art. 234.
6. Crim. 8 juin 2006, nº 06-81.359, P nº 172 ; *D.* 2006. 1913 ; *RDSS* 2006. 1085, obs. P. Hennion-Jacquet ; *RSC* 2006. 850, obs. R. Finielz.
7. Crim. 25 sept. 2012, nº 12-82.770, P nº 197 ; *AJ pénal* 2012. 659, obs. C. Renaud-Duparc ; *Dr. pénal* 2012, nº 153, obs. A. Maron et M. Haas.
8. AUSSI : T. Moussa (dir.), *Droit de l'expertise*, 5e éd., « Dalloz action », 2022, nos 325.00 s.
9. Crim. 13 janv. 1993, nº 92-83.587, P nº 19.
10. Crim. 22 juin 1976, nº 76-90.424, P nº 226.

Toutefois le serment qu'il a accepté de prêter, sans observation des parties, dans les termes de l'article 331 du code de procédure pénale, implique celui d'apporter son concours à la justice en son honneur et en sa conscience et n'est donc pas une cause de nullité[1]. La régularité d'un serment résulte de la constatation au procès-verbal, selon lequel « les experts ont prêté serment dans les formes prescrites par l'article 168 du code de procédure pénale »[2].

223.154 **Audition.** Les experts peuvent au cours de leur audition[3], consulter leur rapport et ses annexes. Le président peut soit d'office, soit à la demande du ministère public, des parties ou de leurs conseils, leur poser toutes questions rentrant dans le cadre de la mission qui leur a été confiée. Le ministère public et les avocats des parties peuvent également poser directement des questions aux experts selon les modalités prévues par les articles 312 et 442-1. Après leur exposé, les experts assistent aux débats, à moins que le président ne les autorise à se retirer[4].

Si, selon l'article 331 du code de procédure pénale, les témoins doivent déposer séparément, l'article 168 du même code ne contient pas la même exigence en ce qui concerne l'audition des experts[5]. En ce qui concerne les propos des experts on retiendra par ailleurs des jurisprudences qui, issues des procédures criminelles, ont sans aucun doute vocation à s'appliquer le cas échéant devant la juridiction correctionnelle : le fait par un expert de faire état au cours de son audition d'une expertise effectuée dans une autre procédure et non jointe au dossier ne constitue pas une atteinte aux droits de la défense, dès lors que l'accusé n'a pas demandé le versement aux débats de cette expertise et que les déclarations de l'expert ont été soumises au débat contradictoire[6] ; les propos tenus par les experts au cours de leur déposition, faisant état de la dangerosité de l'accusé, ne constituent pas un manquement à leur serment. Ils ne sauraient davantage fonder le grief allégué de manifestation d'opinion dès lors que les articles 311 et 328 du code de procédure pénale, dont la violation est alléguée, ne sont pas applicables aux experts[7]. Dans tous les cas la juridiction apprécie librement la portée des conclusions de l'expert, n'est jamais tenue de les suivre et peut le cas échéant prescrire sous forme d'un supplément d'information, un complément d'expertise ou une contre-expertise.

223.155 **Irresponsabilité pénale.** C'est essentiellement, sinon uniquement, en matière d'irresponsabilité pénale[8], que la question de la présence de l'expert pourrait se poser devant le tribunal correctionnel.

Cependant, contrairement aux dispositions de l'article 706-120 du code de procédure pénale, qui définissent la procédure applicable en cas de signature par le juge d'instruction d'une ordonnance d'irresponsabilité pénale (en matière criminelle ou délictuelle) par application du premier alinéa de l'article 122-1 du code pénal et qui prévoient une éventuelle saisine de la chambre de l'instruction avec comparution obligatoire des experts ayant examiné la personne[9], le tribunal correctionnel qui rend un jugement de déclaration d'irresponsabilité pénale n'est pas tenu de faire comparaître les experts psychiatres ayant examiné le prévenu[10].

La comparution devant la juridiction correctionnelle, du ou des experts psychiatres ayant conclu à l'abolition du discernement du prévenu n'est même pas prévue, lorsque la juridiction de jugement prononce un arrêt ou un jugement de déclaration d'irresponsabilité pénale pour cause de trouble mental, et ordonne, par décision motivée, l'hospitalisation d'office de la personne dans un établissement mentionné à l'article L. 3222-1[11] du code de la santé publique s'il est établi par une expertise psychiatrique figurant au dossier de la procédure que les troubles mentaux de l'intéressé nécessitent des soins et compromettent la sûreté des personnes ou portent atteinte, de façon grave, à l'ordre public[12]. Le représentant de l'État dans le département ou, à Paris, le préfet de police est dans cette hypothèse immédiatement avisé de cette décision. Le régime de cette hospitalisation est celui prévu pour les hospitalisations ordonnées en application de l'article L. 3213-1[13] du code de la santé publique, dont le deuxième alinéa est applicable. L'article L. 3213-8 du code de la santé publique est également applicable.

De même, les textes ne prévoient pas la comparution personnelle de l'expert lorsque la juridiction de jugement prononce à l'encontre de la personne, l'une des mesures de sûreté prévue à l'article 706-136 du code de procédure pénale[14].

Pas plus l'audition de l'expert n'est-elle prévue lorsqu'une expertise est diligentée en application des

1. Crim. 9 nov. 1978, n° 78-90.923, P n° 308.
2. Crim. 4 oct. 1973, n° 73-92.205, P n° 345.
3. AUSSI : T. Moussa (dir.), *Droit de l'expertise*, 5e éd., « Dalloz action », 2022-23, nos 352.13, 352.24.
4. C. pr. pén., art. 168.
5. Crim. 19 déc. 1979, n° 79-92.563, P n° 368.
6. Crim. 7 mars 1990, n° 89-82.037, P n° 282.
7. Crim. 31 mars 1993, n° 92-84.681, P n° 341 ; *D.* 1994. 185, obs. J. Pradel.
8. V. ss chap. 714. V. aussi : T. Moussa (dir.), *Droit de l'expertise*, 5e éd., « Dalloz action », 2022, nos 354.31 s.
9. C. pr. pén., art. 706-122.
10. C. pr. pén., art. 706-133.
11. CSP, art. L. 3222-1 ; mod. par L. n° 2016-41, 26 janv. 2016, art. 69.
12. C. pr. pén., art. 706-135.
13. CSP, art. L. 3213-1 ; mod. par L. n° 2013-869, 27 sept. 2013, art. 10.
14. V. ss nos 714.21 s.

dispositions de l'article 706-115 du même code, soit lorsque le prévenu est sous un régime de protection.

Enfin, la loi du 24 janvier 2022, qui a ajouté un alinéa à l'article 706-120 du code de procédure pénale selon lequel, lorsque le juge d'instruction, au moment du règlement de son information, estime que l'abolition temporaire du discernement de la personne mise en examen résulte au moins partiellement de son fait et qu'il existe une ou plusieurs expertises concluant que le discernement de la personne était seulement altéré, renvoie celle-ci devant la juridiction de jugement compétente qui statue à huis clos sur l'application du même article 122-1, ne prévoit aucune disposition particulière sur ce point. Il en est de même du jugement de l'affaire dans le cas où la personne n'est pas déclarée irresponsable lors de cette première audience, le dossier étant alors, aux termes du même article, « renvoyé à une audience ultérieure pour être examiné au fond conformément aux dispositions relatives aux jugements des crimes ou des délits ».

SECTION 9

PERSONNE À L'ENCONTRE DE LAQUELLE RISQUE D'ÊTRE PRONONCÉE UNE MESURE RÉELLE, DU FAIT DE LA CONDAMNATION DU PRÉVENU

223.161 **Peine pour autrui ?** Hypothèse marginale et peut-être condamnable au détour d'une question prioritaire de constitutionnalité, en ce qu'elle déroge manifestement aux principes de la nécessité et de l'individualisation des peines, voire à la notion de « rigueur nécessaire » sur lesquelles le Conseil constitutionnel a déjà eu à se pencher, il faut citer ici l'hypothèse visée à l'article L. 3355-5 du code de la santé publique, anciennement visée au code des débits de boissons.

En cas de poursuites pour une infraction pouvant entraîner la fermeture temporaire ou définitive d'un débit de boissons, le ministère public effectue les diligences prévues au dernier alinéa de l'article 706-37 du code de procédure pénale.

Lorsque la personne titulaire de la licence ou propriétaire du débit de boissons n'est pas poursuivie, les mesures de fermeture temporaire ou définitive ne peuvent être prononcées que s'il est établi que cette personne a été citée à la diligence du ministère public avec indication de la nature des poursuites exercées et de la possibilité pour le tribunal de prononcer lesdites mesures [1].

Cette personne peut présenter ou faire présenter par un avocat ses observations à l'audience. Si elle use de cette faculté, elle peut interjeter appel de la décision prononçant la fermeture temporaire ou définitive du débit de boissons.

Cette mesure de fermeture du débit de boissons ne pourra, sur ce fondement, être mise en œuvre que si le propriétaire de l'établissement ou le titulaire de la licence ont été cités par le ministère public conformément aux exigences de l'article 706-37, soit après avoir été avisés des poursuites, celles-ci étant de surcroît inscrites au registre du commerce et aux registres sur lesquels sont inscrites les sûretés [2].

La chambre criminelle a eu l'occasion de juger que selon l'article 706-38 du code de procédure pénale, les peines prévues par l'article 225-22 du code pénal, notamment la peine complémentaire de fermeture d'établissement, ne peuvent être prononcées que si la personne propriétaire du fonds a été citée à la diligence du ministère public et que tel n'est pas le cas lorsque les auteurs des faits incriminés étaient des personnes physiques distinctes de la personne morale propriétaire du fonds [3].

1. C. pr. pén., art. 706-38.
2. C. pr. pén., art. R. 51 ; mod. par décr. nº 2007-1388, 26 sept. 2007, art. 13.
3. Crim. 6 sept. 2006, nº 06-80.093, P, nº 214 ; *D.* 2006. 2627 ; *D.* 2007. 399, obs. G. Roujou de Boubée, T. Garé et S. Mirabail ; *Rev. Sociétés* 2007. 143, note B. Bouloc.

LIVRE

3. LA COMPÉTENCE CORRECTIONNELLE

SECTION 0

ORIENTEUR

3.00 Sommaire du livre.

TITRE

31. La compétence du tribunal correctionnel

SECTION 0
ORIENTEUR

31.00 **Sommaire du titre.**

CHAPITRE

311. Règles générales de compétence

SECTION 0
ORIENTEUR

311.00 Sommaire du chapitre.

Renvoi. Sur les particularités tenant à la compétence en matière de contraventions concernant le tribunal de police v. s[s] n°s 121.12 s.

311.01 Principaux textes applicables.

TEXTES SOURCES

- C. pr. pén., art. 2, 3, 148-1, 148-2, 381, 392-1, 469, 470-1, 507, 570, 609, 612, 622 à 626-1, 658 à 662, 665, 665-1, 667-1
- C. pén., art. 112-2
- COJ, art. L. 411-3, L. 431-4
- C. assur., art. L. 211-14

TEXTES *IN EXTENSO*

• C. pr. pén., art. 2

L'action civile en réparation du dommage causé par un crime, un délit ou une contravention appartient à tous ceux qui ont personnellement souffert du dommage directement causé par l'infraction.

La renonciation à l'action civile ne peut arrêter ni suspendre l'exercice de l'action publique, sous réserve des cas visés à l'alinéa 3 de l'article 6.

• C. pr. pén., art. 3

L'action civile peut être exercée en même temps que l'action publique et devant la même juridiction.

Elle sera recevable pour tous chefs de dommages, aussi bien matériels que corporels ou moraux, qui découleront des faits objets de la poursuite.

• C. pr. pén., art. 148-1

La mise en liberté peut aussi être demandée en tout état de cause par toute personne mise en examen, tout prévenu ou accusé, et en toute période de la procédure.

Lorsqu'une juridiction de jugement est saisie, il lui appartient de statuer sur la détention provisoire. Toutefois, en matière criminelle, la cour d'assises n'est compétente que lorsque la demande est formée durant la session au cours de laquelle elle doit juger l'accusé. Dans les autres cas, la demande est examinée par la chambre de l'instruction.

En cas de pourvoi et jusqu'à l'arrêt de la Cour de cassation, il est statué sur la demande de mise en liberté par la juridiction qui a connu en dernier lieu de l'affaire au fond. Si le pourvoi a été formé contre un arrêt de la cour d'assises, il est statué sur la détention par la chambre de l'instruction.

En cas de décision d'incompétence et généralement dans tous les cas où aucune juridiction n'est saisie, la chambre de l'instruction connaît des demandes de mise en liberté.

• C. pr. pén., art. 148-2 [mod. par L. n° 2021-1729, 22 déc. 2021, art. 14-I-7°]

Toute juridiction appelée à statuer, en application des articles 141-1 et 148-1, sur une demande de mainlevée totale ou partielle du contrôle judiciaire ou sur une demande de mise en liberté se prononce après avoir entendu le ministère public, le prévenu, auquel est préalablement notifié son droit de se taire sur les faits qui lui sont reprochés ou son avocat ; le prévenu non détenu et son avocat sont convoqués, par lettre recommandée, quarante-huit heures au moins avant la date de l'audience. Si la personne a déjà comparu devant la juridiction moins de quatre mois auparavant, le président de cette juridiction peut en cas de demande de mise en liberté refuser la comparution personnelle de l'intéressé par une décision motivée qui n'est susceptible d'aucun recours.

Lorsque la personne n'a pas encore été jugée en premier ressort, la juridiction saisie statue dans les dix jours ou les vingt jours de la réception de la demande, selon qu'elle est du premier ou du second degré. Lorsque la personne a déjà été jugée en premier ressort et qu'elle est en instance d'appel, la juridiction saisie statue dans les deux mois de la demande. Lorsque la personne a déjà été jugée en second ressort et qu'elle a formé un pourvoi en cassation, la juridiction saisie statue dans les quatre mois de la demande.

Toutefois, lorsqu'au jour de la réception de la demande il n'a pas encore été statué soit sur une précédente demande de mise en liberté ou de mainlevée de contrôle judiciaire, soit sur l'appel d'une précédente décision de refus de mise en liberté ou de mainlevée du contrôle judiciaire, les délais prévus ci-dessus ne commencent à courir qu'à compter de la décision rendue par la juridiction compétente. Faute de décision à l'expiration des délais, il est mis fin au contrôle judiciaire ou à la détention provisoire, le prévenu, s'il n'est pas détenu pour une autre cause, étant d'office remis en liberté.

La décision du tribunal est immédiatement exécutoire nonobstant appel ; lorsque le prévenu est maintenu en détention, la cour se prononce dans les vingt jours de l'appel, faute de quoi le prévenu, s'il n'est pas détenu pour autre cause, est mis d'office en liberté.

• **C. pr. pén., art. 381**

Le tribunal correctionnel connaît des délits.

Sont des délits les infractions que la loi punit d'une peine d'emprisonnement ou d'une peine d'amende supérieure ou égale à 3 750 euros.

• **C. pr. pén., art. 392-1** [mod. par L. n° 2019-222, 23 déc. 2019, art. 53]

Lorsque l'action de la partie civile n'est pas jointe à celle du ministère public, le tribunal correctionnel fixe, en fonction des ressources de la partie civile, le montant de la consignation que celle-ci doit, si elle n'a pas obtenu l'aide juridictionnelle, déposer au greffe et le délai dans lequel elle devra être faite sous peine de non-recevabilité de la citation directe. Cette consignation garantit le paiement de l'amende civile susceptible d'être prononcée en application du dernier alinéa.

Lorsque la partie civile est une personne morale à but lucratif, elle doit, sous peine de non-recevabilité de la citation directe, produire au tribunal son bilan et son compte de résultat afin de permettre la détermination du montant de la consignation.

Dans le cas où la citation directe est délivrée par la partie civile à la suite d'une ordonnance du juge d'instruction de refus d'informer prise conformément à la troisième phrase de l'avant-dernier alinéa de l'article 86, la consignation qui a pu être versée en application de l'article 88 est considérée comme constituant la consignation prévue au présent article.

Lorsque le tribunal correctionnel, saisi par une citation directe de la partie civile, prononce une relaxe, il peut, par ce même jugement, sur réquisitions du procureur de la République, condamner la partie civile au paiement d'une amende civile dont le montant ne saurait excéder 15 000 euros s'il estime que la citation directe était abusive ou dilatoire. Les réquisitions du procureur de la République doivent intervenir avant la clôture des débats, après les plaidoiries de la défense, et la partie civile ou son avocat doivent avoir été mis en mesure d'y répliquer. Les dispositions du présent alinéa sont également applicables devant la cour d'appel, lorsque le tribunal correctionnel a, en premier ressort, relaxé la personne poursuivie et statué sur des réquisitions du procureur de la République tendant à la condamnation de la partie civile en application des dispositions du présent alinéa.

• **C. pr. pén., art. 469**

Si le fait déféré au tribunal correctionnel sous la qualification de délit est de nature à entraîner une peine criminelle, le tribunal renvoie le ministère public à se pourvoir ainsi qu'il avisera.

Il peut, le ministère public entendu, décerner, par la même décision, mandat de dépôt ou d'arrêt contre le prévenu.

Les dispositions des deux alinéas précédents sont également applicables si le tribunal correctionnel, dans sa composition prévue par le troisième alinéa de l'article 398, estime, au résultat des débats, que le fait qui lui était déféré sous la qualification de l'un des délits visés à l'article 398-1 est de nature à entraîner une peine prévue pour un délit non visé par cet article.

Lorsqu'il est saisi par le renvoi ordonné par le juge d'instruction ou la chambre de l'instruction, le tribunal correctionnel ne peut pas faire application, d'office ou à la demande des parties, des dispositions du premier alinéa, si la victime était constituée partie civile et était assistée d'un avocat lorsque ce renvoi a été ordonné. Toutefois, le tribunal correctionnel saisi de poursuites exercées pour un délit non intentionnel conserve la possibilité de renvoyer le ministère public à se pourvoir s'il résulte des débats que les faits sont de nature à entraîner une peine criminelle parce qu'ils ont été commis de façon intentionnelle.

• **C. pr. pén., art. 470-1**

Le tribunal saisi, à l'initiative du ministère public ou sur renvoi d'une juridiction d'instruction, de poursuites exercées pour une infraction non intentionnelle au sens des deuxième, troisième et quatrième alinéas de l'article 121-3 du code pénal, et qui prononce une relaxe demeure compétent, sur la demande de la partie civile ou de son assureur formulée avant la clôture des débats, pour accorder, en application des règles du droit civil, réparation de tous les dommages résultant des faits qui ont fondé la poursuite.

Toutefois, lorsqu'il apparaît que des tiers responsables doivent être mis en cause, le tribunal renvoie l'affaire, par une décision non susceptible de recours, devant la juridiction civile compétente qui l'examine d'urgence selon une procédure simplifiée déterminée par décret en Conseil d'État.

• **C. pr. pén., art. 507**

Lorsque le tribunal statue par jugement distinct du jugement sur le fond, l'appel est immédiatement recevable si ce jugement met fin à la procédure.

Dans le cas contraire et jusqu'à l'expiration des délais d'appel, le jugement n'est pas exécutoire et le tribunal ne peut statuer au fond.

Si appel n'a pas été interjeté ou si, avant l'expiration du délai d'appel, la partie appelante n'a pas déposé au greffe la requête prévue à l'alinéa suivant, le jugement est exécutoire et le tribunal statue au fond.

La partie appelante peut déposer au greffe, avant l'expiration des délais d'appel, une requête adressée au président de la chambre des appels correctionnels et tendant à faire déclarer l'appel immédiatement recevable.

• **C. pr. pén., art. 570** (mod. par L. n° 2022-52, 24 janv. 2022, art. 9)

Lorsque le tribunal ou la cour d'appel statue par jugement ou arrêt distinct de l'arrêt sur le fond, le pourvoi en cassation est immédiatement recevable si cette décision met fin à la procédure. Si le président de la chambre criminelle constate qu'une décision a été à tort considérée par la partie intéressée comme mettant fin à la procédure, il apprécie si le pourvoi doit néanmoins être reçu dans l'intérêt de l'ordre public ou d'une bonne administration de la justice, ou si, au contraire, il ne doit pas être reçu, et rend d'office à cet effet une ordonnance d'admission ou de non-admission.

Dans le cas où la décision n'a pas mis fin à la procédure et jusqu'à l'expiration des délais de pourvoi, l'arrêt n'est pas exécutoire et la cour d'appel ne peut statuer au fond.

Si aucun pourvoi n'a été interjeté ou si, avant l'expiration du délai du pourvoi, la partie demanderesse au pourvoi n'a pas déposé au greffe la requête prévue par l'alinéa suivant, le jugement ou l'arrêt est exécutoire et le tribunal ou la cour d'appel statue au fond. Il en est de même, nonobstant les dispositions de l'alinéa suivant, en cas d'arrêt rendu soit sur appel d'une ordonnance du juge d'instruction en application des articles 81, neuvième alinéa, 82-1, deuxième alinéa, 156, deuxième alinéa, ou 167, avant-dernier alinéa, soit en raison du défaut, par le juge d'instruction, d'avoir rendu une telle ordonnance. Dans ces cas, si la procédure a été néanmoins transmise à la Cour de cassation, le président de la chambre criminelle ordonne qu'il en soit fait retour à la juridiction saisie.

Le demandeur en cassation peut déposer au greffe, avant l'expiration des délais de pourvoi, une requête adressée au président de la chambre criminelle de la Cour de cassation et tendant à faire déclarer son pourvoi immédiatement recevable.

• **C. pr. pén., art. 609**

Lorsque la Cour de cassation annule un arrêt ou un jugement rendu en matière correctionnelle ou de police, elle renvoie le procès et les parties devant une juridiction de même ordre et degré que celle qui a rendu la décision annulée.

• **C. pr. pén., art. 612**

En matière correctionnelle ou de police, si l'arrêt et la procédure sont annulés pour cause d'incompétence, la Cour de cassation renvoie le procès devant les juges qui doivent en connaître et les désigne.

La Cour de cassation peut n'annuler qu'une partie de la décision lorsque la nullité ne vicie qu'une ou quelques-unes de ces dispositions.

• **C. pr. pén., art. 624-3** [créé par L. 2014-640, 20 juin 2014, art. 3]

Si la formation de jugement de la cour de révision et de réexamen estime que l'affaire n'est pas en état, elle ordonne l'exécution d'un supplément d'information confié à l'un ou à plusieurs de ses membres aux fins de procéder, directement ou par commission rogatoire, dans les formes prévues au présent code, à tout acte d'information utile à l'instruction de la demande, à l'exception de l'audition de toute personne à l'égard de laquelle il existe des raisons plausibles de soupçonner qu'elle a commis ou tenté de commettre une infraction.

Lorsque l'affaire est en état, la formation de jugement l'examine au fond et statue, par arrêt motivé non susceptible de voie de recours, à l'issue d'une audience publique au cours de laquelle sont recueillies les observations orales ou écrites du requérant ou de son avocat, celles du ministère public ainsi que, si elle intervient à l'instance, après en avoir été dûment avisée, celles de la partie civile constituée au procès dont la révision est demandée ou de son avocat. Le requérant à la parole en dernier.

Le président de la cour peut, au cours des débats, demander l'audition par la formation de jugement de toute personne utile à l'examen de la demande.

• **C. pr. pén., art. 624-7** [créé par L. 2014-640, 20 juin 2014, art. 3]

La formation de jugement de la cour de révision et de réexamen rejette la demande si elle l'estime mal fondée. Si elle estime la demande fondée, elle annule la condamnation prononcée, sauf lorsqu'il est fait droit à une demande en réexamen du pourvoi du condamné. [...]

S'il y a impossibilité de procéder à de nouveaux débats, notamment en cas d'amnistie, de décès, de contumace ou de défaut d'un ou plusieurs condamnés, d'irresponsabilité pénale, en cas de prescription de l'action ou de la peine, la formation de jugement de la cour de révision et de réexamen, après l'avoir expressément constatée, statue au fond en présence des parties civiles, s'il y en a au procès, et des curateurs nommés par elle à la mémoire de chacun des morts ; en ce cas, elle annule seulement celles des condamnations qui lui paraissent non justifiées et décharge, s'il y a lieu, la mémoire des morts.

Si l'impossibilité de procéder à de nouveaux débats ne se révèle qu'après l'arrêt de la cour de révision et de réexamen annulant l'arrêt ou le jugement de condamnation et prononçant le renvoi, la cour, sur la réquisition du ministère public, rapporte la désignation par elle faite de la juridiction de renvoi et statue comme il est dit au troisième alinéa.

Si l'annulation de la décision à l'égard d'un condamné vivant ne laisse rien subsister à sa charge qui puisse être pénalement qualifié, aucun renvoi n'est prononcé.

L'annulation de la condamnation entraîne la suppression de la fiche du casier judiciaire.

La cour de révision et de réexamen peut également ordonner la suppression des mentions figurant dans les fichiers de police judiciaire, dans le fichier automatisé des empreintes digitales, dans le fichier national automatisé des empreintes génétiques et dans le fichier judiciaire national automatisé des auteurs d'infractions sexuelles ou violentes si, compte tenu de la finalité de ces fichiers, la conservation de ces données n'apparaît plus nécessaire. Dans le cas prévu à l'avant-dernier alinéa, la suppression de ces mentions est obligatoirement ordonnée.

• **C. pr. pén., art. 626-1**

Sans préjudice du chapitre unique du titre IV du livre Ier du code de l'organisation judiciaire, un condamné reconnu innocent à la suite d'une révision ou d'un réexamen accordé en application du présent titre a droit à réparation intégrale du préjudice matériel et moral que lui a causé la condamnation. Toutefois, aucune réparation n'est due lorsque la personne a été condamnée pour des faits dont elle s'est librement et volontairement accusée ou laissée accuser à tort en vue de faire échapper l'auteur des faits aux poursuites.

Peut également demander une réparation, dans les mêmes conditions, toute personne justifiant du préjudice que lui a causé la condamnation.

À la demande de l'intéressé, le préjudice est évalué par expertise contradictoire réalisée dans les conditions mentionnées à la section 9 du chapitre Ier du titre III du livre Ier du présent code.

La réparation est allouée par le premier président de la cour d'appel dans le ressort de laquelle réside l'intéressé et suivant la procédure prévue aux articles 149-2 à 149-4. Si la personne en fait la demande, la réparation peut également être allouée par la décision d'où résulte son innocence. Devant la cour d'assises, la réparation est allouée par la cour statuant, comme en matière civile, sans l'assistance des jurés.

Cette réparation est à la charge de l'État, sauf recours contre la partie civile, le dénonciateur ou le faux témoin par la faute desquels la condamnation a été prononcée. Elle est payée comme frais de justice criminelle, correctionnelle et de police.

Si le demandeur le requiert, l'arrêt ou le jugement d'où résulte l'innocence du condamné est affiché dans la ville où a été prononcée la condamnation, dans la commune du lieu où le crime ou le délit a été commis, dans celle du domicile du demandeur, dans celles du lieu de naissance et du dernier domicile du condamné, s'il est décédé ou déclaré absent ; dans les mêmes conditions, il est ordonné qu'il soit inséré au Journal officiel et publié par extraits dans cinq journaux au choix de la juridiction qui a prononcé la décision.

Les frais de la publicité mentionnée à l'avant-dernier alinéa sont à la charge du Trésor.

• **C. pr. pén., art. 658**

Lorsque deux tribunaux correctionnels, deux juges d'instruction ou deux tribunaux de police appartenant au même ressort de cour d'appel se trouvent saisis simultanément de la même infraction, il est réglé de juges par la chambre de l'instruction qui statue sur requête présentée par le ministère public ou les parties. Cette décision est susceptible d'un recours en cassation.

• **C. pr. pén., art. 659**

Tous autres conflits de compétence sont portés devant la chambre criminelle de la Cour de cassation, laquelle est saisie par requête du ministère public ou des parties. La Cour de cassation peut aussi, à l'occasion d'un pourvoi dont elle est saisie, régler de juges d'office et même par avance. Elle peut statuer sur tous actes faits par la juridiction qu'elle dessaisit.

• **C. pr. pén., art. 660**

La chambre criminelle peut, avant de régler de juges, ordonner la communication de la requête aux parties. Dans ce cas, les pièces de la procédure lui sont transmises, dans le délai par elle fixé, avec les observations des intéressés, et le cours de la procédure est suspendu.

• **C. pr. pén., art. 661**

L'arrêt portant règlement de juges est signifié aux parties intéressées. Celles-ci peuvent, hors le cas où la communication de la requête a été ordonnée, former opposition à cet arrêt, par acte reçu au greffe du lieu où siège l'une des juridictions en conflit, dans les formes et délais du pourvoi en cassation.

L'opposition emporte effet suspensif si la chambre criminelle en décide ainsi.

L'opposition est jugée dans les quinze jours de l'arrivée des pièces au greffe de la Cour de cassation. Si l'opposition est rejetée, la chambre criminelle peut condamner le demandeur à une amende civile de 15 euros.

• **C. pr. pén., art. 662**

En matière criminelle, correctionnelle ou de police, la chambre criminelle de la Cour de cassation peut dessaisir toute juridiction d'instruction ou de jugement et renvoyer la connaissance de l'affaire à une autre juridiction du même ordre pour cause de suspicion légitime.

La requête aux fins de renvoi peut être présentée soit par le procureur général près la Cour de cassation, soit par le ministère public établi près la juridiction saisie, soit par les parties.

La requête doit être signifiée à toutes les parties intéressées qui ont un délai de dix jours pour déposer un mémoire au greffe de la Cour de cassation.

La présentation de la requête n'a point d'effet suspensif à moins qu'il n'en soit autrement ordonné par la Cour de cassation.

• **C. pr. pén., art. 665** [mod. par L. nº 2016-731, 3 juin 2016 – art. 98]

Le renvoi d'une affaire d'une juridiction à une autre peut être ordonné pour cause de sûreté publique par la chambre criminelle, mais seulement à la requête du procureur général près la Cour de cassation.

Le renvoi peut également être ordonné, dans l'intérêt d'une bonne administration de la justice, par la chambre criminelle, soit sur requête du procureur général près la Cour de cassation, soit sur requête du procureur général près la cour d'appel dans le ressort de laquelle la juridiction saisie a son siège, agissant d'initiative ou sur demande des parties.

La requête mentionnée au deuxième alinéa doit être signifiée à toutes les parties intéressées, qui ont un délai d'un mois pour déposer un mémoire au greffe de la Cour de cassation.

Dans les dix jours de la réception de la demande et s'il n'y donne pas suite, le procureur général près la cour d'appel informe le demandeur des motifs de sa décision. Ce dernier peut alors former un recours devant le procureur général près la Cour de cassation qui, s'il ne saisit pas la chambre criminelle l'informe des motifs de sa décision.

La chambre criminelle statue dans les huit jours de la requête.

• **C. pr. pén., art. 665-1**

Le renvoi peut encore être ordonné par la chambre criminelle si la juridiction normalement compétente ne peut être légalement composée ou si le cours de la justice se trouve autrement interrompu.

La requête aux fins de renvoi peut être présentée, soit par le procureur général près la Cour de cassation, soit par le ministère public établi près la juridiction saisie.

La requête doit être signifiée à toutes les parties intéressées qui ont un délai de dix jours pour déposer un mémoire au greffe de la Cour de cassation.

La chambre criminelle statue dans les quinze jours de la requête.

• **C. pr. pén., art. 667-1** [mod. par Ord. n° 2019-964, 18 sept. 2019, art. 35]

Si la juridiction normalement compétente ne peut être composée en raison de l'existence des incompatibilités prévues par la loi, le premier président de la cour d'appel peut ordonner le renvoi devant la juridiction limitrophe située dans le ressort de cette cour et désignée par l'ordonnance prévue au dernier alinéa du présent article.

La requête aux fins de renvoi est présentée par le procureur de la République de la juridiction saisie.

Elle est signifiée à toutes les parties intéressées, qui ont un délai de dix jours pour présenter leurs observations auprès du premier président.

Celui-ci statue dans les quinze jours de la requête. Sa décision constitue une mesure d'administration judiciaire qui n'est pas susceptible de recours.

Après avis des présidents des tribunaux judiciaires concernés et du procureur général, le premier président prend chaque année une ordonnance indiquant, pour chacune des juridictions de son ressort, la juridiction devant laquelle des procédures sont susceptibles d'être renvoyées en application des dispositions du présent article. Cette ordonnance ne peut être modifiée en cours d'année.

• **C. pén., art. 112-2**

Sont applicables immédiatement à la répression des infractions commises avant leur entrée en vigueur :

1° Les lois de compétence et d'organisation judiciaire, tant qu'un jugement au fond n'a pas été rendu en première instance ;

2° Les lois fixant les modalités des poursuites et les formes de la procédure ;

3° Les lois relatives au régime d'exécution et d'application des peines ; toutefois, ces lois, lorsqu'elles auraient pour résultat de rendre plus sévères les peines prononcées par la décision de condamnation, ne sont applicables qu'aux condamnations prononcées pour des faits commis postérieurement à leur entrée en vigueur ;

4° Lorsque les prescriptions ne sont pas acquises, les lois relatives à la prescription de l'action publique et à la prescription des peines.

• **COJ, art. L. 411-3** [mod. par L. n° 2016-1547, 18 nov. 2016, art. 38]

La Cour de cassation peut casser sans renvoi lorsque la cassation n'implique pas qu'il soit à nouveau statué sur le fond.

Elle peut aussi, en matière civile, statuer au fond lorsque l'intérêt d'une bonne administration de la justice le justifie.

En matière pénale, elle peut, en cassant sans renvoi, mettre fin au litige lorsque les faits, tels qu'ils ont été souverainement constatés et appréciés par les juges du fond, lui permettent d'appliquer la règle de droit appropriée.

En ces cas, elle se prononce sur la charge des dépens afférents aux instances civiles devant les juges du fond.

L'arrêt emporte exécution forcée.

Les modalités d'application du présent article sont fixées par décret en Conseil d'État.

• **COJ, art. L. 431-4**

En cas de cassation, l'affaire est renvoyée, sous réserve des dispositions de l'article L. 411-3, devant une autre juridiction de même nature que celle dont émane l'arrêt ou le jugement cassé ou devant la même juridiction composée d'autres magistrats.

Lorsque le renvoi est ordonné par l'assemblée plénière, la juridiction de renvoi doit se conformer à la décision de cette assemblée sur les points de droit jugés par celle-ci.

• **C. assur., art. L. 211-14**

Si le juge qui fixe l'indemnité estime que l'offre proposée par l'assureur était manifestement insuffisante, il condamne d'office l'assureur à verser au Fonds de garantie prévu par l'article L. 421-1 une somme au plus égale à 15 % de l'indemnité allouée, sans préjudice des dommages et intérêts dus de ce fait à la victime.

311.02 Jurisprudence de référence.

> Les juridictions de jugement n'ont pas qualité pour statuer sur les nullités dont elles sont saisies par le renvoi ordonné par la juridiction d'instruction y compris pour les nullités d'ordre public, sauf celle affectant la compétence juridictionnelle

• **Crim. 7 juin 2000,** n° 99-82.788, P n° 219

* V. s[s] n° 311.11.

« Vu l'article 385, alinéa 1, du code de procédure pénale ;

Attendu que la règle édictée par ce texte, selon laquelle les juridictions de jugement n'ont pas qualité pour statuer sur la nullité de la procédure dont elles sont saisies par le renvoi ordonné par le juge d'instruction ou la chambre d'accusation, s'applique à toutes les nullités, même substantielles touchant à l'ordre public, sauf celle affectant la compétence juridictionnelle ;

Attendu que, pour déclarer irrecevable l'exception de nullité de l'ordonnance de renvoi présentée par le prévenu et prise de l'incompétence territoriale du tribunal correctionnel, la juridiction du second degré énonce qu'en application de l'article 385, alinéa 1, du code de procédure pénale, les juridictions de jugement n'ont pas qualité pour statuer sur la nullité de la procédure dont elles sont saisies par le renvoi ordonné par le juge d'instruction et qu'elles n'ont pas le pouvoir d'annuler l'ordonnance de renvoi, même si elle est entachée d'une irrégularité ;

Mais attendu qu'en prononçant ainsi, la cour d'appel a méconnu le texte susvisé et le principe sus-énoncé ;

D'où il suit que la cassation est encourue ;

Par ces motifs, et sans qu'il soit besoin d'examiner les autres moyens de cassation proposés ;

CASSE ET ANNULE [...]. »

> Il y a lieu à règlement des juges par anticipation lorsque, par l'effet de la cassation partielle d'un arrêt de la chambre d'accusation, deux tribunaux correctionnels peuvent se trouver saisis de la connaissance des faits délictueux indivisibles ou étroitement connexes

• **Crim. 31 mai 1994,** n° 93-82.380, P n° 211

* V. s^s n° 311.65.

« Attendu que la chambre d'accusation, juridiction d'instruction du second degré, ne peut, sans recourir à la procédure prévue par les articles 202 et 204 du code de procédure pénale, statuer sur des faits restés en dehors de la saisine du juge d'instruction ;

Attendu qu'il appert de l'arrêt attaqué et des pièces de la procédure auxquelles l'arrêt se réfère que, par lettre du 14 septembre 1987 reçue le 30 septembre 1987 au cabinet du juge d'instruction, R... A... a porté plainte et s'est constitué partie civile contre A... B..., J...-M... P... et divers autres pour dénonciation calomnieuse, en raison de l'envoi par A... B... d'une lettre reçue le 7 juillet 1987 par le président du conseil de l'Ordre des médecins de l'Isère, portant à la connaissance de celui-ci des agissements, présentés comme critiquables, du docteur A... ; que, le 6 novembre 1987, une information a été ouverte de ce chef, clôturée le 3 juillet 1992 par une ordonnance de non-lieu du juge d'instruction ;

Attendu que, sur appel de la partie civile, la chambre d'accusation, tout en déclarant les faits prescrits à l'égard d'autres inculpés, a renvoyé devant le tribunal correctionnel, pour dénonciation calomnieuse, P..., à raison du courrier adressé au conseil de l'Ordre des médecins le 7 juillet 1987, et A... B..., outre ce même courrier, à raison d'une autre lettre écrite au même destinataire et par lui reçue le 17 septembre 1987 ;

Mais attendu que, contrairement à ce que mentionne l'arrêt, il ne ressort d'aucune pièce de la procédure que la partie civile ait, à quelque moment, fait état de cette dernière correspondance à l'appui de sa plainte, non plus que le procureur de la République dans ses réquisitions ; qu'ainsi, la juridiction d'instruction n'était saisie que des seuls faits relatifs à la lettre du 7 juillet 1987 et que, dès lors, en statuant comme ils l'ont fait, les juges ont méconnu les textes et les principes sus-énoncés ;

D'où il suit que leur arrêt encourt la censure ;

Par ces motifs :

Sur le pourvoi formé par J...-M... P... :

Le DÉCLARE IRRECEVABLE ;

Sur le pourvoi formé par A... B... :

CASSE ET ANNULE [...]. »

> Il n'y a lieu à règlement de juges que lorsque deux juridictions distinctes se sont reconnues l'une et l'autre, compétentes. La simple délivrance devant deux tribunaux correctionnels différents d'une citation directe ne suffit pas à établir l'existence de ce conflit

• **Crim. 6 mai 2004,** n° 03-86.415, P n° 88

* V. s^s n° 311.63.

« Sur le moyen unique de cassation, pris de la violation des articles 6 de la convention européenne des droits de l'homme, 66 de la Constitution, 591, 593 et 658 du code de procédure pénale :

En ce que la chambre de l'instruction a déclaré sans objet la requête en règlement de juges ;

Aux motifs que les tribunaux correctionnels de Draguignan et Toulon n'ont rendu aucune décision ; qu'en l'absence de décision juridictionnelle des deux tribunaux correctionnels se déclarant saisis de la même infraction, il n'y a pas de conflit de compétence et la requête en règlement de juges est sans objet ;

1/ Alors que, d'une part, il doit être réglé de juges sans autre condition dès lors que deux tribunaux correctionnels appartenant au même ressort de la cour d'appel se trouvent saisis simultanément de la même infraction ; qu'ainsi la chambre de l'instruction a méconnu son office en exigeant que les tribunaux correspondants, actuellement saisis, aient rendu un jugement sur la compétence ou sur le fond ;

2/ Alors, en tout état de cause, que le règlement de juges vise à éviter tout conflit positif ou négatif de compétence ; que le caractère de certitude d'un conflit lié à la saisine identique de deux juridictions distinctes suffit à commander le règlement sollicité par la défense ;

Attendu que, pour déclarer sans objet la requête en règlement de juges présentée par Enzo X..., l'arrêt attaqué prononce par les motifs repris au moyen ;

Attendu qu'en se déterminant ainsi, la chambre de l'instruction a fait l'exacte application de l'article 658 du code de procédure pénale, sans méconnaître les dispositions conventionnelles et constitutionnelles invoquées ;

Qu'en effet, il n'y a lieu à règlement de juges que lorsqu'il existe un conflit de juridictions par suite duquel le cours de la justice se trouve interrompu ; D'où il suit que le moyen doit être écarté ;

Et attendu que l'arrêt est régulier en la forme ;

Par ces motifs :

Sur le pourvoi formé le 2 octobre 2003 :

Le déclare irrecevable ;

Sur le pourvoi formé le 8 octobre 2003 :

Le rejette. »

311.03 Bibliographie indicative.

Thèse. J.-P. Bauve, *Le nouveau régime de l'exception d'incompétence : Décret 58-1289 du 22 décembre 1958, décret 60-802 du 2 août 1960*, thèse, Paris, 1960, dact., 116.

Articles. G. Bonet, « Le règlement de juges dans la jurisprudence moderne de la chambre criminelle », *JCP* 1970. I. 2319 – J.-D. Bretzner, « Exception d'incompétence et oralité des débats : le triomphe de la parole sur l'écrit », *Gaz. Pal.* 11 févr. 1997, p. 222 – P. Buffeteau, « Réflexions sur l'intérêt d'une bonne administration de la justice en matière pénale », *Rev. pénit.* 1998. 168 – J.-C. Laurent, « La correctionnalisation, problème de fond », *JCP* 1950. I. 852 – S. Lavric, C. Ménabé, M. Peltier-Henry, « Enjeux et perspectives de la correctionnalisation judiciaire », *AJ pénal* 2018. 188 – G. Levasseur, « La juridiction correctionnelle depuis l'application du code de procédure pénale », *RSC* 1959. 577 ; « La juridiction correctionnelle depuis l'application du code de procédure pénale », *RSC* 1959. 577 – R. Meurisse, « De la compétence des tribunaux correctionnels et de la cour d'appel pour connaître des contraventions de police », *RSC* 1966. 521 – P. Nicolopoulos, « La procédure devant les juridictions répressives et le principe du contradictoire », *RSC* 1989. 1.

SECTION 1
CARACTÈRE D'ORDRE PUBLIC DES RÈGLES DE COMPÉTENCE

311.11 Obligation pour le juge de vérifier sa compétence. La vérification de leur compétence par les juridictions correctionnelles (de même que de police) constitue un devoir qui ne cesse pour la compétence territoriale qu'en cas de désignation de telle juridiction par la Cour de cassation, et pour les autres critères de compétence lorsque la désignation résulte de l'application de l'article 612 du code de procédure pénale[1] ou d'une désignation par l'assemblée plénière.

Non seulement le juge doit vérifier sa compétence mais il doit soulever d'office son incompétence[2]. La Cour de cassation relève d'office la nullité des décisions qui appliquent une qualification correctionnelle à des faits qui sont du ressort de la juridiction criminelle[3]. Ainsi et à titre d'exemples, la chambre criminelle a pu juger qu'une cour d'appel devait se déclarer incompétente s'il résultait de ses constatations et du titre même de la poursuite que les faits constitueraient non un délit mais un crime[4], solution également appliquée à une juridiction de police incompétente au profit d'un tribunal correctionnel[5]. Les juridictions correctionnelles étant incompétentes pour connaître des infractions qualifiées crimes par la loi, il appartient aux juges du second degré saisis de la cause entière par l'appel du ministère public, d'examiner, même d'office, leur compétence et de se déclarer incompétents lorsque les faits poursuivis sont du ressort de la juridiction criminelle[6]. Est pareillement cassé l'arrêt des énonciations duquel « il résult[ait] [...] que le vol imputé [aux deux prévenus] aurait été commis "l'un d'eux exhibant une arme" », en sorte que, « dès lors, il entrait dans les dispositions du second alinéa de l'article 384 [ancien] du code pénal et devenait justiciable de la cour d'assises [et] qu'ainsi en l'état des faits par elle constatés, la juridiction correctionnelle était incompétente pour en connaître »[7] ou encore, pour une tentative de vol commise à l'aide ou sous la menace d'une arme « [...] que ces faits, dès lors, entraient dans les dispositions de l'article 311-8 du code pénal et devenaient justiciables de la cour d'assises [et] qu'ainsi, en l'état de ses constatations, la juridiction correctionnelle était incompétente pour en connaître »[8].

On sait, par exemple, que les personnes morales, à l'exclusion de l'État, sont responsables pénalement, selon les distinctions des articles 121-4 à 121-7, des infractions commises, pour leur compte, par leurs organes ou représentants mais que les collectivités territoriales et leurs groupements ne sont responsables pénalement que des infractions commises dans l'exercice d'activités susceptibles de faire l'objet de conventions de délégation de service public[9]. Ce dernier point a donné lieu à plusieurs décisions importantes. Ainsi, les juridictions judiciaires sont incompétentes pour réparer les conséquences dommageables d'une faute engageant la responsabilité d'une personne morale de droit public à l'occasion de la gestion d'un service public administratif[10]. Justifie en revanche sa décision une cour d'appel qui déclare un syndicat de communes coupable d'homicide involontaire, en raison d'un accident survenu à un motocycliste circulant sur un chemin de halage, dès lors que ce groupement exerçait, conformément à son objet social, des activités d'entretien et de surveillance des digues fluviales et de leurs dépendances, susceptibles de faire l'objet d'une convention de délégation de service public au sens de l'article 121-2 du code pénal[11].

311.12 Cas particulier prévu par l'article 469, alinéa 4, du code de procédure pénale : la correctionnalisation par le juge d'instruction. En ce qui concerne la compétence matérielle, cette obligation ne disparaît que dans l'hypothèse prévue par l'article 469[12], alinéa 3, du code de procédure pénale,

1. Si l'arrêt et la procédure sont annulés pour cause d'incompétence, la Cour de cassation renvoie le procès devant les juges qui doivent en connaître et les désigne.
2. Crim. 16 mars 1954, *D.* 1954. 454 – Crim. 20 nov. 1969, n° 69-92.068, P n° 308 – Crim. 31 mai 1988, n° 88-82.449, P n° 233 – Crim. 1er déc. 1993, n° 92-86.077, P n° 366 – Crim. 22 mai 1996, n° 95-84.899, P n° 212 – Crim. 13 nov. 1996, n° 95-84.897, P n° 405 – Crim. 7 juin 2000, n° 99-82.788, P n° 219 ; *D.* 2001. Somm. 518, obs. J. Pradel ; *D.* 2001. Chron. 6, obs. C. Marsat – Crim. 10 déc. 2003, n° 03-83.344, P n° 243 ; *AJ pénal* 2004. 120, obs. C. Girault.
3. Crim. 16 nov. 1982, n° 82-92.518, P n° 257 – Crim. 22 avr. 1986, n° 84-95.759, P n° 136 – Crim. 3 févr. 1988, n° 87-82.336, P n° 55 – Crim. 4 janv. 1990, n° 89-82.636, P n° 1 – Crim. 29 avr. 1996, n° 95-83.110, P n° 172.
4. Crim. 16 nov. 1982, préc.
5. Crim. 2 mai 1983, n° 80-93.395, P n° 121.
6. Crim. 3 févr. 1988, n° 87-82.336, P n° 55.
7. Crim. 1er déc. 1993, n° 92-86.077, P n° 366.
8. Crim. 8 oct. 2002, n° 02-80.980, NP.
9. C. pén., art. 121-2, al. 1 et 2.
10. Crim. 30 sept. 2008, n° 07-87.734, P n° 199.
11. Crim. 24 oct. 2017, n° 16-85.975, P n° 234.
12. C. pr. pén., art. 469 ; mod. par L. n° 2004-204, 9 mars 2004, art. 124.

issu de la loi du 9 mars 2004 qui consacre la correctionnalisation judiciaire : le tribunal correctionnel ne peut se déclarer incompétent au profit de la cour d'assises si la victime, constituée partie civile et assistée d'un avocat dans le temps de l'instruction, n'a pas interjeté appel de l'ordonnance de renvoi devant le tribunal correctionnel[1].

À noter qu'une décision a jugé qu'en application des dispositions de l'article 469, alinéa 4, du code de procédure pénale, issues de la loi du 9 mars 2004 et entrées en vigueur le 1er octobre 2004, qui ne sont pas incompatibles avec les articles 6 et 13 de la convention européenne des droits de l'homme, les parents d'une victime sont irrecevables à soulever l'incompétence de la juridiction correctionnelle au motif que les faits déférés sous la qualification de délits seraient de nature à entraîner une peine criminelle, dès lors que la victime directe était constituée partie civile et assistée d'un avocat lorsque le renvoi a été ordonné, et qu'elle avait alors la faculté d'interjeter appel de l'ordonnance en application de l'article 186-3 du code de procédure pénale[2].

À l'inverse, lorsqu'elle est saisie par le renvoi ordonné par le juge d'instruction ou la chambre de l'instruction d'une infraction non intentionnelle, la juridiction correctionnelle conserve, conformément aux dispositions de l'article 469 *in fine*, la possibilité de se déclarer incompétente et de renvoyer le ministère public à mieux se pourvoir, s'il apparaît que les faits sont de nature à entraîner une peine criminelle parce qu'ils ont été commis de façon intentionnelle[3] [4].

Plus curieuse, une décision a rejeté le pourvoi contre un arrêt qui, pour déclarer le prévenu coupable d'agressions sexuelles aggravées, retient que ce dernier a imposé à sa fille des attouchements sexuels et une pénétration sexuelle vaginale ce qui ne méconnait pas les termes de sa saisine :

- d'une part, parce que les faits de pénétration sexuelle ont donné lieu à la mise en examen du demandeur pour viol aggravé. Le juge d'instruction a substitué une qualification correctionnelle à ce fait, en clôturant l'information par une ordonnance de renvoi devant le tribunal correctionnel, qui vise à la fois des faits d'attouchements et de pénétration, sous la qualification d'agressions sexuelles aggravées ;

- d'autre part, parce que le demandeur n'a pas relevé appel de cette ordonnance de renvoi, en invoquant que les faits étaient de nature criminelle, alors que cette voie de recours lui était ouverte, par l'article 186-3 du code de procédure pénale ;

- enfin, parce que, lors de ce renvoi, la victime était constituée partie civile et assistée d'un avocat. L'article 469 du code de procédure pénale empêchait donc la juridiction de jugement de se déclarer incompétente si elle constatait que l'un des faits dont elle était saisie était de nature à entraîner une peine criminelle[5].

Dans cette hypothèse, la disqualification d'un crime en délit ne peut être contestée qu'au stade de l'appel de l'ordonnance de renvoi devant le tribunal correctionnel par la personne mise en examen ou la partie civile constituée et assistée d'un avocat.

311.13 Effets. Les règles de compétence peuvent être invoquées à tous les stades de la procédure, et il n'importe que le prévenu n'ait pas opposé, devant les juges du fond, l'exception dont il pouvait se prévaloir, l'incompétence des juridictions étant en pareil cas d'ordre public[6].

Une exception d'incompétence peut, par suite, être soulevée pour la première fois en cause d'appel[7] et même devant la Cour de cassation[8] ; elle peut également être relevée d'office par le juge si aucune des parties ne l'a soulevée[9]. La chambre criminelle peut enfin la soulever elle-même[10].

Le jugement d'un tribunal correctionnel qui n'est pas compétent est nul[11].

1. Crim. 27 mars 2008, nº 07-85.076, P nº 84 ; *D.* 2008. 1719, obs. D. Caron – Crim. 21 juin 2011, nº 10-85.671, P nº 145 ; *AJ pénal* 2011. 527, obs. J. Lasserre Capdeville.
2. Crim. 20 nov. 2013, nº 12-85.185, P nº 236 ; *D. actu.* 3 déc. 2013, obs. F. Winckelmuller.
3. Crim. 24 mars 2009, nº 08-84.849, P nº 60 ; *Procédures* 2009, nº 210, obs. J. Buisson ; *D.* 2009. 1207, note M. Léna.
4. V. ss nos 314.22 s.
5. Crim. 8 févr., nº 22-80.885, P, et note légèrement critique : J. Pidoux, « Correctionnalisation judiciaire légalisée : la possibilité pour le juge correctionnel dont la compétence est « forcée » de prendre en considération des faits de nature criminelle », *D. actu.* 16 mars 2023 ; *Procédures* 2023, comm. 121, A.-S. Chavent-Leclère – COMP., pour une procédure n'ayant pas fait l'objet d'une instruction : Crim. 14 sept. 2022, nº 21-86.866, NP, *RSC* 2022, p. 836, obs Y. Mayaud ; M. Slimani, « Un frein à la correctionnalisation du viol entre époux », *D. actu.* 4 oct. 2022. La chambre criminelle juge que le tribunal correctionnel doit se déclarer incompétent si le fait qui lui est déféré est de nature à entraîner une peine criminelle et que si ce constat est fait au stade de l'appel, il appartient à la cour d'appel d'annuler le jugement.
6. Crim. 20 juin 2006, nº 05-87.415, P nº 189 ; *AJDA* 2006. 1807 ; *AJ pénal* 2006. 409, obs. G. Royer – ANTÉRIEUREMENT : Crim. 15 févr. 2000, nº 99-81.685, P nº 70.
7. Crim. 20 oct. 2009, nº 09-81.721, P nº 172 ; *D.* 2009. 2753 ; *D.* 2010. 2732, obs. G. Roujou de Boubée, T. Garé et S. Mirabail ; *AJ pénal* 2010. 31, obs. J. Lasserre Capdeville ; *Rev. Sociétés* 2010. 121, note H. Matsopoulou ; *RTD com.* 2010. 440, obs. B. Bouloc.
8. Crim. 8 mai 1947, P nº 125 ; *D.* 1947. 314 – Crim. 28 févr. 2006, nº 05-85.840, P nº 57 ; *D.* 2006. 1002 – Crim. 9 janv. 2013, nº 12-83.047, P nº 12 ; *D.* 2013. 1304, obs. J.-P. Céré, M. Herzog-Evans et E. Péchillon ; *AJ pénal* 2013. 114.
9. Crim. 15 mars 2016, nº 14-87.237, P nº 81 ; *AJDA* 2016. 576 ; *AJCT* 2016. 462, obs. Y. Mayaud.
10. Crim. 20 nov. 1969, nº 69-92.068, P nº 308 – Crim. 31 mai 1988, nº 88-82.449, P nº 233.
11. Crim. 28 mars 1974, nº 73-90.850, P nº 138.

Aucune autre nullité ne peut être soulevée d'office par le tribunal correctionnel[1]. Ainsi, le moyen, qui invoque des nullités de la procédure soulevées devant le tribunal et non reprises avant toute défense au fond devant la cour d'appel, est irrecevable devant la Cour de cassation en application des articles 385 et 512 du code de procédure pénale, sous réserve de la nullité affectant la compétence juridictionnelle, alors même que le prévenu, régulièrement cité, conformément à l'article 503-1 du même code, n'a pas comparu devant la cour d'appel[2].

311.14 Violation des règles de compétence : Nullité d'ordre public. La violation des règles de compétence a pour conséquence la nullité de la procédure[3]. Pour que la cassation pour cause d'incompétence soit possible, la chambre criminelle doit trouver dans les constatations des juges du fond les éléments lui permettant d'apprécier la violation alléguée. À défaut, est irrecevable comme nouveau le moyen pris d'une exception d'incompétence territoriale qui n'a jamais été alléguée devant les juges du fond et dont l'appréciation impose l'examen d'éléments de faits qui ne résultent ni du jugement ni de l'arrêt[4].

SECTION 2
MISSIONS DU TRIBUNAL CORRECTIONNEL

311.21 Articulations entre action publique et action civile. La compétence principale du tribunal correctionnel est de juger l'action publique en matière délictuelle. Aux termes de l'article 381 du code de procédure pénale, le tribunal correctionnel connaît des délits, c'est-à-dire des infractions que la loi punit d'une peine d'emprisonnement ou d'une peine d'amende supérieure ou égale à 3 750 euros. L'absence de peine d'emprisonnement encourue ne signifie donc pas nécessairement qu'est déférée à la juridiction une simple contravention.

Le tribunal correctionnel est également compétent en matière de relèvement des interdictions, déchéances, incapacités ou mesures de publication[5] et en matière d'incidents contentieux relatifs à l'exécution[6].

311.22 Action civile accessoire. Selon les articles 2 et 3 du code de procédure pénale, l'action civile en réparation du dommage causé par un crime, un délit ou une contravention appartient à tous ceux qui ont personnellement souffert du dommage directement causé par l'infraction[7]. L'action civile peut être exercée en même temps que l'action publique et devant la même juridiction. Elle sera recevable pour tous chefs de dommages, aussi bien matériels que corporels ou moraux, qui découleront des faits objets de la poursuite[8]. Le législateur a habilité certaines associations à exercer les droits de la partie civile pour défendre les intérêts collectifs dont elles ont la charge[9, 10].

Mais l'important est ici le caractère accessoire d'une action civile ou encore d'une action fiscale. Ainsi, et à titre d'exemple, saisie d'une infraction douanière, la juridiction correctionnelle qui retient que l'incrimination a été abrogée avant sa saisine n'est pas compétente pour statuer sur la demande en paiement des droits éludés[11].

311.23 Action civile autonome en cas de relaxe – Article 470-1 du code de procédure pénale. En matière d'infraction non-intentionnelle, l'article 470-1 du code de procédure pénale dispose que : « Le tribunal saisi, à l'initiative du ministère public ou sur renvoi d'une juridiction d'instruction, de poursuites exercées pour une infraction non intentionnelle au sens des deuxième, troisième et quatrième alinéas de l'article 121-3 du code pénal, et qui prononce une relaxe demeure compétent, sur la demande de la partie civile ou de son assureur formulée avant la clôture des débats, pour accorder, en application des règles du droit civil, réparation de tous les dommages résultant des faits qui ont fondé la poursuite »[12, 13].

Toutefois, lorsqu'il apparaît que des tiers responsables doivent être mis en cause, le tribunal renvoie l'affaire, par une décision non susceptible de recours, devant la juridiction civile compétente qui l'examine d'urgence selon une procédure simplifiée déterminée par décret en Conseil d'État[14]. Tel est par exemple le cas lorsque les juges correctionnels prononcent une relaxe pour une infraction non-intentionnelle et qu'il apparaît que, pour statuer sur la demande de réparation de la partie civile, des tiers responsables devant être mis en cause, elle renvoie

1. V. s[s] n°s 611.11 s.
2. Crim. 15 juin 2016, n° 14-88.404, P n° 182.
3. Crim. 16 mars 1954, *D.* 1954. 454 – Crim. 31 mai 1988, n° 88-82.449, P n° 233 – Crim. 1er déc. 1993, n° 92-86.077, P n° 366 – Crim. 22 mai 1996, n° 95-84.899, P n° 212 ; *D.* 1996. 205 – Crim. 12 janv. 2000, n° 99-81.635, P n° 24.
4. Crim. 3 juill. 1985, n° 84-92.118, P n° 254.
5. V. s[s] n°s 113.111 s.
6. V. s[s] n°s 113.181 s.
7. C. pr. pén., art. 2.
8. C. pr. pén., art. 3.
9. C. pr. pén., art. 2-1 à 2-19 – C. trav., art. L. 2131-1 – C. consom., art. L. 621-1 – C. rur., art. L. 252-1 s., L. 253-1.
10. V. s[s] n°s 222.291 s.
11. Crim. 20 déc. 2017, n° 15-86.313, P n° 297.
12. Crim. 22 mars 1990, n° 89-81.443, P n° 127 – Crim. 29 janv. 1997, n° 96-82.167, P n° 38 – Crim. 1er oct. 1997, n° 95-83.471, P n° 316 ; *D.* 1997. 242 – Crim. 26 mars 1991, n° 89-86.471, P n° 142.
13. V. s[s] n°s 222.191 s.
14. C. pr. pén., art. R. 41-2.

devant la juridiction civile compétente ; il incombe alors à cette dernière de se prononcer sur les responsabilités civiles des prévenus ou des personnes civilement responsables et des tiers responsables mentionnés dans la décision de renvoi[1].

L'article 470-1 précité introduit donc une exception notable au principe selon lequel le caractère accessoire de l'action civile à l'action publique menée devant une juridiction répressive doit conduire au rejet des prétentions de la partie civile en cas de relaxe.

Afin que ces dispositions s'appliquent et comme ce texte le précise, le tribunal doit avoir été saisi de l'action publique à l'initiative du ministère public ou sur renvoi du juge d'instruction et non par la partie civile[2]. La demande doit venir de la partie civile[3] ou de son assureur. À l'inverse, l'absence d'invocation par la partie civile du bénéfice des dispositions de l'article 470-1 du code de procédure pénale devant le juge répressif ne la prive pas du droit de saisir le juge civil en réparation du préjudice subi à l'occasion des faits ayant donné lieu à des poursuites et à une décision de relaxe[4].

Selon une jurisprudence constante c'est au demandeur à l'action qu'il incombe de présenter dès l'instance relative à la première demande l'ensemble des moyens qu'il estime de nature à fonder celle-ci[5].

La formulation de l'article 470-1 invoquant la nécessité d'une demande « formulée avant la clôture des débats » est maladroite puisque l'on sait que devant la juridiction correctionnelle, contrairement à la Cour d'assises, la clôture des débats n'intervient qu'avec le délibéré. Une demande qui ne serait formulée que devant la cour d'appel serait en revanche tardive. Il a ainsi été jugé à de multiples reprises que bien que les poursuites pour blessures involontaires aient été exercées à l'initiative du ministère public, l'article 470-1 du code de procédure pénale n'est pas applicable lorsque les juges du second degré sont saisis du seul appel de la partie civile contre une décision de relaxe et que l'application de cet article n'a pas été invoquée devant le tribunal[6] ou, que la partie civile s'était bornée à demander une provision et une mesure d'expertise, sans invoquer les dispositions de l'article 470-1 précité, ni aucune règle de droit civil[7], ou alors que ni la partie civile ni son assureur n'avaient formulé, avant la clôture des débats, une demande subsidiaire tendant à l'application de l'article 470-1 du code de procédure pénale[8].

Plus conciliante avec les victimes, une décision a pu décider que la partie civile, qui demande, à titre subsidiaire, la réparation de son préjudice sur le fondement d'une règle de droit civil, telle la loi du 5 juillet 1985, sollicite nécessairement le bénéfice de l'article 470-1 du Code de procédure pénale[9].

Insistons encore sur le fait que ce texte ne concerne que les infractions non-intentionnelles[10] et suppose dans tous les cas une demande d'application préalable, à titre subsidiaire, par la partie civile. Le tribunal correctionnel ne saurait d'autorité invoquer ce fondement. Pas plus, une cour d'appel qui après avoir prononcé une relaxe de prévenus mineurs et retenu que des tiers responsables devaient être mis en cause, ne saurait statuer sur la responsabilité civile de leurs parents préalablement au renvoi de l'affaire devant la juridiction civile[11].

En raison de l'indépendance de l'action publique et de l'action civile, les juges du second degré, saisis du seul appel de la partie civile, ne sont nullement liés, en ce qui concerne les intérêts civils, par la décision de relaxe rendue en première instance[12]. Une juridiction correctionnelle ne peut cependant user de la faculté que lui confère l'article 470-1 du code de procédure pénale de faire application des règles de droit civil pour statuer sur les conséquences dommageables d'un homicide ou de blessures involontaires, si ce n'est sur la demande de la partie civile ou de son assureur formulée avant la clôture des débats[13].

Enfin, lorsque l'article 470-1 a été invoqué, la cour d'appel ne saurait se contenter de rejeter l'action de la partie civile au seul motif qu'elle ne relève aucune faute civile à partir et dans la limite des faits objet de la poursuite[14].

L'Assemblée plénière de la Cour de cassation a pu rappeler ici que lorsque la partie civile sollicite du juge pénal qu'il se prononce selon les règles du droit civil, elle doit présenter l'ensemble des moyens qu'elle estime de nature à fonder ses demandes, de sorte qu'elle ne peut saisir le juge civil des mêmes demandes, fussent-elles fondées sur d'autres moyens. En revanche, lorsque la partie civile n'a pas

1. Crim. 27 mai 2014, n° 13-83.262, P n° 138.
2. Crim. 3 nov. 1986, n° 85-93.644, P n° 313 ; Crim. 18 nov. 1986, n° 85-96.332, P n° 343.
3. Crim. 12 févr. 1997, n° 96-82.666, P n° 56.
4. Civ., 2e, 15 nov. 2018, n° 17-18.656.
5. Cass., ass. plén., 7 juill. 2006, n° 04-10.672, P. Ass. plén., n° 8.
6. Crim.10 juill. 1989, n° 96-82.167, P n° 286.
7. Crim. 2 oct. 2007, n° 06-85.799, P n° 230.
8. Crim. 12 févr. 1997, n° 96-82.666, P n° 56.
9. Crim. 30 sept. 1998, n° 97-80.135, P n° 241.
10. Crim. 11 oct. 2000, n° 00-83.219, NP.
11. Crim. 27 mai 2014, n° 13-83.262, P n° 138.
12. Crim. 28 nov. 1989, n° 88-86.499, P n° 441 ; *RSC* 1990. 568, obs. G. Levasseur.
13. Crim. 29 juin 1999, n° 98-83.517, P n° 161 ; *D.* 2000. 30, obs. Y. Mayaud ; *RSC* 2000. 204, obs. Y. Mayaud.
14. Crim. 22 févr. 2022, n° 21-81.094, NP ; Crim. 5 févr. 2014, n° 12-80.154, P n° 35.

usé de la faculté qui lui est ouverte par l'article 470-1 du code de procédure pénale, elle ne peut être privée de la possibilité de présenter ses demandes de réparation devant le juge civil. L'interprétation contraire aboutirait à priver d'effet l'option de compétence qui lui est ouverte par la loi n° 83-608 du 8 juillet 1983 dans le but de garantir le droit effectif de toute victime d'infraction d'obtenir l'indemnisation de son préjudice [1].

311.24 Action civile devant la juridiction répressive après relaxe – Jurisprudence du 5 février 2014. Depuis l'arrêt rendu par la CEDH dans l'affaire dite *Lagardère* [2], il est acquis que saisi du seul appel d'un jugement de relaxe formé par la partie civile, le juge répressif ne peut rechercher si les faits qui lui sont déférés constituent une infraction pénale sans méconnaître le principe de la présomption d'innocence garanti par l'article 6, § 2, de la convention européenne des droits de l'homme.

La chambre criminelle a par suite indiqué, dans sa jurisprudence dite « Moutouchetty », inaugurée le 5 février 2014, que l'autorité de la chose jugée ne s'attachant à aucune des dispositions du jugement entrepris, cet appel de la partie civile a pour effet de déférer à la juridiction du second degré l'action en réparation des conséquences dommageables qui peuvent résulter de la faute civile du prévenu définitivement relaxé, cette faute devant être démontrée à partir et dans la limite des faits objet de la poursuite [3].

Il est donc interdit de faire référence à une culpabilité de prévenus définitivement relaxés des fins de la poursuite ce qui constituerait une atteinte à la présomption d'innocence [4]. Mais il appartient, par exemple, à la cour d'appel saisie par la partie civile d'une demande de réparation, de rechercher elle-même, si une faute civile tenant à une appropriation frauduleuse par M. X... des moyens informatiques mis à sa disposition par son employeur n'était pas caractérisée, à partir et dans la limite des faits objet de la poursuite (et non de dire qu'il incombait à la partie civile d'établir l'existence d'une telle faute civile distincte de l'infraction pour laquelle la relaxe a été prononcée) [5].

Et il a été rappelé à maintes reprises, que la juridiction d'appel ne pouvait débouter la partie civile en relevant que celle-ci ne faisait état d'aucune faute civile, distincte de la faute pénale visée dans la citation et objet de la décision de relaxe, sans rechercher elle-même, si une faute civile n'était pas caractérisée, à partir et dans la limite des faits objet de la poursuite [6].

Toute l'ambiguité d'une telle construction est que la faute civile est à trouver dans les faits qui supportaient la qualification pénale initiale, mais sans se référer explicitement à cette dernière, une telle faute n'étant toutefois pas démontrée si les faits propres à la caractériser ne correspondent pas à l'ensemble des éléments matériels des infractions objets de la prévention [7]. De même faut-il veiller à ce que les comportements retenus relèvent d'une infraction qui était bien susceptible d'être poursuivie à la date des faits [8], ou non prescrite [9] et que la faute retenue se situe dans la période initiale de prévention [10], mais encore sans prendre en considération des faits qui n'étaient pas compris dans les poursuites. Méconnaît ainsi les articles 2 et 497 du code de procédure pénale, 6 § 1 de la convention européenne des droits de l'homme, la cour d'appel qui condamne le prévenu, relaxé des chefs d'abus de faiblesse et d'escroquerie, à indemniser le préjudice subi par sa mère, victime des faits, en prenant en considération sa qualité de tuteur pour retenir une opération de détournement de fonds et non de remise, alors que cette qualité n'était pas visée dans l'acte de poursuite [11].

Il faut bien admettre, qu'il a pu arriver à la chambre criminelle de rejeter des pourvois formés contre des arrêts qui, même s'ils retenaient que les faits étaient constitutifs d'une infraction pénale alors que le prévenu avait été relaxé définitivement de ce chef, caractérisaient les agissements constitutifs d'une faute civile démontrée à partir et dans la limite des faits objets de la poursuite ayant entraîné un préjudice à la partie civile [12].

1. Cass., ass. plén., 14 avr. 2023, n° 21-13.516, P.
2. CEDH 12 avr. 2012, *Lagardère c/ France*, req. n° 18851/07, *AJDA* 2012. 1726, chron. L. Burgorgue-Larsen ; *D.* 2012. 1708, obs. O. Bachelet, note J.-F. Renucci ; *AJ pénal* 2012. 421, obs. S. Lavric ; *Rev. Sociétés* 2012. 517, note H. Matsopoulou ; *RSC* 2012. 558, obs. H. Matsopoulou ; *RSC* 2012. 695, obs. D. Roets.
3. Crim. 5 févr. 2014, n° 12-80.154, P n° 35 ; *D.* 2014. 807, note L. Saenko ; *D.* 2014. 1414, chron. B. Laurent, C. Roth, G. Barbier, P. Labrousse et C. Moreau ; *AJ pénal* 2014. 422, obs. C. Renaud-Duparc – Crim. 11 mars 2014, n° 12-88.131, P n° 70 ; *D.* 2014. 1188, note H. Dantras-Bioy ; *AJ pénal* 2014. 422.
4. Crim. 7 mars 2017, n° 15-85.971, NP.
5. Crim. 13 oct. 2015, n° 14-82.272, P n° 220.
6. Crim. 16 oct. 2018, n° 17-84.567, NP ; Crim. 9 déc. 2020, n° 20-80.029, NP.
7. Crim. 11 mars 2014, n° 12-88.131, P n° 70 – Crim. 19 mai 2016, n° 15-81.491, P n° 152 ; *D.* 2016. 1139 ; *RTD com.* 2016. 571, obs. L. Saenko – Crim. 20 mars 2019, n° 18-81.225, NP – Crim. 23 oct. 2019, n° 18-81.745, NP – Crim. 22 janv. 2020, n° 19-80.541, NP.
8. Crim. 28 févr. 2018, n° 16-85.518, NP.
9. Crim. 3 nov. 2015, n° 14-80.844, P n° 237, *D.* 2015. 2321.
10. *Ibid.*
11. Crim. 7 déc. 2016, n° 16-80.083, P n° 325 ; *D.* 2016. 2572.
12. Crim. 6 mai 2014, n° 12-87.162, NP – Crim. 7 janv. 2015, n° 13-87.947, NP – Crim. 3 juin 2015, n° 14-82.082, NP – Crim. 13 janv. 2016, n° 14-87.045, NP.

La jurisprudence a ainsi depuis 2014, confirmé que si l'appel d'un jugement de relaxe formé par la seule partie civile a pour effet de déférer à la juridiction du second degré l'action en réparation du dommage pouvant résulter de la faute civile du prévenu définitivement relaxé, encore faut-il que cette faute soit démontrée à partir et dans la limite des faits objet de la poursuite. Justifie dès lors sa décision la cour d'appel qui, pour débouter la partie civile de sa demande d'indemnisation formée contre une personne relaxée en première instance, retient qu'il subsiste un doute raisonnable sur l'intention frauduleuse de cette dernière[1].

Est en revanche justifiée la cassation de l'arrêt qui, sur le seul appel de la partie civile d'un jugement de relaxe d'une personne prévenue de complicité de soumission de personnes vulnérables à des conditions d'hébergement indignes, pour avoir assisté son époux dans la mise à disposition de logements insalubres, retient la responsabilité civile de l'intimée, au motif que, ne pouvant ignorer les conditions d'hébergement qui se pratiquaient à proximité de son habitation, elle les avait permises, alors qu'une telle faute était distincte des faits positifs d'assistance dans la mise à disposition des logements litigieux, seuls visés à la prévention comme élément constitutif de la complicité[2].

Sera encore relevé, le rejet du pourvoi contre l'arrêt qui, pour exclure l'existence d'une faute civile entrant dans les prévisions du texte incriminant l'escroquerie qui aurait été préjudiciable à la CPAM, relève que n'est pas rapportée la preuve de l'intention frauduleuse des personnes poursuivies dont il n'a pas été démontré qu'elles aient eu la volonté de tromper la CPAM dès lors que les fautes civiles de négligence et d'imprudence alléguées au moyen n'entrent pas dans la limite des faits objet de la poursuite[3].

On notera par ailleurs les rapprochements opérés par la doctrine entre les expressions « faits objet(s) de la poursuite » majoritairement utilisée pas la chambre criminelle, « faits qui sont l'objet de l'accusation » de l'article 372 du code de procédure pénale et « faits qui ont fondé la poursuite » de l'article 470-1 précité[4]. En tout état de cause une cour d'appel qui, pour retenir l'existence d'une faute civile n'a ni suffisamment analysé le jugement de relaxe dont elle déduisait la fausseté du fait dénoncé, ni caractérisé la mauvaise foi du prévenu, ne peut être que censurée[5].

Il se déduit encore des articles 2, 509 et 515 du code de procédure pénale que la cour d'appel, saisie du seul appel de la partie civile, est compétente, même dans le cas où la réparation du dommage ressortirait à la compétence exclusive de la juridiction administrative, pour dire si le prévenu définitivement relaxé a commis une faute civile à partir et dans la limite des faits objet de la poursuite.

Encourt en conséquence la cassation l'arrêt qui accueille l'exception d'incompétence tirée de l'absence de faute personnelle détachable du service, soulevée par un maire définitivement relaxé du chef de diffamation, sans avoir préalablement procédé, sur l'appel des seules parties civiles, à cette recherche[6].

Au total, il reste possible d'admettre avec le professeur Pradel, que « la substitution de mots n'a pas de portée considérable puisque toute infraction constitue en même temps une faute civile »[7], tandis que d'autres commentateurs évoquent en la matière « un retour à la case départ »[8]. On admettra, avec une troisième que demeure « l'omniprésence du texte d'incrimination »[9] tandis que cet inévitable mélange des genres peut aboutir à la mise en œuvre d'une action... bien peu civile[10].

311.25 Code de la consommation – Préjudice indirect. L'ancien article L. 121-31 du code de la consommation dans sa rédaction issue de la loi du 26 juillet 1993[11], abrogé au 1er juillet 2016, reconnaissait au juge correctionnel le droit de statuer sur l'action contractuelle en remboursement des sommes versées en exécution d'un contrat nul, exercée par une partie civile en sus de l'action civile, en réparation du dommage causé par une infraction en cette matière. Ainsi, il avait été jugé qu'il résultait de l'article L. 121-31, qu'à l'occasion des poursuites pénales exercées, en application de l'article L. 121-26 du même code, contre le vendeur, le prestataire de services ou le démarcheur, le client qui s'est constitué partie civile est recevable à demander

1. Crim. 17 févr. 2016, n° 15-80.634, P n° 52 ; *AJ pénal* 2016. 436, obs. J. Gallois.
2. Crim. 10 mai 2017, n° 15-86.906, P n° 135 ; *AJ pénal* 2017. 396, obs. L. Grégoire. V. aussi : Crim. 24 juin 2014, n° 13-84.478, P. n° 159 (faute résultant de l'omission de remise à la banque d'espèces provenant des caisses des magasins exploités).
3. Crim. 25 oct. 2017, n° 16-84.551, NP.
4. H. Dantras-Bioy, « L'interprétation stricte de l'infraction et le droit à réparation des victimes », *D.* 2014, 1188.
5. Crim. 19 févr. 2019, n° 18-80.195, P ; S. Lavric, « Dénonciation calomnieuse : indemnisation en cas de relaxe », *D. actu.* 29 mars 2019.
6. Crim. 14 nov. 2017, n° 17-80.934, P. ; *AJDA* 2017. 2281 ; *D.* 2017. 2370.
7. J. Pradel, *JCP* 2014. 653.
8. A. Maron et M.-G. Haas, « Retour à la case départ (sans toucher 2 090 euros) », *Dr. pénal* 2016. comm. 67.
9. V. Wester-Ouisse, « Le sort de la victime en cas de relaxe : quelle faute civile ? », *D.* 2016. 2018.
10. F. Dreifuss-Netter, « L'action civile des victimes d'infractions, une action peu civile... », *D.* 2022. 1402.
11. L. n° 1993-949, 26 juill. 1993 relative au code de la consommation (partie législative), *JO* 27 juill., p. 10538.

devant la juridiction répressive une somme égale au montant des paiements effectués ou des effets souscrits, sans préjudice de tous dommages-intérêts [1].

Les nouveaux textes applicables en l'espèce sont les articles L. 222-1 et L. 222-2, L. 222-16 du code de la consommation [2].

311.26 **Code des assurances.** Si le juge qui fixe l'indemnité estime que l'offre proposée par l'assureur était manifestement insuffisante, il condamne d'office l'assureur à verser au Fonds de garantie prévu par l'article L. 421-1 [3] une somme au plus égale à 15 % de l'indemnité allouée, sans préjudice des dommages et intérêts dus de ce fait [4] à la victime [5].

Il résulte des articles 388-1 et 388-3 du code de procédure pénale que l'assureur qui garantit la responsabilité civile du fait d'un véhicule terrestre à moteur est tenu de présenter une offre d'indemnité à la victime ayant subi une atteinte à sa personne dans le délai maximum de huit mois à compter de l'accident, et qu'à défaut, le montant de l'indemnité, offerte par l'assureur ou allouée par le juge, produit de plein droit intérêt au double du taux légal à compter de l'expiration du délai et jusqu'au jour de l'offre ou du jugement devenu définitif.

Méconnaît le sens et la portée de ces textes et ces principes une cour d'appel qui écarte devant le juge pénal l'application du doublement du taux de l'intérêt légal, en l'absence d'offre de l'assureur, présent à l'instance, dans le délai imparti [6].

Par ailleurs, l'article L. 211-22 [7] du code des assurances n'établit aucune distinction entre le Fonds de garantie des assurances obligatoires de dommages et les assureurs quant à l'assiette de la pénalité prévue par l'article L. 211-13 [8] du même code, relatif au doublement du taux de l'intérêt légal. Justifie dès lors sa décision la cour d'appel qui, nonobstant le caractère subsidiaire de l'obligation du Fonds de garantie, retient que l'assiette du doublement des intérêts au taux légal dus est constituée par la totalité de l'indemnité contenue dans l'offre faite par celui-ci sans déduction ni des provisions versées, ni des créances des tiers payeurs [9].

311.27 **Condamnation de la partie civile abusive.** Le juge correctionnel est compétent, en cas de relaxe après poursuites engagées sur citation directe de la partie civile, pour condamner celle-ci, sur réquisitions du procureur de la République qui doivent intervenir avant la clôture des débats, au paiement d'une amende civile dont le montant ne peut excéder 15 000 euros s'il estime que la citation directe était abusive ou dilatoire [10] [11].

311.28 **Contentieux de la détention provisoire, du contrôle judiciaire, ou de l'assignation à résidence.** Le tribunal correctionnel connaît du contentieux de la détention provisoire, du contrôle judiciaire, ou de l'assignation à résidence des personnes appelées à comparaître devant lui, en vertu des dispositions des articles 148-1 et 148-2 du code de procédure pénale.

311.29 **Prorogation de compétence.** Les cas de prorogation de compétence sont nombreux (ils font l'objet d'un chapitre particulier, v. s[s] n°s 316.11 s.).

SECTION 3
DÉCISION D'INCOMPÉTENCE

311.31 **Exception d'incompétence.** L'exception d'incompétence peut donc être soulevée à tout moment de la procédure, y compris devant la Cour de cassation, et par toutes les parties [12]. C'est une exception - unique - au principe selon lequel les nullités et les exceptions de procédure doivent être soulevées *in limine litis* [13].

311.32 **Décision d'incompétence - Recours.** Lorsqu'il se déclare incompétent, le tribunal correctionnel rend une décision renvoyant la partie poursuivante, qu'il s'agisse du ministère public ou de la partie civile, à mieux se pourvoir. L'article 469 du code de procédure pénale en dispose expressément ainsi si le fait déféré au tribunal correctionnel sous la qualification de délit est de nature à entraîner une peine criminelle, sauf les exceptions prévues à l'alinéa 4 du même article [14]. Le tribunal peut alors

1. Crim. 23 sept. 2003, n° 03-82.338, P n° 169 ; *D.* 2003. 2765, obs. E. Chevrier ; *RSC* 2004. 105, obs. C. Ambroise-Castérot.
2. Créés par ord. n° 2016-301, 14 mars 2016 relative à la partie législative du code de la consommation, *JO* 16 mars, n° 29.
3. C. assur., art. L. 421-1 ; mod. par ord. n° 2017-1609, 27 nov. 2017, art. 1er.
4. Crim. 24 juin 2003, n° 02-85.178, P n° 130.
5. C. assur., art. L. 211-14 ; créé par décr. n° 88-260, 18 mars 1988, art. 2.
6. Crim. 4 nov. 2014, n° 13-86.797, P n° 223 ; *D.* 2014. 2406.
7. C. assur., art. L. 211-22 ; mod. par L. n° 2003-706, 1er août 2003, art. 81.
8. C. assur., art. L. 211-13 ; créé par décr. n° 88-260, 18 mars 1988, art. 2.
9. Crim. 3 mai 2016, n° 14-84.246, P n° 135.
10. C. pr. pén., art. 392-1, al. 3.
11. V. s[s] n° 222.197.
12. Paris, 23 juin 1967, *JCP* 1968. II. 15413, note Meurisse – Crim. 9 nov. 1978, *D.* 1979. 92, note J. Pradel ; *JCP* 1979. II. 19046, note P. Bouzat ; *RSC* 1979. 379, obs. G. Levasseur – Crim. 26 sept. 1989, n° 89-80.281, P n° 328.
13. V. s[s] titre 61.
14. C. pr. pén., art. 469, al. 4 (v. s[s] n°s 814.91 s.) – Crim. 27 mai 2003, n° 02-85.619, P n° 107 ; *D.* 2003. 1877.

délivrer mandat de dépôt ou d'arrêt contre le prévenu[1] mais il ne peut en aucun cas saisir lui-même la juridiction qu'il estime compétente.

C'est là une différence majeure avec la procédure civile qui, aux termes de l'article 96 du code de procédure civile, impose dans certains cas au juge de désigner la juridiction qu'il estime compétente. Toutefois, lorsqu'il est saisi d'un délit et qu'il estime qu'il s'agit d'une contravention, le tribunal correctionnel ne peut se déclarer incompétent et doit statuer.

311.33 Décision d'incompétence – Fin de procédure. La décision d'incompétence en ce qu'elle met un terme à la procédure est susceptible d'appel, par application des articles 507 et 570 du code de procédure pénale.

311.34 Décision retenant la compétence de la juridiction. À l'inverse, la décision d'une juridiction retenant sa compétence, ne met pas fin à la procédure. L'appel d'une telle décision ne sera évoqué qu'avec le fond, sauf s'il est déposé une requête sollicitant l'admission immédiate de l'appel, et qu'il y est fait droit.

311.35 Décision d'incompétence et nullités. Aucune disposition légale ne fait obstacle à ce que la personne mise en examen dans une information ouverte après décision d'incompétence d'une juridiction correctionnelle, en raison de la nature criminelle des faits, présente devant la chambre de l'instruction, en application de l'article 173 du code de procédure pénale, un moyen de nullité auparavant déclaré irrecevable, sur le fondement de l'article 385 dudit code, par ladite juridiction correctionnelle, dès lors que celle-ci n'a pas été saisie par ordonnance de renvoi d'un juge d'instruction, qu'elle n'a pas statué au fond, et que sa décision, même non censurée par la Cour de cassation, ne saurait donc être revêtue à cet égard de l'autorité de chose jugée opposable dans la procédure d'information ultérieure[2].

SECTION 4
APPLICATION DANS LE TEMPS DES LOIS DE COMPÉTENCE

311.41 Application immédiate. Aux termes de l'article 112-2 du code pénal, les lois de compétence et d'organisation judiciaire sont applicables immédiatement à la répression des infractions commises avant leur entrée en vigueur, tant qu'un jugement n'a pas été rendu sur le fond. L'application immédiate des règles de compétence s'impose même si les dispositions nouvelles ont pour effet d'aggraver la situation de la personne poursuivie.

Il n'est pas inintéressant de rapprocher ces éléments, d'une décision du Tribunal des conflits rendue à l'occasion d'une question sur l'ordre de juridiction compétent pour connaître du recours formé contre la décision d'une Direccte en matière d'élections professionnelles (comité d'entreprise), aux termes de laquelle : « si le droit de former un recours contre une décision est définitivement fixé au jour où cette décision est rendue, les règles qui régissent les formes dans lesquelles le recours doit être introduit et jugé, y compris celles relatives à la compétence des juridictions et aux pouvoirs des juges, ne sont pas, à la différence des voies selon lesquelles ce droit peut être exercé ainsi que des délais qui sont impartis à cet effet aux intéressés, des éléments constitutifs de ce droit ; qu'ainsi, et à moins qu'une disposition expresse y fasse obstacle, un texte modifiant les règles qui déterminent la juridiction compétente s'applique, dès son entrée en vigueur, aux recours introduits avant cette date »[3 4].

Mais il faut bien voir qu'il existe des lois de procédure de nature bien diverses. Ainsi, une loi de procédure ou concernant les modalités de poursuite est d'application immédiate en vertu des dispositions de l'article 112-2, 2° du code pénal, l'idée peut être trop optimiste étant que toute modification de la règle procédurale tend à son amélioration. Une loi de pénalité au sens de l'article 112-1 du code pénal n'est en revanche applicable immédiatement que si elle est moins sévère que sa devancière, mais la pénalité peut s'accompagner de modifications de la procédure aboutissant à son prononcé. Enfin, une loi relative aux modalités d'exécution et d'application des peines est d'application immédiate mais ne sera applicable qu'aux condamnations prononcées pour des faits commis postérieurement à son entrée en vigueur si elle doit avoir pour résultat de rendre plus sévères les peines prononcées par la décision de condamnation, ce par application des dispositions de l'article 112-2, 3°. Sur les nuances faites par la chambre criminelle entre ces différents articles, on peut se reporter aux arrêts qu'elle a rendus le 11 mai 2021, relatifs au « bloc peines »[5].

311.42 Jurisprudence. La règle selon laquelle les lois de compétence et d'organisation judiciaire sont d'application immédiate a été appliquée notamment

1. C. pr. pén., art. 469, al. 2.
2. Crim. 4 juin 2014, n° 14-81.097, P n° 146 ; *AJ pénal* 2014. 489, obs. J.-B. Perrier.
3. T. confl. 2 juill. 2018, n° 4123, *Féd. nat. du personnel de l'encadrement de l'informatique, des études, du conseil et de l'ingénierie CFECGC a. c/ Direccte Île-de-France, Lebon.*
4. L. n° 2005-1549, 12 déc. 2005 relative au traitement de la récidive des infractions pénales, *JO* 13 déc., p. 19152.
5. V. s^s n°s 311.42, 716.146 et 716.152.

lors de la création des juridictions pour enfants[1], mais aussi plus récemment lors de la création de la cour d'assises spéciale en matière de terrorisme[2] et à propos de la compétence des juridictions françaises à juger les auteurs ou complices présumés responsables d'actes de génocide ou d'autres violations graves du droit international humanitaire commis sur le territoire du Rwanda en 1994 s'ils sont trouvés en France[3].

Les lois concernant l'exécution des peines sont d'application immédiate aux situations en cours lors de leur entrée en vigueur[4] étant des lois de procédure[5].

Ont notamment été jugées applicables immédiatement à la répression des infractions commises avant leur entrée en vigueur en tant qu'elles fixent les formes de la procédure, au sens de l'article 112-2, 2°, du code pénal, les dispositions de la loi du 12 décembre 2005[6] prévoyant que, lors de la mise à exécution de la contrainte judiciaire consécutive à un défaut de paiement de jours-amende, une mise en demeure de payer, adressée par lettre recommandée avec demande d'avis de réception, produit les mêmes effets qu'un commandement de payer[7].

Lors de la modification par la loi du 23 mars 2019[8] du seuil d'aménagement de la peine d'emprisonnement ferme, la chambre criminelle a ainsi pédagogiquement rappelé que pour l'application d'une loi nouvelle modifiant le prononcé et l'aménagement de la peine d'emprisonnement sans sursis, il importe de déterminer au préalable si les nouvelles dispositions sont susceptibles de constituer une loi pénale moins sévère qui, par application de l'article 112-1, al. 3 du code pénal, devrait s'appliquer aux infractions n'ayant pas donné lieu à une condamnation passée en force de chose jugée. Des dispositions qui visent, d'une part, à limiter le recours aux courtes peines d'emprisonnement et d'autre part, à rendre effectives les peines d'emprisonnement prononcées pour des durées plus longues ne constituent pas un ensemble indivisible. Il en résulte qu'elles doivent au regard de leur application dans le temps, être envisagées séparément les unes des autres. Les dispositions de l'article 74 de la loi précitée qui interdisent désormais l'aménagement des peines d'emprisonnement ferme comprises entre un et deux ans, se rapportent au régime d'exécution et d'application des peines et obéissent aux règles définies par l'article 112-2, 3° du code pénal. Ayant pour effet de rendre plus sévères les peines prononcées, elles ne sont donc applicables qu'aux condamnations relatives à des faits commis postérieurement à leur entrée en vigueur[9].

SECTION 5
CONFLITS ENTRE LES ORDRES DE JURIDICTION OU ENTRE JURIDICTIONS

§ 1
Juridictions administratives et juridictions répressives

311.51 **Autonomie.** Les conflits de compétence et les conflits de juridiction sont étudiés dans le cadre des ouvrages de procédure pénale. Nous ne donnerons ici pour l'essentiel que des éléments de jurisprudence concernant spécifiquement l'audience correctionnelle, et le conflit de compétence entre deux juridictions pénales.

À titre d'exemple, l'Assemblée plénière de la Cour de cassation a pu juger que la commission d'instruction de la Cour de justice de la République, saisie de seuls faits visés à l'article 432-16 du code pénal, n'est pas tenue d'attendre l'issue d'une procédure pendante devant le tribunal de grande instance de Paris, dans une information suivie contre des tiers du chef de détournement de fonds publics, délit visé à l'article 433-4 du code pénal. En effet, d'une part, le délit prévu à l'article 432-16 du code pénal constitue une infraction distincte de celle visée à l'article 433-4 du même code et autonome par rapport à cette dernière. D'autre part, la procédure suivie devant la commission d'instruction de la Cour de justice de la République est indépendante de celles diligentées devant d'autres juridictions pénales[10].

S'agissant toutefois des relations entre juridictions répressives et administratives, il y a lieu de se reporter aux points ci-après.

311.52 **Incompétence des juridictions judiciaires pour connaître de la responsabilité de l'Administration.** Les questions de conflit de compétence entre les deux ordres de juridictions administrative et judiciaire ne seront pas abordées dans le détail. Il

1. Crim. 20 juin 1946, *JCP* 1947. II. 3391, note J. Hébraud.
2. Crim. 7 mai 1987, n° 87-80.822, P n° 186 – Crim. 24 sept. 1987, n° 87-84.128, P n° 313.
3. Crim. 6 janv. 1998, n° 96-82.491, P n° 2 ; *Dr. pénal* 1998, n° 71, note J.-H. Robert.
4. Crim. 21 nov. 1984, n° 84-90.466, P n° 364 ; *D.* 1986. IR 105, obs. G. Roujou de Boubée.
5. Crim. 27 juin 1989, n° 88-87.571, P n° 278 – Crim. 27 juin 1989, n° 88-83.541, P n° 279.
6. L. n° 2005-1549, 12 déc. 2005 ; préc.
7. Crim. 16 janv. 2008, n° 07-84.584, P n° 13 ; *AJ pénal* 2008. 187, obs. Royer.
8. L. n° 2019-222, 23 mars 2019, *JO* 24 mars, n° 2.
9. Crim. 20 oct. 2020, n° 19-84.754, P.
10. Cass., ass. plén., 22 juill. 2016, n° 16-80.133, P. Ass. plén. n° 1 ; *AJDA* 2016. 1543 ; *D.* 2016. 1650 ; *AJ pénal* 2016. 496, obs. J.-B. Perrier.

sera juste rappelé pour mémoire, que depuis l'arrêt *Pelletier* du 30 juillet 1873, le Conseil d'État[1] juge que « L'agent public auteur d'une faute de service est personnellement irresponsable. La faute de service engage la seule responsabilité de la personne publique »[2].

En raison du principe de la séparation des pouvoirs, la responsabilité de l'Administration ne peut être engagée que devant les tribunaux administratifs. Le caractère d'ordre public de l'exception d'incompétence des juridictions de l'ordre judiciaire, peut être soulevé à tout moment de la procédure. La chambre criminelle de la Cour de cassation rappelle cette règle avec constance, au visa des lois des 16 et 24 août 1790[3] et du décret du 16 fructidor an III[4] : « L'agent d'un service public n'est personnellement responsable, devant les juridictions répressives, des conséquences dommageables de l'acte délictueux qu'il commet que si celui-ci constitue une faute détachable de ses fonctions. »[5]

La juridiction judiciaire n'est donc compétente pour statuer sur la réparation des conséquences dommageables de la faute commise par un agent public que dans l'hypothèse où cette faute est détachable de ses fonctions[6]. Ainsi, les tribunaux répressifs de l'ordre judiciaire sont incompétents pour statuer sur la responsabilité d'une administration ou d'un service public en raison d'un fait dommageable commis par l'un de leurs agents ; l'agent d'un service public n'est personnellement responsable des conséquences dommageables de l'acte délictueux qu'il a commis que si celui-ci constitue une faute détachable de ses fonctions. Encourt la cassation l'arrêt de la cour d'appel qui, en se reconnaissant compétente pour statuer sur la responsabilité civile du prévenu, maire ayant agi dans l'exercice de ses fonctions, poursuivi du chef de diffamation publique envers un particulier, sans rechercher si la faute imputée à celui-ci présentait le caractère d'une faute personnelle détachable du service, condamne le prévenu à verser des dommages-intérêts à la partie civile[7].

Sans préjudice de la possibilité d'engager, devant la juridiction administrative, la responsabilité de l'État, des collectivités territoriales ou de leurs établissements publics en raison des fautes commises par leurs agents et non dépourvues de tout lien avec le service, les juridictions de l'ordre judiciaire, spécialement la juridiction répressive statuant sur les intérêts civils, sont compétentes pour connaître de la responsabilité personnelle de ces agents lorsque la faute qui leur est reprochée constitue un manquement volontaire et inexcusable à des obligations d'ordre professionnel et déontologique. Méconnaît ce principe l'arrêt d'une cour d'appel qui, après être entré en voie de condamnation contre un maire du chef de harcèlement moral sur des agents communaux, retient, pour déclarer la juridiction répressive incompétente aux fins de statuer sur l'action civile, que les faits, ayant été commis par le prévenu dans le cadre de ses fonctions, ont constitué une faute non détachable du service, alors qu'il résulte de ses énonciations sur l'action publique que, par leur gravité et les objectifs personnels poursuivis par leur auteur, les agissements incriminés étaient susceptibles d'être regardés comme relevant d'un manquement volontaire et inexcusable à des obligations d'ordre professionnel et déontologique[8].

En revanche, lorsque la faute commise par l'agent public ne constitue pas une faute personnelle, détachable de ses fonctions, les juridictions de l'ordre judiciaire sont incompétentes, au profit des juridictions de l'ordre administratif, pour connaître de l'action en réparation[9].

311.53 Cas particuliers sur les intérêts civils. Peut être également rappelé que si les juridictions répressives sont compétentes pour déclarer la culpabilité de tel prévenu elles peuvent se voir dénier toute compétence en matière civile relativement aux mêmes faits.

Ainsi, lorsque la responsabilité d'un membre de l'enseignement public se trouve engagée à la suite d'un fait dommageable commis au détriment des élèves qui lui sont confiés, la responsabilité de l'État

1. *D.* 1874. 3 et 5.
2. R. Chapus, *Droit administratif général*, t. I, 15e éd., « Précis Domat », Montchrestien, 2001, p. 1385, no 1523.
3. Lois des 16-24 août 1790 sur l'organisation judiciaire, *Rec. Duvergier*, p. 361.
4. Décr. 16 fructidor an III (2 sept. 1795) qui défend aux tribunaux de connaître des actes d'administration et annule toutes procédures et jugements intervenus à cet égard, *Rec. Duvergier*, p. 315.
5. Crim. 20 juin 2006, no 05-87.415, P no 189 ; *AJDA* 2006. 1807 ; *AJ pénal* 2006. 409, obs. G. Royer – Crim. 17 oct. 2007, no 06-87.566, P no 248 ; *AJDA* 2007. 2111 ; *AJ pénal* 2007. 534 ; *RTD com.* 2008. 432, obs. B. Bouloc – Crim. 10 févr. 2009, no 08-84.339, P no 34 ; *AJDA* 2009. 847 ; *AJDA* 2009. 1844, note M. Yazi-Roman et P. Grimaud ; *D.* 2009. 2238, obs. J. Pradel ; *AJFP* 2009. 326, obs. C. Fortier ; *AJ pénal* 2009. 231, obs. J. Lasserre Capdeville ; *RSC* 2009. 373, obs. Y. Mayaud – Crim. 30 nov. 2010, no 10-80.447, P no 191 ; *AJDA* 2011. 349 ; *D.* 2011. 168 – Crim. 7 nov. 2012, no 11-82.961, P no 243 ; *AJDA* 2012. 2143 ; *D.* 2012. 2664 ; *AJCT* 2013. 155, obs. M. Yazi-Roman – Crim. 19 mai 2015, no 14-81.119, NP – Crim. 15 mars 2016, no 14-87.237, P no 81 ; *AJDA* 2016. 576 ; *AJCT* 2016. 462, obs. Y. Mayaud.
6. Crim. 2 avr. 1992, no 90-87.579, P no 140 ; *RSC* 1993. 326, obs. G. Levasseur ; *RSC* 1993. 780, obs. G. Levasseur.
7. Crim. 15 mars 2016, no 14-87.237, P no 81 ; *AJDA* 2016. 576 ; *AJCT* 2016. 462, obs. Y. Mayaud.
8. Crim. 29 nov. 2016, no 15-80.229, P no 318 ; *AJDA* 2017. 150 ; *AJCT* 2017. 168, obs. Y. Mayaud.
9. Crim. 29 janv. 1985, no 83-94.966, P no 49, p. 132 ; *AJCT* 2015. 170, obs. J. Lasserre Capdeville.

est, en vertu des dispositions de l'article L. 911-4[1] du code de l'éducation, substituée à celle de l'enseignant, qui ne peut jamais être mis en cause devant les tribunaux civils par la victime ou ses représentants[2].

À l'inverse, les tribunaux de l'ordre judiciaire sont compétents pour la réparation des dommages causés par tout véhicule, peu important qu'il ait été conduit par un militaire, que la victime soit elle-même agent de l'État et qu'ils aient tous deux été dans l'exercice de leurs fonctions, dès lors que le préjudice découle de la seule action d'un véhicule[3].

311.54 Compétence judiciaire pour statuer sur l'existence d'une faute civile du prévenu agent public relaxé. Enfin, il se déduit des articles 2, 509 et 515 du code de procédure pénale que la cour d'appel, saisie du seul appel de la partie civile, est compétente, même dans le cas où la réparation du dommage ressortirait à la compétence exclusive de la juridiction administrative, pour dire si le prévenu définitivement relaxé a commis une faute civile à partir et dans la limite des faits objet de la poursuite ; qu'en accueillant l'exception d'incompétence pour connaître de l'action civile soulevée par le prévenu sur le fondement de la loi des 16-24 août 1790 et du décret du 16 fructidor an III, et en énonçant que l'agent public n'est personnellement responsable des conséquences dommageables des actes qui lui sont imputés que si ceux-ci présentent le caractère d'une faute personnelle détachable du service, les juges ajoutant que la rédaction, l'édition et la publication du bulletin municipal sous la direction du maire de la commune, directeur de publication, relèvent du fonctionnement normal de la commune, de sorte que les faits reprochés à celui-ci sont indissociables de l'exercice de ses fonctions, et qu'en l'état aucune faute personnelle détachable du service n'est établie, l'arrêt a méconnu le sens et la portée des textes susvisés et du principe ci-dessus rappelé[4].

311.55 Compétence judiciaire quant à la validité et à l'interprétation des actes administratifs. Les juridictions pénales sont compétentes pour interpréter les actes administratifs, réglementaires ou individuels et pour en apprécier la légalité lorsque, de cet examen, dépend la solution du procès pénal qui leur est soumis[5].

Il en résulte donc que le juge répressif n'est apte à se saisir de la question de la légalité d'un acte administratif que lorsque la solution de l'instance pénale en dépend et, *a contrario*, que « le juge répressif n'est pas compétent lorsque la légalité de l'acte ne peut avoir d'incidence que sur les conséquences civiles ou administratives du procès »[6].

Il a même été jugé « Dans l'hypothèse d'un décret pris en application d'un article législatif qui renvoyait au pouvoir réglementaire le soin de définir les règles tenant notamment à la composition et à la dénomination de marchandises de toute nature, ne contenait en lui-même aucune règle de fond de nature à faire obstacle à ce que la conformité du décret à des normes constitutionnelles soit examinée par la juridiction correctionnelle et où la violation du principe d'égalité devant la loi pénale par la combinaison des articles 1er et 13-1 du décret, telle qu'alléguée par les prévenus, était de nature, à la supposer établie, à emporter leur illégalité, de sorte que la solution du procès pénal dépendait de cet examen, une cour d'appel ne pouvait refuser d'en examiner la légalité ». Ainsi le juge pénal peut-il se voir chargé, dans ce type d'hypothèse d'un contrôle de la constitutionnalité de dispositions règlementaires[7].

Sur la compétence des juridictions pénales pour contrôler la légalité de l'arrêté préfectoral ordonnant des perquisitions en application de la législation sur l'état d'urgence, on citera une décision de la chambre criminelle rappelant que les juridictions pénales sont compétentes pour interpréter les actes administratifs, réglementaires ou individuels et pour en apprécier la légalité lorsque, de cet examen, dépend la solution du procès pénal qui leur est soumis et qu'il en va ainsi lorsque, de la régularité de ces actes, dépend celle de la procédure pénale ; que lorsqu'elle apprécie la légalité d'un arrêté préfectoral ordonnant des perquisitions en application de la législation sur l'état d'urgence, la juridiction pénale doit, avant de statuer, si elle estime l'arrêté insuffisamment motivé, solliciter le ministère public afin d'obtenir de l'autorité préfectorale les éléments factuels sur lesquels celle-ci s'est fondée pour prendre sa décision[8].

1. C. éducation, art. L. 911-4 ; mod. par L. n° 2015-177, 16 févr. 2015, art. 15.
2. Crim. 7 nov. 2017, n° 16-84.329, P n° 246 ; *RSC* 2017. 740, obs. Y. Mayaud. Crim. 3 nov. 2021, n° 21-80.749.
3. Crim. 23 sept. 2014, n° 13-85.311, P n° 196 ; *AJDA* 2015. 528, note A. Claeys ; *AJDA* 2014. 1858 ; *D.* 2014. 1938 ; *AJFP* 2015. 48.
4. Crim. 14 nov. 2017, n° 17-80.934, P n° 253 ; *AJDA* 2017. 2281 ; *D.* 2017. 2370.
5. C. pén., art. 111-5.
6. F. Desportes, « Le contrôle de la légalité des actes administratifs par le juge pénal au regard de l'article 111-5 du code pénal », *Rapport de la Cour de cassation 1997*, p. 101.
7. Crim. 29 janv. 2019, n° 17-84.366, P n° 27 ; M. Recotillette, « Conformité d'un décret à la constitution : contrôle par le juge répressif », *D. actu.* 6 mars 2019.
8. Crim. 28 mars 2017, n° 16-85.073, P n° 88 ; *AJDA* 2017. 717 ; *D.* 2017. 1169, note P. Cassia ; *D.* 2017. 1557, chron. G. Guého, E. Pichon, B. Laurent, L. Ascensi et G. Barbier ; *D.* 2017. 1676, obs. J. Pradel ; *AJ pénal* 2017. 289 – AUSSI : Crim. 13 déc. 2016, n° 16-82.176, P ; *D.* 2016. 2573 – Spéct sur la nécessité, pour la juridiction pénale saisie, dans le cadre du contrôle de la légalité d'un arrêté préfectoral ▶

Pour un exemple récent en matière de contentieux du droit de l'urbanisme, un arrêt a pu décider que saisie sur le fondement de l'article 710 du code de procédure pénale d'un incident contentieux relatif à l'exécution, la cour d'appel était compétente en vertu de l'article 111-5 du code pénal, pour apprécier, par voie d'exception, la légalité d'un acte administratif[1].

§ 2
Types de conflit

311.61 Conflit positif et négatif – Définition. Il y a conflit positif lorsque deux juridictions se déclarent compétentes sur une même affaire. Il y a conflit négatif lorsque plusieurs juridictions se déclarent incompétentes pour connaître d'une même affaire.

311.62 Décisions définitives. Les décisions juridictionnelles doivent être définitives. Il n'y a pas de conflit lorsqu'un tribunal correctionnel, après avoir constaté qu'un juge d'instruction était également saisi des faits dont il avait à connaître, a renvoyé l'affaire à une audience ultérieure[2].

311.63 Conflit positif à l'intérieur du ressort d'une même cour d'appel. Lorsque deux tribunaux correctionnels, deux juges d'instruction, deux tribunaux de police appartenant au même ressort de cour d'appel se trouvent saisis simultanément de la même infraction, il est réglé de juges par la chambre de l'instruction qui statue sur requête présentée par le ministère public ou les parties. Cette décision est susceptible d'un recours en cassation[3].

Il n'existe pas de conflit négatif de juridiction lorsqu'une cour d'appel déclare incompétente la juridiction correctionnelle saisie en application de l'article 390-1 du code de procédure pénale, c'est-à-dire par convocation par officier ou agent de police judiciaire ou par le chef d'établissement si le prévenu est détenu[4].

Il en est de même lorsque le prévenu est cité pour les mêmes faits devant des juridictions correctionnelles différentes. Il faut en effet, pour qu'il y ait conflit de juridiction, que les deux juridictions aient retenu, l'une et l'autre, leur compétence[5].

311.64 Autres conflits. Selon l'article 659 du code de procédure pénale, tous les autres conflits de compétence sont portés devant la chambre criminelle de la Cour de cassation, laquelle est saisie par requête du ministère public ou des parties. La Cour de cassation peut aussi, à l'occasion d'un pourvoi dont elle est saisie, régler de juges d'office et même par avance. Elle peut statuer sur tous actes faits par la juridiction qu'elle dessaisit[6].

311.65 Règlement de juge par avance. En vertu de l'article 659 du code de procédure pénale, la Cour de cassation peut, à l'occasion d'un pourvoi dont elle est saisie, régler de juges d'office et même par avance.

La chambre criminelle peut, avant de régler de juges, ordonner la communication de la requête aux parties. Il en est ainsi par exemple lorsque, par l'effet de la cassation partielle d'un arrêt de chambre de l'instruction, deux tribunaux correctionnels peuvent être saisis de faits connexes ou indivisibles[7]. Dans ce cas, les pièces de la procédure lui sont transmises, dans le délai par elle fixé, avec les observations des intéressés, et le cours de la procédure est suspendu[8].

311.66 Conflit négatif de compétence. Au regard de la lettre de l'article 659, ces conflits de compétence sont réglés par la chambre criminelle de la Cour de cassation, saisie sur requête du ministère public ou des parties, y compris si ce conflit a été créé par deux juridictions appartenant au même ressort de cour d'appel[9]. Lorsqu'un tribunal de police et un tribunal correctionnel ont successivement décliné leur compétence pour connaître d'une même poursuite pour blessures involontaires, le conflit négatif de juridiction qui en résulte peut être réglé par le renvoi de la cause et des parties devant le tribunal correctionnel, cette juridiction étant, en pareil cas, compétente pour statuer sur la prévention, quelle que soit la qualification correctionnelle ou contraventionnelle retenue au terme des débats[10].

Il n'apparaît aucun conflit négatif de compétence lorsque, le juge de l'application des peines ayant saisi le tribunal correctionnel d'une requête en révocation de sursis avec mise à l'épreuve et le ministère public ayant fait citer devant ce tribunal

▶ ordonnant des perquisitions en application de la législation sur l'état d'urgence, de l'insuffisance de motivation dudit arrêté, de solliciter du ministère public des éléments factuels, à rapprocher de : Crim. 28 mars 2017, précité *AJ pénal* 2017. 289, obs. C. Girault.

1. Crim. 21 nov. 2017, n° 17-80.016, P n° 265 ; *AJDA* 2017. 2338 ; *D.* 2017. 2427 ; *RDI* 2018. 97, obs. G. Roujou de Boubée.
2. Crim. 18 févr. 1987, n° 87-80.759, P n° 83.
3. C. pr. pén., art. 658.
4. Crim. 16 juill. 1999, n° 99-84.519, P n° 177.
5. Crim. 6 mai 2004, n° 03-86.415, P n° 88 (v. s^s n° 311.02) ; *AJ pénal* 2004. 329, obs. J. C.
6. C. pr. pén., art. 659.
7. Crim. 31 mai 1994, n° 93-82.380, P n° 211.
8. C. pr. pén., art. 660.
9. Crim. 13 déc. 1994, n° 94-82.281, P n° 404.
10. Crim. 21 oct. 1998, n° 98-80.775, P n° 272 – POUR UN EXEMPLE DE CONFLIT entre les deux ordres de juridiction, administratif et judiciaire, en suite d'une condamnation du chef de blessures involontaires et de renvoi sur intérêts civils : Crim. 18 nov. 2014, n° 13-88.221, P n° 242.

siégeant à juge unique, ce dernier renvoie l'affaire devant la juridiction collégiale conformément à l'article 398-2 du code de procédure pénale[1]. Il n'y a pas non plus règlement de juges lorsqu'une cour statuant sur l'appel d'un tribunal correctionnel s'est déclarée incompétente au motif que les faits constitueraient un crime[2].

311.67 **Procédure à suivre par le tribunal correctionnel lorsqu'il se déclare incompétent.** Lorsque la juridiction correctionnelle estime que les faits dont elle est saisie doivent supporter une qualification criminelle et qu'elle est donc incompétente pour en connaître, elle doit renvoyer le ministère public à se pourvoir (mieux se pourvoir ou se pourvoir ainsi qu'il appartiendra ou avisera sont des formules également employées).

Contrairement à la matière civile, elle n'a en effet ni à désigner la juridiction compétente, ni à renvoyer directement devant celle-ci.

Ainsi le tribunal correctionnel qui, conformément aux dispositions de l'article 469 *in fine*, se déclare incompétent renvoie également le ministère public à se pourvoir ainsi qu'il avisera, l'ordonnance de renvoi rendue par le juge d'instruction n'étant qu'indicative de juridiction.

Dans ce cas de figure, on se trouve dans l'hypothèse d'un conflit négatif de compétence juridictionnelle et il incombe au parquet de diligenter une procédure de règlement de juges conformément aux dispositions de l'article 659 du code de procédure pénale.

La chambre criminelle qui sera saisie en vertu de ce texte saisira la chambre de l'instruction qui, au regard des actes accomplis constatera l'achèvement de l'information ou prescrira les actes complémentaires, puis statuera sur la compétence.

S'agissant de l'éventuelle détention de l'un ou de plusieurs prévenus, le tribunal ou la chambre correctionnelle qui se déclarent incompétents en raison de la nature criminelle des faits qui leur sont soumis, peuvent, le ministère public entendu sur cette mesure, maintenir ou placer en détention ou délivrer un mandat d'arrêt. Le mandat délivré ou maintenu est bien évidemment de nature criminelle puisque c'est cette nature criminelle qui fonde la décision d'incompétence.

Il est spécialement à noter que la chambre criminelle avait pu juger en des temps déjà anciens[3] que les juridictions du fond n'avaient pas spécialement à motiver la délivrance du mandat d'arrêt ou de dépôt, et surtout, qu'à l'exception du « délai raisonnable », le mandat de dépôt délivré par le tribunal correctionnel qui se déclare incompétent en application de l'article 469 du code de procédure pénale étant un mandat de nature criminelle qui conserve ses effets jusqu'à ce qu'il ait été statué sur la compétence et la prévention par la chambre d'accusation désignée suivant la procédure de règlement de juges, il s'ensuit que les dispositions de l'article 145-2 du même code prescrivant la prolongation de la détention provisoire au-delà d'un an ne sont pas applicables aux décisions prises sur le fondement de l'article 469 précité[4]. Toutefois, elle apprécie souverainement l'opportunité d'y mettre fin par application de l'article 201, alinéa 2, dudit code[5].

Ces dispositions pouvant sembler d'une extrême sévérité ont fait l'objet d'une QPC, ainsi formulée : « L'article 469, alinéa 2, du code de procédure pénale porte-t-il atteinte aux droits et libertés garantis par les articles 1, 2, 7, 8, 9 et 16 de la Déclaration des droits de l'Homme et du citoyen, préambule de la Constitution, en ce que le mandat de dépôt décerné par le tribunal correctionnel qui se déclare incompétent n'est pas motivé et à durée déterminée ; qu'aucun délai n'est fixé pour règlement de juges ? ». La Cour de cassation a refusé de saisir le Conseil constitutionnel au motif d'une absence de caractère sérieux « dès lors que la durée de la détention provisoire consécutive à la délivrance d'un mandat de dépôt en application des dispositions de l'alinéa 2 de l'article 469 du code de procédure pénale ne peut excéder, tout comme la procédure elle-même, un délai raisonnable et que l'intéressé peut exercer une voie de recours contre cette décision ou présenter, à tout moment, une demande de mise en liberté à laquelle il doit être répondu par décision motivée dans les délais stricts de l'article 148-2 du même code ; qu'enfin, la chambre de l'instruction peut faire application des dispositions de l'article 201, alinéa 2, du code de procédure pénale »[6].

311.68 **Procédure de dessaisissement prévue par l'article 43 du code de procédure pénale.** Le procureur général de la cour d'appel peut, avant toute mise en mouvement de l'action publique décider d'office soit à la demande du procureur de la République, soit à la demande de l'intéressé, par une mesure d'administration judiciaire insusceptible de recours, de renvoyer la procédure devant le procureur de la République près du tribunal judiciaire le plus proche de la cour d'appel lorsque les faits : « mettent en cause, comme auteur ou comme victime, un magistrat, un avocat, un officier public ou ministériel, un militaire de la gendarmerie nationale, un fonctionnaire de la police nationale, des

1. Crim. 3 juill. 1996, nº 96-82.725, P nº 284.
2. Crim. 11 janv. 1977, nº 76-93.325, P nº 15 ; *D.* 1977. IR 114.
3. Crim. 3 sept. 1985, nº 85-93.058, P nº 281.
4. Crim. 7 déc. 1992, nº 92-85.122, P nº 403.
5. Crim. 14 mars 2000, nº 00-80.283, P nº 113.
6. Crim. 17 août 2011, nº 11-90.064, NP.

douanes ou de l'administration pénitentiaire ou toute autre personne dépositaire de l'autorité publique ou chargée d'une mission de service public, qui est habituellement, de par ses fonctions ou sa mission, en relation avec les magistrats ou fonctionnaires de la juridiction ».

À la différence des procédures de renvoi exposées ci-dessus, cette procédure doit être utilisée au stade de l'enquête. Elle relève de la compétence exclusive du procureur général.

SECTION 6
POSSIBLE MODIFICATION DES RÈGLES DE COMPÉTENCE PAR DÉCRET

311.71 Compétence particulière a certains tribunaux judiciaires. Sans que l'on puisse véritablement parler ici de compétences spécialisées (v. s[s] n°s 315.01 s.), il faut relever que la loi de programmation pour la justice est venue créer au sein du code de l'organisation judiciaire des dispositions, applicables depuis le 1er janvier 2020, et permettant d'attribuer une compétence particulière à certains tribunaux judiciaires [1].

S'agissant de la matière correctionnelle et de police, elles prévoient, lorsqu'il existe plusieurs tribunaux judiciaires dans un même département, qu'ils peuvent être spécialement désignés par décret pour connaître seuls, dans l'ensemble de ce département :

... « [...] 2° De certains délits et contraventions dont la liste est déterminée par décret en Conseil d'État, en tenant compte du volume des affaires concernées et de la technicité de ces matières. Cette liste ne peut comporter les délits mentionnés à l'article 398-1 du code de procédure pénale, à l'exception des délits prévus par le code du travail, le code de l'action sociale et des familles, le code de la sécurité sociale, la législation sociale des transports, le code de l'environnement, le code rural et de la pêche maritime, le code forestier, le code minier, le code de l'urbanisme, le code de la consommation, le code de la propriété intellectuelle, le code de la construction et de l'habitation et l'article L. 1337-4 du code de la santé publique ». La juridiction peut alors être également saisie des infractions connexes.

Pour la mise en œuvre de ces textes, le premier président de la cour d'appel et le procureur général près cette cour peuvent proposer la désignation de tribunaux de leur ressort après avis des chefs de juridiction et consultation des conseils de juridiction concernés.

À titre exceptionnel, le dispositif peut s'appliquer à des tribunaux judiciaires situés dans deux départements différents lorsque leur proximité géographique et les spécificités territoriales le justifient. Dans ce dernier cas, le premier président de la cour d'appel et le procureur général près cette cour peuvent proposer la désignation de tribunaux de leur ressort situés dans deux départements différents, en identifiant les spécificités territoriales qui la justifient et après avoir recueilli l'avis des chefs de juridiction et que les conseils de juridiction concernés aient été consultés (COJ, art. L. 211-9-3).

311.72 Portée et appréciation. Réforme complexe à mettre en œuvre notamment lorsqu'elle concernera des faits commis sur deux départements, ou embryon d'une spécialisation des juridictions correctionnelles, le nouveau texte est venu préciser (comme la loi l'a fait simultanément en matière civile), qu'en matière pénale, les tribunaux judiciaires spécialement désignés sur le fondement de l'article L. 211-9-3 du code de l'organisation judiciaire pourraient donc connaître seuls, dans l'ensemble du département ou, dans les conditions prévues au III de l'article L. 211-9-3, dans deux départements d'une ou plusieurs des compétences suivantes [2] :

- « 1° Des délits et contraventions prévus et réprimés par le code du travail ;
- 2° Des délits et contraventions prévus et réprimés par le code de l'action sociale et des familles ;
- 3° Des délits et contraventions prévus et réprimés par le code de la sécurité sociale ;
- [4° à 7° abrogés] ;
- 8° Des délits et contraventions prévus et réprimés par le code de l'urbanisme ;
- 9° Des délits et contraventions prévus et réprimés par le code de la consommation ;
- 10° Des délits et contraventions prévus et réprimés par le code de la propriété intellectuelle ;
- 11° Des délits prévus et réprimés par les articles 1741 et 1743 du code général des impôts ;
- 12° Des délits prévus par les articles L. 183-15, L. 184-4 à L. 184-6, L. 511-22 et L. 521-4 du code de la construction et de l'habitation. »

Il est difficile d'imaginer, compte tenu des délais actuels d'instruction et de jugement, que cette réforme connaisse une application rapide. Il est peu envisageable en effet qu'une juridiction accepte aisément et sans contrepartie, ni moyens supplémentaires de prendre en charge les contentieux jusqu'alors assumés par une juridiction voisine.

1. L. n° 2019-222, 23 mars 2019, art. 95.

2. COJ, art. R. 211-4-II ; mod. par Décr. n° 2021-867, 29 juin 2021, art. 3, applicable au 2 juill. 2021.

311.73 **Champ.** Après censure partielle par le Conseil constitutionnel[1], la loi du 24 juin 2020[2] est venue préciser par la création d'un nouvel article 15-3-3 du code de procédure pénale qu'un tribunal judiciaire désigné par décret exerce une compétence concurrente à celle qui résulte de l'application des articles 43, 52 et 382 du présent code pour l'enquête, la poursuite, l'instruction et le jugement des délits prévus au 6° du III de l'article 222-33 du code pénal, lorsqu'ils sont commis avec la circonstance aggravante prévue à l'article 132-76 du même code, au 4° de l'article 222-33-2-2 dudit code, lorsqu'ils sont commis avec la circonstance aggravante prévue à l'article 132-76 ou 132-77 du même code, lorsqu'ils ont fait l'objet d'une plainte adressée par voie électronique en application de l'article 15-3-1 du présent code[3].

Les délits concernés sont ceux de la provocation directe non suivie d'effet à la commission d'un crime ou d'un délit, les délits de provocation publique à la discrimination, à la haine ou à la violence, d'injures publiques et de diffamation publique, à raison de l'appartenance ou de la non-appartenance, réelle ou supposée, à une ethnie, une nation, une prétendue race ou une religion déterminée ou à raison du sexe, de l'orientation sexuelle ou identité de genre ou du handicap, le harcèlement moral dès lors que les messages sont publics et qu'ils comportent des éléments permettant de retenir une circonstance aggravante.

SECTION 7
MODIFICATION DE COMPÉTENCE À LA DEMANDE D'UNE PARTIE

311.81 **Renvois d'un tribunal à l'autre.** La quatrième partie du code de procédure pénale comprend un titre VI regroupant les procédures de renvoi d'une juridiction à une autre juridiction pour les causes de suspicion légitime, sûreté publique, interruption du cours de la justice, détention d'un prévenu dans un autre lieu, bonne administration de la justice[4].

La procédure de renvoi d'une juridiction à l'autre suppose, comme son nom l'indique, qu'une juridiction soit saisie[5]. Le demandeur doit saisir la chambre criminelle par requête, signifiée à toutes les parties qui disposent d'un délai de dix jours pour présenter leurs observations au greffe de la Cour de cassation ou devant le premier président de la cour d'appel en ce qui concerne l'interruption du cours de la justice. L'article 667 du code de procédure pénale précise qu'une nouvelle requête peut être présentée si elle est fondée sur des faits survenus postérieurement à l'arrêt.

311.82 **Effets du renvoi.** La décision de renvoi entraîne deux conséquences : la juridiction anciennement saisie est dessaisie et ne peut plus statuer ; la juridiction désignée est saisie *ipso facto*.

311.83 **Renvoi pour cause de suspicion légitime.** Aux termes de l'article 662 du code de procédure pénale : « En matière criminelle, correctionnelle ou de police, la chambre criminelle de la Cour de cassation peut dessaisir toute juridiction d'instruction ou de jugement et renvoyer la connaissance de l'affaire à une autre juridiction du même ordre pour cause de suspicion légitime ».

La requête aux fins de renvoi peut être présentée soit par le procureur général près la Cour de cassation, soit par le ministère public établi près la juridiction saisie, soit par les parties. Elle doit être signifiée à toutes les parties intéressées qui ont un délai de dix jours pour déposer un mémoire au greffe de la Cour de cassation. La présentation de la requête n'a point d'effet suspensif à moins qu'il n'en soit autrement ordonné par la Cour de cassation. Les requêtes en suspicion légitime ne sont recevables que lorsqu'elles sont dirigées vers l'ensemble d'une juridiction[6]. Constitue un motif de dessaisissement pour cause de suspicion légitime ce qui est objectivement de nature à faire naître un doute sur l'impartialité d'une juridiction saisie, selon l'article 6 de la convention européenne des droits de l'homme[7] [8] (aussi : v. s^{s} n°s 211.221 s.).

311.84 **Renvoi pour cause de sûreté publique.** Le renvoi d'une affaire d'une juridiction à une autre peut être ordonné pour cause de sûreté publique par la chambre criminelle, selon l'article 665 du code de procédure pénale, mais seulement à la requête du procureur général près la Cour de cassation.

Le renvoi peut également être ordonné, dans l'intérêt d'une bonne administration de la justice, par la chambre criminelle, soit sur requête du

1. Cons. const. 18 juin 2020, n° 2020-801 DC.
2. L. n° 2020-766, 24 juin 2020 visant à lutter contre les contenus haineux sur internet, *JO* 25 juin, n° 1.
3. C. pr. pén., art. 15-3-3.
4. Pour le détail de ces procédures : F. Desportes et L. Lazerges-Cousquier, *Traité de procédure pénale*, 4e éd., « *Corpus* », Economica, 2015, n°s 770 s.
5. Crim. 24 avr. 1975, n° 75-90.983, P n° 109 – Crim. 24 févr. 1993, n° 93-80.462, P n° 90 ; *RSC* 1994. 125, obs. A. Braunschweig.
6. Crim. 30 nov. 1994, n° 94-85.539, P n° 392.
7. Crim. 3 nov. 1994, n° 94-84.752, P n° 351 – Crim. 30 nov. 1994, n° 94-85.539, préc. – Crim. 4 mars 1998, n° 97-86.544, P n° 86 – Crim. 16 mai 2000, n° 99-85.444, P n° 191 ; *D.* 2000. 198 ; *RSC* 2000. 852, obs. D.-N. Commaret.
8. V. s^{s} n°s 211.221 s.

procureur général près la Cour de cassation, soit sur requête du procureur général près la cour d'appel dans le ressort de laquelle la juridiction saisie a son siège, agissant d'initiative ou sur demande des parties. Dans les dix jours de la réception de la demande et s'il n'y donne pas suite, le procureur général près la cour d'appel informe le demandeur des motifs de sa décision. Ce dernier peut alors former un recours devant le procureur général près la Cour de cassation qui, s'il ne saisit pas la chambre criminelle l'informe des motifs de sa décision. La chambre criminelle statue dans les huit jours de la requête. Le renvoi pour cause de sûreté publique peut être envisagé en cas de trouble grave à l'ordre public. La jurisprudence contemporaine est rare et n'est pas motivée. Les arrêts les plus détaillés datent du XIXe siècle et ne semblent plus d'une brûlante actualité (aussi : v. ss no 211.241).

311.85 Renvoi dans l'intérêt d'une bonne administration de la justice. Le renvoi peut également être ordonné, dans l'intérêt d'une bonne administration de la justice, par la chambre criminelle, selon l'alinéa 2 de l'article 665 du code de procédure pénale, soit sur requête du procureur général près la Cour de cassation, soit sur requête du procureur général près la cour d'appel dans le ressort de laquelle la juridiction saisie a son siège, agissant d'initiative ou sur demande des parties[1]. La procédure est exactement la même que celle définie ci-dessus et relative au renvoi pour cause de sûreté publique.

La notion de bonne administration de la justice est très vague et permet notamment de renvoyer des affaires dans lesquelles les magistrats naturellement en charge se trouveraient trop « proches » des personnes poursuivies. Il en est ainsi par exemple des personnalités politiques demeurant sur le ressort de la juridiction. Afin que soit respecté le principe de la contradiction, la requête fondée sur l'article 665, alinéa 2, du code de procédure pénale et tendant au renvoi d'une affaire dans l'intérêt d'une bonne administration de la justice, doit être notifiée à chacune des parties et celles-ci doivent être informées de leur droit de déposer un mémoire au greffe de la Cour de cassation dans le délai de huit jours suivant la notification[2]. La requête du procureur général, tendant au renvoi d'une information devant une autre juridiction dans l'intérêt d'une bonne administration de la justice, doit être signifiée à la personne, qui a été nommément visée dans le réquisitoire introductif[3] (aussi : v. ss no 211.241).

311.86 Renvoi pour cause d'interruption du cours de la justice. Rôle de la chambre criminelle. Le renvoi peut encore être ordonné par la chambre criminelle, selon l'article 665-1 du code de procédure pénale[4], si la juridiction normalement compétente ne peut être légalement composée ou si le cours de la justice se trouve autrement interrompu.

La requête aux fins de renvoi peut être présentée, soit par le procureur général près la Cour de cassation, soit par le ministère public établi près la juridiction saisie.

La requête doit être signifiée à toutes les parties intéressées qui ont un délai de dix jours pour déposer un mémoire au greffe de la Cour de cassation. La chambre criminelle statue dans les quinze jours de la requête.

Depuis l'entrée en vigueur de l'article 667-1, confiant une compétence du même type aux premiers présidents des cours d'appel, les causes relevant des cas d'incompatibilités prévues par la loi ne sont plus portées devant la Cour de cassation (aussi : v. ss no 211.243).

311.87 Renvoi pour cause d'interruption du cours de la justice. Rôle du premier président de la cour d'appel. Depuis la loi du 23 juin 1999, si la juridiction normalement compétente ne peut être composée en raison de l'existence des incompatibilités prévues par la loi, le premier président de la cour d'appel peut ordonner le renvoi devant la juridiction limitrophe située dans le ressort de cette cour et désignée par l'ordonnance prévue au dernier alinéa du présent article[5].

La requête aux fins de renvoi est présentée par le procureur de la République de la juridiction saisie. Elle est signifiée à toutes les parties intéressées, qui ont un délai de dix jours pour présenter leurs observations auprès du premier président. Celui-ci statue dans les quinze jours de la requête. Sa décision constitue une mesure d'administration judiciaire qui n'est pas susceptible de recours. Après avis des présidents des tribunaux judiciaires concernés et du procureur général, le premier président prend chaque année une ordonnance indiquant, pour chacune des juridictions de son ressort, la juridiction devant laquelle des procédures sont susceptibles d'être renvoyées en application des dispositions du présent article. Cette ordonnance ne peut être modifiée en cours d'année. Il convient de relever qu'à la différence de l'article 665-1 du code de procédure pénale, l'article 667-1 ne prévoit pas que cette procédure puisse être diligentée par les parties. Seul le procureur de la République peut la mettre en œuvre.

1. V. ss no 211.243.
2. Crim. 2 sept. 2010, no 10-86.257, P no 130.
3. Crim. 17 mai 2011, no 11-83.617, P no 99.
4. C. pr. pén., art. 665-1 créé par L. no 93-2, 4 janv. 1993, art. 105.
5. C. pr. pén., art. 667-1 créé par L. no 99-515, 23 juin 1999, art. 26.

SECTION 8
MODIFICATION DE COMPÉTENCE APRÈS ARRÊT DE LA COUR DE CASSATION

311.91 Choix de la juridiction par la chambre criminelle après cassation et autres cas. Il s'agit des cas où la chambre criminelle de la Cour de cassation, ayant été saisie d'un pourvoi, renvoie la compétence de l'affaire à une autre juridiction. On y ajoutera les procédures de renvoi après procédure de révision ou après réexamen d'une décision pénale consécutif au prononcé d'un arrêt de la Cour européenne des droits de l'Homme.

311.92 Procédure. Selon l'article L. 431-4[1] du Code de l'organisation judiciaire, en cas de cassation, l'affaire est renvoyée, sous réserve des dispositions de l'article L. 411-3, devant une autre juridiction de même nature que celle dont émane l'arrêt ou le jugement cassé ou devant la même juridiction composée d'autres magistrats. Lorsque le renvoi est ordonné par l'Assemblée plénière, la juridiction de renvoi doit se conformer à la décision de cette assemblée sur les points de droit jugés par celle-ci. L'article L. 411-3 permet à la Cour de cassation de casser sans renvoi lorsque la cassation n'implique pas qu'il soit à nouveau statué sur le fond.

311.93 Effets. Dans ses articles 609 et suivants, le code de procédure pénale fixe les conditions de renvoi après cassation en matière pénale. L'article 609 est d'ailleurs presque la copie conforme de l'article L. 411-3 du Code de l'organisation judiciaire : « lorsque la Cour de cassation annule un arrêt ou un jugement rendu en matière correctionnelle ou de police, elle renvoie le procès et les parties devant une juridiction du même ordre et degré que celle qui a rendu la décision annulée ».

L'article 612 prévoit que si l'arrêt et la procédure sont annulés pour cause d'incompétence, la Cour de cassation renvoie le procès devant les juges qui doivent en connaître et les désigne.

311.94 Effets sur la compétence territoriale, d'attribution ou personnelle Dans les cas où elle est désignée par la Cour de cassation, la juridiction de renvoi n'a pas à vérifier sa compétence territoriale.

En ce qui concerne les compétences d'attribution ou personnelle, l'arrêt de la Cour de cassation n'est qu'indicatif de compétence.

311.95 Renvoi après révision. Aux termes de l'article 625 du code de procédure pénale, lorsque la Cour de révision estime la requête fondée, elle annule la condamnation prononcée. Elle apprécie s'il est possible de procéder à de nouveaux débats contradictoires. Dans l'affirmative, elle renvoie les accusés ou prévenus devant une juridiction de même ordre et de même degré, mais autre que celle dont émane la décision annulée[2].

311.96 Renvoi après réexamen d'une décision pénale consécutif au prononcé d'un arrêt de la CEDH. Le réexamen d'une décision pénale définitive au bénéfice de toute personne reconnue coupable d'une infraction[3] dès lors que, par sa nature et sa gravité, la violation constatée entraîne pour le condamné des conséquences dommageables auxquelles la satisfaction équitable allouée sur le fondement de l'article 41 de la convention européenne des droits de l'homme ne pourrait mettre un terme.

La commission composée de sept magistrats de la Cour de cassation, désignée par l'assemblée générale de cette juridiction[4], examine la demande et si elle l'estime justifiée et procède de la manière suivante : si le réexamen du pourvoi du condamné, dans des conditions conformes aux dispositions de la convention, est de nature à remédier à la violation constatée par la Cour européenne des droits de l'Homme, la commission renvoie l'affaire devant la Cour de cassation qui statue en Assemblée plénière[5] ; dans les autres cas, la commission renvoie l'affaire devant une juridiction de même ordre et de même degré que celle qui a rendu la décision litigieuse, sous réserve de l'application des dispositions des troisième et quatrième alinéas de l'article 625 (impossibilité de procéder à de nouveaux débats)[6].

Le texte a profondément été remanié par la loi du 20 juin 2014[7]. Depuis, un condamné reconnu innocent à la suite d'une révision ou d'un réexamen accordé en application du présent titre a droit à réparation intégrale du préjudice matériel et moral que lui a causé la condamnation.

Toutefois, aucune réparation n'est due lorsque la personne a été condamnée pour des faits dont elle s'est librement et volontairement accusée ou laissée

1. COJ, art. L. 431-4 ; créé par ord. n° 2006-673, 8 juin 2006, art. 1er.
2. Crim. 3 avr. 2001, n° 99-84.584, P n° 92 ; *D.* 2001. 2227, note F. Defferrard – Crim. 6 nov. 2002, n° 02-83.705, P n° 202.
3. C. pr. pén., art. 626-1 ; créé par L. n° 2000-516, 15 juin 2000, art. 89 ; mod. par L. n° 2014-640, 20 juin 2014, art. 3.
4. C. pr. pén., art. 626-3.
5. Comm. réexamen 14 mars 2002, n° 01. RDH. 007 – Comm. réexamen 30 mai 2002, n° 01. RDH. 010 – Comm. réexamen 26 sept. 2002, n° 01. RDH. 008.
6. Comm. réexamen. 24 janv. 2002, n° 01. RDH. 006 – Comm. réexamen 27 juin 2002, n° 02. RDH. 001 – V. C. pr. pén., art. 626-4.
7. L. n° 2014-640, 20 juin 2014 relative à la réforme des procédures de révision et de réexamen d'une condamnation pénale définitive, *JO* 21 juin, p. 10209.

accuser à tort en vue de faire échapper l'auteur des faits aux poursuites.

Peut également demander une réparation, dans les mêmes conditions, toute personne justifiant du préjudice que lui a causé la condamnation. À la demande de l'intéressé, le préjudice est évalué par expertise contradictoire réalisée dans les conditions mentionnées à la section 9 du chapitre Ier du titre III du livre Ier du présent code. La réparation est allouée par le premier président de la cour d'appel dans le ressort de laquelle réside l'intéressé et suivant la procédure prévue aux articles 149-2 à 149-4.

Si la personne en fait la demande, la réparation peut également être allouée par la décision d'où résulte son innocence. Devant la cour d'assises, la réparation est allouée par la cour statuant, comme en matière civile, sans l'assistance des jurés. Cette réparation est à la charge de l'État, sauf recours contre la partie civile, le dénonciateur ou le faux témoin par la faute desquels la condamnation a été prononcée. Elle est payée comme frais de justice criminelle, correctionnelle et de police. Si le demandeur le requiert, l'arrêt ou le jugement d'où résulte l'innocence du condamné est affiché dans la ville où a été prononcée la condamnation, dans la commune du lieu où le crime ou le délit a été commis, dans celle du domicile du demandeur, dans celles du lieu de naissance et du dernier domicile du condamné, s'il est décédé ou déclaré absent ; dans les mêmes conditions, il est ordonné qu'il soit inséré au *Journal officiel* et publié par extraits dans cinq journaux au choix de la juridiction qui a prononcé la décision. Les frais de la publicité mentionnée à l'avant-dernier alinéa sont à la charge du Trésor[1].

1. C'est cette même loi qui a prévu que les débats de la cour d'assises font l'objet d'un enregistrement sonore sous le contrôle du président, qui peut également, à la demande de la victime ou de la partie civile, ordonner que l'audition ou la déposition de ces dernières fassent l'objet, dans les mêmes conditions, d'un enregistrement audiovisuel : L. n° 2014-640, 20 juin 2014 relative à la réforme des procédures de révision et de réexamen d'une condamnation pénale définitive, *JO* 21 juin, p. 10209, art. 2.

CHAPITRE

312. Compétence personnelle

SECTION 0
ORIENTEUR

312.00 Sommaire du chapitre.

312.01 Principaux textes applicables.

TEXTES SOURCES

- Const., art. 26, 68, 68-1, 68-2, 68-3
- C. pr. pén., art. 43, 652, 697, 697-1, 702
- Code de la justice pénale des mineurs (CJPM)

TEXTES *IN EXTENSO*

• Const., art. 26

Aucun membre du Parlement ne peut être poursuivi, recherché, arrêté, détenu ou jugé à l'occasion des opinions ou votes émis par lui dans l'exercice de ses fonctions.

Aucun membre du Parlement ne peut faire l'objet, en matière criminelle ou correctionnelle, d'une arrestation ou de toute autre mesure privative ou restrictive de liberté qu'avec l'autorisation du Bureau de l'assemblée dont il fait partie. Cette autorisation n'est pas requise en cas de crime ou délit flagrant ou de condamnation définitive.

La détention, les mesures privatives ou restrictives de liberté ou la poursuite d'un membre du Parlement sont suspendues pour la durée de la session si l'assemblée dont il fait partie le requiert.

L'assemblée intéressée est réunie de plein droit pour des séances supplémentaires pour permettre, le cas échéant, l'application de l'alinéa ci-dessus.

• Const., art. 68

Le Président de la République ne peut être destitué qu'en cas de manquement à ses devoirs manifestement incompatible avec l'exercice de son mandat. La destitution est prononcée par le Parlement constitué en Haute Cour.

La proposition de réunion de la Haute Cour adoptée par une des assemblées du Parlement est aussitôt transmise à l'autre qui se prononce dans les quinze jours.

La Haute Cour est présidée par le président de l'Assemblée nationale. Elle statue dans un délai d'un mois, à bulletins secrets, sur la destitution. Sa décision est d'effet immédiat.

Les décisions prises en application du présent article le sont à la majorité des deux tiers des membres composant l'assemblée concernée ou la Haute Cour. Toute délégation de vote est interdite. Seuls sont recensés les votes favorables à la proposition de réunion de la Haute Cour ou à la destitution.

Une loi organique fixe les conditions d'application du présent article.

• Const., art. 68-1

Les membres du gouvernement sont pénalement responsables des actes accomplis dans l'exercice de leurs fonctions et qualifiés crimes ou délits au moment où ils ont été commis.

Ils sont jugés par la Cour de justice de la République.

La Cour de justice de la République est liée par la définition des crimes et délits ainsi que par la détermination des peines telles qu'elles résultent de la loi.

• Const., art. 68-2

La Cour de justice de la République comprend quinze juges : douze parlementaires élus, en leur sein et en nombre égal, par l'Assemblée Nationale et par le Sénat après chaque renouvellement général ou partiel de ces assemblées et trois magistrats du siège à la Cour de cassation, dont l'un préside la Cour de justice de la République.

Toute personne qui se prétend lésée par un crime ou un délit commis par un membre du gouvernement dans l'exercice de ses fonctions peut porter plainte auprès d'une commission des requêtes.

Cette commission ordonne soit le classement de la procédure, soit sa transmission au procureur général près la Cour de cassation aux fins de saisine de la Cour de justice de la République.

Le procureur général près la Cour de cassation peut aussi saisir d'office la Cour de justice de la République sur avis conforme de la commission des requêtes.

Une loi organique détermine les conditions d'application du présent article.

• **Const., art. 68-3**

Les dispositions du présent titre sont applicables aux faits commis avant son entrée en vigueur.

• **C. pr. pén., art. 43** [mod. par Ord. nº 2019-964, 18 sept. 2019, art. 35]

Sont compétents le procureur de la République du lieu de l'infraction, celui de la résidence de l'une des personnes soupçonnées d'avoir participé à l'infraction, celui du lieu d'arrestation d'une de ces personnes, même lorsque cette arrestation a été opérée pour une autre cause et celui du lieu de détention d'une de ces personnes, même lorsque cette détention est effectuée pour une autre cause. Pour les infractions mentionnées à l'article 113-2-1 du code pénal, est également compétent le procureur de la République, selon le cas, du lieu de résidence ou du siège des personnes physiques ou morales mentionnées au même article 113-2-1.

Lorsque le procureur de la République est saisi de faits mettant en cause, comme auteur ou comme victime, un magistrat, un avocat, un officier public ou ministériel, un militaire de la gendarmerie nationale, un fonctionnaire de la police nationale, des douanes ou de l'administration pénitentiaire ou toute autre personne dépositaire de l'autorité publique ou chargée d'une mission de service public qui est habituellement, de par ses fonctions ou sa mission, en relation avec les magistrats ou fonctionnaires de la juridiction, le procureur général peut, d'office, sur proposition du procureur de la République et à la demande de l'intéressé, transmettre la procédure au procureur de la République auprès du tribunal judiciaire le plus proche du ressort de la cour d'appel. Cette juridiction est alors territorialement compétente pour connaître l'affaire, par dérogation aux dispositions des articles 52, 382 et 522. La décision du procureur général constitue une mesure d'administration judiciaire qui n'est susceptible d'aucun recours.

• **CJPM, art. L. 12-1** [mod. par L. nº 2021-218, 26 févr. 2021, art. 5]

Les crimes, délits et contraventions de la cinquième classe reprochés à un mineur sont instruits et jugés par des juridictions et chambres spécialisées ou spécialement désignées ou composées, devant lesquelles les procédures sont adaptées.

Ces juridictions et chambres sont :

1° Le juge des enfants ;

2° Le tribunal pour enfants ;

3° Le juge d'instruction chargé spécialement des affaires concernant les mineurs ;

3° *bis* Le juge des libertés et de la détention chargé spécialement des affaires concernant les mineurs ;

4° La cour d'assises des mineurs ;

5° La chambre spéciale des mineurs de la cour d'appel ;

6° La chambre de l'instruction spécialement composée en matière d'affaires concernant les mineurs.

Le conseiller de la cour d'appel délégué à la protection de l'enfance fait partie des chambres mentionnées aux 5° et 6°.

• **CJPM, art. L. 12-2**

L'action publique relative à des crimes, délits ou contraventions de la cinquième classe reprochés à un mineur est exercée par des magistrats désignés chargés spécialement des affaires concernant les mineurs.

Les fonctions du ministère public sont remplies par le procureur général ou un magistrat du ministère public spécialement chargé des affaires concernant les mineurs.

• **CJPM, art. L. 13-1** [mod. par L. nº 2022-478, 30 mars 2022, art. 4]

Les dispositions législatives et réglementaires en matière de droit pénal et de procédure pénale, notamment celles du code pénal, du code de procédure pénale et du code pénitentiaire, sont applicables aux mineurs, sauf lorsqu'il en est disposé autrement par les dispositions du présent code.

Pour l'application aux mineurs des dispositions du code pénal et du code de procédure pénale, les références aux juridictions compétentes à l'égard des majeurs s'entendent comme des références aux juridictions compétentes à l'égard des mineurs, telles qu'elles sont définies par le présent code.

• **CJPM, art. L. 13-2**

À moins que le présent code n'en dispose autrement, la juridiction compétente, la procédure applicable ainsi que les mesures et peines encourues sont déterminées selon l'âge du mineur à la date des faits.

• **CJPM, art. L. 423-7**

Le juge des enfants ou le tribunal pour enfants est saisi soit :
1° Par convocation délivrée sur instructions du procureur de la République soit par un greffier, un officier ou agent de police judiciaire, un huissier, un délégué ou un médiateur du procureur de la République, soit, si le prévenu est détenu, par le chef de l'établissement pénitentiaire, soit, si le mineur est placé, par le directeur de l'établissement auquel il est confié ;

2° Par procès-verbal du procureur de la République établi lors d'un déferement. Dans ce cas, le procureur de la République procède conformément aux dispositions de l'article L. 423-6 et informe le mineur, en présence de son avocat, qu'il est convoqué devant le juge des enfants ou tribunal pour enfants pour y être jugé, à une audience fixée dans un délai qui ne peut être inférieur à dix jours ni supérieur à trois mois. Il lui notifie les faits qui lui sont reprochés ainsi que le lieu, la date et l'heure de l'audience. Ces formalités sont mentionnées au procès-verbal, dont copie est remise au mineur, à peine de nullité de la procédure.

• **CJPM, art. L. 423-8** [mod. par L. nº 2021-218, 26 févr. 2021, art. 14]

La convocation devant le juge des enfants ou le tribunal pour enfants et le procès-verbal établi par le procureur de la République lors du déferement mentionnent :

1° La date, le lieu et l'heure de l'audience, laquelle se tient dans un délai qui ne peut être inférieur à dix jours ni supérieur à trois mois à compter de la notification de la convocation ;

2° Le fait poursuivi ainsi que le texte de loi qui le réprime ;

3° Les dispositions de l'article L. 12-4.

Sont rappelées les dispositions des articles L. 12-5, L. 311-1 et L. 311-2.

Sont également rappelées les dispositions des articles L. 521-1 et L. 521-2, sauf lorsque le tribunal pour enfants est saisi aux fins d'audience unique en application du troisième alinéa de l'article L. 423-4.

La convocation est notifiée dans les meilleurs délais aux représentants légaux et à la personne ou au service auquel le mineur est confié.

Ces mentions sont formalisées par procès-verbal signé par le mineur et, si elles sont présentes, les personnes visées à l'alinéa précédent, qui en recevront copie. Cette convocation vaut citation à personne et entraîne l'application des délais prévus à l'article 552 du code de procédure pénale.

Le juge des enfants ou le tribunal pour enfants en est avisé sans délai.

• **Décr. n° 2014-1443, 3 déc. 2014** [mod. par Ord. n° 2019-964, 18 sept. 2019, art. 35]

Juridictions compétentes pour connaître des infractions en matière militaire et de sûreté de l'État.

Tribunaux judiciaires compétents	Cours d'assises compétentes	Compétence territoriale s'étendant au ressort des cours d'appel ou des tribunaux supérieurs d'appel de :
Bordeaux	Gironde	Agen, Bordeaux, Limoges, Pau, Toulouse
Lille	Nord	Amiens, Douai, Reims, Rouen
Lyon	Rhône	Chambéry, Grenoble, Lyon, Riom
Marseille	Bouches-du-Rhône	Aix-en-Provence, Bastia, Montpellier, Nîmes
Metz	Moselle	Besançon, Colmar, Dijon, Metz, Nancy
Paris	Paris	Bourges, Paris, Orléans, Versailles, Nouméa, Papeete, Saint-Denis, Saint-Pierre
Rennes	Ille-et-Vilaine	Angers, Caen, Poitiers, Rennes
Cayenne	Guyane	Basse-Terre, Cayenne, Fort-de-France
Toulouse	Haute-Garonne	Toulouse, Montpellier, Agen

312.03 Bibliographie indicative.

> Sur la Cour de justice de la République

Articles. O. Beaud, « La renaissance de la compétence concurrente pour juger pénalement des ministres (à propos de deux arrêts faussement connus de la Cour de cassation) », *D.* 1998. Chron. 177 ; « La Cour de justice de la République est-elle vraiment compétente pour juger les ministres dans l'affaire du sang contaminé ? », *D.* 1999. Chron. 75 – V. Buck, « La compétence de la Cour de justice de la République au regard des attributions d'un ministre », *D.* 2001. 660 – H.-C. Le Gall (Interview), « Naissance de la CJR : une loi bricolée », *AJ pénal* 2021. 560 – J.-C. Muller, D. Sénat, « La Cour de justice de la République, une juridiction à la composition hybride et inachevée ? », *AJ pénal* 2021. 563 – F. Robbe, « L'incompétence du juge pénal pour statuer sur la responsabilité du Président de la République (à propos de la décision du Conseil constitutionnel n° 99-408 DC du 22 janvier 1999) », *Gaz. Pal.* 16 nov. 1999, p. 1765.

> Sur les mineurs

Ouvrages. O. Chevrier, *Une approche clinique de la justice des mineurs*, coll. Controverses, L'Harmattan, 2023 – P. Oudot et L. Sebag (dir.), *La nouvelle justice pénale des mineurs*, L'Harmattan, oct. 2022 – N. Peterka, A. Caron-Deglise, F. Arbellot, *Protection de la personne vulnérable*, 5e éd., « Dalloz action », 2020.

Articles. F. Archer, « La réforme du droit des mineurs délinquants », *Dr. pénal* 2012. Ét. 24 – Ph. Bonfils, « La réforme du droit pénal des mineurs par la loi du 10 août 2011 », *D.* 2011. 2286 – Ch. Claverie-Rousset, « L'impartialité de la justice pénale des mineurs », *Dr. pénal* 2012. Ét. 8 – C. Marie, « Présentation de la réforme de la justice pénale des mineurs », *Lexbase*, lettre juridique n° 882, 28 oct. 2021 – E. Vergès, « Impartialité du juge des enfants et composition des juridictions des mineurs : le revirement de position, (L. n° 2011-1940, 26 déc. 2011 visant à instaurer un service citoyen pour les mineurs délinquants) », *RSC* 2012. 201.

SECTION 1
MINEUR

312.11 Délit commis par un mineur. Les délits commis par un mineur ressortent de la compétence du juge des enfants ou du tribunal pour enfants et n'entrent pas dans le cadre du présent ouvrage. La procédure applicable ressort désormais du Code de la justice pénale des mineurs, entré en vigueur le 30 septembre 2021[1]. Il est encore tôt pour dresser le constat des effets de ce changement, notamment sur l'innovation que représente la « césure du procès »[2].

L'article L. 13-1 du CJPM, dispose que « les dispositions législatives et réglementaires en matière de droit pénal et de procédure pénale, notamment celles du code pénal et du code de procédure pénale, sont applicables aux mineurs, sauf lorsqu'il en est disposé autrement par les dispositions du présent code ».

L'incompétence de la juridiction correctionnelle tenant à la minorité du prévenu (ou de l'accusé) au moment des faits peut être soulevée à tout moment y compris devant la Cour de cassation[3].

1. Code de la justice pénale des mineurs (CJPM) : Ord. n° 2019-950, 11 sept. 2019 portant partie législative du code de la justice pénale des mineurs, *JO* 13 sept., n° 2 ; L. n° 2021-218, 26 févr. 2012, ratifiant l'ordonnance précitée, *JO* 27 févr., n° 1.
2. M. Léna, « CJPM : premiers retours d'expériences », *AJ pénal* 2022, p. 57 – Pour des données chiffrées : « 2000-2020, un aperçu statistique du traitement pénal des mineurs », *Infostat Justice*, juin 2022, n° 186.
3. Crim. 19 déc. 1946, P n° 246 – Crim. 22 janv. 1974, n° 73-93.109, P n° 33 – Crim. 25 avr. 1978, n° 77-92.987, P n° 129.

La possibilité offerte par la loi du 5 mars 2007[1] d'une présentation immédiate devant la juridiction pour mineurs et les dispositions prévues par le code de la justice pénale des mineurs sont abordées *infra* (V. s^s n°s 421.41 s.).

La loi du 24 janvier 2022 a créé un nouvel article 397-2-1 du code de procédure pénale qui prévoit le cas où la personne présentée devant le tribunal correctionnel est mineure[2].

Saisi par le Conseil d'État d'une question prioritaire de constitutionnalité relative à la conformité aux droits et libertés que la Constitution garantit d'une part, de cet article 397-2-1 dans sa dernière rédaction, et, d'autre part, du quatrième alinéa de l'article 55-1 du même code, dans sa rédaction résultant de la même loi, et des articles L. 413-16 et L. 413-17 du code de la justice pénale des mineurs, dans leur rédaction issue de cette loi, le Conseil constitutionnel a, partiellement censuré ces dispositions, les assortissant par ailleurs de réserves d'interprétation (Cons. const. 10 févr. 2023, n° 2022-1034).

Concernant la procédure correctionnelle il a jugé, en premier lieu, que, poursuivant l'objectif de valeur constitutionnelle de sauvegarde de l'ordre public, ces dispositions ont pour objet, dans le cas où il apparaît à la juridiction saisie que le prévenu est mineur, de le maintenir à la disposition de la justice afin de garantir sa comparution à bref délai devant une juridiction spécialisée, seule compétente pour décider des mesures, en particulier éducatives, adaptées à son âge.

Le Conseil a observé en deuxième lieu, que la juridiction, après avoir entendu ses observations et celles de son avocat, ne peut ordonner le placement ou le maintien en détention provisoire du mineur que si sa décision est spécialement motivée par la nécessité de garantir son maintien à la disposition de la justice.

Par une première réserve d'interprétation, il juge que, afin d'assurer le respect des exigences constitutionnelles précitées, il appartient à la juridiction de vérifier que, au regard des circonstances, de la situation personnelle du mineur et de la gravité des infractions qui lui sont reprochées, le placement ou maintien en détention provisoire n'excède pas la rigueur nécessaire.

En dernier lieu, la comparution du mineur placé ou maintenu en détention devant la juridiction spécialisée, compétente pour prononcer les mesures éducatives ou les peines adaptées à son âge et à sa personnalité, doit intervenir dans un délai maximal de vingt-quatre heures. À défaut de comparution dans ce délai, le mineur est d'office remis en liberté. En outre, en vertu de l'article L. 124-1 du code de la justice pénale des mineurs, la détention doit nécessairement être effectuée soit dans un établissement pénitentiaire spécialisé, soit dans un établissement garantissant la séparation entre détenus mineurs et majeurs.

312.12 Minorité et date des faits. L'article L. 13-2 du CJPM précise que sauf exception textuelle, la juridiction compétente, la procédure applicable ainsi que les mesures et peines encourues sont déterminées selon l'âge du mineur à la date des faits, l'appréciation de la qualité de mineur à la date des faits étant antérieurement une solution jurisprudentielle acquise[3].

L'âge est déterminé par le temps écoulé depuis la naissance et est calculé, lorsque cela s'avère nécessaire, d'heure à heure[4].

312.13 Détermination de l'âge d'un mineur. La preuve de l'âge de la personne qui comparaît peut-être déterminée par tout moyen[5], notamment les radiographies des os des poignets ou des mains, mais cette méthode, de tous temps fortement discutée, et qui n'est pas la seule possible ne saurait suffire en elle-même[6]. Les actes des états civils des pays étrangers ne constituent pas des preuves irréfragables[7].

312.14 Tribunal correctionnel pour mineurs (TCM). Le tribunal correctionnel pour mineurs a été supprimé par la loi du 18 novembre 2016[8] depuis le 1er janvier 2017. Cette juridiction ne semble avoir été saisie qu'avec modération, raison sans doute parmi d'autres ayant conduit à sa disparition[9].

Cette formation spécialisée composée de trois magistrats et présidée par un juge des enfants, avait été instaurée par la loi du 10 août 2011[10] qui avait inséré dans le code de l'organisation judiciaire un

1. L. n° 2007-308, 5 mars 2007 portant réforme de la protection juridique des majeurs, *JO* 7 mars, p. 4325.
2. *Ibid.* et Circ. CRIM 2022-11/H2, 28 mars 2023 de présentation des dispositions résultant de la loi n° 2022-52 du 24 janvier 2022 relative à la responsabilité pénale et à la sécurité intérieure permettant le recours à des relevés signalétiques contraints et le maintien en détention d'un prévenu en dépit d'une erreur sur sa majorité ou sa minorité.
3. Crim. 14 juin 1877, *D.* 1878. 1. 96 – Crim. 22 avr. 1948, P n° 116 et désormais CJPM, art. L. 13-2.
4. Crim. 3 sept. 1985, n° 85-93.591, P n° 283.
5. Crim. 13 oct. 1986, n° 86-94.023, P n° 282 – Crim. 17 juill. 1991, n° 91-82.771, P n° 299 – Crim. 1er déc. 1999, n° 98-87.158, P n° 289.
6. V. s^s n° 221.111.
7. Crim. 13 oct. 1986, n° 86-94.023, préc. – Crim. 17 juill. 1991, n° 91-82.771, préc.
8. L. n° 2016-1547, 18 nov. 2016 de modernisation de la justice du XXIe siècle, *JO* 19 nov., art. 29.
9. V. s^s n° 113.81.
10. L. n° 2011-939, 10 août 2011 sur la participation des citoyens au fonctionnement de la justice pénale et le jugement des mineurs, *JO* 11 août, p. 13744.

chapitre III *bis*[1]. Ce tribunal était compétent pour juger les mineurs âgés de plus de seize ans poursuivis pour un ou plusieurs délits punis d'une peine d'emprisonnement égale ou supérieure à trois ans et commis en état de récidive légale. Il pouvait également juger les délits et contraventions connexes aux délits reprochés aux mineurs, notamment pour le jugement des coauteurs ou complices majeurs de ceux-ci[2]. Il était saisi par ordonnance de renvoi du juge des enfants ou du juge d'instruction.

Un TCM était prévu au sein de chaque tribunal de grande instance comportant un tribunal pour enfants.

Dans sa décision du 4 août 2011[3], le Conseil constitutionnel avait déclaré non-conforme à la Constitution la présidence du TCM par le juge des enfants ayant instruit l'affaire. Il avait également, le 8 juillet 2011[4], estimé que le juge des enfants ne pouvait, sans porter atteinte au principe constitutionnel d'impartialité, siéger au sein du tribunal pour enfants qui est habilité à prononcer une peine.

Entré en vigueur le 1er janvier 2013, le texte des articles 24-1 et suivants de l'ordonnance du 2 février 1945 modifiée, a repris les dispositions censurées par le Conseil constitutionnel en y ajoutant seulement un alinéa aux termes duquel le juge des enfants ayant accompli les diligences de l'enquête et renvoyé l'affaire devant le tribunal pour enfants ou le tribunal correctionnel pour mineurs ne pouvait présider cette juridiction. Lorsque le nombre de juges des enfants dans le tribunal de grande instance le justifie, la présidence du tribunal correctionnel pour mineurs pouvait être assurée par un juge des enfants d'un tribunal pour enfants sis dans le ressort de la cour d'appel et désigné par ordonnance du premier président.

312.15 Peines encourues. L'article L. 121-1 du CJPM ouvre, au sein du tire consacré aux peines, le chapitre concernant les peines encourues, en commençant par lister celles qui ne sont pas applicables aux mineurs parmi lesquelles l'interdiction du territoire, la peine de jours-amende, certaines peines d'interdictions.

L'article L. 121-2 exclut encore pour les mineurs l'application des articles 132-60 à 132-70-3 du code pénal relatifs aux ajournements, à l'exception, pour les seuls articles 132-60 à 132-62 concernant l'ajournement simple, des procédures jugées devant le tribunal de police.

L'article L. 121-3 dispose que le tribunal de police qui constate que la contravention imputée à un mineur âgé d'au moins treize ans est établie peut prononcer à son encontre soit :

1° Une dispense de peine ;

2° Une peine d'amende, en faisant application des règles d'atténuation mentionnées à l'article L. 121-6 ;

3° Une des peines complémentaires énumérées à l'article 131-16 du code pénal.

4° Les articles L. 121-5 et L. 121-6 précisent les conditions dans lesquelles peuvent être prononcées à l'encontre des mineurs, peine privative de liberté et peine d'amende.

Les articles L. 122-1 et suivants développent les dispositions applicables au contenu et aux modalités d'application de certaines peines.

L'article L. 122-2 prévoit, en cas de condamnation du mineur à une peine d'emprisonnement assortie d'un sursis probatoire, qu'outre les mesures de contrôle et les obligations prévues aux articles 132-44 et 132-45 du code pénal, la juridiction de jugement peut imposer au condamné.

Un service citoyen en établissement public d'insertion de la défense (Épide) a été instauré par la loi du 26 décembre 2011[5] pour les mineurs de 16 à 18 ans, non encore ancrés dans la délinquance ou ayant commis des faits de faible gravité. La loi a ouvert cette possibilité en modifiant les articles 7-2[6], 20-10[7] et 24-6[8] de l'ordonnance du 2 février 1945. Ces dispositions ont été reprises dans le CJPM[9].

SECTION 2
MILITAIRE

312.21 Suppression des tribunaux permanents des forces armées. Les tribunaux permanents des

1. COJ, art. L. 251-7 et L. 251-8.
2. Ord. n° 45-174, 2 févr. 1945, art. 24-1, al. 1er abrogée au 30 sept. 2021.
3. Cons. const. 4 août 2011, n° 2011-635 DC, préc. (v. ss n° 113.41), *loi sur la participation des citoyens au fonctionnement de la justice pénale et le jugement des mineurs*, NON-CONFORMITÉ PARTIELLE – EFFET DIFFÉRÉ – RÉSERVE, *JO* 11 août, p. 13763 ; *Rec.* p. 407 ; *D.* 2011. 2694, obs. F. G. Trébulle ; *D.* 2012. 1638, obs. V. Bernaud et N. Jacquinot ; *RSC* 2011. 728, chron. C. Lazerges ; *RSC* 2011. 847, obs. J.-H. Robert ; *RSC* 2012. 227, obs. B. de Lamy.
4. Cons. const. 8 juill. 2011, n° 2011-147 QPC, préc. (v. ss n° 211.41), *composition du tribunal pour enfants*, NON-CONFORMITÉ PARTIELLE – EFFET DIFFÉRÉ, *JO* 9 juill., p. 11979 ; *Rec.* p. 343 ; *D.* 2012. 1638, obs. V. Bernaud et N. Jacquinot ; *AJ fam.* 2011. 435, obs. V. A.-R. ; *AJ fam.* 2011. Point de vue 391, obs. Gebler ; *AJ pénal* 2011. 596, obs. J.-B. Perrier ; *RSC* 2011. 728, obs. C. Lazerges ; *RSC* 2012. 227, obs. B. de Lamy ; *RTD civ.* 2011. 756, obs. J. Hauser.
5. L. n° 2011-1940, 26 déc. 2011, art. 1er.
6. Ord. n° 45-174, 2 févr. 1945, art. 7-2 ; mod. par L. n° 2011-1940, 26 déc. 2011, art. 1er abrogée au 30 sept. 2021.
7. Ord. n° 45-174, 2 févr. 1945, art. 20-10 ; mod. par L. n° 2016-1547, 18 nov., art. 30, id.
8. Ord. n° 45-174, 2 févr. 1945, art. 24-10 ; mod. par L. n° 2011-1940, 26 déc. 2011, art. 2, id.
9. CJPM, art. L. 122-2, 5°.

forces armées ont été supprimés par la loi du 21 juillet 1982[1]. Depuis cette date, les infractions militaires relèvent de la compétence de certains tribunaux de droit commun spécialement désignés.

312.22 Maintien de juridictions spécialisées. Les juridictions spécialisées restent consacrées par l'article 697[2] du code de procédure pénale. Les militaires ne sont justiciables de ces juridictions spécialisées que pour les seules infractions militaires, selon que l'on se trouve en temps de paix, en temps de guerre, sur ou hors du territoire de la République.

312.23 Infraction militaire. Dans le ressort d'une ou de plusieurs cours d'appel, un tribunal judiciaire est compétent pour l'instruction et, s'il s'agit de délits, le jugement des infractions mentionnées à l'article 697-1[3], aux termes de l'article 697[4], alinéa premier, du code de procédure pénale, résultant de la loi du 18 décembre 2013[5].

Des magistrats sont affectés, après avis de l'assemblée générale, aux formations de jugement, spécialisées en matière militaire, de ce tribunal.

Dans le même ressort, une cour d'assises est compétente pour le jugement des crimes mentionnés à l'article 697-1.

Un décret pris sur le rapport conjoint du garde des Sceaux, ministre de la Justice, et du ministre chargé de la Défense fixe la liste de ces juridictions.

En temps de guerre, les tribunaux des forces armées sont immédiatement établis[6]. Ces juridictions sont compétentes à l'égard de toutes personnes majeures, auteurs ou complices, ayant pris part à l'infraction[7].

Par dérogation aux dispositions du premier alinéa ci-dessus, ces juridictions ne peuvent connaître des infractions de droit commun commises par les militaires de la gendarmerie dans l'exercice de leurs fonctions relatives à la police judiciaire ou à la police administrative ; elles restent néanmoins compétentes à leur égard pour les infractions commises dans le service du maintien de l'ordre. Si le tribunal correctionnel mentionné à l'article 697 se déclare incompétent pour connaître des faits dont il a été saisi, il renvoie le ministère public à se pourvoir ainsi qu'il avisera ; il peut, le ministère public entendu, décerner par la même décision mandat de dépôt ou d'arrêt contre le prévenu.

Les magistrats sont affectés, après avis de l'assemblée générale, à ces formations spécialisées. La liste des tribunaux compétents est fixée par décret[8]. Les fonctions de président, de président de chambre, d'assesseur et de suppléant ainsi que celles de juge des libertés et de la détention, titulaire et suppléant, sont exercées par des magistrats du siège appartenant aux corps judiciaires et désignés pour chaque année civile dans les formes et conditions prévues pour la nomination des magistrats du siège. Il en va de même par dérogation aux dispositions de la loi du 29 décembre 1966[9] relative à l'exercice des fonctions judiciaires militaires, pour le juge d'instruction suppléant[10].

Les juridictions compétentes pour connaître des infractions en matière militaire et de sûreté de l'État sont : Bordeaux, Lille, Lyon, Marseille, Metz, Paris, Rennes, Cayenne et Toulouse. La liste et le ressort de ces juridictions compétentes pour connaître des infractions en matière militaire et de sûreté de l'État ont été dressés par le décret du 3 décembre 2014[11] modifiant le décret du 23 décembre 1982[12].

312.24 Code de justice militaire (loi du 13 décembre 2011). Le code de justice militaire a été modifié par la loi du 13 décembre 2011[13]. Les infractions relevant de la compétence des juridictions de droit commun spécialisées en matière militaire sont poursuivies, instruites et jugées selon

1. L. n° 82-621, 21 juill. 1982 relative à relative à l'instruction et au jugement des infractions en matière militaire et de sûreté de l'État et modifiant les codes de procédure pénale et de justice militaire, *JO* 22 juill., p. 2318.
2. C. pr. pén., art. 697 ; mod. par L. n° 2013-1168, 18 déc. 2013, art. 33.
3. C. pr. pén., art. 697-1 ; mod. par L. n° 2011-1862, 13 déc. 2011, art. 32.
4. C. pr. pén., art. 697 ; mod. par L. n° 2013-1168, 18 déc. 2013, art. 33.
5. L. n° 2013-1168, 18 déc. 2013 relative à la programmation militaire pour les années 2014 à 2019 et portant diverses dispositions concernant la défense et la sécurité nationale, *JO* 19 déc., p. 20570.
6. C. pr. pén., art. 699 ; mod. par L. n° 92-1336, 16 déc. 1992, art. 65.
7. C. pr. pén., art. 697-1, al. 2.
8. Décr. n° 82-1120, 23 déc. 1982 fixant la liste et le ressort des juridictions compétentes pour connaitre des infractions en matière militaire et de sûreté de l'État, *JO* 29 déc., p. 3909 ; complété pour les territoires d'outre-mer par décr. n° 83-1202, 28 déc. 1983, en fait, ces tribunaux se trouvent au siège de la cour d'appel sauf en ce qui concerne la cour d'appel d'Aix-en-Provence (tribunal de Marseille), la cour d'appel de Colmar (tribunal de Strasbourg), la cour d'appel de Douai (tribunal de Lille) et la cour d'appel de Riom (tribunal de Clermont-Ferrand).
9. L. n° 66-1037, 29 déc. 1966 relative à l'exercice des fonctions judiciaires militaires, *JO* 31 déc., p. 11748.
10. CJM, art. L. 111-4.
11. Décr. n° 2014-1443, 3 déc. 2014 modifiant le décret n° 82-1120 du 23 décembre 1982 fixant la liste et le ressort des juridictions compétentes pour connaître des infractions en matière militaire et de sûreté de l'État, *JO* 5 déc., p. 20293.
12. Décr. n° 82-1120, 23 déc. 1982 fixant la liste et le ressort des juridictions compétentes pour connaitre des infractions en matière militaire et de sûreté de l'État, *JO* 29 déc., p. 3909.
13. L. n° 2011-1862, 13 déc. 2011 relative à la répartition des contentieux et à l'allègement de certaines procédures juridictionnelles, *JO* 14 déc., p. 21105.

les règles du code de procédure pénale, sous réserve des dispositions particulières des articles 698-1 à 698-9 du code procédure pénale et, lorsqu'elles sont commises hors du territoire de la République, des dispositions particulières du présent code [1].

Selon l'article L. 111-1 [2] du code de justice militaire, les juridictions de droit commun spécialisées en matière militaire mentionnées à l'article 697 du code de procédure pénale sont compétentes pour le jugement des crimes et des délits commis en temps de paix sur le territoire de la République par des militaires dans l'exercice du service.

Conformément à l'article 697-4 du même code, les juridictions mentionnées au premier alinéa du présent article ayant leur siège à Paris sont également compétentes pour le jugement des crimes, délits et contraventions commis en temps de paix hors du territoire de la République par les membres des forces armées françaises ou à l'encontre de celles-ci, conformément au chapitre Ier du titre II du livre Ier du présent code.

312.25 **Urgence.** Le procureur de la République, compétent en application de l'article 43 [3] du Code de procédure pénale, a qualité pour accomplir ou faire accomplir les actes nécessités par l'urgence et requérir à cet effet le juge d'instruction de son siège [4].

312.26 **Avis et dénonciation.** Sans préjudice de l'application de l'article 36 du code de procédure pénale, l'action publique est mise en mouvement par le procureur de la République territorialement compétent, qui apprécie la suite à donner aux faits portés à sa connaissance, notamment par la dénonciation du ministre chargé de la défense ou de l'autorité militaire habilitée par lui. À défaut de cette dénonciation, le procureur de la République doit demander préalablement à tout acte de poursuite, y compris en cas de réquisitoire contre personne non dénommée, de réquisitoire supplétif ou de réquisitions faisant suite à une plainte avec constitution de partie civile, sauf en cas de crime ou de délit flagrant, l'avis du ministre chargé de la défense ou de l'autorité militaire habilitée par lui. Hormis le cas d'urgence, cet avis est donné dans le délai d'un mois. L'avis est demandé par tout moyen dont il est fait mention au dossier de la procédure.

La dénonciation ou l'avis figure au dossier de la procédure, à peine de nullité, sauf si cet avis n'a pas été formulé dans le délai précité ou en cas d'urgence.

L'autorité militaire visée au premier alinéa du présent article est habilitée par arrêté du ministre chargé de la défense [5].

La dénonciation s'entend de l'acte par lequel le ministre de la Défense (ou des armées) ou une autorité militaire expressément habilitée par lui signifient formellement au ministère public leur volonté qu'une infraction soit pénalement poursuivie. L'avis est l'acte par lequel ces mêmes autorités répondent à la demande du ministère public sur l'engagement ou non des poursuites dans une procédure pénale.

Ainsi, les poursuites les plus fréquentes en temps de paix qui concernent les faits de désertion, soit de non-retour au régiment d'affectation en suite d'une permission ou d'une autorisation d'absence ou de refus d'obéissance, ne peuvent-elles se concevoir qu'avec la présence au dossier de la procédure d'une dénonciation des autorités militaires.

En revanche, « il ressort des travaux parlementaires de la loi n° 82-621 du 21 juillet 1982 et de la décision du Conseil constitutionnel du 24 avril 2015 [6] que la procédure particulière de poursuite, prévue à l'article 698-1 du code de procédure pénale, des infractions mentionnées à l'article 697-1 dudit code relevant de la compétence des juridictions à compétence militaire visées à l'article 697 de ce même code, a pour objet de s'assurer que les spécificités de la condition militaire et des opérations militaires soient portées en temps utile à la connaissance de l'autorité de poursuite.

L'obligation de recueillir l'avis du ministre chargé de la défense ou de l'autorité militaire habilitée par lui, prévu à l'article 698-1 précité, n'est donc applicable, ce que confirme l'organisation du chapitre premier du titre onzième du livre quatrième du code de procédure pénale, que lorsque ces juridictions sont compétentes.

Tel n'est pas le cas, en application de l'article 697-1, alinéa 3, dudit code, lorsque les faits ont été commis par des militaires de la gendarmerie dans l'exercice de leurs fonctions relatives à la police judiciaire ou administrative et ne constituent pas des infractions commises dans le service du maintien de l'ordre » [7].

Par ailleurs, les dispositions de l'article 698-1 du code de procédure pénale, qui imposent au procu-

1. CJM, art. L. 2 ; mod. par L. n° 2011-1862, 13 déc. 2011, art. 32.
2. CJM, art. L. 111-1 ; mod. par L. n° 2011-1862, 13 déc. 2011, art. 32.
3. C. pr. pén., art. 43 ; mod. par L. n° 2016-731, 3 juin 2016, art. 28.
4. C. pr. pén., art. 698, al. 2.
5. C. pr. pén., art. 698-1.
6. Cons. const. 24 avr. 2015, n° 2015-461 QPC, *RFDA* 2015. 608, chron. A. Roblot-Troizier ; *RFDC* 2016. 165, note J.-B. Perrier.
7. Crim. 10 mai 2023, n° 22-86.322, P. H. Robert, « Infraction commise par un gendarme dans l'exercice de ses fonctions relatives à la police judiciaire : le procureur de la République n'est pas tenu de recueillir l'avis de l'autorité militaire », *D. actu.* 9 juin 2023.

reur de la République d'obtenir soit une dénonciation, soit un avis du ministre chargé de la Défense ou de l'autorité militaire habilitée par lui pour exercer l'action publique devant les juridictions mentionnées à l'article 697 du même code, ne sauraient être invoquées lorsqu'il s'agit des infractions définies par les articles 411-1 à 411-11 et 413-1 à 413-12 du code pénal concernant les atteintes à la défense nationale[1]. À défaut le tribunal doit s'estimer irrégulièrement saisi. Et cette dénonciation doit bien évidemment être préalable à la délivrance au prévenu d'une citation ou d'une convocation par officier de police judiciaire, le parquet ne pouvant sans elle, déclencher l'action publique.

Les autorités militaires habilitées par le ministre de la Défense pour dénoncer au procureur de la République les infractions énumérées aux points 1.1.2. et 1.2. de l'instruction du 23 septembre 2015[2], ou pour donner à ce magistrat leur avis sur l'opportunité de poursuivre les auteurs de ces infractions sont désignées par l'arrêté du 14 février 2001[3]. Toutefois, l'instruction du 23 septembre 2015[4] ne contredit-elle pas la précédente instruction du 23 octobre 2001[5] par laquelle le ministère public n'est tenu de demander, avant de poursuivre, l'avis de l'autorité militaire que lorsque l'infraction en cause n'a pas déjà fait l'objet d'une dénonciation au sens de l'article 698-1 du code de procédure pénale.

312.27 **Pôle parisien : infraction militaire commise hors du territoire national.** Le pôle spécialisé en matière militaire du tribunal judiciaire de Paris a repris les attributions du tribunal aux armées de Paris, qui a été supprimé par la loi du 13 décembre 2011[6]. Depuis le 1er janvier 2012, c'est ce pôle qui est seul compétent en matière d'infractions commises par ou à l'encontre de militaires français en temps de paix et hors du territoire de la République[7].

Un ou plusieurs juges d'instruction et magistrats du parquet, sont spécialement chargés de l'enquête, de la poursuite et de l'instruction de ces affaires. Une formation spécialisée du tribunal correctionnel est également prévue. Le contentieux relatif aux attentats commis hors du territoire de la République à l'encontre des membres des armées françaises ou par certains d'entre eux est quant à lui transféré aux juridictions spécialisées en matière de terrorisme du tribunal judiciaire de Paris[8].

Le tribunal aux armées de Paris, devenu juridiction spécialisée de Paris depuis l'entrée en vigueur de la loi du 13 décembre 2011, a compétence, sans aucune restriction, pour connaître des infractions commises hors du territoire de la République par des militaires des forces armées françaises ou à leur encontre et aucune fin de non-recevoir ne peut être opposée à la mise en mouvement de l'action publique par la partie lésée, autre que celles prévues par les articles 85 et suivants du code de procédure pénale. Sont rejetées les réquisitions de non-informer du ministère public invoquant l'impossibilité de qualifier pénalement les circonstances de la mort de soldats français, tués au combat en Afghanistan au cours d'une offensive ennemie, le juge d'instruction ayant l'obligation d'instruire en l'absence de cause affectant l'action publique elle-même d'où il aurait résulté que les faits démontrés ne pouvaient comporter une poursuite ou, si, à les supposer démontrés, ils ne pouvaient admettre aucune qualification pénale[9]. En décidant que l'action publique avait été mise en mouvement par la plainte avec constitution de partie civile, l'arrêt attaqué, n'encourt pas les griefs invoqués aux moyens, dès lors que, d'une part, en vertu des dispositions des articles L. 121-1 et L. 121-7 du code de justice militaire, le tribunal aux armées de Paris, devenu juridiction spécialisée de Paris depuis l'entrée en vigueur de la loi du 13 décembre 2011, a compétence, sans aucune restriction, pour connaître des infractions commises hors du territoire de la République par des militaires des forces armées françaises ou à leur encontre ; que d'autre part, aucune fin de non-recevoir ne peut être opposée à la mise en mouvement de l'action publique par la partie lésée, autre que celles prévues par les articles 85 et suivants du code de procédure pénale, seuls textes auxquels renvoient les dispositions de l'article 698-2 du code,

1. Crim. 20 févr. 2002, n° 01-82.246, P n° 36.
2. Instr. n° 30619/DEF/SGA/DAJ/DAPM/EDP, 23 sept. 2015 relative aux poursuites pénales à l'encontre des membres des forces armées, *BOA*, n° 46, 15 oct. 2015, n° 4, NOR : DEFD1551625J ; abrogeant : instr. n° 21420/DEF/SGA/DAJ/APM/EO, 23 oct. 2001 relative aux poursuites pénales à l'encontre des membres des forces armées, détaillant les formes que doivent prendre avis et dénonciations, *BOC* 2001, p. 5682 ; *BOEM* 660.2.2.
3. Arr. 14 févr. 2001 relatifs à la désignation des autorités militaires habilitées à dénoncer les infractions ou à donner un avis préalable en matière de poursuites pénales, *JO* 27 févr., p. 3125 ; NOR : DEFD0101205A ; mod. par arr. 17 févr. 2017 portant modification et abrogation de divers arrêtés, *JO* 24 févr. n° 20, NOR : DEFD1705150A.
4. Instr. n° 30619/DEF/SGA/DAJ/DAPM/EDP, 23 sept. 2015, point 2.2.2.
5. Instr. n° 21420/DEF/SGA/DAJ/APM/EO, 23 oct. 2001, abrogée ; point 2.2.1.
6. L. n° 2011-1862, 13 déc. 2011 relative à la répartition des contentieux et à l'allègement de certaines procédures juridictionnelles, *JO* 14 déc., p. 21105.
7. C. pr. pén., art. 697-4.
8. C. pr. pén., art. 706-16.
9. Crim. 10 mai 2012, n° 12-81.197, P n° 115 ; *D.* 2012. 2150 ; *D.* 2012. 2145, concl. M. Gauthier ; *D.* 2012. 2151, note J. Baillet et Gh. Poissonnier ; *AJ pénal* 2012. 550, obs. J. Lasserre Capdeville ; *RSC* 2012. 353, étude P.-J. Delage.

précité, et qu'enfin il a été satisfait, comme en l'espèce, aux exigences prévues par l'article 698-1 dudit code[1].

SECTION 3
MEMBRE DU GOUVERNEMENT

312.31 Compétence pour les crimes et délits commis dans l'exercice de leurs fonctions par les membres du gouvernement (Constitution, art. 68-1). Les crimes et délits commis dans l'exercice de leurs fonctions par les membres du gouvernement relèvent de la compétence exclusive de la Cour de justice de la République[2], aux termes de l'article 68-1 de la Constitution. Sont ici concernés, le Premier ministre, les ministres et les secrétaires d'État[3].

L'annonce de la suppression de cette juridiction d'exception dont le fonctionnement s'appuie sur des dispositions de la loi organique de 1993 ainsi que sur les textes actuels du code de procédure pénale et qui est fortement critiquée est récurrente. Cette perspective évoquée au titre d'une réforme constitutionnelle qui était prévue pour le début de l'année 2019[4], suggérée à l'occasion des poursuites diligentées au sujet de la gestion de la crise sanitaire liée à la Covid-19 ou du chef de prise illégale d'intérêts contre un garde des Sceaux, reprise dans les conclusions des États généraux de la justice, demeure à ce stade inaboutie.

A été évoqué en tout état de cause, le maintien d'un dispositif d'exception comprenant une chambre des requêtes destinée (actuelle commission des requêtes) à filtrer les plaintes et une compétence dévolue à la cour d'appel de Paris.

312.32 Actes commis en rapport direct avec la conduite des affaires de l'État relevant des attributions du membre du Gouvernement. La compétence de la Cour de justice de la République est limitée aux actes constituant des crimes ou des délits commis par des ministres dans l'exercice de leurs fonctions et qui ont un rapport direct avec la conduite des affaires de l'État, relevant de leurs attributions. Elle ne s'étend ni aux faits commis à l'occasion de l'exercice d'une activité ministérielle[5] ni aux comportements concernant la vie privée ou les mandats électifs locaux[6]. Les actes commis doivent avoir un rapport direct avec la conduite des affaires de l'État relevant des attributions du membre du Gouvernement concerné par les poursuites[7].

312.33 Audition comme témoin. Le Premier ministre et les autres membres du gouvernement ne peuvent comparaître comme témoins devant une juridiction qu'après autorisation du conseil des ministres, sur le rapport du garde des Sceaux, ministre de la Justice, selon l'article 652 du code de procédure pénale.

Cette autorisation est donnée par décret. Les dispositions de cet article ne s'appliquent pas aux membres du Gouvernement entendus comme témoin assisté[8].

SECTION 4
DIPLOMATE ÉTRANGER

312.41 Immunité des agents diplomatiques. L'immunité des agents diplomatiques est consacrée par la convention de Vienne du 18 avril 1961[9] au bénéfice des agents diplomatiques du personnel administratif et technique étranger des ambassades et de leur famille. La convention de Vienne du 24 avril 1963[10] consacre le même type d'immunité pour les membres des organisations internationales. Pour les fonctionnaires et employés consulaires, l'immunité ne joue que pour les actes accomplis dans l'exercice de leurs fonctions. L'immunité ne saurait bénéficier à une personne qui se prévaut de sa qualité de Français et ne figure pas sur la liste diplomatique du ministère des Affaires étrangères[11]. Les agents diplomatiques ayant la nationalité de l'État accréditaire ne bénéficient de l'immunité de juridiction et de l'inviolabilité que pour les actes

1. Crim. 10 mai 2012, n° 12-81.197, préc.
2. Cass., as. plén., 23 déc. 1999, n° 99-86.298, P n° 9 ; *D.* 2000. 26.
3. Crim. 12 juin 1987, n° 86-95.423, P n° 243 – Crim. 23 févr. 1988, n° 87-83.939, P n° 90.
4. À la date de parution de la présente édition aucune information précise n'est disponible sur la juridiction et la procédure appelées à succéder à la Cour de justice de la République, ni sur la date d'examen d'un projet de réforme constitutionnelle.
5. Crim. 6 févr. 1997, n° 96-80.615, P n° 48 ; *JCP* 1997. II. 22823, note M. Pralus ; *Dr. pénal* 1997, n°s 61, 63 et 70, note A. Maron ; *D.* 1997. 334, obs. J.-F. Renucci ; *D. affaires* 1997. 281 ; *D. affaires* 1997. 780, obs. H. Matsopoulou ; *Rev. Sociétés* 1997. 146, obs. B. Bouloc ; *Gaz. Pal.* 1997. 1. 229, note J.-P. Doucet ; *RSC* 1997. 667, obs. J.-P. Dintilhac – Crim. 16 févr. 2000, n° 99-86.307, P n° 72.
6. Crim. 26 juin 1995, n° 95-82.333, P n° 235 ; *D.* 1998. 177, chron. O. Beaud.
7. Crim. 26 juin 1995, n° 95-82.333, préc. – Crim. 16 févr. 2000, n° 99-86.307, P n° 72.
8. V. s^s^ n°s 223.46 s.
9. Décr. n° 71-288, 29 mars 1971 portant publication de la convention de Vienne sur les relations consulaires et du protocole de signature facultative concernant le règlement obligatoire des différends, ouverts à la signature à Vienne le 24 avril 1963, *JO* 18 avr., p. 3739.
10. Décr. n° 71-288, 29 mars 1971, préc.
11. Crim. 4 janv. 1990, n° 89-85.757, P n° 5.

officiels accomplis dans l'exercice de leurs fonctions[1].

312.42 Obligation de relever d'office l'immunité. L'immunité des agents diplomatiques doit être relevée d'office par les tribunaux[2]. Le chef de la mission diplomatique ou du poste consulaire peut toutefois y renoncer[3]. Le bénéficiaire de l'immunité reste soumis à la juridiction de l'État accréditant[4] [5].

312.43 Bénéfice rétroactif de l'immunité. De manière assez remarquable, l'immunité joue également pour les actes antérieurs à l'accréditation du diplomate[6].

312.44 Chef d'État étranger. S'agissant des chefs d'État étrangers en exercice, c'est la coutume internationale qui s'oppose à ce qu'ils puissent faire l'objet de poursuites[7]. La coutume internationale qui s'oppose à la poursuite des États devant les juridictions pénales d'un État étranger s'étend aux organes et entités qui constituent l'émanation de l'État ainsi qu'à leurs agents en raison d'actes qui relèvent de la souveraineté de l'État concerné[8].

Dans une procédure particulièrement complexe, il a été jugé toutefois que le demandeur au pourvoi, second vice-président d'une République, mis en examen des chefs de blanchiment, corruption, détournements de fonds publics, abus de biens sociaux et abus de confiance, ne saurait se faire un grief de ce que l'arrêt attaqué lui refuse le bénéfice de l'immunité de juridiction pénale dès lors qu'il résulte de l'arrêt attaqué et des pièces de la procédure que les faits, à les supposer établis, ont été commis, d'une part, alors qu'il n'exerçait pas les fonctions de chef d'État, de chef du gouvernement ou de ministre des Affaires étrangères, d'autre part, à des fins personnelles avant son entrée dans ses fonctions actuelles, pour partie en France, à une époque où il était ministre de l'Agriculture et des forêts[9].

Le droit d'accès à un tribunal, tel que garanti par l'article 6 de la Convention européenne des droits de l'Homme, n'est ainsi pas absolu et ne s'oppose pas à une limitation à ce droit, découlant de l'immunité des États étrangers et de leurs représentants, dès lors que cette limitation est consacrée par le droit international et ne va pas au-delà des règles généralement reconnues en matière d'immunité des États. L'octroi de l'immunité, conformément au droit international, ne constitue pas une restriction disproportionnée au droit d'un particulier d'avoir accès à un tribunal[10]. Cette décision a encore été confirmée par celle du 13 janvier 2021[11]portant sur des crimes commis sur la base américaine de Guantanamo.

Dans l'affaire dite des « biens mal acquis », la chambre criminelle a rappelé de manière détaillée, que le droit coutumier et la coutume internationale ont instauré la règle non écrite de l'immunité des chefs d'État, que le statut des « personnes occupant un rang élevé au sein de l'État » n'est pas légalement ou conventionnellement défini, et que seule la jurisprudence définit la norme juridique applicable à cette catégorie de personnes, la décision pertinente étant l'arrêt de la Cour internationale de justice du 14 février 2002 qui énonce au point 51 « qu'il est clairement établi en droit international que, de même que les agents diplomatiques et consulaires, certaines personnes occupant un rang élevé dans l'État, telles que le chef de l'État, le chef du gouvernement ou le ministre des affaires étrangères jouissent dans les autres États d'immunités de juridiction »[12]. Elle a encore relevé qu'il résulte de cette décision ainsi que de la jurisprudence de la Cour de cassation, un fait juridique constant selon lequel si l'immunité de juridiction peut être reconnue aux organes et entités qui constituent l'émanation de l'État concerné, elle ne peut être accordée pour l'avantage personnel de celui qui la revendique et/ou pour d'autres actes qui ne relèvent pas de la souveraineté de l'État concerné, qu'il est également établi que, formellement, hormis le chef de l'État, seuls les chef de gouvernement et ministre des affaires étrangères sont à ce jour expressément mentionnés par la CIJ comme pouvant bénéficier de cette immunité. En l'espèce, les fonctions exercées par le demandeur tant à l'époque de la commission des faits, en l'occurrence ministre de l'agriculture et des forêts, que depuis 2011, en l'espèce, second puis premier vice-président de la République en charge de la sécurité et de la défense, ne correspondaient pas

1. Crim. 8 avr. 2010, n° 09-88.675, P n° 63 ; *D.* 2010. 1081, obs. M. Léna ; *D.* 2010. 2732, obs. G. Roujou de Boubée, T. Garé, S. Mirabail – Crim. 8 avr. 2010, n° 09-85.520, P n° 62 ; *D.* 2010. Actu. 1081.
2. Crim. 26 févr. 1937, P n° 40.
3. Crim. 25 sept. 1919, P n° 218.
4. Crim. 19 févr. 1991, n° 90-87.308, P n° 86.
5. SUR l'audition en qualité de témoin, v. s[s] n° 223.46.
6. Civ. 1re, 22 avr. 1958, P I, n° 199.
7. Crim. 13 mars 2001, n° 00-87.215, P n° 64 ; *D.* 2001. 2631, obs. J.-F. Roulot ; *D.* 2001. 2355, obs. M.-H. Gozzi ; *RSC* 2003. 894, obs. M. Massé.
8. Crim. 19 janv. 2010, n° 09-84.818, P n° 9 ; *AJ pénal* 2010. 252 ; *RSC* 2010. 131, obs. Y. Mayaud.
9. Crim. 15 déc. 2015, n° 15-83.156, P n° 631 ; *D.* 2016. 13 ; *D.* 2016. 2424, obs. G. Roujou de Boubée, T. Garé, C. Ginestet, M.-H. Gozzi, L. Miniato et S. Mirabail ; *AJ pénal* 2016. 74, note L. Chercheneff et D. Ventura.
10. Crim. 2 sept. 2020, n° 18-84.682, P ; *D.* 2020. 1678 ; *JCP* 2020. 1074 ; *AJ pénal* 2020. 479, obs. K. Mariat, *Dr. pénal* 2020, comm. 200, A. Gogorza.
11. Crim. 13 janv. 2021, n° 20-80.511, P ; *D.* 2021. 81 ; *Procédures* 2021, comm. 74, A.-S. Chavent-Leclère ; *AJ pénal* 2021. 158, obs. crit. K. Mariat ; *Dr. pénal* 2021, comm. crit. 67, A. Gogorza.
12. Crim. 28 juill. 2021, n° 20-81.553, NP, *D.* 2021. 1476.

aux fonctions régaliennes de représentation internationale reconnues par la coutume internationale que sont celles de chef d'État, de chef du gouvernement ou de ministre des affaires étrangères. Enfin, dès lors que la Cour de cassation est en mesure de s'assurer que la plainte avec constitution de partie civile est claire et précise dans ses imputations des faits dénoncés à la seule personne visée, à savoir le chef de l'État, aucun acte d'information n'est nécessaire pour dire que le principe d'immunité pénale, reconnue par la coutume internationale au bénéfice des États et des chefs d'État en exercice, doit être retenu[1].

SECTION 5
PRÉSIDENT DE LA RÉPUBLIQUE

312.51 Responsabilité pénale du président de la République (Constitution, art. 68). L'article 68 de la Constitution dispose : « Le président de la République n'est responsable des actes accomplis dans l'exercice de ses fonctions qu'en cas de haute trahison. Il ne peut être mis en accusation que par les deux assemblées statuant par un vote identique au scrutin public et à la majorité absolue des membres les composant ; il est jugé par la Haute Cour de Justice. »

312.52 Responsabilité pénale du président de la République pendant la durée de ses fonctions : jurisprudence du Conseil constitutionnel. Le 22 janvier 1999, le Conseil constitutionnel a estimé que pendant la durée de ses fonctions, la responsabilité pénale du président de la République ne pouvait être mise en cause que devant la Haute Cour de justice selon les modalités fixées par l'article 68 de la Constitution[2].

312.53 Suspension de la mise en examen, citation ou renvoi devant une juridiction pénale de droit commun pendant la durée du mandat : jurisprudence judiciaire. Saisie d'éventuelles infractions commises par le chef de l'État hors l'exercice de ses fonctions, en l'occurrence avant le début de son mandat, l'assemblée plénière de la Cour de cassation a jugé que ces infractions relevaient de la compétence des juridictions de droit commun mais que, le président de la République étant élu directement par le peuple pour assurer, notamment, le fonctionnement régulier des pouvoirs publics ainsi que la continuité de l'État, il ne pouvait pas être mis en examen, cité ou renvoyé devant une juridiction pénale de droit commun pendant la durée de son mandat et que la prescription de l'action publique s'en trouvait suspendue pendant la même durée[3].

312.54 Non-extension de l'immunité pénale aux membres du cabinet du président de la République : jurisprudence judiciaire. La chambre de l'instruction de Paris avait cru pouvoir étendre l'immunité pénale du chef de l'État à son directeur de cabinet[4] en ayant recours à l'article 67, alinéa 2, de la Constitution aux termes duquel le président de la République « ne peut, durant son mandat et devant aucune juridiction ou autorité administrative française, être requis de témoigner non plus que faire l'objet d'une action, d'un acte d'information, d'instruction ou de poursuite »[5].

Mais la chambre criminelle a infirmé cette décision : aucune disposition constitutionnelle, légale ou conventionnelle ne prévoit l'immunité ou l'irresponsabilité pénale des membres du cabinet du président de la République[6].

SECTION 6
PARLEMENTAIRE

312.61 Poursuite des parlementaires. L'article 26, alinéa 2, de la Constitution dispose : « Aucun membre du Parlement ne peut faire l'objet, en matière criminelle ou correctionnelle, d'une arrestation ou de toute autre mesure privative ou restrictive de liberté qu'avec l'autorisation du Bureau de l'assemblée dont il fait partie. Cette autorisation n'est pas requise en cas de crime ou délit flagrant ou de condamnation définitive. La détention, les mesures privatives ou restrictives de liberté ou la poursuite d'un membre du Parlement sont suspendues pour la durée de la session si l'assemblée dont il fait partie le requiert »[7].

Sur l'incompétence des juges judiciaire et administratif pour connaître de la régularité de la mise en œuvre des règles afférentes au statut de parlementaire, en application du principe de la séparation des pouvoirs garantissant l'exercice de la souveraineté nationale par les membres du Parlement, on consul-

1. Crim. 2 sept. 2020, n° 18-84.682, P ; *D.* 2020. 1678 ; *JCP* 2020. 1074 ; *AJ pénal* 2020. 479, obs. K. Mariat.
2. Cons. const. 22 janv. 1999, n° 98-408 DC, l'autorisation de ratifier le traité portant statut de la Cour pénale internationale exige une révision de la Constitution, *Traité portant statut de la Cour pénale internationale*, non-conformité partielle, *JO* 24 janv., p. 1317.
3. Cass., ass. plén., 10 oct. 2001, n° 01-84.922, P n° 11.
4. Paris, 7 nov. 2011, RG n° 2011/02333 ; *D.* 2011. 2946, note Beaud.
5. SUR l'audition en qualité de témoin, v. s[s] n° 223.47.
6. Crim. 19 déc. 2012, n° 12-81.043, P n° 285 ; *D.* 2013. 551, note O. Décima et S. Detraz ; *D.* 2013. 2713, obs. G. Roujou de Boubée, T. Garé, M.-H. Gozzi, S. Mirabail et T. Potaszkin ; *JCP* 2013. 143.
7. Crim. 4 févr. 1997, n° 96-81.227, P n° 45.

tera utilement un arrêt rendu par la chambre criminelle en 2016[1].

312.62 Immunité des débats. Une immunité à raison des opinions ou votes émis par les parlementaires dans l'exercice de leur fonction est instituée par l'article 26, alinéa 1, de la Constitution.

Aucune action ne peut être exercée à l'encontre des discours tenus dans le sein de l'Assemblée nationale ou du Sénat, ainsi que des documents imprimés par ordre de ces assemblées ou en ce qui concerne les comptes rendus des séances publiques faits de bonne foi[2], aux termes de la loi du 29 juillet 1881[3].

312.63 Parlementaire européen. Les parlementaires européens bénéficient de dispositions similaires. Pour obtenir la mainlevée de leur immunité, le juge d'instruction doit adresser sa demande par l'intermédiaire du procureur général. Elle peut être suivie d'une demande par la commission compétente à l'autorité requérante de toutes informations et précisions qu'elle estime nécessaires, le parlementaire en cause pouvant en outre être entendu s'il le souhaite et présenter autant de documents et d'éléments d'appréciation qu'il juge pertinent[4].

SECTION 7
PERSONNES EN RELATIONS HABITUELLES AVEC LES MAGISTRATS ET LES FONCTIONNAIRES

312.71 Article 43 du code de procédure pénale. Sur décision du procureur général, le procureur de la République et le tribunal judiciaire le plus proche du ressort de la cour d'appel peuvent être désignés pour connaître, par dérogation aux dispositions des articles 42, 382 et 522, des faits mettant en cause, comme auteur ou comme victime, les personnes dépositaires de l'autorité publique ou chargées d'une mission de service public qui sont habituellement, de par leurs fonctions, en relation avec les magistrats ou fonctionnaires de la juridiction naturellement compétente[5].

Cette décision se trouve donc entre les mains du procureur général qui peut être saisi par le procureur de la République. Cette faculté a remplacé l'ancienne règle dite du « privilège de juridiction » selon laquelle une juridiction devait saisir la Cour de cassation dès lors qu'un magistrat de l'ordre judiciaire ou administratif, un élu, un membre du corps préfectoral ou un officier de police judiciaire était susceptible d'être inculpé d'un crime ou d'un délit, commis selon les cas hors ou à l'occasion de l'exercice de ses fonctions. Cette dernière règle avait été abrogée par la loi du 4 janvier 1993[6].

1. Crim. 15 mars 2016, n° 15-85.362, P n° 79 – AUSSI : Civ. 1re, 25 juin 1996, n° 94-17.411, P I, n° 272 – CE 4 juill. 2003, req. n° 254850, *Lebon* – CE 28 mars 2011, req. n° 347869.
2. Crim. 24 nov. 1960, P n° 551 – Crim. 16 déc. 1997, n° 96-82.509, P n° 428 ; *Rev. sociétés* 1998. 402, note B. Bouloc ; *RTD com.* 1998. 696, obs. B. Bouloc.
3. L. 29 juill. 1881, art. 41, al. 1 et 2.
4. Crim. 14 mai 2002, n° 02-80.721, P n° 111 ; *D.* 2014. 614 ; *D.* 2014. 1736, obs. J. Pradel ; *AJ pénal* 2014. 370, obs. S. Lavric.
5. C. pr. pén., art. 43, al. 2.
6. L. n° 93-2, 4 janv. 1993 portant réforme de la procédure pénale, *JO* 4 janv., p. 215.

CHAPITRE

313. Compétence territoriale

SECTION 0 ORIENTEUR

313.00 Sommaire du chapitre.

313.01 Principaux textes applicables.

TEXTES SOURCES

• C. pr. pén., art. 43, 52, 382, 662, 664, 665, 665-1, 667, 667-1, 675, 676, 677, 678, 689, 689-1, 689-11, 693, 698, 706-42, 706-107, 706-108

• Décr. n° 2014-1443, 3 déc. 2014

• C. pén., art. 113-1 à 113-8, 113-10, 113-13, 222-22, 227-3, 227-5, 227-6

• LPF, art. L. 231

• C. mon. fin., art. L. 163-2, L. 163-7

• C. envir., art. L. 218-56

TEXTES *IN EXTENSO*

• **C. pr. pén., art. 43**

* V. s^s n° 312.01.

• **C. pr. pén., art. 52** [mod. par L. n° 2016-731, 3 juin 2016]

Sont compétents le juge d'instruction du lieu de l'infraction, celui de la résidence de l'une des personnes soupçonnées d'avoir participé à l'infraction, celui du lieu d'arrestation d'une de ces personnes, même lorsque cette arrestation a été opérée pour une autre cause et celui du lieu de détention d'une de ces personnes, même lorsque cette détention est effectuée pour une autre cause. Pour les infractions mentionnées à l'article 113-2-1 du code pénal, est également compétent le juge d'instruction, selon le cas, du lieu de résidence ou du siège des personnes physiques ou morales mentionnées au même article 113-2-1.

• **C. pr. pén., art. 382** [mod. par Ord. n° 2019-964, 18 sept. 2019, art. 35]

Est compétent le tribunal correctionnel du lieu de l'infraction, celui de la résidence du prévenu ou celui du lieu d'arrestation ou de détention de ce dernier, même lorsque cette arrestation ou cette détention a été opérée ou est effectuée pour une autre cause.

Pour le jugement du délit d'abandon de famille prévu par l'article 227-3 du code pénal, est également compétent le tribunal du domicile ou de la résidence de la personne qui doit recevoir la pension, la contribution, les subsides ou l'une des autres prestations visées par cet article. Pour les infractions mentionnées à l'article 113-2-1 du code pénal, est également compétent le juge d'instruction, selon le cas, du lieu de résidence ou du siège des personnes physiques ou morales mentionnées au même article 113-2-1.

La compétence du tribunal correctionnel s'étend aux délits et contraventions qui forment avec l'infraction déférée au tribunal un ensemble indivisible ; elle peut aussi s'étendre aux délits et contraventions connexes, au sens de l'article 203.

Lorsque l'infraction a été commise au préjudice d'un magistrat exerçant ses fonctions au sein du tribunal judiciaire, un tribunal judiciaire dont le ressort est limitrophe est également compétent.

• **C. pén., art. 113-2-1** [créé par L. n° 2016-731, 3 juin 2016]

Tout crime ou tout délit réalisé au moyen d'un réseau de communication électronique, lorsqu'il est tenté ou commis au préjudice d'une personne physique résidant sur le territoire de la République ou d'une personne morale dont le siège se situe sur le territoire de la République, est réputé commis sur le territoire de la République.

• **C. pén., art. 113-8**

Dans les cas prévus aux articles 113-6 et 113-7, la poursuite des délits ne peut être exercée qu'à la requête du ministère public. Elle doit être précédée d'une plainte de la victime ou de ses ayants droit ou d'une dénonciation officielle par l'autorité du pays où le fait a été commis.

• **LPF, art. L. 231**

Sous réserve de l'application des articles 203 et 210 du code de procédure pénale relatifs à la connexité des infractions, les poursuites en vue de l'application des sanctions pénales prévues à l'article 1741 du code général des impôts en cas de fraude fiscale sont portées devant le tribunal correctionnel dans le ressort duquel l'un quelconque des impôts en cause aurait dû être établi ou acquitté.

Dans le cas où une personne a commis l'une des infractions prévues aux articles 1771 à 1778 du code général des impôts en matière d'impôts directs, les poursuites sont portées devant le tribunal correctionnel dans le ressort duquel l'infraction a été commise.

Lorsqu'une personne a commis l'infraction d'affirmation frauduleuse prévue à l'article 1837 du code général des impôts en matière de droits d'enregistrement et de taxe de publicité foncière, les poursuites sont portées devant le tribunal correctionnel du domicile du défunt si l'affirmation frauduleuse est contenue dans une déclaration de succession et, dans les autres cas, devant le tribunal correctionnel soit du domicile de l'auteur du délit soit du lieu où le délit a été commis.

• **C. mon. fin., art. L. 163-2**

Est puni d'un emprisonnement de cinq ans et d'une amende de 375 000 euros, le fait pour toute personne d'effectuer après l'émission d'un chèque, dans l'intention de porter atteinte aux droits d'autrui, le retrait de tout ou partie de la provision, par transfert, virement ou quelque moyen que ce soit, ou de faire dans les mêmes conditions défense au tiré de payer.

Est puni des mêmes peines le fait, pour toute personne, d'accepter de recevoir ou d'endosser en connaissance de cause un chèque émis dans les conditions définies à l'alinéa précédent.

Est puni des mêmes peines le fait, pour toute personne, d'émettre un ou plusieurs chèques au mépris de l'injonction qui lui a été adressée en application de l'article L. 131-73.

Est puni des mêmes peines le fait, pour un mandataire, d'émettre, en connaissance de cause, un ou plusieurs chèques dont l'émission était interdite à son mandant en application de l'article L. 131-73.

Pour la recherche, la poursuite, l'instruction et le jugement des infractions mentionnées aux alinéas précédents, le tribunal du lieu où le chèque est payable est compétent, sans préjudice de l'application des articles 43, 52 et 382 du code de procédure pénale.

• **C. mon. fin., art. L. 163-7**

Est puni d'un emprisonnement de cinq ans et d'une amende de 375 000 euros le fait, pour toute personne, d'émettre un ou plusieurs chèques en violation de l'interdiction prononcée en application de l'article L. 163-6.

Est puni des mêmes peines le fait, pour un mandataire, d'émettre, en connaissance de cause, un ou plusieurs chèques dont l'émission était interdite à son mandant en application de l'article L. 163-6.

Pour la recherche, la poursuite, l'instruction et le jugement des infractions mentionnées aux alinéas précédents, le tribunal du lieu où le chèque est payable est compétent, sans préjudice de l'application des articles 43, 52 et 382 du code de procédure pénale.

• **C. envir., art. L. 218-56** [mod. par Ord. n° 2019-964, 18 sept. 2019, art. 35]

I. – Les infractions aux dispositions de la présente section sont jugées soit par le tribunal compétent du lieu de l'infraction, soit par celui de la résidence de l'auteur de l'infraction.

II. – Sont en outre compétents :

1° S'il s'agit d'un navire, plate-forme ou autre ouvrage, soit le tribunal dans le ressort duquel il est immatriculé s'il est français, soit celui dans le ressort duquel il peut être trouvé s'il est étranger, ou s'il s'agit d'une plate-forme ou autre ouvrage non immatriculé ;

2° S'il s'agit d'un aéronef, le tribunal du lieu de l'atterrissage après le vol au cours duquel l'infraction a été commise.

III. – À défaut d'autre tribunal, le tribunal judiciaire de Paris est compétent.

313.02 Jurisprudence de référence.

> Seule la qualité de victime directe de nationalité française au moment de la commission d'une infraction commise à l'étranger attribue compétence aux lois et juridictions françaises sur le fondement des articles 113-7 du code pénal et 689 du code de procédure pénale. Une femme de nationalité française alléguant avoir subi des préjudices découlant du crime de torture dont son époux étranger a été victime à l'étranger n'est pas, au sens du premier texte, la victime directe de l'infraction

• **Crim. 8 nov. 2016,** n° 16-84.115, P

* V. s^s n° 313.42.

« Les dispositions de la convention européenne des droits de l'homme ne sauraient s'interpréter comme étant de nature à remettre en cause les règles relatives à la compétence internationale des lois et juridictions pénales françaises et que les préjudices allégués par Mme X..., qui découleraient des infractions commises à l'étranger à l'encontre de son époux de nationalité étrangère, ne sont pas susceptibles de lui conférer la qualité de victime au sens de l'article 113-7 du code pénal. »

> La condition de double incrimination, prévue à l'article 689-11 du code de procédure pénale, exigée pour la poursuite des crimes contre l'humanité et des crimes et délits de guerre, n'implique pas que la qualification pénale des faits soit identique dans les deux législations, mais requiert seulement qu'ils soient incriminés par l'une et l'autre. La condition d'incrimination par la loi étrangère peut être remplie au travers d'une infraction de droit commun constituant la base du crime poursuivi, tels le meurtre, le viol ou la torture. Une telle interprétation ne prive pas la condition de double incrimination de toute portée

• **Cass., ass. plén., 12 mai 2023,** n° 22-80.057, P

* V. s^s n° 313.35.

« 17. Le moyen pose la question de l'interprétation de la condition de double incrimination, énoncée à l'article 689-11 du code de procédure pénale.

18. Aux termes de ce texte, dans sa version issue de la loi n° 2010-930 du 9 août 2010, en vigueur du 11 août 2010 au 25 mars 2019, peut être poursuivie et jugée par les juridictions françaises toute personne qui réside habituellement sur le territoire de la République et qui s'est rendue coupable à l'étranger de l'un des crimes relevant de la compétence de la Cour pénale internationale en application de la convention portant statut de la Cour pénale internationale signée à Rome le 18 juillet 1998, si les faits sont punis par la législation

de l'État où ils ont été commis ou si cet État ou l'État dont elle a la nationalité est partie à la convention précitée.

19. Cet article exige que les faits poursuivis en France sous la qualification de crimes contre l'humanité ou de crimes et délits de guerre soient punis par la législation de l'État où ils ont été commis.

20. Or, ces infractions comportent un élément constitutif contextuel. Les crimes contre l'humanité, autres que le génocide, définis par les articles 212-1 à 212-3 du code pénal, sont nécessairement commis en exécution d'un plan concerté à l'encontre d'un groupe de population civile dans le cadre d'une attaque généralisée ou systématique. Les crimes et délits de guerre, définis aux articles 461-1 à 461-31 du même code, doivent avoir été commis lors d'un conflit armé et en relation avec ce conflit, en violation des lois et coutumes de la guerre ou des conventions internationales applicables aux conflits armés.

21. L'article 689-11, précité, peut, dès lors, recevoir deux interprétations différentes. 22. Selon la première interprétation, il faut considérer que l'existence d'un élément contextuel fait partie intégrante des faits poursuivis puisque, en l'absence de cet élément, ils ne peuvent être qualifiés de « crime contre l'humanité » ou de « crime et délit de guerre ». On en déduit que la législation qui ne tient pas compte de cet élément contextuel et se borne à réprimer des faits sous-jacents, pris individuellement, ne réprime pas les faits poursuivis considérés dans leur ensemble mais seulement une partie d'entre eux. Or c'est cet ensemble qui justifie la compétence extraterritoriale des juridictions françaises, laquelle n'existe pas pour les seuls faits sous-jacents. Aussi la condition de double incrimination n'est-elle remplie que si, dans l'État où les faits ont été commis, la législation prend en compte la circonstance qu'ils l'ont été en exécution d'un plan concerté ou lors d'un conflit armé et en relation avec ce conflit. Cette interprétation a été retenue par l'arrêt de la chambre criminelle frappé d'opposition.

23. La seconde interprétation se fonde sur le fait que l'article 689-11 du code de procédure pénale se borne à exiger que les faits soient punis dans l'État où ils ont été commis sans tenir compte de la qualification sous laquelle ils pourraient être poursuivis. On en déduit qu'il suffit que les faits sous-jacents soient punis par la législation de l'État où ils ont été commis.

24. Dès lors que le simple libellé du texte ne permet pas de lui donner un sens certain, il convient de rechercher l'intention du législateur. Celle-ci est déterminante s'agissant de la mise en œuvre de la compétence universelle des juridictions françaises, laquelle relève de la souveraineté de l'État en matière pénale.

25. Or, il résulte des débats parlementaires ayant précédé l'adoption de la loi du 9 août 2010, qui a créé l'article 689-11 du code de procédure pénale, que la condition de double incrimination, telle qu'énoncée dans ledit article, ne requiert pas une identité de qualification et d'incrimination.

26. Ainsi, le rapporteur de la commission des lois de l'Assemblée nationale indiquait, à ce propos, lors de la 1re séance du 13 juillet 2010 : « Cette condition n'est jamais que la traduction du principe de légalité des peines. Elle vise à conférer une légitimité juridique à l'intervention des juridictions françaises. Elle n'implique en revanche pas qu'il faille que les faits aient une incrimination identique dans les deux États. Les faits doivent effectivement être réprimés dans l'autre pays même s'ils sont qualifiés différemment ou si on leur applique des peines différentes. [...] Aucun pays au monde ne laisse le meurtre ou les faits de barbarie impunis dans sa législation pénale. On ne peut donc pas arguer qu'en maintenant la condition de double incrimination, on laisserait impunis les auteurs d'un génocide par exemple. »

27. Le secrétaire d'État auprès de la ministre de la justice et des libertés ajoutait : « Ce critère de la double incrimination [...] n'empêche pas de poursuivre des faits graves. D'ailleurs, contrairement à ce qui est expliqué dans l'exposé sommaire de ces amendements, il n'est imposé une identité ni des qualifications ni des peines encourues. Aucun fait grave, que ce soit un génocide, un assassinat, un viol, n'échappera à la compétence des juridictions françaises en raison de cette exigence de double incrimination. »

28. Dans le même sens, dans ses observations sur les recours dirigés contre la loi portant adaptation du droit pénal à l'institution de la Cour pénale internationale, présentées devant le Conseil constitutionnel, le Gouvernement affirmait : « [...] cette condition de double incrimination ne constituera jamais, en fait, un obstacle à la poursuite et au jugement des crimes les plus graves. Il n'est pas nécessaire en effet, pour l'application de l'article, que les dénominations des crimes soient identiques (notamment que le génocide soit, en tant que tel, incriminé) : il suffit que les faits soient pénalement sanctionnés ; or tous les États du monde incriminent l'assassinat et le meurtre. »

29. Par ailleurs, les termes de l'article 689-11 du code de procédure pénale sont identiques à ceux de l'article 696-3 du même code, qui, en matière d'extradition, requiert que le « fait » soit « puni par la loi française » d'une peine.

30. Or, en cette matière, la chambre criminelle a jugé qu'il appartient aux juridictions françaises de rechercher si les faits visés dans la demande d'extradition sont punis par la loi française d'une peine criminelle ou correctionnelle, indépendamment de la qualification donnée par l'État requérant (Crim. 21 mars 2017, n° 16-87.722, P, n° 75). La condition de double incrimination de faits qualifiés de crimes contre l'humanité par l'État étranger requérant peut être remplie dans la législation nationale au travers d'infractions de droit commun, en particulier le crime d'assassinat (Crim. 12 juill. 2016, n° 16-82.664), ou la séquestration arbitraire aggravée (Crim. 24 mai 2018, n° 17-86.340, P, n° 102).

31. Il n'apparaît pas justifié d'interpréter différemment les termes de l'article 689-11 du code de procédure pénale, relatif à un cas de compétence universelle, et ceux de l'article 696-3 du même code, relatif à l'extradition.

32. En effet, le mécanisme de la compétence universelle constitue une alternative au mécanisme de coopération pénale qu'est l'extradition et trouve à s'appliquer dans le cas où l'État étranger est défaillant dans son obligation de poursuivre les crimes internationaux.

33. Il y a donc lieu de retenir que la condition de double incrimination, exigée pour la poursuite des crimes contre l'humanité et des crimes et délits de guerre, n'implique pas que la qualification pénale des faits soit identique dans les

deux législations, mais requiert seulement qu'ils soient incriminés par l'une et l'autre.

34. La condition d'incrimination par la loi étrangère peut être remplie au travers d'une infraction de droit commun constituant la base du crime poursuivi, tels le meurtre, le viol ou la torture.

35. Une telle interprétation ne prive pas la condition de double incrimination de toute portée.

36. En effet, par exemple, s'agissant des crimes contre l'humanité, l'infraction prévue par l'article 212-1 du code pénal, consistant en la persécution de tout groupe ou de toute collectivité identifiable pour des motifs d'ordre politique, racial, national, ethnique, culturel, religieux ou sexiste ou en fonction d'autres critères universellement reconnus comme inadmissibles en droit international, ne trouve pas nécessairement d'équivalent dans certains droits étrangers.

37. De même, certains crimes et délits de guerre, tel le fait d'ordonner qu'il n'y ait pas de survivants ou d'en menacer l'adversaire, prévu par l'article 461-8 du même code, ne sont pas systématiquement incriminés, même en substance.

38. En l'espèce, pour écarter le moyen de nullité tiré de l'incompétence des juridictions françaises pour connaître des crimes contre l'humanité reprochés à M. [R] sur le fondement de l'article 689-11 du code de procédure pénale, l'arrêt attaqué, s'agissant de la condition de double incrimination, après avoir constaté que la Syrie n'est pas partie à la Convention portant statut de la Cour pénale internationale, énonce que la Constitution syrienne de 2012 interdit la torture et qu'en vertu de ce texte, toute violation de la liberté personnelle ou de la protection de la vie personnelle ou de tous autres droits ou libertés publiques garantis par la Constitution est considérée comme un crime qui est puni par la loi.

39. Les juges relèvent que, si les crimes contre l'humanité ne sont pas expressément visés comme tels dans le code pénal syrien, celui-ci incrimine le meurtre, les actes de barbarie, le viol, les violences et la torture.

40. La chambre de l'instruction en déduit que le droit syrien, même s'il n'incrimine pas, de manière autonome, les crimes contre l'humanité, réprime les faits à l'origine de la poursuite dans l'affaire dont elle est saisie.

41. En statuant ainsi, la chambre de l'instruction a fait l'exacte application des textes visés au moyen… »

44. « Selon l'article 689-11, second alinéa, du code de procédure pénale, dans sa version issue de la loi du 9 août 2010, en vigueur du 11 août 2010 au 25 mars 2019, la poursuite du crime de génocide, des autres crimes contre l'humanité et des crimes et délits de guerre ne peut être exercée qu'à la requête du ministère public si aucune juridiction internationale ou nationale ne demande la remise ou l'extradition de la personne. À cette fin, le ministère public s'assure auprès de la Cour pénale internationale qu'elle décline expressément sa compétence et vérifie qu'aucune autre juridiction internationale compétente pour juger la personne n'a demandé sa remise et qu'aucun autre État n'a demandé son extradition.

45. Pour écarter le moyen de nullité pris de l'incompétence des juridictions françaises pour connaître des crimes reprochés à M. [R] sur le fondement de l'article 689-11 précité, l'arrêt attaqué, s'agissant de la condition tenant à la déclinaison de sa compétence par la Cour pénale internationale, énonce que cette juridiction ne peut décliner une compétence qu'elle ne possède pas.

46. En se déterminant ainsi, la chambre de l'instruction a justifié sa décision.

47. En effet, il résulte de l'article 12 du Statut de Rome que la Cour pénale internationale peut exercer sa compétence si est partie audit Statut l'État sur le territoire duquel le comportement en cause a eu lieu, ou l'État dont la personne accusée du crime est un ressortissant.

48. La Syrie n'étant pas un État partie, il ne saurait être exigé que le ministère public s'assure auprès de la Cour pénale internationale qu'elle décline expressément une compétence dont elle est à l'évidence dépourvue.

49. Dès lors, le moyen n'est pas fondé ».

> La condition de résidence habituelle en France de la personne soupçonnée d'avoir commis à l'étranger l'une des infractions que mentionne l'article 689-11 du code de procédure pénale, ne se confond ni avec celle de résidence principale, ni avec celle de résidence permanente. Le texte exige davantage qu'un simple transit ou qu'un passage de quelques heures sur le territoire français mais la juridiction d'instruction apprécie souverainement la notion de résidence habituelle qui doit répondre à une idée de stabilité, sans qu'aucun critère de durée ne soit fixé

• **Cass., ass. plén., 12 mai 2023,** n° 22-82.468, P

* V. s[s] n° 313.35.

« 32. Selon l'article 689-11 du code de procédure pénale, modifié par la loi n° 2019-222 du 23 mars 2019, en vigueur à compter du 25 mars 2019, peut être poursuivie et jugée par les juridictions françaises, si elle réside habituellement sur le territoire de la République, toute personne soupçonnée d'avoir commis à l'étranger les crimes contre l'humanité, autres que le génocide, prévus par les articles 212-1 à 212-3 du code pénal, ainsi que les crimes et les délits de guerre définis aux articles 461-1 à 461-31 du même code, si les faits sont punis par la législation de l'État où ils ont été commis ou si cet État ou l'État dont la personne soupçonnée a la nationalité est partie à la Convention portant statut de la Cour pénale internationale.

33. La question posée par le moyen porte sur l'interprétation de la notion de résidence habituelle, question sur laquelle la chambre criminelle ne s'est jamais prononcée, alors même que la notion apparaît, sans être définie, dans divers textes du code pénal.

34. Lors des débats parlementaires, il a été fait référence, en l'absence de jurisprudence de la chambre criminelle, à celle de la première chambre civile de la Cour de cassation relative à la résidence habituelle, notion autonome du droit de l'Union européenne.

35. Il résulte de la jurisprudence de la Cour de justice de l'Union européenne que la résidence habituelle est une notion fonctionnelle et protéiforme, variant selon le contexte et l'objectif de la règle, et est appréciée par une analyse reposant sur un faisceau d'indices, soit les circonstances de fait propres à l'espèce (CJUE, 22 décembre 2010, aff. C-497/10, Barbara Mercredi c. Richard Chaffe, § 46 et 47).

36. Cette approche peut utilement inspirer l'appréciation de la notion de résidence habituelle en matière pénale.

37. La condition de l'article 689-11 du code de procédure pénale doit ainsi être interprétée au regard de l'objectif poursuivi par le législateur.

38. Les débats parlementaires révèlent que le législateur, d'une part, était soucieux d'empêcher que l'auteur de crimes contre l'humanité ou de crimes de guerre puisse trouver asile sur le territoire national, d'autre part, visait à garantir l'existence d'un lien de rattachement suffisant avec la France, de nature à légitimer les poursuites, et ce afin d'éviter toute instrumentalisation des juridictions françaises dans des conditions portant atteinte à la conduite des relations internationales.

39. Ainsi, le rapporteur de la commission des lois de l'Assemblée nationale indiquait-il : « [...] cette condition vise à garantir l'existence d'un véritable lien entre la France et la personne poursuivie. Un simple passage sur notre territoire, pendant quelques heures, ne saurait [...] constituer un lien suffisant, d'autant que la condition de résidence habituelle n'est pas aussi exigeante que celle de résidence permanente ou de résidence principale. »

40. Eu égard à ces éléments, la condition de résidence habituelle, au sens de l'article 689-11 du code de procédure pénale, qui suppose un lien de rattachement suffisant avec la France, doit être appréciée en prenant en compte un faisceau d'indices, tels que la durée, actuelle ou prévisible, les conditions et les raisons de la présence de l'intéressé sur le territoire français, la volonté manifestée par celui-ci de s'y installer ou de s'y maintenir, ou ses liens familiaux, sociaux, matériels ou professionnels.

41. En l'espèce, pour rejeter le moyen de nullité tiré de l'incompétence des juridictions françaises pour connaître des crimes de guerre reprochés à M. [W] sur le fondement de l'article 689-11 du code de procédure pénale, l'arrêt attaqué énonce, s'agissant de la condition de résidence habituelle, que la notion ne se confond ni avec celle de résidence principale, ni avec celle de résidence permanente, mais que ledit texte exige davantage qu'un simple transit ou qu'un passage de quelques heures sur le territoire français, la résidence habituelle devant répondre à une idée de stabilité, sans qu'aucun critère de durée ne soit fixé.

42. Les juges relèvent que le fait que M. [W] vive principalement en Turquie, à supposer cette information exacte puisqu'il s'agit en réalité du logement de ses parents, n'a pas pour conséquence automatique qu'aucune autre résidence ne serait pour lui habituelle.

43. Ils retiennent que M. [W] s'est installé à [Localité 5] le 7 novembre 2019 et que, lors de la perquisition à son domicile, il a été découvert une carte d'étudiant Erasmus à son nom pour étudier à l'Institut de recherches et d'études sur le monde arabe et musulman, section de [Localité 5], un ticket de métro [Localité 5], une carte de bibliothèque universitaire [Localité 5] à son nom, une carte téléphonique française ainsi qu'une carte pour les transports [Localité 5]. Ils ajoutent que, depuis qu'il vit en France, M. [W] s'est rendu à [Localité 7] et à [Localité 6] et qu'entre ces deux voyages, il est revenu à [Localité 5]. Lors des deux jours de surveillance effectués, les enquêteurs ont noté que l'intéressé restait le plus souvent dans son appartement, ne sortant que pour aller à la mosquée ou s'alimenter, se comportant ainsi comme un résident effectif et non comme un touriste. Ils retiennent encore que M. [W] a également téléphoné à de multiples reprises à des correspondants habitant dans la région.

44. Les juges en déduisent que ces différents éléments montrent une stabilité certaine de résidence durant une période de plus de trois mois et que le critère de résidence habituelle est ainsi rempli.

45. En l'état de ces énonciations, relevant de son pouvoir souverain d'appréciation, la chambre de l'instruction, qui a caractérisé la résidence habituelle de M. [W] sur le territoire français eu égard à sa durée, à la formation universitaire suivie ainsi qu'aux liens sociaux et matériels de l'intéressé, a justifié sa décision.

46. Ainsi, le moyen doit être écarté... ».

> Dès lors qu'une personne soupçonnée d'être l'auteur d'un délit a été interpellée et déférée devant le procureur de la République du lieu où elle a été trouvée, le tribunal correctionnel de son siège est compétent pour juger le prévenu même s'il n'a pas été placé en détention

• **Crim. 27 mai 1986,** n° 85-96.280, P n° 175

* V. s^{s} n° 313.16.

« Sur le moyen unique de cassation pris de la violation des articles 43 et 382 du code de procédure pénale ;

Vu lesdits articles ;

Attendu que d'après les articles 43 et 382 du code de procédure pénale la compétence du procureur de la République, ainsi que celle du Tribunal correctionnel, se détermine par le lieu de l'infraction, par celui de la résidence du prévenu ou par celui de son arrestation, même opérée pour une autre cause ;

Attendu qu'il appert de l'arrêt attaqué et des pièces de procédure que Le Claire Didier a été, le 24 janvier 1985, interpellé et placé en garde à vue par la police de Lorient dans le cadre d'une enquête de flagrant délit et trouvé en possession d'une somme d'argent qu'il aurait dérobée au cours de la nuit du 23 au 24 janvier 1985 à La Roche Bernard, dans le ressort du Tribunal de grande instance de Vannes ; que Le Claire a été déféré le 25 janvier 1985 devant le procureur de la République près le Tribunal de grande instance de Lorient qui, procédant dans les formes prévues par l'article 394 du code de procédure pénale, lui a notifié les faits retenus à son encontre, a reçu ses déclarations et lui a fait connaître qu'il devait comparaître, le 7 mars suivant, devant le Tribunal correctionnel en application de l'article 397 du même code, sous la prévention de vol avec effraction ;

Attendu que, pour confirmer le jugement d'incompétence *ratione loci* rendu à la date précitée par ce tribunal l'arrêt attaqué énonce que "si le prévenu a été interpellé et présenté au Parquet de Lorient le jour même 25 janvier 1985 il n'a pas été placé en détention, mais seulement convoqué par procès-verbal établi par un magistrat du parquet de Lorient à l'audience du 7 mars 1985 à laquelle il ne s'est d'ailleurs pas présenté" ; que les juges en déduisent "qu'il n'a donc pas été arrêté au sens des dispositions de l'article 382 dans le ressort du Tribunal correctionnel de Lorient" ;

Mais attendu que dès lors qu'une personne soupçonnée d'être l'auteur d'un délit a été interpellée et déférée devant le procureur de la République, qui a utilisé la procédure prévue par l'article 394 du code de procédure pénale, elle a été arrêtée au sens des articles 43 et 382 dudit code ; qu'aussi bien le procureur de la République que le Tribunal correctionnel du lieu de cette arrestation sont compétents ;

D'où il suit qu'en statuant comme elle l'a fait la cour d'appel a méconnu le sens et la portée des textes visés au moyen et que la cassation est encourue ;

Par ces motifs

CASSE ET ANNULE [...]. »

> La compétence territoriale du juge d'instruction s'apprécie au regard des faits dénoncés par la partie civile, non par la qualification provisoire donnée aux faits par le ministère public

• **Crim. 11 févr. 1992,** n° 91-86.066, P n° 63

* V. s^{s} n° 313.13.

« Attendu que, pour reconnaître la compétence territoriale du juge d'instruction, saisi de faits que la partie civile qualifiait à la fois d'abus de blanc-seing et de tentative d'escroquerie, la chambre d'accusation, après avoir observé que l'abus de blanc-seing aurait été commis hors du ressort de ce juge, retient que la tentative d'escroquerie se serait manifestée par des manœuvres frauduleuses dont les premières auraient consisté en des communications téléphoniques reçues par la partie civile à Kembs, dans le ressort du juge d'instruction de Mulhouse ;

Attendu qu'en l'état de ces seuls motifs, la chambre d'accusation a justifié sa décision sans encourir les griefs allégués ; qu'est compétent territorialement le juge d'instruction dans le ressort duquel a été accompli un acte caractérisant l'un des éléments des manœuvres frauduleuses qui auraient été perpétrées ; qu'il n'importe que le réquisitoire introductif n'ait visé que le délit d'abus de blanc-seing, dès lors que la plainte avec constitution de partie civile qui saisit le juge des faits dénoncés, les qualifie également de tentative d'escroquerie et que le juge d'instruction n'est pas lié par la qualification provisoire donnée aux faits par le procureur de la République ; qu'enfin la qualification définitive ne pouvant être donnée aux faits poursuivis qu'à la fin de l'information, il ne peut être reproché aux juges de ne pas avoir écarté d'ores et déjà l'une des deux qualifications précitées ;

D'où il suit que les moyens ne peuvent être admis ;

Et attendu que l'arrêt est régulier en la forme ;

REJETTE les pourvois. »

> Le délit de diffamation perpétré par la voie de la presse écrite est réputé commis partout où l'écrit a été publié

• **Crim. 3 févr. 2009,** n° 08-82.375, P n° 26

* V. s^{s} n° 313.21.

« Vu lesdits articles, ensemble l'article 23 de la loi du 29 juillet 1881 ;

Attendu que le délit de diffamation perpétré par la voie de la presse écrite est réputé commis partout où l'écrit a été publié ; que la publicité est réalisée par la diffusion d'un journal à ses abonnés, en quelque lieu qu'ils se trouvent ;

Attendu que, pour confirmer le jugement du tribunal correctionnel de Poitiers ayant fait droit à l'exception d'incompétence territoriale régulièrement soulevée par le prévenu, l'arrêt relève que si les pièces produites par la partie civile établissent l'existence de deux abonnés à *La Lettre de l'Expansion* dans le département de la Vienne pour la période au cours de laquelle a été diffusé le numéro litigieux, "rien ne permet d'affirmer que le numéro incriminé de ce journal a effectivement été distribué aux deux abonnés en question" et qu'en l'absence de preuve de cette distribution, le tribunal de Poitiers n'était pas compétent pour connaître de la poursuite ;

Mais attendu qu'en statuant ainsi, la cour d'appel, qui n'a pas tiré de ses constatations les conséquences légales, a méconnu les textes susvisés et le principe ci-dessus rappelé ;

D'où il suit que la cassation est encourue. »

> Le délit de diffamation n'est pas commis sur le territoire français du fait de l'unique circonstance que les propos diffamatoires, diffusés sur internet, sont accessibles depuis la France

• **Crim. 12 juill. 2016,** n° 15-86.645, P

* V. s^{s} n° 313.21.

« [...] en l'absence de tout critère rattachant au territoire de la République les propos incriminés, la circonstance que ceux-ci, du fait de leur diffusion sur le réseau internet, aient été accessibles depuis ledit territoire ne caractérisait pas, à elle seule, un acte de publication sur ce territoire rendant le juge français compétent pour en connaître. »

> Les poursuites pour fraude fiscale sont portées, sous réserve de la connexité des infractions, devant le tribunal correctionnel dans le ressort duquel l'un quelconque des impôts en cause aurait dû être établi ou acquitté

• **Crim. 11 janv. 2006,** n° 05-83.207, P n° 17

* V. s^{s} n° 313.25.

« Attendu que Marc D. a décliné la compétence du tribunal correctionnel de Paris en soutenant que la TVA à laquelle pouvait être assujettie la société devait être établie et acquittée à Nice, lieu de son principal établissement ;

Attendu que, pour écarter cette exception, l'arrêt retient, notamment, que les déclarations mensuelles de chiffre d'affaires devaient être déposées à la recette des impôts du lieu du nouveau siège social à Paris, dès la date du transfert de celui-ci, et que le gérant de la société avait omis, après cette date, de modifier les indications pré-imprimées, relatives à la situation de l'entreprise, sur le formulaire des déclarations ; que les juges relèvent que le prévenu ne justifiait pas de l'existence de plusieurs établissements et ajoutent que les omissions déclaratives et les dissimulations constituent des faits de même nature, successivement commis au lieu de chacun des sièges sociaux, et qu'ils sont connexes ;

Attendu qu'en l'état de ces énonciations, procédant de son pouvoir souverain d'appréciation, et dès lors que l'Administration des impôts peut se prévaloir des modifications statutaires publiées au registre du commerce et des sociétés, la cour d'appel a fait l'exacte application de l'article L. 231 du livre des procédures fiscales ;

D'où il suit que le moyen ne peut être accueilli. »

> Le délit de non-représentation d'enfant est commis au lieu où doit être accomplie la remise du mineur, conformément aux dispositions de la décision de justice dont l'exé-

cution doit être assurée. Il ne s'agit pas forcément du domicile de la personne ayant le droit de réclamer l'enfant

• **Crim. 4 janv. 1990,** n° 88-81.529, P n° 8

* V. s[s] n° 313.14.

« Attendu qu'en confirmant l'ordonnance du juge d'instruction de Versailles qui s'était déclaré incompétent pour connaître de la plainte avec constitution de partie civile déposée par V... pour non-représentation d'enfant, aux motifs que le plaignant n'avait pu exercer son droit de visite le 17 octobre 1986 dans deux établissements scolaires de Montpellier où ses filles étaient pensionnaires, et qu'il résultait d'une décision de la juridiction civile en date du 28 novembre 1985 que le lieu de la remise des mineures avait été fixé dans cette même ville, la chambre d'accusation n'a fait que la stricte application des textes visés au moyen ;

Qu'en effet, le délit prévu par l'article 357 du code pénal est commis au lieu où doit être accomplie la remise du mineur, conformément aux dispositions de la décision de justice dont l'exécution doit être assurée ; qu'il s'agit, dans les hypothèses où cette décision l'exige, du lieu spécifique désigné expressément par la juridiction civile, et non du domicile des personnes ayant le droit de réclamer l'enfant ;

Qu'il s'ensuit que le moyen ne saurait être accueilli ;

Et attendu que l'arrêt est régulier en la forme ;

REJETTE le pourvoi. »

> Les faits commis sur un territoire étranger sont de la compétence des juridictions françaises dès lors qu'ils sont indivisibles des délits dont elles sont régulièrement saisies

• **Crim. 15 mars 2006,** n° 05-83.556, P n° 78

* V. s[s] n° 313.43.

« Attendu qu'il n'importe que l'arrêt confirmatif attaqué fonde la compétence des lois et juridictions françaises sur des considérations partiellement erronées dès lors qu'il résulte de l'ordonnance du magistrat instructeur, renvoyant D. devant le tribunal correctionnel de Strasbourg du chef de fourniture frauduleuse habituelle de visas autorisant l'entrée et le séjour d'étrangers en France, que ces faits, commis sur le territoire bulgare, sont indivisibles de ceux de recel de visa indûment obtenu et usage dudit visa qui auraient été commis à Strasbourg par Y..., entre les mois de janvier et de mars 2000, et pour lesquels celle-ci se trouve également renvoyée devant le tribunal correctionnel de cette ville ;

D'où il suit que les moyens doivent être écartés ; Et attendu que l'arrêt est régulier en forme. »

313.03 Bibliographie indicative.

Articles. J. Alix, « Fallait-il étendre la compétence des juridictions pénales en matière terroriste ? (à propos de l'article 2 de la loi n° 2012-1432 du 21 décembre 2012 relative à la sécurité et à la lutte contre le terrorisme) », *AJ pénal* 2013. 518 – D. Brach-Thiel, « La victime d'une infraction extraterritoriale », *RSC* 2010. 819 ; « Le nouvel article 113-13 du code pénal : contexte et analyse », *AJ pénal* 2013. 90 – A. Cassese et M. Delmas-Marty [dir.], *Juridictions nationales et crimes internationaux et Crimes internationaux et juridictions internationales, PUF,* 2002 – M.-H. Gozzi, « Sécurité et lutte contre le terrorisme : l'arsenal juridique encore renforcé », *D.* 2013. 194.

SECTION 1

INFRACTIONS COMMISES SUR LE TERRITOIRE NATIONAL

313.11 Principe de territorialité. Les juridictions françaises sont compétentes pour connaître de toutes les infractions commises sur le territoire de la République et y sont réputées commises les infractions dont l'un des éléments constitutifs a été commis en France[1]. Pour la matière délictuelle, est compétent le tribunal correctionnel du lieu de l'infraction, celui de la résidence du prévenu ou celui du lieu d'arrestation ou de détention de ce dernier, même lorsque cette arrestation ou cette détention a été opérée ou est effectuée pour autre cause[2]. Il existe des critères particuliers pour les navires et aéronefs[3].

À retenir que par un arrêt, rendu en matière d'injure, la chambre criminelle a jugé que la circonstance que, du fait de leur diffusion sur le réseau internet, les propos aient été accessibles depuis le territoire français ne caractérise pas, à elle seule, un acte de publication sur ledit territoire, rendant le juge français compétent, en l'absence de tout critère rattachant les propos incriminés au territoire de la République[4].

313.12 Compétence du tribunal correctionnel. Le ressort territorial du tribunal correctionnel correspond au département où à une partie du département (sous réserve de la mise en œuvre des dispositions évoquées *supra*, v. s[s] n° 311.71). De nombreux départements comptent en effet plusieurs tribunaux judiciaires, encore que la dernière réforme de la carte judiciaire intervenue en 2011, en ait diminué le nombre. Le ressort territorial du tribunal correctionnel est fixé par décret en Conseil d'État. De nouveaux projets ont été envisagés en vue d'une « adaptation du réseau des juridictions » dans le cadre des chantiers de la Justice ouverts par la ministre de la Justice depuis fin 2017, sans qu'à la date de parution de cette édition des précisions complémentaires aient été apportées.

313.13 Critères de compétence de droit commun. Les articles 43 et 52 du code de procédure pénale fixent les règles de poursuites desquelles il ressort que le tribunal compétent est soit celui dans le ressort duquel l'infraction a été commise, soit celui dans le ressort duquel réside la personne poursuivie ou l'une d'elles si elles sont plusieurs, soit celui dans le ressort duquel la personne a été arrêtée. La compétence territoriale du juge d'instruc-

1. C. pén., art. 113-2.
2. C. pr. pén., art. 382, al. 1.
3. V. s[s] n° 313.22.
4. Crim. 6 mars 2018, n° 16-87.533, NP.

tion s'apprécie au regard des faits dénoncés par la partie civile. Peu importe que le procureur de la République ait repris dans ses réquisitions une qualification ne permettant pas de retenir la compétence de la juridiction[1].

313.14 **Lieu de commission des faits.** C'est le critère de base et celui qui sert habituellement à déterminer le tribunal qui sera saisi lorsque plusieurs possibilités sont ouvertes aux différents ministères publics compétents. Il est fréquent en effet que le lieu des faits soit différent de celui du domicile de la personne poursuivie ou des personnes poursuivies et encore du ou des lieux de leur arrestation. Le lieu de commission des faits sert le plus souvent de *critère principal de compétence*. Il reste parfois à préciser où les faits ont été commis lorsque cet élément peut faire débat. C'est ainsi que lorsque l'infraction est complexe, c'est-à-dire qu'elle est constituée par plusieurs éléments constitutifs distincts, la juridiction est compétente dès lors que l'un des éléments constitutifs a été commis sur le ressort du tribunal saisi[2].

En matière d'escroquerie les poursuites peuvent être exercées tant dans le ressort du tribunal des manœuvres frauduleuses que dans celui de la remise de la chose lorsqu'ils diffèrent[3]. Justifient même la compétence d'une juridiction correctionnelle les actes préparatoires à une escroquerie effectués dans le ressort de celle-ci, ces actes entrant dans les faits constitutifs de l'infraction[4]. Comme c'est souvent le cas, les infractions par omission méritent des précisions le plus souvent apportées par la Cour de cassation. Le délit de défaut de notification de domicile, prévu par l'article 227-6 du code pénal, est commis au lieu du domicile de la personne qui peut exercer un droit de visite ou d'hébergement à l'égard de l'enfant[5]. En matière de non-représentation d'enfant, le délit est consommé au lieu où doit être effectuée la remise du mineur[6]. En l'absence de désignation expresse du lieu spécifique où doit être accomplie la remise du mineur, par la décision de justice accordant le droit de visite ou d'hébergement, le délit prévu par l'article 227-5 du code pénal est commis au lieu du domicile de la personne ayant le droit de réclamer l'enfant. Il s'ensuit que le tribunal dudit domicile est compétent[7]. Plusieurs tribunaux peuvent être compétents territorialement si les faits se sont reproduits en divers endroits. Lorsqu'une infraction est commise sur internet la compétence territoriale de la loi pénale française ne peut être retenue que si cette infraction est réalisée via un site qui s'adresse effectivement au public français[8].

Il importe dans tous les cas et spécifiquement en cas d'infraction complexe ou commise en bande organisée que la juridiction détaille en quoi l'infraction ou l'un au moins de ses faits constitutifs est commis sur le territoire de la République[9].

313.15 **Lieu de résidence de l'une des personnes soupçonnées d'avoir participé à l'infraction.** Plus il y a de personnes impliquées, et plus il y a de possibilité d'une multiplicité de tribunaux potentiellement compétents. D'autant que la résidence est une notion plus large que celle de domicile[10] ce qui a pour conséquence que la poursuite est possible devant le tribunal de l'une quelconque des résidences du prévenu[11]. C'est d'ailleurs l'une des raisons qui fait que c'est le critère de lieu de commission des faits qui est le plus habituellement retenu. C'est le lieu de résidence au moment de la plainte ou de la poursuite qui doit être pris en considération et non la résidence de la personne au moment de la commission des faits[12]. Mais si ce critère, comme celui du lieu d'arrestation, est rarement retenu par les parquets, il constitue un critère à part entière et peut par exemple justifier une plainte avec constitution de partie civile. Le lieu de domicile de la victime n'étant pas un titre de compétence, il est parfois plus intéressant pour elle de choisir la juridiction de résidence de l'une des personnes soupçonnées ou du lieu d'arrestation de l'une de ces personnes plutôt que le lieu de commission de l'infraction. En pratique, il arrive que le lieu de résidence d'une des personnes soupçonnées soit retenu par le parquet lorsque le lieu de commission de l'infraction n'est pas connu.

1. Crim. 11 févr. 1992, nº 91-86.066, P nº 63 (v. s[s] nº 313.02).
2. Crim. 9 mai 1914, *D.* 1919. 1. 82 – Crim. 30 sept. 1998, nº 98-81.951, P nº 243.
3. Crim. 11 févr. 1992, nº 91-86.066, P nº 63.
4. Crim. 11 janv. 2012, nº 10-88.815, NP, *Dr. pénal* 2012, nº 64, note A. Maron et M. Haas.
5. Crim. 21 janv. 2004, nº 03-80.828, P nº 17.
6. Crim. 4 janv. 1990, nº 88-81.529, P nº 8 (v. s[s] nº 313.02) – Crim. 14 avr. 1999, nº 98-82.853, P nº 85 ; *D.* 2000. Somm. 37, obs. Y. Mayaud ; *Dr. pénal* 1999, nº 111, note M. Véron.
7. Crim. 14 avr. 1999, nº 98-82.853, P nº 85.
8. Crim. 14 déc. 2010, nº 10-80.088, NP, *D.* 2011. 1055, obs. E. Dreyer ; *RSC* 2011. 651, obs. J. Francillon.
9. Crim. 12 avr. 2022, nº 22-80.632, P ; *AJ pénal* 2022. 377, obs. D. Brach-Thiel ; *RSC* 2022. 603, obs. CRIT. E. Dreyer. Sur la critique des notions de connexité et d'indivisibilité : H. Christodoulou, « Analyse critique des notions de connexité et d'indivisibilité en procédure pénale », *Dr. pénal* 2022, étude 24. L'autrice estime que face à la notion européenne d'infractions « indissociablement liées », les notions françaises de connexité et d'indivisibilité ne devraient plus être ainsi distinguées.
10. Crim. 14 avr. 1870, *S.* 1871. 1. 263 ; *D.* 1872. 1. 204 – Crim. 16 juin 1893, *D.* 1894. 1. 548 – Crim. 19 avr. 1958, *RSC* 1959. 690, obs. J.-H. Robert.
11. Crim. 4 août 1984, nº 84-92.765, P nº 266.
12. Crim. 21 sept. 1911, P nº 444 ; *DP* 1912. 1. 363 – Crim. 14 déc. 1940, *DH* 1940. 53.

313.16 **Lieu d'arrestation.** C'est un critère exceptionnel. Lui sont toujours préférés ceux du lieu de commission des faits ou de résidence. Lorsque l'auteur présumé est sans domicile fixe, ce critère peut être retenu dans des cas rares. Peu importe que la personne ait été arrêtée pour une raison différente de celle qui fonde la poursuite[1].

313.17 **Lieu de détention.** Ce critère a été ajouté[2] à la liste des critères traditionnels par la loi du 9 mars 2004[3]. C'est un critère d'un maniement délicat puisque les juridictions sur lesquelles se trouve situé un établissement pénitentiaire risqueraient rapidement d'être engorgées en cas d'utilisation sans nuance. Par ailleurs, le lieu de détention est susceptible de changer. En pratique, ce critère est très peu utilisé.

313.18 **Extension de compétence – Indivisibilité, connexité.** Le tribunal correctionnel peut également être compétent pour juger les délits et contraventions qui forment avec l'infraction déférée au tribunal un ensemble indivisible ; elle peut aussi s'étendre aux délits et contraventions connexes, au sens de l'article 203 du code de procédure pénale[4].

En vertu l'article 203 précité, les infractions sont connexes, soit lorsqu'elles ont été commises en même temps par plusieurs personnes réunies, soit lorsqu'elles ont été commises par différentes personnes, même en différents temps et en divers lieux, mais par suite d'un concert formé à l'avance entre elles, soit lorsque les coupables ont commis les unes pour se procurer les moyens de commettre les autres, pour en faciliter, pour en consommer l'exécution ou pour en assurer l'impunité, soit lorsque des choses enlevées, détournées ou obtenues à l'aide d'un crime ou d'un délit ont été, en tout ou partie, recelées. Ces dispositions ne sont pas limitatives et s'étendent aux cas dans lesquels les juges estiment qu'il existe, entre les faits, des rapports étroits analogues à ceux que la loi a spécialement prévus[5].

313.19 **Personne morale.** L'article 706-42 du code de procédure pénale dispose que : « Sans préjudice des règles de compétence applicables lorsqu'une personne physique est également soupçonnée ou poursuivie, sont compétents :

1° Le procureur de la République et les juridictions du lieu de l'infraction ;

2° Le procureur de la République et les juridictions du lieu où la personne morale a son siège.

Ces dispositions ne sont pas exclusives de l'application éventuelle des règles particulières de compétence prévues par les articles 705 et 706-17 relatifs aux infractions économiques et financières et aux actes de terrorisme ».

Il en résulte qu'outre les critères de compétence mentionnés à l'article 706-42, les critères mentionnés ci-dessus pour les personnes physiques peuvent être également retenus dès lors que l'une d'entre elles est poursuivie. Cela peut éviter dans certains cas résiduels de faire comparaître une personne physique devant une juridiction et la personne morale, parfois représentée d'ailleurs par la même personne physique, devant une autre.

SECTION 2
RÈGLES PARTICULIÈRES

313.21 **Infractions de presse.** Les articles 113-2 du code pénal relatif à la territorialité de la loi pénale française et 382 du code de procédure pénale relatif à la compétence territoriale du tribunal correctionnel, sont applicables aux infractions prévues et réprimées par la loi du 29 juillet 1881[6] sur la liberté de la presse. La diffusion des journaux « papier » et le développement d'internet ont cependant amené la chambre criminelle à préciser ce qu'il convenait d'entendre par « lieu de l'infraction ».

Très tôt elle a jugé qu'en matière de presse, c'est la publication de l'écrit coupable qui constitue le délit et que la poursuite peut donc être portée devant tout tribunal dans le ressort duquel l'écrit a été publié[7]. La chambre criminelle énonce ainsi que le délit de diffamation perpétré par la voie de la presse écrite est réputé commis partout où l'écrit a été publié[8]. En conséquence, tous les tribunaux français sont susceptibles d'être saisis dans le cas de diffusion d'un ouvrage ou d'un journal sur tout le territoire. Peu importe qu'il n'y ait que deux abonnés dans un département et que rien ne permette d'affirmer que le numéro du journal incriminé ait été effectivement diffusé à ces abonnés[9]. Il importe également peu, pour l'application de la règle, que le choix de la juridiction saisie par la partie poursuivante soit artificiel, arbitraire et même de nature à nuire aux

1. Crim. 27 mai 1986, nº 85-96.280, P nº 175 (v. s^s nº 313.02).
2. Il existait déjà dans l'ancien article 663 du code de procédure pénale une possibilité de ce type mais enfermée dans un cadre plus restreint puisque le détenu devait être emprisonné au siège de la juridiction l'ayant condamné à une peine d'emprisonnement.
3. L. nº 2004-204, 9 mars 2004 portant adaptation de la justice aux évolutions de la criminalité, *JO* 10 mars, p. 4567.
4. C. pr. pén., art. 382, al. 3.
5. Crim. 19 sept. 2006, nº 05-83.536, *AJ pénal* 2006. 407, obs. P. R.
6. L. 29 juill. 1881 sur la liberté de la presse, *JO* 30 juill., p. 4201.
7. Crim. 5 janv. 1894, P nº 5.
8. Crim. 28 juin 1994, nºs 94-81.435, 94-81.435, P nº 257 – Crim. 3 févr. 2009, nº 08-82.375, P nº 26.
9. Crim. 3 févr. 2009, nº 08-82.375, préc.

intérêts de la défense[1]. Cette règle a été appliquée en matière de diffusion télévisuelle, la diffamation réalisée par la voie de la télévision étant accomplie en tous lieux où les émissions télévisées ont pu être reçues[2].

À l'inverse, il a été jugé qu'en l'absence de tout critère rattachant au territoire de la République les propos incriminés et qualifiés de diffamatoires, la circonstance que ceux-ci, du fait de leur diffusion sur le réseau internet, aient été accessibles depuis ledit territoire ne caractérisait pas, à elle seule, un acte de publication sur ce territoire rendant le juge français compétent pour en connaître[3], ce qui semble appeler de la part des juridictions du fond une meilleure motivation des critères de rattachement au territoire national.

En outre, saisie par la chambre des Lords britannique, la Cour de justice des Communautés européennes a jugé : « que l'expression "lieu où le fait dommageable s'est produit", utilisée à l'article 5, point 3, de la convention doit, en cas de diffamation au moyen d'un article de presse diffusé dans plusieurs États contractants, être interprétée en ce sens que la victime peut intenter contre l'éditeur une action en réparation soit devant les juridictions de l'État contractant du lieu d'établissement de l'éditeur de la publication diffamatoire, compétentes pour réparer l'intégralité des dommages résultant de la diffamation, soit devant les juridictions de chaque État contractant dans lequel la publication a été diffusée et où la victime prétend avoir subi une atteinte à sa réputation, compétentes pour connaître des seuls dommages causés dans l'État de la juridiction saisie »[4]. La Cour de justice de l'Union a, par suite, dit pour droit que : « Ainsi, la prétendue victime d'une atteinte aux droits de la personnalité commise au moyen d'un contenu mis en ligne, protégés dans tous les États membres, peut, au titre de la matérialisation du dommage, introduire une action en responsabilité devant les juridictions de chaque État membre sur le territoire duquel ledit contenu est accessible ou l'a été. Celles-ci sont compétentes pour connaître du seul dommage causé sur le territoire de l'État membre de la juridiction saisie. En outre, étant donné que l'impact d'une atteinte commise au moyen d'un contenu mis en ligne sur les droits de la personnalité d'une personne peut être le mieux apprécié par la juridiction du lieu où cette personne a le centre de ses intérêts, la prétendue victime peut choisir de saisir, pour l'intégralité du dommage causé, la seule juridiction de ce lieu »[5].

Enfin, la loi du 3 juin 2016[6] est venue créer un article 133-2-1 du code pénal qui dispose que : « Tout crime ou tout délit réalisé au moyen d'un réseau de communication électronique, lorsqu'il est tenté ou commis au préjudice d'une personne physique résidant sur le territoire de la République ou d'une personne morale dont le siège se situe sur le territoire de la République, est réputé commis sur le territoire de la République ».

313.22 Aéronef, navire. Lorsqu'un délit a été commis à bord d'un aéronef ou que les victimes de l'infraction ont été les personnes se trouvant à bord d'un aéronef, la compétence est celle du lieu de décollage, de destination ou d'atterrissage de celui-ci. Ces dispositions ne sont pas exclusives de l'application éventuelle des règles particulières de compétence prévues par les articles 628-1, 697-3, 704-1, 705, 706-17, 706-75, 706-107, 706-108 et 706-176[7].

Lorsqu'un délit a été commis à bord d'un navire de commerce français, la juridiction compétente pour connaître de l'action publique ou de l'action civile est celle : soit de la résidence du prévenu, soit du port où il a été débarqué, soit du lieu où il a été appréhendé, soit du port d'immatriculation du navire, soit du port où le navire a été conduit, ou, s'il n'a pas été conduit au port, celle de la résidence administrative de l'agent qui a constaté l'infraction. Le lieu de l'accident n'est pas, en la matière, un critère de compétence[8].

313.23 Abandon de famille. L'article 382 du code procédure pénale prend le soin de préciser qu'en matière d'abandon de famille, délit prévu par l'article 227-3 du code pénal, est également compétent le tribunal du domicile ou de la résidence de la personne qui doit recevoir la pension, la contribution, les subsides ou l'une des autres prestations visées par cet article. Ce principe s'analyse comme une disposition destinée à faciliter l'action de la victime mais n'exclut pas l'application éventuelle des règles normales de compétence prévues par l'article 382[9]. Lorsqu'un prévenu a déjà été condamné pour abandon de famille à une peine

1. Crim. 28 nov. 2006, n°s 05-85.085, 01-87.169, P n° 298.
2. Crim. 5 déc. 2000, n° 99-85.361, NP.
3. Crim. 12 juill. 2016, n° 15-86.645, P ; *D.* 2016. 1848, note E. Dreyer ; *D.* 2016. 2424, obs. G. Roujou de Boubée, T. Garé, C. Ginestet, M.-H. Gozzi, L. Miniato et S. Mirabail ; *AJ pénal* 2016. 533, obs. D. Brach-Thiel ; *D. IP/IT* 2016. 618, obs. B. Auroy ; *RSC* 2016. 535, obs. J. Francillon.
4. CJCE 7 mars 1995, *Shevill*, aff. C-68/93.
5. CJUE 25 oct. 2011, *eDate Advertising GmbH et O. et R. Martinez*, aff. C-509/09, C-161/10.
6. L. n° 2016-731, 3 juin 2016 renforçant la lutte contre le crime organisé, le terrorisme et leur financement, et améliorant l'efficacité et les garanties de la procédure pénale, *JO* 4 juin, n° 1.
7. C. pr. pén., art. 693.
8. Crim. 10 mars 1966, n° 65-91.781, P n° 93.
9. Crim. 29 mars 1962, P n° 153 – Crim. 3 mars 1977, n° 74-92.884, P n° 86 ; *JCP* 1978. II. 18790, rapp. Guerder.

d'emprisonnement avec mise à l'épreuve, le tribunal compétent, en cas de nouvelles poursuites des mêmes chefs, est conformément aux dispositions de l'article 357-2 *in fine* (devenu 227-3) du code pénal celui du domicile ou de la résidence de la personne qui doit recevoir la pension ou bénéficier des subsides, et non pas celui du juge de l'application des peines sous le contrôle duquel il se trouvait placé[1].

313.24 **Chèques.** Le tribunal du lieu où le chèque est payable est compétent en ce qui concerne les délits prévus par les articles L. 163-2 et L. 163-7 du code monétaire et financier (délits de retrait de provision après émission d'un chèque, de réception ou d'endossement de ce chèque, d'émission de chèque malgré injonction de ne pas le faire ou interdiction). Il s'agit d'une compétence concurrente à celle relevant de l'application naturelle des articles 43, 52 et 382 du code de procédure pénale.

313.25 **Fraude fiscale.** En cas de fraude fiscale, les poursuites en vue de l'application des sanctions pénales prévues à l'article 1741 du code général des impôts sont portées devant le tribunal correctionnel, dans le ressort duquel l'un quelconque des impôts en cause aurait dû être établi ou acquitté[2], aux termes de l'article L. 231 du livre des procédures fiscales, sous réserve de l'application des articles 203 et 210 du code de procédure pénale relatifs à la connexité des infractions.

Dans le cas où une personne a commis l'une des infractions prévues aux articles 1771 à 1778 du code général des impôts en matière d'impôts directs, les poursuites sont portées devant le tribunal correctionnel dans le ressort duquel l'infraction a été commise.

Lorsqu'une personne a commis l'infraction d'affirmation frauduleuse prévue à l'article 1837 du code général des impôts en matière de droits d'enregistrement et de taxe de publicité foncière, les poursuites sont portées devant le tribunal correctionnel du domicile du défunt si l'affirmation frauduleuse est contenue dans une déclaration de succession et, dans les autres cas, devant le tribunal correctionnel soit du domicile de l'auteur du délit soit du lieu où le délit a été commis.

313.26 **Militaires.** La compétence territoriale des juridictions spécialisées en matière militaire, dont le ressort est celui de la cour d'appel, est déterminée conformément aux articles 43, 52, 382, 663 et 697-3 du code de procédure pénale (v. s[s] n°s 312.21 s.).

Toutefois, le procureur de la République compétent en application de l'article 43 du code de procédure pénale a qualité pour accomplir ou faire accomplir les actes nécessités par l'urgence et requérir à cet effet le juge d'instruction de son siège[3].

TABLEAU 313.26-1. JURIDICTIONS APPELÉES À CONNAÎTRE DES INFRACTIONS MILITAIRES (DEPUIS LE 1[ER] JANVIER 2015[4])

Tribunaux judiciaires compétents	Cours d'assises compétentes	Compétence territoriale S'étendant au ressort des cours d'appel ou du tribunal supérieur d'appel de :
Bordeaux	Gironde	Bordeaux, Limoges, Pau
Lille	Nord	Amiens, Douai, Reims, Rouen
Lyon	Rhône	Chambéry, Grenoble, Lyon, Riom
Marseille	Bouches-du-Rhône	Aix-en-Provence, Bastia, Nîmes
Metz	Moselle	Besançon, Colmar, Dijon, Metz, Nancy
Paris	Paris	Bourges, Paris, Orléans, Versailles, Nouméa, Papeete, Saint-Denis, Saint-Pierre
Rennes	Ille-et-Vilaine	Angers, Caen, Poitiers, Rennes
Cayenne	Guyane	Basse-Terre, Cayenne, Fort-de-France
Toulouse	Haute-Garonne	Toulouse, Montpellier, Agen

313.27 **Pollution par immersion.** Les infractions relatives aux opérations de pollution par immersion sont jugées soit par le tribunal compétent du lieu de l'infraction, soit par celui de la résidence de l'auteur de l'infraction, aux termes de l'article L. 218-56 du code de l'environnement. Sont en outre compétents :

1° S'il s'agit d'un navire, plate-forme ou autre ouvrage, soit le tribunal dans le ressort duquel il est immatriculé s'il est français, soit celui dans le ressort duquel il peut être trouvé s'il est étranger, ou s'il s'agit d'une plate-forme ou autre ouvrage non immatriculé ;

2° S'il s'agit d'un aéronef, le tribunal du lieu de l'atterrissage après le vol au cours duquel l'infraction a été commise. À défaut d'autre tribunal, le tribunal judiciaire de Paris est compétent.

1. Crim. 25 janv. 1982, n° 80-91.157, P n° 26.
2. Crim. 11 janv. 2006, n° 05-83.207, P n° 17 ; *AJ pénal* 2006. 124.
3. C. pr. pén., art. 698, al. 2.
4. Décr. n° 2014-1443, 3 déc. 2014 modifiant le décret n° 82-1120 du 23 décembre 1982 fixant la liste et le ressort des juridictions compétentes pour connaître des infractions en matière militaire et de sûreté de l'État, *JO* 5 déc., p. 20293.

SECTION 3
INFRACTION RÉPUTÉE COMMISE EN FRANCE

313.31 Principe de territorialité. Extension. La loi pénale française est applicable aux infractions commises sur le territoire de la République aux termes de l'article 113-2 du code pénal.

Mais le second alinéa dispose également que « l'infraction est réputée commise sur le territoire de la République dès lors qu'un de ses faits constitutifs a eu lieu sur ce territoire ». Ces dispositions ont été complétées par la loi du 3 juin 2016 [1] venue créer un article 113-2-1 aux termes duquel : « Tout crime ou tout délit réalisé au moyen d'un réseau de communication électronique, lorsqu'il est tenté ou commis au préjudice d'une personne physique résidant sur le territoire de la République ou d'une personne morale dont le siège se situe sur le territoire de la République, est réputé commis sur le territoire de la République » Les infractions sont alors jugées selon les dispositions des articles 706-72 et suivants du code de procédure pénale créés par la même loi.

Le fait constitutif doit être distingué de l'élément constitutif de l'infraction. Les allégations mensongères entrant dans les manœuvres frauduleuses d'une escroquerie justifient, par exemple, de la compétence de la loi française [2].

Il en est également ainsi des effets de l'infraction comme l'atteinte portée aux droits d'auteur français [3]. Est réputée commise en France une association de malfaiteurs formée en vue de la préparation de crimes contre les personnes ou les biens tant en France qu'à l'étranger [4].

313.32 Espaces maritimes et aériens. La loi pénale française est seule applicable aux infractions commises à bord des navires battant un pavillon français, ou à l'encontre de tels navires ou des personnes se trouvant à bord, en quelque lieu qu'ils se trouvent [5]. La même règle est énoncée pour les infractions commises à bord des aéronefs immatriculés en France, ou à l'encontre de tels aéronefs ou des personnes se trouvant à bord, en quelque lieu qu'ils se trouvent [6].

Les dispositions de l'article 113-3 du code pénal, aux termes desquelles la loi française est applicable aux infractions commises à l'encontre des navires battant pavillon français en quelque lieu qu'ils se trouvent, s'étendent aux infractions, telles que les destructions, dégradations et détériorations, commises à l'encontre des filets de pêche amarrés à ces navires [7].

De telles infractions sont donc commises ou réputées commises sur le territoire de la République.

Mais le code pénal va plus loin s'agissant d'infractions commises hors du territoire national, en prévoyant notamment que sous réserve des dispositions de l'article 113-9, la loi pénale française est applicable aux crimes et délits commis à bord ou à l'encontre des aéronefs non immatriculés en France ou des personnes se trouvant à bord :

1° Lorsque l'auteur ou la victime est de nationalité française ;

2° Lorsque l'appareil atterrit en France après le crime ou le délit ;

3° Lorsque l'aéronef a été donné en location sans équipage à une personne qui a le siège principal de son exploitation ou, à défaut, sa résidence permanente sur le territoire de la République.

Dans le cas prévu au 1°, la nationalité de l'auteur ou de la victime de l'infraction est appréciée conformément aux articles 113-6, dernier alinéa, et 113-7 du code pénal [8].

313.33 Complicité. La loi pénale française est également applicable à quiconque s'est rendu coupable sur le territoire de la République, comme complice, d'un crime ou d'un délit commis à l'étranger si le crime ou le délit est puni à la fois par la loi française et par la loi étrangère et s'il a été constaté par une décision définitive de la juridiction étrangère [9].

313.34 Terrorisme (L. 21 déc. 2012). Depuis la loi du 21 décembre 2012 [10], l'article 113-3 du code pénal dispose que : « La loi pénale française s'applique aux crimes et délits qualifiés d'actes de terrorisme et réprimés par le titre II du livre IV commis à l'étranger par un Français ou par une personne résidant habituellement sur le territoire français ».

Directement en relation avec l'affaire *Merah*, ce texte étend la compétence de la loi pénale française pour la poursuite de certains actes susceptibles d'être qualifiés de terroristes commis à l'étranger. Il vise à réprimer les auteurs de ces infractions commises à l'étranger, lorsqu'aucun acte répréhensible n'aura été commis en France. Il s'agit d'une nouvelle exception aux règles d'application de la loi pénale dans l'espace en matière d'actes de terrorisme, permettant de passer outre aux dispositions

1. L. n° 2016-731, 3 juin 2016, préc.
2. Crim. 19 avr. 1983, n° 82-90.345, P n° 108.
3. Crim. 29 janv. 2002, n° 01-83.122, P n° 13 ; *D.* 2002. 1352.
4. Crim. 20 févr. 1990, n°s 89-86.610, 89-86.611, P n° 84.
5. C. pén., art. 113-3.
6. C. pén., art. 113-4.
7. Crim. 16 nov. 2016, n° 14-86.980, P ; *D.* 2016. 2401 ; *AJ pénal* 2017. 87, obs. D. Aubert.
8. C. pén., art. 113-11.
9. C. pén., art. 113-5.
10. L. n° 2012-1432, 21 déc. 2012 relative à la sécurité et à la lutte contre le terrorisme, *JO* 22 déc., p. 20281.

des articles 113-6 et 113-8 du code pénal (réciprocité d'incrimination en France et dans l'État où elle a été commise, et plainte de la victime ou dénonciation officielle de l'État).

313.35 Compétence universelle. Hors les cas prévus au sous-titre Ier du titre Ier du livre IV pour l'application de la convention portant statut de la Cour pénale internationale, ouverte à la signature à Rome le 18 juillet 1998, peut être poursuivie et jugée par les juridictions françaises, si elle réside habituellement sur le territoire de la République, toute personne soupçonnée d'avoir commis à l'étranger l'une des infractions suivantes :

1° Le crime de génocide défini au chapitre Ier du sous-titre Ier du titre Ier du livre II du code pénal ;

2° Les autres crimes contre l'humanité définis au chapitre II du même sous-titre Ier, si les faits sont punis par la législation de l'État où ils ont été commis ou si cet État ou l'État dont la personne soupçonnée a la nationalité est partie à la convention précitée ;

3° Les crimes et les délits de guerre définis aux articles 461-1 à 461-31 du même code, si les faits sont punis par la législation de l'État où ils ont été commis ou si cet État ou l'État dont la personne soupçonnée a la nationalité est partie à la convention précitée.

Ces dispositions précisent les rôles respectifs du procureur de la République antiterroriste et de la Cour pénale internationale[1].

Nous n'examinerons pas ce dispositif compte tenu de la nature des infractions concernées[2], sauf à préciser, que la jurisprudence fortement critiquée de la chambre criminelle du 24 novembre 2021[3] a fait l'objet d'un revirement spectaculaire suivant deux arrêts de 2023[4].

SECTION 4
INFRACTION COMMISE À L'ÉTRANGER

313.41 Délit commis par un Français hors du territoire de la République. Si la loi pénale française est applicable à tout crime commis par un Français hors du territoire de la République, il n'en est pas tout à fait de même en ce qui concerne les délits : elle est applicable uniquement si les faits sont punis par la législation du pays où ils ont été commis[5]. L'article 113-6 du code pénal est applicable même lorsque le prévenu a acquis la nationalité française postérieurement au fait qui lui est imputé[6].

Par ailleurs, la poursuite des délits ne peut être exercée qu'à la requête du ministère public. Elle doit être précédée d'une plainte de la victime ou de ses ayants droit ou d'une dénonciation officielle par l'autorité du pays où le fait a été commis[7].

Les dispositions de l'article 113-8 du code pénal, qui réservent au procureur de la République l'initiative des poursuites lorsqu'un délit a été commis à l'étranger contre un ressortissant français, sont conformes à la Constitution[8].

313.42 Victime de nationalité française. La loi pénale française est applicable à tout crime, ainsi qu'à tout délit puni d'emprisonnement, commis par un Français ou par un étranger hors du territoire de la République lorsque la victime est de nationalité française au moment de l'infraction[9].

Mais cette règle est interprétée strictement et la chambre criminelle a pu ainsi juger que seule la qualité de victime directe de nationalité française au moment de la commission d'une infraction commise à l'étranger attribue la compétence aux lois et juridictions françaises sur le fondement des articles 113-7 du code pénal et 689 du code de procédure pénale. Une femme de nationalité française alléguant avoir subi des préjudices découlant du crime de torture dont son époux étranger a été victime à l'étranger n'est pas, au sens du premier texte, la victime directe de l'infraction[10].

La chambre criminelle a encore sur ce sujet refusé de renvoyer une question prioritaire de constitutionnalité, aux motifs que les règles de compétence extra-territoriale de la loi pénale française permettant aux victimes directes, de nationalité française, d'obtenir en France la poursuite des auteurs d'une infraction commise à l'étranger et l'indemnisation du préjudice résultant éventuellement de ladite infraction, s'expliquent par le principe selon lequel l'État français est tenu d'assurer la protection de ses ressortissants et n'imposent pas que cette protection soit étendue aux victimes par ricochet, de sorte qu'il n'est pas porté atteinte aux principes constitution-

1. C. pr. pén., art. 689-11.
2. Pour une illustration récente : N. Coutrot-Cieslinski et A. Riché, « Compétence universelle : première condamnation en France d'un ancien chef rebelle libérien », *D. actu.* 18 nov. 2022.
3. Crim. 24 nov. 2021, n° 21-81.344, P. K. Mariat, « La compétence universelle peut attendre », *AJ pénal* 2022. 80.
4. Cass., ass. plén., 12 mai 2023, n°s 22-80.057 et 22-82.468, P, V. s^s^ n° 313.02, N. Coutrot-Cieslinski et F. Candar, « Compétence universelle : la fin du désamour français ? », *D. actu.* 26 mai 2023 – V. aussi s^s^ n° 315.131.
5. C. pén., art. 113-6.
6. C. pén., art. 113-6 *in fine.*
7. C. pén., art. 113-8.
8. Cons. const. 18 nov. 2022, n° 2022-1023 QPC, T. Besse, « Conformité à la Constitution de l'article 113-8 du code pénal », *D. actu.* 1er déc. 2022.
9. C. pén., art. 113-7.
10. Crim. 8 nov. 2016, n° 16-84.115, P ; *D.* 2016. 2339 ; *AJ pénal* 2017. 88, obs. D. Brach-Thiel.

nels invoqués (droit au recours juridictionnel effectif, principe d'égalité) [1].

313.43 Indivisibilité avec une infraction commise en France. Bien que des faits délictueux aient été commis à l'étranger sans que l'auteur ou la victime ne soit de nationalité française, au sens défini ci-dessus, il est possible que ces infractions soient attraites devant une juridiction française. Les juridictions pénales françaises considèrent en effet qu'elles sont compétentes pour juger des infractions commises à l'étranger, dès lors que celles-ci entretiennent un lien d'indivisibilité avec les infractions qui leur sont naturellement soumises [2], même si elles ont été commises par des personnes différentes [3].

La loi pénale française est applicable à une infraction commise par une personne de nationalité étrangère à l'encontre d'une victime de nationalité étrangère lorsque cette infraction ou l'un de ses faits constitutifs est commis sur le territoire de la République. Il en est de même lorsque l'infraction est commise à l'étranger, dans le seul cas où il existe un lien d'indivisibilité entre cette infraction et une autre commise sur le territoire de la République, les faits étant indivisibles lorsqu'ils sont rattachés entre eux par un lien tel que l'existence des uns ne se comprendrait pas sans l'existence des autres. Si plusieurs infractions sont simplement connexes, les juridictions françaises ne sont pas compétentes pour connaître de celles commises à l'étranger par une personne de nationalité étrangère sur une victime étrangère [4].

En application de l'article 113-2 du code pénal, les juridictions françaises sont territorialement compétentes à la condition qu'un des faits constitutifs de l'infraction poursuivie ait eu lieu sur le territoire de la République. Doit être approuvée la cour d'appel qui retient sa compétence pour connaître d'un délit de détournement d'un bien immobilier confisqué, situé et détourné à l'étranger, après avoir relevé que la confiscation a été prononcée par une juridiction pénale française, cette décision étant un fait constitutif de l'infraction définie par l'article 434-41 du code pénal [5].

313.44 Autres cas de compétence de la loi française. La loi pénale française est applicable aux délits punis d'au moins cinq ans d'emprisonnement commis hors du territoire de la République par un étranger dont l'extradition a été refusée à l'État requérant par les autorités françaises aux motifs, soit que le fait à raison duquel l'extradition avait été demandée est puni d'une peine ou d'une mesure de sûreté contraire à l'ordre public français, soit que la personne réclamée aurait été jugée dans ledit État par un tribunal n'assurant pas les garanties fondamentales de procédure et de protection des droits de la défense, soit que le fait considéré revêt le caractère d'infraction politique [6].

Une décision de juridiction étrangère, se bornant à déclarer irrecevable en la forme un recours contre le classement administratif d'une plainte, ne saurait constituer un jugement définitif intervenu à la suite de l'exercice de l'action publique et faisant obstacle à la poursuite des mêmes faits en France [7].

Le cas où « l'extradition ou la remise serait susceptible d'avoir, pour la personne réclamée, des conséquences d'une gravité exceptionnelle en raison, notamment, de son âge ou de son état de santé » a été ajouté par la loi du 5 août 2013 [8] à l'article 113-8-1 du code pénal. Elle a supprimé la condition de plainte préalable de la personne ou de dénonciation de l'État, dans le cadre de cet article. La loi pénale française est donc également applicable à tout crime ou à tout délit puni d'au moins cinq ans d'emprisonnement commis hors du territoire de la République par un étranger dont l'extradition ou la remise a été refusée à l'État requérant par les autorités françaises aux motifs, soit que le fait à raison duquel l'extradition avait été demandée est puni d'une peine ou d'une mesure de sûreté contraire à l'ordre public français, soit que la personne réclamée aurait été jugée dans ledit État par un tribunal n'assurant pas les garanties fondamentales de procédure et de protection des droits de la défense, soit que le fait considéré revêt le caractère d'infraction politique, soit que l'extradition ou la remise serait susceptible d'avoir, pour la personne réclamée, des conséquences d'une gravité exception-

1. Crim. 12 juin 2018, n° 17-86.640, P ; *D. actu.* 9 juill. 2018, obs. M. Recotillet.
2. Crim. 23 avr. 1981, n°s 79-90.346, 81-90.489, P n° 116 – Crim. 20 févr. 1990, n°s 89-86.610, 89-86.611, P n° 84 – Crim. 3 mai 1995, n° 95-80.725, P n° 161 ; *RSC* 1995. 836, obs. J.-P. Dintilhac ; R. Koering-Joulin, « L'affaire du MC Ruby et la compétence internationale des juridictions répressives françaises », *in Mél. D. Poncet*, Georg éd., Chêne-Bourg, 1997, p. 143.
3. Crim. 15 mars 2006, n° 05-83.556, P n° 78 ; *AJ pénal* 2006. 269, obs. M.-E. Charbonnier ; *RSC* 2006. 634, obs. A. Giudicelli.
4. Crim. 31 mai 2016, n° 15-85.920, P n° 165 ; *D.* 2016. 1989, note D. Rebut ; *D.* 2016. 1597, chron. B. Laurent, L. Ascensi, E. Pichon et G. Guého ; *D.* 2016. 2424, obs. G. Roujou de Boubée, T. Garé, C. Ginestet, M.-H. Gozzi, L. Miniato et S. Mirabail ; *AJ pénal* 2016. 487, obs. D. Brach-Thiel.
5. Crim. 15 sept. 2021, n° 20-85.840, P – ÉGAL^T^ : Crim. 14 mars 2018, n° 16-82.117, P n° 45.
6. C. pén., art. 113-8-1 ; issu de L. n° 2004-204, 9 mars 2004, art. 19.
7. Crim. 20 juin 2012, n° 12-81.729, P n° 156 ; *D.* 2012. 2500, note D. Brach-Thiel.
8. L. n° 2013-711, 5 août 2013 portant diverses dispositions d'adaptation dans le domaine de la justice en application du droit de l'Union européenne et des engagements internationaux de la France, *JO* 6 août, p. 13338.

nelle en raison, notamment, de son âge ou de son état de santé. La poursuite des infractions mentionnées au premier alinéa ne peut être exercée qu'à la requête du ministère public.

Elle s'applique aussi aux crimes et délits qualifiés d'atteintes aux intérêts fondamentaux de la nation et réprimés par le titre Ier du livre IV, à la falsification et à la contrefaçon du sceau de l'État, de pièces de monnaie, de billets de banque ou d'effets publics réprimées par les articles 442-1, 442-2, 442-5, 442-15, 443-1 et 444-1 du code pénal et à tout crime ou délit contre les agents ou les locaux diplomatiques ou consulaires français, commis hors du territoire de la République[1].

Il en est encore ainsi en vertu d'un article qui ne figure que dans le code pénal : lorsque les agressions sexuelles sont commises à l'étranger contre un mineur par un Français ou par une personne résidant habituellement sur le territoire français, la loi française est applicable par dérogation au deuxième alinéa de l'article 113-6 et les dispositions de la seconde phrase de l'article 113-8 ne sont pas applicables[2].

313.45 Compétence des juridictions françaises en vertu d'une convention internationale ou d'un acte pris en application du traité instituant les Communautés européennes. L'article 689 du code de procédure pénale dispose, d'une façon générale, que les auteurs ou complices d'infractions commises hors du territoire de la République peuvent être poursuivis et jugés par les juridictions françaises soit lorsque, conformément aux dispositions du livre Ier du code pénal ou d'un autre texte législatif, la loi française est applicable, soit lorsqu'une convention internationale ou un acte pris en application du traité instituant les Communautés européennes donne compétence aux juridictions françaises pour connaître de l'infraction. Ces dispositions sont applicables à la tentative de ces infractions, chaque fois que celle-ci est punissable[3].

Plusieurs conventions internationales sont ici concernées, qui s'inscrivent dans ce qu'on appelle la compétence universelle : convention contre la torture ou les traitements cruels, inhumains ou dégradants[4], relatives à la lutte contre le terrorisme[5] sur la protection physique des matières nucléaires[6] ; en matière de sécurité maritime et aérienne[7] ; en matière de lutte contre la corruption dans les organisations européennes[8], pour la mise en œuvre des résolutions de l'ONU tendant à la création des tribunaux internationaux pour l'ex-Yougoslavie et le Rwanda[9].

N'importe quelle personne peut être poursuivie sur la base des textes précités sous réserve qu'elle se trouve en France[10]. L'exercice par une juridiction française de la compétence universelle emporte la compétence de la loi française même en présence d'une loi étrangère portant amnistie[11].

En mars 2014, la cour d'assises de Paris a condamné Pascal Simbikangwa, accusé de porter une importante responsabilité dans le génocide des Tutsis du Rwanda, à 25 ans de réclusion criminelle. Comme l'écrit Élise Le Gall « La preuve est faite que la compétence universelle peut fonctionner : il a été possible de juger en France des faits commis à l'étranger, par un étranger, sur des étrangers »[12].

Les juridictions françaises peuvent connaître d'une infraction commise à l'étranger par un étranger lorsqu'une convention internationale (en l'espèce la Convention de Vienne du 19 décembre 1988 contre le trafic illicite de stupéfiants et de substances psychotropes et la Convention de Montego Bay du 10 décembre 1982 sur le droit de la mer) leur en donne compétence. Le juge français est alors autorisé à contrôler la bonne application de ladite convention[13].

1. C. pén., art. 113-10.
2. C. pén., art. 222-22, al. 2.
3. C. pr. pén., art. 689-1.
4. C. pr. pén., art. 689-2.
5. C. pr. pén., art. 689-3, 689-9 et 689-10.
6. C. pr. pén., art. 689-4.
7. C. pr. pén., art. 689-5, 689-6 et 689-7.
8. C. pr. pén., art. 689-8.
9. L. n° 95-1, 2 janv. 1995 portants adaptation de la législation française aux dispositions de la résolution 827 du Conseil de sécurité des Nations unies instituant un tribunal international en vue de juger les personnes présumées responsables de violations graves du droit international humanitaire commises sur le territoire de l'ex-Yougoslavie depuis 1991, *JO* 3 janv., p. 71 – Et, L. n° 96-432, 22 mai 1996 portant adaptation de la législation française aux dispositions de la résolution 955 du Conseil de sécurité des Nations unies instituant un tribunal international en vue de juger les personnes présumées responsables d'actes de génocide ou d'autres violations graves du droit international humanitaire commis en 1994 sur le territoire du Rwanda et, s'agissant des citoyens rwandais, sur le territoire d'États voisins, *JO* 23 mai, p. 7695.
10. C. pr. pén., art. 689-1.
11. Crim. 23 oct. 2002, n° 02-85.379, P n° 195 ; *D.* 2004. 309, obs. M.-H. Gozzi ; *RSC* 2003. 425, obs. M. Massé ; *JCP* 2003. II. 10078, note Roulot – SUR LA COMPÉTENCE UNIVERSELLE : A. Giudicelli, « Compétence universelle : caractère suffisant de la présence en France de l'une des personnes soupçonnées d'avoir commis les faits », *RSC* 2007. 566.
12. E. Le Gall, « De la Cour d'assises de Paris à l'Assemblée nationale : retour sur la compétence universelle comme instrument de répression des crimes internationaux », *AJ pénal* 2014. 148.
13. Crim. 8 août 2007, n° 07-83.689, P n° 190, retenant notamment que « les juges constatent qu'en application de l'article 17 de la Convention de Vienne du 19 décembre 1988, les autorités britanniques ont donné aux autorités françaises l'autorisation de procéder au contrôle du voilier, immatriculé à Gibraltar, territoire dépendant du Royaume-Uni, et battant pavillon britannique, et ont abandonné auxdites autorités françaises leur compétence sur ce navire ». A. Darsonville, *D. actu.* 19 sept. 2007.

313.46 **Convention des Nations unies sur le droit de la mer.** Les dispositions pertinentes de la convention des Nations unies sur le droit de la mer du 10 décembre 1982 portant sur la protection et la préservation du milieu marin[1], dite de Montego Bay, et de la convention internationale de 1973[2] pour la prévention de la pollution par les navires, dite convention Marpol, justifient l'exercice par la France de sa compétence normative et exécutive, y compris juridictionnelle, pour sanctionner un rejet involontaire d'hydrocarbures par un navire dans sa zone économique exclusive entraînant un dommage grave dans sa mer territoriale et sur son littoral, en permettant de sanctionner toutes les personnes à l'origine d'une telle pollution. Ces dispositions sont par suite parfaitement compatibles avec l'article 8 de la loi du 5 juillet 1983[3] qui réprimait de tels agissements en droit interne français à la date des faits visés par les poursuites[4].

L'action en défense de l'intérêt collectif environnemental peut, selon les textes internes en vigueur, être notamment exercée par les différentes personnes morales de droit public, par les associations agréées de protection de l'environnement et par les collectivités territoriales ou leur groupement ou peut être le fait de syndicats professionnels dont la profession subit un préjudice collectif à la suite d'un dommage environnemental, toutes ces personnes s'apparentant à des gardiens de l'environnement. Les textes internationaux qui, sous certaines conditions, ne s'opposent pas à la réparation du préjudice résultant de l'atteinte à l'environnement en la limitant à la baisse des bénéfices due à son altération et au coût des mesures de remise en état raisonnables effectivement prises ou qui doivent être prises, ne sont pas incompatibles avec la mise en œuvre d'une telle action donnant lieu à des réparations dont le montant est souverainement évalué par le juge du fond (même arrêt).

À retenir toutefois que selon l'article 228 de la Convention des Nations unies sur le droit de la mer, lorsque des poursuites ont été engagées par un État en vue de réprimer une infraction de pollution commise au-delà de sa mer territoriale, dans sa zone économique exclusive, par un navire étranger, ces poursuites sont suspendues dès lors que l'État du pavillon a lui-même engagé des poursuites du chef de la même infraction dans les 6 mois suivant l'introduction de la première action. L'État côtier peut s'opposer à cette suspension lorsque les poursuites qu'il a engagées portent sur un cas de dommage grave causé à lui-même ou lorsque l'État du pavillon a, à plusieurs reprises, manqué à son obligation d'assurer l'application effective des règles et normes internationales en vigueur à la suite d'infractions commises par ses navires. La décision par laquelle l'État côtier s'oppose à la suspension des poursuites n'étant pas détachable de la conduite de ses relations avec l'État du pavillon, il n'appartient pas au juge répressif français d'en apprécier la validité[5].

313.47 **Procédure.** La juridiction compétente est celle du lieu où réside le prévenu, celle de sa dernière résidence connue, celle du lieu où il est trouvé, celle de la résidence de la victime ou, si l'infraction a été commise à bord ou à l'encontre d'un aéronef, ou que les victimes de l'infraction ont été les personnes se trouvant à bord d'un aéronef, celle du lieu de décollage, de destination ou d'atterrissage de celui-ci, aux termes de l'article 693[6], modifié, du code de procédure pénale. Ces dispositions ne sont pas

1. Conv. Nations unies sur le droit de la mer portant sur la protection et la préservation du milieu marin (CNUDM), dite de Montego Bay (Jamaïque) – L. n° 95-1311, 21 déc. 1995 autorisant la ratification de la convention des Nations unies sur le droit de la mer (ensemble neuf annexes) et de l'accord relatif à l'application de la partie XI de la convention des Nations unies sur le droit de la mer du 10 décembre 1982 (ensemble une annexe), *JO* 22 déc., p. 18543 – Décr. n° 96-774, 30 août 1996 portant publication de la convention des Nations unies sur le droit de la mer (ensemble neuf annexes), signée à Montego Bay le 10 décembre 1982, et de l'accord relatif à l'application de la partie XI de la convention des Nations unies sur le droit de la mer du 10 décembre 1982, fait à New York le 28 juillet 1994 (ensemble une annexe), *JO* 7 sept. p. 13307.
2. Conv. internationale 2 nov. 1973 pour la prévention de la pollution par les navires, dite convention Marpol – L. n° 81-742, 5 août 1981 autorisant l'approbation de la convention internationale de 1973, dite convention Marpol, pour la prévention de la pollution par les navires (ensemble deux protocoles et 5 annexes), faite à Londres le 2 nov. 1973 telle que modifiée par le protocole de 1978 relatif à ladite convention (ensemble une annexe), fait à Londres le 17 févr. 1978, *JO* 6 août, p. 2151 – Décr. n° 83-874, 27 sept. 1983 portant publication de la convention internationale de 1973 pour la prévention de la pollution par les navires (ensemble deux protocoles et une annexe) faite a Londres le 2 nov. 1973, telle que modifiée par le protocole de 1978 relatif à ladite convention (ensemble une annexe) fait à Londres le 17 févr. 1978, *JO* 2 oct., p. 2919.
3. L. n° 83-583, 5 juill. 1983 réprimant la pollution par les navires, *JO* 6 juill., p. 2066.
4. Crim. 25 sept. 2012, n° 10-82.938, P n° 198 ; *D.* 2012. Point de vue. 2673-2674, note B. Laurent Neyret – *D.* 2012. 2675, note V. Ravit, O. Sutterlin ; *D.* 2012. Études. 2711, note Ph. Delebecque ; *JCP E* 2012. Actu. 16 ; *Gaz. Pal.* 10-11 oct. 2012, n° 284 ; *Gaz. Pal.* 24-25 oct. 2012, n° 298-299, p. 8, note B. Parance ; *JCP* 2012. 2095, note K. Le Couviour ; *Dr. pénal* 2013. Comm. 10, obs. Robert ; *RSC* 2013. 363, obs. Robert.
5. Crim. 24 sept. 2019, n° 18-85.846, P ; *JCP* 2019. 1085. AUSSI : P. Chaumette (dir.), *Droits maritimes*, 4e éd., « Dalloz action », 2021, nos 811.71 s.
6. C. pr. pén., art. 693 ; mod. par L. n° 2011-1862, 13 déc. 2011, art. 25 ; mod. par L. n° 2013-1117, 6 déc. 2013, art. 67.

exclusives de l'application éventuelle des règles particulières de compétence prévues par les articles 628-1, 697-3, 704-1, 705, 706-17, 706-75, 706-107, 706-108 et 706-176.

La juridiction de Paris exerce une compétence concurrente à celle qui résulte de la première phrase du premier alinéa. Lorsque le procureur de la République près un tribunal judiciaire autre que celui de Paris requiert le juge d'instruction saisi d'une infraction entrant dans le champ d'application du chapitre Ier du présent titre de se dessaisir au profit de la juridiction d'instruction de Paris, les articles 628-2 et 628-6 sont applicables.

L'article 693 du code de procédure pénale avait précédemment été modifié[1] afin de préciser les juridictions compétentes en cas d'infraction commise hors du territoire de la République. Cet article prévoyait une compétence spécifique dans une telle hypothèse, celle de la juridiction du lieu d'atterrissage de l'aéronef.

Le législateur a complété cette disposition en prévoyant également la compétence de la juridiction du lieu de décollage et celle du lieu de destination. Par ailleurs il a levé une ambiguïté en précisant que ces dispositions spécifiques s'appliquaient en cas d'infraction commise à bord ou à l'encontre d'un aéronef, ou lorsque les victimes de l'infraction ont été les personnes se trouvant à bord d'un aéronef. La même clarification a été réalisée dans les articles 113-3, 113-4 et 113-11 du code pénal qui prévoient l'application de la loi française en cas d'infraction à bord ou à l'encontre d'un navire ou d'un aéronef.

313.48 Actes accomplis à l'étranger et interruption de la prescription de l'action publique. Un arrêt rendu le 16 juillet 1987[2] par la chambre criminelle apporte plusieurs enseignements sur la prescription de l'action publique dans le cas où les faits ont été commis à l'étranger : les articles 689, 691 et 692 du code de procédure pénale ne comportent aucune dérogation aux articles 7 et 8 du même code relatif au point de départ de la prescription de l'action publique. Il en est de même de la convention européenne d'entraide judiciaire en matière pénale du 20 avril 1959[3], entrée en vigueur en France le 21 août 1967.

Mais l'obligation où se trouve le ministère public, en cas de délit commis contre un particulier par un Français à l'étranger, d'attendre, pour engager les poursuites, une plainte de la partie offensée ou une dénonciation officielle à l'autorité française par l'autorité du pays où le fait a été commis, ne constitue pas un obstacle absolu à l'exercice de la poursuite et dès lors ne suspend pas la prescription de l'action publique.

1. C. pr. pén., art. 693 ; mod. par L. n° 2011-525, 17 mai 2011, art. 87.

2. Crim. 16 juill. 1987, n° 86-93.463, P n° 298.
3. Conv. européenne d'entraide judiciaire en matière pénale, 20 avr. 1959 – L. n° 66-1041, 30 déc. 1966 autorisant la ratification de la convention européenne d'entraide judiciaire en matière pénale, ouverte à la signature à Strasbourg le 20 avr. 1959 et signée par la France le 28 avr. 1961, *JO* 31 déc., p. 11752 – Décr. n° 67-636, 23 juill. 1967 portant publication de la convention européenne d'entraide judiciaire en matière pénale du 20 avril 1959, *JO* 4 août, p. 7809.

CHAPITRE

314. Compétence d'attribution

SECTION 0
ORIENTEUR

314.00 Sommaire du chapitre.

314.01 Principaux textes applicables.

TEXTES SOURCES

• C. pr. pén., art. 186-3, 203, 381, 382, 469, 470-1, 677

TEXTES *IN EXTENSO*

• **C. pr. pén., art. 469**

Si le fait déféré au tribunal correctionnel sous la qualification de délit est de nature à entraîner une peine criminelle, le tribunal renvoie le ministère public à se pourvoir ainsi qu'il avisera.

Il peut, le ministère public entendu, décerner, par la même décision, mandat de dépôt ou d'arrêt contre le prévenu.

Les dispositions des deux alinéas précédents sont également applicables si le tribunal correctionnel, dans sa composition prévue par le troisième alinéa de l'article 398, estime, au résultat des débats, que le fait qui lui était déféré sous la qualification de l'un des délits visés à l'article 398-1 est de nature à entraîner une peine prévue pour un délit non visé par cet article.

Lorsqu'il est saisi par le renvoi ordonné par le juge d'instruction ou la chambre de l'instruction, le tribunal correctionnel ne peut pas faire application, d'office ou à la demande des parties, des dispositions du premier alinéa, si la victime était constituée partie civile et était assistée d'un avocat lorsque ce renvoi a été ordonné. Toutefois, le tribunal correctionnel saisi de poursuites exercées pour un délit non intentionnel conserve la possibilité de renvoyer le ministère public à se pourvoir s'il résulte des débats que les faits sont de nature à entraîner une peine criminelle parce qu'ils ont été commis de façon intentionnelle.

314.02 Jurisprudence de référence.

> Est irrecevable l'appel formé contre l'ordonnance de renvoi devant le tribunal correctionnel dès lors que la partie civile appelante n'a invoqué les dispositions de l'article 186-3 du code de procédure pénale dans aucun acte de la procédure

• **Crim. 23 févr. 2011,** n° 10-81.767, P n° 38

* V. s^{s} n° 314.23.

« Attendu que, pour dire irrecevable l'appel formé par M. X..., partie civile, en ce qu'il concerne les dispositions de l'ordonnance portant renvoi de personnes mises en examen pour le crime d'incendie volontaire en bande organisée, devant le tribunal correctionnel du chef de dégradations volontaires par incendie, l'arrêt retient, notamment, que la déclaration d'appel ne contient aucune motivation et qu'aucun mémoire n'a été déposé pour expliciter le recours exercé ;

Attendu qu'en l'état de ces énonciations, dont il résulte que la partie civile appelante n'a invoqué les dispositions de l'article 186-3 du code de procédure pénale dans aucun acte de la procédure, la chambre de l'instruction a justifié sa décision. »

> Le tribunal correctionnel, saisi de poursuites exercées pour un délit non intentionnel, conserve la possibilité de renvoyer le ministère public à se pourvoir s'il résulte des débats que les faits sont de nature à entraîner une peine criminelle parce qu'ils ont été commis de façon intentionnelle

• **Crim. 24 mars 2009,** n° 08-84.849, P n° 60

• **Crim. 10 déc. 2008,** n° 08-86.812, P n° 252

* V. s^{s} n° 314.24.

« Vu l'article 469 du code de procédure pénale ;

Attendu qu'il résulte de l'alinéa 4 de ce texte que, lorsqu'elle est saisie par le renvoi ordonné par le juge d'instruction ou la chambre de l'instruction d'une infraction non intentionnelle, la juridiction correctionnelle conserve la possibilité de se déclarer incompétente et de renvoyer le ministère public à se pourvoir, s'il apparaît que les faits sont de nature à entraîner une peine criminelle parce qu'ils ont été commis de façon intentionnelle ;

Attendu qu'il résulte de l'arrêt attaqué et des pièces de procédure que, le 2 août 2000, F... a blessé A..., en lui portant une prise de close-combat qui a provoqué une lésion de la colonne vertébrale, à l'origine de la mort de la victime, survenue le 24 mai 2002 ; qu'à l'issue d'une information, au cours de laquelle les ayants droit d'A... se sont constitués parties civiles et ont été assistés d'un avocat, le juge d'instruction, par ordonnance du 29 décembre 205, a ordonné le renvoi de Fr. devant le tribunal correctionnel, sous la prévention d'homicide involontaire ; que ni celui-ci ni les parties civiles n'ont interjeté appel de cette ordonnance dans les conditions prévues par l'article 186-3 du code de procédure pénale ;

Attendu que, pour déclarer le prévenu coupable de ce chef, l'arrêt confirmatif relève que les parties n'ont pas remis en cause la qualification retenue par l'ordonnance de renvoi et que le prévenu n'a pas été invité à s'expliquer sur une qualification criminelle ; que les juges en concluent qu'ils sont tenus de statuer en l'état de la qualification d'homicide involontaire ;

Mais attendu qu'en prononçant ainsi, la cour d'appel, à laquelle il appartenait de s'interroger sur le caractère intentionnel des faits, ce qui pouvait la conduire à se déclarer incompétente, a méconnu le sens et la portée du texte susvisé ;

D'où il suit que la cassation est encourue ;

Par ces motifs, et sans qu'il y ait lieu d'examiner le second moyen proposé :

CASSE ET ANNULE [...]. »

> Les juridictions correctionnelles ne peuvent d'office ou à la demande des parties se déclarer incompétentes pour juger des faits de nature à entraîner une peine criminelle si la victime était constituée partie civile et assistée d'un avocat lorsque le renvoi devant la juridiction de jugement a été ordonné par le juge d'instruction

• **Crim. 3 févr. 2010,** n° 09-85.034, NP

* V. s^s^ n° 314.24.

« Attendu que, par ailleurs, le demandeur ne saurait invoquer l'incompétence de la chambre correctionnelle de la cour d'appel dès lors qu'il résulte de l'article 469, alinéa 4, du code de procédure pénale, dans sa rédaction issue de la loi du 9 mars 2004 entrée en vigueur le 1er octobre 2004, que les juridictions correctionnelles ne peuvent d'office ou à la demande des parties se déclarer incompétentes pour juger des faits de nature à entraîner une peine criminelle si la victime était constituée partie civile et assistée d'un avocat lorsque le renvoi devant la juridiction de jugement a été ordonné par le juge d'instruction, ce qui était le cas en l'espèce ;

D'où il suit que le moyen, qui, en ses trois dernières branches, se borne à remettre en question l'appréciation souveraine, par les juges du fond, des faits et circonstances de la cause, ainsi que des éléments de preuve contradictoirement débattus, ne saurait être admis ;

Et attendu que l'arrêt est régulier en la forme ;

REJETTE le pourvoi. »

SECTION 1
DÉLITS

314.11 Compétence du tribunal correctionnel en matière de délit. Selon l'article 381 du code de procédure pénale. Les délits sont des infractions définies par la loi comme étant punies soit d'une amende d'un montant supérieur à 3 750 euros soit d'une peine d'emprisonnement. Il faut bien entendu commencer par opérer une distinction entre peine encourue et peine prononcée. La peine encourue est définie dans le code pénal entré en vigueur le 1er mars 1994 par son maximum.

Auparavant, la définition donnait à la fois un minimum et un maximum mais la jurisprudence avait depuis longtemps décidé que le juge pouvait, sauf exceptions en matière criminelle, descendre en dessous du minimum jusqu'à atteindre ce qui aujourd'hui pourrait être un jour d'emprisonnement et un euro d'amende.

Les règles de récidive, les peines planchers récemment supprimées[1] et dont certaines étaient applicables en dehors même des cas de récidive, font obstacle à la totale liberté de détermination de la peine par le juge. Toujours est-il que le code pénal ne fixe habituellement que des *maxima* mais que d'autres codes ou lois continuent à prévoir un minimum et un maximum, ce qui n'a aucun effet sur la peine prononcée. Toutefois, il existe un certain nombre d'exceptions à la compétence du tribunal correctionnel de droit commun. L'une est due à la compétence particulière de juridiction spécialisée dans certains cas[2], l'autre à une extension de compétence possible[3].

314.12 Autres juridictions pouvant connaître des délits. Outre les juridictions spécialisées qui peuvent connaître des délits commis par les mineurs, les militaires, *etc.*, la cour d'assises peut être appelée, en raison des règles de connexité ou d'indivisibilité à connaître de délits renvoyés devant elle. Cela est vrai si l'accusé est par ailleurs poursuivi pour des crimes mais aussi si la personne est poursuivie pour des faits connexes dont aucun n'a le caractère d'un crime. Il arrive par exemple qu'un individu soit renvoyé pour viol et agression sexuelle, et qu'ainsi la cour d'assises, qui a plénitude de juridiction, connaisse des crimes et délits qui lui sont reprochés, mais aussi que sa compagne soit renvoyée pour non-assistance à personne en péril, et que la cour d'assises ait légitimement à connaître du seul délit qui la concerne. La cour d'assises demeure également compétente lorsqu'un fait qualifié crime constitue en réalité un délit et qu'elle opère en conséquence une disqualification des faits.

314.13 Contravention, délit ou crime commis à l'audience. Ces incidents sont évoqués s^s^ les n°s 544.21 s.

1. L. n° 2014-896, 15 août 2014 relative à l'individualisation des peines et renforçant l'efficacité des sanctions pénales, *JO* 17 août, p. 13647.
2. V. s^s^ n° 315.11.
3. V. s^s^ n°s 316.11 s.

SECTION 2
EXTENSION DE COMPÉTENCE

314.21 Extension de la compétence du tribunal correctionnel aux contraventions connexes ou indivisibles. L'article 382 du code de procédure pénale précise, dans son alinéa 3, que la compétence du tribunal correctionnel s'étend aux délits et contraventions qui forment avec l'infraction déférée un ensemble indivisible ; elle peut aussi s'étendre aux délits et contraventions connexes, au sens de l'article 203. L'article 382 vise en fait la compétence territoriale du tribunal[1]. Si le tribunal correctionnel peut connaître des contraventions connexes à un délit dont il est naturellement saisi mais commis en dehors de sa compétence territoriale, cela est *a fortiori* le cas lorsque la contravention poursuivie entre dans son champ géographique de compétence.

314.22 Correctionnalisation judiciaire – Consécration législative. La correctionnalisation judiciaire, qui consiste à poursuivre devant une juridiction correctionnelle, des faits qui seraient « objectivement » de nature criminelle, n'était pas une véritable exception au principe de compétence, mais seulement un petit arrangement avec la loi, due en grande partie à l'encombrement des cours d'assises. La correctionnalisation consiste en pratique à laisser de côté une circonstance aggravante (par exemple la bande organisée, l'usage d'une arme) ou un élément constitutif d'une infraction (la pénétration en matière sexuelle, l'intention de tuer, *etc.*), ne pas retenir l'élément constitutif d'une infraction plus grave et de nature criminelle, écarter la ou les qualifications criminelles en cas de concours de qualifications. Elle a toujours fait l'objet de fortes réserves d'une partie des auteurs[2] et d'aussi constantes faveurs contraintes de la part des juges.

Jusqu'à la loi du 9 mars 2004[3], la correctionnalisation judiciaire pouvait être estimée illégale[4]. Mais cette loi a ajouté un article 186-3 au code de procédure pénale qui expose : « la personne mise en examen et la partie civile peuvent interjeter appel des ordonnances prévues par le premier alinéa de l'article 179 dans le cas où elles estiment que les faits renvoyés devant le tribunal correctionnel constituent un crime qui aurait dû faire l'objet d'une ordonnance de mise en accusation devant la cour d'assises ».

Le dispositif est renforcé par l'article 469 dernier alinéa qui précise : « Lorsqu'il est saisi par le renvoi ordonné par le juge d'instruction ou la chambre de l'instruction, le tribunal correctionnel ne peut pas faire application, d'office ou à la demande des parties, des dispositions du premier alinéa, si la victime était constituée partie civile et était assistée d'un avocat lorsque ce renvoi a été ordonné. Toutefois, le tribunal correctionnel saisi de poursuites exercées pour un délit non intentionnel conserve la possibilité de renvoyer le ministère public à se pourvoir s'il résulte des débats que les faits sont de nature à entraîner une peine criminelle parce qu'ils ont été commis de façon intentionnelle ».

Le législateur a voulu éviter la multiplication des renvois intervenant devant la juridiction correctionnelle, en obligeant la partie civile ou la personne mise en examen, dès lors qu'elles étaient assistées d'un avocat pendant la phase de l'instruction préparatoire, à décider, au plus tard lors de l'ordonnance de renvoi, de leur intention de soulever ou non l'incompétence de la juridiction correctionnelle, en leur permettant de faire appel de l'ordonnance de renvoi. En effet, la jurisprudence antérieure estimait que même si une partie avait donné son accord pendant l'instruction pour la correctionnalisation, elle pouvait toujours revenir dessus[5].

Si les parties civiles n'ont pas usé de la voie ouverte par l'article 186-3 du code de procédure pénale, elles ne peuvent plus exercer ce droit devant la juridiction de jugement mais le tribunal correctionnel ne peut plus non plus le faire d'office, cette précision entérinant en fait le choix du ministère public et des parties, y compris s'il est contraire à une analyse objective des faits. Aujourd'hui, la correctionnalisation judiciaire est devenue une exception assumée au principe de la compétence des tribunaux correctionnels.

314.23 Correctionnalisation judiciaire – Jurisprudence. La chambre criminelle a eu tout d'abord à statuer sur la spécificité de l'appel de l'ordonnance de renvoi, fondée sur l'article 186-3 du Code de procédure pénale. Elle a estimé que l'appel de l'ordonnance de renvoi devant le tribunal correctionnel n'étant recevable que dans le seul cas où l'appelant estime que les faits sont de nature criminelle et justifient un renvoi devant la cour d'assises, la déclaration d'appel, pour échapper à l'irrecevabilité résultant de l'article 186 du code de procédure pénale, devait faire apparaître de manière non équivoque que ce

1. V. s[s] n°s 313.11 s.
2. B. Bouloc, *Procédure pénale*, 28e éd., « Précis Dalloz », 2021, n° 723, p. 656-658 ; S. Guinchard et J. Buisson, *Procédure pénale*, 9e éd., LexisNexis, 2013, n° 1107 ; S. Lavric, C. Ménabé, M. Peltier-Henry, « Enjeux et perspectives de la correctionnalisation judiciaire », *AJ pénal* 2018. 188, ces dernières autrices se livrant à un examen minutieux des raisons d'être et des critiques de la correctionnalisation, qualifié de mal nécessaire.
3. L. n° 2004-204, 9 mars 2004, préc.
4. Crim. 12 janv. 2000, n° 99-81.635, P n° 24.
5. Paris, 23 juin 1967, *JCP* 1968. II. 15413, note R. Meurisse – Reims, 9 nov. 1978, *D.* 1979. 92, note J. Pradel ; *JCP* 1979. II. 19046, note P. Bouzat ; *RSC* 1979. 379, obs. G. Levasseur.

recours était exercé en application de l'article 186-3 dudit code[1]. Elle a ensuite et très rapidement modifié sa jurisprudence et statué dans un sens totalement contraire en estimant que la recevabilité de l'appel n'est pas subordonnée à la mention dans l'acte d'appel de l'objet de ce recours[2]. Finalement, la chambre criminelle juge aujourd'hui selon un troisième principe : l'appel formé contre l'ordonnance de renvoi devant le tribunal correctionnel est irrégulier dès lors que la partie civile appelante n'a pas invoqué les dispositions de l'article 186-3 du code de procédure pénale dans aucun acte de la procédure[3].

Le seul examen de l'acte d'appel ne suffit plus mais il convient de vérifier dans le dossier de la procédure si la partie n'avait pas déjà invoqué l'irrecevabilité. En application des dispositions de l'article 469, alinéa 4, du code de procédure pénale, les parents des victimes sont irrecevables à soulever l'incompétence de la juridiction correctionnelle, dès lors que leur fille, victime directe, était constituée partie civile et assistée d'un avocat lorsque le renvoi fut ordonné et qu'elle avait ainsi la faculté d'interjeter appel de l'ordonnance en application de l'article 186-3 du code de procédure pénale[4].

Cette affaire avait également donné lieu à un autre arrêt de rejet de transmission de QPC, la chambre criminelle ayant jugé que « les questions posées ne présentent pas un caractère sérieux au regard des principes constitutionnels invoqués, en ce que les dispositions de l'article 469, alinéa 4, du code de procédure pénale qui interdisent aux parties civiles de soulever l'incompétence du tribunal correctionnel lorsque des faits de nature criminelle ont été correctionnalisés par le juge d'instruction, à condition que la victime ait été constituée au moment du renvoi et qu'elle ait été assistée par un avocat, se combinent avec celles de l'article 186-3, alinéa 1, dudit code qui permettent aux parties civiles d'interjeter appel de cette ordonnance si elles n'acquiescent pas à cette correctionnalisation et en ce que des considérations d'intérêt général imposent, pour une bonne administration de la justice, que d'autres parties civiles que la victime directe ne puissent faire obstacle à l'application de ces principes en déclinant la compétence du tribunal correctionnel[5] ».

1. Crim. 15 mars 2006, nº 05-87.299, P nº 79 ; *D.* 2006. 1247 ; *AJ pénal* 2006. 269 – Crim. 22 août 2007, nº 07-84.087, NP, *D.* 2011. 756, obs. M. Léna ; *AJ pénal* 2011. 368, obs. J.-B. Perrier ; *Dr. pénal* 2007, nº 146, note A. Maron.
2. Crim. 10 déc. 2008, nº 08-86.812, P nº 252 ; *AJ pénal* 2009. 137, note L. Ascenci ; *RSC* 2009. 405, obs. R. Finielz.
3. Crim. 23 févr. 2011, nº 10-81.767, P nº 38 ; *D.* 2011. 756, obs. M. Lena ; *AJ pénal* 2011. 368.
4. Crim. 20 nov. 2013, nº 12-85.185, P nº 236, *RSC* 2013. 808, note Y. Mayaud.
5. Crim. 4 avr. 2013, nº 12-85.185, NP, *D.* 2013. 1219, note M. Benillouche.

Dans une hypothèse originale où, pour déclarer irrecevable l'exception d'incompétence du tribunal correctionnel prise du caractère criminel des infractions reprochées, présentée par M. Y... et Mme Z... en qualité de représentants légaux de leurs enfants mineurs, pour lesquels ils s'étaient constitués partie civile lors de l'audience, n'avait retenu qu'un préjudice propre des parents, la chambre criminelle rejette le pourvoi et approuve la cour d'appel, qui a souverainement apprécié que les enfants n'avaient subi qu'un préjudice moral indirect du fait des infractions dont leurs parents étaient les victimes directes, seules visées par l'article 469, alinéa 4, du code de procédure pénale, et n'a méconnu aucun des textes visés au moyen, dès lors que ceux-ci étaient assistés d'un avocat lors de l'instruction, leur appel de l'ordonnance de renvoi ayant été déclaré irrecevable par décision définitive[6].

314.24 Possibilité ou non pour le tribunal de soulever son incompétence d'office. La question posée ici est de savoir si tribunal correctionnel peut soulever d'office son incompétence alors même que la partie civile n'a pas usé de son droit de faire appel de l'ordonnance de renvoi et est donc forclose à faire valoir l'incompétence du tribunal.

La réponse est entièrement contenue dans l'article 469 du code de procédure pénale.

Selon ses dispositions, lorsqu'il est saisi par le renvoi ordonné par le juge d'instruction ou la chambre de l'instruction, et que la victime, constituée partie civile, était assistée d'un avocat lorsque ce renvoi a été ordonné, le tribunal correctionnel ne peut, d'office ou à la demande des parties, se déclarer incompétent au motif que le fait déféré serait de nature à entraîner une peine criminelle.

Ainsi, lorsqu'il est saisi d'un renvoi ordonné par le juge d'instruction (ORTC) ou la chambre de l'instruction (arrêt de renvoi devant le tribunal correctionnel), le tribunal correctionnel ne peut pas faire application, d'office ou même à la demande des parties, des dispositions du premier alinéa, si la victime était constituée partie civile et était assistée d'un avocat lorsque ce renvoi a été ordonné. Ce point a été confirmé par la Cour de cassation : « Les juridictions correctionnelles ne peuvent se déclarer incompétentes pour juger des faits de nature à entraîner une peine criminelle si la victime était constituée partie civile et assistée d'un avocat lorsque le renvoi devant la juridiction de jugement a été ordonné par le juge d'instruction »[7]. Contrairement à ce que soutient le

6. Crim. 6 déc. 2016, nº 16-81.273, NP.
7. Crim. 27 mars 2008, nº 07-85.076, P nº 84 ; *D.* 2008. 1719, chron. D. Caron et S. Ménotti ; *AJ pénal* 2008. 288, obs. G. Roussel – Crim. 3 févr. 2010, nº 09-85.034, NP, *JCP* 2010. 758, note St. Detraz.

commentateur de cet arrêt, la Cour de cassation n'ajoute là rien au texte. Celui-ci énonce littéralement que le tribunal ne peut soulever cette incompétence d'office.

Encourt encore la cassation l'arrêt qui, pour dire recevable l'exception d'incompétence soulevée par une association, également constituée partie civile au cours de l'instruction mais n'ayant pas été assistée d'un avocat, retient que cette association avait la qualité de victime, alors que la victime des faits poursuivis, seule visée par l'article 469, alinéa 4, du code de procédure pénale, était constituée partie civile et assistée d'un avocat lorsque le renvoi devant le tribunal correctionnel a été ordonné et que les parties ne pouvaient plus soulever l'incompétence de ce tribunal[1].

En revanche, ce même article 469 comporte une exception en son alinéa 4 : « Toutefois, le tribunal correctionnel saisi de poursuites exercées pour un délit non-intentionnel conserve la possibilité de renvoyer le ministère public à se pourvoir s'il résulte des débats que les faits sont de nature à entraîner une peine criminelle parce qu'ils ont été commis de façon intentionnelle ». C'est là encore ce qu'a logiquement jugé la chambre criminelle dans une hypothèse où la juridiction de jugement avait estimé qu'elle était tenue de statuer en l'état de la qualification retenue : « Méconnaît l'article 469, alinéa 4 du code de procédure pénale, la cour d'appel qui, saisie par l'ordonnance de renvoi du juge d'instruction de faits qualifiés d'homicide involontaire, estime qu'elle est tenue de statuer en l'état de cette qualification dès lors que les parties ne l'ont pas remise en cause et que le prévenu n'a pas été invité à s'expliquer sur la qualification criminelle, alors qu'il lui appartenait de s'interroger sur le caractère intentionnel des faits, ce qui pouvait la conduire à se déclarer incompétente »[2].

314.25 Action civile en réparation du dommage causé par l'infraction. Le tribunal correctionnel connaît de l'action civile en réparation du dommage causé par l'infraction quel que soit le montant de la demande, sauf bien sûr à la victime de faire le choix de la voie civile. En cas de relaxe, à la suite de poursuites initiées par le ministère public, ou si le dossier est renvoyé par une juridiction d'instruction, et s'il s'agit « d'une infraction non intentionnelle au sens des deuxième et troisième alinéas de l'article 121-3 du code pénal », si la partie civile ou son assureur en fait la demande avant la clôture des débats[3].

Mais s'il apparaît que des tiers responsables doivent être mis en cause, le tribunal doit renvoyer l'affaire devant la juridiction civile compétente qui l'examine d'urgence[4 5].

1. Crim. 21 juin 2011, n° 10-85.671, P n° 145 ; *D.* 2011. 1821 ; *AJ pénal* 2011. 527, obs. J. Lasserre Capdeville ; *RSC* 2011. 605, obs. Y. Mayaud ; *RSC* 2011. 662, obs. J. Danet.
2. Crim. 24 mars 2009, n° 08-84.849, P n° 60 ; *AJ pénal* 2009. 318, obs. G. Roussel ; *D.* 2009. 1714, obs. P. Chaumont et E. Degorce ; *D.* 2009. 2140, note R. Mesa ; *RSC* 2009. 590, obs. Y. Mayaud ; *RSC* 2009. 858, obs. R. Finielz.
3. C. pr. pén., art. 470-1.
4. C. pr. pén., art. 470-1, al. 2.
5. V. s[s] n°s 222.191 s.

CHAPITRE

315. Compétences spécialisées

SECTION 0

ORIENTEUR

315.00 Sommaire du chapitre.

Objectif de lecture. Dans cet ouvrage est principalement visé le traitement des audiences correctionnelles de droit commun. Les cas de compétence spécialisée sont synthétisés ci-dessous.

315.01 Principaux textes applicables.

TEXTES SOURCES

• C. pr. pén., art. 677, 697, 697-1, 704, 704-1, 705 à 705-4, 706-1, 706-2, 706-16 à 706-19, 706-72 à 706-75, 706-107, 706-108, 706-176, 706-177

• C. pr. pén., art. D. 47-2, D. 47-3, D. 47-8

• C. défense, art. L. 1521-11, L. 1521-14

TEXTES *IN EXTENSO*

• **C. pr. pén., art. 705** [mod. par L. n° 2020-1672, 24 déc. 2020, art. 13]

Le procureur de la République financier, le juge d'instruction et le tribunal correctionnel de Paris exercent une compétence concurrente à celle qui résulte de l'application des articles 43, 52, 704 et 706-42 pour la poursuite, l'instruction et le jugement des infractions suivantes :

1° Délits prévus aux articles 432-10 à 432-15, 433-1 et 433-2, 434-9, 434-9-1, 445-1 à 445-2-1 du code pénal, dans les affaires qui sont ou apparaîtraient d'une grande complexité, en raison notamment du grand nombre d'auteurs, de complices ou de victimes ou du ressort géographique sur lequel elles s'étendent ;

2° Délits prévus aux articles L. 106 à L. 109 du code électoral, dans les affaires qui sont ou apparaîtraient d'une grande complexité, en raison notamment du grand nombre d'auteurs, de complices ou de victimes ou du ressort géographique sur lequel elles s'étendent ;

3° Délits prévus aux articles 313-1 et 313-2 du code pénal, lorsqu'ils portent sur la taxe sur la valeur ajoutée, dans les affaires qui sont ou apparaîtraient d'une grande complexité, en raison notamment du grand nombre d'auteurs, de complices ou de victimes ou du ressort géographique sur lequel elles s'étendent ;

4° Délits prévus aux articles 435-1 à 435-10 du code pénal ;

5° Délits prévus aux articles 1741 et 1743 du code général des impôts, lorsqu'ils sont commis en bande organisée ou lorsqu'il existe des présomptions caractérisées que les infractions prévues à ces mêmes articles résultent d'un des comportements mentionnés aux 1° à 5° de l'article L. 228 du livre des procédures fiscales ;

6° Blanchiment des délits mentionnés aux 1° à 5° du présent article et infractions connexes.

7° Délits d'association de malfaiteurs prévus à l'article 450-1 du code pénal, lorsqu'ils ont pour objet la préparation de l'une des infractions mentionnées aux 1° à 6° du présent article punie d'au moins cinq ans d'emprisonnement ;

8° Délits prévus à l'article 434-43-1 du code pénal ;

9° Délits prévus à l'article L. 420-6 du code de commerce.

Lorsqu'ils sont compétents pour la poursuite ou l'instruction des infractions entrant dans le champ d'application du présent article, le procureur de la République financier et le juge d'instruction de Paris exercent leurs attributions sur toute l'étendue du territoire national.

Au sein du tribunal judiciaire de Paris, le premier président, après avis du président du tribunal judiciaire donné après consultation de la commission restreinte de l'assemblée des magistrats du siège, désigne un ou plusieurs juges d'instruction et magistrats du siège chargés spécialement de l'instruction et, s'il s'agit de délits, du jugement des infractions entrant dans le champ d'application du présent article.

Au sein de la cour d'appel de Paris, le premier président, après consultation de la commission restreinte de l'assemblée des magistrats du siège, et le procureur général désignent, respectivement, des magistrats du siège et du parquet général chargés spécialement du jugement des délits et du traitement des affaires entrant dans le champ d'application du présent article.

• **C. pr. pén., art. 705-1** [L. n° 2016-819, 21 juin 2016, art. 1]

Le procureur de la République financier et les juridictions d'instruction et de jugement de Paris ont seuls compétence pour la poursuite, l'instruction et le jugement des délits prévus aux articles L. 465-1 à L. 465-3-3 du code monétaire et financier. Cette compétence s'étend aux infractions connexes.

Le procureur de la République financier et le juge d'instruction de Paris exercent leurs attributions sur toute l'étendue du territoire national.

• **C. pr. pén., art. 705-5** [L. n° 2016-731, 3 juin 2016, art. 43]

La juridiction saisie en application du présent chapitre reste compétente quelles que soient les incriminations retenues lors du règlement ou du jugement de l'affaire, sous réserve de l'application des articles 181 et 469. Si les faits constituent une contravention, le juge d'instruction prononce le renvoi de l'affaire devant le tribunal de police compétent en application de l'article 522.

• **C. pr. pén., art. 706-2** [mod. par L. n° 2020-1672, 24 déc. 2020, art. 20]

I. La compétence territoriale d'un tribunal judiciaire peut être étendue au ressort d'une ou de plusieurs cours d'appel pour l'enquête, la poursuite, l'instruction et, s'il s'agit de délits, le jugement des infractions définies ci-après dans les affaires relatives à un produit de santé tel que défini par l'article L. 5311-1 du code de la santé publique ou à un produit destiné à l'alimentation de l'homme ou de l'animal ou à un produit ou une substance ou aux pratiques et prestations de service, médicales, paramédicales ou esthétiques et qui sont réglementés en raison de leurs effets ou de leur dangerosité, qui sont ou apparaîtraient d'une grande complexité :

– atteintes à la personne humaine, au sens du titre II du livre II du code pénal ;

– infractions prévues par le code de la santé publique ;

– infractions prévues par le code rural et de la pêche maritime ou le code de la consommation ;

– infractions prévues par le code de l'environnement et le code du travail ;

– infractions prévues par le code du sport.

Cette compétence s'étend aux infractions connexes.

Un décret fixe la liste et le ressort de ces juridictions, qui comprennent une section du parquet et des formations d'instruction et de jugement spécialisées pour connaître de ces infractions.

Le procureur de la République, le juge d'instruction et la formation correctionnelle spécialisée de ces tribunaux exercent, dans les conditions et selon les modalités prévues par l'article 704-1, une compétence concurrente à celle qui résulte de l'application des articles 43, 52, 382 et 706-42.

Le procureur de la République près un tribunal judiciaire autre que ceux visés au présent article peut, pour les infractions énumérées ci-dessus, requérir le juge d'instruction, dans les conditions et selon les modalités prévues par les articles 704-2 et 704-3, de se dessaisir au profit de la juridiction d'instruction du tribunal judiciaire à compétence territoriale étendue par application du présent article.

II. Dans les conditions et selon les modalités prévues aux deuxième à dixième alinéas de l'article 706, peuvent exercer des fonctions d'assistant spécialisé en matière sanitaire ou environnementale les fonctionnaires de catégorie A ou B relevant des ministres chargés de la santé, de la recherche, de l'agriculture et de l'environnement ainsi que les personnes titulaires, dans des matières définies par décret, d'un diplôme national sanctionnant une formation d'une durée au moins égale à quatre années d'études supérieures après le baccalauréat qui remplissent les conditions d'accès à la fonction publique et justifient d'une expérience professionnelle minimale de quatre années.

• **C. pr. pén., art. 706-16** [mod. par L. n° 2020-1733, 16 déc. 2020, art. 11]

Les actes de terrorisme incriminés par les articles 421-1 à 421-6 du code pénal, ainsi que les infractions connexes sont poursuivis, instruits et jugés selon les règles du présent code sous réserve des dispositions du présent titre.

Ces dispositions sont également applicables à la poursuite, à l'instruction et au jugement des actes de terrorisme commis à l'étranger lorsque la loi française est applicable en vertu des dispositions de la section 2 du chapitre III du titre Ier du livre Ier du code pénal.

Elles sont également applicables à la poursuite, à l'instruction et au jugement des actes de terrorisme commis hors du territoire de la République par les membres des forces armées françaises ou à l'encontre de celles-ci dans les cas prévus au chapitre Ier du titre II du livre Ier du code de justice militaire.

Ces dispositions sont également applicables à la poursuite, à l'instruction et au jugement des infractions prévues à l'article 706-25-7 du présent code.

La section 1 du présent titre est également applicable à la poursuite, à l'instruction et au jugement des infractions commises en détention par une personne détenue, prévenue, condamnée, recherchée dans le cadre d'un mandat d'arrêt européen ou réclamée dans le cadre d'une extradition pour des actes de terrorisme incriminés par les articles 421-1 à 421-6 du code pénal.

Ces dispositions sont également applicables à la poursuite, à l'instruction et au jugement des infractions d'évasion incriminées par les articles 434-27 à 434-37 du même code, des infractions d'association de malfaiteurs prévues à l'article 450-1 dudit code lorsqu'elles ont pour objet la préparation de l'une des infractions d'évasion précitées, des infractions prévues à l'article L. 624-4 du code de l'entrée et du séjour des étrangers et du droit d'asile ainsi que des infractions prévues à l'article L. 224-1 du code de sécurité intérieure, lorsqu'elles sont commises par une personne détenue, prévenue, condamnée, recherchée dans le cadre d'un mandat d'arrêt européen ou réclamée dans le cadre d'une extradition pour des actes de terrorisme incriminés par les articles 421-1 à 421-6 du code pénal.

• **C. pr. pén., art. 706-72 (al. 1)** [mod. par L. nº 2019-222, 23 mars 2019, art. 45]

Les infractions mentionnées aux articles 323-1 à 323-4-1 et 411-9 du code pénal, lorsqu'elles sont commises sur un système de traitement automatisé d'informations, sont poursuivies, instruites et jugées selon les règles du présent code sous réserve du présent titre.

• **C. pr. pén., art. 706-72-1 (al. 1)** [créé par L. nº 2016-731, 3 juin 2016, art. 28]

Pour la poursuite, l'instruction et le jugement des infractions entrant dans le champ d'application de l'article 706-72, le procureur de la République, le pôle de l'instruction, le tribunal correctionnel et la cour d'assises de Paris exercent une compétence concurrente à celle qui résulte de l'application des articles 43, 52 et 382.

• **C. pr. pén., art. 706-73** [mod. par L. nº 2023-22, 24 janv. 2023, art. 16]

La procédure applicable à l'enquête, la poursuite, l'instruction et le jugement des crimes et des délits suivants est celle prévue par le présent code, sous réserve des dispositions du présent titre :

1° Crime de meurtre commis en bande organisée prévu par le 8° de l'article 221-4 du code pénal ;

1° *bis* Crime de meurtre commis en concours, au sens de l'article 132-2 du code pénal, avec un ou plusieurs autres meurtres ;

2° Crime de tortures et d'actes de barbarie commis en bande organisée prévu par l'article 222-4 du code pénal ;

2° *bis* Crime de viol commis en concours, au sens de l'article 132-2 du code pénal, avec un ou plusieurs autres viols commis sur d'autres victimes ;

3° Crimes et délits de trafic de stupéfiants prévus par les articles 222-34 à 222-40 du code pénal ;

4° Crimes et délits d'enlèvement et de séquestration commis en bande organisée prévus par l'article 224-5-2 du code pénal ;

5° Crimes et délits aggravés de traite des êtres humains prévus par les articles 225-4-2 à 225-4-7 du code pénal ;

6° Crimes et délits aggravés de proxénétisme prévus par les articles 225-7 à 225-12 du code pénal ;

7° Crime de vol commis en bande organisée prévu par l'article 311-9 du code pénal ;

8° Crimes aggravés d'extorsion prévus par les articles 312-6 et 312-7 du code pénal ;

8° *bis* (abrogé)

9° Crime de destruction, dégradation et détérioration d'un bien commis en bande organisée prévu par l'article 322-8 du code pénal ;

10° Crimes en matière de fausse monnaie prévus par les articles 442-1 et 442-2 du code pénal ;

11° Crimes et délits constituant des actes de terrorisme prévus par les articles 421-1 à 421-6 du code pénal ;

11°*bis* Crimes portant atteinte aux intérêts fondamentaux de la nation prévus au titre 1er du livre IV du code pénal ;

12° Délits en matière d'armes et de produits explosifs prévus aux articles 222-52 à 222-54, 222-56 à 222-59, 322-6-1 et 322-11-1 du code pénal, aux articles L. 2339-2, L. 2339-3, L. 2339-10, L. 2341-4, L. 2353-4 et L. 2353-5 du code de la défense ainsi qu'aux articles L. 317-2 et L. 317-7 du code de la sécurité intérieure ;

13° Délits d'aide à l'entrée, à la circulation et au séjour irréguliers d'un étranger en France commis en bande organisée prévus par les articles L. 823-1 et L. 823-2 du code de l'entrée et du séjour des étrangers et du droit d'asile ;

14° Délits de blanchiment prévus par les articles 324-1 et 324-2 du code pénal, ou de recel prévus par les articles 321-1 et 321-2 du même code, du produit, des revenus, des choses provenant des infractions mentionnées aux 1° à 13 ;

15° Délits d'association de malfaiteurs prévus par l'article 450-1 du code pénal, lorsqu'ils ont pour objet la préparation de l'une des infractions mentionnées aux 1° à 14° et 17 ;

16° Délit de non-justification de ressources correspondant au train de vie, prévu par l'article 321-6-1 du code pénal, lorsqu'il est en relation avec l'une des infractions mentionnées aux 1° à 15° et 17 ;

17° Crime de détournement d'aéronef, de navire ou de tout autre moyen de transport commis en bande organisée prévu par l'article 224-6-1 du code pénal ;

18° Crimes et délits punis de dix ans d'emprisonnement, contribuant à la prolifération des armes de destruction massive et de leurs vecteurs entrant dans le champ d'application de l'article 706-167.

19° Délit d'exploitation d'une mine ou de disposition d'une substance concessible sans titre d'exploitation ou autorisation, accompagné d'atteintes à l'environnement, commis en bande organisée, prévu à l'article L. 512-2 du code minier, lorsqu'il est connexe avec l'une des infractions mentionnées aux 1° à 17° du présent article ;

20° Délit d'abus frauduleux de l'état d'ignorance ou de faiblesse commis en bande organisée prévu au dernier alinéa de l'article 223-15-2 du code pénal.

Pour les infractions visées aux 3°, 6° et 11°, sont applicables, sauf précision contraire, les dispositions du présent titre ainsi que celles des titres XV, XVI et XVII.

• **C. pr. pén., art. 706-73-1** [mod. par n° 2023-22, 24 janv. 2023, art. 4 et 7]

Le présent titre, à l'exception de l'article 706-88, est également applicable à l'enquête, à la poursuite, à l'instruction et au jugement des délits suivants :

1° Délit d'escroquerie en bande organisée, prévu au dernier alinéa de l'article 313-2 du code pénal, délit d'atteinte aux systèmes de traitement automatisé de données mis en œuvre par l'État commis en bande organisée, prévu à l'article 323-4-1 du même code et délit d'évasion commis en bande organisée prévu au second alinéa de l'article 434-30 dudit code ;

2° Délits de dissimulation d'activités ou de salariés, de recours aux services d'une personne exerçant un travail dissimulé, de marchandage de main-d'œuvre, de prêt illicite de main-d'œuvre ou d'emploi d'étranger sans titre de travail, commis en bande organisée, prévus aux 1° et 3° de l'article L. 8221-1 et aux articles L. 8221-3, L. 8221-5, L. 8224-1, L. 8224-2, L. 8231-1, L. 8234-1, L. 8234-2, L. 8241-1, L. 8243-1, L. 8243-2, L. 8251-1 et L. 8256-2 du code du travail ;

3° Délits de blanchiment, prévus à l'article 324-1 du code pénal, ou de recel, prévus aux articles 321-1 et 321-2 du même code, du produit, des revenus ou des choses provenant des infractions mentionnées aux 1° et 2° du présent article ;

3° *bis* Délits de blanchiment prévus à l'article 324-2 du code pénal, à l'exception de ceux mentionnés au 14° de l'article 706-73 du présent code ;

4° Délits d'association de malfaiteurs, prévus à l'article 450-1 du code pénal, lorsqu'ils ont pour objet la préparation de l'une des infractions mentionnées aux 1° à 3° du présent article ;

5° Délit de non-justification de ressources correspondant au train de vie, prévu à l'article 321-6-1 du code pénal, lorsqu'il est en relation avec l'une des infractions mentionnées aux 1° à 4° du présent article ;

6° Délits d'importation, d'exportation, de transit, de transport, de détention, de vente, d'acquisition ou d'échange d'un bien culturel prévus à l'article 322-3-2 du code pénal.

7° Délits d'atteintes au patrimoine naturel commis en bande organisée, prévus à l'article L. 415-6 du code de l'environnement ;

8° Délits de trafic de produits phytopharmaceutiques commis en bande organisée, prévus au 3° de l'article L. 253-17-1, au II des articles L. 253-15 et L. 253-16 et au III de l'article L. 254-12 du code rural et de la pêche maritime ;

9° Délits relatifs aux déchets mentionnés au I de l'article L. 541-46 du code de l'environnement commis en bande organisée, prévus au VII du même article ;

10° Délit de participation à la tenue d'une maison de jeux d'argent et de hasard commis en bande organisée, prévu au premier alinéa de l'article L. 324-1 du code de la sécurité intérieure et délits d'importation, de fabrication, de détention, de mise à disposition de tiers, d'installation et d'exploitation d'appareil de jeux d'argent et de hasard ou d'adresse commis en bande organisée, prévu au premier alinéa de l'article L. 324-4 du même code ;

11° Délits portant atteinte aux intérêts fondamentaux de la nation prévus aux articles 411-5,411-7 et 411-8, aux deux premiers alinéas de l'article 412-2, à l'article 413-1 et au troisième alinéa de l'article 413-13 du code pénal ;

12° Délits d'administration d'une plateforme en ligne pour permettre la cession de produits, de contenus ou de services dont la cession, l'offre, l'acquisition ou la détention sont manifestement illicites et délits d'intermédiation ou de séquestre ayant pour objet unique ou principal de mettre en œuvre, de dissimuler ou de faciliter ces opérations, prévus à l'article 323-3-2 du même code.

• **C. pr. pén., art. 706-74**

Lorsque la loi le prévoit, les dispositions du présent titre sont également applicables :

1° Aux crimes et délits commis en bande organisée, autres que ceux relevant des articles 706-73 et 706-73-1 ;

2° Aux délits d'association de malfaiteurs prévus par le deuxième alinéa de l'article 450-1 du code pénal autres que ceux relevant du 15° de l'article 706-73 du présent code ou du 4° de l'article 706-73-1 du présent code.

• **C. pr. pén., art. 706-75** [mod. par Ord. n° 2019-964, 18 sept. 2019, art. 35]

La compétence territoriale d'un tribunal judiciaire et d'une cour d'assises peut être étendue au ressort d'une ou plusieurs cours d'appel pour l'enquête, la poursuite, l'instruction et le jugement des crimes et délits entrant dans le champ d'application des articles 706-73, à l'exception du 11°, du 11° *bis* et du 18°, 706-73-1, à l'exclusion du 11°, ou 706-74, dans les affaires qui sont ou apparaîtraient d'une grande complexité.

Cette compétence s'étend aux infractions connexes.

Un décret fixe la liste et le ressort de ces juridictions, qui comprennent une section du parquet et des formations d'instruction et de jugement spécialisées pour connaître de ces infractions.

Toutefois, le tribunal judiciaire et la cour d'assises de Paris exercent une compétence concurrente sur l'ensemble du territoire national, pour l'enquête, la poursuite, l'instruction et le jugement des crimes et délits mentionnés au premier alinéa du présent article dans les affaires qui sont ou apparaîtraient d'une grande complexité, en raison notamment du ressort géographique sur lequel elles s'étendent.

• **C. défense, art. L. 1521-11**

À compter de l'embarquement de l'équipe de visite prévue à l'article L. 1521-4 sur le navire contrôlé, les agents mentionnés à l'article L. 1521-2 peuvent prendre les mesures de coercition nécessaires et adaptées à l'encontre des personnes à bord en vue d'assurer leur maintien à disposition, la préservation du navire et de sa cargaison ainsi que la sécurité des personnes.

• **C. défense, art. L. 1521-14**

Avant l'expiration du délai de quarante-huit heures à compter de la mise en œuvre des mesures de restriction ou de privation de liberté mentionnées à l'article L. 1521-12 et à la demande des agents mentionnés à l'article L. 1521-2, le juge des libertés et de la détention saisi par le procureur de la République statue sur leur prolongation éventuelle pour une durée maximale de cent vingt heures à compter de l'expiration du délai précédent.

Ces mesures sont renouvelables dans les mêmes conditions de fond et de forme durant le temps nécessaire pour que les personnes en faisant l'objet soient remises à l'autorité compétente.

315.02 Jurisprudence de référence.

> Les parties ne peuvent pas contester la mise en œuvre des règles de compétence des juridictions spécialisées en matière économique et financière prévues par l'article 704 du code de procédure pénale

• **Crim. 26 juin 2001,** n° 00-86.526, P n° 159

* V. s[s] n° 315.43.

« Attendu qu'il résulte de l'arrêt attaqué qu'une société française, ayant son siège dans le Val d'Oise, a importé de Chine 800 000 stylos à bille, qui, suspectés de contrefaire la marque "Bic 4 couleurs" enregistrée en France, ont été retenus par le service des Douanes du port d'Anvers ; qu'après dénonciation des faits par les autorités belges aux autorités françaises, la société Bic, titulaire de la marque, a porté plainte auprès du procureur de la République de Nanterre qui a poursuivi, par citation directe, notamment Max Haas, alors dirigeant de la société importatrice, pour délit d'importation de marchandises présentées sous une marque contrefaite ;

Attendu que le tribunal saisi s'est déclaré, d'office, territorialement incompétent aux motifs que la saisie n'avait pas eu lieu dans le département des Hauts-de-Seine, que la société importatrice, destinataire de la marchandise, et les prévenus n'y étaient pas domiciliés et que l'affaire, sans grande complexité, ne justifiait pas la saisine d'une juridiction spécialisée en matière économique et financière en application de l'article 704 du code de procédure pénale ;

Attendu que, sur l'appel du ministère public, la juridiction du second degré, pour annuler le jugement et évoquer, énonce que les premiers juges n'ont pas justifié leur décision d'incompétence au regard de l'article 704 précité ;

Attendu qu'en cet état, et dès lors que les parties ne sont pas admises à contester la mise en œuvre, au regard de la complexité apparente de l'affaire, des règles de compétence des juridictions spécialisées en matière économique et financière prévues par l'article 704 du code de procédure pénale, le moyen n'est pas recevable ;

Et attendu que l'arrêt est régulier en la forme :

REJETTE le pourvoi. »

> Problématique nées de la compétence concurrente (STAD)

• **Crim. 20 août 2018,** n° 18-84.728, P.

* V. s[s] n° 315.153

« Attendu que, pour écarter la compétence du juge d'instruction parisien, l'ordonnance énonce d'une part que celle-ci ne peut être retenue ni au titre du lieu de résidence de la personne soupçonnée, ni au titre du lieu de commission de l'infraction, ni au titre du lieu du siège social de la personne morale victime, s'agissant de faits susceptibles d'avoir été commis, soit depuis l'étranger, soit par une personne résidant en Seine-Saint-Denis, au siège d'une société située à Pierrefitte-sur-Seine, et d'autre part que la saisine fondée sur la compétence nationale concurrente du tribunal de grande instance de Paris pour les infractions relatives au système de traitement automatisé de données relève de la seule prérogative du procureur de la République, de sorte qu'elle ne peut être le fait de la partie civile ;

Attendu qu'en se déterminant ainsi, et dès lors que la société Webyseo a eu connaissance des réquisitions de non-informer du parquet et a pu faire valoir toutes ses observations en réponse, le juge d'instruction a justifié sa décision ;

D'où il suit que le recours doit être écarté ».

315.03 Bibliographie indicative.

> Sur la criminalité organisée

Encyclopédies. J.-Cl. Pr. pén., « Règles particulières en matière de trafic de stupéfiants », par J. Buisson ; « Règles particulières en matière de proxénétisme et de recours à la prostitution des mineurs », par M.-L. Rassat.

Articles. G. Beaussonie, « La fraude à l'article 706-73 du code de procédure pénale », *Gaz. Pal.* 15/21 août 2014, p. 19 – M. Caillebotte, « Bilan des juridictions interrégionales spécialisées », *AJ pénal* 2010. 110 – D. Chagnollaud, « La dernière enquête : Sherlock Holmes contre Jack l'éventreur (après la décision n° 2004-492 DC du 2 mars 2004, loi portant adaptation de la justice aux évolutions de la criminalité) », *LPA* 4 janv. 2005. 5 – P. Chrestia, « La loi du 23 janvier 2006 relative à la lutte contre le terrorisme : premières observations », *D.* 2006. Chron. 1409 – J. Danet, « De la procédure à la répression de la criminalité organisée, ou laquelle est l'instrument de l'autre », *AJ pénal* mai 2004, p. 192-195 – J. Dallest, « La JIRS de Marseille : un lustre d'activité dans la lutte contre la grande criminalité », *AJ pénal* 2010. 114 – A. Molla, « États d'âme d'avocat à propos des JIRS », *AJ pénal* 2010. 119 – F. Molins, « De la nécessité de lutter plus activement contre les nouvelles formes de criminalités », *AJ pénal* 2004. Dossier 177 – R. Piastra, note sous Cons. const. 2 mars 2004, *LPA* 10 févr. 2005. 8 ; « Lutte contre le terrorisme : la spécificité de la loi française, Interview de Jean-François Ricard et Marie-Antoinette Houyvet », *AJ pénal* 2004. Dossier 191 – D. Thomas-Taillandier, « La procédure pénale en matière de criminalité et de délinquance organisés dix après la loi Perben II », *Gaz. Pal.* 15/21 août 2014, p. 15 – E. Vergès, « La notion de criminalité organisée après la loi du 9 mars 2004 », *AJ pénal* 2004. Dossier 181 – H. Vlamynk, « Le trafic de stupéfiants et les procédures policières afférentes », *AJ pénal* 2004. Dossier 187.

> Sur le terrorisme

Articles. J. Alix, « Fallait-il étendre la compétence des juridictions pénales en matière terroriste ? (à propos de l'article 2 de la loi n° 2012-1432 du 21 décembre 2012 relative à la sécurité et à la lutte contre le terrorisme) », *D.* 2013. 518 – D. Brach-Thiel, « Le nouvel article 113-13 du code pénal : contexte et analyse », *AJ pénal* 2013. 90 – M.-H. Gozzi, « Sécurité et lutte contre le terrorisme : l'arsenal juridique encore renforcé », *D.* 2013. 194 – T. Herran, « La nouvelle compétence française en matière de terrorisme. – Réflexions sur l'article 113-13 du code pénal », *Dr. pénal* 2013. Ét. 10.

> Sur les autres spécialisations

Encyclopédies. J.-Cl. Pr. pén., « Poursuite, instruction et jugement des infractions commises par les personnes morales », par J.-Y. Maréchal ; « Infractions en matière économique et financière », par A. Blanchot ; « Règles particulières en matière de terrorisme : règles de compétence et de procédure », par T. Cassuto.

Thèse. C. Lacroix, *La réparation des dommages en cas de catastrophe*, « BDPr », Lgdj, 2008, n°s 595 s.

Articles. E. Allain, « Présentation des principales dispositions de l'ordonnance n° 2012-1218 du 2 novembre 2012 portant réforme pénale en matière maritime », *AJ pénal* 2012. 589 – H. Ascencio, « Une entrée mesurée dans la modernité du droit international pénal. À propos de la loi du 9 août 2010 », *JCP* 2010. Étude 910 – A.-S. Chavant-Leclère, « Les juridictions interrégionales spécialisées : des compétences originales », *AJ pénal* 2010. 106 – L. de Graëve, « Quand le droit pénal français procède au cabotage législatif. À propos de l'ordonnance du 2 novembre 2012 portant réforme pénale en matière maritime », *Dr. pénal* 2013. Étude 1 – A. Devos, « La création d'un pôle judiciaire crimes contre l'humanité, crimes et délits de guerre, Histoire et enjeux », *AJ pénal* 2013. 255 – E. Letouzey, « La spécialisation des juridictions et des procédures dans les affaires de mineurs », *Dr. pénal* 2012. Étude 20 – T. Potaskin, « La poursuite du processus de spécialisation de la justice pénale (commentaire des articles 22, 23 et 24 de la loi du 13 décembre 2011 relative à la répartition des contentieux et à l'allégement de certaines procédures juridictionnelles) », *D.* 2012. 452 – E. Vergès, C. Ribeyre, A.-G. Robert, « Loi n° 2010-930 du 9 août 2010 portant adaptation du droit pénal à l'institution de la Cour pénale internationale : une avancée marquante de la répression en France des crimes de guerre et des crimes contre l'humanité », *RSC* 2010. 896.

> Sur la compétence universelle

Articles. J. Baroudy, « La compétence universelle en mutation... (À propos de la loi française n° 2010-930 du 9 août 2010) », *RSC* 2011. 228 – D. Brach-Thiel, « La victime d'une infraction extraterritoriale », *RSC* 2010. 819 ; « L'heureux toilettage de l'article 113-8-1 du code pénal », *AJ pénal* 2013. 517 ; « Et une compétence universelle de plus... », *AJ pénal* 2013. 520 – A.-S. Chavent-Leclère, « Adaptation du code pénal français aux engagements européens », *AJ pénal* 2013. 510 – A. Giudicelli, « Compétence universelle : caractère suffisant de la présence en France de l'une des personnes soupçonnées d'avoir commis les faits », *RSC* 2007. 566 – N. Le Coz, « La répression des atteintes aux personnes dans la loi n° 2013-711 du 5 août 2013 », *AJ pénal* 2013. 512 ; « L'entraide pénale dans l'Union européenne – Retour sur les (r)évolutions procédurales introduites par la loi n° 2013-711 du 5 août 2013 », *AJ pénal* 2013. 523 – E. Le Gall, « De la Cour d'assises de Paris à l'Assemblée nationale : retour sur la compétence universelle comme instrument de répression des crimes internationaux », *AJ pénal* 2014. 148.

SECTION 1

INFRACTIONS ÉCONOMIQUES ET FINANCIÈRES, D'UNE GRANDE COMPLEXITÉ OU RESSORTANT DE LA CRIMINALITÉ ORGANISÉE

315.11 Le choix de juridictions et de chambres spécialisées. Dans les affaires qui sont ou apparaîtraient d'une grande complexité, en raison notamment du grand nombre d'auteurs, de complices ou de victimes ou du ressort géographique sur lequel ces infractions ont été commises, la compétence territoriale d'un tribunal judiciaire peut être étendue au ressort de plusieurs cours d'appel pour l'enquête, la poursuite, l'instruction et, s'il s'agit de délits, le jugement d'un certain nombre d'infractions[1].

Depuis la loi du 9 mars 2004[2], ont en effet été instaurées des juridictions interrégionales spécialisées (JIRS) compétentes en matière de criminalité organisée mais aussi pour les affaires économiques et financières d'une très grande complexité, cette dénomination englobant également, et à titre d'exemples, des délits en matière électorale ou d'urbanisme, de propriété intellectuelle ou de jeux de hasard, ce qui en élargit assez considérablement le champ[3].

Au sein de chacune des cours d'appel concernée dont la compétence territoriale est donc étendue au ressort d'une ou plusieurs cours d'appel, le premier président et le procureur général désignent respectivement des magistrats du siège et du parquet général chargés spécialement du jugement des délits et du traitement de ces affaires. Dans le ressort de ces cours d'appel, dont la liste est fixée par décret, un tribunal judiciaire est compétent pour l'enquête, la poursuite, l'instruction et, s'il s'agit de délits, le jugement de ces infractions, dans les affaires qui sont ou apparaîtraient d'une grande complexité.

Au sein de chaque tribunal judiciaire dont la compétence territoriale est étendue au ressort d'une ou plusieurs cours d'appel, le premier président, après avis du président du tribunal judiciaire donné après consultation de la commission restreinte de l'assemblée des magistrats du siège, désigne un ou plusieurs juges d'instruction et magistrats du siège chargés spécialement de l'instruction et, s'il s'agit de délits, du jugement des infractions entrant dans le champ d'application du présent article. Le procureur général, après avis du procureur de la République, désigne un ou plusieurs magistrats du parquet chargés de l'enquête et de la poursuite des infractions entrant dans le champ d'application du présent article.

Il faut signaler qu'en cas d'extension de compétence la juridiction saisie reste compétente quelles que soient les incriminations retenues lors du règlement ou du jugement de l'affaire sous réserve de l'application des dispositions des articles 181 et 469. Si les faits constituent une contravention, le juge d'instruction prononce le renvoi de l'affaire devant le tribunal de police compétent en application de l'article 522[4].

1. C. pr. pén., art. 704 ; mod. par L. n° 2014-1353, 13 nov. 2014.
2. L. n° 2004-204, 9 mars 2004 portant adaptation de la justice aux évolutions de la criminalité, *JO* 10 mars, p. 4567 – C. pr. pén., 706-73 s.
3. V. s^s n°s 315.41 s.
4. C. pr. pén., art. 704-1, mod. par L. n° 2011-1862, 13 déc. 2011.

L'organisation interne de telle juridiction peut aussi confier à une telle chambre le jugement des affaires fiscales[1].

315.12 **Liste des juridictions compétentes.** L'article D. 47-12-7[2] du code de procédure pénale, dans sa rédaction issue du décret du 16 septembre 2004[3] modifiée par le décret du 14 décembre 2011[4] désigne les huit tribunaux judiciaires et cours d'assises qui se voient ainsi attribuer une compétence supplémentaire qu'ils exercent sur toute l'étendue de leur ressort élargi.

Il s'agit des juridictions interrégionales spécialisées dans la lutte contre la criminalité et la délinquance organisées (JIRS), également compétentes pour les affaires financières d'une grande complexité.

TABLEAU 315.12-1. JURIDICTIONS COMPÉTENTES EN MATIÈRE DE CRIMINALITÉ ORGANISÉE

TRIBUNAUX judiciaires compétents	COURS D'ASSISES COMPÉTENTES	COMPÉTENCE TERRITORIALE s'étendant au ressort des cours d'appel ou des tribunaux supérieurs d'appel de :
Bordeaux	Cour d'assises de la Gironde	Agen, Bordeaux, Limoges, Pau, Toulouse
Lille	Cour d'assises du Nord	Amiens, Douai, Reims, Rouen
Lyon	Cour d'assises du Rhône	Chambéry, Grenoble, Lyon, Riom
Marseille	Cour d'assises des Bouches-du-Rhône	Aix-en-Provence, Bastia, Montpellier, Nîmes
Nancy	Cour d'assises de Meurthe-et-Moselle	Besançon, Colmar, Dijon, Metz, Nancy
Paris	Cour d'assises de Paris	Bourges, Paris, Orléans, Versailles, Mamoudzou, Nouméa, Papeete, Saint-Denis de La Réunion, Saint-Pierre-et-Miquelon
Rennes	Cour d'assises d'Ille-et-Vilaine	Angers, Caen, Poitiers, Rennes
Fort-de-France	Cour d'assises de la Martinique	Basse-Terre, Cayenne, Fort-de-France

Les articles D. 47-2 et D. 47-3 du code de procédure pénale, primitivement issus du décret du 16 septembre 2004[5] désignent les tribunaux judiciaires respectivement compétents en matière économique et financière en application de l'alinéa 1 de l'article 704 pour connaître, dans les circonscriptions définies à ce tableau, des infractions mentionnées aux alinéas 2 à 17 du même article.

TABLEAU 315.12-2. JURIDICTIONS COMPÉTENTES EN MATIÈRE ÉCONOMIQUE ET FINANCIÈRE

TRIBUNAUX judiciaires compétents	COMPÉTENCE TERRITORIALE s'étendant au ressort des cours d'appel ou des tribunaux supérieurs d'appel de :
Bordeaux	Agen, Bordeaux, Limoges, Pau, Toulouse
Lille	Amiens, Douai, Reims, Rouen
Lyon	Chambéry, Grenoble, Lyon, Riom
Marseille	Aix-en-Provence, Bastia, Montpellier, Nîmes
Nancy	Besançon, Colmar, Dijon, Metz, Nancy
Paris	Bourges, Paris, Orléans, Versailles Mamoudzou, Nouméa, Papeete, Saint-Denis-de-la-Réunion, Saint-Pierre-et-Miquelon
Rennes	Angers, Caen, Poitiers, Rennes
Fort-de-France	Basse-Terre, Cayenne, Fort-de-France

Les juridictions concernées comptent par suite une ou plusieurs chambres spécialisées chargées des infractions économiques et financières[6]. L'organisation interne de telle juridiction peut aussi confier à une telle chambre le jugement des affaires fiscales.

Par application de l'article 704, alinéas 22 et 24, du code de procédure pénale, sont ainsi compétentes les cours d'appel dans le ressort desquelles un tribunal judiciaire est désigné pour connaître des infractions mentionnées aux alinéas 2 à 17 suivantes[7] :

TABLEAU 315.12-3. COURS D'APPEL COMPÉTENTES EN MATIÈRE ÉCONOMIQUE ET FINANCIÈRE

COURS D'APPEL	TRIBUNAUX JUDICIAIRES COMPÉTENTS
Bastia	Bastia
Versailles	Nanterre

1. V. s[s] n° 315.21.
2. Initialement numéroté D. 47-13, transféré par décr. n° 2022-67, 20 janv. 2022 relatif à la procédure applicable aux crimes sériels ou non élucidés, art. 2.
3. Décr. n° 2004-984, 16 sept. 2004 fixant la liste et le ressort des tribunaux spécialisés et des juridictions interrégionales et relatif à la définition des matières donnant lieu à l'attribution d'un diplôme permettant l'exercice des fonctions d'assistant spécialisé, *JO* 18 sept., p. 16274 ; mod. par décr. n° 2007-699, 3 mai 2007 ; v. dossier *AJ pénal* 2004. 177.
4. Décr. n° 2011-1878, 14 déc. 2011, entré en vigueur au 1er janvier 2012.
5. Décr. n° 2004-984, 16 sept. 2004 fixant la liste et le ressort des tribunaux spécialisés et des juridictions interrégionales et relatif à la définition des matières donnant lieu à l'attribution d'un diplôme permettant l'exercice des fonctions d'assistant spécialisé, *JO* 18 sept., p. 16274 ; mod. par décr. n° 2017-1016, 10 mai 2017, *JO* 11 mai, n° 155.
6. Treize types de délit forment la compétence de ces juridictions. Certains alinéas antérieurs ont été abrogés.
7. C. pr. pén., art. D. 47-2 ; mod. par décr. n° 2019-966, 18 sept. 2019, art. 8.

315.13 Création de la Junalco. La loi de programmation 2018-2022 et de réforme de la Justice du 23 mars 2019[1] confère désormais au tribunal judiciaire et à la cour d'assises de Paris une compétence nationale concurrente pour les affaires de très grande complexité.

L'alinéa 4 de l'article 706-75 du code de procédure pénale dispose ainsi « Toutefois, le tribunal judiciaire et la cour d'assises de Paris exercent une compétence concurrente sur l'ensemble du territoire national pour l'enquête, la poursuite, l'instruction et le jugement des crimes et délits mentionnés au premier alinéa du présent article [crimes et délits visés à l'article 706-73, à l'exception du 11°, 706-73-1, à l'exception du 11°, ou 706-74], dans les affaires qui sont ou apparaîtraient d'une très grande complexité, en raison notamment du ressort géographique sur lequel elles s'étendent ».

C'est dans ce cadre qu'a été créée la juridiction nationale chargée de la lutte contre la criminalité organisée (Junalco) dont une circulaire du garde des Sceaux[2], du 17 décembre 2019, est venue préciser le rôle, abordant notamment la question de l'articulation de la compétence de la Junalco avec celle des JIRS et développant sur la nécessaire coopération des différents acteurs en matière de lutte contre la criminalité organisée.

La loi du 23 mars 2019 n'a pas étendu la compétence nationale concurrente de la Junalco aux infractions en matière économique et financière visées à l'article 704 du code de procédure pénale.

Une circulaire du 4 octobre 2021 de la DACG[3] relative à la lutte contre la fraude fiscale est venue préciser le rôle de cette juridiction[4].

§ 1
Infractions fiscales

315.21 Compétence. Il n'est pas prévu *a priori* de règles dérogatoires en matière de compétence pour la poursuite et le jugement des infractions fiscales en sorte que toute juridiction correctionnelle peut être appelée à en connaître. Pour exemple, selon l'article L. 231 du livre des procédures fiscales, les poursuites pour fraude fiscale sont portées, sous réserve de la connexité des infractions, devant le tribunal correctionnel dans le ressort duquel l'un quelconque des impôts en cause aurait dû être établi ou acquitté. Justifie dès lors sa décision la cour d'appel qui, dans les poursuites exercées contre le dirigeant d'une société, soustraite à l'établissement et au paiement de la TVA, retient la compétence du tribunal du lieu du nouveau siège social, transféré au cours de la période visée à la prévention, en relevant que les faits commis au lieu des sièges successifs sont connexes[5].

Pour autant, et dans l'hypothèse d'infractions graves et complexes, il ne semble y avoir que des avantages à ce que des magistrats et des juridictions spécialisés aient à connaître de ce contentieux technique.

Ainsi en la matière, au-delà de la juridiction compétente en application des règles ordinaires, ce seront les JIRS, le PNF ou la Junalco qui pourront être saisis[6].

315.22 Commission des infractions fiscales (CIF). La spécificité est ici que sous peine d'irrecevabilité, les plaintes tendant à l'application de sanctions pénales en matière d'impôts directs, de taxe sur la valeur ajoutée et autres taxes sur le chiffre d'affaires, de droits d'enregistrement, de taxe de publicité foncière et de droits de timbre sont déposées par l'administration sur avis conforme de la commission des infractions fiscales, en abrégé CIF[7]. Le « verrou de Bercy » a fait, et continuera à faire, l'objet de fortes critiques en ce qu'il limite le principe de l'opportunité des poursuites reconnu au ministère public. Il a toutefois été partiellement levé, par la modification de l'article L. 228-1 du Livre des procédures fiscales, issue de la loi du 23 octobre 2018[8].

La composition de cette commission est prévue par l'article 1741 A et 384 *septies* 0-A du code général des impôts. La chambre criminelle a eu l'occasion de juger qu'en l'absence de dispositions législatives interdisant, expressément ou implicitement, au ministre de l'Économie et des Finances de déléguer son droit de saisir la Commission des infractions fiscales au secrétaire d'État au Budget, lui-même membre du Gouvernement, et dès lors qu'un décret du président de la République autorise le secrétaire d'État au Budget à exercer, par délégation, certaines attributions du ministre de l'Économie et des Finances, notamment en matière fiscale, ledit secrétaire d'État est compétent pour saisir la

1. L. n° 2019-222, 23 mars 2019, *JO* 24 mars, n° 2.
2. Circ. Crim. 2019-21/GI/29.11.2019, JUS D 1934576 C, relative à la compétence nationale concurrente du tribunal de grande instance et de la cour d'assises de Paris dans la lutte contre la criminalité organisée de très grande complexité, et à l'articulation du rôle des différents acteurs judiciaires en matière de lutte contre la criminalité organisée.
3. Circ. CRIM « 2021 » – 10 / G3 – 04/10/2021 N/*REF* : *DP* 2021/F/0122/FC4.
4. V. s[s] n° 315.25.
5. Crim. 11 janv. 2006, n° 05-83.207, P n° 17 ; *AJ pénal* 2006. 124.
6. V. s[s] n° 315.25.
7. LPF, art. L. 228, R. 228-1 s.
8. L. n° 2018-898, 23 oct. 2018 relative à la lutte contre la fraude, *JO* 24 oct., n° 1, art. 36.

Commission des infractions fiscales en application de l'article L. 228 du livre des procédures fiscales [1].

Plusieurs types de critiques ont été émises sur la composition ou le fonctionnement de cette commission qui à ce jour ont été régulièrement rejetées par la Cour de cassation. Ainsi a-t-il été jugé que le principe du contradictoire reconnu par la convention européenne des droits de l'homme ne peut s'appliquer devant la Commission des infractions fiscales qui n'est qu'un organisme consultatif destiné à donner un avis au ministre chargé des Finances sur l'opportunité des poursuites, non un premier degré de juridiction et le contribuable conserve la possibilité de connaître et de discuter ultérieurement, devant un tribunal indépendant et impartial, les charges retenues contre lui [2].

La chambre criminelle a toutefois fini par saisir le Conseil constitutionnel de la question prioritaire de constitutionnalité formulée en ces termes : « Les dispositions prévues par l'article 1er de la loi du 29 décembre 1977 [3] portent-elles atteinte au principe constitutionnel de séparation des pouvoirs et à l'article 64 de la Constitution, qui garantit l'indépendance des juridictions ? » Suivant décision du 22 juillet 2016, le Conseil constitutionnel a retenu que les mots « sous peine d'irrecevabilité, » figurant au premier alinéa de l'article L. 228 du livre des procédures fiscales étaient conformes à la Constitution en développant quatre motifs, pouvant ne pas convaincre, dans les points 12 à 15 de sa décision [4].

En l'absence de preuve contraire, les mentions portées sur l'avis conforme rendu par la Commission des infractions fiscales, signé de son président, suffisent à établir la régularité de la procédure suivie devant cet organisme. Encourt dès lors la censure l'arrêt d'une cour d'appel qui, pour déclarer irrecevables les poursuites du chef de fraude fiscale, énonce, notamment, que l'absence de production, par l'Administration des impôts, partie civile, de la lettre adressée au contribuable en application des dispositions de l'article R. 228-2 du livre des procédures fiscales, ne permet pas de vérifier la régularité de la procédure suivie [5].

Selon les articles L. 228 et R. 228-2 du livre des procédures fiscales, la Commission des infractions fiscales n'a pas d'autre obligation que d'informer le contribuable de sa saisine, par lettre recommandée avec avis de réception expédiée à sa dernière adresse connue, la réception effective de cette lettre ne dépendant pas de ladite Commission. Encourt dès lors la censure l'arrêt d'une cour d'appel qui, pour annuler les poursuites du chef de fraude fiscale, retient que le prévenu n'a pas reçu ladite lettre en relevant des griefs qui, à les supposer établis, n'étaient imputables qu'au préposé de La Poste chargé de la distribution du courrier [6].

Si la loi relative à la lutte contre la fraude du 23 octobre 2018 élargit le champ d'intervention de l'autorité judiciaire en matière de fraude fiscale et définit des cas de saisine obligatoire du procureur de la République (V. ss no 315.25), pour les affaires ne réunissant pas les critères légaux, une plainte préalable de l'administration ayant recueilli un avis favorable de la CIF reste nécessaire pour permettre à l'autorité judiciaire d'engager des poursuites [7].

315.23 **Prescription.** La prescription de l'action publique est suspendue pendant une durée maximum de six mois entre la date de saisine de la commission des infractions fiscales et la date à laquelle cette commission émet son avis [8]. Mais la plainte de l'Administration des impôts, préalable aux poursuites du chef de fraude fiscale, ne constitue pas un acte de poursuite ou d'instruction au sens de l'article 7 du code de procédure pénale et n'a pas d'effet interruptif de la prescription de l'action publique [9]. Et le délai triennal de prescription des délits prévus par les articles 1741 et 1743 du code général des impôts, qui ne court qu'à partir du 31 décembre suivant la date à laquelle les déclarations fiscales ont été ou auraient dû être déposées et les écritures comptables ont été ou auraient dû être reportées au livre d'inventaire, ne peut être interrompu que par un acte d'instruction ou de poursuite [10].

315.24 **Saisine *in rem/in personam*.** En ce qui concerne la marge laissée au parquet, on citera l'arrêt ayant jugé que l'avis émis par la Commission des infractions fiscales ayant un caractère réel et non personnel, le ministère public dispose de la

1. Crim. 31 oct. 2000, no 99-86.980, P no 325.
2. Crim. 7 mars 2001, no 00-82.538, P no 60 ; *RSC* 2001. 802, obs. B. Bouloc – Crim. 16 mai 2001, no 00-82.649, P no 126 ; *D.* 2001. 2000.
3. L. no 77-1453, 29 déc. 1977 accordant des garanties de procédure aux contribuables en matière fiscale et douanière, *JO* 30 déc., p. 6279.
4. Cons. Const. 22 juill. 2016, no 2016-555 QPC, art. conformé L. 228 (mots) du LPF, *subordination de la mise en mouvement de l'action publique en matière d'infractions fiscales à une plainte de l'administration*, conformité, *JO* 24 juill. ; *AJDA* 2016. 1925 ; *D.* 2016. 1569 ; *D.* 2017. 1328, obs. N. Jacquinot et R. Vaillant ; *Constitutions* 2016. 651, chron. L. Alice Bouvier ; *RSC* 2016. 529, obs. S. Detraz.
5. Crim. 9 mars 2005, no 04-87.507, P no 85 ; *D.* 2005. 1113 ; *RSC* 2006. 622, obs. H. Matsopoulou.
6. Crim. 3 déc. 2008, no 08-83.053, P no 244 ; *AJ pénal* 2009. 77 ; *RSC* 2009. 600, obs. H. Matsopoulou.
7. On rappellera en revanche la suppression de l'avis de la CIF pour les dossiers de présomption caractérisée de fraude fiscale.
8. LPF, art. L. 230.
9. Crim. 19 mai 2005, no 04-85.076, P no 150 ; *RSC* 2006. 622, obs. H. Matsopoulou.
10. Crim. 23 févr. 2011, no 10-88.068, P no 37.

faculté de poursuivre le ou les auteurs des faits ayant justifié cette saisine, ainsi que leurs complices, sans être lié par le fait que la Commission, qui a suivi régulièrement la procédure à l'égard des personnes concernées, ait rendu un avis favorable seulement à l'égard de certaines d'entre elles. Encourt, dès lors, la cassation l'arrêt qui, pour déclarer irrecevable la poursuite engagée par le ministère public à l'encontre du gérant de droit d'une société, retient que l'avis défavorable émis par la Commission des infractions fiscales concernant ce dirigeant faisait obstacle à l'exercice d'une telle poursuite, alors que la plainte de l'Administration des impôts saisit nécessairement le procureur de la République de tous les faits qu'elle dénonce et qu'il appartient à ce magistrat de poursuivre devant le tribunal correctionnel les personnes contre lesquelles il estime qu'il existe des charges suffisantes d'avoir commis les délits dénoncés [1].

315.25 **Poursuites.** Détaillent en particulier les nouvelles dispositions en matière de poursuites, voies de poursuites et sanctions, les publications suivantes :

– une circulaire relative à la réforme de la procédure de poursuite pénale de la fraude fiscale et au renforcement de la coopération entre l'administration fiscale et la Justice en matière de lutte contre la fraude fiscale du 7 mars 2019 [2], qui rappelle notamment,

– que sans préjudice des plaintes dont elle prend l'initiative, l'administration fiscale est désormais tenue de dénoncer au procureur de la République les faits examinés dans le cadre de son pouvoir de contrôle ayant, sur des droits rappelés dont les montants sont supérieurs à 100 000 euros, conduit à l'application de certaines majorations à savoir :

1° soit la majoration de 100 % prévue à l'article 1732 du code général des impôts 2 ;

2° soit la majoration de 80 % prévue au c du 1 de l'article 17283, aux b ou c de l'article 17294, au I de l'article 1729-0 A5 ou au dernier alinéa de l'article 1758 du code général des impôts ;

3° soit la majoration de 40 % prévue au b du 1 de l'article 17287 ou aux a ou b de l'article 1729 du code général des impôts 8, lorsqu'au cours des six années civiles précédant son application, le contribuable a déjà fait l'objet de l'application des majorations mentionnées aux 1° et 2° et au présent 3° 9 ou d'une plainte de l'administration ;

– et de dénoncer également au procureur de la République, sans condition de réitération, les faits ayant donné lieu à l'application sur des droits dont les montants sont supérieurs à 50 000 euros, de majorations de 40 %, 80 % ou 100 %, lorsque les contribuables en cause sont soumis à une obligation de déclaration auprès de la Haute Autorité pour la transparence de la vie publique (HATVP) en application de l'article LO 135-1 du code électoral et des articles 4 et 11 de la loi n° 2013-907 du 11 octobre 2013 ;

– la circulaire du garde des Sceaux du 17 décembre 2019 précitée ;

– une circulaire du Premier ministre du 27 avril 2021 sur le nouveau dispositif interministériel de coordination en matière de lutte contre la fraude aux finances publiques présente les différentes priorités assignées aux CODAF ;

– une importante circulaire de la DACG en date du 4 octobre 2021 relative à la lutte contre la fraude fiscale [3] qui détaille les modalités d'orientation des procédures vers les juridictions non spécialisées ou spécialisées (JIRS, Junalco [4], PNF) et précise l'éventail des modes de poursuites envisageables (CRPC, CJIP) outre le renforcement de la répression en matière de poursuites correctionnelles classiques. Elle encourage :

– plus particulièrement la saisine des JIRS en matière de fraude fiscale ou de blanchiment de ce délit dans chaque dossier transmis par l'administration fiscale et relevant d'une « grande complexité » [5],

– la saisine du PNF pour les infractions de fraude fiscale et connexes prévues aux articles 1741 et 1743 du code général des impôts lorsqu'elles sont commises dans l'une ou l'autre des circonstances suivantes :

• en bande organisée ;

• lorsqu'existent des « présomptions caractérisées » que ces infractions résultent de l'un des comportements mentionnés aux 1° à 5° de l'article L. 228 du livre des procédures fiscales soit :

* l'utilisation de comptes ouverts ou de contrats souscrits auprès d'organismes établis à l'étranger,

* l'interposition de personnes ou d'organismes établis à l'étranger,

1. Crim. 14 nov. 2002, n° 02-80.330, P n° 206.
2. Circ. ministère de l'Action et des Comptes publics, direction générale des finances publiques et ministère de la Justice, direction des affaires criminelles et des grâces, NOR : CPAE1832503C, du 7 mars 2019.
3. Circ. CRIM « 2021 » – 10 / G3 – 04/10/2021, réf. *DP* 2021/F/0122/FC4, BOMJ 8 oct. ; E. Daoud et a., « Circulaire du 4 octobre 2021 de lutte contre la fraude fiscale », *D. actu.* 21 oct. 2021 et chroniques suivantes.
4. Juridiction nationale chargée de la lutte contre la criminalité organisée (Junalco) pour les affaires de « très grande complexité », notamment en matière fiscale.
5. E. Daoud et a., « Circulaire du 4 octobre 2021 : Épisode 3, La saisine des juridictions spécialisées », *D. actu.,* 10 nov. 2021.

* l'usage d'une fausse identité ou de faux documents, (iv) une domiciliation fiscale fictive ou artificielle à l'étranger, ou encore (v) toute manœuvre destinée à égarer l'administration).

Les escroqueries à la TVA entrent également dans le champ de compétence du PNF dès lors qu'elles sont d'une « grande complexité », « en raison notamment du grand nombre d'auteurs, de complices ou de victimes ou du ressort géographique sur lequel elles s'étendent » (C. pr. pén., art. 705, 3°). De même en matière de blanchiment de ces infractions.

La répartition des compétences entre les JIRS et la Junalco, s'opérant en fonction du critère de la « très grande complexité », dont la circulaire du 17 décembre 2019 précitée est venue préciser qu'il devait être apprécié, comme le prévoit l'article 706-75 du code de procédure pénale, en raison notamment du ressort géographique des infractions, mais également en tenant compte :

- de l'implication de groupes criminels présentant des capacités financières, des niveaux d'organisation et de structuration hautement sophistiqués ;
- de l'ampleur de la procédure (nombre d'auteurs ou de victimes) ;
- et de la technicité des dossiers, rendant nécessaires des connaissances très pointues et spécifiques (notamment l'usage de technologies innovantes, la Junalco disposant d'un pôle dédié à la lutte contre la cybercriminalité).

315.26 **Solidarité.** Enfin, et cette fois en termes de pénalité, la solidarité, prévue par l'article 1745 du code général des impôts est une mesure pénale que les juges peuvent prononcer en cas de condamnation pour l'un des délits prévus et punis par les articles 1741, 1742 et 1743 du même code. Justifie, dès lors, sa décision, la cour d'appel qui, infirmant sur les seuls appels du ministère public et du prévenu le jugement ayant relaxé partiellement ce dernier et limité la solidarité au montant de la fraude retenue, le déclare coupable de tous les faits de fraude fiscale visés à la prévention et dit qu'il sera solidairement tenu, avec le redevable légal de l'impôt, au paiement de l'ensemble des impôts fraudés et des pénalités y afférentes[1].

§ 2
Criminalité et délinquance organisée

315.31 **Criminalité et délinquance organisée – Évolution du cadre législatif.** Un titre consacré à la procédure applicable à la criminalité et à la délinquance organisée a été inséré dans le code de procédure pénale par la loi du 9 mars 2004[2]. Les articles qu'il contient apportent des aménagements considérables pour les infractions visées par les articles 706-73 et 706-74 du code de procédure pénale. Certains ont déjà été évoqués *supra* pour les matières économiques, financières et fiscales complexes.

315.32 **Compétence concurrente.** L'article 706-75[3] du code de procédure pénale prévoit que la compétence territoriale d'un tribunal judiciaire et d'une cour d'assises peut être étendue au ressort d'une ou plusieurs cours d'appel pour l'enquête, la poursuite, l'instruction et le jugement, dans les affaires complexes, des crimes et délits entrant dans le champ d'application des articles 706-73, à l'exception du 11° (actes de terrorisme), du 11° *bis* (atteinte aux intérêts fondamentaux de la nation) et du 18° (délits punis de dix ans d'emprisonnement, contribuant à la prolifération des armes de destruction massive et de leurs vecteurs), 706-73-1, à l'exclusion du 11°(atteinte aux intérêts fondamentaux de la nation), ou 706-74 (bande organisée et associations de malfaiteurs).

Comme en matière économique et financière, les formalités prescrites par l'article 706-77 du code de procédure pénale ayant été observées, et dès lors qu'il résulte de l'ordonnance par laquelle le juge d'instruction s'est dessaisi au profit de la juridiction interrégionale spécialisée que les infractions pour lesquelles les requérants sont mis en examen entrent dans les prévisions des articles 706-73 et 706-74 dudit code et que ces infractions, à les supposer établies, apparaissent d'une grande complexité, il n'y a pas lieu d'accueillir les recours et il convient de désigner, pour poursuivre l'information, le juge d'instruction du tribunal judiciaire de la juridiction interrégionale compétente en matière de criminalité et de délinquance organisée[4]. L'ordonnance de dessaisissement rendue par le juge d'instruction sur le fondement de l'article 706-77 du même code peut seulement, à l'exclusion de toute autre voie de recours, être déférée, à la requête du ministère public ou des parties, soit à la chambre de l'instruction si la juridiction spécialisée au profit de laquelle le dessaisissement a été ordonné ou refusé se trouve dans le ressort de la cour d'appel dans lequel se situe la juridiction initialement saisie, soit, dans le cas contraire, à la chambre criminelle de la Cour de cassation. Ce texte exclut donc la possibilité de se pourvoir

1. Crim. 19 mai 2010, n° 09-83.970, P n° 89 ; *AJ pénal* 2010. 445, obs. J. Lasserre Capdeville.
2. L. n° 2004-204, 9 mars 2004, préc. ; mod. par L. n° 2017-1510, 30 oct. 2017.
3. C. pr. pén., art. 706-75 ; [mod. par Ord. n° 2019-964, 18 sept. 2019, art. 35].
4. Crim. 2 févr. 2005, n° 05-80.623, P n° 42 ; *D.* 2005. 737 ; *AJ pénal* 2005. 202, obs. G. Roussel.

contre un arrêt de chambre de l'instruction statuant en cette matière[1].

L'article 706-75 du code de procédure pénale a pour objet d'étendre la compétence territoriale d'un tribunal judiciaire au ressort d'une ou plusieurs cours d'appel pour l'enquête, la poursuite, l'instruction et le jugement des crimes et délits visés à celui-ci. Ces juridictions n'exercent qu'une compétence facultative et concurrente à celle des juridictions de droit commun. Dès lors, la Cour de cassation pouvait valablement renvoyer la cause et les parties, en application de l'article 609 du code de procédure pénale, devant une juridiction non spécialisée[2].

315.33 Proxénétisme – Trafic de stupéfiants. Le proxénétisme et le trafic de stupéfiants entrent dans la liste dressée par l'article 706-73 du code de procédure pénale.

En matière de traite des êtres humains, de proxénétisme ou de recours à la prostitution des mineurs, les infractions prévues par les articles 225-5 à 225-12-4 du code pénal, ainsi que le délit de participation à une association de malfaiteurs prévu par l'article 450-1 du même code lorsqu'il a pour objet de préparer l'une de ces infractions, sont poursuivies, instruites et jugées selon les règles du présent code, sous réserve des dispositions du Titre XVII du livre 4 du code de procédure pénale[3]. Il n'existe toutefois pas de règle particulière touchant à la compétence.

Il en est de même dans la matière du trafic de stupéfiants, visés au Titre XV du même Livre, à l'exception de règles de compétence relatives à la composition et au fonctionnement de la cour d'assises, qui sont fixées par les dispositions de l'article 698-6[4].

§ 3
Infractions complexes

315.41 Compétence pour les affaires d'une grande complexité. Pour la poursuite, l'instruction et, s'il s'agit de délits, le jugement des infractions prévues à l'article 704 et des infractions connexes, le procureur de la République, le juge d'instruction et la formation correctionnelle spécialisée du tribunal judiciaire visé au même article exercent une compétence concurrente à celle qui résulte de l'application des articles 43, 52, 382 et 706-42[5].

La compétence étant ici concurrente c'est le procureur de la République qui saisit la chambre spécialisée, dans le cas où il serait saisi d'une affaire d'une grande complexité touchant aux délits entrant dans le champ énuméré par l'article 704. La loi du 23 janvier 2006[6] n'a modifié l'article 704[7] du code de procédure pénale qu'en remplaçant la référence à l'article 450-2-1 du code pénal par celle à l'article 321-6-1. La loi du 6 décembre 2013[8] y a ajouté les articles L. 106 à L. 109 du code électoral et l'ordonnance du 2 octobre 2019[9] les articles L. 324-3, L. 324-13 et L. 324-14 du Code de la sécurité intérieure, de telle sorte que l'article 704 est désormais ainsi libellé :

« Dans les affaires qui sont ou apparaîtraient d'une grande complexité, en raison notamment du grand nombre d'auteurs, de complices ou de victimes ou du ressort géographique sur lequel elles s'étendent, la compétence territoriale d'un tribunal judiciaire peut être étendue au ressort de plusieurs cours d'appel pour l'enquête, la poursuite, l'instruction et, s'il s'agit de délits, le jugement des infractions suivantes :

1° Délits prévus par les articles 222-38, 223-15-2, 313-1 et 313-2, 313-6, 314-1 et 314-2, 323-1 à 323-4, 324-1 et 324-2, 432-10 à 432-15, 433-1 et 433-2, 434-9, 434-9-1, 442-1 à 442-8 et 321-6-1 du code pénal ;

2° Délits prévus par le code de commerce ;

3° Délits prévus par le code monétaire et financier ;

4° Délits prévus par le code de la construction et de l'habitation ;

5° Délits prévus par le code de la propriété intellectuelle ;

6° Délits prévus par les articles 1741 à 1753 *bis* A du code général des impôts ;

7° Délits prévus par le code des douanes ;

8° Délits prévus par le code de l'urbanisme ;

9° Délits prévus par le code de la consommation ;

10° Délits prévus aux articles L. 106 à L. 109 du code électoral ;

11° (Abrogé) ;

12° Délits prévus par les articles L. 324-3, L. 324-13 et L. 324-14 du Code de la sécurité intérieure ;

1. Crim. 19 janv. 2005, n° 05-80.112, P n° 24 ; *D.* 2005. 798 ; *AJ pénal* 2005. 160, obs. C. Girault.
2. Crim. 20 juin 2023, n° 23-82.146, NP.
3. C. pr. pén., art. 706-34.
4. C. pr. pén., art. 706-27, al. 1er.
5. C. pr. pén., art. 704-1 ; mod. par L. n° 2011-1862, 13 déc. 2011 et Ord. n° 2019-964, 18 sept. 2019, art. 35].
6. L. n° 2006-64, 23 janv. 2006 relative à la lutte contre le terrorisme et portant dispositions diverses relatives à la sécurité et aux contrôles frontaliers, *JO* 24 janv., p. 1129.
7. C. pr. pén., art. 704 ; mod. par L. n° 2014-1353, 13 nov. 2014, art. 17.
8. L. n° 2013-1117, 6 déc. 2013 relative à la lutte contre la fraude fiscale et la grande délinquance économique et financière, *JO* 7 déc., p. 19941.
9. Ord. n° 2019-1015, 2 oct. 2019 réformant la régulation des jeux d'argent et de hasard, *JO* 3 oct., n° 18.

13° Délits prévus par la loi du 28 mars 1885 [1] sur les marchés à terme ;

14° (Abrogé) ;

15° Délits prévus par la loi n° 86-897 du 1er août 1986 [2] portant réforme du régime juridique de la presse ;

16° (Abrogé). »

315.42 Extension de compétence. La compétence des juridictions mentionnées au premier alinéa de l'article 704 s'étend aux infractions connexes.

La liste et le ressort de ces juridictions, établis par décret, comprennent une section du parquet et des formations d'instruction et de jugement spécialisées pour connaître de ces infractions.

Au sein de chaque tribunal judiciaire dont la compétence territoriale est étendue au ressort d'une ou plusieurs cours d'appel, le premier président, après avis du président du tribunal judiciaire donné après consultation de la commission restreinte de l'assemblée des magistrats du siège, désigne un ou plusieurs juges d'instruction et magistrats du siège chargés spécialement de l'instruction et, s'il s'agit de délits, du jugement des infractions entrant dans le champ d'application du présent article. Le procureur général, après avis du procureur de la République, désigne un ou plusieurs magistrats du parquet chargés de l'enquête et de la poursuite des infractions entrant dans le champ d'application du présent article.

Au sein de chaque cour d'appel dont la compétence territoriale est étendue au ressort d'une ou plusieurs cours d'appel, le premier président, après consultation de la commission restreinte de l'assemblée des magistrats du siège, et le procureur général désignent, respectivement, des magistrats du siège et du parquet général chargés spécialement du jugement des délits et du traitement des affaires entrant dans le champ d'application du présent article.

Dans le ressort de certaines cours d'appel, dont la liste est fixée par décret, un tribunal judiciaire est compétent pour l'enquête, la poursuite, l'instruction et, s'il s'agit de délits, le jugement de ces infractions, dans les affaires qui sont ou apparaîtraient d'une grande complexité.

En cas d'extension de compétence la juridiction saisie reste compétente, quelles que soient les incriminations retenues lors du règlement ou du jugement de l'affaire, sous réserve de l'application des dispositions des articles 181 et 469. Si les faits constituent une contravention, le juge d'instruction prononce le renvoi de l'affaire devant le tribunal de police compétent en application de l'article 522 ou devant la juridiction de proximité compétente en application de l'article 522-1.

1. L. 28 mars 1885 sur les marchés à terme, *JO* 8 avr., p. 1849.
2. L. n° 86-897, 1er août 1986 portant réforme du régime juridique de la presse, *JO* 2 août, p. 9529.

315.43 Parties et juridiction interrégionale spécialisée. Les parties ne pouvaient pas contester la mise en œuvre des règles de compétence des juridictions spécialisées en matière économique et financière prévues par l'article 704 du code de procédure pénale [3]. Il avait été jugé que l'article 705-1 du code de procédure pénale réserve au seul ministère public l'initiative de la procédure de dessaisissement de la juridiction de droit commun au profit de la juridiction spécialisée [4]. Ces juridictions ont été abrogées par la loi du 6 décembre 2013 [5].

Depuis cette loi, la compétence « économique et financière » est alignée sur le critère de la grande complexité applicable en matière de criminalité organisée (C. pr. pén., art. 706-75 [6]) et une seule juridiction, la JIRS, connaît dorénavant de ce type de contentieux.

Avant les lois du 6 décembre 2013, la matière était régie par l'article 705 du code de procédure pénale. Depuis, les dispositions en question ont été introduites dans les articles 704-1 à 704-4 (l'article 705 et les suivants étant relatifs au nouveau procureur de la République financier).

Sera cité ici un arrêt en vertu duquel, les faits dénoncés comme étant susceptibles de constituer des infractions électorales à l'époque non visées par l'article 704 dans sa rédaction alors en vigueur, laissant objectivement supposer la commission de délits de nature économique et financière, l'article 705, devenu 704-1, autorisait le procureur de la République de la juridiction interrégionale spécialisée à exercer pour la poursuite des infractions prévues à l'article 704 et des infractions connexes, une compétence concurrente à celle résultant de l'application de l'article 43 du code de procédure pénale [7].

Une décision a de nouveau jugé que les parties ne sont pas admises à contester la mise en œuvre, au regard de la complexité apparente de l'affaire, des règles de compétence des juridictions spécialisées en matière économique et financière prévues par l'article 704 du code de procédure pénale, et qu'un tel moyen est irrecevable devant la chambre criminelle [8].

3. Crim. 26 juin 2001, n° 00-86.526, P n° 159 ; *RSC* 2002. 627, obs. A. Giudicelli.
4. Crim. 28 mars 2007, n° 07-82.215, P n° 96 ; *D.* 2007. 1597 ; *AJ pénal* 2007. 330, obs. G. Royer.
5. L. n° 2013-1117, 6 déc. 2013, préc. – V. ss nos 315.51 s.
6. C. pr. pén., art. 706-75 ; mod. par L. n° 2017-1510, 30 oct. 2017.
7. Crim. 15 mars 2016, n° 15-85.362, P n° 79 ; *D. actu.* 31 mars 2016, obs. S. Fucini.
8. Crim. 7 mars 2017, nos 13-81.300, 16-86.867, NP.

Il convient toutefois de préciser que l'article 704-2, al. 2 du code de procédure pénale[1] dispose dans ses deux premiers alinéas, que le procureur de la République près un tribunal judiciaire autre que ceux visés à l'article 704 peut, pour les infractions énumérées dans cet article, requérir le juge d'instruction de se dessaisir au profit de la ou de l'une des juridictions d'instruction compétentes en application de cet article, que les parties sont préalablement avisées et invitées à faire connaître leurs observations par le juge d'instruction et que l'ordonnance est rendue huit jours au plus tôt et un mois au plus tard à compter de cet avis.

Par ailleurs, lorsque le juge d'instruction décide de se dessaisir, son ordonnance ne prend effet qu'à compter du délai de cinq jours prévu par l'article 704-3 ; lorsqu'un recours est exercé en application de cet article, le juge d'instruction demeure saisi jusqu'à ce que soit porté à sa connaissance l'arrêt de la chambre de l'instruction, passé en force de chose jugée ou celui de la chambre criminelle de la Cour de cassation.

§ 4
Compétence du procureur financier

315.51 Procureur financier. Le procureur de la République financier, créé par la loi du 6 décembre 2013[2], a une compétence nationale et concurrente qui s'exerce dans les conditions et à propos des infractions visées à l'article 705 du code de procédure pénale. Les règles de sa nomination sont identiques à celles du procureur de la République de Paris. Le Conseil constitutionnel a estimé que la circonstance que des faits identiques puissent donner lieu à plusieurs enquêtes placées sous la direction de différents procureurs de la République ne méconnaissait pas, en elle-même, le principe d'égalité devant la justice[3].

L'extension des compétences de certains services d'enquête (brigade nationale de la délinquance fiscale[4] ; douane judiciaire[5]) a été prévue par la loi du 6 décembre 2013.

Bien qu'ayant supprimé les juridictions régionales spécialisées et leurs compétences pour les transférer aux juridictions interrégionales spécialisées, le texte prévoit néanmoins la possibilité de conserver certains de ces pôles en raison de spécificités territoriales, c'est le cas de celui de Bastia[6]. De nombreuses dispositions de cette loi sont également venues modifier le droit pénal spécial.

Deux décisions du même jour ont pu juger que le procureur de la République financier tient de l'article 40 du code de procédure pénale le droit de requérir l'ouverture d'une information au vu de tout renseignement dont il est destinataire, concernant des infractions entrant dans le champ de sa compétence matérielle définie à l'article 705 du code précité, serait-elle concurrente de celle du procureur de la République près le tribunal de grande instance de Paris, pour les affaires présentant une grande complexité, laquelle est laissée à l'appréciation des juges du fond[7].

315.52 Compétence d'attribution du procureur financier. Le procureur de la République financier exerce une compétence concurrente avec les procureurs territorialement compétents pour les affaires d'une grande complexité, en raison notamment du grand nombre d'auteurs, de complices ou de victimes ou du ressort géographique sur lequel elles s'étendent et concernant les infractions de :

- Concussion, corruption passive et trafic d'influence commis par des personnes exerçant une fonction publique, prise illégale d'intérêts, atteinte à la liberté d'accès aux marchés publics des candidats dans les marchés publics et les délégations de service public, détournement et soustraction de biens publics.

- Corruption et trafic d'influence commis par des particuliers en relation avec des personnes exerçant une fonction publique ou dans le cadre de l'exercice de la justice.

- Délits d'influence illicite sur les votes prévus aux articles L. 106[8] à L. 109[9] du code électoral.

- Délits d'escroquerie des articles 313-1 et 313-2 du code pénal lorsqu'ils portent sur la taxe à la valeur ajoutée.

- Délits de corruption ou de trafic d'influence impliquant un agent public d'un État de l'Union

1. Mod. en dernier lieu par Ord. n° 2019-964, 18 sept. 2019, art. 35.
2. L. n° 2013-1115, 6 déc. 2013 relative au procureur de la République financier, *JO* 7 déc.
3. Cons. const. 4 déc. 2013, n° 2013-679 DC, art., non conformes 3, 15 3°, al. 2, 16, al. dern., (mots), 29, 38 et 40, 44 (mots), 57, 66 (mots), sous réserve 37 et 39 de la loi, *Loi relative à la lutte contre la fraude fiscale et la grande délinquance économique et financière*, non-conformité partielle – réserve, consid. n° 63 ; *Constitutions* 2014. 68, chron. A. Barilari ; *Constitutions* 2014. 76, chron. C. de la Mardière.
4. C. pr. pén., art. 28-2 ; mod. par L. n° 2013-1117, 6 déc. 2013, art. 7.
5. C. pr. pén., art. 28-1 ; mod. par L. n° 2013-1117, 6 déc. 2013, art. 31 ; mod. par L. n° 2016-731, 3 juin 2016, art. 36.
6. Décr. n° 2014-64, 29 janv. 2014 relatif au parquet financier, *JO* 31 janv., p. 1826.
7. Crim. 22 mars 2016, n°s 15-83.205, 15-83.206, P n°s 93 et 88 ; *D.* 2016. 713 ; *D.* 2017. 74, obs. Th. Wickers ; *AJ pénal* 2016. 261, obs. P. de Combles de Nayves.
8. C. électoral, art. L. 106.
9. C. électoral, art. L. 109.

européenne, d'un État étranger ou d'une organisation internationale, prévus aux articles 435-1 à 435-10 du code pénal pour lesquels le critère de la grande complexité n'est pas requis.

– Blanchiment de l'ensemble des délits ci-dessus précisés, pour lesquels le critère de grande complexité n'est pas requis.

Au sujet de cette dernière infraction, la chambre criminelle a connu d'une espèce à l'examen de laquelle elle a jugé que la Cour de cassation étant en mesure de s'assurer que les faits constituant l'infraction d'origine du délit de blanchiment, commis en Russie et consistant dans le détournement de fonds au préjudice de personnes publiques, peuvent recevoir, en France la qualification de détournements de biens publics, faits prévus et réprimés par l'article 432-15 du code pénal, déjà en vigueur à la date de commission des faits par les mis en cause, c'est à bon droit que le procureur de la République financier a diligenté, en France, une enquête préliminaire sur le blanchiment de fonds qui en constituent le produit[1]. Le procureur de la République financier est donc compétent, en application du 6° de l'article 705 du code de procédure pénale, pour la poursuite du délit de blanchiment des infractions figurant, notamment, aux 1° à 5° du même article, parmi lesquelles figure celle de détournement de biens publics prévue par l'article 432-15 du code pénal, lorsque les faits revêtent un caractère de complexité qui peut être caractérisé, notamment, par la dimension internationale des faits, la présence de multiples sociétés écrans dans plusieurs pays considérés comme des paradis fiscaux et des circuits de blanchiment complexes.

Le procureur de la République financier exerce par ailleurs une compétence exclusive en ce qui concerne les délits d'initié et de manipulation des cours prévus aux articles L. 465-1 et L. 465-2 du code monétaire et financier et des infractions connexes[2].

Il est également compétent pour la poursuite des infractions de fraude fiscale aggravée qu'il ne peut toutefois exercer que sur plainte de l'administration fiscale[3], soit après délivrance d'un avis de poursuite de la commission des infractions fiscales (CIF), le « verrou de Bercy » n'ayant pas été totalement supprimé.

315.53 Dessaisissement au profit du procureur financier. L'article 705-2 du code de procédure pénale étend au procureur financier la procédure de dessaisissement mise en place au profit des JIRS ou, en matière de terrorisme, du juge d'instruction de Paris.

Par ailleurs, l'article 705-4 du code de procédure pénale dispose que le procureur général près la cour d'appel de Paris anime et coordonne, en concertation avec les autres procureurs généraux, la conduite de la politique d'action publique pour l'application de l'article 705.

Saisie d'un recours fondé sur les dispositions de l'article 705-3 du code de procédure pénale et relatif à une ordonnance de dessaisissement au profit de la juridiction spécialisée de Paris, la chambre criminelle a déjà rappelé qu'il résulte des dispositions des articles 705-3 et 705-2 du code de procédure pénale que le juge d'instruction saisi de faits d'escroquerie à la taxe sur la valeur ajoutée peut se dessaisir au profit de son collègue de Paris dans les affaires qui sont ou apparaîtraient d'une grande complexité, en raison notamment du grand nombre d'auteurs, de complices ou de victimes ou du ressort géographique sur lequel elles s'étendent. Dans une espèce où, pour dire y avoir lieu à dessaisissement, le juge s'était borné à énoncer que l'instruction efficace de tels dossiers « passe par une concentration des affaires entre les mains d'une seule et même juridiction et qu'il convient, dans l'intérêt d'une bonne administration de la justice », de se dessaisir, elle a jugé que ces énonciations, procédant de considérations générales, ne mettaient pas la Cour de cassation en mesure d'exercer, en l'espèce, son contrôle sur le bien-fondé du dessaisissement ordonné[4]. À l'inverse, et dans la même affaire, observant que, pour se dessaisir, au profit de la juridiction d'instruction de Paris, de l'information suivie contre Mme X... et M. Y... des chefs, notamment, d'escroquerie et blanchiment en bande organisée, le juge d'instruction de Marseille avait énoncé que les faits d'escroquerie, d'une grande complexité, portent sur la taxe sur la valeur ajoutée du marché spécifique des « droits carbone » et revêtent une dimension internationale ; qu'il ajoute que le parquet national financier est saisi d'une vingtaine de dossiers concernant des délits similaires qui mettent en cause les mêmes équipes, utilisant les mêmes réseaux pour commettre les escroqueries et procéder au blanchiment de leurs produits, et dès lors qu'aucune autorité de la chose jugée ne s'attache à l'arrêt du 8 octobre 2014 annulant, pour insuffisance de motifs, une précédente ordonnance de dessaisissement, la Cour de cassation est en mesure de s'assurer que les infractions poursuivies entrent dans les prévisions de l'article 705, 3° et 6°, du code de procédure pénale et de ne pas accueillir les recours[5].

1. Crim. 1er avr. 2020, n° 19-80.875, P ; C. Fonteix, « Blanchiment d'infractions commises à l'étranger : précisions sur la compétence du procureur financier », *D. actu.* 22 juin 2020.
2. C. pr. pén., art. 705-1.
3. C. pr. pén., art. 405, 5°.
4. Crim. 8 oct. 2014, n° 14-86.646, P n° 201 ; *D.* 2014. 2115 ; *D.* 2015. 1506, obs. C. Mascala ; *AJ pénal* 2015. 212, obs. J. Lasserre Capdeville.
5. Crim. 28 janv. 2015, n° 15-80.382, P n° 25 ; *D.* 2015. 1506, obs. C. Mascala ; *AJ pénal* 2015. 326, obs. L. Ascensi.

§ 5
Compétences particulières

315.61 Délit de corruption active. Une compétence particulière est prévue par l'article 705[1] du code de procédure pénale, celle du tribunal judiciaire de Paris qui exerce une compétence concurrente à la juridiction naturellement compétente pour les délits de corruption active reprochés à des personnes relevant d'États non-membres de l'Union européenne et d'organisations internationales autres que les institutions des communautés européennes. Le monopole du ministère public pour les délits de corruption internationale et étrangère institué par la loi du 30 juin 2000[2] et modifié par la loi du 13 novembre 2007[3] relative à la lutte contre la corruption a été supprimé par la loi du 6 décembre 2013.

Toute association agréée déclarée depuis au moins cinq ans à la date de la constitution de partie civile, se proposant par ses statuts de lutter contre la corruption, peut exercer les droits reconnus à la partie civile en ce qui concerne les infractions de corruption[4], disposition validée par le Conseil constitutionnel dans sa décision du 4 décembre 2013[5].

SECTION 2
INFRACTIONS DE TERRORISME

315.71 Compétence territoriale concurrente. Les articles 706-16 et 706-17 du code de procédure pénale, institués par la loi du 9 septembre 1986[6], souvent modifiés depuis[7] prévoient que le procureur de la République, le juge d'instruction, le tribunal correctionnel et la cour d'assises de Paris, pour les majeurs, et le procureur de la République, le juge d'instruction, le juge des enfants, le tribunal pour enfants et la cour d'assises des mineurs de Paris, en ce qui concerne les mineurs, exercent pour les infractions de terrorisme une compétence concurrente à celle qui résulte de l'application des articles 43, 52, 382 et de l'article 663, alinéa 2, et des dispositions de l'ordonnance du 2 février 1945[8] relative à l'enfance délinquante.

315.72 Compétence nationale de la juridiction de Paris. Lorsqu'ils sont compétents à ce titre, le procureur de la République et le juge d'instruction de Paris exercent leurs attributions sur toute l'étendue du territoire national.

Les dispositions de l'article 706-19 prévoient la procédure applicable en matière de dessaisissement au profit d'une juridiction non spécialisée lorsque les faits ne constituent finalement pas une infraction relevant de l'article 706-16. Logiquement là encore, par dérogation aux dispositions de l'article 712-10, sont seuls compétents le juge de l'application des peines du tribunal judiciaire de Paris, le tribunal de l'application des peines de Paris et la chambre de l'application des peines de la cour d'appel de Paris pour prendre les décisions concernant les personnes condamnées pour une infraction entrant dans le champ d'application de l'article 706-16, quel que soit le lieu de détention ou de résidence du condamné. Ces décisions sont prises après avis du juge de l'application des peines compétent en application de l'article 712-10[9].

On peut rappeler enfin, que lorsque la juridiction répressive est saisie d'une demande tendant à l'indemnisation du dommage causé par ce type d'infraction, elle renvoie l'affaire, par une décision non-susceptible de recours, devant la juridiction civile compétente en application de l'article L. 217-6 du code de l'organisation judiciaire qui l'examine d'urgence selon une procédure simplifiée déterminée par décret en Conseil d'État[10, 11]. En vertu de ce dernier article, le tribunal judiciaire de Paris a compétence exclusive pour connaître, en matière civile, à moins qu'ils n'échappent à la compétence des juridictions de l'ordre judiciaire :

1° Des demandes formées par les victimes mentionnées à l'article L. 126-1 du code des assurances contre le fonds de garantie des victimes des actes de terrorisme et d'autres infractions, après saisine de ce dernier, et relatives :

a) À la reconnaissance de leur droit à indemnisation ;

b) Au versement d'une provision ;

1. Initialement numéroté 706-1, transféré par L. n° 2013-1117, 6 déc. 2013 relative à la lutte contre la fraude fiscale et la grande délinquance économique et financière, art. 66.
2. L. n° 2000-595, 30 juin 2000 modifiant le code pénal et le code de procédure pénale relative à la lutte contre la corruption, *JO* 1er juill., p. 9944.
3. L. n° 2007-1598, 13 nov. 2007 relative à la lutte contre la corruption, *JO* 14 nov. p. 18648.
4. C. pr. pén., art. 2-23.
5. Cons. const. 4 déc. 2013, n° 2013-679 DC, précit.
6. L. n° 86-1020, 9 sept. 1986 relative à la lutte contre le terrorisme, *JO* 10 sept., p. 10956.
7. L. n° 86-1020, 9 sept. 1986, précit. ; mod. par L. nos 96-647, 22 juill. 1996 ; L. n° 97-1273, 29 déc. 1997 ; L. n° 2001-1062, 15 nov. 2001 ; L. n° 2004-204, 9 mars 2004 ; L. n° 2011-1862, 13 déc. 2011 ; L. n° 2014-1353, 13 nov. 2014 ; L. n° 2015-912, 24 juill. 2015 ; L. n° 2016-731, 3 juin 2016.
8. Ord. n° 45-174, 2 févr. 1945, précit.
9. C. pr. pén., art. 706-22-1.
10. C. pr. pén., art. 706-16-1, créé par L. n° 2019-222, 23 mars 2019, *JO* 24 mars, n° 2, art. 64.
11. C. pr. pén., art. 706-16-1, créé par L. n° 2019-222, 23 mars 2019, *JO* 24 mars, n° 2, art. 64.

c) À l'organisation d'une expertise judiciaire en cas de contestation de l'examen médical pratiqué en application de l'article L. 422-2 du même code ou en cas de refus du fonds de garantie de désigner un médecin à cette fin ;

d) À l'offre d'indemnisation qui leur est faite ;

5° Des recours subrogatoires du fonds de garantie en remboursement des indemnités ou provisions mentionnées au 1° du présent article ;

6° Des demandes formées contre toute personne, autre que le fonds de garantie, en réparation du dommage résultant d'un acte de terrorisme.

315.73 Compétence concernant les infractions commises à l'étranger La loi du 21 décembre 2012 [1] a ajouté au code pénal un article 113-13 autorisant l'application des dispositions du code pénal français aux infractions commises à l'étranger par un Français ou par une personne résidant habituellement sur le territoire français.

Cet article dispose : « La loi pénale française s'applique aux crimes et délits qualifiés d'actes de terrorisme et réprimés par le titre II du livre IV commis à l'étranger par un Français ou par une personne résidant habituellement sur le territoire français ». Il s'agissait notamment d'autoriser la poursuite des personnes ayant participé à des camps d'entraînement terroriste à l'étranger, alors même qu'elles n'auraient pas commis d'actes répréhensibles en France.

SECTION 3

INFRACTIONS EN MATIÈRE SANITAIRE ET D'ENVIRONNEMENT

315.81 Compétence des juridictions de Paris et Marseille en matière sanitaire. La compétence territoriale d'un tribunal judiciaire, dont la liste et le ressort sont fixés par décret, comprenant une section du parquet et des formations d'instruction et de jugement spécialisées, peut être étendue au ressort d'une ou de plusieurs cours d'appel, aux termes de l'article 706-2 du code de procédure pénale issue de la loi du 4 mars 2002 [2] puis modifié à plusieurs reprises et en dernier lieu par la loi du 18 novembre 2016 [3] et celle du 24 décembre 2020 [4]. Deux décrets [5] ont mis en place la compétence des juridictions de Paris et Marseille. Ces deux juridictions se partagent la compétence sur le ressort des cours d'appel de métropole et des départements d'outre-mer.

Elles sont compétentes en ce qui concerne l'enquête, la poursuite, l'instruction et pour les délits, le jugement des infractions définies ci-après dans les affaires relatives à un produit de santé tel que défini par l'article L. 5311-1 du code de la santé publique [6] ou à un produit destiné à l'alimentation de l'Homme ou de l'animal ou à un produit ou une substance auxquels l'homme est durablement exposé et qui sont réglementés en raison de leurs effets ou de leur dangerosité, qui sont ou apparaîtraient d'une grande complexité :

- atteintes à la personne humaine, au sens du titre II du livre II du code pénal ;
- infractions prévues par le code de la santé publique ;
- infractions prévues par le code rural et de la pêche maritime ou le code de la consommation ;
- infractions prévues par le code de l'environnement et le code du travail.

Cette compétence s'étend aux infractions connexes.

Une des difficultés posées par ces dispositions demeure que l'article L. 5311-1 du code de la santé publique, dans ses rédactions successives [7] est relatif à l'Agence nationale de sécurité du médicament et des produits de santé et que le produit de santé est défini par les articles L. 5111-1 [8] et suivants du même code.

315.82 Compétence concurrente. La compétence exercée par les juridictions de Marseille et Paris est concurrente à celle des juridictions naturellement compétentes par application des articles 43, 52, 382, 663, alinéa 2, et 706-42 du code de procédure pénale. Le mécanisme procédural est similaire à celui instauré en matière économique et financière. Il est précisé à l'article 706-2 du code de procédure pénale.

Le procureur de la République, le juge d'instruction et la formation correctionnelle spécialisée de ces tribunaux exercent, dans les conditions et selon les modalités prévues par l'article 705, une compétence concurrente à celle qui résulte de l'application des articles 43, 52, 382 et 706-42. Le procureur de la République près un tribunal judiciaire autre que ceux visés au présent article peut, pour les infractions énumérées ci-dessus, requérir le juge d'instruction, dans les conditions et selon les modalités prévues par les articles 705-1 et 705-2, de se dessai-

1. L. n° 2012-1432, 21 déc. 2012 relative à la sécurité et à la lutte contre le terrorisme, *JO* 22 déc., p. 20281.
2. L. n° 2002-303, 4 mars 2002, art. 33, *JO* 5 mars, n° 1.
3. L. n° 2016-1547, 18 nov. 2016, art. 26, *JO* 19 nov, n° 1.
4. L. n° 2020-1672, 24 déc. 2020, art. 15, *JO* 26 déc, n° 4.
5. Décr. n° 2002-599, 22 avr. 2002, *JO* 27 avr., p. 7619 – Décr. n° 2004-984, 16 sept. 2004, *JO* 18 sept., p. 16274.
6. CSP, art. L. 5311-1, mod. par Ord. n° 2022-1086, 29 juill. 2022, *JO* 30 juill., n° 67, art. 11.
7. NOTA. Ord. n° 2017-51, 19 janv. 2017 portant harmonisation des dispositions législatives relatives aux vigilances sanitaires, *JO* 20 janv., n° 29 ; Ord. n° 2022-582, 20 avr. 2022, art. 12.
8. CSP, art. L. 5111-1 mod. par Ord. n° 2022-414, 23 mars 2022, *JO* 24 mars, n° 52, art. 1.

sir au profit de la juridiction d'instruction du tribunal judiciaire à compétence territoriale étendue par application du présent article. Dans les conditions et selon les modalités prévues aux deuxième à dixième alinéas de l'article 706, peuvent exercer des fonctions d'assistant spécialisé en matière sanitaire les fonctionnaires de catégorie A ou B relevant des ministres chargés de la santé, de la recherche et de l'agriculture ainsi que les personnes titulaires, dans des matières définies par décret, d'un diplôme national sanctionnant une formation d'une durée au moins égale à quatre années d'études supérieures après le baccalauréat qui remplissent les conditions d'accès à la fonction publique et justifient d'une expérience professionnelle minimale de quatre années[1].

315.83 Compétence spécialisée en matière d'environnement L'article 706-2 du code de procédure pénale mentionne notamment les infractions prévues par le code de l'environnement et le code du travail. La loi précitée du 24 décembre 2020[2] est venue créer à travers le nouvel article 706-2-3 du même code, des pôles régionaux spécialisés en matière d'environnement.

Il précise :

« I. – Dans le ressort de chaque cour d'appel, la compétence territoriale d'un tribunal judiciaire est étendue au ressort de la cour d'appel pour l'enquête, la poursuite, l'instruction et le jugement des délits, à l'exclusion de ceux mentionnés aux articles 706-75 et 706-107 du présent code, prévus par le Code de l'environnement, par le Code forestier, au titre V du livre II du Code rural et de la pêche maritime, aux 1° et 2° du I de l'article L. 512-1 et à l'article L. 512-2 du Code minier ainsi qu'à l'article 76 de la loi n° 2014-1170 du 13 octobre 2014 d'avenir pour l'agriculture, l'alimentation et la forêt, dans les affaires qui sont ou apparaîtraient complexes, en raison notamment de leur technicité, de l'importance du préjudice ou du ressort géographique sur lequel elles s'étendent.

Cette compétence s'étend aux infractions connexes.

Un décret fixe la liste de ces juridictions qui comprennent une section du parquet et des formations d'instruction et de jugement spécialisées pour connaître de ces infractions.

Le procureur de la République, le juge d'instruction et la formation correctionnelle de ces tribunaux exercent une compétence concurrente à celle qui résulte de l'application des articles 43, 52, 382, 706-2 et 706-42 du présent code.

Lorsqu'ils sont compétents pour la poursuite et l'instruction des infractions entrant dans le champ d'application du présent article, le procureur de la République et le juge d'instruction exercent leurs attributions sur toute l'étendue du ressort de la cour d'appel.

La juridiction saisie reste compétente quelles que soient les incriminations retenues lors du règlement ou du jugement de l'affaire sous réserve de l'application des dispositions des articles 181 et 469. Si les faits constituent une contravention, le juge d'instruction prononce le renvoi de l'affaire devant le tribunal de police compétent en application de l'article 522.

Le procureur de la République près un tribunal judiciaire autre que ceux mentionnés au présent article peut, pour les infractions entrant dans le champ du présent article, requérir le juge d'instruction, dans les conditions et selon les modalités prévues aux articles 704-2 et 704-3, de se dessaisir au profit de la juridiction d'instruction du tribunal judiciaire à compétence territoriale étendue par application du présent article.

II. – Dans les conditions et selon les modalités prévues aux deuxième à dernier alinéas de l'article 706, peuvent exercer des fonctions d'assistant spécialisé en matière environnementale les fonctionnaires de catégorie A ou B relevant des ministres chargés de l'environnement, de l'agriculture et de l'économie ainsi que les personnes titulaires, dans des matières définies par décret, d'un diplôme national sanctionnant une formation d'une durée au moins égale à quatre années d'études supérieures après le baccalauréat qui remplissent les conditions d'accès à la fonction publique et justifient d'une expérience professionnelle minimale de quatre années ».

On mentionnera que la loi précitée a, dans son article 15, créé une nouvelle possibilité de recourir à la convention judiciaire d'intérêt public (CJIP) en matière environnementale[3].

Enfin, dans le ressort de chaque cour d'appel, un tribunal judiciaire spécialement désigné connaît :

« 1° Des actions relatives au préjudice écologique fondées sur les articles 1246 à 1252 du code civil ;

2° Des actions en responsabilité civile prévues par le code de l'environnement ;

3° Des actions en responsabilité civile fondées sur les régimes spéciaux de responsabilité applicables en matière environnementale résultant de règlements européens, de conventions internationales et des lois prises pour l'application de ces conventions »[4].

1. C. pr. pén., art. 706-2, art. D. 47-6.
2. L. n° 2020-1672, 24 déc. 2020, relative au Parquet européen, à la justice environnementale et à la justice pénale spécialisée, art. 15 à 25, *JO* 26 déc., n° 4.
3. V. C. pr. pén., art. 41-1-3 et art. 180-3.
4. COJ, nouvel art. L. 211-20 ; V. K. Haeri, V. Munoz-Pons et M. Touanssa, « Spécialisation de la justice pénale environnementale : retour sur la loi du 24 décembre 2020 », *D. actu.* 13 janv. 2021.

SECTION 4
INFRACTIONS EN MATIÈRE MARITIME

§ 1
Tribunaux maritimes commerciaux

315.91 Tribunal maritime commercial. L'article 90 du code disciplinaire et pénal de la marine marchande prévoyait l'existence de tribunaux maritimes commerciaux[1] composés d'un magistrat du siège du tribunal de grande instance dans le ressort duquel se trouve le tribunal maritime commercial, président et de quatre autres juges ainsi désignés : un administrateur des affaires maritimes qui n'a pas participé aux poursuites ou à l'instruction de l'affaire en cause, un agent des affaires maritimes choisi en fonction de ses compétences dans le domaine de la sécurité des navires ou de la sauvegarde de la vie humaine en mer parmi les corps d'officiers des affaires maritimes, ou de fonctionnaires ou de contractuels de catégorie A des affaires maritimes, - un capitaine au long cours ou un capitaine de première classe de la navigation maritime de moins de soixante ans, en activité ou inactif depuis moins de cinq ans, ayant accompli au moins quatre ans de commandement. Le dernier juge était désigné selon la qualité du prévenu selon qu'il était marin breveté ou diplômé ou non, s'il n'était pas un marin...

315.92 Principe d'indépendance des juridictions (Cons. const. 2 juill. 2010). Dans le cadre des premières décisions rendues par le Conseil constitutionnel saisi de question prioritaire de constitutionnalité[2], la Haute juridiction a déclaré inconstitutionnel l'article 90 du code disciplinaire et pénal de la marine marchande, comme contraire au principe d'indépendance des juridictions qui découle de l'article 16 de la Déclaration des droits de l'Homme et du citoyen de 1789. Il a précisé que cette abrogation entrait immédiatement en vigueur.

En conséquence, les juridictions concernées, à savoir Dunkerque, Boulogne, Le Havre, Rouen, Saint-Malo, Brest, Lorient, Saint-Nazaire, Nantes, La Rochelle, Bordeaux, Sète, Marseille et Ajaccio doivent depuis cette date appliquer ce code dans la composition de droit commun (trois magistrats en correctionnelle, un magistrat en tribunal de police). La Cour de cassation a annulé une décision rendue dans la composition prévue par l'article 90 du code de discipline et pénal de la marine marchande[3].

315.93 Compétence modifiée des tribunaux maritimes (ord. 2 nov. 2012). Les magistrats judiciaires ont eu la charge de ce contentieux particulier selon les règles de droit commun, avec une réelle difficulté concernant l'absence de définition des voies de recours qui a semble-t-il conduit à des renvois successifs, jusqu'à la publication de l'ordonnance du 2 novembre 2012[4] qui a également prévu le sort des affaires en cours[5].

Depuis[6], les tribunaux maritimes ont une compétence exclusive pour juger les délits prévus à l'article 2 et qui constituent les infractions maritimes. La répression des contraventions constituant des infractions maritimes devient en revanche de la compétence des juridictions de droit commun, aux termes de l'article 4, qui est venu retoucher l'article 522 du code de procédure pénale. Certaines infractions prévues par le code pénal, lorsqu'elles sont connexes à une infraction maritime peuvent relever de la compétence de la nouvelle juridiction[7].

Chaque tribunal maritime est composé de trois magistrats professionnels et de deux assesseurs qui seront choisis par une commission en vertu des critères d'impartialité et de compétence particulière résultant de leur expérience maritime dans les dix années précédant leur prise de fonction[8]. Les assesseurs sont protégés au titre des dispositions du code du travail[9]. Les infractions maritimes mentionnées aux articles 2 et 17 sont poursuivies, instruites et jugées conformément aux règles du code de procédure pénale et de la cinquième partie du code des transports, sous réserve des dispositions particulières fixées par la présente loi[10]. Le décret du 23 décembre 2014[11] fixant la liste, le siège et le ressort des tribunaux maritimes.

1. AUSSI : P. Chaumette (dir.), *Droits maritimes*, 4e éd., « Dalloz action », 2021, nos 382.11 s.
2. Cons. const. 2 juill. 2010, no 2010-10 QPC, art. 90 du code disciplinaire et pénal de la marine marchande non conforme, *tribunaux maritimes commerciaux*, non-conformité totale, *JO* 3 juill., p. 12120 ; *Rec.* p. 181 ; *D.* 2010. 1712 ; *RSC* 2011. 193, Chron. C. Lazerges ; *Dr. pénal* 2010, no 112, note J.-H. Robert (sur la QPC, v. ss nos 624.11 s.).
3. Crim. 13 oct. 2010, no 09-85.444, NP, *Dr. pénal* 2011, no 9, note J.-H. Robert.
4. Ord. no 2012-1218, 2 nov. 2012 portant réforme pénale en matière maritime, *JO* 3 nov., p. 17202.
5. Ord. no 2012-1218, 2 nov. 2012, art. 20.
6. Ord. no 2012-1218, 2 nov. 2012, art. 21.
7. L. 17 déc. 1926 portant code disciplinaire et pénal de la marine marchande [Loi réintitulée « relative à la répression en matière maritime »], titre Ier, art. 4 ; mod. par ord. no 2012-1218, 2 nov. 2012, art. 2.
8. L. 17 déc. 1926, titre Ier, art. 7 ; mod. par ord. no 2012-1218, 2 nov. 2012, art. 2.
9. Ord. no 2012-1218, 2 nov. 2012, art. 3.
10. L. 17 déc. 1926, art. 16 ; mod. par ord. no 2012-1218, 2 nov. 2012, art. 8.
11. Décr. no 2014-1581, 23 déc. 2014 fixant la liste, le siège et le ressort des tribunaux maritimes, *JO* 26 déc., p. 22276 ; mod. par décr. no 2019-966,18 sept. 2019, art. 8.

TABLEAU 315.93-1. SIÈGES ET RESSORT DES TRIBUNAUX MARITIMES

Siège des tribunaux maritimes	Ressort
Bordeaux	cours d'appel d'Agen, Bordeaux, Bourges, Limoges, Pau, Poitiers (à l'exception des ressorts des tribunaux judiciaires de La Roche-sur-Yon et des Sables-d'Olonne) et Toulouse
Brest	cours d'appel d'Angers, Orléans et Rennes et des tribunaux judiciaires de La Roche-sur-Yon et des Sables-d'Olonne
Cayenne	cours d'appel de Basse-Terre, Cayenne et Fort-de-France
Le Havre	cours d'appel d'Amiens, Besançon, Caen, Colmar, Dijon, Douai, Metz, Nancy, Paris, Reims, Rouen et Versailles
Marseille	cours d'appel d'Aix-en-Provence, Bastia, Chambéry, Grenoble, Lyon, Montpellier, Nîmes et Riom
Saint-Denis	cour d'appel de Saint-Denis

§ 2
Pollution maritime

315.101 Pollution maritime – Compétence concurrente. Pour l'enquête, la poursuite, l'instruction et, s'il s'agit de délits, le jugement des infractions en matière de pollution des eaux maritimes et des voies ouvertes à la navigation maritime commises *dans les eaux territoriales, les eaux intérieures et les voies navigables*, la compétence d'un tribunal judiciaire peut être étendue au ressort d'une ou plusieurs cours d'appel[1].

Cette compétence s'étend aux infractions connexes.

315.102 Pollution maritime – Compétence exclusive du tribunal judiciaire de Paris dans certains cas. L'article 706-108 du code de procédure confie au seul tribunal judiciaire de Paris la compétence pour connaître des infractions de pollutions volontaires et involontaires *commises hors des espaces maritimes sous juridiction française* et des infractions de pollution involontaires commises en zone économique exclusive ou en zone de protection écologique.

L'exigence que les faits aient été commis à bord d'un navire français a été supprimée par la loi du 1er août 2008[2].

Le tribunal judiciaire de Paris était également compétent pour l'enquête, la poursuite, l'instruction et le jugement de l'infraction visée à l'article L. 218-22[3] du code de l'environnement, ainsi que des infractions qui lui sont connexes, lorsque ces infractions sont commises dans la zone économique exclusive ou dans la zone de protection écologique. Il s'agissait là encore d'une compétence concurrente à celle qui résulte des critères de compétence de droit commun ou spécifiques à la navigation maritime[4]. Si la compétence de la juridiction parisienne a été maintenue par la loi du 13 décembre 2011[5] pour les infractions commises, hors des espaces maritimes sous juridiction française, à bord d'un navire français, il n'en est pas de même pour les infractions relevant de l'article L. 218-22[6] du code de l'environnement. Ce sont les juridictions du littoral spécialisées qui bénéficient d'une compétence concurrente en cas de pollution accidentelle commise dans la zone économique exclusive ou dans la zone de protection écologique, le tribunal de Paris pouvant être saisi en cas de complexité de l'affaire, comme cela existe en matière de pollution volontaire[7].

§ 3
Piraterie

315.111 Pouvoirs de police en mer – Cadre d'intervention (L. 5 janv. 2011). Les modalités de l'exercice par l'État de ses pouvoirs de police en mer, encadrées par la loi du 15 juillet 1994[8] ont été modifiées par la loi du 5 janvier 2011[9]. Pour être assimilé à de la piraterie, les actes doivent avoir été commis en haute mer, dans les espaces maritimes ne relevant de la juridiction d'aucun État et lorsque le droit international autorise, dans les eaux territoriales d'un État. Ce sont certaines infractions déjà existantes dans le code pénal qui sont qualifiées de piraterie.

315.112 Compétence de la juridiction française. Les juridictions françaises sont compétentes pour

1. C. pr. pén., art. 706-107, al. 1.
2. L. no 2008-757, 1er août 2008 relative à la responsabilité environnementale et à diverses dispositions d'adaptation au droit communautaire dans le domaine de l'environnement, *JO* 2 août, p. 12361.
3. C. envir., art. L. 218-22 ; mod. par L. no 2008-757, 1er août 2008, art. 6.
4. C. pr. pén., art. 706-109 ; réd. L. no 2016-1547, 18 nov. 2016, art. 27.
5. L. no 2011-1862, 13 déc. 2011 relative à la répartition des contentieux et à l'allègement de certaines procédures juridictionnelles, *JO* 14 déc., p. 21105.
6. C. envir., art. L. 218-22, préc.
7. C. pr. pén., art. 706-107, préc.
8. L. no 94-589, 15 juill. 1994 relative à la lutte contre la piraterie et aux modalités de l'exercice par l'État de ses pouvoirs de police en mer, *JO* 16 juill., p. 10244.
9. L. no 2011-13, 5 janv. 2011 relative à la lutte contre la piraterie et à l'exercice des pouvoirs de police de l'État en mer, *JO* 6 janv., p. 374.

juger les infractions mentionnées commises hors du territoire de la République si d'une part les auteurs et complices... ont été appréhendés par des agents français et d'autre part s'il n'y a pas eu entente avec les autorités d'un autre État pour l'exercice par celui-ci de sa compétence juridictionnelle.

Les juridictions compétentes sont, pour la métropole, le « tribunal judiciaire du siège de la préfecture maritime ou le tribunal judiciaire dans le ressort duquel se trouve le port vers lequel le navire a été dérouté » ; et pour l'outre-mer « la juridiction de première instance compétente située au siège du délégué du gouvernement pour l'action de l'État en mer, soit celle dans le ressort de laquelle se trouve le port vers lequel le navire a été dérouté ».

315.113 Mesures de rétention. Les agents de l'État ont la possibilité « de prendre les mesures de coercition nécessaires et adaptée à l'encontre des personnes à bord en vue d'assurer leur maintien à disposition, la préservation du navire et de sa cargaison ainsi que la sécurité des personnes »[1].

Le maintien de cette mesure de rétention est ensuite subordonné à l'accord du JLD : « En cas avant l'expiration du délai de 48 heures à compter de la mise en œuvre des mesures de restriction ou de privation de liberté... et à la demande des agents... le juge des libertés et de la détention saisie par le procureur de la République statue sur leur prolongation pour une durée maximale de 120 heures à compter de l'expiration du délai précédent »[2].

SECTION 5
ATTEINTE AUX INTÉRÊTS FONDAMENTAUX DE LA NATION

315.121 Trahison, espionnage, atteinte à la défense nationale. Le jugement des crimes et délits commis contre les intérêts fondamentaux de la Nation, qui figurent au titre Ier du livre IV du code pénal, est confié par l'article 702 du code de procédure pénale aux juridictions de droit commun.

Mais ce sont les juridictions de droit commun spécialisées en matière militaire, qui sont compétentes pour connaître des infractions de trahison, d'espionnage et d'atteintes à la défense nationale prévues par les articles 411-1 à 411-11, 413-1 à 413-12 du code pénal. Les juridictions pénales statuant en matière militaire sont compétentes à l'égard des personnes civiles impliquées dans une procédure connexe à une infraction visée par les dispositions de l'article 702, alinéa 2[3].

SECTION 6
CRIMES CONTRE L'HUMANITÉ ET CRIMES ET DÉLITS DE GUERRE, CRIMES SÉRIELS OU NON ÉLUCIDÉS (DÉLITS CONNEXES)

315.131 Pôle spécialisé pour les crimes contre l'humanité et les crimes et délits de guerre. La loi du 13 décembre 2011[4] crée à Paris un pôle judiciaire spécialisé, pour la poursuite, l'instruction et le jugement des infractions entrant dans le champ d'application de l'article 628 du code de procédure pénale, c'est-à-dire pour les crimes contre l'humanité et les crimes et délits de guerre[5]. Ces dispositions ont notamment été complétées par celles de la loi du 23 mars 2019[6]. Elles fondent là encore une compétence concurrente à celle qui résulte de l'application des articles 43 et 52 du code de procédure pénale.

Saisie à plusieurs reprises à l'occasion de faits commis en Syrie, la Cour de cassation a, suivant deux décisions importantes rendues le 12 mai 2023[7], modifié sa position antérieure[8] quant aux conditions dans lesquelles la justice française est compétente pour juger des actes de torture, des crimes contre l'humanité ou des crimes de guerre, lorsque les faits ont été commis à l'étranger et que leur auteur et la victime ne sont pas français.

En application de la convention de New York de 1984 contre la torture, toute personne coupable de tortures (au sens de l'article 1er de cette convention), peut être poursuivie et jugée par les juridictions françaises[9].

Si elle réside habituellement sur le territoire de la République, toute personne peut être poursuivie et jugée par les juridictions françaises lorsqu'elle est soupçonnée d'avoir commis à l'étranger l'une des infractions suivantes :

– le crime de génocide défini dans le code pénal ;

– les autres crimes contre l'humanité définis dans le code pénal, si les faits sont punis par la législation

1. C. défense, art. L. 1521-11 ; créé par L. n° 2011-13, 5 janv. 2011, art. 6.
2. C. défense, art. L. 1521-14 ; créé par L. n° 2011-13, 5 janv. 2011, art. 6.
3. Crim. 31 mars 2004, n° 01-87.493, P n° 83 ; *JCP* 2004. IV. 2114.
4. L. n° 2011-1862, 13 déc. 2011 relative à la répartition des contentieux et à l'allègement de certaines procédures juridictionnelles, *JO* 14 déc., p. 21105.
5. C. pr. pén., art. 628-1.
6. L. n° 2019-222, 3 mars 2019 de programmation 2018-2022 et de réforme pour la justice, *JO* 24 mars 2019, n° 2, art. 63-IV.
7. Cass., ass. plén., 12 mai 2023, n°s 22-80.057 et 22-82.468, P. V. s^s^ n°s 313.02 et 313.35.
8. Crim. 21 nov. 2021, n° 21-81.344, P.
9. C. pr. pén., art. 689-2.

de l'État où ils ont été commis ou si cet État ou l'État dont la personne soupçonnée a la nationalité est partie à la convention de Rome de 1998 ;

– les crimes et délits de guerre définis dans le code pénal, si les faits sont punis par la législation de l'État où ils ont été commis ou si cet État ou l'État dont la personne soupçonnée a la nationalité est partie à la convention de Rome de 1998[1].

Pour que la France soit considérée comme le lieu de résidence habituelle d'un ressortissant étranger, il faut qu'il existe entre la France et cette personne un lien de rattachement suffisant que le juge doit caractériser notamment, par la durée de cette présence sur le territoire, les raisons de cette installation, les conditions dans lesquelles elle a eu lieu, les manifestations d'une volonté de résider durablement en France, l'existence de liens familiaux, sociaux, matériels ou professionnels.

Afin que le critère de double incrimination soit rempli, il suffit que la législation étrangère punisse les actes en cause comme infraction de droit commun tels le meurtre, le viol ou la torture.

La compétence universelle des juridictions françaises pour juger des actes de torture commis à l'étranger lorsque, ni l'auteur, ni la victime ne sont français concerne les actes commis par les agents de la fonction publique et les personnes agissant à titre officiel ainsi que toute personne agissant pour le compte ou au nom d'une entité non gouvernementale, lorsque celle-ci occupe un territoire et y exerce une autorité quasi gouvernementale.

Une grande partie des règles édictées par la loi précitée concerne l'instruction préparatoire. En ce qui concerne les mineurs, le procureur de la République, le juge d'instruction, le tribunal pour enfants et la cour d'assises des mineurs de Paris exercent une compétence concurrente à celle qui résulte de l'application de l'ancienne ordonnance n° 45-174 du 2 février 1945 relative à l'enfance délinquante remplacée par le code de justice pénale des mineurs. Lorsqu'ils sont compétents pour la poursuite et l'instruction des infractions entrant dans le champ d'application de l'article 628, le procureur de la République et le juge d'instruction de Paris exercent leurs attributions sur toute l'étendue du territoire national[2]. Dans la continuité logique de ces dispositions, en matière d'exécution des peines et par dérogation à l'article 712-10, sont seuls compétents le juge de l'application des peines du tribunal de grande instance de Paris, le tribunal de l'application des peines de Paris et la chambre de l'application des peines de la cour d'appel de Paris pour prendre les décisions concernant les personnes condamnées pour une infraction entrant dans le champ d'application de l'article 628, quel que soit le lieu de détention ou de résidence du condamné.

Ces décisions sont prises après avis du juge de l'application des peines compétent en application de l'article 712-10[3]. Ces dispositions prévoient également l'hypothèse où l'une des juridictions parisienne saisie vient à se déclarer incompétente.

315.132 Crimes sériels ou non élucidés (délits connexes). La loi du 22 décembre 2021[4] a créé au sein du code de procédure pénale un nouveau titre XXV *bis* intitulé « De la procédure applicable aux crimes sériels ou non élucidés ».

L'article 706-106-1 y dispose « Un ou plusieurs tribunaux judiciaires désignés par décret exercent une compétence concurrente à celle qui résulte de l'application des articles 43,52 et 382 du présent code pour l'enquête, la poursuite, l'instruction et le jugement des crimes prévus aux articles 221-1 à 221-5,222-1,222-3 à 222-6,222-23 à 222-26 et 224-1 à 224-3 du code pénal et de tous les délits connexes à ces crimes, lorsque l'une au moins des deux conditions ci-après est remplie et que les investigations les concernant présentent une particulière complexité :

1° Ces crimes ont été commis ou sont susceptibles d'avoir été commis de manière répétée à des dates différentes par une même personne à l'encontre de différentes victimes ;

2° Leur auteur n'a pas pu être identifié plus de dix-huit mois après leur commission.

Lorsqu'ils sont compétents pour la poursuite ou l'instruction des infractions mentionnées au présent article, le procureur de la République et le juge d'instruction des juridictions désignées exercent leurs attributions sur toute l'étendue du ressort territorial précisé par le décret prévu au premier alinéa du présent article. Si une seule juridiction spécialisée est désignée, cette compétence s'étend à l'ensemble du territoire national.

La juridiction saisie demeure compétente, quelles que soient les incriminations retenues lors du règlement ou du jugement de l'affaire. Toutefois, si les faits constituent une contravention, le juge d'instruction prononce le renvoi de l'affaire devant le tribunal de police compétent en application de l'article 522 ».

L'article 706-106-2 est plus précisément consacré aux modalités de désignation des magistrats compétents « Au sein de ce ou ces tribunaux judiciaires, le procureur général et le premier président, après avis du procureur de la République et du

1. C. pr. pén., art. 689-11, mod. par L. n° 2019-222, 23 mars 2019, art. 63-IV.
2. C. pr. pén., art. 628-1.
3. C. pr. pén., art. 628-7.
4. L. n° 2021-1729, 22 déc. 2021, pour la confiance dans l'institution judiciaire, *JO* 23 déc., n° 2, art. 8.

président du tribunal judiciaire, désignent respectivement un ou plusieurs magistrats du parquet et juges d'instruction chargés spécialement de l'enquête, de la poursuite et de l'instruction des infractions entrant dans le champ d'application de l'article 706-106-1.

Les magistrats du parquet et juges d'instruction désignés ainsi que le procureur général près la cour d'appel compétente peuvent demander à des assistants spécialisés, désignés dans les conditions prévues à l'article 706, de participer, selon les modalités prévues au même article 706, aux procédures concernant les crimes et délits entrant dans le champ d'application de l'article 706-106-1 ».

L'article 706-106-3 dispose « Le procureur de la République près un tribunal judiciaire autre que celui ou ceux mentionnés à l'article 706-106-1 peut, pour les infractions relevant du même article 706-106-1, d'office, sur proposition du juge d'instruction ou à la requête des parties, requérir du juge d'instruction initialement saisi de se dessaisir au profit de la juridiction d'instruction compétente en application dudit article 706-106-1.

Si elles ne sont pas à l'origine de la demande, les parties sont avisées de ces réquisitions et sont invitées par le juge d'instruction à faire connaître leurs observations.

L'ordonnance statuant sur le dessaisissement est rendue huit jours au plus tôt et un mois au plus tard à compter des réquisitions ou de l'avis donné aux parties.

Les trois derniers alinéas de l'article 706-77 et l'article 706-78 sont applicables à cette ordonnance ».

Ces articles sont relatifs à la procédure applicable en matière d'ordonnance de dessaisissement du juge d'instruction et aux voies de recours.

C'est le tribunal judiciaire de Nanterre qui, suivant un décret du 20 janvier 2022 [1] complété par un second décret du 24 février 2022 [2], a été désigné pour exercer « sur l'ensemble du territoire national une compétence concurrente à celle qui résulte de l'application des articles 43, 52 et 382 pour l'enquête, la poursuite, l'instruction et le jugement des crimes prévus aux articles 221-1 à 221-5, 222-1, 222-3 à 222-6, 222-23 à 222-26 et 224-1 à 224-3 du code pénal et de tous les délits connexes à ces crimes, lorsque les conditions prévues par l'article 706-106-1 du Code de procédure pénale sont remplies » [3]. Ces crimes seront donc jugés par la cour d'assises des Hauts-de-Seine, le tribunal judiciaire de Nanterre pouvant, de manière résiduelle, avoir à connaître des délits qui ne seraient pas joints aux crimes poursuivis.

Le décret du 24 février 2022 précise que seul le procureur de la République de Nanterre pourra ordonner des enquêtes ayant pour objet de retracer l'éventuel parcours criminel d'une personne condamnée pour des faits relevant de l'article 706-106-1 ou pour laquelle il existe une ou plusieurs raisons plausibles de soupçonner qu'elle a commis ou tenté de commettre de tels faits.

Il précise également les attributions des OPJ qui seront désignés pour assister au tribunal de Nanterre les magistrats de ce pôle, en indiquant que ceux-ci pourront exercer les attributions des assistants spécialisés, conseiller ces magistrats et veiller à la qualité des échanges avec les enquêteurs saisis des procédures.

Une circulaire est venue préciser les règles de compétence applicables et l'articulation du rôle des différents acteurs judiciaires en matière de lutte contre les crimes sériels ou non élucidés [4].

SECTION 7
ACCIDENT COLLECTIF

315.141 **Cadre d'intervention.** Un titre consacré à la procédure applicable en cas d'accident collectif a été créé par la loi du 13 décembre 2011 dans le code de procédure pénale.

L'accident collectif est celui concerné par l'application des articles 221-6, 221-6-1, 222-19, 222-19-1, 222-20 et 222-20-1 du code pénal dans les affaires qui comportent une pluralité de victimes et sont ou apparaîtraient d'une grande complexité. Ces critères n'apparaissent pas de la plus grande précision.

La compétence territoriale d'un tribunal judiciaire peut être étendue au ressort d'une ou plusieurs cours d'appel pour l'enquête, la poursuite, l'instruction et le jugement de ces délits, en vertu de l'article 706-176 du code de procédure pénale. Cette compétence s'étend aux infractions connexes.

Un décret fixe la liste et le ressort de ces juridictions, qui comprennent une section du parquet et

1. Décr. n° 2022-67, 20 janv. 2022 relatif à la procédure applicable aux crimes sériels ou non élucidés, *JO* 27 janv., n° 15.
2. Décr. n° 2022-236, 24 févr. 2022, complétant le précédent, *JO* 25 févr., n° 16.
3. C. pr. pén., art. D. 47-12-8, entré en vigueur le 1er mars 2022.
4. Circ. DACG CRIM 2022-03/H2, REF : 2022/0015/B21 Objet : Circulaire relative à la compétence nationale concurrente du tribunal judiciaire de Nanterre et de la cour d'assises des Hauts-de-Seine dans le traitement des crimes sériels ou non élucidés, et à l'articulation du rôle des différents acteurs judiciaires en matière de lutte contre les crimes sériels ou non élucidés.

des formations d'instruction et de jugement spécialisées pour connaître de ces infractions.

La juridiction spécialisée exerce une compétence concurrente avec la juridiction qui est naturellement compétente, par application des articles 43, 52, 382 et 706-42 du code de procédure pénale. La juridiction saisie demeure compétente, quelles que soient les incriminations retenues lors du règlement ou du jugement de l'affaire.

La liste des tribunaux judiciaires désignés pour connaître, dans les circonscriptions définies[1], des infractions mentionnées à l'article 706-176 a été fixée par l'article D. 47-38 du code de procédure pénale, issu du décret du 26 décembre 2014[2].

TABLEAU 315.141-1. TRIBUNAUX JUDICIAIRES DÉSIGNÉS POUR CONNAÎTRE LES INFRACTIONS MENTIONNÉES À L'ARTICLE 706-176 DU CODE DE PROCÉDURE PÉNALE

Tribunaux judiciaires compétents	Compétence territoriale s'étendant au ressort des cours d'appel ou du tribunal supérieur d'appel de :
Marseille	Aix-en-Provence, Bastia, Chambéry, Grenoble, Lyon, Nîmes et Montpellier
Paris	Agen, Amiens, Angers, Basse-Terre, Besançon, Bordeaux, Bourges, Caen, Cayenne, Colmar, Dijon, Douai, Fort-de-France, Limoges, Metz, Nancy, Nouméa, Orléans, Papeete, Paris, Pau, Poitiers, Reims, Rennes, Riom, Rouen, Saint-Denis, Toulouse, Versailles et Saint-Pierre

SECTION 8
ATTEINTES AUX SYSTÈMES DE TRAITEMENT AUTOMATISÉ DE DONNÉES (STAD)

315.151 Procédure applicable en matière d'atteintes aux systèmes de traitement automatisé de données. L'article 706-72-1 du code de procédure pénale[3] dispose que : « Pour la poursuite, l'instruction et le jugement des infractions entrant dans le champ d'application de l'article 706-72 (soit, les infractions mentionnées aux articles 323-1 à 323-4-1 du code pénal[4] – atteintes aux systèmes de traitement automatisé de données – et 411-9 du même code (sabotage), lorsqu'elles sont commises sur un système de traitement automatisé d'informations), le procureur de la République, le pôle de l'instruction, le tribunal correctionnel et la cour d'assises de Paris exercent une compétence concurrente à celle qui résulte de l'application des articles 43, 52 et 382.

Lorsqu'ils sont compétents pour la poursuite et l'instruction des infractions entrant dans le champ d'application de l'article 706-72, le procureur de la République et le pôle de l'instruction de Paris exercent leurs attributions sur toute l'étendue du territoire national ».

L'article 706-72-2 précise que : « Le procureur de la République près un TGI autre que celui de Paris peut, pour les infractions entrant dans le champ d'application de l'article 706-72, requérir le juge d'instruction de se dessaisir au profit de la juridiction d'instruction de Paris. Les parties sont préalablement avisées et invitées à faire connaître leurs observations par le juge d'instruction ; l'ordonnance est rendue 8 jours, au plus tôt, et 1 mois, au plus tard, à compter de cet avis.

L'ordonnance par laquelle le juge d'instruction se dessaisit ne prend effet qu'à l'expiration d'un délai de 5 jours ; lorsqu'un recours est exercé en application de l'article 706-72, le juge d'instruction demeure saisi jusqu'à ce que l'arrêt de la chambre criminelle de la Cour de cassation soit porté à sa connaissance.

Dès que l'ordonnance est devenue définitive, le procureur de la République adresse le dossier de la procédure au procureur de la République de Paris.

Le présent article est applicable devant la chambre de l'instruction ».

L'article 706-72-3 indique encore que : « Lorsqu'il apparaît au juge d'instruction du TGI de Paris que les faits dont il a été saisi ne constituent pas une des infractions entrant dans le champ d'application de l'article 706-72 et ne relèvent pas de sa compétence à un autre titre, ce juge se déclare incompétent soit à

1. V. tableau 315.141-1.
2. Décr. n° 2014-1634, 26 déc. 2014 fixant la liste et le ressort des juridictions interrégionales spécialisées en matière d'accidents collectifs, *JO* 28 déc., p. 2259.
3. C. pr. pén., art. 706-72-1 ; créé par L. n° 2016-731, 3 juin 2016.
4. La L. n° 2023-22 du 24 janvier 2023 d'orientation et de programmation du ministère de l'intérieur a notamment créé un article 323-3-2 du code pénal qui réprime d'une part, le fait pour les opérateurs de plateforme en ligne de permettre la cession de produits, de contenus ou de services dont la cession, l'offre, l'acquisition ou la détention sont manifestement illicites et, d'autre part, le fait pour une personne de proposer des prestations d'intermédiation ou de séquestre ayant pour objet unique ou principal de mettre en œuvre, de dissimuler ou de faciliter ces opérations. Elle a également renforcé la répression contre les cyberattaques via l'article 323-1 du code pénal qui punit plus lourdement l'accès ou maintien frauduleux dans tout ou partie d'un STAD. L'article 323-4-1 du code pénal prévoit une répression plus forte en cas de cyberattaque commise en bande organisée en ne limitant plus l'incrimination aux cyberattaques contre les seuls systèmes mis en œuvre par lÉtat. *Idem* pour l'article 323-4-2 concernant les cyberattaques qui ont pour effet d'exposer autrui à un risque immédiat de mort ou de blessures de nature à entraîner une mutilation ou une infirmité permanente ou de faire obstacle aux secours destinés à faire échapper une personne à un péril imminent ou à combattre un sinistre présentant un danger pour la sécurité des personnes.

la requête du procureur de la République, soit, après avis de ce dernier, d'office ou à la requête des parties. Celles des parties qui n'ont pas présenté une requête sont préalablement avisées et invitées à faire connaître leurs observations ; l'ordonnance est rendue au plus tôt 8 jours après cet avis.

Le 2e alinéa de l'article 706-72-2 est applicable à l'ordonnance par laquelle le juge d'instruction du TGI de Paris se déclare incompétent. Dès que l'ordonnance est devenue définitive, le procureur de la République de Paris adresse le dossier de la procédure au procureur de la République territorialement compétent. Le présent article est applicable lorsque la chambre de l'instruction de la cour d'appel de Paris statue sur sa compétence ».

La loi du 24 janvier 2023 [1] est venue inclure après le seizième alinéa du 1° de l'article 398-1 du code de procédure pénale, les délits d'accès et de maintien frauduleux dans un système de traitement automatisé de données prévus au premier alinéa de l'article 323-1. Ces infractions sont donc de la compétence du juge unique.

315.152 **Compétence concurrente.** Le procureur de la République, le pôle de l'instruction, le tribunal correctionnel et la cour d'assises de Paris exercent une compétence concurrente à celle qui résulte de l'application des articles 43, 52 et 382, pour la poursuite, l'instruction et le jugement des infractions entrant dans le champ d'application de l'article 706-72 du code de procédure pénale qui concerne les infractions mentionnées aux articles 323-1 à 323-4-1 (Accès ou maintien frauduleux dans un STAD, entrave ou atteintes au fonctionnement, introduction frauduleuse de données dans un STAD, importation, détention, offre, cession, mise à disposition illégitime d'équipement, instrument, programme informatique ou donnée adapté pour commettre l'une des infractions précédentes, participation à un groupement ou une entente établie en vue de la préparation de l'une ou de plusieurs des infractions prévues par les article 323-1 à 323-3-1, *idem.* en bande organisée) et 411-9 du code pénal (sabotage), lorsqu'elles sont commises sur un système de traitement automatisé d'informations [2].

La loi du 24 janvier 2023 [3] est venue inclure après le seizième alinéa du 1° de l'article 398-1 du code de procédure pénale, les délits d'accès et de maintien frauduleux dans un système de traitement automatisé de données prévus au premier alinéa de l'article 323-1. Ces infractions sont donc de la compétence du juge unique.

Cette compétence concurrente s'exerce également à l'égard des mineurs [4].

315.153 **Premières jurisprudences.** Par un arrêt [5] la chambre criminelle est venue dire que la saisine fondée sur la compétence nationale concurrente du tribunal de grande instance de Paris pour les infractions relatives aux systèmes de traitement automatisé de données relève de la seule prérogative du procureur de la République, de sorte qu'elle ne peut être le fait de la partie civile.

Elle a pareillement retenu que pour écarter la compétence du juge d'instruction parisien, l'ordonnance (du juge d'instruction) énonçait d'une part que celle-ci ne peut être retenue ni au titre du lieu de résidence de la personne soupçonnée, ni au titre du lieu de commission de l'infraction, ni au titre du lieu du siège social de la personne morale victime, s'agissant de faits susceptibles d'avoir été commis, soit depuis l'étranger, soit par une personne résidant en Seine-Saint-Denis, au siège d'une société située à Pierrefitte-sur-Seine, et d'autre part que la saisine fondée sur la compétence nationale concurrente du tribunal de grande instance de Paris pour les infractions relatives au système de traitement automatisé de données relevait de la seule prérogative du procureur de la République, de sorte qu'elle ne peut être le fait de la partie civile ; qu'en se déterminant ainsi, et dès lors que la société W... a eu connaissance des réquisitions de non-informer du parquet et a pu faire valoir toutes ses observations en réponse, le juge d'instruction a justifié sa décision.

Plus généralement, sur les infractions portant atteinte aux systèmes de traitement automatisé de données, la chambre criminelle a déjà pu rappeler, que les termes de l'article 323-3 du code pénal sont suffisamment clairs et précis pour que son interprétation et sa sanction, qui entrent dans l'office du juge pénal, puissent se faire sans risque d'arbitraire [6], le caractère intentionnel desdites infractions [7], en précisant par exemple, que se rend coupable de l'infraction prévue à l'article 323-1 du code pénal la personne qui, sachant qu'elle n'y est pas autorisée, accède, à l'insu des victimes, à un système de traitement automatisé de données [8], l'infraction prévue à l'article 323-1 du code pénal étant reprochable à la personne qui, sachant qu'elle n'y est pas autorisée,

1. L. n° 2023-22, 24 janv. 2023, précit., *JO* 25 janv., n° 1, art. 9.
2. G. Thierry, « La délicate montée en puissance de la justice dans les affaires de cybercriminalité », *D. actu.* 3 oct. 2018.
3. L. n° 2023-22, 24 janv. 2023 d'orientation et de programmation du ministère de l'intérieur, *JO* 25 janv., n° 1, art. 9.
4. C. pr. pén., art. 706-72-1, al. 2.
5. Crim. 20 août 2018, n° 18-84.728, P n° 139.
6. Crim. QPC, 10 avr. 2013, n° 12-85.618, *RSC* 2013. 559, obs. Francillon ; *Gaz. Pal.* 9-11 févr. 2014, p. 27, obs. Dreyer.
7. Crim. 7 nov. 2017, n° 16-84.918, P n° 247.
8. Crim. 16 janv. 2018, n° 16-87.168, P n° 12.

accède par quelque moyen que ce soit à un système de traitement automatisé de données[1].

À noter qu'est réprimé pénalement le fait, y compris par négligence, de procéder ou de faire procéder à un traitement de données à caractère personnel sans qu'aient été respectées les formalités préalables prévues par la loi susvisée[2].

SECTION 9

INCOMPÉTENCE DE LA JURIDICTION SPÉCIALISÉE SAISIE

315.161 **Maintien de la compétence.** La juridiction spécialisée reste compétente quelles que soient les incriminations retenues lors du règlement ou du jugement de l'affaire sous réserve de l'application des dispositions des articles 181 et 469.

Si les faits constituent une contravention, le juge d'instruction doit toutefois prononcer le renvoi devant le tribunal de police compétent en application de l'article 522. Ce principe vaut pour les articles 705, 706-2, 706-19, 706-76, et 706-109 du code de procédure pénale, à savoir les juridictions spécialisées en matière financière, sanitaire, pour la délinquance organisée et la pollution des eaux maritimes par rejet de navire.

315.162 **Terrorisme.** L'article 706-19[3] du code de procédure pénale n'avait pas été modifié par la loi du 9 mars 2004. En conséquence, il faisait exception au principe ci-dessus. La chambre criminelle avait pu en conséquence juger que la juridiction correctionnelle de Paris et le tribunal pour enfants de Paris, qui constatent que les faits dont ils sont saisis ne sont pas en relation avec une entreprise terroriste, sont tenus, s'ils ne sont pas compétents à un autre titre, de se déclarer d'office incompétents et de renvoyer le ministère public à se pourvoir ainsi qu'il avisera[4].

Depuis l'entrée en vigueur de la loi du 24 décembre 2020[5] l'article 706-19 dispose que la juridiction saisie en application de la présente section reste compétente quelles que soient les incriminations retenues lors du règlement ou du jugement de l'affaire, sous réserve de l'application des articles 181 et 469. Si les faits constituent une contravention, le juge d'instruction prononce le renvoi de l'affaire devant le tribunal de police compétent en application de l'article 522. L'ancien article 706-20 a été abrogé.

1. Crim. 27 mars 2018, n° 17-81.989, NP.
2. Crim. 23 mai 2018, n° 16-84.096, NP.
3. C. pr. pén., art. 706-19 ; mod. par L. n° 2000-516, 15 juin 2000, art. 83.
4. Crim. 15 nov. 2006, n° 06-85.275, P n° 289 ; *AJ pénal* 2007. 35, obs. G. Royer.
5. L. n° 2020-1672, 24 déc. 2020.

CHAPITRE

316. Extension de compétence et limites

SECTION 0 ORIENTEUR

316.00 **Sommaire du chapitre.**

316.01 **Principaux textes applicables.**

TEXTES SOURCES

• Const., art. 61-1, 62

• C. pr. pén., art. 4, 203, 384, 387, 466, 480-1

TEXTES *IN EXTENSO*

• **Const., art. 61-1**

Lorsque, à l'occasion d'une instance en cours devant une juridiction, il est soutenu qu'une disposition législative porte atteinte aux droits et libertés que la Constitution garantit, le Conseil constitutionnel peut être saisi de cette question sur renvoi du Conseil d'État ou de la Cour de cassation qui se prononce dans un délai déterminé.

Une loi organique détermine les conditions d'application du présent article.

• **Const., art. 62**

Une disposition déclarée inconstitutionnelle sur le fondement de l'article 61 ne peut être promulguée ni mise en application.

Une disposition déclarée inconstitutionnelle sur le fondement de l'article 61-1 est abrogée à compter de la publication de la décision du Conseil constitutionnel ou d'une date ultérieure fixée par cette décision. Le Conseil constitutionnel détermine les conditions et limites dans lesquelles les effets que la disposition a produits sont susceptibles d'être remis en cause.

Les décisions du Conseil constitutionnel ne sont susceptibles d'aucun recours. Elles s'imposent aux pouvoirs publics et à toutes les autorités administratives et juridictionnelles.

316.02 **Jurisprudence de référence.**

> La compétence du tribunal correctionnel régulièrement saisi par l'ordonnance de renvoi subsiste malgré la disjonction des poursuites

• **Crim. 4 mai 1988,** n° 87-83.576, P n° 192

* V. s[s] n° 316.32.

« Attendu qu'il résulte des énonciations de l'arrêt confirmatif attaqué et des pièces de procédure que J... a été renvoyé devant le tribunal correctionnel de Cherbourg par une ordonnance du juge d'instruction commune à lui-même et à deux autres inculpés, lesquels, arrêtés à Cherbourg où ils étaient domiciliés, l'avaient désigné comme étant leur fournisseur de produits stupéfiants ; Que, dès lors, le tribunal de Cherbourg et la cour d'appel étaient compétents à l'égard du demandeur en application de l'article 383 du code de procédure pénale ; qu'il n'importe qu'à la suite d'une disjonction des poursuites, il ait été jugé par le tribunal correctionnel à une date différente de celle de ses coprévenus, dès lors que cette juridiction avait été valablement saisie de la prévention le concernant par l'ordonnance susvisée ;

Et attendu que l'arrêt est régulier en la forme

REJETTE le pourvoi. »

> La connexité avec une infraction non déférée devant le tribunal en l'état de la décision définitive de non-lieu intervenue ne permet pas de retenir la compétence territoriale de la juridiction

• **Crim. 19 juin 2001,** n° 00-86.522, P n° 146

* V. s[s] n° 316.33.

« Attendu qu'il résulte de l'arrêt attaqué qu'à la suite de vols commis au préjudice de G..., en Seine-et-Marne, et après la découverte d'une statue provenant d'un de ces vols, qui devait être vendue aux enchères dans le département des Yvelines, une information a été ouverte au tribunal de grande instance de Versailles ; qu'à l'issue de l'information, le juge d'instruction a renvoyé, devant le tribunal correctionnel de Versailles, le seul R..., antiquaire demeurant en Seine-et-

Marne, du chef de recel commis dans ce département, et dit n'y avoir lieu à suivre des autres chefs ;

Attendu que, pour confirmer la décision d'incompétence territoriale rendue par les premiers juges, la cour d'appel relève, notamment, qu'à l'issue de l'information, aucun fait de recel n'a été établi dans les Yvelines ;

Attendu qu'en prononçant ainsi, et dès lors que ne peut être invoquée la connexité avec une infraction non déférée devant le tribunal en l'état de la décision définitive de non-lieu intervenue, les juges ont justifié leur décision ;

D'où il suit que le moyen n'est pas fondé ;

Et attendu que l'arrêt est régulier en la forme ;

REJETTE le pourvoi. »

> Les personnes condamnées sont tenues solidairement des restitutions et des dommages et intérêts dès lors que les infractions sont rattachées entre elles par un lien de connexité ou d'indivisibilité

• **Crim. 17 nov. 2004,** n° 03-82.657, P n° 291

* V. s^s n° 316.38.

« Vu les articles 480-1 et 203 du code de procédure pénale ;

Attendu que la solidarité prévue par le premier de ces textes est applicable aux prévenus déclarés coupables d'infractions rattachées entre elles par un lien de connexité ;

Attendu qu'il résulte de l'arrêt attaqué et du jugement que Michel M..., déclaré coupable de banqueroute par emploi de moyens ruineux de se procurer des fonds, présentation de faux bilans et complicité de faux et usage, a eu recours de manière croissante à des procédés frauduleux en rapport avec ces délits pour différer le dépôt de bilan de ses sociétés, grâce à la participation de collaborateurs choisis pour exécuter ses ordres, tels Pierre A..., déclaré coupable de complicité de faux et usage et de complicité de présentation de faux bilans, Michel T... et Jean-Michel T..., respectivement expert-comptable et commissaire aux comptes, reconnus coupables de complicité de présentation de faux bilans et non-révélation de ces faits délictueux ;

Attendu que, pour déclarer Michel M... seul responsable du préjudice subi par les créanciers, l'arrêt écarte la connexité entre les infractions qui lui sont reprochées et celles imputées aux autres prévenus ;

Mais attendu qu'en statuant ainsi, alors que doivent être considérées comme connexes les infractions qui procèdent d'une même conception, sont déterminées par la même cause et tendent au même but, la cour d'appel, qui n'a pas tiré les conséquences légales de ses propres constatations, a méconnu les textes susvisés et le principe ci-dessus rappelé ;

D'où il suit que la cassation est de nouveau encourue ;

Par ces motifs :

CASSE ET ANNULE [...]. »

316.03 Bibliographie indicative.

Encyclopédie. J.-Cl. Pr. pén., « Chambre de l'instruction, Connexité et indivisibilité », art. 203, fasc. 50, par H. Angevin.

Article. M. Gobert, « La connexité dans la procédure pénale française », *JCP* 1961. I. 1607.

SECTION 1
CONNEXITÉ, INDIVISIBILITÉ – DÉFINITION ET APPLICATIONS JURISPRUDENTIELLES

316.11 Extension de compétence aux délits et contraventions formant avec l'infraction déférée un ensemble indivisible[1]**.** La compétence du tribunal correctionnel s'étend aux délits et contraventions qui forment avec l'infraction déférée au tribunal un ensemble indivisible, selon l'article 382 du code de procédure pénale. La Cour de cassation précise que l'indivisibilité commande de soumettre les faits ainsi unis à l'appréciation d'un même juge[2]. La prorogation de compétence est obligatoire[3]. Le même article dispose que la compétence peut aussi s'étendre aux délits et contraventions connexes. La prorogation est alors facultative[4]. Il en résulte que la juridiction correctionnelle ne peut refuser de juger un délit sous prétexte qu'il est connexe à un crime[5].

316.12 Extension de compétence aux coauteurs ou complices[6]**.** Lorsque le tribunal est compétent à l'égard d'un prévenu, sa compétence s'étend à tous coauteurs ou complices, selon l'article 383 du code de procédure pénale. Il n'est donc pas nécessaire que la compétence territoriale soit établie pour chacun d'entre eux. Les règles de bonne administration de la justice, d'indivisibilité et de connexité forment le fondement de ce principe.

316.13 Indivisibilité. L'indivisibilité ne fait pas l'objet de définition dans le code de procédure pénale. Elle suppose que des faits forment entre eux une unité indissociable.

La chambre criminelle a utilisé différentes définitions :

– « lorsque les éléments de la prévention sont dans un rapport mutuel de dépendance et rattachés entre eux par un lien tellement intime que l'existence des uns ne se comprendrait pas sans l'existence des autres »[7] ;

– « des faits commis par un même délinquant et intimement liés l'un à l'autre par une unité de dessein ou des faits commis par plusieurs délinquants dans le même trait de temps, dans le même lieu, déterminés par le même mobile et procédant de la même cause »[8].

1. C. pr. pén., art. 382.
2. Crim. 15 oct. 1959, P n° 435 – Crim. 5 mai 1960, P n° 245.
3. V. s^s n° 316.21.
4. V. s^s n° 316.31.
5. Crim. 24 juill. 1875, P n° 239.
6. C. pr. pén., art. 383.
7. Crim. 24 juill. 1875, P n° 239 – Crim. 28 mars 1914, P n° 173 – Crim. 18 juin 1947, P n° 159 – Crim. 24 mai 1951, P n° 141.
8. Crim. 21 oct. 1948, P n° 240 – Crim. 15 oct. 1959, P n° 435.

316.14 Jurisprudence sur l'indivisibilité. La chambre criminelle a eu l'occasion de préciser les liens d'indivisibilité entre :

- le crime et le délit d'association de malfaiteurs à laquelle l'auteur du crime avait participé[1] ;

- le délit d'abus de confiance commis à l'étranger par un Français et celui d'achat de vote commis en France et dont il s'est également rendu complice[2] ;

- les crimes commis en haute mer par des étrangers au préjudice de victimes étrangères et les infractions qui s'ensuivent commises sur une victime survivante dans les eaux territoriales françaises[3].

316.15 Connexité. La connexité est définie par l'article 203 du code de procédure pénale qui dispose que les infractions sont connexes soit lorsqu'elles ont été commises en même temps par plusieurs personnes réunies, soit lorsqu'elles ont été commises par différentes personnes, même en différents temps et en divers lieux, mais par suite d'un concert formé à l'avance entre elles, soit lorsque les coupables ont commis les unes pour se procurer les moyens de commettre les autres, pour en faciliter, pour en consommer l'exécution ou pour en assurer l'impunité, soit lorsque des choses enlevées, détournées ou obtenues à l'aide d'un crime ou d'un délit ont été, en tout ou en partie, recelées.

La jurisprudence estime que cette énumération n'est pas limitative et qu'il suffit qu'il y ait entre les faits des rapports étroits analogues à ceux que la loi a spécialement prévus[4].

En résumé, la connexité peut donc résulter d'une unité de temps et de lieu, d'une unité de dessein criminel, d'une relation de cause à effet ou encore de l'existence d'un recel. À plusieurs reprises, la chambre criminelle a précisé que les faits sont indivisibles et font obstacle à des poursuites séparées lorsqu'ils « sont rattachés entre eux par un lien tel que l'existence des uns ne se comprendrait pas sans l'existence des autres. »[5] La loi ne définit toutefois pas ce qu'est l'indivisibilité, laissant donc au juge le soin de le préciser dans chaque espèce où se pose cette question.

316.16 Jurisprudence sur la connexité. En matière correctionnelle il a été jugé que sont connexes des faits de contrefaçon et débit d'œuvres contrefaisantes concernant différents sculpteurs qui s'inscrivent dans une opération d'ensemble et qui, commis dans le cadre de cette opération, présentent avec l'infraction dénoncée des rapports étroits tels que ceux spécialement prévus par l'article 203 du code de procédure pénale[6].

Le plus souvent on retrouve les infractions connexes de vol et de recel : « lorsque des choses enlevées, détournées ou obtenues à l'aide d'un crime ou d'un délit ont été, en tout ou partie, recelées »[7].

Il en est également ainsi en matière de violences, qu'il s'agisse de violences réciproques[8] ou de violences commises en réunion sur plusieurs personnes, procédant d'une action concertée, déterminée par la même cause et tendant au même but[9].

Le délit de non-assistance à personne en péril commis par un médecin omettant d'intervenir auprès d'un patient auquel il avait transfusé du sang qu'il a appris plus tard être contaminé est connexe à celui d'homicide involontaire consécutif au décès du patient[10].

Il y a également connexité en cas d'infractions sexuelles commises par la même personne à l'égard de mineurs différents[11].

Il existe aussi de nombreux exemples jurisprudentiels relatifs au droit des sociétés : connexité entre les délits de présentation de faux bilan et distribution de dividende fictifs d'une part et abus de biens sociaux d'autre part[12] ; entre le délit d'abus de bien social commis au préjudice d'une société et des escroqueries au préjudice des clients de celle-ci[13] ; entre un détournement d'actif commis par un prévenu et la tenue d'une comptabilité fictive commise par un autre prévenu[14].

316.17 Exemples de jurisprudence estimant des infractions non connexes. L'application de la connexité par les tribunaux correctionnels est large et n'est pas souvent l'objet de contestations. Les arrêts n'ayant pas retenu la connexité sont donc peu nombreux. Elle n'a pas été admise entre le délit d'exercice illégal de la profession de banquier et

1. Crim. 20 févr. 1990, n°s 89-86.610, 89-86.611, P n° 84.
2. Crim. 15 janv. 1990, n° 86-96.469, P n° 22.
3. Crim. 3 mai 1995, n° 95-80.725, P n° 161.
4. Crim. 18 avr. 1857, P n° 160 – Crim. 3 mars 1899, P n° 38 – Crim. 6 déc. 1907, *DP* 1910. 1. 53 – Crim. 7 août 1971, n°s 71-90.199, 71-90.859, P n° 245 ; *D.* 1971. Somm. 190 – Crim. 13 févr. 1974, n° 73-91.440, P n° 64 – Crim. 12 nov. 1981, n° 79-90.830, P n° 302 – Crim. 26 juill. 1988, n° 87-81.745, P n° 305 – Crim. 6 juin 1996, n° 95-85.919, P n° 243 – Crim. 25 févr. 1998, n° 97-82.887, P n° 76 – Crim. 28 mai 2003, n° 02-85.185, P n° 108 – Crim. 1er déc. 2004, n° 03-87.883, P n° 304 – Crim. 7 juill. 2005, n° 05-81.119, P n° 206 ; *D.* 2005. 2998, note A. Donnier ; *AJ pénal* 2005. 370, obs. J. Leblois-Happe ; *RSC* 2006. 84, obs. C. Ambroise-Castérot – Crim. 19 sept. 2006, n° 05-83.536, P n° 228.
5. Crim. 18 nov. 1964, n° 64-91.184, P n° 305 – Crim. 20 févr. 1980, n° 79-90.347, P n° 68.
6. Crim. 22 mai 2002, n° 01-86.156, NP.
7. Crim. 19 déc. 1995, n° 95-80.850, P n° 390.
8. Crim. 17 janv. 1973, n° 72-91.585, P n° 24.
9. Crim. 22 oct. 1997, n° 96-84.684, P n° 347.
10. Crim. 17 sept. 1997, n° 96-84.972, P n° 300.
11. Crim. 23 févr. 2000, n° 99-84.828, NP.
12. Crim. 6 janv. 1970, n° 68-92.397, P n° 11.
13. Crim. 1er févr. 1988, n° 86-95.678, P n° 47.
14. Crim. 30 nov. 1987, n° 87-80.737, P n° 435.

d'escroquerie d'une part et le délit de non-révélation par un commissaire aux comptes de faits délictueux d'autre part[1]. Il n'existe pas de lien de connexité entre une infraction à la législation sur les paris dans les courses de chevaux et la complicité de délit de réception illicite de paris, faute de concert préalable et d'unicité de conception ou de but entre ces infractions[2].

SECTION 2
CONNEXITÉ ET INDIVISIBILITÉ – EFFETS

§ 1
Indivisibilité – Effets

316.21 Prorogation obligatoire. La prorogation de compétence est obligatoire en cas d'indivisibilité[3]. Seule la constatation par les juges de l'existence de faits rattachés entre eux par un lien tel que l'existence des uns ne se comprendrait pas sans l'existence des autres et formant un tout indivisible peut faire obstacle à des poursuites séparées[4].

316.22 Prorogation impossible. Lorsque la juridiction est saisie en fonction de la personne de l'auteur des faits, la prorogation n'est pas possible. Il en est ainsi tout particulièrement en matière de mineurs. Le mineur, même coauteur ou complice d'une infraction commise par un majeur, ne peut être jugé que par la juridiction spécialisée. Le majeur, en ce qui le concerne, peut dans certains cas[5] être jugé par la juridiction des mineurs[6]. La prorogation est également impossible pour les membres du gouvernement qui relèvent exclusivement de la compétence de la Cour de justice de la République[7].

§ 2
Connexité – Effets

316.31 Prorogation facultative. L'article 387 du code de procédure pénale dispose que : « Lorsque le tribunal est saisi de plusieurs procédures visant des faits connexes, il peut en ordonner la jonction soit d'office, soit sur réquisition du ministère public, ou à la requête d'une des parties ».

En cas de connexité, à la différence de l'indivisibilité, la prorogation n'est donc que facultative. Il appartient ainsi à la juridiction d'apprécier, lorsqu'elle constate la connexité entre un crime ou un délit, la nécessité ou la convenance de la jonction des poursuites dans l'intérêt d'une bonne administration de la justice[8]. Mais une juridiction ne peut s'abstenir de connaître des faits dont elle est complètement saisie au motif qu'ils sont connexes à d'autres faits objet d'une poursuite séparée[9].

316.32 Compétence malgré disjonction des poursuites. Dès lors que le tribunal a été régulièrement saisi, la compétence fondée sur la connexité subsiste malgré disjonction des poursuites[10].

316.33 Compétence et non-lieu partiel. La connexité avec une infraction qui n'est pas déférée à la juridiction correctionnelle en raison d'une décision définitive de non-lieu rendue à l'égard de cette infraction ne peut être invoquée pour retenir la compétence territoriale du tribunal correctionnel[11]. En revanche, elle demeure compétente si l'infraction justifiant la saisine de la juridiction correctionnelle fait l'objet d'une relaxe, par exemple pour une contravention connexe[12].

316.34 Connexité et saisine régulière de la juridiction. La compétence d'une juridiction à l'égard d'un prévenu s'étend à tous les auteurs et complices, mais encore faut-il que la juridiction saisie l'ait été à bon droit. Doit être censurée la décision qui admet la compétence de la juridiction saisie pour statuer sur des infractions fiscales, en raison d'un lien de coaction ou de complicité, alors que cette compétence ne se justifiait qu'en raison du domicile d'inculpés à l'encontre desquels lesdits liens de coaction ou de complicité manquaient de base légale[13].

316.35 Compétence du tribunal correctionnel pour juger les contraventions. Le tribunal correctionnel n'a pas plénitude de juridiction. À la différence de la cour d'assises, le tribunal correctionnel ne peut statuer sur toutes les infractions qui lui seraient par erreur déférées. Il ne peut juger un crime. Il ne peut juger des personnes attraites devant lui alors qu'elles auraient dû comparaître devant

1. Crim. 7 juin 1993, nº 92-83.681, NP, *Dr. pénal* 1993, nº 206, note M. Véron.
2. Crim. 12 nov. 1981, nº 79-90.830, P nº 302.
3. Crim. 24 mars 1893, P nº 245 ; *DP* 1995. 1. 404 – Crim. 5 mai 1960, P nº 245.
4. Crim. 13 juin 1968, nº 68-90.382, P nº 196.
5. Crim. 4 juill. 1989, nº 88-86.649, P nº 285 ; *RSC* 1990. 59, obs. A. Vitu.
6. Ord. nº 45-174, 2 févr. 1945, art. 9 ; mod. par L. nº 2016-1547, 18 nov. 2016, art. 29.
7. Cass., ass. plén., 23 déc. 1999, nº 99-86.298, P nº 9.
8. Crim. 7 août 1971, nºs 71-90.199, 71-90.859, P nº 245 ; *D.* 1971. Somm. 190.
9. Crim. 13 juin 1968, nº 68-90.382, préc. – Crim. 30 mars 1971, nº 70-92.957, P nº 113.
10. Crim. 4 mai 1988, nº 87-83.576, P nº 192 (v. ss nº 316.02).
11. Crim. 19 juin 2001, nº 00-86.522, P nº 146 (v. ss nº 316.02).
12. SUR la compétence matérielle : Crim. 15 nov. 1955, P nº 479.
13. Crim. 8 mars 1961, P nº 145.

une autre juridiction et il en est ainsi particulièrement pour les mineurs qui comparaîtraient devant elle.

En revanche, le tribunal correctionnel tire de l'article 466 du code de procédure pénale la possibilité de statuer sur les contraventions : si le tribunal régulièrement saisi d'un fait qualifié délit par la loi, estime, au résultat des débats, que ce fait ne constitue qu'une contravention, il prononce la peine et statue, s'il y a lieu, sur l'action civile. Il convient de noter que le tribunal doit avoir été saisi d'un délit et l'avoir requalifié en contravention. Dans cette hypothèse, les parties ne sont pas recevables à soulever l'incompétence du tribunal correctionnel[1]. Lorsque le tribunal requalifie un délit en contravention il a l'obligation de statuer[2]. Il en va différemment si le tribunal a directement été saisi, par erreur, d'une contravention. Il peut alors se déclarer incompétent[3].

316.36 Infractions commises à l'étranger. La chambre criminelle avait pu juger que lorsque des faits commis à l'étranger sont indivisibles de faits commis sur le territoire français, la compétence des juridictions françaises s'étend aux faits commis à l'étranger[4]. Mais elle a encore jugé que le lien de connexité existant entre plusieurs infractions ne peut avoir pour effet de rendre la loi pénale française applicable à celles commises à l'étranger par une personne de nationalité étrangère sur une victime étrangère[5]. Cette dernière décision semble privilégier l'exigence d'une connexité dont les limites sont posées, par rapport à une notion d'indivisibilité qui apparaît plus fluctuante[6].

316.37 Incidence sur la prescription de l'action publique. Une plainte avec constitution de partie civile faisant état d'un fait s'inscrivant dans une opération d'ensemble interrompt la prescription à l'égard de toutes les infractions, même non expressément qualifiées dans la plainte, qui, commises dans le cadre de cette opération, présentent avec l'infraction dénoncée des rapports étroits tels que ceux spécialement prévus par l'article 203 du code de procédure pénale[7]. Mais cela est vrai quelle que soit l'origine de l'acte interruptif : un acte interruptif de prescription concernant une infraction a nécessairement le même effet à l'égard d'une autre qui lui est connexe[8]. Cette jurisprudence est très largement appliquée :

- à des infractions connexes qui n'ont pas le même auteur[9] ;
- à des poursuites exercées séparément[10] ;
- et même lorsque des poursuites n'ont pas été jointes. Il en résulte qu'une infraction contenue dans un dossier dans lequel il n'y a pas d'acte d'interruption de l'action publique n'est pas forcément prescrite[11][12]. Un acte interruptif peut exister dans un autre dossier, qui peut être inconnu du juge d'instruction, du parquet, voire de la juridiction de jugement !

316.38 Solidarité civile. L'article 480-1 du code de procédure pénale dispose que les personnes condamnées pour un même délit sont tenues solidairement des restitutions et des dommages-intérêts. En outre, le tribunal peut, par décision spéciale et motivée, ordonner que le prévenu qui s'est entouré de coauteurs ou de complices insolvables sera tenu solidairement des amendes.

Mais la jurisprudence ajoute que sont également tenus des restitutions et des dommages et intérêts les prévenus déclarés coupables de différentes infractions rattachées entre elles par des liens d'indivisibilité ou de connexité[13].

Ainsi, un prévenu déclaré coupable de banqueroute par emploi de moyens ruineux de se procurer des fonds, présentation de faux bilans et complicité de faux et usage, et qui a eu recours à des procédés frauduleux en rapport avec ces délits pour différer le dépôt de bilan de ses sociétés, grâce à la participation de collaborateurs choisis pour exécuter ses ordres, reconnus coupables de complicité de présentation de faux bilans et non-révélation de ces faits délictueux, peut être condamné solidairement avec eux, lesdites infractions étant connexes[14].

Cette solidarité n'est pas applicable au paiement des frais non recouvrables[15].

1. Crim. 11 févr. 1959, P n° 98 – Crim. 2 juill. 1975, n° 74-91.708, P n° 175.
2. Crim. 1er sept. 1979, n° 79-92.646, P n° 256.
3. Crim. 19 mai 1981, n° 81-91.707, P n° 165.
4. V. not. Crim. 23 avr. 1981, nos 79-90.346, 81-90.489, P n° 116 ; *RSC* 1982. 609, comm. A. Vitu.
5. Crim. 31 mai 2016, n° 15-85.920, P n° 165.
6. V. ss n° 316.15.
7. Crim. 22 mai 2002, n° 01-86.156, NP.
8. Crim. 6 juin 1996, n° 95-85.919, P n° 243 – Crim. 17 sept. 1997, n° 96-84.972, P n° 300 – Crim. 25 févr. 1998, n° 97-82.887, P n° 76 – Crim. 28 mai 2003, n° 02-85.185, P n° 108 – Crim. 1er déc. 2004, n° 03-87.883, P n° 304 – Crim. 7 juill. 2005, n° 05-81.119, P n° 206 ; *D.* 2005. 2998, note A. Donnier ; *AJ pénal* 2005. 370, obs. J. Leblois-Happe ; *RSC* 2006. 84, obs. C. Ambroise-Castérot.
9. Crim. 6 juin 1996, n° 95-85.919, P n° 243.
10. Crim. 15 janv. 1990, n° 86-96.469, P n° 22 – Crim. 28 oct. 1992, n° 91-84.341, P n° 350.
11. Crim. 1er déc. 2004, n° 03-87.883, préc.
12. SUR ces questions, v. ss nos 633.11 s.
13. Crim. 31 mai 2000, n° 99-84.507, P n° 209 – Crim. 17 nov. 2004, n° 03-82.657, P n° 291 ; *D.* 2005. 566, obs. A. Lienhard ; v. ss n° 316.02.
14. Crim. 17 nov. 2004, n° 03-82.657, P n° 291.
15. Crim. 16 juin 2015, n° 14-82.595, P n° 151 ; *D. actu.* 22 juill. 2015, obs. C. Fonteix.

SECTION 3
JUGE DE L'ACTION, JUGE DE L'EXCEPTION

316.41 Selon une ancienne jurisprudence, le juge de l'action est le juge de l'exception. Lorsque le tribunal correctionnel est saisi d'une question ou exception constituant un préalable nécessaire au jugement sans entrer dans la catégorie des exceptions préjudicielles, il est compétent pour en connaître[1]. La chambre criminelle expose que « le juge répressif a, en l'absence d'une disposition formelle de la loi, le devoir de statuer sur toutes les questions soulevées au cours de l'instance, y compris celles qui, proposées au principal, eussent échappé à sa compétence »[2].

316.42 Le tribunal saisi de l'action publique est compétent pour statuer sur les exceptions avancées en défense[3]. La jurisprudence précitée est reprise par l'article 384 du code de procédure pénale qui dispose que le tribunal saisi de l'action publique est compétent pour statuer sur toutes les exceptions proposées par le prévenu pour sa défense, à moins que la loi n'en dispose autrement ou que le prévenu n'excipe d'un droit réel immobilier. Sous certaines conditions, le juge pénal peut apprécier la légalité d'un acte administratif[4][5].

316.43 Limites : exceptions préjudicielles. Le juge ne peut statuer sur l'exception soulevée que si celle-ci n'entre pas dans le cadre des exceptions préjudicielles[6].

L'article 384 du code de procédure pénale comporte également deux limites : lorsque la loi en dispose autrement, ce qui recouvre en fait principalement les cas d'exceptions préjudicielles et lorsque le prévenu excipe d'un droit réel immobilier.

316.44 Droit réel immobilier. L'article 384 du code de procédure pénale vise cette seule exception en dehors des exceptions préjudicielles. Elle peut être soulevée aussi bien comme revendication d'un droit réel immobilier qu'à titre de dénégation[7]. Le droit réel mobilier ne peut d'évidence être invoqué[8]. La plupart des arrêts publiés remontent au XIXe ou au début du XXe siècle. Le contentieux ne semble plus très important aujourd'hui.

316.45 Cas de sursis à statuer dans l'attente d'une autre décision pénale. Les cas de sursis à statuer dans l'attente d'une autre décision pénale sont rares. En matière de dénonciation calomnieuse, l'article 226-11 du code pénal prévoit que lorsque le fait dénoncé a donné lieu à des poursuites pénales, il ne peut être statué sur les poursuites contre l'auteur de la dénonciation qu'après la décision mettant définitivement fin à la procédure concernant le fait dénoncé. Le principe n'est valable que lorsque des poursuites concernant le fait dénoncé ont déjà été engagées[9]. Il ne s'agit pas d'une exception préjudicielle à l'action mais au jugement[10].

316.46 Limites : abus de pouvoir. Le fait de pouvoir statuer sur une exception soulevée n'implique pas que le tribunal correctionnel possède le pouvoir de prononcer l'annulation de certains actes : il en est ainsi s'agissant des arrêtés qu'il juge avoir été illégalement pris ; le juge doit seulement refuser d'appliquer les peines qui en sanctionnent l'application[11].

1. Crim. 2 août 1821, P n° 126 – Crim. 22 janv. 1836, P n° 25 – Crim. 8 juin 1849, P n° 131 – Crim. 3 août 1849, P n° 191 – Crim. 8 janv. 1853, P n° 7 – Crim. 14 sept. 1855, P n° 321 – Crim. 4 nov. 1876, P n° 413 – Crim. 6 févr. 1880, P n° 25 – Crim. 26 avr. 1883, P n° 106 – Crim. 29 juin 1917, P n° 160 – Crim. 30 janv. 1937, P n° 14 – Crim. 26 avr. 1951, P n° 111 – Crim. 23 janv. 1958, P n° 86.
2. Crim. 24 mars 1949, P n° 119 ; *D.* 1949. 221, rapp. Pépy – Crim. 23 janv. 1958, P n° 86.
3. C. pr. pén., art. 384.
4. C. pén., art. 111-5.
5. V. s^s^ n° 622.41.
6. V. s^s^ n°s 623.14 s.
7. Crim. 25 janv. 1868, P n° 27 – Crim. 16 juill. 1870, P n° 145.
8. Crim. 22 janv. 1836, P n° 25 – Crim. 8 juin 1849, P n° 131 – Crim. 14 sept. 1855, P n° 321 – Crim. 27 janv. 1877, P n° 29 – Crim. 8 déc. 1893, P n° 339 – Crim. 30 janv. 1973, n° 72-93.057, P n° 52.
9. Crim. 16 févr. 1933, P n° 244.
10. Crim. 22 févr. 1930, P n° 64 – Crim. 10 janv. 1961, P n° 16.
11. Crim. 7 nov. 1908, P n° 427.

LIVRE

4. LES MODES DE POURSUITES

SECTION 0

ORIENTEUR

4.00 **Sommaire du livre.**

TITRE

41. Les différents modes de convocation en justice

SECTION 0
ORIENTEUR

41.00 Sommaire du titre.

CHAPITRE

411. Convocations

SECTION 0
ORIENTEUR

411.00 **Sommaire du chapitre.**

411.01 **Principaux textes applicables.**

TEXTES SOURCES

• C. pr. pén., art. 148-3, 179-1, 179-2, 389, 390-1, 392-1, 550, 551, 555, 702-1, 703, 711, 775

• CJM, art. L. 241-1, L. 241-9

• C. douanes, art. 368

• C. envir., art. L. 437-15, L. 437-16, L. 437-17

• C. for., art. L. 161-26

TEXTES *IN EXTENSO*

• **C. pr. pén., art. 179-2** [créé par L. n° 2019-222, 23 mars 2019, art. 56]

Le juge d'instruction peut préciser dans l'ordonnance de renvoi la date d'audience devant le tribunal de police ou le tribunal correctionnel lorsque cette date lui a été préalablement communiquée par le procureur de la République. Cette ordonnance doit alors comporter les mentions prévues aux deuxième à dernier alinéas de l'article 390.

Cette ordonnance dispense alors le procureur de délivrer une citation en application du même article 390.

• **C. pr. pén., art. 390-1** [mod. par L. n° 2023-22, 23 janv. 2023, art. 18 (V)]

Vaut citation à personne la convocation en justice notifiée au prévenu, sur instructions du procureur de la République et dans les délais prévus par l'article 552, soit par un greffier un officier ou agent de police judiciaire, un assistant d'enquête agissant sous le contrôle de l'officier ou de l'agent de police judiciaire, un fonctionnaire ou agent d'une administration relevant de l'article 28 ou un délégué ou un médiateur du procureur de la République, soit, si le prévenu est détenu, par le chef de l'établissement pénitentiaire.

La convocation énonce le fait poursuivi, vise le texte de loi qui le réprime et indique le tribunal saisi, le lieu, la date et l'heure de l'audience. Elle précise, en outre, que le prévenu peut se faire assister d'un avocat de son choix ou, s'il en fait la demande, d'un avocat commis d'office, dont les frais seront à sa charge sauf s'il remplit les conditions d'accès à l'aide juridictionnelle, et qu'il a également la possibilité de bénéficier, le cas échéant gratuitement, de conseils juridiques dans une structure d'accès au droit. Elle l'informe qu'il doit comparaître à l'audience en possession des justificatifs de ses revenus ainsi que de ses avis d'imposition ou de non-imposition. Elle l'informe également que le droit fixe de procédure dû en application du 3° de l'article 1018 A du code général des impôts peut être majoré s'il ne comparaît pas personnellement à l'audience ou s'il n'est pas jugé dans les conditions prévues par les premier et deuxième alinéas de l'article 411 du présent code.

Elle est constatée par un procès-verbal signé par le prévenu qui en reçoit copie.

• **C. pr. pén., art. 410**

Le prévenu régulièrement cité à personne doit comparaître, à moins qu'il ne fournisse une excuse reconnue valable par la juridiction devant laquelle il est appelé. Le prévenu a la même obligation lorsqu'il est établi que, bien que n'ayant pas été cité à personne, il a eu connaissance de la citation régulière le concernant dans les cas prévus par les articles 557, 558 et 560.

Si ces conditions sont remplies, le prévenu non comparant et non excusé est jugé par jugement contradictoire à signifier, sauf s'il est fait application des dispositions de l'article 411.

Si un avocat se présente pour assurer la défense du prévenu, il doit être entendu s'il en fait la demande, même hors le cas prévu par l'article 411.

• **C. pr. pén., art. 711** [mod. par L. n° 2020-1672, 24 déc. 2020, art. 26]

Le tribunal ou la cour, sur requête du ministère public ou de la partie intéressée, statue en chambre du conseil après avoir entendu le ministère public, le conseil de la partie s'il le demande et, s'il échet, la partie elle-même, sous réserve des dispositions de l'article 712. Lorsque le requérant est détenu, sa comparution devant la juridiction n'est de droit que s'il en fait la demande expresse dans sa requête.

L'exécution de la décision en litige est suspendue si le tribunal ou la cour l'ordonne.

Le jugement sur l'incident est signifié à la requête du ministère public aux parties intéressées.

En cas d'accord des parties, la décision peut être prise, sans audience, par ordonnance du président de la juridiction.

• **CJM, art. L. 241-1**

Devant les juridictions de Paris spécialisées en matière militaire, les citations aux prévenus, à la partie civile, et aux témoins et experts que le ministère public se propose de faire entendre, ainsi que les notifications des décisions des juridictions d'instruction ou de jugement et des arrêts de la Cour de cassation, sont faites, sans frais, soit par les greffiers et les huissiers-appariteurs, soit par tous agents de la force publique.

Il en est de même, devant les juridictions militaires du temps de guerre, des citations et notifications des décisions.

• **CJM, art. L. 241-9**

Si les citations et notifications ne peuvent être faites à personne, il est appliqué les règles suivantes :

1° S'il s'agit d'un militaire en état d'absence irrégulière, la citation ou notification est faite au corps ; la copie de l'acte est remise sous enveloppe fermée, ne portant d'autres indications que les noms, prénoms, grade et corps du destinataire de l'acte.

2° Quel que soit le destinataire d'un acte, s'il n'a pas de domicile connu, ou s'il a été recherché infructueusement, ou s'il réside à l'étranger, les citations et notifications sont faites au parquet près la juridiction des forces armées saisie.

L'original de l'acte est visé par le ministère public qui envoie, le cas échéant, la copie à toutes autorités qualifiées.

• **C. douanes, art. 368**

Les agents des douanes peuvent faire, en matière de douane, tous exploits et autres actes de justice que les huissiers ont accoutumé de faire ; ils peuvent, toutefois, se servir de tel huissier que bon leur semblera notamment pour les ventes d'objets saisis, confisqués ou abandonnés.

• **C. envir., art. L. 172-1** [mod. par L. n° 2021-1104, 22 août 2021, art. 280 (V)]

I. – Outre les officiers et agents de police judiciaire et les autres agents publics spécialement habilités par le présent code, sont habilités à rechercher et à constater les infractions aux dispositions du présent code et des textes pris pour son application et aux dispositions du code pénal relatives à l'abandon d'ordures, déchets, matériaux et autres objets les fonctionnaires et agents publics affectés dans les services de l'État chargés de la mise en œuvre de ces dispositions, ou à l'Office français de la biodiversité et dans les parcs nationaux.

Ces agents reçoivent l'appellation d'inspecteurs de l'environnement.

II. – Pour exercer les missions prévues au I, les inspecteurs de l'environnement reçoivent des attributions réparties en deux catégories :

1° Les attributions relatives à l'eau et à la nature qui leur donnent compétence pour rechercher et constater les infractions prévues par les titres II, VI et VII du présent livre, les chapitres Ier à VII du titre Ier et le titre III du livre II, le livre III, le livre IV et les titres VI et VIII du livre V du présent code et les textes pris pour leur application ainsi que sur les infractions prévues par le code pénal en matière d'abandon d'ordures, déchets, matériaux et autres objets ;

2° Les attributions relatives aux installations classées pour la protection de l'environnement qui leur donnent compétence pour rechercher et constater les infractions prévues par les titres II, VI et VII du présent livre, le livre II et les titres Ier, II, III, IV, V et VII du livre V du présent code et les textes pris pour leur application.

III. – Les inspecteurs de l'environnement sont commissionnés par l'autorité administrative et assermentés pour rechercher et constater tout ou partie des infractions mentionnées au 1° ou au 2° du II du présent article.

Les conditions d'application du présent article sont fixées par décret en Conseil d'État

• **C. envir., art. L. 172-2** [mod. par L. n° 2019-773, 24 juill. 2019, art. 4]

Les fonctionnaires et agents habilités à rechercher et à constater les infractions au présent code exercent leurs compétences sur le ressort de leur service d'affectation ou, lorsqu'ils ont reçu mission sur un territoire excédant ce ressort, sur l'étendue du territoire sur lequel ils ont reçu mission.

Les inspecteurs de l'environnement peuvent être associés à titre temporaire aux opérations de police judiciaire menées par un service autre que celui dans lequel ils sont affectés. Pour la durée de cette mission, ils sont compétents sur le ressort du service d'accueil.

Lorsque les nécessités de l'enquête l'exigent, les inspecteurs de l'environnement peuvent se transporter sur l'étendue du territoire national à l'effet d'y poursuivre les opérations de recherche ou de constatation initiées dans leur ressort de compétence. Sauf dans les cas où l'urgence ne le permet pas, le procureur de la République du lieu où les opérations sont poursuivies en est préalablement informé et peut s'y opposer. En cas d'urgence, le procureur de la République en est avisé sans délai.

• **C. envir., art. L. 172-4** [mod. Par L. n° 2019-773, 24 juill. 2019, art. 4]

Les inspecteurs de l'environnement mentionnés à l'article L. 172-1 et les autres fonctionnaires et agents de l'État, des collectivités territoriales et de leurs établissements publics habilités au titre des polices spéciales du présent code à rechercher et à constater les infractions aux dispositions du présent code et des textes pris pour son application exercent leurs compétences dans les conditions prévues à la présente section. Lorsqu'ils sont habilités à rechercher et à constater des infractions à d'autres dispositions législatives, ils exercent leurs compétences dans ces mêmes conditions.

Les officiers de police judiciaire, les agents de police judiciaire et les agents de police judiciaire adjoints mentionnés aux articles 16, 20 et 21 du code de procédure pénale sont habilités à rechercher et à constater les infractions au présent code dans les conditions définies par les autres livres du présent code. Ils exercent ces missions dans les limites et selon les modalités fixées par le code de procédure pénale.

• **C. for., art. L. 161-26**

Les agents mentionnés à l'article L. 161-22 peuvent, dans les actions et poursuites exercées au nom de l'administration, faire toutes citations et significations, sans pouvoir procéder aux saisies-exécutions.

L'acte de citation contient une copie du procès-verbal.

• **C. for., art. L. 161-27**

Le directeur régional de l'administration chargée des forêts, ou tout agent placé sous son autorité qu'il désigne à cet effet, peut présenter des observations à l'appui de ses conclusions devant toute juridiction saisie d'un délit forestier.

411.02 Jurisprudence de référence.

> Obligation pour l'huissier de mentionner les diligences accomplies et les circonstances empêchant la remise de l'exploit à son destinataire

• **Crim. 20 févr. 1986,** n° 84-92.277, P n° 69

* V. s[s] n° 411.14.

« Attendu que nul ne peut être jugé sans être entendu ou appelé ; qu'il résulte de l'article 555 du code de procédure pénale, selon lequel l'huissier doit faire toutes diligences pour parvenir à la délivrance de son exploit à la personne même de l'intéressé, que les circonstances caractérisant l'impossibilité d'une telle signification doivent être mentionnées dans l'exploit ;

Attendu que pour déclarer non avenue l'opposition formée par X... contre un arrêt du 18 novembre 1983 prononcé par défaut, la cour d'appel énonce que le prévenu régulièrement cité par exploit délivré le 8 mars 1984 en mairie du domicile par lui indiqué dans l'acte d'opposition ne comparaît pas, ni personne par lui ;

Mais attendu qu'il résulte de l'examen des pièces de procédure que cette citation n'est pas régulière dès lors qu'elle ne précise pas les raisons pour lesquelles elle a été délivrée en mairie et alors au surplus qu'en l'absence de l'avis de réception de la lettre recommandée, la Cour de cassation n'est pas en mesure de s'assurer que les formalités de l'article 558 du code de procédure pénale ont été respectées ;

D'où il suit que le moyen doit être accueilli en ses deux branches et que la cassation est encourue ;

Par ces motifs,

CASSE ET ANNULE [...]. »

> Récépissé prévu à l'article 558, al. 4 du C. pr. pén.

• **Crim. 15 juin 2021,** n° 20-84.271, P.

* V. s[s] n° 411.43

Aux termes des articles 503-1, 553 et 558 du code de procédure pénale, la citation à l'adresse déclarée par le prévenu appelant est réputée faite à sa personne, à charge pour l'huissier de justice qui ne le trouve pas au domicile de mentionner dans l'exploit ses diligences et constatations, puis d'informer sans délai l'intéressé, soit par lettre recommandée, soit par avis de passage ou lettre simple accompagnés d'un récépissé à retourner signé... Pour statuer par arrêt contradictoire à signifier, la cour d'appel constate que, bien que cité régulièrement à adresse déclarée, par acte délivré en étude de l'huissier qui a procédé aux vérifications prescrites aux articles 555 et suivants du code de procédure pénale, M. [M] n'a pas comparu ni n'est représenté.

En l'état de ces énonciations, et dès lors qu'il résulte de l'acte lui-même que les formalités prévues par l'article 558 du code de procédure pénale ont été accomplies, peu important qu'il n'ait pas été fait retour du récépissé prévu par l'alinéa 4 de ce texte, la cour d'appel n'a méconnu aucun des textes visés au moyen.

> Déclaration d'adresse, effets

• **Crim. 2 mars 2011,** n° 10-81.945, P n° 43

* V. s[s] n° 411.42.

L'huissier, qui délivre une citation à la dernière adresse déclarée du prévenu appelant, conformément à l'article 503-1 du code de procédure pénale, est tenu d'effectuer les diligences prévues par les articles 555, 556, 557 et 558, alinéas 2 et 4, dudit code, que l'intéressé demeure ou non à l'adresse dont il a fait le choix, cette citation étant réputée faite à sa personne.

Dès lors que l'huissier ne parvient pas à remettre l'acte à l'intéressé lui-même ou à une personne présente à l'adresse déclarée, il doit signifier l'acte à son étude et accomplir les formalités prévues par l'article 558, alinéas 2 et 4, à l'adresse déclarée ; en l'absence de ces diligences, la citation n'est pas régulière et la cour d'appel n'est pas légalement saisie.

> Diligences exigées de l'huissier dans les hypothèses de déclaration d'adresse obligatoire

• **Crim. 17 janv. 2012,** n° 11-84.778, P n° 13 (1)

• **Crim. 5 oct. 2011,** n° 10-88.851, P n° 194 (2)

* V. s[s] n° 411.43.

Dès lors qu'elle avait vérifié qu'en l'absence du destinataire à son adresse déclarée, l'huissier de justice avait effectué les diligences prévues par les alinéas 2 et 4 de l'article 558 du code de procédure pénale, la cour d'appel était valablement saisie et pouvait statuer par jugement contradictoire à signifier en application de l'article 503-1 du code de procédure pénale, peu important que la lettre recommandée n'ait pas été remise à son destinataire (1) peu important que le prévenu n'ait pas signé l'avis de réception (2).

• **Crim. 19 mars 2014,** n° 13-81.850, P n° 87

* V. s[s] n° 415.41.

La cour d'appel a fait l'exacte application de l'article 503-1 du code de procédure pénale dès lors que, d'une part, il résulte de ses constatations que, n'ayant trouvé personne à l'adresse déclarée, l'huissier, qui n'avait pas à vérifier que le prévenu appelant y demeurait effectivement, a procédé comme il est dit à l'article 558, alinéa 2, du même code, d'autre part, jusqu'à ce que l'affaire soit définitivement jugée, il appartenait à M. X... de signaler au procureur de la République, par lettre recommandée avec demande d'avis de réception, le changement de son adresse déclarée, ce dont il s'est abstenu.

> Démarches en cas de déclaration d'adresse chez un tiers

• **Crim. 30 mars 2021,** n° 20-85.836, P.

* V. s[s] n° 411.43.

Selon l'article 503-1 du code de procédure pénale, toute citation faite à la dernière adresse déclarée par le prévenu appelant est réputée faite à sa personne.

La seule obligation incombant à l'huissier qui ne l'y trouve pas est de se conformer aux dispositions des alinéas 2 ou 4 de l'article 558 du même code, et de l'indiquer dans l'acte de signification. L'huissier n'a donc pas à vérifier l'exactitude de ce domicile.

Toutefois, la juridiction ne peut être valablement saisie que lorsque la citation a été délivrée à l'exacte adresse déclarée par l'appelant. Tel n'est pas le cas lorsque la citation omet de préciser la domiciliation du prévenu chez un tiers.

> Distinction des démarches à accomplir aux fins de citation en première instance ou devant la juridiction d'appel

• **Cass., ass. plén. 3 mars 2023,** n° 22-81.097, P.

* V. s[s] n° 411.43.

« 12. Les dispositions spéciales de l'article 503-1 du code de procédure pénale, qui exigent du prévenu appelant l'élection d'un domicile, dérogent ainsi à celles de l'article 558 dudit code qui, d'une part, imposent à l'huissier de justice, avant toute citation, de vérifier l'exactitude du domicile de l'intéressé, d'autre part, prévoient que l'exploit déposé à son étude ne produit les effets d'une citation à personne que si l'avis de réception a été signé par l'intéressé.

13. Cette différence, quant aux modalités de signification de la citation à comparaître, entre le prévenu cité devant le tribunal correctionnel ou le tribunal de police et le prévenu appelant, repose sur leur situation objectivement différente, le premier pouvant légitimement ignorer qu'une procédure pénale a été diligentée à son encontre alors qu'il est attendu du second, en raison de son rôle dans la saisine de la juridiction, qu'il fasse preuve de diligence.

14. Dès lors, l'alinéa 6 de l'article 558 du code de procédure pénale, selon lequel la citation à comparaître ne pourra produire les effets d'une citation à personne si le délai entre le jour où l'avis de réception a été signé par l'intéressé et le jour indiqué pour la comparution devant la cour d'appel est inférieur à celui fixé par l'article 552 du même code, n'est pas applicable au prévenu appelant

(...)

22. Les dispositions de l'article 503-1 du code de procédure pénale permettent aux prévenus appelants ayant déclaré une adresse exacte d'être effectivement atteints par l'exploit, dans un temps très proche de la signification de l'acte à l'étude, tout en faisant échec à la mauvaise foi ou à la négligence de ceux d'entre eux qui déclarent une adresse inexacte ou ne retirent pas la lettre recommandée qui leur a été envoyée.

23. Elles ne font pas obstacle à la liberté du prévenu appelant de changer ultérieurement d'adresse puisque celui-ci peut, à tout moment, jusqu'au jugement définitif de l'affaire, déclarer une nouvelle adresse, à la condition d'en informer le procureur de la République, par lettre recommandée avec demande d'avis de réception.

24. Elles ne privent pas l'appelant de la faculté d'invoquer l'existence d'un événement de force majeure, telle une remise tardive de la lettre recommandée en raison d'une défaillance du système postal, qui l'aurait mis dans l'impossibilité de prendre connaissance, en temps utile, de l'avis de signification de l'exploit d'huissier de justice.

25. Ces dispositions, qui ne méconnaissent ni les droits de la défense ni le droit à un procès équitable, participent d'une bonne administration de la justice. »

> Portée des vérifications attestées dans l'exploit : inscription de faux

• **Crim. 9 déc. 2008,** n° 07-88.027, P n° 249

* V. s[s] n° 411.14.

La mention portée par l'huissier dans l'exploit, fût-ce en cochant une mention imprimée, de ce qu'il a vérifié que le destinataire demeure bien à l'adresse indiquée vaut jusqu'à inscription de faux. Encourt dès lors la cassation l'arrêt d'une cour d'appel qui, pour déclarer recevable l'appel d'un jugement du tribunal correctionnel interjeté hors délai, retient que celui-ci n'a pu courir, en l'absence de mention dans la signification des diligences et constatations particulières de l'huissier, alors que ce dernier indiquait dans l'acte avoir vérifié que le domicile indiqué était bien celui de la personne intéressée.

> Diligences à accomplir pour les citations à l'étranger, qualification du jugement

• **Crim. 19 janv. 1993,** n° 91-82.490, P n° 26

* V. s[s] n° 411.15.

Lorsque le prévenu habitant à l'étranger a été cité, en application des dispositions de l'art. 562 C. pr. pén., au parquet du procureur de la République près le tribunal saisi, et que la copie de la citation a été transmise au ministre des Relations extérieures ou à toute autre autorité déterminée par les conventions diplomatiques, il peut, lorsqu'il ne comparaît pas, être jugé contradictoirement si les circonstances de l'espèce établissent qu'il a eu connaissance de la citation en temps utile ; tel est le cas lorsqu'en vertu d'une telle convention, la copie de la citation a été adressée à l'autorité judiciaire d'un État étranger et que cette autorité ayant, pour lui remettre cette copie, convoqué le prévenu, celui-ci a désigné un fondé de pouvoir à qui elle a été délivrée.

• **Crim. 4 oct. 2011,** n° 10-85.739, P n° 192

* V. s[s] n° 411.15.

La juridiction n'est valablement saisie que si la personne demeurant à l'étranger a été citée selon la convention internationale applicable, une remise de citation au parquet général étant insuffisante.

• **Crim. 13 oct. 2009,** n° 09-81.830, P n° 168 ; *AJ pénal* 2009. 508 ; *Procédures* 2010, n° 50, obs. J. Buisson

* V. s[s] n° 411.15.

En application de l'art. 562 C. pr. pén., toute personne habitant à l'étranger est citée au parquet de la juridiction saisie et, en cas de non-comparution et si aucun avocat ne se présente, est jugée par défaut, sauf s'il est établi qu'elle a eu connaissance de la citation dans le délai prévu par la loi. Encourt la cassation l'arrêt contradictoire à signifier rendu à l'égard d'un prévenu domicilié à l'étranger qui ne comparaît pas sans qu'il soit constaté qu'il a eu connaissance de la citation dans le délai fixé par l'art. 552 C. pr. pén.

> Défaut de consignation. Effets

• **Crim. 29 janv. 2008,** n° 07-84.254, NP

* V. s[s] n° 411.32.

Il résulte de l'article 392-1 du code de procédure pénale que le défaut de consignation dans le délai imparti entraîne l'irrecevabilité de la citation ; qu'il n'importe que la partie poursuivante ait présenté après l'expiration dudit délai une demande d'aide juridictionnelle qui a abouti, dès lors qu'une telle demande n'avait pas pour effet de réouvrir ce délai.

> Consignation. Personne morale

• **Crim. 28 mars 2017,** n° 16-82.060, P

* V. s[s] n° 411.32.

Le comité d'hygiène, de sécurité et des conditions de travail (CHSCT), qui saisit la juridiction correctionnelle par voie de citation directe, doit en principe être dispensé de verser la consignation prévue par l'article 392-1 du code de procédure pénale, y compris lorsqu'il n'a pas obtenu, ni même sollicité, le bénéfice de l'aide juridictionnelle, dès lors qu'une telle institution représentative du personnel ne dispose pas de budget propre. Ce n'est que dans le cas où il est établi, notamment au vu des débats à l'audience, que le CHSCT dispose en réalité de ressources, que la juridiction peut l'astreindre au versement d'une consignation, dont elle fixe le montant en fonction du niveau de ces dernières.

> Citation directe. Exigence d'un préjudice direct et personnel

• **Crim. 13 juin 1991,** n° 89-87.107, P n° 251

* V. s[s] n° 411.34.

L'action publique ne peut être mise en mouvement par une partie civile qui ne justifie pas d'un préjudice personnel trouvant sa source dans l'infraction poursuivie. Ni les infractions à la législation sur les pompes funèbres, ni la méconnaissance d'arrêtés municipaux ne sont susceptibles de créer un préjudice personnel au district, pris en la personne de son président. La citation directe, à la requête de ce dernier, n'a donc pas valablement saisi le tribunal de l'action publique.

> Ordonnance (arrêt) de renvoi devant le tribunal correctionnel et citation

• **Crim. 22 mai 1990,** n° 89-85.044, P n° 209

* V. s[s] n° 411.41.

C'est l'ordonnance de renvoi et non la citation à comparaître, ultérieurement délivrée, qui saisit la juridiction répressive.

411.03 Bibliographie indicative.

Encyclopédie. Rép. pén., *V° Tribunal correctionnel*, par M. Redon (oct. 21).

Ouvrage. B. Bouloc, *Procédure pénale*, 28e éd., « Précis Dalloz », 2021.

Article. H. Batiffol, « La citation directe », *RCLJ* 1930. 472 – L. Griffon-Yarza, « Jugement contradictoire à signifier : une qualification à supprimer », *Dr. pénal* 2023, ét. 2.

411.05 Différents modes de convocation en justice. La personne convoquée en justice peut l'être de différentes façons. À la classique citation délivrée par huissier, désormais dénommé commissaire de justice[1], sont venues s'ajouter les possibilités de convocation par officier de police judiciaire, par procès-verbal, par le greffe de l'établissement pénitentiaire où le prévenu serait détenu pour autre cause, ce qui en fait, au cas d'espèce, un prévenu fictivement considéré comme étant libre, par un délégué ou médiateur de la République et depuis la loi de 2019[2] par un fonctionnaire ou agent d'une administration relevant de l'article 28 (C. pr. pén., art. 390-1[3]). Rappelons que l'article 28 du code de procédure pénale est relatif aux fonctionnaires et agents des administrations et services publics auxquels des lois spéciales, relatives en particulier aux atteintes à l'environnement[4], aux infractions routières[5], en matière de propriété intellectuelle[6] attribuent certains pouvoirs de police judiciaire.

Les hypothèses de la comparution immédiate et de la comparution sur reconnaissance préalable de culpabilité font l'objet de développements particuliers[7].

L'extrême diversité des modes de convocation en justice amène nécessairement à s'interroger sur la place respective de la citation mode traditionnel de convocation et des autres modes, jusqu'à la convocation par lettre simple, télécopie, mail ou sms, dès lors qu'il est ou sera possible de s'assurer de la « traçabilité » de la convocation. Sur ce dernier point on signalera la modification de l'article 803 du code de procédure pénale[8], qui ouvre la possibilité d'envoi

1. V. s[s] n° 212.21.
2. L. 2019-222, 23 mars 2019, *JO* 24 mars, n° 2, art. 47.
3. C. pr. pén., art. 390-1 ; mod. par L. n° 2016-731, 3 juin 2016, art. 76.
4. PAR EX. : C. envir., art. L. 415-1 s., L. 428-20 s., L. 536-1 et L. 536-2...
5. PAR EX. : C. route, art. R. 130-1 s.
6. PAR EX. : CPI, art. L. 331-1 s., L. 335-1, L. 521-1 s.
7. V. s[s] n°s 421.05 s.
8. L. n° 2015-177, 16 févr. 2015 relatives à la modernisation et à la simplification du droit et des procédures dans les domaines de la justice et des affaires intérieures, art. 14 d) – Circ. CRIM/2015-5/E8-23.03.2015 présentant les dispositions relatives à la communication électronique en matière pénale issues de la loi n° 2015-177 du 16 février 2015 relative à la modernisation et à la simplification du droit et des procédures dans les domaines de la justice et des affaires ▶

des convocations par voie électronique, lorsque ledit code prévoit que des avis, convocations ou documents sont adressés à une personne par l'autorité judiciaire par tous moyens, par lettre simple, par lettre recommandée ou par lettre recommandée avec demande d'avis de réception, à la condition que la personne y ait préalablement consenti par une déclaration expresse recueillie au cours de la procédure. Cet accord précise le mode de communication électronique accepté par la personne et il est conservé au dossier une trace écrite de cet envoi. L'envoi de documents ne sera possible qu'après parution de l'arrêté prévu par l'avant-dernier alinéa de l'article 803-1 du code de procédure pénale. Aux termes de la circulaire du 23 mars 2015 présentant ces dispositions[1], ces dernières peuvent être résumées dans le tableau suivant :

TABLEAU 411.05-1.
TABLEAU SYNTHÉTIQUE DES DISPOSITIONS DU II DE L'ARTICLE 803-1

Type d'envoi	Modalité de l'envoi	Possibilité de communication électronique (si accord préalable de la personne)	Exemples
Avis ou convocation	Tout moyen : • Lettre simple • LR • LRAR	• Oui SMS courriel • Oui SMS courriel • Oui Courriel • Oui (courriel avec demande d'envoi en retour d'un message de réception)	• Avis à plaignant ou victime[a] y compris CSS • Avis d'audience à victime ou plaignant • Avis de fin d'information[b] • Avis à victime d'une opposition du parquet à ordonnance pénale (C. pr. pén., art. 490)
Envoi de documents (ordonnances, jugements, expertise, PC…)	Sans objet	Non (attente de l'arrêté d'application)	• Notification expertise • Notification des ordonnances pénales • Notification des arrêts de la chambre de l'instruction
Signification par voie d'huissier	Signification par voie d'huissier	Non	• Citation directe • Signification d'un jugement ou d'un arrêt

a C. pr. pén., art. 40.
b C. pr. pén., art. 175.

Le choix de la modalité de convocation en justice n'est pas non plus indifférent, ni aux conditions dans lesquelles la personne sera jugée, ni aux délais de jugement, ni à la nature ou au *quantum* des peines qui pourront être prononcées. Cette problématique participe de celle de l'orientation des procédures pénales et établit clairement l'importance du rôle du parquet, y compris dans la prédétermination de la sanction.

L'essentiel des dispositions concernant les citations et significations se trouve aux articles 550 à 566 du code de procédure pénale. D'autres dispositions régissent les autres modes de convocation qui seront abordés ci-après. Des distinctions importantes ont été récemment rappelées, entre les dispositions applicables en première instance et en appel[2].

SECTION 1
CITATION DIRECTE

§ 1
Règles générales

411.11 **Définition de la citation.** La citation peut être définie comme un acte de la procédure, normalement délivré par un commissaire de justice (huissier) ou l'un de ses clercs, tendant à voir convoquer une partie devant le tribunal pour faire valoir ses droits ou un témoin pour qu'il dépose.

La citation « directe » est le mode classique de saisine du tribunal correctionnel, même si elle tend à céder la place à la convocation par officier de police judiciaire (COPJ) au moment même de la clôture de sa procédure d'enquête pour des raisons de rapidité et d'économie évidentes. À l'inverse, la rédaction d'une COPJ même sur indication verbale du substitut, après un compte rendu téléphonique concernant l'enquête et ses conclusions, comprend sans doute plus de risques d'erreurs, tant sur la qualification juridique des faits, que sur le visa des textes, que la rédaction « à froid » d'une citation après lecture complète de la procédure. Il sera donc sans doute préférable de privilégier la citation dans un certain nombre de contentieux techniques ou lorsque la qualification ou l'articulation des faits poursuivis peuvent poser problème, au risque de voir des contestations s'élever à l'audience sur la bonne compréhension par le prévenu de l'étendue des reproches qui lui sont faits.

411.12 **Exploit de citation.** De principe, les citations et significations, sauf disposition contraire des

▶ intérieures, réf. SDJPG 13 L. 147 ; NOR : JUSD1506962C, *BOMJ* n° 2015-04, 30 avr. 2015.

1. V. s[s] tableau 411.05-1.

2. Cass., ass. plén. 3 mars 2023, n° 22-81.097, P – v. s[s] n°s 411.02 et 411.43.

lois et règlements, sont faites par exploit d'huissier de justice. Les notifications sont faites par voie administrative.

L'huissier ne peut instrumenter pour lui-même, pour son conjoint, pour ses parents et alliés et ceux de son conjoint, en ligne directe à l'infini, ni pour ses parents et alliés collatéraux, jusqu'au degré de cousin issu de germain inclusivement[1]. Il doit être territorialement compétent. Une citation délivrée par un huissier territorialement incompétent est entachée d'une nullité qui la prive de tout effet légal. C'est à l'huissier qu'il incombe de s'assurer de sa compétence[2].

L'exploit de citation ou de signification contient la désignation du requérant, la date, les nom, prénoms et adresse de l'huissier, ainsi que les nom, prénoms et adresse du destinataire ou, si le destinataire est une personne morale, sa dénomination et son siège. La personne qui reçoit copie de l'exploit signe l'original ; si elle ne veut ou ne peut signer, mention en est faite par l'huissier[3].

L'apposition du sceau de l'huissier sur l'exploit de signification n'est prévue par aucune disposition légale, et il suffit qu'il ait été satisfait aux prescriptions de l'article 550, alinéa 4, du code de procédure pénale[4]. Parmi les éléments d'identification de l'huissier figure sa signature. En matière de signification de la liste des jurés, il a pu être jugé, par exemple, que les actes ne recevant leur authenticité et la foi qui leur est due en justice qu'autant qu'ils sont certifiés par l'officier public compétent au moyen de sa signature apposée de sa main au bas de l'acte, il faut considérer qu'il y a là une formalité substantielle[5].

411.13 Délivrance à la requête du ministère public, de la partie civile ou de toute administration habilitée. La citation est délivrée à la requête du ministère public, de la partie civile[6], et de toute administration qui y est légalement habilitée, notamment en matière fiscale ou douanière[7]. L'huissier doit déférer sans délai à leur réquisition. L'huissier doit aussi faire toutes diligences pour parvenir à la délivrance effective de son exploit à la personne même du destinataire ou, si le destinataire est une personne morale, à son représentant légal, à un fondé de pouvoir de ce dernier ou à toute personne habilitée à cet effet ; il lui en remet alors une copie.

Lorsque la signification est faite à une personne morale, l'huissier doit, en outre et sans délai, informer celle-ci par lettre simple de la signification effectuée, du nom du requérant ainsi que de l'identité de la personne à laquelle la copie a été remise[8].

Mais l'article 551, alinéa 4, du code de procédure pénale, qui dispose que la citation délivrée à la requête de la partie civile mentionne les nom, prénoms, profession et domicile réel ou élu de celle-ci, n'exige pas de préciser l'identité de celui qui agit en justice au nom d'une personne morale. En conséquence, ne justifie pas sa décision la cour d'appel qui, pour dire nulles les citations introductives d'instance délivrées à des prévenus, à la demande d'une société de droit étranger déclarant être représentée par « son conseil d'administration en fonction », retient que les mentions des citations critiquées ne répondent pas aux exigences de la loi procédurale française et que leur imprécision a nécessairement nui aux prévenus, qui n'ont pu vérifier si les poursuites avaient été engagées par une ou plusieurs personnes physiques investies légalement du pouvoir de représenter la société et d'agir en son nom[9].

411.14 Diligences du commissaire de justice (de l'huissier). Il résulte de l'article 555 du code de procédure pénale, selon lequel l'huissier doit faire toutes diligences pour parvenir à la délivrance de son exploit à la personne même de l'intéressé, que les circonstances caractérisant l'impossibilité d'une telle signification doivent être mentionnées dans l'exploit[10].

Cette exigence est souvent oubliée et pourtant peu discutée. Il est vrai qu'une décision a pu juger que la mention portée par l'huissier dans l'exploit, fût-ce en cochant une mention imprimée, de ce qu'il a vérifié que le destinataire demeure bien à l'adresse indiquée vaut jusqu'à inscription de faux et qu'encourt dès lors la cassation l'arrêt d'une cour d'appel qui, pour déclarer recevable l'appel d'un jugement du tribunal correctionnel interjeté hors délai, retient que celui-ci n'a pu courir, en l'absence de mention dans la signification des diligences et constatations particulières de l'huissier, alors que ce dernier indiquait dans l'acte avoir vérifié que le domicile indiqué était bien celui de la personne intéressée[11].

En revanche, n'est pas nulle, la citation délivrée en méconnaissance des dispositions de l'article 555 du code de procédure pénale à une personne morale,

1. C. pr. pén., art. 550, al. 3.
2. Crim. 8 janv. 1991, n° 90-80.593, P n° 13.
3. C. pr. pén., art. 550.
4. Crim. 14 nov. 1972, n° 72-91.109, P n° 339.
5. Crim. 6 oct. 1971, n° 71-90.699, P n° 252.
6. V. s[s] n° 411.31.
7. Par ex. sur le fondement de douanes, art. 343 et 368.
8. C. pr. pén., art. 555.
9. Crim. 23 mai 2006, n° 04-86.541, P n° 140 ; *D.* 2007. 1038, obs. J.-Y. Dupeux et T. Massis.
10. Crim. 20 févr. 1986, n° 84-92.277, P n° 69.
11. Crim. 9 déc. 2008, n° 07-88.027, P n° 249 ; *D.* 2009. 231 ; *AJ pénal* 2009. 84.

dès lors que celle-ci, qui a été représentée devant les juges du fond par un avocat et s'est défendue au fond, ne justifie d'aucune atteinte à ses intérêts[1].

La citation énonce le fait poursuivi et vise le texte de la loi qui le réprime. Elle indique le tribunal saisi, le lieu, l'heure et la date de l'audience, et précise la qualité de prévenu, de civilement responsable, ou de témoin de la personne citée.

Si elle est délivrée à la requête de la partie civile, elle mentionne, s'il s'agit d'une personne physique, ses nom, prénoms, profession et domicile réel ou élu et, s'il s'agit d'une personne morale, sa forme, sa dénomination, son siège social et l'organe qui la représente légalement.

La citation délivrée à un témoin doit en outre mentionner que la non-comparution, le refus de témoigner et le faux témoignage sont punis par la loi[2].

411.15 Situation du prévenu résidant à l'étranger. Si la personne réside à l'étranger, elle est citée au parquet du procureur de la République près le tribunal saisi. Le procureur de la République vise l'original et en envoie la copie au ministre des Affaires étrangères ou à toute autorité déterminée par les conventions internationales.

Les dispositions de l'alinéa précédent sont applicables aux personnes morales qui ont leur siège à l'étranger[3].

Si ces formalités ont été respectées et si la copie de la citation a été transmise au ministre des Relations extérieures ou à toute autre autorité déterminée par les conventions diplomatiques, le prévenu peut, lorsqu'il ne comparaît pas, être jugé contradictoirement si les circonstances de l'espèce établissent qu'il a eu connaissance de la citation en temps utile ; tel est le cas lorsqu'en vertu d'une telle convention, la copie de la citation a été adressée à l'autorité judiciaire d'un État étranger et que cette autorité ayant, pour lui remettre cette copie, convoqué le prévenu, celui-ci a désigné un fondé de pouvoir à qui elle a été délivrée[4]. En application de l'article 562 du code de procédure pénale, toute personne habitant à l'étranger est citée au parquet de la juridiction saisie et, en cas de non-comparution et si aucun avocat ne se présente, est jugée par défaut, sauf s'il est établi qu'elle a eu connaissance de la citation dans le délai prévu par la loi[5].

Ainsi a été rejeté le pourvoi contre un arrêt qui pour statuer par décision rendue par défaut, avait énoncé que le prévenu n'avait pas comparu et n'avait pas été représenté, bien que régulièrement cité selon les dispositions de l'article 562 du code de procédure pénale, les juges ayant ajouté qu'il n'était pas établi, à l'examen du dossier et notamment de l'enveloppe du courrier recommandé qui lui avait été adressé, revenu non réclamé, qu'il avait eu connaissance de cette citation. La chambre criminelle a en effet rappelé qu'en cet état, la cour d'appel a fait l'exacte application de l'article 562 du code précité, dès lors que, lorsque la personne prévenue habite à l'étranger, si elle ne comparait pas et n'est pas représentée, et qu'il n'est pas établi qu'elle a eu connaissance de la citation délivrée en application de l'article précité, la décision est rendue par défaut, l'article 503-1, alinéa 4 dudit code ne trouvant pas à s'appliquer[6].

La juridiction n'est en revanche valablement saisie que si la personne demeurant à l'étranger a été citée selon la convention internationale applicable, une remise de citation au parquet général étant insuffisante[7]. En revanche, l'article 390-1 du code de procédure pénale permet la convocation en justice du prévenu contrôlé sur le territoire national et auquel est notifiée cette convocation, même s'il réside à l'étranger[8].

Pour la situation de la personne, demeurant à l'étranger, contre laquelle un mandat d'arrêt a été délivré, v. s[s] n° 613.37.

§ 2
Dispositions particulières

411.21 Infraction militaire. Pour résiduelles qu'elles soient, des dispositions spéciales dérogent partiellement aux règles sus-énoncées. Ainsi, devant les juridictions de Paris spécialisées en matière militaire, les citations aux prévenus, à la partie civile, et aux témoins et experts que le ministère public se propose de faire entendre, ainsi que les notifications des décisions des juridictions d'instruction ou de jugement et des arrêts de la Cour de cassation, sont faites, sans frais, soit par les greffiers et les huissiers-appariteurs, soit par tous agents de la force publique.

Il en est de même, devant les juridictions militaires du temps de guerre, des citations et notifications des décisions[9]. En temps de paix, les dispositions du code de procédure pénale relatives aux citations et significations sont applicables, sous

1. Crim. 20 oct. 2009, n° 09-81.721, P n° 172 ; *D.* 2009. 2753 ; *D.* 2010. 2732, obs. G. Roujou de Boubée, T. Garé et S. Mirabail ; *AJ pénal* 2010. 31, obs. J. Lasserre Capdeville.
2. C. pr. pén., art. 551.
3. C. pr. pén., art. 562.
4. Crim. 19 janv. 1993, n° 91-82.490, P n° 26.
5. Crim. 13 oct. 2009, n° 09-81.830, P n° 168 ; *AJ pénal* 2009. 508.
6. Crim. 12 mars 2019, n° 18-86.409, NP.
7. Crim. 4 oct. 2011, n° 10-85.739, P n° 192.
8. Crim. 30 avr. 2002, n° 00-88.031, P n° 95.
9. CJM, art. L. 241-1.

réserve, des dispositions des articles L. 241-1 et L. 241-9[1]. Les articles suivants jusqu'à l'article L. 241-11 déclinent les dispositions applicables en la matière.

411.22 Infraction douanière. Les agents des douanes peuvent faire, en matière de douane, tous exploits et autres actes de justice que les huissiers ont accoutumé de faire ; ils peuvent, toutefois, se servir de tel huissier que bon leur semblera notamment pour les ventes d'objets saisis, confisqués ou abandonnés[2].

Le détachement d'un officier de police judiciaire auprès de l'Administration des Douanes n'exclut pas la possibilité, pour le procureur de la République, auquel il demeure hiérarchiquement subordonné, de le mandater aux fins de convocation d'un prévenu en justice, en application des articles 388 et 390-1 du code de procédure pénale[3].

Les agents mentionnés à l'article L. 161-22 du code forestier peuvent, dans les actions et poursuites exercées au nom de l'administration, faire toutes citations et significations, sans pouvoir procéder aux saisies-exécutions.

L'acte de citation contient une copie du procès-verbal[4].

411.23 Infractions dont la poursuite nécessite une autorisation préalable. En certaines matières la validité de la convocation en justice est subordonnée à la délivrance préalable d'un avis ou d'une dénonciation d'une autorité. Ainsi, il résulte de la combinaison des articles L. 2332-1, L. 2339-1, et L. 2339-2[5] du code de la défense, que les poursuites pour commerce illicite d'armes des quatre premières catégories ne peuvent être engagées que sur plainte préalable des ministres compétents[6], tandis que les infractions militaires en temps de paix nécessitent dénonciation ou avis préalable des autorités militaires, ou encore les infractions fiscales, un avis préalable de la commission des infractions fiscales.

À titre d'exemple, saisi par la chambre criminelle[7] d'une question prioritaire de constitutionnalité portant sur une possible atteinte au droit à un recours juridictionnel effectif et au principe d'égalité du second alinéa de l'article 698-2 du code de procédure pénale, dans sa rédaction résultant de la loi n° 2013-1168 du 18 décembre 2013 relative à la programmation militaire pour les années 2014 à 2019 et portant diverses dispositions concernant la défense et la sécurité nationale, le Conseil constitutionnel[8]. a déclaré ces dispositions conformes à la Constitution.

Il a encore été jugé que l'obligation prévue à l'article 698-1, alinéa 1er, du code de procédure pénale de recueillir l'avis du ministre chargé de la Défense ou de l'autorité militaire habilitée par lui, préalablement à tout acte de poursuite, n'est applicable que lorsque les juridictions à compétence militaire, prévues à l'article 697 de ce même code, sont compétentes. Tel n'est pas le cas, en application de l'article 697-1, alinéa 3, dudit code, lorsque les faits ont été commis par des militaires de la gendarmerie dans l'exercice de leurs fonctions relatives à la police judiciaire ou administrative et ne constituent pas des infractions commises dans le service du maintien de l'ordre[9].

411.24 Situation du redevable pécuniaire (infractions routières, C. route, art. L. 121-1 à L. 121-3). Un développement particulier s'impose concernant les poursuites, non contre le prévenu suspecté d'avoir commis telle infraction, mais contre le responsable pécuniaire d'infractions routières, tenu d'acquitter une somme en ce qu'il est le titulaire de la carte grise du véhicule concerné et même s'il n'en était pas l'utilisateur lors des faits.

L'article L. 121-1 du code de la route dispose en son premier alinéa que le conducteur d'un véhicule est responsable pénalement des infractions commises par lui dans la conduite dudit véhicule. En vertu des dispositions de l'article L. 121-2 du code de la route[10], et par dérogation aux dispositions de l'article L. 121-1, le titulaire du certificat d'immatriculation du véhicule est responsable pécuniairement des infractions à la réglementation sur le stationnement des véhicules ou sur l'acquittement des péages pour lesquelles seule une peine d'amende est encourue, à moins qu'il n'établisse l'existence d'un événement de force majeure ou qu'il ne fournisse des renseignements permettant d'identifier l'auteur véritable de l'infraction.

Dans le cas où le véhicule était loué à un tiers, cette responsabilité pèse, avec les mêmes réserves, sur le locataire.

Dans le cas où le véhicule a été cédé, cette responsabilité pèse, avec les mêmes réserves, sur l'acquéreur du véhicule.

1. CJM, art. L. 241-2.
2. C. douanes, art. 368.
3. Crim. 20 avr. 2005, n° 04-80.740, P n° 141.
4. C. forestier, art. L. 161-26.
5. ANC^T décr.-loi 18 avr. 1939, art. 2, al. 3, art. 3 et art. 24 ; abrog. par ord. n° 2004-1374, 20 déc. 2004, art. 5 ; art. mod. par ord n° 2019-610, 19 juin 2019, *JO* 20 juin 2019, n° 13, art. 3 et 6.
6. Crim. 27 juin 2001, n° 01-81.865, P n° 163 ; *D.* 2001. 2947 ; *RSC* 2001. 832, obs. D.-N. Commaret.
7. Crim. 26 juin 2019, n° 19-90.021, NP.
8. Cons. const. 27 sept. 2019, n° 2019-803 QPC.
9. Crim. 10 mai 2023, n° 22-86.322, P.
10. C. route, art. L. 121-2, mod. par L. n° 2020-105, 10 févr. 2020, *JO* 11 févr., n° 1, art. 101.

Lorsque le certificat d'immatriculation du véhicule est établi au nom d'une personne morale, la responsabilité pécuniaire prévue au premier alinéa incombe, sous les mêmes réserves, au représentant légal de cette personne morale.

Par ailleurs, et par dérogation aux dispositions de l'article L. 121-1 du code de la route, le titulaire du certificat d'immatriculation du véhicule est redevable pécuniairement (sic) de l'amende encourue pour des infractions dont la liste est fixée par décret en Conseil d'État, à moins qu'il n'établisse l'existence d'un vol ou de tout autre événement de force majeure ou qu'il n'apporte tous éléments permettant d'établir qu'il n'est pas l'auteur véritable de l'infraction[1].

La personne déclarée redevable en application des dispositions de l'article L. 121-3 du code de la route, n'est pas responsable pénalement de l'infraction[2]. Cet article n'étant pas un texte d'incrimination il n'est pas nécessaire que le prévenu soit cité sur ce fondement[3]. L'action publique n'est pas mise en œuvre à l'égard du titulaire du certificat d'immatriculation[4]. Seul le représentant légal de la personne morale est redevable[5]. Il est nécessaire qu'il soit cité par un acte visant la société prise en la personne de ce dernier, signifié à une personne habilitée trouvée au lieu du siège social. La citation à comparaître délivrée à la personne morale ne saurait suffire[6].

En l'absence d'identification de l'auteur d'un excès de vitesse, seul le représentant légal de la société titulaire du certificat d'immatriculation ou locataire du véhicule peut, en application des dispositions de l'art. L. 121-3 C. route, être déclaré pécuniairement redevable de l'amende encourue. Est en conséquence justifié le jugement relaxant un salarié désigné comme conducteur par le représentant légal d'une société locataire d'un véhicule dès lors qu'aucun élément ne permettait d'établir que celui-ci était bien le conducteur du véhicule en cause, de nombreux salariés étant susceptibles de l'utiliser[7].

La valeur probante du procès-verbal constatant l'infraction est limitée, en l'absence de verbalisation immédiate du contrevenant, à la caractérisation du comportement incriminé et à l'identification du véhicule en cause, l'identité du conducteur de ce dernier au moment des faits demeurant dès lors incertaine[8]. Lorsque le tribunal de police, y compris par ordonnance pénale, fait application de ces dispositions, sa décision ne donne pas lieu à inscription au casier judiciaire, ne peut être prise en compte pour la récidive et n'entraîne pas retrait des points affectés au permis de conduire. Les règles sur la contrainte judiciaire ne sont pas applicables au paiement de l'amende[9].

Ces dispositions donnent lieu à un contentieux assez abondant ayant amené la jurisprudence à préciser notamment les points suivants :

S'agissant des certificats d'immatriculation au nom de personnes physiques, il a été jugé par exemple, que le code de la route n'ayant institué à

1. Cons. const. 16 juin 1999, n° 99-411 DC : Il résulte de l'art. 9 DDHC qu'en principe le législateur ne saurait instituer de présomption de culpabilité en matière répressive. Toutefois, à titre exceptionnel, de telles présomptions peuvent être établies, notamment en matière contraventionnelle, dès lors qu'elles ne revêtent pas de caractère irréfragable, qu'est assuré le respect des droits de la défense et que les faits induisent raisonnablement la vraisemblance de l'imputabilité. En l'espèce, aux termes de l'art. 21-2 [C. route, art. L. 121-3], le titulaire du certificat d'immatriculation du véhicule est tenu au paiement d'une somme équivalant au montant de l'amende encourue pour des contraventions au code de la route en raison d'une présomption simple, qui repose sur une vraisemblance raisonnable d'imputabilité des faits incriminés. Ensuite, le législateur permet à l'intéressé de renverser la présomption de faute par la preuve de la force majeure ou en apportant tous éléments justificatifs de nature à établir qu'il n'est pas l'auteur de l'infraction. En outre, le titulaire du certificat d'immatriculation ne peut être déclaré redevable pécuniairement de l'amende que par une décision juridictionnelle prenant en considération les faits de l'espèce et les facultés contributives de la personne intéressée. Ainsi, sous réserve que le titulaire du certificat d'immatriculation puisse utilement faire valoir ses moyens de défense à tout stade de la procédure, le respect des droits de la défense est assuré ; *D.* 1999. 589, note Y. Mayaud. Malgré un véritable tir de barrage constitutionnel, la chambre criminelle a, avec constance, refusé de transmettre diverses QPC au Conseil constitutionnel qui visaient notamment la prohibition des peines automatiques (Crim. 5 janv. 2011, n° 10-90.112 et 113, NP, *D.* 2011. 446, obs. Girault), des distinctions injustifiées selon que le certificat d'immatriculation du véhicule est établi au nom d'une personne morale ou d'une personne physique (Crim. 22 juin 2011, n° 11-90.053, NP, *Dr. pénal* 2011, n° 106, note Robert ; *Gaz. Pal.* 10 nov. 2011, p. 11, note Detraz), le caractère disproportionné de la sanction encourue (Crim. 16 avr. 2013, n° 13-90.002, NP, *Dr. pénal* 2013, n° 90, note Robert ; *Nouv. Cah. Cons. const.* 2013., n° 41, p. 263, obs. Peltier).
2. C. route, art. L. 121-3, mod. par L. n° 2019-1428, 24 déc. 2019, *JO* 26 déc., n° 1, art. 98 – Crim. 3 mai 2007, n° 06-88.824 : *Jurispr. auto* 2007. 355 ; *Dr. pénal* 2007. Comm. 138, note Robert.
3. Crim. 1er oct. 2003, n° 02-87.349, P n° 179 ; *D.* 2003. 2726 ; *Dr. pénal* 2004. Comm. 6, obs. Robert.
4. Crim. 17 nov. 2018, n° 18-81.622, P n° 197, « De la nature de l'article L. 121-3 du code de la route », L. Priou-Alibert, *D. actu.* 14 janv. 2019.
5. Crim. 30 sept. 2009, n° 09-80.178, NP, *AJ pénal* 2009. 500.
6. Crim. 13 oct. 2010, n° 10-81.865 P n° 160 ; Crim. 27 oct. 2010, n° 10-81.868, NP, *Dr. pénal* 2011, n° 8, note Robert.
7. Crim. 17 avr. 2013, n° 12-87.490 P n° 90, *D. actu.* 27 mai 2013, obs. Gayet ; *Dr. pénal* 2013, n° 107, note Robert ; *AJ pénal* 2013. 479 ; *Gaz. Pal.* 23 juill. 2013, p. 35, note Detraz.
8. Crim. 21 juin 2022, n° 21-86.178, NP.
9. C. route, art. L. 121-3 ; mod. par L. n° 2016-1547, 18 nov. 2016, art. 34.

l'égard des propriétaires ou locataires de véhicules, relativement à la contravention d'inobservation de l'arrêt imposé par un feu de signalisation, aucune présomption légale de culpabilité, mais seulement une responsabilité pécuniaire à moins qu'ils n'établissent qu'ils ne sont pas les auteurs véritables de l'infraction, des motifs impropres à caractériser le fait, nié par le prévenu, qu'il était le conducteur du véhicule verbalisé ne peuvent amener les juridictions à une déclaration de culpabilité [1]. Toutefois, on notera l'importance des faits de chaque espèce, la chambre criminelle ayant également jugé par exemple, que dès lors que son employeur le désignait comme le conducteur du véhicule de fonction et que les simples allégations du prévenu n'étaient corroborées par aucun élément de preuve, il avait été à juste titre condamné pour excès de vitesse [2], la constatation des faits et l'appréciation des éléments de preuve contradictoirement débattus relevant de l'appréciation souveraine des juges du fond.

On aurait pu souhaiter que dans tous les cas, la convocation en justice précise clairement si la personne concernée est poursuivie en tant qu'auteur d'une infraction ou en qualité de redevable pécuniaire. Mais plusieurs décisions ont ouvert largement cette exigence, puisque méconnaît le sens et la portée de l'article L. 121-3 du code de la route, la cour d'appel, qui, pour relaxer le prévenu de la contravention d'excès de vitesse, énonce qu'il ne pouvait être déclaré redevable pécuniairement de l'amende encourue, dès lors qu'il n'avait pas été cité sur le fondement de cette disposition, alors que cet article n'est pas un texte d'incrimination [3]. Il a été jugé par ailleurs, que lorsque la citation vise l'article L. 121-3 du code de la route, elle ne crée aucune incertitude sur la poursuite, est conforme aux exigences de l'article 551 du Code de procédure pénale, et visant l'article L. 121-3 du Code de la route, met le prévenu en mesure de préparer sa défense, non seulement sur sa responsabilité pénale, mais aussi sur sa responsabilité pécuniaire [4].

Ainsi, lorsqu'il n'est pas démontré que le titulaire du certificat d'immatriculation était au volant du véhicule lors de la commission de l'infraction, celui-ci ne peut, après avoir été mis en mesure de se défendre, qu'être éventuellement déclaré pécuniairement redevable de l'amende encourue. Les contraventions à la réglementation sur les vitesses maximales autorisées ne sont imputables qu'au conducteur du véhicule. Méconnaît le sens et la portée des articles L. 121-2 et L. 121-3 du code de la route la juridiction de proximité qui déclare coupable de contraventions à la réglementation sur les vitesses maximales autorisées le locataire du véhicule au moyen duquel ces infractions ont été commises, aux motifs qu'il nie avoir été le conducteur et se dit incapable de désigner celui-ci, alors qu'il n'est pas établi qu'il conduisait le véhicule. Dans un tel cas, il appartient à la juridiction, en application des dispositions combinées de ces textes, de relaxer l'intéressé et de le déclarer redevable pécuniairement des amendes encourues [5].

Méconnaît encore les dispositions des articles 537 du code de procédure pénale et L. 121-3 du code de la route, la cour d'appel qui, pour condamner le titulaire du certificat d'immatriculation en qualité de pécuniairement redevable de l'amende écarte, par motifs adoptés, une attestation susceptible d'apporter la preuve qu'il n'était pas le conducteur du véhicule aux motifs adoptés que cette preuve devait être rapportée par écrit ou par témoin, alors qu'en application de l'alinéa premier du second de ces textes le pécuniairement redevable de l'amende peut apporter tous éléments pour l'établir [6].

De même, lorsqu'il n'est pas démontré que le titulaire du certificat d'immatriculation, cité devant la juridiction de proximité du chef d'excès de vitesse, était au volant du véhicule lors de la commission de l'infraction, celui-ci doit, après avoir été mis en mesure de se défendre, être déclaré pécuniairement redevable de l'amende encourue, s'il n'établit pas qu'il ne pouvait être le conducteur du véhicule, ce même si une telle déclaration ne constitue pas une condamnation pénale [7].

Satisfait aux dispositions de l'article L. 121-3 du code de la route, sans méconnaître l'article 537 du code de procédure pénale, le jugement de la juridiction de proximité qui, pour dire le propriétaire d'un véhicule non redevable pécuniairement de l'amende encourue pour une contravention d'excès de vitesse, alors que le procès-verbal n'avait pas permis l'identification du conducteur, retient que les attestations que la personne poursuivie a versées aux débats établissent qu'elle n'était pas l'auteur véritable de l'infraction [8].

1. Crim. 10 mai 2016, n° 14-86.931, NP.
2. Crim. 10 juin 2015, n° 14-86.863, NP.
3. Crim. 1er oct. 2003, n° 02-87.349, P n° 179 ; *Dr. pénal* 2004, Comm. 6, obs. J.-H. Robert.
4. Crim. 17 févr. 2004, n° 03-83.794, P n° 43 ; *D.* 2004. 1192, note J.-P. Céré ; *AJ pénal* 2004. 155, obs. A. Pitoun.
5. Crim. 13 janv. 2009, n° 08-85.587, P n° 11 ; *AJ pénal* 2009. 133.
6. Crim. 29 mai 2013, n° 12-85.303, P n° 120 ; *AJ pénal* 2013. 610, obs. J.-P. Céré.
7. Crim. 25 janv. 2011, n° 10-85.626, P n° 13 ; *D.* 2011. 679 ; *AJ pénal* 2011. 135 – Crim. 22 nov. 2011, n° 11-81.500, NP – Crim. 18 sept. 2012, n° 10-88.027, P n° 187 ; *D.* 2012. 2396 ; *AJ pénal* 2012. 598 – Crim. 17 déc. 2015, n° 14-82.982, NP – Crim. 2 mars 2016, n° 15-82.190, NP – Crim. 17 janv. 2017, n° 16-83.570, NP.
8. Crim. 17 mars 2010, n° 09-83.820, NP.

Par ailleurs, et conformément aux articles L. 121-2 et L. 121-3 du code de la route, le ministère public peut poursuivre directement, en tant que pécuniairement redevable de l'amende encourue pour vitesse excessive, le locataire mentionné sur le certificat d'immatriculation du véhicule contrôlé, dont les informations sont reprises officiellement par le service d'immatriculation des véhicules[1].

Enfin, lorsque le certificat d'immatriculation d'un véhicule verbalisé pour excès de vitesse est établi au nom d'une personne morale, seul le représentant légal de celle-ci peut être déclaré redevable pécuniairement de l'amende encourue et la responsabilité pécuniaire du représentant légal ne peut être retenue que s'il a été poursuivi en cette qualité. Tel n'est pas le cas, lorsque le représentant légal n'a pas été cité par un acte visant la société prise en la personne de ce dernier, signifié à une personne habilitée trouvée au lieu du siège social[2]. Pour l'application de l'article L. 121-3, alinéa 3, du code de la route, la citation doit être délivrée à la seule personne physique qui était, au moment des faits, le représentant légal de la personne morale titulaire du certificat d'immatriculation et qui, à ce titre, est pécuniairement redevable de l'amende encourue[3].

Autrement dit, en l'absence d'identification de l'auteur d'un excès de vitesse, seul le représentant légal de la société titulaire du certificat d'immatriculation ou locataire du véhicule peut, en application de l'article L. 121-3 du code de la route, être déclaré pécuniairement redevable de l'amende encourue[4]. Et pour s'exonérer de sa responsabilité pécuniaire, il appartient à la personne poursuivie en cette qualité d'apporter tous éléments permettant d'établir qu'il n'est pas l'auteur véritable de l'infraction[5].

Ne justifie pas sa décision le tribunal qui, pour condamner au paiement d'une amende une personne citée comme redevable pécuniairement, omet de répondre à des conclusions qui, fussent-elles fondées sur un moyen de défense autre que ceux énumérés au premier alinéa de l'article L. 121-3 du code de la route, revêtaient un caractère péremptoire en ce qu'elles contestaient l'existence même de l'infraction[6]. Ajoutons que la règle selon laquelle le prévenu ou son avocat auront toujours la parole les derniers, prévue à l'art. 513, al. 4, C. pr. pén., s'applique également à la personne redevable pécuniairement d'une amende[7]. Et également, qu'il se déduit de l'article L. 121-3 du code de la route que les juges qui déclarent le titulaire du certificat d'immatriculation du véhicule redevable pécuniairement de l'amende encourue pour les infractions visées par ce texte doivent motiver leur décision au regard des ressources et charges de l'intéressé, la juridiction n'ayant toutefois pas à rechercher d'autres éléments que ceux qui lui sont produits[8].

Ces dispositions sont évidemment à distinguer de celles résultant de l'infraction prévue par l'art. L. 121-6 C. route[9], créée par la loi n° 2016-1547 du 18 nov. 2016 entrée en vigueur à compter du 1er janv. 2017 dont la conventionnalité a été affirmée par la chambre criminelle[10] qui a par ailleurs refusé de transmettre nombre de QPC à son sujet[11].

§ 3
Citation directe par la partie civile – Autonomie relative

411.31 **Occurrences.** La citation directe par la partie civile est généralement fondée, comme la constitution de partie civile devant le doyen des juges d'instruction sur l'inaction ou le refus d'agir du parquet. Elle ne saurait donc remettre en cause une décision de justice définitive déjà rendue entre les mêmes parties, sur les mêmes faits, sous la même qualification.

Les mentions de la citation délivrée à l'initiative de la partie civile sont spécifiées à l'alinéa 4 de l'article 551 du code de procédure pénale. Si elle concerne une personne physique, il s'agit de ses nom, prénoms, profession et domicile réel ou élu ; si elle concerne une personne morale, sa forme, sa dénomination, son siège social et l'organisme qui la représente légalement. Cette exigence s'applique à la désignation de celui qui agit en justice au nom de la personne morale[12]. La méconnaissance de ces for-

1. Crim. 31 mars 2016, n° 15-83.271, NP.
2. Crim. 27 oct. 2010, n° 10-81.868, NP.
3. Crim. 19 déc. 2012, n° 12-81.607, P n° 284 ; *RSC* 2013. 398, note D. Boccon-Gibod ; *Dr. pénal* 2013, Comm. 24, obs. J.-H. Robert – Crim. 22 janv. 2013, n° 12-81.605, NP, *RPDP* 2013, n° 1, obs. Ambroise-Castérot.
4. Crim. 17 avr. 2013, n° 12-87.490, P n° 90 ; *AJ pénal* 2013. 479.
5. Crim. 17 déc. 2013, n° 12-87.923, P n° 256 ; *D.* 2014. 13.
6. Crim. 17 mars 2020, n° 19-84.399, P.
7. Crim. 7 nov. 2017, n° 17-80.831 P n° 245, *D. actu.* 24 nov. 2017, obs. Goetz ; *AJ pénal* 2017. 553, obs. Céré.
8. Crim. 31 mai 2023, n° 22-87.124, P.
9. C. route, art. L. 121-6, mod. par L. n° 2021-401, 8 avr. 2021, *JO* 9 avr., n° 1, art. 10 – M. Marque, « Article L. 121-6 du code de la route : un parcours bien tortueux », *D. actu.* 22 oct. 2018.
10. Crim. 15 déc. 2020, n° 20-82.503 P ; *D.* 2021. 12.
11. Crim. 7 févr. 2018, n° 17-90.023, NP, *Dr. pénal* 2018, n° 80, note Robert. (Clarté de la définition, respect des droits de la défense) – Crim. 4 avr. 2018, n° 18-90.001, NP (absence d'atteinte à l'article 10 de la Déclaration des Droits de l'Homme et du Citoyen de 1789, ou au principe de liberté de conscience) – Crim. 27 juin 2018, n° 18-90.013, NP, *Dr. pénal* 2018, n° 167, note Peltier (absence d'atteinte à la présomption d'innocence) ...
12. Crim. 10 mars 1993, n° 90-83.144, *Dr. pénal* mars 1994, p. 4, obs. Véron.

malités fait nécessairement grief dès lors que les prévenus n'étaient pas en mesure de s'assurer que la citation avait été délivrée à la requête de la personne physique ayant qualité pour agir au nom de la personne morale[1].

La juridiction devra s'assurer que la partie civile a élu domicile dans le ressort de la juridiction dans l'acte de citation, à moins qu'elle ne soit déjà domiciliée dans ce ressort[2]. En cas de pluralité de parties civiles, la nullité d'une citation commune délivrée au prévenu ne peut avoir d'effet qu'à l'égard de celle desdites parties civiles qui est l'auteur de l'irrégularité constatée[3].

De jurisprudence ancienne et constante, la victime d'une infraction qui s'est constituée partie civile n'a en effet la possibilité de mettre l'action publique en mouvement en usant de la voie de la citation directe qu'à l'égard des personnes qui n'ont pas été l'objet d'une instruction[4]. Ceci, à la condition que celles-ci n'aient pas été dénoncées dans la plainte, ni mises en cause dans les poursuites[5]. Ce que la Cour de cassation a encore confirmé en indiquant que la victime d'une infraction peut mettre en mouvement l'action publique en usant de la voie de la citation directe à l'égard de personnes qui n'ont pas été l'objet de l'information diligentée à raison des mêmes faits à la condition que ces personnes n'aient pas été dénoncées dans la plainte, mises en cause dans les poursuites ou impliquées, même en qualité de témoins, dans la procédure et qu'enfin, la plainte initiale ou les imputations exprimées au cours de l'information ne renferment pas des précisions telles que l'identification des personnes visées ne laisserait place à aucun doute[6].

La règle a par la suite encore été énoncée dans deux arrêts de 2008, dans lesquels la chambre criminelle a réaffirmé, qu'une ordonnance de non-lieu ne fait pas obstacle à la citation directe, pour les mêmes faits, d'une personne qui n'a été ni mise en examen lors de l'information, ni entendue comme témoin assisté, ni nommément désignée par les réquisitions du ministère public ou dans une plainte avec constitution de partie civile[7], puis que pour déclarer irrecevables les citations à comparaître devant la juridiction correctionnelle délivrées à la demande des victimes d'un glissement de terrain ou de leurs ayants droit à trois préfets et à trois fonctionnaires de la direction départementale de l'Équipement, au responsable du bureau de recherches géologiques et minières ainsi qu'à cet établissement public, retient que chacun des prévenus avait fait l'objet d'une mise en cause explicite, en sa qualité professionnelle, dans l'information conduite sur les mêmes faits et clôturée par une ordonnance de non-lieu devenue définitive, faute d'appel des mêmes victimes ou ayants droit, parties civiles[8].

Dans un arrêt rendu le 11 octobre 2011, la chambre criminelle retenait que les énonciations de l'arrêt attaqué, exactement reprises aux moyens, permettaient à la Cour de cassation de s'assurer que s'il n'avait pas été mis en examen, ni entendu comme témoin assisté, le Commissariat à l'énergie atomique, personne morale, avait fait l'objet d'une mise en cause explicite au cours de l'information ouverte contre personne non dénommée des chefs d'homicide et blessures involontaires à la suite d'un accident du travail survenu à Cadarache le 31 mars 1994 et clôturée par une ordonnance de non-lieu, devenue définitive ; elle en déduisait que, les citations directes délivrées postérieurement à cette décision par Mme X... et l'union fédérale des syndicats du nucléaire CFDT, parties civiles, ainsi que la constitution de partie civile de M. Y..., victime de l'accident, ayant été à bon droit déclarées irrecevables par l'arrêt, les moyens devaient être écartés[9].

Un arrêt de la chambre criminelle constatant de l'examen de l'arrêt attaqué et des pièces de la procédure que la société La Française des jeux avait porté plainte et s'était constituée partie civile contre personne non dénommée du chef d'abus de confiance en visant M. X..., gérant de la société IDBP, qu'à l'issue de l'information, le juge d'instruction avait renvoyé la seule personne morale devant le tribunal correctionnel, que la société La Française des jeux avait interjeté appel et que, pour déclarer cet appel irrecevable, la chambre de l'instruction avait relevé notamment qu'il était loisible à la société La Française des jeux de faire citer directement M. X... devant le tribunal correctionnel, en déduisant que l'ordonnance du juge d'instruction ne lui faisait pas grief, casse la décision au motif qu'en statuant ainsi, alors qu'une ordonnance de non-lieu fait obstacle à la citation directe, à raison des mêmes faits, d'une personne qui a été

1. Crim. 3 juin 2004, n° 03-83.539, P n° 148 ; *D.* 2004. IR 2477.
2. C. pr. pén., art. 392 et 533.
3. Crim. 14 nov. 1989, n° 86-92.599, P n° 414.
4. Cass., ch. réun., 24 avr. 1961, n° 59-95.402, P n° 2 ; *D.* 1961. 733, note P. Bouzat ; *JCP* 1961. II. 12131, rapp. Monguilan – Crim. 12 mars 1969, n° 68-92.194, P n° 118 ; *RSC* 1970. 121, obs. J.-H. Robert.
5. Crim. 17 janv. 1983, n° 82-90.262, P n° 19 ; *JCP* 1984. II. 20232, note W. Jeandidier.
6. Crim. 7 oct. 1986, n° 85-91.841, P n° 273.
7. Crim. 12 nov. 2008, n° 07-88.222, P n° 227 ; *D.* 2009. 606, note S. Detraz ; *AJ pénal* 2009. 82, obs. C. Duparc ; *RSC* 2009. 399, obs. R. Finielz – NOT. : Ch. Guéry et Ph. Guichard, « La "reprise" de l'information par la partie civile », *JCP* 2007. I. 202.
8. Crim. 2 déc. 2008, n° 08-80.066, P n° 243 ; *AJ pénal* 2009. 84.
9. Crim. 11 oct. 2011, n° 09-87.926, NP.

nommément mise en cause dans la plainte avec constitution de partie civile initiale, la cour d'appel a méconnu le texte susvisé[1, 2].

411.32 **Consignation.** Si la partie civile n'a pas obtenu l'aide juridictionnelle[3], elle devra s'acquitter auprès de la régie de la juridiction saisie et dans le délai fixé par la juridiction, sous peine de non-recevabilité de la citation, d'une consignation garantissant le paiement de l'amende civile susceptible d'être prononcée en application du second alinéa. Il résulte de l'article 392-1 du code de procédure pénale que le défaut de consignation dans le délai imparti entraîne l'irrecevabilité de la citation et il n'importe que la partie poursuivante ait présenté après l'expiration dudit délai une demande d'aide juridictionnelle qui a abouti, dès lors qu'une telle demande n'a pas pour effet de réouvrir ce délai[4].

S'agissant du terme fixé par la juridiction, la chambre criminelle a été amenée à préciser qu'il se déduit de la combinaison des articles 392-1[5], alinéa 1, et 801 du code de procédure pénale que, lorsque la juridiction, pour satisfaire à l'obligation prévue par le premier de ces textes d'indiquer à la partie civile le délai dans lequel doit être versée la consignation, fixe, comme terme, un jour qui s'avère non ouvrable, la limite pour effectuer la consignation s'entend nécessairement du premier jour ouvrable qui suit avant minuit[6]. D'une jurisprudence concernant une plainte devant le doyen des juges d'instruction, il est possible de déduire que la date de versement de la consignation est celle à laquelle le chèque a été reçu par le régisseur d'avances et de recettes, peu important que son montant ait été porté ultérieurement au crédit du compte de la régie du tribunal[7]. La citation délivrée par la partie civile ne peut être déclarée irrecevable en application de l'article 392-1 du code de procédure pénale, lorsque, dans le délai fixé par le tribunal, le montant de la consignation mise à la charge de la partie civile a été déposé au greffe, par celle-ci ou toute autre personne agissant pour son compte. Lorsque la consignation a été déposée par une personne autre que la partie civile, la juridiction correctionnelle ne saurait, sans ajouter au texte précité, déclarer la citation irrecevable au motif que cette personne n'aurait pas produit un pouvoir spécial[8].

En revanche, il résulte de l'article 392-1 du code de procédure pénale que, lorsque l'action de la partie civile qui cite directement un prévenu devant le tribunal correctionnel n'est pas jointe à celle du ministère public, le tribunal fixe le montant de la consignation que la partie civile doit, sous peine de non-recevabilité de cette citation directe, verser au greffe, dans le délai fixé, et ne peut ultérieurement modifier les dispositions de ce jugement devenues définitives à l'égard de la partie civile.

Encourt la censure l'arrêt qui, pour écarter une exception de prescription, retient qu'a interrompu la prescription un jugement accordant à cette partie civile un nouveau délai pour verser la consignation. En effet, le défaut de versement de la consignation avant l'expiration du délai initialement fixé rendait irrecevable la poursuite[9]. Toujours en ce qui concerne l'impact de la procédure de consignation sur la prescription, on citera un arrêt, rendu en matière d'instruction, aux termes duquel, le dépôt d'une plainte avec constitution de partie civile, à la suite duquel est versée, dans le délai imparti, la consignation prévue à l'article 88 du code de procédure pénale interrompt la prescription de l'action publique ; cette prescription est suspendue de la date du dépôt de la plainte à celle du versement de la consignation[10].

En cas de pluralité de poursuites, la somme consignée dans le cadre d'une plainte avec constitution de partie civile pour des faits de faux et d'usage ne vaut pas consignation pour une citation directe du même jour entre les mêmes parties pour des faits d'atteinte au secret des correspondances[11].

Enfin, le défaut de versement, par la partie civile poursuivante, de la consignation imposée par l'article 392-1 du code de procédure pénale n'est pas une cause d'irrecevabilité de la citation directe délivrée à sa requête lorsque le tribunal a omis d'en fixer le montant et le délai de versement[12].

La chambre criminelle a eu l'occasion de préciser plusieurs points sur la consignation émanant des personnes morales. Ainsi, l'obligation faite à la partie civile de verser, sauf admission au bénéfice de l'aide juridictionnelle ou décision de dispense, une consignation fixée en fonction de ses ressources s'applique à toute personne, physique ou morale. Si

1. C. pr. pén., art. 186, al. 2.
2. Crim. 6 avr. 2016, n° 15-81.523, NP.
3. V. s[s] n°s 212.61 s.
4. Crim. 29 janv. 2008, n° 07-84.254, NP, *RSC* 2008. 357, obs. R. Finielz.
5. C. pr. pén., art. 392-1 ; mod. par L. n° 2011-1862, 13 déc. 2011, art. 59.
6. Crim. 28 juin 2017, n° 16-82.169, P n° 185.
7. Crim. 17 juin 2014, n° 13-82.326, P n° 153 ; *D.* 2014. 1381 ; *AJ pénal* 2014. 493, obs. N. Verly.
8. Crim. 14 mai 2002, n° 01-85.999, P n° 112.
9. Crim. 18 déc. 2007, n° 07-82.106, P n° 315 ; *D.* 2008. 298, obs. M. Léna.
10. Crim. 30 mars 2016, n° 15-81.606, P n° 111 ; *D.* 2017. 181, obs. E. Dreyer.
11. Crim. 18 sept. 2002, n° 01-87.464, NP.
12. Crim. 29 avr. 2003, n° 02-85.315, P n° 344 ; *D.* 2003. 1601.

les personnes morales à but non lucratif - en l'espèce, la Fédération internationale des ligues des droits de l'homme (FIDH) et la Ligue française pour la défense des droits de l'homme et du citoyen (LDH) - ne sont pas soumises à l'obligation de joindre à leur plainte leur bilan et compte de résultat, pour vérifier leurs ressources et fonder leur décision les juges peuvent les inviter à produire toutes pièces, notamment ces pièces comptables. La finalité de la consignation, énoncée à l'article 88-1 du code de procédure pénale, à savoir l'éventualité du prononcé d'une amende civile, justifie que les juges prennent en compte également le contenu de la plainte et tous autres éléments versés au dossier[1]. Le comité d'hygiène, de sécurité et des conditions de travail (CHSCT) [devenu comité social et économique - CSE] qui saisit la juridiction correctionnelle par voie de citation directe, doit en principe être dispensé de verser la consignation prévue par l'article 392-1 du code de procédure pénale, y compris lorsqu'il n'a pas obtenu, ni même sollicité, le bénéfice de l'aide juridictionnelle, dès lors qu'une telle institution représentative du personnel ne dispose pas de budget propre. Ce n'est que dans le cas où il est établi, notamment au vu des débats à l'audience, que le CHSCT dispose en réalité de ressources, que la juridiction peut l'astreindre au versement d'une consignation, dont elle fixe le montant en fonction du niveau de ces dernières. Prive sa décision de base légale la cour d'appel qui confirme la décision du tribunal correctionnel d'astreindre un CHSCT au versement d'une consignation, au motif que cette partie civile s'est abstenue de solliciter le bénéfice de l'aide juridictionnelle, sans rechercher si le comité, qui arguait d'une absence de budget propre, disposait en réalité de ressources disponibles lui permettant d'acquitter le montant, fût-il réduit, d'une telle consignation[2]. Ainsi, toute citation à la diligence de la partie civile donne lieu à une première audience, dite « de consignation », même si la partie civile en est dispensée, et d'une seconde audience, dite « de fixation », durant laquelle le fond sera abordé.

La Cour de cassation juge que la personne morale à but lucratif qui, s'étant constituée partie civile en portant plainte devant le juge d'instruction, a omis de justifier de ses ressources en joignant son bilan et son compte de résultat, ainsi que l'exige l'article 85, alinéa 4, du code de procédure pénale, demeure recevable à apporter ces justifications devant la chambre de l'instruction, au soutien de son appel de l'ordonnance du magistrat instructeur ayant sanctionné sa carence en déclarant sa constitution de partie civile irrecevable[3]. Il en est de même s'agissant de la délivrance d'une citation directe par la partie civile devant une juridiction de jugement[4]. Cette personne morale demeure recevable à apporter ces justifications devant la cour d'appel au soutien de son appel du jugement ayant sanctionné sa carence en déclarant sa citation irrecevable.

C'est la citation qui va fixer les termes des poursuites. Ainsi il se déduit de la combinaison des articles 392-1 et 551 du code de procédure pénale que la saisine du tribunal, sur citation de la partie civile, est définitivement fixée par le versement de la consignation et que, postérieurement à l'accomplissement de cette formalité, une nouvelle citation ne peut se substituer à celle y ayant donné lieu, dont les mentions sont erronées ou insuffisantes[5].

Il faut signaler à ce stade une décision jugeant que le prévenu poursuivi sur citation de la partie civile ne peut se voir opposer la forclusion édictée par l'article 385, alinéa 5, du code de procédure pénale au motif qu'il n'aurait pas présenté les exceptions de nullité lors de l'audience à l'issue de laquelle les juges ont fixé la consignation prévue par l'article 392-1 du même code, dès lors que, l'action publique n'étant mise en mouvement qu'après le versement de la somme due par la partie civile, le débat sur le fond n'a pu s'engager[6].

411.33 Sanctions. Alors que l'exercice normal d'une voie de poursuite par le ministère public ne peut donner lieu en cas de relaxe à des poursuites en retour contre l'État, sauf hypothèse d'une demande d'indemnisation au titre d'une détention provisoire[7], l'exercice solitaire de l'action civile par la victime n'est pas sans danger.

Lorsque le tribunal correctionnel, saisi par une citation directe de la partie civile, prononce une relaxe, il peut en effet, par ce même jugement, sur réquisitions du procureur de la République, condamner la partie civile au paiement d'une amende civile dont le montant ne saurait excéder 15 000 euros s'il estime que la citation directe était *abusive* ou *dilatoire*. Les réquisitions du procureur de la République doivent intervenir avant la clôture des débats, après les plaidoiries de la défense, et la partie civile ou son avocat doivent avoir été mis en mesure d'y répliquer. Les dispositions du présent alinéa sont

1. Crim. 1er févr. 2017, n° 16-81.852, P n° 27 ; *D.* 2017. 409.
2. Crim. 28 mars 2017, n° 16-82.060, P n° 90.
3. Crim. 13 nov. 2018, n° 18-81.194, P n° 189,
4. Crim. 1er sept. 2020, n° 19-84.600, NP.
5. SUR le tribunal devant lequel une exception de nullité était soulevée, en raison de l'imprécision des termes de la première citation, avait cru, à tort, pouvoir juger que l'imprécision initiale avait été corrigée et ne faisait plus grief au prévenu, lequel était en mesure de préparer sa défense en parfaite connaissance des faits qui lui étaient reprochés : Crim. 21 mai 2014, n° 12-86.668, NP.
6. Crim. 22 juin 1999, n° 98-84.424, P n° 145.
7. C. pr. pén., art. 149 s.

également applicables devant la cour d'appel, lorsque le tribunal correctionnel a, en premier ressort, relaxé la personne poursuivie et statué sur des réquisitions du procureur de la République tendant à la condamnation de la partie civile en application des dispositions du présent alinéa[1].

Par ailleurs, dans le cas prévu par l'article 470, lorsque la partie civile a elle-même mis en mouvement l'action publique, le tribunal statue par le même jugement sur la demande en dommages-intérêts formée par la personne relaxée contre la partie civile pour abus de constitution de partie civile[2].

Ces règles sont applicables devant la cour d'appel en vertu des dispositions de l'article 512 du code de procédure pénale.

S'agissant des dispositions de l'article 472, elles donnent lieu à un contentieux important, dès lors qu'est constaté que la partie a commis, en se constituant partie civile, une faute lourde équivalente au dol, distincte du simple exercice de son droit d'agir en justice selon les procédures légales, consistant, notamment, à avoir agi de mauvaise foi ou témérairement[3], l'appréciation de cette mauvaise foi ou de la témérité relevant du pouvoir souverain des juridictions du fond[4]. Enfin, des poursuites sont également envisageables, dans les conditions de l'article 226-10[5] du code pénal, du chef de dénonciation calomnieuse et il a été jugé que ne méconnaît pas la règle *non bis in idem*, prévue à l'article 4 du protocole n° 7 additionnel à la convention européenne des droits de l'homme, une cour d'appel qui condamne, pour dénonciation calomnieuse, une personne à l'encontre de laquelle une amende civile avait été prononcée précédemment, dès lors que les intérêts protégés respectivement par les articles 177-2 du code de procédure pénale et 226-10 du code pénal sont distincts, le premier sanctionnant une atteinte à une bonne administration de la justice tandis que le second réprime un comportement destiné à nuire à autrui[6].

411.34 Effet final de l'absence de préjudice direct et personnel. L'action publique ne peut être mise en mouvement par une partie civile qui ne justifie pas d'un préjudice personnel trouvant sa source dans l'infraction poursuivie. Ni les infractions à la législation sur les pompes funèbres, ni la méconnaissance d'arrêtés municipaux ne sont susceptibles de créer un préjudice personnel au district, pris en la personne de son président. La citation directe, à la requête de ce dernier, n'a donc pas valablement saisi le tribunal de l'action publique[7].

S'il vient donc à constater l'absence de préjudice direct et personnel de la partie civile, le tribunal devra se déclarer également non saisi de l'action publique[8].

En réalité la question du préjudice direct, distinct du préjudice social est souvent fondamentale en présence de citations délivrées à la diligence d'une partie privée. Pour un exemple, une collectivité territoriale, agissant pour son compte, est irrecevable à se constituer partie civile en raison du délit d'abus de biens sociaux commis au préjudice de la société d'économie mixte dont elle est l'associée ou la créancière, sauf à démontrer l'existence d'un préjudice propre, distinct du préjudice social, découlant directement de l'infraction[9].

§ 4
Situation particulière de la citation suivant une ordonnance ou un arrêt de renvoi devant le tribunal correctionnel

411.41 Saisine de la juridiction. Dans l'hypothèse développée à l'article 179 du code de procédure pénale, la juridiction est saisie par l'ordonnance du juge d'instruction ou l'arrêt de la chambre de l'instruction. La citation n'a donc pas ici à proprement parler pour objet de donner à l'intéressé connaissance des charges retenues contre lui, qui sont énoncées dans l'acte juridictionnel qui seul saisit le tribunal. *C'est l'ordonnance de* renvoi et *non la citation à comparaître, ultérieurement délivrée, qui saisit la juridiction répressive*[10]. La citation a donc pour seul intérêt d'indiquer à l'intéressé la date, l'heure, et le lieu du jugement[11]. Dès lors, les exceptions soulevées par la défense viseront bien plus souvent l'acte clôturant l'information, que la

1. C. pr. pén., art. 392-1.
2. C. pr. pén., art. 472.
3. Par ex. : Crim. 6 nov. 1979, n° 78-92.862, P n° 308 – Crim. 24 oct. 1983, n° 82-92.893, P n° 259 – Crim. 22 avr. 1992, n° 91-82.148, P n° 168 – Crim. 13 sept. 2000, n° 00-81.623, NP – Crim. 12 déc. 2000, n° 00-81.623, NP – Crim. 7 mai 2002, n° 01-84.492, P n° 102 – Crim. 14 janv. 2003, n° 02-84.445, NP – Crim. 1er mars 2005, n° 04-81.981, P n° 72 – Crim. 17 févr. 2015, n° 13-85.848, NP.
4. PAR EX. : Crim. 7 avr. 2004, n° 03-83.244, NP – Crim. 16 juin 2004, n° 03-85.746, NP – Crim. 5 juin 2013, n° 12-84.796, NP – Crim. 20 juin 2017, n° 16-82.908, NP.
5. C. pén., art. 226-10 ; mod. par décision n° 2016-741 DC du 8 déc. 2016, art. 4.
6. Crim. 22 sept. 2015, n° 14-84.029, P n° 204 ; *D.* 2016. 1727, obs. J. Pradel ; *D.* 2016. 2424, obs. G. Roujou de Boubée, T. Garé, C. Ginestet, M.-H. Gozzi, L. Miniato et S. Mirabail ; *RSC* 2016. 66, obs. Y. Mayaud.
7. Crim. 13 juin 1991, n° 89-87.107, P n° 251.
8. V. s^s n° 222.71.
9. Crim. 3 déc. 2014, n° 13-87.224, P n° 204 ; *D.* 2014. 2521 ; *D.* 2015. 1506, obs. C. Mascala ; *AJ pénal* 2015. 45.
10. Crim. 22 mai 1990, n° 89-85.044, P n° 209.
11. Crim. 7 août 1951, P n° 247.

citation proprement dite. En cas de discordance entre la qualification juridique des faits, l'étendue de la saisine, le visa des textes, seule devra être prise en considération l'ordonnance ou l'arrêt de renvoi. À titre d'exemple, une absence de visa des textes de prévention et de répression dans l'ordonnance de renvoi ou un visa incomplet, même si la citation mentionne lesdits textes, demeure critiquable si le prévenu refuse de comparaître volontairement.

En revanche, il se déduit des articles 179[1] et 388 du code de procédure pénale que le tribunal correctionnel ne peut statuer sur une procédure qu'autant que l'ordonnance de renvoi qui l'en saisit est devenue définitive.

Tant qu'il n'a pas été statué sur le pourvoi formé contre l'arrêt ayant déclaré irrecevable l'appel de l'ordonnance de renvoi formé par le mis en examen, le tribunal correctionnel, n'étant pas saisi des poursuites, n'est pas compétent pour prononcer sur la détention et le délai de deux mois prévu par l'article 179, alinéa 4, du code de procédure pénale n'a pas commencé à courir[2]. Par suite, l'article 179, alinéa 5, du code de procédure pénale, étant applicable seulement devant la juridiction de jugement, et non devant la chambre de l'instruction, le délai de comparution devant le tribunal correctionnel prévu par l'article 179, alinéa 4, du même code ne commence à courir que du jour où l'ordonnance de renvoi est devenue définitive[3]. Le mis en examen peut présenter des demandes de mise en liberté à tout moment.

411.42 Déclaration d'adresse. Principes. De nombreux textes du code de procédure pénale intègrent l'obligation faite à la partie intéressée de déclarer son adresse ou de signaler ses changements d'adresse[4].

Ainsi, la partie civile doit déclarer au juge d'instruction une adresse qui doit être située, si l'information se déroule en métropole dans un département métropolitain ou, si l'information se déroule dans un département d'outre-mer, dans ce département, ainsi que tout changement de l'adresse déclarée[5]. Cette adresse est la sienne ou celle d'un tiers chargé de recevoir les actes qui lui sont destinés.

Ainsi encore, l'article 116[6] du code de procédure pénale dispose en son dernier alinéa que la personne mise en examen ou témoin assisté est avisée en fin d'interrogatoire de première comparution qu'elle doit signaler au juge d'instruction, par nouvelle déclaration ou par lettre recommandée avec demande d'avis de réception, tout changement de son adresse déclarée. Elle est également avisée que toute notification ou signification faite à la dernière adresse déclarée sera réputée faite à sa personne. Mention de cet avis est d'ailleurs portée, de même que la déclaration d'adresse sur procès-verbal. Ces avis sont également donnés par le juge des libertés et de la détention qui décide de ne pas placer la personne en détention. La déclaration d'adresse est alors établie à la maison d'arrêt. Il en est encore de même en cas de remise en liberté d'une personne détenue[7]. À titre d'exemple, une citation faite au domicile élu par le prévenu résidant en France devant le juge d'instruction, en application de l'article 116 du code de procédure pénale, vaut citation à personne et les articles 556 et 557 du code de procédure pénale ne sont pas applicables en pareil cas[8][9].

L'article 179-1 du code de procédure pénale dispose que toute ordonnance renvoyant la personne mise en examen devant le tribunal de police ou le tribunal correctionnel informe celle-ci qu'elle doit signaler auprès du procureur de la République, jusqu'au jugement définitif de l'affaire, tout changement de l'adresse déclarée lors de sa mise en examen, par lettre recommandée avec demande d'avis de réception. L'ordonnance l'informe également que toute citation, notification ou signification faite à la dernière adresse déclarée sera réputée faite à sa personne.

L'article 503-1 du même code – et au-delà des seules procédures faisant suite à une information – développe les conditions dans lesquelles le prévenu libre qui forme appel doit déclarer son adresse personnelle. Pour illustration, un arrêt ayant jugé qu'en application de l'article 503-1 du code procédure pénale, jusqu'à ce que l'affaire soit définitivement jugée, il appartient au prévenu appelant de signaler au procureur de la République, par lettre recommandée avec demande d'avis de réception, le changement de son adresse déclarée[10][11].

1. C. pr. pén., art. 179 ; mod. par L. n° 2016-731, 3 juin 2016, art. 59.
2. Crim. 5 févr. 2014, n° 13-87.897, P n° 37 ; *RSC* 2014. 386, obs. D. Boccon-Gibod – Crim. 19 mars 2014, n° 14-80.347, NP (aussi : v. s^s livre 8) – Crim. 28 nov. 2017, n° 17-85.523, P n° 268 ; *D. actu.* 15 déc. 2017, D. Goetz ; F. Cordier, « L'irrégularité d'une ordonnance de renvoi devant le tribunal correctionnel et ses conséquences sur la situation du prévenu détenu », *RSC* 2017. 340.
3. Crim. 19 mars 2014, n° 13-88.586, P n° 91 ; *D.* 2014. 425 ; *AJ pénal* 2014. 244, obs. C. Renaud-Duparc ; *AJ pénal* 2014. 306, obs. J.-B. Perrier ; *RSC* 2014. 386, obs. D. Boccon-Gibod.
4. V. égal^t s^s n°s 414.41 s.
5. C. pr. pén., art. 89.
6. C. pr. pén., art. 116 ; mod. par L. n° 2014-535, 27 mai 2014, art. 6.
7. C. pr. pén., art. 148-3.
8. Crim. 11 déc. 2001, n° 00-85.212, P n° 263 ; *D.* 2002. 456.
9. V. s^s n°s 413.28.
10. Crim. 19 mars 2014, n° 13-81.850, P n° 87 ; *D.* 2014. 780.
11. Pour les condamnés détenus v. s^s n° 411.71.

Ces dispositions visent à limiter le nombre de jugements ou d'arrêts rendus par défaut et par suite à améliorer l'efficacité de la justice.

De manière très didactique, un récent arrêt de l'Assemblée plénière de la Cour de cassation[1] est venu énoncer que ces dispositions permettent aux prévenus appelants ayant déclaré une adresse exacte d'être effectivement atteints par l'exploit, dans un temps très proche de la signification de l'acte à l'étude, tout en faisant échec à la mauvaise foi ou à la négligence de ceux d'entre eux qui déclarent une adresse inexacte ou ne retirent pas la lettre recommandée qui leur a été envoyée. Ne faisant pas obstacle à la liberté du prévenu appelant de changer ultérieurement d'adresse et, à tout moment, jusqu'au jugement définitif de l'affaire, de déclarer une nouvelle adresse, à la condition d'en informer le procureur de la République, par lettre recommandée avec demande d'avis de réception, elles ne privent pas l'appelant de la faculté d'invoquer l'existence d'un événement de force majeure, telle une remise tardive de la lettre recommandée en raison d'une défaillance du système postal, qui l'aurait mis dans l'impossibilité de prendre connaissance, en temps utile, de l'avis de signification de l'exploit d'huissier de justice. Ces dispositions, qui ne méconnaissent ni les droits de la défense ni le droit à un procès équitable, participent en conséquence d'une bonne administration de la justice[2].

Ainsi – et dans l'hypothèse d'une déclaration d'adresse – le prévenu absent cité à sa dernière adresse déclarée, doit être jugé par décision contradictoire à signifier et non par défaut (sauf si pour une raison particulière il apparaît que la déclaration d'adresse n'a pas été faite dans les termes légaux et notamment lorsqu'il n'a pas, contrairement à l'avant dernier alinéa de l'article 116, été déclaré une adresse dans un département métropolitain si l'information se déroule en métropole ou dans le département d'outre-mer concerné si c'est là qu'est suivie l'instruction).

1. Cass., ass. plén. 3 mars 2023, n° 22-81.097, P.
2. Saisie de QPC au sujet de l'article 503-1, la chambre criminelle a déjà eu l'occasion de juger que les conséquences de l'omission d'une telle formalité étaient conformes à l'objectif de valeur constitutionnelle d'une bonne administration de la justice et ne sauraient porter une atteinte disproportionnée aux droits de la défense et au droit à un recours effectif au juge (Crim. 1er mars 2011, n° 10-84.301, NP ; Crim. 5 mai 2021, n° 20-86.519 NP). Saisie d'une autre QPC relative à la constitutionnalité des dispositions combinées des articles 503-1 et 558, alinéas 2 et 4, du code de procédure pénale, la chambre criminelle a encore jugé, aux mêmes motifs, que cette question était dépourvue de caractère sérieux, le choix fait par l'huissier de justice d'envoyer à la personne qu'il n'a pu rencontrer à son adresse déclarée la lettre simple prévue par l'article 558, alinéa 4, du code de procédure pénale, plutôt que la lettre recommandée avec demande d'avis de réception prévue par l'alinéa 2 du même article, n'affectant pas les droits du destinataire et ne portant pas atteinte au principe d'égalité (Crim. 21 avr. 2022, n° 21-86.170, NP).

411.43 Déclaration d'adresse. Illustrations. La jurisprudence est venue préciser les conséquences qu'il convient de tirer de l'application d'un tel dispositif, en particulier au regard de l'obligation faite à l'appelant de déclarer son adresse dans l'acte d'appel :

– à défaut de déclaration de l'adresse personnelle de l'appelant ou de celle d'un tiers chargé de recevoir les citations, doit être considérée comme adresse déclarée du prévenu celle figurant dans le jugement rendu en premier ressort[3] ;

– la citation effectuée à une adresse différente de celle mentionnée dans l'acte d'appel ne saisit pas valablement la cour d'appel[4], qu'il s'agisse d'une ancienne adresse dont le changement avait été signalé dans les formes légales[5] ou d'une adresse erronée[6] ;

– selon l'article 503-1 du code de procédure pénale, toute citation faite à la dernière adresse déclarée par le prévenu appelant est réputée faite à sa personne. La seule obligation incombant à l'huissier qui ne l'y trouve pas est de se conformer aux dispositions des alinéas 2 ou 4 de l'article 558 du même code, et de l'indiquer dans l'acte de signification. L'huissier n'a donc pas à vérifier l'exactitude de ce domicile. Toutefois, la juridiction ne peut être valablement saisie que lorsque la citation a été délivrée à l'exacte adresse déclarée par l'appelant. Tel n'est pas le cas lorsque la citation omet de préciser la domiciliation du prévenu chez un tiers[7] ;

– si les mentions de la citation délivrée et, le cas échéant, les pièces jointes laissent incertain le point de savoir quelles diligences, au sens de l'article 558, alinéas 2 et 4, du code de procédure pénale, ont été réellement accomplies, la cour doit constater l'irrégularité de l'acte et inviter le parquet à faire délivrer une nouvelle citation[8] ;

– dès lors qu'elle a vérifié qu'en l'absence du destinataire à son adresse déclarée, l'huissier de justice a effectué les diligences prévues par les alinéas 2 et 4 de l'article 558 du code de procédure

3. Crim. 22 mai 2007, n° 07-82.263, P n° 134 ; *AJ pénal* 2007. 387.
4. Crim. 25 mai 2011, n° 11-80.986, NP.
5. Crim. 1er sept. 2020, n° 19-87.232, NP.
6. Crim. 5 janv. 2021, n° 19-85.561, NP.
7. Crim. 30 mars 2021, n° 20-85.836, P.
8. Crim. 20 nov. 2018, n° 18-80.750, NP (absence de précision sur les modalités de délivrance de l'avis de passage) ; Crim. 16 déc. 2020, n° 18-82.725, NP (incertitude sur les diligences accomplies par l'huissier) ; Crim. 16 mars 2022, n° 21-82.912, NP (mentions et pièces jointes laissant incertain le point de savoir quelles diligences avaient été accomplies).

pénale, la cour d'appel est valablement saisie et peut statuer par jugement contradictoire à signifier en application de l'article 503-1 du code de procédure pénale, peu important que la lettre recommandée n'ait pas été remise à son destinataire[1], que le prévenu n'ait pas signé l'avis de réception[2] ou qu'il ait été fait retour ou non du récépissé[3] ;

- il appartient au prévenu, en application de l'article 503-1, alinéa 3, du code de procédure pénale, d'informer le procureur de la République du changement de l'adresse déclarée lors de son appel, la sanction du défaut de respect de cette formalité étant la possibilité pour la cour devant laquelle l'intéressé n'a pas comparu, ni fait valoir d'excuse de statuer par arrêt contradictoire à signifier[4] ; la cour d'appel a fait l'exacte application de l'article 503-1 du code de procédure pénale dès lors que, d'une part, il résulte de ses constatations que, n'ayant trouvé personne à l'adresse déclarée, l'huissier, qui n'avait pas à vérifier que le prévenu appelant y demeurait effectivement, a procédé comme il est dit à l'article 558, alinéa 2, du même code, d'autre part, jusqu'à ce que l'affaire soit définitivement jugée, il appartenait à M. X... de signaler au procureur de la République, par lettre recommandée avec demande d'avis de réception, le changement de son adresse déclarée, ce dont il s'est abstenu[5] ; aux termes des articles 503-1, 553 et 558 du code de procédure pénale, la citation à l'adresse déclarée par le prévenu appelant est réputée faite à sa personne, à charge pour l'huissier de justice qui ne le trouve pas au domicile de mentionner dans l'exploit ses diligences et constatations, puis d'informer sans délai l'intéressé, soit par lettre recommandée, soit par avis de passage ou lettre simple accompagnés d'un récépissé à retourner signé... Pour statuer par arrêt contradictoire à signifier, la cour d'appel constate que, bien que cité régulièrement à adresse déclarée, par acte délivré en étude de l'huissier qui a procédé aux vérifications prescrites aux articles 555 et suivants du code de procédure pénale, M. [M] n'a pas comparu ni n'est représenté. En l'état de ces énonciations, et dès lors qu'il résulte de l'acte lui-même que les formalités prévues par l'article 558 du code de procédure pénale ont été accomplies, peu important qu'il n'ait pas été fait retour du récépissé prévu par l'alinéa 4 de ce texte, la cour d'appel n'a méconnu aucun des textes visés au moyen[6].

1. Crim. 17 janv. 2012, n° 11-84.778, P n° 13.
2. Crim. 5 oct. 2011, n° 10-88.851, P n° 194.
3. Crim. 20 févr. 2019, n° 18-82.254, P n° 45 ; Crim. 15 juin 2021, n° 20-84.271, P.
4. Crim. 2 oct. 2007, n° 07-80.581, P n° 232 ; *AJ pénal* 2007. 542.
5. Crim. 19 mars 2014, n° 13-81.850, P n° 87.
6. Crim. 15 juin 2021, n° 20-84.271, P.

- c'est jusqu'à ce que l'affaire soit définitivement jugée, qu'il appartient au prévenu appelant de signaler au procureur de la République, par LRAR, le changement d'adresse déclarée, et n'ayant pas accompli cette formalité, il ne peut prétendre avoir été jugé par défaut[7] ;

- si le prévenu, détenu au moment de l'appel, est remis en liberté avant l'examen de son affaire par la cour d'appel, il doit faire la déclaration d'adresse préalablement à sa mise en liberté auprès du chef de la maison d'arrêt[8] ;

- dans le cas où, lors de l'accomplissement des formalités d'un appel prévues par l'article 503-1 du code de procédure pénale, plusieurs adresses sont déclarées, il suffit, pour que la citation du prévenu soit réputée faite à personne, que les formalités de l'article 558, alinéas 2 et 4, du même code soient accomplies à l'une des adresses déclarées[9] ;

- par suite, si l'intéressé n'a pas reçu l'ordonnance de renvoi parce qu'il a changé d'adresse sans le signaler, rien n'impose de le citer à parquet. Il suffit de faire délivrer la citation à la dernière adresse déclarée pour que la procédure soit régulière, le tribunal saisi et qu'il puisse être jugé par décision contradictoire à signifier. A même été jugé, que l'huissier qui délivre une citation à la dernière adresse déclarée du prévenu appelant, conformément à l'article 503-1 du code de procédure pénale, est tenu d'effectuer les diligences prévues par l'article 558, alinéas 2 et 4, du même code, que l'intéressé demeure ou non à l'adresse dont il a fait le choix, cette citation étant réputée faite à personne et que la citation délivrée à parquet, après de vaines recherches à une adresse différente de celle mentionnée dans la déclaration d'appel, et ne résultant d'aucune déclaration modificative postérieure, n'est pas régulière et ne saisit pas valablement la cour d'appel[10]. C'est encore en ce sens qu'a statué la chambre criminelle qui a rappelé que l'huissier, qui délivre une citation à la dernière adresse déclarée du prévenu appelant, conformément à l'article 503-1 du code de procédure pénale, est tenu d'effectuer les diligences prévues par les articles 555, 556, 557 et 558, alinéas 2 ou 4, dudit code, que l'intéressé demeure ou non à l'adresse dont il a fait le choix, cette citation étant réputée faite à sa personne. Dès lors que l'huissier ne parvient pas à remettre l'acte à l'intéressé lui-même ou à une personne présente à l'adresse déclarée, il doit signifier l'acte à son étude et accomplir les formalités prévues par l'article 558, alinéas 2 et 4, à l'adresse déclarée ; en l'absence de ces diligences, la citation n'est pas régulière et la

7. Crim. 15 juin 2016, n° 14-88.404, P n° 182.
8. Crim. 1er oct. 2008, n° 08-83.080, NP.
9. Crim. 14 juin 2023, n° 22-83.322, P.
10. Crim. 26 juin 2013, n° 13-80.463, P n° 163.

cour d'appel n'est pas légalement saisie[1]. Justifie sa décision la cour d'appel qui statue à l'égard du prévenu par arrêt contradictoire à signifier en application de l'article 503-1 du code de procédure pénale, dès lors qu'elle a vérifié qu'en l'absence à son adresse déclarée dudit prévenu, destinataire de la citation à comparaître devant la juridiction du second degré, l'huissier de justice, après s'être transporté à cette adresse, a effectué les diligences prévues par les alinéas 2 et 4 de l'article 558 du même code[2].

Dans une hypothèse voisine, on signalera une autre décision qui a jugé qu'avait fait exacte application des dispositions de l'article 503-1 du code de procédure pénale, la cour d'appel qui, pour statuer par décision contradictoire à signifier à l'encontre d'un prévenu appelant non comparant, retient que l'huissier, qui a délivré la citation à l'adresse déclarée par celui-ci, a effectué les diligences prévues par les alinéas 2 et 4 de l'article 558 du code de procédure pénale, en se transportant à cette adresse et, en l'absence de l'intéressé, lui a envoyé une lettre recommandée avec avis de réception en l'invitant à retirer la copie de l'acte à l'étude dans les plus brefs délais[3][4].

Enfin, est plus récemment[5], l'Assemblée plénière de la Cour de cassation a été amenée à distinguer la nature des démarches de l'huissier selon que l'acte concerne la première instance ou la cour d'appel. Elle a jugé que les dispositions spéciales de l'article 503-1 du code de procédure pénale, qui exigent du prévenu appelant l'élection d'un domicile, dérogent à celles de l'article 558 dudit code qui, d'une part, imposent à l'huissier de justice, avant toute citation, de vérifier l'exactitude du domicile de l'intéressé, d'autre part, prévoient que l'exploit déposé à son étude ne produit les effets d'une citation à personne que si l'avis de réception a été signé par l'intéressé. Elle a justifié cette différence, quant aux modalités de signification de la citation à comparaître, entre le prévenu cité devant le tribunal correctionnel ou le tribunal de police et le prévenu appelant, par leur situation objectivement différente, le premier pouvant légitimement ignorer qu'une procédure pénale a été diligentée à son encontre alors qu'il est attendu du second, en raison de son rôle dans la saisine de la juridiction, qu'il fasse preuve de diligence. Elle en a conclu que l'alinéa 6 de l'article 558 du code de procédure pénale, selon lequel la citation à comparaître ne pourra produire les effets d'une citation à personne si le délai entre le jour où l'avis de réception a été signé par l'intéressé et le jour indiqué pour la comparution devant la cour d'appel est inférieur à celui fixé par l'article 552 du même code, n'est pas applicable au prévenu appelant.

411.44 **Irrégularités de l'ordonnance de renvoi.** Il est constamment jugé qu'il résulte de l'article 385, alinéa 2, du code de procédure pénale que, lorsque la cour d'appel constate la nullité de l'ordonnance de renvoi du juge d'instruction, elle doit, par dérogation à l'article 520 dudit code, renvoyer la procédure au ministère public pour lui permettre de saisir à nouveau la juridiction d'instruction[6]. Constitue une violation des dispositions de l'article 184 du code de procédure pénale, le renvoi devant le tribunal correctionnel d'une personne pour des faits pour lesquels elle n'a pas été mise en examen, hypothèse dans laquelle la cour d'appel devait renvoyer la procédure au procureur de la République afin de lui permettre de saisir à nouveau le juge d'instruction en application de l'article 385, alinéa 2 du code de procédure pénale[7].

Ainsi la juridiction de jugement, qui constate que le prévenu renvoyé devant elle, n'a pas fait l'objet d'une mise en examen par le juge d'instruction, est tenue, en application de l'article 385, alinéa 2, du code de procédure pénale, de renvoyer la procédure au ministère public pour lui permettre de saisir à nouveau la juridiction d'instruction par des réquisitions appropriées aux fins de régularisation[8].

Cette procédure suppose qu'à chaque fois, le ministère public assure la transition entre la juridiction de jugement et la juridiction d'instruction.

Cependant, l'omission, par le juge d'instruction de statuer sur certains des faits dont il est saisi, n'entre pas dans les prévisions des articles 184 et 385, alinéa 2, du code de procédure pénale. Méconnaît ces dispositions la cour d'appel qui, constatant que le juge d'instruction n'avait pas statué sur tous les faits dont il était saisi, prononce l'annulation de l'ordonnance de renvoi[9]. À défaut pour le ministère public ou la partie civile d'avoir interjeté appel, devant la chambre de l'instruction, de l'ordonnance de règlement rendue par le juge d'instruction, la juridiction de jugement, qui constate que ce magis-

1. Crim. 2 mars 2011, n° 10-81.945, P n° 43 ; *D.* 2011. 754 ; *D.* 2011. 1849, Chron. C. Roth, A. Leprieur, M.-L. Divialle ; *AJ pénal* 2011. 299, note C. Renaud-Duparc ; *RSC* 2011. 873, obs. D. Boccon-Gibod.
2. Crim. 19 févr. 2013, n° 12-83.781, P n° 42 ; *D.* 2013. 1993, obs. J. Pradel.
3. Crim. 27 sept. 2011, n° 11-80.252, P n° 185 ; *D.* 2012. 2917, obs. G. Roujou de Boubée, T. Garé, M.-H. Gozzi, S. Mirabail, T. Potaszkin ; *AJ pénal* 2012. 289, obs. L. Priou-Alibert.
4. AUSSI : v. s[s] n° 415.41.
5. Cass., ass. plén., 3 mars 2023, n° 22-81.097, P précité.
6. Crim. 20 oct. 1998, n° 97-81.276, P n° 266 ; Crim. 21 mars 2012, n° 11-87.660 ; Crim. 13 juin 2019, n° 19-82.326, P n° 112.
7. Crim. 5 oct. 2021, n° 20-85.710.
8. Crim. 15 sept. 2004, n° 04-83.670, P n° 211 ; *AJ pénal* 2015. 371, obs. D. Aubert.
9. Crim. 22 janv. 2003, n° 01-87.297, P n° 18.

trat n'a pas statué, comme il en a le devoir, dans son ordonnance de renvoi, sur tous les faits dont il est saisi, si elle n'est pas autorisée par la loi à annuler ladite ordonnance, a néanmoins la faculté de renvoyer l'examen de l'affaire à une audience ultérieure et de transmettre le dossier de la procédure au ministère public, habilité à saisir le juge d'instruction de toutes réquisitions appropriées visant les faits sur lesquels il n'a pas été statué dans l'ordonnance de règlement. Dès lors, n'encourt pas la censure, même s'il vise à tort l'application des articles 184 et 385, alinéa 2, du code de procédure pénale, l'arrêt de la chambre de l'instruction qui déclare régulières les réquisitions adressées par le ministère public au juge d'instruction, visant les faits sur lesquels il n'a pas été statué dans l'ordonnance de règlement, lorsque le dossier de la procédure lui a été transmis, aux fins de régularisation, par le tribunal correctionnel qui a renvoyé l'examen de l'affaire à une audience ultérieure[1].

Le ministère public, auquel le tribunal correctionnel, constatant que le juge d'instruction a omis, dans son ordonnance de renvoi, de statuer sur des faits dont il avait été saisi, a renvoyé la procédure aux fins de régularisation, est habilité à adresser au magistrat instructeur des réquisitions visant les faits sur lesquels celui-ci a le devoir de statuer[2].

Citons encore un arrêt[3] venu indiquer que lorsque l'ordonnance de renvoi devant le tribunal correctionnel a été rendue sans que, faute de notification du réquisitoire définitif, les parties aient été mises en mesure de présenter des observations au vu de ces réquisitions, les juges saisis de la poursuite doivent renvoyer la procédure au ministère public pour lui permettre de saisir à nouveau la juridiction de l'instruction aux fins de régularisation, conformément à l'article 385, alinéa 2, du code de procédure pénale. Doit être cassé l'arrêt qui dans de telles circonstances, retient que le défaut de notification des réquisitions de renvoi devant le tribunal correctionnel a pour seul effet de rendre les parties recevables à soulever devant les juges du fond les nullités de procédure.

On sait, depuis l'arrêt rendu le 2 mars 2011 par la chambre criminelle[4], que si l'ordonnance n'a pas été rendue conformément aux dispositions de l'article 184, « la sanction de cette non-conformité est le renvoi de la procédure au ministère public pour lui permettre de saisir à nouveau la juridiction d'instruction aux fins de régularisation ». Il est acquis qu'en application de l'article 385 du code de procédure pénale, si l'ordonnance qui saisit la juridiction de jugement n'a pas été rendue conformément aux dispositions de l'article 184 du même code, la sanction de cette non-conformité est le renvoi de la procédure au ministère public pour lui permettre de saisir à nouveau la juridiction d'instruction aux fins de régularisation, les actes faits en application de ladite ordonnance demeurant valables[5].

Une autre décision est venue juger que la décision de la cour d'appel de renvoyer la procédure au ministère public, aux fins de régularisation, dans les cas prévus par l'article 385, alinéa 2, du code de procédure pénale, n'impliquant pas son dessaisissement, il lui appartient, si le jugement est annulé pour violation ou omission non réparée de formes prescrites par la loi à peine de nullité, d'évoquer, de renvoyer au fond à une audience ultérieure, en application de l'article 520 du même code, et de prononcer, le cas échéant, sur le maintien en détention du prévenu.

Encourt dès lors la cassation l'arrêt par lequel une cour d'appel, constatant que l'ordonnance de renvoi n'a pas été rendue conformément aux dispositions de l'article 184 du code de procédure pénale, en ce que l'avis de fin d'information et le réquisitoire définitif n'ont pas été portés à la connaissance du mis en examen, renvoie la procédure au ministère public pour régularisation, annule le jugement et, se considérant ainsi dessaisie, sans pouvoir évoquer l'affaire, constate que le titre de détention du prévenu a cessé de produire effet et ordonne la mise en liberté de celui-ci[6].

Il n'y a donc pas, en la matière, lieu à annuler l'ordonnance[7]. Les distinctions mises en œuvre par la chambre criminelle entre les alinéas 2 et 3 de l'article 385 sont développées *infra* (v. s^s n°s 613.31 s.).

§ 5
Modifications issues des dispositions des articles 179-2 et 495-15 du code de procédure pénale

411.51 Possible fixation de la date d'audience par le juge d'instruction. Nous regrettions dans la précé-

1. Crim. 4 mars 2004, n° 03-85.983, P n° 57 ; *D.* 2004. 1213 ; *AJ pénal* 2004. 207, obs. J. Leblois-Happe.
2. Crim. 21 nov. 2007, n° 07-85.922, P n° 288 ; *D.* 2008. 22 ; *AJ pénal* 2008. 96, obs. S. Lavric.
3. Crim. 21 mars 2012, n° 11-87.660, P n° 79 ; *AJ pénal* 2012. 344, obs. M. Léna – POUR L'HYPOTHÈSE d'une ordonnance de renvoi rendue par le juge d'instruction sans attendre l'expiration du délai accordé aux parties pour présenter des observations : Crim. 29 sept. 2010, n° 10-84.003, P n° 145 ; *AJ pénal* 2011. 40, obs. L. Ascensi.
4. Crim. 2 mars 2011, n° 10-86.940, P n° 47 ; *JCP* 2011. 342 ; *D.* 2011. 1857, obs. M.-L. Divialle ; *AJ pénal* 2011. 252, obs. L. Ascenci.
5. Crim. 1er oct. 2013, n° 12-83.143, P n° 184.
6. Crim. 3 mars 2015, n° 14-88.472, P n° 39 ; *AJ pénal* 2015. 371, obs. D. Aubert.
7. SUR la nullité de l'ordonnance de renvoi, v. s^s n°s 613.41 s.

dente édition de cet ouvrage que l'ordonnance de renvoi ne puisse fixer d'ores et déjà la date de l'audience de jugement.

Cette réforme intervenue en 2019[1] repose sur l'article 179-2 du code de procédure pénale aux termes duquel « Le juge d'instruction peut préciser dans l'ordonnance de renvoi la date d'audience devant le tribunal de police ou le tribunal correctionnel lorsque cette date lui a été préalablement communiquée par le procureur de la République. Cette ordonnance doit alors comporter les mentions prévues au deuxième à dernier alinéa de l'article 390.

Cette ordonnance dispense alors le procureur de délivrer une citation en application du même article 390 ».

À ce stade, c'est le second alinéa de cet article qui nous importe en ce qu'il dispense le parquet de la délivrance d'une citation et cela est bien heureux en ce que sont ainsi évitées toutes discordances entre les termes du renvoi par le juge d'instruction et la prévention.

Les mentions devant être rappelées au mis en examen devenant prévenu dans l'ordonnance de renvoi, concernent :

1. Son droit de se faire assister d'un avocat de son choix ou, s'il en fait la demande, d'un avocat commis d'office, dont les frais seront à sa charge sauf s'il remplit les conditions d'accès à l'aide juridictionnelle, et également de la possibilité de bénéficier, le cas échéant gratuitement, de conseils juridiques dans une structure d'accès au droit.

2. Son obligation de comparaître à l'audience en possession des justificatifs de ses revenus ainsi que de ses avis d'imposition ou de non-imposition, ou les communiquer à l'avocat qui le représente.

3. Le fait que le droit fixe de procédure dû en application du 3° de l'article 1018 A du code général des impôts peut être majoré s'il ne comparaît pas personnellement à l'audience ou s'il n'est pas jugé dans les conditions prévues par les premier et deuxième alinéas de l'article 411 du présent code.

Dans l'hypothèse hélas fréquente, d'une probable impossibilité pour la juridiction de jugement, d'évoquer l'affaire lors de son premier appel qui ne donnera donc lieu qu'à une « audience relai », il ne saurait être trop conseillé de ne pas mentionner une seconde date d'audience dans l'ORTC. D'une part, une fois saisi, seul le tribunal a la maîtrise de son audiencement. D'autre part, il se peut que finalement une opportunité de juger l'affaire se présente. Enfin, dans l'hypothèse de l'existence de titres de détention, une telle pratique qui laisse supposer un renouvellement du mandat de dépôt lors de l'audience relai et jusqu'à l'audience sur le fond, s'exposerait bien évidemment à la critique.

411.52 Possible renvoi en CRPC par le juge d'instruction. Le prévenu qui a fait l'objet, pour l'un des délits mentionnés à l'article 495-7, d'une citation directe ou d'une convocation en justice en application des articles 390 ou 390-1, d'une convocation par procès-verbal en application de l'article 394 ou d'une ordonnance de renvoi en application de l'article 179 peut, soit lui-même, soit par l'intermédiaire de son avocat, indiquer au procureur de la République qu'il reconnaît les faits qui lui sont reprochés et demander l'application de la procédure de comparution sur reconnaissance préalable de culpabilité[2].

Dans ce cas, le procureur de la République peut, s'il l'estime opportun, procéder dans les conditions prévues à l'article 495-8, après avoir convoqué le prévenu et son avocat ainsi que, le cas échéant, la victime. L'acte de saisine du tribunal correctionnel est alors caduc, sauf si la personne n'accepte pas les peines proposées ou si le président du tribunal judiciaire ou le juge délégué par lui refuse de les homologuer, lorsque l'un ou l'autre de ces refus intervient plus de dix jours avant la date de l'audience devant se tenir sur le fond devant le tribunal correctionnel.

Le procureur de la République peut également prendre l'initiative de proposer au prévenu de procéder conformément au premier alinéa du présent article.

Le présent article est applicable tant que le tribunal correctionnel n'a pas examiné l'affaire sur le fond, y compris si celle-ci a fait l'objet d'une décision de renvoi.

Lorsque le tribunal a été saisi par une citation directe délivrée par la partie civile ou que l'ordonnance de renvoi a été prise par le juge d'instruction saisi par une plainte avec constitution de partie civile, le présent article ne peut être mis en œuvre qu'avec l'accord de la partie civile.

Ces dispositions sont applicables au prévenu condamné par le tribunal correctionnel qui a formé appel en limitant la portée de celui-ci aux peines prononcées, lors de la déclaration d'appel ou ultérieurement[3]. La procédure applicable en matière de comparution sur reconnaissance préalable de culpabilité est développée au Titre 43.

1. L. n° 2019-222, 23 mars 2019, art. 56, *JO* 24 mars, n° 2.

2. V. s^s Titre 43.

3. C. pr. pén., art. 495-15, mod. par L. n° 202-1729, 22 déc. 2021, *JO* 23 déc. 2021, n° 2, art. 14.

SECTION 2
CONVOCATION PAR OFFICIER DE POLICE JUDICIAIRE (COPJ), ASSISTANT D'ENQUÊTE AGISSANT SOUS LE CONTRÔLE DE L'OFFICIER OU DE L'AGENT DE POLICE JUDICIAIRE, FONCTIONNAIRE OU AGENT D'UNE ADMINISTRATION RELEVANT DE L'ARTICLE 28, AGENT DE POLICE JUDICIAIRE, DÉLÉGUÉ OU MÉDIATEUR DU PROCUREUR DE LA RÉPUBLIQUE

411.61 **Mentions.** Vaut citation à personne la convocation en justice notifiée au prévenu, sur instructions du procureur de la République et dans les délais prévus par l'article 552 du code de procédure pénale, soit par un greffier ou un officier ou agent de police judiciaire, un assistant d'enquête agissant sous le contrôle de l'officier ou de l'agent de police judiciaire, un fonctionnaire ou agent d'une administration relevant de l'article 28 ou un délégué ou un médiateur du procureur de la République, soit, si le prévenu est détenu, par le chef de l'établissement pénitentiaire.

La convocation énonce le fait poursuivi, vise le texte de loi qui le réprime et indique le tribunal saisi, le lieu, la date et l'heure de l'audience. Elle précise, en outre, que le prévenu peut se faire assister d'un avocat. Elle informe qu'il doit comparaître à l'audience en possession des justificatifs de ses revenus ainsi que de ses avis d'imposition ou de non-imposition. Elle l'informe également que le droit fixe de procédure dû en application du 3° de l'article 1018 A du code général des impôts peut être majoré s'il ne comparaît pas personnellement à l'audience ou s'il n'est pas jugé dans les conditions prévues par les premier et deuxième alinéas de l'article 411 du présent code. Elle est constatée par un procès-verbal signé par le prévenu qui en reçoit copie[1].

Les mentions que la COPJ doit comporter sont donc les mêmes que celles prévues en cas de citation et le délai de convocation, par renvoi aux dispositions de l'article 552, est également identique.

La validité de la COPJ ne saurait *a priori* être retenue en l'absence de la signature de son destinataire. Il a toutefois été jugé que dès lors que la convocation par officier de police judiciaire qui vaut citation n'a pas été l'objet d'une inscription de faux régulière, que ses mentions portent les date, heure, lieu de l'audience, ainsi que notamment les faits reprochés et le texte de répression outre les mentions prévues par l'article 390-1 du code de procédure pénale dont celle selon laquelle M. T... en a reçu copie, peu important qu'il ait refusé d'y apposer sa signature, que M. T... ne justifie pas avoir informé la juridiction de son changement d'adresse avant la signification à parquet du jugement contradictoire à signifier portant une condamnation à un emprisonnement assorti du sursis et qu'il ne peut, pour justifier de cette information, présenter pour la première fois devant la Cour de cassation des documents qu'il pouvait produire devant les juges du second degré[2].

411.62 **Délivrance.** La COPJ est généralement délivrée par le directeur d'enquête, le cas échéant au moment de la mainlevée d'une mesure de garde à vue, ou lors de la clôture de la procédure. Rien n'empêche le parquet de demander à ce qu'une telle convocation soit cependant délivrée après qu'il ait pris connaissance de la procédure, soit dans un temps éventuellement éloigné de l'enquête. L'officier de police judiciaire devra alors effectuer toutes diligences à l'instar d'un huissier pour parvenir à cette délivrance effective et mentionner d'éventuelles difficultés.

Il résulte de la combinaison des articles 390, 390-1 et 555 du code de procédure pénale que l'officier ou agent de police judiciaire chargé, sur instructions du procureur de la République, de notifier une convocation en justice à un prévenu doit, de sa propre initiative, faire toutes diligences pour parvenir à la délivrance de cet acte à la personne de son destinataire. Cette notification ne constituant pas un acte d'enquête, les dispositions de l'article 77-1-1 du code de procédure pénale ne lui sont pas applicables. Encourt donc la censure l'arrêt qui annule la convocation délivrée au motif que la consultation de la caisse d'allocations familiales, aux fins de communication de l'adresse du prévenu, aurait dû être préalablement autorisée par le procureur de la République[3].

Le détachement d'un officier de police judiciaire auprès de l'Administration des Douanes n'exclut pas la possibilité, pour le procureur de la République, auquel il demeure hiérarchiquement subordonné, de le mandater aux fins de convocation d'un prévenu en justice, en application des articles 388 et 390-1 du code de procédure pénale (même pour d'autres infractions, comme en l'espèce celles de complicité de tromperie et de recel de banqueroute)[4].

Répondant à un souhait de célérité et d'effectivité de la réponse pénale, la COPJ vaut citation à personne, ce qui signifie que la personne absente, et

1. C. pr. pén., art. 390-1.

2. Crim. 11 sept. 2019, n° 18-84.753, NP.
3. Crim. 29 mai 2013, n° 12-82.033, P n° 122 ; *AJ pénal* 2013. 679, obs. C. Renaud-Duparc.
4. Crim. 20 avr. 2005, n° 04-80.740, P n° 141.

non représentée, sera jugée néanmoins par jugement contradictoire (à signifier), les dispositions de l'article 410 du code de procédure pénale étant applicables en cas de non-comparution du prévenu[1]. Sont ainsi évitées toutes ces décisions par défaut qui ont longtemps encombré les services d'audiencement, puis les greffes correctionnels. Les mentions et délais obligatoires sont les mêmes que pour la citation ce qui est évidemment logique.

Si, selon l'article 550 du code de procédure pénale, les citations et significations sont, sauf disposition contraire des lois et règlements, effectuées par exploit d'huissier de justice, le procureur de la République tenait des articles 67 et 84 du décret du 20 mai 1903[2], la possibilité, en cas de nécessité urgente, sur laquelle il appartient aux juges du fond de s'expliquer lorsque la validité de l'acte concerné est contestée, d'adresser une réquisition à la gendarmerie pour les faire délivrer.

Avaient été considérées comme satisfaisant à de telles conditions les réquisitions adressées à la gendarmerie en raison de la vacance du poste d'huissier de justice dans la collectivité territoriale de Saint-Pierre-et-Miquelon et tendant, en application de l'article 505 du code de procédure pénale, à la signification à un prévenu d'un appel du parquet général[3].

Il a par ailleurs été jugé que l'article 390-1 du code de procédure pénale permet la convocation en justice d'un prévenu contrôlé sur le territoire national et auquel est notifiée cette convocation, même s'il réside à l'étranger, et que ces dispositions n'entrent pas dans les prévisions de l'article 397-6 invoqué par le demandeur[4].

411.63 Intervention d'un médiateur ou d'un délégué du procureur de la République. La loi du 3 juin 2016[5] est venue compléter les dispositions précédentes en permettant la délivrance des convocations en justice par un délégué ou un médiateur du procureur de la République. Elle offre donc une possibilité supplémentaire au parquet parmi les intervenants qui se voient reconnaître cette faculté, le cas échéant après l'échec d'une tentative de médiation. Elle vise à raccourcir les délais de convocation. Elle obéit aux mêmes règles que les autres.

1. Crim. 6 mars 1990, n° 89-86.339, P n° 107.
2. Abrogés par : L. n° 2009-971, 3 août 2009 relative à la gendarmerie nationale, *JO* 6 août, p. 13112, art. 25.
3. Crim. 22 mars 2005, n° 04-87.400, P n° 100.
4. Crim. 30 avr. 2002, n° 00-88.031, P n° 95 ; *JCP* 2002. IV. 2205 ; *Dr. pénal* 2002, Comm. 131, obs. A. Maron.
5. L. n° 2016-731, 3 juin 2016, art. 76 ; et décr. n° 2017-1176, 18 juill. 2017 relatif aux frais de justice criminelle, correctionnelle et de police, *JO* 20 juill., n° 15 : pour le tarif applicable aux nouvelles missions confiées aux délégués du procureur.

411.64 Intervention d'un fonctionnaire ou agent d'une administration relevant de l'article 28 du code de procédure pénale. La loi du 23 mars 2019[6] est venue à son tour compléter les dispositions précédentes en permettant la délivrance des convocations en justice par un fonctionnaire ou agent d'une administration relevant de l'article 28 du code de procédure pénale, soit ceux auxquels des lois spéciales attribuent certains pouvoirs de police judiciaire et qui les exercent dans les conditions et limites que fixent ces mêmes lois.

SECTION 3
CONVOCATION PAR LE GREFFE DE L'ÉTABLISSEMENT PÉNITENTIAIRE

411.71 Convocation des personnes déjà détenues. Sur le fondement des dispositions précitées de l'article 390-1 du code de procédure pénale et si la personne concernée est détenue, elle peut être convoquée pour une nouvelle affaire par le chef de l'établissement pénitentiaire. En pratique, c'est le greffe de l'établissement qui lui notifiera sa convocation.

Il faut mentionner ici l'existence[7] de l'article 555-1 du code de procédure pénale qui précise : « vaut signification à personne par exploit d'huissier la notification d'une décision effectuée soit, si la personne est détenue, par le chef de l'établissement pénitentiaire, soit, si la personne se trouve dans les locaux d'une juridiction pénale, par un greffier ou par un magistrat ».

En pratique il incombera au service de l'audiencement de vérifier si une personne déjà condamnée à une ou plusieurs peines d'emprisonnement sans sursis est ou non détenue, en consultant le fichier national des détenus (FND), afin d'éviter par exemple le coût et l'inutilité d'une citation par défaut alors que la convocation peut être remise à l'intéressé par le greffe de l'établissement pénitentiaire où il se trouve détenu.

Cette dernière condition est évidemment incontournable pour ce mode de convocation. Sauf à avoir été transféré ou libéré entre-temps, l'appelant ne peut être valablement cité qu'à l'établissement pénitentiaire où il est détenu et d'où il a fait appel sans avoir déclaré une autre adresse. Encourt la cassation l'arrêt qui, après avoir relevé que la prévenue, ni comparante ni représentée, a interjeté appel à partir du centre pénitentiaire où elle était détenue, a statué

6. L. n° 2019-222, 23 mars 2019, *JO* 24 mars, n° 2, art. 47.
7. L. n° 2008-644, 1er juill. 2008 créant de nouveaux droits pour les victimes et améliorant l'exécution des peines, *JO* 2 juill., p. 10610, art. 7.

par défaut, sans constater l'irrégularité de la citation délivrée à une autre adresse et sans inviter le ministère public à la faire citer à son lieu de détention[1].

Cette dernière jurisprudence n'infléchit pas le sens des arrêts antérieurs qui lorsque le prévenu venait à se plaindre de n'avoir pas été présent à l'audience parce qu'il était devenu entre-temps détenu pour une autre cause, rejetait régulièrement son recours en lui répondant classiquement qu'il lui appartenait d'informer le procureur de la République, conformément aux prescriptions de l'article 503-1, alinéa 3, du code de procédure pénale, du changement de l'adresse déclarée lors de son appel, au moyen d'une lettre recommandée avec demande d'avis de réception[2]. Les notifications en établissement pénitentiaire pouvant connaître quelques retards en fonction de l'actualité carcérale du moment, il importera de toujours vérifier que la convocation a bien été délivrée dans les délais de citation. La pratique résiduelle d'une réquisition d'extraction, sans convocation par le greffe ne permet pas de considérer que la juridiction a été régulièrement saisie.

SECTION 4
COMPARUTION VOLONTAIRE

411.81 Possibilité et limites. L'avertissement, délivré par le ministère public, dispense de citation, s'il est suivi de la comparution volontaire de la personne à laquelle il est adressé. Il indique le délit poursuivi et vise le texte de loi qui le réprime.

Lorsqu'il s'agit d'un prévenu détenu, le jugement doit constater le consentement de l'intéressé à être jugé sans citation préalable[3].

Contrairement à une idée répandue, la comparution volontaire ne signifie pas le droit pour quiconque de se présenter devant son juge et de demander à être immédiatement jugé[4]. Une telle hypothèse ne permettrait ni au juge de maîtriser à l'avance son planning d'audience et singulièrement les dossiers qu'il doit aborder, ni aux autres parties de pouvoir disposer contradictoirement des éléments du débat en temps et en heure, et surtout permettrait aux juridictions de s'auto-saisir. Ceci avait été jugé en matière contraventionnelle, la personne ayant comparu volontairement devant le tribunal de police mais le ministère public n'ayant pas pris de réquisitions et le juge s'étant donc estimé à tort saisi par la seule comparution volontaire[5]. Cela a été redit, toujours en matière de police, puisqu'il résulte de l'article 388 du code de procédure pénale qu'à défaut de poursuites engagées à son encontre, la seule comparution volontaire d'une personne ne saurait mettre en mouvement l'action publique[6].

Le texte susvisé permet simplement au prévenu qui comparaît pour des faits pour lesquels il a été régulièrement cité d'accepter de comparaître également pour des faits apparaissant au cours des débats et qui n'étaient pas mentionné expressément dans la convocation qu'il a reçue. De même, la comparution volontaire permet de régulariser, avec l'accord du prévenu, une procédure dans laquelle s'est éventuellement glissée une erreur de date des faits ou d'identité d'une des parties qui pourtant se présente, une qualification erronée, un visa incomplet des textes de prévention et de répression. La comparution volontaire permet également de conserver le dossier à l'audience en cas de requalification des faits. Enfin, la comparution volontaire peut également être sollicitée et accordée lorsque les délais de citation n'ont pas été respectés.

Pour exemple, un arrêt ayant jugé que selon l'article 388 du code de procédure pénale, les juges ne peuvent statuer que sur les faits dont ils sont saisis, à moins que le prévenu n'accepte expressément d'être jugé sur des faits distincts de ceux visés à la prévention. Méconnaît ce principe l'arrêt qui, pour déclarer le prévenu coupable d'escroquerie, retient des manœuvres frauduleuses accomplies pendant une période non visée par la prévention, sans constater que le prévenu a accepté d'être jugé sur ces faits[7].

411.82 Mention expresse de la comparution volontaire. La volonté du prévenu de comparaître volontairement doit dans tous les cas être expressément constatée par la juridiction et être mentionnée, aux notes d'audience et dans la décision rendue[8].

Le parquet doit prendre des réquisitions et s'il résulte du jugement attaqué que le prévenu à qui était imputée une contravention au code de la route, a comparu volontairement devant le tribunal de police mais que le ministère public n'a pas pris de réquisitions et que, cependant, le juge s'est estimé saisi par la seule comparution volontaire et a

1. Crim. 25 mars 2015, n° 14-80.127, P n° 67 ; *AJ pénal* 2015. 498, obs. G. Pitti.
2. Crim. 2 oct. 2007, n° 07-80.581, P n° 232 ; *AJ pénal* 2007. 542 – Crim. 15 sept. 2009, n° 09-80.194, NP – Crim. 3 mars 2015, n° 14-81.817, NP.
3. C. pr. pén., art. 389.
4. PAR EX. : Crim. 7 févr. 2007, n° 06-80.108, NP, relativement à la comparution volontaire de 230 personnes.
5. Crim. 7 juin 2000, n° 99-86.818, NP.
6. Crim. 2 févr. 2016, n° 15-82.790, P n° 25.
7. Crim. 20 avr. 2017, n° 16-81.452, P n° 114.
8. Crim. 31 mai 1958, *JCP* 1958. II. 10737, note P. Chambon.

condamné le contrevenant, le tribunal a méconnu le texte précité[1].

411.83 **Effectivité de la saisine.** L'une des hypothèses les plus fréquentes mettant en jeu la comparution volontaire, concernait la situation de la personne déférée à la juridiction dans le cadre d'une procédure de comparution immédiate à l'encontre de laquelle le parquet joignait des poursuites distinctes pour lesquelles le prévenu était déjà renvoyé devant ce tribunal, par COPJ ou citation mais à une date ultérieure. En pareil cas, la juridiction est déjà saisie, au jour et à l'heure dite, par la précédente convocation. Il convient donc de demander clairement au prévenu s'il consent à comparaître volontairement sur ces faits, de le faire acter aux notes d'audience par le greffier. Il pourra alors être statué le même jour sur les différentes poursuites et le cas échéant procédé à la jonction des différentes affaires.

La loi du 23 mars 2019[2] complétée par celle du 24 décembre 2020[3] est venue modifier la procédure sur ce point, le cinquième alinéa de l'article 393 du code de procédure pénale disposant désormais « Si le procureur de la République procède comme il est dit aux articles 394 à 397-1-1, il peut décider de fixer à la même audience, afin qu'elles puissent être jointes à la procédure ou examinées ensemble, de précédentes poursuites dont la personne a fait l'objet pour d'autres délits, à la suite d'une convocation par procès-verbal, par officier de police judiciaire ou en vue d'une comparution sur reconnaissance préalable de culpabilité, d'une citation directe, d'une ordonnance pénale ou d'une ordonnance de renvoi du juge d'instruction. Hors le cas de la comparution immédiate, cette décision doit intervenir au moins dix jours avant la date de l'audience. Le prévenu et son avocat en sont informés sans délai ».

Dans sa décision du 21 mars 2019, le Conseil constitutionnel, s'il a déclaré l'avant-dernier alinéa de l'article 393 du code de procédure pénale, dans sa rédaction résultant de l'article 60 de la loi du 22 mars 2019 de programmation 2018-2022 et de réforme pour la justice, conforme à la Consitution[4], a tout de même posé la réserve suivante : « un prévenu susceptible d'accepter d'être jugé immédiatement pour l'infraction qui justifie initialement son renvoi en comparution immédiate pourrait être conduit, par l'effet du regroupement de plusieurs poursuites, à être placé en détention provisoire pour des motifs liés à l'affaire qui a donné lieu à la comparution immédiate, alors que son refus d'être jugé séance tenante tient à sa volonté de disposer de suffisamment de temps pour terminer de préparer sa défense sur les affaires pour lesquelles il avait été initialement renvoyé devant le tribunal correctionnel dans des délais plus longs et pour lesquelles, le cas échéant, il avait déjà pris des dispositions. Les dispositions contestées ne sauraient dès lors, sans méconnaître les droits de la défense, priver le tribunal correctionnel, dans ce cas, de la possibilité de renvoyer les seules affaires pour lesquelles le prévenu ne consent pas à être jugé séance tenante ou qui n'apparaissent pas au tribunal en l'état d'être jugées »[5].

Enfin, dans le contentieux spécifique de feues les juridictions de proximité, un arrêt a pu rappeler que celles-ci n'étaient saisies des infractions de leur compétence que par le renvoi qui leur en était fait par la juridiction d'instruction, soit par la comparution volontaire des parties, soit par la citation délivrée directement au prévenu. Dès lors, n'étant en l'espèce saisie de l'affaire, ni par la citation directe, qui visait le tribunal de police et avait d'ailleurs été adressée à cette juridiction par la partie civile poursuivante, ni par une comparution volontaire des prévenus, la juridiction de proximité, qui n'avait pas le pouvoir de statuer, fût-ce pour se déclarer incompétente, a méconnu les textes susvisés et le principe ci-dessus énoncé[6].

SECTION 5
REQUÊTE

411.91 **Saisie de la juridiction correctionnelle.** La juridiction correctionnelle peut être saisie par toute demande présentée en vue d'un relèvement d'interdiction, déchéance ou incapacité ou mesure de publication[7] ou concernant un incident contentieux relatif à l'exécution[8] déposée en la forme d'une requête[9].

411.92 **Forme de la requête.** Les textes ne précisent pas les formes de cette requête qui est présentée par le condamné, son avocat ou le ministère public, sauf à l'article 703 du code de procédure pénale d'ajouter que la demande « précise la date de condamnation ainsi que les lieux où a résidé le requérant depuis sa condamnation ou sa libération ». Elle doit évidemment être aussi complète que possible, notamment en matière de confusion de

1. Crim. 19 mars 1997, n° 96-82.621, P n° 110 ; *RSC* 1997. 665, obs. J.-P. Dintilhac – Crim. 7 juin 2000, n° 99-86.818, NP, *Procédures* 2000, n° 21, obs. J. Buisson.
2. L. n° 2019-222, 23 mars 2019, art. 60.
3. L. n° 2020-1672, 24 déc. 2020, art. 26.
4. Cons. const. 21 mars 2019, n° 2019-778 DC.
5. V. aussi s[s] n° 421.25.
6. Crim. 7 juin 2017, n° 16-85.614, P. n° 155.
7. C. pr. pén., art. 702-1, 703.
8. C. pr. pén., art. 710.
9. V. s[s] n°s 113.111 et 113.181.

peines. Le requérant se verra cité ou convoqué à la diligence du parquet qui ne voit pas toujours dans ces demandes des motifs d'urgence, ce qui est parfois discutable.

411.93 Juridiction compétente. La juridiction compétente est la dernière juridiction ayant statué ou celle du lieu de détention. Le tribunal ou la cour, sur requête du ministère public ou de la partie intéressée, statue en chambre du conseil après avoir entendu le ministère public, le conseil de la partie s'il le demande et, s'il échet, la partie elle-même, sous réserve des dispositions de l'article 712 du code de procédure pénale. Lorsque le requérant est détenu, sa comparution devant la juridiction n'est de droit que s'il en fait la demande expresse dans sa requête.

411.94 Règles de procédure. L'exécution de la décision en litige est suspendue si le tribunal ou la cour l'ordonne.

Le jugement sur l'incident est signifié à la requête du ministère public aux parties intéressées [1].

Ces dispositions ne sont pas sans poser de problème. D'une part, on peut regretter qu'il n'existe en la matière aucun délai d'audiencement. D'autre part, le fait que le tribunal statue en chambre du conseil heurte le principe de publicité des débats sans qu'on en comprenne bien les raisons. Enfin, l'extraction du requérant lorsqu'il est détenu lui est rarement proposée de manière claire, certains avis du parquet mentionnant même que l'extraction n'étant pas prévue en la matière, l'intéressé sera représenté par un avocat d'office, sauf avis contraire de sa part, ce qui est une tournure critiquable.

SECTION 6
OPPOSITION

411.101 Jugement par défaut. Lorsqu'il n'est pas établi que le prévenu ait eu connaissance de sa convocation en justice, et à l'exception notable des dispositions de l'article 179-1 du code de procédure pénale relatives à la déclaration d'adresse et de celles des articles 410 (excuse valable), 411 (délivrance d'un mandat de représentation pour l'audience), 414 (débat sur les seuls intérêts civils), 415 (possible représentation du civilement responsable dans tous les cas), 416 (cas du prévenu malade) et 424 (possible représentation de la partie civile) [2], que ce prévenu n'a ni comparu, ni ne s'est fait représenter, le jugement rendu à son encontre est dit jugement « par défaut » ou « de défaut ».

Il existe contre cette décision qui est rendue sans que l'intéressé le sache, une voie de recours particulière qui se nomme l'opposition, encore que lui soit également ouverte la voie de l'appel.

Le jugement par défaut est non avenu dans toutes ses dispositions, si le prévenu forme opposition à son exécution et se présente au jour de l'audience qui lui a été indiquée [3] [4]. Lorsque l'opposition est portée à la connaissance du ministère public, il a la charge de fixer la date à laquelle l'affaire sera réexaminée, d'en notifier le jour et l'heure à l'opposant et d'en aviser la partie civile par lettre recommandée avec demande d'avis de réception [5].

L'article 545 du code de procédure pénale rend applicable à la matière contraventionnelle, les dispositions prévues en matière délictuelle par les articles 487 et suivants et l'article 512 dudit code rend ces mêmes dispositions applicables en matière d'appel.

L'opposant à un jugement de défaut, interpellé par les forces de l'ordre qui s'aperçoivent lors d'un contrôle de l'existence d'une telle décision ou qui se présente au greffe de la juridiction, se voit donc en principe notifier immédiatement la date de la nouvelle audience, ce qui assurera au minimum le caractère contradictoire à signifier de la décision rendue sur opposition. La date de l'audience sur opposition sera notifiée au prévenu par procès-verbal, de police, de gendarmerie (généralement le service « capteur » qui a donné connaissance à l'intéressé de l'existence d'une fiche de condamnation à son nom et qui a reçu son opposition), par notification à l'établissement pénitentiaire où le prévenu est détenu pour autre cause, par un agent du greffe ou un substitut. Elle peut également être signifiée par voie de citation.

Ce dernier cas doit être observé en particulier, si l'opposition est formulée par simple lettre, et une nouvelle citation sera délivrée à l'intéressé, à l'adresse figurant dans son acte d'opposition, étant précisé qu'il appartient au justiciable d'aviser le parquet de tout changement de l'adresse indiquée dans l'acte d'opposition, serait-ce à la suite d'une incarcération pour autre cause [6].

411.102 Jugement par itératif défaut. En présence d'une convocation en justice régulière, l'opposant ne saurait à nouveau faire défaut et empêcher ainsi que le jugement le concernant ne soit rendu. La loi a donc prévu en cette hypothèse que la

1. C. pr. pén., art. 711.
2. C. pr. pén., art. 487.
3. C. pr. pén., art. 489.
4. SUR les règles applicables en matière d'opposition et leurs effets, v. s[s] n°s 914.01 s.
5. C. pr. pén., art. 490.
6. Crim. 24 juin 1992, n° 91-87.044, P n° 258.

décision est rendue par itératif défaut, l'opposition étant déclarée non avenue[1].

En résumé, on dira que pour qu'une juridiction correctionnelle puisse statuer par itératif défaut à l'égard de l'opposant, il est nécessaire, soit que la date d'audience lui ait été notifiée et que cette notification ait été constatée par procès-verbal au moment de l'opposition, soit qu'une nouvelle citation lui ait été délivrée[2]. Si en revanche l'opposant, non avisé régulièrement par procès-verbal, ni cité à personne, ne comparaît pas, la juridiction saisie doit rendre une nouvelle décision de défaut, laquelle est à nouveau susceptible d'opposition ou d'appel[3].

Il y a lieu de rappeler d'ailleurs que c'est bien la déclaration d'opposition qui saisit la juridiction et non la citation qui sera délivrée à la suite[4]. Sur le point précis d'une citation délivrée à une adresse n'étant pas celle figurant à l'acte d'opposition, la chambre criminelle a pu décider qu'il convenait alors que la juridiction constate l'irrégularité de sa saisine et renvoie le ministère public à faire citer le prévenu à sa réelle adresse[5]. Les victimes identifiées mais non constituées n'ont pas, dans les textes, à être avisées de ce « second » procès, ce qui est sans doute critiquable. On peut sans doute oublier cette imprécision textuelle et puisque le procès est recommencé, aviser toutes victimes utiles de ce ré-examen de faits parfois très anciens[6].

SECTION 7
HYPOTHÈSE DE SAISINE IMMÉDIATE POUR TROUBLES CAUSÉS OU INFRACTIONS COMMISES LORS DE L'AUDIENCE

411.111 Trouble causé à l'audience. Cas de figure résiduel, il est prévu par le code de procédure pénale que lorsque, à l'audience, l'un des assistants trouble l'ordre de quelque manière que ce soit, le président ordonne son expulsion de la salle d'audience.

Si, au cours de l'exécution de cette mesure, il résiste à cet ordre ou cause du tumulte, il est, sur-le-champ, placé sous mandat de dépôt, jugé et puni d'un emprisonnement de deux mois à deux ans, sans préjudice des peines portées au code pénal contre les auteurs d'outrages et de violences envers les magistrats. Sur l'ordre du président, il est alors contraint par la force publique de quitter l'audience[7].

Au-delà du caractère désuet de sa formulation on retiendra qu'il fixe une peine minimale comme sous l'empire de l'ancien code pénal, le texte n'ayant pas été retouché par la loi d'adaptation du 16 décembre 1992.

411.112 Infractions commises à l'audience. Les articles 675 et suivants du code de procédure pénale prévoient en outre, les conditions dans lesquelles les infractions commises à l'audience sont jugées, d'office ou sur les réquisitions du ministère public, nonobstant toutes règles spéciales de compétence ou de procédure.

Les articles 676 et 677 prévoient que lorsqu'il se commet à l'audience une contravention de police ou un délit le tribunal ou la cour dresse procès-verbal du fait, mais ne précisent pas les formes que celui-ci doit prendre. Une simple mention à la note d'audience pourrait être insuffisante, mais la jurisprudence de référence est inexistante sur ce point. En outre, sont opérées les distinctions suivantes :

– Lorsque c'est une contravention qui a été commise, et après rédaction dudit PV, la juridiction entend le prévenu, les témoins, le ministère public et, éventuellement (sic) le défenseur, avant d'appliquer sans désemparer les peines portées par la loi[8] ;

– Lorsque les faits commis pendant la durée de l'audience d'un tribunal correctionnel ou d'une cour est un délit, il peut être procédé comme ci-dessus indiqué et si la peine prononcée est supérieure à un mois d'empriosnnement, un mandat de dépôt peut être décerné[9] ;

– Si le fait qualifié délit a été commis à l'audience d'un tribunal de police, le président en dresse procès-verbal qu'il transmet au procureur de la République ; il peut, si la peine encourue est supérieure à six mois d'emprisonnement, ordonner l'arrestation de l'auteur et sa conduite immédiate devant le procureur de la République[10].

Lesdites dispositions n'évoquent pas les suites procédurales d'un crime commis lors d'une audience, sans doute parce qu'elles sont évidentes.

La seule exception prévue concerne le délit d'outrage prévu par l'article 434-24 du code pénal, pour lequel « le président dresse procès-verbal qu'il transmet au procureur de la République, les magistrats ayant participé à l'audience lors de la commission du délit ne pouvant composer la juridiction saisie des poursuites »[11]. Elle tend essentiellement à éviter que des propos outrageants émanant de

1. C. pr. pén., art. 494.
2. Crim. 23 déc. 1986, n° 86-95.642, P n° 390.
3. Crim. 26 mars 2008, n° 07-81.960, P n° 75 ; *AJ pénal* 2008. 287, obs. M. Nord-Wagner.
4. Crim. 19 janv. 1988, n° 87.82.627, P n° 27.
5. Crim. 29 nov. 2017, n° 17-81.574, P n° 276 ; *D. actu.* 5 janv. 2018, obs. C. Fonteix.
6. SUR le sort du prévenu expulsé de la salle d'audience, v. ss nos 411.111 s. et 544.21 s.
7. C. pr. pén., art. 404.
8. C. pr. pén., art. 676.
9. C. pr. pén., art. 677, al. 1.
10. C. pr. pén., art. 677, al. 2.
11. C. pr. pén., art. 677, al. 3.

prévenus ou d'avocats soient immédiatement sanctionnés par la juridiction même à qui ils étaient destinés. Ce faisant elle souligne l'incongruité générale de ces dispositions au regard du principe d'accès à un tribunal indépendant et impartial. Il serait sans doute opportun que leur constitutionnalité soit appréciée au détour d'une question prioritaire, de même que leur conventionnalité...

CHAPITRE

412. Mentions obligatoires de la convocation

SECTION 0
ORIENTEUR

412.00 Sommaire du chapitre.

412.01 Principaux textes applicables.

TEXTES SOURCES

• C. pr pén., art. 390, 392, 550, 551, 555, 557, 565, 566, 706-43, 706-46

412.02 Jurisprudence de référence.

> Les mentions de la citation doivent permettre au prévenu de préparer sa défense

• **Crim. 10 sept. 2008,** n° 08-80.817, P n° 183

* V. s[s] n° 412.31.

Selon l'article 551, alinéa 2, du code de procédure pénale, la citation est régulière lorsqu'elle énonce les faits poursuivis et vise les textes de loi qui les répriment. La description de ces faits et la référence aux principaux textes applicables mettent le prévenu en mesure de préparer sa défense sur les délits qui lui sont reprochés.

> La nullité n'est encourue que si elle a eu pour effet de porter atteinte aux intérêts de la personne qu'elle concerne

• **Crim. 24 juill. 1974,** n° 74-90.466, P n° 267

* V. s[s] n° 412.32.

« Sur le premier moyen de cassation pris de la violation des articles 388 et 593 du code de procédure pénale et de l'article 7 de la loi du 20 avril 1810, violation des droits de la défense, défaut de motifs et manque de base légale, « en ce que saisis sur citation directe, visant le fait pour le demandeur d'avoir omis de faire le 20 octobre 1971 la déclaration prévue à l'article L. 32 du code des débits de boissons pour la mutation intervenue dans la personne du propriétaire ou du gérant d'un café situé à Morsang-sur-Orge, les juges du fond ont déclaré le demandeur coupable d'infraction aux articles L. 32 et L. 55 du même code pour n'avoir pas fait de déclaration quinze jours avant de prendre en gérance, le 30 avril 1968, le débit de boissons situé à Évry et l'ont condamné à une amende de 720 francs et ordonne la fermeture de l'établissement ;

Alors que les juridictions correctionnelles ne peuvent statuer que sur les faits dont elles sont saisies par l'ordonnance de renvoi ou la citation, a moins que le prévenu accepte expressément le débat sur des faits non dénoncés dans le titre de la poursuite, qu'en l'espèce le demandeur ayant invoqué tant en première instance qu'en appel, la nullité des citations qui visaient des faits complètement différents de ceux sur lesquels les juges du fond ont statué, la cour ne pouvait le condamner pour des faits différents de ceux dont elle était saisie ;

Attendu qu'il appert de l'arrêt attaque que X... a excipé de la nullité de la citation ayant saisi les premiers juges, au motif que l'exploit désignait comme lieu de l'infraction a l'article L. 32 du code des débits de boissons, Morsang-surorge, alors que le délit avait été perpétré a Évry ;

Que les juges du fond qui ont rejeté les prétentions du demandeur relèvent qu'il résulte de l'interpellation du prévenu par la gendarmerie que X... N'ignorait pas que le procès-verbal lui avait été dressé pour exploitation irrégulière d'un débit à Évry, qu'il ne pouvait se méprendre sur le lieu ou l'infraction reprochée avait été commise et "que l'erreur relevée n'était pas de nature à porter atteinte aux droits de la défense" ;

Attendu que la cour d'appel a donné une base légale a sa décision ;

Qu'en effet, aux termes de l'article 565 du code de procédure pénale, la nullité d'un exploit ne peut être prononcée que lorsqu'elle a eu pour effet de porter atteinte aux intérêts de la personne qu'elle concerne, sous réserve pour les délais de citation des dispositions de l'article 553, alinéa 2, du code de procédure pénale ;

Qu'en l'espèce la cour d'appel a constaté que le prévenu était suffisamment informe des faits servant de base à la prévention ainsi qu'il est précisé à l'article 551 du code de procédure pénale et qu'il a été à même de préparer ses moyens de défense ;

D'où il suit que le moyen doit être écarté. »

> Étendue de la saisine de la juridiction

• **Crim. 9 mars 2005,** n° 04-81.597, P n° 83

* V. s[s] n° 412.34.

Les tribunaux correctionnels ne peuvent statuer que sur les faits relevés par l'ordonnance ou la citation qui les a saisis ; en matière douanière, seuls les procès-verbaux joints à la citation peuvent préciser l'objet de cette dernière, sans en étendre la portée. Encourt en conséquence la censure l'arrêt qui, pour juger que la cour d'appel est saisie de faits commis pendant une période de temps non visée dans les citations, énonce que ces faits sont mentionnés dans les procès-verbaux, non joints auxdites citations mais auxquels celles-ci se réfèrent, et que la valeur des marchandises de fraude figurant dans les citations correspond à celle qui figure dans les procès-verbaux.

412.05 **Avertissement.** Sous l'apparence d'une extrême simplicité, les mentions obligatoires de l'acte par lequel une personne se voit signifier qu'elle est tenue de comparaître devant ses juges sont extrêmement nombreuses. Elles intéressent aussi bien la personne qui est à l'origine de la poursuite, que son destinataire, la nature et la qualification juridique des faits, les articles de prévention et de répression des faits poursuivis, que les renseignements utiles sur l'audience qui va se tenir.

Elles prennent pour référence les dispositions applicables en matière de citation qui sont parmi les plus détaillées du code de procédure pénale.

SECTION 1
RENSEIGNEMENTS RELATIFS AU REQUÉRANT

412.11 **Identification du requérant.** La citation est délivrée à la requête du ministère public, de la partie civile, et de toute administration qui y est légalement habilitée[1]. L'exploit de citation contient la désignation du requérant[2]. Les autres modes de convocation mentionnent qu'ils sont délivrés par le procureur de la République ou à sa demande.

Lorsqu'elle émane d'une administration habilitée à engager des poursuites, la citation mentionne les coordonnées de cette administration. Cependant la citation, qui désigne clairement le requérant en la personne du directeur des services fiscaux, représentant l'Administration des impôts, satisfait aux prescriptions de l'article 550, alinéa 4, du code de procédure pénale[3].

412.12 **Personne physique.** Si elle est délivrée à la requête de la partie civile, elle mentionne, s'il s'agit d'une personne physique, ses nom, prénoms, profession et domicile réel ou élu et, s'il s'agit d'une personne morale, sa forme, sa dénomination, son siège social et l'organe qui la représente légalement[4].

412.13 **Personne morale.** S'agissant d'un plaignant personne morale, l'article 551, alinéa 4, du code de procédure pénale, qui dispose que la citation délivrée à la requête de la partie civile mentionne les nom, prénoms, profession et domicile réel ou élu de celle-ci, n'exige pas de préciser l'identité de celui qui agit en justice au nom d'une personne morale. En conséquence, ne justifie pas sa décision la cour d'appel qui, pour dire nulles les citations introductives d'instance délivrées à des prévenus à la demande d'une société de droit étranger déclarant être représentée par « *son conseil d'administration en fonction* », retient que les mentions des citations critiquées ne répondent pas aux exigences de la loi procédurale française et que leur imprécision a nécessairement nui aux prévenus, qui n'ont pu vérifier si les poursuites avaient été engagées par une ou plusieurs personnes physiques investies légalement du pouvoir de représenter la société et d'agir en son nom[5].

L'article 551, alinéa 4, du code de procédure pénale n'exigeant pas de mentionner l'identité de celui qui agit au nom d'une personne morale, le moyen, qui ne porte que sur l'identification du président de l'association, partie civile, à la date à laquelle la citation a été délivrée, est inopérant[6].

412.14 **Élection de domicile.** La partie civile, qui cite directement un prévenu devant un tribunal répressif, fait, dans l'acte de citation, élection de domicile dans le ressort du tribunal saisi, à moins qu'elle n'y soit domiciliée[7].

Dans tous les cas, il importe pour cette mention comme pour les autres, que le destinataire de la citation ou de la convocation sache à qui elle a affaire, qui sera son contradicteur. Ainsi, l'inobservation des formes prescrites par les articles 550 et suivants du code de procédure pénale n'entraîne pas

1. C. pr. pén., art. 551, al. 1er.
2. C. pr. pén., art. 550, al. 4.
3. Crim. 21 févr. 1994, n° 93-83.051, NP.
4. C. pr. pén., art. 551, al. 4.
5. Crim. 23 mai 2006, n° 04-86.541, P n° 140 ; *D.* 2007. 1038, obs. J.-Y. Dupeux et Th. Massis.
6. Crim. 26 sept. 2006, n° 05-87.681, P n° 237 ; *AJ pénal* 2006. 451 ; *RSC* 2007. 74, obs. E. Fortis.
7. C. pr. pén., art. 392.

la nullité de la citation lorsque le prévenu n'a pu se méprendre sur l'objet et la portée de l'acte par lequel il a été attrait devant le tribunal. Tel est le cas de la citation qui, conformément à l'article 551, alinéa 4, mentionne le nom de la partie civile, sa date de naissance et son domicile, ainsi qu'un prénom d'emprunt au lieu du prénom inscrit à l'état civil[1].

SECTION 2
RENSEIGNEMENTS RELATIFS AU DESTINATAIRE

412.21 **Personne physique.** L'exploit de l'huissier comprend également, les nom, prénoms et adresse du destinataire ou, si le destinataire est une personne morale, sa dénomination et son siège[2]. De manière légèrement redondante, il est précisé plus loin que le domicile de la personne morale s'entend du lieu de son siège[3]. À ces éléments d'identification, qui en leur temps vont également permettre au service de l'audiencement de solliciter la délivrance du bulletin nº 1 du casier judiciaire de l'intéressé, s'ajoute une précision sur la qualité en laquelle il est cité. La citation précise la qualité de prévenu, de civilement responsable, ou de témoin de la personne citée[4]. Il est là encore tout à fait normal que la personne poursuivie sache que c'est bien elle que l'acte vise et comme pour l'identification du requérant l'important et qu'il n'y ait aucune équivoque dans l'esprit de la personne sur le fait que c'est bien à elle que l'acte s'adresse, des erreurs de détail ou accessoires ne pouvant en aucun cas permettre de soutenir la nullité de l'exploit.

La chambre criminelle reste toutefois saisie de manière récurrente de difficultés tenant à la correcte identification de la personne citée[5].

412.22 **Personne morale.** Des dispositions précisent que l'action publique est exercée à l'encontre de la personne morale prise en la personne de son représentant légal à l'époque des poursuites. Ce dernier représente la personne morale à tous les actes de la procédure.

Toutefois, lorsque des poursuites pour des mêmes faits ou des faits connexes sont engagées à l'encontre du représentant légal, celui-ci peut saisir par requête le président du tribunal judiciaire aux fins de désignation d'un mandataire de justice pour représenter la personne morale.

La personne morale peut également être représentée par toute personne bénéficiant, conformément à la loi ou à ses statuts, d'une délégation de pouvoir à cet effet.

La personne chargée de représenter la personne morale en application du deuxième alinéa de l'article 706-43 du code de procédure pénale doit faire connaître son identité à la juridiction saisie, par lettre recommandée avec demande d'avis de réception.

Il en est de même en cas de changement du représentant légal en cours de procédure.

En l'absence de toute personne habilitée à représenter la personne morale dans les conditions prévues au présent article, le président du tribunal judiciaire désigne, à la requête du ministère public, du juge d'instruction ou de la partie civile, un mandataire de justice pour la représenter[6].

S'agissant d'un destinataire personne morale, la chambre criminelle a pu considérer que l'article 550 du code de procédure pénal n'impose pas à l'huissier de vérifier la qualité de la personne qui se déclare habilitée, au nom d'une personne morale, à recevoir copie de l'exploit et à en signer l'original, cet acte mentionne par ailleurs que le destinataire a été avisé de la signification effectuée, par lettre simple, conformément à l'article 555 dudit code[7]. Par ailleurs, une personne morale doit être citée en la personne de son représentant légal. Encourt la cassation l'arrêt qui, sur la poursuite exercée par l'Administration des impôts pour infractions à la législation sur les contributions indirectes, condamne une personne morale à des amendes et pénalités fiscales alors que l'assignation n'avait pas été délivrée à la personne physique habilitée à la représenter et que celle-ci n'avait pas accepté de comparaître volontairement[8].

L'obligation d'énoncer le fait poursuivi dans une citation, n'impose pas d'identifier, lorsque la poursuite vise une personne morale, l'organe ou le représentant ayant commis l'infraction pour le compte de cette personne. Dès lors, n'excède pas sa saisine, la cour d'appel qui détermine qui est cet organe ou représentant[9].

La juridiction répressive, saisie par la citation délivrée au prévenu, est tenue de statuer au fond sauf à déclarer cette citation nulle en application de l'article 565 du code de procédure pénale ; l'irrégularité de la citation d'une personne morale ne peut avoir d'effet à l'égard de la citation de son dirigeant pénalement poursuivi[10].

1. Crim. 13 juin 1995, nº 93-82.144, P nº 217.
2. C. pr. pén., art. 550, al. 4.
3. C. pr. pén., art. 557, al. 3.
4. C. pr. pén., art. 551, al. 3.
5. Par. ex. : Crim. 25 avr. 2017, nº 16-80.024, NP.
6. C. pr. pén., art. 706-43.
7. Crim. 29 mars 2006, nº 05-82.166, NP.
8. Crim. 3 nov. 1992, nº 91-85.398, P nº 353.
9. Crim. 24 mai 2005, nº 04-86.813, P nº 154 ; *D.* 2005. 1807 ; *AJ pénal* 2005. 330, obs. A. Boisset.
10. Crim. 8 nov. 1993, nº 92-84.425, NP.

SECTION 3
RENSEIGNEMENTS SUR LA NATURE ET LA QUALIFICATION JURIDIQUE DES FAITS

412.31 **Infraction poursuivie.** La citation énonce le fait poursuivi et vise le texte de loi qui le réprime[1]. L'article 6, § 3, a) de la convention européenne des droits de l'homme pose que l'accusé a droit d'être « informé d'une manière détaillée de la nature et de la cause de l'accusation portée contre lui ». La description de ces faits et la référence aux principaux textes applicables doivent mettre le prévenu en mesure de préparer sa défense sur les délits qui lui sont reprochés[2].

Il a pu ainsi être jugé, qu'une citation en date du 9 septembre 1999 énonçait parfaitement les faits qui étaient reprochés à Marc A..., à savoir « d'avoir à Bobigny, le 31 mars 1999, volontairement commis des violences sur Mmes Denise C..., Nelly Z... et Lubélia C..., Corinne D... et Catherine X..., ces violences ayant entraîné une incapacité totale de travail n'excédant pas huit jours » ; que Marc A... avait si bien compris ce dont il s'agissait qu'il avait fait citer à l'audience un témoin de la scène au cours de laquelle il aurait commis ces violences ; que la citation, qui mentionnait également les articles définissant et réprimant l'infraction était conforme à l'article 550 du code de procédure pénale[3].

L'article 551, alinéa 2, du code de procédure pénale exige seulement que la citation délivrée au prévenu énonce le fait poursuivi et vise le texte prévoyant l'incrimination ; il n'est, dès lors, pas nécessaire que la citation, qui informe le prévenu des faits de non-représentation d'enfant réprimés par l'article 227-5 du code pénal, précise la nature du droit qui l'oblige à représenter l'enfant[4].

Encourt la censure l'arrêt qui annule une citation comme irrégulière au motif qu'elle se borne à mentionner le fait poursuivi et les dispositions du code de la route y afférentes sans faire référence à la décision préfectorale portant injonction de restituer le permis de conduire invalidé[5].

Sont régulières les citations délivrées par l'administration des Douanes qui, comportant le détail des faits reprochés et la référence aux règlements communautaires et à l'article 410 du code des douanes, dont la violation constitue l'infraction visée par la poursuite, permettent aux prévenus d'avoir une information complète du contenu de celle-ci. Il importe peu que les citations n'aient pas précisé les articles applicables de ces règlements et qu'aient été visés à tort d'autres textes du code des douanes non appliqués en l'espèce[6].

À l'inverse, il convient de citer une décision un peu ancienne, aux termes de laquelle avait été invalidée une citation qui, non seulement, ne fournissait aucune précision sur le lieu ou l'heure où l'infraction aux règles du stationnement avait été commise, mais encore ne visait que des textes généraux sans comporter de précision sur l'arrêté municipal pris en vertu de ces textes et réglementant le stationnement à l'endroit où l'infraction avait été constatée[7].

Il peut être joint à la citation ou à la convocation toute pièce complémentaire de nature à éclairer le prévenu sur l'étendue des poursuites : pièces de procédure, procès-verbal de synthèse, tableaux récapitulatifs, décomptes... Ainsi, une citation pour falsification de chèques et usage qui renvoie à un tableau annexé, issu de la procédure d'enquête, qui récapitule les chèques concernés, leurs dates, leurs montants, leurs bénéficiaires, permet parfaitement à la personne poursuivie de comprendre l'étendue des faits qui lui sont reprochés et au demeurant facilitera la tâche du tribunal au stade de l'indemnisation des différentes victimes. Ainsi est encore valable, la citation qui mentionne les circonstances de temps et de lieu relatives aux faits poursuivis, dès lors qu'elle se combine avec le procès-verbal de l'inspecteur du travail, base de la poursuite, dont le prévenu a eu connaissance avant toute déclaration sur les faits[8].

La chambre criminelle a ainsi pu approuver une cour d'appel d'avoir énoncé, pour rejeter l'exception de nullité des citations tirée de leur imprécision, après en avoir rappelé les mentions, qu'à celles-ci sont annexés les procès-verbaux de notification d'infractions établis par les agents des douanes qui décrivent avec minutie les faits reprochés, que les prévenus ont été parfaitement informés des infractions reprochées, des textes de loi les réprimant, des sanctions encourues et des faits précis au titre desquels ils sont poursuivis, et qu'il est ainsi

1. C. pr. pén., art. 551, al. 2.
2. Crim. 10 sept. 2008, n° 08-80.817, P n° 183 ; *AJ pénal* 2008. 516 – SUR LES CONDITIONS DE VALIDITÉ de la citation conformément à C. pr. pén., art. 551, al. 2 : Crim. 6 mars 1990, n° 87-90.236, P n° 106 – Crim. 13 mars 1996, n° 95-83.111, P n° 114 – Crim. 7 mai 1996, n° 94-84.855, P n° 194 – Crim. 14 janv. 2004, n° 02-87.935, P n° 13 ; *RSC* 2004. 660, obs. H. Matsopoulou – Crim. 31 oct. 2006, n° 06-84.670, P n° 269 ; *D.* 2006. 3012 ; *AJ pénal* 2007. 87, obs. C. Saas.
3. Crim. 13 nov. 2001, n° 01-80.377, NP.
4. Crim. 13 mars 1996, n° 95-83.111, P n° 114.
5. Crim. 31 oct. 2006, n° 06-84.670, P n° 269 ; *D.* 2006. 3012 ; *AJ pénal* 2007. 87, obs. C. Saas ; *Procédures* 2007, n° 94, note J. Buisson.
6. Crim. 14 janv. 2004, n° 02-87.935, P n° 13 ; *RSC* 2004. 660, obs. H. Matsopoulou.
7. Crim. 3 juin 1993, n° 93-80.483, NP.
8. Crim. 17 déc. 1991, n° 90-84.813, P n° 483.

répondu aux prescriptions de l'article 551 du code de procédure pénale[1].

Une citation reprochant à un prévenu de « s'être rendu complice des délits de faux reprochés à un co-prévenu… », mais qui n'est pas autrement circonstanciée et à laquelle n'est même pas annexée la citation concernant ledit co-prévenu, ne satisfait manifestement pas les exigences légales et conventionnelles précitées.

Il est enfin possible de mentionner à ce stade une jurisprudence déjà ancienne en vertu de laquelle, est nulle la citation, en l'espèce délivrée par l'administration fiscale et improprement dénommée assignation conservatoire, qui ne mentionne pas que la personne citée doit comparaître devant une juridiction répressive et qui porte ainsi atteinte aux intérêts de cette personne[2].

Plus nuancé, et toujours dans le domaine fiscal, il peut également être fait mention d'un arrêt aux termes duquel la citation délivrée à une personne physique ou morale, par le directeur des services fiscaux agissant dans le cadre de la répression des infractions à la législation sur les contributions indirectes et qui invite son destinataire à comparaître à une date déterminée « devant le tribunal de grande instance », en qualité de prévenu ou de solidairement responsable, pour répondre de faits constatés dans un procès-verbal rédigé par des agents du fisc, n'est pas, pour cela, entachée de nullité, la personne citée n'ayant pu se tromper sur le caractère répressif de la chambre du tribunal de grande instance devant lequel elle était invitée à comparaître, ni sur les faits dont elle avait à répondre[3].

412.32 **Date des faits.** Pour revenir une nouvelle fois aux principes, il importe que le prévenu soit clairement avisé des faits qui lui sont reprochés et donc de la date à laquelle ils sont censés s'être produits. En application de l'article 388 du code de procédure pénale, les juges ne peuvent statuer que sur les faits dont ils sont saisis, à moins que le prévenu n'accepte expressément d'être jugé sur des faits distincts de ceux visés à la prévention[4].

D'après l'article 565 du code de procédure pénale, la nullité d'un exploit ne peut être prononcée que lorsqu'elle a eu pour effet de porter atteinte aux intérêts de la personne qu'elle concerne. La citation visant le procès-verbal qui constate l'infraction, informe le prévenu des faits servant de base à la prévention, et le met en mesure de préparer ses moyens de défense[5].

Une erreur de date dans les faits relevés n'est, en principe, pas une cause de nullité de la citation[6]. Une erreur matérielle dans la date des faits n'entraîne pas la nullité de la citation dès lors qu'il résulte des débats que le prévenu n'a pu avoir aucun doute sur les faits pour lesquels il était poursuivi et a été, par exemple, sanctionnée une cour d'appel ayant annulé des citations alors que la date des faits indiqués dans celles-ci, dont les mentions étaient conformes aux dispositions du code de procédure pénale, résultait d'une erreur matérielle qu'elle pouvait rectifier, sans modifier l'étendue de sa saisine et que la citation, qui visait le procès-verbal de constat de l'infraction, informait le prévenu des faits servant de base à la prévention, le mettant ainsi en mesure de préparer ses moyens de défense[7]. Il en est ainsi d'une erreur d'une année[8] ou de quelques mois[9]. Il en est en revanche différemment d'une juridiction qui excède le champ de la prévention en déclarant, par exemple, le prévenu coupable de faits commis entre février 2009 et le 15 juillet 2010, alors que la juridiction n'était saisie que des faits commis en 2008[10].

En pratique, une telle erreur de date peut être évoquée d'emblée par le président de la juridiction ou le parquetier si l'un ou l'autre l'ont vu en préparant le dossier, mise dans le débat sans qu'elle nécessite une comparution volontaire du prévenu et sera rectifiée au moment de la rédaction du jugement. Dans des poursuites pour édification d'une clôture sans déclaration préalable, la chambre criminelle a ainsi pu considérer que le visa, dans la citation, de la date, non pas de l'édification de la clôture litigieuse mais des constatations de la gendarmerie, n'entraînait aucune incertitude pour le prévenu sur les faits de la prévention et, dès lors, aucune atteinte aux droits de la défense[11].

Il faut simplement être attentif à la portée de l'erreur de date relevée qui, au-delà d'une simple mention erronée[12], peut concerner la saisine même de la juridiction, ce qui a des conséquences juridiques différentes.

Par un arrêt du 15 mars 2023[13] la chambre criminelle en formation plénière a eu à se prononcer sur la possibilité, pour la juridiction correctionnelle,

1. Crim. 22 févr. 2017, n° 15-82.952, P n° 53.
2. Crim. 28 nov. 1983, n° 83-90.347, P n° 316.
3. Crim. 14 sept. 1987, n° 85-93.226, P n° 310.
4. Crim. 19 avr. 2005, n° 04-83.879, P n° 135.
5. Crim. 24 juill. 1974, n° 74-90.466, P n° 267.
6. Crim. 18 déc. 2018, n° 16-82.212, NP.
7. Crim. 23 févr. 2011, n° 10-83.859, NP.
8. Crim. 24 nov. 2015, n° 15-81.250, NP.
9. Crim. 12 avr. 2012, n° 11-87.242, NP.
10. Crim. 9 sept. 2020, n° 19-83.416, NP.
11. Crim. 19 janv. 1993, n° 91-82.490, P n° 26.
12. Ch. Guéry, « De la formule "depuis temps non couvert par la prescription de l'action publique" et de ses effets », *AJ pénal* 2016. 309.
13. Crim. 15 mars 2023, n° 21-87.389, P ; *AJ pénal* 2023. 174, obs. Ch. Guéry.

de modifier la date des faits dont elle est saisie, telle qu'elle figure sur l'acte de saisine, hors le cas d'une erreur matérielle.

Elle a jugé que lorsque la juridiction constate que le fait poursuivi n'a pas été commis à la date visée par la prévention, mais à une autre date qu'elle détermine, elle en demeure saisie.

4. Le fait n'étant alors pas distinct de celui visé par la prévention, il n'y a pas lieu de recueillir l'accord de la personne poursuivie pour être jugée sur ce fait commis à une autre date.

5. Cependant, hors le cas d'une erreur matérielle, la restitution au fait de son exacte date est de nature à emporter des conséquences juridiques au regard, notamment, de la qualification, de la prescription, de la détermination de la loi applicable ou de la compétence de la juridiction.

6. Modifiant les termes du débat devant la juridiction de jugement, elle affecte l'exercice de leurs droits par les parties.

7. En conséquence, les juges ne peuvent retenir, pour entrer en voie de condamnation, une date autre que celle visée par la prévention, sans que le prévenu ait été invité à s'expliquer sur cette modification.

Constatant que les motifs de l'arrêt attaqué n'établissent pas que le prévenu ait été informé que les juges pouvaient le déclarer coupable du fait poursuivi, commis à cette autre date, ni qu'il ait été invité à s'expliquer sur cette modification et ses conséquences, qui n'ont pas été mises dans le débat, un renvoi pouvant, au besoin, être ordonné à cette fin, la chambre criminelle casse ledit arrêt, ce qui illustre somme toute le respect du principe du contradictoire.

Répétons encore une fois que cette situation doit à l'évidence être clairement distinguée de celle dans laquelle la juridiction est amenée à déclarer le prévenu coupable en dehors de la période de prévention visée par l'acte de saisine pour des faits en outre distincts de ceux visés dans sa saisine[1].

412.33 **Lieux des faits.** À l'occasion de poursuites pour excès de vitesse, la chambre criminelle, saisie sur recours de l'officier du ministère public contre un jugement de relaxe qui avait retenu que le lieu de l'infraction mentionné au procès-verbal de constatation n'existait pas dans la commune, casse ledit jugement en retenant « que le procès-verbal de constatation des circonstances de l'infraction, signé par l'agent de police judiciaire verbalisateur, mentionne la marque et le numéro d'immatriculation du véhicule du prévenu, que sa force probante ne peut être affectée par une simple erreur matérielle, rectifiée dans la citation, portant sur le numéro de la chaussée où les faits ont été commis et qu'il n'existe, au demeurant, aucun doute pour le prévenu sur la réalité des dits faits, confirmées par les clichés photographiques et les documents de vérification périodique »[2].

On peut citer en matière d'urbanisme, pour un semblable rejet de l'exception de nullité relative à l'imprécision alléguée par la défense de la seule mention du nom de la commune, la motivation approuvée d'une cour d'appel constatant que « les prévenus ne soutiennent pas qu'ils auraient été propriétaires dans cette commune d'autres terrains que ceux auxquels se rapporte la procédure »[3].

412.34 **Saisine.** La limite des situations précitées est donc que la juridiction saisie n'étende pas sa saisine au prétexte que d'autres faits apparaissent dans les documents joints : les tribunaux correctionnels ne peuvent statuer que sur les faits relevés par l'ordonnance ou la citation qui les a saisis ; en matière douanière, seuls les procès-verbaux joints à la citation peuvent préciser l'objet de cette dernière, sans en étendre la portée.

Encourt en conséquence la censure l'arrêt qui, pour juger que la cour d'appel est saisie de faits commis pendant une période de temps non visée dans les citations, énonce que ces faits sont mentionnés dans les procès-verbaux, non joints auxdites citations mais auxquels celles-ci se réfèrent, et que la valeur des marchandises de fraude figurant dans les citations correspond à celle qui figure dans les procès-verbaux[4].

La citation doit mettre le prévenu en mesure de connaître avec précision les faits qui lui sont reprochés. Ne satisfont pas à cette exigence les citations qui se bornent à énoncer que des commissionnaires en douane sont poursuivis pour diverses infractions douanières commises sur une période de cinq ans à l'occasion d'opérations d'importation, sans préciser les dates ou numéros de référence des opérations en cause, ni la nature des marchandises sur lesquelles elles ont porté et sans indiquer le nombre et la date des procès-verbaux auxquels les citations renvoient et qui ne leur sont pas joints[5].

1. Crim. 14 oct. 2015, n° 14-84.747, NP ; Crim. 9 nov. 2016, n° 15-82.744, NP ; Crim. 20 avr. 2017, n° 16-81.452, P n° 114 ; Crim. 25 oct. 2017, n° 16-85.248, NP ; Crim. 16 mai 2018, n° 17-81.311, NP ; Crim. 12 juin 2019, n° 18-82.680, NP ; Crim. 9 sept. 2020, n° 19-83.416, NP – V. aussi s[s] n° 552.51 s.
2. Crim. 6 mars 2018, n° 17-83.281, NP.
3. Crim. 10 nov. 2015, n° 14-85.517, P n° 247. *Dr. pénal* 2016, comm. 12, note Jacques-Henri Robert.
4. Crim. 9 mars 2005, n° 04-81.597, P n° 83 ; *RSC* 2005. 869, obs. D.-N. Commaret.
5. Crim. 29 juin 2005, n° 04-82.614, P n° 201 ; *RSC* 2006. 619, obs. H. Matsopoulou.

Si la circonstance aggravante de récidive n'a été visée pour la première fois que par la citation adressée au prévenu en vue de sa comparution devant la cour d'appel, cette circonstance ne peut être retenue par la Cour lorsque le prévenu, non comparant ni représenté, n'a pas été mis en mesure de se défendre sur ce point[1]. *A contrario*, le prévenu comparant n'a pas à consentir à être jugé sur la circonstance aggravante de récidive, mais à s'exprimer sur cette circonstance aggravante personnelle qui aurait été omise d'une ordonnance de renvoi par le juge d'instruction ou des poursuites par le parquet.

SECTION 4
VISA DES TEXTES DE PRÉVENTION ET DE RÉPRESSION

412.41 Comprendre les faits poursuivis. Le code de procédure pénale n'exige formellement, ni qualification détaillée, ni visa complet des textes de prévention et de répression (intégralité de tous les textes concernés par les poursuites, textes principaux et lois annexes, précision des alinéas visés...). Ceci peut se concevoir, compte tenu du foisonnement du droit en particulier en matière de droits répressifs techniques (urbanisme, environnement, santé publique...) ; pas plus n'est-il nécessaire de mentionner dans l'acte de poursuite les textes qui prévoient les peines complémentaires encourues.

Ainsi est cassé l'arrêt confirmant un jugement ayant prononcé la nullité d'une citation, alors que les prévenus étaient parfaitement informés, malgré une erreur matérielle, dans le visa, des textes de répression servant de soutien aux poursuites, exactement reproduits dans le corps de l'acte, ainsi que sur la nature et les causes de la prévention, à savoir l'implantation de leur piscine tant en méconnaissance de diverses décisions de l'autorité administrative dont les dates étaient précisées qu'en violation des dispositions du plan d'occupation des sols, la cour d'appel, devant le cas échéant, procéder aux requalifications qui pouvaient s'imposer en respectant le principe de la contradiction[2]. Une erreur de qualification entre exportation et importation de produits stupéfiants a pu être considérée comme une simple erreur de plume[3] tandis qu'une erreur de qualification (de contraventions en délits de chasse) a été jugée sans importance dès lors que les textes répressifs permettant de vérifier la nature contraventionnelle des faits avaient été correctement visés[4].

Si l'article 551 du code de procédure pénale prévoit en son alinéa 2 que « la citation énonce le fait poursuivi et vise le texte de la loi qui le réprime », la jurisprudence exige seulement que le prévenu ait été mis en mesure de préparer sa défense[5], ou autrement formulé, que la description des faits et le visa des textes dans la citation aient mis le prévenu en mesure de préparer sa défense sur les délits qui lui sont reprochés[6], ou d'avoir connaissance des faits reprochés, dont il a été à même de vérifier les textes qui les incriminent et les répriment[7], ou mis en mesure de présenter ses moyens de défense à l'audience[8], et qu'au final, il n'ait donc pu se méprendre sur la nature des faits reprochés[9].

Le visa correct des textes d'incrimination et de répression, qui permet, *a fortiori* lorsque le prévenu est assisté d'un avocat, de connaître la nature des faits poursuivis, peut amener les juges à considérer qu'il n'a pas été porté atteinte aux intérêts du prévenu en cas d'énoncé non-exhaustif.

Sur l'éventuelle discordance entre les termes d'une ordonnance de renvoi et la citation, il est possible de citer une autre décision ayant jugé que lorsque le tribunal correctionnel est saisi par l'ordonnance de renvoi du juge d'instruction, la citation devant la cour d'appel n'est pas soumise aux prescriptions de l'article 551, alinéa 2, du code de procédure pénale, et que même si elle était affectée d'erreurs matérielles, ladite ordonnance développait la qualification juridique des faits imputés de sorte que le prévenu était précisément informé des poursuites[10].

412.42 Connaître les peines principales encourues. Le prononcé d'une peine complémentaire n'est pas plus subordonné au visa, dans le titre de poursuite, du texte qui la prévoit[11].

Selon l'article L. 121-3 du code de la route, le titulaire du certificat d'immatriculation d'un véhicule est redevable pécuniairement de l'amende encourue pour une contravention à la réglementation sur les vitesses maximales autorisées, à moins qu'il n'établisse l'existence d'un vol ou de tout autre événement de force majeure ou qu'il n'apporte tous

1. Crim. 20 mars 1996, n° 95-83.060, P n° 123.
2. Crim. 4 avr. 2006, n° 05-85.365, NP.
3. Crim. 9 oct. 1997, n° 96-82.276, P n° 330, au motif que les expéditeurs ou destinataires de la marchandise en sont réputés détenteurs.
4. Crim. 15 juin 1999, n° 98-82.960, NP.
5. Crim. 17 févr. 2004, n° 03-83.794, P n° 43 ; *D.* 2004. 1192, note J.-P. Céré ; *AJ pénal* 2004. 155, obs. A. Pitoun.
6. Crim. 10 sept. 2008, n° 08-80.817, P n° 183 ; *AJ pénal* 2008. 516.
7. Crim. 3 juin 2015, n° 13-87.405, NP.
8. Crim. 10 juin 2015, n° 14-82.154, NP.
9. Crim. 7 juin 2016, n° 15-82.011, NP.
10. Crim. 23 janv. 2018, n° 16-86.726, NP.
11. Crim. 24 janv. 1996, n° 94-86.152, P n° 14.

éléments permettant d'établir qu'il n'est pas l'auteur véritable de l'infraction.

Méconnaît le sens et la portée dudit texte la cour d'appel, qui, pour relaxer le prévenu de la contravention d'excès de vitesse, énonce qu'il ne pouvait être déclaré redevable pécuniairement de l'amende encourue, dès lors qu'il n'avait pas été cité sur le fondement de cette disposition, alors que l'article L. 121-3 du code de la route n'est pas un texte d'incrimination[1].

Dans un autre arrêt, pour écarter l'exception de nullité régulièrement soulevée par le prévenu, tirée de ce que la citation aurait été imprécise sur la qualité en laquelle Jacques X... était visé, la cour d'appel énonce que, loin de créer une incertitude sur la poursuite, la citation est conforme aux exigences de l'article 551 du code de procédure pénale, et vise l'article L. 121-3 du code de la route, mettant le prévenu en mesure de préparer sa défense, non seulement sur sa responsabilité pénale, mais aussi sur sa responsabilité pécuniaire. Attendu qu'en l'état de ces énonciations, la cour d'appel a justifié sa décision[2].

412.43 Exemples de citation délivrée par l'Administration des douanes exerçant une action fiscale distincte de l'action publique. A encore pu être validée la citation délivrée par l'Administration des Douanes qui, comportant le détail des faits reprochés et la référence aux règlements communautaires et à l'article 410 du code des douanes, dont la violation constitue l'infraction visée par la poursuite, permet aux prévenus d'avoir une information complète du contenu de celle-ci. Il importe peu que les citations n'aient pas précisé les articles applicables de ces règlements et qu'aient été visés à tort d'autres textes du code des douanes non appliqués en l'espèce[3]. L'Administration, exerçant l'action fiscale indépendamment de l'action publique, n'a pas à viser les textes prévoyant et réprimant, par des sanctions pénales, les infractions de droit commun en matière de jeux de hasard et d'autre part, la citation et le procès-verbal annexé permettaient de connaître précisément les faits reprochés[4].

412.44 Application de la loi visée dans le temps. Le prévenu n'est punissable qu'en raison de textes réprimant son comportement à la date où il lui est reproché et qui subsistent à la date à laquelle il est jugé[5].

La question pouvait se poser du visa de textes en vigueur lors des faits mais abrogés au jour du jugement. La mention des seuls premiers ne semblait pas devoir affecter la convocation en justice de nullité, dès lors qu'était relevé à l'audience soit l'abrogation pure et simple de la loi pénale (ce qui conduit à une extinction de l'action publique), soit l'abrogation du texte ancien et son remplacement par un nouveau dispositif sur l'application duquel le prévenu a pu s'exprimer.

Une décision[6] permet de retenir qu'une citation à comparaître demeure valable même si les textes auxquels elle renvoie ont été abrogés et codifiés au moment de sa délivrance et rappelle par ailleurs qu'un texte de pénalité abrogé par une ordonnance non ratifiée demeure applicable.

Dans ce cas, la vraie question à résoudre sera donc celle de l'application immédiate ou pas du nouveau texte et le jugement, devra, après la réponse à cette question, clairement mentionner que les faits « punissables sous l'empire de l'article [...] applicable au moment des faits, disposition abrogée par la loi du [...] sont punissables par application des articles [...] issus de la loi applicable au jour du jugement »[7].

SECTION 5
MENTIONS CONCERNANT LES DROITS ET OBLIGATIONS DU PRÉVENU ET LA JURIDICTION SAISIE

412.51 Droits et obligations du prévenu. La citation informe le prévenu qu'il peut se faire assister d'un avocat de son choix ou, s'il en fait la demande, d'un avocat commis d'office, dont les frais seront à sa charge sauf s'il remplit les conditions d'accès à l'aide juridictionnelle, et qu'il a également la possibilité de bénéficier, le cas échéant gratuitement, de conseils juridiques dans une structure d'accès au droit.

Elle l'informe également qu'il doit comparaître à l'audience en possession des justificatifs de ses revenus ainsi que de ses avis d'imposition ou de non-imposition, ou les communiquer à l'avocat qui le représente[8], et enfin, que le droit fixe de procédure dû en application du 3° de l'article 1018 A[9] du code général des impôts peut être majoré s'il ne comparaît pas personnellement à l'audience ou s'il

1. Crim. 1er oct. 2003, n° 02-87.349, P n° 179 ; *AJ pénal* 2004. 30.
2. Crim. 17 févr. 2004, n° 03-83.794, P n° 43 ; *D.* 2004. 1192, note J.-P. Céré ; *AJ pénal* 2004. 155, obs. A. Pitoun.
3. Crim. 14 janv. 2004, n° 02-87.935, P n° 13 ; *RSC* 2004. 660, obs. H. Matsopoulou.
4. Crim. 20 sept. 2000, n° 99-83.206, NP.
5. C. pén., art. 112-1.
6. Crim. 3 juin 2015, n° 13-87.405, NP, *Dr. pénal* sept. 2015, Comm. 174, J.-H. Robert ; *RTD com.* 2015. 606, obs. B. Bouloc.
7. V. ss n° 723.14.
8. C. pr. pén., art. 390, al. 2 à 4, 390-1, 394.
9. CGI, art. 1018 A.

n'est pas jugé dans les conditions prévues par les premier et deuxième alinéas de l'article 411 du présent code. Les documents exigés seront, on s'en doute, de première utilité pour la juridiction au moment de la motivation d'une éventuelle peine d'amende.

Curieusement, il n'est pas prévu que la citation avise le prévenu du droit ouvert aux parties ou à leur avocat de se faire délivrer copie des pièces de la procédure[1 2].

412.52 Tribunal saisi. Il ne suffit évidemment pas de dire à celui que l'on poursuit ce qu'on lui reproche et sur quels fondements. Il est primordial, à la fois pour poursuivre la procédure et lui permettre de préparer utilement sa défense, de lui indiquer devant quelle juridiction, à quelle date et quelle heure il devra se présenter. La citation ou convocation indique donc le tribunal saisi, le lieu, l'heure et la date de l'audience, et précise la qualité de prévenu, de civilement responsable, ou de témoin de la personne citée[3].

Sont par suite logiquement déclarées nulles, les citations qui n'indiquent pas ou indiquent par erreur, la date de l'audience. Une citation, qui comporte une « erreur sur la date de l'audience », doit être déclarée nulle pour violation de l'article 551 du code de procédure pénale, dès lors que le prévenu n'a été ni présent, ni représenté à l'audience, cette nullité a eu pour effet de porter atteinte à ses intérêts[4] ; il a encore été jugé que méconnaît les articles 551 et 565 du code de procédure pénale la cour d'appel qui condamne le prévenu non comparant par décision rendue contradictoirement alors qu'elle aurait dû constater la nullité d'une citation qui, du fait d'une « absence de concordance entre la date et le jour indiqués », ne permettait pas au prévenu d'apprécier la portée de cet acte quant au jour de l'audience[5].

Il est aussi possible de citer un arrêt intervenu dans l'hypothèse originale ou, pour la même infraction et pour comparaître à la même date, M. X... avait également été cité le même jour devant une autre chambre de la même cour d'appel ; que si la délivrance de deux exploits n'entache pas par elle-même la validité de ceux-ci, il en est autrement lorsqu'elle porte atteinte aux intérêts de la personne que ces exploits concernent ; qu'il en est ainsi lorsque, comme en l'espèce, cette dualité a été de nature à induire en erreur le prévenu sur la juridiction devant laquelle il devait comparaître et qui l'a jugé sans qu'il ait été en mesure de présenter sa défense[6].

Il en est de même pour « l'heure de l'audience »[7] ou le lieu de l'audience[8], ce qui peut rejoindre l'objet même de la procédure : la délivrance d'une « assignation conservatoire » ayant privé le prévenu du droit essentiel de savoir si on le déférait ou non devant une juridiction répressive[9], il convient de retenir la nullité d'une telle citation.

Toute la difficulté en la matière est que, de jurisprudence constante, selon l'article 385 du code de procédure pénale, les exceptions tirées de la nullité de la citation doivent, à peine de forclusion, être présentées avant toute défense au fond ; que le juge répressif ne peut, sans excéder ses pouvoirs, les relever d'office et qu'en relevant d'office une cause de nullité de l'acte de poursuite, puis en accueillant une exception qui n'avait pas été régulièrement proposée, les juges ont méconnu le texte et le principe ci-dessus rappelés[10 11].

Il sera signalé à ce sujet, un arrêt ayant refusé de saisir le Conseil constitutionnel d'une QPC relative à l'article 388 du code de procédure pénale[12] et à l'impossibilité pour le juge pénal, sauf si elles affectent la compétence, de relever d'office les nullités, aux motifs que la question posée ne présente pas un caractère sérieux, dès lors qu'il résulte de l'article 385, alinéa 1er, tel qu'interprété par une jurisprudence constante de la Cour de cassation, que, d'une part, si la juridiction de jugement n'a pas le pouvoir de relever d'office une exception de nullité de procédure, à l'exception de l'incompétence, il est loisible au prévenu, lequel dispose du droit d'être assisté d'un avocat lorsqu'il comparait ou est représenté devant une juridiction de jugement, de la soulever et que, d'autre part, il possède la même faculté en cause d'appel s'il n'a pas comparu ni été représenté en première instance.

Ces erreurs, souvent bêtement matérielles et imputables soit aux services du parquet, soit aux huissiers, peuvent donner lieu, dans la seconde hypothèse, à l'application des dispositions de l'article 566 du code de procédure pénale qui prévoit que si un exploit est déclaré nul par le fait de l'huissier, celui-ci peut être condamné aux frais de l'exploit et de la procédure annulée, et éventuellement à des dommages-intérêts envers la partie à laquelle il est porté préjudice. La juridiction qui déclare la nullité a compétence pour prononcer ces condamnations[13].

1. C. pr. pén., art. 388-4.
2. V. s^s^ n° 512.31.
3. C. pr. pén., art. 551, al. 3.
4. Crim. 3 sept. 2008, n° 08-82.434, P n° 175 ; *AJ pénal* 2008. 516.
5. Crim. 22 mai 1990, n° 89-85.488, *JurisData* 004083.
6. Crim. 30 juin 1993, n° 93-80.556, P n° 235.
7. Crim. 22 mai 1990, n° 89-86.836, P n° 208.
8. Crim. 7 mai 1996, n° 95-82.637, P n° 193.
9. Crim. 28 nov. 1983, n° 83-90.347, P n° 316.
10. EX. : Crim. 19 mars 1997, n° 96-82.911, NP.
11. V. s^s^ n°s 611.11 s.
12. Crim. 6 févr. 2018, n° 17-82.826, NP.
13. Crim. 22 mai 1990, n° 89-86.836, P n° 208.

412.53 **Prescription.** Mais les effets d'une nullité de citation peuvent évidemment être dévastateurs s'ils aboutissent, par exemple, au constat d'une prescription, une citation nulle ne pouvant avoir interrompu la prescription de l'action publique. Pour exemple, un arrêt de la chambre criminelle du 22 mars 2006 [1] ainsi rédigé : « que, si c'est à tort que la cour d'appel a retenu que la citation du 7 juillet 2000 était nulle en ce qu'elle désignait une juridiction improprement dénommée (le tribunal mixte de Pointe-à-Pitre, statuant en matière correctionnelle), alors que Charles X... avait renoncé, dans ses conclusions, à se prévaloir de cette nullité, l'arrêt n'encourt toutefois pas la censure dès lors que, d'une part, la citation précitée était nulle, faute de mentionner les nom, prénom et profession de la personne physique ayant qualité pour agir au nom de la société poursuivante, conformément à l'article 551, alinéa 4, du code de procédure pénale et que, d'autre part, le jugement et l'arrêt, fussent-ils avant dire droit, rendus à la suite d'une citation déclarée nulle, sont eux-mêmes nuls par voie de conséquence et ne peuvent avoir pour effet d'interrompre la prescription ».

Sur ce point, certaines administrations, notamment l'Administration fiscale, ont pu, à une époque pratiquer les citations « conservatoires » dont le seul but était d'interrompre la prescription. Un arrêt important est venu préciser : « qu'aux termes de l'article L. 236 du livre des procédures fiscales, la personne qui fait l'objet de poursuites devant le tribunal correctionnel du chef d'infractions à la législation sur les contributions indirectes, en est informée par la citation prévue par l'article 550 du code de procédure pénale, laquelle peut être délivrée, soit par des huissiers de justice, soit par des agents de l'Administration des impôts, dans le délai de trois ans à compter du procès-verbal qui a constaté l'infraction. Si l'inobservation de ce délai entraîne la nullité de la procédure, et si la cour d'appel a pu valablement estimer que des citations conservatoires délivrées moins d'un an après le procès-verbal ne pouvaient, en raison de l'absence de date spécifiant aux prévenus le jour où ils devaient comparaître devant le tribunal correctionnel, être considérées comme valables et ayant interrompu la prescription, il n'en demeure pas moins que les juges ont méconnu l'article L. 236 du livre des procédures fiscales, en étendant, sans mieux s'en expliquer et par le seul effet de la contagion, le caractère inopérant des premières citations conservatoires, à toutes celles ultérieures délivrées par la partie poursuivante dans le délai de trois ans prévu à ce texte et comportant les mentions exigées à l'article 550 du code de procédure pénale » [2].

1. Crim. 22 mars 2006, n° 05-84.265, NP.

SECTION 6
AUTRES MENTIONS FORMELLES ET EFFETS

412.61 **Diligences du commissaire de justice (de l'huissier).** Dans tous les cas, l'huissier doit mentionner sur l'original de l'exploit, et sous forme de procès-verbal, ses diligences ainsi que les réponses qui ont été faites à ses différentes interpellations, et évidemment les raisons pour lesquelles l'exploit n'a pu être remis à son destinataire [3]. Pour autant, s'il ne trouve personne à l'adresse personnelle que le prévenu appelant a déclarée conformément à l'article 503-1 du code de procédure pénale, l'huissier chargé de lui délivrer la citation doit, sans avoir à vérifier qu'il y demeure effectivement, procéder comme il est dit à l'article 558, alinéa 2, du même code. En application de l'article 503-1, jusqu'à ce que l'affaire soit définitivement jugée, il appartient en effet au prévenu appelant de signaler au procureur de la République, par lettre recommandée avec demande d'avis de réception, le changement de son adresse déclarée [4]. C'est dire toute la rigueur mais aussi toute l'utilité de la procédure de l'adresse déclarée. Le procureur de la République peut prescrire à l'huissier de nouvelles recherches, s'il estime incomplètes celles qui ont été effectuées. L'original de l'exploit doit être adressé à la personne à la requête de qui il a été délivré, dans les vingt-quatre heures. En outre, si l'exploit a été délivré à la requête du procureur de la République, une copie de l'exploit doit être jointe à l'original [5]. L'huissier doit évidemment s'attacher au respect des délais impartis afin que ses diligences permettent en tout état de cause un appel utile de l'affaire.

Le procureur de la République dispose d'ailleurs par lui-même de la possibilité de requérir de toute administration, entreprise, établissement ou organisme de toute nature soumis au contrôle de l'autorité administrative, sans qu'il soit possible de lui opposer le secret professionnel, de lui communiquer tous renseignements en sa possession aux fins de déterminer l'adresse du domicile ou de la résidence du prévenu [6] [7].

La mention, dans l'exploit, des diligences accomplies par l'huissier vaut jusqu'à inscription de faux [8]

2. Crim. 14 sept. 1987, n° 85-93.226, P n° 310.
3. Crim. 20 févr. 1986, n° 84-92.277, P n° 69.
4. Crim. 19 mars 2014, n° 13-81.850, P n° 87 ; *D.* 2014. 780.
5. C. pr. pén., art. 563.
6. C. pr. pén., art. 560, al. 4.
7. V. s^s n°s 633.11 s.
8. Crim. 9 déc. 2008, n° 07-88.027, P n° 249.

mais la Cour de cassation, qui a le contrôle des pièces de procédure, peut relever d'office la violation des dispositions des articles 503-1 et 558 du code de procédure pénale[1].

412.62 **Pratique imparfaite.** Il faut dire ici la cruelle insuffisance de bon nombre de citations qui ne mentionnent, ni ne détaillent, les démarches entreprises par l'huissier. Citons une jurisprudence ancienne mais qui n'a jamais été remise en cause aux termes de laquelle : « la citation devant le tribunal correctionnel délivrée à parquet par un huissier sans aucune investigation préalable est nulle et entraîne la nullité de la décision par défaut qui est intervenue. Celle-ci ne peut interrompre la prescription de l'action publique ou lui substituer celle de la peine »[2]. Il appartient évidemment aux présidents des formations correctionnelles d'être particulièrement attentifs à ces dispositions, notamment lors des procédures dans lesquelles le prévenu fait défaut. De même, il est inconcevable, de juger par défaut une personne pour laquelle une nouvelle adresse a été mentionnée dans le cours des diligences de l'huissier. Hors hypothèse de déclaration d'adresse, ce qui amènera la juridiction à statuer par décision contradictoire à signifier, l'existence d'une possible nouvelle adresse doit aboutir à une nouvelle tentative de citation et donc à un renvoi de l'examen de l'affaire à une date ultérieure. Ainsi il a encore pu être jugé qu'une juridiction ne peut être valablement saisie si la citation ne précise pas que l'appelant réside chez un tiers, en l'espèce sa mère, alors qu'il avait porté cette information sur la déclaration d'appel[3].

Les huissiers sont tenus de mettre, à la fin de l'original et de la copie de l'exploit, le coût de celui-ci, à peine d'une amende civile de 3 à 15 euros ; cette amende est prononcée par le président de la juridiction saisie de l'affaire[4]. Il est fort probable que ces dispositions, si elles ont encore une utilité, ne trouvent plus à s'appliquer depuis bien longtemps.

La citation faite à témoin doit en outre mentionner que la non-comparution, le refus de témoigner et le faux témoignage sont punis par la loi[5].

412.63 **Date et lieu de l'exploit.** La mention du lieu permet d'apprécier la compétence de l'huissier. La mention de la date de l'exploit permet de vérifier que les délais de citation ont été respectés et le cas échéant, de constater une prescription. Il faut donc attacher une importance certaine à la vérification de ces différents points avant même de débuter l'examen de toute affaire.

A priori l'huissier est libre du choix du moment de la signification sous réserve qu'il se garde un délai suffisant entre cet acte et la comparution en justice de son destinataire. Il peut signifier durant le week-end ou en période de vacances scolaires sauf à démontrer qu'il rechercherait là et de manière systématique l'occasion de ne pas rencontrer le destinataire de l'acte. Une jurisprudence ancienne retient cependant que l'article 59 du code de procédure pénale interdisant les visites domiciliaires avant six heures et après vingt et une heures, toute signification d'exploit faite dans ce laps de temps serait nulle, sauf à l'huissier à être autorisé expressément par le particulier concerné à pénétrer chez lui[6].

En matière de signification de jugement une décision est venue rappeler que la lettre simple par laquelle l'huissier informe l'intéressé de la remise à son domicile de la copie de l'exploit de signification d'un jugement doit, comme la lettre recommandée qu'elle remplace, être expédiée sans délai. La signification n'est parfaite, et ne fait courir les délais d'appel, que dans la mesure où cette formalité a été accomplie dans le respect des conditions prescrites par l'article 557 du code de procédure pénale[7]. En matière de citation, il ne suffit donc pas de constater la date à laquelle le parquet a demandé à l'huissier de citer, mais de vérifier que celui-ci a bien fait diligence dans les délais légaux.

412.64 **Effet de la décision de poursuite sur l'interruption de la prescription.** Il est possible de rappeler en préambule la formule selon laquelle sont interruptifs de prescription « tous les événements qui, sans être des actes de poursuite ou d'instruction *stricto sensu*, font progresser la procédure »[8]. Les conditions de la prescription des délits sont pour l'essentiel prévues à l'article 8 du code de procédure pénale[9]. La règle sus-énoncée s'applique que « ces événements » émanent d'agents de la force publique ou d'agents d'une administration spécialement habilités, mais à condition qu'ils révèlent une infraction ou qu'une infraction soit préalablement révélée. Ainsi, faut-il que la juridiction à qui est objectée la prescription de l'action publique caractérise les dits événements et dise leur portée. Un procès-verbal d'intervention établi par les agents des services des douanes, qui ne constate aucune infrac-

1. Crim. 26 févr. 2014, n° 13-82.449, NP.
2. T. corr. Seine, 8 mars 1960 ; *JCP* 1960. II. 11738, note R. de Lestang.
3. Crim. 30 mars 2021, n° 20-85.836, P, « Qu'est-ce qu'un arrêt contradictoire à signifier ? Une illustration intéressante », D. Goetz, *D. actu.* 26 avr. 2021.
4. C. pr. pén., art. 564.
5. C. pr. pén., art. 551, al. 5.
6. Crim. 17 févr. 1950, *JCP* 1950. II. 5440.
7. Crim. 7 mai 2014, n° 13-84.570, P n° 128 ; *D.* 2014. 1096 ; *AJ pénal* 2014. 478, obs. J. Lasserre Capdeville.
8. F. Desportes et L. Lazerges-Cousquer, *Traité de procédure pénale*, 4e éd., Economica, 2015, § 1004.
9. V. ss chap. 631.

tion, ni ne relate aucun acte d'enquête portant sur une infraction préalablement révélée, n'est pas interruptif de prescription[1].

Constitue un acte de poursuite le mandement par lequel le ministère public requiert un huissier de justice, par application de l'article 551 du code de procédure pénale, de délivrer une citation à comparaître devant la juridiction répressive. Un tel acte a, par voie de conséquence, pour effet d'interrompre la prescription de l'action publique[2]. La citation qui traduit la volonté de poursuite, du procureur de la République ou d'une partie privée, comme le mandement de citation transmis par le procureur général au procureur de la République en vue de la saisine de l'huissier, interrompent la prescription de l'action publique[3].

À l'inverse, il a été jugé que ne constituait pas un acte interruptif de prescription, le simple mandement de citation figurant au dossier mais non encore transmis à l'huissier en vue de sa délivrance[4].

Il est donc primordial de s'assurer, d'une part, de la compétence territoriale de l'huissier et d'autre part de la date précise de son acte, qui fondera le départ du délai de prescription, ceci étant particulièrement sensible en matière d'infractions au droit pénal de la presse. La date de la citation doit donc figurer précisément à l'acte.

Dans l'arrêt du 13 décembre 2005, précité, la chambre criminelle relevait que le 7 janvier 2004, le procureur général avait signé des mandements de citation qu'il avait transmis le même jour au procureur de la République de Marseille en vue de la saisine de l'huissier chargé de la délivrance des citations ; que les deux prévenus avaient été cités devant la cour d'appel par exploits des 10 février et 1er mars 2004 ; que, pour écarter l'exception de prescription de l'action publique soulevée par les prévenus, qui faisaient valoir qu'aucun acte interruptif n'avait été accompli entre le 31 janvier 2001 et le 10 février 2004, l'arrêt retenait que les mandements de citation signés le 7 janvier 2004 par le procureur général avaient interrompu la prescription ; qu'en l'état de ces énonciations, et dès lors que la transmission, le 7 janvier 2004, des mandements de citation par le procureur général au procureur de la République, en vue de la saisine de l'huissier, avait constitué un acte de poursuite au sens de l'article 7 du code de procédure pénale, la cour d'appel avait justifié sa décision.

Dans une autre espèce, la chambre criminelle relève que, pour écarter l'argumentation du prévenu, qui soutenait que l'action publique était prescrite du fait de l'absence de tout acte d'instruction ou de poursuite, entre le 2 décembre 2003 et la délivrance de la citation le 16 décembre 2004, la cour d'appel retient, par motifs adoptés des premiers juges : « qu'il apparaît que les réquisitoires aux fins de citation sont remis par les services de l'officier du ministère public au bureau du groupement des huissiers implanté dans les locaux de la juridiction dans un délai variant entre 24 heures et 72 heures et qu'en l'espèce, il doit être considéré que le réquisitoire, qui est antérieur de 17 jours par rapport à la date d'expiration du délai de prescription, a été remis au groupement des huissiers en temps utile et a interrompu la prescription ; Mais attendu qu'en prononçant ainsi, alors qu'il résultait des pièces de procédure que le réquisitoire, daté du 10 novembre 2004, n'avait été transmis à l'huissier instrumentaire que le 8 décembre 2004, la cour d'appel a méconnu les textes susvisés »[5,6].

1. Crim. 11 mai 2022, n° 20-86.594, P ; E. Delacoure, « Tout procès-verbal n'est pas interruptif de prescription », *D. actu.* 2 juin 2022.
2. Crim. 28 janv. 1988, n° 86-92.565, P n° 44.
3. Crim. 13 déc. 2005, n° 04-87.489, P n° 331 ; *RSC* 2006. 638, obs. A. Giudicelli.
4. Crim. 16 févr. 1999, n° 97-83.951, P n° 21.
5. Crim. 10 oct. 2006, n° 06-83.796, NP.
6. SUR l'interruption de l'action publique par voie de citation, v. ss n° 633.11.

CHAPITRE

413. Délais de convocation

SECTION 0 ORIENTEUR

413.00 **Sommaire du chapitre.**

413.01 **Principaux textes applicables.**

TEXTES SOURCES

• C. pr. pén., art. 552, 553, 562

413.02 **Jurisprudence de référence.**

> Déclaration d'adresse – Effets

• **Crim. 2 mars 2011,** n° 10-81.945, P n° 43

* V. s^s^ n° 413.28.

« Vu les articles 503-1, 555, 556, 557, 558, alinéas 2 et 4, du code de procédure pénale ;

Attendu qu'il résulte de la combinaison de ces textes, que l'huissier qui délivre une citation à la dernière adresse déclarée du prévenu appelant, conformément à l'article 503-1 du code de procédure pénale, est tenu d'effectuer les diligences prévues par les articles 555, 556, 557, 558, alinéas 2 et 4, dudit code, que l'intéressé demeure ou non à l'adresse dont il a fait le choix, cette citation étant réputée faite à personne ;

Attendu qu'il résulte de l'arrêt attaqué et des pièces de procédure que M. X..., lorsqu'il a interjeté appel de la décision du tribunal, a déclaré comme adresse "Pierre et Vacances 97180 Sainte-Anne" ; que l'huissier, après avoir indiqué dans un procès-verbal de perquisition que "j'ai appris que M. X... est actuellement en France, sans aucune précision sur son adresse", a délivré une citation à parquet ;

Attendu que, pour statuer par arrêt contradictoire à signifier, l'arrêt énonce que le prévenu a été régulièrement cité à sa dernière adresse déclarée dans l'acte d'appel, qu'il n'a pas comparu ni fourni d'excuse et que la citation remise à parquet est réputée faite à sa personne, conformément à l'article 503-1 du code de procédure pénale ;

Mais attendu qu'en prononçant ainsi, alors qu'il appartenait à l'huissier d'effectuer les diligences prévues par les alinéas 2 et 4 de l'article 558 du code de procédure pénale, la cour d'appel, qui n'était pas légalement saisie, a méconnu le sens et la portée des textes susvisés ;

D'où il suit que la cassation est encourue. »

• **Crim. 27 sept. 2011,** n° 11-80.252, P n° 185

* V. s^s^ n° 413.28.

« Attendu qu'il résulte de l'arrêt attaqué et des pièces de procédure que, lorsqu'il a interjeté appel du jugement, M. X... a déclaré comme adresse "..." ; que, le 26 mai 2010, l'huissier de justice chargé de lui remettre la citation à comparaître à l'audience de la cour d'appel du 6 octobre 2010, après s'être transporté à l'adresse déclarée par le prévenu, lui a, en son absence, envoyé une lettre recommandée avec avis de réception, en l'informant de ce qu'il devait retirer dans les plus brefs délais la copie de l'acte à l'étude ; Attendu qu'en statuant par décision contradictoire à signifier, par les motifs repris au moyen, et dès lors que l'huissier a effectué les diligences prévues par les alinéas 2 et 4 de l'article 558 du code de procédure pénale, la cour d'appel a fait l'exacte application de l'article 503-1 du code de procédure pénale ;

D'où il suit que le moyen ne saurait être accueilli. »

• **Crim. 26 juin 2013,** n° 12-80.792, P n° 162

* V. s^s^ n° 413.28.

L'huissier qui signifie un arrêt ordonnant la réouverture des débats à une audience ultérieure à la dernière adresse déclarée du prévenu appelant, conformément à l'article 503-1 du code de procédure pénale, est tenu d'effectuer les diligences prévues par l'article 558, alinéas 2 et 4, du même code, que l'intéressé demeure ou non à l'adresse dont il a fait le choix, cette signification étant réputée faite à personne.

En l'absence de ces diligences, la signification, faite à parquet, n'est pas régulière et la cour d'appel n'est pas valablement saisie.

> Non-respect des délais de citation – Effets

• **Crim. 19 oct. 1999,** n°s 99-82.466, 99-82.467, P n° 223

* V. s^s^ n° 413.42.

« Vu les articles 552 et 553 du code de procédure pénale ;

Attendu que doit être déclarée nulle la citation délivrée sans respect du délai de 10 jours prévu par l'article 552 du code de procédure pénale, lorsque la personne citée ne se présente pas à l'audience ;

Attendu qu'il résulte de l'arrêt attaqué et des pièces de procédure que, par acte d'huissier du 31 août 1998, signifié à la mairie de son domicile, X..., a été cité à comparaître à l'audience du 10 septembre 1998 devant la cour d'appel de Nancy pour voir statuer sur l'appel qu'il avait formé, le 11 juin 1998, contre le jugement l'ayant condamné pour diffamation publique envers un citoyen chargé d'un mandat public ; qu'à ladite audience, la cour d'appel, après avoir constaté que le prévenu ne se présente pas ni personne pour lui, énonce qu'il a eu connaissance de "la citation régulière le concernant" et qu'il convient de statuer à son égard par arrêt contradictoire à signifier en application de l'article 410 du code de procédure pénale ;

Mais attendu qu'en prononçant ainsi, alors que le délai de 10 jours, prescrit par l'article 552 du code de procédure pénale et applicable en l'espèce à la citation délivrée en cause d'appel qui n'est pas soumise aux dispositions de l'article 54 de la loi du 29 juillet 1881, n'ayant pas été observé, il lui appartenait de déclarer nulle la citation par application de l'article 553, 1° du code de procédure pénale, la cour d'appel a méconnu le texte susvisé ;

Que, dès lors, la cassation est encourue de ce chef. »

> Non-respect du délai de l'article 552 et appel – Effets

• **Crim. 27 mai 1986,** n° 85-90.049, P n° 177

* V. s[s] n° 413.42.

« Sur le moyen unique de cassation pris de la violation des articles 552, 2°, 553, 509, 514 et 515 du code de procédure pénale, et de l'article 54 de la loi du 29 juillet 1881...

Vu lesdits articles ;

Attendu qu'il résulte de la combinaison des articles 509, 515 et 552, 2° du code de procédure pénale que la cour d'appel est saisie par l'acte d'appel, dans les limites de celui-ci, et par la qualité de l'appelant et non par la citation, laquelle a seulement pour effet d'informer les parties de la date à laquelle l'affaire doit être appelée ;

Attendu que la citation donnée à un délai inférieur à celui de la loi n'est pas nulle si la partie citée se présente ou est représentée valablement ; que celle-ci a seulement la faculté de demander le renvoi de l'affaire à une audience ultérieure, les juges étant tenus de satisfaire à cette demande ;

Attendu qu'il appert de l'arrêt attaqué que B..., maire de P...-A-P... (Guadeloupe) appelant d'un jugement du Tribunal correctionnel de Fort-de-France (Martinique), cité le 4 octobre 1984 devant la cour d'appel dudit lieu pour l'audience du 20 décembre 1984 a, avant toute défense au fond, fait soulever par ses conseils l'exception de nullité de ladite citation au motif que le délai de trois mois prévu par l'article 552, 2° du code de procédure pénale n'avait pas été respecté ;

Attendu que pour déclarer nulle l'assignation et constater qu'elle n'était pas valablement saisie, la cour d'appel énonce qu'il est incontestable que moins de trois mois se sont écoulés entre le 4 octobre et le 20 décembre 1984, qu'aussi paradoxal que cela puisse paraître compte tenu de la proximité géographique entre les deux départements, les délais de citation semblent bien être de trois mois entre la Martinique et la Guadeloupe ;

Mais attendu qu'en statuant ainsi, les juges ont méconnu les dispositions susvisées ; qu'alors qu'ils avaient déclaré les appels recevables et à supposer que le délai de citation n'ait pas été observé, ils devaient, le cas échéant, renvoyer l'affaire dont ils restaient saisis à une audience ultérieure pour permettre au prévenu d'organiser sa défense ;

D'où il suit que la cassation est encourue. »

SECTION 1
DIFFÉRENTS DÉLAIS

413.11 Délais de citation et des autres modes de convocation – Principe. Le délai entre le jour où la citation est délivrée et le jour fixé pour la comparution devant le tribunal correctionnel ou de police est d'au moins dix jours, si la partie citée réside dans un département de la France métropolitaine ou si, résidant dans un département d'outre-mer, elle est citée devant un tribunal de ce département. Ce délai vaut pour tous les modes de convocation.

La loi ne distinguant pas, il convient de considérer que le délai de dix jours doit être également respecté en cas de citation à parquet.

Ce délai est augmenté d'un mois si la partie citée devant le tribunal d'un département d'outre-mer réside dans un autre département d'outre-mer, dans un territoire d'outre-mer, à Saint-Pierre-et-Miquelon ou Mayotte ou en France métropolitaine, ou si, cité devant un tribunal d'un département de la France métropolitaine, elle réside dans un département ou territoire d'outre-mer, à Saint-Pierre-et-Miquelon ou Mayotte.

Si la partie citée réside à l'étranger, ce délai est augmenté d'un mois si elle demeure dans un État membre de l'Union européenne et de deux mois dans les autres cas[1].

413.12 Délais spéciaux en matière d'infractions aux dispositions concernant la presse et la communication. Dans l'hypothèse où sont prévus, en une matière particulière, des délais spécifiques, ce sont bien entendu ceux-ci qui trouvent à s'appliquer[2].

Par exemple, en matière d'infractions aux dispositions concernant la presse et la communication, le délai entre la citation et la comparution était de vingt jours, outre un jour par cinq myriamètres[3] de distance, délai qui n'avait été jugé applicable qu'aux

1. C. pr. pén., art. 552.
2. V. s[s] n° 414.11 s.
3. 5 fois 10 000 mètres : rajout à la formulation peu compréhensible et à l'utilité sans doute contestable aujourd'hui.

citations introductives d'instance[1]. Toutefois, en cas de diffamation ou d'injure pendant la période électorale contre un candidat à une fonction électorale, ce délai réduit à vingt-quatre heures, outre le délai de distance, excluait l'application des dispositions des articles 55 et 56[2].

À titre d'exemple, il est possible de citer une décision d'où il résultait : « ...que, pour confirmer le jugement du 23 novembre 1990 faisant droit à l'exception de nullité de la citation soulevée par le prévenu, avant toute défense au fond, la cour d'appel relève que celui-ci étant domicilié à Lesigny (Seine-et-Marne), bénéficiait d'un délai de citation de 20 jours, augmenté d'un jour par 5 myriamètres de distance ; qu'ayant constaté l'inobservation de ces délais, les juges énoncent que par application combinée des articles 54 de la loi du 29 juillet 1881, et 553, 1° du code de procédure pénale, en l'absence d'Y... à l'audience, la citation du 12 juin 1990 est nulle ; qu'en statuant ainsi, les juges ont fait l'exacte application des textes visés au moyen ; qu'en effet, il résulte de la combinaison des articles 54 de la loi du 29 juillet 1881 et 553, 1° du code de procédure pénale que lorsque la partie citée ne se présente pas, la citation délivrée en violation de l'article 54 précité est entachée de nullité et ne saisit la juridiction répressive ni de l'action civile ni de l'action publique ; qu'une décision de renvoi prononcée à tort, dans ces conditions, constitue, en elle-même, une atteinte aux droits de la défense, au sens de l'article 565 du même code »[3].

Une autre décision[4] postérieure, abordait deux points intéressants que sont le mode de convocation en justice, en l'espèce la délivrance d'une COPJ, et le délai de l'article 54. Il était jugé que la poursuite par la voie de la convocation en justice, valant citation à personne, notifiée au prévenu sur instructions du procureur de la République, par un officier ou agent de police judiciaire, prévue par l'article 390-1 du code de procédure pénale, ne figurait pas au rang des procédures inapplicables aux délits de presse, limitativement énumérées par l'article 397-6 du même code et qu'elle est donc de ce point de vue régulière. Mais aussi, qu'en matière de délits de presse, le délai entre la citation et la comparution était de vingt jours, outre un jour par cinq myriamètres de distance et que si le délai légal entre le jour où la citation est délivrée et le jour fixé pour la comparution n'avait pas été observé, la citation devait être déclarée nulle dans le cas où la partie citée ne se présentait pas. Encourait donc la cassation l'arrêt qui, dans une poursuite exercée du chef de provocation à la discrimination raciale, retenait, pour écarter l'exception de nullité de la poursuite prise de l'inobservation du délai de citation, que, si le jugement doit être annulé, la cour doit évoquer l'affaire, constater qu'elle a été régulièrement saisie par l'appel du ministère public, et que, les prévenus ayant été effectivement informés de l'accusation portée contre eux par la notification du jugement qui leur a été faite, les prescriptions de l'article 6 de la convention européenne des droits de l'homme sont satisfaites.

En réalité – et l'on pourrait sans doute mettre en œuvre des règles moins complexes – il convient de combiner ces dispositions sur les délais de citation, avec le délai de trois mois concernant la prescription de l'action publique pour certaines infractions au droit de la presse. Ainsi, si le délai franc d'au moins vingt jours qui, aux termes de l'article 54 de la loi du 29 juillet 1881, doit être observé entre la date de la citation et celle de la comparution, s'impute sur celui de la prescription, il en est autrement du délai de distance de 1 jour par 5 myriamètres, édicté par ledit article, lequel est applicable à la poursuite des infractions de presse, à l'exclusion de l'article 552 du code de procédure pénale. Pendant ce délai de distance, la prescription est suspendue et ne recommence à courir qu'après qu'il ait expiré[5].

Les dispositions de l'article 54 de la loi du 29 juillet 1881, imposant l'observation d'un délai de vingt jours entre la citation et la comparution, ne concernent que l'exploit introductif d'instance mais non les citations ultérieures, ni celles délivrées en cause d'appel. Encourt la cassation l'arrêt qui a statué en l'absence du prévenu, alors qu'il résulte des pièces de procédure que le délai prescrit par l'article 552 du code de procédure pénale n'avait pas été respecté et que la citation devait être déclarée nulle par application de l'article 553, 1° du code de procédure pénale[6].

Enfin, au visa des articles 8 du code de procédure pénale et 65[7] de la loi du 29 juillet 1881, la chambre criminelle a jugé qu'il résulte de ces textes que si l'action publique résultant d'une infraction prévue par la loi du 29 juillet 1881 se prescrit après trois mois révolus à compter du jour où l'infraction a été commise, ou du jour du dernier acte d'instruction ou de poursuite s'il en a été fait, la prescription est interrompue par l'audience à laquelle ont lieu les débats, et suspendue pendant la durée du délibéré, les parties poursuivantes étant alors dans l'impossi-

1. Crim. 12 oct. 2004, n° 03-83.306, P n° 240.
2. L. 29 juill. 1881, art. 54.
3. Crim. 9 nov. 1992, n° 91-82.688, P n° 362 ; *D.* 1994. 190, obs. C. Bigot.
4. Crim. 15 déc. 2015, n° 14-85.570, P n° 301.
5. Crim. 28 janv. 1964, n° 63-90.463, P n° 32.
6. Crim. 19 oct. 1999, n°s 99-82.466, 99-82.467, P n° 223.
7. L. 29 juill. 1881, art. 65 mod. par L. n° 93-2, 4 janv. 1993, art. 52.

bilité d'accomplir un tel acte de procédure avant le prononcé du jugement[1 2].

Suivant décision du 24 mai 2019[3], le Conseil constitutionnel a estimé que le délai de distance figurant au premier alinéa de l'article 54 de la loi de 1881 « d'un jour par myriamètres » était contraire au principe d'égalité devant la justice. Pour autant, le texte de l'article 54, al. 1 de la loi de 1881 est désormais rédigé comme suit[4] :

« Par dérogation au premier alinéa de l'article 552 du code de procédure pénale, le délai entre la citation et la comparution sera de vingt jours outre un jour par cinq myriamètres de distance »[5].

413.13 Délais spéciaux en matière d'infractions militaires. En matière militaire et en temps de guerre, le délai entre le jour où la citation à comparaître est délivrée au prévenu et, éventuellement, à la partie civile et le jour fixé pour la comparution est au moins de vingt-quatre heures. Aucun délai de distance ne s'ajoute au délai précité[6].

SECTION 2

SITUATION PARTICULIÈRE DES PERSONNES NE RÉSIDANT PAS EN FRANCE MÉTROPOLITAINE OU RÉSIDANT À L'ÉTRANGER

413.21 Prolongation des délais. L'article 552 du code de procédure pénale fixe l'ensemble des délais applicables sauf texte particulier. Cette référence unique est utile pour le praticien encore que les situations qu'elle recouvre, départements et territoires d'outre-mer, États de l'Union européenne, autres pays du monde sont évidemment très diverses. On observera, par exemple, que la citation d'un prévenu résidant en Guadeloupe devant le tribunal judiciaire de Fort-de-France en Martinique obéit à des délais allongés, ce qui au regard de la facilité de jonction des deux îles n'est peut-être plus tout à fait justifié de nos jours.

- Le délai de citation de toute personne résidant en métropole, devant une juridiction située dans un département d'outre-mer, dans un territoire d'outre-mer, à Saint-Pierre-et-Miquelon ou Mayotte est de 1 mois et 10 jours.

- Le délai de citation de toute personne résidant outre-mer :

- est de 10 jours si elle est citée dans le département de son domicile ;

- est de 1 mois et 10 jours si résidant dans un département d'outre-mer, elle est citée devant une juridiction située dans un autre département d'outre-mer, dans un territoire d'outre-mer, à Saint-Pierre-et-Miquelon ou Mayotte ou en France métropolitaine.

Plus compliquées sont les situations concernant les personnes physiques ou morales résidant à l'étranger.

413.22 Résident à l'étranger. Si la personne, physique ou morale, réside à l'étranger, elle est citée au parquet du procureur de la République près le tribunal saisi. Le procureur de la République vise l'original et en envoie la copie au ministre des Affaires étrangères ou à toute autorité déterminée par les conventions internationales. Ces dispositions sont applicables aux personnes morales qui ont leur siège à l'étranger[7].

Le délai ordinaire de 10 jours, est augmenté d'un mois si elle demeure dans un État membre de l'Union européenne et de deux mois dans les autres cas.

La qualification de la décision dépend de la présence ou non de la personne devant la juridiction saisie.

Il appartient bien sûr au procureur requérant de transmettre une demande en bonne et due forme, dans les meilleurs délais, aux autorités diplomatiques, compte tenu des contraintes particulières liées à l'éloignement et aux modalités parfois délicates de communications avec les autorités judiciaires étrangères.

413.23 Conventions européennes fixant les modalités de la procédure d'envoi et de remise des pièces de procédure. Des dispositions sont prévues quant à l'envoi des pièces de procédure. La convention européenne d'entraide judiciaire en matière pénale du 20 avril 1959[8], entrée en vigueur en France le 21 août 1967, qui traite de la remise par la partie requise des actes de procédure et des décisions judiciaires qui lui sont envoyées à cette fin par la partie requérante, et plus particulièrement son arti-

1. Crim. 17 févr. 2015, n° 13-88.129, P n° 29 ; *D.* 2015. 434 ; *AJ pénal* 2015. 328, obs. G. Royer.
2. SUR les infractions en matière de presse, v. s[s] n°s 414.11 s.
3. Cons. const. 24 mai 2019, n° 2019-786-QPC ; S. Lavric « Citation en matière de presse : le délai de distance jugé inconstitutionnel », *D. actu.* 5 juin 2019.
4. L. n° 2020-1672, 24 déc. 2020, art. 27, *JO* 26 déc., n° 4.
5. V. s[s] chap. 414.
6. CJM, art. L. 241-5.
7. C. pr. pén., art. 562.
8. Conv. européenne d'entraide judiciaire en matière pénale du 20 avril 1959 – L. n° 66-1041, 30 déc. 1966 autorisant la ratification de la convention européenne d'entraide judiciaire en matière pénale, ouverte à la signature à Strasbourg le 20 avr. 1959 et signée par la France le 28 avr. 1961, *JO* 31 déc., p. 11752 – Décr. n° 67-636, 23 juill. 1967 portant publication de la convention européenne d'entraide judiciaire en matière pénale du 20 avril 1959, *JO* 4 août, p. 7809.

cle 7, prévoit que la citation à comparaître destinée à une personne poursuivie se trouvant sur son territoire lui est transmise dans un délai, ne pouvant excéder cinquante jours, avant la date fixée pour la comparution, et que la France a entendu voir fixer à trente jours.

Cette convention a été complétée par celle du 29 mai 2000[1] relative à l'entraide judiciaire en matière pénale entre les États membres de l'Union européenne. Elle prévoit en son article 5 les conditions dans lesquelles sont envoyées et remises les pièces de procédure ; les États membres envoient directement par courrier aux personnes qui se trouvent sur le territoire d'un autre État membre, les pièces qui leur sont destinées. Cet envoi ne peut avoir lieu par l'intermédiaire des autorités compétentes de l'État membre requis que si l'adresse de la personne à qui la pièce est destinée est inconnue ou incertaine, ou si les règles de procédure applicables de l'État membre requérant exigent une preuve de la remise de la pièce à son destinataire autre que celle qui peut être obtenue par la voie postale, ou si la pièce n'a pu être remise par la voie postale ou si l'État membre requérant a des raisons légitimes de croire que la voie postale se révélera inefficace ou est inappropriée. Lorsqu'il y a des raisons de penser que le destinataire ne comprend pas la langue dans laquelle la pièce est établie, cette pièce - ou au moins ses passages importants - doit être traduite dans la (ou une des) langue(s) de l'État membre sur le territoire duquel le destinataire se trouve. Si l'autorité dont émane la pièce sait que le destinataire ne connaît qu'une autre langue, la pièce - ou au moins ses passages importants - doit être traduite dans cette autre langue. Toutes les pièces de procédure sont accompagnées d'une note indiquant que le destinataire peut obtenir de l'autorité dont émane la pièce, ou d'autres autorités de l'État membre concerné, des informations sur ses droits et obligations concernant la pièce.

413.24 Exemple : non-respect des modalités de citation d'un prévenu résidant à l'étranger sur la nature du jugement rendu.

Il est nécessaire d'être particulièrement vigilant sur l'exactitude de l'adresse concernée. Dans un arrêt d'où il résultait que l'acte du 29 février 2000, délivré à parquet étranger, par lequel Georges X... avait été cité à comparaître devant le tribunal correctionnel supportant une adresse incomplète et erronée, et où, le prévenu n'ayant pas comparu, un premier jugement avait été rendu par défaut à son encontre, celui-ci, bien que régulièrement cité à personne à la suite de son opposition, ne s'était pas présenté et avait été condamné par jugement d'itératif défaut. La cour, pour annuler les deux jugements et évoquer en application de l'article 520 du code de procédure pénale, avait énoncé que cette erreur avait porté atteinte aux droits du prévenu qui n'avait pu comparaître devant le tribunal, lors du premier jugement. La chambre criminelle confirme que la cour d'appel a fait l'exacte application des dispositions non limitatives de l'article 520 du code de procédure pénale, dès lors que les premiers juges avaient été saisis par l'ordonnance de renvoi du juge d'instruction[2].

Dès lors que l'exploit aura été délivré au parquet de la juridiction saisie, et que celui-ci en aura adressé la copie au ministère des Affaires étrangères ou à toute autre autorité déterminée par les conventions internationales, le tribunal sera valablement saisi et pourra statuer, selon les cas, par défaut ou par jugement contradictoire. De même et à l'issue de la procédure, la signification fera courir les délais des voies de recours le cas échéant offertes à la personne concernée.

En cas de non-comparution, la décision est rendue par défaut sauf s'il est établi que l'intéressé a eu connaissance de la citation, auquel cas il peut être jugé contradictoirement à la condition que les prescriptions de l'article 552 du code de procédure pénale aient été observées ; aucune disposition légale ne prévoyant qu'une citation puisse être délivrée au domicile élu en France par une personne habitant l'étranger, la cour d'appel qui n'avait d'ailleurs pas été valablement saisie, ne saurait en pareil cas juger cette personne contradictoirement[3]. Il peut être statué contradictoirement si le délai séparant le jour de la remise de la copie et celui fixé pour l'audience est au moins égal, compte tenu de la résidence de la personne citée, à celui fixé par l'article 552 du code de procédure pénale[4].

Il peut encore être cité un arrêt aux termes duquel, lorsque le prévenu habitant à l'étranger a été cité, en application des dispositions de l'article 562 du code de procédure pénale, au parquet du procu-

1. Acte du Conseil du 29 mai 2000 établissant, conformément à l'article 34 du traité sur l'Union européenne, la convention relative à l'entraide judiciaire en matière pénale entre les États membres de l'Union européenne, *JOCE* C 197, 12 juill., p. 1 – L. n° 2005-288, 30 mars 2005 autorisant l'approbation du protocole à la convention relative à l'entraide judiciaire en matière pénale entre les États membres de l'Union européenne, établie par le Conseil conformément à l'article 34 du traité sur l'Union européenne, *JO* 31 mars, p. 5793 – Décr. n° 2006-16, 5 janv. 2006 portant publication du protocole à la convention relative à l'entraide judiciaire en matière pénale entre les États membres de l'Union européenne, établi par le Conseil conformément à l'article 34 du traité sur l'Union européenne, fait à Luxembourg le 16 octobre 2001, *JO* 7 janv., p. 306.
2. Crim. 20 déc. 2006, n° 05-86.751, NP.
3. Crim. 17 juin 1986, n° 85-92.202, P n° 212.
4. Crim. 16 oct. 1984, n° 83-95.076, P n° 304.

reur de la République près le tribunal saisi, et que la copie de la citation a été transmise au ministre des Relations extérieures ou à toute autre autorité déterminée par les conventions diplomatiques, il peut, lorsqu'il ne comparaît pas, être jugé contradictoirement si les circonstances de l'espèce établissent qu'il a eu connaissance de la citation en temps utile. Tel est le cas lorsqu'en vertu d'une telle convention, la copie de la citation a été adressée à l'autorité judiciaire d'un État étranger et que cette autorité ayant, pour lui remettre cette copie, convoqué le prévenu, celui-ci a désigné un fondé de pouvoir à qui elle a été délivrée[1]. De même, l'article 562 du code de procédure pénale qui prévoit les modalités de citation des personnes résidant à l'étranger ne met pas obstacle à la convocation en justice notifiée au prévenu contrôlé sur le territoire national, même s'il réside par ailleurs à l'étranger. Il s'agissait en l'espèce d'un chauffeur étranger, contrôlé en France pour des infractions à la réglementation relative au contrôle des conditions de travail dans les transports routiers et convoqué pour en répondre par un procès-verbal signé par le prévenu qui en avait reçu copie, l'article 390-1 du code de procédure pénale permettant la convocation en justice du prévenu contrôlé sur le territoire national, et auquel est notifiée cette convocation, même s'il réside à l'étranger[2].

413.25 Point de départ du délai de citation à comparaître délivrée à une personne résidant à l'étranger. Il résulte des dispositions combinées des articles 552, 553 et 562 du code de procédure pénale que le délai d'une citation à comparaître devant une juridiction, délivrée à une personne résidant à l'étranger, ne court qu'à compter de la remise effective de l'acte à celle-ci[3]. Par suite, en application de l'article 562 du code de procédure pénale, toute personne habitant à l'étranger est citée au parquet de la juridiction saisie et, en cas de non-comparution et si aucun avocat ne se présente, est jugée par défaut, sauf s'il est établi qu'elle a eu connaissance de la citation dans le délai prévu par la loi. Encourt la cassation l'arrêt contradictoire à signifier rendu à l'égard d'un prévenu domicilié à l'étranger qui ne comparaît pas sans qu'il soit constaté qu'il a eu connaissance de la citation dans le délai fixé par l'article 552 du code de procédure pénale[4]. De même, si le prévenu résidant à l'étranger et cité hors du délai prévu par l'article 552 du code de procédure pénale peut couvrir la nullité résultant de l'irrégularité de la citation par une comparution volontaire, ou en demandant à être jugé en son absence, représenté par son avocat aux conditions de l'article 411 du code précité, il ne peut, en ce dernier cas, lui être opposé qu'il a eu connaissance de la citation pour le condamner contradictoirement, en vertu des dispositions de l'article 410 du même code, sans avoir entendu son défenseur[5].

413.26 Citation à comparaître respectant les règles de formes prescrites par la convention internationale applicable. Lorsqu'une partie civile a fait citer une personne résidant à l'étranger en se conformant aux dispositions de l'article 562 du code de procédure pénale, il ne saurait lui être opposé l'annulation de la citation, en raison d'un défaut de transmission de la copie de cet acte au ministre des Affaires étrangères ou à toute autre autorité déterminée par les conventions diplomatiques[6]. En outre, le principe à retenir demeure que la juridiction n'est valablement saisie que si la personne demeurant à l'étranger a été citée selon la convention internationale applicable, une remise de citation au parquet général étant insuffisante[7].

413.27 Irrégularité de saisine du tribunal, conséquence du non-respect des règles de forme posées par les textes. Il a été récemment rappelé, au visa des articles 552 et 562 du code de procédure pénale, que toute personne habitant à l'étranger doit être citée à comparaître par acte d'huissier délivré au parquet de la juridiction saisie qui envoie la copie dudit acte au ministre des affaires étrangères ou à toute autre autorité déterminée par les Conventions internationales d'entraide judiciaire ; qu'en cas de non-comparution, et si aucun avocat ne se présente, la décision est rendue par défaut, sauf s'il est établi que l'intéressé a eu connaissance de la citation, auquel cas il peut être statué contradictoirement si le délai séparant le jour de la remise de la copie et celui fixé pour l'audience est au moins égal, compte tenu de l'éloignement du domicile de la personne citée, à celui fixé par l'article 552 du code de procédure pénale[8].

Dans toutes les hypothèses où les conditions ci-dessus n'auront pas été remplies ou dont la réalisation ne sera pas établie au jour de l'audience, et contrairement à une jurisprudence ancienne qui décidait alors que le prévenu non comparant ne pouvait être jugé que par défaut[9], il est nécessaire de constater que le tribunal n'est pas régulièrement saisi.

1. Crim. 19 janv. 1993, n° 91-82.490, P n° 26.
2. Crim. 30 avr. 2002, n° 00-88.031, P n° 95.
3. Crim. 6 oct. 2010, n° 10-81.585, P n° 153 ; *D.* 2010. Actu. 2777.
4. Crim. 13 oct. 2009, n° 09-81.830, P n° 168 ; *AJ pénal* 2009. 508 ; *Procédures* 2010, n° 50, note J. Buisson.
5. Crim. 14 oct. 1991, n° 90-84.659, P n° 340.
6. Crim. 11 mai 1999, n° 97-83.143, P n° 92.
7. Crim. 4 oct. 2011, n° 10-85.739, P n° 192.
8. Crim. 6 déc. 2016, n° 15-85.515, NP.
9. Crim. 13 nov. 1975, n° 74-93.491, P n° 246.

Dans l'hypothèse d'une citation délivrée à parquet par la Douane, la chambre criminelle a ainsi rappelé que le défaut de transmission au ministère des Affaires étrangères d'une citation délivrée à parquet à l'encontre d'une personne citée à l'étranger ne rend pas cette citation nulle mais a seulement pour conséquence que la juridiction n'est pas saisie[1].

413.28 Hypothèse de la déclaration d'adresse. Dans une espèce où une citation avait été délivrée au domicile élu en France, la chambre criminelle a pu décider qu'aucune disposition légale ne prévoyant qu'une citation puisse être délivrée au domicile élu en France par une personne habitant l'étranger, la cour d'appel qui n'avait d'ailleurs pas été valablement saisie, ne saurait en pareil cas juger cette personne contradictoirement[2].

Cette jurisprudence est évidemment à distinguer des cas dans lesquels la personne poursuivie a fait l'objet d'une information l'ayant amené à être mise en examen et à faire une déclaration d'adresse auprès du juge d'instruction, cette adresse devant être située, si l'information se déroule en métropole dans un département métropolitain ou, si l'information se déroule dans un département d'outre-mer, dans ce département[3], tous textes postérieurs à la jurisprudence citée et ayant pour finalité de restreindre le nombre de jugements rendus par défaut.

Dans ces cas, il faut rappeler les termes d'un communiqué de la chambre criminelle aux termes duquel : « Dans un arrêt rendu le 2 mars 2011, par une formation où toutes ses sections étaient représentées, la chambre criminelle a jugé que l'huissier délivrant la citation ne doit pas vérifier que l'adresse déclarée par l'appelant correspond à son domicile : l'établissement d'un procès-verbal de perquisition est donc à proscrire, de même que la délivrance de la citation à parquet. S'il ne parvient pas à remettre l'acte à l'intéressé lui-même ou à une personne présente à l'adresse déclarée, l'huissier doit conserver l'acte à son étude et accomplir les formalités prévues par les alinéas 2 et 4 de l'article 558 du code de procédure pénale à l'adresse déclarée. La citation ainsi délivrée est réputée faite à personne et le prévenu non comparant est jugé par arrêt contradictoire à signifier, peu important par ailleurs que la lettre recommandée éventuellement envoyée par l'huissier à l'adresse déclarée soit ou non parvenue à son destinataire »[4].

Fait pour sa part l'exacte application des dispositions de l'article 503-1 du code de procédure pénale, la cour d'appel qui, pour statuer par décision contradictoire à signifier à l'encontre d'un prévenu appelant non comparant, retient que l'huissier, qui a délivré la citation à l'adresse déclarée par celui-ci, a effectué les diligences prévues par les alinéas 2 et 4 de l'article 558 du code de procédure pénale, en se transportant à cette adresse et, en l'absence de l'intéressé, lui a envoyé une lettre recommandée avec avis de réception en l'invitant à retirer la copie de l'acte à l'étude « *dans les plus brefs délais* »[5] [6].

À l'identique, l'huissier qui signifie un arrêt ordonnant la réouverture des débats à une audience ultérieure à la dernière adresse déclarée du prévenu appelant, conformément à l'article 503-1 du code de procédure pénale, est tenu d'effectuer les diligences prévues par l'article 558, alinéas 2 et 4, du même code, que l'intéressé demeure ou non à l'adresse dont il a fait le choix, cette signification étant réputée faite à personne.

En l'absence de ces diligences, la signification, faite à parquet, n'est pas régulière et la cour d'appel n'est pas valablement saisie[7].

Enfin, rappelons que dans l'arrêt précité du 3 mars 2023[8], l'Assemblée plénière a jugé que « l'alinéa 6 de l'article 558 du code de procédure pénale, selon lequel la citation à comparaître ne pourra produire les effets d'une citation à personne si le délai entre le jour où l'avis de réception a été signé par l'intéressé et le jour indiqué pour la comparution devant la cour d'appel est inférieur à celui fixé par l'article 552 du même code, n'est pas applicable au prévenu appelant ».

SECTION 3
COMPUTATION DES DÉLAIS

413.31 Point de départ du délai. L'habituel délai de dix jours qui doit s'écouler entre la citation et la comparution, se décompte à compter du lendemain de la signification de l'exploit. Il en est de même des autres délais de citation. L'article 801 du code de procédure pénale qui prévoit que tout délai prévu par une disposition de procédure pénale pour l'accomplissement d'un acte ou d'une formalité expire le dernier jour à vingt-quatre heures s'applique.

1. Crim. 20 avr. 2017, n° 15-85.815, NP.
2. Crim. 17 juin 1986, n° 85-92.202, P n° 212.
3. C. pr. pén., art. 116, 148-3, 179-1.
4. Crim. 2 mars 2011, n° 10-81.945, P n° 43 ; *D.* 2011. 754 ; *D.* 2011. 1849, Chron. C. Roth, A. Leprieur et M.-L. Divialle ; *AJ pénal* 2011. 299, note C. Renaud-Duparc ; *RSC* 2011. 873, obs. D. Boccon-Gibod.
5. Crim. 27 sept. 2011, n° 11-80.252, P n° 185 ; *D.* 2012. 2917, obs. G. Roujou de Boubée, T. Garé, M.-H. Gozzi, S. Mirabail et T. Potaszkin ; *AJ pénal* 2012. 289, obs. L. Priou-Alibert.
6. V. s^s n°s 415.41 s.
7. Crim. 26 juin 2013, n° 12-80.792, P n° 162.
8. V. s^s n° 411.43.

En revanche, et par hypothèse, puisque les audiences correctionnelles se tiennent les jours ouvrables, hors parfois celles de comparution immédiate, les dispositions qui prévoient que le délai qui expirerait normalement un samedi ou un dimanche ou un jour férié ou chômé est prorogé jusqu'au premier jour ouvrable suivant n'ont pas à s'appliquer[1].

Il résulte des dispositions combinées des articles 552, 553 et 562 du code de procédure pénale que le délai d'une citation à comparaître devant une juridiction, délivrée à une personne résidant à l'étranger, ne court qu'à compter de la remise effective de l'acte à celle-ci[2].

En matière de calcul du délai interruptif d'une (courte) prescription, on citera un arrêt qui a pu décider qu'en application des articles 7, 8 et 551 du code de procédure pénale, constitue un acte de poursuite le mandement par lequel le ministère public requiert un huissier de justice de délivrer une citation à comparaître devant la juridiction répressive. En l'absence de preuve contraire, la date de la cédule de citation doit être considérée comme date d'envoi à l'huissier.

Encourt la censure l'arrêt de la cour d'appel qui, pour dire l'action publique et l'action civile éteintes par la prescription en matière de presse, retient que les citations délivrées aux prévenus le 28 mars 2012 à la requête du procureur général en vue de comparaître à une audience du 24 avril 2012, l'ont été plus de trois mois après les appels, relevés le 9 décembre 2011, et qu'aucun effet interruptif de prescription ne peut être attaché aux mandements de citation signés par le parquet général le 27 février 2012, en raison du fait qu'aucun élément matériel ne démontre que ces mandements ont bien été transmis à l'huissier instrumentaire avant le 9 mars 2012, alors qu'aucun élément de la procédure n'établissait que la date de transmission des actes à l'huissier était différente de celles de leur signature par le procureur général[3].

SECTION 4
SANCTION DU NON-RESPECT DES DÉLAIS

413.41 Sanction textuelle des irrégularités. Si les délais prescrits à l'article 552 n'ont pas été observés, les règles suivantes sont applicables :

1° Dans le cas où la partie citée ne se présente pas, la citation doit être déclarée nulle par le tribunal ;

2° Dans le cas où la partie citée se présente, la citation n'est pas nulle mais le tribunal doit, sur la demande de la partie citée, ordonner le renvoi à une audience ultérieure.

Cette demande doit être présentée avant toute défense au fond, ainsi qu'il est dit à l'article 385[4].

La nullité d'un exploit ne peut être prononcée que lorsqu'elle a eu pour effet de porter atteinte aux intérêts de la personne qu'il concerne, sous réserve, pour les délais de citation, des dispositions de l'article 553, 2°[5].

La problématique de l'oubli de la mention de la date à laquelle elle est délivrée est légèrement différente et pose la question de la validité de la convocation par officier de police judiciaire ou, plus rare, de la citation, puisqu'elle rend impossible *a priori* le constat d'une délivrance de l'acte dans les délais légaux, en particulier 10 jours au moins avant l'audience faute de connaître le point de départ du délai.

Il nous semble que, dans le cas où la partie citée ne se présente pas et en l'absence pure et simple de la mention de la date de délivrance de la convocation en justice qui affecte la validité même de l'acte, la juridiction concernée doit s'estimer non valablement saisie. Une telle hypothèse ne doit toutefois pas être retenue si bien que non datée la COPJ mentionne à côté de la signature de son destinataire une date qui établit qu'il a bien eu connaissance ce jour-là des modalités de sa convocation en justice et si elle permet de constater que le délai prévu à l'article 552 a été respecté.

Si le prévenu qui se présente accepte de comparaître malgré l'absence de mention de toute date sur sa convocation en justice, ce qui devra être acté aux notes d'audience et mentionné dans la décision, la procédure pourra en revanche se poursuivre.

413.42 Sanction textuelle des irrégularités – Illustrations. Le non-respect des délais prévus à l'article 552 est donc sanctionné d'une « nullité d'ordre public et doit être relevé d'office » par la juridiction en l'absence de prévenu. Encourt la cassation l'arrêt qui a statué en l'absence du prévenu, alors qu'il résulte des pièces de procédure que le délai prescrit par l'article 552 du code de procédure pénale n'avait pas été respecté et que la citation devait être déclarée nulle par application de l'article 553, 1° du code de procédure pénale[6].

Le prévenu présent doit en revanche soulever cette difficulté s'il est présent ou représenté et un prévenu ne saurait se prévaloir de l'inobservation du délai prescrit pour la citation, dès lors qu'ayant

1. C. pr. pén., art. 801, *in fine*.
2. Crim. 6 oct. 2010, n° 10-81.585, P n° 153 ; *D.* 2010. Actu. 2777.
3. Crim. 3 déc. 2013, n° 12-87.126, P n° 246 (v. s[s] n°s 631.11 s.).
4. C. pr. pén., art. 553.
5. C. pr. pén., art. 565.
6. Crim. 19 oct. 1999, n°s 99-82.466, 99-82.467, P n° 223.

comparu volontairement il n'a pas demandé le renvoi de la cause à une audience ultérieure, comme il est dit à l'article 553 du code de procédure pénale, et s'est défendu sur le fond [1].

De jurisprudence acquise, lorsque le délai exigé par la loi entre le jour où la citation a été délivrée et celui fixé pour la comparution n'a pas été observé et que la partie citée est présente, la citation n'est pas nulle mais les juges doivent, si elle le demande, ordonner le renvoi à une audience ultérieure [2] et lorsque le délai exigé par la loi entre le jour où la citation a été délivrée et celui fixé pour la comparution n'a pas été observé et que la partie citée ne comparaît pas, la citation est nulle [3].

La cour d'appel est saisie par l'acte d'appel, dans les limites de celui-ci et par la qualité de l'appelant et non par la citation laquelle a seulement pour effet d'informer les parties de la date à laquelle l'affaire doit être appelée. La citation donnée à un délai inférieur à celui de la loi n'est pas nulle. À supposer que le délai de citation n'ait pas été observé, les juges doivent renvoyer l'affaire dont ils restent saisis à une audience ultérieure pour permettre à la partie d'organiser sa défense [4].

L'arrêt prononçant la nullité de la citation délivrée au prévenu intimé en raison de l'inobservation du délai prévu par l'article 552 du code de procédure pénale, ne fait pas obstacle à ce que la cour d'appel statue ultérieurement sur l'appel dont elle demeure saisie, après avoir constaté la délivrance, à l'initiative du ministère public ou de la partie civile, d'une autre citation respectant le délai précité [5].

Les dispositions de l'article 520 du code de procédure pénale, qui obligent les juges d'appel à évoquer le fond lorsque le jugement est annulé pour violation ou omission non réparée des formes prescrites par la loi à peine de nullité, ne sont pas limitatives et s'étendent au cas où l'irrégularité affecte l'acte par lequel le tribunal est saisi.

Encourt en conséquence la cassation l'arrêt qui, après avoir fait droit aux conclusions du prévenu appelant se prévalant de l'irrégularité de sa convocation devant le premier juge au regard des exigences de l'article 552 du code de procédure pénale, se borne à annuler le jugement entrepris, alors que, d'une part, la nullité était de celles qu'une défense au fond aurait pu couvrir, et que, d'autre part, l'action publique avait été mise en mouvement devant le tribunal compétent [6] [7].

1. Crim. 7 nov. 1968, n° 68-91.175, P n° 289.
2. Crim. 27 févr. 2007, n° 06-85.909, P n° 63 ; *AJ pénal* 2007. 287.
3. Crim. 27 févr. 2007, n° 06-87.185, P n° 64.
4. Crim. 27 mai 1986, n° 85-90.049, P n° 177.
5. Crim. 13 avr. 1999, n° 98-82.466, P n° 75.
6. Crim. 12 avr. 2005, n° 05-80.870, P n° 120 ; *D.* 2005. 1376.
7. SUR l'évocation, v. s^s n°s 942.11 s.

CHAPITRE

414. Exigences particulières en matière d'infractions à la loi du 29 juillet 1881 sur la liberté de la presse

SECTION 0 ORIENTEUR

414.00 Sommaire du chapitre.

414.01 Principaux textes applicables.

TEXTES SOURCES

- C. pr. pén., art. 385, 397-6
- C. pr. pén., art. D. 46-6-3, D. 593-1-1
- L. 29 juill. 1881, art. 9, 10, 12 à 13-1, 42, 43, 47 à 50, 53, 55 à 57, 65, 65 à 65-3
- L. n° 82-652, 29 juill. 1982, art. 93-2 et 93-3

TEXTES *IN EXTENSO*

- **L. 29 juill. 1881, art. 9**

En cas de contravention à l'article 6, le propriétaire, le directeur de la publication et, dans le cas prévu au troisième alinéa du même article 6, le codirecteur de la publication sont punis de l'amende prévue pour les contraventions de la cinquième classe. La peine sera applicable à l'imprimeur à défaut du propriétaire ou du directeur ou, dans le cas prévu au troisième alinéa de l'article 6, du codirecteur de la publication.

Le journal ou écrit périodique ne pourra continuer sa publication qu'après avoir rempli les formalités ci-dessus prescrites, à peine, si la publication irrégulière continue, de l'amende prévue pour les contraventions de la 4° classe prononcée solidairement contre les mêmes personnes, pour chaque numéro publié à partir du jour de la prononciation du jugement de condamnation, si ce jugement est contradictoire, et du troisième jour qui suivra sa notification, s'il a été rendu par défaut ; et ce, nonobstant opposition ou appel, si l'exécution provisoire est ordonnée.

Le condamné, même par défaut, peut interjeter appel. Il sera statué par la cour dans le délai de trois jours.

- **L. 29 juill. 1881, art. 10**

Sont soumis à l'obligation de dépôt auprès du ministre chargé de la communication à la parution de chaque numéro les journaux et écrits périodiques à diffusion nationale. Un arrêté du ministre chargé de la communication fixe les modalités de mise en œuvre de l'obligation de dépôt ainsi que le nombre d'exemplaires à déposer. Ce nombre ne peut être supérieur à dix et tient compte notamment du fait que la publication est ou non consacrée à l'information politique et générale.

Ce dépôt sera effectué sous peine de l'amende prévue pour les contraventions de la 4° classe contre le directeur de la publication.

• **L. 29 juill. 1881, art. 11**

Le nom du directeur de la publication sera imprimé au bas de tous les exemplaires, à peine contre l'imprimeur de l'amende prévue pour les contraventions de la 4° classe par chaque numéro publié en contravention de la présente disposition.

• **L. 29 juill. 1881, art. 12**

Le directeur de la publication sera tenu d'insérer gratuitement, en tête du prochain numéro du journal ou écrit périodique, toutes les rectifications qui lui seront adressées par un dépositaire de l'autorité publique, au sujet des actes de sa fonction qui auront été inexactement rapportés par ledit journal ou écrit périodique.

Toutefois, ces rectifications ne dépasseront pas le double de l'article auquel elles répondront.

En cas de contravention, le directeur de la publication sera puni de 3 750 euros d'amende.

• **L. 29 juill. 1881, art. 13**

Le directeur de la publication sera tenu d'insérer dans les trois jours de leur réception, les réponses de toute personne nommée ou désignée dans le journal ou écrit périodique quotidien sous peine de 3 750 euros d'amende sans préjudice des autres peines et dommages-intérêts auxquels l'article pourrait donner lieu.

En ce qui concerne les journaux ou écrits périodiques non quotidiens, le directeur de la publication, sous les mêmes sanctions, sera tenu d'insérer la réponse dans le numéro qui suivra le surlendemain de la réception.

Cette insertion devra être faite à la même place et en mêmes caractères que l'article qui l'aura provoquée, et sans aucune intercalation.

Non compris l'adresse, les salutations, les réquisitions d'usage et la signature qui ne seront jamais comptées dans la réponse, celle-ci sera limitée à la longueur de l'article qui l'aura provoquée. Toutefois, elle pourra atteindre cinquante lignes, alors même que cet article serait d'une longueur moindre, et elle ne pourra dépasser deux cents lignes, alors même que cet article serait d'une longueur supérieure. Les dispositions ci-dessus s'appliquent aux répliques, lorsque le journaliste aura accompagné la réponse de nouveaux commentaires.

La réponse sera toujours gratuite. Le demandeur en insertion ne pourra excéder les limites fixées au paragraphe précédent en offrant de payer le surplus.

La réponse ne sera exigible que dans l'édition ou les éditions où aura paru l'article.

Sera assimilé au refus d'insertion, et puni des mêmes peines, sans préjudice de l'action en dommages-intérêts, le fait de publier, dans la région desservie par les éditions ou l'édition ci-dessus, une édition spéciale d'où serait retranchée la réponse que le numéro correspondant du journal était tenu de reproduire.

Le tribunal prononcera, dans les dix jours de la citation, sur la plainte en refus d'insertion. Il pourra décider que le jugement ordonnant l'insertion, mais en ce qui concerne l'insertion seulement, sera exécutoire sur minute, nonobstant opposition ou appel. S'il y a appel, il y sera statué dans les dix jours de la déclaration, faite au greffe.

Pendant toute période électorale, le délai de trois jours prévu pour l'insertion par le paragraphe 1er du présent article sera, pour les journaux quotidiens, réduit à vingt-quatre heures. La réponse devra être remise six heures au moins avant le tirage du journal dans lequel elle devra paraître. Dès ouverture de la période électorale, le directeur de la publication du journal sera tenu de déclarer au parquet, sous les peines édictées au paragraphe 1er, l'heure à laquelle, pendant cette période, il entend fixer le tirage de son journal. Le délai de citation sur refus d'insertion sera réduit à vingt-quatre heures, sans augmentation pour les distances, et la citation pourra même être délivrée d'heure à heure sur ordonnance spéciale rendue par le président du tribunal. Le jugement ordonnant l'insertion sera exécutoire, mais en ce qui concerne cette insertion seulement, sur minute, nonobstant opposition ou appel.

Si l'insertion ainsi ordonnée n'est pas faite dans le délai qui est fixé par le présent alinéa et qui prendra cours à compter du prononcé du jugement, le directeur de la publication sera passible de trois mois d'emprisonnement et de 3 750 euros d'amende.

L'action en insertion forcée se prescrira après trois mois révolus, à compter du jour où la publication aura eu lieu.

Sans préjudice de l'application de l'alinéa précédent, toute personne nommée ou désignée dans un journal ou écrit périodique à l'occasion de l'exercice de poursuites pénales peut également exercer l'action en insertion forcée, dans le délai de trois mois à compter du jour où la décision de non-lieu dont elle fait l'objet est intervenue ou celle de relaxe ou d'acquittement la mettant expressément ou non hors de cause est devenue définitive.

• **L. 29 juill. 1881, art. 13-1**

Le droit de réponse prévu par l'article 13 pourra être exercé par les associations remplissant les conditions prévues par l'article 48-1, lorsqu'une personne ou un groupe de personnes auront, dans un journal ou écrit périodique, fait l'objet d'imputations susceptibles de porter atteinte à leur honneur ou à leur réputation à raison de leur origine ou de leur appartenance ou de leur non-appartenance à une ethnie, une nation, une race ou une religion déterminée.

Toutefois, quand la mise en cause concernera des personnes considérées individuellement, l'association ne pourra exercer le droit de réponse que si elle justifie avoir reçu leur accord.

Aucune association ne pourra requérir l'insertion d'une réponse en application du présent article dès lors qu'aura été publiée une réponse à la demande d'une des associations remplissant les conditions prévues par l'article 48-1.

• **L. 29 juill. 1881, art. 42**

Seront passibles, comme auteurs principaux des peines qui constituent la répression des crimes et délits commis par la voie de la presse, dans l'ordre ci-après, savoir :

1° Les directeurs de publications ou éditeurs, quelles que soient leurs professions ou leurs dénominations, et, dans les cas prévus au deuxième alinéa de l'article 6, les codirecteurs de la publication ;

2° À leur défaut, les auteurs ;

3° À défaut des auteurs, les imprimeurs ;

4° À défaut des imprimeurs, les vendeurs, les distributeurs et afficheurs.

Dans les cas prévus au deuxième alinéa de l'article 6, la responsabilité subsidiaire des personnes visées aux paragraphes 2°, 3° et 4° du présent article joue comme s'il n'y avait pas de directeur de la publication, lorsque, contrairement aux dispositions de la présente loi, un codirecteur de la publication n'a pas été désigné.

• **L. 29 juill. 1881, art. 43**

Lorsque les directeurs ou codirecteurs de la publication ou les éditeurs seront en cause, les auteurs seront poursuivis comme complices.

Pourront l'être, au même titre et dans tous les cas, les personnes auxquelles l'article 121-7 du code pénal pourrait s'appliquer. Ledit article ne pourra s'appliquer aux imprimeurs pour faits d'impression, sauf dans le cas et les conditions prévus par l'article 431-6 du code pénal sur les attroupements ou, à défaut de codirecteur de la publication, dans le cas prévu au deuxième alinéa de l'article 6.

Toutefois, les imprimeurs pourront être poursuivis comme complices si l'irresponsabilité pénale du directeur ou du codirecteur de la publication était prononcée par les tribunaux. En ce cas, les poursuites sont engagées dans les trois mois du délit ou, au plus tard, dans les trois mois de la constatation judiciaire de l'irresponsabilité du directeur ou du codirecteur de la publication.

• **L. 29 juill. 1881, art. 47**

La poursuite des délits et contraventions de police commis par la voie de la presse ou par tout autre moyen de publication aura lieu d'office et à la requête du ministère public sous les modifications ci-après.

• **L. 29 juill. 1881, art. 48** [mod. par L. n° 2021-1729, 22 déc. 2021, art. 1]

1° Dans le cas d'injure ou de diffamation envers les cours, tribunaux et autres corps indiqués en l'article 30, la poursuite n'aura lieu que sur une délibération prise par eux en assemblée générale et requérant les poursuites, ou, si le corps n'a pas d'assemblée générale, sur la plainte du chef du corps ou du ministre duquel ce corps relève ;

2° Dans le cas d'injure ou de diffamation envers le Président de la République, un membre du Gouvernement ou un membre du Parlement, la poursuite n'aura lieu que sur la plainte de la personne ou des personnes intéressées ;

3° Dans le cas d'injure ou de diffamation envers les fonctionnaires publics, les dépositaires ou agents de l'autorité publique autres que les ministres et envers les citoyens chargés d'un service ou d'un mandat public, la poursuite aura lieu, soit sur leur plainte, soit d'office sur la plainte du ministre dont ils relèvent ;

4° Dans le cas de diffamation envers un juré ou un témoin, délit prévu par l'article 31, la poursuite n'aura lieu que sur la plainte du juré ou du témoin qui se prétendra diffamé ;

5° Dans le cas d'outrage envers les agents diplomatiques étrangers, la poursuite aura lieu sur leur demande adressée au ministre des affaires étrangères et par celui-ci au ministre de la justice ;

6° Dans le cas de diffamation envers les particuliers prévu par l'article 32 et dans le cas d'injure prévu par l'article 33, paragraphe 2, la poursuite n'aura lieu que sur la plainte de la personne diffamée ou injuriée. Toutefois, la poursuite, pourra être exercée d'office par le ministère public lorsque la diffamation ou l'injure aura été commise envers une personne ou un groupe de personnes à raison de leur origine ou de leur appartenance ou de leur non-appartenance à une ethnie, une nation, une race ou une religion déterminée. La poursuite pourra également être exercée d'office par le ministère public lorsque la diffamation ou l'injure aura été commise envers un groupe de personnes à raison de leur sexe, de leur orientation sexuelle, de leur identité de genre ou de leur handicap ; il en sera de même lorsque ces diffamations ou injures auront été commises envers des personnes considérées individuellement, à la condition que celles-ci aient donné leur accord ;

7° Dans le cas de diffusion de l'image d'une personne menottée ou entravée prévue par l'article 35 *ter*, la poursuite n'aura lieu que sur la plainte de la personne intéressée ;

8° Dans le cas d'atteinte à la dignité de la victime prévue par l'article 35 *quater*, la poursuite n'aura lieu que sur la plainte de la victime.

En outre, dans les cas prévus par les 2°, 3°, 4°, 5°, 6°, 7° et 8° ci-dessus, ainsi que dans les cas prévus aux articles 13, 38 *quater* et 39 *quinquies* de la présente loi, la poursuite pourra être exercée à la requête de la partie lésée.

• **L. 29 juill. 1881, art. 49**

Dans tous les cas de poursuites correctionnelles ou de simple police, le désistement du plaignant ou de la partie poursuivante arrêtera la poursuite commencée.

• **L. 29 juill. 1881, art. 50**

Si le ministère public requiert une information, il sera tenu, dans son réquisitoire, d'articuler et de qualifier les provocations, outrages, diffamations et injures à raison desquels la poursuite est intentée, avec indication des textes dont l'application est demandée, à peine de nullité du réquisitoire de ladite poursuite.

• **L. 29 juill. 1881, art. 53**

La citation précisera et qualifiera le fait incriminé, elle indiquera le texte de loi applicable à la poursuite.

Si la citation est à la requête du plaignant, elle contiendra élection de domicile dans la ville où siège la juridiction saisie et sera notifiée tant au prévenu qu'au ministère public.

Toutes ces formalités seront observées à peine de nullité de la poursuite.

• **L. 29 juill. 1881, art. 54** [mod. par L. n° 2020-1672, 24 déc. 2020, art. 27]

Par dérogation au premier alinéa de l'article 552 du code de procédure pénale, le délai entre la citation et la comparution sera de vingt jours outre un jour par cinq myriamètres de distance.

Toutefois, en cas de diffamation ou d'injure pendant la période électorale contre un candidat à une fonction électorale, ce délai sera réduit à vingt-quatre heures, outre le délai de distance prévu aux deux derniers alinéas du même article 552, et les dispositions des articles 55 et 56 de la présente loi ne seront pas applicables[1].

• **L. 29 juill. 1881, art. 55** [mod. par L. n° 2017-86, 27 janv. 2017, art. 170]

Quand le prévenu voudra être admis à prouver la vérité des faits diffamatoires, conformément aux dispositions de l'article 35 de la présente loi, il devra, dans le délai de dix jours après la signification de la citation, faire signifier au ministère public ou au plaignant au domicile par lui élu, suivant qu'il est assigné à la requête de l'un ou de l'autre :

1° Les faits articulés et qualifiés dans la citation, desquels il entend prouver la vérité ;

2° La copie des pièces ;

3° Les noms, professions et demeures des témoins par lesquels il entend faire la preuve.

Cette signification contiendra élection de domicile près le tribunal correctionnel, le tout à peine d'être déchu du droit de faire la preuve.

En cas de poursuites engagées sous la qualification prévues aux septième ou huitième alinéas de l'article 24 ou aux troisième ou quatrième alinéas de l'article 33, le présent article est également applicable devant la juridiction de jugement si celle-ci requalifie l'infraction sous la qualification prévue aux deuxième et troisième alinéas de l'article 32.

• **L. 29 juill. 1881, art. 56**

Dans les cinq jours suivants, en tous cas moins de trois jours francs avant l'audience, le plaignant ou le ministère public, suivant le cas, sera tenu de faire signifier au prévenu, au domicile par lui élu, les copies des pièces et les noms, professions et demeures des témoins par lesquels il entend faire la preuve du contraire sous peine d'être déchu de son droit.

• **L. 29 juill. 1881, art. 57**

Le tribunal correctionnel et le tribunal de police seront tenus de statuer au fond dans le délai maximum d'un mois à compter de la date de la première audience.

Dans le cas prévu à l'alinéa 2 de l'article 54, la cause ne pourra être remise au-delà du jour fixé pour le scrutin.

• **L. 29 juill. 1881, art. 65**

L'action publique et l'action civile résultant des crimes, délits et contraventions prévus par la présente loi se prescriront après trois mois révolus, à compter du jour où ils auront été commis ou du jour du dernier acte d'instruction ou de poursuite s'il en a été fait.

Toutefois, avant l'engagement des poursuites, seules les réquisitions aux fins d'enquête seront interruptives de prescription. Ces réquisitions devront, à peine de nullité, articuler et qualifier les provocations, outrages, diffamations et injures à raison desquels l'enquête est ordonnée.

Les prescriptions commencées à l'époque de la publication de la présente loi, et pour lesquelles il faudrait encore, suivant les lois existantes, plus de trois mois à compter de la même époque, seront, par ce laps de trois mois, définitivement accomplies.

• **L. 29 juill. 1881, art. 65-1**

Les actions fondées sur une atteinte au respect de la présomption d'innocence commise par l'un des moyens visés à l'article 23 se prescriront après trois mois révolus à compter du jour de l'acte de publicité.

• **L. 29 juill. 1881, art. 65-2**

En cas d'imputation portant sur un fait susceptible de revêtir une qualification pénale, le délai de prescription prévu par l'article 65 est réouvert ou court à nouveau, au profit de la personne visée, à compter du jour où est devenue définitive une décision pénale intervenue sur ces faits et ne la mettant pas en cause.

• **L. 29 juill. 1881, art. 65-3** [mod. par L. n° 2021-1109, 24 août 2021, art. 48]

Pour les délits prévus par l'article 24, l'article 24 *bis*, les deuxième et troisième alinéas de l'article 32 et les troisième et quatrième alinéas de l'article 33, le délai de prescription prévu par l'article 65 est porté à un an.

Pour ces délits, le deuxième alinéa de l'article 65 n'est pas applicable.

• **L. 29 juill. 1881, art. 65-4** [L. n° 2017-86, 27 janv. 2017, art. 170]

Les articles 54-1 et 65-3 et le dernier alinéa de l'article 55 sont applicables aux contraventions prévues par le code pénal réprimant les faits prévus aux septième et huitième alinéas de l'article 24, aux deuxième et troisième alinéas de l'article 32 et aux troisième et quatrième alinéas de l'article 33 lorsque ces faits ne sont pas commis publiquement.

• **L. n° 82-652, 29 juill. 1982, art. 93-2** [mod. par L. n° 2017-86, 27 janv. 2017, art. 41]

Tout service de communication au public par voie électronique est tenu d'avoir un directeur de la publication.

Lorsque le directeur de la publication jouit de l'immunité parlementaire dans les conditions prévues par l'article 26 de la Constitution et par les articles 9 et 10 du protocole du 8 avril 1965 sur les privilèges et immunités des communautés européennes, il désigne un codirecteur de la publication choisi parmi les personnes ne bénéficiant pas de l'immunité parlementaire et, lorsque le service de communication est assuré par une personne morale, parmi les membres de l'association, du conseil d'administration, du directoire ou les gérants suivant la forme de ladite personne morale.

Le codirecteur de la publication doit être nommé dans le délai d'un mois à compter de la date à partir de laquelle le directeur de la publication bénéficie de l'immunité mentionnée à l'alinéa précédent.

Le directeur et, éventuellement, le codirecteur de la publication doivent être majeurs, avoir la jouissance de leurs droits

1. Par une décision n° 2019-786 QPC du 24 mai 2019, le Conseil constitutionnel a déclaré contraires à la Constitution les mots outre un jour par cinq myriamètres de distance figurant au premier alinéa de l'article 54 de la loi du 29 juillet 1881 sur la liberté de la presse, dans sa rédaction résultant de l'ordonnance n° 45-2090 du 13 septembre 1945 modifiant la loi du 29 juillet 1881 sur la liberté de la presse. L'abrogation de ces dispositions a été reportée au 31 mars 2020, les citations délivrées en application de la loi du 29 juillet 1881 après le 24 mai 2019 étant soumises aux délais de distance déterminés aux deux derniers alinéas de l'article 552 du code de procédure pénale. La déclaration d'inconstitutionnalité ne peut être invoquée dans les instances engagées par une citation délivrée avant la publication de ladite décision.

civils et n'être privés de leurs droits civiques par aucune condamnation judiciaire. Par dérogation, un mineur âgé de seize ans révolus peut être nommé directeur ou codirecteur de la publication réalisée bénévolement. La responsabilité des parents d'un mineur âgé de seize ans révolus nommé directeur ou codirecteur de publication ne peut être engagée, sur le fondement de l'article 1242 du code civil, que si celui-ci a commis un fait de nature à engager sa propre responsabilité civile dans les conditions prévues par la loi du 29 juillet 1881 sur la liberté de la presse.

Toutes les obligations légales imposées au directeur de la publication sont applicables au codirecteur de la publication.

Lorsque le service est fourni par une personne morale, le directeur de la publication est le président du directoire ou du conseil d'administration, le gérant ou le représentant légal, suivant la forme de la personne morale.

Lorsque le service est fourni par une personne physique, le directeur de la publication est cette personne physique.

• **L. n° 82-652, 29 juill. 1982, art. 93-3**

Au cas où l'une des infractions prévues par le chapitre IV de la loi du 29 juillet 1881 sur la liberté de la presse est commise par un moyen de communication au public par voie électronique, le directeur de la publication ou, dans le cas prévu au deuxième alinéa de l'article 93-2 de la présente loi, le codirecteur de la publication sera poursuivi comme auteur principal, lorsque le message incriminé a fait l'objet d'une fixation préalable à sa communication au public.

À défaut, l'auteur, et à défaut de l'auteur, le producteur sera poursuivi comme auteur principal.

Lorsque le directeur ou le codirecteur de la publication sera mis en cause, l'auteur sera poursuivi comme complice.

Pourra également être poursuivie comme complice toute personne à laquelle l'article 121-7 du code pénal sera applicable.

Lorsque l'infraction résulte du contenu d'un message adressé par un internaute à un service de communication au public en ligne et mis par ce service à la disposition du public dans un espace de contributions personnelles identifié comme tel, le directeur ou le codirecteur de publication ne peut pas voir sa responsabilité pénale engagée comme auteur principal s'il est établi qu'il n'avait pas effectivement connaissance du message avant sa mise en ligne ou si, dès le moment où il en a eu connaissance, il a agi promptement pour retirer ce message.

nota : Conformité à la Constitution sous réserve : Cons. const. 16 sept. 2011, n° 2011-164 QPC, consid. 7.

• **C. pr. pén., art. D. 46-6-3** [créé par décr. n° 2023-332, 3 mai 2023, art. 2]

Les significations peuvent être réalisées par voie électronique conformément aux dispositions de l'article 803-1 dans les cas et selon les modalités prévues par l'article D. 593-1-1.

• **C. pr. pén., art. D. 593-1-1** [créé par décr. n° 2023-332, 3 mai 2023, art. 2]

I. – Les significations par voie électronique prévues par les dispositions du dernier alinéa du II de l'article 803-1 peuvent intervenir soit lorsqu'elles sont faites au ministère public, soit lorsqu'elles sont faites à la demande du ministère public, dans les conditions prévues par le présent article, sans préjudice du respect des conditions prévues par les articles 550 à 555 et 564 à 566.

Ces significations sont réalisées par l'intermédiaire de plateformes d'échanges dématérialisés qui permettent l'envoi d'un avis de mise à disposition au destinataire invitant ce dernier à télécharger l'acte faisant l'objet de la signification et d'un avis de réception par le destinataire au moment où ce dernier télécharge cet acte. Il est conservé une trace de ces avis.

II. – Il est procédé aux significations au ministère public selon les modalités figurant dans une convention passée entre le ministère de la justice et la chambre nationale des commissaires de justice.

La réception, sur la boîte aux lettres électronique du ministère public, de l'avis de mise à disposition de l'acte donne lieu à l'émission d'un accusé de réception électronique, qui fait, s'il y a lieu, courir les délais prévus par le présent code. Toutefois, lorsque la signification a été reçue en dehors des jours ouvrables ou après 17 heures, les délais ne commencent à courir que le premier jour ouvrable suivant. Tout avis de mise à disposition transmis à une adresse électronique ne figurant pas sur la liste des adresses communiquées par le ministère de la justice en application de la convention prévue au premier alinéa du présent II est irrecevable.

III. – Lorsque le mandement de signification adressé par le ministère public au commissaire de justice concerne un dossier de procédure pénale pour lequel le destinataire de la signification a expressément consenti à la communication électronique, le commissaire de justice peut procéder à une signification selon les modalités prévues par le présent III.

Le commissaire de justice adresse au destinataire, à l'adresse choisie par celui-ci, un avis électronique de mise à disposition sur une plateforme dédiée d'échanges dématérialisés de l'acte faisant l'objet de la signification, en l'invitant à télécharger ce document, cet avis indiquant la date et, le cas échéant, l'heure de la mise à disposition. La date et l'heure de la signification par voie électronique sont celles de l'envoi de cet avis de mise à disposition. Toutefois, à l'égard du destinataire, la signification ne produit ses effets qu'à compter du jour du téléchargement de l'acte ou, au plus tard, à l'issue du délai visé au quatrième alinéa du présent III.

Ce téléchargement doit se faire selon des modalités qui garantissent la fiabilité de l'identification de la personne, l'intégrité de l'acte, la sécurité, la confidentialité et la conservation de la transmission et permettent d'établir de manière certaine la date du téléchargement.

Lorsque le téléchargement intervient dans les cinq jours de la transmission de l'acte, il vaut signification à personne.

Dans les autres cas, la signification est considérée comme faite à domicile le sixième jour après l'envoi de l'avis de mise à disposition prévu au deuxième alinéa du présent III et le commissaire de justice adresse à la personne, conformément aux alinéas deux ou quatre de l'article 558, une lettre recommandée avec demande d'avis de réception ou une lettre simple comportant un récépissé. Les dispositions des alinéas trois, cinq et six de cet article 558 sont alors applicables. En application de l'alinéa six de l'article 558, si l'exploit est une citation à comparaître, il ne pourra produire les effets visés aux troisième et cinquième alinéas de l'article 558 du code de procédure pénale que si le délai entre, d'une part, le jour où l'acte a été téléchargé et d'autre part le jour indiqué pour la comparution devant le tribunal correctionnel ou de police est au moins égal à celui fixé, compte tenu de l'éloignement du domicile de l'intéressé, par l'article 552. IV.-Les modalités d'application du présent article sont précisées par arrêté du ministre de la justice.

414.02 Jurisprudence de référence.

> Constitutionnalité de l'article 53

• **Cons. const. 17 mai 2013,** n° 2013-311 QPC

* V. s^s n° 414.45.

« 5. Considérant que les dispositions contestées fixent les formalités substantielles de la citation en justice pour les infractions prévues par la loi du 29 juillet 1881 sur la liberté de la presse ; que, par son arrêt susvisé du 15 février 2013, l'assemblée plénière de la Cour de cassation a jugé que l'article 53 de la loi du 29 juillet 1881 « doit recevoir application devant la juridiction civile » ; qu'en imposant que la citation précise et qualifie le fait incriminé et que l'auteur de la citation élise domicile dans la ville où siège la juridiction saisie, le législateur a entendu que le défendeur soit mis à même de préparer utilement sa défense dès la réception de la citation et, notamment, puisse, s'il est poursuivi pour diffamation, exercer le droit, qui lui est reconnu par l'article 55 de la loi du 29 juillet 1881, de formuler en défense une offre de preuve dans un délai de dix jours à compter de la citation ; que la conciliation ainsi opérée entre, d'une part, le droit à un recours juridictionnel du demandeur et, d'autre part, la protection constitutionnelle de la liberté d'expression et le respect des droits de la défense ne revêt pas, y compris dans les procédures d'urgence, un caractère déséquilibré ; que l'obligation de dénoncer la citation au ministère public ne constitue pas davantage une atteinte substantielle au droit d'agir devant les juridictions ; qu'il résulte de ce qui précède que les griefs tirés de l'atteinte au droit à un recours juridictionnel effectif doivent être écartés. »

> Impossibilité de condamner une personne morale pour un délit de presse

• **Crim. 11 juill. 2017,** n° 16-84.859, P

* V. s^s n° 414.71.

Il se déduit de l'article 43-1 de la loi du 29 juillet 1881 sur la liberté de la presse qu'aucune peine se saurait être prononcée à l'encontre des personnes morales en raison des délits de presse. Encourt la cassation l'arrêt qui prononce une peine contre une société d'édition pour le délit de diffamation publique envers un particulier, cette infraction ne pouvant être imputée à une personne morale.

> Délai de la citation initiale et des citations ultérieures

• **Crim. 19 oct. 1999,** n°s 99-82.466, 99-82.467, P n° 223

* V. s^s n° 414.12.

« Vu les articles 552 et 553 du code de procédure pénale ;

Attendu que doit être déclarée nulle la citation délivrée sans respect du délai de 10 jours prévu par l'article 552 du code de procédure pénale, lorsque la personne citée ne se présente pas à l'audience ;

Attendu qu'il résulte de l'arrêt attaqué et des pièces de procédure que, par acte d'huissier du 31 août 1998, signifié à la mairie de son domicile, X..., a été cité à comparaître à l'audience du 10 septembre 1998 devant la cour d'appel de Nancy pour voir statuer sur l'appel qu'il avait formé, le 11 juin 1998, contre le jugement l'ayant condamné pour diffamation publique envers un citoyen chargé d'un mandat public ; qu'à ladite audience, la cour d'appel, après avoir constaté que le prévenu ne se présente pas ni personne pour lui, énonce qu'il a eu connaissance de "la citation régulière le concernant" et qu'il convient de statuer à son égard par arrêt contradictoire à signifier en application de l'article 410 du code de procédure pénale ;

Mais attendu qu'en prononçant ainsi, alors que le délai de 10 jours, prescrit par l'article 552 du code de procédure pénale et applicable en l'espèce à la citation délivrée en cause d'appel qui n'est pas soumise aux dispositions de l'article 54 de la loi du 29 juillet 1881, n'ayant pas été observé, il lui appartenait de déclarer nulle la citation par application de l'article 553, 1° du code de procédure pénale, la cour d'appel a méconnu le texte susvisé ;

Que, dès lors, la cassation est encourue de ce chef. »

> Le délai de vingt jours, outre un jour par cinq myriamètres de distance, prévu par l'article 54 de la loi de 1881, ne s'applique qu'aux citations introductives d'instance

• **Crim. 8 sept. 2015,** n° 14-83.913, NP

* V. s^s n° 414.23.

Attendu que, pour écarter les exceptions de nullité de la procédure, prises de l'inobservation des prescriptions de l'article 50 de la loi sur la presse lors du dépôt de la plainte, et du non-respect des délais de comparution prévus par l'article 54 de la même loi après renvoi de l'affaire devant le tribunal correctionnel, l'arrêt prononce par les motifs repris au moyen ;

Attendu qu'en se déterminant ainsi, la cour d'appel a justifié sa décision, dès lors que, d'une part, la plainte initiale articulait et qualifiait la diffamation à raison de laquelle la poursuite était intentée, indiquait les textes dont l'application était demandée, et ne laissait ainsi subsister aucune incertitude sur l'étendue de la poursuite, et, d'autre part, le délai de vingt jours, outre un jour par cinq myriamètres de distance, prévu par l'article 54 de la loi de 1881, ne s'applique qu'aux citations introductives d'instance.

> Constitutionnalité (non)

• **Cons. const. 24 mai 2019,** n° 2019-786 QPC

* V. s^s n° 414.21.

« Les différences de délais résultant de l'application de l'article 54, alinéa 1er "dépassent manifestement ce qui serait nécessaire pour prendre en compte les contraintes de déplacement, et ce quelle que soit la distance séparant le lieu de résidence du prévenu de celui de sa comparution" (point 8). Dans ces conditions, sans qu'il soit nécessaire d'examiner les autres griefs, les mots "outre un jour par cinq myriamètres de distance" figurant au premier alinéa de l'article 54 de la loi du 29 juillet 1881, qui méconnaissant le principe d'égalité devant la justice, doivent être déclarés contraires à la Constitution (point 9). »

> Point de départ du délai de prescription

• **Crim. 2 oct. 2012,** n° 12-80.419, P n° 204

* V. s^s n° 414.62.

En matière de presse, le fait de publication étant l'élément par lequel les infractions sont consommées, toute reproduction dans un écrit rendu public d'un texte déjà publié est elle-même constitutive d'infraction, le point de départ de la prescription, lorsqu'il s'agit d'une publication nouvelle, étant fixé au jour de cette publication.

• **Crim. 28 oct. 2014,** n° 13-86.303, P n° 218

* V. s[s] n° 414.62.

Le point de départ du délai de prescription de trois mois fixé par l'article 65 de la loi du 29 juillet 1881 pour les infractions de presse, qui sont des infractions instantanées, court du jour de la première diffusion de l'écrit incriminé, la rediffusion d'un même écrit, sans reproduction ni réimpression, ne constituant pas une nouvelle publication.

• **Crim. 3 déc. 2013,** n° 12-87.126, P n° 246

* V. s[s] n° 414.63.

Encourt la censure l'arrêt de la cour d'appel qui, pour dire l'action publique et l'action civile éteintes par la prescription en matière de presse, retient que les citations délivrées aux prévenus le 28 mars 2012 à la requête du procureur général en vue de comparaître à une audience du 24 avril 2012, l'ont été plus de trois mois après les appels, relevés le 9 décembre 2011, et qu'aucun effet interruptif de prescription ne peut être attaché aux mandements de citation signés par le parquet général le 27 février 2012, en raison du fait qu'aucun élément matériel ne démontre que ces mandements ont bien été transmis à l'huissier instrumentaire avant le 9 mars 2012, alors qu'aucun élément de la procédure n'établissait que la date de transmission des actes à l'huissier était différente de celles de leur signature par le procureur général.

> La création d'un lien hypertexte doit être analysée comme une nouvelle mise en ligne du texte auquel ce texte renvoie

• **T. corr. Paris, 17e ch., 18 mars 2013,** RG n° 11/17915

* V. s[s] n° 414.63.

La création sur internet, d'un lien hypertexte permettant d'accéder à un article plus ancien, doit être analysée comme une nouvelle mise en ligne du texte auquel ce lien hypertexte renvoie, faisant courir un nouveau délai de prescription de trois mois du délit de diffamation allégué.

• **Cass., avis, 26 mai 2014,** n° 14-70.004, P n° 3

* V. s[s] n° 414.62.

Ne relève pas de la procédure d'avis la question qui concerne les conditions dans lesquelles l'insertion, dans un article mis en ligne sur le réseau internet, d'un lien hypertexte renvoyant à un texte déjà publié serait susceptible d'être regardée comme une nouvelle publication de celui-ci, de nature à faire courir à nouveau le délai de prescription de l'article 65 de la loi du 29 juillet 1881 sur la liberté de la presse, dès lors qu'elle suppose un examen des circonstances de l'espèce, notamment de la nature du lien posé et de l'identité de l'auteur de l'article, comme de son intention de mettre à nouveau le document incriminé à la disposition des utilisateurs.

• **Crim. 10 avr. 2018,** n° 17-82.814, P

* V. s[s] n° 414.64.

Il résulte de (l'article 65 de la loi de 1881) texte que toute reproduction, dans un écrit rendu public, d'un texte déjà publié, est constitutive d'une publication nouvelle dudit texte, qui fait courir un nouveau délai de prescription ; une nouvelle mise à disposition du public d'un contenu précédemment mis en ligne sur un site internet dont une personne a volontairement réactivé le contenu initial sur le réseau internet, après qu'il eut été retiré, constitue une telle reproduction de la part de cette personne.

• **Crim. 7 mai 2018,** n° 17-82.663, P

* V. s[s] n° 414.64.

La cour d'appel qui, pour mettre hors de cause des directeurs de publication de sites internet ayant, soit repris un article argué de diffamation, en tout ou en partie, soit inséré un lien permettant d'y accéder, énonce que l'excuse de bonne foi, admise au profit des auteurs de l'article, bénéficie en conséquence aux différents directeurs de publication ayant permis l'accès audit article, a fait l'exacte application des articles 29, 35 et 35 *bis* de la loi du 29 juillet 1881 et de l'article 1382 du code civil ; en effet, s'il est vrai que l'intention de nuire doit être appréciée en la personne des auteurs de l'article diffamatoire, l'existence de faits justificatifs suffisants pour faire admettre la bonne foi des auteurs a pour effet d'exclure tant leur responsabilité que celle du directeur de publication des organes de presse l'ayant relayé, dès lors que les propos litigieux ont été repris sans dénaturation et sans qu'aucun élément nouveau n'ait été invoqué depuis la publication de l'article initial.

> Constitutionnalité du délai de prescription d'un an pour les délits de presse commis à raison de l'origine, l'ethnie, la nation, la race ou la religion ou contestant l'existence d'un crime contre l'humanité

• **Cons. const. 12 avr. 2013,** n° 2013-302 QPC, *JO* 14 mai, p. 6186

* V. s[s] n° 414.61.

« 6. Considérant qu'en portant de trois mois à un an le délai de la prescription pour les délits qu'il désigne, l'article 65-3 de la loi du 29 juillet 1881 a pour objet de faciliter la poursuite et la condamnation, dans les conditions prévues par cette loi, des auteurs de propos ou d'écrits provoquant à la discrimination, à la haine ou à la violence, diffamatoires ou injurieux, à caractère ethnique, national, racial, ou religieux ou contestant l'existence d'un crime contre l'humanité ; que le législateur a précisément défini les infractions auxquelles cet allongement du délai de la prescription est applicable ; que la différence de traitement qui en résulte, selon la nature des infractions poursuivies, ne revêt pas un caractère disproportionné au regard de l'objectif poursuivi ; qu'il n'est pas porté atteinte aux droits de la défense ; que, dans ces conditions, les dispositions contestées ne méconnaissent pas les exigences constitutionnelles précitées ;

7. Considérant que ces dispositions, qui ne méconnaissent aucun autre droit ou liberté que la Constitution garantit, doivent être déclarées conformes à la Constitution. »

> Nécessité de préciser les faits concernés

• **Crim. 3 avr. 1984,** n° 83-91.362, P n° 138

* V. s[s] n° 414.41.

« Attendu que, par conclusions déposées avant toute défense au fond, le prévenu a soulevé la nullité de la citation au seul motif que les faits prétendument diffamatoires "n'ayant été ni précises ni qualifies", il avait été laisse "dans une totale indétermination de l'objet exact de la poursuite contrairement aux prescriptions de l'article 53, alinéa 1 de la loi du 29 juillet 1881" et, par suite, mis dans l'impossibilité "d'exercer son offre de preuve conformément au droit que la loi lui accorde" ;

Attendu que pour rejeter ces conclusions, l'arrêt et le jugement dont il adopte les motifs n'ont pu que constater que la citation critiquée articulait comme faits diffamatoires l'article pris dans son ensemble, identifiable, sans équivoque possible, par la reproduction de ses phrases liminaires et finales, avait qualifié ces faits de diffamation publique envers un fonctionnaire public en raison de ses fonctions ou de sa qualité et vise comme textes de loi applicables a la poursuite les articles 29, 31 et 30 (étant précisé que ce dernier "concernait la peine") de la loi du 29 juillet 1881 et qu'il en résultait que la citation était conforme aux prescriptions de l'article 53 de la loi précitée ;

Attendu qu'en statuant ainsi, l'arrêt attaque ne saurait encourir les griefs allégués au moyen ;

Qu'en effet la citation délivrée a la requête du procureur de la République près le tribunal d'Annecy indique bien l'article de presse incrimine, le titre dudit article, les mots par lesquels il commence et ceux par lesquels il se termine, la signature qu'il porte, la date de sa publication avec l'indication des textes de loi dont l'application est demandée et la précision de la qualification que les faits diffamatoires sont susceptibles de revêtir ;

Que, par ces mentions, il a été ainsi pleinement satisfait aux prescriptions de l'article 53 de la loi du 29 juillet 1881. »

> Degré de précision des faits

• **Crim. 20 janv. 1987,** n° 84-94.444, P n° 30

* V. s[5] n° 414.41.

Satisfait aux prescriptions de l'article 53 de la loi du 29 juillet 1881, la citation qui indique exactement au prévenu les faits et les infractions qui lui sont reprochés et le met en mesure de préparer sa défense ; aucune disposition de la loi n'exige que cet acte qualifie le mode de participation du prévenu aux faits poursuivis ; il appartient aux juges d'apprécier ce mode de participation. Par ailleurs, l'article 53 de la loi du 29 juillet 1881, en exigeant que la citation introductive d'instance précise le fait incriminé et le qualifie, n'oblige pas la partie poursuivante à y indiquer toutes les circonstances de fait de nature à caractériser la publicité du délit ; il appartient aux juges de vérifier l'existence de cette publicité d'après les faits matériels qu'ils constatent.

• **Crim. 21 déc. 1977,** n° 77-91.419, P n° 406

* V. s[5] n° 414.41.

Satisfait aux prescriptions de l'article 53 de la loi du 29 juillet 1881 la citation qui indique exactement au prévenu les faits et les infractions qui lui sont reprochés, et le met en mesure de préparer utilement sa défense. S'agissant de diffamations et d'injures envers un particulier, il n'est pas nécessaire que la citation précise ceux des faits qui constitueraient des injures, et ceux qui constitueraient des diffamations.

> Qualification des faits, application des textes devant les juridictions civiles

• **Cass., ass. plén., 15 févr. 2013,** n° 11-14.637, P n° 1

* V. s[5] n° 414.45.

Selon l'article 53 de la loi du 29 juillet 1881, qui doit recevoir application devant la juridiction civile, l'assignation doit, à peine de nullité, préciser et qualifier le fait incriminé et énoncer le texte de loi applicable. Est nulle une assignation retenant pour le même fait la double qualification d'injure et de diffamation.

Par suite, une cour d'appel ayant constaté que des propos identiques ou quasiment identiques, même figurant pour certains dans des commentaires publiés à des dates distinctes, se trouvaient poursuivis sous deux qualifications différentes, en a déduit à bon droit que ce cumul de qualifications étant de nature à créer pour les défenderesses une incertitude préjudiciable à leur défense, l'assignation était nulle en son entier.

> Élection de domicile

• **Crim. 4 avr. 1991,** n° 90-83.626, P n° 163

* V. s[5] n° 414.31.

En exigeant, à peine de nullité de la poursuite, que le plaignant élise domicile dans la ville où siège le Tribunal saisi, l'article 53 de la loi du 29 juillet 1881, qui déroge aux dispositions de l'article 392 du code de procédure pénale, impose que cette élection de domicile soit faite sur le territoire de la ville où siège le Tribunal, à l'exclusion de toute autre commune.

> Citation au siège de l'entreprise de presse

• **Crim. 7 avr. 1994,** n° 92-82.890, P n° 143

* V. s[5] n° 414.74.

S'il résulte des articles 7 à 13 et 42 de la loi du 29 juillet 1881, ainsi que de l'article 5 de la loi du 1er août 1986, que le directeur de la publication d'un journal peut, par dérogation aux articles 555 et suivants du code de procédure pénale, être cité au siège de l'entreprise éditrice, c'est seulement à raison des écrits ou images publiés par l'organe de presse dont il est responsable, en cette qualité. Tel n'est pas le cas lorsque le directeur de la publication s'est exprimé, à titre personnel, dans une émission radiophonique. La délivrance de la citation au siège du journal, en dehors des cas où elle est exceptionnellement autorisée, étant nécessairement de nature à porter atteinte aux droits de la défense, en entravant l'exercice des droits reconnus au prévenu par l'article 55 de la loi du 29 juillet 1881, c'est à la partie poursuivante qu'il appartient de démontrer l'absence éventuelle d'effet de l'irrégularité constatée.

> Notification au ministère public

• **Crim. 9 févr. 1965,** n° 64-90.715, P n° 42

* V. s[5] n° 414.66.

« Attendu que les articles 53 et 65 de la loi du 29 juillet 1881 disposent : article 53 – la citation précisera et qualifiera le fait incrimine ;

Elle indiquera le texte de loi applicable à la poursuite ;

Si la citation est à la requête du plaignant, elle contiendra élection de domicile dans la ville ou siège la juridiction saisie et sera notifiée tant au prévenu qu'au ministère public ;

Toutes ces formalités seront observées à peine de nullité de la poursuite. Article 65 – l'action publique et l'action civile résultant des crimes, délits et contraventions, prévus par la présente loi se prescrivent après trois mois révolus, à compter du jour ou ils auront été commis ou du jour du dernier acte de poursuite, s'il en a été fait – attendu qu'il résulte des énonciations de l'arrêt attaque que x..., partie civile, s'estimant diffamé dans un article paru dans le numéro du 10 juin 1963 du bulletin d'information quotidien l'information latine, dont la dame Y... est le directeur de la publication, a fait citer celle-ci par exploit d'huissier en date du 21 août 1963, du chef de diffamation envers un particulier, délit prévu et puni par les articles 29 et 32 de la loi du 29 juillet 1881 sur la presse ;

Que ladite citation n'a été notifiée au ministère public que par exploit en date du 18 septembre 1963 ;

Attendu que la dame Y... ayant soulevé *in limine litis* une exception invoquant la nullité de la citation, au motif que celle-ci n'avait été notifiée au ministère public que plus de trois mois après la publication de l'article incrimine, l'arrêt attaque a fait droit a cette exception en énonçant que, ladite notification étant l'une des formalités exigées par l'article 53 susvisé pour que les poursuites (soient) valablement engagées et l'action publique mise en mouvement, il en résulte que la citation au prévenu ne peut produire aucun effet, et notamment interrompre la prescription, tant qu'elle n'a pas été notifiée au ministère public et qu'il suit de la combinaison des articles 53 et 65 de la même loi que bien qu'aucun délai n'ait été expressément imparti pour la notification de la citation au ministère public, celle-ci doit à peine de nullité et au même titre que la citation au prévenu, intervenir dans le délai de trois mois prévu par l'article 65 ;

Attendu qu'en ayant ainsi statué, l'arrêt attaqué a fait une inexacte application des textes vises au moyen, en confondant, au lieu de les combiner, la mise en mouvement de l'action publique et l'interruption de la prescription de cette action ;

Attendu, en effet, que l'article 53 signifie seulement, en ce qui concerne la formalité de la notification au ministère public de la citation délivrée à la requête du plaignant, que pour que l'action publique soit mise en mouvement, c'est-à-dire la poursuite valablement engagée, la notification de la citation délivrée au prévenu doit, a peine de nullité, être complétée par la notification de cette même citation au parquet ;

Que si cette dernière notification n'a pas été effectuée lorsque le prévenu comparait devant le tribunal, celui-ci doit constater la nullité de la poursuite, dont la citation constitue précisément l'acte initial ;

Que tel n'est pas le cas de l'espèce, puisque la citation, notifiée a la prévenue le 21 août 1963, l'a été effectivement au ministère public le 18 septembre suivant et que la dame Y... a comparu devant le tribunal le 25 octobre 1963 ;

Qu'en cet état, les juges du fond auraient dû, pour faire une exacte application des textes visée au moyen, constater que la citation du 21 août 1963, si elle n'avait pu mettre en mouvement l'action publique tant que sa notification au parquet n'avait pas été effectuée, n'en avait pas moins constitué, au sens de l'article 63, un acte de poursuite ayant, comme tel, interrompu la prescription de cette action qui avait commencé à courir le 10 juin précédent, date de la publication de l'article incrimine et qu'ainsi, lorsque la prévenue a comparu devant lui, le tribunal était régulièrement saisi de la poursuite, moins de trois mois s'étant écoulés entre les notifications de ladite citation à la dame Y... et au ministère public ;

Par ces motifs : CASSE ET ANNULE [...]. »

> Caractère substantiel des nullités de citation en matière d'infractions à la loi sur la liberté de la presse

• **Crim. 26 juin 1984,** n° 83-91.283, P n° 244

* V. s^s n° 414.11.

Les formalités prescrites par l'article 53 de la loi du 29 juillet 1881 sont substantielles aux droits de la défense – leur inobservation entraîne la nullité de la citation et de la poursuite.

• **Crim. 25 févr. 1980,** n° 76-93.016, P n° 70

* V. s^s n° 414.11.

Ni l'article 565 du code de procédure pénale, ni la loi du 6 août 1975 instituant l'article 802 du même code n'ont en rien abrogé les dispositions exceptionnelles et impératives des alinéas 2 et 3 de l'article 53 de la loi du 29 juillet 1881 sur la liberté de la presse lesquelles tendent à garantir les droits de la défense et touchent à la protection de la liberté d'expression telle que la réglemente cette loi. Dès lors en cas d'inobservation des prescriptions de l'alinéa 2 de l'article 53 de ladite loi, la nullité de la citation, invoquée avant toute défense au fond, doit être prononcée, sans que les articles 565 et 802 précités puissent recevoir application.

• **Crim. 6 juin 1990,** n° 88-81.579, P n° 229

* V. s^s n° 414.11.

Les formalités prévues à l'article 55 de la loi du 29 juillet 1881 devant être accomplies par les prévenus à peine de déchéance dans les 10 jours de l'assignation introductive d'instance ne constituent pas en elles-mêmes des défenses au fond. Leur accomplissement ne saurait nuire à la libre et entière défense des prévenus ni impliquer de leur part une renonciation à proposer au Tribunal les exceptions et moyens de nullité dont ils peuvent se prévaloir pourvu qu'ils le fassent avant toute défense au fond.

• **Crim. 7 oct. 1980,** n° 79-91.297, P n° 250

* V. s^s n° 414.12.

Les dispositions de l'article 53 de la loi du 29 juillet 1881 ne sont pas applicables aux citations délivrées à la partie civile.

Saisie par un arrêt de renvoi de la chambre d'accusation, la juridiction de jugement ne peut se borner à constater la nullité de la citation délivrée au prévenu, postérieurement audit arrêt (1), mais doit statuer sur la prévention, telle qu'elle résulte de l'arrêt de renvoi et du réquisitoire introductif, lequel a irrévocablement fixé la nature et l'étendue de la poursuite.

L'arrêt d'une chambre d'accusation renvoyant un prévenu devant la juridiction correctionnelle, en application de l'article 683 du code de procédure pénale, ne saurait, bien qu'il soit devenu définitif, couvrir la nullité de la procédure antérieure résultant de l'inobservation des prescriptions de l'article 50 de la loi du 29 juillet 1881.

> Communication en ligne. Rôle de la Cour de cassation

• **Crim. 6 janv. 2009,** nº 08-80.826, P nº 5

* V. s^s nº 414.83.

Lorsque des poursuites pour l'une des infractions prévues par la loi du 29 juillet 1881 sont engagées en raison de la diffusion, sur le réseau Internet, d'un message figurant sur un site, le point de départ du délai de prescription de l'action publique prévu par l'article 65 de la loi précitée doit être fixé à la date du premier acte de publication ; cette date est celle à laquelle le message a été mis pour la première fois à la disposition des utilisateurs.

Méconnaît ce principe la cour d'appel qui, pour retarder le point de départ de la prescription de l'action publique, retient qu'en créant un nouveau mode d'accès au site existant, plus accessible par une adresse plus courte et plus simple que la dénomination initiale, l'auteur a renouvelé la mise à disposition du message dans des conditions assimilables à une réédition, alors que la simple adjonction d'une seconde adresse pour accéder à un site existant ne saurait caractériser un nouvel acte de publication de textes figurant déjà à l'identique sur ce site.

> Communication en ligne, notions de producteur, d'auteur principal

• **Crim. 16 févr. 2010,** nº 09-81.064, P nº 31

* V. s^s nº 414.74.

Selon l'article 93-3 de la loi du 29 juillet 1982, lorsqu'une infraction prévue par le chapitre IV de la loi du 29 juillet 1881 est commise par un moyen de communication au public par voie électronique, à défaut de l'auteur du message, le producteur du service sera poursuivi comme auteur principal, même si ce message n'a pas été fixé préalablement à sa communication au public.

En matière de communication en ligne, a la qualité de producteur la personne qui prend l'initiative de créer un service de communication au public par voie électronique en vue d'échanger des opinions sur des thèmes définis à l'avance.

• **Crim. 30 oct. 2012,** nº 10-88.825, P nº 233

* V. s^s nº 414.74.

Il se déduit de l'article 93-3 de la loi du 29 juillet 1982 modifiée, interprété selon la réserve émise par le Conseil constitutionnel dans sa décision QPC nº 2011-64 du 16 septembre 2011, que la responsabilité pénale du producteur d'un site de communication au public en ligne, mettant à la disposition du public des messages adressés par des internautes, n'est engagée, à raison du contenu de ces messages, que s'il est établi qu'il en avait connaissance avant leur mise en ligne ou que, dans le cas contraire, il s'est abstenu d'agir promptement pour les retirer dès le moment où il en a eu connaissance.

Encourt dès lors l'annulation l'arrêt qui déclare le créateur d'un forum de discussion en ligne coupable de diffamation, à raison du message émis sur cet espace de contributions personnelles par un utilisateur du site, sans rechercher si, en sa qualité de producteur au sens du texte susvisé, il avait eu connaissance, préalablement à sa mise en ligne, du contenu de ce message ou si, dans le cas contraire, il s'était abstenu d'agir avec promptitude pour le retirer dès qu'il en avait eu connaissance.

• **Cons. const. 16 sept. 2011,** nº 2011-64 QPC, *JO* 17 sept., p. 15601

* V. s^s nº 414.74.

« 1. Considérant qu'aux termes de l'article 93-3 de la loi du 29 juillet 1982 sur la communication audiovisuelle : Au cas où l'une des infractions prévues par le chapitre IV de la loi du 29 juillet 1881 sur la liberté de la presse est commise par un moyen de communication au public par voie électronique, le directeur de la publication ou, dans le cas prévu au deuxième alinéa de l'article 93-2 de la présente loi, le codirecteur de la publication sera poursuivi comme auteur principal, lorsque le message incriminé a fait l'objet d'une fixation préalable à sa communication au public.

À défaut, l'auteur, et à défaut de l'auteur, le producteur sera poursuivi comme auteur principal.

Lorsque le directeur ou le codirecteur de la publication sera mis en cause, l'auteur sera poursuivi comme complice.

Pourra également être poursuivie comme complice toute personne à laquelle l'article 121-7 du code pénal sera applicable.

"Lorsque l'infraction résulte du contenu d'un message adressé par un internaute à un service de communication au public en ligne et mis par ce service à la disposition du public dans un espace de contributions personnelles identifié comme tel, le directeur ou le codirecteur de publication ne peut pas voir sa responsabilité pénale engagée comme auteur principal s'il est établi qu'il n'avait pas effectivement connaissance du message avant sa mise en ligne ou si, dès le moment où il en a eu connaissance, il a agi promptement pour retirer ce message" ; [...]

5. Considérant qu'il résulte de ces dispositions, telles qu'interprétées par la Cour de cassation dans ses arrêts du 16 février 2010 susvisés, que la personne qui a pris l'initiative de créer un service de communication au public en ligne en vue d'échanger des opinions sur des thèmes définis à l'avance peut être poursuivie en sa qualité de producteur ; que cette personne ne peut opposer ni le fait que les messages mis en ligne n'ont pas fait l'objet d'une fixation préalable ni l'absence d'identification de l'auteur des messages ;

6. Considérant qu'ainsi, il résulte des dispositions déférées que le créateur ou l'animateur d'un tel site de communication au public en ligne peut voir sa responsabilité pénale recherchée, en qualité de producteur, à raison du contenu de messages dont il n'est pas l'auteur et qui n'ont fait l'objet d'aucune fixation préalable ; qu'il ne peut s'exonérer des sanctions pénales qu'il encourt qu'en désignant l'auteur du message ou en démontrant que la responsabilité pénale du directeur de la publication est encourue ; que cette responsabilité expose le producteur à des peines privatives ou restrictives de droits et affecte l'exercice de la liberté d'expression et de communication protégée par l'article 11 de la Déclaration de 1789 ;

7. Considérant, par suite, que, compte tenu, d'une part, du régime de responsabilité spécifique dont bénéficie le directeur de la publication en vertu des premier et dernier alinéas de l'article 93-3 et, d'autre part, des caractéristiques d'internet qui, en l'état des règles et des techniques, permet-

tent à l'auteur d'un message diffusé sur internet de préserver son anonymat, les dispositions contestées ne sauraient, sans instaurer une présomption irréfragable de responsabilité pénale en méconnaissance des exigences constitutionnelles précitées, être interprétées comme permettant que le créateur ou l'animateur d'un site de communication au public en ligne mettant à la disposition du public des messages adressés par des internautes, voie sa responsabilité pénale engagée en qualité de producteur à raison du seul contenu d'un message dont il n'avait pas connaissance avant la mise en ligne ; que, sous cette réserve, les dispositions contestées ne sont pas contraires à l'article 9 de la Déclaration de 1789 ;

8. Considérant que l'article 93-3 de la loi du 29 juillet 1982 susvisée ne méconnaît aucun autre droit ou liberté que la Constitution garantit. »

> Prescription et diligences de la partie civile

• **Crim. 28 mars 2017,** n° 16-82.428, NP

* V. s^s n° 414.63.

Il appartient à la partie civile de surveiller le déroulement de la procédure et d'accomplir les diligences utiles pour poursuivre l'action qu'elle a engagée, au besoin en faisant citer elle-même le prévenu à l'une des audiences de la juridiction, avant l'expiration du délai de prescription, et que cette obligation n'est pas incompatible avec les articles 6 et 13 de la convention européenne des droits de l'homme quand, comme en l'espèce, il n'existe pour elle aucun obstacle de droit ou de fait la mettant dans l'impossibilité d'agir.

414.03 Bibliographie indicative.

Ouvrages. B. Beignier, B. de Lamy, E. Dreyer (dir.), *Traité de droit de la presse et des médias*, Litec, 2009 – C. Bigot, *Pratique du droit de la presse*, 4e éd., Dalloz, 2023 – E. Dreyer, *Responsabilités civile et pénale des médias*, 3e éd., « Litec professionnels », LexisNexis, 2012 ; *Droit de la communication*, 2e éd., « Manuels », LexisNexis, 2022 – *1979-2009 : 30 ans de droit de la presse et des médias*, Légipresse, hors-série, oct. 2009.

Contributions. F. Fourment, S. Lavric, C. Michalski, Ph. Piot, « La responsabilité des médias », *in* V. Malabat, B. de Lamy et M. Giacopelli (dir.), *La réforme du code pénal et du code de procédure pénale :* Opinio doctorum, Dalloz, 2009, p. 265 – A. Lepage, « Le code pénal et la loi du 29 juillet 1881 sur la liberté de la presse », *in* V. Malabat, B. de Lamy et M. Giacopelli (dir.), *La réforme du code pénal et du code de procédure pénale :* Opinio doctorum, Dalloz, 2009, p. 135 – P. Wachsmann, *V°* « Liberté d'expression », *in* J. Andriantsimbazovina, H. Gaudin a. (dir.), *Dictionnaire des droits de l'Homme*, Puf, 2008.

Articles. B. Ader, « L'éthique de la presse, meilleure garantie de sa liberté selon la Cour européenne », *Légipresse* 2008, n° 256, Tribune, p. 145 ; « La procédure de presse », *Légipresse* 2009, n° 260, p. 41 ; « Le statut des services de presse en ligne », *Légipresse* 2009, n° 264, p. 105 ; « Quand le journaliste s'invite dans les lois sur la presse et le droit d'auteur », *Légipresse* 2010, n° 269, Tribune, p. 19 ; « La procédure de presse », *Légipresse* 2010, n° 270, p. 48 ; « Quelle nouvelle procédure pénale pour la presse. Présentation des incidences de l'avant-projet de nouveau code de procédure pénale », *Légipresse* 2010, n° 271, p. 57 ; « La loi pour « la confiance dans l'institution judiciaire » et la presse », Légipresse 2022. 1 ; – P. Auvret, « La sanction de l'apologie du terrorisme, restriction nécessaire dans une société démocratique », *CCE* 2009. Ét. 17 ; « Commentaire de la loi n° 2010-1 du 4 janvier 2010 relative à la protection du secret des journalistes », *CCE* 2010. Étude 8 – B. Beignier, B. de Lamy, E. Dreyer (dir.), « Droit de la presse et des médias », *JCP* 2007. I. 210 – B. Beignier, E. Dreyer et a., « Droit de la presse et des médias », *JCP G* 2018, Doctr. 1222, 2019, Doctr. 786, 2021, Doctr. 752 – L. Belfanti, « L'offense au président de la République, un délit toujours d'actualité ? », *RLDI* 2009, n° 46, p. 41 – C. Bigot, « Contentieux de presse : les errements de la Commission Guinchard », *Légipresse* 2008, n° 254, Tribune, p. 109 ; « Jurisprudence de la Cour européenne des droits de l'Homme en matière de liberté d'expression », *Légipresse* 2008. 134 ; « Un an de droit processuel de la presse », *CCE* 2009 et 2010. Chron. 3, 2021, 2022, chron. 4 – A. Chavagnon, « La protection des sources des journalistes : la décevante loi n° 2010-1 du 4 janvier 2010 », *D.* 2010. 275 – E. Derieux, « CEDH et liberté d'expression. Deux ans de jurisprudence (1er juin 2007-31 mai 2009) », *RLDI* 2009, n° 1715 ; « Responsabilité du directeur de la publication », *RLDI* 2010, n° 52, p. 80 ; « Y a-t-il une vie (privée) après la mort ? Liberté d'expression et droits du défunt », *RLDI* 2010, n° 56, p. 42 ; « Dix ans de QPC en droit des médias », *JCP G* 2020, Doctr. 804 – F. Dieu, « L'information sur les dérives sectaires face au juge. Comment l'Administration cesse d'être un éditeur comme un autre », *JCP A* 2009. 2105 – E. Dreyer, « Les infractions de presse », *Légipresse* 2010, n° 269, p. 29 ; « Un an de droit européen en matière pénale », *Dr. pénal* 2010. Chron. 4 ; « Statut de directeur de la publication », *RSC* 2020. 96 ; « Droit de la presse (janv.-déc. 2021) », *D.* 2022. 189 – A. Fourlon, « Premières applications du régime de responsabilité en cascade à raison de messages d'internautes dans les espaces publics de discussion après Hadopi », *CCE* 2009. Ét. 26 – F. Fourment, Ph. Piot, « Chronique de jurisprudence de droit de la presse », *Gaz. Pal.* 2020, 11 févr., p. 22 – L. François, « La liberté d'expression des caricaturistes de presse devant la Cour européenne des droits de l'Homme », *RLDI* 2009, n° 45, p. 34 ; « Les délits français de diffamation et d'injure publiques envers les fonctionnaires à l'épreuve de la convention européenne des droits de l'homme », *RLDI* 2009, n° 47, p. 28 ; « Épilogue européen dans l'affaire de la publication des mémoires du Général Aussaresses : la liberté d'expression à l'épreuve de l'apologie de crimes de guerre », *RLDI* 2009, n° 51, p. 32 – N. Fricero, « Sources journalistiques : un secret bien gardé ! », *Gaz. Pal.* 20 janv. 2010, p. 15 – A. Guedj, « Sentiments mitigés autour de la loi du 4 janvier 2010 relative à la protection du secret des sources du journaliste », *Légipresse* 2010, n° 269, Chron. 19 – R. Hardouin, « La responsabilité atténuée du directeur de la publication à l'épreuve des infractions de presse », *RLDI* 2009, n° 55, p. 30 – A. Lepage, « Un an de droit pénal des nouvelles technologies », *Dr. pénal* 2008. Chron. 10 et 2009. Chron. 11 ; *CCE* 2020, chron. 12 – Th. Massis, « Faut-il dépénaliser la loi du 29 juillet 1881 sur la liberté de la presse ? », *Gaz. Pal.* 4 sept. 2008. Doctr. 2 – O. Mouysset, « Un an de droit pénal de la presse », *Dr. pénal* 2019. Chron. 6 ; 2020, 2021, 2022. Chron. 7 – M. Sogabe,

« La garantie constitutionnelle de la liberté d'expression au Japon : une comparaison avec le droit français », *RD publ.* 2009, nº 2, p. 375 – P. Wachsmann, « Les éléments constitutifs de la bonne foi en matière de diffamation et les exigences européennes », *D.* 2021. 71727 – J.-C. Zarka, « Le retour du délit d'offense envers le président de la République », *Gaz. Pal.* 29 janv. 2009, nº 29, Doctr. 2.

Rubriques. *Dr. Pénal*, « Un an de droit pénal de la presse », O. Mouysset.

SECTION 1
FORMALITÉS

§ 1
Citations concernées

414.11 Citations introductives d'instance – Règles particulières prescrites à peine de nullité. Il est établi de longue date que tout tribunal dans le ressort duquel l'écrit a été publié est compétent en matière d'infractions au droit de la presse[1], de même que tout tribunal dans le ressort duquel les émissions radiophoniques ou télévisées ont pu être reçues[2]. Il existe donc indubitablement au bénéfice du plaignant une certaine possibilité de choix.

Si l'article 47 de la loi du 29 juillet 1881 dispose que la poursuite des délits et contraventions de simple police commis par la voie de la presse ou tout autre moyen de publication aura lieu d'office ou à la requête du ministère public, ce monopole des poursuites est largement modulé par les exceptions posées aux articles 48 à 48-6 prévoyant notamment, soit que la poursuite par le ministère public ne peut avoir lieu qu'après plainte ou délibération de la partie plaignante, soit un certain nombre d'hypothèses pour lesquelles, la partie privée a toute liberté d'action.

La citation précisera et qualifiera le fait incriminé, elle indiquera le texte de loi applicable à la poursuite. Si la citation est à la requête du plaignant, elle contiendra élection de domicile dans la ville où siège la juridiction saisie et sera notifiée tant au prévenu qu'au ministère public. Toutes ces formalités seront observées à peine de nullité de la poursuite[3]. L'Assemblée plénière de la Cour de cassation a jugé en 2013 que l'article 53[4] de la loi du 29 juillet 1881[5], devait recevoir application devant la juridiction civile[6], tandis que le Conseil constitutionnel en a admis la conformité à la Constitution[7].

C'est parce que l'on se situe ici à la croisée de deux exigences fondamentales, celle de la liberté d'expression via la presse et celle du respect des droits de la défense, que la chambre criminelle considère, après la loi, que les formalités prescrites par l'article 53 de la loi du 29 juillet 1881 sont substantielles aux droits de la défense et que leur inobservation ne peut qu'entraîner la nullité de la citation et de la poursuite[8].

Ni l'article 565 du code de procédure pénale, ni la loi du 6 août 1975[9] instituant l'article 802 du même code n'ont en rien abrogé les dispositions exceptionnelles et impératives des alinéas 2 et 3 de l'article 53 de la loi du 29 juillet 1881 sur la liberté de la presse lesquelles tendent à garantir les droits de la défense et touchent à la protection de la liberté d'expression telle que la réglemente cette loi. Dès lors en cas d'inobservation des prescriptions de l'alinéa 2 de l'article 53 de ladite loi, la nullité de la citation, invoquée avant toute défense au fond, doit être prononcée, sans que les articles 565 et 802 précités puissent recevoir application[10].

Il faut noter toutefois que dans une espèce où la question avait été posée aux premiers juges d'une incertitude dans la citation sur l'incrimination reprochée à M. Y... ou la peine encourue dès lors qu'elle visait, dans son dispositif, les articles 30 et 31 de la loi du 29 juillet 1881, et dans son corps, le délit de diffamation envers un particulier, ce, bien que la citation ait comporté une analyse précise des propos incriminés comme étant constitutifs du délit de diffamation envers un particulier, la chambre criminelle a jugé que l'article 53 de la loi de 1881 n'exige, à peine de nullité de la poursuite, que la mention, dans la citation, de la qualification du fait incriminé et du texte de loi énonçant la peine encourue. Constatant qu'il n'existait, compte tenu de l'unique qualité de particulier de la personne poursuivie, aucune incertitude sur le délit qui lui était reproché et la peine qu'elle encourait, en dépit du visa erroné de certaines dispositions incriminant

1. Crim. 5 janv. 1894, P nº 5.
2. Crim. 8 oct. 1979, nº 77-92.297, P nº 272.
3. L. 29 juill. 1881, art. 53.
4. L. 29 juill. 1881, art. 53.
5. L. 29 juill. 1881 sur la liberté de la presse, *JO* 30 juill., p. 4201.
6. Cass., ass. plén., 15 févr. 2013, nº 11-14.637, P nº 1 ; *D.* 2013. 741, obs. S. Lavric, note E. Dreyer ; *D.* 2013. 718, point de vue C. Bigot ; *D.* 2013. 2487, obs. J. Larrieu, C. Le Stanc et P. Tréfigny ; *D.* 2014. 508, obs. E. Dreyer ; *RSC* 2013. 104, obs. J. Francillon.
7. Cons. const. 17 mai 2013, nº 2013-311 QPC, art. conforme 53 de la loi du 29 juill. 1881, *formalités de l'acte introductif d'instance en matière de presse*, CONFORMITÉ, consid. 5°, *JO* 18 mai, p. 8379 ; *D.* 2013. 1279 ; *Constitutions* 2014. 218, Chron. D. de Bellescize ; *RSC* 2013. 917, obs. B. de Lamy.
8. Crim. 26 juin 1984, nº 83-91.283, P nº 244.
9. L. nº 75-701, 6 août 1975 modifiant et complétant certaines dispositions de procédure pénale, *JO* 7 août, p. 8035.
10. Crim. 25 févr. 1980, nº 76-93.016, P nº 70.

ou réprimant d'autres délits de diffamation que celui de diffamation envers un particulier dans le dispositif de l'acte de poursuite, lequel répondait, dans ses motifs, aux prescriptions de l'article 53 de la loi du 29 juillet 1881 en précisant et qualifiant le fait incriminé et en indiquant le texte de loi applicable à la poursuite, la chambre criminelle a cassé l'arrêt ayant accueilli le moyen de nullité de l'acte de poursuite[1]. La chambre criminelle qui avait pu dire que dans la mesure ou un acte de poursuite mentionnait trois dates différentes appliquées à des propos incriminés et était par suite de nature à créer une incertitude sur les faits objets de la poursuite[2] a de nouveau considéré, dans une autre espèce, que dès lors que cet acte de poursuite contenait la reproduction des passages incriminés, en dénonçait précisément le contenu, les qualifiait, visait le texte applicable, et relevait, dans ses motifs, les modalités de leur diffusion, de sorte qu'il ne pouvait exister aucune ambiguïté sur les faits, objet de la poursuite, peu important qu'elle eût retenu que la date de mise en ligne devait être fixée trois jours avant celle mentionnée dans la citation litigieuse, il ne pouvait être invalidé[3].

414.12 Citations ultérieures – Règles du droit commun. Toutefois, les dispositions de l'article 53 de la loi du 29 juillet 1881, assujettissant la citation à des règles particulières prévues à peine de nullité, concernent seulement l'exploit introductif d'instance, et non les citations ultérieures qui demeurent régies par le droit commun[4]. De même, les dispositions de l'article 54[5] de la loi du 29 juillet 1881, imposant l'observation d'un délai de vingt jours entre la citation et la comparution, ne concernent que l'exploit introductif d'instance mais non les citations ultérieures, ni celles délivrées en cause d'appel[6].

Dès lors, c'est à bon droit que le tribunal, saisi par l'ordonnance de renvoi, fût-elle erronée, refuse d'annuler la citation à comparaître qui, étant simplement indicative de date, n'avait pas à satisfaire aux prescriptions de l'article 53 de la loi du 29 juillet 1881[7]. Les citations à comparaître délivrées postérieurement à un arrêt de renvoi devant la juridiction correctionnelle ne sont pas soumises aux prescriptions de l'article 53 de la loi du 29 juillet 1881[8].

Encore jugé lorsqu'il résulte de l'arrêt attaqué et des pièces de la procédure, qu'Edmond X... a porté plainte avec constitution de partie civile pour diffamation publique envers un citoyen chargé d'un mandat public au visa des articles 29 et 31, alinéa 1er, de la loi du 29 juillet 1881, à raison de propos contenus dans un tract distribué aux habitants de la commune dont il est maire ; que le procureur de la République a requis d'informer de ce chef ; qu'à l'issue de l'information, Gabriel Y... a été renvoyé devant le tribunal correctionnel du chef de ce délit et cité, à la requête du procureur de la République, par exploit du 6 février 2002 visant simultanément, comme texte de répression, les articles 31[9] et 32[10] de la loi du 29 juillet 1881 ; que, devant les premiers juges, le prévenu a invoqué la nullité de cette citation ; que le tribunal correctionnel a rejeté ce moyen, retenu la culpabilité du prévenu et prononcé des condamnations pénales et civiles ; que le ministère public et la partie civile ont interjeté appel. Attendu que, pour infirmer le jugement, annuler la citation du 6 février 2002 et renvoyer le prévenu des fins de la poursuite, la juridiction du second degré retient que cette citation vise des articles de la loi du 29 juillet 1881, sanctionnant deux infractions différentes, en méconnaissance des dispositions de l'article 53 de ladite loi ; qu'en statuant ainsi, la cour d'appel a méconnu les textes susvisés[11].

En revanche, les décisions ayant pu juger que les dispositions de l'article 53 de la loi du 29 juillet 1881 n'étaient pas applicables aux citations délivrées à la partie civile[12] ne semblent plus d'actualité.

414.13 Vers l'application de l'ensemble des voies de poursuites au droit pénal de la presse ? En vertu des dispositions de l'article 397-6 du code de procédure pénale, les dispositions des articles 393 à 397-5 qui concernent les procédures de convocation par procès-verbal et de comparution immédiate n'étaient pas applicables en matière de délits de presse[13].

Ceci avait à l'inverse conduit la chambre criminelle à juger que la poursuite par la voie de la convocation en justice, valant citation à personne, notifiée au prévenu sur instructions du procureur de la République, par un officier ou agent de police judiciaire, prévue par l'article 390-1 du code de procédure pénale[14], ne figure pas au rang des procédures inapplicables aux délits de presse, limitative-

1. Crim. 30 oct. 2018, n° 17-85.855, NP.
2. Crim. 14 nov. 2017, n° 17-80.332, *JurisData* 2017-022822.
3. Crim. 12 mars 2019, n° 18-85.869, NP.
4. Crim. 6 juin 1990, n° 88-81.579, P n° 229.
5. L. 29 juill. 1881, art. 54.
6. Crim. 19 oct. 1999, nos 99-82.466, 99-82.467, P n° 223.
7. Crim. 22 déc. 1987, n° 87-84.868, P n° 483.
8. Crim. 12 oct. 1993, n° 92-81.538, P n° 289.
9. L. 29 juill. 1881, art. 31.
10. L. 29 juill. 1881, art. 32.
11. Crim. 14 oct. 2003, n° 02-87.994, P n° 188 ; *RSC* 2004. 129, obs. J. Francillon.
12. Crim. 7 oct. 1980, n° 79-91.297, P n° 250.
13. V. ss nos 421.05 s.
14. Cet article inclut depuis le 25 mars 2019 la possibilité d'une convocation par fonctionnaire ou agent d'une administration relevant de l'article 28 du code de procédure pénale et il y a tout lieu de croire que ces modalités seraient reconnues applicables en la matière.

ment énumérées par l'article 397-6 du même code[1].

Par ailleurs, l'article 495 dans sa dernière rédaction[2] dispose que la procédure simplifiée de l'ordonnance pénale est applicable au délit de diffamation prévu à l'article 32 de la loi de 1881 et au délit d'injure prévu au deuxième à quatrième alinéas de l'article 33 de la même loi, sauf lorsque sont applicables les dispositions de l'article 42 de ladite loi ou l'article 93-3 de la loi n° 82-652 du 29 juillet 1982 sur la communication audiovisuelle (soit lorsque les propos ou écrits sont publiés par voie de presse ou diffusés par voie de communication audiovisuelle), ce qui en limite tout de même la portée.

Enfin la loi du 24 août 2021[3] est venue profondément modifier ce paysage en venant ajouter un second alinéa à l'article 397-6 du code de procédure pénale qui dispose désormais que par dérogation au premier alinéa de cet article, les articles 393 à 397-5 sont applicables aux délits prévus aux articles 24 et 24 *bis* ainsi qu'aux troisième et quatrième alinéas de l'article 33 de la loi du 29 juillet 1881 sur la liberté de la presse, sauf si ces délits résultent du contenu d'un message placé sous le contrôle d'un directeur de la publication en application de l'article 6 de la même loi ou de l'article 93-2 de la loi n° 82-652 du 29 juillet 1982 sur la communication audiovisuelle.

§ 2
Délai de citation

414.21 Délai entre la citation et la comparution. Le délai entre la citation et la comparution était, aux termes de l'article 54 de la loi du 29 juillet 1881, de vingt jours, outre un jour par cinq myriamètres de distance (le myriamètre équivaut à 10 000 mètres, soit 10 kilomètres). Toutefois, en cas de diffamation ou d'injure pendant la période électorale contre un candidat à une fonction électorale, ce délai était réduit à vingt-quatre heures, outre le délai de distance, et les dispositions des articles 55 et 56 n'étaient pas applicables. Ledit délai dérogeait donc au droit commun de l'article 552 du code de procédure pénale, qui fixe à dix jours le délai entre le jour où la citation est délivrée et le jour fixé pour la comparution devant le tribunal correctionnel.

Par une décision rendue sur question prioritaire de constitutionnalité, les Sages ont toutefois déclaré contraire à la Constitution les mots « outre un jour par cinq myriamètres de distance » figurant au premier alinéa de l'article 54 de la loi du 29 juillet 1881[4]. Ils ont décidé de reporter au 31 mars 2020 la date de l'abrogation des dispositions contestées pour permettre au législateur d'intervenir précisant (point 12) « que les citations délivrées en application de la loi du 29 juillet 1881 après cette date sont soumises aux délais de distance déterminés aux deux derniers alinéas de l'article 552 du code de procédure pénale ». Pour autant, dans sa version désormais issue de la loi du 24 décembre 2020[5], le premier alinéa de l'article 54 de la loi de 1881 énonce désormais « Par dérogation au premier alinéa de l'article 552 du code de procédure pénale, le délai entre la citation et la comparution sera de vingt jours outre un jour par cinq myriamètres de distance ».

L'article 54, alinéa 2[6] pose une exception à ce premier délai en disposant : « Toutefois, en cas de diffamation ou d'injure pendant la période électorale contre un candidat à une fonction électorale, ce délai sera réduit à vingt-quatre heures, outre le délai de distance prévu aux deux derniers alinéas du même article 552, et les dispositions des articles 55 et 56 de la présente loi ne seront pas applicables ». Le Conseil constitutionnel saisi d'une QPC a conclu à la conformité de cet alinéa à la Constitution[7].

414.22 Inobservation des délais exigés. L'article 553 du code de procédure pénale énonce, de manière générale, que si les délais de comparution exigés n'ont pas été observés, les règles suivantes sont applicables :

– dans le cas où la partie citée ne se présente pas, la citation doit être déclarée nulle par le tribunal[8] ;

– dans le cas où la partie citée se présente, la citation n'est pas nulle, la juridiction est valablement saisie mais doit, sur la demande de la partie citée, ordonner le renvoi à une audience ultérieure[9].

414.23 Applications jurisprudentielles. En matière de presse, la chambre criminelle a eu l'occasion d'affirmer qu'il résulte de la combinaison des articles 54 de la loi du 29 juillet 1881 et 553, 1° du code de procédure pénale que lorsque la partie citée ne se présente pas, la citation délivrée en violation de l'article 54 précité est entachée de nullité et ne saisit la juridiction répressive, ni de l'action civile, ni de l'action publique[10].

1. Crim. 15 déc. 2015, n° 14-85.570, P n° 301.
2. Issu L. n° 2019-222, 23 mars 2019, art. 61, en vigueur au 1er sept. 2019.
3. L. n° 2021-1109, 24 août 2021 confortant le respect des principes de la République, art. 46, *JO* 25 août, n° 1 – V. aussi s^s n° 421.32.
4. Cons. const. 24 mai 2019, n° 2019-786 QPC, et v. s^s n° 414.02.
5. L. n° 2020-1672, 24 déc. 2020, art. 27, *JO* 26 déc., n° 4.
6. Réd. issue L. n° 2020-1672, 24 déc. 2020, art. 27.
7. Cons. const. 13 nov. 2020, n° 2020-863 QPC.
8. Crim. 15 déc. 2015, n° 14-85.570, P, préc.
9. Crim. 10 avr. 2018, n° 17-83.008, NP.
10. PAR EX. : Crim. 30 avr. 1968, n° 66-92.207, P n° 133 – Crim. 3 avr. 2013, n° 12-83.679, NP.

Cependant, la Cour de cassation réserve l'application de l'article 54 aux seules citations introductives d'instance. Le délai de vingt jours prévu par ce texte est d'ailleurs un délai franc qui ne concerne que l'exploit introductif d'instance et non les citations ultérieures, ni celles délivrées en cause d'appel[1]. Par ailleurs l'article 54 n'est pas applicable à la citation à comparaître délivrée par le parquet à la suite de l'ordonnance de renvoi devant le tribunal correctionnel prise par un juge d'instruction[2]. Cette position est critiquée par une partie de la doctrine[3], car s'il est vrai que, comme en droit commun, le tribunal est, en matière de presse, saisi par l'ordonnance de renvoi d'un juge d'instruction, et non par la citation à comparaître délivrée ensuite par le ministère public, cette citation comporte, en matière de diffamation, un effet particulier : c'est elle qui fait courir le délai de 10 jours prévu par l'article 55 de la loi du 29 juillet 1881 ; et si l'on additionne le délai de 10 jours de l'article 55, dont le prévenu dispose pour faire son offre de preuve, et le délai de 5 jours dont dispose la partie poursuivante pour faire une offre de preuve contraire, on se trouve en présence d'un délai global de 15 jours, qui excède largement le délai de 10 jours du droit commun. Saisie d'un pourvoi contestant la décision d'une cour d'appel ayant affirmé que le délai de dix jours prévu par l'article 55 de la loi du 29 juillet 1881 devait avoir pour point de départ la notification de l'ordonnance de renvoi du juge d'instruction qui saisit le tribunal, la Chambre criminelle a censuré cette décision en énonçant que ce délai de dix jours dans lequel le prévenu qui veut prouver la vérité des faits diffamatoires doit faire la signification prescrite par ledit article, a pour point de départ la signification de la citation, y compris lorsque la juridiction de jugement est saisie par ordonnance de renvoi du juge d'instruction[4].

La chambre criminelle a encore affirmé que le délai de vingt jours, outre un jour par cinq myriamètres de distance prévu par l'article 54 de la loi du 29 juillet 1881, ne s'applique qu'aux citations introductives d'instance.

Rappelons enfin, qu'en matière de presse, lorsqu'une première citation est nulle, une nouvelle citation peut valablement saisir le tribunal, à condition que cet acte réponde aux exigences des articles 53 et 54 de la loi du 29 juillet 1881, et que le délai de prescription de l'action publique ne soit pas expiré[5].

1. Crim. 4 mars 1971, n° 69-90.955, P n° 77.
2. Crim. 12 oct. 2004, n° 03-83.306, P n° 240.
3. Ch. Bigot, Comm. 2006. Chron. 2, n° 11.
4. Crim. 8 nov. 2005, n° 05-83.802, P n° 282.
5. Crim. 22 oct. 2013, n° 12-85.622, NP.

§ 3
Élection de domicile

414.31 **Élection de domicile.** L'article 53 de la loi de 1881 dispose que la citation délivrée à la requête du plaignant, contiendra élection de domicile dans la ville où siège la juridiction saisie et sera notifiée tant au prévenu qu'au ministère public[6], toutes ces formalités devant être observées à peine de nullité de la poursuite[7].

Conformément à cet article, la citation délivrée par le plaignant doit contenir élection de domicile. Même lorsqu'elle a son domicile réel dans la ville où siège la juridiction saisie, la partie civile n'est pas dispensée d'observer cette disposition exceptionnelle et impérative[8]. En exigeant, à peine de nullité de la poursuite, que le plaignant élise domicile dans la ville où siège le tribunal saisi, l'article 53 de la loi du 29 juillet 1881, qui déroge aux dispositions de l'article 392 du code de procédure pénale, impose que cette élection de domicile soit faite sur le territoire de la ville où siège le tribunal, à l'exclusion de toute autre commune[9]. Est nulle la citation qui n'indique pas que l'avocat, au cabinet duquel était élu domicile, ait eu sa résidence professionnelle dans la ville même où siège la juridiction saisie[10].

Justifie sa décision l'arrêt qui, pour déclarer nulle une citation délivrée du chef de diffamation dans laquelle la partie civile fait élection de domicile au greffe du tribunal de grande instance, retient qu'il ne peut être élu domicile que chez une personne morale ou physique, habilitée à recevoir des actes et que tel n'est pas le cas d'un greffe, service intégré dans une juridiction, elle-même dépourvue de la personnalité morale[11].

Ne satisfait pas aux prescriptions dudit article 53, à défaut d'indication d'une adresse précise, la citation introductive d'instance délivrée du chef de provocation à la discrimination, à la haine ou à la violence raciales à la requête d'une partie civile, qui, déclarant faire élection de domicile auprès d'un cabinet d'avocats, se borne à mentionner les références de la boîte postale dudit cabinet[12].

A été jugé en revanche qu'encourt la cassation l'arrêt qui déclare la nullité de l'exploit introductif d'instance aux motifs que l'élection de domicile prescrite par l'article 53 de la loi du 29 juillet 1881 avait été faite à la mairie du siège de la juridiction

6. V. s^s n°s 414.66 s.
7. Pour l'élection de domicile : Crim. 10 juin 1959, P n° 309.
8. Crim. 15 oct. 1985, n° 85-91.172, P n° 316.
9. Crim. 4 avr. 1991, n° 90-83.626, P n° 163.
10. Crim. 17 déc. 1991, n° 90-84.768, P n° 484.
11. Crim. 14 mars 2006, n° 05-87.303, P n° 71 ; *D.* 2006. 1067 ; *AJ pénal* 2006. 224.
12. Crim. 7 juin 2005, n° 04-87.073, P n° 172.

saisie, choix qui ne permettait pas de tenir pour établi et accepté le double mandat de recevoir les actes éventuellement signifiés et de le transmettre à la partie poursuivante, alors que le double mandat n'est pas prévu par le texte précité[1].

Cette exigence particulière a donné lieu à une QPC et à une décision de conformité du Conseil constitutionnel[2]. Elle donne en outre lieu à une abondante jurisprudence devant les juridictions du fond, la chambre criminelle ayant pu récemment rappeler que la citation à la requête du plaignant doit contenir élection de domicile dans la ville où siège la juridiction saisie, que s'agissant d'une formalité substantielle prescrite à peine de nullité de la poursuite, cette élection de domicile doit être expresse et que l'existence d'un domicile réel dans la ville où siège le tribunal ne dispensait pas les plaignants de la formalité substantielle de l'élection de domicile[3].

SECTION 2
ARTICULATION ET QUALIFICATION DÉTAILLÉES

§ 1
Qualifier les faits

414.41 Qualification des faits – Précision indispensable. C'est évidemment sur le cœur même des infractions visées que portent la plupart des contestations. L'article 53 de la loi du 29 juillet 1881 n'exige pas que l'écrit litigieux soit reproduit littéralement dans les citations ; il suffit qu'il y soit *désigné avec précision*[4]. Est conforme aux prescriptions des articles 50 et 53 de la loi du 29 juillet 1881, la citation qui, en matière de presse, après avoir précisé les imputations qui font l'objet de la poursuite par l'indication des date et numéro du journal, ainsi que leurs premiers et derniers mots, mentionne la qualification des faits incriminés comme constituant le délit reproché et vise le texte de loi applicable aux poursuites[5]. Satisfait ainsi aux prescriptions de l'article 53 de la loi du 29 juillet 1881 la citation qui indique exactement au prévenu les faits et les infractions qui lui sont reprochés, et le met en mesure de préparer utilement sa défense. S'agissant de diffamations et d'injures envers un particulier, il n'est pas nécessaire que la citation précise ceux des faits qui constitueraient des injures, et ceux qui constitueraient des diffamations[6].

L'article 53 de la loi du 29 juillet 1881, en exigeant que la citation introductive d'instance précise le fait incriminé et le qualifie, n'oblige pas la partie poursuivante à y indiquer toutes les circonstances de fait de nature à caractériser la publicité du délit. Il appartient aux juges de vérifier l'existence de cette publicité, d'après les faits matériels qu'ils constatent.

Par ailleurs, il se déduit des termes de ce même article que l'indication, dans la citation introductive d'instance, de la date du fait incriminé ne peut être exigée que dans la mesure où elle est nécessaire pour donner à ce fait la précision indispensable. Ainsi, satisfait aux prescriptions de l'article 53 de la loi du 29 juillet 1881 la citation qui indique exactement au prévenu les faits et les infractions qui lui sont reprochés et le met en mesure de préparer utilement sa défense. Il en est ainsi lorsque des citations délivrées à plusieurs prévenus, si elles contiennent des énonciations identiques, déterminent sans équivoque, à l'égard de chacun des intéressés, l'objet du débat[7]. Il a encore été jugé que le reproche fait aux parties civiles de n'avoir pas poursuivi l'auteur de l'article, en précisant, dans la citation introductive de l'instance à quel titre les deux prévenus étaient poursuivis et de n'avoir pas, dans le même acte, indiqué les circonstances desquelles résultait la publicité des propos tenus par Jean-Marie Y..., ne faisait pas encourir la nullité à ladite citation dès lors qu'il appartenait aux juges, d'apprécier eux-mêmes le mode de participation de chacun des prévenus aux faits poursuivis et de s'assurer, d'après les faits matériels prouvés devant eux, de l'existence de la publicité alléguée par les parties civiles[8].

La Cour de cassation a encore jugé être en mesure de s'assurer par le contrôle des pièces de la procédure, que la citation comporte la reproduction des passages incriminés et reprochés à Mme U..., expose les modalités de leur diffusion, en précisant, à deux reprises dans les motifs de l'acte de poursuite et par l'une des pièces qui lui ont été jointes, la date de cette diffusion, les qualifie et vise les textes applicables et qu'il n'existe dès lors aucune incertitude sur les faits, objet de la poursuite, peu important que, dans le dispositif, à la suite d'une erreur matérielle, la date mentionnée fût celle de propos imputés à un autre prévenu, la cour d'appel n'ayant pas excédé les limites de sa saisine[9].

414.42 Absence d'exigences supplémentaires. La chambre criminelle a encore jugé qu'il résulte de l'article 53 de la loi du 29 juillet 1881 que, si la citation introductive d'instance doit précisément

1. Crim. 17 déc. 1981, n° 80-90.875, P n° 334.
2. Cons. const. 17 mai 2013, n° 2013-311 QPC.
3. Crim. 1er févr. 2022, n° 20-86.619, NP.
4. Crim. 8 janv. 1957, P n° 31.
5. Crim. 3 avr. 1984, n° 83-91.362, P n° 138.
6. Crim. 21 déc. 1977, n° 77-91.419, P n° 406.
7. Crim. 18 juin 1985, n° 83-91.345, P n° 235.
8. Crim. 20 janv. 1987, n° 84-94.444, P n° 30.
9. Crim. 26 nov. 2019, n° 19-80.360, NP.

qualifier le fait incriminé et indiquer le texte de loi applicable à la poursuite, il n'appartient pas aux juges de subordonner la régularité de cet acte à d'autres conditions, dès lors qu'il ne peut exister d'incertitude sur l'objet de la poursuite. Méconnaît ces dispositions une cour d'appel qui annule une citation sur le fondement précité, alors que la citation en cause précisait et qualifiait le fait incriminé consistant en l'intégralité de l'article litigieux et que ses auteurs n'étaient pas tenus de mettre en corrélation les imputations qu'ils présentaient comme diffamatoires avec des passages de ce texte, de sorte qu'il ne pouvait en résulter, en l'espèce, aucune incertitude dans l'esprit des prévenus sur les faits, objet de la poursuite[1]. Et il a encore pu être jugé qu'il résulte de l'arrêt attaqué et des pièces de la procédure : « qu'à la suite de la publication dans le journal *L'Équipe*, d'un article signé par Damien Y..., journaliste, et rapportant, sous la forme d'une interview, les accusations de dopage portées par un ex-athlète, A. Z..., à l'encontre de plusieurs sportifs de haut niveau, dont B. A..., ce dernier, a fait citer devant le tribunal correctionnel le journaliste et Ch. X..., le directeur de publication, pour diffamation publique envers un particulier ; qu'après avoir retenu le caractère diffamatoire des propos recueillis par le journaliste, le tribunal a fait droit aux conclusions de D. Y..., qui invoquait sa bonne foi ; qu'il a déclaré Ch. X... coupable de l'infraction pour avoir publié le titre de l'article et un commentaire du démenti que B. A... avait transmis au journal ; que pour confirmer le jugement, entrepris, l'arrêt retient qu'il convient de prendre en compte les éléments de contexte dans lesquels s'insèrent les passages litigieux, que le titre général choisi pour le sujet, imprimé en caractères très apparents, met en exergue, dans des termes ne résultant pas exactement de l'interview, les prétendus mensonges de la partie civile et qu'en mentionnant, à la suite du démenti transmis par B. A..., que ce dernier, devrait s'expliquer devant le juge d'instruction chargé du dossier de dopage dans le demi-fond français, le directeur de publication a renforcé l'effet du titre de l'article ; Mais attendu qu'en prononçant ainsi, alors que, dans la citation délivrée au prévenu, la partie civile avait limité l'écrit argué par elle de diffamation aux seuls propos recueillis par le journaliste, à l'exclusion du titre et du commentaire accompagnant le démenti de la partie civile, la cour d'appel a violé le texte susvisé et le principe ci-dessus énoncé »[2].

414.43 Nullité de la citation pour imprécision. À l'inverse, ne satisfait pas aux exigences de l'article 53 de la loi du 29 juillet 1881 la citation délivrée du chef de diffamation publique envers un citoyen chargé d'un mandat public, à laquelle n'est pas joint en annexe, comme indiqué dans l'acte, le tract mis en cause, et qui n'en précise ni le texte, ni les passages incriminés[3]. De même, un fait unique ne peut recevoir une qualification cumulative sans que soit créée une incertitude dans l'esprit des prévenus quant à l'objet de la poursuite et est donc nulle la citation retenant pour une imputation la double qualification d'injure et de diffamation[4]. Une expression unique ne peut recevoir plusieurs qualifications pénales de nature et de gravité différentes, qu'à la condition qu'il n'en résulte aucune incertitude dans l'esprit du prévenu sur l'objet de la poursuite. Tel n'est pas le cas de la citation qui qualifie les mêmes faits d'injures publiques envers la mémoire d'un mort citoyen chargé d'un mandat public et simple particulier, en visant cumulativement les articles 34 et 33, alinéas 1 et 2, de la loi du 29 juillet 1881[5]. Il résulte des dispositions de l'article 53 de la loi du 29 juillet 1881 que les mêmes faits ne sauraient recevoir une double qualification sans créer d'incertitude dans l'esprit du prévenu et que, si des poursuites relatives aux mêmes imputations qualifiées différemment et visant des textes de loi distincts ont été engagées successivement, la seconde se trouve frappée de nullité[6].

Ne peut non plus être acceptée une imputation de faits ne visant pas une personne déterminée car selon l'article 29 de la loi du 29 juillet 1881, la diffamation est constituée par un fait précis et déterminé portant atteinte à l'honneur et à la considération d'une personne visée ; dès lors qu'elles ne concernent pas la personne physique ou morale, les appréciations, même excessives, touchant les produits, les services ou les prestations d'une entreprise industrielle ou commerciale n'entrent pas dans les prévisions de ce texte[7].

En matière d'infraction à la loi sur la liberté de la presse, les faits doivent être appréciés au regard de la qualification fixée irrévocablement à l'acte initial des poursuites. Toute erreur sur ce point, qu'il appartient aux juges du fond de relever d'office, est dénuée d'effet sur la validité dudit acte, mais fait obstacle à la condamnation. En conséquence, si c'est à tort qu'une cour d'appel, appelée à statuer dans une poursuite exercée, à la requête d'une

1. Crim. 14 mars 2017, n° 15-86.929, P n° 68 ; *D.* 2017. 706 ; *AJ pénal* 2017. 235, obs. J.-B. Thierry.
2. Crim. 26 mai 2010, n° 09-83.987, NP, *D.* 2011. Pan. 790, obs. E. Dreyer.
3. Crim. 9 janv. 2007, n° 06-83.042, P n° 4 ; *D.* 2007. 585 ; *AJ pénal* 2007. 142, obs. G. Royer.
4. Crim. 16 janv. 1990, n° 89-81.349, P n° 26.
5. Crim. 31 janv. 1995, n° 92-86.559, P n° 39.
6. Crim. 28 nov. 2006, n° 05-83.492, P n° 301 ; *D.* 2007. 379 ; *AJ pénal* 2007. 142, obs. G. Roussel.
7. Crim. 10 sept. 2013, n° 11-86.311, P n° 177 ; *D.* 2013. 2276 ; *D.* 2014. 508, obs. E. Dreyer ; *AJ pénal* 2014. 34, obs. N. Verly.

commune, à raison d'un délit de diffamation envers un corps constitué, relève, pour annuler la citation, que seuls le maire et des personnes physiques identifiables étaient visés par les propos incriminés, l'arrêt n'encourt pas pour autant la censure, dès lors que la Cour de cassation est en mesure de s'assurer que les faits objet de la citation ont été exactement qualifiés, au terme d'un débat contradictoire, de diffamation envers des citoyens chargés d'un service ou d'un mandat public [1].

Précisons encore, que l'article 53 de la loi du 29 juillet 1881 exige que l'exploit introductif d'instance articule et qualifie les faits poursuivis, mais non qu'il précise le mode de participation aux faits des personnes visées [2].

À l'inverse et sur le fond, le caractère public des injures visées doit être établi le plus précisément possible, au risque de voir prononcé un débouté. À ce propos une décision récente intéressant les délits susceptibles d'être commis sur les comptes Facebook ou MSN a pu juger qu'après avoir constaté que les propos litigieux avaient été diffusés sur les comptes ouverts par Mme X... tant sur le site Facebook que sur le site MSN, lesquels n'étaient en l'espèce accessibles qu'aux seules personnes agréées par l'intéressée, en nombre très restreint, la cour d'appel a retenu, par un motif adopté exempt de caractère hypothétique, que celles-ci formaient une communauté d'intérêts ; qu'elle en a exactement déduit que ces propos ne constituaient pas des injures publiques [3].

414.44 Mention de la date de l'infraction. La mention de la date de l'infraction poursuivie permet seule de vérifier le respect des délais de courte prescription applicables en l'espèce puisque l'on sait que l'action publique et l'action civile résultant des crimes, délits et contraventions prévus par la présente loi se prescrivent après trois mois révolus, à compter du jour où ils ont été commis ou du jour du dernier acte d'instruction ou de poursuite s'il en a été fait [4]. Il en est de même des actions fondées sur une atteinte au respect de la présomption d'innocence commises par l'un des moyens visés à l'article 23, à compter du jour de l'acte de publicité [5]. Seule la plainte qui n'a créé « aucune incertitude dans l'esprit de la prévenue », quant à la nature des faits poursuivis sous telle qualification peut au final être admise [6]. En l'espèce, n'a pas justifié sa décision la cour d'appel qui retient qu'une plainte avec constitution de partie civile du chef de diffamation publique ne répond pas aux exigences de l'article 50 de la loi du 29 juillet 1881 en ce que, au visa de l'article 29, alinéa 1er de la loi précitée et sous cette qualification, elle incrimine des propos qualifiés d'insultants et injurieux mais également de gravement diffamatoires et laisse subsister une incertitude sur l'objet de la poursuite. En effet, les expressions outrageantes « avocat véreux » et « escroc » sont indivisibles et se confondent avec les imputations diffamatoires faites à un avocat, par une cliente, de lui avoir « extorqué » et « volé » une somme de 1 800 euros, de sorte que le délit d'injure se trouvant absorbé par celui de diffamation, la plainte ne créait aucune incertitude dans l'esprit de la prévenue quant à la nature des faits poursuivis sous cette dernière qualification.

414.45 Constitutionnalité de l'article 53 de la loi du 29 juillet 1881. Dans la suite de la décision de l'Assemblée plénière, ayant jugé que l'article 53 de la loi du 29 juillet 1881 devant recevoir application devant la juridiction civile [7], l'assignation doit, à peine de nullité, préciser et qualifier le fait incriminé et énoncer le texte de loi applicable et qu'est nulle une assignation retenant pour le même fait la double qualification d'injure et de diffamation, le Conseil constitutionnel a été saisi d'une QPC. La requérante soutenait qu'en imposant que la citation pour des infractions de presse désigne précisément les propos ou écrits incriminés et en donne la qualification pénale, ces dispositions conditionnent l'accès au juge à des règles de recevabilité d'un formalisme excessif qui ne trouvent aucune justification devant les juridictions civiles ; qu'il en irait de même de l'obligation d'élire domicile dans la ville où siège la juridiction saisie et de notifier la citation au ministère public ; que la sanction de nullité en cas de non-respect de ces exigences présenterait un caractère disproportionné ; que, par suite, les dispositions contestées méconnaîtraient le droit au recours effectif ; qu'il conviendrait à tout le moins d'exclure l'application de ces dispositions devant les juridictions civiles, en particulier lorsqu'elles sont saisies selon la procédure de référé.

Par une décision du 17 mai 2013, les sages ont estimé qu' : « En imposant que la citation précise et

1. Crim. 25 févr. 2014, n° 12-88.172, P n° 53 ; *D.* 2014. 608 ; *AJ pénal* 2014. 235, obs. N. Verly.
2. Crim. 19 févr. 2002, n° 00-83.791, P n° 35 ; *RSC* 2002. 809, obs. B. Bouloc.
3. Civ. 1re, 10 avr. 2013, n° 11-19.530, P I, n° 70 ; *D.* 2013. 1004 ; *D.* 2013. 2050, Chron. C. Capitaine et I. Darret-Courgeon ; *D.* 2013. 2713, obs. G. Roujou de Boubée, T. Garé, M.-H. Gozzi, S. Mirabail et T. Potaszkin ; *D.* 2014. 508, obs. E. Dreyer.
4. L. 29 juill. 1881, art. 65.
5. L. 29 juill. 1881, art. 65-1.
6. Crim. 23 juin 2009, n° 08-88.016, P n° 133 ; *AJ pénal* 2009. 407, obs. G. Royer ; *JCP* 2009. 441, n° 7, obs. E. Dreyer.
7. Cass., ass. plén., 15 févr. 2013, n° 11-14.637, P n° 1 ; *D.* 2013. 741, obs. S. Lavric, note E. Dreyer ; *D.* 2013. 718, point de vue C. Bigot ; *D.* 2013. 2487, obs. J. Larrieu, C. Le Stanc et P. Tréfigny ; *D.* 2014. 508, obs. E. Dreyer ; *RSC* 2013. 104, obs. J. Francillon.

qualifie le fait incriminé et que l'auteur de la citation élise domicile dans la ville où siège la juridiction saisie, le législateur a entendu que le défendeur soit mis à même de préparer utilement sa défense dès la réception de la citation et, notamment, puisse, s'il est poursuivi pour diffamation, exercer le droit, qui lui est reconnu par l'article 55 de la loi du 29 juillet 1881, de formuler en défense une offre de preuve dans un délai de dix jours à compter de la citation ; que la conciliation ainsi opérée entre, d'une part, le droit à un recours juridictionnel du demandeur et, d'autre part, la protection constitutionnelle de la liberté d'expression et le respect des droits de la défense ne revêt pas, y compris dans les procédures d'urgence, un caractère déséquilibré ; que l'obligation de dénoncer la citation au ministère public ne constitue pas davantage une atteinte substantielle au droit d'agir devant les juridictions ; qu'il résulte de ce qui précède que les griefs tirés de l'atteinte au droit à un recours juridictionnel effectif doivent être écartés »[1].

Bien qu'ayant trait à la matière civile, cette décision exclut que soit pareillement soutenu devant le juge répressif, le caractère exorbitant du texte de l'article 53.

Enfin, saisi de l'examen de la constitutionnalité de loi relative à l'égalité et à la citoyenneté par plus de soixante députés et sénateurs, et rappelant au point 94 que par dérogation à la règle résultant des articles 50 et 53 de la loi du 29 juillet 1881 selon laquelle, en matière d'infraction à la loi sur la presse, la qualification du fait incriminé est irrévocablement fixée par l'acte de poursuite, partie des dispositions contestées prévoient la possibilité pour la juridiction de requalifier des faits initialement qualifiés de provocation à la discrimination, à la haine ou à la violence, de diffamation ou d'injure publiques lorsqu'ils sont aggravés par certaines circonstances, le Conseil constitutionnel a écarté l'atteinte au principe de proportionnalité et aux droits de la défense qui étaient soulevés[2].

414.46 Possibilité pour le parquet de compléter les termes de l'acte de poursuite délivré par une partie privée ? Il peut être rapidement précisé qu'aux termes de l'article 50 de la loi du 29 juillet 1881 : « si le ministère public requiert une information, il sera tenu, dans son réquisitoire, d'articuler et de qualifier les provocations, outrages, diffamations et injures à raison desquels la poursuite est intentée, avec indication des textes dont l'application est demandée, à peine de nullité du réquisitoire de ladite poursuite ». Il s'agit une fois de plus de permettre à la personne mise en cause de connaître, dès l'engagement des poursuites, et sans ambiguïté aucune, la nature et l'étendue de celles-ci, pour qu'elle soit en mesure de préparer sa défense. L'inobservation des prescriptions de cet article entraîne la nullité de la poursuite. Cette nullité est absolue et d'ordre public. Elle peut être invoquée en tout état de cause et même pour la première fois devant la Cour de cassation.

Mais il peut exister une complémentarité entre la plainte privée initiale et le réquisitoire introductif du parquet et elle joue dans tous les sens. Ainsi la chambre criminelle a-t-elle pu juger que satisfont aux exigences de l'article 50 de la loi du 29 juillet 1881 sur la liberté de la presse, la plainte avec constitution de partie civile et le réquisitoire introductif avec lequel elle se combine qui articulent, qualifient les faits incriminés et énoncent le texte de loi applicable à la poursuite[3]. Les éventuels défauts qui affecteraient un réquisitoire introductif sont sans effet sur la régularité dune plainte, elle-même parfaitement valable dès l'origine[4].

Ainsi, a-t-il encore été jugé que si une plainte incomplète ou irrégulière peut être complétée par le plaignant ou validée par le réquisitoire introductif, c'est à la double condition que cet acte soit lui-même conforme aux prescriptions de l'article 50 de la loi sur la liberté de la presse et qu'il soit intervenu dans le délai de la prescription que la plainte entachée de nullité n'a pas interrompu. Encourt la cassation l'arrêt d'une chambre de l'instruction qui, pour rejeter la requête en annulation de la plainte initiale et l'exception de prescription de l'action publique, après avoir relevé que les parties civiles ont précisé, lors de leur audition par le magistrat instructeur, que les propos incriminés au titre de la

1. Cons. const. 17 mai 2013, n° 2013-311 QPC, préc. (v. s^s n° 414.02) ; *D.* 2013. 1279 ; *Constitutions* 2014. 218, chron. D. de Bellescize ; *RSC* 2013. 917, obs. B. de Lamy.

2. Cons. const. 26 janv. 2017, n° 2016-745 DC, art., non conformes 39, 68, 100, 173 2°, al. dernier, 179, 217 ; 11, 13, 14, 15, 16, 31, 42, 44, 45, 46, 47, 48, 49, 50, 51, 52, 64, 69, 80, 91, 110, 112, 117 XIV, 119, 126, 145, 163, 169, 191, 192, 203, 204, 209, 210, 220 et 222, 67 I, 104 III., 121 II., 122 I. 1°, 128, 152, V et VII, et conformes 70 I. 2° f, al. 9 et 15, 78 I. 1° c, 97 I. 4° b à d, 98 I. 1° a, al. 5, b, al. 4 et 5, 99 I. 1° b, 2°, 129 2°, 149 3°, al. 3 et 4, 170 I. 7°, II. 1° a, 2° a, 3° c, 171 I. 1° et 2°, 174 et 176, 177, 186, 207, *loi relative à l'égalité et à la citoyenneté*, NON-CONFORMITÉ PARTIELLE, *JO* 28 janv. 2017 ; *AJDA* 2017. 198 ; *AJDA* 2017. 812, note A. Legrand ; *D.* 2017. 686, note F. Safi ; *D.* 2017. 2501, obs. G. Roujou de Boubée, T. Garé, C. Ginestet, M.-H. Gozzi, S. Mirabail et E. Tricoire ; *AJ fam.* 2017. 90, obs. V. Avena-Robardet ; *Constitutions* 2017. 49, chron. G. Bergougnous ; *Constitutions* 2017. 52, chron. P. Bachschmidt ; *Constitutions* 2017. 53, chron. P. Bachschmidt.

3. Crim. 2 sept. 2008, n° 07-84.095, P n° 173 ; *D.* 2008. 2349 ; *D.* 2009. 1779, obs. J.-Y. Dupeux et T. Massis ; *AJ pénal* 2008. 463, obs. G. Royer.

4. Crim. 16 oct. 2018, n° 17-84.821, NP ; Crim. 21 janv. 2020, n° 19-81.567, NP.

diffamation publique envers un particulier et de l'injure publique ressortissaient à la première de ces deux qualifications, énonce que le ministère public n'a visé dans son réquisitoire introductif que la seule infraction de diffamation commise envers un particulier, la plainte ayant été ainsi régularisée par le réquisitoire introductif et le délai de prescription de l'action publique ayant été interrompu par la plainte avec constitution de partie civile et par ledit réquisitoire, alors que la plainte était nulle dès lors qu'elle laissait incertaine la qualification retenue par les plaignants et que l'audition des parties civiles ainsi que le réquisitoire introductif du procureur de la République n'étaient pas susceptibles de pallier les insuffisances de la plainte, étant intervenus plus de trois mois après que les propos avaient été rendus publics[1].

414.47 Étendue des poursuites et désistement. Dans le cas d'une poursuite introduite par un acte unique du plaignant incriminant, sous la même qualification, plusieurs propos tenus dans le même article de presse, le désistement de la partie civile, même limité à certains des passages incriminés, emporte désistement de l'action en son entier, l'acte initial de poursuite en matière de diffamation fixant de manière irrévocable la nature et l'étendue de la poursuite[2].

§ 2
Visas des textes

414.51 Exigences de l'article 53 de la loi du 29 juillet 1881. L'article 53 de la loi du 29 juillet 1881 exige surtout que la citation articule et qualifie le texte incriminé et précise le texte de loi prévoyant et punissant les faits de la poursuite. Il s'en déduit que l'objet de celle-ci et les points sur lesquels le prévenu aura à se défendre sont définitivement fixés par la citation et que le juge ne peut fonder une condamnation sur des faits autres que ceux qui sont ainsi précisés[3].

Au plan des textes fondant la poursuite, il a été jugé que la loi exigeant seulement que soit précisé dans la citation le texte dont l'application est requise, le visa surabondant des articles 29, alinéa 1er, 42 de la loi sur la liberté de la presse et celui des textes subséquents ne pouvaient créer aucune équivoque[4]. N'encourt pas le grief de nullité allégué la citation introductive d'instance qui vise l'article 24, alinéa 8, de la loi du 29 juillet 1881 relatif au délit de provocation à la haine raciale, en rappelle la teneur ainsi que les peines qu'il institue, le visa dans cette même citation, de façon erronée mais surabondante, du sixième alinéa dudit article n'ayant pas eu pour conséquence de créer une incertitude dans l'esprit du prévenu quant à la nature de l'infraction dont il aurait à répondre et à la peine encourue[5].

414.52 Poursuite fixée par la citation introductive. En cas d'infraction à la loi sur la liberté de la presse, la poursuite est définitivement fixée par la citation introductive d'instance. Les juges du fond doivent apprécier le délit selon la qualification précisée par ladite citation et en application de l'article de la loi du 29 juillet 1881 qui y est visé[6]. Selon l'article 53 de la loi du 29 juillet 1881, le texte dont l'indication est exigée à peine de nullité dans l'exploit introductif d'instance est celui qui édicte la peine. Encourt la cassation l'arrêt qui déclare nulle une citation au motif qu'elle ne comporte pas le visa de l'article 131-13 1° du code pénal fixant le montant de l'amende alors que le visa de l'article R. 621, alinéa 1er, du code pénal ne laisse subsister aucune ambiguïté tant sur la nature de l'infraction incriminée, en l'espèce la diffamation non publique, que sur la peine encourue[7].

414.53 Erreur dans le numéro d'un article de loi visé dans la citation – Conséquences. En revanche, une erreur dans le numéro d'un article de loi visé dans la citation est insuffisante pour entraîner la nullité de cette citation, si les autres énonciations de l'exploit n'ont pu laisser aucune incertitude ni aucune erreur dans l'esprit du prévenu sur le texte de loi dont l'application est demandée[8]. Une erreur de visa de la loi de « 1981 » au lieu de « 1881 » dans la citation doit être rejetée[9]. Doit encore être admis que les juges relevant que les parties citées n'ont pu se méprendre sur les faits dont elles auraient à répondre, l'objet de la poursuite, en l'espèce la diffamation raciale, étant clairement déterminé nonobstant le visa de textes du code pénal et non de la loi de 1881, l'inexistence dans le code pénal d'articles 29, alinéa 1, 32, alinéa 2, 42, 43 et 44 incriminant le délit de diffamation révélant à l'évidence une erreur de plume dans la citation, les premiers juges ajoutant que tout destinataire d'une telle citation qui comprenait l'analyse des faits incriminés pouvait aisément à partir des indications qui y figuraient et

1. Crim. 28 juin 2017, nos 16-80.193, 16-83.08, P – précédemment : Crim. 17 mars 2009, n° 08-86.659, P n° 57 ; *AJ pénal* 2009. 225, obs. G. Royer.
2. Crim. 6 mars 2018, n° 17-80.526, P n° 42.
3. Crim. 8 nov. 1983, n° 82-93.992, P n° 294.
4. Crim. 3 mars 1987, n° 84-92.950, NP.
5. Crim. 3 févr. 2009, nos 06-83.063, 08-82.402, *P* n° 25 ; *AJ pénal* 2009. 183.
6. Crim. 4 janv. 1991, n° 90-81.872, P n° 7.
7. Crim. 14 sept. 2004, n° 03-82.806, P n° 207.
8. Crim. 28 févr. 1956, P n° 206.
9. T. corr. Aix-en-Provence, 27 nov. 1996, *Gaz. Pal.* 1998. 2. Somm. 556.

en dépit de l'erreur matérielle, identifier les textes applicables[1]. Une cour d'appel peut être approuvée d'avoir déclaré qu'il n'y avait pas lieu d'annuler la citation délivrée pour diffamation publique envers un particulier au visa des articles 29, alinéa 1er, 30, 32, alinéas 1 et 48, 6°, de la loi du 29 juillet 1881, parce que « la mention de l'article 30 dans le corps de la citation - qui vise, entre autres, la diffamation commise envers les cours, les tribunaux et les corps constitués - relève d'une erreur de plume et que l'acte, dénué d'ambiguïté, donne toutes précisions utiles sur la nature de l'infraction dénoncée, qui ne pouvait être, dans l'esprit du prévenu, qu'une diffamation envers un particulier »[2].

Le visa, dans la convocation en justice, de l'article 23, alinéa 1er de la loi du 29 juillet 1881, cumulativement avec les articles 29, alinéa 2, et 33, alinéas 2 et 3, de ladite loi réprimant l'injure publique à caractère racial, n'a d'autre portée que de préciser le mode de publicité attribué à l'injure visée dans la citation. Dès lors a justifié sa décision la cour d'appel qui retient que le prévenu, déclaré, après requalification, coupable d'injure non publique à caractère racial, a été en mesure de connaître le fait qui lui était reproché et de préparer sa défense[3].

414.54 Prohibition des énoncés contradictoires, alternatifs ou dubitatifs. En matière de presse, la citation doit, à peine de nullité de la poursuite, qualifier le fait incriminé et énoncer le texte de loi applicable. En l'espèce, l'arrêt confirme le jugement sur la culpabilité et rappelle que, dans son numéro des mois de juillet et août 2003, le journal *Tonic* a publié un article ainsi libellé : « Le charcutier rackette les petits commerçants pour mieux donner aux grandes entreprises [...] le restaurateur a régularisé la situation avec la mairie en payant une rançon de 27 500 francs ». Attendu qu'à la suite de la parution de ce texte, Pierre Y..., maire de la commune de Wissembourg, a fait assigner devant la juridiction correctionnelle Thierry X..., journaliste auteur du texte en cause et directeur de publication du journal précité, en exposant que les propos dénoncés, relatifs aux conditions irrégulières d'attribution d'un permis de construire, le visaient en tant que maire, puisqu'il était identifiable du fait de l'homonymie existant entre sa propre identité et celle d'un fabricant de produits de charcuterie renommé, et qu'ils caractérisaient le délit de diffamation envers « *personne dépositaire de l'autorité publique* » au sens des articles 29 et 31 de la loi du 29 juillet 1881, subsidiairement, à défaut d'application de ces textes, le délit de diffamation envers particulier prévu par l'article 32 de ladite loi, et plus subsidiairement encore, en cas d'absence de rattachement à un fait précis, l'injure définie par l'article 33 de la même loi ; Attendu qu'avant toute défense au fond, Thierry X... a invoqué la nullité de la citation introductive d'instance en application des dispositions de l'article 53, alinéa 1er, de la loi du 29 juillet 1881, au motif que cet acte comportait des qualifications inconciliables entre elles ; Attendu que l'arrêt attaqué, pour confirmer la décision des premiers juges qui avaient écarté cette exception, énonce que le cumul allégué concerne la définition de la diffamation et de l'injure ainsi que les pénalités éventuellement applicables aux injures commises à l'égard d'un citoyen chargé d'un mandat public, de sorte qu'il apparaît que, dans son libellé des faits, la citation n'a créé aucune incertitude dans l'esprit du prévenu quant à l'objet de la poursuite.

La chambre criminelle considère nulle la citation visant, pour un fait unique, les qualifications, de nature et de gravité différentes, de diffamation envers citoyen chargé d'un mandat public, de diffamation envers particulier et d'injure, de telles qualifications alternatives créant nécessairement dans l'esprit du prévenu une incertitude quant à l'objet de la poursuite[4].

En revanche, ne saurait être entachée de nullité la citation visant globalement l'article 32 de la loi du 29 juillet 1881 dès lors que, tant dans ses motifs que dans son dispositif, elle donne toutes les précisions sur la nature de l'infraction dénoncée, celle-ci ne pouvant être dans l'esprit du prévenu qu'une diffamation envers un particulier relevant du premier alinéa dudit article, alors que le second alinéa de ce texte concerne la diffamation envers des personnes ou des groupes de personnes à raison de leur origine[5].

De même, n'est pas entachée de nullité la citation visant globalement l'article 31 de la loi du 29 juillet 1881, dès lors que les faits incriminés, qualifiés de diffamation publique envers un citoyen chargé d'un mandat public, contiennent uniquement la critique d'actes liés aux fonctions du plaignant, et que le prévenu, qui ne pouvait avoir aucun doute sur la nature du délit, a pu utilement préparer sa défense[6]. N'encourt pas le grief de nullité allégué la citation introductive d'instance qui vise l'article 24, alinéa 8, de la loi du 29 juillet 1881 relatif au délit de provocation à la haine raciale, en rappelle la teneur ainsi que les peines qu'il institue, le visa dans cette même citation, de façon erronée mais surabondante, du sixième alinéa dudit article n'ayant pas eu pour conséquence de créer une incertitude dans

1. Crim. 5 mars 2002, n° 01-82.785, P n° 54 ; *Dr. pénal* 2002. Chron. 24, note C. Marsat.
2. Crim. 8 déc. 2009, n° 08-82.951, NP.
3. Crim. 24 nov. 2009, n° 09-80.841, P n° 194 ; *AJ pénal* 2010. 81.
4. Crim. 30 mars 2005, n° 04-84.976, P n° 111.
5. Crim. 19 mars 1991, n° 90-81.621, P n° 132.
6. Crim. 24 janv. 1995, n° 93-84.701, P n° 33.

l'esprit du prévenu quant à la nature de l'infraction dont il aurait à répondre et à la peine encourue[1].

SECTION 3
PRESCRIPTION

414.61 Courte prescription – Principe ou exception ? On sait qu'en vertu des dispositions de l'article 65 de la loi du 29 juillet 1881, l'action publique et l'action civile résultant des crimes, délits et contraventions prévus par ladite loi se prescrivent après trois mois révolus à compter du jour où ils auront été commis ou du jour du dernier acte d'instruction ou de poursuite s'il en a été fait.

Il existe toutefois une exception à la brièveté de ce délai, posée dès 2004, par l'article 65-3 de la loi de 1881 venu prévoir que pour les délits prévus par le huitième alinéa de l'article 24, l'article 24 *bis*, le deuxième alinéa de l'article 32 et le troisième alinéa de l'article 33, le délai de prescription prévu par l'article 65 était porté à un an[2].

Cette exception a été validée par le Conseil constitutionnel qui a estimé : « qu'en portant de trois mois à un an le délai de la prescription pour les délits qu'il désigne, l'article 65-3 de la loi du 29 juillet 1881 a pour objet de faciliter la poursuite et la condamnation, dans les conditions prévues par cette loi, des auteurs de propos ou d'écrits provoquant à la discrimination, à la haine ou à la violence, diffamatoires ou injurieux, à caractère ethnique, national, racial, ou religieux ou contestant l'existence d'un crime contre l'humanité ; que le législateur a précisément défini les infractions auxquelles cet allongement du délai de la prescription est applicable ; que la différence de traitement qui en résulte, selon la nature des infractions poursuivies, ne revêt pas un caractère disproportionné au regard de l'objectif poursuivi ; qu'il n'est pas porté atteinte aux droits de la défense ; que, dans ces conditions, les dispositions contestées ne méconnaissent pas les exigences constitutionnelles »[3].

Le législateur n'a eu de cesse d'accroître depuis cette date le champ d'application de l'article 65-3 qui concerne notamment les délits de provocations à la discrimination, la haine ou la violence (L. 29 juill. 1881, art. 24, al. 8), la diffamation et l'injure publique à raison de l'origine, de l'appartenance ou non à une ethnie, une nation une race ou une religion déterminée (L. 29 juill. 1881, art. 32, al. 2 et art. 33, al. 3) et les contestations de crimes contre l'humanité (L. 29 juill. 1881, art. 24 *bis*) jusqu'au « bloc d'infractions visant à lutter contre la haine ... », ce qui a pu amener certains auteurs à écrire que « la prescription trimestrielle finira par devenir non plus le principe, mais l'exception »[4].

Pour ce qui concerne la prescription abrégée, on relèvera que la Cour de Strasbourg a pu considérer dans une affaire intéressant la Polynésie française, qu'en constatant la prescription de l'action du requérant en cours d'instance d'appel, les juridictions internes n'ont ni porté une atteinte disproportionnée au droit d'accès à un tribunal du requérant, ni porté atteinte à la substance même de ce droit[5]. Il s'agissait en l'espèce de l'acquisition de la prescription à l'occasion d'un renvoi devant la cour d'appel, et il est constant qu'en la matière, la partie civile doit surveiller la procédure et, le cas échéant, faire citer elle-même la personne poursuivie pour éviter que la prescription ne soit acquise.

Pour de plus amples développements sur la prescription, v. s^s n°s 412.53, 412.64 et 631.31 s.

414.62 Point de départ du délai. Les infractions au droit de la presse sont des infractions instantanées. Elles commencent donc à se prescrire au premier jour de la publication, c'est-à-dire de la mise à disposition du public[6] y compris sur internet[7].

Sauf exceptions mentionnées ci-dessus (v. s^s n° 414.61) ces infractions sont donc prescrites trois mois révolus à compter du jour où elles ont été commises ou du jour du dernier acte de poursuite, s'il en a été fait. Ce délai se calcule de quantième à quantième et expire le dernier jour à minuit[8] et la vigilance de la partie civile est primordiale dès lors « que fait une exacte application des dispositions des articles 6 du code de procédure pénale et 65 de la loi du 29 juillet 1881, la juridiction du second degré qui déclare l'action publique et l'action civile résultant d'un délit de presse éteintes par la prescription lorsque plus de trois mois se sont écoulés entre l'acte d'appel et la citation à la requête du procureur général pour l'audience de la cour d'appel et que la partie civile ne peut invoquer une prétendue suspension de la prescription de la prescription au motif

1. Crim. 3 févr. 2009, n°s 06-83.063, 08-82.402, P n° 25 ; *AJ pénal* 2009. 183.
2. L. n° 2004-204, 9 mars 2004, art. 45, *JO* 10 mars 2004.
3. Cons. const. 12 avr. 2013, n° 2013-302 QPC, art. conforme 65-3 de la loi du 29 juill. 1881, *délai de prescription d'un an pour les délits de presse à raison de l'origine, l'ethnie, la nation, la race ou la religion*, CONFORMITÉ, *JO* 14 avr., p. 6186 ; *D.* 2013. 1526, note E. Dreyer ; *AJ pénal* 2013. 410, obs. J.-B. Perrier ; *RSC* 2013. 910, obs. B. de Lamy.
4. L. n° 2021-1109, 24 août 2021, confortant les principes de la République, *JO* 25 août, n° 1. C. Bigot, « Un an de droit processuel de la presse », *CCE* 2022, chron. 4, spéc. n° 12.
5. CEDH, 30 mars 2023, *Diémert c/France*, req. n° 71244/17.
6. Crim. 13 oct. 1987, n° 86-96.686, P n° 349.
7. Crim. 30 janv. 2001, n° 00-83.004, P n° 28.
8. Crim. 12 nov. 2014, n° 13-84.444, P n° 236 ; *D.* 2014. 2242 ; *D.* 2015. 342, obs. E. Dreyer ; *AJ pénal* 2015. 203, obs. N. Verly.

d'un obstacle de droit ou d'une impossibilité d'agir. En effet en cas d'inaction du ministère public, il appartient à la partie civile d'assigner le prévenu à l'une des audiences de la cour d'appel[1] ».

Un contentieux important existe autour de la notion de publication qui constitue un élément important des infractions. Ne justifie ainsi pas sa décision la chambre de l'instruction qui, pour déterminer le point de départ du délai de prescription fixé par l'article 65, alinéa premier, de la loi du 29 juillet 1881 et dire l'action publique éteinte de ce chef, retient la date d'enregistrement à la Bibliothèque nationale de France du dépôt de l'ouvrage contenant les propos incriminés, alors que, l'accomplissement de la formalité du dépôt légal n'établissant aucune présomption que la publication ait eu lieu à cette date et ne devant être tenu que comme un élément d'appréciation, il appartenait aux juges de rechercher la date à laquelle l'écrit litigieux avait été effectivement porté à la connaissance du public et mis à sa disposition[2].

Par ailleurs, en matière de presse, le fait de publication étant l'élément par lequel les infractions sont consommées, toute reproduction dans un écrit rendu public d'un texte déjà publié est elle-même constitutive d'infraction, le point de départ de la prescription, lorsqu'il s'agit d'une publication nouvelle, étant fixé au jour de cette publication[3]. Il pourrait être soutenu que la publication nouvelle doit s'entendre d'une réédition avec modification d'une édition précédente, à défaut de quoi il semble possible de penser que la prescription serait acquise au bénéfice de l'écoulement du délai depuis l'édition initiale ou précédente si elle date de plus de trois mois[4]. Ainsi, un arrêt a pu décider[5] que le point de départ du délai de prescription de trois mois fixé par l'article 65 de la loi du 29 juillet 1881 pour les infractions de presse, qui sont des infractions instantanées, courant du jour de la première diffusion de l'écrit incriminé, la rediffusion d'un même écrit, sans reproduction, ni réimpression, ne constitue pas une nouvelle publication. En revanche, et la distinction peut paraître subtile, la réimpression ou la réédition font courir un nouveau délai[6].

Il a cependant été jugé depuis, qu'il résulte de l'article 65 de la loi du 29 juillet 1881 que toute reproduction, dans un écrit rendu public, d'un texte déjà publié est constitutive d'une publication nouvelle dudit texte, qui fait courir un nouveau délai de prescription. Méconnaît ses dispositions une cour d'appel qui constate la prescription de l'action civile engagée par un plaignant, alors qu'une nouvelle mise à disposition du public d'un contenu litigieux précédemment mis en ligne sur un site internet dont le titulaire a volontairement réactivé ledit site sur le réseau internet, après l'avoir désactivé, constitue une telle reproduction faisant courir un nouveau délai de prescription[7]. Et encore, que l'insertion, sur internet, par l'auteur d'un écrit, d'un lien hypertexte renvoyant directement audit écrit, précédemment publié, caractérise une reproduction, à nouveau rendue publique, d'un texte déjà publié et est constitutive d'une publication nouvelle dudit texte, qui fait courir à nouveau le délai de prescription de l'article 65 de la loi du 29 juillet 1881 sur la liberté de la presse[8], solution réaffirmée depuis[9]. Sur la problématique du jour de première diffusion et donc du point de départ du délai une autre décision est venue préciser que si la date précise de publication portée sur un journal doit être tenue, à l'égard de la personne visée, sauf le cas d'erreur matérielle ou de fraude, comme celle du délit, il n'en est pas de même pour les écrits contenus dans un périodique ne mentionnant pas de façon précise la date de sa publication. Dans ce dernier cas, les parties sont admises à prouver que la première diffusion de l'écrit est intervenue en dehors des dates mentionnées.

Justifie, dès lors, sa décision la cour d'appel qui retient, à la suite de la production des bordereaux de livraison d'un périodique à des points de vente différents et d'une attestation de l'imprimeur, que la date de mise à disposition du public du numéro dudit périodique est antérieure à celle qu'il mentionne[10].

1. Crim. 25 févr. 2003, n° 02-81.638, P n° 51.
2. Crim. 15 déc. 2015, n° 14-80.756, P n° 300 ; *D.* 2016. Pan. 285, note E. Dreyer ; *Procédures* 2016. Chron. 1, n° 19, note N. Verly, et comm. 73, note A.-S. Chavent-Leclère ; *Légipresse*, févr. 2016, n° 334-16, note B. Ader ; *Gaz. Pal.* 2016, n° 8, p. 36, note F. Fourment.
3. Crim. 2 oct. 2012, n° 12-80.419, P n° 204 ; *D.* 2012. 2521 ; *D.* 2013. 457, obs. E. Dreyer.
4. Cependant où l'arrêt évoque « une publication nouvelle ou une réimpression » : Crim. 8 janv. 1991, n° 90-80.593, P n° 13 ; *D.* 1992. Somm. 97, obs. J. Pradel.
5. Crim. 28 oct. 2014, n° 13-86.303, P n° 218 ; *D.* 2014. 2242 ; *D.* 2015. 342, obs. E. Dreyer ; *AJ pénal* 2015. 203, obs. N. Verly ; *AJCT* 2015. 43, obs. S. Lavric – AUSSI applicable en cas de diffusion sur internet avec prise en compte du premier jour de mise à disposition des utilisateurs : Crim. 27 nov. 2001, n° 01-80.134, P n° 246 ; *D.* 2002. Somm. 2770, obs. C. Bigot – Crim. 30 janv. 2001, n° 00-83.004, P n° 28 ; *D.* 2001. 1833, note E. Dreyer et P. Blanchetier.
6. Crim. 8 janv. 1991, n° 90-80.593, P n° 13.
7. Crim. 7 févr. 2017, n° 15-83.439, P n° 38 ; *D.* 2017. 409 ; *D.* 2018. 208, obs. E. Dreyer ; *AJ pénal* 2017. 234, obs. N. Verly ; *D.* IP/IT 2017. 233, obs. E. Derieux.
8. Crim. 2 nov. 2016, n° 15-87.163, P n° 283 ; *D.* 2017. 203, note A. Serinet ; *D.* 2017. 181, obs. E. Dreyer ; *AJ pénal* 2017. 39, obs. J.-B. Thierry ; *D. IP/IT* 2017. 61, obs. E. Derieux ; *RSC* 2017. 85, obs. A. Giudicelli – rappr : Crim. 24 oct. 1989, n° 88-80.793, P n° 380 – Crim. 8 janv. 1991, n° 90-80.593, P n° 13 – Crim. 2 oct. 2012, n° 12-80.419, P n° 204.
9. Crim. 1er sept. 2020, n° 19-84.505, NP.
10. Crim. 22 oct. 2013, n° 12-84.272, P n° 200 ; *D.* 2014. 508, obs. E. Dreyer.

Il convient par ailleurs de citer le rejet d'une demande d'avis par la Cour de cassation qui définit cependant en creux les conditions dans lesquelles l'insertion dans un article mis en ligne sur internet, d'un lien hypertexte y renvoyant peut ou pas être considéré comme une nouvelle publication dudit article, opération qui suppose l'examen des circonstances de l'espèce, notamment de la nature du lien posé et de l'identité de l'auteur de l'article, comme de son intention de mettre à nouveau le document incriminé à la disposition des utilisateurs [1].

414.63 Interruption, suspension et réouverture du délai. Justifie sa décision la cour d'appel qui, pour confirmer le rejet d'une exception soutenant qu'en application de l'article 65 de la loi du 23 juillet 1881, l'action publique exercée pour des faits de diffamation publique était éteinte par la prescription, retient qu'après l'envoi de l'avis de fin d'information, le délai prévu par l'article 175 du code de procédure pénale doit être considéré comme un obstacle de droit pendant lequel la prescription de l'action publique est suspendue. En effet, la prescription de l'action publique est suspendue à partir du moment où le juge d'instruction estime que l'information est achevée et pendant les délais prévus par l'article 175, précité [2].

Une autre décision de la chambre criminelle a retenu que le délai de consignation effectuée dans le délai imparti, suspend le délai de prescription. La même décision, qui a rappelé la possibilité ouverte au juge d'instruction d'entendre le plaignant pour lui faire valablement compéter sa plainte et la rendre conforme aux exigences de la loi du 29 juillet 1881, a jugé que des réquisitions aux fins de compléter la plainte sont également de nature à interrompre la prescription [3].

Enfin, si l'action publique résultant d'une infraction prévue par la loi du 29 juillet 1881 se prescrit, sauf exceptions, après trois mois révolus à compter du jour où l'infraction a été commise, ou du jour du dernier acte d'instruction ou de poursuite s'il en a été fait, la prescription de l'action publique est cependant suspendue pendant la durée du délibéré de la juridiction de jugement, les parties poursuivantes étant alors dans l'impossibilité d'accomplir un acte interruptif de prescription avant le prononcé de la décision [4]. Le temps de l'instance devant la Cour de cassation, jusqu'à la signification de l'arrêt de cassation suspend également la prescription [5].

Le décompte de ce délai de courte prescription est évidemment primordial, de même que la notion de premier acte de publication et la nature du support de l'infraction (écrit, affiche, diffusion par internet).

Dans une décision de 2013 [6], le tribunal correctionnel de Paris a estimé que la création sur internet d'un lien hypertexte permettant d'accéder à un article plus ancien, doit être analysée comme une nouvelle mise en ligne du texte auquel ce lien hypertexte renvoie, faisant courir un nouveau délai de prescription de trois mois du délit de diffamation allégué [7]. L'avenir dira si cette décision se concilie avec celle rendue précédemment par la chambre criminelle [8], censurant la cour d'appel qui, pour retarder le point de départ de la prescription de l'action publique, retient qu'en créant un nouveau mode d'accès au site existant, plus accessible par une adresse plus courte et plus simple que la dénomination initiale, l'auteur a renouvelé la mise à disposition du message dans des conditions assimilables à une réédition, alors que la simple adjonction d'une seconde adresse pour accéder à un site existant ne saurait caractériser un nouvel acte de publication de textes figurant déjà à l'identique sur ce site [9]. En tout état de cause, la rediffusion d'un même écrit, sans reproduction ni réimpression, ne constitue pas une nouvelle publication [10].

L'article 65-2 de la loi de 1881 dispose enfin « qu'en cas d'imputation portant sur un fait susceptible de revêtir une qualification pénale, le délai de prescription prévu par l'article 65 est réouvert ou court à nouveau, au profit de la personne visée, à compter du jour où est devenue définitive une décision pénale intervenue sur ces faits et ne la

1. Cass., avis, 26 mai 2014, n° 14-70.004, P n° 3 ; *BICC* 15 oct. 2014, p. 5, voir rapport du Conseiller rapporteur et conclusions de l'avocat général ; *D. actu.* 19 juin 2014, obs. S. Lavric ; *Dr. pénal* 2015. Chron. 6, n° 5, obs. O. Mouysset ; TGI Paris, 17e ch., 25 sept. 2014, *Légipresse* 2014. 562, note B. Ader, v. aussi ss n° 414.64.
2. Crim. 25 oct. 2011, n° 11-80.017, P n° 218 ; *D.* 2011. 2730, obs. S. Lavric ; *D.* 2012. 765, obs. E. Dreyer ; *D.* 2012. 2118, obs. J. Pradel.
3. Crim. 30 mars 2016, n° 15-81.606, P n° 111 ; *Procédures* 2016, Comm. 173, J. Buisson, A.-S. Chavent-Leclère.
4. Crim. 22 oct. 2013, n° 12-84.408, P n° 198 ; *D.* 2013. 2523.
5. Crim. 19 avr. 1983, n° 82-92.366, P n° 111.
6. T. corr. Paris, 17e ch., 18 mars 2013, RG n° 11/17 915 – Ch. Feral-Schuhl, *Cyberdroit*, 7e éd., « Praxis », Dalloz, 2018, n° 703.133.
7. T. corr. Paris, 17e ch., 18 mars 2013, préc., *D.* 2013. 1002, obs. T. Fourrey – en sens inverse : T. corr., 17e ch., 15 nov. 2013, *RLDI* 2014, n° 3396 – toutefois sur le maintien des incertitudes : T. corr., 17e ch., 25 sept. 2014, *Légipresse* 2014. 523 et 562, note B. Ader – malgré : Cass., avis, 26 mai 2014, n° 14-70.004, P n° 3 ; *Gaz. Pal.* 2014. 3192, obs. Ph. Piot – AUSSI : O. Mouysset, « Un an de droit pénal de la presse », *Dr. pénal* 2015. Chron. 6.
8. Crim. 6 janv. 2009, n° 08-80.826, P n° 5 ; *AJ pénal* 2009. 139.
9. *Contra*, dans le même sens que la décision de : T. corr. Paris 2013 : Paris, 7 mai 2009, *JurisData* 005027.
10. Crim. 28 oct. 2014, n° 13-86.303, P n° 218 ; *Dr. pénal* 2014, n° 150, note M. Véron.

mettant pas en cause ». La rapidité avec laquelle la citation est délivrée, revêt donc dans tous les cas une importance toute particulière.

Une tentative de remise d'une citation à comparaître ne constitue pas un acte de poursuite répondant aux exigences de l'article 53 de la loi du 29 juillet 1881, susceptible d'interrompre la prescription[1]. Une citation directe entachée d'une nullité ne peut interrompre la prescription des actions publiques et civiles[2], pas plus qu'une plainte avec constitution de partie civile pareillement entachée de nullité[3].

Encourt la censure l'arrêt de la cour d'appel qui, pour dire l'action publique et l'action civile éteintes par la prescription en matière de presse, retient que les citations délivrées aux prévenus le 28 mars 2012 à la requête du procureur général en vue de comparaître à une audience du 24 avril 2012, l'ont été plus de trois mois après les appels, relevés le 9 décembre 2011, et qu'aucun effet interruptif de prescription ne peut être attaché aux mandements de citation signés par le parquet général le 27 février 2012, en raison du fait qu'aucun élément matériel ne démontre que ces mandements ont bien été transmis à l'huissier instrumentaire avant le 9 mars 2012, alors qu'aucun élément de la procédure n'établissait que la date de transmission des actes à l'huissier était différente de celles de leur signature par le procureur général[4].

Si la citation ne peut mettre en mouvement l'action publique tant que sa notification au procureur de la République n'a pas été effectuée, elle constitue néanmoins un acte interruptif de prescription mais c'est à condition que la notification au ministère public intervienne avant la date à laquelle le prévenu est appelé à comparaître aux termes de la citation introductive d'instance. La notification opérée postérieurement à cette comparution ne peut avoir pour effet de réparer rétroactivement l'omission d'une formalité exigée par la loi à peine de nullité de la poursuite[5].

Dans les hypothèses plus courantes, il faut retenir que la citation délivrée à la partie civile, au prévenu, à un témoin interrompt la prescription à l'égard de tout auteur co-auteur ou complice de l'infraction[6].

Mais l'obligation de diligence de la partie poursuivante ne cesse pas là. Un arrêt a pu en effet juger qu'il appartient à la partie civile de surveiller le déroulement de la procédure et d'accomplir les diligences utiles pour poursuivre l'action qu'elle a engagée, au besoin en faisant citer elle-même le prévenu à l'une des audiences de la juridiction, avant l'expiration du délai de prescription, et que cette obligation n'est pas incompatible avec les articles 6 et 13 de la convention européenne des droits de l'homme quand, comme en l'espèce, il n'existe pour elle aucun obstacle de droit ou de fait la mettant dans l'impossibilité d'agir[7].

414.64 Diffusion sur internet : problèmes de compétence. On rappellera que pour la jurisprudence civile, la compétence des juridictions françaises résulte de la seule accessibilité d'un site internet sur le territoire français[8].

Il en va différemment en matière pénale la chambre criminelle ayant jugé qu'en l'absence de tout critère rattachant au territoire de la République les propos incriminés, la circonstance que ceux-ci, du fait de leur diffusion sur le réseau internet, aient été accessibles depuis ledit territoire ne caractérisait pas, à elle seule, un acte de publication sur ce territoire rendant le juge français compétent pour en connaître[9].

Pour une illustration, on citera un arrêt qui a confirmé le rejet d'une exception d'incompétence soulevé par le directeur de publication d'un site internet hébergé en Suisse poursuivi en France, du chef de provocation à la discrimination raciale, aux motifs que les propos litigieux, diffusés sur le site [...], accessible depuis le territoire français, précédemment hébergé et poursuivi en France, étaient destinés au public français dès lors que le journal déclare vouloir « en finir avec la loi du 9 décembre 1905 » et œuvrer « au rassemblement de tous les laïques et les républicains voulant défendre en France, en Europe et dans le monde ce principe émancipateur »[10].

Pour de plus amples développements sur la prescription, v. nota s[s] n°s 412.53, 412.64, 414.61 et 631.31 s.

414.65 Diffusion sur internet : permanence ou réapparition de la diffusion. Le tribunal correctionnel de Paris avait estimé que la création sur internet d'un lien hypertexte permettant d'accéder à un article plus ancien, devait être analysée comme une nouvelle mise en ligne du texte auquel ce lien hypertexte renvoie, faisant courir un nouveau délai de prescription de trois mois du délit de diffamation

1. Crim. 29 sept. 2009, n° 09-81.424, P n° 161 ; *AJ pénal* 2009. 499, obs. G. Royer.
2. Crim. 24 avr. 1979, n° 78-92.033, P n° 142.
3. Crim. 21 janv. 1980, n° 78-93.171, P n° 28.
4. Crim. 3 déc. 2013, n° 12-87.126, P n° 246.
5. Crim. 18 févr. 1986, n° 85-91.178, P n° 64.
6. Crim. 21 janv. 1954, P n° 28.
7. Crim. 28 mars 2017, n° 16-82.428, NP.
8. Civ. 1re, 18 oct. 2017, n° 16-10-428, P I, n° 219 ; *Procédures* 2017, comm. 299, obs. Stickler.
9. Crim. 12 juill. 2016, n° 15-86.645, P ; *Dr. pénal* 2016, comm. 156, par Ph. Conte – Crim. 6 mars 2018, n° 16-87.533.
10. Crim. 19 juin 2018, n° 17-86.604, NP.

allégué[1]. Dans un premier temps, la chambre criminelle avait jugé que lorsque des poursuites pour l'une des infractions prévues par la loi du 29 juillet 1881 sont engagées en raison de la diffusion, sur le réseau Internet, d'un message figurant sur un site, le point de départ du délai de prescription de l'action publique prévu par l'article 65 de la loi précitée doit être fixé à la date du premier acte de publication ; cette date est celle à laquelle le message a été mis pour la première fois à la disposition des utilisateurs. Méconnaît ce principe la cour d'appel qui, pour retarder le point de départ de la prescription de l'action publique, retient qu'en créant un nouveau mode d'accès au site existant, plus accessible par une adresse plus courte et plus simple que la dénomination initiale, l'auteur a renouvelé la mise à disposition du message dans des conditions assimilables à une réédition, alors que la simple adjonction d'une seconde adresse pour accéder à un site existant ne saurait caractériser un nouvel acte de publication de textes figurant déjà à l'identique sur ce site[2]. Elle avait encore jugé que la rediffusion d'un même écrit, sans reproduction ni réimpression, ne constituait pas une nouvelle publication[3].

Elle a finalement rendu un nouvel arrêt dans le même sens que le jugement précité, aux termes duquel, l'insertion, sur internet, par l'auteur d'un écrit, d'un lien hypertexte renvoyant directement audit écrit, précédemment publié, caractérise une reproduction, à nouveau rendue publique, d'un texte déjà publié et est constitutive d'une publication nouvelle dudit texte, qui fait courir à nouveau le délai de prescription de l'article 65 de la loi du 29 juillet 1881 sur la liberté de la presse[4].

Deux arrêts sont venus compléter cette jurisprudence. Aux termes du premier, une nouvelle mise à disposition du public d'un contenu précédemment mis en ligne sur un site internet dont une personne a volontairement réactivé le contenu initial sur le réseau internet, après qu'il eut été retiré, constitue une telle reproduction de la part de cette personne[5]. Le deuxième a jugé que constitue un nouvel acte de publication, interruptif de prescription, le déplacement d'un contenu de l'onglet « historique » vers l'onglet « article ». La cour d'appel qui, pour mettre hors de cause des directeurs de publication de sites internet ayant, soit repris un article argué de diffamation, en tout ou en partie, soit inséré un lien permettant d'y accéder, énonce que l'excuse de bonne foi, admise au profit des auteurs de l'article, bénéficie en conséquence aux différents directeurs de publication ayant permis l'accès audit article, a fait l'exacte application des articles 29, 35 et 35 *bis* de la loi du 29 juillet 1881 et de l'article 1382 du code civil ; en effet, s'il est vrai que l'intention de nuire doit être appréciée en la personne des auteurs de l'article diffamatoire, l'existence de faits justificatifs suffisants pour faire admettre la bonne foi des auteurs a pour effet d'exclure tant leur responsabilité que celle du directeur de publication des organes de presse l'ayant relayé, dès lors que les propos litigieux ont été repris sans dénaturation et sans qu'aucun élément nouveau n'ait été invoqué depuis la publication de l'article initial[6].

Diverses décisions ont également été rendues en cas de diffusion sur plusieurs sites ce qui complexifie évidemment la question de la prescription[7].

414.66 **Notification au ministère public.** Si la citation à la requête du plaignant, même non suivie de notification au ministère public, constitue en elle-même un acte interruptif de la prescription[8], la notification au ministère public à la requête du plaignant[9] conditionne la mise en mouvement de l'action publique[10]. Si la citation ne peut mettre en mouvement l'action publique tant que sa notification au procureur de la République n'a pas été effectuée, elle constitue néanmoins un acte interruptif de prescription mais c'est à condition que la notification au ministère public intervienne avant la date à laquelle le prévenu est appelé à comparaître aux termes de la citation introductive d'instance. La notification opérée postérieurement à cette comparution ne peut avoir pour effet de réparer rétroactivement l'omission d'une formalité exigée par la loi à peine de nullité de la poursuite[11].

1. T. corr. Paris, 17e ch., 18 mars 2013, préc.
2. Crim. 6 janv. 2009, n° 05-83.491, P n° 4.
3. Crim. 28 oct. 2014, n° 13-86.303, P n° 218 ; *Dr. pénal* 2014, n° 150, note M. Véron.
4. Crim. 2 nov. 2016, n° 15-87.163, P n° 283 – Saisie pour avis, la Cour de cassation avait auparavant jugé que ne relève pas de la procédure d'avis la question qui concerne les conditions dans lesquelles l'insertion, dans un article mis en ligne sur le réseau Internet, d'un lien hypertexte renvoyant à un texte déjà publié serait susceptible d'être regardée comme une nouvelle publication de celui-ci, de nature à faire courir à nouveau le délai de prescription de l'article 65 de la loi du 29 juillet 1881 sur la liberté de la presse, dès lors qu'elle suppose un examen des circonstances de l'espèce, notamment de la nature du lien posé et de l'identité de l'auteur de l'article, comme de son intention de mettre à nouveau le document incriminé à la disposition des utilisateurs : Cass. 26 mai 2014, n° 14-70.004, P, avis n° 3 ; *D. actu.* 19 juin 2014, obs. S. Lavric ; *Dr. pénal* 2015. Chron. 6, n° 5, obs. O. Mouysset.
5. Crim. 10 avr. 2018, n° 17-82.814, P n° 71 ; *D.* 2018. 1295, note A. Serinet ; *Dalloz IP/IT* 2018. 563, obs. J. Daleau – v. ss n° 414.02.
6. Crim. 7 mai 2018, n° 17-82.663, P n° 85 ; *D.* 2018. 1014 – v. ss n° 414.02.
7. Crim. 2 oct. 2012, n° 12-80.419, P n° 204 ; *Dr. pénal* 2012. Comm. 157, obs. M. Véron et v. ss n° 631.72.
8. L. 29 juill. 1881, art. 65.
9. L. 29 juill. 1881, art. 53.
10. Crim. 9 févr. 1965, n° 64-90.715, P n° 42.
11. Crim. 18 févr. 1986, n° 85-91.178, P n° 64.

Cette notification doit avoir lieu par exploit d'huissier[1]. Si nombre de juridictions du fond avaient pu juger que l'expression « ministère public » figurant dans l'article 53 de la loi sur la presse s'entendait exclusivement du procureur de la République et de ses substituts, à l'exclusion des fonctionnaires du parquet[2], la chambre criminelle a considéré que la remise de l'acte à un fonctionnaire habilité à recevoir les citations délivrées à parquet constitue une notification au ministère public au sens de l'article 53 de la loi du 29 juillet 1881. Encourt la cassation, l'arrêt qui déclare nulle une citation introductive d'instance au motif que l'acte n'a pas été remis à un magistrat du parquet mais à un fonctionnaire habilité à recevoir les citations délivrées à parquet en vertu de l'article 559 du code de procédure pénale[3].

La remise de l'acte à un fonctionnaire habilité à recevoir les citations délivrées à parquet constitue une notification au ministère public au sens de l'article 53 de la loi du 29 juillet 1881. L'habilitation de ce fonctionnaire est présumée. Encourt la cassation l'arrêt qui prononce la nullité des poursuites au motif que l'acte de remise de copie de l'exploit à un greffier assermenté ne comporte pas de mention indiquant que celui-ci a été habilité à recevoir les citations délivrées au parquet en vertu de l'article 559 du code de procédure pénale[4]. La remise de l'acte à un fonctionnaire habilité à recevoir les citations délivrées au ministère public constitue la notification prévue par l'article 53 de la loi du 29 juillet 1881.

Un commissaire de police affecté au lieu où siège le tribunal de police est habilité à recevoir, au nom de l'officier du ministère public, une citation délivrée du chef d'injures non publiques, et à la lui transmettre[5].

SECTION 4
RESPONSABILITÉ

414.71 **Personne morale – Prohibition des poursuites.** Aucune disposition de la loi du 29 juillet 1881 ni aucun texte ultérieur n'autorise la poursuite d'une personne morale du chef d'infraction à la loi sur la presse[6]. Il se déduit de l'article 43-1 de la loi du 29 juillet 1881 qu'en dehors des cas expressément prévus par les textes, les personnes morales ne sauraient encourir de responsabilité pénale à raison des contraventions de presse.

Justifie sa décision la cour d'appel qui, pour mettre hors de cause le Syndicat national du travail temporaire, poursuivi en qualité de prévenu, du chef de diffamation non publique, énonce qu'aucune disposition de la loi du 29 juillet 1881, ni aucun texte ultérieur, n'autorise la poursuite d'une personne morale du chef de diffamation, et que le régime juridique de la contravention de diffamation non publique étant celui des infractions de presse, le premier juge ne pouvait pas entrer en voie de condamnation à l'encontre de ce syndicat[7]. Il se déduit de l'article 43-1 de la loi du 29 juillet 1881 sur la liberté de la presse qu'aucune peine se saurait être prononcée à l'encontre des personnes morales en raison des délits de presse. Encourt la cassation l'arrêt qui prononce une peine contre une société d'édition pour le délit de diffamation publique envers un particulier, cette infraction ne pouvant être imputée à une personne morale[8].

414.72 **Personne physique.** On sait qu'en vertu de l'article 42 de la loi du 29 juillet 1881, sont passibles, comme auteurs principaux des peines qui constituent la répression des crimes et délits commis par la voie de la presse, dans l'ordre ci-après, savoir :

1° Les directeurs de publications ou éditeurs, quelles que soient leurs professions ou leurs dénominations, et, dans les cas prévus au deuxième alinéa de l'article 6, les codirecteurs de la publication ;

2° À leur défaut, les auteurs ;

3° À défaut des auteurs, les imprimeurs ;

4° À défaut des imprimeurs, les vendeurs, les distributeurs et afficheurs.

Dans les cas prévus au deuxième alinéa de l'article 6, la responsabilité subsidiaire des personnes visées aux paragraphes 2°, 3° et 4° du présent article joue comme s'il n'y avait pas de directeur de la publication, lorsque, contrairement aux dispositions de la présente loi, un codirecteur de la publication n'a pas été désigné. En vertu de l'article 42 de la même loi lorsque les directeurs ou codirecteurs de la publication ou les éditeurs seront en cause, les auteurs seront poursuivis comme complices.

Cette responsabilité dite « en cascade » ne s'applique que si le journal est imprimé et publié en France[9]. En matière de communication audiovisuelle, le système de responsabilité posé à l'article 93-3 de la loi du 29 juillet 1982 ne s'applique

1. Crim. 26 juin 1952, P n° 167 ; *D.* 1952. 707.
2. Paris, 18 janv. 1996 – Chambéry, 26 mai 1999.
3. Crim. 7 mars 2000, n° 98-87.353, P n° 107.
4. Crim. 18 sept. 2001, n° 00-86.649, P n° 182.
5. Crim. 18 janv. 2005, n° 04-80.777, P n° 20.
6. Crim. 19 juin 2001, n° 00-86.667, NP.
7. Crim. 10 sept. 2013, n° 12-83.672, P n° 178.
8. Crim. 11 juill. 2017, n° 16-84.859, P n° 207.
9. Crim. 25 oct. 2005, n° 04-87.336, *Gaz. Pal.* 6 mai 2006, n° 126, p. 16, obs. Monnet.

que lorsque le service de communication au public par voie électronique est fourni depuis la France[1].

414.73 Imprimeur. Pourront l'être, au même titre et dans tous les cas, les personnes auxquelles l'article 121-7 du code pénal pourrait s'appliquer. Ledit article ne pourra s'appliquer aux imprimeurs pour faits d'impression, sauf dans le cas et les conditions prévus par l'article 431-6 du code pénal sur les attroupements ou, à défaut de codirecteur de la publication, dans le cas prévu au deuxième alinéa de l'article 6.

Toutefois, les imprimeurs pourront être poursuivis comme complices si l'irresponsabilité pénale du directeur ou du codirecteur de la publication était prononcée par les tribunaux. En ce cas, les poursuites sont engagées dans les trois mois du délit ou, au plus tard, dans les trois mois de la constatation judiciaire de l'irresponsabilité du directeur ou du codirecteur de la publication.

414.74 Directeur de publication. Il résulte aussi bien des articles 7 à 13 et 42 de la loi du 29 juillet 1881 que de l'article 5 de la loi du 1er août 1986 que le directeur de la publication d'un journal peut être cité au siège de ce journal[2].

Il résulte des articles 7 à 13 et 42 de la loi du 29 juillet 1881, ainsi que de l'article 5 de la loi du 1er août 1986, que le directeur de la publication d'un journal, ou celui qui a pris cette qualité dans la publication, peut, par dérogation aux articles 555 et suivants du code de procédure pénale, être cité au siège de l'entreprise éditrice, à raison des écrits ou images publiés par l'organe de presse dont il est responsable. La délivrance de la citation dans ces conditions n'est pas de nature à porter atteinte aux droits de la défense, ni à entraver l'exercice des droits reconnus au prévenu par l'article 55 de la loi du 29 juillet 1881, dès lors que les formalités prévues par l'article 558 du code de procédure pénale ont été accomplies[3].

En revanche, les articles 43 et 53 de la loi du 29 juillet 1881 ne dérogeant pas aux dispositions des articles 550 et 555 à 558 du code de procédure pénale quant aux conditions de délivrance de la citation destinée à l'auteur d'un article du journal poursuivi pour diffamation publique, est nulle la citation introductive d'instance délivrée au siège dudit journal, le prévenu étant, dans un tel cas, empêché de bénéficier des dispositions de l'article 55 de la loi sur la presse[4].

S'agissant d'une citation délivrée au siège du journal, il n'y a pas lieu de retenir la nullité de la citation pour ces motifs dès lors que n'était requise ni la mention de l'état civil du prévenu ni celle de son adresse personnelle[5].

Il résulte des articles 7 à 13 et 42 de la loi du 29 juillet 1881, ainsi que de l'article 5 de la loi du 1er août 1986, que le directeur de la publication d'un journal ou celui qui a pris cette qualité dans la publication peut par dérogation aux articles 555 et suivants du code de procédure pénale, être cité au siège de l'entreprise éditrice, à raison des écrits ou images publiés par l'organe de presse dont il est responsable. La délivrance de la citation dans ces conditions n'est pas de nature à porter atteinte aux droits de la défense ni à entraver l'exercice des droits reconnus au prévenu par l'article 55 de la loi du 29 juillet 1881 dès lors que les formalités prévues par l'article 558 ont été accomplies[6].

S'il résulte des articles 7 à 13 et 42 de la loi du 29 juillet 1881, ainsi que de l'article 5 de la loi du 1er août 1986, que le directeur de la publication d'un journal peut, par dérogation aux articles 555 et suivants du code de procédure pénale, être cité au siège de l'entreprise éditrice, c'est seulement à raison des écrits ou images publiés par l'organe de presse dont il est responsable, en cette qualité. Tel n'est pas le cas lorsque le directeur de la publication s'est exprimé, à titre personnel, dans une émission radiophonique[7]. La délivrance de la citation au siège du journal, en dehors des cas où elle est exceptionnellement autorisée, étant nécessairement de nature à porter atteinte aux droits de la défense, en entravant l'exercice des droits reconnus au prévenu par l'article 55 de la loi du 29 juillet 1881, c'est à la partie poursuivante qu'il appartient de démontrer l'absence éventuelle d'effet de l'irrégularité constatée[8].

S'il résulte des articles 7 à 13 et 42 de la loi du 29 juillet 1881, ainsi que de l'article 5 de la loi du 1er août 1986, que le directeur de la publication d'un journal peut, par dérogation aux articles 555 et suivants du code de procédure pénale, être cité au siège de l'entreprise éditrice, cette expression désigne, conformément à l'article 2 de la loi précitée du 1er août 1986, la personne physique ou morale ou le groupement de droit qui, en tant que propriétaire ou locataire-gérant, édite une publication de presse. Tel n'est pas le cas de la société qui a la qualité d'imprimeur, au sens de l'article 42 susvisé,

1. Crim. 18 juin 2019, n° 18-85.298, *Dr. pénal* 2019, comm. 5, obs. Ph. Conte.
2. Crim. 29 sept. 1992, n° 92-80.861, P n° 291.
3. Crim. 21 janv. 1997, n° 94-84.919, P n° 20.
4. Crim. 2 mai 1990, n° 89-83.986, P n° 165.
5. Crim. 20 mai 2003, n° 01-87.215, NP.
6. Crim. 11 déc. 2001, n° 00-83.838, P n° 264 ; *D.* 2002. 620.
7. Crim. 7 avr. 1994, n° 92-82.890, P n° 143.
8. *Ibid.*

et au siège de laquelle le directeur de la publication ne peut être valablement cité [1].

S'agissant des poursuites intentées dans le cadre des diffusions intervenues sur internet, il sera renvoyé à la jurisprudence citée en tête de chapitre, qui intègre les réserves d'interprétation posées par le Conseil constitutionnel [2].

SECTION 5
MISE EN ŒUVRE ET EFFET DES NULLITÉS DE CITATIONS EN MATIÈRE DE PRESSE

414.81 Nullité soulevée avant toute défense au fond. Aux termes de l'article 385 du code de procédure pénale, applicable à la poursuite des infractions à la loi sur la liberté de la presse et devant la cour d'appel, les exceptions de nullité doivent être présentées avant toute défense au fond. Les exceptions de nullité de la citation ne peuvent être présentées pour la première fois devant la cour d'appel, après un débat au fond devant le tribunal [3] [4].

Le ministère public a le droit, dans l'intérêt d'une bonne administration de la justice, de soulever *in limine litis* l'exception de nullité de l'exploit de citation ou d'un acte de procédure, et de demander à la juridiction compétente de prononcer la nullité de cet acte, quand bien même la personne que cet acte concerne se serait abstenue de le faire. Il s'ensuit que le prévenu peut devant la cour d'appel se prévaloir d'une telle exception régulièrement soulevée, et que les juges du second degré ne peuvent l'écarter au motif qu'elle n'aurait pas été présentée par lui *in limine litis* [5]. Lorsque la citation délivrée au prévenu par la partie civile du chef de contravention d'injures non publiques ne respecte pas les formalités de l'article 53 de la loi du 29 juillet 1881, le ministère public a qualité pour invoquer *in limine litis*, conformément au droit commun, l'irrégularité de cet acte [6].

En revanche, il résulte de l'article 385 du code de procédure pénale, applicable en matière de presse, que la nullité de la citation ne peut être relevée d'office par les juridictions correctionnelles, et qu'elle se trouve couverte lorsque le prévenu, après l'avoir régulièrement soulevée, a renoncé, au cours des débats à s'en prévaloir [7] ; les juges n'ont pas le pouvoir de relever d'office la violation des dispositions de l'article 53 de la loi du 29 juillet 1881 relatives à la qualification des faits et au visa du texte dont l'application est requise [8].

Est étrangère à la forclusion édictée par l'article 385 du code de procédure pénale toute contestation relative au bien-fondé de la qualification en matière de presse, laquelle est irrévocablement fixée par l'acte initial de poursuites et constitue une question de fond qu'il appartient aux juges du fond de relever d'office, toute requalification étant interdite en matière de presse.

Dès lors, justifie sa décision la cour d'appel qui, saisie d'une diffamation publique envers un particulier, au visa de l'article 32 de la loi du 29 juillet 1881, prononce une relaxe après qu'il eut été établi, au cours des débats au fond, que la partie civile, directeur de cabinet du ministre de l'Environnement, était investie de prérogatives de puissance publique, et relevait en conséquence de l'article 31 de la loi sur la presse relatif à la diffamation publique envers un citoyen chargé d'un service public [9].

On notera à titre d'exemples, que l'indication de la date de la citation ne figurant pas au nombre des formalités exigées à peine de nullité de la poursuite par l'article 53 de la loi du 29 juillet 1881 et à condition qu'elle n'ait pas eu pour effet de porter atteinte aux intérêts du prévenu, l'irrégularité affectant la mention de la date sur l'exploit de citation n'entraîne pas ladite nullité [10]. Enfin, il a été jugé que n'encourt pas la censure l'arrêt d'une cour d'appel qui rejette la demande de sursis à statuer présentée lors des débats par un prévenu au motif que le procureur général près la même cour n'avait pas encore répondu à la requête qu'il avait formulée dans l'intérêt d'une bonne administration de la justice aux fins de renvoi de la procédure le concernant devant une autre juridiction, dès lors qu'aucune décision effective de renvoi n'était intervenue, conformément aux dispositions de l'article 665, alinéa 2, du code de procédure pénale, à la date de l'audience de ladite cour d'appel, solution qui peut paraître sévère [11].

414.82 Effets. Les formalités prescrites par l'article 53 de la loi du 29 juillet 1881 sont substantielles

1. Crim. 10 juill. 1996, n° 94-83.589, P n° 293.
2. Crim. 16 févr. 2010, n° 09-81.064, P n° 31 ; *D.* 2010. 2206, note E. Dreyer ; *D.* 2010. 1653, Chron. P. Chaumont, A. Leprieur et E. Degorce ; *AJ pénal* 2010. 285, obs. G. Royer ; *RSC* 2010. 635, obs. J. Francillon – Cons. const. 16 sept. 2011, n° 2011-64 QPC, art., non conformes L. 511-2, al. 2, L. 512-7 III, et conforme L. 511-2, al. 1, du C. envir., *projets de nomenclature et de prescriptions générales relatives aux installations classées pour la protection de l'environnement*, NON-CONFORMITÉ PARTIELLE – EFFET DIFFÉRÉ, *JO* 17 sept., p. 15601 – Crim. 30 oct. 2012, n° 10-88.825, P n° 223.
3. Crim. 26 avr. 1994, n° 92-82.459, P n° 151.
4. V. aussi s^s titre 61.
5. Crim. 5 mars 1970, n° 67-91.652, P n° 93.
6. Crim. 26 mai 1977, n° 76-92.121, P n° 196.
7. Crim. 6 mars 1974, n° 73-92.256, P n° 96.
8. Crim. 12 mars 1996, n° 95-81.127, P n° 110.
9. Crim. 25 oct. 2005, n° 05-81.252, P n° 265.
10. Crim. 6 nov. 1973, n° 72-93.517, P n° 403.
11. Crim. 2 oct. 2012, n° 12-80.419, P n° 204.

aux droits de la défense - leur inobservation entraîne la nullité de la citation et de la poursuite[1].

En matière d'infraction à la loi sur la presse, la cour d'appel qui constate la nullité de l'exploit introductif d'instance ne peut qu'annuler la procédure[2] sans pouvoir évoquer l'affaire et statuer au fond[3].

Ni l'article 565 du code de procédure pénale, ni la loi du 6 août 1975 instituant l'article 802 du même code n'ont en rien abrogé les dispositions exceptionnelles et impératives des alinéas 2 et 3 de l'article 53 de la loi du 29 juillet 1881 sur la liberté de la presse lesquelles tendent à garantir les droits de la défense et touchent à la protection de la liberté d'expression telle que la réglemente cette loi. Dès lors en cas d'inobservation des prescriptions de l'alinéa 2 de l'article 53 de ladite loi, la nullité de la citation, invoquée avant toute défense au fond, doit être prononcée, sans que les articles 565 et 802 précités puissent recevoir application[4].

Pour autant, devant des actes de poursuites souvent complexes et se référant à une diversité pour ne pas dire à une multiplicité de propos, la question a pu se poser de la portée d'une irrégularité concernant seulement certains d'entre eux. À ce sujet la chambre criminelle a jugé que lorsque plusieurs propos sont incriminés dans une même citation délivrée du chef d'une ou plusieurs infractions de presse, l'irrégularité affectant la poursuite s'agissant d'un de ces propos ne s'étend à l'ensemble de l'acte que si, en raison de l'indivisibilité existant entre les différents faits poursuivis, c'est sur la nature et l'étendue de l'intégralité de ceux-ci qu'il en résulte une incertitude dans l'esprit du prévenu[5].

414.83 **Cour de cassation.** La nullité de la citation ne peut être invoquée pour la première fois devant la Cour de cassation[6], mais celle-ci a jugé que la cour d'appel avait, dans une affaire de diffamation non publique où le dispositif de la citation visait l'article 33 de la loi sur la liberté de la presse et l'article R. 26, alinéa 11, du code pénal, le devoir de vérifier si la citation a été régulièrement délivrée, même si aucune irrégularité n'a été soulevée par le prévenu *in limine litis*[7].

Aux termes de l'article 385 du code de procédure pénale, applicable à la poursuite des infractions à la loi sur la liberté de la presse, et devant la cour d'appel, les exceptions de nullité doivent être présentées avant toute défense au fond.

Encourt la censure l'arrêt qui relève d'office l'exception de nullité prise du non-respect dans la citation délivrée au prévenu des dispositions des articles 29 et 53 de la loi du 29 juillet 1881 relatives à l'absence de précision du fait incriminé, les juges du fond n'ayant pas le pouvoir de la relever d'office.

Mais, il appartient à la Cour de cassation, qui, en matière de presse, exerce son contrôle sur les pièces de la procédure, de relever d'office le moyen de pur droit pris de la nullité de l'exploit introductif d'instance ; une telle nullité entraînant celle de la poursuite, il n'y a pas lieu à renvoi[8].

1. Crim. 26 juin 1984, n° 83-91.283, P n° 244.
2. Crim. 9 nov. 1954, P n° 359.
3. Crim. 28 déc. 1950, P n° 297.
4. Crim. 25 févr. 1980, n° 76-93.016, P n° 70.
5. Crim. 3 nov. 2020, n° 19-87.463, NP. À comparer avec Cass., ass. plén., 15 févr. 2013, n° 11-14.637, P Ass. plén. n° 1.
6. Crim. 4 avr. 1957, P n° 325.
7. Crim. 25 juin 1963, n° 61-93.778, P n° 227.
8. Crim. 6 janv. 2009, n° 08-80.826, P n° 5 ; *AJ pénal* 2009. 139.

CHAPITRE

415. Diligences du commissaire de justice (l'huissier) et qualification des décisions

SECTION 0 ORIENTEUR

415.00 Sommaire du chapitre.

415.01 Principaux textes applicables.

TEXTES SOURCES

• C. pr. pén., art. 116, 148-4, 179-1, 503-1, 550, 551, 555, 555-1, 557 à 566

• C. pr. pén., art. D. 46-2 à D. 46-7, D. 593-1-1

• C. pén., art. 441-4

TEXTES *IN EXTENSO*

• **C. pr. pén., art. D. 46-6-3**

* V. s[s] n° 414.01

• **C. pr. pén., art. D. 593-1-1**

* V. s[s] n° 414.01

415.02 Jurisprudence de référence.

> Valeur de la citation

• **Crim. 6 nov. 1984,** n° 83-93.301, P n° 334

* V. s[s] n° 415.12.

Ne saurait être déclarée nulle la citation à comparaître délivrée conformément aux prescriptions des articles 557 et 558 du code de procédure pénale au motif que l'avis de réception de la lettre recommandée ne figurerait pas au dossier alors que la mention, dans l'exploit, des diligences accomplies par l'huissier vaut jusqu'à inscription de faux. La citation est alors valable et interrompt la prescription.

> Déclaration d'adresse

• **Crim. 11 déc. 2001,** n° 00-85.212, P n° 263

* V. s[s] n° 415.42.

Une citation faite au domicile élu par le prévenu résidant en France devant le juge d'instruction, en application de l'article 116 du code de procédure pénale, vaut citation à personne et les articles 556 et 557 du code de procédure pénale ne sont pas applicables en pareil cas.

• **Crim. 27 sept. 2011,** n° 11-80.252, P n° 185

* V. s[s] n° 415.43.

Fait l'exacte application des dispositions de l'article 503-1 du code de procédure pénale, la cour d'appel qui, pour statuer par décision contradictoire à signifier à l'encontre d'un prévenu appelant non comparant, retient que l'huissier, qui a délivré la citation à l'adresse déclarée par celui-ci, a effectué les diligences prévues par les alinéas 2 et 4 de l'article 558 du code de procédure pénale, en se transportant à cette adresse et, en l'absence de l'intéressé, lui a envoyé une lettre recommandée avec avis de réception en l'invitant à retirer la copie de l'acte à l'étude dans les plus brefs délais.

• **Crim. 25 oct. 2011,** n° 11-81.692, P n° 213

* V. s[s] n° 415.44.

Il résulte de la combinaison des articles 503-1 et 558, alinéas 2 et 4, du code de procédure pénale, que l'huissier qui délivre une citation à la dernière adresse déclarée du prévenu appelant, conformément à l'article 503-1 du code de procédure pénale, est tenu d'effectuer les diligences prévues par l'article 558, alinéas 2 et 4, dudit code, que l'intéressé demeure ou non à l'adresse dont il a fait le choix, cette citation étant réputée faite à personne. N'est pas légalement saisie et méconnaît le sens et la portée des textes susvisés, la cour d'appel qui, pour statuer par arrêt contradictoire à signifier, constate que le prévenu n'a pas comparu à son audience et retient qu'il a été recherché par l'huissier à l'adresse indiquée dans le jugement, où il n'a pas été retrouvé, alors qu'il appartenait à l'huissier d'effectuer les diligences prévues par les alinéas 2 et 4 de l'article 558 du code de procédure pénale.

• **Crim. 19 mars 2014,** n° 13-81.850, P n° 87

* V. s[s] n° 415.41.

S'il ne trouve personne à l'adresse personnelle que le prévenu appelant a déclarée conformément à l'article 503-1 du code de procédure pénale, l'huissier chargé de lui délivrer la citation doit, sans avoir à vérifier qu'il y demeure effectivement, procéder comme il est dit à l'article 558, alinéa 2, du même code.

En application de l'article 503-1 du code procédure pénale, jusqu'à ce que l'affaire soit définitivement jugée, il appartient au prévenu appelant de signaler au procureur de la République, par lettre recommandée avec demande d'avis de réception, le changement de son adresse déclarée.

• **Crim. 13 mai 2014,** n° 13-83.247, P n° 130

* V. s[s] n° 415.45.

Est irrecevable comme tardif le pourvoi formé plus de cinq jours francs après la signification d'un arrêt contradictoire à signifier, dès lors que, conformément à l'article 503-1 du code de procédure pénale, cette signification a été délivrée au prévenu à l'adresse par lui déclarée, dont il n'avait pas signalé de changement, que l'huissier instrumentaire a accompli la diligence prévue à l'alinéa 2 de l'article 558 de ce code et que l'arrêt signifié ne comporte pas de condamnation à une peine d'emprisonnement ferme.

> Portée des irrégularités commises

• **Crim. 17 nov. 1971,** n° 70-92.068, P n° 312

* V. s[s] n° 415.82.

La nullité d'un exploit de citation ne peut être prononcée en cas d'omission, sur cet acte, de la mention d'envoi de la lettre recommandée d'avis de remise de copie à une personne résidant au domicile du destinataire, dès lors qu'il se déduit des énonciations de l'arrêt attaqué lui-même que cet avis a été reçu et qu'il n'a donc pas été porté atteinte aux intérêts de la personne qu'il concernait.

• **Crim. 26 mars 1992,** n° 91-85.341, P n° 130

* V. s[s] n° 415.82.

Il y a nullité de la citation pour violation de l'article 550 du code de procédure pénale lorsque l'original de l'exploit ne comporte pas la signature de la personne qui en a reçu copie et qu'il n'est pas précisé qu'elle n'a pu ou voulu signer. Dès lors que le prévenu n'a été ni présent ni représenté à l'audience, la nullité de l'exploit par lequel il a été cité a eu pour effet de porter atteinte à ses intérêts. Lorsque la cassation résulte d'une faute de l'huissier, il y a lieu, en vertu des dispositions de l'article 566 du code de procédure pénale, de le condamner aux frais de l'exploit et de la procédure annulée.

• **Crim. 7 mai 1996,** n° 95-82.637, P n° 193

* V. s[s] n° 415.82.

Il y a nullité de la citation pour violation de l'article 551 du code de procédure pénale lorsque celle-ci comporte une erreur sur le lieu de l'audience ; si le prévenu n'y a été ni présent ni représenté, cette nullité a eu pour effet de porter atteinte à ses intérêts.

• **Crim. 22 mai 1990,** n° 89-86.836, P n° 208

* V. s[s] n° 415.82.

Il y a nullité de la citation pour violation de l'article 551 du code de procédure pénale lorsque celle-ci n'indique pas l'heure de l'audience ; si le prévenu n'y a été ni présent ni représenté, cette nullité a eu pour effet de porter atteinte à ses intérêts.

> Diligences de l'huissier, importance des mentions de l'acte

• **Crim. 11 juill. 2017,** n° 17-80.157, NP

* V. s[s] n° 415.44.

Il résulte de la combinaison des articles 558 et 503-1 du code de procédure pénale que l'huissier qui délivre une citation à la dernière adresse déclarée du prévenu appelant, conformément à l'article 503-1 du code de procédure pénale, est tenu d'effectuer les diligences prévues par l'article 558, alinéas 2 ou 4 dudit code, et qu'en l'absence d'accomplissement de celles-ci, la juridiction n'est pas valablement saisie.

SECTION 1
MODALITÉS PRATIQUES CONCERNANT LES CITATIONS

415.11 **L'exploit.** S'il existe une réelle diversité des modes de convocation en justice, le principe demeure affirmé par le code de procédure pénale que les citations et significations, sauf disposition contraire des lois et règlements, sont faites par exploit d'huissier de justice (désormais commissaire de justice)[1].

L'acte n'en demeure pas moins valable lorsqu'il a été accompli par un clerc de l'étude : est régulière la signification de la liste du jury de session notifiée à un accusé par un clerc assermenté dès lors que les mentions apposées sur l'original par ledit clerc sont visées par l'huissier[2] ; de même l'absence de visa par l'huissier sur l'original de l'exploit de la mention que celui-ci a été dressé par un clerc assermenté ne porte aucun préjudice à la personne qu'il concerne et le prévenu ne saurait donc se faire un grief d'irrégularités qui auraient été commises dans

1. C. pr. pén., art. 550, al. 1er.
2. Crim. 29 oct. 1968, n° 68-91.637, P n° 272.

l'exploit d'huissier par lequel l'appel du procureur général lui a été signifié, dès lors que lesdites irrégularités n'ont pu avoir aucune conséquence préjudiciable à la défense[1 2].

En revanche, il y a nullité de la citation pour violation de l'article 550 du code de procédure pénale lorsque l'original de l'exploit ne comporte pas la signature de la personne qui en a reçu copie et qu'il n'est pas précisé qu'elle n'a pu ou voulu signer. Dès lors que le prévenu n'a été ni présent ni représenté à l'audience, la nullité de l'exploit par lequel il a été cité a eu pour effet de porter atteinte à ses intérêts[3].

415.12 Nature de l'exploit et valeur des mentions qu'il contient. Un exploit d'huissier est un acte authentique, soit un acte auquel la loi a entendu conférer une valeur particulière et par suite une protection particulière, y compris au plan pénal avec les dispositions aggravant les peines pour faux lorsqu'ils portent sur ce type d'écrit[4].

La mention dans l'exploit de citation des diligences accomplies par l'huissier vaut jusqu'à inscription de faux. L'absence au dossier de la procédure de l'accusé de réception de la lettre recommandée envoyée par l'huissier n'entraîne pas la nullité de la citation. Il en résulte seulement que le prévenu ne peut être jugé que par défaut[5] ; ne saurait être déclarée nulle la citation à comparaître délivrée conformément aux prescriptions des articles 557 et 558 du code de procédure pénale au motif que l'avis de réception de la lettre recommandée ne figurerait pas au dossier alors que la mention, dans l'exploit, des diligences accomplies par l'huissier vaut jusqu'à inscription de faux. La citation est alors valable et interrompt la prescription[6].

La chambre criminelle a même pu se prononcer sur les mentions pré-imprimées des procès-verbaux : la mention portée par l'huissier dans l'exploit, fût-ce en cochant une mention imprimée, de ce qu'il a vérifié que le destinataire demeure bien à l'adresse indiquée vaut jusqu'à inscription de faux. Encourt dès lors la cassation l'arrêt d'une cour d'appel qui, pour déclarer recevable l'appel d'un jugement du tribunal correctionnel interjeté hors délai, retient que celui-ci n'a pu courir, en l'absence de mention dans la signification des diligences et constatations particulières de l'huissier, alors que ce dernier indiquait dans l'acte avoir vérifié que le domicile indiqué était bien celui de la personne intéressée[7]. Le caractère d'actes authentiques est conféré par la loi à tous les actes dressés par les officiers publics[8]. Dans une hypothèse où un huissier de justice, avait, dans une sommation de payer qu'il devait délivrer à un dénommé Y..., dressé un procès-verbal de vaines recherches et de perquisition, alors que, le jour de la délivrance de l'acte, son destinataire était employé dans son étude, la qualification de faux a pu être retenue[9].

415.13 Mentions portées à l'acte – Diligences – Généralités. L'article 551 du code de procédure pénale prévoit que la citation est délivrée à la requête du ministère public, de la partie civile et de toute administration qui y est légalement habilitée[10]. Lorsque la partie civile est une personne morale, cette exigence s'applique à la désignation de celui qui agit en son nom[11].

L'huissier doit faire toutes diligences pour parvenir à la délivrance de son exploit à la personne même du destinataire ou, si le destinataire est une personne morale, à son représentant légal, à un fondé de pouvoir de ce dernier ou à toute personne habilitée à cet effet ; il lui en remet une copie.

Lorsque la signification est faite à une personne morale, l'huissier doit, en outre et sans délai, informer celle-ci par lettre simple de la signification effectuée, du nom du requérant ainsi que de l'identité de la personne à laquelle la copie a été remise[12].

Si l'exploit a été délivré à la requête du procureur de la République, une copie de l'exploit devra être jointe à l'original[13].

Dans une formulation un peu désuète, le code de procédure pénale précise que si la personne visée par l'exploit est absente de son domicile, la copie est remise à un parent, allié, serviteur ou à une personne résidant à ce domicile. L'huissier indique dans l'exploit la qualité déclarée par la personne à laquelle est faite cette remise[14].

415.14 Mention des diligences – Précisions. Dans tous les cas et aux fins bien comprises de permettre le cas échéant que soit vérifiée la réalité desdites diligences, toutes les formalités accomplies par l'huissier en vue de parvenir à signifier l'acte doivent figurer dans l'exploit, qui devrait être un véritable compte-rendu des conditions dans lesquelles la recherche du destinataire et la remise de la

1. Crim. 29 juill. 1968, n° 68-90.331, P n° 241.
2. SUR les mentions obligatoires, v. s[s] n°s 412.11 s.
3. Crim. 26 mars 1992, n° 91-85.341, P n° 130.
4. C. pén., art. 441-4.
5. Crim. 6 févr. 1969, n° 68-92.023, P n° 66 – Crim. 4 nov. 1969, n° 68-91.213, P n° 284.
6. Crim. 6 nov. 1984, n° 83-93.301, P n° 334.
7. Crim. 9 déc. 2008, n° 07-88.027, P n° 249 ; *D.* 2009. 231 ; *AJ pénal* 2009. 84 – Crim. 15 déc. 2004, n° 04-82.653, NP.
8. Crim. 16 juin 1955, P n° 302.
9. Crim. 15 avr. 1992, n° 91-84.740, P n° 165.
10. V. s[s] n°s 412.11 s.
11. Crim. 28 sept. 2004, n° 04-80.688, P n° 223.
12. C. pr. pén., art. 555.
13. C. pr. pén., art. 563, al. 4.
14. C. pr. pén., art. 556.

citation ont ou n'ont pu aboutir[1][2]. L'article 563, al. 1 du code de procédure pénale précise : « Dans tous les cas, l'huissier doit mentionner sur l'original de l'exploit, et sous forme de procès-verbal, ses diligences ainsi que les réponses qui ont été faites à ses différentes interpellations... ».

Les juridictions de jugement doivent donc être particulièrement attentives aux retours d'actes figurant au dossier, en particulier lorsque les parties concernées ne comparaissent pas, ni ne sont représentées, ce qui demeure l'indice le plus sûr d'une irrégularité excluant que l'affaire puisse être retenue.

À titre d'exemple, il a été jugé[3] que l'acte délivré ne spécifiant pas si l'avis de passage de l'huissier avait été donné par lettre simple ou par lettre recommandée, la cour ne pouvait constater que le prévenu avait eu connaissance d'une citation régulièrement effectuée, et qualifier sa décision de contradictoire à signifier.

De même, que les mentions des actes ne spécifiaient pas si l'avis de passage de l'huissier avait été donné par lettre simple ou par lettre recommandée et si un récépissé avait été renvoyé, et que la cour d'appel qui ne pouvait constater que les prévenus avaient eu connaissance de citations régulièrement effectuées, et qualifier sa décision de contradictoire à signifier, a méconnu le sens et la portée des textes susvisés et le principe ci-dessus rappelé[4]. Il faut comprendre cette dernière décision comme reprenant l'exigence textuelle de l'article 558, al. 4 en ce qui concerne le « récépissé que le destinataire est invité à réexpédier par voie postale ou à déposer à l'étude », et en aucun cas comme l'impossibilité pour la juridiction de juger en l'absence de retour du récépissé, ce qui ruinerait évidemment l'intégralité du dispositif de l'adresse déclarée, au grand bénéfice de justiciables qui peuvent ne pas tous être d'une extrême bonne foi (notamment dans l'acceptation desdites convocations en justice)...

On notera d'ailleurs que si la chambre criminelle avait pu juger, après avoir rappelé que l'huissier de justice qui ne trouve personne au domicile de celui que l'exploit concerne informe sans délai celui-ci soit par lettre recommandée, soit par avis de passage ou lettre simple accompagnés d'un récépissé à retourner signé qu'en l'absence de retour dudit récépissé et de comparution à l'audience de la partie citée, la juridiction n'était pas valablement saisie[5], elle a pu juger que la citation à l'adresse déclarée par le prévenu appelant est réputée faite à sa personne, peu important qu'il n'ait pas été fait retour du récépissé prévu par l'article 558 du code de procédure pénale[6].

SECTION 2

Signification à personne, domicile ou étude

415.21 **Domicile, adresse, résidence.** La notion de domicile doit être entendue largement pourvu qu'elle corresponde effectivement à l'un des endroits où se trouve la personne recherchée. Nous avons là une illustration de l'une des exigences les plus élémentaires qui éviterait, si elle était respectée, de la mise en œuvre d'une procédure aux divers enregistrements informatiques, nombre de difficultés d'exécution : celle de la mention la plus précise possible des coordonnées exactes, en particulier du prévenu, nom de la voie, numéro, référence d'un bâtiment, étage, identité précisément orthographiée... autant d'items qui doivent être minutieusement précisés et vérifiés à différents stades de la procédure pour éviter tout problème.

Le domicile de la personne morale s'entend du lieu de son siège[7].

§ 1

Signification directe ou indirecte à la personne du destinataire

415.31 **Remise en main propre.** Hypothèse la plus simple, l'acte est signifié au domicile de la personne concernée et l'huissier y trouve celle-ci. Pas de difficulté en ce cas puisque la remise en main propre de la citation permet dans l'instant à son destinataire de disposer de l'ensemble des informations sur « les raisons du procès » et les circonstances dans lesquelles il se tiendra.

Il est toutefois possible de signaler ici deux décisions rendues par la 2e et la 3e chambre civile qui ont pu décider que l'huissier de justice qui procède à la signification d'un acte à une personne physique n'a pas à vérifier l'identité de la personne qui déclare être le destinataire de l'acte[8]. Or des contestations peuvent évidemment s'élever sur ce point. Il ne semble pas exister de décision de la chambre criminelle sur cette question précise.

1. C. pr. pén., art. 563.
2. V. ss nos 412.11 s.
3. Crim. 11 juill. 2017, no 17-80.157, NP.
4. Crim. 12 sept. 2018, no 17-85.711, NP.
5. Crim. 20 févr. 2019, no 18-82.254, P.
6. Crim. 15 juin 2021, no 20-84.271, NP., *D. actu.* 9 juill. 2021, obs. M. Dominati ; *AJ pénal* 2021. 426, obs. P. Mallet.
7. C. pr. pén., art. 557.
8. Civ. 2e, 4 juill. 2007, no 06-16.961, P II, no 199 – Civ. 3e, 14 févr. 2012, no 10-22.962, NP.

415.32 **Cas où la personne est absente de son domicile – Diligences.** Hypothèse subsidiaire, l'huissier dispose bel et bien de la bonne adresse de la personne recherchée mais ne va pas la trouver en son domicile. Rien n'exclut selon ses disponibilités et l'urgence de la procédure que l'huissier puisse renouveler ses passages aux fins de rencontrer physiquement le destinataire de l'exploit. Rien n'empêche non plus qu'il multiplie d'autres démarches en vue de le localiser. Rien enfin ne lui interdit, s'il le connaît, de se rendre sur le lieu de travail de ce dernier pour lui signifier l'exploit.

Les deux seules limites usuellement mentionnées concernent les représentations étrangères (ambassades, consulats) en raison de l'application du principe d'extra-territorialité et plus encore l'impossibilité de remettre un acte à un agent étranger bénéficiant d'une protection diplomatique, celui-ci se présenterait-il même librement en son étude. Enfin, les lieux de culte bénéficient eux aussi d'une protection qui exclut que l'huissier y poursuive telle personne, sauf, le cas échéant, celui qui habite les lieux et à condition bien entendu de ne pas faire obstacle au déroulement des activités cultuelles.

Dans tous les cas les diligences accomplies seront mentionnées à l'acte puisque, de jurisprudence constante, les circonstances caractérisant l'impossibilité d'une telle signification doivent être mentionnées dans l'exploit. Une citation n'est ainsi pas régulière dès lors qu'elle ne précise pas les raisons pour lesquelles elle a été délivrée en mairie et que l'avis de réception de la lettre recommandée ne figure pas au dossier[1]. On peut encore citer en matière de signification de jugement, une décision ayant pu dire que ne satisfait pas aux dispositions de l'article 656 du code de procédure civile l'acte de signification qui se borne à indiquer que la remise a été faite en mairie, « le domicile étant certain », sans justifier d'investigations concrètes. Justifie dès lors sa décision de relaxe, la cour d'appel qui, saisie d'une procédure d'abandon de famille, constate l'absence de caractère exécutoire du jugement civil, base des poursuites pénales, signifié dans de telles conditions[2].

À l'inverse, aucune disposition légale n'oblige l'huissier de justice à se rendre à plusieurs adresses successives ou à effectuer plusieurs passages à un même domicile. Dès lors qu'il sera acquis que le domicile connu est le véritable domicile de la personne, rien n'impose une multiplication des diligences de l'huissier qui procédera alors selon les dispositions de l'article 558 du code de procédure pénale[3].

1. Crim. 20 févr. 1986, n° 84-92.277, P n° 69.
2. Crim. 29 avr. 1985, n° 84-90.680, P n° 160.
3. V. s^s n°s 415.35 s.

415.33 **Cas où la personne est absente de son domicile – Remise à un tiers.** Si la personne visée par l'exploit est absente de son domicile, la copie est, selon une formule un peu désuète, remise à un parent allié, serviteur ou à une personne résidant à ce domicile. L'huissier indique dans l'exploit la qualité déclarée par la personne à laquelle est faite cette remise[4]. Il vérifie immédiatement l'exactitude de ce domicile[5].

Lorsque l'huissier trouvera au domicile de la personne un tiers qui acceptera la signification, il mentionnera donc l'identité de ce tiers, assez fréquemment membre de la famille, avec là aussi le plus de précisions en permettant une identification non ambiguë. Les mentions « père », « mère », « époux »... ne posent guère de difficulté. Plus problématiques peuvent être les termes de « frère », « sœur », « cousine »... s'ils ne sont pas affinés d'un prénom ou d'une identité complète, ou encore « compagne » sans plus de précision. Il existe peu de jurisprudence sur ces points qui pourtant conditionnent la suite du procès.

Pour autant, la mention, dans l'exploit, des diligences accomplies par l'huissier vaut jusqu'à inscription de faux[6].

Dans une hypothèse au demeurant classique où l'huissier avait trouvé au domicile la mère de la personne recherchée qui avait ultérieurement retourné l'accusé de réception de la lettre recommandée, il a été jugé que selon l'article 410 du code de procédure pénale, qui n'est pas incompatible avec les dispositions de l'article 6 de la convention européenne des droits de l'homme, le prévenu régulièrement cité à personne ou qui, comme en l'espèce, a eu connaissance de la citation régulière le concernant, qui ne comparaît pas et ne fournit aucune excuse valable, doit être jugé contradictoirement en son absence ; que les dispositions de l'article 556 du code de procédure pénale dispensent l'huissier de rechercher la personne concernée par l'exploit, dès lors qu'une personne résidant à son domicile a accepté de recevoir l'acte[7].

À l'inverse, une signification n'a pas été régulièrement faite à domicile, lorsque l'huissier, s'étant transporté au domicile présumé de l'intéressé, que celui-ci avait quitté, s'est borné à remettre la copie de l'exploit à la concierge et à adresser la lettre recommandée prévue par la loi au nouveau domicile de l'intéressé[8]. De même, une citation à un ancien domicile alors qu'interpellé sur mandat d'arrêt le prévenu ayant fait opposition avait déclaré une

4. C. pr. pén., art. 556.
5. C. pr. pén., art. 558, al. 1er.
6. Crim. 6 nov. 1984, n° 83-93.301, P n° 334.
7. Crim. 4 déc. 1996, n° 96-80.851, NP.
8. Crim. 7 janv. 1969, n° 67-93.176, P n° 12.

nouvelle adresse à la barre du tribunal, ne saurait être validée[1].

Si la copie a été remise à une personne résidant au domicile de celui que l'exploit concerne, l'huissier informe sans délai l'intéressé de cette remise, par lettre recommandée avec avis de réception. Lorsqu'il résulte de l'avis de réception, signé par l'intéressé, que celui-ci a reçu la lettre recommandée de l'huissier, l'exploit remis à domicile produit les mêmes effets que s'il avait été délivré à personne.

L'huissier peut également, à la place de la lettre recommandée avec demande d'avis de réception mentionnée à l'alinéa précédent, envoyer à l'intéressé par lettre simple une copie de l'acte accompagnée d'un récépissé que le destinataire est invité à réexpédier par voie postale ou à déposer à l'étude de l'huissier, revêtu de sa signature. Lorsque ce récépissé signé a été renvoyé, l'exploit remis à domicile produit les mêmes effets que s'il avait été remis à personne.

Ces dispositions sont encore confirmées par les dispositions réglementaires qui indiquent : « *Conformément aux dispositions de l'article 557, lorsque l'huissier a remis la copie de l'exploit à une personne résidant au domicile de l'intéressé, il adresse à ce dernier :*

1° soit une lettre recommandée avec demande d'avis de réception ;

2° soit une lettre simple accompagnée d'un récépissé à réexpédier ou à déposer à l'étude d'huissier. »[2]

415.34 Cas où la personne est absente de son domicile – Refus du tiers de recevoir l'acte. Si la personne rencontrée sur place ne veut ou ne peut signer, mention en est faite par l'huissier[3].

Sous l'empire de l'ancien article 558 du code de procédure pénale qui prévoyait une signification en mairie lorsque l'huissier ne trouvait pas le destinataire de l'acte à son domicile pourtant vérifié, il avait été jugé qu'il résulte de l'examen des pièces de procédure que cette citation n'est pas régulière dès lors qu'elle ne précise pas les raisons pour lesquelles elle a été délivrée en mairie et alors au surplus qu'en l'absence de l'avis de réception de la lettre recommandée, la Cour de cassation n'est pas en mesure de s'assurer que les formalités de l'article 558 du code de procédure pénale ont été respectées[4].

À titre d'exemple, une autre décision aux termes de laquelle, Yves Z... a été cité à son domicile, à la personne de sa mère qui a refusé de signer ; que cette citation a été délivrée conformément à l'article 556 du code de procédure pénale, en l'absence constatée du destinataire ; que l'article 557 du code de procédure pénale dispose que lorsqu'il résulte de l'avis de réception, signé par l'intéressé, que celui-ci a reçu la lettre recommandée de l'huissier, l'exploit remis à domicile produit les mêmes effets que s'il avait été délivré à personne ; qu'il est constant que l'accusé de réception a été signé par Yves Z..., personnellement le 26 mai 1999, ainsi que cela résulte de cet accusé de réception régulièrement versé aux débats et qui a pu faire l'objet d'une discussion contradictoire ; que la lettre a ainsi été expédiée sans délai par l'huissier ; qu'ainsi aucune irrégularité n'a été commise ; qu'Yves Z... ne peut soutenir qu'en droit de la presse toute citation délivrée autrement qu'à personne serait nulle ; qu'il ne subit aucun préjudice qui serait lié à son droit de faire citer des témoins dans le délai strict de dix jours de la citation, dès lors qu'il n'en a fait citer aucun, les témoins entendus par les premiers juges ayant été cités par la partie civile[5].

415.35 Signification à domicile vérifié en l'absence de quiconque. Si l'huissier ne trouve personne au domicile de celui que l'exploit concerne, il vérifie immédiatement l'exactitude de ce domicile.

Lorsque le domicile indiqué est bien celui de l'intéressé, l'huissier mentionne dans l'exploit ses diligences et constatations, puis il informe sans délai l'intéressé, par lettre recommandée avec demande d'avis de réception, en lui faisant connaître qu'il doit retirer dans les plus brefs délais la copie de l'exploit signifié à l'étude de l'huissier de justice, contre récépissé ou émargement, par l'intéressé ou par toute personne spécialement mandatée. Si l'exploit est une signification de jugement rendu par itératif défaut, la lettre recommandée mentionne la nature de l'acte signifié et le délai d'appel.

Lorsqu'il résulte de l'avis de réception, signé par l'intéressé, que celui-ci a reçu la lettre recommandée de l'huissier, l'exploit déposé à l'étude de l'huissier de justice produit les mêmes effets que s'il avait été délivré à personne.

L'huissier peut également, à la place de la lettre recommandée avec demande d'avis de réception mentionnée aux précédents alinéas, envoyer à l'intéressé par lettre simple une copie de l'acte ou laisser à son domicile un avis de passage invitant l'intéressé à se présenter à son étude afin de retirer la copie de l'exploit contre récépissé ou émargement. La copie et l'avis de passage sont accompagnés d'un récépissé que le destinataire est invité à réexpédier par voie postale ou à déposer à l'étude de l'huissier, revêtu de sa signature. Lorsque l'huissier laisse un avis de passage, il adresse également une lettre simple à la personne.

1. Crim. 14 nov. 1973, n° 73-92.335, P n° 418.
2. C. pr. pén., art. D. 46-3.
3. C. pr. pén., art. 550, al. 5.
4. Crim. 20 févr. 1986, n° 84-92.277, P n° 69.
5. Crim. 16 janv. 2001, n° 00-84.472, NP.

Lorsque ce récépissé a été renvoyé, l'exploit déposé à l'étude de l'huissier de justice produit les mêmes effets que s'il avait été remis à personne.

Si l'exploit est une citation à comparaître, il ne pourra produire les effets visés aux troisième et cinquième alinéas que si le délai entre, d'une part, le jour où l'avis de réception est signé par l'intéressé, le jour où le récépissé a été renvoyé ou le jour où la personne s'est présentée à l'étude et, d'autre part, le jour indiqué pour la comparution devant le tribunal correctionnel ou de police est au moins égal à celui fixé, compte tenu de l'éloignement du domicile de l'intéressé, par l'article 552[1].

Dans les cas prévus aux articles 557 et 558 du code procédure pénale, la copie est délivrée sous enveloppe fermée ne portant d'autres indications, d'un côté que les nom, prénoms, adresse de l'intéressé ou, si le destinataire est une personne morale, que ses dénomination et adresse, et de l'autre que le cachet de l'étude de l'huissier apposé sur la fermeture du pli[2].

415.36 Signification à étude d'huissier de justice – Modalités. Les modalités de mise en œuvre de la signification à étude d'huissier de justice prévue par l'article 558 sont les suivantes :

L'huissier de justice peut, à la demande du destinataire, transmettre la copie de l'exploit à une autre étude où celui-ci pourra le retirer dans les mêmes conditions. La mention de cette faculté est portée dans la lettre recommandée avec demande d'avis de réception, la lettre simple ou l'avis de passage prévus par les alinéas 2 et 4 de l'article 558.

L'avis de passage prévu par le quatrième alinéa de l'article 558 doit être daté et indique que la copie de l'exploit signifié à l'étude de justice doit être retirée dans les plus brefs délais, contre récépissé ou émargement, par l'intéressé ou par toute personne spécialement mandatée. Si l'exploit est une signification de jugement rendu par itératif défaut, l'avis de passage mentionne la nature de l'acte signifié et le délai d'appel.

Il y a signification à personne si l'intéressé se présente à l'étude pour retirer la copie de l'exploit, même sans avoir signé l'avis de réception de la lettre recommandée ou sans avoir renvoyé le récépissé.

La copie de l'exploit est conservée à l'étude pendant trois mois. Passé ce délai, l'huissier de justice en est déchargé[3].

La mention portée par l'huissier dans l'exploit, fût-ce en cochant une mention imprimée, de ce qu'il a vérifié que le destinataire demeure bien à l'adresse indiquée vaut jusqu'à inscription de faux. Encourt dès lors la cassation l'arrêt d'une cour d'appel qui, pour déclarer recevable l'appel d'un jugement du tribunal correctionnel interjeté hors délai, retient que celui-ci n'a pu courir, en l'absence de mention dans la signification des diligences et constatations particulières de l'huissier, alors que ce dernier indiquait dans l'acte avoir vérifié que le domicile indiqué était bien celui de la personne intéressée[4].

Il résulte des articles 503-1, 555 et 558 du code de procédure pénale que l'huissier chargé de délivrer une citation à l'adresse déclarée par l'appelant conformément à l'article 503-1 dudit code, est tenu de se transporter à l'adresse déclarée. Méconnaît le sens et la portée des textes précités, l'arrêt, qui, pour statuer par décision contradictoire à signifier à l'égard du prévenu, absent à l'audience, énonce que celui-ci, cité à l'adresse déclarée lors de sa déclaration d'appel, ne comparaît pas et n'est pas représenté, alors qu'il ne ressort pas des mentions de la citation que l'huissier s'est rendu à l'adresse déclarée par le prévenu[5].

415.37 Précisions sur la lettre recommandée et la signature du récépissé. Il avait été jugé avant les réformes issues des lois du 1er juillet 2008[6] et du 12 mai 2009[7], que l'huissier devait informer sans délai, par lettre recommandée, l'intéressé de la remise en mairie de la copie de l'exploit de signification établi dans les conditions prévues par l'article 558 du code de procédure pénale. La signification n'était parfaite et ne faisait courir le délai (de pourvoi) que dans la mesure où cette formalité avait été accomplie dans le temps exigé[8]. Avait ainsi été validé l'envoi d'une lettre recommandée dès le lendemain de la signification[9] mais déclarée nulle une signification en Mairie avec envoi de la lettre recommandée sept jours après la signification[10] ou encore trois jours après[11].

Lorsque le destinataire de l'avis l'a signé, l'exploit remis au domicile vaut citation à personne[12].

Lorsque la citation n'ayant été remise qu'à domicile, une lettre recommandée a été adressée à l'intéressé par application de l'article 557 du code de

1. C. pr. pén., art. 558.
2. C. pr. pén., art. 561.
3. C. pr. pén., art. D. 46-4.
4. Crim. 9 déc. 2008, nº 07-88.027, P nº 249 ; *D.* 2009. 231 ; *AJ pénal* 2009. 84.
5. Crim. 11 mai 2010, nº 09-87.168, P nº 75.
6. L. nº 2008-644, 1er juill. 2008 créant de nouveaux droits pour les victimes et améliorant l'exécution des peines, *JO* 2 juill., p. 10610, art. 6.
7. L. nº 2009-526, 12 mai 2009 de simplification et de clarification du droit et d'allègement des procédures, *JO* 13 mai, p. 7920, art. 132-II.
8. Crim. 14 févr. 1978, nº 77-90.348, P nº 55.
9. Crim. 21 nov. 1996, nº 96-80.893, P nº 423.
10. Crim. 26 sept. 1988, nº 87-81.162, P nº 323.
11. Crim. 28 juin 1990, nº 89-86.716, P nº 272.
12. Crim. 19 déc. 1961, P nº 536.

procédure pénale et qu'ayant été condamné, faute par lui de comparaître, par itératif défaut, il ne saurait s'il n'a contesté la signature figurant sur le récépissé de la lettre recommandée par une procédure de faux, soulever cette contestation devant la Cour de cassation[1].

Lorsqu'il résulte des pièces de procédure la preuve qu'un prévenu régulièrement cité à domicile a eu connaissance de la signification ainsi que le démontre la signature sur le récépissé de la lettre recommandée, il ne saurait, s'il ne justifie pas avoir contesté cette signature en s'inscrivant en faux dans les conditions prévues par les articles 647 et suivants du code de procédure pénale, soulever pour la première fois cette contestation devant la Cour de cassation[2].

C'est au juge du fond d'apprécier souverainement que la signature figurant sur le récépissé postal est ou n'est pas celle du prévenu, Ainsi, dans une espèce ou le prévenu avait été cité à comparaître devant la juridiction de proximité, selon acte d'huissier signifié le 27 mai 2013 en l'étude et suivi de l'envoi de la lettre recommandée prévue par l'article 558 du code de procédure pénale, distribuée le 30 mai 2013, et dont l'avis de réception est revenu, revêtu d'une signature, M. X... n'ayant pas comparu à l'audience du 2 octobre 2013 et ne s'y étant pas fait représenter, le jugement a pu légitimement énoncer qu'il résultait des pièces de la procédure que l'avis de réception n'a pas été signé par l'intéressé et qu'il sera donc statué par défaut[3].

Enfin, et contrairement à une jurisprudence pourtant récente, la chambre criminelle a jugé qu'est valablement saisie et statue par décision contradictoire à signifier en application de l'article 503-1 du code de procédure pénale, la juridiction qui a vérifié que l'huissier de justice, en l'absence du destinataire à son adresse déclarée, a effectué les diligences prévues par les alinéas 2 et 4 de l'article 558 du code de procédure pénale, peu important qu'il n'ait pas été fait retour du récépissé accompagnant l'avis de passage déposé à cette adresse[4].

415.38 Remise à la personne morale. S'agissant des personnes morales, les modalités de la remise de l'acte sont simplement énoncées à l'article 555 du code procédure pénale qui prévoit que lorsque la signification est faite à une personne morale (son représentant légal, un fondé de pouvoir ou toute personne habilitée à cet effet), l'huissier doit, en outre et sans délai, informer celle-ci par lettre simple de la signification effectuée, du nom du requérant ainsi que de l'identité de la personne à laquelle la copie a été remise.

Le domicile de la personne morale s'entend du lieu de son siège[5].

N'est pas nulle, la citation délivrée en méconnaissance des dispositions de l'article 555 du code de procédure pénale à une personne morale, dès lors que celle-ci, qui a été représentée devant les juges du fond par un avocat et s'est défendue au fond, ne justifie d'aucune atteinte à ses intérêts[6].

415.39 Significations électroniques réalisées par les commissaires de justice. Le décret du 3 mai 2023[7], pris pour l'application du dernier alinéa du II de l'article 803-1 du code de procédure pénale issu de l'article 14 de la loi n° 2021-1729 du 22 décembre 2021 pour la confiance de la justice dans l'institution judiciaire, précise les dispositions relatives à la signification par voie électronique en matière pénale, dans des conditions similaires à celles prévues par les dispositions du code de procédure civile concernant la signification électronique en matière civile. Ont été créés à cette fin deux nouveaux articles D. 46-6-3 et D. 593-1-1[8].

Les significations peuvent désormais être réalisées par voie électronique conformément aux dispositions de l'article 803-1 dans les cas et selon les modalités prévues par l'article D. 593-1-1. Ce dernier dispose qu'elles peuvent intervenir soit lorsqu'elles sont faites au ministère public, soit lorsqu'elles sont faites à la demande du ministère public, et qu'elles sont effectuées par l'intermédiaire de plateformes d'échanges dématérialisés qui permettent l'envoi d'un avis de mise à disposition au destinataire invitant ce dernier à télécharger l'acte faisant l'objet de la signification et d'un avis de réception par le destinataire au moment où ce dernier télécharge cet acte. Il est conservé une trace de ces avis.

Lorsque le mandement de signification adressé par le ministère public au commissaire de justice concerne un dossier de procédure pénale pour lequel le destinataire de la signification a expressément consenti à la communication électronique, le commissaire de justice peut procéder à une signification

1. Crim. 28 févr. 1967, n° 66-90.803, P n° 80.
2. Crim. 10 janv. 1983, n° 82-91.930, P n° 11.
3. Crim. 7 mai 2014, n° 13-87.322, P n° 127 ; *D.* 2014. 1096.
4. Crim. 15 juin 2021, n° 20-84.271, *D. actu.* 9 juill. 2021, obs. M. Dominati ; *AJ pénal* 2021. 426 « Citation à comparaître délivrée à l'adresse déclarée, présomption irréfragable de validité », obs. P. Mallet ; en sens contraire de Crim. 20 févr. 2019, n° 18-82.254, P n° 45 ; *AJ pénal* 2019. 273, obs. P. Mallet.
5. C. pr. pén., art. 557.
6. Crim. 20 oct. 2009, n° 09-81.721, P n° 172 ; *AJ pénal* 2010. 31, obs. J. Lasserre Capdeville.
7. Décr. n° 2023-332, 3 mai 2023 relatif à la signification par voie électronique en matière pénale, *JO*, 5 mai, n° 7.
8. V. s[s] n° 414.01.

selon les modalités prévues le III de l'article 593-1-1 qui en définit les autres modalités.

§ 2
Portée de l'obligation de déclaration d'adresse

415.41 **Déclaration d'adresse obligatoire.** Un certain nombre de textes imposent au mis en examen de déclarer l'adresse à laquelle toute notification ou signification d'acte sera faite par le juge d'instruction[1]. Il en est de même du prévenu libre qui relève appel et qui doit déclarer son adresse personnelle ou celle d'un tiers chargé de recevoir les citations, rectifications et significations qui lui seront destinées[2].

Ces dispositions sont régulièrement rappelées par la chambre criminelle, en ce qu'elles imposent à la personne concernée de signaler au juge d'instruction ou au procureur de la République, par lettre recommandée avec demande d'avis de réception, le changement de son adresse déclarée[3]. Elles influent directement sur les conditions dans lesquelles les huissiers doivent effectuer leurs actes et la portée qu'il convient de leur donner.

415.42 **Effets de la déclaration d'adresse.** Une citation faite au domicile élu par le prévenu résidant en France devant le juge d'instruction, en application de l'article 116 du code de procédure pénale, vaut citation à personne et les articles 556 et 557 du code de procédure pénale ne sont pas applicables en pareil cas[4][5].

Dans la situation d'un prévenu appelant, le principe est on ne peut plus clair : toute citation faite à la dernière adresse déclarée est réputée faite à sa personne[6]. En prononçant une décision contradictoire à signifier à l'encontre d'un prévenu régulièrement cité à l'adresse déclarée dans l'acte d'appel, cette déclaration fût-elle erronée, la cour d'appel a fait l'exacte application de l'article 503-1 du code de procédure pénale[7]. Solution sévère et pourtant conforme à celle décidant que viole l'article 503-1 du code de procédure pénale la cour d'appel qui déclare recevable l'opposition formée à une précédente décision, alors que le prévenu, qui n'avait pas fait de déclaration d'adresse, avait été cité à celle figurant dans le jugement[8]. Dans cette dernière espèce, l'appelant avait pourtant fait connaître une autre adresse qui figurait dans les notes d'audience du tribunal.

Pour statuer par arrêt contradictoire à signifier, l'arrêt énonce que le prévenu a été régulièrement cité à son adresse déclarée dans son acte d'appel, qu'il ne comparait pas, n'est ni excusé ni représenté et qu'en application des dispositions de l'article 503-1, alinéa 4, du code de procédure pénale, une telle citation est réputée faite à la personne du prévenu ; qu'en prononçant ainsi, et dès lors qu'il résulte des pièces de procédure que l'huissier, qui s'est transporté à l'adresse déclarée par le prévenu et qui, n'y ayant trouvé personne, lui a envoyé, à cette même adresse, une lettre recommandée, peu important que le prévenu n'ait pas signé l'avis de réception, les juges ont justifié leur décision[9].

Il résulte d'un autre arrêt attaqué et des pièces de procédure que l'avocat de Marie-Claude X... a relevé appel du jugement ayant condamné sa cliente à deux ans d'emprisonnement avec sursis et mise à l'épreuve pour abus de faiblesse ; qu'il n'a déclaré ni l'adresse personnelle de la prévenue ni l'adresse d'un tiers ; que, par application de l'article 503-1, alinéa 2, du code de procédure pénale, le procureur général a fait citer Marie-Claude X... à l'adresse figurant dans le jugement rendu en premier ressort ; que l'intéressée étant inconnue à cette adresse, l'huissier a dressé un procès-verbal de « perquisition et de recherches » ; que Marie-Claude X... n'a pas comparu à l'audience ni n'a fourni d'excuse ; que pour statuer à l'égard de la prévenue par arrêt contradictoire à signifier, les juges retiennent que l'huissier s'est présenté à l'adresse indiquée dans le jugement, adresse où l'intéressée n'est pas connue ; qu'en prononçant ainsi, la cour d'appel a fait l'exacte application de l'article 503-1 du code de procédure pénale[10].

415.43 **Absence du prévenu appelant à l'adresse personnelle déclarée – Diligences.** Il résulte des articles 555 et 558 que l'huissier, qui délivre une citation à l'adresse déclarée par l'appelant conformément à l'article 503-1 du code de procédure pénale, « est tenu d'effectuer les diligences prévues par des articles 555 et suivants dudit code lorsque le destinataire de l'exploit demeure bien à l'adresse indiquée ». Méconnaît ces dispositions, l'arrêt qui, pour statuer par décision contradictoire à signifier à l'égard des prévenus, absents à l'audience, énonce

1. C. pr. pén., art. 116, 148-3, 179-1.
2. C. pr. pén., art. 503-1 – V. s[s] n°s 411.43 s.
3. Crim. 19 mars 2014, n° 13-81.850, P n° 87 ; *D.* 2014. 780.
4. Crim. 11 déc. 2001, n° 00-85.212, P n° 263 ; *D.* 2002. 456.
5. V. s[s] n°s 411.42 et 413.28.
6. Crim. 30 mars 2021, n° 20-85.836, *D. actu.* 26 avr. 2021, obs. D. Goetz.
7. Crim. 18 mars 2008, n° 07-87.358, NP, *Dr. pénal* 2008, n° 91, note A. Maron et M. Haas.
8. Crim. 22 mai 2007, n° 07-82.263, P n° 134 ; *AJ pénal* 2007. 387.
9. Crim. 5 oct. 2011, n° 10-88.851, P n° 194 – Crim. 17 janv. 2012, n° 11-84.778, P n° 13.
10. Crim. 7 janv. 2009, n° 08-83.210, NP, *Dr. pénal* 2009, n° 41, note A. Maron et M. Haas.

que ceux-ci ont été cités à l'adresse figurant dans l'acte d'appel, par exploits d'huissier délivrés à mairie, alors qu'il ne ressort pas des mentions des citations que l'huissier a adressé aux prévenus les lettres recommandées prévues par l'article 558, alinéa 3, du code de procédure pénale[1].

Fait l'exacte application des dispositions de l'article 503-1 du code de procédure pénale, la cour d'appel qui, pour statuer par décision contradictoire à signifier à l'encontre d'un prévenu appelant non comparant, retient que l'huissier, qui a délivré la citation à l'adresse déclarée par celui-ci, a effectué les diligences prévues par les alinéas 2 et 4 de l'article 558 du code de procédure pénale, en se transportant à cette adresse et, en l'absence de l'intéressé, lui a envoyé une lettre recommandée avec avis de réception en l'invitant à retirer la copie de l'acte à l'étude dans les plus brefs délais[2].

S'il ne trouve personne à l'adresse personnelle déclarée par le prévenu appelant, conformément à l'article 503-1 du code de procédure pénale, l'huissier chargé de lui délivrer la citation doit, sans avoir à vérifier que l'intéressé y demeure effectivement, effectuer les diligences prévues par les alinéas 2 et 4 de l'art. 558 du même code[3].

415.44 Absence du prévenu appelant à la dernière adresse personnelle déclarée – Diligences – Citation réputée faite à personne. L'huissier, qui délivre une citation à la dernière adresse déclarée du prévenu appelant, conformément à l'article 503-1 du code de procédure pénale, est tenu d'effectuer les diligences prévues par les articles 555, 556, 557 et 558, alinéas 2 et 4, dudit code, que l'intéressé demeure ou non à l'adresse dont il a fait le choix, cette citation étant réputée faite à sa personne. Dès lors que l'huissier ne parvient pas à remettre l'acte à l'intéressé lui-même ou à une personne présente à l'adresse déclarée, il doit signifier l'acte à son étude et accomplir les formalités prévues par l'article 558, alinéas 2 et 4, à l'adresse déclarée ; en l'absence de ces diligences, la citation n'est pas régulière et la cour d'appel n'est pas légalement saisie[4]. L'huissier de justice qui délivre une citation à la dernière adresse déclarée du prévenu appelant, conformément à l'article 503-1 du code de procédure pénale, est tenu d'effectuer les diligences prévues par les articles 555, 556, 557 et 558, alinéas 2 et 4, dudit code, que l'intéressé demeure ou non à l'adresse dont il a fait le choix, cette citation étant réputée faite à personne. La juridiction n'est pas valablement saisie par un procès-verbal de recherches[5].

Il résulte des articles 503-1 et 558, alinéas 2 et 4, du code de procédure pénale que l'huissier de justice qui délivre une citation à la dernière adresse déclarée du prévenu appelant, conformément à l'article 503-1 du code de procédure pénale, est tenu d'effectuer les diligences prévues par l'article 558, alinéas 2 et 4, dudit code, que l'intéressé demeure ou non à l'adresse dont il a fait le choix, cette citation étant réputée faite à personne ; qu'il résulte de l'arrêt attaqué et des pièces de procédure que, condamné par jugement contradictoire à signifier du 16 juin 2009 pour vol aggravé en récidive, M. X... a interjeté appel par avocat, le 11 février 2010, sans déclarer d'adresse personnelle ; qu'ayant tenté de délivrer à l'intéressé une citation pour l'audience de la cour d'appel prévue le 8 septembre 2010, à l'adresse figurant dans le jugement en premier ressort, l'huissier de justice a dressé un procès-verbal de vaines recherches le 9 juillet 2010 ; qu'après que l'audience se fut tenue en son absence, le prévenu a signalé sa nouvelle adresse au procureur de la République par lettre recommandée avec demande d'avis de réception reçue par ce magistrat le 13 septembre 2010 ; que pour statuer par arrêt contradictoire à signifier, la cour d'appel, après avoir constaté que le prévenu n'a pas comparu à son audience, retient qu'il a été recherché par l'huissier de justice à l'adresse indiquée dans le jugement, où il n'a pas été retrouvé mais qu'en prononçant ainsi, alors qu'il appartenait à l'huissier de justice d'effectuer les diligences prévues par les alinéas 2 et 4 de l'article 558 du code de procédure pénale, la cour d'appel, qui n'était pas légalement saisie, a méconnu le sens et la portée des textes susvisés[6].

Il résulte de la combinaison des articles 558 et 503-1 du code de procédure pénale que l'huissier qui délivre une citation à la dernière adresse déclarée du prévenu appelant, conformément à l'article 503-1 du code de procédure pénale, est tenu d'effectuer les diligences prévues par l'article 558, alinéas 2 ou 4, dudit code, et qu'en l'absence d'accomplissement de celles-ci, la juridiction n'est pas valablement saisie[7]. L'acte en l'espèce ne contenait aucune indication sur le mode de délivrance de

1. Crim. 17 déc. 2008, nº 08-83.699, P nº 260 ; *AJ pénal* 2009. 83.
2. Crim. 27 sept. 2011, nº 11-80.252, P nº 185 ; *D.* 2012. 2917, obs. G. Roujou de Boubée, T. Garé, M.-H. Gozzi, S. Mirabail et T. Potaszkin ; *AJ pénal* 2012. 289, obs. L. Priou-Alibert.
3. Crim. 14 févr. 2012, nº 11-83.556, P nº 40.
4. Crim. 2 mars 2011, nº 10-81.945, P nº 43 ; *D.* 2011. 754 ; *D.* 2011. 1849, Chron. C. Roth, A. Leprieur et M.-L. Divialle ; *AJ pénal* 2011. 299, note C. Renaud-Duparc ; *RSC* 2011. 873, obs. D. Boccon-Gibod.
5. Crim. 30 mars 2011, nº 10-87.198, P nº 66 ; *D.* 2011. 1221 ; *D.* 2012. 171, Chron. C. Roth, A. Leprieur et M.-L. Divialle.
6. Crim. 25 oct. 2011, nº 11-81.692, P nº 213 ; *D.* 2012. 171, Chron. C. Roth, A. Leprieur et M.-L. Divialle.
7. Crim. 11 juill. 2017, nº 17-80.157, NP.

la lettre, simple ou recommandée figurant à l'avis de passage, en l'absence du destinataire.

415.45 Non-signalement de changement d'adresse - Diligences. Selon l'article 503-1, alinéa 4, du code de procédure pénale, la citation faite à l'adresse déclarée par un prévenu libre et qui n'a pas signalé auprès du procureur de la République de changement d'adresse, est réputée faite à sa personne. L'huissier, qui se transporte à cette adresse pour délivrer une citation et dresse un procès-verbal constatant que l'appelant n'y est plus connu, n'a aucune autre diligence à accomplir. Ces dispositions ne sont pas incompatibles avec le principe du droit au procès équitable résultant de l'article 6 de la convention européenne des droits de l'homme[1 2].

Est irrecevable comme tardif le pourvoi formé plus de cinq jours francs après la signification d'un arrêt contradictoire à signifier, dès lors que, conformément à l'article 503-1 du code de procédure pénale, cette signification a été délivrée au prévenu à l'adresse par lui déclarée, dont il n'avait pas signalé de changement, que l'huissier instrumentaire a accompli la diligence prévue à l'alinéa 2 de l'article 558 de ce code et que l'arrêt signifié ne comporte pas de condamnation à une peine d'emprisonnement ferme[3].

415.46 Mention insuffisante de l'acte. En revanche, doit être jugé par défaut en application de l'article 412 du code de procédure pénale, le prévenu appelant non comparant cité à parquet après que l'huissier chargé de délivrer l'acte à l'adresse déclarée lors de l'appel s'est borné à mentionner « identification difficile, rien sur annuaire ». Faute de vérification effective, par l'huissier, de l'adresse déclarée, la cour d'appel ne peut faire application de l'article 503-1 du même code et prononcer par arrêt contradictoire à signifier[4]. Dans une hypothèse où le demandeur a été cité devant la cour d'appel pour y répondre du délit de conduite sous l'empire d'un état alcoolique et où en l'absence du destinataire à l'adresse indiquée dans la déclaration d'appel, l'huissier a délivré l'acte au parquet du procureur général après avoir mentionné : « non identifié à cette adresse », les juges avaient statué par un arrêt contradictoire à signifier en application de l'article 503-1 du code de procédure pénale ; en l'état des mentions insuffisantes de la citation, l'arrêt attaqué doit en réalité être considéré comme ayant été rendu par défaut, comme le prévoit l'article 412 dudit code[5].

§ 3
Signification à personne détenue ou retenue

415.51 Particularisme. Vaut signification à personne par exploit d'huissier la notification d'une décision effectuée soit, si la personne est détenue, par le chef de l'établissement pénitentiaire, soit, si la personne se trouve dans les locaux d'une juridiction pénale, par un greffier ou par un magistrat[6]. La plupart des détenus seront convoqués en justice par l'intermédiaire du chef de l'établissement pénitentiaire[7]. Mais rien n'exclut que pour des raisons particulières il ait été demandé à un huissier de procéder à une citation concernant un détenu. Dans ce cas les dispositions ordinaires s'appliquent.

415.52 Refus de délivrance. L'huissier, devant lequel un détenu refuse de se laisser conduire, accomplit toute diligence utile, en faisant signer l'original et remettre la copie de l'exploit par l'intermédiaire du surveillant-chef, puis en envoyant un avis à l'intéressé par lettre recommandée avec accusé de réception[8].

415.53 Signification par le chef de l'établissement pénitentiaire. Pour l'application des dispositions de l'article 555-1, la notification effectuée auprès d'une personne détenue par le chef de l'établissement pénitentiaire et qui vaut signification peut être réalisée par tout fonctionnaire placé sous son autorité et ayant été désigné par lui à cette fin[9].

Enfin, sauf à avoir été transféré ou libéré entretemps, un appelant ne peut être valablement cité qu'à l'établissement pénitentiaire où il est détenu et d'où il a fait appel sans avoir déclaré une autre adresse.

Encourt la cassation l'arrêt qui, après avoir relevé que la prévenue, ni comparante ni représentée, a interjeté appel à partir du centre pénitentiaire où elle était détenue, a statué par défaut, sans constater l'irrégularité de la citation délivrée à une autre adresse et sans inviter le ministère public à la faire citer à son lieu de détention[10].

SECTION 3
SIGNIFICATION À PARQUET

415.61 Personne sans domicile ou résidence connus. Si la personne visée par l'exploit est sans domicile

1. Crim. 23 sept. 2009, n° 08-87.406, P n° 158 ; *AJ pénal* 2009. 508.
2. AUSSI : v. s[s] n°s 411.42 et 413.28.
3. Crim. 13 mai 2014, n° 13-83.247, P n° 130.
4. Crim. 16 sept. 2008, n° 08-81.351, P n° 184 ; *AJ pénal* 2008. 472.
5. Crim. 13 mai 2009, n° 08-81.165, NP, *RSC* 2009. 862, obs. R. Finielz.
6. C. pr. pén., art. 555-1.
7. C. pr. pén., art. 390-1.
8. Crim. 22 déc. 1975, n° 75-92.467, P n° 295.
9. C. pr. pén., art. D. 46-2.
10. Crim. 25 mars 2015, n° 14-80.127, P n° 67 ; *AJ pénal* 2015. 498, obs. G. Pitti ; *Dr. pénal* 2015, n° 75, note A. Maron et M. Haas.

ou résidence connus, l'huissier remet une copie de l'exploit au parquet du procureur de la République du tribunal saisi.

Les dispositions qui précèdent sont applicables à la signification d'un acte concernant une personne morale dont le siège est inconnu [1].

La citation doit porter la signature du procureur de la République, d'un magistrat du parquet ou d'un fonctionnaire habilité à la recevoir. Une citation non signée ne saurait être retenue comme valable même pour une procédure par défaut.

L'article 552 ne posant aucune distinction, la citation à parquet, pour être valable, doit précéder l'audience d'au moins de dix jours. Cette question reste débattue et la DACG a pu émettre un avis contraire au motif que « dès lors que les dispositions de l'article 559, alinéa 2 ont vocation à s'appliquer lorsqu'au moment d'engager les poursuites, le procureur sait qu'il ne dispose pas d'éléments pour localiser la personne mise en cause de sorte que celle-ci sera nécessairement jugée par défaut, sans comparution devant le tribunal, le respect du délai de 10 jours prévu à l'article 552 du code de procédure pénale ne nous semble pas avoir vocation à s'appliquer » [2]. Il nous semble toutefois faire peu de cas de l'éventualité d'une prise de connaissance ultérieure par l'intéressé de cette convocation et de sa comparution. Dans une telle hypothèse, le tribunal ne doit pas annuler la citation mais constater qu'il n'est pas saisi.

En tout état de cause, cette délivrance au parquet « en dernier recours » est obligatoire et la chambre criminelle a pu décider qu'une cour d'appel ne pouvait juger un prévenu sans domicile connu qui ne comparaît pas, dès lors que la citation n'a pas été délivrée à parquet, même s'il est établi que le prévenu a eu connaissance de la date de l'audience [3].

415.62 Domiciliation hors du ressort de la juridiction – Huissier territorialement incompétent. Lorsqu'à raison d'une domiciliation du destinataire de l'acte hors du ressort de la juridiction, l'huissier initialement saisi n'est pas territorialement compétent pour réaliser une citation à parquet, il dresse un procès-verbal de recherches infructueuses et une seconde citation à parquet, par un huissier territorialement compétent devra être délivrée. Cet enchaînement est souvent coûteux en temps et il n'est pas rare que le délai de dix jours de l'article 552 du code de procédure pénale ne puisse être respecté lorsque le service de l'audiencement est avisé des vaines recherches. Dans ce cas, « le tribunal sera non saisi » et la délivrance d'une citation à parquet devra avoir lieu pour une audience plus lointaine.

415.63 Adresse non exploitée – Irrecevabilité de la signification à parquet. Il ne saurait en tous cas être admis de signification à parquet lorsqu'il ressort des éléments même de la procédure qu'une adresse de la personne est susceptible d'être déterminée et qu'aucune tentative de citation n'a été effectuée à cette adresse. Les juges doivent dont être particulièrement attentifs à la mention qui peut apparaître parfois au détour d'un procès-verbal d'une adresse qui n'a pas été exploitée. Il peut être cité dans ici la matière militaire, et spécialement en cas de recherche de légionnaires poursuivis pour désertion, où nombre de décisions systématisent des citations à parquet alors que l'adresse à laquelle le prévenu a déclaré se retirer n'a pas été communiquée à l'huissier. Une telle pratique ne peut qu'être condamnée.

Comme souligné à l'appui d'un pourvoi, il faut retenir ici que le mode exceptionnel de citation à parquet, légalement prévu dans la seule hypothèse où le destinataire est sans domicile ou résidence connus en France, ne peut être admis qu'autant qu'il est établi, comme l'impose l'article 555 du code de procédure pénale, qu'ont été faites, pour découvrir le destinataire de l'acte, toutes recherches que commandent la vigilance et la bonne foi [4].

Une signification ne peut être valablement délivrée au parquet que si la personne à qui elle est destinée n'a pas en France de domicile ni de résidence connus. Est par suite entachée de nullité, la signification faite à parquet, à la requête du procureur de la République, alors que celui-ci a été officiellement informé de la résidence de la personne intéressée [5].

Selon les dispositions de l'article 559 du code de procédure pénale, c'est seulement dans le cas où la personne visée par l'exploit est sans domicile ou résidence connus, que l'huissier de justice remet une copie de l'exploit au parquet du tribunal saisi. Cette formalité est légalement dépourvue d'effets si la condition exigée par ledit article n'est pas remplie, comme en l'espèce, où la notification d'un premier jugement par défaut en date du 10 juillet 1975 faite le 30 janvier 1976 par la gendarmerie à l'intéressée mentionnait que celle-ci avait été découverte à Cheval-Blanc (Vaucluse) où elle avait déclaré faire opposition audit jugement et qu'il s'ensuivait que le parquet possédait ainsi des indications précises quant à l'adresse où la prévenue était susceptible de résider [6]. De même, dans le cas d'une signification

1. C. pr. pén., art. 559.
2. Question n° 1941, 28 mai 2020, « Respect du délai de 10 jours de l'article 552 dans le cadre du procès-verbal valant citation à parquet d'une personne sans domicile connu prévu à l'article 559, al. 2, C. pr. pén. ».
3. Crim. 4 mars 2008, n° 07-82.997, P n° 56.
4. Crim. 24 avr. 1996, n° 95-83.151, P n° 165.
5. Crim. 14 nov. 1972, n° 72-90.575, P n° 338.
6. Crim. 20 juill. 1977, n° 77-90.654, P n° 265.

faite à parquet le 16 avril 1999, lorsqu'il est établi que le procureur de la République dispose d'éléments, à partir du 29 juin suivant, lui permettant de connaître l'adresse de l'intéressé[1].

Pour statuer par arrêt contradictoire à signifier, les juges relèvent que Michel X..., ni présent, ni représenté le jour de l'audience, a fait parvenir au greffe de la cour d'appel une télécopie du 7 septembre 2004 dans laquelle il expose notamment que, domicilié aux États-Unis depuis août 1993, il ne sera pas présent à l'audience ; qu'ils en déduisent qu'il est ainsi établi que ce dernier a eu connaissance de la date à laquelle son affaire devait être examinée ; qu'en l'état de ces énonciations, et dès lors qu'il n'est pas établi, ni même allégué, que le procureur de la République a été officiellement informé de la résidence aux États-Unis du prévenu, depuis les recherches infructueuses, la cour d'appel a justifié sa décision[2].

Il faut noter que nul n'est recevable à déclarer qu'il fait défaut dès lors qu'il est présent au début de l'audience[3].

415.64 Nouvelles recherches. Lorsqu'il n'est pas établi que l'intéressé a reçu la lettre qui lui a été adressée par l'huissier conformément aux dispositions des articles 557 et 558 du code de procédure pénale, ou lorsque l'exploit a été délivré au parquet, un officier ou un agent de police judiciaire peut être requis par le procureur de la République à l'effet de procéder à des recherches en vue de découvrir l'adresse de l'intéressé. En cas de découverte de ce dernier, l'officier ou l'agent de police judiciaire lui donne connaissance de l'exploit, qui produit alors les mêmes effets que s'il avait été délivré à personne.

Dans tous les cas, l'officier ou l'agent de police judiciaire dresse procès-verbal de ses recherches et le transmet sans délai au procureur de la République.

Lorsqu'il s'agit d'une citation à prévenu, le procureur de la République peut également donner l'ordre à la force publique de rechercher l'intéressé. En cas de découverte de ce dernier, il en est immédiatement avisé et peut adresser, par tout moyen, une copie de l'exploit pour notification par un officier ou un agent de police judiciaire. Cette notification vaut signification à personne. Lorsqu'un prévenu visé par un acte de citation n'a pu être découvert avant la date fixée pour l'audience, l'ordre de recherche peut être maintenu. En cas de découverte, le procureur de la République peut faire notifier à l'intéressé, en application de l'article 390-1, une convocation en justice.

Le procureur de la République peut également requérir de toute administration, entreprise, établissement ou organisme de toute nature soumis au contrôle de l'autorité administrative, sans qu'il soit possible de lui opposer le secret professionnel, de lui communiquer tous renseignements en sa possession aux fins de déterminer l'adresse du domicile ou de la résidence du prévenu[4].

Le procureur de la République peut prescrire à l'huissier de nouvelles recherches, s'il estime incomplètes celles qui ont été effectuées[5].

Les instructions données par le procureur de la République à l'effet de procéder à des recherches en vue de découvrir l'adresse du prévenu, en application de l'article 560 du code de procédure pénale, constituent un acte de poursuite interruptif de prescription au sens des articles 7 et 8 dudit code[6]. L'absence de défèrement à la réquisition prévue à l'article 560 du code de procédure pénale constitue la contravention de 2e classe prévue et réprimée par l'article R. 642-1 du code pénal.

SECTION 4
QUALIFICATION DES DÉCISIONS

415.71 Nature de la convocation et représentation de la partie. De la nature de la convocation et de la présence ou non de la partie, ou de son avocat à l'audience va dépendre la qualification du jugement. Et de la qualification de ce jugement dépendront les voies de recours offertes à la partie d'où la nécessité de porter un soin particulièrement attentif à la qualification des décisions de justice puisqu'en dépendra leur caractère exécutoire ou non.

Si la citation n'a pas été délivrée à la personne du prévenu, et s'il n'est pas établi qu'il ait eu connaissance de la citation, la décision, au cas de non-comparution du prévenu, est rendue par « défaut », sauf s'il est fait application des dispositions de l'article 411 du code de procédure pénale, soit, quelle que soit la peine encourue et quelles que soient les conditions dans lesquelles le prévenu a été cité, lorsque, par lettre adressée au président du tribunal et qui sera jointe au dossier de la procédure, ce prévenu a demandé à être jugé en son absence en étant représenté au cours de l'audience par son avocat ou par un avocat commis d'office. Dans ce dernier cas, le jugement sera contradictoire à signifier en l'absence d'avocat, et contradictoire si l'avocat intervient.

1. Crim. 27 juin 2000, n° 00-80.069, P n° 245.
2. Crim. 28 juin 2006, n° 05-86.113, NP.
3. C. pr. pén., art. 413.
4. C. pr. pén., art. 560.
5. C. pr. pén., art. 563, al. 2.
6. Crim. 3 juin 2004, n° 03-80.593, P n° 152 ; *D.* 2004. 3213, note D. Caramalli ; *D.* 2005. 1521, obs. G. Roujou de Boubée, M.-H. Gozzi, S. Mirabail et M. Segonds ; *RSC* 2004. 892, obs. D. Rebut.

TABLEAU 415.71-1. RÉCAPITULATIF DES MODES DE CITATION

Citation	Mode de remise	Preuve de la réception	Nature de la décision
Citation à personne	Acte remis au destinataire par l'huissier (C. pr. pén., art. 555)	Partie présente	Décision contradictoire
	Idem	Partie absente mais représentée par un avocat muni d'un pouvoir spécial	Décision contradictoire
	Idem	Partie absente mais représentée par un avocat ne disposant pas d'un pouvoir spécial	Décision contradictoire à signifier
	Idem	Partie absente	Décision contradictoire à signifier
Citation à domicile	Acte remis au domicile à une personne autre que le destinataire avec LR-AR ou LS accompagnée d'un récépissé à réexpédier ou à déposer à l'étude (C. pr. pén., art. 556-557)	AR du courrier signé	Décision contradictoire à signifier
	Idem	Pas d'AR	Décision par défaut
	L'acte n'a pu être remis à quiconque. L'huissier mentionne ses diligences puis adresse une LR-AR à l'intéressé en l'invitant à retirer la copie de l'exploit à l'étude contre récépissé ou émargement (C. pr. pén., art. 558, al. 2)	Il y a signification à personne si l'intéressé : • se présente à l'étude pour retirer la copie de l'exploit même sans avoir signé l'AR de la LR ou sans avoir renvoyé le récépissé (C. pr. pén., art. D. 46-4) ; • même s'il ne se présente pas devant le tribunal et si le délai entre : d'une part le jour où l'AR est signé par l'intéressé, le jour où le récépissé a été renvoyé ou le jour où la personne s'est présentée à l'étude ; et d'autre part, le jour indiqué pour la comparution devant le tribunal correctionnel ou de police est au moins égal à celui fixé, compte tenu de l'éloignement du domicile de l'intéressé par l'article 552.	Décision contradictoire à signifier
	L'huissier peut, à la place de la LR-AR mentionnée aux précédents alinéas, envoyer à l'intéressé par LS une copie de l'acte ou laisser à son domicile un avis de passage invitant l'intéressé à se présenter à son étude afin de retirer la copie de l'exploit contre récépissé ou émargement. La copie et l'avis de passage sont accompagnés d'un récépissé que le destinataire est invité à réexpédier par voie postale ou à déposer à l'étude de l'huissier, revêtu de sa signature. Lorsque l'huissier laisse un avis de passage, il adresse également une LS à la personne (C. pr. pén., art. 558, al. 4)	Lorsque ce récépissé a été renvoyé, l'exploit déposé à l'étude de l'huissier de justice produit les mêmes effets que s'il avait été remis à la personne (C. pr. pén., art. 558, al. 5). Même s'il ne se présente pas devant le tribunal et si le délai entre : d'une part le jour où l'AR est signé par l'intéressé, le jour où le récépissé a été renvoyé ou le jour où la personne s'est présentée à l'étude ; et d'autre part, le jour indiqué pour la comparution devant le tribunal correctionnel ou de police est au moins égal à celui fixé, compte tenu de l'éloignement du domicile de l'intéressé par l'article 552.	Décision contradictoire à signifier
Citation à étude	*Idem*		Le destinataire de l'acte se présente à l'étude mais refuse de retirer copie de l'exploit
Citation à parquet	Si la personne visée est sans domicile ou résidence connus (ou siège de la personne morale inconnu), remise d'une copie de l'exploit au parquet du procureur de la République du tribunal saisi (C. pr. pén., art. 559)	La personne se présente	Décision contradictoire (sous réserve que la personne ait eu effectivement connaissance dans la citation dans les délais légaux) et d'un éventuel renvoi si la personne demande *in extremis* à être assistée par un avocat (C. pr. pén., art. 417)
	Idem		

Cependant si le tribunal estime nécessaire la comparution personnelle du prévenu, il pourra renvoyer l'affaire à une audience ultérieure en ordonnant cette comparution. Le procureur de la République procédera alors à une nouvelle citation du prévenu. Le prévenu qui ne répondrait pas alors à cette nouvelle citation peut être jugé contradictoirement si son avocat est présent et entendu. Le tribunal peut également, le cas échéant, après avoir entendu les observations de l'avocat, renvoyer à nouveau l'affaire en faisant application des dispositions de l'article 410-1 soit en délivrant un mandat d'amener lorsque la peine qu'il encourt est égale ou supérieure à deux années d'emprisonnement[1].

Si un avocat se présente pour assurer la défense du prévenu, il doit être entendu s'il en fait la demande.

Le tribunal peut, s'il l'estime nécessaire, renvoyer l'affaire à une audience ultérieure, en faisant le cas échéant application des dispositions de l'article 410-1[2, 3].

On constate que les hypothèses sont donc multiples concernant la qualification de la décision, et parfois difficiles à prévoir lors de l'engagement des poursuites. Il faut y voir l'une des raisons d'une proposition en vue de supprimer le jugement contradictoire à signifier, qui a le mérite de participer au débat sur l'efficacité de notre justice pénale[4].

SECTION 5
SANCTIONS DES IRRÉGULARITÉS

415.81 **Principes.** La nullité d'un exploit ne peut être prononcée que lorsqu'elle a eu pour effet de porter atteinte aux intérêts de la personne qu'il concerne, sous réserve, pour les délais de citation, des dispositions de l'article 553, 2°[5].

L'exploit est délivré par un huissier ou un clerc d'huissier assermenté et l'absence de visa par l'huissier sur l'original de l'exploit que celui-ci a été dressé par un clerc assermenté ne porte aucun grief à la personne qu'il concerne[6].

Le ministère public a le droit, dans l'intérêt d'une bonne administration de la justice, de soulever *in limine litis* l'exception de nullité de l'exploit de citation ou d'un acte de procédure, et de demander à la juridiction compétente de prononcer la nullité de cet acte, quand bien même la personne que cet acte concerne se serait abstenue de le faire. Il s'ensuit que le prévenu peut devant la cour d'appel se prévaloir d'une telle exception régulièrement soulevée, et que les juges du second degré ne peuvent l'écarter au motif qu'elle n'aurait pas été présentée par lui *in limine litis*[7].

C'est en effet *in limine litis* que doivent être soulevées d'éventuelles nullités de la citation et cette règle vaut pour chacune des parties au procès. Aux termes de l'article 385 du code de procédure pénale, les exceptions tirées de la nullité, soit de la citation, soit de la procédure antérieure, doivent, à peine de nullité, être présentées avant toute défense au fond. Il en résulte que la nullité de la citation, délivrée par la partie civile et mettant en mouvement l'action publique, ne peut être invoquée que préalablement à l'ouverture des débats[8].

Il se déduit du dernier alinéa de l'article 385 du code de procédure pénale, en sa rédaction issue de la loi du 4 janvier 1993, que la présentation tardive des exceptions de nullité de procédure devant le tribunal correctionnel est sanctionnée par l'irrecevabilité[9].

En aucun cas le tribunal ne peut se saisir d'office d'une éventuelle nullité de la citation (ou de tout autre acte de la procédure) à l'exception d'éventuelles nullités affectant les règles de compétence[10].

415.82 **Irrégularités formelles.** Aucun texte n'exige qu'il soit fait mention dans la décision des modalités de convocation du prévenu[11]. Il importe peu que la citation ait été délivrée à l'adresse de la société dont le prévenu est le gérant, dès lors que ce dernier a pu connaître de façon suffisamment précise les faits qui lui étaient reprochés[12]. La nullité d'un exploit de citation ne peut être prononcée en cas d'omission, sur cet acte, de la mention d'envoi de la lettre recommandée d'avis de remise de copie à une personne résidant au domicile du destinataire, dès lors qu'il se déduit des énonciations de l'arrêt attaqué lui-même que cet avis a été reçu et qu'il n'a donc pas été porté atteinte aux intérêts de la personne qu'il concernait[13].

En revanche, il y a nullité de la citation pour violation de l'article 550 du code de procédure pénale lorsque l'original de l'exploit ne comporte pas la signature de la personne qui en a reçu copie et qu'il n'est pas précisé qu'elle n'a pu ou voulu signer. Dès lors que le prévenu n'a été ni présent ni

1. C. pr. pén., art. 411, 410-1.
2. C. pr. pén., art. 412.
3. POUR un récapitulatif des différents modes de citation, v. tableau 415.71-1.
4. *Dr. pénal* 2023, étude 2, L. Griffon-Yarza « Jugement contradictoire à signifier : une qualification de procédure pénale à supprimer ».
5. C. pr. pén., art. 565.
6. Crim. 29 juill. 1968, n° 68-90.331, P n° 241.
7. Crim. 5 mars 1970, n° 67-91.652, P n° 93 ; *D.* 1971. 207.
8. Crim. 11 juin 1981, n° 80-90.560, P n° 194.
9. Crim. 19 sept. 1994, n° 93-85.641, P n° 298.
10. V. s^s n° 311.11.
11. Crim. 29 oct. 2002, n° 02-80.624, NP.
12. Crim. 28 juin 2011, n° 11-80.430, NP.
13. Crim. 17 nov. 1971, n° 70-92.068, P n° 312.

représenté à l'audience, la nullité de l'exploit par lequel il a été cité a eu pour effet de porter atteinte à ses intérêts [1].

Toujours au sujet de la signature de l'acte, il a pu être jugé que pour rejeter l'exception de nullité de la citation tirée de l'absence de mention de l'acceptation ou du refus du destinataire de signer l'acte, les juges énoncent qu'il n'y avait pas lieu d'observer les prescriptions de l'article 550, alinéa 5, du code de procédure pénale, dès lors qu'il ressort de l'examen de l'exploit que le prévenu, bien qu'il prétende ne pas reconnaître sa signature, a signé l'acte, ainsi que l'a indiqué le clerc significateur et qu'en statuant ainsi, la cour d'appel avait fait l'exacte application du texte précité [2].

Si selon les dispositions de l'article 565 du code de procédure pénale, la nullité d'un exploit pour inobservation des formes prévues par les articles 550 et suivants dudit code ne peut être prononcée que lorsqu'elle a eu pour effet de porter atteinte aux intérêts de la personne qu'il concerne, il en est bien ainsi lorsque comme en l'espèce, les parties citées ont pu avoir un doute sur l'objet et la portée de l'acte par lequel elles ont été traduites devant le tribunal [3]. L'inobservation des formes prescrites par les articles 550 et suivants du code de procédure pénale n'entraîne pas la nullité de la citation lorsque le prévenu n'a pu se méprendre sur l'objet et la portée de l'acte par lequel il a été attrait devant le tribunal. Tel est le cas de la citation qui, conformément à l'article 551, alinéa 4, mentionne le nom de la partie civile, sa date de naissance et son domicile, ainsi qu'un prénom d'emprunt au lieu du prénom inscrit à l'état civil [4].

Enfin, et plus classiquement, peuvent être déclarées nulles les citations comportant des erreurs sur la juridiction devant laquelle l'intéressé est convoqué [5], car si le prévenu n'y a été ni présent, ni représenté, cette erreur a eu pour effet de porter atteinte à ses intérêts ; de même, sont régulièrement annulées les citations comportant des erreurs sur le jour où l'heure de l'audience [6].

415.83 Irrégularités de fond. Mais c'est évidemment et surtout au sujet de la date et de la nature des faits, d'une incompréhension des raisons de la poursuite, que les nullités de citation vont être le plus souvent évoquées. Il s'agit là d'une appréciation de fait mais retenons une jurisprudence sur ce point assez restrictive puisque, pour faire droit à l'exception de nullité de citations, une cour d'appel relevait qu'elles faisaient état de faits commis du 29 septembre 2005 au 1er décembre 2005, alors que la procédure établissait que les faits reprochés auraient été commis d'octobre 2002 à décembre 2003 ; que les juges ajoutaient que, faute de permettre aux prévenus d'avoir une connaissance précise des faits reprochés, les citations contestées ne répondaient pas aux dispositions du code de procédure pénale, et qu'ainsi une atteinte avait été portée aux droits des prévenus, la chambre criminelle jugeant au contraire, qu'en prononçant ainsi, alors que la date des faits indiqués dans les citations, dont les mentions sont conformes aux dispositions du code de procédure pénale, résultait d'une erreur matérielle qu'elle pouvait rectifier, sans modifier l'étendue de sa saisine et que la citation, qui vise le procès-verbal de constat de l'infraction, informe le prévenu des faits servant de base à la prévention, le mettant ainsi en mesure de préparer ses moyens de défense, la cour d'appel n'a pas justifié sa décision [7].

415.84 Portée de l'annulation de la citation. Si en général l'annulation d'une citation ou de tout autre mode de convocation en justice va être totale et anéantir ladite convocation [8], rien n'exclut une annulation partielle. Il est possible d'imaginer, surtout en matière de contentieux techniques, une imprécision sur l'un des chefs de poursuites, tenant par exemple à l'absence des textes de répression. Faut-il dans ce cas annuler l'intégralité de la citation ? De même, si les poursuites délictuelles sont valables et qu'une erreur apparaît au sujet d'une poursuite contraventionnelle connexe, est-il nécessaire de renvoyer le procès pour régularisation ?

Si les textes sont muets sur une annulation partielle, la chambre criminelle admet des nullités partielles de citation [9].

1. Crim. 26 mars 1992, n° 91-85.341, P n° 130.
2. Crim. 23 mai 1996, n° 95-81.716, NP.
3. Crim. 20 oct. 1964, n° 63-90.553, P n° 269.
4. Crim. 13 juin 1995, n° 93-82.144, P n° 217.
5. Pour le visa de la cour d'appel au lieu du tribunal correctionnel, d'une chambre du tribunal correctionnel au lieu d'une autre, du tribunal d'instance au lieu du tribunal correctionnel : Crim. 7 mai 1996, n° 95-82.637, P n° 193.
6. Crim. 22 mai 1990, n° 89-86.836, P n° 208.
7. Crim. 23 févr. 2011, n° 10-83.859, NP.
8. SUR les nullités pouvant affecter la citation directe, v. ss nos 612.61 s.
9. Ex. : Crim. 9 févr. 2016, n° 14-87.753, P n° 29 : Attendu que, pour confirmer l'annulation partielle de la citation, prononcée par le jugement déféré, pour les infractions d'absence d'information préalable des salariés sur l'installation d'un système de vidéosurveillance, et d'absence de consultation du comité d'entreprise préalablement à cette installation, et rejeter les autres moyens de nullité de la citation invoqués par la société prévenue concernant les autres infractions poursuivies, l'arrêt prononce par les motifs repris au moyen – Attendu qu'en statuant ainsi, la cour d'appel a justifié sa décision, dès lors que l'acte répondait, pour ces autres infractions, aux prescriptions de l'article 551, alinéa 2, du code de procédure pénale, et comportait une information suffisamment précise pour que les organes ou représentants de la société défenderesse comprennent la nature et la cause de l'accusation portée contre celle-ci.

La question peut n'être pas aussi simple qu'il y paraît. Si l'annulation n'est que partielle et entraîne condamnation des autres chefs, mais si, sur un appel du parquet, l'annulation est remise en cause par la cour d'appel, le suivi du dossier s'annonce chaotique. D'où le choix généralement fait d'annuler la citation pour le tout et d'inviter le parquet à mieux se pourvoir. Il peut également se faire que le prévenu accepte de comparaître volontairement[1].

1. V. s^{s} n°s 411.81 s.

TITRE

42. La comparution immédiate et la convocation par procès-verbal

SECTION 0

Orienteur

42.00 **Sommaire du titre.**

CHAPITRE

421. Comparution immédiate : conditions légales de poursuites

SECTION 0 ORIENTEUR

421.00 Sommaire du chapitre.

421.01 Principaux textes applicables.

TEXTES SOURCES

- C. pr. pén., art. 137-3, 143-1, 388, 393, 393-1, 394, 395, 396, 397-6, 706-113, 706-115, 706-116
- C. pén., art. 112-2
- Ord. 2 févr. 1945, art. 5, al. 7, 14-2

TEXTES *IN EXTENSO*

- **C. pr. pén., art. 393** [mod. par L. n° 2020-1672, 24 déc. 2020, art. 26]

En matière correctionnelle, lorsqu'il envisage de poursuivre une personne en application des articles 394, 395 et 397-1-1, le procureur de la République ordonne qu'elle soit déférée devant lui.

Après avoir, s'il y a lieu, informé la personne de son droit d'être assistée par un interprète, constaté son identité et lui avoir fait connaître les faits qui lui sont reprochés ainsi que leur qualification juridique, le procureur de la République l'informe qu'elle a le droit à l'assistance d'un avocat de son choix ou commis d'office. L'avocat choisi ou, dans le cas d'une demande de commission d'office, le bâtonnier de l'ordre des avocats en est avisé sans délai.

L'avocat ou la personne déférée lorsqu'elle n'est pas assistée par un avocat peut consulter sur-le-champ le dossier. L'avocat peut communiquer librement avec le prévenu.

Le procureur de la République avertit alors la personne de son droit de faire des déclarations, de répondre aux questions qui lui sont posées ou de se taire. Après avoir, le cas échéant, recueilli les observations de la personne ou procédé à son interrogatoire, le procureur de la République entend, s'il y a lieu, les observations de l'avocat, portant notamment sur la régularité de la procédure, sur la qualification retenue, sur le caractère éventuellement insuffisant de l'enquête, sur la nécessité de procéder à de nouveaux actes qu'il estime nécessaires à la manifestation de la vérité et sur les modalités d'engagement éventuel des poursuites ou le recours éventuel à la procédure de comparution sur reconnaissance préalable de culpabilité. Au vu de ces observations, le procureur de la République soit procède comme il est dit aux articles 394 à 396 et à l'article 397-1-1, soit requiert l'ouverture d'une information, soit ordonne la poursuite de l'enquête, soit prend toute autre décision sur l'action publique en application de l'article 40-1. S'il ordonne la poursuite de l'enquête et que la personne est à nouveau entendue, elle a le droit d'être assistée, lors de son audition, par son avocat, en application de l'article 63-4-3.

Si le procureur de la République procède comme il est dit aux articles 394 à 397-1-1, il peut décider de fixer à la même audience, afin qu'elles puissent être jointes à la procédure ou examinées ensemble, de précédentes poursuites dont la personne a fait l'objet pour d'autres délits, à la suite d'une convocation par procès-verbal, par officier de police judiciaire ou en vue d'une comparution sur reconnaissance préalable de culpabilité, d'une citation directe, d'une ordonnance pénale ou d'une ordonnance de renvoi du juge d'instruction. Hors le cas de la comparution immédiate, cette décision doit intervenir au moins dix jours avant la date de l'audience. Le prévenu et son avocat en sont informés sans délai.

Mention de ces formalités est faite au procès-verbal à peine de nullité de la procédure.

• **C. pr. pén., art. 394** [mod. par L. n° 2021-1729, 22 déc. 2021, art. 14 (V)]

Le procureur de la République peut inviter la personne déférée à comparaître devant le tribunal dans un délai qui ne peut être inférieur à dix jours, sauf renonciation expresse de l'intéressé en présence de son avocat, ni supérieur à six mois. Il lui notifie les faits retenus à son encontre ainsi que le lieu, la date et l'heure de l'audience. Il informe également le prévenu qu'il doit comparaître à l'audience en possession des justificatifs de ses revenus ainsi que de ses avis d'imposition ou de non-imposition. Cette notification, mentionnée au procès-verbal dont copie est remise sur-le-champ au prévenu, vaut citation à personne.

L'avocat choisi ou le bâtonnier est informé, par tout moyen et sans délai, de la date et de l'heure de l'audience ; mention de cet avis est portée au procès-verbal. L'avocat ou la personne déférée lorsqu'elle n'est pas assistée d'un avocat peut, à tout moment, consulter le dossier.

Si le procureur de la République estime nécessaire de soumettre le prévenu jusqu'à sa comparution devant le tribunal à une ou plusieurs obligations du contrôle judiciaire ou de le placer sous assignation à résidence avec surveillance électronique, il le traduit sur-le-champ devant le juge des libertés et de la détention, statuant en chambre du conseil avec l'assistance d'un greffier. Ce magistrat peut, après audition du prévenu préalablement informé de son droit de se taire sur les faits qui lui sont reprochés, son avocat ayant été avisé et entendu en ses observations, s'il le demande, prononcer l'une de ces mesures dans les conditions et suivant les modalités prévues par les articles 138,139,142-5 et 142-6. Cette décision est notifiée verbalement au prévenu et mentionnée au procès-verbal dont copie lui est remise sur-le-champ. Si le prévenu placé sous contrôle judiciaire ou sous assignation à résidence avec surveillance électronique se soustrait aux obligations qui lui sont imposées, les dispositions du deuxième alinéa de l'article 141-2 sont applicables, ainsi que celles de l'article 141-4 ; les attributions confiées au juge d'instruction par cet article sont alors exercées par le procureur de la République.

• **C. pr. pén., art. 396** [mod. par L. n° 2021-1729, 22 déc. 2021, art. 14 (V)]

Dans le cas prévu par l'article précédent, si la réunion du tribunal est impossible le jour même et si les éléments de l'espèce lui paraissent exiger une mesure de détention provisoire, le procureur de la République peut traduire le prévenu devant le juge des libertés et de la détention, statuant en chambre du conseil avec l'assistance d'un greffier.

Le juge, après avoir fait procéder, sauf si elles ont déjà été effectuées, aux vérifications prévues par le huitième alinéa de l'article 41, statue sur les réquisitions du ministère public aux fins de détention provisoire. Après avoir informé le prévenu de son droit de se taire, il recueille ses observations éventuelles ou celles de son avocat. L'ordonnance rendue n'est pas susceptible d'appel.

Il peut placer le prévenu en détention provisoire jusqu'à sa comparution devant le tribunal. L'ordonnance prescrivant la détention est rendue suivant les modalités prévues par l'article 137-3, premier alinéa, et doit comporter l'énoncé des considérations de droit et de fait qui constituent le fondement de la décision par référence aux dispositions des 1° à 6° de l'article 144. Cette décision énonce les faits retenus et saisit le tribunal ; elle est notifiée verbalement au prévenu et mentionnée au procès-verbal dont copie lui est remise sur-le-champ. Le prévenu doit comparaître devant le tribunal au plus tard le troisième jour ouvrable suivant. À défaut, il est mis d'office en liberté.

Si le juge estime que la détention provisoire n'est pas nécessaire, il peut soumettre le prévenu, jusqu'à sa comparution devant le tribunal, à une ou plusieurs obligations du contrôle judiciaire ou le placer sous assignation à résidence avec surveillance électronique. La date et l'heure de l'audience, fixées dans les délais prévus à l'article 394, sont alors notifiées à l'intéressé soit par le juge ou par son greffier, si ces informations leur ont été préalablement données par le procureur de la République, soit, dans le cas contraire, par le procureur ou son greffier. Toutefois, si les poursuites concernent plusieurs personnes dont certaines sont placées en détention, la personne reste convoquée à l'audience où comparaissent les autres prévenus détenus. L'article 397-4 ne lui est pas applicable. Si le prévenu placé sous contrôle judiciaire ou sous assignation à résidence avec surveillance électronique se soustrait aux obligations qui lui sont imposées, les dispositions du deuxième alinéa de l'article 141-2 sont applicables.

• **C. pr. pén., art. 397-6** [mod. par L. n° 2021-1109, 24 déc. 2021, art. 46]

Les dispositions des articles 393 à 397-5 ne sont applicables ni aux mineurs, ni en matière de délits de presse, de délits politiques ou d'infractions dont la procédure de poursuite est prévue par une loi spéciale.

Par dérogation au premier alinéa du présent article, les articles 393 à 397-5 sont applicables aux délits prévus aux articles 24 et 24 *bis* ainsi qu'aux troisième et quatrième alinéas de l'article 33 de la loi du 29 juillet 1881 sur la liberté de la presse, sauf si ces délits résultent du contenu d'un message placé sous le contrôle d'un directeur de la publication en application de l'article 6 de la même loi ou de l'article 93-2 de la loi n° 82-652 du 29 juillet 1982 sur la communication audiovisuelle.

421.02 Jurisprudence de référence.

> Les dispositions relatives à la comparution immédiate ne sont pas applicables aux infractions dont la procédure de poursuite est prévue par une loi spéciale ; tel n'est pas le cas lorsque la personne est poursuivie pour une infraction prévue par une loi spéciale (L. 365-1 du code du travail ; premier moyen)

> Le prévenu qui n'invoque pas l'irrégularité de la saisine du tribunal correctionnel pour défaut de notification des faits par le procureur de la République, n'est pas recevable à les soulever en appel (second moyen)

> L'irrégularité prétendue de la détention n'affecte pas la procédure de comparution immédiate mais seulement celle de placement en détention (troisième moyen)

• **Crim. 26 avr. 1994,** n° 93-84.880, P n° 149

* V. s^{s} n° 421.13.

« La cour,

Vu le mémoire produit ;

Sur le premier moyen de cassation pris de la violation des articles 395, 397-2 et 397-6 du code de procédure pénale, 593 du même code, défaut de motifs, manque de base légale, violation des droits de la défense :

En ce que l'arrêt attaqué a refusé d'annuler la procédure de comparution immédiate ;

Aux motifs que dans le respect des textes légaux, le ministère public a fait comparaître Étienne X... devant le tribunal correctionnel selon la procédure de la comparution immédiate ;

Alors, d'une part, que les dispositions relatives à la comparution immédiate ne sont pas applicables aux infractions dont la procédure de poursuite est prévue par une loi spéciale ; que le prévenu était, notamment, poursuivi pour une infraction prévue par l'article L. 365-1 du code du travail, c'est-à-dire dans le cadre d'une loi spéciale ; que dès lors, l'application de la procédure de comparution immédiate était exclue ;

Alors, d'autre part, que le recours, par le procureur de la République, à la procédure de comparution immédiate n'est justifié que si les charges réunies sont désormais suffisantes ; que tel n'était manifestement pas le cas en l'espèce, l'enquête dont disposait le Parquet n'ayant permis que de déterminer la qualité de mandataire social de X..., laquelle n'est pas nécessairement incompatible avec celle d'un ayant droit aux allocations de chômage ;

Alors, enfin, que le prévenu ne peut pas être jugé selon la procédure de comparution immédiate, et le Tribunal doit renvoyer le dossier au procureur de la République, lorsque la complexité de l'affaire nécessite des investigations supplémentaires approfondies ; que tel était le cas de l'aveu même de l'Assedic qui, postérieurement à l'audience du 23 juillet 1992 à l'issue de laquelle l'affaire a été mise en délibéré, a produit des éléments d'enquête nouveaux et déposé une note en délibéré, précisant : Il semble indispensable qu'une véritable discussion contradictoire puisse s'instaurer sur ces éléments nouveaux, que l'Assedic n'a été en mesure de réunir qu'à la suite de l'audience ; que dès lors, la procédure de comparution immédiate, non applicable en l'espèce, était nulle *ab initio*, de sorte que la cour d'appel aurait dû l'annuler ;

Attendu, d'une part, que contrairement à ce qui est allégué, aucune des infractions poursuivies, et notamment celle visée par l'article L. 365-1 du code du travail, n'est soumise à une procédure de poursuite prévue par une loi spéciale ;

Attendu, d'autre part, que selon l'article 393 du code de procédure pénale le procureur de la République peut, s'il estime qu'une information n'est pas nécessaire, procéder comme il est dit aux articles 394 à 396 dudit code ; que cette option est laissée à sa libre appréciation ;

Attendu enfin que les juges du fond ont souverainement estimé que l'affaire était en état d'être jugée sans investigations complémentaires ;

D'où il suit que le moyen doit être écarté ;

Sur le deuxième moyen de cassation pris de la violation des articles 6.3 a et 6.3 b de la convention européenne de sauvegarde des droits de l'Homme et des libertés fondamentales, 593 du code de procédure pénale, violation des droits de la défense :

En ce que l'arrêt attaqué a refusé d'annuler la procédure de comparution immédiate ;

Aux motifs que X... ne saurait invoquer une violation de l'article 6 de la convention européenne des droits de l'homme, dès lors qu'il avait été informé de la nature et de la cause de l'accusation portée contre lui, et qu'il a renoncé lui-même au délai prévu pour la préparation de sa défense ;

Alors, d'une part, qu'il résulte de l'article 6.3 a que tout accusé a droit à être informé, dans le plus court délai et d'une manière détaillée, de la nature et de la cause de l'accusation portée contre lui ; qu'en l'espèce, le procès-verbal de comparution immédiate du 16 juillet 1992 se bornait à proposer des qualifications et à préciser les textes estimés applicables, sans énoncer les faits poursuivis ; qu'il ne pouvait, dès lors, être considéré que X... était informé d'une manière détaillée de la nature et de la cause de l'accusation portée contre lui ;

Alors, d'autre part, que lors de sa comparution à l'audience du 16 juillet 1992, à l'issue de laquelle le renvoi au 30 juillet a été décidé, X... a été placé sous mandat de dépôt, étant précisé qu'il n'a été remis en liberté, le 23 juillet 1992, qu'après avoir, le 17 juillet 1992, renoncé au délai prévu par l'article 397-1 et accepté d'être jugé dès le 23 juillet 1992 ; qu'il est donc manifeste que la renonciation n'est intervenue que sous la pression d'une détention injustifiée, de sorte qu'elle était nulle ; que dès lors, c'est à bon droit que la violation de l'article 6.3 b était invoquée par le prévenu ;

Attendu que le demandeur, qui n'a pas prétendu devant les premiers juges qu'il n'aurait pas été informé des faits reprochés lors de sa comparution devant le procureur de la République n'est pas dès lors recevable, en application de l'article 385 du code de procédure pénale, à critiquer les motifs de la cour d'appel constatant qu'il avait été informé de la nature et de la cause de l'accusation portée contre lui ;

Attendu qu'il est également irrecevable à soutenir pour la première fois qu'il aurait renoncé sous la contrainte au délai prévu par l'article 397-1 du même code ;

Qu'ainsi le moyen ne peut être accueilli ;

Sur le troisième moyen de cassation pris de la violation des articles 5.1 c de la convention européenne des droits de l'homme, 142, 144, 145 du code de procédure pénale, 593 du même code, défaut de motifs, manque de base légale :

En ce que l'arrêt attaqué a refusé d'annuler la procédure de comparution immédiate irrégulière, au cours de laquelle le prévenu avait été, dès sa première comparution, placé sous mandat de dépôt, au motif d'un prétendu trouble grave à l'ordre public économique et social ;

Alors, d'une part, que X..., médecin spécialiste, conseiller municipal et régional, présentait toutes les garanties de représentation et d'indemnisation de la partie civile, de sorte que le motif invoqué, le prétendu trouble grave à l'ordre public économique et social, était fallacieux ; que dès lors, la détention n'était pas nécessaire au regard de l'article 5 de la convention européenne de sauvegarde des droits de l'Homme et des libertés fondamentales ;

Alors, d'autre part, que la détention provisoire ne peut être ordonnée si des mesures prescrites dans le cadre d'un contrôle judiciaire sont suffisantes pour assurer notamment la garantie des réparations éventuelles dues à la partie civile ; qu'il résulte de la procédure que, mis en détention le 16 juillet 1992, X... a été relâché 7 jours plus tard, le 23 juillet, parce qu'il avait offert de consigner la somme correspondant aux indemnités réclamées par les Assedic ; que la détention provisoire était donc illégale, une simple mesure de contrôle judiciaire pouvant assurer cette fonction, et que cette méconnaissance des droits de la défense a violé l'intégralité de la procédure ;

Alors, enfin, qu'aux termes de l'article 145, alinéa 1er, du code de procédure pénale, tel qu'il était applicable en juillet 1992, le placement en détention provisoire est prescrit par une décision qui doit comporter l'énoncé des considérations de droit et de fait qui en constituent le fondement, par référence aux dispositions de l'article 144 du même code ; qu'en l'espèce, la décision du 16 juillet 1992 se bornait à invoquer un "trouble grave à l'ordre public économique et social", sans préciser, par référence aux faits de l'espèce, en quoi consistait ce prétendu trouble ; que celui-ci ne pouvait résulter de la simple constatation que l'Assedic se plaignait de l'existence éventuelle d'une escroquerie portant sur 130 000 francs ; que la décision de mise en détention provisoire était donc injustifiée au regard des règles internes, et a contribué à vicier la procédure de comparution immédiate qui, dès lors, devait être annulée ;

Attendu que le demandeur, aujourd'hui en liberté, et qui n'a pas relevé appel de la mesure de placement en détention est irrecevable à en invoquer l'irrégularité prétendue, laquelle, de surcroît, à la supposer établie, n'affecterait pas la procédure de comparution immédiate mais seulement celle de placement en détention ;

Que, dès lors, le moyen est inopérant. »

> La récidive ne doit pas être prise en compte pour déterminer la peine prévue par la loi

• **Crim. 19 févr. 2002,** n° 01-84.903, P n° 33

* V. ss n° 421.23.

« Sur le moyen unique de cassation, pris de la violation de l'article 395 du code de procédure pénale :

Attendu qu'il résulte de l'arrêt attaqué que X a été traduit devant le tribunal correctionnel selon la procédure de comparution immédiate, pour "vol avec effraction en récidive" ; que le tribunal a retenu la culpabilité du prévenu et l'a condamné à une peine d'emprisonnement ;

Attendu que, pour annuler le jugement entrepris, la cour d'appel constate que, compte tenu de la circonstance de récidive retenue à son encontre, le prévenu encourait 10 ans d'emprisonnement en application des dispositions combinées des articles 311-4 et 132-10 du code pénal ; qu'elle en déduit que le tribunal correctionnel n'a pas été régulièrement saisi, dès lors que, selon l'article 395 du code de procédure pénale, la procédure de comparution immédiate ne peut pas être suivie lorsque le maximum de l'emprisonnement prévu par la loi excède 7 ans ;

Mais attendu qu'en prononçant ainsi, alors que, pour déterminer si, au regard de la peine d'emprisonnement prévue par la loi, il peut être recouru à la procédure de comparution immédiate, seule doit être considérée la peine édictée par les dispositions réprimant le délit objet de la poursuite, sans tenir compte de l'éventuel état de récidive du prévenu, la cour d'appel a méconnu le sens et la portée de l'article 395 du code de procédure pénale ;

Attendu que, toutefois, la censure n'est pas encourue, dès lors que, les juges du second degré ayant évoqué et prononcé sur l'action publique, le demandeur, qui ne conteste ni la déclaration de culpabilité, ni la peine prononcée, est sans intérêt à reprocher à l'arrêt attaqué d'avoir annulé le jugement entrepris ;

D'où il suit que le moyen ne peut être accueilli ;

Et attendu que l'arrêt est régulier en la forme. »

> Les délits douaniers passibles d'un emprisonnement entrant dans les prévisions de l'article 395 du code de procédure pénale, peuvent être poursuivis par le ministère public selon la procédure de comparution immédiate

• **Crim. 8 avr. 1999,** n° 98-84.889, P n° 73

* V. ss n° 421.22.

« Vu les articles 342, alinéa 1er, et 363 du code des douanes ;

Attendu que les délits et contraventions prévues par les lois sur les douanes, qui sont constatés par procès-verbal de saisie ou de constat ou par tous autres moyens, peuvent être, aux termes du premier de ces textes, poursuivis et prouvés par toutes voies de droit ;

Qu'il s'ensuit que les délits douaniers passibles d'un emprisonnement entrant dans les prévisions de l'article 395 du code de procédure pénale, peuvent être poursuivis par le ministère public selon la procédure de comparution immédiate ;

Attendu qu'il résulte de l'arrêt attaqué, qu'Y, trouvé porteur de 250 grammes de cannabis au moment de son interpellation, a été poursuivi en comparution immédiate, pour le délit de détention et transport de marchandise prohibée prévu par les articles 215, 414 et 417 du code des douanes ; que le tribunal correctionnel s'est déclaré non valablement saisi, au motif que les faits reprochés constituaient en réalité le délit de détention de stupéfiants, prévu et puni par l'article 222-37 du code pénal de 10 ans d'emprisonnement, excédant le maximum de 7 ans d'emprisonnement exigé pour que puisse être applicable la procédure de comparution immédiate ;

Attendu que, pour confirmer le jugement entrepris, la cour d'appel, par motifs substitués à ceux des premiers juges, relève que les fonctionnaires de police n'ont pas constaté l'infraction douanière visée aux poursuites, comme l'article 323 du code des douanes les y autorisait, mais ont dressé procès-verbal pour le délit de droit commun de détention illicite de stupéfiants prévu par l'article 222-37 du code pénal, rendant, ainsi, inapplicable la procédure de comparution immédiate ; qu'elle énonce, en effet, que, si aux termes de l'article 363 du code des douanes, les auteurs de délits douaniers peuvent être poursuivis en comparution immédiate, c'est à la condition que soit observée la procédure spéciale définie par l'article 333 du code des douanes qui dispose :

Après affirmation s'il y a lieu, les procès-verbaux constatant les délits de douane sont remis au procureur de la République et les prévenus capturés sont traduits devant ce magistrat ; qu'elle observe que tel n'a pas été le cas en l'espèce ;

Mais attendu qu'en prononçant ainsi, la cour d'appel a méconnu le sens et la portée des textes ci-dessus visés ;

D'où il suit que la cassation est encourue ;

Par ces motifs

CASSE ET ANNULE [...]. »

> Les lois concernant la comparution immédiate sont des lois de forme qui s'appliquent aux faits commis avant leur entrée en vigueur quand bien même elles aggraveraient la situation du prévenu

• **Crim. 7 janv 2004,** n° 03-85.305, P n° 6

* V. s[s] n° 421.22.

« Sur le moyen unique de cassation, pris de la violation de l'article 395 du code de procédure pénale modifié par l'article 40 de la loi du 9 septembre 2002 d'orientation et de programmation pour la justice :

Vu les articles 395 du code de procédure pénale et 112-2 du code pénal ;

Attendu que l'article 40 de la loi du 9 septembre 2002, applicable en vertu de l'article 112-2 du code pénal aux infractions commises avant son entrée en vigueur, permet de recourir à la procédure de comparution immédiate même lorsque la peine encourue est supérieure à sept ans d'emprisonnement ;

Attendu qu'il résulte de l'arrêt attaqué que Gilles X... a été traduit le 24 mars 2003 devant le tribunal correctionnel selon la procédure de comparution immédiate pour avoir, entre le mois de mars 2002 et le 19 mars 2003, acquis, détenu, transporté, cédé, fait usage de produits stupéfiants, en récidive ; que le tribunal a retenu la culpabilité du prévenu et l'a condamné à quatre ans d'emprisonnement ;

Attendu que, pour annuler le jugement entrepris, renvoyer le ministère public à mieux se pourvoir et ordonner la mise en liberté du prévenu, la cour d'appel énonce que la procédure de comparution immédiate ne pouvait être utilisée en l'espèce, la peine encourue pour le délit poursuivi excédant sept ans d'emprisonnement ;

Mais attendu qu'en prononçant ainsi la cour d'appel a méconnu le sens et la portée des textes susvisés ;

D'où il suit que la cassation est encourue ;

Par ces motifs :

CASSE ET ANNULE [...]. »

> Le ministère public n'a pas à apporter la preuve de l'impossibilité de faire comparaître le prévenu le jour même

• **Crim. 23 mai 2006,** n° 05-83.149, P n° 142

* V. s[s] n° 421.13.

« Vu les articles 396 et 593 du code de procédure pénale ;

Attendu que, selon le premier de ces textes, en cas de recours à la procédure de comparution immédiate prévue par l'article 395 du code de procédure pénale, le procureur de la République peut traduire le prévenu devant le juge des libertés et de la détention si la réunion du tribunal est impossible le jour même et si les éléments de l'espèce lui paraissent exiger une mesure de détention provisoire ;

Attendu que, selon le second de ces textes, tout jugement ou arrêt doit comporter les motifs propres à justifier la décision ; que l'insuffisance ou la contradiction des motifs équivaut à leur absence ;

Attendu qu'il ressort de l'arrêt attaqué et des pièces de procédure qu'à l'issue de leur garde à vue, le vendredi 21 janvier 2005 respectivement, à 11 heures 50 et 11 heures 55, Z. et B. ont été déférés devant le procureur de la République qui, après leur avoir donné connaissance des faits leur étant reprochés, leur a fait connaître que leur comparution devant le tribunal le jour même, conformément aux dispositions de l'article 395 du code de procédure pénale, étant impossible, ils seraient immédiatement conduits devant le juge des libertés et de la détention, en application de l'article 396 du même code ; que ce magistrat a ordonné leur placement en détention jusqu'à leur comparution devant la juridiction de jugement ; que lors de cette audience qui s'est tenue le 24 janvier 2005, les prévenus ont excipé de la nullité de la procédure au motif que, le tribunal siégeant le 21 janvier 2005, ils auraient dû être jugés à cette date ;

Attendu que les premiers juges ont rejeté cette argumentation, en retenant que les délais d'acheminement et de mise en forme de la procédure ne permettaient pas leur jugement le 21 janvier 2005 ;

Attendu que, pour infirmer la décision entreprise et prononcer la nullité de la procédure postérieure aux procès-verbaux de comparution, l'arrêt énonce que le ministère public ne rapporte pas la preuve, concrète et effective, de l'impossibilité de faire comparaître les prévenus à la date du 21 janvier 2005 ;

Mais attendu qu'en décidant ainsi, la cour d'appel, qui a ajouté à la loi une condition qu'elle ne comporte pas, a méconnu les textes susvisés et les principes ci-dessus énoncés ;

D'où il suit que la cassation est encourue ;

Par ces motifs :

CASSE ET ANNULE [...]. »

> La saisine par le procureur du tribunal selon la procédure de comparution immédiate est irrévocable

• **Crim. 20 févr. 2007,** n° 06-89.229, P n° 52

* V. s[s] n° 421.16.

« Sur le moyen de cassation relevé d'office au profit des deux demandeurs, et pris de la violation des articles 388, 393 et suivants du code de procédure pénale :

Attendu qu'il résulte de ces textes que, lorsque le procureur de la République saisit le tribunal correctionnel en traduisant sur le champ le prévenu devant cette juridiction selon la procédure de comparution immédiate prévue aux articles 394 à 396 du code de procédure pénale, il ne peut requérir d'office l'ouverture d'une information sur ces mêmes faits ;

Attendu qu'il résulte de l'arrêt attaqué et des pièces de la procédure que Stéphane C. a été interpellé et placé en garde à vue le 27 mars 2006 à 16 heures 50 ; qu'à l'issue de cette mesure, qui a été levée le 29 mars à 16 heures 50, l'intéressé a été retenu dans les locaux de la juridiction prévus à cet effet et présenté le 30 mars à 10 heures 50 au procureur de la République qui l'a invité, par procès-verbal, à comparaître, le jour même, à 13 heures 30, devant le tribunal ; qu'après avoir accompli cet acte de procédure, le magistrat a délivré, à 13 heures 15, un réquisitoire introductif ; que Stéphane C. a comparu, à 16 heures 38, devant le juge d'instruction qui lui a notifié sa mise en examen et a ordonné son placement sous contrôle judiciaire ;

Attendu que, par conclusions régulièrement déposées, l'avocat du prévenu a excipé de la nullité de la procédure de comparution immédiate, en invoquant l'inobservation des dispositions de l'article 803-3 du code de procédure pénale qui prévoit qu'en cas de nécessité, la personne peut, à l'issue de sa garde à vue, comparaître le jour suivant, à condition que cette comparution intervienne au plus tard dans un délai de vingt heures ; qu'il a fait valoir que la comparution dans le délai prévu par ce texte aurait dû avoir lieu devant le juge d'instruction saisi ;

Attendu que, pour refuser de faire droit à cette demande, l'arrêt énonce que la seule sanction de l'inobservation des dispositions de l'article 803-3 du code de procédure pénale est la remise en liberté de l'intéressé ;

Mais attendu qu'en prononçant ainsi alors que la saisine du tribunal était irrévocable, en application de l'article 388 du code de procédure pénale et qu'ainsi le réquisitoire introductif et la procédure d'information subséquente auraient dû être annulés, l'arrêt encourt la censure ;

D'où il suit que la cassation est encourue. »

> La procédure de comparution immédiate ne peut être utilisée, en cas de flagrant délit, que si le maximum de la peine encourue est au moins égal à six mois

• **Crim. 26 sept. 2007,** n° 07-82.713, P n° 223

* V. s[5] n° 421.14.

« Attendu que, selon ce texte, en cas de flagrant délit, le prévenu peut être traduit sur-le-champ devant le tribunal correctionnel si le procureur de la République estime que les éléments de l'espèce justifient une comparution immédiate et que le maximum de l'emprisonnement est au moins égal à six mois ;

Attendu qu'il résulte du jugement attaqué et des pièces de procédure que, traduite en comparution immédiate devant le tribunal correctionnel pour avoir, le 5 mars 2004, procédé publiquement au racolage d'autrui en vue de l'inciter à des relations sexuelles, en échange d'une rémunération ou d'une promesse de rémunération, délit prévu et puni par l'article 225-10-1 du code pénal, Noella V. a été condamnée, par jugement du 6 mars 2004, à trois mois d'emprisonnement avec sursis ;

Mais attendu qu'en statuant ainsi, alors que le délit de l'article 225-10-1 du code pénal pour lequel la prévenue a comparu lui faisait encourir une peine d'emprisonnement d'un maximum de deux mois, les juges ont méconnu le texte susvisé. »

> Non-prise en compte des seuils de l'article 143-1 du code de procédure pénale

• **Crim. 9 mai 2012,** n° 10-87.331, P n° 109

* V. s[5] n° 412.51.

Les prescriptions de l'article 143-1 du code de procédure pénale, aux termes desquelles, en matière correctionnelle, la personne mise en examen ne peut être placée en détention provisoire qu'à la condition d'encourir une peine égale ou supérieure à trois ans d'emprisonnement, ne sont pas applicables à la procédure de comparution immédiate.

Dès lors est régulier le placement en détention provisoire ordonné par un juge des libertés et de la détention, saisi conformément à l'article 396, alinéa 3, du même code, à l'égard d'un prévenu poursuivi du chef d'un délit puni d'un an d'emprisonnement.

> L'article 434-1, alinéa 1er du code pénal constitue un délit politique qui ne permet pas la saisine de la juridiction de jugement sous la forme d'une convocation par procès-verbal

• **Crim. 28 mars 2017,** n° 15-84.940, P n° 85

* V. s[5] n° 421.31.

« Vu les articles 431-4, alinéa 1, du code pénal et 397-6 du code de procédure pénale ;

Attendu que, selon le second de ces textes, la convocation par procès-verbal, prévue par l'article 394 du code de procédure pénale, n'est pas applicable en matière de délits politiques ;

Attendu que constitue un tel délit l'infraction prévue et réprimée par le premier de ces textes ;

Attendu que, pour dire que les faits reprochés au prévenu constituent des délits de droit commun, et non de nature politique, rendant applicable la procédure de comparution sur procès-verbal, l'arrêt retient que l'infraction politique, fondée sur la nature de l'intérêt protégé, est celle qui porte atteinte à l'existence ou l'organisation politique de l'État et que le seul fait de participer à une manifestation interdite, fût-elle organisée par un parti politique, ne confère pas de caractère politique à cet événement dès lors que son objet visait l'annulation du projet de barrage de Sivens, la restauration écologique du site, la dénonciation de violences policières et la militarisation, par l'État, de l'espace public, ce qui est exclusif d'une volonté de remise en cause des institutions et des intérêts de la Nation ; que les juges ajoutent que l'interdiction préfectorale était liée à la tardiveté de la déclaration de manifestation, celle-ci faisant suite à une précédente s'étant déroulée une semaine plus tôt, au cours de laquelle d'importantes dégradations avaient été perpétrées, ainsi qu'à l'impossibilité de sécuriser le trajet ou d'envisager un trajet alternatif en vue de prévenir des troubles à l'ordre public ; qu'en conséquence, le maintien de la manifestation caractérisait une désobéissance à une interdiction qui ne constituait qu'une restriction à l'exercice d'une liberté décidée par l'autorité publique dans le cadre de l'État de droit ;

Mais attendu qu'en prononçant ainsi, alors que M. A... était prévenu, sur le fondement du seul premier alinéa de l'article 431-4 du code pénal, d'avoir continué, volontairement, à participer, sans arme, à un attroupement après sommation de se disperser, la cour d'appel, qui n'était valablement saisie que des poursuites du chef de violences volontaires sur personne dépositaire de l'autorité publique, a méconnu les textes susvisés et les principes ci-dessus rappelés ;

D'où il suit que la cassation est encourue de ce chef. »

> L'impossibilité pour le tribunal de se réunir le jour même peut tenir à l'absence de réunion du tribunal, à l'encombrement de son rôle ou à la circonstance que le temps manquera pour examiner l'affaire dans des conditions de nature à garantir l'équité du procès.

• **Crim. 18 avr. 2023,** n° 23-80.674, B

* V s[5] n° 421.13

« Vu les articles 396 et 459 du code de procédure pénale :

8. Il résulte du premier de ces textes qu'en cas de recours à la procédure de comparution immédiate prévue par l'article 395 du code de procédure pénale, le procureur de la République peut traduire le prévenu devant le juge des liber-

tés et de la détention, si les éléments de l'espèce lui paraissent exiger une mesure de détention provisoire et si la réunion du tribunal est impossible le jour même, que cette impossibilité tienne à l'absence de réunion du tribunal, à l'encombrement de son rôle ou à la circonstance que le temps manquera pour examiner l'affaire dans des conditions de nature à garantir l'équité du procès.

9. Dans ce cas, si le tribunal, statuant à la date fixée par l'ordonnance du juge des libertés et de la détention, renvoie l'affaire à une audience ultérieure, le prévenu, dont la privation de liberté est nécessairement réexaminée, dispose, à l'occasion de ce débat, du droit de présenter les moyens de nullité visant à contester la seule légalité du titre de détention.

10. Selon le second de ces textes, le tribunal, saisi de conclusions soulevant des incidents et exceptions, doit statuer par un seul et même jugement en se prononçant en premier lieu sur l'exception et ensuite sur le fond.

11. Il s'en déduit que, lorsqu'il est saisi dans les conditions exposées au paragraphe 8., le tribunal correctionnel ne peut maintenir un prévenu en détention provisoire sans se prononcer, par un seul et même jugement, sur les moyens qui contestent la légalité de son titre initial de détention.

12. Pour rejeter la demande d'annulation du jugement tirée de ce que le tribunal correctionnel ne pouvait renvoyer, avec l'affaire au fond, l'examen du moyen tiré de la nullité de l'ordonnance du juge des libertés et de la détention ayant placé M. [J] en détention provisoire en vue de sa comparution immédiate, tout en le maintenant en détention provisoire, l'arrêt attaqué énonce qu'au même titre que la décision de renvoi, la jonction au fond d'un incident, imposée par l'article 459, alinéa 3, du code de procédure pénale, constitue un acte d'administration judiciaire, qui n'est pas susceptible de recours.

13. Les juges ajoutent qu'ils ne sont pas saisis du moyen de nullité dont le tribunal a renvoyé l'examen au fond.

14. En statuant ainsi, la cour d'appel a méconnu les textes susvisés et les principes ci-dessus énoncés.

15. La cassation est par conséquent encourue. »

421.03 Bibliographie indicative.

Encyclopédies. Rép. pén., V° *Comparution immédiate*, par Ch. Guéry (sept. 2021) – J.-Cl. Pr. pén., « Convocation par procès-verbal et comparution immédiate », art. 393 à 397-6, fasc. 20, par V. Lesclous.

Ouvrages. B. Bastard et Ch. Mouhanna, *Une justice dans l'urgence : le traitement en temps réel des affaires pénales*, « Droit et justice », Puf, 2007 – A. Christin, *Comparutions immédiates : enquête sur une pratique judiciaire*, « Textes à l'appui/Enquêtes de terrain », La Découverte, 2008 – J. Danet (coord.), *La réponse pénale : dix ans de traitement des délits*, PUR, 2013 – D. Welzer-Lang, P. Castex (dir.), *Comparutions immédiates : quelle justice ? Regards citoyens sur une justice du quotidien*, Érès, 2012.

Thèses. M. Al Kahf, *L'infraction flagrante : de la théorie juridique à la pratique policière*, thèse, Pau, 1991, dact., X-329 f. – E. Lalanne, *Les procédures accélérées. Contribution à l'analyse des procédures rapides de mise en état des délits soumis au tribunal correctionnel*, thèse, Pau, 1997, dact., 409 f. – C. Viennot, *Le procès pénal accéléré : étude des transformations du jugement pénal*, « NBT », vol. 120, Dalloz, 2012.

Contributions. L. Davenas, « Le traitement de l'urgence : exception ou principe ? », *in* L. Cadiet, L. Richer (dir.), *Réforme de la justice : réforme de l'État*, Colloque, Paris, Sorbonne, 24-25 janv. 2002, Puf, 2003, p. 171 – F. Debove, « L'urgence en droit pénal », *in Mél. A. Decocq*, Litec, 2004, p. 175 – V. Gautron, J.-N. Retière, « Des destinées judiciaires pénalement et socialement marquées », *in* J. Danet (dir.), *La réponse pénale : Dix ans de traitement des délits*, Rennes, PUR, 2013, p. 211 – C. Makaremi, « Le droit de punir. L'appréciation de la peine en comparution immédiate », *in* D. Fassin et *alii.*, *Juger, réprimer, accompagner : Essai sur la morale de l'État*, Seuil, 2013, p. 29 – A. Lenoir, J.-N. Retière, C. Tremeau, « Des délits et de leurs auteurs… », *in* J. Danet (dir.), *La réponse pénale : dix ans de traitement des délits*, Rennes, PUR, 2013, p. 113 – C. Saas, S. Lorvellec, V. Gautron, « Les sanctions pénales, une nouvelle distribution », *in* J. Danet (dir.), *La réponse pénale : dix ans de traitement des délits*, Rennes, PUR, 2013, p. 159.

Articles. G. Accomando, Ch. Guéry, « Les limites du traitement à grande vitesse des affaires pénales », *Gaz. Pal.* 1997. 446 – J.-P. Bazelaire, « Une réponse pénale adaptée : le traitement direct des procédures », *Gaz. Pal.* 16 juin 1992, p. 489 – M.-E. Beloncle et L. Cabioch, « La défense en comparution immédiate », *AJ pénal* 2022. 392 – J.-C. Bouvier, A. Vogelweith, « La situation du TGI de Bobigny : un tribunal victime de mauvais traitement en temps réel », *Justice* 2004, n° 179, p. 7 – M. Brochier et K. Llee, « À propos d'une disposition oubliée : l'article 706-106 du code de procédure pénale », *AJ pénal* 2009. 447 – F. Casorla, « La célérité du procès pénal en droit français », *RID pén.* 1995. 521 – M. Cottereau, « Vis ma vie de parquetier ! », *AJ pénal* 20202. 388 – B. Brunet, « L'acte de juger dans le traitement en temps réel à partir du regard de l'anthropologue sur le service en temps direct d'une grande juridiction », *Gaz. Pal.* 7-9 janv. 2001, p. 42 ; « Le traitement en temps réel : la justice confrontée à l'urgence comme moyen habituel de résolution de la crise sociale », *Dr. et société* 1998, n° 38, p. 91 – Ph. Conte, « Placement en garde à vue et nécessités de l'enquête », *Dr. pénal* 2015. Ét. 12 – P. de Combles de Nayves et E. Mercinier, « Comparutions immédiates : la défense *in situ* », *AJ pénal* 2011. 18 – B. David – « La procédure des comparutions immédiates ou la quasi-certitude d'être incarcéré », *AJ pénal* 2020. 386 ; F. Debove, « La justice pénale instantanée, entre miracles et mirages », *Dr. pénal* 2006. Ét. 19 – L. Eyrignac, « De quelques éclaircissements sur la procédure de convocation par procès-verbal de l'article 394 du code de procédure pénale », *AJ pénal* 2015. 306 – F. Fourment, « Le déférement nouveau ou l'assistance sans contradictoire », *Gaz. Pal.* 29 juill. 2014, p. 19 – J.-P. Jean, « Sociologie pénale – J. Danet (dir.), La réponse pénale. Dix ans de traitement des délits », *RSC* 2014. 257 – D. Mayer, « Plaidoyer pour une redéfinition du flagrant délit », *D.* 1980. Chron. 99 – C. Miansoni, « La nature juridique du traitement en temps réel des procédures pénales (TTR) », *AJ pénal* 2012. 152 – M. Moinard, « Le traitement en temps réel des procédures pénales », *Rev. Gendarmerie nationale* 1993, n° 171, p. 49 – F. Molins, « Trafic de stupéfiants : la procédure de comparution immédiate est validée par la Cour de cassation », *Dr. pénal* 1999. Chron. 29 – L. Muchielli, E. Raquet, « Les comparutions immédiates au TGI de Nice, ou la prison comme unique réponse à une délinquance de misère », *RSC* 2014. 207 – D. Périer-Daville, « La loi "Sécurité et Liberté" adoptée par le Parlement », *Gaz. Pal.* 1981. 1. Doctr. 21 – J. Pradel, « Les recherches d'identité et la poursuite des délits flagrants depuis la loi du 10 juin 1983 », *D.* 1984. Chron. 75 ; « Notre procédure pénale à la recherche d'une efficacité à toute vapeur, Loi n° 2019-222 du 23 mars 2019 », *JCP* 2019, Doctr. 406 – P. Przemyski-Zajac, « Le traitement en temps réel des procédures pénales », *LPA* 13 oct. 1999, n° 204, p. 12 – M. Redon, « La gestion pragmatique de la comparution immédiate par les magistrats », *AJ pénal* 2011. 16 ; « Comparution immédiate : depuis toujours, le juge reprend ses droits quand il le doit », *AJ pénal* 2020. 384 – S. Raoult, W. Azoulay, « Les comparutions immédiates à Marseille : apports essentiels du rapport de l'ORDCS » *AJ pénal* 2016. 480 – L. Remplon, « La rétention du suspect », *JCP* 1978. I. 2926 – C. Vienot, « Célérité et justice pénale : l'exemple de la comparution immédiate », *Arch. pol. crim.* 2007/1, n° 29, p. 117 – H. Vlamynck, « La procédure de comparution immédiate, vitesse ou précipitation », *AJ pénal* 2011. 10.

> Sur la crise sanitaire de la Covid-19.

Articles. A. Botton, « Les droits et libertés fondamentaux à l'épreuve de l'ordonnance n° 2020-303 du 25 mars 2020 », Blog du Club des juristes, 30 mars 2020 – J. Buisson, « Covid-19 – Incidence sur les règles de la procédure pénale », *Procédures* 2020, comm. 100 – P. de Combles de Nayves, « Présentation de l'ordonnance réformant la procédure pénale face à l'épidémie de Covid-19 », *AJ pénal* 2020. 172 – V.-O. Dervieux, Ph. Laumosne, « Justice pénale de l'essentiel, L'ordonnance n° 2020-303 du 25 mars 2020 et la procédure pénale », *AJ pénal* 2020. 179 – H. Matsopoulou, « Les principes directeurs du procès pénal à l'épreuve de l'épidémie de covid-19 – À propos de l'ordonnance n° 2020-303 du 25 mars 2020 portant adaptation de règles de procédure pénale », *JCP* 2020. 687 ; « La fin des "prolongations de plein droit" des détentions provisoires intervenues dans le cadre de l'état d'urgence sanitaire », *JCP* 2020, Doctr. 767 – S. Pellé, « La justice pénale à l'heure du coronavirus : l'urgence ou le miroir de notre procédure pénale ? », *D.* 2020. 777 – J.-B. Perrier, « La procédure pénale en urgence sanitaire », *Gaz. Pal.* 31 mars 2020, p. 18 – C. Ribeyre, « La procédure pénale à l'épreuve de l'état d'urgence sanitaire », *Dr. pénal* 2020, étude 3 – M. Touillier, « L'adaptation de la procédure pénale au malheur des temps, Brèves considérations distanciées sur l'ordonnance n° 2020-303 du 25 mars 2020 portant adaptation de règles de procédure pénale sur le fondement de la loi d'urgence pour faire face à l'épidémie de Covid-19 », *AJ pénal* 2020. 186.

Rapport. D. Dray, *Une nouvelle figure de la pénalité, la décision correctionnelle en temps réel : de la décision des substituts de poursuivre une affaire jusqu'au prononcé de la peine par les juges, le tribunal de grande instance de Bobigny,* Laboratoire d'anthropologie urbaine, Paris, Mission de recherche droit et justice, 1999 – Direction des Affaires Criminelles et des Grâces, *La comparution immédiate : éléments d'évaluation des pratiques mises en œuvre*, Ministère de la Justice, 2012 – R. Lévy, *Du flagrant délit à la comparution immédiate : la procédure d'urgence d'après les statistiques judiciaires (1977-1984),* « Études et données pénales », n° 48, Paris, CESDIP, 1985.

421.05 **Évolution.** Aucune procédure particulière n'était prévue dans le code d'instruction criminelle qui ne visait que la possibilité d'ouvrir une information judiciaire ou de procéder par voie de citation directe. C'est une loi du 20 mai 1863 [1] qui permit au procureur de la République de placer l'intéressé sous mandat de dépôt et de le présenter ensuite devant le tribunal correctionnel. La loi de 1863 a été reprise par le code de procédure pénale. Ce dernier, dans son article 71, prévoyait que cette procédure exceptionnelle était applicable aux délits flagrants lorsqu'ils étaient punis d'une peine d'emprisonnement. C'est le procureur de la République qui délivrait alors mandat de dépôt et le tribunal devait statuer le jour même ou à défaut le lendemain. Le procureur pouvait laisser aussi la personne en liberté et l'inviter à comparaître devant le tribunal dans un délai compris entre trois jours et un mois. La loi du 6 août 1975 [2] a prévu qu'un avocat pouvait être présent devant le procureur de la République sur demande du prévenu et institué un « rendez-vous judiciaire » ancêtre de notre comparution sur procès-verbal mais c'est surtout la loi du 2 février 1981 qui devait révolutionner la matière en permettant la poursuite rapide, en « saisine directe » de délits non flagrants. La loi du 10 juin 1983 [3] revient à une procédure, cette fois-ci nommée « comparution immédiate » dans laquelle n'est plus exigée l'existence d'un délit flagrant. Coexiste avec cette procédure de comparution immédiate, une procédure de convocation sur procès-verbal inspirée de la procédure de « rendez-vous judiciaire » précédente. Depuis cette date, les lois multiples qui sont encore intervenues ont changé certaines des conditions nécessaires à la mise en œuvre de la procédure de comparution immédiate et certains pouvoirs du juge délégué, devenu le juge des libertés et de la détention. La loi du 23 mars 2019 a créée la nouvelle procédure de comparution différée [4].

421.06 **Application de la loi dans le temps.** Lors de l'entrée en vigueur de la loi du 9 septembre 2002, qui aggravait le sort des prévenus en rendant la comparution immédiate possible même en cas de peine encourue supérieure à sept ans d'emprisonnement, la chambre criminelle a eu l'occasion de préciser que les lois concernant la comparution immédiate sont des lois de forme qui, conformément aux disposi-

1. L. 20 mai 1863, *Bull. lois* 11e série B, 1120, n° 11365 ; *DP* 1863. 4. 109.
2. L. n° 75-701, 6 août 1975 modifiant et complétant certaines dispositions de procédure pénale, *JO* 7 août, p. 8035.
3. L. n° 83-466, 6 août 1975, *ALD* 1983. 105, obs. M. Puech.
4. V. ss chap. 426.

tions de l'article 112-2 du code pénal, sont d'application immédiate. Elles s'appliquent donc aux faits commis avant leur entrée en vigueur quand bien même elles aggraveraient la situation du prévenu[1].

SECTION 1 MODE DE POURSUITE LAISSÉ À L'APPRÉCIATION DU PROCUREUR DE LA RÉPUBLIQUE

421.11 Liberté de choix du procureur de la République. Il n'appartient évidemment pas au prévenu de choisir la voie de poursuite[2]. Le Conseil constitutionnel a validé sur ce point le choix ouvert au procureur de la République entre l'information judiciaire et les autres voies de poursuite[3]. La chambre criminelle a réaffirmé que le pouvoir discrétionnaire laissé au procureur de la République de choisir le mode de poursuite, enquête préliminaire ou information judiciaire, choix duquel résulte pour la personne mise en cause la faculté ou non d'exercer au cours de cette phase préalable au procès pénal les droits premiers de la défense que sont le droit d'être assisté par un avocat, le droit de prendre connaissance du dossier de la procédure, le droit de contester la légalité des poursuites et le droit de solliciter des actes d'investigations et des expertises techniques, autant de droits qu'une personne mise en examen dans le cadre d'une information judiciaire est en mesure d'exercer, à la différence d'une personne mise en cause dans le cadre d'une enquête préliminaire qui en est privée jusqu'à sa comparution en qualité de prévenue devant le tribunal correctionnel ne présentait pas de caractère sérieux. En effet, ces dispositions ne modifient pas le déroulement du procès pénal, et ne privent pas la personne d'un procès juste et équitable, celle-ci quant au respect des droits de la défense ayant, devant la juridiction, des garanties équivalentes à celles dont elle aurait bénéficié si l'affaire avait fait l'objet d'une information. Elle a en conséquence refusé la transmission au Conseil constitutionnel[4].

421.12 Conditions[5]. L'article 395, alinéa 1er du code de procédure pénale dispose que : « Si le maximum de l'emprisonnement prévu par la loi est au moins égal à deux ans, le procureur de la République, lorsqu'il lui apparaît que les charges réunies sont suffisantes et que l'affaire est en l'état d'être jugée, peut, s'il estime que les éléments de l'espèce justifient une comparution immédiate, traduire le prévenu sur-le-champ devant le tribunal. »

Il existe donc plusieurs séries de conditions[6] mais le texte laisse ainsi toute liberté de choix au ministère public.

421.13 Appréciation du ministère public. Le cas où « les éléments de l'espèce justifient une comparution immédiate » est évoqué par l'article 395 du code de procédure pénale. En fait, ce ne sont pas en eux-mêmes les éléments de l'espèce qui justifient une comparution immédiate mais le procureur de la République qui l'estime ainsi. Il faut y voir là mention du caractère coercitif de la voie de poursuite choisie qui mène en priorité à des réquisitions de placement en détention même si cela ne constitue en rien une obligation pour le représentant de l'accusation. Non seulement la décision de procéder « *comme il est dit aux articles 394 à 396 est laissée à sa libre appréciation* »[7] mais encore le ministère public n'a pas à justifier de l'impossibilité de la réunion du tribunal le jour même. La Cour de cassation a en effet sanctionné une cour d'appel qui énonçait pour infirmer une décision et prononcer la nullité de la procédure postérieure aux procès-verbaux de comparution, « que le ministère public ne rapporte pas la preuve, concrète et effective, de l'impossibilité de faire comparaître les prévenus à la date du 21 janvier 2005 ». La cour d'appel a « ajouté à la loi une condition qu'elle ne comporte pas », affirme la chambre criminelle[8].

Dans une décision du 18 avril 2023[9], la chambre criminelle a ajouté qu'en cas de recours à la procédure de comparution immédiate prévue par l'article 395 du code de procédure pénale, le procureur de la République peut traduire le prévenu devant le juge des libertés et de la détention, si les éléments de l'espèce lui paraissent exiger une mesure de détention provisoire et si la réunion du tribunal est impossible le jour même, que cette impossibilité tienne à l'absence de réunion du tribunal, à l'encombrement de son rôle ou à la circonstance que le temps manquera pour examiner l'affaire dans des conditions de nature à garantir l'équité du procès.

La personne, généralement placée en garde à vue, est ensuite amenée devant le procureur de la République qui la reçoit[10].

1. Crim. 7 janv. 2004, nº 03-85.305, P nº 6 ; *D.* 2004. 471 ; *AJ pénal* 2004. 121, obs. A. Pitoun.
2. pour un cas où celui-ci exigeait d'être entendu par un juge d'instruction saisi de faits connexes : Crim. 20 nov. 1963, nº 63-91.751, P nº 326 ; *D.* 1964. 216.
3. Cons. const. 20 janv. 1981, nº 80-127 DC, art. non conformes 66, 92, 94 et 100, al. 2, de la loi, *loi renforçant la sécurité et protégeant la liberté des personnes,* NON-CONFORMITÉ PARTIELLE, *JO* 22 janv., p. 308 (aussi : v. ss nº 422.12).
4. Crim. 11 févr. 2014, nº 13-88.059, P nº 39.
5. C. pr. pén., art. 395, al. 1er.
6. V. ss nos 421.21 s.
7. Crim. 26 avr. 1994, nº 93-84.880, P nº 149.
8. Crim. 23 mai 2006, nº 05-83.149, P nº 142 ; *RSC* 2007. 120, note A. Giudicelli.
9. Crim. 18 avr. 2023, nº 23-80.674, B ; *AJ pénal* 2023. 344, obs. Ch. Guéry.
10. V. ss nº 422.21.

C'est encore sous contrainte que la personne attend ensuite son passage devant la juridiction de jugement. L'alinéa 3 de l'article 395 dispose d'ailleurs expressément que « le prévenu est retenu jusqu'à sa comparution qui doit avoir lieu le jour même ; il est conduit sous escorte devant le tribunal ». Dans les grandes villes, il existe un « petit parquet », un « dépôt », une « souricière », où les personnes peuvent attendre dans des conditions de confort plus ou moins sommaires.

421.14 **Cas particulier du flagrant délit.** Si la procédure de comparution immédiate est l'héritière de l'ancienne procédure des flagrants délits, on a vu qu'elle s'en distinguait puisqu'aucune des conditions mentionnées dans l'alinéa premier de l'article 395 ne mentionne plus la nécessité d'un délit qui vient de se commettre. L'alinéa second du même article vise le cas particulier du flagrant délit lorsque le maximum de l'emprisonnement prévu par la loi est *au moins égal à six mois*. Le texte précédent, modifié par la loi du 9 septembre 2002, prévoyait un minimum d'une année d'emprisonnement.

Dans ce cas, le procureur de la République, s'il estime que les éléments de l'espèce justifient une comparution immédiate, peut traduire le prévenu sur-le-champ devant le tribunal. Ainsi, lorsque le délit est flagrant, le seuil minimal de saisine de la juridiction de jugement selon la voie de la comparution immédiate n'est pas de deux ans mais seulement de six mois. La Cour de cassation a sanctionné une juridiction qui avait jugé en comparution immédiate une prostituée pour le délit prévu par l'article 225-10-1 du code pénal, alors qu'il n'est puni que de deux mois d'emprisonnement[1].

421.15 **Possibilité de poursuivre pour un délit entrant dans le champ de l'article 395 du code de procédure pénale et pour un autre n'y entrant pas.** La difficulté peut se poser de savoir si le ministère public peut joindre à un délit déféré devant le tribunal par la voie de la comparution immédiate un autre qui ne pourrait y entrer. Cela n'est pas possible dès lors que l'incrimination en est exclue[2]. La question pouvait se poser dans le passé lors d'un dépassement du maximum légal, mais là non plus la réponse ne faisait aucun doute : dès lors qu'un délit supérieur à sept ans ne pouvait faire l'objet de la saisine de la juridiction par ce mode, la connexité avec un autre délit, qui lui entrait dans le champ d'application du texte, n'était d'aucun effet. En revanche, la question est plus pertinente lorsqu'un délit se situe *en dessous* du taux de compétence fixée par l'alinéa premier, à savoir deux ans. La Cour de cassation a eu l'occasion de décider qu'une telle poursuite était possible dans le cas de comparution pour fraude aux allocations de chômage et escroquerie[3]. On peut également penser que le tribunal peut statuer sur les contraventions connexes à un délit entrant dans le champ d'application de la procédure de comparution immédiate, pratique généralisée en juridiction. Sur le regroupement de procédures, v. s[s] n° 421.25.

421.16 **Exclusivité du mode de poursuite choisi.** Il résulte des articles 388 et 393 du code de procédure pénale que lorsque le procureur de la République saisit le tribunal correctionnel selon la procédure de comparution immédiate, il ne peut requérir d'office l'ouverture d'une information judiciaire sur ces mêmes faits[4]. La rétractation du ministère public dans cette espèce semble à mettre en relation avec la difficulté pour certaines juridictions à respecter les délais des articles 803-2 et 803-3 du code de procédure pénale[5].

SECTION 2
CONDITIONS TENANT AUX PEINES ENCOURUES

421.21 **Première condition : un plancher d'emprisonnement encouru.** Le plancher d'emprisonnement encouru est de deux ans, hors le cas de flagrant délit. Si l'intéressé n'encourt pas une peine d'emprisonnement d'au moins deux ans pour l'une quelconque des infractions pour lesquelles il est poursuivi, le recours à la procédure de comparution immédiate n'est pas possible.

Il convient de souligner que le plancher imposé par la loi en matière d'instruction préparatoire pour placer une personne en détention est de trois ans tandis qu'il n'est que de six mois ou deux ans dans le cas de comparution immédiate. La chambre criminelle l'a confirmé en estimant que l'article 143-1 du code de procédure pénale n'est pas applicable à la comparution immédiate[6]. La cour d'appel de Rennes avait déduit de la lecture combinée des articles 396, 397-3, 137-3 et 143-1 du code de procédure pénale l'impossibilité, tant pour le juge des libertés et de la détention statuant dans le cadre de la comparution préalable que pour le tribunal

1. Par ailleurs, le tribunal l'avait condamné à trois mois d'emprisonnement avec sursis : Crim. 26 sept. 2007, n° 07-82.713, P n° 223 ; *D.* 2007. AJ 2732 ; *AJ pénal* 2007. 538, obs. G. Royer.
2. V. s[s] n° 421.31.
3. Solution implicite : Crim. 26 avr. 1994, n° 93-84.880, P n° 149.
4. Crim. 20 févr. 2007, n° 06-89.229, P n° 52 ; *AJ pénal* 2007. 234 ; *RSC* 2007. 844, obs. R. Finielz ; *Procédures* 2007, n° 202, note J. Buisson.
5. V. s[s] n°s 422.32 à 422.34.
6. Crim. 5 oct. 2011, n° 11-85.499, NP, *AJ pénal* 2011. 16 ; *Dr. pénal* 2012. Ét. 6, obs. J. Ficara et J.-H. Robert.

correctionnel, de décider d'un tel placement sous mandat de dépôt, dès lors que le prévenu encourait une peine d'emprisonnement inférieure à trois ans, Elle avait tout d'abord constaté que les articles 396 et 397-3 renvoyaient aux dispositions de l'article 137-3 qui disposent que l'ordonnance de placement en détention provisoire du juge des libertés et de la détention « comporte l'énoncé des considérations de droit et de fait sur le caractère insuffisant des obligations du contrôle judiciaire et le motif de la détention par référence aux seules dispositions des articles 143-1 et 144 ». Or, aux termes de ce même article 143-1 la détention provisoire ne peut être ordonnée ou prolongée que dans le cas où « la personne mise en examen » encourt une peine criminelle ou une « peine correctionnelle d'une durée égale ou supérieure à trois ans d'emprisonnement ».

421.22 ***Quantum maximum* de la peine d'emprisonnement encourue : une condition ayant disparu.** Jusqu'en 2002, le texte contenait une limite maximale : la comparution immédiate n'était pas possible si la personne encourait une peine supérieure à sept ans d'emprisonnement. Il avait cependant été jugé que les délits douaniers passibles d'un emprisonnement entrant dans les prévisions de l'article 395 du code de procédure pénale peuvent être poursuivis par le ministère public selon la procédure de comparution immédiate[1]. Il arrivait en effet que le ministère public poursuive les petits trafics de stupéfiants en ne retenant que le délit de détention et transport de marchandise prohibée prévu par les articles 215, 414 et 417 du code des douanes, qui ne portait pas la peine au-delà du plafond de sept ans, alors prévu. C'est la raison pour laquelle le législateur abrogea le maximum légal encouru, par la loi du 9 septembre 2002[2], succédant elle-même à celle du 8 février 1995, qui avait modifié le plafond de cinq ans, en vigueur auparavant.

Le 7 janvier 2004, la chambre criminelle cassait un arrêt qui avait, postérieurement à l'entrée en vigueur de la loi du 9 septembre 2002, annulé un jugement d'un tribunal correctionnel ayant statué selon la procédure de comparution immédiate alors que la personne était poursuivie pour des faits d'acquisition, cession, détention, offre, cession de stupéfiants, délit faisant encourir dix ans d'emprisonnement[3].

Cette précision a disparu avec la loi du 9 septembre 2002. Le *quantum* maximum est donc celui de dix ans qui constitue le plafond de la compétence du tribunal correctionnel.

421.23 **Question de la prise en compte de la récidive.** La jurisprudence a eu l'occasion de se pencher sur l'hypothèse de la prévention mentionnant la récidive. On sait que celle-ci fait encourir une peine d'emprisonnement maximale double. La Cour de cassation a tranché la difficulté en affirmant que : « Pour déterminer si, au regard de la peine d'emprisonnement prévue par la loi, il peut être recouru à la procédure de comparution immédiate, seule doit être considérée la peine édictée par les dispositions réprimant le délit objet de la poursuite, sans tenir compte de l'éventuel état de récidive du prévenu. »[4]

Le fait de ne pas retenir la récidive dans la prévention avait pu avoir pour effet de ne pas rendre possible la voie de la comparution immédiate pour des délits inférieurs aux seuils de cinq ans, puis de sept ans, s'ils avaient été commis en récidive. L'effet actuel est de rendre possible des poursuites pour des faits pouvant faire encourir des peines d'emprisonnement de vingt ans.

421.24 **Seconde condition : des charges réunies apparaissant suffisantes.** Le substitut aura eu un compte rendu téléphonique et aura pu se faire faxer les pièces importantes de la procédure. Il peut se faire déférer la personne en connaissance de cause et avec l'intention d'user de la voie de la comparution immédiate. Il peut aussi changer de voie, le cas échéant, après l'avoir vue.

421.25 **Regroupement de procédures : loi du 23 mars 2019.** Depuis l'entrée en vigueur, le 25 mars 2019, de cet alinéa modifiant l'article 393 du code de procédure pénale, le procureur de la République peut décider de fixer à la même audience, afin qu'elles puissent être jointes à la procédure ou examinées ensemble, de précédentes poursuites dont la personne a fait l'objet pour d'autres délits, à la suite d'une convocation par procès-verbal, par officier de police judiciaire ou en vue d'une comparution sur reconnaissance préalable de culpabilité, d'une citation directe, d'une ordonnance pénale ou d'une ordonnance de renvoi du juge d'instruction.

Hors le cas de la comparution immédiate, cette décision doit intervenir au moins dix jours avant la date de l'audience. Le prévenu et son avocat en sont informés sans délai. Les modalités de poursuites décidées pour les précédents délits deviennent caduques, la saisine du tribunal correctionnel dans le cadre de la procédure de convocation sur procès-

1. Crim. 8 avr. 1999, n° 98-84.889, P n° 73 ; *Dr. pénal* 1999. Chron. 29, obs. Molins ; *RSC* 2000. 647, obs. A. Giudicelli.
2. L. n° 2002-1138, 9 sept. 2002 d'orientation et de programmation pour la justice, *JO* 10 sept., p. 14934.
3. Crim. 7 janv. 2004, n° 03-85.305, P n° 6 ; *D.* 2004. 471 ; *AJ pénal* 2004. 121, obs. A. Pitoun.
4. Crim. 19 févr. 2002, n° 01-84.903, P n° 33 ; *D.* 2002. IR 1180 (v. s[s] n° 421.02).

verbal ou de comparution immédiate se substituant aux anciennes saisines et annulant celles-ci[1].

Par décision du Conseil constitutionnel nº 2019-778 DC du 21 mars 2019, cet alinéa a été déclaré conforme à la Constitution sous la réserve qu'« un prévenu susceptible d'accepter d'être jugé immédiatement pour l'infraction qui justifie initialement son renvoi en comparution immédiate pourrait être conduit, par l'effet du regroupement de plusieurs poursuites, à être placé en détention provisoire pour des motifs liés à l'affaire qui a donné lieu à la comparution immédiate, alors que son refus d'être jugé séance tenante tient à sa volonté de disposer de suffisamment de temps pour terminer de préparer sa défense sur les affaires pour lesquelles il avait été initialement renvoyé devant le tribunal correctionnel dans des délais plus longs et pour lesquelles, le cas échéant, il avait déjà pris des dispositions. Les dispositions contestées ne sauraient dès lors, sans méconnaître les droits de la défense, priver le tribunal correctionnel, dans ce cas, de la possibilité de renvoyer les seules affaires pour lesquelles le prévenu ne consent pas à être jugé séance tenante ou qui n'apparaissent pas au tribunal en l'état d'être jugées ». En outre, en cas de comparution immédiate, ne peuvent être regroupées les autres poursuites relatives à des délits insusceptibles, en vertu de l'article 395 du même code, de faire l'objet d'une telle procédure, soit des délits flagrants punis de moins de six mois d'emprisonnement, soit des délits non flagrants punis de moins deux ans d'emprisonnement[2].

SECTION 3
CONDITIONS TENANT À LA NATURE DE L'INFRACTION

421.31 Article 397-6 du code de procédure pénale – Nature de l'infraction poursuivie. Selon l'article 397-6 du code de procédure pénale, les dispositions des articles 393 à 397-5 ne sont applicables ni aux mineurs, ni en matière de délits de presse[3], de délits politiques ou d'infractions dont la procédure de poursuite est prévue par une loi spéciale. Ces exigences concernent également la convocation par procès-verbal[4]. La procédure de convocation par procès-verbal n'est pas applicable en matière de délits politiques. Constitue un tel délit, l'infraction de l'article 431-4, alinéa 1er, du code pénal réprimant la participation, sans arme, à un attroupement malgré sommation de se disperser. Encourt dès lors la cassation l'arrêt qui, pour rejeter l'exception de nullité de la poursuite par convocation par procès-verbal, retient la nature de droit commun de ce délit[5]. Dans ce cas d'espèce, relatif à une manifestation organisée par le Nouveau parti anticapitaliste contre le projet de barrage de Sivens, la cour d'appel n'était valablement saisie que des poursuites du chef de violences volontaires sur personne dépositaire de l'autorité publique. Elle ne pouvait pas, en revanche, connaître du délit de participation à un attroupement après sommations.

Le recours à la procédure de comparution immédiate ne se heurte pas aux dispositions de l'article 397-6 lorsqu'une loi spéciale détermine une incrimination, mais ne soumet pas la poursuite à une procédure spéciale[6]. Certains délits sont donc exclus à la fois de la procédure de comparution immédiate et de celle de comparution sur procès-verbal[7].

Il existe des procédures spéciales pour les délits de pêche, forestiers, de chasse, de contributions indirectes, de spéculation illicite, de fraude et pour les délits d'audience[8]. Par exemple, la procédure de comparution immédiate est applicable aux infractions douanières qui peuvent être, en application de l'article 342 du code des douanes, poursuivies et prouvées par toutes voies de droit[9]. Il en va de même pour les infractions militaires dont les juridictions de droit commun ont connaissance en vertu des articles 697 et suivants du code de procédure pénale[10]. Peut être poursuivi selon la procédure de comparution immédiate, le fait pour un militaire d'avoir refusé d'obéir à l'ordre donné par son supérieur, de revêtir l'uniforme et de porter les armes[11]. La chambre criminelle expose « qu'il se déduit des dispositions de l'article 698 du code de procédure pénale que la procédure de comparution immédiate prévue par les articles 395 et suivants du code précité est applicable aux infractions militaires dont les juridictions de droit commun connaissent en application des articles 697 et suivants du même code »[12]. C'est donc la *procédure de poursuite* qui doit être spéciale et non l'*incrimination*.

421.32 Dérogation pour certains délits de presse. La loi du 24 août 2021[13] a introduit des exceptions

1. Circ. CRIM/2019-7/H3/05.04.2019, nº 2.2.2.
2. V. aussi s^s^ nº 411.83.
3. Crim. 4 avr. 1957, P nº 328. Mais V. s^s^ nº 421.32.
4. V. s^s^ n°s 425.11 s.
5. Crim. 28 mars 2017, nº 15-84.940, P nº 85 ; *D.* 2017. 1233, note J. Pradel ; *AJ pénal* 2017. 284, obs. W. Azoulay ; *RSC* 2017. 577, obs. A. Giudicelli.
6. Crim. 26 avr. 1994, nº 93-84.880, P nº 149.
7. V. s^s^ nº 425.12.
8. Rép. min. quest. nº 16960, *JOAN Q* 29 août 1994, p. 4399.
9. Crim. 8 avr. 1999, nº 98-84.889, P nº 73.
10. Crim. 26 juin 1991, nº 90-87.649, P nº 280.
11. Crim. 15 juin 1994, nº 92-84.444, NP.
12. AUSSI : Crim. 26 juin 1991, nº 90-87.649, préc.
13. L. nº 2021-1109, 24 août 2021, confortant le respect des principes de la République, *JO* 25 août, nº 1 – V. aussi s^s^ nº 414.13.

relatives à la loi sur la presse. Par dérogation au premier alinéa de l'article 397-6, les articles 393 à 397-5 sont applicables aux délits prévus aux articles 24 et 24 *bis* ainsi qu'aux troisième et quatrième alinéas de l'article 33 de la loi du 29 juillet 1881 sur la liberté de la presse, sauf si ces délits résultent du contenu d'un message placé sous le contrôle d'un directeur de la publication en application de l'article 6 de la même loi ou de l'article 93-2 de la loi n° 82-652 du 29 juillet 1982 sur la communication audiovisuelle[1]. Il s'agit de délits relatifs à certaines provocations ou apologie, négation de l'existence de génocide ou de crimes contre l'humanité, certaines injures en raison de l'origine des personnes ou de leur appartenance ou de leur non-appartenance à une ethnie, une nation, une race ou une religion déterminée ou en raison de leur sexe, de leur orientation sexuelle ou identité de genre ou de leur handicap.

421.33 **Violation des règles posées par l'article 397-6 du code de procédure pénale.** Dans le cas où le ministère public aurait présenté un prévenu pour une infraction exclue du champ de la comparution immédiate par le texte de l'article 397-6 du code de procédure pénale, le tribunal doit renvoyer le parquet à mieux se pourvoir, ce qui n'empêche pas le ministère public d'user d'un autre mode de poursuite qui ne les exclue pas[2].

Dans un arrêt du 27 septembre 1988, la Cour de cassation relève que l'affirmation du tribunal selon laquelle il était incompétent était impropre car « les juges auraient dû constater qu'en vertu de l'article 395 du code de procédure pénale, la procédure utilisée était inapplicable, qu'ils n'étaient pas valablement saisis et renvoyer le ministère public à se mieux pourvoir ». L'arrêt du 27 septembre 1988 concernait une saisine du tribunal correctionnel au-delà de la peine plafond, mais la solution semble pouvoir être élargie aux autres cas de saisine, et notamment en cas de visa d'un délit exclu par l'article 397-6.

SECTION 4
CONDITIONS TENANT AUX PERSONNES POURSUIVIES

421.41 **Mineur.** Les mineurs sont exclus du champ de la comparution immédiate ce qui n'est pas une surprise puisqu'aucun mineur ne comparaissait devant le tribunal correctionnel avant la création du tribunal correctionnel pour mineurs, abrogé depuis. Mais la procédure n'est pas non plus applicable devant le tribunal pour enfants. L'article 5, alinéa 7, de l'ordonnance du 2 février 1945 mentionnait que : « En aucun cas il ne pourra être suivi contre le mineur par les procédures prévues aux articles 393 à 396 du code de procédure pénale ou par voie de citation directe. »

Toutefois, la loi du 5 mars 2007[3] a créé une procédure de « présentation immédiate devant la juridiction pour mineurs » qui ressemblait par certains aspects à la procédure de comparution immédiate et était prévue par l'article 14-2 de l'ordonnance du 2 février 1945, qui modifiait la procédure en place précédemment, dite de jugement à délai rapproché.

Depuis l'entrée en vigueur du code de la justice pénale des mineurs, quand un mineur lui est déféré, le procureur de la République peut, à titre exceptionnel, le poursuivre devant le tribunal pour enfants aux fins de jugement en audience unique, si la peine encourue est supérieure ou égale à cinq ans d'emprisonnement pour le mineur de moins de 16 ans, ou si la peine encourue est supérieure ou égale à trois ans d'emprisonnement pour le mineur d'au moins 16 ans, ou encore s'il a déjà fait l'objet d'une mesure éducative, d'une mesure judiciaire d'investigation éducative, d'une mesure de sûreté, d'une déclaration de culpabilité ou d'une peine prononcée dans le cadre d'une autre procédure et ayant donné lieu à un rapport datant de moins d'un an, ou s'il est également poursuivi pour le délit prévu par le dernier alinéa de l'article 55-1 du code de procédure pénale (refus de se soumettre aux prélèvements aux fins d'analyse scientifique). Ces dispositions sont prévues par l'article L. 423-4 de ce nouveau code.

La détermination de l'âge d'un mineur est possible par tout moyen[4].

421.42 **Erreur sur la juridiction compétente.** La loi du 24 janvier 2022 a créé un nouvel article 397-2-1 du code de procédure pénale qui prévoit le cas où la personne présentée devant le tribunal correctionnel est mineure. Le tribunal renvoie alors l'affaire au procureur de la République mais peut prendre des mesures de sûreté.

S'il s'agit d'un mineur âgé d'au moins treize ans, le tribunal statue au préalable, après avoir entendu les réquisitions du procureur de la République et les observations du mineur et de son avocat, sur son placement ou son maintien en détention provisoire jusqu'à sa comparution soit devant le juge d'instruction spécialisé, soit devant le juge des enfants ou le juge des libertés et de la détention spécialisé, selon

1. C. pr. pén., art. 397-6, al. 2.
2. Crim. 27 sept. 1988, n° 88-84.865, NP.
3. L. n° 2007-308, 5 mars 2007 portant réforme de la protection juridique des majeurs, *JO* 7 mars, p. 4325.
4. Crim. 13 oct. 1986, n° 86-94.023, P n° 282 ; *RSC* 1987. 863, obs. A. Vitu – V. aussi s[s] n° 221.111.

les modalités prévues aux articles L. 423-6 ou L. 423-9 du code de la justice pénale des mineurs. La décision est spécialement motivée au regard de la nécessité de garantir le maintien du mineur à la disposition de la justice.

La comparution devant le juge compétent doit avoir lieu dans un délai de vingt-quatre heures, à défaut de quoi le mineur est remis en liberté d'office Le même texte prévoit que les dispositions qu'il créée sont également applicables devant le juge des libertés et de la détention statuant en application de l'article 396 du présent code. Dans le cas opposé, l'article L. 423-14 du code de la justice pénale des mineurs dispose que, s'il apparaît au juge des enfants ou au juge des libertés et de la détention saisi en application de l'article L. 423-9 que la personne présentée devant lui est majeure, il renvoie le dossier au procureur de la République. Ce dernier texte prévoit des dispositions de même nature.

421.43 Majeur protégé – Avertissements du tuteur ou curateur. Une protection accrue aux majeurs protégés a été apportée par l'une des nombreuses lois datées du 5 mars 2007[1]. C'est ainsi que le procureur de la République doit aviser le curateur ou le tuteur, ainsi que le juge des tutelles, des poursuites dont la personne protégée fait l'objet. Le curateur ou le tuteur peut prendre connaissance des pièces de la procédure dans les mêmes conditions que celles prévues pour la personne poursuivie. Si la personne est placée en détention provisoire, le curateur ou le tuteur bénéficie de plein droit d'un permis de visite.

Le procureur de la République ou le juge d'instruction avise le curateur ou le tuteur des décisions de non-lieu, de relaxe, d'acquittement, d'irresponsabilité pénale pour cause de trouble mental, ou de condamnation dont la personne fait l'objet. Le curateur ou le tuteur est avisé de la date d'audience. Lorsqu'il est présent à l'audience, il est entendu par la juridiction en qualité de témoin[2].

Le tuteur d'une personne majeure protégée doit être avisé des poursuites exercées contre elle, des décisions de condamnation dont elle a fait l'objet, ainsi que de la date d'audience, en application de l'article 706-113 du code de procédure pénale. Encourt la cassation l'arrêt qui méconnaît ce principe[3]. Il résulte des dispositions de l'article 706-113 du code de procédure pénale que le curateur d'une personne majeure protégée doit être avisé des poursuites et des décisions de condamnation dont cette personne fait l'objet[4]. Il doit faire de même en cas de relaxe, d'acquittement, de déclaration d'irresponsabilité ou de condamnation.

Pour écarter le moyen de nullité tiré par le prévenu de l'absence de convocation de sa curatrice aux débats, la cour d'appel avait énoncé que les poursuites avaient été engagées le 22 juillet 2005, avant l'entrée en vigueur de l'article 706-113 du code de procédure pénale, issu de la loi du 5 mars 2007, que l'intéressé n'a pas fait connaître qu'il bénéficiait d'une curatelle et qu'en outre, la mesure de remise en état des lieux n'avait pas la nature d'une sanction pénale. En se déterminant ainsi, alors que les réquisitions aux fins de relèvement d'astreinte étaient postérieures à l'entrée en vigueur de la loi du 5 mars 2007 et que la mesure de curatelle, ayant été publiée, était nécessairement connue du ministère public, la cour d'appel a méconnu l'article 706-113 du code de procédure pénale et le principe précité[5]. Selon l'article 706-113 du code de procédure pénale, le tuteur d'une personne majeure protégée doit être avisé des poursuites et des décisions de condamnation dont cette personne fait l'objet. Il doit, en outre, être avisé de la date de toute audience concernant la personne protégée. Il en est ainsi de la date d'une audience du juge des libertés et de la détention en vue de la prolongation de la détention de la personne[6]. Les droits de cette personne protégée ont été accrus, dans le cadre de la garde à vue, à la suite d'une décision du Conseil constitutionnel[7], puis par la loi n° 201-222 du 23 mars 2019.

421.44 Majeur protégé : nécessité d'une expertise médicale. Cette obligation quel que soit le mode de poursuite, est imposée par l'article 706-115 du code de procédure pénale : la personne poursuivie doit être soumise avant tout jugement au fond à une expertise médicale afin d'évaluer sa responsabilité pénale au moment des faits. Si le ministère public n'a pas fait faire cette expertise pendant la garde à vue, le tribunal doit user de la voie ouverte par l'article 397-1 du code de procédure pénale et l'ordonner[8]. S'agissant du type de sanction qui peut être encourue en cas d'absence de réalisation de

1. L. n° 2007-308, 5 mars 2007, préc.
2. C. pr. pén., art. 706-113 ; aussi : v. s^{s} n° 223.61.
3. Crim. 14 avr. 2010, n° 09-83.503, P n° 74 ; *AJ pénal* 2010. 409.
4. Crim. 27 nov. 2012, n° 11-88.678, P n° 258.
5. Crim. 24 juin 2014, n° 13-84.364, P n° 161 ; *D.* 2014. 1452 ; *JCP* 2014. 892.
6. Crim. 12 juill. 2016, n° 16-82.714, P n° 212 ; *D.* 2016. 1652.
7. Cons. const. 14 sept. 2018, n° 2018-730 QPC, *Dr. pénal* 2018, alerte 44, par W. Roumier ; *D.* 2018. 1757 ; *Procédures* 2018, comm. 347, A.-S. Chavant-Leclère ; *ibid* 2018, comm. 376, obs. J. Garrigue ; *Dr. pénal* 2018, alerte 44, W. Roumier ; *D.* 2018. 1757 ; *AJ pénal* 2018. 518, obs. J. Frinchaboy – V. aussi : P. Lemoine, « Troubles psychiques : questions d'actualité devant la Chambre criminelle », *AJ pénal* 2018. 499.
8. V. s^{s} n° 424.36.

cette expertise, la chambre criminelle a jugé[1] que la condamnation d'un prévenu des chefs d'agression sexuelle doit être annulée si l'expertise médicale prévue à l'article 706-47-1 du code de procédure pénale n'a pas été réalisée. Il s'agissait d'un cas d'espèce où une cour d'appel avait requalifié des faits de harcèlement moral initialement reprochés au prévenu en agression sexuelle, et était entrée en voie de condamnation.

Or, l'article 706-47-1, alinéa 3, du code de procédure pénale prévoit que les personnes poursuivies notamment des chefs d'agression sexuelle doivent être soumises, avant tout jugement au fond, à une expertise médicale. L'expert doit ensuite se prononcer sur l'opportunité d'une injonction de soins. Dans une affaire jugée par la Cour de cassation le 15 mai 2018, le moyen pris de la violation de l'article 6 de la Convention a été rejeté, la chambre criminelle estimant que le prévenu « se savait recherché, s'était soustrait volontairement à la procédure d'information et se trouvait par conséquent en fuite au cours de celle-ci, et dès lors que, d'une part, il a été mis en mesure, devant les juridictions de jugement, de discuter les éléments de preuve réunis contre lui, d'autre part, seul l'état de fuite au cours de l'information importait pour apprécier si le prévenu s'était lui-même placé pour ce motif dans l'impossibilité de bénéficier des dispositions des articles 175 et 385, alinéa 3, du code de procédure pénale, la cour d'appel, qui a répondu comme elle le devait aux conclusions dont elle était saisie, a justifié sa décision sans méconnaître la disposition conventionnelle invoquée ». En revanche, le pourvoi critiquait également la condamnation du demandeur malgré l'absence d'expertise prescrite à son encontre. Il se déduit en effet de la combinaison des articles 706-47 et 706-47-1 du code de procédure pénale la nécessité, avant toute condamnation pour agression sexuelle, que le prévenu soit soumis à une expertise médicale. La chambre criminelle casse l'arrêt sur ce point ; à partir du moment où l'intéressait comparaissait en cause d'appel, son état de fuite antérieur ne pouvait plus faire obstacle à cette expertise[2].

L'article 706-115 du code de procédure pénale n'a pas été modifié depuis son introduction par la loi du 5 mars 2007. Mais l'article D. 47-22 du code de procédure pénale prévoyait que cette expertise n'était pas obligatoire pour les alternatives aux poursuites, la composition pénale, lorsqu'il était fait application de la procédure d'ordonnance pénale, ou en cas de comparution sur reconnaissance préalable de culpabilité. Le décret n° 2023-89 du 13 février 2023[3] relatif à l'application de l'article 706-115 du Code de procédure pénale a modifié cet article D. 47-22 et rend désormais obligatoire l'examen médical destiné à évaluer la responsabilité pénale du majeur protégé, également lorsqu'il est poursuivi selon les procédures de CRPC et d'ordonnance pénale. Cette expertise ne reste plus facultative qu'en cas d'alternative aux poursuites ou de composition pénale.

421.45 Majeur protégé : avocat obligatoire. L'avocat est obligatoire dès lors qu'un majeur protégé est présenté devant une juridiction, que ce soit d'ailleurs en comparution immédiate ou selon n'importe quel autre mode de poursuite.

L'article 706-116 du code de procédure pénale dispose que « La personne poursuivie doit être assistée par un avocat. À défaut de choix d'un avocat par la personne poursuivie ou son curateur ou son tuteur, le procureur de la République ou le juge d'instruction fait désigner par le bâtonnier un avocat, l'intéressé étant informé que les frais seront à sa charge sauf s'il remplit les conditions d'accès à l'aide juridictionnelle. »

1. Crim. 23 sept. 2015, n° 14-84.842, P n° 207 ; *D.* 2015. 1953 ; *D.* 2016. 1727, obs. J. Pradel ; *RSC* 2015. 855, obs. Y. Mayaud.

2. Crim. 15 mai 2018, n° 17-82.866, P n° 92 ; *D.* 2018. 1075 ; *RSC* 2018, p. 731, obs. N. Jeanne.

3. Décr. n° 2023-89, 13 févr. 2023 relatif à l'application de l'article 706-115 du code de procédure pénale, *JO* 14 févr., n° 7.

CHAPITRE

422. Procédure devant le procureur de la République

SECTION 0 ORIENTEUR

422.00 Sommaire du chapitre.

422.01 Principaux textes applicables.

TEXTES SOURCES

• C. pr. pén., art. 41, 393, 393-1, 394, 395, 396, 706-106, 803-2, 803-3

422.02 Jurisprudence de référence.

> Le procès-verbal de comparution devant le procureur de la République valant saisine du tribunal a pour support nécessaire la rétention du prévenu. La violation de l'article 803-3 du code de procédure pénale entraîne la nullité de ce procès-verbal

• **Crim. 6 déc. 2005,** n° 05-82.450, P n° 321

* V. s^s n° 422.34.

« Attendu qu'il résulte de l'arrêt attaqué et des pièces de la procédure que Zaza K. a été interpellé et placé en garde à vue le 9 avril 2004 à 21 heures 10 ; qu'à l'issue de cette mesure, le 10 avril 2004 à 19 heures 30, l'intéressé a été retenu dans les locaux de la juridiction prévus à cet effet et présenté le 11 avril au procureur de la République qui l'a invité, par procès-verbal, à comparaître devant le tribunal à l'audience du 13 avril en application des articles 393 et suivants du code de procédure pénale ;

Attendu que, par conclusions régulièrement déposées, l'avocat du prévenu a excipé de la nullité de la procédure en invoquant l'inobservation des dispositions de l'article 803-3 du code de procédure pénale qui prévoit qu'en cas de nécessité, la personne peut, à l'issue de sa garde à vue, comparaître le jour suivant, à la condition que cette comparution intervienne au plus tard dans un délai de vingt heures ;

Attendu que, par motifs propres et adoptés, la cour d'appel, après avoir constaté l'impossibilité de s'assurer de la durée de la rétention, faute de connaître l'heure à laquelle le prévenu a été présenté devant le procureur de la République, a prononcé la nullité du procès-verbal de comparution préalable, s'est déclarée non valablement saisie et a ordonné la mise en liberté de l'intéressé ;

Attendu qu'en prononçant ainsi et dès lors que le procès-verbal valant saisine du tribunal avait, pour support nécessaire, la rétention du prévenu entachée d'illégalité, la cour d'appel a justifié sa décision ;

D'où il suit que le moyen doit être écarté ;

Et attendu que l'arrêt est régulier en la forme. »

> Il incombe à la juridiction, saisie d'une requête en nullité de la rétention, de s'assurer de l'existence des circonstances ayant justifié la mise en œuvre de cette mesure

• **Crim. 13 juin 2018, n°** 17-85.940, P

* V. s^s n° 422.33.

« Vu les articles 803-2, 803-3 et 593 du code de procédure pénale ;

Attendu qu'il résulte de ces textes que la personne qui fait l'objet d'un déferement à l'issue de sa garde à vue ne peut être retenue jusqu'au lendemain dans l'attente de sa comparution devant un magistrat qu'en cas de nécessité ; qu'il incombe à la juridiction, saisie d'une requête en nullité de la rétention, de s'assurer de l'existence des circonstances ayant justifié la mise en œuvre de cette mesure ;

Attendu qu'il résulte de l'arrêt attaqué, du jugement qu'il confirme et des pièces de procédure que M. X... Y... a été poursuivi devant le tribunal correctionnel de Paris du chef d'escroquerie pour avoir organisé, avec plusieurs autres comparses ayant les rôles de faux joueurs ou guetteurs, un jeu de « bonneteau », consistant à inciter les passants, après les avoir mis en confiance, à verser des sommes d'argent, dans la perspective de gains éventuels ; que les juges du premier degré l'ont déclaré coupable de ce chef ; que M. X... Y... a relevé appel de cette décision ;

Attendu que, pour rejeter le moyen de nullité tiré de la violation des dispositions des textes précités, l'arrêt énonce qu'il a été mis fin à la garde à vue de M. X... Y... le 9 mars 2017 à 15 heures 45, au terme du délai de 24 heures, et que, par nécessité en raison de contingences matérielles, celui-ci n'a été présenté que le lendemain, 10 mars, à 11 heures 15, soit avant expiration du délai de vingt heures, au magistrat du parquet qui lui a notifié les faits reprochés ainsi que la date d'audience de jugement avant de le laisser libre ; que les juges ajoutent qu'ainsi, M. X... Y... n'était plus sous une mesure de contrainte après la vingtième heure ;

Mais attendu qu'en prononçant ainsi, sans déterminer les circonstances ou contraintes matérielles rendant nécessaire la mise en œuvre de la mesure de rétention, la cour d'appel n'a pas justifié sa décision ;

La libre consultation du dossier de la procédure implique la mise à disposition, de la personne déférée et de son avocat, du matériel nécessaire à sa lecture effective. »

• **Crim. 9 mars 2022,** n° 21-82.580, B

* V. s[s] n° 422.22

« Vu les articles 6, § 3, de la Convention européenne des droits de l'homme et 393 du code de procédure pénale :

5. Selon le premier de ces textes, toute personne poursuivie a le droit de disposer du temps et des facultés nécessaires à la préparation de sa défense.

6. Il résulte du second que, lorsqu'une personne est déférée devant le procureur de la République, en vue de sa comparution devant le tribunal correctionnel, selon la procédure de la comparution immédiate ou de la comparution différée, son avocat, ou la personne déférée elle-même, lorsqu'elle n'est pas assistée par un avocat, peut consulter sur le champ le dossier.

7. Pour répondre à l'exception de nullité de la comparution immédiate, soulevée par le prévenu au motif que, lors de son déferrement, son avocat n'avait pu consulter de manière effective le dossier de la procédure, qui lui avait été remis sous la forme d'un CD-ROM, sans mise à disposition d'un matériel permettant de le consulter, la cour d'appel énonce qu'aucune disposition légale ne prévoit la mise à disposition, par l'autorité judiciaire, d'un tel matériel au conseil du prévenu, lors d'un déferrement en vue d'une comparution immédiate.

8. En prononçant ainsi, alors que la libre consultation du dossier de la procédure implique la mise à disposition, de la personne déférée et de son avocat, du matériel nécessaire à sa lecture effective, la cour d'appel a violé les textes susvisés. »

422.03 Bibliographie indicative.

Article. L. Remplon, « La rétention du suspect », *JCP* 1978. I. 2926.

SECTION 1
PROCÉDURE ANTÉRIEURE À L'ENTRÉE EN VIGUEUR DE LA LOI DU 15 AOÛT 2014[1]

422.11 Traitement direct des affaires pénales. Ce mode d'organisation du parquet, appelé aussi Traitement en temps réel (TTR) et connu encore sous d'autres noms (STIP : service de traitement immédiat des poursuites, STD : service du traitement direct...) « inventé » dans les années quatre-vingt-dix, consiste à une information téléphonique donnée au parquet par les officiers de police judiciaire dans tous les cas de crime, de délit voire de contravention de la cinquième classe. Le ministère public prend immédiatement la décision de poursuite et définit son mode.

L'Inspection générale des services judiciaires a été missionnée pour dresser le bilan de vingt-cinq années de traitement en temps réel des procédures pénales. Son rapport a été rendu en juin 2014[2]. Il en résulte qu'environ 50 % des affaires sont traitées par ce moyen avec des divergences importantes selon les lieux. L'IGSJ signale un manque d'accompagnement pratique par les services centraux ; le manque d'homogénéité de la politique pénale au sein du ressort d'une même cour d'appel ; l'échec de l'objectif de rapprochement avec les services d'enquête.

On note une dégradation des conditions de travail des magistrats du parquet. Parmi les éléments positifs, le TTR a entraîné un développement de la COPJ à la place de la citation directe et le nombre des condamnations par défaut est passé de 1 sur 4 en 1992 à 3 sur 100 en 2012. Seulement 61,4 % des parquets connaissent un bureau des enquêtes (BDE), permettant le suivi des enquêtes préliminaires[3]. La comparution immédiate, qui existait bien avant la mise en place de cette organisation de service, y trouve un terrain de prédilection. Le pourcentage de poursuite par cette voie représentait 8,3 % des poursuites en 1998, 8,2 % en 2001, 10,1 % en 2003, 7,2 % en 2011, 7,4 % en 2013, 8,58 % en 2016, 10,76 % en 2018, 8,73 % en 2020[4].

Depuis plusieurs années, des comptes rendus par mails ont été instaurés pour les affaires simples. Par ailleurs certains logiciels de prise de note des compte-rendus téléphoniques se sont développés dans les parquets afin de ne pas perdre le contenu des échanges lors de la passation de la permanence à un autre représentant du ministère public. Il s'agit des logiciels VIGIE (Veille Informatisée de gestion des infractions et des enlèvements) ou BIE (Bureau informatisé des enquêtes)[5].

1. L. n° 2014-896, 15 août 2014 relative à l'individualisation des peines et renforçant l'efficacité des sanctions pénales, *JO* 17 août, p. 13647.
2. Circ. 23 déc. 2015 relative au traitement en temps réel et organisation des parquets, *BOMJ* n° 2016-01, 29 janv. 2016, NOR : JUSD1532265C.
3. E. Allain, « Le traitement en temps réel et les bureaux d'enquête : un rapport sans concession », *AJ pénal* 2014. 444.
4. *Les chiffres clés de la justice*, ministère de la Justice, sous-direction de la Statistique et des Études selon les années d'études considérées.
5. V. M. Cottereau, « Vis ma vie de parquetier ! Le ministère public et la comparution immédiate – Rôle, décision et positionnement », *AJ pénal* 2020. 388.

422.12 **Réserve d'interprétation (Cons. const. 6 mai 2011). Droit pour le procureur d'entendre la personne. Limites.** Dans une décision du 6 mai 2011[1], le Conseil constitutionnel a déclaré l'article 393 du code de procédure pénale conforme à la Constitution mais a émis une réserve d'interprétation. Le Conseil estime que le respect des droits de la défense n'impose pas qu'avant la notification qui lui est faite par le parquet de la voie de poursuite choisi, la personne ait accès au dossier et bénéficie de l'assistance d'un avocat. Mais le respect des droits de la défense ne permet pas au procureur de la République de consigner, dans le procès-verbal mentionnant les formalités de la comparution, *les déclarations de la personne déférée sur les faits qui font l'objet de la poursuite, lorsqu'elle n'est pas assistée d'un conseil.* La loi du 27 mai 2014[2] a prévu que le procureur de la République devait informer la personne de son droit de se taire devant lui. La chambre criminelle a donc pu juger qu'il résulte de l'article 393 du code de procédure pénale, dans sa version issue de la loi n° 2014-535 du 27 mai 2014, que le procureur de la République qui ordonne le déferement devant lui d'une personne qu'il envisage de poursuivre en application des articles 394, 395 et 397-1-1 du même code peut, après avoir avisé l'intéressée de son droit de garder le silence et de son droit d'être assistée d'un avocat, recueillir ses observations ou procéder à son interrogatoire. Aucune disposition législative ou conventionnelle n'interdit au procureur de la République, après avoir informé la personne de ses droits, d'interroger celle-ci et de retranscrire ses déclarations si elle souhaite en faire, l'absence éventuelle de l'avocat régulièrement avisé ayant pour seule conséquence l'impossibilité de fonder une condamnation sur les seules déclarations ainsi recueillies, en application de l'article préliminaire du code de procédure pénale[3].

422.13 **Comparution de droit commun devant le procureur de la République.** La comparution devant le procureur est une condition commune aux deux modes de poursuite rapides : comparution immédiate[4] et comparution sur procès-verbal[5].

En vertu des dispositions de l'article 393 du code de procédure pénale, après avoir constaté et vérifier son *identité* par tout moyen, le procureur informe la personne des *faits* qui lui sont reprochés et de leur *qualification pénale*.

La vérification de l'identité appelle peu de commentaires : toutefois, il peut arriver qu'une personne refuse de donner sa véritable identité ou tout simplement refuse de donner une quelconque identité. Ce refus ne saurait avoir pour effet l'impossibilité de la poursuivre. Elle comparaîtra donc le cas échéant devant le tribunal correctionnel sous l'appellation de X... *se disant* ou X... Le procureur rédige les qualifications développées qui seront à la base de la saisine de la juridiction de jugement.

En pratique, les procès-verbaux dressés à ce moment-là par le magistrat du parquet contenaient le plus souvent quelques phrases résumant la position de la personne et notamment si elle reconnaissait ou non les faits qui lui étaient reprochés.

La décision du Conseil constitutionnel a modifié cette possibilité[6]. Le procureur veille par ailleurs à faire aviser la victime de la date d'audience par tout moyen[7]. L'article 393, dernier alinéa, précise que l'ensemble des formalités réalisées par le procureur de la République doit être porté au procès-verbal *sous peine de nullité*. Deux précisions :

- cette nullité ne touche pas la procédure antérieure et ne vise que la saisine du tribunal correctionnel ;

- cette nullité semble toutefois concernée par l'application de l'article 802 du code de procédure pénale : il n'y a pas de nullité sans grief. C'est ainsi que la cour d'appel de Paris a estimé le 21 juin 2002[8] que le défaut de notification du droit d'être assisté d'un avocat et averti des suites de la procédure n'entraîne pas la nullité, dès lors que l'intéressé a indiqué qu'il ne souhaitait pas être assisté ce qui présume de la connaissance de son droit de l'être. L'absence sur le procès-verbal du nom du magistrat du ministère public qui a procédé aux formalités ne constitue pas une nullité de procédure[9].

422.14 **Cas particulier de comparution devant le procureur de la République**[10]**.** L'alinéa premier de l'article 706-106 disposait que : « Lorsque, au cours de l'enquête, il a été fait application des dispositions des articles 706-80 à 706-95, la personne qui est déférée devant le procureur de la République en application des dispositions de l'article 393 a droit à

1. Cons. const. 6 mai 2011, n° 2011-125 QPC, art., conforme 803-2, et sous réserve 393 du C. pr. pén., *déferement devant le procureur de la République*, CONFORMITÉ – RÉSERVE, *JO* 7 mai, p. 7850 ; *Rec.* p. 218 ; *D.* 2012. 1638, obs. V. Bernaud et N. Jacquinot ; *AJ pénal* 2011. 471, obs. J.-B. Perrier ; *RSC* 2011. 415 et 417, obs. J. Danet, préc. (v. s^s n° 421.21).
2. L. n° 2016-731, 3 juin 2016 renforçant la lutte contre le crime organisé, le terrorisme et leur financement, et améliorant l'efficacité et les garanties de la procédure pénale, *JO* 4 juin, n° 1.
3. Crim. 18 oct. 2022, n° 22-81.934, B ; *D.* 2022. 1857 ; *Dr. pénal* 2022, comm. 206, A. Maron et M. Haas.
4. C. pr. pén., art. 395 et 396.
5. C. pr. pén., art. 394.
6. V. s[s] n° 422.12.
7. C. pr. pén., art. 393-1.
8. Paris, 21 juin 2002, RG n° 02/02680.
9. Paris, 13e ch, 20 juin 1989, RG n° 9347/88.
10. C. pr. pén., art. 706-106.

la désignation d'un avocat. Celui-ci peut consulter sur-le-champ le dossier et communiquer librement avec elle, conformément aux dispositions des deuxième et troisième alinéas de l'article 393. La personne comparaît alors en présence de son avocat devant le procureur de la République qui, après avoir entendu ses déclarations et les observations de son avocat, soit procède comme il est dit aux articles 394 à 396, soit requiert l'ouverture d'une information. »

La comparution devant le procureur de la République devait donc se faire avec un avocat si la personne le demandait. Avec l'entrée en vigueur de la loi du 27 mai 2014 [1], l'article 706-106 du code de procédure pénale, ne présentant plus aucune spécificité, a été abrogé.

SECTION 2
PROCÉDURE DEPUIS L'ENTRÉE EN VIGUEUR DE LA LOI DU 15 AOÛT 2014

422.21 Comparution devant le procureur de la République depuis le 1er octobre 2014. L'article 393 a été modifié sur plusieurs points par la loi du 15 août 2014 [2], entrée en vigueur le 1er octobre de la même année. Le procureur de la République doit, avant de constater même l'identité de la personne, l'informer de son droit d'être assisté d'un interprète. En réalité, cette question est le plus souvent résolue en amont, lors du compte rendu téléphonique au cours duquel les enquêteurs avertissent le parquetier que la personne ne parle pas suffisamment la langue française pour être entendue sans interprète. L'expérience montre toutefois que des surprises sont toujours possibles, soit parce que les services d'enquête se sont contentés d'un à-peu-près qui n'est pas de mise devant la juridiction de jugement, soit parce que la personne elle-même a soudain perdu ses capacités à parler la langue française.

En second lieu, le procureur doit faire connaître à la personne non seulement les faits qui lui sont reprochés mais également leur qualification juridique, ce qui était en réalité déjà le cas en pratique. Ensuite, il doit informer la personne qu'elle a le droit d'être assistée d'un avocat de son choix ou commis d'office. L'avocat choisi ou, dans le cas d'une demande de commission d'office, le bâtonnier de l'ordre des avocats en est avisé sans délai. L'avocat peut immédiatement consulter le dossier de la procédure. C'est là la modification la plus importante : alors que le déférement devant le procureur de la République se passait sans avocat en dehors du cas particulier prévu par l'article 706-106 (l'article 706-106 a été abrogé par la même loi, ne présentant plus aucune spécificité), ce qui avait d'ailleurs amené le Conseil constitutionnel le 6 mai 2011 [3] à estimer qu'aucune déclaration sur le fond ne pouvait être recueillie lors de cette audition [4], l'avocat peut désormais assister à la présentation de la personne déférée. Il peut ainsi espérer faire changer le substitut du procureur d'orientation lors de la discussion informelle qui peut s'engager, notamment en soulignant l'existence d'une nullité de procédure patente. Sa présence permet de surcroît à nouveau de consigner les déclarations que la personne souhaiterait faire.

Le procureur de la République avertit alors la personne de son droit de faire des déclarations, de répondre aux questions qui lui sont posées ou de se taire. Après avoir, le cas échéant, recueilli les observations de la personne ou procédé à son interrogatoire, le procureur de la République entend, s'il y a lieu, les observations de l'avocat, portant notamment sur la régularité de la procédure, sur la qualification retenue, sur le caractère éventuellement insuffisant de l'enquête, sur la nécessité de procéder à de nouveaux actes qu'il estime nécessaires à la manifestation de la vérité et sur les modalités d'engagement éventuel des poursuites ou le recours éventuel à la procédure de comparution sur reconnaissance préalable de culpabilité. Au vu de ces observations, le procureur de la République soit procède comme il est dit aux articles 394 à 396, soit requiert l'ouverture d'une information, soit ordonne la poursuite de l'enquête, soit prend toute autre décision sur l'action publique en application de l'article 40-1. S'il ordonne la poursuite de l'enquête et que la personne est à nouveau entendue, elle a le droit d'être assistée, lors de son audition, par son avocat, en application de l'article 63-4-3.

La loi du 3 juin 2016 [5] a ajouté que l'avocat était entendu également « et sur les modalités d'engagement éventuel des poursuites ou le recours éventuel à la procédure de comparution sur reconnaissance préalable de culpabilité ». Au vu de ces observations, le procureur de la République décidera :

– Soit de recourir à une convocation par procès-verbal conformément à l'article 394 ou à une comparution immédiate conformément aux articles 395 à 396.

1. L. n° 2014-535, 27 mai 2014 portant transposition de la directive 2012/13/UE du Parlement européen et du Conseil, du 22 mai 2012, relative au droit à l'information dans le cadre des procédures pénales, *JO* 28 mai, p. 8864.
2. L. n° 2014-896, 15 août 2014, préc.
3. Cons. const. 6 mai 2011, n° 2011-125 QPC, préc. (v. s[s] n° 422.12).
4. V. s[s] n° 422.12.
5. L. n° 2016-731, 3 juin 2016 renforçant la lutte contre le crime organisé, le terrorisme et leur financement, et améliorant l'efficacité et les garanties de la procédure pénale, *JO* 4 juin, n° 1.

- Soit de recourir à la procédure de comparution différée, selon les dispositions de l'article 397-1-1 du code de procédure pénale (ajout de la loi du 23 mars 2019).

- Soit de requérir l'ouverture d'une information.

- Soit d'ordonner la poursuite de l'enquête. Dans cette hypothèse, il est précisé que si la personne est à nouveau entendue, elle aura le droit d'être assistée, lors de son audition, par son avocat en application de l'article 63-4-3.

- Soit de prendre toute autre décision sur l'action publique en application de l'article 40-1[1].

422.22 **Mise à disposition de la procédure et du matériel adéquat.** Une personne avait été déférée devant le procureur de la République qui avait décidé de la poursuivre selon la procédure de comparution immédiate. L'avocat du mis en cause ayant sollicité la communication du dossier, celui-ci lui avait été remis sous forme de CD-ROM. L'avocat sollicitait le prêt d'un ordinateur pour pouvoir le consulter mais celui-ci lui était refusé. Les juges du fond avaient jugé « qu'aucune disposition légale ne prévoit la mise à disposition, par l'autorité judiciaire, d'un tel matériel au conseil du prévenu ». La chambre criminelle casse cet arrêt[2]en énonçant que « la libre consultation du dossier de la procédure implique la mise à disposition, de la personne déférée et de son avocat, du matériel nécessaire à sa lecture effective ».

SECTION 3
MOMENT DE LA COMPARUTION DEVANT LE PROCUREUR DE LA RÉPUBLIQUE

422.31 **Principes.** Il existe depuis la loi du 10 mars 2004 certaines contraintes de temps entre la fin de la garde à vue et la comparution effective devant un magistrat. Selon les juridictions, il arrivait en effet qu'une personne, qui venait d'effectuer 24 ou 48 heures de garde à vue, voire plus dans les cas de gardes à vue dérogatoires au droit commun, attende de nombreuses heures dans les locaux du tribunal avant de comparaître. Certains tribunaux faisaient « patienter » plus d'une journée, ce qui apparaissait difficilement tolérable. Le problème était débattu depuis longtemps[3]. L'article 803-2 du code de procédure pénale dispose désormais, après dernières modifications par la loi du 15 août 2014 que :

> Toute personne ayant fait l'objet d'un déferement à l'issue de sa garde à vue ou de sa retenue à la demande du procureur de la République ou du juge de l'application des peines comparaît le jour même devant ce magistrat ou, en cas d'ouverture d'une information, devant le juge d'instruction saisi de la procédure. Il en est de même si la personne est déférée devant le juge d'instruction à l'issue d'une garde à vue au cours d'une commission rogatoire, ou si la personne est conduite devant un magistrat en exécution d'un mandat d'amener ou d'arrêt.

La notion de « jour même » pouvait paraître non équivoque : c'est ainsi qu'on pouvait penser que s'il est mis fin à la garde à vue le 10 mars, c'est le 10 mars que la personne doit comparaître devant le procureur de la République[4].

Mais l'article 803-3 du code de procédure pénale, lui aussi modifié par la loi du 15 août 2014, apporte une exception dans certaines juridictions :

> En cas de nécessité et par dérogation aux dispositions de l'article 803-2, la personne peut comparaître le jour suivant et peut être retenue à cette fin dans des locaux de la juridiction spécialement aménagés, à la condition que cette comparution intervienne au plus tard dans un délai de vingt heures à compter de l'heure à laquelle la garde à vue ou la retenue a été levée, à défaut de quoi l'intéressé est immédiatement remis en liberté.
>
> Le magistrat devant lequel l'intéressé est appelé à comparaître est informé sans délai de l'arrivée de la personne déférée dans les locaux de la juridiction.
>
> Lorsque la garde à vue a été prolongée mais que cette prolongation n'a pas été ordonnée par le juge des libertés et de la détention ou par un juge d'instruction, la personne retenue doit être effectivement présentée à la juridiction saisie ou, à défaut, au juge des libertés et de la détention avant l'expiration du délai de vingt heures.
>
> Lorsqu'il est fait application des dispositions du présent article, la personne doit avoir la possibilité de s'alimenter et, à sa demande, de faire prévenir par téléphone une des personnes visées à l'article 63-2, d'être examinée par un médecin désigné conformément aux dispositions de l'article 63-3 et de s'entretenir, à tout moment, avec un avocat désigné par elle ou commis d'office à sa demande, selon les modalités prévues par l'article 63-3-1. L'avocat peut demander à consulter le dossier de la procédure.

1. Circ. CRIM-2014-E8, 23 mai 2014 relative à la présentation des dispositions de procédure pénale applicables le 2 juin 2014 de la loi portant transposition de la directive [2012/13] relative au droit à l'information dans le cadre des procédures pénales, NOR : JUSD1412016C.
2. Crim. 9 mars 2022, n° 21-82.580, *D.* 2022. 559 ; *Dr. pénal* 2022. Comm. 96, obs. A. Maron et M. Haas – Crim. 23 mars 2022, n° 21-83.064, *JCP* 2022. 681, note V. Peltier ; *RSC* 2022. 627, obs. P.-J. Delage.
3. L. Remplon, « La rétention du suspect », *JCP* 1978. I. 2926.
4. Mais cette idée n'a pas été retenue par la chambre criminelle, v. s[s] n° 422.36.

L'identité des personnes retenues en application des dispositions du premier alinéa, leurs heures d'arrivée et de conduite devant le magistrat ainsi que l'application des dispositions du quatrième alinéa font l'objet d'une mention dans un registre spécial tenu à cet effet dans le local où ces personnes sont retenues et qui est surveillé, sous le contrôle du procureur de la République, par des fonctionnaires de la police nationale ou des militaires de la gendarmerie nationale.

Ces dispositions ne sont pas applicables lorsque la personne a fait l'objet, en application des dispositions de l'article 706-88 ou de l'article 706-88-1, d'une garde à vue ayant duré plus de soixante-douze heures.

La mainlevée de garde à vue, susceptible de faire courir le délai légal de 20 heures entre la levée de la garde à vue et la comparution devant un magistrat, ne devient effective qu'au moment de la notification de la fin de cette mesure et non au moment où le procureur de la République a donné les instructions sur l'heure de cette levée[1].

422.32 Décisions du Conseil constitutionnel relatives aux articles 803-2 et 803-3 du code de procédure pénale. Dans sa décision du 17 décembre 2010[2], le Conseil constitutionnel a formulé des réserves d'interprétation concernant l'article 803-3 du code de procédure pénale. D'une part, le procureur de la République doit être immédiatement avisé de l'arrivée de la personne et de la privation de liberté. D'autre part la personne doit être présentée devant un magistrat du siège. La réserve d'interprétation concernant l'article 803-3 ne concerne que le cas où la garde à vue a été renouvelée. C'est le tribunal correctionnel lui-même qui procède à cette comparution avant l'expiration du délai de vingt heures, la seule introduction dans le box n'est pas suffisante, il faut qu'il soit procédé à sa comparution formelle ; à défaut le tribunal n'est pas valablement saisi, le parquet est renvoyé à mieux se pourvoir et le prévenu immédiatement libéré[3].

Dans sa décision du 6 mai 2011[4], le Conseil constitutionnel a déclaré l'article 803-2 du code de procédure pénale conforme à la Constitution. Il souligne que les magistrats du parquet appartiennent à l'autorité judiciaire et que la personne déférée à l'issue de sa garde à vue, aux fins de poursuites dans le cadre des procédures de comparution immédiate ou de comparution par procès-verbal, est placée sous le contrôle du magistrat du parquet, qui décide de l'heure de sa comparution et peut ordonner sa remise en liberté. Surtout, dès lors que la procédure de comparution immédiate est mise en œuvre dans les conditions de l'article 803-2, la personne est présentée le jour même à un juge du siège.

La loi du 15 août 2014 a tenu compte de ces indications et les articles 803-2 et 803-3 sont désormais conformes en tous points à la Constitution.

422.33 L'intéressé n'a pas forcément été placé en garde à vue. Dans un arrêt du 19 janvier 2005[5], la chambre criminelle confirme une décision qui rejetait les exceptions de nullité soulevées au motif que « la garde à vue ne constitue pas un préalable nécessaire à la mise en œuvre de la comparution immédiate ». En l'espèce, il s'agissait d'un individu qui avait agressé un surveillant en maison d'arrêt. Entendu sans avoir fait l'objet d'un placement en garde à vue, il avait ensuite été présenté au parquet qui l'avait fait passer en comparution immédiate. La Cour de cassation rejette le pourvoi.

Même si la garde à vue est le plus souvent préalable à la décision de comparution immédiate, elle n'en constitue pas une condition nécessaire. En clair, la défense ne saurait se plaindre de l'absence de placement en garde à vue de son client, dès lors que sont réunies les conditions de l'audition libre, avec en particulier la notification faite de la possibilité pour l'intéressé d'y mettre fin à tout moment. Mais n'est pas critiquable non plus, la garde à vue décidée pour faciliter seulement la comparution de la personne et son déferement devant la juridiction de jugement statuant en comparution immédiate[6] : la garde à vue peut être valablement ordonnée dans le seul but d'assurer le déferement de l'intéressé devant le procureur de la République. Mais une décision rendue le 13 juin 2018[7] pose la question de

1. Crim. 26 oct. 2004, n° 04-84.550, P n° 255 ; *AJ pénal* 2005. 31, obs. J. Coste.
2. Cons. const. 17 déc. 2010, n° 2010-80 QPC, art., sous réserve, 803-3 du C. pr. pén., *mise à la disposition de la justice,* CONFORMITÉ – RÉSERVE, *JO* 19 déc., p. 22374, n° 50 ; *Rec.,* p. 408 ; *D.* 2011. 1713, obs. V. Bernaud et L. Gay ; *Constitutions* 2011. 525, obs. E. Daoud et A. Talbot ; *RSC* 2011. 193, chron. C. Lazerges.
3. T. corr. Paris, 30 déc. 2010, n° 1036430146, *AJ pénal* 2011. 18, obs. P. de Combles de Nayves et Mercinier.
4. Cons. const. 6 mai 2011, n° 2011-125 QPC, préc. (v. s[s] n° 422.12)., *déferement devant le procureur de la République, JO* 7 mai 2011, p. 7850, n° 76 ; *Rec.,* p. 218 ; *D.* 2012. 1638, obs. V. Bernaud et N. Jacquinot ; *AJ pénal* 2011. 471, obs. J.-B. Perrier ; *Constitutions* 2011. 525, obs. E. Daoud et A. Talbot ; *RSC* 2011. 415, obs. J. Danet ; P. Cassia, « Les gardes à vue particulières ne sont plus conformes à la Constitution », *D.* 2010. 1949 ; P. Puig, « QPC : le changement de circonstances source d'inconstitutionnalité », *RTD civ.* 2010. 513 ; « Dossier, Faut-il réformer le statut du ministère public ? », *AJ pénal* 2011. 112.
5. Crim. 19 janv. 2005, n° 04-81.455, NP.
6. Crim. 18 nov. 2014, n° 14-81.332, P n° 241 – AUSSI : Ph. Conte, « Placement en garde à vue et nécessités de l'enquête », *Dr. pénal* 2015. Ét. 12.
7. Crim. 13 juin 2018, n° 17-85.940, *Procédures* 2018, comm. 262, obs. A.-S. Chavent-Leclère ; *Gaz. Pal.* 6 nov. 2018, p. 57, note Fourment.

la proportionnalité de la retenue. La chambre criminelle juge désormais, comme en matière de placement en garde à vue, que la personne qui fait l'objet d'un déferement à l'issue de sa garde à vue ne peut être retenue jusqu'au lendemain dans l'attente de sa comparution devant un magistrat qu'en cas de nécessité ; il incombe à la juridiction, saisie d'une requête en nullité de la rétention, de s'assurer de l'existence des circonstances ayant justifié la mise en œuvre de cette mesure.

422.34 **Violation des délais prévus par les articles 803-2 et 803-3 du code de procédure pénale.** La jurisprudence de la chambre criminelle n'est pas toujours très sévère en ce qui concerne la violation de règles de procédure, ou plus exactement en ce qui concerne les conséquences d'une annulation. Ainsi, la théorie dite du *support nécessaire* permet de « sauver » des procédures, alors que certaines pièces antérieures ont fait l'objet d'une annulation[1]. Justifie sa décision la chambre d'accusation qui, après avoir annulé des procès-verbaux de l'enquête sur commission rogatoire, en raison de l'irrégularité de la garde à vue, refuse d'étendre l'annulation au mandat d'amener décerné par le juge d'instruction, aux réquisitions supplétives du procureur de la République, au procès-verbal de première comparution et à l'ordonnance de placement en détention provisoire, en énonçant qu'en l'état des éléments antérieurs de l'information, la garde à vue n'a pas été le préalable nécessaire à ces actes[2]. Justifie sa décision la chambre d'accusation qui, après avoir constaté l'irrégularité d'un placement en garde à vue, n'étend pas l'annulation à la perquisition effectuée concomitamment, dont elle a souverainement apprécié qu'elle ne trouvait pas son support dans la garde à vue entachée de nullité[3].

L'annulation par la chambre de l'instruction concernant une personne mise en examen ne s'étend pas à l'interpellation et à la mise en examen d'une autre personne dès lors qu'elles ont trouvé leur support dans d'autres actes que ceux entachés de nullité[4].

Mais la Cour de cassation a rejeté un pourvoi du parquet général qui soutenait que le non-respect du délai n'avait pas d'incidence sur la validité de la saisine de la juridiction de jugement[5]. En l'espèce, la fin de la garde à vue avait été notifiée le 10 avril 2004 à 19 h 30 et l'intéressé présenté le 11 avril au procureur de la République, sans que l'on sache à quelle heure. L'avocat excipait de la nullité en invoquant l'inobservation des dispositions de l'article 803-3 du code de procédure pénale. La cour d'appel constatait l'impossibilité de s'assurer de la durée de la rétention, faute de connaître l'heure à laquelle le prévenu avait été présenté devant le procureur de la République et prononçait l'annulation du procès-verbal de comparution immédiate. Elle ordonnait la mise en liberté de l'intéressé. La Cour de cassation rejette le pourvoi en indiquant « qu'en prononçant ainsi et dès lors que le procès-verbal valant saisine du tribunal avait, pour support nécessaire, la rétention du prévenu entachée d'illégalité, la cour d'appel a justifié sa décision ».

Le ministère public doit, en conséquence, non seulement se montrer vigilant à contrôler le respect des délais visés aux articles 803-2 et 803-3 du code de procédure pénale, mais aussi à permettre aux avocats et à la juridiction de jugement de contrôler leur respect en portant sur le procès-verbal de comparution *l'heure du début de celle-ci.* En cas de comparutions multiples en fin de délai, il peut arriver que l'on assiste à un début d'entretien aux fins de certifier l'heure de comparution avec chacun des mis en cause, puis d'une reprise d'entretien même si le délai est alors dépassé. Certains magistrats instructeurs usent, pour les mêmes raisons, de la même méthode.

422.35 **Enquête rapide.** En vertu du huitième alinéa de l'article 41 du code de procédure pénale, le procureur de la République requiert : « suivant les cas, une personne habilitée dans les conditions prévues au sixième alinéa de l'article 81, le service pénitentiaire d'insertion et de probation ou le service de la protection judiciaire de la jeunesse de vérifier la situation matérielle, familiale et sociale d'une personne faisant l'objet d'une enquête, de vérifier la faisabilité matérielle de certaines peines ou aménagements de peine pouvant être prononcés et de l'informer sur les mesures propres à favoriser l'insertion sociale de l'intéressé. » Le texte de l'article 41 précise que ces diligences doivent être prescrites avant toute réquisition de placement en détention provisoire, en cas de poursuites selon la procédure de comparution immédiate prévue aux articles 395 à 397-6 ou selon la procédure de comparution sur reconnaissance préalable de culpabilité prévue aux articles 495-7 à 495-13.

1. Crim. 15 oct. 2003, n° 03-82.683, P n° 193 ; *JCP* 2003. IV. 1044 – Crim. 26 mars 2008, n° 07-83.814, P n° 76 ; *D.* 2008. 1063, obs. M. Léna ; *AJ pénal* 2008. 286, obs. C. Saas ; *RSC* 2008. 926, obs. R. Finielz – SUR CE SUJET : Ch. Guéry, *Droit et pratique de l'instruction préparatoire*, 11ᵉ éd., « Dalloz action », 2022, n° 735.25.
2. Crim. 28 mars 2000, n° 00-80.090, P n° 137 ; *JCP* 2000. IV. 1156 – AUSSI : Crim. 26 janv. 2000, n° 99-86.166, P n° 46 ; *D.* 2000. 93 ; *RSC* 2000. 422, obs. D.-N. Commaret.
3. Crim. 19 avr. 2000, n° 00-80.357, P n° 160 – Crim. 27 juin 2000, n° 00-80.411, P n° 246.
4. Crim. 19 avr. 2000, n° 00-80.577, P n° 159.
5. Crim. 6 déc. 2005, n° 05-82.450, P n° 321 ; *D.* 2014. 1205 ; *D.* 2014. 1736, obs. J. Pradel ; *AJ pénal* 2014. 490, obs. C. Renaud-Duparc (v. s[s] n° 422.02).

Si l'esprit du texte commande que le résultat de l'enquête figure au dossier de la procédure, sa lettre n'exige que sa prescription et on peut se demander si l'absence, pour des motifs exceptionnels, d'un compte rendu (indisponibilité du rédacteur de permanence notamment un week-end ou à une heure tardive...) serait de nature à faire obstacle à la continuation de la procédure.

422.36 Notion de « jour même ». Une cour d'appel, pour énoncer que les faits ne pouvaient être jugés suivant la procédure de comparution immédiate, avait considéré qu'il résultait des notes d'audience dressées devant le tribunal correctionnel que l'affaire n'avait pas été examinée le jour même du défèrement avant minuit. La chambre criminelle a cassé cette décision en expliquant, d'une part, que le tribunal correctionnel était irrévocablement saisi par le procès-verbal de notification établi par le procureur de la République, d'autre part, que l'exigence d'une comparution « le jour même » de la présentation de l'intéressé au parquet ne saurait être interprétée comme la nécessité de le juger impérativement avant minuit, mais comme celle de le faire comparaître au cours de l'audience considérée, quand bien même celle-ci se terminerait après minuit en raison de contraintes diverses[1]. L'exigence de comparution le jour même n'est d'ailleurs prévue par le texte qu'en ce qui concerne la présentation devant le procureur de la République, celle devant le tribunal étant alors prévue « sur-le-champ ».

422.37 Délais de comparution devant le tribunal correctionnel statuant en formation citoyenne : dispositions abrogées. La loi du 10 août 2011 avait modifié l'article 396 du code de procédure pénale pour indiquer que lorsque le tribunal correctionnel dans sa formation citoyenne était saisi selon la procédure de comparution immédiate et qu'il était fait application de l'article 396, le délai de trois jours ouvrables prévu à l'avant-dernier alinéa de ce même article était porté à huit jours. La durée de la détention provisoire exécutée en application dudit article 396 s'imputait sur la durée prévue aux deux derniers alinéas de l'article 397-3.

Si on comprenait la nécessité de permettre aux juridictions d'organiser les audiences qui doivent comporter un jury citoyen, cette disposition était particulièrement défavorable à la personne poursuivie. L'expérimentation des juridictions citoyennes a été interrompue fin avril 2013[2].

1. Crim. 12 janv. 2021, n° 20-80.259, P ; *D.* 2021. 80 ; *JCP* 2021. 84 ; *Procédures* 2021, comm. 77, J. Buisson.
2. Arr. 18 mars 2013 mettant fin à l'expérimentation des dispositions prévoyant la participation de citoyens assesseurs au fonctionnement de la justice pénale, *JO* 22 mars, p. 4897, NOR : JUSD1306459A.

CHAPITRE

423. Procédure devant le juge des libertés et de la détention

SECTION 0
ORIENTEUR

423.00 **Sommaire du chapitre.**

423.01 **Principaux textes applicables.**

TEXTES SOURCES

• C. pr. pén., art. 41, 135-2, 137-3, 141-2, 142-5, 142-6, 143-1, 144, 396

423.03 **Bibliographie indicative.**

Encyclopédies. Rép. pén., V° *Comparution immédiates*,par Ch. Guéry (sept. 2021) – J.-Cl. Pr. pén., « Convocation par procès-verbal et comparution immédiate », art. 393 à 397-6, fasc. 20, par V. Lesclous, n° 45.

Ouvrages. S. Guinchard et J. Buisson, *Procédure pénale*, 16e éd., « Manuel », LexisNexis, 2023.

SECTION 1
CAS DE SAISINE DU JUGE DES LIBERTÉS ET DE LA DÉTENTION

423.11 **Hypothèse d'impossibilité de réunion du tribunal le jour même.** L'article 396 du code de procédure pénale dispose dans son alinéa premier que : « Dans le cas prévu par l'article précédent, si la réunion du tribunal est impossible le jour même et si les éléments de l'espèce lui paraissent exiger une mesure de détention provisoire, le procureur de la République peut traduire le prévenu devant le juge des libertés et de la détention, statuant en chambre du conseil avec l'assistance d'un greffier. »

Il existe rarement, à l'exception de grandes juridictions, d'audience spéciale de comparution immédiate et les dossiers viennent alourdir le rôle déjà constitué. Les circonstances d'impossibilité de réunion du tribunal sont multiples : dans les petites et même dans les juridictions de taille moyenne, il n'y a pas d'audience correctionnelle chaque jour de semaine, en conséquence, le tribunal n'étant pas réuni, c'est le juge des libertés et de la détention qui va être saisi. Il en est de même le week-end ou les jours fériés. Il peut également en être ainsi si l'audience correctionnelle du jour est terminée.

La question est de savoir si l'impossibilité peut être constituée en dehors du cas des dimanches et jours fériés. Une partie de la doctrine semble en douter[1]. Mais la jurisprudence semble bien plus large. L'arrêt du 23 mai 2006[2] précise notamment que le ministère public n'a pas à justifier de l'impossibilité de la réunion du tribunal le jour même. L'espèce était intéressante puisqu'elle concernait un cas particulier : celui de *l'encombrement du rôle*. L'arrêt attaqué évoquait en effet, selon le rapport de l'avocat général, le « nombre et de la complexité des affaires déjà audiencées et la longueur prévisible des débats pour ces affaires ». La composition d'audience n'est pas obligée d'attendre après la fin de l'audience que le ministère public soit prêt à présenter une affaire en comparution immédiate. Et à suivre la lettre de l'arrêt du 23 mai 2006, le ministère public pourrait même apprécier, au regard de la charge de l'audience en cours, la possibilité de présenter l'intéressé à l'audience ou devant le JLD.

Les difficultés récentes relatives aux extractions des détenus par l'administration pénitentiaire sont

1. J.-Cl. Pr. pén., « Convocation par procès-verbal et comparution immédiate », art. 393 à 397-6, fasc. 20, par V. Lesclous, n° 45 – S. Guinchard et J. Buisson, *Procédure pénale*, 16e éd., « Manuel », LexisNexis, 2023.
2. Crim. 23 mai 2006, n° 05-83.149, P n° 142 ; *RSC* 2007. 120, obs. A. Giudicelli.

susceptibles de rendre cet arrêt important à connaître.

423.12 Le juge des libertés et de la détention ne peut pas participer au jugement des affaires dont il a connu. La chambre criminelle a estimé que l'article 137-1, alinéa 3, du code de procédure pénale, aux termes duquel le juge des libertés et de la détention « *ne peut, à peine de nullité, participer au jugement des affaires pénales dont il a connu* » s'appliquait à toutes les phases de la procédure, et qu'en conséquence, ne peut composer la juridiction appelée à juger le prévenu selon la procédure de comparution immédiate le magistrat qui, en qualité de juge des libertés et de la détention, a statué auparavant sur la requête du procureur de la République aux fins de détention provisoire de l'intéressé[1].

SECTION 2
PROCÉDURE DEVANT LE JUGE DES LIBERTÉS ET DE LA DÉTENTION

423.21 Article 396 du code de procédure pénale. Les alinéas suivants de l'article 396 détaillent la façon dont le juge des libertés et de la détention procède. L'alinéa 2 dispose que : « Le juge, après avoir fait procéder, sauf si elles ont déjà été effectuées, aux vérifications prévues par le huitième alinéa de l'article 41, statue sur les réquisitions du ministère public aux fins de détention provisoire, après avoir recueilli les observations éventuelles du prévenu ou de son avocat ; l'ordonnance rendue n'est pas susceptible d'appel. »

423.22 Enquête rapide. Si, pour une raison ou pour une autre, le procureur n'a pas fait diligenter cette enquête de personnalité[2], il appartient au juge des libertés et de la détention de l'ordonner lui-même.

423.23 Audition devant le juge des libertés et de la détention. Le code de procédure pénale ne détaille pas l'entretien entre le JLD et la personne présentée. Tout juste est-il spécifié dans l'alinéa premier que le juge intervient en chambre du conseil et avec un greffier. La publicité, devenue la règle dans son principe pour le débat contradictoire au cours d'une information, n'a pas encore fait son entrée dans ce domaine.

Il est également indiqué à l'alinéa 2 de l'article 396 que le JLD recueille « les observations éventuelles du prévenu ou de son avocat ».

La chambre criminelle avait admis que, même lorsque la personne a choisi de se taire devant le magistrat instructeur, le juge des libertés et de la détention peut lui poser des questions et les consigner au procès-verbal : justifie sa décision la chambre de l'instruction qui, pour écarter les moyens d'annulation de l'ordonnance de placement en détention, pris d'une violation par le juge des libertés et de la détention du droit au silence que la personne mise en examen avait choisi d'exercer devant le juge d'instruction et d'une inobservation de l'obligation de mentionner les questions auxquelles il a été répondu, énonce que, d'une part, aucune disposition ne fixe la forme selon laquelle les observations du mis en examen sont recueillies lors du débat contradictoire et que, d'autre part, les prescriptions de l'article 429 du code de procédure pénale ne sont applicables qu'aux procès-verbaux d'interrogatoire ou d'audition[3].

Toutefois, les motifs qui ont conduit le Conseil constitutionnel à émettre une réserve d'interprétation à propos de l'article 393 du code de procédure pénale[4], posaient la question de la retranscription des déclarations sur les faits si la personne n'est pas assistée par un conseil. La procédure applicable a évolué depuis.

423.24 Droit de se taire. Dans une décision du 4 mars 2021[5], le Conseil constitutionnel, saisi par la chambre criminelle d'une question prioritaire de constitutionnalité relative à la conformité aux droits et libertés que la Constitution garantit de l'article 396 du code de procédure pénale, a déclaré cet article non-conforme.

Il était notamment reproché à ces dispositions de ne pas prévoir que le juge des libertés et de la détention, saisi aux fins de placement en détention provisoire dans le cadre de la procédure de comparution immédiate, notifie au prévenu qui comparaît devant lui son droit de garder le silence. Le Conseil constitutionnel a rappelé que, selon l'article 9 de la Déclaration des droits de l'homme et du citoyen de 1789 : « Tout homme étant présumé innocent jusqu'à ce qu'il ait été déclaré coupable, s'il est jugé indispensable de l'arrêter, toute rigueur qui ne serait pas nécessaire pour s'assurer de sa personne doit être sévèrement réprimée par la loi ». Il en résulte le principe selon lequel nul n'est tenu de s'accuser, dont découle le droit de se taire. Le Conseil a relevé que, s'il appartient uniquement au juge des libertés et de la détention, par application des dispositions

1. Crim. 8 déc. 2009, n° 09-85.623, P n° 208 ; *D.* 2010. 2254, obs. J. Pradel ; *AJ pénal* 2010. 86 – Crim. 23 sept. 2010, n° 10-81.245, P n° 140 ; *D.* 2011. 124, obs. L. Lazerges-Cousquer.
2. V. s^s n° 422.35.
3. Crim. 30 janv. 2007, n° 06-88.284, P n° 22 ; *Gaz. Pal.* 30-31 mars 2007, p. 22, note M. B. ; *AJ pénal* 2007. 144.
4. V. s^s n° 422.12.
5. Cons. const. 4 mar 2021, n° 2020-886-QPC, *D.* 2021. 473 ; *JCP* 2021. 308 ; *Procédures* n° 4, Avr. 2021, comm. 118 ; *Dr. pénal* n° 4, avr. 2021, alerte 31, W. Roumier.

contestées, de se prononcer sur la justification d'un placement en détention provisoire, il ne peut décider une telle mesure privative de liberté, qui doit rester d'application exceptionnelle, que par une ordonnance motivée, énonçant les considérations de droit et de fait qui en constituent le fondement par référence à l'une des causes limitativement énumérées aux 1° à 6° de l'article 144 du code de procédure pénale. Ainsi, l'office confié au juge des libertés et de la détention par l'article 396 du même code peut le conduire à porter une appréciation des faits retenus à titre de charges par le procureur de la République dans sa saisine. De surcroît, lorsqu'il est invité par le juge des libertés et de la détention à présenter ses observations, le prévenu peut être amené à reconnaître les faits qui lui sont reprochés. En outre, le fait même que ce magistrat invite le prévenu à présenter ses observations peut être de nature à lui laisser croire qu'il ne dispose pas du droit de se taire. Or, si la décision du juge des libertés et de la détention est sans incidence sur l'étendue de la saisine du tribunal correctionnel, en particulier quant à la qualification des faits retenus, les observations du prévenu sont susceptibles d'être portées à la connaissance de ce tribunal lorsqu'elles sont consignées dans l'ordonnance du juge des libertés et de la détention ou le procès-verbal de comparution.

En conséquence, le Conseil constitutionnel a déduit que, en ne prévoyant pas que le prévenu traduit devant le juge des libertés et de la détention doit être informé de son droit de se taire, les dispositions contestées portent atteinte à ce droit. Il a déclaré en conséquence les dispositions contestées contraires à la Constitution. Il a jugé que l'abrogation immédiate des dispositions contestées, qui aurait pour effet de supprimer la possibilité pour le prévenu de présenter des observations devant le juge des libertés et de la détention avant que ce dernier ne statue sur les réquisitions du procureur de la République aux fins de détention provisoire, entraînerait des conséquences manifestement excessives. Il a reporté en conséquence au 31 décembre 2021 la date de l'abrogation des dispositions contestées. Il a précisé que la remise en cause des mesures ayant été prises sur le fondement des dispositions déclarées contraires à la Constitution méconnaîtrait les objectifs de valeur constitutionnelle de sauvegarde de l'ordre public et de recherche des auteurs d'infractions et aurait ainsi des conséquences manifestement excessives. Par suite, les mesures prises avant la publication de la présente décision ne peuvent être contestées sur le fondement de cette inconstitutionnalité. En revanche, afin de faire cesser l'inconstitutionnalité constatée à compter de la publication de la présente décision, le Conseil constitutionnel a jugé que, jusqu'à l'entrée en vigueur d'une nouvelle loi, le juge des libertés et de la détention doit informer le prévenu qui comparaît devant lui en application de l'article 396 du code de procédure pénale de son droit de se taire.

La loi du 22 décembre 2021 [1] a, en conséquence, ajouté une phrase à l'article 396 du code de procédure pénale, selon laquelle, après avoir informé le prévenu de son droit de se taire, le juge des libertés et de la détention recueille ses observations éventuelles ou celles de son avocat.

423.25 Absence de débat contradictoire devant le juge des libertés et de la détention. Le texte précise seulement que le juge des libertés et de la détention « statue sur les réquisitions » du ministère public. La présence de celui-ci ne s'impose donc pas devant le JLD dès lors qu'il a pris des réquisitions écrites.

Pour autant, est-il possible au procureur de la République de venir expliquer oralement devant ce magistrat les motifs de sa demande de placement en détention ? On ne voit pas ce qui pourrait s'y opposer lorsque le prévenu est assisté d'un avocat [2]. Dans le cas contraire, la question demeure posée. On peut noter que si la loi du 5 mars 2007 [3] impose la présence du conseil lors du débat contradictoire devant le JLD dans la phase de l'instruction préparatoire [4], il n'en est pas de même dans le cadre de la procédure de comparution immédiate. Le prévenu peut parfaitement renoncer à la présence d'un avocat.

423.26 Constitutionnalité de l'article 396, alinéa 3, du code de procédure pénale. Une question prioritaire de constitutionnalité portant sur l'article 396, alinéa 3, du code de procédure pénale n'a pas été transmise par la chambre criminelle au Conseil constitutionnel. Elle était ainsi rédigée : « L'article 396, alinéa 3, du code de procédure pénale concernant la procédure de comparution immédiate des articles 395 et 396 du même code, en ce qu'il attribue au juge des libertés et de la détention la compétence pour placer en détention provisoire, saisir le tribunal correctionnel et donc mettre en accusation, le tout par une même ordonnance de placement en détention provisoire insusceptible d'appel-réformation par le mis en cause/prévenu, est-il compatible avec les principes de valeur constitutionnelle : 1°) de séparation des fonctions de justice, 2°) de la présomption d'innocence, 3°) du droit à un procès pénal équitable, 4°) de compétence de l'autorité judiciaire pour sauvegarder la

1. L. n° 2021-1729, 22 déc. 2021 pour la confiance dans l'institution judiciaire, *JO* 23 déc., n° 2.
2. EN CE SENS : J.-Cl. Pr. pén., art. 393 à 397-6, par V. Lesclous, préc., n° 50.
3. L. n° 2007-308, 5 mars 2007 portant réforme de la protection juridique des majeurs, *JO* 7 mars, p. 4325.
4. C. pr. pén., art. 145, al. 5.

liberté individuelle et 5°) du double degré de juridiction inclus dans les droits de la défense ? ».

La Cour a estimé que la question posée ne présentait pas un caractère sérieux, dès lors que, d'une part : l'article 396, alinéa 3, du code de procédure pénale prévoit que le juge des libertés et de la détention, devant lequel le procureur de la République traduit le prévenu s'il décide une comparution immédiate et si la réunion du tribunal est impossible le jour même, statue sur les seules réquisitions aux fins de détention provisoire ; la juridiction de jugement est saisie des seuls faits qui sont l'objet de la poursuite, tels qu'ils figurent dans le procès-verbal dressé par le procureur de la République lors du déferement ; le juge des libertés et de la détention, qui n'est pas autorité de poursuite, ne peut modifier cette saisine et se borne à fixer la date à laquelle le prévenu doit comparaître devant le tribunal correctionnel, dans la limite du troisième jour ouvrable suivant, à peine de caducité du mandat de dépôt. D'autre part, si l'ordonnance de placement en détention n'est pas susceptible d'appel, le prévenu, lors de sa comparution à bref délai devant le tribunal correctionnel, voit nécessairement sa privation de liberté examinée de nouveau. Il dispose, en outre, du droit de présenter tous moyens de nullité visant à contester les modalités de la saisine du juge des libertés et de la détention et les dispositions incluses dans son ordonnance. L'article 396, alinéa 3, précité, assure aux justiciables placés dans une telle situation des garanties égales. Ainsi, l'absence de double degré de juridiction ne fait pas obstacle au droit reconnu à l'intéressé de disposer d'autres moyens de contestation dans des délais appropriés [1].

SECTION 3

DÉCISION DU JUGE DES LIBERTÉS ET DE LA DÉTENTION

423.31 **Placement en détention provisoire.** Le juge des libertés et de la détention, en vertu de l'article 396, alinéa 3, du code de procédure pénale : « peut placer le prévenu en détention provisoire jusqu'à sa comparution devant le tribunal. L'ordonnance prescrivant la détention est rendue suivant les modalités prévues par l'article 137-3, premier alinéa, et doit comporter l'énoncé des considérations de droit et de fait qui constituent le fondement de la décision par référence aux dispositions des 1° à 6° de l'article 144. Cette décision énonce les faits retenus et saisit le tribunal ; elle est notifiée verbalement au prévenu et mentionnée au procès-verbal dont copie lui est remise sur-le-champ. Le prévenu doit comparaître devant le tribunal au plus tard le troisième jour ouvrable suivant. À défaut, il est mis d'office en liberté ».

Le JLD doit en conséquence rendre une ordonnance comportant l'énoncé des considérations de droit et de fait sur le caractère insuffisant des obligations du contrôle judiciaire et le motif de la détention par référence aux seules dispositions des six premiers alinéas de l'article 144 du code de procédure pénale [2]. Dans tous les cas, l'ordonnance est notifiée à la personne mise en examen qui en reçoit copie intégrale contre émargement au dossier de la procédure.

423.32 **L'ordre public ne peut justifier le placement en détention provisoire.** Le renvoi aux alinéas 1 à 6 de l'article 144 du code de procédure pénale *exclut le recours au critère de l'ordre public* qui figure à l'alinéa 7 de cet article. L'article 144 a été remanié de très nombreuses fois par le législateur. Il a longtemps compté un seul alinéa avec trois paragraphes mais la loi du 5 mars 2007 a profondément modifié sa présentation. Il convient de souligner qu'il en est de même lorsque c'est le tribunal qui est saisi et décide de placer ou maintenir la personne en détention provisoire. Là encore, le texte de l'article 397-3 renvoie seulement aux six premiers alinéas de l'article 144. Le critère de l'ordre public n'est plus applicable en matière correctionnelle que ce soit devant le juge d'instruction ou devant une autre juridiction.

423.33 **Placement sous contrôle judiciaire ou assignation à résidence.** L'article 396, alinéa 4, du code de procédure pénale dispose que : « Si le juge estime que la détention provisoire n'est pas nécessaire, il peut soumettre le prévenu, jusqu'à sa comparution devant le tribunal, à une ou plusieurs obligations du contrôle judiciaire ou le placer sous assignation à résidence avec surveillance électronique. La date et l'heure de l'audience, fixées dans les délais prévus à l'article 394, sont alors notifiées à l'intéressé soit par le juge ou par son greffier, si ces informations leur ont été préalablement données par le procureur de la République, soit, dans le cas contraire, par le procureur ou son greffier. Toutefois, si les poursuites concernent plusieurs personnes dont certaines sont placées en détention, la personne reste convoquée à l'audience où comparaissent les autres prévenus détenus. L'article 397-4 ne lui est pas applicable. Si le prévenu placé sous contrôle judiciaire ou sous assignation à résidence avec surveillance électronique se soustrait aux obligations qui lui sont imposées, les dispositions du

1. Crim. 22 juill. 2015, n° 15-90.010, P n° 183 ; *D.* 2015. 1704 ; *AJ pénal* 2016. 87.

2. SUR les critères de la détention provisoire, v. s[s] n° 424.61.

deuxième alinéa de l'article 141-2 sont applicables. »

Le JLD a donc deux possibilités en dehors du placement de l'intéressé en détention : *placer la personne sous contrôle judiciaire ou l'assigner à résidence avec surveillance électronique*, cette dernière possibilité datant de la loi du 24 novembre 2009. Le renvoi aux articles 142-5 a pour effet de nécessiter l'accord de la personne pour être assignée à résidence. La peine encourue doit être d'au moins deux ans et il importe de le souligner dès lors que la personne comparaît, en flagrant délit, pour un délit qui lui ferait encourir une peine moindre. Le renvoi à l'article 142-6 entraîne la nécessité d'un débat contradictoire sauf si le magistrat intervient en réponse à une demande de mise en liberté.

Le JLD a aussi la possibilité de mettre la personne purement et simplement en liberté si aucune mesure ne lui semble devoir être imposée.

423.34 Reconduite devant le procureur de la République (modification par la loi du 3 juin 2016). Lorsque le JLD ne place pas l'intéressé en détention provisoire, il était reconduit devant le procureur de la République qui devait alors user, jusqu'à la loi du 9 mars 2004, de la voie de la comparution sur procès-verbal prévue par l'article 394 [1].

L'article 396, alinéa dernier, du code de procédure pénale prévoyait que le procureur de la République notifiait alors à la personne les date et heure d'audience suivant les modalités prévues au premier alinéa de l'article 394 du même code. Le seul renvoi à cet alinéa ne permettait pas au procureur de la République de saisir à nouveau le JLD, si celui-ci avait remis la personne en liberté pure et simple, sans la contraindre à un contrôle judiciaire (le placement sous contrôle judiciaire est prévu à l'alinéa 3 de l'article 394 auquel l'article 396 *in fine* ne renvoie pas). Depuis sa modification par la loi du 3 juin 2016 [2], le texte prévoit que « la date et l'heure de l'audience, fixées dans les délais prévus à l'article 394, sont alors notifiées à l'intéressé soit par le juge ou par son greffier, si ces informations leur ont été préalablement données par le procureur de la République, soit, dans le cas contraire, par le procureur ou son greffier ». Le retour devant le procureur de la République n'est donc plus obligatoire.

Le délai maximum est désormais de six mois, la même loi ayant fait passer de deux à six mois le délai. Il s'agit ainsi d'éviter au parquetier d'attendre un temps indéfini sans savoir si le JLD placera ou non la personne présentée en détention provisoire. Dès lors que le parquetier communique les jour et heure d'audience éventuelle, il appartient au service du JLD de procéder désormais à cette notification.

La personne doit en conséquence comparaître devant le tribunal correctionnel entre dix jours et six mois depuis sa comparution devant le JLD. Le procureur de la République peut souhaiter faire comparaître le prévenu à l'audience où il avait prévu de le faire comparaître détenu dans une hypothèse particulière : celle où plusieurs personnes ont été présentées au JLD et où celui-ci a ordonné l'incarcération de certaines d'entre elles seulement. Dans ce cas, pour éviter une disjonction des poursuites, le procureur pouvait proposer au prévenu, en présence de son conseil, de renoncer au délai minimal de dix jours prévu par le premier alinéa de l'article 394. Mais depuis l'entrée en vigueur de la loi du 3 juin 2016, il est désormais prévu que si les poursuites concernent plusieurs personnes dont certaines sont placées en détention, la personne qui n'est pas placée en détention reste en toute hypothèse convoquée à l'audience de comparution immédiate où comparaissent les autres prévenus détenus ; elle n'a pas à être convoquée dans les délais plus long de la convocation par procès-verbal. Cette personne comparaissant libre ne pourra, le jour de l'audience, si elle est condamnée à une peine d'emprisonnement, être soumise à un mandat de dépôt en application de l'article 397-4, c'est-à-dire quel que soit le quantum de la peine prononcée.

423.35 Absence de voie de recours. L'ordonnance de placement en détention provisoire rendue par le juge des libertés et de la détention n'est pas susceptible de recours, selon l'article 396, alinéa 2, du code de procédure pénale, ce que confirme la jurisprudence [3].

SECTION 4

ENTRE LE JLD ET LE TRIBUNAL

423.41 Violation du contrôle judiciaire. Si l'intéressé viole les obligations du contrôle judiciaire ou relatives à la surveillance électronique dont il est l'objet, le procureur de la République peut, hors le cas prévu par l'article 272-1, saisir le juge des libertés et de la détention pour que celui-ci décerne mandat d'arrêt ou d'amener à son encontre. Le JLD a également alors la possibilité de placer la personne en détention provisoire conformément aux dispositions de l'article 135-2, qui régit le cas de la personne

1. SUR ce mode de poursuite, v. s[s] n°s 425.11 s.
2. L. n° 2016-731, 3 juin 2016 renforçant la lutte contre le crime organisé, le terrorisme et leur financement, et améliorant l'efficacité et les garanties de la procédure pénale, *JO* 4 juin, n° 1.
3. Crim. 1er févr. 2006, n° 06-80.697, P n° 1 – Crim. 6 janv. 2016, n° 15-86.186, P n° 1 ; *D.* 2016. 202, obs. C. Girault.

faisant l'objet d'un mandat d'arrêt qui est arrêtée postérieurement à la clôture de l'information.

423.42 Délai de comparution devant le tribunal. Le délai de comparution devant la juridiction de jugement a varié dans le temps[1]. Selon l'article 396, alinéa 3, du code de procédure pénale : « Le prévenu doit comparaître devant le tribunal au plus tard le troisième jour ouvrable suivant. À défaut, il est mis d'office en liberté. »

Comment interpréter ce délai ? La jurisprudence est inexistante en cette matière mais on peut tout à fait en invoquer une autre, celle rendue dans le cadre de l'instruction préparatoire, à titre de comparaison. Le samedi n'est pas un jour ouvrable[2] et d'ailleurs les samedi, dimanche ou jour férié ne sont pas ouvrables même si on y travaille. Ceci est particulièrement important lorsque le JLD place la personne en détention provisoire un jour non ouvrable. Certains principes de computation ne sont pas pour autant transposables en la matière : ainsi, le calcul des délais séparant le jour du placement en incarcération provisoire par le JLD intervenant dans le cadre de l'instruction, du jour maximum pour statuer à nouveau sur le sort de la personne, bien que computé aussi en jour ouvrable, n'est pas le même. En effet, le texte de l'article 145, alinéa 8, mentionne que le JLD peut « prescrire l'incarcération de la personne pour une durée déterminée qui ne peut en aucun cas excéder quatre jours ouvrables. Dans ce délai, il fait comparaître à nouveau la personne ». L'article 396, alinéa 3, n'évoque pas un délai dans lequel on doit faire comparaître à nouveau la personne mais une comparution « au plus tard le troisième jour ouvrable suivant »[3].

TABLEAU 423.42-1.
CALENDRIER DE COMPARUTION DEVANT LE JLD

Jour de la détention provisoire par le JLD	Jour ultime de la comparution à l'audience de jugement
Lundi	Jeudi
Mardi	Vendredi
Mercredi	Lundi
Jeudi	Mardi

Le tableau ci-dessus a été établi en suivant une certaine logique de la langue française. D'autres auteurs considèrent pourtant que *le jour de l'incarcération doit être compté*. Ainsi, faire comparaître la personne « *au plus tard le troisième jour ouvrable suivant* » prendrait en compte le jour du placement, en tout cas s'il s'agit d'un jour ouvrable[4].

TABLEAU 423.42-2. CALENDRIER
DE COMPARUTION RÉDUIT DEVANT LE JLD

Jour de la détention provisoire par le JLD	Jour ultime de la comparution à l'audience de jugement
Lundi	Mercredi
Mardi	Jeudi
Mercredi	Vendredi
Jeudi	Lundi
Vendredi	Mardi
Samedi	Mercredi
* Dimanche	* Mercredi

423.43 Ordonnance du JLD et saisine de la juridiction de jugement. Le procès-verbal dressé par le procureur de la République est censé saisir la juridiction de jugement[5]. Or, l'article 396, dans son alinéa 3, précise que le juge des libertés et de la détention : « peut placer le prévenu en détention provisoire jusqu'à sa comparution devant le tribunal. L'ordonnance prescrivant la détention est rendue... Cette décision énonce les faits retenus et saisit le tribunal ».

Cette précision s'explique pour une seule raison : dans le cas où le JLD ne suit pas les réquisitions du ministère public, il est fait retour du dossier au procureur de la République qui lui notifie les date et heure d'audience suivant les modalités prévues au premier alinéa de l'article 394. Cela n'est possible que si le procès-verbal initial ne saisit pas définitivement le tribunal correctionnel.

Le procès-verbal du procureur de la République ne saisit la juridiction de jugement que si l'intéressé comparaît en état de détention provisoire (ou de rétention mais il comparaît alors le jour même).

En revanche, s'agissant de la *saisine* de la juridiction, *c'est le procès-verbal du procureur, et non l'ordonnance du JLD, qui la délimite*[6]. Mais la mention figurant à l'article 396, alinéa 3, peut justifier une irrégularité de la saisine de la juridiction de jugement si une nullité de forme affecte l'ordonnance. Sur le fonds, en revanche, l'irrégularité de la détention provisoire ne peut entraîner l'irrégularité de la saisine du tribunal[7]. En matière de comparution

1. De quatre jours en 1981, il est passé au premier jour ouvrable suivant en 1983, puis à deux jours ouvrables en 1986 et à trois depuis la loi du 5 mars 2004.
2. Crim. 27 avr. 1994, n° 94-80.809, P n° 155.
3. pour une analyse jour par jour, de la plus grande possibilité ouverte, étant précisé qu'il n'y a évidemment pas de délai minimum, v. s[s] tableau 423.42-1.
4. POUR une illustration de cette analyse, évidemment plus favorable à la personne si l'on croit que passer une journée de moins en détention lui est plus bénéfique que l'allongement de son délai de réflexion, v. s[s] tableau 423.42-2.
5. V. s[s] n° 422.34.
6. V. s[s] n° 424.13.
7. Crim. 26 avr. 1994, n° 93-84.880, P n° 149 (v. s[s] n° 421.02).

immédiate, la juridiction de jugement est saisie des seuls faits qui sont l'objet de la poursuite, tels qu'ils figurent dans le procès-verbal dressé par le procureur de la République, le juge des libertés et de la détention ne pouvant modifier cette saisine et se bornant à fixer la date à laquelle le prévenu doit comparaître[1].

1. Crim. 22 juill. 2015, n° 15-90.010, P n° 183 ; *D.* 2015. 1704 ; *AJ pénal* 2016. 87, obs. C. Girault.

CHAPITRE

424. Comparution devant le tribunal correctionnel

SECTION 0 ORIENTEUR

424.00 Sommaire du chapitre.

424.01 Principaux textes applicables.

TEXTES SOURCES

• C. pr. pén., art. 83, 142-12, 397, 397-1, 397-2, 397-3, 397-4, 397-5, 398, 398-1, 416, 465, 469, 507, 520, 706-47, 706-47-1, 706-73, 706-74, 706-106, 706-115

TEXTES *IN EXTENSO*

• **C. pr. pén., art. 706-47** [mod. par L. n° 2021-1539, 30 nov. 2021, art. 45]

Le présent titre est applicable aux procédures concernant les infractions suivantes :

1° Crimes de meurtre ou d'assassinat prévus aux articles 221-1 à 221-4 du code pénal, lorsqu'ils sont commis sur un mineur ou lorsqu'ils sont commis en état de récidive légale ;

2° Crimes de tortures ou d'actes de barbarie prévus aux articles 222-1 à 222-6 du même code et crimes de violences sur un mineur de quinze ans ayant entraîné une mutilation ou une infirmité permanente prévus à l'article 222-10 dudit code ;

3° Crimes de viol prévus aux articles 222-23 à 222-26 du même code et délit prévu à l'article 222-26-1 du même code ;

4° Délits d'agressions sexuelles prévus aux articles 222-27 à 222-33 du même code ;

5° Délits et crimes de traite des êtres humains à l'égard d'un mineur prévus aux articles 225-4-1 à 225-4-4 du même code ;

6° Délit et crime de proxénétisme à l'égard d'un mineur prévus au 1° de l'article 225-7 et à l'article 225-7-1 du même code ;

7° Délits de recours à la prostitution prévus aux articles 225-12-1 et 225-12-2 du même code ;

8° Délit de corruption de mineur prévu à l'article 227-22 du même code ;

9° Délit de proposition sexuelle faite par un majeur à un mineur de quinze ans ou à une personne se présentant comme telle en utilisant un moyen de communication électronique, prévu à l'article 227-22-1 du même code ;

10° Délits de captation, d'enregistrement, de transmission, d'offre, de mise à disposition, de diffusion, d'importation ou d'exportation, d'acquisition ou de détention d'image ou de représentation pornographique d'un mineur ainsi que le délit de consultation habituelle ou en contrepartie d'un paiement d'un service de communication au public en ligne mettant à disposition une telle image ou représentation, prévus à l'article 227-23 du même code ;

11° Délits de fabrication, de transport, de diffusion ou de commerce de message violent ou pornographique susceptible d'être vu ou perçu par un mineur, prévus à l'article 227-24 du même code ;

12° Délit d'incitation d'un mineur à se soumettre à une mutilation sexuelle ou à commettre cette mutilation, prévu à l'article 227-24-1 du même code ;

13° Délits d'atteintes sexuelles et de tentatives d'atteinte sexuelle prévus aux articles 227-25 à 227-27-2 du même code ;

14° Délit d'incitation à commettre un crime ou un délit à l'encontre d'un mineur, prévu à l'article 227-28-3 du même code ;

15° Délits prévus au premier alinéa de l'article 521-1-1 du même code.

• **C. pr. pén., art. 706-73** [mod. par L. nº 2023-22, 23 janv. 2023, art. 16]

La procédure applicable à l'enquête, la poursuite, l'instruction et le jugement des crimes et des délits suivants est celle prévue par le présent code, sous réserve des dispositions du présent titre :

1° Crime de meurtre commis en bande organisée prévu par le 8° de l'article 221-4 du code pénal ;

1° *bis* Crime de meurtre commis en concours, au sens de l'article 132-2 du code pénal, avec un ou plusieurs autres meurtres ;

2° Crime de tortures et d'actes de barbarie commis en bande organisée prévu par l'article 222-4 du code pénal ;

2° *bis* Crime de viol commis en concours, au sens de l'article 132-2 du code pénal, avec un ou plusieurs autres viols commis sur d'autres victimes ;

3° Crimes et délits de trafic de stupéfiants prévus par les articles 222-34 à 222-40 du code pénal ;

4° Crimes et délits d'enlèvement et de séquestration commis en bande organisée prévus par l'article 224-5-2 du code pénal ;

5° Crimes et délits aggravés de traite des êtres humains prévus par les articles 225-4-2 à 225-4-7 du code pénal ;

6° Crimes et délits aggravés de proxénétisme prévus par les articles 225-7 à 225-12 du code pénal ;

7° Crime de vol commis en bande organisée prévu par l'article 311-9 du code pénal ;

8° Crimes aggravés d'extorsion prévus par les articles 312-6 et 312-7 du code pénal ;

8° *bis* (Abrogé) ;

9° Crime de destruction, dégradation et détérioration d'un bien commis en bande organisée prévu par l'article 322-8 du code pénal ;

10° Crimes en matière de fausse monnaie prévus par les articles 442-1 et 442-2 du code pénal ;

11° Crimes et délits constituant des actes de terrorisme prévus par les articles 421-1 à 421-6 du code pénal ;

11° *bis* Crimes portant atteinte aux intérêts fondamentaux de la nation prévus au titre Ier du livre IV du code pénal ;

12° Délits en matière d'armes et de produits explosifs prévus aux articles 222-52 à 222-54, 222-56 à 222-59, 322-6-1 et 322-11-1 du code pénal, aux articles L. 2339-2, L. 2339-3, L. 2339-10, L. 2341-4, L. 2353-4 et L. 2353-5 du code de la défense ainsi qu'aux articles L. 317-2 et L. 317-7 du code de la sécurité intérieure ;

13° Délits d'aide à l'entrée, à la circulation et au séjour irréguliers d'un étranger en France commis en bande organisée prévus par les articles L. 823-1 et L. 823-2 du code de l'entrée et du séjour des étrangers et du droit d'asile ;

14° Délits de blanchiment prévus par les articles 324-1 et 324-2 du code pénal, ou de recel prévus par les articles 321-1 et 321-2 du même code, du produit, des revenus, des choses provenant des infractions mentionnées aux 1° à 13° ;

15° Délits d'association de malfaiteurs prévus par l'article 450-1 du code pénal, lorsqu'ils ont pour objet la préparation de l'une des infractions mentionnées aux 1° à 14° et 17° ;

16° Délit de non-justification de ressources correspondant au train de vie, prévu par l'article 321-6-1 du code pénal, lorsqu'il est en relation avec l'une des infractions mentionnées aux 1° à 15° et 17° ;

17° Crime de détournement d'aéronef, de navire ou de tout autre moyen de transport commis en bande organisée prévu par l'article 224-6-1 du code pénal ;

18° Crimes et délits punis de dix ans d'emprisonnement, contribuant à la prolifération des armes de destruction massive et de leurs vecteurs entrant dans le champ d'application de l'article 706-167 ;

19° Délit d'exploitation d'une mine ou de disposition d'une substance concessible sans titre d'exploitation ou autorisation, accompagné d'atteintes à l'environnement, commis en bande organisée, prévu à l'article L. 512-2 du code minier, lorsqu'il est connexe avec l'une des infractions mentionnées aux 1° à 17° du présent article ;

20° Délit d'abus frauduleux de l'état d'ignorance ou de faiblesse commis en bande organisée prévu au dernier alinéa de l'article 223-15-2 du code pénal.

Pour les infractions visées aux 3°, 6° et 11°, sont applicables, sauf précision contraire, les dispositions du présent titre ainsi que celles des titres XV, XVI et XVII.

• **C. pr. pén., art. 706-73-1** [mod. par L. nº 2023-22, 23 janv. 2023, art. 4 et 7]

Le présent titre, à l'exception de l'article 706-88, est également applicable à l'enquête, à la poursuite, à l'instruction et au jugement des délits suivants :

1° Délit d'escroquerie en bande organisée, prévu au dernier alinéa de l'article 313-2 du code pénal, délit d'atteinte aux systèmes de traitement automatisé de données à caractère personnel mis en œuvre par l'État commis en bande organisée, prévu à l'article 323-4-1 du même code et délit d'évasion commis en bande organisée prévu au second alinéa de l'article 434-30 dudit code ;

2° Délits de dissimulation d'activités ou de salariés, de recours aux services d'une personne exerçant un travail dissimulé, de marchandage de main-d'œuvre, de prêt illicite de main-d'œuvre ou d'emploi d'étranger sans titre de travail, commis en bande organisée, prévus aux 1° et 3° de l'article L. 8221-1 et aux articles L. 8221-3, L. 8221-5, L. 8224-1, L. 8224-2, L. 8231-1, L. 8234-1, L. 8234-2, L. 8241-1, L. 8243-1, L. 8243-2, L. 8251-1 et L. 8256-2 du code du travail ;

3° Délits de blanchiment, prévus à l'article 324-1 du code pénal, ou de recel, prévus aux articles 321-1 et 321-2 du même code, du produit, des revenus ou des choses provenant des infractions mentionnées aux 1° et 2° du présent article ;

3° *bis* Délits de blanchiment prévus à l'article 324-2 du code pénal, à l'exception de ceux mentionnés au 14° de l'article 706-73 du présent code ;

4° Délits d'association de malfaiteurs, prévus à l'article 450-1 du code pénal, lorsqu'ils ont pour objet la préparation de l'une des infractions mentionnées aux 1° à 3° du présent article ;

5° Délit de non-justification de ressources correspondant au train de vie, prévu à l'article 321-6-1 du code pénal, lorsqu'il est en relation avec l'une des infractions mentionnées aux 1° à 4° du présent article ;

6° Délits d'importation, d'exportation, de transit, de transport, de détention, de vente, d'acquisition ou d'échange d'un bien culturel prévus à l'article 322-3-2 du code pénal.

7° Délits d'atteintes au patrimoine naturel commis en bande organisée, prévus à l'article L. 415-6 du code de l'environnement ;

8° Délits de trafic de produits phytopharmaceutiques commis en bande organisée, prévus au 3° de l'article L. 253-17-1, au II des articles L. 253-15 et L. 253-16 et au III de l'article L. 254-12 du code rural et de la pêche maritime ;

9° Délits relatifs aux déchets mentionnés au I de l'article L. 541-46 du code de l'environnement commis en bande organisée, prévus au VII du même article ;

10° Délit de participation à la tenue d'une maison de jeux d'argent et de hasard commis en bande organisée, prévu au premier alinéa de l'article L. 324-1 du code de la sécurité intérieure et délits d'importation, de fabrication, de détention, de mise à disposition de tiers, d'installation et d'exploitation d'appareil de jeux d'argent et de hasard ou d'adresse commis en bande organisée, prévu au premier alinéa de l'article L. 324-4 du même code ;

11° Délits portant atteinte aux intérêts fondamentaux de la nation prévus aux articles 411-5,411-7 et 411-8, aux deux premiers alinéas de l'article 412-2, à l'article 413-1 et au troisième alinéa de l'article 413-13 du code pénal ;

12° Délits d'administration d'une plateforme en ligne pour permettre la cession de produits, de contenus ou de services dont la cession, l'offre, l'acquisition ou la détention sont manifestement illicites et délits d'intermédiation ou de séquestre ayant pour objet unique ou principal de mettre en œuvre, de dissimuler ou de faciliter ces opérations, prévus à l'article 323-3-2 du même code.

424.02 Jurisprudence de référence.

> La juridiction de jugement doit motiver le renvoi d'office

• **Crim. 17 déc. 1979,** n° 79-93.940, P n° 359

* V. s[s] n° 424.37.

« Attendu que dans une poursuite exercée en flagrant délit contre M. X..., du chef d'infraction à arrêté d'expulsion, le tribunal correctionnel de Versailles a, par jugement rendu le 11 juin 1979, renvoyé l'affaire au 29 octobre 1979 et ordonne la mainlevée du mandat de dépôt qui avait été décerné par le procureur de la République ;

Attendu que pour justifier leur décision, les premiers juges énoncent que "d'après les renseignements du dossier", le prévenu a un enfant de 18 mois, qu'il vit en concubinage avec une Française, et qu'il a un domicile ;

Attendu que sur appel du ministère public, lequel soutenait que la remise de l'affaire a plus de quatre mois avait eu, sinon pour objet, tout au moins pour effet, de violer les dispositions de l'article 395 du code de procédure pénale, la cour d'appel, par l'arrêt attaque, énonce, pour confirmer la décision de première instance, que celle-ci a été motivée et qu'elle n'a en rien transgresse les prescriptions de l'article 395 précité qui, en prévoyant la possibilité d'un renvoi de l'affaire a l'une des plus prochaines audiences, n'impose aucune date limite impérative ;

Mais attendu qu'en omettant de préciser, d'une part, les raisons pour lesquelles l'affaire n'était pas en état d'être jugée, alors que les motifs avances par les premiers juges étaient à cet égard inopérants, et d'autre part, les raisons pour lesquelles la date du 29 octobre 1979 était, en dépit de son éloignement, celle d'une des plus prochaines audiences, l'arrêt n'a pas mis la Cour de cassation en mesure de contrôler la légalité de sa décision ; qu'ainsi la cassation est encourue ;

Par ces motifs :

CASSE ET ANNULE [...]. »

> La cour d'appel qui relève que les premiers juges n'ont pas respecté les délais de renvoi de l'affaire doit annuler le jugement, évoquer et statuer au fond

• **Crim. 28 avr. 1998,** n° 96-81.539, P n° 141

* V. s[s] n° 424.34.

« Sur le deuxième moyen de cassation pris de la violation des articles 397-1 et 520 du code de procédure pénale, 593 du même code, défaut de motifs, manque de base légale ;

En ce que l'arrêt attaqué a annulé le jugement de première instance et évoqué l'affaire au fond, et est entré en voie de condamnation contre Mme X ;

Aux motifs que le jugement était nul pour avoir, sur comparution immédiate, renvoyé l'affaire à une date supérieure à six semaines, en violation des dispositions impératives de l'article 397-1 du code de procédure pénale ;

Alors que les dispositions de l'article 397-1 du code de procédure pénale ne sont assorties d'aucune sanction et que l'éventuelle méconnaissance de l'obligation de renvoyer l'affaire à une date n'excédant pas six semaines, n'est pas de nature à entraîner la nullité du jugement ; qu'ainsi la cour d'appel ne pouvait s'estimer saisie par la voie de l'évocation ; qu'elle a méconnu le cadre de sa saisine et excédé ses pouvoirs ;

Attendu qu'il résulte de l'arrêt attaqué que Mme X. a été déférée le 5 janvier 1996, selon la procédure de comparution immédiate, devant le tribunal correctionnel de Lyon, qui a renvoyé la cause et les parties à l'audience du 19 avril 1996 pour jugement sur le fond ;

Attendu que, pour annuler le jugement susvisé, évoquer et statuer sur le fond, les juges du second degré retiennent que cette décision a violé les dispositions impératives de l'article 397-1 du code de procédure pénale, prescrivant que le délai de renvoi ne peut excéder six semaines ;

Attendu qu'en statuant ainsi, les juges ont fait l'exacte application des textes visés au moyen, dès lors que les dispositions de l'article 520 du code de procédure pénale ne sont pas limitatives et s'étendent au cas où, comme en l'espèce, la cour d'appel relève que les premiers juges n'ont pas respecté le délai de renvoi de l'affaire qui leur était soumise selon la procédure de comparution immédiate, lequel délai ne peut dépasser six semaines. »

> Le tribunal correctionnel statuant en matière de comparution immédiate est saisi des faits notifiés à l'intéressé dans le procès-verbal dressé par le procureur de la République

• **Crim. 21 mars 2000,** n° 99-85.677, P n° 125

* V. s[s] n° 424.13.

« Vu l'article 396 du code de procédure pénale, ensemble l'article 393 dudit code ;

Attendu qu'en matière de comparution immédiate, le tribunal statue sur les faits notifiés à l'intéressé dans le procès-verbal dressé en application de l'article 393 du code précité ;

que les faits énoncés dans l'ordonnance prescrivant la détention provisoire, à les supposer différents du procès-verbal précité, sont sans incidence sur l'étendue de la saisine du tribunal ;

Attendu qu'il résulte de l'arrêt attaqué, que le procureur de la République a notifié à A..., en application de l'article 393 du code de procédure pénale, qu'il lui était reproché un vol aggravé, la conduite d'un véhicule sous l'empire d'un état alcoolique, un délit de fuite et un défaut de maîtrise, puis a traduit l'intéressé devant un juge délégué, qui a prescrit son placement en détention dans l'attente de sa comparution devant la juridiction de jugement ; que, devant le tribunal correctionnel, le prévenu a soulevé une exception tirée de ce que l'ordonnance précitée ne visait pas les infractions de délit de fuite, défaut de maîtrise, et conduite en état alcoolique ;

Attendu que, pour statuer sur la seule infraction de vol aggravé, et se déclarer non saisie des autres infractions reprochées, la cour d'appel retient qu'elle n'est saisie que des faits énoncés dans ladite ordonnance ;

Mais attendu qu'en statuant ainsi, les juges ont méconnu les textes susvisés ;

D'où il suit que la cassation est encourue ;

Par ces motifs,

CASSE ET ANNULE [...]. »

> Les dispositions de l'article 469 du code de procédure pénale ne sont pas applicables lorsque le tribunal correctionnel renvoie la procédure au procureur de la République en vue de saisir le juge d'instruction

• **Crim. 27 mai 2003,** n° 02-85.619, P n° 107

* V. s^s n° 424.83.

« Vu les articles 397-2 et 469 du code de procédure pénale ;

Attendu que les dispositions de l'article 469 précité ne sont pas applicables lorsque le tribunal correctionnel, saisi par la comparution immédiate du prévenu et estimant que la complexité de l'affaire nécessite des investigations complémentaires approfondies, renvoie la procédure au procureur de la République en vue de saisir le juge d'instruction ;

Attendu que, régulièrement saisi du chef de violences aggravées à l'encontre de X... par sa comparution immédiate, le tribunal correctionnel s'est déclaré incompétent au motif que les violences reprochées auraient entraîné une mutilation ou une infirmité permanente et, faisant application de l'article 397-2, alinéa 2, du code de procédure pénale, a renvoyé le dossier au procureur de la République et maintenu le prévenu en détention jusqu'à sa comparution devant le juge d'instruction le jour même ;

Attendu que, sur appel relevé par le procureur de la République, l'arrêt attaqué a confirmé le jugement ;

Mais attendu qu'en prononçant ainsi, alors qu'il lui appartenait d'annuler le jugement en ce qu'il avait statué sur la compétence et de déclarer l'appel sans objet pour le surplus, la cour d'appel a méconnu les textes susvisés et le principe ci-dessus énoncé ;

D'où il suit que la cassation est encourue ; qu'elle aura lieu sans renvoi, la Cour de cassation étant en mesure d'appliquer directement la règle de droit et de mettre fin au litige, ainsi que le permet l'article L. 131-5 du code de l'organisation judiciaire ;

Par ces motifs,

CASSE ET ANNULE [...]. »

> Dans le cas où le prévenu, placé en détention provisoire dans le cadre de la procédure de comparution immédiate, comparaît ensuite devant le juge d'instruction, le tribunal correctionnel ayant renvoyé la procédure au ministère public, la détention provisoire ne commence à courir qu'à compter de son placement en détention provisoire par le JLD, dans le cadre de cette information

• **Crim. 23 août 2005,** n° 05-83.796, P n° 210

* V. s^s n° 424.84.

« Vu l'article 145-1 du code de procédure pénale ;

Attendu que le délai de quatre mois prévu par ce texte ne commence à courir que du jour de l'ordonnance de placement en détention provisoire rendue par le juge des libertés et de la détention ;

Attendu que, selon l'arrêt attaqué et les pièces de la procédure, le 7 janvier 2005, le tribunal correctionnel a placé D... en détention provisoire en application des dispositions de l'article 397-3, alinéa 2, du code de procédure pénale et renvoyé l'examen de l'affaire au 9 février 2005 ; qu'à cette date, le tribunal, estimant que la complexité de l'affaire nécessitait des investigations complémentaires, a renvoyé le dossier au procureur de la République ; que, le même jour, une information a été ouverte et le juge des libertés et de la détention a ordonné la détention provisoire de la personne mise en examen ;

Attendu que, pour ordonner la mise en liberté et le placement sous contrôle judiciaire de D..., la chambre de l'instruction énonce que le point de départ du délai de quatre mois prévu par l'article 145-1 du code de procédure pénale doit être fixé au 7 janvier 2005 et que, faute de prolongation de sa détention avant le 7 mai 2005, la personne mise en examen est détenue irrégulièrement ;

Mais attendu qu'en prononçant ainsi, la cour d'appel a méconnu le texte susvisé. »

> La nullité de la garde à vue n'entraîne la nullité des actes subséquents qu'à la condition que ces derniers aient eu pour support nécessaire la mesure annulée

• **Crim. 18 mars 2009,** n° 08-83.172, NP

* V. s^s n° 424.113.

« Attendu que la nullité d'une garde à vue n'entraîne la nullité des actes subséquents qu'à la condition que ces derniers aient eu pour support nécessaire la mesure annulée ;

Attendu qu'il résulte de l'arrêt attaqué et des pièces de la procédure qu'interpellé le 30 novembre 2007, M. est vu notifier son placement en garde à vue par procès-verbal du même jour, mentionnant qu'il était soupçonné d'avoir commis ou tenté de commettre l'infraction de "refus d'embarquement" ; que l'enquête a aussi porté sur le délit de rébellion ; que l'intéressé a été déféré devant le procureur de la République qui a établi, le 1er décembre 2007, un procès-verbal en vue de sa comparution immédiate devant le tribunal correctionnel des chefs de soustraction à l'exécution d'une mesure de reconduite à la frontière et rébellion ; que, devant cette juridiction, le prévenu a excipé de la nullité de la procédure en invoquant l'inobservation de l'article 63-1 du code de procédure pénale, selon lequel toute personne placée en garde à vue est immédiatement informée de la nature de l'infraction sur laquelle porte l'enquête ;

Attendu qu'après avoir fait droit à la demande d'annulation de la garde à vue, l'arrêt infirmatif attaqué annule également la procédure subséquente, y compris le procès-verbal de comparution immédiate saisissant le tribunal correctionnel ;

Mais attendu qu'en statuant ainsi, alors que la saisine du tribunal correctionnel ne pouvait être affectée par l'annulation de la garde à vue, qui n'en était pas le support nécessaire, la cour d'appel a méconnu le sens et la portée du texte susvisé et du principe ci-dessus rappelé. »

> Le tribunal correctionnel ne peut renvoyer d'office à plus de six semaines si la personne ne l'a pas demandé (peine encourue supérieure à sept ans). Lorsque la cour d'appel relève que les premiers juges n'ont pas respecté ce délai, elle doit évoquer sans annuler le jugement

• **Crim. 24 juin 2009,** n° 08-87.241, P n° 136

* V. s^s n° 424.35.

« Sur le premier moyen de cassation, pris de la violation des articles 397-1, 802, 171, 520, 591 du code de procédure pénale et de l'article préliminaire, dernier alinéa, du même code, violation de la loi, violation du principe du double degré de juridiction :

En ce que l'arrêt attaqué a rejeté la demande de nullité de la procédure de comparution immédiate et au premier chef du procès-verbal de comparution immédiate devant le tribunal de Vincent Y., de même que de l'ensemble des actes dont il constitue le support nécessaire ;

Aux motifs qu'au vu des pièces et éléments versés, la cour ne peut que constater la validité de la procédure, la juridiction ayant été valablement saisie ; que, dès lors que l'article 397-4 du code de procédure pénale n'a prévu, en cas de dépassement du délai qu'il fixe, d'autre conséquence que la mise en liberté, le demandeur ne saurait soutenir que la méconnaissance de ce texte aurait pour effet d'entacher de nullité la procédure et de mettre fin aux poursuites engagées ; que la cour souligne au surplus qu'aucune atteinte n'a été portée aux droits de la défense qui a eu un délai important pour faire valoir son argumentation ;

Alors, d'une part, que le dépassement du délai imposé par l'article 397-1 du code de procédure pénale pour la comparution du prévenu est sanctionné par la nullité du jugement rendu selon la procédure de comparution immédiate ; qu'en refusant d'annuler la procédure de comparution immédiate mise en œuvre contre Vincent Y., qui a comparu après le délai maximum de six semaines fixé par la loi, la cour d'appel a violé l'article 397-1 du code de procédure pénale ;

Alors, d'autre part, que si les dispositions de l'article 520 du code de procédure pénale font obligation à la cour d'appel d'évoquer le fond lorsque le jugement est annulé pour violation ou omission des formes prescrites par la loi, il en va différemment lorsque le prévenu n'a pas été régulièrement cité et que le jugement lui est ainsi inopposable ; que la cour d'appel, qui devait annuler le jugement déféré rendu sur saisine irrégulière, ne pouvait en tout état de cause évoquer le dossier ; qu'en rejetant néanmoins la demande de nullité invoquée, la cour d'appel a violé le dernier alinéa de l'article préliminaire du code de procédure pénale et l'article 520 du même code ;

Et alors que le non-respect des formalités imposées par l'article 397-1 du code de procédure pénale ayant permis la détention de Vincent Y. pour une durée supérieure à six semaines, la cour d'appel ne pouvait, en conséquence, juger que l'irrégularité de la procédure n'avait causé aucun grief au prévenu sans violer l'article 802 du code de procédure pénale ;

Attendu que le prévenu ne saurait faire grief à l'arrêt de ne pas avoir prononcé la nullité du jugement dès lors que les dispositions de l'article 520 du code de procédure pénale ne sont pas limitatives et s'étendent au cas où, comme en l'espèce, la cour d'appel relève que les premiers juges n'ont pas respecté le délai de renvoi de l'affaire qui leur était soumise selon la procédure de comparution immédiate, lequel délai ne pouvait dépasser six semaines. »

> Le juge des libertés et de la détention ne peut participer au jugement des affaires pénales qu'il a connues

• **Crim. 8 déc. 2009,** n° 09-85.623, P n° 208

* V. s^s n° 424.11.

« Attendu qu'il résulte de l'arrêt attaqué et des pièces de procédure, que V. a été traduit en comparution immédiate devant le tribunal correctionnel après avoir été placé en détention provisoire par le juge des libertés et de la détention ; que le tribunal, présidé par le même juge des libertés et de la détention, a renvoyé l'affaire et ordonné le maintien en détention de l'intéressé ; qu'appel de ce jugement a été interjeté par le prévenu et le ministère public ;

Attendu que, pour faire droit aux conclusions de V., annuler le jugement et ordonner sa mise en liberté, l'arrêt retient qu'en application de l'article 137-1 du code de procédure pénale, de portée générale, le juge des libertés et de la détention ne peut participer au jugement des affaires pénales dont il a connu ; que les juges ajoutent qu'en l'espèce, le juge des libertés et de la détention ayant déjà statué sur la détention provisoire de V. a nécessairement porté une appréciation sur les charges retenues contre ce dernier ;

Attendu qu'en prononçant ainsi, la cour d'appel a fait l'exacte application du texte susvisé. »

> Le prévenu assisté d'un avocat lors d'une audience de renvoi est présumé avoir renoncé à se prévaloir d'une nullité résultant du non-respect du délai minimum de renvoi

• **Crim. 28 nov. 2012,** n° 12-81.939, P n° 264

* V. s^s n° 424.35.

Lorsque, dans le cadre de la procédure de comparution immédiate, l'affaire est renvoyée à une prochaine audience sans que le délai minimum fixé par l'article 397-1 du code de procédure pénale soit respecté, le prévenu assisté d'un avocat qui, lors de l'audience de renvoi, ne sollicite pas un nouveau report est présumé avoir renoncé à bénéficier du délai minimum et ne peut soulever la nullité de la procédure.

> Saisine obligatoire du juge d'instruction en cas de renvoi au parquet par la juridiction

• **Crim. 21 nov. 2012,** n° 12-80.621, P n° 254

* V. s^s n° 424.82.

Le procureur de la République doit requérir l'ouverture d'une information judiciaire lorsque la juridiction de jugement, saisie selon la procédure de comparution immédiate, lui renvoie le dossier en raison de la complexité de l'affaire et des investigations supplémentaires approfondies qu'elle nécessite.

> Appel possible contre le jugement qui ne renvoie pas au parquet

• **Crim. 23 févr. 2011,** n° 10-84.922, P n° 39

* V. s^s n° 424.81.

Est recevable l'appel formé par le procureur de la République contre le jugement du tribunal correctionnel, qui, saisi selon la procédure de la comparution immédiate, a prononcé la nullité de la garde à vue et des actes subséquents et a renvoyé le dossier à ce magistrat, dès lors que ce renvoi avait été fait non en vue de la saisine d'un juge d'instruction mais ensuite de l'annulation des pièces de la procédure.

> Effets de l'appel d'un placement en détention à l'occasion d'un renvoi en comparution immédiate

• **Crim. 13 nov. 2012,** n° 12-85.664, P n° 244

* V. s^s n° 424.123.

En l'état de l'appel formé par un prévenu contre la décision du tribunal correctionnel ayant, à l'occasion d'une procédure de comparution immédiate, renvoyé l'examen de l'affaire à une audience ultérieure et ordonné le placement dudit prévenu en détention provisoire, les juges du second degré peuvent, d'une part, en raison de l'effet dévolutif de l'appel, examiner le bien-fondé de la détention provisoire et statuer sur la nécessité de cette mesure, au besoin en substituant aux motifs insuffisants voire erronés de la décision rendue en première instance des motifs répondant aux exigences légales, et, d'autre part, évoquer en application de l'article 520 du code de procédure pénale, dont les dispositions ne sont pas limitatives, lorsque les premiers juges n'ont pas respecté les délais de renvoi de l'affaire devant la juridiction de jugement.

> Le tribunal correctionnel ne peut maintenir un prévenu en détention provisoire sans se prononcer, par un seul et même jugement, sur les moyens qui contestent la légalité de son titre initial de détention.

• **Crim. 18 avr. 2023,** n° 23-80.674, B

* V. s^s n° 424.38

Pour les attendus, v. s^s n° 421.02

SECTION 1
COMPOSITION DU TRIBUNAL

424.11 **Membres.** Doctrine et jurisprudence pouvaient se montrer divisées quant à la possibilité pour le juge des libertés et de la détention de participer à la juridiction de jugement, la jurisprudence de la Cour européenne des droits de l'Homme n'étant pas toujours très lisible dans cette matière[1]. La chambre criminelle a statué : le juge des libertés et de la détention ne peut participer au jugement des affaires pénales qu'il a connues[2].

424.12 **Collégialité.** Seule la juridiction collégiale du tribunal correctionnel peut connaître des comparutions immédiates. L'article 398-1 du code de procédure pénale dispose en effet, dans son dernier alinéa que : « Toutefois, le tribunal statue obligatoirement dans les conditions prévues par le premier alinéa de l'article 398 lorsque le prévenu est en état de détention provisoire lors de sa comparution à l'audience ou lorsqu'il est poursuivi selon la procédure de comparution immédiate. Il statue également dans les conditions prévues par le premier alinéa de l'article 398 pour le jugement des délits prévus au présent article lorsque ces délits sont connexes à d'autres délits non prévus par cet article. »[3]

C'est l'article 398 qui pose le principe de la collégialité.

Certaines juridictions ont pu s'interroger sur le maintien de la composition collégiale lorsque l'examen de l'affaire a été renvoyé à une date ultérieure et que le ou les délits poursuivis ressortent de la compétence du juge unique. Le choix initial de la procédure de comparution immédiate commande le maintien de la collégialité au fil d'éventuels renvois successifs.

424.13 **Saisine de la juridiction de jugement.** Depuis un arrêt du 30 mai 1985[4], au visa des articles 393 et 396 du code de procédure pénale, la chambre criminelle estime qu'en matière de comparution immédiate, le tribunal statue sur les faits notifiés à l'intéressé dans le procès-verbal dressé en application de l'article 393 du code précité. La jurisprudence a pu préciser par la suite que les faits énoncés dans l'ordonnance prescrivant la détention provisoire, à les supposer différents du procès-verbal précité, sont sans incidence sur l'étendue de la saisine du tribunal[5]. C'est donc le procès-verbal rédigé par le procureur de la République qui constitue l'acte de saisine de la juridiction. Toutefois, le procureur de la République peut citer le prévenu pour d'autres faits, pour l'audience de renvoi, si l'intéressé a demandé un délai ou que la juridiction l'a ordonné d'office[6]. Il peut aussi, ainsi qu'on l'a dit[7], regrouper des procédures.

424.14 **Tribunal correctionnel en formation citoyenne – Dispositions abrogées.** Lorsque le tribunal correctionnel composé conformément au pre-

1. J.-Cl. Pr. pén., art. 393 à 397-6, par V. Lesclous, préc., n° 47.

2. Crim. 8 déc. 2009, n° 09-85.623, P n° 208 ; *D.* 2010. 2254, obs. J. Pradel ; *AJ pénal* 2010. 86.
3. V. s^s n° 421.15.
4. Crim. 30 mai 1985, n° 84-92.936, P n° 209.
5. Crim. 21 mars 2000, n° 99-85.677, P n° 125 – Crim. 6 déc. 2005, n° 05-82.450, P n° 321 – Crim. 21 mars 2009, n° 99-85.677, P n° 125 (v. s^s n° 424.02).
6. Crim. 7 juill. 1960, *JCP* 1960. II. 11799, note M. R.
7. V. s^s n° 421.25.

mier alinéa de l'article 398 du code de procédure pénale constatait que la qualification retenue dans l'acte qui le saisissait entrait dans les prévisions de l'article 399-2, il renvoyait l'affaire devant le tribunal correctionnel dans sa formation citoyenne. S'il avait été saisi selon la procédure de comparution immédiate, le tribunal correctionnel pouvait ordonner le placement sous contrôle judiciaire ou en détention provisoire du prévenu jusqu'à la date de l'audience de renvoi. Quelle que soit la procédure selon laquelle il avait été saisi, il pouvait ordonner le maintien de ces mesures de sûreté jusqu'à cette date lorsque le prévenu en faisait l'objet lors de sa comparution.

Lorsque le tribunal correctionnel dans sa formation citoyenne était ainsi saisi [1], le délai de trois jours ouvrables prévu à l'avant-dernier alinéa de ce même article était porté à huit jours [2]. L'expérimentation de la juridiction citoyenne a cessé le 30 avril 2013 [3].

SECTION 2
AVERTISSEMENTS DU PRÉSIDENT – DROITS DU PRÉVENU

§ 1
Avertissements du président

424.21 Avertissement du prévenu sur ses droits (C. pr. pén., art. 397) [4]. L'article 397 du code de procédure pénale dispose que : « Lorsque le tribunal est saisi en application des articles 395 et 396, troisième alinéa, le président constate l'identité du prévenu, son avocat ayant été avisé. Il avertit le prévenu qu'il ne peut être jugé le jour même qu'avec son accord ; toutefois, cet accord ne peut être recueilli qu'en présence de son avocat ou, si celui-ci n'est pas présent, d'un avocat désigné d'office sur sa demande par le bâtonnier. Si le prévenu consent à être jugé séance tenante, mention en est faite dans les notes d'audience. »

424.22 Présence de l'avocat. La présence d'un avocat est indispensable pour que la personne puisse être jugée le jour même. En pratique, si la personne n'a pas désigné elle-même un avocat ou sollicité un avocat d'office lors de sa comparution devant le procureur de la République, le président lui en fait désigner un d'office afin qu'elle puisse, si elle le souhaite, être jugée immédiatement.

Il en est de même lorsque le prévenu récalcitrant refuse obstinément d'être assisté par un avocat : la bonne régularité de la procédure suppose que l'avocat de permanence soit présent, et sa présence mentionnée aux notes d'audience, à ce stade de la procédure, même s'il ne doit pas intervenir pour la défense au fond, du fait du refus du prévenu.

424.23 Droit de se taire. L'article 406 [5] du code de procédure pénale, issue de la loi du 17 mai 2014 [6], dispose que : « Le président ou l'un des assesseurs, par lui désigné, après avoir, s'il y a lieu, informé le prévenu de son droit d'être assisté par un interprète, constate son identité et donne connaissance de l'acte qui a saisi le tribunal. Il informe le prévenu de son droit, au cours des débats, de faire des déclarations, de répondre aux questions qui lui sont posées ou de se taire. Il constate aussi s'il y a lieu la présence ou l'absence de la personne civilement responsable, de la partie civile, des témoins, des experts et des interprètes. » Cet article est applicable quelle que soit la procédure ayant abouti à l'audience de la juridiction correctionnelle. Il est en conséquence applicable devant la juridiction statuant selon la procédure de comparution immédiate. La première question consiste à savoir à quel moment le président doit en donner connaissance à l'intéressé qui doit en effet d'abord répondre à la question de savoir s'il sollicite un délai.

Il apparaît qu'en réalité, ce type d'information doit être donné en tout début d'audience, peut-être avant même de solliciter la personne pour savoir si elle entend solliciter ou non un délai. La personne peut tout à fait d'ailleurs indiquer qu'elle choisit de se taire sur le fond mais aussi répondre à la question posée de savoir si elle entend être jugée immédiatement ou non. Dans le cas où elle estimerait ne pas devoir répondre à cette question, la juridiction correctionnelle se trouverait devant la question de savoir si son silence équivaut ou non à un accord. En l'absence de jurisprudence, on sera tenté de penser que le texte évoquant la possibilité de juger le prévenu le jour même qu'avec son accord, son silence complet sur ce point ne saurait équivaloir à un accord, sauf si son conseil tenait un discours différent. Dès lors, il nous semble que le renvoi s'imposerait. Lorsque plusieurs personnes comparaissent dans la même affaire, l'information peut être collective, l'article 406 du code de procédure pénale n'imposant pas qu'elle soit donnée à chacun des prévenus de manière distincte et individuelle [7].

1. L. n° 2011-1862, 13 déc. 2011, préc.
2. V. s[s] n° 422.37.
3. Arr. 18 mars 2013, *JO* 22 mars, p. 4897, NOR : JUSD1306459A, préc.
4. C. pr. pén., art. 397.
5. C. pr. pén., art. 406 ; mod. par L. n° 2014-535, 27 mai 2014, art. 8.
6. L. n° 2014-535, 17 mai 2014 portant transposition de la directive 2012/13/UE du Parlement européen et du Conseil, du 22 mai 2012, relative au droit à l'information dans le cadre des procédures pénales, *JO* 28 mai, p. 8864.
7. Crim. 27 juin 2018, n° 17-85.559, P.

Il résulte des modifications intervenues ces dernières années que le prévenu présenté au procureur de la République sur le fondement de l'article 393 du code de procédure pénale se voit notifier le droit de se taire :

1. par le représentant du ministère public lors de sa comparution devant lui ;
2. par le juge des libertés et de la détention lorsqu'il est saisie en raison de l'impossibilité pour le tribunal de statuer le jour même ;
3. enfin, par la juridiction de jugement.

§ 2
Renvoi

424.31 Renvoi à une prochaine audience. Le renvoi à une prochaine audience peut être ordonné d'initiative par la juridiction de jugement ou si la personne en fait la demande.

424.32 Renvoi à la demande de la personne. Le prévenu possède le droit d'obtenir le renvoi pour préparer sa défense. Il ne s'agit donc nullement d'une sollicitation mais d'un *droit qu'il peut exercer librement de manière discrétionnaire*. L'article 397-1 du code de procédure pénale dispose que : « Si le prévenu ne consent pas à être jugé séance tenante..., le tribunal, après avoir recueilli les observations des parties et de leur avocat, renvoie à une prochaine audience qui doit avoir lieu dans un délai qui ne peut être inférieur à deux semaines, sauf renonciation expresse du prévenu, ni supérieur à six semaines. »

La procédure impose donc l'expression d'un véritable consentement à être jugé immédiatement, qui ne peut être donné qu'en présence d'un avocat. Selon l'article 397 du code de procédure pénale, en cas de comparution immédiate, le président doit recueillir le consentement du prévenu, en présence de son avocat, à être jugé séance tenante et, en tel cas, mention en est faite dans les notes d'audience. Les mentions du jugement constatant que cette formalité a été accomplie valent jusqu'à inscription de faux. Encourt dès lors la cassation l'arrêt qui annule un jugement rendu en comparution immédiate alors qu'il résulte des énonciations du jugement, qui a valeur d'acte authentique, que les formalités prévues par l'article précité ont été accomplies[1]. Si le tribunal omet de faire constater dans les notes d'audience que la personne a souhaité être jugée immédiatement, le jugement doit être annulé dès lors que la personne a été condamnée le jour même[2]. Ce ne serait pas le cas si la personne avait été jugée dans le délai légal de renvoi, l'absence de cette mention dans les notes d'audience ne créant alors aucun préjudice. L'obtention de ce délai demandé par le prévenu est de droit et il ne saurait être question pour la juridiction de tenter de convaincre le prévenu d'y renoncer.

424.33 Renonciation possible au délai minimum. Le texte prévoit que le prévenu peut renoncer au délai minimum de deux semaines qui lui est ouvert dans le cas où il sollicite un délai. Il convient de noter que la présence de l'avocat pour cette renonciation n'est pas obligatoire.

En revanche, il sera important de la mentionner aux notes d'audience et dans le jugement rendu pour éviter toute contestation ultérieure de la régularité de la procédure.

424.34 Absence de renonciation au délai maximum. En vertu des dispositions de l'article 397-1 du code de procédure pénale, le prévenu ne peut renoncer au délai maximum imposé par la loi. Les dispositions de l'article 397-1, prescrivant que le délai ne peut excéder six semaines, sont impératives.

En conséquence, si ces dispositions n'ont pas été relevées par la juridiction du premier degré, la cour d'appel doit les relever d'office et évoquer l'affaire, l'article 520 du code de procédure pénale, selon lesquelles « Si le jugement est annulé pour violation ou omission non réparée de formes prescrites par la loi à peine de nullité, la cour évoque et statue sur le fond » n'étant pas limitatives et s'étendant, selon la Haute juridiction « au cas où, comme en l'espèce, les premiers juges n'ont pas respecté le délai de renvoi de l'affaire qui leur était soumise selon la procédure de comparution immédiate, lequel délai ne peut dépasser six semaines »[3].

424.35 Peine encourue supérieure à sept ans. Lorsque la peine encourue est supérieure à sept ans d'emprisonnement, le prévenu, informé de l'étendue de ses droits, peut demander que l'affaire soit renvoyée à une audience qui devra avoir lieu dans un délai qui ne peut être inférieur à deux mois, sans être supérieur à quatre mois[4]. En pratique, lorsque la peine encourue est supérieure à sept ans d'emprisonnement, le président doit demander à la personne poursuivie si elle entend bénéficier d'un renvoi plus long que celui de droit commun, en l'occurrence de passer d'un renvoi compris entre deux et six semaines à un renvoi compris entre deux et quatre mois. Seule la personne peut user de cette possibilité et le tribunal ne peut ordonner d'office

1. Crim. 12 avr. 2016, n° 16-81.015, P n° 128.
2. Crim. 7 janv. 1965, *D.* 1965. 114 – Crim. 19 déc. 1994, n° 94-80.748, NP.
3. Crim. 28 avr. 1998, n° 96-81.539, P n° 141 ; *Gaz. Pal.* 1998.
4. C. pr. pén., art. 397-1, al. 2.

un renvoi à une date supérieure si la personne ne l'a pas demandé[1].

La circulaire relative à la présentation des dispositions de procédure pénale de la loi du 9 septembre 2002[2] dispose en effet : « Il doit être souligné que le renvoi à une audience se tenant dans un délai compris entre deux et quatre mois n'est possible, aux termes des nouvelles dispositions, que lorsque le prévenu le demande. Tel n'est donc pas le cas si l'affaire est renvoyée parce qu'elle n'est pas en état d'être jugée (notamment du fait de l'absence de la victime), seules les dispositions du premier alinéa de l'article 397-1 étant alors applicables (dans une telle hypothèse, le jugement devra rappeler que le prévenu a été informé des dispositions du deuxième alinéa de l'article 397-1, mais qu'il n'a pas demandé à ce qu'il soit fait application de ces dispositions). De même, le simple fait que le prévenu n'accepte pas d'être jugé immédiatement - et donc demande un renvoi - conformément aux dispositions du premier alinéa de l'article 397-1, n'implique pas nécessairement qu'il sollicite l'application des dispositions du deuxième alinéa de cet article, et qu'il veut bénéficier d'un délai minimum de deux mois avant d'être jugé, car une telle demande aura en effet comme probable conséquence une détention provisoire plus longue. C'est uniquement si le prévenu, après avoir été informé des dispositions de cet alinéa, demande expressément à bénéficier de ces dispositions en sollicitant le renvoi de l'affaire dans un délai d'au moins deux mois, que le tribunal peut fixer la date de renvoi de l'affaire et - le cas échéant - le placement en détention du prévenu doit alors faire état de ce que ce dernier a demandé un tel renvoi [...]. Dans le cas contraire, le renvoi doit être fixé dans un délai de deux à six semaines. »

Le texte de cette circulaire est clair et univoque. Il n'est que la traduction exacte de la loi puisque l'alinéa 2 de l'article 397-1 ne vise que la possibilité ouverte au prévenu de demander un délai plus long, alors que l'alinéa premier permet au prévenu qui ne consent pas à être jugé séance tenante *ou au tribunal* si l'affaire ne paraît pas en état d'être jugée de renvoyer dans les conditions prévues au premier alinéa, c'est-à-dire entre deux et six semaines. Il faut bien reconnaître que cette disposition est parfois ignorée des juridictions (ne serait-ce que lors des poursuites pour acquisition, cession, offre, détention, transport de produits stupéfiants...), peut-être du fait de la complexité d'un enchevêtrement de délais qu'elle introduit dans une procédure *a priori* simplifiée, et que l'avertissement en question n'est pas toujours donné même quand la peine encourue est comprise entre sept et dix ans. La question d'une éventuelle divergence entre prévenus quant à la demande du délai long est examinée *infra* (v. s[s] n° 424.55).

Enfin, il a été jugé que lorsque, dans le cadre de la procédure de comparution immédiate, l'affaire est renvoyée à une prochaine audience sans que le délai minimum fixé par l'article 397-1 du code de procédure pénale soit respecté, le prévenu assisté d'un avocat qui, lors de l'audience de renvoi, ne sollicite pas un nouveau report est présumé avoir renoncé à bénéficier du délai minimum et ne peut soulever la nullité de la procédure[3]. En l'espèce, la chambre criminelle approuve la Cour qui retient que poursuivi dans le cadre de la procédure de comparution immédiate, M. X... a comparu devant le tribunal correctionnel à l'audience du 6 septembre 2011 ; que le tribunal a renvoyé l'affaire au 11 octobre 2011 afin de permettre au prévenu de préparer sa défense ; qu'à la date du 11 octobre 2011, l'affaire a de nouveau été renvoyée au 18 octobre 2011 à la demande de la défense ; qu'à l'audience du 18 octobre 2011, la défense a soulevé la nullité de la procédure au motif que le prévenu, encourant une peine supérieure à sept ans d'emprisonnement, n'avait pas été informé du droit, pour préparer sa défense, de disposer d'un délai compris entre deux mois et quatre mois ; que le tribunal a justement rejeté cette exception dès lors qu'à l'audience du 18 octobre 2011, en s'abstenant de solliciter un nouveau report, le prévenu, qui était assisté d'un avocat, est présumé avoir renoncé à bénéficier d'un délai qui ne soit pas inférieur à deux mois.

424.36 Renvoi d'office - Supplément d'information. L'article 397-1 du code de procédure pénale prévoit que « *si l'affaire ne paraît pas en état d'être jugée* », le tribunal, après avoir recueilli les observations des parties et de leur avocat renvoie à une prochaine audience. Les délais sont les mêmes que lorsque c'est le prévenu qui demande un renvoi. Il faut conjuguer le premier alinéa de l'article 397-1 qui permet au tribunal de renvoyer l'affaire lorsque celle-ci ne lui paraît pas en état d'être jugée avec le premier alinéa de l'article 397-2 du même code qui l'autorise à commettre certains de ses membres ou certains des juges d'instruction de la juridiction pour procéder à un supplément d'information. C'est le juge d'instruction *qui est désigné directement par le tribunal* sans qu'il soit nécessaire de passer par une désignation de l'un de ses membres puis par une commission rogatoire délivrée à un magistrat instructeur.

1. Crim. 24 juin 2009, n° 08-87.241, P n° 136 ; *D.* 2009. 2167 ; *AJ pénal* 2009. 413, obs. J. Lasserre Capdeville.
2. L. n° 2002-1138, 9 sept. 2002 d'orientation et de programmation pour la justice, *JO* 10 sept., p. 14934.
3. Crim. 28 nov. 2012, n° 12-81.939, P n° 264.

Dès lors qu'il existe plusieurs juges d'instructions dans la juridiction, il est nécessaire que le juge d'instruction soit désigné par le président du tribunal conformément à la lettre du texte qui renvoie à l'article 83. Si le tribunal entend se servir de cette possibilité sans désigner l'un de ses membres, il doit donc confier cette mission « au juge d'instruction du TGI de... », puis transmettre au président de la juridiction pour désignation.

En général, le tribunal renvoie d'office lorsqu'il constate que la victime n'a pas été avertie ou n'a pu être présente pour des raisons légitimes. Il peut aussi estimer qu'une expertise non obligatoire s'impose et l'ordonner avant dire droit. C'est souvent le cas pour la réalisation d'examens psychologique ou psychiatrique du prévenu ou de la victime ou pour apprécier la longueur de l'ITT de cette dernière.

Il arrive également que le tribunal se rende compte qu'une expertise obligatoire n'a pas été réalisée. Il peut en être ainsi en cas de poursuite pour une infraction prévue par l'article 706-47 du code de procédure pénale alors que l'article 706-47-1 impose la réalisation d'une expertise médicale avant tout jugement au fond ou en application de l'article 706-115 et pour les mêmes raisons s'agissant cette fois-ci de la comparution d'un majeur protégé.

424.37 **Renvoi d'office – Motivation.** Il semble nécessaire que le tribunal motive la décision de renvoi d'office. Dans un arrêt du 17 décembre 1979[1], certes rendu sous l'égide d'une loi antérieure, mais sans que cela change la solution à notre avis, la chambre criminelle avait cassé un arrêt de cour d'appel en retenant que celle-ci avait omis de préciser les raisons pour lesquelles l'affaire n'était pas en état d'être jugée.

424.38 **Droit d'invoquer la nullité de la détention provisoire.** On pouvait penser qu'aucune nullité ne saurait être déposée lors de la première audience de comparution immédiate dès lors que le prévenu sollicite un renvoi qui est de droit. Mais une difficulté s'est présentée devant la chambre criminelle à propos de l'invocation par l'intéressé de la nullité du mandat de dépôt délivré par le JLD. Si l'invocation de l'obligation pour le procureur de présenter l'intéressé lors d'une audience qui était en cours au moment de la saisine du JLD, n'avait guère de chance de prospérer[2], il fallait toutefois que la juridiction, avant de prononcer le maintien sous mandat de dépôt, se prononce sur sa validité. La chambre criminelle juge en conséquence que si le tribunal correctionnel renvoie l'affaire à une audience ultérieure, il ne peut maintenir le prévenu en détention provisoire sans se prononcer, par un seul et même jugement, sur les moyens qui contestent la légalité de son titre initial de détention[3].

§ 3
Demande d'acte d'information

424.41 **Demandes d'acte d'information.** Depuis la loi du 9 mars 2004[4], le prévenu ou son avocat peut également demander au tribunal d'ordonner tout acte d'information qu'il estime nécessaire à la manifestation de la vérité relatif aux faits reprochés ou à la personnalité de l'intéressé. Le tribunal qui refuse de faire droit à cette demande doit rendre un jugement motivé[5]. Le texte de l'article 397-1 ne précise pas si le tribunal doit rendre immédiatement une décision ou joindre l'incident au fond conformément au droit commun de l'article 459 du code de procédure pénale[6].

À vrai dire, si la demande d'acte est jointe au fond, elle ne présente guère d'intérêt pour la défense. C'est pourquoi certains avocats demandent depuis longtemps l'instauration d'une audience préliminaire de demandes d'actes d'investigations dans le cadre de la procédure de comparution immédiate ou de citation directe[7]. Il est grand temps en effet de penser les droits de la défense de manière globale et pas seulement dans le cadre de l'information judiciaire. La loi du 27 mai 2014 a commencé à ouvrir ce débat en posant la possibilité de saisine du président du tribunal correctionnel en prévoyant qu'en cas de poursuite par citation directe ou COPJ, la partie ou son avocat puisse, avant toute défense au fond ou à tout moment au cours des débats, demander par conclusions écrites, qu'il soit procédé à tout acte qu'ils estiment nécessaires à la manifestation de la vérité. Ces conclusions peuvent être adressées avant le début de l'audience par lettre recommandée avec demande d'avis de réception ou par remise au greffe contre récépissé. Mais ces dispositions ne sont pas applicables à la procédure de comparution immédiate[8].

1. Crim. 17 déc. 1979, n° 79-93.940, P n° 359 ; *Gaz. Pal.* 1998. 2. Chron. 142 ; v. s[s] n° 424.02.
2. V. s[s] n° 421.13.
3. Crim. 18 avr. 2023, n° 23-80.674, B ; *AJ pénal* 2023. 344, obs. Ch. Guéry.
4. L. n° 2004-204, 9 mars 2004 portant adaptation de la justice aux évolutions de la criminalité, *JO* 10 mars, p. 4567.
5. C. pr. pén., art. 397-1, al. 3.
6. SUR cet article, v. s[s] n°s 612.41 s. et 724.23 s.
7. NOT. : F. Saint-Pierre, *Le guide de la défense pénale*, 8e éd., « Guides Dalloz », 2014, n° 323.51 – AUSSI : F. Saint-Pierre, *Pratique de la défense pénale*, 6e éd., « Les intégrales », LGDJ – Lextenso, 2023.
8. C. pr. pén., art. 388-5 ; v. s[s] n° 512.53.

SECTION 3
DÉLAIS DE RENVOI

424.51 Délais de renvoi – Peine encourue inférieure ou égale à sept ans d'emprisonnement. Un délai qui ne peut être « inférieur à deux semaines ni supérieur à six » est prévu par l'article 397-1 du code de procédure pénale, dans son alinéa premier. Tout comme un délai énoncé en mois se calcule en mois, un délai en semaine doit être apprécié en semaine. Par exemple si la comparution immédiate se tient le mardi de la semaine 1, le renvoi ne peut se faire à notre avis avant le mercredi de la semaine 3. Bien que la jurisprudence soit inexistante sur ce point, on peut estimer en effet que le jour de la comparution ne compte pas.

Toutefois, la prudence conduit en général les présidents à considérer que le *jour de la comparution compte pour le calcul du délai maximal.* Ainsi, si l'audience se tient le mardi de la semaine 1, le renvoi ne sera pas ordonné après le mardi de la semaine 7. Il convient d'être attentif, comme il est d'usage en cette matière, au signe « *inférieur ou égal* ». Le délai de deux à six semaines est le seul applicable si la peine encourue est *égale* à sept ans d'emprisonnement.

424.52 Délais de renvoi – Peine encourue supérieure à sept ans d'emprisonnement. Le délai prévu, de deux à quatre mois, se calcule alors en mois selon les mêmes principes.

424.53 Pratique judiciaire. Comme cela a déjà été souligné, la pratique juridictionnelle peut sembler parfois « flottante » sur ce point. Il apparaît que certaines juridictions ne connaissent pas d'autre renvoi que celui de l'alinéa premier mais sans avertir les personnes concernées par une peine encourue supérieure à sept ans de leur possibilité de demander un délai plus long.

Dans l'autre sens, certaines juridictions prévoient un renvoi plus long sans demander l'avis du prévenu. Ce fut le cas dans l'espèce ayant donné lieu à un arrêt de la Cour de cassation le 24 juin 2009[1] : le prévenu avait comparu le 10 janvier 2008 et le tribunal renvoyé l'affaire au 13 mars 2008 sans que le prévenu ne l'ait demandé. Condamné le 13 mars, il avait fait appel et la cour avait ordonné sa mise en liberté le 16 avril. Elle avait annulé le jugement, évoqué, et statué au fond. Le principe de cette évocation était contesté par le pourvoi mais la chambre criminelle estimait que : « Les dispositions de l'article 520 du code de procédure pénale ne sont pas limitatives et s'étendent au cas où, comme en l'espèce, la cour d'appel relève que les premiers juges n'ont pas respecté le délai de renvoi de l'affaire qui leur était soumise selon la procédure de comparution immédiate, lequel délai ne pouvait dépasser six semaines. »

424.54 Renvoi dérogatoire concernant des affaires faisant encourir au prévenu une peine supérieure à 7 ans d'emprisonnement (cas particulier de l'article 706-106, alinéa 2, du code de procédure pénale abrogé). Dans les affaires de criminalité organisée, le prévenu devait forcément être assisté d'un conseil dès sa comparution devant le procureur de la République[2]. Par ailleurs, l'alinéa 2 du texte précisait que : [si] « le procureur de la République saisit le tribunal correctionnel selon la procédure de comparution immédiate, les dispositions du deuxième alinéa de l'article 397-1 permettant au prévenu de demander le renvoi de l'affaire à une audience qui devra avoir lieu dans un délai qui ne peut être inférieur à deux mois sans être supérieur à quatre mois sont applicables, quelle que soit la peine encourue ».

L'article 706-106[3] du code de procédure pénale ayant été abrogé par la loi du 27 mai 2014, le renvoi dérogatoire prévu au deuxième alinéa de l'article 397-1 ne concerne plus que les affaires faisant encourir au prévenu une peine supérieure à 7 ans d'emprisonnement.

424.55 Divergences d'avis entre prévenus. Il peut arriver que plusieurs prévenus comparaissent dans la même affaire et ne répondent pas de la même façon à la question de savoir s'ils souhaitent être jugés immédiatement.

Hors le cas où leur sort pourrait être disjoint, le tribunal aura la possibilité d'ordonner un renvoi d'office de la totalité de l'affaire, en motivant sur le fait que celle-ci ne paraît pas en état d'être jugée puisque l'un des prévenus a sollicité un délai pour préparer sa défense et en soulignant l'indivisibilité ou la connexité des faits poursuivis.

La question est toutefois plus complexe lorsqu'un prévenu sollicite un renvoi dans le délai de deux à quatre mois tandis qu'un autre souhaite être jugé immédiatement ou bénéficier du délai de droit commun de deux à six semaines. Plusieurs positions doctrinales peuvent être relevées (à vrai dire il s'agit d'opinions défendues sur les listes de discussion par les professionnels, les universitaires n'en discutant pas) : à notre avis, dans cette hypothèse, il est impossi-

1. Crim. 24 juin 2009, n° 08-87.241, P n° 136 ; *D.* 2009. 2167 ; *AJ pénal* 2009. 413, obs. J. Lasserre Capdeville ; v. s[s] n° 424.02.

2. V. s[s] n° 422.14.
3. C. pr. pén., art. 706-106 ; créé par L. n° 2004-204, 9 mars 2004, art. 1er ; abrogé par L. n° 2014-535, 27 mai 2014, art. 8.

ble pour la juridiction de jugement de renvoyer d'office au-delà du délai de droit commun.

Aussi délicat que cela puisse paraître parfois, le tribunal doit alors disjoindre les poursuites, seule cette disjonction pouvant permettre de respecter les droits de chacun.

D'autres soutiennent que le renvoi au-delà du délai de droit commun est alors possible y compris pour la personne n'y ayant pas droit. Dans la Foire aux questions (FAQ) mise en place par la Chancellerie, il est ainsi toutefois soutenu que « sous réserve d'une appréciation différente de la Cour de cassation, il n'apparaît pas que puisse être retenue dans l'hypothèse de co-prévenus encourant une peine supérieure à 7 ans dont l'un solliciterait un renvoi dans un délai supérieur à six semaines, une interprétation des textes qui imposerait au tribunal de procéder à une disjonction alors même que les nécessités d'une bonne administration de la justice commanderaient l'inverse »[1]. Cette opinion se fonde sur le fait que le délai « long » a été institué pour permettre un renforcement des droits de la défense. Il faudrait alors considérer que le droit accordé à l'un des prévenus de préparer sa défense dans un délai plus long bénéficie également, par sa nature, aux autres prévenus. Mais le délai plus long pour préparer sa défense se conjugue le plus souvent, même si cela n'est pas obligatoire, avec un délai plus long de détention...

SECTION 4
DÉCISION DU TRIBUNAL

§ 1
Mesures provisoires

424.61 Le tribunal statue sur le placement en détention provisoire ou sous contrôle judiciaire. Aux termes de l'article 397-3 du code de procédure pénale, dans le cas où il a ordonné un renvoi, le tribunal peut : « *placer ou maintenir le prévenu en détention provisoire par décision spécialement motivée. La décision prescrivant la détention est rendue suivant les modalités prévues par les articles 135, 137-3, premier alinéa et 464-1 et est motivée par référence aux dispositions des 1° à 6° de l'article 144. Elle est exécutoire par provision* ».

Les références sont les mêmes que celles étudiées ci-dessus lors de la saisine du JLD[2]. Le tribunal doit rendre une décision comportant l'énoncé des considérations de droit et de fait qui constituent le fondement de la décision par référence aux dispositions des 1° à 6° de l'article 144, c'est-à-dire tous les critères pouvant justifier une détention provisoire, à l'exception de celui tiré d'un trouble causé à l'ordre public[3]. Les termes « placer ou maintenir » visent à s'appliquer à deux situations différentes :

- lorsque le prévenu comparaît le jour même de sa présentation devant le procureur de la République, il est retenu sous escorte et non détenu, dans cette hypothèse la juridiction correctionnelle *place* l'intéressé en détention ;

- lorsque le prévenu a été présenté devant le juge des libertés et de la détention qui l'a placé en détention provisoire et délivré mandat de dépôt, il comparaît en état de détention ; dans cette hypothèse la juridiction correctionnelle *maintient* l'intéressé en détention.

424.62 Remise de la déclaration des droits. Une déclaration des droits doit être remise aux personnes privées de liberté selon l'article 803-6[4] du code de procédure pénale, issu de la loi du 15 août 2014. Ces dispositions s'appliquent aux personnes gardées à vue, mais également à celles qui sont placées en détention provisoire, et notamment par le tribunal correctionnel statuant en comparution immédiate lorsque l'affaire est renvoyée à une audience ultérieure avec maintien en détention. Des versions en langue étrangère sont disponibles sur les sites intranet de la DACG et internet du ministère de la Justice.

424.63 Placement sous contrôle judiciaire ou Arse. Le tribunal correctionnel peut choisir de placer la personne sous contrôle judiciaire. L'article 142-12 du code de procédure pénale a complété le dispositif prévoyant les possibilités pour les juridictions de prononcer une assignation à résidence sous surveillance électronique et vise expressément l'article 397-3. En conséquence, le tribunal saisi en comparution immédiate peut placer le prévenu sous ce régime.

Si la juridiction correctionnelle a placé le prévenu sous contrôle judiciaire ou sous assignation à résidence, et que celui-ci s'est soustrait aux obligations imposées, le procureur de la République peut saisir le juge des libertés et de la détention pour qu'il décerne mandat d'arrêt ou d'amener à son encontre et qu'il ordonne, conformément aux dispositions de l'article 135-2 du code de procédure pénale, le placement

1. BPPG, Question n° 2307, Renvoi à délai long en comparution immédiate et pluralité de prévenus, Réponse du 1er juin 2022, reprenant, en l'atténuant quelque peu, une réponse plus ancienne.
2. V. ss nos 423.31 et 423.32.
3. SUR ces critères, v. ss nos 812.13 s.
4. C. pr. pén., art. 803-6, créé par L. n° 2014-535, 27 mai 2014, art. 5.

en détention de l'intéressé[1]. Le JLD peut aussi prendre ou compléter une décision de contrôle judiciaire ou d'assignation à résidence.

§ 2
Décision au fond

424.71 **Délais pour rendre la décision.** Lorsque le prévenu est en détention provisoire, le jugement au fond doit être rendu dans les « deux mois qui suivent le jour de sa première comparution » devant le tribunal. Faute de décision au fond à l'expiration de ce délai, il est mis fin à la détention provisoire. Le prévenu, s'il n'est pas détenu pour une autre cause, est mis d'office en liberté. Lorsqu'il a été fait application des dispositions du deuxième alinéa de l'article 397-1 du code de procédure pénale, le délai prévu à l'alinéa précédent est porté à « quatre mois »[2]. Il convient donc de bien distinguer les délais de comparution devant la juridiction, énoncés à l'article 397-1 du code de procédure pénale, et les délais de jugement de l'article 397-3.

En clair, si la comparution de l'intéressé après renvoi doit intervenir, en principe, dans les six semaines de la première présentation, rien n'exclut le cas échéant un nouveau renvoi (par exemple si une expertise ou une enquête de personnalité sollicitée n'a pas encore été effectuée), dès lors que le prévenu sera jugé dans les deux mois de sa toute première comparution.

424.72 **Condamnation à une peine d'emprisonnement sans sursis.** Dès lors que le tribunal a été saisi selon le mode de la comparution immédiate, une importante exception aux principes de la condamnation sans sursis est prévue par l'article 397-4 du code de procédure pénale. En effet, dans cette hypothèse, le tribunal peut « *quelle que soit la durée de la peine* », ordonner, d'après les éléments de l'espèce, le placement ou le maintien en détention par décision spécialement motivée. Faute de maintien en détention le prévenu doit être remis en liberté[3].

L'article 397-4 déroge aux exigences posées par l'article 465 du code de procédure pénale qui dispose que lorsque le tribunal correctionnel prononce une peine il peut, si la peine prononcée est au moins « *d'une année d'emprisonnement sans sursis* », par décision spéciale et motivée, lorsque les éléments de l'espèce justifient une mesure particulière de sûreté, décerner mandat de dépôt ou d'arrêt contre le prévenu.

Le tribunal peut également délivrer mandat d'arrêt quelle que soit la durée de la peine prononcée.

424.73 **Urgence sanitaire : ordonnance du 25 mars 2020.** L'ordonnance n° 2020-303 du 25 mars 2020 portant adaptation de règles de procédure pénale sur le fondement de la loi n° 2020-290 du 23 mars 2020 d'urgence pour faire face à l'épidémie de covid-19[4] a allongé les délais prévus en matière de comparution immédiate de la façon suivante :

1° Le délai de trois jours ouvrables prévu par le troisième alinéa de l'article 396 du code de procédure pénale est porté à six jours ;

2° Le délai maximal de six semaines prévu par le premier alinéa de l'article 397-1 du code de procédure pénale et le délai maximal de quatre mois prévu par le deuxième alinéa du même article sont respectivement portés à dix semaines et à six mois ;

3° Le délai de deux mois prévu par le troisième alinéa de l'article 397-3 du code de procédure pénale et le délai de quatre mois prévu par le dernier alinéa du même article sont respectivement portés à quatre et six mois ;

4° Le délai de quatre mois prévu au deuxième alinéa de l'article 397-4 du code de procédure pénale est porté à six mois.

§ 3
Renvoi au ministère public

424.81 **Renvoi du dossier au ministère public.** Le tribunal saisi par la comparution immédiate du prévenu apprécie souverainement si l'affaire est en état d'être jugée ou s'il y a lieu, comme le lui permet l'article 397-2 du code de procédure pénale, de renvoyer le dossier au procureur de la République lorsqu'il estime que la complexité de l'affaire nécessite des investigations complémentaires approfondies[5]. Cette décision n'est pas susceptible d'appel.

Doit être cassé l'arrêt d'une cour d'appel qui annule un jugement ayant renvoyé le dossier au procureur de la République et ordonné le maintien en détention du prévenu jusqu'à sa comparution devant le juge d'instruction, et après avoir évoqué fait application des dispositions de l'article 397-2, alinéa 2, du code de procédure pénale alors qu'elle aurait dû déclarer les appels irrecevables[6]. Le tribunal peut ordonner le maintien en détention du

1. C. pr. pén., art. 394 *in fine*, renvoyant aux articles 141-2 et 141-4.
2. C. pr. pén., art. 397-3, al. 4.
3. Crim. 9 juill. 1980, n° 79-93.872, P n° 221 ; *D.* 1981. 49, note Mayer ; *Gaz. Pal.* 1981. 1. 90.
4. *JO* 26 mars, n° 3, art. 17.
5. Crim. 26 avr. 1994, n° 93-84.880, P n° 149.
6. Crim. 29 oct. 2008, n° 08-84.623, P n° 218 ; *AJ pénal* 2009. 39, obs. L. Ascensi.

prévenu jusqu'à sa comparution devant le juge d'instruction.

Depuis l'entrée en vigueur de la loi du 5 mars 2007[1], si les faits relèvent de la compétence d'un pôle de l'instruction et qu'il n'en existe pas dans la juridiction devant laquelle le prévenu a comparu, la comparution doit intervenir devant le juge d'instruction du pôle dans un délai de cinq jours ouvrables (trois jours ouvrables jusqu'à l'entrée en vigueur de la loi du 23 mars 2019), à défaut de quoi l'intéressé est remis d'office en liberté[2].

Est recevable l'appel formé par le procureur de la République contre le jugement du tribunal correctionnel, qui, saisi selon la procédure de la comparution immédiate, a prononcé la nullité de la garde à vue et des actes subséquents et a renvoyé le dossier à ce magistrat, dès lors que ce renvoi avait été fait non en vue de la saisine d'un juge d'instruction mais ensuite de l'annulation des pièces de la procédure[3]. Le maintien en détention ordonné à l'issue d'une procédure de comparution immédiate en application de l'article 397-2 du code de procédure pénale, qui a pour effet de maintenir la personne poursuivie sous main de justice jusqu'à sa comparution le jour même devant le juge d'instruction échappe aux prévisions de l'article 144 du même code[4].

424.82 Nécessité pour le parquet de saisir le juge d'instruction. Il se déduit de l'article 397-2, alinéa 2, du code de procédure pénale que, lorsque le tribunal renvoie le dossier au procureur de la République en raison de la complexité de l'affaire et des investigations supplémentaires approfondies qu'elle implique, ce magistrat requiert l'ouverture d'une information judiciaire. Il n'est donc pas possible au procureur de la République de procéder ou de faire procéder à des mesures d'investigations complémentaires en vue d'une saisine ultérieure de la juridiction de jugement. Il doit saisir le juge d'instruction[5].

424.83 Absence de possibilité de faire application de l'article 469 du code de procédure pénale. Le tribunal correctionnel, saisi selon le mode de la comparution immédiate, ne peut estimer que la complexité de l'affaire nécessite des investigations complémentaires approfondies, et renvoyer la procédure au ministère public en application de l'article 397-2 du code de procédure pénale en vue de saisir le juge d'instruction, au motif que les violences reprochées auraient entraîné une mutilation ou une infirmité permanente.

Les dispositions de l'article 469 du même code ne sont pas applicables en l'espèce et le tribunal ne peut ainsi statuer sur sa compétence ni décerner mandat de dépôt[6]. Que signifie cette décision ? Simplement que lorsqu'il renvoie le dossier au ministère public en vue de saisir le juge d'instruction parce qu'il estime que la complexité de l'affaire nécessite des investigations complémentaires approfondies, le tribunal correctionnel ne peut statuer sur sa compétence et faire application de l'article 469.

424.84 Imputation de la détention provisoire en cas d'ouverture d'une information après renvoi au ministère public. Si le JLD a placé la personne en détention provisoire avant qu'elle ne comparaisse et que le tribunal renvoie au ministère public, ou si ce renvoi est effectif après que le prévenu ait demandé un délai, et qu'une information judiciaire est ouverte, *quid* du point de départ de la détention provisoire si le JLD, cette fois-ci saisi par le juge d'instruction, place alors le prévenu en détention ? C'est ce problème qu'a résolu la chambre criminelle dans un arrêt du 23 avril 2005[7], en estimant que le délai de quatre mois prévu par l'article 145-1 ne commence à courir que du jour de l'ordonnance de placement en détention provisoire alors rendue par le juge des libertés et de la détention. La détention effectuée auparavant sera, quant à elle, défalquée de la peine d'emprisonnement ferme, si elle est prononcée[8].

§ 4
Absence du prévenu

424.91 Absence du prévenu à l'audience : la comparution immédiate sans comparution personnelle ? Il peut arriver que la personne qui fait l'objet de poursuites selon la procédure de comparution immédiate ne soit plus en état de comparaître pour diverses raisons, la plus fréquente étant sa maladie, son hospitalisation, son hospitalisation d'office voire son propre refus d'être extrait de la maison d'arrêt ou encore son évasion. Que peut faire le tribunal dans ces hypothèses ?

Il convient en fait de distinguer plusieurs situations.

1. L. n° 2007-291, 5 mars 2007 tendant à renforcer l'équilibre de la procédure pénale, *JO* 6 mars, p. 4206.
2. C. pr. pén., art. 397-2, al. 3.
3. Crim. 23 févr. 2011, n° 10-84.922, P n° 39.
4. Crim. 5 févr. 2019, n° 18-86.405, P n° 32 ; *D.* 2019. 259 ; *AJ pénal* 2019. 212, obs. E. Clément.
5. Crim. 21 nov. 2012, n° 12-80.621, P n° 254 ; *D.* 2013. 124, Chron. C. Roth, B. Laurent, P. Labrousse et M.-L. Divialle ; *D.* 2013. 1993, obs. J. Pradel ; *Dr. pénal* 2013, n° 13.
6. Crim. 27 mai 2003, n° 02-85.619, P n° 107 ; *D.* 2003. IR 1877 ; *JCP* 2003. IV. 2373 (v. s^s n° 424.02).
7. Crim. 23 avr. 2003, n° 05-83.796, P n° 210 ; *RSC* 2006. 105, obs. A. Giudicelli.
8. C. pr. pén., art. 716-4.

424.92 Incapacité avant présentation au procureur de la République. L'incapacité survient « avant la présentation au procureur de la République », par exemple un malaise ou une mutilation volontaire intervenue dans les geôles avant ladite présentation. Le ministère public ne pouvant faire présenter devant lui immédiatement l'intéressé, ne peut dresser le procès-verbal qui saisit la juridiction de jugement. Il devra soit changer de voie de poursuite, soit se faire présenter à nouveau l'intéressé lorsque son état le permettra.

424.93 Incapacité après comparution devant le procureur de la République. Dans cette hypothèse, le JLD étant saisi par le procès-verbal dressé par le parquet doit statuer le jour même sur la détention de l'intéressé. Son absence physique revêt les conditions de la force majeure et le JLD devra se prononcer hors la présence de la personne. La chambre criminelle a rendu plusieurs arrêts, non en cette matière, mais lorsque le JLD intervient sur saisine du juge d'instruction dans le cadre de l'instruction préparatoire. Elle estime que : « La détention provisoire peut être prolongée sans débat contradictoire préalable lorsque des circonstances imprévisibles et insurmontables font obstacle à la tenue de celui-ci et qu'en raison du délai de cinq jours ouvrables imposé par la loi pour la convocation de l'avocat, le débat ne peut être régulièrement reporté avant la date à laquelle, faute de prolongation, la détention doit prendre fin. »[1] Tout report étant impossible puisque le JLD doit statuer le jour même, cette solution semble la seule envisageable. Bien entendu, le JLD appréciera s'il doit ou non, compte tenu de la situation de l'espèce, placer la personne en liberté.

424.94 Incapacité après comparution devant le procureur de la République et avant comparution le jour même devant la juridiction de jugement. Cette situation semble similaire à celle de la deuxième hypothèse. Dès lors que le procès-verbal de comparution a été dressé par le procureur de la République, la juridiction de jugement est saisie. On doit considérer que la personne ne pouvant être jugée immédiatement qu'avec son accord donné en présence de son avocat, son absence ne permet pas son jugement immédiat. L'affaire sera donc renvoyée d'office entre deux et six semaines, en motivant sur l'absence du prévenu et le tribunal statuera sur la détention provisoire hors la présence de la personne.

424.95 Incapacité après comparution devant le procureur de la République et avant comparution devant la juridiction de jugement mais après passage devant le JLD. Cette situation apparaît encore un peu plus complexe que la précédente pour une raison : il existe plusieurs arrêts de la chambre criminelle, pris en matière d'information judiciaire, qui reprochent aux magistrats de ne pas avoir différé l'examen de la cause lorsque cela est possible. Cette jurisprudence semble inconstante mais le dernier arrêt en date apparaît pourtant assez clair : la chambre de l'instruction ne peut statuer sur un appel de placement en détention provisoire en l'absence de la personne mise en examen dès lors que l'intéressé a demandé à comparaître « sans constater que la circonstance imprévisible tenant à l'hospitalisation de X... ne pouvait être surmontée, fût-ce en différant l'examen de l'appel dans les limites du délai légal »[2]. Il apparaît toutefois que cette jurisprudence est fondée sur la possibilité de respecter le délai prévu par l'article 114 du code de procédure pénale lors du renvoi. Les arrêts rendus lorsque cette disposition ne peut plus être respectée ne font pas état d'une nécessité de renvoyer mais acceptent par ailleurs que lorsque le JLD accorde la remise il n'ait pas à respecter ces délais[3]. Mais il n'existe pas de délai du même type dans le cadre ici étudié. Or, ce qui n'était pas envisageable lors de l'examen des hypothèses 2 et 3, ni le JLD ni le tribunal ne pouvant renvoyer le problème de la détention à plus tard l'est tout à fait dans la présente situation, si le prévenu ne comparaît pas le dernier jour ouvrable autorisé par le texte. Il est des hypothèses où la juridiction doit pouvoir renvoyer l'affaire au lendemain, voire même au surlendemain[4]. Il s'agit ici et toujours des conditions permettant à la juridiction de retenir la force majeure et de statuer sur la détention provisoire et non de la possibilité pour la juridiction de statuer au fond, ce qui demeure, à notre avis, impossible. Nous proposons donc de considérer que le renvoi est obligatoire jusqu'au dernier jour possible et motivé en raison de la force majeure pour protéger les droits de la personne de comparaître. Si le dossier est évoqué le dernier jour autorisé, on se retrouve alors dans le cas évoqué pour l'hypothèse 3 : le tribunal renvoie à une date située entre deux et six semaines et statue sur la détention[5].

424.96 Incapacité entre la première comparution devant la juridiction de jugement et le renvoi. L'incapacité survient « entre la première comparution devant la juridiction de jugement et le renvoi »,

1. Crim. 9 mai 2001, n° 00-87.998, P n° 114 ; *D.* 2001. IR 1996 – Crim. 5 nov. 2002, n° 02-85.881, NP.

2. Crim. 17 mars 2009, n° 08-88.460, P n° 56 ; *AJ pénal* 2009. 233, obs. J. Lasserre Capdeville ; *D.* 2009. 1091.
3. SUR ces questions : Ch. Guéry, « Le renvoi du débat contradictoire par le JLD », *Dr. pénal* 2022, étude 19.
4. Quel que soit le mode de calcul adopté (v. s^s n° 423.42), si le JLD incarcère le samedi et que l'affaire est audiencée le lundi, le tribunal peut renvoyer au mardi ou au mercredi.
5. V. s^s n° 424.51.

l'intéressé ayant sollicité un délai, ou celui-ci ayant été ordonné par la juridiction. Les dispositions de l'article 416 du code de procédure pénale (audition du malade à la maison d'arrêt ou à l'hôpital par un magistrat commis à cet effet) semblent pouvoir être mises en œuvre même si les délais assez courts de renvoi ne le favorisent pas. Il importe de toutes les façons que la personne ne puisse pas se déplacer, ce qui n'est pas forcément le cas du malade faisant l'objet d'une hospitalisation d'office, le problème étant alors de savoir si le tribunal peut le juger dans l'état où il se trouve au moment où il comparaît. Dès lors qu'il apparaît qu'il n'y a pas de manœuvre dilatoire de la part de la personne mise en cause, le tribunal appréciera la possibilité de renvoyer l'affaire en respectant à la fois les délais de renvoi de l'affaire et dans lesquels le jugement doit être rendu. Lorsque cela n'est pas possible, le tribunal peut passer outre l'absence de la personne ou renvoyer à une date plus lointaine en remettant l'intéressé en liberté si les délais légaux sont dépassés. Dans ce cas, le tribunal peut ordonner un nouveau renvoi à une date comprise dans les délais légaux ou statuer hors la présence de la personne, sur le fond de l'affaire.

La règle générale qui s'applique au niveau juridique est que la juridiction est saisie dès lors que la personne a comparu devant le procureur de la République. Au niveau éthique, la juridiction doit tout faire pour que la personne puisse assister personnellement à l'audience, et tenir compte de l'éventuelle situation de détresse dans laquelle peut se trouver le prévenu. Mais son absence ne saurait en elle-même constituer une impossibilité de la juger.

§ 5
Droits de la défense

424.101 Possibilité pour la défense de faire citer des témoins. La rapidité de la procédure de comparution immédiate ne permet que difficilement à la défense de jouer son rôle. Même si l'article 397-5 du code de procédure pénale autorise, lors de la mise en œuvre de la procédure de comparution immédiate, et par dérogation aux dispositions des articles 550 et suivants, de citer « *sans délai et par tout moyen les témoins* », encore faut-il que l'avocat ne découvre pas la procédure quelques minutes avant de plaider, ce qui est souvent le cas. Certes, la demande de délai pour préparer la défense du prévenu est conçue pour permettre ce genre de citation. Mais il est vrai aussi que le client ne souhaite pas rester en détention le temps que le témoin puisse comparaître. Cette situation amène les avocats à souvent passer outre ce type de citation et à préférer, avec leur client, un jugement immédiat. La Cour de cassation rappelle ainsi que : « Contrairement aux affirmations du moyen, la procédure de comparution immédiate n'interdit pas au prévenu, au besoin en sollicitant le renvoi de la cause, de faire citer les témoins de son choix en application des dispositions des articles 435 et 397-5 du code de procédure pénale et que de surcroît le tribunal a la faculté, en vertu de l'article 444, alinéa 3, du même code, d'autoriser sur la proposition des parties l'audition de témoins, non régulièrement cités, mais présents à l'audience, le demandeur, faute d'avoir usé en l'espèce de la faculté qu'il tient des textes précités, ne saurait faire grief à la cour d'appel d'avoir méconnu le principe du procès équitable et les droits de la défense. »[1]

424.102 Droits de la défense. Les droits de la défense en comparution immédiate sont réduits. Certains avocats sollicitent depuis longtemps qu'une audience préliminaire se tienne afin de lui permettre de solliciter tout acte de son choix. La loi du 9 mars 2004 a partiellement répondu à cette attente en permettant à la défense de saisir le tribunal correctionnel d'une demande de tout acte d'information utile, à laquelle la juridiction de jugement doit répondre par une décision motivée[2]. Me François Saint-Pierre fait remarquer[3] que les tribunaux semblent pour la plupart joindre l'incident au fond sans renvoyer l'affaire, ce que semble pourtant préconiser une circulaire du 14 mai 2004 lorsqu'elle expose que les « demandes pourront être faites oralement, même sans déposer des conclusions écrites – en étant mentionnées sur la feuille d'audience – et devront donner lieu, en cas de refus, à un jugement avant dire droit motivé ». Toutefois, même dans cette hypothèse, s'agissant d'un jugement qui ne met pas fin à la procédure, l'appel n'est pas immédiatement recevable sauf requête adressée au président de la chambre correctionnelle et tendant à faire déclarer l'appel immédiatement recevable[4]. En 2020, Benoît David écrit toujours : « La justice en comparution immédiate va vite, détruit vite. La durée moyenne d'audience par affaire est de moins de trente minutes. Il faut insister : en trente minutes, un prévenu peut être condamné à 20 ans d'emprisonnement ![5] ».

424.103 Audience. En dehors des précisions apportées dans le cadre du présent chapitre, et qui sont relatives à la citation des témoins[6], le déroule-

1. Crim. 18 avr. 1988, nº 87-84.819, P nº 161 ; *D.* 1988. IR 151.
2. V. ss nº 424.101.
3. F. Saint-Pierre, *Le guide de la défense pénale*, 8e éd., « Guides Dalloz », 2014, nº 323.51 – AUSSI : F. Saint-Pierre, *Pratique de la défense pénale*, 6e éd., « Les intégrales », LGDJ – Lextenso, 2023.
4. C. pr. pén., art. 507, al. 1 et 4.
5. B. David, « La procédure des comparutions immédiates ou la quasi-certitude d'être incarcéré », *AJ pénal* 2020. 386.
6. V. ss nº 424.101.

ment de l'audience ne comprend pas d'autres spécificités[1].

SECTION 5 NULLITÉS

424.111 Violation du délai de jugement. La sanction du non-respect du délai de jugement est la mise en liberté de la personne détenue mais la juridiction de jugement n'est pas pour autant dessaisie de l'affaire.

424.112 Nullités – Généralité. Suivant le droit commun, les nullités doivent être soulevées avant toute défense au fond[2]. Il en est de même en matière de comparution immédiate. Ainsi, l'exception tirée du non-respect des prescriptions de l'article 394, relatives à la notification des faits au prévenu, doit être soulevée *in limine litis*[3][4].

La nullité des réquisitions ayant saisi le tribunal correctionnel dans le cadre de la comparution immédiate doit aussi être présentée avant toute défense au fond[5].

Le renvoi au-delà du délai fixé par les textes entraîne l'invalidation de la détention provisoire si les délais sont écoulés, mais nullement celle de la procédure en elle-même. C'est déjà ce que note la Haute juridiction dans un arrêt du 13 janvier 1992 : « l'article précité[6] n'a prévu, en cas de dépassement de délai, d'autre conséquence que la mise en liberté, le demandeur ne saurait soutenir que la méconnaissance de ce texte aurait pour effet d'entacher de nullité la procédure et de mettre fin aux poursuites engagées »[7].

Ainsi, dans un arrêt du 24 juin 2009[8], alors que le pourvoi soutenait que « le dépassement du délai imposé par l'article 397-1 du code de procédure pénale pour la comparution du prévenu est sanctionné par la nullité du jugement rendu selon la procédure de comparution immédiate » et « qu'en refusant d'annuler la procédure de comparution immédiate mise en œuvre contre V. G..., qui a comparu après le délai maximum de six semaines fixé par la loi, la cour d'appel a violé l'article 397-1 du code de procédure pénale », la chambre criminelle rappelle que le prévenu ne saurait faire grief à l'arrêt de ne pas avoir prononcé la nullité du jugement dès lors que les dispositions de l'article 520 du code de procédure pénale ne sont pas limitatives et s'étendent au cas où, comme en l'espèce, la cour d'appel relève que les premiers juges n'ont pas respecté le délai de renvoi de l'affaire qui leur était soumise selon la procédure de comparution immédiate, lequel délai ne pouvait dépasser six semaines[9].

424.113 Incidence de la nullité de la garde à vue sur la procédure de comparution immédiate. Si l'inobservation d'une formalité essentielle à la validité de la procédure entraîne la nullité non seulement de l'acte lui-même mais aussi de tout ce qui a suivi, selon une jurisprudence constante, également appliquée en matière d'instruction préparatoire[10], la nullité des actes subséquents n'est acquise qu'à la condition que ces derniers aient eu « *pour support nécessaire* » la mesure annulée.

Ainsi, justifie sa décision la chambre d'accusation qui, après avoir constaté l'irrégularité d'une prolongation de garde à vue, dresse la liste des actes subséquents procédant de cette mesure et les annule sans étendre cette annulation à la mise en examen et au placement en détention dont elle a souverainement apprécié qu'ils trouvaient leur support dans d'autres actes que ceux entachés de nullité[11].

Il en est de même de la chambre (d'accusation) de l'instruction qui, après avoir constaté l'irrégularité d'un placement en garde à vue, n'étend pas l'annulation de la perquisition effectuée concomitamment, dont elle a souverainement apprécié quelle ne trouvait pas son support dans la garde à vue entachée de nullité[12] ou lorsqu'elle refuse d'étendre l'annulation au mandat d'amener décerné par le juge d'instruction, aux réquisitions supplétives du procureur de la République, au procès-verbal de première comparution et à l'ordonnance de placement en détention provisoire, en énonçant qu'en l'état des éléments antérieurs de l'information, la garde à vue n'a pas été le préalable nécessaire à ces actes[13].

S'agissant plus directement de la question de l'annulation de la procédure de comparution immédiate en conséquence de la garde à vue l'ayant précédé, la chambre criminelle a également eu l'occasion de se prononcer souvent, et toujours dans le même sens : la nullité d'une garde à vue n'entraîne la nullité des actes subséquents qu'à la condition que

1. V. s[s] n°s 511.11 s.
2. V. s[s] n°s 612.21 s.
3. Crim. 26 avr. 1994, n° 93-84.880, P n° 149.
4. V. s[s] n° 424.114.
5. Crim. 3 oct. 1988, n° 87-84.422, NP.
6. C. pr. pén., art. 397-4.
7. Crim. 13 janv. 1992, n° 91-86.058, P n° 8.
8. Crim. 24 juin 2009, n° 08-87.241, P n° 136 ; *D.* 2009. 2167 ; *AJ pénal* 2009. 413, obs. J. Lasserre Capdeville.
9. SUR les principaux attendus de cet arrêt, v. s[s] n° 424.02.
10. Ch. Guéry, *Droit et pratique de l'instruction préparatoire*, 11e éd., « Dalloz action », 2022, n° 735.25.
11. Crim. 26 janv. 2000, n° 99-86.166, P n° 46 ; *D.* 2000. 93 ; *RSC* 2000. 422, obs. D.-N. Commaret.
12. Crim. 27 juin 2000, n° 00-80.411, P n° 246.
13. Crim. 28 mars 2000, n° 00-80.090, P n° 137 ; *JCP* 2000. IV. 1156 – Crim. 15 oct. 2003, n° 03-82.683, P n° 193 ; *JCP* 2003. IV. 1044.

ces derniers aient eu pour support nécessaire la mesure annulée[1]. L'annulation de l'interpellation n'entraîne pas plus celle de la procédure qui a suivi[2]. La chambre criminelle sanctionne régulièrement des cours d'appel qui ont estimé que l'annulation de la procédure de garde à vue entraîne celle du procès-verbal dressé par le procureur de la République et qui a saisi la juridiction correctionnelle[3].

424.114 À quel moment soulever les nullités de procédure ? Lorsque le prévenu a demandé un délai pour préparer sa défense, la question se pose de savoir s'il a ou non présenté une défense au fond et renoncé ainsi à se prévaloir d'une éventuelle nullité de procédure. La réponse fait peu de doute : la question de la possibilité d'être jugée le jour même intervient avant tout débat sur le fond. La personne qui a sollicité un délai peut donc présenter une requête en nullité au début de l'audience de renvoi. Le tribunal saisi d'une nullité de procédure le jour de la comparution du prévenu alors que le prévenu sollicite un délai, s'il n'a pu différer la présentation de celle-ci, la joindra au fond mais elle ne sera évoquée qu'à l'audience de renvoi[4].

SECTION 6
PROCÉDURE DE COMPARUTION IMMÉDIATE EN APPEL

424.121 Appel sur décision de supplément d'information. L'article 397-2 du code de procédure pénale prévoit que les dispositions de l'article 463 du même code sont applicables à la décision ordonnant un supplément d'information. S'agissant d'un jugement distinct du jugement au fond, et qui ne met pas fin à la procédure, l'article 507, alinéa 2, est applicable. L'appelant doit donc déposer une requête tendant à faire déclarer son appel recevable immédiatement. Le président de la chambre des appels correctionnels statue dans un délai de huit jours par ordonnance non motivée[5]. Si l'appel est jugé immédiatement recevable, la cour doit statuer dans le mois qui suit cette ordonnance.

1. Crim. 25 sept. 2002, n° 01-87.968, NP – Crim. 17 oct. 2007, n° 07-81.506, NP – Crim. 18 mars 2009, n° 08-83.172, NP – Crim. 24 nov. 2010, n° 10-83.078, NP.
2. Crim. 30 avr. 1996, n° 95-82.217, P n° 182.
3. Crim. 18 mars 2009, n° 08-83.172, NP.
4. De même en matière d'exception de nullité lors d'une citation directe par la partie civile. Peu importe qu'elle n'ait pas été présentée lors de l'audience de consignation, dès lors que l'action publique n'a été mise en mouvement qu'après le versement de la somme due par la partie civile et que le débat sur le fond a pu s'engager : Crim. 22 juin 1999, n° 98-84.424, P n° 145.
5. C. pr. pén., art. 508.

424.122 Appel sur décision de renvoi au ministère public. Cette décision met fin à la procédure puisque le tribunal n'est plus saisi. Le juge d'instruction n'est pas saisi *ipso facto* par la décision du tribunal. Pourtant, l'appel de ces jugements ne semble pas recevable. En effet, l'appel étant ici suspensif[6], il n'est pas compatible avec une saisine le jour même de la juridiction d'instruction[7]. C'est ce qu'a jugé la chambre criminelle : la décision du tribunal correctionnel renvoyant, par application de l'article 397-2, alinéa 2, du code de procédure pénale, le dossier au procureur de la République en vue de la saisine du juge d'instruction n'est pas susceptible d'appel.

Excède ses pouvoirs la cour d'appel qui, saisie des appels formés par le prévenu et par le ministère public d'un jugement du tribunal correctionnel renvoyant le dossier au procureur de la République sur le fondement de l'article 397-2, alinéa 2, annule le jugement et, après avoir évoqué, fait application du texte précité alors qu'elle aurait dû déclarer les appels irrecevables[8].

424.123 Appel sur le placement en détention provisoire ou sous contrôle judiciaire. L'appel est, en la matière, immédiatement recevable. Les textes prévoient toutefois que les décisions sont exécutoires par provision. Les décisions de placement ou maintien en détention ou de placement ou maintien sous contrôle judiciaire sont donc immédiatement exécutoires.

L'appel doit être jugé dans les délais prévus par l'article 148-2 du code de procédure pénale.

En l'état de l'appel formé par un prévenu contre la décision du tribunal correctionnel ayant, à l'occasion d'une procédure de comparution immédiate, renvoyé l'examen de l'affaire à une audience ultérieure et ordonné le placement dudit prévenu en détention provisoire, les juges du second degré peuvent, d'une part, en raison de l'effet dévolutif de l'appel, examiner le bien-fondé de la détention provisoire et statuer sur la nécessité de cette mesure, au besoin en substituant aux motifs insuffisants voire erronés de la décision rendue en première instance des motifs répondant aux exigences légales, et, d'autre part, évoquer en application de l'article 520 du code de procédure pénale, dont les dispositions ne sont pas limitatives, lorsque les premiers juges n'ont pas respecté les délais de renvoi de l'affaire devant la juridiction de jugement[9].

6. C. pr. pén., art. 507, al. 1er.
7. EN CE SENS : J.-Cl. Pr. pén., art. 393 à 397-6, par V. Lesclous, préc., n° 79.
8. Crim. 29 oct. 2008, n° 08-84.623, P n° 218 ; *AJ pénal* 2009. 39, obs. L. Ascenci.
9. Crim. 13 nov. 2012, n° 12-85.664, P n° 244.

424.124 **Appel sur le fond.** La cour statue dans les quatre mois de l'appel du jugement rendu sur le fond interjeté par le prévenu détenu, faute de quoi celui-ci, s'il n'est pas détenu pour une autre cause, est mis d'office en liberté[1]. Le dépassement du délai de quatre mois ne saurait entraîner la nullité de la procédure ni mettre fin aux poursuites[2]. Le non-respect de ce délai entraîne, là encore, la remise en liberté de la personne comme seule conséquence.

Le renvoi à l'article 471, alinéa 2, du code de procédure pénale rappelle que le condamné maintenu en détention doit être mis en liberté aussitôt que la durée de sa détention a atteint celle de la peine prononcée. Il en est ainsi même si cette dernière n'est pas définitive. Il n'y a pas d'atteinte aux droits de la défense lorsque la cour d'appel statue en présence du prévenu en l'absence de son conseil malgré une demande de renvoi de l'affaire à une date ultérieure faite par courrier par le conseil du prévenu dès lors que, lors de sa comparution, le prévenu n'a pas réitéré la demande de renvoi de son conseil et n'a pas utilisé la faculté dont il disposait de se faire assister par un autre défenseur[3].

1. C. pr. pén., art. 397-4, al. 2.
2. Crim. 13 janv. 1992, n° 91-86.058, P n° 8 ; *RSC* 1993. 129, obs. Braunschweig.
3. Crim. 4 sept. 2002, n° 01-84.423, NP.

CHAPITRE

425. Convocation par procès-verbal

SECTION 0 ORIENTEUR

425.00 Sommaire du chapitre.

425.01 Principaux textes applicables.

TEXTES SOURCES

• C. pr. pén., art. 393, 393-1, 394, 397-6, 706-106, 706-113

425.02 Jurisprudence de référence.

> Le prévenu résidant à l'étranger peut faire l'objet d'une poursuite par la procédure de convocation par procès-verbal

• **Crim. 30 avr. 2002,** n° 00-88.031, P n° 95

* V. s[s] n° 425.12.

« Attendu que devant les premiers juges, l'avocat du prévenu a soulevé l'exception de nullité des poursuites, en soutenant d'une part que l'article 397-6 du code précité excluait l'application en l'espèce de la procédure de convocation par procès-verbal et que d'autre part, l'intéressé résidant à l'étranger ne pouvait être cité que dans les formes prévues à l'article 562 du même code ;

Attendu que les juges ont à bon droit écarté cette exception, dès lors que l'article 390-1 du code de procédure pénale permet la convocation en justice du prévenu contrôlé sur le territoire national, et auquel est notifiée cette convocation, même s'il réside à l'étranger, et que ces dispositions n'entrent pas dans les prévisions de l'article 397-6 invoqué par le demandeur. »

> Dans la procédure de convocation par procès-verbal, un contrôle judiciaire ne peut être ordonné, en application de l'article 394 du code de procédure pénale, que si les délais d'audiencement prévus par ce texte sont respectés

• **Crim. 10 mars 2015,** n° 14-88.326, P n° 49

* V. s[s] n° 425.26.

« Vu le mémoire produit ;

Sur le moyen unique de cassation, pris de la violation des articles 138, 394, 591 et 593 du code de procédure pénale :

Attendu qu'il résulte de l'arrêt attaqué et des pièces de procédure que MM. Stéphane Alinhac et Alexandre Saksik ont été convoqués devant le tribunal correctionnel de Paris, selon la procédure de convocation par procès-verbal, des chefs de violences par dépositaire de l'autorité publique et faux en écriture publique et déférés devant le juge des libertés et de la détention qui a refusé d'ordonner leur placement sous contrôle judiciaire aux motifs que le délai de convocation à l'audience excédait le délai légal de deux mois ; que le procureur de la République a relevé appel de cette décision ;

Attendu que, pour confirmer les ordonnances attaquées, l'arrêt énonce que le délai de l'article 394 du code de procédure pénale n'ayant pas été respecté, c'est à bon droit que le juge des libertés et de la détention a refusé de placer les prévenus sous contrôle judiciaire ;

Attendu qu'en l'état de ces énonciations, et dès lors que, dans la procédure de convocation par procès-verbal, un contrôle judiciaire ne peut être ordonné, en application de l'article 394 du code de procédure pénale, que si les délais d'audiencement prévus par ce texte sont respectés, la cour d'appel a justifié sa décision ;

D'où il suit que le moyen doit être écarté ;

Et attendu que l'arrêt est régulier en la forme ;

REJETTE le pourvoi. »

> En matière de comparution par procès-verbal, ni l'article 394 du code de procédure pénale instaurant cette procédure, ni aucune autre disposition du même code, n'ouvre la voie de l'appel contre les ordonnances de placement sous contrôle judiciaire du juge des libertés et de la détention Toutefois, le prévenu, à qui il est loisible de saisir le tribunal correctionnel afin de solliciter la main-levée ou la modification de ces mesures de contrôle judiciaire, en application des articles 141-1 et 148-2 du code de procédure pénale, n'est pas dépourvu de recours à l'encontre de ces dernières

• **Crim. 11 juill. 2018,** n° 18-82.791, P n° 131.

* V. s[s] n° 425.27.

« Sur le moyen relevé d'office dans le rapport du conseiller rapporteur communiqué aux parties, pris de la violation de l'article 394 du code de procédure pénale ;

Vu ledit article ;

Attendu que, d'une part, aucune disposition de ce texte, instaurant la procédure de comparution par procès-verbal, ou du code de procédure pénale n'ouvre la voie de l'appel contre les ordonnances de placement sous contrôle judiciaire du juge des libertés et de la détention, d'autre part, en l'absence de droit d'appel contre ces ordonnances, le requérant, à qui il était loisible de saisir le tribunal correctionnel afin de solliciter la main-levée ou la modification de ces mesures de contrôle judiciaire, en application des articles 141-1 et 148-2 du code de procédure pénale, n'était pas dépourvu de recours à l'encontre de ces dernières ;

Attendu qu'il résulte de l'arrêt attaqué et des pièces de procédure que M. Tumen a été déféré le 1er avril 2018 devant le procureur de la République, qui, après lui avoir donné connaissance des faits qui lui étaient reprochés, lui a notifié la date de sa comparution devant le tribunal conformément aux dispositions de l'article 394 du code de procédure pénale ; qu'il a été placé, le jour même, par ordonnance du juge des libertés et de la détention, sous contrôle judiciaire avec pour obligation de passer le permis de conduire et d'en justifier à l'audience et de s'abstenir de conduire tout véhicule terrestre à moteur ; que le demandeur a relevé appel de cette ordonnance de placement sous contrôle judiciaire ;

Attendu que la cour d'appel a déclaré recevable l'appel de M. Tumen et a statué sur les moyens soulevés par celui-ci ;

Mais attendu qu'en cet état, en l'absence de droit d'appel contre l'ordonnance du juge des libertés et de la détention litigieuse, la cour d'appel a méconnu le texte susvisé et le principe ci-dessus rappelé ;

D'où il suit que la cassation est encourue. »

425.03 Bibliographie indicative.

Article. L. Eyrignac, « De quelques éclaircissements sur la procédure de convocation par procès-verbal de l'article 394 du code de procédure pénale », *AJ pénal* 2015. 306.

SECTION 1
CONDITIONS

425.11 Absence de condition relative à la peine encourue. À la différence des précautions prises par le législateur en matière de comparution immédiate, la procédure de comparution sur procès-verbal n'est pas encadrée par une peine plancher et/ou une peine plafond. Elle ne dépend en rien de la flagrance. Elle est applicable, « en matière correctionnelle », si le procureur de la République estime qu'une information n'est pas nécessaire[1]. Elle peut être en conséquence utilisée pour un délit non punissable d'une peine d'emprisonnement.

1. C. pr. pén., art. 393.

425.12 Conditions relatives à la nature de certains délits. Certains délits sont toutefois exclus de ce mode de poursuite, tout comme ils le sont de la procédure de comparution immédiate ; il s'agit des infractions reprochées aux mineurs, des délits de presse[2], des délits politiques ou d'infractions dont la procédure de poursuite est prévue par une loi spéciale[3]. L'article 562 du code de procédure pénale, qui prévoit les modalités de citation des personnes résidant à l'étranger, ne fait pas obstacle à leur convocation en justice à l'occasion de leur contrôle effectué sur le territoire national, selon les modalités prévues par l'article 394[4].

425.13 Utilisation. La procédure de comparution par procès-verbal est plus lourde à mettre en place pour le ministère public que celle de convocation par officier de police judiciaire. Ce type de voie de poursuite est en général limité aux affaires où le ministère public souhaite obtenir un placement sous contrôle judiciaire avant l'audience et où la procédure de comparution immédiate n'est pas possible au regard de la peine encourue. La comparution peut aussi être un moyen de rendre plus solennelle la présentation devant le tribunal correctionnel. Enfin, le ministère public peut ordonner la comparution devant lui en pensant procéder par voie de comparution immédiate et se rendre compte, après lecture des procès-verbaux, de son caractère inapproprié, et alors procéder par voie de comparution sur procès-verbal. Mais l'utilisation de la convocation par officier de police judiciaire a considérablement réduit l'intérêt de ce mode de poursuite. Les chiffres stagnent entre 2 et 5 % : 2,1 % en 1998, 2,4 % en 2003, 3,4 % en 2010, 3,26 % en 2013, 3,9 % en 2016, 4,16 en 2018, 4,75 en 2021[5].

SECTION 2
PROCÉDURE DEVANT LE PROCUREUR DE LA RÉPUBLIQUE

425.21 Comparution devant le procureur de la République. L'article 393 du code de procédure pénale dispose, dans sa version issue de la loi du 23 mars 2019 que : « En matière correctionnelle, lorsqu'il envisage de poursuivre une personne en application des articles 394, 395 et 397-1-1, le procureur de la République ordonne qu'elle soit déférée devant lui.

2. Avec les exceptions précitées : V. s^s n° 421.32.
3. V. s^s n°s 421.31 s.
4. Crim. 30 avr. 2002, n° 00-88.031, P n° 95.
5. *Les chiffres clés de la justice,* ministère de la Justice, sous-direction de la Statistique et des Études selon les années concernées.

Après avoir, s'il y a lieu, informé la personne de son droit d'être assistée par un interprète, constaté son identité et lui avoir fait connaître les faits qui lui sont reprochés ainsi que leur qualification juridique, le procureur de la République l'informe qu'elle a le droit à l'assistance d'un avocat de son choix ou commis d'office. L'avocat choisi ou, dans le cas d'une demande de commission d'office, le bâtonnier de l'ordre des avocats en est avisé sans délai.

L'avocat ou la personne déférée lorsqu'elle n'est pas assistée par un avocat peut consulter sur-le-champ le dossier. L'avocat peut communiquer librement avec le prévenu.

Le procureur de la République avertit alors la personne de son droit de faire des déclarations, de répondre aux questions qui lui sont posées ou de se taire. Après avoir, le cas échéant, recueilli les observations de la personne ou procédé à son interrogatoire, le procureur de la République entend, s'il y a lieu, les observations de l'avocat, portant notamment sur la régularité de la procédure, sur la qualification retenue, sur le caractère éventuellement insuffisant de l'enquête, sur la nécessité de procéder à de nouveaux actes qu'il estime nécessaires à la manifestation de la vérité et sur les modalités d'engagement éventuel des poursuites ou le recours éventuel à la procédure de comparution sur reconnaissance préalable de culpabilité. Au vu de ces observations, le procureur de la République soit procède comme il est dit aux articles 394 à 396 et à l'article 397-1-1, soit requiert l'ouverture d'une information, soit ordonne la poursuite de l'enquête, soit prend toute autre décision sur l'action publique en application de l'article 40-1. S'il ordonne la poursuite de l'enquête et que la personne est à nouveau entendue, elle a le droit d'être assistée, lors de son audition, par son avocat, en application de l'article 63-4-3.

Si le procureur de la République procède comme il est dit aux articles 394 à 396, il peut décider de fixer à la même audience, afin qu'elles puissent être jointes à la procédure ou examinées ensemble, de précédentes poursuites dont la personne a fait l'objet pour d'autres délits, à la suite d'une convocation par procès-verbal, par officier de police judiciaire ou en vue d'une comparution sur reconnaissance préalable de culpabilité, d'une citation directe, d'une ordonnance pénale ou d'une ordonnance de renvoi du juge d'instruction. Hors le cas de la comparution immédiate, cette décision doit intervenir au moins dix jours avant la date de l'audience. Le prévenu et son avocat en sont informés sans délai.

Mention de ces formalités est faite au procès-verbal à peine de nullité de la procédure. »

Toutes les questions relatives à cette comparution devant le procureur de la République, le moment de la comparution, le rôle de la défense, les éventuelles nullités pouvant découler du non-respect de certaines règles et les profondes modifications apportées par la loi du 27 mai 2014[1] ont été évoquées plus haut lors de l'analyse de la procédure de comparution immédiate. Il convient de s'y reporter. La convocation par procès-verbal est un acte de poursuite qui ne peut émaner que d'un magistrat du parquet. On ne peut assimiler à cet acte le procès-verbal d'audition du juge délégué[2].

425.22 Droit de se taire. Le Conseil constitutionnel a été saisi par la Cour de cassation[3] d'une QPC contestant la constitutionnalité de la deuxième phrase du troisième alinéa de l'article 394 du Code de procédure pénale en ce que ces dispositions ne prévoient pas que, dans le cadre d'une comparution par procès-verbal, le prévenu doit être informé de son droit de garder le silence lorsqu'il est entendu par le JLD saisi, par le procureur, aux fins de statuer sur le placement du prévenu sous contrôle judiciaire ou assignation à résidence avec surveillance électronique.

Le Conseil constitutionnel a conclu à l'inconstitutionnalité des dispositions critiquées, en décidant qu'il y a lieu, d'une part, de reporter au 31 mars 2022 la date de l'abrogation des dispositions contestées et que les mesures prises avant la publication de la présente décision ne peuvent être contestées sur le fondement de cette inconstitutionnalité, d'autre part, de juger que, jusqu'à l'entrée en vigueur d'une nouvelle loi ou jusqu'à la date de l'abrogation des dispositions en cause, le JLD doit informer le prévenu de son droit de se taire. Le droit de se taire a été introduit dans l'article 394 par la loi du 22 décembre 2021[4].

Sur la généralisation du droit de se taire, v. s[s] n° 423.24.

425.23 Procédure particulière de l'article 706-106 du code de procédure pénale : dispositions abrogées. L'article 706-106, qui concernait non seulement la procédure de comparution immédiate mais aussi celle de convocation sur procès-verbal, a été abrogé par la loi du 27 mai 2014[5].

425.24 Délais de comparution devant la juridiction de jugement. L'article 394 du code de procédure pénale précise, dans son alinéa premier, que le procureur de la République notifie à la personne les

1. L. n° 2014-535, 27 mai 2014 portant transposition de la directive 2012/13/UE du Parlement européen et du Conseil, du 22 mai 2012, relative au droit à l'information dans le cadre des procédures pénales, *JO* 28 mai, p. 8864.
2. TGI Paris, 22 sept. 1986, *D.* 1987. 59, note J. Pradel.
3. Crim. 22 juin 2021, n° 21-90.015, NP.
4. L. n° 2021-1729, 22 déc. 2021 pour la confiance dans l'institution judiciaire, *JO* 23 déc., n° 2.
5. V. s[s] n° 424.51.

faits retenus à son encontre ainsi que la date et l'heure de l'audience, laquelle ne peut avoir lieu dans un délai inférieur à dix jours et supérieur à six mois [1]. Ce délai, qui était jusqu'à l'entrée en vigueur de la loi du 3 juin 2016 [2] de deux mois, a donc été considérablement allongé, permettant ainsi aux parquets selon la circulaire du 17 juin 2016 [3], de « fluidifier les poursuites et les audiencements ».

Toutefois, le délai peut être inférieur à dix jours si l'intéressé y renonce en présence de son avocat. Cette présence n'étant pas prévue par le texte, sauf exception, on rencontre ce type de cas surtout lorsque le dossier revient au parquet après que le juge des libertés et de la détention ait refusé un placement en détention provisoire dans le cadre de la procédure de comparution immédiate [4].

425.25 Avertissement relatif aux pièces dont doit se munir la personne lors de sa comparution devant le tribunal. L'intéressé devant comparaître libre ou sous contrôle judiciaire ou assignation à résidence avec surveillance électronique devant la juridiction de jugement, il lui est indiqué qu'il doit y venir « en possession des justificatifs de ses revenus ainsi que de ses avis d'imposition ou de non-imposition ». Cette notification, mentionnée au procès-verbal dont copie est remise sur-le-champ au prévenu, vaut citation à personne. L'avocat choisi ou le bâtonnier est informé, par tout moyen et sans délai, de la date et de l'heure de l'audience ; mention de cet avis est portée au procès-verbal. L'avocat peut, à tout moment, consulter le dossier.

425.26 Possibilité de saisine du JLD. Si le procureur de la République estime nécessaire de soumettre le prévenu jusqu'à sa comparution devant le tribunal à une ou plusieurs obligations du contrôle judiciaire ou de le placer sous assignation à résidence avec surveillance électronique, il le traduit sur-le-champ devant le juge des libertés et de la détention, statuant en chambre du conseil avec l'assistance d'un greffier. Ce magistrat peut, après audition du prévenu, son avocat ayant été avisé et entendu en ses observations, s'il le demande, prononcer l'une de ces mesures dans les conditions et suivant les modalités prévues par les articles 138, 139, 142-5 et 142-6. Cette décision est notifiée verbalement au prévenu et mentionnée au procès-verbal dont copie lui est remise sur-le-champ. Un juge des libertés et de la détention avait refusé d'ordonner le placement sous contrôle judiciaire de deux prévenus convoqués devant le tribunal correctionnel aux motifs que le délai de convocation à l'audience excédait le délai légal de deux mois. Sa décision était confirmée par la cour d'appel et la chambre criminelle rejetait le pourvoi : dans la procédure de convocation par procès-verbal, un contrôle judiciaire ne peut être ordonné, en application de l'article 394 du code de procédure pénale, que si les délais d'audiencement prévus par ce texte sont respectés [5].

Si le prévenu placé sous contrôle judiciaire ou sous assignation à résidence avec surveillance électronique se soustrait aux obligations qui lui sont imposées, les dispositions de l'article 141-2, alinéa 2, sont applicables. Ce mode de convocation se justifiera d'ailleurs essentiellement par le souhait de placer la personne poursuivie sous contrôle judiciaire ou surveillance électronique jusqu'à sa comparution.

En considération de cette mesure de contrainte supplémentaire, il faut situer la convocation par procès-verbal (CPPV) à mi-chemin entre les autres modes de convocation en justice et la comparution immédiate. De ce point de vue, elle est clairement un acte de poursuite qui ne peut émaner que d'un magistrat du parquet et on ne peut assimiler à cet acte le procès-verbal d'audition du juge délégué [6]. Dans tous les cas, la convocation ainsi délivrée vaut citation à personne et les dispositions de l'article 410 du code de procédure pénale sont applicables en cas de non-comparution du prévenu [7]. Il sera donc jugé par décision contradictoire à signifier s'il ne se présente pas ni ne se fait représenter.

425.27 Décision du JLD. Contrôle judiciaire. Voie de recours. En matière de comparution par procès-verbal, ni l'article 394 du code de procédure pénale instaurant cette procédure, ni aucune autre disposition du même code, n'ouvre la voie de l'appel contre les ordonnances de placement sous contrôle judiciaire du juge des libertés et de la détention. En l'absence de droit d'appel contre ces ordonnances, le prévenu, à qui il est loisible de saisir le tribunal correctionnel afin de solliciter la main-levée ou la modification de ces mesures de contrôle judiciaire,

1. Pour le mode de calcul de ces délais, v. s^s^ n° 424.51.
2. L. n° 2016-731, 3 juin 2016 renforçant la lutte contre le crime organisé, le terrorisme et leur financement, et améliorant l'efficacité et les garanties de la procédure pénale, *JO* 4 juin, n° 1.
3. Circ. 17 juin 2016 de présentation des dispositions générales de procédure pénale immédiatement applicables de la L. n° 2016-731, 3 juin 2016 renforçant la lutte contre le crime organisé, le terrorisme et leur financement, et améliorant l'efficacité et les garanties de la procédure pénale, NOR : JUSD1616979C.
4. V. s^s^ n° 423.34.
5. Crim. 10 mars 2015, n° 14-88.326, P n° 49 ; *D.* 2015. 684 – AUSSI : L. Eyrignac, « De quelques éclaircissements sur la procédure de convocation par procès-verbal de l'article 394 du code de procédure pénale », *AJ pénal* 2015. 306.
6. T. corr. Paris, 22 sept. 1986, *D.* 1987. 59, note J. Pradel.
7. Crim. 6 mars 1990, n° 89-86.339, *P* n° 107.

en application des articles 141-1 et 148-2 du code de procédure pénale, n'est pas dépourvu de recours à l'encontre de ces dernières. Encourt la cassation l'arrêt qui, après avoir déclaré recevable l'appel d'un prévenu contre l'ordonnance du juge des libertés et de la détention le plaçant sous contrôle judiciaire avant sa comparution devant le tribunal correctionnel, confirme cette décision[1].

425.28 **Majeur protégé.** Le majeur protégé possède les mêmes droits que ceux prévus pour la comparution immédiate[2].

425.29 **Supplément d'information.** L'article 394[3] du code de procédure pénale avait été modifié en 2014 afin de prévoir que lorsque le tribunal correctionnel avait été saisi par CPPV il pouvait, à la demande des parties ou d'office, commettre par jugement l'un de ses membres ou l'un des juges d'instruction du tribunal désigné dans les conditions de l'article 83 pour procéder à un supplément d'information. L'article 463 était applicable.

Le tribunal pouvait également, s'il estimait que la complexité de l'affaire nécessitait des investigations supplémentaires approfondies, renvoyer le dossier au procureur de la République afin que celui-ci requière l'ouverture d'une information.

Cet alinéa a été abrogé par la loi du 23 mars 2019.

Le législateur a toutefois modifié l'article 397-2 du code de procédure pénale dont le premier alinéa prévoit désormais que « Dans tous les cas prévus au présent paragraphe 3 *(traitant de la CPPV, de la CI et de la comparution différée)*, le tribunal peut, à la demande des parties ou d'office, commettre par jugement l'un de ses membres ou l'un des juges d'instruction de la juridiction désigné dans les conditions de l'article 83, alinéa premier, pour procéder à un supplément d'information ; les dispositions de l'article 463 sont applicables ».

SECTION 3 AUDIENCE

425.31 **Prévenu qui ne comparait pas.** La notification réalisée par le procureur de la République vaut citation. Le prévenu qui ne comparait pas et n'est pas excusé sera en conséquence jugé par jugement contradictoire à signifier sauf s'il est représenté par un avocat.

425.32 **Absence de spécificité.** Aucun article du code de procédure pénale ne prévoit quoi que ce soit de particulier pour l'audience qui se tient après que le ministère public ait usé de la procédure de convocation sur procès-verbal.

425.33 **Nullité.** Une cour d'appel avait annulé le procès-verbal de comparution devant le procureur de la République valant saisine de la juridiction de jugement. Elle relevait que l'annulation des procès-verbaux de garde à vue s'étendait nécessairement aux procès-verbaux notifiant la fin de la mesure, de sorte qu'il n'était plus possible de vérifier si les intéressés avaient comparu le jour même devant le magistrat du parquet qui avait ordonné leur déferement. La Cour de cassation juge que « lorsqu'une irrégularité constitue une cause de nullité de la procédure, seuls doivent être annulés les actes affectés par cette irrégularité et ceux dont ils sont le support nécessaire ; [et qu'] en prononçant ainsi, alors que la régularité du procès-verbal récapitulatif du déroulement de la garde à vue permettant de vérifier l'heure de la levée de cette mesure n'est pas affectée par l'absence de notification des droits aux personnes gardées à vue, la cour d'appel a méconnu les textes susvisés et le principe ci-dessus rappelé ; [...] ».

En effet, les annulations des procès-verbaux d'audition en garde à vue n'ont pas de conséquence sur l'existence de la garde à vue elle-même, et ni son début ni sa fin ni son existence même ne doivent être annulées en l'espèce, ce qui interdit d'ailleurs de la reprendre comme si la précédente n'avait pas existé[4].

1. Crim. 11 juill. 2018, n° 18-82.791, P n° 131 ; *JCP* 2018. 950.
2. V. s[s] n°s 421.43 s.
3. C. pr. pén., 394 ; mod. par L. n° 2016-731, 3 juin 2016, art. 95.
4. Crim. 27 mai 2014, n° 13-87.095, P n° 140 ; *AJ pénal* 2014. 490, obs. C. Renaud-Duparc.

CHAPITRE

426. Comparution différée

SECTION 0 ORIENTEUR

426.00 Sommaire du chapitre.

426.01 Principaux textes applicables.

TEXTES SOURCES

• C. pr. pén., art. 397-1-1

TEXTES *IN EXTENSO*

• **C. pr. pén., art. 397-1-1** [créé par L. n° 2019-222, 23 mars 2019, art. 60]

Dans les cas prévus à l'article 395, s'il existe contre la personne des charges suffisantes pour la faire comparaître devant le tribunal correctionnel, mais que l'affaire n'est pas en état d'être jugée selon la procédure de comparution immédiate parce que n'ont pas encore été obtenus les résultats de réquisitions, d'examens techniques ou médicaux déjà sollicités, le procureur de la République peut, si le prévenu est assisté par un avocat choisi par lui ou désigné par le bâtonnier, le poursuivre devant le tribunal correctionnel selon la procédure de comparution à délai différé conformément aux dispositions du présent article.

Conformément aux dispositions de l'article 396, le prévenu est présenté devant le juge des libertés et de la détention, qui statue sur les réquisitions du ministère public aux fins de contrôle judiciaire, d'assignation à résidence avec surveillance électronique ou de détention provisoire, après avoir recueilli les observations éventuelles du prévenu ou de son avocat. Les réquisitions du procureur précisent les raisons justifiant le recours à la présente procédure, en indiquant s'il y a lieu les actes en cours dont les résultats sont attendus. La détention provisoire ne peut être ordonnée que si la peine d'emprisonnement encourue est égale ou supérieure à trois ans. L'ordonnance rendue est susceptible d'appel dans un délai de dix jours devant la chambre de l'instruction.

L'ordonnance prescrivant le contrôle judiciaire, l'assignation à résidence avec surveillance électronique ou la détention provisoire, rendue dans les conditions et selon les modalités prévues à l'article 396, énonce les faits retenus et saisit le tribunal ; elle est notifiée verbalement au prévenu et mentionnée au procès-verbal dont copie lui est remise sur-le-champ. Le prévenu doit comparaître devant le tribunal au plus tard dans un délai de deux mois, à défaut de quoi il est mis fin d'office au contrôle judiciaire, à l'assignation à résidence avec surveillance électronique ou à la détention provisoire.

Si le prévenu placé sous contrôle judiciaire ou sous assignation à résidence avec surveillance électronique se soustrait aux obligations qui lui sont imposées, les dispositions du deuxième alinéa de l'article 141-2 et de l'article 141-4 sont applicables ; les attributions confiées au juge d'instruction par les mêmes articles 141-2 et 141-4 sont alors exercées par le procureur de la République.

Les procès-verbaux ou autres pièces résultant des réquisitions, examens techniques ou médicaux mentionnés au premier alinéa du présent article sont versés au dossier de la procédure dès leur accomplissement et mis à la disposition des parties ou de leur avocat.

Jusqu'à l'audience de jugement, le prévenu ou son avocat peuvent demander au président du tribunal la réalisation de tout acte qu'ils estiment nécessaire à la manifestation de la vérité, conformément aux dispositions de l'article 388-5, dont les deuxième à dernier alinéas sont applicables. Si le prévenu est détenu, la demande peut être faite au moyen d'une déclaration auprès du chef de l'établissement pénitentiaire. Cette déclaration est constatée et datée par le chef de l'établissement pénitentiaire, qui la signe, ainsi que le demandeur. Si celui-ci ne peut signer, il en est fait mention par le chef de l'établissement.

Pour la mise en œuvre de la procédure de comparution à délai différée, la présentation de la personne devant le procureur de la République prévue à l'article 393 ainsi que sa présentation devant le juge des libertés et de la détention prévue au deuxième alinéa du présent article peuvent intervenir dans un lieu autre que le tribunal si l'état de santé de cette personne ne permet pas de l'y transporter.

Lorsqu'il est fait application des dispositions du présent article, la victime en est avisée par tout moyen. Elle peut alors se constituer partie civile et déposer des demandes d'actes conformément à l'article 388-5.

426.03 **Bibliographie indicative.**

Article. E. Daoud et R. Binsard, « La loi de programmation 2018-2022 et réforme pour la justice et les droits de la défense : l'impossible conciliation », *AJ pénal* 2019. 188 – C. Miansoni, « La "comparution à délai différé" : nouveau mode de poursuite ou simple aménagement des cadres existants ? », *AJ pénal* 2019. 595.

SECTION 1 CHAMP D'APPLICATION

426.11 **Origines.** La commission dite Beaume s'était interrogée sur la possibilité d'introduire une procédure permettant le recueil d'éléments complémentaires dans des affaires clôturées, avant la date de jugement déjà fixée, sans recourir à la saisine d'un juge d'instruction ni attendre un éventuel supplément d'information ordonné par le tribunal correctionnel. La loi du 23 mars 2019 a institué une nouvelle procédure dite de comparution différée. Elle est tout entière exposée par l'article 397-1-1 du code de procédure pénale.

426.12 **Domaine d'application.** S'agissant de son champ d'application, le premier alinéa de cet article précise que, dans les cas prévus à l'article 395, c'est-à-dire lorsque l'infraction est punie d'au moins deux ans d'emprisonnement, ou six mois en cas de flagrant délit, et s'il existe contre la personne des charges suffisantes pour la faire comparaître devant le tribunal correctionnel, mais que l'affaire n'est pas en état d'être jugée selon la procédure de comparution immédiate parce que n'ont pas encore été obtenus les résultats de réquisitions, d'examens techniques ou médicaux déjà sollicités, le procureur de la République peut, si le prévenu est assisté par un avocat choisi par lui ou désigné par le bâtonnier, le poursuivre devant le tribunal correctionnel selon la procédure de comparution à délai différé.

La différence fondamentale avec la comparution immédiate est que l'affaire n'est ici pas en état d'être jugée, pour les raisons énoncées par le texte. « La comparution différée a donc clairement été conçue pour répondre à des situations très concrètes dans lesquelles le recours à la comparution immédiate paraît être le mode de poursuite le plus adapté compte tenu de la gravité des faits, de la personnalité de l'auteur et/ou des considérations liées à la protection des victimes, alors que les résultats d'une ou de plusieurs réquisitions engagées ne sont pas encore parvenus ».[1]

426.13 **Présentation devant le JLD.** Conformément aux dispositions de l'article 396, le prévenu est présenté devant le juge des libertés et de la détention, qui statue sur les réquisitions du ministère public aux fins de contrôle judiciaire, d'assignation à résidence avec surveillance électronique ou de détention provisoire, après avoir recueilli les observations éventuelles du prévenu ou de son avocat. Les réquisitions du procureur précisent les raisons justifiant le recours à cette procédure, en indiquant s'il y a lieu les actes en cours dont les résultats sont attendus. La détention provisoire ne peut être ordonnée que si la peine d'emprisonnement encourue est égale ou supérieure à trois ans. L'ordonnance rendue est susceptible d'appel dans un délai de dix jours devant la chambre de l'instruction[2]. Pour la mise en œuvre de la procédure de comparution à délai différée, la présentation de la personne devant le procureur de la République prévue à l'article 393 ainsi que sa présentation devant le juge des libertés et de la détention prévue au deuxième alinéa du présent article peuvent intervenir dans un lieu autre que le tribunal si l'état de santé de cette personne ne permet pas de l'y transporter[3].

426.14 **Comparution devant le tribunal.** L'ordonnance prescrivant le contrôle judiciaire, l'assignation à résidence avec surveillance électronique ou la détention provisoire, rendue dans les conditions et selon les modalités prévues à l'article 396, énonce les faits retenus et saisit le tribunal ; elle est notifiée verbalement au prévenu et mentionnée au procès-verbal dont copie lui est remise sur-le-champ. Le prévenu doit comparaître devant le tribunal au plus tard dans un délai de deux mois, à défaut de quoi il est mis fin d'office au contrôle judiciaire, à l'assignation à résidence avec surveillance électronique ou à la détention provisoire[4]. La loi n'a pas fixé de délai minimal.

426.15 **Non-respect des obligations.** Si le prévenu placé sous contrôle judiciaire ou sous assignation à résidence avec surveillance électronique se soustrait aux obligations qui lui sont imposées, les dispositions du deuxième alinéa de l'article 141-2 et de l'article 141-4 sont applicables ; les attributions confiées au juge d'instruction par les mêmes articles 141-2 et 141-4 sont alors exercées par le procureur de la République.

426.16 **Mise en état. Droits des parties.** Les procès-verbaux ou autres pièces résultant des réquisitions, examens techniques ou médicaux mentionnés au premier alinéa du présent article sont versés

1. C. Miansoni, La « comparution à délai différé » : nouveau mode de poursuite ou simple aménagement des cadres existants ? *AJ pénal* 2019. 595.
2. C. pr. pén., art. 397-1-1, al. 2.
3. C. pr. pén., art. 397-1-1, al. 7.
4. C. pr. pén., art. 397-1-1, al. 3.

au dossier de la procédure dès leur accomplissement et mis à la disposition des parties ou de leur avocat.

Jusqu'à l'audience de jugement, le prévenu ou son avocat peuvent demander au président du tribunal la réalisation de tout acte qu'ils estiment nécessaire à la manifestation de la vérité, conformément aux dispositions de l'article 388-5, dont les deuxième à dernier alinéas sont applicables. Si le prévenu est détenu, la demande peut être faite au moyen d'une déclaration auprès du chef de l'établissement pénitentiaire. Cette déclaration est constatée et datée par le chef de l'établissement pénitentiaire, qui la signe, ainsi que le demandeur. Si celui-ci ne peut signer, il en est fait mention par le chef de l'établissement.

426.17 **Victime.** Lorsqu'il est fait application des dispositions du présent article, la victime en est avisée par tout moyen. Elle peut alors se constituer partie civile et déposer des demandes d'actes conformément à l'article 388-5 [1].

426.18 **Droits de la défense.** Certains auteurs estiment que les droits de la défense ne sont pas suffisamment préservés dans le cadre de cette procédure nouvelle. « Du point de vue de la défense, cette nouvelle procédure apparaît dangereuse, qui consacre la possibilité de mesures coercitives et privatives de liberté en l'attente d'un jugement, ce qui n'était alors possible qu'en matière de renvoi d'une comparution immédiate, ou avec l'ouverture d'une information et, partant, avec le bénéfice des droits liés à la mise en examen » [2].

L'ensemble des droits reconnus au prévenu déféré dans le cadre de la comparution immédiate le sont également au prévenu présenté en vue d'une comparution différée.

Le juge des libertés peut être saisi, non seulement pour prononcer sur une détention provisoire, comme cela est le cas en matière de comparution immédiate, mais également, pour statuer, le cas échéant, sur une demande de placement sous contrôle judiciaire ou sous Arse. Le placement en détention provisoire nécessite une enquête sociale rapide conformément aux dispositions de l'article 41, alinéa 7, du code de procédure pénale. L'ordonnance du juge des libertés et de la détention ordonnant la détention provisoire est susceptible d'appel dans un délai de dix jours devant la chambre de l'instruction.

Mais c'est à l'audience de la juridiction que les droits du prévenu semblent inférieurs à ceux qu'il possède dans d'autres procédures. Ainsi, la loi n'impose aucune obligation d'assistance d'un avocat. Aucun renvoi de droit n'est prévu.

1. C. pr. pén., art. 397-1-1, al. 8.
2. E. Daoud et R. Binsard, « La loi de programmation 2018-2022 et réforme pour la justice et les droits de la défense : l'impossible conciliation », *AJ pénal* 2019. 188.

426.19 **Urgence sanitaire : l'ordonnance du 25 mars 2020.** L'article 17 de l'ordonnance du 25 mars 2020 a prévu que le délai pour la comparution du prévenu à délai différé devant le tribunal était porté de 2 mois à 4 mois.

SECTION 2
COMPARAISONS AVEC LES AUTRES PROCÉDURES D'URGENCE

426.21 **Comparaison entre les procédures de comparution immédiate et de comparution différée.** Les conditions du déferement dans le cadre de la comparution différée sont identiques à celles prévues dans le cadre de la comparution immédiate.

Les deux procédures portent sur des délits punis de six mois d'emprisonnement au moins en flagrance et de deux ans d'emprisonnement au moins en préliminaire, à l'exclusion des délits de presse, des délits politiques et des délits commis par des mineurs. L'affaire présentée devant la juridiction de jugement doit être en état d'être jugée lorsqu'est utilisée la procédure de comparution immédiate, ce qui n'est pas le cas en matière de comparution différée, puisque « n'ont pas encore été obtenus les résultats de réquisitions, d'examens techniques ou médicaux déjà sollicités ». En matière de comparution immédiate, le JLD ne peut être saisi qu'aux fins de placement en détention provisoire, tandis qu'en matière de comparution différée, le procureur peut solliciter le placement sous assignation à résidence ou sous contrôle judiciaire. À la différence de la comparution immédiate, le juge des libertés et de la détention saisi des réquisitions de placement en détention provisoire dans le cadre de la comparution différée ne peut fixer une autre date de comparution que celle prévue par le procureur de la République, lorsqu'il décide de placer le prévenu sous contrôle judiciaire ou sous assignation à résidence. S'agissant de l'audience, la présence de l'avocat n'est requise que s'agissant de la procédure de comparution immédiate.

Enfin, si le renvoi de l'affaire est de droit à la demande du prévenu en matière de comparution immédiate, tel n'est pas le cas en matière de comparution différée.

Dans les deux cas, les prévenus condamnés à des peines d'emprisonnement ferme en comparution différée peuvent faire l'objet d'un mandat de dépôt ou d'un maintien en détention quel que soit le quantum de la peine prononcée [3].

3. AUSSI C. Mansoni, « La « comparution à délai différé » : nouveau mode de poursuite ou simple aménagement des cadres existants ? », *AJ pénal* 2019. 595.

426.22 Comparaison entre les procédures de comparution immédiate et de comparution par procès-verbal. La CPPV pose le principe de l'audition du prévenu s'il en fait la demande. Ce recueil par le juge des libertés et de la détention des observations du prévenu et de son avocat est facultatif s'agissant de la procédure de comparution différée. La comparution par procès-verbal ne permet pas de requérir la détention provisoire. La renonciation au délai de dix jours, prévu par l'article 394, n'est pas prévue dans le cadre de la comparution différée, l'objectif étant justement de permettre la réalisation de certaines investigations.

TITRE

43. La comparution sur reconnaissance préalable de culpabilité

SECTION 0
ORIENTEUR

43.00 **Sommaire du titre.**

43.05 **Droit comparé.** Tous les traités de procédure pénale contiennent des comparaisons que chacun peut faire avec d'autres législations ayant connu un système de plaider coupable et évidemment avant tout les États-Unis. Mais le *plea bargaining* américain est bien loin du plaider coupable à la française dans les conditions procédurales qu'il affiche aujourd'hui.

43.06 **Droit français.** La procédure de plaider coupable a été inscrite dans notre législation par la loi du 9 mars 2004 [1] portant adaptation de la justice aux évolutions de la criminalité. Elle introduit dans le code de procédure pénale les articles 495-7 et suivants. L'entrée en vigueur de la loi était reportée au 1er octobre 2004. La procédure participe de l'idée que le temps de l'audience correctionnelle doit être mieux utilisé et particulièrement consacré à l'étude des cas difficiles, ceux dans lesquels le prévenu ne reconnaît pas sa responsabilité pénale. Le législateur avait déjà tenté dans une loi du 22 décembre 1994 d'instituer une « injonction pénale » reconnaissant au procureur le pouvoir, sous certaines conditions, d'enjoindre à une personne, qui devait l'accepter, de verser une amende ou d'accomplir un travail d'intérêt général. Mais cette procédure avait été censurée par le Conseil constitutionnel le 2 février 1995 [2]. Le législateur en avait tiré les conséquences en créant la procédure de composition pénale, par la loi du 23 juin 1999 [3]. La procédure de reconnaissance sur déclaration préalable de culpabilité est la suite logique de ce rééquilibrage entre les pouvoirs du juge et ceux du parquet. Elle a continué à s'étendre avec l'entrée en vigueur des lois des 13 décembre 2011, 6 décembre 2013 et 23 mars 2019.

43.07 **Décision du Conseil constitutionnel.** Le Conseil constitutionnel a validé la conformité à la Constitution de la loi du 9 mars 2004 dans ses

1. L. n° 2004-204, 9 mars 2004 portant adaptation de la justice aux évolutions de la criminalité, *JO* 10 mars, p. 4567.

2. Cons. const. 2 févr. 1995, n° 95-360 DC, art. 35 non conforme de la loi, *loi relative à l'organisation des juridictions et à la procédure civile, pénale et administrative,* NON-CONFORMITÉ PARTIELLE, *JO* 7 févr., p. 2097 ; *RFDC* 1995. 405, note S. Renoux ; *D.* 1995. Chron. 201, obs. Wolff.

3. L. n° 99-515, 23 juin 1999 renforçant l'efficacité de la procédure pénale, *JO* 24 juin, p. 9247 ; mod. par L. n° 2002-1138, 9 sept. 2002 et L. n° 2004-204, 9 mars 2004 : cette procédure, ne concernant pas l'audience correctionnelle, ne fait pas l'objet d'une étude dans le présent ouvrage.

dispositions touchant la CRPC à l'exception de celles touchant à la non-publicité de l'audience d'homologation[1].

43.08 Quelques chiffres. On peut suivre, par le très officiel *Chiffres clés de la justice*, l'évolution de l'importance de la procédure de CRPC : 2006 : 51 028 affaires et 32 261 ordonnances d'homologation ; 2007 : 49 712 affaires et 47 799 ordonnances d'homologation ; 2008 : 56 328 affaires et 55 092 ordonnances d'homologation. Il y a eu, en 2013, 69 627 ordonnances d'homologation de CRPC, 70 632 en 2016, 78 718 en 2018, 87 176 en 2021[2].

Ces chiffres ne sont pas forcément représentatifs de ce que l'on appelle l'échec de la procédure : lorsqu'une procédure de CRPC sans défèrement est mise en œuvre par le parquet et que la personne se présente sans avocat par exemple, la procédure ne peut se dérouler puisque la présence du conseil est obligatoire. Il y aura un renvoi à une autre date, parfois l'abandon de la voie retenue. Il en est de même de la personne qui ne se présente pas à la convocation. La personne qui n'accepte pas la peine lors de la proposition formulée par le ministère public n'entre pas non plus dans les statistiques.

1. Cons. const. 2 mars 2004, n° 2004-492 DC, art. 1er (706-104 C. pr. pén.), 137 (495-9, al. 2 (mot) C. pr. pén.), et sous réserve le surplus des 1er et 137 ainsi que 14, 48, 63, 121 et 186 de la loi, *loi portant adaptation de la justice aux évolutions de la criminalité*, NON-CONFORMITÉ PARTIELLE, *JO* 10 mars, p. 4637 ; *D. actu.* 23 juin 2021, note D. Goetz ; *D.* 2004. 2756, obs. B. de Lamy ; *ibid.* 2004. 956, Chron. M. Dobkine ; *ibid.* 2004. 1387, Chron. J.-E. Schoettl ; *ibid.* 2005. 122, ét. V. Bück*ibid.* 2005. 1125, obs. V. Ogier-Bernaud et C. Severino ; *RSC* 2004. 725, obs. C. Lazerges.

2. *Les chiffres clés de la Justice*, ministère de la Justice, sous-direction de la Statistique et des Études, selon les années concernées.

CHAPITRE

431. Phase de proposition

SECTION 0 ORIENTEUR

431.00 Sommaire du chapitre.

431.01 Principaux textes applicables.

TEXTES SOURCES

• C. pr. pén., art. 41, 180-1, 393, 495-7, 495-8, 495-10, 495-12, 495-15, 495-16, 706-113, 706-43, 706-44, 712-6

• C. pr. pén., art. D. 47-22

• C. pén., art. 132-24

TEXTES *IN EXTENSO*

• **C. pr. pén., art. 41** [mod. par L. n° 2021-1729, 22 déc. 2021, art. 14 (V)]

Le procureur de la République procède ou fait procéder à tous les actes nécessaires à la recherche et à la poursuite des infractions à la loi pénale.

À cette fin, il dirige l'activité des officiers et agents de la police judiciaire dans le ressort de son tribunal.

Lorsqu'il s'agit d'actes d'enquête devant être exécutés dans un autre ressort que celui du tribunal judiciaire, il peut demander au procureur de la République territorialement compétent d'y procéder ou d'y faire procéder par un officier de police judiciaire. Il peut toutefois également requérir directement tout officier de police judiciaire sur l'ensemble du territoire national de procéder à ces actes.

Le procureur de la République contrôle les mesures de garde à vue. Il visite les locaux de garde à vue chaque fois qu'il l'estime nécessaire et au moins une fois par an ; il tient à cet effet un registre répertoriant le nombre et la fréquence des contrôles effectués dans ces différents locaux. Il adresse au procureur général un rapport concernant les mesures de garde à vue et l'état des locaux de garde à vue de son ressort ; ce rapport est transmis au garde des Sceaux. Le garde des Sceaux rend compte de l'ensemble des informations ainsi recueillies dans un rapport annuel qui est rendu public.

Il a tous les pouvoirs et prérogatives attachés à la qualité d'officier de police judiciaire prévus par la section II du chapitre Ier du titre Ier du présent livre, ainsi que par des lois spéciales.

Il peut se transporter dans toute l'étendue du territoire national. Il peut également, dans le cadre d'une demande d'entraide adressée à un État étranger et avec l'accord des autorités compétentes de l'État concerné, se transporter sur le territoire d'un État étranger aux fins de procéder à des auditions.

En cas d'infractions flagrantes, il exerce les pouvoirs qui lui sont attribués par l'article 68.

Le procureur de la République peut également requérir, suivant les cas, une personne habilitée dans les conditions prévues au sixième alinéa de l'article 81, le service pénitentiaire d'insertion et de probation ou le service de la protection judiciaire de la jeunesse de vérifier la situation matérielle, familiale et sociale d'une personne faisant l'objet d'une enquête, de vérifier la faisabilité matérielle de certaines peines ou aménagements de peine pouvant être prononcés et de l'informer sur les mesures propres à favoriser l'insertion sociale de l'intéressé. Ces réquisitions peuvent également être faites après le renvoi d'une personne devant le tribunal correctionnel par le juge d'instruction, lorsque celle-ci est en détention provisoire.

Ces diligences doivent être prescrites avant toute réquisition de placement en détention provisoire lorsque la peine encourue n'excède pas cinq ans d'emprisonnement et en cas de poursuites selon la procédure de comparution immédiate prévue aux articles 395 à 397-6 ou lorsque la personne est déférée devant le procureur de la République en application de l'article 393 et en cas de poursuites selon la procédure de comparution sur reconnaissance préalable de culpabilité prévue aux articles 495-7 à 495-13.

À l'exception des infractions prévues aux articles 19 et 27 de l'ordonnance n° 45-2658 du 2 novembre 1945 relative aux conditions d'entrée et de séjour des étrangers en France, en cas de poursuites pour une infraction susceptible d'entraîner à son encontre le prononcé d'une mesure d'interdiction du territoire français d'un étranger qui déclare, avant toute saisine de la juridiction compétente, se trouver dans l'une des situations prévues par les articles 131-30-1 ou 131-30-2 du code pénal, le procureur de la République ne peut prendre aucune réquisition d'interdiction du territoire français s'il n'a préalablement requis, suivant les cas, l'officier de police judiciaire compétent, une personne habilitée dans les conditions prévues au sixième alinéa de l'article 81 ou, en cas d'impossibilité matérielle, le service pénitentiaire d'insertion et de probation, afin de vérifier le bien-fondé de cette déclaration.

Le procureur de la République peut également recourir à une association d'aide aux victimes agréée par le ministre de la justice dans des conditions définies par décret, afin qu'il soit porté aide à la victime de l'infraction.

• **C. pr. pén., art. 180-1** [mod. par L. n° 2021-1729, 22 déc. 2021, art. 14 (V)]

Si le juge d'instruction estime que les faits constituent un délit, que la personne mise en examen reconnaît les faits et qu'elle accepte la qualification pénale retenue, il peut, à la demande ou avec l'accord du procureur de la République ou du mis en examen, prononcer par ordonnance le renvoi de l'affaire au procureur de la République aux fins de mise en œuvre d'une comparution sur reconnaissance préalable de culpabilité conformément à la section 8 du chapitre Ier du titre II du livre II. Lorsqu'une partie civile est constituée, cette ordonnance ne peut être prise qu'après avoir mis celle-ci en mesure de faire valoir ses observations ou, en cas de plainte avec constitution de partie civile, qu'avec son accord.

La détention provisoire, l'assignation à résidence sous surveillance électronique ou le contrôle judiciaire de la personne prend fin sauf s'il est fait application du troisième alinéa de l'article 179.

L'ordonnance de renvoi indique qu'en cas d'échec de la procédure de comparution sur reconnaissance préalable de culpabilité ou si, dans un délai de trois mois ou, lorsque la détention a été maintenue, dans un délai d'un mois à compter de celle-ci, aucune décision d'homologation n'est intervenue, l'ordonnance de renvoi est caduque, sauf la possibilité pour le procureur de la République, dans un délai de quinze jours, d'assigner le prévenu devant le tribunal correctionnel. Si le prévenu a été maintenu en détention, les quatrième et cinquième alinéas du même article 179 sont applicables.

Le procureur de la République peut, tout en mettant en œuvre la procédure de comparution sur reconnaissance préalable de culpabilité, assigner le prévenu devant le tribunal correctionnel ; cette assignation est caduque si une ordonnance d'homologation intervient avant l'expiration du délai de trois mois ou d'un mois mentionné au troisième alinéa du présent article.

La demande ou l'accord du ministère public et des parties prévus au premier alinéa, qui doivent faire l'objet d'un écrit ou être mentionnés par procès-verbal, peuvent être recueillis au cours de l'information ou à l'occasion de la procédure de règlement prévue à l'article 175 ; si ces demandes ou accords ont été recueillis au cours de l'information, le présent article peut être mis en œuvre sans qu'il soit nécessaire de faire application du même article 175.

Lorsque la proposition émane du procureur de la République, les parties disposent d'un délai de dix jours à compter de la notification de cette proposition pour indiquer, par télécopie, déclaration au greffe ou lettre recommandée, si elles acceptent le renvoi de l'affaire aux fins de mise en œuvre d'une comparution sur reconnaissance préalable de culpabilité. En cas d'accord, les dispositions de l'article 175 ne sont pas applicables et, par dérogation aux dispositions de l'article 184, l'ordonnance de renvoi ne mentionne, outre les éléments prévus aux deuxième et troisième alinéas du présent article, que l'identité de la personne et la qualification retenue, sans avoir besoin d'être motivée.

• **C. pr. pén., art. 393** [mod. par L. n° 2020-1672, 24 déc. 2020, art. 26]

En matière correctionnelle, lorsqu'il envisage de poursuivre une personne en application des articles 394, 395 et 397-1-1, le procureur de la République ordonne qu'elle soit déférée devant lui.

Après avoir, s'il y a lieu, informé la personne de son droit d'être assistée par un interprète, constaté son identité et lui avoir fait connaître les faits qui lui sont reprochés ainsi que leur qualification juridique, le procureur de la République l'informe qu'elle a le droit à l'assistance d'un avocat de son choix ou commis d'office. L'avocat choisi ou, dans le cas d'une demande de commission d'office, le bâtonnier de l'ordre des avocats en est avisé sans délai.

L'avocat ou la personne déférée lorsqu'elle n'est pas assistée par un avocat peut consulter sur-le-champ le dossier. L'avocat peut communiquer librement avec le prévenu.

Le procureur de la République avertit alors la personne de son droit de faire des déclarations, de répondre aux questions qui lui sont posées ou de se taire. Après avoir, le cas échéant, recueilli les observations de la personne ou procédé à son interrogatoire, le procureur de la République entend, s'il y a lieu, les observations de l'avocat, portant notamment sur la régularité de la procédure, sur la qualification retenue, sur le caractère éventuellement insuffisant de l'enquête, sur la nécessité de procéder à de nouveaux actes qu'il estime nécessaires à la manifestation de la vérité et sur les modalités d'engagement éventuel des poursuites ou le recours éventuel à la procédure de comparution sur reconnaissance préalable de culpabilité. Au vu de ces observations, le procureur de la République soit procède comme il est dit aux articles 394 à 396 et à l'article 397-1-1, soit requiert l'ouverture d'une information, soit ordonne la poursuite de l'enquête, soit prend toute autre décision sur l'action publique en application de l'article 40-1. S'il ordonne la poursuite de l'enquête et que la personne est à nouveau entendue, elle a le droit d'être assistée, lors de son audition, par son avocat, en application de l'article 63-4-3.

Si le procureur de la République procède comme il est dit aux articles 394 à 397-1-1, il peut décider de fixer à la même audience, afin qu'elles puissent être jointes à la procédure ou examinées ensemble, de précédentes poursuites dont la personne a fait l'objet pour d'autres délits, à la suite d'une convocation par procès-verbal, par officier de police judiciaire ou en vue d'une comparution sur reconnaissance préalable de culpabilité, d'une citation directe, d'une ordonnance pénale ou d'une ordonnance de renvoi du juge d'instruction. Hors le cas de la comparution immédiate, cette décision doit intervenir au moins dix jours avant la date de l'audience. Le prévenu et son avocat en sont informés sans délai.

Mention de ces formalités est faite au procès-verbal à peine de nullité de la procédure.

• **C. pr. pén., art. 495-7**

Pour tous les délits, à l'exception de ceux mentionnés à l'article 495-16 et des délits d'atteintes volontaires et involontaires à l'intégrité des personnes et d'agressions sexuelles prévus aux articles 222-9 à 222-31-2 du code pénal lorsqu'ils sont punis d'une peine d'emprisonnement d'une durée supérieure à cinq ans, le procureur de la République peut, d'office ou à la demande de l'intéressé ou de son avocat, recourir à la procédure de comparution sur reconnaissance préalable de culpabilité conformément aux dispositions de la présente section à l'égard de toute personne convoquée à cette fin ou déférée devant lui en application de l'article 393 du présent code, lorsque cette personne reconnaît les faits qui lui sont reprochés.

• **C. pr. pén., art. 495-8** [mod. par L. n° 2019-222, 23 mars 2019, art. 74]

Le procureur de la République peut proposer à la personne d'exécuter une ou plusieurs des peines principales ou complémentaires encourues ; la nature et le quantum de la ou des peines sont déterminés conformément aux articles 130-1 et 132-1 du code pénal.

Lorsqu'est proposée une peine d'emprisonnement, sa durée ne peut être supérieure à trois ans ni excéder la moitié de la peine d'emprisonnement encourue. Le procureur peut proposer qu'elle soit assortie en tout ou partie du sursis. Il peut également proposer qu'elle fasse l'objet d'une des mesures d'aménagement énumérées par l'article 712-6. Si le procureur de la République propose une peine d'emprisonnement ferme, il précise à la personne s'il entend que cette peine soit immédiatement mise à exécution ou si la personne sera convoquée devant le juge de l'application des peines pour que soient déterminées les modalités de son exécution, notamment la semi-liberté, le placement à l'extérieur ou le placement sous surveillance électronique.

Lorsqu'est proposée une peine d'amende, son montant ne peut être supérieur à celui de l'amende encourue. Elle peut être assortie du sursis.

Le procureur de la République peut proposer que la peine d'emprisonnement proposée révoquera tels ou tels sursis précédemment accordés. Il peut également proposer le relèvement d'une interdiction, d'une déchéance ou d'une incapacité résultant de plein droit de la condamnation, en application du second alinéa de l'article 132-21 du code pénal, ou l'exclusion de la mention de la condamnation du bulletin n° 2 ou n° 3 du casier judiciaire en application des articles 775-1 et 777-1 du présent code.

Les déclarations par lesquelles la personne reconnaît les faits qui lui sont reprochés sont recueillies, et la proposition de peine est faite par le procureur de la République, en présence de l'avocat de l'intéressé choisi par lui ou, à sa demande, désigné par le bâtonnier de l'ordre des avocats, l'intéressé étant informé que les frais seront à sa charge sauf s'il remplit les conditions d'accès à l'aide juridictionnelle. La personne ne peut renoncer à son droit d'être assistée par un avocat. L'avocat doit pouvoir consulter sur-le-champ le dossier.

La personne peut librement s'entretenir avec son avocat, hors la présence du procureur de la République, avant de faire connaître sa décision. Elle est avisée par le procureur de la République qu'elle peut demander à disposer d'un délai de dix jours avant de faire connaître si elle accepte ou si elle refuse la ou les peines proposées.

Le procureur de la République peut, avant de proposer une peine conformément aux dispositions du cinquième alinéa du présent article, informer par tout moyen la personne ou son avocat des propositions qu'il envisage de formuler.

431.02 Jurisprudence de référence.

> Le procureur de la République peut saisir la juridiction correctionnelle selon l'un des modes prévus par l'article 388 du code de procédure pénale lorsque, après la délivrance d'une convocation en vue d'une comparution sur reconnaissance préalable de culpabilité, il renonce à proposer une peine dans les conditions prévues par l'article 495-8 du code de procédure pénale

• **Crim. 29 oct. 2008,** n° 08-84.857, P n° 219

* V. s[s] n° 431.55.

« Vu le mémoire produit ;

Sur le moyen unique de cassation, pris de la violation des articles 495-8 et suivants, 591 et 593 du code de procédure pénale, violation de la loi et manque de base légale :

En ce que, d'une part, l'arrêt attaqué a confirmé le jugement annulant les poursuites au motif que le ministère public ayant mis en œuvre une procédure de comparution sur reconnaissance préalable de culpabilité ne pouvait plus, sans que soient réunies les conditions posées par l'article 495-12 du code de procédure pénale, procéder conformément à l'article 388 du même code ;

Alors qu'aucune proposition de peine n'ayant pu être régulièrement formulée par le procureur de la République du fait de l'absence du conseil du prévenu, la procédure de comparution sur reconnaissance préalable de culpabilité n'avait pu être engagée ; qu'une simple convocation en vue d'une comparution sur reconnaissance préalable de culpabilité ne saurait être considérée comme la mise en œuvre effective de cette mesure ;

En ce que, d'autre part, l'arrêt attaqué a confirmé le jugement qui estimait que, du fait de l'absence du conseil du prévenu, le procureur de la République était tenu de procéder à un renvoi de l'affaire ;

Alors que le principe d'indépendance du ministère public à l'égard du juge du fond prohibe toute injonction que ce dernier pourrait adresser au parquet ;

Vu les articles 388 et 495-8 du code de procédure pénale ;

Attendu que le procureur de la République peut saisir la juridiction correctionnelle selon l'un des modes prévus par le premier de ces textes lorsque, après la délivrance d'une convocation en vue d'une comparution sur reconnaissance préalable de culpabilité, il renonce à proposer une peine dans les conditions prévues par le second de ces textes ;

Attendu qu'il résulte de l'arrêt attaqué et des pièces de procédure que le procureur de la République du Mans a fait délivrer à Sébastien A une convocation en vue d'une comparution sur reconnaissance préalable de culpabilité fixée au 23 octobre 2007 ; qu'à cette date, en raison d'un mouvement de grève décidé en assemblée générale du barreau, le prévenu n'a pu être assisté par un avocat contrairement aux exigences posées par l'article 495-8 du code de procédure pénale ; que le procureur de la République a alors, par procès-verbal, convoqué l'intéressé à l'audience du tribunal correctionnel du 2 janvier 2008 ;

Attendu que, pour déclarer le tribunal irrégulièrement saisi, l'arrêt attaqué, par motifs propres et adoptés, énonce que le ministère public, qui avait mis en œuvre la procédure de comparution sur reconnaissance préalable de culpabilité, ne pouvait saisir le tribunal correctionnel selon l'un des modes prévus par l'article 388 du code de procédure pénale avant que le prévenu ait refusé la peine proposée ou que le président du tribunal ait rejeté l'homologation ; que les juges ajoutent qu'en raison de l'absence de conseil du prévenu, le ministère public aurait dû renvoyer l'affaire à une audience ultérieure de comparution sur reconnaissance préalable de culpabilité ;

Mais attendu qu'en prononçant ainsi, la cour d'appel a méconnu les textes susvisés et le principe ci-dessus rappelé ;

D'où il suit que la cassation est encourue de ce chef. »

> Selon les dispositions de l'article 495-15-1, le procureur de la République qui a mis en œuvre la procédure sur reconnaissance préalable de culpabilité, peut procéder simultanément à une poursuite par l'un des modes prévus à l'article 388

L'article 495-15-1 est applicable immédiatement à la répression des infractions commises avant son entrée en vigueur.

• **Crim. 24 nov. 2009,** n° 09-85.151, P n° 192

* V. s^s n° 431.56.

« Vu le mémoire produit ;

Sur le second moyen de cassation, pris de la violation de l'article 495-15-1 du code de procédure pénale :

Vu ledit article, ensemble l'article 112-2 du code pénal ;

Attendu que, selon l'article 112-2 du code pénal, les lois fixant les modalités des poursuites et les formes de la procédure sont applicables immédiatement à la répression des infractions commises avant leur entrée en vigueur ;

Attendu que, selon les dispositions de l'article 495-15-1 du code de procédure pénale, issu de la loi du 12 mai 2009, la mise en œuvre de la procédure de comparution sur reconnaissance préalable de culpabilité n'interdit pas au procureur de la République de procéder simultanément à une convocation en justice en application de l'article 390-1 du même code ;

Attendu que, pour constater la nullité du procès-verbal de convocation en justice établi par le procureur de la République et déclarer irrégulière la saisine du tribunal, l'arrêt énonce que le ministère public ne pouvait concomitamment mettre en œuvre la procédure de comparution sur reconnaissance préalable de culpabilité et saisir le tribunal suivant un des modes prévus par l'article 388 du code de procédure pénale ;

Mais attendu qu'en statuant ainsi, la cour d'appel a méconnu le sens et la portée des textes susvisés ;

D'où il suit que la cassation est encourue ;

Par ces motifs, et sans qu'il soit besoin d'examiner le premier moyen de cassation proposé :

CASSE ET ANNULE [...]. »

431.03 Bibliographie indicative.

Encyclopédies. Rép. pén., *V° Comparution sur reconnaissance préalable de culpabilité*, par F. Molins (juin 2022) – J.-Cl. Pr. pén., « De la comparution sur reconnaissance préalable de culpabilité », art. 495-7 à 495-16, fasc. 20, par Verny.

Articles. G. Azibert, « Perspectives et prospectives. Au sujet de la procédure de la comparution sur reconnaissance préalable de culpabilité », *in Mél. J. Pradel*, Cujas, 2006, p. 173. B. Bouloc, L. Mariani, « La CRPC, une procédure à revoir ? », *Gaz. Pal.* 6-8 nov. 2005, p. 7 – J. Buisson, « À propos de la loi n° 2005-847 du 26 juillet 2005, reconnaissance préalable de culpabilité », *Procédures* 2005, n° 234 – J.-P. Céré et P. Remillieux, « De la composition pénale à la comparution sur reconnaissance préalable de la culpabilité : le "plaider coupable" à la française », *AJ pénal* 2003. 45 – D. Charvet, « Réflexions autour du plaider coupable », *D.* 2004. 2517 – J. Danet, « La CRPC : du modèle législatif aux pratiques... et des pratiques vers quel(s) modèle(s) ? », *AJ pénal* 2005. 433 ; « La loi Perben II, une nouvelle distribution des pouvoirs », *Les Journées d'études Dalloz*, 2004, Dalloz – L. Defferard, « La dénaturation du "plaider-coupable" après la loi n° 2009-526 du 12 mai 2009 de simplification et de clarification et d'allégement des procédures », *Dr. pénal* 2009. Ét. 13 – P.-J. Delage, « La comparution sur reconnaissance préalable de culpabilité : quand la pratique ramène à la théorie », *D.* 2005. 1970 ; « Plaider-coupable : la clarification par l'entérinement des pratiques », *D.* 2009. Point de vue 1650 – L. Delprat, « La Cour de cassation et le Conseil d'État doivent-ils plaider coupable ? », *Dr. pénal* 2005. Ét. 10 – V.-O. Dervieux, « La comparution sur reconnaissance préalable de culpabilité dans le cadre d'une instruction préparatoire (CRPCI), cette belle inconnue..., » *Gaz. Pal.* 12 juill. 2016, n° 269n8, p. 15 ; « CRPC : plaidoyer pour une « extension du domaine de la lutte », *Gaz. Pal.* 8 sept. 2020, n° GPL387E8, p. 13 ; F. Desprez, « L'ordonnance de refus d'homologation dans le cadre de la CRPC », *D.* 2007. 2043 – R. Encinas de Munagorri, « Chronique des sources du droit en droit interne, la validité douteuse des actes du législateur, le cas du "plaider coupable" », *RTD civ.* 2005. 553 – A. Giudicelli, « Repenser le plaider coupable », *RSC* 2005. 592 – Ch. Guéry, « Le renvoi aux fins de comparution sur reconnaissance préalable de culpabilité », *AJ pénal* 2013. 86 – J.-M. Hayat (interview), « Le plaider coupable : une révolution culturelle ? », *D.* 2015. 672 – Y. Joseph-Ratineau, « De quelques difficultés issues de la double convocation dans le cadre de la comparution sur reconnaissance préalable de culpabilité », *JCP* 2009. 230 ; « Petites incohérences pratiques résultant de la double convocation dans le cadre de la CRPC », *D.* 2009. 2815 ; « Comparution sur reconnaissance préalable de culpabilité : à nos actes manqués... », *D.* 2010. 875 (note s[s] Cass. 24 nov. 2009) – C. Lazerges, « Le Conseil constitutionnel, acteur de la politique criminelle », *RSC* 2004. 735 – F. Le Gunehec, « Loi n° 2004-204 du 9 mars 2004 portant adaptation de la justice aux évolutions de la criminalité », *JCP* 2004. Actu. 188 – J. Leroy, « L'aveu de culpabilité dans la composition pénale et le plaider coupable », *Gaz. Pal.* 15-21 août 2014, p. 9 – A. Lévy et J. Monin de Flaugergues, « Les récents mais perfectibles développements de la comparution sur reconnaissance préalable de culpabilité en matière économique et financière Entretien avec Jean-Michel Hayat, président du tribunal de grande instance de Paris », *Dr. pénal* 2016, ét. 21 – L. Milano, « La conventionnalité de principe de la procédure de "plaider coupable" », *JCP* 2014. 627 – F. Molins, « Plaidoyer pour le "plaider coupable" : des vertus d'une peine négociée », *AJ pénal* 2003. 61 ; « Contribution pour un premier bilan de la CRPC dans une grosse juridiction », *AJ pénal* 2005. 443 – Y. Msika, « Plaider coupable et le rôle de l'avocat à Pontoise et ailleurs », *AJ pénal* 2005. 445 – J. Pradel, « Défense du plaidoyer de culpabilité. À propos du projet de loi sur les évolutions de la criminalité », *JCP* 2004. Actu. 58 ; « Le Ministère public à l'audience d'homologation », *D.* 2005. 1200 ; « Le plaider coupable, confrontation des droits américain, italien et français », *RID comp.* 2005. 473, « Réforme de la justice – Notre procédure pénale à la recherche d'une efficacité à toute vapeur Loi n° 2019-222 du 23 mars 2019 » Étude, *JCP* 2019, Doctr. 406 – X. Pradel, M. Seurin, D. Casanova, D. Missistrano, « Le plaider coupable », *Rev. pénit.* 2005. 377 – G. Roussel, « Tableau synthétique du déroulement de la procédure de CRPC », *AJ pénal* 2005. 442 – C. Saas, « De la composition pénale au plaider coupable : le pouvoir de sanction du procureur », *RSC* 2004. 827 – D. Savarzeix et B. Partouche, « Les merveilles de la boîte de Pandore. – (Éléments de définition du régime juridique unifié de la saisine du tribunal correctionnel à l'aune de la loi du 12 mai 2009) », *Dr. pénal* 2013. Étude 2 – B. Sayous, R. Cario, « La justice restaurative dans la réforme pénale : de nouveaux droits pour les victimes et les auteurs d'infractions pénales », *AJ pénal* 2014. 461 – J.-E. Schoettl, « La loi Perben 2 devant le Conseil constitutionnel », *Gaz. Pal.* 11-15 avr. 2004, p. 3 – A. Taleb, « Les procédures de reconnaissance préalable de culpabilité : étude comparée des justices pénales française et anglaise », *RSC* 2014. 886 – A. Valoteau, « Le jugement sur reconnaissance préalable de culpabilité : une autre procédure de jugement ou une autre manière de juger ? », *Dr. pénal* 2006. Ét. 8.

431.05 **Une procédure conforme à la convention européenne.** La Cour européenne des droits de l'Homme a validé, dans un arrêt concernant la Géorgie[1], la procédure de comparution sur reconnaissance préalable de culpabilité : dans le système géorgien, elle permet à un accusé d'obtenir une modification des chefs d'accusation ou une réduction de la peine en contrepartie d'une reconnaissance de culpabilité ou d'un plaidoyer de non-contestation. La Cour rappelle que l'article 6 n'empêche pas la renonciation à certains droits procéduraux à condition qu'elle soit non équivoque, assortie de garanties minimales pour prévenir les abus, et qu'elle ne se heurte à aucun intérêt public important. La Cour exige que la négociation de plaidoyer soit acceptée volontairement, en pleine connaissance des faits de l'affaire et des conséquences juridiques de cette négociation et que le contenu et les modalités de la négociation doivent être soumis à un contrôle juridictionnel suffisant.

Elle estime qu'il est normal que le droit d'appel soit plus limité dans ce type de procédure que dans un procès pénal ordinaire. En acceptant l'accord, le requérant a renoncé à cette garantie sans que cela emporte violation de l'article 2 du protocole n° 7.

431.06 **Présomption d'innocence.** Dans une décision du 5 septembre 2019[2], rendue en réponse à une question préjudicielle posée par une juridiction bulgare, la Cour de justice de l'Union européenne a dit que la directive de 2016 portant renforcement de certains aspects de la présomption d'innocence ne s'oppose pas à ce qu'un accord dans lequel la personne poursuivie reconnaît sa culpabilité en échange d'une réduction de peine, qui doit être approuvé par une juridiction nationale, mentionne expressément en tant que coauteurs de l'infraction pénale en cause non seulement cette personne, mais également d'autres personnes poursuivies, lesquelles n'ont pas reconnu leur culpabilité et sont poursuivies dans le cadre d'une procédure pénale distincte. Toutefois, cette mention doit être nécessaire pour établir la responsabilité de la personne qui a conclu ledit accord et l'accord doit indiquer clairement que les autres personnes sont poursuivies dans le cadre d'une procédure pénale distincte et que leur culpabilité n'a pas été légalement établie.

SECTION 1
PEINE ENCOURUE

431.11 **Procédure applicable, sauf exceptions, à tous les délits.** L'article 495-7 du code de procédure pénale, jusqu'à sa modification par la loi du 13 décembre 2011 disposait que : « Pour les délits punis à titre principal d'une peine d'amende ou d'une peine d'emprisonnement d'une durée inférieure ou égale à cinq ans, le procureur de la République peut, d'office ou à la demande de l'intéressé ou de son avocat, recourir à la procédure de comparution sur reconnaissance préalable de culpabilité. »

1. CEDH 29 avr. 2014, *Natsvlishvili et Togonidze c/Géorgie*, req. n° 9043/05.

2. CJUE, 5 sept. 2019, aff. C-377/18 : *JCP G* 2019, act. 920, obs. D. Berlin.

Cette procédure est alors applicable pour toutes les infractions délictuelles qui ne font pas encourir d'emprisonnement et punies seulement d'une amende, et pour toutes celles qui font encourir jusqu'à cinq ans d'emprisonnement inclus. La récidive ne doit pas être prise en compte pour fixer le *quantum* de la peine encourue. Il s'agit en effet d'une circonstance aggravante personnelle qui n'entre pas dans la définition de la peine encourue[1].

Depuis l'entrée en vigueur de la loi du 13 décembre 2011, validé par le Conseil constitutionnel dans sa décision du 8 décembre 2011[2], l'article 495-7 est ainsi rédigé : « Pour tous les délits, à l'exception de ceux mentionnés à l'article 495-16 et des délits d'atteintes volontaires et involontaires à l'intégrité des personnes et d'agressions sexuelles prévus aux articles 222-9 à 222-31-2 du code pénal lorsqu'ils sont punis d'une peine d'emprisonnement d'une durée supérieure à cinq ans, le procureur de la République peut, d'office ou à la demande de l'intéressé ou de son avocat, recourir à la procédure de comparution sur reconnaissance préalable de culpabilité conformément aux dispositions de la présente section à l'égard de toute personne convoquée à cette fin ou déférée devant lui en application de l'article 393 du présent code, lorsque cette personne reconnaît les faits qui lui sont reprochés. »

Il résulte du texte que la procédure est applicable à *tous les délits, sauf exceptions*.

Sur la mise en place de cette procédure en matière économique et financière, Jean-Michel Hayat, alors président du tribunal de grande instance de Paris, déclare « Les conséquences que je tire de cette première étape en forme de réussite sont les suivantes : d'abord nous avons symboliquement fait tomber le verrou dans les esprits et permis le développement de cette procédure à cette matière si particulière, ensuite nous avons démontré la capacité de la justice française à prononcer des amendes significatives, enfin nous avons constaté avec satisfaction le volontarisme du Parquet national financier et celui du parquet de Paris. La CRPC en matière financière va donc peu à peu, s'installer dans le paysage judiciaire. Ce n'était pas acquis d'avance. À ce jour, un large consensus peut être observé »[3].

431.12 Problème des contraventions connexes. L'article 495-7 du code de procédure pénale exclut à l'évidence les crimes et les contraventions. Les contraventions connexes à un délit poursuivi selon ce mode de poursuite trouveraient pourtant avantage à pouvoir bénéficier d'une extension. La doctrine est en général en accord avec une telle perspective. En pratique, les contraventions connexes sont très largement admises par les juridictions et les trames informatiques du parquet les intègrent dans les imprimés.

SECTION 2
PERSONNES CONCERNÉES

431.21 Mineur. L'article 495-16 du code de procédure pénale exclut de son champ d'application les mineurs c'est-à-dire toute personne qui était mineure au moment des faits.

Il était difficile d'imaginer un système permettant à un mineur de donner un tel accord alors qu'il n'a pas la capacité juridique.

431.22 Personne morale. Les personnes morales ne sont pas exclues par le texte. La personne physique représentant la personne au moment de la procédure sera le cas échéant, convoquée par le procureur de la République.

Conformément aux dispositions de l'article 706-43 du code de procédure pénale, la personne morale sera représentée par la personne physique représentant légal à l'époque des poursuites[4], contre laquelle aucune contrainte n'aura pu être exercée[5].

431.23 Immunité. La procédure de comparution sur reconnaissance préalable de culpabilité ne peut non plus être diligentée à l'encontre d'une personne qui bénéficie d'une immunité.

SECTION 3
INFRACTIONS EXCLUES

431.31 Liste des infractions exclues de l'article 495-16 du code de procédure pénale. Cet article dispose que « Les dispositions de la présente section

1. En matière de comparution immédiate : Crim. 19 févr. 2002, n° 01-84.903, P n° 33 ; *D.* 2002. IR 1180 (v. s[s] n° 211.224).
2. Cons. const. 8 déc. 2011, n° 2011-641 DC, art., non conformes 17, 18, 37, 54, 57, 71, sous réserve 27, conformes 39, 46 de la loi, *loi relative à la répartition des contentieux et à l'allègement de certaines procédures juridictionnelles,* NON-CONFORMITÉ PARTIELLE – RÉSERVE, *JO* 14 déc. 2011, p. 21121 ; *Rec.* p. 576.
3. V. Lévy et J. Monin de Flaugergues, « Les récents mais perfectibles développements de la comparution sur reconnaissance préalable de culpabilité en matière économique et financière Entretien avec Jean-Michel Hayat, président du tribunal de grande instance de Paris », *Dr. pénal* 2016. Ét. 21 – AUSSI : « Vers un plaider-coupable dans les affaires financières », *Le Monde* 20 janv. 2015 – Interview du président J.-M. Hayat, « Le plaider coupable : une révolution culturelle ? », *D. actu.* 24 mars 2015.
4. POUR les cas particuliers : C. pr. pén., art. 706-43 (v. s[s] n° 431.01).
5. C. pr. pén., art. 706-44.

ne sont applicables ni aux mineurs de dix-huit ans ni en matière de délits de presse, de délits d'homicides involontaires ou de délits politiques. » À l'exception du délit d'homicide involontaire et des délits dont la procédure de poursuite est prévue par une loi spéciale, cette liste est identique à celle de l'article 397-6 en matière de comparution immédiate[1]. Il faut y ajouter depuis la loi du 13 décembre 2011, les délits d'atteintes volontaires et involontaires à l'intégrité des personnes et d'agressions sexuelles prévus aux articles 222-9 à 222-31-2 du code pénal lorsqu'ils sont punis d'une peine d'emprisonnement d'une durée supérieure à cinq ans[2]. La version antérieure à la loi n° 2018-898 du 23 octobre 2018[3] prévoyait également les délits dont la procédure de poursuite est prévue par une loi spéciale, ajout désormais supprimé.

431.32 Délits de presse. Tout délit dit de presse, c'est-à-dire prévu par la loi du 29 juillet 1881[4], est exclu du champ d'application bien que ces délits ne fassent plus encourir de peine d'emprisonnement. Il n'existe pas d'exception à ce principe contrairement à ce que nous avons exposé dans les matières de comparution immédiate[5] et de comparution sur procès-verbal[6].

431.33 Délits politiques. Tous les délits politiques sont également exclus du champ d'application du texte. Il n'existe pas de définition du délit politique. La jurisprudence définit en général comme infraction politique celle qui cause un dommage à l'existence, à l'organisation ou au fonctionnement de l'État.

431.34 Délits prévus par une loi spéciale. Cette exception a été supprimée par la loi du 23 octobre 2018[7].

SECTION 4
INSTRUCTION PRÉPARATOIRE

431.41 Interdiction initiale d'user de la CRPC en cas de renvoi par le juge d'instruction. Avant l'entrée en vigueur de la loi du 13 décembre 2011[8], l'article 495-15 du code de procédure pénale prévoyait, dans son dernier alinéa que « Les dispositions du présent article ne sont pas applicables aux personnes renvoyées devant le tribunal correctionnel par le juge d'instruction ». Le ministère public ne pouvait donc, en cette matière, proposer à la personne une peine, le tribunal correctionnel étant saisi de l'affaire par l'ordonnance de renvoi du juge d'instruction.

431.42 Conditions d'utilisation du renvoi pour CRPC (ajout de la loi du 13 déc. 2011). La loi du 13 décembre 2011 a ouvert la possibilité pour le magistrat instructeur, sous certaines conditions, d'ordonner le renvoi en comparution pour reconnaissance préalable de culpabilité. D'après l'article 180-1[9] du code de procédure pénale : « Si le juge d'instruction estime que les faits constituent un délit, que la personne mise en examen reconnaît les faits et qu'elle accepte la qualification pénale retenue, il peut, à la demande ou avec l'accord du procureur de la République ou du mis en examen, prononcer par ordonnance le renvoi de l'affaire au procureur de la République aux fins de mise en œuvre d'une comparution sur reconnaissance préalable de culpabilité conformément à la section 8 du chapitre Ier du titre II du livre II. »

Le texte nécessite que l'infraction soit un délit, que la personne mise en examen reconnaisse les faits et la qualification, que le procureur de la République, les parties civiles et le juge d'instruction, soient d'accord. La demande ou l'accord du ministère public et des parties prévus au premier alinéa, qui doivent faire l'objet d'un écrit ou être mentionnés par procès-verbal, peuvent être recueillis au cours de l'information ou à l'occasion de la procédure de règlement prévue à l'article 175 ; si ces demandes ou accords ont été recueillis au cours de l'information, le présent article peut être mis en œuvre sans qu'il soit nécessaire de faire application du même article 175.

Il semble qu'en pratique cette disposition n'ait pas encore trouvé de nombreux cas d'application, ce qui peut s'expliquer par le cantonnement des ouvertures d'informations aux affaires complexes et contestées. Dans les conditions prévues par l'article 180-1 du code de procédure pénale, elle semble pourtant particulièrement adaptée à l'audiencement rapide et par suite au jugement sans délai excessif après l'ordonnance de renvoi, des affaires les plus simples.

1. V. ss n° 421.31.
2. C. pr. pén., art. 495-7.
3. L. n° 2018-898, 23 oct. 2018 relative à la lutte contre la fraude, *JO* 24 oct., n° 1.
4. L. 29 juill. 1881 sur la liberté de la presse, *JO* 30 juill., p. 4201.
5. V. ss n° 421.32.
6. V. ss n° 425.12.
7. L. n° 2018-898, 23 oct. 2018 relative à la lutte contre la fraude, précit.
8. L. n° 2011-1862, 13 déc. 2011 relative à la répartition des contentieux et à l'allègement de certaines procédures juridictionnelles, *JO* 14 déc., p. 21105.
9. C. pr. pén., art. 180-1 ; créé par L. n° 2011-1862, 13 déc. 2011, art. 27, mod. en dernier lieu par L. n° 2021-1729, 22 déc. 2021, pour la confiance dans l'institution judiciaire, *JO* 23 déc., n° 2.

431.43 Conditions de recours au renvoi pour CRPC : procédure simplifiée par la loi du 23 mars 2019. La loi n° 2019-222 du 23 mars 2019 a ajouté un alinéa à l'article 180-1 du code de procédure pénale selon lequel, lorsque la proposition émane du procureur de la République, les parties disposent d'un délai de dix jours à compter de la notification de cette proposition pour indiquer, par télécopie, déclaration au greffe ou lettre recommandée, si elles acceptent le renvoi de l'affaire aux fins de mise en œuvre d'une comparution sur reconnaissance préalable de culpabilité. En cas d'accord, les dispositions de l'article 175 ne sont pas applicables et, par dérogation aux dispositions de l'article 184, l'ordonnance de renvoi ne mentionne, outre les éléments prévus aux deuxième et troisième alinéas du présent article, que l'identité de la personne et la qualification retenue, sans avoir besoin d'être motivée.

431.44 Mesures coercitives. Le texte précise que la détention provisoire, l'assignation à résidence avec surveillance électronique ou le contrôle judiciaire de la personne prend fin sauf s'il est fait application du troisième alinéa de l'article 179 du code de procédure pénale. Il est donc toujours possible pour le juge d'instruction de prendre une ordonnance de maintien en détention, sous contrôle judiciaire ou sous assignation à résidence avec surveillance électronique.

431.45 Échec de la procédure (L. 13 déc. 2011). Selon les dispositions de la loi du 13 décembre 2011, réformées par celle d'ordonnance de renvoi indique qu'en cas d'échec de la procédure de comparution sur reconnaissance préalable de culpabilité ou si, dans un délai de trois mois ou, lorsque la détention a été maintenue, dans un délai d'un mois à compter de celle-ci, aucune décision d'homologation n'est intervenue, le prévenu est de plein droit renvoyé devant le tribunal correctionnel. Si le prévenu a été maintenu en détention, les quatrième et cinquième alinéas de l'article 179 du code de procédure pénale sont applicables.

L'ordonnance de renvoi pour comparution immédiate étant malgré tout une ordonnance de renvoi, le ministère public doit alors audiencer au plus vite puisque le délai de deux mois est amputé d'un premier mois pendant lequel aucune d'ordonnance d'homologation n'a été prise.

Le procureur de la République peut, tout en mettant en œuvre la procédure de comparution sur reconnaissance préalable de culpabilité, assigner le prévenu devant le tribunal correctionnel ; cette assignation est caduque si une ordonnance d'homologation intervient avant l'expiration du délai de trois mois ou d'un mois mentionné au troisième alinéa du présent article.

Dans l'hypothèse d'échec de la procédure, le tribunal correctionnel devrait pouvoir être saisi des nullités de procédure, l'ordonnance aux fins de renvoi en CRPC n'ayant pas sur ce point d'effet identique à l'ordonnance de renvoi devant le tribunal correctionnel[1].

431.46 Échec de la procédure (L. 6 déc. 2013). Le législateur a changé totalement la perspective dans la loi du 6 décembre 2013[2] : en cas d'échec, l'ordonnance de renvoi est caduque, sauf la possibilité pour le procureur de la République, dans un délai de quinze jours, d'assigner le prévenu devant le tribunal correctionnel. Le principe est donc le retour du dossier à l'information, le magistrat instructeur pouvant reprendre l'instruction aux fins d'effectuer des actes complémentaires ou de délivrer les avis de fin d'information. Le ministère public peut toutefois assigner le prévenu dans les quinze jours devant le tribunal correctionnel, ce qui suppose que le ministère public attende l'écoulement de ce délai avant de saisir à nouveau le magistrat instructeur qui, pendant celui-ci, ne peut pas reprendre l'information.

SECTION 5
INITIATIVE DU PROCUREUR DE LA RÉPUBLIQUE

431.51 Article 495-7 du code de procédure pénale. L'article 495-7 dispose que : « Pour tous les délits, [...] le procureur de la République peut, d'office ou à la demande de l'intéressé ou de son avocat, recourir à la procédure de comparution sur reconnaissance préalable de culpabilité conformément aux dispositions de la présente section à l'égard de toute personne convoquée à cette fin ou déférée devant lui en application de l'article 393 du présent code, lorsque cette personne reconnaît les faits qui lui sont reprochés. »

Lorsque c'est le procureur de la République qui prend l'initiative de recourir à cette procédure, c'est-à-dire en pratique dans la quasi-totalité des cas, il a donc fait convoquer à cette fin la personne ou a pu la recevoir dans le cadre d'une présentation après garde à vue. Il y a donc deux espèces de CRPC : celle avec déferement, et celle sur convocation.

L'article 393 du code de procédure pénale permet au procureur de la République de se faire déférer une personne et d'apprécier l'opportunité de l'ouverture d'une information ou de poursuivre l'intéressé selon

1. SUR ces questions : Ch. Guéry, « Le renvoi aux fins de comparution sur reconnaissance préalable de culpabilité », *AJ pénal* 2013. 86.
2. L. n° 2013-1117, 6 déc. 2013 relative à la lutte contre la fraude fiscale et la grande délinquance économique et financière, *JO* 7 déc., p. 19941.

la voie de la comparution immédiate ou de la comparution sur procès-verbal. Il peut aussi choisir la voie de la comparution sur reconnaissance préalable de culpabilité.

431.52 **Reconnaissance des faits.** Comme son nom l'indique, cette procédure ne peut être utilisée quand la personne ne reconnaît pas le ou les faits qui lui sont reprochés. La reconnaissance des faits ne peut être suffisamment établie lors de l'enquête de police. Il faut que la personne le déclare *devant un magistrat*. Le Conseil d'État a, dans une décision du 26 avril 2006[1], annulé certains extraits de la circulaire du 2 septembre 2004, qui prévoyaient la possibilité de vérifier au stade des enquêteurs la disposition de la personne à reconnaître sa responsabilité pénale et surtout à accepter une proposition de peine. Le Conseil d'État a, dans la même décision, annulé les dispositions prévoyant que le délégué du procureur saisi d'une composition pénale, puisse réorienter la procédure vers une comparution sur reconnaissance préalable de culpabilité.

A. Lévy et F. Monin de Flaugergues ont souligné le caractère inadapté de la CRPC en ce qui concerne les personnes morales, en raison de la reconnaissance de culpabilité, de nature à entraîner pour l'entreprise qui reconnaît sa culpabilité, son exclusion des marchés publics. Ces auteurs écrivent : « surtout, la personne morale qui accepte de s'engager dans une procédure de CRPC en France doit craindre d'en supporter les conséquences à l'étranger, notamment aux États-Unis. C'est ainsi que la banque UBS, craignant un retrait de licence aux États-Unis, a finalement dû renoncer, en dépit de discussions avancées, à la perspective d'une reconnaissance de culpabilité pour solder l'affaire de démarchage transfrontalier illicite pour laquelle elle est mise en examen ». L'article 45 de l'ordonnance du 23 juillet 2015[2] relative aux marchés publics dispose en effet que : « Sont exclues de la procédure de passation des marchés publics : 1° Les personnes qui ont fait l'objet d'une condamnation définitive pour [des faits, notamment, de corruption ou trafic d'influence, escroquerie, blanchiment, abus de confiance], ainsi que pour les infractions équivalentes prévues par la législation d'un autre État membre de l'Union européenne. »

431.53 **Initiative de la personne.** L'article 495-7 du code de procédure pénale évoque la possibilité pour la personne ou son avocat de solliciter la mise en œuvre de la procédure sur reconnaissance préalable de culpabilité dès lors qu'elle fait l'objet de poursuites par la voie d'une citation directe ou d'une convocation par officier ou agent de police judiciaire[3]. Il est difficile d'imaginer qu'une personne puisse émettre une telle proposition sans que son avocat soit présent. Or, l'avocat n'était pas obligatoirement présent lors de la comparution de la personne déférée dans le cadre de l'article 393 du code de procédure pénale. Aussi, de telles initiatives demeuraient-elles exceptionnelles, avant l'entrée en vigueur de la loi du 27 mai 2014. La demande peut d'ailleurs être écrite et saisir le ministère public alors que celui-ci a déjà décidé d'une autre modalité de poursuite. Tel est par exemple le cas lorsque la personne est poursuivie par la voie de citation directe ou de convocation par OPJ. On se trouve alors dans le cadre défini par l'article 495-15 du code de procédure pénale qui dispose que : « Le prévenu qui a fait l'objet, pour l'un des délits mentionnés à l'article 495-7, d'une citation directe ou d'une convocation en justice en application des articles 390 ou 390-1, d'une convocation par procès-verbal en application de l'article 394 ou d'une ordonnance de renvoi en application de l'article 179 peut, soit lui-même, soit par l'intermédiaire de son avocat, indiquer au procureur de la République qu'il reconnaît les faits qui lui sont reprochés et demander l'application de la procédure prévue à la présente section. »

Le procureur de la République qui décide de ne pas faire application des dispositions des articles 495-8 et suivants n'est pas tenu d'en aviser le prévenu ou son avocat[4]. Le ministère public, s'il accepte, convoque la personne et son conseil et la citation directe ou la convocation en justice sont alors caduques. Mais si la personne refuse d'accepter les peines proposées ou si le juge refuse de les homologuer, la citation directe ou la convocation en justice reprennent vie. Toutefois, si le refus intervient dix jours ou moins avant la date prévue par l'acte initial, le procureur de la République doit délivrer un nouvel acte de poursuite.

431.54 **Question de la double convocation.** La chambre criminelle a rapidement eu à statuer sur le cas du procureur de la République usant concomitamment de deux voies de poursuite, la CRPC d'une part, et par exemple la citation directe ou la convocation par OPJ, pour le cas où la personne ne se présenterait pas, refuserait la peine proposée ou le juge son homologation.

1. CE 26 avr. 2006, req. n° 273757, *Lebon ; D.* 2006. 1333, obs. E. Allain ; *RSC* 2006. 638, obs. A. Giudicelli ; *Gaz. Pal.* 28-29 avr. 2006, p. 21, concl. Aguila ; *Gaz. Pal.* 7-11 mai 2006, p. 6.
2. Ord. n° 2015-899, 23 juill. 2015 relative aux marchés publics, art. 45, *JO* 24 juill., p. 12602.
3. Ce sont les seuls cas admissibles. La personne renvoyée devant le tribunal correctionnel ne pourrait solliciter le bénéfice d'une CRPC.
4. C. pr. pén., art. 415-15, al. 3.

Dans un arrêt du 4 octobre 2006[1], la chambre criminelle confirme l'arrêt de la cour d'appel de Besançon qui avait déclaré la convocation par OPJ irrecevable et le tribunal correctionnel non régulièrement saisi au motif qu'« Il ressort expressément des dispositions de l'article 495-12 du code de procédure pénale que, lorsque le ministère public met en œuvre la procédure de comparution sur reconnaissance préalable de culpabilité, il ne peut concomitamment saisir le tribunal correctionnel selon l'un des modes prévus par l'article 388 dudit code avant que le prévenu ait déclaré ne pas accepter la ou les peines proposées ou que le président du tribunal ait rendu une ordonnance de refus d'homologation ». L'article 495-12 dispose en effet que : « Lorsque la personne déclare ne pas accepter la ou les peines proposées ou que le président du tribunal judiciaire ou son délégué rend une ordonnance de refus d'homologation, le procureur de la République saisit, sauf élément nouveau, le tribunal correctionnel selon l'une des procédures prévues par l'article 388 ou requiert l'ouverture d'une information. »

C'est donc seulement lorsque la personne refuse la proposition ou que le président du tribunal refuse l'homologation que le parquet peut déclencher une autre voie de poursuite.

La chambre criminelle confirmait sa jurisprudence par la suite[2]. La convocation à comparaître devant la juridiction de jugement, faite selon un autre mode, n'était possible que si le ministère public abandonnait la voie de la CRPC. Ainsi, dans une hypothèse où le parquet avait d'abord usé de la voie de la comparution sur reconnaissance préalable de culpabilité, avant de constater qu'une grève du barreau avait entraîné la carence du conseil du prévenu le jour prévu pour la comparution et de poursuivre par comparution sur procès-verbal, la chambre criminelle casse l'arrêt confirmatif ayant jugé la procédure irrégulière, au motif que : « Le procureur de la République peut saisir la juridiction correctionnelle selon l'un des modes prévus par le premier de ces textes lorsque, après la délivrance d'une convocation en vue d'une comparution sur reconnaissance préalable de culpabilité, il renonce à proposer une peine dans les conditions prévues par le second de ces textes. »[3]

Il n'est pas toujours certain d'ailleurs, que la personne ait eu vraiment intérêt à soulever la nullité[4]. Mais la jurisprudence de la chambre criminelle a été contredite par la loi du 12 mai 2009.

431.55 Double convocation : la loi du 12 mai 2009[5]. Le législateur est intervenu en 2009[6] pour dire que : « La mise en œuvre de la procédure prévue par la présente section n'interdit pas au procureur de la République de procéder simultanément à une convocation en justice en application de l'article 390-1. La saisine du tribunal résultant de cette convocation en justice est caduque si la personne accepte la ou les peines proposées et que celles-ci font l'objet d'une ordonnance d'homologation. »

La solution est donc contraire à celle imaginée par la Cour de cassation mais seule la procédure prévue par l'article 390-1 était alors visée par le texte (convocation par OPJ). La Cour de cassation s'est inclinée dans un arrêt du 24 novembre 2009, consacrant de surcroît le caractère immédiatement applicable de la loi nouvelle[7]. Il convient toutefois de souligner que le principe de l'impossibilité de la double convocation demeurait, à l'exception du seul cas où le ministère public procède simultanément à une CRPC et à une convocation par officier et agent de police judiciaire. Par la suite, le législateur a ajouté la convocation par procès-verbal en application de l'article 394 et l'ordonnance de renvoi en application de l'article 179.

431.56 Décision du Conseil constitutionnel. Dans une décision du 9 décembre 2010, le Conseil constitutionnel, saisi d'une question prioritaire de constitutionnalité, a déclaré l'article 495-15-1 du code de procédure pénale conforme à la Constitution et retient que : « L'article 495-14 fait obstacle à ce que le procès-verbal des formalités accomplies en application des articles 495-8 à 495-13 au cours de la procédure de comparution sur reconnaissance préalable de culpabilité soit transmis à la juridiction de jugement ; que ce même article interdit au ministère public et aux parties de faire état devant cette juridiction des déclarations faites ou des documents remis au cours de la procédure de comparution sur reconnaissance préalable de culpabilité ;

1. Crim. 4 oct. 2006, n° 05-87.435, P n° 244 ; *Procédures* 2007, n° 44, note J. Buisson ; *RSC* 2007. 118, note A. Giudicelli.
2. Crim. 23 avr. 2007, n° 07-00.008, P n° 3 ; *D.* 2007. 58, note P.-J. Delage ; *AJ pénal* 2007. 9, obs. J. Leblois-Happe ; *RSC* 2007. 118, obs. A. Giudicelli – Crim. 14 oct. 2008, n° 08-82.195, P n° 208 ; *D.* 2008. 2796, obs. M. Léna ; *AJ pénal* 2008. 517.
3. Crim. 29 oct. 2008, n° 08-84.857, P n° 219 ; *D.* 2008. AJ 2943 ; *D.* 2009. 533, note P.-J. Delage ; *AJ pénal* 2009. 38, obs. C. Saas.
4. SUR ce point : Y. Joseph-Ratineau, « De quelques difficultés issues de la double convocation dans le cadre de la comparution sur reconnaissance préalable de culpabilité », *JCP* 2009. 230.
5. C. pr. pén., art. 495-15-1 ; issu L. n° 2009-526, 12 mai 2009, art. 129.
6. L. n° 2009-526, 12 mai 2009 de simplification et de clarification du droit et d'allègement des procédures, *JO* 13 mai, p. 7920.
7. Crim. 24 nov. 2009, n° 09-85.151, P n° 192 ; *Dr. pénal* 2010, n° 30 ; *AJ pénal* 2010. 76, obs. J. Lasserre Capdeville ; *D.* 2010. 875, note Y. Joseph-Ratineau (v. s^s n° 431.02).

qu'il appartient, en conséquence, au procureur de la République, dans la mise en œuvre de l'article 495-15-1, de veiller à ce que la convocation en justice adressée en application de l'article 390-1 soit faite à une date suffisamment lointaine pour garantir qu'au jour fixé pour la comparution du prévenu devant le tribunal correctionnel, la procédure sur reconnaissance préalable a échoué ou que les peines proposées ont été homologuées ; qu'il suit de là que l'article 495-15-1 du code de procédure pénale ne porte pas atteinte au principe constitutionnel de la présomption d'innocence résultant de l'article 9 de la Déclaration de 1789 »[1].

SECTION 6 PROCÉDURE DEVANT LE PROCUREUR DE LA RÉPUBLIQUE

§ 1 Procédure

431.61 **Rôle de la défense.** L'alinéa 5 de l'article 495-8 du code de procédure pénale dispose que : « Les déclarations par lesquelles la personne reconnaît les faits qui lui sont reprochés sont recueillies, et la proposition de peine est faite par le procureur de la République, en présence de l'avocat de l'intéressé choisi par lui ou, à sa demande, désigné par le bâtonnier de l'ordre des avocats, l'intéressé étant informé que les frais seront à sa charge sauf s'il remplit les conditions d'accès à l'aide juridictionnelle. La personne ne peut renoncer à son droit d'être assistée par un avocat. L'avocat doit pouvoir consulter sur-le-champ le dossier. »

L'avocat doit donc être effectivement présent, et pas seulement choisi, lorsque la personne déclare reconnaître les faits d'une part, et déclare accepter les peines proposées d'autre part. Le texte prévoit d'ailleurs expressément que la personne ne peut renoncer à son droit d'être assistée par un avocat. Même si la personne est arrivée accompagnée de son conseil dans le bureau du procureur de la République, elle peut demander à sortir pour s'entretenir librement avec son avocat de l'opportunité d'accepter ou non les peines proposées. L'avocat doit exercer ici une mission de conseil et porte une assez lourde responsabilité. D'où l'intérêt fondamental pour lui de bien connaître la jurisprudence habituelle de la juridiction correctionnelle devant laquelle il exerce ses fonctions. La personne n'est pas obligée de répondre immédiatement à la proposition qui lui est faite. Elle peut entendre bénéficier du délai légal de dix jours.

431.62 **Problèmes liés à l'aide juridictionnelle.** La présence de l'avocat étant obligatoire, se pose la question de sa rémunération. En général, lorsque la personne est déférée, les barreaux ont mis en place une permanence et les tribunaux acceptent que l'avocat soit rémunéré au titre de la commission d'office. Certaines juridictions font signer au prévenu une déclaration sur l'honneur selon laquelle il certifie être accessible au bénéfice de l'aide juridictionnelle.

Mais lorsque la personne est convoquée sans être déférée, et se présente sans avocat, la situation est différente. Il n'y a pas alors de raison majeure pour estimer que le bureau d'aide judiciaire devra forcément rémunérer un avocat de permanence. Certaines juridictions se contentent pourtant encore d'une déclaration sur l'honneur, discutable dans ce cadre.

431.63 **Cas dans lequel la personne sollicite un délai de réflexion.** Dans ce cas, le procureur de la République peut présenter la personne devant le juge des libertés et de la détention pour que celui-ci ordonne son placement sous contrôle judiciaire, à l'assignation à résidence avec surveillance électronique ou, à titre exceptionnel et si l'une des peines proposées est égale ou supérieure à deux mois d'emprisonnement ferme et que le procureur de la République a proposé sa mise à exécution immédiate, son placement en détention provisoire, selon les modalités prévues par le dernier alinéa de l'article 394 ou les articles 395 et 396 du code de procédure pénale, jusqu'à ce qu'elle comparaisse de nouveau devant le procureur de la République.

Cette nouvelle comparution doit intervenir dans un délai compris entre dix et vingt jours à compter de la décision du juge des libertés et de la détention. À défaut, il est mis fin au contrôle judiciaire, à l'assignation à résidence avec surveillance électronique ou à la détention provisoire de l'intéressé si l'une de ces mesures a été prise[2]. Cette situation demeure rare. En effet, lorsque le procureur de la République souhaite que la personne soit immédiatement placée en détention provisoire, ou même soit placée sous contrôle judiciaire ou assignée à résidence, il préférera user de la voie de la comparution immédiate, lorsque la peine minimum encourue le lui permet, voire de la procédure de convocation sur procès-verbal.

431.64 **Choix des dossiers.** Au début de la mise en place de la CRPC, on avait pu penser que celle-ci

1. Cons. const. 10 déc. 2010, nº 2010-77 QPC, art. conforme 495-15-1 du C. pr. pén., *comparution sur reconnaissance préalable de culpabilité, conformité, JO* 11 déc., p. 21711 ; *Rec.* p. 384 ; *AJ pénal* 2011. 188, obs. J.-B. Perrier.

2. C. pr. pén., art. 495-10.

concernerait seulement les dossiers les plus simples et les plus rapidement instruits. Or, on a pu s'apercevoir que ces dossiers passaient finalement très rapidement devant les juridictions, souvent à juge unique, et qu'il ne fallait pas chercher là le gain de temps escompté. Des dossiers de publicité mensongère, de tromperie, d'escroquerie, d'abus de confiance dont les auteurs reconnaissent leur responsabilité prennent au contraire un temps certain d'audience, surtout s'ils s'accompagnent de constitutions de parties civiles.

La comparution sur reconnaissance préalable de culpabilité peut à l'inverse trouver dans ce type d'affaires, un intérêt supérieur à celui qui pouvait consister à ne juger selon cette procédure, que des vols simples ou des conduites sous l'empire d'un état alcoolique.

431.65 **Pratique judiciaire : une proposition par courrier.** Certains parquets ont pensé que la lettre de convocation pouvait comporter la peine que le ministère public entendait proposer. La raison invoquée n'est pas forcément exclusivement la possibilité pour la personne de savoir ainsi à l'avance à quoi s'attendre et d'éviter par exemple d'utiliser le délai de dix jours prévu. Elle tient aussi à l'organisation de certaines juridictions, le représentant du ministère public le jour de la convocation n'étant pas forcément celui qui a initié la procédure. Dans certains contentieux techniques ou pour de gros dossiers, cela permet au représentant du ministère public le jour de l'audience de ne pas avoir à relire dans le détail un dossier déjà examiné par son collègue. Une possibilité est ouverte au procureur de la République depuis l'entrée en vigueur de la loi du 23 mars 2019, consistant « avant de proposer une peine conformément aux dispositions du cinquième alinéa du présent article, informer par tout moyen la personne ou son avocat des propositions qu'il envisage de formuler ». Il s'agit ici d'une simple possibilité qui rejoint des pratiques déjà bien établies.

431.66 **Majeur protégé.** Dans le cas où un majeur protégé fait l'objet de poursuites dans le cadre d'une procédure de reconnaissance préalable de culpabilité, le procureur de la République doit en aviser le curateur ou le tuteur ainsi que le juge des tutelles[1]. Lorsque le procureur use de cette voie de poursuite, l'expertise médicale prévue par l'article 706-115 était facultative[2]. L'article D. 47-22 du code de procédure pénale a toutefois été modifié par le décret n° 2023-89 du 13 février 2023[3] relatif à l'application de l'article 706-115 du Code de procédure pénale. L'examen médical destiné à évaluer la responsabilité pénale du majeur protégé, est désormais obligatoire lorsque l'intéressé est poursuivi selon les procédures de CRPC et d'ordonnance pénale. Cette expertise ne reste plus facultative qu'en cas d'alternative aux poursuites ou de composition pénale.

431.67 **Procès-verbal.** À peine de nullité de la procédure, il est dressé procès-verbal des formalités accomplies en application des articles 495-8 à 495-13[4].

§ 2
Peines proposées

431.71 **Les peines proposées**[5]. Selon les termes de l'article 495-8 du code de procédure pénale : « Le procureur de la République peut proposer à la personne d'exécuter une ou plusieurs des peines principales ou complémentaires encourues ; la nature et le *quantum* de la ou des peines sont déterminés conformément aux articles 130-1 et 132-1 du code pénal. » Cette rédaction est issue de la loi du 15 août 2014 qui a apporté de notables modifications à la détermination des peines[6].

L'article 132-24, auquel renvoyait la mouture antérieure de l'article 495-8, disposait que : « Dans les limites fixées par la loi, la juridiction prononce les peines et fixe leur régime en fonction des circonstances de l'infraction et de la personnalité de son auteur. Lorsque la juridiction prononce une peine d'amende, elle détermine son montant en tenant compte également des ressources et des charges de l'auteur de l'infraction. »

L'alinéa suivant précisait que : « La nature, le quantum et le régime des peines prononcées sont fixés de manière à concilier la protection effective de la société, la sanction du condamné et les intérêts de la victime avec la nécessité de favoriser l'insertion ou la réinsertion du condamné et de prévenir la commission de nouvelles infractions. »

Désormais, ce sont les articles 130-1 et 132-1 du code pénal qui sont applicables.

L'article 130-1 dispose qu'« Afin d'assurer la protection de la société, de prévenir la commission de nouvelles infractions et de restaurer l'équilibre social, dans le respect des intérêts de la victime, la peine a pour fonctions :

1° De sanctionner l'auteur de l'infraction ;

2° De favoriser son amendement, son insertion ou sa réinsertion. »

1. C. pr. pén., art. 706-113.
2. C. pr. pén., art. D. 47-22.
3. Décr. n° 2023-89, 13 févr. 2023 relatif à l'application de l'article 706-115 du code de procédure pénale, *JO* 14 févr., n° 7.
4. C. pr. pén., art. 495-14, al. 1er.
5. C. pr. pén., art. 495-8.
6. V. ss nos 716.10 s.

Aux termes de l'article 132-1 « Lorsque la loi ou le règlement réprime une infraction, le régime des peines qui peuvent être prononcées obéit, sauf dispositions législatives contraires, aux règles du présent chapitre.

Toute peine prononcée par la juridiction doit être individualisée.

Dans les limites fixées par la loi, la juridiction détermine la nature, le quantum et le régime des peines prononcées en fonction des circonstances de l'infraction et de la personnalité de son auteur ainsi que de sa situation matérielle, familiale et sociale, conformément aux finalités et fonctions de la peine énoncées à l'article 130-1. »

Le procureur de la République doit être guidé, dans la *proposition des peines*, par les mêmes principes que ceux qui gouvernent le *choix des peines* par le tribunal correctionnel. Certaines juridictions ont consacré beaucoup d'énergie à la mise en place de la CRPC. Il arrive parfois que les statistiques prennent le pas sur le déroulement normal de cette procédure. Ainsi, il a été porté à notre connaissance que certains parquets abandonnent sciemment la récidive en matière de CEA afin de plus facilement convaincre le prévenu d'accepter la proposition de peine, sans être contraint par l'automaticité de l'annulation du permis de conduire dans cette matière.

431.72 **Peine d'emprisonnement.** Le procureur de la République peut proposer une peine d'emprisonnement qui ne peut « être supérieure à trois ans ni excéder la moitié de la peine d'emprisonnement encourue »[1]. À l'origine et jusqu'à la loi du 23 mars 2019, la peine d'emprisonnement proposée ne pouvait être supérieure à un an. La modification est extrêmement importante. Ces conditions sont cumulatives. Le procureur peut proposer que la peine d'emprisonnement soit assortie en tout ou partie du sursis. Il peut encore proposer que la peine d'emprisonnement proposée révoquera tels ou tels sursis précédemment accordés, précision que l'on doit également à la loi du 23 mars 2019 alors que la question avait été posée à la chambre criminelle, qui avait, pour des raisons de forme, rendu une décision d'irrecevabilité[2]. le procureur peut également proposer que la personne fasse l'objet d'une des mesures d'aménagement énumérées par l'article 712-6, c'est-à-dire d'une mesure de placement à l'extérieur, de semi-liberté, de fractionnement et suspension des peines, de placement sous surveillance électronique et de libération conditionnelle. Lorsque le procureur de la République propose une peine d'emprisonnement ferme, il précise à la personne s'il entend que cette peine soit immédiatement mise à exécution ou si la personne sera convoquée devant le juge de l'application des peines pour que soient déterminées les modalités de son exécution, notamment la semi-liberté, le placement à l'extérieur ou le placement sous surveillance électronique.

1. C. pr. pén., art. 495-8, al 2.
2. Crim. Avis, 12 déc. 2018, n° 18-96.003.

431.73 **Enquête sociale.** Bien que certains auteurs aient pensé dès l'origine que l'enquête sociale était nécessaire dès lors que la procédure de reconnaissance préalable de culpabilité était mise en œuvre[3], le texte de l'article 41 ne semblait rendre une telle enquête obligatoire que lorsque le procureur présentait des *réquisitions de placement en détention provisoire*, ce qui n'est possible que lorsque la personne sollicite un délai de réflexion[4]. C'est ainsi que l'entendait la circulaire du 2 septembre 2004, qui concluait pourtant au même résultat pour des raisons pratiques : « Le procureur ne pouvant connaître à l'avance la position de la personne [...] il résulte que l'enquête de personnalité doit être systématiquement demandée lorsque le procureur qui fait déférer une personne aux fins de CRPC envisage de proposer à son encontre une peine d'emprisonnement ferme, avec mise à exécution immédiate. »[5]

La modification apportée à l'article 41 du code de procédure pénale a supprimé cette difficulté : il est désormais question de poursuites exercées selon ce mode de procédure. Dès lors, peu importe que la détention ait été ou non requise.

431.74 **Peine alternative.** L'article 495-8 du code de procédure pénale ne prévoit pas expressément que le procureur de la République puisse proposer de peine alternative, telle une peine de jours-amende, un travail d'intérêt général ou un stage de citoyenneté. La doctrine considère que ces peines peuvent toutefois être proposées. En pratique de telles peines sont effectivement proposées et homologuées. Le procureur a alors la possibilité de fixer, conformément aux dispositions de l'article 131-9, l'emprisonnement encouru en cas de non-respect des obligations résultant de ces peines.

431.75 **Peine complémentaire.** La possibilité de prononcer une peine complémentaire encourue est expressément prévue. Le procureur peut être con-

3. F. Desportes, L. Lazerges-Cousquer, *Traité de procédure pénale*, 4e éd., Economica, 2015, n° 1245 : le texte n'est pas limpide : le début de phrase semble général (« *ces diligences doivent être prescrites avant toute réquisition de placement en détention provisoire* ») et les deux hypothèses visées soumises à ce début de phrase (« *en cas de poursuites contre* [...] et *en cas de poursuites selon la procédure de... CRPC* »).
4. C. pr. pén., art. 495-10 (v. ss n° 431.64).
5. Circ. CRIM 04-12 E8, 2 sept. 2004 relatives à la procédure de comparution sur reconnaissance préalable de culpabilité, NOR : JUS-D-04-30176C, n° 2.1.1.1.

traint, comme le serait la juridiction de jugement, de constater l'annulation du permis de conduire lorsque la personne se trouve notamment en état de récidive de conduite sous l'empire d'un état alcoolique.

431.76 Peine d'amende. L'article 495-8 du code de procédure pénale précise que la peine d'amende proposée ne peut être supérieure à celui de l'amende encourue et qu'elle peut être assortie du sursis. Était-il indispensable de rappeler que le procureur de la République ne peut pas proposer une peine illégale, puisque dépassant le *quantum* prévu par la loi ?

431.77 Peines négociées ou théâtralisation de la justice ? En théorie, la CRPC à la française ne suppose pas de négociation sur la qualification ni sur la peine. En réalité et selon les juridictions, une négociation s'engage parfois en amont de la mise en œuvre de la CRPC au sein des tribunaux entre le représentant du ministère public, le président du tribunal et parfois le barreau local sur le *quantum* des peines proposées selon les infractions.

Cette « négociation » n'est pas généralisée. Certains parquetiers considèrent d'emblée qu'elle est impossible et s'y refusent. Au contraire, dans d'autres juridictions, certains parquets ont passé des accords avec le barreau, celui-ci revendiquant de pouvoir « *servir à quelque chose* » dans le cadre de la procédure de comparution sur reconnaissance préalable. Il est donc prévu que la proposition initiale faite par le représentant du ministère public soit supérieure à celle qu'il envisage en réalité afin que l'avocat de la défense puisse jouer son rôle en « arrachant » une décote. De tels accords ne manquent pas de susciter une légitime interrogation sur le rôle que chacun est censé tenir dans le cadre de la loi. Les avocats sont assez critiques avec cette procédure surtout dans les juridictions où leur rôle est très réduit devant le procureur de la République. Certains prétendent qu'on leur fait confiance puisqu'ils sont chargés de porter le dossier du bureau du substitut à celui du président !

431.78 Pratique judiciaire. Reste ensuite la façon dont les parquetiers envisagent le rôle de l'avocat. Certains préfèrent donner la parole à l'avocat pour qu'il présente des observations sur la personnalité du client et sur la gravité des faits avant d'annoncer les peines proposées : « Compte tenu des faits, de votre personnalité et des observations de votre conseil, voici ce que je vous propose : ... ». D'autres vont procéder en annonçant d'emblée la peine envisagée avant d'entendre sur ce point la personne poursuivie et son conseil. Le cas échéant, le substitut peut alors revoir sa proposition, à la baisse.

CHAPITRE

432. Phase d'homologation

SECTION 0
ORIENTEUR

432.00 Sommaire du chapitre.

432.01 Principaux textes applicables.

TEXTES SOURCES

- C. pr. pén., art. 400, 420-1, 464, 495-9, 495-11, 495-11-1, 495-12, 495-13, 495-14, 520-1
- C. pr. pén., art. R. 55
- C. pén., art. 132-19

TEXTES *IN EXTENSO*

- **C. pr. pén., art. 495-11-1** [mod. par L. n° 2019-222, 23 mars 2019, art. 59]

Sans préjudice des cas dans lesquels les conditions prévues au premier alinéa de l'article 495-11 ne sont pas remplies, le président peut refuser l'homologation s'il estime que la nature des faits, la personnalité de l'intéressé, la situation de la victime ou les intérêts de la société justifient une audience correctionnelle ordinaire ou lorsque les déclarations de la victime entendue en application de l'article 495-13 apportent un éclairage nouveau sur les conditions dans lesquelles l'infraction a été commise ou sur la personnalité de son auteur.

- **C. pén., art. 132-19** [mod. par L. n° 2019-222, 23 mars 2019, art. 74]

Lorsqu'un délit est puni d'une peine d'emprisonnement, la juridiction peut prononcer une peine d'emprisonnement ferme ou assortie en partie ou en totalité du sursis pour une durée inférieure à celle qui est encourue. Elle ne peut toutefois prononcer une peine d'emprisonnement ferme d'une durée inférieure ou égale à un mois.

Toute peine d'emprisonnement sans sursis ne peut être prononcée qu'en dernier recours si la gravité de l'infraction et la personnalité de son auteur rendent cette peine indispensable et si toute autre sanction est manifestement inadéquate.

Dans ce cas, si la peine est inférieure ou égale à six mois, elle doit, sauf impossibilité résultant de la personnalité ou de la situation du condamné, faire l'objet d'une des mesures d'aménagement prévues à l'article 132-25. Dans les autres cas prévus au même article 132-25, elle doit également être aménagée si la personnalité et la situation du condamné le permettent, et sauf impossibilité matérielle.

Le tribunal doit spécialement motiver sa décision, au regard des faits de l'espèce et de la personnalité de leur auteur ainsi que de sa situation matérielle, familiale et sociale conformément aux dispositions de l'article 464-2 du code de procédure pénale.

432.02 Jurisprudence de référence.

> Ni le ministère public ni les parties ne peuvent faire état devant cette juridiction des déclarations faites ou des documents remis au cours de la procédure sur reconnaissance préalable de culpabilité

- **Crim. 17 sept. 2008,** n° 08-80.858, P n° 192

* V. s[s] n° 432.42.

« Vu l'article 495-14 du code de procédure pénale ;

Attendu que, selon ce texte, le procès-verbal de comparution sur reconnaissance préalable de culpabilité ne peut être transmis à la juridiction de jugement ; que ni le ministère public ni les parties ne peuvent faire état devant cette juridiction des déclarations faites ou des documents remis au cours de cette procédure ;

Attendu que, pour déclarer Antoine Dos Santos coupable de conduite d'un véhicule en état d'ivresse manifeste, l'arrêt attaqué énonce notamment que lors de son audition, le 30 janvier 2007, par le procureur de la République, selon la procédure de comparution sur reconnaissance préalable de culpabilité, le prévenu a reconnu sa culpabilité ;

Mais attendu qu'en statuant par ce motif, alors qu'il ne pouvait être fait état, par la juridiction de jugement, des déclarations faites au cours de la procédure de comparution sur reconnaissance préalable de culpabilité, la cour d'appel a méconnu le texte susvisé ;

D'où il suit que la cassation est encourue ;

Par ces motifs :

CASSE ET ANNULE [...]. »

> Le ministère public ne dispose que d'un droit d'appel incident des décisions rendues sur reconnaissance préalable de culpabilité

• **Crim. 10 nov. 2010,** n° 10-82.097, P n° 178

* V. s^s n° 432.32.

« Sur le moyen unique de cassation, pris de la violation de l'article 495-11 du code de procédure pénale ;

Vu ledit article ;

Attendu qu'il résulte de ce texte que le ministère public ne dispose pas du droit de relever appel à titre principal d'une ordonnance d'homologation des peines proposées à un prévenu comparant sur reconnaissance préalable de culpabilité ;

Attendu qu'il résulte de l'arrêt attaqué et des pièces de procédure que, statuant sur la comparution sur reconnaissance préalable de culpabilité de M. X..., le juge délégué par le président du tribunal de grande instance de Meaux a, par ordonnance en date du 9 décembre 2009, homologué la proposition du procureur de la République, acceptée par le prévenu, de condamner ce dernier à deux mois d'emprisonnement avec sursis, avec dispense d'inscription de la condamnation au bulletin n° 2 du casier judiciaire ; que le procureur de la République a seul relevé appel, à titre principal, de cette décision "au nom du procureur général près la cour d'appel de Paris" ;

Attendu que, pour déclarer recevable l'appel du procureur général, l'arrêt énonce que l'article 35 du code de procédure pénale dispose que le procureur général veille à l'application de la loi pénale ; qu'en l'espèce, l'appel du procureur général vise la violation des dispositions de l'article 775, alinéa 3, du même code qui interdit l'exclusion du bulletin n° 2 du casier judiciaire des condamnations prononcées pour l'une des infractions mentionnées à l'article 706-47 dudit code, soit notamment les infractions d'agression ou d'atteinte sexuelle, ce qui est le cas en l'espèce ; qu'en conséquence, il résulte de la combinaison de ces dispositions que l'appel du procureur général, interjeté dans les délais et en la forme, conformément aux dispositions de l'article 505 du code de procédure pénale modifié par la loi n° 2009-1336 du 24 novembre 2009 et parce qu'il concerne une décision dont une des dispositions est contraire à la loi, doit être déclaré recevable ;

Mais attendu qu'en se déterminant ainsi, alors que le ministère public ne dispose que d'un droit d'appel incident des décisions rendues sur reconnaissance préalable de culpabilité, la cour d'appel a méconnu le texte susvisé ;

D'où il suit que la cassation est encourue. »

> La présence au dossier du tribunal du procès-verbal de reconnaissance préalable de culpabilité ne saurait entraîner la nullité des poursuites, lorsqu'il n'a pas été porté atteinte aux intérêts du prévenu, les juges du fond ayant écarté cette pièce des débats et ne s'étant pas fondés sur elle pour asseoir leur conviction sur la culpabilité

• **Crim. 30 nov. 2010,** n° 10-80.460, P n° 190

* V. s^s n° 432.42.

« Attendu qu'il résulte de l'arrêt attaqué et des pièces de procédure que M. X..., poursuivi devant le tribunal correctionnel pour conduite en état d'ivresse en récidive, a soulevé la nullité de la procédure, le procès-verbal de comparution sur reconnaissance préalable de culpabilité figurant au dossier de celle-ci ;

Attendu que, après avoir constaté la violation des dispositions de l'article 495-14 du code de procédure pénale, les juges du second degré ont ordonné le retrait de cette pièce du dossier et dit n'y avoir lieu à annulation en l'absence de grief porté aux intérêts du prévenu ;

Attendu que si, le procès-verbal de comparution sur reconnaissance préalable de culpabilité ne pouvait, postérieurement à l'échec de cette procédure, figurer au dossier soumis à la juridiction saisie des poursuites, l'arrêt n'encourt pas la censure, dès lors qu'il n'a pas été porté atteinte aux intérêts du prévenu, les juges fond ne s'étant pas fondés sur cette pièce pour asseoir en tout ou en partie leur conviction sur la culpabilité et que cette irrégularité est sans effet sur les actes antérieurement accomplis ;

D'où il suit que le moyen ne saurait être accueilli. »

> La procédure de comparution sur reconnaissance préalable de culpabilité ne fait pas exception au principe selon lequel les exceptions de nullité de la procédure doivent, à peine de forclusion, être présentées avant toute défense au fond

• **Crim. 22 févr. 2012,** n° 11-82.786, P n° 52

* V. s^s n° 432.46.

« Sur le premier moyen de cassation, pris de la violation de l'article 385 du code de procédure pénale ;

Vu ledit article ;

Attendu qu'il résulte de ce texte que les exceptions de nullité de la procédure doivent, à peine de forclusion, être présentées avant toute défense au fond ;

Attendu qu'il résulte de l'arrêt attaqué que M. X., poursuivi pour infractions à la législation sur les stupéfiants, a comparu suivant la procédure de reconnaissance préalable de culpabilité devant le président du tribunal correctionnel, lequel a, par ordonnance du 7 mai 2009, homologué la peine d'un mois d'emprisonnement proposée par le procureur de la République ; que le prévenu et le ministère public ont interjeté appel de cette ordonnance ;

Attendu que, pour faire droit à l'exception de nullité de la garde à vue soulevée par le prévenu pour la première fois devant la cour d'appel et le relaxer, l'arrêt énonce que la simple audition, par le juge, du prévenu assisté de son avocat, ne peut être assimilée à une défense au fond, au sens de l'article 385 du code de procédure pénale ; que les juges en déduisent qu'il leur appartient de prononcer sur les moyens de nullité soulevés devant eux avant toute défense au fond ;

Mais attendu qu'en prononçant ainsi, alors que s'instaure un débat au fond devant le président du tribunal correctionnel, lequel, après avoir vérifié la réalité des faits et leur qualification juridique, s'il décide d'homologuer la proposition du procureur de la République, constate notamment que la personne, en présence de son avocat, reconnaît les faits reprochés et accepte la ou les peines proposées, la cour d'appel a méconnu le principe ci-dessus rappelé ;

D'où il suit que la cassation est encourue de ce chef ;

Par ces motifs,

et sans qu'il y ait lieu de statuer sur le second moyen de cassation proposé […]. »

> Aucun texte n'envisage la possibilité d'un recours contre l'ordonnance de refus d'homologation des peines. Un pourvoi en cassation n'est possible qu'en cas d'excès de pouvoir. Ne constitue pas un excès de pouvoir le fait pour le juge délégué par le président du tribunal de s'abstenir de motiver sa décision

• **Crim. 1er sept. 2020,** n° 1983658, NP

* V. s[s] n° 432.43.

« 4. Aucun texte n'envisageant la possibilité d'un recours contre l'ordonnance de refus d'homologation des peines proposées par le procureur de la République dans le cadre d'une procédure de comparution sur reconnaissance préalable de culpabilité, un pourvoi en cassation contre une telle décision n'est possible que si son examen fait apparaître un risque d'excès de pouvoir relevant du contrôle de la Cour de cassation.

5. Ne constitue pas un excès de pouvoir le fait pour le juge délégué par le président du tribunal de s'abstenir de motiver la décision de refus d'homologation des peines proposées par le procureur de la République au regard des exigences des articles 130-1, 132-1 et 132-20 du code pénal qui sont relatifs au prononcé des peines.

6. En conséquence, le pourvoi de M. B. doit être déclaré irrecevable.

PAR CES MOTIFS, la Cour :

DÉCLARE le pourvoi IRRECEVABLE »

> Le principe de séparation des autorités de poursuites et de jugement commande que le président du tribunal judiciaire ou son délégué exerce, lors de l'audience d'homologation de la peine proposée, son plein office de juge du fond. Les motifs énumérés par les articles 495-9, 495-11 et 495-11-1 du Code de procédure pénale ne sauraient limiter le pouvoir d'appréciation du juge de l'homologation

> Il en résulte qu'un pourvoi en cassation contre une telle décision est possible, mais seulement si son examen fait apparaître un risque d'excès de pouvoir relevant du contrôle de la Cour de cassation

• **Crim. 30 mars 2021,** n° 20-86.358, P

* V. s[s] n° 432.23.

« *Examen de la recevabilité du pourvoi*

3. Aucun texte n'envisageant la possibilité d'un recours contre l'ordonnance de refus d'homologation des peines proposées par le procureur de la République dans le cadre d'une procédure de comparution sur reconnaissance préalable de culpabilité, un pourvoi en cassation contre une telle décision n'est possible que si son examen fait apparaître un risque d'excès de pouvoir relevant du contrôle de la Cour de cassation.

4. Il se déduit de la réserve d'interprétation énoncée par le Conseil constitutionnel dans sa décision n° 2004-492 DC du 2 mars 2004 (cons. 107) que le principe de séparation des autorités de poursuite et de jugement commande que le président du tribunal judiciaire ou son délégué exerce, lors de l'audience d'homologation de la peine proposée, son plein office de juge du fond.

5. Dès lors, les motifs énumérés par les articles 495-9, 495-11 et 495-11-1 du code de procédure pénale ne sauraient limiter son pouvoir d'appréciation.

6. Pour refuser d'homologuer la peine proposée par le procureur de la République, l'ordonnance attaquée énonce que la procédure de comparution sur reconnaissance préalable de culpabilité n'est pas adaptée s'agissant de M. K…, les deux autres mis en examen ayant refusé une telle procédure.

7. Le juge retient que le refus d'homologation permettra au tribunal, éventuellement saisi de l'affaire, de statuer en cohérence sur le rôle de chacun des trois mis en examen, dans leur connaissance des faits reprochés.

8. En statuant ainsi, le juge délégué par le président du tribunal n'a commis aucun excès de pouvoir.

9. En conséquence, le pourvoi du procureur de la République doit être déclaré irrecevable. »

> Lorsque le juge homologateur a rejeté une proposition de peine, le procureur de la République ne peut mette en œuvre une autre comparution sur reconnaissance préalable de culpabilité.

• **Crim. 17 mai 2022,** n° 21-86.131, B

* V. s[s] n° 432.44.

« 6. Il se déduit de l'article 495-12 du code de procédure pénale, interprété à la lumière des travaux parlementaires relatifs aux lois n° 2004-204 du 9 mars 2004 et n° 2018-898 du 23 octobre 2018, qu'une nouvelle proposition de peine ne saurait autoriser, après un refus d'homologation, la mise en œuvre d'une autre comparution sur reconnaissance préalable de culpabilité.

7. Ainsi, en déclarant irrecevable la seconde requête en homologation au motif que la première proposition de peine avait fait l'objet d'un refus d'homologation, le juge délégué n'a pas excédé ses pouvoirs ».

432.03 Bibliographie indicative.

* V. s[s] n° 431.03.

SECTION 1
PRÉSENTATION PRÉALABLE À LA DÉCISION DU PRÉSIDENT DU TRIBUNAL

432.11 Présentation devant un juge du siège. L'article 495-9 du code de procédure pénale dispose que : « Lorsque, en présence de son avocat, la personne accepte la ou les peines proposées, elle est aussitôt présentée devant le président du tribunal judiciaire ou le juge délégué par lui, saisi par le procureur de la République d'une requête en homologation. Si la personne n'est pas détenue, elle peut être convoquée devant le président du tribunal judiciaire ou le juge délégué par lui dans un délai inférieur ou égal à un mois. »

432.12 **Principe de l'audience publique.** Le Conseil constitutionnel ayant posé le principe que « le jugement d'une affaire pénale pouvant conduire à une privation de liberté doit, sauf circonstances particulières nécessitant le huis clos, faire l'objet d'une audience publique »[1], et invalidé sur ce point le texte initial adopté par le Parlement qui prévoyait un jugement en chambre du conseil, l'article 495-9 prévoit que la procédure se déroule en audience publique.

Toutefois, dans l'hypothèse où, en application de l'article 400 du code de procédure pénale, l'audience devant le tribunal correctionnel aurait pu se tenir à huis clos, en raison d'une publicité dangereuse pour l'ordre ou pour les mœurs, le procureur de la République peut demander que cette audience ne soit pas publique.

432.13 **Audition de la personne.** Selon les prescriptions du même article, le président du tribunal judiciaire ou le juge délégué par lui entend la personne et son avocat. On peut décrire de la façon suivante la procédure suivie par le président de la juridiction :

- vérification de l'identité du prévenu ;

- vérification de son casier judiciaire ;

- vérification de la qualification retenue par le ministère public.

- À cet égard, il peut être admis une certaine souplesse dans la qualification mais pas de véritables détournements de procédure. Nous avons eu connaissance de juridictions dans lesquelles la récidive de CEA était volontairement abandonnée afin que la personne ne refuse pas la proposition de peine, qui aurait alors forcément comporté le constat de l'annulation de son permis de conduire. Or, si l'on peut admettre que la personne qui accepte de comparaître selon cette procédure en tire un bénéfice, celui-là peut apparaître excessif. Il appartient aux présidents de juridiction d'y mettre un terme en refusant ce type d'homologation ;

- vérification de la sincérité de l'aveu.

- Certains présidents posent une question anodine, dans le style « comment expliquez-vous cette infraction ? », de nature à permettre un aveu spontané d'émerger, d'autres posent directement la question « vous avez reconnu les faits qui vous sont reprochés » ;

- vérification de la préservation du droit des victimes ;

- vérification de l'adéquation de la peine proposée.

- Il arrive que les présidents considèrent que les peines proposées sont trop basses, surtout dans les juridictions où l'envie de « faire du chiffre » sur les CRPC est la plus prononcée.

Les pratiques judiciaires sont diverses. On se trouve en présence d'une procédure simplifiée, dans laquelle le prévenu est accompagné par son avocat et il est logique que le temps consacré à l'homologation soit sensiblement raccourci par rapport à celui qui serait appliqué lors d'une audience classique. En général, une affaire peut passer en cinq minutes. Le président statue le jour même par ordonnance motivée dans laquelle figurent les mentions légales (aveu, acceptation de la personne des peines proposées).

432.14 **Présence facultative du ministère public.** Un débat doctrinal s'est rapidement ouvert sur le point de savoir si le ministère public devait être présent à l'audience d'homologation[2]. La circulaire de la Chancellerie du 2 septembre 2004[3] considérait que la présence du ministère public était facultative. Mais la Cour de cassation, saisie de plusieurs demandes, rendait le 18 avril 2005 l'avis suivant : « Lorsqu'il saisit le président du tribunal de grande instance ou le juge délégué par lui d'une requête en homologation de la ou des peines qu'il a proposées dans le cadre de la procédure de comparution sur reconnaissance préalable de culpabilité, le procureur de la République est, conformément aux termes de l'article 32 du code de procédure pénale, tenu d'assister aux débats de cette audience de jugement, la décision devant être prononcée en sa présence. »[4]

Le Conseil d'État, quant à lui, ordonnait la suspension de la circulaire du 2 septembre 2004[5] « en tant qu'elle rendait facultative la présence du ministère public au cours de l'audience d'homologation de la proposition de peine ainsi que lors du prononcé du jugement d'homologation si celle-ci est décidée »[6], puis de celle du 19 avril 2005 parue

1. Cons. const. 2 mars 2004, n° 2004-492 DC, (préc. v. s[s] n° 43.07), art. 1er (706-104 C. pr. pén.), 137 (495-9, al. 2 (mot) C. pr. pén.), et sous réserve le surplus des 1er et 137 ainsi que 14, 48, 63, 121 et 186 de la loi, *loi portant adaptation de la justice aux évolutions de la criminalité*, NON-CONFORMITÉ PARTIELLE, *JO* 10 mars, p. 4637 ; *D.* 2004. 2756, obs. B. de Lamy ; *D.* 2004. 956, Chron. M. Dobkine ; *D.* 2004. 1387, Chron. J.-E. Schoettl ; *D.* 2005. 1125, obs. V. Ogier-Bernaud et C. Severino ; *RSC* 2004. 725, obs. C. Lazerges ; *D.* 2005. 122, étude V. Bück.

2. J. Danet, « La CRPC : du modèle législatif aux pratiques… et des pratiques vers quel(s) modèle(s) ? », *AJ pénal* 2005. 433 – H. Dalle, « Juges et procureurs dans la loi. Perben II », *in* « La Loi Perben II, une nouvelle distribution des pouvoirs », *Les Journées d'études Dalloz*, 2004.
3. Circ. CRIM 04-12 E8, 2 sept. 2004 relatives à la procédure de comparution sur reconnaissance préalable de culpabilité, NOR : JUS-D-04-30176C.
4. Cass., avis, 18 avr. 2005, n°s 05-00.001, 05-00.002, 05-00.004, P n° 1.
5. Circ. CRIM 04-12 E8, 2 sept. 2004, NOR : JUS-D-04-30176C, préc.
6. CE, réf., 11 mai 2005, req. n° 279834 ; *D.* 2005. 1379, obs. A. Astaix ; *RTD civ.* 2005. 553, obs. R. Encinas de Munagorri ; *RSC* 2005. 592, note A. Giudicelli ; *AJDA* 2005. 1030 ; *Dr. pénal* 2005, n° 10.

après l'avis précité rendu par la Cour de cassation[1]. Le Conseil d'État statuant sur le fond annulait les dites circulaires dans leurs dispositions relatives à cette présence facultative[2].

Le législateur devait intervenir : il le fit dans la loi du 26 juillet 2005[3] qui précise expressément, dans l'article 495-9 du code de procédure pénale, que *la présence du procureur de la République n'est pas obligatoire*. Ces dispositions furent validées par une nouvelle décision du Conseil constitutionnel le 22 juillet 2005[4]. La loi n'interdit pas au ministère public de se rendre à l'audience d'homologation, mais celle-ci ne comporte plus de phase de discussion.

SECTION 2
DÉCISION DU PRÉSIDENT OU DE SON DÉLÉGUÉ

432.21 Décision. Le juge peut décider d'homologuer ou non les peines proposées par le procureur de la République et acceptées par le prévenu. Mais il ne peut proposer ou substituer d'autorité une autre peine. C'est tout (homologation) ou rien (refus d'homologation), ce qui peut générer certaines frustrations. Le président apprécie librement si les conditions de l'homologation lui apparaissent réunies. Le Conseil constitutionnel[5] a précisé dans une réserve d'interprétation que le juge avait tout pouvoir de refuser l'homologation notamment lorsqu'il estimait que les circonstances de l'affaire justifiaient le recours à la procédure de jugement de droit commun.

Mais une affaire peut « capoter » sur le simple refus d'homologation d'une exclusion au bulletin n° 2 de casier judiciaire...

Il peut par suite arriver, dans la pratique judiciaire, qu'un oubli de demande d'une dispense d'inscription de la condamnation sur le bulletin n° 2 du casier judiciaire, ou une incompréhension sur le prononcé ou l'absence d'un sursis, amène la personne à retourner avec son avocat devant le représentant du ministère public, afin d'assurer à la décision d'homologation toutes ses certitudes.

432.22 Conditions de l'homologation. Le magistrat doit tout d'abord vérifier la « réalité des faits » conformément à la lettre de la lettre de l'article 495-9. Il doit ensuite vérifier la qualification juridique adoptée. La CRPC à la française ne comprend en effet, en théorie, aucune discussion sur la qualification. On sait toutefois que le ministère public a la possibilité de retenir ou non un certain nombre de circonstances aggravantes. Le juge pourrait donc retenir la non-concordance entre la qualification des faits retenue et la réalité « objective ». Mais l'essentiel pour lui consistait sans doute à vérifier que la qualification retenue ne faisait pas encourir une peine d'emprisonnement supérieure à cinq ans, condition qui a disparu depuis l'entrée en vigueur de la loi du 13 décembre 2011[6] ou n'est pas exclue du champ d'application de la comparution sur reconnaissance préalable de culpabilité. Il doit ensuite vérifier que le prévenu reconnaît avoir commis le ou les actes qui lui sont reprochés. Cette reconnaissance doit être sincère c'est-à-dire que le juge a la possibilité d'interroger la personne pour savoir si son « plaider coupable » est la résultante d'une véritable reconnaissance de culpabilité plutôt que d'une stratégie pouvant éviter à une personne se disant innocente une peine trop lourde. Le juge doit ensuite constater que la personne accepte les peines proposées. Enfin, le juge doit constater que ces peines sont justifiées au regard des circonstances de l'infraction et de la personnalité de son auteur. Si le juge estime la peine trop sévère, il peut refuser l'homologation. Il peut aussi la refuser s'il juge la peine insuffisamment sévère ou mal appropriée. De ce point de vue, il est sans doute opportun que le juge homologateur connaisse la jurisprudence correctionnelle dans son ressort.

432.23 Motivation. Le juge statue le jour même par ordonnance motivée[7]. L'article 495-11 précise que l'ordonnance est motivée par « les constatations, d'une part, que la personne, en présence de son avocat, reconnaît les faits qui lui sont reprochés et accepte la ou les peines proposées par le procureur de la République, d'autre part, que cette ou ces peines sont justifiées au regard des circonstances de l'infraction et de la personnalité de son auteur ».

1. SUR l'annulation par le Conseil d'État des dispositions relatives à la présence facultative du procureur de la République, prévues par les deux circulaires en question : CE, réf., 11 mai 2005, req. n° 279833 ; *RSC* 2005. 592, obs. A. Giudicelli ; *RSC* 2006. 124, obs. V. Bück – SUR LE FOND DES RECOURS : CE 26 avr. 2006, req. n°s 273757, 279832 ; *D.* 2006. IR 1333 ; *RSC* 2006. 638, obs. A. Giudicelli.
2. CE 26 avr. 2006, req. n°s 273757, 279832, préc.
3. L. n° 2005-847, 26 juill. 2005 précisant le déroulement de l'audience d'homologation de la comparution sur reconnaissance préalable de culpabilité, *JO* 27 juill., p. 12224 – AUSSI : Circ. CRIM 2005-19 E8, 29 juill. 2005, Comparution sur reconnaissance préalable de culpabilité (CRPC) / Procédure pénale, *BOMJ* 2005, n° 99, NOR : JUSDO530114C.
4. Cons. const. 22 juill. 2005, n° 2005-520 DC, loi conforme, *loi précisant le déroulement de l'audience d'homologation de la comparution sur reconnaissance préalable de culpabilité,* CONFORMITÉ, *JO* 27 juill., p. 12241 ; *Gaz. Pal.* 3-4 août 2005, p. 6, note J.-E. Schoettl ; *RFDC* 2006. 165, obs. S. Nicot ; *RSC* 2006. 133, obs. V. Bück.
5. Cons. const. 2 mars 2004, n° 2004-492 DC, préc. (v. s^s^ n° 43.07).
6. V. s^s^ n° 431.32.
7. C. pr. pén., art. 495-9 ; mod. par L. n° 2009-526, 12 mai 2009, art. 129.

Le contrôle introduit par le texte d'origine était donc un contrôle de légalité, doublé d'un contrôle sur le montant de la peine. Mais la loi du 23 mars 2019, tout en augmentant les pouvoirs du ministère public, et en faisant notamment passer la peine d'emprisonnement proposable à trois ans, a aussi amélioré la possibilité pour le juge du siège de refuser une homologation par opportunité, en critiquant non pas la peine proposée mais la procédure utilisée. L'article 495-11-1 du code de procédure pénale dispose en effet que « (...) Le président peut refuser l'homologation s'il estime que la nature des faits, la personnalité de l'intéressé, la situation de la victime ou les intérêts de la société *justifient une audience correctionnelle ordinaire* ou *lorsque les déclarations de la victime entendue* en application de l'article 495-13 apportent un éclairage nouveau sur les conditions dans lesquelles l'infraction a été commise ou sur la personnalité de son auteur »[1].

Saisi par la Cour de cassation d'une question portant sur la constitutionnalité de l'article 495-11-1 du code de procédure pénale, en ce qu'il ne prévoit pas de voie de recours à l'encontre de l'ordonnance de refus d'homologation par le juge, le Conseil constitutionnel a jugé que la disposition instituée à la suite de l'adoption de la loi du 23 mars 2019 de programmation 2018-2022 et de réforme pour la justice était conforme à la Constitution[2].

Aucun texte n'envisageant la possibilité d'un recours contre l'ordonnance de refus d'homologation des peines proposées par le procureur de la République dans le cadre d'une comparution sur reconnaissance préalable de culpabilité, un pourvoi en cassation contre une telle décision n'est possible que si son examen fait apparaître un risque d'excès de pouvoir. Le principe de séparation des autorités de poursuite et de jugement commande que le président du tribunal judiciaire ou son délégué exerce, lors de l'audience d'homologation de la peine proposée, son plein office de juge du fond. Dès lors, les motifs énumérés par les articles 495-9, 495-11 et 495-11-1 du code de procédure pénale ne sauraient limiter son pouvoir d'appréciation[3]. En l'espèce le juge avait retenu que « le refus d'homologation permettra au tribunal, éventuellement saisi de l'affaire, de statuer en cohérence sur le rôle de chacun des trois mis en examen, dans leur connaissance des faits reprochés » (deux des prévenus sur trois avaient refusés la CRPC).

1. L. n° 2019-222, art. 59, I, 7°).
2. Cons. const. 18 juin 2021, n° 2021-918 QPC, *AJ pénal* 2021. 428, obs. A. Taleb-Karlsson ; *D.* 2021. 1193 ; *Procédures* 2021, comm. 237 ; *Dr. pénal* 2021, alerte 64, W. Roumier.
3. Crim. 30 mars 2021, n° 20-86.358, P ; *AJ pénal* 2021. 317, obs. Ch Ingrain et P. Mallet ; *Dr. pénal* 2021, comm. 151, A. Maron et M. Haas ; *RSC* 2021. 659 ; pbs R. Parizot.

432.24 Motivation spéciale en cas de peine ferme. Bien que les textes sur la CRPC n'aient pas repris expressément le principe, l'article 132-19 en vertu duquel, depuis la loi du 23 mars 2019[4] : «

Toute peine d'emprisonnement sans sursis ne peut être prononcée qu'en dernier recours si la gravité de l'infraction et la personnalité de son auteur rendent cette peine indispensable et si toute autre sanction est manifestement inadéquate. Dans ce cas, si la peine est inférieure ou égale à six mois, elle doit, sauf impossibilité résultant de la personnalité ou de la situation du condamné, faire l'objet d'une des mesures d'aménagement prévues à l'article 132-25. Dans les autres cas prévus au même article 132-25, elle doit également être aménagée si la personnalité et la situation du condamné le permettent, et sauf impossibilité matérielle. Le tribunal doit spécialement motiver sa décision, au regard des faits de l'espèce et de la personnalité de leur auteur ainsi que de sa situation matérielle, familiale et sociale conformément aux dispositions de l'article 464-2 du code de procédure pénale. », est applicable.

432.25 Place de la victime. L'article 495-13 du code de procédure pénale dispose que : « Lorsque la victime de l'infraction est identifiée, elle est informée sans délai, par tout moyen, de cette procédure. Elle est invitée à comparaître en même temps que l'auteur des faits, accompagnée le cas échéant de son avocat, devant le président du tribunal judiciaire ou le juge délégué par lui pour se constituer partie civile et demander réparation de son préjudice. Le président du tribunal judiciaire ou le juge délégué par lui statue sur cette demande, même dans le cas où la partie civile n'a pas comparu à l'audience, en application de l'article 420-1. La partie civile peut faire appel de l'ordonnance conformément aux dispositions des articles 498 et 500 ».

La victime n'est donc pas convoquée à la phase de discussion avec le procureur de la République mais seulement informée de la date de la phase d'homologation. Il y a peut-être là une imperfection de la loi dans la mesure où si le représentant du ministère public entend imposer, par exemple, une indemnisation de la victime dans le cadre d'un sursis probatoire, il pourrait être utile que soient connues les prétentions de cette victime... Si la victime a formé une demande par lettre, le juge statue dessus en application des dispositions de l'article 420-1 qui permet à toute personne qui se prétend lésée de se constituer partie civile, directement ou par son

4. L. n° 2016-731, 3 juin 2016 renforçant la lutte contre le crime organisé, le terrorisme et leur financement, et améliorant l'efficacité et les garanties de la procédure pénale, *JO* 4 juin, n° 1.

avocat, par lettre recommandée avec avis de réception ou par télécopie parvenue au tribunal vingt-quatre heures au moins avant la date de l'audience, lorsqu'elle demande soit la restitution d'objets saisis, soit des dommages-intérêts en produisant toutes les pièces justificatives de son préjudice.

Si la victime n'a pu exercer le droit prévu à l'alinéa précédent, le procureur de la République doit l'informer de son droit de lui demander de citer l'auteur des faits à une audience du tribunal correctionnel statuant conformément aux dispositions de l'article 464, alinéa 4[1], dont elle sera avisée de la date, pour lui permettre de se constituer partie civile. Le tribunal statue alors sur les seuls intérêts civils, au vu du dossier de la procédure qui est versé au débat[2]. L'absence de convocation régulière de la victime peut, dans certains cas, conduire le président du tribunal ou son délégué à refuser l'homologation. Le juge homologateur a pu lui-même renvoyer sur intérêts civils pour que la victime affine sa demande, présente des justificatifs et qu'un débat contradictoire s'instaure sur ses prétentions.

432.26 Appel par la partie civile. L'alinéa premier de l'article 495-13[3] du code de procédure pénale prévoit la possibilité pour la partie civile de faire appel de l'ordonnance rendu par le président ou son délégué. Cet appel ne concerne bien sûr que ses intérêts civils.

432.27 Accords préalables avec le ministère public. Dans certaines juridictions, des accords ont été passés pour permettre aux objectifs du législateur d'être atteints : gagner du temps. Or, la procédure de CRPC, si chacun tient son rôle pleinement, n'est pas sur ce point très efficace. Aussi, certains procureurs et présidents se sont entendus pour que le président homologue sinon « automatiquement », du moins quasi-systématiquement, des propositions dès lors qu'un tableau de peines a été discuté en amont, notamment à propos d'infractions susceptibles d'être souvent relevées dans ce type de procédure, et par exemple les infractions routières.

432.28 Amende. Les dispositions des articles 707-2[4] et 707-3[5] du code de procédure pénale relatives à la diminution du montant des amendes et des droits fixes de procédure en cas de paiement volontaire dans le délai d'un mois sont applicables aux amendes prononcées dans le cadre de la procédure de comparution sur reconnaissance préalable de culpabilité[6].

SECTION 3
EFFETS DE L'HOMOLOGATION

432.31 Mêmes effets qu'un jugement de condamnation. L'ordonnance a les effets d'un jugement de condamnation, selon l'article 495-11[7] du code de procédure pénale. Elle est immédiatement exécutoire.

Lorsque la peine homologuée est une peine d'emprisonnement ferme, la personne est, selon les distinctions prévues au deuxième alinéa de l'article 495-8 du code de procédure pénale, soit immédiatement incarcérée en maison d'arrêt, soit convoquée devant le juge de l'application des peines, à qui l'ordonnance est alors transmise sans délai. Les conséquences sur l'action publique sont évidentes : elle est éteinte par le jugement d'homologation.

Les peines homologuées sont inscrites au casier judiciaire et peuvent constituer le premier terme d'une récidive. Le texte précisant que l'ordonnance est immédiatement exécutoire, la personne est immédiatement incarcérée si le procureur de la République avait précisé qu'il entendait que la peine soit immédiatement mise à exécution. Il n'est pas nécessaire que le président du tribunal ou son délégué décerne un mandat de dépôt, la condamnation étant exécutoire dans cette hypothèse de plein droit. Dans le cas contraire, la personne est convoquée devant le juge d'application des peines pour que soient déterminées les modalités de son exécution, notamment la semi-liberté, le placement à l'extérieur ou le placement sous surveillance électronique[8].

432.32 Appel. Le second alinéa de l'article 495-11 du code de procédure pénale traite des droits d'appel de la personne condamnée et du ministère public. La première peut dans tous les cas, faire appel conformément aux dispositions des articles 498, 500, 502 et 505 du code de procédure pénale.

À défaut d'appel dans le délai légal, la décision d'homologation a les effets d'un jugement passé en force de chose jugée. Le texte ne vise que l'appel incident du ministère public : *a contrario*, on pourrait estimer que le ministère public ne peut pas faire appel à titre principal. Le tribunal de Toulouse a pourtant estimé que si les dispositions de l'arti-

1. Le président statue à juge unique.
2. C. pr. pén., art. 495-13, al. 2.
3. C. pr. pén., art. 495-13 ; créé par L. n° 2004-204, 9 mars 2004, art. 137.
4. C. pr. pén., art. 707-2 ; mod. par L. n° 2008-644, 1er juill. 2008, art. 11.
5. C. pr. pén., art. 707-3 ; mod. par L. n° 2007-297, 5 mars 2007, art. 22.
6. C. pr. pén., art. R. 55 ; mod. par décr. n° 2017-683, 28 avr. 2017.
7. C. pr. pén., art. 495-11 ; créé par L. n° 2004-204, 9 mars 2004, art. 137.
8. C. pr. pén., art. 495-8, al. 2.

cle 495-11 du code de procédure pénale ne mentionnent que l'appel incident du parquet à l'égard d'une ordonnance d'homologation, les dispositions de l'article 497 dudit code prévoient un droit d'appel général du parquet contre les décisions pénales. Dès lors et à défaut de mention expresse de la loi lui interdisant un appel principal, le ministère public peut relever appel principal d'une ordonnance d'homologation [1]. Les travaux parlementaires montrent pourtant que le projet de loi portait dans une mouture précédente la possibilité pour le ministère public de former appel principal et que les sénateurs ont fait valoir que c'était difficilement concevable dans la mesure où le procureur était celui qui avait proposé la ou les peines homologuées. Cela n'est toutefois pas déterminant, puisque le procureur peut, par exemple, faire appel des ordonnances conformes à ses réquisitions.

Mais la chambre criminelle a, depuis, très clairement indiqué que le ministère public ne pouvait pas interjeter appel principal [2]. Il en est ainsi, alors même que dans l'espèce jugée le 10 novembre 2010, l'appel du procureur général avait été admis par la cour d'appel sur la base de l'article 35 du code de procédure pénale et parce que la décision d'homologation avait violé les dispositions de l'article 775-1, alinéa 3, du même code qui interdit l'exclusion du bulletin n° 2 du casier judiciaire des condamnations prononcées pour l'une des infractions mentionnées à l'article 706-47 dudit code.

SECTION 4
ÉCHEC DE LA PROCÉDURE

432.41 **Hypothèses.** La procédure de condamnation sur reconnaissance préalable de culpabilité peut échouer pour de multiples raisons. Le prévenu peut à tout moment revenir sur l'accord qu'il a donné devant le procureur de la République, et notamment lors de sa comparution à l'audience d'homologation. Il peut même revenir sur cet accord postérieurement en interjetant appel de la décision à laquelle il avait pourtant consenti [3]. Enfin, le juge peut refuser d'homologuer la ou les peines proposées. Le refus du juge d'homologuer la peine proposée par le procureur de la République dans le cadre d'une procédure de comparution sur reconnaissance préalable de culpabilité ne fait pas en soi obstacle à ce que ce magistrat intervienne ensuite dans la même affaire en qualité de juge des libertés et de la détention et ordonne le placement en détention provisoire du prévenu dans l'attente de son jugement en comparution immédiate [4].

432.42 **Impossibilité de faire état de la procédure en cas de refus d'homologation.** L'article 495-14, alinéa 2, du code de procédure pénale est ainsi rédigé : « Lorsque la personne n'a pas accepté la ou les peines proposées ou lorsque le président du tribunal judiciaire ou le juge délégué par lui n'a pas homologué la proposition du procureur de la République, le procès-verbal ne peut être transmis à la juridiction d'instruction ou de jugement, et ni le ministère public ni les parties ne peuvent faire état devant cette juridiction des déclarations faites ou des documents remis au cours de la procédure. »

La chambre criminelle a rappelé le principe dans des hypothèses où le jugement portait mention de la reconnaissance de la culpabilité par le prévenu lors de la procédure de comparution sur reconnaissance préalable de culpabilité [5].

En revanche, la chambre criminelle a validé des procédures dès lors que les juges ne se sont pas fondés sur le procès-verbal de reconnaissance de culpabilité. La seule jonction à un dossier de procédure du procès-verbal de culpabilité ne doit, sauf le retrait de la pièce litigieuse, recevoir aucune sanction juridictionnelle, dès lors que cette même jonction n'avait pas eu pour effet de porter atteinte aux droits du prévenu [6].

Dans une espèce dans laquelle un prévenu avait comparu sur reconnaissance préalable de culpabilité du chef de détention sans autorisation d'armes et de munitions des première ou quatrième catégories, où le président de la juridiction avait homologué la proposition et où le procureur de la République avait toutefois, ultérieurement, fait citer le prévenu devant le tribunal correctionnel pour le même délit ainsi que pour le délit distinct de contrebande, portant sur les mêmes armes et munitions, le tribunal et la cour d'appel avaient annulé la procédure en énonçant qu'en violation des dispositions

1. Toulouse, 21 nov. 2007 ; *Dr. pénal* 2008. Ét. 23, obs. P.-J. Delage – EN CE SENS : S. Guinchard et J. Buisson, *Procédure pénale*, 5e éd., « Manuel », LexisNexis, 2009, n° 1455 ; 16e éd., 20223.
2. Crim. 10 nov. 2010, n° 10-82.097, P n° 178 ; *D.* 2011. 18, obs. C. Girault ; *D.* 2011. Chron. 124, obs. A. Leprieur – Crim. 29 mars 2011, n° 10-88.236, P n° 60 ; *D.* 2011. 1420.
3. V. ss n° 432.51.
4. Crim. 19 juin 2018, n° 17-84.930, P n° 113 ; *JCP* 2018. 829 ; *D.* 2018. 1441 ; *Gaz. Pal.* 12 mars 2019, n° 344p5, p. 26, note A.-C. Méric ; *RSC* 2018. 721, obs. P.-J. Delage.
5. Crim. 17 sept. 2008, n° 08-80.858, P n° 192 ; *D.* 2008. AJ 2602, obs. M. Léna ; *D.* 2008. 2904, note J. Lasserre Capdeville ; *D.* 2009. 2238, obs. J. Pradel ; *AJ pénal* 2008. 515, obs. C. Saas ; *RSC* 2009. 412, obs. R. Finieltz – Crim. 14 oct. 2008, n° 08-82.195, P n° 192.
6. Crim. 30 nov. 2010, n° 10-80.460, P n° 190 ; *D.* 2011. 166 ; *D.* 2011. 2231, obs. J. Pradel ; *D.* 2011. 2823, obs. G. Roujou de Boubée, T. Garé, S. Mirabail et T. Potaszkin.

de l'article 495-14 du code de procédure pénale, les procès-verbaux dressés dans le cadre de la procédure de comparution sur reconnaissance préalable de culpabilité ont été joints au dossier soumis à la juridiction de jugement.

La chambre criminelle casse cet arrêt en rappelant que l'action publique exercée du chef d'infraction à la législation sur les armes était éteinte par la chose jugée, et que, d'autre part : « Les dispositions de l'article 495-14 du code de procédure pénale ne pouvaient s'appliquer au délit distinct de contrebande qui n'avait pas été inclus dans la procédure de comparution sur reconnaissance préalable de culpabilité, et, qu'enfin, l'inobservation de cet article ne peut entraîner que la nullité de la décision ayant fait état des éléments recueillis lors de la mise en œuvre de cette procédure. »[1]

Mais l'alinéa 2 de l'article 495-14 du code de procédure pénale n'interdit de faire état de la procédure de comparution sur reconnaissance préalable de culpabilité que lorsque la personne n'a pas accepté la ou les peines proposées ou lorsque le magistrat compétent n'a pas homologué la proposition du procureur de la République. N'encourt pas la censure l'arrêt statuant dans le cadre de l'appel d'une ordonnance d'homologation qui fait état d'une telle procédure[2].

432.43 Appel. Excès de pouvoir. Aucun texte ne précise que l'ordonnance de refus d'homologation serait susceptible d'appel. En conséquence, il n'existe pas de voie de recours en la matière[3]. Aucun texte n'envisageant la possibilité d'un recours contre l'ordonnance de refus d'homologation des peines proposées par le procureur de la République dans le cadre d'une procédure de comparution sur reconnaissance préalable de culpabilité, un pourvoi en cassation contre une telle décision n'est possible que si son examen fait apparaître un risque d'excès de pouvoir relevant du contrôle de la Cour de cassation.

Ne constitue pas un excès de pouvoir le fait pour le juge délégué par le président du tribunal de s'abstenir de motiver la décision de refus d'homologation des peines proposées par le procureur de la République au regard des exigences des articles 130-1, 132-1 et 132-20 du code pénal qui sont relatifs au prononcé des peines[4].

432.44 Lorsque le juge homologateur a rejeté une proposition de peine, le procureur de la République ne peut mette en œuvre une autre comparution sur reconnaissance préalable de culpabilité. Un prévenu, poursuivi pour des faits de blanchiment, avait fait l'objet d'une procédure de comparution sur reconnaissance préalable de culpabilité ayant abouti à un refus d'homologation du juge. Le procureur a décidé alors de refaire une proposition de peine, accepté à nouveau par l'intéressé, et saisi le juge qui a déclaré cette seconde requête irrecevable au motif que « la première proposition de peine avait fait l'objet d'un refus d'homologation ». Devant cette situation qui apparaît inédite le procureur a formé un pourvoi en cassation qui ne pouvait être admis qu'en cas d'excès de pouvoir, ce qu'elle ne constatait pas en l'espèce, en estimant qu'il se déduit de l'article 495-12 du code de procédure pénale, interprété à la lumière des travaux parlementaires relatifs aux lois n° 2004-204 du 9 mars 2004 et n° 2018-898 du 23 octobre 2018, qu'une nouvelle proposition de peine ne saurait autoriser, après un refus d'homologation, la mise en œuvre d'une autre comparution sur reconnaissance préalable de culpabilité[5].

432.45 Composition de la juridiction de jugement : exclusion du juge ayant refusé la CRPC ? Certains auteurs considèrent que les principes posés par l'article 495-14 excluant la présence au dossier du tribunal des pièces du dossier de la CRPC doivent logiquement conduire à ce que le président ou le juge délégué ayant entendu la personne ne puisse faire partie de la juridiction de jugement. Bien que le texte ne le précise pas, la connaissance par l'un des juges de la formation de jugement des déclarations ayant pu être faites par le prévenu à un moment de la procédure de comparution sur reconnaissance préalable de culpabilité peut être considérée comme portant atteinte à son impartialité objective.

Mais la chambre criminelle a jugé que le refus du juge d'homologuer la peine proposée par le procureur de la République dans le cadre d'une procédure de comparution sur reconnaissance préalable de culpabilité ne fait pas en soi obstacle à ce que ce magistrat intervienne ensuite dans la même affaire en qualité de juge des libertés et de la détention et ordonne le placement en détention provisoire du prévenu dans l'attente de son jugement en comparution immédiate[6]. Il est possible que la décision soit la même si la question posée était celle du jugement au fond.

1. Crim. 26 oct. 2010, n° 10-82.261, NP.
2. Crim. 16 avr. 2019, n° 18-83.059, P n° 78 ; *D.* 2019. 821 ; *Dr. pénal* 2019, comm. 112, A. Maron et M. Haas.
3. F. Desprez, « L'ordonnance de refus d'homologation dans le cadre de la CRPC », *D.* 2007. 2043.
4. Crim. 1er sept. 2020, n° 1983658, NP.
5. Crim. 17 mai 2022, n° 21-86.131, B ; *D.* 2022. 995 ; *D. actu.* 8 juin 2022, obs. M. Slimani ; *RSC* 2022. 642, obs. P.-J. Delage ; *AJ pénal* 2022. 438.
6. Crim. 19 juin 2018, n° 17-84.930, P n° 113 ; *JCP* 2018. 829 ; *D.* 2018. 1441 ; *Gaz. Pal.* 12 mars 2019, n° 344, p. 26, note A.-C. Méric ; *RSC* 2018. 721, obs. P.-J. Delage.

432.46 **Nullité de procédure.** Lors d'une procédure sur reconnaissance préalable de culpabilité, il s'instaure, devant le président du tribunal correctionnel, un débat au fond, celui-ci décidant ou non, après avoir vérifié la réalité des faits et leur qualification juridique, d'homologuer la proposition du procureur de la République, constatant notamment que la personne, en présence de son avocat, reconnaît les faits et accepte la ou les peines proposées. Il en résulte que, par application des dispositions de l'article 385 du code de procédure pénale, le prévenu ne saurait soulever une exception de nullité de la procédure[1]. Dans cette affaire, saisie de l'appel d'un prévenu qui avait accepté une CRPC, la cour avait estimé recevable une demande de nullité au motif que la simple audition, par le juge, du prévenu assisté de son avocat, ne peut être assimilée à une défense au fond, au sens de l'article 385 du code de procédure pénale. Cette argumentation est rejetée par la chambre criminelle au motif qu'un « débat au fond » s'instaure devant le président du tribunal. Cette solution doit, à notre avis être approuvée : en acceptant sa culpabilité, le prévenu assisté de son conseil renonce à user de la voie de la requête en nullité[2].

SECTION 5
APPEL

432.51 **Titulaires du droit d'appel.** On a vu que la personne ou son conseil pouvait former appel de la décision d'homologation et que le ministère public pouvait seulement former appel incident[3].

432.52 **Évocation de l'affaire.** L'article 520-1 du code de procédure pénale dispose que : « En cas d'appel d'une ordonnance rendue en application de l'article 495-11, la cour évoque l'affaire et statue sur le fond sans pouvoir prononcer une peine plus sévère que celle homologuée par le président du tribunal ou le juge délégué par lui, sauf s'il y a appel formé par le ministère public. »

Il s'agit donc d'un cas où le prévenu ne sera jugé que par une seule juridiction. Son appel a en effet pour effet de faire en sorte que la juridiction du premier degré ne sera pas ressaisie de son cas ; la cour d'appel doit évoquer l'affaire et la juger au fond. Elle ne peut prononcer une peine supérieure à celle que l'intéressé avait acceptée sauf si le ministère public a fait appel incident ce qui est généralement le cas.

Par ailleurs, il faut noter, qu'il n'existe pas devant la cour d'appel d'impossibilité de faire état du dossier de CRPC tel que cela existe devant la juridiction de première instance[4].

1. Crim. 22 févr. 2012, n° 11-82.786, P n° 52 ; *Dr. pénal* 2012, n° 59, note M. Haas et A. Maron ; *AJ pénal* 2012. 236, obs. J. Gallois ; *D.* 2012. 684 (v. s^s n° 432.01).
2. EN SENS CONTRAIRE : *Dr. pénal* 2012, n° 59, note A. Maron et M. Haas.
3. V. s^s n° 432.32.
4. V. s^s n° 432.42.

LIVRE

5. LA TENUE DE L'AUDIENCE

SECTION 0

ORIENTEUR

5.00 Sommaire du livre.

TITRE

51. La composition, l'examen du rôle, la préparation des dossiers

SECTION 0

ORIENTEUR

51.00 Sommaire du titre.

CHAPITRE

511. Composition et examen du rôle d'audience

SECTION 0
ORIENTEUR

511.00 **Sommaire du chapitre.**

511.01 **Principaux textes applicables.**

TEXTES SOURCES

• C. pén., art. 132-48, al. 1

• C. pr. pén., art. 390-2, 399, 511, 513

TEXTES *IN EXTENSO*

• **C. pén., art. 132-48, al. 1** [mod. par L. n° 2019-222, 23 mars 2019, art. 80]

Si le condamné commet, au cours du délai de probation, un crime ou un délit de droit commun suivi d'une condamnation à une peine privative de liberté sans sursis, la juridiction de jugement peut, après avis du juge de l'application des peines, ordonner la révocation en totalité ou en partie du ou des sursis antérieurement accordés. Cette révocation ne peut être ordonnée pour des infractions commises avant que la condamnation assortie du sursis ait acquis un caractère définitif.

• **C. pr. pén., art. 390-2**

Lorsque le délai entre la signification de la citation prévue à l'article 390 ou la notification de la convocation prévue à l'article 390-1 et l'audience devant le tribunal est inférieur à deux mois et que le prévenu ou son avocat n'ont pas pu obtenir avant l'audience la copie du dossier demandé en application de l'article 388-4, le tribunal est tenu d'ordonner, si le prévenu en fait la demande, le renvoi de l'affaire à une date fixée à au moins deux mois à compter de la délivrance de la citation ou de la notification de la convocation.

• **C. pr. pén., art. 399** [mod. par ord. n° 2019-964, 18 sept. 2019, art. 35]

Le nombre et le jour des audiences correctionnelles sont fixés par décision conjointe du président du tribunal judiciaire et du procureur de la République.

Il en est de même de la composition prévisionnelle de ces audiences, sans préjudice des pouvoirs propres du ministère public en matière d'audiencement.

Les décisions prévues au présent article sont prises, après avis de l'assemblée générale du tribunal, à la fin de l'année judiciaire pour l'année judiciaire suivante, et peuvent, en cas de nécessité, être modifiées en cours d'année dans les mêmes conditions.

En cas d'impossibilité de parvenir à des décisions conjointes, le nombre et le jour des audiences correctionnelles sont fixés par le seul président du tribunal judiciaire, et la composition prévisionnelle de ces audiences est déterminée par le seul procureur de la République, après avis du premier président de la cour d'appel et du procureur général.

• **C. pr. pén., art. 511**

Le nombre et le jour des audiences correctionnelles sont fixés à la fin de chaque année judiciaire pour l'année judiciaire suivante par une décision conjointe du premier président et du procureur général prise après avis de l'assemblée générale de la cour d'appel.

En cas de nécessité, cette décision peut être modifiée dans les mêmes conditions en cours d'année.

En cas d'impossibilité de parvenir à une décision conjointe, le nombre et le jour des audiences correctionnelles sont fixés par le seul premier président

• **C. pr. pén., art. 513**

L'appel est jugé à l'audience sur le rapport oral d'un conseiller ; le prévenu est interrogé.

Les témoins cités par le prévenu sont entendus dans les règles prévues aux articles 435 à 457. Le ministère public peut s'y opposer si ces témoins ont déjà été entendus par le tribunal. La cour tranche avant tout débat au fond.

Après que l'appelant ou son représentant a sommairement indiqué les motifs de son appel, les parties en cause ont la parole dans l'ordre prévu par l'article 460.

Le prévenu ou son avocat auront toujours la parole les derniers.

SECTION 1
CO-AUDIENCEMENT

511.11 **Co-audiencement parquet-siège.** Le principe du co-audiencement des affaires, soit d'une composition prévisionnelle des audiences selon le nombre et le jour des audiences fixés en commun entre le siège et le parquet, a été posé depuis la loi du 9 mars 2004 [1], par l'article 399 du code de procédure pénale pour le tribunal correctionnel, et par l'article 511 du code de procédure pénale pour la chambre des appels correctionnels [2].

De subtiles raisons d'équilibre justifient sans doute, qu'en absence de décision conjointe des chefs de juridiction, le nombre audiences correctionnelles sont fixés par le seul président du tribunal judiciaire, et la composition prévisionnelle en est déterminée par le seul procureur de la République, après avis du premier président de la cour d'appel et du procureur général [3]. Devant la cour d'appel, en cas d'impossibilité de parvenir à une décision conjointe, le nombre et le jour des audiences correctionnelles sont fixés par le seul premier président [4].

Lorsqu'il est effectivement mis en œuvre, ledit principe permet un meilleur équilibre entre des services du parquet auxquels il est souvent demandé de toujours faire juger plus, et des magistrats du siège qui réclament parfois de pouvoir juger mieux.

Plus prosaïquement, il répartit harmonieusement les pouvoirs de chacun et assure au siège une meilleure maîtrise sur le contenu quantitatif et qualitatif des audiences. Il assure une régularité dans la durée des audiences. Il devrait permettre à terme de vrais débats sur la politique pénale de la juridiction, ce qui n'est que bien trop rarement le cas.

Pour les raisons déjà évoquées, il est important, dans une vision idéale d'un audiencement rénové, que les services du greffe correctionnel d'une part, et le barreau local, d'autre part, soient associés à sa mise en œuvre.

511.12 **Co-audiencement des dossiers complexes.** Qu'ils aient trait à des infractions particulièrement complexes, qu'ils concernent des prévenus au statut particulier (élus, préfet, personne morale...), ou un nombre très important de victimes, les procès d'ampleur locale ou nationale doivent faire l'objet d'une attention particulière [5].

Plus encore que les autres, ceux-ci doivent donner lieu à une entente entre le siège et le parquet sur la date de l'audience, ses horaires, son lieu (si la salle habituelle n'est pas utilisée), la disponibilité des parties et de leurs avocats... L'accord préalable de tous permettra d'éviter un renvoi *in extremis*, dans des affaires particulièrement signalées à l'attention de la presse et du grand public, comme des autorités judiciaires [6].

511.13 **Difficultés.** Outre l'accord à trouver entre les différents participants sur les principes mêmes de fonctionnement d'une commission d'audiencement, il existe deux difficultés majeures en la matière [7].

En premier lieu, l'évaluation de la durée moyenne d'examen d'une affaire est un travail particulièrement délicat. Selon que les faits sont reconnus ou niés, le temps prévisible d'évocation d'une affaire est évidemment variable. Le problème est que certains faits initialement reconnus peuvent être déniés lors de l'audience ou à l'inverse, que certains refus obstinés de reconnaître son implication dans tels ou tels faits peuvent être abandonnés à l'audience. Un prévenu détenu peut refuser d'être extrait. Un autre peut venir à l'audience escorté de témoins qu'il entend faire entendre. Le temps d'audience pour une agression sexuelle est évidemment différent selon que la ou les victimes seront présentes ou représentées. Dans l'hypothèse d'une audition par vidéoconférence, il faut anticiper sur les difficultés techniques de certaines liaisons notamment avec l'outre-mer (sans compter les problèmes de décalage horaire). Il convient donc d'admettre que l'évaluation de la durée prévisible des débats demeure dans un certain nombre de dossiers bien aléatoire.

En second lieu, ladite évaluation du « temps-dossier » dépend de la voie de poursuites choisie. Si elle peut être stabilisée en matière de dossiers d'instruction, avec au passage une concertation utile du magistrat instructeur et un calibrage moyen des affaires d'agressions sexuelles, de vols, d'escroqueries, d'homicide et blessures involontaires à l'occasion de la conduite d'un véhicule... en fonction de la complexité des faits et du nombre de prévenus ou de parties civiles, elle est bien plus délicate en matière de convocations par officier de police judiciaire. Dans ces cas un avocat est rarement constitué dès la sortie de garde à vue et il est impossible de deviner si le prévenu sera assisté, ou

1. L. n° 2004-204, 9 mars 2004 portant adaptation de la justice aux évolutions de la criminalité, *JO* 10 mars, p. 4567, art. 131.
2. V. s^s n° 112.21.
3. C. pr. pén., art. 399, al. 4.
4. C. pr. pén., art. 511, al. 3.
5. V. s^s n° 111.48.
6. V. notamment Conseil consultatif conjoint de déontologie de la relation magistrats-avocats, *Recueil de cas pratiques interrogeant la déontologie des relations entre avocats et magistrats – Rapport du groupe de travail « Usages et bonnes pratiques »*, juin 2022.
7. V. s^s n°s 112.21 à 112.33.

représenté, si un ou plusieurs avocats interviendront pour son compte, ou pour celui d'une ou de plusieurs parties civiles... voire d'anticiper sur la durée prévisible des plaidoiries, certains avocats étant plus synthétiques que d'autres, comme d'ailleurs certains présidents de correctionnelle sont plus ou moins rapides que leurs collègues... Bon nombre de prévenus contactent un avocat ou sollicitent la désignation d'un avocat d'office à la dernière minute, en sorte que celui qui est choisi ou désigné n'a pas le temps ni d'obtenir la copie du dossier, ni de s'entretenir véritablement avec son client.

Au fond, la quasi-certitude du temps d'évocation d'un dossier n'existe qu'en matière de dossiers d'instruction avec détenu(s) disposant déjà d'un avocat *a fortiori* si le ou les avocats constitués ont déjà déposés leurs écritures (QPC, conclusions de nullités...) avant l'audience.

Enfin, une indisponibilité de dernière minute peut se faire jour, soit pour des motifs de santé d'une partie ou de son conseil, soit parce que l'une ou l'autre a d'autres occupations d'égale importance, au jour dit.

Dans tous les cas, c'est dans la dernière semaine précédant l'audience qu'un point plus précis pourra être fait sur l'état du rôle, ce qui à l'inverse rend quasiment impossible l'utilisation d'une place qui viendrait à se libérer pour y placer un autre dossier, compte tenu des délais de citation.

SECTION 2
BONNES PRATIQUES

511.21 **Règles de fonctionnement.** Toute organisation de l'audiencement n'a qu'un but : tendre vers une évacuation cohérente et efficace des stocks. Par suite, il convient de privilégier assurément la sortie des dossiers relatifs aux faits les plus anciens, sauf à ce que le jugement perde toute utilité judiciaire et sociale notamment en comprenant des peines intervenant plusieurs années après que les infractions aient été commises, relatifs aux faits les plus graves – en particulier les dossiers d'instruction –, regroupant autant que faire se peut toutes affaires relatives aux mêmes individus pour éviter à l'encontre d'une même personne la multiplication des audiences, *a fortiori* si elles n'interviennent pas dans la chronologie des faits commis...

Une mixité est nécessaire dans l'audiencement des dossiers entre ceux venant sur COPJ et ceux faisant l'objet d'une citation. Les premiers permettent généralement de répondre à moins de six à douze mois à l'infraction commise. Les seconds, selon les juridictions, sont audiencés dans un délai d'un à trois ans, ce qui n'est évidemment pas satisfaisant. Mais surtout, les audiences « sur COPJ » sont beaucoup plus fréquentées que les secondes, et par suite plus lourdes. Il peut donc être recommandé, afin que les justiciables soient jugés dans des conditions et délais similaires, que les audiences comportent à parts égales, ou dans une proportion à définir localement, une portion de dossiers sur COPJ et une de dossiers sur citations.

511.22 **Proposition de calibrage.** Le nombre de dossiers audiencés devant la juridiction correctionnelle, que ce soit en juge unique ou en formation collégiale est extraordinairement variable selon les ressorts. Si cela peut apparaître normal au regard des incertitudes ci-dessus évoquées, il convient d'admettre que certaines disparités ne sont pas satisfaisantes.

Pour autant que l'on puisse évoquer une « mesure étalon » de l'audiencement correctionnel, il n'apparaît pas qu'en juge unique concernant des infractions en matière de circulation et venant sur COPJ il soit raisonnablement possible d'évoquer plus d'une trentaine de dossiers, dans la durée d'audience idéale (6 heures) retenue par ailleurs. Une audience à juge unique « tout-venant », ne devrait pas compter plus de 20 à 30 dossiers. Une audience collégiale, peut absorber entre 12 et 16 dossiers selon leur complexité et le nombre de prévenus. L'ensemble de ces propositions chiffrées doit évidemment tenir compte de l'examen de dossiers venus de l'instruction et de l'éventualité de comparutions immédiates venant s'ajouter au rôle de manière plus ou moins aléatoire.

511.23 **Nature des dossiers audiencés.** Si la pratique d'audiences correctionnelles en juge unique consacrées aux seuls délits routiers est généralisée, celle d'audiences notamment collégiales spécialisées est plus diverse.

Il est clair d'une part, que les audiences dites techniques, concernant, notamment les infractions fiscales, économiques et financières ou relatives aux infractions en matière de droit pénal du travail ou de l'urbanisme sont plus lourdes que celles de droit commun. Elles commandent une préparation plus attentive en amont, avec recherche de textes spécifiques et en général rédaction de décisions motivées, le bien-fondé des poursuites étant amplement contesté. Une attention particulière devra être portée au nombre de dossiers audiencés qui ne peut raisonnablement être que moindre par rapport à une audience « ordinaire ».

D'autre part, et même s'il est délicat d'en faire une règle générale, les dossiers ayant donné lieu à une information judiciaire sont en général plus lourds, et dévoreurs de temps d'audience, que les dossiers venant sur COPJ ou n'ayant fait l'objet que d'une enquête diligentée par le parquet, *via* le cas échéant un bureau des enquêtes. La présence de plus de trois dossiers d'information à une même audience paraît de ce point de vue et sauf exception, à déconseiller.

Il est sans doute opportun que chaque audience conserve une mixité relative quant à la difficulté des dossiers abordés, qui permette à la composition de ne pas s'absorber dans une suite de dossiers complexes, voire de même nature.

SECTION 3
RENVOI

511.31 **Renvois d'office.** Le président du tribunal correctionnel, statuant à juge unique ou en formation collégiale, peut estimer, malgré toutes les précautions prises en amont, que le rôle de telle audience est trop chargé et qu'il convient de renvoyer d'office un ou plusieurs dossiers sauf à devoir achever leur examen à une heure plus que tardive.

Dans cette hypothèse il n'y a que des avantages à ce que cette décision de renvoi soit prise le plus tôt possible et que les parties et leurs avocats en soient avisés à l'avance. Une date de renvoi peut même à ce stade être déjà arrêtée. Ceci permet d'assurer une meilleure fluidité de l'audience, d'éviter les palabres en début de séance, et d'assurer le renvoi contradictoire des dossiers qui ne seront pas examinés. Explicitée aux parties présentes qui en auront déjà été avisées par leurs conseils, la décision de renvoi donnera le sentiment d'un examen sérieux de la charge de l'audience et d'une prise en compte des intérêts de tous dans l'approche raisonnable dont tel dossier doit faire l'objet. Elle participera donc de l'image d'une justice réfléchie et non d'un renvoi décidé dans l'instant, sans préparation aucune.

511.32 **Problème des audiences dédiées aux renvois.** Certaines juridictions réservent des audiences pour qu'y soient placés tous les dossiers faisant l'objet d'un renvoi. Si cette méthode a pour simplicité apparente une gestion « organisée » des renvois et le regroupement à une même date des dossiers renvoyés quelle que soit la cause dudit renvoi, elle aboutit généralement à la constitution d'audiences monstrueuses, ayant donné lieu pour la plupart à des renvois contradictoires, dont les prévenus et victimes des différents dossiers vont se présenter, généralement assistés d'avocats. Le remède est alors pire que le mal, d'autant que ces renvois n'ont pas toujours été calibrés et ces audiences sont parmi les plus lourdes, les plus discutées et les plus longues.

Il ne peut qu'être conseillé de les éviter, au profit de renvois plus dispersés sur les audiences non encore totalement constituées et en fonction d'un degré d'urgence apprécié communément par les parties privées, le siège et le parquet.

CHAPITRE

512. Préparation des dossiers

SECTION 0

ORIENTEUR

512.00 **Sommaire du chapitre.**

512.01 **Principaux textes applicables.**

TEXTES SOURCES

• C. pén., art. 122-1, 132-48, al. 1

• C. pr. pén., art. 390-2, 399, 511, 513

TEXTES *IN EXTENSO*

• **C. pén., art. 122-1**

N'est pas pénalement responsable la personne qui était atteinte, au moment des faits, d'un trouble psychique ou neuropsychique ayant aboli son discernement ou le contrôle de ses actes.

La personne qui était atteinte, au moment des faits, d'un trouble psychique ou neuropsychique ayant altéré son discernement ou entravé le contrôle de ses actes demeure punissable. Toutefois, la juridiction tient compte de cette circonstance lorsqu'elle détermine la peine et en fixe le régime. Si est encourue une peine privative de liberté, celle-ci est réduite du tiers ou, en cas de crime puni de la réclusion criminelle ou de la détention criminelle à perpétuité, est ramenée à trente ans. La juridiction peut toutefois, par une décision spécialement motivée en matière correctionnelle, décider de ne pas appliquer cette diminution de peine. Lorsque, après avis médical, la juridiction considère que la nature du trouble le justifie, elle s'assure que la peine prononcée permette que le condamné fasse l'objet de soins adaptés à son état.

• **C. pén., art. 132-48, al. 1**

* V. ss n° 511.01

• **C. pr. pén., art. 390-2**

* V. ss n° 511.01

• **C. pr. pén., art. 399**

* V. ss n° 511.01

• **C. pr. pén., art. 511**

* V. ss n° 511.01

• **C. pr. pén., art. 513**

* V. ss n° 511.01

512.02 **Jurisprudence de référence.**

> Nécessité d'un avis préalable du JAP en vue de la révocation, par la juridiction correctionnelle, d'un sursis probatoire prononcé contre une personne à nouveau poursuivie

• **Crim. 3 avr. 1995, n° 94-81.851,** P n° 141

* V. ss n° 512.21.

« Mais sur le deuxième moyen de cassation pris de la violation de l'article 132-48 du nouveau code pénal, de l'article 6, paragraphe 1er de la convention européenne de sauvegarde des droits de l'Homme et des libertés fondamentales, de l'article 593 du code de procédure pénale, défaut de motifs, manque de base légale :

en ce que la cour d'appel a révoqué en totalité le sursis avec mise à l'épreuve assortissant pour partie la peine d'emprisonnement prononcée contre X... par jugement du tribunal correctionnel de Perpignan, en date du 27 février 1990 ;

alors qu'aux termes de l'article 132-4 du nouveau code pénal en vigueur au jour où les juges d'appel ont statué, la juridiction de jugement ne pouvait révoquer le sursis avec mise à l'épreuve antérieurement accordé sans recueillir préalablement l'avis du juge de l'application des peines ; qu'il ne résulte d'aucune des énonciations de l'arrêt que cet avis ait été recueilli et que, dès lors, la cour d'appel a méconnu tant les dispositions du texte précité que le principe du procès équitable et a excédé ses pouvoirs ;

Vu lesdits articles, ensemble l'article 112-2, 2°, du code pénal ;

Attendu que, selon l'article 132-48 du code pénal entré en vigueur le 1er mars 1994, la révocation d'un sursis avec mise à l'épreuve ne peut être ordonnée par la juridiction de jugement qu'après avis du juge de l'application des peines ;

Attendu qu'il ne résulte d'aucune mention de l'arrêt attaqué qu'un tel avis ait été recueilli ;

Mais attendu qu'en statuant comme elle l'a fait, et alors que les lois fixant les formes de la procédure sont applicables immédiatement aux instances en cours, la cour d'appel a méconnu les textes susvisés et excédé ses pouvoirs ;

D'où il suit que la cassation est encourue. »

> Nécessité d'aviser le tuteur ou le curateur de la personne protégée

• **Crim. 29 janv. 2013, n° 12-82.100,** P n° 32

* V. s[s] n° 512.11.

Méconnaît le sens et la portée de l'article 706-113 du code de procédure pénale la cour d'appel qui condamne la prévenue alors que son curateur n'avait été informé ni des poursuites ni du jugement de condamnation prononcé à son encontre et qu'il n'avait pas été avisé de la date d'audience.

• **Crim. 24 juin 2014, n° 13-84.364,** P n° 161

* V. s[s] n° 512.11.

Encourt la censure l'arrêt qui, pour écarter le moyen de nullité tiré par le prévenu de l'absence de convocation de sa curatrice aux débats, énonce que les poursuites ont été engagées avant l'entrée en vigueur de l'article 706-113 du code de procédure pénale, issu de la loi du 5 mars 2007, que l'intéressé n'a pas fait connaître qu'il bénéficiait d'une curatelle et qu'en outre, la mesure de remise en état des lieux n'a pas la nature d'une sanction pénale, alors que les réquisitions aux fins de relèvement d'astreinte étaient postérieures à l'entrée en vigueur de la loi du 5 mars 2007 et que la mesure de curatelle, ayant été publiée, était nécessairement connue du ministère public.

• **Crim. 10 janv. 2017, n° 15-84.469,** P n° 10

* V. s[s] n° 512.13.

Selon l'article 706-113 du code de procédure pénale, le curateur d'une personne majeure protégée doit être avisé des poursuites et des décisions de condamnation dont cette personne fait l'objet ; il doit, en outre, être avisé de la date de toute audience concernant la personne protégée.

512.03 **Bibliographie indicative.**

Articles. D. Goetz, « Article 706-113 du cpp : pas d'exception à l'information impérative du curateur », *D. Actualité*, 16 février 2017 – C. Roth, « Le majeur protégé visé par une accusation en matière pénale, neuf années de construction jurisprudentielle », *AJ famille* 2016. 247.

SECTION 1
PRÉPARATION DES DOSSIERS PAR LE SERVICE DE L'AUDIENCEMENT

§ 1
Préparation des dossiers

512.11 **Service de l'audiencement.** Ce service, qui se distingue du greffe correctionnel, doit vérifier qu'il ne manque aucune des pièces essentielles au bon déroulement de l'audience. C'est en réalité largement lui qui assure la mise en état du dossier. La mention des copies demandées et délivrées doit figurer en tête du dossier ne serait-ce que pour permettre au président de la juridiction saisie de répondre à toute contestation lors de l'ouverture des débats.

Il est particulièrement utile afin d'éviter toute difficulté sur la composition du tribunal, que soient mentionnés sur la cote du dossier l'ensemble des magistrats ayant eu à en connaître (JI, JLD, magistrat du parquet...).

512.12 **Vérification de l'intégrité du dossier pénal.** Le service s'assurera tout d'abord de l'intégrité du dossier pénal. Ceci n'est pas toujours totalement évident, les dossiers hors instruction n'étant pas cotés, il se peut qu'au fil des allers retours au service de la reprographie ou des consultations diverses dont il a pu faire l'objet, certaines pièces se soient égarées ou aient été déclassées. L'existence d'une copie de la procédure doit être vérifiée. Une attention particulière doit être portée aux cotes constituées notamment dans les poursuites pour délits financiers, lesdites cotes contenant généralement toutes les pièces sur lesquelles s'appuient les poursuites. Une vérification de la disponibilité des scellés doit être effectuée, même s'il est exceptionnel dans la plupart des juridictions, que lesdits scellés soient présentés à l'audience correctionnelle. Il est pourtant utile de présenter à tous, et en particulier aux assesseurs du tribunal collégial, les armes ou outils qui ont pu être utilisés lors de violences particulières. De ce point de vue la destruction de ces objets et armes dans le temps de l'enquête, sur instruction ou avec l'accord du parquet, sans même que soient prises des photographies susceptibles d'éclairer le tribunal, est à proscrire. Il en va de même pour les échantillons de produits stupéfiants prélevés par les services d'enquête.

On rappellera ici que la chambre criminelle a récemment jugé au visa de l'article 706-30-1, deuxième alinéa, du code de procédure pénale, qu'il résulte de ce texte que la pesée de produits stupéfiants ne peut être réalisée, au cours de l'enquête de flagrance ou de l'enquête préliminaire, qu'en présence de la personne qui détenait les substances, ou, à défaut, en présence de deux témoins et qu'en cas de non-respect de ces prescriptions, le grief de ladite personne résulte nécessairement de la destruction des substances stupéfiantes[1].

Enfin seul un point sur ces scellés permet de n'en oublier aucun au temps de leur confiscation lorsqu'elle est prononcée et la liste des objets saisis en cours de

1. Crim. 31 oct. 2017, n° 17-80.872, P ; *D.* 2017. 2253 ; *AJ pénal* 2018. 95, obs. F.-X. Roux-Demare.

procédure (avec mention de ceux qui ont pu entre-temps être restitués) doit figurer là encore en tête du dossier (communément agrafée à la chemise).

512.13 Vérification de la bonne présence des expertises obligatoires. Ce service aura également soin de vérifier que les expertises obligatoires ont été prescrites et ont été déposées ou de relancer les experts commis. Il a été vu comment les articles 706-112 et suivants du code de procédure pénale organisent poursuite, instruction et jugement des majeurs protégés [1] et dans quelles conditions, s'agissant des prévenus bénéficiant d'un régime de protection, il pouvait être recouru aux expertises figurant dans le dossier de curatelle ou de tutelle [2] ; de même, doit figurer au dossier l'avis de poursuites à curateur ou tuteur [3]. Encourt la censure l'arrêt d'une chambre de l'instruction qui, d'une part, après avoir constaté que figuraient dans la procédure, préalablement à l'interrogatoire de première comparution, des indications données par des membres de sa famille sur une schizophrénie dont souffrirait l'intéressé et une main-courante remontant à quelques années le qualifiant de majeur sous curatelle, ainsi qu'une expertise psychiatrique réalisée récemment dans un dossier distinct faisant état à son sujet d'une tutelle, retient que ces éléments n'étaient pas suffisants pour faire naître un doute sur l'existence d'une mesure de protection légale, d'autre part, ne caractérise pas une circonstance insurmontable ayant fait obstacle à la vérification qui s'imposait.

C'est bien à une généralisation du dispositif applicable aux personnes protégées que s'attelle la Cour de cassation, raison pour laquelle, elle a jugé que le défaut de l'expertise visée à l'article 706-115 du code de procédure pénale porte une atteinte substantielle aux droits de la personne poursuivie bénéficiant d'une mesure de protection juridique à l'époque des faits, en ce qu'il ne lui permet pas d'être jugée conformément à son degré de responsabilité pénale [4]. Une telle décision serait sans aucun doute rendue en matière de jugement de police quelle que soit la possibilité pour ladite personne d'être assistée de son tuteur ou curateur qui ne remplit pas les mêmes fonctions que celles de l'avocat [5]. La chambre criminelle a d'ailleurs jugé que le curateur d'une personne majeure protégée doit, en application de l'article 706-113 du code de procédure pénale, être avisé des poursuites exercées contre elle, des décisions de condamnation dont elle a fait l'objet et de la date de toute audience, qu'encourt la cassation l'arrêt qui méconnaît ce principe, mais que, lorsqu'il n'est pas établi que la cour d'appel était informée de la mesure de protection du prévenu, seule l'annulation de l'arrêt doit être prononcée par la Cour de cassation [6].

Il convient également de rappeler l'existence de l'article 706-47-1 du même code qui dispose que les personnes poursuivies pour l'une des infractions mentionnées à l'article 706-47 (infractions de nature sexuelle et protection des mineurs victimes) doivent être soumises, avant tout jugement au fond, à une expertise médicale, l'expert étant interrogé spécifiquement sur l'opportunité d'une injonction de soins. Sur ce dernier point, un arrêt est venu juger que l'état de fuite du prévenu qui pouvait faire obstacle à l'accomplissement d'une telle expertise, avait cessé du fait de sa comparution à l'audience et que la cour d'appel ne pouvait déclarer le prévenu coupable sans avoir ordonné d'expertise médicale [7].

Plus classiquement, une enquête rapide de personnalité doit avoir été requise par le procureur (auprès de toute personne habilitée dans des conditions déterminées par décret en Conseil d'État - en pratique, une association ou une personne privée localement inscrite sur les listes - ou, en cas d'impossibilité matérielle, le service pénitentiaire d'insertion et de probation, selon la rédaction du texte issu de la loi du 27 mars 2012 [8]) avant de solliciter le placement en détention provisoire d'un majeur de moins de 21 ans, lorsque la peine encourue n'excède pas cinq ans d'emprisonnement, et en cas de poursuites selon la procédure de comparution immédiate, ou selon la procédure de plaider coupable [9].

Les avis à victimes devront avoir été effectués après qu'une discussion au sein des différents services concernés ait permis de dire quelles sont les victimes à aviser pour tel type d'affaire [10].

512.14 Courriers, pièces et demandes des avocats. Enfin, c'est ce service qui avisera le président d'audience de l'arrivée de courriers d'avocats sollicitant un report, une mesure particulière (audition d'un témoin, huis clos, présence d'un interprète...), ou accompagné de conclusions ou/et de pièces nouvelles. À noter, s'agissant de ces dernières, qu'il est d'usage que les conclusions d'un avocat soient adressées en double exemplaire, l'un au procureur de la République, l'autre au président de la formation.

1. V. s[s] n° 221.101.
2. C. pr. pén., art. D. 47-14 s. et en particulier D. 47-23.
3. Crim. 24 juin 2014, n° 13-84.364, P n° 161 – V. s[s] n° 223.61.
4. Crim. 16 déc. 2020, n° 19-83.619, P, *D. actu*, 14 janv. 2021, obs. Dominati.
5. Crim. 19 sept. 2017, n° 17-81.919, P ; *D.* 2017. 1912 ; *D.* 2018. 1458, obs. J.-J. Lemouland et D. Noguéro ; *AJ pénal* 2017. 504, obs. J. Lasserre Capdeville ; *RSC* 2017. 771, obs. F. Cordier.
6. Crim. 10 janv. 2017, n° 15-84.469, P n° 10.
7. Crim. 15 mai 2018, n° 17-82.866, NP.
8. L. n° 2012-409, 27 mars 2012 de programmation relative à l'exécution des peines, *JO* 28 mars, p. 5592.
9. C. pr. pén., art. 41, al. 7.
10. V. s[s] n°s 222.21, 525.11 s.

Au total, des relations fréquentes doivent être entretenues entre le président de la juridiction correctionnelle et les différents greffiers et fonctionnaires chargés de l'audiencement.

§ 2
Antécédents judiciaires

512.21 **Antécédents judiciaires du prévenu. B1.** Il y a lieu de vérifier qu'un exemplaire à jour du casier judiciaire de chacun des prévenus soit joint au dossier, ainsi que toutes pièces annexes importantes, ce qui peut exiger que des copies des dernières décisions rendues, jugements ou arrêts soient versées, en particulier si les poursuites retiennent un état de récidive ou si les faits concernent les mêmes parties (nouvelles violences commises sur conjoint, concubin ou partenaire lié par un Pacs...). L'état des précédents enregistré sur le logiciel national Cassiopée peut avoir un intérêt en présence de poursuites récentes n'ayant pas encore abouti au prononcé de décisions mais heurte à l'inverse la présomption d'innocence. Au contraire de décisions rendues et définitives, un tel amoncellement de références de procédures dont le tribunal ignore le devenir peut n'avoir pas grand intérêt. La demande de copies de pièces à d'autres services du tribunal (tribunal pour enfants pour les violences exercées à leur encontre, avec par exemple copie du dernier rapport de suivi de la PJJ (protection judiciaire de la jeunesse), services des affaires familiales, en matière de violences[1], ou de non-représentation d'enfants ou d'abandon de famille...) est en revanche justifiée, en ce qu'elle complète une cote personnalité souvent oubliée par l'autorité de poursuites.

Il n'est pas raisonnable d'envisager de juger un prévenu sans disposer de son casier judiciaire. En effet celui-ci peut révéler des antécédents importants à prendre en compte au temps de la peine, l'existence d'un mandat d'arrêt sur une précédente procédure, voire, un premier jugement pour tout ou partie des mêmes faits. Il convient donc de renvoyer l'examen de toute affaire dans laquelle manque le bulletin n° 1 du casier judiciaire d'un ou de plusieurs prévenus. Si « aucune identité » n'est applicable à la personne poursuivie, il appartient au greffe de solliciter l'envoi d'un extrait de naissance du prévenu pour qu'il soit jugé sous son exacte identité vérifiée.

Lorsque le prévenu est détenu pour autre cause, et même s'il est détenu dans la cause jugée, il est important de savoir quelle(s) peine(s) il exécute, sa date d'écrou, sa date de libération, l'existence d'éventuelles périodes d'évasion... Le service de l'audiencement aura donc soin de solliciter dans sa réquisition d'extraction, la remise à l'escorte d'un extrait du registre d'écrou de la personne, communément appelé « fiche pénale », afin que la juridiction connaisse parfaitement la situation carcérale de l'intéressé au-delà de déclarations le plus souvent imprécises.

Bien que bénéficiant de la présomption d'innocence, il n'est pas anodin de savoir que le prévenu comparant est actuellement suivi dans le cours d'un ou de plusieurs dossiers d'instruction, voire placé sous contrôle judiciaire.

En réalité l'ensemble de ces renseignements vérifiés permettent de sortir de la logique simplement déclarative de certaines audiences, durant lesquelles les débats s'enchaînent parfois sans qu'aucun des points évoqués ne soit étayé par un élément objectif ou une pièce de justice.

On sait qu'en vertu des dispositions de l'article 132-48, alinéa 1, du code pénal[2], si le condamné commet, au cours du délai de probation, un crime ou un délit de droit commun suivi d'une condamnation à une peine privative de liberté sans sursis, la juridiction de jugement peut, après avis du juge de l'application des peines, ordonner la révocation en totalité ou en partie du ou des sursis antérieurement accordés. Cette révocation ne peut être ordonnée pour des infractions commises avant que la condamnation assortie du sursis ait acquis un caractère définitif.

En cas de nouvelle poursuite exercée contre un condamné placé sous son contrôle, le juge de l'application des peines doit donc être avisé par le procureur de la République. Il communique à ce magistrat les renseignements qui lui paraissent utiles sur le comportement du condamné ; il lui donne notamment son avis sur l'opportunité de toute décision de modification ou de révocation de la mesure dont bénéficie le condamné, qui serait de la compétence de la juridiction de jugement[3].

L'article 132-48 du code pénal entré en vigueur le 1er mars 1994, disposait déjà que la révocation d'un sursis avec mise à l'épreuve (dénomination antérieure du sursis probatoire) ne peut être ordonnée par la juridiction de jugement qu'après avis du juge de l'application des peines. Cette condition relative aux formes de la procédure étant immédiatement applicable aux instances en cours, y compris pour la première fois devant la juridiction d'appel, encourt

1. En particulier les pièces relatives à une éventuelle ordonnance de protection rendue par le juge aux affaires familiales : C. civ., art. 515-9 s., et dont il s'agirait de sanctionner le non-respect : C. pén., art. 227-4-2 et 227-4-3.

2. Réd. issue L. n° 2019-222, 23 mars 2019.
3. C. pr. pén., art. R. 57-4.

la cassation l'arrêt qui ne mentionne pas qu'un tel avis a été recueilli[1].

512.22 Antécédents judiciaires de la victime. Il peut être judicieux d'obtenir au temps de la préparation du dossier des éléments relatifs aux propres antécédents de la victime. Ceci est particulièrement vérifiable dans les affaires de violences réciproques au cours desquelles, chacun évoque de précédents épisodes de violences ayant opposé les différents protagonistes. Dans cette hypothèse, l'obtention du bulletin n° 1 du casier judiciaire de la victime permet souvent de clore un débat sur l'existence de ces antécédents, les précédentes condamnations d'une victime à qui l'on reproche la responsabilité d'une rixe...

Aucun texte ne semble interdire une telle demande. Il sera en revanche opportun pour le président d'audience de préciser, notamment à l'intention de la partie civile, les raisons pour lesquelles il a été jugé opportun de solliciter le dépôt de cette pièce au dossier et évidemment de ne pas inverser les termes du procès.

§ 3 Consultation et copie du dossier de la procédure

512.31 Libre accès des avocats au dossier. La défense des intérêts du prévenu comme de la partie civile commande un libre accès de leurs avocats au dossier et, concrètement à un exemplaire complet de la procédure. Pour paraître d'évidence, cette formulation vient de loin. En son dernier état, elle ressort essentiellement de la loi du 27 mai 2014[2].

En cas de poursuites par citation prévue à l'article 390 ou convocation prévue à l'article 390-1, les avocats des parties peuvent consulter le dossier de la procédure au greffe du tribunal judiciaire dès la délivrance de la citation ou au plus tard deux mois après la notification de la convocation.

512.32 Demande et obtention de la copie du dossier. À leur demande, les parties ou leur avocat peuvent se faire délivrer copie des pièces du dossier. Si le dossier a fait l'objet d'une numérisation, cette copie est remise sous forme numérisée, le cas échéant par un moyen de télécommunication selon les modalités prévues à l'article 803-1. La délivrance de cette copie intervient dans le mois qui suit la demande. Toutefois, en cas de convocation en justice et si la demande est faite moins d'un mois après la notification de cette convocation, cette délivrance intervient au plus tard deux mois après cette notification. La délivrance de la première copie de chaque pièce du dossier est gratuite[3].

Rappelons ici que la remise d'une copie du dossier sur CD-Rom, avant une comparution immédiate, implique le cas échéant, la mise à disposition de la défense du matériel nécessaire à sa lecture effective[4]. S'agissant des avocats, lorsqu'un protocole a été passé à cette fin entre, d'une part, le président et le procureur de la République du tribunal judiciaire et, d'autre part, le barreau de la juridiction représenté par son bâtonnier, les avocats de ce barreau peuvent transmettre à la juridiction par un moyen de télécommunication à l'adresse électronique de la juridiction ou du service de la juridiction compétent, et dont il est conservé une trace écrite, les demandes de délivrance de copie des pièces d'un dossier prévues par l'article R. 155[5].

512.33 Problématiques de la consultation ou de l'obtention des copies de dossiers et sanction du défaut de communication. Comme le soulignait la circulaire DACG de 2014[6], ces dispositions n'étaient applicables qu'aux poursuites engagées sur citation directe ou COPJ, et ne concernaient donc pas, la comparution immédiate, la convocation par procès-verbal, la citation faisant suite à une ORTC[7].

Dans les hypothèses visées, les avocats des parties peuvent consulter le dossier de la procédure au greffe du tribunal judiciaire (en général auprès du service de l'audiencement) dès la délivrance de la citation ou au plus tard deux mois après la notification de la convocation. Il n'est pas prévu de droit direct de consultation des procédures par les parties elles-mêmes, pour des raisons de sécurité. À leur demande en revanche, les parties ou leurs avocats peuvent se faire délivrer copie « des pièces du dossier ».

On saisit mal *a priori* la distinction de formulation entre la consultation du « dossier de la procédure » prévue par l'alinéa 1er de l'article 388-4 et le visa des « pièces du dossier » visées par l'alinéa 2. À l'évidence, la copie du dossier couvre l'entier dossier pénal et non des pièces particulières à l'exclusion

1. Crim. 3 avr. 1995, n° 94-81.851, P n° 141.
2. L. n° 2014-535, 27 mai 2014 portant transposition de la directive 2012/13/UE du Parlement européen et du Conseil, du 22 mai 2012 relative au droit à l'information dans le cadre des procédures pénales, art. 8 [en vigueur depuis le 2 juin 2014] – PRÉCÉDÉE PAR : Circ. 23 mai 2014, CRIM-2014-12/E8, DACG, de présentation des dispositions de procédure pénale applicables le 2 juin 2014 de la loi portant transposition de la directive 2012/13/UE du Parlement européen et du Conseil, du 22 mai 2012 relative au droit à l'information dans le cadre des procédures pénales, *BOMJ*, n° 2014-05, 30 mai, p. 1, NOR : JUSD1412016C.
3. C. pr. pén., art. 388-4.
4. Crim. 9 mars 2020, n° 21-82.580, P., *D. actu.* Etudiant, 19 avr. 2022.
5. C. pr. pén., art. D. 591.
6. Circ. 23 mai 2014, CRIM-2014-12/E8, DACG, NOR : JUSD1412016C, préc.
7. V. s[s] n° 512.53.

d'autres. La possible délivrance d'une copie existait déjà antérieurement mais, outre qu'elle ne ressortait que d'un texte réglementaire [1], elle avait pu faire l'objet d'interprétations restrictives que le texte actuel a vocation à lever.

D'une manière volontariste qui ne sera pas toujours conforme aux possibilités techniques ou simplement matérielles des juridictions, ce texte prévoyait déjà que la délivrance de la copie, *a priori* faite sous forme numérisée et transmise le cas échéant pas un moyen de télécommunication selon les modalités de l'article 803-1 du code de procédure pénale, devait intervenir dans le mois suivant la demande. Toutefois, si la demande est faite moins d'un mois après la notification de la convocation, la délivrance pourra intervenir au plus tard deux mois après cette notification. Ces délais visent à assurer l'utilité de la délivrance de la copie et une pleine possibilité de leur exploitation par la défense en cohérence avec l'article 7 de la directive 2012/13 [2] qui évoquait le « temps utile pour permettre l'exercice effectif des droits de la défense ». Tout dépendra ici bien sûr de l'importance du dossier traité, qu'il s'agisse de la nature des faits poursuivis, de son volume ou du nombre de parties concernées.

La loi du 27 mai 2014 [3] sanctionne comme suit la non délivrance de copie : lorsque le délai entre la signification de la citation prévue à l'article 390 ou la notification de la convocation prévue à l'article 390-1 et l'audience devant le tribunal est inférieur à deux mois et que le prévenu ou son avocat n'ont pas pu obtenir avant l'audience la copie du dossier demandé en application de l'article 388-4, le tribunal est tenu d'ordonner, si le prévenu en fait la demande, le renvoi de l'affaire à une date fixée à au moins deux mois à compter de la délivrance de la citation ou de la notification de la convocation [4]. Ainsi le renvoi sera-t-il de droit lorsque le délai d'audiencement sera inférieur à deux mois et que la copie du dossier bien que demandée n'a pu être obtenue avant l'audience. Dans toutes les autres hypothèses, il appartiendra au tribunal de décider si la demande de renvoi est légitime ou non, c'est-à-dire si un délai suffisant pour permettre l'exercice effectif des droits de la défense a été laissé ou pas aux parties.

512.34 **Accès au B1.** Les précédentes dispositions doivent selon la circulaire [5] précitée, conduire à laisser au dossier dont la copie a été demandée par un avocat, le B1 du ou des prévenus, sans qu'il puisse les remettre à quiconque, tandis qu'en cas de demande formulée par une partie elle-même, la copie du dossier doit être expurgée du B1 en application des dispositions de l'article 777-2 du code de procédure pénale.

À la date de publication de cet ouvrage, il ne semble pas exister de jurisprudence pertinente de la chambre criminelle sur la mise en œuvre de ces dispositions.

512.35 **Fiche pénale.** Il résulte de l'article 2 de la loi du 17 juillet 1978 [6], de l'arrêt du Conseil d'État en date du 20 avril 2005 [7] et de la circulaire du 27 mars 2012 relative aux relations des personnes détenues avec leur défenseur [8] que la fiche pénale présente un caractère administratif détachable des procédures juridictionnelles auxquelles le détenu est partie et qu'elle est par suite communicable au détenu et à son avocat.

La question spécifique de la communicabilité de la fiche pénale ayant été tranchée par le Conseil d'État, il convient de faire droit à la demande d'une personne détenue ou de son avocat de consulter ou d'obtenir une copie de ce document. L'avocat de la personne incarcérée peut le consulter au greffe de l'établissement pénitentiaire ou en obtenir une copie moyennant le paiement de la somme fixée au tarif figurant à l'arrêté du 1er octobre 2001 [9] relatif à la fixation et à la détermination des frais de copie d'un document administratifs. En revanche, il ne peut être fait droit à la demande de communication formulée par des tiers ou la famille de la personne détenue.

SECTION 2
PRÉPARATION DES DOSSIERS PAR LE GREFFE

512.41 **Greffier d'audience.** Dans la quasi-totalité des juridictions, le greffier désigné pour l'audience prépare les dossiers, autant pour gagner du temps durant les débats, que pour ne pas en perdre dans la mise en forme définitive des décisions. Intervenant généralement dans les 48 heures avant la tenue effective de l'audience, il aura con-

1. C. pr. pén., art. R. 155, non abrogé.
2. Dir. 2012/13/UE, Parlement et Conseil, 22 mai 2012 relative au droit à l'information dans le cadre des procédures pénales, *JOUE L* 142, 1er juin, p. 1.
3. L. n° 2014-535, 27 mai 2014, préc.
4. C. pr. pén., art. 398-2.
5. Circ. 23 mai 2014, CRIM-2014-12/E8, DACG, NOR : JUSD1412016C, préc.
6. L. n° 78-753, 17 juill. 1978 portant diverses mesures d'amélioration des relations entre l'administration et le public et diverses dispositions d'ordre administratif, social et fiscal, *JO* 18 juill., p. 2851.
7. CE 20 avr. 2005 *min. Justice c/Soulhol*, req. n° 265326, *Lebon*.
8. Circ. Crim. 27 mars 2012 relative aux relations des personnes détenues avec leur défenseur, *BOMJL* complémentaire, 17 avr. 2012.
9. Arr. 1er oct. 2001 relatif aux conditions de fixation et de détermination du montant des frais de copie d'un document administratif, *JO* 2 oct. 2001, p. 15496, NOR : PRMG0170682A.

naissance des dernières pièces arrivées, qu'il s'agisse d'expertises déposées tardivement, de conclusions (en particulier de nullités), ou de constitutions de parties civiles par courrier.

Le greffe correctionnel prendra toutes mesures utiles à la bonne tenue d'une visioconférence.

C'est encore à lui qu'il appartient d'organiser le cas échéant et en accord avec le président, la possible diffusion à l'audience d'un film vidéo relatif aux faits, hypothèse bien plus fréquente que par le passé depuis que les dispositifs de vidéosurveillance urbaine, retracent parfois l'intégralité d'une agression et qu'il importe que les assesseurs, voire le public puissent visualiser cet enregistrement, au-delà de la connaissance personnelle qu'a pu en avoir le procureur de la République, le président ou l'avocat durant la garde à vue de son client. Une diffusion « particulière » à destination des seuls assesseurs, est très nettement contraire au principe de publicité des débats. À l'inverse et malgré l'organisation qu'elle peut supposer et le temps qu'elle prend, une telle diffusion peut remplacer utilement un exposé des faits. De même un greffe aguerri anticipera l'installation du matériel audio nécessaire à la diffusion de conversations enregistrées et versées au dossier (appel SAMU, écoutes téléphoniques...).

Il est important qu'une bonne communication s'établisse là encore entre le président de la composition et le greffier et que l'un et l'autre connaissent, voire apprécient leurs propres modes de fonctionnement. Certaines juridictions connaissent un *turnover* important de magistrats siégeant en matière correctionnelle et que les greffiers connaissent cette difficulté supplémentaire de devoir s'adapter aux manières de fonctionner des uns et des autres. Il est important, par exemple, de définir les conditions dans lesquelles, le greffier remplit les notes d'audiences, relate d'éventuels incidents, attire l'attention du président sur l'éventuel oubli d'une partie civile ou d'une notification du droit au silence... afin d'homogénéiser les pratiques au sein de la juridiction et de ménager les susceptibilités de chacun.

Il ne peut y avoir que des avantages à ce que les pratiques soient unifiées et le magistrat chargé du service correctionnel se doit de susciter les observations du greffe sur des pratiques discordantes qui se feraient jour et qu'il convient évidemment de réduire. La tenue de réunions semestrielles permettant qu'un point soit fait sur les délais d'audiencement et les difficultés éventuelles, la mise en forme et la distribution de formulaires explicatifs sur les peines prononcées – au-delà des formulaires de notification des sursis probatoires, le cas échéant avec obligation d'accomplir un TIG ou d'inscription au Fijais... –, le rôle du BEX et plus généralement sur tout moyen d'améliorer le fonctionnement de la juridiction est à conseiller.

La diffusion au sein de la juridiction, via l'intranet, d'une fiche régulière répertoriant les dernières jurisprudences ou les difficultés pratiques rencontrées ici ou là, permet de donner une information éclairée à chacun des acteurs sur le fonctionnement du service correctionnel, sans personnaliser les remarques, ce qui ne peut être que mieux vécu par tous.

512.42 **Rôle d'audience.** Pour chaque audience d'une juridiction est établi un rôle d'audience qui inventorie l'ensemble des affaires qui y seront appelées. Ce rôle, sous Cassiopée, peut être établi par ordre alphabétique ou par numéro de parquet. Il paraît plus logique de l'éditer par ordre alphabétique.

Il est en principe établi par le greffier qui sera chargé de tenir l'audience et qui est le mieux à même d'en réunir les dossiers, d'en lister les parties, en clair de faire en sorte que ce « programme » soit le plus complet et le plus lisible pour tous. L'établissement de ce rôle va en effet être l'occasion de vérifier que seront bien appelés à telle audience tous les dossiers pour lesquels des personnes ont été citées, convoquées ou avisées et toutes les affaires ayant précédemment fait l'objet d'un renvoi à cette date. À l'inverse, il permet de réorienter des personnes qui se présentent sans avoir été convoquées. Il est l'occasion de rattraper d'éventuels oublis de pièces (rappel d'expertise, copie d'un jugement de tutelle pour un majeur protégé, avis à l'organisme social, B1...), ou même d'un dossier qui aurait été par erreur inscrit sur une autre audience. Il permet d'anticiper sur d'éventuelles doubles poursuites et la nécessité d'une jonction ou d'un constat d'extinction de l'action publique. Il doit permettre une lisibilité parfaite des affaires à juger.

Le greffier peut être utilement consulté par le président d'audience sur son estimation du temps d'audience lorsque le calibrage de telle audience aura été manifestement sous-évalué et qu'il conviendra autant que possible d'anticiper des renvois.

Le rôle est affiché aux portes de la salle d'audience pour l'avis du public. Avant l'audience, il est encore adressé aux juges de l'application des peines ou au service pénitentiaire d'insertion et de probation afin que ceux-ci puissent adresser à la juridiction tous rapports utiles sur les mesures dont ils ont la charge y compris l'avis du JAP en cas de nouvelles poursuites[1]. Il peut également être adressé à l'administration des douanes, à l'administration fiscale... ou à toute autre administration particulièrement concernée par l'examen de tels dossiers et ainsi apte à rendre le cas échéant des écritures. Il est opportun

1. C. pén., art. 132-48.

de mettre en œuvre et d'entretenir localement des liaisons régulières avec les principaux organismes sociaux ou administrations publiques parfois appelées à diligenter des poursuites.

Après l'audience, le rôle porte mention de l'horaire de fin de l'audience et la signature du greffier et du président, ainsi que de l'ensemble des délibérés. Il n'existe pas de texte du code de procédure pénale posant l'obligation de signature du président sur ce rôle. Néanmoins, il est certain que cette signature authentifie les renseignements portés et deux réponses ministérielles sont d'ailleurs venues en souligner l'intérêt, en retenant que : « les contrôles (avant toute mise à exécution d'une décision pénale) sont effectués à partir de la note d'audience établie par le greffier, du rôle d'audience renseigné respectivement par le magistrat du parquet et le greffier et les mentions de condamnation portées par le président sur le dossier. Ceux-ci permettent de déceler les éventuelles erreurs matérielles commises notamment sur l'identité de la personne, la ou les peines prononcées et les textes visés dans la procédure »[1] et que : « ... dans la plupart des juridictions, l'usage, fondé sur les bonnes relations existant entre les autorités judiciaires et policières locales, s'est instauré de transmettre aux principaux services concernés une copie du rôle des audiences correctionnelles, sur lequel sont mentionnées les décisions juridictionnelles prises »[2].

Ce rôle « terminal » gagne dans tous les cas à être affiché aux portes de la salle d'audience pour aviser les absents des décisions prises et éviter que le greffe correctionnel soit systématiquement assailli de demandes diverses les lendemains d'audiences. Il doit être également diffusé au service de l'application des peines et aux administrations concernées dans une pratique bien comprise de l'échange complet d'informations et la recherche d'une meilleure efficacité.

La mise en ligne sur le site internet de chaque juridiction des rôles d'audiences participerait sans aucun doute d'une modernisation appréciable de la communication de cet outil au public et par suite d'un respect plus entier du principe de publicité.

SECTION 3
PRÉPARATION DES DOSSIERS PAR LE PRÉSIDENT

512.51 **Diversité des pratiques.** Certains préfèrent connaître leurs dossiers bien à l'avance, d'autres les voient plus tardivement. Assurément, le fait de présider l'audience pénale nécessite une lecture attentive du dossier de la procédure, et l'examen de sa régularité formelle et de son bien-fondé.

Il ne saurait être nié les rares hypothèses dans lesquelles, un président a pu « monter » ou « descendre » à l'audience sans avoir lu ses dossiers ou tous ses dossiers ou de manière suffisamment complète. Une attitude toute aussi condamnable, sera celle du parquetier qui entend limiter ses réquisitions à une simple formule : « application de la loi ».

Que le président du tribunal prenne beaucoup de notes ou peu sur les faits et la personnalité des prévenus et les victimes, qu'il soit adepte des copies de pièces ou préfère travailler sur les originaux préalablement sélectionnés, deux écueils nous semblent devoir être soulignés à ce stade.

D'une part, il est inopportun de travailler directement sur les procès-verbaux de la procédure, notamment en soulignant ou surlignant les passages supposés importants. Ce dossier n'est pas la propriété de la juridiction, il est susceptible d'être confié à l'appréciation de la juridiction d'appel, de la Cour de cassation et une telle pratique peut aisément traduire le sentiment de l'auteur, surtout s'il est ponctué de commentaires ou de points d'exclamation.

D'autre part, autant que possible, il ne peut qu'être conseillé de présider « à dossier fermé », tant la recherche à l'audience d'un procès-verbal non repéré à l'avance donne généralement l'image d'un juge désemparé, et l'occasion d'une perte de temps, ce d'autant qu'il suffit parfois d'une consultation récente du dossier par l'un quelconque des intervenants, pour qu'ait été déclassée la pièce escomptée.

512.52 **Vérifications.** Quelles qu'aient été les vérifications utiles du service de l'audiencement et du greffe, il appartient au président de l'audience de s'assurer de la régularité de la convocation en justice du ou des prévenus et des victimes et de la régularité de fond de la procédure, surtout s'il a été avisé qu'une exception de nullité ou d'incompétence ou tout autre incident de procédure va être soulevé.

De ce point de vue, l'attention doit être particulièrement portée aux termes de la citation[3] et, s'agissant des dossiers d'information, aux termes de l'ordonnance de renvoi, puisque c'est elle qui saisit la juridiction. Ceci est d'autant plus important si c'est dans cette ordonnance qu'a été fixée, conformément à l'article 179-2 du code de procédure pénale, la date de l'audience[4]. Il n'est jamais inutile de vérifier que les infractions pour lesquelles le prévenu a été mis en examen sont bien celles pour lesquelles il est renvoyé, ou autrement formulé, qu'il

1. Rép. min. QE n° 12278, *JOAN Q* 8 avr. 2008.
2. Rép. min. QE n° 37255, *JOAN Q* 13 mars 2000.
3. V. chap. 412, en particulier n°s 412.31 s. et 412.41 s.
4. C. pr. pén., art. 179-2, créé par L. n° 2019-222, 23 mars 2019, art. 56, *JO*, 24 mars, n° 2 – V. s^s^ n° 411.51 s.

est bien renvoyé devant la juridiction de jugement pour l'ensemble des faits pour lesquels il a été régulièrement mis en examen et pour lesquels aucun non-lieu n'est intervenu[1].

La vérification des textes de lois visés à la prévention est conseillée surtout en période de forte instabilité législative ou de changement des textes de références entre le jour de commission supposé des faits et le jour de l'audience.

Une des erreurs les plus fréquentes reste le visa, dans la prévention, d'une période durant laquelle tel prévenu était encore mineur. La réponse usuelle - mais erronée en droit - de certaines juridictions correctionnelles est une relaxe pour les faits commis durant la minorité du prévenu, alors que la réponse juridiquement correcte est une déclaration d'incompétence, laissant d'ailleurs ouverte la possibilité au parquet de poursuivre lesdits faits devant la juridiction des mineurs. Dans l'hypothèse de poursuites contre un prévenu mineur pour certains faits et majeur pour d'autres, la juridiction correctionnelle doit se déclarer incompétente pour les premiers et juger les seconds.

512.53 **Possibilité de demandes d'actes avant l'audience correctionnelle[2]. Champ d'application.** La loi du 27 mai 2014[3] opérant transposition de la directive 2012/13[4] a également créé un article 388-5 du code de procédure pénale ouvrant de nouveaux droits aux parties et au président de l'audience. Il s'agit en substance, ainsi qu'il sera précisé ci-après[5], de permettre afin de compléter la procédure, la réalisation d'un ou de plusieurs actes d'enquête utiles à la manifestation de la vérité, avant même le début du procès, à charge pour la partie en demande d'en démontrer l'utilité et pour le président de l'ordonner sans attendre l'ouverture des débats.

Ainsi que toujours prévu dans le texte, cette possibilité n'existait initialement qu'en cas de poursuites par citation prévue à l'article 390 ou de convocation par un greffier, un officier ou agent de police judiciaire, un fonctionnaire ou agent d'une administration relevant de l'article 28[6] ou un délégué ou un médiateur du procureur de la République ou enfin si le prévenu est détenu par le chef de l'établissement pénitentiaire, toutes formalités prévues à l'article 390-1 du code de procédure pénale.

Le rajout à ce code, par la loi du 23 mars 2019, d'un article 397-1-1 relatif à la comparution à délai différé[7] ouvre la possibilité d'un recours aux dispositions de l'article 388-5 :

- au prévenu (alinéa 6), en précisant que jusqu'à l'audience de jugement, le prévenu ou son avocat peuvent demander au président du tribunal (entendre au président du tribunal correctionnel chargé de juger l'affaire concernée) la réalisation de tout acte qu'ils estiment nécessaire à la manifestation de la vérité, conformément aux dispositions de l'article 388-5, dont les deuxième à dernier alinéas sont applicables ;

- à la partie civile puisqu'*in fine*, cet article 397-1-1 dispose « Lorsqu'il est fait application des dispositions du présent article la victime en est avisée par tout moyen. Elle peut alors se constituer partie civile et déposer des demandes d'actes conformément à l'article 388-5 ».

En ce qui concerne le tribunal de police, l'article 538 du code de procédure pénale, figurant dans un chapitre IV intitulé « de l'instruction définitive devant le tribunal de police » dispose : « S'il y a lieu à supplément d'information, il y est procédé par le juge du tribunal de police, conformément aux articles 114, 119, 120 et 121. Les dispositions de l'article 463, alinéa 3, sont applicables », solution d'ailleurs retenue par la jurisprudence[8].

Ce même article 538 ne vise pas l'article 388-5 et l'application de ce dernier texte à la matière contraventionnelle n'a pas été évoquée lors des travaux parlementaires.

Le lien avec l'article 463 et la finalité commune d'une amélioration du traitement des affaires sans attendre l'audience pourrait dicter une application des nouvelles dispositions aux juridictions chargées des infractions de police... *A contrario*, l'article 533 du code de procédure pénale, issu de la loi du 27 mai 2014[9], dispose que les articles 388-1, 388-2,388-3, 388-4 et 390 à 392-1 sont applicables devant le tribunal de police, et ne mentionne pas l'article 388-5 issu de cette même loi... ce qui doit donc conduire à en exclure l'application devant la juridiction de police[10].

1. V. s^s n°s 613.11 s.
2. C. pr. pén., art. 388-5.
3. L. n° 2014-535, 27 mai 2014 portant transposition de la directive 2012/13/UE du Parlement européen et du Conseil, du 22 mai 2012, relative au droit à l'information dans le cadre des procédures pénales, *JO* 28 mai, p. 8864.
4. Dir. 2012/13/UE, Parlement et Conseil, 22 mai 2012 relative au droit à l'information dans le cadre des procédures pénales, *JOUE L* 142, 1er juin, p. 1.
5. V. s^s n° 512.54.
6. Rajout issu de L. n° 2019-222, 23 mars 2019, art. 47.
7. L. précitée, art. 60 – V. s^s chap. 426.
8. Dans une espèce où avait été sanctionné un « supplément d'information » opéré par le ministère public lui-même et non le juge de proximité : Crim. 20 juill. 2011, n° 10-83.846, P n° 162 ; *AJ pénal* 2011. 601.
9. L. n° 2014-535, 27 mai 2014, préc.
10. Ce qui semble plus résulter d'un défaut de coordination des textes que d'une volonté expresse du législateur, l'article 533 n'ayant pas été modifié à ce jour depuis 2011 et notamment pas lors de l'entrée en vigueur de l'article 388-5.

Il sera noté enfin que la procédure de demande d'actes prévue par l'article 388-5 du code de procédure pénale est applicable devant la chambre des appels correctionnels, conformément à l'article 512 du même code[1].

512.54 **Possibilité de demandes d'actes avant l'audience correctionnelle. Modalités.** L'article 388-5 a été modifié en 2019[2]. S'il prévoit, toujours en cas de poursuites par citation prévue à l'article 390 ou convocation prévue à l'article 390-1, que les parties ou leur avocat peuvent, avant toute défense au fond ou à tout moment au cours des débats, demander, par conclusions écrites, qu'il soit procédé à tout acte qu'ils estiment nécessaire à la manifestation de la vérité, il autorise surtout le dépôt de conclusions avant le début de l'audience, par lettre recommandée avec demande d'avis de réception ou par remise au greffe contre récépissé, auxquelles le président pourra répondre comme suit.

Comme précisé ci-dessus, l'article 397-1-1 relatif à la comparution à délai différé renvoit à ces dispositions.

S'il estime que tout ou partie des actes demandés sont justifiés et qu'il est possible de les exécuter avant la date de l'audience, le président du tribunal peut, après avis du procureur de la République, en ordonner l'exécution selon les règles applicables au cours de l'enquête préliminaire. Les procès-verbaux ou autres pièces relatant leur exécution sont alors joints au dossier de la procédure et mis à la disposition des parties ou de leur avocat. Si le prévenu ou la victime doivent être à nouveau entendus, ils ont le droit d'être assistés, lors de leur audition, par leur avocat, en application de l'article 63-4-3. L'avocat est alors convoqué au plus tard cinq jours ouvrables avant l'audition, et il a accès au dossier au plus tard quatre jours ouvrables avant cette date. La loi ne précise pas les modalités de cette convocation.

Si les actes demandés n'ont pas été ordonnés par le président du tribunal avant l'audience, le tribunal statue sur cette demande et peut commettre par jugement l'un de ses membres ou l'un des juges d'instruction du tribunal, désigné dans les conditions prévues à l'article 83, pour procéder à un supplément d'information ; l'article 463 est applicable. S'il refuse d'ordonner ces actes, le tribunal doit spécialement motiver sa décision. Le tribunal peut statuer sur cette demande sans attendre le jugement sur le fond, par un jugement qui n'est susceptible d'appel qu'en même temps que le jugement sur le fond.

Ces dispositions qui visent à assurer le caractère complet de la procédure en un temps ou les procédures sur COPJ ont définitivement supplanté les dossiers d'information voire les enquêtes préliminaires de longue haleine, offrent une possibilité d'action non négligeable aux avocats des parties et au président de la juridiction. Aux termes de la circulaire du 23 mai 2014[3], « ces dispositions, qui répondent à des demandes formulées par les praticiens, et notamment les organisations professionnelles d'avocats, suppriment un temps mort dans la procédure pénale, et permettent, lorsque cela paraît possible et nécessaire, de compléter la procédure sans attendre la date de l'audience, ce qui présente l'avantage d'éviter que le jugement de l'affaire soit renvoyé sur le fond en raison d'un supplément d'information. En pratique, le président pourra par exemple ordonner une expertise psychiatrique du prévenu, une expertise médicale de la victime, des réquisitions auprès de tel ou tel organisme pour obtenir des documents nécessaires à la procédure, ou l'audition d'un témoin ou d'une partie ». Elles permettent d'éviter au temps de l'audience les palabres sur le caractère insuffisant de l'enquête voire un supplément d'information au temps du délibéré. Encore faut-il que les uns et les autres s'en saisissent puisque si elles offrent cette possibilité, elles ne contraignent pas le président qui n'a même pas à justifier les raisons d'une absence de réponse ou d'un refus, ce que l'on peut peut-être regretter, d'autant que la motivation d'un refus sera obligatoire si la demande d'acte est réitérée à l'audience[4].

Elles ont déjà donné à quelques espèces soumises à l'appréciation de la chambre criminelle. Ainsi a-t-il été jugé qu'aucune disposition légale ou conventionnelle ne fait obstacle à ce que la juridiction de jugement, dans l'exercice des pouvoirs qui lui sont reconnus par l'article 388-5 du code de procédure pénale, requière la communication, ou à défaut, ordonne la saisie du document détenu pour le compte de la société La Poste, sollicitée par une partie, la cour d'appel qui, en ordonnant la mesure en a implicitement et nécessairement apprécié le bien-fondé et l'opportunité, ayant justifié sa décision[5].

Rappelons que la chambre criminelle considère que, sauf si la juridiction en constate elle-même la nécessité, l'opportunité d'ordonner un supplément

1. Crim. 8 févr. 2017, n° 16-80.057, P n° 39 ; *D.* 2017. 408 ; *RSC* 2017. 291, obs. Y. Mayaud.
2. L. n° 2019-222, 23 mars 2019, art. 60, *JO*, 24 mars, n° 2.
3. Circ. 23 mai 2014 de présentation des dispositions de procédure pénale applicables le 2 juin 2014 de la loi portant transposition de la directive 2012/13/UE du Parlement européen et du Conseil, du 22 mai 2012 relative au droit à l'information dans le cadre des procédures pénales, *BOMJ* 2015-05, 30 mai 2014, NOR : JUSD1412016C, préc.
4. Par ex. : Crim. 25 avr. 2006, n° 05-87.318, P n° 111 ; *AJ pénal* 2006. 317.
5. Crim. 3 mai 2017, n° 16-85.069, NP.

d'information est une question qui relève du pouvoir souverain des juges du fond ou encore, une question de pur fait qui ne relève pas de son contrôle [1]. La cour de Strasbourg n'en juge pas autrement en considérant que l'exigence d'équité du procès ne fait pas obligation à la juridiction de jugement d'ordonner une mesure d'instruction au seul motif que l'une des parties en a fait la demande [2]. La nécessité de ne pas interrompre le cours de la justice commande que les juridictions ne décident pas de prescrire des mesures déjà réalisées ou non demandées en temps utile et on notera par exemple, que la Cour de cassation estime avec constance que celui qui n'a pas fait citer de témoins aux fins de leur audition ou en vue d'une confrontation, comme le lui permet l'article 513, alinéa 2, du code de procédure pénale, ne saurait se faire un grief de ce que le supplément d'information ayant pour objet notamment l'audition des témoins, n'ait pas été ordonné par la cour d'appel [3].

La chambre criminelle a cependant récemment précisé qu'il résulte des articles 388-5 et 512 du code de procédure pénale que, si dans la cadre d'une saisine initiale par citation ou par convocation par procès-verbal, la juridiction correctionnelle refuse d'ordonner un supplément d'information régulièrement sollicité avant le début de l'audience, par conclusions écrites adressées par lettre recommandée avec demande d'avis de réception, elle doit spécialement motiver sa décision. Cette exigence ne cesse pas même lorsque des conclusions, régulièrement déposées à l'audience ne réitèrent pas expressément une telle demande. Encourt donc la cassation, l'arrêt qui ne répond pas à la demande sollicitant un supplément d'information aux fins d'audition de témoins, formulée, par courrier recommandé avec avis de réception, envoyé avant l'audience, alors que les conclusions régulièrement déposées par le prévenu à l'audience même ne renouvèlent pas expressément une telle demande [4].

512.55 **Question de l'applicabilité de ces dispositions devant la juridiction de police.** L'article 538 du code de procédure pénale, figurant dans un chapitre IV intitulé « de l'instruction définitive devant le tribunal de police » dispose : « S'il y a lieu à supplément d'information, il y est procédé par le juge du tribunal de police, conformément aux articles 114, 119, 120 et 121. Les dispositions de l'article 463, alinéa 3, sont applicables », solution d'ailleurs retenue par la jurisprudence [5].

Ce même article 538 ne vise pas l'article 388-5 et l'application de ce dernier texte à la matière contraventionnelle n'a pas été évoquée lors des travaux parlementaires. Le lien avec l'article 463, et la finalité commune d'une amélioration du traitement des affaires sans attendre l'audience pourrait dicter une application des nouvelles dispositions aux juridictions chargées des infractions de police... *A contrario*, l'article 533 [6] du code de procédure pénale, issu de la loi du 27 mai 2014 [7], dispose que les articles 388-1, 388-2,388-3, 388-4 et 390 à 392-1 sont applicables devant le tribunal de police, et ne mentionne pas plus l'article 388-5 issu de cette même loi... ce qui doit plutôt conduire à l'exclure.

512.56 **Rédaction du rapport.** Bien que les textes n'imposent pas au président de la juridiction de première instance de faire un rapport sur les faits, contrairement à ce qui est prévu devant la chambre des appels correctionnels où l'appel est jugé à l'audience sur le rapport oral d'un conseiller [8] [9], il est d'usage que cela soit fait. Dans ce cas, un exposé le plus neutre possible sur ces faits doit reprendre les éléments de la procédure, sans tomber dans le travers d'un résumé trop rapide laissant à penser que la décision - au moins du président - est déjà acquise, ni dans celui d'un « copié-collé » du procès-verbal de synthèse des gendarmes ou des policiers ou encore de l'ordonnance de renvoi du juge d'instruction. L'article 461-2 du code de procédure pénale applicable devant le tribunal correctionnel dans sa formation citoyenne prévoyait expressément que « le président du tribunal correctionnel ou l'un des magistrats assesseurs par lui désigné exposait de façon concise, les faits reprochés au prévenu et les éléments à charge et à décharge figurant dans le dossier », définissant là très précisément la nature de l'exposé préalable aux débats [10]. Il n'y aurait eu que des avantages à ce que cette formulation soit appliquée de manière homogène devant l'ensemble des juridictions pénales. Les dispositions de l'article 406 du code de procédure pénale permettent toutefois en l'état au président de désigner un des assesseurs pour constater l'identité du ou des prévenus, de donner connaissance de l'acte qui a saisi le tribunal et par suite d'exposer brièvement les faits.

1. Crim. 28 mars 2017, n° 15-81.717, NP.
2. CEDH 26 juill. 2011, *N et a. c/ Azerbaïdjan*, req. n°s 35485/05, 35680/05 et 36085/05.
3. Crim. 27 janv. 2009, n° 08-83.158, NP – Crim. 2 nov. 2011, n° 10-81.361, NP – Crim. 29 janv. 2014, n° 13-81.566, NP.
4. Crim. 29 nov. 2022, n° 22-81.088, P.
5. Dans une espèce où avait été sanctionné un « supplément d'information » opéré par le ministère public lui-même et non le juge de proximité : Crim. 20 juill. 2011, n° 10-83.846, P n° 162 ; *AJ pénal* 2011. 601.
6. C. pr. pén., art. 533 ; mod. par L. n° 2014-535, 27 mai 2014, art. 8.
7. L. n° 2014-535, 27 mai 2014, préc.
8. C. pr. pén., art. 513.
9. V. s^s^ n° 922.61.
10. Il a été mis fin à l'expérimentation des tribunaux citoyens, le 30 avr. 2013, suivant arrêté, 18 mars 2013, *JO* 22 mars, p. 4897 (aussi : v. s^s^ n°s 113.41 s.).

À l'inverse, il n'est sans doute pas utile dans les procédures les plus abouties, notamment ayant donné lieu à une information judiciaire, – à l'exception bien sûr des dossiers extrêmement techniques ayant conduit à la réalisation de diverses expertises aux résultats partiellement contradictoires – de reprendre dans le détail quantité de points « acquis aux débats », et ne faisant plus sérieusement l'objet d'aucune contestation.

Le président aura donc soin de préparer un exposé clair et le plus neutre possible des faits reprochés au prévenu, en évitant au stade de la présentation de tirer toute conclusion prématurée, bien que pouvant bien sûr mentionner, si tel est le cas, que les faits ont été reconnus partiellement ou dans leur intégralité. Il doit surtout, faire en sorte que l'information des assesseurs, qui n'auront généralement pas consulté le dossier, bien que rien ne s'y oppose, soit complète et qu'ils soient en mesure d'aborder le délibéré en parfaite connaissance de cause.

La pré-rédaction de cet exposé des faits, pourra utilement préparer la rédaction ultérieure d'un jugement motivé.

SECTION 4
PRÉPARATION DES DOSSIERS PAR LE PROCUREUR

512.61 **Différence avec le siège ?** Il n'apparaît pas au stade de la préparation des dossiers en vue de l'audience, de différence fondamentale entre la façon dont le président de l'audience va préparer tel dossier, et celle dont le représentant du ministère public va préparer le même.

Tout au plus le regard du parquetier sera-t-il peut-être plus aigu sur le casier judiciaire de l'intéressé, l'oubli éventuel du visa d'une récidive légale, les peines déjà prononcées et non ramenées à exécution... en sorte que la préparation d'un dossier pour une audience pénale peut être également l'occasion d'un point précis sur la situation d'un individu, autant d'ailleurs au regard des affaires déjà jugées le concernant que des procédures qui seraient encore en cours.

Certains membres du ministère public rédigent en totalité leurs réquisitions, en tout cas lorsqu'il s'agit de dossiers d'information. D'autres se contentent de prise de notes, voire de photocopier les procès-verbaux les plus importants en surlignant certains passages qui pourront être relus pendant les réquisitions. Une photocopie du casier judiciaire peut être conseillée, dès lors que celui-ci aura une importance dans la peine proposée et que certaines peines, on pense notamment au sursis simple, mais aussi au sursis mise à l'épreuve dans certains cas, ne peuvent être légalement prononcées en raison de l'existence d'une précédente condamnation. Le casier sera aussi déterminant dans le cas de récidive et rien n'est pire pour le parquetier d'audience que d'entendre une contestation sur le principe même de la récidive qu'il ne peut vérifier parce qu'il n'a pas pris la précaution de se munir d'une copie du B1.

512.62 **Discussions ?** Une problématique peut exister sur la possibilité, l'opportunité, de discussions entre siège et parquet sur un dossier particulier, encore qu'il faille aussi se demander, si l'on soutient qu'il en résulte une atteinte à l'égalité des armes, qui influence qui... ?[1]. Pouvant être cantonnés dans leur positionnement institutionnel, les magistrats du siège et du parquet peuvent hésiter à communiquer sur un dossier particulier qu'ils vont avoir à évoquer ensemble à une prochaine audience. Il ne s'agit, ni pour l'un, ni pour l'autre de dévoiler son positionnement. En outre, toute discussion entre ces deux acteurs se heurte inévitablement à l'absence des avocats des parties et semble pouvoir déséquilibrer la préparation du procès pénal équitable.

Pour autant peut se poser une difficulté technique sérieuse, voire de nature à entraîner le report de l'examen de l'affaire, et qui peut avoir été vue par un seul des deux magistrats.

Dans cette hypothèse, et le cas échéant en associant à la discussion les avocats des parties, il semble effectivement opportun qu'un pré-débat s'instaure, sur le caractère prescrit de certains faits, sur la nécessité de compléter une citation, sur l'oubli d'avis à une victime, à un représentant des créanciers...

1. D. Mayer, « Les conversations entre magistrats sont-elles susceptibles de mettre en péril le principe du contradictoire ? », *D.* 2004. 22.

TITRE

52. Les principes directeurs de l'audience et leurs limites

SECTION 0

ORIENTEUR

52.00 Sommaire du titre.

CHAPITRE

521. Procès équitable

SECTION 0

ORIENTEUR

521.00 **Sommaire du chapitre.**

521.01 **Principaux textes applicables.**

TEXTES SOURCES

- Conv. EDH, art. 5, 6, 7, 10, 13
- Conv. EDH, protocole additionnel n° 7, 22 nov. 1984, art. 1 à 4
- Charte des droits fondamentaux de l'union européenne, art. 47, 50
- C. pr. pén., art. prélim.
- COJ, art. L. 111-5, L. 111-12

TEXTES *IN EXTENSO*

• **Conv. EDH, art. 6**

1. Toute personne a droit à ce que sa cause soit entendue équitablement, publiquement et dans un délai raisonnable, par un tribunal indépendant et impartial, établi par la loi, qui décidera, soit des contestations sur ses droits et obligations de caractère civil, soit du bien-fondé de toute accusation en matière pénale dirigée contre elle. Le jugement doit être rendu publiquement, mais l'accès de la salle d'audience peut être interdit à la presse et au public pendant la totalité ou une partie du procès dans l'intérêt de la moralité, de l'ordre public ou de la sécurité nationale dans une société démocratique, lorsque les intérêts des mineurs ou la protection de la vie privée des parties au procès l'exigent, ou dans la mesure jugée strictement nécessaire par le tribunal, lorsque dans des circonstances spéciales la publicité serait de nature à porter atteinte aux intérêts de la justice.

2. Toute personne accusée d'une infraction est présumée innocente jusqu'à ce que sa culpabilité ait été légalement établie.

3. Tout accusé a droit notamment à :

a) être informé, dans le plus court délai, dans une langue qu'il comprend et d'une manière détaillée, de la nature et de la cause de l'accusation portée contre lui ;

b) disposer du temps et des facilités nécessaires à la préparation de sa défense ;

c) se défendre lui-même ou avoir l'assistance d'un défenseur de son choix et, s'il n'a pas les moyens de rémunérer un défenseur, pouvoir être assisté gratuitement par un avocat d'office, lorsque les intérêts de la justice l'exigent ;

d) interroger ou faire interroger les témoins à charge et obtenir la convocation et l'interrogation des témoins à décharge dans les mêmes conditions que les témoins à charge ;

e) se faire assister gratuitement d'un interprète, s'il ne comprend pas ou ne parle pas la langue employée à l'audience.

• **Charte des droits fondamentaux de l'union européenne, art. 47**

Droit à un recours effectif et à accéder à un tribunal impartial.

Toute personne dont les droits et libertés garantis par le droit de l'Union ont été violés a droit à un recours effectif devant un tribunal dans le respect des conditions prévues au présent article. Toute personne a droit à ce que sa cause soit entendue équitablement, publiquement et dans un délai raisonnable par un tribunal indépendant et impartial, établi préalablement par la loi. Toute personne a la possibilité de se faire conseiller, défendre et représenter. Une aide juridictionnelle est accordée à ceux qui ne disposent pas de ressources suffisantes, dans la mesure où cette aide serait nécessaire pour assurer l'effectivité de l'accès à la justice.

• **Charte des droits fondamentaux de l'union européenne, art. 50**

Droit à ne pas être jugé ou puni pénalement deux fois pour une même infraction.

Nul ne peut être poursuivi ou puni pénalement en raison d'une infraction pour laquelle il a déjà été acquitté ou condamné dans l'Union par un jugement pénal définitif conformément à la loi.

• **C. pr. pén., art. prélim.**

I. – La procédure pénale doit être équitable et contradictoire et préserver l'équilibre des droits des parties.

Elle doit garantir la séparation des autorités chargées de l'action publique et des autorités de jugement.

Les personnes se trouvant dans des conditions semblables et poursuivies pour les mêmes infractions doivent être jugées selon les mêmes règles.

II. – L'autorité judiciaire veille à l'information et à la garantie des droits des victimes au cours de toute procédure pénale.

III. – Toute personne suspectée ou poursuivie est présumée innocente tant que sa culpabilité n'a pas été établie. Les atteintes à sa présomption d'innocence sont prévenues, réparées et réprimées dans les conditions prévues par la loi.

Elle a le droit d'être informée des charges retenues contre elle et d'être assistée d'un défenseur.

Les mesures de contraintes dont cette personne peut faire l'objet sont prises sur décision ou sous le contrôle effectif de l'autorité judiciaire. Elles doivent être strictement limitées aux nécessités de la procédure, proportionnées à la gravité de l'infraction reprochée et ne pas porter atteinte à la dignité de la personne.

Il doit être définitivement statué sur l'accusation dont cette personne fait l'objet dans un délai raisonnable.

Toute personne condamnée a le droit de faire examiner sa condamnation par une autre juridiction.

En matière criminelle et correctionnelle, aucune condamnation ne peut être prononcée contre une personne sur le seul fondement de déclarations qu'elle a faites sans avoir pu s'entretenir avec un avocat et être assistée par lui.

• **COJ, art. L. 111-5**

L'impartialité des juridictions judiciaires est garantie par les dispositions du présent code et celles prévues par les dispositions particulières à certaines juridictions ainsi que par les règles d'incompatibilité fixées par le statut de la magistrature.

• **COJ, art. L. 111-12**

Les audiences devant les juridictions judiciaires, sans préjudice des dispositions particulières du code de la santé publique du code de procédure pénale et du code de l'entrée et du séjour des étrangers et du droit d'asile, peuvent, par décision du président de la formation de jugement, d'office ou à la demande d'une partie, et avec le consentement de l'ensemble des parties, se dérouler dans plusieurs salles d'audience reliées directement par un moyen de télécommunication audiovisuelle garantissant la confidentialité de la transmission.

L'une ou plusieurs de ces salles d'audience peuvent se trouver en dehors du ressort de la juridiction saisie.

Pour la tenue des débats en audience publique, chacune des salles d'audience est ouverte au public. Pour la tenue des débats en chambre du conseil, il est procédé hors la présence du public dans chacune des salles d'audience.

Les prises de vue et les prises de son ne peuvent faire l'objet d'aucun enregistrement ni d'aucune fixation, hors le cas prévu par les articles L. 221-1 et suivants du code du patrimoine.

Les modalités d'application du présent article sont fixées par décret en Conseil d'État.

521.02 Jurisprudence de référence.

> Principes à valeur constitutionnelle (portée)

• **Cons. const. 27 juill. 2006,** n° 2006-540 DC, *JO* 3 août, p. 11541

* V. s^s n° 521.22.

« En ce qui concerne le principe de légalité des délits et des peines :

10. Considérant qu'aux termes de l'article 8 de la Déclaration de 1789 : "La loi ne doit établir que des peines strictement et évidemment nécessaires, et nul ne peut être puni qu'en vertu d'une loi établie et promulguée antérieurement au délit, et légalement appliquée" ; que l'article 34 de la Constitution dispose : "La loi fixe les règles concernant... la détermination des crimes et délits ainsi que les peines qui leur sont applicables..." ; qu'il résulte de ces dispositions que le législateur est tenu de fixer lui-même le champ d'application de la loi pénale et de définir les crimes et délits en termes suffisamment clairs et précis ; que cette exigence s'impose non seulement pour exclure l'arbitraire dans le prononcé des peines, mais encore pour éviter une rigueur non nécessaire lors de la recherche des auteurs d'infractions ;

En ce qui concerne le droit au recours effectif, les droits de la défense et le droit à un procès équitable :

11. Considérant qu'aux termes de l'article 16 de la Déclaration de 1789 : "Toute société dans laquelle la garantie des droits n'est pas assurée, ni la séparation des pouvoirs déterminée, n'a point de Constitution" ; que sont garantis par cette disposition le droit des personnes intéressées à exercer un recours juridictionnel effectif, le droit à un procès équitable, ainsi que les droits de la défense lorsqu'est en cause une sanction ayant le caractère d'une punition ;

En ce qui concerne le principe d'égalité :

12. Considérant qu'aux termes de l'article 6 de la Déclaration de 1789 : "La loi... doit être la même pour tous, soit qu'elle protège, soit qu'elle punisse..." ;

13. Considérant que le principe d'égalité ne s'oppose ni à ce que le législateur règle de façon différente des situations différentes, ni à ce qu'il déroge à l'égalité pour des raisons d'intérêt général pourvu que, dans l'un et l'autre cas, la différence de traitement qui en résulte soit en rapport direct avec l'objet de la loi qui l'établit. »

> Valeur constitutionnelle des droits de la défense et du principe du caractère contradictoire des procédures

• **Cons. const. 29 déc. 1989,** n° 89-268 DC, *JO* 30 déc., p. 16498

* V. s^s n° 521.31.

« 58. Considérant que le principe des droits de la défense non plus que le principe du caractère contradictoire de la procédure suivie devant le juge de l'impôt qui en est le corollaire n'interdisent au législateur d'instituer une procédure permettant à l'administration fiscale, sous réserve d'y être autorisée par le juge, de rectifier une erreur non substantielle commise par elle et qui, comme le précise le texte contesté, "n'a pas porté atteinte aux intérêts de la partie qu'elle concerne" ; que l'énumération faite par le législateur des articles du livre des procédures fiscales dont la mise en œuvre a pu donner lieu à une erreur de la part de l'administration ne prive en aucune façon le juge de l'impôt du pouvoir d'apprécier, cas par cas, si l'erreur dont il s'agit est dépourvue de caractère substantiel et n'a pas porté atteinte aux droits de la partie qu'elle concerne. »

> Respect du contradictoire et versement de pièces à l'audience

• **Crim. 19 juin 1991,** n° 90-86.630, P n° 267

* V. s[s] n° 521.53.

Méconnaît le sens et la portée de l'article 427 du code de procédure pénale, et dès lors encourt la cassation, l'arrêt qui écarte les pièces produites aux débats au motif qu'elles auraient dû être communiquées à la partie adverse antérieurement à l'audience.

> Il appartient au président du tribunal d'assurer le débat contradictoire en ordonnant la communication des documents (en l'espèce au ministère public)

• **Crim. 12 janv. 2005,** n° 04-81.982, P n° 17

* V. s[s] n° 521.53.

Méconnaît le sens et la portée de l'article 427 du code de procédure pénale, et encourt dès lors la cassation, l'arrêt qui écarte les pièces produites aux débats au motif qu'elles auraient dû être communiquées au ministère public avant l'audience.

> Sort de la note en délibéré

• **Crim. 1er avr. 1998,** n° 97-83.734, P n° 125

* V. s[s] n° 521.55.

« Attendu qu'il résulte de l'arrêt attaqué et des pièces de la procédure que les débats ayant eu lieu le 10 mars 1997, la cour d'appel a renvoyé l'affaire au 26 mai suivant pour le prononcé de la décision ; que l'avocat du prévenu a transmis au président de cette Cour un document daté du 4 avril par lequel il a sollicité la réouverture des débats ;

Attendu qu'en cet état, il ne saurait être reproché à la cour d'appel de n'avoir pas répondu à cette demande dès lors qu'il relève du pouvoir des juges d'apprécier, sans en avoir à rendre compte, s'il convient, au cours du délibéré, d'ordonner la reprise des débats ».

> Sanction du non-respect du délai raisonnable

• **Crim. 17 nov. 2004,** n° 03-82.657, P n° 291 – Confirmé par Crim. 24 avr. 2013, n° 12-82.863, P n° 100

* V. s[s] n° 521.62.

« Attendu qu'il résulte de l'arrêt attaqué, qu'après avoir annulé par jugement du 5 février 2001 en application de l'article 385, alinéa 2, du code de procédure pénale, l'ordonnance de renvoi du juge d'instruction date du 8 juillet 1998, motif pris de sa non-conformité avec les dispositions de l'article 184 dudit code, faute d'avoir précisé les charges retenues à l'encontre des prévenus, et après que le procureur de la République eut saisi le juge d'instruction de réquisitions tendant à la régularisation de la procédure, le tribunal correctionnel, a, par jugement du 18 décembre 2001, déclaré régulière la nouvelle ordonnance de renvoi du 16 mars 2001 qui le saisissait de faits dont certains concernaient des sociétés du groupe X… initialement omis par l'ordonnance de règlement du 8 juillet 1998 précitée ;

Attendu qu'en confirmant les jugements entrepris après avoir joint au fond les incidents et exceptions, la cour d'appel a justifié sa décision ;

Que, d'une part, la jonction des incidents au fond prévue par l'article 459 du code de procédure pénale constitue une mesure d'administration judiciaire, qui n'a pas à être motivée et n'est susceptible d'aucun recours ;

Que, d'autre part, lorsqu'elle constate la nullité de l'ordonnance de renvoi au regard de l'article 184 du code de procédure pénale, la cour d'appel doit transmettre le dossier de la procédure au ministère public pour saisir à nouveau le juge d'instruction et lui permettre de statuer sur l'ensemble des faits visés à la prévention y compris ceux qui auraient pu être omis lors de la précédente ordonnance ;

Qu'enfin, à la supposer établie, la méconnaissance des prescriptions de l'article 6-1 de la convention européenne des droits de l'homme relatif au délai raisonnable est sans incidence sur la validité de la procédure ;

D'où il suit que les moyens ne peuvent qu'être écartés. »

• **Crim. 9 nov. 2022,** n° 21-85.655, P.

* V. s[s] n° 521.62

« 11. La Cour de cassation juge de manière constante que le dépassement du délai raisonnable défini à l'article 6, § 1, de la Convention européenne des droits de l'homme est sans incidence sur la validité de la procédure. Il ne saurait conduire à son annulation et, sous réserve des lois relatives à la prescription, il ne constitue pas une cause d'extinction de l'action publique (Crim. 3 févr. 1993, n° 92-83.443, P, n° 57 ; Cass., ass. plén., 4 juin 2021, n° 21-81.656, P).

12. Il résulte du paragraphe 9 que le droit à être jugé dans un délai raisonnable protège les seuls intérêts des personnes concernées par la procédure en cours. La méconnaissance de ce droit ne constitue donc pas la violation d'une règle d'ordre public. Elle ne constitue pas davantage la violation d'une règle de forme prescrite par la loi à peine de nullité, ni l'inobservation d'une formalité substantielle au sens de l'article 802 du code de procédure pénale. En effet, elle ne compromet pas en elle-même les droits de la défense, ses éventuelles conséquences sur l'exercice de ces droits devant en revanche être prises en compte au stade du jugement au fond, dans les conditions indiquées aux paragraphes 23 à 26.

13. Au demeurant, en cas d'information préparatoire, l'article 385 du code de procédure pénale prévoit que, lorsque la juridiction est saisie par l'ordonnance de renvoi devant le tribunal correctionnel du juge d'instruction, les parties sont irrecevables à invoquer devant la juridiction de jugement des exceptions de nullité de la procédure antérieure, dès lors que ladite ordonnance purge les vices de la procédure en application de l'article 179, alinéa 6, du même code (Crim. 26 mai 2010, n° 10-81.839, P, n° 95). En vertu du même texte, les juridictions de jugement, lorsqu'elles constatent une irrégularité de l'ordonnance de renvoi devant le tribunal correctionnel, n'ont pas qualité pour l'annuler mais peuvent seulement renvoyer l'affaire au ministère public pour saisine du juge d'instruction aux fins de régularisation de cet acte (Crim. 13 juin 2019, n° 19-82.326, P, n° 112).

14. Enfin, la durée excessive d'une procédure ne peut aboutir à son invalidation complète, alors que chacun des actes qui la constitue est intrinsèquement régulier.

15. Ces règles ne méconnaissent aucun principe conventionnel.

16. En effet, la Cour européenne des droits de l'homme juge que les recours dont un justiciable dispose au plan interne pour se plaindre de la durée d'une procédure sont effectifs au sens de l'article 13 de la Convention européenne des droits de l'homme, dès lors qu'ils permettent soit de faire intervenir plus tôt la décision des juridictions saisies, soit de fournir au justiciable une réparation adéquate pour les retards déjà accusés (CEDH, 24 janv. 2017, *Hiernaux c/Belgique*, req. n° 28022/15, § 45). 17. Elle n'a jamais estimé qu'une méconnaissance du droit d'être jugé dans un délai raisonnable constituait une atteinte aux droits de la défense.

18. Plusieurs mécanismes de droit interne répondent aux exigences conventionnelles.

19. Tout d'abord, au stade de l'information, les articles 221-1 à 221-3 du code de procédure pénale permettent aux parties, sous certaines conditions, et au président de la chambre de l'instruction qui, en vertu de l'article 220 du même code, s'emploie à ce que les procédures ne subissent aucun retard injustifié, de saisir cette juridiction, qui, après évocation, peut poursuivre elle-même l'information, ou la clôturer ou la confier à un autre juge d'instruction.

20. Ensuite, en vertu de l'article 175-1 du même code, une partie peut demander au juge d'instruction la clôture de l'information.

21. Enfin, l'article L. 141-1 du code de l'organisation judiciaire prévoit la possibilité, pour la partie concernée, d'engager la responsabilité de l'Etat à raison du fonctionnement défectueux du service public de la justice, en particulier en cas de dépassement du délai raisonnable (Civ. 1re, 4 nov. 2010, n° 09-69.955, P I, n° 219).

22. Il se déduit de l'ensemble de ces éléments que doit être maintenu le principe selon lequel la méconnaissance du délai raisonnable et ses éventuelles conséquences sur les droits de la défense sont sans incidence sur la validité des procédures… ».

521.03 Bibliographie indicative.

Ouvrages. Ch. Ayela, J. Mestre, V. Péronnet, *Vérités croisées,* Cross examination : *une petite révolution procédurale,* « Carré droit », LexisNexis, 2005 – J. Charpentier, *Remarques sur la parole*, « Anthologie du droit », LGDJ – Lextenso, 2018 – Collectif CSM, *Recueil des obligations déontologiques des magistrats* – La documentation française, 2019 – J. Danet, *Défendre : pour une défense pénale critique*, 2e éd., « États du droit », Dalloz, 2004 ; *La justice pénale entre rituel et management*, PUR, 2010 – A. Garapon, *Bien juger : essai sur le rituel judiciaire*, O. Jacob, 2010 – J. Holy-Hurard, J. Vanoni, *La déontologie des magistrats,* 4e éd., « Connaissance du droit », Dalloz, 2019 – T. Levy et J.-D. Bredin, *Convaincre*, O. Jacob, 1997 – F. Saint-Pierre, *Pratique de la défense pénale*, 6e éd., « Les intégrales », LGDJ – Lextenso, 2023 – E. Vergès, *Procédure pénale*, 6e éd., « Objectif droit cours », LexisNexis, 2020.

Contributions. Conseil consultatif conjoint de déontologie de la relation magistrats-avocats, *Recueil de cas pratiques interrogeant la déontologie des relations entre avocats et magistrats – Rapport du groupe de travail « Usages et bonnes pratiques »*, juin 2022 – J. et O. Douvreleur, « De l'indépendance de l'autorité judiciaire aux autorités administratives indépendantes », *in Mél. Robert,* Montchrestien, 1998, p. 232 – W.-J. Ganshof-Van Der Meersch, « Le droit de la défense, un principe général du droit », *in Mél. Dabin,* Sirey, 1963, p. 569 – S. Guinchard, « Le procès équitable, garantie formelle ou droit substantiel », in *Mél. Farjat,* Éd. Frison-Roche, 1999, p. 139 – R. Koering-Joulin, « La Chambre criminelle et les droits reconnus par la convention européenne des Droits de l'Homme à l'accusé avant jugement », *in Mél. Levasseur,* Gazette du Palais – Litec, 1992, p. 205 – J. Pradel, « Vers des principes directeurs communs aux diverses procédures pénales européennes », *in Mél. Levasseur,* Gazette du Palais – Litec, 1992, p. 459 ; « La montée des droits du délinquant au cours de son procès. Essai d'un bilan », *in Mél. Larguier,* PUG, 1993, p. 223 – J.-C. Soyer, « La loi nationale et la convention européenne des droits de l'Homme », *in Mél. Foyer,* Puf, 1997, p. 137 – G. Wiederkehr, « Qu'est-ce qu'un juge ? », in *Mél. Perrot,* Dalloz, 1996, p. 577.

Articles. M. Babonneau, « Réquisitoire contre "l'erreur du menuisier" », *D. actu.* 10 mars 2015 Ph. Bonfils, « Faut-il changer notre procédure pénale ? », *D.* 2010. 158 M. Brillé-Champaux, « Focus… le droit de se taire en droit pénal », *D. actu.* Etudiant, 1er juillet 2021 – A. Coche, « Le Comité de réflexion sur la justice pénale ou les droits perdus du justiciable [à propos de la phase préparatoire du procès pénal] », *D.* 2009. 2765 – E. Daoud et a., « Loi pour la confiance dans l'institution judiciaire : dispositions relatives aux grands principes de procédure pénale », *D. actu.*, 2 février 2022 – A. D'Hauteville, « Les droits des victimes dans la loi du 15 juin 2000 », *RSC* 2001. 107 – D.-N. Commaret, « Une juste distance ou réflexions sur l'impartialité du magistrat », *D.* 1998. Chron. 262 – Ph. Conte, « Propositions du pré-rapport du comité de réflexion sur la justice pénale », *Dr. pénal* 2009. Ét. 11 ; « L'action pénale en lévitation : aperçu de l'avant-projet de code de procédure pénale », *D.* 2010. 774 – C. Cutajar et M. Perdriel-Vaissière, « Réforme de la procédure pénale : l'action citoyenne, nouvel outil de lutte contre la corruption internationale ? », *D.* 2010. 1295 – J. Danet, « Le nouvel alinéa de l'article préliminaire du code de procédure pénale nous prémunit-il des erreurs judiciaires ? », *AJ pénal* 2011. 331 – B. Danlos, « De quelques contre-vérités sur la jurisprudence de la CEDH en matière pénale », *AJ pénal* 2014. 404 – R. De Gouttes, « L'impartialité du juge. Connaître, traiter et juger : quelle compatibilité », *RSC* 2003. 63 – M. Delmas-Marty, *D.* 1988. Chron. 221 – Ph. Edmond-Mariette et B. Lavielle, « Des maux aux actes, Outreau », *AJ pénal* 2006. 159 – Ch. Gavalda-Moulenat, « L'avocat face à ses nouvelles fonctions au sein du procès pénal. Quelle place pour la défense pénale ? », *Dr. pénal* 2009. Ét. 5 – A. Giudicelli, « Premières applications jurisprudentielles de l'article préliminaire du code de procédure pénale », *RSC* 2003. 122 – S. Guinchard, « Le procès équitable, droit fondamental ? », *AJDA* 1998. 191, cahier HS – A. D'Hauteville, « Les droits des victimes dans la loi du 15 juin 2000 », *RSC* 2001. 107 – H. Henrion, « La loi du 15 juin 2000 assure-t-elle l'équilibre nécessaire entre les droits et devoirs de l'État, de la personne mise en cause et de la victime ? », *Arch. pol. crim.* 2002, nº 24, p. 81 – R. Koering-Joulin, « La notion européenne de "tribunal indépendant et impartial" au sens de l'article 6 par. 1 de la convention européenne de sauvegarde des droits de l'Homme », *RSC* 1990. 765 – B. Lavielle, « une réforme pénale impérieuse : la traduction des actes de procédure pénale aux parties civiles, mis en examen ou prévenus étrangers », *AJ pénal* 2009. 443 ; « L'obligation de traduire "les pièces essentielles à l'exercice de la défense" : quelques problèmes en perspective », *Gaz. Pal.* 25-26 oct. 2013 ; « Traduction des pièces essentielles de la procédure pénale : acte II », *Gaz. Pal.* 22-23 nov. 2013 – C. Marsat, « L'audition des témoins devant la juridiction de jugement », *Dr. pénal* 2001. Chron. nº 30 – D. Mayer, « Vers un contrôle du législateur par le juge pénal ? », *D.* 2001. Chron. 1643 – F. Melin-Soucramanien et J.-P. Didier, « Le principe de l'égalité des armes », *Rev. rech. jur.* 1993. 489 – R. Merle, « Le rôle de la défense en procédure comparée », *RSC* 1970. 1 – C. Miansoni, « la nature juridique du traitement en temps réel des procédures pénales (TTR) », *AJ pénal* 2012. 152 – A. Outin-Adam et A.-M. Reita-Tran, « L'avant-projet de futur code de procédure pénale : la réaction de la CCIP », *D.* 2010. Actu. 1713 – J. Pradel, « La notion européenne de tribunal impartial et indépendant selon le droit français », *RSC* 1990. 692 ; « Trafic de drogue, provocation délictueuse des agents de l'autorité et permission de la loi », *D.* 1992. Chron. 229 – D. Rebut, « Le droit à un tribunal impartial devant la Chambre criminelle », *RSC* 1998. 449 – S. Selçuk, « L'impartialité du juge », *Rev. pénit.* 2002. 535 – C. Sourzat, « Les droits de la défense », *Dr. pénal* 2011. Ét. 18 – J. Van Campernolle, « Évolution et assouplissement de la notion d'impartialité objective », *RTDH* 1994. 437 – E. Vergès, « Procès civil, procès pénal : différents et pourtant si semblables », *D.* 2007. Chron. 1441 – Ph. Vouland, « L'exercice quotidien de la fonction de défense et la loyauté de la preuve », *AJ pénal* 2005. 275.

Dossiers. « Les procès sensibles », *AJ pénal* 2006. 101 s. – « L'avocat et l'investigation du fait : quelle stratégie pour la défense ? », *AJ pénal* 2007. 301 s. – « Comité de réflexion sur la justice pénale. Rapport d'étape sur la phase préparatoire du procès pénal », *Dr. pénal* 2009. Dossiers 1 et 2 – « Rapport du comité de réflexion sur la justice pénale : les propositions sur la phase préalable du procès pénal », *ibid.* Dossier 3 – « Les impératifs d'un système d'instruction préparatoire en matière criminelle et pour les affaires complexes : les différentes réponses actuelles », *ibid.* Dossier 4, obs. G. Straehli – « L'action du parquet selon le rapport du comité de réflexion sur la justice pénale », *ibid.* Dossier 5, obs. G. Lucazeau. – « Les droits de la défense et de la partie civile dans la phase préparatoire du procès pénal selon le rapport du comité de réflexion sur la justice pénale », *ibid.* Dossier 6, obs. D. Guérin – « Criminologie : état des lieux », *AJ pénal* 2009. 249 s. – « Le rapport Léger : analyse des propositions », *AJ pénal* 2009. 385 s. – « Investigations privées en marge de l'enquête pénale », *AJ pénal* 2009. 433 s. – « L'avant-projet de réforme du code de procédure pénale », *AJ pénal* 2010. 157 s. – « Rapport du groupe de travail sur les aspects constitutionnels et conventionnels de la réforme de la procédure pénale », *Dr. pénal* 2010. Ét. 11 – « L'erreur judiciaire », *AJ pénal* 2011. 325 s. – « La mise en œuvre de la politique pénale », *AJ pénal* 2012. 441 s. – « Délai raisonnable et nullité de la procédure » – *AJ pénal* 2022. 343 s.

Liens. Conseil des barreaux européens (CCBE), Charte des principes essentiels de l'avocat européen : http// www.ccbe.eu/fileadmin/userupload/NTCdocument/FRCCBE-CoCpdf21382973057.pdf

SECTION 1
FONDEMENTS INTERNATIONAUX

521.11 Convention européenne des droits de l'homme et Cour européenne des droits de l'Homme. La convention européenne de sauvegarde des droits de l'homme et des libertés fondamentales, plus communément dénommée convention européenne des droits de l'homme, du 4 novembre 1950, a été publiée en France, suivant décret nº 74-360 du 3 mai 1974. Il s'agit d'un traité international en vertu duquel les États membres du Conseil de l'Europe garantissent les droits fondamentaux, civils et politiques, non seulement à leurs ressortissants, mais aussi à toutes les personnes relevant de leur juridiction.

Sa mise en œuvre incombe à la Cour européenne des droits de l'homme qui siège à Strasbourg, mais il doit être bien entendu, que les dispositions de la convention sont d'applicabilité directe en droit français, dans la limite des réserves énoncées par le gouvernement français sur le texte initial, comme sur ses protocoles additionnels.

521.12 Pacte international relatif aux droits civils et politiques. L'article 14 [1], 1 du Pacte international relatif aux droits civils et politiques du 19 décembre 1966 dispose que : « Tous sont égaux devant les tribunaux et les cours de justice ; toute personne a droit à ce que sa cause soit entendue équitablement et publiquement par un tribunal compétent, indépendant et impartial, établi par la loi, qui décidera soit du bien-fondé de toute accusation en matière pénale dirigée contre elle, soit des contestations sur ses droits et obligations de caractère civil ; le huis clos peut être prononcé pendant la totalité ou une partie du procès soit dans l'intérêt des bonnes mœurs, de l'ordre public ou de la sécurité nationale dans une société démocratique, soit lorsque l'intérêt de la vie privée des parties en cause l'exige, soit encore dans la mesure où le tribunal l'estimera absolument nécessaire, lorsqu'en raison des circonstances particulières de l'affaire, la publicité nuirait aux intérêts de la justice ; cependant, tout jugement rendu en matière pénale ou

1. Pacte international relatif aux droits civils et politiques, 19 déc. 1966, art. 14, 1.

civile sera public, sauf si l'intérêt de mineurs exige qu'il en soit autrement ou si le procès porte sur des différends matrimoniaux ou sur la tutelle des enfants ».

Ce même Pacte international, extrêmement détaillé, dispose, par ailleurs [1], que tout individu arrêté ou détenu du chef d'une infraction pénale sera traduit dans le plus court délai devant un juge ou une autre autorité habilitée par la loi à exercer des fonctions judiciaires, et devra être jugé dans un délai raisonnable ou libéré. La détention de personnes qui attendent de passer en jugement ne doit pas être de règle, mais la mise en liberté peut être subordonnée à des garanties assurant la comparution de l'intéressé à l'audience, à tous les autres actes de la procédure et, le cas échéant, pour l'exécution du jugement.

Que quiconque se trouve privé de sa liberté par arrestation ou détention a le droit d'introduire un recours devant un tribunal afin que celui-ci statue sans délai sur la légalité de sa détention et ordonne sa libération si la détention est illégale.

Et enfin que tout individu victime d'arrestation ou de détention illégale a droit à réparation.

521.13 Charte des droits fondamentaux et Cour de justice de l'Union européenne. La charte des droits fondamentaux de l'Union européenne du 7 décembre 2000 qui oblige les États membres depuis le 1er décembre 2009, en vertu du traité de Lisbonne, énonce en son chapitre VI consacré à la Justice (art. 47 à 50) un certain nombre de principes.

La Cour de justice de l'Union européenne (CJUE) qui siège à Luxembourg, est composée de deux instances, la Cour proprement dite et le tribunal. La Cour de justice est compétente pour connaître des recours formés par les pays de l'UE ou les institutions de l'UE. Elle est également compétente, en dernier ressort, dans les arrêts rendus par le Tribunal. Dans ce cas, elle statue sur des questions de droit uniquement, et non sur les faits de l'instance. Le Tribunal est adjoint à la Cour de justice et a pour mission de réduire la charge de travail de celle-ci. Il est compétent pour connaître en première instance des recours formés par les pays de l'UE ou des personnes physiques dans les matières prévues par les traités.

Ces instances dont le rôle est de veiller à ce que la législation de l'UE soit interprétée et appliquée de la même manière dans tous les pays de l'UE et de garantir que les pays et les institutions de l'UE respectent la législation européenne, sont en charge d'apprécier le respect ou non des dispositions de cette charte. La Cour connaît plusieurs types de procédures : le recours en annulation, le recours en manquement, le recours en carence, le recours en indemnité, le renvoi préjudiciel (en interprétation ou en validité) [2]. Ce dernier permet en particulier à une juridiction nationale d'interroger la Cour de justice de l'Union européenne sur l'interprétation ou la validité du droit communautaire dans le cadre d'un litige dont cette juridiction est saisie. Le renvoi préjudiciel offre ainsi le moyen de garantir la sécurité juridique par une application uniforme du droit de l'Union européenne.

Au rang de la primauté des dispositions supranationales, il est possible de citer une décision de 2013 aux termes de laquelle il a été jugé que le droit de l'Union s'oppose à une pratique judiciaire qui subordonne l'obligation, pour le juge national, de laisser inappliquée toute disposition contraire à un droit fondamental garanti par la charte des droits fondamentaux de l'Union européenne à la condition que ladite contrariété ressorte clairement du texte de cette charte ou de la jurisprudence y afférente, dès lors qu'elle refuse au juge national le pouvoir d'apprécier pleinement, avec, le cas échéant, la coopération de la Cour de justice, la compatibilité de ladite disposition avec cette même charte.

En effet, une telle pratique a pour effet de diminuer l'efficacité du droit de l'Union par le fait de refuser au juge compétent pour appliquer ce droit le pouvoir de faire, au moment même de cette application, tout ce qui est nécessaire pour écarter les dispositions législatives nationales formant éventuellement obstacle à la pleine efficacité des normes de l'Union [3].

Sous l'intitulé « droit à un recours effectif et à accéder à un tribunal impartial » de son chapitre VI, la Charte des droits fondamentaux de l'UE prévoit quant à elle en son article 47, que toute personne dont les droits et libertés garantis par le droit de l'Union ont été violés a droit à un recours effectif devant un tribunal dans le respect des conditions prévues au présent article.

Par ailleurs toute personne a droit à ce que sa cause soit entendue équitablement, publiquement et

1. Pacte international relatif aux droits civils et politiques, 19 déc. 1966, art. 9, not. pts 3 à 5.

2. TFUE, art. 267 [TUE-A, art. 234 ; TCE, art. 177] – I. Pingel (dir.), *De Rome à Lisbonne : Commentaire article par article des traités UE et CE*, 2e éd., Helbing Lichtenhahn – Dalloz – Bruylant, 2010, p. 1535.

3. CJUE, gr. ch., 7 mai 2013, *Åklagaren c/Hans Åkerberg Fransson*, aff. C-617/10, *Rec.* ; *AJDA* 2013. 1154, chron. M. Aubert, E. Broussy et H. Cassagnabère ; *AJ pénal* 2013. 270, note C. Copain ; *RFDA* 2013. 1231, chron. C. Mayeur-Carpentier, L. Clément-Wilz et F. Martucci ; *RTD civ.* 2014. 312, obs. L. Usunier ; *RTD eur.* 2013. 267, note D. Ritleng ; *RTD eur.* 2015. 184, obs. F. Benoît-Rohmer ; *RTD eur.* 235, obs. L. d'Ambrosio et D. Vozza (v. ss points 46, 48, disp. 3).

dans un délai raisonnable par un tribunal indépendant et impartial, établi préalablement par la loi. Toute personne a la possibilité de se faire conseiller, défendre et représenter.

Une aide juridictionnelle est accordée à ceux qui ne disposent pas de ressources suffisantes, dans la mesure où cette aide serait nécessaire pour assurer l'effectivité de l'accès à la justice.

Enfin, et bien qu'il se situe dans un article 50, le droit à ne pas être jugé ou puni pénalement deux fois pour une même infraction, autrement dit l'application du principe *ne bis in idem*[1], exprimé sous la forme : « Nul ne peut être poursuivi ou puni pénalement en raison d'une infraction pour laquelle il a déjà été acquitté ou condamné dans l'Union par un jugement pénal définitif conformément à la loi », nous semble pouvoir être rattaché au principe du procès équitable.

La Charte des droits fondamentaux de l'Union européenne du 7 décembre 2000[2] aborde également dans ses articles 47 et 48 d'une part, le droit pour toute personne de se faire conseiller, défendre et représenter affirmant au préalable que toute personne a droit à ce que sa cause soit entendue équitablement, publiquement et dans un délai raisonnable par un tribunal indépendant et impartial, établi préalablement par la loi, et d'autre part, la présomption d'innocence et les droits de la défense. L'article 49 traite des principes de légalité et de proportionnalité des délits et des peines.

SECTION 2
DROIT NATIONAL

521.21 Article préliminaire du code de procédure pénale. En droit interne, il est rappelé que la procédure pénale doit être équitable et contradictoire et préserver l'équilibre des droits des parties. Elle doit garantir la séparation des autorités chargées de l'action publique et des autorités de jugement. Les personnes se trouvant dans des conditions semblables et poursuivies pour les mêmes infractions doivent être jugées selon les mêmes règles[3].

Le III de l'article préliminaire du code de procédure pénale a été complété en 2021[4] par l'alinéa suivant « Le respect du secret professionnel de la défense et du conseil, prévu à l'article 66-5 de la loi n° 71-1130 du 31 décembre 1971 portant réforme de certaines professions judiciaires et juridiques, est garanti au cours de la procédure pénale dans les conditions prévues par le présent code ».

Il doit être définitivement statué sur l'accusation dont cette personne fait l'objet, dans un délai raisonnable[5]. Peuvent être également rappelées les dispositions de l'article 10[6] de la Déclaration universelle des droits de l'Homme, adoptée le 10 décembre 1948, qui posent le principe selon lequel toute personne a droit, en pleine égalité, à ce que sa cause soit entendue équitablement et publiquement par un tribunal indépendant et impartial, qui décidera, soit de ses droits et obligations, soit du bien-fondé de toute accusation en matière pénale dirigée contre elle.

521.22 Affirmation de la valeur constitutionnelle d'un certain nombre de principes. Aux termes de l'article 16[7] de la Déclaration de 1789 : « Toute société dans laquelle la garantie des droits n'est pas assurée, ni la séparation des pouvoirs déterminée, n'a point de Constitution ».

Sont garantis par cette disposition le droit des personnes intéressées d'exercer un recours juridictionnel effectif, le droit à un procès équitable, ainsi que les droits de la défense lorsqu'est en cause une sanction ayant le caractère d'une punition[8].

Le caractère contradictoire de la procédure participe au principe du procès équitable.

SECTION 3
DU PROCÈS ÉQUITABLE

521.31 Énoncé (Conv. EDH, art. 6, § 1). La convention européenne des droits de l'homme dispose en son article 6, § 1[9], que toute personne a droit à ce que sa cause soit entendue équitablement, publiquement et dans un délai raisonnable, par un tribunal indépendant et impartial, établi par la loi, qui décidera, soit des contestations sur ses droits et

1. V. s[s] n°s 553.11 s.
2. Rendu contraignante pour les États depuis le 1er déc. 2009 en suite du traité sur le fonctionnement de l'Union européenne (TFUE), dit traité de Lisbonne.
3. C. pr. pén., art. prélim. I.
4. L. n° 2021-1729, 22 déc. 2021, pour la confiance dans l'institution judiciaire, art. 3, *JO* 23 déc, n° 2.
5. C. pr. pén., art. prélim. III, al. 4.
6. Déclaration universelle des droits de l'Homme, 10 déc. 1948, art. 10.
7. DDHC, 26 août 1789, art. 16.
8. Cons. const. 27 juill. 2006, n° 2006-540 DC, art., non conformes 21, al. dernier, 22, al. 8 (mots), 23, al. 8 (mots), 24, conformes 1er à 3 (L. 122-5, al. avant-dernier, L. 211-3, al. derniers, L. 342-3, al. derniers, du CPI), le surplus de 21, sous réserve le surplus de 22 et 23, sous réserve 13, 14, 16, 44 de la *loi relative au droit d'auteur et aux droits voisins dans la société de l'information*, NON-CONFORMITÉ PARTIELLE, *JO* 3 août, p. 11541 ; *D.* 2006. 2157, Chron. C. Castets-Renard ; *D.* 2006. 2878, Chron. X. Magnon ; *D.* 2007. 1166, obs. V. Bernaud, L. Gay et C. Severino.
9. V. en ligne *Guide sur l'article 6 de la Convention européenne des droits de l'homme. Droit à un procès équitable* (Volet pénal), mise à jour 31 août 2022.

obligations de caractère civil, soit du bien-fondé de toute accusation en matière pénale dirigée contre elle. Le droit d'assister à son procès est fondamental. La Cour de justice de l'UE a décidé qu'une législation nationale (albanaise) qui impose à la personne poursuivie pénalement d'assister à son procès ne viole pas la directive 2016/343 mais qu'est contraire au droit de l'Union une disposition d'un droit national qui permet la tenue d'un procès en l'absence du suspect ou de la personne poursuivie, alors que cette personne se trouve en dehors de cet État membre et dans l'impossibilité d'entrer sur le territoire de celui-ci, en raison d'une interdiction d'entrée adoptée à son égard par les autorités compétentes dudit État membre[1].

Le jugement doit être rendu publiquement, mais l'accès de la salle d'audience peut être interdit à la presse et au public pendant la totalité ou une partie du procès dans l'intérêt de la moralité, de l'ordre public ou de la sécurité nationale dans une société démocratique, lorsque les intérêts des mineurs ou la protection de la vie privée des parties au procès l'exigent, ou dans la mesure jugée strictement nécessaire par le tribunal, lorsque dans des circonstances spéciales la publicité serait de nature à porter atteinte aux intérêts de la justice.

Le droit à un procès équitable occupe une place éminente dans une société démocratique[2] et la convention doit s'interpréter de façon à garantir des droits concrets et effectifs, et non théoriques et illusoires[3]. Il concerne l'intégralité de la procédure jusqu'à ce qu'une décision ait été rendue.

À titre d'exemple, sur la sempiternelle question de la mise à disposition des justiciables d'une copie de la décision, la CEDH devant laquelle le gouvernement français s'en remettait à la sagesse de la Cour, a de nouveau retenu une violation de la Convention[4], dans une hypothèse où requérant se plaignait de ce qu'il n'avait reçu copie du jugement intégral du tribunal correctionnel d'Albertville du 16 juillet 2012 que quinze mois après son prononcé alors que le délai d'appel était de dix jours à compter du prononcé du jugement et que le délai du désistement entraînant la caducité de l'appel incident du ministère public était d'un mois à compter de l'appel. Il soutenait n'avoir donc pas été en mesure d'apprécier l'opportunité de maintenir l'appel qu'il avait interjeté à titre conservatoire. La Cour considère que l'évaluation des chances de succès d'un appel joue un rôle essentiel et ne peut se faire utilement sans la connaissance de l'intégralité des motifs de la décision ayant prononcé la condamnation. Elle souligne au surplus qu'il est d'autant plus essentiel que les motifs des décisions des juridictions soient communiqués rapidement aux parties que de l'accès à l'intégralité des motifs de ces décisions dépendent leur compréhension et, éventuellement, leur acceptation. À l'enjeu du respect des droits des justiciables s'ajoute donc celui de l'acceptabilité de la justice[5].

Le « devoir » qui lie les juges au respect du procès équitable va donc se décliner en termes d'égalité des armes, de respect du contradictoire, de délai raisonnable et de toutes leurs conséquences.

SECTION 4
ÉGALITÉ DES ARMES

521.41 Délai. C'est essentiellement en matière de droits inégaux ou encore de délais de différentes natures ouverts aux différentes parties que la jurisprudence a pu illustrer concrètement ce que devait être l'égalité des parties au procès. Ainsi a été considérée comme incompatible avec le principe de l'égalité des armes découlant de l'article 6 de la convention européenne des droits de l'homme, la disposition de l'article 546, dernier alinéa, du code de procédure pénale qui réserve au seul procureur général un droit d'appel contre certains jugements rendus en matière de police, dans des hypothèses où ce même droit est refusé au prévenu ainsi qu'à l'officier du ministère public et au procureur de la République. Doit, dès lors, être annulé l'arrêt qui déclare un tel appel recevable[6]. Cette disposition a d'ailleurs été abrogée par la loi du 23 juin 1999[7].

L'article 505 du code de procédure pénale fixait à deux mois le délai d'appel du procureur général près la cour d'appel à compter du prononcé du jugement tandis que les autres parties disposaient, en vertu de l'article 498 du même code, d'un délai de dix jours à compter du prononcé du jugement contradictoire ou de sa signification.

La chambre criminelle a jugé que n'était pas compatible avec le principe de l'égalité des armes découlant de l'article 6, § 1, de la convention européenne des droits de l'homme cette disposition qui ouvrait au procureur général près la cour d'appel un délai d'appel plus long que celui accordé aux autres parties par l'article 498 de ce code. Doit, dès lors,

1. CJUE, 15 sept.2022, aff. C-420/20, *HN c/Sofiyska rayonna prokuratura*.
2. CEDH 9 oct. 1979, *Airey c/Irlande*, req. n° 6289/73, § 24 ; *RUDH* 1990.
3. CEDH 17 janv. 1970, *Delcourt c/Belgique*, req. n° 2689/65, § 25.
4. Après l'arrêt CEDH 24 juill. 2007, *Baucher c/ France,* req. n° 53640/00.
5. CEDH, 9 sept. 2021, *Garcia Y Rodriguez c/France*, requête n° 31051/16.
6. Crim. 6 mai 1997, n° 96-83.512, P n° 170.
7. L. n° 99-515, 23 juin 1999 renforçant l'efficacité de la procédure pénale, *JO* 24 juin, p. 9247.

être annulé l'arrêt qui déclare un tel appel recevable[1]. Tel était déjà le sens d'une précédente décision[2], qui consacrait la jurisprudence encore antérieure de la Cour de Strasbourg qui avait condamné la France à deux reprises pour violation de l'article 6, § 1, de la convention en raison du déséquilibre entre les parties engendré par la prolongation du délai d'appel dont avait bénéficié le parquet, en application de l'article 505 du code de procédure pénale, et qui avait mis les prévenus dans une situation de net désavantage par rapport au ministère public[3]. Cet article a été modifié par la loi du 24 novembre 2009[4] et le délai d'appel du parquet général est aujourd'hui de vingt jours[5].

Bien qu'aucun texte n'impartisse un délai au ministère public pour produire un mémoire à l'appui de son pourvoi, doit être déclaré irrecevable le mémoire du procureur général parvenu à la Cour de cassation neuf mois après la date de la déclaration de pourvoi, dont la production tardive est contraire aux principes du procès équitable, de l'équilibre des droits des parties et du délai raisonnable de jugement des affaires pénales, consacrés par l'article préliminaire du code de procédure pénale et l'article 6 de la convention européenne des droits de l'homme[6].

La violation du principe d'égalité a fondé un certain nombre de questions prioritaires de constitutionnalité en matière pénale[7].

521.42 Jurisprudence européenne. Le principe de l'égalité des armes est compris dans la notion de procès équitable inscrite à l'article 6, § 1[8]. L'égalité des armes implique l'obligation d'offrir à chaque partie une possibilité raisonnable de présenter sa cause – y compris ses preuves – dans des conditions qui ne la placent pas dans une situation de net désavantage par rapport à son adversaire[9].

Le droit à une procédure contradictoire implique, pour une partie, de prendre connaissance des observations ou pièces produites par l'autre, ainsi que de les discuter. Le respect du principe de l'égalité des armes exigeait que l'intéressé obtînt communication des observations du procureur général et qu'il eût la possibilité de les commenter. Tel n'ayant pas été le cas, l'intéressé s'est trouvé dans une situation de net désavantage par rapport à son adversaire[10].

Le droit de l'UE permet de juger et de condamner un prévenu en fuite en son absence si les autorités nationales ont fait « des efforts raisonnables » pour le localiser et l'informer des poursuites contre lui, mais il doit « avoir la possibilité, après la communication de sa condamnation, de se prévaloir directement du droit conféré [par la directive 2016/343] pour obtenir la réouverture du procès ou l'accès à un nouvel examen, en sa présence, du fond de l'affaire. Ce droit peut toutefois lui être refusé s'il ressort d'indices précis et objectifs que ce prévenu a reçu des informations suffisantes pour savoir qu'un procès allait être tenu contre lui et a, par des actes délibérés et dans l'intention de se soustraire à l'action de la justice, empêché les autorités de l'informer officiellement de la tenue du procès[11].

Le fait pour un juge de qualifier – au sein d'une décision juridictionnelle – de « chicanerie » la plainte pénale initiée par un homme n'entache pas, *ipso facto*, de partialité la solution rendue dans une autre procédure – impliquant le même homme – par une juridiction où siégea également ce même juge. Pour exclure le constat de violation de l'article 6 (droit à un procès équitable) par la Suisse, la Cour souligne notamment, que « l'adjectif "chicanier" se rencontre tant dans la jurisprudence des tribunaux du canton de Vaud que dans la doctrine s'y rapportant. Il ne s'agit donc pas d'un terme utilisé uniquement dans l'intention de porter un jugement de valeur dépréciatif sur la personnalité du requérant, mais plutôt d'un concept juridique présentant une signification technique »[12]. Par ailleurs, la participation du même juge « aux différentes procédures concernant le requérant n'était pas de nature à jeter un soupçon sur l'impartialité » de l'une des juridictions car il s'agissait d'une procédure distincte de sorte que ledit juge « n'a pas statué à plusieurs reprises sur les mêmes questions »[13].

1. Crim. 10 févr. 2009, n° 08-83.837, P n° 30 ; *D.* 2009. 814, obs. C. Girault ; *AJ pénal* 2009. 234, obs. C. Saas ; *RSC* 2009. 921, obs. J.-F. Renucci.
2. Crim. 17 sept. 2008, n° 08-80.598, P n° 188 ; *D.* 2008. 2507, obs. C. Girault ; *D.* 2009. 44, Chron. P. Chaumont et E. Degorce ; *AJ pénal* 2008. 456. Ét. C. Saas.
3. CEDH 3 oct. 2006, *Ben Naceur c/France*, req. n° 63879/00, *D.* 2007. 973, obs. J. Pradel ; *RSC* 2008. 140, obs. J.-P. Marguénaud et D. Roets – CEDH 22 mai 2008, *Gacon c/France*, req. n° 1092/04, *RSC* 2008. 635, obs. A. Giudicelli ; *RSC* 2008. 692, Chron. J.-P. Marguénaud et D. Roets.
4. L. n° 2009-1436, 24 nov. 2009 pénitentiaire, *JO* 25 nov., p. 20192.
5. V. s[s] n° 912.22.
6. Crim. 10 déc. 2002, n° 02-82.540, P n° 221.
7. V. les sites dédiés de la Cour de cassation et du Conseil constitutionnel.
8. CEDH 27 juin 1968, *Neumeister c/Autriche*, req. n° 1936/63, § 22.
9. CEDH 27 oct. 1993, *Dombo Beheer BV c/Pays-Bas*, req. n° 14448/88, § 33 – CEDH 18 mars 1997, *Foucher c/France*, req. n° 22209/93, § 34.
10. CEDH 24 nov. 1997, *Werner c/Autriche*, req. n° 21835/93, § 65 et § 67 ; *RSC* 1998. 391, obs. R. Koering-Joulin ; *RSC* 1998. 392, obs. R. Koering-Joulin.
11. CJUE, 19 mai 2022, aff. C-569/20, *IR c/Spetsializirana prokuratura*.
12. CEDH 2e sect., 26 avr. 2011, *Steulet c/Suisse*, req. n° 31351/06, § 44.
13. *Ibid.*, § 42.

Bien qu'il nous semble que le droit au silence se rattache autant au respect des droits de la défense et de la présomption d'innocence qu'aux règles du procès équitable c'est plutôt sur ce second point que la Cour de Strasbourg a statué dans un arrêt à l'occasion d'un recours sur le défaut de notification du droit au silence lors de l'enquête initiale. La Cour juge en particulier que si l'interrogatoire qui a eu lieu devant la police le lendemain des faits pouvait porter atteinte à l'équité de la procédure ultérieure et que si la police aurait dû informer la requérante de ses droits de ne pas s'incriminer et de garder le silence, cette dernière n'a toutefois pas été condamnée sur les seules informations obtenues au cours de cet interrogatoire et que le procès dans son ensemble n'a pas été inéquitable[1]. L'analyse que fait la Cour européenne du respect du droit au silence est ainsi replacée dans le contexte global de l'équité du procès dans son ensemble tandis que la chambre criminelle, en l'état de sa jurisprudence, sanctionne toute violation du principe[2].

521.43 Jurisprudence française. Le prévenu n'est pas recevable à mettre en cause devant la Cour de cassation l'impartialité des magistrats de la cour d'appel, en invoquant l'article 6[3] de la convention européenne des droits de l'homme, dès lors qu'il n'a pas usé de la faculté qu'il avait d'en demander la récusation, par application de l'article 668 du code de procédure pénale[4].

En matière d'articulation de plusieurs principes fondamentaux, il est possible de citer la décision de la chambre criminelle ayant posé que ne justifie pas sa décision, au regard de l'article 6, § 2, de la convention européenne des droits de l'homme, la cour d'appel qui relaxe des prévenus pour publication d'actes d'une procédure criminelle avant leur lecture en audience publique en retenant, d'une part, que cette publication n'a porté atteinte ni à l'autorité et à l'impartialité de la justice, ni aux intérêts de la partie civile, qui a exercé son droit de réponse, et, d'autre part, que l'application de l'article 38[5] de la loi du 29 juillet 1881 constituerait en l'espèce une ingérence disproportionnée dans l'exercice du droit à la liberté d'expression et ne répondrait pas à un besoin impérieux de protection de la réputation et des droits d'autrui ou de garantie de l'autorité et de l'impartialité de la justice, alors qu'une telle publication, dans son contexte, était de nature à avoir une incidence sur les droits de la personne mise en cause, et, notamment, sur son droit à la présomption d'innocence[6].

Il est également possible de renvoyer à un arrêt qui en matière de choix des experts par le collège de l'instruction rappelle que pour apprécier l'impartialité, à la différence de la démarche subjective, il n'est nullement besoin d'établir que la conviction personnelle du juge est entachée de partialité, mais il appartient à la juridiction d'évaluer si les craintes des intéressés peuvent passer pour objectivement justifiées[7] ; qu'en recherchant si les éléments du dossier démontraient que la décision de choisir un expert particulier « a été dictée dans le but précis d'obtenir de l'expert un avis orienté dans un sens souhaité par les magistrats instructeurs », la chambre de l'instruction a confondu ces deux notions et méconnu ce principe conventionnel essentiel[8].

Il a encore été jugé que les articles 179 et 385 du code de procédure pénale ne portent aucune atteinte au principe du procès équitable prévu par l'article 6 de la convention européenne des droits de l'homme dès lors que, d'une part, la défense peut contester la régularité d'une procédure d'instruction en saisissant en temps utile la chambre de l'instruction, d'autre part, en cas de pourvoi formé contre l'arrêt de cette juridiction rejetant une requête en nullité, les articles 570 et 571 dudit code ont pour seul effet d'en différer le cas échéant, l'examen jusqu'à un éventuel pourvoi contre la décision statuant sur la culpabilité, la constatation d'une irrégularité ayant nécessairement pour effet de remettre en cause la décision sur le fond[9].

Dans les procédures fondées sur la violation du droit de la concurrence, l'obligation d'assurer l'exercice des droits de la défense doit être respectée dès le stade de l'enquête préalable. Les opérations de visite et saisie effectuées en application de l'article L. 450-4[10] du code de commerce doivent être annulées, dès lors qu'il a été fait obstacle à la présence des avocats appelés à y assister[11].

1. CEDH 16 juin 2015, *Schmid-Laffer c/Suisse*, req. n° 41269/08 ; *AJ pénal* 2016. 36, obs. S. Lavric.
2. V. s^s^ n°s 541.21 s.
3. Conv. EDH, art. 6, § 2.
4. Crim. 12 mars 2014, n° 13-81.273, P n° 76 ; *D.* 2014. 724.
5. L. 29 juill. 1881, art. 38 ; mod. par ord. n° 2000-916, 19 sept. 2000, art. 3.
6. Crim. 28 janv. 2014, n° 12-88.430, P n° 25 ; *D.* 2014. 373 ; *D.* 2015. 342, obs. E. Dreyer ; *AJ pénal* 2014. 305, obs. J.-B. Perrier.
7. CEDH 11 juill. 2013, *Morice c/France*, req. n° 29369/10 ; *Morice c/France, D.* 2015. 974 ; *D.* 2016. 225, obs. J.-F. Renucci ; *AJ pénal* 2015. 428, obs. C. Porteron ; *Constitutions* 2016. 312, chron. D. de Bellescize ; *RSC* 2015. 740, obs. D. Roets – CEDH 15 oct. 2009, *Micallef c/Malte*, req. n° 17056/06 ; *AJDA* 2010. 997, chron. J.-F. Flauss ; *RTD civ.* 2010. 285, obs. J.-P. Marguénaud.
8. Crim. 11 mars 2014, n° 13-86.965, P n° 71 ; *AJ pénal* 2016. 443.
9. Crim. 11 juill. 2017, n°s 08-84.989, 10-80.810, 16-83.588, P.
10. C. com., art. L. 450-4 ; mod. par L. n° 2016-731, 3 juin 2016, art. 83.
11. Crim. 25 juin 2014, n° 13-81.471, P n° 170 ; *D.* 2014. 1445.

521.44 Position surélevée du ministère public. Il a pu être jugé que si le droit au procès équitable posé par l'article 6 de la convention européenne des droits de l'homme implique une égalité des armes ceci n'empêche pas une différence entre les parties tant qu'il n'y a pas de déséquilibre dans le traitement qui leur est fait et que la position surélevée du ministère public à l'audience n'est pas révélatrice d'un tel déséquilibre[1].

La cour de Strasbourg a déjà eu l'occasion de dire que la circonstance tirée de la position surélevée du ministère public ne suffisait pas à mettre en cause l'égalité des armes, dans la mesure où si elle donnait au procureur une position « physique » privilégiée dans la salle d'audience, elle ne plaçait pas l'accusé dans une situation de désavantage concret pour la défense de ses intérêts[2].

À l'inverse, on indiquera que le barreau de Fort-de-France (Martinique) a obtenu peu de temps après l'inauguration du nouveau palais de justice de cette ville, que soit rabotée la place surélevée dévolue au ministère public dans les salles d'audiences, notamment au motif d'une rupture de l'égalité des parties au procès. Dans cette salle, qui sert également pour les assises, le ministère public se trouve donc au même niveau que les avocats des parties, ce qui, à vrai dire, ne pose aucune difficulté. La question a encore été posée avant l'inauguration de la nouvelle cour d'appel de cette ville[3] et a abouti à ce que ministère public et avocats se trouvent au niveau du plancher des salles d'audiences.

Au nouveau tribunal judiciaire de Paris, dans les salles avec table de justice, le tribunal et le ministère public conservent une position surélevée ; dans les salles dites « goutte d'eau » ou les salles de mise en état, le tribunal et le parquet sont au même niveau que les justiciables.

521.45 Position institutionnelle de l'une des parties. La cour européenne de Strasbourg a eu l'occasion de se prononcer au sujet d'une espèce dans laquelle une personne poursuivie avait vu se constituer partie civile contre elle le président de la République française. Il était soutenu une violation du procès équitable[4]. Dans cette affaire où la Cour de cassation avait eu l'occasion de ne pas saisir le Conseil constitutionnel d'une question prioritaire de constitutionnalité relative à la compatibilité de l'article 2 du Code de procédure pénale avec le respect de la séparation des pouvoirs et des droits de la défense ainsi que du droit à un procès équitable[5], la violation de l'article 6 § 1 est écartée.

La Cour européenne a considéré, d'une part, que l'intervention de M. Sarkozy en tant que partie civile dans la procédure pénale visant M. T... n'avait pas eu pour effet de créer un déséquilibre dans les droits des parties et le déroulement de la procédure. D'autre part, s'agissant de la participation à la procédure d'une personnalité ayant un rôle institutionnel dans le déroulement de la carrière des juges, la Cour a énoncé qu'elle est susceptible de créer un doute légitime sur l'indépendance et l'impartialité de ceux-ci. Cependant, après examen du mode de nomination des magistrats, de leur condition statutaire et des circonstances particulières de l'espèce, elle indiqué n'apercevoir aucun motif de retenir que les juges appelés à statuer sur sa cause n'étaient pas indépendants au sens de l'article 6 § 1 de la convention.

SECTION 5

RESPECT DU CONTRADICTOIRE

521.51 Respect du contradictoire. Le caractère contradictoire de la procédure pénale devant toutes les juridictions et donc en particulier dans la phase de l'audience de jugement est affirmé par l'article préliminaire du code de procédure pénale : « La procédure pénale doit être équitable et contradictoire... ». Le Pacte international relatif aux droits civils et politiques[6] et la convention européenne des droits de l'homme[7], s'ils n'utilisent pas directement cette terminologie mettent dans le principe d'égalité des armes, le droit pour chaque accusé d'être traité à égalité de l'accusation. Comme souligné dans un rapport de la Cour de cassation[8] : « Pour la Cour européenne, le principe du contradictoire implique, d'une part, le droit pour une partie, de prendre connaissance des observations ou des pièces produites par l'autre, ainsi que de les discuter (CEDH 20 févr. 1996, *Lobo Machado c/Portugal*[9]), d'autre part, que les éléments de preuve détenus par l'autorité de poursuite ainsi que ses réquisitions soient

1. Paris, 11e ch., 4 avr. 2001, *D.* 2001. IR 1773.
2. CEDH 9 déc. 2003, *Chalmont c/France*, req. n° 72531/01 – CEDH 21 juin 2011, *Carballo et Pinero c/Portugal*, req. n° 31237/09 – CEDH 31 mai 2012, *Dirioz c/Turquie*, req. n° 38560/04 – CEDH 13 déc. 2016, *Eylem Kaya c/Turquie*, req. n° 26623/07 ; *D.* 2018. 87, obs. Th. Wickers.
3. « Le parquet grince à Fort de France », *Le magazine du Monde* 21 mars 2015.
4. CEDH 18 oct. 2018, *Thiam c/France*, req. n° 80018/12.
5. Crim. 10 nov. 2010, n° 10-85.678, P n° 180.
6. Pacte international relatif aux droits civils et politiques, 16 déc. 1966, art. 14.
7. Conv. EDH, art. 6.
8. Cour de cassation, *Obligation d'information et droit processuel*, Rapport annuel 2010.
9. CEDH 20 févr. 1996, *Lobo Machado c/Portugal, Rec.* 1996-I, § 93 ; *AJDA* 1995. 124, chron. J.-F. Flauss ; *AJDA* 1996. 1005, chron. J.-F. Flauss ; *AJDA* 1997. 977, chron. J.-F. Flauss ; *RTD civ.* 1996. 1028, obs. J.-P. Marguénaud ; *RTD civ.* 1997. 1006, obs. J.-P. Marguénaud ; *RTD eur.* 1997. 373, note F. Benoît-Rohmer.

portés à la connaissance des autres parties (CEDH 16 févr. 2000, *Fitt c/Royaume-Uni*[1]) et, enfin, que le juge ne fonde sa décision sur des moyens de droit ou des éléments de preuve qui n'auraient pas été discutés par les parties ». Plus que rattaché à l'égalité des armes, le Conseil constitutionnel voit dans le caractère contradictoire de la procédure un corollaire du principe des droits de la défense[2].

Pour une illustration de cette règle et son affirmation, on citera l'arrêt retenant qu'il résulte des principes généraux du droit que si, pour une raison quelconque, la juridiction correctionnelle devant laquelle la cause a été débattue ne peut statuer et qu'il y a lieu à un nouvel examen de l'affaire, ladite juridiction ne peut y procéder qu'avec l'accord de toutes les parties présentes ou régulièrement représentées, à défaut, elle doit renvoyer l'affaire à une date ultérieure déterminée pour permettre aux parties de préparer leur défense ; en ce cas, s'il est nécessaire, il y a lieu à nouvelles citations[3].

Le principe du contradictoire est encore rappelé dans les dispositions du code de procédure pénale relatives à l'administration de la preuve. Hors les cas où la loi en dispose autrement, les infractions peuvent être établies par tout mode de preuve et le juge décide d'après son intime conviction. Il ne peut fonder sa décision que sur des preuves qui lui sont apportées au cours des débats et contradictoirement discutées devant lui[4].

Tout prévenu a droit à être informé d'une manière détaillée de la nature et de la cause de la prévention dont il est l'objet et doit, par suite, être mis en mesure de se défendre tant sur les divers chefs d'infraction qui lui sont imputés, que sur chacune des circonstances aggravantes susceptibles d'être retenues à sa charge[5].

Aux termes de l'article 427 du code de procédure pénale, rendu applicable devant la cour d'appel par l'article 512 du même code, hors le cas où la loi en dispose autrement, les infractions peuvent être établies par tout mode de preuve, le juge ne pouvant toutefois fonder sa décision que sur des preuves qui lui sont apportées au cours des débats et contradictoirement discutées devant lui. Les juges d'appel ne peuvent, sans violer les droits de la défense, écarter des débats un rapport d'expertise produit à sa décharge par le prévenu et ce, au seul motif que ce rapport est produit pour la première fois devant la cour d'appel, à l'abri de tout examen critique. Il appartient en effet, aux juges d'appel, s'ils ne s'estiment pas en mesure d'apprécier par eux-mêmes, en l'état, la valeur et la portée de cet élément de preuve, d'ordonner toute mesure d'instruction susceptible de les éclairer[6].

Et dans des termes qui seraient sans doute revus aujourd'hui compte tenu de l'amélioration du caractère contradictoire des opérations d'expertises, notamment devant le juge d'instruction, une autre décision ayant pu décider que si l'expertise n'a pas, en principe, en matière pénale, un caractère contradictoire, ses résultats doivent être contradictoirement débattus. Lorsque, au cours d'une expertise médicale, l'expert a pris connaissance de documents obtenus de la sécurité sociale et de l'employeur de la victime et que ces documents n'ont pas été communiqués au prévenu, il est satisfait aux exigences de l'article 427 du code de procédure pénale s'il résulte des constatations des juges du fond que l'expert a rapporté avec précision le contenu desdits documents, la Cour de cassation étant ainsi en mesure de s'assurer que la cour d'appel, qui n'était d'ailleurs pas liée par l'avis de l'expert, n'a fondé sa décision que sur des preuves qui ont pu être contradictoirement discutées au cours des débats[7].

Encourt la cassation l'arrêt qui, sans répondre aux conclusions du prévenu poursuivi du chef de menace de mort matérialisée par un écrit, se borne à affirmer la partialité de l'analyse d'écriture diligentée à la demande de la défense sans dire en quoi cette analyse était techniquement discutable[8].

Il faut sans doute voir la pratique bien comprise du tour de parole donné au cours du procès correctionnel, dans l'ordre pratiquement immuable qui va de la partie civile, au ministère public puis au prévenu, et sur les incidents comme sur le fond, comme une illustration particulière de la contradiction, ponctuée par la parole en dernier donnée au prévenu[9, 10].

521.52 À l'égard de l'ensemble des parties au procès pénal. Le respect du principe du contradictoire s'applique vis-à-vis de toutes les parties au procès pénal.

Lorsqu'il ne résulte d'aucune mention de l'arrêt que les pièces communiquées à la chambre de l'instruction par le procureur général ont été versées

1. CEDH 16 févr. 2000, *Fitt c/Royaume-Uni*, req. n° 29777/96.
2. Cons. const. 29 déc. 1984, n° 84-184 DC, art. non conforme 119 III de la loi, *loi de finances pour 1985*, NON-CONFORMITÉ PARTIELLE, *JO* 30 déc., p. 4167, consid. 35 – Cons. const. 29 déc. 1989, n° 89-268 DC, art. non conformes 47 III, 102 (mots) 107, al. 3, 120, *loi de finances pour 1990*, NON-CONFORMITÉ PARTIELLE, *JO* 30 déc., p. 16498, consid. 58.
3. Crim. 21 déc. 1987, n° 86-94.947, P n° 475.
4. C. pr. pén., art. 427.
5. Crim. 5 déc. 1978, n° 78-91.826, P n° 346.
6. Crim. 13 janv. 1970, n° 68-93.408, P n° 21.
7. Crim. 9 nov. 1972, n° 71-93.529, P n° 335.
8. Crim. 6 sept. 2006, n° 06-80.972, P n° 213 ; *AJ pénal* 2006. 452, obs. C. Girault.
9. Crim. 22 mars 2017, n° 16-80.995, NP.
10. V. s[s] n° 562.26.

au dossier dans le délai prévu par l'article 197 du code de procédure pénale et qu'elles ont pu être connues des parties et soumises au débat contradictoire, les juges ont méconnu le texte et le principe ci-dessus énoncé[1].

Ainsi encore, la forclusion résultant de la tardiveté de la présentation de l'exception fondée sur une cause de nullité ou sur une clause du contrat d'assurance ne peut être opposée à l'assureur sans débat contradictoire préalable[2].

Il est également possible de citer ici un refus par la chambre criminelle de saisir le Conseil constitutionnel d'une QPC[3] qui soutenait que l'article 665 du code de procédure pénale, était contraire à la Constitution en ce que cette disposition ne prévoit pas que la requête aux fins de renvoi dans l'intérêt d'une bonne administration de la justice soit signifiée aux parties ni que celles-ci puissent déposer un mémoire au greffe de la Cour de cassation au motif qu'il appartenait à la chambre criminelle, conformément à l'article préliminaire du code de procédure pénale, de veiller, lors de l'examen de la requête, au respect du principe de la contradiction. Dans le droit fil de cette position, la chambre criminelle a renvoyé l'examen de requêtes présentées en application de l'article 665 du code de procédure pénale à une audience ultérieure dès lors qu'il ne résultait pas des pièces de procédure que la requête du procureur général près la cour d'appel de Paris ait été notifiée aux parties civiles et aux prévenus, ni qu'ils aient été informés de leur droit de déposer un mémoire au greffe de la Cour de cassation dans le délai de huit jours suivant la notification[4].

521.53 **Limites au principe du contradictoire.** Il avait été jugé que méconnaît le sens et la portée de l'article 427 du code de procédure pénale, et dès lors encourt la cassation, l'arrêt qui écarte les pièces produites aux débats au motif qu'elles auraient dû être communiquées à la partie adverse antérieurement à l'audience[5].

Il appartient en effet au juge d'assurer le débat contradictoire en ordonnant la communication des documents susvisés au ministère public[6]. Cette position vaut même pour les éléments de preuve obtenus de façon illicite ou déloyale. Il a ainsi été posé par la chambre criminelle qu'aucune disposition légale ne permet aux juges répressifs d'écarter des moyens de preuve remis par un particulier aux services d'enquête, au seul motif qu'ils auraient été obtenus de façon illicite ou déloyale ; il leur appartient seulement, en application de l'article 427 du code de procédure pénale, d'en apprécier la valeur probante, après les avoir soumis à la discussion contradictoire des parties[7].

Plus audacieusement, une autre décision est venue dire qu'en fondant leur conviction sur l'examen, au cours du délibéré, de l'enregistrement audiovisuel réalisé en application des dispositions de l'article 706-52 du code de procédure pénale, de l'audition d'une mineure victime d'agressions sexuelles, les juges n'ont pas méconnu le principe du contradictoire, dès lors qu'une copie de cet enregistrement était jointe au dossier, laquelle pouvait être visionnée par les avocats des parties dans les conditions fixées par l'alinéa 7 de ce texte[8].

521.54 **Sort des pièces versées à l'audience.** Cette question se pose principalement dans deux hypothèses. Le ministère public peut-il verser aux débats des pièces nouvelles et dans quelles conditions ? Des pièces qui viendraient à être déposées à l'audience doivent-elles être préalablement communiquées aux autres parties et notamment au ministère public ?

On comprend bien que le versement d'un nombre très important de « pièces nouvelles » est de nature à entrainer le report de l'audience, soit « en continuation » c'est-à-dire à une date ultérieure, devant les mêmes juges, pour une poursuite des débats[9], soit à une date ultérieure, le cas échéant devant une autre composition, pour une reprise de l'intégralité des débats après examen desdites pièces. L'enjeu est donc d'importance.

Sur le premier point, la jurisprudence est assez abondante. Encore que fondé sur l'article 6, § 3, b), il a ainsi été jugé que cette disposition de la convention européenne des droits de l'homme, aux termes de laquelle toute personne a droit de disposer du temps et des facilités nécessaires à la préparation de sa défense, ne fait pas obstacle à ce que le ministère public verse aux débats des pièces nouvelles, à la condition que ces pièces soient soumises à une discussion contradictoire et qu'un délai soit, le cas échéant, accordé à l'accusé et à son conseil pour les examiner[10]. Le ministère public a le droit de produire à l'audience tous documents qui lui paraissent utiles, sauf celui, pour les autres parties,

1. Crim. 6 janv. 2004, n° 02-88.468, NP, *RSC* 2004. 964, obs. J.-F. Renucci.
2. Crim. 27 mai 2003, n° 02-85.980, NP, *Dr. pénal* 2003, n° 140, note A. Maron.
3. Crim. 8 juill. 2010, n° 10-90.048 QPC, P n° 170.
4. Crim. 2 sept. 2010, n° 10-86.257, P n° 130.
5. Crim. 19 juin 1991, n° 90-86.630, P n° 267.
6. Crim. 12 janv. 2005, n° 04-81.982, P n° 17, *D.* 2005. 595.
7. Crim. 27 janv. 2010, n° 09-83.395, P n° 16 ; *D.* 2010. 656 ; *AJ pénal* 2010. 280, Ét. J. Lasserre Capdeville – DÉJÀ JUGÉ PAR : Crim. 11 juin 2002, n° 01-85.559, P 2002, n° 131. V. s^s n° 521.54.
8. Crim. 12 sept. 2007, n° 06-87.498, P n° 207 ; *RSC* 2007. 837, obs. R. Finielz.
9. C. pr. pén., art. 461 et V. s^s n° 562.16.
10. Crim. 9 mars 1994, n° 93-83.461, P n° 92.

de les examiner et de les discuter, sans qu'il soit nécessaire que le président les invite spécialement à le faire[1]. Cette formulation a été peu ou prou reprise dans une autre décision (en matière criminelle) aux termes de laquelle : « le ministère public peut produire tous documents qui lui paraissent utiles à la manifestation de la vérité, sauf le droit pour les autres parties d'examiner les pièces produites et de présenter toutes observations à leur sujet que ce droit a été respecté en l'espèce, les parties ayant pu avoir accès aux documents en cause dès leur versement aux débats et ayant eu ensuite la parole pour les discuter »[2], la Cour de cassation en déduisant une absence d'atteinte aux droits de la défense.

S'agissant d'une pièce de la procédure, il est possible de citer un arrêt concernant une affaire criminelle, d'où il ressort que le demandeur ne saurait se faire un grief de ce que l'avocat général dans ses réquisitions a donné lecture d'une pièce de la procédure non discutée contradictoirement lors de l'instruction à l'audience, ce dont le président a donné acte, dès lors que la parole du ministère public à l'audience est libre et que, partie au procès, il est indépendant dans l'exercice de ses fonctions et a le droit de dire tout ce qu'il croit convenable au bien de la justice, sauf le droit des parties de combattre les arguments présentés par lui[3].

Sur le second point, l'article 427 du code de procédure pénale, qui impose au juge correctionnel de ne fonder sa décision que sur des preuves qui lui sont apportées au cours des débats et contradictoirement discutées devant lui, n'exige pas que les pièces soient communiquées à la partie adverse avant l'audience.[4] Dans le même sens et concernant cette fois le ministère public qui ne se serait pas vu communiquer des pièces avant l'audience, encourt la cassation l'arrêt qui écarte des débats des pièces non communiquées au ministère public, alors qu'il lui appartenait d'assurer le débat contradictoire[5].

L'hypothèse du dépôt régulier de conclusions par le prévenu ou encore en l'espèce, par l'administration fiscale, partie civile, le jour de l'audience sans communication préalable aux autres parties, a par ailleurs été maintes fois abordée en jurisprudence. Il a été jugé que dès lors que l'article 459 du code de procédure pénale n'exige pas que la partie qui dépose des conclusions, dans les conditions qu'il prévoit, les communique préalablement aux autres parties, et qu'il n'est pas allégué que les juges aient omis d'assurer aux parties la communication de ces conclusions, la cour d'appel a justifié sa décision, sans méconnaître les dispositions conventionnelles invoquées[6].

Il sera relevé que le code de déontologie des avocats récemment publié[7], dispose en son article 16, que « l'avocat se conforme aux exigences du procès équitable. Il se comporte loyalement à l'égard de la partie adverse. Il respecte les droits de la défense et le principe du contradictoire.

La communication mutuelle et complète des moyens de fait, des éléments de preuve et des moyens de droit se fait spontanément, en temps utile et par les moyens prévus par les règles de procédure ».

Pour constante que soit la solution ci-dessus rappelée, elle appelle nécessairement une réserve lorsque les conclusions développent par exemple des moyens nouveaux par rapport à la procédure antérieure, notamment d'instruction, ou s'accompagnent de multiples pièces nouvelles. Le temps de l'audience est nécessairement court et s'il se conçoit que la juridiction puisse prendre connaissance desdites pièces en cours de délibéré, la situation est plus délicate pour le parquet auquel il est demandé de développer ses réquisitions immédiatement ou pour les parties appelées à conclure de suite. Dans une telle hypothèse, il paraît de bonne pratique de renvoyer l'examen à une audience ultérieure, et d'appeler l'attention des parties sur la nécessité pour elle de conclure, si elles le souhaitent, bien en amont de l'audience de renvoi qui ne saurait connaître de nouveau report.

Dans tous les cas pour la Cour européenne, le droit à un procès pénal contradictoire implique, pour l'accusation comme pour la défense, la faculté de prendre connaissance des observations ou éléments de preuve produits par l'autre partie, notamment lors de l'audience[8].

Il reste une autre hypothèse, qui est celle où le président s'apercevant de l'absence d'un casier judiciaire, d'un extrait K-bis, d'une plainte antérieure intéressant les parties... a la possibilité, dans son temps de préparation de l'audience, de se la faire communiquer et de la verser au dossier avant les débats. Selon l'importance de ce complément, il pourra être opportun de prévoir des copies pour les parties, mais une simple annonce en début d'audience qu'ont été versées et sont à disposition telles pièces complémentaires, ne semble se heurter à aucune difficulté de principe.

1. Crim. 30 oct. 1996, n° 96-80.020, P n° 387.
2. Crim. 8 janv. 1997, n° 96-81.854, P n° 5.
3. Crim. 1er mars 2017, n° 16-83.001, P ; *D.* 2017. 1676, obs. J. Pradel.
4. Crim. 10 nov. 2004, n° 03-87.628, P n° 285 ; *D.* 2005. 245 ; *D.* 2005. 684, obs. J. Pradel ; *AJ pénal* 2005. 77.
5. Crim. 18 févr. 2015, n° 13-84.000, P n° 31 ; *D.* 2015. 492 ; *D.* 2015. 1738, obs. J. Pradel ; *AJ pénal* 2015. 261, obs. C. Porteron.
6. Crim. 12 janv. 2011, n° 10-82.896, NP – V. ss n° 521.53.
7. Décr. n° 2023-552, 30 juin 2023 portant code de déontologie des avocats, *JO*, 2 juill., n° 2, art. 16.
8. CEDH 28 août 1991, *Brandstetter c/Autriche*, req. nos 11170/84, 12876/87 et 13468/87, points 66 et 67 ; *RSC* 1991. 395, obs. L.-E. Pettiti.

521.55 Sort de la note en délibéré. La suite susceptible d'être réservée à une note en délibéré relève de l'appréciation souveraine des juges du fond[1]. Pour écarter la note produite par Jean-Pierre Y... au cours du délibéré, les juges du second degré retiennent que les moyens invoqués dans ce document ne nécessitent pas la reprise des débats et que l'intéressé a eu la possibilité de répliquer à la partie civile et au ministère public qui ont soulevé l'incompétence de la juridiction correctionnelle ; qu'en l'état de ces motifs, qui relèvent de son appréciation souveraine, la cour d'appel a justifié sa décision sans méconnaître les dispositions légales et conventionnelles invoquées au moyen, lequel doit, dès lors, être écarté[2]. Les juges du fond appréciant souverainement s'il y a lieu d'ordonner la reprise des débats sollicitée par le prévenu dans une note en délibéré, ne sont pas tenus de répondre à celle-ci[3].

Ici encore, il est d'une bonne pratique, si les arguments développés dans la note en délibéré sont pertinents et peuvent en partie ou en totalité fonder la décision du tribunal, et alors même que le ministère public en aura tout ignoré au cours de l'audience, de réouvrir les débats afin qu'il puisse faire valoir ses observations, la difficulté étant bien sûr d'assurer une composition du tribunal identique à celle de l'audience initiale.

On mentionnera d'ailleurs à ce stade une jurisprudence claire qui pose en principe que si aucune disposition légale ou conventionnelle n'impose aux juges de faire mention dans leur décision de l'existence d'une note en délibéré produite après l'audience, c'est à la condition qu'ils ne fondent pas leur conviction sur ce document[4]. Il a encore été jugé qu'il ne saurait être reproché à une cour d'appel de n'avoir pas répondu à une note en délibéré (en matière d'infractions aux règles d'urbanisme), dès lors qu'il relève des pouvoirs des juges d'apprécier, sans avoir à en rendre compte, s'il convient, au cours du délibéré, d'ordonner la reprise des débats[5]. De même, que la cour d'appel n'était pas tenue de faire mention, dans sa décision, d'une note en délibéré produite après l'audience et sur laquelle elle n'a pas fondé sa conviction[6]. Mais il en va différemment dans le cas où, au cours de l'audience, les juges ont expressément accepté de recevoir une note en délibéré, celle-ci devant alors être examinée au même titre que des conclusions régulièrement déposées[7, 8].

SECTION 6
DÉLAI RAISONNABLE

521.61 Délai raisonnable. C'est surtout en matière de durée de la détention provisoire que le principe de délai raisonnable a trouvé à s'appliquer et à être sanctionné à plusieurs reprises par la Cour de Strasbourg. À titre d'exemple, plusieurs arrêts du 26 janvier 2012[9], viennent rappeler qu'une durée de détention provisoire qui s'étend entre quatre ans et huit mois et cinq ans et dix mois apparaît de prime abord déraisonnable et doit être accompagnée de justifications particulièrement fortes et qu'il appartient par ailleurs aux États d'organiser leurs systèmes judiciaires de manière à permettre à leurs tribunaux de répondre aux exigences de l'article 5 (droit à la liberté et à la sûreté) de la convention (sans pouvoir se réfugier, comme en l'espèce, derrière l'encombrement du rôle de la cour d'assises spécialement composée). Ce dernier point est particulièrement important et avait déjà été souligné dans une espèce concernant la France : l'article 6, § 1 astreint les États contractants à organiser leur système judiciaire de telle sorte que les cours et tribunaux puissent remplir chacune de ses exigences[10]. Et encore : il incombe aux États contractants d'organiser leur système juridique de telle sorte que leurs juridictions puissent garantir à chacun le droit d'obtenir une décision définitive dans un délai raisonnable. Il appartient donc à l'État défendeur de faire le nécessaire pour éviter des délais d'inactivité aussi longs[11].

Le droit d'être rapidement jugé résulte expressément de l'article 5, § 3, de la convention européenne des droits de l'homme, qui dispose que toute personne arrêtée ou détenue, dans les conditions prévues au 5, § 1, c), doit être aussitôt traduite devant un juge ou un autre magistrat habilité par la loi à exercer des fonctions judiciaires et a le droit d'être jugée dans un délai raisonnable, ou libérée pendant la procédure.

1. Crim. 14 mars 2007, n° 06-81.010, P n° 83 ; *AJ pénal* 2007. 288.
2. Crim. 27 nov. 1996, n° 95-85.764, NP, *Procédures* 1997, n° 100, note J. Buisson.
3. Crim. 1er avr. 1998, n° 97-83.734, P n° 125.
4. Crim. 16 déc. 2009, n° 09-81.136, P n° 215 ; *D.* 2010. 1923, note J. Lapousterle ; *D.* 2010. 1653, Chron. P. Chaumont, A. Leprieur et E. Degorce – Crim. 26 juin 2012, n° 11-85.543, NP.
5. Crim. 12 janv. 2010, n° 09-80.531, NP.
6. Crim. 9 mars 2016, n° 13-85.943, P n° 71 ; *D.* 2016. 662.
7. Crim. 29 janv. 2014, n° 13-80.093, P n° 33 ; *D.* 2014. 374 ; *AJ pénal* 2014. 191, obs. P. de Combles de Nayves.
8. V. ss n° 711.41.
9. CEDH 26 janv. 2012, *Berasategi c/France*, req. n° 29095/09, *D.* 2012. 362 ; *AJ pénal* 2012. 231, obs. S. Lavric (*Esparza Luri c/France*, req. n° 29119/09, *Guimon Ep. Esparza c/France*, req. n° 29116/09, *Sagarzazu c/France*, req. n° 29109/09 et *Soria Valderrama c/France*, req. n° 29101/09).
10. CEDH 25 févr. 1993, *Dobbertin c/France*, req. n° 13089/87, § 44.
11. CEDH 7 févr. 2002, *H. L. c/France*, req. n° 42189/98.

En exigeant le respect du délai raisonnable, la convention souligne l'importance qui s'attache à ce que la justice ne soit pas rendue avec des retards propres à en compromettre l'efficacité et la crédibilité[1]. Ballotée entre le manque de moyens des juridictions, l'allongement des durées d'enquêtes relatives aux faits les plus complexes, le droit d'exercer des recours, la question du délai raisonnable pose à l'évidence surtout celle du temps perdu[2].

Il a été jugé de longue date que le caractère raisonnable de la durée d'une procédure s'apprécie suivant les circonstances de la cause et eu égard aux critères consacrés par la jurisprudence de la Cour, en particulier la complexité de l'affaire, le comportement du requérant et celui des autorités compétentes[3]. La Cour de Strasbourg a pu encore prendre en considération le caractère international des faits voire leur importance sur la plan politique[4]. Mais si ce délai peut prendre en compte la complexité de l'affaire, l'opposition de l'accusé au déroulement de l'information et de son jugement est un critère moins pertinent dès lors que la cour rappelle que l'article 6 ne demande pas une coopération active de l'accusé avec les autorités judiciaires[5, 6].

521.62 **Sanction.** La Cour européenne des droits de l'homme, dans le droit fil de son arrêt *Vlad et autres c/Roumanie* a jugé que l'existence d'une action en responsabilité civile délictuelle pouvait constituer une voie de recours efficace pour se plaindre des durées excessives des procédures devant les juridictions pénales comme civiles[7]. Par suite, l'impossibilité pour une personne d'être jugée dans un délai raisonnable n'emportait pas en soi violation de la Convention[8].

En droit français, c'est l'article L. 141-1 du code de l'organisation judiciaire qui vient dire que l'Etat est tenu de réparer le dommage causé par le fonctionnement défectueux du service public de la justice et que sauf dispositions particulières, cette resoponsabilité n'est engagée que par une faute lourde ou par un déni de justice.

À la supposer établie, il était donc admis que la méconnaissance des prescriptions de l'article 6, § 1, de la convention européenne des droits de l'homme relatif au délai raisonnable était sans incidence sur la validité de la procédure[9] ou, autrement formulé, que si la méconnaissance du délai raisonnable pouvait ouvrir droit à réparation, elle était sans incidence sur la validité des procédures[10]. La prétendue méconnaissance du délai raisonnable pour être jugé sur une accusation en matière pénale ne saurait constituer une cause d'extinction de l'action publique ni empêcher les juges de déterminer la peine en fonction des circonstances de l'infraction et de la personnalité de son auteur[11]. La chambre criminelle avait encore sur le sujet refusé de transmettre une QPC considérant que « le droit à être jugé dans un délai raisonnable, que proclame l'article préliminaire, n'entre aucunement en contradiction avec les autres principes directeurs du procès pénal énoncés par ce texte, qui garantissent le respect, sous le contrôle de la Cour de cassation, des droits de la défense »[12].

La chambre criminelle avait par ailleurs jugé qu'aucune des dispositions invoquées[13] n'imposait par ailleurs au juge de tenir compte de la durée de la procédure lorsqu'il fixe la peine[14].

Seule une responsabilité de l'État au titre d'un dysfonctionnement du service public de la justice pouvait en définitive être recherchée devant la juridiction civile compétente.

Un certain nombre de juridictions correctionnelles saisies de dossiers antépénultiens se sont cependant avisées, notamment courant 2021, par exemple à la suite d'une information remontant à plus de vingt ans et compte tenu de l'âge avancé de la plupart des prévenus qu'elles ont considéré comme n'étant plus en mesure de se défendre, le principal protagoniste de l'affaire étant de surcroît décédé entre temps, qu'elles ne pouvaient plus considérer que ce délai raisonnable ou encore les droits de la défense avaient été respectées[15]. Elles ont jugé en conséquence que seule la constatation de la nullité de l'entière procédure [...] constituait

1. CEDH 23 oct. 1990, *Moreira de Azevedo c/Portugal*, req. n° 11296/84, § 74 – CEDH 24 oct. 1989, *H. c/France*, req. n° 10073/82, § 58.
2. M. Pugliese « Délai raisonnable : peut-on annuler le temps perdu ? », Dossier *AJ pénal* 2022, 350.
3. CEDH 31 juill. 2001, *Zannouti c/France*, req. n° 4221198, § 51.
4. CEDH 8 nov. 2011, *Rausdepp c/ Estonie*, req. n° 54191/07.
5. CEDH 25 févr. 1993, *Dobbertin c/France*, req. n° 13089/87, préc., § 43.
6. Sur le délai raisonnable en matière de détention provisoire, v. s^s n°s 812.42 s.
7. CEDH 26 nov. 2013, *Vlad a. c/Roumanie*, req. n°s 40756/06, 41508/07, 50806/07 – CEDH 10 avr. 2018, *Brudan c/ Roumanie*, req. n° 75717/14.
8. CEDH, 24 janv. 2017, *Hiernaux c/ Belgique*, req. n° 28022/15.
9. Crim. 17 nov. 2004, n° 03-82.657, P n° 291 ; *D.* 2005. 566, obs. A. Lienhard.
10. Crim. 24 avr. 2013, n° 12-82.863, P n° 100 ; *D.* 2013. 1139 ; *D.* 2013. 1993, obs. J. Pradel. V. également, pour le contentieux propre à la CJR, Crim. 4 juin 2021, n° 21-81.656, NP.
11. Crim. 14 nov. 2002, n° 01-88.703, NP.
12. Crim. 31 août 2011, n° 11-90.075, NP.
13. Conv. EDH, art. 6, § 1 – Pacte international relatif aux droits civils et politiques, art. 14-3 – C. pr. pén., art. prélim. et 593.
14. Crim. 17 nov. 2004, n° 04-81.506, NP.
15. Pour l'affaire la plus emblématique, dite de « la chaufferie de la Défense » : TJ Nanterre, 11 janv. 2021, n° 01194045395, *D. actu.* 19 janv. 2021, obs. J. Mucchielli. En appel : Versailles, 15 sept. 2021, RG n° 21/3005, *D. actu.* 22 sept. 2021, obs. Fucini.

une sanction effective de la violation du droit à un procès équitable (TJ) ou justifiait l'annulation d'une partie des poursuites (CA), retenant une violation irrémédiable des principes de fonctionnement de la justice pénale, notamment des droits de la défense et des règles d'administration de la preuve.

Saisie de la question, la chambre criminelle, statuant en formation plénière[1], a censuré l'arrêt déféré et par une décision très pédagogique rendue le 9 novembre 2022 jugé :

– au visa des articles 6, § 1, de la Convention européenne des droits de l'homme et 802 du code de procédure pénale que la méconnaissance du délai raisonnable et ses éventuelles conséquences sur les droits de la défense sont sans incidence sur la validité des procédures et, sous réserve des lois relatives à la prescription, ne constituent pas une cause d'extinction de l'action publique ;

– que cette méconnaissance ne constitue pas plus ni la violation d'une règle d'ordre public ou d'une règle de forme prescrite par la loi, ni l'inobservation d'une formalité substantielle au sens de l'article 802 du code de procédure pénale dès lors qu'elle ne compromet pas en elle-même les droits de la défense. Ses éventuelles conséquences sur l'exercice de ces droits doivent en revanche être prises en compte au stade du jugement au fond selon les modalités suivantes :

– il appartient tout d'abord au juge, en application de l'article 427 du code de procédure pénale, d'apprécier la valeur probante des éléments de preuve qui lui sont soumis et sont débattus contradictoirement devant lui, le dépérissement des preuves pouvant, le cas échéant, conduire à une décision de relaxe ;

– en présence de parties civiles, le juge peut faire application du dernier alinéa de l'article 10 du code de procédure pénale, et décider, après avoir ordonné une expertise constatant que l'état mental ou physique du prévenu rend durablement impossible sa comparution personnelle dans des conditions lui permettant d'exercer sa défense, qu'il sera tenu une audience pour statuer uniquement sur l'action civile, après avoir constaté la suspension de l'action publique et sursis à statuer sur celle-ci ;

– dans le cadre de l'application des critères de l'article 132-1 du code pénal, le juge peut déterminer la nature, le quantum et le régime des peines qu'il prononce en prenant en compte les éventuelles conséquences du dépassement du délai raisonnable et, le cas échéant, prononcer une dispense de peine s'il constate que les conditions de l'article 132-59 du code pénal sont remplies. Ainsi l'extrême durée d'une procédure pénale ne justifie pas à elle seule son annulation mais les juges se doivent de prendre en compte le temps écoulé depuis les faits, autant pour apprécier le degré de responsabilité pénale des prévenus, que pour asseoir, le cas échéant, la motivation de leur peine, ce qui revient sur le positionnement qu'elle avait adopté en 2004, et sans négliger pour autant le sort d'éventuelles parties civiles[2].

1. Crim. 9 nov. 2022, n° 21-85.655, P. *D. actu.* 18 nov. 2022, obs. D. Floreancig.

2. Aussi, v. s^s n°s 616.351 s.

CHAPITRE

522. Présomption d'innocence

SECTION 0 ORIENTEUR

522.00 **Sommaire du chapitre.**

522.01 **Principaux textes applicables.**

TEXTES SOURCES

• Conv. EDH, art. 6

TEXTES *IN EXTENSO*

• **Conv. EDH, art. 6**

* V. s[s] n° 521.01.

522.02 **Jurisprudence de référence.**

> Charge de la preuve

• **Crim. 11 avr. 2012, n° 11-83.816,** P n° 95

* V. s[s] n° 522.12.

« Vu l'article L. 412-2 du code du travail devenu l'article L. 2141-5 dudit code, ensemble l'article préliminaire du code de procédure pénale et l'article 6 § 2 de la convention européenne des droits de l'homme ;

Attendu que les articles susvisés du code du travail, concernant le délit de discrimination syndicale, n'instituent aucune dérogation à la charge de la preuve en matière pénale ; qu'il résulte des deux derniers textes visés que tout prévenu étant présumé innocent, la charge de la preuve de sa culpabilité incombe à la partie poursuivante ;

Attendu que, pour dire que les faits de refus d'attribution à Mme C... d'un emploi à temps plein, de modification de son emploi du temps et d'affectation à des tâches subalternes constituaient le délit de discrimination syndicale, l'arrêt retient qu'il appartenait à l'employeur de justifier des raisons de service l'ayant conduit à écarter la priorité d'emploi attachée à la situation de la partie civile et qu'aucun élément de nature à confirmer ses affirmations n'est apporté par la prévenue ; que les juges relèvent qu'il n'est pas justifié de l'impossibilité d'affecter d'autres surveillants au poste peu attractif attribué à Mme C... et qu'il n'est nullement établi ni allégué qu'une ancienneté considérable était nécessaire pour remplir convenablement la tâche qui lui était confiée ; que les juges énoncent encore que, compte tenu des difficultés existant entre la direction de l'institution et la partie civile depuis que celle-ci exerçait des activités syndicales et son mandat de conseiller prud'homme, les décisions critiquées apparaissent discriminatoires ;

Mais attendu qu'en statuant ainsi, par des motifs impliquant un renversement de la charge de la preuve, alors qu'il lui appartenait de rechercher l'existence d'une relation de causalité entre les mesures jugées discriminatoires et l'appartenance ou l'activité syndicale de la partie poursuivante, la cour d'appel a méconnu les textes susvisés et les principes ci-dessus énoncés ;

D'où il suit que la cassation est, à nouveau, encourue. »

522.03 **Bibliographie indicative.**

Ouvrages. Ch. Ayela, J. Mestre, V. Péronnet, *Vérités croisées,* Cross examination : *une petite révolution procédurale,* « Carré droit », LexisNexis, 2005 – J. Danet, *Défendre : pour une défense pénale critique*, 2e éd., « États du droit », Dalloz, 2004 ; *La justice pénale entre rituel et management*, PUR, 2010 – A. Garapon, *Bien juger : essai sur le rituel judiciaire*, O. Jacob, 2010 – J. Holy-Hurard, J. Vanoni, *La déontologie des magistrats,* 4e éd., « Connaissance du droit », Dalloz, 2019 – T. Levy et J.-D. Bredin, *Convaincre*, O. Jacob, 1997 – F. Saint-Pierre, *Pratique de la défense pénale*, 6e éd., « Les intégrales », LGDJ – Lextenso, 2023 – E. Vergès, *Procédure pénale*, 6e éd., « Objectif droit cours », LexisNexis, 2020.

Contributions. P. Bouzat, « La loyauté dans la recherche des preuves », *in Mél. Hugueney*, Sirey, 1964, p. 155 – J. et O. Douvreleur, « De l'indépendance de l'autorité judiciaire aux autorités administratives indépendantes », *in Mél. Robert*, Montchrestien, 1998, p. 232 W.-J. Ganshof-Van Der Meersch, « Le droit de la défense, un principe général du droit », *in Mél. Dabin*, Sirey, 1963, p. 569 – S. Guinchard, « Le procès équitable, garantie formelle ou droit substantiel », *in Mél. Farjat*, Éd. Frison-Roche, 1999, p. 139 – R. Koering-Joulin, « La Chambre criminelle et les droits reconnus par la convention européenne des Droits de l'Homme à l'accusé avant jugement », *in Mél. Levasseur*, Gazette du

Palais – Litec, 1992, p. 205 – J. Pradel, « Vers des principes directeurs communs aux diverses procédures pénales européennes », *in Mél. Levasseur*, Gazette du Palais – Litec, 1992, p. 459 ; « La montée des droits du délinquant au cours de son procès. Essai d'un bilan », *in Mél. Larguier*, PUG, 1993, p. 223 – Repik, « Réflexions sur la jurisprudence de la Cour européenne des droits de l'Homme concernant la présomption d'innocence », *in Mél. Eissen*, Bruylant, Bruxelles, 1995, p. 331 – J.-C. Soyer, « La loi nationale et la convention européenne des droits de l'Homme », *in Mél. Foyer*, Puf, 1997, p. 137 – G. Wiederkehr, « Qu'est-ce qu'un juge ? », *in Mél. Perrot*, Dalloz, 1996, p. 577.

Rapport. E. Guigou (prés.), *La présomption d'innocence : un défi pour l'Etat de droit*, oct. 2021.

Articles. P. Auvret, « La présomption d'innocence », *JCP* 1994. I. 3802 – Ph. Bonfils, « Faut-il changer notre procédure pénale ? », *D.* 2010. 158 – B. Bouloc, « Les droits de la défense », *RSC* 1982. 513 ; *RSC* 2001. 55 ; « Que penser des propositions du comité Léger ? », *D.* 2009. 2264 – M. Babonneau, « Réquisitoire contre "l'erreur du menuisier" », *D. actu.* 10 mars 2015 – J. Buisson, « les présomptions de culpabilité », *Procédures* 1999. 15 – H. Bureau, « La présomption d'innocence devant le juge civil. Cinq ans d'application de l'article 9-1 du code civil », *JCP* 1998. I. 166 – A. Coche, « Le Comité de réflexion sur la justice pénale ou les droits perdus du justiciable [à propos de la phase préparatoire du procès pénal] », *D.* 2009. 2765 – L. Collet-Askri, « La Chambre criminelle valide le testing comme mode de preuve, serait-il déloyal… », *D.* 2003. Chron. 1309 – D.-N. Commaret, « Une juste distance ou réflexions sur l'impartialité du magistrat », *D.* 1998. Chron. 262 – Ph. Conte, « Propositions du pré-rapport du comité de réflexion sur la justice pénale », *Dr. pénal* 2009. Ét. 11 ; « L'action pénale en lévitation : aperçu de l'avant-projet de code de procédure pénale », *D.* 2010. 774 – F.-L. Coste, « Statut de la parole et présomption d'innocence », *AJ pénal* 2004. 402 – C. Cutajar et M. Perdriel-Vaissière, « Réforme de la procédure pénale : l'action citoyenne, nouvel outil de lutte contre la corruption internationale ? », *D.* 2010. 1295 – J. Danet, « Le nouvel alinéa de l'article préliminaire du code de procédure pénale nous prémunit-il des erreurs judiciaires ? », *AJ pénal* 2011. 331 – B. Danlos, « De quelques contre-vérités sur la jurisprudence de la CEDH en matière pénale », *AJ pénal* 2014. 404 – F. Defferrard, « Pour un service public de la défense pénale », *D.* 2009. 1213 ; « Contre la visiojustice », *D.* 2011. 2878 – R. De Gouttes, « L'impartialité du juge. Connaître, traiter et juger : quelle compatibilité », *RSC* 2003. 63 – M. Delmas-Marty, *D.* 1988. Chron. 221 – S. Detraz, « La prétendue présomption d'innocence », *Dr. pénal* 2004. Chron. 3 – Ph. Edmond-Mariette et B. Lavielle, « Des maux aux actes, Outreau », *AJ pénal* 2006. 159 – Ch. Gavalda-Moulenat, « L'avocat face à ses nouvelles fonctions au sein du procès pénal. Quelle place pour la défense pénale ? », *Dr. pénal* 2009. Ét. 5 – A. Giudicelli, « Premières applications jurisprudentielles de l'article préliminaire du code de procédure pénale », *RSC* 2003. 122 – Ch. Guéry, « L'avenir du suspect », *AJ pénal* 2005. 232 – S. Guinchard, « Le procès équitable, droit fondamental ? », *AJDA* 1998. 191, cahier HS – A. D'Hauteville, « Les droits des victimes dans la loi du 15 juin 2000 », *RSC* 2001. 107 – H. Henrion, « La loi du 15 juin 2000 assure-t-elle l'équilibre nécessaire entre les droits et devoirs de l'État, de la personne mise en cause et de la victime ? », *Arch. pol. crim.* 2002, n° 24, p. 81 – L. Hugueney, « Les droits de la défense », *RSC* 1952. 195 – Ch. Jolibois, « Le renforcement de la protection de la présomption d'innocence et des droits des victimes : l'apport du Sénat », *RSC* 2001. 65 – R. Koering-Joulin, « La notion européenne de "tribunal indépendant et impartial" au sens de l'article 6 par. 1 de la convention européenne de sauvegarde des droits de l'Homme », *RSC* 1990. 765 – B. Lavielle, « une réforme pénale impérieuse : la traduction des actes de procédure pénale aux parties civiles, mis en examen ou prévenus étrangers », *AJ pénal* 2009. 443 ; « L'obligation de traduire "les pièces essentielles à l'exercice de la défense" : quelques problèmes en perspective », *Gaz. Pal.* 25-26 oct. 2013 ; « Traduction des pièces essentielles de la procédure pénale : acte II », *Gaz. Pal.* 22-23 nov. 2013 – Ch. Lazerges, « Le projet de loi renforçant la protection de la présomption d'innocence et les droits des victimes », *RSC* 1999. 166 ; « Réflexions sur l'erreur judiciaire », *RSC* 2006. 709 – J. Léauté, « Droits de la défense », *RSC* 1953. 47 – V. Lesclous et C. Marsat, « La façon dont une partie recueille ses preuves est sans influence sur la validité de la procédure », *Dr. pénal* 1993. Chron. 6 – R. Lindon, « La télévision à l'audience ? », *D.* 1985. 81 – C. Lombois, « la présomption d'innocence », *Pouvoirs* 1990, n° 55, p. 81 – P. Maistre du Chambon, « La régularité des provocations policières : l'évolution de la jurisprudence », *JCP* 1999. I. 3422 – A. Maron, « Couvrez ce sexe que je ne saurais voir », *Dr. pénal* 2006, n° 78 – C. Marsat, « L'audition des témoins devant la juridiction de jugement », *Dr. pénal* 2001. Chron. n° 30 – D. Mayer, « Vers un contrôle du législateur par le juge pénal ? », *D.* 2001. Chron. 1643 – F. Melin-Soucramanien et J.-P. Didier, « Le principe de l'égalité des armes », *Rev. rech. jur.* 1993. 489 – R. Merle, « Le rôle de la défense en procédure comparée », *RSC* 1970. 1 – C. Miansoni, « la nature juridique du traitement en temps réel des procédures pénales (TTR) », *AJ pénal* 2012. 152 – E. Molina, « Réflexion critique sur l'évolution paradoxale de la liberté de la preuve des infractions en droit français contemporain », *RSC* 2002. 263 – A. Outin-Adam et A.-M. Reita-Tran, « L'avant-projet de futur code de procédure pénale : la réaction de la CCIP », *D.* 2010. Actu. 1713 – P. Picarda, E. Tuaillon-Hibon, « Réflexions sur l'usage et la place de la vidéo dans le procès pénal en France », *D. actu.* 24 oct. 2017 – T. Potaszkin, « La poursuite du processus de spécialisation de la justice pénale », *D.* 2012. 452 – J. Pradel, « La notion européenne de tribunal impartial et indépendant selon le droit français », *RSC* 1990. 692 ; « Trafic de drogue, provocation délictueuse des agents de l'autorité et permission de la loi », *D.* 1992. Chron. 229 – D. Rebut, « Le droit à un tribunal impartial devant la Chambre criminelle », *RSC* 1998. 449 – S. Rideau-Valentini, « Les droits de la défense en matière douanière », *AJ pénal* 2009. 206 – F. Saint-Pierre, « La nature juridique des droits de la défense », *D.* 2007. Chron. 260 ; « Qu'espérer de la commission Léger ? Une réforme d'ampleur de la justice pénale ! », *AJ pénal* 2009. 171 – S. Selçuk, « L'impartialité du juge », *Rev. pénit.* 2002. 535 – C. Sourzat, « Les droits de la défense », *Dr. pénal* 2011. Ét. 18 – J. Van Campernolle, « Évolution et assouplissement de la notion d'impartialité objective », *RTDH* 1994. 437 – E. Vergès, « Procès civil, procès pénal : différents et pourtant si semblables », *D.* 2007. Chron. 1441 – Ph. Vouland, « L'exercice quotidien de la fonction de défense et la loyauté de la preuve », *AJ pénal* 2005. 275.

Dossiers. « Les procès sensibles », *AJ pénal* 2006. 101 s. – « L'avocat et l'investigation du fait : quelle stratégie pour la défense ? », *AJ pénal* 2007. 301 s. – « Comité de réflexion sur la justice pénale. Rapport d'étape sur la phase préparatoire du procès pénal », *Dr. pénal* 2009. Dossiers 1 et 2 – « Rapport du comité de réflexion sur la justice pénale : les propositions sur la phase préalable du procès pénal », *ibid.* Dossier 3 – « Les impératifs d'un système d'instruction préparatoire en matière criminelle et pour les affaires complexes : les différentes réponses actuelles », *ibid.* Dossier 4, obs. G. Straehli – « L'action du parquet selon le rapport du comité de réflexion sur la justice pénale », *ibid.* Dossier 5, obs. G. Lucazeau. – « Les droits de la défense et de la partie civile dans la phase préparatoire du procès pénal selon le rapport du comité de réflexion sur la justice pénale », *ibid.* Dossier 6, obs. D. Guérin – « Criminologie : état des lieux », *AJ pénal* 2009. 249 s. – « Le rapport Léger : analyse des propositions », *AJ pénal* 2009. 385 s. – « Investigations privées en marge de l'enquête pénale », *AJ pénal* 2009. 433 s. – « L'avant-projet de réforme du code de procédure pénale », *AJ pénal* 2010. 157 s. – « Rapport du groupe de travail sur les aspects constitutionnels et conventionnels de la réforme de la procédure pénale », *Dr. pénal* 2010. Ét. 11 – « L'erreur judiciaire », *AJ pénal* 2011. 325 s. – « La mise en œuvre de la politique pénale », *AJ pénal* 2012. 441 s.

Liens. Charte des principes essentiels de l'avocat européen : http //www.ccbe.eu/fileadmin/user upload/NTCdocument/FR CCBECoCpdf21382973057.pdf

SECTION 1
FONDEMENTS ET PORTÉE DE LA PRÉSOMPTION D'INNOCENCE

522.11 Textes sources. Le deuxième point de l'article 14 [1] du Pacte international relatif aux droits civils et politiques de 1966 mentionne classiquement que toute personne accusée d'une infraction pénale est présumée innocente jusqu'à ce que sa culpabilité ait été légalement établie.

L'article 48 [2] du chapitre VI relatif à la Justice de la Charte des droits fondamentaux de l'Union européenne rappelle en son premier point que tout accusé est présumé innocent jusqu'à ce que sa culpabilité ait été légalement établie reprenant quasiment au mot près la terminologie de la convention européenne des droits de l'homme en son article 6, § 2.

Ce même article prévoit simplement, en son point 2, que le respect des droits de la défense est garanti à tout accusé et ne distingue donc pas tous les éléments que détaille cette même convention en son article 6, § 3.

Sera de nouveau citée ici la directive 2016/343 qui consacre les cinq articles de son chapitre 2 à la présomption d'innocence [3]. À titre d'illustration de la mise en œuvre de ce dernier texte, on signalera la décision aux termes de laquelle cette directive qui reconnaît à une personne poursuivie, qui a pris la fuite et à qui les autorités nationales n'ont pu réussir – faute de localisation – à remettre les informations relatives au procès dirigé contre elle, le droit à la réouverture de son procès en cas de procès par défaut. Il peut toutefois se le voir refuser s'il ressort d'indices précis et objectifs que celle-ci a reçu des informations suffisantes pour savoir qu'un procès allait être tenu contre elle et a, par des actes délibérés et dans l'intention de se soustraire à l'action de la justice, empêché les autorités de l'informer officiellement de la tenue de ce procès [4].

La formule est reprise par le code de procédure pénale qui indique depuis la loi du 15 juin 2000 [5] que toute personne suspectée ou poursuivie est présumée innocente tant que sa culpabilité n'a pas été établie. Les atteintes à sa présomption d'innocence sont prévenues, réparées et réprimées dans les conditions prévues par la loi [6].

La source primitive de cette règle demeure bien sûr l'article 9 [7] de la déclaration des droits de l'Homme et du citoyen de 1789 : « Tout homme étant présumé innocent jusqu'à ce qu'il ait été déclaré coupable, s'il est jugé indispensable de l'arrêter, toute rigueur qui ne serait pas nécessaire pour s'assurer de sa personne, doit être sévèrement réprimé par la loi ». Selon le Conseil constitutionnel, il appartient au législateur d'assurer la conciliation entre d'une part, la prévention des atteintes à l'ordre public et la rechercher des auteurs d'infractions, toutes deux nécessaires à la sauvegarde de

1. Pacte international relatif aux droits civils et politiques, 16 déc. 1966, art. 14.
2. Charte des droits fondamentaux de l'Union européenne, 7 déc. 2000, art. 48 du chapitre VI.
3. Dir. (UE) 2016/343, Parlement et Conseil, 9 mars 2016 *JOUE L* 65, 13 mars 2016 : devant être transposée en droit interne par les États membres au plus tard le 1er avr. 2018, elle est présentée sur le site Légifrance comme ayant fait l'objet d'une transposition complète par les textes suivants : art. 9 de la Déclaration des droits de l'homme et du citoyen de 1789 ; dispositions du code pénal (art. 226-13 et art. R. 642-1) ; dispositions du code des douanes (art. 65 et art. 413 *bis*) ; dispositions du code civil (art. 9-1) ; dispositions du code de procédure pénale.
4. CJUE, 19 mai 2022, aff. C-569/20, *Spetsializirana prokuratura*.
5. L. n° 2000-516, 15 juin 2000 renforçant la protection de la présomption d'innocence et les droits des victimes, *JO* 16 juin, p. 9038.
6. C. pr. pén., art. prélim. III.
7. DDHC, 26 août 1789, art. 9.

droits et de principes de valeur constitutionnelle, et, d'autre part, la protection des droits et libertés constitutionnellement garantis, au nombre desquels figurent le respect de la vie privée, protégé par l'article 2 de la Déclaration de 1789, le respect de la présomption d'innocence, le principe de la dignité de la personne humaine, ainsi que la liberté individuelle que l'article 66 place sous la protection de l'autorité judiciaire[1]. Les sages considèrent que la présomption d'innocence est un principe de valeur constitutionnelle[2].

Pour sa part, la Cour européenne des droits de l'homme est constante qui considère depuis 1963 que l'article 6 § 2 précité « exige en premier lieu que les membres du tribunal, en remplissant leur fonction, ne partent pas de la conviction ou de la supposition que les prévenus ont commis l'acte incriminé. Au moment de prendre leur décision, ils ne doivent arriver à une condamnation que sur la base de preuves directes ou indirectes mais suffisamment fortes aux yeux de la loi pour établir la culpabilité de l'intéressé »[3] et qu'une atteinte à la présomption d'innocence est portée chaque fois que la motivation donne à penser que le juge considère *(a priori)* l'intéressé comme coupable[4].

Toujours est-il que ces dispositions concernent pour l'essentiel la sphère judiciaire, autrement dit la manière dont la justice doit être rendue et que les atteintes à la présomption d'innocence sont de plus en plus de nos jours le fait des réseaux sociaux et des éléments diffusés à répétition par les chaines d'information continue à l'égard d'un public auquel il reste largement à enseigner les règles essentielles du fonctionnement de la justice républicaine[5], ce même si un autre principe, celui de la liberté d'expression doit alors se concilier avec le précédent[6].

522.12 Lien avec la charge de la preuve incombant au ministère public. Une décision de Conseil constitutionnel[7] est particulièrement illustrative du corollaire de la présomption d'innocence qui est la charge de la preuve incombant à la partie poursuivante :

« 33. Considérant que, si le pouvoir d'apprécier dans quelle mesure le recours à la procédure d'information confiée au juge d'instruction n'est pas nécessaire et d'user alors de l'une des procédures de saisine directe est attribué au procureur de la République, c'est en raison du fait que la charge de la poursuite et de la preuve lui incombe ; qu'un recours non pertinent du procureur de la République à l'une des procédures de saisine directe aurait nécessairement pour conséquence, en raison de la présomption d'innocence dont bénéficie le prévenu, soit la relaxe de celui-ci, soit la décision de la juridiction de jugement de procéder à un supplément d'information prévu par l'article 396, alinéa 2, du code de procédure pénale tel qu'il résulte de l'article 51 de la loi soumise à l'examen du Conseil constitutionnel ;

34. Considérant que, si l'article 393 nouveau précité du code de procédure pénale, tel qu'il résulte de la loi soumise à l'examen du Conseil constitutionnel, ne prévoit pas que la personne déférée au procureur de la République puisse être assistée d'un avocat, c'est parce que ce magistrat qui ne dispose que du droit de décider par quelle voie il exerce sa poursuite est privé par la loi nouvelle du pouvoir de décerner un mandat de dépôt, même en cas de flagrant délit, un tel mandat ne pouvant être décerné que par un juge du siège.

35. Considérant que les dispositions des articles 397, 397-1, 397-2, 397-3, 397-4, 397-5 du code de procédure pénale tels qu'ils résultent de la loi soumise à l'examen du Conseil constitutionnel procurent au justiciable, en ce qui concerne sa liberté individuelle, les mêmes garanties que celles dont il bénéficierait devant le juge d'instruction ; qu'en effet, aucun mandat de dépôt ou mesure restreignant sa liberté ne peut émaner que d'un magistrat du siège ; que les voies de recours contre de telles décisions sont les mêmes que si celles-ci émanaient du juge d'instruction ; que les conditions auxquelles est subordonnée la possibilité de mandats de dépôt ou de mesures de contrôle judiciaire ne sont pas liées au choix par le procureur de la République de l'une des procédures de saisine directe.

36. Considérant qu'aux termes de l'article 397-6 du code de procédure pénale, tel qu'il résulte des dispositions de la loi soumise à l'examen du Conseil constitutionnel, Dans tous les cas l'affaire doit être jugée au fond par le tribunal dans les deux mois. À défaut de jugement dans ce délai, les mesures de détention provisoire ou de contrôle judiciaire cessent de plein droit de produire effet, et le prévenu détenu, s'il ne l'est pour une autre cause, est mis d'office en liberté ;

1. Cons. const. 2010-25 QPC, 16 sept. 2010, cons. 11.
2. Cons. const. 19-20 janv. 1981, n° 80-127 DC ; Cons. const. 8 juill. 1989, n° 89-258 DC ; Cons. const. 2 mars 2018, n° 2017-693 QPC.
3. Comm. EDH, 30 mars 1963, *Autriche c/ Italie*.
4. CEDH, 25 mars 1983, *Minelli c/ Suisse*, 37, Berger n° 85 – CEDH, 10 févr. 1995, *Allenet de Ribemont c/ France*, n° 35 – CEDH, 12 avr. 2012, *Lagardère c/ France*, n° 74 – CEDH, *Mergen et a. c/ Turquie*, requêtes n°s 44062/09, 55832/09, 55834/09, 55841/09 et 55844/09, 67.
5. V. rapport réalisé sous la présidence de Mme E. Guigou, *La présomption d'innocence : un défi pour l'Etat de droit*, oct. 2021.
6. L. Garnerie, « 40 propositions pour renforcer la présomption d'innocence », *Gaz. Pal.* Actus pro.19 oct. 2021.
7. Cons. const. 20 janv. 1981, n° 80-127 DC, art. non conformes 66, 92, 94 et 100, al. 2, de la loi, loi renforçant la sécurité et protégeant la liberté des personnes, NON-CONFORMITÉ PARTIELLE, *JO* 22 janv., p. 308.

37. Considérant que, quelle que soit l'option faite par le procureur de la République entre les diverses procédures de poursuites et sans égard au fait qu'il y a eu ou non une information préalable confiée à un juge d'instruction, le jugement de l'affaire au fond appartient à la même juridiction ; que celle-ci, éclairée au besoin par le supplément d'information qu'elle aura pu ordonner en toute hypothèse, doit statuer sur la culpabilité du prévenu, toujours présumé innocent, selon des règles de forme et de fond identiques ; qu'ainsi les dispositions dont il s'agit ne sont contraires ni aux droits de la défense ni à l'égalité devant la justice »[1].

Une autre illustration peut être citée en matière de discrimination syndicale : « L'article L. 412-2, devenu L. 2141-5, du code du travail, concernant le délit de discrimination syndicale, n'institue aucune dérogation à la charge de la preuve en matière pénale.

Il résulte, par ailleurs, des articles préliminaires du code de procédure pénale et 6 § 2 de la convention européenne des droits de l'homme que tout prévenu étant présumé innocent, la charge de la preuve de sa culpabilité incombe à la partie poursuivante.

Encourt la censure l'arrêt qui, pour dire constitué le délit de discrimination syndicale, retient qu'il incombait à l'employeur de justifier des raisons de service l'ayant conduit à écarter la priorité d'emploi attachée à la situation de la partie civile et de justifier de l'impossibilité d'affecter d'autres surveillants au poste peu attractif à celle-ci, motifs impliquant un renversement de la charge de la preuve, alors qu'il appartenait à la cour d'appel de rechercher l'existence d'une relation de causalité entre les mesures jugées discriminatoires et l'appartenance ou l'activité syndicale de la partie civile »[2].

On pourra également consulter la décision rendue à propos de la promulgation de la loi favorisant la diffusion et la protection de la création sur internet, à l'occasion de la censure de laquelle, le Conseil, relevant que seul le titulaire du contrat d'abonnement à internet pouvait faire l'objet des sanctions instituées et que pour s'exonérer, il lui incombait de produire des éléments de nature à établir que l'atteinte portée au droit d'auteur procède de la fraude d'un tiers, a dit qu'en méconnaissance de l'article 9 de la Déclaration de 1789, la loi instituait ainsi, en opérant un renversement de la charge de la preuve, une présomption de culpabilité pouvant conduire à prononcer contre l'abonné des sanctions privatives ou restrictives du droits[3].

1. Cons. const. 20 janv. 1981, n° 80-127 DC, préc. *JO* 22 janv., p. 308.
2. Crim. 11 avr. 2012, n° 11-83.816, P n° 95 ; *D.* 2012. 1410 ; *D.* 2012. 2622, obs. P. Lokiec et J. Porta ; *AJ pénal* 2012. 418, obs. L. Priou.

522.13 Possible présomption de culpabilité. Dans une de ses décisions, le Conseil constitutionnel a pu dire : « Considérant, en premier lieu, qu'aux termes de l'article 9 de la Déclaration des droits de l'Homme et du citoyen : "Tout homme étant présumé innocent jusqu'à ce qu'il ait été déclaré coupable, s'il est jugé indispensable de l'arrêter, toute rigueur qui ne serait pas nécessaire pour s'assurer de sa personne doit être sévèrement réprimé par la loi" ; qu'il en résulte qu'en principe le législateur ne saurait instituer de présomption de culpabilité en matière répressive ; que, toutefois, à titre exceptionnel, de telles présomptions peuvent être établies, notamment en matière contraventionnelle, dès lors qu'elles ne revêtent pas de caractère irréfragable, qu'est assuré le respect des droits de la défense et que les faits induisent raisonnablement la vraisemblance de l'imputabilité »[4].

Cette motivation a notamment été reprise par un arrêt de la chambre criminelle saisi d'une question prioritaire de constitutionnalité relative à l'article L. 121-3[5] du code de la route et ayant abouti à une décision de non renvoi au Conseil constitutionnel[6] « la disposition critiquée ne porte pas atteinte au principe de présomption d'innocence, dès lors que des présomptions de culpabilité peuvent être établies, notamment en matière contraventionnelle, lorsqu'elles ne revêtent pas de caractère irréfragable et qu'est assuré le respect des droits de la défense, qu'elle ne méconnaît pas l'interdiction des peines automatiques et qu'elle ne porte atteinte ni au principe de nécessité des peines posé par l'article 8 de la Déclaration des droits de l'homme et du citoyen ni au principe de personnalité des peines et de responsabilité personnelle (dès lors que le refus de fournir des renseignements permettant d'identifier l'auteur véritable de l'infraction s'analyse en un refus de contribuer à la manifestation de la vérité ou en un défaut de vigilance dans la garde du véhicule) ».

Ainsi, l'instauration par le législateur de présomptions de culpabilité est possible, notamment en matière contraventionnelle. Si l'inconstitution-

3. Cons. const., 10 juin 2009, n° 2009-580 DC, consid. 17-18.
4. Cons. const. 16 juin 1999, n° 99-411 DC, art. sous réserve 6, 7, 8 de la loi, *loi portant diverses mesures relatives à la sécurité routière et aux infractions sur les agents des exploitants de réseau de transport public de voyageurs*, CONFORMITÉ, *JO* 19 juin, p. 9018 ; *D.* 1999. 589 note Y. Mayaud ; *D.* 2000. 113, obs. G. Roujou de Boubée.
5. C. route, art. L. 121-3 ; mod. par L. n° 2016-1547, 18 nov. 2016, art. 34 – AUSSI : Cons. const. 29 sept. 2010, n° 2010-38 QPC, art. sous réserve 529 10 du C. pr. pén., *amende forfaitaire et droit au recours,* CONFORMITÉ – RÉSERVE, *JO* 30 sept., n° 105 ; *AJ pénal* 2010. 555, obs. J.-P. Céré ; *RSC* 2011. 187, obs. B. de Lamy.
6. Crim. 5 janv. 2011, n° 10-90.113, NP ; *D.* 2011. 446, obs. C. Girault ; *D.* 2011. 2823, obs. G. Roujou de Boubée, T. Garé, S. Mirabail et T. Potaszkin.

nalité semble certaine en matière criminelle, le doute existe en matière délictuelle. On peut citer par exemple, l'articulation de l'article 465 du code des douanes avec l'article L. 152-4[1] du code monétaire et financier, qui prévoit, en matière d'omission des obligations déclaratives, que la somme consignée est saisie et sa confiscation peut être prononcée par la juridiction compétente si, pendant la durée de la consignation, il est établi que l'auteur de l'infraction est ou a été en possession d'objets laissant présumer qu'il est ou a été l'auteur d'une ou plusieurs infractions prévues et réprimées par le code des douanes ou qu'il participe ou a participé à la commission de telles infractions ou s'il y a des raisons plausibles de penser que l'auteur de l'infraction visée au I a commis une infraction ou plusieurs infractions prévues et réprimées par le code des douanes ou qu'il a participé à la commission de telles infractions[2].

La cour européenne des droits de l'homme a pu admettre, sous certaines conditions, dont elle contrôle l'application concrète, l'existence dans les droits nationaux de présomptions : « Tout système juridique connaît de présomptions de fait ou de droit ; la Convention n'y met évidemment pas obstacle en principe, mais en matière pénale elle oblige les Etats contractants à ne pas dépasser à cet égard un certain seuil... » soulignant la nécessité de les conjoindre à des limites raisonnables prenant en compte la gravité de l'enjeu et préservant les droits de la défense[3]. Ce que la Cour de cassation a traduit, dès 1992[4], par un arrêt retenant que l'article 6, § 2 de la convention européenne des droits de l'homme n'a pas pour objet de limiter les modes de preuve prévus par la loi interne mais d'exiger que la culpabilité soit légalement établie. Ce texte ne met pas obstacle aux présomptions de fait ou de droit instituées en matière pénale, dès lors que ces présomptions, comme en l'espèce celle de l'article 396 ancien du code des douanes (ancien), prennent en compte la gravité de l'enjeu et laissent entiers les droits de la défense.

La chambre criminelle a encore, à ce titre, refusé de saisir le Conseil constitutionnel d'une question concernant la matière contraventionnelle et l'article 537 du code de procédure pénale en son entier en estimant que la question posée ne présentait pas, à l'évidence, un caractère sérieux dès lors que, d'une part, seuls font foi jusqu'à preuve contraire les procès-verbaux régulièrement établis, sous le contrôle de l'autorité judiciaire, et rapportant des faits que leur auteur a personnellement constatés, ce qui exclut tout risque d'arbitraire, que, d'autre part, cette présomption ne revêt pas de caractère irréfragable, et qu'enfin, le respect des droits de la défense, devant la juridiction de jugement, assure l'équilibre des droits des parties[5].

522.14 Illustrations. Le principe de la présomption d'innocence s'applique à toute la matière pénale au sens de l'article II de la Convention européenne des droits de l'homme et notamment en matière d'amendes pour des infractions routières[6], en matière d'infractions fiscales[7] ou encore douanières[8].

Les motifs d'un arrêt de renvoi, en l'espèce devant la cour d'assises, sont dépourvus de l'autorité de la chose jugée et, même s'ils présentent comme établis certains des faits poursuivis, ils ne peuvent porter atteinte à la présomption d'innocence dont l'accusé continuera de bénéficier jusqu'à déclaration éventuelle de culpabilité, prononcée par la juridiction de jugement et devenue irrévocable[9].

Doit être cassé le jugement (d'un tribunal de police), intitulé « collectif », qui regroupe des procédures n'ayant aucun lien de connexité et qui contient des motifs insuffisants et hypothétiques, communs à tous les prévenus (en particulier que lesdits « prévenus défaillants ont été régulièrement cités et que leur absence laisse présumer qu'ils n'ont rien à objecter » et que « du reste les contraventions qui leur sont reprochées paraissent suffisamment établies »). Ce jugement méconnaît en outre le principe de présomption d'innocence tel que prévu par l'article 6, § 2, de la convention européenne des droits de l'homme, dès lors que la culpabilité du prévenu n'a pas été légalement établie[10].

Le droit à un procès équitable et la liberté d'expression justifient que la personne poursuivie du chef de diffamation soit admise à produire, pour les nécessités de sa défense, les pièces d'une information en cours de nature à établir sa bonne foi ou la vérité des faits diffamatoires. Il s'ensuit que de telles pièces ne peuvent être écartées des débats au motif que leur production porterait atteinte à la présomption d'innocence[11]. Dans l'hypothèse d'une poursuite de la procédure sur les intérêts civils, la cour européenne des droits de l'homme a jugé que l'arrêt de la Cour de cassation qui rejette le

1. C. mon., fin., art. L. 152-4 ; mod. par L. n° 2016-731, 3 juin 2016, art. 41.
2. Pour UNE ILLUSTRATION : Crim. 25 juin 2014, n° 13-81.903, P n° 165 ; *Dr. pénal* oct. 2014, 129, obs. J.-H. Robert.
3. CEDH 7 oct. 1988, *Salabiaku c/France*, req. n° 10519/83.
4. Crim. 10 févr. 1992, n° 90-83.278, P n° 62.
5. Crim. 15 janv. 2014, n° 13-90.032, P n° 14 ; *AJ pénal* 2014. 254, obs. J.-B. Perrier.
6. CEDH, 25 août 1987, *Lutz c/ Allemagne*, req. n° 9912/82.
7. CEDH, 22 sept. 1994, *Hentrich c/ France*, req. n° 13616/88.
8. CEDH, 7 oct.1988, *Salabiaku c/ France*, req. n° 10519/83.
9. Crim. 13 nov. 1996, n°s 96-82.087, 96-83.708, P n° 401.
10. Crim. 19 mars 1986, n° 85-93.231, P n° 113.
11. Crim. 11 févr. 2003, n°s 01-86.685, 01-86.696, P n° 29 ; *RSC* 2004. 130, obs. J. Francillon.

pourvoi contre un arrêt d'appel se prononçant sur les seuls intérêts civils en affirmant l'infraction caractérisée ne viole pas la présomption d'innocence dès lors que les motifs de la cour d'appel ont été censurés et substitués par des motifs ne faisant pas référence à la culpabilité[1].

Le décès d'un prévenu, avant poursuites, lors des débats ou avant que le délibéré ne soit rendu met un terme à l'action publique[2], La présomption d'innocence d'un prévenu décédé avant que sa culpabilité ait été légalement établie par un « tribunal » lui survit et il ne saurait donc être tiré aucune conclusion pré-supposant une culpabilité pénale non définitivement établie[3]. Dans l'hypothèse d'un décès survenu après qu'un recours a été intenté contre la décision de première instance, il appartient à la juridiction saisie de constater l'extinction de l'action publique.

SECTION 2
DROIT AU SILENCE

522.21 **Droit au silence – Jurisprudence européenne.** La présomption d'innocence consacrée par le § 2 de l'article 6 de la Convention européenne des droits de l'homme, figure parmi les éléments du procès pénal équitable exigé par le § 1[4]. La Cour européenne des droits de l'homme estime que les préoccupations de sécurité et d'ordre public ne sauraient justifier une disposition vidant de leur substance même les droits des requérants de garder le silence et de ne pas contribuer à leur propre incrimination garantis par l'article 6 (et au demeurant également par l'article 14.3, g du Pacte du 16 déc. 1966). Partant, elle conclut qu'il y a eu violation du droit des requérants de garder le silence et de celui de ne pas contribuer à leur propre incrimination garantis par l'article 6. En outre, compte tenu du lien étroit, dans ce contexte, entre ces droits protégés par l'article 6, § 1 et la présomption d'innocence garantie par l'article 6, § 2, de la convention européenne des droits de l'homme, la cour conclut qu'il y a eu également violation de cette dernière disposition[5].

C'est sans doute l'arrêt *Saunders c/Royaume-Uni*[6], qui donne la pleine mesure du contrôle de la Cour sur le respect de ce droit en indiquant : « ... que, même si l'article 6 convention européenne des droits de l'homme ne le mentionne pas expressément, le droit de se taire et – l'une de ses composantes – le droit de ne pas contribuer à sa propre incrimination sont des normes internationales généralement reconnues qui sont au cœur de la notion de procès équitable consacrée par l'article 6. Leur raison d'être tient notamment à la protection de l'accusé contre une coercition abusive de la part des autorités, qui évite les erreurs judiciaires et permet d'atteindre les buts de l'article 6. En particulier, le droit de ne pas contribuer à sa propre incrimination présuppose que, dans une affaire pénale, l'accusation cherche à fonder son argumentation sans recourir à des éléments de preuve obtenus par la contrainte ou les pressions au mépris de la volonté des accusés. En ce sens, ce droit est étroitement lié au principe de la présomption d'innocence consacré par l'article 6, § 2, de la convention européenne des droits de l'homme. Toutefois, le droit de ne pas s'incriminer soi-même concerne en premier lieu le respect de la détermination d'un accusé de garder le silence. Tel qu'il s'entend communément dans les systèmes juridiques des Parties contractantes à la convention et ailleurs, il ne s'étend pas à l'usage, dans une procédure pénale, de données que l'on peut obtenir de l'accusé en recourant à des pouvoirs coercitifs mais qui existent indépendamment de la volonté du suspect, par exemple les documents recueillis en vertu d'un mandat, les prélèvements d'haleine, de sang et d'urine ainsi que de tissus corporels en vue d'une analyse de l'ADN ».

Un autre arrêt concernant la Grande-Bretagne, qui s'il reconnaît la pleine mesure de ce droit, vient aussi en préciser les limites[7] et lui dénier un caractère de droit « absolu » : « Se trouve en jeu ici la question de savoir si ces interdictions revêtent un caractère absolu en ce sens que l'exercice par un prévenu du droit de garder le silence ne pourrait jamais servir en sa défaveur au procès ou, à titre subsidiaire, qu'il y a toujours lieu de tenir pour une "coercition abusive" le fait de l'informer au préalable que, sous certaines conditions, son silence

1. CEDH 24 mars 2022, *Benghezal c/France,* req. n° 48045/15, *D. actu.* 15 avr. 2022, obs. Fucini.
2. C. pr. pén., art. 6 al.1. V. s[s] n° 635.21 s.
3. CEDH, 12 avr. 2012, *Lagardère c/ France*, n° 74 préci.
4. CEDH 23 avr. 1998, *Bernard c/France*, req. n° 22885/93, § 37 ; *RSC* 1999. 384, obs. R. Koering-Joulin.
5. CEDH 21 déc. 2000, *Heaney et Mc Guinness c/Irlande*, req. n° 34720/97, § 58 et 59, *JCP* 2001. I. 291, obs. F. Sudre.
6. CEDH 17 déc. 1996, *Saunders c/Royaume-Uni*, req. n° 19187/91, §§ 68 et 69, *Rec.* 1996-VI ; *JCP* 1997. I. 4000, n° 18, obs. F. Sudre ; *RSC* 1997. 476, obs. R. Koering-Joulin – CEDH 3 mai 2001, *J.B. c/Suisse*, req. n° 31827/96, § 64, *Rec.* 2001-III ; *AJDA* 2001. 1060, chron. J.-F. Flauss ; *Rev. UE* 2015. 353, ét. M. Mezaguer – CEDH 20 oct. 1997, *Serves c/France*, req. n° 20225/92, § 46 ; *RSC* 1998. 395, obs. R. Koering-Joulin – V. aussi s[s] n°s 541.21 s.
7. CEDH 8 févr. 1996, *Murray c/Royaume-Uni*, req. n° 18731/91, §§ 45 à 47, *Rec.* 1996-I ; *AJDA* 1996. 1005, chron. J.-F. Flauss ; *AJDA* 1997. 977, chron. J.-F. Flauss ; *JCP* 1997. I. 4000, n° 18, obs. F. Sudre ; *RSC* 1997. 476, obs. R. Koering-Joulin ; *JDI* 1997. 197, obs. H. Ascensio.

pourra être ainsi utilisé. (47). D'une part, il est manifestement incompatible avec les interdictions dont il s'agit de fonder une condamnation exclusivement ou essentiellement sur le silence du prévenu ou sur son refus de répondre à des questions ou de déposer. D'autre part, il est tout aussi évident pour la Cour que ces interdictions ne peuvent et ne sauraient empêcher de prendre en compte le silence de l'intéressé, dans des situations qui appellent assurément une explication de sa part, pour apprécier la force de persuasion des éléments à charge. Où que se situe la ligne de démarcation entre ces deux extrêmes, il découle de cette interprétation du "droit de garder le silence" qu'il faut répondre par la négative à la question de savoir si ce droit est absolu. On ne saurait donc dire que la décision d'un prévenu de se taire d'un bout à l'autre de la procédure pénale devrait nécessairement être dépourvue d'incidences une fois que le juge du fond tentera d'apprécier les éléments à charge. En particulier, comme le Gouvernement le relève, si elles consacrent le droit de garder le silence et l'interdiction de contribuer à sa propre incrimination, les normes internationales établies sont muettes sur ce point. Pour rechercher si le fait de tirer de son silence des conclusions défavorables à l'accusé enfreint l'article 6 il faut tenir compte de l'ensemble des circonstances, eu égard en particulier aux cas où l'on peut procéder à des déductions, au poids que les juridictions nationales leur ont accordé en appréciant les éléments de preuve et le degré de coercition inhérent à la situation ». En matière probatoire, on retiendra que les présomptions figurant dans les lois répressives ne sont pas en elles-mêmes incompatibles avec la présomption d'innocence, dès lors qu'elles sont enserrées dans les limites du raisonnable prenant en compte la gravité de l'enjeu et en préservant les droits de la défense[1].

Par ailleurs, le seul fait de condamner aux dépens du procès une personne dont la culpabilité n'est pas établie ne peut être considéré comme une violation de la présomption d'innocence[2], de même que le fait qu'une personne poursuivie et acquittée puisse supporter les honoraires de son avocat ne constitue pas une violation de la présomption d'innocence. La nomination des trois avocats d'office cadrait avec les exigences de l'article 6. L'obligation, pour le requérant, de couvrir leurs honoraires ne se heurte donc pas à ce texte. Les juridictions nationales étaient en droit d'estimer nécessaire pareille désignation et les montants demandés ne sont pas excessifs[3].

S'agissant enfin de la « temporalité » de la présomption d'innocence, on signalera une décision intéressante sanctionnant le fait que malgré l'existence d'un arrêt définitif d'acquittement, les juridictions saisies de la demande d'indemnité se soient livrées à une appréciation de la culpabilité de l'intéressé sur la base d'éléments du dossier de la cour d'assises. L'expression de soupçons sur l'innocence d'un accusé se conçoit tant que la clôture des poursuites pénales n'emporte pas décision sur le bien-fondé de l'accusation, mais on ne saurait s'appuyer à bon droit sur de tels soupçons après un acquittement devenu définitif. Par conséquent, le raisonnement du tribunal régional et de la cour d'appel se révèle incompatible avec le respect de la présomption d'innocence[4].

522.22 Droit au silence – Position du Conseil constitutionnel et de la chambre criminelle. En 2016, le Conseil constitutionnel se fondant sur l'article 9 de la Déclaration des droits de l'homme et du citoyen, a reconnu au principe du droit au silence une valeur constitutionnelle[5].

La chambre criminelle avait déjà rappelé qu'en application de l'article 406 du code de procédure pénale, dans sa rédaction issue de la loi n° 2014-535 du 27 mai 2014, devant le tribunal correctionnel, le président ou l'un des assesseurs, par lui désigné, devait informer le prévenu de son droit, au cours des débats, de faire des déclarations, de répondre aux questions qui lui sont posées ou de se taire et jugé que la méconnaissance de l'obligation d'informer le prévenu du droit de se taire lui faisait nécessairement grief. Ce dispositif était rendu applicable devant la chambre des appels correctionnels par les dispositions de l'article 512 du même code[6].

Par sa décision QPC du 4 mars 2021, le Conseil constitutionnel a par ailleurs jugé que les mots « après avoir recueilli les observations éventuelles du prévenu ou de son avocat » figurant au deuxième alinéa de l'article 396 du code de procédure pénale, dans sa rédaction résultant de la loi n° 2019-222 du 23 mars 2019 de programmation 2018-2022 et de réforme pour la justice, étaient contraires à la Constitution, en ce qu'elle ne prévoyait pas que le prévenu traduit devant le juge des libertés et de la détention en vue d'une comparution immédiate soit informé de son droit de se taire[7].

1. CEDH 23 juill. 2002, *Janosevic c/Suède*, req. n° 34619/97 ; *AJDA* 2002. 1277, chron. J.-F. Flauss – CEDH 30 juin 2011, *Klouvi c/France*, req. n° 30754/03 ; *D. actu.* 20 juill. 2011, obs. O. Bachelet ; *D.* 2011. 1902, obs. O. Bachelet ; *RSC* 2011. 607, obs. Y. Mayaud ; *RSC* 2011. 714, obs. D. Roets.
2. Comm. EDH 12 juill. 1984, *DR* 39/90.
3. CEDH 25 sept. 1992, *Croissant c/Allemagne*, req. n° 13611/88, § 36 ; *JCP* 1993. I. 3654, obs. F. Sudre.
4. CEDH 25 août 1993, *Sekanina c/Autriche*, req. n° 13126/87, § 30.
5. Cons. const. 4 nov. 2016, n° 2016-594 QPC.
6. Crim. 8 juill. 2015, n° 14-85.699, P n° 178 ; *Procédures* 2015, n° 307, note Chavent-Leclère ; *Dr. pénal* 2015, n° 132, note A. Maron et M. Haas ; 24 mai 2016, n° 15-82.516, *D. actu.*, 28 juin 2016, obs. L. Collot.
7. Cons. const. 4 mars 2021, n° 2020-886 QPC.

L'extension du domaine d'application de ce droit au silence ressort encore d'une décision de l'Assemblée plénière de la Cour de cassation qui a par ailleurs jugé que la notification du droit au silence était applicable devant la Cour de justice de la République dans sa formation de jugement, et a précisé les conséquences de l'accomplissement tardif de cette formalité[1]. Un autre arrêt est venu heureusement borner l'extension de ce principe lorsqu'en cas de notification tardive, le prévenu prend la parole avant d'avoir reçu cet avertissement (en l'espèce, après qu'un débat se soit tenu sur des exceptions de nullité), ce qui signifie clairement que ne saurait être sanctionné un défaut de notification du droit au silence en l'absence d'expression du prévenu[2].

En revanche, la chambre criminelle a jugé, dans une hypothèse de renvoi après cassation où la cour de renvoi n'était plus saisie que du prononcé de la peine, que l'obligation de notifier au prévenu son droit de se taire, prévue par l'article 406 du code de procédure pénale, n'est pas applicable devant la juridiction correctionnelle lorsque celle-ci est appelée à se prononcer uniquement sur les peines[3]. Par ailleurs, elle a jugé que les dispositions de l'article 406 du code de procédure pénale relatives au droit de se taire devant les juridictions pénales, qui ont pour objet d'empêcher qu'une personne prévenue d'une infraction ne contribue à sa propre incrimination, ne sont pas applicables devant les juridictions de l'application des peines[4].

Par deux arrêts du 26 octobre 2022, certes à la marge de nos développements pour le premier, la chambre criminelle est venue préciser :

– que la partie civile est sans qualité pour se prévaloir du défaut de notification à la personne qui comparaît devant la chambre de l'instruction, saisie d'une ordonnance de transmission de pièces pour cause de trouble mental, de son droit, au cours des débats, de faire des déclarations, de répondre aux questions qui lui sont posées ou de se taire[5] ;

– que la garantie de l'effectivité du droit de garder le silence impose de proscrire qu'une déclaration de culpabilité soit fondée exclusivement ou essentiellement sur le silence de l'accusé ou sur son refus de répondre à des questions[6]

Sur ce dernier point on rappellera avec la commentatrice de ces deux arrêts[7], que la Cour de Strasbourg avait énoncé le caractère non absolu de ce droitau silence en émettant deux constats : d'un côté, qu'une condamnation pénale ne peut être fondée exclusivement ou essentiellement sur le silence du prévenu ou sur son refus de répondre à des questions ou de déposer ; de l'autre, que ces interdictions ne peuvent et ne sauraient empêcher de prendre en compte le silence de l'intéressé, dans des situations qui appellent assurément une explication de sa part, pour apprécier la force de persuasion des éléments à charge.

522.23 **Recueil de données ou de preuves.** Le droit de ne pas produire de documents contre soi-même dans une procédure pénale, a été consacré, par exemple, par les arrêts *Funke c/France* du 25 février 1993[8] et *J. B. c/Suisse* du 3 août 2001[9]. Mais il a pu être jugé que le droit au silence et celui de ne pas contribuer à sa propre incrimination ne s'étendent pas au recueil de données qu'il convient d'obtenir indépendamment de la volonté de la personne concernée.

Justifie dès lors sa décision, la cour d'appel qui déclare coupable du délit de refus de se soumettre aux vérifications destinées à établir la preuve de l'état alcoolique la personne qui a refusé de se soumettre à l'épreuve de l'éthylomètre et de subir une prise de sang en arguant de son droit de ne pas contribuer à sa propre incrimination[10, 11].

1. Cass., ass. plén., 4 juin 2021 n° 21-81.656.
2. Crim. 23 nov. 2021, n° 20-80.675, P.
3. Crim.17 nov. 2021, n° 21-80.567, NP, *D. actu.* 25 nov. 2021, obs. Dominati.
4. Crim. 14 sept. 2022, n° 21-86.796, NP.
5. Crim. 26 oct.2022, n° 21-85.850, P.
6. Crim. 26 oct.2022, n° 21-84.618, P.
7. E. Delacoure « Autour du droit de se taire : qui peut et comment s'en prévaloir ? », *D. actu.* 15 nov. 2022 et CEDH 8 févr. 1996, req. n° 18731/91,*Murray c/ Royaume-Uni, AJDA* 1996. 1005, chron. J.-F. Flauss ; *ibid.* 1997. 977, chron. J.-F. Flauss ; *RSC* 1997. 476, obs. R. Koering-Joulin ; *ibid.* 481, obs. R. Koering-Joulin.
8. CEDH 25 févr. 1993, *Funke c/France,* req. n° 10828/84 ; *AJDA* 1993. 483, chron. J.-F. Flauss ; *D.* 1993. 387, obs. J.-F. Renucci ; *D.* 1993. 457, note J. Pannier ; *RFDA* 1994. 1182, chron. C. Giakoumopoulos, M. Keller, H. Labayle et F. Sudre ; *RSC* 1993. 581, obs. L.-E. Pettiti ; *RSC* 1994. 362, obs. R. Koering-Joulin ; *RSC* 1994. 537, obs. D. Viriot-Barrial.
9. CEDH 3 août 2001, *J. B. c/Suisse*, req. n° 31827/96, préc.
10. Crim. 6 janv. 2015, n° 13-87.652, P n° 6 ; *D.* 2015. 1738, obs. J. Pradel.
11. Sur l'article 406 du code de procédure pénale et la jurisprudence relative au droit au silence, v. s[s] n° 541.21.

CHAPITRE

523. Publicité

SECTION 0 ORIENTEUR

523.00 Sommaire du chapitre.

523.01 Principaux textes applicables.

TEXTES SOURCES

• Conv. EDH, art. 5, 6, 7, 10, 13

• Conv. EDH, protocole additionnel n° 7, 22 nov. 1984, art. 1 à 4

• C. pr. pén., art. prélim.

• COJ, art. L. 111-5, L. 111-12

TEXTES *IN EXTENSO*

• Conv. EDH, art. 6

* V. s[s] n° 521.01.

• C. pr. pén., art. prélim.

* V. s[s] n° 521.01.

• COJ, art. L. 111-5

* V. s[s] n° 521.01.

• COJ, art. L. 111-12

* V. s[s] n° 521.01.

523.02 Jurisprudence de référence.

> Nécessité de motiver une décision de huis clos

• **Crim. 17 oct. 2001,** n° 01-80.399, P n° 212

* V. s[s] n° 523.22.

La publicité des débats judiciaires est une règle d'ordre public à laquelle il ne peut être dérogé que dans les cas limitativement déterminés par la loi. Selon les articles 400, alinéa 2, et 512 du code de procédure pénale, le huis clos ne peut être ordonné que si le tribunal ou la cour d'appel constate dans le jugement ou l'arrêt que la publicité est dangereuse pour l'ordre ou les mœurs.

> Le droit de publication est le corollaire de la publicité des débats judiciaires

• **Crim. 15 mai 1884,** *DP* 1885. 1. 328

* V. s[s] n° 523.52.

« Le droit de publication admis par la loi comme un corollaire de la publicité des débats judiciaires et comme un élément du contrôle exercé par l'opinion publique, n'existe qu'autant que cette publication a le caractère d'un compte-rendu et a, par conséquent, pour résultat de mettre en regard les prétentions contraires de l'attaque et de la défense qui constituent l'ensemble d'un débat. »

523.03 Bibliographie indicative.

Ouvrages. Ch. Ayela, J. Mestre, V. Péronnet, *Vérités croisées,* Cross examination, *une petite révolution procédurale,* « Carré droit », LexisNexis, 2005 – J. Danet, *Défendre : pour une défense pénale critique*, 2e éd., « États du droit », Dalloz, 2004 ; *La justice pénale entre rituel et management*, PUR, 2010 – A. Garapon, *Bien juger : essai sur le rituel judiciaire*, O. Jacob, 2010 – J. Holy-Hurard, J. Vanoni, *La déontologie des magistrats,* 4e éd., « Connaissance du droit », Dalloz, 2019 – T. Levy et J.-D. Bredin, *Convaincre*, O. Jacob, 1997 – F. Saint-Pierre, *Pratique de la défense pénale*, 6e éd., « Les intégrales », LGDJ – Lextenso, 2023 – E. Vergès, *Procédure pénale*, 6e éd., « Objectif droit cours », LexisNexis, 2020.

Contributions. M. Allehaut, « Les droits de la défense », *in Mél. Patin*, Cujas, 1965, p. 453 – P. Bouzat, « La loyauté dans la recherche des preuves », *in Mél. Hugueney*, Sirey, 1964, p. 155 – J. et O. Douvreleur, « De l'indépendance de l'autorité judiciaire aux autorités administratives indépendantes », *in Mél. Robert*, Montchrestien, 1998, p. 232 – W.-J. Ganshof-Van Der Meersch, « Le droit de la défense, un principe général du droit », *in Mél. Dabin*, Sirey, 1963, p. 569 – S. Guinchard, « Le procès équitable, garantie formelle ou droit substantiel », *in Mél. Farjat*, Éd. Frison-Roche, 1999, p. 139 – R. Koering-Joulin, « La Chambre criminelle et les droits reconnus par la convention européenne des Droits de l'Homme à l'accusé avant jugement », *in Mél. Levasseur*, Gazette du Palais – Litec, 1992, p. 205 – J. Pradel, « Vers des principes directeurs communs aux diverses procédures pénales européennes », *in Mél. Levasseur*, Gazette du Palais – Litec, 1992, p. 459 – Repik, « Réflexions sur la jurisprudence de la Cour européenne des droits de l'Homme concernant la présomption d'innocence », *in Mél. Eissen*, Bruylant, Bruxelles, 1995, p. 331 – J.-C. Soyer, « La loi nationale et la convention européenne des droits de l'Homme », *in Mél. Foyer*, Puf, 1997, p. 137 – G. Wiederkehr, « Qu'est-ce qu'un juge ? », *in Mél. Perrot*, Dalloz, 1996, p. 577.

Articles. P. Auvret, « La présomption d'innocence », *JCP* 1994. I. 3802 – Ph. Bonfils, « Faut-il changer notre procédure pénale ? », *D.* 2010. 158 – B. Bouloc, « Les droits de la défense », *RSC* 1982. 513 ; *RSC* 2001. 55 ; « Que penser des propositions du comité Léger. », *D.* 2009. 2264 – M. Babonneau, « Réquisitoire contre "l'erreur du menuisier" », *D. actu.* 10 mars 2015 – J. Buisson, « les présomptions de culpabilité », *Procédures* 1999. 15 – H. Bureau, « La présomption d'innocence devant le juge civil. Cinq ans d'application de l'article 9-1 du code civil », *JCP* 1998. I. 166 – A. Coche, « Le Comité de réflexion sur la justice pénale ou les droits perdus du justiciable [à propos de la phase préparatoire du procès pénal] », *D.* 2009. 2765 – L. Collet-Askri, « La Chambre criminelle valide le testing comme mode de preuve, serait-il déloyal... », *D.* 2003. Chron. 1309 – D.-N. Commaret, « Une juste distance ou réflexions sur l'impartialité du magistrat », *D.* 1998. Chron. 262 – Ph. Conte, « Propositions du pré-rapport du comité de réflexion sur la justice pénale », *Dr. pénal* 2009. Ét. 11 ; « L'action pénale en lévitation : aperçu de l'avant-projet de code de procédure pénale », *D.* 2010. 774 – F.-L. Coste, « Statut de la parole et présomption d'innocence », *AJ pénal* 2004. 402 – C. Cutajar et M. Perdriel-Vaissière, « Réforme de la procédure pénale : l'action citoyenne, nouvel outil de lutte contre la corruption internationale ? », *D.* 2010. 1295 – J. Danet, « Le nouvel alinéa de l'article préliminaire du code de procédure pénale nous prémunit-il des erreurs judiciaires ? », *AJ pénal* 2011. 331 – B. Danlos, « De quelques contre-vérités sur la jurisprudence de la CEDH en matière pénale », *AJ pénal* 2014. 404 – F. Defferrard, « Pour un service public de la défense pénale », *D.* 2009. 1213 ; « Contre la visiojustice », *D.* 2011. 2878 – R. De Gouttes, « L'impartialité du juge. Connaître, traiter et juger : quelle compatibilité », *RSC* 2003. 63 – M. Delmas-Marty, *D.* 1988. Chron. 221 – S. Detraz, « La prétendue présomption d'innocence », *Dr. pénal* 2004. Chron. 3 – Ph. Edmond-Mariette et B. Lavielle, « Des maux aux actes, Outreau », *AJ pénal* 2006. 159 – Ch. Gavalda-Moulenat, « L'avocat face à ses nouvelles fonctions au sein du procès pénal. Quelle place pour la défense pénale ? », *Dr. pénal* 2009. Ét. 5 – A. Giudicelli, « Premières applications jurisprudentielles de l'article préliminaire du code de procédure pénale », *RSC* 2003. 122 – Ch. Guéry, « L'avenir du suspect », *AJ pénal* 2005. 232 – S. Guinchard, « Le procès équitable, droit fondamental ? », *AJDA* 1998. 191, cahier HS – A. D'Hauteville, « Les droits des victimes dans la loi du 15 juin 2000 », *RSC* 2001. 107 – H. Henrion, « La loi du 15 juin 2000 assure-t-elle l'équilibre nécessaire entre les droits et devoirs de l'État, de la personne mise en cause et de la victime ? », *Arch. pol. crim.* 2002, n° 24, p. 81 – L. Hugueney, « Les droits de la défense », *RSC* 1952. 195 – Ch. Jolibois, « Le renforcement de la protection de la présomption d'innocence et des droits des victimes : l'apport du Sénat », *RSC* 2001. 65 – R. Koering-Joulin, « La notion européenne de "tribunal indépendant et impartial" au sens de l'article 6 par. 1 de la convention européenne de sauvegarde des droits de l'Homme », *RSC* 1990. 765 – B. Lavielle, « une réforme pénale impérieuse : la traduction des actes de procédure pénale aux parties civiles, mis en examen ou prévenus étrangers », *AJ pénal* 2009. 443 ; « L'obligation de traduire "les pièces essentielles à l'exercice de la défense" : quelques problèmes en perspective », *Gaz. Pal.* 25-26 oct. 2013 ; « Traduction des pièces essentielles de la procédure pénale : acte II », *Gaz. Pal.* 22-23 nov. 2013 – Ch. Lazerges, « Le projet de loi renforçant la protection de la présomption d'innocence et les droits des victimes », *RSC* 1999. 166 ; « Réflexions sur l'erreur judiciaire », *RSC* 2006. 709 – J. Léauté, « Droits de la défense », *RSC* 1953. 47 – V. Lesclous et C. Marsat, « La façon dont une partie recueille ses preuves est sans influence sur la validité de la procédure », *Dr. pénal* 1993. Chron. 6 – R. Lindon, « La télévision à l'audience ? », *D.* 1985. 81 – C. Lombois, « la présomption d'innocence », *Pouvoirs* 1990, n° 55, p. 81 – P. Maistre du Chambon, « La régularité des provocations policières : l'évolution de la jurisprudence », *JCP* 1999. I. 3422 – A. Maron, « Couvrez ce sexe que je ne saurais voir », *Dr. pénal* 2006, n° 78 – C. Marsat, « L'audition des témoins devant la juridiction de jugement », *Dr. pénal* 2001. Chron. n° 30 – D. Mayer, « Vers un contrôle du législateur par le juge pénal ? », *D.* 2001. Chron. 1643 – F. Melin-Soucramanien et J.-P. Didier, « Le principe de l'égalité des armes », *Rev. rech. jur.* 1993. 489 – R. Merle, « Le rôle de la défense en procédure comparée », *RSC* 1970. 1 – C. Miansoni, « la nature juridique du traitement en temps réel des procédures pénales (TTR) », *AJ pénal* 2012. 152 – E. Molina, « Réflexion critique sur l'évolution paradoxale de la liberté de la preuve des infractions en droit français contemporain », *RSC* 2002. 263 – A. Outin-Adam et A.-M. Reita-Tran, « L'avant-projet de futur code de procédure pénale : la réaction de la CCIP », *D.* 2010. Actu. 1713 – P. Picarda, E. Tuaillon-Hibon, « Réflexions sur l'usage et la place de la vidéo dans le procès pénal en France », *D. actu.* 24 oct. 2017 – T. Potaszkin, « La poursuite du processus de spécialisation de la justice pénale », *D.* 2012. 452 – J. Pradel, « La notion européenne de tribunal impartial et indépendant selon le droit français », *RSC* 1990. 692 ; « Trafic de drogue, provocation délictueuse des agents de l'autorité et permission de la loi », *D.* 1992. Chron. 229 – D. Rebut, « Le droit à un tribunal impartial devant la Chambre criminelle », *RSC* 1998. 449 – S. Rideau-Valentini, « Les droits de la défense en matière douanière », *AJ pénal* 2009. 206 – F. Saint-Pierre, « La nature juridique des droits de la défense », *D.* 2007. Chron. 260 ; « Qu'espérer de la commission Léger ? Une réforme d'ampleur de la justice pénale ! », *AJ pénal* 2009. 171 – S. Selçuk, « L'impartialité du juge », *Rev. pénit.* 2002. 535 – C. Sourzat, « Les droits de la défense », *Dr. pénal* 2011. Ét. 18 – J. Van Campernolle, « Évolution et assouplissement de la notion d'impartialité objective », *RTDH* 1994.

437 – E. Vergès, « Procès civil, procès pénal : différents et pourtant si semblables », *D.* 2007. Chron. 1441 – Ph. Vouland, « L'exercice quotidien de la fonction de défense et la loyauté de la preuve », *AJ pénal* 2005. 275.

Dossiers. « Les procès sensibles », *AJ pénal* 2006. 101 s. – « L'avocat et l'investigation du fait : quelle stratégie pour la défense ? », *AJ pénal* 2007. 301 s. – « Comité de réflexion sur la justice pénale. Rapport d'étape sur la phase préparatoire du procès pénal », *Dr. pénal* 2009. Dossiers 1 et 2 – « Rapport du comité de réflexion sur la justice pénale : les propositions sur la phase préalable du procès pénal », *ibid.* Dossier 3 – « Les impératifs d'un système d'instruction préparatoire en matière criminelle et pour les affaires complexes : les différentes réponses actuelles », *ibid.* Dossier 4, obs. G. Straehli – « L'action du parquet selon le rapport du comité de réflexion sur la justice pénale », *ibid.* Dossier 5, obs. G. Lucazeau. – « Les droits de la défense et de la partie civile dans la phase préparatoire du procès pénal selon le rapport du comité de réflexion sur la justice pénale », *ibid.* Dossier 6, obs. D. Guérin – « Criminologie : état des lieux », *AJ pénal* 2009. 249 s. – « Le rapport Léger : analyse des propositions », *AJ pénal* 2009. 385 s. – « Investigations privées en marge de l'enquête pénale », *AJ pénal* 2009. 433 s. – « L'avant-projet de réforme du code de procédure pénale », *AJ pénal* 2010. 157 s. – « Rapport du groupe de travail sur les aspects constitutionnels et conventionnels de la réforme de la procédure pénale », *Dr. pénal* 2010. Ét. 11 – « L'erreur judiciaire », *AJ pénal* 2011. 325 s. – « La mise en œuvre de la politique pénale », *AJ pénal* 2012. 441 s.

Liens. Charte des principes essentiels de l'avocat européen : http//www.ccbe.eu/fileadmin/userupload/NTCdocument/FRCCBECoCpdf21382973057.pdf

SECTION 1
FONDEMENTS

523.11 Caractère public du procès – Principe et portée. La publicité des débats et de la décision qui en résulte, participe au respect du procès équitable[1]. L'article 6[2], § 1, de la convention européenne des droits de l'homme évoque d'ailleurs le fait que le jugement doit être rendu publiquement, même s'il en énonce certaines limites.

La Charte des droits fondamentaux de l'UE ne fait pas de la publicité un impératif autonome. Elle l'englobe au sein de l'article 47[3] consacré au droit à un recours effectif et à un tribunal impartial, en rappelant que toute personne a droit que sa cause soit entendue... publiquement, sans autre précision.

C'est la volonté d'échapper à une justice secrète que le public judiciaire ne pourrait ni connaître, ni contrôler qui justifie ce principe[4]. Par la transparence qu'elle donne à l'administration de la justice, la publicité aide à atteindre le but de l'article 6, § 1 : le procès équitable, dont la garantie compte parmi les principes de toute société démocratique au sens de la convention[5]. On se situe aussi ici sur le terrain des apparences, avec le rappel fréquent de l'adage anglais : « *Not only must Justice be done ; it must also be seen to be done.* »[6]

La Cour de Strasbourg semble avoir des exigences relatives en matière de publicité, dès lors qu'elle paraît admettre que le principe ne soit respecté qu'au premier ou second degré de juridiction[7], même si elle a pu considérer que la publicité devant la seule Cour de cassation ne saurait compenser son absence devant les juridictions du fond[8].

Elle a encore décidé que la mesure de huis clos pouvait se justifier pour éviter des problèmes de sécurité[9], pour protéger un témoin ou sa vie privée, pour promouvoir le libre échange d'informations et d'opinions dans l'intérêt de la justice[10]. Elle n'a pas jugé « incompatible avec l'article 6, de soustraire toute une catégorie d'affaires du champ d'application de cette règle générale lorsque cela est jugé nécessaire à la protection de la morale, de l'ordre public ou de la sécurité nationale, ou pour préserver les intérêts des mineurs et la vie privée des parties » en ajoutant toutefois que « la nécessité d'une telle mesure doit toujours être soumise au contrôle de la Cour »[11]. Elle a encore réaffirmé qu'une telle mesure ne viole pas l'article 6.1 de la Convention (droit au procès équitable)[12].

À l'occasion d'une question prioritaire de constitutionnalité portant sur le troisième alinéa de l'article 306 du code de procédure pénale et le huis clos de droit accordé à la victime pour le jugement de certains crimes[13], le Conseil constitutionnel a pour sa part dit qu'aucune présomption de culpabilité de l'accusé ne se déduit des dispositions contestées et a écarté le grief tiré de l'atteinte à la présomption d'innocence.

1. V. s[s] n°s 521.11 s.
2. Conv. EDH, art. 6, § 1.
3. Charte des droits fondamentaux de l'Union européenne, 7 déc. 2000, art. 47.
4. CEDH 24 nov. 1997, *Werner c/Autriche*, req. n° 21835/93 ; *JCP* 1998. I. 107, n° 27, obs. F. Sudre ; *RSC* 1998. 393, obs. Koering-Joulin.
5. CEDH 20 mai 1998, *Gautrin a. c/France*, req. n°s 21257/93, 21258/93, 21259/93, 21260/93, *Rec.* 1998-III.
6. G. Hewart CJ, *in R v Sussex Justices, Ex parte McCarthy* ([1924] 1 KB 256, [1923]), *All ER* Rép. 233.
7. CEDH 21 sept. 1993, *Kremzow c/Autriche*, req. n° 12350/86.
8. CEDH 23 juin 1981, *Le Compte et alii c/Belgique*, req. n°s 6878/75, 7238/75.
9. CEDH 14 nov. 2000, *Riepan c/ Autriche*, req. n° 35115/97, *RSC* 2001. 881, obs. F. Tulkens.
10. CEDH 24 avr. 2001, *B. et P. c/ Royaume-Uni*, req. n°s 36337/97 et 35974/97 nota. § 39, *AJ pénal* 2007. 18, obs. P. Piot.
11. CEDH, 24 mars 2005, *Osinger c/ Autriche*, req. n° 54645/00, § 47.
12. CEDH 16 janv. 2020, *Yam c/ Royaume-Uni*, req. n° 31295/11, D. Actu, 7 févr. 2020, « CEDH : les audiences tenues à huis clos ne violent pas le droit au procès équitable », C. Collin.
13. Cons. const., 21 juill. 2017, n° 2017-645 QPC, *M. Gérard B.*

523.12 Caractère public des audiences – Exceptions. Comme a pu le souligner le Conseil supérieur de la magistrature : « L'audience publique est par excellence le lieu d'exposition de la justice, placé sous le feu de la critique, amplifiée par les médias et les réseaux sociaux »[1] et encore que « Lorsqu'elle est requise, la publicité des débats est une garantie du bon déroulement de l'audience. Le magistrat ne tolère pas qu'elle se trasforme en spectacle ou soit déviée de son office. Il fait respecter les règles élémentaires de politesse par les parties, les avocats et le public »[2], dernière énumération à laquelle il est possible d'ajouter le représentant du parquet.

Le principe de publicité est donc appliqué et respecté sous l'autorité du président qui a la police de l'audience et la direction des débats[3] et les débats judiciaires doivent être, sauf exceptions légales, publics ainsi que le précoit l'article 400 du code de procédure pénale. À titre d'exemple pour une exception légale, la loi relative à la responsabilité pénale et à la sécurité intérieure[4], dans l'hypothèse d'une divergence entre les experts concernant l'abolition ou l'altération du discernement, a pu décider que le tribunal correctionnel ou **la cour d'assises** devrait statuer, à l'issue d'une **audience à huis clos**, sur la seule question de l'irresponsabilité[5].

Néanmoins, le tribunal peut, en constatant dans son jugement que la publicité est dangereuse pour l'ordre, la sérénité des débats, la dignité de la personne ou les intérêts d'un tiers, ordonner, par jugement rendu en audience publique, que les débats auront lieu à huis clos[6]. La décision de huis clos doit alors faire l'objet d'une motivation spécifique dans le jugement ou l'arrêt rendu[7]. Elle doit reposer sur les critères énoncés et sur aucun autre.

Rappelant que la publicité des débats judiciaires est une règle d'ordre public à laquelle il ne peut être dérogé que dans les cas limitativement déterminés par la loi et que, selon les articles 400, alinéa 2, et 512 du code de procédure pénale, le huis clos ne peut être ordonné que si le tribunal ou la cour d'appel constate, dans le jugement ou l'arrêt, que la publicité est dangereuse pour l'ordre, la sérénité des débats, la dignité de la personne, la chambre criminelle a jugé que ces dispositions s'appliquent également lorsque les débats portent uniquement sur les intérêts civils[8]. Elle a ainsi censuré l'arrêt d'une chambre des appels correctionnels, uniquement saisie des intérêts civils, qui avait ordonné le huis clos à la demande de la partie civile sans motiver sa décision. Pareillement, elle a jugé que les articles 713-36 à 713-41 du code de procédure pénale, qui organisent l'exécution des décisions de confiscation prononcées par les autorités judiciaires étrangères, ne prévoient pas de dérogation à ce principe de publicité[9].

Le président peut par ailleurs interdire l'accès de la salle d'audience aux mineurs ou à certains d'entre eux[10].

Le corollaire du principe de publicité des débats est celui de l'oralité de ces mêmes débats, même s'il y est nécessairement porté une certaine atteinte lorsque le prévenu a fait choix de se faire représenter et que le tribunal l'a admis.

Il avait pu être porté atteinte au principe de publicité des audiences à l'occasion de la pandémie de Covid-19 et des dispositions dérogatoires issues de l'ordonnance du 25 mars 2020[11], le recours à la visioconférence devant l'ensemble des juridictions pénales, à l'exception des criminelles, devenant possible sans même que ne soit recueilli l'accord des parties ou alors même que l'une des parties exprimait son désaccord[12]. Le président de la juridiction, par dérogation aux règles de publicité définies en matière correctionnelle par l'article 400 du code de procédure pénale, décidait alors avant l'ouverture de l'audience d'en restreindre le public ou d'ordonner le huis clos, déterminant dans quelles conditions les journalistes pouvaient assister aux débats. Il en était de même pour les audiences de délibéré pour lesquelles le dispositif des décisions devait alors être affiché dans un lieu de la juridiction accessible au public[13]. Sont ici intervenues plusieurs décisions par

1. CSM, *Recueil des obligations déontologiques des magistrats*, 2019, La documentation française, « Le magistrat à l'audience », p. 99 s.
2. CSM, *Recueil des obligations déontologiques des magistrats*, La documentation française, 2019, chap. 7, « Le respect et l'attention portée à autrui ».
3. C. pr. pén., art. 401.
4. L. n° 2022-52, 24 févr.2022, *JO* 25 févr., n° 1 et V. s[s] chap. 714.
5. C. pr. pén., art. 706-120, al. 2, modifié par L. 24 janv. 2022 précit., en vigueur depuis le 26 janvier 2022.
6. Sur les motivations, v. s[s] n° 523.22.
7. Crim. 16 nov. 2016, n° 15-86.704, P n° 300.
8. Crim. 28 mars 2018, n° 17-82138, P n° 59.
9. Crim. 5 janv. 2023, n° 21-87.017, P.
10. C. pr. pén., art. 402.
11. Ord. n° 2020-303, 25 mars 2020 portant adaptation de règles de procédure pénale sur le fondement de la loi n° 2020-290 du 23 mars 2020 d'urgence pour faire face à l'épidémie de covid-19. Circ. CRIM-BOL n° 2020-00027, Nor JUSD2008571C, 26 mars 2020.
12. Ord. précitée, art. 5. Cet article précisait qu'en cas d'impossibilité technique ou matérielle de recourir au moyen de télécommunication audiovisuelle prévu par l'article 706-71 du code de procédure pénale, le juge pouvait décider d'utiliser tout autre moyen de communication électronique, y compris le téléphone, sous réserve qu'il permette de s'assurer de la qualité de la transmission, de l'identité des personnes et de garantir la confidentialité des échanges entre les parties et leur avocat. Dans de telles hypothèses un procès-verbal des opérations devait être dressé.
13. *Ibid.*, art. 7.

lesquelles le Conseil constitutionnel a censuré ces dispositions[1].

523.13 Sanction de l'absence de publicité. Il résulte des dispositions d'ordre public des articles 400[2] alinéa 4 et 512 du code de procédure pénale que les jugements et arrêts sur le fond doivent toujours être prononcés en audience publique. Toute formalité d'ordre public non constatée étant réputée omise, encourt la cassation l'arrêt qui ne fait pas mention de la publicité de l'audience au cours de laquelle il a été rendu[3]. La chambre criminelle a ainsi pu juger, par exemple, dans la matière particulière des demandes relatives aux astreintes prononcées en matière d'urbanisme, qu'aucune disposition du code de l'urbanisme ne déroge à la règle de publicité des débats lorsque la juridiction correctionnelle est saisie de toute demande relative à une astreinte prononcée en application de l'article L. 480-7 dudit code[4]. La mention finale du jugement « ainsi fait, jugé et prononcé en audience publique » constate la publicité, non seulement de l'audience au cours de laquelle le jugement ou l'arrêt a été rendu, mais celle des audiences précédentes où ont eu lieu les débats[5]. Encore faut-il que cette mention ne vienne pas contredire une autre mention concernant, par exemple, le huis clos. Encourt la cassation pour contradiction, l'arrêt d'une cour d'appel qui énonce que les débats ont eu lieu à huis clos et porte la mention : « ainsi fait et prononcé en audience publique », cette mention constatant nécessairement la publicité des débats et de l'audience au cours de laquelle l'arrêt a été rendu[6].

Si c'est à tort que la juridiction correctionnelle, saisie, conformément à l'article L. 480-7 du code de l'urbanisme, d'une requête en relèvement d'astreinte qu'elle a fixée dans une procédure de construction sans permis, a débattu de cette demande en chambre du conseil et non pas en audience publique, puis a prononcé publiquement sa décision, l'irrégularité commise ne doit pas entraîner l'annulation de la décision, dès lors qu'il n'est pas établi, ni même allégué, qu'elle ait porté atteinte aux intérêts du demandeur[7].

En revanche méconnaît le principe de la publicité la juridiction qui, saisie d'un délit de violation des obligations résultant du travail d'intérêt général, tient les débats et rend l'arrêt en chambre du conseil[8].

SECTION 2
PROBLÉMATIQUE DU HUIS CLOS

523.21 Prononcé du huis clos. Le Pacte international relatif aux droits civils et politiques de 1966[9] mentionnait l'adverbe « publiquement », mais précisait dans ce qui semblait s'inscrire dans l'exigence plus globale du procès équitable que le huis clos peut être prononcé pendant la totalité ou une partie du procès soit dans l'intérêt des bonnes mœurs, de l'ordre public ou de la sécurité nationale dans une société démocratique, soit lorsque l'intérêt de la vie privée des parties en cause l'exige, soit encore dans la mesure où le tribunal l'estimera absolument nécessaire lorsqu'en raison des circonstances particulières de l'affaire la publicité nuirait aux intérêts de la justice ; cependant, tout jugement rendu en matière pénale ou civile sera public, sauf si l'intérêt de mineurs exige qu'il en soit autrement ou si le procès porte sur des différends matrimoniaux ou sur la tutelle des enfants.

Les critères posés à l'article 400 du code de procédure pénale sont légèrement différents puisqu'ils n'autorisent le prononcé du huis clos que si la publicité est dangereuse pour : l'ordre, la sérénité des débats, la dignité de la personne ou les intérêts d'un tiers. Un seul de ces éléments suffit, mais il doit être spécialement relevé et l'accord des parties ne saurait permettre de déroger à la règle[10].

523.22 Motivation. Si les audiences sont publiques, le tribunal peut donc, en constatant dans son jugement que la publicité est dangereuse pour l'ordre, la sérénité des débats, la dignité de la personne ou les intérêts d'un tiers, ordonner, par jugement rendu en audience publique, que les débats auront lieu à huis clos.

Lorsque le huis clos a été ordonné, celui-ci s'applique au prononcé des jugements séparés qui peuvent intervenir sur des incidents ou exceptions ainsi qu'il est dit à l'article 459, alinéa 4, du code de procédure pénale.

Le jugement sur le fond doit toujours être prononcé en audience publique.

Les dispositions du présent article sont applicables devant le tribunal pour enfants si la personne

1. V. nota. Cons. const. 15 janv. 2021, n° 2020-872 QPC (non-conformité totale pour l'utilisation de la visio-conférence sans l'accord des parties devant les juridictions pénales dans le contexte d'urgence sanitaire).
2. C. pr. pén., art. 400, préc.
3. Crim. 23 avr. 1985, n° 84-92.034, P n° 154.
4. Crim. 17 oct. 2010, n° 09-88.094, NP – Crim. 24 mars 2015, n° 13-86.327, P n° 63 ; *D.* 2015. 734.
5. Crim. 27 juin 1967, n°s 67-90.455, 67-90.456, P n° 192.
6. Crim. 15 oct. 1970, n° 70-90.611, P n° 270.
7. Crim. 15 juin 1999, n° 98-85.349, P n° 135.
8. Crim. 1er juin 1988, n° 88-80.081, P n° 244 ; *D.* 1988. IR 236.
9. Pacte international relatif aux droits civils et politiques, 16 déc. 1966, art. 14.
10. Crim. 28 sept. 2011, n° 11-80.582, NP.

poursuivie, mineure au moment des faits, est devenue majeure au jour de l'ouverture des débats et qu'elle en fait la demande, sauf s'il existe un autre prévenu qui est toujours mineur ou qui, mineur au moment des faits et devenu majeur au jour de l'audience, s'oppose à cette demande[1].

Le huis clos a pour objet exclusif de prévenir les inconvénients que le débat, à raison de la nature spéciale des faits incriminés, pourrait présenter pour l'ordre y compris des débats et les mœurs. S'il avait pu être jugé, il y a près de 50 ans, que la loi laisse à la conscience des juges le soin d'apprécier les faits et circonstances nécessitant le huis clos et de déterminer l'étendue de cette mesure[2], ou encore en 1999, que l'absence de publicité à l'audience n'était pas constitutive d'une nullité d'ordre public et nécessitait que la preuve d'un grief soit rapportée[3], des décisions ultérieures sont venues imposer au juge de justifier de cette entorse au principe de publicité. La publicité des débats judiciaires est une règle d'ordre public à laquelle il ne peut être dérogé que dans les cas limitativement déterminés par la loi. Selon les articles 400[4], alinéa 2, et 512 du code de procédure pénale, le huis clos ne peut être ordonné que si le tribunal ou la cour d'appel constate dans le jugement ou l'arrêt que la publicité est dangereuse pour l'ordre ou les mœurs[5].

Méconnaît cette règle (de publicité des débats) et l'article 400 du code de procédure pénale, l'arrêt qui se borne à énoncer, au visa de cette dernière disposition, que « la cour, à la demande de la victime pour qui la publicité de l'audience paraissait dangereuse pour les mœurs, a ordonné que les débats aient lieu à huis clos », alors qu'il lui appartenait de vérifier par elle-même si la publicité était dangereuse pour l'ordre, la sérénité des débats, la dignité de la personne ou les intérêts d'un tiers[6]. En revanche l'arrêt attaqué qui constate qu'à la demande des parties civiles et du ministère public, la cour d'appel a, pour assurer la sérénité des débats, ordonné qu'ils auraient lieu à huis clos n'encourt pas la censure[7].

De même, est retenue une violation de la Convention européenne des droits de l'homme lorsque le huis clos a été décidé au motif que figuraient au dossier de la procédure quatre documents classés « très secret » alors que le tribunal n'a pas motivé sa décision afin de démontrer que lesdits documents étaient liés à l'objet de la procédure et leur présence indispensable, alors même « que le tribunal n'a finalement pas examiné ces documents en audience judiciaire et ne s'est pas fondé sur ceux-ci dans le jugement de condamnation de l'intéressé »[8]. Certes rendu en matière criminelle, mais sur des motifs qui s'appliqueraient à l'identique en matière correctionnelle, le mouvement de protestation d'un barreau et son opposition à la poursuite d'une audience ne saurait constituer un danger pour l'ordre ou les mœurs justifiant le huis clos. En cas de trouble apporté à l'ordre par des personnes assistant à l'audience, et nonobstant l'absence d'opposition des parties de voir prononcer un huis-clos, il appartient au président (de la cour d'assises) d'ordonner l'expulsion des premières[9].

Il faut par ailleurs souligner la précision relative aux jugements « séparés » qui ne tranchent pas le fond. Fait l'exacte application des dispositions de l'article 400 du code de procédure pénale la cour d'appel qui, après avoir ordonné que les débats sur une demande de mise en liberté aient lieu à huis clos, rend son arrêt en audience publique, une telle décision ne constituant pas un jugement séparé au sens des dispositions combinées dudit article 400 et de l'article 459, alinéa 4, du même code[10].

523.23 Étendue. Lorsque le huis clos est total l'accès à la salle d'audience est réservé aux parties, à leurs avocats et aux proches du prévenu et des victimes. Il peut également être partiel, permettant notamment à la presse de rester dans la salle et d'assister aux débats. Il a été jugé en matière criminelle, que l'article 6, § 1, de la convention européenne des droits de l'homme disposant que « l'accès de la salle d'audience peut être interdit à la presse et au public pendant la totalité ou une partie du procès [...] lorsque [...] la protection de la vie privée des parties au procès l'exige », en laissant à la partie civile, victime d'un viol, le soin de décider si la protection de sa vie privée nécessite que les débats ou partie d'entre eux ne soient pas publics, l'article 306, alinéa 3, du code de procédure pénale ne fait qu'édicter une prescription entrant dans les prévisions des dispositions conventionnelles susvisées[11].

L'étendue de la mesure de huis clos est laissée à l'appréciation de la victime partie civile et respecte encore les prescriptions de ce texte, non contraires à l'article 6, § 1, de la convention européenne des

1. C. pr. pén., art. 400, préc.
2. Crim. 11 déc. 1968, n° 68-92.858, P n° 339.
3. Crim. 15 juin 1999, n° 98-85.722, P n° 136 ; *D.* 1999. 236.
4. C. pr. pén., art. 400, préc.
5. Crim. 17 oct. 2001, n° 01-80.399, P n° 212.
6. Crim. 17 sept. 2008, n° 07-87.967, P n° 193 ; *D.* 2008. 2672 ; *D.* 2009. 2238, obs. J. Pradel ; *AJ pénal* 2008. 514, obs. M. Nord-Wagner – Crim. 18 juin 2014, n° 13-81.750, NP.
7. Crim. 24 janv. 2007, n°s 03-85.061, 06-84.330, P n° 17 ; *AJ pénal* 2007. 131, obs. C. Girault.
8. CEDH, 27 août 2019, *Izmestyev c/Russie*, req. n° 74141/10.
9. Crim. 20 févr. 2019, n° 18-82.915, NP.
10. Crim. 11 juin 2013, n° 13-81.998, P n° 134 ; *AJ pénal* 2013. 618, obs. L. Ascensi.
11. Crim. 4 janv. 2006, n° 04-86.599, P n° 4.

droits de l'homme, la cour d'assises qui fait droit à la demande de l'une des parties civiles, victime d'un viol, ayant sollicité le huis clos, tout en demandant qu'il ne s'applique pas aux représentants accrédités de la presse[1].

Le caractère partiel de cette mesure n'affecte à aucun degré les droits de la défense et ne saurait, en conséquence autoriser de la part du prévenu aucune critique[2]. Dans une espèce où les personnes étrangères à l'affaire, hormis les représentants accrédités de la presse, s'étaient retirées de la salle d'audience dont les portes avaient été fermées, et aux mêmes motifs, la Cour de cassation a pu dire que le demandeur ne saurait se faire un grief du caractère partiel de la mesure de huis clos ordonnée, les droits de la défense n'en étant pas affectés[3].

Une décision est venue, au visa des articles R. 311-7[4] du code de l'organisation judiciaire, 14 de l'ordonnance du 2 février 1945[5] relative à l'enfance délinquante et 400, dernier alinéa, du code de procédure pénale, rappeler qu'en application du premier de ces textes, en cas d'appel d'un jugement du tribunal pour enfants, les règles relatives à la tenue des débats devant cette juridiction sont applicables à la chambre spéciale des mineurs de la cour d'appel ; qu'il résulte du second que devant le tribunal pour enfants, seuls sont admis à assister aux débats la victime, constituée ou non partie civile, les témoins, les proches parents, le tuteur ou le représentant légal du mineur, les membres du barreau, les représentants des sociétés de patronage et des services ou institutions s'occupant des enfants, les délégués à la liberté surveillée ; et qu'il résulte du troisième que les dispositions relatives à la publicité des débats et au huis clos devant le tribunal correctionnel sont applicables au tribunal pour enfants si la personne poursuivie, mineure au moment des faits et devenue majeure au jour de l'ouverture des débats, en fait la demande, sauf s'il existe un autre prévenu qui est toujours mineur ou qui, mineur au moment des faits et devenu majeur au jour de l'audience, s'oppose à cette demande[6].

Mais encore une fois et contrairement à la procédure criminelle qui prévoit expressément que lorsque les poursuites sont exercées du chef de viol ou de tortures et actes de barbarie accompagnés d'agressions sexuelles, le huis clos est de droit si la victime partie civile ou l'une des victimes parties civiles le demande et que dans les autres cas, le huis clos ne peut être ordonné que si la victime partie civile ou l'une des victimes parties civiles ne s'y oppose pas[7], le huis clos n'est jamais de droit en matière correctionnelle. Il faut donc que la juridiction en soit saisie et statue sur cette demande, le cas échéant en en motivant le refus.

523.24 Application des règles du huis clos devant la juridiction saisie uniquement des intérêts civils. La chambre criminelle juge que la publicité des débats judiciaires est une règle d'ordre public à laquelle il ne peut être dérogé que dans les cas limitativement déterminés par la loi ; que, selon les articles 400[8], alinéa 2, et 512 du code de procédure pénale, le huis clos ne peut être ordonné que si le tribunal ou la cour d'appel constate, dans le jugement ou l'arrêt, que la publicité est dangereuse pour l'ordre, la sérénité des débats, la dignité de la personne ou les intérêts d'un tiers ; que ces dispositions s'appliquent également lorsque les débats portent uniquement sur les intérêts civils[9].

523.25 Préservation de l'anonymat de l'un des participants au procès. Depuis l'entrée en vigueur de la loi du 3 juin 2016[10], pour le jugement des délits de guerre mentionnés au chapitre Ier du livre IV *bis* du code pénal et des délits mentionnés à l'article 706-73 du présent code, le tribunal peut, par jugement rendu en audience publique, ordonner le huis clos pour le temps de l'audition d'un témoin si la déposition publique de celui-ci est de nature à mettre gravement en danger sa vie ou son intégrité physique ou celles de ses proches[11].

Issu du titre XXI *bis* du code de procédure pénale relatif à la protection des personnes bénéficiant d'exemptions ou de réductions de peines pour avoir permis d'éviter la réalisation d'infractions, de faire cesser ou d'atténuer le dommage causé par une infraction, ou d'identifier les auteurs ou complices d'infractions, l'article 706-73-1 permettait déjà, « en cas de nécessité », au président du tribunal judiciaire d'autoriser par ordonnance motivée, ces personnes, à faire usage d'une identité d'emprunt.

Ce texte a été complété par un second article qui dispose que lorsque leur comparution est susceptible de mettre gravement en danger leur vie ou leur intégrité physique ou celle de leurs proches, la

1. Crim. 2 mars 2005, n° 04-83.220, P n° 75.
2. Crim. 11 déc. 1968, n° 68-92.858, P n° 339.
3. Crim. 12 févr. 2003, n° 01-88.228, NP.
4. COJ, art. R. 311-7 ; mod. par décr. n° 2011-2022, 28 déc. 2011, art. 2.
5. [Ord. n° 45-174, 2 févr. 1945 relative à l'enfance délinquante, *JO* 4 févr., p. 530, art. 14], devenu CJPM, art. L. 513-2 et L. 513-3, v. aussi ss n° 312.11 s.
6. Crim. 11 juill. 2017, n° 15-84.572, P.
7. C. pr. pén., art. 306 ; mod. par L. n° 2016-444, 13 avr. 2016, art. 14.
8. C. pr. pén., art. 400, préc.
9. Crim. 28 mars 2018, n° 17-82.138, P.
10. L. n° 2016-731, 3 juin 2016 renforçant la lutte contre le crime organisé, le terrorisme et leur financement, et améliorant l'efficacité et les garanties de la procédure pénale, *JO* 4 juin, n° 1.
11. C. pr. pén., art. 400-1 ; issu de L. n° 2016-731, 3 juin 2016, art. 21.

juridiction de jugement peut, d'office ou à la demande des personnes faisant usage d'une identité d'emprunt en application du deuxième alinéa de l'article 706-63-1, ordonner le huis clos ou leur comparution dans des conditions de nature à préserver l'anonymat de leur apparence physique, y compris en bénéficiant d'un dispositif technique mentionné à l'article 706-61. La juridiction de jugement statue à huis clos sur cette demande[1].

523.26 **Limite.** Le huis clos ne peut être ordonné que pour les débats : après clôture, l'audience doit être continuée publiquement[2]. L'exécution incomplète d'un arrêt qui a ordonné le huis clos ne fait aucun grief à l'accusé qui ne peut se faire un moyen de cassation de ce que la publicité de l'audience a été rétablie avant la fin des débats[3]. Bien que peu probable, il n'existe pas de raison de penser que cette solution ne s'applique pas en matière délictuelle.

Dans une espèce récente, saisie d'une demande de mise en liberté présentée par une personne condamnée à sept ans d'emprisonnement pour infractions à la législation sur les stupéfiants contre laquelle avait été délivré un mandat d'arrêt, une cour d'appel avait fait droit à une demande de huis clos présentée par l'intéressé qui souhaitait faire des révélations qu'il estimait de nature à mettre sa vie ou celle des siens en danger. La cour avait toutefois rejeté la demande de mise en liberté par une décision rendue en audience publique. Le pourvoi fondé sur ce point, sur une violation des règles de publicité restreinte, était rejeté, la chambre criminelle estimant qu'il avait été fait une exacte application des dispositions de l'article 400 du code de procédure pénale, la décision rendue sur une demande de mise en liberté ne constituant pas un jugement séparé au sens de cet article et de l'article 459, alinéa 4, du même code[4].

SECTION 3
EXPULSIONS

523.31 **Expulsion du perturbateur membre du public.** Lorsque, à l'audience, l'un des assistants trouble l'ordre de quelque manière que ce soit, le président ordonne son expulsion de la salle d'audience.

Si, au cours de l'exécution de cette mesure, il résiste à cet ordre ou cause du tumulte, il est, sur-le-champ, placé sous mandat de dépôt, jugé et puni de deux ans d'emprisonnement, sans préjudice des peines portées au code pénal contre les auteurs d'outrages et de violences envers les magistrats.

Sur l'ordre du président, il est alors contraint par la force publique de quitter l'audience[5].

Il a déjà été dit le caractère exceptionnel de ces dispositions et les questions qu'elles font surgir sur l'opportunité de faire juger le perturbateur « sur le champ », soit *a priori* par la juridiction qui a été le témoin du trouble.

Il sera dans tous les cas fait mention sur les notes d'audience et dans le jugement de l'incident et de la décision prise.

Si l'expulsion fait suite à des faits de nature à supporter une qualification pénale (menaces réitérées, outrage...), il y aura tout intérêt à faire acter l'intégralité des propos tenus, les mentions alors faites pouvant également asseoir des poursuites ultérieures. Il en va de même pour les violences, gestes, crachats ou autres manifestations perturbant le déroulement de l'audience.

La publicité des débats, principe essentiel de la procédure pénale doit se concilier avec les pouvoirs de police que confèrent au président les articles 401 et suivants du code de procédure pénale ; l'expulsion d'un perturbateur vaut pour toute la durée de l'audience quelles que soient les affaires qui y sont successivement jugées, à moins qu'en vertu de ses pouvoirs le président n'autorise expressément le perturbateur à revenir dans la salle d'audience[6].

Dans la pratique de l'audience, les avocats, les huissiers et, quand ils sont présents les fonctionnaires de police, préviennent le déroulement des incidents en tout cas dans le temps de l'audience et c'est surtout au moment de la lecture de la décision que peuvent se présenter certaines difficultés.

523.32 **Expulsion d'une partie civile.** L'expulsion d'une partie civile vindicative est pareillement envisageable. Dans l'hypothèse où elle est assistée d'un avocat, il conviendra évidemment, s'il l'accepte, d'entendre ce dernier en sa plaidoirie.

Si l'hypothèse est résiduelle elle est aussi particulièrement problématique puisqu'elle remet clairement en cause l'équilibre du procès.

523.33 **Expulsion du prévenu.** Si l'ordre est troublé à l'audience par le prévenu lui-même, il lui est fait application des dispositions de l'article 404 du code de procédure pénale.

Le prévenu, même libre, lorsqu'il est expulsé de la salle d'audience, est gardé par la force publique, jusqu'à la fin des débats, à la disposition du tribunal.

1. C. pr. pén., art. 706-63-2 ; issu de L. n° 2017-1510, 30 oct. 2017, art. 8.
2. Crim. 19 mars 1986, n° 85-93.713, P n° 111.
3. Crim. 8 mars 2000, n° 99-82.398, P n° 108.
4. Crim. 11 juin 2013, n° 13-81.998, P n° 134 ; *AJ pénal* 2013. 618, obs. L. Ascensi.
5. C. pr. pén., art. 404.
6. Crim. 10 juill. 1974, n° 74-09.369, P n° 253.

Il est alors reconduit à l'audience, où le jugement est rendu en sa présence[1].

Là encore, il conviendra d'entendre l'avocat de l'intéressé qui souhaitera assumer sa défense. Il n'est pas prévu, lors du retour du prévenu à l'audience, de lui résumer le déroulement de celle-ci et les éléments qui ont fondé la conviction du tribunal, au-delà des motifs écrits qu'il trouvera dans la décision rendue.

SECTION 4
PUBLICITÉ DU DÉLIBÉRÉ ET DE LA DÉCISION

§ 1
Annonce publique du délibéré

523.41 **Principe.** À l'issue des débats, le tribunal annoncera soit qu'il se retire pour délibérer, soit que le délibéré sera rendu à une date ultérieure. D'usage, le tribunal lit le dispositif de la décision qu'il rend, et non la décision entière[2].

Il le fait en audience publique, à l'issue de quoi, le greffe se charge d'afficher, aux portes de la salle d'audience ou dans la salle des pas perdus ou à tout autre endroit dédié à cet effet, le rôle comportant la mention des décisions sur la culpabilité et sur la peine pour chacun des dossiers évoqués.

L'annonce du délibéré est publique, même pour les affaires prises à huis clos.

En matière d'affaires prises en chambre du conseil, la situation est plus complexe du fait de textes spécifiques et de jurisprudences anciennes, qui distinguent plusieurs cas, certains aboutissant à un jugement rendu en chambre du conseil également, d'autres prévoyant un jugement rendu en audience publique. La pratique judiciaire est toute aussi diverse, mais il faut bien dire qu'on ne voit guère, ni ce qui justifie ces différences, ni quel grief pourrait être tiré de la lecture publique d'une décision qui aurait dû être rendue en chambre du conseil[3].

523.42 **Procédure en indemnisation suite à non-lieu après plainte avec constitution de partie civile[4].** Quand, après une information ouverte sur constitution de partie civile, une décision de non-lieu a été rendue, la personne mise en examen et toutes personnes visées dans la plainte, et sans préjudice d'une poursuite pour dénonciation calomnieuse, peuvent, si elles n'usent de la voie civile, demander des dommages-intérêts au plaignant dans les formes indiquées ci-après.

L'action en dommages-intérêts doit être introduite dans les trois mois du jour où l'ordonnance de non-lieu est devenue définitive. Elle est portée par voie de citation devant le tribunal correctionnel où l'affaire a été instruite. Ce tribunal est immédiatement saisi du dossier de l'information terminée par une ordonnance de non-lieu, en vue de sa communication aux parties. Les débats ont lieu en chambre du conseil : les parties, ou leurs conseils, et le ministère public sont entendus. Le jugement est rendu en audience publique[5].

Lorsqu'une juridiction est saisie d'une poursuite fondée sur l'article 91 du code de procédure pénale, si les débats doivent avoir lieu en Chambre du conseil, le jugement comme l'arrêt doivent être rendus en audience publique[6]. Il s'agit là d'une règle essentielle ne souffrant aucune dérogation[7].

523.43 **Incidents contentieux relatifs à l'exécution.** En matière d'incidents contentieux relatifs à l'exécution[8], le tribunal ou la cour, sur requête du ministère public ou de la partie intéressée, statue en chambre du conseil après avoir entendu le ministère public, le conseil de la partie s'il le demande et, s'il échet, la partie elle-même, sous réserve des dispositions de l'article 712.

S'il est regrettable que les mentions d'un arrêt statuant sur une demande de confusion de peines ne permettent pas de savoir si l'affaire a été jugée en chambre du conseil, comme le prescrit l'article 711 du code de procédure pénale, ou en audience publique, l'irrégularité commise ne doit cependant pas entraîner l'annulation de la décision, dès lors qu'il n'est pas établi qu'elle ait porté atteinte aux intérêts du demandeur[9].

En statuant en chambre du conseil sur un incident contentieux relatif à l'exécution d'une sentence pénale, une cour d'appel fait l'exacte application des dispositions de l'article 711 du code de procédure pénale, qui ne sont pas contraires à l'article 6, § 1, de la convention européenne dès lors que les juges ne sont pas appelés à décider du bien-fondé d'une accusation en matière pénale[10]. La chambre criminelle avait également indiqué, plus clairement encore, que l'exigence de publicité édictée par l'article 6 de la convention européenne des droits de l'homme ne concerne que les procédures portant sur le « bien-fondé de toute accusation en

1. C. pr. pén., art. 405 ; v. s^s n°s 544.21 s.
2. Sur le prononcé du délibéré : v. s^s n°s 732.11 s.
3. Notamment, v. s^s n° 113.183.
4. C. pr. pén., art. 91.
5. C. pr. pén., art. 91, al. 1 et 2.
6. Crim. 27 avr. 1972, n° 71-91.837, P n° 146.
7. Crim. 21 juill. 1977, n° 76-93.002, P n° 268.
8. Aussi : v. s^s n°s 113.181 s.
9. Crim. 6 févr. 1991, n° 90-82.930, P n° 61.
10. Crim. 3 févr. 2004, n° 03-83.873, P n° 27 ; *D.* 2004. 736 ; *AJ pénal* 2004. 165, obs. P. Remillieux.

matière pénale » et ne peut donc être invoquée à l'occasion d'une instance par laquelle il est statué, comme en l'espèce, sur une demande de confusion de peines[1].

523.44 Incidents d'exécution d'une condamnation assortie d'un sursis probatoire. Anciennes dispositions. En matière d'incidents d'exécution d'une condamnation assortie d'un sursis probatoire, il avait été jugé, sous l'empire des dispositions de l'ancien article 744 du code de procédure pénale qui donnait compétence pour statuer au tribunal correctionnel saisi soit par le juge de l'application des peines, soit par le procureur de la République, d'une part, que si les mentions de l'arrêt d'une cour d'appel statuant sur une demande de révocation d'un sursis avec mise à l'épreuve ne permettent pas de savoir si l'affaire a été jugée en chambre du conseil, comme le prescrit l'article 744 du code de procédure pénale, ou en audience publique, l'irrégularité commise ne doit cependant pas entraîner l'annulation de la décision, dès lors qu'il n'est pas établi que cette irrégularité ait porté atteinte aux intérêts du demandeur[2], et d'autre part, que s'il résulte des mentions de l'arrêt attaqué que les débats se sont déroulés en audience publique, et que la décision a été rendue publiquement, cette irrégularité ne doit pas entraîner l'annulation de la décision, dès lors qu'il n'est pas établi qu'elle ait porté atteinte aux intérêts du demandeur[3].

§ 2
Affichage et comptes-rendus de presse

523.51 Mesures de publicité relatives à la décision. Le tribunal peut ordonner à titre de peine complémentaire (le cas échéant prononcée à titre de peine principale), la publication ou l'affichage de sa décision, lorsqu'elle est prévue pour l'infraction concernée.

La peine d'affichage de la décision prononcée ou de diffusion de celle-ci est à la charge du condamné. Les frais d'affichage ou de diffusion recouvrés contre ce dernier ne peuvent toutefois excéder le maximum de l'amende encourue.

La juridiction peut ordonner l'affichage ou la diffusion de l'intégralité ou d'une partie de la décision, ou d'un communiqué informant le public des motifs et du dispositif de celle-ci. Elle détermine, le cas échéant, les extraits de la décision et les termes du communiqué qui devront être affichés ou diffusés.

L'affichage ou la diffusion de la décision ou du communiqué ne peut comporter l'identité de la victime qu'avec son accord ou celui de son représentant légal ou de ses ayants droit.

La peine d'affichage s'exécute dans les lieux et pour la durée indiquée par la juridiction ; sauf disposition contraire de la loi qui réprime l'infraction, l'affichage ne peut excéder deux mois. En cas de suppression, dissimulation ou lacération des affiches apposées, il est de nouveau procédé à l'affichage aux frais de la personne reconnue coupable de ces faits.

La diffusion de la décision est faite par le *Journal officiel de la République française*, par une ou plusieurs autres publications de presse, ou par un ou plusieurs services de communication au public par voie électronique. Les publications ou les services de communication au public par voie électronique chargés de cette diffusion sont désignés par la juridiction. Ils ne peuvent s'opposer à cette diffusion.

L'affichage et la diffusion peuvent être ordonnés cumulativement[4].

523.52 Comptes-rendus de presse. De très longue date il a été jugé que le droit de publication est un « corollaire de la publicité des débats judiciaires »[5]. Pour autant la Cour de Strasbourg a pu juger que la convention ne confère pas au principe de la publicité des débats un caractère absolu : aux termes mêmes de l'article 6, § 1, l'accès de la salle d'audience peut être interdit à la presse et au public pendant la totalité ou une partie du procès dans l'intérêt de la moralité, lorsque la protection de la vie privée des parties au procès l'exige, ou dans la mesure jugée strictement nécessaire par le tribunal, lorsque dans des circonstances spéciales la publicité serait de nature à porter atteinte aux intérêts de la justice[6].

La protection du droit à l'information résulte en droit interne de la loi du 29 juillet 1881. Ne donneront lieu à aucune action en diffamation, injure ou outrage, ni le compte rendu fidèle fait de bonne foi des débats judiciaires, ni les discours prononcés ou les écrits produits devant les tribunaux. « Pourront néanmoins les juges, saisis de la cause et statuant sur le fond, prononcer la suppression des discours injurieux, outrageants ou diffamatoires, et condamner qui il appartiendra à des dommages-intérêts. Pourront toutefois les faits dif-

1. Crim. 16 sept. 1997, n° 96-83.754, P n° 297.
2. Crim. 7 mai 1996, n° 95-83.905, P n° 195.
3. Crim. 2 févr. 2005, n° 04-83.652, NP, *AJ pénal* 2005. 205, obs. M. Herzog-Evans.
4. C. pén., art. 131-35.
5. Crim. 15 mai 1884, *DP* 1885. 1. 328.
6. CEDH 26 sept. 1995, *Diennet c/France*, req. n° 18160/91, § 3.

famatoires étrangers à la cause donner ouverture, soit à l'action publique, soit à l'action civile des parties, lorsque ces actions leur auront été réservées par les tribunaux, et, dans tous les cas, à l'action civile des tiers »[1].

L'arrêt de référence précité permet de retenir que le « compte rendu fidèle » visé par la loi doit avoir : « [...] le caractère d'un compte rendu et a, par conséquent, pour résultat de mettre en regard les prétentions contraires de l'attaque et de la défense qui constituent l'ensemble du débat ; que, sans doute, il n'est pas nécessaire, pour qu'elle doive être impunie, que la reproduction des débats soit intégrale ; qu'elle peut n'être que partielle, mais qu'il est inadmissible qu'elle puisse choisir exclusivement l'attaque ou la défense ; qu'elle doit, par son contenu, permettre d'apprécier l'ensemble de l'affaire ; qu'un extrait, même exact et fidèle, comprenant uniquement des faits ou imputations portant atteinte à l'honneur ou à la considération d'une seule partie, sans aucune de ses exceptions ou justifications, ne peut être considéré comme constituant un compte rendu dans les termes de la loi »[2].

Dans un domaine de l'activité judiciaire qui semble certes moins intéresser les gazettes, on notera simplement ici que l'article 39, alinéa 3, de la loi du 29 juillet 1881, dispose que dans toutes affaires civiles, les cours et tribunaux pourront interdire le compte rendu du procès.

§ 3
Enregistrement des audiences

523.61 Interdiction d'enregistrement des audiences – Situation antérieure à la loi pour la confiance dans l'institution judiciaire. Jusqu'à la loi du 6 décembre 1954[3] les enregistrements aussi bien sonores que visuels étaient autorisés en salles d'audience.

La loi du 29 juillet 1881, modifiée, a ensuite posé le principe inverse en indiquant que : « Dès l'ouverture de l'audience des juridictions administratives ou judiciaires, l'emploi de tout appareil permettant d'enregistrer, de fixer ou de transmettre la parole ou l'image est interdit. Le président fait procéder à la saisie de tout appareil et du support de la parole ou de l'image utilisés en violation de cette interdiction.

Toutefois, sur demande présentée avant l'audience, le président peut autoriser des prises de vues quand les débats ne sont pas commencés et à la condition que les parties ou leurs représentants et le ministère public y consentent. Toute infraction aux dispositions du présent article sera punie de 4 500 euros d'amende. Le tribunal pourra en outre prononcer la confiscation du matériel ayant servi à commettre l'infraction et du support de la parole ou de l'image utilisé.

Est interdite, sous les mêmes peines, la cession ou la publication, de quelque manière et par quelque moyen que ce soit, de tout enregistrement ou document obtenu en violation des dispositions du présent article »[4]. Ce texte est redoublé en matière criminelle, par l'article 308 du code de procédure pénale, qui détaille et réprime les enregistrements interdits[5].

C'est dans la suite des poursuites intentées à la directrice de publication du magazine *Paris Match* qui avait publié deux photographies prises au cours de l'une des audiences du procès d'Abdelkader Merah devant la cour d'assises de Paris, dans la revue, sur le site du journal et son compte Twitter, qu'une question prioritaire de constitutionnalité a été transmise sur le sujet par la chambre criminelle au Conseil constitutionnel.

Elle était ainsi rédigée : « Les dispositions de l'article 38 *ter* de la loi du 29 juillet 1881, qui interdisent dès l'ouverture de l'audience des juridictions administratives ou judiciaires l'emploi de tout appareil permettant d'enregistrer, de fixer ou de transmettre la parole ou l'image, portent elles atteinte au principe de nécessité des délits et des peines garanti aux articles 5 et 8 de la Déclaration des droits de l'homme et du citoyen, et limitent elles la liberté de communication garantie à l'article 11 de ce texte de manière nécessaire, adaptée et proportionnée, alors qu'elles érigent en infraction pénale la captation de sons et d'images effectuée par des journalistes au cours d'un procès, qui est pourtant susceptible d'être effectuée sans troubler la sérénité des débats, sans porter une atteinte excessive aux droits des parties, ni menacer l'autorité et l'impartialité du pouvoir judiciaire ? »

La chambre criminelle[6] avait relevé que la disposition critiquée, qui n'avait jamais été déclarée conforme à la Constitution dans les motifs et le dispositif d'une décision du Conseil constitutionnel, prohibait de façon générale tout enregistrement,

1. L. 29 juill. 1881, art. 41, al. 4 à 6.
2. Crim. 15 mai 1884, préc.
3. L. n° 54-1218, 6 déc. 1954 complétant l'article 39 de la loi du 29 juillet 1881 sur la liberté de la presse en vue d'interdire la photographie, la radiodiffusion et la télévision des débats judiciaires, *JO* 8 déc., p. 11445 : en vue d'interdire la photographie, la radiodiffusion et la télévision des débats judiciaires.
4. L. 29 juill. 1881, art. 38 *ter,* mod. par L. n° 2021-1729, 22 déc.2021, dite pour la confiance dans l'institution judiciaire, art. 1, *JO*, 23 déc., n° 2.
5. Pour UNE ILLUSTRATION récente : J. Mucchielli, « Le choc des photos : 4 500 euros d'amende requis contre les photos volées du "procès Merah" », *D. actu.* 29 mars 2018 (décision en délibéré au 8 juin 2018).
6. Crim. 1er oct. 2019, n° 19-81.769, NP.

fixation ou transmission, de la parole ou de l'image après l'ouverture de l'audience des juridictions administratives ou judiciaires, et leur cession ou leur publication. Elle jugeait nécessaire que le Conseil constitutionnel puisse dire si la disposition critiquée, initialement instituée en vue de préserver la sérénité des débats devant les juridictions, protéger les droits des parties au procès et garantir l'autorité et l'impartialité de la justice, n'était pas devenue, au regard de l'évolution des techniques de communication, susceptible de constituer une atteinte disproportionnée à la liberté d'expression et de communication.

Dans leur réponse[1], les Sages ont maintenu la prohibition... des enregistrements, qui vise la préservation de la sérénité des débats et l'objectif constitutionnel de bonne administration de la justice face aux risques de perturbations liés à l'exploitation de ces dispositifs en cours d'audience. L'interdiction de diffusion vise pour sa part à prévenir toute atteinte au respect de la vie privée des parties et des intervenants aux débats, à la sécurité des acteurs judiciaires et en matière pénale, à la présomption d'innocence. Si le Conseil reconnaît l'évolution des technologies qui augmente la rapidité avec laquelle les informations se propagent il en déduit une raison supplémentaire de conserver l'interdiction posée par l'article 38 ter précité, qui ne constitue donc pas une atteinte disproportionnée à la liberté d'expression et de comunication. Une incise sur le caractère public des audiences et la possibilité d'en rendre compte en temps réel a toutefois amené certains commentateurs à considérer qu'il avait implicitement ce faisant validé, notamment pour les journalistes, la pratique du live-tweet[2].

Dans un arrêt important, la chambre criminelle juge finalement dans cette même affaire, que :

– Si toute personne a droit à la liberté d'expression et si le public a un intérêt légitime à recevoir des informations relatives, notamment, aux procédures en matière pénale ainsi qu'au fonctionnement de la justice, l'interdiction de tout enregistrement, fixation ou transmission de la parole ou de l'image après l'ouverture de l'audience des juridictions administratives ou judiciaires, et de leur cession ou de leur publication, prévue par l'article 38 ter de la loi du 29 juillet 1881, constitue une mesure nécessaire, dans une société démocratique, à garantir la sérénité et la sincérité des débats judiciaires, qui conditionnent la manifestation de la vérité et contribuent ainsi à l'autorité et à l'impartialité du pouvoir judiciaire ;

– L'interdiction instituée par l'article 38 ter de la loi du 29 juillet 1881, qui commence dès l'ouverture de l'audience et se prolonge jusqu'à ce que celle-ci soit levée, s'applique pendant les périodes de suspension de l'audience[3].

1. Cons. const. 6 déc. 2019, n° 2019-817 QPC.
2. A. Léon, « Enregistrement des audiences versus liberté d'expression : le Conseil constitutionnel a tranché », *D. actu.*, 6 janv. 2020.

523.62 Interdiction de prises de vues ou de sons – Portée. L'interdiction de prises de vues ou de sons, concerne l'intérieur de la salle d'audience, que l'image ou les sons soient captés dans la salle ou depuis l'extérieur. Les images diffusées par des écrans, en dehors de la salle d'audience, sont également protégées au motif que si toute personne a droit à la liberté d'expression, et si le public a un intérêt légitime à recevoir des informations relatives aux procédures en matière pénale ainsi qu'au fonctionnement de la justice, l'exercice de ces libertés comporte des devoirs et des responsabilités et peut être soumis, à des restrictions ou sanctions prévues par la loi, qui constituent des mesures nécessaires, dans une société démocratique, à la protection de la réputation ou des droits d'autrui, ou pour garantir l'autorité et l'impartialité du pouvoir judiciaire[4].

La CEDH retient que le refus d'un juge national d'autoriser la diffusion de l'image de l'accusé ne contrevient pas aux dispositions de l'article 10 de la convention européenne des droits de l'homme, relevant notamment en l'espèce, que l'apparence physique de l'accusé n'apportait aucun éclairage sur les faits, que son identité n'était pas connue du public, que la présomption d'innocence devait être respectée, en dépit des aveux passés et que l'interdiction de la diffusion de cette image contribuait non seulement à ne pas entraver sa future resocialisation mais encore à lui garantir un procès équitable[5].

523.63 Exception au principe de non-enregistrement – Critère de constitution d'archives audiovisuelles. Une exception notable à ce principe de non-enregistrement, résulte des dispositions de la loi du 11 juillet 1985[6] tendant à la constitution d'archives audiovisuelles de la justice, dans des hypothèses il est vrai limitées et des conditions d'application strictes[7].

3. Crim. 24 mars 2020, n° 19-81.769, P ; S. Lavric, « Affaire des photographies du procès Merah : rejet du pourvoi de *Paris Match* », *D. actu.*, 11 mai 2020.
4. Crim. 8 juin 2010, n° 09-87.526, P n° 103 ; *D.* 2010. 1791.
5. CEDH 21 sept. 2017, *Axel Springer SE et RTL Télévision GmbH c/Allemagne*, req. n° 51405/12, § 46 à 54 ; *D.* 2017. 1979, obs. S. Lavric.
6. L. n° 85-699, 11 juill. 1985 tendant à la constitution d'archives audiovisuelles de la justice, *JO* 12 juill., p. 7865.
7. C. patr., art. L. 221-1 s., art. D. 221-8 à D. 221-13 – Le document établi sur les commissions ou instances consultatives ou délibératives placées directement auprès du Premier ministre ou des ministres, annexé au projet de loi de finances pour 2012 précisait que la commission des archives audiovisuelles de la justice n'avait pas été renouvelée depuis 1996. Le décret n° 2013-420, 23 mai 2013, art. 7, emporte sa suppression (ainsi que celle de l'art. R. 221-2 C. patr., qui prévoyait l'avis obligatoire de la commission pour toute demande d'enregistrement audiovisuel ou sonore d'une audience).

Moins d'une dizaine de procès ont à ce jour bénéficié d'un tel enregistrement et le critère de constitution d'archives audiovisuelles de la justice et il est vrai assez flou. Tout au plus pourra-t-on citer une des premières décisions aux termes de laquelle la chambre criminelle avait précisé qu'il ne saurait y avoir d'atteinte à l'image d'une personne accusée de complicité de crime contre l'humanité en cas d'enregistrement des audiences, cette dérogation tendant à la constitution d'archives audiovisuelles de la justice[1]. On trouvera une autre illustration de l'application de cette dernière loi dans un arrêt relatif à l'enregistrement du procès de la catastrophe « AZF » en première instance, qui a pu décider, d'une part, que l'atteinte aux droits à la présomption d'innocence et à l'oubli pouvant résulter de l'enregistrement des débats et de leur conservation dans les archives nationales est justifiée par la loi sur le fondement de laquelle la décision critiquée a été prise ; d'autre part, que la décision de l'autorité compétente pour décider l'enregistrement audiovisuel ou sonore d'une audience en application des articles L. 221-1 et suivants du code du patrimoine ne revêt pas le caractère d'un acte juridictionnel devant être soumis au débat contradictoire ; qu'il suffit qu'aient été recueillies les observations des personnes énumérées à l'article L. 221-3 dudit code et qu'une telle décision ne prononçant ni sur une contestation de caractère civil ni sur le bien-fondé d'une accusation, celui qui exerce un recours en annulation contre une telle décision n'est pas fondé à invoquer la méconnaissance des articles 6, § 1 et 6, § 2, de la convention européenne des droits de l'homme[2].

Plus récemment, la chambre criminelle a décidé que l'extrême gravité des faits reprochés aux accusés et le contexte dans lequel se sont déroulés les crimes commis par l'un d'eux ne présentaient pas un intérêt qui justifierait que soit procédé à un enregistrement des débats de nature à enrichir les archives historiques de la justice au sens de l'article L. 221-1 du code du patrimoine[3]. De manière plus quotidienne, une vraie difficulté concerne la prise de clichés photographiques ou de vidéos par des membres du public, à l'aide des téléphones portables[4].

1. Crim. 16 mars 1994, n° 94-81.062, P n° 105 ; *RTD civ.* 1994. 832, obs. J. Hauser.
2. Crim. 17 févr. 2009, n° 09-80.558, P n° 40 ; *D.* 2009. 634 ; *AJ pénal* 2009. 235 ; *RSC* 2009. 924, obs. J.-F. Renucci.
3. Crim. 29 sept. 2017, n° 17-85.774, P ; *AJ pénal* 2017. 498, obs. D. Aubert ; W. Azoulay, « Constitution d'archives historiques de la justice : un critère d'intérêt encore abscons », *D. actu.* 9 oct. 2017 ; P. Noual, « Jurisprudence – Archives publiques : un droit sans cesse affiné », *JAC* 2017, n° 51, p. 6.
4. J. Siber, « Photos du procès Merah dans *Paris-Match* : une transgression légitime ? », *D. actu.* 13 nov. 2017.

Plus généralement, des débats commencent à naître sur les problématiques posées par la « connexion » des salles d'audiences[5], entendons la transmission du procès à l'extérieur de la salle d'audience, transmission qui assurera demain et en temps réel le respect du principe de publicité des débats.

523.64 Possibilité d'enregistrement et de diffusion des audiences – Dispositions issues de la loi pour la confiance dans l'institution judiciaire du 22 décembre 2021. L'article 1er de la loi n° 2021-1729 du 22 décembre 2021 pour la confiance dans l'institution judiciaire est venu créer un nouveau régime dérogatoire à l'interdiction de principe d'enregistrement et de diffusion des audiences fixée par l'article 38 *ter* de la loi du 29 juillet 1881 sur la liberté de la presse[6]. Un nouvel article 38 *quater* vient poser en principe que « Par dérogation au premier alinéa de l'article 38 *ter*, l'enregistrement sonore ou audiovisuel d'une audience peut être autorisé, pour un motif d'intérêt public d'ordre pédagogique, informatif, culturel ou scientifique, en vue de sa diffusion. La demande d'autorisation d'enregistrement et de diffusion est adressée au ministre de la Justice. L'autorisation est délivrée, après avis du ministre de la Justice, par le président du Tribunal des conflits, le vice-président du Conseil d'État, le premier président de la Cour de cassation et le premier président de la Cour des comptes, concernant leurs juridictions respectives. Elle est délivrée, après avis du ministre de la Justice, par le président de la juridiction concernant les juridictions administratives et les juridictions comprenant un magistrat du siège membre de la Cour de cassation, et par le premier président de la cour d'appel concernant les cours d'appel et les juridictions de l'ordre judiciaire de leur ressort.

Si l'intérêt de la bonne administration de la justice le justifie, le président du tribunal judiciaire peut décider qu'une audience du tribunal correctionnel qui se déroule publiquement en application de l'article 400 sera retransmise en direct dans plusieurs salles d'audience de la juridiction. « S'il s'agit de l'audience d'un tribunal correctionnel disposant d'une compétence spécialisée qui s'étend aux ressorts d'autres tribunaux judiciaires, il peut décider que cette audience sera retransmise en direct dans une ou plusieurs salles d'audience du tribunal judiciaire dans le ressort duquel les faits ont été commis, avec l'accord du président de cette juridiction. La décision de retransmission de l'audience est portée à la connaissance des parties. Elle constitue une mesure d'administration judiciaire insuscep-

5. K. Haeri, « La Justice déconnectée du futur TGI de Paris », *D. actu.* 13 mai 2015.
6. V. ss nos 922.41 s.

tible de recours[1]. Ces dispositions sont applicables devant la chambre des appels correctionnels, les décisions prévues par l'article D. 45-2-1 *bis* étant alors prises par le premier président de la cour d'appel[2].

Lorsque l'audience n'est pas publique, l'enregistrement est subordonné à l'accord préalable et écrit des parties au litige. Lorsqu'un majeur bénéficiant d'une mesure de protection juridique est partie à l'audience, qu'elle soit publique ou non, l'enregistrement est subordonné à l'accord préalable du majeur apte à exprimer sa volonté ou, à défaut, de la personne chargée de la mesure de protection juridique. Lorsqu'un mineur est partie à l'audience, qu'elle soit publique ou non, l'enregistrement est subordonné à l'accord préalable du mineur capable de discernement ainsi qu'à celui de ses représentants légaux ou, le cas échéant, de l'administrateur *ad hoc* désigné.

Les modalités d'application des dispositions de l'article 38 *quater* précité ont été fixées par le décret du 31 mars 2022[3], qui a développé les dispositions applicables à la demande d'autorisation et à l'autorité compétente pour l'accorder (art. 2 à 6), le recueil des consentements (art. 7 à 9), à la réalisation des enregistrements (art. 10 à 12) et leur diffusion (art. 13 à 14), la diffusion des audiences publiques devant le Conseil d'État et la Cour de cassation étant également envisagée (art. 15 à 18).

Il faut noter que ces textes prévoient que l'enregistrement est interrompu en cas de suspension d'audience ou sur décision du magistrat chargé de la police de l'audience[4] et que l'enregistrement réalisé ne constitue pas un acte de procédure[5].

1. C. pr. pén., art. D. 45-2-1 *bis*, créé par Décr. n° 2022-656, 25 avr. 2022, renforçant la prise en compte des intérêts des victimes au cours de la procédure pénale, *JO* 26 avr., n° 30.
2. C. pr. pén., art. D. 45-29, id.
3. Décr. n° 2022-462, 31 mars 2022 pris pour l'application de l'article 1er de la loi n° 2021-1729 du 22 décembre 2021 pour la confiance dans l'institution judiciaire, *JO*, 1er avr., n° 19.
4. Id., art. 11
5. Id., art. 12.

CHAPITRE

524. Droits de la défense

SECTION 0

ORIENTEUR

524.00 Sommaire du chapitre.

524.01 Principaux textes applicables.

TEXTES SOURCES

• Conv. EDH, art. 6

• Charte des droits fondamentaux de l'union européenne, art. 48

• C. pr. pén., art. prélim.

• COJ, art. L. 111-5, L. 111-12

TEXTES *IN EXTENSO*

• Conv. EDH, art. 6

* V. s^s n° 521.01

• C. pr. pén., art. prélim.

* V. s^s n° 521.01

• Charte des droits fondamentaux de l'union européenne, art. 48

Présomption d'innocence et droits de la défense :

1. Tout accusé est présumé innocent jusqu'à ce que sa culpabilité ait été légalement établie.

2. Le respect des droits de la défense est garanti à tout accusé.

• C. pr. pén., art. prélim.

* V. s^s n° 521.01

• COJ, art. L. 111-5

* V. s^s n° 521.01

• COJ, art. L. 111-12

* V. s^s n° 521.01

524.02 Jurisprudence de référence.

> Portée des droits de la défense

• Cass., ass. plén., 30 juin 1995, n° 94-20.302, P n° 4

* V. s^s n° 524.13.

La défense constitue pour toute personne un droit fondamental à caractère constitutionnel et son exercice effectif exige que soit assuré l'accès de chacun, avec l'assistance d'un défenseur, au juge chargé de statuer sur sa prétention.

> Droit à l'interprète, y compris afin de permettre au prévenu de s'entretenir avec son avocat

• Crim. 29 juin 2005, n° 04-86.110, P n° 199

* V. s^s n° 524.31.

Il résulte de l'article 6 § 3 de la convention européenne des droits de l'homme que tout prévenu a le droit de se faire assister gratuitement d'un interprète pour s'entretenir, dans une langue qu'il comprend, avec l'avocat commis pour préparer sa défense.

> Valeur constitutionnelle générale des droits de la défense

• Cons. const. 30 mars 2006, n° 2006-535 DC, *JO* 2 avr., p. 4964, rect. *JO* 11 avr., p. 5418, consid. 24

* V. s^s n° 524.13.

24. Considérant, en deuxième lieu, que, si le principe des droits de la défense qui résulte de l'article 16 de la Déclaration de 1789 impose le respect d'une procédure contradictoire dans les cas de licenciement prononcé pour un motif disciplinaire, il ne résulte pas de ce principe qu'une telle procédure devrait.

> Renvoi obligatoire de l'examen d'une affaire ayant donné lieu à une demande d'aide juridictionnelle sur laquelle il n'a pas encore été statué

• **Crim. 21 nov. 2017,** n° 17-81.591, P

* V. s[s] n° 524.52.

Toute personne a droit à ce que sa cause soit entendue équitablement et le bénéficiaire de l'aide juridictionnelle a droit à l'assistance d'un avocat, cette assistance constituant un droit concret et effectif. L'intéressé qui avait sollicité le bénéfice de l'aide juridictionnelle avant l'audience des débats, peu important que la cour en ait été avisée ou non, et qui n'y était ni comparant, ni représenté, ne pouvait être immédiatement jugé.

524.03 Bibliographie indicative.

Ouvrages. Ch. Ayela, J. Mestre, V. Péronnet, *Vérités croisées,* Cross examination, *une petite révolution procédurale,* « Carré droit », LexisNexis, 2005 – J. Danet, *Défendre, pour une défense pénale critique*, 2e éd., « États du droit », Dalloz, 2004 ; *La justice pénale entre rituel et management*, PUR, 2010 – A. Garapon, *Bien juger : essai sur le rituel judiciaire,* O. Jacob, 2010 – J. Holy-Hurard, J. Vanoni, *La déontologie des magistrats,* 4e éd., « Connaissance du droit », Dalloz, 2019 – T. Levy et J.-D. Bredin, *Convaincre*, O. Jacob, 1997 – F. Saint-Pierre, *Pratique de la défense pénale*, 6e éd., « Les intégrales », LGDJ – Lextenso, 2023 – E. Vergès, *Procédure pénale*, 6e éd., « Objectif droit cours », LexisNexis, 2020.

Contributions. M. Allehaut, « Les droits de la défense », *in Mél. Patin*, 1965, p. 453 – W.-J. Ganshof-Van Der Meersch, « Le droit de la défense, un principe général du droit », *in Mél. Dabin*, Sirey, 1963, p. 569 – J.-C. Soyer, « La loi nationale et la convention européenne des droits de l'Homme », *in Mél. Foyer*, p. 137 – G. Wiederkehr, « Qu'est-ce qu'un juge ? », *in Mél. Perrot*, 1996, p. 577.

Articles. B. Bouloc, « Les droits de la défense », *RSC* 1982. 513 ; *RSC* 2001. 55 ; « Que penser des propositions du comité Léger. », *D.* 2009. 2264 – M. Babonneau, « Réquisitoire contre "l'erreur du menuisier" », *D. actu.* 10 mars 2015 – A. Coche, « Le Comité de réflexion sur la justice pénale ou les droits perdus du justiciable [à propos de la phase préparatoire du procès pénal] », *D.* 2009. 2765 – Ph. Conte, « Propositions du pré-rapport du comité de réflexion sur la justice pénale », *Dr. pénal* 2009. Ét. 11 ; « L'action pénale en lévitation : aperçu de l'avant-projet de code de procédure pénale », *D.* 2010. 774 – F. Defferrard, « Pour un service public de la défense pénale », *D.* 2009. 1213 – Ph. Edmond-Mariette et B. Lavielle, « Des maux aux actes, Outreau et après ? », *AJ pénal* 2006. 159 – Ch. Gavalda-Moulenat, « L'avocat face à ses nouvelles fonctions au sein du procès pénal. Quelle place pour la défense pénale ? », *Dr. pénal* 2009. Ét. 5 – L. Hugueney, « Les droits de la défense », *RSC* 1952. 195 – B. Lavielle, « une réforme pénale impérieuse : la traduction des actes de procédure pénale aux parties civiles, mis en examen ou prévenus étrangers », *AJ pénal* 2009. 443 ; « L'obligation de traduire "les pièces essentielles à l'exercice de la défense" : quelques problèmes en perspective », *Gaz. Pal.* 25-26 oct. 2013 ; « Traduction des pièces essentielles de la procédure pénale : acte II », *Gaz. Pal.* 22-23 nov. 2013 – J. Léauté, « Droits de la défense », *RSC* 1953. 47 – C. Marsat, « L'audition des témoins devant la juridiction de jugement », *Dr. pénal* 2001. Chron. n° 30 – D. Mayer, « Vers un contrôle du législateur par le juge pénal ? », *D.* 2001. Chron. 1643 – R. Merle, « Le rôle de la défense en procédure comparée », *RSC* 1970. 1 – S. Rideau-Valentini, « Les droits de la défense en matière douanière », *AJ pénal* 2009. 206 – F. Saint-Pierre, « La nature juridique des droits de la défense », *D.* 2007. Chron. 260 ; « Qu'espérer de la commission Léger ? Une réforme d'ampleur de la justice pénale ! », *AJ pénal* 2009. 171 – S. Selçuk, « L'impartialité du juge », *Rev. pénit.* 2002. 535 – C. Sourzat, « Les droits de la défense », *Dr. pénal* 2011. Ét. 18 – J. Van Campernolle, « Évolution et assouplissement de la notion d'impartialité objective », *RTDH* 1994. 437 – E. Vergès, « Procès civil, procès pénal : différents et pourtant si semblables », *D.* 2007. Chron. 1441 – Ph. Vouland, « L'exercice quotidien de la fonction de défense et la loyauté de la preuve », *AJ pénal* 2005. 275.

Dossiers. « L'avocat et l'investigation du fait : quelle stratégie pour la défense ? », *AJ pénal* 2007. 301 s. – « Comité de réflexion sur la justice pénale. Rapport d'étape sur la phase préparatoire du procès pénal », *Dr. pénal* 2009. Dossiers 1 et 2 – « Rapport du comité de réflexion sur la justice pénale : les propositions sur la phase préalable du procès pénal », *ibid.* Dossier 3 – « Les droits de la défense et de la partie civile dans la phase préparatoire du procès pénal selon le rapport du comité de réflexion sur la justice pénale », *ibid.* Dossier 6, obs. D. Guérin – « Criminologie : état des lieux », *AJ pénal* 2009. 249 s. – « Le rapport Léger : analyse des propositions », *AJ pénal* 2009. 385 s.

SECTION 1
FONDEMENTS

524.11 Textes internationaux. Aux termes de l'article 14[1], point 3, le Pacte international relatif aux droits civils et politiques détaille méticuleusement les garanties dont toute personne accusée doit, « en pleine égalité », bénéficier :

a) être informée, dans le plus court délai, dans une langue qu'elle comprend et de façon détaillée, de la nature et des motifs de l'accusation portée contre elle ;

b) disposer du temps et des facilités nécessaires à la préparation de sa défense et à communiquer avec le conseil de son choix ;

c) être jugée sans retard excessif ;

d) être présente au procès et à se défendre elle-même ou à avoir l'assistance d'un défenseur de son choix ; si elle n'a pas de défenseur, à être informée de son droit d'en avoir un, et, chaque fois que l'intérêt de la justice l'exige, à se voir attribuer d'office un défenseur, sans frais, si elle n'a pas les moyens de le rémunérer ;

1. Pacte international relatif aux droits civils et politiques, art. 14.

e) interroger ou faire interroger les témoins à charge et à obtenir la comparution et l'interrogatoire des témoins à décharge dans les mêmes conditions que les témoins à charge ;

f) se faire assister gratuitement d'un interprète si elle ne comprend pas ou ne parle pas la langue employée à l'audience ;

g) ne pas être forcée de témoigner contre elle-même ou de s'avouer coupable.

Le droit au second degré de juridiction est posé au point 5 du même article. Il faut encore une fois renvoyer également aux dispositions de l'article 9 du même Pacte.

Si l'article 6, § 3 de la convention européenne des droits de l'homme développe lui aussi particulièrement ce point, c'est sans doute que les rédacteurs de ces traités, à pratiquement deux décennies de distance, ont estimé que les droits de la défense subissaient encore de trop nombreuses atteintes.

Cet article dispose en effet que tout accusé a droit notamment à :

« a. être informé, dans le plus court délai, dans une langue qu'il comprend et d'une manière détaillée, de la nature et de la cause de l'accusation portée contre lui ;

b) disposer du temps et des facilités nécessaires à la préparation de sa défense ;

c) se défendre lui-même ou avoir l'assistance d'un défenseur de son choix et, s'il n'a pas les moyens de rémunérer un défenseur, pouvoir être assisté gratuitement par un avocat d'office, lorsque les intérêts de la justice l'exigent ;

d) interroger ou faire interroger les témoins à charge et obtenir la convocation et l'interrogation des témoins à décharge dans les mêmes conditions que les témoins à charge ;

e) se faire assister gratuitement d'un interprète, s'il ne comprend pas ou ne parle pas la langue employée à l'audience ».

Singulièrement plus courte est la référence aux droits de la défense dans la Charte des droits fondamentaux de l'UE puisqu'elle n'est énoncée que sous la forme : « Le respect des droits de la défense est garanti à tout accusé » dans un deuxième point de son article 48[1] également consacré à la présomption d'innocence.

524.12 Article préliminaire du code de procédure pénale. Le code de procédure pénale confirme pour partie ces différents points, en rappelant que toute personne suspectée ou poursuivie a le droit d'être informée des charges retenues contre elle et d'être assistée d'un défenseur[2] et que toute personne condamnée a le droit de faire examiner sa condamnation par une autre juridiction[3].

En matière criminelle et correctionnelle, aucune condamnation ne peut être prononcée contre une personne sur le seul fondement de déclarations qu'elle a faites sans avoir pu s'entretenir avec un avocat et être assistée par lui[4].

524.13 Valeur constitutionnelle. Le Conseil constitutionnel a retenu que le principe des droits de la défense résulte de l'article 16 de la Déclaration de 1789[5].

La Cour de cassation a pour ce qui la concerne eu l'occasion de préciser solennellement, que la défense constitue pour toute personne un droit fondamental à caractère constitutionnel et son exercice effectif exige que soit assuré l'accès de chacun, avec l'assistance d'un défenseur, au juge chargé de statuer sur sa prétention[6].

Les droits de la défense se déclinent *a minima* sur les points suivants.

SECTION 2
DROIT DE PRÉPARER SA DÉFENSE ET D'ÊTRE INFORMÉ DES CHARGES RETENUES

524.21 Droit de préparer sa défense. L'équité de la procédure requiert que l'accusé puisse obtenir toute la vaste gamme d'interventions qui sont propres au conseil. À cet égard, la discussion de l'affaire, soit une information précise et complète des charges pesant contre un accusé, et donc la qualification juridique que la juridiction pourrait retenir à son encontre[7], l'organisation de la défense, la recherche des preuves favorables à l'accusé, la préparation des interrogatoires, le soutien de l'accusé en détresse et le contrôle des conditions de détention, sont des éléments fondamentaux de la défense que l'avocat doit librement exercer[8].

La pratique française est encore très éloignée des contre-enquêtes à l'anglo-saxonne et autres contre-

1. Charte des droits fondamentaux de l'UE, art. 48.
2. C. pr. pén., art. prélim. III, al. 2.
3. C. pr. pén., art. prélim. III, al. 5.
4. C. pr. pén., art. prélim. III, al. 6.
5. Cons. const. 30 mars 2006, n° 2006-535 DC, art., non conformes 21 et 22, conformes 8, 48, 49, 51, *loi pour l'égalité des chances*, NON-CONFORMITÉ PARTIELLE, *JO* 2 avr., p. 4964, rect. *JO* 11 avr., p. 5418, consid. 24 ; *D.* 2007. 1166, obs. V. Bernaud, L. Gay et C. Severino.
6. Cass., as. plén., 30 juin 1995, n° 94-20.302, P n° 4 ; *D.* 1995. 513, concl. M. Jeol, note R. Drago.
7. CEDH 25 mars 1999, *Pélissier et Sassi c/ France* [GC], req. n° 25444/94, § 52 – CEDH 1er mars 2006, *Sejdovic c/ Italie* [GC], req. n° 56581/00 § 90 – CEDH 5 mars 2013, *Varela Geis c/ Espagne*, req. n° 61005/09, § 42.
8. CEDH 13 oct. 2009, *Dayanan c/Turquie*, req. n° 7377/03, § 32, *D.* 2009. 2897, note J.-F. Renucci ; *AJ pénal* 2010. 27. Ét. C. Saas ; *RSC* 2010. 23, obs. D. Roets.

expertises privées, essentiellement pour des raisons de coût de telles investigations complémentaires.

Dans une conception extrêmement élargie de ce droit, il serait possible de soutenir qu'il emporte le droit de demander le report du procès en cas d'indisponibilité du défenseur choisi. Pour autant, le souhait de permettre au prévenu d'assurer sa défense ne saurait paralyser le cours de la justice[1].

Il est possible de citer dans le droit fil des décisions imposant une motivation, une espèce où la prévenue, qui, en raison de l'indisponibilité de son conseil le jour de l'audience, avait sollicité le renvoi de l'affaire, a vu sa demande rejetée sans motivation, et a été déclarée coupable des faits visés à la prévention et condamnée à deux mois d'emprisonnement, ce qui ne pouvait que conduire à la cassation[2].

524.22 Droit d'être informé des charges retenues. Il résulte des dispositions de l'article 6, § 3, a), de la convention européenne de sauvegarde des droits de l'Homme. La Cour européenne de Strasbourg considère qu'en matière pénale, une information précise et complète des charges pesant contre un accusé, et donc la qualification juridique que la juridiction pourrait retenir à son encontre, est une condition essentielle de l'équité de la procédure[3].

Tout prévenu a droit à être informé d'une manière détaillée de la nature et de la cause de la prévention dont il est l'objet et doit, par suite, être mis en mesure de se défendre, tant sur les divers chefs d'infraction qui lui sont imputés que sur chacune des circonstances aggravantes susceptibles d'être retenues à sa charge. Il en est ainsi de l'état de récidive, non visé à la prévention, mais retenu par la cour d'appel pour aggraver la peine[4].

Il en est pareillement ainsi, en matière d'atteintes sexuelles, de la circonstance d'autorité, non visée à la prévention mais retenue par la cour d'appel[5 6].

Il est une évidence que le premier des droits de la défense est sans doute celui de pouvoir dénier sa culpabilité, au besoin en critiquant la régularité de la procédure suivie. Sur ce dernier point un autre arrêt de la chambre criminelle est venu dire, conformément à sa jurisprudence antérieure[7], que si le juge français n'est pas compétent pour apprécier la régularité d'un acte accompli à l'étranger au regard de la législation étrangère, il lui appartient néanmoins de vérifier que ce dernier n'a pas porté atteinte aux droits de la défense et aux principes généraux du droit[8]. Ce droit n'est effectif que si l'information est délivrée dans une langue accessible au prévenu (comme à la victime), d'où les dispositions ci-après assurant la traduction et l'interprétariat.

SECTION 3
DROIT À L'ASSISTANCE D'UN INTERPRÈTE

524.31 Droit à l'assistance d'un interprète dans les entretiens avec l'avocat. Le droit à l'assistance d'un interprète résulte des dispositions de l'article 6[9], § 3, e) de la convention européenne de sauvegarde des droits de l'Homme. L'intervention d'un interprète, tant en amont du procès aux côtés de l'avocat de la personne, que lors du procès lui-même, n'est pas sans poser de difficultés[10].

Il a d'abord été jugé en matière d'instruction, que les articles 116 et 145-3 du code de procédure pénale, et l'article 6, § 3, posent en principe la libre communication entre la personne poursuivie et son avocat. En vertu de ce principe, la demande de la personne mise en examen, tendant à la désignation d'un interprète chargé de l'assister dans ses entretiens avec son avocat, et à la prise en charge par l'État des frais en résultant, si elle bénéficie de l'aide juridictionnelle, ne peut être déclarée irrecevable. Il appartient au juge d'instruction, régulièrement saisi d'une requête à cette fin, s'il n'y fait pas droit, de la rejeter par ordonnance motivée, susceptible d'appel dans les conditions prévues par l'article 186-1 du code de procédure pénale[11]. Par ailleurs, en vertu du principe de la libre communication entre la personne mise en examen et son avocat, résultant de l'article 6, § 3 de la convention européenne des droits de l'homme, la demande d'une personne poursuivie, bénéficiant de l'aide juridictionnelle et qui sollicite la désignation d'un interprète chargé de l'assister dans ses entretiens avec son avocat ainsi que la prise en charge par l'État des frais en résultant, ne saurait être déclarée irrecevable. Cette demande entre dans la catégorie des mesures qui peuvent, en application de l'article 82-1 du code de

1. Sur la question des renvois, v. s[s] n°s 532.31 s.
2. Crim. 20 janv. 2015, n° 14-82.468, NP, *Dr. pénal* mars 2015, Comm. 40, obs. A. Maron et M. Haas.
3. CEDH 25 mars 1999, *Pélissier et Sassi c/France*, req. n° 25444/94, § 51 ; *Rec.* 1999-II ; § 52 ; *D.* 2000. 357, note D. Roets.
4. Crim. 20 sept. 2000, n° 99-82.846, P n° 274.
5. Crim. 4 mars 1998, n° 96-86.326, P n° 85 ; *D.* 1998. 153.
6. Sur ces questions relatives au changement de qualification, v. s[s] n°s 551.11 s.
7. Crim. 27 juin 2001, n° 01-82.578, NP – Crim. 2 déc. 2015, n° 14-81.866, P n° 841 ; *D.* 2015. 2563 – Crim. 19 oct. 2016, n° 16-81.920, P ; *D. actu.* 3 nov. 2016, obs. S. Fucini – Crim. 7 juin 2017, n° 16-87.114, P ; *D. actu.* 4 juill. 2017, obs. W. Azoulay ; *AJ pénal* 2017. 452, obs. J. Gallois.
8. Crim. 4 oct. 2017, n° 17-81.291, NP.
9. Conv. CEDH, art. 6, § 3, e).
10. V. s[s] n°s 221.231 s.
11. Crim. 6 déc. 1994, n° 94-84.235, P n° 394 ; *D.* 1995. 147, obs. J. Pradel.

procédure pénale, être sollicitées par la personne mise en examen au cours de l'information. Ainsi, excède ses pouvoirs le président de la chambre de l'instruction disant n'y avoir lieu de saisir ladite chambre d'une telle requête sur laquelle le juge d'instruction n'avait pas statué dans le délai d'un mois[1]. Enfin, il a été rappelé que résulte de l'article 6, § 3, de la convention européenne des droits de l'homme que tout prévenu a le droit de se faire assister gratuitement d'un interprète pour s'entretenir, dans une langue qu'il comprend, avec l'avocat commis pour préparer sa défense[2].

Même si elle s'inscrit dans le cours de la mise à exécution d'une mise à l'épreuve d'un condamné qui n'a pas été trouvé à l'adresse indiqué dans une déclaration d'identité et de résidence rédigée hors l'assistance d'un interprète, une décision intéressante retient que les dispositions des directives 2010/64 et 2012/13, interprétées à la lumière des articles 47 et 48 de la Charte des droits fondamentaux et du principe d'effectivité, s'opposent à une législation nationale qui oblige sous peine de forclusion, à invoquer le bénéfice des garanties offertes par le droit de l'Union dans un délai contraint « lorsque ledit délai commence à courir avant même que la personne concernée ait été informée dans une langue qu'elle parle ou comprend, d'une part, de l'existence et de la portée de son droit à l'interprétation et à la traduction et, d'autre part, de l'existence et du contenu du document essentiel en cause ainsi que des effets attachés à celui-ci »[3].

524.32 Droit de se faire traduire la nature de l'accusation. De même, la jurisprudence de la Cour européenne des droits de l'Homme reconnaît-elle, sur la base de l'article 6, § 3, a), le droit à tout accusé à être informé, dans le plus court délai, dans une langue qu'il comprend et d'une manière détaillée, de la nature et de la cause de l'accusation portée contre lui. S'il ne spécifie pas qu'il échet de fournir ou traduire par écrit à un inculpé étranger les renseignements pertinents, il montre la nécessité de mettre un soin extrême à notifier l'accusation à l'intéressé. L'acte d'accusation joue un rôle déterminant dans les poursuites pénales : à compter de sa signification, l'inculpé est officiellement avisé par écrit de la base juridique et factuelle des reproches formulés contre lui. Un accusé à qui la langue employée par le tribunal n'est pas familière peut en pratique se trouver désavantagé si on ne lui délivre pas aussi une traduction de l'acte d'accusation, établie dans un idiome qu'il comprenne[4].

524.33 Droit d'être assisté gratuitement d'un interprète. La Cour ne peut que reconnaître à « gratuitement » et à « *free* » le sens absolu qu'ils possèdent d'ordinaire dans chacune de ses deux langues officielles : ils ne visent ni une remise sous condition, ni une exemption temporaire ni une suspension, mais bien une dispense ou exonération définitive [...]. Pour assurer un procès équitable, l'article 6 énumère en son § 3 certains droits « notamment » *minimum rights* accordés à l'accusé. Il n'en résulte pourtant pas, quant à son alinéa e), qu'une fois condamné l'accusé puisse avoir à payer les frais d'interprète. Considérer que l'article 6, § 3, e) autorise les juridictions internes à les faire supporter à un condamné, équivaudrait à en restreindre dans le temps le bénéfice et en pratique à le refuser à tout accusé ultérieurement condamné. Or, pareille interprétation priverait en grande partie l'article 6, § 3, e) de son effet [...]. La Cour conclut que le droit protégé par l'article 6, § 3, e) comporte, pour quiconque ne parle ou ne comprend pas la langue employée à l'audience, le droit d'être assisté gratuitement d'un interprète sans pouvoir se voir réclamer après coup le paiement des frais résultant de cette assistance [...]. Interprété dans la perspective du droit à un procès équitable, garanti par l'article 6, le § 3, e) signifie que l'accusé ne comprenant ou ne parlant pas la langue employée à l'audience a droit à l'assistance gratuite d'un interprète afin que lui soient traduits ou interprétés tous les actes de la procédure engagée contre lui qu'il faut comprendre pour bénéficier d'un tel procès[5].

524.34 Désignation de l'interprète. Dans le temps de l'audience les dispositions des articles 407 et suivants réglementaient pour l'essentiel la désignation d'un interprète pour le prévenu, la partie civile ou le témoin. Ces dispositions s'appliquaient quelle que soit la nature de l'affaire jugée : aux termes de l'article 407 du code de procédure pénale, dont les dispositions sont applicables au requérant agissant dans le cadre de l'article 702-1 dudit code, lorsque le demandeur ne parle pas suffisamment la langue française le président désigne d'office un interprète. Doit être cassé l'arrêt qui ne constate pas qu'un interprète doit être désigné, alors qu'il résulte des pièces de procédure que le requérant ne parle pas suffisamment la langue française[6].

1. Crim. 25 mai 2005, n° 05-81.628, P n° 157 ; *D.* 2005. 1884 ; *RSC* 2005. 868, obs. D.-N. Commaret.
2. Crim. 29 juin 2005, n° 04-86.110, P n° 199 ; *D.* 2005. 2104 ; *AJ pénal* 2005. 419 ; *RSC* 2005. 868, obs. D.-N. Commaret.
3. CJUE, 1er août 2022, aff. C-242/22 PPU, *TL c Ministerio Publico.*
4. CEDH 19 déc. 1989, *Kamasinski c/Autriche*, req. n° 9783/82, § 79.
5. CEDH 28 nov. 1978, *Luedicke, Belkacem et Koç c/Allemagne*, req. nos 6210/73, 6877/75, 7132/75, § 40 s. ; Série A, n° 29 ; *Cah. dr. eur.* 1979, p. 477, obs. Cohen-Jonathan ; *Afdi* 1979. 354, obs. Pelloux ; *JDI* 1980, p. 469, obs. Rolland.
6. Crim. 6 mars 1997, n° 96-80.953, P n° 93.

Depuis la loi du 5 août 2013, c'est l'article 803-5 du code de procédure pénale qu'il convient de mentionner.

Pour l'application du droit d'une personne suspectée ou poursuivie, prévu par le III de l'article préliminaire, à un interprète ou à une traduction, il est fait application du présent article. S'il existe un doute sur la capacité de la personne suspectée ou poursuivie à comprendre la langue française, l'autorité qui procède à son audition ou devant laquelle cette personne comparaît vérifie que la personne parle et comprend cette langue. À titre exceptionnel, il peut être effectué une traduction orale ou un résumé oral des pièces essentielles qui doivent lui être remises ou notifiées en application du présent code.

Les modalités d'application du présent article sont précisées par décret, qui définit notamment les pièces essentielles devant faire l'objet d'une traduction[1].

SECTION 4 DROIT À L'ASSISTANCE D'UN AVOCAT

§ 1 Trois droits fondamentaux

524.41 Assurer une protection effective des droits de la défense. L'article 6, § 3, c) de la Convention européenne des droits de l'homme garantit à l'accusé trois droits : se défendre lui-même, avoir l'assistance d'un défenseur de son choix et, sous certaines conditions, pouvoir être assisté gratuitement par un avocat d'office. Pour lier entre eux les membres de la phrase correspondants, la version anglaise emploie chaque fois la conjonction disjonctive « or » ; le texte français, lui, n'en utilise l'équivalent - « ou » - qu'entre ceux qui énoncent le premier et le deuxième droit ; il se sert ensuite de la conjonction copulative « et ». Les travaux préparatoires n'expliquent guère cette différence d'ordre linguistique. Il en ressort seulement que lors d'un ultime examen du projet de convention, à la veille de la signature, un comité d'experts apporta « *un certain nombre de corrections de forme ou de traduction* », dont le remplacement de « and » par « or » dans le libellé anglais de l'article 6, § 3, c). Eu égard au but et à l'objet de cette disposition, qui vise à assurer une protection effective des droits de la défense, le texte français fournit en l'occurrence un guide plus sûr [...]. Par conséquent, un « accusé » qui ne veut se défendre lui-même doit pouvoir recourir aux services d'un défenseur de son choix ; s'il n'a pas les moyens d'en rémunérer un, la convention lui reconnaît le droit à l'assistance gratuite d'un avocat d'office lorsque les intérêts de la justice l'exigent[2]. L'article 6, § 3, c) reconnaît à tout accusé le droit à l'assistance d'un défenseur de son choix.

Néanmoins, et malgré l'importance de relations confiantes entre avocat et client, on ne saurait prêter à ce droit un caractère absolu[3].

Au sein du code de procédure pénale, c'est l'article 417 qui dispose de manière assez complète que « le prévenu qui comparaît a la faculté de se faire assister par un défenseur.

Si le prévenu n'a pas fait choix d'un défenseur avant l'audience, le président l'informe, s'il n'a pas reçu cette information avant l'audience, qu'il peut, à sa demande, bénéficier d'un avocat commis d'office. Si le prévenu formule cette demande, le président commet un défenseur d'office.

Le défenseur ne peut être choisi ou désigné que parmi les avocats inscrits à un barreau.

L'assistance d'un défenseur est obligatoire quand le prévenu est atteint d'une infirmité de nature à compromettre sa défense ».

524.42 Droit à l'assistance d'un défenseur de son choix. Ce droit est forcément sujet à certaines limitations en matière d'assistance judiciaire gratuite et lorsqu'il appartient aux tribunaux de décider si les intérêts de la justice exigent de doter l'accusé d'un défenseur d'office. En désignant un tel avocat, les juridictions nationales doivent assurément se soucier des vœux de l'accusé [...]. Elles peuvent cependant passer outre s'il existe des motifs pertinents et suffisants de juger que les intérêts de la justice le commandent[4].

Ce droit comporte la garantie de la confidentialité des échanges de l'accusé avec son avocat. La Cour estime que le droit, pour l'accusé, de communiquer avec son avocat hors de portée d'ouïe d'un tiers figure parmi les exigences élémentaires du procès équitable dans une société démocratique et découle de l'article 6, § 3, c) de la convention. Si un avocat ne pouvait s'entretenir avec son client sans une telle surveillance et en recevoir des instructions confidentielles, son assistance perdrait beaucoup de son utilité, alors que le but de la convention consiste à protéger des droits concrets et effectifs [...]. Le danger de « collusion », malgré la gravité des infrac-

1. C. pr. pén. 803-5, D. 594-1 à D. 594-11.

2. CEDH 25 avr. 1983, *Pakelli c/Allemagne*, req. n° 8398/78, § 31, *RSC* 1984. 138, obs. L.-E. Pettiti.
3. V. s^s n° 524.42.
4. CEDH 25 sept. 1992, *Croissant c/Allemagne*, req. n° 13611/88, § 29 et § 30 ; *JCP* 1993. I. 3654, obs. F. Sudre.

tions reprochées au requérant, ne saurait justifier la restriction litigieuse, et aucune raison suffisamment convaincante n'a été avancée[1].

Les dispositions applicables en droit interne prévoient que le prévenu qui comparaît a la faculté de se faire assister par un défenseur.

524.43 Droit de se défendre soi-même. Pour trancher la question de la violation éventuelle des dispositions susvisées, la Cour a eu égard, dans une espèce particulière, au fait que le requérant avait exercé la profession d'avocat. Il savait donc que la législation en vigueur n'obligeait pas à lui signifier l'arrêt au prononcé duquel il avait assisté. On pouvait dès lors raisonnablement s'attendre à le voir effectuer l'une des trois démarches suivantes. D'abord, même si aucun texte légal ne l'y astreignait, il pouvait consulter au greffe de la cour d'appel la minute de l'arrêt. En second lieu, à supposer qu'il en ait sollicité en vain la copie comme il l'affirme, il aurait pu et dû réitérer sa demande au cours des quatre mois et demi qui suivirent le prononcé. Il lui restait une dernière ressource : se renseigner auprès du greffe de la Cour de cassation sur la date à laquelle celle-ci devait statuer, puis réclamer un ajournement pour pouvoir présenter en temps utile un mémoire ampliatif et avoir l'occasion de plaider sa cause. Rompu aux arcanes de la procédure judiciaire, il ne pouvait ignorer que des délais relativement brefs enserraient cette dernière, d'autant plus que les règles applicables présentaient une cohérence et une clarté suffisantes. En conclusion, le requérant ne saurait prétendre que les autorités l'ont placé dans l'impossibilité de produire un mémoire : ayant délibérément renoncé aux services d'un avocat, il devait témoigner lui-même de diligence. Il n'a dès lors subi aucune entrave à la jouissance effective des droits garantis par l'article 6[2].

524.44 Droit à un avocat commis d'office. Si le prévenu n'a pas fait choix d'un défenseur avant l'audience, le président l'informe, s'il n'a pas reçu cette information avant l'audience, qu'il peut, à sa demande, bénéficier d'un avocat commis d'office. Si le prévenu formule cette demande, le président commet un défenseur d'office.

Le défenseur ne peut être choisi ou désigné que parmi les avocats inscrits à un barreau.

L'assistance d'un défenseur est obligatoire quand le prévenu est atteint d'une infirmité de nature à compromettre sa défense[3].

La connaissance insuffisante de la langue française ne peut être considérée comme constituant, pour un prévenu une « infirmité de nature à compromettre sa défense » justifiant l'assistance obligatoire d'un défenseur ainsi que le prévoit l'article 417 du code de procédure pénale[4].

Même si elle concerne la matière criminelle, il est possible de citer ici une question prioritaire de constitutionnalité ayant posé la difficulté de la commission d'office d'un avocat par un juge. La décision du Conseil constitutionnel rendue le 4 mai 2018[5] est venue dire que les dispositions des articles 274 et 317 du code de procédure pénale, qui permettent au président de la cour d'assises qui constate que l'accusé n'est pas défendu, de lui commettre d'office un avocat, sont conformes à la Constitution.

524.45 Limite imposée aux droits de la défense par la prise en considération de circonstances insurmontables. La question de circonstances insurmontables ne permettant pas au justiciable d'être assisté par un avocat est fréquente en matière de garde à vue ou de comparutions devant le juge des libertés et de la détention[6]. Elle peut toutefois se poser en matière d'audience correctionnelle ou de police, souvent à l'occasion de mouvements collectifs du barreau.

Dans ces hypothèses, la juridiction va pouvoir tenir l'instance ou la poursuivre en l'absence d'avocat de la défense. On se doute bien évidemment qu'un tel déroulement du procès pénal doit être exceptionnel et que, par exemple, si des délais de détention le permettent, un report à bref délai, doit être privilégié, pour peu cependant que la composition soit à même d'estimer qu'à la date du renvoi, ledit procès puisse effectivement se tenir et le prévenu être assisté.

Pour autant, la chambre criminelle a pu par le passé approuver une juridiction du second degré qui avait relevé que les conditions météorologiques, qui n'avaient pas empêché le prévenu de se rendre à l'audience, ne constituaient pas un cas de force majeure justifiant l'absence de son avocat, ajoutant que si l'article 417 du Code de procédure pénale, comme l'article 6, paragraphe 3 c, de la Convention européenne de sauvegarde des droits de l'homme et des libertés fondamentales, reconnaissent au prévenu le droit de se faire assister par un défenseur de son choix, la nécessité d'assurer la continuité du cours de la justice et celle de permettre le jugement

1. CEDH 28 nov. 1991, *S... c/Suisse*, req. n° 12629/87, § 48 et § 49.
2. CEDH 22 juin 1993, *Melin c/France*, req. n° 12914/87, § 24 et § 25 ; *AJDA* 1994. 16, chron. J.-F. Flauss ; *RSC* 1993. 816, obs. P. Darbeda ; *RSC* 1993. 1994. 362, obs. R. Koering-Joulin.
3. C. pr. pén., art. 417.
4. Crim. 7 nov. 1968, n° 68-91.175, P n° 289.
5. M. Babonneau, « Constitutionnalité de la commission d'office d'un avocat par un juge : réponse le 4 mai », *D. actu.* 17 avr. 2018.
6. *D. actu.*, 29 oct. 2021, N. Hoffschir « Les avocats protestent et l'audience passe ».

des prévenus dans un délai raisonnable font obstacle à ce que l'absence du défenseur choisi entraîne nécessairement le renvoi de l'affaire[1].

Il a encore été jugé assez tôt que la décision prise collectivement par un barreau de suspendre toute participation des avocats au service des commissions d'office constitue une circonstance insurmontable[2] permettant en l'espèce de passer outre l'assistance de l'avocat durant la mesure de garde à vue. Pareillement, que ne sont pas méconnues les dispositions de l'article 63-4 du Code de procédure pénale, dès lors que, d'une part, la décision prise collectivement par un barreau de suspendre toute participation des avocats au service des commissions d'office constitue une circonstance insurmontable, que, d'autre part, il ne résulte d'aucune pièce de la procédure que l'intéressé, averti de l'impossibilité d'être pourvu d'un avocat d'office, ait manifesté la volonté de désigner un avocat personnel et qu'enfin a seul qualité pour commettre d'office un avocat le bâtonnier du ressort dans lequel la personne a été placée en garde à vue[3].

La chambre criminelle a ensuite jugé que la décision prise par un barreau de suspendre sa participation aux audiences d'une juridiction de jugement constitue une circonstance insurmontable justifiant que les affaires y soit retenues sans la présence d'un avocat dès lors que cette présence n'est pas obligatoire et que les formalités légales ont été accomplies en vue de faire respecter les droits de la défense[4].

§ 2
Renonciation au droit de se faire assister

524.51 Renonciation au droit à l'assistance d'un avocat. Il résulte des dispositions de l'article 6, § 3, b) et c), de la convention européenne des droits de l'homme que l'assistance d'un avocat fait certainement partie intégrante des facilités nécessaires à la préparation de la défense[5]. Ce droit à l'assistance d'un avocat n'est pas une obligation d'être assisté et une renonciation peut être admise par la Cour de Strasbourg dans certaines conditions. Ni la lettre ni l'esprit de l'article 6 n'empêchent une personne ne renoncer de son plein gré, que ce soit de manière expresse ou tacite, aux garanties d'un procès équitable. L'essentiel est qu'une telle renonciation soit établie de manière non équivoque et entourée d'un minimum de garanties correspondant à sa gravité. En l'espèce, le droit du requérant d'être assisté par un avocat lui a été rappelé pendant sa garde à vue, il en a convenu en signant un exemplaire du procès-verbal constatant son refus. Le requérant ayant réitéré lors de la procédure de jugement la plupart de ses déclarations, la cour admet que son choix a pu être libre et volontaire. Partant, il n'y a pas violation de l'article 6[6].

Même s'il concerne la procédure devant la chambre de l'instruction, un nouvel arrêt s'adossant à ce principe, est venu rappeler que le droit à l'assistance par un avocat doit être concret et effectif. Il appartient au magistrat de s'assurer du caractère non équivoque de la renonciation à ce droit[7].

524.52 Effectivité de l'assistance. Un arrêt de la Cour de Strasbourg[8] est venu préciser plusieurs points relativement au respect des droits de la défense qui doivent être signalés même s'ils concernent l'instruction préparatoire.

« 75. [...] la Cour conclut à la violation de l'article 6, § 3, c) de la convention combiné avec l'article 6, § 1 faute pour le requérant d'avoir bénéficié de l'assistance d'un défenseur lors de son audition par la police et faute pour les juridictions d'avoir réparé les conséquences en résultant ».

« 83. [...] la Cour considère que l'assistance de l'avocat lors de l'interrogatoire du 18 décembre 2009 n'a pas été ineffective en raison d'un défaut d'accès au dossier avant cet interrogatoire ».

« 89. Force est de constater qu'en l'espèce le procès-verbal de l'interrogatoire du 18 décembre 2009 relate qu'un avocat a été commis d'office le matin même par le juge d'instruction, mais ne contient ensuite aucune mention d'un quelconque laps de temps pendant lequel le requérant aurait pu s'entretenir avec cet avocat. La Cour ne peut donc s'assurer – au vu des seules affirmations du Gouvernement et des éléments dont elle dispose – que le requérant a pu s'entretenir avec son avocat avant l'interrogatoire litigieux et qu'il a ainsi eu une assistance effective de ce dernier [...] ».

« 91. Ces éléments suffisent à la Cour pour conclure qu'il y a eu violation de l'article 6, § 3, c) de la convention combiné avec l'article 6, § 1, à cet égard ».

1. Crim.17 janv. 1996, n° 95-82.114, P n° 29.
2. Crim. 9 mai 1994, n° 94-80802, P. n° 174. V. également s[s] n°s 543.11 et 615.313.
3. Crim. 12 mars 1997, n° 96-86596, P., n° 99.
4. Crim. 23 mai 2013, n° 12-83780, P., n° 115 ; Crim. 23 mai 2013, n° 12-83.721, P. n° 114, et la note critique « Force majeure et présence de l'avocat à l'audience correctionnelle : une application restrictive des droits de la défense par la Cour de cassation », A. Bolze, JCP, 2013, p. 1513.
5. CEDH 9 juill. 1981, *Kröcher et Möller c/Suisse, DR* 34/24.
6. CEDH 23 févr. 2010, *Yoldas c/Turquie*, req. n° 27503/04, § 51, *AJ pénal* 2015. 380, obs. S. Lavric ; *Dr. pénal* 2011. Chron. 3, obs. E. Dreyer.
7. Crim. 22 mars 2017, n° 16-83.928, P.
8. CEDH 9 avr. 2015, *AT c/Luxembourg*, req. n° 30460/13, *AJ pénal* 2015. 380.

Le principe selon lequel le droit à l'assistance doit être concret et effectif et devant toutes juridictions a été notamment posé par un arrêt de la Cour européenne de 1992 appelé à se prononcer sur le refus de voir désigné un avocat d'office devant la Cour de cassation et estimant que seul un conseil expérimenté pouvait présenter et développer une argumentation sur des questions aussi complexes que la compatibilité de la législation douanière avec la convention européenne des droits de l'Homme[1]. Il a fait l'objet de rappels constants au terme desquels, les autorités judiciaires ne doivent pas demeurer passives mais assurer à la partie, de façon effective, la jouissance de ce droit[2].

On peut en trouver une illustration dans un nouvel arrêt aux termes duquel, au visa des articles 25[3] de la loi du 10 juillet 1991[4], et 6 § 1 de la convention européenne des droits de l'homme, la chambre criminelle a considéré qu'un prévenu ayant sollicité le bénéfice de l'aide juridictionnelle avant l'audience des débats, peu important que la cour d'appel en ait ou non été avisée, ne pouvait être jugé en son absence et alors qu'il n'était pas représenté[5].

La nomination d'un conseil n'assure pas plus, à elle seule, l'effectivité de l'assistance qu'il peut procurer à l'accusé. On ne saurait pour autant imputer à un État la responsabilité de toute défaillance d'un avocat d'office. De l'indépendance du barreau par rapport à l'État il découle que la conduite de la défense appartient pour l'essentiel à l'accusé et à son avocat, commis au titre de l'aide judiciaire ou rétribué par son client[6]. Mais en cas d'inaction de l'avocat commis, les autorités si elles en sont averties, doivent le remplacer ou l'amener à s'acquitter de sa tâche[7].

524.53 Non-transmission de QPC. Il a été soutenu que les dispositions de l'article 417, alinéas 1 et 2, du code de procédure pénale étaient contraires au principe constitutionnel des droits de la défense en ce que, en dehors de l'hypothèse du prévenu atteint d'une infirmité de nature à compromettre sa défense (alinéa 4) qui est obligatoirement assisté d'un défenseur, elles ne font pas obligation à la juridiction correctionnelle devant laquelle il comparaît sans avocat de l'informer qu'il a la faculté d'être assisté, au besoin sur commission d'office, se bornant à prévoir que ladite commission est subordonnée à une demande expresse dudit prévenu.

La chambre criminelle a refusé de saisir le Conseil constitutionnel dans ces termes, considérant que la question posée ne présentait pas un caractère sérieux au regard du principe constitutionnel des droits de la défense, dès lors que l'exercice de la faculté de se faire assister par un défenseur, prévu par l'article 417, alinéas 1 et 2, du code de procédure pénale, implique, pour être effectif, que le prévenu a été préalablement informé de cette faculté[8].

SECTION 5
DROIT À LA DÉLIVRANCE D'UNE COPIE DU DOSSIER

524.61 Jurisprudence européenne. Selon la CEDH, il se déduit de l'article 6 de la convention européenne des droits de l'homme, que lorsque le ministère d'avocat est obligatoire en matière pénale, la communication du dossier à ce dernier suffit au regard des prescriptions de la convention[9].

La Cour réaffirme que, selon le principe de l'égalité des armes[10] – l'un des éléments de la notion plus large de procès équitable –, chaque partie doit se voir offrir une possibilité raisonnable de présenter sa cause dans des conditions qui ne la placent pas dans une situation de désavantage par rapport à son adversaire. En l'espèce, trois éléments lui semblent essentiels. D'abord, le requérant a choisi de se défendre seul, droit qui lui est expressément reconnu tant par la convention que par le droit interne. Le raisonnement suivi par la Cour dans les affaires *Kamasinski* et *Kremzow*, d'après lequel il n'est pas incompatible avec les droits de la défense de réserver à l'avocat d'un accusé l'accès au dossier de la juridiction saisie, ne saurait donc jouer. Ensuite, l'intéressé ayant été directement cité devant le tribunal de police, sans instruction préalable, la question éventuelle de la protection du secret de l'instruction ne se posait pas. Enfin, la condamnation du requérant par la cour d'appel reposait exclusivement sur le procès-verbal établi par les gardes-chasses, procès-verbal faisant foi jusqu'à preuve contraire en vertu de l'article 537 du code de procédure pénale. La Cour estime donc qu'il était

1. CEDH 25 sept. 1992, *Pham Hoang c/France*, req. nº 13191/87, *AJDA* 1993. 105, chron. J.-F. Flauss ; *D.* 1993. 386, obs. J.-F. Renucci.
2. CEDH 21 avr. 1998, *Daud c/Portugal*, req. nº 22600/93, *RSC* 1999. 384, obs. R. Koering-Joulin.
3. L. nº 91-647, 10 juill. 1991, art. 25.
4. L. nº 91-647, 10 juill. 1991 relative à l'aide juridique, *JO* 13 juill., p. 9170.
5. Crim. 21 nov. 2017, nº 17-81.591, P ; *D.* 2017. 2428 ; *D.* 2018. 196, chron. B. Laurent, G. Barbier, E. Pichon, L. Ascensi et G. Guého ; *AJ pénal* 2018. 156, obs. J. Andrei.
6. CEDH 7 oct. 2008, *Bogumil c/Portugal*, req. nº 35228/03, § 46.
7. CEDH 13 mai 1980, *Artico c/Italie*, req. nº 6694/74, § 33.
8. Crim. 16 juill. 2010, nº 10-80.551, NP, *D.* 2011. 14 ; *RSC* 2011. 151, obs. J. Danet.
9. CEDH 19 déc. 1989, *Kamasinski c/Autriche*, req. nº 9783/82, § 88.
10. V. s[s] n°s 521.21 s.

important pour le requérant d'avoir accès à son dossier et d'obtenir la communication des pièces le composant, afin d'être en mesure de contester le procès-verbal établi à son encontre[1].

524.62 Jurisprudence interne. Des réserves avaient été posées par l'Assemblée plénière de la Cour de cassation quant à la remise des pièces obtenues par l'avocat, à son client, au stade de l'instruction. Ainsi, avait-il été jugé qu'il résulte tant de l'article 114, alinéa 4, du code de procédure pénale, dont les dispositions ne sont pas contraires à celles de l'article 6, § 3, b), de la convention européenne des droits de l'homme, que de l'article 160 du décret du 27 novembre 1991[2] organisant la profession d'avocat, que, si celui-ci, autorisé à se faire délivrer des copies du dossier d'instruction, peut procéder à leur examen avec son client pour les besoins de sa défense, il ne saurait lui remettre ces copies qui ne lui sont délivrées que pour son « usage exclusif » et doivent demeurer couvertes par le secret de l'instruction[3]. Les dispositions applicables en la matière ont été modifiées par la loi du 5 mars 2007[4], l'article 114, précité, prévoyant expressément : « Les avocats peuvent transmettre une reproduction des copies ainsi obtenues à leur client. Celui-ci atteste au préalable, par écrit, avoir pris connaissance des dispositions de l'alinéa suivant et de l'article 114-1 ».

Dès 1996, la chambre criminelle avait toutefois jugé que les articles 114 et 197 du code de procédure pénale, qui limitaient, aux avocats des parties, la possibilité de se faire délivrer la copie des pièces du dossier d'une information en cours, n'étaient pas applicables aux procédures dont la juridiction de jugement est saisie et qui, de ce fait, ne sont pas soumises au secret de l'enquête ou de l'instruction prescrit par l'article 11 du même code. Il s'ensuivait que toute personne ayant la qualité de prévenu ou d'accusé était en droit d'obtenir, en vertu de l'article 6, § 3, de la convention européenne des droits de l'homme, non pas la communication directe des pièces de la procédure, mais la délivrance, à ses frais, le cas échéant par l'intermédiaire de son avocat, de la copie des pièces du dossier soumis à la juridiction devant laquelle elle est appelée à comparaître. Les dispositions réglementaires de l'article R. 155-2° du code de procédure pénale, en ce qu'elles soumettent à autorisation du ministère public la délivrance aux parties de copies de pièces de la procédure, ne pouvaient faire obstacle à cette règle sans porter atteinte aux droits de la défense[5].

524.63 Absence d'obtention par l'avocat d'une copie complète du dossier. Il est clair que l'absence d'obtention par l'avocat d'une copie complète du dossier de son client doit amener la juridiction à renvoyer l'examen de l'affaire. Elle ne saurait se réfugier, ni derrière le caractère tardif de la demande, ni sur le fait qu'une précédente copie avait été délivrée à un autre avocat n'assistant plus le prévenu. Ce débat est désormais susceptible d'être en partie réglé par la création de l'article 388-4 du code de procédure pénale par la loi du 27 mai 2014[6] transposant la directive 2012/13 UE[7].

On rappellera ici la jurisprudence récente de la chambre criminelle relative au déferement d'une personne dans le cadre d'une procédure de comparution immédiate qui a jugé que la remise d'une copie du dossier par CD-Rom impliquait le cas échéant la mise à disposition du matériel nécessaire à sa lecture effective[8].

SECTION 6
DROIT AUX TÉMOINS

524.71 Principe. Il résulte des dispositions de l'article 6, § 3, d) susvisé. Le droit « aux témoins » doit être entendu de manière élargie. Il s'agit en fait de permettre au prévenu ou à l'accusé d'articuler sa défense comme il l'entend et en l'espèce de faire entendre toute personne, témoin ou victime, coprévenu qui lui semble utile.

Il y a violation de l'article 6, § 1 et 3, d), si une condamnation se fonde exclusivement sur les déclarations prononcées avant le procès par des coïnculpés qui se sont ensuite abstenus de témoigner[9]. Les éléments de preuve doivent en principe être produits devant l'accusé en audience publique, en vue d'un débat contradictoire. Ce principe ne va pas sans

1. CEDH 18 mars 1997, *Foucher c/France*, req. n° 22209/93, § 34 s., *Rec.* 1997-II ; *D.* 1997. Somm. 360, obs. J.-F. Renucci – Sur la question de la traduction du dossier, v. s[s] n°s 221.231 et 221.244.
2. Décr. n° 91-1197, 27 nov. 1991 organisant la profession d'avocat, *JO* 28 nov., p. 15502.
3. Cass., ass. plén., 30 juin 1995, n° 95-13.035, P n° 3 ; *D.* 1995. 417 note J. Pradel ; *RSC* 1995. 833, obs. J.-P. Dintilhac.
4. L. n° 2007-291, 5 mars 2007 tendant à renforcer l'équilibre de la procédure pénale, *JO* 6 mars, p. 4206.
5. Crim. 12 juin 1996, n°s 96-80.219, 95-82.735, P n° 248 ; *Dr. pénal* 1997, Chron. n° 1, rapp. Ferrari, et Chron. n° 4, concl. Cotte.
6. L. n° 2014-535, 27 mai 2014 portant transposition de la directive 2012/13/UE du Parlement européen et du Conseil, du 22 mai 2012, relative au droit à l'information dans le cadre des procédures pénales, *JO* 28 mai, p. 8864.
7. Dir. 2012/13/UE, Parlement et Conseil, 22 mai 2012 relative au droit à l'information dans le cadre des procédures pénales, *JOUE L* 142, 1er juin, p. 1 – V. s[s] n° 512.31.
8. Crim. 9 mars 2020, n° 21-82.580, P, *D. actu.* Etudiant, 19 avr. 2022.
9. CEDH 5 déc. 2002, *Craxi c/Italie*, req. n° 34896/97 ; *D.* 2003. Somm. 594, obs. M. Chiavario.

exceptions, mais on ne saurait les accepter que sous réserve des droits de la défense. En règle générale, les § 3, d) et 1 de l'article 6 commandent d'accorder à l'accusé une occasion adéquate et suffisante de contester un témoignage à charge et d'en interroger l'auteur, au moment de la déposition ou plus tard [1, 2].

Dans un arrêt concernant la condamnation d'une personne sur la foi de la déposition d'un témoin (victime) qui alléguait avoir été agressé et qui n'avait pas été réentendu lors des débats, la Cour retient une violation de l'article 6, § 1 et 3, d) n'étant pas démontré que les juridictions italiennes ont déployé tous les efforts que l'on pouvait raisonnablement attendre d'elles pour assurer la comparution du témoin. Il est retenu que ni les juges du fond, ni le requérant n'ont pu l'observer pendant son audition pour apprécier sa crédibilité et la fiabilité de sa déposition, la qualité de l'examen conduit par le juge du fond, quelle qu'elle soit, ne permettant pas de disposer des éléments pouvant ressortir d'une confrontation en audience publique entre l'accusé et son accusateur, et partant, de juger de la fiabilité de la preuve ni compenser l'absence d'interrogation du témoin par la défense [3].

La CJUE a pour sa part jugé sur le fondement des dispositions de la directive (UE) 2016/343 et des articles 47 et 48 de la Charte des droits fondamentaux que viole le droit de l'Union une législation nationale qui permet à une juridiction répressive, lorsqu'il n'est pas possible d'interroger un témoin à charge lors de la phase judiciaire d'une procédure pénale, de fonder sa décision statuant sur la culpabilité du prévenu sur la déposition du témoin obtenue lors d'une audition menée devant un juge au cours de la phase préliminaire de cette procédure, mais sans la participation de la personne poursuivie ou de son avocat, à moins qu'il n'existe un motif sérieux justifiant la non-compaution du témoin lors de la phase judiciaire de la procédure pénale, que la déposition de ce témoin ne constitue pas le fondement unique ou déterminant de la condamnation de la personne poursuivie et qu'il existe des éléments compensateurs suffisants pour contrebalancer les difficultés causées à cette personne et à son avocat du fait de la prise en compte de ladite déposition [4].

Toute la difficulté est bien sûr de trouver ici le point d'équilibre entre le trop (l'audition d'un très grand nombre de témoins inutiles est de nature à embolyser l'audience) ou encore la répétition d'auditions d'un même témoin et le trop peu (la simple répétition, sans contradiction, des éléments initialement recueillis par les enquêteurs, peut ne pas entraîner la conviction des juges).

Deux arrêts récents illustrent le propos :

– L'article 513, alinéa 2, du code de procédure pénale, qui dispose que les témoins cités par le prévenu sont entendus dans les règles prévues aux articles 435 à 457 et que le ministère public peut s'y opposer si ces témoins ont déjà été entendus par le tribunal, la cour tranchant avant tout débat au fond, n'est pas applicable lorsque seule l'action civile est dévolue à la cour d'appel. Ainsi, ne méconnaît pas ces dispositions la cour d'appel qui, saisie de la seule action civile, rejette une demande d'audition de témoins, par des motifs qui relèvent de son appréciation souveraine [5] ;

– En revanche, dès lors que les témoins, régulièrement cités devant la cour d'appel, n'avaient pas été entendus par le tribunal, ils devaient l'être par la juridiction du second degré, peu important qu'ils n'aient pas été cités en première instance, l'article 513 susvisé ne prévoyant pas une telle restriction [6].

524.72 Témoignage anonyme. En matière de témoignage anonyme, la Cour européenne des droits de l'Homme a pu rappeler sa position en indiquant : « Si l'accusé a eu une occasion adéquate et suffisante de contester pareilles dépositions, au moment où elles [ont été] faites ou plus tard, leur utilisation ne se heurte pas en soi à l'article 6, § 1 et 3, d). Il s'ensuit, cependant, que les droits de la défense sont restreints de manière incompatible avec les garanties de l'article 6 lorsqu'une condamnation se fonde [...] uniquement ou dans une mesure déterminante [...] sur des dépositions faites par une personne que l'accusé n'a pu interroger ou faire interroger ni au stade de l'instruction ni pendant les débats... » [7].

1. CEDH 15 juin 1992, *Lüdi c/Suisse*, req. n° 12433/86, § 47.
2. Aussi : v. s[s] n° 223.13.
3. CEDH 12 oct. 2017, *Cafagna c/Italie*, req. n° 26073/13.
4. CJUE, 8 déc. 2022, aff. C-348/21, *HYA, IP, DD, ZI et SS c/ Spetsializirana prokurata*.
5. Crim. 20 oct. 2021, n° 19-86.294, NP ; D. Goetz « Audition d'un témoin à hauteur d'appel : à quelles conditions ? », *D. actu.* 7 nov. 2021.
6. Crim. 29 juin 2022, n° 21-85.470, P ; M. Slimani « Précisions sur l'audition de témoins en appelé », *D. actu.* 12 juill. 2022.
7. CEDH 27 févr. 2001, *Lucà c/Italie*, req. n° 33354/96, § 40, *Rec.* 2001-II ; rappelé par : CEDH 15 déc. 2011, *Al-khawaja et Tahery c/Royaume-Uni*, requêtes n°s 26766/05 et 22228/06, *RSC* 2012. 245, obs. D. Roets : arrêt qui retient pour le premier qu'il existait en l'espèce des éléments compensateurs suffisants pour faire conclure que cette circonstance n'a pas emporté violation de l'article 6 § 1 combiné avec l'article 6 § 3 d) de la convention, et pour le second, que le caractère déterminant du témoignage de T… en l'absence dans le dossier de preuves solides aptes à le corroborer emporte la conclusion que les jurés n'ont pas pu apprécier correctement et équitablement la fiabilité de ce témoignage. Considérant l'équité de la procédure dans son ensemble, la Cour juge que les éléments censés compenser les difficultés auxquelles la défense s'est trouvée confrontée du fait de l'admission de la déposition de T… n'étaient pas suffisants. Partant, il y a eu violation de l'article 6, § 1 de la convention combiné avec l'article 6, § 3 d) à l'égard de M. Tahery.

524.73 **Citation des témoins.** C'est à la défense (ou au ministère public) qu'il appartient de solliciter l'audition de témoins, et de procéder à leur citation ainsi qu'à tout incident de procédure faisant suite au non-respect de telle ou telle demande. La chambre criminelle a ainsi pu juger[1], dans une espèce où les avocats des prévenus avaient fait citer dix témoins devant la cour d'appel, quatre d'entre eux ne comparaissant pas, dont un avait toutefois été entendu par le tribunal correctionnel, que les demandeurs ne sauraient faire grief à la cour d'appel d'avoir poursuivi les débats sans se prononcer sur l'absence de ces témoins dès lors que, bien qu'ayant été invitée par la cour à formuler des observations, la défense n'a sollicité, ni verbalement, ni par voie de conclusions écrites, soit le prononcé d'une mesure aux fins de contraindre les témoins à comparaître immédiatement, soit le renvoi du procès.

SECTION 7

DROIT AU CONTRE-INTERROGATOIRE

524.81 **Déroulement.** Sous réserve des dispositions de l'article 401 du code de procédure pénale, le ministère public et les avocats des parties peuvent poser directement des questions au prévenu, à la partie civile, aux témoins et à toutes personnes appelées à la barre, en demandant la parole au président.

Le prévenu et la partie civile peuvent également poser des questions par l'intermédiaire du président[2].

Ces dispositions ne doivent pas être l'occasion d'une cacophonie judiciaire et il importe que le président du tribunal ait épuisé ses propres questions avant d'autoriser les avocats et le ministère public à poser les leurs. D'usage d'ailleurs, il donne d'abord la parole à ses assesseurs si ceux-ci souhaitent de leur côté compléter l'interrogatoire ou l'audition d'une partie. Surtout, les questions ne doivent pas être ni l'occasion de propos agressifs ou menaçants vis-à-vis d'une partie, ni une anticipation sur les réquisitions ou les plaidoiries.

Rien n'exclut évidemment que le président rebondisse sur une réponse d'un des participants à une question du ministère public ou d'un avocat pour reprendre la parole. Il devra dans tous les cas avant de céder la parole au ministère public pour ses réquisitions s'assurer que toutes les questions que les parties souhaitaient poser ont été épuisées.

Dans tous les cas, on peut regretter que cet emprunt, relativement modeste à la procédure de cross-examination américaine, soit peu développé[3].

1. Crim. 24 janv. 2018, n° 17-80.940, NP, *Cah. sociaux* 1er avr. 2018, p. 218, obs. A. Casado.

2. C. pr. pén., art. 442-1.
3. C. Ayela, J. Mestre, V. Péronnet, *Vérités croisées : Cross examination, une petite révolution procédurale,* « Carré droit », Litec, 2005.

CHAPITRE

525. Droits des victimes

SECTION 0 ORIENTEUR

525.00 Sommaire du chapitre.

525.01 Principaux textes applicables.

TEXTES SOURCES

- Conv. EDH, art. 5, 6, 7, 10, 13
- Conv. EDH, protocole additionnel n° 7, 22 nov. 1984, art. 1 à 4
- C. pr. pén., art. prélim.
- COJ, art. L. 111-5, L. 111-12

TEXTES *IN EXTENSO*

- **Conv. EDH, art. 6**

* V. s[s] n° 521.01

- **C. pr. pén., art. prélim.**

* V. s[s] n° 521.01.

- **COJ, art. L. 111-5**

* V. s[s] n° 521.01.

- **COJ, art. L. 111-12**

* V. s[s] n° 521.01.

525.03 Bibliographie indicative.

Articles. L. Castellon « La place de la victime dans le procès pénal », L'Harmattan, Logiques juridiques, 2018 – A. D'Hauteville, « Les droits des victimes dans la loi du 15 juin 2000 », *RSC* 2001. 107 – H. Henrion, « La loi du 15 juin 2000 assure-t-elle l'équilibre nécessaire entre les droits et devoirs de l'État, de la personne mise en cause et de la victime ? », *Arch. pol. crim.* 2002, n° 24, p. 81 – Ch. Jolibois, « Le renforcement de la protection de la présomption d'innocence et des droits des victimes : l'apport du Sénat », *RSC* 2001. 65 – Ch. Lazerges, « Le projet de loi renforçant la protection de la présomption d'innocence et les droits des victimes », *RSC* 1999. 166.

SECTION UNIQUE ÉTENDUE DES DROITS DES VICTIMES

525.11 Principe. L'autorité judiciaire veille à l'information et à la garantie des droits des victimes au cours de toute procédure pénale[1]. Les droits des victimes ont été complétés par la loi du 17 août 2015[2] portant adaptation de la procédure pénale au droit de l'Union européenne, le décret du 26 février 2016[3] et encore par les lois du 23 mars 2019[4], 22 décembre 2021[5], 24 janvier 2023[6], pour cette dernière dès le stade du dépôt de plainte[7].

525.12 Avis à victimes. Toute victime doit d'abord être avisée des poursuites, et en cas de renvoi en comparution immédiate ou de convocation par procès-verbal, le procureur de la République doit, par tous moyens, aviser la victime de la date de l'audience[8]. La victime doit également être informée de son droit de se constituer partie civile pendant l'information[9]. L'absence au dossier de la preuve qu'une victime a bien été appelée à l'audience pour

1. C. pr. pén., art. prélim. II.
2. L. n° 2015-993, 17 août 2015 portant adaptation de la procédure pénale au droit de l'Union européenne, *JO* 18 août, p. 14331.
3. Décr. n° 2016-214, 26 févr. 2016 relatif aux droits des victimes, *JO* 28 févr., n° 14.
4. L. n° 2019-222, 23 mars 2019 de programmation 2018-2022 et de réforme pour la justice, *JO* 24 mars, n° 2.
5. L. n° 2021-1729, 22 déc. 2021, art. 14 (V), *JO*, 23 déc., n° 2.
6. L. n° 2023-22, 24 janv. 2023, art.12 et 13, *JO*, 25 janv., n° 1.
7. V. s[s] n° 222.31 – Sur l'évaluation des besoins et des mesures de protection des victimes d'infraction : C. pr. pén., art. D. 1er-2 à D. 1er-9 – Sur l'évaluation approfondie : C. pr. pén., art. D. 1er-10 à D. 1er-12 et D. 594 s. – Ledit décret achevait la transposition de la directive 2011/93/UE du Parlement européen et du Conseil du 13 décembre 2011 relative à la lutte contre les abus sexuels et l'exploitation sexuelle des mineurs ainsi que la pédopornographie.
8. C. pr. pén., art. 393-1 – V. s[s] n°s 222.31 et 222.41.
9. C. pr. pén., art. 80-3.

faire valoir ses droits commande *a priori* le report de l'examen de l'affaire pour régularisation sur ce point, sous réserve de ce qui a été dit précédemment [1].

525.13 Droit à l'interprète. Dans le cas où elle ne parle pas suffisamment le français ou lorsque la traduction d'un document versé aux débats est nécessaire, la partie civile peut voir se désigner un interprète par le président du tribunal [2].

525.14 Possibilité de se constituer partie civile. Hors le cas où elle se constitue partie civile par voie d'action, [3] la victime peut se constituer par une voie d'intervention [4] même sans avoir à comparaître personnellement. La déclaration de constitution de partie civile se fait soit avant l'audience au greffe, soit pendant l'audience par déclaration consignée par le greffier ou par dépôt de conclusions [5].

La victime peut se constituer partie civile directement ou par son avocat, par lettre recommandée avec avis de réception ou par télécopie parvenue au tribunal 24 heures au moins avant la date de l'audience, pour réclamer une restitution d'objet ou des dommages-intérêts [6].

Lorsque la personne qui se prétend lésée s'est constituée partie civile selon les modalités prévues à l'article 420-1, le président donne lecture de sa demande dès que l'instruction à l'audience est terminée [7].

Le tribunal correctionnel doit alors statuer, par une seule et même décision, sur la culpabilité du prévenu et sur la constitution de partie civile. Il ne peut, après avoir déclaré le prévenu coupable, renvoyer à une audience ultérieure l'examen de la recevabilité de la constitution de partie civile (ce qui est bien évidemment différent d'un renvoi pour liquider le montant de l'indemnisation d'un préjudice reconnu en son principe) [8].

Rappelons que lorsque la juridiction correctionnelle est saisie en même temps de l'action publique et de l'action civile, le juge qui prononce la relaxe du prévenu ne peut que débouter la partie civile de ses demandes [9], sauf demande expresse d'application des dispositions de l'article 470-1 du code de procédure pénale ou, lorsque la partie civile, seule appelante d'un jugement de relaxe, sollicite la réparation de son dommage devant le juge répressif, au titre d'une faute qui doit être démontrée à partir et dans la limite des faits objets de la poursuite qu'il n'est plus question de qualifier d'infraction [10].

525.15 Demande de restitution. La victime peut, dès le stade de l'enquête, formuler une demande de restitution dont il est dressé procès-verbal par l'OPJ. Cette demande vaut constitution de partie civile si l'action publique est mise en mouvement et que le tribunal correctionnel ou de police est directement saisi. La victime n'est pas tenue de comparaître [11].

Il est évidemment important pour la juridiction correctionnelle de ne pas omettre de statuer sur une telle demande.

525.16 Renvoi sur intérêts civils. Après avoir statué sur l'action publique, le tribunal peut d'office, à la demande du parquet ou des parties, même s'il n'ordonne pas de mesure d'instruction, renvoyer l'affaire à une date ultérieure pour qu'il soit statué sur l'action civile, afin de permettre à la partie civile d'apporter les justificatifs de ses demandes. Ce renvoi est de droit lorsqu'il est demandé par les parties civiles [12].

525.17 Applicabilité des principes devant le tribunal correctionnel et la chambre des appels correctionnels. Les principes directeurs ci-dessus rappelés ont vocation à s'appliquer devant toutes les juridictions pénales. D'une manière générale, les règles édictées pour le tribunal correctionnel sont applicables devant la cour d'appel sous réserve des dispositions des articles 512-1 et suivants du code de procédure pénale [13].

1. V. s[s] n° 223.21.
2. Pour les personnes atteintes de surdité : C. pr. pén., art. 407, 408.
3. V. s[s] n°s 222.131 s.
4. V. s[s] n°s 222.141 s.
5. C. pr. pén., art. 419.
6. C. pr. pén., art. 420-1.
7. C. pr. pén., art. 460-1.
8. Crim. 15 févr. 2022, n° 20-86.486, NP.
9. Crim. 14 juin 2017, n° 16-80.264, NP.
10. Crim. 5 févr. 2014, n° 12-80.154, P. n° 35 – V. aussi s[s] n° 932.61.
11. C. pr. pén., art. 420-1.
12. C. pr. pén., art. 464.
13. C. pr. pén., art. 512.

TITRE

53. L'appel des causes, les renvois

SECTION 0

ORIENTEUR

53.00 Sommaire du titre.

CHAPITRE

531. Entrée en salle d'audience

SECTION 0 ORIENTEUR

531.00 **Sommaire du chapitre.**

531.01 **Principaux textes applicables.**

TEXTES SOURCES

- C. pr. pén., art. 387, 461
- L. 29 juill. 1881, art. 38 *ter*

TEXTES *IN EXTENSO*

- **C. pr. pén., art. 387**

Lorsque le tribunal est saisi de plusieurs procédures visant des faits connexes, il peut en ordonner la jonction soit d'office, soit sur réquisition du ministère public, ou à la requête d'une des parties.

- **C. pr. pén., art. 461**

Si les débats ne peuvent être terminés au cours de la même audience, le tribunal fixe, par jugement, le jour où ils seront continués.

Les parties et les témoins non entendus, ou ceux qui ont été invités à rester à la disposition du tribunal, sont tenus de comparaître, sans autre citation, à l'audience de renvoi.

- **L. 29 juill. 1881, art. 38 *ter***

Dès l'ouverture de l'audience des juridictions administratives ou judiciaires, l'emploi de tout appareil permettant d'enregistrer, de fixer ou de transmettre la parole ou l'image est interdit. Le président fait procéder à la saisie de tout appareil et du support de la parole ou de l'image utilisés en violation de cette interdiction.

Toutefois, sur demande présentée avant l'audience, le président peut autoriser des prises de vues quand les débats ne sont pas commencés et à la condition que les parties ou leurs représentants et le ministère public y consentent.

Toute infraction aux dispositions du présent article sera punie de 4 500 euros d'amende. Le tribunal pourra en outre prononcer la confiscation du matériel ayant servi à commettre l'infraction et du support de la parole ou de l'image utilisé.

Est interdite, sous les mêmes peines, la cession ou la publication, de quelque manière et par quelque moyen que ce soit, de tout enregistrement ou document obtenu en violation des dispositions du présent article.

SECTION 1 DÉCORUM

§ 1 Salle d'audience

531.11 **Géographie de la salle d'audience.** Selon les juridictions, et parfois selon les salles d'audience au sein d'une même juridiction, la place du ministère public et du greffier varie, tantôt à droite, tantôt à gauche du pupitre central où s'installe le tribunal. En soi, cette diversité ne pose pas de difficulté, mais manque sans doute de lisibilité pour le public qui découvre l'audience correctionnelle, raison pour laquelle il est parfois fourni aux scolaires et lycéens venus assister à une audience pénale, un schéma explicatif positionnant clairement chaque acteur[1].

531.12 **Téléphone portable et ordinateur.** Il est indiqué dans la majeure partie des salles d'audience que l'usage d'un téléphone portable est prohibé, et cette interdiction s'applique évidemment aux magistrats, greffier et parquetier.

On ne peut manquer de citer ici la décision du Conseil supérieur de la magistrature statuant en

1. Sur la salle d'audience, v. s^s n°s 523.61 s. ; sur le placement des juges, v. s^s n°s 544.21 s.

matière disciplinaire et estimant que par l'utilisation inappropriée qu'il a faite d'un réseau social durant le déroulement d'un procès d'assises, le magistrat a manqué à ses obligations de neutralité, de dignité, d'impartialité et de délicatesse à l'égard des justiciables et porté atteinte à la confiance que les justiciables doivent pouvoir accorder aux décisions de justice[1].

Il n'en demeure pas moins, sous la réserve de sonneries intempestives, et une fois affirmée la nécessité d'une attention constante au déroulement des débats, que les avocats sont généralement admis à se trouver à l'audience avec leur téléphone portable ou leur ordinateur personnel, ce qui peut également permettre le cas échéant la réalisation dans l'instant d'une recherche de jurisprudence. Et ce, même si des incidents ont pu et peuvent encore à la marge opposer sur ce sujet, magistrats et avocats[2].

Le tribunal peut quant à lui utilement bénéficier d'un ordinateur portable, d'une tablette ou d'un poste fixe installé en salle d'audience, ne serait-ce que pour consulter la dernière version d'un texte de loi dont l'application lui est demandée. Un tel équipement des salles d'audience serait d'ailleurs cohérent avec la numérisation progressive des procédures.

La problématique des enregistrements clandestins d'audience par des membres du public, se règle sur le fondement des dispositions de la loi du 29 juillet 1881, article 38 *ter*[3].

§ 2
Posture du magistrat

531.21 **Port de la robe.** Le costume d'audience est porté par les juges, le représentant du ministère public, le greffier et généralement l'huissier d'audience. L'avocat porte également une robe[4].

Cette règle vaut pour les audiences publiques, comme pour celles qui sont prises en chambre du conseil[5].

Les costumes des magistrats de la Cour de cassation, de la cour d'appel, du tribunal judiciaire, des auditeurs de justice, des directeurs des services de greffe judiciaires et greffiers de ces juridictions sont fixés par décret conformément au tableau annexé au code de l'organisation judiciaire[6].

Les juges de proximité et les citoyens assesseurs ne disposaient pas de costume d'audience et siégeaient donc en tenue civile. Les juges de proximité étaient porteurs d'une médaille attestant de leur qualité.

La disparition de ces derniers, dont la majorité a opté pour le statut préexistant de magistrat exerçant à titre temporaire, a amené la publication d'un décret[7], venu modifier un décret antérieur relatif notamment aux indemnités de costume d'audience[8], dont l'article 6 prévoit que dans la limite des crédits ouverts à cet effet, des costumes d'audience peuvent être mis à la disposition des magistrats exerçant à titre temporaire en vertu des dispositions de la sous-section I de la section II du chapitre V *bis* de l'ordonnance du 22 décembre 1958 susvisée, des personnels appartenant à la catégorie C de la fonction publique et, le cas échéant, des auxiliaires et des vacataires qui concourent au fonctionnement des différents services des greffes, en vertu des dispositions de l'article R. 123-14 du code de l'organisation judiciaire.

Ces costumes appartiennent aux juridictions dans lesquelles les personnes mentionnées à l'alinéa précédent sont affectées.

Pour tous, un usage respectueux de chacun, commande que l'un quelconque des acteurs de l'audience n'attende pas d'être en salle pour revêtir son costume d'audience.

531.22 **Port des médailles.** Un certain nombre de magistrats qui se sont vus décerner des décorations (Légion d'honneur, Ordre du mérite, médailles de l'administration pénitentiaire ou de la protection judiciaire de la jeunesse...), font choix de les arborer sur leur robe lors des audiences. Le principe même de l'octroi de décorations aux magistrats est contesté par certaines organisations syndicales.

Il n'est pas interdit de penser, qu'en termes d'homogénéisation de la composition, voulue par le port d'un même costume d'audience pour tous les

1. Décis. P079, 29 avr. 2014 pour le magistrat du parquet (déplacement d'office) et S213CE pour le magistrat du siège du 30 avril 2014 (blâme avec inscription au dossier), *Rapport annuel CSM pour l'année 2014*.
2. O. Dufour, « Les tribulations du téléphone portable à l'audience », *Gaz. Pal.*, 7 juin 2016.
3. V. s[s] n° 523.61.
4. V. s[s] n° 531.31.
5. Sur le sujet du port de la robe, une chronique dépassant le cadre de l'audience correctionnelle : M. Herzog-Evans, « *To robe or not to robe* : discussion internationale informelle autour du port de la robe par les magistrats et les avocats », *AJ pénal* 2013. 395.
6. COJ, art. R. 111-6 : mod. par décr. n° 2017-683, 28 avr. 2017, art. 1er.
7. Décr. n° 2017-824, 5 mai 2017 tirant les conséquences de la suppression des juridictions de proximité et des juges de proximité et relatif à la mise à disposition de costumes d'audience pour les magistrats exerçant à titre temporaire et certains personnels des services judiciaires, *JO* 7 mai, n° 88.
8. Décr. n° 98-814, 11 sept. 1998 portant attribution d'indemnités de costume d'audience aux magistrats de l'ordre judiciaire, aux greffiers en chef et aux greffiers et portant mise à disposition de costumes d'audience pour les magistrats exerçant à titre temporaire et certains personnels des services judiciaires, *JO* 13 sept., p. 13995.

juges, l'introduction d'une distinction par les médailles portées, ne soit pas nécessairement opportune[1].

531.23 Port de signes religieux distinctifs, une problématique récente. La loi du 11 octobre 2010[2] interdisant la dissimulation du visage dans l'espace public, définit en son article 2, l'espace public comme constitué des voies publiques ainsi que des lieux ouverts au public ou affectés à un service public. Assurément l'espace judiciaire de l'audience correctionnelle publique peut être concerné par ces dispositions, même si la Cour européenne des droits de l'homme a eu l'occasion de préciser que si un tribunal peut faire partie de l'« espace public », par opposition aux lieux de travail par exemple, il ne s'agit pas d'un lieu public similaire à une voie ou une place publique[3]. L'article premier de la loi dispose que nul ne peut, dans l'espace public, porter une tenue destinée à dissimuler son visage. Bien que la loi ne le précise pas explicitement, il est clair que ce texte concerne pour l'essentiel le port de tenues religieuses de nature à entraîner une dissimulation du visage et en particulier, niqab, voile ou foulard... Cette interdiction ne s'applique pas si la tenue est prescrite ou autorisée par des dispositions législatives ou réglementaires, si elle est justifiée par des raisons de santé ou des motifs professionnels, ou si elle s'inscrit dans le cadre de pratiques sportives, de fêtes ou de manifestations artistiques ou traditionnelles[4]. Une telle exception ne peut jouer dans le cadre correctionnel et aucune disposition législative ou réglementaire ne fait exception à la loi précitée.

Aucun magistrat français ne saurait donc aborder l'audience revêtu d'une telle tenue ou encore d'un tel signe religieux (croix, kippa...) ou de tout autre manifestant son appartenance à une quelconque religion. Il n'existe pas de disposition spécifique en matière correctionnelle, contrairement à la procédure criminelle qui prévoit notamment, en application de l'article 304 du code de procédure pénale, que les jurés « debout et découverts » prêtent serment avant la constitution définitive du jury. Au demeurant on peut imaginer un juré se découvrant pour prêter ce serment et souhaitant immédiatement se revêtir d'un tel accessoire.

Cependant le principe d'impartialité, détaillé par le recueil des obligations des magistrats publié par le Conseil supérieur de la magistrature comme imposant au juge dans l'exercice de son activité professionnelle, de faire abstraction de tout préjugé et d'adopter une attitude empreinte d'objectivité[5] ou celui précisant encore, que si le magistrat bénéficie des droits reconnus à chaque citoyen, il ne peut cependant souscrire aucun engagement de quelque nature qu'il soit (politique, philosophique, confessionnel, associatif, syndical, commercial...), ayant pour conséquence de le soumettre à d'autres contraintes que celles de la loi républicaine et de restreindre sa liberté de réflexion et d'analyse[6], paraissent être des fondements suffisamment solides en la matière.

Enfin, pour les justiciables, prévenu, partie civile ou témoin, il appartient au président qui détient la police de l'audience de veiller à la neutralité des débats[7, 8].

§ 3
Posture de l'avocat

531.31 Tenue de l'avocat. Un ensemble de règles déontologiques s'applique aux avocats, y compris lors de l'audience[9]. Ce professionnel a d'ailleurs prêté serment devant la Cour d'appel dont dépend son Barreau, selon la formule suivante : « je jure, comme avocat, d'exercer mes fonctions avec dignité, conscience, indépendance, probité et humanité » et s'engage à respecter les principes essentiels de la profession contenus dans le Règlement intérieur national.

L'avocat se présentant à l'audience se doit de porter sa robe et il est d'usage qu'il la revête en dehors de la salle d'audience. Les avocats « revêtent dans l'exercice de leurs fonctions judiciaires le costume de leur profession », selon la précision de l'article 1er de la loi du 15 juin 1982[10] au deuxième alinéa de l'article 3[11] de la loi du 31 décembre 1971 qu'il réécrit.

La question a pu se poser du port de la toque, dès lors qu'il est demandé aux parties de comparaître

1. Sur la question du soupçon de partialité pouvant naître du port d'une même décoration par un magistrat et la personne qu'il doit juger, v. ss no 211.83.
2. L. no 2010-1192, 11 oct. 2010 interdisant la dissimulation du visage dans l'espace public, *JO* 12 oct., p. 18344.
3. CEDH, 18 sept. 2018, *Lachiri c/Belgique*, req. no 3413/09.
4. *Idem*, art. 2.
5. CSM, *Recueil des obligations déontologiques des magistrats*, Dalloz, 2010, recomm. b. 14.
6. CSM, préc., principe B. 21.
7. V. ss nos 544.21 s.
8. V. ss nos 221.24 et 544.21.
9. J.-J. Taisne, *La déontologie des avocats*, 10e éd., « Connaissance du droit », Dalloz, 2017, p. 112 – S. Bortoluzzi, D. Piau, Th. Wickers, *Règles de la profession d'avocat*, 17e éd., « Dalloz action », 2022, nos 313.00 s., not. no 313.63 – Y. Avril, *La responsabilité des avocats*, 4e éd., « Dalloz référence », 2020, no 222.67.
10. L. no 82-506, 15 juin 1982 relative à la procédure applicable en cas de faute professionnelle commise à l'audience par un avocat, *JO* 16 juin, p. 1899.
11. L. no 71-1130, 31 déc. 1971, art. 3 ; issu de L. no 82-506, 15 juin 1982, art. 1er ; mod. par L. no 90-1259, 31 déc. 1990, art. 67.

tête découverte. Même s'il est tombé en désuétude, le port de la toque, qui symbolisait l'indépendance des avocats, n'est pas prohibé durant les débats et donc pas susceptible de sanction. En revanche, l'avocat devait se découvrir au moment de sa plaidoirie [1].

531.32 Port d'insignes et de décorations. Aussi clairement que pour les magistrats [2], il semblait acquis que le port d'insignes quelconque ou de signes religieux par un avocat est proscrit comme incompatible avec son serment [3].

À l'occasion d'un incident survenu devant l'École française du barreau en janvier 2015, Me Pierre-Olivier Sur, bâtonnier du barreau de Paris et Me Laurent Martinet, vice-bâtonnier du barreau de Paris, avaient déjà rappelé que « *le port de la robe est évidemment exclusif de celui de tout signe religieux distinctif* ». La cour d'appel de Douai a eu pour sa part à se pencher sur ce problème, saisie par deux avocats, appuyés par le défenseur des droits, contre une délibération du conseil de l'ordre des avocats de Lille qui, par délibération en vue d'une modification de son règlement intérieur, avait souhaité interdire le port du voile à l'audience. Elle a rejeté lesdits recours considérant que l'objectif recherché légitime et l'exigence proportionnée, cette interdiction ne valant que lors des seules missions de l'avocat de représentation ou d'assistance d'un justiciable devant une juridiction [4]. Par une décision du 8 avril 2021 [5], et pour un motif de procédure, la chambre criminelle a refusé le renvoi d'une QPC sur le sujet. La première chambre civile de la Cour de cassation a par ailleurs jugé que le conseil de l'ordre d'un barreau est compétent pour règlementer le port et l'usage de la robe d'avocat, en l'absence de dispositions législatives spécifiques et à défaut de dispositions règlementaires édictées par le Conseil national des barreaux. À ce titre, il peut interdire le port, avec la robe, de tout signe manifestant ostensiblement une appartenance ou une opinion religieuse, philosophique, communautaire ou politique [6].

Le port de décorations officielles est en revanche toléré, mais il appelle - de la part des auteurs - les mêmes réserves que pour les magistrats par la distinction qu'il pose sur un costume d'audience qui tend à fondre avocats comme magistrats dans un ensemble unique dont rien *a priori* ne distingue les membres. L'avocat tient de son serment l'étendue de ses devoirs à l'égard des magistrats, tout comme ceux-ci, vis-à-vis des auxiliaires de justice, la tiennent du leur. Dans un avis présenté à l'assemblée générale du Conseil national des Barreaux, Christian Vigouroux et Élise Untermaier-Kerléo [7] concluent à la possibilité pour le CNB d'interdire le port de signes distinctifs sur la robe dans le règlement intérieur national (RIN) de la profession [8].

Pour autant, le contentieux du port de médailles sur les robes d'avocat, élevé jusqu'à la Cour de cassation, a donné lieu à un arrêt de la 1re chambre civile [9] aux termes duquel a été approuvée la cour d'appel de Toulouse qui a déduit des textes appliqués [10], le droit pour le décoré de porter les insignes que confère l'attribution d'une décoration française et le fait, après qu'ait été énoncé que le principe d'égalité ne s'oppose pas à l'existence de décorations décernées en récompense des mérites éminents ou distingués au service de la Nation, que lorsqu'un avocat porte sur sa robe professionnelle les insignes des distinctions qu'il a reçues aucune rupture d'égalité entre les avocats n'est constituée non plus qu'aucune violation des principes essentiels de la profession.

531.33 Outrage et diffamation. La loi du 15 juin 1982 régit la procédure applicable aux délits d'audience en précisant [11] : « Toute juridiction qui

1. A. Damien, « La toque », *Gaz. Pal.* 25 nov. 1986. 23 – TOUTEFOIS, suivant une résolution du 18 novembre 2016, la Conférence des bâtonniers a constaté « *le caractère obsolète du port de la toque* », et appelé les autorités à réglementer le costume d'audience en proscrivant les signes distinctifs et en précisant que les avocats se présentent tête nue : *Gaz. Pal.* 29 nov. 2016. 42.
2. Pour une étude savante sur le sujet, M. Martin « Quelle réception pour le Code de la légion d'honneur ? Le cas du port des décorations sur le costume officiel judiciaire et universitaire », *Revue générale du droit on line*, 2020, n° 52068 (www.revuegeneraledudroit.eu/?p=52068).
3. CNB, Comm. RU, avis n° 2003-045, 17 sept. 2003 – C. avocat, s^s^ Décr. 12 juill. 2005, art. 3, avis CNB, note 2. CNB, Comm. RU, avis n° 2003-001, 6 févr. 2003.
4. G. Deharo, « Le foulard et la robe », *D. actu.* 21 juill. 2020 ; M. Lartigue, « Le port du voile avec la robe d'avocat devant la justice », *Gaz. Pal.* 28 juill. 2020.
5. Crim. 8 avr. 2021, n° 20-20.185, P : « même s'il se destine à la profession d'avocat, l'élève d'un centre régional de formation professionnelle dépend juridiquement de ce centre, conformément à l'article 62 du décret n° 91-1197 du 27 novembre 1991, n'est pas inscrit au tableau de l'ordre ni soumis aux délibérations et décisions du conseil de l'ordre, lesquelles régissent uniquement les avocats, et bénéficie d'un recours juridictionnel effectif, prévu à l'article 14 de la loi du 31 décembre 1971, à l'encontre des décisions concernant la formation professionnelle, prises en application de l'article 13, par le centre auprès duquel il est inscrit ».
6. Civ. 1re, 2 mars 2022, n° 20-20.185, NP.
7. Ancien président de la section de l'intérieur du Conseil d'État et maître de conférences en droit public.
8. O. Dufour, « Avocats : pas de signes distinctifs sur la robe », *Actu-juridique.fr,* Lextenso, 7 avril 2023.
9. Civ., 1re, 24 oct. 2018, n° 17-16.166, P ; « Les décorations doivent être bannies du prétoire », *D. actu.*, 26 sept ;2018, J. Mucchielli ; « Décoration républicaine sur la robe : aucune rupture d'égalité », *D. Actu.,* 25 oct. 2018, T. Coustet.
10. C. légion d'honneur et médaille militaire, art. R. 66 et R. 69 auxquels renvoie l'article 27 du décret n° 63-1196 du 31 décembre 1963 portant création d'un ordre national du Mérite.
11. L. n° 71-1130, 31 déc. 1971, art. 25 ; mod. par L. 15 juin 1982, art. 2.

estime qu'un avocat a commis à l'audience, un manquement aux obligations que lui impose son serment, peut saisir le procureur général en vue de poursuivre cet avocat devant le conseil de l'ordre dont il relève... » et fixe les règles de cette saisine qui ne seront pas abordées plus avant.

On pense immédiatement ici aux propos d'audiences, parfois un peu vifs. Et à l'article 434-24 du code pénal qui réprime l'outrage à magistrat ou à toute personne exerçant une fonction juridictionnelle et susceptible de porter atteinte à sa dignité ou au respect dû à ses fonctions. Toute expression injurieuse ou diffamatoire, lorsqu'elle s'adresse à un magistrat de l'ordre administratif ou judiciaire dans l'exercice de ses fonctions ou à l'occasion de cet exercice, est qualifiée d'outrage par l'article 434-24 du code pénal et, même lorsqu'elle a été proférée publiquement, entre dans les prévisions de ce texte[1].

Rappelons cependant qu'aux termes de l'article 41[2] de la loi du 29 juillet 1881, les discours prononcés et les écrits produits devant les tribunaux ne peuvent donner lieu à aucune action pour diffamation ou outrage. Mais cette règle reçoit exception dans les cas où les écrits outrageants sont étrangers à la cause. Ainsi, dans une espèce où certains passages des conclusions adressés au président de la juridiction qui était saisi d'une procédure relative à un accident de la circulation par le prévenu, pouvaient avoir un caractère outrageant (comme imputant au magistrat une appartenance à une société secrète), la chambre criminelle a-t-elle cassé une décision de condamnation, considérant que figurant dans les conclusions écrites soumises à cette juridiction, les écrits n'étaient pas étrangers à la cause, et que la cour d'appel avait méconnu le sens et la portée du texte susvisé[3].

Parmi les dernières espèces rendues on peut également citer une décision de la première chambre civile de la Cour de cassation qui retient qu'après avoir rappelé que, si l'avocat a le droit de critiquer le fonctionnement de la justice ou le comportement de tel ou tel magistrat, sa liberté d'expression n'est pas absolue et ne s'étend pas aux propos véhéments dirigés contre un juge, mettant en cause son éthique professionnelle, et qu'une cour d'appel a pu déduire de ses constatations et énonciations mettant en évidence de tels propos, que ceux-ci étaient exclus de la protection de la liberté d'expression accordée par l'article 10, § 2, de la convention de sauvegarde des droits de l'Homme et des libertés fondamentales et qu'ils caractérisaient un manquement aux principes de délicatesse et de modération qui s'appliquent à l'avocat en toutes circonstances[4].

La qualification de diffamation peut également trouver à s'appliquer, avec une distinction subtilement posée par la CEDH selon que les propos ont notamment été tenus au sein ou en dehors du prétoire. Il sera ici renvoyé aux développements concernant la plaidoirie[5].

531.34 Libre accès à toutes les audiences ? Sous les réserves qui précèdent, le libre accès de tous les avocats à toutes les audiences doit être érigé en principe.

La question a pu être posée du droit des avocats n'intervenant pas dans l'affaire soumise à huis clos de se maintenir dans la salle d'audience. Certains professionnels pensent qu'il n'est pas justifié d'exiger que d'autres membres du barreau que ceux intervenant dans la cause soient invités à sortir de la salle, dès lors que leurs devoirs leur imposent le respect de la confidentialité et qu'il y a peu lieu de craindre qu'ils viennent troubler le déroulement des débats. D'autres maintiennent que le statut d'avocat ne permet pas à celui qui n'est pas concerné par un procès de demeurer dans la salle d'audience. La réponse est sans doute plus claire s'il est craint un mouvement concerté d'avocats non constitués tendant à empêcher la tenue de tel procès... mais on peut espérer que cette hypothèse soit résiduelle.

SECTION 2
ACTEURS

531.41 Entrée du tribunal. L'entrée des juges, dans la salle d'audience, le président en premier, est traditionnellement précédée d'un coup de sonnette, qui retentira autant de fois que la composition reviendra en audience publique, notamment après avoir délibéré. L'entrée s'effectue à partir de la salle de délibéré généralement située à toute proximité de la salle où auront lieu les débats.

Ce signal a son utilité, il indique à chacun la proximité du début de l'audience, l'obligation de faire silence et le devoir de se lever à l'entrée des juges.

Le coup de sonnette est généralement ponctué par l'avis donné au public par l'huissier d'audience sous la forme : « Le tribunal », ou : « Le tribunal, veuillez vous lever s'il vous plaît ».

Le public et les autres assistants à l'audience seront invités à s'asseoir par le président, après son annonce : « L'audience est ouverte ».

1. Crim. 19 avr. 2000, n° 99-84.886, P n° 154.
2. L. 29 juill. 1881, art. 41 ; mod. par L. n° 82-506, 15 juin 1982, art. 5.
3. Crim. 11 oct. 2005, n° 05-80.545, P n° 255 ; *D.* 2006. 1272, note B. Beignier ; *AJ pénal* 2005. 417.
4. Civ. 1re, 10 sept. 2015, n° 14-24.208, P I, n° 103 ; *D.* 2015. 1842.
5. V. ss nos 562.22 s.

La pratique est diverse sur le fait pour le président de la composition de dire ou pas bonjour à l'auditoire sous une formule qu'il choisit. Il n'est pas inopportun pour les juges de saluer brièvement les avocats et le public, c'est une marque de respect qui ne peut que contribuer à donner une image apaisée de l'audience et de la façon dont elle va se dérouler.

531.42 **Greffier.** Le directeur de greffe, les greffiers en chef adjoints, les greffiers de chambre, les chefs de services de greffe et les greffiers assistent les magistrats à l'audience et dans les cas prévus par les lois et règlements. Ils dressent les actes de greffe, notes et procès-verbaux dans les cas prévus par les lois et règlements [1].

Des personnels appartenant à la catégorie C de la fonction publique, et, le cas échéant, des auxiliaires et des vacataires concourent au fonctionnement des différents services du greffe. Ces personnels peuvent, à titre exceptionnel et temporaire, et après avoir prêté le serment prévu à l'article 26 [2] (devenu 24 du décr. du 13 oct. 2015) du décret du 30 mai 2003 [3], être chargés des fonctions énumérées à l'article R. 123-13 [4] et d'une partie des fonctions énumérées à l'article R. 123-5 [5]. Au-delà d'un délai de quatre mois, ils sont, sur leur demande, déchargés de ces fonctions [6, 7].

Le greffier d'audience est généralement déjà installé à sa place et n'entre donc pas avec la juridiction.

531.43 **Ministère public.** Le procureur de la République représente, en personne ou par ses substituts, le ministère public près le tribunal judiciaire [8]. Le procureur de la République répartit les substituts entre les chambres du tribunal et les divers services du parquet. Il peut modifier à tout moment cette répartition. Il peut exercer lui-même les fonctions qu'il a spécialement déléguées à ses substituts [9, 10].

531.44 **Problématique de l'entrée du ministère public.** Dans un certain nombre de cas, le représentant du ministère public se sera installé à sa place, comme le greffier, avant le début de l'audience. Il se peut tout aussi bien que le parquet gagne sa place en même temps que les magistrats du siège la leur.

Il est globalement admis qu'il est mal venu pour le parquet d'entrer en même temps et par la même porte que les juges du siège, ce qui peut troubler l'existence d'une séparation entre les magistrats du siège et celui du parquet, entre celui qui va requérir au nom de la société et ceux qui vont juger. Il semble ressortir d'une bonne pratique que des entrées séparées soient effectuées.

En aucun cas le parquet ne peut se retirer avec les juges dans la salle de délibéré, pas plus que le greffier d'ailleurs ou toute autre personne à l'exception des auditeurs de justice ou de certains avocats en formation [11].

531.45 **Placement.** En audience collégiale, le président s'installe au centre, un assesseur à chacun de ses côtés. D'usage, l'assesseur le plus ancien dans le plus haut grade prend place à la droite du président. Maintenant que siège habituellement un juge de proximité dans la composition collégiale, il se trouve à la gauche du président.

Cet ordonnancement traditionnel se trouve parfois troublé par la présence d'auditeurs de justice surtout si ceux-ci, dans le cours de leur formation doivent mener les débats dans un ou plusieurs dossiers de l'audience. De même, sont assez fréquemment invités à siéger avec la juridiction les avocats stagiaires, les greffiers en formation se trouvant plus du côté du greffier d'audience, les policiers, gendarmes ou représentants d'une administration également en cours de formation se trouvant généralement plutôt du côté du parquet.

531.46 **Sortie.** Il est d'usage que le président sorte en premier vers la salle des délibérés, suivi de ses assesseurs.

1. COJ, art. R. 123-13, al. 2 et 3.
2. Décr. n° 2003-466, 30 mai 2003, art. 26 ; abrogé par décr. n° 2015-1275, 13 oct. 2015, art. 43.
3. Décr. n° 2003-466, 30 mai 2003 portant statut particulier des greffiers des services judiciaires, *JO* 31 mai, p. 9257.
4. COJ, art. R. 123-13 ; mod. par décr. n° 2015-1273, 13 oct. 2015, art. 42.
5. COJ, art. R. 123-5 ; codifié par décr. n° 2008-522, 2 juin 2008.
6. COJ, art. R. 123-14 ; mod. par décr. n° 2016-1359, 11 oct. 2016, art. 7.
7. Aussi : v. s^s n°s 211.62 s.
8. COJ, art. L. 212-6 ; mod. par L. n° 2016-1547, 18 nov. 2016, art. 15.
9. COJ, art. R. 212-12 ; codifié par décr. n° 2008-522, 2 juin 2008.
10. Aussi : v. s^s n°s 212.11 s.
11. V. s^s n°s 211.41 s.

CHAPITRE

532. Appel des causes et renvoi

SECTION 0
ORIENTEUR

532.00 **Sommaire du chapitre.**

532.01 **Principaux textes applicables.**

TEXTES SOURCES

- C. pr. pén., art. 387, 461
- L. 29 juill. 1881, art. 38 *ter*

TEXTES *IN EXTENSO*

- **C. pr. pén., art. 387**

* V. s^{s} n° 531.01.

- **C. pr. pén., art. 461**

* V. s^{s} n° 531.01.

- **L. 29 juill. 1881, art. 38 *ter***

* V. s^{s} n° 531.01.

532.02 **Jurisprudence de référence.**

> Impossibilité pour le tribunal de renvoyer à une date indéterminée

- **Crim. 20 mai 1987, n° 86-96.649,** P n° 210

* V. s^{s} n° 532.52.

« Sur le moyen relevé d'office et pris de la violation des articles 461, 512, 591 et 593 du code de procédure pénale ;

Vu lesdits articles ;

Attendu que les juges ne sauraient, sans interrompre le cours de la justice, ordonner un sursis à statuer d'une durée indéterminée ;

Attendu qu'il appert de l'arrêt attaqué que X..., poursuivi pour recel de vol aggravé, a déposé des conclusions tendant à faire déclarer la nullité de la procédure ;

Attendu que les juges statuant sur ces conclusions ont renvoyé l'affaire "*sine die*" ;

Mais attendu qu'en prononçant ainsi sans fixer le terme à l'issue duquel l'affaire serait à nouveau appelée, la cour d'appel a méconnu le principe ci-dessus rappelé et interrompu le cours de la justice ;

Que dès lors la cassation est encourue de ce chef. »

> Nécessité pour le tribunal de renvoyer l'affaire si le prévenu non-comparant et non-représenté est en attente du bénéfice de l'aide juridictionnelle

- **Crim. 21 nov. 2017, n° 17-81.591,** P

* V. s^{s} n° 532.36.

M. B... ayant sollicité le bénéfice de l'aide juridictionnelle avant l'audience des débats, peu important que la cour en ait été ou non avisée, elle ne pouvait évoquer son affaire alors qu'il n'était ni comparant, ni représenté.

532.03 **Bibliographie indicative.**

Article. R. Gassin, « L'audience de jugement », *ALD* 1995. 103.

SECTION 1
APPEL DES CAUSES

532.11 **Absence de mise en état.** Sauf initiative locale, il n'existe pas de véritable mise en état des affaires pénales devant le tribunal correctionnel. Tout au plus peut-on considérer qu'un service de l'audiencement efficace et une politique volontariste de co-audiencement participeront d'une véritable mise en état, puisqu'auront été éliminées en amont toutes les scories (indisponibilité d'avocat, absence de délivrance de copie, indisponibilité, incompatibilités...), susceptibles de ralentir ou d'empêcher la tenue de l'audience.

Pour autant, il n'est pas interdit, après que le tribunal ait le cas échéant rendu les délibérés consécutifs à de précédentes audiences, que le président de la composition évoque à haute et intelligible voix pour qu'y soient associées toutes les parties intéressées et qu'aucun détail de la discussion n'échappe notamment, ni au parquet, ni au greffier, les dossiers susceptibles de poser tel ou tel problème qui n'aurait pas pu être réglé avant l'ouverture de l'audience. De même sera-t-il opportun de procéder ainsi si l'une des parties n'a pu être associée aux discussions préalables ou pour que le tribunal s'assure que tel a bien été le cas. Si les règles de confraternité imposent en effet à l'avocat bénéficiaire d'un renvoi à sa demande d'en aviser ses confrères, il peut arriver que cet avis n'ait pas été donné et que le renvoi soit source d'incidents [1].

532.12 **Horaires indicatifs.** Il peut s'avérer particulièrement opportun une fois examiné le rôle et estimé le temps que prendra l'évocation de tel ou tel dossier, d'indiquer aux autres avocats présents et à leurs clients que leur dossier ne sera abordé par le tribunal qu'à partir de telle heure. Une telle pratique permet de désengorger la salle d'audience, d'éviter qu'assistent à des affaires qui ne les concernent pas, des personnes dans l'attente plus ou moins anxiogène de l'évocation de leur propre dossier, de libérer les avocats pour d'autres tâches... L'horaire se doit d'être indicatif compte tenu des incertitudes relatives au temps d'audience et il demeure toujours opportun que le greffier d'audience dispose des coordonnées téléphoniques des avocats pour les réaviser utilement si l'hypothèse se pose. Une indication sur la durée envisagée pour un délibéré sur l'audience, peut être pareillement donnée avant que le tribunal ne se retire.

SECTION 2
ORDRE DE PASSAGE

532.21 **Concertation entre le président et l'huissier audiencier.** Selon les pratiques, l'huissier audiencier [2] disposera d'une plus ou moins grande latitude dans la fixation de l'ordre des dossiers. Il convient que le magistrat qui débute dans une juridiction se renseigne sur les pratiques antérieures, y compris pour les remettre en cause le cas échéant. Il faut surtout que le président et l'huissier fonctionnent de concert afin de ne pas donner publiquement l'image de désaccords répétés dans le choix des dossiers appelés.

532.22 **Critère de durée d'examen des affaires et de durée globale de l'audience.** Il est sans doute opportun de placer au plus tôt de l'audience, le ou les dossiers les plus lourds, que leur charge découle du nombre de prévenus ou de victimes, du poids émotionnel qu'ont eu les faits, du caractère éminemment technique des infractions... Évacuer d'emblée un dossier lourd permet souvent de libérer ensuite la salle d'audience et de faire tomber la pression que subissent inévitablement les acteurs de la scène judiciaire, notamment lors des procès à forts enjeux médiatiques.

Toutefois certains magistrats préfèrent à l'inverse évacuer en premier lieu les dossiers réputés les plus simples, et réserver la fin de l'audience pour l'évocation d'un ou de plusieurs dossiers complexes.

532.23 **Critère du « prévenu-détenu ».** Dans le but de limiter au maximum le temps d'immobilisation des escortes, de même que le risque d'incidents avec un ou plusieurs détenus parfois réveillés tôt et tout aussi anxieux que le tribunal du résultat de l'audience, il convient d'examiner en priorité les dossiers comportant des détenus.

En cas de difficultés résultant d'une surcharge occasionnelle de l'audience ou d'une incertitude sur la prise effective de telle affaire, il est important que le président de la juridiction directement ou par l'intermédiaire de l'huissier avise le chef d'escorte des conditions dans lesquelles l'affaire concernant le ou les détenus sera évoquée.

532.24 **Critère de l'avocat.** D'usage, les dossiers plaidés par le bâtonnier ou un ancien bâtonnier de l'Ordre des avocats [3] de la juridiction sont évoqués après les dossiers comportant un ou des détenus et avant ceux des dossiers plaidés par un avocat extérieur. Ces convenances peuvent connaître des aménagements et il arrive que l'avocat extérieur se voie reconnaître la priorité. Viennent ensuite les dossiers plaidés par les avocats du barreau local, puis enfin les dossiers dans lesquels aucun avocat n'intervient.

532.25 **Critère des victimes.** Combiné avec les précédents critères, celui-ci peut là encore être utilement pris en compte dans les affaires sensibles, en particulier d'agressions sexuelles avec victimes mineures comparantes, ou d'homicide involontaire à l'occasion de la conduite d'un véhicule lorsque les ayants droit se sont déplacés en nombre.

532.26 **Critère de la publicité de l'audience.** Il peut être opportun de différer en fin d'audience certains dossiers dans lesquels un huis clos ne sera pas ordonné mais où seront évoqués des détails dont il peut paraître nécessaire qu'ils ne soient pas livrés à un trop grand public. C'est le cas d'un certain nombre de dossiers amenant à détailler des fraudes ou escroqueries en chaîne, dont il est peu utile de décrire tout le procédé à un public dont certains membres pourraient être tentés de le reproduire ! C'est encore le cas dans les dossiers de conservation

1. Sur la question des excuses, v. s[s] n°s 221.31 s.
2. V. s[s] n°s 212.21 s.
3. St. Bortoluzzi, D. Piau, Th. Wickers, *Règles de la profession d'avocat*, 17e éd., « Dalloz action », 2022, n° 116.147.

ou diffusion d'images à caractère pédoporno-graphiques, encore que certains puissent considérer qu'une publicité sur les procès faits aux auteurs de ce type d'infractions ait une vertu pédagogique.

SECTION 3
RENVOIS

§ 1
Causes de renvois

532.31 **Renvois d'office.** Que l'audience paraisse finalement trop chargée ou qu'une difficulté technique se présente, le président de la juridiction peut estimer opportun de décider d'office, le renvoi d'une ou de plusieurs affaires. Il est utile qu'il mentionne sur la chemise du dossier les raisons pour lesquelles ce renvoi est ordonné afin que la composition qui aura ultérieurement à en connaître en maîtrise les causes. Il est tout aussi opportun qu'une juridiction qui décide un tel renvoi, s'attribue le dossier à l'une de ses prochaines audiences.

Dans la mesure du possible ce renvoi aura été décidé avant l'audience et les parties en auront été averties. À défaut il doit intervenir au plus tôt dans l'audience afin d'éviter aux justiciables et à leurs avocats une attente inutile et préjudiciable à l'image de la justice.

532.32 **Renvoi pour mauvaise orientation du dossier.** Un tel renvoi peut être ordonné en cas de mauvaise orientation d'un dossier, d'une audience collégiale vers une audience à juge unique[1], si le président n'a pas décidé d'évoquer l'affaire seul, ou d'une juge unique vers une audience collégiale, lorsque l'infraction poursuivie ne ressort pas des dispositions de l'article 398-1[2] ou lorsque l'affaire paraît complexe ou susceptible d'appeler le prononcé d'une peine importante[3].

532.33 **Renvoi pour défaut de convocation régulière d'une partie.** Le renvoi peut être décidé lorsqu'il résulte de l'examen des pièces qu'une partie n'a pas été régulièrement convoquée. Rappelons à l'inverse que l'article 410 du code de procédure pénale dispose que : « Le prévenu régulièrement cité à personne doit comparaître, à moins qu'il ne fournisse une excuse reconnue valable par la juridiction devant laquelle il est appelé. Le prévenu a la même obligation lorsqu'il est établi que, bien que n'ayant pas été cité à personne, il a eu connaissance de la citation régulière le concernant dans les cas prévus par les articles 557, 558 et 560.

Si ces conditions sont remplies, le prévenu non comparant et non excusé est jugé par jugement contradictoire à signifier, sauf s'il est fait application des dispositions de l'article 411.

Si un avocat se présente pour assurer la défense du prévenu, il doit être entendu s'il en fait la demande, même hors le cas prévu par l'article 411 ».

La comparution personnelle est une obligation et la Cour européenne des droits de l'homme relève incidemment dans de nombreux arrêts que « le législateur doit pouvoir décourager les absences injustifiées »[4].

La situation est plus délicate quand le défaut de convocation régulière d'une partie se révèle après évocation du dossier et dans le temps du délibéré (par exemple lorsque l'avocat d'une partie civile a été convoqué à une mauvaise date, voire dans une mauvaise salle, puis mal orienté). La notion de clôture des débats étant étrangère à la matière correctionnelle, nous sommes favorables dans cette hypothèse, à une reprise des débats, dont les parties seront avisées suivant nouvelle convocation, afin que chacunes d'entre elles puisse bénéficier d'un procès contradictoire et équitable.

532.34 **Renvoi pour dossier incomplet.** Il y aura également lieu à renvoyer l'examen de l'affaire lorsqu'une partie du dossier sera manquante, ce qui peut arriver au fil des manipulations diverses dont il a fait l'objet, et, plus fréquemment lorsque le bulletin n° 1 d'un prévenu ne sera pas arrivé, ou revenu avec la mention « aucune identité applicable », imposant le recours à l'obtention d'un extrait d'acte d'état civil. Sur ce point, il est particulièrement déconseillé de retenir un dossier sans disposer du bulletin n° 1 du casier judiciaire ou, comme parfois observé, de mettre en délibéré celui-ci étant utile à l'obtention du casier. D'une part, le parquet a pu requérir une peine impossible au vu des condamnations antérieures qu'il ignorait. D'autre part, le débat a lieu sans que cet élément important soit à la disposition de la défense.

Un renvoi devra également être ordonné si un témoin qu'il appartenait au parquet de faire citer ne l'a pas été.

1. C. pr. pén., art. 398-2, al. 2.
2. C. pr. pén., art. 398-2, al. 1er.
3. C. pr. pén., art. 398-2, al. 3 (aussi : v. s^s n° 113.102).
4. F. Desportes et F. Lazerges, *Traité de procédure pénale*, 4e éd., Economica, 2015, n° 498 – EX. : CEDH 23 nov. 1993, *Poitrimol c/France*, req. n° 14032/88, § 32 et 34 ; *D.* 1994. 187, obs. J. Pradel ; *RSC* 1994. 362, obs. R. Koering-Joulin ; *JDI* 1994. 821, obs. Decaux et Tavernier ; *RSC* 1994. 362, obs. R. Koering-Joulin ; *Dr. pénal* 1994, 16, obs. A. Maron – CEDH 23 mai 2000, *Van Pelt c/France*, req. n° 31070/96, § 32 et 34 ; *D.* 2001. 1061, obs. J.-F. Renucci ; *RSC* 2001. 429, obs. F. Massias.

532.35 Versement tardif de conclusions ou pièces. Le renvoi pourra également être ordonné d'office en cas de versement de pièces ou conclusions volumineuses dont les parties n'ont pas pu prendre connaissance ni débattre, en particulier le parquet avant ses réquisitions.

Dans cette dernière hypothèse, l'une des parties demandera le plus souvent un renvoi sans que le président de la juridiction ait l'opportunité de le refuser.

La situation est évidemment différente selon que lesdites pièces sont versées au dossier avant l'ouverture des débats, dès l'ouverture des débats ou à l'occasion de la plaidoirie de telle ou telle partie qui entend s'en servir pour contester par exemple sa culpabilité. Avant le procès, le renvoi peut être décidé s'il apparaît que la masse des documents communiqués présente un intérêt tant pour la décision sur l'action publique que sur l'action civile éventuelle. Après l'ouverture du procès, la question se double d'une difficulté sur la composition du tribunal. Le choix sera en effet d'un renvoi en continuation[1] sur le fondement des dispositions de l'article 461 du code de procédure pénale, soit devant la même composition, ou d'un renvoi devant une autre formation, ce qui supposera une reprise intégrale du procès.

Il est possible de mentionner ici que le rapport Beaume-Natali[2] déposé à l'occasion des « chantiers de la justice » proposait l'instauration d'une mise en état pénale et évoquait la possibilité d'obliger au dépôt des conclusions d'incident un certain temps avant l'audience (24 ou 48 heures), proposition qui n'a pas aboutie à ce jour.

532.36 Renvoi en cas de demande d'aide juridictionnelle non encore accordée. Le bénéficiaire de l'aide juridictionnelle a droit à l'assistance d'un avocat choisi par lui ou, à défaut, désigné par le bâtonnier, selon l'article 25[3] de la loi du 10 juillet 1991[4]. Il est fait obligation à « la juridiction avisée d'une demande d'aide juridictionnelle [...] de surseoir à statuer dans l'attente de la décision sur cette demande »[5], initialement en vertu de l'article 43-1[6] du décret du 19 décembre 1991[7] abrogé et remplacé par le décret nº 2020-1717 du 28 décembre 2020.

La deuxième chambre civile de la Cour de cassation censure avec rigueur les arrêts des cours d'appel lorsqu'ils ont été rendus à l'encontre de la partie concernée, ni présente ni représentée, sans attendre la réponse du Bureau d'aide juridictionnelle (BAJ) ou, *a fortiori*, sans s'assurer de la désignation d'un avocat en dépit de la réponse favorable de celui-ci[8]. La chambre sociale de la Cour de cassation prononce de même[9]. Le Conseil d'État juge dans le même sens, se fondant sur l'article 43-1[10] du décret du 19 décembre 1991 et posant en outre le principe « qu'il résulte du droit constitutionnellement garanti à toute personne à un recours effectif devant une juridiction que, lorsqu'un requérant a formé une demande d'aide juridictionnelle, l'obligation de surseoir à statuer s'impose à la juridiction, que cette dernière ait ou non été avisée de cette demande dans les conditions fixées par le décret du 19 décembre 1991 »[11] et ajoutant que lorsqu'une demande d'aide juridictionnelle a été formulée en première instance et que le juge a méconnu son obligation de surseoir à statuer, l'irrégularité entachant alors le jugement doit le cas échéant être soulevée d'office par la juridiction qui est saisie de la décision[12]. La chambre criminelle avait déjà jugé que, lorsque la partie ayant demandé l'aide juridictionnelle avait sollicité le renvoi de l'examen de l'affaire dans l'attente de la décision à prendre sur sa demande, la juridiction saisie ne pouvait refuser le renvoi[13]. À l'inverse, si l'intéressé s'était défendu sans solliciter le renvoi ou si, bien que non-comparant, il avait déposé un mémoire ne comportant aucune demande de renvoi, la juridiction n'était pas tenue de surseoir à statuer[14].

C'est au double visa de l'article 25[15] de la loi du 10 juillet 1991, ensemble l'article 6[16], § 1 de la

1. V. s[s] nº 532.52.
2. Rapport « Amélioration et simplification de la procédure pénale », p. 26.
3. L. nº 91-647, 10 juill. 1991, art. 25.
4. L. nº 91-647, 10 juill. 1991 relative à l'aide juridique, *JO* 13 juill., p. 9170, modifiée.
5. Aussi : L. nº 2010-1657, 29 déc. 2010 de finances pour 2011, art. 74, *JO* 30 déc., p. 23033 – Décr. nº 2011-272, 15 mars 2011 portant diverses dispositions en matière d'aide juridictionnelle et d'aide à l'intervention de l'avocat, *JO* 17 mars, p. 4825 – Circ. 11 avr. 2011 relative à la présentation des dispositions de la loi de finances pour 2011, NOR : JUST1110193C.
6. Décr. nº 91-1266, 19 déc. 1991, art. 43-1 ; créé par décr. nº 2011-272, 15 mars 2011, art. 5, abrog. par Décr. nº 2020-1717, 28 déc. 2020, art. 189, *JO*, 29 déc., nº 32.
7. Décr. nº 91-1266, 19 déc. 1991 portant application de la loi nº 91-647 du 10 juillet 1991 relative à l'aide juridique, *JO* 20 déc. 1991, p. 16609, abrogé par Décr. nº 2020-1717, 28 déc. 2020.
8. Ex. : Civ. 2e, 28 mai 2003, nº 01-20.878, P II, nº 158 ; *D.* 2003. 1804 – Civ. 2e, 28 juin 2012, nº 11-20.546, P II, nº 118 – Civ. 2e, 20 avr. 2017, nº 16-12.708, NP.
9. Soc. 9 juill. 2000, nº 98-20.844, P V, nº 311.
10. Décr. nº 91-1266, 19 déc. 1991, art. 43-1, préc.
11. CE 30 mars 2015, req. nº 369381, *Lebon ; AJDA* 2015. 722.
12. CE 6 mai 2009, req. nº 322713, *Khan, Lebon ; AJDA* 2009. 957 ; *AJDA* 2009. 1898, note B. Arvis.
13. Crim. 21 sept. 2016, nº 15-85.115, NP – Crim. 15 janv. 2008, nº 07-86.624, P nº 24 ; *D.* 2008. 550, obs. M. Léna ; *AJ pénal* 2008. 196, obs. M.-E. Charbonnier ; *RSC* 2008. 356, obs. R. Finielz.
14. Crim. 23 janv. 2013, nº 12-81.501, NP.
15. L. nº 91-647, 10 juill. 1991, art. 25, préc.
16. Conv. EDH, art. 6, § 1.

convention européenne des droits de l'Homme, et dans une hypothèse où la personne en attente de la décision sur sa demande d'aide juridictionnelle n'a pas comparu et n'a fait parvenir aucune observation à la juridiction saisie, que la chambre criminelle[1], a jugé que le renvoi s'impose lorsque le prévenu avait sollicité le bénéfice de l'aide juridictionnelle avant l'audience des débats, peu important que la cour d'appel en ait ou non été avisée.

Plus récemment, saisie d'un pourvoi contre un arrêt qui pour rejeter la demande de renvoi formée par l'avocat des prévenus, alors que ceux-ci faisaient notamment valoir qu'ils avaient formé une demande d'aide juridictionnelle, avait énoncé que cette démarche avait été entreprise tardivement auprès du bureau d'aide juridictionnelle, soit la veille de l'audience, alors que les citations étaient délivrées à personne depuis près de trois mois et que l'un d'eux, M. L..., était lui-même appelant depuis le 14 avril 2016, elle a toutefois jugé qu'en statuant ainsi, la cour d'appel, qui avait souverainement apprécié que la demande d'aide juridictionnelle tardivement formée par le prévenu avait un caractère dilatoire, ne justifiant pas le renvoi de l'affaire, avait justifié sa décision et n'avait méconnu aucune des dispositions légales et conventionnelles visées au moyen (en particulier Conv. EDH, art. 6, § 1)[2].

532.37 Autres motifs de renvois demandés. Les autres motifs de demandes de renvoi formulées par les parties sont des plus variés : constitution tardive de l'avocat, absence de délivrance de copie, absence d'échanges suffisants de l'avocat avec son client, indisponibilité de la partie ou de son avocat... inadéquation de l'horaire de prise du dossier avec les autres obligations professionnelles de l'avocat.

Au regard de deux arrêts rendus contre la France le 25 juillet 2013, les principes semblent aujourd'hui clairs : le refus d'une demande de renvoi d'audience doit être motivé[3], et le refus opposé à une demande de renvoi d'audience injustifiée ou non étayée est possible[4]. La demande de renvoi ne doit pas aboutir quels qu'en soient les motifs, à un renvoi « automatique » de l'affaire car le souhait de ménager notamment les droits de la défense doit se concilier avec la préservation des droits des victimes et la continuité du cours de la justice. On retiendra ici en particulier une série de décisions dont la première a indiqué que fait l'exacte application de l'article 417 du code de procédure pénale, la cour d'appel qui, pour écarter la demande de renvoi de l'affaire à une audience ultérieure, retient que le prévenu, demandeur, a fait le choix, avant l'audience, d'un défenseur qui ne s'y est pas présenté[5].

Plus sévère que dans une décision antérieure[6], la chambre criminelle a également jugé que ne méconnaît ni les dispositions de l'article 6, § 3, de la convention européenne des droits de l'homme, ni celles de l'article 417 du code de procédure pénale la cour d'appel qui, pour refuser de faire droit à la demande de renvoi des prévenus qui souhaitaient choisir un conseil, énonce que ceux-ci, jugés contradictoirement par le tribunal, ont été cités plus de deux mois avant l'audience et ont ainsi été en mesure, durant les quinze mois de l'instance d'appel, de préparer leur défense et de bénéficier d'un avocat[7]. Le même jour, elle a également jugé que la cour d'appel n'a méconnu ni les dispositions de l'article 417 du code de procédure pénale ni celles de l'article 6, § 3, de la convention européenne des droits de l'homme, dès lors que le prévenu a été mis en mesure de bénéficier d'un avocat. En effet, s'il a comparu seul à l'audience, il a obtenu auparavant la désignation, au titre de l'aide juridictionnelle, d'un avocat avec lequel il a été invité à prendre contact, puis il a été informé, au moment où il a été convoqué par le parquet général, de sa faculté d'être assisté d'un conseil[8].

Dans une hypothèse où, à l'audience du 31 juillet 2012, au cours de laquelle devait être examiné l'appel interjeté par M. X... du jugement l'ayant déclaré coupable d'escroquerie, celui-ci, représenté par son avocat, avait formé une demande de renvoi à laquelle il avait été fait droit, la cour d'appel ayant décidé de reporter l'examen de l'affaire à l'audience du 17 octobre 2012 et où à cette date, le prévenu, détenu pour autre cause, avait refusé d'être extrait et avait, par l'intermédiaire d'un avocat du barreau local, sollicité un nouveau renvoi aux motifs que, pendant sa détention, il n'avait pu rencontrer le conseil chargé d'assurer sa défense, renvoi qui lui

1. Crim. 21 nov. 2017, n° 17-81.591, P ; *D.* 2017. 2428 ; *D.* 2018. 196, chron. B. Laurent, G. Barbier, E. Pichon, L. Ascensi et G. Guého ; *AJ pénal* 2018. 156, obs. J. Andrei.
2. Crim. 25 nov. 2020, n° 19-81.847, NP.
3. CEDH, 25 juill. 2013, *Rivière c/France*, req. n° 46460/10 ; *D.* 2007. 1229, obs. J.-P. Céré, M. Herzog-Evans et E. Péchillon ; *RSC* 2007. 350, chron. P. Poncela.
4. CEDH, 25 juill. 2013, *Sfez c/France*, req. n° 53737/09.
5. Crim. 27 juin 2012, n° 11-86.679, P n° 162 ; *D.* 2012. 2917, obs. G. Roujou de Boubée, T. Garé, M.-H. Gozzi, S. Mirabail et T. Potaszkin.
6. Crim. 22 sept. 1999, n° 98-86.557, P n° 196.
7. Crim. 27 nov. 2013, n° 13-80.225, P n° 240 – SUR LA NÉCESSITÉ pour la juridiction de jugement rejetant la demande de renvoi formée par le prévenu pour choisir un conseil, au motif que celui-ci avait disposé du temps nécessaire pour préparer sa défense et constituer avocat, de mettre la Cour de cassation en mesure d'apprécier ce délai : Crim. 24 nov. 2010, n° 10-82.772, P n° 189 ; *D.* 2011. 2542, obs. M. Léna ; *D.* 2012. 171, Chron. C. Roth, A. Leprieur et M.-L. Divialle ; *AJ pénal* 2012. 47, obs. J. Pronier ; *RSC* 2012. 198, obs. J. Danet.
8. Crim. 27 nov. 2013, n° 12-85.447, P n° 239 ; *AJ pénal* 2014. 186, obs. P. de Combles de Nayves.

avait été refusé, la chambre criminelle a pu considérer que l'arrêt relevant que le prévenu et son avocat avaient disposé de tous les éléments nécessaires à la défense, la cour n'a méconnu aucunes dispositions légales et conventionnelles[1].

Rappelons enfin que le prévenu a toujours la parole en dernier lors des débats relatifs à une demande de renvoi qui n'est pas jointe au fond[2].

532.38 Renvoi pour non-obtention de la copie du dossier de procédure. Le renvoi est de droit lorsque le délai entre la signification de la citation prévue à l'article 390 ou la notification de la convocation prévue à l'article 390-1 et l'audience devant le tribunal est inférieur à deux mois et que le prévenu ou son avocat n'ont pas pu obtenir avant l'audience la copie du dossier demandé en application de l'article 388-4, le tribunal étant tenu d'ordonner, si le prévenu en fait la demande, le renvoi de l'affaire à une date fixée à au moins deux mois à compter de la délivrance de la citation ou de la notification de la convocation[3].

L'avocat ayant sollicité, par télécopie reçue le 1er septembre 2016, un renvoi, en faisant valoir qu'il n'avait pas obtenu la copie de la procédure, préalablement sollicitée puis réitérant sa demande de renvoi lors des débats du 2 septembre 2016 ainsi que l'établissent les notes d'audience signées par le président et le greffier, la juridiction ne pouvait par jugement contradictoire à signifier, retenir qu'il résulte des débats à l'audience et des pièces versées à la procédure que le prévenu a bien commis les faits qui lui sont reprochés. En ne mentionnant ni la demande de renvoi, ni sa décision en réponse à cette demande, la juridiction (de proximité) n'a pas justifié sa décision[4]. En application de l'article 390-2 du Code de procédure pénale, lorsque le délai entre la signification de la citation et l'audience devant le tribunal est inférieur à deux mois et que le prévenu ou son avocat n'ont pas pu obtenir avant l'audience la copie du dossier demandée, le tribunal est tenu d'ordonner, si le prévenu en fait la demande, le renvoi de l'affaire à une date fixée à au moins deux mois à compter de la délivrance de la citation. Encourt dès lors la cassation la décision ne prononçant pas le renvoi alors que le juge doit être regardé comme ayant eu connaissance de la demande en ce sens, reçue au greffe de la juridiction avant l'audience[5].

À l'inverse, s'il s'agit de ne pas vider l'audience de sa substance, le tribunal ne saurait refuser une première demande de renvoi motivée et le cas échéant étayée de toutes pièces utiles (attestation de demande de copie de pièces, certificat médical...).

Il participe du respect des droits de la défense de dénier aux juges la possibilité de refuser, sans le motiver, le renvoi d'une affaire sollicité par le prévenu en raison de l'absence de l'avocat choisi et du refus de l'intéressé de se faire assister de l'avocat de permanence[6].

Encourt la cassation, le jugement d'une juridiction de proximité, qui, pour rejeter une demande de renvoi adressée par télécopie parvenue avant l'audience et statuer par décision contradictoire à signifier, énonce qu'il n'y a pas lieu, à défaut de comparution du prévenu, d'un avocat ou d'une personne munie d'un mandat spécial, de faire droit à cette demande[7]. Encourt encore la censure l'arrêt d'une cour d'appel qui, sans motivation, rejette la demande de renvoi formée par un prévenu pour faire citer un témoin[8].

§ 2
Modalités du renvoi

532.41 Formalisation de la demande de renvoi par une partie privée. Une attention particulière doit être apportée aux demandes de renvois qui ont pu être directement formulées par courrier par le justiciable. Elles ne sont pas toujours rédigées de manière explicite et sont rarement accompagnées de justificatifs. Sur ce point il est indéniable que la juridiction dispose d'une marge certaine d'appréciation[9].

Un peu à la limite de cette question de la difficulté de prise en compte des écrits de particuliers, il sera rappelé qu'il résulte de l'article 459 du code de procédure pénale que les conclusions doivent être déposées à l'audience, visées par le président et le greffier. Et que les écrits adressés à la juridiction par un prévenu ayant, en application de l'article 411 du code de procédure pénale, demandé à être jugé en son absence, ne sont pas régulièrement déposés au sens de ce texte, faute pour lui d'avoir comparu à l'audience ou d'y avoir été représenté.

1. Crim. 22 janv. 2014, n° 12-87.861, NP.
2. Crim. 30 juin 2021, n° 20-84.732, NP – V. ss n° 562.26.
3. C. pr. pén., art. 390-2.
4. Crim. 27 juin 2017, n° 16-87.222, NP.
5. Crim. 19 févr. 2019, n° 18-83.381, P n° 37 ; *Procédures* n° 4, avr. 2019, comm. 129.
6. Crim. 24 mai 2006, n° 05-85.685, P n° 147 ; *D.* 2006. 1704 ; *D.* 2007. 973, obs. J. Pradel ; *AJ pénal* 2006. 412, obs. J. Leblois-Happe ; *RSC* 2006. 847, obs. R. Finielz.
7. Crim. 25 févr. 2014, n° 13-81.554, P n° 52 ; *D.* 2014. 609 ; *AJ pénal* 2014. 376, obs. D. Luciani-Mien ; *Procédures* 2014, n° 122, note A.-S. Chavant-Leclère.
8. Crim. 20 sept. 2011, n° 11-81.314, P n° 183 ; *D.* 2011. 2542, obs. M. Léna ; *D.* 2012. 171, Chron. C. Roth, A. Leprieur et M.-L. Divialle ; *AJ pénal* 2012. 47, obs. J. Pronier ; *RSC* 2012. 198, obs. J. Danet.
9. Aussi : v. ss nos 221.31 s.

Dès lors, le prévenu ne peut se faire un grief d'une insuffisance ou d'un défaut de réponse aux moyens qui pouvaient être contenus dans ces écrits[1].

532.42 Formalisation de la demande de renvoi par un avocat. L'avocat de l'une des parties concernées par le procès peut solliciter le renvoi pour l'une des causes sus-énoncée. Sa demande sera formulée oralement ou par écrit et devra comprendre un minimum d'arguments de nature à convaincre la juridiction de la nécessité d'un renvoi. Généralement, la demande de renvoi formulée par l'avocat de la partie civile sera acceptée par l'avocat de la défense et vice versa en vertu des règles de confraternité. La juridiction reste toutefois libre d'apprécier l'opportunité de faire droit à telle demande, surtout en présence d'un prévenu détenu à l'égard duquel elle devra dire si la mesure de coercition est maintenue et respecter en ce cas les délais légaux. Elle peut donc ne pas faire droit à une demande de renvoi qui serait acceptée par toutes les parties et également avoir à trancher un désaccord entre celles-ci. L'important est dans tous les cas qu'elle motive par écrit la décision qui a pu donner lieu à débat.

La question est récurrente de demandes de renvois formulée « à la volée » par l'avocat du prévenu, un avocat qui se présente comme étant l'avocat du prévenu ou encore un avocat déclarant substituer l'avocat du prévenu lorsque celui-ci est absent.

L'un des impératifs du juge est de ne pas interrompre le cours de la justice. La juridiction devra donc prendre soin de s'assurer de la légitimité de l'intervention faite devant elle lorsque le prévenu lui-même n'est pas présent.

Si la citation en justice est régulière et qu'aucun motif sérieux n'est exprimé voire justifié, il n'y a pas de raison d'accorder de renvoi, ni de considérer comme on l'entend parfois « que le premier renvoi est de droit » !

Il est en revanche conseillé de demander à l'avocat qui se présente seul, de déposer quelques lignes de conclusion, ce qui rendra le renvoi contradictoire. En effet, lorsqu'un avocat se présente pour assurer la défense d'un prévenu absent poursuivi devant la juridiction correctionnelle et dépose des conclusions, il s'en déduit qu'il agit en vertu d'un mandat de représentation et la décision à intervenir est rendue contradictoirement[2].

Mais il faut souligner que la chambre criminelle estime aussi qu'il se déduit de l'article 6, 3 de la Convention européenne des droits de l'homme que la demande de renvoi de l'affaire présentée à cette fin par l'avocat de la personne poursuivie peut également être formée par lettre ou par télécopie, sans mandat de représentation[3]. Et que d'une manière générale, elle paraît ouverte à l'idée d'une présomption de mandat de représentation y compris en l'absence de tout écrit du prévenu. Ainsi, a-t-elle jugé qu'en application de l'article 410 du code de procédure pénale l'avocat qui se présente pour assurer la défense du prévenu absent doit être entendu s'il en fait la demande même lorsqu'il est démuni du mandat de représentation prévu par l'article 411 du même code[4], avant de juger que l'avocat qui se présente pour le prévenu sans mandat de représentation doit avoir la parole en dernier[5].

La chambre criminelle a même pu considérer qu'alors qu'il détenait un mandat limité à des exceptions de nullité, l'avocat devait être considéré comme représentant son client devant la juridiction[6].

Dans le cadre d'une autre procédure et de manière détaillée, elle a d'ailleurs poursuivi dans la même direction en jugeant que l'avocat dispose, par application des articles 6 et 8 de la loi n° 71-1130 du 31 décembre 1971 d'un pouvoir général de représenter son client devant les juridictions, les organismes juridictionnels ou disciplinaires de quelque nature que ce soit, sous réserve des dispositions régissant les avocats au Conseil d'État et à la Cour de cassation. L'avocat peut également assister et représenter autrui devant les administrations publiques, sous réserve des dispositions législatives et réglementaires. Il résulte de ce pouvoir général de représentation, auquel l'article 529-2 du code de procédure pénale n'apporte aucune restriction, que l'avocat peut introduire, au nom de son client destinataire d'un avis de contravention, la contestation prévue par ce texte[7].

S'agissant d'une demande adressée par courriel et par un avocat, elle doit respecter les modalités de communication électronique entre les avocats et les juridictions pénales, destinées à garantir notamment la sécurité des échanges et fixées par une convention signée entre le ministère de la justice et le Conseil national des barreaux. La demande de renvoi doit donc être envoyée à l'adresse électronique de la juridiction répondant au format prévu par cette convention. Une demande expédiée à une autre adresse est irrecevable[8].

1. Crim. 16 juin 2011, n° 10-87.568, P n° 139 ; *D.* 2011. 1688 ; *D.* 2011. 2231, obs. J. Pradel ; *D.* 2012. 171, Chron. C. Roth, A. Leprieur et M.-L. Divialle ; *RSC* 2011. 664, obs. J. Danet ; *RSC* 2011. 869, obs. X. Selvat.
2. Crim. 14 oct. 2008, n° 08-81.617, P. n° 207.
3. Crim. 6 janv. 2015, n° 13-87.035, P., n° 3.
4. Crim. 23 oct. 2007, n° 07-82.313, P., n° 251.
5. Crim. 3 mars 2015, n° 14-86.498, P., n° 41 ; Crim. 15 déc. 2015, n° 14-86.486, P. n° 294.
6. Crim. 12 déc. 2018, n° 17,-83.532, NP.
7. Crim. 22 janv. 2020, n° 19-84.325, P.
8. Crim.13 avr. 2023, n° 22-83.494, P.

532.43 Qui décide du renvoi ? La question récurrente se pose de savoir si une décision de renvoi, parfois dite de « remise de cause », est prise par le président de la composition seul ou la collégialité. Curieusement, il n'existe pas de texte général sur ce point.

Des dispositions particulières prévoyant que « le tribunal » décide d'un renvoi en matière de comparution immédiate si le prévenu ne consent pas à être jugé séance tenante[1], ou en continuation[2], [3]ou de la prolongation d'une mesure de détention[4], ou du renvoi devant le tribunal correctionnel en sa formation citoyenne qui aurait dû être saisi[5], il convient d'en déduire que toute demande de renvoi est appréciée par le tribunal ou la cour et non son seul président.

Dans tous les cas, une juridiction correctionnelle saisie d'une procédure en état d'être jugée apprécie souverainement la suite que comporte une demande de renvoi ou sursis à statuer en l'attente de l'issue d'une plainte avec constitution de partie civile en cours d'instruction[6].

532.44 Nécessité d'un renvoi à date fixe. La chambre criminelle a jugé à plusieurs reprises, initialement au visa de l'article 4 du code civil et, plus récemment, de l'article 6, § 1 de la convention européenne des droits de l'homme, que « les juges ne sauraient, sans interrompre le cours de la justice, ordonner un sursis à statuer d'une durée indéterminée »[7].

La règle est également applicable en matière de renvoi sur intérêts civils par le jeu de l'article 464 du code de procédure pénale lorsque la juridiction correctionnelle ne peut immédiatement statuer sur la liquidation des préjudices[8].

La conséquence de cette impossibilité d'un renvoi *sine die* a été formulée par la chambre criminelle au visa des articles 497, 502, 507, 593 du code de procédure pénale : les juridictions correctionnelles sont tenues de statuer sur les faits dont elles sont régulièrement saisies ; elles ne sauraient, sans interrompre le cours de la justice, ordonner le renvoi d'une cause sans en fixer le terme ; une telle décision mettant fin à la procédure, l'appel qui en est fait par une partie est, par application de l'article 507 du Code de procédure pénale, immédiatement recevable[9].

Autrement formulé, le renvoi sans date, par une juridiction correctionnelle, d'une affaire dont elle était régulièrement saisie, sous quelque prétexte que ce soit, est une décision qui met fin à la procédure au sens de l'article 507 précité, et la cour d'appel, à laquelle il appartenait d'annuler le jugement entrepris et d'évoquer, a méconnu les textes et principes sus-énoncés.

532.45 Assurer un renvoi utile. Il n'est pas nécessaire dans l'hypothèse où le dossier va être renvoyé, de procéder à l'interrogatoire d'identité complet des personnes concernées ou à la lecture intégrale de la prévention. Néanmoins, il convient que soient précisées les identités des personnes présentes, de celles qui sont représentées, le nom des avocats. Cette phase donne parfois lieu à un conciliabule dont le parquet autant que le greffier sont exclus, ce qui est évidemment à proscrire. La qualité des participants doit être notée par le greffier qui mentionnera en particulier le nom des avocats substituant leurs confrères. Bien que la situation puisse se présenter, il est fortement déconseillé d'admettre, même à ce stade du procès, qu'un seul avocat puisse substituer ses deux confrères de la partie civile et de la défense.

En revanche, il est particulièrement opportun dans l'hypothèse d'un renvoi à bref délai, que le tribunal s'assure de la disponibilité de tous les acteurs du dossier à la date prévue.

Enfin, le renvoi ne sera bien évidemment utile que si toutes les parties en sont avisées. Pas de difficulté majeure lorsque celles-ci sont présentes ou représentées. Le renvoi sera qualifié de contradictoire et il en sera de même des renvois successifs dans les conditions explicitées *infra* (v. s^s n°s 712.82 s.).

En revanche, soit que la partie qui a sollicité le renvoi, par exemple par courrier, ne soit, ni présente, ni représentée, soit qu'au fil de renvois successifs, la juridiction ne puisse plus avoir la certitude que telle partie a bien eu connaissance de la date de telle ou telle audience, alors le renvoi ne peut être prononcé que par défaut et la délivrance d'une nouvelle citation s'impose.

Au visa des articles 410, 412, et 520 du code procédure pénale, la chambre criminelle a ainsi pu juger qu'il résulte des deux premiers de ces textes que le prévenu, cité à personne, qui n'a pas comparu, ne peut être jugé contradictoirement, en cas d'absence à une audience ultérieure à laquelle l'affaire a été renvoyée, que s'il a été régulièrement cité à personne pour cette nouvelle audience, ou s'il

1. C. pr. pén., art. 397-1.
2. C. pr. pén., art. 461.
3. V. s^s n° 532.52.
4. C. pr. pén., art. 464.
5. C. pr. pén., art. 399-9, 399-11.
6. Crim. 5 mai 1997, n° 96-83.085, P n° 167.
7. Crim. 20 mai 1987, n° 86-96.649, P n° 210 – Crim. 1er déc. 1999, n° 98-83.509, P n° 288 ; *D.* 2000. 51 – Crim. 2 juin 2010, n° 09-83.561, NP.
8. Crim. 7 févr. 1991, n°s 90-84.511, 90-84.511, P n° 62 – Crim. 9 juill. 1996, n° 95-84.894, NP – POSTÉRIEUREMENT : Crim. 7 déc. 2016, n° 15-87.494, NP – MAIS : 5 avr. 2016, n° 15-80.577, NP.
9. Crim. 20 juill. 1993, n° 92-84.370, P n° 249 ; *AJ pénal* 2007. 34 – Crim. 25 sept. 2007, n° 06-88.484, NP.

est établi qu'il a eu connaissance de la citation et de préciser s'il en était besoin, que faute pour le prévenu d'avoir été informé de la date à laquelle les débats seraient repris, la décision des premiers juges ne pouvait être rendue contradictoirement à son égard, mais seulement par défaut[1].

§ 3
Effets du renvoi

532.51 Effets d'une remise de cause. La remise de cause a été qualifiée de mesure d'ordre contre laquelle il n'est pas possible d'interjeter appel.

Une remise de cause, expressément constatée dans les notes d'audience tenues en exécution de l'article 453 du code de procédure pénale et signées par le président, et prononcée à l'audience même ou l'affaire avait été contradictoirement renvoyée, constitue, alors même que le prévenu serait absent et non représenté, un véritable jugement préparatoire qui interrompt la prescription[2].

Une remise de cause, ordonnée à une audience à laquelle l'affaire avait été contradictoirement renvoyée, constitue un acte interruptif de prescription, même si elle a été décidée sans le concours du prévenu ou de son avocat, dès lors que le fait, pour le prévenu, de s'abstenir de comparaître ou de se faire représenter à ladite audience, sans fournir d'excuse, ne peut retirer à la procédure le caractère contradictoire qu'elle avait jusqu'alors[3]. En effet, si le prévenu régulièrement cité à personne ne comparaît pas, et si l'affaire est renvoyée, elle doit l'être contradictoirement, sans qu'il soit nécessaire de citer le prévenu à nouveau[4].

Cependant, une remise de cause, à défaut d'avoir été ordonnée par jugement, n'est interruptive de la prescription que si, prononcée contradictoirement et motivée par une mesure préparatoire, elle est constatée par une mention sur les notes d'audience tenues par le greffier et signées par le président en application de l'article 453 du code de procédure pénale[5, 6].

1. Crim. 7 déc. 2010, n° 09-88.369, P n° 196 ; *D.* 2011. 308 – REPRISE DE : Crim. 27 juin 2000, n° 00-80.780, P n° 247, aux termes de laquelle il avait été jugé qu'il résulte des articles 410 et 412 du code de procédure pénale que le prévenu cité à personne, qui n'a pas comparu, mais a fourni une excuse reconnue valable, ne peut être jugé contradictoirement à l'audience à laquelle l'affaire a été renvoyée, que s'il a été cité à personne pour cette nouvelle audience ou s'il est établi qu'il a eu connaissance de la citation.
2. Crim. 1er avr. 1963, n° 62-90.778, P n° 142.
3. Crim. 14 févr. 1989, n° 86-94.422, P n° 74.
4. Crim. 20 juill. 1960, P n° 383.
5. Crim. 3 févr. 1993, n° 92-86.673, P n° 59.
6. Aussi : v. ss nos 633.11 s.

532.52 Hypothèse du renvoi en continuation. Si les débats ne peuvent être terminés au cours de la même audience, le tribunal fixe, par jugement, le jour où ils seront continués.

Les parties et les témoins non entendus, ou ceux qui ont été invités à rester à la disposition du tribunal, sont tenus de comparaître, sans autre citation, à l'audience de renvoi[7].

Ce qu'il convient de rappeler à nouveau[8] c'est que le renvoi en continuation amène la juridiction à conserver la même composition ce qui n'est pas sans risque en cas de report lointain ou de débats prévus pour durer : l'empêchement d'un seul des juges obligera à recommencer l'intégralité du procès[9].

À noter que l'article 406 du code de procédure pénale, qui prescrit au président d'informer le prévenu comparant de son droit de se taire, après la constatation de son identité et l'indication de l'acte qui saisit la juridiction, n'impose pas le renouvellement de cette information en cas de renvoi de l'affaire en continuation à une audience ultérieure[10].

Les juges ne sauraient en tout état de cause, sans interrompre le cours de la justice, ordonner un sursis à statuer d'une durée indéterminée[11]. Les juridictions correctionnelles ne sauraient, sans interrompre le cours de la justice, ordonner qu'il sera sursis à statuer, pour une durée indéterminée, sur une action dont elles sont saisies[12]. Ainsi, statuant après relaxe par les premiers juges de Z..., du chef d'agression sexuelle aggravée, la cour d'appel qui énonce que, pour assurer une parfaite sérénité des débats, il y a lieu d'ordonner le renvoi de l'affaire jusqu'à ce qu'une décision sur le fond soit prise à l'égard d'une nouvelle procédure concernant le même prévenu et la même victime, sans fixer le terme à l'issue duquel l'affaire serait à nouveau appelée, a interrompu le cours de la justice et a méconnu le principe ci-dessus énoncé[13].

532.53 Hypothèses de renvoi de ou vers la juridiction correctionnelle dans sa formation citoyenne. Dispositions abrogées. Les hypothèses étaient prévues par les articles 399-9 à 399-11 du code de procédure pénale[14]. Toutefois, il a été mis fin le 30 avril 2013 à l'expérimentation des juridictions citoyennes[15].

7. C. pr. pén., art. 461.
8. V. ss n° 532.35.
9. Crim. 26 sept. 2006, n° 05-87.568, P n° 238 ; *AJ pénal* 2006. 458
10. Crim. 25 mai 2016, n° 15-84.310, NP.
11. Crim. 20 mai 1987, n° 86-96.649, P n° 210.
12. Crim. 2 juin 1999, n° 98-84.139, NP, *Procédures* 1999, n° 257, obs. J. Buisson.
13. Crim. 1er déc. 1999, n° 98-83.509, P n° 288 ; *D.* 2000. 51.
14. Pour plus de précisions, v. ss nos 113.41 s.
15. Arr. 18 mars 2013, *JO* 22 mars, p. 4897, NOR : JUSD1306459A.

532.54 **Jonction de procédures.** Lorsque le tribunal est saisi de plusieurs procédures visant des faits connexes, il peut en ordonner la jonction soit d'office, soit sur réquisition du ministère public, ou à la requête d'une des parties[1]. Il s'agit alors d'une mesure d'administration judiciaire insusceptible d'annulation, sauf atteinte aux droits de la défense ou excès de pouvoir[2].

Le regroupement de plusieurs procédures concernant le même prévenu à une même audience a toujours été une faculté opportune. La jonction de dossiers portant sur des faits de même nature, commis globalement à la même période est envisageable. Il ne faut toutefois pas nier que cette manière de procéder peut confiner de fait à une confusion de peine qui n'en a ni les règles, ni le nom, d'où parfois une forte opposition du représentant du ministère public à son prononcé.

On signalera à ce sujet qu'en cas d'infractions connexes faisant l'objet de procédures distinctes, un acte interruptif de prescription concernant l'une d'elles a nécessairement le même effet à l'égard de l'autre. Il en est ainsi même si les procédures n'ont pas été jointes[3]. Lorsque les infractions sont connexes, tout acte interruptif de prescription concernant l'une d'elles a nécessairement le même effet à l'égard des autres, et ce, même en cas de poursuites exercées séparément. Tel est le cas du recel, connexe selon l'article 203 du code de procédure pénale, aux délits originaires[4].

La loi de programmation et de réforme pour la justice de 2019[5] est venue insérer après l'avant-dernier alinéa de l'article 393 du code de procédure pénale, les mots suivants : « Si le procureur de la République procède comme il est dit aux articles 394 à 396, il peut décider de fixer à la même audience, afin qu'elles puissent être jointes à la procédure ou examinées ensemble, de précédentes poursuites dont la personne a fait l'objet pour d'autres délits, à la suite d'une convocation par procès-verbal, par officier de police judiciaire ou en vue d'une comparution sur reconnaissance préalable de culpabilité, d'une citation directe, d'une ordonnance pénale ou d'une ordonnance de renvoi du juge d'instruction. Hors le cas de la comparution immédiate, cette décision doit intervenir au moins dix jours avant la date de l'audience. Le prévenu et son avocat en sont informés sans délai »[6] mettant en œuvre sous certaines conditions une véritable procédure de regroupement des poursuites contre un même prévenu.

Ce regroupement concerne donc les procédures correctionnelles déjà engagées contre un même prévenu, pour des audiences ultérieures à la suite d'une CPPV, COPJ, CRPC, citation directe, ordonnance pénale ou ORTC du juge d'instruction. L'une des difficultés pratiques sera ici, en application des dispositions de l'article 393-1 du code de procédure pénale, que les victimes de l'ensemble des faits désormais concernés aient été avisées par tout moyen de la date de l'audience.

À la suite d'une décision du Conseil constitutionnel[7] seules les infractions relevant de la comparution immédiate peuvent être regroupées à une audience de comparution immédiate. Le prévenu est avisé de ce regroupement de différentes poursuites, lors de son déférement au parquet.

À l'audience, le tribunal rend un seul et même jugement pour l'ensemble des faits dont il s'est trouvé saisi et d'usage, la jonction de procédures s'opère toujours sous le numéro de parquet le plus ancien.

532.55 **Disjonctions.** Mis à part l'article 379-6 du code de procédure pénale, et les articles propres à l'instruction préparatoire, il n'existe pas de dispositions relatives au jugement correctionnel qui abordent l'hypothèse d'éventuelles disjonctions. Elles existent pour autant en matière correctionnelle et sont des mesures d'administration judiciaire relevant pareillement du pouvoir discrétionaire de la juridiction[8].

1. C. pr. pén., art. 387.
2. Crim. 3 juin 1959, P nº 238.
3. Crim. 1er déc. 2004, nº 03-87.883, P nº 304 ; *D.* 2005. 797.
4. Crim. 19 déc. 1995, nº 95-80.850, P nº 390.
5. L. nº 2019-222, 23 mars 2019 de programmation 2018-2022 et de réforme pour la justice, art. 60.
6. L'article 393 a été modifié par L. nº 2020-1672, 24 déc.2020, art. 26.
7. La décision du Conseil constitutionnel nº 2019-778 DC du 21 mars 2019, a déclaré l'avant-dernier alinéa de l'article 393 du code de procédure pénale, dans sa rédaction résultant de l'article 60 de la loi du 22 mars 2019 de programmation 2018-2022 et de réforme pour la justice conforme à la Constitution sous la réserve énoncée au paragraphe 284. Conformément à ce paragraphe : « un prévenu susceptible d'accepter d'être jugé immédiatement pour l'infraction qui justifie initialement son renvoi en comparution immédiate pourrait être conduit, par l'effet du regroupement de plusieurs poursuites, à être placé en détention provisoire pour des motifs liés à l'affaire qui a donné lieu à la comparution immédiate, alors que son refus d'être jugé séance tenante tient à sa volonté de disposer de suffisamment de temps pour terminer de préparer sa défense sur les affaires pour lesquelles il avait été initialement renvoyé devant le tribunal correctionnel dans des délais plus longs et pour lesquelles, le cas échéant, il avait déjà pris des dispositions. Les dispositions contestées ne sauraient dès lors, sans méconnaître les droits de la défense, priver le tribunal correctionnel, dans ce cas, de la possibilité de renvoyer les seules affaires pour lesquelles le prévenu ne consent pas à être jugé séance tenante ou qui n'apparaissent pas au tribunal en l'état d'être jugées. »
8. Crim. 18 nov. 2009, nº 08-87.733, NP.

Ainsi, seul l'article 379-6, dispose que les dispositions du chapitre dans lequel il s'insère sont applicables aux personnes renvoyées pour délits connexes et que la cour d'assises peut, sur réquisitions du ministère public et après avoir entendu les observations des parties, ordonner la disjonction de la procédure les concernant. Ces personnes sont alors considérées comme renvoyées devant le tribunal correctionnel et peuvent y être jugées par défaut.

Au-delà de cette hypothèse, la disjonction peut être opportune lorsque plusieurs prévenus sont poursuivis, que l'un est présent et l'autre absent par exemple parce qu'il n'a pas été régulièrement cité. Il est alors possible de juger le premier et de renvoyer l'examen des faits pour le second à une date ultérieure. Il faudra ici prendre garde à ce que le jugement de l'affaire ne nécessite pas de confrontation à l'audience entre ces prévenus car une différence de statut (prévenu jugé, prévenu en attente de jugement) peut alors poser des difficultés inextricables lors de l'appel des causes concernant le second.

Bien que rien ne l'interdise, est encore plus délicate la pratique d'une disjonction des poursuites pour un même prévenu qui amène le tribunal à le juger pour tels faits et à renvoyer à une audience ultérieure pour tels autres. Nous ne saurions que trop la déconseiller.

Si la jurisprudence est rare en la matière, il est toutefois possible de citer une espèce dans laquelle, M. Z... à qui étaient imputées des infractions commises dans l'exercice de ses fonctions de maire, avait sollicité la disjonction des poursuites exercées contre lui, motif pris de l'indivisibilité alléguée des dites poursuites avec une procédure d'instruction ouverte, postérieurement au jugement frappé d'appel, devant la 2e chambre civile de la Cour de cassation à la suite d'une plainte avec constitution de partie civile relative à la même affaire et tendant à l'exercice de poursuites correctionnelles contre le préfet du département et le secrétaire général de la même préfecture et où, MM. X... et Y... qui, étant parties civiles dans la présente instance, et auteurs devant la Cour de cassation de la plainte avec constitution de partie civile susmentionnée, avaient demandé pour des motifs analogues qu'il soit sursis à statuer dans l'attente de la décision de la chambre civile. La chambre criminelle a répondu que : « quelque étroit que pût être le lien existant entre les faits reprochés à Z... et ceux dont des personnes demeurées jusqu'alors étrangères à la poursuite étaient, selon les demandeurs, susceptibles d'être ultérieurement prévenues, les juges auxquels était régulièrement déférée en cause d'appel une procédure en état d'être jugée n'auraient pu, sans interrompre le cours de la justice pénale, ordonner pour le motif invoqué une disjonction de cause ou un sursis à statuer de durée indéterminée dans l'attente des suites éventuelles d'une instance correctionnelle distincte dont aucune juridiction de jugement n'était au même moment saisie »[1].

En tout état de cause, et même si les espèces citées concernent des décisions rendues par les juridictions d'instruction, la disjonction est une mesure d'administration judiciaire[2] qui en tant que telle est insusceptible de recours[3].

532.56 Nécessité de statuer sur les mesures provisoires. En cas de renvoi, la juridiction doit statuer sur le maintien, la modification ou la mainlevée du contrôle judiciaire ou de l'assignation à résidence sous surveillance électronique en cours.

Elle doit pareillement statuer sur le maintien en détention ou la remise en liberté du ou des prévenus, remise en liberté qui peut être assortie d'un contrôle judiciaire ou d'une assignation à résidence sous surveillance électronique dont la juridiction aura le soin de préciser les modalités. À défaut de précision, les mesures tombent.

1. Crim. 14 mars 1974, n° 73-92.507, P n° 115.
2. Crim. 18 nov. 2009, n° 08-87.733, NP.
3. Crim. 4 mars 2008, n° 07-84.002, NP.

TITRE

54. L'instruction, la police de l'audience

SECTION 0

ORIENTEUR

54.00 **Sommaire du titre.**

CHAPITRE

541. Appel du prévenu et des autres parties

SECTION 0 ORIENTEUR

541.00 Sommaire du chapitre.

541.01 Principaux textes applicables.

TEXTES SOURCES

• C. pr. pén., art. 400 à 402, 404 à 406, 410 à 417, 427 à 434, 437 à 439, 442, 442-1, 444, 446 à 457, 706-43 et 706-44

• C. pr. civ., art. 205

TEXTES *IN EXTENSO*

• **C. pr. pén., art. 406**

Le président ou l'un des assesseurs, par lui désigné, après avoir, s'il y a lieu, informé le prévenu de son droit d'être assisté par un interprète, constate son identité et donne connaissance de l'acte qui a saisi le tribunal. Il informe le prévenu de son droit, au cours des débats, de faire des déclarations, de répondre aux questions qui lui sont posées ou de se taire. Il constate aussi s'il y a lieu la présence ou l'absence de la personne civilement responsable, de la partie civile, des témoins, des experts et des interprètes.

• **C. pr. pén., art. 706-43** [mod. par ord. n° 2019-964, 18 sept. 2019, art. 35]

L'action publique est exercée à l'encontre de la personne morale prise en la personne de son représentant légal à l'époque des poursuites. Ce dernier représente la personne morale à tous les actes de la procédure. Toutefois, lorsque des poursuites pour des mêmes faits ou des faits connexes sont engagées à l'encontre du représentant légal, celui-ci peut saisir par requête le président du tribunal judiciaire aux fins de désignation d'un mandataire de justice pour représenter la personne morale.

La personne morale peut également être représentée par toute personne bénéficiant, conformément à la loi ou à ses statuts, d'une délégation de pouvoir à cet effet.

La personne chargée de représenter la personne morale en application du deuxième alinéa doit faire connaître son identité à la juridiction saisie, par lettre recommandée avec demande d'avis de réception.

Il en est de même en cas de changement du représentant légal en cours de procédure.

En l'absence de toute personne habilitée à représenter la personne morale dans les conditions prévues au présent article, le président du tribunal judiciaire désigne, à la requête du ministère public, du juge d'instruction ou de la partie civile, un mandataire de justice pour la représenter.

• **C. pr. pén., art. 706-44**

Le représentant de la personne morale poursuivie ne peut, en cette qualité, faire l'objet d'aucune mesure de contrainte autre que celle applicable au témoin.

• **C. pr. civ., art. 205**

Chacun peut être entendu comme témoin, à l'exception des personnes qui sont frappées d'une incapacité de témoigner en justice.

Les personnes qui ne peuvent témoigner peuvent cependant être entendues dans les mêmes conditions, mais sans prestation de serment. Toutefois, les descendants ne peuvent jamais être entendus sur les griefs invoqués par les époux à l'appui d'une demande en divorce ou en séparation de corps.

541.02 Jurisprudence de référence.

> L'absence de constatation de l'identité du prévenu par le président n'est pas une cause de nullité

• **Crim. 6 mai 1969,** n° 68-93.194, P n° 152

* V. s^s n° 541.11.

« Attendu que la disposition de l'article 406 du code de procédure pénale rendu applicable a la cour d'appel par l'article 512 du même code aux termes de laquelle "le président constate l'identité du prévenu" n'est qu'une simple recommandation, dont le défaut de constatation ne saurait entraîner la nullité, alors qu'il ne résulte pas des énonciations de l'arrêt, qu'une contestation se soit élevée quant à l'identité des prévenus ;

D'où il suit que le moyen ne saurait être accueilli. »

> **Droit au silence**

• **Crim. 8 juill. 2015,** n° 14-85.699, P n° 178

* V. s[s] n° 545.41.

Vu les articles 406, dans sa rédaction issue de la loi n° 2014-535 du 27 mai 2014, et 512 du code de procédure pénale ;

Attendu qu'en application du premier de ces textes, devant le tribunal correctionnel, le président ou l'un des assesseurs, par lui désigné, informe le prévenu de son droit, au cours des débats, de faire des déclarations, de répondre aux questions qui lui sont posées ou de se taire ; que la méconnaissance de l'obligation d'informer le prévenu du droit de se taire lui fait nécessairement grief ;

Que, selon le second, ces dispositions sont applicables devant la chambre des appels correctionnels.

SECTION 1
INTERROGATOIRE D'IDENTITÉ

541.11 Constatation de l'identité. Le président ou l'un des assesseurs, par lui désigné, après avoir, s'il y a lieu, informé le prévenu de son droit d'être assisté par un interprète, constate son identité et donne connaissance de l'acte qui a saisi le tribunal. Il informe le prévenu de son droit, au cours des débats, de faire des déclarations, de répondre aux questions qui lui sont posées ou de se taire. Il constate aussi s'il y a lieu la présence ou l'absence de la personne civilement responsable, de la partie civile, des témoins, des experts et des interprètes[1].

On constate à parcourir cet article, réécrit par la loi du 27 mai 2014, qu'il prévoit que la lecture de l'acte qui a saisi le tribunal suit immédiatement la vérification de l'identité du prévenu dont la compréhension de la langue française aura été préalablement vérifiée, avant que soit constatée la présence des autres parties[2].

Il peut être procédé autrement sans dommage dès lors que l'absence de l'une des autres parties peut commander le report de l'audience et qu'il est donc inutile, dans ce cas, de procéder à une lecture complète de la citation.

La disposition de l'article 406 du code de procédure pénale aux termes duquel le président constate l'identité du prévenu n'est qu'une simple recommandation, dont le défaut de constatation ne saurait entraîner nullité[3]. Ne sont pas contradictoires la mention de l'arrêt précisant que le prévenu n'a pas comparu et celle indiquant que le président a constaté son identité, dès lors que cet acte d'instruction à l'audience, prévu par les articles 406 et 512 du code de procédure pénale, n'implique pas la présence de l'intéressé[4].

Dans la situation exceptionnelle où toutes les recherches entreprises n'ont pas permis de découvrir l'identité de l'intéressé et où celui-ci refuse de la révéler, les tribunaux peuvent néanmoins lui infliger une sanction pénale, dès lors qu'il est établi que l'infraction reprochée a bien été commise par lui[5]. Dans la situation inverse d'une pluralité d'identités du prévenu, une circulaire déjà ancienne et relative au processus d'exécution des décisions transmises au casier judiciaire retient qu'une identité usurpée lors de l'enquête ne doit jamais apparaître sur la fiche en tant qu'alias[6] alors qu'il peut y avoir un intérêt évident à mentionner l'existence d'identités d'emprunt *a fortiori* si le prévenu est poursuivi de ce chef.

C'est enfin à ce stade que les témoins présents doivent être invités à quitter la salle d'audience pour ne la regagner qu'à la demande du président lorsqu'il conviendra qu'ils apportent leur témoignage.

541.12 Vérifications d'identité. Il n'est pas d'usage pour le tribunal d'exiger du prévenu, ou de toute autre partie de justifier de son identité. Il peut néanmoins être opportun de demander la remise d'une pièce d'identité en cas de suspicions d'une substitution de personne. De même l'usage du nom d'un tiers n'étant pas si rare, les hésitations éventuelles d'un prévenu commandent que le président lui demande de décliner nom, prénoms, date et lieu de naissance, adresse... plutôt que d'en faire d'autorité la lecture sans demander à l'intéressé s'il acquiesce à la véracité de ces informations.

L'orthographe du nom sera le cas échéant vérifiée car une erreur peut poser des difficultés au stade de l'exécution. Les prénoms avec ou sans tiret séparatif doivent pour la même raison être vérifiés. La date de naissance est d'importance et il suffira le cas échéant de constater l'impossibilité d'obtenir un bulletin n° 1 du casier judiciaire pour affirmer l'existence d'une difficulté sérieuse devant entraîner le report de l'examen de telle affaire.

Plus fréquente encore, toute erreur d'adresse devra être évitée (numéro, nature et nom de la voie, lieu-dit, code postal...), afin qu'au stade de l'exécution de la décision aucune difficulté ne se pose notamment en matière de suivis probatoires, et que le service compétent n'ait pas à faire effectuer de longues et inutiles recherches de la domiciliation du

1. C. pr. pén., art. 406.
2. Sur les questions liées à l'interprétariat, v. s[s] n°s 221.231 et 524.31.
3. Crim. 6 mai 1969, n° 68-93.194, P n° 152.
4. Crim. 4 avr. 1991, n° 90-85.578, P n° 159.
5. Crim. 6 juin 1849, *D.* 1849. 1. 135.
6. Circ. DACG/CJN – D-2013/10/068 relative à l'amélioration du processus d'enregistrement des décisions au casier judiciaire du 14 février 2014.

condamné. De ce point de vue l'attention est encore attirée sur la nécessité d'associer pleinement le greffier d'audience au recueil de ces données.

541.13 **Prévenu détenu.** L'escorte accompagnant le prévenu détenu, dans la cause ou pour autre cause, disposera de la fiche pénale le concernant, document édité par le greffe pénitentiaire et reprenant l'historique des événements concernant sa détention, à commencer par l'ensemble des titres portés à l'écrou. Il sera judicieux pour le président de se faire communiquer cette pièce, parfois confiée dans le temps de l'audience au seul représentant du ministère public, pour vérifier depuis quand, à quel titre, et le cas échéant jusqu'à quelle date la personne est détenue. Il sera en effet éventuellement judicieux d'assurer la mise à exécution de la peine par le prononcé d'un mandat de dépôt plutôt que de permettre au détenu d'être libéré et de devoir être ultérieurement repris sur une nouvelle détention. Ceci à moins bien sûr que le tribunal ne souhaite permettre à l'intéressé, si le *quantum* prononcé le permet, de solliciter un aménagement d'une peine d'emprisonnement sans sursis.

541.14 **Prévenu personne morale.** Pour le prévenu personne morale, il conviendra de s'assurer qu'a été cité et se présente effectivement à l'audience, le représentant autorisé d'une personne morale, généralement son représentant légal, et que cette personne morale existe toujours à la date de l'audience.

Il a été jugé en effet que la dissolution anticipée d'une société mise en examen doit entraîner un arrêt des poursuites contre cette dernière qui a perdu son existence juridique[1]. Il était toutefois possible de poursuivre après la dissolution une procédure pénale engagée antérieurement contre la personne morale puisqu'elle a toujours une existence juridique, seule la publication de la clôture de la liquidation marquant le moment de la disparition de la personnalité morale[2].

En revanche, la jurisprudence fondée sur l'article 121-1 du code pénal, en vertu duquel, nul n'est responsable pénalement que de son propre fait, d'où il était tiré que, dans le cas où une société, poursuivie pour blessures involontaires, faisait l'objet d'une fusion-absorption, la société absorbante ne pouvait être déclarée coupable, l'absorption ayant fait perdre son existence juridique à la société absorbée[3] n'a plus lieu d'être[4].

La chambre criminelle avait en effet jugé dans un premier temps, que la troisième directive 78/855[5] concernant les fusions des sociétés anonymes, codifiée par la directive 2011/35[6], telle qu'interprétée en son article 19, § 1, par la Cour de justice de l'Union européenne, était dépourvue d'effet direct à l'encontre des particuliers et que l'article 121-1 du code pénal ne pouvait s'interpréter que comme interdisant que des poursuites pénales soient engagées à l'encontre de la société absorbante pour des faits commis par la société absorbée avant que cette dernière perde son existence juridique par l'effet d'une fusion-absorption. Méconnaissait cet article la chambre de l'instruction qui, pour refuser d'ordonner le non-lieu au profit de la société absorbante pour ceux des faits qui auraient été commis par la société absorbée antérieurement à sa radiation du registre du commerce et des sociétés, retenait que l'opération de fusion-absorption, en l'absence de liquidation, ayant eu pour effet de transférer, en les confondant, le patrimoine et la personnalité juridique de la société absorbée à la société absorbante, entraînait la transmission à cette dernière de la responsabilité pénale[7].

La nouvelle interprétation de l'article 121-1 du code pénal issue de l'arrêt précité du 25 novembre 2020, a conduit la chambre criminelle à juger qu'en cas de fusion-absorption d'une société par une autre société entrant dans le champ de la directive précitée, la société absorbante peut être condamnée pénalement à une peine d'amende ou de confiscation pour des faits constitutifs d'une infraction commise par la société absorbée avant l'opération.

Il sera ici rappelé que l'action publique est exercée à l'encontre de la personne morale prise en la personne de son représentant légal à l'époque des poursuites. Ce dernier représente la personne morale à tous les actes de la procédure. Toutefois, lorsque des poursuites pour des mêmes faits ou des faits connexes sont engagées à l'encontre du représentant légal lui-même, celui-ci peut saisir par

1. Crim. 15 nov. 2005, n° 04-85.441, NP, *AJ pénal* 2005. 454, obs. C. Girault.
2. Douai, 11 juin 2009, RG n° 07/03853.
3. Crim. 20 juin 2000, n° 99-86.742, P n° 237 ; *D.* 2001. 853, note H. Matsopoulou ; *D.* 2001. 1608, obs. E. Fortis et A. Reygrobellet ; *D.* 2002. 1802, obs. G. Roujou de Boubée ; *RSC* 2001. 153, obs. B. Bouloc.
4. V. s^{s} n° 221.139, et Crim.25 nov. 2020, n° 18-86.955, P.
5. Troisième dir. 78/855/CEE, Conseil, 9 oct. 1978, fondée sur l'article 54 paragraphe 3 sous g) du traité et concernant les fusions des sociétés anonymes, *JOCE L* 295, 20 oct., p. 36.
6. Dir. 2011/35/UE, Parlement et Conseil, 5 avr. 2011 concernant les fusions des sociétés anonymes, *JOUE L* 110, 29 avr., p. 1.
7. Crim. 25 oct. 2016, n° 16-80.366, P ; *D.* 2016. 2606, note R. Dalmau ; *D.* 2017. 245, chron. G. Guého, L. Ascensi, E. Pichon, B. Laurent et G. Barbier ; *D.* 2017. 2335, obs. E. Lamazerolles et A. Rabreau ; *D.* 2017. 2501, obs. G. Roujou de Boubée, T. Garé, C. Ginestet, M.-H. Gozzi, S. Mirabail et E. Tricoire ; *AJ pénal* 2017. 36, obs. J. Lasserre Capdeville ; *Rev. sociétés* 2017. 234, note H. Matsopoulou ; *RSC* 2017. 297, obs. H. Matsopoulou ; *RTD civ.* 2017. 399, obs. H. Barbier ; *RTD eur.* 2017. 336-17, obs. B. Thellier de Poncheville.

requête le président du tribunal judiciaire aux fins de désignation d'un mandataire de justice pour représenter la personne morale. Il en est de même en l'absence de toute personne habilitée à représenter la personne morale dans les conditions prévues par la loi ; le président du tribunal judiciaire désigne, à la requête du ministère public, du juge d'instruction ou de la partie civile, un mandataire de justice pour la représenter[1].

La personne morale peut également être représentée par toute personne bénéficiant, conformément à la loi ou à ses statuts, d'une délégation de pouvoir à cet effet.

On notera sur ce point, une jurisprudence constante de la chambre criminelle de la Cour de cassation en vertu de laquelle, le salarié d'une société titulaire d'une délégation de signature en matière d'hygiène et de sécurité, est un représentant de la personne morale au sens de l'article 121-2 du code pénal et il engage donc la responsabilité de celle-ci lorsqu'il manque aux règles qu'il était tenu de respecter en raison de sa délégation. [2]

La personne chargée de représenter la personne morale en application du deuxième alinéa doit faire connaître son identité à la juridiction saisie, par lettre recommandée avec demande d'avis de réception.

Il en est de même en cas de changement du représentant légal en cours de procédure.

Il est à noter que le représentant de la personne morale poursuivie ne peut, en cette qualité, faire l'objet d'aucune mesure de contrainte autre que celle applicable au témoin[3].

Tout salarié de la personne morale peut représenter celle-ci en justice, dès lors qu'il est titulaire de la délégation de pouvoirs spéciale visée par l'article 706-43 du code de procédure pénale[4].

Il résulte des articles L. 622-9 du code de commerce dans sa rédaction antérieure à la loi du 26 juillet 2005[5], et 706-43 du code de procédure pénale, que, d'une part, le liquidateur judiciaire désigné par le tribunal de commerce lors du placement en liquidation judiciaire de la personne morale, ne représente le débiteur que pour les actions patrimoniales, d'autre part, lorsque l'action publique est exercée à l'encontre de la personne morale en liquidation judiciaire, il doit lui être désigné un mandataire de justice pour la représenter.

Encourt la cassation l'arrêt qui, pour rejeter le moyen pris de l'irrecevabilité des poursuites pénales des chefs d'homicides involontaires exercées à l'encontre de la société en ce qu'elle est représentée par le liquidateur judiciaire désigné par le tribunal de commerce lors du placement en liquidation judiciaire de celle-ci, retient que le liquidateur a qualité pour représenter la personne morale[6].

Dans l'hypothèse d'une pluralité de représentants de la personne morale, il est possible de citer un arrêt de cour d'appel ayant retenu qu'il n'y avait pas lieu de citer l'ensemble des cogérants, d'une part, parce que le gérant cité avait revendiqué cette qualité durant la procédure d'enquête, et qu'il représentait valablement le GAEC et, d'autre part, parce que l'éventuelle irrégularité n'avait pas porté atteinte aux intérêts de la personne morale poursuivie[7].

541.15 Poursuites conjointes contre la personne morale et une personne physique. Il résulte de l'article 706-43, alinéa 1er, du code de procédure pénale que lorsque des poursuites sont exercées contre une personne morale, et que l'action publique est également mise en mouvement, pour les mêmes faits ou pour des faits connexes, contre le représentant légal de celle-ci, la désignation d'un mandataire de justice pour représenter la personne morale au cours des poursuites est facultative et laissée à l'initiative de son représentant légal[8].

La personne morale poursuivie, qui a désigné un préposé, également poursuivi, pour la représenter devant le tribunal correctionnel, ne peut se faire un grief de ce qu'un mandataire de justice n'ait pas été désigné par le président du tribunal, conformément aux dispositions de l'article 706-43, dernier alinéa, du code de procédure pénale, une telle désignation n'étant obligatoire que lorsque la personne morale est poursuivie pour les mêmes faits ou pour des faits connexes, en même temps que son représentant légal[9].

Il est clair qu'en face d'une seule personne physique, poursuivie à la fois comme personne physique et représentant de la personne morale, la difficulté essentielle pourra être de faire la départi-

1. C. pr. pén., art. 706-43.
2. Crim. 30 mai 2000, n° 99-84.212, P n° 206 ; *D.* 2001. 2350, obs. G. Roujou de Boubée ; *Dr. soc.* 2000. 1148, obs. P. Morvan ; *RSC* 2000. 816, obs. B. Bouloc ; *RSC* 2000. 851, obs. A. Giudicelli-Delage ; *RTD com.* 2000. 1023, obs. B. Bouloc. V. aussi ss nos 221.131 s.
3. C. pr. pén., art. 706-44.
4. Crim. 20 oct. 2009, n° 09-81.721, P n° 172 ; *D.* 2009. 2753 ; *D.* 2010. 2732, obs. G. Roujou de Boubée, T. Garé et S. Mirabail ; *AJ pénal* 2010. 31, obs. J. Lasserre Capdeville.
5. L. n° 2005-845, 26 juill. 2005 de sauvegarde des entreprises, *JO* 27 juill., p. 12187.
6. Crim. 10 févr. 2010, n° 08-87.357, P n° 22 ; *D.* 2010. 651 ; *AJ pénal* 2010. 243, obs. G. Royer ; *Procédures* 2010, n° 154, obs. J. Buisson.
7. Amiens, 29 sept. 2010, RG n° 10/00139 – Aussi : v. ss nos 221.131 s.
8. Crim. 15 févr. 2005, nos 04-87.191, 04-87.192, 04-87.193, P n° 57 ; *D.* 2005. 917 ; *Dr. soc.* 2005. 585, obs. F. Duquesne ; *RSC* 2005. 862, obs. A. Cerf-Hollender ; *RSC* 2006. 408, obs. J. Buisson.
9. Crim. 3 nov. 1999 n° 98-85.665, P n° 242.

tion entre les déclarations incriminant la personne physique d'une part et celles qui incriminent la seule personne morale. On rappellera en l'espèce, qu'un arrêt est venu juger que tant la notification du droit au silence, que le droit à la parole en dernier, n'ont alors à s'exercer qu'une seule fois, en la double qualité de prévenu et de représentant de la personne morale également prévenue[1].

541.16 Parties civiles. Pour les parties civiles, une difficulté relativement fréquente est que se présente une personne non habilitée à la représenter. Il n'est pas toujours aisé de faire comprendre à un mari qu'il ne peut représenter son épouse pour des blessures subies par celle-ci. De même le tribunal doit-il vérifier que l'organisme social a bien été, si besoin, appelé à la cause[2]. La juridiction doit donc notamment s'attacher à vérifier que le mineur victime est bien représenté, au besoin en faisant désigner un administrateur *ad hoc* ; que le représentant d'une société a le pouvoir d'agir en son nom ; que l'avocat d'une commune dispose bien de la délibération exigée par l'article L. 2122-22[3] du code général des collectivités territoriales...

L'autre difficulté habituelle en la matière concerne le chiffrage par la partie civile de ses prétentions. Il appartient au président du tribunal d'indiquer en termes clairs à la partie civile peu au fait des arcanes judiciaires qu'il lui incombe de faire une demande chiffrée, que le tribunal appréciera et tranchera.

541.17 Partie absente. L'absence d'une partie régulièrement avisée ne peut interrompre le cours de la justice. Mais l'absence d'un prévenu ou d'une partie civile doit toujours amener une attention particulière du tribunal. Il se peut par exemple, qu'un prévenu soit absent car il est entré en détention depuis qu'il a été touché par sa citation. L'avis donné à une victime, voire la citation d'une partie civile, peut avoir été oublié, et il importe dans tous les cas que le tribunal s'assure que la partie, bien qu'absente, avait été régulièrement informée de la date et de l'heure de l'audience[4].

Vérification faite de cette situation, il y a alors lieu pour le tribunal soit, de disjoindre les poursuites concernant l'une des parties, soit, de se prononcer sur le renvoi de l'affaire.

1. Crim. 9 janv. 2018, n° 17-80.200, P ; *AJ pénal* 2018. 144, obs. F. Chopin ; *RTD com.* 2018. 224, obs. L. Saenko.
2. V. s[s] n°s 223.91 s.
3. CGCT, art. L. 2122-22 ; mod. par L. n° 2017-257, 28 févr. 2017, art. 74 – V. s[s] n° 222.551 s.
4. Sur l'hypothèse d'un prévenu absent mais qui a remis un pouvoir de représentation à son avocat et la question de l'éventuelle délivrance d'un mandat d'amener ou d'arrêt, v. s[s] n°s 212.32 s.

541.18 Question des antécédents judiciaires. Il ne sera pas évoqué au stade de l'interrogatoire d'identité du prévenu, ses antécédents judiciaires éventuels. Aucune disposition légale ou réglementaire ne le prévoit.

Mais surtout, si l'examen des faits aboutit à la certitude pour le tribunal de devoir prononcer une relaxe, cette référence aura été parfaitement inutile. Et si l'on soutient que la lecture du bulletin n° 1 du casier judiciaire concerne la personnalité de ce prévenu, alors il faut également convenir qu'il y a lieu de lire dès ce stade les autres éléments de personnalité figurant au dossier : enquête rapide, enquête de personnalité, expertises psychologiques ou psychiatriques... ce qui n'est jamais fait à ce moment-là.

La lecture du casier judiciaire d'emblée, avant même l'évocation des faits visés à l'acte de saisine participe d'un pré-jugement de la personne poursuivie qui contredit la plupart des principes directeurs du procès pénal sus-énoncés.

SECTION 2
DROIT AU SILENCE

541.21 Notification du droit au silence. Depuis l'entrée en vigueur de la loi du 27 mai 2014[5], soit le 2 juin 2014, le président informe le prévenu de son droit, au cours des débats, de faire des déclarations, de répondre aux questions qui lui sont posées ou de se taire. Il s'agit clairement d'une déclinaison du droit pour tout prévenu de ne pas contribuer à sa propre incrimination[6].

Les formes que cette notification doit prendre ne sont pas plus précisées dans la loi. Ainsi l'avis donné au prévenu n'obéit à aucune formule sacramentelle et il suffit qu'il soit donné et acté aux notes d'audience pour être *in fine* mentionné dans le jugement. Il n'apparaît pas qu'il y ait lieu de demander au prévenu s'il entend répondre ou pas aux questions. En effet, il a le choix tout au long des débats de répondre ou de se taire selon la nature des interrogations faites[7], de même que le tribunal peut poser toutes questions qu'il estime utile même si le prévenu a déclaré d'emblée ne pas souhaiter s'exprimer. L'expérience démontre qu'un enchaînement de questions retraçant la nature des faits peut conduire certains prévenus *a priori* réticents à finir par s'exprimer[8]. En outre, l'énoncé des questions permet aux assesseurs de connaître les

5. L. n° 2014-535, 27 mai 2014, préc. – V. aussi s[s] n° 522.21 s.
6. Cass., ass. plén., 6 mars 2015, n° 14-84.339, P n° 2.
7. En ce sens : Crim. 5 mai 2015, n° 14-88.157, NP : qui énonce que la personne gardée à vue est libre d'exercer son droit au silence, partiellement ou en totalité, ou d'y renoncer.
8. V. également J. Hennebois, « Du droit au silence à l'encouragement à se taire », *AJ pénal* 2021. 407.

charges figurant à la procédure. Enfin, les victimes seront sans doute plus satisfaites d'un tel déroulement, que de l'absence pure et simple d'instruction à l'audience. Le prévenu qui a choisi de garder le silence doit tout de même se voir donner la parole en dernier[1].

541.22 Conséquences de l'absence de notification du droit au silence. Bien que ce dispositif soit d'apparence très simple, il donne lieu à un abondant contentieux et la chambre criminelle a donc été amenée à en préciser les contours.

L'absence de notification du droit de se taire, applicable aussi bien devant le tribunal correctionnel que devant le tribunal de police ou feue la juridiction de proximité en vertu de l'article 535 du code de procédure pénale, ainsi que devant la chambre des appels correctionnels en vertu de l'article 512 du code de procédure pénale[2], y compris, en vertu de l'article 547, alinéa 3, du code de procédure pénale, lorsqu'elle statue à juge unique, sur appel d'un jugement d'un tribunal de police ou d'une juridiction de proximité[3], fait nécessairement grief au prévenu[4].

Ces dispositions concernent aussi bien les personnes physiques que les personnes morales lesquelles doivent alors être informées en la personne de leur représentant à l'audience[5]. Dans une espèce où la personne avait été poursuivie à la fois comme personne physique et comme représentant de la personne morale elle-même prévenue, la chambre criminelle a pu admettre que le droit au silence lui ait été notifié (une seule fois) en cette double qualité[6].

1. C. pr. pén., art. 460 – Pour de plus amples précisions : B. Lavielle, « Et si nous parlions du droit de se taire », *Doctrine.fr* 2018.
2. Crim. 1er mars 2016, nº 14-87.693, NP.
3. Crim. 12 juill. 2016, nº 15-85.506, NP – Crim. 19 déc. 2017, nº 17-80.916, NP.
4. Crim. 8 juill. 2015, nº 14-85.699, P nº 178 ; *Dr. pénal* 2015. comm. 132 obs. A. Maron et M. Haas ; *Gaz. Pal.* 2015. 47, obs. F. Fourment ; *Procédures* 2015, comm. 307, obs. A.-S. Chavent-Leclère.
5. Crim. 24 mai 2016, nº 15-82.516, P nº 156 – A.-S. Chavent-Leclère, « La méconnaissance de l'information du droit de se taire à l'audience d'appel fait nécessairement grief », *Procédures* 2016. 25 – L. Collot, « Sanction par la Cour de cassation du défaut de notification au prévenu de son droit de se taire à l'audience », *D. actu.* 28 juin 2016 – F. Fourment, « L'information de ses droits, par présentation, de la personne morale prévenue », *Gaz. Pal.* 2016, nº 27, p. 69 – A. Maron, M. Haas, « Une personne morale taisante », *Dr. pénal* 2016, nº 7, p. 43 – J.-H. Robert, C. Claverie-Rousset, S. Detraz, J.-B. Perrier, « Droit pénal et procédure pénale », *JCP* 2016, nº 13, p. 642 – Crim. 10 mai 2017, nº 16-83.810, NP.
6. Crim. 9 janv. 2018, nº 17-80.200, P ; *AJ pénal* 2018. 144, obs. F. Chopin ; *RTD com.* 2018. 224, obs. L. Saenko.

541.23 Renouvellement de la notification du droit au silence. L'avertissement doit être donné après un supplément d'information lors de la reprise de l'examen de l'affaire. Une personne se serait-elle vue notifier le droit au silence devant la juridiction de première instance qu'elle ne devrait pas moins, même assistée d'un avocat, se le voit à nouveau notifier devant la cour d'appel, ce droit s'appréciant audience d'appel après audience de première instance[7]. En revanche, il a été jugé que l'article 406 du code de procédure pénale n'impose pas le renouvellement de cette information en cas de renvoi de l'affaire en continuation à une audience ultérieure[8].

De manière plus audacieuse, la chambre criminelle a jugé qu'une notification du droit au silence après le début des débats, n'était pas, par nature, constitutive d'une atteinte aux intérêts de la prévenue qui, entendue une première fois le 2 juin, avait été réentendue le 3 juin après avoir indiqué « ne pas vouloir se servir de son droit de se taire », au motif que, si la prévenue n'a été informée de son droit de se taire au cours des débats qu'après avoir été entendue, elle a ensuite renoncé de manière non équivoque à ce droit et ne peut ainsi prétendre avoir subi une atteinte à ses intérêts[9].

541.24 Moment de la notification du droit au silence. La notification du droit au silence intervient après vérification de l'identité des parties et lecture de l'acte de saisine.

Il y a là un parallélisme avec la situation en matière d'exception de nullité qui ne sont développées par la défense (ou le parquet) qu'après que la juridiction ait pu savoir qui elle doit juger et pourquoi. Mais la règle ne distingue pas selon que la juridiction aborde directement les faits ou s'arrête sur un incident de procédure ce qui explique que la Cour de cassation ait pu juger que le droit au silence devait être notifié alors même que les débats avaient débuté par l'examen de la recevabilité des appels[10]. La chambre criminelle a encore jugé que si l'arrêt attaqué ne précise pas que le président a informé la prévenue de son droit au silence, mais que la mention de ce que cette information a bien été donnée avant interrogatoire au fond est contenue dans les notes d'audience, la cassation n'est pas encourue, dès lors que ces notes, signées du greffier et visées par le président, complètent les énonciations de l'arrêt[11]. Encore faut-il alors que ces notes soient complètes et explicites. La simple mention « notification des droits », semblerait par exemple

7. Crim. 21 févr. 2017, nº 15-86.661, NP.
8. Crim. 25 mai 2016, nº 15-84.310, NP.
9. Crim. 9 nov. 2016, nº 14-86.842, NP.
10. Crim. 7 nov. 2017, nº 17-80.574, NP.
11. Crim. 7 déc. 2016, nº 16-80.409, NP.

notoirement insuffisante pour établir le respect des prescriptions légales.

En réalité, c'est bien une application plus large que les exigences européennes que dessine la chambre criminelle, la seule véritable restriction ayant été posée lorsque la juridiction correctionnelle est saisie, en application des articles 148-1 et suivants du code de procédure pénale, d'une demande de mise en liberté[1].

Sur l'évolution de la notification du droit au silence dans le cas où une nullité de procédure est soulevée, v. s[s] n° 612.22.

541.25 **Hypothèses dans lesquelles le droit au silence n'a pas à être notifié.** Le droit au silence n'a pas à être notifié au prévenu cité à comparaître devant la juridiction correctionnelle uniquement appelée à se prononcer sur les peines[2].

Le droit au silence ne s'applique pas devant la juridiction correctionnelle statuant sur les seuls intérêts civils[3].

D'autres restrictions ont été posées par la chambre criminelle concernant les hypothèses où la chambre de l'instruction est saisie en matière de mandat d'arrêt européen[4] ou d'extradition[5], ou lorsque la juridiction correctionnelle est saisie, en application des articles 148-1 et suivants du code de procédure pénale, d'une demande de mise en liberté[6].

SECTION 3
PLACEMENT DES PARTIES DANS LA SALLE

541.31 **Positionnement des parties.** Le tribunal doit s'assurer d'une bonne compréhension du déroulement des débats. Il convient donc, d'une part, de placer les prévenus, s'ils sont plusieurs, dans un ordre déterminé qu'ils conserveront tout au long de l'instruction de l'affaire. Pour les affaires complexes, un plan peut être opportunément remis à cette fin au greffier d'audience et aux assesseurs pour éviter toute confusion dans l'identification des personnes poursuivies. De même le président a-t-il pu communiquer au greffier l'ordre dans lequel il comptait interroger les prévenus ou victimes, ce qui facilite la rédaction des notes d'audiences. Cette même information a pu être donnée à l'huissier audiencier qui participera à l'installation des uns et des autres à la place qui leur est dévolue.

Il faut veiller à ce que des prévenus entre lesquels règne une trop forte animosité ne soient pas placés côte à côte.

De même, une trop grande proximité entre le prévenu et sa victime doit être évitée.

Les victimes, qu'elles soient ou non constituées, seront invitées à se présenter au tribunal et à prendre place sur le banc qui leur est réservé. Dans les affaires concernant notamment des homicides involontaires à l'occasion de la conduite d'un véhicule, il n'est pas rare que de nombreux ayants droit se présentent et il convient de veiller à ce que chacun trouve sa place, de manière à ce que chacun sorte de l'audience avec le sentiment d'y avoir été correctement accueilli et entendu.

1. Crim. 6 sept. 2016, n° 16-83.907, P n° 231 ; *Dr. pénal* 2016, Comm. 162, obs. A. Maron et C. Haas ; *JCP* 2016, chron. 1190, note J.-B. Perrier ; *Gaz. Pal.* 2016, n° 39, p. 17, note R. Mésa.
2. Crim. 17 nov. 2021, n° 21-80.567, M. Dominati « La notification du droit de se taire lors du seul prononcé de la peine », *D. actu.*, 25 nov.2021.
3. Crim. 21 févr. 2017, n° 16-81.871, NP.
4. Crim. 6 janv. 2015, n° 14-87.893, P n° 11 ; *RTD eur.* 2016. 374-31, obs. B. Thellier de Poncheville ; *RTD eur* 2016. 374-31, obs. B. Thellier de Poncheville.
5. Crim. 4 mars 2015, n° 14-87.377, NP.
6. Crim. 6 sept. 2016, n° 16-83.907, précit.

CHAPITRE

542. Lecture de la prévention

SECTION 0
ORIENTEUR

542.00 **Sommaire du chapitre.**

542.01 **Principaux textes applicables.**

TEXTES SOURCES

• C. pr. pén., art. 400 à 402, 404 à 406, 410 à 417, 427 à 434, 437 à 439, 442, 442-1, 444, 446 à 457, 706-43 et 706-44

• C. pr. civ., art. 205

TEXTES *IN EXTENSO*

• **C. pr. pén., art. 406**

* V. s[s] n° 541.01

• **C. pr. pén., art. 706-43**

* V. s[s] n° 541.01

• **C. pr. pén., art. 706-44**

* V. s[s] n° 541.01

• **C. pr. civ., art. 205**

* V. s[s] n° 541.01

SECTION UNIQUE
SAISINE DE LA JURIDICTION

542.11 **Lecture de l'acte de saisine.** L'article 406 du code de procédure pénale indique que le président « donne connaissance de l'acte qui a saisi le tribunal ». Cette formalité se réalise par la lecture de la prévention. La rédaction plus ou moins parfaite de celle-ci selon que le tribunal est saisi par une ordonnance de renvoi d'un juge d'instruction ou d'une simple COPJ, commande qu'une lecture littérale soit *a priori* donnée, quelles que soient les imperfections de forme ou de fond de la rédaction. Seule cette lecture est en effet de nature à indiquer clairement ce qui a été notifié au prévenu et ce sur quoi il a été en mesure de comprendre qu'il serait jugé.

Il est d'ailleurs possible que se greffe sur une rédaction imparfaite de l'acte de saisine un incident sur « la nullité de la citation » [1].

Toutefois, il peut être opportun d'accompagner cette lecture d'une explicitation « en langage ordinaire » des termes de l'acte, et dire à un prévenu qu'il lui est reproché d'avoir « volé tel bien », après lui avoir indiqué qu'il est poursuivi pour l'avoir « frauduleusement soustrait », ne pose guère de difficulté. Le magistrat doit veiller en effet à ce que ses propos soient intelligibles pour ses interlocuteurs, quels que soient leur culture, leur situation ou leur état [2] et à avoir une autorité respectueuse des personnes et respecter son devoir général d'explication, veillant à ce que chaque justiciable ait bien compris le rôle respectif de chaque professionnel [3]. À l'inverse, il convient de ne pas simplifier à l'excès la lecture de la prévention, puisqu'elle est censée reprendre les éléments constitutifs de l'infraction poursuivie.

De même, la lecture de la prévention peut être l'occasion de rectifier des erreurs de forme qui se sont glissées dans l'acte de poursuite. Il n'y a pas lieu de faire comparaître volontairement le prévenu pour le vol d'une Peugeot 205 immatriculée [...] au préjudice de M. X... au lieu du vol d'une Peugeot 206 immatriculée identiquement au préjudice de la même victime. Une simple mention de la rectification de cette erreur matérielle suffira dans les notes d'audience puis dans le jugement. Plus délicate peut-être une erreur de date « le 1er janvier 2010 » au lieu, tel que cela résulte de l'examen du dossier,

1. V. s[s] n°s 415.81 s. et 611.11 s.
2. CSM, *Recueil des obligations déontologiques des magistrats*, Dalloz, 2010, recomm. e. 15.
3. CSM, *Recueil des obligations déontologiques des magistrats*, La documentation française, 2019, p. 51.

du « 1er janvier 2011 ». On touche en effet ici à des éléments de la prévention qui peuvent avoir un impact sérieux sur la retenue d'une réitération ou d'un état de récidive. Il est alors opportun de solliciter l'accord du prévenu et de son avocat de comparaître sur ce point, ce qui est généralement accordé sans difficulté.

Il n'est évidemment pas possible, à l'occasion de la lecture de l'acte de saisine, de relever sans autre forme une circonstance aggravante non visée à la citation. Tout prévenu a droit à être informé d'une manière détaillée de la nature et de la cause de la prévention dont il est l'objet et doit, par suite, être mis en mesure de se défendre, tant sur les divers chefs d'infraction qui lui sont imputés que sur chacune des circonstances aggravantes susceptibles d'être retenues à sa charge. Il en est ainsi de l'état de récidive, non visé à la prévention, mais retenu par la cour d'appel pour aggraver la peine[1].

En cas d'intervention d'un interprète, le président de la juridiction doit dès ce stade veiller à exposer la prévention puis les faits en laissant à celui-ci le temps nécessaire à la traduction simultanée ou globale des propos tenus, ce qui est d'autant plus aisé que l'interprète est déjà intervenu auprès du prévenu ou d'une victime aux stades antérieurs de la procédure.

Les débats débutent dès l'instant où il a été donné connaissane de l'acte de saisine de la juridiction[2].

542.12 **Textes de prévention et de répression.** En théorie, le président donne lecture des actes de prévention et de répression. Un certain nombre d'imperfections peuvent se glisser dans l'énoncé de ces textes et être sujettes à des contestations de la part de la défense[3]. On peut notamment regretter que règne parfois le plus complet désordre dans l'énoncé des textes répressifs, et que non seulement les articles d'un même code s'intercalent avec ceux d'autres codes, mais encore qu'au sein d'un même code ils ne soient pas repris dans l'ordre chronologique, ni même les articles d'origine législative avant ceux d'origine réglementaire.

Inspirée de la pratique de la cour d'assises, il est de plus en plus fréquemment demandé aux avocats d'acquiescer au « tenu pour lu », ce qui dispense le président d'une lecture fastidieuse et il faut bien le dire peu compréhensible pour la majorité des prévenus et qui n'ajoute rien au respect de leurs droits. Dans tous les cas, si le président entend s'abstenir de cette lecture, il doit par courtoisie demander leur accord pour ce faire aux avocats présents, le cas échéant en début d'audience et en se réservant évidemment la possibilité d'une lecture intégrale dans une hypothèse où, par exemple, la rédaction calamiteuse d'un acte de saisine devrait inévitablement entraîner une contestation sur la capacité du prévenu de comprendre les faits reprochés et les peines encourues ou la régularité pure et simple de l'acte de poursuite.

542.13 **Difficultés de qualification.** La qualification juridique des faits peut poser une difficulté à la juridiction dès la lecture de la prévention au vu de la préparation que le président a faite de son audience. L'une des parties, y compris le ministère public dont le représentant à l'audience n'est pas nécessairement celui qui a décidé des poursuites peut également l'évoquer. Elle peut être indiquée d'emblée aux parties pour annoncer la discussion qui devra s'instaurer durant les débats[4].

1. Crim. 20 sept. 2000, no 99-82.846, P no 274.
2. Crim. 15 mars 2022, no 21-82.174, NP.
3. V. ss nos 415.81 s.
4. Sur les règles spécifiques, v. ss nos 551.11 s.

CHAPITRE

543. Vérifications propres à assurer le respect des droits de la défense

SECTION 0

ORIENTEUR

543.00 **Sommaire du chapitre.**

543.01 **Principaux textes applicables.**

TEXTES SOURCES

• C. pr. pén., art. 400 à 402, 404 à 406, 410 à 417, 427 à 434, 437 à 439, 442, 442-1, 444, 446 à 457, 706-43 et 706-44

• C. pr. civ., art. 205

TEXTES *IN EXTENSO*

• C. pr. pén., art. 417

Le prévenu qui comparaît a la faculté de se faire assister par un défenseur.

Si le prévenu n'a pas fait choix d'un défenseur avant l'audience, le président l'informe, s'il n'a pas reçu cette information avant l'audience, qu'il peut, à sa demande, bénéficier d'un avocat commis d'office. Si le prévenu formule cette demande, le président commet un défenseur d'office.

Le défenseur ne peut être choisi ou désigné que parmi les avocats inscrits à un barreau.

L'assistance d'un défenseur est obligatoire quand le prévenu est atteint d'une infirmité de nature à compromettre sa défense.

• C. pr. pén., art. 706-43

* V. s^s n° 541.01

• C. pr. pén., art. 706-44

* V. s^s n° 541.01

• C. pr. civ., art. 205

* V. s^s n° 541.01

SECTION 1

DROIT À UN AVOCAT

543.11 **Grève du Barreau.** Le droit d'être assisté d'un avocat est fondamental comme il a été rappelé *supra* (v. s^s chap. 524). Les circonstances dans lesquelles l'audience correctionnelle peut se dérouler sans que l'avocat du prévenu soit présent sont évidemment rares et résultent généralement d'un mouvement collectif de la profession.

La décision prise par un barreau de suspendre sa participation aux audiences d'une juridiction de jugement constitue une circonstance insurmontable justifiant que les affaires y soient retenues sans la présence d'un avocat dès lors que cette présence n'est pas obligatoire et que les formalités légales ont été accomplies en vue de faire respecter les droits de la défense. Un prévenu ne saurait faire grief à la cour d'appel de ne pas lui avoir donné la parole en dernier sur une demande de renvoi présentée par son avocat appartenant à un barreau qui a décidé de suspendre sa participation aux audiences de la juridiction de jugement, dès lors que dès lors que les prévenus ont manifesté, par leur comportement leur refus de s'expliquer et d'être jugés sans leurs avocats et ont quitté la salle.[1].

Cette position est logique si l'on observe que l'assistance d'un avocat n'est pas, contrairement à la matière criminelle, obligatoire en matière correctionnelle, sauf si cette absence est de nature à compro-

1. Crim. 23 mai 2013, n° 12-83.780, P n° 115 ; *D.* 2013. 1351. A. Bolze, « Force majeure et présence de l'avocat à l'audience correctionnelle : une application restrictive des droits de la défense par la Cour de cassation », *JCP G* 28 août 2013.

mettre la défense du prévenu atteint par exemple d'une infirmité grave. Elle l'est encore si l'on note que la jurisprudence a pris soin de mentionner que « cette présence n'est pas obligatoire et que les formalités légales ont été accomplies en vue de faire respecter les droits de la défense ». Mais la situation est moins claire dans l'hypothèse où le législateur a lui-même prévu l'assistance obligatoire de l'avocat. Ainsi en matière de comparution immédiate lorsqu'il s'agit de recueillir l'accord de la personne à être jugé immédiatement[1]. La chambre criminelle n'a, il est vrai, jamais expressément été saisie de la question et par suite n'a jamais affirmé dans un arrêt le caractère obligatoire de cette présence de l'avocat à ce moment précis. Par suite, la question se repose avec régularité lors de chaque mouvement de grève d'un barreau même si néanmoins, dans la plupart des situations, un avocat est présent à ce stade.

On observera qu'en matière civile, concernant les soins sans consentement, bien que l'assistance de l'avocat soit rendue obligatoire par les dispositions de l'article R. 3211-8 du code de la santé publique, la première chambre civile a jugé que « même lors d'une audience relative au maintien en soins sans consentement, un mouvement de grève du barreau constitue un obstacle insurmontable à l'assistance d'un conseil »[2].

À l'inverse, et dans le même contexte de grève du barreau, si, aux termes de l'article 132-16-5 du code pénal, l'état de récidive légale peut être relevé d'office par la juridiction de jugement, même lorsqu'il n'est pas mentionné dans l'acte de poursuite, c'est à la condition qu'au cours de l'audience, la personne poursuivie en ait été informée et qu'elle ait été mise en mesure d'être assistée d'un avocat et de faire valoir ses observations[3].

Logiquement, s'agissant de la régularité de la procédure antérieure au jugement, constitue une circonstance insurmontable[4] excluant la nullité du procès-verbal de placement en garde à vue et de notification de droits, ainsi que de la procédure subséquente, la décision prise collectivement par un barreau de suspendre toute participation des avocats au service des commissions d'office[5].

1. Certes, d'aucuns contestent que cette présence soit obligatoire, l'article 397 du code de procédure pénale disposant que cet accord est recueilli « *en présence de son avocat ou, si celui-ci n'est pas présent, d'un avocat désigné d'office sur sa demande* » ce qui pourrait exclure qu'il soit fait appel à un avocat si le prévenu n'en fait pas la demande. Tel n'est pas le choix de la pratique majoritaire...
2. Civ. 1re, 13 sept. 2017, n° 16-22.819, P I, n° 190.
3. Crim. 23 mai 2013, n° 12-83.721, P n° 114 ; *D.* 2015. 1601 ; *D.* 2016. 40. Crim. 9 févr. 2016, n° 15-84.277, P n° 33.
4. St. Bortoluzzi, D. Piau, Th. Wickers, *Règles de la profession d'avocat*, 17e éd., « Dalloz action », 2022, n° 471.48.

543.12 **Assistance du prévenu.** Le prévenu qui comparaît a la faculté de se faire assister par un défenseur.

Si le prévenu n'a pas fait choix d'un défenseur avant l'audience, le président l'informe, s'il n'a pas reçu cette information avant l'audience, qu'il peut, à sa demande, bénéficier d'un avocat commis d'office. Si le prévenu formule cette demande, le président commet un défenseur d'office.

Le défenseur ne peut être choisi ou désigné que parmi les avocats inscrits à un barreau.

L'assistance d'un défenseur est obligatoire quand le prévenu est atteint d'une infirmité de nature à compromettre sa défense[6].

L'article 275 du code de procédure pénale qui permet au président de la cour d'assises d'autoriser à titre exceptionnel à l'accusé de prendre pour conseil un de ses parents ou amis n'est pas applicable à la matière correctionnelle[7].

D'une part, le président doit s'assurer que le prévenu qui comparaît seul a bien l'intention de se défendre sans avocat, d'autre part, il doit s'assurer qu'il a bien reçu l'information relative au droit de bénéficier notamment d'un avocat d'office. Si les citations et autres formulaires de COPJ comportent cet avertissement, il n'est pas superflu de le rappeler à nouveau à l'audience au regard du niveau de compréhension moyen, par la majorité du public judiciaire, des formules employées. Il est tout aussi utile de faire mention de la réponse faite, sur les notes d'audience.

L'exercice de la faculté reconnue au prévenu qui comparaît devant la juridiction correctionnelle de se faire assister d'un avocat, et, s'il n'en a pas fait le choix à l'audience et demande cependant à être assisté, de s'en faire désigner un d'office par le président, implique, pour être effectif, y compris en cause d'appel, que ce dernier l'ait préalablement informé de cette faculté, s'il n'a pas reçu cette information avant l'audience.

En conséquence, encourt la censure au visa des articles 16 de la Déclaration des droits de l'Homme et du citoyen, 14, § 3, d) du Pacte international relatif aux droits civils et politiques, 6, § 3, c) de la convention européenne des droits de l'homme, 417 du code de procédure pénale, l'arrêt de la chambre des appels correctionnels qui statue à l'égard d'un prévenu comparant seul, sans constater qu'il avait été informé de son droit d'être assisté d'un avocat[8].

5. Crim. 9 mai 1994, n° 94-80.802, P n° 174 ; *D.* 1995. 145, obs. J. Pradel.
6. C. pr. pén., art. 417.
7. Sur les développements relatifs au respect des droits de la défense v. ss nos 524.11 s.
8. Crim. 24 nov. 2010, n° 10-80.551, P n° 188 ; *D.* 2011. 14 ; *RSC* 2011. 151, obs. J. Danet.

Encourt la cassation au visa des articles 417 et 593 du code de procédure pénale l'arrêt d'une cour d'appel qui, pour refuser d'ordonner le renvoi demandé par le prévenu au motif qu'il souhaitait comparaître assisté d'un conseil, se borne à retenir que l'intéressé avait eu le temps de préparer sa défense, sans permettre à la Cour de cassation de s'assurer que celui-ci avait été en mesure de bénéficier de l'assistance d'un avocat de son choix ou commis d'office[1].

Cependant un arrêt[2] est venu rejeter le pourvoi contre l'arrêt de la Cour de Nîmes qui, pour écarter une demande de renvoi du prévenu souhaitant être assisté d'un avocat d'office et statuer au fond, avait énoncé que, d'une part, par arrêt du 29 juillet 2013, a été autorisée, en exécution d'un mandat d'arrêt européen, la remise aux autorités belges de M. X..., fixée au 24 septembre 2014, et que d'autre part, le conseil de l'ordre avait confirmé qu'en raison de la grève du barreau, aucun avocat ne pourrait être désigné pour assister le prévenu, la date de la fin de ce mouvement n'étant pas précisée, « qu'en prononçant ainsi, et dès lors que la décision du barreau de suspendre pour une durée indéterminée sa participation aux audiences constituait une circonstance insurmontable justifiant, au regard des impératifs de l'espèce, que l'affaire fût retenue sans la présence d'un avocat, la cour d'appel a justifié sa décision sans méconnaître les dispositions conventionnelles invoquées (6, § 3, c), de la convention européenne des droits de l'homme ».

543.13 **Assistance de la partie civile.** En matière de constitution de partie civile les textes prévoient non seulement que la constitution peut se faire avant l'audience au greffe ou pendant l'audience par déclaration consignée par le greffier ou par dépôt de conclusion[3] et jusqu'aux réquisitions du ministère public sur le fond, ou, en matière d'ajournement, sur la peine[4], mais encore que le ministère d'un avocat n'est pas obligatoire[5].

Il peut en résulter un déséquilibre assez flagrant au regard du principe d'égalité des armes, dans des affaires comportant de forts enjeux pénaux et sur intérêts civils, où l'une des parties va donc se trouver assistée d'un conseil et l'autre pas.

Il peut être de bonne pratique, notamment dans les affaires venant sur comparution immédiate, d'indiquer à la victime qui souhaite se constituer la possibilité qui lui est offerte de bénéficier de l'intervention d'un avocat, notamment au titre de l'aide juridictionnelle lorsqu'elle peut y prétendre. Une telle option entraînera généralement le report de l'affaire, mais elle est seule de nature à permettre également le respect des droits des victimes et de l'équilibre des droits des parties érigés en principe par l'article préliminaire du code de procédure pénale et posé par le Conseil constitutionnel comme l'un des principes fondamentaux reconnu par les lois de la République[6].

SECTION 2
DROIT À LA COPIE DU DOSSIER

543.21 **Droit à la copie du dossier et au temps nécessaire pour préparer la défense de son client.** Est acquis, le droit de chaque avocat de disposer d'une copie intégrale du dossier[7]. Nombre de services de reprographie des juridictions sont débordés et ne délivrent les copies de dossiers qu'avec retard, s'agissant en tout cas de copies papier. Que la demande elle-même soit effectuée à proximité de la date de l'audience et existent là toutes les raisons de craindre un renvoi. Mais surtout, il serait sans doute opportun que soient définies localement les conditions dans lesquelles ces copies sont délivrées et sur quoi elles portent. On peut s'étonner d'ailleurs qu'il ait fallu un arrêt de la chambre criminelle pour décider que la remise d'une copie de procédure sur CD-ROM avant une audience de comparution immédiate, implique, de mettre à disposition de l'avocat le matériel nécessaire à sa lecture effective[8].

Fréquemment des contestations s'élèvent sur l'absence de reproduction de telle cote du dossier d'instruction ou de telles pièces d'un dossier traité seulement par le parquet. On comprend bien que selon que la défense entend soulever une irrégularité procédurale (par exemple, relative à la garde à vue), ou s'articule sur une défense au fond, la reproduction des procès-verbaux de notification des droits ou de prolongation de la garde à vue a une importance plus ou moins grande. Il serait opportun que des commissions pénales localement instituées avec le barreau abordent ces difficultés. Sans nier même

1. Crim. 24 nov. 2010, n° 10-82.772, P n° 189 ; *D.* 2011. 2542, obs. M. Léna ; *D.* 2012. 171, Chron. C. Roth, A. Leprieur et M.-L. Divialle ; *AJ pénal* 2012. 47, obs. J. Pronier ; *RSC* 2012. 198, obs. J. Danet.
2. Crim. 8 juill. 2015, n° 14-86.400, P n° 56 ; *D.* 2015. 1601 ; *D.* 2016. 40.
3. C. pr. pén., art. 419.
4. C. pr. pén., art. 421 ; mod. par L. n° 75-624, 11 juill. 1975, art. 25.
5. C. pr. pén., art. 418, al. 2.
6. Cons. const. 2 févr. 1995, n° 95-360 DC, art. non conforme 35 de la loi, *loi relative à l'organisation des juridictions et à la procédure civile, pénale et administrative*, NON-CONFORMITÉ PARTIELLE, *JO* 7 févr., p. 2097 ; *Rec.*, p. 195 ; *D.* 1995. 171, note J. Pradel.
7. V. s[s] n°s 512.31 et 524.61.
8. Crim. 9 mars 2020, n° 21-82.580, NP,

que pour certains dossiers d'instruction le caractère anachronique de la cotation rend parfois malaisé pour le fonctionnaire qui en est chargé le choix des pièces à reproduire et de celles qui ne le méritent pas. D'usage, nombre d'avocats, dans ces derniers dossiers communiquent les numéros des cotes des pièces du dossier d'information dont ils entendent obtenir copie, à défaut d'un cédérom de numérisation de la procédure (mais dont la réalisation demande elle aussi que soient définies les pièces qui y figurent, et par exemple s'agissant de la cote A concernant les pièces de forme, voire de la cote B qui contient les renseignements de personnalité).

Le second point à rappeler ici est celui de la nécessité de permettre à l'avocat choisi ou désigné de disposer du temps utile à la préparation de la défense de son client. Dans les hypothèses de désignation d'un avocat d'office, sur l'audience, il est particulièrement critiquable lorsque le dossier de la procédure a quelque ampleur, d'indiquer qu'il sera évoqué en fin d'audience après que l'avocat en question ait pu le consulter, dans des conditions de stress relatif qu'on imagine[1].

543.22 Notion de « copie du dossier complet de la procédure ». Si la jurisprudence est assez fournie en matière d'instruction préparatoire sur la notion de mise à disposition des avocats du dossier complet de la procédure sur le fondement de l'article 197 du code de procédure pénale, elle l'est beaucoup moins en ce qui concerne le dossier destiné à l'audience de jugement. Il faut dire qu'il n'existe pas de dispositions similaires propres à l'audience correctionnelle au sein du code de procédure pénale, l'article 6 de la convention européenne des droits de l'homme semblant sans doute suffisant à imposer ce principe[2]. De surcroît, on rappellera que l'article 197, précité, dispose que le caractère incomplet du dossier de la procédure ne constitue pas une cause de nullité dès lors que les avocats des parties ont accès à l'intégralité du dossier détenu au greffe du juge d'instruction. Si la chambre de l'instruction est avisée que des pièces sont manquantes, elle renvoie l'audience à une date ultérieure s'il lui apparaît que la connaissance de ces pièces est indispensable à l'examen de la requête ou de l'appel qui lui est soumis[3].

Mais on pourra objecter justement que pour l'ensemble des dossiers n'ayant pas transité par le service de l'instruction, les modalités de consultation d'un dossier au service de l'audiencement ne sont pas toujours aisées et que c'est souvent lors de l'audience que les parties pourront éventuellement voir qu'on leur oppose une pièce qui ne leur aurait pas été délivrée en copie, en particulier dans la masse des documentations annexes de procédures préliminaires traitées de longs mois durant par le parquet. On admettra surtout que le caractère complet du dossier mis à la disposition de la défense comme de la partie civile est la condition *sine qua non* d'un véritable respect des droits de la défense et du principe du contradictoire. Cette question n'est pas totalement distincte de celle du droit à la traduction « des pièces essentielles » du dossier.

Il ne s'agit pas ici d'évoquer une investigation manquante, problématique, qui ne se résout que par un supplément d'information. Il s'agit bien d'un dossier dans lequel manquent des pièces ou, dont certaines pièces n'auraient pas été mises à disposition ou portées à la connaissance des avocats.

Une espèce a vu l'argument d'un dossier prétendument incomplet écarté par la chambre criminelle, au motif que les prévenus n'avaient pas sollicité de renvoi pour consulter ledit dossier et que les énonciations de l'arrêt attaqué mettaient la Cour de cassation en mesure de s'assurer que la cour d'appel qui avait souverainement apprécié les éléments qui lui étaient soumis, avait sans insuffisance ni contradiction, répondu aux chefs péremptoires des conclusions dont elle était saisie[4].

Dans une autre espèce, la chambre criminelle constate que lors de l'examen de l'affaire par les juges d'appel, ceux-ci n'étaient pas en possession de l'original de la procédure qui avait été égaré, mais avaient à leur disposition la procédure sous forme numérisée, à la seule exception des notes d'audience tenues devant le tribunal correctionnel, qu'aucune exception de nullité n'a été soulevée et aucune observation formulée par le demandeur au pourvoi et qu'aucune atteinte n'ayant été ainsi portées aux intérêts de la partie concernée, ni aux droits de la défense, il y avait lieu à rejeter le pourvoi[5, 6].

Reste une difficulté récurrente concernant les pièces à convictions, selon qu'elles ont été ou non placées sous scellés. Ainsi, la jurisprudence a pu estimer (toujours en matière d'instruction préparatoire) que les prescriptions de l'article 197, alinéa 3, du code de procédure pénale, qui ont pour objet de permettre aux avocats des parties de prendre connaissance de l'ensemble du dossier de l'information, et de pouvoir, en temps opportun, produire devant la chambre de l'instruction tous mémoires utiles, sont essentielles aux droits de la défense, et doivent

1. Aussi : v. s[s] n° 524.53.
2. CEDH 19 déc. 1989, *Kamasinski c/Autriche*, req. n° 9783/82, préc.
3. C. pr. pén., art. 197 ; réd. issue de L. n° 2016-731, 3 juin 2016, art. 86 ; puis mod. par L. n° 2017-258, 28 févr. 2017, art. 20.
4. Crim. 8 mars 2017, n° 15-84.430, NP.
5. Crim. 11 juill. 2017, n° 16-86.139, NP.
6. Sur la demande de renvoi pour dossier incomplet, v. s[s] n° 532.34.

être observées à peine de nullité. Font ainsi partie du dossier, au sens de ce texte, les cédéroms remis au juge d'instruction par les enquêteurs en exécution d'une commission rogatoire, qui n'ont pas été placés sous scellés et déposés au greffe à titre de pièces à conviction, mais ont été joints à un procès-verbal coté dans les pièces de fond. Encourt, dès lors, la censure, pour avoir méconnu une disposition essentielle aux droits de la défense, l'arrêt d'une chambre de l'instruction qui écarte le moyen de nullité pris de ce que le dossier qui lui a été transmis n'était pas complet, en l'absence desdits cédéroms[1].

543.23 Modalités d'obtention de la copie. Pour l'essentiel, c'est l'article R. 155 du code de procédure pénale qui dispose qu'en matière criminelle, correctionnelle et de police, hors les cas prévus par l'article 114, il peut être délivré aux parties :

1° Sur leur demande, expédition de la plainte ou de la dénonciation des ordonnances définitives, des arrêts, des jugements, des ordonnances pénales et des titres exécutoires prévus à l'article 529-2, alinéa 2, du code de procédure pénale ;

2° Avec l'autorisation du procureur de la République ou du procureur général selon le cas, expédition de toutes les autres pièces de la procédure, notamment, en ce qui concerne les pièces d'une enquête terminée par une décision de classement sans suite. Toutefois, cette autorisation n'est pas requise lorsque des poursuites ont été engagées ou qu'il est fait application des articles 41-1 à 41-3 et que la copie est demandée pour l'exercice des droits de la défense ou des droits de la partie civile.

L'article D. 591 du même code, récemment modifié[2] dispose :

– « Selon les modalités figurant dans une convention passée entre le ministère de la justice et les organisations nationales représentatives des barreaux, les avocats des parties peuvent transmettre par un moyen de télécommunication sécurisé à l'adresse électronique de la juridiction ou du service compétent de celle-ci, et dont il est conservé une trace écrite, les demandes, déclarations et observations suivantes :

1° Les demandes de délivrance de copie des pièces d'un dossier prévues par l'article R. 155 ;

2° *bis*. Les demandes et observations adressées au procureur de la République en application de l'article 77-2, ainsi que les saisines du procureur général prévues par cet article ;

3° Les demandes tendant à l'octroi du statut de témoin assisté prévues par l'article 80-1-1 ;

4° Les demandes d'investigations sur la personnalité prévues par le neuvième alinéa de l'article 81 ;

5° Les demandes de la partie civile prévues par l'article 81-1 ;

6° Les demandes d'actes prévues par l'article 82-1 ;

7° Les demandes tendant à la constatation de la prescription prévues par l'article 82-3 ;

8° Les constitutions de partie civile et les plaintes adressées au procureur de la République respectivement prévues par les premiers et deuxièmes alinéas de l'article 85 ;

9° La requête en restitution d'objet placé sous main de justice prévue par le deuxième alinéa de l'article 99 ;

10° Les demandes d'un témoin assisté tendant à sa mise en examen, prévues par l'article 113-6 ;

11° Les demandes de délivrance d'une copie du dossier de l'instruction prévues par le quatrième alinéa de l'article 114 ;

12° Les déclarations de la liste des pièces dont l'avocat souhaite remettre une reproduction à son client, prévues par le septième alinéa de l'article 114 ;

13° Les déclarations de changement de l'adresse déclarée prévues par le dernier alinéa de l'article 116 ;

14° Les demandes de confrontations individuelles prévues par l'article 120-1 ;

15° Les demandes d'expertises prévues par l'article 156 ;

16° Les demandes de modification de la mission d'un expert ou d'adjonction d'un co-expert prévues par l'article 161-1 ;

1. Crim. 6 janv. 2015, n° 14-86.719, P n° 2 ; *D.* 2015. 211 ; *D.* 2015. 1738, obs. J. Pradel ; *RSC* 2015. 404, obs. D. Boccon-Gibod – COMP. : Crim. 9 nov. 2011, n° 11-86.496, P n° 231 ; *D.* 2011. 2998 ; *D.* 2012. 2118, obs. J. Pradel : qui avait estimé que les documents ou objets saisis placés sous scellés et déposés au greffe à titre de pièces à conviction ne font pas partie du dossier de la procédure au sens de l'article 197, alinéa 3, du code de procédure pénale et que n'encourt pas la cassation l'arrêt qui omet de répondre à une articulation du mémoire de la personne mise en examen qui n'a pas demandé à la chambre de l'instruction d'ordonner l'apport des pièces à conviction qu'autorise l'article 199, et qui demande à cette juridiction de constater qu'elle n'a pas eu accès, avant l'audience, à un cédérom placé sous scellé – Crim. 8 avr. 2015, n° 15-80.783, P n° 75 qui distingue bien, les scellés déposés au greffe à titre de pièces à conviction qui ne font pas partie du dossier au sens de l'article 197 du code de procédure pénale, alors qu'en revanche, méconnaît une disposition essentielle aux droits de la défense, l'arrêt qui refuse un supplément d'information visant à obtenir la copie d'un cédérom de modélisation de la scène du crime, auquel l'avocat des demandeurs n'avait pas eu accès avant l'audience, alors que ce cédérom, n'ayant pas été placé sous scellé et déposé au greffe à titre de pièces à conviction, faisait partie du dossier au sens du texte précité. En ce qui concerne les pièces placées sous scellés, leur consultation ne peut être réalisée que dans les conditions prévues par l'article 97, alinéa 6, du code de procédure pénale, ce qui n'est pas sans poser de difficultés matérielles si cette opération doit avoir lieu en cours d'audience.

2. Décr. n° 2023-332, 3 mai 2023 relatif à la signification par voie électronique en matière pénale, *JO* 5 mai, n° 7, art. 5.

17° Les observations concernant les rapports d'expertise d'étape, prévues par l'article 161-2 ;

18° Les observations et les demandes de complément d'expertise ou de contre-expertise, prévues par l'article 167 ;

19° Les observations concernant les rapports d'expertise provisoires, prévues par l'article 167-2 ;

20° Les observations, les demandes d'actes et les observations complémentaires faites en application de l'article 175 ;

21° Les demandes formées en application de l'article 77-2 ;

22° Les demandes formées en application de l'article 495-15.

Toute autre demande prévue par des dispositions du présent code et pour laquelle ces dispositions permettent qu'elle soit faite par simple lettre peut également être transmise conformément aux dispositions du présent article.

La réception de la demande sur la boîte aux lettres électronique du destinataire donne lieu à l'émission d'un accusé de réception électronique, qui fait, s'il y a lieu, courir les délais prévus par le présent code. Toutefois, lorsque la demande a été reçue en dehors des jours ouvrables ou après 17 heures, les délais ne commencent à courir que le premier jour ouvrable suivant. Toute demande transmise à une adresse électronique ne figurant pas sur la liste des adresses transmise par le ministère de la justice en application de la convention prévue au premier alinéa est irrecevable ».

Les dispositions de l'article D. 591 ne sont pas applicables aux demandes de mise en liberté ou de mainlevée du contrôle judiciaire[1].

SECTION 3
DROIT À UN INTERPRÈTE

543.31 **Droit à l'interprète.** La chambre criminelle a pu initialement juger que si l'article 6, § 3, de la convention européenne des droits de l'homme prescrit que tout accusé a droit à être informé dans le plus court délai, dans une langue qu'il comprend, de la nature et de la cause de l'accusation portée contre lui, il n'exige pas que la citation en justice elle-même soit accompagnée d'une traduction toutes les fois que la personne poursuivie est de nationalité étrangère. Les textes ont cependant renforcé depuis plusieurs années le droit pour l'étranger de se voir traduire les actes essentiels de la procédure[2, 3].

On signalera, par exemple, la cassation par la chambre criminelle de l'arrêt d'une chambre de l'application des peines qui avait conclu à l'irrecevabilité de l'appel d'un condamné étranger, jugé tardif, contre la décision d'un juge de l'application des peines ordonnant la révocation totale de son sursis probatoire. Le jugement comme sa notification n'ayant pas été traduits, le défaut de traduction n'avait pas fait courir le délai d'appel[4]. Une telle solution doit à notre sens inciter les juridictions qui prononcent des révocations de sursis à l'encontre d'un étranger à veiller à la traduction particulière de ce point de leur décision.

L'attention du président du tribunal doit dans tous les cas être portée sur la capacité du prévenu et des autres parties à pleinement comprendre et participer aux débats, ce, le cas échéant lorsque même le prévenu étranger semble ne pas comprendre son interprète. La désignation d'un ou de plusieurs interprètes interviendra généralement avant l'audience. Mais s'il apparaît cette nécessité lors de l'audience, l'examen de l'affaire en cause doit être, sauf disponibilité immédiate peu probable, être reporté.

543.32 **Serment.** La prestation de serment ne devra pas être omise en début des débats, y compris pour l'interprète-traducteur inscrit sur une liste d'experts[5]. Bien que le texte de l'article 407 du code de procédure pénale soit clair, la formule du serment n'est pas immuable. Il a pu être jugé que satisfait aux prescriptions de la loi la mention de l'arrêt que l'interprète qui a assisté le prévenu a « dans les formes prescrites par la loi, prêté le serment de traduire fidèlement les discours à transmettre entre ceux qui parlent des langages différents »[6].

L'intervention d'un membre de la famille du prévenu ou de la victime pour traduire les propos de celle-ci ou de celui-ci, même si elle est tolérée par certains praticiens, doit être condamnée, en ce qu'elle ne garantit rien de la régularité des propos traduits et rapportés.

543.33 **Impact sur le temps d'audience.** En outre, il faut savoir, qu'en moyenne, l'intervention effective d'un interprète qui s'acquitte sérieusement de son travail en traduisant à celui qu'il assiste toutes les phases importantes du procès (interrogatoire, réquisitions, plaidoiries), double pratiquement le temps d'audience, ce qui commande que cette réalité ait été prise en compte lors de la composition du rôle.

1. C. pr. pén., art. D. 593.
2. Crim. 10 oct. 1985, n° 84-92.734, P n° 308.
3. Sur l'interprétariat, v. s[s] n°s 221.231 s. et 524.22.
4. Crim. 23 mars 2022, n° 21-83.064, P ; *JCP* 2022, 681, obs. V. Peltier.
5. V. s[s] n° 221.245.
6. Crim. 20 déc. 1967, n° 67-91.516, P n° 339.

CHAPITRE

544. Incidents et infractions commises à l'audience

SECTION 0 ORIENTEUR

544.00 Sommaire du chapitre.

544.01 Principaux textes applicables.

TEXTES SOURCES

• C. pr. pén., art. 459 et 512

TEXTES *IN EXTENSO*

• **C. pr. pén., art. 459**

Le prévenu, les autres parties et leurs avocats peuvent déposer des conclusions.

Ces conclusions sont visées par le président et le greffier ; ce dernier mentionne ce dépôt aux notes d'audience.

Le tribunal qui est tenu de répondre aux conclusions ainsi régulièrement déposées doit joindre au fond les incidents et exceptions dont il est saisi, et y statuer par un seul et même jugement en se prononçant en premier lieu sur l'exception et ensuite sur le fond.

Il ne peut en être autrement qu'au cas d'impossibilité absolue, ou encore lorsqu'une décision immédiate sur l'incident ou sur l'exception est commandée par une disposition qui touche à l'ordre public.

• **C. pr. pén., art. 512** [mod. par L. n° 2020-1672, 24 déc. 2020]

Les règles édictées pour le tribunal correctionnel sont applicables devant la cour d'appel, y compris les dispositions de l'avant-dernier alinéa de l'article 464, sous réserve des dispositions suivantes.

SECTION 1 INCIDENTS

544.11 Atteintes au principe de publicité des audiences. Les modalités d'expulsion du participant issu du public, de la partie civile ou du prévenu[1] doivent être utilisées avec parcimonie et une explication pédagogique du sens de l'audience et de son objet est sans aucun doute préférable vis-à-vis du perturbateur quel qu'il soit, à une manifestation d'un autoritarisme déplacé, qui peut le cas échéant amener d'autres participants aux débats ou membres du public, à traduire leur mauvaise humeur[2].

544.12 Évasion. Pour rare qu'elle soit l'évasion du prévenu en cours d'audience peut se produire. S'il est repris par les membres de l'escorte ou tout autre participant, les débats peuvent se poursuivre, sous la réserve éventuelle, selon les cas d'un report de l'affaire, ou d'une expulsion de l'intéressé, en fonction des circonstances des faits.

Si le prévenu n'est pas repris, il y a lieu pour le tribunal de vider sa saisine. Selon l'état d'avancement des débats, il pourra soit renvoyer l'examen de l'affaire à une date ultérieure, soit statuer. La présence du prévenu à l'ouverture des débats permet de qualifier la décision de contradictoire.

L'évasion, dont la mention aura été portée aux notes d'audience, donnera généralement lieu à des poursuites distinctes dont il est opportun qu'elles aient lieu devant une autre composition que celle devant laquelle l'évasion s'est produite.

544.13 Incident entre avocats. Tout incident entre avocats est arbitré après suspension d'audience ou renvoi de l'examen de l'affaire, par le bâtonnier de l'ordre local des avocats ou son représentant.

Il est évidemment exclu que le président du tribunal, la formation collégiale ou le représentant du ministère public tranche un conflit de cette

1. V. s[s] n°s 523.31 s.
2. Sur les règles applicables au huis clos : v. s[s] n°s 523.22 s.

nature qui peut avoir des causes et des manifestations diverses.

Il peut en revanche être utile que soient notées par le greffier les paroles ou les attitudes échangées.

544.14 Incident avec les avocats. « Les magistrats du siège, les magistrats du parquet, et *a fortiori* les chefs de juridiction ont charge d'entretenir des relations avec le Barreau et les autres auxiliaires de justice qui établissent parfaitement leur souci d'indépendance, d'impartialité, de respect et d'attention à autrui, de dignité et de loyauté, de réserve et de discrétion. Une relation adéquate du magistrat avec les avocats et tout auxuliaire de justice mobilise l'ensemble de ces valeurs »[1]. L'énoncé de ce principe devrait exclure l'hypothèse ici examinée.

L'incident peut toutefois trouver sa source dans une parole, un propos déplacé ou une attitude d'un avocat à l'égard d'un membre de la composition ou du parquet ou d'un de ceux-là à son égard.

L'exemple le plus fréquent peut être la manifestation ostensible de mauvaise humeur des uns ou des autres, quant à la direction des débats, la nature des questions posées, la longueur d'une plaidoirie. L'incident entre membres d'une collégialité n'est d'ailleurs pas à exclure.

Il est opportun dans ces hypothèses de suspendre l'audience et d'appeler dans la salle des délibérés les différents protagonistes de l'incident, représentant du ministère public compris, pour tenter de le résoudre. À défaut, il conviendra là encore de faire appel au bâtonnier de l'Ordre ou à l'un des membres du conseil de l'Ordre. Une première tentative d'explication gagnera toujours à être effectuée hors la présence du public.

544.15 Dignité de la procédure et déontologie. Le magistrat doit s'abstenir d'utiliser dans ses écrits comme dans ses propos, des expressions ou commentaires déplacés, condescendants, vexatoires ou méprisants[2].

Le Conseil supérieur de la magistrature a pu ainsi rappeler que lorsqu'elle est requise, la publicité des débats est une garantie du bon déroulement de l'audience. Le magistrat ne tolère pas qu'elle se transforme en spectacle. Il fait respecter les règles élémentaires de politesse par les parties, les avocats et le public[3]. Le magistrat du siège, qui conduit la procédure ou dirige des débats judiciaires, et celui du parquet, qui exerce l'action publique ou intervient en matière civile, le font avec une autorité respectueuse de la dignité des personnes[4].

À l'audience, le respect de l'autre, notamment magistrats, avocats, escortes, justiciables est une condition de la sérénité de la justice. Le président d'audience veille à la police de l'audience en s'assurant que chacun a la possibilité de s'exprimer à son tour librement, hors de toute pression ou manœuvre collective d'intimidation. Il a un devoir général d'explication[5].

544.16 Incidents de procédure. Les exceptions, par principe, sont soulevées en premier lieu, par voie de conclusions, selon des procédures parfois très détaillées (question préjudicielle, question prioritaire de constitutionnalité...) et aboutissent, soit à une jonction au fond, le tribunal répondant par un seul et même jugement à la difficulté procédurale et s'il ne la retient pas, sur le fond[6], soit à une procédure autonome[7].

Pour les plus fréquentes « exceptions de nullité », même s'il est courtois de le faire, aucune disposition n'impose aux avocats de déposer leurs conclusions (de nullité ou sur le fond) avant l'audience.

Il a déjà été dit que selon la nature de ces écritures, le parquet ou la partie civile peuvent être légitimes à solliciter un renvoi de l'affaire n'ayant pas disposé du temps nécessaire pour prendre connaissance de ces écritures ou des pièces nouvelles versées aux débats, généralement à l'appui d'une demande de relaxe.

Les conclusions sont visées par le président et le greffier qui mentionne ce dépôt aux notes d'audience[8]. Ces formalités parfois négligées sont importantes car il ne saurait être reproché au juge de n'avoir pas répondu aux conclusions d'une prévenue, dès lors qu'en méconnaissance des dispositions de l'article 459 du code de procédure pénale, ces conclusions n'ont pas été déposées le jour de l'audience (en l'espèce de police) et qu'il n'est pas établi que le président en ait eu connaissance[9]. Pas plus ne saurait-il être reproché à un arrêt de ne comporter aucune référence aux conclusions adressées par télécopie, six jours avant l'audience du 12 juin 2012 par l'avocat du prévenu, dès lors que ces conclusions n'ont pas été déposées le jour même de l'audience des débats, conformément aux prescriptions des articles 459 et 512 du code de procé-

1. CSM, *Recueil des obligations déontologiques des magistrats,* La Documentation française, 2019, p. 118.
2. CSM, *Recueil des obligations déontologiques des magistrats*, Dalloz, 2010, principe E. 2.
3. CSM, *Recueil des obligations déontologiques des magistrats*, recomm. e. 4.
4. CSM, *Recueil des obligations déontologiques des magistrats*, recomm. e. 5.
5. CSM, *Recueil des obligations déontologiques des magistrats*, recomm. e. 10.
6. C. pr. pén., art. 459, al. 3.
7. Sur les exceptions et incidents, de même que la procédure applicable en matière de nullités, v. s[s] livre 6.
8. C. pr. pén., art. 459, al. 2.
9. Crim. 17 févr. 1998, n° 97-82.999, P n° 64.

dure pénale, et qu'il n'est pas établi que les juges d'appel en aient eu connaissance[1].

Il est à noter d'ailleurs que les dispositions de l'article 459 ont fait l'objet d'une question prioritaire de constitutionnalité non renvoyée au Conseil constitutionnel, l'arrêt rendu précisant que si les juges ne sont pas tenus de répondre aux écrits qui n'ont pas été régulièrement déposés à l'audience par le prévenu ou par son avocat, cette exigence est destinée à inciter la personne poursuivie à comparaître ou à se faire représenter à l'audience, où le prévenu a la parole en dernier, ce qui permet d'assurer l'oralité et le caractère contradictoire des débats, sans porter atteinte aux droits de la défense[2].

Le président va dans tous les cas procéder à l'interrogatoire d'identité du prévenu, à l'appel des autres parties, à la lecture de la prévention puis, sans entamer l'évocation des faits, donner la parole à l'avocat ayant conclu afin qu'il développe ses arguments. La parole est ensuite donnée à la partie civile si elle souhaite faire des remarques, puis au parquet pour ses réquisitions. Il est d'usage de redonner la parole à l'avocat concluant afin qu'il réplique s'il le souhaite aux réquisitions formulées. C'est seulement à ce stade, qu'après avoir consulté ses assesseurs, le président de la composition prononcera la jonction au fond. Il peut toutefois être statué immédiatement, de manière exceptionnelle sur une exception susceptible de mettre fin à la procédure. Cette dernière voie n'est pas sans danger puisque le jugement alors rendu est susceptible d'appel, empêchant de fait, même en cas de rejet des prétentions, la poursuite des débats[3].

SECTION 2
INFRACTIONS COMMISES À L'AUDIENCE

544.21 Police de l'audience. Le président a la police de l'audience et la direction des débats[4]. Il lui appartient de veiller à ce que les débats se déroulent de manière compréhensible et respectueuse de tous, chaque magistrat exerçant bien évidemment son autorité selon ses qualités et ses limites. Il lui appartient en tout cas de veiller à l'équilibre « des forces en présence » et de ne pas privilégier les parties civiles au détriment des prévenus ou le parquet à celui de la défense. Ainsi, il doit être à même de gérer d'éventuels incidents d'audience sans que le représentant du ministère public, prenant un rôle qui ne lui appartient pas, exige systématiquement avant lui-même, que tel propos ou telle attitude soit notée par le greffier, l'audience suspendue, telle personne évincée de la salle... et ceci même si le parquet peut demander à ce que tel incident soit acté.

Un minimum d'explications courtoises, même avec un prévenu récalcitrant, permet souvent de faire baisser une tension qu'il est naturel de trouver dans une enceinte pénale où les enjeux sont forts notamment en termes de libertés individuelles. Si néanmoins l'un des assistants trouble l'ordre de quelque manière que ce soit, dit le texte, mais à l'évidence d'une manière qui ne soit plus gérable, le président ordonne son expulsion de la salle d'audience[5].

Dans la continuité du texte de principe, l'article 402 du code de procédure pénale prévoit même que le président peut interdire l'accès de la salle d'audience aux mineurs ou à certains d'entre eux.

Il convient de ne pas oublier qu'en cas d'expulsion du prévenu[6], l'article 405, al. 2 du code de procédure pénale commande de le faire reconduire en salle d'audience avant que le jugement ne soit rendu.

544.22 Principe de compétence de la juridiction devant laquelle l'infraction est commise. Si au cours d'une expulsion de la salle d'audience, la personne concernée résiste à cet ordre ou cause du tumulte, elle est, sur-le-champ, placée sous mandat de dépôt, jugée et punie de deux ans d'emprisonnement, sans préjudice des peines portées au code pénal contre les auteurs d'outrages et de violences envers les magistrats. Ces dispositions qui n'ont pas été retouchées depuis 1994 peuvent étonner. Sur l'ordre du président, la personne concernée est alors contrainte par la force publique de quitter l'audience[7]... pour peu qu'un service d'ordre soit assuré ce qui obéit à des règles extrêmement variables selon les juridictions.

Les dispositions des articles 675 à 678 du code de procédure pénale prévoient les conditions dans lesquelles les infractions commises à l'audience sont jugées d'office ou sur les réquisitions du ministère public. La question de l'impartialité de la juridiction n'a semble-t-il jamais été directement posée, compte tenu du nombre de cas résiduels concernés par ces hypothèses, hormis l'infraction d'outrage[8].

544.23 Contravention. S'il se commet une contravention de police pendant la durée de l'audience, le tribunal ou la cour dresse procès-

1. Crim. 7 janv. 2015, n° 12-86.653, P n° 13 ; *D.* 2015. 210 ; *D.* 2015. 2465, obs. G. Roujou de Boubée, T. Garé, C. Ginestet, M.-H. Gozzi et S. Mirabail ; *Dr. soc.* 2015. 629, chron. R. Salomon ; *RSC* 2015. 89, obs. Y. Mayaud.
2. Crim. 8 janv. 2014, n° 13-83.072, NP ; *D.* 2014. 1451.
3. V. s^s n°s 921.11 s.
4. C. pr. pén., art. 401.
5. C. pr. pén., art. 404, al. 1.
6. V. s^s n° 523.33.
7. C. pr. pén., art. 404.
8. V. s^s n° 544.25.

verbal du fait, entend le prévenu, les témoins, le ministère public, et, éventuellement, le défenseur, et applique sans désemparer les peines portées par la loi[1].

544.24 **Délit.** Si le fait commis pendant la durée de l'audience d'un tribunal correctionnel ou d'une cour est un délit, il peut être procédé comme il est dit à l'article précédent. Dans ce cas, si la peine prononcée est supérieure à un mois d'emprisonnement, un mandat de dépôt peut être décerné.

Si le fait, qualifié délit, a été commis à l'audience d'un tribunal de police, le président en dresse procès-verbal, qu'il transmet au procureur de la République ; il peut, si la peine encourue est supérieure à six mois d'emprisonnement, ordonner l'arrestation de l'auteur, et sa conduite immédiate devant le procureur de la République[2].

544.25 **Exception en cas d'outrage.** Par dérogation aux dispositions qui précèdent, lorsqu'il a été commis pendant la durée d'une audience, d'un tribunal de police, d'un tribunal correctionnel ou d'une cour le délit d'outrage prévu par l'article 434-24 du code pénal, le président en dresse procès-verbal qu'il transmet au procureur de la République. Les magistrats ayant participé à l'audience lors de la commission du délit ne peuvent composer la juridiction saisie des poursuites[3].

Celui qui dénonce à l'autorité compétente des faits délictueux imputés à un magistrat ne commet à l'égard de ce magistrat aucun outrage s'il se borne à spécifier et qualifier les faits dénoncés. Mais les faits injurieux ou outrageants employés dans la dénonciation et distincts de l'énonciation des faits dénoncés peuvent donner lieu à des poursuites pour outrage. Justifie dès lors sa décision la cour d'appel qui constate que le prévenu a adressé au garde des Sceaux et au procureur général une dénonciation accusant de forfaiture, de faux en écritures publiques et authentiques et de coalition de fonctionnaires le juge de l'application des peines qui avait rejeté sa demande de libération conditionnelle et traitant ce magistrat de « fasciste ».

Si l'article 10, § 1, de la convention européenne des droits de l'homme reconnaît à toute personne le droit à la liberté d'expression, ce texte prévoit, en son second paragraphe, que l'exercice de cette liberté comportant des devoirs et des responsabilités peut être soumis à certaines formalités, conditions, restrictions ou sanctions, prévues par la loi, qui constituent dans une société démocratique des mesures nécessaires, notamment, pour garantir l'autorité et l'impartialité du pouvoir judiciaire ; tel est précisément l'objet de l'article 434-24 du code pénal[4].

Ce dispositif est conforme à la convention européenne des droits de l'homme, dont la Cour de Strasbourg a pu toutefois dire, en matière d'outrage à magistrat, que l'exigence d'impartialité de la justice tirée de l'article 6, § 1, de la convention européenne des droits de l'homme excluait que le magistrat victime de cet outrage puisse statuer[5].

Dans une affaire où un prévenu était poursuivi pour avoir outragé un magistrat du siège en termes choisis (« je baise la justice, putain de ta mère, tu vas me le payer »), et pour avoir exercé des violences sur le procureur de la République en lançant une béquille dans sa direction, à une audience ultérieure devant la même juridiction mais autrement composée, une cour d'appel a pu considérer qu'eu égard aux fonctions exercées par les victimes, le tribunal « n'offrait pas l'apparence des garanties suffisantes d'impartialité au regard notamment des articles 6, § 1, de la CEDH et de l'application qui en a été faite dans l'appréciation de l'impartialité objective exclusive de tout doute légitime » et « qu'il existait des motifs suffisants pour faire diligenter la procédure d'attribution à un autre tribunal chargé de la connaissance de l'affaire »[6].

Lorsqu'une personne commet à l'audience de la chambre d'accusation un délit et est jugée sur le champ, elle doit être entendue par la Cour ainsi, éventuellement, que son conseil, avant que soit prononcée une condamnation à son égard[7].

544.26 **Crime.** Si le fait commis est un crime, la cour ou le tribunal, après avoir fait arrêter l'auteur, l'interroge et dresse procès-verbal des faits ; cette juridiction transmet les pièces et ordonne la conduite immédiate de l'auteur devant le procureur de la République compétent qui requiert l'ouverture d'une information[8].

1. C. pr. pén., art. 676.
2. C. pr. pén., art. 677, al. 1 et 2 ; art. mod. par L. n° 2011-1862, 13 déc. 2011, art. 2.
3. C. pr. pén., art. 677, al. 3.
4. Crim. 27 sept. 2000, n° 99-87.929, P n° 280 ; *D.* 2000. 281.
5. CEDH 15 déc. 2005, *Kyprianou c/Chypre*, req. n° 73797/01 ; *D.* 2007. 825, obs. B. Blanchard.
6. Montpellier, 6 juin 2012, RG n° 12/00767, *JCP* 2012. 976, note Y. Zemrack.
7. Crim. 14 sept. 1988, n° 88-84.390, P n° 322.
8. C. pr. pén., art. 678 ; art. mod. par L. n° 2011-1862, 13 déc. 2011, art. 2.

CHAPITRE

545. Instruction des faits

SECTION 0 ORIENTEUR

545.00 **Sommaire du chapitre.**

545.01 **Principaux textes applicables.**

TEXTES SOURCES

• C. pr. pén., art. 400 à 402, 404 à 406, 410 à 417, 427 à 434, 437 à 439, 442, 442-1, 444, 446 à 457, 706-43 et 706-44

• C. pr. civ., art. 205

TEXTES *IN EXTENSO*

• C. pr. pén., art. 427

Hors les cas où la loi en dispose autrement, les infractions peuvent être établies par tout mode de preuve et le juge décide d'après son intime conviction.

Le juge ne peut fonder sa décision que sur des preuves qui lui sont apportées au cours des débats et contradictoirement discutées devant lui.

• C. pr. pén., art. 428

L'aveu, comme tout élément de preuve, est laissé à la libre appréciation des juges.

• C. pr. pén., art. 429

Tout procès-verbal ou rapport n'a de valeur probante que s'il est régulier en la forme, si son auteur a agi dans l'exercice de ses fonctions et a rapporté sur une matière de sa compétence ce qu'il a vu, entendu ou constaté personnellement.

Tout procès-verbal d'interrogatoire ou d'audition doit comporter les questions auxquelles il est répondu.

• C. pr. pén., art. 430

Sauf dans le cas où la loi en dispose autrement, les procès-verbaux et les rapports constatant les délits ne valent qu'à titre de simples renseignements.

• C. pr. pén., art. 431

Dans les cas où les officiers de police judiciaire, les agents de police judiciaire ou les fonctionnaires et agents chargés de certaines fonctions de police judiciaire ont reçu d'une disposition spéciale de la loi le pouvoir de constater des délits par des procès-verbaux ou des rapports, la preuve contraire ne peut être rapportée que par écrit ou par témoins.

• C. pr. pén., art. 432

La preuve par écrit ne peut résulter de la correspondance échangée entre le prévenu et son avocat.

• C. pr. pén., art. 433

Les matières donnant lieu à des procès-verbaux faisant foi jusqu'à inscription de faux sont réglées par des lois spéciales. À défaut de disposition expresse la procédure de l'inscription de faux est réglée comme il est dit au titre II du livre IV.

• C. pr. pén., art. 434

Si le tribunal estime qu'une expertise est nécessaire, il est procédé conformément aux articles 156 à 166, 168 et 169.

• C. pr. pén., art. 437

Toute personne citée pour être entendue comme témoin est tenue de comparaître, de prêter serment et de déposer sous réserve des dispositions des articles 226-13 et 226-14 du code pénal.

Tout journaliste entendu comme témoin sur des informations recueillies dans l'exercice de son activité est libre de ne pas en révéler l'origine.

• **C. pr. pén., art. 442**

Avant de procéder à l'audition des témoins, le président interroge le prévenu et reçoit ses déclarations.

• **C. pr. pén., art. 442-1**

Sous réserve des dispositions de l'article 401, le ministère public et les avocats des parties peuvent poser directement des questions au prévenu, à la partie civile, aux témoins et à toutes personnes appelées à la barre, en demandant la parole au président.

Le prévenu et la partie civile peuvent également poser des questions par l'intermédiaire du président.

• **C. pr. pén., art. 455**

Au cours des débats le président fait, s'il est nécessaire, représenter au prévenu ou aux témoins les pièces à conviction et reçoit leurs observations.

• **C. pr. pén., art. 456**

Le tribunal, soit d'office, soit à la demande du ministère public, de la partie civile ou du prévenu, peut ordonner tous transports utiles en vue de la manifestation de la vérité.

Les parties et leurs avocats sont appelés à y assister. Il est dressé procès-verbal de ces opérations.

• **C pr. civ., art. 205**

* V. s[s] n° 541.01

545.02 Jurisprudence de référence.

> Liberté de la preuve en matière pénale (Illustration)

• **Crim. 31 janv. 2007,** n° 06-82.383, P n° 27

* V. s[s] n° 545.41.

Ne méconnaît pas les dispositions de l'article 6 de la convention européenne des droits de l'homme, la cour d'appel qui, après en avoir contradictoirement débattu, admet comme mode de preuve, la production de l'enregistrement d'une conversation téléphonique privée, dès lors qu'elle est justifiée par la nécessité de rapporter la preuve des faits dont l'auteur de l'enregistrement est victime et par les besoins de sa défense.

545.03 Bibliographie indicative.

Ouvrage. P. Beauvais et R. Parizot, « Les transformations de la preuve pénale », LGDJ, 2018.

Contribution. P. Bouzat, « La loyauté dans la recherche des preuves », *in Mél. Hugueney*, p. 15 – J. Patarin, « Le particularisme de la théorie des preuves en droit pénal » *in* Stéfani (dir.), *Quelques aspects de l'autonomie du droit pénal*, Dalloz, 1956, p. 2.

Articles. G. Accomando et Ch. Guéry, « la sonorisation : un mode légal de preuve ? », *D.* 2002. Chron. 2001 – L. Ascensi, « Retour sur le principe de loyauté des preuves », *AJ pénal* 2012. 346 – M. Blondet, « Ruses et artifices », *JCP* 1958. I. 1419 – J. Buisson, « la légalité dans l'administration de la preuve pénale », *Procédures* 1998. Chron. 14 ; « Les limites de l'intime conviction du juge répressif », *Procédures* 2000. Chron. 6 – Ph. Conte, « La loyauté de la preuve dans la jurisprudence de la chambre criminelle de la Cour de cassation : vers la solution de la quadrature du cercle ? », *Dr. pénal* 2009. Ét. 8 – G. Danjaume, « Le principe de la liberté de la preuve en procédure pénale », *D.* 1996. Chron. 153 – Ch. Féral-Schuhl, « La collecte de la preuve numérique en matière pénale », *AJ pénal* 2009. 115 – T. Gambier, « La défense des droits de la personne dans la recherche moderne des preuves en procédure pénale française », *Dr. pénal* 1992, n° 12, p. 1 – M. Giacometti, « La récolte de preuves électroniques : un règlement européen pour une efficacité accrue », *Dr. pénal* 2023, étude 8 – B. Lavielle, « Entre exigence de loyauté et principe de proportionnalité, la preuve pénale en liberté surveillée ? », *Gaz. Pal.* 24 oct. 2017. 77 – H. Leclerc, « Les limites de la liberté de la preuve », *RSC* 1992. 15 – V. Lesclous et C. Marsat, « La façon dont une partie recueille ses preuves est sans influence sur la validité de la procédure » *Dr. pénal* 1993. Chron. 6 – Letang, « La preuve en droit fiscal et douanier », *Gaz. Pal.* 1993. 2. 1376 – P. Maistre du Chambon, « La régularité des provocations policières : l'évolution de la jurisprudence », *JCP* 1989. I. 3422 – P. Mimin, *JCP* 1957. I. 324 – E. Molina, « Réflexion critique sur l'évolution paradoxale de la liberté de la preuve des infractions en droit français contemporain », *RSC* 2002. 263 – W. P. J. Pompe, « La preuve en procédure pénale », *RSC* 1961. 269 – J.-F. Renucci, « Les témoins anonymes et la convention européenne des droits de l'Homme », *Rev. pénit.* 1998. 3 ; « L'expertise pénale et la convention européenne des droits de l'Homme », *JCP* 2000. I. 227 – G. Rousselet, « Les ruses et artifices dans l'instruction criminelle », *RSC* 1946. 50 – Séminaire de Syracuse, 20/25 janv. 1992, *RID pén.* 1992, vol. 63, n°s 1 et 2 – M. Van de Kerchove, « La preuve en matière pénale dans la jurisprudence de la Cour et de la Commission européennes des droits de l'Homme », *RSC* 1992. 1 – H. Vlamynck, « Loyauté de la preuve au stade de l'enquête », *AJ pénal* 2014. 325 – R. Vouin, « La preuve obtenue par des moyens illégaux », *Dr. pénal* 1955. 338.

Dossiers. « La preuve, une question de loyauté », *AJ pénal* 2005. 261 ; « Investigations privées en marge de l'enquête pénale », *AJ pénal* 2009. 433 – « La preuve », *in* Rapport annuel de la Cour de cassation pour l'année 2012, Ét.

SECTION 1
FAITS POURSUIVIS

545.11 Présentation des faits. Devant le tribunal correctionnel, l'examen des faits débutera par un résumé de l'enquête et des déclarations du ou des prévenus communément appelé « rapport du président », terme que l'on ne trouvera pas dans la code, venant après constat de l'identité des personnes concernées par la procédure (prévenu, partie civile, témoins), notification des droits et lecture de l'acte qui a saisi le tribunal. Cette tâche peut être confiée à l'un des assesseurs par le président, ce dont il devra avoir été décidé avant l'audience[1].

1. C. pr. pén., art. 406.

Devant la chambre des appels correctionnels, l'appel est jugé à l'audience sur le rapport oral d'un conseiller[1, 2].

Lorsque les faits sont reconnus, il n'est pas besoin de s'étendre trop sur les conditions dans lesquelles l'enquête s'est déroulée, sauf à souligner la reconnaissance relativement tardive de ces faits par untel ou au contraire la rapidité d'éventuels aveux, voire une participation à la découverte du butin, ou la dénonciation d'autres protagonistes.

Quand les faits sont plus complexes, un exposé plus exhaustif doit être fait par le président. Il peut remettre à ses assesseurs copie de certaines pièces du dossier, copie d'une ordonnance de renvoi du juge d'instruction ou copie de son propre résumé de l'affaire, qui tiendra lieu d'exposé des faits lors de la rédaction du jugement. Les assesseurs ont pu, ce qui est extrêmement rare, consulter les dossiers de l'audience. Il a pu leur faire parvenir pour des dossiers plus importants tous éléments qu'ils ont souhaité avoir ou qu'il a jugés opportun de leur communiquer. Enfin, pour les procès exceptionnels on pourra assister à une véritable préparation en commun de l'audience qui comprendra bien sûr une étude partagée du dossier.

Il n'est pas inutile dans ces cas de préciser à l'ouverture des débats, et à destination des avocats et de leurs clients, que l'ensemble des assesseurs sont au fait des poursuites, ont une connaissance du dossier, en sorte que certains points puissent être évoqués très rapidement lors des débats. Une telle démarche est généralement appréciée notamment de la défense qui se sent associée au travail de recherche de la vérité judiciaire du tribunal.

Dans tous les cas la présentation initiale a pour but de permettre aux assesseurs et au public présent dans la salle de comprendre, quels sont les faits et par qui ils ont été commis, l'énoncé de leurs circonstances participant aussi de la reconnaissance des victimes.

Le caractère équilibré de cette présentation, comportant éléments à charge comme à décharge est fondamental. Il conditionne bien souvent le déroulement correct de l'instruction, chacun pouvant s'assurer de l'impartialité du tribunal.

545.12 **Temps de l'audience.** Le temps de l'audience doit être aussi, autant que sa durée contrainte le permet, un temps pédagogique tendant à faire prendre conscience au prévenu de l'infraction commise, des préjudices occasionnés aux victimes, des risques encourus. Il faut espérer qu'il permette à chacun, à l'issue des débats d'avoir le sentiment de s'être librement et complètement expliqué, dans une langue accessible et un système dont chacun aura compris les règles fondamentales.

1. C. pr. pén., art. 513.
2. Sur les règles applicables en appel, v. s[s] n° 922.61.

SECTION 2
INTERROGATOIRE DU PRÉVENU

545.21 **Français langue du procès ?** La Constitution de 1958 prévoit que : « La langue de la République est le français »[3]. Il avait été jugé à plusieurs reprises que le droit de s'exprimer en basque, en breton ou encore en corse devant une juridiction française ne pouvait être reconnu au prévenu[4].

La charte européenne des langues régionales ou minoritaires du 5 novembre 1992[5], à ce jour non ratifiée par la France, dispose toutefois en sa troisième partie relative aux mesures en faveur de l'emploi des langues régionales ou minoritaires dans la vie publique, à prendre en conformité avec les engagements souscrits en vertu du § 2, de l'article 2, qu'en matière de justice pénale, les parties s'engagent, en ce qui concerne les circonscriptions des autorités judiciaires dans lesquelles réside un nombre de personnes pratiquant les langues régionales ou minoritaires qui justifie les mesures spécifiées ci-après, selon la situation de chacune de ces langues et à la condition que l'utilisation des possibilités offertes par le présent paragraphe ne soit pas considérée par le juge comme faisant obstacle à la bonne administration de la justice dans les procédures pénales :

– à prévoir que les juridictions, à la demande d'une des parties, mènent la procédure dans les langues régionales ou minoritaires et/ou ;

– à garantir à l'accusé le droit de s'exprimer dans sa langue régionale ou minoritaire et/ou ;

– à prévoir que les requêtes et les preuves, écrites ou orales, ne soient pas considérées comme irrecevables au seul motif qu'elles sont formulées dans une langue régionale ou minoritaire et/ou ;

– à établir dans ces langues régionales ou minoritaires, sur demande, les actes liés à une procédure judiciaire ;

– si nécessaire par un recours à des interprètes et à des traductions n'entraînant pas de frais additionnels pour les intéressés.

La ratification de ce texte suppose en l'état une réforme constitutionnelle, les Sages ayant considéré que la Charte européenne des langues régionales ou minoritaires, en ce qu'elle confère des droits spécifiques à des « groupes » de locuteurs de langues

3. Constitution, 4 oct. 1958, art. 2.
4. V. s[s] n° 221.247.
5. Charte européenne des langues régionales ou minoritaires adoptée à Strasbourg le 5 novembre 1992, signée par la France le 7 mai 1999.

régionales ou minoritaires, à l'intérieur de « territoires » dans lesquels ces langues sont pratiquées, porte atteinte aux principes constitutionnels d'indivisibilité de la République, d'égalité devant la loi et d'unicité du peuple français[1]. Si elle intervient, elle constituera nécessairement une source de discussions importantes en outre-mer et dans les provinces hexagonales connaissant encore une forte pratique d'une langue régionale ou minoritaire. Elle inverse en effet le principe actuellement en vigueur en prévoyant un recours à ces langues par choix et non plus par nécessité.

Le Conseil d'État a été saisi le 24 juin 2015 d'un projet de loi constitutionnelle autorisant la ratification de la Charte européenne des langues régionales ou minoritaires. Le projet comporte un article unique insérant dans la Constitution un article 53-3 autorisant la ratification de la Charte européenne des langues régionales et minoritaires[2] adoptée à Strasbourg le 5 novembre 1992 et signée par la France le 7 mai 1999. Il a émis un avis défavorable[3] mais non contraignant comme il l'avait déjà fait en 1996[4], puis en 2013[5].

La ministre de la Justice a néanmoins présenté en conseil des ministres le 31 juillet 2015 son projet de loi constitutionnelle portant ratification de ladite Charte, sans suite à la date de parution de la présente édition.

545.22 **Oralité des débats.** L'essentiel doit avoir été dit. Il est possible selon la nature des faits abordés de ne pas entrer dans des détails trop pénibles ou trop crus, mettant mal à l'aise les victimes, le prévenu ou le public et n'apportant au fond aucune plus-value à l'énoncé des faits et à la compréhension du passage à l'acte. Mais il faut que les choses soient dites, que les menaces soient caractérisées, que l'outrage soit circonstancié, que les conséquences des violences soient énoncées au travers notamment de la lecture des certificats médicaux ou de la production des photographies qui ont pu être initialement prises des lésions causées, que l'agression sexuelle soit suffisamment précise pour que chacun sache ce qui est jugé et puisse également se référer à d'autres affaires, supportant les mêmes qualifications pénales et qui seront jugées au final en référence les unes aux autres.

Il ne peut donc être constamment renvoyé à des déclarations ou des pièces qui seront consultées en délibéré, même s'il ne s'agit pas pour les dossiers les plus complets de réévoquer l'intégralité des pièces accumulées.

Au-delà du contenu des propos échangés, la forme est importante et les participants devront s'adapter au niveau de compréhension des prévenus comme des victimes, d'âge et de niveaux intellectuel ou culturel différents.

Il est hors de question que le président reprenne à son compte des insultes ou un ton agressif du prévenu, un tutoiement ou des tournures familières. Il ne peut à l'inverse, se réfugier dans un langage suranné que ce prévenu ne peut comprendre. En matière d'outrages, la lecture *in extenso* des propos poursuivis, quelle que soit leur crudité, doit être effectuée.

545.23 **Indépendance et impartialité.** Il a été rappelé par le Conseil supérieur de la magistrature que les magistrats conduisent les procédures, mènent les débats et rendent leurs décisions de façon indépendante[6]. Dans l'exercice de leurs fonctions, ils bannissent par principe et repoussent toute intervention tendant à influencer, directement ou indirectement, leurs décisions, en dehors des voies procédurales et légales[7].

Dans la seconde édition du recueil des obligations déontologiques des magistrats, le même Conseil a distingué l'indépendance, « principe fondamental de valeur constitutionnelle découlant de la séparation des pouvoirs... » condition de la légitimité du magistrat[8], garantie dans son activité juridictionnelle par le respect des exigences d'une bonne administration de la justice (désignation des magistrats, répartititon des dossiers, équilibre des charges de travail, etc.) et l'impartialité[9].

L'impartialité, dans l'exercice de fonctions juridictionnelles, ne s'entend pas seulement d'une absence apparente de préjugés, mais aussi, plus fondamentalement, de l'absence réelle de parti pris. Elle exige que le magistrat, quelles que soient ses opinions, soit libre d'accueillir et de prendre en compte tous les points de vue débattus devant lui[10]. Le magistrat manifeste son impartialité en respectant et faisant respecter le caractère contradictoire des débats[11]. L'impartialité oblige le magistrat à se défaire de tout

1. Cons. const. 15 juin 1999, n° 99-412 DC, clauses contraires, *Charte européenne des langues régionales ou minoritaires*, NON-CONFORMITÉ PARTIELLE, *JO* 18 juin, p. 8964 ; *Rec.*, p. 71 ; *AJDA* 1999. 627 ; *AJDA* 1999. 573, note J.-E. Schoettl ; *D.* 1999. 598, note J.-M. Larralde ; *D.* 2000. 198, obs. F. Mélin-Soucramanien.
2. Charte européenne des langues régionales et minoritaires adoptée à Strasbourg le 5 novembre 1992 et signée par la France le 7 mai 1999.
3. CE, ass, sect. int., 30 juill. 2015, req. n° 390268.
4. CE, avis, 24 sept. 1996, n° 349461.
5. CE, avis, 7 mars 2013, n° 387426.
6. CSM, *Recueil des obligations déontologiques des magistrats, 2010, op. cit.*, principe A. 9.
7. CSM, *Recueil...*, principe A. 10.
8. CSM, *Recueil des obligations déontologiques des magistrats, 2019*, La documentation française, p. 15 s.
9. *Ibid.*, p. 19 s.
10. CSM, *Recueil... 2010*, principe B. 12.
11. CSM, *Recueil...*, principe B. 13.

préjugé. Elément essentiel de la confiance du public dans l'institution judiciaire, elle constitue un droit garanti par l'article 6 de la Convention de sauvegarde des drtois de l'homme et des libertés fondamentales et conditionne le respect du principe fondamental d'égalité des citoyens devant la loi[1]. L'impartialité est renforcée par les règles destinées à prévenir les conflits d'intérêts[2]. Elle oblige pareillement le magistrat qui n'est pas un internaute comme les autres à être vigilant dans son utilisation des réseaux sociaux, en particulier lorsqu'il s'exprime sous son identité et en qualité de magistrat[3].

Les magistrats du siège ne peuvent pas plus, ni dans leurs propos, ni dans leur comportement, manifester une conviction jusqu'au prononcé de la décision[4]. Dans leurs activités judiciaires, notamment aux abords des salles d'audience, les juges et procureurs doivent être soucieux de l'image d'impartialité qu'ils offrent et ne pas apparaître, aux yeux de personnes non averties, dans une relation de trop grande proximité et, moins encore, de complicité. La même prudence doit être observée à l'égard des conseils des parties en cause et de l'ensemble des acteurs du procès[5]. Le président d'audience, comme le représentant du ministère public, s'exprime, à l'égard de tous les acteurs du procès, avec la même objectivité[6]. Les débats judiciaires doivent être, sauf exceptions légales, publics. L'effectivité de la publicité des débats contribue à une justice impartiale[7].

En ce qui concerne les liens que peuvent entretenir les magistrats avec des tiers dans une cause dont ils vont avoir ultérieurement à connaître, il est possible de citer une espèce dans laquelle le requérant invoquait la violation de son droit à un procès équitable et notamment du principe d'impartialité[8] dans la mesure où deux des magistrats ayant statué sur son pourvoi en cassation avaient côtoyé les avocats de la partie adverse lors d'une réunion du Comité Français de l'Arbitrage, un mois avant l'audience. La Cour européenne des droits de l'homme a estimé que la société requérante n'apportait pas la preuve que la procédure qui l'opposait à l'État du Cameroun avait été évoquée lors de la réunion du bureau du Comité Français de l'Arbitrage ou en marge de celle-ci. Elle estime que le fait pour un magistrat de côtoyer, à l'occasion de réunions ou d'événements scientifiques sans lien avec une affaire donnée, les représentants d'une partie à cette affaire n'est pas de nature à causer à lui seul des appréhensions objectivement justifiées à la partie adverse. La participation à la réunion du Comité Français de l'Arbitrage n'imposait pas non plus, en soi, aux magistrats de se déporter dans le cadre de la procédure du requérant. Elle déclare par voie de conséquence la requête irrecevable par défaut manifeste de fondement[9].

Il est possible de rappeler ici qu'un Collège de déontologie des magistrats de l'ordre judiciaire a été créé par la loi organique n° 2016-1090 du 8 août 2016 relative aux garanties statutaires, aux obligations déontologiques et au recrutement des magistrats ainsi qu'au Conseil supérieur de la magistrature. Il est chargé :

1° De rendre des avis sur toute question déontologique concernant personnellement un magistrat, sur saisine de celui-ci ou de l'un de ses chefs hiérarchiques ;

2° D'examiner les déclarations d'intérêts qui lui sont transmises en application de l'article 7-2.

Il présente chaque année au Conseil supérieur de la magistrature un rapport public rendant compte de l'exécution de ses missions. Ce rapport ne contient aucune information nominative[10].

545.24 **Loyauté des débats.** Ne pourront être pris en compte dans le cours du délibéré des éléments parvenus à la connaissance du tribunal, mais non évoqués lors des débats publics.

La multiplication des comparutions en justice de certains prévenus, qui peut en amener à comparaître à plusieurs reprises devant le ou les mêmes juges, sans que pour autant puisse être contestée l'impartialité de ces derniers, commande à tout le moins qu'il soit publiquement fait état par le président, d'une précédente audience, éventuellement ignorée d'un avocat commis d'office, au cours de laquelle l'intéressé a été condamné pour d'autres faits, ou d'une audience future, éventuellement déjà préparée par le magistrat et concernant également d'autres faits.

Au plan procédural, l'obligation de loyauté exige du magistrat qu'il exerce les pouvoirs que les textes

1. CSM, *Recueil des obligations déontologiques des magistrats,* 2019, *op.cit.*
2. *Ibid.* point 3.
3. CSM, *Recueil des obligations déontologiques des magistrats,* 2019, *op.cit.,* point 14.
4. CSM, *Recueil...2010,* recomm. b. 15. *Recueil des obligations déontologiques des magistrats,* 2019, *op.cit.,* point 5.
5. CSM, *Recueil...,* recomm. b. 16. *Recueil des obligations déontologiques des magistrats,* 2019, *op.cit.,* point 6.
6. CSM, *Recueil...,* recomm. b. 17 – V. aussi s[s] n° 531.32. CSM, *Recueil des obligations déontologiques des magistrats,* 2019, *op.cit., point 16.*
7. CSM, *Recueil des obligations déontologiques des magistrats,* 2019, *op.cit.,* point 4.
8. Conv. EDH, art. 6, § 1.
9. CEDH 10 avr. 2018, *SPRL Projet Pilote Garoube c/France,* req. n° 58936/13.
10. Ord. n° 58-1270, 22 déc.1958 portant loi organique relative au statut de la magistrature, art. 10 – V. Rapport d'activité 2020-2021.

lui confient et ne les outrepasse pas. Il applique loyalement les principes directeurs des procès, notamment le respect du principe de la contradiction et celui des droits de la défense. Il fonde ses décisions sur les éléments contradictoirement débattus en se gardant de tout *a priori*[1].

Le magistrat entretient des relations empreintes de délicatesse avec les justiciables, les témoins, les auxiliaires de justice et les partenaires de l'institution judiciaire, par un comportement respectueux de la dignité des personnes et par son écoute de l'autre[2]. Sont exclus, à l'oral comme à l'écrit, les propos déplacées, condescendants, vexatoires, discriminatoires, agressifs ou méprisants[3] de même que la transformation de l'audience publique en scène de spectacle[4].

Si l'article 4.3[5] du code de déontologie des avocats européens dispose que tout en faisant preuve de respect et de loyauté envers l'office du juge, l'avocat défend son client avec conscience et sans crainte, sans tenir compte de ses propres intérêts, ni de quelque conséquence que ce soit pour lui-même ou toute autre personne, il faut relever que le point 4.4 dispose qu'à aucun moment, l'avocat ne doit sciemment donner au juge une information fausse ou de nature à l'induire en erreur. La loyauté est donc une exigence partagée.

545.25 **Priorité à l'interrogatoire du prévenu.** Le prévenu doit être entendu après le résumé des faits et de la prévention qu'a fait le président. Il ne peut être question qu'un témoin, une victime s'exprime en premier. La loi le prévoit expressément.

Avant de procéder à l'audition des témoins, le président interroge le prévenu et reçoit ses déclarations[6].

Comme pour le rapport du président, en cas de faits reconnus, ses explications pourront être des plus succinctes et l'essentiel des débats portera sur la personnalité du prévenu et la peine à lui infliger.

Mais ce dernier peut vouloir s'exprimer plus longuement, parfois aidé d'un document écrit qu'il aura rédigé, l'important pour la juridiction étant de conserver la maîtrise des débats. S'il ne s'agit donc pas de l'empêcher de parler, il convient que le président du tribunal garde le plan d'audience qu'il a pu se fixer pour évoquer dans l'ordre qu'il a choisi et qui paraissait le plus pertinent les faits que l'on doit juger.

1. CSM, *Recueil*... 2010, principe C. 28.
2. CSM, *Recueil des obligations déontologiques des magistrats*, 2019, *op.cit.*, chapitre VIVV, p. 51 s.
3. *Ibid.*, point 1.
4. *Ibid.*, point 2.
5. Code de déontologie des avocats européens, art. 4.3.
6. C. pr. pén., art. 442.

Seule une bonne maîtrise du dossier permet, notamment en cas de pluralité de prévenus, de disposer de l'aisance nécessaire à leur confrontation. Si l'exercice n'a pas en général le caractère fouillé et complet d'une confrontation devant le juge d'instruction, le président du tribunal doit être en capacité d'aller de l'un à l'autre, pour opposer des déclarations contradictoires, susciter toutes explications utiles. Il doit veiller à ce que le greffier d'audience suive correctement le déroulement des débats, seul gage d'une tenue correcte des notes d'audience.

L'exercice sera nécessairement ici fonction de la personnalité du président du tribunal correctionnel. On peut assister à des écarts assez sensibles dans la précision du rapport initial, le nombre de questions posées, le recours à des questions ouvertes ou fermées, le maniement de l'humour... Sur ce dernier point, il n'est pas nécessairement interdit de répondre à un prévenu dans la tonalité que lui-même emploie, mais il ne faut pas oublier que se jouent à l'audience pénale, des déclarations de culpabilité lourdes de sens et des peines importantes, ce qui commande sans doute que les débats soient surtout empreints de sérieux et de dignité.

545.26 **Questions du tribunal et des autres parties.** Lorsque le président estime avoir posé les questions suffisantes à l'avancée des débats, il doit se tourner vers ses assesseurs et susciter de ceux-ci les questions complémentaires utiles.

Les pratiques sont ici aussi variables, mais dans la plupart des juridictions, les présidents des formations collégiales autorisent leurs assesseurs à formuler eux-mêmes les questions qu'ils souhaitent poser. Il est sans doute utile que lors du renouvellement des compositions correctionnelles, le président prenne un temps pour éclairer ses assesseurs, notamment les magistrats exerçant à titre temporaire, sur sa pratique de l'audience.

Si les assesseurs n'ont pas de question à poser, la parole est proposée à l'avocat de la partie civile, puis au représentant du ministère public, puis à l'avocat de la défense. L'article 442-1 du code de procédure pénale, permet comme il a déjà été dit, aux parties elles-mêmes, prévenu et partie civile, de poser des questions par l'intermédiaire du président.

Dans le rythme contemporain des audiences correctionnelles, il faut bien admettre que le principe de ces interrogatoires croisés est diversement et incomplètement appliqué.

À l'issue, d'éventuels témoins ou experts, très rares devant le tribunal correctionnel peuvent être entendus[7].

7. V. s[s] n°s 546.31 s.

SECTION 3
PREUVE

§ 1
Administration et charge de la preuve

545.31 **Administration de la preuve.** Le président doit présenter à chacun les éléments du dossier qui sont susceptibles d'entraîner la conviction du tribunal.

Ainsi par exemple, au cours des débats le président fait, s'il est nécessaire, représenter au prévenu ou aux témoins les pièces à conviction et reçoit leurs observations[1].

Hors les cas où la loi en dispose autrement, les infractions peuvent être établies par tout mode de preuve et le juge décide d'après son intime conviction. Le juge ne peut fonder sa décision que sur des preuves qui lui sont apportées au cours des débats et contradictoirement discutées devant lui[2].

Pour autant, l'article 427 du code de procédure pénale, qui impose au juge correctionnel de ne fonder sa décision que sur des preuves qui lui sont apportées au cours des débats et contradictoirement discutées devant lui, n'exige pas que les pièces soient communiquées à la partie adverse avant l'audience[3].

En matière pénale, le principe est donc celui de la liberté de la preuve sous la seule réserve que les éléments qui seront pris en compte par la juridiction aient été librement et contradictoirement débattus. Les juges peuvent admettre des preuves qui ne seraient pas recevables en matière civile. Par exemple, ne méconnaît pas les dispositions de l'article 6 de la convention européenne des droits de l'homme, la cour d'appel qui, après en avoir contradictoirement débattu, admet comme mode de preuve, la production de l'enregistrement d'une conversation téléphonique privée, dès lors qu'elle est justifiée par la nécessité de rapporter la preuve des faits dont l'auteur de l'enregistrement est victime et par les besoins de sa défense[4].

Les enregistrements de conversations privées, réalisés à l'insu des personnes concernées par un particulier, en ce qu'ils ne constituent pas en eux-mêmes des actes ou des pièces de l'information, au sens de l'article 170 du code de procédure pénale, et dès lors qu'ils ne procèdent d'aucune intervention, directe ou indirecte, d'une autorité publique, ne peuvent être annulés en application des articles 171 à 173 du même code.

Il en va de même de leur transcription, qui a pour seul objet d'en matérialiser le contenu. Il s'agit de simples moyens de preuve soumis à la discussion contradictoire. Il en est également ainsi des enregistrements, réalisés dans des conditions identiques, de propos tenus entre un avocat et son client, ainsi que de leur transcription, lesquels échappent, en outre, aux prévisions de l'article 100-5 du code de procédure pénale relatif aux seules interceptions de correspondances ordonnées par une autorité publique comme de l'article 66-5[5] de la loi du 31 décembre 1971[6] concernant les documents couverts par le secret professionnel de l'avocat[7].

On citera encore une décision ayant indiqué que le droit à un procès équitable et le principe de liberté d'expression justifient que la personne poursuivie du chef de diffamation soit admise à produire pour les nécessités de sa défense, les pièces d'une information en cours de nature à établir sa bonne foi ou la vérité des faits diffamatoires et qu'il s'ensuit que de telles pièces ne peuvent être écartées des débats au motif que leur production porterait atteinte à la présomption d'innocence[8].

545.32 **Charge de la preuve.** Corollaire de la présomption d'innocence de la personne poursuivie, la charge de la preuve incombe à la partie poursuivante, soit généralement le parquet. Il est important au-delà des présomptions que peut établir la loi en des domaines limités que la juridiction de jugement n'inverse pas la charge de la preuve des faits.

Pour une illustration, on citera une décision en matière de discrimination syndicale, venue préciser que l'article L. 412-2 (devenu L. 2141-5[9]) du code du travail, concernant le délit de discrimination syndicale, n'institue aucune dérogation à la charge de la preuve en matière pénale ; qu'il résulte, par ailleurs, des articles préliminaires du code de procédure pénale et 6, § 2, de la convention européenne des droits de l'homme que tout prévenu étant présumé innocent, la charge de la preuve de sa culpabilité incombe à la partie poursuivante. Encourt par suite la censure l'arrêt qui, pour dire constitué le délit de discrimination syndicale,

1. C. pr. pén., art. 455.
2. C. pr. pén., art. 427.
3. Crim. 10 nov. 2004, n° 03-87.628, P n° 285 ; *D.* 2005. 245 ; *D.* 2005. 684, obs. J. Pradel ; *AJ pénal* 2005. 77.
4. Crim. 31 janv. 2007, n° 06-82.383, P n° 27 ; *D.* 2007. 1817, Chron. D. Caron et S. Ménotti ; *AJ pénal* 2007. 144 ; *RSC* 2007. 331, obs. R. Filniez.
5. L. n° 71-1130, 31 déc. 1971, art. 66-5 ; mod. par L. n° 2011-331, 28 mars 2011, art. 4.
6. L. n° 71-1130, 31 déc. 1971 portant réforme de certaines professions judiciaires et juridiques, *JO* 5 janv., p. 131.
7. Crim. 31 janv. 2012, n° 11-85.464, P n° 27 ; *D.* 2012. 440, obs. M. Lena ; *D.* 2012. 914, note F. Fourment ; *D.* 2012. 2118, obs. J. Pradel ; *AJ pénal* 2012. 224, note E. Daoud et P.-Ph. Boutron-Marmion ; *RSC* 2012. 401, obs. X. Salvat.
8. Crim. 11 févr. 2003, n°s 01-86.685, 01-86.696, P n° 29 ; *RSC* 2004. 130, obs. J. Francillon.
9. C. trav., art. L. 2141-5 ; mod. par L. n° 2015-994, 17 août 2015, art. 4.

retient qu'il incombait à l'employeur de justifier des raisons de service l'ayant conduit à écarter la priorité d'emploi attachée à la situation de la partie civile et de justifier de l'impossibilité d'affecter d'autres surveillants au poste peu attractif à celle-ci, motifs impliquant un renversement de la charge de la preuve, alors qu'il appartenait à la cour d'appel de rechercher l'existence d'une relation de causalité entre les mesures jugées discriminatoires et l'appartenance ou l'activité syndicale de la partie civile[1].

Un autre exemple parlant concerne l'application des dispositions de l'article R. 316-3 du code de la route, pour lequel la preuve de l'infraction à la réglementation sur la transparence des vitres de véhicule est établie par la constatation, par l'agent verbalisateur, de ce que celle-ci n'est pas suffisante, et qui permet au contrevenant de rapporter la preuve contraire conformément à l'article 537 du code de procédure pénale, notamment en établissant que le facteur de transmission régulière de la lumière est d'au moins 70 %. Une première décision de la chambre criminelle est venue rappeler que le juge répressif ne peut déclarer un prévenu coupable d'une infraction sans en avoir caractérisé tous les éléments constitutifs. En l'espèce, pour déclarer M. X... coupable de contravention à la réglementation sur la transparence des vitres de véhicule, le jugement attaqué se borne à viser le procès-verbal et par suite, en prononçant ainsi, alors que le procès-verbal de contravention, qui ne précisait pas concrètement quelles vitres étaient concernées ni en quoi leur transparence était insuffisante, ne comportait pas de constatations au sens de l'article 537 du code de procédure pénale, la juridiction de proximité n'a pas justifié sa décision[2].

§ 2
Admissibilité de la preuve en matière pénale

A.
Liberté de la preuve – Sens

545.41 **Loyauté de la preuve.** Comme souvent, la procédure pénale ne définit pas précisément ce qu'il convient d'entendre par « loyauté de la preuve ». Certains praticiens peuvent d'ailleurs être tentés d'en concevoir une notion d'autant plus étroite que la gravité des faits dont ils sont saisis est grande. Il faut donc se référer à la doctrine qui a pu considérer que la déloyauté des autorités répressives réside dans l'usage intentionnel d'un procédé mensonger qui conduit au détournement de la loi[3].

Cette dernière définition a en substance été reprise lors de la conclusion de la trop fameuse affaire dite de la *sex-tape* impliquant notamment des joueurs de l'équipe de France de football, devant l'assemblée plénière de la Cour de cassation[4]. Le sommaire de cette décision précise en effet que toute méthode d'investigation qui contribuerait à provoquer la commission de l'infraction est proscrite, le stratagème ainsi employé étant alors de nature à entraîner la nullité des actes de procédure. En dehors de cette hypothèse, le recours, par les autorités publiques, à un stratagème tendant à la constatation d'une infraction ou l'identification de ses auteurs ne constitue pas, en soi, une atteinte au principe de loyauté de la preuve. Pour qu'une telle atteinte soit constituée, il est nécessaire que le procédé employé, par un contournement ou un détournement d'une règle de procédure, ait pour objet ou pour effet de vicier la recherche de la preuve en portant atteinte à l'un des droits essentiels ou à l'une des garanties fondamentales de la personne suspectée ou poursuivie.

S'agissant de la convention européenne des droits de l'Homme qui garantit en son article 6 le droit au procès équitable, elle ne réglemente pas pour autant l'admissibilité des preuves en tant que telle, matière qui dès lors, relève au premier chef du droit interne. Par suite, la Cour européenne des droits de l'Homme ne saurait donc exclure par principe et *in abstracto* l'admissibilité d'une preuve recueillie de manière illégale car il lui incombe seulement de rechercher si le procès a présenté dans l'ensemble un caractère équitable[5].

Ainsi le juge, largement poussé en cela par le ministère public et orienté par les avocats des parties, établira sa conviction au fil de soupçons, renseignements, indices puis preuve du comportement poursuivi[6]. Ainsi, la loi n'interdit pas au juge correctionnel de se fonder sur des présomptions,

1. Crim. 11 avr. 2012, n° 11-83.816, P n° 95 ; *D.* 2012. 1410 ; *D.* 2012. 2622, obs. P. Lokiec et J. Porta ; *AJ pénal* 2012. 418, obs. L. Priou.
2. Crim. 19 juin 2018, n° 17-85.046, P ; *D.* 2018. 1386.
3. O. Décima, « Vers une définition stricte de la loyauté de la preuve en matière pénale ? », *JCP* 2015. 78 et « De la loyauté de la preuve pénale et de ses composantes », *D.* 2018, 103.
4. Cass., ass. plén., 9 déc. 2019, n° 18-86.767, P ; G. Pitti, « L'affaire de la sex-tape, match retour : l'art de la feinte », *Gaz. Pal,* 21 janv. 2020.
5. CEDH 12 juill. 1988, *Schenk c/Suisse*, req. n° 10862/84, § 46 ; *RSC* 1988. 840, obs. L.-E. Pettiti et F. Teitgen – CEDH 12 mai 2000, *Khan c/Royaume-Uni*, req. n° 35394/97, *Rec.*, p. V-2000 ; *JDI* 2001. 205 – CEDH 25 sept. 2001, *P. G. et J. H. c/Royaume-Uni*, req. n° 44787/98, *JDI* 2002. 301 – CEDH 16 févr. 2000, *Jasper c/Royaume-Uni*, req. n° 27052/95 – CEDH 16 févr. 2000, *Fitt c/Royaume-Uni*, req. n° 29777/96.
6. R. Binsard et C. Ghrénassia, « La preuve, le renseignement et le droit », *D. actu.*, 3 juin 2020.

pourvu que les faits qui leur servent de base aient été produits dans le débat et soumis à la libre discussion[1].

Pas plus les juges répressifs ne sauraient écarter des pièces, étrangères à la procédure d'instruction, versées aux débats par le ministère public et provenant d'actes opérés par un juge étranger dessaisi de toute commission rogatoire internationale et agissant de sa propre initiative, après clôture de l'information, dès lors que ces pièces ont été communiquées aux parties et ont été contradictoirement débattues[2].

Les appels téléphoniques anonymes et réitérés perturbant la vie familiale du destinataire constituent une voie de fait au sens de l'article R. 38-1° du code pénal. Leur enregistrement, à la diligence du destinataire, afin de permettre l'identification de l'auteur de cette contravention ne présente pas le caractère d'une atteinte à l'intimité de la vie privée de l'auteur desdits appels. Il n'est pas contraire aux droits de la défense de les utiliser pour identifier celui-ci[3].

Aucun texte de procédure pénale n'interdit la production par le plaignant à l'appui de sa plainte de pièces de nature à constituer des charges contre des personnes visées dans celle-ci, lesdites pièces ne constituant pas des actes de l'information susceptibles d'être annulés en application de l'article 172 du code de procédure pénale. Il appartient aux juridictions répressives d'en apprécier la valeur au regard des règles relatives à l'administration de la preuve des infractions[4].

Ne méconnaît pas les dispositions de l'article 6 de la convention européenne des droits de l'homme, la cour d'appel qui, après en avoir contradictoirement débattu, admet comme mode de preuve, la production de l'enregistrement d'une conversation téléphonique privée, dès lors qu'elle est justifiée par la nécessité de rapporter la preuve des faits dont l'auteur de l'enregistrement est victime et par les besoins de sa défense[5]. Ne constitue pas une ingérence dans la vie privée du demandeur, le fait pour des enquêteurs d'exploiter, après plainte de la victime, le contenu d'une cassette enregistrée par cette dernière et contenant des propos injurieux proférés par le prévenu à l'occasion de communications téléphoniques[6].

Les juges répressifs ne peuvent écarter les moyens de preuve produits par les parties au seul motif qu'ils auraient été obtenus de façon illicite ou déloyale. Il leur appartient seulement d'en apprécier la valeur probante. Méconnaît les dispositions de l'article 427 du code de procédure pénale la cour d'appel qui déclare irrecevable en preuve un document produit par la partie civile poursuivante parce qu'elle n'avait pu l'obtenir que de façon illicite[7].

Aucune disposition légale ne permet aux juges répressifs d'écarter des moyens de preuve remis par un particulier aux services d'enquête, au seul motif qu'ils auraient été obtenus de façon illicite ou déloyale ; il leur appartient seulement, en application de l'article 427 du code de procédure pénale, d'en apprécier la valeur probante, après les avoir soumis à la discussion contradictoire des parties (il était soutenu en l'espèce la subtilisation par un salarié à l'insu de son employeur de documents appartenant à ce dernier, tels que des états comptables, relevés de dépenses, factures et fiches de pointage des ouvriers, communiqués à des tiers dans le but de nuire, hors le cadre d'une défense prud'homale)[8]. Dès lors qu'il résulte des motifs pertinents de l'arrêt que l'autorité publique n'est intervenue, ni dans leur confection, ni dans leur appropriation, les fichiers informatiques produits à l'appui d'une plainte de l'administration fiscale, quand bien même ils auraient une origine illicite, constituent, non pas des actes ou pièces de l'information susceptibles d'être annulés, au sens de l'article 170 du code de procédure pénale, mais des moyens de preuve soumis à discussion contradictoire[9].

Méconnaît encore ce principe la cour d'appel qui, dans une procédure suivie du chef de discrimination, refuse d'examiner les éléments de preuve obtenus par les parties civiles au moyen du procédé dit *testing*, consistant à solliciter la fourniture d'un bien ou d'un service à seule fin de constater d'éventuels comportements discriminatoires, au motif que ce procédé aurait été mis en œuvre de façon déloyale[10].

545.42 Atteinte à l'intimité de la vie privée – Non-transmissions QPC. La chambre criminelle a refusé de transmettre au Conseil constitutionnel[11],

1. Crim. 6 août 1925, *DH* 1925. 533.
2. Crim. 11 juill. 2001, n° 00-84.832, P n° 167 ; *D.* 2002. 1458, obs. J. Pradel.
3. Crim. 17 juill. 1984, n° 83-92.332, P n° 259.
4. Crim. 23 juill. 1992, n° 92-82.721, P n° 274 ; *D.* 1993. 206, obs. J. Pradel ; *RTD civ.* 1993. 101, obs. J. Hauser.
5. Crim. 31 janv. 2007, n° 06-82.383, P n° 27 ; *D.* 2007. 1817, Chron. D. Caron et S. Ménotti ; *AJ pénal* 2007. 144 ; *RSC* 2007. 331, obs. R. Filniez.
6. Crim. 13 juin 2001, n° 00-85.580, NP.
7. Crim. 15 juin 1993, n° 92-82.509, P n° 210 ; *D.* 1994. 613, note C. Mascala.
8. Crim. 27 janv. 2010, n° 09-83.395, P n° 16 ; *D.* 2010. 656 ; *AJ pénal* 2010. 280. Ét. J. Lasserre Capdeville.
9. Crim. 27 nov. 2013, n° 13-85.042, P n° 238 ; *D.* 2013. 2852.
10. Crim. 11 juin 2002, n° 01-85.559, P n° 131 ; *D.* 2002. 2657 ; *D.* 2003. 1309, Chron. L. Collet-Askri ; *RSC* 2002. 879, obs. J.-F. Renucci.
11. Crim. 21 nov. 2012, n° 12-90.057, P n° 255.

la question ainsi rédigée : « Les articles 81, 97 et 427 du code de procédure pénale, dans l'interprétation jurisprudentielle effective et constante qu'en opère la chambre criminelle de la Cour de cassation, selon laquelle tous les éléments de preuve produits par une personne privée sont recevables devant les juridictions pénales, quand bien même cette personne les aurait obtenus de manière frauduleuse ou illicite, voire au moyen d'une infraction pénale, et cela sans aucune condition ni restriction, sont-ils contraires à la Constitution du 4 octobre 1958, au regard des articles 2, 5, 6, 7, 8, 11 et 16 de la Déclaration des droits de l'Homme et du citoyen du 26 août 1789 ainsi que du principe constitutionnel du procès équitable ? ».

Selon elle, les dispositions visées par l'article 427 du code, précité, concernent non la validité de la procédure mais l'examen des preuves par la juridiction de jugement, d'où il suit qu'il n'y a pas lieu de renvoyer la question au Conseil constitutionnel.

Suivant un arrêt du 5 février 2014[1], la première chambre civile de la Cour de cassation saisie de la question suivante : « Les articles 226-1 et 226-2 du code pénal, subsidiairement leur interprétation par la jurisprudence constante de la Cour de cassation, méconnaissent le droit à la liberté d'expression garanti par l'article 11 de la Déclaration universelle des droits de l'Homme et du citoyen du 26 août 1789, en ce qu'ils interdisent, de façon générale et absolue, toute diffusion de paroles prononcées à titre privé ou confidentiel, enregistrées sans le consentement de leur auteur ? » a décidé de ne pas renvoyer la QPC au Conseil constitutionnel.

Elle a notamment motivé sa décision sur le fait que la question posée ne présente pas un caractère sérieux en ce que, selon la jurisprudence constante de la Cour de cassation, le droit de toute personne au respect de sa vie privée, inscrit à l'article 9 du code civil, puis déduit de l'article 2[2] de la Déclaration des droits de l'Homme et du citoyen du 26 août 1789 par maintes décisions du Conseil constitutionnel, recouvre notamment l'usage précis que chacun fait des éléments de sa fortune, sauf son consentement établi à une divulgation, tandis que les articles 226-1 et 226-2 du code pénal, dispositions de droit commun et non de droit de la presse, loin de présenter une portée générale et absolue, laissant déjà hors de leur domaine les interceptions de conversations opérées à de strictes conditions légales par les autorités publiques en charge de la lutte contre le crime, régissent seulement la captation et la diffusion, par des particuliers et à l'insu de leur auteur, de propos relatifs à sa vie privée, et excluent de leur champ d'application toutes paroles étrangères à cet objet, fussent-elles tenues à titre privé et dans un lieu privé, à moins que leur interception clandestine, par leur conception, leur objet et leur durée, ait nécessairement conduit celui qui l'a mise en place à pénétrer délibérément dans la vie privée de la personne concernée.

Il est possible de rappeler ici l'arrêt de cette même première chambre civile[3], rendu dans les suites de la même affaire, aux termes duquel constitue une atteinte à l'intimité de la vie privée, que ne légitime pas l'information du public, la captation, l'enregistrement ou la transmission sans le consentement de leur auteur des paroles prononcées à titre privé ou confidentiel.

Plus récemment, la chambre criminelle a été confrontée à la question prioritaire de constitutionnalité ainsi formulée : l'article 427 du code procédure pénale, qui dispose que, hors les cas où la loi en dispose autrement, les infractions peuvent être établies par tout mode de preuve, et les articles 3, 10, alinéa 2, et 497 3° du code de procédure pénale, qui ne prévoient aucune disposition spécifique concernant les règles de preuve applicables dans le cas où la juridiction pénale est amenée à statuer sur la seule action civile, sont-ils contraires au principe d'égalité devant la Loi qui découle de l'article 6 de la Déclaration des droits de l'Homme et du citoyen, au respect de la présomption d'innocence affirmé à l'article 9 de la Déclaration et au principe de garantie des droits affirmé à l'article 16[4] de la Déclaration, en tant qu'ils excluent l'application des règles de preuve propres au droit civil, plus protectrices, dans le cas où un litige, quoiqu'exclusivement civil, se trouve porté devant une juridiction pénale ? Elle a dit n'y avoir lieu à renvoi au motif d'une absence de caractère sérieux de la question, dès lors que la distinction du régime de la preuve en matière civile et en matière pénale et la différence de traitement qui pourrait en résulter entre le prévenu définitivement relaxé et dont la faute civile est envisagée par le juge pénal saisi en appel par la seule partie civile et celui dont la responsabilité est envisagée devant le juge civil, est justifiée au regard de la spécificité de l'action civile engagée par une victime devant le juge répressif, dont le bien-fondé ne peut être apprécié qu'au regard de l'objet et dans la limite de la poursuite[5].

1. Civ. 1re, 5 févr. 2014, n° 13-21.929, NP, *D.* 2014. 373.
2. DDHC, 26 août 1789, art. 2.
3. Civ. 1re, 6 oct. 2011, n° 10-21.823, P I, n° 162 ; *D.* 2012. 765, obs. E. Dreyer.
4. DDHC, 26 août 1789, art. 16.
5. Crim. 9 mars 2016, n° 15-83.517, P n° 74 – A. Bonnet, « Office civil du juge pénal et mode de preuve », *Gaz. Pal.* 2016, n° 25, p. 25 – B. Mathieu, « Jurisprudence relative à la question prioritaire de constitutionnalité. 28 janv.-6 juill. 2016 », *JCP* 2016. 1536.

B.
Liberté de la preuve – Limites

545.51 Artifices, ruses ou stratagèmes. L'exigence première en matière de présentation de preuve est celle de la loyauté[1]. De longue date, la jurisprudence pénale est donc venue borner la liberté de la preuve par référence à la notion d'artifices, de ruses ou de stratagèmes, en particulier en matière d'écoutes téléphoniques ou d'enregistrements clandestins pouvant paraître « provoqués »[2].

Ces notions ne sont pas plus définies dans le code et seuls des exemples viennent donc fixer la limite apportée par la jurisprudence au principe de liberté de la preuve pénale. Il a pu être ainsi jugé que le fait, pour l'autorité publique, de placer, à l'occasion d'une mesure de garde à vue, deux personnes dans des cellules contiguës préalablement sonorisées, ceci afin de susciter entre elles des échanges verbaux qui seraient enregistrés à leur insu pour être utilisés comme preuve, s'analyse en un stratagème mettant en échec le droit de se taire et celui de ne pas s'incriminer soi-même et contrevenant au droit à un procès équitable et au principe de loyauté des preuve[3].

En revanche, ne constitue pas un stratagème, le fait pour des gendarmes de consigner dans un procès-verbal d'investigation des propos qui n'ont pas été recueillis contre le gré de l'intéressé ou à son insu, en l'espèce, des propos recueillis auprès d'un de leurs informateurs par des gendarmes non saisis des faits[4]. Rappelons qu'en revanche il a déjà été jugé que la transcription effectuée par un officier de police judiciaire, contre le gré de l'intéressé, des propos qui lui sont tenus officieusement par une personne suspecte, élude les règles de procédure et compromet les droits de la défense[5].

545.52 Déclaration du suspect – Échange litigieux, informel et spontané. En matière de portée des déclarations du suspect, du mis en examen ou du prévenu, domaine dans lequel les avancées du droit européen sont évidemment majeures sur quelques dizaines d'années, nous citerons, dans une hypothèse où, au cours d'une audition ultérieure, une personne gardée à vue a reconnu devant l'enquêteur chargé de l'entendre avoir abusé d'une personne en état d'inconscience, déclarant qu'il s'en était entretenu, durant la pause ayant précédé cette audition, avec un autre officier de police judiciaire chargé de sa surveillance, une chambre de l'instruction a rejeté la requête en nullité. Elle a considéré, notamment, que l'échange litigieux, informel et spontané, n'a fait l'objet d'aucune pièce de procédure et que l'enquêteur, qui a ensuite entendu M. X... en présence de son avocat, n'y a nullement fait référence, s'étant borné à demander à l'intéressé s'il avait une déclaration à faire et, sur sa réponse affirmative, ce qui s'était passé, les juges ajoutant que le gendarme, auquel M. X... s'était confié hors procédure, ne faisait pas partie des enquêteurs et n'avait qu'une connaissance partielle et éloignée des faits sur lesquels portait la garde à vue, énonciations, dont il résulte qu'aucun procédé déloyal, tendant à éluder les règles de procédure ou à compromettre les droits de la défense, n'a été mis en œuvre dans le but d'obtenir de la personne gardée à vue qu'elle s'incrimine, la chambre de l'instruction a justifié sa décision sans encourir les griefs allégués au moyen, lequel, dès lors, ne saurait être accueilli[6].

Dans une espèce, il a été jugé, au visa des articles préliminaire, 114, alinéa 1, et 152, alinéa 2, du code de procédure pénale, qu'est contraire au droit à un procès équitable et aux droits de la défense, le fait, pour des officiers de police judiciaire d'entendre, dans le cadre d'une même information, sous quelque forme que ce soit, une personne qui, ayant été mise en examen, ne peut plus, dès lors, être interrogée que par le juge d'instruction, son avocat étant présent ou ayant été dûment convoqué. Il s'agissait en l'espèce d'une hypothèse dans laquelle, conduit à la maison d'arrêt par deux officiers de police judiciaire, auxquels le juge d'instruction avait, le même jour, délivré une commission rogatoire aux fins de poursuivre les investigations, le suspect s'était, aux termes d'un procès-verbal dressé par ceux-ci et visant la délégation du magistrat instructeur, livré à des confidences sur sa participation aux infractions et le déroulement des faits[7].

En matière d'intervention d'agents infiltrés, celle-ci doit être circonscrite et entourée de garanties même lorsqu'est en cause la répression d'infractions graves comme le trafic de stupéfiants et l'intérêt public ne saurait justifier l'utilisation d'éléments recueillis à la suite d'une provocation policière[8].

545.53 Provocation à la commission d'une infraction par un agent de l'autorité publique. C'est au visa de l'article 6 de la convention européenne

1. V. aussi s[s] n° 616.331.
2. Par ex. : Crim. 23 juill. 1985, n° 85-92.574, P n° 275.
3. Cass., ass. plén., 6 mars 2015, n° 14-84.339, P. n° 2, S. Fucini, *D.* 2015. 711.
4. Crim. 7 janv. 2020, n° 19-84.246, P.
5. Crim. 3 avr. 2007, n° 07-80.807 P, *D.* 2007. 1422 Delmas Saint Hilaire et 1817, chron. D. Caron et S. Ménotti ; *Dr. pénal* 2008. Chron. 45, obs. Lesclous.
6. Crim. 31 mars 2015, n° 14-86.913, NP, *RSC* 2015. 399, obs. D. Boccon-Gibod.
7. Crim. 5 mars 2013, n° 12-87.087, *AJ pénal* mai 2013, note L. Belfanti.
8. CEDH 9 juin 1998, *Teixeira de Castro c/Portugal*, req. n° 25829/94.

des droits de l'homme et de l'article préliminaire du code de procédure pénale, ensemble le principe de loyauté des preuves, que la chambre criminelle a décidé que portait atteinte au principe de loyauté des preuves et au droit à un procès équitable, la provocation à la commission d'une infraction par un agent de l'autorité publique ou par son intermédiaire, la déloyauté d'un tel procédé rendant irrecevables en justice les éléments de preuve ainsi obtenus[1].

Encourt la censure l'arrêt qui retient comme élément de preuve du délit de détention d'images de mineurs à caractère pornographique les actes résultant d'une provocation policière à la transmission de telles images[2]. Porte atteinte, notamment, au principe de la loyauté des preuves, la provocation à la commission d'une infraction par un agent public étranger, en l'espèce un service de police New-Yorkais, réalisée par un site pédophile créé et exploité par ce dernier aux fins de découvrir tous internautes pédophiles, dès lors qu'un individu, inconnu des services de police français, a fait l'objet de poursuites en France du chef d'importation, détention et diffusion d'images pornographiques de mineurs après que les autorités américaines eussent informé les autorités françaises de ce que l'intéressé s'était connecté sur le site[3].

La chambre criminelle, semblant infléchir sa jurisprudence, avait pu considérer, dans l'affaire dite « du roi du Maroc » que lorsqu'une partie privée procède à des enregistrements déloyaux, la surveillance et la présence policières, même purement passives, conduisent à vicier ces enregistrements, leur retranscription ainsi que les actes subséquents[4]. La chambre de l'instruction de renvoi en ayant jugé autrement, l'assemblée plénière de la Cour de cassation saisie, a conclu en revanche que les juges du fond avaient pu constater « l'absence de participation directe ou indirecte de l'autorité publique à l'obtention des enregistrements litigieux, ce dont il résultait que le principe de la loyauté de la preuve n'avait pas été méconnu »[5].

Ainsi en l'état de la jurisprudence, la participation d'enquêteurs à la constatation de l'infraction de proxénétisme en se faisant passer pour des clients[6], des acheteurs potentiels[7] ne pose pas, par exemple, de difficulté, mais la provocation policière ne doit en aucun cas être la cause même de l'infraction, ni n'avoir incité le délinquant en puissance à la commettre, ce qui est le cas dès lors qu'il résulte des énonciations des juges que l'interpellation d'une personne, suspectée de trafic d'influence, a procédé d'une machination de nature à déterminer ses agissements délictueux et que, par ce stratagème, qui a vicié la recherche et l'établissement de la vérité, il a été porté atteinte au principe de la loyauté des preuves[8]. On rappellera toutefois les dispositions particulières sur les livraisons contrôlées en matière de stupéfiants[9].

Sera enfin également rappelé, le refus de la chambre criminelle de renvoyer devant le Conseil constitutionnel une QPC relative à l'article 225-3-1 du code pénal, qui s'il facilite la constatation des comportements discriminatoires ne remet pas en cause le pouvoir du juge d'apprécier la valeur probante des éléments à charge produits par les parties, après les avoir soumis à la discussion contradictoire, ne portant dès lors aucune atteinte aux droits de la défense ni au droit au procès équitable[10].

545.54 **Enregistrement clandestin.** L'enregistrement effectué de manière clandestine, par un policier agissant dans l'exercice de ses fonctions, des propos qui lui sont tenus, fût-ce spontanément, par une personne suspecte, élude les règles de procédure et compromet les droits de la défense. Aux termes d'une jurisprudence déjà assise de longue date, la validité d'un tel procédé ne peut être admise[11].

Toujours en matière « d'enregistrement », porte atteinte au droit à un procès équitable et au principe de loyauté des preuves le stratagème qui en vicie la recherche par un agent de l'autorité publique.

Lorsque la conjugaison des mesures de garde à vue, du placement des mis en cause dans des cellules contiguës et de la sonorisation des locaux de garde à vue a participé d'un stratagème constituant un procédé déloyal de recherche des preuves,

1. Crim. 9 août 2006, nº 06-83.219, P nº 202 ; *D.* 2006. 2348 ; *D.* 2007. 973, obs. J. Pradel ; *AJ pénal* 2006. 510, obs. C. Saas.
2. Crim. 11 mai 2006, nº 05-84.837, P nº 132 ; *D.* 2006. 1772 ; *AJ pénal* 2006. 354, note E. Verges ; *RSC* 2006. 848, obs. R. Finielz ; *RSC* 2006. 876, obs. J.-F. Renucci.
3. Crim. 7 févr. 2007, nº 06-87.753, P nº 37 ; *D.* 2007. 2012, note J.-R. Demarchi ; *AJ pénal* 2007. 233 ; *RSC* 2007. 331, obs. R. Filniez ; *RSC* 2007. 560, obs. J. Francillon ; *RSC.* 2008. 663, obs. J. Buisson ; *Dr. pénal* 2007. Chron. 29, obs. A. Lepage.
4. Crim. 20 sept. 2016, nº 16-80.820, C. Ambroise-Casterot : « Vers une inflexion de jurisprudence en matière de preuve déloyalement obtenue ? », *AJ pénal* 2016, 600 ; *RSC* 2016. 797, note F. Cordier ; *JCP* 2016. 1177, A. Gallois.
5. Cass., ass. plén., 10 nov. 2017, nº 17-82028, P. nº 2 ; *D.* 2018, 196, chron. B. Laurent, G. Barbier, E. Pichon, L. Ascensi et G. Guého ; « Le « laisser faire » de l'autorité publique et le principe de la loyauté de la preuve », *RSC* 2018. 117, obs. P-J. Delage.
6. Crim. 17 oct. 1991, nº 90-84.887, NP.
7. Crim. 15 déc. 2015, nºs 14-87.935, 15-84.373, P nº 293.
8. Crim. 27 févr. 1996, nº 95-81.366, *P* nº 93 ; *D.* 1996. 346, note Ch. Guéry ; *RSC* 1996. 689, obs. J.-P. Dintilhac.
9. C. pr. pén., art. 706-32 ; créé par L. nº 2007-297, 5 mars 2007, art. 52.
10. Crim. 4 févr. 2015, nº 14-90.048, P., nº 26, J. Lasserre-Capdeville, *AJ pénal* 2015. 139.
11. Crim. 16 déc. 1997, nº 96-85.589, P nº 427.

lequel a amené le gardé à vue à s'incriminer lui-même au cours de sa garde à vue. Encourt la cassation l'arrêt qui, pour valider un tel procédé, énonce que les règles relatives à la garde à vue et les droits inhérents à cette mesure ont été respectés, que la sonorisation a été menée conformément aux restrictions et aux règles procédurales protectrices des droits fondamentaux posées expressément par la commission rogatoire du juge d'instruction et qu'il peut être discuté tout au long de la procédure[1].

Au même visa de l'article 6 de la convention européenne des droits de l'homme, l'Assemblée plénière de la Cour de cassation a estimé que durant une mesure de garde à vue, le placement, pendant les périodes de repos séparant les auditions, de deux personnes retenues dans des cellules contiguës préalablement sonorisées, de manière à susciter des échanges verbaux qui seraient enregistrés à leur insu pour être utilisés comme preuve, constitue un procédé déloyal d'enquête mettant en échec le droit de se taire et celui de ne pas s'incriminer soi-même et portant atteinte au droit à un procès équitable[2].

Il est possible de rapprocher cette décision d'une de celles rendues par la Cour de Strasbourg en la matière où elle avait considéré dans l'hypothèse où un informateur de la police avait été placé dans la cellule du suspect pour recueillir des informations, que l'intéressé avait subi une pression psychologique qui avait affaibli le « caractère volontaire » de ce qu'il avait prétendument révélé à H... : il était soupçonné dans une affaire de meurtre, se trouvait en détention et sous la pression directe de la police lors d'interrogatoires sur le meurtre et il pouvait se laisser aller à se confier à H..., avec lequel il partagea une cellule quelques semaines. Partant, les informations recueillies grâce à l'intervention de H... pouvaient passer pour avoir été obtenues contre le gré du requérant et l'utilisation qui en avait été faite au procès avait porté atteinte au droit de l'intéressé de garder le silence et de ne pas contribuer à sa propre incrimination[3].

Deux arrêts de la chambre criminelle peuvent compléter ce trop rapide panorama :

– dans une espèce où un mis en examen avait été placé sous écoute téléphonique dans deux affaires distinctes, et où d'une part, les interceptions de communications téléphoniques ordonnées par le juge d'instruction de Cusset, à partir des renseignements légalement communiqués par le juge de Clermont-Ferrand, et à l'occasion desquelles ont été confirmés les indices de la commission de faits nouveaux, impliquant, notamment, M. X..., ont été mises en œuvre régulièrement pour établir les délits dont le magistrat instructeur était initialement saisi et dont ils étaient le prolongement et n'ont été poursuivies que pour vérifier la vraisemblance de ces nouveaux faits, avant transmission des procès-verbaux les constatant au procureur de la République, et d'autre part, le recueil, par le juge d'instruction, des preuves résultant de l'exploitation des conversations téléphoniques passées clandestinement par M. Rédouane Y... à partir de son lieu de détention a été obtenu sans actes positifs de l'autorité publique susceptibles de caractériser un stratagème constituant un procédé déloyal, il a été considéré que la chambre de l'instruction avait justifié sa décision de validation du procédé[4] ;

– dans une affaire où le recueil des renseignements obtenus par les enquêteurs, avait eu lieu lors d'une conversation fortuite du suspect avec un tiers, à l'occasion d'une interception téléphonique régulièrement autorisée par le juge d'instruction, la chambre criminelle a considéré que le procédé n'a pas constitué un procédé de recherche des preuves déloyal ou portant une atteinte illégale à la vie privée[5].

Dans l'affaire précitée mettant en cause des journalistes désirant publier un ouvrage sur le roi du Maroc (à moins qu'ils n'aient proposé à celui-ci de leur verser une certaine somme d'argent pour qu'ils renoncent à ladite publication...) et après résistance de la cour de renvoi[6], un arrêt de l'Assemblée plénière est venu admettre que le seul reproche d'un « laisser faire » de policiers dont le rôle n'avait été que passif, ne pouvait suffire à caractériser un acte constitutif d'une véritable implication, susceptible alors d'invalider l'enquête[7].

En définitive, toute preuve obtenue dans le respect du principe de loyauté progressivement dégagé par la Cour de cassation demeure admissible devant le juge pénal. Mais soulignons avec Pierre-Jérôme Delage[8], que : « quel que soit le champ d'application exact qu'elle tend à donner au principe de loyauté des preuves, la jurisprudence n'entend

1. Crim. 7 janv. 2014, n° 13-85.246, P n° 1 ; *D.* 2014. 407, note E. Vergès ; *D.* 2014. 264, entretien S. Detraz ; *D.* 2014. 1736, obs. J. Pradel ; *AJ pénal* 2014. 194, obs. H. Vlamynck ; *RSC* 2014. 130, obs. J. Danet ; *D. actu.* 27 janv. 2014, obs. S. Fucini ; *D. actu.* 9 janv. 2014, obs. A. Portmann.
2. Cass., ass. plén., 6 mars 2015, n° 14-84.339, P n° 2 ; *D.* 2015. 711, obs. S. Fucini, note J. Pradel ; *RSC* 2015. 117, obs. P.-J. Delage.
3. CEDH 5 nov. 2002, *Allan c/Royaume-Uni*, req. n° 48539/99, *Rec.* 2002-IX.
4. Crim. 14 avr. 2015, n° 14-87.914, P n° 87 ; *D.* 2017. 1252.
5. Crim. 14 avr. 2015, n° 14-88.515, P n° 83.
6. V. s[s] n° 545.53.
7. Cass., ass. plén., 10 nov. 2017, n° 17-82.028, P ; *D.* 2018. 103, note O. Décima ; *D.* 2018. 196, chron. B. Laurent, G. Barbier, E. Pichon, L. Ascensi et G. Guého ; *AJ pénal* 2018. 100, obs. C. Kurek ; *RSC* 2018. 117, obs. P.-J. Delage.
8. P.-J. Delage, « Retour sur le principe de la loyauté des preuves », *RSC* 2015. 117.

jamais soumettre que les autorités publiques à ce principe - et donc, pas les personnes privées (défense, partie civile - et même, au-delà, témoin et tiers à la procédure) »[1].

545.55 Spécificités en matière douanière. Aux termes de l'article 342[2] du code des douanes dans sa rédaction actuelle, tous délits et contraventions prévus par les lois sur les douanes peuvent être poursuivis et prouvés par toutes les voies de droit alors même qu'aucune saisie n'aurait pu être effectuée dans le rayon des douanes ou hors de ce rayon ou que les marchandises ayant fait l'objet d'une déclaration n'auraient donné lieu à aucune observation. À cet effet, il pourra être valablement fait état, à titre de preuve, des renseignements, certificats, procès-verbaux et autres documents fournis ou établis par les autorités des pays étrangers.

Les dispositions de l'article 342 du code des douanes, selon lesquelles les délits en matière douanière ou cambiaire peuvent être prouvés par toutes voies de droit, impliquent que les éléments de preuve produits devant le juge pénal n'aient pas été obtenus par des procédés frauduleux.

C'est à bon droit qu'une chambre d'accusation, saisie par application de l'article 171 du code de procédure pénale, prononce l'annulation d'une procédure suivie contre un résident français pour infractions cambiaires, dès lors qu'il s'avère que celle-ci est assise sur des extraits de compte de particulier provenant d'un vol commis à l'instigation d'agents chargés des constatations et poursuites[3].

C.
Témoignage anonyme

545.61 Conditions de recevabilité. Les dispositions du titre vingt et unième du code de procédure pénale relatives à la protection des témoins, prévoient dans quelles conditions un témoignage anonyme peut être recueilli[4].

L'utilisation de dépositions anonymes pour asseoir une condamnation n'est pas en toutes circonstances incompatible avec la convention européenne des droits de l'homme[5] : « Les principes du procès équitable commandent également que, dans les cas appropriés, les intérêts de la défense soient mis en balance avec ceux des témoins ou des victimes appelés à déposer [...]. La décision de maintenir leur anonymat ne peut passer pour déraisonnable en soi [...]. Il y avait des motifs suffisants de préserver l'anonymat de Y. 15 et Y. 16. Le maintien de cet anonymat confronta la défense à des difficultés qui ne devraient normalement pas s'élever dans le cadre d'un procès pénal. Néanmoins, aucune violation de l'article 6, § 1 combiné avec l'article 6, § 3, d) de la convention européenne des droits de l'homme ne peut être constatée s'il est établi que la procédure suivie devant les autorités judiciaires a suffisamment compensé les obstacles auxquels se heurtait la défense. En l'espèce, les témoins anonymes ont été interrogés en appel, en présence de l'avocat du requérant, par un juge d'instruction qui connaissait leur identité, même si ce n'était pas le cas de la défense [...]. L'avocat du requérant pouvait en outre poser aux témoins toutes les questions qui lui paraissaient servir les intérêts de la défense, sauf celles qui auraient pu conduire au dévoilement de leur identité [...]. Partant, il n'y a pas eu violation de l'article 6, § 1 combiné avec l'article 6, § 3, d)[6] ».

Il est souhaitable que, dans l'intérêt d'une bonne administration de la justice, les déclarations anonymes soient examinées par un juge qui connaisse l'identité du témoin, qui contrôle les raisons justifiant l'anonymat et qui puisse exprimer son avis quant à la crédibilité du témoin[7].

D.
Aveu

545.71 Aveu. L'aveu, comme tout élément de preuve, est laissé à la libre appréciation des juges[8].

Les éléments de fait, librement débattus, sont appréciés souverainement par les juges du fond quant à leur valeur probante, notamment les aveux faits à la police, confirmés devant le magistrat instructeur[9].

Donnent une base légale à leur décision, les juges d'appel qui écartent la rétraction d'aveux, faisant foi jusqu'à preuve contraire, quant à leur exactitude et leur sincérité, en constatant que les auteurs de ces

1. Aussi : Ph. Conte, « La loyauté de la preuve dans la jurisprudence de la chambre criminelle de la Cour de cassation : vers la solution de la quadrature du cercle ? », *Dr. pénal* 2009. Ét. 8.
2. C. douanes, art. 342 ; mod. par L. n° 60-1356, 17 déc. 1960, art. 12 ; mod. par L. n° 2002-1576, 30 déc. 2002, art. 44.
3. Crim. 28 oct. 1991, n° 90-83.692, P n° 381 ; *D.* 1993. 82, obs. J. Pannier.
4. C. pr. pén., art. 796-57 s., R. 53-27 s.
5. CEDH 26 mars 1996, *Doorson c/Pays-Bas*, req. n° 20524/92 § 69, *Rec.* 1996-II ; *D.* 1997. 207, obs. J.-F. Renucci ; *RSC* 1997. 484, obs. R. Koering-Joulin.
6. CEDH 26 mars 1996, *Doorson c/Pays-Bas*, req. n° 20524/92 § 68 s.
7. CEDH 13 janv. 2009, *Taxquet c/Belgique*, req. n° 926/05 § 64, *D.* 2011. 47, obs. O. Bachelet, note J.-F. Renucci ; *D.* 2011. 48, note J. Pradel ; *AJ pénal* 2011. 35, obs. C. Renaud-Duparc ; *RSC* 2011. 214, obs. J.-P. Marguénaud – CEDH 27 mai 2008, *Ünel c/Turquie*, req. n° 35686/02, § 31, *Dr. pénal* 2009. Chron. 4, obs. Dreyer.
8. C. pr. pén., art. 428.
9. Crim. 21 oct. 1965, n° 65-90.318, P n° 206.

aveux accompagnaient la conductrice de la voiture qui transportait la marchandise de fraude dont ils ont connu l'existence et la nature[1].

Ni l'article 6, § 1, de la convention européenne des droits de l'homme ni l'article 14[2] du Pacte international relatif aux droits civils et politique n'exclut l'aveu des éléments de preuve pouvant être retenus pour fonder une déclaration de culpabilité[3].

§ 3
Régularité des procès-verbaux

545.81 Valeur des procès-verbaux en matière correctionnelle. La question particulière de la preuve des contraventions a été évoquée *supra* (v. s[s] n° 121.45).

En matière correctionnelle, tout procès-verbal ou rapport n'a de valeur probante que s'il est régulier en la forme, si son auteur a agi dans l'exercice de ses fonctions et a rapporté sur une matière de sa compétence ce qu'il a vu, entendu ou constaté personnellement.

Tout procès-verbal d'interrogatoire ou d'audition doit comporter les questions auxquelles il est répondu[4]. Cette dernière disposition n'est toutefois pas prescrite à peine de nullité[5].

Sauf dans le cas où la loi en dispose autrement, les procès-verbaux et les rapports constatant les délits ne valent qu'à titre de simples renseignements[6]. Contrairement à une idée bien répandue, les procès-verbaux ne recèlent donc aucune force probatoire particulière en matière pénale même lorsqu'ils émanent d'un officier de police judiciaire. Dans les cas où les officiers de police judiciaire, les agents de police judiciaire ou les fonctionnaires et agents chargés de certaines fonctions de police judiciaire ont reçu d'une disposition spéciale de la loi le pouvoir de constater des délits par des procès-verbaux ou des rapports, la preuve contraire ne peut être rapportée que par écrit ou par témoins[7].

545.82 Valeur des procès-verbaux en matière douanière. Pour un exemple dérogatoire, l'article L. 238[8] alinéa 1 du livre des procédures fiscales prévoit que les procès-verbaux des agents de l'administration des douanes et des droits indirects font foi jusqu'à preuve contraire des faits qui y sont rapportés. Il instaure d'ailleurs une procédure particulière puisqu'il prévoit que la personne qui fait l'objet des poursuites peut demander à apporter la preuve contraire des faits constatés dans le procès-verbal et que dans ce cas, lorsque le tribunal accepte la demande, il reporte l'examen de l'affaire en la renvoyant à au moins quinze jours. En outre, lorsque la personne concernée veut faire entendre des témoins, elle en dépose la liste au secrétariat-greffe avec leurs nom, prénoms, profession et domicile dans le délai de trois jours francs à compter de l'audience au cours de laquelle le renvoi a été prononcé. Sur ce texte même, il est à noter une importante décision par laquelle la chambre criminelle est venue décider que les alinéas 2 et 3 de l'article L. 238[9] du livre des procédures fiscales qui subordonnent à une autorisation du juge le droit pour le prévenu d'apporter la preuve contraire des faits constatés dans un procès-verbal méconnaissent le principe du respect des droits de la défense[10].

Une autre dérogation peut être mentionnée en matière douanière. L'article 336[11] du code des douanes prévoit en son 1° que les procès-verbaux de douane rédigés par deux agents des douanes ou de toute autre administration font foi jusqu'à inscription de faux des constatations matérielles qu'ils relatent et dans son 2° qu'ils ne font foi que jusqu'à preuve contraire de l'exactitude et de la sincérité des aveux et déclarations qu'ils rapportent. Ainsi, il ne peut y être opposé que la procédure d'inscription de faux dans la première hypothèse mentionnée.

La chambre criminelle[12], dans une affaire ou le prévenu était poursuivi pour les infractions à la législation sur les stupéfiants (droit commun) et leur avatar douanier, est venue rappeler aux juges qui avaient retenu la culpabilité au titre des premières du fait de la « reconnaissance formelle par les douaniers dont les procès-verbaux font foi suffit » que la force probante conférée aux procès-verbaux établis par les agents des douanes ne vaut que pour la caractérisation des infractions douanières et que le procès-verbal de constatation ne valait donc qu'à titre de simple renseignement pour les délits de droit commun. Un autre exemple peut être cité[13] dans une affaire où il a pu être admis au visa de

1. Crim. 18 déc. 1969, n° 69-90.341, P n° 352.
2. Pacte international relatif aux droits civils et politique, art. 14.
3. Crim. 28 janv. 1998, n° 97-83.196, NP.
4. C. pr. pén., art. 429.
5. Crim. 21 sept. 2005, n° 04-85.149, NP, *AJ pénal* 2006. 127, obs. G. Roussel – Crim. 27 mai 2008, n° 07-84.300, P n° 132 ; *AJ pénal* 2008. 428, obs. M.-E. Charbonnier ; *RSC* 2009. 891, obs. J. Buisson.
6. C. pr. pén., art. 430.
7. C. pr. pén., art. 431.
8. LPF, art. L. 238 ; mod. par L. n° 92-677, 17 juill. 1992, art. 108 ; mod. par décr. n° 92-1431, 30 déc. 1992, art. 1er ; mod. par décr. n° 93-265, 26 févr. 1993, art. 9 1 et 15.
9. LPF, art. L. 238, préc.
10. Crim. 8 janv. 2014, n° 12-88.326, P n° 3 ; *D.* 2014. 464, note S. Detraz.
11. C. douanes, art. 336 ; mod. par L. n° 2002-1576, 30 déc. 2002, art. 44.
12. Crim. 28 sept. 2016, n° 15-84.383, P ; *RTD com.* 2016. 880, obs. B. Bouloc.
13. Crim. 21 nov. 2001, n° 00-86.110, P n° 244 ; *RSC* 2002. 335, obs. J.-H. Robert.

l'article 336-1[1] du code des douanes, que les procès-verbaux des agents des douanes font foi, jusqu'à inscription de faux, des constatations matérielles qu'ils relatent et que tel est le cas, notamment, d'un procès-verbal qui décrit les déchets se trouvant dans un camion contrôlé par les agents des douanes.

545.83 **Valeur des procès-verbaux en matière de jugements de police.** À noter ce rappel en matière de jugements de police (anciennement de la juridiction de proximité) : encourt la censure la décision qui, pour écarter la demande d'audition d'un témoin formée par sa citation à l'audience par acte d'huissier, fait état d'un lien supposé entre ce témoin et le prévenu, alors que la preuve contraire aux énonciations des procès-verbaux dressés en matière contraventionnelle ne peut, aux termes de l'article 537 du code de procédure pénale, être rapportée que par écrit ou par témoins[2].

Autre exemple, la preuve contraire aux procès-verbaux de constatation des rejets d'hydrocarbures, selon les modalités prévues par le code d'apparence de l'Accord de Bonn, dressés par les agents des douanes au titre de l'article L. 218-28[3] du code de l'environnement, ne peut être rapportée que par écrit ou par témoins comme l'exige l'article 431 du code de procédure pénale[4].

Encourt la censure la cour d'appel qui, pour retenir la preuve contraire de telles constatations, se borne à énoncer qu'avant la constatation des faits, il avait été procédé à un nettoyage du pont du navire qui avait transporté du minéral en vrac, que les eaux de ruissellement de ce nettoyage s'écoulaient en mer pour suivre le sillage du navire et qu'il n'y avait aucune certitude que ledit minéral ne pouvait rester en suspension ni qu'il aurait dû être évacué par les éléments naturels alors qu'aucun élément n'est fourni sur les conditions météorologiques entre le jour du transfèrement et celui du constat de la pollution[5].

Pour autant, une décision relative à la poursuite des infractions en matière de sûreté nucléaire, est venu juger que les infractions, correctionnelles ou de police, au code de l'environnement, auquel ne font pas exception sur ce point les règles particulières applicables aux installations nucléaires, peuvent être prouvées par tous moyens[6].

1. C. douanes, art. 336-1 ; mod par L. n° 2002-1576, 30 déc. 2002, art. 44.
2. Crim. 4 mars 2014, n° 13-81.135, P n° 62 ; *D.* 2014. 668 ; *D.* 2014. 1414, Chron. B. Laurent, C. Roth, G. Barbier, P. Labrousse et C. Moreau ; *AJ pénal* 2014. 377, obs. L. Auffret. V. s^s n° 121.45.
3. C. envir., art. L. 218-28 ; mod. par L. n° 2011-525, 17 mai 2011, art. 94.
4. Crim. 13 mai 2014, n° 13-83.910, P. n° 131 – J.-H. Robert, « Preuve et éléments constitutifs du délit de pollution de la mer par hydrocarbures », *RSC* 2014. 349.
5. Crim. 13 mai 2014, n° 13-83.910, P n° 131 ; *D.* 2014. 1153 ; *RSC* 2014. 349, obs. J.-H. Robert.

545.84 **Procès-verbaux et inscription de faux.** Les matières donnant lieu à des procès-verbaux faisant foi jusqu'à inscription de faux sont réglées par des lois spéciales. À défaut de disposition expresse la procédure de l'inscription de faux est réglée comme il est dit au titre II du livre IV[7].

545.85 **Anonymat des agents rédacteurs : article 15-4 du code de procédure pénale, dispositions générales.** En vertu des dispositions de l'article 15-4 du code de procédure pénale[8], dans l'exercice de ses fonctions, tout agent de la police ou de la gendarmerie nationale[9] peut être autorisé à ne pas être identifié par ses nom et prénom dans les actes de procédure définis aux 1° et 2° de l'article 15-4, I, et à n'y figurer que sous un numéro d'immatriculation administrative, sa qualité et son service ou unité d'affectation.
Il s'agit :

1° Des procédures portant sur un crime ou un délit puni d'au moins trois ans d'emprisonnement ;

2° Après autorisation nominativement délivrée pour l'ensemble d'une procédure par un responsable hiérarchique d'un niveau suffisant, défini par décret, statuant par une décision motivée dont une copie est transmise au procureur de la République territorialement compétent, dans les procédures portant sur un délit puni de moins de trois ans d'emprisonnement lorsqu'en raison de circonstances particulières dans la commission des faits ou de la personnalité des personnes mises en cause, la révélation de l'identité de l'agent est susceptible de mettre en danger sa vie ou son intégrité physique ou celles de ses proches.

Le bénéficiaire de l'autorisation est également autorisé à déposer ou à comparaître comme témoin au cours de l'enquête ou devant les juridictions d'instruction ou de jugement et à se constituer partie civile en utilisant ces mêmes éléments d'identification, qui sont seuls mentionnés dans les procès-verbaux, citations, convocations, ordonnances, jugements ou arrêts. Il ne peut être fait état de ses nom et prénom au cours des audiences publiques.

Ces dispositions ne sont pas applicables lorsque, en raison d'un acte commis dans l'exercice de ses fonctions, le bénéficiaire de l'autorisation est entendu en application des articles 61-1 ou 62-2 du présent code ou qu'il fait l'objet de poursuites pénales.

La révélation des nom et prénom du bénéficiaire d'une autorisation délivrée en application du I de

6. Crim. 24 sept. 2019, n° 18-85.348, P. « Contraventions en matière nucléaire : d'intéressantes précisions » *D. Actu,* 4 oct. 2019, D. Goetz.
7. C. pr. pén., art. 433.
8. C. pr. pén. Art. 15-4, modifié par la L. n° 2023-610 du 18 juillet 2023, art.21, JO 19 juillet 2023, n° 1.
9. Soit les agents mentionnés aux articles 28-1, 28-1-1 et 28-2 du code de procédure pénale.

l'article 15-4, ou de tout élément permettant son identification personnelle ou sa localisation est constitutive d'un délit passible de peines variant en fonction des conséquences de la révélation pour l'agent.

545.86 Anonymat des agents rédacteurs : application de l'article 15-4 du code de procédure pénale devant la juridiction correctionnelle. Les juridictions d'instruction ou de jugement saisies des faits ont accès aux nom et prénom de la personne identifiée par un numéro d'immatriculation administrative dans un acte de procédure.

Saisi par une partie à la procédure d'une requête écrite et motivée tendant à la communication des nom et prénom d'une personne bénéficiaire d'une autorisation délivrée en application du I, le juge d'instruction ou le président de la juridiction de jugement décide des suites à donner à cette requête, après avis du ministère public et en tenant compte, d'une part, de la menace que la révélation de l'identité de cette personne ferait peser sur sa vie ou son intégrité physique ou celles de ses proches et, d'autre part, de la nécessité de communiquer cette identité pour l'exercice des droits de la défense de l'auteur de la demande. Le procureur de la République se prononce dans les mêmes conditions lorsqu'il est fait application de l'article 77-2.

Il sera noté que le texte mentionne une décision prise par le président de la juridiction de jugement et non la juridiction de jugement ce qui semble exclure, le cas échéant, une prise de décision collégiale, ce d'autant que l'article 15-4, III évoque bien la juridiction pour ce qui est du droit d'accès aux informations protégées.

En cas de demande d'annulation d'un acte de procédure fondée sur la violation des formes prescrites par la loi à peine de nullité ou sur l'inobservation des formalités substantielles dont l'appréciation nécessite la révélation des nom et prénom du bénéficiaire d'une autorisation délivrée en application du I de l'article 15-4 précité, (le juge d'instruction, le président de la chambre de l'instruction ou) le président de la juridiction de jugement statue sans verser ces éléments au débat contradictoire ni indiquer les nom et prénom du bénéficiaire de cette autorisation dans sa décision.

§ 4
Preuves prohibées

545.91 Correspondance entre prévenu et avocat. La preuve par écrit ne peut résulter de la correspondance échangée entre le prévenu et son avocat[1]. On citera toutefois ici un arrêt en vertu duquel, les enregistrements de conversations privées, réalisés à l'insu des personnes concernées par un particulier, en ce qu'ils ne constituent pas en eux-mêmes des actes ou des pièces de l'information, au sens de l'article 170 du code de procédure pénale, et dès lors qu'ils ne procèdent d'aucune intervention, directe ou indirecte, d'une autorité publique, ne peuvent être annulés en application des articles 171 à 173 du même code. Il en va de même de leur transcription, qui a pour seul objet d'en matérialiser le contenu. Il s'agit de simples moyens de preuve soumis à la discussion contradictoire. Il en est également ainsi des enregistrements, réalisés dans des conditions identiques, de propos tenus entre un avocat et son client, ainsi que de leur transcription, lesquels échappent, en outre, aux prévisions de l'article 100-5 du code de procédure pénale relatif aux seules interceptions de correspondances ordonnées par une autorité publique comme de l'article 66-5[2] de la loi du 31 décembre 1971[3] concernant les documents couverts par le secret professionnel de l'avocat[4] ...

545.92 Journaliste. Tout journaliste entendu comme témoin sur des informations recueillies dans l'exercice de son activité est libre de ne pas en révéler l'origine[5] mais il est tenu de déférer à la convocation et de prêter serment.

545.93 Descendant. Les descendants ne peuvent jamais être entendus sur des griefs invoqués par les époux à l'appui d'une demande en divorce ou en séparation de corps[6]. Bien que figurant dans un texte étranger à la procédure pénale, la prohibition formulée par l'article 205 du code de procédure civile d'entendre les descendants sur les griefs invoqués par les époux à l'appui d'une demande en divorce ou en séparation de corps était classiquement analysée par la chambre criminelle comme l'expression d'une règle fondamentale inspirée par un souci de décence et de protection des intérêts moraux de la famille qui ne saurait être tournée par le recours à une poursuite pénale. Dès lors, si dans une poursuite pour faux témoignage, le juge d'instruction avait entendu les enfants des époux sur les griefs invoqués par ceux-ci dans une procédure de divorce, encourait la cassation l'arrêt qui, pour rejeter une exception de nullité partielle de la procédure, énonçait que l'interdiction en matière de

1. C. pr. pén., art. 432.
2. L. n° 71-1130, 31 déc. 1971, art. 66-5 ; mod. par L. n° 2011-331, 28 mars 2011, art. 4.
3. L. n° 71-1130, 31 déc. 1971 portant réforme de certaines professions judiciaires et juridiques, *JO* 5 janv., p. 131.
4. Crim. 31 janv. 2012, n° 11-85.464, P n° 27 ; *D.* 2012. 440, obs. M. Lena ; *D.* 2012. 914, note F. Fourment ; *D.* 2012. 2118, obs. J. Pradel ; *AJ pénal* 2012. 224, note E. Daoud et P.-Ph. Boutron-Marmion ; *RSC* 2012. 401, obs. X. Salvat.
5. C. pr. pén., art. 437, al. 2.
6. C. pr. civ., art. 205.

divorce d'entendre comme témoins les descendants des époux ne concernait que le juge civil[1]. Dès lors c'était à bon droit que, dans une poursuite pour subornation de témoins, délivrance et usage d'attestations inexactes, la cour d'appel écartait le témoignage des enfants d'un couple au sujet de l'exactitude des attestations qui avaient été produites à l'occasion de la procédure de divorce[2].

Il avait encore été jugé que constituait une exception légale au principe de la liberté de la preuve en matière répressive énoncé à l'article 427 du code de procédure pénale la prohibition du témoignage des descendants sur les griefs invoqués par les époux à l'appui d'une demande en divorce ou en séparation de corps. Cette prohibition, expression d'un principe fondamental inspiré par un souci de décence et de protection des intérêts moraux de la famille, n'était pas considérée comme limitée à la procédure civile où elle est formulée par l'article 205 du (nouveau) code de procédure civile. Encourait la cassation l'arrêt qui admet les témoignages des enfants d'un couple, recueillis par le juge d'instruction dans une information suivie du chef d'usage d'attestation mensongère, et portant sur les griefs allégués entre leurs parents en instance de divorce, et dont ces témoins n'étaient pas eux-mêmes victimes[3].

Par un arrêt du 2 juin 2015[4], la chambre criminelle, rejetant le pourvoi fondé sur sa jurisprudence antérieure, a jugé que dès lors que pour déclarer le prévenu coupable de violences sur son épouse, la cour d'appel se fonde, outre sur des déclarations de tiers attestant de plusieurs épisodes de violences physiques et morales dont celle-ci a été victime, sur le témoignage des enfants du couple ainsi que sur des certificats médicaux, les dispositions de l'article 205 du code de procédure civile, relatives au divorce, n'étant pas applicables devant la juridiction pénale en raison du principe de la liberté de la preuve, la décision doit être approuvée. Les dispositions de l'article 24[5] de la loi du 8 février 1995[6], relatif à la médiation en matière civile, selon lesquelles les constatations du médiateur et les déclarations qu'il recueille ne peuvent être évoquées devant le juge saisi du litige qu'avec l'accord des parties, sont également applicables lorsque le procureur de la République fait procéder à une médiation en application de l'article 41-1 du code de procédure pénale[7].

§ 5
Admissibilité de la preuve en matière de droit de la presse

545.101 **Preuve du fait diffamatoire.** Dans sa rédaction initiale, l'article 35[8] de la loi du 29 juillet 1881 disposait : « La vérité du fait diffamatoire, mais seulement quand il est relatif aux fonctions, peut être établie par les voies ordinaires, dans le cas d'imputations contre les corps constitués, les armées de terre, de mer ou de l'air, les administrations publiques et contre toutes les personnes énumérées dans l'article 31 ; la vérité des imputations diffamatoires et injurieuses peut être également établie contre les directeurs ou administrateurs de toute entreprise industrielle, commerciale ou financière, dont les titres financiers sont admis aux négociations sur un marché réglementé ou offerts au public sur un système multilatéral de négociation ou au crédit. Enfin, la vérité des faits diffamatoires peut toujours être prouvée, sauf :

a) Lorsque l'imputation concerne la vie privée de la personne ;

b) Lorsque l'imputation se réfère à des faits qui remontent à plus de dix années ;

c) Lorsque l'imputation se réfère à un fait constituant une infraction amnistiée ou prescrite, ou qui a donné lieu à une condamnation effacée par la réhabilitation ou la révision ;

1. Crim. 5 févr. 1980, n° 79-90.936, P n° 47.
2. Crim. 4 janv. 1985, n° 82-93.066, P n° 11 ; *JCP* 1985. II. 20521, note A. Bénabent, R. Lindon.
3. Crim. 4 févr. 1991, n° 89-86.575, P n° 57 ; *JCP* 1992. II. 21915, note P. Chambon.
4. Crim. 2 juin 2015, n° 14-85.130, P n° 136 ; *D.* 2015. 1209 ; *D.* 2015. 1395, Chron. G. Barbier, B. Laurent et G. Guého.
5. L. n° 95-125, 8 févr. 1995, art. 24 ; mod. par ord. n° 2011-1540, 16 nov. 2011, art. 1er ; abrogé par L. n° 2015-990, 6 août 2015, art. 258.
6. L. n° 95-125, 8 févr. 1995 relative à l'organisation des juridictions et à la procédure civile, pénale et administrative, *JO* 9 févr., p. 2175.
7. Crim. 28 févr. 2001, n° 00-83.365, P n° 54 ; *D.* 2001. 1517 ; *RDSS* 2001. 590, obs. F. Monéger.
8. L. 29 juill. 1881, art. 35 ; mod. par L. n° 98-468, 17 juin 1998, art. 44 ; mod. par L. n° 2010-1, 4 janv. 2010, art. 1er ; mod. par Cons. const. 20 mai 2011, n° 2011-131 QPC, art. non conforme 35, al. 5, de la loi du 29 juill. 1881, *exception de vérité des faits diffamatoires de plus de dix ans,* non-conformité totale, *JO* 20 mai, p. 8890 ; *Rec.*, p. 244 ; *D.* 2011. 1420, obs. S. Lavric ; *D.* 2011. 2823, obs. G. Roujou de Boubée, T. Garé, S. Mirabail et T. Potaszkin ; *D.* 2012. 765, obs. E. Dreyer ; *AJ pénal* 2011. 414, obs. J.-B. Perrier ; *Constitutions* 2011. 388, obs. D. de Bellescize ; *Constitutions* 2011. 537, obs. A. Darsonville ; *RSC* 2011. 401, obs. Y. Mayaud – mod. par Cons. const. 7 juin 2013, n° 2013-319 QPC, art. non conforme 35 c) de la loi du 29 juill. 1881, *exception de vérité des faits diffamatoires constituant une infraction amnistiée ou prescrite, ou ayant donné lieu à une condamnation effacée par la réhabilitation ou la révision,* NON-CONFORMITÉ TOTALE, *JO* 9 juin, p. 9632 ; *Rec.*, p. 814, art. 1er ; *D.* 2013. 1413 ; *AJ pénal* 2013. 410 ; *Constitutions* 2013. 248, obs. D. de Bellescize ; *RSC* 2013. 574, Chron. J. Francillon ; *RSC* 2013. 907, obs. B. de Lamy.

Les deux alinéas a et b qui précèdent ne s'appliquent pas lorsque les faits sont prévus et réprimés par les articles 222-23 à 222-32 et 227-22 à 227-27 du code pénal et ont été commis contre un mineur.

Dans les cas prévus aux deux paragraphes précédents, la preuve contraire est réservée. Si la preuve du fait diffamatoire est rapportée, le prévenu sera renvoyé des fins de la plainte.

Dans toute autre circonstance et envers toute autre personne non qualifiée, lorsque le fait imputé est l'objet de poursuites commencées à la requête du ministère public, ou d'une plainte de la part du prévenu, il sera, durant l'instruction qui devra avoir lieu, sursis à la poursuite et au jugement du délit de diffamation » ;

Suivant décision du 20 mai 2011[1], le Conseil constitutionnel a déclaré le b) de l'article 35 contraire a la Constitution : « Considérant qu'en interdisant de rapporter la preuve des faits diffamatoires lorsque l'imputation se réfère à des faits qui remontent à plus de dix ans, le cinquième alinéa de l'article 35 a pour objet d'éviter que la liberté d'expression ne conduise à rappeler des faits anciens portant atteinte à l'honneur et à la considération des personnes qu'elles visent ; que la restriction à la liberté d'expression qui en résulte poursuit un objectif d'intérêt général de recherche de la paix sociale ; considérant toutefois, cette interdiction vise sans distinction, dès lors qu'ils se réfèrent à des faits qui remontent à plus de dix ans, tous les propos ou écrits résultant de travaux historiques ou scientifiques ainsi que les imputations se référant à des événements dont le rappel ou le commentaire s'inscrivent dans un débat public d'intérêt général ; que, par son caractère général et absolu, cette interdiction porte à la liberté d'expression une atteinte qui n'est pas proportionnée au but poursuivi ; qu'ainsi, elle méconnaît l'article 11 de la Déclaration de 1789 ».

La loi du 22 décembre 2021[2] est venue modifier la loi de 1881 en ce que les troisième à antépénultième alinéas de l'article 35 sont remplacés par deux alinéas ainsi rédigés :

« La vérité des faits diffamatoires peut toujours être prouvée, sauf lorsque l'imputation concerne la vie privée de la personne.

« Le troisième alinéa du présent article ne s'applique pas lorsque les faits sont prévus et réprimés par les articles 222-23 à 222-32 et 227-22 à 227-27 du code pénal et ont été commis contre un mineur. La preuve contraire est alors réservée. Si la preuve du fait diffamatoire est rapportée, le prévenu sera renvoyé des fins de la plainte ».

1. Cons. const. 20 mai 2011, n° 2011-131 QPC, préc. (v. s^s ce même n°).
2. L. n° 2021-1729, 22 déc.2021, art. 1, *JO*, 23 déc., n° 23.

545.102 Infraction amnistiée ou prescrite. Suivant décision du 7 juin 2013[3], le Conseil constitutionnel a pareillement procédé avec le c) de ce même article : « Considérant, d'une part, que les dispositions concernant l'amnistie, la prescription de l'action publique, la réhabilitation et la révision n'ont pas, par elles-mêmes, pour objet d'interdire qu'il soit fait référence à des faits qui ont motivé une condamnation amnistiée, prescrite ou qui a été suivie d'une réhabilitation ou d'une révision ou à des faits constituant une infraction amnistiée ou prescrite et, d'autre part, que l'interdiction prescrite par la disposition en cause vise sans distinction, dès lors qu'ils se réfèrent à un fait constituant une infraction amnistiée ou prescrite, ou qui a donné lieu à une condamnation effacée par la réhabilitation ou la révision, tous les propos ou écrits résultant de travaux historiques ou scientifiques ainsi que les imputations se référant à des événements dont le rappel ou le commentaire s'inscrivent dans un débat public d'intérêt général ; que, par son caractère général et absolu, cette interdiction porte à la liberté d'expression une atteinte qui n'est pas proportionnée au but poursuivi ; qu'ainsi, elle méconnaît l'article 11 de la Déclaration de 1789, le conseil constitutionnel a prononcé l'inconstitutionnalité de c) de l'article susvisé ».

§ 6
Admissibilité de la preuve concernant les entraves au droit de la concurrence

545.111 Enregistrement à l'insu de la personne. Les règles de procédure civile sont, en matière de droit de la preuve, plus restrictives que les éléments ci-dessus rapportés. Dans le domaine de l'admissibilité de la preuve, plusieurs décisions de la chambre sociale[4], avaient pu décider, que si l'employeur a le droit de contrôler et de surveiller l'activité de ses salariés pendant le temps de travail, tout enregistrement, quels qu'en soient les motifs, d'images ou de paroles à leur insu, constitue un mode de preuve illicite mais à l'inverse, que le respect de la vie personnelle du salarié ne constituait pas en lui-même un obstacle à l'application des dispositions de l'article 145 du nouveau code de procédure civile[5],

3. Cons. const. 7 juin 2013, n° 2013-319 QPC, préc. (v. s^s ce même n°).
4. Soc. 20 nov. 1991, n° 88-43.120, P V, n° 519 – Soc. 23 mai 2007, n° 06-43.209, P V, n° 85.
5. S'il existe un motif légitime de conserver ou d'établir avant tout procès la preuve de faits dont pourrait dépendre la solution d'un litige, les mesures d'instruction légalement admissibles peuvent être ordonnées à la demande de tout intéressé, sur requête ou en référé.

dès lors que le juge constate que les mesures qu'il ordonne procèdent d'un motif légitime et sont nécessaires à la protection des droits de la partie qui les a sollicitées.

Au visa de l'article 6, § 1, de la convention de sauvegarde des droits de l'Homme et des libertés fondamentales, la chambre commerciale de la Cour de cassation avait pu décider pour sa part que l'enregistrement d'une communication téléphonique par une partie à l'insu de l'auteur des propos tenus, constituait un procédé déloyal rendant irrecevable sa production à titre de preuve[1]. Ce faisant, était appliquée en l'espèce aux décisions de l'Autorité de la concurrence, qu'on peut estimer s'inscrire dans un champ répressif, la jurisprudence constante en matière civile. Pour autant, la cour de renvoi avait jugé que : « Les dispositions du code de procédure civile [...] ne s'appliquent pas à la procédure suivie devant le Conseil de la concurrence qui, dans le cadre de sa mission [...], exerce des poursuites à fins répressives le conduisant à prononcer des sanctions punitives » et que, par conséquent, des enregistrements effectués à l'insu de l'auteur des propos ne doivent pas être : « ainsi privés de toute force probante par la seule application d'un principe énoncé abstraitement, mais seulement s'il est avéré que la production de ces éléments a concrètement porté atteinte au droit à un procès équitable, au principe du contradictoire et aux droits de la défense de ceux auxquels ils sont opposés ».

Il s'ensuit que les éléments probatoires en l'espèce contestés sont admis, au motif que les personnes visées : « n'ont pas prétendu qu'elles se seraient exprimées [...] sous la pression d'une contrainte quelconque, n'ont pas renié leur propos, n'ont pas même insinué qu'elles en auraient tenu d'autres si elles avaient su être enregistrées, les ont au contraire confirmés en les explicitant et en apportant des précisions complémentaires »[2].

L'Assemblée plénière de la Cour de cassation[3] a censuré cette dernière position en retenant que : « Sauf disposition expresse contraire du code de commerce, les règles du code de procédure civile s'appliquent au contentieux des pratiques anticoncurrentielles relevant de l'Autorité de la concurrence. Dès lors, viole la loi la cour d'appel qui, pour rejeter le recours formé contre une décision du Conseil de la concurrence (devenu l'Autorité de la concurrence) ayant prononcé une sanction pour entente contraire aux dispositions de l'article L. 420-1 du code de commerce, retient que les dispositions du code de procédure civile ne s'appliquent pas à la procédure suivie devant le Conseil de la concurrence qui exerce des poursuites à des fins répressives le conduisant à prononcer des sanctions punitives. [...] Il résulte des articles 9 du code de procédure civile, 6, § 1 de la convention de sauvegarde des droits de l'Homme et des libertés fondamentales et du principe de loyauté dans l'administration de la preuve, que l'enregistrement d'une conversation téléphonique réalisé à l'insu de l'auteur des propos tenus constitue un procédé déloyal rendant irrecevable sa production à titre de preuve. Dès lors, une société ayant saisi le Conseil de la concurrence (devenu l'Autorité de la concurrence) de pratiques qu'elle estimait anticoncurrentielles, en produisant des cassettes contenant des enregistrements téléphoniques mettant en cause deux fournisseurs qui ont demandé la mise à l'écart de ces enregistrements au motif qu'ils avaient été obtenus de façon déloyale, et le Conseil de la concurrence ayant dit établi que ces deux fournisseurs avaient enfreint les dispositions de l'article L. 420-1 du code de commerce en mettant en œuvre avec leurs distributeurs une entente relative à l'application de prix conseillés et prononcé une sanction pécuniaire à leur encontre, la cour d'appel ne peut, sans violer les textes et le principe précités, rejeter les recours formés par ces deux fournisseurs contre cette décision du Conseil, en retenant que si les enregistrements opérés ont constitué un procédé déloyal à l'égard de ceux dont les propos ont été insidieusement captés, ils ne doivent être écartés du débat que seulement s'il est avéré que la production de ces éléments a concrètement porté atteinte au droit à un procès équitable, au principe de la contradiction et aux droits de la défense de ceux auxquels ils sont opposés ».

1. Com. 3 juin 2008, n°s 07-17.147, 07-17.196, P IV, n° 112 ; *D.* 2008. 1687.
2. Paris, 1re ch., 29 avr. 2009, RG n° 2008/11907, *D.* 2009. 1352, obs. E. Chevrier ; *D.* 2009. 2714, obs. Ph. Delebecque, J.-D. Bretzner et T. Vasseur.
3. Cass., ass. plén., 7 janv. 2011, n° 09-14.316, P n° 1 ; *D.* 2011. 562, obs. E. Chevrier, note F. Fourment ; *D.* 2011. 618, Chron. V. Vigneau ; *D.* 2011. 2891, obs. Ph. Delebecque, J.-D. Bretzner et I. Gelbard-Le Dauphin ; *RTD civ.* 2011. 127, obs. B. Fages ; *RTD civ.* 2011. 383, obs. Ph. Théry ; *RTD rur.* 2012. 526, obs. F. Zampini.

CHAPITRE

546. Audition des autres parties, des témoins, des experts et des tiers intervenants

SECTION 0

ORIENTEUR

546.00 **Sommaire du chapitre.**

546.01 **Principaux textes applicables.**

TEXTES SOURCES

• C. pr. pén., art. 400 à 402, 404 à 406, 410 à 417, 427 à 434, 437 à 439, 442, 442-1, 444, 446 à 457, 706-43 et 706-44

• C. pr. civ., art. 205

TEXTES *IN EXTENSO*

• **C. pr. pén., art. 444**

Les témoins déposent ensuite séparément, soit sur les faits reprochés au prévenu, soit sur sa personnalité et sur sa moralité.

Parmi les témoins cités, ceux qui sont produits par les parties poursuivantes sont entendus les premiers, sauf pour le président à régler lui-même souverainement l'ordre d'audition des témoins.

Peuvent également, avec l'autorisation du tribunal, être admises à témoigner, les personnes, proposées par les parties, qui sont présentes à l'ouverture des débats sans avoir été régulièrement citées.

• **C. pr. pén., art. 454**

Après chaque déposition, le président et, dans les conditions prévues à l'article 442-1, le ministère public et les parties posent au témoin les questions qu'ils jugent nécessaires.

Le témoin peut se retirer après sa déposition, à moins que le président n'en décide autrement.

Le ministère public, ainsi que la partie civile et le prévenu, peuvent demander, et le président peut toujours ordonner, qu'un témoin se retire momentanément de la salle d'audience après sa déposition, pour y être introduit et entendu s'il y a lieu après d'autres dépositions avec ou sans confrontation.

SECTION 1

VICTIME SIMPLE

546.11 **Victime non constituée partie civile.** La victime présente doit être entendue si elle le souhaite. Le président doit avant toute chose lui demander si elle désire se constituer partie civile, soit « demander une indemnisation, des dommages et intérêts, de l'argent... en cas de condamnation du prévenu », car le vocabulaire judiciaire échappe souvent au justiciable. Si même elle ne se présente que pour assister au procès de son auteur, il est opportun de lui donner la parole, pour réagir aux propos du prévenu avec lequel dans la majorité des procédures elle n'aura pas été confrontée. Au demeurant, et jusqu'aux réquisitions du procureur de la République elle peut toujours revenir sur sa décision et se constituer partie civile[1].

1. V. s[s] n°s 221.51 s.

SECTION 2

PARTIE CIVILE

546.21 **Partie civile.** La personne qui s'est constituée partie civile ne peut plus être entendue comme témoin [1], lors d'une même audience, aurait-on envie d'ajouter. En effet, le positionnement de la partie civile non appelante doit être précisé [2] depuis que la chambre criminelle juge qu'il se déduit des articles 437, 509 et 513 du code de procédure pénale que, lorsque les dispositions civiles du jugement sont devenues définitives, la partie civile constituée en première instance, qui n'est plus partie en appel, ne peut être entendue qu'en qualité de témoin et ne saurait, dès lors, être assistée d'un avocat. Encourt la censure l'arrêt d'une cour d'appel qui, infirmant sur le seul appel du ministère public un jugement de relaxe ayant par ailleurs débouté la partie civile de ses demandes, mentionne que l'intéressée, entendue en qualité de témoin, était « assistée de son conseil » [3]. La chambre criminelle juge pareillement, en application des articles 509 et 513, alinéa 3, du code de procédure pénale, que l'affaire est dévolue à la cour d'appel dans la limite fixée par l'acte d'appel et la qualité de l'appelant et seuls le ministère public et les parties en cause ont la parole devant ladite cour et que méconnaît ces textes et ces principes la cour d'appel qui, saisie du seul appel du procureur de la République, entend l'avocat d'une partie civile en sa plaidoirie, alors que lorsque les dispositions civiles du jugement sont devenues définitives, la partie civile, constituée en première instance, qui n'est plus partie en appel, ne peut comparaître à l'audience ou s'y faire représenter et ne peut être entendue qu'en qualité de témoin [4].

Le tribunal apprécie la recevabilité de la constitution de partie civile et, s'il échet, déclare cette constitution irrecevable. L'irrecevabilité peut également être soulevée par le ministère public, le prévenu, le civilement responsable ou une autre partie civile [5].

Il est rare que cette irrecevabilité puisse être soulevée dès l'audience et elle apparaîtra plus souvent au détour d'un délibéré. Dans l'hypothèse où toutefois elle est flagrante, il est opportun de l'aborder en débats publics dans un souci pédagogique évident (irrecevabilité de la constitution faite par une personne pour son conjoint, constitution d'un contribuable non autorisé pour une fraude fiscale ou une infraction dont la poursuite incombe au seul ministère public...). Il sera ensuite « officiellement » statué dans le jugement, sauf s'il a pu être acté durant l'audience que la personne ne maintenait pas sa constitution.

La partie civile présente est entendue comme la victime, sur les faits et sur sa demande. La partie civile peut toujours se faire représenter par un avocat. Dans ce cas le jugement est contradictoire à son égard [6].

Dans un grand nombre de cas la constitution de partie civile a été effectuée par courrier et il importe d'une part que le président ait vérifié ce point lors de la préparation de l'audience, et d'autre part qu'il en donne publiquement connaissance à l'issue des débats pour que le cas échéant la discussion s'instaure sur la nature et la portée des demandes faites. Il est en effet précisé par le code que lorsque la personne qui se prétend lésée s'est constituée partie civile selon les modalités prévues à l'article 420-1, le président donne lecture de sa demande dès que l'instruction à l'audience est terminée [7]. Il n'y a pas nécessairement d'obstacle à ce que, ne serait-ce que pour éviter tout oubli et le mettre d'emblée dans les débats, le président fasse état des constitutions de parties civiles par écrit, après avoir fait l'appel des parties civiles présentes et qu'elles se soient installées sur leur banc.

La difficulté première est de qualifier tel courrier de constitution ou non de partie civile, les termes employés pouvant prêter à confusion même s'ils émanent d'un avocat [8]. De ce point de vue, une jurisprudence a pu considérer qu'a justifié sa décision la cour d'appel qui, pour dire irrecevable l'appel d'un plaignant prétendant avoir la qualité de partie civile, relève que, ni au cours des débats, ni dans la lettre de son avocat adressée au président, le demandeur n'a expressément déclaré se constituer partie civile [9]. Était pourtant évoquée en l'espèce, une télécopie en date du 12 octobre 2004, par laquelle l'avocat de Jérôme Y... a sollicité un renvoi en indiquant être « dans l'impossibilité de se présenter à l'audience du 15 octobre 2004 où il devait défendre les intérêts de son client ».

La seconde difficulté concerne l'énoncé des chefs de préjudice et le chiffrage des demandes.

Se pose aussi assez régulièrement la question de la nécessité de renouveler à l'audience une constitution de partie civile effectuée durant l'enquête ou l'information judiciaire. D'usage, notamment après une instruction, les avocats concernés « réitèrent »

1. C. pr. pén., art. 422 ; mod. par L. n° 81-82, 2 févr. 1981, art. 85.
2. V. s^s n° 932.14.
3. Crim 29 mars 2017, n° 16-82.484, P.
4. Crim. 29 mars 2017, n° 15-86.434, P.
5. C. pr. pén., art. 423.
6. C. pr. pén., art. 424 ; mod. par L. n° 2011-94, 25 janv. 2011, art. 32.
7. C. pr. pén., art. 460-1.
8. V. s^s n°s 222.141 s.
9. Crim. 19 sept. 2006, n° 05-85.967, P n° 223 ; *AJ pénal* 2006. 458, obs. M.-E. Charbonnier.

en début d'audience leur constitution de partie civile. Ceci paraît superflu, sauf à parfaire l'information du tribunal, en ce que d'une part, la fin de l'instruction n'évince pas le droit pour la partie civile constituée de faire examiner ses demandes par la juridiction de jugement et d'autre part, parce qu'il n'est jamais demandé aux parties civiles constituées par courrier de réitérer leur demande pour l'audience. Elles sont d'ailleurs citées es-qualité pour l'audience.

Enfin, si le tribunal l'estime nécessaire, il peut ordonner la comparution de la partie civile. En ce cas, les débats sur l'ensemble de l'affaire ou uniquement sur les intérêts civils sont renvoyés à une prochaine audience dont la date est immédiatement fixée. Les parties sont tenues de comparaître sans autre citation à l'audience de renvoi. Il en est de même pour les personnes invitées par le tribunal à rester à sa disposition lorsqu'un avertissement écrit leur est immédiatement délivré[1].

546.22 **Désistement de la partie civile.** La partie civile régulièrement citée qui ne comparaît pas ou n'est pas représentée à l'audience est considérée comme se désistant de sa constitution de partie civile, en premier ressort.[2].

En ce cas, et si l'action publique n'a été mise en mouvement que par la citation directe délivrée à la requête de la partie civile, le tribunal ne statue sur ladite action que s'il en est requis par le ministère public ; sauf au prévenu à demander au tribunal des dommages-intérêts pour abus de citation directe, comme il est dit à l'article 472.

Le jugement constatant le désistement présumé de la partie civile lui est signifié par exploit d'huissier, conformément aux dispositions des articles 550 et suivants. Ce jugement est assimilé à un jugement par défaut, et l'opposition est soumise aux dispositions des articles 489 à 495[3]. On parle parfois de désistement implicite par défaut. Le désistement de la partie civile ne met pas obstacle à l'action civile devant la juridiction compétente[4].

Les dispositions de l'article 425-1 du code de procédure pénale ne peuvent être appliquées qu'à la partie civile qui n'a pas manifesté son intention de persister dans son action civile. Dans le cas où l'action publique n'a pas été mise en mouvement par la citation délivrée à la requête de la partie civile, il appartient au prévenu de conclure devant les juges du fond à l'application de ce texte et de demander qu'il soit donné acte du désistement de la partie civile. La constatation du désistement de la partie civile est une décision par défaut susceptible d'opposition[5].

La partie civile dont le désistement présumé a été constaté par jugement assimilé à un jugement par défaut peut exercer un recours contre une telle décision, soit par la voie de l'opposition, en application de l'article 425, alinéa 3, du code de procédure pénale, soit par celle de l'appel, sur le fondement des articles 497 et 499 du code, précité[6].

Aux termes de l'article 425 du code de procédure pénale, la partie civile qui a mis l'action publique en mouvement et ne comparaît pas à l'audience est considérée comme se désistant de son action. Il se déduit de l'article 426 du code de procédure pénale que la partie civile qui s'est désistée de l'action qu'elle avait engagée devant la juridiction pénale ne peut, ultérieurement, exercer cette même action que devant la juridiction civile[7]. Il se déduit également de l'article 426 que la partie civile qui, après avoir cité directement un prévenu devant le tribunal correctionnel sur le fondement de la loi du 29 juillet 1881[8], se désiste de son action, est irrecevable à se constituer à nouveau partie civile, à l'occasion d'une autre poursuite engagée par le ministère public à raison des mêmes propos[9].

SECTION 3
TÉMOINS, EXPERTS ET TIERS INTERVENANTS

546.31 **Audition.** Les experts et témoins sont rares devant la juridiction correctionnelle, ce qui peut d'ailleurs en rendre l'audition, inhabituelle, plus déstabilisante pour les juges.

Il n'existe pas en matière correctionnelle d'audition « à titre de simple renseignement ». Le témoin est donc identifié en début d'audience, invité à ne pas assister aux débuts des débats, conduit par l'huissier dans la salle des témoins ou plus fréquemment amené dans la salle des pas perdus, puis, après que le prévenu voire la partie civile se soient exprimés, recherché et entendu après prestation de serment[10]. Il en est de même des personnes visées au dernier alinéa de l'article 444, autorisées par le tribunal à apporter leur témoignage. Il sera rappelé toutefois que la chambre criminelle considère que le demandeur au pourvoi ne saurait se faire un grief de l'absence de prestation de serment des témoins, dès

1. C. pr. pén., art. 460-1, al. 2.
2. C. pr. pén., art. 425, al. 1.
3. C. pr. pén., art. 425 ; mod. par L. n° 81-82, 2 févr. 1981, art. 86.
4. C. pr. pén., art. 426.
5. Crim. 11 mai 1977, n° 76-91.964, P n° 170.
6. Crim. 3 juin 2004, n° 03-87.092, P n° 146.
7. Crim. 2 mai 1972, n° 71-91.059, P n° 148.
8. L. 29 juill. 1881, préc.
9. Crim. 15 mars 2005, n° 04-84.463, P n° 90 ; *D.* 2005. 2986, obs. G. Roujou de Boubée, T. Garé et C. Mascala.
10. V. s[s] n° 223.31 s.

lors que l'arrêt ne se réfère pas à leurs déclarations et que celles-ci n'ont pas eu d'influence sur la décision de culpabilité du prévenu[1].

Après chaque déposition, le président et, dans les conditions prévues à l'article 442-1 du code de procédure pénale, le ministère public et les parties posent au témoin les questions qu'ils jugent nécessaires.

Le témoin peut se retirer après sa déposition, à moins que le président n'en décide autrement. Il peut également assister à la fin des débats.

Le ministère public, ainsi que la partie civile et le prévenu, peuvent demander, et le président peut toujours ordonner, qu'un témoin se retire momentanément de la salle d'audience après sa déposition, pour y être introduit et entendu s'il y a lieu après d'autres dépositions avec ou sans confrontation[2].

Dans les dossiers les plus complexes pour lesquels des témoins utiles sont cités, il peut être opportun de les prier après leur audition de rester en salle d'audience au cas où le tribunal souhaiterait à nouveau les entendre. Ils n'ont pas dans ce cas à renouveler leur serment.

Le civilement responsable, ou l'assureur lorsqu'il est présent au procès pénal, souvent dans le cadre d'une intervention volontaire est entendu après le prévenu dont ils ont à répondre des agissements (« [...] le prévenu et, s'il y a lieu, la personne civilement responsable, présentent leur défense »[3]), précision étant faite que le prévenu ou son avocat a toujours la parole en dernier[4].

Les représentants d'une administration sont entendus le plus souvent après avoir prêté serment, même si cette formalité est largement éludée devant nombre de juridictions[5].

546.32 Mesures d'investigations. De manière encore plus exceptionnelle, le tribunal, soit d'office, soit à la demande du ministère public, de la partie civile ou du prévenu, peut ordonner tous transports utiles en vue de la manifestation de la vérité.

Les parties et leurs avocats sont appelés à y assister. Il est dressé procès-verbal de ces opérations[6].

Si le tribunal estime qu'une expertise est nécessaire, il est procédé conformément aux articles 156 à 166, 168 et 169[7]. Le recours à une expertise sera décidé par jugement avant dire droit sur l'action publique (détermination de la durée d'une ITT, existence d'une infirmité, expertise en écritures, analyse ADN...), ou sur l'action civile (actualisation des constatations médicales initiales et chiffrage des différents postes de préjudice...) et entraînera dans la plupart des cas le report de l'examen de l'affaire et des conclusions du ou des experts à une date ultérieure. Le tribunal a l'obligation de fixer cette date de renvoi et d'en aviser les parties.

Par ailleurs, il sera rappelé que dans l'hypothèse de poursuites par citation prévue à l'article 390 ou convocation prévue à l'article 390-1, les parties ou leur avocat peuvent, avant toute défense au fond ou à tout moment au cours des débats, demander, par conclusions écrites, qu'il soit procédé à tout acte qu'ils estiment nécessaire à la manifestation de la vérité[8].

SECTION 4
PERSONNALITÉ DU PRÉVENU

546.41 Personnalité. Une fois l'évocation des faits achevée, le président du tribunal aborde la personnalité du ou des prévenus. Classiquement, elle débute par la lecture du bulletin n° 1 du casier judiciaire qui est le relevé intégral des condamnations de la personne[9].

Il ne s'agit pas nécessairement de procéder à une lecture complète de ce document qui peut parfois atteindre un certain nombre de pages. Il y a lieu de mentionner en tout cas les condamnations les plus significatives, sans doute la plus ancienne et la plus récente pour retracer l'itinéraire du prévenu, incontestablement la ou les condamnations qui le constituent en état de récidive, peut être le nombre de celles qui étaient déjà inscrites au casier judiciaire à la date des faits poursuivis et le nombre de celles qui sont venues s'y ajouter depuis. Là encore l'impératif de clarté s'impose dans le nombre, la nature et l'importance des sanctions déjà intervenues notamment en ce qu'elles empêchent le cas échéant le prononcé de telle ou telle peine (sursis simple, sursis probatoire intégral...).

Il sera également donné connaissance des conclusions des expertises psychologiques ou psychiatriques réalisées. Dans les dossiers ayant donné lieu à une information judiciaire, ces expertises auront été notifiées aux parties. Il est sans doute important d'en rappeler le sens mais aucune lecture littérale ne s'impose, pas même celle des conclusions, connues des parties intéressées. Un résumé suffit et en matière d'expertise psychiatrique il pourra globale-

1. Crim. 17 déc. 1997, n° 96-86.164, P n° 433 – Crim. 27 juin 2017, n° 16-84.638, NP.
2. C. pr. pén., art. 454.
3. C. pr. pén., art. 460, al. 1er.
4. C. pr. pén., art. 460, al. 2.
5. V. ss nos 223.71 s.
6. C. pr. pén., art. 456.
7. C. pr. pén., art. 434.
8. C. pr. pén., art. 388-5 – V. ss n° 512.53.
9. C. pr. pén., art. 774.

ment se limiter, sauf éléments particulièrement relevés par l'expert, à l'existence ou non d'un trouble psychique ou neuropsychique de nature à altérer ou abolir le discernement de la personne[1].

Une lecture plus aboutie est sans doute nécessaire lorsque le prévenu n'a pas eu connaissance officielle des conclusions d'une expertise psychiatrique ou médico-psychiatrique sollicitée lors d'une audience précédente, notamment dans le cadre d'une procédure de comparution immédiate, d'une part, pour s'assurer que le prévenu en comprend le sens, d'autre part, pour recueillir ses observations ou remarques à leur sujet.

Enfin, et dans la perspective du prononcé de la peine la plus adaptée, la lecture plus attentive de l'enquête rapide d'orientation pénale, ou de l'enquête de personnalité est recommandée, encore que bon nombre de dossiers présentés à l'audience soient très pauvres quant aux renseignements de personnalité concernant le prévenu.

546.42 Rapport final de contrôle judiciaire. Dans l'hypothèse où le prévenu a été soumis à un contrôle judiciaire, le service ou l'association habilitée qui en a la charge doit adresser à la juridiction un rapport final de suivi de cette mesure.

Cela suppose que le service de l'audiencement ait avisé suffisamment à l'avance ce service ou cette association de la date de l'audience, ce qui n'est pas toujours fait. Un même retour, sous forme d'un procès-verbal de renseignement peut être d'ailleurs sollicité des services de police ou de gendarmerie chargés d'assurer la régularité d'un pointage. Ce réflexe aura également l'intérêt d'aviser le service saisi de la fin de la mesure, sauf à ce que le greffe, dans l'hypothèse d'un renvoi de l'examen de l'affaire avec maintien du contrôle judiciaire, l'avise en retour de la nécessité de poursuivre le suivi. Ces coordinations gagnent à être retravaillées dans la plupart des ressorts où les connexions entre l'audiencement, le greffe correctionnel, les services destinataires se font parfois de manière aléatoire.

Dans tous les cas le retour au dossier avant l'audience d'un rapport de fin de mesure commande que le président de la juridiction en donne connaissance à tous, ce type de document contenant généralement à la fois, une appréciation du sérieux avec lequel le prévenu a répondu à ses obligations dans le cours du contrôle judiciaire, mais aussi une suggestion de poursuite de la mesure dans le cadre de la probation ou de prononcé d'un autre type de peine.

1. C. pén., art. 122-1.

TITRE

55. Les difficultés de qualification

SECTION 0

ORIENTEUR

55.00 Sommaire du titre.

CHAPITRE

551. Qualification des faits

SECTION 0

ORIENTEUR

551.00 Sommaire du chapitre.

551.01 Principaux textes applicables.

TEXTES SOURCES

• C. pr. pén., art. prélim., 132-16-5, 388, 469

TEXTES *IN EXTENSO*

• **C. pr. pén., art. 388**

Le tribunal correctionnel est saisi des infractions de sa compétence soit par la comparution volontaire des parties, soit par la citation, soit par la convocation par procès-verbal, soit par la comparution immédiate, soit enfin par le renvoi ordonné par la juridiction d'instruction.

• **C. pr. pén., art. 469**

Si le fait déféré au tribunal correctionnel sous la qualification de délit est de nature à entraîner une peine criminelle, le tribunal renvoie le ministère public à se pourvoir ainsi qu'il avisera.

Il peut, le ministère public entendu, décerner, par la même décision, mandat de dépôt ou d'arrêt contre le prévenu.

Les dispositions des deux alinéas précédents sont également applicables si le tribunal correctionnel, dans sa composition prévue par le troisième alinéa de l'article 398, estime, au résultat des débats, que le fait qui lui était déféré sous la qualification de l'un des délits visés à l'article 398-1 est de nature à entraîner une peine prévue pour un délit non visé par cet article.

Lorsqu'il est saisi par le renvoi ordonné par le juge d'instruction ou la chambre de l'instruction, le tribunal correctionnel ne peut pas faire application, d'office ou à la demande des parties, des dispositions du premier alinéa, si la victime était constituée partie civile et était assistée d'un avocat lorsque ce renvoi a été ordonné. Toutefois, le tribunal correctionnel saisi de poursuites exercées pour un délit non intentionnel conserve la possibilité de renvoyer le ministère public à se pourvoir s'il résulte des débats que les faits sont de nature à entraîner une peine criminelle parce qu'ils ont été commis de façon intentionnelle.

551.03 Bibliographie indicative.

Contribution. R. Koering-Joulin, « La Chambre criminelle et les droits reconnus par la convention européenne des droits de l'Homme à l'"accusé" avant jugement », *in Mél. Levasseur*, Gazette du Palais – Litec, 1992, p. 214.

Articles. A. Guéry et Ch. Guéry, « De la difficulté pour le juge pénal d'appeler un chat, un chat – Requalification "stricte" ou "élargie" : devoirs et pouvoirs du tribunal correctionnel », *Dr. pénal* 2005. Ét. 6 et 7 – Ch. Guéry, « Du cap à la péninsule (la requalification par une juridiction pénale) », *Dr. pénal* 2012. Ét. 13 ; « La requalification par modification du *modus operandi* ; de nouvelles difficultés pour les juridictions correctionnelles », *Dr pénal* 2015. Ét. 15 – A. Maron, « Il y a requalification et requalification », *Dr. pénal* 2001, n° 109 ; « Du nouveau sur les requalifications ? », *Dr. pénal* 2002, n° 37 ; « Une protection dévoyée », *Dr. pénal* 2004, n° 58 ; « Encore les requalifications », *Dr. pénal* 2004, n° 138 ; « L'impossible requalification, obs. s[s] Crim. 5 janv. 2005, n° 04-82.524 », *Dr. pénal* 2005, n° 66.

SECTION UNIQUE

ÉTUDE D'ENSEMBLE

551.11 Définition. L'exercice de qualification consiste à nommer les faits, à abstraire d'une chose ou d'un comportement ce qui est en eux juridique. Mais la qualification suppose une évaluation, une appréciation, qui sont œuvre humaine. Cet exercice peut par ailleurs être contraint par des forces extérieures : la charge de la cour d'assises peut conduire les magistrats à correctionnaliser des faits qui, sinon, auraient été poursuivis sous leur aspect criminel, la charge des audiences correctionnelles, à faire abstraction de circonstances aggravantes.

551.12 Pratique judiciaire. L'exercice de qualification, le pouvoir du juge de requalifier les faits est non seulement un des plus difficiles qui soit, mais un des plus fréquents. Il n'y a guère d'audience correctionnelle qui ne pose la question de l'exacte qualification retenue par le ministère public, soit parce qu'elle est contestée par l'avocat de la défense ou la partie civile, soit que le tribunal l'estime inappropriée pour trois raisons :

- elle est trop haute : l'une des circonstances retenue n'existe pas ;

- elle est trop basse : une circonstance aggravante aurait dû être retenue ;

- elle est inexacte : les faits n'ont pas été exactement juridiquement appréciés. La pratique est très souvent en bute aux difficultés de qualification pour de nombreuses raisons qui ne tiennent pas toutes à la maladresse supposée du ministère public. Le sujet est en effet fort complexe. Les problèmes de cumul idéal d'infractions, lorsque plusieurs dispositions pénales incriminent une même action délictueuse, compliquent considérablement la tâche du parquet, qui intervient de plus en plus souvent sur un simple compte rendu téléphonique.

Les difficultés peuvent naître de l'existence de plusieurs faits distincts pouvant former une infraction globale dont ils sont les éléments constitutifs : violation de domicile et vol, ivresse publique et conduite en état d'ivresse... Il peut s'agit de concours apparent résultant du conflit entre une loi particulière et une loi générale ou lorsqu'une qualification est une circonstance aggravante de l'autre : port d'arme et vol avec arme, violence et violence contre une personne protégée, escroquerie réalisée au moyen d'un faux, exercice illégal de la médecine et escroquerie, atteinte sexuelle dans un lieu public... Le principe selon lequel l'infraction doit être réprimée sous sa plus haute acception pénale[1] est insuffisant à résoudre les cas concrets puisque cette affirmation ne vaut que si la qualification la plus adéquate au cas d'espèce est adoptée. Enfin, une double poursuite relative aux mêmes faits est parfois possible, lorsque les intérêts moraux ou sociaux différents sont protégés : diffusion de fausses nouvelles et diffamation[2], tentative de destruction d'un immeuble par explosif et tentative d'assassinat[3] ...

551.13 Code de procédure pénale. Le code de procédure pénale est économe en précisions. Le plus ancien article invoqué est l'article 388 du code de procédure pénale qui énonce : « Le tribunal correctionnel est saisi des infractions de sa compétence, soit par la comparution volontaire des parties, soit par la citation, soit par la convocation par procès-verbal, soit par la comparution immédiate, soit enfin par le renvoi ordonné par la juridiction d'instruction ».

Toutefois, l'article 388 ne fait qu'énumérer les différents modes de saisine de la juridiction correctionnelle et nous informe peu. Depuis 2000, l'article préliminaire est venu apporter un autre éclairage en disposant que : « [...] La procédure pénale doit être équitable et contradictoire et préserver l'équilibre des droits des parties [...] » et que « III. Toute personne suspectée ou poursuivie... a le droit d'être informée des charges retenues contre elle [...]. »

551.14 Convention européenne des droits de l'homme. Les décisions de la Cour européennes ont pu être capitales dans l'évolution de la jurisprudence de la chambre criminelle. Elles se fondent sur deux dispositions : l'article 6, § 1, qui dispose que : « Toute personne a droit à ce que sa cause soit entendue équitablement [...] par un tribunal [...] qui décidera [...] du bien-fondé de toute accusation en matière pénale dirigée contre elle. »

L'article 6, § 3, est quant à lui ainsi rédigé : « Tout accusé a droit notamment à : a) être informé, dans le plus court délai, dans une langue qu'il comprend et d'une manière détaillée, de la nature de la cause de l'accusation portée contre lui ; b) disposer du temps et des facilités nécessaires à la préparation de sa défense [...]. »

551.15 Domaine de la requalification. La requalification n'est théoriquement possible que dans le cadre de la saisine du tribunal qui ne peut ajouter des faits à ceux qui lui sont soumis. Pourtant la jurisprudence fait une différence entre ce que nous avons nommé « requalification stricte » et la « requalification élargie », la première seule se situant dans le cadre strict de la saisine, la seconde faisant appel à une extension de la saisine initiale de la juridiction, en accord avec le prévenu[4]. Mais ce « pouvoir de requalification » doit aussi composer avec les droits de la défense[5].

551.16 Article 469 du code de procédure pénale. Il prévoit différents cas de requalification lorsque le tribunal correctionnel estime que les faits qui lui sont dévolus constituent en fait un crime[6].

551.17 Principe de l'obligation de qualifier exactement les faits. Non seulement les magistrats ont le pouvoir de requalifier les faits qui leur sont soumis, mais ils en ont le devoir, dès lors en tout cas que

1. Crim. 19 févr. 1941, P n° 8 – Crim. 16 févr. 1971, *[*], JCP* 1971. II. 16836.
2. Crim. 3 mars 1960, P n° 138 ; *D.* 1960. Somm. 75.
3. Crim. 4 mai 1966, n° 65-92.796, P n° 139 ; *RSC* 1976. 176, obs. Legal.
4. A. et Ch. Guéry, « De la difficulté pour le juge pénal d'appeler un chat, un chat (requalification "stricte" ou "élargie" : devoirs et pouvoirs du tribunal correctionnel) », *Dr. pénal* 2005. Ét. 6 et 7.
5. A. Maron, « L'impossible requalification, obs. sous Crim. 2005, n° 04-82.524 », *Dr. pénal* 2005, n° 66.
6. V. s^s n°s 814.91 s.

nous sommes dans le cadre d'une requalification « stricte » : « Attendu que si les juges répressifs ont le droit et le devoir de rechercher même d'office si le fait incriminé qui leur est déféré, échappant à la disposition pénale qui a été visée par la citation ou l'ordonnance de renvoi n'est pas susceptible d'une autre qualification, c'est à la condition que la juridiction de jugement ne substitue pas un fait nouveau à celui dont elle est saisie. »[1]

Il en résulte plusieurs conséquences : le juge correctionnel ne peut se contenter de relaxer sur la qualification retenue sans vérifier si les faits ne peuvent être constitutifs d'une autre qualification : « attendu que le juge correctionnel qui n'est pas lié par la qualification donnée à la prévention, ne peut prononcer une décision de relaxe qu'autant qu'il a vérifié que les faits dont il est saisi ne sont constitutifs d'aucune infraction »[2].

Une décision importante est venue préciser la marche à suivre pour la juridiction devant laquelle ne comparaît pas le prévenu à l'égard duquel une question de requalification se pose : le juge correctionnel, qui n'est pas lié par la qualification donnée à la prévention, ne peut prononcer une décision de relaxe qu'autant qu'il a vérifié que les faits dont il est saisi ne sont constitutifs d'aucune infraction. Il a le droit et le devoir de leur restituer leur véritable qualification à la condition de n'y rien ajouter et de mettre le prévenu en mesure de se défendre sur la nouvelle qualification envisagée. Ayant retenu la possibilité d'une qualification différente des faits dont ils étaient saisis, les juges du second degré ne pouvaient confirmer la relaxe du prévenu au motif que celui-ci, non comparant devant la cour, n'était pas en mesure d'apporter ses observations sur la requalification, alors qu'il leur appartenait de rendre une décision renvoyant l'affaire à une date ultérieure et invitant le prévenu à venir s'expliquer sur la requalification envisagée[3, 4].

Dans une espèce où un individu a pénétré dans un appartement, on doit ainsi vérifier qu'une requalification en violation de domicile n'est pas possible si le vol ne peut être établi[5]. La cour d'appel doit rechercher si le prévenu, débitant de boissons dont le videur avait chassé un client ivre en utilisant du gaz lacrymogène, poursuivi pour violences volontaires, devait rechercher s'il ne tombait pas sous le coup d'une des interdictions prévues[6] à l'article 6[7] de la loi du 12 juillet 1983[8] (devenu C. séc. int., art. L. 612-20[9]).

Pour un exemple de recherche de qualification alternative à la suite de poursuites en matière de harcèlement sexuel et au gré de modifications des textes et d'une censure du Conseil constitutionnel, on consultera avec profit un arrêt approuvant une cour d'appel d'avoir requalifié les faits en harcèlement moral[10].

Le juge de police doit pareillement rechercher à requalifier les faits avant de prononcer une relaxe : la Cour de cassation sanctionne une juridiction ayant prononcé une relaxe pour contravention à la réglementation sanitaire sur les denrées animales[11], sans avoir recherché si les faits n'entraient pas dans la définition de l'article R. 112-25[12] du code rural punissant la détention de denrées périmées[13].

Dans l'hypothèse de poursuites pour une circulation à la vitesse de 144 km/h sur une portion de route où la vitesse, limitée habituellement à 90 km/h, était réduite à 80 km/h en cas de pluie et ou la juridiction renvoie le prévenu des fins de la poursuite, parce qu'il n'est pas établi que la pluie tombait au moment où le contrôle a été effectué, la chambre criminelle casse cette décision en reprochant à la juridiction de s'être déterminée ainsi, sans rechercher si le prévenu n'avait pas commis un excès de vitesse en circulant à une vitesse supérieure à la vitesse autorisée en l'absence de pluie[14].

L'obligation de requalification est d'autant plus importante que la décision de relaxe s'attache aux faits quelle que soit la qualification que l'on souhaite retenir ensuite. L'autorité de la chose jugée s'attache à toutes les qualifications possibles pour les mêmes faits. Il n'est donc plus possible de poursuivre sous une nouvelle qualification, sauf exception qui dépasse le cadre de cette étude. Est justifiée la décision de relaxe de la prévenue poursuivie du chef de recel d'une maison provenant des délits de faux et usage de faux. D'une part, le juge ne doit envisager les faits sous toutes les qualifications possibles que pour les faits dont il est saisi. D'autre part, les faits pouvant être qualifiés de recel sont nécessairement distincts

1. Crim. 15 juin 1977, n° 76-93.274, P n° 223.
2. Crim. 6 mai 1964, n° 63-90.287, P n° 153 – Crim. 22 juill. 1970, n° 70-90.212, P n° 244 – Crim. 17 déc. 1975, n° 75-90.641, P n° 288 – Crim. 17 nov. 1976, n° 75-92.205, P n° 331 ; *D.* 1977. IR 36 – Crim. 13 oct. 1993, n° 93-82.527, P n° 294 – Crim. 22 janv. 1997, n° 95-81.186, P n° 31 – Crim. 28 mars 2000, n° 98-86.886, P n° 138.
3. Crim. 1er juin 2016, n° 14-87.173, P.
4. V. ss n° 552.76.
5. Crim. 22 janv. 1997, n° 95-81.186, P n° 31.
6. Crim. 18 nov. 2008, n° 08-85.336, NP, *Dr. pénal* 2009, n° 22, note J.-H. Robert.
7. L. n° 83-629, 12 juill. 1983, art. 6 ; mod. par L. n° 2011-267, 14 mars 2011, art. 31 ; abrogé par ord. n° 2012-351, 12 mars 2012, art. 19.
8. L. n° 83-629, 12 juill. 1983 réglementant les activités privées de sécurité, *JO* 13 juill., p. 2155.
9. C. séc. int., art. L. 612-20 ; codifié par ord. n° 2012-351, 12 mars 2012.
10. Crim. 14 nov. 2017, n° 16-85.161, P.
11. C. rur., art. R. 231-16 et R. 237-2.
12. C. rur., art. R. 112-25 ; codifié par décr. n° 92-1290, 11 déc. 1992.
13. Crim. 31 mai 2005, n° 04-86.384, P n° 166 ; *D.* 2005. 2217, obs. C. Rondey ; *AJ pénal* 2005. 368.
14. Crim. 25 mai 2016, n° 15-86.311, NP.

de ceux pouvant être qualifiés de faux et usage. Enfin, le juge n'a pas l'obligation de demander au prévenu s'il accepte d'être jugé pour des faits non visés à la prévention susceptibles de lui être reprochés[1].

Il convient enfin de préciser que si le tribunal est saisi par une ordonnance portant non lieu partiel, il ne peut condamner du chef de ce délit en usant de la voie de la requalification. Cette ordonnance a en effet acquis autorité de la chose jugée sauf réouverture sur charge nouvelle[2]. Mais le tribunal peut revenir sur une qualification écartée par le juge d'instruction au moyen d'une requalification.

1. Crim. 24 mars 2021, n° 20-80.504, P.

2. Crim. 24 juill. 1967, n° 66-92.289, P n° 234.

CHAPITRE

552. Requalification

SECTION 0

ORIENTEUR

552.00 Sommaire du chapitre.

552.01 Principaux textes applicables.

TEXTES SOURCES

• C. pr. pén., art. prélim., 132-16-5, 388, 469

TEXTES *IN EXTENSO*

• **C. pr. pén., art. prélim.**

• **C. pén., art. 132-16-5**

L'état de récidive légale peut être relevé d'office par la juridiction de jugement même lorsqu'il n'est pas mentionné dans l'acte de poursuites, dès lors qu'au cours de l'audience la personne poursuivie en a été informée et qu'elle a été mise en mesure d'être assistée d'un avocat et de faire valoir ses observations.

• **C. pr. pén., art. 388**

* V. s[s] n° 551.01.

• **C. pr. pén., art. 469**

* V. s[s] n° 551.01.

552.02 Jurisprudence de référence.

> Le prévenu renvoyé devant la juridiction de jugement pour un délit ne peut être condamné pour complicité de ce délit que s'il a été invité à se défendre sous cette qualification

• **Crim. 16 mars 2004,** n° 03-82.803, NP

* V. s[s] n° 552.41.

« Vu l'article 388 du code de procédure pénale, ensemble l'article 6.1 de la convention européenne des droits de l'homme, et l'article préliminaire du code de procédure pénale ;

Attendu que, s'il appartient aux juges répressifs de restituer aux faits dont ils sont saisis leur véritable qualification, c'est à la condition que le prévenu ait été en mesure de se défendre sur la nouvelle qualification envisagée ;

Attendu que François S., renvoyé devant le tribunal correctionnel du chef de vols aggravés et tentative de vol aggravé, et condamné par les premiers juges sous cette qualification, a été déclaré coupable par la cour d'appel de complicité de ces délits ;

Mais attendu qu'il ne résulte ni des mentions de l'arrêt ni des pièces de procédure, que François S. ait été invité à se défendre sous cette nouvelle qualification ;

Que dès lors, en prononçant comme elle l'a fait, la cour d'appel a méconnu les textes susvisés et le principe ci-dessus rappelé ;

D'où il suit que la cassation est encourue. »

> Les juges ne peuvent requalifier d'office les faits poursuivis lorsqu'ils statuent par défaut

• **Crim. 5 janv. 2005,** n° 04-82.524, P n° 9

* V. s[s] n° 552.76.

« Sur le premier moyen de cassation, pris de la violation de l'article 227-23, alinéa 4, du code pénal ;

En ce que l'arrêt a prononcé la relaxe de Jean-Luc X. aux motifs que la détention d'images de mineurs présentant un caractère pornographique n'était pas caractérisée par la simple consultation de sites pédophiles à l'aide d'un ordinateur, la mise en mémoire temporaire des images consultées étant automatique et qu'en définitive le prévenu n'avait fait que laisser une trace de son passage sur les sites pornographiques consultés à l'aide d'un ordinateur ne lui appartenant pas ;

Alors que cette consultation qui n'était pas accidentelle et qui a duré plusieurs heures a entraîné la création d'un fichier temporaire dont Jean-Luc X. connaissait l'existence, dans lequel ont été stockées les images consultées, que pendant la consultation il avait un véritable pouvoir de disposition sur ces images qu'il pouvait enregistrer ou envoyer à un tiers à sa guise, que ce pouvoir de disposition sur une image électronique caractérise la détention au sens de l'article 227-23, alinéa 4, du code pénal, que ce texte ne dispose pas que la détention de telles images ou de telles représentations ne doit pas être temporaire pour être prohibée ;

Attendu qu'il résulte de l'arrêt attaqué et des pièces de procédure que Jean-Luc X. s'est connecté, au moyen d'un ordinateur mis à la disposition du public par une commune, à des sites pédophiles pour regarder des images de mineurs à caractère pornographique ; qu'il a été trouvé trace des sites consultés dans la mémoire temporaire de l'appareil ; qu'à la suite de ces faits Jean-Luc X. a été poursuivi sur le fondement de l'article 227-23, alinéa 4, du code pénal pour détention d'images de mineurs à caractère pornographique ;

Attendu que, pour renvoyer le prévenu des fins de la poursuite, les juges retiennent que les images observées n'ont été ni imprimées ni enregistrées sur un support et que la simple consultation de sites pornographiques mettant en scène des mineurs ne suffit pas à caractériser le délit prévu par l'article 227-23, alinéa 4, du code pénal ;

Attendu qu'en prononçant ainsi, la cour d'appel a justifié sa décision ;

D'où il suit que le moyen doit être écarté ;

Sur le second moyen de cassation, pris de la violation des articles 227-23 du code pénal, 388, 512, 515, 520 du code de procédure pénale et 6 de la convention européenne des droits de l'homme ;

En ce que l'arrêt a dit "qu'en l'absence du prévenu, la cour ne peut lui demander s'il accepte de comparaître volontairement sur les faits distincts d'importation de telles images, délit pouvant être, éventuellement, envisagé au terme d'un débat contradictoire" ;

Alors, d'une part, que la cour, qui n'est pas liée par la qualification donnée à la prévention, ne pouvait prononcer une décision de relaxe qu'autant qu'elle avait vérifié que les faits dont elle est saisie n'étaient constitutifs d'aucune infraction ;

Et, d'autre part, que la cour aurait pu requalifier les mêmes faits, sans rien y ajouter, en délit d'importation d'images de mineurs présentant un caractère pornographique, dont les éléments constitutifs sont identiques au délit visé par la prévention, sans qu'il soit nécessaire lorsque la cour statue par défaut, que le prévenu absent accepte d'être jugé ou soit mis en mesure de présenter sa défense sur cette nouvelle qualification ;

Attendu que, contrairement à ce qui est allégué au moyen, les juges ne peuvent requalifier d'office les faits poursuivis lorsqu'ils statuent par défaut. »

> La juridiction qui se borne à retrancher une circonstance aggravante à la prévention n'est pas tenue d'inviter le prévenu à s'expliquer sur cette qualification

• **Crim. 7 févr. 2006,** n° 05-83.288, NP

* V. s^s n° 552.45.

« Attendu qu'il résulte de l'arrêt attaqué et des pièces de procédure qu'un piéton, qui marchait de nuit sur le bord de la chaussée, à proximité d'une discothèque, a été renversé par un véhicule dont le conducteur a pris la fuite ; que la victime a subi quarante-cinq jours d'incapacité de travail ; que Xavier T. a été poursuivi pour délit de fuite et pour blessures involontaires suivies d'une incapacité totale de travail n'excédant pas trois mois provoquées par la violation manifestement délibérée d'une obligation particulière de prudence ou de sécurité par un conducteur en état d'ivresse manifeste ;

Attendu que, pour requalifier ce dernier délit en contravention de blessures involontaires, la cour d'appel s'est borné à retrancher les circonstances aggravantes, sans modifier l'élément matériel principal de l'infraction ; qu'elle n'était, dès lors, tenue ni d'inviter le prévenu à s'expliquer sur cette qualification ni d'examiner la violation manifestement délibérée d'une obligation particulière de sécurité, condition étrangère à la qualification contraventionnelle ;

D'où il suit que le moyen, mal fondé en ses première et troisième branches, et qui se borne, pour le surplus, à remettre en question l'appréciation souveraine, par les juges du fond, des faits et circonstances de la cause, ainsi que des éléments de preuve contradictoirement débattus, ne saurait être admis. »

> La parole doit être donnée à la défense même en cas de requalification au sein du même article

• **Crim. 16 mai 2007,** n° 06-87.866, P n° 129

* V. s^s n° 552.44.

« Vu l'article 388 du code procédure pénale, ensemble l'article 6 § 1 et 3 a et b de la convention européenne des droits de l'homme et l'article préliminaire du code de procédure pénale ;

Attendu que, s'il appartient aux juges répressifs de restituer aux faits dont ils sont saisis leur véritable qualification, c'est à la condition que le prévenu ait été mis en mesure de se défendre sur la nouvelle qualification envisagée ;

Attendu qu'il résulte de l'arrêt attaqué que Aziz X…, renvoyé devant le tribunal correctionnel pour violences ayant entraîné une incapacité totale de travail supérieure à huit jours sur une personne chargée d'une mission de service public, et condamné par les premiers juges sous cette qualification, a été déclaré coupable, par la cour d'appel de violences ayant entraîné une incapacité totale de travail supérieure à huit jours sur un agent exerçant des fonctions de gardiennage ou de surveillance d'un immeuble à usage d'habitation, au surplus au visa erroné de l'article 222-12, alinéa 1er, 4° *ter* du code pénal, sans avoir été invité à se défendre sur cette nouvelle qualification ;

Mais attendu qu'en statuant ainsi, la cour d'appel a méconnu le sens et la portée des textes susvisés et du principe ci-dessus énoncé ;

Par ces motifs, et sans qu'il soit besoin d'examiner le second moyen proposé ;

CASSE ET ANNULE […]. »

> Lorsque l'élément de publicité fait défaut, les imputations diffamatoires caractérisent la contravention prévue et réprimée par l'article R. 621-1 du code pénal et la juridiction ayant constaté que les faits retenus constituent l'infraction de diffamation non publique a le devoir de statuer sur cette prévention. Encourt la censure, l'arrêt qui, en pareille occurrence, prononce une relaxe motivée par la prohibition de requalifier la prévention en matière de presse

• **Crim. 8 avr. 2008,** n° 07-87.226, P n° 94

* V. s[s] n° 552.73.

« Vu les articles 29 de la loi du 29 juillet 1881, R. 621-1 du code pénal, 593 du code de procédure pénale ;

Attendu que, lorsque l'élément de publicité fait défaut, les imputations diffamatoires caractérisent la contravention prévue et réprimée par l'article R. 621-1 du code pénal ; que la juridiction ayant constaté que les faits retenus constituent l'infraction de diffamation non publique a le devoir de statuer sur la prévention ;

Attendu qu'il résulte de l'arrêt attaqué et des pièces de la procédure que Renaud X... a fait assigner Dominique Y... devant le tribunal correctionnel, du chef de diffamation publique envers un particulier, sur le fondement des articles 29, 32 alinéa 1er et 42 de la loi du 29 juillet 1881, en raison de l'envoi par celui-ci au procureur de la République et au bâtonnier de l'ordre des avocats de la copie d'une lettre le mettant en cause ;

Attendu que les premiers juges, après avoir relevé que les destinataires de ce courrier, compte tenu de la profession d'avocat exercée par Renaud X..., étaient liés par une communauté d'intérêts et qu'ainsi, l'élément de publicité nécessaire pour caractériser le délit de diffamation faisait défaut, ont déclaré Dominique Y... coupable de diffamation non publique ;

Attendu que, pour infirmer le jugement entrepris, relaxer le prévenu et débouter la partie civile, l'arrêt retient que "la citation a pour rôle de fixer définitivement et exclusivement l'objet de la poursuite et que les juges doivent apprécier le délit sous le rapport de la qualification qui y est précisée" ;

Mais attendu qu'en statuant ainsi, alors que la prohibition de requalifier la prévention en matière de presse connaît ici sa seule exception, la cour d'appel a méconnu les textes susvisés et le principe ci-dessus rappelé ;

Que la cassation est encourue de ce chef, et qu'en l'absence de pourvoi du ministère public, elle doit être limitée aux intérêts civils ;

Par ces motifs :

CASSE ET ANNULE [...]. »

> La circonstance de récidive peut être relevée à l'audience si le prévenu a pu se défendre sur cette circonstance et être assisté d'un avocat

• **Crim. 31 août 2011,** n° 10-87.066, NP

* V. s[s] n° 552.46.

« Vu l'article 132-16-5 du code pénal ;

Attendu que, selon ce texte, si l'état de récidive légale peut être relevé d'office par la juridiction de jugement même lorsqu'il n'est pas mentionné dans l'acte de poursuite, c'est à la condition qu'au cours de l'audience la personne poursuivie en ait été informée, et qu'elle ait été mise en mesure d'être assistée d'un avocat et de faire valoir ses observations ;

Attendu que, pour condamner le demandeur à une peine de trois ans d'emprisonnement, l'arrêt énonce qu'aucun élément tenant à la nature des faits, à la personnalité du prévenu ou à des garanties d'insertion ou de réinsertion qui ne sont nullement établies ne justifie que la peine prononcée soit inférieure au seuil de trois ans, résultant en l'espèce, au regard de la peine encourue et de l'état de récidive, de l'application des dispositions de l'article 132-19-1 du code pénal ;

Mais attendu qu'en relevant d'office l'état de récidive légale qui n'avait pas été retenu dans l'ordonnance de renvoi devant le tribunal correctionnel, sans qu'il résulte des énonciations de l'arrêt qu'au cours de l'audience M. C. en avait été informé et mis en mesure de faire valoir ses observations et d'être assisté d'un avocat, la cour d'appel a méconnu le texte susvisé ;

D'où il suit que la cassation est encourue et qu'elle sera limitée à la peine prononcée contre le demandeur. »

> Le passage de la qualification d'escroquerie en faisant usage de manœuvres frauduleuses à la qualification d'escroquerie par usage de fausse qualité impose que la parole soit donnée à la défense

• **Crim. 22 oct. 2014,** n° 13-83.901, P n° 215

* V. s[s] n° 552.48.

« Vu les articles 6, § 1, de la convention européenne des droits de l'homme, 388 et préliminaire du code de procédure pénale et 313-1 du code pénal ;

Attendu que, s'il appartient aux juges répressifs de restituer aux faits dont ils sont saisis leur véritable qualification, c'est à la condition que le prévenu ait été en mesure de se défendre sur la nouvelle qualification envisagée ;

Attendu que M. C... a été renvoyé devant le tribunal correctionnel pour avoir, en employant des manœuvres frauduleuses ayant consisté à reprendre une activité salariée alors qu'il avait signé une attestation de fin d'activité afin de bénéficier du dispositif de congé prévu par les accords de branche des conducteurs routiers de transport de marchandises, trompé la société Fonds de gestion du congé de fin d'activité, ainsi déterminée à lui verser une allocation mensuelle et à le faire bénéficier d'une protection sociale complète ;

Attendu que, pour déclarer le prévenu coupable d'escroquerie, l'arrêt retient notamment qu'il a pris la fausse qualité de travailleur sans emploi ;

Mais attendu qu'en statuant ainsi, sans avoir invité M. C. à s'expliquer sur cet usage de fausse qualité, non visé à la prévention, la cour d'appel n'a pas justifié sa décision ;

D'où il suit que la cassation est encourue ;

Par ces motifs :

CASSE ET ANNULE [...]. »

> S'il appartient aux juges répressifs de restituer aux faits dont ils sont saisis leur véritable qualification, c'est à la condition que les parties aient été mises en mesure de s'expliquer sur la nouvelle qualification envisagée

• **Crim. 27 janv. 2015,** n° 14-81.723, P n° 21

* V. s[s] n° 552.77.

« Vu l'article 388 du code de procédure pénale, ensemble l'article préliminaire dudit code ; Attendu que, s'il appartient aux juges répressifs de restituer aux faits dont ils sont saisis leur véritable qualification, c'est à la condition que les parties aient été mises en mesure de s'expliquer sur la nouvelle qualification envisagée ; Attendu qu'il résulte de l'arrêt attaqué et des pièces de procédure que M. Y... a été poursuivi pour avoir exercé des sévices graves ou commis un acte de cruauté envers un animal domestique ou apprivoisé ou tenu en captivité ; que le tribunal correctionnel l'a déclaré coupable des faits reprochés ; que les parties et le ministère public ont interjeté appel du jugement ; Attendu que, pour constater la prescription de l'action publique, la cour d'appel retient que M. Y... a involontairement causé la mort de l'animal, que la contravention prévue à l'article R. 653-1 du code pénal est caractérisée à son encontre mais est prescrite ; Mais attendu qu'il ne résulte ni de l'arrêt ni de la procédure que les parties aient été mises en mesure de s'expliquer sur la nouvelle qualification retenue ; D'où il suit que la cassation est encourue ;

Par ces motifs : CASSE ET ANNULE [...]. »

> Lorsque le prévenu n'est pas comparant, il appartient aux juges qui souhaitent modifier la qualification retenue des faits dont ils sont saisis, de rendre une décision renvoyant l'affaire à une date ultérieure et d'inviter le prévenu à venir s'expliquer sur la requalification envisagée

• **Crim. 1er juin 2016,** n° 14-87.173, P n° 171

* V. s^s n° 552.76.

« Vu les articles 388, 512 et préliminaire du code de procédure pénale, ensemble l'article 470 du même code ;

Attendu que le juge correctionnel, qui n'est pas lié par la qualification donnée à la prévention, ne peut prononcer une décision de relaxe qu'autant qu'il a vérifié que les faits dont il est saisi ne sont constitutifs d'aucune infraction ; qu'il a le droit et le devoir de leur restituer leur véritable qualification à la condition de n'y rien ajouter ;

Attendu que s'il appartient aux juges répressifs de restituer aux faits dont ils sont saisis leur véritable qualification, c'est à la condition que le prévenu ait été mis en mesure de se défendre sur la nouvelle qualification envisagée ;

Attendu qu'il résulte de l'arrêt attaqué que M. Caldow est poursuivi pour avoir, à Roissy aéroport Charles de Gaulle, importé sans déclaration préalable des marchandises prohibées, en l'espèce 3 800 grammes de méthamphétamine, marchandises dangereuses pour la santé, la moralité ou la sécurité publique, délit prévu par les articles 414, 423 à 428 du code des douanes ; que le tribunal, retenant que l'infraction n'est pas constituée, l'intéressé ayant été interpellé à l'occasion de son départ pour Tokyo et non en provenance de l'étranger et que la marchandise lui a été remise de façon certaine en France, à son hôtel, a relaxé le prévenu et débouté l'administration des douanes de ses demandes ;

Attendu que, pour confirmer la relaxe et rejeter la demande, formée en cause d'appel par l'administration des douanes, de requalification de la prévention en délit d'exportation sans déclaration, assimilée à une exportation en contrebande de marchandises prohibées avec cette circonstance qu'il s'agit d'une marchandise dangereuse pour la santé, l'arrêt retient que les faits s'analysent effectivement en un tel délit, les marchandises n'ayant pas été introduites par le prévenu sur le territoire national et lui ayant été remises sur ce territoire afin qu'il les achemine au Japon par voie aérienne, mais que le prévenu, qui ne comparaît pas devant la cour, ne peut être mis en mesure d'apporter ses observations sur la requalification sollicitée ;

Mais attendu qu'en statuant ainsi, alors qu'il appartenait aux juges du second degré, qui retenaient la possibilité d'une qualification différente des faits dont ils étaient saisis, de rendre une décision renvoyant l'affaire à une date ultérieure et invitant le prévenu à venir s'expliquer sur la requalification envisagée, la cour d'appel a méconnu les textes et principes ci-dessus rappelés ;

D'où il suit que la cassation est encourue ;

CASSE ET ANNULE [...] ».

> Doit être cassé l'arrêt qui requalifie les faits d'abus de confiance commis en méconnaissance d'une saisie en abus de confiance commis en méconnaissance d'un contrat de location

• **Crim. 29 mars 2017,** n° 16-83.354, NP

* V. s^s n° 552.71.

« Vu l'article 388 du code de procédure pénale, ensemble l'article 6, § 1, de la convention européenne des droits de l'homme ;

Attendu que les juges ne peuvent statuer que sur les faits dont ils sont saisis, à moins que les prévenus n'acceptent expressément d'être jugés pour des faits distincts de ceux visés à la prévention ;

Attendu qu'il résulte de l'arrêt, du jugement et des pièces de procédure que M. Bruno Carrier, président de la société GFDD Normandie, qui entreposait du combustible biomasse sur un espace du port autonome de Paris et dans les dépendances de la société de transport fluvial STF, dont M. Alexandre Fouquier était le gérant, a fait constater le 19 avril 2013, par les services de police, la disparition de 950 tonnes de ce combustible entreposé sur le port autonome, ainsi que le détournement de 250 autres tonnes stockées sur le site de la société de transport ; que M. Fouquier, entendu le 28 mai 2013, a reconnu, après avoir, selon lui, fait procéder à la saisie des 250 tonnes, s'être emparé des combustibles sur les deux sites pour couvrir ses frais de transport et les loyers non acquittés depuis plusieurs mois par M. Carrier ; que, poursuivi pour vol des 950 tonnes et abus de confiance portant sur les 250 tonnes, dont il aurait été constitué gardien, le tribunal correctionnel de Fontainebleau, requalifiant l'ensemble des faits en vols, l'en a déclaré coupable ; que M. Fouquier et le ministère public ont interjeté appel de cette décision ;

Attendu que pour infirmer partiellement le jugement entrepris, dire établis les délits de vol et d'abus de confiance et condamner le prévenu, l'arrêt prononce par les motifs repris au moyen ;

Mais attendu qu'en énonçant, pour caractériser le délit d'abus de confiance, que le prévenu avait détourné le stock de combustible en méconnaissance non pas d'une saisie, la preuve de cette saisie n'étant pas rapportée, mais d'un contrat de location conclu entre la société GFDD Normandie et la société STF, alors que la prévention ne faisait pas mention de ce contrat, la cour d'appel, qui n'a pas constaté que le prévenu acceptait d'être jugé pour des faits non compris dans les poursuites, a méconnu les textes susvisés et le principe ci-dessus rappelé ;

D'où il suit que la cassation est encourue de ce chef ;

CASSE ET ANNULE [...] ».

552.03 Bibliographie indicative.

* V. s[s] n° 551.03.

SECTION 1
ÉVOLUTION DE LA JURISPRUDENCE

552.11 Jurisprudence de la chambre criminelle antérieure à 2001. Depuis longtemps, la chambre criminelle estime que « s'il est interdit aux juges correctionnels de prendre pour base de leur condamnation un fait autre que celui dont ils ont été régulièrement saisis soit par l'ordonnance de renvoi, soit par une citation directe » tel n'est pas le cas lorsqu'ils ne font que requalifier la prévention, « conformément aux résultats de l'information faite à l'audience. » Avant 1978, si la requalification sous la qualification la plus fine est une obligation, elle peut s'opérer sans aucune contrainte[1].

Mais le 5 décembre 1978, la chambre criminelle estime, au visa des articles 6 et 13 de la convention européenne des droits de l'homme, que : « Tout prévenu a le droit d'être informé d'une manière détaillée de la nature et de la cause de la prévention dont il est l'objet et doit par suite, être mis en mesure de se défendre tant sur les divers chefs d'infraction qui lui sont imputés que sur chacune des circonstances aggravantes susceptibles d'être retenues à sa charge »[2].

Il s'agissait de la difficulté de retenir la circonstance aggravante de récidive lorsque celle-ci n'avait pas été visée à la prévention. À partir de 1978, la jurisprudence exige que la juridiction qui veut retenir la circonstance aggravante de récidive, invite le prévenu à s'expliquer dessus[3] et ceci même dans le cas où la peine prononcée ne révèle pas une aggravation par l'effet de la récidive, car cet élément a pu exercer une influence sur l'application de la peine[4]. Un peu plus tard, la jurisprudence pose la même exigence en cas de circonstance aggravante réelle : la circonstance de port d'arme dans une espèce dans laquelle on passait de violences en violences avec arme[5]. Mais, en dehors de ces cas particuliers, il est alors possible de requalifier des faits sans autre formalité, par exemple de passer de vol en abus de confiance[6], d'une escroquerie en abus de confiance[7], d'une escroquerie en concussion[8] ; d'un abus de confiance en escroquerie[9] d'un abus de pouvoir en abus de biens sociaux[10], *etc.*

Puis, dans un arrêt du 23 janvier 1995[11], la chambre criminelle expose que doit être cassé pour violation du principe selon lequel « s'il appartient aux cours d'appel de modifier la qualification des faits et de substituer une qualification nouvelle à celle qui leur était déférée, c'est à la condition qu'il ne soit rien changé aux faits de la prévention et qu'ils restent tels qu'ils ont été retenus dans l'acte saisissant la juridiction », l'arrêt qui, « en substituant à la prévention de vol celle de détournements d'objets saisis, qui contient des éléments différents, et sans constater que le prévenu ait été en mesure de se défendre sur les faits nouveaux retenus contre lui, a méconnu le principe sus-énoncé ». La Cour de cassation devait préciser sa doctrine dans un second arrêt intervenu dans la même affaire, le renvoi critiquant le fait que la cour d'appel ait seulement donné la parole à la défense, et non sollicité son accord[12]. Le chapeau n'hésitait pas à proclamer, bien que la formule ne figure pas dans l'arrêt : « Les juges correctionnels ont le droit et le devoir de substituer aux faits dont ils sont saisis leur véritable qualification. S'ils ne peuvent substituer des faits distincts à ceux de la prévention, à moins que le prévenu accepte d'être jugé sur ces faits nouveaux, il suffit en revanche que le prévenu soit mis en mesure de s'expliquer, lorsque la nouvelle qualification s'applique aux mêmes faits et n'ajoute à la prévention qu'une circonstance qui n'y est pas mentionnée ».

La chambre criminelle semble élargir ici l'obligation d'ouvrir le droit de se défendre sur une nouvelle qualification, non seulement lorsqu'il s'agit de l'ajout d'une circonstance aggravante mais aussi lorsqu'il s'agit d'une « *circonstance non mentionnée dans la prévention* ». Mais c'est la jurisprudence de la Cour européenne des droits de l'Homme qui a accéléré notablement le processus.

1. Crim. 4 janv. 1963, n° 62-90.230, P n° 4 – Crim. 26 juill. 1965, P n° 185 – Crim. 10 mars 1977, n° 75-91.224, P n° 92.
2. Crim. 5 déc. 1978, n° 78-91.826, P n° 346 ; *D.* 1979. 50, note S. Kehrig ; *Gaz. Pal.* 1979. 149, note Pettiti.
3. Crim. 11 févr. 1981, n° 80-92.614, P n° 56 – Crim. 17 déc. 1997, n° 97-81.852, P n° 434 – Crim. 20 sept. 2000, n° 99-82.846, P n° 274 – Crim. 21 nov. 2000, n° 00-80.616, P n° 347 ; *D.* 2001. 431 ; *RSC* 2001. 409, obs. D.-N. Commaret.
4. Crim. 16 févr. 1983, n° 82-91.774, P n° 61.
5. Crim. 7 juin 1979, n° 78-93.709, P n° 197.
6. Crim. 11 juin 1990, n° 89-80.467, P n° 238.
7. Crim. 5 juin 1975, n° 74-92.792, P n° 146 ; *Gaz. Pal.* 1975. 2. 789, note P. Delaisi – Rennes, 13 juin 1975, *JCP* 1976. II. 18421, note C. Geoffroy.
8. Crim. 13 janv. 1960, P n° 17 ; *RSC* 1960. 482, obs. J.-H. Robert.
9. Crim. 17 oct. 1961, P n° 405.
10. Crim. 15 mars 1972, n° 71-91.378, P n° 107.
11. Crim. 23 janv. 1995, n° 94-80.897, P n° 28.
12. Crim. 13 févr. 1997, n° 96-82.751, P n° 63.

552.12 **Cour européenne des droits de l'Homme (arrêt *Pélissier et Sassi c/ France* du 25 mars 1999)**[1]. La Cour de cassation, dans un arrêt du 14 février 1994[2], avait rejeté le pourvoi contre un arrêt de cour d'appel qui avait requalifié l'incrimination de banqueroute en complicité de banqueroute aux motifs que les juges du fond avaient caractérisé « sans insuffisance, et dans les limites de leur saisine, en tous leurs éléments constitutifs, matériels et intentionnels, la complicité du délit de banqueroute par détournement d'actif ». La Cour européenne relève que la complicité ne constituait pas « un élément intrinsèque de l'accusation initiale » et que la cour d'appel, qui avait « le pouvoir de requalifier les faits dont elle était saisie, devait donner la possibilité aux prévenus d'exercer leurs droits de la défense d'une manière concrète et effective, et en temps utile »[3].

La jurisprudence postérieure a continué à enseigner les mêmes principes : dans l'affaire *Varela Geis c/ Espagne*[4], la Cour souligne « qu'en matière pénale, une information précise et complète des charges pesant contre un accusé, et donc la qualification juridique que la juridiction pourrait retenir à son encontre, est une condition essentielle de l'équité de la procédure » et que, s'il est vrai que les dispositions de l'article 6, § 3, a), n'imposent aucune forme particulière quant à la manière dont l'accusé doit être informé de la nature et de la cause de l'accusation portée contre lui, elle doit toutefois être prévisible pour ce dernier. Elle estime ainsi que « le droit à être informé sur la nature et la cause de l'accusation doit être envisagé à la lumière du droit pour l'accusé de préparer sa défense ». La cour espagnole censurée « devait, pour faire usage de son droit incontesté de requalifier les faits dont elle était régulièrement saisie, donner la possibilité au requérant d'exercer son droit de défense sur ce point d'une manière concrète et effective, et donc en temps utile. Tel n'a pas été le cas en l'espèce, seul l'arrêt rendu en appel lui ayant permis de connaître, de manière tardive, ce changement de qualification ».

La France a été récemment condamnée à nouveau pour avoir autorisé la requalification de banqueroute en complicité de banqueroute[5]. Il est très difficile de comprendre la situation puisque la cour de cassation avait seulement dit, pour rejeter le pourvoi formé en ce sens que la qualification de complicité de banqueroute, retenue par la cour d'appel sans donner la parole à la défense, était dans le débat[6].

Or, la CEDH Cour n'a pas vu de raison de décider autrement que dans l'arrêt Pélissier et Sassi, dans les circonstances de l'espèce.

Il faut retourner voir les conclusions de l'avocat général dans l'arrêt rendu par la Cour de cassation en 2013 pour comprendre que la cour d'appel avait énoncé que :

« À défaut d'être retenu comme auteur principal du délit de banqueroute, il apparaît que M. Duménil en est le complice puisque ses décisions s'analysent en instructions pour le commettre, cette qualification étant dans le débat, *l'intéressé s'en défendant expressément dans ses conclusions* ».

L'avocat général concluait que « devant la cour d'appel, l'intéressé a effectivement contesté sa qualité de dirigeant de fait de la société SKP et a affirmé n'avoir donné aucune instruction quant à la cession de créance incriminée. Il a donc été mis en mesure de s'expliquer sur la qualification de complicité par fourniture d'instructions ».

Cette considération a été jugée hors sujet par la Cour de Strasbourg : n'est dans le débat qu'une qualification débattue à l'audience. Elle ne saurait être putative et dans le seul esprit du défendeur, même s'il en fait état par précaution dans ses conclusions.

552.13 **Arrêt de principe du 16 mai 2001**[7]. Au visa de l'article 388 du code de procédure pénale et de l'article 6, § 1, de la convention européenne des droits de l'homme, la Cour de cassation énonce : « Attendu que s'il appartient aux juges répressifs de restituer aux faits dont ils sont saisis leur véritable qualification, c'est à la condition que le prévenu ait été mis en mesure de présenter sa défense sur la nouvelle qualification envisagée ».

1. CEDH 25 mars 1999, *Pélissier et Sassi c/ France*, req. n° 2544/94, *D.* 2000. 357, note D. Roets ; *Procédures* 1999, n° 186, note J. Buisson ; *JCP* 2000. I. 203, obs. F. Sudre ; *RTDH* 2000. 281, note Th. Massis et G. Fléchеux ; *RD publ.* 2000. 721, obs. Soler.
2. Crim. 14 févr. 1994, n° 93-81.023, P n° 64.
3. Depuis, en ce sens : CEDH 26 sept. 2006, *Miraux c/ France*, req. n° 73529/01 ; *JDI* 207. 703, obs. O. Bachelet – SUR LA TENTATIVE d'extorsion de fonds en complicité d'extorsion de fonds intervenue en délibéré sans que la parole ait été donnée à la défense : CEDH 19 déc. 2006, *Mattei c/ France*, req. n° 34043/02 ; *AJ pénal* 2007. 89, obs. C. Saas ; *JDI* 2007. 710, obs. O. Bachelet – CEDH 25 sept. 2008, *Selivertov c/ Russie*, req. n° 19692/02.
4. Sur le fait qu'il n'était pas établi que le requérant ait eu connaissance de la possibilité d'une requalification des faits de « négation » en « justification » de génocide : CEDH 3e sect., 5 mars 2013, *Varela Geis c/ Espagne*, req. n° 61005/09.
5. CEDH, 5e section, 24 juin 2021, *Duménil c/ France*,req n° 63418/13.
6. Crim. 23 mai 2013, n° 12-82.199, NP.
7. Crim. 16 mai 2001, n° 00-85.066, P n° 128 ; *JCP* 2001. I. 346, obs. A. Maron ; *RSC* 2001. 821, obs. J.-F. Renucci ; *D.* 2002. 31, note B. Laperou-Schneider ; *Dr. pénal* 2001, n° 109, note A. Maron.

Un gérant de société était poursuivi pour banqueroute par détournement d'actif et la cour d'appel avait requalifié et condamné du chef d'abus de biens sociaux. Il ne fait pas de doute que l'on se trouve bien en présence de faits identiques, qui doivent être qualifiés différemment, mais la cassation est encourue parce que : « les juges du second degré ont requalifié d'office les faits en abus de biens sociaux, sans avoir invité le prévenu à s'expliquer sur cette modification ».

552.14 Jurisprudence postérieure au 16 mai 2001. La jurisprudence de la chambre criminelle après le 16 mai 2001 va donner des illustrations de cette nouvelle exigence. Un arrêt du 12 septembre 2001[1] critique la requalification du délit d'entrave aux vérifications et contrôles du commissaire aux comptes en complicité du même délit. Il s'agit ici d'un revirement à propos de la complicité, en application de la jurisprudence de la Cour européenne. Le 17 octobre 2001, la Cour de cassation invalide de la même façon la requalification, sans formalité, du délit de vol en délit de recel[2].

SECTION 2 REQUALIFICATION STRICTE

§ 1 Requalification stricte dans le cadre de la saisine du tribunal

552.21 Saisine du tribunal correctionnel saisi *in rem* et *in personam*. Tout comme le juge d'instruction, le tribunal correctionnel est saisi *in rem* ce qui signifie principalement que le magistrat ne peut requalifier que lorsque la nouvelle qualification n'a pour effet que d'envisager les mêmes faits sous une qualification pénale différente. La juridiction de jugement est aussi saisie *in personam* ce qui signifie qu'elle ne peut juger en principe que les personnes qui lui sont déférées dans l'acte de saisine.

552.22 Précisions sur l'acte de saisine. Selon la chambre criminelle, la juridiction de jugement est saisie *des faits et des circonstances du fait*. S'il est interdit aux juges de statuer sur des faits autres que ceux qui leur sont déférés, il leur appartient de retenir tous ceux qui, bien que non expressément visés dans le titre de la poursuite, ne constituent que des circonstances du fait principal *se rattachant à lui et propres à le caractériser*[3].

Les *circonstances aggravantes* sont des circonstances du fait et ajouter une circonstance aggravante entre donc dans le cadre strict de l'opération de qualification. Pour autant, toutes les circonstances du fait ne sont pas forcément des circonstances aggravantes. On en trouve un autre exemple dans l'aggravation des conséquences de l'infraction initialement poursuivie. Dans une hypothèse de poursuites pour blessures involontaires ayant entraîné une incapacité totale de travail inférieure à trois mois, les juges « doivent » requalifier lorsque les débats ont révélé une incapacité supérieure : « attendu que contrairement à ce qui est allégué, la juridiction du second degré n'a introduit aucun fait nouveau distinct de celui sur lequel reposait la poursuite ; que si la prévention a reçu une modification, celle-ci n'en a pas altéré la substance »[4].

Mais les faits connexes ne sont pas, en revanche, des circonstances du fait principal. Par ailleurs, la Cour de cassation a eu l'occasion de préciser que « les circonstances dans lesquelles les faits ont été commis ne constituent pas en elles-mêmes des faits nouveaux »[5].

§ 2 Principe selon lequel le prévenu doit pouvoir se défendre sur la nouvelle qualification retenue

552.31 Principe. Le principe est simple et consiste à donner la parole au prévenu et à son conseil pour pouvoir s'expliquer, avant la fin des débats, sur la nouvelle qualification que le ministère public entend retenir ou que la juridiction de jugement, envisage d'y substituer d'office[6].

1. Crim. 12 sept. 2001, n° 00-86.493, P n° 177 ; *D.* 2002. Somm. 1460, obs. J. Pradel – Crim. 5 mars 2003, n° 01-87.045, P n° 60 – Crim. 3 mars 2004, n° 03-84.388, P n° 56 ; *RSC* 2004. 966, obs. J.-F. Renucci – Crim. 30 janv. 2008, n° 06-81.027, P n° 27 – Crim. 13 févr. 2008, n° 07-81.097, P n° 38 ; *D.* 2008. AJ 924 ; *D.* 2008. 1805, note J.-L. Lennon ; *RSC* 2008. 984, obs. J.-F. Renucci ; *AJ pénal* 2008. 197.
2. Crim. 17 oct. 2001, n° 01-81.988, P n° 213.
3. Crim. 10 mars 1977, n° 75-91.224, P n° 92 – Crim. 6 août 1977, n° 77-90.882, P n° 276 ; *D.* 1977. IR 496.
4. Crim. 15 mars 1994, n° 93-81.110, P n° 97 ; *D.* 1994. IR 120.
5. Crim. 27 juill. 1970, n° 69-92.968, P n° 249.
6. Crim. 16 mai 2001, n° 00-85.066, P n° 128 ; *D.* 2002. 31, note B. Lapérou-Scheneider ; *RSC* 2001. 821, obs. J.-F. Renucci – Crim. 12 sept. 2001, n° 00-86.493, P n° 177 ; *D.* 2002. 1460, obs. J. Pradel – Crim. 16 mai 2007, n° 06-87.866, P n° 129 ; *D.* 2007. AJ 1727 ; *AJ pénal* 2007. 332, obs. C. Saas – Crim. 13 févr. 2008, n° 07-81.097, P n° 38, préc. ; *D.* 2008. 1805, note J.-L. Lennon – Crim. 4 juin 2009, n° 08-87.943, P n° 112 ; *AJ pénal* 2009. 370.

552.32 **Contours.** Cette obligation existe même si la peine encourue est de même niveau, voire moins élevée.

552.33 **Hypothèses dans lesquelles la personne a déjà pu s'expliquer sur la qualification retenue.** C'est à bon droit qu'une cour d'appel retient qu'une requalification irrégulièrement opérée par les premiers juges, dont elle annule la décision, est dans le débat en cause d'appel : « Attendu que, après avoir annulé le jugement du tribunal correctionnel ayant requalifié la prévention de vol aggravé en recel de vol aggravé, pour le motif qu'il ne résultait pas de la procédure qu'il ait été débattu contradictoirement de la qualification retenue, et avoir évoqué, la cour d'appel constate qu'étant saisie de l'appel d'un jugement de condamnation pour recel aggravé, cette qualification "est dans le débat" ; Attendu qu'en l'état de ces énonciations, et dès lors que le changement de qualification critiqué, intervenu au stade de la juridiction de jugement du premier degré, n'a pas privé la personne concernée du temps et des facilités nécessaires à la préparation de sa défense sur cette nouvelle qualification, les juges du second degré ont justifié leur décision au regard des textes légaux et conventionnels invoqués ; Rejette... »[1]

De même la qualification nouvelle peut se trouver déjà « dans le débat », lorsque la cour d'appel de renvoi se prononce après cassation : « Attendu que contrairement à ce qui est allégué le demandeur a eu l'occasion de s'expliquer devant la cour d'appel de renvoi sur la qualification de [...] dès lors que l'arrêt (initial) [...] a été cassé au motif que cette juridiction n'avait pas recherché, comme elle en avait le devoir, si les faits poursuivis ne constituaient pas le délit »[2].

On peut s'interroger encore sur la nécessité de donner la parole à la défense dans un cas particulier : la qualification que va retenir la juridiction de jugement a déjà été discutée lors de l'instruction préparatoire où la personne était mise en examen de ce chef avant que le juge ne requalifie les faits. La jurisprudence de la Cour européenne des droits de l'Homme semble avoir posé le principe selon lequel la personne doit pouvoir s'expliquer sur la qualification nouvelle dès lors qu'elle n'a été « à aucun stade de l'instance pénale en mesure de se défendre sur un élément intrinsèque de l'accusation principale »[3]. On pourrait donc estimer que l'intéressé a eu le loisir de s'expliquer sur cette qualification à un certain « stade de l'instance pénale ».

Toutefois, il faut se mettre à la place de la personne mise en examen pour vol, renvoyée pour abus de confiance, et condamnée pour vol sans avoir pu s'expliquer devant la juridiction de jugement sur la résurgence de cette qualification ! Il est sans doute préférable de ne pas prendre de risque sur ce point et d'ouvrir le débat. Ces éléments sont en tout cas les seuls exemples, avec l'abandon d'une circonstance aggravante[4] que l'on peut trouver aujourd'hui d'une requalification effectuée sans aucune formalité, ni celle qui consiste à donner la parole à la défense (requalification stricte), ni celle qui consiste à lui demander son accord (requalification élargie). La Cour de cassation ne casse pas lorsque, de son analyse, il résulte que si la cour d'appel n'a pas mis le prévenu en mesure de présenter sa défense sur la nouvelle qualification, la Cour de cassation a pu s'assurer que, tels qu'ils ont été souverainement appréciés par les juges du fond, les faits reprochés au prévenu caractérisaient le délit d'importation de stupéfiants pour lequel l'intéressé avait été poursuivi et sur lequel il s'était expliqué, la peine prononcée étant justifiée de ce chef[5]. De même, lorsque la cour d'appel n'a pas respecté le principe de donner la parole à la défense sur la nouvelle qualification proposée mais qu'il apparaît que la requalification n'avait pas lieu d'être, le moyen est rejeté[6].

552.34 **Requalification et principe de l'impossibilité de réformation *in pejus*.** La chambre des appels correctionnels ne peut aggraver la qualification si le prévenu est le seul appelant[7]. Elle ne le peut non plus si la partie civile est la seule appelante, puisque l'action publique n'est plus en cause[8]. Il faut y voir la raison pour laquelle le ministère public relève généralement appel à la suite des parties privées, situation dans laquelle la juridiction retrouve toute lattitude d'appréciation.

En conséquence, ce principe, dit de l'impossibilité de réformation *in pejus* s'oppose à ce que la juridiction du second degré se déclare incompétente en estimant que les faits constituent en réalité un crime, dans ce type de situation[9].

552.35 **Modification de la date des faits.** Le prévenu doit pouvoir se défendre non seulement sur la nouvelle qualification retenue mais égale-

1. Crim. 17 févr. 2004, n° 03-81.496, NP, *Dr. pénal* 2004, n° 138, note A. Maron.
2. Crim. 7 janv. 2003, n° 01-88.702, P n° 2.
3. CEDH 24 oct. 1996, *De X. Salvator Torres c/ Espagne*, req. n° 21525/93, *Rec.* 1996-V – D. Roets, « Le pouvoir de requalification du juge pénal à l'épreuve de la convention européenne des droits de l'homme », *D.* 2000. 357.
4. V. s^s n° 552.42.
5. Crim. 14 nov. 2002, n° 02-80.954, P n° 207.
6. Crim. 21 oct. 2009, n° 08-87.474, NP, *Dr. pénal* 2010, n° 14, note A. Maron et M. Haas.
7. V. s^s n°s 932.51 s.
8. Crim. 4 mars 1981, n° 80-94.035, P n° 80 – Crim. 25 nov. 1992, n° 92-80.199, P n° 388.
9. aussi : v. s^s n° 932.51.

ment sur la cause de l'accusation, c'est-à-dire sur la modification des faits matériels. Ainsi, la chambre criminelle a-t-elle rendue en assemblée plénière de chambre un important arrêt aux termes duquel les juges ne peuvent retenir, pour entrer en voie de condamnation, une date autre que celle visée par la prévention, sans que le prévenu ait été invité à s'expliquer sur cette modification[1].

§ 3
Jurisprudence et tentative de typologie

552.41 Requalification de délit en complicité de ce délit. Selon la jurisprudence de la chambre criminelle, la personne doit être invitée à se défendre sur la qualification de complicité du délit pour lequel elle était poursuivie. La solution apparaît naturelle puisque les éléments de la complicité ne sont pas compris dans la prévention d'origine (aide ou assistance, instructions...)[2]. Le principe se vérifie que la requalification s'opère sur l'action publique ou alors que l'action civile demeure seule en cause[3].

552.42 Requalification de délit en tentative de délit. Aucune jurisprudence ne semble avoir été publiée. On peut se demander si la juridiction doit systématiquement soumettre à la défense son intention de requalifier des faits accomplis en simple tentative. Au cas par cas, et dès lors que des éléments particuliers et propres aux éléments constitutifs de la tentative, pourraient être discutés, il peut être envisagé d'ouvrir un débat sur ce point.

552.43 Requalification d'une tentative de délit en délit. Autant le doute peut être permis s'agissant de la requalification d'un délit en tentative de délit, autant la requalification de tentative de délit en ce même délit suppose que la personne ait été invitée à s'expliquer[4].

552.44 Requalification au sein du même article. L'obligation de donner la parole à la défense s'applique même si les qualifications sont très proches, ainsi en cas de requalification de poursuites intentées pour conduite d'un véhicule sous l'emprise d'un état alcoolique en conduite en état d'ivresse[5]. Jean Pradel semble estimer que l'inverse (conduite en état d'ivresse manifeste requalifiée en conduite sous l'empire d'un état alcoolique) aurait été possible sans avertissement, car : « Il n'y a alors nulle atteinte aux intérêts du prévenu, même sur le plan sociologique, au contraire. Mais alors on ne peut admettre de la part des juges du fond un changement de qualification sans avertissement que s'il est évident que la situation de fait de prévenu s'en trouve améliorée »[6].

Nous sommes en désaccord avec ces deux points : l'amélioration du sort de la personne en termes de pénalité maximale encourue ne l'empêche pas de risquer une condamnation sur des faits non discutés. Il n'en va différemment qu'en cas d'abandon d'une circonstance aggravante[7]. En effet, plus l'acte de saisine de la juridiction est précis, et plus la juridiction de jugement risque de s'en écarter. Par exemple, lorsqu'une personne est poursuivie pour agression sexuelle, il est habituel pour le ministère public, non seulement de mentionner que la personne est poursuivie pour avoir « à... le... par violences, contrainte, menace ou surprise, commis des atteintes sexuelles autres que le viol sur la personne de... », mais encore de spécifier les éléments de fait, par la voie d'un « en l'espèce, pour avoir », qui expose le *modus operandi*. Ainsi, si une personne est poursuivie pour une agression sexuelle par violence, elle peut être amenée à se défendre uniquement sur la démonstration de l'absence de cette violence. Sa condamnation pour agression sexuelle par menace devrait passer par la possibilité ouverte de discuter l'existence ou l'inexistence de menace. La « requalification » ne saurait en effet se limiter à une modification de l'article d'incrimination si celui-ci porte en lui-même plusieurs modes opératoires : c'est le cas pour l'agression sexuelle, mais aussi pour de très nombreuses infractions pour lesquelles il existe une énumération : l'extorsion de fonds, les menaces, les outrages. Il ne s'agit évidemment pas de l'énumération de circonstances aggravantes mais des éléments constitutifs alternatifs de l'infraction.

La chambre criminelle a rendu quelques décisions. Ainsi, en cas de requalification de faits poursuivis sous la qualification de *violences ayant entraîné une ITT supérieure à huit jours sur une*

1. Crim. 15 mars 2023, n° 21-87.389 B, *AJ pénal* 2023. 174, obs. Ch Guéry – POUR son étude, v. s[s] n° 412.32.
2. POUR UNE REQUALIFICATION de vols aggravés et tentative de vol aggravé, en complicité de vols aggravés : Crim. 16 mars 2004, n° 03-82.803, NP, *Dr. pénal* 2004, n° 138, note A. Maron – POUR UNE REQUALIFICATION d'escroquerie en complicité d'escroquerie : Crim. 21 oct. 2009, n° 08-87.474, NP, *Dr. pénal* 2010, n° 14, note A. Maron et M. Haas.
3. Crim. 21 oct. 2009, n° 08-87.474, NP.
4. POUR UNE REQUALIFICATION de tentative de favoritisme en favoritisme : Crim. 30 juin 2004, n° 03-86.287, NP.
5. Crim. 4 nov. 2003 n° 03-80.838, P n° 208 ; *D.* 2004. Somm. 672, obs. J. Pradel ; *Dr. pénal* 2004, n° 58, note A. Maron ; *JCP* 2004. IV. 1114 ; *Dr. pénal* 2004, n° 37, note J.-H. Robert – Crim. 7 mai 2008, n° 07-86.931, P n° 109 ; *AJ pénal* 2008. 331, obs. J. Lasserre Capdeville ; *Dr. pénal* 2008, n° 98, note J.-H. Robert ; *Dr. pénal* 2009. Chron. 8, obs. V. Lesclous.
6. J. Pradel, note s[s] Crim. 4 nov. 2003, n° 03-80.838, *D.* 2004. 673.
7. V. s[s] n° 552.42.

personne chargée d'une mission de service public en violences ayant entraîné une ITT supérieure à huit jours sur un agent exerçant des fonctions de gardiennage ou de surveillance d'un immeuble à usage d'habitation, alors qu'on était passé de l'article 222-12, alinéa 1, 7° à l'article 222-12, alinéa 1, 4°[1] !

De même, saisie par l'ordonnance de renvoi, du délit d'*extorsion de signature à l'aide la menace de révélations ou d'imputations diffamatoires*, prévu par l'article 400, alinéa 2, du code pénal, la cour d'appel ne saurait retenir à l'encontre du prévenu le délit *d'extorsion de signature par force, violence ou contrainte*, dès lors que, ces éléments ayant été exclus par l'ordonnance de renvoi, la cour d'appel ne constate pas que le prévenu ait été mis en mesure de se défendre sur ces faits demeurés étrangers à la cause[2].

De même, justifient leur décision les juges qui, après débat contradictoire sur ce point, déclarent le prévenu coupable d'offre d'emploi subordonnée à une condition discriminatoire, délit prévu par l'article 225-2 5° du code pénal alors que celui-ci était poursuivi du chef de refus discriminatoire d'embauche, infraction prévue par l'article 225-2 3° du même code, en raison de la parution d'offres d'emploi subordonnées à la présentation d'une carte d'électeur[3]. Est cassé l'arrêt de la cour d'appel qui requalifie les poursuites du chef de sévices graves ou acte de cruauté envers un animal domestique en contravention d'atteinte involontaire à la vie d'un animal, prévue par l'article R. 653-1 du code pénal, alors qu'il ne résulte ni de l'arrêt ni de la procédure que les parties aient été mises en mesure de s'expliquer sur la nouvelle qualification retenue[4].

552.45 Abandon d'une circonstance aggravante. Si le fait de descendre dans l'échelle des peines n'est pas, en soi, une raison pour ne pas donner la parole à la défense, il semble que l'abandon d'une circonstance aggravante ne le nécessite pas. En effet et par définition, la circonstance aggravante ne fait que colorer un fait principal sur lequel la personne se sera expliquée. C'est ce qu'affirme logiquement la chambre criminelle dans un arrêt du 5 mai 2006[5]. Le prévenu avait été poursuivi pour blessures involontaires suivies d'une incapacité totale de travail, n'excédant pas trois mois provoquées par la violation manifestement délibérée d'une obligation particulière de prudence ou de sécurité par un conducteur en état d'ivresse manifeste. La cour avait requalifié ce délit en contravention de blessures involontaires, sans solliciter les explications de la défense. La chambre criminelle rejette le pourvoi en estimant que : « Pour requalifier ce dernier délit en contravention de blessures involontaires, la cour d'appel s'est bornée à retrancher les circonstances aggravantes, sans modifier l'élément matériel principal de l'infraction ; qu'elle n'était, dès lors, tenue ni d'inviter le prévenu à s'expliquer sur cette qualification ni d'examiner la violation manifestement délibérée d'une obligation particulière de sécurité, condition étrangère à la qualification contraventionnelle ».

552.46 Jurisprudence ayant confirmé le passage d'un délit en un autre délit après que la défense ait pu s'expliquer. La jurisprudence est constante en matière de circonstance aggravante, et notamment s'agissant de la circonstance de récidive, avant l'entrée en vigueur de l'article 132-16-5 du code pénal.

N'encourt pas la censure une décision dont il ressort que si la circonstance aggravante de récidive a été relevée d'office par les juges du second degré, le prévenu et son avocat en ont été informés au cours des débats et ont pu présenter leurs arguments de défense à ce sujet[6].

La solution est désormais basée sur le respect de l'article 132-16-5 du code pénal, selon lequel si l'état de récidive légale peut être relevé d'office par la juridiction de jugement même lorsqu'il n'est pas mentionné dans l'acte de poursuite, c'est à la condition qu'au cours de l'audience la personne poursuivie en ait été informée, et qu'elle ait été mise en mesure d'être assistée d'un avocat et de faire valoir ses observations ; Il est possible de passer du délit de détournement et soustraction commis par une personne dépositaire de l'autorité publique[7] à celui de négligence de personne dépositaire de l'autorité publique, ayant permis le détournement ou la soustraction par un tiers[8, 9].

Doit être cassée la décision des juges du fond ayant condamné un prévenu en comparution immédiate du chef de tentative de vol en réunion en

1. Crim. 16 mai 2007, n° 06-87.866, P n° 129 ; *AJ pénal* 2007. 332, obs. C. Saas.
2. Crim. 26 janv. 1982, n° 81-92.141, P n° 32.
3. Crim. 20 janv. 2009, n° 08-83.710, P n° 19 ; *D.* 2009. 997, note S. Detraz ; *AJ pénal* 2009. 180, obs. J. Lasserre Capdeville ; *RSC* 2009. 589, obs. Y. Mayaud ; *RSC* 2009. 925, obs. J.-F. Renucci.
4. Crim. 27 janv. 2015, n° 14-81.723, P n° 21 ; *JCP* 2015. 220.
5. Crim. 7 févr. 2006, n° 05-83.288, NP, *Dr. pénal* 2006, n° 79, note A. Maron (v. s^s^ n° 551.01).
6. Crim. 2 sept. 2004, n° 03-86.721, NP, *D.* 2005. 2217, obs. C. Rondey ; *AJ pénal* 2005. 368, obs. C. Saas ; *Dr. pénal* 2004, n° 186, note A. Maron.
7. C. pén., art. 432-15.
8. C. pén., art. 432-16.
9. Crim. 9 nov. 1998, n° 97-84.696, NP, *Dr. pénal* 1999, n° 53 – Crim. 22 févr. 2006, n° 05-84.921, NP, *Dr. pénal* 2006, n° 88, note M. Véron – Crim. 31 août 2011, n° 10-87.066, NP, *Dr. pénal* 2011, n° 134, note M. Véron.

retenant l'état de récidive légale non mentionné dans l'acte de poursuite, sans préciser si le prévenu avait été mis en mesure d'être assisté d'un avocat[1]. L'état de récidive ne peut être relevé si la personne poursuivie n'est pas informée de cet état, n'est pas assistée d'un avocat ou n'a pas pu faire valoir ses observations.

On peut passer de la qualification de délit de défaut de formation à celle de violation d'une notice d'utilisation prescrivant d'affecter un personnel formé à l'utilisation d'un engin ayant provoqué un accident du travail[2]. La cour de renvoi après cassation peut substituer, à propos d'un délit relevé à l'encontre d'un maire, celui de complicité de discrimination par une personne privée à la qualification initiale de discrimination par personne dépositaire de l'autorité publique[3]. Avant de déclarer M. A... coupable de complicité de détournements de fonds publics pour certains des faits visés dans la prévention sous la qualification de recel du produit de ce délit, la cour d'appel a précisé que cette requalification avait fait l'objet d'un débat à l'audience, d'où il résulte que le prévenu, assisté de son avocat, a été mis en mesure de s'expliquer sur cette requalification et que la cour d'appel a justifié sa décision[4]. Le demandeur au pourvoi ne saurait se faire un grief d'une requalification (de conduite d'un véhicule sans être titulaire du permis de conduire en conduite malgré invalidation du permis de conduire résultant de la perte totale des points) soumise au débat contradictoire et sur laquelle lui-même ainsi que son avocat ont été mis en mesure de s'expliquer[5].

552.47 Jurisprudence sanctionnant le juge pour défaut d'invitation à se défendre sur la nouvelle qualification envisagée. La jurisprudence a eu l'occasion de dire que les juges de cour d'appel avaient violé le principe des droits de la défense en admettant les requalifications suivantes, sans donner la parole à la défense :

- requalification de faits poursuivis sous la prévention de délits d'entrave aux vérifications et aux contrôles du commissaire aux comptes en complicité de ce délit[6] ;

- requalification des faits poursuivis sous la prévention de complicité de vol en recel de vol[7] ;

- requalification des faits poursuivis sous la prévention de tentatives d'escroquerie et d'abus de faiblesse en complicité de tentative d'escroquerie et d'abus de faiblesse[8] ;

- requalification des faits poursuivis sous la prévention d'escroquerie en bande organisée en recel de ces délits[9] ;

- requalification des faits poursuivis sous la prévention de conduite d'un véhicule sous l'empire d'un état alcoolique en conduite en état d'ivresse[10] ;

- requalification des faits poursuivis sous la prévention de détournement d'objet public par personne dépositaire de l'autorité publique, en prise illégale d'intérêts[11] ;

- requalification des faits poursuivis sous la prévention de banqueroute en abus de bien social[12] ;

- requalification du délit de complicité d'abus de bien social en abus de bien social[13] ;

- requalification des faits poursuivis sous la prévention de discrimination en raison de l'appartenance syndicale ou de l'exercice d'une activité syndicale en qualification de pression antisyndicale[14] ;

- requalification de délit d'exercice d'une fonction de direction dans une entreprise commerciale malgré interdiction d'exercice prononcée par une juridiction pénale pour fraude fiscale en délit d'exercice d'une profession commerciale malgré interdiction, prévu par l'article 1750 du code général des impôts[15].

1. Crim. 17 déc. 2013, n° 12-87.258, NP, *Dr. pénal* 2014, n° 22, note M. Véron ; *JCP* 2014. Doctr. 409, obs. A. Maron.
2. Crim. 15 janv. 2008, n° 07-80.800, P n° 6 ; *D.* 2008. 554 ; *D.* 2009. 123, obs. G. Roujou de Boubée, T. Garé et S. Mirabail ; *AJ pénal* 2008. 189, obs. C. Saas ; *RDT* 2008. 247, obs. L. Lerouge ; *JCP* 2008. 1287, note Césaro.
3. Crim. 28 nov. 2006, n° 06-81.060, P n° 294 ; *RSC* 2007. 79, note Y. Mayaud.
4. Crim. 8 mars 2017, n° 15-82.657, NP.
5. Crim. 8 févr. 2017, n° 16-81.747, NP.
6. Crim. 12 sept. 2001, n° 00-86.493, P n° 177 ; *D.* 2002. 1460, obs. J. Pradel.
7. Crim. 17 oct. 2001, n° 01-81.988, P n° 213.
8. Crim. 22 janv. 2003, n° 02-80.657, NP.
9. Crim. 5 mars 2003, n° 01-87.045, P n° 60 ; *JCP* 2003. IV. 1808 ; *Dr. pénal* 2003, n° 81, note A. Maron et M. Haas.
10. Crim. 4 nov. 2003, n° 03-80.838, P n° 208 ; *D.* 2004. Somm. 672, obs. J. Pradel ; *JCP* 2004. IV. 1114 ; *Dr. pénal* 2004, n° 37, note J.-H. Robert ; *Dr. pénal* 2004, n° 58, note A. Maron – Crim. 7 mai 2008, n° 07-86.931, P n° 109 ; *AJ pénal* 2008. 331, obs. J. Lasserre Capdeville ; *Dr. pénal* 2008, n° 98, note J.-H. Robert ; *Dr. pénal* 2009. Chron. 8, obs. V. Lesclous. Crim. 27 nov. 2018, n° 17-87.385, P n° 199 ; *JCP* 2019, 16 ; *Procédures* n° 2, Févr. 2019, comm. 57.
11. Crim. 3 mars 2004, n° 03-84.388, P n° 56 ; *D.* 2004. IR 1213 ; *JCP* 2004. IV. 1967 ; *RSC* 2004. 966, obs. J.-F. Renucci ; *Dr. pénal* 2004, n° 138, note A. Maron.
12. Crim. 16 mai 2001, n° 00-85.066, P n° 128 ; *D.* 2002. 31, note B. Lapérou-Schneider ; *Dr. pénal* 2001, n° 109, note A. Maron ; *Gaz. Pal.* 2002. 2. 1200, obs. Y. Monnet ; *RSC* 2001. 821, obs. J.-F. Renucci.
13. Crim. 8 sept. 2004, n° 03-82.670, NP, *Dr. pénal* 2004, n° 186, note A. Maron – Crim. 29 juin 2005, n° 04-82.614, P n° 201 ; *D.* 2005. IR 2178 ; *RSC* 2005. 869, obs. D.-N. Commaret ; *RSC* 2006. 619, obs. H. Matsopoulou ; *RTD com.* 2006. 227, obs. B. Bouloc ; *JCP* 2005. IV. 2907.
14. Crim. 26 oct. 2010, n° 09-87.671, NP, *Dr. pénal* 2011. Chron. 9, obs. M. Segonds.
15. Crim. 23 janv. 2008, n° 07-84.259, NP, *Dr. fisc.* 2008. Ét. 230, obs. R. Salomon.

552.48 Requalification au sein du même article de prévention. Pour déclarer le prévenu coupable d'escroquerie, une cour d'appel avait retenu notamment qu'il avait pris la fausse qualité de travailleur sans emploi. En statuant ainsi, sans avoir invité le prévenu à s'expliquer sur cet usage de fausse qualité, non visé à la prévention, la cour d'appel n'a pas justifié sa décision au regard des articles 6, § 1, de la convention européenne des droits de l'homme, 388 et préliminaire du code de procédure pénale et 313-1 du code pénal[1]. Il s'agissait d'une affaire dans laquelle le prévenu avait été poursuivi pour escroquerie commise par le moyen de manœuvres frauduleuses mais condamné pour escroquerie commise par usage de fausse qualité. La chambre criminelle juge qu'« en statuant ainsi, sans avoir invité le prévenu à s'expliquer sur cet usage de fausse qualité, non visé à la prévention, la cour d'appel n'a pas justifié sa décision au regard des articles 6, § 1, de la convention européenne des droits de l'homme, 388 et préliminaire du code de procédure pénale et 313-1 du code pénal ».

Elle statue ainsi pour la première fois sur une question complexe : est-il indispensable de donner la parole à la défense lorsque c'est le *modus operandi* seulement qui change. La réponse de la chambre criminelle est positive et doit être approuvée. Les droits de la défense ne doivent pas être tributaires de la façon dont la loi a été écrite et il ne suffit pas d'énumérer une liste de comportements possibles pour être quitte d'une information réelle : user d'une fausse qualité n'est pas la même chose que de procéder à des manœuvres frauduleuses ; dès lors, c'est bien une opération de requalification qui est réalisée et la parole doit, avant cela, être donnée à la défense[2].

La question de la requalification d'une circonstance aggravante au sein du même article avait déjà été posée à la chambre criminelle qui avait, à plusieurs reprises, estimé qu'elle n'était possible que si la juridiction de jugement avait permis à la défense de s'expliquer. Ainsi, un usage très fréquent est fait de la nécessité de donner la parole à la défense afin de requalifier une infraction de conduite d'un véhicule sous l'empire d'un état alcoolique[3] en celle de conduite en état d'ivresse[4][5]. Justifient encore leur décision les juges qui, après débat contradictoire sur ce point, déclarent le prévenu coupable d'offre d'emploi subordonnée à une condition discriminatoire, délit prévu par l'article 225-2, 5° du code pénal, alors que celui-ci était poursuivi du chef de refus discriminatoire d'embauche, infraction prévue par l'article 225-2, 3° du même code, en raison de la parution d'offres d'emploi subordonnées à la présentation d'une carte d'électeur[6].

De même, la chambre criminelle exige que la parole soit donnée à la défense en cas de requalification de faits poursuivis du chef de violences ayant entraîné une ITT supérieure à huit jours sur une personne chargée d'une mission de service public en violences ayant entraîné une ITT supérieure à huit jours sur un agent exerçant des fonctions de gardiennage ou de surveillance d'un immeuble à usage d'habitation[7].

Sachant désormais que la requalification au sein du même article peut imposer de donner la parole à la défense[8], dès lors que le *modus operandi* légal est modifié, il reste à savoir si la solution serait la même en l'absence de précision textuelle. « Selon nous, cette jurisprudence ne peut trouver à s'appliquer que pour les infractions pour lesquelles le législateur précise quels sont les différents moyens de les commettre, comme dans le cas des agressions sexuelles ou du recel, par exemple... Ainsi l'article 441-1 du code pénal réprimant le faux en écritures commis par "quelque moyen que ce soit", il importe peu que les juges caractérisent l'infraction autrement que ne l'a envisagé le ministère public ou le juge d'instruction » écrit J.-Y. Maréchal[9]. On peut ne pas adopter cette théorie et estimer que la jurisprudence du 23 octobre 2014 a vocation à être élargie :

– aux situations dans lesquelles le législateur a précisé que le *modus operandi* pouvait être réalisé tout moyen (par exemple en matière de blanchi-

1. Crim. 22 oct. 2014, nº 13-83.901, P nº 215 ; *D.* 2014. 2243 ; *JCP* 2014. 1305, note J.-Y. Maréchal.
2. Sur l'usage de fausse qualité sans véritable usage, autre problème posé par l'arrêt : *JCP* 2014. 1305, note J.-Y. Maréchal.
3. C. route, art. L. 234-1, I.
4. C. route, art. L. 234-1, II.
5. Crim. 4 nov. 2003, nº 03-80.838, P nº 208 ; *D.* 2004. Somm. 672, obs. J. Pradel ; *Dr. pénal* 2004, nº 58, 1re esp., obs. A. Maron ; *JCP* 2004. IV. 1114 ; *Dr. pénal* 2004, nº 37, note J.-H. Robert – Crim. 16 mai 2007, nº 06-87.866, P nº 129 ; *AJ pénal* 2007. 332, obs. C. Saas – Crim. 7 mai 2008, nº 07-86.931, P nº 109 ; *AJ pénal* 2008. 331, obs. J. Lasserre Capdeville ; *Dr. pénal* 2008, nº 98, note J.-H. Robert ; *Dr. pénal* 2009. Chron. 8, obs. V. Lesclous.
6. Crim. 20 janv. 2009, nº 08-83.710, P nº 19 ; *D.* 2009. 997, note S. Detraz ; *AJ pénal* 2009. 180, obs. J. Lasserre Capdeville ; *RSC* 2009. 589, obs. Y. Mayaud ; *RSC* 2009. 925, obs. J.-F. Renucci.
7. Crim. 16 mai 2007, nº 06-87.866, P nº 129 ; *AJ pénal* 2007. 332, obs. C. Saas.
8. On peut d'ailleurs s'interroger sur la nécessité de demander l'accord du prévenu dans certains cas de changement de qualification au sein du même article, lorsqu'il s'agit non pas de changer *de modus operandi*, mais d'un délit distinct, tel l'acquisition ou la cession de stupéfiants. La chambre criminelle a eu l'occasion de juger qu'il s'agissait bien de « délits distincts » : Crim. 10 déc. 2014, nº 13-87.425, P nº 269 ; *Dr. pénal* 2015, nº 50, note M. Véron.
9. Note s^s : *JCP* 2014. 1305.

ment ou de recel), par quelque moyen que ce soit (par exemple dans certains cas de menace ou d'évasion), ou encore lorsqu'il est prévu l'utilisation d'un *procédé quelconque*, par exemple en cas d'atteinte à l'intimité de la vie privée ;

- d'une manière plus générale, dès lors que la qualification développée par l'acte qui saisit la juridiction porte une spécification introduite en général par la mention « en l'espèce », distincte de celle finalement retenue par la juridiction de jugement[1].

Il en résulte que plus l'acte de renvoi est précis, plus la juridiction de jugement doit être attentive à ce que le moyen d'exécution de l'infraction qu'elle retient soit celui-là même sur lequel le prévenu était invité à s'expliquer[2 3].

SECTION 3
REQUALIFICATION « ÉLARGIE » ?

§ 1
Qu'est-ce qu'une requalification élargie ?

552.51 Possibilité pour le tribunal correctionnel de juger des faits qui excèdent la prévention. Si l'attendu de principe le plus important de notre sujet est le suivant : « Attendu que s'il appartient aux cours d'appel de changer la qualification des faits, et de substituer une qualification nouvelle à celle qui leur était déférée, c'est à la condition qu'il ne soit rien changé aux faits de la prévention et qu'ils restent tels qu'ils ont été dénoncés dans les actes de procédure sauf acceptation expresse par le prévenu d'être jugé sur des faits non compris dans la poursuite »[4].

Il porte également en son sein la démonstration d'une possible exception : sauf acceptation expresse par le prévenu d'être jugé sur des faits non compris dans la poursuite. C'est un élément capital qui apparaît au premier abord totalement contradictoire avec le principe selon lequel on ne peut requalifier qu'en prenant comme base des faits identiques.

552.52 Requalification élargie et comparution volontaire. La comparution volontaire est le plus souvent utilisée lorsqu'un prévenu comparaît pour un délit pour lequel il va être jugé mais alors qu'une irrégularité entache l'acte de saisine du tribunal. Plutôt que de le réciter, on lui pose alors la question de savoir s'il accepte de volontairement comparaître. La requalification élargie nous semble correspondre en fait à une comparution volontaire un peu particulière. Celle où le prévenu comparaît pour un délit différent de celui pour lequel on se propose de le juger. Le terme utilisé de requalification peut donc apparaître dans ce cas excessif, mais demeure communément admis.

Mais, dans le cas de « requalification élargie », l'obligation de requalifier tombe. La formule selon laquelle la juridiction de jugement peut et même doit « requalifier » ne s'attache en effet qu'à la véritable opération de requalification que nous avons nommée « stricte ». En conséquence, la partie civile ne peut exiger de la juridiction qu'elle statue en dehors de sa saisine : lorsque la contrefaçon ne fait pas partie des incriminations pour lesquelles une personne est poursuivie mais que la partie civile sollicite qu'elle soit aussi condamnée de ce chef, la cour d'appel peut rejeter la demande en indiquant qu'elle « ne peut ajouter au cadre strict de sa saisine »[5]. Cette requalification ne peut toutefois se faire que si les faits apparaissent dans les procès-verbaux sur la base desquels la poursuite est engagée.

§ 2
Principe selon lequel le prévenu doit donner son accord pour être jugé sous la nouvelle qualification envisagée

552.61 Requalification élargie et saisine *in rem*. La requalification élargie marque un élargissement de la notion de saisine *in rem*. Celle-ci pose en effet un principe selon lequel les juges sont saisis de faits et que l'opération de requalification ne peut se faire que si la juridiction de jugement ne substitue pas un fait nouveau à celui dont elle est saisie. Or, dès lors que l'on passe par exemple de recel de vol à vol, certains faits - et non certains éléments constitutifs - n'étaient pas compris dans la prévention. L'accord du prévenu permet seul de pouvoir le juger sous cette qualification. Il n'en s'agit pas moins d'une requalification. Pourquoi ? La plupart des cas de jurisprudence posent la question de la requalification, non devant le tribunal correctionnel puisque les choses peuvent être requalifiées en appel, mais devant la chambre des appels correctionnels. Or, la

1. POUR UNE ANALYSE détaillée : Ch. Guéry « Requalification par modification du *modus operandi* : de nouvelles difficultés pour les juridictions correctionnelles », *Dr. pénal* 2015. Ét. 15.
2. Ch. Guéry « Requalification par modification du *modus operandi* ; de nouvelles difficultés pour les juridictions correctionnelles », préc.
3. Sur la requalification au sein du même article justifiant que l'accord de la personne soit sollicité V. s[s] n° 552.71.
4. Crim. 17 oct. 1979, n° 78-92.343, P n° 287 - Crim. 26 janv. 1982, n° 81-92.141, P n° 32 - Crim. 4 mai 1987, n° 86-93.629, P n° 175.

5. Crim. 17 oct. 1979, n° 78-93.823, P n° 287.

cour d'appel ne peut, en vertu du double degré de juridiction, juger un prévenu qui n'a pas comparu devant la juridiction du premier degré[1].

Si la chambre criminelle utilise la formule selon laquelle « s'il appartient aux juges répressifs de restituer aux faits dont ils sont saisis leur véritable qualification, c'est à la condition de n'y rien ajouter, sauf acceptation expresse par le prévenu d'être jugé sur des faits non compris dans la poursuite », c'est qu'il existe en effet déjà une poursuite et que des faits ont été soumis au premier degré de juridiction qui a statué. Certes, d'autres faits sont venus s'y ajouter pour aboutir à une qualification distincte mais ils trouvent leur support dans les procès-verbaux joints à la poursuite. Il s'agit en effet toujours de requalification et non de statuer sur des faits entièrement nouveaux. On imagine mal la cour d'appel, saisie d'une décision ayant condamné le prévenu pour vol, lui demander s'il accepte de comparaître pour un second vol qu'il reconnaît spontanément à l'audience ! En revanche, si l'objet a été remis et non soustrait, à la suite de manœuvres frauduleuses, elle peut lui demander son accord à comparaître sur ces faits, contenus dans les poursuites et dont elle se contente de modifier les contours.

552.62 **Jurisprudence.** La jurisprudence a estimé, dans les cas mentionnés ci-dessous, qu'il y avait requalification élargie, et donc nécessité de passer par l'accord du défendeur en ce qui concerne la requalification des délits :

- de vol en recel de contrebande[2] ;
- de recel d'escroquerie en complicité d'escroquerie[3] ;
- de recel d'abus de confiance en abus de confiance[4] ;
- de recel en vol par ruse et en réunion[5] ;
- d'abus de faiblesse ou d'ignorance en vol[6] ;
- d'abus de confiance en démarchage à domicile[7] ;
- de violences en attentat à la pudeur[8] ;
- de non-assistance à personne en péril en homicide[9] ;
- d'attentat à la pudeur en outrage public à la pudeur[10] ;
- de violences volontaires en omission de porter secours[11] ;
- de menaces de morts réitérées en contravention de violences légères[12] ;
- d'avoir cheminé sur la droite de la chaussée hors agglomération en cheminement de nuit sur la chaussée de la route alors qu'il existait un bas-côté[13] ;
- de télédiffusion sans autorisation de cassettes vidéo en contrefaçon et complicité de contrefaçon[14].

Les conditions de passage d'un délit à un autre ont encore été précisées récemment par la chambre criminelle qui a rappelé :

- qu'il se déduit de l'article 388 du code de procédure pénale que, s'il appartient aux juges répressifs de restituer aux faits dont ils sont saisis leur véritable qualification, c'est à la condition de n'y rien ajouter ou de ne pas substituer des faits distincts à ceux de la prévention, sauf acceptation expresse par le prévenu d'être jugé sur des faits et circonstances non compris dans la poursuite ;
- et qu'a donc méconnu les dispositions de l'article 388 du code de procédure pénale, la cour d'appel qui a requalifié les faits de menace de mort en provocation directe à des actes de terrorisme, aggravés par l'utilisation d'un service de communication au public en ligne dès lors que :
- en premier lieu, les faits retenus par la cour d'appel pour affirmer le caractère terroriste des actes à la commission desquels il était provoqué n'étaient pas compris dans la citation, laquelle ne visait par ailleurs aucun propos portant sur des actes en relation avec une entreprise individuelle ou collective ayant pour but de troubler gravement l'ordre public par l'intimidation ou la terreur ;
- en second lieu, si le prévenu avait accepté la requalification de l'infraction de menace en délit de provocation à commettre un crime ou un délit, tel n'était pas le cas s'agissant de la provocation directe à commettre un acte de terrorisme[15].

552.63 **Question des éléments constitutifs de l'infraction.** Les éléments constitutifs d'infractions différentes sont... différents. Cette évidence mérite d'être rappelée tant l'habitude a été prise de dire

1. TOUTEFOIS sur les règles d'évocation, v. s[s] n°s 942.11 s.
2. Crim. 12 mai 1970, n° 69-92.964, P n° 161 ; *Gaz. Pal.* 1970. 120.
3. Crim. 18 juin 1980, n° 79-93.040, P n° 196.
4. Crim. 27 avr. 2000, n° 99-83.648, P n° 171 ; *D.* 2000. 202.
5. Crim. 22 nov. 1994, n° 94-80.387, P n° 370.
6. Crim. 18 déc. 1996, n° 96-82.083, P n° 477.
7. Crim. 23 janv. 2001, n° 00-80.600, P n° 20 ; *D.* 2001. 1515.
8. Crim. 9 mars 1982, n° 81-93.028, P n° 73.
9. Crim. 22 avr. 1986, n° 84-95.759, P n° 136.
10. Crim. 21 juin 1989, n° 88-86.834, P n° 267.
11. Crim. 22 mars 2000, n° 98-87.496, P n° 133.
12. Crim. 13 févr. 2008, n° 07-81.097, P n° 38 ; *D.* 2008. AJ 924 ; *D.* 2008. 1805, note J.-L. Lennon ; *AJ pénal* 2008. 197 – Crim. 4 juin 2009, n° 08-87.943, P n° 112 ; *AJ pénal* 2009. 370.
13. Crim. 15 juin 1977, n° 76-93.274, P n° 223.
14. Crim. 19 avr. 2005, n° 04-83.879, P n° 135 ; *D.* 2005. AJ 1416, obs. J. Daleau ; *RSC* 2005. 842, obs. G. Vermelle ; *JCP* 2005. IV. 2356.
15. Crim. 10 janv. 2023, n° 20-85-968, P ; *JCP* 2023, act 309, obs E. Dreyer.

qu'on ne peut requalifier quand les éléments constitutifs sont distincts. Entendu sous ce seul aspect, c'est évidemment inexact. Il est certain que la requalification est d'autant plus simple que certains des éléments constitutifs sont communs. Ainsi, il est facile de requalifier des faits de contravention de blessures involontaires en délit de blessures involontaires par conducteur d'un véhicule, et la chambre criminelle indique que « les éléments constitutifs du délit retenu étaient compris dans les termes de la prévention initiale »[1].

Pour autant, requalifier c'est appréhender les mêmes faits - pas la même qualification - sous une acception pénale différente. C'est pourquoi la requalification est tout à fait possible y compris si aucun élément constitutif de l'infraction n'est commun. Tout est affaire de cas d'espèce. Ainsi, il est possible de requalifier des faits de complicité d'abus de biens sociaux en délits d'entrave au fonctionnement du comité d'entreprise, à l'exercice des fonctions de délégué du personnel, à l'exercice du droit syndical, et, en complicité de ces infractions, dès lors que les faits consistaient, pour des cadres commerciaux, à avoir versé des sommes d'argent à des salariés protégés pour prix de leur démission[2]. Cette démission était envisagée comme devant mettre un obstacle à des conflits sociaux. On aura compris que *ce n'est pas le principe du passage du délit d'abus de biens sociaux en celui d'entrave au fonctionnement du comité d'entreprise qui est entériné* ! Et que cette requalification n'est possible qu'en raison de la nature de l'abus de bien social qui était reproché aux cadres dans cette affaire. On leur reprochait d'avoir utilisé des Fonds de la société contre son objet social en rémunérant des salariés protégés pour qu'ils démissionnent. C'est évidemment ce dernier élément, purement factuel, qui pouvait justifier, après que la défense ait eu la parole, une requalification puisque les faits servant de support à la qualification étaient effectivement les mêmes.

SECTION 4
EXCEPTIONS À LA LIBERTÉ DE REQUALIFICATION

552.71 Requalification au sein du même article. Accord pour être jugé. Comme on pouvait s'y attendre, la chambre criminelle a également eu à statuer dans une affaire où, bien qu'on restât dans le cadre du même article, ici celui qui incrimine l'abus de confiance, la modification du modus operandi retenu allait contraindre, non seulement à donner la parole à la défense, comme ce fut le cas dans la décision relative à l'escroquerie, précitée[3], mais à solliciter du prévenu qu'il donne son accord pour être jugé. Le cas d'espèce pouvait pourtant porter à s'interroger. La modification du titre sur lequel l'abus de confiance se fondait, ici la location à la place de la saisie, modifiait-il réellement la nature des faits pour lesquels le prévenu comparaissait ? La chambre criminelle a répondu positivement à cette question en relevant que la prévention ne faisait pas mention de ce contrat[4]. Elle avait déjà procédé ainsi dans un autre cas d'espèce : dans une décision rendue le 24 mai 2016[5], elle casse la décision d'une cour d'appel qui avait été saisie du délit de travail dissimulé par mention, sur les bulletins de paie de salariés, d'un nombre d'heures inférieur à celui qui avait été réellement effectué, et qui avait condamné le prévenu pour travail dissimulé pour avoir omis de procéder à la déclaration nominative préalable à l'embauche et dissimulation de l'emploi sans qu'il apparaisse que le prévenu ait accepté d'être jugé pour les délits ainsi retenus qui n'entraient pas dans la saisine des juges.

552.72 Code de la consommation – Abrogation. Selon l'ancien article 216-4 du code de la consommation, toute poursuite exercée en vertu des dispositions des chapitres II à IV du livre III sur les fraudes devait être continuée et terminée en vertu du même texte. Le juge d'instruction pouvait poursuivre les mêmes faits sous une qualification nouvelle à la condition que celle-ci vise la même loi[6]. Ce texte a été abrogé par l'ordonnance du 14 mars 2016[7].

552.73 Loi du 29 juillet 1881 sur la presse. En matière de loi sur la presse, la qualification du fait incriminé est irrévocablement fixée par la plainte et le réquisitoire introductif. Le juge d'instruction ne peut que s'aligner sur l'acte l'ayant saisi et ne peut prononcer aucun changement de qualification[8]. L'acte initial de poursuite fixant définitivement et irrévocablement la nature et l'étendue de la poursuite quant aux faits et à leur qualification, la juridiction

1. Crim. 30 janv. 2008, n° 06-81.027, P n° 27 ; *D.* 2008. 1805, note Lennon ; *AJ pénal* 2008. 187, obs. G. Roussel.
2. Crim. 28 janv. 2004, n° 02-85.141, P n° 22 ; *JCP* 2004. IV. 1488 ; *Dr. pénal* 2004, n° 58, note A. Maron.
3. V. s[s] n° 552.48.
4. Crim. 29 mars 2017, n° 16-83.354, NP, v. les attendus s[s] n° 552.02.
5. Crim. 24 mai 2016, n° 14-85.665, NP.
6. Crim. 12 juin 1974, n° 73-90.135, P n° 217.
7. Ord. n° 2016-301, 14 mars 2016 relative à la partie législative du code de la consommation.
8. Crim. 22 juin 1982, n° 80-95.334, P n° 169 – Crim. 16 févr. 1988, n° 87-90.179, P n° 78 – Crim. 9 avr. 1991, n° 90-84.124, P n° 170 – AUSSI : J. Pradel, « L'irrégularité d'un réquisitoire introductif au regard de l'article 50 de la loi, 29 juill. 1881 sur la liberté de la presse peut être soulevée devant le tribunal correctionnel », obs. s[s] Crim. 24 sept. 2002, n°s 01-88.674, 01-88.597, P n° 174 ; *D.* 2003. Somm. 1732.

de jugement ne peut prononcer aucun changement de qualification sur le rapport de la loi sur la presse, et doit statuer sur la prévention telle qu'elle résulte de cet acte[1]. Il peut néanmoins requalifier en infraction de droit commun, la plainte avec constitution de partie civile ne fixant irrévocablement la nature et l'étendue de la poursuite qu'en ce qui concerne les seules infractions à la loi sur la presse[2]. la qualification de diffamation publique peut être abandonnée au profit de celle de diffamation non publique[3]. Il appartient au tribunal de police régulièrement saisi par l'ordonnance de renvoi du juge d'instruction qui, estimant que la circonstance de publicité n'était pas caractérisée, avait requalifié les faits en diffamation non publique, de statuer sur ces faits et il ne peut éventuellement se déclarer incompétent qu'après avoir apprécié si ceux-ci revêtaient ou non en réalité un caractère public[4]

Enfin, les juges ne sont pas tenus par l'interprétation de la signification diffamatoire des propos incriminés proposée par l'acte initial de poursuite. Il leur appartient de rechercher, en relevant toutes les circonstances intrinsèques ou extrinsèques auxdits propos que comporte l'écrit qui les renferme, si ceux-ci contiennent l'imputation ou l'allégation d'un autre fait contraire à l'honneur ou la considération de la partie civile que celui suggéré dans la citation[5].

552.74 À quel moment la parole doit-elle être donnée à la défense ou l'accord demandé ? La défense doit être à même de fournir ses explications avant la clôture des débats. On devrait, à cet égard, généraliser la jurisprudence intervenue en matière de récidive, et selon laquelle l'état de récidive non mentionné dans l'acte de renvoi ne peut être relevé d'office que si le président a mis en mesure l'accusé ou son avocat de présenter leurs observations à ce sujet avant réquisitoire et plaidoiries[6].

Mais il faut noter que cette jurisprudence semble contradictoire avec une autre, de l'année précédente, dans laquelle la chambre criminelle admettait que la requalification apparaisse dans les réquisitions du ministère public : « Attendu que le demandeur ne saurait faire grief à l'arrêt d'avoir procédé à une requalification des faits dès lors que, cette requalification ayant été requise à l'audience par le ministère public, le prévenu a été mis en mesure de la discuter »[7].

Certes, l'article 132-16-5 du code de procédure pénale prévoit expressément que la qualification de récidive doit avoir été relevée « au cours de l'audience », mais le même principe devrait prévaloir dans tous les cas. C'est avant ses réquisitions que le ministère public doit préciser qu'il entend requérir une modification de qualification.

552.75 Demande de renvoi. La défense peut légitimement estimer, dans un certain nombre de cas, que la modification de la qualification sur laquelle elle avait bâti son système de défense, nécessite de pouvoir en discuter plus sérieusement avec le client. Bien qu'en pratique de telles situations soient rares, elles seront le plus souvent accueillies puisque, par hypothèse, c'est l'appréhension des faits par le ministère public qui sera contestée (ou par la partie civile en cas de citation directe).

552.76 Qu'est-il possible de faire lorsque la personne n'est pas présente à l'audience ? Nous avions cru pouvoir proposer il y a quelques années une différence entre la situation du jugement contradictoire à signifier, où la personne étant absente, la requalification nous semblait impossible, de la situation du défaut où nous proposions un raisonnement différent dès lors que l'opposition était possible. Mais la chambre criminelle a rendu le 5 janvier 2005, une décision qui rend les choses parfaitement claires : les juges ne peuvent requalifier d'office les faits poursuivis lorsqu'ils statuent par défaut[8].

La clarté de la solution n'ôte pas toute difficulté à la situation. Le tribunal peut certes condamner sous la qualification retenue en faisant semblant de ne s'apercevoir de rien mais on dira que cette solution n'est pas satisfaisante. Il reste au tribunal la possibilité de demander au parquet de réciter sous la qualification nouvelle, ce que le ministère public n'est nullement contraint de faire, surtout s'il estime, en ce qui le concerne, la première qualification pertinente. Le tribunal peut encore ordonner un supplément d'information afin de faire entendre le prévenu sur la nouvelle qualification envisagée[9].

1. Crim. 8 avr. 2014, nº 13-81.808, NP, *D.* 2015. 342, obs. E. Dreyer.
2. Crim. 25 sept. 1991, nº 90-83.140, P nº 319.
3. Crim. 19 nov. 1999, nº 99-81.285, NP – Crim. 12 sept. 2000, nº 99-86.650, P nº 267 – Crim. 8 avr. 2008, nº 07-87.226, P nº 94 ; *D.* 2008. 1414 ; *D.* 2009. 1779, obs. J.-Y. Dupeux et Th. Massis ; *AJ pénal* 2008. 332, obs. G. Royer (v. s^s^ nº 551.01).
4. Crim. 11 déc. 2018, nº 18-80.717, P nº 213, *JCP* 2019, 74.
5. Crim. 11 déc. 2018, nº 17-84.899, P nº 214, *AJ Pénal* 2019. 151, obs N. Verly ; *JCP* 2019, 74, *D.* 2019. 12.
6. Crim. 16 janv. 2008, nº 07-83.218, P nº 11 ; *D.* 2008. 487 ; *AJ pénal* 2008. 138 – Crim. 17 févr. 2010, nº 09-84.193, P nº 33 ; *AJ pénal* 2010. 284, obs. J. Lasserre Capdeville ; *Dr. pénal* 2010, nº 67, note M. Véron ; *AJ pénal* 2010. 284, obs. J. Lasserre Capdeville.
7. Crim. 4 avr. 2007, nº 06-87.553, NP.
8. Crim. 5 janv. 2005, nº 04-82.524, P nº 9 ; *D.* 2005. IR 437 ; *JCP* 2005. I. 161, obs. A. Maron ; *Dr. pénal* 2005, nº 66, note A. Maron.
9. En ce sens : J.-L. Lennon, « Saisine du juge correctionnel et requalification des faits », *D.* 2008. 1805.

Mais nous pensons qu'une autre possibilité se dégage de l'arrêt du 5 janvier 2005. On sait en effet que, d'ordinaire, le tribunal ne peut relaxer sous prétexte que la qualification est inadéquate. Et la Cour de cassation reproche habituellement aux juridictions de ne pas avoir substitué une qualification plus adaptée à celle retenue comme base de la relaxe. Or, dans l'espèce qui a donné lieu à l'arrêt du 5 janvier 2005, le prévenu, qui avait consulté des sites pornographiques montrant des mineurs, était poursuivi pour détention d'images de mineurs à caractère pornographique sur le fondement de l'article 227-23 alinéa 4. La cour d'appel de Lyon le relaxa : la simple consultation de site ne suffit pas à caractériser ce délit. Or, le pourvoi du parquet général reprochait à la cour d'appel, en dehors de l'interprétation contestée de l'article 227-23, alinéa 4, du code pénal de ne pas avoir remplacé la qualification rejetée par une autre « alors, d'une part, que la cour, qui n'est pas liée par la qualification donnée à la prévention, ne pouvait prononcer une décision de relaxe qu'autant qu'elle avait vérifié que les faits dont elle est saisie n'étaient constitutifs d'aucune infraction ». L'absence de la personne à l'audience interdisant de lui donner la parole, il est impossible pour la juridiction de requalifier ; elle peut choisir de relaxer mais alors les faits ne pourront pas être repris sous une qualification nouvelle.

Par ailleurs, le principe selon lequel la relaxe ne peut être prononcée quand les faits peuvent être requalifiés n'est valable que dans le cadre de la requalification stricte. Lorsque seule l'acceptation du prévenu peut permettre à la juridiction de statuer, on ne se trouve pas dans un cas où la requalification est obligatoire. La relaxe est alors de toutes les façons, possible (y compris d'ailleurs si l'intéressé est présent).

Le principe posé par la chambre criminelle dans son arrêt du 5 janvier 2005 vaut, à notre avis, que la personne soit jugée par défaut ou *qu'elle soit jugée par jugement contradictoire à signifier* dès lors qu'elle n'a pas été représentée à l'audience.

Dans une décision du 1er juin 2016 [1], la chambre criminelle donne assez clairement des indications sur la manière de procéder : un individu avait été poursuivi pour importation sans déclaration préalable de marchandises prohibées alors qu'il avait été interpellé à l'aéroport de Roissy en partance pour Tokyo et non en provenance de l'étranger. Relaxé par le tribunal correctionnel, il comparaissait devant la cour saisie d'un appel de l'administration des douanes qui sollicitait la requalification en délit d'exportation sans déclaration. La cour estimait que l'infraction s'analysait bien en tel délit mais que le prévenu, qui ne comparaissait pas devant la cour, ne pouvait être mis en mesure d'apporter ses observations sur la requalification sollicitée. Elle confirmait alors la relaxe. La chambre criminelle énonce qu'en « statuant ainsi, alors qu'il appartenait aux juges du second degré, qui retenaient la possibilité d'une qualification différente des faits dont ils étaient saisis, de rendre une décision renvoyant l'affaire à une date ultérieure et invitant le prévenu à venir s'expliquer sur la requalification envisagée, la cour d'appel a méconnu les textes et principes ci-dessus rappelés. Elle a repris la même solution dans une décision du 22 février 2017 [2], dans laquelle elle a cassé un arrêt qui avait requalifié des infractions de faux et usage de faux en complicité de faux, alors que le prévenu n'avait pas comparu. En revanche, la présence de l'avocat de la personne suffit : justifie sa décision la cour d'appel qui requalifie les faits de récidive de conduite sous l'empire d'un état alcoolique en conduite en état d'ivresse manifeste, en récidive, dès lors que la requalification envisagée a fait l'objet d'un débat contradictoire, l'avocat du prévenu, qui le représentait valablement, ayant été en mesure de présenter la défense de son client sur cette nouvelle qualification [3].

552.77 Conséquences de la relaxe en cas d'impossibilité de requalifier : une autre poursuite est-elle possible ? La situation se présente différemment selon qu'on se trouve en présence d'une relaxe parce qu'une requalification élargie n'a pas été possible, ou selon qu'on a relaxé sans pouvoir requalifier parce que la parole n'a pas été donnée à la personne. S'agissant du premier cas, si la relaxe a été prononcée, c'est parce que la personne n'a pu être invitée à s'expliquer *sur des faits distincts de ceux fondant la poursuite*. En conséquence, on peut estimer qu'une nouvelle poursuite est possible.

Autrement plus complexe est la seconde question. Certes, la jurisprudence n'est pas forcément limpide en ce qui concerne la question de l'autorité de la chose jugée. On sait toutefois qu'il est de principe que le même fait ne peut donner lieu contre le même prévenu à deux actions pénales distinctes [4]. Or, il s'agit bien ici du même fait, envisagé sous une acception pénale différente. Comme le souligne A. Maron [5] : « les arrêts relatifs à des poursuites successives, les secondes ayant été engagées après que les premières ont conduit à une décision de relaxe sont beaucoup moins nombreux et surtout

1. Crim. 1er juin 2016, n° 14-87.173, P.

2. Crim. 22 févr. 2017, n° 16-81.576, NP.
3. Crim. 27 nov. 2018, n° 17-87.385, P n° 199 ; *JCP* 2019, 16 ; *Procédures* n° 2, Févr. 2019, comm. 57.
4. Crim. 6 juin 1979, n° 79-90.374, P n° 193.
5. A. Maron, « L'impossible requalification, obs. sous Crim. 5 janv. 2005, n° 04-82.524 », *Dr. pénal* 2005, n° 66.

beaucoup moins nets. D'une façon générale, ils écartent des moyens fondés sur la méconnaissance alléguée de l'autorité de la chose jugée en relevant qu'aucune atteinte n'est portée à ce principe lorsque l'identité de cause, d'objet et de parties n'est pas totale entre les premières et les secondes poursuites »[1].

Mais la personne qui a été relaxée ne peut plus en principe être poursuivie pour les mêmes faits.

552.78 Droits de la partie civile. Dans une décision du 27 janvier 2015[2], la chambre criminelle affirme à nouveau que « s'il appartient aux juges répressifs de restituer aux faits dont ils sont saisis leur véritable qualification, c'est à la condition que les parties aient été mises en mesure de s'expliquer sur la nouvelle qualification envisagée ». L'attendu n'est pas tout à fait nouveau mais visait non pas « les parties » mais « le prévenu ». Il est appliqué ici à la partie civile : un individu, poursuivi et condamné par le tribunal correctionnel pour délit de sévices graves ou acte de cruauté envers un animal, avait vu la cour d'appel infirmer le jugement du tribunal correctionnel, requalifier les faits en contravention de 3e classe et constater la prescription de l'action publique. La partie civile formait un pourvoi et la chambre criminelle cassait la décision après avoir relevé que les parties n'avaient pas été mises en mesure de s'expliquer sur la nouvelle qualification retenue.

C'est, à notre connaissance, la première décision qui évoque cette exigence, la totalité des arrêts publiés étant relatif à un défaut de parole donné à la défense ou sanctionnait une cour d'appel pour n'avoir pas recherché une autre qualification possible.

En réalité, lorsque la parole est donnée à la défense pour présenter des observations, elle est systématiquement également donnée à la partie civile lorsqu'elle est présente. La disqualification opérée ici aurait justifié que la parole soit d'ailleurs donnée à la défense mais le prévenu avait peu d'intérêt à agir. Elle ne l'avait pas été mais le prévenu avait peu d'intérêt à agir. On a vu en effet que, même en cas de requalification à la baisse, la parole doit être donnée à la défense sauf le cas d'abandon d'une circonstance atténuante. Mais cet arrêt n'a pas à être envisagé dans le cadre d'une généralisation abusive : en effet, la requalification n'est pas susceptible, sauf dans le cas particulier de l'espèce, de porter atteinte aux intérêts civils[3].

552.79 Principe de l'autorité au civil de la chose jugée au pénal. La chambre criminelle a jugé que si la responsabilité du prévenu déclaré coupable est acquise, l'évaluation du préjudice reste en discussion dans la limite des faits constatés qui constituent le soutien nécessaire de la condamnation pénale : en cas d'appel, limité aux seules dispositions civiles, d'un jugement correctionnel ayant déclaré le prévenu coupable des faits reprochés, si la responsabilité du prévenu est acquise, l'évaluation du préjudice résultant de ses agissements reste en discussion dans la limite des faits constatés qui constituent le soutien nécessaire de la condamnation pénale. Encourt la censure l'arrêt qui, pour fixer le montant des dommages-intérêts dus par une personne déclarée coupable de recel d'abus de biens sociaux, retient que le montant du préjudice subi du fait des détournements a été fixé définitivement par la condamnation pénale, qui a autorité au civil.[4]

Mais, si en vertu du principe de l'autorité, au civil, de la chose jugée au pénal, la responsabilité civile du prévenu reconnu définitivement coupable de contravention de violences est acquise, le lien de causalité entre ces violences et les préjudices dont la partie civile demande réparation reste en discussion, dans la limite des faits constatés qui constituent le soutien nécessaire de la condamnation pénale[5]. Lorsqu'il a été définitivement statué sur l'action publique par le tribunal ayant procédé à une disqualification des faits, l'évaluation du préjudice reste en discussion devant la cour d'appel pour tous les chefs de dommage qui découlent des faits objet de la poursuite, les juges du second degré devant notamment apprécier eux-mêmes le lien de causalité fondant la responsabilité[6].

Cependant, dans une affaire où les parties civiles demandaient en appel la requalification en traite d'êtres humains de faits alors poursuivis sous la seule qualification de travail dissimulé, la chambre criminelle a estimé qu'en cas d'appel de la seule partie civile, *le jugement n'a pas l'autorité de la chose jugée sur la qualification*, mais *la qualification de la faute civile*, à l'origine du préjudice direct et personnel ayant été causé par les infractions reprochées, *ne peut être caractérisée qu'à partir des faits matériels, objet de la poursuite*[7].

Dans une autre espèce où une partie civile seule appelante demandait la requalification en escroque-

1. Crim. 22 mai 1974, n° 72-93.217, P n° 193 – Crim. 31 mai 1976, n° 75-92.316, P n° 190 – Crim. 17 déc. 1984, n° 83-94.891, P n° 404 – Crim. 3 juin 1985, n° 83-95.073, P n° 211 – Crim. 2 avr. 1990, n° 88-81.264, P n° 141.
2. Crim. 27 janv. 2015, n° 14-81.723, P n° 21 ; *AJ pénal* 2015. 255, obs. G. Pitti ; *D.* 2015. 1370.
3. Crim. 16 juin 2015, n° 14-86.387, P n° 147 ; *D.* 2015. 1370.
4. Crim. 1er juin 2016, n° 15-80.721, P n° 168.
5. Crim. 5 déc. 2017, n° 17-80.688, P n° 277.
6. Crim. 25 juin 2019, n° 18-84.825, P n° 130 ; *D.* 2019. 1338 ; *JCP* 2019, 836 ; *Dr. pénal* 2019, comm. 155, A. Maron et M. Haas.
7. Crim. 21 juin 2016, n° 15-80.270, NP.

rie de faits poursuivis sous la qualification d'infractions au code monétaire et financier, la chambre criminelle a estimé que la partie civile n'est pas recevable à demander réparation d'un préjudice qui ne découle pas directement des infractions retenues contre le prévenu[1]. Il convient toutefois de souligner que, saisi du seul appel d'un jugement de relaxe formé par la partie civile, le juge répressif ne peut rechercher si les faits qui lui sont déférés constituent une infraction pénale sans méconnaître le principe de la présomption d'innocence garanti par l'article 6, § 2, de la Convention européenne des droits de l'homme. L'autorité de la chose jugée ne s'attachant à aucune des dispositions du jugement entrepris, cet appel de la partie civile a pour effet de déférer à la juridiction du second degré l'action en réparation des conséquences dommageables qui peuvent résulter de la faute civile du prévenu définitivement relaxé, cette faute devant être démontrée à partir et dans la limite des faits objet de la poursuite[2].

1. Crim. 8 juill. 2015, n° 14-82.235, NP.

2. Crim. 5 févr. 2014, n° 12-80.154, P n° 35, *JCP* 2014, Actualités, n° 195, p. 314, note J.-Y. Maréchal, *JCP* 2014, p. 638, note A. Maron ; *Dr. pénal*, 2014, commentaire n° 46, note A. Maron et M. Haas ; *D.* 2014, p. 807, note L. Saenko.

CHAP.

553. Règle *Ne bis in idem*

SECTION 0 ORIENTEUR

553.00 **Sommaire du chapitre.**

553.01 **Principaux textes applicables.**

TEXTES SOURCES

• Pacte international relatif aux droits civils et politiques des Nations unies, 16 déc. 1966, art. 14

• Protocole n° 7 additionnel a la convention européenne des droits de l'homme, 2 nov. 1984, art. 4[1]

• Conv. d'application de l'accord de Schengen du 14 juin 1985, art. 54 [intégré dans le droit de l'Union par l'art. 31 du traité d'Amsterdam, 2 oct. 1997 modifiant le traité sur l'union européenne, les traités instituant les communautés européennes et certains actes connexes]

• Charte des droits fondamentaux de l'Union européenne du 7 déc. 2000, art. 50

• DDHC, 26 août 1789, art. 8

• C. pén., art. 132-2, 132-3, 132-4,

• C. pr. pén., art. 6, 368.

TEXTES *IN EXTENSO*

• **C. pén., art. 132-2**

Il y a concours d'infractions lorsqu'une infraction est commise par une personne avant que celle-ci ait été définitivement condamnée pour une autre infraction.

• **C. pén., art. 132-3**

Lorsque, à l'occasion d'une même procédure, la personne poursuivie est reconnue coupable de plusieurs infractions en concours, chacune des peines encourues peut être prononcée. Toutefois, lorsque plusieurs peines de même nature sont encourues, il ne peut être prononcé qu'une seule peine de cette nature dans la limite du maximum légal le plus élevé.

Chaque peine prononcée est réputée commune aux infractions en concours dans la limite du maximum légal applicable à chacune d'entre elles.

• **C. pén., art. 132-4**

Lorsque, à l'occasion de procédures séparées, la personne poursuivie a été reconnue coupable de plusieurs infractions en concours, les peines prononcées s'exécutent cumulativement dans la limite du maximum légal le plus élevé. Toutefois, la confusion totale ou partielle des peines de même nature peut être ordonnée soit par la dernière juridiction appelée à statuer, soit dans les conditions prévues par le code de procédure pénale.

553.02 **Jurisprudence de référence.**

> Outre la situation dans laquelle la caractérisation des éléments constitutifs de l'une des infractions exclut nécessairement la caractérisation des éléments constitutifs de l'autre, un ou des faits identiques ne peuvent donner lieu à plusieurs déclarations de culpabilité concomitantes contre une même personne lorsque l'on se trouve dans l'une des deux hypothèses suivantes : Dans la première, l'une des qualifications, telle qu'elle résulte des textes d'incrimination, correspond à un élément constitutif ou une circonstance aggravante de l'autre, qui seule doit alors être retenue. Dans la seconde, l'une des qualifications retenues, dite spéciale, incrimine une modalité particulière de l'action répréhensible sanctionnée par l'autre infraction, dite générale

• **Crim. 15 déc. 2021,** n° 21-81.864, P

* V. s[s] n° 553.52

« 10. Dans le cas de poursuites successives, le principe *ne bis in idem* a pour objet de garantir la sécurité juridique en assurant qu'une personne ne puisse être poursuivie ou punie

1. Protocole n° 7, additionnel à la convention européenne des droits de l'homme, 2 nov. 1984, art. 4.

pénalement en raison d'une infraction pour laquelle elle a déjà été acquittée ou condamnée par un jugement définitif.

11. Ce principe est garanti en droit conventionnel par les articles 4 du protocole 7 de la Convention de sauvegarde des droits de l'homme et des libertés fondamentales et 50 de la Charte des droits fondamentaux de l'Union européenne.

12. Il est également consacré en droit interne par l'article 6 du code de procédure pénale, qui dispose que l'action publique s'éteint par l'autorité de la chose jugée et par l'article 368 du même code, aux termes duquel aucune personne acquittée légalement ne peut être reprise ou accusée à raison des mêmes faits, même sous une qualification différente.

13. Dans le cas de poursuites concomitantes, en l'absence de texte définissant l'office du juge pénal dans l'hypothèse d'un concours de qualifications pour une même action répréhensible, la Cour de cassation, au visa du principe *ne bis in idem*, a jugé qu'un même fait autrement qualifié ne peut donner lieu à plusieurs déclarations de culpabilité (Crim. 13 janv. 1953, P 1953, n° 12). L'application de cette règle n'a pas donné lieu à une jurisprudence constante et uniforme, d'autres critères, comme celui des intérêts sociaux protégés, ayant ultérieurement été pris en compte.

14. Afin de rationaliser le droit applicable, la Cour de cassation a posé le principe selon lequel des faits qui procèdent de manière indissociable d'une action unique caractérisée par une seule intention coupable ne peuvent donner lieu, contre le même prévenu, à deux déclarations de culpabilité de nature pénale, fussent-elles concomitantes (Crim. 26 oct. 2016, n° 15-84.552, P, n° 276).

15. Cette règle prétorienne pose un cadre général de règlement des conflits de qualification.

16. Elle permet d'assurer le même traitement aux personnes poursuivies pour un comportement répréhensible sous plusieurs qualifications, que ce soit à l'occasion d'une même procédure ou lors de procédures successives.

17. Elle s'inspire de la jurisprudence de la Cour européenne des droits de l'homme qui, dans l'hypothèse de poursuites successives, a jugé que l'article 4 du Protocole n° 7 à la Convention de sauvegarde des droits de l'homme et des libertés fondamentales doit être compris comme interdisant de poursuivre ou de juger une personne pour une seconde « infraction » pour autant que celle-ci a pour origine des faits identiques ou des faits qui sont en substance les mêmes (CEDH, gde ch., 10 févr. 2009, *Serguei Zolotoukhine c/ Russie*, req. n° 14939/03).

18. Cependant, la Cour de cassation ayant jugé que les droits de la partie civile ne peuvent être exercés que par les personnes justifiant d'un préjudice résultant de l'ensemble des éléments constitutifs de l'infraction visée à la poursuite (Crim. 21 nov. 2018, n° 17-81.096, P, n° 193), l'application de la jurisprudence citée au paragraphe 14 peut conduire à ce que certains plaignants, qui étaient recevables à se constituer partie civile pour l'un des faits poursuivis, ne puissent obtenir réparation en l'absence de préjudice en relation avec la seule qualification retenue.

19. Cette jurisprudence ne permet pas non plus de toujours réprimer l'action délictueuse de la façon la plus adaptée aux faits de l'espèce et à la situation personnelle de l'auteur des faits. Elle fait obstacle à ce que le juge individualise la peine en prononçant une peine complémentaire réprimant une infraction non retenue, telle la confiscation du patrimoine ou une peine d'interdiction professionnelle permettant de prévenir la récidive de l'infraction.

20. Enfin, le choix d'une seule qualification ne permet pas toujours d'appréhender l'action délictueuse dans toutes ses dimensions. En effet, l'abandon de l'une des qualifications en présence peut avoir pour conséquence d'occulter un intérêt auquel l'action délictueuse a porté atteinte ou une circonstance de cette action, alors que la volonté de protéger cet intérêt ou de réprimer cette circonstance a déterminé le législateur à incriminer le comportement considéré.

21. Cette dernière considération a d'ores et déjà conduit la Cour de cassation à infléchir sa jurisprudence dans des hypothèses où seul le cumul des chefs de poursuite permet d'appréhender l'action délictueuse dans toutes ses dimensions (Crim. 16 avr. 2019, n° 18-84.073, P, n° 77 ; Crim. 31 mars 2020, n° 19-83.938).

22. Au demeurant, la Cour européenne des droits de l'homme admet que des faits identiques puissent faire l'objet de poursuites successives dès lors que celles-ci, prévisibles, unies par un lien matériel et temporel suffisamment étroit, s'inscrivent dans une approche intégrée et cohérente du méfait en question et permettent de réprimer les différents aspects de l'acte répréhensible, à condition qu'elles ne génèrent pas d'inconvénient supplémentaire pour la personne poursuivie, ne conduisent pas à lui faire supporter une charge excessive, et se limitent à ce qui est strictement nécessaire au regard de la gravité de l'infraction (CEDH, 8 oct. 2020, *Bajcic c/ Croatie*, req. n° 67334/13 ; CEDH, 31 août 2021, *Galovic c/ Croatie*, req. n° 45512/11).

23. À cet égard, il convient d'observer que, d'une part, en prévoyant plusieurs qualifications susceptibles de s'appliquer à un même fait, le législateur entend réprimer différents aspects de l'action délictuelle, de telle sorte que, sauf exception, leur cumul au cours d'une même procédure permet d'appréhender cette action dans toutes ses dimensions. Ce cumul est prévisible dès lors que les éléments constitutifs de chaque infraction sont définis par la loi.

24. D'autre part, en vertu de l'article 132-3 du code pénal, lorsque plusieurs peines de même nature sont encourues, il ne peut être prononcé qu'une seule peine de cette nature dans la limite du maximum légal le plus élevé. Seules les peines d'amende pour contraventions se cumulent entre elles et avec celles encourues ou prononcées pour des délits en concours, en application de l'article 132-7 du code pénal.

25. Enfin, la Cour de cassation, dont la jurisprudence a été consacrée par la création de l'article 485-1 du code de procédure pénale, exige désormais que les peines principales et complémentaires prononcées par les juges soient motivées au regard de la gravité des faits, de la personnalité et de la situation matérielle, familiale et sociale de leur auteur en tenant compte des éléments concrets de l'espèce (Crim. 8 mars 2017, n° 15-87.422, P, n° 66 ; Crim. 27 juin 2018, n° 16-87.009, P, n° 128 ; Crim. 11 mai 2021, n° 20-85.576, P).

26. Ce corps de règles est dès lors de nature à permettre le prononcé de peines nécessaires, proportionnées et adaptées dans l'hypothèse où plusieurs qualifications sont susceptibles de recevoir application à l'occasion d'une même poursuite.

27. En conséquence, la jurisprudence rappelée au paragraphe 14 doit être infléchie.

28. L'interdiction de cumuler les qualifications lors de la déclaration de culpabilité doit être réservée, outre à la situation dans laquelle la caractérisation des éléments constitutifs de l'une des infractions exclut nécessairement la caractérisation des éléments constitutifs de l'autre, aux cas où un fait ou des faits identiques sont en cause et où l'on se trouve dans l'une des deux hypothèses suivantes.

29. Dans la première, l'une des qualifications, telles qu'elles résultent des textes d'incrimination, correspond à un élément constitutif ou une circonstance aggravante de l'autre, qui seule doit alors être retenue.

30. Dans la seconde, l'une des qualifications retenues, dite spéciale, incrimine une modalité particulière de l'action répréhensible sanctionnée par l'autre infraction, dite générale.

553.03 **Bibliographie indicative.**

À PROPOS DES ARRÊTS

> Crim. 15 déc. 2021, nos 21-81.864, 20-85-925 :

D. 2022. 154, note G. Beaussonie ; *AJ pénal* 2022. 266, obs. M. Bouchet ; *AJ pénal* 2022. 34, note C.-H. Boeringer et G. Courvoisier-Clément ; *RTD com.* 2022. 188, obs. B. Bouloc ; *JCP* 2022. 132, note N. Catelan ; *Gaz. Pal.* 2022, n° 11, p. 41, obs. N. Catelan et L. Saenko ; *Dr. pénal* 2022, comm. 23, obs. Ph. Conte ; *Dr. pénal* 2022. Étude 3, Ph. Conte ; *Gaz. Pal.* 2022, n° 16, p. 43, obs. E. Dreyer ; *Dr. pénal* 2022. Étude 4, O. Décima ; *D. actu.*. 6 janv. 2022, « *Ne bis in idem* et le renouveau du cumul des qualifications », M. Dominati ; *Dr. pénal* 2022. Étude 2, M. Fouquet, P. Labrousse ; *Gaz. Pal.* 2022, n° 3 p. 21, obs. R. Parizot ; *RSC* 2022/2, p. 311 à 322, X. Pin ; *Lexbase Pénal* 2022, n° 45, J.-C. Saint-Pau.

> Crim. 9 févr. 2022, n° 20-81.038 ; Crim. 15 févr. 2022, n° 20-81.450 :

D. 2022. 353 ; *AJ pénal* 2022. 206, obs. M.-C. Sordino.

> Crim. 15 févr. 2022, n° 20-86.019 ; Crim. 15 févr. 2022, n° 21-81-966 :

Dr. pénal 2022, comm. 62, obs. Ph. Conte.

> Crim. 16 mars 2022, n° 21-82.254 :

AJDA 2022. 606 ; *D.* 2022. 559 ; *AJ pénal* 2022. 266, obs. M. Bouchet ; *Gaz. Pal.* 2022, n° 16, p. 43, obs. E. Dreyer.

> Crim. 13 avr. 2022, n° 19-84.831 :

D. 2022. 793.

SECTION 1
SITUATION ANTÉRIEURE AU 15 DÉCEMBRE 2021

§ 1
Principe et fondements

553.11 **Ne pas poursuivre deux fois les mêmes faits.** Un préalable en la matière est de distinguer concours réel et concours idéal d'infractions. Le *concours réel d'infractions* consiste dans le fait, pour une personne, de commettre des faits différents qui constituent autant d'infractions – identiques ou non – en dehors de toute récidive légale, c'est de ce concours dont nous parle l'article 132-2 du code pénal et aux termes duquel « Il y a concours d'infractions lorsqu'une infraction est commise par une personne avant que celle-ci ait été définitivement condamnée pour une autre infraction ».

Les deux articles suivants portent sur le cumul des peines en cette matière distinguant la situation de la personne qui, à l'occasion d'une même procédure est reconnue coupable de plusieurs infractions (C. pén., art. 132-3) et de celle qui, à l'occasion de procédures séparées est reconnue coupable de plusieurs infractions (C. pén., art. 132-4).

Les articles 132-2 et suivants du code pénal définissent seulement la situation du concours réel d'infraction c'est-à-dire la situation dans laquelle une infraction est commise avant qu'une infraction antérieure ait fait l'objet d'une condamnation définitive.

Le *concours idéal d'infractions ou de qualifications*, lui, se joue dans un fait unique qui, tombant totalement ou partiellement sous le coup de *plusieurs textes d'incriminations*, peut consommer des infractions différentes.

Une autre limitation de la liberté dans le choix des poursuites et par suite de la peine a trait à l'application de la règle *Non (ou ne) bis in idem* qui s'oppose en premier lieu à ce qu'un même fait soit poursuivi et sanctionné à plusieurs reprises sous une qualification différente. Celle-ci est fondée sur les textes suivants :

L'article 14[1] du pacte international relatif aux droits civils et politiques des Nations unies du 16 décembre 1966 énonce que : « Nul ne peut être poursuivi ou puni en raison d'une même infraction pour laquelle il a déjà été acquitté ou condamné par un jugement définitif conformément à la loi et à la procédure pénale de chaque pays ».

L'article 4[2] du protocole n° 7 additionnel a la convention européenne des droits de l'homme, du 2 novembre 1984, entré en vigueur le 1er novembre 1988, indique que : « Nul ne peut être poursuivi ou puni pénalement par les juridictions du même État en raison d'une infraction pour laquelle il a déjà été acquitté ou condamné par un jugement définitif, conformément à la loi et à la procédure de cet État ». « Les dispositions du paragraphe précédent n'empêchent pas la réouverture du procès, conformément à la loi et à la procédure pénale de l'État

1. Pacte international relatif aux droits civils et politiques de l'ONU, 16 déc. 1966, art. 14.
2. Protocole n° 7, additionnel à la convention européenne des droits de l'homme, 2 nov. 1984, art. 4.

concerné, si des faits nouveaux ou nouvellement révélés ou un vice fondamental dans la procédure précédente sont de nature à affecter le jugement intervenu ». Il sera souligné ici l'importance des mots « juridictions du même État ». La CEDH, saisie par M. Krombach d'une éventuelle violation de la convention résultant du fait qu'il avait fait l'objet d'un jugement en France après une décision de classement sans suite intervenue en 1982 en Allemagne, a déclaré son recours irrecevable, en considérant que cet article ne fait pas obstacle à ce qu'une personne « soit poursuivie ou punie pénalement par les juridictions d'un État partie à la convention en raison d'une infraction pour laquelle elle avait été acquittée ou condamnée par un jugement définitif dans un autre État partie », outre le fait qu'en l'espèce aucun jugement « définitif » ne semblait avoir été rendu [1].

L'article 54 [2] de la convention d'application de l'accord de Schengen du 14 juin 1985, intégré dans le droit de l'Union par l'article 31 [3] du traité d'Amsterdam du 2 octobre 1997 modifiant le traité sur l'union européenne, les traités instituant les communautés européennes et certains actes connexes, mentionne : « Une personne qui a été définitivement jugée par une Partie Contractante ne peut, pour les mêmes faits, être poursuivie, par une autre Partie Contractante, à condition que, en cas de condamnation, la sanction ait été subie ou soit actuellement en cours d'exécution ou ne puisse plus être exécutée selon les lois de la Partie Contractante de condamnation. »

L'article 50 [4] de la Charte des droits fondamentaux de l'Union européenne du 7 décembre 2000 dont l'effet contraignant résulte du traité de Lisbonne depuis le 1er décembre 2009 dispose : « Nul ne peut être poursuivi ou puni légalement en raison d'une infraction pour laquelle il a déjà été acquitté ou condamné dans l'Union par un jugement pénal définitif conformément à la loi. »

Évidemment dans l'ordre interne, ce principe est fondé sur l'article 8 [5] de la déclaration des droits de l'Homme et du citoyen au terme duquel : « La loi ne doit établir que des peines strictement et évidemment nécessaires » et l'article 368 du code de procédure pénale qui dispose qu' : « Aucune personne acquittée légalement ne peut plus être reprise ou accusée à raison des mêmes faits, même sous une qualification différente », outre l'article 6 du code de procédure pénale qui dispose que l'action publique s'éteint par l'autorité de la chose jugée et par l'article 368 du même code, aux termes duquel aucune personne acquittée légalement ne peut être reprise ou accusée à raison des mêmes faits, même sous une qualification différente.

Bien que ce résumé ne rende compte qu'imparfaitement de la règle tout comme de sa complexité [6], on peut dire également qu'elle a vocation à interdire le cumul des poursuites et des peines à l'intérieur de chaque ordre sanctionnateur (pénal, administratif, civil...) si la loi ne prévoit pas expressément le contraire, par exemple en matière de concours de qualifications. Ce cumul est en revanche autorisé lorsqu'il s'agit d'additionner des poursuites de nature différentes (pénales, administratives, disciplinaires...), sauf si la loi l'interdit expressément, mais alors sous réserve du principe de proportionnalité sus-evoqué [7]. Par ailleurs, sa justification peut être trouvée dans l'existence d'un « lien d'utilité existant entre [...] deux qualifications, l'une rendue possible par la commission de l'autre, qui impose une déclaration de culpabilité unique » [8].

553.12 Position de la CEDH. Dans la décision rendue en Grande chambre le 10 février 2009 [9], la CEDH a estimé que la diversité des approches adoptées pour vérifier si l'infraction pour laquelle un requérant a été poursuivi était en fait la même que celle pour laquelle il avait déjà été acquitté ou condamné par un jugement définitif est source d'une insécurité juridique incompatible avec ce droit fondamental qu'est le droit de ne pas être poursuivi deux fois pour la même infraction (§ 78). Elle a souhaité harmoniser l'interprétation de la notion de « même infraction » – l'élément *idem* du principe *non bis in idem* – aux fins de l'article 4 du Protocole n° 7, énumérant les dispositions des instruments internationaux consacrant ledit principe. Ajoutant que la Convention doit être interprétée et appliquée d'une manière qui en rende les garanties

1. CEDH, 20 févr. 2018, *Krombach c/France*, req. n° 67521/14 : « Inapplicabilité transétatique du principe *non bis in idem* », *D. actu.* 9 avr. 2018, obs. S. Fucini ; *AJ pénal* 2018. 262, obs. B. Nicaud – et ANTÉRIEUREMENT : CEDH 4 sept. 2014, *Trabelsi c/Belgique*, req. n° 140/10 ; *D. actu.* 11 sept. 2014, obs. J.-M. Pastor ; *AJ pénal* 2014. 588, obs. S. Lavric.
2. Convention d'application de l'accord de Schengen, 14 juin 1985, art. 54.
3. Traité d'Amsterdam, 2 oct. 1997 modifiant le traité sur l'Union européenne, les traités instituant les communautés européennes et certains actes connexes, art. 31.
4. Charte des droits fondamentaux de l'Union européenne, 7 déc. 2000, art. 50.
5. DDHC, 26 août 1789, art. 8.
6. Ph. Conte, « *Non bis in idem* : bref exercice d'exégèse d'où il résulte que le droit n'est pas la physique », *Dr. pénal* 2020, Et.10.
7. E. Piwnica, « Le principe *non bis in idem* et la Cour de cassation », *JCP* E 2015, 1396.
8. J. Gallois, « Rejet du cumul des délits de recel et de blanchiment ou la montée en puissance du principe *ne bis in idem* », obs. ss Crim. 26 oct. 2016, n° 15-84.552, *AJ pénal* 2017. 35.
9. CEDH 10 févr. 2009, *Zolotoukine c/Russie*, req. n° 14939/03, *AJDA* 872, chron. J.-F Flauss.

concrètes et effectives, et non pas théoriques et illusoires et qu'il s'agit par ailleurs d'un instrument vivant qui doit être interprété à la lumière des conditions actuelles (§ 80) [1] elle a rappelé qu'il faut lire les dispositions d'un traité international, tel que la Convention, à la lumière de leur objet et de leur but et en tenant compte du principe de l'effet utile [2].

Partant, l'article 4 du Protocole n° 7 doit être compris comme interdisant de poursuivre ou de juger une personne pour une seconde « infraction » pour autant que celle-ci a pour origine des faits identiques ou des faits qui sont en substance les mêmes (§ 82) et la garantie consacrée entre en jeu lorsque de nouvelles poursuites sont engagées et que la décision antérieure d'acquittement ou de condamnation est déjà passée en force de chose jugée. La Cour doit donc faire porter son examen sur ces faits qui constituent un ensemble de circonstances factuelles concrètes impliquant le même contrevenant et indissociablement liées entre elles dans le temps et l'espace, l'existence de ces circonstances devant être démontrée pour qu'une condamnation puisse être prononcée ou que des poursuites pénales puissent être engagées (§ 84).

Les décisions ultérieures de la Cour n'ont pas remis en cause ces principes [3] qui a pu au contraire admettre que des faits identiques puissent faire l'objet de poursuites successives dès lors que celles-ci, prévisibles, unies par un lien matériel et temporel suffisamment étroit, s'inscrivent dans une approche intégrée et cohérente du méfait en question et permettent de réprimer les différents aspects de l'acte répréhensible, à condition qu'elles ne génèrent pas d'inconvénient supplémentaire pour la personne poursuivie, ne conduisent pas à lui faire supporter une charge excessive, et se limitent à ce qui est strictement nécessaire au regard de la gravité de l'infraction [4].

Ces décisions sont directement à l'origine de la jurisprudence que la chambre criminelle a développé à partir de 2016.

553.13 Position du Conseil constitutionnel. Pour sa part, le Conseil constitutionnel a pu dire que : « Selon l'article 8 de la Déclaration des droits de l'homme et du citoyen de 1789 : « La loi ne doit établir que des peines strictement et évidemment nécessaires et nul ne peut être puni qu'en vertu d'une loi établie et promulguée antérieurement au délit, et légalement appliquée ». Les principes ainsi énoncés ne concernent pas seulement les peines prononcées par les juridictions pénales mais s'étendent à toute sanction ayant le caractère d'une punition. Le principe de nécessité des délits et des peines ne fait pas obstacle à ce que les mêmes faits commis par une même personne puissent faire l'objet de poursuites différentes aux fins de sanctions de nature administrative ou pénale en application de corps de règles distincts. Si l'éventualité que deux procédures soient engagées peut conduire à un cumul de sanctions, le principe de proportionnalité implique qu'en tout état de cause le montant global des sanctions éventuellement prononcées ne dépasse pas le montant le plus élevé de l'une des sanctions encourues » [5].

À titre d'exemple, à l'occasion d'une QPC, par laquelle le requérant dénonçait comme contraire au principe *ne bis in idem* le cumul possible entre une amende administrative et des sanctions pénales prévues par les articles L. 171-8 et L. 173-1 du code de l'environnement en cas de violation d'une mise en demeure prononcée par l'autorité administrative en matière d'installations classées pour la protection de l'environnement, situation méconnaissant selon lui les principes de nécessité et de proportionnalité des délits et des peines, le Conseil constitutionnel a écarté le grief d'inconstitutionnalité. Il constate en effet que les deux dispositions contestées prévoient des sanctions de nature différente, une sanction pécuniaire pour l'article L. 171-8 du code de l'environnement et une peine d'amende et une peine d'emprisonnement pour l'article L. 173-1 du code de l'environnement [6]. Il confirme dès lors sa jurisprudence antérieure admettant le cumul de sanctions de nature différente [7].

553.14 Evolutions de la chambre criminelle. La chambre criminelle juge depuis longtemps qu'un même fait ne peut donner lieu à plusieurs déclarations de culpabilité qu'il s'agisse de poursuites successives ou de poursuites concomitantes. Mais sa jurisprudence a varié. Elle a parfois eu recours aux notions de violations d'intérêts distincts ou de valeurs sociales protégées ; elle a parfois évoqué la différence des éléments constitutifs des infractions, ou des intentions coupables.

1. CEDH, 25 avr. 1978, *Tyrer c/ Royaume-Uni,* § 31, série A n° 26, et *Christine Goodwin c/ Royaume-Uni [GC],* req. n° 28957/95, § 75, CEDH 2002 VI).
2. CEDH, 4 févr. 2005, *Mamatkoulov et Askarov c/ Turquie* [GC], req. n°s 46827/99 et 46951/99, § 123, CEDH 2005-I.
3. V. *Guide sur l'article 4 du Protocole n° 7 à la Convention européenne des droits de l'homme*, mise à jour 31 août 2022.
4. CEDH, 8 oct. 2020, *Bajcic c/ Croatie*, req. n° 67334/13 – CEDH, 31 août 2021, *Galovic c/ Croatie,* req. n° 45512/11.
5. Cons. const., n° 2016-545 QPC, 24 juin 2016, point 8.
6. Cons. const., n° 2021-953 QPC, 3 déc. 2021.
7. Cons. const., n° 89-260 DC, 28 juill. 1989. V. également Cass., ass. plén., 8 juill. 2010, n° 10-10.965.

C'est pour mettre un terme à cette diversité qu'elle a tenté par un premier arrêt du 26 octobre 2016 [1], de poser le principe selon laquelle « des faits, qui procèdent de manière indissociable d'une action unique caractérisée par une seule intention coupable, ne peuvent donner lieu, contre le même prévenu, à deux déclarations de culpabilité de nature pénale, fussent-elles concomitantes ».

Cet arrêt avait l'avantage de donner une solution unique quel que soit le moment où la question était posée, qu'il s'agisse de poursuites successives ou concomitantes. Mais il concernait une application dans le cas de commission d'un fait unique comme à des situations où des faits pluriels indissociables étaient incriminés.

On soulignera ici l'importance des précisions que doit comporter chaque espèce, sur le champ judiciaire dans lequel se pose la question. Ainsi, saisie de la situation d'un ressortissant marocain évadé d'une prison française et ayant pris la fuite dans son pays où il a été arrêté, jugé et condamné, sur dénonciation des autorités françaises, la chambre criminelle a eu à se prononcer sur le cumul de l'exécution de cette peine, d'une arrestation en Belgique suivie de sa remise sur le fondement d'un mandat d'arrêt européen et d'un jugement en France pour la même infraction. Elle a dit qu'avait justifié sa décision la cour d'appel qui, pour écarter l'exception de chose jugée proposée, avait énoncé que les décisions des juridictions pénales étrangères n'ont pas en France l'autorité de chose jugée lorsqu'elles concernent des faits commis sur le territoire de la République, et que la convention franco-marocaine d'entraide du 18 avril 2008 [2] ne rend pas le principe *non bis in idem* applicable aux faits commis en France par un ressortissant marocain [3].

L'attendu de principe de la chambre criminelle semblait, sous les nuances ci-dessus précisées, invariable : les faits qui procèdent de manière indissociable d'une action unique caractérisée par une seule intention coupable ne peuvent donner lieu, contre le prévenu, à deux déclarations de culpabilité de nature pénale, fussent-elles concomitantes. Certains auteurs conservaient toutefois une vision critique de cet attendu tandis que régulièrement d'autres, au regard de décisions retenant que le principe *ne bis in idem* n'empêche pas de retenir deux qualifications lorsqu'elles sont fondées sur des faits dissociables ou lorsque, fondées sur les mêmes faits, la seconde incrimination tend à la protection d'un intérêt spécifique expressément exclu du champ d'application de la première [4] s'interrogeaient sur une éventuelle régression de la protection assurée par ce principe [5].

Une série de décisions ont progressivement illustré les cumuls impossibles non sans être, là encore, critiquées par leurs commentateurs.

Une évolution sensible a été opérée concernant les poursuites concomitantes à compter de deux arrêts du 15 décembre 2021 [6].

Ces différents temps font l'objet des illustrations ci-après.

§ 2
Illustrations antérieures aux arrêts du 15 décembre 2021

553.21 Association de malfaiteurs dans le cadre d'une entreprise terroriste et complicité de crime et destruction et dégradation des biens appartenant à autrui. La Cour européenne des droits de l'Homme estime avec constance que la convention européenne interdit « de poursuivre ou de juger une personne pour une seconde “infraction” pour autant que celle-ci a pour origine des faits qui sont en substance les mêmes » [7].

Par un arrêt [8], alors qu'elle était saisie d'un recours par le ressortissant algérien Rachid R..., identifié comme étant l'un des auteurs des attentats de Paris de 1995 qui fut successivement déclaré coupable, en 2006, d'association de malfaiteurs dans le cadre d'une entreprise terroriste par le tribunal correctionnel de Paris qui le condamna à une peine de dix

1. Crim. 26 oct. 2016, n° 15-84.552, P n° 276 ; *JCP* 2017. 16, note N. Catelan ; *Dr. pénal* 2017. Comm. 4, obs. Ph. Conte ; *Gaz. Pal.* 2017. 413, obs. S. Detraz. Et pour un examen très critique de la jurisprudence de la chambre criminelle, Ph. Conte, « *Non bis in idem* : bref exercice d'exégèse d'où il résulte que le droit n'est pas la physique », *Dr. pénal* 2020, Et. n° 10.
2. Convention franco-marocaine d'entraide, 18 avr. 2008.
3. Crim. 11 avr. 2018, n° 17-82.416, NP – TOUTEFOIS, il conviendra, au stade de l'exécution de la peine française, déduire de celle-ci la détention subie à l'étranger : Crim. 23 oct. 2013, n° 13-83.499, P n° 201 ; *D.* 2013. 2950, note D. Rebut ; *D.* 2014. 311, chron. B. Laurent, C. Roth, G. Barbier et P. Labrousse ; *AJ pénal* 2014. 127, note T. Herran ; *RSC* 2013. 857, obs. D. Boccon-Gibod.
4. Crim. 16 avr. 2019, n° 18-84.073, P ; Crim.17 avr. 2019, n° 18-83.025, P.
5. S. Fucini, « Principe *ne bis in idem* et cumul de qualifications : régression de la protection », *D. actu.* 16 mai 2019.
6. M. Fouquet, P. Labrousse, « *Ne bis in idem* : au cœur de l'évolution jurisprudentielle », *Dr. pénal*, mars 2022, Dossier, 2 ; Ph. Conte « *Non bis in idem* : exercice d'analyse d'où il résulte que le droit n'est pas la mathématique », *Dr. pénal*, mars 2022, Dossier, 3 ; O. Decima, « Requiem pour *Ne bis in idem* », *Dr. pénal*, mars 2022, Dossier, 4, note critique ; M. Dominati, « *Ne bis in idem* et le renouveau du cumul des qualifications », *D. actu.* 15 déc. 2021.
7. CEDH, 10 févr. 2009, *Zolkotoukhine c/Russie,* req. n° 14939/03, *AJDA* 2009. 872, chron. J.-F. Flauss ; *D.* 2009. 2014, note J. Pradel ; *RSC* 2009. 675, obs. D. Roets.
8. CEDH, 19 déc. 2017, *Ramda c/France,* req. n° 78477/11 ; *D.* 2018. 11 ; *AJ pénal* 2018. 153, obs. S. Lavric.

ans de prison et une interdiction définitive du territoire français, puis condamne en 2007, par une cour d'assises spéciale à la réclusion criminelle à perpétuité assortie d'une période de sûreté de vingt-deux ans pour complicité de crime et destruction et dégradation des biens appartenant à autrui, elle a néanmoins rejeté les griefs présentés. Après avoir vérifié que la procédure a offert suffisamment de garanties contre l'arbitraire et a permis à l'accusé de comprendre le verdict de sa condamnation, la CEDH estime que le principe *non bis in idem* n'exclut pas cette double condamnation dans la mesure où le coupable « n'a pas été poursuivi ou condamné dans le cadre de la procédure criminelle pour des faits qui auraient été en substance les mêmes que ceux ayant fait l'objet de la condamnation correctionnelle définitive »[1].

Elle conclut en conséquence à l'absence de violation de l'article 4[2] du protocole n° 7 à la convention européenne des droits de l'homme et ajoute que, sous réserve de respecter les garanties procédurales des personnes en cause, comme en l'espèce, il est légitime pour les États de faire preuve de grande fermeté à l'égard des responsables d'actes terroristes constituant une violation grave des droits fondamentaux au regard de l'article 2 de la convention européenne des droits de l'homme.

553.22 Fraude fiscale. Le Conseil constitutionnel, saisi en matière fiscale, a pour sa part notamment énoncé le 24 juin 2016[3] :

« 13. Les dispositions contestées de l'article 1741[4] du code général des impôts ne sauraient, sans méconnaître le principe de nécessité des délits, permettre qu'un contribuable qui a été déchargé de l'impôt par une décision juridictionnelle devenue définitive pour un motif de fond puisse être condamné pour fraude fiscale. [...]

21. Le principe de nécessité des délits et des peines ne saurait interdire au législateur de fixer des règles distinctes permettant l'engagement de procédures conduisant à l'application de plusieurs sanctions afin d'assurer une répression effective des infractions. Ce principe impose néanmoins que les dispositions de l'article 1741 ne s'appliquent qu'aux cas les plus graves de dissimulation frauduleuse de sommes soumises à l'impôt. Cette gravité peut résulter du montant des droits fraudés, de la nature des agissements de la personne poursuivie ou des circonstances de leur intervention.

22. La combinaison des exigences constitutionnelles découlant de l'article 8[5] de la Déclaration de 1789 et de celles découlant de son article 13[6] permet que, dans les conditions énoncées aux paragraphes 20 à 21, les contribuables auteurs des manquements les plus graves puissent faire l'objet de procédures complémentaires et de sanctions proportionnées en application de l'article 1729[7] et des dispositions contestées de l'article 1741.

23. Sous les réserves énoncées aux paragraphes 13 et 21, l'application combinée de l'article 1729 et des dispositions contestées de l'article 1741 du code général des impôts ne peut donc être regardée comme conduisant à l'engagement de poursuites différentes aux fins de sanctions de faits identiques en application de corps de règles distincts et ne méconnaît pas le principe de nécessité des délits et des peines.

24. Si l'éventualité que deux procédures soient engagées peut conduire à un cumul de sanctions, le principe de proportionnalité implique qu'en tout état de cause le montant global des sanctions éventuellement prononcées ne dépasse pas le montant le plus élevé de l'une des sanctions encourues. Sous cette réserve, l'application combinée des dispositions de l'article 1729 et des dispositions contestées de l'article 1741 du code général des impôts ne méconnaît pas le principe de proportionnalité des peines ».

§ 3
Cumuls impossibles

553.31 Indissociabilité de l'intention coupable des délits poursuivis – Mode d'emploi. Répétant que les faits qui procèdent de manière indissociable d'une action unique caractérisée par une seule intention coupable ne peuvent donner lieu, contre le prévenu, à deux déclarations de culpabilité de nature pénale, fussent-elles concomitantes[8], la chambre criminelle a considéré que, lorsque pour déclarer Mme R... coupable de violences, une cour d'appel énonce que ces faits ont pour éléments matériels les infractions de faux et usage, dénonciation mensongère, menaces de mort et appels télé-

1. CEDH, 19 déc. 2017, *Ramda c/France,* § 95.
2. Protocole n° 7 à la convention européenne des droits de l'homme, art. 4.
3. Cons. const. 24 juin 2016, n° 2016-545 QPC, art. sous réserve 1729, 1741, al. 1 (mots), du CGI, *pénalités fiscales pour insuffisance de déclaration et sanctions pénales pour fraude fiscale*, CONFORMITÉ – RÉSERVE, *JO* 30 juin, n° 110 ; *D.* 2016. 1836, obs. C. Mascala ; *D.* 2016. 2442, note O. Décima ; *D.* 2017. 1328, obs. N. Jacquinot et R. Vaillant ; *RSC* 2016. 524, obs. S. Detraz ; *Constitutions* 2016. 361, Décision ; *ibid* 2016. 436, chron. C. Mandon.
4. CGI, art. 1741 ; mod. par L. n° 2017-1837, 30 déc. 2017, art. 106.
5. DDHC, 26 août 1789, art. 8.
6. DDHC, 26 août 1789, art. 13.
7. CGI, art. 1729 ; mod. par L. n° 2008-1443, 30 déc. 2008, art. 35.
8. Pour un rappel récent, Crim.11 mars 2020, n° 19-84.887, P.

phoniques malveillants, qui, sur une durée exceptionnelle ont causé au couple C... d'importants préjudices moraux et professionnels et qu'il résulte donc de ses propres constatations que l'infraction de violences et les autres infractions retenues à l'encontre de la prévenue relevaient de la même intention coupable, elle méconnaît le principe énoncé ci-dessus[1].

Le principe *ne bis in idem* ne peut s'appliquer que lorsque les faits poursuivis procèdent de manière indissociable d'une action unique caractérisée par une seule intention coupable. Encourt la cassation l'arrêt qui, pour faire droit à l'exception relative à l'extinction de l'action publique par l'effet de la chose jugée pour les faits d'escroquerie au préjudice de l'Etat français, retient que les manœuvres frauduleuses, objet de la prévention, procèdent des mêmes faits d'émission des fausses factures de sous-traitance pour lesquels le prévenu a déjà été définitivement condamné, alors que l'usage de ces mêmes factures auprès de l'administration fiscale pour obtenir une remise indue de TVA, élément matériel des manœuvres caractérisant le délit d'escroquerie, constitue un nouveau fait d'usage au préjudice de l'Etat français, distinct de la production des mêmes factures par le prévenu au préjudice de la société dont il était le gérant[2].

À supposer que les deux poursuites dont elle est saisie portent sur le même fait, la juridiction correctionnelle n'a d'autre obligation que de statuer dans celle portant sur la prévention la plus large et de constater dans l'autre l'extinction de l'action publique en application du principe *ne bis in idem*[3].

553.32 Indissociabilité des délits poursuivis – Illustrations. A pu être approuvée la condamnation pour fraude à la TVA d'un prévenu qui avait déjà, pour les mêmes faits, subi des sanctions fiscales, aux motifs que, d'une part, l'interdiction d'une double condamnation en raison de mêmes faits, prévue par l'article 4 du protocole n° 7, additionnel à la convention européenne des droits de l'homme, ne trouve à s'appliquer, selon la réserve émise par la France, que pour les infractions relevant en droit français de la compétence des tribunaux statuant en matière pénale et n'interdit pas le prononcé de sanctions fiscales parallèlement aux peines infligées par le juge répressif ; que contrairement à ce que soutient le demandeur, cette réserve n'est pas remise en cause par la Cour européenne des droits de l'Homme[4], que, d'autre part, l'article 50[5] de la Charte des droits fondamentaux n'a pas en lui-même pour effet d'interdire par principe tout cumul entre des sanctions fiscales et pénales ; qu'en l'espèce le demandeur n'invoque aucun élément de nature à faire obstacle à un tel cumul[6].

À titre d'exemple il a encore été jugé que ne méconnaît pas le principe *ne bis in idem* la cour d'appel qui déclare la société prévenue coupable, à l'égard du même salarié, à la fois, du délit d'homicide involontaire et d'infraction à la réglementation relative à la sécurité des travailleurs. En effet, ne procèdent pas de manière indissociable d'une action unique caractérisée par une seule intention coupable, d'une part, les atteintes involontaires à la vie ou à l'intégrité des personnes commises par la violation d'une obligation particulière de prudence ou de sécurité prévue par la loi ou le règlement, d'autre part, les délits ou contraventions qui sanctionnent le non-respect de ladite obligation[7].

Il est encore possible au titre des distinctions fines que la chambre criminelle avait été amenée à poser pour justifier sa décision, un arrêt ayant retenu que ne méconnaît pas le principe *ne bis in idem* la cour d'appel qui retient, d'une part, la qualification de déversement de substances nuisibles à la santé, à la faune et à la flore dans les eaux souterraines, superficielles ou de la mer prévue par l'article L. 216-6 du code de l'environnement, d'autre part, celle de rejet en eau douce ou pisciculture de substances nuisibles au poisson ou à sa valeur alimentaire prévue par l'article L. 432-2 du même code, dès lors que la seconde incrimination tend à la protection spécifique du poisson que l'article L. 216-6 exclut expressément de son propre champ d'application, de sorte que seul le cumul de ces deux chefs de poursuite permet d'appréhender l'action délictueuse dans toutes ses dimensions[8].

Par ailleurs, la chambre criminelle a jugé que le prononcé de la solidarité entre le dirigeant de fait et la société, qui, ne revêtant pas le caractère d'une punition, ne contrevient pas aux dispositions

1. Crim. 24 janv. 2018, n° 16-83.045, P n° 22 ; *D.* 2018. 241 ; *AJ pénal* 2018. 196, obs. E. Clément ; *RSC* 2018. 412, obs. Y. Mayaud.
2. Crim. 16 janv. 2019, n° 18-81.566, P n° 18.
3. Crim. 23 janv. 2018, n° 17-81.377, P n° 20.
4. V. CEDH, 15 nov. 2016, *A et B c/Norvège*, req. n°s 24130/11, 29758/11, § 117 ; *D.* 2017. 128, obs. J.-F. Renucci et A. Renucci ; *AJ pénal* 2017. 45, obs. M. Robert ; *RSC* 2017. 134, obs. D. Roets.
5. Charte des droits fondamentaux, art. 50.
6. Crim. 22 févr. 2017, n° 14-82.526, P, *D. actu.* 17 mars 2017, obs. J. Gallois ; *D.* 2017. 508 ; *D.* 2017. 2501, obs. G. Roujou de Boubée, T. Garé, C. Ginestet, M.-H. Gozzi, S. Mirabail et E. Tricoire – et ANTÉRIEUREMENT : Crim. 20 juin 1996, n° 94-85.796, P n° 268 ; *D.* 1997. 249, note G. Tixier et T. Lamulle ; *RSC* 1997. 372, obs. B. Bouloc.
7. Crim. 9 avr. 2019, n° 17-86267, P. n° 68.
8. Crim, 16 avr. 2019, n° 18-84.073, P. n° 77, *RTD com.* 2019. 517, obs. B. Bouloc ; *RSC* 2019. 369, obs. E. Monteiro ; *D. actu.* 16 mai 2019, obs. S. Fucini.

conventionnelles invoquées et est une possibilité que les juges tiennent de la loi [1].

La chambre criminelle a, à l'inverse, jugé que les faits qui procèdent de manière indissociable d'une action unique caractérisée par une seule intention coupable ne peuvent donner lieu, contre le même prévenu, à deux déclarations de culpabilité de nature pénale, fussent-elles concomitantes.

Encourt la cassation l'arrêt qui, pour condamner un prévenu du chef de recel, énonce que des fonds provenant de l'escroquerie commise par sa compagne ont été versés sur son compte bancaire, alors qu'il s'agit d'une opération préalable à l'achat du bien qu'il a réalisé et pour lequel il a été condamné du chef de blanchiment [2].

Encourt également la cassation l'arrêt qui, pour condamner un prévenu du chef de blanchiment, énonce que ce dernier a fait effectuer, par une société et au profit d'une autre, des virements correspondant à des prestations inexistantes, alors qu'elle juge, par le même arrêt, que ces virements sont constitutifs du délit d'abus de biens sociaux dont elle déclare le même prévenu coupable [3].

Encourt pareillement la cassation, l'arrêt qui retient des faits constitutifs d'association de malfaiteurs indissociables de ceux caracétrisant la bande organisée comme circonstance aggravante de l'infraction d'escroquerie dont le prévenu est déclaré coupable [4].

553.33 Indissociabilité des délits et contraventions. Lorsque l'arrêt condamne la prévenue à deux peines, l'une pour les délits, l'autre pour la contravention, alors que les délits d'homicide et blessures involontaires et la contravention de blessures involontaires, qui procédaient d'une même action coupable, ne pouvaient être punis séparément, la cour d'appel méconnait le sens et la portée des articles 132-1, 132-20 du code pénal et 485 du code de procédure pénale [5].

Méconnaît (le) principe la cour d'appel qui, pour déclarer la prévenue coupable de violences, énonce que ces faits ont pour éléments matériels les infractions de faux et usage, dénonciation mensongère, menaces de mort et appels téléphoniques malveillants, alors qu'il résultait de ses propres constatations que l'infraction de violences et les autres infractions retenues à l'encontre de la prévenue relevaient de la même intention coupable [6].

§ 4
Cumuls possibles

553.41 Entre infractions de droit commun. Justifie sa décision la cour d'appel qui déclare les prévenues coupables, cumulativement, des délits de complicité et de recel d'une infraction principale d'escroquerie, en retenant, au titre de la complicité, les instructions données pour l'établissement de fausses feuilles de présence à des formations, permettant à l'auteur de l'escroquerie d'obtenir des fonds d'un organisme assurant le financement de formations, et, au titre du recel, le fait d'avoir bénéficié d'un soutien juridique et administratif frauduleusement financé par les fonds ainsi escroqués, dès lors que les faits reprochés ne procédaient pas de manière indissociable d'une action unique caractérisée par une seule intention coupable [7].

Pour déclarer le prévenu coupable d'escroquerie et de faux et usage, un arrêt avait retenu, notamment, qu'il avait joint des fausses factures aux dossiers de demandes de remboursements d'actes et de prestations optiques indus par lui adressés aux organismes sociaux et aux mutuelles ; les juges ajoutaient que les fausses facturations étaient adossées à des ordonnances médicales falsifiées et que seul M. D... avait intérêt à établir de telles fausses ordonnances afin d'obtenir un règlement ; ils relevaient encore que ces ordonnances fictives étaient susceptibles d'établir le droit au renouvellement de matériel d'optique du client et qu'elles n'avaient été dressées que pour masquer la fraude orchestrée par

1. Crim. 6 déc. 2017, n° 16-81.857, P ; *D. actu.* 20 déc. 2017, obs. W. Azoulay ; *D.* 2016. 1203 – et AU PRÉALABLE sur QPC concernant l'article L. 228 du Livre des procédures fiscales : Crim. 19 mai 2016, n° 16-81.857, P n° 153 ; *D. actu.* 9 juin 2016, obs. D. Goetz ; *D.* 2016. 1203 – Cons. const. 22 juill. 2016, n° 2016-555 QPC, art. conforme L. 228, al. 1 (mots), du LPF, *subordination de la mise en mouvement de l'action publique en matière d'infractions fiscales à une plainte de l'administration,* CONFORMITÉ, *JO* 24 juill., n° 29 ; *AJDA* 2016. 1925 ; *D.* 2016. 1569 ; *D.* 2017. 1328, obs. N. Jacquinot et R. Vaillant ; *Constitutions* 2016. 532, chron. ; *Constitutions* 2016. 651, chron. L. Alice Bouvier ; *RSC* 2016. 529, obs. S. Detraz.
2. Crim. 26 oct. 2016, n° 15-84.552, P n° 276 ; *D.* 2016. 2217 ; *D.* 2017. 2501, obs. G. Roujou de Boubée, T. Garé, C. Ginestet, M.-H. Gozzi, S. Mirabail et E. Tricoire ; *AJ pénal* 2017. 35, obs. J. Gallois ; *RSC* 2016. 778, obs. H. Matsopoulou – AUSSI : Crim. 20 avr. 2017, n° 15-82.512, NP.
3. Crim. 7 déc. 2016, n° 15-87.335, P n° 327 ; *D.* 2016. 2572 ; *D.* 2017. 2501, obs. G. Roujou de Boubée, T. Garé, C. Ginestet, M.-H. Gozzi, S. Mirabail et E. Tricoire ; *RTD com.* 2017. 205, obs. L. Saenko.
4. Crim. 16 mai 2018, n° 17-81.151, P n° 94.
5. Crim. 24 oct. 2017, n° 16-85.506, NP.
6. Crim. 24 janv. 2018, n° 16-83.045, P n° 22 ; *D.* 2018. 241 ; *AJ pénal* 2018. 196, obs. E. Clément.
7. Crim. 5 janv. 2017, n° 15-86.362, P n° 6 ; *D.* 2017. 2501, obs. G. Roujou de Boubée, T. Garé, C. Ginestet, M.-H. Gozzi, S. Mirabail et E. Tricoire ; *AJ pénal* 2017. 183, obs. A. Darsonville ; *Dr. soc.* 2018. 97, Et. Y. Pagnerre et S. Dougados.

le prévenu et justifier les paiements indus qu'il a obtenus ;

La chambre criminelle retient qu'en prononçant ainsi, sans retenir des faits constitutifs de faux et usage distincts des manœuvres frauduleuses qu'elle a expressément retenues pour déclarer le prévenu coupable d'escroquerie, la cour d'appel a méconnu le principe sus-énoncé[1].

Un demandeur ne saurait faire grief à l'arrêt de l'avoir déclaré coupable des délits de trafic de stupéfiants et d'association de malfaiteurs dès lors qu'en l'espèce, ces infractions ne procèdent pas de manière indissociable d'une action unique caractérisée par une seule intention coupable[2] ; pas plus, et pour les mêmes motifs, de l'arrêt qui l'a déclaré coupable, cumulativement, des délits de banqueroute et de blanchiment aggravé[3].

L'article 324-1, alinéa 2, du code pénal institue une infraction générale et autonome de blanchiment, distincte, dans ses éléments matériel et intentionnel, du crime ou du délit ayant généré un produit et réprime, quel qu'en soit leur auteur, des agissements spécifiques de placement, dissimulation ou conversion de ce produit, de sorte que cette disposition est applicable à celui qui blanchit le produit d'une infraction qu'il a commise, sans porter atteinte au principe *non bis in idem*[4].

Dès lors que les faits de participation à la tenue illégale d'une maison de jeux et ceux d'ouverture d'une maison de jeux sans déclaration sont différents et procèdent d'intentions coupables distinctes, la cour d'appel, n'a (pas) méconnu le principe *non bis in idem*[5].

Ne méconnaît pas la règle *non bis in idem* la cour d'appel qui condamne un prévenu pour réalisation irrégulière d'affouillement ou d'exhaussement du sol et de violation du plan d'occupation des sols dès lors que ces incriminations visent à l'application de réglementations distinctes et à la protection d'intérêts juridiquement différents, afférents pour les uns aux travaux, pour les autres, à l'occupation du sol et qu'une seule peine a été prononcée[6].

Le prévenu ne saurait faire grief à l'arrêt de le déclarer coupable, cumulativement, du délit d'abus de confiance aggravé et du délit de blanchiment, ceux-ci ne procédant pas, en l'espèce, de manière indissociable d'une action unique caractérisée par une seule intention coupable[7].

La règle *ne bis in idem* ne saurait être utilement invoquée à l'occasion de poursuites concomitantes des chefs des deux délits distincts de recel et de non-tenue du registre par revendeur d'objet mobilier, aux éléments constitutifs différents[8].

Ne méconnaît pas le principe *ne bis in idem* la cour d'appel qui retient, à l'encontre du prévenu, les deux qualifications d'infraction à la législation sur les stupéfiants et de contrebande de marchandises prohibées, ces dernières étant susceptibles d'être appliquées concurremment dès lors qu'elles résultent de la mise en œuvre d'un système intégrant poursuites et actions pénales et douanières, permettant au juge pénal de réprimer un même fait sous ses deux aspects, de manière prévisible et proportionnée, le montant global des sanctions éventuellement prononcées ne devant pas dépasser le montant le plus élevé de l'une des sanctions encourues[9].

Une cour d'appel a, sans excéder sa saisine ni méconnaître le principe *ne bis in idem*, justifié sa décision dès lors que caractérise le délit d'immixtion dans une fonction publique, plus précisément, dans l'exercice du pouvoir de classement sans suite conféré au seul procureur de la République par l'article 40-1 du code de procédure pénale, le fait, pour un maire, qui ne bénéficie d'aucun titre au sens de l'article 433-12 du code pénal pour ce faire, de décider, en violation de l'article 21-2 du code de procédure pénale, de l'opportunité de transmettre certains procès-verbaux de contraventions à ce magistrat et de les conserver aux fins de les soustraire à toute poursuite judiciaire, et que d'autre part, le fait de filtrer les procès-verbaux des contraventions, en lieu et place du ministère public, est dissociable de l'action d'annuler des références de la souche ou carte maîtresse de l'infraction enregistrée sur un logiciel dédié afin d'éviter toute communication au Trésor public aux fins de recouvrement[10].

Justifie encore sa décision, sans méconnaître le principe *ne bis in idem*, la cour d'appel qui déclare un prévenu, maire d'une commune, coupable à la fois d'atteinte à la liberté d'accès et à l'égalité des candidats dans les marchés publics et de prise illégale d'intérêt, dès lors que les déclarations de culpabilité sont fondées sur des faits dissociables, la première infraction étant constituée par les irrégularités commises en connaissance de cause par le maire durant la procédure de marché tandis que la seconde est caractérisée par la seule décision prise par celui-ci de faire signer, par l'attributaire du

1. Crim. 25 oct. 2017, n° 16-84.133, NP ; *RTD com.* 2018. 227, obs. L. Saenko.
2. Crim. 17 janv. 2018, n° 16-84.163, NP.
3. Crim. 8 mars 2017, n° 15-86.144, NP.
4. Crim. 17 janv. 2018, n° 17-80.152, NP ; *RTD com.* 2018. 236, obs. B. Bouloc.
5. Crim. 31 mai 2017, n° 15-86.947, NP.
6. Crim. 3 mai 2017, n° 16-84.240, P n° 133.
7. Crim. 14 juin 2017, n° 16-84.921, NP.
8. Crim. 11 juill. 2017, n° 16-81.396, NP.
9. Crim. 11 juill. 2017, n° 16-81.797, P n° 196.
10. Crim. 21 mars 2018, n° 17-81.011, P n° 49.

marché, l'acte d'engagement des travaux et de publier l'avis d'attribution du marché[1].

553.42 En matière d'urbanisme. Dans une espèce où des prévenus avaient été condamnés des chefs de construction sans le permis imposé pour les extensions de surface au sol et pour les modifications d'aspect extérieur de l'existant et de construction sans la déclaration préalable imposée pour les garde-corps, la chambre criminelle a approuvé la cour, dès lors que, d'une part, la réalisation de travaux soumis à l'obtention d'un permis de construire est constitutive de l'infraction de construction sans permis et non de la qualification de violation des termes de la déclaration de travaux déposée par les prévenus, et que, d'autre part, lorsque des travaux inclus dans un ensemble de travaux relèvent d'une déclaration préalable tandis que les autres relèvent d'un permis de construire, ils peuvent faire l'objet d'une poursuite distincte pour travaux sans déclaration préalable requise par la loi[2].

De même, en condamnant le prévenu pour les infractions d'exécution de travaux sans déclaration préalable, de non-respect d'arrêtés interruptifs de travaux et de violation du plan d'occupation des sols, un arrêt ne méconnaît pas le principe *non bis in idem* dès lors que les faits poursuivis ne procédaient pas de manière indissociable d'une action unique caractérisée par une seule intention coupable[3].

553.43 Entre peine pour infraction de droit commun et sanction par l'Autorité des marchés financiers (AMF). Il est rappelé que le Conseil des marchés financiers (CMF) le commission des opérations de bourse (COB) et le conseil de discipline de la gestion financière (CDGF) ont fusionné au sein de l'Autorité des marchés financiers (AMF), autorité administrative indépendante, le 1er août 2003.

L'interdiction d'une double condamnation à raison des mêmes faits, prévue par l'article 4-1 du protocole n° 7 additionnel à la convention européenne des droits de l'Homme, ne trouve à s'appliquer, selon les déclarations et réserves accompagnant l'instrument de ratification dudit protocole par la France, que pour les infractions relevant, en droit français, de la compétence des tribunaux statuant en matière pénale.

Encourt la cassation l'arrêt qui, statuant sur des poursuites pénales du chef d'escroquerie, faux et usage, constate l'extinction de l'action publique à raison du prononcé, à l'encontre des prévenus, pour les mêmes faits, de sanctions disciplinaires par le Conseil des marchés financiers, alors que celui-ci n'est pas une juridiction pénale au sens de la réserve susvisée[4].

La solution a été identique un an plus tard dans une espèce portant sur le cumul de poursuites pénales et de sanction par la cour de discipline budgétaire et financière, à l'encontre d'un directeur général de CHU, la chambre criminelle jugeant que l'interdiction d'une double condamnation en raison de mêmes faits, prévue par l'article 4 du Protocole n° 7, additionnel à la Convention européenne des droits de l'homme, ne trouve à s'appliquer, selon la réserve émise par la France et qui n'est pas remise en cause par la Cour européenne des droits de l'homme, que pour les infractions relevant en droit français de la compétence des tribunaux statuant en matière pénale et n'interdit pas le prononcé de sanctions disciplinaires parallèlement aux peines infligées par le juge répressif[5].

553.44 Entre peine pour infraction de droit commun et sanction fiscale. Ne méconnaît ni l'article 4[6] du protocole n° 7, additionnel à la convention européenne des droits de l'homme, ni l'article 50[7] de la Charte des droits fondamentaux, la cour d'appel qui prononce, à l'encontre du prévenu, une condamnation pénale pour des faits de fraude fiscale (TVA) pour lesquels il avait déjà fait l'objet de sanctions fiscales[8].

En matière de fraude fiscale, la réserve d'interprétation émise par le Conseil constitutionnel dans ses décisions du 24 juin 2016[9], au paragraphe 21 et du

1. Crim. 17 avr. 2019, n° 18-83.025, P., *AJCT* 2019. 350, obs. Y. Mayaud ; *JCP* 2019, n° 510, obs. J.-M. Brigant.
2. Crim. 24 oct. 2017, n° 16-85.066, NP.
3. Crim. 16 janv. 2018, n° 17-82.220, NP.
4. Crim. 13 sept. 2017, n° 15-84.823, P n° 221 ; W. Azoulay, « *Non bis in idem* : la chambre criminelle fait de la résistance », *D. actu.* 28 sept. 2017 ; *D.* 2017. 2130, note S. Detraz ; *AJ pénal* 2017. 548, obs. P. de Combles de Nayves ; *RSC* 2017. 807, obs. J.-F. Renucci.
5. Crim. 12 sept. 2018, n° 17-83.793, P n° 154.
6. Protocole n° 7 additionnel à la convention européenne des droits de l'homme, art. 4.
7. Charte des droits fondamentaux, art. 50.
8. Crim. 22 févr. 2017, n° 14-82.526, préc.
9. Cons. const. 24 juin 2016, n° 2016-545 QPC, art. sous réserve 1729, 1741, al. 1 (mots), du CGI, *pénalités fiscales pour insuffisance de déclaration et sanctions pénales pour fraude fiscale,* CONFORMITÉ – RÉSERVE, *JO* 30 juin, n° 110 ; *D.* 2016. 1836, obs. C. Mascala ; *D.* 2016. 2442, note O. Décima ; *D.* 2017. 1328, obs. N. Jacquinot et R. Vaillant ; *RSC* 2016. 524, obs. S. Detraz ; *Constitutions* 2016. 361, Décision ; *Constitutions* 2016. 436, chron. C. Mandon – Cons. const. 24 juin 2016, n° 2016-546 QPC, art. sous réserve 1729, 1741, al. 1 (mots), du CGI, *pénalités fiscales pour insuffisance de déclaration et sanctions pénales pour fraude fiscale,* CONFORMITÉ – RÉSERVE, *JO* 30 juin, n° 111 ; *D.* 2016. 1836, obs. C. Mascala ; *D.* 2016. 2424, obs. G. Roujou de Boubée, T. Garé, C. Ginestet, M.-H. Gozzi, L. Miniato et S. Mirabail ; *D.* 2016. 2442, note O. Décima ; *D.* 2017. 1328, obs. N. Jacquinot et R. Vaillant ; *RSC* 2016. 524, obs. S. Detraz ; *Constitutions* 2016. 436, chron. C. Mandon.

22 juillet 2016[1], portant sur l'application combinée des articles 1729[2] et 1741[3] du code général des impôts, ne s'applique qu'à une poursuite pénale exercée pour des faits de dissimulation volontaire d'une partie des sommes sujettes à l'impôt et qu'en cas d'engagement d'une procédure de sanction fiscale[4].

Dès lors, ne peut se prévaloir de cette réserve le prévenu qui a été poursuivi et condamné pour des faits d'omission volontaire de faire une déclaration de TVA dans les délais prescrits et qui ne justifie pas avoir fait l'objet de pénalités fiscales[5].

En matière de fraude fiscale, la réserve d'interprétation émise par le Conseil constitutionnel dans ses décisions du 24 juin 2016[6], au paragraphe 13, et du 22 juillet 2016[7] portant sur certaines dispositions de l'article 1741 du code général des impôts pris isolément, dont il résulte qu'un contribuable qui a été déchargé de l'impôt pour un motif de fond par une décision juridictionnelle devenue définitive ne peut être condamné pour fraude fiscale, ne s'applique qu'à une poursuite pénale exercée pour des faits de dissimulation volontaire d'une partie des sommes sujettes à l'impôt, et non à des poursuites exercées pour des faits d'omission volontaire de faire une déclaration dans les délais prescrits, et qu'en cas de décision de décharge rendue par le juge administratif ou civil relative au même impôt.

Dès lors, le prévenu poursuivi, en qualité de gérant de fait de l'établissement stable d'une société britannique en France, pour défaut de déclaration de résultats au titre de l'impôt sur les sociétés, ne peut se prévaloir d'une décision du juge administratif le déchargeant des cotisations supplémentaires d'impôt sur le revenu, des contributions sociales et des pénalités y afférentes, mises à sa charge en sa qualité de maître de l'affaire du même établissement[8].

Dans sa décision du 24 juin 2016[9], déclarant conformes à la Constitution l'article 1729 du code général des impôts et des dispositions de l'article 1741 du même code, le Conseil constitutionnel a émis trois réserves, notamment celle énonçant que les dispositions de l'article 1741 du code précité « ne sauraient, sans méconnaître le principe de nécessité des délits, permettre qu'un contribuable qui a été déchargé de l'impôt par une décision juridictionnelle devenue définitive pour un motif de fond puisse être condamné pour fraude fiscale ».

Ne méconnaît pas la portée de cette réserve la cour d'appel qui, nonobstant l'existence d'une décision rendue précédemment par une cour administrative d'appel ayant déclaré la prévenue non redevable de l'impôt calculé sur le prix de cession non déclaré des parts de sa société regardé comme un salaire, juge que le prévenu s'est rendu coupable de minoration des sommes déclarées à l'impôt, dès lors que la décision de la cour administrative n'avait pas remis en cause le manquement à l'obligation déclarative au titre des revenus imposables de ce prix de cession en tant que plus-values de cession à titre onéreux et n'avait ainsi pas déchargé la prévenue de toute imposition sur les sommes en cause[10].

La chambre criminelle a jugé que la question prioritaire de constitutionnalité ainsi rédigée : « Les dispositions des articles L. 532-1, L. 532-3, L. 573-1 et L. 573-7 du code monétaire et financier, en leur rédaction applicable aux faits, en ce qu'elles permettent aux juridictions correctionnelles de poursuivre et prononcer des sanctions à l'égard des personnes ayant préalablement été sanctionnées pour les mêmes faits par l'AMF, méconnaissent-elles l'article 8 de la Déclaration des droits de l'Homme de 1789 relatif au principe de nécessité et de proportionnalité des peines et au principe *ne bis in idem* qui en découle ? [...] ne présentait pas, par ailleurs, un caractère sérieux. »

Qu'en effet, il résulte des décisions Conseil constitutionnel du 24 juin 2016[11], que les mêmes faits commis par une même personne peuvent faire l'objet de poursuites différentes aux fins de sanctions de nature administrative ou pénale, sans que soit méconnu le principe de nécessité des délits et des peines, lorsque notamment les deux répressions aboutissent au prononcé de sanctions de nature différente ; qu'en vertu du paragraphe III de l'article L. 621-15 du code monétaire et financier dans sa rédaction résultant de la loi du 1er août 2003, applicable à la date des faits, la commission des sanctions de l'Autorité des marchés financiers peut prononcer à l'encontre de l'auteur d'un manquement aux règles de bonne conduite et aux obligations professionnelles, notamment d'un manque-

1. Cons. const. 22 juill. 2016, nº 2016-556 QPC, art. sous réserve (et de la décision nº 2016-545 QPC) 1741, al. 1 (mots), du CGI, *pénalités fiscales pour insuffisance de déclaration et sanctions pénales pour fraude fiscale II*, CONFORMITÉ – RÉSERVE – NON LIEU À STATUER, *JO* 24 juill., nº 30 ; *D.* 2016. 1569.
2. CGI, art. 1729, préc.
3. CGI, art. 1741, préc.
4. V. également Cons. Const. 23 nov. 2018, nº 2018-745 QPC et Crim. 12 sept. 2018, nº 18-81.067, P nº 157.
5. Crim. 22 févr. 2017, nº 16-82.047, P nº 51.
6. Cons. const. 24 juin 2016, nº 2016-545 QPC, préc. – Cons. const. 24 juin 2016, nº 2016-546 QPC, préc.
7. Cons. const. 24 juin 2016, nº 2016-546 QPC, préc.
8. Crim. 31 mai 2017, nº 15-82.159, P nº 146 ; *D.* 2017. 1193 ; *D.* 2017. 2501, obs. G. Roujou de Boubée, T. Garé, C. Ginestet, M.-H. Gozzi, S. Mirabail et E. Tricoire.
9. Cons. const. 24 juin 2016, nº 2016-545 QPC, préc.
10. Crim. 28 juin 2017, nº 16-81.149, P nº 183.
11. Cons. const. 24 juin 2016, nº 2016-545 QPC, préc. – Cons. const. 24 juin 2016, nº 2016-546 QPC, préc.

ment tiré de l'exercice de l'activité de placement sans agrément, l'avertissement, le blâme, le retrait temporaire ou définitif de la carte professionnelle, l'interdiction à titre temporaire ou définitif de l'exercice de tout ou partie des services ou activités, et en complément ou à la place de ces sanctions, une sanction pécuniaire dont le plafond, en l'absence de profit personnel, est pour une personne morale de 1 500 000 euros et pour une personne physique de 300 000 euros ; qu'en vertu des articles L. 573-1 et L. 573-7 du code monétaire et financier dans leur version résultant de la loi du 1er août 2003 susvisée, et des articles 131-38 et 131-39 du code pénal, l'auteur d'une fourniture illicite de services d'investissement peut être puni, s'il s'agit d'une personne physique, d'une peine de trois ans d'emprisonnement, d'une amende de 375 000 euros et de peines complémentaires, s'il s'agit d'une personne morale, le taux maximum de l'amende étant égal au quintuple de celle prévue pour les personnes physiques, d'une amende de 1 875 000 euros, et, sous certaines conditions, de la peine de la dissolution ; qu'ainsi, les sanctions pécuniaires pouvant être prononcées par la commission des sanctions de l'Autorité des marchés financiers sont du même ordre que celles encourues devant la juridiction pénale ; qu'en revanche, le juge pénal peut condamner l'auteur du délit une peine d'emprisonnement lorsqu'il s'agit d'une personne physique et prononcer une dissolution lorsqu'il s'agit d'une personne morale ; qu'ainsi, les dispositions législatives contestées sont susceptibles d'aboutir au prononcé de sanctions de nature différent[1].

La position de la chambre criminelle a été affirmée en la matière à l'occasion de trois arrêts rendus le même jour qui retiennent qu'il appartient au juge répressif d'appliquer l'article 4 au Protocole n° 7, additionnel à la Convention européenne des droits de l'homme, en faisant produire un plein effet à la réserve émise par la France en marge de ce protocole. L'interdiction d'une double condamnation en raison de mêmes faits, prévue par l'article 4 du Protocole n° 7 ne trouve à s'appliquer, selon ladite réserve, que pour les infractions relevant en droit français de la compétence des tribunaux statuant en matière pénale et n'interdit pas le prononcé de sanctions fiscales parallèlement aux peines infligées par le juge répressif. Dès lors, justifie sa décision la cour d'appel saisie de faits de fraude fiscale, qui, pour rejeter l'exception de procédure fondée sur le principe *ne bis in idem*, énonce qu'il n'est pas démontré que la réserve émise par la France, dont il n'appartient pas au juge du fond d'apprécier la validité, ait été écartée par la Cour européenne des droits de l'homme.

Lorsque le prévenu de fraude fiscale justifie avoir fait l'objet, à titre personnel, d'une sanction fiscale pour les mêmes faits, il appartient au juge pénal, après avoir caractérisé les éléments constitutifs de cette infraction au regard de l'article 1741 du code général des impôts, et préalablement au prononcé de sanctions pénales, de vérifier que les faits retenus présentent le degré de gravité de nature à justifier la répression pénale complémentaire. Le juge est tenu de motiver sa décision, la gravité pouvant résulter du montant des droits fraudés, de la nature des agissements de la personne poursuivie ou des circonstances de leur intervention dont celles notamment constitutives de circonstances aggravantes. À défaut d'une telle gravité, le juge ne peut entrer en voie de condamnation. Dès lors, justifie sa décision, sans méconnaître la portée de la réserve d'interprétation émise par le Conseil constitutionnel selon laquelle les dispositions de l'article 1741 du code général des impôts ne s'appliquent qu'aux cas les plus graves d'omission ou d'insuffisance déclarative volontaire, la cour d'appel qui, après avoir établi les infractions de fraude fiscale reprochées aux prévenus et préalablement à la motivation du choix des peines, caractérisé la gravité des faits tenant à la réitération de faits d'omission déclarative sur une longue période en dépit de plusieurs mises en demeure et à la qualité d'élu de la République de l'un d'entre eux.

Dans une telle hypothèse, le juge pénal n'est tenu de veiller au respect de l'exigence de proportionnalité que s'il prononce une peine de même nature. Dès lors, n'a pas méconnu la portée de la réserve d'interprétation du Conseil constitutionnel relative au principe de proportionnalité des peines en cas de cumul de sanctions pénales et fiscales, la cour d'appel qui condamne les prévenus, à l'encontre desquels des pénalités fiscales définitives ont été prononcées, chacun, à douze mois d'emprisonnement avec sursis et trois ans d'inéligibilité pour fraude fiscale, aucune amende pénale ne leur ayant été infligée[2].

553.45 **Entre peine pour infraction de droit commun et sanction douanière.** Le demandeur ne saurait se faire un grief d'avoir été condamné pour des infractions pénales et douanières susceptibles de concerner un même fait dès lors que ces doubles qualifications résultent de la mise en œuvre d'un système intégrant poursuites et actions pénales et douanières, permettant au juge pénal de réprimer un même fait sous ses deux aspects, de manière

1. Crim. 20 déc. 2017, n° 17-82.470, NP, non-renvoi de QPC.

2. Crim. 11 sept. 2019, n° 18-81.067, P. ; n° 18-82.430, P ; n° 18-84.144, P. V. *BICC* n° 915, 1er févr. 2020, note s[s] n° 84.

prévisible et proportionnée, le montant global des sanctions éventuellement prononcées ne devant pas dépasser le montant le plus élevé de l'une des sanctions encourues[1].

L'article 4 du Protocole n° 7 à la Convention européenne des droits de l'homme n'a pas en lui-même pour effet d'interdire par principe tout cumul entre des actions pénales et douanières. Par conséquent, doit être rejeté le pourvoi formé à l'encontre d'une condamnation à une sanction fiscale pour l'infraction douanière de contrebande de marchandises prohibées prononcée sur citation de l'administration des douanes, après que le prévenu a été définitivement condamné, pour les mêmes faits, du chef d'infractions à la législation sur les stupéfiants, le demandeur n'invoquant aucun élément de nature à faire obstacle en l'espèce à un tel cumul[2].

553.46 **En matière de presse.** La juridiction correctionnelle, saisie de deux poursuites portant sur le même fait, n'est pas tenue d'en ordonner la jonction, et n'a d'autre obligation que de statuer dans celle portant sur la prévention la plus large et de constater dans l'autre l'extinction de l'action publique en application du principe *non bis in idem*.

Les faits qui procèdent de manière indissociable d'une action unique caractérisée par une seule intention coupable ne peuvent donner lieu, contre le même prévenu, à deux déclarations de culpabilité de nature pénale, fussent-elles concomitantes.

Encourent en conséquence la censure les arrêts prononçant deux déclarations de culpabilité du chef de diffamation publique envers un particulier, en raison de propos contenus, d'une part, dans une interview mise en ligne sur internet, d'autre part, dans l'interview accessible par un lien hypertexte depuis ledit article, alors que les propos incriminés au sein de l'article étaient les mêmes, soit qu'ils soient cités, soit qu'ils soient reformulés sans dénaturation, que ceux poursuivis comme ayant été retenus dans l'interview, de sorte que l'ensemble ainsi formé, sur une même page intégralement mise en ligne au même moment sur un site internet, constituait un unique fait de publication[3].

553.47 **Entre peine pour infraction de droit commun et infraction issue d'un code spécifique.** La demanderesse ne saurait faire grief à la cour d'appel d'avoir prononcé à son encontre une double déclaration de culpabilité des chefs de mauvais traitements réprimés par l'article R. 654-1 du code pénal et de privation de soins à animal domestique sanctionnée par l'article R. 214-17[4] du code rural et de la pêche maritime, commis le 16 mars 2015 à Saint-Père-Sous-Vézelay, dès lors que ces infractions comportent des éléments constitutifs différents, la première résultant notamment d'un défaut de surveillance des animaux[5].

553.48 **En matière disciplinaire.** Les sanctions disciplinaires et pénales peuvent se cumuler sans porter atteinte aux dispositions conventionnelles consacrant la règle *non bis in idem* car, d'une part, la sanction de placement en cellule disciplinaire en application de l'article R. 57-7-43 du code de procédure pénale s'analyse non pas en une condamnation supplémentaire pour la même infraction mais en une modalité d'exécution d'un emprisonnement antérieurement prononcé pour d'autres faits, d'autre part, le prononcé d'une telle sanction et le retrait d'un crédit de réduction de peine, qui n'ont pas la même nature juridique, ne poursuivent pas le même but, le premier participant de l'application individualisée de la peine tandis que le second tend à assurer la tranquillité et la sécurité de l'établissement pénitentiaire.

« Attendu que, pour déclarer M. Z... coupable d'outrages à personne dépositaire de l'autorité publique, le condamner à cinq mois d'emprisonnement et rejeter sa demande tendant à dire irrégulière la poursuite de ce chef, motif pris de ce que le prévenu a antérieurement subi une sanction disciplinaire pour les mêmes faits, l'arrêt attaqué énonce, notamment, que les sanctions pénales et disciplinaires sont de finalité, de nature et de sévérité différentes ;

Attendu qu'en statuant ainsi, la cour d'appel a justifié sa décision. Qu'en effet, d'une part, la sanction de placement en cellule disciplinaire prévue à l'article R. 57-7-43 du code de procédure pénale ne saurait s'analyser en une condamnation supplémentaire pour la même infraction, mais seulement en une modalité d'exécution d'un emprisonnement antérieurement prononcé pour d'autres faits ; que, d'autre part, le prononcé d'une telle sanction et le retrait d'un crédit de réduction de peine, qui n'ont pas la même nature juridique, ne tendent pas au même but, le premier assurant la tranquillité et la sécurité de l'établissement pénitentiaire et le second participant de l'application individualisée de la peine. Que ces sanctions se cumulent donc, sans qu'il soit porté atteinte aux dispositions conventionnelles des articles 6 de la convention européenne des droits de l'homme et 4 du protocole n° 7 additionnel à ladite convention, consacrant la règle *ne bis in idem* qui n'interdit pas le prononcé de sanctions

1. Crim. 20 déc. 2017, n° 16-82.579, NP ; Crim. 27 juin 2018, n° 17-82.467, NP.
2. Crim. 25 sept. 2019, n° 18-84.717, P.
3. Crim. 23 janv. 2018, n°s 17-81.377, 13-81.373, NP.
4. C. rur., art. R. 214-17.
5. Crim. 30 janv. 2018, n° 16-87.072, NP.

disciplinaires parallèlement aux sanctions infligées par le juge répressif[1]. Le principe *non bis in idem* ne fait pas obstacle au cumul entre une sanction disciplinaire et un retrait de réduction de peine, qui ne sont pas des mesures ayant le même objet ni la même nature »[2].

Les intérêts protégés par les poursuites disciplinaires et pénales parallèlement engagées contre le prévenu étaient distincts et les sanctions prononcées contre lui de nature différente, de sorte que ces sanctions pouvaient se cumuler, sans qu'il soit porté atteinte aux dispositions conventionnelles consacrant la règle *non bis in idem*[3].

« Attendu que, pour infirmer partiellement l'ordonnance entreprise (non-lieu partiel), l'arrêt énonce qu'en vertu de la règle *ne bis in idem*, un même fait, autrement qualifié, ne saurait donner lieu à une double déclaration de culpabilité, que les époux V... ne peuvent pas être poursuivis à la fois pour le délit de traite d'êtres humains par le fait d'avoir hébergé A... A... et pour le délit d'offre de conditions d'hébergement indignes et qu'en conséquence, il y a lieu de prononcer un non-lieu contre quiconque du chef de traite d'être humain sur la personne d'A... A. ;

Mais attendu qu'en prononçant ainsi, alors que, d'une part, il résultait de ses propres constatations que les mis en examen avaient entre 2005 et 2008 mis Mme A... à la disposition de tiers pour effectuer un travail sans rémunération, ce dont il résultait des éléments susceptibles de caractériser le délit de traite d'êtres humains, d'autre part, la mise à leur propre disposition d'une personne soumise à des conditions de travail ou d'hébergement contraires à sa dignité devait être poursuivie, pour les faits commis depuis la loi du 20 novembre 2007, sous la qualification la plus haute de traite d'êtres humains, la cour d'appel n'a pas justifié sa décision »[4].

L'article 6 de la Convention européenne des droits de l'homme et l'article 4 du protocole n° 7 additionnel à ladite Convention n'interdisent pas le retrait d'une mesure d'aménagement de peine parallèlement aux sanctions pénales prononcées pour des faits commis au cours de l'exécution de cette mesure[5].

1. Crim. 10 janv. 2017, n° 15-85.519, P ; *AJDA* 2017. 446 ; *D.* 2017. 162 ; *D.* 2017. 1274, obs. J.-P. Céré et M. Herzog-Evans ; *D.* 2017. 1676, obs. J. Pradel ; *D.* 2017. 2501, obs. G. Roujou de Boubée, T. Garé, C. Ginestet, M.-H. Gozzi, S. Mirabail et E. Tricoire ; *AJ pénal* 2017. 145, obs. J. Falxa.
2. Crim. 16 nov. 2016, n° 15-87.121, NP.
3. Crim. 11 juill. 2017, n° 16-84.639, NP, *D.* 2017. 2501, obs. G. Roujou de Boubée, T. Garé, C. Ginestet, M.-H. Gozzi, S. Mirabail et E. Tricoire.
4. Crim. 24 oct. 2017, n° 17-84.629, NP.
5. Crim. 3 mai 2018, n° 17-83.225, P n° 81.

553.49 Entre peine pour infraction de droit commun et sanction électorale. La chambre criminelle a encore estimé que la question prioritaire de constitutionnalité ainsi rédigée : « Les dispositions de l'article 94 du code électoral sont elles conformes aux "principes de nécessité des délits et des peines et de proportionnalité des peines et du droit au maintien des situations légalement acquises" garantis par les articles 8[6] et 16[7] de la Déclaration des droits de l'Homme et du citoyen dès lors qu'elles ne prévoient pas leur inapplication lorsque la juridiction administrative saisie d'une protestation électorale fondée sur les mêmes motifs liés à la soustraction, l'ajout ou l'altération des bulletins aurait été rejetée par une décision juridictionnelle devenue définitive. Les dispositions de l'article 94 du code électoral sont-elles conformes aux "principes de nécessité des délits et des peines et de proportionnalité des peines et du droit au maintien des situations légalement acquises" en tant qu'elles font encourir deux fois, pour les mêmes faits et devant deux ordres de juridiction différents, une même peine d'inéligibilité par application de l'article L. 117[8] du code électoral qui lui-même renvoie à l'article L. 131-26 du code pénal, sans qu'il soit tenu compte de la décision définitive du juge de l'élection ? [...] ne présentait pas un caractère sérieux ».

« Qu'en effet, la réserve émise par le Conseil constitutionnel dans sa décision du 24 juin 2016[9] invoquée par le requérant, a été formulée exclusivement dans le cadre du cumul de poursuites fiscales et pénales et ne concerne que l'article 1741[10] du code général des impôts dès lors que le juge de l'impôt est seul compétent pour statuer sur le montant des droits éludés ; qu'en l'état de cette jurisprudence, il ne résulte d'aucun principe constitutionnel que le juge pénal saisi d'une fraude électorale soit tenu par une décision du juge administratif constatant l'absence de fraude ;

Que par ailleurs, il résulte des décisions du Conseil constitutionnel du 24 juin 2016[11], que les mêmes faits commis par une même personne peuvent faire l'objet de poursuites différentes aux fins de sanctions de nature administrative ou pénale, sans que soit méconnu le principe de nécessité des délits et des peines, lorsque notamment les deux répressions aboutissent au prononcé de sanctions de nature différente ;

6. DDHC, 26 août 1789, art. 8.
7. DDHC, 26 août 1789, art. 16.
8. C. électoral, art. L. 117 ; mod. par L. n° 2008-776, 4 août 2008, art. 73.
9. Cons. const. 24 juin 2016, n° 2016-545 QPC, préc.
10. CGI, art. 1741, préc.
11. Cons. const. 24 juin 2016, n° 2016-545 QPC, préc. – Cons. const. 24 juin 2016, n° 2016-546 QPC, préc.

Que le juge administratif, saisi sur le fondement de l'article L. 248[1] du code électoral aux fins d'annulation du scrutin, peut prononcer la sanction d'inéligibilité pour une durée de trois ans au plus, s'il relève des manquements mentionnés à l'article L. 94[2] du même code, susceptibles de faire également l'objet de poursuites devant le juge répressif ; que ce dernier peut condamner l'auteur du délit de fraude électorale prévu et réprimé par ce texte, outre à la peine complémentaire d'inéligibilité en application du premier alinéa de l'article L. 17[3] du même code, à des peines d'emprisonnement, pouvant aller jusqu'à cinq ans, et d'amende, pouvant aller jusqu'à 22 500 euros, ainsi qu'à différentes peines complémentaires ; qu'ainsi, les dispositions législatives contestées sont susceptibles d'aboutir au prononcé de sanctions de nature différente »[4].

SECTION 2
ARRÊTS DE LA CHAMBRE CRIMINELLE DU 15 DÉCEMBRE 2021 ET LEURS SUITES

553.51 **Revirement.** Le principe ci-dessus rappelé avec constance depuis 2016, demeurait mal compris ou appliqué par de nombreuses juridictions du fond. Il n'était pas non plus sans poser quelques difficultés en particulier : quid de la condamnation du prévenu à des peines complémentaires pouvant apparaître particulièrement adaptées aux circonstances ou à la personnalité de l'auteur mais seulement attachées à la qualification délaissée ? Quid la recevabilité de la constitution de partie civile du chef de l'un des faits poursuivis dès lors que la personne ne subissait pas un préjudice direct et personnel de la seule qualification retenue[5] ?

Par un premier arrêt lapidaire du 15 décembre 2021, la chambre criminelle énonce que le moyen, qui invoque pour la première fois devant la Cour de cassation la violation du principe *ne bis in idem* en cas de poursuites concomitantes, est irrecevable, ce principe n'étant pas d'ordre public[6].

Par un second en date du même jour et aux motifs qu'elle expose en toute transparence, la chambre criminelle énonce donc infléchir sa jurisprudence : « L'interdiction de cumuler les qualifications lors de la déclaration de culpabilité doit être réservée, outre la situation dans laquelle la caractérisation des éléments constitutifs de l'une des infractions exclut nécessairement la caractérisation des éléments constitutifs de l'autre, aux cas où un fait ou des faits identiques sont en cause et où l'on se trouve dans l'une des deux hypothèses suivantes.

Dans la première, l'une des qualifications, telles qu'elles résultent des textes d'incrimination, correspond à un élément constitutif ou une circonstance aggravante de l'autre, qui seule doit alors être retenue.

Dans la seconde, l'une des qualifications retenues, dite spéciale, incrimine une modalité particulière de l'action répréhensible sanctionnée par l'autre infraction, dite générale »[7].

553.52 **Illustrations.** Dès lors, en cas de poursuites concomitantes, le principe *ne bis in idem* n'a pas à s'appliquer en présence de faits distincts, ainsi en cas de poursuites pour proxénétisme aggravé et traite des êtres humains[8] ou pour fraude fiscale et omission d'écritures comptables[9].

Par ailleurs, il est impossible de poursuivre simultanément deux infractions si la caractérisation de l'une de celles-ci exclut nécessairement la caractérisation des éléments constitutifs de l'autre (par exemple homicide volontaire et homicide involontaire). Enfin, et toujours en cas de poursuites concomitantes de faits identiques, le principe *ne bis in idem* voit son champ réduit aux hypothèses d'existence d'une qualification spéciale ou d'une identité d'élément constitutif ou de circonstances aggravantes. Ainsi :

– Il est possible de condamner pour escroquerie, faux et usage de faux, la caractérisation des éléments constitutifs de l'une des infractions n'excluant pas la caractérisation des éléments constitutifs de l'autre et il résulte des articles 313-3 et 441-1 du code pénal qu'aucune de ces infractions n'est un élément constitutif ou une circonstance aggravante

1. C. électoral, art. L. 248.
2. C. électoral, art. L. 94.
3. C. électoral, art. L. 17.
4. Crim. 17 janv. 2018, nº 17-90.022, NP, non-renvoi de QPC.
5. Crim. 21 nov. 2018, nº 17-81.096, P nº 193 ; *Dr. pénal* 2019, comm.13, note A. Maron et M. Haas ; Crim. 18 mars 2020, nº 19-83.358, NP ;
6. Crim. 15 déc.2021, nº 20-85.924, P.
7. Crim. 15 déc. 2021, nº 20-85-925, P. V. nota : *D.* 2022. 154, note G. Beaussonie ; *AJ pénal* 2022. 34, note C.-H. Boeringer et G. Courvoisier-Clément ; *RTD com.* 2022. 188, obs. B. Bouloc ; *JCP* 2022. 132, note N. Catelan ; *Dr. pénal* 2022, comm. 23, obs. Ph. Conte ; *Dr. pénal* 2022. Étude 2, M. Fouquet, P. Labrousse ; *Dr. pénal* 2022. Étude 3, Ph. Conte ; *Dr. pénal* 2022. Étude 4, O. Décima ; *Gaz. Pal.* 2022, nº 3 p. 21, obs. R. Parizot ; *Gaz. Pal.* 2022, nº 11, p. 41, obs. N. Catelan et L. Saenko ; *Lexbase Pénal* 2022, nº 45, J.-C. Saint-Pau – Crim. 9 févr. 2022, nº 20-81.038 et Crim. 15 févr. 2022, nº 20-81.450, *D.* 2022. 353 ; *AJ pénal* 2022. 206, obs. M.-C. Sordino ; Crim. 15 févr. 2022, nº 20-86.019 – Crim. 15 févr. 2022, nº 21-81-966 ; *Dr. pénal* 2022, comm. 62, obs. Ph. Conte – Crim. 16 mars 2022, nº 21-82.254, *AJDA* 2022. 606 ; *D. 2022.* 559 ; *AJ pénal* 2022. 266, obs. M. Bouchet ; *Gaz. Pal.* 2022, nº 16, p. 43, obs. E. Dreyer – Crim. 13 avr.2022, nº 19-84.831, *D.* 2022. 793.
8. Crim. 15 févr. 2022, nº 20-86.019, NP.
9. Crim. 22 juin 2022, nº 21-83.360, P.

de l'autre, l'article 313-1 incriminant l'escroquerie visant notamment les manoeuvres frauduleuses et non spécifiquement le faux ou l'usage de faux comme élément constitutif de l'escroquerie [1] ;

– Les déclarations de culpabilité des délits et contraventions de blessures involontaires ne sont pas exclusives l'une de l'autre ; par ailleurs, aucune des qualifications telles qu'elles résultent des textes d'incrimination ne correspond à un élément constitutif ou à une circonstance aggravante de l'autre et aucune de ces qualifications n'incrimine une modalité particulière de l'action répréhensible sanctionnée par l'autre infraction [2] ;

– Au regard des textes d'incriminations, le délit d'association de malfaiteurs, qui implique un acte de participation à un groupement établi en vue de la commission d'infractions, ne correspond pas à la circonstance de bande organisée, qui aggrave l'infraction dès lors qu'elle a été commise ou préparée par un groupement structuré, sans exiger que son auteur y ait participé. Par ailleurs, les éléments constitutifs du délit d'association de malfaiteurs, et de l'infraction consommée poursuivie en bande organisée ne sont pas susceptibles d'être incompatibles et aucune de ces qualifications n'incrimine une modalité particulière de l'action répréhensible sanctionnée par l'autre infraction. Ne méconnaît pas le principe *ne bis in idem* la cour d'appel qui déclare le prévenu coupable des délits de participation à une association de malfaiteurs et de blanchiment en bande organisée, y compris lorsque les faits retenus pour établir l'association de malfaiteurs sont identiques à ceux caractérisant la bande organisée [3].

Il est sans doute encore trop tôt pour dire si la simplification tant voulue par les auteurs de ces évolutions [4] n'aurait pas gagné à être plus fermement exprimée, sur le fond, en affirmant qu'un même fait ne peut recevoir plusieurs qualifications pénales [5] et au plan procédural, en ne se limitant pas aux seuls cas d'unicité des poursuites. Mais elle a suscité d'ores et déja de nombreuses critiques.

SECTION 3
REGARDS CRITIQUES

553.61 **Appréciations.** La Cour européenne des droits de l'Homme a admis le cumul de poursuites, dès lors que celles-ci, prévisibles, unies par un lien matériel et temporel suffisamment étroit, s'inscrivent dans une approche intégrée et cohérente du méfait en question et permettent de réprimer les différents aspects de l'acte répréhensible, à condition qu'elles ne génèrent pas d'inconvénient supplémentaire pour la personne poursuivie, ne conduisent pas à lui faire supporter une charge excessive et se limitent à ce qui est strictement nécessaire au regard de la gravité de l'infraction.

Ceci fait tout d'abord dire à Laurent Saenko que « ... contrairement à ce que laisse entendre la Cour de cassation à l'occasion de son revirement de 2021 (§ 22), la Cour européenne n'a guère changé de méthode de résolution quant aux concours de qualifications, l'arrêt *Bajcic c/ Croatie*, dont elle se revendique (CEDH 8 oct. 2020, n° 67334/13), concernant un concours réel d'infractions, non un concours idéal de qualifications. On peut s'en assurer en se référant à l'opinion des juges Bošnjak et Derendinovi ; dans l'arrêt *Kavala c/ Turquie* (CEDH 11 juill. 2022, n° 28749/18) qui recourent à la méthode traditionnelle, c'est à dire qui repose sur les faits ; non les qualifications » [6].

Philippe Conte, qui s'interroge sur le fait de passer d'un extrême à un autre et sur la question classique de savoir si une condamnation peut être prononcée à la fois pour faux et usage de faux et escroquerie, écrit « dès lors que cet exemple a toujours été pris comme une illustration parfaite d'un concours idéal devant, à l'évidence, se solder par une qualification unique ? Un tel raisonnement privilégie, en réalité, l'acception juridique du « fait » et sacrifie son *acception matérielle* : ce qui, à en croire l'arrêt, justifie le cumul est qu'à cet unique fait matériel (utiliser un document falsifié) correspondent deux faits juridiques – deux qualifications – (usage de faux et, par le biais des manœuvres, escroquerie) et que, partant, et pour la seule raison que ces deux qualifications existent, sans s'exclure mutuellement, elles devraient toutes deux s'appliquer. Ce raisonnement est, pour le moins, étonnant : n'est-ce pas succomber au juridisme le plus abstrait et désincarné que d'ajouter les unes aux autres des qualifications selon le seul critère des termes utilisés par la loi ? Sans doute « manœuvres » et « usage de faux » renvoient-ils à des notions juridiquement différentes, mais si, dans une affaire donnée, la manœuvre a consisté à user d'un faux, peut-on à ce point refuser de le voir sans sacrifier au fétichisme des mots ? Où est la justice d'une pareille solution, qui va réprimer en réalité deux fois (au moins) le même fait ? » [7].

1. Crim.15 déc. 2021, n° 21-81.864, P.
2. Crim. 15 févr. 2022, n° 20-81.450, P.
3. Crim. 9 juin 2022, n° 21-80.237, P.
4. M. Fouquet, P. Labrousse, « *Ne bis in idem* : au cœur de l'évolution jurisprudentielle », précité.
5. O. Décima, « Requiem pour *Ne bis in idem* », précité, 12.
6. L. Saenko, « Les concours d'infractions en matière pénale : la *fractura temporis* ? », *D.*2022. 1762.
7. Ph. Conte, « *Non bis in idem* : bref exercice d'exégèse d'où il résulte que le droit n'est pas la physique », *Dr. pénal* 2020. Étude 10.

Laurent Saenko développe alors, toujours au sujet du cumul ou du non cumul des faits de faux et usage et d'escroquerie « En réalité, la notion de fait n'a de sens que dans sa dimension matérielle : il est le fait de l'homme, positif ou négatif, tel qu'il modifie le monde extérieur – ou, pour reprendre l'expression d'Ortolan, il est « l'acte matériel accompli (...) au point de vue de l'exercice physique de l'activité humaine ». Du reste, n'est-ce pas comme cela que l'entend le code pénal, lorsqu'il définit l'auteur de l'infraction comme celui qui commet les « faits » incriminés ou qui tente de les commettre ? Ou lorsqu'il dispose qu'on est personnellement responsable que de son propre « fait » ? Il paraît, en effet, assez cohérent de voir dans le fait l'action d'un individu (mettre la main dans le sac d'autrui pour s'approprier un objet) ; dans la qualification, la traduction juridique de ce fait (une soustraction frauduleuse) ; dans l'incrimination, le texte légal ou réglementaire qui le réprime (C. pr. pén., art. 311-1 au présent cas) et, enfin, dans l'infraction, le fait générateur de responsabilité pénale qui en ressort ». Et de demander « Mais la haute juridiction aurait-elle tranché dans le même sens si la matérialité de l'escroquerie avait consisté au cas d'espèce, non pas en des manoeuvres frauduleuses, mais en l'usage d'un faux nom ou d'une fausse qualité ? Si, par exemple, une personne obtient un crédit d'une banque après avoir indiqué dans une demande de prêt le nom d'une autre personne, imitant par ailleurs sa signature dans plusieurs documents valant titre, va-t-elle engager sa responsabilité pénale pour faux, usage de faux et escroquerie ou uniquement pour escroquerie ? À lire la nouvelle règle jurisprudentielle, il semble que le cumul soit ici impossible, l'« usage d'un faux nom » étant clairement un élément constitutif de l'escroquerie. Si une telle hypothèse se révélait vraie, on mesure à quel point elle serait illogique car elle créerait une différence de traitement entre les différents modes de constitution de l'escroquerie. Cela n'aurait strictement aucun sens ! »

Xavier Pin critique également le fait que la Cour de cassation ait privilégié une acception juridique du « fait » plutôt que matérielle ce qui aboutit à qualifier deux fois le même fait, au motif que le législateur n'a pas utilisé les mêmes mots pour le désigner sous deux incriminations différentes : « l'usage » n'est effectivement pas synonyme de « manoeuvres » – et n'a pas été « spécifiquement » visé par le texte réprimant l'escroquerie, pourtant l'escroc a matériellement utilisé le faux pour tromper sa victime, ce qui justifiait jusqu'à présent que le concours idéal de ces deux infractions se soldât par une qualification unique d'escroquerie – sous réserve du faux criminel », souligne alors qu'« au prétexte de changer de formule, la Haute juridiction a tellement restreint le domaine d'application de la règle *non bis in idem*, qu'elle a abandonné le principe séculaire d'unicité, au profit de celui de la pluralité de qualifications »[1].

Charles-Henri Boeringer et Guillaume Courvoisier-Clément retiennent pour leur part[2] « En premier lieu, l'arrêt marque un abandon complet de la solution de 2016 qui s'appliquait aux faits « indissociables » procédant d'une action unique et d'une seule intention. Désormais, l'arrêt commenté ne vise plus que les faits « identiques » en interdisant le cumul uniquement dans le cas de figure où cohabitent une infraction spéciale et générale ou une infraction en incluant une autre au titre de ses éléments constitutifs ou circonstances aggravantes. Sur ce point, on relèvera que la Cour se distingue ici de la position européenne (dont elle se targue pourtant de s'être inspirée en 2016, au point 17 de sa décision).

En second lieu, il est manifeste que l'appréciation purement littérale des éléments constitutifs de l'infraction adoptée par la Cour restreint une nouvelle fois le champ d'application du principe d'unicité de qualification. En effet, la Cour retient que si le texte d'incrimination de l'une des infractions ne fait pas explicitement référence à l'infraction en concours, alors elles peuvent être retenues cumulativement. Ce choix est regrettable car il s'éloigne de la vision de la CEDH entendant empêcher une double sanction pour les mêmes faits en privilégiant une approche abstraite. La solution choisie est artificielle car, de fait, l'usage du faux constitue bien en l'espèce l'une des composantes factuelles de l'élément matériel de l'escroquerie.

Enfin, la référence aux « infractions incompatibles » que la Cour définit comme la situation où « la caractérisation des éléments constitutifs de l'une des infractions exclut nécessairement la caractérisation des éléments constitutifs de l'autre » paraît surprenante en ce que cette règle ne concerne pas la résolution des concours de qualifications et le principe *ne bis in idem*[3].

Le débat semble en conséquence loin d'être clos.

1. X Pin, « Conflit de qualifications : beaucoup de bruit... » *RSC* 2022. 311
2. Ch.-H. Boeringer et G. Courvoisier-Clément, « Cumul de qualification lors de poursuites concomitantes : chant de cygne pour le principe *ne bis in idem ?*. », *AJ pénal* 2022. 34.
3. *Ibid.*

TITRE

56. Les réquisitions – Les plaidoiries

SECTION 0

ORIENTEUR

56.00 **Sommaire du titre.**

CHAPITRE

561. Réquisitions du parquet

SECTION 0 ORIENTEUR

561.00 Sommaire du chapitre.

561.01 Principaux textes applicables.

TEXTES SOURCES

• C. pr. pén., art. 458 à 460-1

TEXTES *IN EXTENSO*

• C. pr. pén., art. 458

Le procureur de la République prend, au nom de la loi, les réquisitions tant écrites qu'orales qu'il croit convenables au bien de la justice.

Dans le cas où des réquisitions écrites sont prises, mention en est faite dans les notes tenues par le greffier et le tribunal est tenu d'y répondre.

• C. pr. pén., art. 459

Le prévenu, les autres parties et leurs avocats peuvent déposer des conclusions.

Ces conclusions sont visées par le président et le greffier ; ce dernier mentionne ce dépôt aux notes d'audience.

Le tribunal qui est tenu de répondre aux conclusions ainsi régulièrement déposées doit joindre au fond les incidents et exceptions dont il est saisi, et y statuer par un seul et même jugement en se prononçant en premier lieu sur l'exception et ensuite sur le fond.

Il ne peut en être autrement qu'au cas d'impossibilité absolue, ou encore lorsqu'une décision immédiate sur l'incident ou sur l'exception est commandée par une disposition qui touche à l'ordre public.

• C. pr. pén., art. 460

L'instruction à l'audience terminée, la partie civile est entendue en sa demande, le ministère public prend ses réquisitions, le prévenu, et, s'il y a lieu, la personne civilement responsable, présentent leur défense.

La partie civile et le ministère public peuvent répliquer. Le prévenu ou son avocat auront toujours la parole les derniers.

• C. pr. pén., art. 460-1

Lorsque la personne qui se prétend lésée s'est constituée partie civile selon les modalités prévues à l'article 420-1, le président donne lecture de sa demande dès que l'instruction à l'audience est terminée. Le ministère public prend ses réquisitions ; le prévenu et, s'il y a lieu, la personne civilement responsable présentent leur défense.

Si le tribunal l'estime nécessaire, il peut ordonner la comparution de la partie civile. En ce cas, les débats sur l'ensemble de l'affaire ou uniquement sur les intérêts civils sont renvoyés à une prochaine audience dont la date est immédiatement fixée. Les parties sont tenues de comparaître sans autre citation à l'audience de renvoi. Il en est de même pour les personnes invitées par le tribunal à rester à sa disposition lorsqu'un avertissement écrit leur est immédiatement délivré.

561.03 Bibliographie indicative.

Ouvrages. St. Bortoluzzi, D. Piau, Th. Wickers, *Règles de la profession d'avocat*, 17e éd., « Dalloz action », 2022 – T. Revêt (dir.), *Déontologie de la profession d'avocat*, 6e éd., LGDJ, 2022 – F. Martineau, *Petit traité d'argumentation judiciaire et de plaidoirie*, 9e éd., « Praxis Dalloz », 2021 – F. Saint-Pierre, *Pratique de la défense pénale*, 6e éd., « Les intégrales », LGDJ – Lextenso, 2023.

Articles. Y. Mayaud, « Le parquet entre le juge et l'avocat : à propos de l'avant-projet de réforme du code de procédure pénale », *D.* 2010. 773 – C. Mialot, « La partie publique au procès pénal doit-elle être représentée par un magistrat ? », *D.* 2009. 2497 – J. Pradel et D. Guérin, « Les relations entre le ministère public et le ministre de la Justice dans l'avant-projet de réforme de la procédure pénale », *D.* 2010. 660 – O. Renaudie, « La liberté d'expression de l'avocat dans la jurisprudence de la Cour européenne des droits de l'Homme. Développements récents et conformité du droit français », *Gaz. Pal.* 2006. 2. Doctr. 2185.

SECTION UNIQUE

RÉQUISITIONS DU PARQUET

561.11 **Moment.** Après la ou les parties civiles, le ministère public prend ses réquisitions [1].

Le ministère public peut solliciter, après de longs débats et que les parties civiles se soient exprimées, une suspension d'audience Le tribunal apprécie, après avoir suscité les observations de la défense, s'il l'accorde et pour quelle durée.

561.12 **Obligation d'entendre le ministère public.** Le ministère public étant partie intégrante et nécessaire des juridictions répressives, doit être entendu, à peine de nullité, en ses réquisitions. La preuve de l'accomplissement de cette formalité substantielle doit et ne peut que résulter de l'arrêt [2].

L'arrêt étant rédigé en un seul contexte, il y a présomption que le ministère public mentionné par l'arrêt comme ayant été présent à la dernière audience, a assisté à toutes les audiences de la cause [3].

Toutefois, la nullité résultant de ce que, d'après les mentions de l'arrêt, le ministère public n'a pas été entendu en ses réquisitions ne saurait, en application de l'article 802 du code de procédure pénale, être prononcée dès lors que, dans une poursuite où seules des pénalités fiscales étaient encourues, il n'est pas démontré ni même allégué que cette irrégularité ait eu pour effet de porter atteinte aux intérêts du demandeur au pourvoi [4].

561.13 **Pluralité de représentants du ministère public.** Il est possible pour des procès d'importance que le ministère public intervienne par la voix de plusieurs de ses représentants. La règle de l'indivisibilité du ministère public autorise également le remplacement en cours d'audience du représentant du parquet par un de ses collègues [5].

561.14 **Contenu des réquisitions.** Le ministère public exerce l'action publique et requiert l'application de la loi [6]. Il est représenté auprès de chaque juridiction répressive. Il assiste aux débats des juridictions de jugement ; toutes les décisions sont prononcées en sa présence [7]. Les magistrats du siège et du parquet veillent à ce que leur appartenance à un corps unique et leur proximité fonctionnelle ne puissent se traduire par des attitudes et des comportements de nature à créer, chez le justiciable, une impression de confusion entre les fonctions de poursuite et de jugement. Dans ses réquisitions à l'audience pénale, le procureur s'efforce de concilier les commentaires les plus sévères que peut appeler une affaire et le respect de la personne. En tout état de cause, la liberté de parole n'autorise ni les insultes ni la vulgarité [8].

Le procureur de la République prend, au nom de la loi, les réquisitions tant écrites qu'orales qu'il croit convenables au bien de la justice [9].

Il est tenu de prendre des réquisitions écrites conformes aux instructions qui lui sont données dans les conditions prévues aux articles 36, 37 et 44. Il développe librement les observations orales qu'il croit convenables au bien de la justice [10].

Devant les juridictions correctionnelles, en application des articles 458 et 512 du code de procédure pénale, le ministère public, fût-il partie jointe, prend au nom de la loi les réquisitions tant écrites qu'orales qu'il croit convenables au bien de la justice. Justifie donc sa décision la cour d'appel qui, saisie de l'action fiscale pour infractions à la législation sur les contributions indirectes, statue après avoir entendu le ministère public [11].

Généralement les réquisitions du parquet s'articulent en deux temps, le premier sur la culpabilité, le second sur la peine. Le représentant du ministère public aura soin d'être synthétique dans les dossiers peu contestés et aux faibles enjeux pénologiques et développé et méthodique dans les dossiers contestés pour lesquels une relaxe est soutenue par la défense.

Les réquisitions orales sont un exercice d'autant plus difficile que le représentant du ministère public n'a pas toujours le temps de consacrer à la préparation des audiences le temps qu'il faudrait. Dès lors que le dossier ne présente pas de difficulté majeure, la prise de parole à l'audience est souvent une improvisation. L'improvisation est nécessaire puisqu'il n'est pas possible de préparer à l'avance toutes les réquisitions d'une audience. Par ailleurs, la prestation orale du ministère public doit se nourrir de ce qui s'est passé à l'audience. Mais pour trop se centrer sur l'impression laissée à la barre par le prévenu, on peut aussi oublier que la comparution devant ses juges n'est pas chose facile, tout particulièrement pour les jeunes majeurs. Les réquisitions orales demandent une grande maîtrise de soi-même pour ne pas se laisser emporter ni par l'ironie, ni par un humour de mauvais aloi, ni par l'habitude de donner des leçons de morale, même si morale et

1. C. pr. pén., art. 460, al. 1er.
2. Crim. 8 janv. 1972, n° 70-91.567, P n° 8 ; Crim. 10 juill. 1995, n° 94-85.641.
3. Crim. 14 févr. 1991, n° 90-80.959, P n° 76.
4. Crim. 21 nov. 1977, n° 76-91.777, P n° 358.
5. C. Miansoni, « L'indivisibilité du parquet aujourd'hui », *Les cahiers de la justice*, 2013/4, p. 103 à 116.
6. C. pr. pén., art. 32.
7. C. pr. pén., art. 33.
8. CSM, *Recueil des obligations déontologiques des magistrats*, La documentation française, 2019, p. 100 s.
9. C. pr. pén., art. 458 – V. ss nos 212.14, 212.15.
10. C. pr. pén., art. 33.
11. Crim. 12 déc. 2007, n° 07-81.823, P n° 310 ; *AJ pénal* 2008. 98 ; *RSC* 2008. 612, obs. H. Matsopoulou.

droit sont souvent des notions imbriquées[1]. L'audience n'est pas seulement le lieu où l'on rappelle la loi pénale. La finalité sociale du droit ne se réduit pas à une préoccupation de sécurité mais l'organisation des relations sociales se fait aussi en considération d'un besoin de justice, « c'est-à-dire d'harmonie et d'équilibre, notamment pour assurer une protection des plus faibles et le respect de la bonne foi »[2].

La mission première du ministère public à l'audience est de démontrer que les éléments sont ou non réunis pour que le tribunal prenne une décision de déclaration de culpabilité la plus éclairée possible. Requérir, c'est convaincre. C'est ensuite, en tenant compte de la nature des faits et de la personnalité du prévenu, proposer une peine. L'article 33 du code de procédure pénale expose que « le ministère public développe librement les observations orales qu'il croit convenables au bien de la justice ».

Dès lors qu'il statue à l'issue d'un débat oral dans lequel il joue un rôle actif, il lui est impossible de ne pas pénétrer dans le champ moral, le droit étant un des indicateurs « facilement accessible de « la réalité morale[3] [...] nous croyons ces deux domaines [le droit et la morale] trop intimement unis pour pouvoir être radicalement séparés [...] très souvent le droit ne saurait être détaché des mœurs qui en sont le substrat ni les mœurs du droit qui les réalise et les détermine »[4].

Les réquisitions s'adresseront, selon le cas d'espèce à différents types de public : le tribunal, la victime, le prévenu voire un public plus large lorsque la presse est présente. Si la victime est devenue un personnage incontournable du procès pénal, le ministère public n'est pas là pour la représenter. La possibilité que la victime se constitue partie civile et puisse être assistée par un avocat, procédure en grande partie inconnue du droit anglo-saxon, lui permet de faire entendre sa voix. On est en tout cas en droit d'attendre que le substitut d'audience ne se départisse jamais de la dignité qui sied à ses fonctions. S'il s'adresse au prévenu, il doit particulièrement mesurer ses propos pour éviter une humiliation inutile. Il doit toujours préférer parler de l'acte plutôt que d'identifier son auteur avec lui : préférer l'acte horrible au monstre, préférer un acte incestueux à un père incestueux c'est aussi dire qu'un homme ne se détermine pas entièrement par le délit ou le crime qu'il a pu commettre. « La parole est libre, oui, mais à condition qu'elle soit conforme au bien de la justice. Écouter la parole des autres, la susciter, car le procès n'est pas un lieu où elle peut aisément s'exprimer. C'est un lieu où le verbe est confié à des porte-parole. Mais on ne peut porter la parole que si l'on a d'abord écouté. Le pire des criminels, qui a refusé droits et dignité à ses victimes, est, en justice, un homme qui a des droits. Il sera sanctionné, y compris, lorsque c'est nécessaire, par la peine maximale que prévoit la loi, mais l'accabler d'invectives ou le ridiculiser d'un bon mot, c'est manquer à la dignité. À côté des droits de la défense, il y a le droit d'être du défendu d'être traité en homme, quoi qu'on lui reproche. C'est parce que c'est un homme qu'il peut être sanctionné »[5].

Bien qu'issue d'une procédure criminelle, une jurisprudence récente peut être citée qui a retenu que le demandeur au pourvoi ne saurait se faire un grief de ce que l'avocat général, qui représentait également le ministère public devant la cour d'assises ayant jugé l'affaire en première instance, ait fait allusion au comportement de l'accusé devant cette juridiction dès lors, d'une part, que le ministère public, dont la parole est libre, peut, en application de l'article 33 du code de procédure pénale, exprimer ce qu'il croit utile à l'accomplissement de sa mission et, d'autre part, que toutes les parties, notamment l'accusé et son avocat, ont pu lui répliquer[6].

Au sujet des expressions pouvant être tolérées du représentant du parquet, on lira avec intérêt l'avis rendu par le Conseil supérieur de la magistrature le 8 décembre 2011, dans une poursuite disciplinaire où le garde des Sceaux avait relevé des propos comparant « le comportement des fonctionnaires de police poursuivis à celui de la gestapo, police politique du troisième Reich, synonyme de terreur et d'arbitraire, à l'origine de tortures et d'exactions qui lui étaient consubstantielles »[7].

1. Sur ces éléments : Ch. Guéry, *Justices à l'écran*, « Questions judiciaires », Puf, 2007.
2. J.-L. Aubert et E. Savaux, *Introduction au droit et thèmes fondamentaux du droit civil*, 13e éd., « U », Sirey, 2010, p. 10 ; 16e éd., 2016, p. 10.
3. E. Durkheim, *Sociologie et philosophie*, Puf, 1963, p. 113.
4. E. Durkheim, préface de *La division du travail*, cité par R. Lenoir, « Durkheim, Mœurs, Morale et Droit », *Revue Droits*, no 19, Puf, 1994.
5. P. Truche, *L'anarchiste et son juge*, Fayard, 1994, p. 183.
6. Crim. 22 juin 2016, no 15-82.685, P no 194 ; *D.* 2016. 1433.
7. CSM, décis. p. 067, 8 déc. 2011. Cette instance estime au final, que ces propos, qui visaient à stigmatiser des comportements individuels, et non directement des personnes à raison de leur fonction, ou de leur appartenance à un groupe professionnel ou humain, ne constituent pas un manquement au respect de la dignité des policiers poursuivis ; pour maladroits et inappropriés qu'ils aient été : « les propos reconnus par M. X…, ne constituent pas, en raison des circonstances dans lesquelles ils ont été tenus, de la nature et la gravité des faits, une atteinte à la dignité des policiers poursuivis, à la délicatesse et à la dignité dues aux services de police dans leur ensemble, et partant, un manquement au devoir de réserve et au devoir de dignité du magistrat à l'audience », en ligne sur le site du CSM.

561.15 Changement de posture de la partie poursuivante. Il convient encore que le ministère public, comme l'ensemble des autres parties, et le tribunal s'adapte aux événements d'audience et puisse admettre un abandon des poursuites lorsque les débats ont révélé que celles-ci n'étaient pas fondées ou ne pouvaient viser la personne du prévenu.

Il peut dès lors arriver que le ministère public, au vu, par exemple, d'une procédure traitée en temps réel et dont il aura découvert *in extremis* les failles, ou au regard du déroulement de l'audience décide de l'abandon des poursuites ou requière une relaxe. Un arrêt important est venu poser en ce cas le principe que la juridiction demeurait saisie, l'opportunité des poursuites prenant fin après le choix initial du parquet de poursuivre et que l'action publique, dont le ministère public ne peut disposer après l'avoir engagée, ne s'éteint que dans les conditions prévues à l'article 6 du code de procédure pénale[1].

De même, doit-il être rappelé que le procureur de la République qui a décidé de la délivrance d'une citation, ne saurait annuler celle-ci pour classer sans suite ou joindre une procédure à d'autres poursuites décidées, par exemple, sous la forme d'une comparution immédiate, pratique pourtant largement observée.

A été soulevée la difficulté tenant à la production par le ministère public de réquisitions écrites, puis de réquisitions orales en sens contraire. Outre le fait que la communication des écrits du parquet n'est que rarement de mise en matière correctionnelle, sauf pour les requêtes, on retiendra d'un arrêt récent, certes rendu à l'occasion d'un contentieux devant la chambre de l'instruction, mais dont on peut imaginer qu'il appellerait la même réponse devant la juridiction correctionnelle, que le demandeur ne saurait se faire grief de ce que le ministère public, qui tient des articles 5 de l'ordonnance du 22 décembre 1958 et 33 du code de procédure pénale le droit de développer librement à l'audience les observations orales qu'il croit convenables au bien de la justice, ait pris de telles réquisitions contraires à ses réquisitions écrites, dès lors que la personne mise en examen a pu les discuter librement à l'audience où elle a eu la parole en dernier, qu'elle n'a pas sollicité de délai pour préparer sa défense et qu'aucune atteinte n'a ainsi été portée au respect du principe du contradictoire, des droits de la défense et à l'équilibre des droits des parties[2].

561.16 Obligation faite aux juges de répondre aux réquisitions écrites. Dans le cas où des réquisitions écrites sont prises, mention en est faite dans les notes tenues par le greffier et le tribunal est tenu d'y répondre[3].

561.17 Articulation avec une autre partie poursuivante. En matière de citation directe à l'initiative de la partie civile, il est d'usage assez fréquent que le ministère public qui n'a pas été à l'origine des poursuites « s'en rapporte » à l'audience et ne prenne donc aucune réquisition. Il arrive également que le ministère public s'abstienne de requérir, lorsqu'il a par exemple pris des réquisitions de non-lieu en fin d'une information judiciaire. Ce positionnement qui peut laisser planer une ambiguité et n'éclaire pas les parties sur la pensée du ministère public est critiquable.

Lorsque l'initiative des poursuites incombe à une administration qui en a le pouvoir, par exemple l'administration des douanes ou la Direction des Finances publiques, celle-ci doit prendre la parole en premier, et le ministère public prend s'il l'estime utile ses réquisitions.

561.18 Communication de pièces nouvelles. Le parquet peut communiquer lors du procès des pièces qu'il estime propres à éclairer la juridiction, qu'il s'agisse de copies d'autres procédures concernant la partie civile ou le prévenu, de la copie d'un jugement, d'une jurisprudence venant à l'appui de ses réquisitions. Il aura soin d'en aviser les parties.

La parole du ministère public à l'audience est libre. Il a le droit de produire tous les documents et de donner toutes les explications qui lui paraissent utiles, sauf le droit de discussion des parties en cause.

Il appartient aux juges d'ordonner ou d'assurer la communication de ces pièces, comme de celles qui sont versées par les parties, au ministère public, afin que soient assurés les principes du respect du contradictoire et de la loyauté des débats[4].

La question se pose parfois, en matière d'information judiciaire, d'un retour tardif de pièces d'exécution d'une commission rogatoire que le juge d'instruction a soit, omis de verser au dossier de la procédure, soir reçu après règlement de celle-ci. Il est bien sûr envisageable qu'un incident soit soulevé par la défense au sujet de telles pièces, en particulier si elles ont été réalisées dans un temps ou, par la signature de l'ordonnance de renvoi, le juge d'instruction était dessaisi du dossier. Il appartiendra au tribunal de se prononcer. Mais même à l'issue d'un incident formel, il n'apparaît pas que la juridiction puisse écarter de telles pièces des débats. Il suffit alors, d'en assurer la communication à l'ensemble des parties. Encore faut-il que ces pièces figurent à la

1. Crim. 24 sept. 2008, nº 08-80.872, P nº 196 ; *Procédures* 2009, comm. 23, J. Buisson.
2. Crim. 17 janv. 2017, nº 16-86.077, P.
3. C. pr. pén., art. 458.
4. V. aussi s[s] nº 562.16.

procédure avant l'audience et surtout qu'elles ne soient pas si nombreuses qu'il soit à craindre que l'une des parties au moins sollicite un report de l'audience, le temps de leur consultation.

561.19 Droit de réplique. Il est ouvert au ministère public[1], dans les limites ci-dessus et ci-après évoquées pour la partie civile.

La preuve de la demande de droit de réplique doit résulter des mentions du jugement ou des pièces de procédure. Même si le parquet réplique, le juge doit redonner la parole au prévenu ou à son avocat en dernier, à peine de censure[2].

1. C. pr. pén., art. 460, al. 2.
2. Crim. 30 oct. 2012, n° 12-81.603, P n° 230.

CHAPITRE

562. Plaidoiries

SECTION 0 ORIENTEUR

562.00 Sommaire du chapitre.

562.01 Principaux textes applicables.

TEXTES SOURCES

• C. pr. pén., art. 458 à 460-1

TEXTES *IN EXTENSO*

• **C. pr. pén., art. 458**

* V. s[s] n° 561.01.

• **C. pr. pén., art. 459**

* V. s[s] n° 561.01.

• **C. pr. pén., art. 460**

* V. s[s] n° 561.01.

• **C. pr. pén., art. 460-1**

* V. s[s] n° 561.01.

562.03 Bibliographie indicative.

* V. s[s] n° 561.03.

SECTION 1 PLAIDOIRIE DE LA OU DES PARTIES CIVILES

562.11 Remarques, observations et plaidoirie. Au cours des débats, la partie civile et son conseil comme les autres parties auront pu poser des questions aux autres parties afin que soit pleinement assuré le caractère contradictoire de l'audience.

Un certain nombre de discussions, voire d'incidents, découlent d'interventions qui constituent plus des remarques ou des observations, le cas échéant, désobligeantes quant aux poursuites ou à telle manière de mener les débats, que des questions.

La juridiction doit pouvoir tolérer dans une certaine mesure un regard critique sur le bien-fondé des poursuites, la façon dont les débats sont menés, l'impartialité des questions des uns et des autres... ; pour autant, et dans le souhait d'assurer une certaine tenue aux débats, il incombe au président de rappeler, autant que nécessaire, que toutes observations pourront être faites dans le cours de la plaidoirie, dès lors qu'elles seront formulées avec une certaine retenue et qu'il convient que le débat ne soit pas haché par la multiplication d'interventions intempestives.

Pendant le temps de la plaidoirie, l'avocat pourra en revanche développer librement le système de défense qu'il a choisi.

562.12 Point déontologique. Le Conseil supérieur de la magistrature a eu l'occasion de préciser qu'à l'audience et pendant le délibéré, le magistrat devait adopter une attitude d'écoute lors des interventions de ses collègues (lecture du rapport, réquisitions du parquet, avis lors du délibéré...), des plaidoiries des avocats ou déclarations des parties. Il reste vigilant et évite toute manifestation d'impatience, montrant, en toutes circonstances, une autorité sereine. La liberté des parties et de leurs conseils de choisir un mode de défense trouve sa limite dans l'obligation qui incombe au juge de veiller avec impartialité, au respect des personnes et à la dignité du débat judiciaire[1]. De même, l'attitude du magistrat reste, en toutes circonstances, empreinte de neutralité ; il ne laisse pas transparaître de sentiments personnels, de sympathie ou d'antipathie, vis-à-vis des personnes impliquées dans les causes dont il a à connaître[2]. Il s'attache à favoriser

1. CSM, *Recueil des obligations déontologiques des magistrats*, Dalloz, 2010, recomm. e. 16. CSM, *Recueil des obligations déontologiques des magistrats*, La Documentation française, 2019, spécialement p. 99 s.
2. CSM, *Recueil...*, recomm. e. 17.

les conditions d'une écoute réciproque de qualité et agit avec tact et humanité[1].

De même sous l'intitulé « respect du juge », peut-on lire au sujet de l'avocat, dans le code de déontologie des avocats européens[2] : « Tout en faisant preuve de respect et de loyauté envers l'office du juge l'avocat défend son client, avec conscience et sans crainte, sans tenir compte de ses propres intérêts, ni de quelque conséquence que ce soit pour lui-même ou toute autre personne »[3]. Et au point 4.4 : « À aucun moment, l'avocat ne doit sciemment donner au juge une information fausse ou de nature à l'induire en erreur »[4]. La loyauté s'impose donc à tous les acteurs du procès pénal.

562.13 Ordre des plaidoiries. Il appartient aux parties civiles de déterminer l'ordre dans lequel elles souhaitent intervenir. Il est conseillé au président d'inviter les avocats des parties civiles à s'exprimer « dans l'ordre qu'ils ont choisi », dès lors qu'il ne lui appartient pas de définir cet ordre.

Les parties civiles non assistées d'un avocat interviendront ensuite.

562.14 Moment de la plaidoirie. L'instruction à l'audience terminée, la partie civile est entendue en sa demande, le ministère public prend ses réquisitions, le prévenu, et, s'il y a lieu, la personne civilement responsable, présentent leur défense[5].

Il est possible à la ou aux parties civiles de solliciter après de longs débats, une suspension de quelques minutes avant les plaidoiries. Le tribunal apprécie, après avoir suscité les observations du parquet et de la défense s'il l'accorde et pour quelle durée.

Il a pu être jugé dans une hypothèse où il ne résultait pas des mentions de l'arrêt attaqué que la partie civile et son avocat, dont la présence à l'audience des débats avait été cependant constatée, aient été entendus, que le défaut d'audition de la partie civile ne saurait porter atteinte aux intérêts de cette partie dès lors que celle-ci a déposé des conclusions formalisant sa demande[6].

La chambre criminelle a pu par ailleurs juger que, devant la cour d'appel, étant observé qu'il résulte des principes généraux de droit interne, lesquels ne sont pas incompatibles avec l'article 6 de la convention européenne des droits de l'homme que la partie civile, poursuivante et appelante à qui incombe la charge de la preuve, doit être entendue en premier pour permettre un débat contradictoire, la partie civile, qui n'allègue pas que le président lui ait refusé le droit qu'elle tenait des dispositions combinées des articles 460 et 199 du code de procédure pénale de répliquer aux réquisitions orales du ministère public, ne saurait soutenir que sa cause n'ait pas été équitablement entendue[7].

562.15 Contenu de la plaidoirie. Bien que des jurisprudences anciennes aient pu décider du contraire, il nous semble qu'en aucun cas, il n'appartient au président du tribunal d'interrompre un avocat dans sa plaidoirie, pour sa longueur excessive sous la seule réserve qui sera indiquée ci-dessous pour la défense[8] et qui doit s'appliquer évidemment également à la partie civile.

Il a cependant été décidé par le passé, qu'un tribunal pouvait s'estimer suffisamment éclairé avant l'issue d'une plaidoirie[9] ou encore que la juridiction pouvait fixer à l'avance la durée des plaidoiries[10].

Il est possible en revanche de signifier à l'avocat que ses propos agressifs à l'encontre de l'une des parties, du ministère public ou du tribunal ou de l'un de ses membres ne sauraient être tolérés. Un tel incident appellera généralement la suspension de l'audience et l'intervention du bâtonnier de l'Ordre ou de son représentant[11].

562.16 Communication de pièces. La plaidoirie notamment technique, peut être accompagnée du versement de pièces. Si celles-ci sont issues du dossier il n'y a guère de difficultés. S'il s'agit de pièces nouvelles, le tribunal aura à s'assurer qu'elles ont bien été préalablement communiquées aux autres parties.

Le juge ne peut, lorsque des conclusions ont été prises par la partie civile, se refuser à en faire état par le motif que le prévenu n'en a pas eu connaissance, dès lors que les débats ne sont pas définitivement clos ; il lui appartient, dans ce cas, d'ordonner la communication desdites pièces au prévenu, qui ne saurait être privé du droit de répliquer à l'organe de la prévention ou à la partie civile[12]. Si l'article 427 impose au juge correctionnel de ne fonder sa décision que sur des preuves qui lui sont apportées au cours des débats et contradictoirement discutées devant lui, il n'exige pas que les pièces soient communiquées à la partie adverse avant l'audience[13].

1. CSM, *Recueil…*, recomm. e. 18.
2. Code de déontologie des avocats européens, règle 4.3.
3. Code de déontologie des avocats européens, règle 4.3.
4. Code de déontologie des avocats européens, règle 4.4.
5. C. pr. pén., art. 460, al. 1er.
6. Crim. 5 oct. 1994, no 93-82.769, P no 320.
7. Crim. 19 déc. 1994, no 94-80.923, P no 419.
8. V. ss no 562.22.
9. Toulouse, 17 janv. 1951, *D.* 1951. 146.
10. Crim. 18 nov. 1852, P no 375.
11. Pour des remarques complémentaires sur le contenu, qui a pu être jugé excessif, de plaidoiries de la défense et sa sanction, v. ss no 562.23.
12. Crim. 27 juin 1929, *DH* 1929. 147.
13. Crim. 10 nov. 2004, no 03-87.628, P. no 285.

Aucune disposition légale n'impose à la partie qui dépose des conclusions, conformément à l'article 459 du code de procédure pénale, de les communiquer aux autres parties. Encourt dès lors la censure l'arrêt qui déclare irrecevables des conclusions régulièrement déposées au motif qu'elles n'ont pas été adressées aux avocats des autres parties alors qu'il appartenait aux juges d'ordonner ou d'assurer la communication de ces conclusions[1].

Cependant, le *Recueil déontologique des avocats européens* stipule en son point 4.2 que l'avocat doit en toute circonstance observer le caractère contradictoire des débats.

Le versement de pièces est généralement accompagné du dépôt de conclusions, dont il n'y a que des intérêts à ce qu'il intervienne bien en amont de l'audience.

On relèvera que l'article 16 du décret portant code de déontologie des avocats[2] dispose que « l'avocat se conforme aux exigences du procès équitable. Il se comporte loyalement à l'égard de la partie adverse. Il respecte les droits de la défense et le principe du contradictoire.

La communication mutuelle et complète des moyens de fait, des éléments de preuve et des moyens de droit se fait spontanément, en temps utile et par les moyens prévus par les règles de procédure ».

Le prévenu, les autres parties et leurs avocats peuvent déposer des conclusions.

Ces conclusions sont visées par le président et le greffier ; ce dernier mentionne ce dépôt aux notes d'audience.

Le tribunal qui est tenu de répondre aux conclusions ainsi régulièrement déposées doit joindre au fond les incidents et exceptions dont il est saisi, et y statuer par un seul et même jugement en se prononçant en premier lieu sur l'exception et ensuite sur le fond[3].

Mais dès lors que des conclusions, qui figurent au dossier, ne sont ni datées ni signées par leur auteur et qu'elles ne sont revêtues d'aucun des visas prévus par l'article 459, alinéa 2, du code de procédure pénale, ni mentionnées par l'arrêt, il n'est pas établi que les juges d'appel aient été mis en demeure d'y répondre[4].

562.17 **Droit de réplique.** Il est ouvert à la partie civile et au ministère public[5].

Le président devra toutefois fixer la limite à l'exercice de ce droit qui ne peut ni aboutir à une réouverture ou une poursuite infinie des débats, ni à une joute verbale sans fin dans laquelle aucune des parties ne veut laisser à l'autre le privilège du mot de la fin.

SECTION 2
PLAIDOIRIE DE LA DÉFENSE

562.21 **Moment.** La défense intervient après les réquisitions du parquet. Il est possible, surtout si les débats ont été longs, contestés ou encore si plusieurs avocats doivent intervenir qu'une demande de suspension soit sollicitée après la fin de la prise de parole du représentant du ministère public dont le contenu des réquisitions commande peut être un réaménagement par la défense de sa plaidoirie.

La demande est appréciée par le tribunal dans les conditions déjà évoquées.

562.22 **Contenu.** Le temps de parole du défenseur à l'audience n'a pas à être limité de quelque manière que ce soit. Ni une manifestation de mauvaise humeur, ni une formule indiquant que la juridiction s'estime « suffisamment informée », ne sont tolérables en matière pénale[6]. Le CSM a pu rappeler que le magistrat doit être attentif aux débats et qu'il ne manifeste pas de lassitude ni n'effectue d'autres tâches pendant l'audience[7]. Pour autant, « La plaidoirie devant tendre essentiellement à la conviction du juge, elle est destinée au tribunal et non pas au public »[8], il reste envisageable qu'avec la courtoisie nécessaire, le président invite l'avocat à limiter ses explications *a fortiori* lorsque l'enjeu pénal est mince.

S'agissant du contenu proprement dit de la plaidoirie, l'article 41[9] de la loi du 29 juillet 1881[10], prévoit par ailleurs une immunité, destinée à garantir le libre exercice du droit de se défendre en justice, immunité applicable aux écrits produits et aux propos tenus devant toute juridiction, sauf si les écrits outrageants sont étrangers à la cause. Aux termes des trois derniers alinéas de cet article, ne donneront lieu à aucune action en diffamation, injure ou outrage, ni le compte rendu fidèle fait de

1. Crim. 23 janv. 2007, n° 06-84.551, P n° 14 ; *AJ pénal* 2007. 138, obs. C. Girault.
2. Décr. n° 2023-552, 30 juin 2023 portant code de déontologie des avocats, *JO* 2 juill. n° 2, art. 16 – V. aussi s[s] n° 521.54.
3. C. pr. pén., art. 459, al. 1 à 3.
4. Crim. 8 juin 1994, n° 93-83.548, P n° 229.
5. C. pr. pén., art. 460, al. 2 – V. s[s] n° 561.19.
6. Contrairement à la matière civile qui le prévoit expressément dans l'article 440 du code de procédure civile.
7. CSM, *Recueil des obligations déontologiques des magistrats*, La Documentation française, 2019, spécialement p. 101.
8. St. Bortoluzzi, D. Piau, Th. Wickers, *Règles de la profession d'avocat*, 17e éd., « Dalloz action », 2022, n° 481.71.
9. L. 29 juill. 1881, art. 41 ; mod. par L. n° 82-506, 15 juin, 1982, art. 5.
10. L. 29 juill. 1881 sur la liberté de la presse, *JO* 30 juill., p. 4201.

bonne foi des débats judiciaires, ni les discours prononcés ou les écrits produits devant les tribunaux. Pourront néanmoins, les juges saisis de la cause et statuant sur le fond, prononcer la suppression des discours injurieux, outrageants ou diffamatoires, et condamner qui il appartiendra à des dommages-intérêts. Pourront toutefois les faits diffamatoires étrangers à la cause donner ouverture, soit à l'action publique, soit à l'action civile des parties, lorsque ces actions leur auront été réservées par les tribunaux, et, dans tous les cas, à l'action civile des tiers.

Cette immunité bénéficie aux parties et à leurs conseils, aux discours comme aux écrits. C'est seulement s'ils sont étrangers à l'instance judiciaire que les passages de conclusions peuvent justifier une condamnation à indemnisation en raison de leur caractère prétendument diffamatoire [1].

La cassation est ainsi par exemple encourue, lorsqu'il résulte de l'arrêt attaqué que, par arrêt du 27 janvier 1998, la chambre d'accusation de la cour d'appel de Bordeaux a renvoyé François X... devant la cour d'assises sous l'accusation de viols et d'agressions sexuelles sur mineurs de quinze ans ; que celui-ci a formé un pourvoi en cassation ; qu'ayant saisi la chambre d'accusation d'une demande de mise en liberté, François X... a adressé un mémoire dans lequel il imputait aux magistrats ayant prononcé l'arrêt de renvoi une « falsification » de la chronologie des faits et une « manipulation » de l'âge des victimes ; que le procureur de la République a fait citer directement Jean-François X... devant la juridiction correctionnelle pour outrage à magistrats, délit prévu et réprimé par l'article 434-24 du code pénal et que, pour refuser au prévenu le bénéfice de l'immunité judiciaire, les juges d'appel énoncent que les débats devant la chambre d'accusation concernaient une demande de mise en liberté alors que les faits constitutifs d'outrage visaient une analyse prétendument erronée faite par cette juridiction dans l'arrêt de renvoi devant la cour d'assises ; dès lors qu'en prononçant ainsi, alors que, contenu dans le mémoire déposé à l'appui de la demande de mise en liberté, et portant sur les faits de viols et d'agressions sexuelles pour lesquels il était placé en détention, les propos litigieux n'étaient pas étrangers à la cause, la cour d'appel a méconnu le sens et la portée du texte susvisé [2].

Mais la juridiction n'a assurément pas à censurer un ton mordant ou critique de l'avocat au cours de sa plaidoirie et la Cour de Strasbourg a ainsi pu juger que viole l'article 10 de la Convention la condamnation civile d'un avocat qui avait plaisanté à l'audience à propos de la manière dont la cour d'appel avait appliqué les règles de preuve dans le cadre du procès [3].

562.23 Limites apportées aux propos extérieurs au palais. Des jurisprudences internes ont considéré que l'article 41 susvisé ne concerne que les expressions portées devant une juridiction et que ces dispositions ne sauraient être étendues à des propos tenus hors de l'enceinte de la salle d'audience proprement dite et hors du contrôle du président [4], ou à un espace adjacent à la salle d'audience [5].

En suite d'une première cassation [6], intervenue à propos de la validité d'une citation en matière de diffamation, un arrêt inédit [7], a été rendu par la chambre criminelle après la diffusion dans l'édition du 7 septembre 2000, du journal *Le Monde*, d'une mise en cause, par l'avocat d'une partie civile, de la loyauté et de l'impartialité de deux juges d'instruction, saisis des circonstances du décès du magistrat Bertrand Borel, à Djibouti en 1995. Aux termes de cet arrêt de 2009, la chambre criminelle avait pu décider que si toute personne a droit à la liberté d'expression et si le public a un intérêt légitime à recevoir des informations relatives aux procédures en matière pénale ainsi qu'au fonctionnement de la justice, l'exercice de ces libertés comporte des devoirs et responsabilités et peut être soumis, comme dans le cas de l'espèce où les limites admissibles de la liberté d'expression dans la critique de l'action de magistrats ont été dépassées, à des restrictions ou sanctions prévues par la loi qui constituent des mesures nécessaires, dans une société démocratique, à la protection de la réputation des droits d'autrui.

Le pourvoi de l'avocat demandeur était rejeté.

Il saisissait alors la Cour européenne des droits de l'Homme, qui dans une première décision, voyait les juges européens estimer à l'unanimité que l'avocat en cause avait eue, en attaquant publiquement la juge d'instruction et le fonctionnement de l'institution judiciaire le lendemain même du jour où il avait saisi la garde des Sceaux, sans attendre le résultat de sa demande, un comportement dépassant les limites que les avocats doivent respecter dans la critique publique de la justice. La Cour avait donc estimé que les juridictions internes avaient pu être convaincues que les propos tenus étaient graves et injurieux pour

1. Civ. 1re, 28 sept. 2022, n° 20-16.139, P.
2. Crim. 13 févr. 2001, n° 00-83.315, NP, *D.* 2004. 977.
3. CEDH, 4e sect. 17 mai 2022, *Simic c/Bosnie Herzégovine*, req. n° 39764/20, S. Lavric, « Liberté d'expression de l'avocat : les critiques sarcastiques sont permises », *D. actu.* 24 mai 2022.
4. TGI Paris, 14 juin 1999, *D.* 1999. 566, note B. Beignier.
5. Paris, 9 mars 2000, *D.* 2000. IR 138 ; CONFIRMANT : TGI Paris, 14 juin 1999.
6. Crim. 12 oct. 2004, n° 03-83.306, P n° 240.
7. Crim. 10 nov. 2009, n° 08-86.295, NP.

la juge M..., qu'ils étaient susceptibles de saper inutilement la confiance du public à l'égard de l'institution judiciaire - sachant que l'instruction du dossier avait été confiée à un autre juge depuis plusieurs mois - et enfin qu'il existait des raisons suffisantes de condamner Me M... pour diffamation[1]. Cette décision, finalement en faveur d'une violation de l'article 6, § 1 (en raison de la composition de la Cour de cassation), mais non de l'article 10 (pas d'atteinte à la liberté d'expression) ne pouvait satisfaire le requérant.

Dans une seconde décision en sens inverse et cette fois rendue en grande chambre, la cour de Strasbourg est venue détailler les règles qu'il convenait de retenir en salle d'audience et hors prétoire. « S'agissant tout d'abord des "faits d'audience", dès lors que la liberté d'expression de l'avocat peut soulever une question sous l'angle du droit de son client à un procès équitable, l'équité milite également en faveur d'un échange de vues libre, voire énergique, entre les parties (*Nikula*, précité, § 49, et *Steur*, précité, § 37) et l'avocat a le devoir de "défendre avec zèle les intérêts de ses clients" (*Nikula*, précité, § 54), ce qui le conduit parfois à s'interroger sur la nécessité de s'opposer ou non à l'attitude du tribunal ou de s'en plaindre (*Kyprianou*, précité, § 175). De plus, la Cour tient compte du fait que les propos litigieux ne sortent pas de la salle d'audience. Par ailleurs, elle opère une distinction selon la personne visée, un procureur, qui est une "partie" au procès, devant "tolérer des critiques très larges de la part de [l'avocat de la défense]", même si certains termes sont déplacés, dès lors qu'elles ne portent pas sur ses qualités professionnelles ou autres en général »[2].

« Concernant ensuite les propos tenus en dehors du prétoire, la Cour rappelle que la défense d'un client peut se poursuivre avec une apparition dans un journal télévisé ou une intervention dans la presse et, à cette occasion, avec une information du public sur des dysfonctionnements de nature à nuire à la bonne marche d'une instruction (*Mor*, précité, § 59). À ce titre, la Cour estime qu'un avocat ne saurait être tenu responsable de tout ce qui figurait dans l'"interview" publiée, compte tenu du fait que c'est la presse qui a repris ses déclarations et que celui-ci a démenti par la suite ses propos (*Amihalachioaie*, précité, § 37). Dans l'affaire *Foglia* précitée, elle a également considéré qu'il ne se justifiait pas d'attribuer à l'avocat la responsabilité des agissements des organes de presse (*Foglia*, précité, § 97). De même, lorsqu'une affaire fait l'objet d'une couverture médiatique en raison de la gravité des faits et des personnes susceptibles d'être mises en cause, on ne peut sanctionner pour violation du secret de l'instruction un avocat qui s'est contenté de faire des déclarations personnelles sur des informations déjà connues des journalistes et que ces derniers s'apprêtent à diffuser avec ou sans de tels commentaires. Pour autant, l'avocat n'est pas déchargé de son devoir de prudence à l'égard du secret de l'instruction en cours lorsqu'il s'exprime publiquement (*Mor*, préc., §§ 55 et 56). 139. Il reste que les avocats ne peuvent tenir des propos d'une gravité dépassant le commentaire admissible sans solide base factuelle (*Karpetas*, préc., § 78 ; v. également *A. c/Finlande*, req. n° 44998/98, 8 janv. 2004) ou proférer des injures (*Coutant*, préc.). Au regard des circonstances de l'affaire *Gouveia Gomes Fernandes et Freitas e Costa*, un ton non pas injurieux mais acerbe, voire sarcastique, visant des magistrats, a été jugé compatible avec l'article 10 (*Gouveia Gomes Fernandes et Freitas e Costa*, préc., § 48). La Cour apprécie les propos dans leur contexte général, notamment pour savoir s'ils peuvent passer pour trompeurs ou comme une attaque gratuite (*Ormanni c/Italie*, req. n° 30278/04, § 73, 17 juill. 2007, et *Gouveia Gomes Fernandes et Freitas e Costa*, préc., § 51) et pour s'assurer que les expressions utilisées en l'espèce présentent un lien suffisamment étroit avec les faits de l'espèce (*Feldek c/Slovaquie*, req. n° 29032/95, § 86, CEDH 2001-VIII, et *Gouveia Gomes Fernandes et Freitas e Costa*, préc.) »[3].

Dans ce cas d'espèce, elle a conclu à la violation de l'article 10 de la convention européenne des droits de l'homme en ce que : « Les propos reprochés au requérant ne constituaient pas des attaques gravement préjudiciables à l'action des tribunaux dénuées de fondement sérieux, mais des critiques à l'égard des juges M. et L. L., exprimées dans le cadre d'un débat d'intérêt général relatif au fonctionnement de la justice et dans le contexte d'une affaire au retentissement médiatique important depuis l'origine. S'ils pouvaient certes passer pour virulents, ils n'en constituaient pas moins des jugements de valeurs reposant sur une "base factuelle" suffisante »[4].

Après un arrêt du 14 avril 2016 de la Cour de révision et de réexamen des condamnations pénales, la Cour de cassation, siégeant en assemblée plénière[5], était à nouveau saisie de ce litige remar-

1. CEDH 5e ch., 11 juill. 2013, *Morice c/France*, req. n° 29369/10, *AJ pénal* 2013. 675.
2. CEDH 23 avr. 2015, *Morice c/France*, req. 29369/10, § 137, *AJ pénal* 2013. 675, obs. C. Porteron ; *RSC* 2013. 673, obs. J.-P. Marguénaud – AUSSI : J.-Y. Maréchal, « Impartialité du juge et liberté d'expression de l'avocat », *Dr. pénal* 2015. Ét. 14.
3. *Idem*, § 138.
4. *Idem*, § 174.
5. Crim. 16 déc. 2016, n° 08-86.295, P ; *D.* 2017. 434, note E. Raschel ; *D.* 2018. 87, obs. Th. Wickers ; *AJ pénal* 2017. 187, obs. C. Porteron.

quable. Elle rappelait, d'une part, que pour écarter l'exception d'immunité juridictionnelle, invoquée par le demandeur et fondée sur l'article 41, alinéa 3 (devenu alinéa 4), de la loi du 29 juillet 1881, l'arrêt de la cour d'appel de Rouen du 16 juillet 2008, statuant sur renvoi de cassation retient, d'abord, que la lettre adressée par les avocats de Mme A... au garde des Sceaux, dans le but d'obtenir l'ouverture d'une enquête de l'inspection générale des services judiciaires sur les dysfonctionnements imputés aux deux juges d'instruction initialement chargés de l'information, ne constitue pas un acte de saisine du Conseil supérieur de la magistrature et, ensuite, que cette lettre a été rendue publique par la reproduction partielle de son contenu dans le journal *Le Monde ;* elle en déduisait qu'en l'état de ces constatations et énonciations, et dès lors que l'article 41, alinéa 4, de la loi du 29 juillet 1881 ne protège pas les écrits faisant l'objet, en dehors des juridictions, d'une publicité étrangère aux débats, la cour d'appel a légalement justifié sa décision.

En revanche, et au visa de l'article 10 de la convention de sauvegarde des droits de l'homme et des libertés fondamentales, la chambre criminelle mentionnait que : « Pour refuser à M. X... le bénéfice de la bonne foi, l'arrêt relève qu'à la date des faits, le 7 septembre 2000, d'un côté, M. X... avait obtenu, par un arrêt du 21 juin 2000, le dessaisissement des deux magistrats instructeurs auxquels, avec M. B..., il s'était opposé et, de l'autre, que le juge d'instruction, désormais en charge du dossier A..., était depuis le 1er août 2000 en possession de la cassette vidéo que lui avait remise Mme C... ; qu'il en déduit que, à supposer que le mot manuscrit du procureur de la République de Djibouti joint à la cassette, évoquant la poursuite d'une entreprise de manipulation imputable à Mme A... et ses avocats, ait pu "interpeller" ces derniers, la mise en cause professionnelle et morale très virulente des deux magistrats instructeurs, en particulier de Mme C..., par M. X..., à travers des propos dépassant largement le libre droit de critique, ne présentait plus aucun intérêt dans la procédure en cours et que les profondes divergences ayant surgi entre les avocats de Mme A... et les juges d'instruction, avant le dessaisissement de ces derniers, ne pouvaient pas justifier leur dénonciation ultérieure dans les médias ; qu'il retient, en outre, que les propos tenus par M. X..., par leur caractère excessif, révélateur de l'intensité du conflit l'ayant opposé aux juges, en particulier à Mme C..., s'analysent comme un "règlement de compte a posteriori" et que la publicité qu'il leur a donnée, dans un article paru sous la signature du journaliste deux jours après la saisine de la chambre de l'instruction dans le dossier dit de "la Scientologie" évoqué en conclusion de l'article et impliquant également Mme C..., soit à une date exclusive de toute coïncidence, traduit de la part de M. X... une animosité personnelle et une volonté de discréditer ces magistrats, en particulier Mme C... avec laquelle il était en conflit dans plusieurs procédures ».

Elle en concluait qu'en statuant ainsi : « Alors que les propos litigieux, qui portaient sur un sujet d'intérêt général relatif au traitement judiciaire d'une affaire criminelle ayant eu un retentissement national et reposaient sur une base factuelle suffisante, à savoir le défaut de transmission spontanée au juge nouvellement désigné d'une pièce de la procédure et la découverte d'une lettre empreinte de familiarité, à l'égard des juges alors en charge de l'instruction, du procureur de Djibouti qui dénonçait le comportement de Mme A... et de ses avocats, ne dépassaient pas les limites admissibles de la liberté d'expression d'un avocat dans la critique et le jugement de valeur portés sur l'action des magistrats et ne pouvaient être réduits à la simple expression d'une animosité personnelle envers ces derniers, la cour d'appel a violé le texte susvisé ».

Un arrêt a de nouveau condamné la France pour violation de l'article 10, à la suite d'une condamnation d'un avocat à un avertissement, pour avoir, au sortir de la salle d'assises, commenté comme suit le verdict d'acquittement d'un gendarme poursuivi pour coups mortels, après la mort d'un jeune homme de dix-sept ans qui avait refusé de se soumettre à un contrôle : « Un jury blanc, exclusivement blanc, où les communautés ne sont pas toutes représentées [...] la voie de l'acquittement était la voie royalement ouverte, ce n'est pas une surprise »[1]. La Cour estime que les propos reprochés au requérant constituaient une critique à l'égard du jury et des magistrats de la cour d'assises ayant prononcé le verdict d'acquittement mais qu'ils s'inscrivaient dans un débat d'intérêt général relatif au fonctionnement de la justice pénale dans le contexte d'une affaire médiatique. S'ils étaient susceptibles de choquer, ils n'en constituaient pas moins un jugement de valeur reposant sur une base factuelle suffisante et s'inscrivant dans le cadre de la défense pénale de son client. Dès lors, la sanction du requérant s'analysait en une ingérence disproportionnée dans le droit à la liberté d'expression de l'intéressé qui n'était pas nécessaire dans une société démocratique.

562.24 **Autres limites.** Le fond des propos ou écrits doit cependant être contenu dans certaines limites. Ainsi, l'immunité ne peut bénéficier à un prévenu accusant le procureur de la République de « forfaiture », et ajoutant que « ce parquet est la honte de la nation »[2].

1. CEDH 19 avr. 2018, *Ottan c/France*, req. n° 41841/12.
2. Crim. 24 nov. 1998, n° 97-84.547, NP, *Dr. pénal* 1999. 65, obs. Veron.

Un arrêt récent d'une chambre civile, a sur ce même point des propos de l'avocat devant la juridiction répressive, jugé : « Si l'avocat a le droit de critiquer le fonctionnement de la justice ou le comportement de tel ou tel magistrat, sa liberté d'expression, qui n'est pas absolue car sujette à des restrictions qu'impliquent, notamment, la protection de la réputation ou des droits d'autrui et la garantie de l'autorité et de l'impartialité du pouvoir judiciaire, ne s'étend pas aux propos violents qui, exprimant une animosité dirigée personnellement contre le magistrat concerné, mis en cause dans son intégrité morale, et non une contestation des prises de position critiquables de ce dernier, constituent un manquement au principe essentiel de délicatesse qui s'impose à l'avocat en toutes circonstances, la cour d'appel a violé les textes susvisés [1] »[2].

Il s'agissait en l'espèce de propos extrêmement forts utilisés à l'encontre du représentant du ministère public, attaqué à titre personnel et familial. La Cour européenne des droits de l'Homme saisie dans cette affaire sur le fondement d'une violation des articles 6, 7 et 10 de la convention, a récemment jugé qu'aucune violation ne pouvait être retenue, en particulier concernant l'article 10[3].

La Cour considère que l'indignation invoquée par le requérant ne justifie pas une réaction si violente et méprisante. Elle observe en outre que ce dernier a refusé d'exprimer des regrets comme l'y invitait son bâtonnier, ce qui a déclenché l'ouverture de la procédure disciplinaire. Elle constate, d'une part, que les propos ont été tenus hors du prétoire, plus précisément dans la presse après le procès et, d'autre part, qu'ils ne constituaient ni une possibilité de faire valoir des moyens de défense, ni une information du public sur des dysfonctionnements éventuels. Partant : « l'infliction d'un simple avertissement à titre disciplinaire, qui n'a eu de surcroît aucune répercussion sur l'activité professionnelle du requérant, ne saurait être considérée comme excessive. Le grief du requérant tiré de l'article 10 de la convention européenne des droits de l'homme est manifestement mal fondé et doit être rejeté ». Sur la question de la sanction (d'emprisonnement) prononcée à l'audience contre un avocat (et de l'impartialité des magistrats), il sera encore renvoyé à un arrêt important de la CEDH qui a souligné notamment : « Outre la substance des idées et informations exprimées, l'article 10 protège aussi leur mode d'expression. Si les avocats ont certes aussi le droit de se prononcer publiquement sur le fonctionnement de la justice, leurs critiques ne sauraient franchir certaines limites. Ainsi, la liberté d'expression dont jouit un avocat dans le prétoire n'est pas illimitée, et certains intérêts, tels que l'autorité du pouvoir judiciaire, sont assez importants pour justifier des restrictions à ce droit. Néanmoins, même si l'infliction des peines appartient aux juridictions nationales, la Cour rappelle que selon sa jurisprudence ce n'est qu'exceptionnellement qu'une restriction à la liberté d'expression de l'avocat de la défense même au moyen d'une sanction pénale légère peut passer pour nécessaire dans une société démocratique »[4].

Par ailleurs : « À l'évidence, tout avocat, lorsqu'il défend un client en justice, en particulier dans le cadre de procès contradictoires au pénal, peut se retrouver dans la situation délicate de devoir décider s'il doit ou non s'opposer à l'attitude du tribunal ou s'en plaindre, tout en gardant à l'esprit les intérêts de son client. Il est inévitable que l'infliction d'une peine d'emprisonnement à un avocat emporte, par sa nature même, un "effet dissuasif", non seulement sur l'avocat concerné, mais aussi sur la profession dans son ensemble »[5].

Les avocats peuvent par exemple se sentir restreints dans leurs choix de plaidoiries, de stratégies procédurales, *etc.*, pendant l'instance devant le tribunal, éventuellement au détriment de la cause de leur client. Pour avoir confiance dans l'administration de la justice, le public doit avoir confiance en la capacité des avocats à représenter effectivement les justiciables. Dans certaines circonstances, l'infliction d'une peine d'emprisonnement à un avocat peut avoir des implications non seulement pour les droits de l'avocat au regard de l'article 10, mais aussi pour le droit de son client à bénéficier d'un procès équitable au sens de l'article 6[6]. « Il s'ensuit que tout "effet dissuasif" est un facteur important à prendre en compte pour ménager un juste équilibre entre les tribunaux et les avocats dans le cadre d'une bonne administration de la justice »[7].

Un arrêt postérieur à l'occasion duquel, un avocat pénaliste slovène se plaignait d'avoir été condamné deux fois à des amendes pour outrage à magistrat à la suite de ses critiques de la procédure, a amené la

1. Décr. n° 2005-790, 12 juill. 2005, art. 15 – Décr. n° 91-1197, 27 nov. 1991, art. 183 modifié et, ensemble, Conv. EDH, art. 6 et 10.
2. Civ. 1re, 4 mai 2012, n° 11-30.193, P I, n° 96 ; *D.* 2012. 1275 ; *D.* 2013. 136, obs. Th. Wickers.
3. CEDH 25 janv. 2018, *Szpiner c/France*, req. n° 2316/15 – G. Deharo, « Liberté d'expression de l'avocat et sanction disciplinaire », *D. actu.* 31 janv. 2018 – AUSSI : CEDH 15 déc. 2015, *Bono c/France*, req. n° 29369/10.
4. CEDH 21 mars 2002, *Nikula c/Finlande*, req. n° 31611/1996, §§ 54-55.
5. CEDH 21 mars 2002, *Nikula*, préc., § 54 et CEDH 28 oct. 2003, *Steur c/Pays-Bas*, req. n° 39657/98, § 44.
6. CEDH 21 mars 2002, *Nikula*, préc., § 49 et CEDH 28 oct. 2003, *Steur c/Pays-Bas*, préc., § 37.
7. CEDH 15 déc. 2005, *Kyprianou c/Chypre*, req. n° 73797/01, § 174, 175 ; *D.* 2007. 825, obs. B. Blanchard.

Cour à considérer que ses propos avaient été tenus dans un forum où les droits de son client, accusé de trois meurtres, devaient naturellement être vigoureusement défendus et avaient été confinés dans la salle d'audience. La Cour estime que les propos litigieux ne sauraient être interprétés comme des attaques personnelles gratuites et ne sauraient avoir pour seule intention d'insulter les experts, le ministère public ou le tribunal. Elle réaffirme que la liberté d'expression s'applique non seulement aux informations ou aux idées reçues favorablement ou considérées comme inoffensives ou indifférentes, mais aussi à celles qui heurtent, choquent ou inquiètent et encore que l'utilisation d'un ton caustique dans les commentaires visant un juge n'est pas incompatible avec les dispositions de l'article 10 de la convention européenne des droits de l'homme. Les déclarations du requérant ne pouvant être *a priori* considérées comme sans fondement, elle en déduit une violation de l'article 10 de la convention européenne des droits de l'homme [1].

562.25 Liberté générale de parole des avocats. Sur le problème connexe de la liberté d'expression plus générale des avocats, la cour de Strasbourg a rappelé que : « La liberté d'expression vaut aussi pour les avocats, qui ont le droit de se prononcer publiquement sur le fonctionnement de la justice, mais dont la critique ne saurait franchir certaines limites. Par ailleurs, la Cour rappelle également que l'article 10 protège non seulement la substance des idées et informations exprimées, mais aussi leur mode d'expression. À cet égard, il convient de tenir compte de l'équilibre à ménager entre les divers intérêts en jeu, parmi lesquels figurent le droit du public à être informé sur les questions qui touchent au fonctionnement du pouvoir judiciaire, les impératifs d'une bonne administration de la justice et la dignité de la profession d'avocat » [2].

La Cour réaffirme que le statut spécifique des avocats leur fait occuper une position centrale dans l'administration de la justice, comme intermédiaires entre les justiciables et les tribunaux, ce qui explique les normes de conduite imposées en général aux membres du barreau [3], soulignant que le large éventail de réglementations et les différences de rythme dans les États membres du Conseil de l'Europe montrent la complexité du problème [4].

Quant aux magistrats, s'ils ont bien sûr le droit de saisir les tribunaux afin de défendre leur réputation [5], ils doivent néanmoins faire preuve de la plus grande discrétion. Au cas d'espèce, il avait toutefois été retenu que la décision de paralyser toute autre action tendant à assurer la protection de la réputation du requérant (s'estimant diffamé par un parlementaire dont la condamnation avait été annulée) n'a pas respecté le juste équilibre qui doit exister en la matière, entre les exigences de l'intérêt général de la communauté et les impératifs de la sauvegarde des droits fondamentaux de l'individu. Afin de garantir leur image de juges impartiaux, cette discrétion doit les amener à ne pas utiliser la presse, même pour répondre à des provocations. Ainsi le veulent les impératifs supérieurs de la justice et la grandeur de la fonction judiciaire [6]. Elle a encore jugé : « Qu'au regard des circonstances de l'espèce la protection des informations confidentielles ne pouvait constituer un motif suffisant pour déclarer la requérante coupable de violation du secret professionnel. En particulier, elle considère que la jurisprudence de la Cour de cassation, aux termes de laquelle la connaissance par d'autres personnes de faits couverts par le secret professionnel n'est pas de nature à enlever à ces faits leur caractère confidentiel et secret (paragraphe 31 de la décision), ne saurait dispenser les juridictions internes de motiver de façon pertinente et suffisante toute atteinte à la liberté d'expression d'un avocat. La protection de cette liberté doit prendre en compte l'exception prévoyant que l'exercice des droits de la défense peut rendre nécessaire la violation du secret professionnel » [7].

Pour les suites de la relation dans un livre, d'impressions d'audience ayant donné lieu à un incident avec le représentant du ministère public, et les poursuites de cette relation et non de l'incident lui-même, il sera renvoyé à une autre décision intéressant la France [8].

Il peut encore être cité un arrêt plus récent de la Cour européenne des droits de l'Homme [9], concernant des poursuites en diffamation d'un avocat ayant accusé, dans un ouvrage relatif à une très

1. CEDH 16 janv. 2018, *?eferin c/Slovénie*, req. n° 40975/08.
2. CEDH 20 avr. 2004, *Amihalachioaie c/Moldova*, req. n° 60115/00, § 28, lui-même référencé par rapport à l'arrêt *Schöpfer c/Suisse*, 20 mai 1998, n° 25405/94, *Rec.* 1998-III, p. 1053, § 33.
3. CEDH 24 févr. 1994, *Casado Coca c/Espagne*, req. n° 15450/89, § 54. *AJDA* 1994. 511, chron. J.-F. Flauss.
4. CEDH 24 févr. 1994, *Casado Coca c/Espagne*, préc., § 55.
5. CEDH 30 janv. 2003, *Cordova c/Italie*, req. n° 40877/98, § 64. *AJDA* 2003. 603, chron. J.-F. Flauss.
6. CEDH 29 mars 2011, *Gouveia Gomes Fernandes et Freitas E Costa c/Portugal*, req. n° 1529/08, § 46 – CEDH 16 sept. 1999, *Buscemi c/Italie*, req. n° 29569/95, § 67 – CEDH 7 déc. 2010, *Poyraz c/Turquie*, req. n° 15966/06, § 69.
7. CEDH 15 déc. 2011, *Mor c/France*, req. n° 28198/09, *D.* 2012. 667, obs. S. Lavric, note L. François ; *D.* 2013. 136, obs. Th. Wickers ; *AJ pénal* 2012. 337, note C. Porteron ; *RSC* 2012. 260, obs. J.-P. Marguénaud.
8. CEDH 15 juill. 2010, *Dumas c/France*, req. n° 34875/07.
9. CEDH, 3 déc. 2015, n° 30936/12, *Prompt c/France* – Dans la même affaire, aussi : Civ. 1re, 4 nov. 2011, n° 10-19.381, NP.

célèbre affaire criminelle des années quatre-vingt, une personne d'avoir tenté de commettre un meurtre.

La Cour considérant que les juridictions internes n'ont retenu la diffamation que pour deux passages du livre et ont admis que Me Prompt poursuivait un but légitime sur un sujet relevant de l'intérêt général et s'était exprimé sans animosité personnelle à l'égard des époux Villemin et retenant qu'elles n'ont conclu à la diffamation qu'en raison d'éléments qui caractérisaient le manque de prudence de l'auteur du livre, refuse de reconnaître une violation de l'article 10 de la convention. Elle constate par ailleurs que M. Prompt n'a pas été condamné à une sanction pénale, mais au paiement d'une amende ainsi qu'à la publication d'un avertissement judiciaire, cette obligation ne concernant que les nouvelles impressions ou éditions de l'ouvrage, aucun retrait des ouvrages déjà édités, ni obstacle à une réédition pour autant qu'elle soit assortie de l'avertissement n'étant pas, par ailleurs, mis en œuvre.

Est toutefois posé le principe selon lequel même si un certain manque de modération est permis lorsque l'auteur des propos s'exprime sur un sujet d'intérêt général, ce principe ne peut valablement être invoqué pour justifier l'affirmation d'une intention meurtrière, qui n'était qu'une hypothèse, et l'ajout de circonstances factuelles dont l'exactitude n'était pas établie par les éléments du dossier. Enfin, une dernière décision est venue poser que l'immunité dont bénéficient les discours prononcés devant les tribunaux en vertu de l'article 41 [1] de la loi du 29 juillet 1881, n'interdit pas de leur attribuer, le cas échéant, le caractère d'une provocation au sens de l'article 33 [2] alinéa 2 de la même loi [3].

À la marge de ces développements, il faut tout de même noter que si la Cour de cassation considère que l'immunité de l'article 41 n'est pas applicable en matière de poursuites disciplinaires exercées contre un avocat [4], il en va autrement du Conseil d'État, qui dans une décision récente, certes applicable devant le Conseil de l'Ordre des médecins mais au considérant de principe, a posé que si ces dispositions se bornent à instaurer une réserve touchant les actions en diffamation, le libre exercice du droit d'agir et de se défendre en justice fait obstacle à ce qu'un justiciable puisse faire l'objet, au titre de propos tenus ou d'écrits produits par lui dans le cadre d'une instance juridictionnelle, en plus des mesures prévues par cet article, de poursuites disciplinaires fondées sur le caractère diffamatoire de ces propos ou écrits [5].

562.26 La parole au prévenu en dernier. Le prévenu ou son avocat auront toujours la parole les derniers, que ce soit devant le tribunal correctionnel [6]. ou devant la chambre des appels correctionnels [7]. Le prévenu qui a choisi de garder le silence doit tout de même se voir donner la parole en dernier. La conjonction « ou » des articles 460 et 513 du code de procédure pénale semble signifier qu'il importe que l'un ou l'autre, du prévenu ou de son avocat, ait la parole en dernier. Par suite, il ne semble pas obligatoire de donner la parole en dernier au prévenu lorsque son avocat, s'est exprimé en dernier et pour peu bien sûr que les notes d'audience et le jugement ou l'arrêt mentionnent bien que tel a été le cas. Pour autant, il a été jugé qu'il résulte des dispositions de l'article 460 [...] que lorsque l'instruction à l'audience est terminée, le prévenu ou son conseil doivent avoir toujours la parole les derniers et que la plaidoirie du conseil ne dispense pas les juges de donner la parole au prévenu s'il la demande, à peine de violation des droits de la défense [8]. Dans cette hypothèse, c'est clairement le refus de donner la parole au prévenu qui la réclamait qui a été sanctionné.

Encourt encore la censure l'arrêt qui ne constate pas que l'avocat du prévenu absent, qui le représentait à l'audience, sans mandat de représentation, a eu la parole le dernier, alors que les motifs de la décision ne mettent pas la Cour de cassation en mesure de s'assurer que cet avocat n'avait pas demandé à être entendu [9]. Il est régulièrement rappelé que selon l'article 410 du code de procédure pénale, l'avocat qui se présente pour assurer la défense du prévenu absent doit être entendu s'il en fait la demande, même démuni du mandat de représentation prévu par l'article 411 du même code. Encourt par suite la censure, l'arrêt qui ne constate pas que l'avocat du prévenu absent, qui le représentait à l'audience, sans mandat de représentation, a eu la parole le dernier, les motifs de la

1. L. 29 juill. 1881, art. 41.
2. L. 29 juill. 1881, art. 33.
3. Crim. 31 mars 2015, n° 13-81.842, P n° 71 ; *D.* 2015. 867 ; *AJ pénal* 2015. 313, note C. Courtin ; *Dr. pénal* 2015, n° 68, note M. Véron ; *CCE* 2015, n° 44, note A. Lepage – Crim. 10 mai 2006, n° 05-82.971, NP.
4. Civ. 1re, 16 déc. 2003, n° 03-13.353, P I, n° 256 ; *D.* 2004. 977, note B. Beignier ; *D.* 2004. 2826, obs. B. Blanchard ; *Gaz. Pal.* 13-14 févr. 2004, p. 13 – de même sur l'immunité pénale qui ne peut être invoquée que dans la mesure où les propos tenus n'excèdent pas les limites du droit de la défense : Civ. 1re, 10 sept. 2015, n° 14-24.208, P I, n° 103.
5. CE 22 mai 2015, req. n° 370429 ; *Lebon ; AJDA* 2015. 1727 ; *D.* 2015. 2465, obs. G. Roujou de Boubée, T. Garé, C. Ginestet, M.-H. Gozzi et S. Mirabail.
6. C. pr. pén., art. 460.
7. C. pr. pén., art. 513.
8. Crim. 11 déc. 1990, n° 89-84.772, P n° 425.
9. Crim. 3 mars 2015, n° 14-86.498, P n° 41 ; *AJ pénal* 2015. 378, obs. G. Pitti – Crim. 15 déc. 2015, n° 14-86.486, P n° 294.

décision ne mettant pas la Cour de cassation en mesure de s'assurer que cet avocat n'avait pas demandé à être entendu[1].

Dans l'hypothèse de poursuites contre la personne physique es-qualité et en tant que représentant de la personne morale, la personne physique qui a la parole en dernier exerce nécessairement ce droit en cette double qualité[2].

La règle posée par l'article 460, alinéa 2, du code de procédure pénale selon laquelle le prévenu ou son conseil doivent avoir la parole les derniers ne se limite pas aux débats sur le fond et s'applique également aux incidents. Il avait été jugé que, si le ministère public a été entendu le dernier à propos d'un incident, l'arrêt n'encourt aucune censure dès lors qu'il est constaté que l'incident a été joint au fond et qu'à la fin des débats, avant le prononcé de la décision sur l'ensemble de l'affaire, le prévenu a eu la parole le dernier[3]. À l'inverse, la chambre criminelle après avoir rappelé que, selon l'article 513, alinéa 4, du code de procédure pénale, le prévenu ou son avocat auront toujours la parole les derniers, a dit que cette règle s'applique à tout incident dès lors qu'il n'est pas joint au fond. Elle le répète avec constance. Ainsi, s'il résulte des mentions de l'arrêt attaqué qu'il a été statué, au cours des débats, sur la demande de renvoi présentée par la défense, pour la rejeter, sans que l'avocat de la prévenue ait la parole en dernier, la cassation est encourue[4]. De même, la règle posée par l'article 460 reposant sur l'adverbe « toujours », elle doit également trouver à s'appliquer lors des audiences tenues lors d'une demande de mise en liberté portée devant le tribunal correctionnel ou encore lors d'une audience tenue en chambre du conseil, par exemple pour une demande de confusion de peines.

Dans un contexte particulier opposant un barreau à une chambre correctionnelle, la chambre criminelle a pu décider qu'un prévenu ne saurait faire grief à la cour d'appel de ne pas lui avoir donné la parole en dernier sur une demande de renvoi présentée par son avocat appartenant à un barreau ayant décidé de suspendre sa participation aux audiences de la juridiction de jugement, dès lors que ce prévenu a manifesté par son comportement, son refus de se défendre à cette audience[5] (en refusant de solliciter la désignation d'avocats d'office, solution proposée par la cour, puis en quittant la salle).

Enfin, lorsque la juridiction correctionnelle statue sur les intérêts civils, le demandeur ne saurait en revanche se faire un grief de ce qu'il n'a pas eu, ainsi que son avocat, la parole en dernier, dès lors que, l'action publique n'étant plus en cause, les dispositions de l'article 513, alinéa 4, du code de procédure pénale n'étaient pas applicables[6]. Cette décision en confirme une précédente qui avait jugé que lorsque les juges, saisis par l'appel du prévenu contre une décision qui statue sur l'action publique et sur l'action civile, constatent que l'action publique se trouve éteinte sous l'effet de l'amnistie, ils ne sont pas tenus, dès lors qu'ils se prononcent uniquement sur les intérêts civils, de donner au prévenu ou à son conseil la parole les derniers, ainsi que le prescrit l'article 513, alinéa 4, du code de procédure pénale[7].

En revanche, la chambre criminelle a jugé que la règle posée par l'article 513 alinéa 4 du code de procédure pénale, selon laquelle le prévenu ou son avocat auront toujours la parole les derniers s'applique également à la personne redevable pécuniairement d'une amende, absente de l'audience devant la cour d'appel où son avocat a plaidé, mais dont aucune des mentions de l'arrêt attaqué n'établissait qu'il avait eu la parole en dernier[8].

1. Crim. 3 mars 2015, n° 14-86.498, P n° 41 – Crim. 15 déc. 2015, n° 14-86.486, P n° 294.
2. Crim. 9 janv. 2018, n° 17-80.200, P ; *AJ pénal* 2018. 144, obs. F. Chopin ; *RTD com.* 2018. 224, obs. L. Saenko.
3. Crim. 2 déc. 1986, n° 86-91.388, P n° 363.
4. Crim. 22 mars 2017, n° 16-80.995, NP ; Crim. 10 nov. 2020, n° 18-86.186, NP ; Crim. 24 mars 2021, n° 20-81.068, NP ; Crim. 30 juin 2021, n° 20-84.732, NP ; Crim 12.04.2022 n° 21-80.436, NP ; Crim 31.05.2022, n° 21-80.927, NP.
5. Crim. 23 mai 2013, n° 12-83.780, P n° 115 ; *D.* 2013. 1351.
6. Crim. 26 févr. 2013, n° 12-81.746, P n° 47 ; *D.* 2013. 772.
7. Crim. 13 déc. 1983, n° 82-92.346, P n° 341.
8. Crim. 7 nov. 2017, n° 17-80.831, P ; *D.* 2017. 2305 ; *AJ pénal* 2017. 553, obs. J.-P. Céré.

LIVRE

6. LES EXCEPTIONS ET INCIDENTS

SECTION 0

ORIENTEUR

6.00 Sommaire du livre.

TITRE

61. Les nullités devant le tribunal correctionnel

SECTION 0
ORIENTEUR

61.00 **Sommaire du titre.**

CHAPITRE

611. Principes généraux

SECTION 0
ORIENTEUR

611.00 Sommaire du chapitre.

Avertissement – Renvoi. Toutes les nullités susceptibles d'être soulevées, qui sont aussi nombreuses que les cas d'espèce pouvant se présenter, ne sont pas recensées ci-après. Néanmoins, ont été inventoriées les principales hypothèses qui peuvent être présentées devant une juridiction correctionnelle de premier ou de second degré. La garde à vue, en raison de ses nombreuses difficultés d'application bénéficie d'un chapitre particulier (v. s[s] n°s 615.01 s.).

611.01 Principaux textes applicables.

TEXTES SOURCES

• C. pr. pén., art. 174, 385, 386, 459, 599, 802, 803-3

TEXTES *IN EXTENSO*

• C. pr. pén., art. 174

Lorsque la chambre de l'instruction est saisie sur le fondement de l'article 173 ou de l'article 221-3, tous moyens pris de nullité de la procédure qui lui est transmise doivent, sans préjudice du droit qui lui appartient de les relever d'office, lui être proposés. À défaut, les parties ne sont plus recevables à en faire état, sauf le cas où elles n'auraient pu les connaître.

La chambre de l'instruction décide si l'annulation doit être limitée à tout ou partie des actes ou pièces de la procédure viciée ou s'étendre à tout ou partie de la procédure ultérieure et procède comme il est dit au troisième alinéa de l'article 206.

Les actes ou pièces annulés sont retirés du dossier d'information et classés au greffe de la cour d'appel. Les actes ou pièces de la procédure partiellement annulés sont cancellés après qu'a été établie une copie certifiée conforme à l'original, qui est classée au greffe de la cour d'appel. Il est interdit de tirer des actes et des pièces ou parties d'actes ou de pièces annulés aucun renseignement contre les parties, à peine de poursuites disciplinaires pour les avocats et les magistrats.

• C. pr. pén., art. 385

Le tribunal correctionnel a qualité pour constater les nullités des procédures qui lui sont soumises sauf lorsqu'il est saisi par le renvoi ordonné par le juge d'instruction ou la chambre de l'instruction.

Toutefois, dans le cas où l'ordonnance ou l'arrêt qui l'a saisi n'a pas été porté à la connaissance des parties dans les conditions prévues, selon le cas, par le quatrième alinéa de l'article 183 ou par l'article 217, ou si l'ordonnance n'a pas été rendue conformément aux dispositions de l'article 184, le tribunal renvoie la procédure au ministère public pour lui permettre de saisir à nouveau la juridiction d'instruction afin que la procédure soit régularisée.

Lorsque l'ordonnance de renvoi du juge d'instruction a été rendue sans que les conditions prévues par l'article 175 aient été respectées, les parties demeurent recevables, par dérogation aux dispositions du premier alinéa, à soulever devant le tribunal correctionnel les nullités de la procédure.

Lorsque la procédure dont il est saisi n'est pas renvoyée devant lui par la juridiction d'instruction, le tribunal statue sur les exceptions tirées de la nullité de la procédure antérieure.

La nullité de la citation ne peut être prononcée que dans les conditions prévues par l'article 565.

Dans tous les cas, les exceptions de nullité doivent être présentées avant toute défense au fond.

• C. pr. pén., art. 386

L'exception préjudicielle est présentée avant toute défense au fond.

Elle n'est recevable que si elle est de nature à retirer au fait qui sert de base à la poursuite le caractère d'une infraction.

Elle n'est admise que si elle s'appuie sur des faits ou sur des titres donnant un fondement à la prétention du prévenu.

Si l'exception est admissible, le tribunal impartit un délai dans lequel le prévenu doit saisir la juridiction compétente. Faute par le prévenu d'avoir introduit l'instance dans ce délai et de justifier de ses diligences, il est passé outre à l'exception.

Si l'exception n'est pas admise, les débats sont continués.

• **C. pr. pén., art. 459**

Le prévenu, les autres parties et leurs avocats peuvent déposer des conclusions.

Ces conclusions sont visées par le président et le greffier ; ce dernier mentionne ce dépôt aux notes d'audience.

Le tribunal qui est tenu de répondre aux conclusions ainsi régulièrement déposées doit joindre au fond les incidents et exceptions dont il est saisi, et y statuer par un seul et même jugement en se prononçant en premier lieu sur l'exception et ensuite sur le fond.

Il ne peut en être autrement qu'au cas d'impossibilité absolue, ou encore lorsqu'une décision immédiate sur l'incident ou sur l'exception est commandée par une disposition qui touche à l'ordre public.

• **C. pr. pén., art. 599**

En matière correctionnelle, le prévenu n'est pas recevable à présenter comme moyen de cassation les nullités commises en première instance s'il ne les a pas opposées devant la cour d'appel, à l'exception de la nullité pour cause d'incompétence lorsqu'il y a eu appel du ministère public.

En matière criminelle, l'accusé n'est pas recevable à présenter comme moyen de cassation les nullités qu'il n'a pas soulevées devant la cour d'assises statuant en appel conformément aux prescriptions de l'article 305-1.

• **C. pr. pén., art. 802**

En cas de violation des formes prescrites par la loi à peine de nullité ou d'inobservation des formalités substantielles, toute juridiction, y compris la Cour de cassation, qui est saisie d'une demande d'annulation ou qui relève d'office une telle irrégularité ne peut prononcer la nullité que lorsque celle-ci a eu pour effet de porter atteinte aux intérêts de la partie qu'elle concerne.

• **C. pr. pén., art. 803-3** [mod. par L. n° 2014-896, 15 août 2014, art. 34]

En cas de nécessité et par dérogation aux dispositions de l'article 803-2, la personne peut comparaître le jour suivant et peut être retenue à cette fin dans des locaux de la juridiction spécialement aménagés, à la condition que cette comparution intervienne au plus tard dans un délai de vingt heures à compter de l'heure à laquelle la garde à vue ou la retenue a été levée, à défaut de quoi l'intéressé est immédiatement remis en liberté.

Le magistrat devant lequel l'intéressé est appelé à comparaître est informé sans délai de l'arrivée de la personne déférée dans les locaux de la juridiction.

Lorsque la garde à vue a été prolongée mais que cette prolongation n'a pas été ordonnée par le juge des libertés et de la détention ou par un juge d'instruction, la personne retenue doit être effectivement présentée à la juridiction saisie ou, à défaut, au juge des libertés et de la détention avant l'expiration du délai de vingt heures.

Lorsqu'il est fait application des dispositions du présent article, la personne doit avoir la possibilité de s'alimenter et, à sa demande, de faire prévenir par téléphone une des personnes visées à l'article 63-2, d'être examinée par un médecin désigné conformément aux dispositions de l'article 63-3 et de s'entretenir, à tout moment, avec un avocat désigné par elle ou commis d'office à sa demande, selon les modalités prévues par l'article 63-3-1. L'avocat peut demander à consulter le dossier de la procédure.

L'identité des personnes retenues en application des dispositions du premier alinéa, leurs heures d'arrivée et de conduite devant le magistrat ainsi que l'application des dispositions du quatrième alinéa font l'objet d'une mention dans un registre spécial tenu à cet effet dans le local où ces personnes sont retenues et qui est surveillé, sous le contrôle du procureur de la République, par des fonctionnaires de la police nationale ou des militaires de la gendarmerie nationale.

Les dispositions du présent article ne sont pas applicables lorsque la personne a fait l'objet, en application des dispositions de l'article 706-88 ou de l'article 706-88-1, d'une garde à vue ayant duré plus de soixante-douze heures.

611.02 Jurisprudence de référence.

> Le juge pénal ne peut pas relever d'office une nullité, même substantielle, touchant à l'ordre public

• **Crim. 25 févr. 1991,** n° 90-81.383, P n° 94

* V. s[s] n° 611.11.

« Attendu qu'il résulte de l'article 385 du code de procédure pénale que les juges ne peuvent prononcer la nullité de la citation ou d'un acte de la procédure antérieure que s'il en a été excipé par les parties dans les conditions prévues par ce texte ; que cette règle s'applique à toutes les nullités, mêmes substantielles, touchant à l'ordre public à la seule exception de celles affectant la compétence ;

Attendu qu'il appert de l'arrêt attaqué que XY, prévenu d'avoir remis à YY de l'avoine avariée ayant entraîné la mort d'une jument, a soulevé devant le tribunal correctionnel l'exception de nullité tirée des conditions irrégulières, au regard des dispositions du décret du 19 janvier 1919 pour l'application de la loi du 1er août 1905, dans lesquelles les prélèvements d'avoine avaient été effectués en vue d'une expertise ; Attendu que pour écarter cette exception, la cour d'appel relève qu'elle n'a pas été proposée devant le tribunal correctionnel avant toute défense au fond ; qu'elle ajoute cependant, pour relaxer le prévenu, que les conditions critiquables dans lesquelles ont été effectués les prélèvements constituent une violation des droits de la défense et que cette violation, d'ordre public, entraîne la nullité de la procédure ;

Mais attendu qu'en relevant d'office la nullité de la procédure après avoir constaté qu'elle n'avait pas été régulièrement présentée, la cour d'appel a méconnu le sens et la portée du texte susvisé. »

> Le tribunal doit soulever d'office son incompétence en raison de la nature de l'infraction

• **Crim. 22 mai 1996,** n° 95-84.899, P n° 212

* V. s[s] n° 611.14.

« Sur le moyen relevé d'office et pris de la violation des articles 332 ancien et 222-23 nouveau du code pénal, 381 et 519 du code de procédure pénale :

Vu lesdits articles ;

Attendu qu'en matière répressive, la compétence des juridictions est d'ordre public ; qu'il appartient aux juges correctionnels, saisis de la cause entière par l'appel du ministère public, de se déclarer incompétents, même d'office, lorsque les faits poursuivis ressortissent à la juridiction criminelle ;

Attendu que l'arrêt attaqué énonce notamment que "les faits visés à la prévention sont des agressions de nature sexuelle, et plus précisément des fellations, que X... aurait imposées, selon la plainte, à la jeune Y..., alors âgée d'environ 7 ans, au cours des années 1983 et 1984, sur une période d'environ un an" ;

Attendu que de tels faits entraient dans les prévisions tant de l'article 332 ancien que de l'article 222-23 nouveau du code pénal, dès lors que la fellation constitue un acte de pénétration sexuelle, et devenaient justiciables de la cour d'assises ; qu'ainsi, la juridiction correctionnelle était incompétente pour en connaître. »

> Lorsque la chambre de l'instruction constate la nullité d'un acte de procédure, seules doivent être annulées par voie de conséquence les pièces qui ont pour support nécessaire l'acte entaché de nullité

• **Crim. 28 mars 2000,** n° 00-80.090, P n° 137

* V. s^s n° 611.72.

« Attendu que, pour refuser d'étendre l'annulation à l'ensemble de la procédure concernant l'intéressé, l'arrêt retient qu'avant même de se présenter au domicile de X..., les fonctionnaires de police disposaient de renseignements de nature à faire suspecter sa participation à un trafic international de stupéfiants, émanant des polices israélienne et allemande, que les investigations irrégulières n'ont porté que sur son identification, et que, dès lors, sa garde à vue n'a pas été le préalable nécessaire aux actes subséquents ;

Attendu qu'en l'état de ces énonciations, la chambre d'accusation, qui a répondu comme elle le devait aux articulations essentielles du mémoire dont elle était saisie, a justifié sa décision ;

Qu'en effet, seules doivent être annulées par voie de conséquence les pièces qui ont pour support nécessaire l'acte entaché de nullité. »

> Excède ses pouvoirs la cour d'appel qui annule l'intégralité d'une enquête alors que la régularité du procès-verbal d'interpellation et des procès-verbaux de dépôt de plainte ne pouvait être affectée par la nullité d'actes ultérieurement accomplis

• **Crim. 4 janv. 2005,** n° 04-84.876, P n° 3

* V. s^s n° 611.71.

« Vu les articles 174 et 802 du code de procédure pénale ;

Attendu qu'il résulte des dispositions combinées de ces textes que, lorsqu'une irrégularité constitue une cause de nullité de la procédure, seuls doivent être annulés les actes affectés par cette irrégularité et ceux dont ils sont le support nécessaire ;

Attendu qu'après avoir retenu qu'Édith X... avait été placée en garde à vue dans des conditions irrégulières et qu'elle n'avait pas reçu immédiatement notification des droits prévus par la loi, la cour d'appel a annulé l'ensemble de la procédure d'enquête et relaxé la prévenue ;

Mais attendu qu'en prononçant ainsi alors que la régularité des procès-verbaux d'interpellation et de dépôt de plainte n'était pas en cause et ne pouvait être affectée par l'éventuelle annulation d'actes postérieurs, les juges ont excédé leurs pouvoirs ;

D'où il suit que la cassation est encore encourue. »

> Le juge correctionnel ne peut prononcer une nullité de garde à vue alors que la prévenue n'en a pas excipé ni étendre l'annulation à des actes de procédure n'ayant pas pour support nécessaire la garde à vue annulée

• **Crim. 10 déc. 2003,** n° 03-83.344, P n° 243

* V. s^s n° 611.11.

« Vu les articles 385, 593 et 174 du code de procédure pénale ;

Attendu que selon le premier de ces textes les juges ne peuvent prononcer la nullité d'un acte de la procédure antérieure que s'il en a été excipé par les parties dans les conditions prévues par ce texte ; que cette règle s'applique à toutes les nullités, même substantielles, touchant à l'ordre public, à la seule exception de celle affectant la compétence ; que selon le deuxième de ces textes, tout jugement ou arrêt doit comporter les motifs propres à justifier la décision ; que l'insuffisance ou la contradiction des motifs équivaut à leur absence ; qu'enfin, selon le troisième de ces textes, l'irrégularité d'un acte de la procédure n'entraîne l'annulation d'autres actes postérieurs qu'à la condition que ces derniers aient eu pour support nécessaire l'acte annulé ;

Attendu qu'il résulte de l'arrêt attaqué et des pièces de procédure que Timothée X..., épouse Y..., a été interpellée le 3 avril 2002, à 18 h 30, à Belfort, alors qu'elle conduisait sous l'empire d'un état alcoolique, et aussitôt placée en garde à vue ; que le médecin, requis à 19 h 30 par un officier de police judiciaire aux fins de procéder à son examen médical, a rédigé à 23 heures un certificat établissant que l'état de santé de l'intéressée paraissait compatible avec une garde à vue sous réserve qu'elle puisse impérativement prendre son traitement habituel, notamment cardiaque et hormonal, dans un délai approximatif de 6 heures ;

Attendu que, pour prononcer l'annulation de la garde à vue, les magistrats énoncent que de l'examen de la procédure il se déduit que les exigences posées par le médecin n'ont pas été respectées ;

Mais attendu qu'en prononçant ainsi alors que la cause de nullité retenue n'avait pas été invoquée par la prévenue et sans justifier des motifs pour lesquels la mesure se serait déroulée dans des conditions contraires aux dispositions de l'article 63-3 du code de procédure pénale et, au surplus, en étendant l'annulation à des actes qui n'avaient pas pour support nécessaire les actes annulés, la cour d'appel a méconnu les textes susvisés ;

D'où il suit que la cassation est encourue. »

> La méconnaissance des formalités substantielles auxquelles est subordonnée la garde à vue ne peut être invoquée à l'appui d'une demande d'annulation d'acte ou de pièce de procédure que par la partie qu'elle concerne

• **Crim. 14 févr. 2012,** n° 11-84.694, P n° 43

* V. s[s] n° 611.53.

« Sur le premier moyen de cassation, pris de la violation des articles 174, 593 et 802 du code de procédure pénale ;

Vu les articles 171 et 802 du code de procédure pénale ;

Attendu que la méconnaissance des formalités substantielles auxquelles est subordonnée la garde à vue ne peut être invoquée à l'appui d'une demande d'annulation d'acte ou de pièce de procédure que par la partie qu'elle concerne ;

Attendu qu'il résulte de l'arrêt attaqué et des pièces de procédure que MM. François-Xavier X… et Alan Y… ont été poursuivis, respectivement pour vols avec effraction en récidive et recel ; que le tribunal correctionnel les a condamnés, par jugement contradictoire à signifier, le premier, à deux ans d'emprisonnement dont quinze mois avec sursis et mise à l'épreuve, le second, à trois mois d'emprisonnement avec sursis ; que M. X… ainsi que le procureur de la République, à titre incident, ont interjeté appel ;

Attendu que, pour déclarer recevable l'exception de nullité, soulevée par le prévenu, de la garde à vue de son coprévenu dont la condamnation était devenue définitive, l'arrêt retient que l'audition de ce dernier l'incrimine et lui fait grief ; que les juges ajoutent que le droit au silence n'a pas été notifié à ce coprévenu et qu'il n'a pas bénéficié de l'assistance d'un avocat ; qu'ils en concluent que sa garde à vue, ainsi que la perquisition à laquelle il a participé pendant cette mesure et les saisies consécutives, doivent être annulées ;

Mais attendu qu'en se prononçant ainsi, alors que le demandeur était sans qualité pour se prévaloir de la méconnaissance d'un droit qui appartient en propre à une autre personne, la cour d'appel a violé les textes susvisés et le principe ci-dessus rappelé ;

D'où il suit que la cassation est encourue ;

Par ces motifs et sans qu'il soit besoin d'examiner le second moyen de cassation proposé ;

casse et annule […]. »

> Définitions des notions d'intérêt et de qualité à agir, ainsi que de grief

• **Crim.7 sept. 2021,** n°s 20-87.191 et 21-80.642, P

* V. s[s] n°s 611.42, 611.65

17. Il résulte des articles 171 et 802 du code de procédure pénale que l'inobservation des formalités substantielles ou prescrites à peine de nullité doit entraîner la nullité de la procédure, lorsqu'il en est résulté une atteinte aux intérêts de la partie concernée.

18. Il s'ensuit les principes généraux suivants.

19. Hors les cas de nullité d'ordre public, qui touchent à la bonne administration de la justice, la chambre de l'instruction, saisie d'une requête en nullité, doit successivement d'abord rechercher si le requérant a intérêt à demander l'annulation de l'acte, puis, s'il a qualité pour la demander et, enfin, si l'irrégularité alléguée lui a causé un grief.

20. Le requérant a intérêt à agir s'il a un intérêt à obtenir l'annulation de l'acte.

21. Pour déterminer si le requérant a qualité pour agir en nullité, la chambre de l'instruction doit rechercher si la formalité substantielle ou prescrite à peine de nullité, dont la méconnaissance est alléguée, a pour objet de préserver un droit ou un intérêt qui lui est propre.

22. L'existence d'un grief est établie lorsque l'irrégularité elle-même a occasionné un préjudice au requérant, lequel ne peut résulter de la seule mise en cause de celui-ci par l'acte critiqué.

> Si le requérant n'allègue pas que la formalité méconnue a pour objet de préserver un droit ou un intérêt qui lui est propre, il appartient à la chambre de l'instruction de rechercher s'il résulte d'éléments de la procédure que tel pourrait être le cas

• **Crim. 25 oct. 2022,** n° 21-85.763, P

* V. s[s] n° 611.66

Vu les articles 6, § 1, de la Convention de sauvegarde des droits de l'homme et des libertés fondamentales et 802 du code de procédure pénale :

49. Il résulte du premier de ces articles que toute personne a le droit de ne pas contribuer à sa propre incrimination.

50. La Cour européenne des droits de l'homme juge que ce droit présuppose que, dans une affaire pénale, l'accusation cherche à fonder son argumentation sans recourir à des éléments de preuve obtenus par la contrainte ou les pressions, au mépris de la volonté de l'accusé.

51. Le droit de ne pas s'auto-incriminer constitue une protection non pas contre la tenue de propos incriminants en tant que telle mais contre l'obtention de preuves par la coercition ou l'oppression. Il concerne en premier lieu le respect de la détermination d'un accusé de garder le silence (CEDH, 17 déc. 1996, *Saunders c/ Royaume-Uni*, req. n° 19187/91 ; 10 mars 2009, *Bykov c/ Russie*, req. n° 4378/02).

52. Pour rechercher si une procédure a vidé de sa substance même le droit de ne pas contribuer à sa propre incrimination, il convient d'examiner la nature et le degré de coercition, l'existence de garanties appropriées dans la procédure et l'utilisation qui est faite des éléments ainsi obtenus.

53. En vertu du second de ces textes, en cas de violation des formes prescrites par la loi à peine de nullité ou d'inobservation des formalités substantielles, toute juridiction, qui est saisie d'une demande d'annulation ou qui relève d'office une telle irrégularité, ne peut prononcer la nullité que lorsque celle-ci a eu pour effet de porter atteinte aux intérêts de la partie qu'elle concerne.

54. La Cour de cassation en déduit que pour déterminer si le requérant a qualité pour agir en nullité, la chambre de l'instruction doit rechercher si la formalité substantielle ou prescrite à peine de nullité, dont la méconnaissance est alléguée, a pour objet de préserver un droit ou un intérêt qui lui est propre (Crim. 7 sept. 2021, n° 21-80.642, P).

55. Le moyen pose la question de savoir si, pour dénier au requérant qualité à agir en nullité, le juge peut lui opposer son choix de garder le silence ou ses dénégations, alors même qu'il résulte des investigations qu'il est concerné par la formalité dont il allègue qu'elle a été méconnue.

56. En premier lieu, il convient d'observer que la lettre de l'article 802 du code de procédure pénale ne s'oppose pas à

ce que la preuve que la partie est concernée par la nullité résulte d'éléments de la procédure.

57. En deuxième lieu, dans l'hypothèse précitée, exiger du requérant qu'il justifie que l'acte critiqué a porté atteinte à un droit ou à un intérêt qui lui est propre a pour conséquence de le contraindre, sous peine d'être privé de son droit d'agir en nullité, à renoncer à exercer son droit au silence ou à revenir sur ses déclarations antérieures.

58. Cela peut aussi l'obliger, notamment lorsqu'est en cause un acte attentatoire à la vie privée, à admettre l'existence d'éléments à charge, voire à reconnaître les faits qui lui sont reprochés.

59. Or, les écrits du requérant devant la chambre de l'instruction, à l'appui de sa requête en nullité, sont susceptibles d'être pris en compte par la juridiction chargée de statuer sur son renvoi devant une juridiction de jugement ou de prononcer sur sa culpabilité.

60. Il s'ensuit, qu'en pareil cas, subordonner la recevabilité de l'action en nullité du requérant à la preuve par celui-ci qu'il est concerné par l'irrégularité est de nature à méconnaître son droit à ne pas s'auto-incriminer.

61. Enfin, le contentieux de l'annulation se rattachant au contentieux du bien-fondé de l'accusation, dès lors qu'il permet de contester la légalité du recueil d'un élément de preuve, il ne saurait être dénié au requérant qui est concerné par l'irrégularité le droit de contester la légalité d'un élément ainsi susceptible d'être retenu contre lui par l'accusation.

62. En conséquence, si le requérant n'allègue pas que la formalité méconnue a pour objet de préserver un droit ou un intérêt qui lui est propre, il appartient à la chambre de l'instruction de rechercher s'il résulte d'éléments de la procédure que tel pourrait être le cas.

63. En l'espèce, pour déclarer les requérants dépourvus de qualité pour solliciter l'annulation des opérations de captation des données numériques, l'arrêt énonce en substance qu'une telle mesure porte atteinte au droit du secret des correspondances protégé par l'article 8 de la Convention européenne des droits de l'homme ainsi que par les dispositions des articles 226-15 et suivants du code pénal.

64. Les juges en déduisent qu'il convient d'apprécier pour chacun des requérants à la nullité s'il justifie d'un droit propre auquel la captation des données informatiques arguée de nullité aurait porté atteinte.

65. Ils constatent qu'à l'exception de M. [I] qui a reconnu être l'utilisateur d'un téléphone crypté [1] sous le pseudonyme « [A] », aucun des requérants n'a admis user d'un téléphone crypté avec le système [1] ou avoir le pseudonyme que l'exploitation des communications permettait de lui attribuer ou être l'un des interlocuteurs des communications captées.

66. Ils en déduisent qu'à défaut de pouvoir justifier d'un droit leur étant propre que la violation des dispositions relatives à la captation des données informatiques aurait atteint, MM. [D], [O], [C] [E], [M] n'ont pas qualité à agir et doivent être déclarés irrecevables à soulever la nullité de la mesure de captation des données informatiques mise en œuvre dans la présente procédure.

67. En prononçant ainsi, alors qu'il résultait des pièces de la procédure que les enquêteurs avaient attribué à chaque requérant l'usage d'un téléphone crypté, la chambre de l'instruction a méconnu le texte susvisé et le principe ci-dessus énoncé au paragraphe 62.

68. La cassation est dès lors à nouveau encourue de ce chef.

611.03 Bibliographie indicative.

Articles. N. Bonnal, « Les nullités au cours de la phase de jugement », *AJ pénal* 2005. 188 – J.-P. Brouillaud, « Les nullités de procédure : des procédures pénales et civiles comparées », *D.* 1996. Chron. 98 – J. Buisson, « Le requérant en annulation peut faire valoir un intérêt direct ou indirect », *Procédures* 2006, n° 249 ; « Aspects essentiels de procédure pénale relatifs à la loi de programmation 2018-2022 et de réforme pour la justice », *Procédures* 2019, étude 6 ; « La requête en annulation : le droit à un recours effectif quelque peu malmené ? », Procédures 2022, étude 12 – B. et P.-O. Chabut, « Le point en matière de nullité de procédure pénale, au fil des cent dernières décisions de la chambre d'accusation de Paris », *Gaz. Pal.* 14-15 nov. 1997, p. 2 – G. Clément, « De la règle "pas de nullité sans grief" en droit judiciaire privé et en procédure pénale », *RSC* 1984. 433 – E. Daoud, R. Binsard, « La loi de programmation 2018-2022 et réforme pour la justice et les droits de la défense : l'impossible conciliation » *AJ pénal* 2019. 188 – M. Guerrin, « Les changements opérés par la loi relative à la présomption d'innocence sur les nullités de procédure dans la phase préalable au jugement pénal », *RSC* 2000. 753 – Ch. Guéry, « Le tribunal correctionnel et les nullités de l'instruction », *Dr. pénal* 2004. Ét. 6 ; « Un toilettage progressif et personnalisé : les nullités de l'instruction après l'entrée en vigueur de la loi du 4 mars 2002 », *Dr. pénal* 2002. Chron. 38 ; « Nullité de procédure portant indirectement atteinte aux intérêts du requérant : état des lieux », *D.* 2014. 1460 ; « La détention provisoire en cas de renvoi du dossier d'information pour régularisation de la procédure », *AJ pénal* 2016. 407 – P. Hennion-Jacquet, « Les nullités de l'enquête et de l'instruction, un exemple du déclin de la légalité procédurale », *Rev. pénit.* mars 2003, p. 7 ; « La double dénaturation des nullités en matière pénale, note sous Crim. 14 oct. 2003 », *D.* 2004. 1265 – J. Leblois-Happe, « La réforme de l'enquête par la loi de programmation 2018-2022 revue par le Conseil constitutionnel – Une « simplification » inégale et partielle », *AJ pénal* 2019. 180 – H. Matsopoulou, « Un revirement jurisprudentiel favorable à l'admission des nullités », *JCP* 2007. II. 10081 – G. Roussel, « Le régime des nullités de la procédure pénale après les lois du 4 janvier 1993 et du 24 août 1993 », *Gaz. Pal.* 19-20 janv. 1996, p. 7 – F. Saint-Pierre, « Le véritable enjeu des contrôles juridictionnels de la légalité des procédures pénales : la « sûreté » des justiciables », *AJ pénal* 2005. 177 – B. Waltz-Téracol « Les modalités d'intervention de l'assureur au procès pénal », *AJ pénal* 2021. 291.

SECTION 1

LES NULLITÉS NE PEUVENT PAS, EN PRINCIPE, ÊTRE SOULEVÉES D'OFFICE

611.11 Interdiction de principe. La jurisprudence estime que les juridictions pénales ne peuvent soulever d'office une exception de procédure même substantielle et d'ordre public[1], sauf en ce qui concerne la compétence des juridictions[2]. La chambre criminelle répète que « les juges ne peuvent prononcer la nullité d'un acte de la procédure antérieure que s'il en a été excipé par les parties dans les conditions prévues par ce texte ; cette règle s'applique à toutes les nullités, mêmes substantielles, touchant à l'ordre public, à la seule exception de celle affectant la compétence »[3]. La doctrine a relevé que cette jurisprudence se concilie mal avec l'article 66 de la Constitution qui érige l'autorité judiciaire en gardienne de la liberté individuelle[4].

Par ailleurs, l'article 802 du code de procédure pénale dispose qu'« en cas de violation des formes prescrites par la loi à peine de nullité ou d'inobservation des formalités substantielles, toute juridiction, y compris la Cour de cassation, qui est saisie d'une demande d'annulation ou qui relève d'office une telle irrégularité ne peut prononcer la nullité que lorsque celle-ci a eu pour effet de porter atteinte aux intérêts de la partie qu'elle concerne ». Certes, l'article 802 ne précise pas le nombre de nullités qu'une juridiction peut soulever d'office mais la rédaction paraît singulière dès lors que seule la compétence juridictionnelle serait visée ; cette interdiction peut en tout cas apparaître critiquable.

611.12 **Incidences.** Le moyen qui invoque une telle exception pour la première fois devant la Cour de cassation est irrecevable[5]. Il en est de même si le moyen reprend des exceptions soulevées pour la première fois devant la cour d'appel[6].

611.13 **L'interdiction vaut également pour les exceptions soulevées par la partie intervenante.** C'est ainsi que l'exception fondée sur une cause de nullité ou sur une clause du contrat tendant à mettre l'assureur hors de cause doit être soulevée avant toute défense au fond. Toutefois, avant d'opposer à la partie intervenante la forclusion de l'exception, il convient de la mettre en mesure de s'expliquer à ce propos : la forclusion résultant de la tardiveté de la présentation de l'exception fondée sur une cause de nullité ou sur une clause du contrat d'assurance ne peut être opposée à l'assureur sans débat contradictoire préalable[7]. Une compagnie d'assurances, intervenant en cause d'appel pour la première fois, peut ainsi soulever l'exception d'incompétence de la juridiction pénale pour connaître de la réparation civile dès lors que les faits poursuivis constitueraient une faute non détachable du service et relevant de la compétence exclusive de la juridiction administrative[8]. Encourt la cassation l'arrêt qui déclare irrecevable l'exception de non-assurance soulevée par l'assureur alors que cette exception avait été soulevée avant toute défense au fond[9].

611.14 **Exceptions.** Les juges doivent vérifier d'office leur compétence et soulever d'office leur éventuelle incompétence[10]. La Cour de cassation relève d'office la nullité des décisions qui appliquent une qualification correctionnelle à des faits qui sont du ressort de la juridiction criminelle[11].

Les questions de l'amnistie et de la prescription doivent également être soulevées d'office mais il ne s'agit pas à proprement parler de nullité.

Dans le cadre particulier de la légalité de la rétention d'un étranger, la CJUE a rendu le 8 novembre 2022[12], une décision impliquant la nécessité pour les États de procéder à un contrôle d'office sur le respect de la légalité.

1. Crim. 15 juin 1987, n° 85-92.803, P n° 251 – Crim. 21 mars 1989, n° 88-82.789, P n° 138 ; *D.* 1989. Somm. 394, obs. J. Pradel – Crim. 25 févr. 1991, n° 90-81.383, P n° 94 – Crim. 14 oct. 1991, n° 90-84.818, P n° 341 – Crim. 9 déc. 1991, n° 91-82.880, P n° 466 – Crim. 17 nov. 1992, n° 92-82.902, NP, *Dr. pénal* 1993, n° 54, note A. Maron – Crim. 17 mars 1993, n° 92-82.348, P n° 124 – Crim. 12 mars 1996, n° 95-81.127, P n° 110 – Crim. 18 sept. 1996, n° 95-84.134, P n° 318 – Crim. 20 mars 1997, n° 96-81.083, NP, *Procédures* 1997, n° 216, note J. Buisson – Crim. 10 déc. 2003, n° 03-83.344, P n° 243 ; *AJ pénal* 2004. 120, obs. C. Girault – Crim. 25 avr. 2006, n° 06-80.599, P n° 107 – Crim. 10 oct. 2006, n° 06-81.833, P n° 246 ; *Procédures* 2007, n° 45, note J. Buisson – Crim. 6 juin 2012, n° 11-87.180, P n° 145 – Crim. 11 déc. 2013, n° 13-80.271, P n° 255.
2. Crim. 13 nov. 1996, n° 95-84.897, P n° 405 – Crim. 7 juin 2000, n° 99-82.788, P n° 219 ; *D.* 2001. Somm. 18, obs. J. Pradel ; *D.* 2001. Chron. 6, obs. C. Marsat – Crim. 10 déc. 2003, n° 03-83.344, P n° 243.
3. Crim. 15 juin 1987, n° 85-92.803, P n° 251 – Crim. 9 déc. 1991, n° 91-82.880, P n° 466 – Crim. 17 nov. 1992, n° 92-82.902, NP – Crim. 20 mars 1997, n° 96-81.083, préc. – Crim. 10 déc. 2003, n° 03-83.344, P n° 243 ; *JCP* 2004. IV. 1233 ; *AJ pénal* 2004. 120, obs. C. Girault (v. s^s n° 611.01).
4. *Procédures* 2007, n° 45, note J. Buisson.
5. Crim. 18 janv. 1993, n°s 92-83.147, 92-81.705, 2 esp., P n° 22 – Crim. 17 févr. 1993, n° 91-85.212, P n° 79.
6. Cass., ass. plén, 18 janv. 2006, n° 02-80.787, P n° 1 ; *JCP* 2006. II. 10075, obs. J. Leblois-Harpe.
7. Crim. 27 mai 2003, n° 02-85.980, NP.
8. Crim. 2 déc. 2003, n° 02-85.254, P n° 226 ; *AJDA* 2004. 943 ; *D.* 2004. 539 ; *D.* 2005. 403, obs. J. Penneau ; *AJ pénal* 2004. 118, obs. A. Pitoun ; *RSC* 2004. 344, obs. Y. Mayaud ; *RSC* 2004. 671, obs. A. Giudicelli.
9. Crim. 1er juin 2021, n° 20-80.609, P.
10. Crim. 20 nov. 1969, n° 69-92.068, P n° 308 – Crim. 1er déc. 1993, n° 92-86.077, P n° 366 – Crim. 22 mai 1996, n° 95-84.899, P n° 212 ; *D.* 1996. 205 – V. aussi Titre 31.
11. Crim. 16 nov. 1982, n° 82-92.518, P n° 257 – Crim. 22 avr. 1986, n° 84-95.759, P n° 136 – Crim. 3 févr. 1988, n° 87-82.336, P n° 55 – Crim. 4 janv. 1990, n° 89-82.636, P n° 1 – Crim. 29 avr. 1996, n° 95-83.110, P n° 172 – Crim. 22 mai 1996, n° 95-84.899, P n° 212.
12. CJUE, gde ch. 8 nov. 2022, aff. C-704/20, *D.* 2022. 196 – V. s^s n° 616.320.

611.15 **Partie civile.** La règle de l'article 385, alinéa 1er, du code de procédure pénale s'applique à la partie civile comme au prévenu[1].

SECTION 2
NULLITÉ TEXTUELLE ET NULLITÉ SUBSTANTIELLE

611.21 **Distinction.** D'une façon traditionnelle, on distingue les nullités textuelles, qui sont expressément prévues par un texte, des nullités substantielles qui ne le sont pas mais qui sont admises par la jurisprudence comme la sanction d'une grave irrégularité de procédure. On peut dire qu'en dehors des droits de la défense, les nullités substantielles répondent à ces deux conditions : il s'agit d'un acte fondamental de la procédure indispensable à la validité de la poursuite ; et dans cet acte, une forme essentielle a été omise, par exemple la signature ou la date.

611.22 **Affaiblissement du nombre des nullités textuelles.** Les nullités directement prévues par la loi ont tendance à diminuer, qu'il s'agisse de nullités touchant l'enquête ou l'instruction. Mais il n'existe aucun caractère supérieur que la nullité textuelle pourrait avoir acquis sur la nullité qui serait « seulement » substantielle. L'une est prévue par la loi, l'autre pas, mais c'est tout. Pendant l'instruction, on trouve certaines nullités qui sont prévues par la loi[2].

S'agissant de l'enquête, les nullités peuvent être prévues par le code de procédure pénale mais peuvent aussi figurer dans d'autres codes ou lois, par exemple en matière fiscale ou de presse.

S'agissant de la procédure de jugement, l'article 553 prévoit les cas où la nullité de la citation doit ou non être prononcée[3] ; l'article 565 prévoit les conditions de nullité d'un exploit ; les articles 592 et 593 surtout évoquent les nullités découlant du non-respect des règles relatives au nombre des juges, à leur présence aux débats, aux réquisitions du ministère public, à la publicité des audiences et à la motivation des décisions des cours d'appel rendues en dernier ressort.

611.23 **Nullité substantielle.** C'est la jurisprudence qui établit, au cas par cas, si une irrégularité constitue ou non une nullité substantielle. La nullité peut concerner le non-respect d'une disposition du code de procédure pénale comme de codes annexes, mais aussi des principes posés par la convention européenne des droits de l'homme[4].

SECTION 3
NULLITÉS D'ORDRE PUBLIC ET NULLITÉS D'ORDRE PRIVÉ

611.31 **Nullités d'ordre public.** Dans une définition traditionnelle, les nullités d'ordre public sont celles qui *touchent à la compétence des juridictions et aux règles de l'organisation judiciaire et de l'administration de la justice.* Il y est fait appel chaque fois qu'il s'agit de garantir l'observation d'une règle de procédure considérée comme essentielle à la validité de celle-ci. Il en est ainsi des règles d'organisation et de composition des juridictions, des règles de compétence des juridictions, en matière de droits de la défense, de garde à vue, de certaines règles touchant à l'expertise judiciaire. Ressortissent encore de l'ordre public les nullités qui sanctionnent la violation de quelques grands principes du droit.

Le terme de nullité d'ordre public n'est pas utilisé par le législateur. C'est à la Cour de cassation qu'il appartient finalement de décider si telle ou telle nullité relève de l'ordre public. Depuis l'entrée en vigueur de la loi du 4 janvier 1993, la chambre criminelle ne fait plus que de rares allusions aux « nullités d'ordre public ». La formule utilisée semble désormais consacrer les nullités qui « portent nécessairement atteinte aux intérêts de la partie qu'elles concernent ».

611.32 **Nullité d'ordre public exceptionnelle : la compétence juridictionnelle.** Seule la compétence de la juridiction constitue une nullité d'ordre public qui peut être soulevée à tout moment de la procédure y compris pour la première fois devant la Cour de cassation. Elle doit également être relevée d'office par le juge[5].

611.33 **Nullités d'ordre privé.** Ce sont celles qui sont établies dans l'intérêt des parties. Ce type de nullité ne peut être invoqué que par la partie à laquelle il a été fait grief[6]. On dit aussi que les parties peuvent renoncer à se prévaloir de ce type de nullité, ce qui n'a d'intérêt que lorsqu'il existe des dispositions consacrant ce droit à renonciation. C'est le cas aussi bien pour les nullités auxquelles on peut renoncer *a priori* qu'*a posteriori* pendant la procédure d'instruction préparatoire[7]. Mais cette notion n'a pas d'intérêt en ce qui concerne la procédure pénale relative à l'audience correction-

1. Crim. 20 déc. 1973, n° 73-90.501, P n° 482 – Crim. 11 juin 1981, n° 80-90.560, P n° 194.
2. NOT. : Ch. Guéry, *Droit et pratique de l'instruction préparatoire*, 11e éd., « Dalloz action », 2022, nos 731.20 s.
3. SUR les nullités de citation, v. ss n° 612.13.
4. SUR les cas de nullités le plus souvent invoqués, v. ss nos 615.11 s. et 616.11 s.
5. V. ss nos 311.31 s.
6. Crim. 7 juill. 1899, *S.* 1902. 1. 300 – Crim. 13 sept. 1900, P n° 296 – Crim. 1er sept. 1987, nos 85-92.518, 87-83.370, P n° 308.
7. C. pr. pén., art. 170 et 172.

nelle. Dans ce cadre, une partie renonce à une nullité quand elle ne la soulève pas...

SECTION 4
PRINCIPE « PAS DE NULLITÉ SANS GRIEF »

611.41 Article 802 du code de procédure pénale. Issu de la loi du 6 août 1975[1], l'article 802 est ainsi rédigé : « En cas de violation des formes prescrites par la loi à peine de nullité ou d'inobservation des formalités substantielles, toute juridiction, y compris la Cour de cassation, qui est saisie d'une demande d'annulation ou qui relève d'office une telle irrégularité ne peut prononcer la nullité que lorsque celle-ci a eu pour effet de porter atteinte aux intérêts de la partie qu'elle concerne. »

Ce texte concerne aussi bien les nullités textuelles que les nullités substantielles. La jurisprudence a par contre estimé que *le texte ne concernait pas les formalités d'ordre public*, instituées dans l'intérêt de la justice elle-même[2]. Ceci peut paraître contradictoire avec le texte même qui évoque les nullités relevées d'office qui ne peuvent être que des nullités d'ordre public particulières[3].

611.42 Nécessité d'un grief. Lorsque la nullité examinée entre dans le champ d'application de l'article 802 du code de procédure pénale, la juridiction ne peut prononcer l'annulation que s'il apparaît qu'une violation des formes légales a eu pour effet de porter atteinte aux intérêts du demandeur[4]. La Cour de cassation exige un grief effectif[5]. La charge de la preuve du grief incombe au demandeur à la nullité. Après que la chambre criminelle a semblé implicitement consacrer le principe[6], elle l'a expressément proclamé : « Attendu [...] qu'en vertu de l'article 802 du code de procédure pénale, dès lors qu'il ne démontre ni n'allègue aucune atteinte portée à ses intérêts, le demandeur [...]. »[7] À titre d'exemple, un prévenu ne peut demander l'annulation de l'audition d'un mineur victime effectuée sans enregistrement audiovisuel, lequel est prévu tant dans son intérêt que dans celui de la victime, qu'à la condition de justifier d'un grief[8].

Dans son arrêt du 7 septembre 2021[9] la chambre criminelle a dit que « l'existence d'un grief est établie lorsque l'irrégularité elle-même a occasionné un préjudice au requérant, lequel ne peut résulter de la seule mise en cause de celui-ci par l'acte critiqué ». Si certains estiment que, sans quoi, l'existence d'un grief en viendrait probablement à se confondre avec l'intérêt à agir[10], d'autres ont remis en cause cette formule, dans la façon dont elle peut être invoquée pour « sauver » une procédure[11].

611.43 Nullité portant nécessairement grief. La chambre criminelle a développé un certain nombre de nullités qui, par nature, causent forcément un grief. Il n'est pas envisageable de dresser ici la liste de toutes les nullités ayant été considérées comme non soumises au principe de l'existence d'un grief. Plusieurs arrêts visent les enregistrements vidéo obligatoires : mineur placé en garde à vue[12] ou défaut d'enregistrement en matière criminelle dès lors qu'il n'existe pas de circonstances insurmontables : le défaut d'enregistrement audiovisuel, en matière criminelle, de la première comparution d'une personne mise en examen, hors les cas où l'article 116-1 du code de procédure pénale l'autorise, porte nécessairement atteinte aux intérêts de la personne concernée, qu'elle ait fait de simples déclarations ou qu'elle ait accepté d'être interrogée[13]. Il convient de souligner qu'outre l'insécurité juridique découlant de la pro-

1. L. n° 75-701, 6 août 1975 modifiant et complétant certaines dispositions de procédure pénale, *JO* 7 août, p. 8035.
2. P. Chambon s[s] : Crim. 27 févr. 1978, n° 77-92.301, P n° 73 ; *JCP* 1979. II. 19113 – Crim. 3 avr. 1979, n° 78-94.203, P n° 135 – Crim. 17 avr. 1980, n° 79-94.128, P n° 109 – AUSSI : Crim. 19 mai 1980, n° 79-93.161, P n° 148 ; *D.* 1981. 177, note W. Jeandidier – Crim. 5 oct. 1982, n° 82-91.601, P n° 205 ; *JCP* 1982. IV. 369 – Crim. 27 sept. 1984, n° 84-93.474, P n° 275 – Crim. 8 oct. 1984, n° 84-93.572, P n° 288 – Crim. 1er déc. 1993, n° 92-84.358, P n° 365 – Crim. 10 avr. 1996, n° 95-85.504, P n° 155 – Crim. 29 avr. 1996, n° 95-83.110, P n° 172 – Crim. 3 avr. 2007, n° 07-80.807, P n° 102 ; *D.* 2007. 1422 ; *D.* 2007, Chron. D. Caron et S. Ménotti ; *D.* 2008. 2757, obs. J. Pradel ; *AJ pénal* 2007. 285, obs. G. Royer – Crim. 26 juin 2007, n° 07-82.401, P n° 172 ; *D.* 2007. 2238 ; *AJ pénal* 2007. 487, obs. S. Lavric.
3. V. s[s] n° 611.11.
4. Crim. 18 mars 1976, n° 75-92.918, P n° 101.
5. Crim. 2 sept. 1986, n° 86-93.266, P n° 251.
6. Crim. 9 mai 1978, n° 76-93.208, P n° 144 – Crim. 3 janv. 1996, n° 94-83.916, P n° 2.
7. Crim. 16 janv. 1995, n° 93-85.863, P n° 19 ; *RSC* 1995. 812, obs. B. Bouloc.
8. Crim. 24 mai 2016, n° 16-80.564, P n° 155 ; *D.* 2016. 1597, chron. B. Laurent, L. Ascensi, E. Pichon et G. Guého.
9. Crim. 7 sept. 2021, 2 arrêts, n°s 20-87.191 et 21-80.642, *D.* 2021. 1630 ; *D. actu.* 28 sept. 2021, obs. M. Recotillet ; *AJ pénal* 2021. 484, obs. M. Recotillet ; *ibid.* 527, note G. Candela ; *JCP* 2021. 1161, note H. Matsopoulou ; *RSC* 2022. 94, obs. P.-J. Delage.
10. En ce sens, P.-J. Delage ; *RSC* 2022, p. 94.
11. V. not. A. Gogorza, v. s[s] n° 616.273 – V. aussi : J. Buisson, « La requête en annulation : le droit à un recours effectif quelque peu malmené ? », *Procédures* 2022, étude 12 – Sur les arrêts du 7 septembre 2021, V. aussi s[s] n° 611.65.
12. Crim. 3 avr. 2007, n° 06-87.264, P n° 104 ; *D.* 2007. 2141, note J. Pradel ; *D.* 2008. 1854, obs. A. Gouttenoire et Ph. Bonfils ; *AJ pénal* 2007. 287, obs. G. Royer – Crim. 26 mars 2008, n° 07-88.554, P n° 77 ; *D.* 2008. 1416, obs. M. Léna ; *AJ pénal* 2008. 286, obs. G. Royer.
13. Crim. 3 mars 2010, n° 09-87.924, P n° 47 ; *D.* 2010. 1688, obs. C. Girault, note L. Belfanti ; *AJ pénal* 2010. 294, obs. L. Ascensi.

clamation par la Cour de cassation de ce qui relève ou non des nullités portant forcément grief, la jurisprudence est fluctuante. Ainsi, en matière de perquisition, la Cour de cassation estime désormais que l'article 802 est applicable aux formalités découlant des articles 57 et 95 du code de procédure pénale[1], après avoir jugé en sens inverse[2].

Toujours à titre d'exemple, on citera un arrêt aux termes duquel il a été jugé qu'il résulte des articles 56-1 du code de procédure pénale et 8 de la convention européenne des droits de l'homme que l'absence, dans la décision prise par un magistrat, de perquisition du cabinet d'un avocat, des motifs justifiant la perquisition et décrivant l'objet de celle-ci, qui prive le bâtonnier, chargé de la protection des droits de la défense, de l'information qui lui est réservée et interdit ensuite le contrôle réel et effectif de cette mesure par le juge des libertés et de la détention éventuellement saisi, porte nécessairement atteinte aux intérêts de l'avocat concerné.

Encourent la censure les motifs par lesquels la chambre de l'instruction qui, pour rejeter le moyen de nullité tiré de ce qu'une décision de perquisition dans le cabinet d'un avocat ne répond pas aux exigences de l'article 56-1 du code de procédure pénale précité, énonce que, si elle ne comporte pas la désignation du lieu exact des investigations, cette difficulté n'a pas été soulevée lors de la perquisition tant par l'avocat que par le délégué du bâtonnier, qui n'ont pu se méprendre sur l'objet de cette mesure d'instruction, alors que la décision de perquisition, portée à la connaissance de l'autorité ordinale, ne contient pas les motifs précis justifiant la perquisition et décrivant l'objet de celle-ci ni ne mentionne le lieu où doivent être effectuées les investigations[3].

SECTION 5
QUALITÉ POUR AGIR

§ 1
Conséquences du défaut de qualité pour agir

611.51 Actes affectant une autre personne que le demandeur – Une jurisprudence traditionnelle dépassée. Dans le domaine de la qualité pour agir pour présenter une requête en nullité pendant l'information préparatoire ou pour déposer des conclusions devant le tribunal correctionnel, la jurisprudence a considérablement évolué ces dernières années sous l'effet des décisions rendues par la Cour européenne des droits de l'Homme. Traditionnellement, il était en effet estimé que les actes affectant une autre personne que le demandeur ne pouvaient avoir d'effet sur ce dernier. Cela fut jugé pour l'irrégularité de l'interpellation de personnes ayant mis en cause le demandeur[4] ou pour l'audition d'un co-prévenu sans interprète[5]. La chambre criminelle estima également qu'une personne mise en examen était sans qualité pour contester la régularité de l'interception et de la transcription, ordonnées par le juge d'instruction, de conversations téléphoniques échangées entre d'autres personnes mises en examen sur une ligne qui ne lui est pas attribuée[6].

611.52 Qualité pour agir – Incidence de la jurisprudence de la Cour européenne des droits de l'Homme. C'est à l'occasion de l'impossibilité consacrée par la Cour de cassation, de soulever la nullité de conversations échangées entre d'autres personnes que le mis en examen, sur une ligne qui ne lui était pas attribuée, que la France fut condamnée dans l'arrêt *Lambert c/ France* du 24 août 1998[7]. Après avoir dans un premier temps maintenu sa jurisprudence[8], la Cour de cassation s'inclinait dans un arrêt du 7 décembre 2005[9] après qu'un autre arrêt de la Cour européenne des droits de l'Homme, *Matheron c/ France*, du 29 mars 2005[10] ait à nouveau condamné la France. En même temps, elle abandonnait une jurisprudence ancienne proscrivant la contestation de pièces provenant d'un autre dossier que celui de la procédure[11] et estimait par ailleurs que : « Méconnaît les dispositions de l'article 174 du code de procédure pénale, qui interdit de tirer d'actes ou de pièces annulés dans une procédure antérieure aucun renseignement contre les parties ayant bénéficié de cette annulation, la cour d'appel qui déclare régulière la procédure suivie

1. Crim. 17 sept. 1996, n° 96-82.105, P n° 316 ; *D.* 1997. 144, obs. J. Pradel ; *RSC* 1997. 149, obs. J.-P. Dintilhac – Crim. 15 juin 2000, n° 00-81.334, P n° 229 ; *D.* 2001. 520, obs. J. Pradel.
2. Crim. 27 sept. 1984, n° 84-93.474, P n° 275 – Crim. 7 déc. 1993, n° 93-84.188, P n° 372.
3. Crim. 9 févr. 2016, n° 15-85.063, P n° 34 ; *D.* 2016. 427 ; *D.* 2016. 1727, obs. J. Pradel.
4. Crim. 14 déc. 1999, n° 99-82.369, P n° 304.
5. Crim. 18 avr. 2000, n° 99-86.890, P n° 150.
6. Crim. 10 mars 1993, n° 91-80.936, P n° 106 – Crim. 31 mars 1998, n°s 96-83.956, 98-80.352, P n° 121 ; *BICC* 477, n° 902.
7. CEDH 24 août 1998, *Lambert c/ France*, req. n° 23618/94, *D.* 1999. Somm. 271, note J.-F. Renucci ; *RSC* 1998. 829, obs. L.-E. Pettiti ; *JCP* 1999. I. 105, obs. F. Sudre.
8. Crim. 14 nov. 2001, n° 01-85.965, P n° 238.
9. Crim. 7 déc. 2005, n° 05-85.876, P n° 327 ; *RSC* 2006. 343, note D.-N. Commaret.
10. CEDH 29 mars 2005, sect. IV, *Matheron c/ France*, req. n° 57752/00, *D.* 2005. 1755, note J. Pradel ; *RSC* 2006. 662, Chron. F. Massias ; *RSC*. 2007. 333. Ét. R. Filniez.
11. Crim. 8 juin 2006, n° 06-81.796, P n° 166 ; *JCP* 2006. IV. 2464 ; *Gaz. Pal.* 2/3 mars 2007, p. 11, note Y. Monnet.

devant elle, alors que celle-ci est exclusivement fondée sur des pièces précédemment annulées, fût-ce dans une information distincte. »[1]

Enfin, dans un arrêt du 6 septembre 2006, la chambre criminelle admet que le requérant à la nullité *peut invoquer l'irrégularité d'un acte de la procédure concernant un tiers si cet acte, illégalement accompli, a porté atteinte à ses intérêts*[2]. Il s'agissait dans cet arrêt du contrôle d'identité d'un tiers. Le prévenu semblait pouvoir soulever devant le tribunal correctionnel une irrégularité touchant une autre personne que lui-même dès lors qu'elle lui avait causé un grief. La chambre criminelle a admis les mêmes principes en matière de garde à vue : « Attendu qu'un demandeur n'est recevable à invoquer l'irrégularité d'un acte concernant une autre personne mise en examen, qui n'a pas requis cette annulation, qu'à la condition de préciser en quoi cette irrégularité a porté atteinte à ses intérêts ; que Julien X... se bornant, en l'espèce, à alléguer l'existence d'un grief qui résulterait pour lui de l'irrégularité de la garde à vue de Rachid Y..., sans en apporter toutefois aucune démonstration, le moyen ne saurait être déclaré recevable. »[3] *A contrario*, apparaissait recevable le moyen tiré par une personne de l'irrégularité de la garde à vue d'une autre, dès lors qu'elle établissait en quoi cela lui avait causé un préjudice.

Mais la jurisprudence de la chambre criminelle a opéré un retour en arrière depuis l'arrêt rendu le 14 février 2012 en matière de garde à vue, et les arrêts postérieurs[4].

611.53 Défaut de qualité pour agir : revirement de jurisprudence du 14 février 2012. Un important arrêt du 14 février 2012 pose un principe tout à fait différent : « Attendu que la méconnaissance des formalités substantielles auxquelles est subordonnée la garde à vue ne peut être invoquée à l'appui d'une demande d'annulation d'acte ou de pièce de procédure que par la partie qu'elle concerne ».

Cet arrêt de principe revient à une certaine orthodoxie juridique en posant la question de la qualité à agir avant celle de l'existence d'un grief. Cette jurisprudence a été reprise ultérieurement[5].

La chambre criminelle a ensuite étendu le principe à l'audition libre prise sur la base de l'article 62 du code de procédure pénale : « Attendu que, si c'est à tort que la chambre de l'instruction a déclaré que ces auditions étaient entachées d'une nullité qui ne faisait pas grief au mis en examen, l'arrêt n'encourt pas pour autant la censure dès lors que ce dernier était sans qualité pour se prévaloir de la méconnaissance de formalités substantielles à l'occasion de l'audition libre d'une autre personne. »[6] Le 17 juin 2015, la chambre criminelle a encore modifié la formule pour dire que « La méconnaissance des formalités substantielles auxquelles est subordonnée l'audition d'une personne ne peut être invoquée à l'appui d'une demande d'annulation d'acte ou de pièce de la procédure que par la partie qu'elle concerne. »[7]

Dans cette affaire, un individu n'avait pas bénéficié des droits du gardé à vue ni des droits du suspect libre et arguait de la nullité de sa propre audition mais aussi de celle de sa compagne. C'est à propos de cette dernière que la chambre criminelle use de la formule exposée ci-dessus. Il n'est donc plus question « des formalités substantielles auxquelles est subordonnée la garde à vue, ni de formalités substantielles à l'occasion de l'audition libre d'une autre personne mais des formalités substantielles auxquelles est subordonnée l'audition d'une personne. Cette formule, plus générale, et conditionnée par le cas d'espèce pourrait désormais être applicable à toute contestation de l'audition d'un tiers, quel qu'ait été le régime de cette audition ».

Il existe donc aujourd'hui deux domaines dans lesquels le tiers ne peut arguer de la nullité d'un acte qui ne le concerne pas, par défaut de qualité pour agir : la garde à vue, et l'audition libre.

611.54 Loyauté de la preuve. La chambre criminelle a admis qu'en application de l'article préliminaire du code de procédure pénale et de l'article 6 de la convention européenne des droits de l'homme, le prévenu est recevable à contester la régularité d'une pièce issue d'une procédure distincte, dès lors qu'il invoque l'atteinte qu'elle porte à l'un de ses droits, mais est sans qualité pour critiquer les modalités de désignation d'un juge d'instruction chargé d'une information à laquelle

1. Crim. 16 mai 2007, nº 06-81.815, P nº 130 ; *D.* 2007. Actu. 1785.
2. Crim. 6 sept. 2006, nº 06-84.869, P nº 208 ; *D.* 2006. 2483 ; *D.* 2007. 973, obs. J. Pradel ; *AJ pénal* 2006. 509, obs. C. Girault ; *Gaz. Pal.* 28-29 mars 2007, p. 7, note Y. Monnet – AUSSI : Crim. 31 oct. 2006, nº 06-86.123, P nº 263 ; *D.* 2007. 1248, note P. Hennion-Jacquet ; *AJ pénal* 2007. 36, obs. C. Girault – Crim. 31 mai 2007, nº 07-80.928, P nº 146 ; *JCP* 2007. IV. 2403 ; *D.* 2007. Actu. 2033 ; *JCP* 2007. II 10081, note H. Matsopoulou ; *Procédures* 2006, nº 249 ; *Dr. pénal* 2007, nº 163, note A. Maron.
3. Crim. 31 mai 2007, nº 07-80.928, P nº 146 ; *JCP* 2007. IV. 2403 ; *D.* 2007. Actu. 2033 ; *Dr. pénal* 2007, nº 163, note A. Maron ; *Procédures* 2007, nº 229, note J. Buisson.
4. V. ss nos 611.53 et 615.344.
5. Crim. 7 mars 2012, nº 11-88.118, P nº 64 ; *D.* 2012. 818 ; *D.* 2012. 2118, obs. J. Pradel ; *AJ pénal* 2012. 346, obs. L. Ascensi – Crim. 13 mars 2012, nº 11-88.737, P nº 67 ; *D.* 2012. 948 – Crim. 3 mai 2012, nº 11-85.702, NP – Crim. 10 mai 2012, nº 11-87.328, P nº 116 ; *D.* 2012. 1485.
6. Crim. 11 févr. 2014, nº 13-86.878, *P* nº 38 ; *D.* 2014. 486 ; *AJ pénal* 2014. 369, obs. G. Royer.
7. Crim. 17 juin 2015, nº 14-80.886, P nº 155.

il n'est pas partie[1]. La Haute juridiction censure ici toute violation indirecte de l'article 174 du Code de procédure pénale, en sanctionnant par la nullité tout acte reconstituant la substance d'un acte annulé[2]. Dans un arrêt du 15 décembre 2015[3], le requérant demandait l'annulation des procès-verbaux d'audition d'un tiers, considérant que les interrogatoires au cours desquels celui-ci l'avait incriminé auraient été menés dans des conditions déloyales en violation des articles 6[4] de la convention européenne des droits de l'homme et préliminaire[5] du code de procédure pénale. La chambre criminelle juge ainsi : « Attendu que, si c'est à tort que la chambre de l'instruction, pour rejeter la requête du mis en examen tendant à l'annulation d'interrogatoires d'autres mis en examen, énonce que celui-ci est sans qualité pour se prévaloir de la méconnaissance d'un droit appartenant en propre à une autre personne, alors que le demandeur invoquait la déloyauté d'actes accomplis par le juge d'instruction, l'arrêt n'encourt pas pour autant la censure, dès lors que la Cour de cassation est en mesure de s'assurer, par l'examen des pièces de la procédure, que la déloyauté prétendue demeure à l'état de simple allégation ». L'arrêt n'a toutefois pas été cassé, la chambre criminelle ayant constaté qu'elle était « en mesure de s'assurer, par l'examen des pièces de la procédure, que la déloyauté prétendue demeur[ait] à l'état de simple allégation ».

La loyauté de la procédure apparaît donc comme un principe fondamental, qui peut être soulevé y compris par un tiers à l'acte. Ainsi, en matière d'information préalable, une personne mise en examen ne saurait être admise à contester la régularité de la géolocalisation en temps réel d'un véhicule volé et faussement immatriculé sur lequel elle ne peut se prévaloir d'aucun droit, dès lors que les articles 230-32[6] à 230-44[7] du code de procédure pénale et 8[8] de la convention européenne des droits de l'homme ne trouvent dans ce cas à s'appliquer. Il n'en irait autrement qu'en cas de recours, par les autorités publiques, à un procédé déloyal dans la mise en œuvre d'une mesure de géolocalisation[9].

La chambre criminelle a encore jugé sur ce point que le juge d'instruction ne peut informer que sur les faits dont il est régulièrement saisi et, lorsqu'il acquiert la connaissance de faits nouveaux, doit communiquer le dossier au procureur de la République, le cas échéant après avoir procédé à des vérifications sommaires destinées à en apprécier la vraisemblance, d'autre part, la personne mise en examen a qualité pour contester la régularité des actes accomplis par le juge d'instruction en méconnaissance des limites de sa saisine[10]. La mention de l'absence de déloyauté figure même parfois dans les arrêts de rejet : est justifiée la décision de rejet de l'exception de nullité de la pesée de produits stupéfiants trouvés sur une personne, qui retient que cette irrégularité concerne un tiers et que le demandeur n'a pas qualité à agir pour invoquer une telle irrégularité, dès lors qu'il n'invoque pas que les enquêteurs aient recouru à un moyen déloyal, ni qu'il ait été porté atteinte à ses droits[11].

611.55 Authenticité de la preuve. Dans l'arrêt, précité, du 7 septembre 2021, et en conformité avec la jurisprudence de la CEDH qui précise qu'« il faut rechercher notamment si le requérant s'est vu offrir la possibilité de remettre en question l'authenticité de l'élément de preuve et de s'opposer à son utilisation[12] », la chambre criminelle admet que quiconque met en cause l'authenticité d'une preuve a qualité pour agir. Dans un arrêt un peu postérieur elle admet pour les mêmes raisons qu'une personne mise en examen dans le cadre d'une information pour infraction à la législation sur les stupéfiants puisse soulever l'irrégularité de la pesée des stupéfiants réalisée en présence du détenteur des produits qui ignorait détenir les produits et n'a pas été poursuivi[13].

Mais la chambre criminelle a également développé une nouvelle notion : celle des intérêts propres ou protégés.

§ 2
Intérêts ou droits propres

611.61 Notion d'intérêts propres. La création de la notion d'intérêts propres correspond au souci

1. Crim. 9 déc. 2015, n° 15-82.300, P n° 283 ; *D.* 2016. 11 ; *D.* 2016. 151, chron. G. Guého, G. Barbier, B. Laurent et E. Pichon ; *RTD eur.* 2016. 374-35, obs. B. Thellier de Poncheville.
2. G. Pitti, *AJ pénal* 2016. 194.
3. Crim. 15 déc. 2015, n° 15-82.013, P n° 289 ; *JCP* 2016. 335, note H. Matsopoulou – AUSSI : G. Pitti, « Les nullités d'intérêt privé : le nécessaire équilibre entre droits de la défense et répression », *AJ pénal* 2016. 194.
4. Conv. EDH, art. 6.
5. C. pr. pén., art. préliminaire ; mod. par L. n° 2011-392, 14 avr. 2011, art. 1er.
6. C. pr. pén., art. 230-32 ; créé par L. n° 2014-372, 28 mars 2014, art. 1er.
7. C. pr. pén., art. 230-44 ; créé par L. n° 2014-372, 28 mars 2014, art. 1er.
8. Conv. EDH, art. 8.
9. Crim. 7 juin 2016, n° 15-87.755, P n° 174 ; *D.* 2016. 1314 ; *D.* 2016. 1597, chron. B. Laurent, L. Ascensi, E. Pichon et G. Guého ; *D.* 2016. 2535, obs. J.-D. Bretzner et A. Aynès ; *RSC* 2016. 847, obs. J.-F. Renucci.
10. Crim. 8 juin 2017, n° 17-80.709, P n° 159.
11. Crim. 11 déc. 2019, n° 18-84.912, P.
12. CEDH 10 mars 2009, *Bykov c/ Russie*, § 90.
13. Crim. 9 nov. 2021, n° 21-83.095, *D.* 2021. 2047 ; *AJ pénal* 2022. 44 *RSC* 2022. 439, obs. E. Rubi-Cavagna.

conjugué de ne pas permettre à un tiers d'arguer d'actes qui ne le concerne pas et de ne pas risquer de nouvelles censures de la Cour européenne des droits de l'Homme, dans des cas où il pourrait être constaté qu'une décision d'irrecevabilité a privé une personne d'une défense effective.

611.62 **Droit protégé.** Dans une affaire ayant donné lieu à un arrêt rendu le 23 janvier 2013[1], un individu avait soulevé l'irrégularité *des constatations visuelles* auxquelles avaient procédé les policiers concernant la présence d'un véhicule sur l'emplacement attribué à une autre personne, comme lui impliquée dans la commission des infractions. La chambre de l'instruction avait jugé que le demandeur n'était titulaire d'aucun droit sur les locaux dans lesquels les constatations avaient été opérées, non plus que sur le véhicule précité. La chambre criminelle va confirmer cette décision et dire que : « L'introduction des policiers dans un parking souterrain de l'immeuble habité par M. B... a été autorisée par le syndic de copropriété et que, dès lors, ils étaient habilités, en enquête préliminaire, à procéder dans ce lieu privé à des constatations visuelles, lesquelles ne sont pas inscrites dans le cadre d'opérations visées par l'article 706-96 du code de procédure pénale et n'ont pas été susceptibles d'avoir porté atteinte à un droit quelconque de M. L..., seul demandeur à la nullité. » On remarquera ici que la chambre criminelle ne s'interroge pas sur l'existence d'un grief ; elle estime que l'irrégularité alléguée n'est pas susceptible d'avoir porté *atteinte à un droit quelconque* de M. L... Pour autant, la décision ne constate pas l'absence d'une qualité pour agir. La terminologie utilisée va se modifier au fil des arrêts successifs. La seconde espèce portait sur la sonorisation. Dans son attendu, la chambre criminelle, qui rejette le pourvoi, expose : « Une personne mise en examen, qui n'est titulaire d'aucun droit ni titre sur l'appartement d'un tiers qui a fait l'objet, dans une procédure distincte, d'une sonorisation en application de l'article 706-96 du code de procédure pénale, ne saurait prétendre avoir subi une atteinte à l'un des droits protégés par la disposition précitée, dès lors que ses conversations n'ont pas été captées. »[2]

Là encore, en portant l'accent sur le « droit protégé », la chambre criminelle évite de se prononcer sur l'existence d'un grief, alors qu'en l'espèce celui-ci découlait du contenu des conversations tenues et enregistrées, dans lesquelles le requérant, s'il ne s'exprimait pas, était mis en cause de manière explicite. C'est en amont que la chambre criminelle se place en estimant que l'intéressé, même s'il n'est pas irrecevable à agir, ne démontre pas qu'il ait été porté atteinte à l'un de ses droits. On pourrait en déduire *a contrario* que si l'intéressé avait été lui-même enregistré lors de cette sonorisation, une atteinte à ses droits aurait été susceptible de lui ouvrir la possibilité de démontrer... un grief. En effet, la notion de droit protégé permet à la personne d'avoir la possibilité d'établir l'existence d'un grief, rien de plus. *Elle ne se substitue pas à la détermination de cette existence.* Le fait d'être enregistré pourrait ainsi ouvrir la voie de la contestation de la régularité de la sonorisation quand bien même l'intéressé ne disposerait pas de droit sur le lieu sonorisé.

611.63 **Intérêt.** Dans un arrêt rendu le 14 janvier 2014[3], la chambre criminelle n'évoque plus la notion de droit mais d'*intérêt* : dans une affaire de trafic de stupéfiants, une géolocalisation en temps réel avait été ordonnée par le procureur de la République sur deux téléphones portables utilisés par Djamal M... et l'un de ses interlocuteurs habituels. Une information judiciaire était ensuite ouverte et des surveillances mises en place. Un véhicule dont le conducteur avait été vu au contact de M..., et que nous appellerons P..., faisait l'objet d'une filature jusqu'à une villa se trouvant à l'intérieur d'un lotissement dont l'accès était protégé par un portail automatique. Après les interpellations des membres du réseau, M... contestait la régularité de la surveillance du véhicule ayant permis d'identifier la personne avec laquelle il était en relation, étant précisé qu'il n'était pas propriétaire du véhicule utilisé par P... et qu'il n'avait fait l'objet d'aucune captation de son image ou ses propos. L'introduction irrégulière de l'enquêteur dans un lieu privé lui avait permis de constater que P... rendait visite à Q... Une perquisition au domicile de Q... devait par la suite conforter l'existence du trafic dans lequel M... était impliqué. La chambre criminelle a décidé que M..., « qui n'était pas présent sur les lieux, dont ni l'image ni les propos n'avaient été captés, et qui n'établissait aucun autre intérêt propre à sa personne, auquel il aurait été porté atteinte, ne démontrait pas en quoi cette opération lui serait préjudiciable. » Pour la chambre criminelle, avoir un intérêt à invoquer une irrégularité qui touche au droit d'un tiers, c'est être *personnellement concerné par cette irrégularité.*

Un autre cas peut encore être cité : « Un avocat avait pris à bail des locaux et souscrit un abonnement téléphonique les concernant, sans y avoir jamais installé son cabinet ou son domicile, situés à

1. Crim. 23 janv. 2013, n° 12-85.059, P n° 29 ; *D.* 2013. 1045, note T. Potaszkin ; *AJ pénal* 2013. 227, obs. J. Pronier.
2. Crim. 26 juin 2013, n° 13-81.491, P n° 164 ; *D.* 2013. 1045, note T. Potaszkin ; *AJ pénal* 2013. 227, obs. J. Pronier.
3. Crim. 14 janv. 2014, n° 13-84.909, P n° 8 ; *D.* 2013. 2779 ; *JCP* 2014. 199.

d'autres adresses et avait, en réalité, agi comme simple prête-nom d'un client, pour les besoins exclusifs de la société que celui-ci dirigeait. Saisi d'une requête en nullité du client, la chambre de l'instruction a jugé qu'il ne pouvait invoquer l'irrégularité de formalités destinées à protéger le secret attaché à la profession d'avocat, dès lors qu'il n'avait pas lui-même cette qualité, et qu'il n'établissait pas en quoi le non-respect allégué des formalités invoquées aurait porté atteinte à ses intérêts. » La chambre criminelle a rejeté le pourvoi[1].

611.64 Droit et intérêt. Le droit est inhérent à la personne et les cas tranchés par la jurisprudence le montrent bien : les droits dont bénéficie une personne gardée à vue, celui de se taire, de faire prévenir un tiers, de solliciter un examen médical, d'être assisté, dans certaines conditions et limites, par un avocat, sont des droits qui ne peuvent être invoqués que par celui qui peut s'en prévaloir, c'est-à-dire qui les possède. La notion d'intérêt est plus large *puisqu'on peut avoir un intérêt sans avoir de droit.* La nature des droits intéressés par les trois arrêts cités ci-dessus peut nous renseigner sur les domaines concernés : les écoutes téléphoniques, la sonorisation, la violation de la vie privée, la géolocalisation, tels devraient être les domaines méritant de s'interroger sur l'existence d'un intérêt propre. Des domaines où la personne peut laisser *une trace de son passage*[2]. Cette jurisprudence a été reprise par la suite : la méconnaissance des formalités substantielles auxquelles est subordonnée l'audition d'une personne ne peut être invoquée à l'appui d'une demande d'annulation d'acte ou de pièce de la procédure que par la partie qu'elle concerne[3]. Une personne qui n'est titulaire d'aucun droit propre sur une propriété privée ne saurait être admise à invoquer une irrégularité qui résulterait des photographies prises par les policiers de véhicules stationnant à l'intérieur, dès lors que son image n'a pas été captée et qu'elle n'établit pas qu'à cette occasion il aurait été porté atteinte à un autre intérêt qui lui soit propre[4]. M. X... ne peut se prévaloir d'aucun droit sur le conteneur géolocalisé et qui n'a pas été lui-même géolocalisé, est irrecevable à invoquer une irrégularité affectant cette mesure, dès lors qu'il n'établit pas qu'à cette occasion il aurait été porté atteinte à un autre intérêt qui lui serait propre[5].

La chambre criminelle a également jugé qu'un mis en examen ne pouvait invoquer l'irrégularité de formalités destinées à sauvegarder le secret professionnel attaché à la profession d'avocat, dès lors qu'il n'était ni avocat ni client d'avocat et qu'il n'établissait pas le lien entre la violation de ces formalités substantielles et l'atteinte à un intérêt propre[6]. A seule qualité pour invoquer une violation des droits de la défense, prise d'une atteinte au libre choix de son avocat, la personne à qui est opposé le conflit d'intérêts susceptible de restreindre son choix[7]. Enfin, la seule circonstance de l'absence de droits propres sur le véhicule géolocalisé ne permet pas de rejeter la demande en nullité du requérant, dès lors, d'une part, que celui-ci peut faire valoir une violation du droit au respect de sa vie privée ayant été géolocalisé par le biais de cette mesure et, d'autre part, que le véhicule n'avait pas été volé et faussement immatriculé[8]. La jurisprudence est désormais fournie[9].

611.65 Arrêt du 7 septembre 2021. Définition des notions. Dans son arrêt du 7 septembre 2001[10], la chambre criminelle différencie les notions d'intérêt à agir et de qualité à agir. Elle leur donne la définition suivante : « le requérant a *intérêt à agir* s'il a un intérêt à obtenir l'annulation de l'acte ». Pour déterminer si le requérant a *qualité pour a*gir en nullité, la chambre de l'instruction doit rechercher si la formalité substantielle ou prescrite à peine de nullité, dont la méconnaissance est alléguée, a pour objet de préserver un droit ou un intérêt qui lui est propre. La notion de droit et d'intérêt propre, si elle peut être théoriquement distinguée, a donc la même valeur dans la caractérisation de la qualité pour agir. Cette jurisprudence a pour effet d'élargir la recevabilité de l'action en jouant sur la qualité à agir mais elle resserre également la caractérisation du grief s'agissant du prononcé de la nullité[11].

1. Crim. 18 févr. 2015, n° 14-82.019, P n° 30 ; *AJ pénal* 2015. 323, obs. J. Lasserre Capdeville.
2. Ch. Guéry, « Nullité de procédure portant indirectement atteinte aux intérêts du requérant : état des lieux », *D.* 2014. 1460.
3. Crim. 17 juin 2015, n° 14-80.886, P n° 155.
4. Crim. 15 avr. 2015, n° 14-87.616, P n° 90.
5. Crim. 23 nov. 2016, n° 16-81.904, P n° 306 ; *Dr. pénal* 2017, comm. 13, A. Maron et M. Haas.
6. Crim. 18 févr. 2015, n° 14-82.019, P n° 30 ; *D.* 2015. 491 ; *AJ pénal* 2015. 323, obs. J. Lasserre Capdeville.
7. Crim. 20 sept. 2016, n° 16-81.638, P n° 242 ; *AJ pénal* 2016. 594, obs. C. Porteron.
8. Crim. 27 mars 2018, n° 17-85.603, P n° 53.
9. V. not. Crim, 7 juin 2016, n° 15-87.755, P n° 174, Crim, 2 nov. 2016, n° 16-81.716, P n° 281, Crim, 2 nov. 2016, n° 16-81.537 ; Crim, 2 nov. 2016, n° 16-81.539 ; Crim, 2 nov. 2016, n° 16-81.540, NP ; Crim, 2 nov. 2016, n° 16-81.695, NP. Crim. 20 déc. 017, n° 17-82.435, P n° 29, Crim. 6 févr. 2018, n° 17-84.380, P n° 30 ; *Procédures* 218, comm. 124, par A.-S. Chavent-Leclère ; *AJ pénal* 2018. 204, obs. Y. Capderon.
10. Crim. 7 sept. 2021, 2 arrêts, n°s 20-87.191 et 21-80.642, P ; *D.* 2021. 1630 ; *D. actu.* 28 sept. 2021, obs. M. Recotillet ; *AJ pénal* 2021. 484, obs. M. Recotillet ; *ibid.* 527, note G. Candela ; *JCP* 2021. 1161, note H. Matsopoulou ; *RSC* 2022. 94, obs. P.-J. Delage ; *RSC* 2022. 439, obs. E. Rubi-Cavagna.
11. EN CE SENS : H. Maritsopoulou, *JCP* 2021. 1161, note s^s Crim. 7 sept. 2021, 2 arrêts, n°s 20-87.191 et 21-80.642.

611.66 **Qualité pour agir et droit de se taire.** La chambre criminelle a toutefois été contrainte d'amodier les principes ci-dessus présentés[1]. Dans le cadre d'une contestation à propos de données de connexion une chambre de l'instruction avait rendu une décision faisant le partage entre les demandeurs qui reconnaissaient avoir fait usage d'un téléphone crypté et ceux qui le contestait. Pour ces derniers, elle avait estimé qu'à défaut de pouvoir justifier d'un droit leur étant propre, la violation des dispositions relatives à la captation des données informatiques les intéressés n'avaient pas qualité à agir et devaient être déclarés irrecevables à soulever la nullité de la mesure de captation des données informatiques mise en œuvre dans la présente procédure. Très habilement, le pourvoi avait porté la question sur le droit de ne pas s'auto-incriminer. Il prétendait que le juge ne pouvait opposer à la personne son choix de garder le silence ou ses dénégations, alors même qu'il résultait des investigations qu'il était concerné par la formalité dont il alléguait qu'elle avait été méconnue.

Au visa des articles 6, § 1, de la Convention de sauvegarde des droits de l'homme et des libertés fondamentales et de l'article 802 du code de procédure pénale, la chambre criminelle a été contrainte de faire le constat qu'« exiger du requérant qu'il justifie que l'acte critiqué a porté atteinte à un droit ou à un intérêt qui lui est propre a pour conséquence de le contraindre, sous peine d'être privé de son droit d'agir en nullité, à renoncer à exercer son droit au silence ou à revenir sur ses déclarations antérieures. » et que « subordonner la recevabilité de l'action en nullité du requérant à la preuve par celui-ci qu'il est concerné par l'irrégularité est de nature à méconnaître son droit à ne pas s'auto-incriminer ». Elle a conclu que si le requérant n'allègue pas que la formalité méconnue a pour objet de préserver un droit ou un intérêt qui lui est propre, il appartient à la chambre de l'instruction de rechercher s'il résulte d'éléments de la procédure que tel pourrait être le cas. Constatant qu'il résultait des pièces de la procédure que les enquêteurs avaient attribué à chaque requérant l'usage d'un téléphone crypté, elle a cassé l'arrêt de la chambre de l'instruction.

SECTION 6

ÉTENDUE DE LA NULLITÉ

611.71 **Acte antérieur.** Quel que soit le type de nullité, les actes antérieurs au premier acte annulé demeurent valables[2].

1. Crim. 25 oct. 2022, n° 21-85.763, P ; *AJ pénal* 2022, p. 586, obs. P de Combles de Naives ; v. les attendus, s[s] n° 611.02.

611.72 **Théorie du support nécessaire.** Selon une jurisprudence constante, la chambre criminelle estime que les actes nuls sont ceux qui procèdent d'actes dont l'annulation a été prononcée, ou encore dont les actes annulés constituent le support nécessaire[3]. L'une des principales conséquences est relative à la garde à vue ; l'annulation d'un procès-verbal de garde à vue, ou même de la totalité d'une garde à vue n'entraîne pas *ipso facto* l'annulation de la procédure ultérieure, dès lors que les actes accomplis postérieurement pourraient trouver support dans des actes accomplis régulièrement[4]. Ainsi, une retranscription de conversation téléphonique entre un client et son avocat est annulée dès lors que la participation de l'avocat à l'infraction n'était pas en cause. En conséquence, le contenu de cette conversation peut constituer le support nécessaire à l'interpellation du client, son placement en garde à vue et ses auditions qui peuvent être annulées[5].

Mais le plus souvent cette théorie permet de sauver une procédure malgré de graves irrégularités. C'est ainsi que justifie sa décision une chambre d'accusation qui décide de ne pas annuler les instructions du procureur de la République aux fins d'enquête visant des actes ultérieurement annulés, dès lors qu'elle constate que ces instructions avaient un autre support, en l'espèce une lettre de dénonciation, et qu'elles étaient détachables des pièces annulées dont elles ne découlaient pas exclusivement[6]. De même, justifie sa décision la chambre d'accusation qui, après avoir annulé des procès-verbaux de l'enquête sur commission rogatoire, en raison de l'irrégularité de la garde à vue, refuse d'étendre l'annulation au mandat d'amener décerné par le juge d'instruction, aux réquisitions supplétives du procureur de la République, au procès-verbal de première comparution et à l'ordonnance de placement en détention provisoire, en énonçant qu'en l'état des éléments antérieurs de l'information, la garde à vue n'a pas été le préalable nécessaire à ces actes[7].

2. Crim. 6 mai 2003, n° 02-87.567, P n° 93 ; *D.* 2014. 1205 ; *D.* 2014. 1736, obs. J. Pradel ; *AJ pénal* 2014. 490, obs. C. Renaud-Duparc – Crim. 4 janv. 2005, n° 04-84.876, P n° 3 ; *D.* 2005. 761, note J.-L. Lennon ; *D.* 2006. 617, obs. J. Pradel ; *AJ pénal* 2005. 160, obs. J. Leblois-Happe.
3. Crim. 3 avr. 2007, n° 06-87.264, P n° 104 ; *D.* 2007. 2141, note J. Pradel ; *D.* 2008. 1854, obs. A. Gouttenoire et Ph. Bonfils ; *AJ pénal* 2007. 287, obs. G. Royer.
4. Crim. 15 oct. 2003, n° 03-82.683, P n° 193 – Crim. 26 mars 2008, n° 07-83.814, P n° 76 ; *D.* 2008. 1063, obs. M. Léna ; *AJ pénal* 2008. 286, obs. C. Saas ; *RSC* 2008. 926, obs. R. Finielz.
5. Crim. 17 sept. 2008, n° 08-85.229, P n° 191 ; *AJ pénal* 2008. 467, obs. S. Lavric ; *RSC* 2009. 897, obs. J. Buisson.
6. Crim. 30 juin 1999, n° 99-81.426, P n° 176.
7. Crim. 28 mars 2000, n° 00-80.090, P n° 137 ; *JCP* 2000. IV. 1156 – AUSSI : Crim. 26 janv. 2000, n° 99-86.166, P n° 46 ; *D.* 2000. 93 ; *RSC* 2000. 422, obs. D.-N. Commaret.

Justifie sa décision la chambre d'accusation qui, après avoir constaté l'irrégularité d'un placement en garde à vue, n'étend pas l'annulation à la perquisition effectuée concomitamment, dont elle a souverainement apprécié qu'elle ne trouvait pas son support dans la garde à vue entachée de nullité[1].

La chambre criminelle a jugé que l'annulation par la chambre de l'instruction concernant une personne mise en examen ne s'étend pas à l'interpellation et à la mise en examen d'une autre personne dès lors qu'elles ont trouvé leur support dans d'autres actes que ceux entachés de nullité[2]. Justifie sa décision au regard de l'article 174, alinéa 2, du code de procédure pénale la chambre de l'instruction qui, après avoir constaté l'irrégularité de poursuites engagées pour commerce illicite d'armes, se borne à ordonner la cancellation, dans le réquisitoire supplétif saisissant le juge d'instruction de ce chef et les pièces subséquentes, de toute référence à l'infraction précitée après avoir retenu que lesdites poursuites n'étaient pas le fondement exclusif et nécessaire de ces pièces[3].

611.73 Procédure originale. Fait une exacte application des articles préliminaire, 17, 19, 21-1, 57 et 429 du code de procédure pénale et 6 de la Convention européenne des droits de l'homme, l'arrêt d'une cour d'appel qui a écarté le moyen de nullité pris de l'irrégularité d'une procédure dont les originaux d'enquête préliminaire ont disparu dès lors que ces procès-verbaux ont été rétablis au dossier de la procédure par la production de leurs copies certifiées conformes[4].

611.74 Théorie du support nécessaire et droits de la défense. « Une érosion sensible des nullités de procédure se produit depuis plusieurs années, limitant les cas d'annulation et leurs conséquences juridiques, au point de priver de tout intérêt pratique l'engagement d'une action, dans bien des circonstances », écrit François Saint-Pierre[5]. Ce constat est flagrant dans une matière comme la garde à vue, où la chambre criminelle, tout en considérant que certaines irrégularités de procédure constituent des nullités qui causent nécessairement un grief, atténue considérablement l'intérêt de la procédure d'annulation en restreignant de façon drastique les actes qui trouvent dans la garde à vue annulée, leur « support nécessaire »[6].

611.75 Cas de la comparution immédiate. En ce domaine la chambre criminelle a souligné que la validité du procès-verbal de comparution immédiate qui saisit le tribunal correctionnel ne peut être affectée par l'annulation de la mesure de garde à vue, qui n'en est pas le support nécessaire[7], mais qu'en revanche l'inobservation des dispositions de l'article 803-3 du code de procédure pénale, fixant un délai maximum de vingt heures entre la fin de la garde à vue et la présentation de la personne déférée, entraîne non seulement la mise en liberté de l'intéressé, mais également la nullité de la saisine du tribunal correctionnel laquelle a pour support nécessaire la rétention du prévenu entachée d'illégalité[8].

1. Crim. 19 avr. 2000, n° 00-80.357, P n° 160 – Crim. 27 juin 2000, n° 00-80.411, P n° 246.
2. Crim. 19 avr. 2000, n° 00-80.577, P n° 159.
3. Crim. 19 mars 2002, n° 01-88.240, P n° 63 ; *RSC* 2003. 122, obs. A. Giudicelli ; *JCP* 2002. IV. 1795.
4. Crim. 5 sept. 2018, n° 16-87.180, P n° 148 ; *Procédures* 2018, comm. 312.
5. F. Saint-Pierre, *Le guide de la défense pénale*, 8e éd., « Guides Dalloz », 2014, n° 431.61 – AUSSI : F. Saint-Pierre, *Pratique de la défense pénale*, 6e éd., « Les intégrales », LGDJ – Lextenso, 2023.
6. V. ss n° 611.72.
7. Crim. 26 mars 2008, n° 07-83.814, P n° 76 ; *D.* 2008. 1063, obs. M. Léna ; *AJ pénal* 2008. 286, obs. C. Saas ; *RSC* 2008. 926, obs. R. Finielz.
8. Crim. 6 déc. 2005, n° 05-82.450, P n° 321 ; *D.* 2014. 1205 ; *D.* 2014. 1736, obs. J. Pradel ; *AJ pénal* 2014. 490, obs. C. Renaud-Duparc.

CHAPITRE

612. Tribunal correctionnel et nullités de l'enquête

SECTION 0 ORIENTEUR

612.00 **Sommaire du chapitre.**

612.01 **Principaux textes applicables.**

TEXTES SOURCES

• C. pr. pén., art. 385, 388-4, 390, 390-1, 390-2, 410, 459, 553, 565

TEXTES *IN EXTENSO*

• **C. pr. pén., art. 385**

* V. s[s] n° 611.01.

• **C. pr. pén., art. 388-4** [mod. par ord. n° 2019-964, 18 sept. 2019, art. 35]

En cas de poursuites par citation prévue à l'article 390 ou convocation prévue à l'article 390-1, les avocats des parties peuvent consulter le dossier de la procédure au greffe du tribunal judiciaire dès la délivrance de la citation ou au plus tard deux mois après la notification de la convocation.

À leur demande, les parties ou leur avocat peuvent se faire délivrer copie des pièces du dossier. Si le dossier a fait l'objet d'une numérisation, cette copie est remise sous forme numérisée, le cas échéant par un moyen de télécommunication selon les modalités prévues à l'article 803-1. La délivrance de cette copie intervient dans le mois qui suit la demande. Toutefois, en cas de convocation en justice et si la demande est faite moins d'un mois après la notification de cette convocation, cette délivrance intervient au plus tard deux mois après cette notification. La délivrance de la première copie de chaque pièce du dossier est gratuite.

• **C. pr. pén., art. 390** [mod. par L. n° 2014-535, 27 mai 2014, art. 8]

La citation est délivrée dans des délais et formes prévus par les articles 550 et suivants.

La citation informe le prévenu qu'il peut se faire assister d'un avocat de son choix ou, s'il en fait la demande, d'un avocat commis d'office, dont les frais seront à sa charge sauf s'il remplit les conditions d'accès à l'aide juridictionnelle, et qu'il a également la possibilité de bénéficier, le cas échéant gratuitement, de conseils juridiques dans une structure d'accès au droit.

La citation informe le prévenu qu'il doit comparaître à l'audience en possession des justificatifs de ses revenus ainsi que de ses avis d'imposition ou de non-imposition, ou les communiquer à l'avocat qui le représente.

La citation informe également le prévenu que le droit fixe de procédure dû en application du 3° de l'article 1018 A du code général des impôts peut être majoré s'il ne comparaît pas personnellement à l'audience ou s'il n'est pas jugé dans les conditions prévues par les premier et deuxième alinéas de l'article 411 du présent code.

• **C. pr. pén., art. 390-1** [mod. par L. n° 2023-22, 24 janv. 2023, art. 18]

Vaut citation à personne la convocation en justice notifiée au prévenu, sur instructions du procureur de la République et dans les délais prévus par l'article 552, soit par un greffier, un officier ou agent de police judiciaire, un assistant d'enquête agissant sous le contrôle de l'officier ou de l'agent de police judiciaire, un fonctionnaire ou agent d'une administration relevant de l'article 28 ou un délégué ou un médiateur du procureur de la République, soit, si le prévenu est détenu, par le chef de l'établissement pénitentiaire.

La convocation énonce le fait poursuivi, vise le texte de loi qui le réprime et indique le tribunal saisi, le lieu, la date et l'heure de l'audience. Elle précise, en outre, que le prévenu peut se faire assister d'un avocat de son choix ou, s'il en fait la demande, d'un avocat commis d'office, dont les frais seront à sa charge sauf s'il remplit les conditions d'accès à l'aide juridictionnelle, et qu'il a également la possibilité de bénéficier, le cas échéant gratuitement, de conseils juridiques dans une structure d'accès au droit. Elle l'informe qu'il doit comparaître à l'audience en possession des justificatifs de ses revenus ainsi que de ses avis d'imposition ou de non-imposition. Elle l'informe également que le droit fixe de procédure dû en application du 3° de l'article 1018 A du code général des impôts peut être majoré s'il ne comparaît pas personnellement à l'audience ou s'il n'est pas jugé dans les conditions prévues par les premier et deuxième alinéas de l'article 411 du présent code.

Elle est constatée par un procès-verbal signé par le prévenu qui en reçoit copie.

• **C. pr. pén., art. 390-2,** [L. n° 2014-535, 27 mai 2014, art. 8]

Lorsque le délai entre la signification de la citation prévue à l'article 390 ou la notification de la convocation prévue à l'article 390-1 et l'audience devant le tribunal est inférieur à deux mois et que le prévenu ou son avocat n'ont pas pu obtenir avant l'audience la copie du dossier demandé en application de l'article 388-4, le tribunal est tenu d'ordonner, si le prévenu en fait la demande, le renvoi de l'affaire à une date fixée à au moins deux mois à compter de la délivrance de la citation ou de la notification de la convocation.

• **C. pr. pén., art. 410**

Le prévenu régulièrement cité à personne doit comparaître, à moins qu'il ne fournisse une excuse reconnue valable par la juridiction devant laquelle il est appelé. Le prévenu a la même obligation lorsqu'il est établi que, bien que n'ayant pas été cité à personne, il a eu connaissance de la citation régulière le concernant dans les cas prévus par les articles 557, 558 et 560.

Si ces conditions sont remplies, le prévenu non comparant et non excusé est jugé par jugement contradictoire à signifier, sauf s'il est fait application des dispositions de l'article 411.

Si un avocat se présente pour assurer la défense du prévenu, il doit être entendu s'il en fait la demande, même hors le cas prévu par l'article 411.

• **C. pr. pén., art. 459**

* V. s[s] n° 611.01.

• **C. pr. pén., art. 552**

Le délai entre le jour où la citation est délivrée et le jour fixé pour la comparution devant le tribunal correctionnel ou de police est d'au moins dix jours, si la partie citée réside dans un département de la France métropolitaine ou si, résidant dans un département d'outre-mer, elle est citée devant un tribunal de ce département.

Ce délai est augmenté d'un mois si la partie citée devant le tribunal d'un département d'outre-mer réside dans un autre département d'outre-mer, dans un territoire d'outre-mer, à Saint-Pierre-et-Miquelon ou Mayotte ou en France métropolitaine, ou si, cité devant un tribunal d'un département de la France métropolitaine, elle réside dans un département ou territoire d'outre-mer, à Saint-Pierre-et-Miquelon ou Mayotte.

Est également compétent le tribunal de police du lieu du port de débarquement de la personne mise en cause, du port d'immatriculation du navire, du port où le navire a été conduit ou peut être trouvé ou de la résidence administrative de l'agent qui a constaté l'infraction, lorsque la contravention a été commise à bord d'un navire.

Si la partie citée réside à l'étranger, ce délai est augmenté d'un mois si elle demeure dans un État membre de l'Union européenne et de deux mois dans les autres cas.

• **C. pr. pén., art. 553**

Si les délais prescrits à l'article précédent n'ont pas été observés, les règles suivantes sont applicables :

1° Dans le cas où la partie citée ne se présente pas, la citation doit être déclarée nulle par le tribunal ;

2° Dans le cas où la partie citée se présente, la citation n'est pas nulle mais le tribunal doit, sur la demande de la partie citée, ordonner le renvoi à une audience ultérieure.

Cette demande doit être présentée avant toute défense au fond, ainsi qu'il est dit à l'article 385.

• **C. pr. pén., art. 565**

La nullité d'un exploit ne peut être prononcée que lorsqu'elle a eu pour effet de porter atteinte aux intérêts de la personne qu'il concerne, sous réserve, pour les délais de citation, des dispositions de l'article 553, 2.

612.02 Jurisprudence de référence.

> Le dépôt de conclusion au début de l'audience suffit à saisir la juridiction de la nullité même si l'attention de la juridiction n'a pas été attirée sur leur nature et si l'avocat ne les a développées oralement qu'après les réquisitions sur le fonds du ministère public

• **Crim. 10 déc. 2003,** n° 02-87.487, P n° 244

* V. s[s] n° 612.42.

« Vu les articles 385 et 386 du code de procédure pénale ;

Attendu que selon ces textes le tribunal doit statuer sur les exceptions que le prévenu lui soumet dans des conclusions régulièrement déposées avant toute défense au fond ;

Attendu qu'au début de l'audience du 6 novembre 2001, le conseil de Georges X… a déposé des conclusions soulevant des exceptions de nullité ; que, pour confirmer l'irrecevabilité des exceptions ainsi soulevées, l'arrêt attaqué retient que l'avocat du prévenu, à l'annonce du dossier, s'est contenté de déposer sur le bureau du tribunal des conclusions, sans attirer l'attention du magistrat sur leur contenu, et n'a développé ses moyens de nullité qu'après que l'instruction de l'affaire eut été faite à la barre et que le procureur de la République eut pris ses réquisitions ;

Mais attendu qu'en prononçant ainsi, alors que, par le dépôt des conclusions au début de l'audience, le tribunal se trouvait saisi, dès l'ouverture des débats et avant toute défense au fond, des exceptions ainsi présentées, l'arrêt attaqué a méconnu le sens et la portée du principe ci-dessus rappelé. »

> La règle édictée par l'article 385, alinéa 1, du code de procédure pénale, selon laquelle les juridictions de jugement n'ont pas qualité pour statuer sur la nullité de la procédure dont elles sont saisies par le renvoi ordonné par le juge d'instruction ou la chambre d'accusation, s'applique à

toutes les nullités, mêmes substantielles touchant à l'ordre public, sauf celles affectant la compétence juridictionnelle

• **Crim. 7 juin 2000,** n° 99-82.788, P n° 219

* V. s^s n° 612.31.

« Vu l'article 385, alinéa 1, du code de procédure pénale ;

Attendu que la règle édictée par ce texte, selon laquelle les juridictions de jugement n'ont pas qualité pour statuer sur la nullité de la procédure dont elles sont saisies par le renvoi ordonné par le juge d'instruction ou la chambre d'accusation, s'applique à toutes les nullités, même substantielles touchant à l'ordre public, sauf celle affectant la compétence juridictionnelle ;

Attendu que, pour déclarer irrecevable l'exception de nullité de l'ordonnance de renvoi présentée par le prévenu et prise de l'incompétence territoriale du tribunal correctionnel, la juridiction du second degré énonce qu'en application de l'article 385, alinéa 1, du code de procédure pénale, les juridictions de jugement n'ont pas qualité pour statuer sur la nullité de la procédure dont elles sont saisies par le renvoi ordonné par le juge d'instruction et qu'elles n'ont pas le pouvoir d'annuler l'ordonnance de renvoi, même si elle est entachée d'une irrégularité ;

Mais attendu qu'en prononçant ainsi, la cour d'appel a méconnu le texte susvisé et le principe sus énoncé ;

D'où il suit que la cassation est encourue ;

Par ces motifs, et sans qu'il soit besoin d'examiner les autres moyens de cassation proposés ;

casse et annule [...]. »

> Le prévenu qui a été jugé contradictoirement dans les conditions prévues par l'article 410 du code de procédure pénale, ne saurait être considéré comme s'étant défendu devant le tribunal ; dès lors, il peut présenter pour la première fois en cause d'appel des exceptions tirées de la nullité de la procédure

• **Crim. 6 juin 2007,** n° 06-88.541, P n° 153

* V. s^s n° 612.32.

« Attendu que le prévenu qui, n'ayant ni comparu ni fourni d'excuse reconnue valable, a été jugé contradictoirement dans les conditions prévues par l'article 410 du code de procédure pénale, ne saurait être considéré comme s'étant défendu devant le tribunal ; que, dès lors, les exceptions tirées de la nullité de la procédure peuvent être présentées pour la première fois en cause d'appel ;

Attendu qu'il résulte de l'arrêt attaqué que, par jugement du tribunal correctionnel, M. Z. a été condamné pour banqueroute, violation de l'interdiction de gérer une entreprise et travail dissimulé, en son absence, par application de l'article 410 du code de procédure pénale ; que, devant la cour d'appel, avant toute défense au fond, il a soulevé une exception de nullité de la procédure ;

Attendu que, pour juger cette exception irrecevable, l'arrêt relève qu'elle a été soulevée pour la première fois en cause d'appel ;

Mais attendu qu'en statuant ainsi, la cour d'appel a méconnu le sens et la portée des textes susvisés ;

D'où il suit que la cassation est encourue. »

> Le prévenu poursuivi sur citation de la partie civile ne peut se voir opposer la forclusion édictée par l'article 385 du code de procédure pénale pour ne pas avoir présenté les exceptions de nullité lors de l'audience à laquelle les juges ont fixé la consignation, l'action publique n'étant mise en mouvement qu'après le versement de celle-ci

• **Crim. 22 juin 1999,** n° 98-84.424, P n° 145

* V. s^s n° 612.33.

« Attendu que, contrairement à ce qui est soutenu au moyen, le prévenu poursuivi sur citation de la partie civile ne peut se voir opposer la forclusion édictée par l'article 385, alinéa 5, du code de procédure pénale au motif qu'il n'aurait pas présenté les exceptions de nullité lors de l'audience à l'issue de laquelle les juges ont fixé la consignation prévue par l'article 392-1 du même code, dès lors que, l'action publique n'étant mise en mouvement qu'après le versement de la somme due par la partie civile, le débat sur le fond n'a pu s'engager ;

D'où il suit que le moyen ne peut être accueilli ;

Et attendu que l'arrêt est régulier en la forme ;

REJETTE le pourvoi. »

> La jonction des incidents au fond, prévue par l'article 459 du code de procédure pénale, applicable même dans le cas de l'article 386, constitue une mesure d'administration judiciaire qui n'est soumise à aucune forme particulière, n'a pas à être motivée et n'est susceptible d'aucun recours

• **Crim. 13 mars 1995,** n° 94-81.343, P n° 101

* V. s^s n° 612.52.

« Sur le premier moyen de cassation pris de la violation des articles 385 et 386 du code de procédure pénale, la violation des articles 591 et 593 du code de procédure pénale, un défaut de motifs et un défaut de réponse à conclusions ;

En ce que l'arrêt attaqué a joint au fond l'examen des questions préjudicielles qu'avait accueilli le tribunal ;

Au motif que les incidents, c'est-à-dire les questions préjudicielles soulevées par les prévenus, ont par application de l'article 459 du code de procédure pénale été joints au fond et les conseils des prévenus ont, à l'occasion de l'examen au fond après les réquisitions du ministère public, été invités à s'expliquer tant sur les exceptions, ce qu'ils ont fait, que sur le fond, qu'ils n'ont pas souhaité aborder ;

Alors que, d'une part, le texte de l'article 386 du code de procédure pénale précise "qu'une exception préjudicielle est présentée avant toute défense au fond" et que son alinéa 3 ajoute que, "si l'exception n'est pas admise, les débats sont continués", ce qui implique l'impossibilité de joindre une exception au fond sans avoir tranché préalablement la question de sa recevabilité et de son bien-fondé, dès lors qu'elle est de nature à enlever aux faits qui servent de base à la poursuite, le caractère d'une infraction, ce qui était le cas en l'espèce ;

Alors que, d'autre part, dans des conclusions de donné acte régulièrement déposées devant la Cour, la défense des prévenus a fait valoir "la nécessité par la Cour d'examiner, avant toute défense au fond, lesdites questions préjudicielles et de statuer sur celles-ci par décision séparée" ; que "le président a, sans que la Cour se soit retirée pour délibérer, sans concertation avec ses conseils, seul décidé de joindre immédiatement les incidents au fond et de poursuivre les débats", et qu'en définitive la défense a "vainement tenté de s'opposer à la jonction au fond des incidents, et en particulier des questions préjudicielles soulevées, avant même qu'elles aient été débattues" et qu'elle a accepté de poursuivre les débats sans toutefois que cette acceptation puisse valoir renonciation par les prévenus des irrégularités ainsi commises ; mais que la Cour n'a pas fourni la moindre réponse à ces moyens et observations, violant ainsi grossièrement l'article 593, alinéa 2 du code de procédure pénale et entachant sa décision d'un défaut de réponse à conclusions ;

Attendu qu'il résulte de l'arrêt attaqué que, les avocats du prévenu ayant déposé, avant toute défense au fond, des conclusions demandant à la cour d'appel de statuer par arrêt séparé sur diverses exceptions, les incidents ont été joints au fond ;

Attendu qu'en l'état de ces énonciations, l'arrêt attaqué n'encourt pas la censure ;

Qu'en effet, la jonction des incidents au fond, prévue par l'article 459 du code de procédure pénale, constitue une mesure d'administration judiciaire, applicable même dans le cas de l'article 386, qui n'est soumise à aucune forme particulière, qui n'a pas à être motivée et qui n'est susceptible d'aucun recours ; Que, dès lors, le moyen ne peut qu'être écarté. »

> Lorsque le délai exigé par la loi entre le jour où la citation a été délivrée et le jour fixé pour la comparution n'a pas été observé et que la partie citée est présente, la citation n'est pas nulle, mais les juges doivent, si la partie le demande, ordonner le renvoi à une audience ultérieure

• **Crim. 27 févr. 2007,** n° 06-85.909, P n° 63

* V. s[s] n° 612.72.

« Vu l'article 553 du code de procédure pénale ;

Attendu que, selon ce texte, si le délai de dix jours prévu pour la citation n'a pas été observé, les juges doivent, lorsque la partie citée est présente et le demande, ordonner le renvoi à une audience ultérieure ;

Attendu qu'il résulte de l'arrêt attaqué et des pièces de procédure que, déclarée coupable de violences et entièrement responsable du préjudice corporel causé à Sandrine V, par un précédent jugement devenu définitif, Isabelle B a été condamnée, par le tribunal correctionnel, à payer des dommages-intérêts à la victime et à l'organisme de sécurité sociale de celle-ci ; qu'elle a interjeté appel de ce second jugement ;

Attendu que la prévenue a été citée à son domicile, le 8 mars 2006, pour l'audience fixée le 17 du même mois ; qu'elle a comparu à cette date devant la cour d'appel et qu'elle a demandé le renvoi de l'affaire à une date ultérieure afin de préparer sa défense ;

Attendu que, pour rejeter sa demande de renvoi et statuer au fond, l'arrêt retient qu'elle a été représentée par un avocat en première instance et qu'elle ne critique ni l'expertise médicale de la victime ni le jugement frappé d'appel ;

Mais attendu qu'en prononçant ainsi, alors que le délai de dix jours entre la citation et la comparution n'avait pas été observé, la cour d'appel a méconnu le texte susvisé ;

D'où il suit que la cassation est encourue ;

Par ces motifs, casse et annule [...]. »

> Lorsque la partie ne comparaît pas, la citation doit être déclarée nulle et la juridiction ne peut statuer, si le délai exigé par la loi entre le jour où la citation a été délivrée et le jour fixé pour la comparution n'a pas été observé

• **Crim. 27 févr. 2007,** n° 06-87.185, P n° 64

* V. s[s] n° 612.72.

« Vu l'article 553 1° du code de procédure pénale ;

Attendu que, selon ce texte, la citation doit être déclarée nulle, lorsque la partie ne se présente pas, si le délai exigé par la loi entre le jour où la citation a été délivrée et le jour fixé pour la comparution n'a pas été observé ;

Attendu qu'appelante d'un jugement du tribunal correctionnel, qui l'avait condamnée pour infractions au code de la construction et de l'habitation et avait prononcé sur les intérêts civils, Sathya C. a été citée en mairie, le 7 juin 2006, dans un département de la France métropolitaine, à comparaître devant la cour d'appel à l'audience du 14 juin ; qu'elle ne s'est pas présentée à cette audience ; que cependant les juges du second degré ont prononcé contre elle par arrêt contradictoire à signifier ;

Mais attendu qu'en statuant ainsi, alors qu'à la date de l'audience, le délai de dix jours prévu par l'article 552 du code de procédure pénale n'avait pas été observé, la cour d'appel a méconnu le texte susvisé ;

D'où il suit que la cassation est encourue ;

Par ces motifs, casse et annule [...]. »

> Une erreur matérielle dans la date des faits n'entraîne pas la nullité de la citation dès lors qu'il résulte des débats que le prévenu n'a pu avoir aucun doute sur les faits pour lesquels il était poursuivi

• **Crim. 13 févr. 1996,** n° 94-84.765, P n° 75

* V. s[s] n° 612.82.

« Attendu que, pour rejeter l'exception de nullité de la citation, présentée par le prévenu avant toute défense au fond et prise d'une erreur de cet acte quant à la date des faits, l'arrêt attaqué énonce que, s'il est exact que les faits reprochés ont eu lieu le 12 mai 1992 et non le 12 mai 1993, "il résulte, tant des débats de première instance et d'appel que des écritures du prévenu, qu'il n'a pu avoir aucun doute sur les faits pour lesquels il était poursuivi et le contenu du procès-verbal, base des poursuites" ;

Attendu qu'en statuant ainsi, la cour d'appel a fait l'exacte application de l'article 565 du code de procédure pénale, qui ne permet de prononcer la nullité d'un exploit que lorsqu'elle a eu pour effet de porter atteinte aux intérêts de la personne qu'il concerne, ce qui n'est pas le cas en l'espèce ;

D'où il suit que le moyen ne saurait être accueilli. »

> En application de l'article 390-2 du code de procédure pénale, lorsque le délai entre la signification de la citation prévue à l'article 390 et l'audience devant le tribunal est inférieur à deux mois et que le prévenu ou son avocat n'ont pas pu obtenir avant l'audience la copie du dossier demandée en application de l'article 388-4, le tribunal est tenu d'ordonner, si le prévenu en fait la demande, le renvoi de l'affaire à une date fixée à au moins deux mois à compter de la délivrance de la citation

• **Crim. 19 févr. 2019,** n° 18-83.381, P n° 37

* V. s[s] n° 612.102

« Vu l'article 390-2, ensemble l'article 533, du code de procédure pénale ;

Attendu qu'en application du premier de ces textes, lorsque le délai entre la signification de la citation prévue à l'article 390 du code de procédure pénale et l'audience devant le tribunal est inférieur à deux mois et que le prévenu ou son avocat n'ont pas pu obtenir avant l'audience la copie du dossier demandée en application de l'article 388-4 du même code, le tribunal est tenu d'ordonner, si le prévenu en fait la demande, le renvoi de l'affaire à une date fixée à au moins deux mois à compter de la délivrance de la citation ;

Attendu qu'il résulte du jugement attaqué et des pièces de procédure que M. W... a été cité devant le tribunal de police du chef de conduite en excès de vitesse, fait commis à Paris, le 4 mai 2016, par acte d'huissier, en date du 27 février 2018 ; que son avocate a transmis par deux courriels des 28 et 29 mars, dont le tribunal a accusé réception le 30 mars 2018, d'une part, une demande de communication d'une copie du dossier, d'autre part, un courrier par lequel elle sollicitait le renvoi de l'affaire, faute d'avoir obtenu copie du dossier et en raison de son indisponibilité à la date de l'audience, fixée au 3 avril 2018 ;

Attendu que l'affaire a toutefois été retenue à l'audience initialement prévue ;

Mais attendu que le juge, qui doit être regardé comme ayant eu connaissance de la demande de renvoi, cette demande ayant été reçue au greffe de la juridiction avant l'audience, était tenu de renvoyer l'affaire ;

D'où il suit que la cassation est encourue ».

> La notification du droit de se taire doit intervenir avant le débat sur d'éventuelles nullités

• **Crim. 16 oct. 2019,** n° 18-86.614, P

* V. s[s] n° 612.22

« Vu les articles 406 et 512 du code de procédure pénale ;

Attendu qu'en application du premier de ces textes, devant le tribunal correctionnel, le président ou l'un des assesseurs par lui désigné, après avoir constaté son identité et donné connaissance de l'acte qui a saisi le tribunal, informe le prévenu de son droit, au cours des débats, de faire des déclarations, de répondre aux questions qui lui sont posées ou de se taire ; que la méconnaissance de l'obligation d'informer le prévenu du droit de se taire lui fait nécessairement grief ;

Que, selon le second, ces dispositions sont applicables devant la chambre des appels correctionnels ;

Attendu qu'il résulte de l'arrêt attaqué et des pièces de procédure que le 13 mars 2017, dans le cadre d'une enquête sur commission rogatoire, la gendarmerie a mis en place un dispositif destiné à l'interpellation d'un convoi soupçonné de transporter des produits illicites ; que M. K. a été identifié comme le conducteur d'un véhicule Fiat Doblo ; qu'une première tentative d'interception a échoué et que le véhicule a fait des embardées et slalomé sur la chaussée pour empêcher tout dépassement et se soustraire à l'interpellation ; qu'en arrivant au péage de Thillois, M. K. a percuté un véhicule, forcé la barrière du péage et poursuivi sa route en direction d'un centre commercial à contresens de circulation ; que les gendarmes ont décidé de le stopper en le percutant ; que le véhicule s'est arrêté et que M. K. a été interpellé ; qu'il a été renvoyé devant la juridiction correctionnelle des chefs de délit de fuite, dégradation ou destruction aggravée du bien d'autrui, refus d'obtempérer aggravé ; que le tribunal correctionnel a déclaré M. K. coupable et l'a condamné à dix mois d'emprisonnement ; que le prévenu et le ministère public ont interjeté appel de la décision ;

Attendu qu'il résulte des mentions de l'arrêt attaqué que M. K., qui a comparu en qualité de prévenu, assisté de son avocat, à l'audience de la cour d'appel du 19 septembre 2018, n'a été informé du droit de faire des déclarations, de répondre aux questions qui lui sont posées ou de se taire qu'après que son avocat a soutenu une demande de nullité et que le ministère public a présenté ses réquisitions sur cette demande ;

Mais attendu qu'en statuant ainsi, alors que les débats avaient débuté dès l'examen de cette demande, la cour d'appel a méconnu le sens et la portée des textes susvisés ;

D'où il suit que la cassation est encourue. »

SECTION 1
COMPÉTENCE DU TRIBUNAL CORRECTIONNEL

612.11 **Article 385 du code de procédure pénale.** Le premier alinéa de l'article 385 du code de procédure pénale dispose que : « Le tribunal correctionnel a qualité pour constater les nullités des procédures qui lui sont soumises sauf lorsqu'il est saisi par le renvoi ordonné par le juge d'instruction ou la chambre de l'instruction. »[1]

Les trois derniers alinéas du même article sont quant à eux ainsi rédigés : « Lorsque la procédure dont il est saisi n'est pas renvoyée devant lui par la juridiction d'instruction, le tribunal statue sur les exceptions tirées de la nullité de la procédure antérieure. La nullité de la citation ne peut être prononcée que dans les conditions prévues par l'article 565. Dans tous les cas, les exceptions de nullité doivent être présentées avant toute défense au fond. »

612.12 **Possibilité de statuer sur les nullités antérieures à la citation.** Tous les actes de l'enquête préliminaire ou de l'enquête de flagrance peuvent être attaqués par la voie du dépôt de conclusions en nullité[2]. L'article 385 du code de procédure pénale a été conçu en termes généraux et vise sans distinction tous les actes accomplis antérieurement à la citation et notamment ceux de l'enquête préliminaire[3]. Il doit ainsi être statué sur la nullité de la

1. SUR le cas où le dossier est renvoyé par le juge d'instruction ou la chambre de l'instruction, v. s[s] n°s 613.11 s.
2. Crim. 29 déc. 1964, n° 64-91.854, P n° 349 ; *D.* 1965. Somm. 67 – Crim. 1er mars 1977, n° 76-91.722, P n° 84 ; *D.* 1977. IR 185.
3. Crim. 29 déc. 1964, n° 64-91.854, P n° 349 ; *D.* 1965. Somm. 67 – Crim. 11 juin 1975, n° 75-90.094, P n° 151.

garde à vue ayant précédé la rétention administrative d'un étranger poursuivi pour refus de quitter le territoire quand bien même ce dernier aurait fait l'objet d'un second placement en garde à vue à la fin de la rétention en raison de son refus d'embarquer[1].

612.13 **Nullités de la citation – Renvoi.** La citation elle-même peut être attaquée[2] [3].

612.14 **Nullités de l'ordonnance de renvoi.** Sur les nullités de l'ordonnance de renvoi, se reporter aux développements *infra* (v. s[s] n°s 613.41 s.).

612.15 **Actes accomplis sur supplément d'information.** Bien qu'il ne s'agisse pas ici d'une « procédure antérieure », puisque par hypothèse, ils ont été réalisés après un premier jugement avant dire droit ayant ordonné un supplément d'information, ces actes sont susceptibles d'annulation dans les mêmes formes[4].

SECTION 2
LES NULLITÉS DOIVENT ÊTRE SOULEVÉES *IN LIMINE LITIS*

612.21 **Principe.** Le tribunal, saisi de l'action publique, est compétent pour statuer sur toutes les exceptions proposées par le prévenu pour sa défense, à moins que la loi n'en dispose autrement ou que le prévenu n'excipe d'un droit réel immobilier[5].

612.22 **La notification du droit de se taire doit intervenir avant le débat sur d'éventuelles nullités.** La chambre criminelle a eu l'occasion de préciser la chronologie exacte du début d'audience lorsqu'une requête en nullité est déposée *in limine litis*. Avant de donner la parole aux parties pour la discussion de cette nullité, les juges doivent donner connaissance aux parties, qui peuvent être amenées à prendre la parole lors de ces débats, de leur droit de se taire[6].

L'Assemblée plénière a amodié la jurisprudence de la chambre criminelle de la Cour de cassation en jugeant que lorsque la notification du droit de se taire intervient après les débats liminaires sur une demande présentée par une autre partie et que la personne poursuivie n'a pas pris la parole, il appartient à cette dernière d'établir en quoi cette irrégularité a porté une atteinte à ses intérêts[7].

La chambre criminelle a alors modifié sa jurisprudence[8] en distinguant selon que le droit au silence n'a pas été notifié, ce qui relève d'une nullité portant nécessairement grief, ou qu'il y a eu simplement un retard dans cette notification. Dans ce cas, cette atteinte est caractérisée lorsque le prévenu prend la parole avant d'avoir reçu cet avertissement. En l'espèce, la Cour juge que si c'est à tort qu'il a été procédé à cette notification à M. [P] après les débats tenus sur l'exception de nullité, l'arrêt n'encourt néanmoins pas la censure car il ne résulte pas des pièces de procédure que l'intéressé ait pris la parole à ce stade des débats.

612.23 **Nullités et exceptions préjudicielles.** Le dernier alinéa de l'article 385 du code de procédure pénale dispose que « dans tous les cas, les exceptions de nullité doivent être présentées avant toute défense au fond ». L'article 386 quant à lui, débute ainsi « l'exception préjudicielle est présentée avant toute défense au fond ». Ce principe est donc applicable en ce qui concerne tant les exceptions préjudicielles, que les exceptions de nullité[9]. Il en est ainsi aussi pour les nullités touchant à l'ordre public, y compris la nullité de la citation[10]. Seule la question de la compétence juridictionnelle fait exception au principe. Les exceptions ne peuvent être soulevées pour la première fois devant la cour d'appel[11]. De la même façon, le prévenu n'est pas recevable à présenter comme moyen de cassation les nullités commises en première instance s'il ne les a pas opposées devant la cour d'appel, à l'exception de la nullité pour cause d'incompétence lorsqu'il y a eu appel du ministère public[12, 13]. Le prévenu est considéré comme s'étant défendu au fond dès l'instant où a commencé son interrogatoire par le président[14]. La nullité, en la forme, d'une constitution de partie civile doit être invoquée avant toute défense au fond[15].

612.24 **Inscription de faux.** L'inscription de faux s'analysait traditionnellement en une exception de nullité et elle devait être prise avant toute défense au

1. Crim. 4 sept. 2001, n° 00-85.984, P n° 171.
2. Crim. 1er févr. 1968, n° 66-90.044, P n° 36 – Crim. 10 déc. 1970, n° 70-91.045, P n° 336 – Crim. 19 janv. 1971, n° 70-90.567, P n° 17.
3. V. s[s] n°s 612.61 s. ; sur le délai de citation, v. s[s] n° 413.41 ; sur les nullités en matière d'infraction au droit de la presse, v. s[s] n°s 414.61 s., 414.81 s.
4. Crim. 22 nov. 1961, *D.* 1962. Somm. 62 – Crim. 17 juill. 1975, n° 75-90.785, P n° 188 ; *D.* 1975. IR 199.
5. C. pr. pén., art. 384.
6. Crim. 16 oct. 2019, n° 18-86.614, P. *D.* 2020. 1643, Procédure pénale juill. 2019 – juill. 2020, obs. CRIT. J. Pradel.
7. Cass., ass. plén. 4 juin 2021, n° 21-81.656, P ; *D.* 2021. 1136.
8. Crim. 23 nov. 2021, n° 20-80.675, P ; *D.* 2021. 2090 – v. aussi s[s] n° 922.33.
9. SUR le régime, v. s[s] n°s 623.11 s.
10. Crim. 6 juill. 1993, n° 93-82.133, P n° 243.
11. Crim. 13 nov. 1996, n° 95-84.897, P n° 405.
12. C. pr. pén., art. 599.
13. Crim. 9 juill. 1975, n° 75-90.189, P n° 184.
14. Crim. 29 mars 1995, n° 94-82.320, P n° 137 – Crim. 26 mars 1997, n° 96-83.477, P n° 121.
15. Crim. 16 févr. 2010, n° 09-80.516, P n° 24 ; *AJ pénal* 2010. 202.

fond[1]. Si cette dernière exigence est toujours d'actualité, on ne peut plus totalement considérer que l'inscription de faux est incluse dans le domaine des nullités. En effet, la chambre criminelle a jugé que la procédure d'inscription de faux incident n'étant pas applicable devant les juridictions d'instruction, les dispositions des articles 179 et 181 du code de procédure pénale ne font pas obstacle à ce que ladite procédure soit mise en œuvre devant la juridiction de jugement, lorsque celle-ci est saisie par une décision de renvoi d'une juridiction d'instruction[2]. Les délais prévus à l'article 173-1 du code de procédure pénale ne sont donc pas applicables dans ce cas d'espèce. Les dispositions des articles 179 et 181 du même code n'interdisent pas au prévenu ou à l'accusé de s'inscrire en faux devant la juridiction de jugement saisie par une décision de renvoi.

612.25 **Procédure sur reconnaissance préalable de culpabilité.** Selon la chambre criminelle, lors d'une procédure sur reconnaissance préalable de culpabilité, il s'instaure, devant le président du tribunal correctionnel, un débat au fond, de telle sorte que le prévenu ne saurait soulever une exception de nullité de la procédure en cause d'appel[3].

SECTION 3
EXCEPTIONS AU PRINCIPE SELON LEQUEL LES NULLITÉS DOIVENT ÊTRE SOULEVÉES *IN LIMINE LITIS*

612.31 **Compétence.** S'agissant de la compétence des juridictions, aussi bien territoriale que d'attribution, il n'est pas besoin que l'exception de nullité soit soulevée *in limine litis*, elle peut l'être en tout état de la procédure[4], y compris par note en délibéré[5].

612.32 **Demandeur défaillant en première instance.** Le demandeur défaillant en première instance n'a pu se défendre au fond et demeure apte à soulever une exception devant la cour d'appel[6]. Lorsque n'ayant pas comparu et n'ayant pas fourni d'excuse reconnue valable, un prévenu a été jugé contradictoirement dans les conditions prévues par l'article 410 du code de procédure pénale (prévenu non comparant et non excusé), il ne saurait être considéré comme s'étant défendu devant le tribunal ; dès lors, des exceptions tirées de la nullité de la procédure peuvent être présentées pour la première fois en cause d'appel[7].

612.33 **Première audience sur citation de la partie civile.** Le prévenu poursuivi sur citation de la partie civile ne peut se voir opposer la forclusion édictée par l'article 385 du code de procédure pénale au motif qu'il n'aurait pas présenté les exceptions de nullité lors de l'audience à l'issue de laquelle les juges ont fixé la consignation dès lors que l'action publique n'étant mise en mouvement qu'après le versement de la somme due par la partie civile, le débat sur le fond n'a pu s'engager[8].

612.34 **Procédure devant la cour d'appel.** Les exceptions soulevées devant la juridiction du premier degré doivent être expressément reprises et présentées et elles doivent l'être avant toute défense au fond[9]. *Est irrecevable une exception proposée devant la cour d'appel différente de celle régulièrement soulevée devant les premiers juges*[10]. Ainsi, le demandeur ne saurait se faire un grief de ce que la cour d'appel a rejeté l'exception tirée de la nullité des opérations et procès-verbaux de saisie, dès lors que, cette exception n'ayant pas été invoquée devant le tribunal, elle ne pouvait être présentée pour la première fois devant la cour d'appel, par application de l'article 385 du code de procédure pénale[11]. C'est à bon droit qu'une cour d'appel oppose la forclusion édictée par ledit texte à une exception de nullité de la procédure présentée pour la première fois devant elle et fondée sur la violation d'une disposition légale différente de celle qui avait été invoquée devant les premiers juges avant toute défense au fond[12].

1. Crim. 12 avr. 1988, nº 87-82.444, P nº 154 – Crim. 16 déc. 1997, nº 96-82.509, P nº 428 ; *Rev. sociétés* 1998. 402, note B. Bouloc ; *RTD com.* 1998. 696, obs. B. Bouloc.
2. Crim. 18 nov. 2015, nº 15-83.400, P nº 260 ; *AJ pénal* 2016. 215, obs. C. Renaut-Duparc ; *D.* 2015. 2444 ; *Dr. pénal* 2016, comm. 15, A. Maron et M. Haas.
3. Crim. 22 févr. 2012, nº 11-82.786, P nº 52 ; *Dr. pénal* 2012, nº 59, note M. Haas et A. Maron ; *AJ pénal* 2012. 236, obs. J. Gallois ; *D.* 2012. 684.
4. Crim. 13 nov. 1996, nº 95-84.897, P nº 405, préc. – Crim. 7 juin 2000, nº 99-82.788, P nº 219 ; *D.* 2000. IR 224 ; *D.* 2001. Somm. 518, obs. J. Pradel ; *Dr. pénal* 2001. Chron. 6, obs. C. Marsat.
5. Crim. 15 févr. 2000, nº 99-81.685, P nº 70.
6. Crim. 14 juin 1973, nº 72-92.585, P nº 264 – Crim. 10 févr. 1986, nº 85-91.838, P nº 51 – Crim. 29 janv. 1992, nº 91-83.712, P nº 39 ; *D.* 1992. Somm. 321, obs. J. Pradel – Crim. 6 juin 2007, nº 06-88.541, P nº 153 ; *AJ pénal* 2007. 388 (v. s^s nº 612.01).
7. Crim. 10 févr. 1986, nº 85-91.838, P nº 51, préc. – Crim. 29 janv. 1992, nº 91-83.712, P nº 39, préc. – Crim. 30 sept. 2003, nº 03-80.365, NP – Crim. 6 juin 2007, nº 06-88.541, P nº 153 ; *AJ pénal* 2007. 388 (v. s^s nº 612.01).
8. Crim. 22 juin 1999, nº 98-84.424, P nº 145 (v. s^s nº 612.01).
9. Crim. 28 févr. 2001, nº 00-82.107, P nº 52 ; *JCP* 2001. IV. 1944 ; *Dr. pénal* 2001. Chron. 39, obs. C. Marsat.
10. Crim. 7 août 1990, nº 89-83.556, P nº 298 ; *RTD com.* 1991. 280, obs. B. Bouloc ; *RTD com.* 1991. 317, obs. P. Bouzat.
11. Crim. 11 déc. 2002, nº 02-83.648, NP.
12. Crim. 7 août 1990, nº 89-83.556, préc.

Une cour d'appel qui se fonderait sur une nullité seulement déposée devant la juridiction de première instance, relèverait en fait d'office cette nullité, ce qui lui est interdit[1]. Dès lors qu'une exception de nullité n'a pas été invoquée devant le tribunal devant lequel le prévenu a comparu, ce dernier ne peut s'en prévaloir devant la juridiction du second degré et, si la cour d'appel répond à une exception soulevée dans ces conditions, sa réponse ne peut être critiquée devant la Cour de cassation[2].

Mais le fait pour l'appelant d'un jugement avant dire droit ayant écarté des exceptions de nullité de ne pas déposer la requête tendant à faire déclarer l'appel immédiatement recevable, ne dispense pas les juges saisis de l'appel contre le jugement au fond de se prononcer en même temps sur l'appel du jugement avant dire droit. Encourt donc la censure l'arrêt qui omet de statuer sur les exceptions de nullité écartées par les premiers juges[3].

SECTION 4
CONCLUSIONS DE NULLITÉ

612.41 Dépôt des conclusions de nullité. Le prévenu, les autres parties et leurs avocats peuvent déposer des conclusions, selon les dispositions L'article 459 du code de procédure pénale. La plupart du temps, le conseil dépose des conclusions de nullité par écrit. Cela a pour effet de contraindre le juge à y répondre. Au regard de l'obligation de soulever la nullité avant toute défense au fond il peut être conseillé de faire mentionner aux notes d'audience l'heure du dépôt.

612.42 Formes du dépôt des conclusions de nullité. L'article 459 du code de procédure pénale dispose que le tribunal répond aux conclusions *régulièrement déposées* et l'alinéa précédent précise que les conclusions sont *visées par le président et le greffier* qui mentionne ce dépôt aux *notes d'audience*.

Le tribunal est tenu de répondre aux conclusions régulièrement déposées, selon l'article 459, alinéa 3. L'adverbe « régulièrement » a ici toute son importance et, pour exemple, n'est pas tenue de répondre à la demande du prévenu tendant à l'audition de témoins la cour d'appel qui n'a pas été saisie régulièrement dans les formes prévues par l'article 459 du code de procédure pénale[4].

De même, il n'est pas tenu de répondre à des conclusions figurant au dossier de la procédure mais qui ne sont ni datées ni signées[5]. Il ne saurait être reproché au juge de ne pas avoir répondu aux conclusions de la prévenue, dès lors que, en méconnaissance des dispositions de l'article 459 du code de procédure pénale, ces conclusions n'ont pas été déposées le jour de l'audience des débats et qu'il n'est pas établi que le président en ait eu connaissance[6].

Est en revanche recevable l'exception soulevée dans des conclusions déposées avant l'audience et visées par le greffier, même si elles n'ont pas été développées oralement avant les réquisitions du ministère public[7]. Dès lors que l'avocat a déposé des conclusions, il n'est pas obligé d'attirer l'attention du tribunal sur leur contenu pour que celui-ci soit saisi, « dès l'ouverture des débats et avant toute défense au fond, des exceptions ainsi présentées »[8]. Il résulte des articles 385 et 386 du code de procédure pénale, qu'en l'absence de renonciation expresse du prévenu, les juges doivent statuer sur les exceptions que ce dernier leur soumet dans des conclusions régulièrement déposées avant toute défense au fond, même si lesdites exceptions n'ont pas été soutenues oralement[9].

612.43 Des conclusions orales ? Le « dépôt » de conclusions semble indiquer que celles-ci doivent être écrites. Toutefois, jurisprudence fait application de l'article 802 du code de procédure pénale, ce qui explique que des conclusions orales puissent être estimées valides : l'omission de ces formalités n'entraîne aucune nullité, s'il découle de la décision que les conclusions ont été *soumises au juge* qui s'y réfère[10]. La difficulté résulte alors pour le conseil dans la preuve de ce qui a été soulevé[11] qui ne peut être alors que très imparfaitement consigné dans les notes d'audience.

612.44 Usages. Le bon usage conduit souvent les avocats à communiquer les conclusions aux fins de nullité avant l'audience. L'article 5-3 du règlement intérieur national de la profession d'avocat prévoit

1. Crim. 12 mars 1996, n° 95-81.127, P n° 110.
2. Crim. 12 oct. 2022, n° 21-87.534, P, *Dr. pénal* 2022, comm. 209.
3. Crim. 26 févr. 2008, n° 07-86.346, P n° 48.
4. Cass., ass. plén., 2 déc. 2005, n° 96-81.553, P n° 3.
5. Crim. 8 févr. 1994, n° 93-83.548, P n° 229 – Crim. 4 févr. 2004, n° 03-81.984, P n° 32 ; *D.* 2005. 621, note V. Malabat ; *AJ pénal* 2004. 157, obs. A. Pitoun ; *RSC* 2004. 633, obs. E. Fortis ; *RSC* 2004. 639, obs. Y. Mayaud.
6. Crim. 17 févr. 1998, n° 97-82.999, P n° 64 – POUR UN EX. POSTÉRIEUR : Crim. 7 janv. 2015, n° 12-86.653, P n° 13.
7. SUR les conclusions déposées au greffe de la juridiction trois jours avant l'audience, visées par le greffier : Crim. 26 mars 1997, n° 96-83.477, P n° 121 ; *Procédures* 1997, n° 189, note J. Buisson – Crim. 28 févr. 2001, n° 00-82.107, P n° 52 ; *JCP* 2001. IV. 1944 ; *Dr. pénal* 2001. Chron. 39, obs. C. Marsat.
8. Crim. 10 déc. 2003, n° 02-87.487, P n° 244 ; *JCP* 2004. IV. 1240 ; *AJ pénal* 2004. 75.
9. Crim. 24 oct. 2017, n° 16-85.875, P n° 233.
10. Crim. 25 oct. 1977, n° 76-90.676, P n° 318.
11. Crim. 9 oct. 1963, n° 62-90.200, P n° 275.

d'ailleurs que : « Si dans une procédure pénale, le prévenu ou l'accusé est demandeur à une exception ou fin de non-recevoir, son avocat doit communiquer ses moyens et éléments de preuve sans délai pour permettre la contradiction en temps utile par la partie défenderesse à l'exception ou à la fin de non-recevoir, sauf si cette communication compromet le moyen soulevé, auquel cas s'applique la règle générale sus-rappelée que doit respecter l'avocat du prévenu ou de l'accusé. »[1]

Cela permet aux avocats de la partie adverse, des autres prévenus, mais aussi au président du tribunal et au ministère public, de savoir à quel type de nullité s'attendre en arrivant à l'audience. Il est également possible, dans le cas où la nullité est avancée sans que le ministère public en ait eu connaissance, de suspendre l'audience à cette fin, voire d'ordonner un renvoi. Mais des pièces ne peuvent être écartées des débats au seul motif qu'elles n'ont pas été préalablement communiquées au ministère public[2].

612.45 **Notes d'audience : constitutionnalité.** Le Conseil constitutionnel a été saisi d'une question prioritaire de constitutionnalité portant sur l'article 453 du Code de procédure pénale relatif aux notes d'audience établies par le greffier lors des débats devant le tribunal correctionnel. Selon le requérant, ces dispositions méconnaîtraient le droit à un procès équitable et les droits de la défense dans la mesure où elles n'imposent pas au greffier de retranscrire intégralement les débats qui se déroulent lors de l'audience, de sorte que le prévenu serait dans l'impossibilité de démontrer que le procès ne s'est pas déroulé dans le respect des formes prescrites. Le Conseil a rejeté ces griefs[3] : toute partie à une audience correctionnelle peut établir par tout moyen la preuve de l'irrégularité de la procédure suivie lors de cette audience correctionnelle, le cas échéant par la voie de l'inscription de faux. De plus, l'article 459 du Code de procédure pénale permet de déposer devant le tribunal correctionnel des conclusions faisant état d'une telle irrégularité. Le dépôt de ces conclusions est obligatoirement mentionné dans les notes d'audience et le tribunal est tenu d'y répondre dans son jugement. En outre, les parties à l'audience peuvent demander auprès du président du tribunal correctionnel qu'il leur soit donné acte dans les notes d'audience de propos tenus ou d'incidents.

612.46 **Comparution immédiate : nullité de la détention ordonnée par le JLD.** En matière de comparution immédiate, l'impossibilité de réunir le tribunal s'entend d'une impossibilité matérielle, de l'encombrement de son rôle ou de la circonstance que le temps manquera pour examiner l'affaire dans des conditions de nature à garantir l'équité du procès. Selon l'article 396 du code de procédure pénale, le JLD statue alors sur la détention provisoire et saisit le tribunal. Si ce dernier renvoie ensuite l'affaire à une audience ultérieure, il ne peut maintenir le prévenu en détention provisoire sans se prononcer, par un seul et même jugement, sur les moyens qui contestent la légalité de son titre initial de détention[4].

SECTION 5
RÉPONSE DU TRIBUNAL

612.51 **Obligation de répondre.** Le tribunal doit, aux termes de l'article 459 du code de procédure pénale, répondre aux conclusions régulièrement déposées et non aux simples notes de plaidoirie[5]. La jurisprudence consacre l'obligation de répondre seulement aux *chefs péremptoires*, c'est-à-dire à ceux de nature à influer sur la décision, à l'exclusion des simples arguments, n'entraînant pas de conséquence juridique[6]. La chambre criminelle retient que le juge n'est pas « *tenu de suivre le concluant dans les détails de son argumentation* ».

612.52 **Principe : le tribunal doit joindre au fond les incidents et exceptions.** L'article 459 du code de procédure pénale dispose dans son alinéa 3 que : « Le tribunal qui est tenu de répondre aux conclusions ainsi régulièrement déposées doit joindre au fond les incidents et exceptions dont il est saisi, et y statuer par un seul et même jugement en se prononçant en premier lieu sur l'exception et ensuite sur le fond. »

La jonction au fond s'impose et le tribunal n'a même pas à avertir le demandeur de la jonction au fond : il suffit de constater le dépôt des conclusions

1. La règle précédente, prévue au même article, est ainsi posée : « En ce qui concerne l'action publique devant les juridictions pénales, les avocats des parties communiquent leurs moyens de droit ou de fait et leurs éléments de preuve au ministère public et aux avocats des autres parties au plus tard à la fin de l'instruction du dossier à l'audience. »
2. Crim. 18 févr. 2015, nº 13-84.000, P nº 31 ; *AJ pénal* 2015. 261, obs. C. Porteron.
3. Cons. const. 20 sept. 2019, nº 2019-801 QPC : *Dr. pénal* nº 11, Nov. 2019, comm. 189, A. Maron et M. Haas ; *Dr. pénal* 2019, alerte 57, W. Roumier ; *AJ pénal* 2019. 566, obs. T. Lebreton ; *D.* 2019. 1761.
4. Crim. 18 avr. 2023, nº 23-80.674, P, *AJ pénal* 2023. 344, obs Ch. Guéry.
5. Crim. 13 juin 1978, nº 77-93.445, P nº 196.
6. Crim. 24 janv. 1973, nº 72-91.194, P nº 40 – Crim. 25 janv. 1973, nº 72-91.193, P nº 43 – Crim. 5 mars 1974, nº 72-91.436, P nº 91 – Crim. 20 juin 2000, nº 99-81.235, P nº 236 ; *RSC* 2001. 151, obs. B. Bouloc.

et d'y répondre dans le jugement[1]. En pratique, il sera toutefois opportun d'avertir le prévenu parfois un peu perdu dans les termes d'un débat technique qui le dépasse, que le tribunal répondra par un seul et même jugement, sur la régularité de la procédure et, si celle-ci est acquise, la culpabilité et la peine.

Méconnaît ce principe, l'arrêt faisant droit à des conclusions aux fins de constatation de la nullité d'un acte administratif, base de la poursuite, en ordonnant, en outre, une mesure d'instruction sur l'infraction poursuivie[2]. La décision de jonction ne peut être attaquée par la voie de l'appel : elle constitue une mesure d'administration judiciaire, n'est soumise à aucune forme particulière, n'a pas à être motivée et n'est susceptible d'aucun recours[3]. Encourt dès lors la censure, l'arrêt d'une cour d'appel qui déclare recevable l'appel formé contre la décision du tribunal joignant au fond l'exception d'irrecevabilité des poursuites prise d'une immunité diplomatique[4].

612.53 **Exceptions au principe.** L'alinéa 4 de l'article 459 du code de procédure pénale précise que : « Il ne peut en être autrement qu'au cas d'impossibilité absolue, ou encore lorsqu'une décision immédiate sur l'incident ou sur l'exception est commandée par une disposition qui touche à l'ordre public. »

Il en est ainsi par exemple en cas de conclusions soulevant l'incompétence de la juridiction[5]. Toutefois, la rédaction de l'article 459 ouvre une simple faculté au tribunal qui peut aussi choisir de joindre au fond y compris en cas de nullité d'ordre public voire même sur la compétence. Le choix de la décision immédiate sur l'exception permet un appel et le tribunal y recourra d'autant plus facilement que la demande lui paraît fondée. Encourt la cassation, l'arrêt qui admet immédiatement l'irrecevabilité de la poursuite, tout en mentionnant, dans ses motifs, qu'il convenait d'aborder le fond pour statuer[6]. S'il existe des incidents qui peuvent, par leur nature nécessiter que le tribunal prenne une décision avant de poursuivre l'examen du fond[7], tel n'est pas le cas en matière de nullité. Dans le cas où un jugement est immédiatement rendu, il est susceptible d'appel mais si la décision ne met pas fin à la procédure, il ne peut être examiné par la cour d'appel que si l'appelant saisit le président de la cour d'appel d'une demande en recevabilité immédiate lors de l'inscription de l'appel[8]. La procédure est suspendue jusqu'à l'expiration du délai d'appel ou examen du recours.

612.54 **Cour d'appel.** La cour d'appel n'a pas à répondre à des conclusions déposées seulement devant la juridiction de première instance, si elles n'ont pas été reprises devant elle. Un arrêt répond suffisamment à de telles conclusions, en confirmant par adoption de motifs la décision qui s'était expliquée[9]. Le défaut de réponse aux conclusions entraîne une cassation pour défaut de motifs au visa de l'article 593 du code de procédure pénale[10].

SECTION 6
NULLITÉS DE LA CITATION DIRECTE[11]

612.61 **Textes.** L'avant dernier alinéa de l'article 385 du code de procédure pénale précise : « La nullité de la citation ne peut être prononcée que dans les conditions prévues par l'article 565 »[12].

Cet article prévoit que : « La nullité d'un exploit ne peut être prononcée que lorsqu'elle a eu pour effet de porter atteinte aux intérêts de la personne qu'il concerne, sous réserve, pour les délais de citation, des dispositions de l'article 553, 2°. »

Il s'agit en fait de la reprise de la règle posée par l'article 802, qui concerne bien d'autres matières. Quant à la référence au 2° de l'article 553, il s'agit du cas où les délais de la citation n'ont pas été respectés et où la partie citée se présente : dans cette hypothèse, la citation n'est pas nulle mais le tribunal doit, sur la demande de la partie citée, ordonner le renvoi à une audience ultérieure, demande qui doit être également présentée avant toute défense au fond. La nullité de la citation prive cet acte de tout effet : il n'interrompt pas la prescription de l'action publique.

§ 1
Délai

612.71 **Délais de citation selon le lieu de résidence.** Des délais de citation différents sont édictés par l'article 553 du code de procédure pénale, selon que le destinataire demeure ou non en métropole,

1. Crim. 15 févr. 1967, n° 66-90.381, P n° 68 ; *D.* 1967. Somm. 88.
2. Crim. 10 oct. 1974, n° 73-93.357, P n° 291 ; *D.* 1974. IR 236.
3. Crim. 22 juin 1994, n°s 92-85.123, 92-85.124, 92-85.637, P n° 247 – Crim. 13 mars 1995, n° 94-81.343, P n° 101.
4. Crim. 10 mai 2007, n° 06-87.379, P n° 122 ; *D.* 2007. 1817, Chron. D. Caron et S. Ménotti ; *AJ pénal* 2007. 334.
5. Crim. 3 mars 1987, n° 86-90.377, P n° 106 – Crim. 26 sept. 1989, n° 89-80.281, P n° 328 ; *D.* 1989. IR 295.
6. Crim. 14 mars 1962, P n° 133.
7. Ex. : la demande de renvoi, de disjonction, de supplément d'information… (v. s^s^ n° 621.31).
8. C. pr. pén., art. 570, 571.
9. Crim. 1er oct. 1975, n° 74-90.796, P n° 199.
10. Crim. 1er avr. 2008, n° 07-84.542, NP.
11. SUR la procédure par citation directe : v. s^s^ n°s 411.05 s.
12. Crim. 7 mai 1996, n° 95-82.637, P n° 193 – Crim. 14 janv. 2004, n° 02-87.935, P n° 13 ; *RSC* 2004. 660, obs. H. Matsopoulou – Crim. 3 juin 2004, n° 03-83.539, P n° 148.

outre-mer ou à l'étranger : le délai entre le jour où la citation est délivrée et le jour fixé pour la comparution devant le tribunal correctionnel ou de police est d'au moins dix jours, si la partie citée réside dans un département de la France métropolitaine ou si, résidant dans un département d'outre-mer, elle est citée devant un tribunal de ce département[1].

Ce délai est augmenté d'un mois si la partie citée devant le tribunal d'un département d'outre-mer réside dans un autre département d'outre-mer, dans un territoire d'outre-mer, à Saint-Pierre-et-Miquelon ou Mayotte ou en France métropolitaine, ou si, cité devant un tribunal d'un département de la France métropolitaine, elle réside dans un département ou territoire d'outre-mer, à Saint-Pierre-et-Miquelon ou Mayotte.

Si la partie citée réside à l'étranger, ce délai est augmenté d'un mois si elle demeure dans un État membre de l'Union européenne et de deux mois dans les autres cas.

Bien que les débats parlementaires préparatoires à la loi du 27 mai 2014[2] fassent état d'une réflexion sur un allongement radical des délais de citation, le législateur a finalement préféré maintenir le délai habituel de dix jours mais prévoit des dispositions particulières dans le cas où un délai de deux mois minimum ne s'est pas écoulé entre la notification de la citation et l'audience et où l'avocat ou le client n'a pas reçu la copie des pièces de la procédure[3].

612.72 Cas où le délai de citation n'est pas respecté. Dans l'hypothèse où le délai de citation n'est pas respecté, il faut distinguer selon que la personne se présente ou non.

Dans le cas où elle est présente, la citation n'est pas nulle, mais le tribunal demande à la personne si elle préfère que l'affaire soit renvoyée[4] [5].

Dans le cas où la personne n'est pas présente, la citation est alors nulle sans nécessité qu'il y ait atteinte aux intérêts de la personne, dès lors que le délai exigé par la loi entre le jour où la citation a été délivrée et le jour fixé pour la comparution, n'a pas été respecté[6]. Doit être assimilé à une citation hors délai, un acte ne portant pas de date et empêchant ainsi la vérification du respect du délai. Il en est de même, si la citation comporte des erreurs relatives au nom du tribunal[7], à l'heure de l'audience[8], à la date de l'audience[9], au nom de l'huissier. Il en est encore ainsi si elle n'est pas signée. L'arrêt prononçant la nullité de la citation délivrée au prévenu intimé en raison de l'inobservation du délai prévu par l'article 552 du code de procédure pénale ne fait pas obstacle à ce que la cour d'appel statue ultérieurement sur l'appel dont elle demeure saisie, après avoir constaté la délivrance, à l'initiative du ministère public ou de la partie civile, d'une autre citation respectant le délai précité[10].

§ 2
Imprécision de la citation

612.81 Information insuffisante sur les faits reprochés. À défaut de précision, le tribunal correctionnel se livre à une appréciation *in concreto* pour déterminer si, à son avis, l'irrégularité soulevée a pu générer un doute dans l'esprit du prévenu sur la nature des faits qui lui étaient reprochés. La formule généralement reprise par la chambre criminelle est que la citation n'est pas nulle s'il apparaît « que le prévenu a été informé de manière détaillée de la nature et de la cause de l'accusation portée contre lui »[11]. Il est clair qu'il est délicat pour un prévenu de soutenir la nullité d'une citation, au motif qu'il ne sait de quoi on l'accuse, lorsque son conseil a également pris tout un argumentaire sur le fond[12].

612.82 Autres imprécisions. Les autres irrégularités de la citation ne peuvent pas être relevées d'office par le tribunal[13]. Il appartient à celui qui invoque cette irrégularité de la soulever *in limine litis* et la preuve du grief doit être établie. Il peut s'agir de l'absence de prévision suffisante relative au destinataire de l'acte ou à sa qualité, mais surtout à l'énonciation du fait poursuivi (date et lieu des faits, identité de la ou des victimes) et à la qualification pénale retenue. La jurisprudence a notamment relevé que n'est pas de nature à entraîner l'annulation de la citation :

1. V. égal[t] s[s] chap. 413.
2. L. n° 2014-535, 27 mai 2014 portant transposition de la directive 2012/13/UE du Parlement européen et du Conseil, du 22 mai 2012 relative au droit à l'information dans le cadre des procédures pénales, *JO* 28 mai, p. 8864.
3. V. s[s] n° 512.31.
4. C. pr. pén., art. 553, al. 2.
5. Crim. 27 févr. 2007, n° 06-85.909, P n° 63 ; *AJ pénal* 2007. 287.
6. Crim. 19 oct. 1999, n°s 99-82.466, 99-82.467, P n° 223 – Crim. 27 févr. 2007, n° 06-87.185, P n° 64 (v. s[s] n° 612.01).
7. SUR le lieu de l'audience : Crim. 4 mai 2006, n° 05-85.239, P n° 121 ; *AJ pénal* 2006. 317.
8. Crim. 22 mai 1990, n° 89-86.836, P n° 208 – Crim. 8 janv. 2008, n° 07-86.847, NP.
9. Crim. 3 sept. 2008, n° 08-82.434, P n° 175 ; *AJ pénal* 2008. 516.
10. Crim. 13 avr. 1999, n° 98-82.466, P n° 75 ; *D.* 1999. 148.
11. PAR EX. : Crim. 29 mai 1995, n° 94-83.590, NP – Crim. 29 juin 2005, n° 04-82.614, P n° 201 ; *D.* 2005. 2178 ; *RSC* 2005. 869, obs. D.-N. Commaret ; *RSC* 2006. 619, obs. H. Matsopoulou – Crim. 11 sept. 2007, n° 06-82.410, P n° 199 – Crim. 10 sept. 2008, n° 08-80.817, P n° 183 ; *AJ pénal* 2008. 516.
12. V. égal[t] chap. 412.
13. Crim. 19 mars 1997, n°s 96-82.912, 96-82.911, 2 esp., NP.

- l'imprécision de la citation dès lors qu'il est établi que le prévenu a eu connaissance intégrale des faits pour lesquels il est poursuivi[1] ;

- et plus particulièrement une erreur de date[2] ;

- l'oubli du visa d'un texte[3] ;

- une imprécision dans la date surchargée de l'exploit, dès lors qu'elle résulte d'un autre acte de procédure[4] ;

- le visa d'un texte erroné dès lors qu'aucune incertitude sur l'objet de la prévention n'en résulte pour le prévenu[5] ;

- une erreur dans la date de la loi[6] ;

- le visa d'un texte abrogé dès lors que les autres mentions de la citation sont claires et exactes et ont mis l'intéressé en mesure de préparer les moyens de la défense[7] ;

- l'article 551 du code de procédure pénale n'exige pas de mentionner l'identité de celui qui agit en justice au nom de la personne morale ayant fait délivrer une citation à prévenu devant le tribunal correctionnel[8] ;

- l'article 550 du code de procédure pénale n'impose pas à l'huissier de vérifier la qualité de la personne qui se déclare habilitée, au nom de la personne morale, à recevoir copie de l'exploit et à en signer l'original, d'autant que le destinataire avait, en l'espèce, été avisé de la signification effectuée par lettre simple, conformément aux prescriptions de l'article 555 du même code[9].

612.83 Exception de nullité devant être soulevée *in limine litis*. L'exception portant sur l'irrégularité supposée de la citation doit être soulevée avant toute défense au fond[10]. Est irrecevable l'exception de nullité visant la citation initiale à comparaître présentée devant la cour d'appel par une société qui ne l'avait pas proposée en première instance avant toute défense au fond[11].

612.84 Date d'audience erronée. Doit être annulée la citation qui porte une date d'audience erronée qui porte atteinte aux droits de la défense[12].

En revanche une erreur sur l'heure de l'audience ne porte pas atteinte aux intérêts de la défense, dès lors qu'il est établi que le conseil en avait eu connaissance préalablement à celle-ci[13].

Mais dans tous les autres cas d'erreur portant sur l'heure de l'audience, la citation doit être annulée[14].

Il en est de même dans le cas où c'est le lieu du procès qui est inexactement indiqué, dès lors que le prévenu n'est ni présent ni représenté[15]. Dans une espèce, un tribunal correctionnel avait été saisi, par une convocation d'un officier de police judiciaire, remise à la prévenue le 11 avril 2012 pour une audience du 25 mai 2011 à 14 heures. La prévenue ne s'était pas présentée devant le tribunal et avait été condamnée par jugement contradictoire à signifier. En appel, elle soulevait la nullité de la convocation qui lui avait été remise en soutenant que l'erreur de date sur la citation ne lui avait pas permis de se présenter devant les juges de première instance. La cour d'appel, après avoir jugé l'exception recevable, a estimé que la prévenue, non assistée d'un avocat à cette époque, ne pouvait savoir ou déterminer précisément et de manière évidente ou manifeste à quelle date elle serait effectivement jugée par le tribunal correctionnel, ce qui ne lui avait pas permis en conséquence d'organiser sa défense. Elle a annulé la convocation, le jugement et renvoyé le ministère public à se mieux pourvoir[16].

§ 3
Presse

612.91 Presse. La loi sur la presse contient des dispositions dérogatoires au droit commun et selon

1. Crim. 15 mai 1995, n° 94-84.678, NP – Crim. 19 juin 1997, n° 96-80.555, P n° 249 ; *Procédures* 1997, note J. Buisson – Crim. 10 sept. 2008, n° 08-80.817, P n° 183 ; *AJ pénal* 2008. 516 – SUR LA MENTION superflue résultant d'une erreur de plume : Crim. 8 déc. 2009, n° 08-82.951, NP, *Dr. pénal* 2010, n° 36, note M. Véron – Peu importe qu'aient été visés d'autres textes du code des douanes non appliqués : Crim. 14 janv. 2004, n° 02-87.935, P n° 13 ; *RSC* 2004. 660, obs. H. Matsopoulou.
2. Crim. 15 mai 1995, n° 94-84.678, NP – Crim. 13 févr. 1996, n° 94-84.765, P n° 75 (v. s^s^ n° 612.01).
3. Crim. 23 juin 1999, n° 97-85.267, P n° 154 ; *D.* 2000. 33, obs. Y. Mayaud.
4. Crim. 20 mai 1976, n° 76-90.666, P n° 172.
5. Crim. 21 oct. 2008, n° 07-88.440, NP.
6. Crim. 22 juin 1999, n° 98-87.171, NP, *Procédures* 1999, n° 254, note J. Buisson.
7. Crim. 12 déc. 1994, n° 93-85.084, NP.
8. Cass., ass. plén., 7 juill. 2000, n° 97-45.768, P n° 5 ; *D.* 2001. 1830, note V. Lasserre-Kiesow – Crim. 23 mai 2006, n° 04-86.541, P n° 140 ; *D.* 2007. 1038, obs. J.-Y. Dupeux et T. Massis – Crim. 26 mars 2008, n° 07-82.797, NP.
9. Crim. 29 mars 2006, n° 05-82.166, NP – AUSSI : v. s^s^ n°s 411.05 s.
10. Crim. 7 déc. 1999, n° 98-82.252, P n° 293 ; *RSC* 2000. 599, obs. B. Bouloc ; *RTD com.* 2000. 740, obs. B. Bouloc.
11. Crim. 22 nov. 2011, n° 11-80.013, P n° 237 ; *D.* 2012. 289 ; *JCP* 2012. 48.
12. Crim. 3 sept. 2008, n° 08-82.434, P n° 175 ; *AJ pénal* 2008. 516.
13. Crim. 26 mai 1994, n° 92-82.222, NP.
14. Crim. 25 janv. 1983, P n° 31 – Crim. 22 mai 1990, n° 89-86.836, P n° 208 – Crim. 7 mai 1996, n° 95-82.637, P n° 193 – Crim. 19 sept. 2007, n° 07-82.496, P n° 218 ; *AJ pénal* 2014. 250, obs. P. de Combles de Nayves – Crim. 3 sept. 2008, n° 08-82.434, P n° 175 ; *AJ pénal* 2008. 516.
15. Crim. 3 nov. 2004, n° 04-80.815, NP – SUR UNE CONDAMNATION de l'huissier sur la base de l'article 566 : Crim. 4 mai 2006, n° 05-85.239, P n° 121 ; *AJ pénal* 2006. 317 (v. s^s^ n° 612.92).
16. Lyon, 9e ch., 14 mars 2014, *AJ pénal* 2014. 250.

lesquels les formalités qui doivent être accomplies sont prévues à peine de nullité sans que la nécessité d'un grief ne soit requise[1].

612.92 **Responsabilité de l'huissier.** Lorsqu'un exploit est déclaré nul par le fait de l'huissier, celui-ci peut être condamné aux frais de l'exploit et de la procédure annulée, et éventuellement à des dommages-intérêts envers la partie à laquelle il est porté préjudice. La juridiction qui déclare la nullité a compétence pour prononcer ces condamnations[2]. Lorsque la cassation résulte d'une faute de l'huissier, il y a lieu, par application de l'article 566 du code de procédure pénale, de le condamner aux frais de l'exploit et de la procédure annulée[3].

§ 4
Droit à copie

612.101 **Délivrance de la copie du dossier.** Le législateur a introduit un certain nombre de dispositions dans la loi du 27 mai 2014[4], en ce qui concerne deux modes de poursuite : les poursuites engagées sur citation directe, et celles relevant de la procédure par convocation par officier de police judiciaire.

Aux termes de l'article 388-4 du code de procédure pénale, en cas de poursuites par citation prévue à l'article 390 ou convocation prévue à l'article 390-1, les avocats des parties peuvent consulter le dossier de la procédure au greffe du tribunal de grande instance dès la délivrance de la citation ou au plus tard deux mois après la notification de la convocation. À leur demande, les parties ou leur avocat peuvent se faire délivrer copie des pièces du dossier. Si le dossier a fait l'objet d'une numérisation, cette copie est remise sous forme numérisée, le cas échéant par un moyen de télécommunication selon les modalités prévues à l'article 803-1.

La délivrance de cette copie intervient dans le mois qui suit la demande. Toutefois, en cas de convocation en justice et si la demande est faite moins d'un mois après la notification de cette convocation, cette délivrance intervient au plus tard deux mois après cette notification.

La délivrance de la première copie de chaque pièce du dossier est gratuite.

612.102 **Incidences de la demande de copie des pièces.** Le droit à copie, déjà prévu par l'article R. 155 du code de procédure pénale est accompagné d'un certain nombre de conséquences dans l'hypothèse où il n'aurait pas été suivi d'effet. L'article 390-2 dispose que : « Lorsque le délai entre la signification de la citation prévue à l'article 390 ou la notification de la convocation prévue à l'article 390-1 et l'audience devant le tribunal est inférieur à deux mois et que le prévenu ou son avocat n'ont pas pu obtenir avant l'audience la copie du dossier demandé en application de l'article 388-4, le tribunal est tenu d'ordonner, si le prévenu en fait la demande, le renvoi de l'affaire à une date fixée à au moins deux mois à compter de la délivrance de la citation ou de la notification de la convocation. »

Il en résulte que lorsque les deux conditions suivantes sont réunies – le délai d'audiencement inférieur à deux mois, la copie du dossier a été demandée mais n'a pu être obtenue avant l'audience – le renvoi est de droit s'il est demandé par le prévenu. La date de renvoi est fixée à au moins deux mois après la délivrance de la citation ou la notification de la convocation. En application de l'article 390-2 du Code de procédure pénale, lorsque le délai entre la signification de la citation et l'audience devant le tribunal est inférieur à deux mois et que le prévenu ou son avocat n'ont pas pu obtenir avant l'audience la copie du dossier demandée, le tribunal est tenu d'ordonner, si le prévenu en fait la demande, le renvoi de l'affaire à une date fixée à au moins deux mois à compter de la délivrance de la citation. Encourt dès lors la cassation la décision ne prononçant pas le renvoi alors que le juge doit être regardé comme ayant eu connaissance de la demande en ce sens, reçue au greffe de la juridiction avant l'audience[5].

1. V. s[s] n°s 414.11 s.
2. C. pr. pén., art. 566.
3. Crim. 7 mai 1996, n° 95-82.637, P n° 193 ; *AJ pénal* 2014. 250 – Crim. 4 mai 2006, n° 05-85.239, P n° 121 ; *AJ pénal* 2006. 317 – Crim. 3 sept. 2008, n° 08-82.434, P n° 175 ; *AJ pénal* 2008. 516.
4. L. n° 2014-535, 27 mai 2014, préc.
5. Crim. 19 févr. 2019, n° 18-83.381, P n° 37 ; *Procédures* n° 4, avr. 2019, comm. 129.

CHAPITRE

613. Tribunal correctionnel et nullités de l'instruction

SECTION 0
ORIENTEUR

613.00 Sommaire du chapitre.

613.01 Principaux textes applicables.

TEXTES SOURCES

- C. pr. pén., art. 173-1, 174, 175, 179, 183, 184, 217, 385
- L. 29 juill. 1881, art. 50, 53

TEXTES *IN EXTENSO*

- **C. pr. pén., art. 173-1** [mod. par L. n° 2016-731, 3 juin 2016, art. 87]

Sous peine d'irrecevabilité, la personne mise en examen doit faire état des moyens pris de la nullité des actes accomplis avant son interrogatoire de première comparution ou de cet interrogatoire lui-même dans un délai de six mois à compter de la notification de sa mise en examen, sauf dans le cas où elle n'aurait pu les connaître. Il en est de même s'agissant des moyens pris de la nullité des actes accomplis avant chacun de ses interrogatoires ultérieurs ou des actes qui lui ont été notifiés en application du présent code.

Il en est de même pour le témoin assisté à compter de sa première audition puis de ses auditions ultérieures.

Il en est de même pour la partie civile à compter de sa première audition puis de ses auditions ultérieures.

- **C. pr. pén., art. 174**

* V. s[s] n° 611.01.

- **C. pr. pén., art. 175** [mod. par L. n° 2019-222, 23 mars 2019, art. 56]

I.-Aussitôt que l'information lui paraît terminée, le juge d'instruction communique le dossier au procureur de la République et en avise en même temps les avocats des parties ou, si elles ne sont pas assistées par un avocat, les parties. L'avis est notifié soit verbalement avec émargement au dossier, soit par lettre recommandée. Lorsque la personne est détenue, il peut également être notifié par les soins du chef de l'établissement pénitentiaire, qui adresse sans délai au juge d'instruction l'original ou la copie du récépissé signé par l'intéressé.

II.-Le procureur de la République dispose alors d'un délai d'un mois si une personne mise en examen est détenue ou de trois mois dans les autres cas pour adresser ses réquisitions motivées au juge d'instruction. Copie de ces réquisitions est adressée dans le même temps par lettre recommandée aux avocats des parties ou, si elles ne sont pas assistées par un avocat, aux parties.

III.-Dans un délai de quinze jours à compter soit de chaque interrogatoire ou audition réalisé au cours de l'information, soit de l'envoi de l'avis prévu au I du présent article, les parties peuvent faire connaître au juge d'instruction, selon les modalités prévues à l'avant-dernier alinéa de l'article 81, qu'elles souhaitent exercer l'un ou plusieurs des droits prévus aux IV et VI du présent article.

IV.-Si elles ont indiqué souhaiter exercer ces droits dans les conditions prévues au III, les parties disposent, selon les cas mentionnés au II, d'un même délai d'un mois ou de trois mois à compter de l'envoi de l'avis prévu au I pour :

1° Adresser des observations écrites au juge d'instruction, selon les mêmes modalités ; copie de ces observations est alors adressée en même temps au procureur de la République ;

2° Formuler des demandes ou présenter des requêtes, selon les mêmes modalités, sur le fondement du neuvième alinéa de l'article 81, des articles 82-1 et 82-3, du premier alinéa de l'article 156 et du troisième alinéa de l'article 173, sous réserve qu'elles ne soient pas irrecevables en application des articles 82-3 et 173-1.

À l'expiration du délai mentionné au II du présent article, les parties ne sont plus recevables à adresser de telles observations ou à formuler ou présenter de telles demandes ou requêtes.

V.-Si les parties ont adressé des observations en application du 1° du IV, le procureur de la République dispose d'un délai de dix jours si une personne mise en examen est détenue ou d'un mois dans les autres cas pour adresser au juge d'instruction des réquisitions complémentaires à compter de la date à laquelle ces observations lui ont été communiquées.

VI.-Si les parties ont indiqué qu'elles souhaitaient exercer ce droit conformément au III, elles disposent d'un délai de dix jours si une personne mise en examen est détenue ou d'un mois dans les autres cas pour adresser au juge d'instruction des observations complémentaires à compter de la date à laquelle les réquisitions leur ont été communiquées.

VII.-À l'issue, selon les cas, du délai d'un mois ou de trois mois prévu aux II et IV, ou du délai de dix jours ou d'un mois prévu aux V et VI, le juge d'instruction peut rendre son ordonnance de règlement, y compris s'il n'a pas reçu de réquisitions ou d'observations dans ces délais.

VIII.-Le III, le 1° du IV, le VI et, s'agissant des requêtes en nullité, le 2° du IV sont également applicables au témoin assisté.

• **C. pr. pén., art. 179** [mod. par L. n° 2016-731, 3 juin 2016, art. 59]

Si le juge estime que les faits constituent un délit, il prononce, par ordonnance, le renvoi de l'affaire devant le tribunal correctionnel. Cette ordonnance précise, s'il y a lieu, que le prévenu bénéficie des dispositions de l'article 132-78 du code pénal.

L'ordonnance de règlement met fin à la détention provisoire, à l'assignation à résidence avec surveillance électronique ou au contrôle judiciaire. S'il a été décerné, le mandat d'arrêt conserve sa force exécutoire ; s'ils ont été décernés, les mandats d'amener ou de recherche cessent de pouvoir recevoir exécution, sans préjudice de la possibilité pour le juge d'instruction de délivrer un mandat d'arrêt contre le prévenu.

Toutefois, le juge d'instruction peut, par ordonnance distincte spécialement motivée, maintenir le prévenu en détention, sous assignation à résidence avec surveillance électronique ou sous contrôle judiciaire jusqu'à sa comparution devant le tribunal. L'ordonnance de maintien en détention provisoire est motivée par référence aux 2°, 4°, 5° et 6° de l'article 144.

Le prévenu en détention est immédiatement remis en liberté si le tribunal correctionnel n'a pas commencé à examiner au fond à l'expiration d'un délai de deux mois à compter de la date soit de l'ordonnance de renvoi ou, en cas d'appel, de l'arrêt de renvoi non frappé de pourvoi, de l'arrêt déclarant l'appel irrecevable, de l'ordonnance de non-admission rendue en application du dernier alinéa de l'article 186 ou de l'arrêt de la chambre criminelle rejetant le pourvoi, soit de la date à laquelle il a été ultérieurement placé en détention provisoire.

Toutefois, si l'audience sur le fond ne peut se tenir avant l'expiration de ce délai, le tribunal peut, à titre exceptionnel, par une décision mentionnant les raisons de fait ou de droit faisant obstacle au jugement de l'affaire, ordonner la prolongation de la détention pour une nouvelle durée de deux mois. La comparution personnelle du prévenu est de droit si lui-même ou son avocat en font la demande. Cette décision peut être renouvelée une fois dans les mêmes formes. Si le prévenu n'a toujours pas été jugé à l'issue de cette nouvelle prolongation, il est remis immédiatement en liberté.

Lorsqu'elle est devenue définitive, l'ordonnance mentionnée au premier alinéa couvre, s'il en existe, les vices de la procédure.

• **C. pr. pén., art. 183**

Les ordonnances de règlement sont portées à la connaissance de la personne mise en examen et du témoin assisté et les ordonnances de renvoi ou de mise en accusation à la connaissance de la partie civile ; la notification est effectuée dans les délais les plus brefs soit verbalement, avec émargement au dossier de la procédure, soit par lettre recommandée.

Sous réserve de l'application de l'article 137-3, deuxième alinéa, les décisions qui sont susceptibles de faire l'objet de voies de recours de la part d'une partie à la procédure ou d'un tiers conformément aux articles 99, 186 et 186-1 leur sont notifiées dans les délais les plus brefs soit verbalement, avec émargement au dossier de la procédure, soit par lettre recommandée. Si la personne mise en examen est détenue, elles peuvent, également être portées à sa connaissance par les soins du chef de l'établissement pénitentiaire qui adresse, sans délai, au juge d'instruction l'original ou la copie du récépissé signé par la personne. Dans tous les cas, une copie de l'acte est remise à l'intéressée.

Toute notification d'acte à une partie par lettre recommandée expédiée à la dernière adresse déclarée par l'intéressée est réputée faite à sa personne.

Les ordonnances mentionnées aux premier et deuxième alinéas du présent article qui doivent être portées à la connaissance des parties sont simultanément, et selon les mêmes modalités, portées à la connaissance de leurs avocats.

Les avis destinés au procureur de la République lui sont adressés par tout moyen. Lorsque le juge d'instruction rend une décision ou ordonnance non conforme aux réquisitions du procureur de la République, avis en est donné à celui-ci par le greffier.

Dans tous les cas, mention est portée au dossier par le greffier de la nature et de la date de la diligence faite en application du présent article ainsi que des formes utilisées.

• **C. pr. pén., art. 184**

Les ordonnances rendues par le juge d'instruction en vertu de la présente section contiennent les nom, prénoms, date, lieu de naissance, domicile et profession de la personne mise en examen. Elles indiquent la qualification légale du fait imputé à celle-ci et, de façon précise, les motifs pour lesquels il existe ou non contre elle des charges suffisantes. Cette motivation est prise au regard des réquisitions du ministère public et des observations des parties qui ont été adressées au juge d'instruction en application de l'article 175, en précisant les éléments à charge et à décharge concernant chacune des personnes mises en examen.

• **C. pr. pén., art. 217**

Hors le cas prévu à l'article 196, les arrêts sont, dans les trois jours, par lettre recommandée, portés à la connaissance des avocats des parties.

Dans les mêmes formes et délais, les arrêts de non-lieu sont portés à la connaissance des personnes mise en examen, les arrêts de renvoi devant le tribunal correctionnel ou de police sont portés à la connaissance des parties.

Les arrêts contre lesquels les parties peuvent former un pourvoi en cassation, à l'exception des arrêts de mise en accusation, leur sont signifiés à la requête du procureur général dans les trois jours. Toutefois, ces arrêts sont notifiés par lettre recommandée aux parties ou au requérant mentionné au cinquième alinéa de l'article 99 tant que le juge d'instruction n'a pas clôturé son information ; les arrêts de mise en accusation sont également notifiés aux parties par lettre recommandée. Ils peuvent être notifiés à la personne détenue par les soins du chef de l'établissement pénitentiaire qui adresse, sans délai, au procureur général l'original ou la copie du récépissé signé par elle.

Toute notification d'acte à la dernière adresse déclarée par une partie est réputée faite à sa personne.

• **C. pr. pén., art. 385**

* V. s^s^ n° 611.01.

• **L. 29 juill. 1881, art. 50**

Si le ministère public requiert une information, il sera tenu, dans son réquisitoire, d'articuler et de qualifier les provocations, outrages, diffamations et injures à raison desquels la poursuite est intentée, avec indication des textes dont l'application est demandée, à peine de nullité du réquisitoire de ladite poursuite.

• **L. 29 juill. 1881, art. 53**

La citation précisera et qualifiera le fait incriminé, elle indiquera le texte de loi applicable à la poursuite.

Si la citation est à la requête du plaignant, elle contiendra élection de domicile dans la ville où siège la juridiction saisie et sera notifiée tant au prévenu qu'au ministère public.

Toutes ces formalités seront observées à peine de nullité de la poursuite.

613.02 Jurisprudence de référence.

> Le tribunal correctionnel, saisi sur renvoi du juge d'instruction, n'a pas qualité pour statuer sur la nullité de la procédure, y compris les nullités d'ordre public sauf celles affectant la compétence juridictionnelle

• **Crim. 18 mai 1983,** n° 82-93.410, P n° 148

* V. s^s^ n° 613.21.

« Attendu qu'il résulte des pièces de la procédure que, une information ayant été ouverte contre B... au Tribunal de grande instance de Dijon, l'instruction du dossier a été confiée à M. Blondeau par ordonnance du 27 septembre 1978, le juge d'instruction, ayant instrumenté a été M. Perrin, sans que soit intervenue une désignation dans les conditions définies par les articles 83, 84 et D. 27 et suivants du code de procédure pénale ; Attendu que cette omission, si elle constitue une nullité substantielle d'ordre public touchant à l'organisation et à la composition des juridictions, n'affecte pas la compétence ; que dès lors, elle aurait dû être présentée avant toute défense au fond en application des dispositions de l'article 385 du code de procédure pénale ; Qu'ainsi le moyen doit être déclaré irrecevable. »

> L'omission, par le juge d'instruction de statuer sur certains des faits dont il est saisi, n'entre pas dans les prévisions de l'article 385, alinéa 2, du code de procédure pénale. Le tribunal ne peut prononcer l'annulation de l'ordonnance de renvoi

• **Crim. 22 janv. 2003,** n° 01-87.297, P n° 18

* V. s^s^ n° 613.46.

« Vu les articles 184 et 385, alinéa 2, du code de procédure pénale ;

Attendu que l'ordonnance de renvoi d'une personne mise en examen pour des faits dont le juge d'instruction a été régulièrement saisi ne peut être annulée que si elle n'a pas été rendue conformément aux dispositions de l'article 184 du code de procédure pénale ;

Attendu qu'il résulte de l'arrêt attaqué qu'Émile X... et Émilie Y... ont porté plainte avec constitution de partie civile pour escroqueries contre Arlette A... à qui ils reprochaient d'avoir fait établir par leur frère, personne âgée et diminuée, plusieurs chèques à son ordre et de l'avoir contraint à rédiger un testament en sa faveur ; que le juge d'instruction l'a renvoyée devant le tribunal correctionnel, par ordonnance du 5 octobre 1998, pour des faits d'escroqueries ayant déterminé la remise des chèques ; que le 14 octobre suivant, ce magistrat a rendu une seconde ordonnance intitulée "ordonnance rectificative d'une omission de statuer" aux termes de laquelle il a renvoyé la personne mise en examen pour l'escroquerie résultant de l'établissement du testament à son profit ;

Attendu que, faisant droit à la demande présentée avant toute défense au fond par la prévenue, le tribunal correctionnel a annulé l'ordonnance dite rectificative du 14 octobre 1998 et prononcé sur les faits dont il restait saisi en vertu de l'ordonnance de renvoi du 5 octobre 1998 ;

Attendu que la cour d'appel, après avoir confirmé la décision d'annulation de l'ordonnance dite rectificative, a annulé l'ordonnance du 5 octobre 1998 au motif que le juge d'instruction, n'ayant pas statué sur les faits relatifs à l'établissement du testament dont il était saisi, les dispositions de l'article 184 du code de procédure pénale avaient été méconnues et qu'il y avait lieu de renvoyer le dossier de la procédure au ministère public aux fins prévues par l'article 385, alinéa 2, dudit code ;

Mais attendu qu'en prononçant ainsi, alors que l'omission, par le juge d'instruction, de statuer sur certains des faits dont il est régulièrement saisi, n'entre pas dans les prévisions des articles 184 et 385, alinéa 2, du code de procédure pénale, la cour d'appel a méconnu le sens et la portée de ces textes ;

D'où il suit que la cassation est encourue. »

> Le tribunal qui constate que le juge d'instruction n'a pas vidé sa saisine doit renvoyer la procédure sans l'annuler au ministère public

• **Crim. 4 mars 2004,** n° 03-85.983, P n° 57

* V. s^s^ n° 613.46.

« Qu'en effet, la juridiction de jugement, qui constate que le juge d'instruction n'a pas statué, comme il en a le devoir, dans son ordonnance de renvoi, sur tous les faits dont il est saisi, si elle n'est pas autorisée par la loi à annuler ladite ordonnance, a néanmoins la faculté de renvoyer l'examen de l'affaire à une audience ultérieure et de transmettre le dossier de la procédure au ministère public, habilité à saisir le juge d'instruction de toutes réquisitions appropriées visant les faits sur lesquels il n'a pas été statué dans l'ordonnance de règlement. »

> Le tribunal qui constate que le juge d'instruction a renvoyé une personne devant lui sans l'avoir mise en examen doit renvoyer la procédure sans l'annuler au ministère public

• **Crim. 15 sept. 2004,** n° 04-83.670, P n° 211

* V. s[s] n°s 613.43, 613.46.

« Attendu que, pour rejeter le moyen d'annulation présenté par Christian X..., pris de l'irrégularité du réquisitoire précité, l'arrêt retient que le juge d'instruction a été valablement saisi à la suite de ce réquisitoire régulier, visant le jugement et l'article 82 du code de procédure pénale, qui permettaient au procureur de la République de demander au magistrat instructeur de procéder à la mise en examen ;

Attendu qu'en cet état, et dès lors que la juridiction de jugement, qui constatait que le prévenu renvoyé devant elle n'avait pas fait l'objet d'une mise en examen, était tenue, en application de l'article 385, alinéa 2, du code de procédure pénale, de renvoyer la procédure au ministère public pour lui permettre de saisir à nouveau la juridiction d'instruction, et que, par suite, le procureur de la République était habilité à adresser au magistrat instructeur des réquisitions appropriées aux fins de régularisation, la chambre de l'instruction a justifié sa décision ;

D'où il suit que le moyen ne peut être admis. »

> L'erreur dans la qualification en matière de presse est une question de fond qu'il appartient aux juges de relever d'office et qui, dès lors, est étrangère à la forclusion édictée par l'article 385 du code de procédure pénale

• **Crim. 25 oct. 2005,** n° 05-81.252, P n° 265

* V. s[s] n° 613.53.

« Attendu qu'il résulte de l'arrêt attaqué et des pièces de la procédure que Dov Y... a fait citer Jean-François Kahn, directeur de publication du journal *Marianne*, du chef de diffamation publique envers un particulier, en raison de la publication, dans cet hebdomadaire, d'un article intitulé "Le vrai pouvoir des ingénieurs des mines" le mettant en cause pour avoir, lorsqu'il était directeur du cabinet du ministre de l'Environnement, informé, à l'insu de celui-ci, la direction de la société Cogema, des activités du ministère en matière d'énergie nucléaire ;

Que le tribunal a déclaré le prévenu coupable de ce délit, l'a condamné et a prononcé sur les intérêts civils ;

Attendu que, statuant sur les appels du prévenu et de la partie civile, l'arrêt, pour renvoyer Jean-François Kahn des fins de la poursuite, retient que Dov Y... ayant été diffamé en sa qualité de directeur de cabinet d'un ministre, titulaire d'une délégation de signature et investi à ce titre de prérogatives de puissance publique, devait poursuivre le prévenu pour diffamation publique envers un citoyen chargé d'un service public, au visa de l'article 31 de la loi du 29 juillet 1881 ; que les juges ajoutent que la contestation, par le prévenu, de la qualité en raison de laquelle Dov Y... a été mis en cause dans l'article litigieux ne constitue pas une exception de procédure devant être soulevée avant tout débat au fond, mais relève, au contraire, du débat sur les éléments constitutifs de l'infraction ;

Attendu qu'en se déterminant ainsi, les juges ont justifié leur décision ;

Qu'en effet, l'erreur dans la qualification en matière de presse est une question de fond qu'il appartient aux juges de relever d'office et qui, dès lors, est étrangère à la forclusion édictée par l'article 385 du code de procédure pénale ;

D'où il suit que le moyen est inopérant. »

> Lorsque le juge d'instruction rend l'ordonnance de règlement sans avoir respecté les délais de fin d'information prévus par l'article 175 du code de procédure pénale, l'ordonnance n'est pas conforme à l'article 184 du même code et le ministère public a qualité, en application de l'alinéa 2 de l'article 385 dudit code, pour saisir à nouveau le juge d'instruction aux fins de régularisation de la procédure

• **Crim. 29 sept. 2010,** n° 10-84.003, P n° 145

* V. s[s] n° 613.53.

« Attendu qu'il résulte de l'arrêt attaqué et des pièces de la procédure que le tribunal correctionnel, devant lequel MM. Levent Y..., X... et Selvet Y... avaient été renvoyés par le juge d'instruction sous la prévention de proxénétisme aggravé pour les deux premiers, de proxénétisme aggravé et d'agression sexuelle aggravée pour le troisième, ayant constaté que l'ordonnance de renvoi avait été prononcée avant l'expiration du délai dont disposent les parties pour présenter des observations écrites en application de l'article 175 du code de procédure pénale, a, par jugement devenu définitif, constaté la nullité de ladite ordonnance et renvoyé le ministère public à mieux se pourvoir ; que par réquisitions supplétives, le ministère public a demandé au juge d'instruction de régulariser la procédure ; que les demandeurs ont saisi la chambre de l'instruction d'une requête en annulation du réquisitoire supplétif et des actes subséquents ;

Attendu que, pour rejeter la requête et ordonner le retour de la procédure au juge d'instruction, la chambre de l'instruction prononce par les motifs repris au moyen ;

Attendu qu'en statuant ainsi, dès lors que, l'ordonnance de renvoi n'ayant pas été rendue conformément aux dispositions de l'article 184 du code de procédure pénale, le ministère public avait qualité, en application de l'alinéa 2 de l'article 385 dudit code, pour saisir à nouveau le juge d'instruction aux fins de régularisation de la procédure, la chambre de l'instruction a justifié sa décision ;

D'où il suit que le moyen doit être écarté. »

> Si l'ordonnance de règlement n'a pas été rendue conformément aux dispositions de l'article 184 du même code, la sanction de cette non-conformité est le renvoi de la procédure au ministère public pour lui permettre de saisir à nouveau la juridiction d'instruction aux fins de régularisation, sans annulation de l'ordonnance

• **Crim. 2 mars 2011,** n° 10-86.940, P n° 47

* V. s[s] n° 613.45.

« Attendu qu'il résulte de l'arrêt attaqué et des pièces de procédure que, Mme X... et quinze autres personnes ont été renvoyées devant le tribunal correctionnel sous la prévention d'infractions à la législation sur les stupéfiants ; que le tribunal, faisant droit aux conclusions de Mme X... et de ses coprévenus déposées avant toute défense au fond, a prononcé l'annulation de l'ordonnance de renvoi et renvoyé la procédure au ministère public pour lui permettre de saisir à nouveau la juridiction d'instruction afin que la procédure soit régularisée, au motif qu'en violation des dispositions de l'article 184 du code de procédure pénale dans sa rédaction issue de la loi du 5 mars 2007, l'ordonnance de renvoi avait adopté les motifs du ministère public, sans en indiquer les raisons ; que le procureur de la République a interjeté appel de cette décision ;

Attendu qu'en infirmant le jugement ayant annulé l'ordonnance par les motifs repris au moyen, la cour d'appel a justifié sa décision ;

Que, d'une part, en application de l'article 385 du code de procédure pénale, si l'ordonnance n'a pas été rendue conformément aux dispositions de l'article 184 du même code, la sanction de cette non-conformité est le renvoi de la procédure au ministère public pour lui permettre de saisir à nouveau la juridiction d'instruction aux fins de régularisation ;

Que, d'autre part, l'ordonnance de renvoi devant le tribunal correctionnel dont les juges d'appel ont, sans insuffisance ni contradiction, constaté qu'elle précise les éléments à charge et à décharge concernant chacune des personnes mises en examen, en l'absence d'observations des parties, satisfait aux exigences de l'article 184 précité ;

D'où il suit que le moyen ne saurait être admis. »

> Lorsque l'ordonnance de renvoi devant le tribunal correctionnel a été rendue sans que les parties aient été mises en mesure de présenter des observations, les juges saisis de la poursuite doivent renvoyer la procédure au ministère public pour lui permettre de saisir à nouveau la juridiction d'instruction, afin que la procédure soit régularisée

• **Crim. 21 mars 2012,** n° 11-87.660, P n° 79

* V. s^s^ n° 613.38.

« Vu les articles 175, 184 et 385 du code de procédure pénale ;

Attendu qu'il résulte de la combinaison de ces textes que, lorsque l'ordonnance de renvoi devant le tribunal correctionnel a été rendue sans que, faute de notification du réquisitoire définitif, les parties aient été mises en mesure de présenter des observations au vu de ces réquisitions, les juges saisis de la poursuite renvoient la procédure au ministère public pour lui permettre de saisir à nouveau la juridiction d'instruction, afin que la procédure soit régularisée ;

Attendu que, pour rejeter l'exception de nullité soulevée par le prévenu, l'arrêt retient que le défaut de notification des réquisitions de renvoi devant le tribunal correctionnel a, pour seul effet, de rendre les parties recevables à soulever devant les juges du fond les nullités de procédure ;

Mais attendu qu'en prononçant ainsi, alors que, l'ordonnance de renvoi n'ayant pas été rendue conformément aux dispositions de l'article 184 du code de procédure pénale, les juges devaient, en application de l'article 385, alinéa 2, dudit code, renvoyer la procédure au ministère public pour saisir à nouveau le juge d'instruction aux fins de régularisation, la cour d'appel a méconnu les textes susvisés et le principe ci-dessus énoncé ;

D'où il suit que la cassation est encourue ; qu'elle aura lieu sans renvoi, la Cour de cassation étant en mesure d'appliquer directement la règle de droit, ainsi que le permet l'article L. 411-3 du code de l'organisation judiciaire ».

> La décision de la cour d'appel de renvoyer la procédure au ministère public, aux fins de régularisation, dans les cas prévus par l'article 385, alinéa 2, du code de procédure pénale, n'impliquant pas son dessaisissement, il lui appartient, si le jugement est annulé pour violation ou omission non réparée de formes prescrites par la loi à peine de nullité, d'évoquer, de renvoyer au fond à une audience ultérieure, en application de l'article 520 du même code, et de prononcer, le cas échéant, sur le maintien en détention du prévenu

• **Crim. 3 mars 2015,** n° 14-88.472, P n° 39

* V. s^s^ n° 613.41.

« Vu les articles 175, 179, 184, 385, alinéa 2, 512 et 520 du code de procédure pénale ;

Attendu que la décision de la cour d'appel de renvoyer la procédure au ministère public, aux fins de régularisation, dans les cas prévus par l'article 385, alinéa 2 du code de procédure pénale, n'impliquant pas son dessaisissement, il lui appartient, si le jugement est annulé pour violation ou omission non réparée de formes prescrites par la loi à peine de nullité, d'évoquer, de renvoyer au fond à une audience ultérieure, en application de l'article 520 du même code, et de prononcer, le cas échéant, sur le maintien en détention du prévenu ;

Attendu qu'il résulte de l'arrêt attaqué et des pièces de procédure, que M. X..., renvoyé par ordonnance du juge d'instruction devant le tribunal, des chefs susvisés, a interjeté appel du jugement le retenant dans les liens de la prévention et le maintenant en détention ; que, faisant droit aux exceptions soulevées par le prévenu, l'arrêt, constatant que l'ordonnance de renvoi n'avait pas été rendue conformément aux dispositions de l'article 184 du code de procédure pénale, en ce que l'avis de fin d'information et le réquisitoire définitif n'avaient pas été portés à la connaissance du mis en examen, a renvoyé la procédure au ministère public pour régularisation ; que les juges ont annulé le jugement en ce qu'il concernait M. X... et, considérant qu'ils se trouvaient ainsi dessaisis, sans pouvoir évoquer l'affaire, et que le titre de détention du prévenu avait cessé de produire effet, ordonné la mise en liberté de celui-ci ;

Mais attendu qu'en statuant ainsi, la cour d'appel a méconnu les textes susvisés et le principe ci-dessus rappelé ;

D'où il suit que la cassation est encourue ;

Par ces motifs, casse et annule [...]. »

• **Crim. 11 juill. 2017,** n°s 08-84.989, 10-80.810, 16-83.586, P n° 202

* V. s^s^ n° 613.12.

« Les articles 179 et 385 du code de procédure pénale ne portent aucune atteinte au principe du procès équitable prévu par l'article 6 de la convention européenne des droits de l'homme dès lors que, d'une part, la défense peut contester la régularité d'une procédure d'instruction en saisissant en temps utile la chambre de l'instruction, d'autre part, en cas de pourvoi formé contre l'arrêt de cette juridiction rejetant une requête en nullité, les articles 570 et 571 dudit code ont pour seul effet d'en différer le cas échéant, l'examen jusqu'à un éventuel pourvoi contre la décision statuant sur la culpabilité, la constatation d'une irrégularité ayant nécessairement pour effet de remettre en cause la décision sur le fond. »

> Les juridictions de jugement n'ont pas qualité pour annuler l'ordonnance de renvoi rendue par une juridiction d'instruction

• **Crim. 13 juin 2019,** n° 19-82.326, P n° 112

* V. s^s n° 613.47

« 6. L'arrêt énonce qu'il résulte des dispositions visées au moyen que le tribunal correctionnel, lorsqu'il est saisi par une ordonnance de renvoi n'a pas qualité pour constater les nullités de la procédure pénale, cette tâche incombant exclusivement à la chambre de l'instruction, conformément aux dispositions de l'article 174 du code de procédure pénale.

7. Les juges ajoutent que la mention faite par le juge d'instruction dans son ordonnance de renvoi à des pièces annulées par la chambre de l'instruction constitue une irrégularité qui, affectant la motivation de cette décision, entre dans les prévisions des articles 385, alinéa 2 et 184 du code de procédure pénale et est susceptible d'entraîner une nullité, laquelle ne pourra être examinée que par la juridiction d'instruction.

8. La cour d'appel en déduit que les premiers juges ont renvoyé à bon droit l'affaire au ministère public pour saisine du juge d'instruction aux fins de régularisation de l'ordonnance de renvoi devant le tribunal correctionnel.

9. Le moyen ne saurait être accueilli dès lors que, contrairement à ce qu'il soutient, les juridictions de jugement n'ont pas qualité pour annuler l'ordonnance de renvoi.

10. Une telle impossibilité n'est pas susceptible de porter atteinte aux droits de la défense, dès lors que, par application de l'article 174, dernier alinéa, du code de procédure pénale, aucune condamnation ne peut être prononcée sur le fondement d'actes ou de pièces annulés. »

613.03 Bibliographie indicative.

Articles. N. Bonnal, « Les nullités au cours de la phase de jugement », *AJ pénal* 2005. 188 – J.-P. Brouillaud, « Les nullités de procédure : des procédures pénales et civiles comparées », *D.* 1996. Chron. 98 – B. et P.-O. Chabut, « Le point en matière de nullité de procédure pénale, au fil des cent dernières décisions de la chambre d'accusation de Paris », *Gaz. Pal.* 14-15 nov. 1997, p. 2 – G. Clément, « De la règle "pas de nullité sans grief" en droit judiciaire privé et en procédure pénale », *RSC* 1984. 433 – M. Guerrin, « Les changements opérés par la loi relative à la présomption d'innocence sur les nullités de procédure dans la phase préalable au jugement pénal », *RSC* 2000. 753 – Ch. Guéry, « Le tribunal correctionnel et les nullités de l'instruction », *Dr. pénal* 2004. Ét. 6 ; « Un toilettage progressif et personnalisé : les nullités de l'instruction après l'entrée en vigueur de la loi du 4 mars 2002 », *Dr. pénal* 2002. Chron. 38 ; « Déclin et renaissance de l'article 385, alinéa 3 du code de procédure pénale », *Dr. pénal* 2013. Ét. 7 ; « La détention provisoire en cas de renvoi du dossier d'information pour régularisation de la procédure », *AJ pénal* 2015. 407 – Ch. Guéry et B. Lavielle, « Copié, collé, jugé ! », *Dr. pénal* 2010. Ét. 24 – G. Roussel, « Le régime des nullités de la procédure pénale après les lois du 4 janvier 1993 et du 24 août 1993 », *Gaz. Pal.* 19-20 janv. 1996, p. 7.

SECTION 1

RÈGLE NOUVELLE

613.11 Histoire. Pendant presque deux siècles, c'est le tribunal correctionnel qui statuait sur toutes les nullités, qu'elles soient de l'enquête ou de l'instruction. La réforme fondamentale date de la loi du 4 janvier 1993 [1]. Elle a entraîné l'obligation pour les parties de soulever les nullités de l'information au plus tard dans le délai prévu après délivrance des avis de fin d'information. Les parties ont été informées de ce droit lors de leur première comparution ou par courrier en ce qui concerne la partie civile voire le témoin assisté, qui peut devenir personne mise en examen par lettre recommandée [2].

613.12 Mise en œuvre. L'article 175 du code de procédure pénale dispose que : « Aussitôt que l'information lui paraît terminée, le juge d'instruction communique le dossier au procureur de la République et en avise en même temps les parties et leurs avocats soit verbalement avec émargement au dossier, soit par lettre recommandée. Lorsque la personne est détenue, cet avis peut également être notifié par les soins du chef de l'établissement pénitentiaire, qui adresse sans délai au juge d'instruction l'original ou la copie du récépissé signé par l'intéressé. »

Dans ce même délai, outre des demandes d'actes ou des observations, les parties peuvent présenter des requêtes sur le fondement des articles 81, neuvième alinéa, 82-1, 156, premier alinéa, et 173, troisième alinéa. À l'expiration de ce délai, elles ne sont plus recevables à formuler ou présenter de telles demandes ou requêtes. Le dispositif est complété par le dernier alinéa de l'article 179 [3] qui dispose que : « Lorsqu'elle est devenue définitive, l'ordonnance mentionnée au premier alinéa couvre, s'il en existe, les vices de la procédure. »

Après l'ordonnance de renvoi il n'est donc plus possible de présenter des requêtes en nullité. Lorsque la juridiction correctionnelle est saisie par l'ordon-

1. L. n° 93-2, 4 janv. 1993 portant réforme de la procédure pénale, *JO* 4 janv., p. 215.
2. C. pr. pén., art. 89, 113-8, 116.
3. C. pr. pén., art. 179 ; mod. par L. n° 2016-731, 3 juin 2016, art. 59.

nance de renvoi du juge d'instruction, les parties sont irrecevables à soulever des exceptions tirées de la procédure antérieure, notamment des procès-verbaux d'audition de garde à vue[1]. Est rejetée l'exception de non-conformité à la convention européenne des droits de l'Homme des articles 179 et 385 du code de procédure pénale en application desquels le tribunal, lorsqu'il est saisi par une juridiction d'instruction, n'a pas qualité pour constater les nullités de la procédure antérieure, ces textes ne portant aucune atteinte au principe du procès équitable, dès lors que, d'une part, la défense peut contester la régularité d'une procédure d'instruction en saisissant en temps utile la chambre de l'instruction, d'autre part, en cas de pourvoi formé contre l'arrêt de cette juridiction rejetant une requête en nullité, les articles 570 et 571 du code de procédure pénale ont pour seul effet d'en différer le cas échéant, l'examen jusqu'à un éventuel pourvoi contre la décision statuant sur la culpabilité, la constatation d'une irrégularité ayant nécessairement pour effet de remettre en cause la décision sur le fond[2].

SECTION 2
ARTICLE 385 DU CODE DE PROCÉDURE PÉNALE

613.21 Dispositif. L'alinéa premier de l'article 385 du code de procédure pénale énonce que « le tribunal correctionnel a qualité pour constater les nullités des procédures qui lui sont soumises sauf lorsqu'il est saisi par le renvoi ordonné par le juge d'instruction ou la chambre de l'instruction ». Le second alinéa prévoit les cas où l'ordonnance ou l'arrêt de renvoi n'a pas été porté à la connaissance des parties dans les conditions légales[3]. Le troisième alinéa vise le cas où l'ordonnance de renvoi a été rendue sans que les conditions de l'article 175 aient été respectées[4]. Le tribunal correctionnel, saisi sur renvoi du juge d'instruction, n'a pas qualité pour statuer sur la nullité de la procédure, y compris les nullités d'ordre public sauf celles affectant la compétence juridictionnelle[5].

613.22 Intervenants. L'assureur appelé en garantie et le civilement responsable n'ont pas qualité pour soulever la nullité de la procédure d'instruction préalable[6].

1. Crim. 6 déc. 2011, n° 11-80.326, P n° 247 ; *RSC* 2012. 185, obs. J. Danet ; *JCP* 2012. 102.
2. Crim. 11 juill. 2017, n°s 16-83.588, 08-84.989, 10-80.810, P ; *JCP* 2017. 98.
3. V. s^s^ n°s 613.41 s.
4. V. s^s^ n°s 613.31 s.
5. Crim. 18 mai 1983, n° 82-93.410, P n° 148.
6. Crim. 5 sept. 1988, n° 86-92.682, P n° 313.

613.23 Absence d'impartialité du juge d'instruction. Si une cour d'appel a cru, à tort, devoir répondre à l'exception de nullité tirée de l'absence d'impartialité du juge d'instruction, le moyen, qui reprend cette exception devant la Cour de cassation, est irrecevable[7].

SECTION 3
NON-RESPECT DES CONDITIONS DE L'ARTICLE 175 DU CODE DE PROCÉDURE PÉNALE

613.31 Article 385, alinéa 3 du code de procédure pénale. Cet alinéa dispose que : « Lorsque l'ordonnance de renvoi du juge d'instruction a été rendue sans que les conditions prévues par l'article 175 aient été respectées, les parties demeurent recevables, par dérogation aux dispositions du premier alinéa, à soulever devant le tribunal correctionnel les nullités de la procédure. »

Cette disposition est issue de la loi du 23 juin 1999[8]. Elle vise le cas où le magistrat instructeur a omis d'adresser les avis de fin d'information, mais aussi celui où les avis n'ont pas été transmis à la bonne adresse d'un conseil ou à un conseil qui n'est pas ou plus dans la cause. Il en est de même si le juge d'instruction délivrait les avis à partie mais rendait son ordonnance de renvoi avant même que le délai ouvert ne soit écoulé[9].

Néanmoins lorsque les recherches entreprises n'ont pas permis de retrouver une personne mise en examen, celle-ci peut être renvoyée devant le tribunal correctionnel sans que l'avis prévu à l'article 175 du code de procédure pénale ait été notifié[10]. L'absence d'avis de fin d'information avant l'ordonnance de renvoi devant le tribunal correctionnel ne rend pas l'ORTC nulle, mais a pour seul effet de rendre le demandeur recevable à soulever devant le tribunal les nullités de la procédure d'instruction[11].

Dans sa décision du 9 septembre 2011[12], le Conseil constitutionnel déclare contraire à la Constitution

7. Crim. 9 févr. 2005, n° 04-81.776, P n° 47 ; *D.* 2005. IR 1053 ; *D.* 2005. AJ 1025 ; *JCP* 2005. IV. 1852.
8. L. n° 99-515, 23 juin 1999 renforçant l'efficacité de la procédure pénale, *JO* 24 juin, p. 9247.
9. Mais v. s^s^ n° 613.38.
10. Crim. 15 mars 2000, n° 99-83.129, P n° 120.
11. Crim. 30 mars 2004, n°s 02-85.180, 03-83.598, P n° 80 ; *D.* 2005. Pan. 689, obs. J. Pradel ; *JCP* 2004. IV. 2060 (v. s^s^ n° 613.01).
12. Cons. const. 9 sept., n° 2011-160 QPC, art. non conforme 175, al. 2, 2e phrase (mots), conforme le surplus, du C. pr. pén., *communication du réquisitoire définitif aux parties*, NON-CONFORMITÉ PARTIELLE, *JO* 10 sept., p. 15273 ; *Rec.*, p. 438 ; *RSC* 2012. 233, obs. B. de Lamy.

les mots « des avocats », dans la phrase du second alinéa de l'article 175 selon lequel la copie des réquisitions du ministère public était transmise aux avocats des parties, ce qui avait pour conséquence que, lorsque la personne n'avait pas d'avocat, le réquisitoire ne devait pas lui être transmis même si en pratique de nombreux juges d'instruction assuraient alors cette transmission. Mais le bien-fondé de la décision disparaît dans sa formulation : car il découle désormais du texte que le réquisitoire n'a pas à être notifié aux avocats !

Aussi, pour la chambre criminelle, il résulte de la décision rendue le 9 septembre 2011 par le Conseil constitutionnel que la communication aux parties du réquisitoire définitif n'est prévue que dans le cas où elles ne sont pas assistées ou représentées par un avocat[1].

613.32 Le tribunal statue sur les nullités de la procédure d'instruction. À la différence du cadre de l'article 385, alinéa 2[2], la sanction de la violation de l'article 175 du code de procédure pénale est la possibilité pour la partie de soulever les nullités de procédure de l'instruction qui ne sont donc pas purgées par l'ordonnance de renvoi. Mais il ne s'agit pas forcément de toutes les nullités car d'autres articles du code de procédure pénale ont pu, précédemment, réduire le périmètre des nullités qui peuvent être soulevées.

613.33 Articulation avec l'article 173-1 du code de procédure pénale. Cet article, institué par la loi du 15 juin 2000[3] et modifié par les lois du 4 mars 2002[4], du 9 mars 2004[5], et du 3 juin 2016[6] dispose que : « sous peine d'irrecevabilité, la personne mise en examen doit faire état des moyens pris de la nullité des actes accomplis avant son interrogatoire de première comparution ou de cet interrogatoire lui-même dans un délai de six mois à compter de la notification de sa mise en examen, sauf dans le cas où elle n'aurait pu les connaître. Il en est de même s'agissant des moyens pris de la nullité des actes accomplis avant chacun de ses interrogatoires ultérieurs ou des actes qui lui ont été notifiés en application du présent code ».

Ce mécanisme permet de « toiletter » régulièrement les nullités qui peuvent être commises dans le cadre de l'instruction préparatoire[7]. Il est d'un intérêt capital aussi bien pour la personne mise en examen que pour le témoin assisté[8]. La personne est donc forclose à soulever une nullité touchant un interrogatoire, et la procédure antérieure, six mois après cet interrogatoire.

Il convient de noter que depuis l'entrée en vigueur de la loi du 3 juin 2016, la notification d'un « acte » fait partir un délai de six mois à l'issue duquel la partie ne peut plus contester cet « acte » et la procédure antérieure. On ne voit guère d'application concrète en dehors de la notification d'une expertise.

613.34 Articulation avec l'article 174 du code de procédure pénale. Cet article dispose que : « Lorsque la chambre de l'instruction est saisie sur le fondement de l'article 173 ou de l'article 221-3, tous moyens pris de nullité de la procédure qui lui est transmise doivent, sans préjudice du droit qui lui appartient de les relever d'office, lui être proposés. À défaut, les parties ne sont plus recevables à en faire état, sauf le cas où elles n'auraient pu les connaître. »

En conséquence, lorsque le dossier d'information a été évoqué devant la chambre de l'instruction à la suite de la présentation d'une requête en nullité, les parties déjà constituées à l'époque ne peuvent plus soulever les nullités antérieures. Pour les mêmes raisons que celles énoncées ci-dessus et relatives à l'article 173-1 du code de procédure pénale, il ne paraît pas non plus possible de revenir sur ces éléments devant le tribunal correctionnel.

613.35 Articulation avec l'article 175 du code de procédure pénale. Certes, c'est lui qui, par hypothèse, n'a pas été respecté. Mais on sait qu'en cas de délivrance de premiers avis à partie, suivis d'une demande d'acte acceptée, et de la délivrance de nouveaux avis, les requêtes en nullité ne peuvent alors concerner que les actes réalisés postérieurement à la délivrance des avis d'origine[9]. On peut donc penser que dans l'hypothèse où ce sont les

1. Crim. 25 juin 2013, n° 13-82.765, P n° 156 ; *AJ pénal* 2013. 682, obs. J.-B. Perrier ; *Dr. pénal* 2013, comm. 132, obs. A. Maron ; *RSC* 2013. 899, note de B. de Lamy CRITIQUE.
2. V. s[s] n° 613.41.
3. L. n° 2000-516, 15 juin 2000 renforçant la protection de la présomption d'innocence et les droits des victimes, *JO* 16 juin, p. 9038.
4. L. n° 2002-307, 4 mars 2002 complétant la loi n° 2000-516 du 15 juin 2000 renforçant la protection de la présomption d'innocence et les droits des victimes, *JO* 5 mars, p. 4169.
5. L. n° 2004-204, 9 mars 2004 portant adaptation de la justice aux évolutions de la criminalité, *JO* 10 mars, p. 4567.
6. L. n° 2016-731, 3 juin 2016 renforçant la lutte contre le crime organisé, le terrorisme et leur financement, et améliorant l'efficacité et les garanties de la procédure pénale, *JO* 4 juin, n° 1.
7. Ch. Guéry, « Un toilettage progressif et personnalisé : les nullités de l'instruction après l'entrée en vigueur de la loi du 4 mars 2002 », *Dr. pénal* 2002. Chron. 38.
8. Ch. Guéry, « De la nécessité accrue, pour le témoin assisté, de l'être bien », *AJ pénal* 2005. 111.
9. Crim. 22 févr. 1995, n° 94-85.206, P n° 79 ; *D.* 1996. 255, obs. J. Pradel ; *RSC* 1995. 609, obs. J.-P. Dintilhac – Crim. 21 mai 1997, *Gaz. Pal.* 26/27 sept. 1997, p. 28 – Crim. 24 avr. 2001, n° 01-80.796, P n° 97 ; *D.* 2001. 2804 ; *RSC* 2001. 835, obs. D.-N. Commaret ; *JCP* 2001. IV. 1192.

seconds avis qui ont été incorrectement délivrés, le tribunal correctionnel ne peut être saisi que par une requête en nullité touchant un acte postérieur aux premiers avis.

613.36 **Vérifications du tribunal correctionnel.** En application de ce qui vient d'être énoncé, le tribunal correctionnel, saisi d'une demande de nullité d'un acte de procédure, si les avis à partie n'ont pas été notifiés ou l'ont mal été, doit vérifier :

- si la chambre de l'instruction a statué sur une requête en nullité et si la partie demanderesse avait été appelée à la procédure et avait pu connaître la nullité qu'elle invoque, dans cette hypothèse la requête présentée devant le tribunal correctionnel est irrecevable ;

- dans le cas où il n'existe pas d'arrêt de la chambre de l'instruction ou dans le cas où la nullité soulevée porte sur un acte postérieur, le tribunal correctionnel vérifie si la partie n'était pas forclose à soulever cette nullité sur la base de l'article 173-1 du code de procédure pénale, avec les distinctions ci-dessus énoncées ;

- le cas échéant que de précédents avis de fin d'information n'ont pas purgé la procédure des nullités antérieures à leur délivrance.

613.37 **Personne en fuite.** Il se déduit de l'article 134 du code de procédure pénale qu'une personne en fuite et vainement recherchée au cours de l'information n'a pas la qualité de partie au sens de l'article 175 dudit code.

Selon une jurisprudence traditionnelle, si elle est arrêtée après que le juge d'instruction l'a renvoyée devant le tribunal correctionnel, elle ne peut se prévaloir des dispositions du troisième alinéa de l'article 385 dudit code pour exciper devant cette juridiction d'une quelconque nullité d'actes de l'information, l'ordonnance de renvoi ayant, comme le prévoit l'article 179 du même code, purgé, s'il en existait, les vices de la procédure[1].

Mais la même affaire était évoquée devant la CEDH, et la France condamnée !

Dans un arrêt du 11 octobre 2012[2], la CEDH sanctionnait la France en retenant que l'impossibilité pour un accusé de contester les preuves retenues contre lui était contraire à la notion de procès équitable. La Cour relevait que la simple absence du requérant de son domicile ou de celui de ses parents ne suffit pas pour considérer que le requérant avait connaissance des poursuites et du procès à son encontre et qu'il était « en fuite ». Dans ces conditions, la Cour considère qu'offrir à un accusé le droit de faire opposition pour être rejugé en sa présence, mais sans qu'il puisse contester la validité des preuves retenues contre lui, est insuffisant, disproportionné et vide de sa substance la notion de procès équitable. Elle conclut donc à la violation de l'article 6, § 1 de la convention.

La Haute juridiction a statué depuis pour rappeler que : « La juridiction correctionnelle, saisie par une ordonnance de renvoi, n'a pas qualité pour constater les nullités de la procédure antérieure et les exceptions de nullité de la procédure d'instruction soulevées par le prévenu qui, n'ayant pas déféré aux convocations du juge d'instruction et connaissant le mandat d'arrêt décerné contre lui, s'est mis volontairement en fuite, afin de se soustraire à la justice et ne peut donc bénéficier de l'alinéa 3 de l'article 385 du code de procédure pénale. »[3] Dans un important arrêt du 11 janvier 2017[4], la chambre criminelle a jugé que ne justifie pas sa décision la cour d'appel qui valide le mandat d'arrêt délivré par un juge d'instruction à l'encontre d'une personne résidant hors du territoire de la République, mais qui n'est pas en fuite, sans apprécier le caractère nécessaire et proportionné de cette mesure de contrainte en fonction des circonstances de l'espèce.

Dans une décision du 15 mai 2018, la chambre criminelle a jugé que « l'état de fuite du prévenu qui pouvait faire obstacle à l'accomplissement d'une telle mesure avait cessé du fait de sa comparution à l'audience, la cour d'appel a méconnu le sens et la portée » des articles 706-47 et 706-47-1 du code de procédure pénale[5]. Dès lors que le prévenu en fuite comparaît en personne à l'audience, l'état de fuite cesse et, en l'espèce, les juges de la cour d'appel ne pouvaient pas condamner le prévenu pour agressions sexuelles sans avoir ordonné l'expertise médicale prévue, en cas de poursuites exercées de ce chef d'infraction. Elle a encore jugé que « l'article 183 du même code ne prévoit pas de modalités de notification de l'ordonnance de mise en accusation rendue contre une personne en fuite, objet d'un mandat d'arrêt, qui n'a jamais été entendue par le juge d'instruction, laquelle ne peut se faire grief du défaut de communication ou de notification d'une ordonnance »[6]. Précisant enfin d'autres arrêts moins clairs, elle énonce qu'il résulte de l'arti-

1. Crim. 3 avr. 2007, n° 06-89.315, P n° 103 ; *D.* 2007. AJ 1206 ; *D.* 2008. Pan. 2763, obs. J. Pradel ; *AJ pénal* 2007. 428, obs. J. Leblois-Happe ; *RSC* 2007. Chron. 834, obs. R. Finielz – Crim. 3 oct. 2007, n° 07-81.030, P n° 237 (v. s^s n° 613.01) ; *AJ pénal* 2008. 33, obs. Y. Muller.
2. CEDH 11 oct. 2012, *Abdelali c/ France*, req. n° 43353/07. *D.* 2012. 2452 ; *RSC* 2013. 117, obs. J. Danet ; *RSC* 2013. 155, obs. D. Roets.
3. Crim. 16 janv. 2013, n° 11-83.689, P n° 17 ; *D.* 2013. 1647, obs. C. Mascala ; *RTD com.* 2013. 359, obs. B. Bouloc.
4. Crim. 11 janv. 2017, n° 16-80.619, P ; *AJ pénal* 2017. 196.
5. Crim. 15 mai 2018, n° 17-82.866, P n° 92 ; *D.* 2018. 1075 ; *RSC* 2018, p. 731, obs. N. Jeanne.
6. Crim. 2 févr. 2022, n° 21-86.715, NP.

cle 131 du code de procédure pénale que le juge d'instruction peut décerner un mandat d'arrêt à l'encontre d'une personne résidant hors du territoire de la République, même si elle n'est pas en fuite, et surtout que « aux fins du prononcé de cette mesure de contrainte, et en application de l'article préliminaire, III, quatrième alinéa, du code précité, le juge d'instruction n'a d'autre obligation que de s'assurer, en fonction des circonstances de l'espèce, qu'elle est strictement limitée aux nécessités de la procédure et proportionnée à la gravité de l'infraction reprochée », de sorte que la chambre de l'instruction n'avait pas à rechercher si le juge d'instruction avait effectué des démarches pour entendre l'intéressé avant de décerner un mandat d'arrêt[1].

Par une décision du 19 mai 2022[2] la CJUE a jugé que les articles 8 et 9 de la directive 2016/343/UE du Parlement européen et du Conseil, du 9 mars 2016, portant renforcement de certains aspects de la présomption d'innocence et du droit d'assister à son procès dans le cadre des procédures pénales, doivent être interprétés en ce sens qu'une personne poursuivie que les autorités nationales compétentes, en dépit de leurs efforts raisonnables, ne réussissent pas à localiser et à laquelle ces autorités n'ont, de ce fait, pas réussi à remettre les informations relatives au procès dirigé contre elle peut faire l'objet d'un procès et, le cas échéant, d'une condamnation par défaut, mais doit dans ce cas, en principe, avoir la possibilité, après la communication de cette condamnation, de se prévaloir directement du droit, conféré par cette directive, d'obtenir la réouverture du procès ou l'accès à une voie de droit équivalente conduisant à un nouvel examen, en sa présence, du fond de l'affaire. Ce droit peut toutefois être refusé à ladite personne s'il ressort d'indices précis et objectifs que celle-ci a reçu des informations suffisantes pour savoir qu'un procès allait être tenu contre elle et a, par des actes délibérés et dans l'intention de se soustraire à l'action de la justice, empêché les autorités de l'informer officiellement de la tenue de ce procès.

613.38 Jurisprudence postérieure à la loi du 5 mars 2007 : l'alinéa 3 de l'article 385 du code de procédure pénale a-t-il encore un avenir ? Dans un arrêt du 29 septembre 2010[3], la chambre criminelle estime que le défaut de respect de l'article 175 du code de procédure pénale entraîne la nullité de l'ordonnance de renvoi et permet de renvoyer l'affaire au ministère public pour qu'il saisisse le magistrat instructeur pour une régularisation de la procédure. Le juge d'instruction avait bien respecté l'article 175 en adressant aux parties les avis de fin d'information mais il avait réglé la procédure *avant que les délais prévus par le même article ne soient expirés.* La chambre criminelle estime que : « L'ordonnance de renvoi n'ayant pas été rendue conformément aux dispositions de l'article 184 du code de procédure pénale, le ministère public avait qualité, en application de l'alinéa 2 de l'article 385 dudit code, pour saisir à nouveau le juge d'instruction aux fins de régularisation de la procédure, la chambre de l'instruction a justifié sa décision. »

De même : « Lorsque l'ordonnance de renvoi devant le tribunal correctionnel a été rendue sans que les parties aient été mises en mesure de présenter des observations, les juges saisis de la poursuite doivent renvoyer la procédure au ministère public pour lui permettre de saisir à nouveau la juridiction d'instruction, afin que la procédure soit régularisée. »[4]

Cette jurisprudence est la résultante directe de la modification de l'article 184 qui, depuis la loi du 5 mars 2007[5], exige que l'ordonnance soit motivée au regard « des réquisitions du ministère public et des observations des parties qui ont été adressées au juge d'instruction en application de l'article 175 ». Dès lors, l'application de l'article 175 est devenue essentielle à la validité de l'ordonnance de règlement.

SECTION 4

NON-RESPECT DES CONDITIONS DES ARTICLES 183, 184 ET 217 DU CODE DE PROCÉDURE PÉNALE

613.41 Article 385, alinéa 2 du code de procédure pénale. L'article 385, alinéa 2, du code de procédure pénale dispose que : « Dans le cas où l'ordonnance ou l'arrêt qui l'a saisi n'a pas été porté à la connaissance des parties dans les conditions prévues, selon le cas, par le quatrième alinéa de l'article 183 ou par l'article 217, ou si l'ordonnance n'a pas été rendue conformément aux dispositions de l'article 184, le tribunal renvoie la procédure au ministère public pour lui permettre de saisir à nouveau la juridiction d'instruction afin que la procédure soit régularisée. »

Lorsque c'est la cour d'appel qui constate une nullité visée par l'article 385, alinéa 2, elle doit elle

1. Crim. 14 juin 2022, n° 21-86.635, B ; *D.* 2022. 1156 ; *Procédures* 2022, comm. 212 ; *AJ pénal* 2022. 439, obs. C. Margaine – V. aussi Ch Guéry, « Le mandat d'arrêt contre une personne domiciliée à l'étranger », *AJ pénal* 2022. 255.
2. CJUE, 4e ch. 19 mai 2022, aff. C-569/20, *D.* 2022. 996.
3. Crim. 29 sept. 2010, n° 10-84.003, P n° 145 ; *AJ pénal* 2011. 40, obs. L. Ascensi.
4. Crim. 21 mars 2012, n° 11-87.660, P n° 79 ; *AJ pénal* 2012. 344, obs. M. Léna.
5. L. n° 2007-291, 5 mars 2007 tendant à renforcer l'équilibre de la procédure pénale, *JO* 6 mars, p. 4206.

aussi renvoyer la procédure au ministère public[1]. La décision de la cour d'appel de renvoyer la procédure au ministère public, aux fins de régularisation, dans les cas prévus par l'article 385, alinéa 2, du code de procédure pénale, n'impliquant pas son dessaisissement, il lui appartient, si le jugement est annulé pour violation ou omission non réparée de formes prescrites par la loi à peine de nullité, d'évoquer, de renvoyer au fond à une audience ultérieure, en application de l'article 520 du même code, et de prononcer, le cas échéant, sur le maintien en détention du prévenu[2]. Le quatrième alinéa de l'article 183 vise l'obligation de porter à la connaissance des parties et de leurs avocats les ordonnances de règlement de la procédure. L'article 217 porte la même obligation relative aux arrêts de la chambre de l'instruction.

Quant à l'article 184, il est libellé ainsi : « Les ordonnances rendues par le juge d'instruction en vertu de la présente section contiennent les nom, prénoms, date, lieu de naissance, domicile et profession de la personne mise en examen. Elles indiquent la qualification légale du fait imputé à celle-ci et, de façon précise, les motifs pour lesquels il existe ou non contre elle des charges suffisantes. Cette motivation est prise au regard des réquisitions du ministère public et des observations des parties qui ont été adressées au juge d'instruction en application de l'article 175, en précisant les éléments à charge et à décharge concernant chacune des personnes mises en examen. »

On doit donc trouver dans cette ordonnance les éléments d'identification de la personne. Il convient que la poursuite soit engagée à l'encontre d'un individu « certain et déterminé », en le désignant de manière à « ne laisser subsister aucun doute sur son identité »[3]. Entre dans le champ d'application de l'article 385, alinéa 2, du code de procédure pénale, l'ordonnance de renvoi qui ne précise pas la date des faits[4]. Mais la plupart des difficultés sont relatives à l'obligation de qualification et de respect de la saisine. Il peut arriver en effet que le juge d'instruction commette une erreur, soit en renvoyant au-delà de sa saisine[5], soit en ne la vidant pas[6].

Par ailleurs, depuis la loi du 5 mars 2007, l'obligation de motivation est devenue très importante pour la validité des ordonnances de règlement[7].

1. Crim. 20 oct. 1998, n° 97-81.276, P n° 266.
2. Crim. 3 mars 2015, n° 14-88.472, P n° 39 ; *AJ pénal* 2015. 371, obs. D. Aubert.
3. Crim. 2 déc. 1954, P n° 369.
4. Rappelant que la cour d'appel ne peut relever d'office une nullité de l'ordonnance de renvoi : Crim. 12 déc. 2000, n° 99-85.310, NP.
5. V. s[s] n° 613.42.
6. V. s[s] n° 613.46.

613.42 Renvoi au-delà de la saisine. Lorsque le juge d'instruction renvoie le prévenu pour des faits dont il n'était pas saisi, l'article 385, alinéa 2, du code de procédure pénale peut être appliqué. Il en a été ainsi pour un renvoi pour obtention frauduleuse d'un document administratif, usage de document administratif falsifié et infraction à la législation sur les étrangers alors que l'intéressé n'avait pas fait l'objet d'une mise en examen pour l'usage de faux, dont le juge d'instruction n'était pas saisi Il s'agit d'un des rares cas d'annulation de l'ordonnance de renvoi[8]. Mais il convient d'apporter une limite à cette possibilité. Pour que le prévenu soulève cette irrégularité lors de l'audience correctionnelle, il faut qu'elle soit apparue *pour la première fois dans l'ordonnance de renvoi* et ne figure pas dans la mise en examen notifiée à l'intéressé. La chambre criminelle a ainsi estimé que le renvoi d'un prévenu du chef d'escroquerie, incrimination notifiée à l'intéressé alors que le magistrat instructeur n'en avait pas été saisi, ne peut être contesté lors de son renvoi devant le tribunal correctionnel. La chambre de l'instruction avait constaté que l'« absence de réquisitoire supplétif aurait pu être invoquée au cours de l'information » et qu'en l'absence de requête, l'ordonnance de renvoi couvrait « toutes les nullités, même substantielles, touchant à l'ordre public, sauf à celles affectant la compétence juridictionnelle, laquelle n'est pas concernée en l'espèce »[9]. De même, l'exception de nullité fondée sur un défaut de saisine du juge d'instruction pour les délits de corruption passive et trafic d'influence et de recel de ces délits doit être déclarée irrecevable car « la cause de nullité soulevée concerne en réalité la régularité de leur mise en examen par le juge d'instruction pour des délits dont ils ont soutenu que celui-ci n'était pas saisi »[10].

On peut estimer encore que le renvoi sous une qualification faisant encourir une peine supérieure à celle dépendant de la qualification notifiée est irrégulier. Toutefois la circonstance aggravante personnelle de récidive peut être retenue, après que le prévenu ait pu s'exprimer à ce sujet, alors même qu'elle n'était pas visée dans la décision de renvoi.

Mais si une requalification indue a été notifiée pendant le cours de l'instruction et pouvait ainsi être contestée par la voie d'une requête en nullité, le renvoi ne saurait être annulé pour les mêmes raisons que celles énoncées ci-dessus : la personne aurait dû soulever la nullité pendant l'information et l'ordonnance de renvoi purge la procédure.

7. V. s[s] n°s 613.38 et 613.45.
8. Crim. 20 oct. 1998, n° 97-81.276, P n° 266 ; *AJ pénal* 2012. 344, obs. M. Léna.
9. Crim. 19 févr. 2003, n° 02-81.135, NP.
10. Crim. 14 mai 2003, n° 02-83.254, NP.

613.43 **Renvoi pour des faits pour lesquels la personne n'a pas été mise en examen.** La juridiction de jugement, qui constate que le prévenu renvoyé devant elle, n'a pas fait l'objet d'une mise en examen par le juge d'instruction, est tenue, en application de l'article 385, alinéa 2, du code de procédure pénale, de renvoyer la procédure au ministère public pour lui permettre de saisir à nouveau la juridiction d'instruction par des réquisitions appropriées aux fins de régularisation[1]. En l'espèce la juridiction s'était déclarée non saisie et n'avait donc pas annulé l'ordonnance de renvoi.

613.44 **Qualification imprécise.** Un pourvoi reprochait à une cour d'appel d'avoir validé une ordonnance de renvoi pour trafic d'influence et recel de trafic d'influence alors que ladite ordonnance adoptait les motifs du réquisitoire définitif qui proposait une requalification en seul délit de trafic d'influence. La Cour de cassation rejette le pourvoi, approuvant la cour d'appel d'avoir statué sans insuffisance ni contradiction[2]. La juridiction du second degré avait en effet pris soin de relever que l'ordonnance de renvoi énonçait avec précision les éléments constitutifs du délit de recel et détaillait notamment chacune des factures dont le paiement était incriminé.

613.45 **Motivation.** Le défaut de motivation rend irrégulière l'ordonnance de renvoi. Mais jusqu'à la loi du 5 mars 2007[3], la jurisprudence admettait que le juge d'instruction se réfère aux réquisitions du ministère public, ce qui constituait selon elle une motivation suffisante[4].

Désormais, la rédaction de l'article 184[5] du code de procédure pénale oblige le juge d'instruction à motiver « au regard des réquisitions du ministère public et des observations des parties... en précisant les éléments à charge et à décharge concernant chacune des personnes mises en examen ». L'interprétation de ce texte a donné lieu à des jurisprudences discordantes de juridiction du fond, certaines se contentant d'un minimum d'originalité dans l'ordonnance rendue par le juge, au regard de la rédaction du réquisitoire définitif, d'autres étant plus exigeantes. Il est certain que le juge d'instruction doit en tout cas :

– répondre à l'argumentation du ministère public si sa décision est en partie discordante avec ses réquisitions ;

– répondre aux observations régulièrement déposées par les avocats des parties ;

– exposer les éléments à charge et à décharge qui peuvent exister contre les personnes mises en examen. La façon dont ces éléments sont consignés, fussent-ils repris partiellement d'un réquisitoire définitif, ne devrait pas avoir d'importance ; c'est leur existence qui doit être vérifiée, non la matrice dont ils sont issus.

Jusqu'en 2011, la Cour de cassation n'avait pas été amenée à prendre position, la jurisprudence existante consacrant seulement le devoir de substitution par la chambre de l'instruction d'une motivation insuffisante[6].

Mais le 2 mars 2011, la chambre criminelle rendait un très important arrêt[7]. Dans cette affaire, un tribunal correctionnel avait annulé l'ordonnance de renvoi pour avoir repris exactement les motifs du ministère public et avait renvoyé la procédure au parquet pour qu'il saisisse à nouveau la juridiction d'instruction. La cour d'appel avait infirmé le jugement, estimant que l'ordonnance avait régulièrement saisi le tribunal et elle avait renvoyé l'affaire devant la juridiction du premier degré, encourant alors la cassation mais pour un autre motif[8]. La cour d'appel exposait : « Qu'il est constant qu'aucun des mis en examen ou des avocats de ceux-ci n'a en l'espèce formulé d'observation dans le cadre de l'article 175 du code de procédure pénale [...] qu'en reprenant à son compte les développements de ce réquisitoire qui examine tant les éléments à charge que les éléments à décharge pour chacun des mis en examen, le juge d'instruction a parfaitement répondu à toutes les exigences de l'article 184 du code de procédure pénale. Sur le moyen soulevé de la question de la reprise par le juge d'instruction d'un copié-collé, la chambre criminelle estime que l'ordonnance de renvoi devant le tribunal correctionnel dont les juges d'appel, ont sans insuffisance ni contradiction, constaté qu'elle précise les éléments à charge et à décharge concernant chacune des personnes mises en examen, en l'absence d'observations des parties, satisfait aux exigences de l'article 184. »[9]

Cette précision tend à accepter le copié-collé intégral dès lors que le juge n'a pas eu à répondre à

1. Crim. 15 sept. 2004, n° 04-83.670, P n° 211 ; *AJ pénal* 2015. 371, obs. D. Aubert ; *JCP* 2004. IV. 320.
2. Crim. 28 mai 2003, n° 02-82.717, NP.
3. L. n° 2007-291, 5 mars 2007 tendant à renforcer l'équilibre de la procédure pénale, *JO* 6 mars, p. 4206.
4. Crim. 11 oct. 1989, n° 89-81.639, P n° 356 – Crim. 26 janv. 2000, n° 99-85.725, P n° 41 ; *D.* 2000. IR 85 ; *RSC* 2000. 852, obs. D.-N. Commaret.
5. C. pr. pén., art. 184 ; mod. par L. n° 2007-291, 5 mars 2007, art. 19.
6. Crim. 17 févr. 2010, n° 09-87.874, NP.
7. Crim. 2 mars 2011, n° 10-86.940, P n° 47 ; *JCP* 2011. 342 ; *D.* 2011. 1857, obs. M.-L. Divialle ; *AJ pénal* 2011. 252, obs. L. Ascensi (v. s^s n° 613.01).
8. La cour d'appel aurait dû évoquer. Cet arrêt a d'ailleurs été commenté surtout sur ce point tandis que son apport principal était délaissé.
9. SUR les problèmes de motivation du réquisitoire définitif et de l'ordonnance de renvoi : Ch. Guéry et B. Lavielle, « Copié, collé, jugé ? », *Dr. pénal* 2010. Ét. n° 24 (article paru avant que ne soit connue cette décision).

des observations des parties privées, et dès lors que le réquisitoire définitif a lui même abordé tous les éléments à charge et à décharge pouvant exister à l'encontre de chacune des personnes renvoyées devant la juridiction de jugement. Mais c'est le second attendu de cet arrêt qui semble avoir échappé aux commentateurs[1] et qui nous apparaît décisif : la chambre criminelle affirme que si l'ordonnance n'a pas été rendue conformément aux dispositions de l'article 184 : « La sanction de cette non-conformité est le renvoi de la procédure au ministère public pour lui permettre de saisir à nouveau la juridiction d'instruction aux fins de régularisation. » Elle semble ainsi exclure que soit prononcée la nullité de ladite ordonnance. La chambre criminelle a en effet par ailleurs affirmé que : « La juridiction du second degré ne peut, sans excès de pouvoir annuler l'ordonnance du juge d'instruction portant règlement de la procédure d'information, lorsque cette ordonnance satisfait, en la forme, aux conditions essentielles de son existence légale. »[2]

Il est donc désormais acquis que l'ordonnance prise dans les conditions énoncées ci-dessus (utilisation d'un copié-collé lorsque le réquisitoire développe les arguments à charge et à décharge et en l'absence d'observation des parties ou avec une réponse faite aux observations des parties) satisfait aux exigences légales posées par l'article 184 du code de procédure pénale. Elle ne peut donc être annulée.

613.46 **Omission de statuer : retour de la procédure au juge sans annulation.** Lorsque le tribunal correctionnel constate une *omission de statuer*, il doit renvoyer au juge d'instruction sans pour autant annuler l'ordonnance[3] : « La juridiction de jugement, qui constate que le juge d'instruction n'a pas statué, comme il en a le devoir, dans son ordonnance de renvoi, sur tous les faits dont il est saisi, si elle n'est pas autorisée par la loi à annuler ladite ordonnance, a néanmoins la faculté de renvoyer l'examen de l'affaire à une audience ultérieure et de transmettre le dossier de la procédure au ministère public, habilité à saisir le juge d'instruction de toutes réquisitions appropriées visant les faits sur lesquels il n'a pas été statué dans l'ordonnance de règlement. »[4]

Par ailleurs, le juge d'instruction ne peut rectifier de lui-même une ordonnance incomplète même lorsqu'il a omis de statuer sur des faits dont il était saisi[5]. La juridiction est alors tenue de renvoyer la procédure au ministère public pour lui permettre de saisir à nouveau la juridiction d'instruction par des réquisitions appropriées aux fins de régularisation. Le ministère public, auquel le tribunal correctionnel, constatant que le juge a omis, dans son ordonnance de renvoi, de statuer sur des faits dont il avait été saisi, a renvoyé la procédure aux fins de régularisation, est habilité à adresser au magistrat instructeur des réquisitions visant les faits sur lesquels celui-ci a le devoir de statuer : le juge d'instruction ne saurait en pareil cas refuser d'informer[6]. Selon la chambre criminelle ce n'est d'ailleurs pas l'article 385 code de procédure pénale qui trouve à s'appliquer ici : « l'omission, par le juge d'instruction de statuer sur certains des faits dont il est saisi, n'entre pas dans les prévisions des articles 184 et 385, alinéa 2, du code de procédure pénale. Méconnaît ces dispositions la cour d'appel qui, constatant que le juge d'instruction n'avait pas statué sur tous les faits dont il était saisi, prononce l'annulation de l'ordonnance de renvoi ».

Aucun autre article du code de procédure pénale ne prévoit en fait ce cas de figure. C'est la solution qu'il est important de retenir : renvoi au ministère public sans annulation de l'ordonnance[7]. En effet, dans un arrêt du 15 septembre 2004[8], la Cour de cassation valide un renvoi au ministère public sans l'annulation de l'ordonnance sur la base de l'article 385, et c'est encore le cas dans l'arrêt du 2 mars 2011 précédemment étudié.

613.47 **Annulation de l'ordonnance ?** De graves discordances sont apparues entre juridictions en ce qui concerne le sort de la détention dans le cas où la juridiction annule l'ordonnance du juge. Certaines estiment que l'ordonnance de renvoi étant annulée, l'ordonnance de maintien en détention tombe et que le ou les mis en examen doivent être remis en liberté. D'autres, après avoir annulé l'ordonnance de renvoi, statuent sur le maintien en détention provisoire des personnes concernées[9].

S'agissant de la juridiction d'appel, il convient de souligner que la décision de la cour d'appel de

1. À l'exception de M.-L. Divialle, obs. *D.* 2011. 1857.
2. Crim. 8 juill. 2009, n° 09-83.182, NP.
3. Crim. 22 janv. 2003, n° 01-87.297, P n° 18 ; *JCP* 2003. IV. 1529.
4. Crim. 4 mars 2004, n° 03-85.983, P n° 57 ; *D.* 2004. IR 1213 ; *AJ pénal* 2004. 207, obs. J. Leblois-Happe ; *JCP* 2004. IV. 1782 – Crim. 17 nov. 2004, n° 03-82.657, P n° 291 ; *JCP* 2005. IV. 1130.
5. Crim. 12 déc. 2000, n° 99-85.310, NP – AUSSI : Ch. Guéry, « L'erreur matérielle du juge des libertés et de la détention », *JCP* 2006. Ét. 104.
6. Crim. 21 nov. 2007, n° 07-85.922, P n° 288 ; *D.* 2008. Actu. 22 ; *AJ pénal* 2008. 96, obs. S. Lavric.
7. Pour une comparaison de cette situation avec une véritable erreur matérielle : Ch. Guéry, « Le tribunal correctionnel et les nullités de procédure », *Dr. pénal* 2004, n° 34. Ét. n° 6.
8. SUR la personne renvoyée devant le tribunal correctionnel sans avoir été mise en examen : Crim. 15 sept. 2004, n° 04-83.670, P n° 211 ; *AJ pénal* 2015. 371, obs. D. Aubert ; *JCP* 2004. IV. 320 (v. s^s n° 613.43).
9. SUR ces points : Ch. Guéry et B. Lavielle, « Copié, collé, jugé ! », *Dr. pénal* 2010. Ét. 24.

renvoyer la procédure au ministère public, aux fins de régularisation, dans les cas prévus par l'article 385, alinéa 2, du code de procédure pénale, n'impliquant pas son dessaisissement, il lui appartient, si le jugement est annulé pour violation ou omission non réparée de formes prescrites par la loi à peine de nullité, d'évoquer, de renvoyer au fond à une audience ultérieure, en application de l'article 520 du même code, et de prononcer, le cas échéant, sur le maintien en détention du prévenu[1].

S'agissant des juridictions de premier ressort, la décision doit être identique : la solution est certaine dès lors que l'ordonnance n'est pas annulée, ce qui est le cas la grande majorité des cas. En réalité toute la question semble tourner autour de la notion de dessaisissement. Lorsque la cour d'appel évoque, elle reste saisie et peut parfaitement maintenir la personne en détention ou sous contrôle judiciaire. Il en est de même lorsque le tribunal correctionnel n'annule pas l'ordonnance mais ordonne le renvoi au ministère public pour régularisation de la procédure. Dans ce cas, en effet, le tribunal correctionnel reste saisi et doit donner une date de renvoi. Il n'y a que dans le cas où la juridiction du premier degré annule l'ordonnance de renvoi que la question se pose sérieusement, sans que la chambre criminelle n'ait encore, à notre avis, clairement répondu[2]. Nous pensons que le tribunal correctionnel n'étant alors plus saisi ne peut user de l'article 464-1 du code de procédure pénale pour maintenir en détention provisoire.

Le tribunal ne peut renvoyer l'affaire qu'au ministère public et non pas directement au juge d'instruction ou au juge des enfants. C'est ce qu'a rappelé la chambre criminelle dans une espèce où la juridiction des mineurs avait renvoyé directement devant le juge des enfants après avoir constaté que l'ordonnance de renvoi avait été rendue le jour même de la notification de l'avis de clôture prévu par l'article 175 du code de procédure pénale[3]. L'exception de nullité de l'ordonnance de renvoi doit être soulevée avant toute défense au fond[4]. Le tribunal ne peut annuler l'ordonnance de renvoi que lorsqu'elle ne satisfait pas aux exigences légales posées par l'article 184[5]. Et finalement la chambre criminelle affirme que les juridictions de jugement n'ont pas qualité pour annuler l'ordonnance de renvoi. Le cas d'espèce permet en tout cas de souligner que n'encourt pas la censure la cour d'appel qui retient que la mention faite par le juge d'instruction dans son ordonnance de renvoi de pièces antérieurement annulées constitue une irrégularité qui affecte la motivation de cette décision et entre dans les prévisions des articles 385, alinéa 2, et 184 du code de procédure pénale justifiant le renvoi de l'affaire au ministère public pour saisine du juge d'instruction aux fins de *régularisation de l'ordonnance de renvoi*. L'impossibilité d'annulation de l'ordonnance de renvoi n'est pas susceptible de porter atteinte aux droits de la défense dès lors que, par application de l'article 174, dernier alinéa, du Code de procédure pénale, aucune condamnation ne peut être prononcée sur le fondement d'actes ou de pièces annulés[6]. Bien que l'arrêt énonce clairement que les juridictions de jugement n'ont pas qualité pour annuler une ordonnance de renvoi, nous maintenons qu'il en va différemment lorsque celle-ci ne répond pas aux critères de son existence légale, par exemple si elle n'est pas signée par celui qui l'a rendue.

SECTION 5
AUTRES EXCEPTIONS AU PRINCIPE DE L'IMPOSSIBILITÉ DE SOULEVER UNE NULLITÉ APRÈS INFORMATION JUDICIAIRE

613.51 Origine jurisprudentielle. Aucun texte ne vise précisément ces cas qui sont issus de la seule jurisprudence.

613.52 Compétence des juridictions. La chambre criminelle a confirmé que la règle édictée par l'article 385, alinéa 1er, selon laquelle les juridictions de jugement n'ont pas qualité pour statuer sur la nullité de la procédure dont elles sont saisies par le renvoi ordonné par le juge d'instruction ou la chambre de l'instruction, s'applique à toutes les nullités, même substantielles touchant à l'ordre public, sauf celle affectant la *compétence juridictionnelle*[7]. Toutes les autres nullités d'ordre public sont concernées par la purge de l'ordonnance de renvoi mais pas celle touchant à la compétence des juridictions. Il s'agit de la compétence territoriale[8], comme de la compétence d'attribution[9]. Mais l'incompétence des enquêteurs ne saurait être invoquée : « L'article 385

1. Crim. 3 mars 2015, n° 14-88.472, P n° 39 ; *AJ pénal* 2015. 371, obs. D. Aubert.
2. Ch. Guéry, « La détention provisoire en cas de renvoi du dossier d'information pour régularisation de la procédure », *AJ pénal* 2015. 407.
3. Crim. 7 oct. 1997, n° 96-85.599, P n° 327 ; *D.* 1997. IR 257 ; à cette époque, le non-respect de l'article 175 entrait dans le champ de cet alinéa ce qui n'est plus le cas aujourd'hui (v. s^s n° 613.21).
4. Crim. 26 sept. 2007, n° 06-86.168, NP.
5. V. s^s n° 613.45.
6. Crim. 13 juin 2019, n° 19-82.326, P n° 112 ; *JCP* 2019. 767.
7. Crim. 15 févr. 2000, n° 99-81.685, P n° 70 – Crim. 7 juin 2000, n° 99-82.788, P n° 219 ; *D.* 2000. IR 224 ; *D.* 2001. Somm. 518, obs. J. Pradel ; *Dr. pénal* 2001. Chron. 6, obs. C. Marsat.
8. Crim. 7 juin 2000, n° 99-82.788, P n° 219 ; *D.* 2001. 518, obs. J. Pradel.
9. Crim. 15 févr. 2000, n° 99-81.685, P n° 70.

du code de procédure pénale, selon lequel les exceptions tirées de la nullité soit de la citation, soit de la procédure antérieure, doivent être, à peine de forclusion, présentées avant toute défense au fond, s'applique à toutes les nullités même substantielles touchant à l'ordre public, sauf celles affectant la compétence juridictionnelle qui n'est pas en cause, en l'espèce. »[1]

Il résulte de l'alinéa 4 de l'article 469 du code de procédure pénale que, lorsqu'elle est saisie par le renvoi ordonné par le juge d'instruction ou la chambre de l'instruction d'une infraction non intentionnelle, la juridiction correctionnelle conserve la possibilité de se déclarer incompétente et de renvoyer le ministère public à se pourvoir, s'il apparaît que les faits sont de nature à entraîner une peine criminelle parce qu'ils ont été commis de façon intentionnelle[2].

613.53 **Presse (loi du 29 juillet 1881, art. 50).** Même lorsque le dossier a été l'objet d'une instruction préparatoire, la chambre criminelle admet que les juges du fond doivent vérifier si la plainte avec constitution de partie civile, combinée avec le réquisitoire introductif, répond aux exigences de l'article 50[3] de la loi du 29 juillet 1881[4] et, en cas d'inobservation de celles-ci, prononcer la nullité des poursuites, sans que puissent être opposées les dispositions de l'article 179, dernier alinéa, du code de procédure pénale[5]. Il en est ainsi même si, comme en l'espèce, la nullité avait déjà été soulevée, et rejetée, par la chambre de l'instruction[6].

Cet article dispose : « Si le ministère public requiert une information, il sera tenu, dans son réquisitoire, d'articuler et de qualifier les provocations, outrages, diffamations et injures à raison desquels la poursuite est intentée, avec indication des textes dont l'application est demandée, à peine de nullité du réquisitoire de ladite poursuite. »

Cette exception n'est recevable qu'en ce qui concerne la violation de l'article 50[7] à l'exclusion de tout autre article de la loi du 29 juillet 1881. Ainsi, le prévenu renvoyé devant le tribunal correctionnel par ordonnance du juge d'instruction du chef d'un délit de presse, est irrecevable à invoquer, devant le tribunal, l'irrégularité des réquisitions d'enquête délivrées par le ministère public en application de l'article 65[8] de la loi du 29 juillet 1881[9] tout comme le prévenu ne peut soulever la nullité découlant d'une instruction sur la vérité du fait diffamatoire[10] même si la chambre criminelle a décidé qu'en pareil cas le juge avait commis un excès de pouvoir[11].

Les juges n'ont pas le pouvoir de relever d'office la violation des dispositions de l'article 53[12] de la loi du 29 juillet 1881 relatives à la qualification des faits et au visa du texte dont l'application est requise[13].

Mais l'erreur dans la qualification en matière de presse est une question de fond qu'il appartient aux juges de relever d'office et qui, dès lors, est étrangère à la forclusion édictée par l'article 385 du code de procédure pénale[14]. Dans un arrêt du 15 février 2013[15], l'Assemblée plénière de la Cour de cassation a réaffirmé le principe selon lequel les dispositions de la loi du 29 juillet 1881 sur la liberté de la presse s'appliquent aux actions engagées devant la juridiction civile, allant ainsi à l'encontre d'un arrêt rendu le 8 avril 2010 par la 1re chambre civile[16] : « Selon l'article 53 de la loi du 29 juillet 1881, qui doit recevoir application devant la juridiction civile, l'assignation doit, à peine de nullité, préciser et qualifier le fait incriminé et énoncer le texte de loi applicable ; qu'est nulle une assignation retenant pour le même fait la double qualification d'injure et de diffamation... »

L'uniformisation du régime du procès de presse est confirmée. De même, est nulle une assignation

1. Crim. 13 nov. 1996, n° 95-84.897, P n° 405.
2. Crim. 24 mars 2009, n° 08-84.849, P n° 60 ; *D.* 2009. 2140, obs. M. Léna, note R. Mesa ; *D.* 2009. 1714, Chron. P. Chaumont et E. Degorce ; *AJ pénal* 2009. 318, obs. G. Roussel – *RSC* 2009. 590, obs. Y. Mayaud ; *RSC* 2009. 858, obs. R. Finielz.
3. L. 29 juill. 1881, art. 50.
4. L. 29 juill. 1881 sur la liberté de la presse, *JO* 30 juill., p. 4201.
5. Crim. 16 nov. 1999, n° 99-82.900, P n° 261 – Crim. 9 déc. 2014, n° 13-84.143, P n° 261 ; *AJ pénal* 2015. 215, obs. G. Royer.
6. Crim. 9 déc. 2014, n° 13-84.143, P n° 261 ; *AJ pénal* 2015. 215, obs. G. Royer.
7. L. 29 juill. 1881, art. 50.
8. L. 29 juill. 1881, art. 65 ; mod. par L. n° 93-2, 4 janv. 1993, art. 52.
9. Crim. 16 sept. 2003, nos 01-83.162, 02-84.554, 02-85.001, P n° 162 ; *JCP* 2003. IV. 2896.
10. Crim. 24 sept. 2002, nos 01-88.597, 01-88.674, P n° 174 ; *D.* 2003. Somm. 1732, obs. J. Pradel – Crim. 16 sept. 2003, nos 01-83.162, 02-84.554, 02-85.001, préc.
11. Crim. 26 mai 1992, n° 91-84.187, P n° 212 ; *D.* 1994. 191, obs. Th. Massis.
12. L. 29 juill. 1881, art. 53.
13. Crim. 12 mars 1996, n° 95-81.127, P n° 110 – Crim. 6 janv. 2009, n° 08-80.826, P n° 5 ; *AJ pénal* 2009. 139.
14. Crim. 25 oct. 2005, n° 05-81.252, P n° 265.
15. Cass., ass. plén., 15 févr. 2013, n° 11-14.637, P n° 1 ; *D.* 2013. 741, obs. S. Lavric, note E. Dreyer ; *D.* 2013. 718, point de vue C. Bigot *D.* 2013. 2487, obs. J. Larrieu, C. Le Stanc et P. Tréfigny ; *D.* 2014. 508, obs. E. Dreyer ; *RSC* 2013. 104, obs. J. Francillon.
16. Civ. 1re, 8 avr. 2010, n° 09-14.399, P I, n° 87 ; *D.* 2010. 1673, obs. S. Lavric, note C. Bigot ; *D.* 2011. 780, obs. E. Dreyer.

qui retient pour les mêmes faits une double qualification fondée sur la loi du 29 juillet 1881 et sur l'article 9 [1] du code civil [2].

613.54 Supplément d'information. Le supplément d'information obéit à un régime particulier et ne constitue pas une partie de l'instruction préparatoire, le délégataire n'étant dans la possibilité que d'accomplir les actes déterminés par le mandant. Si une nullité a été commise dans un acte accompli sur supplément d'information, le prévenu doit donc la soulever devant le tribunal correctionnel. Il ne saurait faire état devant la cour d'appel des nullités qui auraient été commises au cours de ce supplément d'information s'il ne les a pas préalablement soulevées devant le tribunal correctionnel avant de se défendre au fond [3].

1. C. civ., art. 9 ; mod. par L. 10 août 1927, art. 13 ; mod. par L. n° 70-643, 17 juill. 1970, art. 22 ; mod. par L. n° 94-653, 29 juill. 1994, art. 1er.
2. Civ. 1re, 4 févr. 2015, n° 13-19.455, P I, n° 26 – Civ. 1re, 4 févr. 2015, n° 13-16.263, P I, n° 27 ; *D.* 2015. 379.
3. Crim. 14 avr. 1961, P n° 199 – Crim. 22 nov. 1961, *D.* 1962. Somm. 29 ; *JCP* 1962. II. 12425, note P. Chambon – Crim. 29 avr. 1985, n° 84-93.057, P n° 162.

CHAPITRE

614. Principaux cas de nullité : l'audition de témoin, l'audition du suspect

SECTION 0 ORIENTEUR

614.00 Sommaire du chapitre.

614.01 Principaux textes applicables.

TEXTES SOURCES

• C. pr. pén., art. 61-1 à 62, 73, 154, 706-88 à 706-88-2, 803-2, 803-3

• CSP, art. L. 3341-2, L. 234-18, L. 233-5

• C. douanes, art. 323-1 à 323-10

• Ord. 2 févr. 1945, art. 4

TEXTES *IN EXTENSO*

• **C. pr. pén., art. 61-1** [mod. par L. n° 2020-1721, 29 déc. 2020]

Sans préjudice des garanties spécifiques applicables aux mineurs, la personne à l'égard de laquelle il existe des raisons plausibles de soupçonner qu'elle a commis ou tenté de commettre une infraction ne peut être entendue librement sur ces faits qu'après avoir été informée :

1° De la qualification, de la date et du lieu présumés de l'infraction qu'elle est soupçonnée d'avoir commise ou tenté de commettre ;

2° Du droit de quitter à tout moment les locaux où elle est entendue ;

3° Le cas échéant, du droit d'être assistée par un interprète ;

4° Du droit de faire des déclarations, de répondre aux questions qui lui sont posées ou de se taire ;

5° Si l'infraction pour laquelle elle est entendue est un crime ou un délit puni d'une peine d'emprisonnement, du droit d'être assistée au cours de son audition ou de sa confrontation, selon les modalités prévues aux articles 63-4-3 et 63-4-4, par un avocat choisi par elle ou, à sa demande, désigné d'office par le bâtonnier de l'ordre des avocats ; elle est informée que les frais seront à sa charge sauf si elle remplit les conditions d'accès à l'aide juridictionnelle, qui lui sont rappelées par tout moyen ; elle peut accepter expressément de poursuivre l'audition hors la présence de son avocat ;

6° De la possibilité de bénéficier, le cas échéant gratuitement, de conseils juridiques dans une structure d'accès au droit.

La notification des informations données en application du présent article est mentionnée au procès-verbal.

Si le déroulement de l'enquête le permet, lorsqu'une convocation écrite est adressée à la personne en vue de son audition, cette convocation indique l'infraction dont elle est soupçonnée, son droit d'être assistée par un avocat ainsi que les conditions d'accès à l'aide à l'intervention de l'avocat dans les procédures non juridictionnelles et à l'aide juridictionnelle, les modalités de désignation d'un avocat d'office et les lieux où elle peut obtenir des conseils juridiques avant cette audition.

Le présent article n'est pas applicable si la personne a été conduite, sous contrainte, par la force publique devant l'officier de police judiciaire.

• **C. pr. pén., art. 61-2**

Si la victime est confrontée avec une personne entendue dans les conditions prévues à l'article 61-1 pour un crime ou un délit puni d'une peine d'emprisonnement, elle peut demander à être également assistée, selon les modalités prévues à l'article 63-4-3, par un avocat choisi par elle ou par son représentant légal si elle est mineure, ou, à sa demande, désigné par le bâtonnier.

« La victime est informée de ce droit avant qu'il soit procédé à la confrontation. Elle est également informée que les frais seront à sa charge sauf si elle remplit les conditions d'accès à l'aide juridictionnelle. »

• **C. pr. pén., art. 61-3** [mod. par L. n° 2016-1547, 18 nov. 2016, art. 108]

Toute personne à l'égard de laquelle existent une ou plusieurs raisons plausibles de soupçonner qu'elle a participé, en tant qu'auteur ou complice, à la commission d'un crime ou d'un délit puni d'emprisonnement peut demander qu'un avocat de son choix ou, si elle n'est pas en mesure d'en désigner un, qu'un avocat commis d'office par le bâtonnier :

1° L'assiste lorsqu'elle participe à une opération de reconstitution de l'infraction ;

2° Soit présent lors d'une séance d'identification des suspects dont elle fait partie.

La personne est informée de ce droit avant qu'il soit procédé à ces opérations.

L'avocat désigné peut, à l'issue des opérations, présenter des observations écrites qui sont jointes à la procédure. Il peut directement adresser ces observations ou copie de celles-ci au procureur de la République.

Lorsque la victime ou le plaignant participe à ces opérations, un avocat peut également l'assister dans les conditions prévues à l'article 61-2.

• **C. pr. pén., art. 62** [mod. par L. n° 2014-535, 27 mai 2014, art. 1]

Les personnes à l'encontre desquelles il n'existe aucune raison plausible de soupçonner qu'elles ont commis ou tenté de commettre une infraction sont entendues par les enquêteurs sans faire l'objet d'une mesure de contrainte.

Toutefois, si les nécessités de l'enquête le justifient, ces personnes peuvent être retenues sous contrainte le temps strictement nécessaire à leur audition, sans que cette durée puisse excéder quatre heures.

Si, au cours de l'audition d'une personne entendue librement en application du premier alinéa du présent article, il apparaît qu'il existe des raisons plausibles de soupçonner qu'elle a commis ou tenté de commettre une infraction, cette personne doit être entendue en application de l'article 61-1 et les informations prévues aux 1° à 6° du même article lui sont alors notifiées sans délai, sauf si son placement en garde à vue est nécessité en application de l'article 62-2.

Si, au cours de l'audition d'une personne retenue en application du deuxième alinéa du présent article, il apparaît qu'il existe des raisons plausibles de soupçonner qu'elle a commis ou tenté de commettre un crime ou un délit puni d'une peine d'emprisonnement, elle ne peut être maintenue sous contrainte à la disposition des enquêteurs que sous le régime de la garde à vue. Son placement en garde à vue lui est alors notifié dans les conditions prévues à l'article 63-1.

614.02 Jurisprudence de référence.

> Le mineur, conduit par les policiers auprès d'un officier de police judiciaire pour être entendu sur une infraction qu'il était soupçonné d'avoir commise, se trouve nécessairement dans une situation de contrainte et doit bénéficier des droits attachés au placement en garde à vue

• **Crim. 6 nov. 2013,** n° 13-84.320, P n° 20

* V. s[s] n° 614.26.

« Attendu qu'il résulte des pièces de la procédure que Moïse X..., mineur âgé de plus de 13 ans, suite à la plainte d'une éducatrice dénonçant des coups et des menaces, a été remis, par la directrice de son foyer d'accueil, aux policiers, qui l'ont conduit au commissariat sans procéder à son menottage ; qu'il a été entendu par un officier de police judiciaire sans avoir été placé en garde à vue et sans avoir été informé de son droit de quitter le commissariat ; que l'intéressé a quitté les locaux de police, de sa propre initiative, à l'insu du policier, qui sollicitait des instructions du ministère public ; Attendu que, pour rejeter la requête en annulation de cette audition, l'arrêt attaqué énonce que Moïse X... avait accepté de suivre les policiers jusqu'à leur service sans que la pose d'entraves soit nécessaire, le quittant ensuite librement après son audition, sans même en aviser les forces de l'ordre, depuis la simple salle d'attente où il se trouvait ; que les juges ajoutent que dans ce contexte, nonobstant l'absence de mention expresse quant à l'information du requérant de son droit de quitter à tout moment les locaux de police, il résulte de la procédure un faisceau d'indices établissant qu'il avait bien connaissance de cette faculté et qu'il avait parfaitement conscience, lors de son audition, de ne pas s'être trouvé dans une situation de contrainte pouvant imposer son placement en garde à vue ; Mais attendu qu'en statuant ainsi, alors que le mineur, conduit par les policiers auprès d'un officier de police judiciaire pour être entendu sur une infraction qu'il était soupçonné d'avoir commise, se trouvait nécessairement dans une situation de contrainte et devait bénéficier des droits attachés au placement en garde à vue, prévus par l'article 4 de l'ordonnance du 2 février 1945, la chambre de l'instruction n'a pas tiré les conséquences légales de ses propres constatations ;

Par ces motifs, casse et annule [...]. »

614.03 Bibliographie indicative.

Articles. C. Serre, A. Ory, Le témoin parfait existe-t-il ? *AJ pénal* 2018. 183 ; Ch. Guéry, « L'avenir du suspect », *AJ pénal* 2005. 232 ; « L'avenir du suspect (suite) », *AJ pénal* 2013. 459 – T. Lebreton, « Les témoins dans la phase présentencielle », *AJ pénal* 2022. 354 ; L. Rousvoal, « Témoins atypiques », *AJ pénal* 2018. 176 – E. Saenko « Le témoin ou l'histoire d'un voyage entre deux vérités », *AJ pénal* 2018. 172 – M. Touillier, « Le statut du suspect à l'ère de l'européanisation de la procédure pénale : entre "petite" et "grande" révolutions (Loi n° 2014-535, 27 mai 2014 portant transcription de la directive 2012/13/UE du Parlement européen et du Conseil, du 22 mai 2012, relative au droit à l'information dans le cadre des procédures pénales) », *RSC* 2015. 127 – F. Winckelmuller, « Aperçu de la situation du témoin à l'aune des droits européens », *AJ pénal* 2018. 179.

SECTION 1
AUDITION DU TÉMOIN

614.11 Réforme de la loi du 27 mai 2014. Les dispositions concernant l'audition du témoin, inscrites dans l'article 62[1] du code de procédure pénale,

1. C. pr. pén., art. 62 ; mod. par L. n° 2014-535, 27 mai 2014, art. 1er.

ont été partiellement réécrites par la loi du 27 mai 2014[1], portant transposition de la directive 2012/13[2] relative au droit à l'information dans le cadre des procédures pénales.

614.12 Définition du témoin. Les témoins simples sont des personnes contre lesquelles il n'existe aucune raison plausible de soupçonner qu'elles ont commis ou tenté de commettre une infraction. Elles sont entendues par les enquêteurs sans faire l'objet d'une mesure de contrainte. « Toutefois, si les nécessités de l'enquête le justifient, ces personnes peuvent être retenues sous contrainte le temps strictement nécessaire à leur audition, sans que cette durée puisse excéder quatre heures. » Le simple témoin est donc entendu librement sauf, si les nécessités de l'enquête l'exigent, la possibilité de le retenir pour au maximum quatre heures[3].

614.13 Droits du témoin. Le témoin n'est pas une partie et ne dispose pas de ses droits, notamment de celui d'agir en nullité. Le moyen pris de l'irrégularité de l'audition d'un tiers qui aurait dû, selon le demandeur, être placé en garde à vue est inopérant dès lors que cette irrégularité alléguée ne peut être invoquée que par la personne qu'elle concerne et que, d'autre part, s'agissant de sa propre audition en qualité de témoin, M. X... est infondé à invoquer une absence de notification de droits qui ne lui étaient pas applicables en raison de l'absence de raison plausible de soupçonner qu'il avait commis ou tenté de commettre une infraction[4].

614.14 Passage du statut de témoin libre à celui de suspect en cours d'audition. L'article 62, alinéa 3, du code de procédure pénale dispose « Si, au cours de l'audition d'une personne entendue librement en application du premier alinéa du présent article, il apparaît qu'il existe des raisons plausibles de soupçonner qu'elle a commis ou tenté de commettre une infraction, cette personne doit être entendue en application de l'article 61-1 et les informations prévues aux 1° à 6° du même article lui sont alors notifiées sans délai, sauf si son placement en garde à vue est nécessité en application de l'article 62-2. »

614.15 Passage du statut de témoin retenu à celui de suspect en cours d'audition. Si, au cours de l'audition d'une *personne retenue* en application du deuxième alinéa de l'article 62 du code de procédure pénale, il apparaît qu'il existe des raisons plausibles de soupçonner qu'elle a commis ou tenté de commettre un crime ou un délit puni d'une peine d'emprisonnement, elle ne peut être maintenue sous contrainte à la disposition des enquêteurs que sous le régime de la garde à vue. Son placement en garde à vue lui est alors notifié dans les conditions prévues à l'article 63-1 du code de procédure pénale. Il en résulte que si la personne suspecte peut être entendue librement, ce n'est plus le cas si elle le devient alors qu'elle est entendue, retenue, comme simple témoin.

614.16 Application aux enquêtes de flagrance et préliminaire. Les dispositions de l'article 62 du code de procédure pénale, qui concernent l'enquête de flagrance, ont fait l'objet d'un renvoi par l'article 78 et sont donc applicables à l'enquête préliminaire. Ces dispositions sont également applicables sur commission rogatoire du juge d'instruction.

614.17 Témoignage du témoin sans adresse dévoilée. La loi du 21 janvier 1995[5], par l'insertion dans le Code de procédure pénale d'un article 62-1, autorise les personnes entendues comme témoins, sur autorisation du procureur de la République, à déclarer comme domicile « l'adresse du commissariat ou de la brigade de gendarmerie », ceci afin d'éviter les représailles ou les pressions qui pourraient s'exercer contre eux dans les affaires sensibles. L'article R. 15-33-1 du même code en précisait les modalités pratiques. Ces dispositions ont été abrogées mais remplacées par la loi du 15 novembre 2001[6] modifiée par la loi du 4 mars 2002[7].

L'article 706-57 du Code de procédure pénale dispose que : « Les personnes à l'encontre desquelles il n'existe aucune raison plausible de soupçonner qu'elles ont commis ou tenté de commettre une infraction et qui sont susceptibles d'apporter des éléments de preuve intéressant la procédure peuvent, sur autorisation du procureur de la République ou du juge d'instruction, déclarer comme domicile l'adresse du commissariat ou de la brigade de gendarmerie ». Le recours à la procédure de recueil d'un témoignage anonyme ne peut être contesté que dans les conditions prévues par l'article 706-60 du code de procédure pénale, les dispositions de l'article 173, relatives à l'annulation des pièces d'une procédure d'instruction, étant inapplicables. Les

1. L. n° 2014-535, 27 mai 2014 portant transposition de la directive 2012/13/UE du Parlement européen et du Conseil, du 22 mai 2012, relative au droit à l'information dans le cadre des procédures pénales, *JO* 28 mai, p. 8864.
2. Dir. 2012/13/UE, Parlement et Conseil, 22 mai 2012 relative au droit à l'information dans le cadre des procédures pénales, *JOUE L* 142, 1er juin, p. 1.
3. V. égalt ss nos 223.11 s.
4. Crim. 10 oct 2017, n° 16-86.874, NP, *AJ pénal* 2017. 550, obs. N. Catelan.
5. L. n° 95-73, 21 janv. 1995 d'orientation et de programmation relative à la sécurité, *JO* 24 janv., p. 1249.
6. L. n° 2001-1062, 15 nov. 2001 relative à la sécurité quotidienne, *JO* 16 nov., p. 18215.
7. L. n° 2002-307, 4 mars 2002 complétant la loi n° 2000-516 du 15 juin 2000 renforçant la protection de la présomption d'innocence et les droits des victimes, *JO* 5 mars, p. 4169.

prescriptions de l'article 706-60 précité n'ayant pas, en l'espèce, été observées, le demandeur ne saurait se faire un grief de ce que la chambre de l'instruction ait rejeté sa requête en annulation des procès-verbaux d'audition du témoin anonyme, dès lors que les juges auraient dû la déclarer irrecevable[1].

Depuis la loi n° 2019-222 du 23 mars 2019, l'autorisation du procureur de la République n'est pas nécessaire lorsque le témoignage est apporté par une personne dépositaire de l'autorité publique ou chargée d'une mission de service public pour des faits qu'elle a connu en raison de ses fonctions ou de sa mission et que l'adresse déclarée est son adresse professionnelle.

SECTION 2
AUDITION DU SUSPECT

614.21 **Audition du suspect.** Le statut du suspect a été défini par la loi du 27 mai 2014[2] portant transposition de la directive 2012/13[3], précitée. La personne majeure à l'égard de laquelle il existe des raisons plausibles de soupçonner qu'elle a commis ou tenté de commettre une infraction ne peut être entendue librement sur ces faits qu'après avoir été informée :

1° De la qualification, de la date et du lieu présumés de l'infraction qu'elle est soupçonnée d'avoir commise ou tenté de commettre ;

2° Du droit de quitter à tout moment les locaux où elle est entendue ;

3° Le cas échéant, du droit d'être assistée par un interprète ;

4° Du droit de faire des déclarations, de répondre aux questions qui lui sont posées ou de se taire ;

5° Si l'infraction pour laquelle elle est entendue est un crime ou un délit puni d'une peine d'emprisonnement, du droit d'être assistée au cours de son audition ou de sa confrontation, selon les modalités prévues aux articles 63-4-3[4] et 63-4-4[5], par un avocat choisi par elle ou, à sa demande, désigné d'office par le bâtonnier de l'ordre des avocats ; elle est informée que les frais seront à sa charge sauf si elle remplit les conditions d'accès à l'aide juridictionnelle, qui lui sont rappelées par tout moyen ; elle peut accepter expressément de poursuivre l'audition hors la présence de son avocat ;

6° De la possibilité de bénéficier, le cas échéant gratuitement, de conseils juridiques dans une structure d'accès au droit. La notification des informations données en application du présent article est mentionnée au procès-verbal.

Si le déroulement de l'enquête le permet, lorsqu'une convocation écrite est adressée à la personne en vue de son audition, cette convocation indique l'infraction dont elle est soupçonnée, son droit d'être assistée par un avocat ainsi que les conditions d'accès à l'aide juridictionnelle, les modalités de désignation d'un avocat d'office et les lieux où elle peut obtenir des conseils juridiques avant cette audition.

Le présent article n'est pas applicable si la personne a été conduite, sous contrainte, par la force publique devant l'officier de police judiciaire[6]. Le respect de ces dispositions doit figurer en procédure, peu importe la nature du procès-verbal qui les relate. L'audition libre a été étendue par la loi du 3 juin 2016[7] aux auditions réalisées par les fonctionnaires et agents des administrations des services publics auxquels des lois spéciales attribuent certains pouvoirs de police judiciaire. Elle a ajouté à l'article 28[8] du code de procédure pénale un alinéa ainsi libellé :

« Lorsque ces fonctionnaires et agents sont autorisés à procéder à des auditions, l'article 61-1[9] est applicable dès lors qu'il existe à l'égard de la personne entendue des raisons plausibles de soupçonner qu'elle a commis ou tenté de commettre une infraction. »

Ce rappel a été inséré dans plusieurs articles extérieurs au code pénal par la loi du 3 juin 2016[10] : l'article L. 8271-6-1[11] du code du travail pour les agents de l'inspection du travail ; l'article L. 172-8[12] du code de l'environnement pour les inspecteurs de l'environnement ; l'article L. 450-4[13] du code de commerce pour les agents de la direction générale de la concurrence, de l'article L. 450-4[14] du code de

1. Crim. 13 déc. 2017, n° 17-82.990, P n° 288 ; *D.* 2018. 12 ; *JCP* 2018. 106 ; *D.* 2017. 1676, obs. J. Pradel ; *AJ pénal* 2018. 102, obs. D. Luciani-Mien.
2. L. n° 2014-535, 27 mai 2014, préc.
3. Dir. 2012/13/UE, Parlement et Conseil, 22 mai 2012, préc.
4. C. pr. pén., art. 63-4-3 ; créé par L. n° 2011-392, 14 avr. 2011, art. 8.
5. C. pr. pén., art. 63-4-4 ; créé par L. n° 2011-392, 14 avr. 2011, art. 8.
6. C. pr. pén., art. 61-1 ; créé par L. n° 2014-535, 27 mai 2014, art. 1er.
7. L. n° 2016-731, 3 juin 2016 renforçant la lutte contre le crime organisé, le terrorisme et leur financement, et améliorant l'efficacité et les garanties de la procédure pénale, *JO* 4 juin, n° 1.
8. C. pr. pén., art. 28 ; mod. par L. n° 2016-731, 3 juin 2016, art. 83.
9. C. pr. pén., art. 61-1 ; préc.
10. L. n° 2016-731, 3 juin 2016, préc.
11. C. trav., art. L. 8271-6-1 ; mod. par L. n° 2016-731, 3 juin 2016, art. 83.
12. C. envir., art. L. 172-8 ; mod. par L. n° 2016-731, 3 juin 2016, art. 83.
13. C. com., art. L. 450-4 ; mod. par L. n° 2016-731, 3 juin 2016, art. 83.
14. C. com., art. L. 450-4 ; mod. par L. n° 2016-731, 3 juin 2016, art. 83.

commerce pour les agents des services d'instruction de l'Autorité de la concurrence ; de l'article L. 512-60 [1] du code de la consommation pour les agents de la direction générale de la concurrence, de la consommation et de la répression des fraudes et de l'article L. 331-21-1 [2] du code de la propriété intellectuelle pour les agents de la Haute Autorité pour la diffusion des œuvres et la protection des droits sur Internet (Hadopi) [3].

Par ailleurs il convient depuis de notifier aux personnes entendues librement à l'issue de l'une des mesures visées aux articles L. 3341-2 [4] du code de la santé publique, L. 234-18 [5] et L. 235-5 [6] du code de la route, l'ensemble des droits de l'article 61-1 [7] du code de procédure pénale. Dès lors que l'audition n'a pas lieu dans des locaux de gendarmerie ou de police mais sur la voie publique, lieu du contrôle routier, le droit de quitter les locaux dans lesquels la personne est entendue ne doit pas être notifié [8]. « Dès lors qu'ayant été interpellé sur la voie publique à la suite d'un contrôle routier, puis entendu sur les lieux dudit contrôle, et non dans des locaux de police ou de gendarmerie, le prévenu ne saurait invoquer le fait que ne lui a pas été notifié le droit de garder le silence » [9]. Il est vrai que l'article 61-1 énonce que la personne soupçonnée doit être informée du droit de quitter à tout moment les locaux où elle est entendue, ce qui sous-entend que cette audition n'a pas lieu sur la voie publique. Comme l'écrit Gildas Roussel « Cette position du droit français crée un angle mort dans l'exercice du droit de ne pas s'auto-incriminer puisque tout suspect non contraint n'est pas informé de son droit de garder le silence avant toute déclaration sur la voie publique... Les droits du suspect d'une contravention ne commencent donc pas sur la voie publique » [10].

614.22 Suspect : enquête douanière. Les mêmes dispositions ont été introduites dans le code des douanes dans un article 67 F [11] qui renvoie aux dispositions de l'article 61-1 [12] du code de procédure pénale.

614.23 Confrontation du suspect et de la victime. Si la victime est confrontée avec une personne entendue dans les conditions prévues à l'article 61-1 [13] du code de procédure pénale pour un crime ou un délit puni d'une peine d'emprisonnement, elle peut demander à être également assistée, selon les modalités prévues à l'article 63-4-3 [14] du même code, par un avocat choisi par elle ou par son représentant légal si elle est mineure, ou, à sa demande, désigné par le bâtonnier. La victime est informée de ce droit avant qu'il soit procédé à la confrontation. Elle est également informée que les frais seront à sa charge sauf si elle remplit les conditions d'accès à l'aide juridictionnelle [15].

614.24 Convocation du suspect par courrier. L'article 61-1 [16] du code de procédure pénale dispose encore que : « Si le déroulement de l'enquête le permet, lorsqu'une convocation écrite est adressée à la personne en vue de son audition, cette convocation indique l'infraction dont elle est soupçonnée, son droit d'être assistée par un avocat ainsi que les conditions d'accès à l'aide juridictionnelle, les modalités de désignation d'un avocat d'office et les lieux où elle peut obtenir des conseils juridiques avant cette audition. » Cette disposition, constitue seulement une faculté. Il existe des situations où les enquêteurs éviteront de prévenir à l'avance la personne des raisons de son audition.

614.25 Durée cumulée des gardes à vue et auditions. Le régime résultant de la multiplicité des auditions de la personne a été clarifié par la loi du 27 mai 2014 [17].

D'une part, si avant d'être placée en garde à vue, la personne a été appréhendée ou a fait l'objet de toute autre mesure de contrainte pour ces mêmes faits, l'heure du début de la garde à vue est fixée, pour le respect des durées de garde à vue prévues à l'heure à partir de laquelle la personne a été privée de liberté.

D'autre part, si la personne n'a pas fait l'objet d'une mesure de contrainte préalable, mais que son placement en garde à vue est effectué dans le prolongement immédiat d'une audition, cette heure est fixée à celle du début de l'audition.

1. C. consom., art. L. 512-60 ; mod. par L. n° 2016-731, 3 juin 2016, art. 83.
2. CPI, art. L. 331-21-1 ; mod. par L. n° 2016-731, 3 juin 2016, art. 83.
3. https://www.hadopi.fr/
4. CSP, art. L. 3341-2 ; mod. par L. n° 2016-731, 3 juin 2016, art. 83.
5. C. route, art. L. 234-18 ; mod. par L. n° 2016-731, 3 juin 2016, art. 83.
6. C. route, art. L. 235-5 ; mod. par L. n° 2016-731, 3 juin 2016, art. 83.
7. C. pr. pén., art. 61-1 ; préc.
8. Crim. 1er mars 2016, n° 14-87.368, P n° 61 ; *AJ pénal* 2016. 494, obs. P. Combles de Nayve.
9. Crim. 22 janv. 2019, n° 18-82.026, NP, *AJ pénal* 2019. 276, obs. G. Roussel.
10. G. Roussel, *AJ pénal* 2019. 276, obs. ss Crim. 22 janv. 2019.
11. C. douanes, art. 67 F ; créé par L. n° 2014-535, 27 mai 2014, art. 12.
12. C. pr. pén., art. 61-1 ; préc.
13. C. pr. pén., art. 61-1 ; préc.
14. C. pr. pén., art. 63-4-3 ; créé par L. n° 2011-392, 14 avr. 2011, art. 8.
15. C. pr. pén., art. 61-2.
16. C. pr. pén., art. 61-1 ; préc.
17. L. n° 2014-535, 27 mai 2014, préc.

614.26 Audition libre et contrainte préalable. L'article 61-1[1] du code de procédure pénale, *in fine*, dispose que « Le présent article n'est pas applicable si la personne a été conduite, sous contrainte, par la force publique devant l'officier de police judiciaire ». La circulaire de la Chancellerie expose qu'une personne doit être considérée comme ayant subi une mesure de contrainte par les agents de la force publique si :

- ceux-ci l'ont contrainte à monter dans leur véhicule ;
- ou si elle a été menottée durant le trajet[2].

Il en résulte que la personne conduite sans contrainte, y compris dans le véhicule des enquêteurs peut être entendue soit en audition libre, soit en garde à vue. Une vraie difficulté peut résulter ici de mentions absentes ou imprécises.

614.27 Audition libre du mineur. Dans une affaire, un mineur âgé de plus de treize ans, à la suite de la plainte d'une éducatrice dénonçant des coups et des menaces, avait été remis, par la directrice de son foyer d'accueil, aux policiers, qui l'avaient conduit au commissariat sans procéder à son menottage. La chambre criminelle a jugé que : « Le mineur, conduit par les policiers auprès d'un officier de police judiciaire pour être entendu sur une infraction qu'il était soupçonné d'avoir commise, se trouve nécessairement dans une situation de contrainte et doit bénéficier des droits attachés au placement en garde à vue, prévus à l'article 4 de l'ordonnance du 2 février 1945. »[3]. L'audition libre du mineur s'avère donc *impossible, dès lors que la force publique l'a conduit devant l'officier de police judiciaire*, peu important qu'il ait été menotté, qu'il ait été contraint de monter dans le véhicule des agents de la force publique ou qu'il les ait suivis de son plein gré.

L'article 61-1[4] du code de procédure pénale, qui dispose depuis l'entrée en vigueur de la loi du 27 mai 2014[5] que : « Le présent article n'est pas applicable si la personne a été conduite, sous contrainte, par la force publique devant l'officier de police judiciaire », ne semble pas de nature à remettre en cause cette jurisprudence, puisque la notion de contrainte doit être analysée différemment pour les mineurs. Nous écrivions dans les précédentes éditions de cet ouvrage que c'était d'autant plus important que les droits offerts pour une audition libre sont inférieurs à ceux résultant d'un placement en garde à vue : l'enregistrement vidéo n'est pas prévu, non plus que l'information des parents ou l'examen médical, encore moins l'accès aux pièces de la procédure.

Mais le Conseil constitutionnel a, le 8 février 2019[6], déclaré l'article 61-1 du code de procédure pénale contraire à la Constitution en ce qu'il ne prévoyait pas, justement, de régime spécifique pour les mineurs et en particulier l'information des représentants légaux, l'avocat obligatoire et l'examen médical. L'article 3-1 de l'ordonnance du 28 février 1945, créé par la loi du 23 mars 2019, et repris par l'article L. 412-2 du Code de la justice pénale des mineurs, prévoit que lorsqu'un mineur est entendu librement en application de l'article 61-1 du code de procédure pénale, l'officier ou l'agent de police judiciaire doit en informer par tout moyen les parents, le tuteur, la personne ou le service auquel le mineur est confié. Lorsque l'enquête concerne un crime ou un délit puni d'une peine d'emprisonnement et que le mineur n'a pas sollicité l'assistance d'un avocat en application des mêmes articles 61-1 et 61-3, cette demande peut également être faite par ses représentants légaux, qui sont alors avisés de ce droit lorsqu'ils sont informés en application des deux premiers alinéas du présent article. Lorsque le mineur ou ses représentants légaux n'ont pas sollicité la désignation d'un avocat, le procureur de la République, le juge des enfants, le juge d'instruction ou l'officier ou l'agent de police judiciaire doit informer par tout moyen et sans délai le bâtonnier afin qu'il en commette un d'office, sauf si le magistrat compétent estime que l'assistance d'un avocat n'apparaît pas proportionnée au regard des circonstances de l'espèce, de la gravité de l'infraction, de la complexité de l'affaire et des mesures susceptibles d'être adoptées en rapport avec celle-ci, étant entendu que l'intérêt supérieur de l'enfant demeure toujours une considération primordiale.

L'article D. 15-6-1 du Code de procédure pénale dispose que « les mineurs placés en retenue ou en garde à vue sont séparés des personnes majeures » sauf s'il est de l'intérêt supérieur de l'enfant de ne pas en être séparé ou si cette séparation n'apparaît pas possible. L'article D. 594-18, quant à lui, précise que la notification des droits « comprend également l'information, dans des termes simples et acces-

1. C. pr. pén., art. 61-1 ; préc.
2. Circ. crim. n° 2014-12/E8, 23 mai 2014 de présentation des dispositions de procédure pénale applicables le 2 juin 2014 de la loi portant transposition de la directive 2012/13/UE du Parlement européen et du Conseil, du 22 mai 2012 relative au droit à l'information dans le cadre des procédures pénales, *BOMJ* n° 2014-05, 30 mai, p. 1, NOR : JUSD1412016C, point 1.2.2.
3. Crim. 6 nov. 2013, n° 13-84.320, P n° 20 ; *AJ pénal* 2014. 89, obs. L. Belfanti ; *D. actu.* 21 nov. 2013, obs. M. Léna ; *D.* 2013. 2646 ; *RSC* 2014. 138, obs. J. Danet ; *Procédures* 2014. Comm. 55, obs. A.-S. Chavent-Leclère (v. s^s n° 614.02).
4. C. pr. pén., art. 61-1 ; préc.
5. L. n° 2014-535, 27 mai 2014, préc.
6. Déc. 8 févr. 2019, QPC n° 2018-762.

sibles », du droit à ce que le titulaire de l'autorité parentale soit informé et le droit d'être accompagné par celui-ci lors de ses auditions ou interrogatoires, sauf circonstances particulières, du droit à la protection de sa vie privée garanti par l'interdiction de diffuser les enregistrements de ses auditions, par la tenue des audiences à huis clos et par l'interdiction de publier le compte rendu des débats d'audience ou de tout élément permettant son identification.

La loi du 26 février 2021[1] a modifié l'article L. 412-2 du Code de la justice pénale des mineurs, tel qu'il était prévu par l'ordonnance de 2019, en supprimant la possibilité ouverte au magistrat de s'opposer à la présence d'un avocat aux côtés du mineur entendu sous ce statut. L'assistance de l'avocat est obligatoire en audition libre pour les crimes et les délits punis d'une peine d'emprisonnement. Dans ce cas, « le procureur de la République, le juge des enfants, le juge d'instruction ou l'officier ou l'agent de police judiciaire en informe par tout moyen et sans délai le bâtonnier afin qu'il commette un avocat d'office », lorsque le mineur ou ses représentants légaux n'ont pas sollicité la désignation d'un avocat. Il n'est pas possible que le mineur renonce à l'assistance d'un avocat lorsqu'elle est obligatoire, même avec l'accord des représentants légaux.

En revanche, dans les cas où l'assistance de l'avocat est facultative (contravention ou délit non puni d'emprisonnement), en application de l'article 61-1 du Code de procédure pénale, le mineur peut accepter expressément de poursuivre l'audition hors la présence de son avocat. Dans les cas où l'assistance de l'avocat est obligatoire, si l'avocat ne se présente pas, l'enquêteur devra reconvoquer ultérieurement le mineur pour procéder à son audition libre. Il pourra également le placer en garde-à-vue si les conditions sont réunies.

614.28 Audition libre de la personne placée sous tutelle, sous curatelle, ou bénéficiant d'une mesure de sauvegarde de justice. L'article 706-112-2 du code de procédure pénale, issu de la loi n° 2019-222 du 23 mars 2019, prévoit que, lorsque les éléments recueillis au cours de la garde à vue d'une personne font apparaître que celle-ci fait l'objet d'une mesure de protection juridique, l'officier ou l'agent de police judiciaire en avise le curateur ou le tuteur. S'il est établi que la personne bénéficie d'une mesure de sauvegarde de justice, l'officier ou l'agent de police judiciaire avise s'il y a lieu le mandataire spécial désigné par le juge des tutelles.

Si la personne n'est pas assistée d'un avocat ou n'a pas fait l'objet d'un examen médical, le curateur, le tuteur ou le mandataire spécial peuvent désigner un avocat ou demander qu'un avocat soit désigné par le bâtonnier, et ils peuvent demander que la personne soit examinée par un médecin.

Sauf en cas de circonstance insurmontable, qui doit être mentionnée au procès-verbal, les diligences incombant aux enquêteurs en application du présent article doivent intervenir au plus tard dans un délai de six heures à compter du moment où est apparue l'existence d'une mesure de protection juridique. Le procureur de la République peut, à la demande de l'officier de police judiciaire, décider que l'avis prévu au présent article sera différé ou ne sera pas délivré si cette décision est, au regard des circonstances, indispensable afin de permettre le recueil ou la conservation des preuves ou de prévenir une atteinte grave à la vie, à la liberté ou à l'intégrité physique d'une personne.

Les dispositions de l'article 706-112-1 ont été déclarées conformes à la Constitution par le Conseil constitutionnel dans sa décision précitée du 21 mars 2019. Elles ont été précisées par le nouvel article D. 47-14 du code de procédure pénale, pris en application de l'article 706-118, ainsi que par l'article D. 15-5-7 de ce code, résultant du décret précité n° 2019-507 du 24 mai 2019.

Par une décision du 25 février 2022[2] le Conseil constitutionnel a rejeté une QPC visant (pour partie) l'inconstitutionnalité de l'article 706-112-2 du code de procédure pénale, dans sa rédaction issue de la loi n° 2019-222 du 23 mars 2019 de programmation 2018-2022 et de réforme pour la justice alors que le requérant faisait valoir que ces dispositions ne prévoiraient pas que le tuteur ou le curateur, lorsqu'il est avisé de l'audition libre du majeur protégé, soit informé de la possibilité qu'il a de désigner ou de faire désigner un avocat pour l'assister.

1. L. n° 2021-218, 26 févr. 2021 ratifiant l'ordonnance n° 2019-950 du 11 septembre 2019 portant partie législative du Code de la justice pénale des mineurs, *JO* 27 févr., n° 1.

2. Cons. const., 25 févr. 2022, n° 2021-975-QPC, *D.* 2022. 397 ; *Dr. pénal* n° 4, avr. 2022, alerte 38.

CHAPITRE

615. Principaux cas de nullité : la garde à vue

SECTION 0

ORIENTEUR

615.00 **Sommaire du chapitre.**

615.01 **Principaux textes applicables.**

TEXTES SOURCES

- C. pr. pén., art. 62-2 à 64, 73, 154, 706-88 à 706-88-2, 803-2, 803-3
- C. pr. pén., art. D. 11, D. 15-5-1 à D. 15-5-4, D. 15-6-1
- CSP, art. L. 3341-2, L. 234-18, L. 233-5
- C. douanes, art. 323-1 à 323-10

- C. route, art. L. 234-18, L. 235-5
- Ord. 2 févr. 1945, art. 4
- CJPM, art. L. 311-1 à L. 311-5, L. 413-1 à L. 413-15

TEXTES *IN EXTENSO*

- **C. pr. pén., art. 62-2**

La garde à vue est une mesure de contrainte décidée par un officier de police judiciaire, sous le contrôle de l'autorité judiciaire, par laquelle une personne à l'encontre de laquelle il existe une ou plusieurs raisons plausibles de soupçonner qu'elle a commis ou tenté de commettre un crime ou un délit puni d'une peine d'emprisonnement est maintenue à la disposition des enquêteurs. Cette mesure doit constituer l'unique moyen de parvenir à l'un au moins des objectifs suivants :

1° Permettre l'exécution des investigations impliquant la présence ou la participation de la personne ;

2° Garantir la présentation de la personne devant le procureur de la République afin que ce magistrat puisse apprécier la suite à donner à l'enquête ;

3° Empêcher que la personne ne modifie les preuves ou indices matériels ;

4° Empêcher que la personne ne fasse pression sur les témoins ou les victimes ainsi que sur leur famille ou leurs proches ;

5° Empêcher que la personne ne se concerte avec d'autres personnes susceptibles d'être ses coauteurs ou complices ;

6° Garantir la mise en œuvre des mesures destinées à faire cesser le crime ou le délit.

- **C. pr. pén., art. 62-3**

La garde à vue s'exécute sous le contrôle du procureur de la République, sans préjudice des prérogatives du juge des libertés et de la détention prévues aux articles 63-4-2 et 706-88 à 706-88-2 en matière de prolongation de la mesure au-delà de la quarante-huitième heure et de report de l'intervention de l'avocat. Le procureur de la République apprécie si le maintien de la personne en garde à vue et, le cas échéant, la prolongation de cette mesure sont nécessaires à l'enquête et proportionnés à la gravité des faits que la personne est soupçonnée d'avoir commis ou tenté de commettre. Il assure la sauvegarde des droits reconnus par la loi à la personne gardée à vue.

Il peut ordonner à tout moment que la personne gardée à vue soit présentée devant lui ou remise en liberté.

- **C. pr. pén., art. 63** [mod. par L. n° 2019-222, 23 mars 2019, art. 48]

I. – Seul un officier de police judiciaire peut, d'office ou sur instruction du procureur de la République, placer une personne en garde à vue.

Dès le début de la mesure, l'officier de police judiciaire informe le procureur de la République, par tout moyen, du placement de la personne en garde à vue. Il lui donne connaissance des motifs justifiant, en application de l'article 62-2, ce placement et l'avise de la qualification des faits qu'il a notifiée à la personne en application du 2° de l'article 63-1. Le procureur de la République peut modifier cette qualification ; dans ce cas, la nouvelle qualification est notifiée à la personne dans les conditions prévues au même article 63-1.

II. – La durée de la garde à vue ne peut excéder vingt-quatre heures.

Toutefois, la garde à vue peut être prolongée pour un nouveau délai de vingt-quatre heures au plus, sur autorisation écrite et motivée du procureur de la République, si l'infraction que la personne est soupçonnée d'avoir commise ou tenté de commettre est un crime ou un délit puni d'une peine d'emprisonnement supérieure ou égale à un an et si la prolongation de la mesure est l'unique moyen de parvenir à l'un au moins des objectifs mentionnés aux 1° à 6° de l'article 62-2 ou de permettre, dans les cas où il n'existe pas dans le tribunal de locaux relevant de l'article 803-3, la présentation de la personne devant l'autorité judiciaire.

Le procureur de la République peut subordonner son autorisation à la présentation de la personne devant lui. Cette présentation peut être réalisée par l'utilisation d'un moyen de télécommunication audiovisuelle.

III. – Si, avant d'être placée en garde à vue, la personne a été appréhendée ou a fait l'objet de toute autre mesure de contrainte pour ces mêmes faits, l'heure du début de la garde à vue est fixée, pour le respect des durées prévues au II du présent article, à l'heure à partir de laquelle la personne a été privée de liberté. Si la personne n'a pas fait l'objet d'une mesure de contrainte préalable, mais que son placement en garde à vue est effectué dans le prolongement immédiat d'une audition, cette heure est fixée à celle du début de l'audition.

Si une personne a déjà été placée en garde à vue pour les mêmes faits, la durée des précédentes périodes de garde à vue s'impute sur la durée de la mesure.

- **C. pr. pén., art. 63-1** [mod. par L. n° 2016-731, 3 juin 2016, art. 63]

La personne placée en garde à vue est immédiatement informée par un officier de police judiciaire ou, sous le contrôle de celui-ci, par un agent de police judiciaire, dans une langue qu'elle comprend, le cas échéant au moyen du formulaire prévu au treizième alinéa :

1° De son placement en garde à vue ainsi que de la durée de la mesure et de la ou des prolongations dont celle-ci peut faire l'objet ;

2° De la qualification, de la date et du lieu présumés de l'infraction qu'elle est soupçonnée d'avoir commise ou tenté de commettre ainsi que des motifs mentionnés aux 1° à 6° de l'article 62-2 justifiant son placement en garde à vue ;

3° Du fait qu'elle bénéficie :

- du droit de faire prévenir un proche et son employeur ainsi que, si elle est de nationalité étrangère, les autorités consulaires de l'État dont elle est ressortissante, et, le cas échéant, de communiquer avec ces personnes, conformément à l'article 63-2 ;
- du droit d'être examinée par un médecin, conformément à l'article 63-3 ;
- du droit d'être assistée par un avocat, conformément aux articles 63-3-1 à 63-4-3 ;
- s'il y a lieu, du droit d'être assistée par un interprète ;
- du droit de consulter, dans les meilleurs délais et au plus tard avant l'éventuelle prolongation de la garde à vue, les documents mentionnés à l'article 63-4-1 ;

- du droit de présenter des observations au procureur de la République ou, le cas échéant, au juge des libertés et de la détention, lorsque ce magistrat se prononce sur l'éventuelle prolongation de la garde à vue, tendant à ce qu'il soit mis fin à cette mesure. Si la personne n'est pas présentée devant le magistrat, elle peut faire connaître oralement ses observations dans un procès-verbal d'audition, qui est communiqué à celui-ci avant qu'il ne statue sur la prolongation de la mesure ;
- du droit, lors des auditions, après avoir décliné son identité, de faire des déclarations, de répondre aux questions qui lui sont posées ou de se taire.

Si la personne est atteinte de surdité et qu'elle ne sait ni lire, ni écrire, elle doit être assistée par un interprète en langue des signes ou par toute personne qualifiée maîtrisant un langage ou une méthode permettant de communiquer avec elle. Il peut également être recouru à tout dispositif technique permettant de communiquer avec une personne atteinte de surdité.

Si la personne ne comprend pas le français, ses droits doivent lui être notifiés par un interprète, le cas échéant après qu'un formulaire lui a été remis pour son information immédiate.

Mention de l'information donnée en application du présent article est portée au procès-verbal de déroulement de la garde à vue et émargée par la personne gardée à vue. En cas de refus d'émargement, il en est fait mention.

En application de l'article 803-6, un document énonçant ces droits est remis à la personne lors de la notification de sa garde à vue.

• **C. pr. pén., art. 63-2** [mod. par L. n° 202-22, 24 janv. 2023, art. 18]

I. – Toute personne placée en garde à vue peut, à sa demande, faire prévenir, par téléphone, une personne avec laquelle elle vit habituellement ou l'un de ses parents en ligne directe ou l'un de ses frères et sœurs de la mesure dont elle est l'objet. Elle peut en outre faire prévenir son employeur. Lorsque la personne gardée à vue est de nationalité étrangère, elle peut faire contacter les autorités consulaires de son pays.

Sauf en cas de circonstance insurmontable, qui doit être mentionnée au procès-verbal, les diligences incombant aux enquêteurs ou, sous leur contrôle, aux assistants d'enquête en application du premier alinéa doivent intervenir au plus tard dans un délai de trois heures à compter du moment où la personne a formulé la demande.

Le procureur de la République peut, à la demande de l'officier de police judiciaire, décider que l'avis prévu au premier alinéa du présent I sera différé ou ne sera pas délivré si cette décision est, au regard des circonstances, indispensable afin de permettre le recueil ou la conservation des preuves ou de prévenir une atteinte grave à la vie, à la liberté ou à l'intégrité physique d'une personne.

Si la garde à vue est prolongée au-delà de quarante-huit heures, le report de l'avis peut être maintenu, pour les mêmes raisons, par le juge des libertés et de la détention ou le juge d'instruction, sauf lorsque l'avis concerne les autorités consulaires.

II. – L'officier de police judiciaire peut autoriser la personne en garde à vue qui en fait la demande à communiquer, par écrit, par téléphone ou lors d'un entretien, avec un des tiers mentionnés au I du présent article, s'il lui apparaît que cette communication n'est pas incompatible avec les objectifs mentionnés à l'article 62-2 et qu'elle ne risque pas de permettre une infraction.

Afin d'assurer le bon ordre, la sûreté et la sécurité des locaux dans lesquels s'effectue la garde à vue, l'officier ou l'agent de police judiciaire détermine le moment, les modalités et la durée de cette communication, qui ne peut excéder trente minutes et intervient sous son contrôle, le cas échéant en sa présence ou en la présence d'une personne qu'il désigne. Si la demande de communication concerne les autorités consulaires, l'officier de police judiciaire ne peut s'y opposer au-delà de la quarante-huitième heure de la garde à vue.

Le présent II n'est pas applicable en cas de demande de communication avec un tiers dont il a été décidé en application des deux derniers alinéas du I du présent article qu'il ne pouvait être avisé de la garde à vue.

• **C. pr. pén., art. 63-3-1** [mod. par L. n° 202-22, 24 janv. 2023, art. 18]

Dès le début de la garde à vue, la personne peut demander à être assistée par un avocat. Si elle n'est pas en mesure d'en désigner un ou si l'avocat choisi ne peut être contacté, elle peut demander qu'il lui en soit commis un d'office par le bâtonnier.

Le bâtonnier ou l'avocat de permanence commis d'office par le bâtonnier est informé de cette demande par tous moyens et sans délai.

L'avocat peut également être désigné par la ou les personnes prévenues en application du premier alinéa du I de l'article 63-2. Cette désignation doit toutefois être confirmée par la personne.

L'avocat désigné est informé par l'officier de police judiciaire ou, sous le contrôle de celui-ci, par un agent de police judiciaire ou un assistant d'enquête de la nature et de la date présumée de l'infraction sur laquelle porte l'enquête.

S'il constate un conflit d'intérêts, l'avocat fait demander la désignation d'un autre avocat. En cas de divergence d'appréciation entre l'avocat et l'officier de police judiciaire ou le procureur de la République sur l'existence d'un conflit d'intérêts, l'officier de police judiciaire ou le procureur de la République saisit le bâtonnier qui peut désigner un autre défenseur.

Le procureur de la République, d'office ou saisi par l'officier de police judiciaire ou l'agent de police judiciaire, peut également saisir le bâtonnier afin qu'il soit désigné plusieurs avocats lorsqu'il est nécessaire de procéder à l'audition simultanée de plusieurs personnes placées en garde à vue.

• **C. pr. pén., art. 63-4**

L'avocat désigné dans les conditions prévues à l'article 63-3-1 peut communiquer avec la personne gardée à vue dans des conditions qui garantissent la confidentialité de l'entretien.

La durée de l'entretien ne peut excéder trente minutes.

Lorsque la garde à vue fait l'objet d'une prolongation, la personne peut, à sa demande, s'entretenir à nouveau avec un avocat dès le début de la prolongation, dans les conditions et pour la durée prévues aux deux premiers alinéas.

• **C. pr. pén., art. 63-4-1** [L. 27 mai 2014, art. 4]

À sa demande, l'avocat peut consulter le procès-verbal établi en application de l'avant-dernier alinéa de l'article 63-1 constatant la notification du placement en garde à vue et des droits y étant attachés, le certificat médical établi en application de l'article 63-3, ainsi que les procès-verbaux d'audition de la personne qu'il assiste. Il ne peut en demander ou en réaliser une copie. Il peut toutefois prendre des notes.

La personne gardée à vue peut également consulter les documents mentionnés au premier alinéa du présent article ou une copie de ceux-ci.

• **C. pr. pén., art. 63-4-2** [mod. par L. n° 2016-731, 3 juin 2016, art. 63]

La personne gardée à vue peut demander que l'avocat assiste à ses auditions et confrontations. Dans ce cas, la première audition, sauf si elle porte uniquement sur les éléments d'identité, ne peut débuter sans la présence de l'avocat choisi ou commis d'office avant l'expiration d'un délai de deux heures suivant l'avis adressé dans les conditions prévues à l'article 63-3-1 de la demande formulée par la personne gardée à vue d'être assistée par un avocat. Au cours des auditions ou confrontations, l'avocat peut prendre des notes.

Si l'avocat se présente après l'expiration du délai prévu au premier alinéa alors qu'une audition ou une confrontation est en cours, celle-ci est interrompue à la demande de la personne gardée à vue afin de lui permettre de s'entretenir avec son avocat dans les conditions prévues à l'article 63-4 et que celui-ci prenne connaissance des documents prévus à l'article 63-4-1. Si la personne gardée à vue ne demande pas à s'entretenir avec son avocat, celui-ci peut assister à l'audition en cours dès son arrivée dans les locaux du service de police judiciaire ou à la confrontation.

Lorsque les nécessités de l'enquête exigent une audition immédiate de la personne, le procureur de la République peut autoriser, par décision écrite et motivée, sur demande de l'officier de police judiciaire, que l'audition débute sans attendre l'expiration du délai prévu au premier alinéa.

À titre exceptionnel, sur demande de l'officier de police judiciaire, le procureur de la République ou le juge des libertés et de la détention, selon les distinctions prévues par l'alinéa suivant, peut autoriser, par décision écrite et motivée, le report de présence de l'avocat lors des auditions ou confrontations, si cette mesure apparaît indispensable pour des raisons impérieuses tenant aux circonstances particulières de l'enquête, soit pour permettre le bon déroulement d'investigations urgentes tendant au recueil ou à la conservation des preuves, soit pour prévenir une atteinte grave et imminente à la vie, à la liberté ou à l'intégrité physique d'une personne.

Le procureur de la République ne peut différer la présence de l'avocat que pendant une durée maximale de douze heures. Lorsque la personne est gardée à vue pour un crime ou un délit puni d'une peine d'emprisonnement supérieure ou égale à cinq ans, le juge des libertés et de la détention peut, sur requête du procureur de la République, autoriser à différer la présence de l'avocat, au-delà de la douzième heure, jusqu'à la vingt-quatrième heure. Les autorisations du procureur de la République et du juge des libertés et de la détention sont écrites et motivées par référence aux conditions prévues à l'alinéa précédent au regard des éléments précis et circonstanciés résultant des faits de l'espèce.

Lorsque, conformément aux dispositions des deux alinéas qui précèdent, le procureur de la République ou le juge des libertés et de la détention a autorisé à différer la présence de l'avocat lors des auditions ou confrontations, il peut également, dans les conditions et selon les modalités prévues par ces mêmes alinéas, décider que l'avocat ne peut, pour une durée identique, consulter les procès-verbaux d'audition de la personne gardée à vue.

• **C. pr. pén., art. 63-4-3**

L'audition ou la confrontation est menée sous la direction de l'officier ou de l'agent de police judiciaire qui peut à tout moment, en cas de difficulté, y mettre un terme et en aviser immédiatement le procureur de la République qui informe, s'il y a lieu, le bâtonnier aux fins de désignation d'un autre avocat.

À l'issue de chaque audition ou confrontation à laquelle il assiste, l'avocat peut poser des questions. L'officier ou l'agent de police judiciaire ne peut s'opposer aux questions que si celles-ci sont de nature à nuire au bon déroulement de l'enquête. Mention de ce refus est portée au procès-verbal.

À l'issue de chaque entretien avec la personne gardée à vue et de chaque audition ou confrontation à laquelle il a assisté, l'avocat peut présenter des observations écrites dans lesquelles il peut consigner les questions refusées en application du deuxième alinéa. Celles-ci sont jointes à la procédure. L'avocat peut adresser ses observations, ou copie de celles-ci, au procureur de la République pendant la durée de la garde à vue.

• **C. pr. pén., art. 63-4-3-1** [mod. par L. n° 2019-222, 23 mars 2019, art. 48]

Si la personne gardée à vue est transportée sur un autre lieu où elle doit être entendue ou faire l'objet d'un des actes prévus à l'article 61-3, son avocat en est informé sans délai

• **C. pr. pén., art. 63-4-4**

Sans préjudice de l'exercice des droits de la défense, l'avocat ne peut faire état auprès de quiconque pendant la durée de la garde à vue ni des entretiens avec la personne qu'il assiste, ni des informations qu'il a recueillies en consultant les procès-verbaux et en assistant aux auditions et aux confrontations.

• **C. pr. pén., art. 63-4-5**

Si la victime est confrontée avec une personne gardée à vue, elle peut demander à être également assistée par un avocat choisi par elle ou par son représentant légal si elle est mineure ou, à sa demande, désigné par le bâtonnier.

La victime est informée de ce droit avant qu'il soit procédé à la confrontation.

À sa demande, l'avocat peut consulter les procès-verbaux d'audition de la personne qu'il assiste.

L'article 63-4-3 est applicable.

• **C. pr. pén., art. 63-5**

La garde à vue doit s'exécuter dans des conditions assurant le respect de la dignité de la personne.

Seules peuvent être imposées à la personne gardée à vue les mesures de sécurité strictement nécessaires.

• **C. pr. pén., art. 63-6** [mod. par L. n° 2014-896, 15 août 2014, art. 34]

Les mesures de sécurité ayant pour objet de s'assurer que la personne gardée à vue ne détient aucun objet dangereux pour elle-même ou pour autrui sont définies par arrêté de l'autorité ministérielle compétente. Elles ne peuvent consister en une fouille intégrale.

La personne gardée à vue dispose, au cours de son audition, des objets dont le port ou la détention sont nécessaires au respect de sa dignité.

Le présent article est également applicable en cas de retenue intervenant en application des articles 141-4, 709-1-1, 716-5 et 803-3.

• **C. pr. pén., art. 63-7**

Lorsqu'il est indispensable pour les nécessités de l'enquête de procéder à une fouille intégrale d'une personne gardée à vue, celle-ci doit être décidée par un officier de police judiciaire et réalisée dans un espace fermé par une personne de même sexe que la personne faisant l'objet de la fouille. La fouille intégrale n'est possible que si la fouille par palpation ou l'utilisation des moyens de détection électronique ne peuvent être réalisées.

Lorsqu'il est indispensable pour les nécessités de l'enquête de procéder à des investigations corporelles internes sur une personne gardée à vue, celles-ci ne peuvent être réalisées que par un médecin requis à cet effet.

• **C. pr. pén., art. 63-8**

À l'issue de la garde à vue, la personne est, sur instruction du procureur de la République sous la direction duquel l'enquête est menée, soit remise en liberté, soit déférée devant ce magistrat.

Si la personne est remise en liberté à l'issue de la garde à vue sans qu'aucune décision n'ait été prise par le procureur de la République sur l'action publique, les dispositions de l'article 77-2 sont portées à sa connaissance.

• **C. pr. pén., art. 63-9**

Le procureur de la République compétent pour être avisé des placements en garde à vue, en contrôler le déroulement, en ordonner la prolongation et décider de l'issue de la mesure est celui sous la direction duquel l'enquête est menée.

Toutefois, le procureur de la République du lieu où est exécutée la garde à vue est également compétent pour la contrôler et en ordonner la prolongation.

• **C. pr. pén., art. 64**

I. – L'officier de police judiciaire établit un procès-verbal mentionnant :

1° Les motifs justifiant le placement en garde à vue, conformément aux 1° à 6° de l'article 62-2 ;

2° La durée des auditions de la personne gardée à vue et des repos qui ont séparé ces auditions, les heures auxquelles elle a pu s'alimenter, le jour et l'heure à partir desquels elle a été gardée à vue, ainsi que le jour et l'heure à partir desquels elle a été soit libérée, soit déférée devant le magistrat compétent ;

3° Le cas échéant, les auditions de la personne gardée à vue effectuées dans une autre procédure pendant la durée de la garde à vue ;

4° Les informations données et les demandes faites en application des articles 63-2 à 63-3-1 et les suites qui leur ont été données ;

5° S'il a été procédé à une fouille intégrale ou à des investigations corporelles internes.

Ces mentions doivent être spécialement émargées par la personne gardée à vue. En cas de refus, il en est fait mention.

II. – Les mentions et émargements prévus aux 2° et 5° du I concernant les dates et heures du début et de fin de garde à vue et la durée des auditions et des repos séparant ces auditions ainsi que le recours à des fouilles intégrales ou des investigations corporelles internes figurent également sur un registre spécial, tenu à cet effet dans tout local de police ou de gendarmerie susceptible de recevoir une personne gardée à vue. Ce registre peut être tenu sous forme dématérialisée.

Dans les corps ou services où les officiers de police judiciaire sont astreints à tenir un carnet de déclarations, les mentions et émargements prévus au premier alinéa du présent II sont également portés sur ce carnet. Seules les mentions sont reproduites au procès-verbal qui est transmis à l'autorité judiciaire.

• **C. pr. pén., art. 65** [mod. par L. n° 2014-535, 27 mai 2014, art. 4]

Si, au cours de sa garde à vue, la personne est entendue dans le cadre d'une procédure suivie du chef d'une autre infraction et qu'il existe des raisons plausibles de soupçonner qu'elle a commis ou tenté de commettre cette infraction, elle doit faire l'objet des informations prévues aux 1°, 3° et 4° de l'article 61-1 et être avertie qu'elle a le droit d'être assistée par un avocat conformément aux articles 63-3-1 à 63-4-3.

• **C. pr. pén., art. 73** [mod. par L. n° 2014-535, 27 mai 2014, art. 1]

Dans les cas de crime flagrant ou de délit flagrant puni d'une peine d'emprisonnement, toute personne a qualité pour en appréhender l'auteur et le conduire devant l'officier de police judiciaire le plus proche.

Lorsque la personne est présentée devant l'officier de police judiciaire, son placement en garde à vue, lorsque les conditions de cette mesure prévues par le présent code sont réunies, n'est pas obligatoire dès lors qu'elle n'est pas tenue sous la contrainte de demeurer à la disposition des enquêteurs et qu'elle a été informée qu'elle peut à tout moment quitter les locaux de police ou de gendarmerie. Le présent alinéa n'est toutefois pas applicable si la personne a été conduite, sous contrainte, par la force publique devant l'officier de police judiciaire.

• **C. pr. pén., art. 154** [mod. par L. n° 2016-731, 3 juin 2016, art. 63]

Les dispositions des articles 61-1 et 61-2 relatives à l'audition d'une personne soupçonnée ou d'une victime ainsi que les articles 61-3 et 62-2 à 64-1 sont applicables lors de l'exécution des commissions rogatoires.

Les attributions conférées au procureur de la République par ces articles sont alors exercées par le juge d'instruction. Lors de la délivrance de l'information prévue aux articles 61-1 et 63-1, il est précisé que l'audition ou la garde à vue intervient dans le cadre d'une commission rogatoire.

• **C. pr. pén., art. 706-73** [mod. par L. nº 2023-22, 24 janv. 2023, art. 16]

La procédure applicable à l'enquête, la poursuite, l'instruction et le jugement des crimes et des délits suivants est celle prévue par le présent code, sous réserve des dispositions du présent titre :

1° Crime de meurtre commis en bande organisée prévu par le 8° de l'article 221-4 du code pénal ;

1° *bis* Crime de meurtre commis en concours, au sens de l'article 132-2 du code pénal, avec un ou plusieurs autres meurtres ;

2° Crime de tortures et d'actes de barbarie commis en bande organisée prévu par l'article 222-4 du code pénal ;

2° *bis* Crime de viol commis en concours, au sens de l'article 132-2 du code pénal, avec un ou plusieurs autres viols commis sur d'autres victimes ;

3° Crimes et délits de trafic de stupéfiants prévus par les articles 222-34 à 222-40 du code pénal ;

4° Crimes et délits d'enlèvement et de séquestration commis en bande organisée prévus par l'article 224-5-2 du code pénal ;

5° Crimes et délits aggravés de traite des êtres humains prévus par les articles 225-4-2 à 225-4-7 du code pénal ;

6° Crimes et délits aggravés de proxénétisme prévus par les articles 225-7 à 225-12 du code pénal ;

7° Crime de vol commis en bande organisée prévu par l'article 311-9 du code pénal ;

8° Crimes aggravés d'extorsion prévus par les articles 312-6 et 312-7 du code pénal ;

8° *bis* (Abrogé) ;

9° Crime de destruction, dégradation et détérioration d'un bien commis en bande organisée prévu par l'article 322-8 du code pénal ;

10° Crimes en matière de fausse monnaie prévus par les articles 442-1 et 442-2 du code pénal ;

11° Crimes et délits constituant des actes de terrorisme prévus par les articles 421-1 à 421-6 du code pénal ;

11° *bis* Crimes portant atteinte aux intérêts fondamentaux de la nation prévus au titre Ier du livre IV du code pénal ;

12° Délits en matière d'armes et de produits explosifs prévus aux articles 222-52 à 222-54, 222-56 à 222-59, 322-6-1 et 322-11-1 du code pénal, aux articles L. 2339-2, L. 2339-3, L. 2339-10, L. 2341-4, L. 2353-4 et L. 2353-5 du code de la défense ainsi qu'aux articles L. 317-2 et L. 317-7 du code de la sécurité intérieure ;

13° Délits d'aide à l'entrée, à la circulation et au séjour irréguliers d'un étranger en France commis en bande organisée prévus par les articles L. 823-1 et L. 823-2 du code de l'entrée et du séjour des étrangers et du droit d'asile ;

14° Délits de blanchiment prévus par les articles 324-1 et 324-2 du code pénal, ou de recel prévus par les articles 321-1 et 321-2 du même code, du produit, des revenus, des choses provenant des infractions mentionnées aux 1° à 13° ;

15° Délits d'association de malfaiteurs prévus par l'article 450-1 du code pénal, lorsqu'ils ont pour objet la préparation de l'une des infractions mentionnées aux 1° à 14° et 17° ;

16° Délit de non-justification de ressources correspondant au train de vie, prévu par l'article 321-6-1 du code pénal, lorsqu'il est en relation avec l'une des infractions mentionnées aux 1° à 15° et 17° ;

17° Crime de détournement d'aéronef, de navire ou de tout autre moyen de transport commis en bande organisée prévu par l'article 224-6-1 du code pénal ;

18° Crimes et délits punis de dix ans d'emprisonnement, contribuant à la prolifération des armes de destruction massive et de leurs vecteurs entrant dans le champ d'application de l'article 706-167 ;

19° Délit d'exploitation d'une mine ou de disposition d'une substance concessible sans titre d'exploitation ou autorisation, accompagné d'atteintes à l'environnement, commis en bande organisée, prévu à l'article L. 512-2 du code minier, lorsqu'il est connexe avec l'une des infractions mentionnées aux 1° à 17° du présent article ;

20° Délit d'abus frauduleux de l'état d'ignorance ou de faiblesse commis en bande organisée prévu au dernier alinéa de l'article 223-15-2 du code pénal.

Pour les infractions visées aux 3°, 6° et 11°, sont applicables, sauf précision contraire, les dispositions du présent titre ainsi que celles des titres XV, XVI et XVII.

• **C. pr. pén., art. 706-73-1** [mod. par L. nº 2023-22, 24 janv. 2023, art. 4 et 7]

Le présent titre, à l'exception de l'article 706-88, est également applicable à l'enquête, à la poursuite, à l'instruction et au jugement des délits suivants :

1° Délit d'escroquerie en bande organisée, prévu au dernier alinéa de l'article 313-2 du code pénal, délit d'atteinte aux systèmes de traitement automatisé de données à caractère personnel mis en œuvre par l'État commis en bande organisée, prévu à l'article 323-4-1 du même code et délit d'évasion commis en bande organisée prévu au second alinéa de l'article 434-30 dudit code ;

2° Délits de dissimulation d'activités ou de salariés, de recours aux services d'une personne exerçant un travail dissimulé, de marchandage de main-d'œuvre, de prêt illicite de main-d'œuvre ou d'emploi d'étranger sans titre de travail, commis en bande organisée, prévus aux 1° et 3° de l'article L. 8221-1 et aux articles L. 8221-3, L. 8221-5, L. 8224-1, L. 8224-2, L. 8231-1, L. 8234-1, L. 8234-2, L. 8241-1, L. 8243-1, L. 8243-2, L. 8251-1 et L. 8256-2 du code du travail ;

3° Délits de blanchiment, prévus à l'article 324-1 du code pénal, ou de recel, prévus aux articles 321-1 et 321-2 du même code, du produit, des revenus ou des choses provenant des infractions mentionnées aux 1° et 2° du présent article ;

3° *bis* Délits de blanchiment prévus à l'article 324-2 du code pénal, à l'exception de ceux mentionnés au 14° de l'article 706-73 du présent code ;

4° Délits d'association de malfaiteurs, prévus à l'article 450-1 du code pénal, lorsqu'ils ont pour objet la préparation de l'une des infractions mentionnées aux 1° à 3° du présent article ;

5° Délit de non-justification de ressources correspondant au train de vie, prévu à l'article 321-6-1 du code pénal, lorsqu'il est en relation avec l'une des infractions mentionnées aux 1° à 4° du présent article ;

6° Délits d'importation, d'exportation, de transit, de transport, de détention, de vente, d'acquisition ou d'échange d'un bien culturel prévus à l'article 322-3-2 du code pénal.

7° Délits d'atteintes au patrimoine naturel commis en bande organisée, prévus à l'article L. 415-6 du code de l'environnement ;

8° Délits de trafic de produits phytopharmaceutiques commis en bande organisée, prévus au 3° de l'article L. 253-17-1, au II des articles L. 253-15 et L. 253-16 et au III de l'article L. 254-12 du code rural et de la pêche maritime ;

9° Délits relatifs aux déchets mentionnés au I de l'article L. 541-46 du code de l'environnement commis en bande organisée, prévus au VII du même article ;

10° Délit de participation à la tenue d'une maison de jeux d'argent et de hasard commis en bande organisée, prévu au premier alinéa de l'article L. 324-1 du code de la sécurité intérieure et délits d'importation, de fabrication, de détention, de mise à disposition de tiers, d'installation et d'exploitation d'appareil de jeux d'argent et de hasard ou d'adresse commis en bande organisée, prévu au premier alinéa de l'article L. 324-4 du même code ;

11° Délits portant atteinte aux intérêts fondamentaux de la nation prévus aux articles 411-5,411-7 et 411-8, aux deux premiers alinéas de l'article 412-2, à l'article 413-1 et au troisième alinéa de l'article 413-13 du code pénal ;

12° Délits d'administration d'une plateforme en ligne pour permettre la cession de produits, de contenus ou de services dont la cession, l'offre, l'acquisition ou la détention sont manifestement illicites et délits d'intermédiation ou de séquestre ayant pour objet unique ou principal de mettre en œuvre, de dissimuler ou de faciliter ces opérations, prévus à l'article 323-3-2 du même code.

• **C. pr. pén., art. 706-74** [mod. par L. n° 2015-993, 17 août 2015, art. 11]

Lorsque la loi le prévoit, les dispositions du présent titre sont également applicables :

1° Aux crimes et délits commis en bande organisée, autres que ceux relevant de l'article 706-73 et 706-73-1 ;

2° Aux délits d'association de malfaiteurs prévus par le deuxième alinéa de l'article 450-1 du code pénal autres que ceux relevant du 15° de l'article 706-73 ou du 4° de l'article 706-73-1 du présent code.

• **C. pr. pén., art. 706-88** [mod. par L. n° 2016-731, 3 juin 2016, art. 63]

Pour l'application des articles 63, 77 et 154, si les nécessités de l'enquête ou de l'instruction relatives à l'une des infractions entrant dans le champ d'application de l'article 706-73 l'exigent, la garde à vue d'une personne peut, à titre exceptionnel, faire l'objet de deux prolongations supplémentaires de vingt-quatre heures chacune.

Ces prolongations sont autorisées, par décision écrite et motivée, soit, à la requête du procureur de la République, par le juge des libertés et de la détention, soit par le juge d'instruction.

La personne gardée à vue doit être présentée au magistrat qui statue sur la prolongation préalablement à cette décision. La seconde prolongation peut toutefois, à titre exceptionnel, être autorisée sans présentation préalable de la personne en raison des nécessités des investigations en cours ou à effectuer.

Lorsque la première prolongation est décidée, la personne gardée à vue est examinée par un médecin désigné par le procureur de la République, le juge d'instruction ou l'officier de police judiciaire. Le médecin délivre un certificat médical par lequel il doit notamment se prononcer sur l'aptitude au maintien en garde à vue, qui est versé au dossier. La personne est avisée par l'officier de police judiciaire du droit de demander un nouvel examen médical. Ces examens médicaux sont de droit. Mention de cet avis est portée au procès-verbal et émargée par la personne intéressée ; en cas de refus d'émargement, il en est fait mention.

Par dérogation aux dispositions du premier alinéa, si la durée prévisible des investigations restant à réaliser à l'issue des premières quarante-huit heures de garde à vue le justifie, le juge des libertés et de la détention ou le juge d'instruction peuvent décider, selon les modalités prévues au deuxième alinéa, que la garde à vue fera l'objet d'une seule prolongation supplémentaire de quarante-huit heures.

Par dérogation aux dispositions des articles 63-4 à 63-4-2, lorsque la personne est gardée à vue pour une infraction entrant dans le champ d'application de l'article 706-73, l'intervention de l'avocat peut être différée, en considération de raisons impérieuses tenant aux circonstances particulières de l'enquête ou de l'instruction, soit pour permettre le recueil ou la conservation des preuves, soit pour prévenir une atteinte grave à la vie, à la liberté ou à l'intégrité physique d'une personne, pendant une durée maximale de quarante-huit heures ou, s'il s'agit d'une infraction mentionnée aux 3° ou 11° du même article 706-73, pendant une durée maximale de soixante-douze heures.

Le report de l'intervention de l'avocat jusqu'à la fin de la vingt-quatrième heure est décidé par le procureur de la République, d'office ou à la demande de l'officier de police judiciaire. Le report de l'intervention de l'avocat au-delà de la vingt-quatrième heure est décidé, dans les limites fixées au sixième alinéa, par le juge des libertés et de la détention statuant à la requête du procureur de la République. Lorsque la garde à vue intervient au cours d'une commission rogatoire, le report est décidé par le juge d'instruction. Dans tous les cas, la décision du magistrat, écrite et motivée, précise la durée pour laquelle l'intervention de l'avocat est différée.

Lorsqu'il est fait application des sixième et septième alinéas du présent article, l'avocat dispose, à partir du moment où il est autorisé à intervenir en garde à vue, des droits prévus aux articles 63-4 et 63-4-1, au premier alinéa de l'article 63-4-2 et à l'article 63-4-3.

• **C. pr. pén., art. 706-88-1**

Si la personne est gardée à vue pour une infraction mentionnée au 11° de l'article 706-73, le juge des libertés et de la détention, saisi par le procureur de la République à la demande de l'officier de police judiciaire, ou le juge d'instruction lorsque la garde à vue intervient au cours d'une instruction, peut décider que la personne sera assistée par un avocat désigné par le bâtonnier sur une liste d'avocats habilités, établie par le bureau du Conseil national des barreaux sur propositions des conseils de l'ordre de chaque barreau.

Les modalités d'application du premier alinéa sont définies par décret en Conseil d'État.

• **C. pr. pén., art. 803-2** [mod. par L. n° 2014-896, 15 août 2014, 34]

Toute personne ayant fait l'objet d'un déferrement à l'issue de sa garde à vue ou de sa retenue à la demande du procureur de la République ou du juge de l'application des peines comparaît le jour même devant ce magistrat ou, en cas d'ouverture d'une information, devant le juge d'instruction saisi de la procédure. Il en est de même si la personne est déférée devant le juge d'instruction à l'issue d'une garde à vue au cours d'une commission rogatoire, ou si la personne est conduite devant un magistrat en exécution d'un mandat d'amener ou d'arrêt.

• **C. pr. pén., art. 803-3**

* V. s[s] n° 611.01.

• **C. pr. pén., art. 803-5** [mod. par L. n° 2014-535, 27 mai 2014, art. 9]

Pour l'application du droit d'une personne suspectée ou poursuivie, prévu par le III de l'article préliminaire, à un interprète ou à une traduction, il est fait application du présent article.

S'il existe un doute sur la capacité de la personne suspectée ou poursuivie à comprendre la langue française, l'autorité qui procède à son audition ou devant laquelle cette personne comparaît vérifie que la personne parle et comprend cette langue.

À titre exceptionnel, il peut être effectué une traduction orale ou un résumé oral des pièces essentielles qui doivent lui être remises ou notifiées en application du présent code.

Les modalités d'application du présent article sont précisées par décret, qui définit notamment les pièces essentielles devant faire l'objet d'une traduction.

• **C. pr. pén., art. 803-6** [L. n° 2014-535, 27 mai 2014, art. 5]

Toute personne suspectée ou poursuivie soumise à une mesure privative de liberté en application d'une disposition du présent code se voit remettre, lors de la notification de cette mesure, un document énonçant, dans des termes simples et accessibles et dans une langue qu'elle comprend, les droits suivants, dont elle bénéficie au cours de la procédure en application du présent code :

1° Le droit d'être informée de la qualification, de la date et du lieu de l'infraction qui lui est reprochée ;

2° Le droit, lors des auditions ou interrogatoires, de faire des déclarations, de répondre aux questions qui lui sont posées ou de se taire ;

3° Le droit à l'assistance d'un avocat ;

4° Le droit à l'interprétation et à la traduction ;

5° Le droit d'accès aux pièces du dossier ;

6° Le droit qu'au moins un tiers ainsi que, le cas échéant, les autorités consulaires du pays dont elle est ressortissante soient informés de la mesure privative de liberté dont elle fait l'objet ;

7° Le droit d'être examinée par un médecin ;

8° Le nombre maximal d'heures ou de jours pendant lesquels elle peut être privée de liberté avant de comparaître devant une autorité judiciaire ;

9° Le droit de connaître les modalités de contestation de la légalité de l'arrestation, d'obtenir un réexamen de sa privation de liberté ou de demander sa mise en liberté.

La personne est autorisée à conserver ce document pendant toute la durée de sa privation de liberté.

Si le document n'est pas disponible dans une langue comprise par la personne, celle-ci est informée oralement des droits prévus au présent article dans une langue qu'elle comprend. L'information donnée est mentionnée sur un procès-verbal. Une version du document dans une langue qu'elle comprend est ensuite remise à la personne sans retard.

• **C. pr. pén., art. D. 11** [mod. par Décr. n° 2016-1202, 7 sept. 2016, art. 3]

Lorsqu'ils agissent dans le cadre de l'enquête de flagrance ou l'enquête préliminaire, les officiers de police judiciaire peuvent relater dans un seul procès-verbal les opérations effectuées au cours de la même enquête.

Si plusieurs officiers de police judiciaire concourent à une enquête, le nom de celui qui a personnellement accompli chacune des opérations doit être précisé.

Toutefois, le procureur de la République peut, par instructions particulières, demander aux officiers de police judiciaire d'établir des procès-verbaux séparés pour chacun des actes qu'ils sont appelés à faire.

Ces dispositions sont applicables aux agents de police judiciaire énumérés à l'article 20.

• **C. pr. pén., art. D. 15-5-1** [mod. par Décr. n° 2019-507, 24 mai 2019, art. 4

Lorsque les réquisitions prévues par l'article 60-1 portant sur des informations issues d'un système informatique ou d'un traitement de données nominatives sont adressées à l'un des organismes ou personnes mentionnés à l'article R. 15-33-68, il peut être demandé à la personne ou l'organisme requis de remettre ces informations sous une forme numérique répondant à des normes fixées par arrêté du garde des Sceaux, ministre de la Justice et du ministre de l'Intérieur.

Les dispositions du présent article sont applicables aux réquisitions prévues par les articles 77-1-1 et 99-3.

• **C. pr. pén., art. D. 15-5-1-2** [créé par Décr. n° 2019-507, 24 mai 2019, art. 4]

Lorsque la saisie d'un bien susceptible de faire l'objet d'une confiscation ultérieure a été effectuée en application des dispositions du présent code, la personne concernée en est informée soit lors de la perquisition, soit lors d'une audition ultérieure, dès lors que cette information ne risque pas de compromettre le déroulement des investigations. Elle est alors avisée, au moins brièvement, des motifs de la saisie. Il en est fait mention dans le procès-verbal.

À défaut de l'information prévue par le présent article, aucun délai de forclusion ne peut être opposé à la personne concernant une éventuelle demande de restitution du bien saisi.

• **C. pr. pén., art. D. 15-5-2** [Décr. n° 2016-1202, 7 sept. 2016, art. 5]

L'officier ou l'agent de police judiciaire responsable des modalités de déroulement de la garde à vue peut requérir par tout moyen d'un officier ou agent de police judiciaire appartenant à un service territorialement compétent autre que celui chargé de l'enquête de faire procéder aux diligences suivantes :

1° Prévenir par téléphone de la garde à vue les personnes mentionnées à l'article 63-2 ;

2° Contacter l'avocat désigné ou commis d'office pour assister la personne en garde à vue en application des articles 63-3-1 et suivants, et l'informer des lieux et horaires des auditions ;

3° Contacter le médecin devant examiner la personne en garde à vue en application de l'article 63-3 ;

4° Contacter l'interprète conformément aux dispositions de l'article 63-1.

L'officier ou l'agent de police judiciaire requis mentionne, dans un rapport transmis à l'officier de police judiciaire requérant, les modalités d'exécution de ces diligences, qui peuvent être effectuées par tout personnel de la police ou de la gendarmerie nationale, y compris n'ayant pas la qualité d'agent de police judiciaire adjoint, placé sous sa responsabilité et son contrôle.

• **C. pr. pén., art. D. 15-5-3** [Décr. n° 2016-1202, 7 sept. 2016, art. 5]

Le procès-verbal récapitulatif de garde à vue prévu par l'article 64 mentionne les informations données et les demandes faites en application des articles 63-2 à 63-3-1 et les suites qui leur ont été données, sans qu'il soit nécessaire de dresser un procès-verbal pour chacune des diligences accomplies pour l'exercice de ces droits.

• **C. pr. pén., art. D. 15-5-4** [Décr. n° 2016-1455, 28 oct. 2016, art. 4]

Le procès-verbal établi en application de l'article 61-1 indique que la personne a été avisée de son droit de demander l'assistance d'un avocat dès le début de l'audition ou à tout moment au cours de son déroulement. Lorsqu'une convocation lui a préalablement été adressée, elle indique, le cas échéant, que la personne peut désigner un avocat immédiatement ou à tout moment au cours de son audition.

• **CSP, art. L. 3341-2** [mod. par L. n° 2016-731, 3 juin 2016, art. 83]

Lorsqu'il est mis fin à la rétention en chambre de sûreté de la personne, son placement en garde à vue, si les conditions de cette mesure prévues par le code de procédure pénale sont réunies, n'est pas obligatoire dès lors qu'elle n'est pas tenue sous la contrainte de demeurer à la disposition des enquêteurs et qu'elle a été informée des droits mentionnés à l'article 61-1 du code de procédure pénale.

• **C. route, art. L. 234-18** [mod. par L. n° 2016-731, 3 juin 2016, art. 83]

Lorsqu'il a été procédé aux épreuves de dépistage et aux vérifications prévues par les articles L. 234-3 et L. 234-5, le placement en garde à vue de la personne, si les conditions de cette mesure prévues par le code de procédure pénale sont réunies, n'est pas obligatoire dès lors qu'elle n'est pas tenue sous la contrainte de demeurer à la disposition des enquêteurs et qu'elle a été informée des droits mentionnés à l'article 61-1 du code de procédure pénale.

• **C. route, art. L. 235-5** [mod. par L. n° 2016-731, 3 juin 2016, art. 83]

Lorsqu'il a été procédé aux épreuves de dépistage et aux vérifications prévues par l'article L. 235-2, le placement en garde à vue de la personne, si les conditions de cette mesure prévues par le code de procédure pénale sont réunies, n'est pas obligatoire dès lors qu'elle n'est pas tenue sous la contrainte de demeurer à la disposition des enquêteurs et qu'elle a été informée des droits mentionnés à l'article 61-1 du code de procédure pénale.

• **C. douanes, art. 323-1**

Les agents des douanes ne peuvent procéder à l'arrestation et au placement en retenue douanière d'une personne qu'en cas de flagrant délit douanier puni d'une peine d'emprisonnement et lorsque cette mesure est justifiée par les nécessités de l'enquête douanière.

• **C. douanes, art. 323-2**

La durée de la retenue douanière ne peut excéder vingt-quatre heures.

Toutefois, la retenue peut être prolongée pour un nouveau délai de vingt-quatre heures au plus, sur autorisation écrite et motivée du procureur de la République, si les nécessités de l'enquête douanière le justifient.

L'autorisation est accordée dans les conditions prévues au II de l'article 63 du code de procédure pénale.

• **C. douanes, art. 323-3**

Dès le début de la retenue douanière, le procureur de la République dans le ressort duquel est constaté le flagrant délit en est informé par tout moyen.

Il est avisé de la qualification des faits qui a été notifiée à la personne. Le procureur de la République peut modifier cette qualification ; dans ce cas, la nouvelle qualification est notifiée à la personne dans les conditions prévues à l'article 323-6.

Si la mesure doit être exécutée dans un autre ressort que celui du procureur de la République où l'infraction a été constatée, ce dernier en est informé.

• **C. douanes, art. 323-4**

La retenue douanière s'exécute sous le contrôle du procureur de la République qui assure la sauvegarde des droits reconnus par la loi à la personne retenue.

Il peut se transporter sur les lieux pour vérifier les modalités de la retenue et se faire communiquer les procès-verbaux et registres prévus à cet effet.

• **C. douanes, art. 323-5** [mod. par L. n° 2020-1672, 24 déc. 2020, art. 30]

Dans les conditions et sous les réserves définies aux articles 63-2 à 63-4-4 du code de procédure pénale, la personne placée en retenue douanière bénéficie du droit d'être examinée par un médecin et à l'assistance d'un avocat, ainsi que du droit de faire contacter un proche ou son curateur ou son tuteur, son employeur, les autorités consulaires de son pays si elle est de nationalité étrangère et, le cas échéant, de communiquer avec l'une de ces personnes ou autorités. Les attributions conférées à l'officier de police judiciaire par les articles 63-2 à 63-3-1, 63-4-2 et 63-4-3 du même code sont exercées par un agent des douanes.

Lorsque la personne est retenue pour un délit douanier mentionné au dernier alinéa de l'article 414, au troisième alinéa de l'article 414-2 ou à l'article 415 du présent code ou pour un délit connexe à une infraction mentionnée à l'article 706-73 du code de procédure pénale, l'intervention de l'avocat peut être différée dans les conditions prévues aux sixième à huitième alinéas de l'article 706-88 du même code.

• **C. douanes, art. 323-6** [mod. par L. n° 2014-535, 27 mai 2014, art. 12]

La personne placée en retenue douanière est immédiatement informée par un agent des douanes, dans les conditions prévues à l'article 63-1 du code de procédure pénale :

1° De son placement en retenue ainsi que de la durée de la mesure et de la prolongation dont celle-ci peut faire l'objet ;

2° De la qualification, de la date et du lieu présumés de l'infraction qu'elle est soupçonnée d'avoir commise ou tenté de commettre ainsi que des motifs justifiant son placement en retenue douanière en application de l'article 323-1 ;

3° Du fait qu'elle bénéficie des droits énoncés à l'article 323-5 du présent code ;

4° Du fait qu'elle a le choix, après avoir décliné son identité, de faire des déclarations, de répondre aux questions qui lui sont posées ou de se taire ;

5° S'il y a lieu, du droit d'être assistée par un interprète ;

6° Du droit de consulter, au plus tard avant l'éventuelle prolongation de la retenue douanière, les documents mentionnés à l'article 63-4-1 du code de procédure pénale ;

7° De la possibilité de demander au procureur de la République, lorsque ce magistrat se prononce sur l'éventuelle prolongation de la retenue douanière, que cette mesure soit levée.

Mention de l'information donnée en application du présent article est portée au procès-verbal et émargée par la personne retenue. En cas de refus d'émargement, il en est fait mention.

En application de l'article 803-6 du code de procédure pénale, un document énonçant ces droits est remis à la personne lors de la notification de sa retenue douanière.

• **C. douanes, art. 323-7**

Les articles 63-5 et 63-6 et le premier alinéa de l'article 63-7 du code de procédure pénale sont applicables en cas de retenue douanière.

Les mesures de sécurité mentionnées à l'article 63-6 du même code sont limitativement énumérées par arrêté du ministre chargé des douanes.

Les attributions conférées à l'officier de police judiciaire par l'article 63-7 du même code sont exercées par un agent des douanes.

• **C. douanes, art. 323-8**

Le procès-verbal de retenue douanière est rédigé conformément au I de l'article 64 du code de procédure pénale.

Figurent également sur un registre spécial tenu, éventuellement sous forme dématérialisée, dans les locaux de douane susceptibles de recevoir une personne retenue, les mentions prévues au premier alinéa du II du même article 64.

• **C. douanes, art. 323-9**

À l'issue de la retenue douanière, le procureur de la République peut ordonner que la personne retenue soit présentée devant lui, un officier de police judiciaire ou un agent des douanes habilité en application de l'article 28-1 du code de procédure pénale ou qu'elle soit remise en liberté.

Lorsque les personnes retenues sont placées en garde à vue au terme de la retenue, la durée de celle-ci s'impute sur la durée de la garde à vue.

• **C. douanes, art. 323-10** [mod. par L. n° 2021-1729, 22 déc. 2021, art. 14]

En cas de flagrant délit douanier commis par un mineur, la retenue douanière se déroule dans les conditions prévues en matière de retenue et de garde à vue aux articles L. 311-1 à L. 311-5, L. 411-1 et L. 413-1 à L. 413-15 du code de la justice pénale des mineurs.

• **Ord. n° 45-174, 2 févr. 1945, art. 4** [mod. par L. n° 2019-222, 23 mars 2019, art. 94 ; abrog. par ord. n° 2019-950, 11 sept. 2019, art. 7]

I – Le mineur de treize ans ne peut être placé en garde à vue. Toutefois, à titre exceptionnel, le mineur de dix à treize ans contre lequel il existe des indices graves ou concordants laissant présumer qu'il a commis ou tenté de commettre un crime ou un délit puni d'au moins cinq ans d'emprisonnement peut, pour l'un des motifs prévus par l'article 62-2 du code de procédure pénale, être retenu à la disposition d'un officier de police judiciaire avec l'accord préalable et sous le contrôle d'un magistrat du ministère public ou d'un juge d'instruction spécialisés dans la protection de l'enfance ou d'un juge des enfants, pour une durée que ce magistrat détermine et qui ne saurait excéder douze heures. Cette retenue peut toutefois être prolongée à titre exceptionnel par décision motivée de ce magistrat pour une durée qui ne saurait non plus excéder douze heures, après présentation devant lui du mineur, sauf si les circonstances rendent cette présentation impossible. Elle doit être strictement limitée au temps nécessaire à la déposition du mineur et à sa présentation devant le magistrat compétent ou à sa remise à l'une des personnes visées au II du présent article.

Les dispositions des II, III, IV et VI du présent article et de l'article 803-6 du code de procédure pénale sont applicables.

II – Lorsqu'un mineur est placé en garde à vue, l'officier de police judiciaire doit, dès que le procureur de la République ou le juge chargé de l'information a été avisé de cette mesure, en informer les parents, le tuteur, la personne ou le service auquel est confié le mineur.

Il ne peut être dérogé aux dispositions de l'alinéa précédent que pour permettre le recueil ou la conservation des preuves ou pour prévenir une atteinte grave à la vie, à la liberté ou à l'intégrité physique d'une personne, sur décision du procureur de la République ou du juge chargé de l'information prise au regard des circonstances de l'espèce, et pour la durée que le magistrat détermine et qui ne peut excéder vingt-quatre heures ou, lorsque la garde à vue ne peut faire l'objet d'une prolongation, douze heures.

III – Dès le début de la garde à vue d'un mineur de seize ans, le procureur de la République ou le juge chargé de l'information doit désigner un médecin qui examine le mineur dans les conditions prévues par l'article 63-3 du code de procédure pénale.

Lorsqu'un mineur de plus de seize ans est placé en garde à vue, ses représentants légaux sont avisés de leur droit de demander un examen médical lorsqu'ils sont informés de la garde à vue en application du II du présent article. L'avocat du mineur peut également demander que celui-ci fasse l'objet d'un examen médical.

IV – Dès le début de la garde à vue, le mineur doit être assisté par un avocat, dans les conditions prévues aux articles 63-3-1 à 63-4-3 du code de procédure pénale. Il doit être immédiatement informé de ce droit. Lorsque le mineur n'a pas sollicité l'assistance d'un avocat, cette demande peut également être faite par ses représentants légaux qui sont alors avisés de ce droit lorsqu'ils sont informés de la garde à vue en application du II du présent article. Lorsque le mineur ou ses représentants légaux n'ont pas désigné d'avocat, le procureur de la République, le juge chargé de l'instruction ou l'officier de police judiciaire doit, dès le début de la garde à vue, informer par tout moyen et sans délai le bâtonnier afin qu'il en commette un d'office.

V – En cas de délit puni d'une peine inférieure à cinq ans d'emprisonnement, la garde à vue d'un mineur âgé de treize à seize ans ne peut être prolongée.

Aucune mesure de garde à vue ne peut être prolongée sans présentation préalable du mineur au procureur de la République ou au juge d'instruction du lieu d'exécution de la mesure.

VI – Les interrogatoires des mineurs placés en garde à vue visés à l'article 64 du code de procédure pénale font l'objet d'un enregistrement audiovisuel.

L'enregistrement ne peut être consulté, au cours de l'instruction ou devant la juridiction de jugement, qu'en cas de contestation du contenu du procès-verbal d'interrogatoire, sur décision du juge d'instruction, du juge des enfants ou de la juridiction de jugement, à la demande du ministère public ou d'une des parties. Les huit derniers alinéas de l'article 114 ne sont pas applicables. Lorsqu'une partie demande la consultation de l'enregistrement, cette demande est formée et le juge d'instruction statue conformément aux deux premiers alinéas de l'article 82-1 du code de procédure pénale.

Le fait, pour toute personne, de diffuser un enregistrement original ou une copie réalisée en application du présent article est puni d'un an d'emprisonnement et de 15 000 euros d'amende.

Lorsque l'enregistrement ne peut être effectué en raison d'une impossibilité technique, il en est fait mention dans le procès-verbal d'interrogatoire qui précise la nature de cette impossibilité. Le procureur de la République ou le juge d'instruction en est immédiatement avisé. En l'absence d'enregistrement, que cette absence ait fait ou non l'objet d'une mention dans le procès-verbal et d'un avis au magistrat compétent, aucune condamnation ne peut être prononcée sur le seul fondement des déclarations du mineur si celles-ci sont contestées.

À l'expiration d'un délai de cinq ans à compter de la date de l'extinction de l'action publique, l'enregistrement original et sa copie sont détruits dans le délai d'un mois.

Un décret précise en tant que de besoin les modalités d'application du présent VI.

VII – L'article 706-88 du code de procédure pénale, à l'exception de ses sixième à huitième alinéas, est applicable au mineur de plus de seize ans lorsqu'il existe une ou plusieurs raisons plausibles de soupçonner qu'une ou plusieurs personnes majeures ont participé, comme auteurs ou complices, à la commission de l'infraction.

• **CJPM, art. L. 311-1**

Les représentants légaux sont informés par le ministère public ou, selon le cas, la juridiction d'instruction ou de jugement, des décisions prises à l'égard du mineur.

Cette information se fait par tout moyen sauf lorsqu'il en est disposé autrement.

Le mineur a le droit d'être accompagné par ses représentants légaux :

1° À chaque audience au cours de la procédure ;

2° Lors de ses auditions ou interrogatoires si l'autorité qui procède à cet acte estime qu'il est dans l'intérêt supérieur de l'enfant d'être accompagné et que la présence de ces personnes ne portera pas préjudice à la procédure ; au cours de l'enquête l'audition ou l'interrogatoire du mineur peut débuter en leur absence à l'issue d'un délai de deux heures à compter du moment où celles-ci ont été avisées.

Les représentants légaux du mineur sont convoqués à toutes les audiences des juridictions pour mineurs et, si nécessaire, lors de ses auditions et interrogatoires.

Lorsque l'information des représentants légaux ou l'accompagnement du mineur par ces derniers n'est pas possible ou n'est pas souhaitable, les informations mentionnées aux alinéas précédents sont communiquées à un adulte approprié et le mineur est accompagné par cet adulte, dans les cas et selon les modalités prévues par le présent code.

• **CJPM, art. L. 311-2**

L'information des droits dont le mineur bénéficie n'est pas délivrée aux titulaires de l'autorité parentale et le mineur n'est pas accompagné par ceux-ci lorsque cela :

1° Serait contraire à l'intérêt supérieur du mineur ;

2° N'est pas possible, parce que, après que des efforts raisonnables ont été déployés, aucun des titulaires de l'autorité parentale ne peut être joint ou que leur identité est inconnue ;

3° Pourrait, sur la base d'éléments objectifs et factuels, compromettre de manière significative la procédure pénale.

Dans les cas visés aux alinéas précédents, le mineur peut désigner un adulte approprié, qui doit être accepté en tant que tel par l'autorité compétente, pour recevoir ces informations et pour l'accompagner au cours de la procédure. Lorsque le mineur n'a désigné aucun adulte ou que l'adulte désigné n'est pas acceptable pour l'autorité compétente, le procureur de la République, le juge des enfants ou le juge d'instruction désigne, en tenant compte de l'intérêt supérieur de l'enfant, une autre personne pour recevoir ces informations et accompagner le mineur.

Cette personne peut également être un représentant d'une autorité ou d'une institution compétente en matière de protection de l'enfance, notamment un représentant *ad hoc* figurant sur la liste dressée en application de l'article 706-51 du code de procédure pénale.

• **CJPM, art. L. 311-3**

L'adulte approprié a pour rôle de :

1° Recevoir l'information relative aux différentes mesures prononcées à l'égard du mineur et des droits qui lui sont notifiés ;

2° L'accompagner lors des audiences et le cas échéant, lors de ses auditions ou interrogatoires si l'autorité qui procède à cet acte estime qu'il est dans l'intérêt supérieur de l'enfant d'être accompagné et que la présence de ces personnes ne portera pas préjudice à la procédure. Au cours de l'enquête, l'audition ou l'interrogatoire peut débuter en l'absence de ces personnes à l'issue d'un délai de deux heures à compter du moment où celles-ci ont été avisées.

L'adulte désigné peut demander un examen médical du mineur gardé à vue. Si cet adulte n'a pas pu être joint dès le début de la garde à vue, l'examen médical du mineur est obligatoire.

• **CJPM, art. L. 311-4**

Si les conditions visées à l'article L. 311-2 ne sont plus réunies, pour la suite de la procédure, les informations sont données aux titulaires de l'autorité parentale et ceux-ci accompagnent le mineur.

• **CJPM, art. L. 311-5**

Lorsque les représentants légaux du mineur poursuivi ne déferent pas à la convocation à comparaître devant un magistrat ou une juridiction pour mineurs, ce magistrat ou cette juridiction peut, d'office ou sur réquisition du ministère public, ordonner qu'ils soient immédiatement amenés par la force publique devant lui ou devant elle pour être entendus.

Dans tous les cas, les représentants légaux qui ne défèrent pas peuvent, sur réquisitions du ministère public, être condamnés par le magistrat ou la juridiction saisie à une amende dont le montant ne peut excéder 3 750 euros ou à un stage de responsabilité parentale.

Cette amende peut être rapportée par le magistrat ou la juridiction qui l'a prononcée s'ils défèrent aux convocations ultérieures.

Les personnes condamnées en application du premier alinéa peuvent former opposition de la décision devant le tribunal correctionnel statuant à juge unique dans le ressort duquel la juridiction qui l'a prononcée a son siège, dans les dix jours à compter de sa notification.

• **CJPM, art. L. 413-1**

À titre exceptionnel, le mineur âgé de dix à treize ans à l'encontre duquel il existe une ou plusieurs raisons plausibles de soupçonner qu'il a commis ou tenté de commettre un crime ou un délit puni d'au moins cinq ans d'emprisonnement peut, si cette mesure est l'unique moyen de parvenir à l'un au moins des objectifs mentionnés à l'article 62-2 du code de procédure pénale, être retenu à la disposition d'un officier de police judiciaire, avec l'accord préalable et sous le contrôle du procureur de la République ou du juge d'instruction, pour une durée que ce magistrat détermine et qui ne peut excéder douze heures.

La retenue est strictement limitée au temps nécessaire à la déposition du mineur et à sa présentation devant le magistrat compétent ou à sa remise à ses représentants légaux ou à la personne ou au service auquel il est confié.

Les dispositions de l'article 803-6 du code de procédure pénale sont applicables.

• **CJPM, art. L. 413-2**

À titre exceptionnel, la retenue mentionnée à l'article L. 413-1 peut être prolongée par décision motivée du procureur de la République ou du juge d'instruction pour une durée qui ne peut excéder douze heures, après présentation devant lui du mineur, sauf si les circonstances rendent cette présentation impossible.

• **CJPM, art. L. 413-3**

L'officier de police judiciaire informe par tout moyen les représentants légaux du mineur ainsi que la personne ou le service auquel il est confié de la mesure de retenue dont il fait l'objet.

Il ne peut être dérogé aux dispositions de l'alinéa précédent que pour permettre le recueil ou la conservation des preuves ou pour prévenir une atteinte grave à la vie, à la liberté ou à l'intégrité physique d'une personne, sur décision du procureur de la République ou du juge chargé de l'information prise au regard des circonstances de l'espèce, et pour la durée que le magistrat détermine et qui ne peut excéder douze heures.

Les représentants légaux sont informés que le mineur doit être assisté par un avocat et qu'ils peuvent désigner un avocat ou demander qu'un avocat soit commis d'office.

• **CJPM, art. L. 413-4**

Dès le début de la retenue, le procureur de la République ou le juge d'instruction désigne un médecin qui examine le mineur dans les conditions prévues à l'article 63-3 du code de procédure pénale.

• **CJPM, art. L. 413-5**

Le mineur retenu est assisté d'un avocat dans les conditions prévues aux articles 63-3-1 à 63-4-4 du code de procédure pénale.

Lorsque le mineur ou ses représentants légaux n'ont pas désigné d'avocat, le procureur de la République, le juge d'instruction ou l'officier de police judiciaire demande au bâtonnier par tout moyen, dès le début de la retenue, qu'il lui en soit commis un d'office.

• **CJPM, art. L. 413-6**

Le mineur âgé d'au moins treize ans peut être placé en garde à vue dans les cas et conditions prévus aux articles 62 à 66 du code de procédure pénale sous réserve des dispositions de la présente section.

• **CJPM, art. L. 413-7**

Après avoir avisé le procureur de la République ou le juge d'instruction du placement en garde à vue du mineur, l'officier de police judiciaire en informe les représentants légaux et la personne ou le service auquel le mineur est confié.

Il ne peut être dérogé aux dispositions de l'alinéa précédent que pour permettre le recueil ou la conservation des preuves ou pour prévenir une atteinte grave à la vie, à la liberté ou à l'intégrité physique d'une personne, sur décision du procureur de la République ou du juge d'instruction prise au regard des circonstances de l'espèce, et pour la durée que le magistrat détermine et qui ne peut excéder vingt-quatre heures ou, lorsque la garde à vue ne peut faire l'objet d'une prolongation, douze heures.

Les représentants légaux sont informés du droit du mineur à être assisté par un avocat.

• **CJPM, art. L. 413-8**

Dès le début de la garde à vue d'un mineur de moins de seize ans, le procureur de la République ou le juge d'instruction désigne un médecin qui examine le mineur dans les conditions prévues par l'article 63-3 du code de procédure pénale.

Lorsqu'un mineur d'au moins seize ans est placé en garde à vue, il est informé de son droit de demander un examen médical conformément aux dispositions de l'article 63-3 du code de procédure pénale. Ses représentants légaux sont avisés de leur droit de demander un examen médical lorsqu'ils sont informés de la garde à vue. L'avocat du mineur peut également demander que celui-ci fasse l'objet d'un examen médical.

• **CJPM, art. L. 413-9**

Dès le début de la garde à vue, le mineur doit être assisté par un avocat, dans les conditions prévues aux articles 63-3-1 à 63-4-3 du code de procédure pénale. Il doit être immédiatement informé de ce droit. Lorsque le mineur n'a pas sollicité l'assistance d'un avocat, cette demande peut également être faite par ses représentants légaux qui sont alors avisés de ce droit lorsqu'ils sont informés de la garde à vue en application de l'article L. 413-7. Lorsque le mineur ou ses représentants légaux n'ont pas désigné d'avocat, le procureur de la République, le juge d'instruction ou l'officier de police judiciaire doit, dès le début de la garde à vue, informer par tout moyen et sans délai le bâtonnier afin qu'il en commette un d'office.

• **CJPM, art. L. 413-10**

La garde à vue d'un mineur de moins de seize ans ne peut être prolongée que si l'infraction qu'il est soupçonné d'avoir commise ou tenté de commettre est un crime ou un délit puni d'une peine égale ou supérieure à cinq ans d'emprisonnement.

Aucune mesure de garde à vue ne peut être prolongée sans présentation préalable du mineur au procureur de la République ou au juge d'instruction compétent en application de l'article 63-9 et de l'article 154 du code de procédure pénale.

Cette présentation peut être réalisée par l'utilisation d'un moyen de télécommunication audiovisuelle conformément aux dispositions de l'article 706-71 du code de procédure pénale.

• **CJPM, art. L. 413-11**

L'article 706-88 du code de procédure pénale, à l'exception de ses sixième à huitième alinéas, est applicable au mineur de plus de seize ans lorsqu'il existe une ou plusieurs raisons plausibles de soupçonner qu'une ou plusieurs personnes majeures ont participé, comme auteurs ou complices, à la commission de l'infraction.

• **CJPM, art. L. 413-12**

Les interrogatoires des mineurs placés en garde à vue ou en retenue font l'objet d'un enregistrement audiovisuel.

Lorsque l'enregistrement ne peut être effectué en raison d'une impossibilité technique, il en est fait mention dans le procès-verbal d'interrogatoire qui précise la nature de cette impossibilité. Le procureur de la République ou le juge d'instruction en est immédiatement avisé. En l'absence d'enregistrement, que cette absence ait fait ou non l'objet d'une mention dans le procès-verbal et d'un avis au magistrat compétent, aucune condamnation ne peut être prononcée sur le seul fondement des déclarations du mineur si celles-ci sont contestées.

• **CJPM, art. L. 413-13**

L'enregistrement mentionné à l'article L. 413-12 ne peut être consulté, au cours de l'instruction ou devant la juridiction de jugement, qu'en cas de contestation du contenu du procès-verbal d'interrogatoire, sur décision du juge d'instruction ou de la juridiction de jugement, d'office ou à la demande du procureur de la République ou d'une des parties. Aucune copie de l'enregistrement ne peut être délivrée aux parties ou à leur avocat.

• **CJPM, art. L. 413-14**

Le fait, pour toute personne, de diffuser l'enregistrement audiovisuel réalisé en application de l'article L. 413-12 ou sa copie est puni d'un an d'emprisonnement et de 15 000 euros d'amende.

• **CJPM, art. L. 413-15**

À l'expiration d'un délai de cinq ans à compter de la date de l'extinction de l'action publique, l'enregistrement audiovisuel et sa copie sont détruits dans le délai d'un mois.

615.02 Jurisprudence de référence.

> Tout retard dans l'information par l'officier de police judiciaire du procureur de la République d'un placement en garde à vue, non justifié par des circonstances insurmontables, fait nécessairement grief aux intérêts de la personne concernée

• **Crim. 29 févr. 2000,** n° 99-85.573, P n° 93

* V. s[s] n° 615.291.

« Vu l'article 77, alinéa 1er, du code de procédure pénale, dans sa rédaction issue de la loi du 4 janvier 1993 et les articles 171 et 802 du code de procédure pénale, dans leur rédaction issue de la loi du 24 août 1993, ensemble l'article 41, alinéa 3, du même code ;

Attendu que l'officier de police judiciaire, qui pour les nécessités de l'enquête, place en garde à vue une personne à l'encontre de laquelle il existe des indices faisant présumer qu'elle a commis ou tenté de commettre une infraction, doit en informer sans délai le procureur de la République ; que tout retard dans la mise en œuvre de cette obligation, non justifié par des circonstances insurmontables, fait nécessairement grief aux intérêts de la personne concernée ;

Attendu qu'il résulte de l'arrêt et des pièces de la procédure que X..., entendu par un officier de police judiciaire, dans une procédure d'enquête préliminaire, le 29 mars 1993 à partir de 9 heures 15, a été placé en garde à vue le même jour à 11 heures 20 ; qu'une perquisition a été pratiquée à son domicile de 11 heures 45 à 17 heures ; qu'il a été mis en liberté à 17 heures 30, conformément aux instructions du substitut du procureur de la République ;

Attendu que pour rejeter la demande de nullité d'actes de la procédure, les juges qui se prononcent par les motifs repris au moyen, relèvent notamment que le placement en garde à vue n'a été décidé que pour permettre l'exécution de la perquisition au domicile de X... d'où ils déduisent que la preuve d'un retard injustifié dans la délivrance de l'avis de placement en garde à vue n'est pas rapportée ;

Qu'ils ajoutent que cette mesure et son exécution de brève durée étaient parfaitement justifiées au regard des nécessités particulières d'une enquête économique et financière et ont été si limitées dans leurs effets et leurs conditions de mise en œuvre que l'éventuelle perte de la garantie que constitue le contrôle du ministère public n'a porté aucune atteinte aux intérêts de X... ;

Mais attendu qu'en statuant ainsi, alors qu'il ne résulte d'aucun élément du dossier que le procureur de la République ait été avisé dès le placement en garde à vue, la chambre d'accusation a méconnu le sens et la portée des textes susvisés et du principe sus-énoncé ;

D'où il suit que la cassation est encourue ;

Par ces motifs, casse et annule [...]. »

> Le régime de la garde à vue des mineurs ne s'applique pas à celui qui est devenu majeur au moment de sa garde à vue

• **Crim. 25 oct. 2000,** n° 00-83.253, P n° 316

* V. s^s^ n° 615.281.

« [...] alors que les dispositions spéciales relatives à l'enfance délinquante sont applicables dès lors que la personne poursuivie était mineure au moment des faits ; qu'elles sont d'ordre public et que leur non-respect fait nécessairement grief aux personnes concernées, quand bien même elles seraient devenues majeures depuis les faits ; qu'il est constant, en l'espèce, que Vincent C... et Franck D... étaient mineurs au moment des faits ; qu'il est tout aussi constant qu'aucun des jeunes gens poursuivis n'a été prévenu de son droit de s'entretenir immédiatement avec un avocat ; qu'aucun médecin n'a été désigné pour les examiner ; que les gendarmes se sont permis d'organiser immédiatement des confrontations entre les personnes interpellées ; que les premiers actes de procédure ont été effectués par le procureur de la République de Saint-Gaudens, lequel n'avait pas compétence pour le faire ; qu'aucune pièce n'indique que le procureur de Toulouse, siège du tribunal pour enfants, ait, à tout le moins, été informé immédiatement ; qu'aucune pièce n'indique que les parents des personnes interpellées aient été informées ; que, pour résumer, aucune des règles spéciales relatives à l'enfance délinquante n'a été observée ; que la chambre d'accusation ne pouvait donc rejeter les demandes de nullité [...] ;

Les moyens étant réunis ;

Attendu qu'en rejetant, par les motifs reproduits aux moyens, les requêtes en nullité invoquant la violation des règles relatives à la garde à vue des mineurs, l'arrêt attaqué n'encourt pas les griefs allégués ;

Qu'en effet, les règles édictées par l'article 4 de l'ordonnance du 2 février 1945 visent à protéger le mineur, non pas en raison de son manque de discernement au jour des faits, mais en raison de sa vulnérabilité supposée au moment de son audition ;

Attendu que, par ailleurs, la chambre d'accusation, par les motifs reproduits aux moyens, a énoncé à bon droit que les actes de poursuite et d'instruction accomplis entre le 30 novembre et le 1er décembre 1999 présentaient le caractère d'urgence requis par l'article 7, alinéas 2 et 3, de l'ordonnance du 2 février 1945 ;

Attendu qu'enfin, en relevant que l'absence de l'avis prévu par l'alinéa 2 de l'article précité n'avait causé aucun grief aux personnes concernées, l'arrêt n'encourt pas la censure. »

> Un retard injustifié dans la notification des droits de la personne gardée à vue porte nécessairement atteinte aux droits de la défense

• **Crim. 6 déc. 2000,** n° 00-82.997, P n° 367

* V. s^s^ n° 615.311.

« Sur le moyen unique de cassation, pris de la violation des articles 63-1, 63-2, 63-3 et 63-4 du code de procédure pénale :

Attendu que, pour prononcer la nullité de la procédure suivie contre X..., la cour d'appel énonce que l'intéressé a été interpellé, en flagrant délit, à Garges-Lès-Gonesse, le 8 janvier 1998 à 2 heures et qu'il a été, sur-le-champ, ramené au commissariat de cette ville ; que les juges ajoutent que ses droits ne lui ont été notifiés qu'à 3 heures 55 et qu'aucun élément ne vient justifier ce retard, qui porte nécessairement atteinte aux droits de la défense et doit, dès lors, entraîner la nullité de l'ensemble de la procédure subséquente ;

Attendu qu'en statuant ainsi, la cour d'appel a justifié sa décision ; que, contrairement aux allégations du moyen, l'officier de police judiciaire n'avait pas à attendre le résultat des auditions des gardiens de la paix, victimes des faits, pour savoir s'il allait ordonner le placement en garde à vue de X... et lui notifier ses droits, dès lors que, dès son arrivée au commissariat, l'intéressé a été "gardé dans les locaux", sur ordre de l'officier de police judiciaire de permanence, et qu'ainsi, se trouvant, aux termes de l'article 63 du code de procédure pénale, gardé à la disposition d'un officier de police judiciaire pour les nécessités d'une enquête, il devait, dès cet instant, recevoir notification de ses droits ; que cette notification pouvait, éventuellement, se faire par un agent de police judiciaire, présent sur place, comme le permet l'article 63-1 dudit code ;

D'où il suit que le moyen ne saurait être accueilli ;

Et attendu que l'arrêt est régulier en la forme ;

REJETTE le pourvoi. »

> Dès lors que l'autorisation de prolongation a été accordée avant l'expiration du premier délai de vingt-quatre heures, il n'importe que cette autorisation soit parvenue entre les mains de l'officier de police judiciaire après que ce dernier eut notifié la prolongation à la personne concernée

• **Crim. 30 oct. 2001,** n° 01-85.328, P n° 222

* V. s^s^ n° 615.213.

« Sur le premier moyen de cassation, pris de la violation des articles 77 et 171 du code de procédure pénale, 5 et 6 de la convention européenne des droits de l'homme :

En ce que l'arrêt attaqué a refusé d'annuler les procès-verbaux de garde à vue de Bruno et Robert X... à compter de la prolongation de la garde à vue ainsi que toute la procédure subséquente ;

Aux motifs que, si l'article 77 du code de procédure pénale exige qu'une prolongation de garde à vue, sans présentation, soit accordée par écrit, il ne résulte nullement de ce texte que cet écrit doit être en possession de l'officier de police judiciaire chargé de la mesure de garde à vue lorsqu'il l'a notifiée au gardé à vue ; que seule importe l'existence des prolongations écrites, existence qui n'est d'ailleurs pas contestée en l'espèce ; que ni Robert X... ni Bruno X... n'allèguent, ni ne démontrent un quelconque grief qui aurait été porté à leurs intérêts du fait d'une notification de la prolongation de la garde à vue, quelques minutes après la fin de la première période de 24 heures de cette garde à vue ; que les autorisations écrites du ministère public de prolonger les gardes à vue (D 30 D 31) mentionnent un motif "en raison des nécessités du service" en ce qui concerne la non-présentation et un motif "procéder à de nouvelles auditions" en ce qui concerne le fondement de la prolongation ;

Alors, d'une part, que l'article 77 du code de procédure pénale exige que l'autorisation du procureur de la République de prolonger la garde à vue, lorsqu'elle est accordée sans présentation préalable de la personne concernée, soit écrite et motivée ; que l'officier de police judiciaire ne peut en conséquence prolonger la garde à vue sans notifier préalablement à la personne qui n'a pas été présentée au procureur de la République l'autorisation écrite et motivée par ce dernier ; qu'en l'espèce l'arrêt attaqué qui ne conteste pas que, comme le soutenait la requête, et comme le révèlent les mentions des télécopies adressées à l'officier de police judiciaire et figurant au dossier, l'autorisation écrite du procureur de la République est parvenue après la prolongation de la première période de 24 heures, a violé l'article 77 du code de procédure pénale ; que cette irrégularité qui touche à la compétence des juridictions et notamment à celle accordée exclusivement à un magistrat de prolonger une mesure privative de liberté porte en elle-même atteinte aux droits de la personne concernée ;

Alors, d'autre part, que l'autorisation de prolongation qui ne comporte aucun motif sur le caractère exceptionnel du défaut de comparution de l'intéressé et se borne à des affirmations générales sur les nécessités du service et de celles de procéder à de nouvelles auditions ne répond pas aux exigences de l'article 77 du code de procédure pénale ; que cette irrégularité qui porte atteinte aux droits de la personne gardée à vue d'être aussitôt traduite devant un magistrat emporte nécessairement la nullité de la prolongation et de toute la procédure subséquente ;

Attendu que, pour rejeter le grief pris de ce que l'autorisation écrite par laquelle le ministère public a accordé la prolongation des gardes à vue serait parvenue par fax après notification de ladite prolongation aux personnes concernées, la chambre de l'instruction énonce que l'autorisation a bien été décidée avant l'expiration du premier délai de 24 heures par le procureur de la République, et qu'il n'importe que ladite autorisation soit arrivée par télécopie entre les mains de l'officier de police judiciaire après que ce dernier eut notifié la prolongation de la mesure ;

Attendu qu'en cet état, si c'est à tort que les juges retiennent qu'il ne leur appartient pas d'apprécier les motifs pour lesquels le ministère public a autorisé la prolongation sans présentation préalable des intéressés, la cassation n'est cependant pas encourue, dès lors qu'il résulte des pièces de la procédure qu'à la suite des demandes des enquêteurs, invoquant des auditions et des investigations empêchant la présentation devant le magistrat, le procureur de la République a, aux termes de son autorisation écrite, accordé les prolongations pour procéder à de nouvelles auditions, sans présentation préalable à ce magistrat compte tenu des nécessités du service ;

Que le moyen doit être écarté ;

Et attendu que l'arrêt est régulier en la forme ;

REJETTE le pourvoi. »

> Aucune disposition légale n'impose à l'officier de police judiciaire d'imputer, sur la durée d'une mesure de garde à vue en cours, celle d'une audition, portant sur les mêmes faits, effectuée sans contrainte, fût-elle postérieure à un premier placement en garde à vue

• **Crim. 31 oct. 2001,** n° 01-85.341, P n° 226

* V. s[s] n° 615.252.

« Attendu qu'il résulte de l'arrêt attaqué et des pièces de la procédure qu'à l'occasion de l'enquête préliminaire faisant suite à une plainte dénonçant les conditions de fonctionnement d'une association gérante de tutelle, présidée par X..., celui-ci a été placé en garde à vue, le 21 mai 1997, par le service régional de police judiciaire, durant 10 heures et 5 minutes ; que, sur convocation d'un officier de police judiciaire, il s'est présenté au même service, le 19 novembre 1997, où il a été entendu pendant 3 heures, sur les mêmes faits sans être placé en garde à vue ; qu'après ouverture d'une information, il a été convoqué par le service de la brigade financière de Versailles, le 10 mars 1999 et a été, dès son arrivée, placé en garde à vue, à 10 heures ;

Attendu que, pour rejeter le moyen d'annulation présenté par X..., pris du caractère tardif de la notification de la prolongation de sa garde à vue, l'arrêt relève qu'en tenant compte de la durée de 10 heures 5 minutes de la précédente mesure prise le 21 mai 1997, l'entretien avec un avocat, qui s'est déroulé le 10 mars 1999 de 21 heures 20 à 21 heures 50, a effectivement eu lieu à l'issue du délai de 20 heures, prévu par l'article 63-4 du code de procédure pénale, alors en vigueur, qui expirait à 21 heures 25, et qu'a été également régulière la notification de la prolongation de la garde à vue, intervenue le même jour, à 22 heures, dès lors que les 24 premières heures de la mesure ne prenaient fin que le 11 mars, à 0 heure 25 ; que les juges ajoutent que l'officier de police judiciaire a mentionné, par erreur, dans les procès-verbaux relatant l'exécution de la mesure prise le 10 mars 1999, que l'intéressé avait fait l'objet d'une telle mesure le 19 novembre 1997 pendant une durée de 3 heures ;

Attendu qu'en statuant ainsi, et dès lors qu'aucune disposition légale n'impose à l'officier de police judiciaire d'imputer, sur la durée d'une mesure de garde à vue en cours, celle d'une audition, portant sur les mêmes faits, effectuée sans contrainte, fût-elle postérieure à un premier placement en garde à vue, la chambre de l'instruction a justifié sa décision ;

D'où il suit que le moyen ne saurait être accueilli ;

Et attendu que l'arrêt est régulier en la forme ;

REJETTE le pourvoi. »

> Le défaut d'enregistrement audiovisuel des interrogatoires d'un mineur placé en garde à vue, non justifié par un obstacle insurmontable, porte nécessairement atteinte aux intérêts de la personne concernée

• **Crim. 3 avr. 2007,** n° 06-87.264, P n° 104

* V. s^s n° 615.321.

« Sur les premier et deuxième moyens de cassation réunis, pris de la violation des articles 4 VI de l'ordonnance du 2 février 1945, 171, 591 et 593 du code de procédure pénale, contradiction, défaut et insuffisance de motifs :

Attendu qu'il résulte de l'arrêt attaqué et des pièces de la procédure que, le 4 octobre 2004, à 1 heure 15, Saïd X..., mineur, interpellé par les services de police et placé immédiatement en garde à vue, a été interrogé, sans que cet interrogatoire fasse l'objet d'un enregistrement audiovisuel, en raison d'un "problème informatique", selon les mentions du procès-verbal établi par l'officier de police judiciaire ; que le mineur, mis en examen par le juge des enfants, a été renvoyé devant le tribunal pour enfants du chef de tentative de vol avec arme, sans que lui ait été notifié l'avis de fin d'information prévu par l'article 175 du code de procédure pénale ; que Saïd X... a saisi le tribunal d'une exception de nullité tirée de ce que les dispositions de l'article 4 VI de l'ordonnance du 2 février 1945 n'avaient pas été respectées ;

Attendu que, pour prononcer la nullité de la procédure, l'arrêt confirmatif énonce que l'impossibilité, avancée par les fonctionnaires de police, de réaliser l'enregistrement audiovisuel de Saïd X... en raison d'un "problème informatique", ne suffit pas, en l'absence de toute autre précision, à caractériser la cause insurmontable qui justifierait l'omission de cette obligation légale ; que les juges ajoutent que le non-respect des dispositions de l'article 4 VI de l'ordonnance du 2 février 1945 prive le mineur de la protection légale et porte ainsi atteinte à ses intérêts ;

Attendu qu'en prononçant ainsi, et dès lors que le défaut d'enregistrement audiovisuel des interrogatoires d'un mineur placé en garde à vue, non justifié par un obstacle insurmontable, porte nécessairement atteinte aux intérêts de la personne concernée, la chambre spéciale des mineurs a fait l'exacte application des textes visés aux moyens ;

D'où il suit que les moyens doivent être écartés. »

> La garde à vue française qui ne prévoit pas le droit pour la personne de ne pas contribuer à sa propre incrimination, est contraire aux articles 6, § 1 et 6, § 3 de la convention européenne des droits de l'homme

• **CEDH 14 oct. 2010,** *Brusco c/ France*, req. n° 1466/07

* V. s^s n° 615.22.

« 44. La Cour rappelle que le droit de ne pas contribuer à sa propre incrimination et le droit de garder le silence sont des normes internationales généralement reconnues qui sont au cœur de la notion de procès équitable. Ils ont notamment pour finalité de protéger l'accusé contre une coercition abusive de la part des autorités et, ainsi, d'éviter les erreurs judiciaires et d'atteindre les buts de l'article 6 de la convention (voir, notamment, *Bykov c/ Russie* [GC], n° 4378/02, § 92, 10 mars 2009, et *John Murray*, précité, § 45). Le droit de ne pas s'incriminer soi-même concerne le respect de la détermination d'un accusé à garder le silence et présuppose que, dans une affaire pénale, l'accusation cherche à fonder son argumentation sans recourir à des éléments de preuve obtenus par la contrainte ou des pressions, au mépris de la volonté de l'accusé...

45. La Cour rappelle également que la personne placée en garde à vue a le droit d'être assistée d'un avocat dès le début de cette mesure ainsi que pendant les interrogatoires, et ce *a fortiori* lorsqu'elle n'a pas été informée par les autorités de son droit de se taire (voir les principes dégagés notamment dans les affaires *Salduz c/ Turquie* [GC], n° 36391/02, §§ 50-62, 27 nov. 2008, *Dayanan c/ Turquie*, n° 7377/03, §§ 30-34, 13 oct. 2009, *Boz c/ Turquie*, n° 2039/04, §§ 33-36, 9 févr. 2010, et *Adamkiewicz c/ Pologne*, n° 54729/00, §§ 82-92, 2 mars 2010)...

54. La Cour constate également qu'il ne ressort ni du dossier ni des procès-verbaux des dépositions que le requérant ait été informé au début de son interrogatoire du droit de se taire, de ne pas répondre aux questions posées, ou encore de ne répondre qu'aux questions qu'il souhaitait. Elle relève en outre que le requérant n'a pu être assisté d'un avocat que vingt heures après le début de la garde à vue, délai prévu à l'article 63-4 du code de procédure pénale (paragraphe 28 ci-dessus). L'avocat n'a donc été en mesure ni de l'informer sur son droit à garder le silence et de ne pas s'auto-incriminer avant son premier interrogatoire ni de l'assister lors de cette déposition et lors de celles qui suivirent, comme l'exige l'article 6 de la convention.

55. Il s'ensuit que l'exception soulevée par le Gouvernement doit être rejetée et qu'il y a eu, en l'espèce, atteinte au droit du requérant de ne pas contribuer à sa propre incrimination et de garder le silence, tel que garanti par l'article 6, §§ 1 et 3 de la convention. »

> Il se déduit de l'article 6, § 3 de la convention européenne de sauvegarde des droits de l'Homme et des libertés fondamentales que toute personne placée en garde à vue doit pouvoir bénéficier de l'assistance d'un avocat dès qu'elle en fait la demande

• **Crim. 14 déc. 2011,** n° 11-81.329, P n° 256

* V. s^s n° 615.124.

« Vu l'article 6, § 3 de la convention européenne des droits de l'homme ;

Attendu qu'il se déduit de ce texte que toute personne placée en garde à vue, doit pouvoir bénéficier de l'assistance d'un avocat dès qu'elle en fait la demande ;

Attendu qu'il résulte de l'arrêt attaqué que, dans une enquête ouverte à la suite de la plainte de son employeur pour abus de confiance, Mme X. a été placée en garde à vue, le 8 juin 2009, à 10 heures ; que son droit à l'assistance d'un avocat lui a aussitôt été notifié ainsi que lors du renouvellement de cette mesure ; qu'à ces deux moments, elle a renoncé à ce droit ; que, postérieurement à la prolongation de sa garde à vue, elle a, confrontée aux charges réunies à son encontre, déclaré aux enquêteurs qu'elle ne s'exprimerait qu'après avoir demandé conseil et avis à son avocat ; que son audition a néanmoins été poursuivie ;

Attendu que, pour rejeter la demande d'annulation de la procédure d'enquête aux motifs de l'irrégularité de la garde à vue, l'arrêt prononce par les motifs repris au moyen ;

Mais attendu qu'en statuant ainsi, alors qu'il lui appartenait, après avoir constaté que les auditions recueillies postérieurement au moment où la prévenue avait sollicité la présence d'un avocat étaient irrégulières, de les annuler et, le cas échéant, d'étendre les effets de cette annulation aux actes qui en étaient le support nécessaire, la cour d'appel a méconnu le principe ci-dessus énoncé ;

D'où il suit que l'annulation est encourue. »

> La méconnaissance des formalités substantielles auxquelles est subordonnée la garde à vue ne peut être invoquée à l'appui d'une demande d'annulation d'acte ou de pièce de procédure que par la partie qu'elle concerne

• **Crim. 14 févr. 2012,** n° 11-84.694, P n° 43

* V. s[s] n° 611.53.

> L'article 706-88-2 du code de procédure pénale est contraire à la Constitution

• **Cons. const. 17 févr. 2012,** n° 2012-223 QPC, *JO* 18 févr.

* V. s[s] n° 615.203.

« [...] 1. Considérant qu'aux termes de l'article 706-88-2 du code de procédure pénale : "Si la personne est gardée à vue pour une infraction mentionnée au 11° de l'article 706-73, le juge des libertés et de la détention, saisi par le procureur de la République à la demande de l'officier de police judiciaire, ou le juge d'instruction lorsque la garde à vue intervient au cours d'une instruction, peut décider que la personne sera assistée par un avocat désigné par le bâtonnier sur une liste d'avocats habilités, établie par le bureau du Conseil national des barreaux sur propositions des conseils de l'ordre de chaque barreau.

Les modalités d'application du premier alinéa sont définies par décret en Conseil d'État" ;

2. Considérant que, selon le requérant, en permettant que le juge des libertés et de la détention ou le juge d'instruction puisse faire désigner d'office un avocat afin d'assister une personne placée en garde à vue pour une infraction mentionnée au 11° de l'article 706-73 du code de procédure pénale et en s'abstenant de définir les critères objectifs et rationnels en fonction desquels il peut être dérogé à la liberté de choisir son avocat, ces dispositions portent atteinte aux droits de la défense ainsi qu'au principe d'égalité devant de la justice ;

3. Considérant qu'aux termes du premier alinéa de l'article 61-1 de la Constitution : "Lorsque, à l'occasion d'une instance en cours devant une juridiction, il est soutenu qu'une disposition législative porte atteinte aux droits et libertés que la Constitution garantit, le Conseil constitutionnel peut être saisi de cette question sur renvoi du Conseil d'État ou de la Cour de cassation qui se prononce dans un délai déterminé" ; que la méconnaissance par le législateur de sa propre compétence ne peut être invoquée dans le cadre d'une question prioritaire de constitutionnalité que dans le cas où est affecté un droit ou une liberté que la Constitution garantit ;

4. Considérant que le législateur tient de l'article 34 de la Constitution l'obligation de fixer lui-même le champ d'application de la loi pénale ; que, s'agissant de la procédure pénale, cette exigence s'impose notamment pour éviter une rigueur non nécessaire lors de la recherche des auteurs d'infractions ;

5. Considérant qu'il incombe au législateur d'assurer la conciliation entre, d'une part, la prévention des atteintes à l'ordre public, notamment à la sécurité des personnes et des biens, et la recherche des auteurs d'infractions, toutes deux nécessaires à la sauvegarde de droits et de principes de valeur constitutionnelle, et, d'autre part, l'exercice des libertés constitutionnellement garanties ; qu'au nombre de celles-ci figure le respect des droits de la défense, qui découle de l'article 16 de la Déclaration des droits de l'Homme et du citoyen de 1789 ;

6. Considérant que les dispositions contestées permettent que la liberté de choisir son avocat soit suspendue pendant la durée d'une garde à vue mise en œuvre pour des crimes et délits constituant des actes de terrorisme prévus par les articles 421-1 à 421-6 du code pénal ; que le législateur a ainsi entendu prendre en compte la complexité et la gravité de cette catégorie de crimes et délits ainsi que la nécessité d'entourer, en cette matière, le secret de l'enquête de garanties particulières ;

7. Considérant que, si la liberté, pour la personne soupçonnée, de choisir son avocat peut, à titre exceptionnel, être différée pendant la durée de sa garde à vue afin de ne pas compromettre la recherche des auteurs de crimes et délits en matière de terrorisme ou de garantir la sécurité des personnes, il incombe au législateur de définir les conditions et les modalités selon lesquelles une telle atteinte aux conditions d'exercice des droits de la défense peut-être mise en œuvre ; que les dispositions contestées se bornent à prévoir, pour une catégorie d'infractions, que le juge peut décider que la personne gardée à vue sera assistée par un avocat désigné par le bâtonnier de l'ordre des avocats sur une liste d'avocats habilités établie par le bureau du Conseil national des barreaux sur propositions des conseils de l'ordre de chaque barreau ; qu'elles n'obligent pas à motiver la décision ni ne définissent les circonstances particulières de l'enquête ou de l'instruction et les raisons permettant d'imposer une telle restriction aux droits de la défense ; qu'en adoptant les dispositions contestées sans encadrer le pouvoir donné au juge de priver la personne gardée à vue du libre choix de son avocat, le législateur a méconnu l'étendue de sa compétence dans des conditions qui portent atteinte aux droits de la défense ; que par suite, l'article 706-88-2 du code de procédure pénale doit être déclaré contraire à la Constitution ;

8. Considérant qu'aux termes du deuxième alinéa de l'article 62 de la Constitution : "Une disposition déclarée inconstitutionnelle sur le fondement de l'article 61-1 est abrogée à compter de la publication de la décision du Conseil constitutionnel ou d'une date ultérieure fixée par cette décision. Le Conseil constitutionnel détermine les conditions et limites dans lesquelles les effets que la disposition a produits sont susceptibles d'être remis en cause" ; que, si, en principe, la déclaration d'inconstitutionnalité doit bénéficier à l'auteur de la question prioritaire de constitutionnalité et la disposition déclarée contraire à la Constitution ne peut être appliquée dans les instances en cours à la date de la publication de la décision du Conseil constitutionnel, les dispositions de l'article 62 de la Constitution réservent à ce dernier le pouvoir

tant de fixer la date de l'abrogation et reporter dans le temps ses effets que de prévoir la remise en cause des effets que la disposition a produits avant l'intervention de cette déclaration ;

9. Considérant que l'abrogation de l'article 706-88-2 du code de procédure pénale prend effet à compter de la publication de la présente décision ; qu'elle est applicable à toutes les gardes à vue mises en œuvre à compter de cette date, [...]. »

> L'absence de communication de l'ensemble des pièces du dossier à l'avocat assistant une personne gardée à vue, à ce stade de la procédure, n'est pas de nature à priver la personne d'un droit effectif et concret à un procès équitable, dès lors que l'accès à ces pièces est garanti devant les juridictions d'instruction et de jugement

• **Crim. 19 sept. 2012,** n° 11-88.111, P n° 194

* V. s^s n° 615.164.

« Sur le moyen unique de cassation, pris de la violation des articles 63-3-1, 63-4, 63-4-1 et 63-4-2 du code de procédure pénale, issus de la loi n° 2011-392 du 14 avril 2011, préliminaire, 171 et 593 du code de procédure pénale, et 6 de la convention européenne des droits de l'homme, et défaut de motifs ;

Vu l'article 63-4-1 du code de procédure pénale ;

Attendu qu'il résulte de ce texte que l'avocat assistant une personne gardée à vue peut consulter le procès-verbal constatant la notification du placement en garde à vue et des droits y étant attachés, le certificat médical établi à l'issue de l'examen éventuellement pratiqué, et les procès-verbaux d'audition de la personne qu'il assiste ;

Attendu que, placé en garde à vue, du 27 au 29 juin 2011, M. M. a sollicité l'assistance d'un avocat, lequel a vainement demandé à prendre connaissance de l'intégralité de la procédure d'enquête ; qu'ultérieurement poursuivi devant le tribunal correctionnel, il a demandé l'annulation du procès-verbal établi lors de son audition, motif pris de ce refus ; que, le tribunal ayant, notamment, refusé de faire droit à cette exception, appel a été interjeté ;

Attendu que, pour infirmer, sur ce point, le jugement, et annuler le procès-verbal contesté, l'arrêt énonce que l'effectivité du droit à l'assistance d'un avocat nécessite que celui-ci ait accès à l'entier dossier de la procédure, et que, cette règle n'ayant pas été respectée, la garde à vue de M. M. n'a pas été conforme aux exigences de la convention européenne des droits de l'homme ;

Mais attendu qu'en prononçant ainsi, la cour d'appel a méconnu le texte susvisé, qui n'est pas incompatible avec l'article 6, § 3 de la convention européenne des droits de l'homme, l'absence de communication de l'ensemble des pièces du dossier, à ce stade de la procédure, n'étant pas de nature à priver la personne d'un droit effectif et concret à un procès équitable, dès lors que l'accès à ces pièces est garanti devant les juridictions d'instruction et de jugement ;

Casse [...]. »

> Ne constitue pas une audition, au sens de l'article 63-4-2 du code de procédure pénale, nécessitant la présence de l'avocat de la personne gardée à vue, la représentation à celle-ci, pour reconnaissance, en application de l'article 54, dernier alinéa, du code de procédure pénale, des objets saisis en sa présence au cours d'une perquisition

• **Crim. 22 oct. 2013,** n° 13-81.945, P n° 196

* V. s^s n° 615.173.

« Attendu que, pour rejeter le moyen de nullité pris des réponses faites par M. X..., hors la présence de son avocat, aux questions qui lui étaient posées par les officiers de police judiciaire durant la perquisition, l'arrêt retient que l'assistance de l'avocat, au cours de la garde à vue n'est prévue par le code de procédure pénale que pour les auditions et confrontations ; que les juges ajoutent que l'absence de l'avocat lors de la perquisition n'a pas porté pas atteinte au droit de M. X... à un procès équitable, les objets saisis ne lui ayant été représentés qu'en vue d'une reconnaissance et non à l'occasion d'un interrogatoire et qu'il avait été informé de son droit de se taire.

[...]

Attendu que, pour déclarer régulière la prolongation de la garde à vue de M. X... par le juge d'instruction du tribunal de grande instance de Nantes, dans le ressort duquel se déroulait la mesure, l'arrêt retient qu'aux termes de l'article 154 du code de procédure pénale, les dispositions des articles 62-2 à 64-1 du même code relatives à la garde à vue sont applicables lors de l'exécution des commissions rogatoires et que les attributions conférées au procureur de la République par ces textes sont alors exercées par le juge d'instruction ; que les juges en déduisent que le second alinéa de l'article 63-9, selon lequel le procureur de la République du lieu où est exécutée la garde à vue est compétent, comme celui sous la direction duquel l'enquête est menée, pour la contrôler et en ordonner la prolongation, est applicable lorsque la mesure intervient en exécution d'une commission rogatoire, les magistrats concernés étant alors le juge d'instruction qui a délivré celle-ci et celui du lieu où la personne est gardée à vue ;

Attendu qu'en prononçant ainsi, et dès lors que l'article 154 du code de procédure pénale ne comporte aucune restriction au renvoi qu'il opère à l'article 63-9 de ce code, la chambre de l'instruction a fait une exacte application des textes susvisés ;

D'où il suit que le moyen ne saurait être admis. »

> Encourt la cassation l'arrêt de la chambre de l'instruction qui, pour rejeter la requête aux fins d'annulation de ses auditions en garde à vue présentée par une personne mise en examen alors que celle-ci avait sollicité vainement cette assistance en cours d'audition et avant la prolongation de la garde à vue, retient que lors de la notification de cette mesure, l'intéressé n'a pas demandé à être assisté d'un conseil et que ce choix ne lui était à nouveau ouvert qu'au moment de la prolongation de ladite mesure

• **Crim. 5 nov. 2013,** n° 13-82.682, P n° 213

* V. s^s n° 615.124.

« Vu l'article 63-3-1 du code de procédure pénale ;

Attendu qu'il se déduit de ce texte que toute personne placée en garde à vue doit pouvoir bénéficier de l'assistance d'un avocat dès qu'elle en fait la demande ;

Attendu qu'il résulte de l'arrêt attaqué et des pièces de la procédure que M. Reimond X... a été placé en garde à vue le 7 avril 2012, ses droits lui étant notifiés à 15 h 50 ; qu'il n'a pas alors choisi d'être assisté par un avocat ; que, lors d'une audition ultérieure, le 8 avril 2012 à 10 h 50, il a sollicité cette assistance ; que, sans qu'une suite soit donnée à cette demande, l'officier de police judiciaire a poursuivi son audition ; que M. X... a réitéré sa demande, lors de la prolongation de sa garde à vue, le même jour à 14 h 50, le service du barreau en étant informé à 15 h 25 ; que mis en examen des chefs de meurtre aggravé et vol en réunion, l'intéressé a déposé une requête en vue de l'annulation, notamment, des auditions qui avaient été effectuées en garde à vue ;

Attendu que, pour rejeter cette requête, l'arrêt énonce que, lors de la notification de la garde à vue, M. X... n'a pas demandé à être assisté d'un conseil et que ce choix ne lui était à nouveau ouvert qu'au moment de la prolongation de la mesure ;

Mais attendu qu'en statuant ainsi, alors qu'il lui appartenait, après avoir constaté que les auditions recueillies postérieurement au moment où le mis en examen avait sollicité l'assistance d'un avocat étaient irrégulières, de les annuler et, le cas échéant, d'étendre les effets de cette annulation aux actes dont elles étaient le support nécessaire, la chambre de l'instruction a méconnu le texte susvisé et le principe ci-dessus rappelé ;

D'où il suit que la cassation est encourue. »

> Une chambre de l'instruction n'a pas à annuler, pour violation du droit à l'assistance par un avocat, une garde à vue antérieure à la loi n° 2011-392 du 14 avril 2011, mais l'arrêt de renvoi en cour d'assises ne doit pas se fonder exclusivement ni même essentiellement sur les déclarations recueillies en garde à vue

• **Crim. 12 févr. 2014,** n° 12-84.500, P n° 41

* V. s[s] n° 615.301.

« Sur le moyen unique de cassation, pris de la violation des articles 6, 13, 32, 46 de la convention européenne des droits de l'homme, l'article préliminaire, 62, 63, 63-1, 63-4, 77, 706-73, 706-88, 591 à 593 du code de procédure pénale, défaut de motifs, manque de base légale ;

en ce que l'arrêt de la chambre de l'instruction de Nîmes du 7 juin 2012 a dit n'y avoir lieu à annulation des procès-verbaux d'audition en garde à vue et des pièces subséquentes ;

aux motifs qu'aux termes de l'article 62 de la Constitution, les décisions du Conseil constitutionnel s'imposent aux pouvoirs publics et à toutes les autorités administratives et juridictionnelles ; que, par décision n° 2010-14/22 QPC du 30 juillet 2010, le Conseil constitutionnel a déclaré contraires à la Constitution les articles 62, 63, 63-1, 63-4, alinéas 1 à 6, et 77 du code de procédure pénale pour méconnaissance des articles 9 et 16 de la Déclaration des droits de l'Homme et du citoyen de 1789, et faisant application de l'article 62, alinéa 2, de la Constitution qui l'habilite à aménager les effets de sa décision concernant les actes accomplis antérieurement, a décidé que la déclaration d'inconstitutionnalité prendrait effet le 1er juillet 2011 ; que le considérant 30 spécifie notamment qu'il y a lieu de reporter au 1er juillet 2011 la date de l'abrogation des articles concernés afin de permettre au législateur de remédier à cette inconstitutionnalité, et que les mesures prises avant cette date en application des dispositions déclarées contraires à la constitution ne peuvent être contestées sur le fondement de cette inconstitutionnalité ; que la convention de sauvegarde des droits de l'Homme et des libertés fondamentales est applicable en France depuis le 3 mai 1974 conformément à l'article 55 de la Constitution qui pose le principe de la suprématie des traités régulièrement ratifiés sur les lois internes ; que l'interprétation que donne la Cour européenne des droits de l'Homme de la convention à travers l'élaboration de sa jurisprudence, de l'article 6 relatif au procès équitable, est de portée générale ; que, par ailleurs, dans l'arrêt Brusco contre France du 14 octobre 2010, la Cour européenne des droits de l'Homme a condamné la France pour violation de l'article 6 paragraphes 1 et 3 de la convention en ce que la personne concernée n'a pas été avisée dès le début de son interrogatoire du droit de se taire et de bénéficier immédiatement de l'assistance d'un avocat de sorte qu'il a été porté atteinte à son droit de ne pas contribuer à sa propre incrimination ; que, s'il est acquis que les juridictions internes assurent un contrôle de conventionnalité, se pose néanmoins le problème des conséquences procédurales de cette jurisprudence ; que, selon l'article 34 de la Constitution, la loi fixe les règles concernant la procédure pénale et aucune disposition constitutionnelle ou conventionnelle ne prévoit que la Cour européenne puisse se substituer à cet égard au législateur national ; qu'il appartient en conséquence au législateur de se conformer aux principes élaborés par la Cour européenne, par la voie législative ; qu'en l'espèce, la loi n° 2011-392 du 14 avril 2011 relative à la garde à vue, qui intègre notamment le droit de se taire, de bénéficier de l'assistance d'un avocat dès le début de la garde à vue et de ne pas contribuer à sa propre incrimination, prévoit, d'une part, son entrée en vigueur au plus tard le 1er juillet 2011, d'autre part, son application aux mesures de gardes à vue prises à compter de son entrée en vigueur, ce conformément à la décision du Conseil constitutionnel du 30 juillet 2010 ; que, selon l'article 112-4 du code pénal conforme à la Constitution, l'application immédiate de la loi nouvelle est sans effet sur la validité des actes régulièrement accomplis conformément à la loi ancienne ; que cette disposition législative est également conforme à la jurisprudence de la Cour européenne, qui dans un arrêt Marcks contre Belgique du 13 juin 2009, a jugé que "le principe de sécurité juridique, nécessairement inhérent au droit de la convention comme au droit communautaire, dispense l'État belge de remettre en cause des actes ou situations juridiques antérieurs au prononcé du présent arrêt" ; que la sécurité juridique est donc garantie par la Cour européenne de sauvegarde des droits de l'Homme, le Conseil constitutionnel et le législateur, ce dans l'intérêt général ; qu'à cet égard, les décisions du Conseil constitutionnel notamment en ce qu'elles aménagent lorsque cela s'avère nécessaire, les effets de sa décision concernant les actes accomplis antérieurement, s'imposent aux pouvoirs publics ainsi qu'aux autorités administratives et judiciaires, ce conformément à l'article 32 de la constitution ; qu'en conséquence, les actes accomplis en garde à vue dans la présente procédure ne sauraient encourir l'annulation dès lors qu'ils ont été réalisés conformément à la loi ancienne, de manière régulière, avant l'entrée en vigueur de la loi nouvelle fixée par le Conseil constitutionnel au 1er juillet 2011 ; qu'il appartiendra aux juridictions de jugement statuant au fond d'apprécier la valeur probante des déclarations faites en garde à vue sans que la personne concernée ait été avisée de son droit de se taire et sans avoir bénéficié dès le début de l'assistance d'un avocat ;

1°) alors qu'en vertu de l'article 6, § 3, de la convention européenne des droits de l'homme, toute personne, placée en garde à vue c'est-à-dire à l'encontre de laquelle il existe certaines charges, doit, dès le début de cette mesure, être informée de son droit de se taire et, sauf exceptions justifiées par des raisons impérieuses tenant aux circonstances particulières de l'espèce pouvoir bénéficier, en l'absence de renonciation non équivoque, de l'assistance d'un avocat notamment lors de ses auditions ; qu'en l'espèce, dès lors que la chambre de l'instruction a refusé d'annuler la garde à vue de M. X..., bien qu'il ressorte des pièces de la procédure qu'il n'a pas été informé de son droit au silence, ni n'a bénéficié de l'assistance d'un avocat dans les conditions précitées, la chambre de l'instruction a violé les textes et le principe susvisés ;

2°) alors qu'en refusant d'appliquer immédiatement, au bénéfice de la personne qui en a directement invoqué la violation à son encontre, les exigences de l'article 6 de la convention européenne des droits de l'homme relatives au droit de se taire et à l'assistance de l'avocat et qui avaient été méconnues durant la garde à vue, la chambre de l'instruction a violé le principe de prééminence du droit, le droit à un recours effectif, et les articles 6 (par refus d'application et violation du principe de prééminence du droit), 13 (droit à un recours interne effectif), 32 et 46 (effet direct des arrêts de la Cour européenne et droit immédiat à une interprétation de la loi interne conforme aux arrêts de la Cour européenne) de la convention européenne des droits de l'homme ;

Attendu que, d'une part, la Cour de cassation est en mesure de s'assurer que, pour retenir, à l'encontre de M. X..., des charges suffisantes justifiant son renvoi devant la cour d'assises, la chambre de l'instruction, qui ne prononce pas sur la culpabilité, ne s'est fondée ni exclusivement ni même essentiellement sur ses déclarations recueillies en garde à vue et que, d'autre part, l'accusé conserve la faculté de discuter contradictoirement la valeur probante de ses déclarations devant la juridiction de jugement ;

D'où il suit que le moyen ne saurait être accueilli ;

Et attendu que la procédure est régulière et que les faits, objet de l'accusation, sont qualifiés crime par la loi ;

REJETTE les pourvois ;

L'alinéa 8 *bis* de l'article 706-73 du code de procédure pénale est contraire à la Constitution. »

• **Cons. const. 9 oct. 2014,** n° 2014-420/421 QPC

* V. s^{s} n° 615.242.

« *Sur les cinq premiers alinéas de l'article 706-88 du code de procédure pénale :*

10. Considérant que les cinq premiers alinéas de l'article 706-88 du code de procédure pénale sont renvoyés au Conseil constitutionnel dans leur rédaction résultant de la loi du 9 mars 2004 susvisée ; que, dans les considérants 21 à 27 de sa décision du 2 mars 2004 susvisée, le Conseil constitutionnel a spécialement examiné l'article 706-88 inséré dans le code de procédure pénale par l'article 1er de la loi du 9 mars 2004 ; qu'il a jugé que ces dispositions ne portaient pas une atteinte excessive à la liberté individuelle ; que, dans l'article 2 du dispositif de cette décision, il a déclaré ces dispositions conformes à la Constitution ; que, par suite, les cinq premiers alinéas de l'article 706-88 ont déjà été déclarés conformes à la Constitution dans les motifs et le dispositif d'une décision du Conseil constitutionnel ; que, comme le Conseil constitutionnel l'a jugé dans sa décision du 22 septembre 2010 susvisée, en l'absence de changement des circonstances, depuis la décision du 2 mars 2004 susvisée, en matière de lutte contre la délinquance et la criminalité organisées, il n'y a pas lieu, pour le Conseil constitutionnel, de procéder à un nouvel examen de ces dispositions ; qu'au surplus, le grief tiré de ce que les dispositions contestées permettent le recours à une mesure de garde à vue de quatre-vingt-seize heures pour des faits d'escroquerie en bande organisée met en cause non l'article 706-88 du code de procédure pénale en lui-même, mais l'inscription de cette infraction dans la liste prévue par son article 706-73 ;

Sur le 8° bis *de l'article 706-73 du code de procédure pénale :*

11. Considérant que l'inscription d'un crime ou d'un délit dans la liste des infractions visées par l'article 706-73 du code de procédure pénale a pour effet de permettre, lors des enquêtes ou des instructions portant sur ce crime ou ce délit, la mise en œuvre d'une mesure de garde à vue dans les conditions prévues à l'article 706-88 du code de procédure pénale et le recours à ceux des pouvoirs spéciaux d'enquête ou d'instruction prévus par le titre XXV du livre IV du code de procédure pénale qui sont applicables à toutes les infractions visées par l'article 706-73 ;

12. Considérant que l'article 706-88 du code de procédure pénale prévoit que, si les nécessités d'une enquête l'exigent, la garde à vue d'une personne peut, à titre exceptionnel, faire l'objet de deux prolongations supplémentaires de vingt-quatre heures chacune décidées par le juge des libertés et de la détention ou par le juge d'instruction ; que, dans ce cas, ces prolongations, qui s'ajoutent à la durée de droit commun définie par l'article 63 du même code, portent à quatre-vingt-seize heures la durée maximale de la garde à vue ; que cet article permet également que l'intervention de l'avocat soit différée pendant une durée maximale de quarante-huit heures, en considération de raisons impérieuses tenant aux circonstances particulières de l'enquête ou de l'instruction, soit pour permettre le recueil ou la conservation des preuves, soit pour prévenir une atteinte aux personnes ; que ce report est décidé par le juge d'instruction lorsque la garde à vue est mise en œuvre au cours d'une information judiciaire ; que, dans les autres cas, il est décidé par le procureur de la République pour la première prolongation et par le juge des libertés et de la détention pour la seconde ;

13. Considérant que l'escroquerie est un délit contre les biens défini par l'article 313-1 du code pénal comme « le fait, soit par l'usage d'un faux nom ou d'une fausse qualité, soit par l'abus d'une qualité vraie, soit par l'emploi de manœuvres frauduleuses, de tromper une personne physique ou morale et de la déterminer ainsi, à son préjudice ou au préjudice d'un tiers, à remettre des fonds, des valeurs ou un bien quelconque, à fournir un service ou à consentir un acte opérant obligation ou décharge » ; que, même lorsqu'il est commis en bande organisée, le délit d'escroquerie n'est pas susceptible de porter atteinte en lui-même à la sécurité, à la

dignité ou à la vie des personnes ; qu'en permettant de recourir à la garde à vue selon les modalités fixées par l'article 706-88 du code de procédure pénale au cours des enquêtes ou des instructions portant sur ce délit, le législateur a permis qu'il soit porté à la liberté individuelle et aux droits de la défense une atteinte qui ne peut être regardée comme proportionnée au but poursuivi ; que, par suite, le 8° *bis* de l'article 706-73 du code de procédure pénale méconnaît ces exigences constitutionnelles et doit être déclaré contraire à la Constitution ;

Sur les conséquences de l'adoption de la loi du 27 mai 2014 susvisée :

14. Considérant que, selon le Premier ministre, la modification apportée à l'article 706-88 du code de procédure pénale par la loi du 27 mai 2014 susvisée a mis fin à l'inconstitutionnalité dénoncée par les requérants de sorte qu'il n'y aurait en tout état de cause pas lieu d'abroger les dispositions déclarées contraires à la Constitution ;

15. Considérant que l'article 4 de la loi du 27 mai 2014 susvisée a complété l'article 706-88 du code de procédure pénale par un alinéa aux termes duquel : « Le présent article n'est pas applicable au délit prévu au 8° *bis* de l'article 706-73 ou, lorsqu'elles concernent ce délit, aux infractions mentionnées aux 14° à 16° du même article. Toutefois, à titre exceptionnel, il peut être appliqué si les faits ont été commis dans des conditions portant atteinte à la sécurité, à la dignité ou à la vie des personnes ou aux intérêts fondamentaux de la nation définis à l'article 410-1 du code pénal ou si l'un des faits constitutifs de l'infraction a été commis hors du territoire national, dès lors que la poursuite ou la réalisation des investigations nécessaires à la manifestation de la vérité rend indispensable, en raison de leur complexité, la prolongation de la garde à vue. Les ordonnances prolongeant la garde à vue sont prises par le juge des libertés et de la détention, sur requête du procureur de la République ou du juge d'instruction. Elles sont spécialement motivées et font référence aux éléments de fait justifiant que les conditions prévues au présent alinéa sont réunies. Les sixième et septième alinéas du présent article ne sont pas applicables » ;

16. Considérant que ni les éléments constitutifs du délit d'escroquerie ni les circonstances aggravantes de ce délit ne font référence à des faits d'atteinte à la sécurité, à la dignité ou à la vie des personnes ; que le fait d'obtenir la remise de fonds, de valeur ou d'un bien quelconque par violence ou menace est qualifié par ailleurs d'extorsion ; qu'en permettant le recours à la garde à vue dans les conditions prévues par l'article 706-88 du code de procédure pénale pour des faits d'escroquerie en bande organisée lorsque les faits ont été commis dans des conditions portant atteinte à la sécurité, à la dignité ou à la vie des personnes ou « aux intérêts fondamentaux de la nation définis à l'article 410-1 du code pénal » ou si l'un des faits constitutifs de l'infraction a été commis hors du territoire national, les dispositions ajoutées à l'article 706-88 du code de procédure pénale par la loi du 27 mai 2014 n'ont pas mis fin à l'inconstitutionnalité du 8° *bis* de l'article 706-73 du code de procédure pénale ;

Sur les effets dans le temps de la déclaration d'inconstitutionnalité du 8° bis *de l'article 706-73 du code de procédure pénale :*

18. Considérant que l'inscription d'un crime ou d'un délit dans la liste des infractions visées par l'article 706-73 du code de procédure pénale a également pour effet de permettre le recours à ceux des pouvoirs spéciaux d'enquête ou d'instruction prévus par le titre XXV du livre IV du code de procédure pénale qui sont applicables à toutes les infractions visées par l'article 706-73 ; que, par suite, l'appréciation des effets dans le temps de la déclaration d'inconstitutionnalité du 8° *bis* de l'article 706-73 requiert d'apprécier également la conformité à la Constitution du recours à ces pouvoirs spéciaux d'enquête ou d'instruction ;

[...]

24. Considérant qu'en permettant le recours à ces pouvoirs spéciaux d'enquête et d'instruction pour les délits d'escroquerie commis en bande organisée, le législateur a estimé que la difficulté d'appréhender les auteurs de ces infractions tient à l'existence d'un groupement ou d'un réseau dont l'identification, la connaissance et le démantèlement posent des problèmes complexes ; qu'eu égard à la gravité du délit d'escroquerie en bande organisée, le législateur a pu, à cette fin, fixer des règles spéciales de surveillance et d'investigation dans les enquêtes et les instructions portant sur une telle infraction ; que, compte tenu des garanties encadrant la mise en œuvre de ces mesures spéciales d'enquête et d'instruction, les atteintes au respect de la vie privée et au droit de propriété résultant de leur mise en œuvre ne revêtent pas un caractère disproportionné au regard du but poursuivi ;

25. Considérant, en premier lieu, que l'abrogation immédiate du 8° *bis* de l'article 706-73 du code de procédure pénale aurait pour effet non seulement d'empêcher le recours à une garde à vue de quatre-vingt-seize heures pour des faits d'escroquerie en bande organisée, mais aussi de faire obstacle à l'usage des autres pouvoirs spéciaux de surveillance et d'investigation prévus par le titre XXV du livre IV du même code et aurait dès lors des conséquences manifestement excessives ; qu'afin de permettre au législateur de remédier à l'inconstitutionnalité du 8° *bis* de l'article 706-73 du code de procédure pénale, il y a lieu de reporter au 1er septembre 2015 la date de cette abrogation ;

26. Considérant, en deuxième lieu, qu'afin de faire cesser l'inconstitutionnalité constatée à compter de la publication de la présente décision, il y a lieu de juger que les dispositions du 8° *bis* de l'article 706-73 du code de procédure pénale ne sauraient être interprétées comme permettant, à compter de cette publication, pour des faits d'escroquerie en bande organisée, le recours à la garde à vue prévue par l'article 706-88 du code de procédure pénale ;

27. Considérant, en troisième lieu, que la remise en cause des actes de procédure pénale pris sur le fondement des dispositions déclarées inconstitutionnelles méconnaîtrait l'objectif de valeur constitutionnelle de recherche des auteurs d'infractions et aurait des conséquences manifestement excessives ; que, par suite, les mesures de garde à vue prises avant la publication de la présente décision et les autres mesures prises avant le 1er septembre 2015 en application des dispositions déclarées contraires à la Constitution ne peuvent être contestées sur le fondement de cette inconstitutionnalité,

DÉCIDE :

Article 1er. – Le 8° *bis* de l'article 706-73 du code de procédure pénale est contraire à la Constitution.

Article 2. – La déclaration d'inconstitutionnalité de l'article 1er prend effet sous la réserve énoncée au considérant 26 et dans les conditions prévues aux considérants 25 et 27.

Article 3. – Il n'y a pas lieu, pour le Conseil constitutionnel de statuer sur la question prioritaire de constitutionnalité portant sur les cinq premiers alinéas de l'article 706-88 du code de procédure pénale. »

> L'absence de remise de document prévu par l'article 803-6 du code de procédure pénale, par le juge des libertés et de la détention à la personne mise en examen, après lui avoir notifié, à l'issue du débat contradictoire, son placement en détention provisoire, est sans incidence sur la régularité de cette mesure privative de liberté

• **Crim. 14 oct. 2014,** n° 14-85.555, P n° 204

* V. s^s n° 615.91.

« Sur le moyen unique de cassation, pris de la violation des articles 803-6 du code de procédure pénale et 4 de l'ordonnance du 2 février 1945 ;

Attendu qu'il résulte de l'arrêt attaqué et des pièces de la procédure que M. X... a été mis en examen et placé en détention provisoire le 8 mars 2014 des chefs de vols aggravés ; que le juge des libertés et de la détention a prescrit la prolongation de cette mesure par ordonnance du 30 juin 2014, dont l'intéressé a relevé appel ;

Attendu que, pour écarter l'exception de nullité de l'ordonnance entreprise tirée de ce que le juge des libertés et de la détention n'avait pas remis à la personne mise en examen, à l'issue du débat contradictoire, le document prévu par l'article 803-6 du code de procédure pénale, l'arrêt retient que les dispositions de ce texte ont pour objet d'informer la personne mise en examen confrontée à une situation nouvelle de privation de liberté, ce qui n'est pas le cas de M. X..., détenu depuis quatre mois lors du renouvellement de son mandat de dépôt ;

Attendu qu'en relevant que l'article 803-6 du code de procédure pénale ne prescrit pas la remise du document d'information qu'il prévoit lors de la prolongation de la détention provisoire, la cour d'appel a fait l'exacte application des textes visés au moyen ; qu'en tout état de cause, le défaut de remise, à la personne mise en examen, de ce document, après le prononcé de son placement en détention provisoire, est sans incidence sur la régularité de cette décision ;

D'où il suit que le moyen ne saurait être accueilli ;

Et attendu que l'arrêt est régulier, tant en la forme qu'au regard des dispositions des articles 137-3 et 143-1 et suivants du code de procédure pénale ;

REJETTE le pourvoi. »

> Dans les circonstances particulières de l'espèce, le fait de placer le requérant en garde à vue et de le soumettre à de telles mesures excédait les impératifs de sécurité et établissait au contraire une intention étrangère à la finalité d'une garde à vue

• **CEDH 23 avr. 2015,** req. n° 26690/11, *F. c/ France*

* V. s^s n° 615.53.

« 54. La Cour attache ainsi de l'importance au cumul de deux circonstances en l'espèce : d'une part, le requérant intervenait au commissariat en sa qualité d'avocat pour l'assistance d'un mineur gardé à vue, qu'il estimait avoir subi des violences policières et, d'autre part, l'OPJ de permanence qui se déclarait personnellement victime du comportement du requérant a elle-même décidé de placer le requérant en garde à vue et de lui imposer en outre immédiatement non pas de simples palpations de sécurité, mais au contraire une fouille intégrale, ainsi qu'un contrôle d'alcoolémie non justifié par des éléments objectifs.

56. Ainsi, de l'avis de la Cour, dans les circonstances particulières de l'espèce, le fait de placer le requérant en garde à vue et de le soumettre à de telles mesures excédait les impératifs de sécurité et établissait au contraire une intention étrangère à la finalité d'une garde à vue [...]. »

> La notification à la personne concernée des droits attachés à la prolongation de la garde à vue est une condition d'effectivité de leur exercice

• **Crim. 1er déc. 2015,** n° 15-84.874, P n° 270

* V. s^s n° 615.212.

« Sur le moyen unique de cassation, pris de la violation des articles 63-1 à 63-4 et 803-6 du code de procédure pénale ;

Attendu qu'il résulte de l'arrêt attaqué et des pièces de la procédure qu'au cours d'une information judiciaire ouverte à la suite de la découverte d'un cadavre, Mme X... a été placée en garde à vue le 6 mai 2015 à 16 heures 40 ; que, lors du placement en garde à vue, les droits afférents à cette mesure lui ont été notifiés verbalement par un officier de police judiciaire, qui lui a aussi remis un document intitulé "formulaire de notification des droits d'une personne gardée à vue" ; qu'après que Mme X... lui a été présentée, le juge d'instruction l'a informée que sa garde à vue serait prolongée à compter du 7 mai 2015 à 16 heures 40 ; qu'il a été avisé, le même jour, à 18 heures 15, par un officier de police judiciaire, qu'en raison de l'audition de l'intéressée, en présence de son avocat, de 16 heures 10 à 18 heures 15, les droits attachés à la prolongation de la garde à vue n'avaient pas été notifiés dans les délais impartis ; que le magistrat instructeur a ordonné la levée de la garde à vue, qui a pris fin le 7 mai 2015 à 19 heures 00, et mis en examen Mme X. pour meurtre aggravé ; qu'il a saisi la chambre de l'instruction aux fins d'annulation de l'audition de Mme X... recueillie le 7 mai 2015 de 16 heures 10 à 18 heures 15 ;

Attendu que, pour constater l'irrégularité de l'audition recueillie postérieurement à la prolongation de la garde à vue de la personne mise en examen, l'annuler et étendre les effets de cette annulation aux actes énumérés à son dispositif, l'arrêt énonce que si Mme X. a été présentée au magistrat instructeur, qui a prolongé de 24 heures la mesure de garde à vue le 7 mai 2015, et si la notification initiale des droits mentionne l'hypothèse d'une prolongation de cette mesure, l'audition du 7 mai 2015 à 16 heures 10 s'est prolongée le même jour jusqu'à 18 heures 05 sans que les droits attachés à la prolongation de la garde à vue ne fussent notifiés à la personne concernée, qui, de ce fait, n'a pas été mise en mesure de solliciter un second examen médical et un entretien avec son avocat ; que les juges ajoutent que cette absence de notification a nécessairement fait grief à Mme X...

et ce, même si son audition a été réalisée en présence d'un avocat qui n'a formulé aucune observation ;

Attendu qu'en l'état de ces énonciations, et dès lors que la notification à la personne concernée des droits attachés à la prolongation de la garde à vue est une condition d'effectivité de leur exercice, la chambre de l'instruction a justifié sa décision, sans méconnaître les dispositions légales invoquées ;

D'où il suit que le moyen doit être écarté ;

Et attendu que l'arrêt est régulier en la forme ;

REJETTE le pourvoi. »

> Le mis en cause doit pouvoir bénéficier de l'assistance d'un avocat choisi par une personne régulièrement avisée de son placement en garde à vue. Cette désignation doit lui être aussitôt notifiée afin qu'il puisse la confirmer

• **Crim. 4 oct. 2016,** n° 16-81.778, P n° 256

* V. s[s] n° 615.123.

« Vu l'article 63-3-1 du code de procédure pénale ;

Attendu qu'il se déduit de ce texte que, d'une part, tout mis en cause doit pouvoir, à tout moment, bénéficier de l'assistance d'un avocat choisi par lui-même ou désigné par une personne régulièrement avisée de son placement en garde à vue en application de l'article 63-2 du même code, d'autre part, cette dernière désignation doit corrélativement lui être aussitôt notifiée afin qu'il puisse la confirmer ;

Attendu qu'il résulte de l'arrêt attaqué et du dossier de la procédure que Mme A. Z... ayant déposé plainte pour un viol qu'elle aurait subi, la nuit du 16 au 17 janvier 2015, au domicile d'un prénommé Yann où elle avait été hébergée à l'issue d'une soirée, les investigations consécutives ont permis d'identifier le mis en cause en la personne de M. Yann X... ; qu'interpellé à son domicile le 19 janvier 2015 à 18 heures 05 et aussitôt placé en garde à vue en présence de sa mère qui a été avisée de cette mesure, celui-ci a, lors de la notification de ses droits, renoncé, notamment, à l'assistance d'un avocat ; que recevant notification d'une prolongation de sa garde à vue le 20 janvier 2015 à 17 heures 45, il a, à nouveau, déclaré ne pas souhaiter l'assistance d'un avocat ; que mis en examen du chef de viol le 22 janvier 2015, M. X... a, par une requête qu'a déposée son avocat, sollicité l'annulation d'actes de la procédure en faisant valoir que sa mère a, pendant le temps de la garde à vue, désigné un avocat pour l'assister, lequel n'a pu le rencontrer bien qu'il ait appelé téléphoniquement l'officier de police judiciaire compétent ;

Attendu que pour écarter le moyen de nullité pris de ce que M. X... n'avait pas été informé par l'officier de police judiciaire qu'un avocat avait été désigné par sa mère pour l'assister pendant sa garde à vue, l'arrêt prononce par les motifs repris au moyen ;

Mais attendu qu'en statuant ainsi, alors qu'il ressort du dossier de la procédure qu'avisée de la garde à vue de son fils par un officier de police judiciaire, Mme X... a, pendant la première journée de cette mesure, désigné un avocat, Maître Séguin, qui a aussitôt pris contact par téléphone avec ledit officier de police judiciaire pour l'informer de cette désignation sans que la personne placée en garde à vue ait été mise en mesure de dire si elle l'acceptait, la chambre de l'instruction a méconnu l'article 63-3-1 susvisé et le principe ci-dessus rappelé ;

D'où il suit que la cassation est encourue ;

Par ces motifs, casse et annule. »

> La compétence concurrente que le procureur de la République sous la direction duquel l'enquête est menée et celui du lieu d'exécution de la mesure tirent de l'article 63-9 du Code de procédure pénale pour ordonner la prolongation de la garde à vue a pour conséquence que ces magistrats sont semblablement compétents pour saisir le juge des libertés et de la détention compétent

• **Crim. 23 nov. 2016,** n° 16-81.904, P n° 306

* V. s[s] n° 615.213.

« Attendu que, pour rejeter le moyen pris de la nullité de la prolongation supplémentaire de garde à vue, tiré de ce que la requête du procureur de la République de Lille, sous la direction duquel l'enquête était menée, n'est pas signée, en sorte que la requête du procureur de la République du Havre et l'ordonnance du juge des libertés et de la détention, dont elle était le support nécessaire, devaient être annulées, l'arrêt relève notamment que le procureur de la République du Havre, où a été exécutée la garde à vue, était compétent en application de l'article 63-9 du Code de procédure pénale pour saisir le juge des libertés et de la détention au sein du même tribunal aux fins de prolongation supplémentaire de la mesure ;

Attendu qu'en statuant ainsi, la chambre de l'instruction a justifié sa décision, dès lors que la requête délivrée par le procureur de la République du lieu d'exécution de la mesure portait la signature de ce magistrat ;

Qu'en effet, la compétence concurrente que le procureur de la République sous la direction duquel l'enquête est menée et celui du lieu d'exécution de la mesure tirent de l'article 63-9 du Code de procédure pénale pour ordonner la prolongation de la garde à vue a pour conséquence que ces magistrats sont semblablement compétents pour saisir le juge des libertés et de la détention compétent aux fins de prolongation supplémentaire de la garde à vue en application de l'article 706-88 du Code de procédure pénale, ce texte ne comportant aucune restriction à cet égard ;

D'où il suit que le moyen ne saurait être accueilli. »

> Le JLD ne peut se contenter de se référer à la requête du ministère public pour motiver sa décision

• **Crim. 23 nov. 2016,** n° 16-81.904, P n° 306

* V. s[s] n° 615.212.

« Mais sur le cinquième moyen de cassation, pris de la violation des articles 706-88, 591 et 593 du Code de procédure pénale, défaut de motifs, manque de base légale ;

en ce que l'arrêt attaqué a rejeté la demande de nullité de l'ordonnance du juge des libertés et de la détention, en date du 4 février 2015, autorisant la prolongation de la garde à vue et des actes subséquents ; (...)

Vu l'article 706-88, alinéa 2, du Code de procédure pénale ;

Attendu que l'ordonnance du juge des libertés et de la détention autorisant, à la requête du procureur de la République, à titre exceptionnel, la prolongation de la garde à vue d'une personne, doit être motivée ; que cette exigence s'impose au regard des droits protégés par la convention européenne des droits de l'homme et en raison de l'évolution du statut et du rôle juridictionnel du juge des libertés et de la détention voulue par le législateur ; que cette motivation constitue une garantie essentielle contre le risque d'une atteinte disproportionnée à la liberté individuelle et doit permettre à l'intéressé de connaître les raisons précises pour lesquelles cette prolongation a été autorisée ;

Attendu qu'il se déduit de l'ensemble de ces éléments que l'ordonnance du juge des libertés et de la détention, qui se borne à se référer à la requête présentée par le procureur de la République aux fins de prolongation de la garde à vue, en application de l'article 706-88, alinéa 2, du Code de procédure pénale, n'est pas conforme aux exigences de ce texte ;

Attendu que, pour rejeter l'exception de nullité tirée de l'absence de motivation de l'ordonnance du juge des libertés et de la détention autorisant la prolongation de la garde à vue, l'arrêt retient que cette ordonnance a adopté les motifs développés dans la requête du procureur de la République ; que les juges ajoutent que cette motivation par renvoi n'empêche en aucun cas l'intéressé de connaître et de comprendre les raisons qui ont conduit le juge des libertés et de la détention à autoriser la prolongation de la mesure, dès lors que la requête du procureur de la République mentionne la nécessité d'entendre la personne gardée à vue et celle de procéder aux exploitations techniques et scientifiques en cours ;

Mais attendu qu'en prononçant ainsi, alors que l'ordonnance ne contient aucune motivation justifiant de la nécessité de prolonger la garde à vue, la cour d'appel a méconnu le texte susvisé et le principe ci-dessus rappelé. »

> La chambre de l'instruction doit contrôler la nécessité du placement en garde à vue. Elle peut relever un autre critère que celui ou ceux mentionnés par l'officier de police judiciaire

• **Crim. 28 mars 2017,** n° 16-85.018, P n° 84

* V. s[s] n° 615.53.

« Attendu que, pour rejeter ces requêtes et dire la garde à vue régulière, l'arrêt énonce que des confrontations devaient être vraisemblablement organisées, de sorte que cette mesure était justifiée par l'objectif d'empêcher d'éventuelles concertations ; qu'une de ces confrontations a eu lieu avant que la garde à vue ne soit levée, pour la nuit, et que le fait que les autres n'ont été organisées que le lendemain n'est pas significatif de ce que les auditions réalisées auraient pu, avec la même efficacité, être menées en dehors de toute coercition ; que les juges ajoutent qu'au vu des données recueillies au cours de l'enquête, le procureur de la République pouvait, avant même le début des gardes à vue, considérer comme possible, voire vraisemblable, que certaines des personnes entendues lui soient déférées, et que ce magistrat a effectivement décidé à la fin de la mesure d'ouvrir une information et de présenter les personnes déférées à un juge d'instruction ; que la chambre de l'instruction conclut que la garde à vue était logique et nécessaire et que ces mesures ont pu valablement être décidées au regard des 1°, 2°, et 5°, de l'article 62-2 précité ;

Attendu qu'en l'état de ces énonciations, d'où il résulte que la mesure de garde à vue était l'unique moyen de parvenir à l'un au moins des objectifs prévus par l'article 62-2 du code de procédure pénale, la chambre de l'instruction a justifié sa décision ;

Qu'en effet, d'une part, il lui incombe de contrôler que la mesure de garde à vue remplit les exigences de l'article 62-2 précité, d'autre part, dans l'exercice de ce contrôle, elle a la faculté de relever un autre critère que celui ou ceux mentionnés par l'officier de police judiciaire ;

D'où il suit que le moyen doit être écarté ».

> La garde à vue doit constituer l'unique moyen de parvenir aux objectifs fixés par la loi, ce qui n'est pas le cas d'une privation de liberté décidée alors que le mis en cause s'était déjà présenté deux fois librement aux fins de remise de pièces

• **Crim. 7 juin 2017,** n° 16-87.588, P n° 148

* V. s[s] n° 615.53

« Attendu qu'en l'état de ces énonciations, exemptes d'insuffisance comme de contradiction et procédant de son appréciation souveraine des faits et circonstances de la cause, dont il résulte que, lors du placement en garde à vue de M. X., seul moment à prendre en considération pour le contrôle de légalité de la mesure, celle-ci, dans le cadre de laquelle il a été procédé aux auditions de l'intéressé, n'était pas, en l'état des éléments dont disposaient alors les officiers de police judiciaire ayant décidé d'y recourir, l'unique moyen de garantir sa comparution éventuelle devant le procureur de la République au terme de ces investigations, la chambre de l'instruction a justifié sa décision au regard des dispositions de l'article 62-2 du code de procédure pénale.

Il résulte des articles 803-2, 803-3 et 593 du code de procédure pénale que la personne qui fait l'objet d'un déferement à l'issue de sa garde à vue ne peut être retenue jusqu'au lendemain dans l'attente de sa comparution devant un magistrat qu'en cas de nécessité. Il incombe à la juridiction, saisie d'une requête en nullité de la rétention, de s'assurer de l'existence des circonstances ayant justifié la mise en œuvre de cette mesure

• **Crim. 13 juin 2018,** n° 17-85.940, P n° 111

* V. s[s] n° 615.224

« Sur le moyen unique de cassation, pris de la violation des articles 393, alinéa 1er, 802, 803-2 et 803-3 du code de procédure pénale, défaut de motifs et, manque de base légale et vu les articles 41, alinéa 3, 62-3, alinéa 3, 63 II, 63-8, alinéa 1er du code de procédure pénale et la décision n° 2010-80 QPC du 17 décembre 2010 du Conseil constitutionnel en son considérant 6 ;

Vu les articles 803-2, 803-3 et 593 du code de procédure pénale ;

Attendu qu'il résulte de ces textes que la personne qui fait l'objet d'un déferement à l'issue de sa garde à vue ne peut être retenue jusqu'au lendemain dans l'attente de sa comparution devant un magistrat qu'en cas de nécessité ; qu'il incombe à la juridiction, saisie d'une requête en nullité de la rétention, de s'assurer de l'existence des circonstances ayant justifié la mise en œuvre de cette mesure ;

Attendu qu'il résulte de l'arrêt attaqué, du jugement qu'il confirme et des pièces de procédure que M. Z. a été poursuivi devant le tribunal correctionnel de Paris du chef d'escroquerie pour avoir organisé, avec plusieurs autres comparses ayant les rôles de faux joueurs ou guetteurs, un jeu de « bonneteau », consistant à inciter les passants, après les avoir mis en confiance, à verser des sommes d'argent, dans la perspective de gains éventuels ; que les juges du premier degré l'ont déclaré coupable de ce chef ; que M. Z. a relevé appel de cette décision ;

Attendu que, pour rejeter le moyen de nullité tiré de la violation des dispositions des textes précités, l'arrêt énonce qu'il a été mis fin à la garde à vue de M. Z. le 9 mars 2017 à 15 heures 45, au terme du délai de 24 heures, et que, par nécessité en raison de contingences matérielles, celui-ci n'a été présenté que le lendemain, 10 mars, à 11 heures 15, soit avant expiration du délai de vingt heures, au magistrat du parquet qui lui a notifié les faits reprochés ainsi que la date d'audience de jugement avant de le laisser libre ; que les juges ajoutent qu'ainsi, M. Z. n'était plus sous une mesure de contrainte après la vingtième heure ;

Mais attendu qu'en prononçant ainsi, sans déterminer les circonstances ou contraintes matérielles rendant nécessaire la mise en œuvre de la mesure de rétention, la cour d'appel n'a pas justifié sa décision ;

D'où il suit que la cassation est encourue ».

> En ne prévoyant pas, lorsque les éléments recueillis au cours de la garde à vue d'une personne font apparaître qu'elle fait l'objet d'une mesure de protection juridique, que l'officier de police judiciaire ou l'autorité judiciaire sous le contrôle de laquelle se déroule la garde à vue soit, en principe, tenu d'avertir son curateur ou son tuteur afin de lui permettre d'être assistée dans l'exercice de ses droits, les dispositions de l'alinéa premier de l'article 706-113 du code de procédure pénale méconnaissent les droits de la défense

• **Cons. const. 14 sept. 2018,** n° 2018-730 QPC

* V. s[s] n° 615.132

« 5. Selon l'article 16 de la Déclaration des droits de l'homme et du citoyen de 1789 : « Toute société dans laquelle la garantie des droits n'est pas assurée, ni la séparation des pouvoirs déterminée, n'a point de Constitution ». Il résulte de ces dispositions qu'est garanti le respect des droits de la défense.

6. En application des dispositions contestées, lorsque des poursuites pénales sont engagées à l'encontre d'un majeur protégé, le procureur de la République ou le juge d'instruction doit en informer son curateur ou son tuteur, ainsi que le juge des tutelles. Il en va de même lorsque le majeur protégé fait l'objet d'une alternative aux poursuites consistant en la réparation du dommage ou en une médiation, d'une composition pénale ou d'une comparution sur reconnaissance préalable de culpabilité ou lorsqu'il est entendu comme témoin assisté. Le curateur ou le tuteur est alors autorisé à prendre connaissance des pièces de la procédure et bénéficie de plusieurs prérogatives visant à lui permettre d'assurer la préservation des droits du majeur protégé. Ces dispositions ne s'appliquent pas à la garde à vue.

7. En cas de placement en garde à vue, il résulte en revanche du 3° de l'article 63-1 du Code de procédure pénale que le majeur protégé est, comme tout autre suspect majeur, immédiatement informé par un officier de police judiciaire ou, sous le contrôle de celui-ci, par un agent de police judiciaire, de ses droits d'être assisté par un avocat, de faire prévenir certaines personnes de son entourage et, dans les conditions prévues à l'article 63-2 du même code, de communiquer avec elles. Le majeur protégé peut, à ce titre, demander à faire prévenir son curateur ou son tuteur. Les enquêteurs doivent alors, sauf circonstances insurmontables ou refus lié aux nécessités de l'enquête, prendre contact avec le curateur ou le tuteur dans les trois heures suivant la demande. Dans ce cas, le troisième alinéa de l'article 63-3-1 du même code prévoit que le curateur ou le tuteur peut désigner un avocat pour assister le majeur protégé au cours de la garde à vue, sous réserve de confirmation par ce dernier.

8. Toutefois, ni les dispositions contestées ni aucune autre disposition législative n'imposent aux autorités policières ou judiciaires de rechercher, dès le début de la garde à vue, si la personne entendue est placée sous curatelle ou sous tutelle et d'informer alors son représentant de la mesure dont elle fait l'objet. Ainsi, dans le cas où il n'a pas demandé à ce que son curateur ou son tuteur soit prévenu, le majeur protégé peut être dans l'incapacité d'exercer ses droits, faute de discernement suffisant ou de possibilité d'exprimer sa volonté en raison de l'altération de ses facultés mentales ou corporelles. Il est alors susceptible d'opérer des choix contraires à ses intérêts, au regard notamment de l'exercice de son droit de s'entretenir avec un avocat et d'être assisté par lui au cours de ses auditions et confrontations.

9. Dès lors, en ne prévoyant pas, lorsque les éléments recueillis au cours de la garde à vue d'une personne font apparaître qu'elle fait l'objet d'une mesure de protection juridique, que l'officier de police judiciaire ou l'autorité judiciaire sous le contrôle de laquelle se déroule la garde à vue soit, en principe, tenu d'avertir son curateur ou son tuteur afin de lui permettre d'être assistée dans l'exercice de ses droits, les dispositions contestées méconnaissent les droits de la défense.

10. Par suite, le premier alinéa de l'article 706-113 du Code de procédure pénale doit être déclaré contraire à la Constitution [...] ».

> La notification à la personne gardée à vue d'une extension de la poursuite initiale, d'un autre chef, effectuée par application de l'article 65 du code de procédure pénale, n'a pas pour effet de générer une garde à vue distincte de celle en cours au moment de cette notification

• **Crim. 14 nov. 2019,** n° 19-83.285, P 55

* V. s[s] n° 615.84

« Vu les articles 65, 174 et 206 du code de procédure pénale ;

9. Il se déduit du premier de ces textes que la notification à la personne gardée à vue d'une extension de la poursuite initiale, d'un autre chef, effectuée par application de l'article 65 du code de procédure pénale, n'a pas pour effet de générer une garde à vue distincte de celle en cours au moment de cette notification.

10. Il résulte des deux derniers textes que lorsque la chambre de l'instruction annule un acte de la procédure, elle doit également annuler tous les actes de la procédure subséquente qui découlent des actes viciés.

11. Pour dire n'y avoir lieu à annulation du procès-verbal d'audition, cote D 82, intitulé « Procès-verbal de notification

supplétive de garde à vue », l'arrêt attaqué relève que le placement en garde à vue de M. W... était juridiquement possible pour l'infraction d'usurpation d'identité, qui n'avait aucun lien avec le fait de refuser de se laisser signaliser et le placement en garde à vue qui en est résulté.

12. Les juges soulignent que cette infraction est apparue notamment par la comparaison entre l'identité que le mis en cause avait déclinée lors du contrôle d'identité et le renseignement fourni par les autorités suisses, de sorte que la notification qui lui a été faite en exécution de la consigne donnée par le procureur de la République de son placement en garde à vue et des droits afférents, le 3 février à 17 heures 28, apparaît régulière.

13. En se déterminant ainsi, la chambre de l'instruction, qui n'a pas tiré toutes les conséquences de la nullité qu'elle constatait, a méconnu le sens et la portée des textes susvisés ».

> Inconstitutionnalité de l'article 60 du code des douanes

• **Cons. const. 22 sept. 2022,** n° 2022-1010-QPC

* V. s^s n° 615.132.

« 7. La lutte contre la fraude en matière douanière, qui participe de l'objectif de valeur constitutionnelle de recherche des auteurs d'infractions, justifie que les agents des douanes puissent procéder à la fouille des marchandises, des véhicules ou des personnes.

8. Toutefois, les dispositions contestées permettent, en toutes circonstances, à tout agent des douanes de procéder à ces opérations pour la recherche de toute infraction douanière, sur l'ensemble du territoire douanier et à l'encontre de toute personne se trouvant sur la voie publique.

9. En ne précisant pas suffisamment le cadre applicable à la conduite de ces opérations, tenant compte par exemple des lieux où elles sont réalisées ou de l'existence de raisons plausibles de soupçonner la commission d'une infraction, le législateur n'a pas assuré une conciliation équilibrée entre, d'une part, la recherche des auteurs d'infractions et, d'autre part, la liberté d'aller et de venir et le droit au respect de la vie privée ».

615.03 Bibliographie indicative.

Articles. J. Alix, « Les droits de la défense au cours de l'enquête de police après la réforme de la garde à vue : état des lieux et perspectives », *D.* 2011. Chron. 1699 – B. Aubert et C. Saas, « Les échos entre Cours suprêmes », *AJ pénal* 2011. 277 – G. Beausonnie, « La nouvelle garde à vue est-elle plus contradictoire ? », *Gaz. Pal.* 29 juill. 2014, p. 13 – J. Boudot, B. Grazzini, « La réforme de la garde à vue à l'épreuve de la pratique », *AJ pénal* 2012. 512 – B. Bouloc, « Le sort des gardes à vue effectuées avant l'entrée en vigueur de la loi du 14 avril 2011 », *AJ pénal* 2012. 222 – J. Buisson, « Dispositions de la loi n° 2019-222 du 23 mars 2019 relatives à la police judiciaire », *Procédures* 2019, étude 17 ; « Les dispositions de la loi n° 2019-222 du 23 mars 2019 régissant l'instruction », *Procédures* n° 6, Juin 2019, étude 19 – B. Chapleau, « L'audition libre des mineurs à l'aune de la loi du 27 mai 2014 », *D.* 2014. 1506 – A.-S. Chavent-Leclère, « L'application concrète de la réforme de la justice pénale : étude des décrets n° 2019-507 et 2019-508 du 24 mai 2019 pris pour l'application des dispositions pénales de la loi de programmation 2018-2022 et de réforme pour la justice », *Procédures*, août 2019, n° 8-9, p. 22 – J. Danet, « Le nouvel alinéa de l'article préliminaire du code de procédure pénale nous prémunit-il des erreurs judiciaires », *AJ pénal* 2011. 331 – B. Danlos, « De quelques contre-vérités sur la jurisprudence de la CEDH en matière pénale », *AJ pénal* 2014. 404 – F. Desprez, « Que prévoit le code de procédure pénale à propos de l'accès pour l'avocat aux pièces du dossier lors d'une garde à vue ? », *D.* 2013. 2646 – A. Dejean de la Bâtie, « Une garde à vue en toute intimité : la vie privée prime l'information du public », *D.* 2020. 1662 – B. Dumonter, « L'avocat et la garde à vue : aspects pratiques et critiques », *AJ pénal* 2004. 275 – E. Dupic, « L'audition libre, bilan et perspectives un an plus tard », *Gaz. Pal.* 24/25 juill. 2015 – D. Fayolle et J.-B. Perrier, « Regards croisés sur la réforme de la garde à vue, un projet insuffisant et des attentes insatisfaites », *Gaz. Pal.* 6-8 févr. 2011. 8 – F. Fourment, « Garde à vue : la purge des nullités transitoires à l'entrée en vigueur de la loi du 14 avril 2011 », *JCP* 2014. 266 ; « Fondement juridique et notion d'assistance par un avocat en garde à vue », *D.* 2012. 2644 – P. Gagnoud, « Le délai de présentation devant le procureur de la République à l'issue de la garde à vue : la pratique du "petit dépôt de nuit" enfin légalisée », *Gaz. Pal.* 30 mai-3 juin 2004 ; « Le renforcement du contradictoire dans la phase des poursuites : vers une mise en état des affaires pénales ? » *Gaz. Pal.* 1er-2 août 2014, p. 10 – V. Georget, « À propos des arrêts de la chambre criminelle du 19 octobre 2010 : garde à vue et convention européenne des droits de l'Homme », *Dr. pénal* 2010. Dossier 12 – E. Gindre, « Une révolution jurisprudentielle en trompe-l'œil : les décisions de non-conventionnalité des régimes de garde à vue au regard des droits de la défense », *RSC* 2010. 879 – A. Gogorza, « Arrestation et garde à vue : des fondements et de la régularité des interpellations pendant la phase policière », *Dr. pénal* 2012. Chron. 10 ; « L'interrogatoire au stade policier – À propos d'un concept oublié », *Dr. pénal* 2015. Ét. 16 – Ch. Guéry, « L'avenir du suspect (suite) », *AJ pénal* 2013. 459 ; « Nullité de procédure portant indirectement atteinte aux intérêts du requérant : état des lieux », *D.* 2014. 1460 – P. Hennion-Jacquet, « L'arrêt Medvedyev : un turbulent silence sur les qualités du parquet français », *D.* 2010. 1390 ; « La consécration légale du statut de suspect libre », *Gaz. Pal.* 29 juill. 2014, p. 9 – Ch. Ingrain, J. Pasternak, « Pour une généralisation de l'enregistrement audiovisuel des gardes à vue et des interrogatoires en matière correctionnelle », *JCP* 2015. 941 – Ch. Lazerges, « Les désordres de la garde à vue », *RSC* 2010. Chron. 275 – N. Le Coz, « L'audition des personnes soupçonnées dans les enquêtes pénales. Retour sur certaines modifications du code de procédure pénale issues de la loi du 27 mai 2014 », *AJ pénal* 2014. 320 – V. Lesclous, « Un an de droit de la garde à vue », *Dr. pénal* 2007. Chron. 3 ; *Dr. pénal* 2008. Chron. 7 ; *Dr. pénal* 2009. Chron. 8 ; *Dr. pénal* 2010. Chron. 7 ; *Dr. pénal* 2014. Chron. 8 – D. Luciani-Mien, « La loi du 23 mars 2019 : le rendement procédural au détriment des droits du suspect », *RSC* 2019. 765 – D. Marais, « Insatisfaisant ! – À propos de la réforme de la garde à vue », *JCP* 2011. Aperçu rapide 540 – J.-Y. Maréchal, « Loi du 27 mai 2014 : principales dispositions relatives aux droits de la personne suspectée », *JCP* 2014. 649 – A. Maron, « Troisième messe de requiem pour la garde à vue », *Dr. pénal* 2010. Dossier 11 – E. Mathias, « Pour une loi des suspects… libres – (à propos du projet de loi relatif à la garde à vue) », *Dr. pénal* 2011. Ét. 6 – B. Mathieu, « Régulation. GAV : rapports entre les systèmes constitutionnels et conventionnels », *JCP* 2011. Doctr. 705 – H. Matsopoulou, « Garde à vue : la Cour de cassation partagée entre conventionnalité et constitutionnalité, À propos des arrêts de la chambre criminelle du 29 octobre 2010 », *JCP* 2010. 1104 ; « Une réforme inachevée, À propos de la loi du 14 avril 2011 », *JCP* 2011. 542 ; « Les dispositions de la loi du 14 avril 2011 sur la garde à vue déclarées conformes à la Constitution », *D.* 2011. 3034 ; « Une nouvelle réforme de la procédure pénale ? – Les principales propositions de la mission de réflexion sur les possibles évolutions de la procédure pénale », *JCP* 2014. Libres propos 957 – C. Mauro, « Réflexions sur la garde à vue : à propos de l'arrêt *Brusco c/ France* de la Cour européenne des droits de l'Homme du 14 octobre 2010 », *Dr. pénal* 2010. Ét. 29 – R. Mesa, « Le renforcement relatif des droits procéduraux du suspect pendant la phase d'enquête », *Gaz. Pal.* 19-20 sept. 2014, p. 17 – C. Miansoni, « L'initiative du placement en garde à vue », *AJ pénal* 2012. 517 – C. Michalski, « La défense censitaire du suspect », *Gaz. Pal.* 29 juill. 2014, p. 16 – Y. Muller, « La réforme de la garde à vue ou la figure brisée de la procédure pénale française », *Dr. pénal* 2011. Ét. 2 – V. Nioré, « Nouvelle garde à vue : sœur jumelle de la détention provisoire à la discrétion de l'OPJ sous le contrôle du parquet tout puissant », *Gaz. Pal.* 10-12 avr. 2011. 17 – R. Ollard, « Quel statut pour le suspect au cours de l'enquête pénale ? – À propos de la loi du 27 mai 2014 », *JCP* 2014. Doctr. 912 – S. Pellé, « La réforme de la garde à vue : problèmes de droit transitoire », *AJ pénal* 2011. 235 ; « Garde à vue : la réforme de la réforme (acte I) À propos de la loi nº 2014-535 du 27 mai 2014 », *D.* 2014. 1508 – J. Pradel, « Un regard perplexe sur la nouvelle garde à vue, À propos de la loi du 14 avril 2011 », *JCP* 2011. Ét. 665 ; « Un regard très européen sur les gardes à vue antérieures à l'application de la loi du 14 avril 2011 », *JCP* 2011. 756, « L'enquête pénale aujourd'hui. Vers une stabilisation dans l'équilibre ? », *D.* 2014. 1647 ; « Réforme de la justice – Notre procédure pénale à la recherche d'une efficacité à toute vapeur Loi nº 2019-222 du 23 mars 2019 – Étude, *JCP* 2019, Doctr. 406 – M.-L. Rassat, « À remettre sur le métier – Des insuffisances de la réforme, Libres propos », *JCP* 2011. 632 – J.-F. Renucci, « L'affaire Medvedyev devant la grande chambre : les "dits" et les "non dits" d'un arrêt important », *D.* 2010. 1386 – G. Roujou de Boubée, « La réforme de la garde à vue », *D.* 2011. 1570 – W. Roumier, « Le ministère public n'est pas une autorité judiciaire au sens de l'article 5, § 3 de la convention européenne des droits de l'homme », *Dr. pénal* 2010. Alerte 58 – S. Sontag Koenig, « Intervention de l'avocat et droits de la défense en garde à vue. Quel avenir pour les enregistrements audiovisuels ? », *AJ pénal* 2012. 527 – G. Taupiac-Nouvel et A. Botton, « La réforme du droit à l'information en procédure pénale », *JCP* 2014. Doctr. 802 – M. Touillier, « Le statut du suspect à l'ère de l'européanisation de la procédure pénale : entre "petite" et "grande" révolution », *RSC* 2015. 127 – P.-V. Veil, D. Père, « La renonciation à l'assistance d'un avocat en garde à vue est-elle conforme aux exigences du procès équitable ? », *D.* 2012. 2400 – E. Vergès, « Émergence européenne d'un régime juridique du suspect, une nouvelle rationalité juridique », *RSC* 2012. 635 ; « Le statut juridique du suspect : un premier défi pour la transposition du droit de l'Union européenne en procédure pénale – À propos de la loi nº 2014-535 du 27 mai 2014 portant transposition de la directive 2012/13/UE du Parlement européen et du Conseil, du 22 mai 2012, relative au droit à l'information dans le cadre des procédures pénales », *Dr. pénal* 2014. Ét. 15 – H. Vlamynck, « Le policier et la garde à vue : remarques et interrogations », *AJ pénal* 2004. 269.

> Sur la crise sanitaire de la Covid-19. A. Botton, « Les droits et libertés fondamentaux à l'épreuve de l'ordonnance nº 2020-303 du 25 mars 2020 », Blog du Club des juristes, 30 mars 2020 – J. Buisson, « Covid-19 – Incidence sur les règles de la procédure pénale », *Procédures* 2020, comm. 100 – P. de Combles de Nayves, « Présentation de l'ordonnance réformant la procédure pénale face à l'épidémie de Covid-19 », *AJ pénal* 2020. 172 – V.-O. Dervieux, Ph. Laumosne, « Justice pénale de l'essentiel, L'ordonnance nº 2020-303 du 25 mars 2020 et la procédure pénale », *AJ pénal* 2020. 179 – H. Matsopoulou, « Les principes directeurs du procès pénal à l'épreuve de l'épidémie de covid-19 – À propos de l'ordonnance nº 2020-303 du 25 mars 2020 portant adaptation de règles de procédure pénale », *JCP* 2020. 687 ; « La fin des "prolongations de plein droit" des détentions provisoires intervenues dans le cadre de l'état d'urgence sanitaire », *JCP* 2020, Doctr. 767 – S. Pellé, « La justice pénale à l'heure du coronavirus : l'urgence ou le miroir de notre procédure pénale ? », *D.* 2020. 777 – J.-B. Perrier, « La procédure pénale en urgence sanitaire », *Gaz. Pal.* 31 mars 2020, p. 18 – C. Ribeyre, « La procédure pénale à l'épreuve de l'état d'urgence sanitaire », *Dr. pénal* 2020, étude 3 – M. Touillier, « L'adaptation de la procédure pénale au malheur des temps, Brèves considérations distanciées sur l'ordonnance nº 2020-303 du 25 mars 2020 portant adaptation de règles de procédure pénale sur le fondement de la loi d'urgence pour faire face à l'épidémie de Covid-19 », *AJ pénal* 2020. 186.

SECTION 1
QU'EST-CE QUE LA GARDE À VUE ?

615.11 **Définition.** « La garde à vue a pour objet l'audition de la personne retenue à la disposition de l'officier de police judiciaire »[1]. C'est une mesure de rétention d'une personne, sous le contrôle de l'autorité judiciaire, à la disposition d'un officier de police judiciaire pour les nécessités de l'enquête[2]. Lorsqu'elle n'a pas fait l'objet de contrainte, et notamment lorsqu'elle s'est présentée librement, on ne peut pas reprocher à l'officier de police judiciaire de ne pas

1. Crim. 11 juill. 1994, nº 94-82.220, P nº 273 ; *D.* 1995. 141, obs. J. Pradel.
2. Crim. 11 oct. 2000, nº 00-82.238, P nº 296 ; *AJ pénal* 2015. 214, obs. J. Lasserre Capdeville.

l'avoir placée en garde à vue[1]. En revanche, depuis l'entrée en vigueur de la loi du 27 mai 2014[2], on peut reprocher aux enquêteurs, le cas échéant, de ne pas avoir notifié les droits du suspect libre[3].

615.12 Régimes différents selon le cadre juridique. Les régimes de garde à vue ont très longtemps été différents selon le cadre juridique de leur mise en œuvre. Peu à peu, le législateur a unifié les gardes à vue prises sous les régimes d'enquête de flagrance, enquête préliminaire ou commission rogatoire. L'unité complète est atteinte avec la loi du 14 avril 2011[4].

615.13 Différence entre garde à vue et autres régimes. Une mesure de simple surveillance ordonnée par la commission rogatoire d'un juge d'instruction n'a pas pour objet, comme la garde à vue, l'audition de la personne retenue à la disposition d'un officier de police judiciaire, et la commission rogatoire n'a pas à être annulée[5]. Cette mesure de surveillance peut être ordonnée par exemple en présence d'une personne suspectée et qui est hospitalisée avant que son état ne permette une mesure de garde à vue ou avant sa mise en examen. Par ailleurs, il fut jugé que le régime de la garde à vue ne s'appliquait pas aux retenues douanières[6]. Mais la loi du 14 avril 2011 a institué en cette matière une réglementation calquée sur celle de la garde à vue[7].

SECTION 2
RAPPELS HISTORIQUES

615.21 Une absence de nullité bien révolue. Quel que soit le régime dans lequel la garde à vue était ordonnée, flagrance, enquête préliminaire ou commission rogatoire, la jurisprudence a longtemps estimé que la violation des règles édictées en la matière n'entraînait pas la nullité. La chambre criminelle estimait que : « leur inobservation ne saurait, par elle-même, entraîner la nullité des actes de la procédure lorsqu'il n'est pas démontré que la recherche et l'établissement de la vérité s'en sont trouvés fondamentalement viciés »[8].

La jurisprudence a été modifiée et, la garde à vue constitue désormais un réservoir de nullité[9].

615.22 Garde à vue et CEDH : équité de la procédure. L'article 5 de la convention européenne des droits de l'homme ne comporte pas de disposition relative à la présence d'un avocat pendant la phase préparatoire du procès pénal.

C'est l'article 6, § 3, qui concerne la phase d'audience, qui prévoit que l'accusé a le droit de disposer du temps et des facilités nécessaires à la préparation de sa défense[10] et le droit à se défendre lui-même ou d'avoir l'assistance d'un défenseur[11].

La jurisprudence de la Cour a élargi le champ d'application de l'article 6, § 3, c) en estimant que : « la notion d'équité consacrée par l'article 6 exige que l'accusé ait le bénéfice de l'assistance d'un avocat dès les premiers stades de l'interrogatoire de police. Dénier cet accès pendant les quarante-huit premières heures de celui-ci, alors que les droits de la défense peuvent fort bien subir une atteinte irréparable, est – qu'elle qu'en soit la justification – incompatible avec les droits que l'article 6 reconnaît à l'accusé »[12].

Dès l'arrêt *Salduz c/ Turquie*[13], énonçant que « pour que le droit à un procès équitable consacré par l'article 6, § 1, de la convention de sauvegarde des droits de l'Homme et des libertés fondamentales soit effectif et concret, il faut, en règle générale, que la personne placée en garde à vue puisse bénéficier de l'assistance d'un avocat dès le début de la mesure et pendant ses interrogatoires », il était assez évident que la situation française ne pourrait perdurer.

L'arrêt *Dayanan c/ Turquie* marque un pas supplémentaire en précisant que « l'équité de la procédure requiert que l'accusé puisse obtenir toute la vaste gamme d'interventions qui sont propres au conseil »[14].

1. Crim. 28 juin 2000, n° 99-81.688, P n° 251 ; *D.* 2002. 438, note F. Lombard et A. Haroune.
2. L. n° 2014-535, 27 mai 2014 portant transposition de la directive 2012/13/UE du Parlement européen et du Conseil, du 22 mai 2012, relative au droit à l'information dans le cadre des procédures pénales, *JO* 28 mai, p. 8864.
3. V. s^s n° 614.21.
4. L. n° 2011-392, 14 avr. 2011 relative à la garde à vue, *JO* 15 avr., p. 6610.
5. Crim. 11 juill. 1994, n° 94-82.220, préc.
6. Crim. 7 mars 1994, n° 93-85.698, P n° 89.
7. V. s^s n° 615.131.
8. Par ex. : Crim. 15 oct. 1974, n° 74-90.335, P n° 292 – Crim. 22 déc. 1987, n° 87-90.034, P n° 477 ; *D.* 1989. 323, note J. Laferrière – Crim. 26 févr. 1991, n° 90-87.295, P n° 97 – Crim. 25 févr. 1992, n° 91-80.217, P n° 83 – Crim. 22 avr. 1992, n°s 91-85.467, 92-80.881, P n° 172.
9. V. s^s n° 615.23.
10. Conv. EDH, art. 6, § 3, b).
11. Conv. EDH, art. 6, § 3, c).
12. CEDH 8 févr. 1996, *John Murray c/ Royaume-Uni*, req. n° 18731/91, § 66, *RSC* 1997. 476 et 481, obs. R. Koering-Joulin.
13. CEDH 27 nov. 2008, *Salduz c/ Turquie*, req. n° 36391/02 ; *GAPP*, 9e éd., Dalloz, 2016, n° 27 [AUPARAVANT : 7e éd., 2011, n° 27] ; *AJDA* 2009. 872, chron. J.-F. Flauss.
14. CEDH 13 oct. 2009, *Dayanan c/ Turquie*, req. n° 7377/03, *D.* 2009. 2897, note J.-F. Renucci ; *AJ pénal* 2010. 27, obs. C. Saas ; *RSC* 2010. 231, obs. D. Roets.

Le coup de grâce est donné dans l'arrêt *Brusco c/ France*[1], du 14 octobre 2010, dans lequel c'est la législation française qui est déclarée contraire à la convention.

Par la suite, la Cour de Strasbourg a modéré les conséquences d'un constat de violation des droits de la défense en garde à vue au profit d'une vision plus globale de l'équité de la procédure, largement critiquée par la doctrine[2]. Elle a jugé, dans une décision *Ibrahim c/ Royaume-Uni*[3] que l'absence de raisons impérieuses de restreindre le droit d'accès à un avocat n'emportait pas automatiquement une violation de l'article 6 de la convention européenne des droits de l'homme et qu'il fallait prendre en compte l'équité globale de la procédure. Elle a repris cette jurisprudence dans un arrêt postérieur, rendu également en grande chambre, le 13 mai 2017, *Simeonovi c/ Bulgarie*[4]. Dans cette affaire, le requérant avait pourtant été privé pendant les trois premiers jours de sa détention d'un droit à avocat sans qu'aucune mention écrite ne permette de savoir s'il avait demandé un conseil. La Cour a constaté qu'à aucun moment ses droits ne lui avaient été notifiés. Mais la Cour, se livrant à un examen de « l'équité globale de la procédure » indique attacher « une importance décisive » au fait que pendant la période de détention aucun élément de preuve qui aurait pu être utilisé contre le requérant n'a été obtenu et versé au dossier pénal. L'intéressé étant passé aux aveux après le début de son assistance par un avocat, elle estime que l'absence d'avocat au cours de sa garde à vue n'a aucunement nui à son droit de ne pas contribuer à sa propre incrimination. Enfin, sa condamnation reposant sur un ensemble de preuves concordantes et l'affaire ayant été examinée au cours de trois instances, la Cour conclut à l'absence de violation de l'article 6, § 1[5] et § 3[6] de la convention (v. aussi s^s^ n° 615.27).

615.23 Garde à vue : décision du Conseil constitutionnel du 30 juillet 2010. Dans sa décision rendue le 30 juillet 2010[7], le Conseil constitutionnel, saisi d'une question prioritaire de constitutionnalité, a déclaré les articles 62, 63, 63 1, 63-4, alinéas 1 à 6, et 77 du code de procédure pénale contraires à la Constitution puisqu'ils : « N'instituent pas les garanties appropriées à l'utilisation qui est faite de la garde à vue compte tenu des évolutions précédemment rappelées ; qu'ainsi, la conciliation entre, d'une part, la prévention des atteintes à l'ordre public et la recherche des auteurs d'infractions et, d'autre part, l'exercice des libertés constitutionnellement garanties ne peut plus être regardée comme équilibrée ; que, par suite, ces dispositions méconnaissent les articles 9 et 16 de la Déclaration de 1789. »

Il reportait toutefois la date d'application de sa décision, comme il en avait le droit : « Si en principe, une déclaration d'inconstitutionnalité doit bénéficier à la partie qui a présenté la question prioritaire de constitutionnalité, l'abrogation immédiate des dispositions contestées méconnaîtrait les objectifs de prévention des atteintes à l'ordre public et de recherche des auteurs d'infractions et entraînerait des conséquences manifestement excessives ; qu'il y a lieu, dès lors, de reporter au 1er juillet 2011 la date de cette abrogation afin de permettre au législateur de remédier à cette inconstitutionnalité ; que les mesures prises avant cette date en application des dispositions déclarées contraires à la Constitution ne peuvent être contestées sur le fondement de cette inconstitutionnalité. »

Dans une autre décision, rendue le 22 septembre 2010, le Conseil constitutionnel invalidait également les règles de retenue douanière[8], en déclarant que l'article 323 du code des douanes ne permettant pas à la personne de disposer de l'assistance d'un avocat, apportait une restriction aux droits de la défense imposée de façon générale sans considération des circonstances particulières susceptibles de

1. CEDH 14 oct. 2010, *Brusco c/ France*, req. n° 1466/07 ; *Dr. pénal* 2010. Ét. 29, obs. C. Mauro ; *D.* 2010. 2950, n° 44, obs. J.-F. Renucci ; *D.* 2010. 2425, édito. F. Rome ; *D.* 2010. 2696, entretien Y. Mayaud ; *D.* 2010. 2783, Chron. J. Pradel ; *D.* 2010. 2850, point de vue D. Guérin ; *RSC* 2011. 211, obs. D. Roets ; *JCP* 2010. Actu. 1064.
2. SUR la valeur d'un témoignage obtenu hors la présence d'un avocat, v. s^s^ n° 615.305.
3. CEDH, gr. ch., 13 sept. 2016, n° 50541/08, *Ibrahim c/ Royaume-Uni* § 260 ; *D.* 2016. 1862, obs. C. de presse ; *JCP* 2016, act. 1010, obs. L. Milano ; *RSC* 2017. 130, obs. J.-P. Marguénaud.
4. CEDH, gr. ch., 12 mai 2017, n° 21980/04, *Simeonovi c/ Bulgarie*, *JCP* 2017. 578, obs. L. Milano.
5. Conv. EDH, art. 6, § 1.
6. Conv. EDH, art. 6, § 3.
7. Cons. const. 30 juill. 2010, n° 2010-14/22 QPC, art. non-conformes 62, 63, 63-1, 63-4, al. 1 à 6, 77 du C. pr. pén., *garde à vue*, NON-CONFORMITÉ PARTIELLE – EFFET DIFFÉRÉ, *JO* 31 juill., p. 14198 ; *Rec.*, p. 179 ; *Rev. pénit.* juill. sept. 2010, dossier spécial, par P. Conte, Foll, Casorla, Saint Pierre, Renoux ; *D.* 2010. 1928, obs. C. Charrière Bournazel ; *D.* 2010. 2254, obs. J. Pradel ; *D.* 2010. 2434, note D. Roets ; *JCP* 2010. 914, obs. F. Fournié ; *Dr. pénal* 2010, n° 113, note A. Maron et M. Haas ; *AJ pénal* 2010. 470, obs. J.-B. Perrier ; *AJDA* 2010. 1556 ; *AJDA* 2010. 1949, point de vue P. Cassia ; *RSC* 2011. 139, obs. A. Giudicelli ; *RSC* 2011. 165, obs. B. de Lamy ; *RSC* 2011. 193, Chron. C. Lazerges.
8. Cons. const. 22 sept. 2010, n° 2010-32 QPC, art., conforme 323 1° et 2°, non conforme 323 3° du C. douanes, *retenue douanière*, NON-CONFORMITÉ PARTIELLE – EFFET DIFFÉRÉ, *JO* 23 sept., p. 14198 ; *Rec.*, p. 179 ; *D.* 2010. 2301, point de vue C. J. Berr ; *D.* 2010. 2352, entretien J. Pannier ; *RSC* 2011. 139, obs. A. Giudicelli ; *RSC* 2011. 165, obs. B. de Lamy ; *RSC* 2011. 193, Chron. C. Lazerges ; *Dr. pénal* 2010, n° 131, note A. Maron et M. Haas.

la justifier pour rassembler ou conserver les preuves ou assurer la protection des personnes ; et qu'au demeurant, la personne en retenue douanière ne reçoit pas la notification de son droit de garder le silence. Il conclut que l'article 323 [1] du code des douanes méconnaît les articles 9 et 16 de la Déclaration de 1789 et doit être déclaré contraire à la Constitution.

615.24 **Garde à vue : arrêts de la chambre criminelle du 19 octobre 2010.** Par plusieurs arrêts rendus le 19 octobre 2010, la chambre criminelle de la Cour de cassation a consacré le caractère contraire à la convention européenne des droits de l'homme, de la garde à vue française de droit commun, mais la chambre criminelle estime que ces principes ne peuvent « s'appliquer immédiatement à une garde à vue conduite dans le respect des dispositions législatives en vigueur lors de sa mise en œuvre, sans porter atteinte au principe de sécurité juridique et à la bonne administration de la justice »[2]. La réponse pouvait paraître surprenante et inédite. Aucun précédent ne semblait relever la non-conformité d'une décision avec un principe supérieur tout en reportant l'entrée en vigueur de ces principes à plus tard. La sécurité juridique apparaissait comme le moteur de cette décision, la chambre criminelle ayant souhaité que le législateur se prononce plutôt que de voir éclater tout un pan du contentieux de la garde à vue, y compris pour des affaires antérieures à sa décision. Elle s'alignait ainsi sur la jurisprudence du Conseil constitutionnel qui avait, dans sa décision du 30 juillet 2010, décidé de reporter les effets de l'inconstitutionnalité prononcée à l'encontre de plusieurs dispositions du code de procédure pénale relatives à la garde à vue[3]. Mais le report au plus tard au 1er juillet 2011, de l'entrée en vigueur des principes de la convention, semblait en lui-même contraire aux principes dégagés par la Cour européenne des droits de l'Homme qui avait depuis longtemps déclaré que si les États demeuraient maîtres des moyens de se conformer aux exigences conventionnelles, cette possibilité ne saurait leur permettre de suspendre l'application de la convention en attendant l'aboutissement d'une réforme du droit interne[4].

615.25 **Garde à vue : arrêts de l'Assemblée plénière de la Cour de cassation du 15 avril 2011.** Le 15 avril 2011, c'est-à-dire le lendemain de la promulgation de la loi du 14 avril[5] relative à la garde à vue, l'Assemblée plénière de la Cour de cassation rendait quatre importants arrêts[6]. La Haute assemblée y reprend le principe de base des arrêts rendus par la chambre criminelle le 19 octobre 2010. Elle retient que les États adhérents à la convention européenne des droits de l'Homme sont tenus de respecter les décisions de la Cour européenne des droits de l'Homme, sans attendre d'être attaqués devant elle ni d'avoir modifié leur législation ; que pour que le droit à un procès équitable consacré par l'article 6, § 1 de la convention européenne des droits de l'homme soit effectif et concret, il faut, en règle générale, que la personne placée en garde à vue puisse bénéficier de l'assistance d'un avocat dès le début de la mesure et pendant ses interrogatoires. Surtout, elle consacre *l'application immédiate de ses décisions*. Ce faisant, elle remet évidemment en cause les gardes à vue prises antérieurement.

615.26 **Garde à vue : situation entre le 15 avril 2011 et le 1er juin 2011.** Le principe de la non-conventionnalité de la garde à vue « à la française » acquis, encore fallait-il savoir comment concrètement décliner les articles de la convention dont chacun sait qu'ils sont particulièrement flous. La Chancellerie réagissait très vite en diffusant immédiatement aux parquets une note dans laquelle elle préconisait de prendre modèle sur la loi du 14 avril 2011[7], pour toutes les gardes à vue à venir. Les droits offerts aux mis en garde à vue après le 15 avril 2011 et jusqu'à l'entrée en vigueur de la loi du

1. C. douanes, art. 323 ; mod. par L. n° 87-502, 8 juill. 1987, art. 22 ; mod. par L. n° 2002-1576, 30 déc. 2002, art. 44.
2. Crim. 19 oct. 2010, n°s 10-82.306, 10-82.902, 10-85.051, *D.* 2010. 2434, note S. Lavric ; *JCP* 2010. 1104, note H. Matsopoulou ; *Dr. pénal* 2010. Dossier 11, note A. Maron et Dossier 12, note É.-J. Georget ; *Procédures* 2010, n° 422, note J. Buisson ; *Gaz. Pal.* 2010, Jur. n° 297 et n° 299, p. 15 à 19, note O. Bachelet ; *Gaz. Pal.* 17-18 nov. 2010. 16, note S. Detraz ; *RSC* 2010. 879, note E. Gindre ; *D.* 2010. 2809, note E. Dreyer.
3. Cons. const. 30 juill. 2010, n° 2010-14/22 QPC, art. non conformes 62, 63, 63-1, 63-4, al. 1 à 6, 77 du C. pr. pén., *garde à vue*, NON-CONFORMITÉ PARTIELLE – EFFET DIFFÉRÉ, *JO* 31 juill., p. 14198 préc. ; *D.* 2010. 1928, entretien C. Charrière-Bournazel ; *D.* 2010. 1949, Point de vue P. Cassia ; *D.* 2010. 2254, obs. J. Pradel ; *D.* 2010. 2696, entretien Y. Mayaud ; *D.* 2010. 2783, Chron. J. Pradel ; *D.* 2011. 1713, obs. V. Bernaud et L. Gay ; *AJ pénal* 2010. 470. Ét. J.-B. Perrier ; *RSC* 2011. 139, obs. A. Giudicelli ; *RSC* 2011. 165, obs. B. de Lamy ; *RSC* 2011. 193, Chron. C. Lazerges (v. s^{s} n° 615.23).
4. CEDH 29 nov. 1991, *Vermeire c/ Belgique*, req. n° 12849/87, § 26 ; *GACEDH* 8e éd., « Thémis », Puf, 2017, [AUPARAVANT : 3e éd., 2005, n° 48].
5. L. n° 2011-392, 14 avr. 2011, préc.
6. Cass., ass. plén., 15 avr. 2011, n°s 10-17.049, 10-30.313, 10-30.316, 10-30.242, P n° 1 ; *D.* 2011. 1080 ; *D.* 2011. 1128, entretien G. Roujou de Boubée ; *D.* 2011. 1713, obs. V. Bernaud et L. Gay ; *D.* 2012. 390, obs. O. Boskovic, S. Corneloup, F. Jault-Seseke, N. Joubert et K. Parrot ; *RSC* 2011. 410, obs. A. Giudicelli ; *Gaz. Pal.* 17-19 avr. 2011. 10, note O. Bachelet ; *Dr. pénal* 2011, n° 84, note A. Maron et M. Haas ; *AJ pénal* 2011. 311, obs. C. Mauro ; *JCP* 2011. 756, obs. J. Pradel – confirmée par : Crim. 7 juin 2011, n° 11-81.702, P n° 121 ; *D.* 2011. 1824.
7. L. n° 2011-392, 14 avr. 2011, préc.

14 avril 2011, le 1er juin suivant, se sont donc largement inspirés de cette dernière, sans que de réelles difficultés aient vu le jour. S'agissant de l'application immédiate des principes ainsi définis, y compris aux gardes à vue s'étant déroulés sous l'égide des textes antérieurs, l'article 173-1 du code de procédure pénale, en instillant un « toilettage » des nullités de procédure[1] s'avère ici fondamental : toutes les personnes ayant été entendues comme témoin assisté[2] ou mises en examen depuis plus de six mois ne peuvent plus soulever l'irrégularité de leur placement en garde à vue.

L'article 174 du code de procédure pénale fonctionne de la même façon : toutes les personnes ayant déjà soulevé une nullité de procédure ou appelé à une audience de nullité en raison d'une requête déposée par une autre partie sont forcloses à soulever une nullité de procédure dont elles pouvaient avoir connaissance. Un revirement de jurisprudence ne saurait en effet constituer un élément nouveau de nature à faire renaître un droit éteint. Devant la chambre des appels correctionnels, le moyen pris de la nullité supposée de la garde à vue ne peut être présenté s'il ne l'a pas été devant la juridiction de première instance[3].

La chambre criminelle, malgré des pourvois fondés sur la nouveauté de la jurisprudence relative à la garde à vue, a confirmé l'application de l'article 173-1 du code de procédure pénale pour estimer irrecevable une exception de nullité soulevée alors que les délais de l'article 173-1 étaient écoulés[4]. La chambre criminelle a tiré les mêmes conclusions de l'application de l'article 179 du code de procédure pénale : dès lors que l'ordonnance de renvoi du juge d'instruction est devenue définitive, le prévenu n'est plus recevable à faire état de la nullité de ses auditions en garde à vue, quand bien même celle-ci tiendrait à l'absence d'assistance d'un avocat au cours de la garde à vue[5].

615.27 Gardes à vue antérieures à la loi du 15 avril 2011 : jurisprudence de la CEDH. Dans deux décisions du 11 juillet 2019[6], la Cour européenne des droits de l'homme a rappelé que les recours de personnes ayant été placées en garde à vue avant la réforme de 2011 ne sont considérés comme effectifs qu'à partir des arrêts de l'Assemblée plénière de la Cour de cassation du 15 avril 2011. Pour les gardes à vue effectuées avant cette date, la Cour doit donc vérifier si la procédure pénale, *considérée dans son ensemble*, a permis de remédier aux lacunes procédurales survenues durant la garde à vue. La Cour se prononce dans la première espèce (n° 62313/12), et dit à l'unanimité, qu'il y a eu violation de l'article 6, § 1 (droit à un procès équitable) et § 3, c) (droit à l'assistance d'un avocat). La chambre criminelle avait jugé en 2012[7] que « Si c'est à tort que la cour d'appel n'a pas cru devoir annuler les procès-verbaux d'audition établis au cours de la garde à vue du prévenu, sans l'assistance d'un avocat, l'arrêt n'encourt pas pour autant la censure, dès lors que, pour retenir sa culpabilité, les juges ne se sont fondés ni exclusivement ni même essentiellement sur les déclarations recueillies au cours de cette mesure ». La Cour de Strasbourg estime, dans la deuxième espèce (n° 30828/13), qu'il y a eu non-violation de l'article 6, § 1 et § 3 c) de la Convention européenne des droits de l'homme. La chambre criminelle avait estimé que la cour d'appel ne s'était pas exclusivement et essentiellement fondée sur les déclarations recueillies au cours de la garde à vue[8]. Dans le cas de M. O, et s'agissant du droit de ce dernier de ne pas s'incriminer lui-même, la Cour relève notamment l'existence de déclarations et de réponses faites aux enquêteurs qui ont manifestement affecté sa position dans la procédure. Tout d'abord, M. O. a été interrogé par la police environ 10 heures pendant sa garde à vue à l'issue de laquelle il a reconnu sa responsabilité. Ensuite, rien dans la motivation des décisions internes ne permet de considérer que d'autres éléments pourraient être regardés comme des parties intégrantes et importantes sur lesquelles reposait sa condamnation. La Cour estime donc que la procédure pénale considérée dans son ensemble n'a pas permis de remédier aux lacunes procédurales survenues durant la garde à vue. Dans le cas de M. B, la Cour constate en particulier que les juridictions du fond se sont fondées sur des éléments extérieurs aux déclarations faites au cours de la garde à vue, à savoir sur les éléments établis lors de l'instruction alors que le requérant était assisté d'un avocat, sur les débats devant le juge de première instance ou encore sur les témoignages précis et circonstanciés de tiers en lien direct avec son activité

1. Ch. Guéry, « Un toilettage progressif et personnalisé : les nullités de l'instruction après l'entrée en vigueur de la loi du 4 mars 2002 », *Dr. pénal* 2002. Chron. 38.
2. SUR ce point : Ch. Guéry, « De la nécessité accrue pour le témoin assisté de l'être bien », *AJ pénal* 2005. 111.
3. Crim. 12 mars 1996, n° 95-81.127, P n° 110 (v. s[s] n° 622.13).
4. Crim. 17 août 2011, n° 11-83.784, NP – Crim. 13 sept. 2011, n° 11-82.857, NP – Crim. 14 sept. 2011, n° 11-84.872, NP – Crim. 27 sept. 2011, n° 11-81.458, P n° 186 ; *D.* 2012. 263, note T. Potaszkin ; *D.* 2012. 2118, obs. J. Pradel ; *AJ pénal* 2012. 43, obs. C. Girault.
5. Crim. 6 déc. 2011, n° 11-80.326, P n° 247 ; *RSC* 2012. 185, obs. J. Danet – Crim. 20 mars 2012, n° 11-83.638, NP – Crim. 12 avr. 2012, n° 11-85.703, NP.
6. CEDH 11 juill. 2019, n° 62313/12, *O. c/ France*, CEDH 11 juill. 2019, n° 30828/13, *B. c/ France*, *JCP* 2019. 821 ; *Procédures* 2019, comm. 268.
7. Crim. 21 mars 2012, n° 11-83.637, P n° 78.
8. Crim. 7 nov. 2012, n° 11-88.241, NP.

et sur l'examen des documents comptables et bancaires. La Cour juge en l'espèce que la procédure pénale, considérée dans son ensemble, a permis de remédier aux lacunes procédurales survenues durant la garde à vue. Cette évolution de la jurisprudence de la Cour de Strasbourg tend ainsi à estimer que le droit à l'avocat lors de la garde à vue n'est plus un droit absolu dès lors qu'en cas d'atteinte à ce droit, l'équité globale de la procédure peut conduire à compenser cette carence. Cette jurisprudence est largement critiquée par la doctrine[1].

SECTION 3
PLACEMENT EN GARDE À VUE – PRINCIPES

§ 1
Autorité en charge du placement

615.31 Officier de police judiciaire. Traditionnellement, la décision de placement en garde à vue était une prérogative de l'officier de police judiciaire, les simples agents n'ayant pas qualité pour décider de ce type de mesure[2].

L'article 63[3], issu de la loi du 14 avril 2011[4], dispose que seul un officier de police judiciaire peut, d'office *ou sur instruction du procureur de la République*, placer une personne en garde à vue. Si le placement effectif est donc une attribution particulière de l'OPJ, la décision peut être prise par le procureur de la République.

615.32 Mandat de recherche et garde à vue. Une exception à cette prérogative traditionnelle de l'officier de police judiciaire a été posée par la loi du 9 mars 2004, qui a créé un mandat nommé mandat de recherche pouvant être décerné aussi bien par le ministère public dans le cadre de l'enquête de flagrance[5] ou préliminaire[6] que par le juge d'instruction[7]. Le mandat de recherche peut être décerné à l'égard d'une personne à l'encontre de laquelle il existe une ou plusieurs raisons plausibles de soupçonner qu'elle a commis ou tenté de commettre une infraction. L'article 135-1[8] précise que « la personne découverte en vertu d'un mandat de recherche est placée en garde à vue par l'officier de police judiciaire du lieu de la découverte, suivant les modalités prévues à l'article 154 ».

L'article 70[9] du code de procédure pénale précise, quant à lui, que la personne découverte en vertu de ce mandat est placée en garde à vue par l'officier de police judiciaire du lieu de la découverte qui peut procéder à son audition, sans préjudice de l'application de l'article 43[10] et de la possibilité pour les enquêteurs déjà saisis des faits de se transporter sur place afin d'y procéder eux-mêmes, après avoir si nécessaire bénéficié d'une extension de compétence conformément à l'article 18[11].

615.33 Information du ministère public. Dès le début de la mesure, l'officier de police judiciaire informe le procureur de la République, par tout moyen, du placement de la personne en garde à vue. Il lui donne connaissance des motifs justifiant, en application de l'article 62-2 du code de procédure pénale, ce placement et l'avise de la qualification des faits qu'il a notifiée à la personne en application du 2° de l'article 63-1 du code de procédure pénale. Le procureur de la République peut modifier cette qualification ; dans ce cas, la nouvelle qualification est notifiée à la personne dans les conditions prévues au même article 63-1, c'est-à-dire par l'établissement d'un nouveau procès-verbal le précisant ou complétant le précédent[12]. Une éventuelle erreur matérielle dans la datation de l'avis peut toujours être corrigée par l'examen des autres pièces de la procédure[13]. Est établie l'information donnée au procureur de la République dès lors qu'il a saisi une unité spécialisée et s'est rendu sur les lieux où il a assisté au placement en garde à vue des auteurs[14]. Quelle que soit la qualification retenue à la fin de l'enquête (et notamment dans le cas où la qualification finalement retenue est contraventionnelle) l'officier de police judiciaire doit, dès le début de la mesure, informer le procureur de la République du placement en garde à vue, et aucune disposition ne

1. V. not. A. Danet, « Séisme de la garde à vue en France : les répliques huit ans plus tard… ! », *Lexbase Pénal* sept. 2019, n° N0235BYD ; M. Murbach-Vibert, H. Payen, « Relevé d'office des nullités et office du juge pénal », *AJ pénal* 2018. 403 – V. aussi s[s] n° 615.22.
2. C. pr. pén., art. 20 ; mod. par L. n° 2016-731, 3 juin 2016, art. 74.
3. C. pr. pén., art. 63 ; mod. par L. n° 2011-392, 14 avr. 2011, art. 3 ; mod. par L. n° 2014-535, 27 mai 2014, art. 1er.
4. L. n° 2011-392, 14 avr. 2011, préc.
5. C. pr. pén., art. 70 ; mod. par L. n° 2004-204, 9 mars 2004, art. 86.
6. C. pr. pén., art. 77-4 ; mod. par L. n° 2004-204, 9 mars 2004, art. 86.
7. C. pr. pén., art. 122 ; mod. par L. n° 2004-204, 9 mars 2004, art. 96.
8. C. pr. pén., art. 135-1 ; mod. par L. n° 2004-204, 9 mars 2004, art. 96.
9. C. pr. pén., art. 70, préc.
10. C. pr. pén., art. 43 ; mod. par L. n° 2016-731, 3 juin 2016, art. 28.
11. C. pr. pén., art. 18 ; mod. par L. n° 2016-731, 3 juin 2016, art. 69.
12. SUR les cas de nullité en matière d'information du ministère public, v. s[s] n° 615.291.
13. Crim. 2 févr. 2016, n° 14-88.541, NP.
14. Crim. 15 mars 2016, n° 15-86.023, NP.

l'autorise à différer cette information jusqu'à la notification effective des droits du gardé à vue[1].

§ 2
Autorité en charge du contrôle de la garde à vue

615.41 **Procureur de la République.** La garde à vue s'exécute sous le contrôle du procureur de la République, en vertu de l'article 62-3 du code de procédure pénale. Le procureur de la République apprécie si le maintien de la personne en garde à vue et, le cas échéant, la prolongation de cette mesure sont nécessaires à l'enquête et proportionnés à la gravité des faits que la personne est soupçonnée d'avoir commis ou tenté de commettre. Il assure la sauvegarde des droits reconnus par la loi à la personne gardée à vue. Il peut ordonner à tout moment que la personne gardée à vue soit présentée devant lui ou remise en liberté. Cet article introduit la notion de proportionnalité entre le maintien en garde à vue, terminologie adaptée puisque la prise de décision est celle de l'OPJ, précision apportée par l'article 63, ou la prolongation de la garde à vue et la gravité des faits.

615.42 **Mesure de contrainte.** La garde à vue est une mesure de contrainte et il n'est pas obligatoire d'en user pour procéder à l'audition d'une personne. Ce principe est consacré par l'article 73 du code de procédure pénale disposant que : « Lorsque la personne est présentée devant l'officier de police judiciaire, son placement en garde à vue, lorsque les conditions de cette mesure prévues par le présent code sont réunies, n'est pas obligatoire dès lors qu'elle n'est pas tenue sous la contrainte de demeurer à la disposition des enquêteurs et qu'elle a été informée qu'elle peut à tout moment quitter les locaux de police ou de gendarmerie. Le présent alinéa n'est toutefois pas applicable si la personne a été conduite par la force publique devant l'officier de police judiciaire. »

L'intérêt de cet article ne doit pas être sous estimé : même si l'officier de police judiciaire se trouve dans les conditions posées par le texte, il n'est jamais contraint de mettre une personne en garde à vue. Mais le législateur n'avait jamais, jusqu'à l'entrée en vigueur de la loi du 27 mai 2014[2], consacré de statut du suspect. C'est désormais chose faite[3].

615.43 **Investigations corporelles.** Lorsqu'il est indispensable pour les nécessités de l'enquête de procéder à des investigations corporelles internes sur une personne gardée à vue, celles-ci ne peuvent être réalisées que par un médecin requis à cet effet[4].

615.44 **Registre de garde à vue.** Les mentions et émargements prévus par le premier alinéa de l'article 64 du code de procédure pénale et qui concernent les dates et heures de début et de fin de garde à vue, les repos et la durée des auditions doivent figurer sur un registre spécial tenu à cet effet dans les locaux de police ou de gendarmerie[5].

§ 3
Objectifs et conditions du placement en garde à vue

615.51 **Objectifs de la garde à vue.** La garde à vue doit répondre, depuis l'entrée en vigueur de la loi du 14 mars 2011 à des objectifs. Aux termes de l'article 62-2 du code de procédure pénale : « Cette mesure doit constituer l'unique moyen de parvenir à l'un au moins des objectifs suivants :

1° Permettre l'exécution des investigations impliquant la présence ou la participation de la personne ;

2° Garantir la présentation de la personne devant le procureur de la République afin que ce magistrat puisse apprécier la suite à donner à l'enquête ;

3° Empêcher que la personne ne modifie les preuves ou indices matériels ;

4° Empêcher que la personne ne fasse pression sur les témoins ou les victimes ainsi que sur leur famille ou leurs proches ;

5° Empêcher que la personne ne se concerte avec d'autres personnes susceptibles d'être ses coauteurs ou complices ;

6° Garantir la mise en œuvre des mesures destinées à faire cesser le crime ou le délit. »

La liste est large et il semble assez facile de cocher l'un ou l'autre des objectifs assez systématiquement. L'officier de police judiciaire doit informer le procureur de la République des motifs justifiant la garde à vue et la prolongation ne peut être ordonnée qu'en visant l'un au moins des objectifs énoncés.

Une mesure de garde à vue peut être décidée, selon l'article 62-2[6] du code de procédure pénale, lorsqu'elle constitue l'unique moyen de permettre

1. Crim. 16 nov. 2021, n° 21-81.613, *AJ pénal* 2021. 591, obs. J. Leborne.
2. L. n° 2014-535, 27 mai 2014, préc.
3. Ch. Guéry, « L'avenir du suspect », *AJ pénal* 2005. 232 ; « L'avenir du suspect (suite) », *AJ pénal* 2013. 459 (v. s^s n°s 614.21 s.).
4. C. pr. pén., art. 63-5 ; mod. par L. n° 2011-392, 14 avr. 2011, art. 10.
5. C. pr. pén., art. 65 ; mod. par L. n° 2014-535, 27 mai 2014, art. 4.
6. C. pr. pén., art. 62-2 ; créé par L. n° 2011-392, 14 avr. 2011, art. 2.

l'exécution des investigations impliquant la présence ou la participation de la personne ou de garantir la présentation de la personne devant le procureur de la République afin que ce magistrat puisse apprécier la suite à donner à l'enquête. Une mesure de garde à vue peut donc être décidée dans l'unique but d'assurer le déferrement de l'intéressé, prévu au 2° dudit article[1].

Philippe Conte critique la décision rendue en indiquant que dès lors que le texte requiert que la garde à vue soit « l'unique moyen » d'atteindre l'un des objectifs voulus, le législateur exige que la décision prise par l'officier de police judiciaire corresponde à une nécessité qu'il est impossible de résumer à la seule présence de l'objectif invoqué. Nécessité et objectif formeraient ainsi deux exigences distinctes[2]. Cette analyse a, nous semble-t-il, été confortée ultérieurement[3].

615.52 Le placement en garde à vue est conditionné à l'existence d'une peine d'emprisonnement. La généralisation de cette condition est une nouveauté de la loi du 14 avril 2011[4]. Elle est prévue par l'article 62-2 du code de procédure pénale. C'était déjà le cas dans le cadre de l'enquête de flagrance[5] mais pas dans le cadre de l'enquête préliminaire ni de l'instruction préparatoire. Dès lors qu'une peine d'emprisonnement est encourue, la garde à vue est possible en matière de presse. La garde à vue n'est pas une « arrestation préventive » au sens de l'article 52[6] de la loi du 29 juillet 1881[7].

615.53 Proportionnalité de la garde à vue. La Cour européenne des droits de l'Homme soumet les mesures de contrainte au filtre de l'article 5[8] c) de la convention européenne des droits de l'homme. L'article 5 c) de la convention européenne des droits de l'homme induit un contrôle de proportionnalité du placement en garde à vue. La France a été condamnée dans une affaire *F. c/ France*[9] le 23 avril 2015. Un avocat était intervenu aux intérêts d'un mineur en garde à vue. Dans ce cadre, il aurait, aux dires de policiers, proféré menaces et insultes à l'endroit de l'OPJ en question. Il était alors placé en garde à vue par ce même OPJ qui le soumettait également à une fouille intégrale et à un test d'alcoolémie. La Cour de Strasbourg estime que le placement en garde à vue et la soumission aux mesures sus-indiquées démontrait une intention étrangère à la finalité de la garde à vue. La Cour estime que « dans les circonstances particulières de l'espèce, le placement en garde à vue du requérant n'était ni justifié ni proportionné et que la privation de liberté subie par le requérant n'était pas conforme aux buts de l'article 5, § 1, et plus spécialement de l'article 5, § 1, c), de la convention ».

Il n'existe pas d'arrêt de la CEDH concernant la contestation d'un placement en garde à vue en France après l'introduction dans notre code de procédure pénale de l'article 62-2 fixant les objectifs de la garde à vue. Il ne fait pourtant aucun doute que le respect formel de ces motifs n'exonère pas les juridictions françaises de pouvoir justifier de la nécessité et de la proportionnalité du placement, pas plus que les critères de l'article 144 ne font échapper la détention provisoire au même contrôle.

La chambre criminelle avait rendu le 18 novembre 2014[10] un arrêt reprochant à des juges du fond d'avoir contrôlé la nécessité de la mesure de garde à vue, se satisfaisant du respect formel de la mention de l'un des objectifs prévus par la loi. Or, l'article 62-2, alinéa 2, du code de procédure pénale, expose que la garde à vue doit constituer « l'unique moyen de parvenir à l'un des objectifs » que doit poursuivre une telle mesure. L'article 62-3, alinéa 2, du code de procédure pénale exige quant à lui que le maintien ou la prolongation de la mesure de garde à vue soient « nécessaires à l'enquête ». Cet article concerne aussi bien le placement (le terme de maintien s'applique au regard de la décision de placement prise par l'OPJ) qu'à la prolongation. Dès lors que le texte requiert que la garde à vue soit « l'unique moyen » d'atteindre l'un des objectifs voulus, le législateur exige que la décision prise par l'officier de police judiciaire corresponde à une nécessité qu'il est impossible de résumer à la seule présence de l'objectif invoqué[11]. La chambre criminelle exerce son contrôle sur la motivation du placement en détention lorsque la question est soulevée devant la juridiction du fond. Dans un important arrêt du 28 mars 2017, elle ajoute que la

1. Crim. 18 nov. 2014, n° 14-81.332, P n° 241 ; *D.* 2014. 2410 – Ph. Conte, « Placement en garde à vue et nécessités de l'enquête », *Dr. pénal* 2015. Ét. 12.
2. Ph. Conte, « Placement en garde à vue et nécessités de l'enquête », *Dr. pénal* 2015. Ét. 12.
3. V. s^s n° 615.53.
4. L. n° 2011-392, 14 avr. 2011 relative à la garde à vue, *JO* 15 avr., p. 6610.
5. C. pr. pén., art. 63 et 67.
6. Crim. 14 févr. 2012, n° 11-81.954, P n° 44 ; *D.* 2013. 457, obs. E. Dreyer ; *Just. & cass.* 2012. 185, rapp. G. Straehli ; *RSC* 2012. 610, obs. J. Francillon ; *Dr. pénal* 2012. Chron. 7, obs. V. Lesclous.
7. L. 29 juill. 1881 sur la liberté de la presse, *JO* 30 juill., p. 4201.
8. Conv. EDH, art. 5 c).
9. CEDH 23 avr. 2015, *F. c/ France*, req. n° 26690/11 ; *D.* 2016. 225, obs. J.-F. Renucci ; *AJ pénal* 2015. 374, obs. G. Roussel ; *JCP* 2015. 736, obs. A. Botton ; *RSC* 2015. 731, obs. D. Roets.
10. Crim. 18 nov. 2014, n° 14-81.332, P n° 241 ; *D.* 2014. 2410 ; *AJ pénal* 2015. 53, obs. C. Girault ; *Procédures* 2015, comm. 21, A. Chavant-Leclerc.
11. Ph. Conte, « Placement en garde à vue et nécessités de l'enquête », *Dr. pénal* 2015. Ét. 12.

juridiction d'instruction du second degré peut ajouter un motif de placement en garde à vue qui n'avait pas été visé par l'OPJ [1 2]. Enfin, justifie sa décision la chambre de l'instruction qui, pour déclarer nuls les actes établis lors de la garde à vue d'un notaire mis en examen des chefs de faux en écriture publique aggravé, faux et usage et escroquerie, énonce qu'il avait, sans difficulté, déféré à une première réquisition aux fins de remise de pièces, s'étant de surcroît rendu une seconde fois à la gendarmerie de sa propre initiative aux mêmes fins, relevant que, disposant d'une famille et d'une situation connue, il n'existait pas de raisons objectives de penser que l'intéressé ne se présenterait pas devant un magistrat, quelle que soit la décision du procureur de la République quant à la suite réservée à la procédure ; la cour en a déduit que la garde à vue n'était pas l'unique moyen de parvenir à sa présentation éventuelle devant le procureur de la République et que cette irrégularité a nécessairement occasionné un grief à l'intéressé, dès lors que ce dernier a été retenu sous la contrainte *alors qu'une audition libre aurait été suffisante* [3].

§ 4
Personne placée en garde à vue

615.61 Personnes ne pouvant pas être placées en garde à vue. Certaines personnes, de par leur âge ou leur qualité, ne peuvent être placées en garde à vue (en ce qui concerne les mineurs, v. s^s n°s 615.204, 615.281).

Les diplomates étrangers ne peuvent pas être placés en garde à vue. C'est une conséquence de leur immunité pénale.

Les membres du Parlement, quant à eux, ne peuvent faire l'objet, en matière criminelle ou correctionnelle, d'une arrestation ou de toute autre mesure privative ou restrictive de liberté qu'avec l'autorisation du bureau de l'assemblée dont ils font partie. Il n'en va différemment qu'en cas de délit ou de crime flagrant. La garde à vue est donc assujettie à l'autorisation de l'assemblée dont dépend le parlementaire en cause. L'assemblée peut aussi suspendre les poursuites ou des mesures restrictives ou privatives de liberté pour la durée de la session parlementaire [4]. La violation de ces règles entraîne la nullité des opérations [5].

Le président de la République ne peut pas être placé en garde à vue, ni même entendu comme témoin. Il n'est pas possible de le poursuivre pour des actes commis antérieurement à son entrée en fonction pendant le temps de son mandat [6].

SECTION 4
Placement en garde à vue – Information sur les droits

§ 1
Législation

615.71 Avant la loi du 14 avril 2011. Avant l'entrée en vigueur de la loi du 14 avril 2011 [7], c'est-à-dire le 1er juin de la même année, mais à vrai dire le plus souvent depuis le 14 avril 2011 [8], les droits du gardé à vue pouvaient être ainsi résumés :

- droit de faire prévenir un proche ;
- droit à un examen médical ;
- droit à s'entretenir avec un avocat pendant un délai de trente minutes.

En ce qui concernait la possibilité d'intervention de l'avocat, celui-ci pouvait s'entretenir avec son client pendant une durée maximum de trente minutes mais il n'avait pas accès à la procédure. Il était prévu que l'entretien se déroule dans des conditions qui garantissent la confidentialité. L'avocat pouvait, le cas échéant, présenter des observations écrites, jointes à la procédure.

1. Crim. 28 mars 2017, n° 16-85.018, P n° 84 ; *D.* 2017. 1339, note S. Pellé ; *D.* 2017. 1557, chron. G. Guého, E. Pichon, B. Laurent, L. Ascensi et G. Barbier ; *D.* 2017. 1676, obs. J. Pradel ; *AJ pénal* 2017. 353, obs. J. Andrei – v. s^s n° 615.02.
2. V. s^s n° 615.213.
3. Crim. 7 juin 2017, n° 16-87.588, P, n° 148 ; *AJ pénal* 2017. 403, obs. G. Roussel ; *Procédures* n° 8-9, Août 2017, comm. 210, A.-S. Chavent-Leclère ; *D.* 2017. 1557, chron. G. Guého, E. Pichon, B. Laurent, L. Ascensi et G. Barbier ; *AJ pénal* 2017. 403, obs. G. Roussel ; *RSC* 2017, p. 765, obs. F. Cordier.
4. Const. 4 oct. 1958, art. 26.
5. Crim. 17 juin 1986, n° 85-90.313, P n° 208 – Crim. 10 oct. 1988, n° 87-92.026, P n° 334.
6. Cons. const. 22 janv. 1999, n° 98-408 DC, l'autorisation de ratifier le traité portant statut de la Cour pénale internationale exige une révision de la Constitution, *Traité portant statut de la Cour pénale internationale*, NON-CONFORMITÉ PARTIELLE, *JO* 24 janv., p. 1317 ; *Rec.*, p. 29 – Cass., ass. plén., 10 oct. 2001, n° 01-84.922, P n° 11 ; *BICC* 15 nov. 2001, concl. M. de Gouttes, rapp. Roman ; *D.* 2001. IR 3021 ; *D.* 2002. 674, note J. Pradel ; *D.* 2001. 3365, Chron. L. Favoreu ; *RSC* 2002. 128, obs. A. Giudicelli ; *RSC* 2002. 676, obs. V. Bück ; *RSC* 2002. 678, obs. V. Bück – AUSSI : L. Favoreu, « Le statut pénal du chef de l'État », *D.* 2003. 430 ; « La Cour de cassation, le Conseil constitutionnel et la responsabilité du président de la République », *D.* 2001. Chron. 3365 – L. Hamon, « À propos du statut pénal du chef de l'État : convergences et divergences entre le Conseil constitutionnel et la Cour de cassation », *RSC* 2002. 59 (v. s^s n°s 312.51 s.).
7. L. n° 2011-392, 14 avr. 2011, préc.
8. SUR les raisons pour lesquelles la loi du 14 avril a vu son application « anticipée », v. s^s n°s 615.25 s.

Depuis l'entrée en vigueur de la loi du 9 mars 2004[1], un premier entretien était possible en droit commun, dès le début de la garde à vue et un second à partir de la vingt-quatrième heure, c'est-à-dire dès le début de la prolongation.

S'agissant des obligations de l'officier de police judiciaire de prévenir l'avocat, il fut admis qu'a satisfait à l'obligation que lui impose le texte l'officier de police judiciaire qui a téléphoné vainement à plusieurs reprises au numéro du service de garde institué par le barreau intéressé sans pouvoir obtenir d'interlocuteur[2].

Il résulte du dernier alinéa de l'article 63-1 du code de procédure pénale dans sa rédaction antérieure à celle issue de la loi du 14 avril 2011[3] que, lorsqu'un médecin légalement requis pour examiner une personne gardée à vue faisait défaut au terme du délai qu'il avait indiqué, cette carence devait être constatée par l'officier de police judiciaire compétent qui devait alors prendre attache avec un autre médecin pour que celui-ci effectue l'examen médical et l'inexécution de cette nouvelle diligence pouvait, selon les circonstances, constituer une nullité dès lors que l'intéressé établissait que la méconnaissance de cette formalité avait porté atteinte à ses intérêts[4].

615.72 **Depuis la loi du 3 juin 2016.** Selon l'article 63-1 du code de procédure pénale, dans sa rédaction issue de la loi du 3 juin 2016[5] :

La personne placée en garde à vue est immédiatement informée par un officier de police judiciaire ou, sous le contrôle de celui-ci, par un agent de police judiciaire, dans une langue qu'elle comprend, le cas échéant au moyen du formulaire prévu au treizième alinéa :

1° De son placement en garde à vue ainsi que de la durée de la mesure et de la ou des prolongations dont celle-ci peut faire l'objet ;

2° De la qualification, de la date et du lieu présumés de l'infraction qu'elle est soupçonnée d'avoir commise ou tenté de commettre ainsi que des motifs mentionnés aux 1° à 6° de l'article 62-2 justifiant son placement en garde à vue ;

3° Du fait qu'elle bénéficie :

- du droit de faire prévenir un proche et son employeur ainsi que, si elle est de nationalité étrangère, les autorités consulaires de l'État dont elle est ressortissante, et, le cas échéant, de communiquer avec ces personnes, conformément à l'article 63-2 ;

- du droit d'être examinée par un médecin, conformément à l'article 63-3 ;

- du droit d'être assistée par un avocat, conformément aux articles 63-3-1 à 63-4-3 ;

- s'il y a lieu, du droit d'être assistée par un interprète ;

- du droit de consulter, dans les meilleurs délais et au plus tard avant l'éventuelle prolongation de la garde à vue, les documents mentionnés à l'article 63-4-1 ;

- du droit de présenter des observations au procureur de la République ou, le cas échéant, au juge des libertés et de la détention, lorsque ce magistrat se prononce sur l'éventuelle prolongation de la garde à vue, tendant à ce qu'il soit mis fin à cette mesure. Si la personne n'est pas présentée devant le magistrat, elle peut faire connaître oralement ses observations dans un procès-verbal d'audition, qui est communiqué à celui-ci avant qu'il ne statue sur la prolongation de la mesure ;

- du droit, lors des auditions, après avoir décliné son identité, de faire des déclarations, de répondre aux questions qui lui sont posées ou de se taire.

Si la personne est atteinte de surdité et qu'elle ne sait ni lire, ni écrire, elle doit être assistée par un interprète en langue des signes ou par toute personne qualifiée maîtrisant un langage ou une méthode permettant de communiquer avec elle. Il peut également être recouru à tout dispositif technique permettant de communiquer avec une personne atteinte de surdité.

Si la personne ne comprend pas le français, ses droits doivent lui être notifiés par un interprète, le cas échéant après qu'un formulaire lui a été remis pour son information immédiate. La Cour de cassation avait d'ailleurs jugé que ce droit devait être porté à la connaissance de la personne : même si l'article 63-1 du code de procédure pénale ne prévoit pas l'obligation d'informer la personne gardée à vue de nationalité étrangère de son droit de faire contacter les autorités consulaires de son pays, l'exercice de ce droit rappelé par l'article 63-2 du même code et résultant des engagements internationaux de la France implique, pour être effectif, que l'intéressé soit informé de cette faculté[6]. Si la remise d'un formulaire d'information immédiate des droits de la personne gardée à vue, dans une langue qu'elle

1. L. n° 2004-204, 9 mars 2004 portant adaptation de la justice aux évolutions de la criminalité, *JO* 10 mars, p. 4567.
2. Crim. 9 mai 1994, n° 94-80.802, P n° 174 – Crim. 13 févr. 1996, n° 95-85.676, P n° 73 ; *D.* 1996. Somm. 260, obs. J. Pradel.
3. L. n° 2011-392, 14 avr. 2011, préc.
4. Civ. 1re, 10 oct. 2012, n° 11-30.131, P I, n° 196 ; *D.* 2012. 2453, obs. M. Lena ; *AJ pénal* 2013. 107, obs. C. Renaud-Duparc.
5. L. n° 2016-731, 3 juin 2016 renforçant la lutte contre le crime organisé, le terrorisme et leur financement, et améliorant l'efficacité et les garanties de la procédure pénale, *JO* 4 juin, n° 1.
6. Crim. 16 avr. 2013, n° 13-90.006, P n° 88 ; *Gaz. Pal.* 23 juill. 2013, p. 37, obs. F. Fourment.

comprend, ne vaut pas notification de ceux-ci, cette remise n'est pas optionnelle et doit être effectuée dès lors que l'interprète n'est pas disponible dans le meilleur délai[1].

Mention de l'information donnée en application du présent article est portée au procès-verbal de déroulement de la garde à vue et émargée par la personne gardée à vue. En cas de refus d'émargement, il en est fait mention.

En application de l'article 803-6, un document énonçant ces droits est remis à la personne lors de la notification de sa garde à vue.

§ 2
Droit d'être informé de la nature, du fait et du lieu de l'infraction

615.81 **Date de l'infraction.** La personne doit être informée « immédiatement » de la *nature* et de la *date* de l'infraction qu'elle est soupçonnée d'avoir commise ou tenté de commettre. L'énoncé de la date présumée de l'infraction peut être plus ou moins précis selon que les faits sont datés précisément ou non. À ce point de l'enquête une erreur dans cet énoncé ne saurait entraîner de quelconques nullités.

À propos de la date de l'infraction la chambre criminelle a jugé que l'obligation de notifier la date des faits reprochés devait s'apprécier, quant à sa précision, par rapport à l'ensemble des éléments d'information dont disposait par ailleurs le gardé à vue. Ainsi la notification d'une date unique pour un recel ayant en réalité duré plus d'une journée est-elle indifférente dès lors que le gardé à vue ne pouvait, eu égard aux circonstances de l'enquête, se méprendre sur la durée des faits reprochés[2].

615.82 **Nature de l'infraction. Qualification.** À propos de la nature de l'infraction, la chambre criminelle a été amenée à donner les éclaircissements suivants : le demandeur, poursuivi notamment pour travail dissimulé, tromperie, abus de confiance et escroquerie, ne saurait se faire un grief de ce que, au moment de son placement en garde à vue, l'officier de police judiciaire l'ait seulement informé que l'enquête portait sur l'infraction d'escroqueries, dès lors que, d'une part, une personne gardée à vue peut être entendue sur des faits autres que ceux à l'origine de cette mesure et qui sont sans incidence sur ses modalités et que, d'autre part, les dispositions de l'article 5, § 2 de la convention européenne des droits de l'homme ont pour seul objet d'aviser la personne arrêtée des raisons de sa privation de liberté afin qu'elle puisse en discuter la légalité devant un tribunal.

– Lorsqu'il existait, dès le début de la garde à vue, une ou plusieurs raisons plausibles de soupçonner que la personne faisant l'objet de cette mesure avait également commis un viol ou tenté de le commettre, le défaut d'information de cette infraction a porté atteinte aux intérêts de la personne concernée. La plainte avait évoqué la commission d'un viol[3]. Pour la Cour de cassation, « il existait, dès le début de la garde à vue, une ou plusieurs raisons plausibles de soupçonner que la personne faisant l'objet de cette mesure avait également commis un viol ou tenté de le commettre », et « le défaut d'information de cette infraction a porté atteinte aux intérêts de la personne concernée ». Mais cette solution ne prévaut que lorsque les autres faits sont apparents dès le début de la garde à vue. Lorsqu'ils apparaissent en cours de garde à vue, la chambre criminelle sembler estimer qu'aucun procédé déloyal ne peut être reproché aux enquêteurs, les droits de la défense ayant été respectés et que la nullité n'est encourue qu'en présence de la démonstration d'un grief[4]. La chambre de l'instruction avait estimé que les enquêteurs « étaient ainsi tout à fait fondés à ne pas notifier l'existence d'infractions sur lesquelles ils n'avaient que des renseignements incomplets, parcellaires ou ne s'estimaient pas en état de procéder à une audition »[5].

– L'omission, dans la notification à la personne gardée à vue prévue à l'article 63-1 du Code de procédure pénale, d'une partie des faits qu'elle est soupçonnée d'avoir commis ou tenté de commettre, ne peut entraîner le prononcé d'une nullité que s'il en est résulté pour elle une atteinte effective à ses intérêts et que la Cour de cassation est en mesure de s'assurer qu'en répondant aux questions des enquêteurs, le demandeur n'a tenu aucun propos par lequel il s'est incriminé[6]. Dans ce cas d'espèce, le gardé à vue avait été informé qu'il était entendu « pour des vols et recels en bande organisée... commis entre le 30 juillet 2015 et le 7 août 2015 départements du Var et des Bouches-du-Rhône ». Quand une personne a été placée en garde à vue du chef d'une infraction, l'omission, dans la notification prévue à l'article 63-1 du code de procédure pénale, d'autres infractions qu'elle est soupçonnée d'avoir commises ou tenté de commettre, emporte l'annulation des seules auditions effectuées pendant

1. Civ. 1re, 21 nov. 2012, n° 11-30.458, NP, *Dr. pénal* 2013, comm. 11.
2. Crim. 19 mai 2016, n° 15-82.197, NP.
3. Crim. 16 juin 2015, n° 14-87.878, P n° 149 ; *RSC* 2015. 678, obs. A. Giudicelli.
4. Crim. 20 oct. 2015, n° 15-82.265, NP – POUR UNE INFRACTION de proxénétisme apparaissant en cours d'audition : Crim. 25 mai 2016, n° 14-85.908, NP.
5. Crim. 20 oct. 2015, n° 15-82.265, NP.
6. Crim. 2 nov. 2016, n° 16-81.716, P ; *D.* 2017. 279 ; *JCP* 2016. 1388.

la garde à vue lorsqu'il en est résulté pour elle une atteinte effective à ses intérêts, et des actes dont elles sont le support nécessaire[1]. Le défaut de notification à la personne gardée à vue de la modification de qualification d'une infraction qu'elle est soupçonnée d'avoir commise ou tenté de commettre, ordonné par le procureur de la République, ne peut entraîner le prononcé d'une nullité que s'il en est résulté pour elle une atteinte effective à ses intérêts, au sens de l'article 802 du Code de procédure pénale. En l'espèce, la personne, placée en garde à vue du chef de complicité de refus d'obtempérer, n'a tenu aucun propos par lequel elle se serait incriminée sur les faits, requalifiés sur instructions du procureur de la République en association de malfaiteurs[2].

615.83 **Lieu de l'infraction.** S'agissant du lieu de l'infraction, la chambre criminelle a jugé que, si, aux termes de l'article 63-1, alinéa 1er du code de procédure pénale, la personne gardée à vue est immédiatement informée, par un officier de police judiciaire, *du lieu présumé de l'infraction* qu'elle est soupçonnée d'avoir commise ou tenté de commettre, l'omission de cette précision lors de la notification de la garde à vue ne peut entraîner le prononcé d'une nullité que si elle a eu pour effet de porter atteinte aux intérêts de la partie concernée. Elle ajoute que « le lieu de l'infraction de blanchiment notifiée était, en l'état de la procédure, indéterminé et que l'absence de l'information, au début de la garde à vue, sur la localisation du délit reproché n'a, en l'espèce, causé aucune atteinte aux intérêts du demandeur »[3]. Dans le cas d'espèce le lieu semblait mal déterminé : dans un tel cas, le défaut de précision ne peut sérieusement être reproché à l'OPJ.

En revanche, il reste à savoir quelle serait la position de la chambre criminelle dans le cas d'un lieu parfaitement déterminé, qui n'aurait pas été notifié.

615.84 **Extension de la poursuite initiale.** Il se déduit de l'article 65 du Code de procédure pénale que la notification à la personne gardée à vue d'une extension de la poursuite initiale, d'un autre chef, effectuée par application de l'article 65 précité, n'a pas pour effet de générer une garde à vue distincte de celle en cours au moment de cette notification. Encourt dès lors la cassation l'arrêt qui, après avoir annulé le placement en garde à vue pour deux délits, a refusé d'étendre la nullité à l'extension de la garde à vue pour un troisième délit, la chambre de l'instruction n'ayant pas tiré toutes les conséquences de la nullité qu'elle constatait[4].

§ 3
Droit de se voir remettre des documents ou de les consulter

615.91 **Information sur les droits : remise de document.** En application de l'article 803-6[5] du code de procédure pénale, un document énonçant ces droits est remis à la personne lors de la notification de sa garde à vue. Cet article a vocation à trouver application à chaque fois qu'une personne suspectée ou poursuivie est soumise à une mesure privative de liberté. Il dispose : « Toute personne suspectée ou poursuivie soumise à une mesure privative de liberté en application d'une disposition du présent code se voit remettre, lors de la notification de cette mesure, un document énonçant, dans des termes simples et accessibles et dans une langue qu'elle comprend, les droits suivants dont elle bénéficie au cours de la procédure en application du présent code :

« 1° Le droit d'être informée de la qualification, de la date et du lieu de l'infraction qui lui est reprochée ;

« 2° Le droit, lors des auditions ou interrogatoires, de faire des déclarations, de répondre aux questions qui lui sont posées ou de se taire ;

« 3° Le droit à l'assistance d'un avocat ;

« 4° Le droit à l'interprétation et à la traduction ;

« 5° Le droit d'accès aux pièces du dossier ;

« 6° Le droit qu'au moins un tiers ainsi que, le cas échéant, les autorités consulaires du pays dont elle est ressortissante soient informés de la mesure privative de liberté dont elle fait l'objet ;

« 7° Le droit d'être examinée par un médecin ;

« 8° Le nombre maximal d'heures ou de jours pendant lesquels elle peut être privée de liberté avant de comparaître devant une autorité judiciaire ;

« 9° Le droit de connaître les modalités de contestation de la légalité de l'arrestation, d'obtenir un réexamen de sa privation de liberté ou de demander sa mise en liberté.

« La personne est autorisée à conserver ce document pendant toute la durée de sa privation de liberté. »

1. Crim. 31 oct. 2017, n° 17-81.842, P n° 238 ; *Dr. pénal* 2017, comm. 185, A. Maron et M. Haas ; *D.* 2017. 2253.
2. Crim. 15 oct. 2019, n° 19-82.380, P ; *Procédures* n° 12, déc. 2019, comm. 329. 1995 ; *Dr. pénal* 2019, comm. 209, A. Maron et M. Haas ; *D.* 2019. 1995.
3. Crim. 27 mai 2015, n° 15-81.142, P n° 126 ; *RSC* 2015. 676, obs. A. Giudicelli ; *AJ pénal* 2016. 89, obs. D. Luciani-Mien.
4. Crim. 14 nov. 2019, n° 19-83.285, P 55 ; *JCP* 2019. 1292 ; *D.* 2019. 2249.
5. C. pr. pén., art. 803-6 ; créé par L. n° 2014-535, 27 mai 2014, art. 5.

Si le document n'est pas disponible dans une langue comprise par la personne, celle-ci est informée oralement des droits prévus au présent article dans une langue qu'elle comprend. L'information donnée est mentionnée sur un procès-verbal. Une version du document dans une langue qu'elle comprend est ensuite remise à la personne sans retard ». Il résulte des articles 63-1 et 803-6 du Code de procédure pénale que le formulaire, prévu par ces dispositions et destiné à chaque personne soumise à une mesure de privation de liberté, doit être remis, en cas de placement en garde à vue, lors de la notification des droits inhérents à cette mesure et non dès l'interpellation[1].

Cet article est applicable aux mineurs. Dans un arrêt rendu le 14 octobre 2014, la chambre criminelle a précisé que l'article 803-6 du code de procédure pénale ne prescrit pas la remise du document d'information qu'il prévoit lors de la prolongation de la détention provisoire, et, en tout état de cause, le défaut de remise, à la personne mise en examen, de ce document, après le prononcé de son placement en détention provisoire, *est sans incidence sur la régularité de cette décision*[2]. Cette jurisprudence a vocation à être étendue à l'ensemble des cas où la remise de ces documents est prévue par les textes. Est rejeté le moyen de nullité du procès-verbal de garde à vue tiré du défaut de remise du document prévu à l'article 803-6 du Code de procédure pénale, dès lors que l'intéressé, qui a bénéficié, par le truchement d'un interprète, de l'information de l'intégralité de ses droits mentionnés à l'article 63-1 du Code de procédure pénale aux différentes étapes de sa garde à vue et renoncé de manière non équivoque à l'assistance d'un avocat, ne démontre aucun grief[3].

615.92 **Droits de consultation de certaines pièces par le gardé à vue.** L'article 63-1, 3°, issu de la loi du 27 mai 2014[4], prévoit depuis que la personne gardée à vue est informée « du droit de consulter dans les meilleurs délais et au plus tard avant l'éventuelle prolongation de la garde à vue, les documents mentionnés à l'article 63-4-1 ». Ce droit s'applique à toutes les gardes à vue qui interviennent dans le cadre des enquêtes de flagrance et préliminaire et sur commission rogatoire, ainsi qu'à la retenue douanière. C'est donc la personne gardée à vue elle-même, qu'elle soit assistée ou non d'un conseil, qui peut avoir accès aux mêmes pièces de procédure que son avocat. Les mêmes limites sont posées au gardé à vue qu'à son avocat car si la loi du 27 mai 2014 a ouvert le droit pour les parties elles-mêmes à une consultation de certaines pièces, elle n'a pas, en revanche, modifié la nature des pièces dont la communication est, à ce moment-là de l'enquête, autorisée[5].

1. Crim. 28 oct. 2020, n° 19-85.812, P.
2. Crim. 14 oct. 2014, n° 14-85.555, P n° 204 ; *JCP* 2014. 1249 ; *AJ pénal* 2015. 95, obs. D. Brach-Thiel (v. s^s n° 615.01).
3. Crim. 7 févr. 2017, n° 16-85.187, P n° 32 ; *JCP* 2017. 342 ; *AJ pénal* 2017. 241, obs. G. Roussel.
4. L. n° 2014-535, 27 mai 2014, préc.

§ 4
Droit de se taire

615.101 **Droit de se taire.** La personne doit être informée lors de son placement en garde à vue du droit de se taire ou de répondre aux questions.

La notification de ce droit n'est pas prévue lors de la prolongation de la garde à vue. Un individu s'était présenté spontanément au commissariat de police pour être entendu comme témoin dans le cadre d'une enquête menée sur la disparition d'une mineure. Les officiers de police judiciaire ayant constaté, au cours de cette audition, qu'il présentait au bras des traces de griffures et un gonflement suspect, le plaçait en garde à vue. Il indiquait vouloir s'entretenir avec un avocat mais déclarait pouvoir conduire les enquêteurs à l'endroit où il avait laissé la jeune fille. Aucun droit ne lui était notifié puisque cette garde à vue était antérieure au 14 avril 2011[6]. On découvrait, au lieu-dit, le corps sans vie de la mineure. L'intéressé déposait une requête en annulation de l'intégralité de la procédure de garde à vue. Dans une première décision, la Cour de cassation cassait l'arrêt de la chambre de l'instruction rejetant sa requête. La chambre de l'instruction de renvoi accueillait partiellement cette requête, annulait certains actes de la procédure et ordonnait la cancellation de plusieurs procès-verbaux. Le juge d'instruction rendait une ordonnance de renvoi devant la cour d'assises du chef de meurtre aggravé qui était confirmée par la chambre de l'instruction. Un nouveau pourvoi reprochait à la chambre de l'instruction de ne pas avoir annulé la première garde à vue. La chambre de l'instruction, dont la motivation était confirmée par la chambre criminelle, retenait « que le défaut de notification du droit de se taire a été sans incidence sur le caractère spontané des propos initiaux de l'intéressé qui avaient pour finalité de rechercher la personne en péril et que la nécessité d'accomplir des recherches immédiates sur les indications du requérant a constitué une raison impérieuse de retarder l'intervention de son avocat[7]. »

5. V. s^s n°s 615.161 s.
6. L. n° 2011-392, 14 avr. 2011, préc.
7. Crim. 17 déc. 2013, n° 13-86.565, NP, *D.* 2014. 15 ; *AJ pénal* 2014. 139, obs. C. Porteron.

Si c'est à tort que, pour écarter la demande d'annulation d'auditions réalisées en garde à vue en juin 1999, une chambre de l'instruction énonce qu'elles n'étaient pas le support de la mise en examen, l'arrêt n'encourt pas pour autant la censure dès lors qu'en l'absence, à la date des mesures critiquées, de jurisprudence établie, résultant des arrêts *Salduz c/ Turquie* et *Dayanan c/ Turquie*, rendus les 27 novembre 2008 et 13 octobre 2009, de la Cour européenne des droits de l'homme et ayant déduit de l'article 6, § 1, de la Convention européenne des droits de l'homme le droit pour la personne gardée à vue d'être assistée par un avocat lors de ses auditions et l'obligation de lui notifier le droit de garder le silence, l'exigence de prévisibilité de la loi et l'objectif de bonne administration de la justice font obstacle à ce que les auditions réalisées à cette date, sans que la personne gardée à vue ait été assistée d'un avocat pendant leur déroulement ou sans qu'elle se soit vue notifier le droit de se taire, soient annulées pour ces motifs. Il résulte, toutefois, des stipulations de l'article précité de ladite Convention que les déclarations incriminantes faites lors de ces auditions ne peuvent, sans que soit portée une atteinte irrémédiable aux droits de la défense, fonder une décision de renvoi devant la juridiction de jugement ou une déclaration de culpabilité[1].

615.102 **Droit de se taire – Droit propre.** La Cour de cassation considère que la nullité sanctionnant la violation de l'absence de notification du droit de se taire n'est pas d'ordre public. Sur le fondement de l'article 600 du Code de procédure pénale qui dispose que « nul ne peut, en aucun cas, se prévaloir contre la partie poursuivie de la violation ou omission des règles établies pour assurer la défense de celle-ci », elle juge que la partie civile est sans qualité pour s'en prévaloir[2].

§ 5
Droit à communiquer – Droit au médecin

615.111 **Procédure.** Depuis l'entrée en vigueur de la loi du 4 mars 2002[3], sauf en cas de circonstances insurmontables, les diligences résultant pour les enquêteurs de la communication des droits mentionnés aux articles 63-2 et 63-3 devaient intervenir au plus tard dans un délai de trois heures à compter du moment où la personne a été placée en garde à vue.

Cette obligation est confirmée, ainsi que le délai, par la loi du 14 avril 2011[4] qui ajoute toutefois des éléments nouveaux. C'est ainsi que sauf décision contraire du médecin, l'examen médical doit être pratiqué à l'abri du regard et de toute écoute extérieure afin de permettre le respect de la dignité et du secret professionnel.

615.112 **Examen par un médecin.** La personne gardée à vue a le droit d'être examinée par un *médecin* au cours de la garde à vue[5]. En cas de prolongation de la garde à vue, un second examen est possible. Le certificat médical dans lequel le médecin se prononce sur l'aptitude de la personne à demeurer en garde à vue est versé au dossier de la procédure.

615.113 **Droit de prévenir un tiers.** Depuis l'entrée en vigueur de la loi du 3 juin 2016[6] et du décret du 28 octobre[7] de la même année, puis de la loi du 23 mars 2019, l'article 63-2 du code de procédure pénale, la personne placée en garde à vue peut, à sa demande, faire prévenir, par téléphone, une personne avec *laquelle elle* « vit habituellement ou l'un de ses parents en ligne directe ou l'un de ses frères et sœurs de la mesure dont elle est l'objet. Elle peut en outre faire prévenir son employeur. Lorsque la personne gardée à vue est de nationalité étrangère, elle peut faire contacter les autorités consulaires de son pays ».

Le droit de faire prévenir son employeur est une nouveauté.

La personne de nationalité étrangère peut demander à ce que les autorités consulaires du pays dont elle est ressortissante soient avisées de cette mesure. Dès lors qu'il s'agit de ces dernières autorités, l'OPJ ne peut s'opposer à la demande au-delà de la 48e heure de garde à vue.

615.114 **Droit de communiquer – Modalités.** L'article 63-2 du code de procédure pénale institue donc non seulement un *droit de prévenir*, mais un *droit de communiquer*. L'officier de police judiciaire peut autoriser la personne en garde à vue qui en fait la demande *à communiquer, par écrit, par téléphone ou lors d'un entretien, avec un des tiers mentionnés au I du présent article*, s'il lui apparaît que cette communication n'est pas incompatible avec les objectifs mentionnés à l'article 62-2 et qu'elle ne risque pas de permettre une infraction. Afin d'assurer le bon ordre, la sûreté et la sécurité des locaux dans lesquels

1. Crim. 11 déc. 2018, n° 18-82.854, P n° 209 ; *D.* 2019. 16 ; *JCP* 2019. 74.
2. Crim. 26 oct. 2022, n° 21-85.850, B.
3. L. n° 2002-307, 4 mars 2002, préc.
4. L. n° 2011-392, 14 avr. 2011, préc.
5. C. pr. pén., art. 63-3, préc.
6. L. n° 2016-731, 3 juin 2016 renforçant la lutte contre le crime organisé, le terrorisme et leur financement, et améliorant l'efficacité et les garanties de la procédure pénale, *JO* 4 juin, n° 1.
7. Décr. n° 2016-1455, 28 oct. 2016 portant renforcement des garanties de la procédure pénale et relatif à l'application des peines en matière de terrorisme, *JO* 30 oct., n° 11.

s'effectue la garde à vue, l'officier ou l'agent de police judiciaire détermine le moment, les modalités et la durée de cette communication, qui ne peut excéder trente minutes et intervient sous son contrôle, le cas échéant en sa présence ou en la présence d'une personne qu'il désigne. Si la demande de communication concerne les autorités consulaires, l'officier de police judiciaire ne peut s'y opposer au-delà de la quarante-huitième heure de la garde à vue. Cette demande de communication n'est pas applicable avec un tiers dont il a été décidé qu'il ne peut être avisé de la garde à vue.

En l'état, la mention de « l'un des tiers » limite ce droit à une personne et l'intéressé doit être informé de ce choix limité[1].

615.115 **Procès-verbal.** L'information du droit à communication et les suites qui lui ont été données doivent figurer dans le procès-verbal récapitulatif de garde à vue[2]. La possibilité de dresser un procès-verbal unique de fin de garde à vue a été instaurée par un décret du 7 septembre 2016[3]. L'article D. 11 du code de procédure pénale élargit à l'enquête de flagrance cette possibilité, admise jusqu'alors pour l'enquête préliminaire seulement. L'article D. 15-5-3 du code de procédure pénale, prévoit que « le procès-verbal récapitulatif de garde à vue prévu par l'article 64 mentionne les informations données et les demandes faites en application des articles 63-2 à 63-3-1 et les suites qui leur ont été données, sans qu'il soit nécessaire de dresser un procès-verbal pour chacune des diligences accomplies pour l'exercice de ces droits ».

615.116 **Soutien logistique.** Le décret du 7 septembre 2016[4] prévoit la possibilité d'un « soutien logistique » pendant la garde à vue (plate-forme de gestion des gardes à vue). L'article D. 15-5-2 du code de procédure pénale dispose en effet que « L'officier ou l'agent de police judiciaire responsable des modalités de déroulement de la garde à vue peut requérir par tout moyen d'un officier ou agent de police judiciaire appartenant à un service territorialement compétent autre que celui chargé de l'enquête de faire procéder aux diligences suivantes :

1° Prévenir par téléphone de la garde à vue les personnes mentionnées à l'article 63-2 ;

2° Contacter l'avocat désigné ou commis d'office pour assister la personne en garde à vue en application des articles 63-3-1 et suivants, et l'informer des lieux et horaires des auditions ;

3° Contacter le médecin devant examiner la personne en garde à vue en application de l'article 63-3 ;

4° Contacter l'interprète conformément aux dispositions de l'article 63-1.

L'officier ou l'agent de police judiciaire requis mentionne, dans un rapport transmis à l'officier de police judiciaire requérant, les modalités d'exécution de ces diligences, qui peuvent être effectuées par tout personnel de la police ou de la gendarmerie nationale, y compris n'ayant pas la qualité d'agent de police judiciaire adjoint, placé sous sa responsabilité et son contrôle ».

§ 6
Droit d'être assisté par un avocat

615.121 **Principe.** L'article 63-3-1 du code de procédure pénale dispose que : « Dès le début de la garde à vue, la personne peut demander à être assistée par un avocat. Si elle n'est pas en mesure d'en désigner un ou si l'avocat choisi ne peut être contacté, elle peut demander qu'il lui en soit commis un d'office par le bâtonnier. Le bâtonnier ou l'avocat de permanence commis d'office par le bâtonnier est informé de cette demande par tous moyens et sans délai. L'avocat peut également être désigné par la ou les personnes prévenues en application du premier alinéa du I de l'article 63-2. Cette désignation doit toutefois être confirmée par la personne. »

Il s'agit ici du cas où un avocat était désigné par la famille de la personne gardée à vue, les pratiques apparaissant divergentes sur le territoire, certains estimant que seule la personne pouvait désigner un avocat et que le nom de celui désigné par un membre de sa famille n'avait pas à lui être suggéré.

615.122 **Notification.** L'article D. 15-5-4 du code de procédure pénale, issu du décret du 28 octobre 2016[5], précise que le procès-verbal, établi en application de l'article 61-1, indique que la personne a été avisée de son droit de demander l'assistance d'un avocat dès le début de l'audition ou à tout moment au cours de son déroulement. L'information doit être actée dans les procès-verbaux des personnes gardées à vue ou sous le régime de l'audition libre[6]. Lorsqu'une convocation lui a préalablement été adressée, elle précise, le cas échéant, que la personne peut désigner un avocat immédiatement ou à tout moment au cours de son

1. V. s[s] n° 615.113.
2. C. pr. pén., art. 64-4, préc.
3. Décr. n° 2016-1202, 7 sept. 2016 portant simplification des dispositions du code de procédure pénale, *JO* 8 sept., n° 13 ; *Dr. pénal* 2016. Alerte 58, veille, W. Roumier.
4. Décr. n° 2016-1202, 7 sept. 2016, art. 5.
5. Décr. n° 2016-1455, 28 oct. 2016 portant renforcement des garanties de la procédure pénale et relatif à l'application des peines en matière de terrorisme, *JO* 30 oct., n° 11.
6. C. pr. pén., art. D. 15-5-2 et D. 15-5-3.

audition. La personne peut donc faire connaître son intention d'être assistée par un avocat « à tout moment au cours de son déroulement ». La chambre criminelle jugeait qu'il « se déduit de l'article 63-1-1 du code de procédure pénale que toute personne placée en garde à vue doit pouvoir bénéficier de l'assistance d'un avocat dès qu'elle en fait la demande. Il en est ainsi lorsque, lors de la notification de ses droits, l'individu placé en garde à vue ne souhaite pas être assisté par un avocat mais se ravise au cours d'une audition [1] ». C'est la loi qui en décide ainsi dorénavant.

615.123 **Désignation.** La chambre criminelle a jugé qu'il se déduit de l'article 63-3-1 du code de procédure pénale que tout mis en cause doit pouvoir, à tout moment, bénéficier de l'assistance d'un avocat choisi par lui-même *ou désigné par une personne régulièrement avisée de son placement en garde à vue* en application de l'article 63-2 du code de procédure pénale. Cette désignation doit corrélativement lui être aussitôt notifiée afin qu'il puisse la confirmer. Encourt dès lors la cassation l'arrêt qui rejette la requête en nullité de la garde à vue alors qu'il est établi qu'avisée de cette mesure par un officier de police judiciaire, la mère du gardé à vue a désigné un avocat qui a aussitôt pris contact par téléphone avec ledit officier de police judiciaire pour l'informer de cette désignation sans que la personne placée en garde à vue ait été mise en mesure de dire si elle l'acceptait [2].

615.124 **Renonciation au droit d'être assisté par un avocat.** Selon la circulaire de la chancellerie, en date du 23 mai 2011 [3] : « Afin que la personne gardée à vue puisse exercer ce droit en toute connaissance de cause, les officiers de police judiciaire ou, sous le contrôle de ceux-ci, les agents de police judiciaire doivent explicitement notifier et acter sur le procès-verbal de notification des droits le contenu de ce droit à l'assistance [...]. Les officiers de police judiciaire ou, sous le contrôle de ceux-ci, les agents de police judiciaire doivent aussi acter précisément en procédure si la personne souhaite exercer ou non ce droit à l'assistance : la renonciation éventuelle doit apparaître en procédure de façon non équivoque. » [4]

Selon la chambre criminelle, « la renonciation est valable dès lors qu'elle n'est pas équivoque » [5].

La jurisprudence européenne va dans le même sens : « Pour être effective aux fins de la convention, la renonciation au droit de prendre part au procès doit se trouver établie de manière non équivoque et être entourée d'un minimum de garanties correspondant à sa gravité [...]. Ainsi, en l'espèce, la Cour ne peut se fonder sur la mention figurant dans le formulaire exposant les droits du requérant selon laquelle l'intéressé avait été informé de son droit de garder le silence. » [6]

Même si la personne a renoncé, lors de la notification de son placement en garde à vue ou de la prolongation de celle-ci, à être assistée d'un avocat, elle doit pouvoir bénéficier de cette assistance dès qu'elle en fait la demande ; il appartenait à la chambre de l'instruction, après avoir constaté que les auditions recueillies postérieurement au moment où la prévenue avait sollicité la présence d'un avocat étaient irrégulières, de les annuler et, le cas échéant, d'étendre les effets de cette annulation aux actes qui en étaient le support nécessaire [7].

Il se déduit de l'article 63-1-1 du code de procédure pénale que toute personne placée en garde à vue doit pouvoir bénéficier de l'assistance d'un avocat dès qu'elle en fait la demande. Il en est ainsi lorsque, lors de la notification de ses droits, l'individu placé en garde à vue ne souhaite pas être assisté par un avocat mais se ravise au cours d'une audition [8]. En conséquence, l'OPJ doit mettre en œuvre les dispositions relatives à l'avocat dès que le gardé à vue a entendu changer d'avis sur les nécessités de sa présence. La chambre criminelle exerce désormais un contrôle de proportionnalité sur le placement en garde à vue [9].

615.125 **Information de l'avocat.** L'article 63-3-1 du code de procédure pénale prévoit une *information relative à la nature de l'infraction et à sa date présumée* : « L'avocat désigné est informé par l'officier de police judiciaire ou, sous le contrôle de celui-

1. Crim. 5 nov. 2013, n° 13-82.682, P n° 213 ; *AJ pénal* 2014. 90. obs. P. de Combles de Nayves.
2. Crim. 4 oct. 2016, n° 16-81.778, P n° 256 ; *JCP* 2016. 1244 ; *Procédures* 2016, comm. 378, A. Chavent-Leclerc ; *RSC* 2016. 802, obs. F. Cordier.
3. Circ. CRIM 2011-13/E6, 23 mai 2011 relative à l'application des dispositions relatives à la garde à vue de la L. n° 2011-392 du 14 avril 2011 relative à la garde à vue, NOR : JUSD1113979C.
4. Circ. CRIM 2011-13/E6, préc., n° III. 5.1.
5. Crim. 19 oct. 2010, n°s 10-82.902, 10-82.306, 10-85.051, P n°s 163, 164, 165 ; *GAPP*, 9e éd., Dalloz, 2016, n° 27 [AUPARAVANT : 7e éd., 2011, n° 27] ; *D.* 2010. 2809, note E. Dreyer ; *D.* 2010. 2425, édito F. Rome ; *D.* 2010. 2696, entretien Y. Mayaud ; *D.* 2010. Chron. 2783, obs. J. Pradel ; *D.* 2011. 124, obs. E. Degorce ; *D.* 2011. 1715, obs. V. Bernaud ; *AJ pénal* 2010. 479, obs. E. Allain ; *Cah. Cons. const.* 2011. 242, obs. Y. Mayaud ; *RSC* 2010. 879, obs. Gindre.
6. CEDH 27 nov. 2008, *Salduz c/ Turquie*, req. n° 36391/02, § 59, *AJDA* 2009. 872, obs. J.-F. Flauss.
7. Crim. 14 déc. 2011, n° 11-81.329, P n° 256 ; *Dr. pénal* 2012, n° 44, note A. Maron et M. Haas.
8. Crim. 5 nov. 2013, n° 13-82.682, P n° 213 ; *AJ pénal* 2014. 90 (v. s^{s} n° 615.01).
9. V. s^{s} n° 615.53.

ci, par un agent de police judiciaire de la nature et de la date présumée de l'infraction sur laquelle porte l'enquête. S'il constate un conflit d'intérêts, l'avocat fait demander la désignation d'un autre avocat. En cas de divergence d'appréciation entre l'avocat et l'officier de police judiciaire ou le procureur de la République sur l'existence d'un conflit d'intérêts, l'officier de police judiciaire ou le procureur de la République saisit le bâtonnier qui peut désigner un autre défenseur. Le procureur de la République, d'office ou saisi par l'officier de police judiciaire ou l'agent de police judiciaire, peut également saisir le bâtonnier afin qu'il soit désigné plusieurs avocats lorsqu'il est nécessaire de procéder à l'audition simultanée de plusieurs personnes placées en garde à vue. » Le refus d'informer l'avocat choisi porte nécessairement atteinte aux intérêts de la personne concernée[1]. L'article 63-3-1, alinéa 4, du code procédure pénale dispose en effet qu'« en cas de divergence d'appréciation entre l'avocat et l'officier de police judiciaire ou le procureur de la République sur l'existence d'un conflit d'intérêts, l'officier de police judiciaire ou le Procureur de la République saisit le bâtonnier qui peut désigner un autre défenseur ». Seul le bâtonnier est donc habilité à trancher ce conflit.

Il est difficile pour un avocat d'être désigné par plusieurs personnes qui se trouvent en même temps en garde à vue. Rien n'empêche toutefois cette désignation, le conseil désigné pouvant se faire substituer pendant la phase de garde à vue par l'un de ses confrères et occuper par la suite. La *durée de l'entretien* est de trente minutes, aux termes de l'article 63-4 du code de procédure pénale, puis de trente minutes encore en cas de prolongation. L'avocat peut consulter le procès-verbal établi en application du dernier alinéa de l'article 63-1 constatant la notification du placement en garde à vue et des droits y étant attachés, le certificat médical établi en application de l'article 63-3, ainsi que les procès-verbaux d'audition de la personne qu'il assiste. Il ne peut en demander ou en réaliser une copie. Il peut toutefois prendre des notes.

615.126 Possibilité pour les avocats d'assister aux auditions et aux confrontations. L'innovation la plus importante introduite par la loi du 14 avril 2011[2] tient dans la *possibilité pour les avocats d'assister aux auditions du client et aux confrontations.* L'article 63-4-2 du code de procédure pénale, modifié par la loi du 3 juin 2016[3], dispose en effet : « La personne gardée à vue peut demander que l'avocat assiste à ses auditions et confrontations. Dans ce cas, la première audition, sauf si elle porte uniquement sur les éléments d'identité, ne peut débuter sans la présence de l'avocat choisi ou commis d'office avant l'expiration d'un délai de deux heures suivant l'avis adressé dans les conditions prévues à l'article 63-3-1 de la demande formulée par la personne gardée à vue d'être assistée par un avocat. Au cours des auditions ou confrontations, l'avocat peut prendre des notes.

Si l'avocat se présente après l'expiration du délai prévu au premier alinéa alors qu'une audition ou une confrontation est en cours, celle-ci est interrompue à la demande de la personne gardée à vue afin de lui permettre de s'entretenir avec son avocat dans les conditions prévues à l'article 63-4 et que celui-ci prenne connaissance des documents prévus à l'article 63-4-1. Si la personne gardée à vue ne demande pas à s'entretenir avec son avocat, celui-ci peut assister à l'audition en cours dès son *arrivée dans les locaux du service de police judiciaire ou à la confrontation.* » La loi du 3 juin 2016 a prévu une information au bénéfice de l'avocat, sans délai, si la personne gardée à vue est transportée dans un autre lieu[4].

§ 7 Droit spécifique en matière de retenue douanière

615.131 Temps nécessaire au contrôle. Le Conseil constitutionnel avait déclaré l'article 323 du code des douanes contraire à la Constitution[5]. La loi du 14 avril 2011 a considérablement modifié le code des douanes en copiant le nouveau régime sur celui de la garde à vue, en ce qui concerne tous les droits ouverts à la personne placée en rétention douanière. Une mesure de contrainte physique, d'une durée excédant le temps nécessaire à l'exercice du droit de visite générale des véhicules, marchandises et personnes, prévu par l'article 60 du code des douanes[6], ne peut être exercée que dans le cadre d'une mesure de retenue douanière[7]. Dans cette affaire, les douaniers avaient attendu de posséder suffisamment d'éléments contre le conducteur d'un *Go Fast* pour le placer en retenue douanière. Or, le temps de rétention possible sur la base de l'article 60

1. Crim. 21 oct. 2015, n° 15-81.032, P n° 299 ; *D.* 2015. 2252 ; *JCP* 2015. 1206, S. Detraz ; *Dr. pénal* 2015, n° 12, comm. 169 A. Maron et M. Haas ; *RSC* 2016. 100, obs. A. Giudicelli ; *AJ pénal* 2016. 218, obs. D. Brach-Thiel.
2. L. n° 2011-392, 14 avr. 2011, préc.
3. L. n° 2016-731, 3 juin 2016, préc.
4. C. pr. pén., art. 63-4-3-1, préc.
5. V. s[s] n° 615.23.
6. V. aussi s[s] n° 615.132 que l'article 60 du code des douanes a également fait l'objet d'une décision de non-conformité à la Constitution.
7. Crim. 12 nov. 2015, n° 15-83.714, P n° 249 ; *AJ pénal* 2016. 212, obs. G. Roussel ; *RSC* 2016. 532, obs. S. Detraz.

est limité à celui du contrôle[1]. L'intéressé avait été l'objet d'une visite fondée sur l'article 50 puis il avait été conduit au poste des douanes où il était demeuré 4 heures avant d'être fouillé et placé en retenue. La chambre criminelle estime que le temps nécessaire au contrôle était expiré ; dès lors qu'il avait été menotté et conduit au poste, il avait été soumis à une contrainte qui ne pouvait s'exercer que dans le cadre de la garde à vue. Il résulte de l'article 60 du code des douanes que l'exercice du droit de visite des marchandises, des moyens de transport et des personnes ne peut donner lieu au maintien des personnes concernées à la disposition des agents des douanes au-delà de ce qui est strictement nécessaire à l'accomplissement de cette mesure et à l'établissement du procès-verbal qui la constate. Cette mesure de contrainte peut s'exercer le temps strictement nécessaire à la réalisation des opérations de visite, qui comprennent le contrôle de la marchandise, du moyen de transport ou de la personne, la consignation, dans un procès-verbal, des constatations faites et renseignements recueillis, ainsi que, le cas échéant, les saisies et la rédaction du procès-verbal afférent. Si, dans ce cadre, les agents des douanes peuvent recueillir des déclarations en vue de la reconnaissance des objets découverts, ils ne disposent pas d'un pouvoir général d'audition de la personne contrôlée. À l'issue du droit de visite, hors le cas où sont réunies les conditions permettant une retenue douanière, et sauf dispositions spécifiques, les agents des douanes ne sont pas autorisés à continuer à retenir la personne contrôlée contre son gré[2]. Le maintien d'une personne à la disposition des agents des douanes dans le cadre de l'exercice du droit de visite des marchandises, des moyens de transport et des personnes prévu à l'article 60 du code des douanes au-delà de ce qui est strictement nécessaire à l'accomplissement de cette mesure et à l'établissement du procès-verbal qui la constate n'entraîne l'annulation de la procédure de contrôle douanier qu'à compter du moment où la mesure de contrainte cesse d'être justifiée. En conséquence, ne doivent être annulés ou cancellés que les procès-verbaux ou les mentions de procès-verbaux dressés par l'administration des douanes postérieurement à ce moment. D'autre part, le maintien irrégulier sous contrainte dans le cadre des opérations de contrôle effectuées sur le fondement de l'article 60 du code des douanes ne suffit pas à lui seul à entraîner la nullité de la procédure judiciaire qui lui fait suite[3].

615.132 Inconstitutionnalité de l'article 60 du code des douanes. Dans une décision du 22 septembre 2022[4], le Conseil constitutionnel a répondu à une question prioritaire de constitutionnalité qui visait l'article 60 du code des douanes, dans sa rédaction issue du décret n° 48-1985 du 8 décembre 1948 portant refonte du code des douanes. Le requérant reprochait à ces dispositions de permettre aux agents des douanes de procéder, en toutes circonstances et sans contrôle effectif de l'autorité judiciaire, à la visite des marchandises, des moyens de transport et des personnes, le cas échéant par l'emploi de mesures coercitives. Il en résulterait une méconnaissance de la liberté individuelle, de la liberté d'aller et de venir, du droit au respect de la vie privée et des droits de la défense. Le Conseil constitutionnel a estimé, notamment, qu'en ne précisant pas suffisamment le cadre applicable à la conduite de ces opérations, tenant compte par exemple des lieux où elles sont réalisées ou de l'existence de raisons plausibles de soupçonner la commission d'une infraction, le législateur n'a pas assuré une conciliation équilibrée entre, d'une part, la recherche des auteurs d'infractions et, d'autre part, la liberté d'aller et de venir et le droit au respect de la vie privée. Comme l'abrogation immédiate des dispositions déclarées inconstitutionnelles entraînerait des conséquences manifestement excessives, le Conseil a reporté au 1er septembre 2023 la date de leur abrogation. Par ailleurs, les mesures prises avant la publication de la présente décision ne peuvent être contestées sur le fondement de cette inconstitutionnalité.

Fort de ce constat, une loi du 18 juillet 2023 a modifié l'article 60 du code des douanes et créé les articles 60-1 à 60-10 du même code pour mieux expliciter les prérogatives des agents des douanes en tenant compte de ses lieux d'exercice et des motifs de sa mise en œuvre[5].

615.133 Droit de visite et audition libre. Le droit de visite sert à l'inspection « des marchandises, des moyens de transport et des personnes » et peut être exercé sans besoin d'aucun indice préalable d'infraction[6]. Il comporte la faculté de procéder au « maintien des personnes concernées à la disposition des agents des douanes », mais cette « mesure de contrainte » ne peut se prolonger « au-delà de ce qui est strictement nécessaire à l'accomplissement de cette mesure et à l'établissement du procès-verbal qui la constate ». C'est en relation avec ces éléments

1. C. douanes, art. 323-1 ; créé par L. n° 2011-392, 14 avr. 2011, art. 19.
2. Crim. 13 juin 2019, n° 18-83.297, P n° 111 ; *D.* 2019. 1287.
3. Crim. 16 juin 2021, n° 21-80.614, B ; *D.* 2021. 1192.
4. Cons. const. 22 sept. 2022, n° 2022-1010-QPC, *D.* 2022. 1663 ; *AJ pénal* 2022. 483, obs. S. Trifkovic. *Dr. pénal* n° 11, nov. 2022, alerte 86, W. Roumier.
5. L. n° 2023-610, 18 juill. 2023 visant à donner à la douane les moyens de faire face aux nouvelles menaces, *JO* 19 juill., n° 1, art. 2.
6. Crim. 5 avr. 2018, n° 17-80.285, *RSC* 2018. 696, obs. S. Detraz.

que la chambre criminelle juge que, lorsqu'il existe des raisons plausibles de soupçonner que la personne a commis ou tenté de commettre une infraction et qu'elle n'est pas placée en rétention douanière, si les agents des douanes peuvent l'entendre sur ces faits dans le cadre d'une audition libre, c'est aux conditions, en partie déduites, par analogie, de l'article 61-1 du code de procédure pénale, que la personne n'a pas été conduite, sous contrainte, par ces agents dans leurs locaux et qu'elle dispose du droit de les quitter à tout moment. Il s'en déduit qu'une telle audition ne peut avoir lieu au cours de l'exercice du droit de visite lorsqu'il s'accompagne d'une mesure de contrainte[1].

§ 8
Majeur bénéficiant d'une mesure de protection

615.141 Garde à vue du majeur en tutelle, curatelle ou bénéficiant d'une mesure de sauvegarde. Le Conseil constitutionnel a été saisi d'une question prioritaire de constitutionnalité relative au premier alinéa de l'article 706-113 du Code de procédure pénale, en vertu duquel : « Le procureur de la République ou le juge d'instruction avise le curateur ou le tuteur, ainsi que le juge des tutelles, des poursuites dont la personne fait l'objet. Il en est de même si la personne fait l'objet d'une alternative aux poursuites consistant en la réparation du dommage ou en une médiation, d'une composition pénale ou d'une comparution sur reconnaissance préalable de culpabilité ou si elle est entendue comme témoin assisté ». Par une décision du 14 septembre 2018[2], il y a fait droit. En ne prévoyant pas, lorsque les éléments recueillis au cours de la garde à vue d'une personne font apparaître qu'elle fait l'objet d'une mesure de protection juridique, que l'officier de police judiciaire ou l'autorité judiciaire sous le contrôle de laquelle se déroule la garde à vue soit, en principe, tenu d'avertir son curateur ou son tuteur afin de lui permettre d'être assistée dans l'exercice de ses droits, les dispositions contestées méconnaissent les droits de la défense. Le Conseil a ainsi déclaré le premier alinéa de l'article 706-113 du code de procédure pénale contraire à la Constitution et a reporté la date de l'abrogation au 1er octobre 2019. Par la suite, la Cour de cassation a jugé que l'absence d'avis au curateur n'entraîne ni la nullité de la garde à vue ni celle de l'interrogatoire de première comparution dans la mesure où aucun élément ne laisse prévoir une mesure de protection ou qu'il existe des circonstances insurmontables à effectuer les vérifications[3]. Le législateur est alors intervenu. L'article 706-112-1, issu de la loi n° 201-222 du 23 mars 2019 prévoit que lorsque les éléments recueillis au cours de la garde à vue d'une personne font apparaître que celle-ci fait l'objet d'une mesure de protection juridique, l'officier ou l'agent de police judiciaire en avise le curateur ou le tuteur. S'il est établi que la personne bénéficie d'une mesure de sauvegarde de justice, l'officier ou l'agent de police judiciaire avise s'il y a lieu le mandataire spécial désigné par le juge des tutelles.

Si la personne n'est pas assistée d'un avocat ou n'a pas fait l'objet d'un examen médical, le curateur, le tuteur ou le mandataire spécial peuvent désigner un avocat ou demander qu'un avocat soit désigné par le bâtonnier, et ils peuvent demander que la personne soit examinée par un médecin.

Sauf en cas de circonstance insurmontable, qui doit être mentionnée au procès-verbal, les diligences incombant aux enquêteurs en application du présent article doivent intervenir au plus tard dans un délai de six heures à compter du moment où est apparue l'existence d'une mesure de protection juridique.

Le procureur de la République peut, à la demande de l'officier de police judiciaire, décider que l'avis prévu au présent article sera différé ou ne sera pas délivré si cette décision est, au regard des circonstances, indispensable afin de permettre le recueil ou la conservation des preuves ou de prévenir une atteinte grave à la vie, à la liberté ou à l'intégrité physique d'une personne. Le législateur a pris des dispositions de même nature pour l'audition libre de cette personne[4]. L'article D. 15-5-7, issu du décret n° 2019-507 du 24 mai 2019, a complété le tableau en prévoyant qu'en cas de placement en garde à vue d'une personne majeure, l'officier ou l'agent de police judiciaire lui demande si elle fait l'objet d'une mesure de protection juridique, afin de mettre en œuvre s'il y a lieu les dispositions de l'article 706-112-1 et de l'article D. 47-14. Il en est de même en cas de placement en rétention d'une personne intervenant en application des articles 133-1, 141-4, 709-1-1 et 716-5. Issu du même décret, l'article D 47-14 dispose que, lorsque le tuteur, le curateur ou le mandataire spécial est avisé en application de l'arti-

1. Crim. 18 mars 2020, n° 19-84.372, P ; *Dr. pénal* 2020, comm. 99, obs. J.-H. Robert *RSC* 2020. 666, obs. S. Detraz.
2. Cons. const. 14 sept. 2018, n° 2018-730 QPC, *JO* 15 sept., n° 56 ; *Dr. pénal* 2018, alerte 44, par W. Roumier ; *D.* 2018. 1757 ; *Procédures* 2018, comm. 347, A.-S. Chavant-Leclère : *Dr. pénal* 2018, alerte 44, W. Roumier ; *D.* 2018. 1757 ; *AJ pénal* 2018. 518, obs. J. Frinchaboy ; *Procédures* 2018, comm. 376, obs. J. Garrigue – AUSSI : P. Lemoine « Troubles psychiques : questions d'actualité devant la Chambre criminelle », *AJ pénal* 2018. 499.
3. Crim. 11 déc. 2018, n° 18-80.872, P ; *Procédures* 2019, comm. 88, A.-S. Chavent-Leclère ; *Dr. pénal* 2019, comm. 38 ; *AJ pénal* 2019. 98, obs. J.-B. Thierry.
4. V. s[s] n° 614.28.

cle 706-112-1, il est informé, si ces droits n'ont pas déjà été exercés : « 1° qu'il peut désigner un avocat ou demander qu'un avocat soit désigné par le bâtonnier ; 2° qu'il peut demander que la personne soit examinée par un médecin. Lorsque le tuteur, le curateur ou le mandataire spécial a été avisé, l'officier de police judiciaire peut autoriser le gardé à vue à communiquer avec cette personne conformément au II de l'article 63-2. Les dispositions de l'article 706-112-1 sont également applicables en cas de rétention d'une personne intervenant en application des articles 133-1, 141-4, 709-1-1 et 716-5. »

Le Conseil constitutionnel a, après l'entrée en vigueur de la loi du 23 mars 2019, été saisi d'une question prioritaire de constitutionnalité portant sur la nouvelle rédaction de l'article 706-113. Il a jugé qu'« en ne prévoyant pas que l'officier de police judiciaire ou l'autorité judiciaire sous le contrôle de laquelle est réalisée la perquisition soit, en principe, tenu d'avertir le représentant d'un majeur protégé lorsque les éléments recueillis au cours de l'enquête préliminaire font apparaître que la personne fait l'objet d'une mesure de protection juridique révélant qu'elle n'est pas en mesure d'exercer seule son droit de s'opposer à la réalisation de cette opération, le législateur a méconnu le principe d'inviolabilité du domicile ». Il a déclaré l'inconstitutionnalité du premier alinéa de l'article 706-113 du Code de procédure pénale [1].

La loi du 22 décembre 2021 [2] a encore modifié la rédaction de cet article qui dispose que « sans préjudice de l'application des articles 706-112-1 à 706-112-3, lorsque la personne fait l'objet de poursuites, le procureur de la République ou le juge d'instruction en avise le curateur ou le tuteur ainsi que le juge des tutelles ». L'article 706-112-3, créé par la même loi vise la protection d'une personne protégée objet d'une perquisition ; l'article 706-112-1, issu quant à lui de la loi du 24 décembre 2020 [3], traite de la garde à vue de la personne.

SECTION 5
DÉROULEMENT DE LA GARDE À VUE

615.151 Assistance du client par l'avocat : éléments de pratique judiciaire. Dès le 15 avril 2011, les premiers avocats se sont présentés dans les locaux de garde à vue pour assister leurs clients. Bien que la présence d'un avocat en garde à vue ait largement été décriée par certains syndicats de police depuis longtemps, il semble en fait que les « premières rencontres » se soient plutôt bien passées. En dehors de la contestation par certains barreaux de la nature des pièces qui leur étaient communiquées [4], et de quelques situations de conflit, on a vu apparaître assez naturellement dans les procès-verbaux dressés les questions posées par les avocats. L'enrichissement qui en est résulté pour les services d'enquête et pour les avocats semble mutuel. Il convient de noter que *le délai de deux heures* prévu par le texte part de « l'avis adressé dans les conditions prévues à l'article 63-3-1 », c'est-à-dire la plupart du temps de l'appel téléphonique passé à l'avocat choisi, à l'avocat d'office ou à la permanence pénale. Le délai ne se décompte ni du moment de l'interpellation ni même du début de la garde à vue. Le rédacteur du procès-verbal doit faire figurer la nature de l'avis donné, avec l'identification du numéro de téléphone appelé, l'horaire...

Il convient donc d'attendre pendant deux heures au maximum que l'avocat se déplace. Pendant ce délai, les officiers de police judiciaire peuvent seulement procéder à l'interrogatoire d'identité de la personne gardée à vue. Ce délai d'attente ne vaut que pour la première audition. Les policiers s'entendent ensuite avec le conseil pour lui indiquer à quelle heure il est prévu que son client soit entendu. Mais rien ne s'oppose, dans des cas particuliers, et notamment lorsqu'un autre gardé à vue a fait des révélations nouvelles, à ce que l'enquêteur anticipe l'heure de la nouvelle audition. Il aura alors pris soin de prévenir le conseil. Il y aura nécessairement des affaires dans lesquelles des frictions vont naître de ce type de situation ; il appartient à chacun de tenter de comprendre quels sont les impératifs de l'autre.

§ 1
Nature des actes communiqués à l'avocat

615.161 Procès-verbaux et auditions des plaignants – Actes non communiqués. Si l'information de l'avocat est beaucoup plus complète qu'elle ne l'était avant la loi du 14 avril 2011, puisqu'il peut désormais prendre connaissance des auditions de la personne qu'il assiste, ce droit apparaît encore limité.

Le texte ne prévoit pas que les procès-verbaux d'interpellation soient communiqués ni les procès-verbaux des autres personnes concernées par l'affaire qu'il s'agisse des témoins entendus aupara-

1. Cons. const. 15 janv. 2021, n° 2020-873 QPC : *JO* 16 janv., n° 71 ; *Procédures* n° 3, Mars 2021, comm. 83 ; *Dr. pénal* 2021, alerte 22, W. Roumier ; *D.* 2021. 80.
2. L. n° 2021-1729, 22 déc. 2021 pour la confiance dans l'institution judiciaire, *JO* 23 déc., n° 2.
3. L. n° 2020-1672, 24 déc. 2020 relative au Parquet européen, à la justice environnementale et à la justice pénale spécialisée, *JO* 26 déc.
4. V. s[s] n°s 615.161 s.

vant, des personnes en garde à vue en même temps que le client...

Surtout, les auditions des plaignants et d'une façon générale des personnes qui mettent en cause le gardé à vue ne sont pas non plus communiquées. Certains auteurs estiment que le droit à l'accès au dossier devrait être complet[1].

615.162 **Accès au dossier.** Mais les principales décisions rendues par la Cour européenne en matière de communication de pièces concernent non la phase préparatoire du procès, mais la phase du procès et relèvent donc de l'article 6 et non de l'article 5 de la convention.

Si la Cour européenne a étendu les principes posés par l'article 6 de la convention européenne des droits de l'homme dans certaines hypothèses[2] elle ne l'a jamais fait pour la totalité des dispositions de l'article 6. Par exemple, le droit d'interroger ou de faire interroger les témoins à charge n'est applicable que devant la juridiction de jugement[3]. Le droit d'accès au dossier est prévu par l'article 6, § 3, b) (droit de disposer du temps et des facilités nécessaires à la préparation de sa défense), qui n'a jamais fait l'objet expressément d'une extension aux situations d'avant procès à l'exception de son extension aux cas de l'article 5, § 4 (relatif aux droits de faire un recours juridictionnel sur la légalité de la détention, hypothèse qui suppose une personne en détention provisoire).

Dans son arrêt *Svispsta c/ Lettonie*, la Cour européenne des droits de l'Homme dispose que : « La Cour reconnaît la nécessité d'une conduite efficace des enquêtes pénales, ce qui peut impliquer qu'une partie des informations recueillies durant ces investigations doivent être gardées secrètes afin d'empêcher les accusés d'altérer les preuves et de nuire à la bonne administration de la justice. »

Par ailleurs, dans l'énumération faite dans l'arrêt *Dayanan*, de « la vaste gamme » des interventions du conseil que ce dernier doit pouvoir librement exercer : « l'organisation de la défense, la recherche des preuves favorables à l'accusé, la préparation des interrogatoires, le soutien de l'accusé en détresse, le contrôle des éléments de détention », ne figure pas un accès complet au dossier.

Cette analyse est confortée par l'arrêt *A.T. c/ Luxembourg*[4] à l'occasion duquel la Cour de Strasbourg estime qu'un défaut d'accès au dossier avant le premier interrogatoire devant le juge d'instruction ne prive pas d'effectivité l'assistance de l'avocat et n'est pas contraire à l'article 6, dès lors qu'il y a des raisons relatives à la protection des intérêts de la justice suffisantes pour justifier le défaut d'accès et que la garantie de l'accès au dossier est ensuite assurée devant les juridictions d'instruction et tout au long du procès au fond. La Cour ajoute : « l'article 6 ne saurait être interprété comme garantissant un accès illimité au dossier pénal dès avant le premier interrogatoire par le juge d'instruction, lorsque les autorités nationales disposent de raisons relatives à la protection des intérêts de la justice suffisantes pour ne pas mettre en échec l'efficacité des investigations ». Frédéric Sudre en conclut : « c'est dire clairement *a fortiori* que l'article 6, § 3, c) ne garantit pas le droit d'accès de l'avocat à l'ensemble du dossier dès le premier interrogatoire de police »[5].

En conséquence, un tel accès n'est nullement imposé par la Cour lorsque l'on se trouve au stade de l'enquête ou de l'instruction préparatoire. C'est ce qu'a rappelé la chambre criminelle : l'article 7, § 1, de la directive 2012/13[6], dont le préambule précise qu'elle s'appuie sur les droits énoncés dans la Charte des droits fondamentaux de l'Union européenne en développant les articles 5 et 6 de la convention européenne des droits de l'homme tels qu'ils sont interprétés par la Cour européenne des droits de l'Homme, n'exige, à tous les stades de la procédure, qu'un accès aux documents relatifs à l'affaire en question détenus par les autorités compétentes qui sont essentiels pour contester de manière effective la légalité de l'arrestation ou de la détention, d'autre part, les paragraphes 2 et 3 de l'article 7 de ladite directive laissent la faculté aux États membres de n'ouvrir l'accès à l'intégralité des pièces du dossier que lors de la phase juridictionnelle du procès pénal, ce dont il résulte que l'article 63-4-1 du code de procédure pénale constitue une transposition complète de l'article 7 de la directive, la chambre de l'instruction a justifié sa décision sans méconnaître les dispositions conventionnelles et du droit de l'Union invoquées[7].

1. V. Nioré, « Nouvelle garde à vue : sœur jumelle de la détention provisoire à la discrétion de l'OPJ sous le contrôle du parquet tout puissant », *Gaz. Pal.* 10-12 avr. 2011, p. 17 – D. Fayolle et J.-B. Perrier, « Regards croisés sur la réforme de la garde à vue, un projet insuffisant et des attentes insatisfaites », *Gaz. Pal.* 6-8 févr. 2011, p. 8.
2. CEDH 24 nov. 1993, *Imbriosca c/ Suisse*, req. n° 13972/88 ; *RSC* 1994. 144, obs. L.-E. Pettiti ; *RSC* 1994. 362, obs. R. Koering-Joulin : l'article 6, § 3 peut jouer un rôle avant la saisine du juge au fond si et dans la mesure où son inobservation initiale risque de compromettre gravement le caractère équitable du procès.
3. Crim. 4 janv. 1990, n° 89-85.795, P n° 4.
4. CEDH 9 avr. 2015, *A.T. c/ Luxembourg*, req. n° 30460/13 ; *D.* 2016. 225, obs. J.-F. Renucci ; *AJ pénal* 2015. 380, obs. S. Lavric ; *RSC* 2015. 736, obs. D. Roets.
5. F. Sudre, « Droit de la convention européenne des droits de l'homme », *JCP* 2015. Doctr. 845.
6. Dir. 2012/13/UE, Parlement et Conseil, 22 mai 2012 relative au droit à l'information dans le cadre des procédures pénales, *JOUE L* 142, 1er juin, p. 1.
7. Crim. 4 oct. 2016, n° 16-82.309, P n° 255 ; *D.* 2016. 2003 ; *AJ pénal* 2017. 42, obs. S. Lavric.

On peut toutefois penser que la Cour de Strasbourg pourrait être amenée à apprécier dans chaque cas si la restriction en cause était justifiée et si elle a porté ou non une atteinte irrémédiable aux droits de la défense, en examinant la nature des pièces existantes et non communiquées et l'impact de cette non-communication [1].

Enfin, il convient d'ajouter, s'agissant de l'existence d'une circonstance insurmontable de nature à faire obstacle à la consultation du dossier par l'avocat que le fait que les pièces du dossier se soient trouvées dans un autre local, distant de 300 mètres du lieu de garde à vue, ne saurait constituer une telle circonstance [2].

Par ailleurs, la chambre criminelle énonce dans le même arrêt que « l'article 7, § 1 de la directive [2012/13], [...] n'exige, à tous les stades de la procédure, qu'un accès aux documents relatifs à l'affaire en question détenus par les autorités compétentes qui sont essentiels pour contester de manière effective la légalité de l'arrestation ou de la détention » et que « les § 2 et 3 de l'article 7 de ladite directive laissent la faculté aux États membres de n'ouvrir l'accès à l'intégralité des pièces du dossier que lors de la phase juridictionnelle du procès pénal, ce dont il résulte que l'article 63-4-1 du code de procédure pénale constitue une transposition complète de l'article 7 de la directive ». Il s'agit d'une confirmation de la jurisprudence traditionnelle de la chambre criminelle mais la première fois, à notre connaissance, que les dispositions françaises sont considérées comme conformes à la directive 2012/13.

615.163 Décision du Conseil constitutionnel du 18 novembre 2011. Dans sa décision du 18 novembre 2011 [3] le Conseil constitutionnel valide les articles principaux issus de la loi du 14 avril 2011 sur la garde à vue, n'émettant qu'une réserve d'interprétation à propos de l'article 62. Les demandeurs contestaient la constitutionnalité de diverses dispositions notamment de celles qui ne permettaient pas à l'avocat d'avoir un accès complet à la procédure, autorisaient les enquêteurs à débuter une audition alors que l'avocat n'était pas présent, limitaient à trente minutes l'entretien avec le client, ne prévoyaient pas la présence de l'avocat lors des perquisitions, prévoyaient des exceptions à l'exercice de différents droits nouveaux. Le Conseil constitutionnel retient que : « les dispositions contestées n'ont pas pour objet de permettre la discussion de la légalité des actes d'enquête ou du bien-fondé des éléments de preuve rassemblés par les enquêteurs, qui n'ont pas donné lieu à une décision de poursuite de l'autorité judiciaire et qui ont vocation, le cas échéant, à être discutés devant les juridictions d'instruction et de jugement ».

Ce faisant, cette décision confirme que le contradictoire ne se joue que devant l'autorité judiciaire et non pendant la phase d'enquête. Les restrictions apportées par la loi du 14 avril 2011 aux droits nouveaux qu'elle met en œuvre assurent une « conciliation, qui n'est pas déséquilibrée, entre le respect des droits de la défense et l'objectif de valeur constitutionnelle de recherche des auteurs d'infractions ». L'avocat ne peut avoir accès qu'aux pièces prévues expressément par la loi du 14 avril, sauf à soulever non plus la non-constitutionnalité de ces dispositions, mais leur non-conventionnalité, ce qui reste à démontrer [4].

615.164 Jurisprudence de la chambre criminelle. La chambre criminelle a rendu un premier arrêt le 11 juillet 2012 [5], et rejeté le pourvoi au visa de l'article 6 de la convention européenne des droits de l'homme en considérant que « le demandeur a bénéficié de l'assistance d'un avocat au cours de sa garde à vue dans des conditions conformes à l'article 6 ». La cour d'appel avait considéré que « l'absence de communication de l'ensemble des pièces du dossier, à ce stade de la procédure, n'est pas de nature à priver la personne d'un droit effectif et concret à un procès équitable, dès lors que ces pièces peuvent ensuite être communiquées devant les juridictions d'instruction et de jugement ». L'arrêt est donc confirmé.

Le principe est plus clairement encore exposé dans une décision rendue par la chambre criminelle le 19 septembre 2012 [6]. L'absence de communication de l'ensemble des pièces du dossier à l'avocat

1. J.-B. Danlos, intervention ENM, 18 sept. 2015.
2. Crim. 17 nov. 2015, n° 15-83.437, P n° 255 ; *AJ pénal* 2016. 217, obs. J. Andréi.
3. Cons. const. 18 nov. 2011, n°s 2011-191/194/195/196/197 QPC, art., sous réserve 62, al. 2, conformes 62, al. 1, 63-3-1, al. 3, 63 4, al. 2, 63-4-1 à 63-4-5 du C. pr. pén., *Garde à vue* II, *JO* 19 nov., p. 19480, CONFORMITÉ – RÉSERVE ; *Rec.*, p. 544 ; *D.* 2011. 3034, note H. Matsopoulou ; *D.* 2011. Point de vue 3005, obs. E. Vergès ; *JCP* 2011. 1452, note J. Pradel ; *Dr. pénal* 2012. Ét. 4, note J. Leroy ; *AJ pénal* 2012. 102, obs. J.-B. Perrier ; *RSC* 2012. 217, note de Lamy ; *D.* 2012. 1640, obs. V. Bernaud et N. Jacquinot.
4. V. s[s] n° 615.161.
5. Crim. 11 juill. 2012, n° 12-82.136, P n° 167 ; *Gaz. Pal.* 16 sept. 2012, p. 19, note O. Bachelet ; *JCP* 2012. 989.
6. Crim. 19 sept. 2012, n° 11-88.111, P n° 194 ; *D.* 2012. 2246, obs. C. Girault ; *D.* 2012. 2640, note F. Desprez ; *D.* 2013. 127, Chron. B. Laurent ; *JCP* 2012. 1038 ; *JCP* 2012. 1242, note F. Fourment ; *Dr. pénal* 2012, n° 151, note F. Desprez ; *AJ pénal* 2013. 50, obs. L. Ascensi ; *RSC* 2012. 887, obs. X. Salvat – Crim. 11 juill. 2012, n° 12-82.136, *Gaz. Pal.* 16 sept. 2012, p. 19, note O. Bachelet ; *JCP* 2012. 989 – AUSSI : J. Pradel, « Du droit de l'avocat d'accéder au dossier établi au cours d'une garde à vue », *JCP* 2012. 1223 (v. s[s] n° 615.01).

assistant une personne gardée à vue, à ce stade de la procédure, n'est pas de nature à priver la personne d'un droit effectif et concret à un procès équitable, dès lors que l'accès à ces pièces est garanti devant les juridictions d'instruction et de jugement. L'article 63-4-1 du code de procédure pénale n'est donc pas incompatible avec l'article 6, § 3, de la convention européenne des droits de l'homme. Cette position fait toujours l'objet de contestations[1]. La chambre criminelle approuve une chambre de l'instruction qui, après avoir relevé le refus de communication de l'intégralité de la procédure formulée par l'avocat d'une personne en garde à vue, retient qu'à défaut de demande subsidiaire, cette dernière ne peut ensuite présenter une demande d'annulation en faisant valoir qu'elle pouvait au moins prétendre à la communication des pièces de la procédure énumérées à l'article 63-4-1 du code de procédure pénale, dès lors qu'il appartient à l'avocat de la personne gardée à vue, qui peut consulter lesdites pièces, d'en faire la demande expresse[2].

615.165 Droit à l'information dans le cadre des procédures pénales (dir. 2012/13). Le Conseil de l'Union européenne a adopté le 26 avril 2012, la directive 2012/13[3] relative au droit à l'information dans le cadre des procédures pénales[4], aux droits procéduraux fondamentaux de la personne soupçonnée d'avoir commis une infraction pénale ou poursuivie à ce titre.

Parmi les droits listés par le Conseil, on trouve celui de disposer d'informations détaillées concernant les accusations portées contre eux afin de pouvoir préparer leur défense sauf lorsqu'il peut constituer une menace grave pour les droits fondamentaux d'un tiers ou lorsque ce refus est nécessaire en vue de préserver un intérêt public important. L'évolution du droit national n'est donc peut-être pas achevée. Le texte de la directive 2012/13 n'impose pas expressément l'accès à l'intégralité du dossier dès le stade de la garde à vue puisque son article 7, § 1, prévoit la mise à disposition des « documents relatifs à l'affaire en question détenus par les autorités compétentes qui sont essentiels pour contester de manière effective conformément au droit national la légalité de l'arrestation ou de la détention », et ce, « à n'importe quel stade de la procédure pénale ». L'accès doit être accordé « en temps utile [...] et, au plus tard, lorsqu'une juridiction est appelée à se prononcer sur le bien-fondé de l'accusation »[5].

§ 2
Audition, confrontation, reconstitution et perquisition – Présence de l'avocat

615.171 Déroulement de l'audition ou de la confrontation. Aux termes de l'article 63-4-2 du code de procédure pénale, l'audition ou la confrontation est menée sous la direction de l'officier ou de l'agent de police judiciaire qui peut à tout moment, en cas de difficulté, y mettre un terme et en aviser immédiatement le procureur de la République qui informe, s'il y a lieu, le bâtonnier aux fins de désignation d'un autre avocat. À l'issue de chaque audition ou confrontation à laquelle il assiste, l'avocat peut poser des questions. L'officier ou l'agent de police judiciaire ne peut s'opposer aux questions que si celles-ci sont de nature à nuire au bon déroulement de l'enquête. Mention de ce refus est portée au procès-verbal.

À l'issue de chaque entretien avec la personne gardée à vue et de chaque audition ou confrontation à laquelle il a assisté, l'avocat peut présenter des observations écrites dans lesquelles il peut consigner les questions refusées en application du deuxième alinéa. Celles-ci sont jointes à la procédure. L'avocat peut adresser ses observations, ou copie de celles-ci, au procureur de la République pendant la durée de la garde à vue.

615.172 Transport et reconstitution. Aux termes de l'article 63-4-3-1 du code de procédure pénale, issu de la loi du 3 juin 2016[6], et modifié par celle du 23 mars 2019 « si la personne gardée à vue est transportée sur un autre lieu où elle doit être entendue ou faire l'objet d'un des actes prévus à l'article 61-3, son avocat en est informé sans délai. ». Il convient de souligner qu'il s'agit seulement d'un droit *d'information* et non de la possibilité pour le conseil d'*assister* son client lors de ce transport. Toutefois, dans le cas de reconstitution, l'article 61-3 du code procédure pénale, issu de la même loi du 3 juin 2016, dispose que « toute personne à l'égard de laquelle existent une ou plusieurs raisons plausibles de soupçonner qu'elle a participé, en tant qu'auteur ou complice, à la commission d'un délit puni d'emprisonnement peut demander qu'un avocat de son choix ou, si elle n'est pas en mesure d'en

1. *D.* 2012. 2640, note F. Desprez, indiquant que « selon la CEDH, l'exercice des droits de la défense commande un accès à l'intégralité du dossier de procédure lors de la phase de garde à vue ».
2. Crim. 18 déc. 2012, n° 12-85.735, P n° 281 ; *Procédures* 2013, Comm. 79, obs. A.-S. Chavent-Leclère ; *JCP* 2013. 143 ; *AJ pénal* 2013. 283, obs. C. Porteron.
3. Dir. 2012/13/UE, Parlement et Conseil, 22 mai 2012, préc.
4. Cons. UE, communiqué, 26 avr. 2012, *Dr. pénal* 2012. Alerte 32, obs. W. Roumier.
5. Conv. EDH, art. 7, § 3.
6. L. n° 2016-731, 3 juin 2016, préc.

désigner un, qu'un avocat commis d'office par le bâtonnier :

1° L'assiste lorsqu'elle participe à une opération de reconstitution de l'infraction ;

2° Soit présent lors d'une séance d'identification des suspects dont elle fait partie.

La personne est informée de ce droit avant qu'il soit procédé à ces opérations.

L'avocat désigné peut, à l'issue des opérations, présenter des observations écrites qui sont jointes à la procédure. Il peut directement adresser ces observations ou copie de celles-ci au procureur de la République.

Lorsque la victime ou le plaignant participe à ces opérations, un avocat peut également l'assister dans les conditions prévues à l'article 61-2 ». Cet article est entré en vigueur le 1er novembre 2016.

Dès lors que les enquêteurs ont prévu de procéder à une audition de la personne lors du transport, ils doivent prévenir l'avocat dans un délai suffisant pour lui permettre d'y assister. La loi n° 2019-222 du 23 mars 2019 a modifié cet article afin de prévoir que cette information ne devra intervenir que si la personne est transportée dans un autre lieu afin d'être entendue ou de faire l'objet d'un des actes prévus à l'article 61-3 de ce code, à savoir une séance d'identification des suspects ou une reconstitution. Dans les autres cas, notamment en cas de transport en vue d'une hospitalisation ou d'une perquisition, l'information de l'avocat n'est plus exigée. La circulaire de la Chancellerie souligne avec justesse que « C'est donc logiquement dans les seuls cas où la personne est transportée sur un lieu où seront effectués des actes de procédure pour lesquels elle a le droit de demander l'assistance d'un avocat, que l'avocat doit être prévenu du transport »[1]. Le Conseil constitutionnel, dans sa décision du 21 mars 2019 a précisé que « dans les cas où cette obligation d'information n'est pas prévue, les enquêteurs ne peuvent, à l'occasion de ce transport, ni interroger le gardé à vue ni recueillir ses déclarations »[2].

615.173 Perquisitions. Il est d'usage de présenter aux personnes gardées à vue les objets intéressant l'enquête qui sont découverts lors des perquisitions. Que se passe-t-il si la personne a déjà été placée en garde à vue et sollicité la présence de son avocat ? Rien dans la loi ne contraint les services de police à attendre l'avocat pour effectuer un acte qui n'est pas l'audition de la personne gardée à vue. La présence de l'avocat à la perquisition n'est donc pas indispensable. S'il est déjà présent dans les locaux de police, il peut être invité à la suivre mais cette présence même n'est pas rendue obligatoire par la loi dès lors qu'aucune question n'est posée. Selon la circulaire du 23 mai 2011[3], la représentation des objets saisis en l'absence d'avocat « paraît toujours possible, dans la mesure où les dispositions nouvelles du code de procédure pénale garantissent à toute personne gardée à vue le droit à un procès équitable ». Si la consignation de déclarations spontanées paraît possible, la présentation d'un objet correspond en fait à une question. Il convient donc d'être prudent sur ce point. L'autre solution est de représenter les objets au retour dans les locaux de garde à vue. Un arrêt rendu le 3 avril 2013[4] et selon lequel « la chambre de l'instruction n'a pas méconnu le sens et la portée de l'article 6, § 3, de la convention européenne des droits de l'homme, dès lors que ce texte n'exige pas que la personne ayant reçu notification officielle du fait qu'elle est suspectée d'avoir commis une infraction, soit assistée d'un avocat lorsqu'elle est présente à des actes au cours desquels elle n'est ni privée de sa liberté, ni entendue sur les faits qui lui sont reprochés », n'est pas déterminant à cet égard dès lors que la personne en question n'avait pas encore été placée en garde à vue au moment de la perquisition. Mais une réponse plus explicite n'a pas tardé à être donnée : « Ne constitue pas une audition, au sens de l'article 63-4-2 du code de procédure pénale, nécessitant la présence de l'avocat de la personne gardée à vue, la représentation à celle-ci, pour reconnaissance, en application de l'article 54, dernier alinéa, du code de procédure pénale, des objets saisis en sa présence au cours d'une perquisition. »[5] Cette jurisprudence ne semble pas contraire aux exigences de la convention européenne des droits de l'homme[6].

La commission Beaume a estimé que la perquisition était, par son objet même, un acte de recherche de preuves, à l'égard duquel la situation contrainte ou pas du mis en cause était indifférente... elle relève de la protection de l'autorité judiciaire mais ne revêt aucune nature juridictionnelle qui ouvre un droit au contradictoire. Mais elle juge essentiel que la loi prévoie expressément l'interdiction de toute question de l'enquêteur et même de toute déclaration du mis en cause perquisitionné, provoquée ou spontanée[7].

615.174 Confrontation. L'article 63-4-5 du code de procédure pénale prévoit que si la victime est

1. Circ. 8 avr. 2019, n° 1.2.2.
2. Cons. const. 21 mars 2019, n° 2019-778 DC, § 182.
3. Circ. CRIM 2011-13/E6, 23 mai 2011, n° III. 5.4.3, préc.
4. Crim. 3 avr. 2013, n° 12-88.428, P n° 74 ; *D.* 2013. 1068, obs. M. Lena ; *AJ pénal* juin 2013, note L. Belfanti.
5. Crim. 22 oct. 2013, n° 13-81.945, P n° 196 ; *D.* 2014. 115, note H. Matsopoulou ; *D.* 2014. 311, Chron. B. Laurent, C. Roth, G. Barbier et P. Labrousse ; *AJ pénal* 2013. 668, note L. Ascensi.
6. CEDH 15 mars 2011, *Begu c/ Roumanie*, req. n° 20448/02.
7. J. Beaume, *Rapport sur la procédure pénale*, juill. 2014, p. 69.

confrontée avec une personne gardée à vue, elle peut demander à être également assistée par un avocat choisi par elle ou par son représentant légal si elle est mineure[1] ou, à sa demande, désigné par le bâtonnier[2]. La victime est informée de ce droit avant qu'il soit procédé à la confrontation. L'avocat possède les mêmes droits que la personne gardée à vue.

§ 3
Procès-verbal

615.181 Mentions. Le procès-verbal rendant compte de la garde à vue doit comporter, aux termes de l'article 64 du code de procédure pénale, les mentions suivantes :

« 1° Les motifs justifiant le placement en garde à vue, conformément aux 1° à 6° de l'article 62-2 ;

2° La durée des auditions de la personne gardée à vue et des repos qui ont séparé ces auditions, les heures auxquelles elle a pu s'alimenter, le jour et l'heure à partir desquels elle a été gardée à vue, ainsi que le jour et l'heure à partir desquels elle a été soit libérée, soit déférée devant le magistrat compétent ;

3° Le cas échéant, les auditions de la personne gardée à vue effectuées dans une autre procédure pendant la durée de la garde à vue ;

4° Les informations données et les demandes faites en application des articles 63-2 à 63-3-1 et les suites qui leur ont été données ;

5° S'il a été procédé à une fouille intégrale ou à des investigations corporelles internes.

Ces mentions doivent être spécialement émargées par la personne gardée à vue. En cas de refus, il en est fait mention. »

Par ailleurs, certaines des mentions figurant dans ce procès-verbal doivent également figurer dans un registre spécial : il en est ainsi des mentions relatives aux dates et heures du début et de fin de garde à vue et de la durée des auditions et repos mais également des cas où des fouilles intégrales et investigations corporelles ont été réalisées. Ce registre peut être tenu sous forme dématérialisée.

§ 4
Expert

615.191 Assistance d'un expert. Le principe du recours aux compétences d'un expert pour assister les enquêteurs au cours des auditions sous le régime de la garde à vue n'encourt en soi aucune critique, dès lors que l'expert n'a pas excédé les limites de la mission d'ordre technique qui lui avait été confiée ; en outre la simple circonstance de déférer à une réquisition judiciaire aux fins d'apporter son concours à la justice en assistant à une audition et en suggérant aux enquêteurs des questions relevant exclusivement de sa spécialité d'ordre technique et comptable ne saurait valablement constituer un motif légitime de suspecter rétrospectivement une partialité dans la réalisation d'une précédente mission, clôturée depuis plus de quatre mois[3].

SECTION 6
DÉROGATIONS AUX DROITS OUVERTS À LA PERSONNE GARDÉE À VUE

615.201 Possibilité de report par le procureur de la République, le JLD, ou le juge d'instruction. L'article 63-4-1 du code de procédure pénale dispose que lorsque les nécessités de l'enquête exigent une audition immédiate de la personne, le procureur de la République peut autoriser, par décision écrite et motivée, sur demande de l'officier de police judiciaire, que l'audition débute sans attendre l'expiration du délai prévu au premier alinéa. Il s'agit donc ici d'une *dérogation à l'obligation d'attendre l'expiration du délai de deux heures à compter de la notification des droits*. La décision doit être écrite et motivée.

En dehors de cette première dérogation, une deuxième est possible : « À titre exceptionnel, sur demande de l'officier de police judiciaire, le procureur de la République ou le juge des libertés et de la détention, selon les distinctions prévues par l'alinéa suivant, peut autoriser, par décision écrite et motivée, le report de présence de l'avocat lors des auditions ou confrontations, si cette mesure apparaît indispensable pour des raisons impérieuses tenant aux circonstances particulières de l'enquête, soit pour permettre le bon déroulement d'investigations urgentes tendant au recueil ou à la conservation des preuves, soit pour prévenir une atteinte imminente aux personnes. Le procureur de la République ne peut différer la présence de l'avocat que pendant une durée maximale de douze heures. Lorsque la personne est gardée à vue pour un crime ou un délit puni d'une peine d'emprisonnement supérieure ou égale à cinq ans, le juge des libertés et de la détention peut, sur requête du procureur de la République, autoriser à différer la présence de l'avocat, au-delà de la douzième heure, jusqu'à la vingt-quatrième heure. Les autorisations du procureur de

1. NOT. : N. Peterka et A. Caron-Déglise, *Protection de la personne vulnérable*, 5e éd., « Dalloz action », 2020, nos 123.00 s., 124.00 s.
2. Bot. : St. Bortoluzzi, D. Piau, Th. Wickers, *Règles de la profession d'avocat*, 17e éd., « Dalloz action », 2022, nos 472.61, 472.114 s.
3. Crim. 4 mai 2016, no 15-85.691, NP.

la République et du juge des libertés et de la détention sont écrites et motivées par référence aux conditions prévues à l'alinéa précédent au regard des éléments précis et circonstanciés résultant des faits de l'espèce. »

Il existe donc deux sortes de dérogation, d'inégales importances : celle consistant à ne pas attendre le délai de deux heures pour commencer l'audition ; celle consistant à ne pas autoriser l'avocat à être présent. Mais, dans ce dernier cas, il faut que cette mesure apparaisse indispensable pour des raisons impérieuses tenant aux circonstances particulières de l'enquête, soit pour permettre le bon déroulement d'investigations urgentes tendant au recueil ou à la conservation des preuves, soit pour prévenir une atteinte imminente aux personnes. Cette motivation semble supposer une certaine suspicion relative à la déontologie de l'avocat. En quoi, en effet, la présence d'un avocat à l'audition de son client est-elle susceptible d'interdire des investigations urgentes ou de nuire à la conservation des preuves ? Selon la circulaire du 15 avril 2011 [1] : « Le report ne devrait intervenir, en pratique, que dans des hypothèses tout à fait rarissimes : le seul exemple donné au cours des débats parlementaires a été celui d'une personne soupçonnée d'enlèvement et dont les déclarations doivent être immédiatement recueillies pour tenter de retrouver en vie sa victime. »

Mais cet exemple justifie plutôt qu'on n'attende pas l'arrivée de l'avocat (dérogation au délai de deux heures), non qu'on refuse qu'il soit présent aux auditions. Le texte précise également que lorsque le procureur de la République ou le juge des libertés et de la détention a autorisé à différer la présence de l'avocat lors des auditions ou confrontations, il peut également, dans les conditions et selon les modalités prévues par ces mêmes alinéas, décider que l'avocat ne peut, pour une durée identique, consulter les procès-verbaux d'audition de la personne gardée à vue.

615.202 **Report en droit commun.** En droit commun, le report ne porte que sur la *consultation des pièces de la procédure et la présence de l'avocat au cours des auditions*. Il ne s'applique pas à l'entretien de trente minutes dès le début de la mesure. Le report de la possibilité pour l'avocat de rencontrer son client pendant trente minutes, dès le début de la mesure, aurait d'ailleurs engendré une situation plus néfaste que celle d'avant la loi du 14 avril 2011 [2].

1. Circ. 15 avr. 2011, relative aux droits de la personne gardée à vue, suite aux arrêts de l'Assemblée plénière de la Cour de cassation du 15 avril 2011, n° 2.2.1.2.1, NOR : JUSD1110661C.
2. L. n° 2011-392, 14 avr. 2011, préc.

615.203 **Report dans les cas de criminalité organisée ou terrorisme.** Les règles posées par l'article 706-88 du code de procédure pénale, largement dérogatoires au droit commun, ont été modifiées assez profondément par la loi du 14 avril 2011 [3]. L'intervention de l'avocat, qui était retardée de plein droit, peut désormais être différée, en considération de raisons impérieuses tenant aux circonstances particulières de l'enquête ou de l'instruction, soit pour permettre le recueil ou la conservation des preuves, soit pour prévenir une atteinte aux personnes, pendant une durée maximale de quarante-huit heures ou, s'il s'agit d'une infraction mentionnée aux 3° ou 11° de l'article 706-73 du code de procédure pénale, pendant une durée maximale de soixante-douze heures. Les 3° et 11° du même article concernent les crimes et délits relatifs au trafic de stupéfiants et au terrorisme. S'agissant d'un report de l'intervention, le parquet peut décider lui-même d'un report de vingt-quatre heures au plus.

Si le parquet souhaite obtenir un report au-delà de la vingt-quatrième heure, il doit le demander au juge des libertés et de la détention.

En matière de terrorisme, une disposition particulière de la loi du 14 avril 2011 tendait à l'établissement d'une liste particulière d'avocats pouvant intervenir dans ce type d'affaire. L'article 706-88-2 disposait : « Si la personne est gardée à vue pour une infraction mentionnée au 11° de l'article 706-73 [4], le juge des libertés et de la détention, saisi par le procureur de la République à la demande de l'officier de police judiciaire, ou le juge d'instruction lorsque la garde à vue intervient au cours d'une instruction, peut décider que la personne sera assistée par un avocat désigné par le bâtonnier sur une liste d'avocats habilités, établie par le bureau du Conseil national des barreaux sur propositions des conseils de l'ordre de chaque barreau. »

Le décret d'application du 14 novembre 2011 [5], prévoyait que pourraient figurer sur la liste les avocats inscrits au tableau depuis plus de cinq ans et que chaque conseil de l'ordre devrait transmettre au Conseil national des barreaux les noms des avocats proposés au moins deux mois avant la fin de l'année civile, le bureau du Conseil national des barreaux

3. Sous l'empire du droit antérieur, il existait trois régimes différents qu'on pouvait classer en fonction des alinéas de l'article 706-73 : les 1, 2, 5, 9, 10, 12, 13, 14e alinéas pour lesquels l'entretien avait lieu à la première, à la 24e, 48e et 72e heures ; les alinéas 4, 6, 7, 8 et 15e pour lesquels le premier entretien avait lieu à la 48e heure puis le cas échéant à la 72e ; les alinéas 3 et 11 pour lesquels le seul entretien possible se situait à la 72e heure.
4. C'est-à-dire en matière de terrorisme.
5. Décr. n° 2011-1520, 14 nov. 2011 relatif à la désignation des avocats pour intervenir au cours de la garde à vue en matière de terrorisme, *JO* 16 nov., p. 19224.

arrêtant ensuite la liste des avocats habilités pour une durée de trois ans, et la communiquant avant le début de l'année civile à l'ensemble des bâtonniers et des chefs de juridiction.

Saisi d'une question prioritaire de Constitutionnalité, *le Conseil constitutionnel a jugé les dispositions de l'article 706-88-2 contraires à la Constitution*, le 17 février 2012 [1]. Il a estimé qu'en l'absence de tout encadrement du pouvoir du juge de priver la personne gardée à vue du libre choix de son avocat, les dispositions contestées étaient contraires aux droits et libertés garantis par la Constitution.

Un décret du 13 avril 2012 [2], a ensuite purement et simplement abrogé le décret du 14 novembre 2011. Dans une décision du 9 octobre 2014 [3], le Conseil constitutionnel a déclaré contraire à la Constitution l'alinéa 8 *bis* de l'article 706-73, relatif à l'escroquerie commise en bande organisée et auquel renvoie l'article 706-88 [4].

615.204 Mineurs. La loi du 9 mars 2004 [5] a modifié l'article 4 de l'ordonnance du 2 février 1945 [6]. La garde à vue des mineurs de plus de seize ans est soumise aux dispositions de l'article 706-88 du code de procédure pénale dès lors qu'il « existe des raisons plausibles de soupçonner qu'une ou plusieurs personnes majeures ont participé comme auteurs ou complices, à la commission de l'infraction ». La garde à vue de ces mineurs peut donc atteindre 96 heures [7].

Toutefois, l'article 4 a été modifié par la loi du 14 avril 2011. Le septième alinéa de l'article 4 de cette ordonnance rend applicable les articles 63-3-1 à 63-4-3 du code de procédure pénale aux mineurs. Sont donc applicables le droit d'entretien de trente minutes, le droit d'intervenir immédiatement avec report du début de l'audition d'un délai de deux heures maximum, le droit d'accès à certaines pièces du dossier... Les reports exceptionnels prévus à l'article 706-88 du code de procédure pénale ne sont pas applicables aux mineurs. Seules lui sont donc applicables les dispositions de droit commun y compris si le mineur est impliqué dans une affaire faisant partie de la liste dressée par l'article 706-73 du code de procédure pénale. L'article 4 a encore été modifié par la loi du 3 juin 2016 [8] et le décret du 28 octobre de la même année a apporté d'autres compléments. Le mineur placé en garde à vue a désormais l'obligation d'être assisté d'un avocat ; à défaut pour lui ou pour ses représentants légaux d'en désigner un, le juge d'instruction ou l'officier de police judiciaire en informe donc le bâtonnier, qui commet d'office un avocat [9].

Le report de l'avis obligatoire aux représentants légaux d'un mineur retenu ou gardé à vue est soumis aux mêmes exigences de motivation que celles prévues par l'article 63-2 du code de procédure pénale dans le cadre du droit à l'information des tiers [10]. Si la garde à vue est prolongée au-delà de quarante-huit heures en application de l'article 706-88 du code de procédure pénale, le procureur de la République, s'il souhaite prolonger le report de l'avis, doit saisir à cette fin le juge des libertés et de la détention. Le juge doit motiver sa décision au regard des circonstances rendant indispensable le report afin de permettre le recueil ou la conservation des preuves ou de prévenir une atteinte grave à la vie, à la liberté ou à l'intégrité physique d'une personne.

Depuis l'entrée en vigueur du Code de la justice pénale des mineurs, bien que son irresponsabilité pénale soit supposée en dessous de treize ans, le mineur âgé de dix à douze ans inclus peut faire l'objet d'une retenue à titre exceptionnel s'il « existe une ou plusieurs raisons plausibles de soupçonner qu'il a commis ou tenté de commettre un crime ou un délit puni d'au moins cinq ans d'emprisonnement » et si cette mesure est l'unique moyen de parvenir à l'un au moins des objectifs visés à l'article 62-2 du Code de procédure pénale. Cette retenue de 12 heures est « limitée au temps nécessaire à la déposition du mineur et à sa présentation devant le magistrat compétent ou à sa remise à ses représentants légaux ou à la personne ou au service auquel il est confié » [11]. Elle peut être prolongée pour une durée qui ne peut excéder douze heures, après présentation du mineur devant le procureur de la République [12].

1. Cons. const. 17 févr. 2012, nº 2011-223 QPC, art. non conforme 706-88-2 du C. pr. pén., *garde à vue en matière de terrorisme : désignation de l'avocat*, NON-CONFORMITÉ TOTALE, *JO* 18 févr., p. 2846 ; *Rec.*, p. 126 ; *Dr. pénal* 2012, nº 62, note A. Maron et M. Haas (v. s^s^ nº 615.01).
2. Décr. nº 2012-476, 13 avr. 2012 abrogeant le décret du 14 novembre 2011 relatif à la désignation des avocats pour intervenir au cours de la garde à vue en matière de terrorisme, *JO* 14 avr., p. 6844.
3. Cons. const. 9 oct. 2014, nº 2014-420/421 QPC, art. non conforme 706-73, 8° *bis*, du C. pr. pén., *Prolongation exceptionnelle de la garde à vue pour des faits d'escroquerie en bande organisée*, PROLONGATION EXCEPTIONNELLE DE LA GARDE À VUE POUR DES FAITS D'ESCROQUERIE EN BANDE ORGANISÉE, *JO* 12 oct., p. 16578 ; *D.* 2014. 2278, note A. Botton ; *AJ pénal* 2014. 574, note J.-B. Perrier.
4. V. s^s^ nº 615.242.
5. L. nº 2004-204, 9 mars 2004, préc.
6. Ord. nº 45-174, 2 févr. 1945 relative à l'enfance délinquante, *JO* 4 févr., p. 530.
7. Ph. Bonfils, « Les dispositions relatives aux mineurs de la loi nº 2004-204 du 9 mars 2004, dite Perben II », *JCP* 2004. I. 140.
8. L. nº 2016-731, 3 juin 2016, préc.
9. Ord. nº 45-174, 2 févr. 1945, préc., art. 4, IV mod.
10. V. s^s^ n°s 615.113 s.
11. CJPM, art. L. 413-1.
12. CJPM, art. L. 413-2.

La garde à vue proprement dite concerne le mineur de treize ans au moins. La placement peut être ordonné « s'il existe des raisons plausibles de soupçonner qu'[il] a commis ou tenté de commettre un crime ou un délit puni d'une peine d'emprisonnement ». Toutefois, la garde à vue d'un délai de vingt-quatre heures ne peut être prolongée que si l'infraction est punie d'une peine de cinq ans au moins[1]. L'avocat du mineur âgé de 16 ans peut demander que celui-ci fasse l'objet d'un examen médical. Cet examen est obligatoire pour ceux qui ont moins de 16 ans[2].

SECTION 7
PROLONGATION DE LA GARDE À VUE

§ 1
Conditions de prolongation

615.211 La prolongation de la garde à vue est conditionnée à une peine d'emprisonnement encourue au moins égale à un an. Aux termes de l'article 63 II du code de procédure pénale, issu de la loi du 14 avril 2011[3], la prolongation de la garde à vue n'est possible qu'en cas de crime ou de délit puni d'une peine d'emprisonnement *supérieure ou égale à un an*.

615.212 Modalités de la prolongation de la garde à vue. L'autorisation de prolongation de garde à vue ne peut être accordée qu'après présentation de la personne au procureur de la République. Cette présentation peut être réalisée par l'utilisation d'un moyen de télécommunication audiovisuelle. Elle peut cependant, à titre exceptionnel, être accordée par une décision écrite et motivée, sans présentation préalable. On pouvait penser que ce titre exceptionnel deviendrait la règle comme il l'était déjà pour les autres cadres d'enquête. Mais une circulaire de la chancellerie a fortement incité les parquets à faire déférer systématiquement les gardés à vue pour leur prolongation et cette pratique est désormais généralisée. L'article 63 du code de procédure pénale a été modifié par la loi n° 2019-222 du 23 mars 2019. L'exigence de présentation d'un majeur placé en garde à vue devant le procureur de la République ou le juge d'instruction n'est plus affirmée mais laisse la place, comme c'était le cas avant l'entrée en vigueur de la loi n° 2011-392 du 14 avril 2011, à la faculté d'appréciation du magistrat. Cette modification n'a pas été censurée par le Conseil constitutionnel qui a estimé que « si les dispositions contestées suppriment le principe selon lequel le gardé à vue doit être présenté devant le procureur de la République avant que celui-ci autorise la prolongation de la garde à vue, elles prévoient toutefois que le procureur de la République peut toujours subordonner son autorisation de prolongation à la présentation de la personne devant lui. D'autre part, en application de l'article 62-3 du code de procédure pénale, le déroulement de la garde à vue demeure placé sous le contrôle du procureur de la République, à qui il appartient d'apprécier si le maintien de la personne en garde à vue et, le cas échéant, la prolongation de cette mesure, sont nécessaires à l'enquête et proportionnés à la gravité des faits que la personne est soupçonnée d'avoir commis. Par ailleurs, il lui incombe d'assurer la sauvegarde des droits reconnus par la loi à la personne gardée à vue. Enfin, le procureur de la République peut ordonner à tout moment que la personne gardée à vue soit présentée devant lui ou remise en liberté. Dès lors, la première phrase du dernier alinéa du paragraphe II de l'article 63 du code de procédure pénale ne méconnaît pas l'article 66 de la Constitution. Ces dispositions, qui ne méconnaissent par ailleurs ni les droits de la défense, ni le droit au respect de la vie privée, ni aucune autre exigence constitutionnelle, sont conformes à la Constitution »[4].

L'omission de la motivation porte nécessairement atteinte aux intérêts de la personne[5]. En dehors du cas où la personne est entendue dans le cours de sa garde à vue du chef d'une autre infraction, cas dans lequel elle doit faire l'objet des informations prévues au 1°, 3° et 4° de l'article 61-1 et être avertie qu'elle a le droit d'être assistée par un avocat conformément aux articles 63-3-1 et 63-4-3 du même code, aucune disposition textuelle ne précise si des informations doivent être délivrées au gardé à vue lors du renouvellement de la mesure, en tout cas en droit commun[6]. Ainsi, aucune disposition légale n'impose de réitérer la notification du droit de garder le silence lors de la notification de la prolongation de la garde à vue, l'intéressé ayant déjà été avisé de ce droit[7].

Mais la notification des *droits attachés à la mesure de prolongation* de la garde à vue constitue, pour la

1. CJPM, art. L. 413-10.
2. CJPM, art. L. 413-8.
3. L. n° 2011-392, 14 avr. 2011, préc.

4. Cons. const. 21 mars 2019, n°s 179, 180.
5. Crim. 9 mai 2001, n° 01-82.104, préc.
6. L'article 706-88, alinéa 4, le prévoit dans les hypothèses des deux prolongations exceptionnelles en matière de criminalité organisée et terrorisme ; l'article 706-88-1 le prévoit également.
7. Crim. 23 nov. 2016, n° 16-81.904, P n° 3061 ; *D.* 2016. 2402 ; *D.* 2017. 245, chron. G. Guého, L. Ascensi, E. Pichon, B. Laurent et G. Barbier ; *AJ pénal* 2017. 76, note J.-B. Thierry ; *Dr. pénal* 2017, comm. 13, A. Maron et M. Haas.

chambre criminelle « une condition d'effectivité de leur exercice »[1]. La prolongation implique donc une nouvelle notification s'agissant des droits qui lui sont octroyés par diverses dispositions, à savoir celui de solliciter un second examen médical et d'obtenir un entretien avec son conseil ; à défaut, la prolongation et l'audition réalisée sont nulles. L'absence de notification fait nécessairement grief à l'intéressé même si son audition a été réalisée en présence d'un avocat qui n'a formulé aucune observation.

L'article 63 du code de procédure pénale a encore été modifié par la loi nº 2019-222 du 23 mars 2019 pour préciser que la garde à vue peut être prolongée, en dehors des cas dans lesquels elle est l'unique moyen de parvenir à l'un au moins des objectifs mentionnés aux 1° à 6° de l'article 62-2, pour « permettre, dans les cas où il n'existe pas dans le tribunal de locaux relevant de l'article 803-3, la présentation de la personne devant l'autorité judiciaire ». Cette possibilité est ouverte dans tous les cas de prolongation de garde à vue. Il existe des locaux prévus par l'article 803-3 du code de procédure pénale, parfois nommé « petit dépôt », dans les seules juridictions de Paris, Bobigny et Créteil.

615.213 Contrôle de proportionnalité. Dans une affaire jugée par la chambre criminelle le 9 avril 2015[2], la Haute juridiction estime « Que, d'autre part, la chambre de l'instruction a analysé sans insuffisance les nécessités de l'instruction, portant sur l'une des infractions qui entrent dans le champ d'application de l'article 706-73 du code de procédure pénale, ayant conduit, à l'issue des premières quarante-huit heures de garde à vue de M. H..., à une prolongation supplémentaire de quarante-huit heures effectuée ». Les nécessités relatives à la prolongation sont donc contrôlées. Dans un arrêt rendu le 4 octobre 2016[3] dans une affaire très médiatisée, la chambre criminelle a eu encore à statuer sur un pourvoi reprochant à l'arrêt d'une chambre de l'instruction d'avoir estimé régulière la prolongation de la garde à vue aux motifs que, à l'époque des faits, les garanties étaient jugées proportionnées aux objectifs à atteindre et que le Conseil constitutionnel avait déclaré conforme à la Constitution les autres mesures d'enquête et d'instruction, alors que l'article 706-88 du code de procédure pénale impose que la prolongation de garde à vue ne peut être prononcée « qu'à titre exceptionnel », « si les nécessités... de l'instruction l'exigent », « par décision écrite et motivée ».

La chambre criminelle rejette le moyen aux motifs que : « Pour rejeter la demande en annulation de la prolongation de la garde à vue tirée de l'inconventionnalité de l'article 706-73, 8° *bis*, du code de procédure pénale et du défaut de justification du recours à cette mesure par une motivation conforme à l'article 706-88 du même code, l'arrêt retient que *cette mesure était proportionnée et nécessaire au regard des buts poursuivis, s'agissant d'infractions complexes mettant en cause de multiples intervenants*, qu'elle était placée sous le contrôle de l'avocat assistant le gardé à vue et du juge appréciant la nécessité de cette mesure et la régularité de la prolongation, après présentation de la personne, dans une décision spécialement motivée ;

Attendu qu'en prononçant ainsi, et dès lors que la prolongation de la garde à vue au-delà de 48 heures, prévue par les dispositions claires et précises de l'article 706-88 du code de procédure pénale, alors en vigueur, la personne concernée ayant été informée des soupçons pesant sur elle d'avoir commis l'infraction d'escroquerie en bande organisée, a été spécialement motivée par un juge d'instruction devant lequel la personne gardée à vue a été présentée au préalable, la chambre de l'instruction, qui a analysé sans insuffisance les nécessités de l'instruction motivant cette prolongation, a justifié sa décision sans méconnaître l'article 5 de la convention européenne des droits de l'homme. »

Dans un autre cas d'espèce, dans lequel la personne gardée à vue contestait la nécessité de la prolongation de celle-ci au-delà de 48 heures (la durée totale avait été de 62 heures), et qui invoquait le caractère disproportionné de cette prolongation, la chambre criminelle rejette le pourvoi par la motivation suivante : « Attendu que les énonciations de l'arrêt et les pièces de la procédure mettent la Cour de cassation en mesure de s'assurer que la prolongation de la garde à vue au-delà de 48 heures, prévue par les dispositions claires et précises des articles 706-73, 8°, 14°, et 15°, et 706-88 du code de procédure pénale, alors en vigueur, la personne concernée ayant été informée des soupçons pesant sur elle d'avoir commis les délits d'escroquerie en bande organisée, de blanchiment et d'association de malfaiteurs, d'une part, a été spécialement motivée par un juge d'instruction devant lequel la personne gardée à vue a été présentée au préalable, d'autre part, *n'est pas excessive et contraire aux dispositions conventionnelles invoquées, au regard tant de la gravité et de la complexité des faits d'escroquerie en bande organisée que des conditions dans lesquelles elle s'est*

1. Crim. 1er déc. 2015, nº 15-84.874, P nº 270 ; *D.* 2015. 2563 ; *RSC* 2016. 101, obs. A. Giudicelli ; *Dr. pénal* 2016, comm. 117, A. Maron et M. Haas.
2. Crim. 9 avr. 2015, nº 14-87.660, P nº 76 ; *AJ pénal* 2015. 382, obs. D. Brach-Thiel.
3. Crim. 4 oct. 2016, nº 16-82.309, P nº 255 ; *D.* 2016. 2003 ; *D.* 2017. 245, chron. G. Guého, L. Ascensi, E. Pichon, B. Laurent et G. Barbier ; *D.* 2017. 1676, obs. J. Pradel ; *AJ pénal* 2017. 42, obs. S. Lavric ; *RTD eur.* 2017. 336-17, obs. B. Thellier de Poncheville.

déroulée[1] ». Elle répond donc à la question de proportionnalité par une référence à la gravité et la complexité des infractions d'une part, par les conditions dans lesquelles la garde à vue s'est déroulée d'autre part.

La chambre criminelle exerce ainsi, en matière de prolongation de garde à vue, un contrôle léger, en vérifiant que la chambre de l'instruction a suffisamment répondu aux moyens soulevés par le requérant sur la nécessité et la proportionnalité de la mesure au regard des buts poursuivis (sur le contrôle de proportionnalité en matière de placement en garde à vue, v. s^s n° 615.53).

§ 2
Délai de prolongation

615.221 **Calcul du délai.** Logiquement, on calcule le délai de prolongation à compter de l'heure du placement en garde à vue. On peut calculer le délai à partir du moment où la personne s'est présentée sans contrainte au service[2] mais ce mode de calcul n'a pas pour effet de rendre la notification des droits tardive[3]. Si le gardé à vue est provisoirement confié à un service médical, et par exemple hospitalisé, la durée de la prise en charge s'impute sur la durée de la garde à vue si celle-ci est encore en cours pendant la période des soins[4].

615.222 **Durée de la garde à vue.** La durée de la garde à vue ne peut excéder vingt-quatre heures. Toutefois, la garde à vue peut être prolongée pour un nouveau délai de vingt-quatre heures au plus, sur autorisation écrite et motivée du procureur de la République, si l'infraction que la personne est soupçonnée d'avoir commise ou tenté de commettre est un crime ou un délit puni d'une peine d'emprisonnement supérieure ou égale à un an et si la prolongation de la mesure est l'unique moyen de parvenir à l'un au moins des objectifs mentionnés aux 1° à 6° de l'article 62-2. Le texte précise des éléments déjà consacrés par la pratique : l'heure du début de la mesure est fixée, le cas échéant, à l'heure à laquelle la personne a été appréhendée. Par ailleurs, si une personne a déjà été placée en garde à vue pour les mêmes faits, la durée des précédentes périodes de garde à vue s'impute sur la durée de la mesure.

615.223 **Période située entre la fin de la garde à vue et la présentation à un juge.** La période qui s'écoule entre la fin de la garde à vue et la présentation devant le tribunal correctionnel ou le juge d'instruction a, pendant longtemps, été considérée comme une période non codifiée et de nombreux abus ont pu être dénoncés, notamment dans les très grandes juridictions.

La loi du 9 mars 2004 a, pour la première fois, posé un cadre procédural précis. L'article 803-2 du code de procédure pénale dispose que toute personne ayant fait l'objet d'un déférement à l'issue de sa garde à vue à la demande du procureur de la République *comparaît le jour même* devant ce magistrat ou, en cas d'ouverture d'une information, devant le juge d'instruction saisi de la procédure. Il en est de même si la personne est déférée devant le juge d'instruction à l'issue d'une garde à vue sur commission rogatoire. Cet article est applicable à l'ensemble du territoire national et non pas seulement aux juridictions dotées d'un « petit dépôt ».

L'article 803-3 du code de procédure pénale, en revanche, dispose qu'en cas de nécessité et par dérogation aux dispositions de l'article 803-2, la personne peut comparaître le jour suivant et peut être retenue à cette fin *dans les locaux de la juridiction spécialement aménagés*, à la condition que cette comparution intervienne au plus tard dans un délai de 20 heures à compter de l'heure à laquelle la garde à vue a été levée, à défaut de quoi l'intéressé est immédiatement remis en liberté. Elle doit alors avoir la possibilité de s'alimenter et de bénéficier des droits dont elle dispose lorsqu'elle est en garde à vue : droit de faire prévenir une personne visée à l'article 63-2 par téléphone, d'être examinée par un médecin, de s'entretenir à tout moment avec son avocat désigné ou commis d'office. Un registre spécial avec les heures d'arrivée des personnes doit être tenu. Cet article n'est pas applicable lorsque la garde à vue a duré plus de trois jours en application de l'article 706-88 du code de procédure pénale.

Le Conseil constitutionnel a déclaré conforme à la constitution les articles 803-3[5] puis 803-2[6] du

1. Crim. 9 mars 2016, n° 15-83.026, NP.
2. Crim. 13 nov. 1996, n°s 96-82.087, 96-83.708, 96-83.696, P n° 401 ; *Dr. pénal* 1997, n° 71, note A. Maron – Crim. 24 nov. 1998, n° 98-83.247, P n° 315 ; *Dr. pénal* 1999, n° 30, note A. Maron.
3. Crim. 19 janv. 2000, n° 99-86.090, P n° 33 ; *Dr. pénal* 2000, n° 81, note A. Maron – Crim. 16 févr. 2000, n° 99-86.307, P n° 72 ; *D.* 2001. 660, note V. Bück ; *RSC* 2000. 840, obs. J.-F. Renucci ; *Dr. pénal* 2000, n° 50, note A. Maron – Crim. 10 mai 2000, n° 00-81.201, P n° 182 – Crim. 12 déc. 2000, n° 00-83.852, P n° 369 ; *D.* 2001. 1340, note D. Mayer et J.-F. Chassaing ; *RSC* 2001. 610, obs. A. Giudicelli.
4. Crim. 13 oct. 1998, n° 98-82.522, P n° 254.
5. Cons. const. 17 déc. 2010, n° 2010-80 QPC, art. sous réserve 803-3 du C. pr. pén., *mise à la disposition de la justice*, CONFORMITÉ – RÉSERVE, *JO* 19 déc., p. 22374 ; *Rec.*, p. 408 ; *D.* 2011. 1713, obs. V. Bernaud et L. Gay ; *RSC* 2011. 193, Chron. C. Lazerges.
6. Cons. const. 6 mai 2011, n° 2011-125 QPC, art. sous réserve 393 du C. pr. pén., *déférement devant le procureur de la République*, CONFORMITÉ – RÉSERVE, *JO* 7 mai, p. 7850 ; *Rec.*, p. 218 ; *D.* 2012. 1638, obs. V. Bernaud et N. Jacquinot ; *AJ pénal* 2011. 471, obs. J.-B. Perrier ; *RSC* 2011. 415, obs. J. Danet (aussi : v. s^s n° 615.203).

code de procédure pénale. En effet, le Conseil estime que les magistrats du parquet appartiennent à l'autorité judiciaire et que la personne déférée à l'issue de sa garde à vue, aux fins de poursuites dans le cadre des procédures de comparution immédiate ou de comparution par procès-verbal, est placée sous le contrôle du magistrat du parquet, qui décide de l'heure de sa comparution et peut ordonner sa remise en liberté. Surtout, dès lors que la procédure de comparution immédiate est mise en œuvre, la personne est présentée le jour même à un juge du siège, sauf s'il est fait application de l'article 803-3.

La loi du 14 avril 2011[1] a modifié ce seul article 803-3, en partie pour répondre à une réserve d'interprétation du Conseil constitutionnel. Désormais, le magistrat devant lequel l'intéressé est appelé à comparaître est informé sans délai de l'arrivée de la personne déférée dans les locaux de la juridiction. Par ailleurs, lorsque la garde à vue a été prolongée *mais que cette prolongation n'a pas été ordonnée par le juge des libertés et de la détention ou par un juge d'instruction*, la personne retenue doit être effectivement présentée à la juridiction saisie ou, à défaut, au juge des libertés et de la détention avant l'expiration du délai de vingt heures. Ces précisions sont évidemment directement en relation avec l'exigence de présentation de la personne à une autorité judiciaire indépendante à bref délai. C'est pourquoi le texte distingue selon que c'est un juge du siège qui a prolongé ou non la garde à vue.

Ces dispositions ne sont pas applicables lorsque la personne comparaît à la suite d'une garde à vue qui n'a pas été prolongée, ou à la suite d'une garde à vue prolongée par le juge des libertés ou de la détention ou par le juge d'instruction ou le juge des enfants[2]. La mainlevée de la garde à vue, susceptible de mettre faire courir le délai légal de 20 heures entre la levée de garde à vue et la comparution devant un magistrat, ne devient effective qu'un moment de la notification de la fin de cette mesure, et non au moment où le procureur de la République a donné les instructions sur l'heure de cette levée[3]. Justifie sa décision la cour d'appel qui, régulièrement saisie de conclusions, après avoir constaté l'impossibilité de s'assurer de la durée de la rétention d'une personne déférée à l'issue de sa garde à vue, faute de connaître l'heure à laquelle elle a comparu devant le procureur de la République, prononce la nullité du procès-verbal de comparution préalable, constate que le tribunal n'a pas été valablement saisi et ordonne la mise en liberté du prévenu[4].

1. L. n° 2011-392, 14 avr. 2011, préc.
2. SUR ces points : Circ. CRIM 11/14/E8, 31 mai 2011, n° 2.2.
3. Crim. 26 oct. 2004, n° 04-84.550, P n° 255 ; *AJ pénal* 2005. 31, obs. J. Coste.

615.224 Rétention avant présentation au juge : nécessité. Le principe de proportionnalité de la contrainte, désormais appliqué en matière de placement et de prolongation de garde à vue, est également contrôlé dans la matière des défèrements. Ainsi, il résulte des articles 803-2, 803-3 et 593 du code de procédure pénale que la personne qui fait l'objet d'un défèrement à l'issue de sa garde à vue ne peut être retenue jusqu'au lendemain dans l'attente de sa comparution devant un magistrat qu'en cas de nécessité. Il incombe à la juridiction, saisie d'une requête en nullité de la rétention, de s'assurer de l'existence des circonstances ayant justifié la mise en œuvre de cette mesure[5]. Mais sur les modifications de l'article 63 du code de procédure pénale permettant la prolongation dans les cas prévus par l'article 803-3, v. s[s] n° 615.212.

§ 3
Compétence

615.231 Ministère public et Cour européenne des droits de l'homme. À propos de la prolongation de garde à vue, il faut mettre en relief des arrêts de la Cour européenne des droits de l'Homme, dont les conclusions ont amené le législateur français à prendre de nouvelles dispositions importantes.

Dans son arrêt de grande chambre *Medvedyev c/ France* du 29 mars 2010[6], puis dans l'arrêt *Moulin c/ France* du 23 novembre 2010[7], la Cour européenne *refuse de reconnaître au ministère public le statut d'autorité judiciaire indépendante.* Le magistrat du parquet, membre du ministère public, ne remplit pas au regard de l'article 5, § 3, « les garanties d'indépendance exigées par la jurisprudence pour être qualifié [...] de juge ou [...] autre magistrat habilité par la loi à exercer des fonctions *judi-*

4. Crim. 6 déc. 2005, n° 05-82.450, P n° 321 ; *D.* 2014. 1205 ; *D.* 2014. 1736, obs. J. Pradel ; *AJ pénal* 2014. 490, obs. C. Renaud-Duparc.
5. Crim. 13 juin 2018, n° 17-85.940, P n° 211 ; *D.* 2018. 1314 ; *AJ pénal* 2018. 422, obs. G. Roussel ; *RSC* 2018. 927, obs. F. Cordier.
6. CEDH 29 mars 2010, *Medvedyev c/ France*, req. n° 3394/03 ; *D.* 2010. 1386, obs. S. Lavric, note J.-F. Renucci ; *D.* 2010. 952, entretien P. Spinosi ; *D.* 2010. 970, point de vue D. Rebut ; *D.* 2010. 1390, note P. Hennion-Jacquet ; *RSC* 2010. 685, obs. J.-P. Marguénaud ; *JCP* 2010. 454, note F. Sudre.
7. CEDH 23 nov. 2010, *Moulin c/ France*, req. n° 37104/06, *Dr. pénal* 2011, n° 26, note A. Maron et M. Haas ; *Dr. pénal* 2011. Ét. 2, obs. Y. Muller ; *Dr. pénal* 2010. Alerte 58, obs. W. Roumier ; *JCP* 2010. Actu. 1206, obs. F. Sudre ; *Procédures* 2011, n° 30, note A.-S. Chavent-Leclere ; *D.* 2011. 338, note J. Pradel ; *D.* 2011. 277, obs. J.-F. Renucci ; *D.* 2011. 338, obs. S. Lavric ; *D.* 2011. 26, point de vue F. Fourment ; *RSC* 2011. 208, obs. D. Roets ; *JCP* 2011. 94, obs. F. Sudre.

ciaires »[1]. *Or, le gardé à vue doit être présenté à un juge, autorité judiciaire indépendante, à bref délai.*

Dans l'arrêt *Moulin* la requérante avait été présentée à l'issue de sa garde à vue au parquet de Toulouse avant de faire l'objet d'un mandat d'amener. Elle n'avait donc pas bénéficié du contrôle juridictionnel de la privation de liberté requis par l'article 5, § 3, puisqu'elle était restée retenue sans contrôle judiciaire pendant cinq jours, le magistrat étant intervenu dans ce délai n'étant pas une autorité judiciaire indépendante. Par la suite, la Cour de cassation a entériné cette jurisprudence, en estimant que le ministère public n'est pas une « autorité judiciaire au sens de l'article 5, § 3 de la convention européenne des droits de l'homme, alors qu'il ne présente pas les garanties d'indépendance et d'impartialité requises par ce texte et qu'il est partie poursuivante »[2].

D'autres arrêts postérieurs reprennent ce principe : « Si c'est à tort que la chambre de l'instruction a retenu que le ministère public est une autorité judiciaire au sens de l'article 5, § 3, de la convention européenne des droits de l'homme alors qu'il ne présente pas les garanties d'indépendance et d'impartialité requises par ce texte et qu'il est partie poursuivante, l'arrêt n'encourt pas pour autant la censure, dès lors que le demandeur a été libéré à l'issue d'une privation de liberté d'une durée. »

615.232 Prolongation par le procureur de la République. Aux termes de l'article 63-9 du code de procédure pénale, le procureur de la République compétent pour être avisé des placements en garde à vue, en contrôler le déroulement, en ordonner la prolongation et décider de l'issue de la mesure est celui sous la direction duquel l'enquête est menée.

Toutefois, le procureur de la République du lieu où est exécutée la garde à vue est également compétent pour la contrôler et en ordonner la prolongation.

La chambre criminelle a jugé en 2013 que le magistrat instructeur compétent pour ordonner une prolongation de la garde à vue, lorsque cette mesure a lieu dans un ressort autre que celui du juge d'instruction chargé de l'information, peut être soit le juge mandant, soit le juge mandataire[3]. Elle a posé le même principe, s'agissant de la compétence concurrente que le procureur de la République sous la direction duquel l'enquête est menée et celui du lieu d'exécution de la mesure tirent de l'article 63-9 du code de procédure pénale pour ordonner la prolongation de la garde à vue. Il en résulte que l'un et l'autre de ces magistrats sont compétents pour saisir le juge des libertés et de la détention[4]. Dans cette même affaire, un JLD devait prolonger une garde à vue en matière de criminalité organisée, en application des dispositions de l'article 706-88, alinéa 2, du code de procédure pénale prévoyant que cette mesure est « autorisée, par décision écrite et motivée, soit, à la requête du procureur de la République, par le juge des libertés et de la détention, soit par le juge d'instruction ». La chambre de l'instruction avait validé la procédure au motif que l'ordonnance, en se référant aux réquisitions du ministère public, suffisait à permettre à l'intéressé de connaître les raisons de la prolongation de sa garde à vue. L'arrêt est cassé car l'ordonnance ne peut se contenter de viser les réquisitions du ministère public. La chambre criminelle considère en effet que la motivation constitue une garantie essentielle contre le risque d'une atteinte disproportionnée à la liberté individuelle, en ce qu'elle permet de s'assurer de l'effectivité du contrôle imposé au juge par la loi, et permet à l'intéressé de connaître les raisons précises pour lesquelles la prolongation a été autorisée.

615.233 Magistrat en charge de la prolongation. Le magistrat peut décider de la prolongation de garde à vue plusieurs heures avant la fin de la période initiale, en effet, les textes n'imposent pas une présentation de l'intéressé au magistrat à la dernière heure de cette période[5].

Dès lors que l'autorisation de prolongation a été accordée avant l'expiration du premier délai de vingt-quatre heures, il n'importe que cette autorisation soit parvenue entre les mains de l'officier de police judiciaire après que ce dernier eut notifié la prolongation à la personne concernée[6]. L'erreur du juge sur le point de départ de la prolongation de la garde à vue ne porte pas atteinte aux intérêts de la personne dès lors que la garde à vue n'a pas dépassé le délai maximal prévu par la loi[7]. Aucune disposi-

1. CEDH 23 nov. 2010, *Moulin c/ France*, req. nº 37104/06, préc., § 59.
2. Crim. 15 déc. 2010, nº 10-83.674, P nº 207 ; *D.* 2011. 15, obs. S. Lavric ; *D.* 2011. 21, obs. D. Roets ; *JCP* 2011. 143 ; *JCP* 2011. 214, note J. Leroy ; *Dr. pénal* 2011, nº 26, 2e esp., note A. Maron, M. Haas ; *Procédures* 2011, nº 67, note A.-S. Chavent-Leclere.
3. Crim. 22 oct. 2013, nº 13-81.945, P nº 196 ; *Dr. pénal* 2013, comm. 177 ; *Procédures* 2013, comm. 258, obs. A.-S. Chavent-Leclère.
4. Crim. 23 nov. 2016, nº 16-81.904, P nº 306 ; *D.* 2016. 2402 ; *D.* 2017. 245, chron. G. Guého, L. Ascensi, E. Pichon, B. Laurent et G. Barbier ; *JCP* 2017. 82, note J. Pradel ; *AJ pénal* 2017. 76, note J.-B. Thierry ; *Dr. pénal* 2017, comm. 13.
5. Crim. 20 déc. 2000, nº 00-86.499, P nº 386 ; *RSC* 2001. 407, obs. D.-N. Commaret.
6. Prolongation par le ministère public : Crim. 30 oct. 2001, nº 01-85.328, P nº 222 (v. ss nº 615.01) ; *D.* 2002. 137 – Prolongation par le juge d'instruction : Crim. 30 oct. 2001, nº 01-85.530, P nº 221 ; *D.* 2002. 137.
7. Crim. 15 févr. 2000, nº 99-86.623, P nº 68 ; *D.* 2000. 143 ; *D.* 2002. 2001, Chron. G. Accomando et Ch. Guéry ; *Dr. pénal* 2000, nº 82, note A. Maron.

tion n'impose d'indiquer l'heure à laquelle est délivrée l'autorisation de prolongation et la procédure est régulière dès lors que la décision de prolongation de la garde à vue et la notification de cette mesure sont intervenues avant l'expiration du premier délai de vingt-quatre heures [1].

Dans le cadre d'une enquête préliminaire, le magistrat du parquet peut, à titre exceptionnel et par décision spécialement motivée, autoriser une prolongation de garde à vue sans présentation préalable de la personne, mais la simple mention « Vu OK pour prolongation » ne satisfait pas à l'exigence d'une telle motivation et ainsi, l'absence de motivation a nécessairement porté atteinte aux intérêts de l'intéressé [2]. La prolongation doit être notifiée à la personne concernée et l'absence de notification porte nécessairement atteinte aux intérêts de celle-ci [3].

Le caractère exceptionnel des circonstances permettant de prolonger la garde à vue sans présentation préalable relève de l'appréciation souveraine des juges du fond : « Attendu qu'en l'état de ces énonciations, résultant de son appréciation souveraine du caractère exceptionnel des circonstances permettant de prolonger la garde à vue sans présentation préalable de la personne concernée, la chambre de l'instruction a justifié sa décision ; D'où il suit que le moyen ne saurait être admis. » [4] Ainsi, n'encourt pas la censure l'arrêt qui refuse d'annuler la garde à vue dès lors qu'il résulte des pièces de la procédure que le procureur de la République a accordé la prolongation sans présentation préalable en raison des nécessités du service, à la suite des demandes des enquêteurs faisant état d'investigations en cours [5]. Il en est de même lorsque l'impossibilité de présentation préalable était justifiée par la circonstance exceptionnelle de l'éloignement géographique [6].

§ 4
Régime dérogatoire au droit commun

615.241 Criminalité organisée. Pour l'application des articles 63, 77 et 154 du code de procédure pénale, si les nécessités de l'enquête ou de l'instruction relatives à l'une des infractions entrant dans le champ d'application de l'article 706-73 l'exigent, la garde à vue d'une personne peut, à titre exceptionnel, faire l'objet de *deux prolongations supplémentaires de vingt-quatre heures chacune.* Ces prolongations sont autorisées, par décision écrite et motivée, soit, à la requête du procureur de la République, par le juge des libertés et de la détention, soit par le juge d'instruction. La personne gardée à vue *doit être présentée au magistrat qui statue sur la prolongation préalablement à cette décision. La seconde prolongation peut toutefois, à titre exceptionnel, être autorisée sans présentation préalable de la personne en raison des nécessités des investigations en cours ou à effectuer.*

Lorsque la première prolongation est décidée, la personne gardée à vue est examinée par un médecin désigné par le procureur de la République, le juge d'instruction ou l'officier de police judiciaire. Le médecin délivre un certificat médical par lequel il doit notamment se prononcer sur l'aptitude au maintien en garde à vue, qui est versé au dossier. La personne est avisée par l'officier de police judiciaire du droit de demander un nouvel examen médical. Ces examens médicaux sont de droit. Mention de cet avis est portée au procès-verbal et émargée par la personne intéressée ; en cas de refus d'émargement, il en est fait mention. *Si la durée prévisible des investigations restant à réaliser à l'issue des premières quarante-huit heures de garde à vue le justifie,* le juge des libertés et de la détention ou le juge d'instruction peuvent décider, selon les modalités prévues au deuxième alinéa, que la garde à vue fera l'objet *d'une seule prolongation supplémentaire de quarante-huit heures.*

Ces dispositions n'ont pas été modifiées par la loi du 14 avril 2011 [7]. « L'application des dispositions de l'article 706-88 précité peut être décidée, en cours de garde à vue, en fonction de l'évolution d'une enquête ou d'une instruction sur l'une des infractions mentionnées à l'article 706-73. La procédure est régulière dès lors que le demandeur a été régulièrement informé, lors de son placement sous le régime de la garde à vue, de la nature de l'infraction qu'il était soupçonné d'avoir commise, de la durée alors prévisible de la mesure et, à chaque stade de celle-ci, de ses droits. » Il résulte en effet de l'article 63-1 du code de procédure pénale que « la personne placée en garde à vue est immédiatement informée par un officier de police judiciaire ou, sous le contrôle de celui-ci, par un agent de police judiciaire, dans une langue qu'elle comprend, le cas échéant au moyen de formulaires écrits [...] de la durée de la mesure et de la ou des prolongations dont celle-ci peut faire l'objet. » [8] Ce qui importe c'est donc que le gardé à vue soit informé de l'application du régime de lutte contre la criminalité organisée dès lors que l'autorité judiciaire a estimé qu'il était applicable au cas d'espèce. La chambre criminelle a également jugé « qu'une personne gardée à vue peut être

1. Crim. 30 oct. 2001, n° 01-85.530, P n° 221 ; *D.* 2002. 137.
2. Crim. 9 mai 2001, n° 01-82.104, P n° 115 ; *D.* 2001. 2000.
3. Crim. 30 janv. 2001, n° 00-87.155, P n° 26.
4. Crim. 3 janv. 2006, n° 05-85.974, NP.
5. Crim. 30 oct. 2001, n° 01-85.328, P n° 222 ; *D.* 2002. 137.
6. Crim. 27 juin 2000, n° 00-80.411, P n° 246.
7. Mais sur le report du droit à l'avocat, v. s[s] n°s 615.201 s.
8. Crim. 11 févr. 2014, n° 13-86.878, P n° 38 ; *AJ pénal* 2014. 369, obs. G. Royer ; *D.* 2014. 486 ; *JCP* 2014. 344.

entendue sans qu'il soit nécessaire de prendre une nouvelle mesure de garde à vue sur des faits autres que ceux à l'origine de cette mesure et qui sont sans incidence sur ses modalités [1] ».

615.242 Inconstitutionnalité de l'alinéa 8 *bis*, de l'article 706-73, du code de procédure pénale (escroquerie en bande organisée). Dans une décision intervenue le 9 octobre 2014 [2], le Conseil constitutionnel, saisi par la chambre criminelle de la Cour de cassation de deux questions prioritaires de constitutionnalité relatives à la conformité aux droits et libertés que la Constitution garantit du 8° *bis* de l'article 706-73 du code de procédure pénale et de son article 706-88 a estimé que ces dispositions, qui ont pour effet de permettre, lors des enquêtes ou des instructions portant sur une escroquerie en bande organisée, la mise en œuvre d'une mesure de garde à vue pouvant durer 96 heures dans les conditions prévues à l'article 706-88, étaient contraires à la Constitution.

Le Conseil a relevé que, même lorsqu'il est commis en bande organisée, *le délit d'escroquerie n'est pas susceptible de porter atteinte en lui-même à la sécurité, à la dignité ou à la vie des personnes.* Dès lors, en permettant de prolonger la durée de la garde à vue jusqu'à 96 heures pour un tel délit, le législateur a permis qu'il soit porté à la liberté individuelle et aux droits de la défense une atteinte qui ne peut être regardée comme proportionnée au but poursuivi.

S'agissant des effets dans le temps de cette déclaration d'inconstitutionnalité, le Conseil a jugé que l'abrogation immédiate du 8° *bis* de l'article 706-73 aurait aussi eu pour effet d'interdire le recours aux pouvoirs spéciaux de surveillance et d'investigation dans les enquêtes portant sur l'escroquerie en bande organisée (alors que de tels pouvoirs ne sont pas contraires à la Constitution) et qu'en conséquence il convenait de reporter au 1er septembre 2015 la date de l'abrogation du 8° *bis* de l'article 706-73.

En deuxième lieu, afin de faire cesser l'inconstitutionnalité constatée, le Conseil a jugé qu'à compter de la publication de sa décision, il ne sera plus possible de prolonger une mesure de garde à vue au-delà de 48 heures dans des investigations portant sur des faits d'escroquerie en bande organisée. Enfin, il a jugé que la remise en cause des actes de procédure pénale pris sur le fondement du 8° *bis* de l'article 706-73 méconnaîtrait l'objectif de valeur constitutionnelle de recherche des auteurs d'infractions et aurait des conséquences manifestement excessives.

Par suite, les mesures de garde à vue prises avant la publication de décision et les autres mesures d'investigation prises avant le 1er septembre 2015 en application des dispositions déclarées contraires à la Constitution ne pouvaient être contestées sur le fondement de cette inconstitutionnalité.

Même si l'article 706-73 8° était soumis au Conseil dans sa rédaction résultant de la loi du 17 mai 2011, celui-ci ajoute que les dispositions de la loi du 27 mai 2014 n'ont pas mis fin à l'inconstitutionnalité relevée. En effet, depuis cette date, le recours à la garde à vue demeure autorisé dans les conditions de l'article 706-88 du code de procédure pénale lorsque les faits ont été commis dans des conditions portant atteinte à la sécurité, à la dignité ou à la vie des personnes ou « aux intérêts fondamentaux de la nation définis à l'article 410-1 du code pénal » ou si l'un des faits constitutifs de l'infraction a été commis hors du territoire national. Mais ni les éléments constitutifs du délit d'escroquerie ni les circonstances aggravantes de ce délit ne font référence à des faits d'atteinte à la sécurité, à la dignité ou à la vie des personnes, de sorte que les exigences complémentaires de la loi du 27 mai 2014 n'ont pas mis fin à l'inconstitutionnalité.

Le Conseil constitutionnel a ainsi poursuivi l'analyse qui avait été la sienne lors du contrôle de la constitutionnalité de l'article 706-1-1 du code de procédure pénale, qui devait permettre d'appliquer aux infractions visées l'ensemble des mesures dérogatoires prévues pour la criminalité organisée. Il avait alors décidé qu'à une exception près, les délits visés n'étaient pas susceptibles de porter atteinte en eux-mêmes à la sécurité, à la dignité ou à la vie des personnes [3] ; ainsi : « En permettant de recourir à la garde à vue selon les modalités fixées par l'article 706-88 du code de procédure pénale au cours des enquêtes ou des instructions portant sur ces délits, le législateur a permis qu'il soit porté à la liberté individuelle et aux droits de la défense une atteinte qui ne peut être regardée comme proportionnée au but poursuivi. » Le Conseil constitutionnel opère ainsi une distinction entre les délits d'atteinte aux biens et les délits d'atteinte aux personnes, et pose

1. Crim. 30 oct. 2012, nos 11-87.244, 11-85.224, P n° 288 ; *AJ pénal* 2013. 284 ; *D.* 2012. 2805, obs. H. Vlamynck.
2. Cons. const. 9 oct. 2014, n° 2014-420 QPC, art. non conforme 706-73, 8° *bis*, du C. pr. pén., *prolongation exceptionnelle de la garde à vue pour des faits d'escroquerie en bande organisée*, NON-CONFORMITÉ TOTALE – EFFET DIFFÉRÉ – RÉSERVE TRANSITOIRE – NON LIEU À STATUER, *JO* 12 oct., p. 16578 ; *D.* 2014. 1999 ; *JCP* 2014. 1107 ; *D.* 2014. 2278, obs. A. Botton ; *Dr. pénal* 2014, comm. 142, A. Maron et M. Haas ; *AJ pénal* 2014. 574, note J.-B. Perrier.
3. Cons. const. 4 déc. 2013, n° 2013-679 DC, art., non conformes 3, 15 3°, al. 2, 16, al. dern. (mots), 29, 38 et 40, 44 (mots), 57, 66 (mots), sous réserve 37 et 39 de la loi, *loi relative à la lutte contre la fraude fiscale et la grande délinquance économique et financière*, NON-CONFORMITÉ PARTIELLE – RÉSERVE, *JO* 7 déc., p. 19958 ; *Rec.*, p. 1060 ; *Constitutions* 2014. 68, Chron. A. Barilari ; *Constitutions* 2014. 76, C. de la Mardière (aussi : v. ss n° 315.51).

des exigences supplémentaires concernant les mesures privatives de liberté lorsqu'elles s'appliquent aux premiers[1]. La garde à vue dérogatoire d'une durée de 96 heures ne peut être mise en œuvre que lorsque l'infraction porte atteinte « *à la sécurité, à la dignité ou à la vie des personnes* », ce qui n'est pas le cas en présence d'une infraction d'atteinte aux biens.

Le législateur en a tiré les conséquences dans la loi du 17 août 2015 puisqu'il a supprimé les 8° et 20° de l'article 706-73 du code de procédure pénale tout en insérant un article 706-73-1, modifié plusieurs fois depuis, ainsi libellé : « Le présent titre, à l'exception de l'article 706-88, est également applicable à l'enquête, à la poursuite, à l'instruction et au jugement des délits suivants :

1° Délit d'escroquerie en bande organisée, prévu au dernier alinéa de l'article 313-2 du code pénal, délit d'atteinte aux systèmes de traitement automatisé de données à caractère personnel mis en œuvre par l'État commis en bande organisée, prévu à l'article 323-4-1 du même code et délit d'évasion commis en bande organisée prévu au second alinéa de l'article 434-30 dudit code ;

2° Délits de dissimulation d'activités ou de salariés, de recours aux services d'une personne exerçant un travail dissimulé, de marchandage de main-d'œuvre, de prêt illicite de main-d'œuvre ou d'emploi d'étranger sans titre de travail, commis en bande organisée, prévus aux 1° et 3° de l'article L. 8221-1 et aux articles L. 8221-3, L. 8221-5, L. 8224-1, L. 8224-2, L. 8231-1, L. 8234-1, L. 8234-2, L. 8241-1, L. 8243-1, L. 8243-2, L. 8251-1 et L. 8256-2 du code du travail ;

3° Délits de blanchiment, prévus à l'article 324-1 du code pénal, ou de recel, prévus aux articles 321-1 et 321-2 du même code, du produit, des revenus ou des choses provenant des infractions mentionnées aux 1° et 2° du présent article ;

3° bis Délits de blanchiment prévus à l'article 324-2 du code pénal, à l'exception de ceux mentionnés au 14° de l'article 706-73 du présent code ;

4° Délits d'association de malfaiteurs, prévus à l'article 450-1 du code pénal, lorsqu'ils ont pour objet la préparation de l'une des infractions mentionnées aux 1° à 3° du présent article ;

5° Délit de non-justification de ressources correspondant au train de vie, prévu à l'article 321-6-1 du code pénal, lorsqu'il est en relation avec l'une des infractions mentionnées aux 1° à 4° du présent article ;

6° Délits d'importation, d'exportation, de transit, de transport, de détention, de vente, d'acquisition ou d'échange d'un bien culturel prévus à l'article 322-3-2 du code pénal.

7° Délits d'atteintes au patrimoine naturel commis en bande organisée, prévus à l'article L. 415-6 du code de l'environnement ;

8° Délits de trafic de produits phytopharmaceutiques commis en bande organisée, prévus au 3° de l'article L. 253-17-1, au II des articles L. 253-15 et L. 253-16 et au III de l'article L. 254-12 du code rural et de la pêche maritime ;

9° Délits relatifs aux déchets mentionnés au I de l'article L. 541-46 du code de l'environnement commis en bande organisée, prévus au VII du même article ;

10° Délit de participation à la tenue d'une maison de jeux d'argent et de hasard commis en bande organisée, prévu au premier alinéa de l'article L. 324-1 du code de la sécurité intérieure et délits d'importation, de fabrication, de détention, de mise à disposition de tiers, d'installation et d'exploitation d'appareil de jeux d'argent et de hasard ou d'adresse commis en bande organisée, prévu au premier alinéa de l'article L. 324-4 du même code ;

11° Délits portant atteinte aux intérêts fondamentaux de la nation prévus aux articles 411-5,411-7 et 411-8, aux deux premiers alinéas de l'article 412-2, à l'article 413-1 et au troisième alinéa de l'article 413-13 du code pénal ;

12° Délits d'administration d'une plateforme en ligne pour permettre la cession de produits, de contenus ou de services dont la cession, l'offre, l'acquisition ou la détention sont manifestement illicites et délits d'intermédiation ou de séquestre ayant pour objet unique ou principal de mettre en œuvre, de dissimuler ou de faciliter ces opérations, prévus à l'article 323-3-2 du même code.

Il en résulte que les infractions citées entrent dans le champ des dispositions particulières relatives à la criminalité organisée *sauf en ce qui concerne la garde à vue*. L'article 706-74 continue quant à lui de réserver le cas où la loi prévoit que telle ou telle disposition du titre consacré à la criminalité organisée est applicable dans les cas non visés aux articles 706-73 et 706-73-1.

Le 11 décembre 2015, le Conseil constitutionnel a encore déclaré contraire à la Constitution la garde à vue de quatre jours pour des faits de blanchiment, de recel, et d'association de malfaiteurs en lien avec des faits d'escroquerie en bande organisée[2]. En permettant de recourir à la garde à vue dans les

1. J.-B. Perrier, note s^s *AJ pénal* 2014. 574.

2. Cons. const. 11 déc. 2015, n° 2015-508 QPC, art. non conforme 706-73, 14° et 15° (mots), du C. pr. pén., *prolongation exceptionnelle de la garde à vue pour des faits de blanchiment, de recel et d'association de malfaiteurs en lien avec des faits d'escroquerie en bande organisée*, NON-CONFORMITÉ TOTALE, *JO* 13 déc., p. 23056 ; *AJ pénal* 2016. 77, obs. J.-B. Perrier ; *Dr. pénal* 2016, comm. 17, obs. A. Maron et M. Haas ; *RSC* 2016. 399, note B. de Lamy ; *Constitutions* 2015. 652, C. de Gaudemont.

modalités prévues par l'article 706-88 du code de procédure pénale, le législateur a permis une atteinte qui ne peut être regardée comme proportionnée au but poursuivi[1]. Celle-ci a disparu depuis puisque la loi n° 2015-993 du 17 août 2015 a modifié l'article 706-73 et a créé un article 706-73-1 visant les infractions pour lesquelles la garde à vue de quatre jours ne peut être mise en œuvre[2].

Aucune disposition légale n'impose que l'avocat ne soit avisé dès le début de la mesure de l'usage de la possibilité, prévue par l'article 706-88 du code de procédure pénale, de différer son intervention[3].

615.243 Infractions susceptibles de permettre une garde à vue de 4 jours[4]. L'article 706-73 remanié par la loi du 3 juin 2016, par celle du 30 octobre 2017, par l'ordonnance du 20 décembre 2020 puis la loi du 24 janvier 2023, liste les infractions susceptibles de permettre une garde à vue de 4 jours de la manière suivante :

« La procédure applicable à l'enquête, la poursuite, l'instruction et le jugement des crimes et des délits suivants est celle prévue par le présent code, sous réserve des dispositions du présent titre :

1° Crime de meurtre commis en bande organisée prévu par le 8° de l'article 221-4 du code pénal ;

1° *bis* Crime de meurtre commis en concours, au sens de l'article 132-2 du code pénal, avec un ou plusieurs autres meurtres ;

2° Crime de tortures et d'actes de barbarie commis en bande organisée prévu par l'article 222-4 du code pénal ;

2° *bis* Crime de viol commis en concours, au sens de l'article 132-2 du code pénal, avec un ou plusieurs autres viols commis sur d'autres victimes ;

3° Crimes et délits de trafic de stupéfiants prévus par les articles 222-34 à 222-40 du code pénal ;

4° Crimes et délits d'enlèvement et de séquestration commis en bande organisée prévus par l'article 224-5-2 du code pénal ;

5° Crimes et délits aggravés de traite des êtres humains prévus par les articles 225-4-2 à 225-4-7 du code pénal ;

6° Crimes et délits aggravés de proxénétisme prévus par les articles 225-7 à 225-12 du code pénal ;

7° Crime de vol commis en bande organisée prévu par l'article 311-9 du code pénal ;

8° Crimes aggravés d'extorsion prévus par les articles 312-6 et 312-7 du code pénal ;

8° *bis* (Abrogé) ;

9° Crime de destruction, dégradation et détérioration d'un bien commis en bande organisée prévu par l'article 322-8 du code pénal ;

10° Crimes en matière de fausse monnaie prévus par les articles 442-1 et 442-2 du code pénal ;

11° Crimes et délits constituant des actes de terrorisme prévus par les articles 421-1 à 421-6 du code pénal ;

11° *bis* Crimes portant atteinte aux intérêts fondamentaux de la nation prévus au titre Ier du livre IV du code pénal ;

12° Délits en matière d'armes et de produits explosifs prévus aux articles 222-52 à 222-54, 222-56 à 222-59, 322-6-1 et 322-11-1 du code pénal, aux articles L. 2339-2, L. 2339-3, L. 2339-10, L. 2341-4, L. 2353-4 et L. 2353-5 du code de la défense ainsi qu'aux articles L. 317-2 et L. 317-7 du code de la sécurité intérieure ;

13° Délits d'aide à l'entrée, à la circulation et au séjour irréguliers d'un étranger en France commis en bande organisée prévus par les articles L. 823-1 et L. 823-2 du code de l'entrée et du séjour des étrangers et du droit d'asile ;

14° Délits de blanchiment prévus par les articles 324-1 et 324-2 du code pénal, ou de recel prévus par les articles 321-1 et 321-2 du même code, du produit, des revenus, des choses provenant des infractions mentionnées aux 1° à 13° ;

15° Délits d'association de malfaiteurs prévus par l'article 450-1 du code pénal, lorsqu'ils ont pour objet la préparation de l'une des infractions mentionnées aux 1° à 14° et 17° ;

16° Délit de non-justification de ressources correspondant au train de vie, prévu par l'article 321-6-1 du code pénal, lorsqu'il est en relation avec l'une des infractions mentionnées aux 1° à 15° et 17° ;

17° Crime de détournement d'aéronef, de navire ou de tout autre moyen de transport commis en bande organisée prévu par l'article 224-6-1 du code pénal ;

18° Crimes et délits punis de dix ans d'emprisonnement, contribuant à la prolifération des armes de destruction massive et de leurs vecteurs entrant dans le champ d'application de l'article 706-167 ;

19° Délit d'exploitation d'une mine ou de disposition d'une substance concessible sans titre d'exploitation ou autorisation, accompagné d'atteintes à l'environnement, commis en bande organisée, prévu à l'article L. 512-2 du code minier, lorsqu'il est connexe avec l'une des infractions mentionnées aux 1° à 17° du présent article ;

20° Délit d'abus frauduleux de l'état d'ignorance ou de faiblesse commis en bande organisée prévu au dernier alinéa de l'article 223-15-2 du code pénal.

1. SUR le contrôle de proportionnalité, v. s[s] n° 615.213.
2. V. s[s] n° 615.244.
3. Crim. 18 févr. 2015, n° 14-82.019, P n° 30 ; *AJ pénal* 2015. 323.
4. C. pr. pén., art. 706-73.

Pour les infractions visées aux 3°, 6° et 11°, sont applicables, sauf précision contraire, les dispositions du présent titre ainsi que celles des titres XV, XVI et XVII. »

615.244 Infractions ne pouvant permettre une garde à vue de 4 jours[1]**.** L'article 706-73-1, revu à plusieurs reprises depuis, dresse la liste des infractions pour lesquelles au droit commun prévue pour les infractions de criminalité organisée est applicable, *à l'exception des dispositions relatives à la garde à vue* (v. s^s n° 615.242).

SECTION 8
IRRÉGULARITÉS TOUCHANT AUX PRINCIPES, COMMISES EN MATIÈRE DE GARDE À VUE

§ 1
Personne entendue sans contrainte

615.251 Absence d'obligation de placer la personne en garde à vue si aucune contrainte n'a été exercée. La première question qui se pose concerne l'obligation ou non de placer une personne en garde à vue dans certains cas. Dans le cadre de l'enquête de flagrance, il a été jugé que *la personne qui, pour les nécessités de l'enquête est, sous la contrainte, mise à la disposition de l'officier de police judiciaire, doit immédiatement être placée en garde à vue*[2]. Il en est notamment ainsi lorsqu'elle a été interpellée[3]. Mais en enquête préliminaire, dès lors qu'aucune contrainte n'est exercée, la garde à vue n'est jamais obligatoire, y compris lorsqu'il existe des indices circonstanciés contre la personne. Conformément aux dispositions des articles 77 et 78 du code de procédure pénale, une personne en état d'ivresse, qui a accepté de suivre sans contrainte les policiers jusqu'au commissariat pour y être entendue en enquête préliminaire peut, après complet dégrisement, faire l'objet d'une audition avant d'être placée en garde à vue. Cette audition n'est pas irrégulière dès lors que la notification des droits prévue par l'article 63-1 du code de procédure pénale est effectuée dès le placement effectif en garde à vue, quand bien même, dans l'intérêt de la personne concernée, le délai de cette mesure a été calculé à compter de l'heure à laquelle elle a été prise en charge par les services de police[4]. Aucune irrégularité n'affecte son audition, dès lors que la notification des droits intervient sitôt le placement en garde à vue, et que la durée de cette mesure est calculée à compter de l'heure de l'arrivée dans le service d'enquête[5].

Dans sa décision du 8 juin 2012, le Conseil constitutionnel[6] a formulé une réserve d'interprétation en exposant que lorsque la personne est placée en garde à vue après avoir fait l'objet d'une mesure de privation de liberté en application du premier alinéa de l'article L. 3341-1 du code de santé publique, la durée du placement en chambre de sûreté, qui doit être consignée dans tous les cas par les agents de la police ou de la gendarmerie nationales, doit être prise en compte dans la durée de garde à vue[7]. La chambre criminelle n'hésite pas à casser les arrêts ayant déclaré irrégulières des auditions hors garde à vue en présence d'indices graves. C'est en effet et toujours le critère de contrainte qui est déterminant : encourt la cassation l'arrêt qui, pour déclarer irrégulière la mesure de garde à vue, relève que le mineur de seize ans a été présenté aux policiers par sa mère et qu'étaient réunis à son arrivée au service de police des indices graves laissant présumer sa participation aux faits reprochés, alors qu'aucune pièce de la procédure n'établit que l'intéressé ait été l'objet d'une mesure de contrainte, exercée par les enquêteurs, avant son placement en garde à vue et qu'il pouvait, dès lors, être entendu par l'officier de police judiciaire avant d'être placé en garde à vue[8]. Si l'audition sans contrainte précède souvent la garde à vue, elle peut aussi la suivre : encourt la cassation l'arrêt qui, pour confirmer le jugement ayant annulé le procès-verbal d'audition d'une personne entendue sans avoir été placée en garde à vue et la procédure subséquente, énonce que l'officier de police judiciaire qui avait levé la garde à vue de l'intéressé ne pouvait à nouveau, sans le replacer en garde à vue, procéder pendant cinq heures à une audition dont la durée impliquait nécessairement à son encontre une telle mesure de garde à vue[9].

1. C. pr. pén., art. 706-73-1.
2. Crim. 20 sept. 2006, n° 06-84.343, NP – Crim. 31 mai 2007, n° 07-80.928, P n° 146 ; *D.* 2007. 2033 ; *AJ pénal* 2007. 385, obs. G. Roussel ; *RSC* 2008. 651, obs. J. Buisson.
3. Crim. 6 mai 2003, n° 02-87.567, P n° 93 ; *D.* 2014. 1205 ; *D.* 2014. 1736, obs. J. Pradel ; *AJ pénal* 2014. 490, obs. C. Renaud-Duparc.
4. Crim. 28 mars 2000, n°s 00-80.586, 99-83.967, P n° 136.
5. Crim. 13 nov. 1996, n°s 96-82.087, 96-83.708, P n° 401 – Crim. 6 mai 1997, n°s 96-80.369, 97-81.026, P n° 174 – Crim. 14 oct. 1998, n° 98-81.370, P n° 260 ; *D.* 1999. 28 – Crim. 4 mars 1998, n° 97-85.695, P n° 84 ; *D.* 1998. 146 ; *RSC* 1998. 583, obs. J.-P. Dintilhac – Crim. 28 mars 2000, n°s 00-80.586, 99-83.967, P n° 136 – Crim. 10 mai 2000, n° 00-80.903, P n° 180 – Crim. 28 juin 2000, n° 99-81.688, P n° 251 ; *D.* 2002. 438, note F. Lombard et A. Haroune.
6. Cons. const. 8 juin 2012, n° 2012-253 QPC, art. sous réserve L. 3341-1 du C. santé publ., *ivresse publique*, CONFORMITÉ – RÉSERVE, *JO* 9 juin, p. 9796 ; *Rec.*, p. 289 ; *JCP* 2012. 738.
7. SUR l'état de santé du gardé à vue, v. s^s n° 615.332.
8. Crim. 25 oct. 2000, n° 00-84.726, P n° 315 ; *D.* 2001. 43 ; *RSC* 2001. 407, obs. D.-N. Commaret.
9. Crim. 28 juin 2000, n° 99-81.688, P n° 251 ; *D.* 2002. 438, note F. Lombard et A. Haroune.

615.252 Imputation ou non-imputation des temps d'audition sans contrainte sur la garde à vue. Aucune disposition légale n'impose à l'officier de police judiciaire d'imputer sur la durée d'une mesure de garde à vue en cours celle d'une audition, portant sur les mêmes faits, effectuée sans contrainte, fût-elle postérieure à un premier placement en garde à vue[1].

§ 2 Cumul de gardes à vue

615.261 Garde à vue se rapportant aux mêmes faits. Les durées de garde à vue se rapportant aux mêmes faits se cumulent entre elles. Le dépassement du délai constitue par lui-même une atteinte aux intérêts de la personne concernée et entraîne l'annulation des actes de procédure[2].

Depuis l'entrée en vigueur de la loi du 14 avril 2011[3], le dernier alinéa de l'article 63 du code de procédure pénale précise que « si une personne a déjà été placée en garde à vue pour les mêmes faits, la durée des précédentes périodes de garde à vue s'impute sur la durée de la mesure ».

615.262 Garde à vue se rapportant à des faits distincts. Il n'y a pas cumul lorsque la seconde mesure est prise à l'occasion de la révélation de faits distincts de ceux qui avaient entraîné la première[4]. Toutefois, dans cette hypothèse, la personne ne peut demeurer retenue pendant une période totale excédant la durée maximale de garde à vue autorisée par la loi : « Si une personne peut être soumise à l'occasion de faits distincts, à des mesures de garde à vue immédiatement successives et indépendantes l'une de l'autre, elle ne peut toutefois être retenue de manière continue à la disposition des officiers de police judiciaire pendant une période totale excédant la durée maximale de garde à vue autorisée par la loi. »[5] Le dépassement de ce délai porte nécessairement atteinte aux intérêts de la personne concernée[6]. Aucune disposition légale ne fait obstacle à ce qu'un placement en garde à vue, décidé par un officier de police judiciaire pour l'exécution d'une commission rogatoire, succède immédiatement à une précédente mesure de garde à vue prise dans le cours d'une enquête de flagrance qui a été régulièrement levée sur instructions du procureur de la République dès lors que la durée totale de ces deux mesures n'excède pas celle fixée par la loi[7]. Cette solution vaut aussi pour des enquêtes de flagrance ou préliminaire successives dès lors que le délai maximum n'est pas dépassé.

§ 3 Personne entendue sous contrainte

615.271 Situation antérieure à l'entrée en vigueur de la loi du 27 mai 2014. La règle selon laquelle c'était seulement la contrainte qui générait des droits, pouvait avoir des conséquences iniques. C'est ainsi que dès lors que la personne était retenue sous un autre régime de contrainte, elle pouvait être entendue sans qu'une nouvelle contrainte ne soit nécessaire ; partant, elle perdait tout espoir d'acquérir de quelconques droits. La jurisprudence avait eu l'occasion de préciser ainsi que, ne sont pas irréguliers les actes accomplis par un officier de police judiciaire à l'égard d'une personne détenue dans le cadre d'une autre procédure, qu'il a fait extraire de la maison d'arrêt aux fins d'audition et de perquisition effectuées sans l'avoir placée en garde à vue, dès lors que l'intéressé ne s'est opposé, ni à son extraction de la maison d'arrêt, ni à l'exécution de la perquisition et aux auditions qui ont suivi et qu'il n'a fait l'objet d'aucune contrainte autre que celle inhérente au mandat de dépôt dont il faisait l'objet[8]. Il en était de même lorsque la personne se trouvait dans un établissement hospitalier[9]. Mais surtout, la chambre criminelle affirmait le même principe dès lors que la personne acceptait « sans contrainte d'être auditionnée sur les faits qui lui sont imputés »[10]. Or, dans l'arrêt du 7 septembre 2004, précité, il s'agissait d'une personne entendue sur des faits différents de ceux pour lesquels elle était placée en garde à vue. La contrainte existait bien puisqu'elle était en garde à vue pour d'autres faits, mais comme elle était extérieure aux faits suscitant l'audition, elle était une *contrainte externe*, qui ne justifiait pas une autre garde à vue ! C'est ainsi que la personne pouvait être entendue sans aucun droit

1. Crim. 31 oct. 2001, n° 01-85.341, P n° 226 ; *D.* 2001. 3586 (v. s[s] n° 615.01).
2. en l'espèce : six années séparaient les deux placements en garde à vue : Crim. 13 févr. 1996, n° 95-85.538, P n° 74 ; *Dr. pénal* 1996, n° 143, note A. Maron ; *D.* 1996. Somm. 258, obs. J. Pradel.
3. L. n° 2011-392, 14 avr. 2011, préc.
4. Crim. 15 déc. 1999, n°s 99-80.532, 99-86.233, P n° 311 ; *Dr. pénal* 2000, n° 50, note A. Maron.
5. Crim. 17 mars 2004, n° 03-87.739, P n° 69 ; *D.* 2004. IR 1353 ; *JCP* 2004. IV. 1968 ; *AJ pénal* 2004. 248, note J. Coste – Crim. 2 sept. 2004, n° 04-84.010, P n° 196.
6. Crim. 17 mars 2004, n° 03-87.739, préc.
7. Crim. 11 juill. 2007, n° 07-83.007, NP.
8. Crim. 6 févr. 2002, n° 01-87.991, P n° 26.
9. Crim. 11 juill. 1994, n° 94-82.220, P n° 273 ; *D.* 1995. 141, obs. J. Pradel – Crim. 13 oct. 1998, n° 98-82.522, P n° 254 ; *Dr. pénal* 1999, n° 33, note A. Maron.
10. Crim. 7 sept. 2004, n° 03-85.956, NP, *Dr. pénal* 2004, n° 185, note A. Maron – AUSSI : Crim. 31 oct. 2006, n° 06-86.123, P n° 263 ; *D.* 2007. 1248, note P. Hennion-Jacquet ; *AJ pénal* 2007. 36, obs. C. Girault.

sur une affaire alors qu'elle est placée en garde à vue dans une autre !

Dans un autre arrêt de septembre 2004[1], la chambre criminelle avalise une audition sans garde à vue dans une situation qui apparaît pourtant comme la situation de contrainte type : après être intervenu de force dans des roulottes et avoir recouru à des mesures de contrainte pour interpeller les suspects, la Cour de cassation estime qu'« une fois la sécurité de leur intervention assurée, les officiers de police judiciaire ont effectué leurs opérations [...] sans avoir besoin de recourir à la contrainte pour tenir la personne à leur disposition » ! Une personne « *contrainte de suivre les policiers au commissariat* » pour vérification d'identité et qui en justifie, peut-être entendue sur des infractions qui lui sont reprochées sans être placée en garde à vue[2]. « Ou de la nécessaire insurrection permanente pour obtenir des droits... et sans doute une poursuite supplémentaire pour rébellion ? »[3].

On pouvait aussi trouver curieux qu'une personne tout d'abord placée en dégrisement puisse être entendue par la suite sans avoir été placée en garde à vue : dès lors que l'intéressé, retenu en chambre de sûreté en application de l'article L. 76 du code des débits de boissons, ne disposait pas des droits accordés aux personnes gardées à vue et qu'à l'issue de cette période de dégrisement, *il a consenti à être entendu*, la cour d'appel a justifié sa décision[4].

Dans un autre arrêt, la Cour de cassation estime, alors que la notification d'un contrôle d'alcoolémie est faite à 3 h 45 du matin et l'audition à 12 h 10, qu'il « ne résulte d'aucun élément du dossier que l'intéressé avait fait l'objet d'une mesure de contrainte entre la notification du résultat du contrôle [...] et son audition ». La loi du 14 avril 2011 n'avait pas remis en cause le principe même : pas de garde à vue, pas de droit[5] et la chambre criminelle a maintenu sa jurisprudence : aucune disposition légale ne fait obligation aux officiers de police judiciaire de placer en garde à vue la personne à l'audition de laquelle ils entendent procéder lorsqu'ils n'ont pris dans le cadre de l'enquête qui leur est confiée aucune mesure coercitive à l'encontre de cette personne qui se trouvait déjà en garde à vue dans le cadre d'une autre procédure[6].

Mais la France a été condamnée par la Cour de Strasbourg pour violation de l'article 6, § 1, de la convention européenne des droits de l'homme dans le cadre d'une audition sans avocat d'une personne par ailleurs détenue[7]. La Cour européenne des droits de l'Homme exige en effet le caractère effectif de la protection ouverte et ne saurait se satisfaire d'une jurisprudence permettant l'absence complète de droit sous le prétexte de l'existence d'un autre motif de contrainte. Désormais, la question semble en partie réglée par la possibilité d'audition de la personne suspecte.

615.272 Situation postérieure à l'entrée en vigueur de la loi du 27 mai 2014. Depuis l'entrée en vigueur de la loi du 27 mai 2014[8], plusieurs fois modifiée depuis, la personne à l'égard de laquelle il existe des raisons plausibles de soupçonner qu'elle a commis ou tenté de commettre une infraction ne peut être entendue librement sur ces faits qu'après avoir été informée :

1° De la qualification, de la date et du lieu présumés de l'infraction qu'elle est soupçonnée d'avoir commise ou tenté de commettre ;

2° Du droit de quitter à tout moment les locaux où elle est entendue ;

3° Le cas échéant, du droit d'être assistée par un interprète ;

4° Du droit de faire des déclarations, de répondre aux questions qui lui sont posées ou de se taire ;

5° Si l'infraction pour laquelle elle est entendue est un crime ou un délit puni d'une peine d'emprisonnement, du droit d'être assistée au cours de son audition ou de sa confrontation, selon les modalités prévues aux articles 63-4-3 et 63-4-4, par un avocat choisi par elle ou, à sa demande, désigné d'office par le bâtonnier de l'ordre des avocats ; elle est informée que les frais seront à sa charge sauf si elle remplit les conditions d'accès à l'aide juridictionnelle, qui lui sont rappelées par tout moyen ; elle peut accepter expressément de poursuivre l'audition hors la présence de son avocat ;

6° De la possibilité de bénéficier, le cas échéant gratuitement, de conseils juridiques dans une structure d'accès au droit.

En conséquence, la personne qui se trouve déjà sous une situation de contrainte telle que la garde à

1. Crim. 15 sept. 2004, n°s 04-84.012, 03-86.221, NP, *D.* 2012. 1409 ; *AJ pénal* 2013. 284, obs. H. Vlamynck ; *Dr. soc.* 2012. 720, Chron. R. Salomon et A. Martinel ; *Dr. soc.* 2012. 755, obs. F. Duquesne ; *Dr. pénal* 2004, n° 185, note A. Maron.
2. Crim. 16 déc. 2003, n° 03-84.746, NP, *Dr. pénal* 2004, n° 57, note A. Maron ; *Dr. pénal* 2004, n° 185, note A. Maron.
3. Ch. Guéry, « L'avenir du suspect », *AJ pénal* 2005. 232 et « L'avenir du suspect (suite) » ; *AJ pénal* 2013. 459.
4. Crim. 9 sept. 1998, n° 98-80.662, P n° 229 ; *Dr. pénal* 1999, n° 16, note A. Maron – Crim. 26 nov. 2003, n° 03-81.442, NP, *Dr. pénal* 2004, n° 57, note A. Maron.
5. NOUS CRITIQUIONS depuis longtemps la législation française sur ce point, not. : Ch. Guéry, « L'avenir du suspect », préc.
6. Crim. 23 janv. 2013, n° 12-83.798, NP, *AJ pénal* 2013. 286, obs. J.-B. Perrier ; *JCP* 2013. 265.
7. CEDH 27 oct. 2011, *S... c/ France*, req. n° 25303/08, *AJ pénal* 2012. 93, note J.-R. Demarchi ; *RSC* 2012. 241, obs. J.-P. Marguénaud.
8. L. n° 2014-535, 27 mai 2014, préc.

vue ne soit pas indispensable pour l'entendre, doit bénéficier *a minima* des droits nouveaux ouverts pour l'audition du suspect, bien que ceux-ci ne soient pas tout à fait encore équivalents à ceux du gardé à vue[1].

§ 4
Cas particulier du mineur

615.281 Mineur devenant majeur au moment de la garde à vue. Il semble important de préciser ici que la garde à vue spécifique aux mineurs n'est pas applicable à celui qui est mineur au moment des faits s'il ne l'est plus au moment de sa garde à vue[2]. En effet, la chambre criminelle a jugé que les règles énoncées par l'article 4[3] de l'ordonnance du 2 février 1945[4] visaient à protéger le mineur placé en garde à vue, non en raison de son manque de discernement au jour des faits mais en raison de sa vulnérabilité supposée au jour de son audition[5]. Le défaut de présentation du mineur préalablement à la prolongation d'une mesure de garde à vue porte nécessairement atteinte aux intérêts du mineur concerné[6].

Depuis l'entrée en vigueur du Code de la justice pénale des mineurs, son article L. 13-2 dispose que « À moins que le présent code n'en dispose autrement, la juridiction compétente, la procédure applicable ainsi que les mesures et peines encourues sont déterminées selon l'âge du mineur à la date des faits ». Mais l'article L. 411-1 du même code, sous le titre « De l'audition du mineur suspect », prévoit que « Pour l'application des dispositions du présent titre, l'âge pris en compte est l'âge du mineur au jour de la mesure dont il fait l'objet ». C'est donc bien l'âge le jour du placement en garde à vue ou en audition libre qui conditionne la procédure applicable, comme auparavant.

§ 5
Information tardive du ministère public

615.291 Information tardive du ministère public[7]. La chambre criminelle estime que tout retard injustifié dans la mise en œuvre de l'obligation d'informer le procureur de la République, *non justifié par des circonstances insurmontables*, fait nécessairement grief aux intérêts de la personne concernée[8].

Méconnaît ce principe la chambre de l'instruction qui rejette la requête en annulation prise de la violation des dispositions précitées alors qu'il ne résulte d'aucun élément du dossier que le procureur de la République ait été avisé de la mesure de garde à vue avant d'en ordonner la mainlevée, soit plus de 8 h 15 après le début de celle-ci[9]. La chambre criminelle a rendu le même type de décision pour une durée de seulement 1 h 15 après le début de la mesure de garde à vue[10]. Il s'agit en conséquence d'un moyen de nullité facile (il suffit de vérifier l'heure de placement et l'heure d'information du parquet) et efficace (toute violation entraîne la nullité) !

En présence de deux mentions contradictoires, il appartient à la juridiction saisie, par un examen relevant de son appréciation souveraine, de déterminer la force probante de ces deux documents[11].

Dans le cas où la juridiction invoque l'existence de circonstances insurmontables, elle doit les préciser, faute de quoi la chambre criminelle censure les décisions[12].

Mais aucune disposition légale ou conventionnelle n'impose que l'accomplissement de la formalité prévue aux articles 77 et 154 du code de procédure pénale, relative à l'information, selon le cas, du procureur de la République ou du juge d'instruction d'un placement en garde à vue, soit consigné dans un procès-verbal. Justifie dès lors sa décision une chambre d'accusation qui, pour rejeter la requête en annulation d'actes de la procédure fondée sur l'absence d'information du parquet, retient que cette information résulte d'autres actes de la procédure, dont il résulte que le procureur de la République a été informé[13].

1. V. s[s] n°s 614.21 et 614.27.
2. St. Bortoluzzi, D. Piau, Th. Wickers, *Règles de la profession d'avocat*, 17e éd., « Dalloz action », 2022, n°s 472.62, 472.141 s.
3. Ord. n° 45-174, 2 févr. 1945, art. 4, préc.
4. Ord. n° 45-174, 2 févr. 1945, préc.
5. Crim. 25 oct. 2000, n° 00-83.253, P n° 316 ; *D.* 2001. 177 ; *RSC* 2001. 407, obs. D.-N. Commaret.
6. Crim. 13 oct. 1998, n° 98-83.152, P n° 259 ; *D.* 1999. 14.
7. SUR l'information régulière d'une auditrice de justice en stage au parquet : Crim. 31 oct. 2001, n° 01-85.345, P n° 227.
8. Crim. 29 févr. 2000, n° 99-85.573, P n° 93 ; *D.* 2000. 108 ; *RSC* 2000. 420, obs. D.-N. Commaret (v. s[s] n° 615.01) – POUR L'AVERTISSEMENT du juge d'instruction : Crim. 29 févr. 2000, n° 99-84.899, P n° 92 ; *D.* 2000. 108 ; *RSC* 2000. 420, obs. D.-N. Commaret ; *Dr. pénal* 2000, n° 80, note A. Maron – Crim. 10 mai 2001, n° 01-81.441, P n° 119.
9. Crim. 24 nov. 1998, n° 98-82.496, P n° 314 ; *D.* 1999. 39.
10. Crim. 3 sept. 2003, n° 02-85.697, NP, *D.* 2004. 677 ; *AJ pénal* 2004. 160, obs. A. Pitoun – Crim. 23 juin 2004, n° 04-82.638, NP.
11. Crim. 13 déc. 2006, n° 05-87.606, P n° 312 ; *AJ pénal* 2007. 140, obs. E. Allain.
12. Crim. 12 avr. 2005, n° 04-86.780, P n° 125 ; *D.* 2008. 1063, obs. M. Léna ; *AJ pénal* 2008. 286, obs. C. Saas ; *RSC* 2008. 926, obs. R. Finielz – Crim. 31 mai 2007, n° 07-80.928, P n° 146 ; *D.* 2007. 2033 ; *AJ pénal* 2007. 385, obs. G. Roussel ; *RSC* 2008. 651, obs. J. Buisson.
13. Crim. 24 oct. 2000, n° 00-85.407, P n° 306.

Mais dans le sens contraire, la juridiction du fond doit également s'expliquer sur les raisons qui font que les circonstances ne sont pas insurmontables : encourt la censure l'arrêt qui, pour annuler une garde à vue au motif que l'information du procureur de la République réalisée une heure après le début de la mesure est tardive, se borne à énoncer que la tardiveté n'est justifiée par aucune circonstance insurmontable sans mieux s'expliquer sur l'absence de circonstances pouvant être qualifiées d'insurmontables[1].

§ 6
Valeur probatoire des déclarations faites sans avocat

615.301 Nullité des gardes à vue antérieures à la loi du 14 avril 2011. Le 31 mai 2011, la chambre criminelle de la Cour de cassation rendait quatre arrêts dans lesquels elle affirmait que les auditions des personnes placées en retenue douanière ou en garde à vue, auxquelles le droit au silence n'avait pas été notifié et qui avaient été privées de l'assistance d'un avocat, étaient irrégulières puisque non conformes à l'article 6, § 3 de la convention de sauvegarde des droits de l'Homme et des libertés fondamentales[2]. Les juridictions du fond (trois chambres de l'instruction et une chambre des appels correctionnels) avaient fait application de la jurisprudence de la chambre criminelle de la Cour de cassation en date du 19 octobre 2010. Mais la chambre criminelle s'incline devant les arrêts rendus par l'Assemblée plénière le 15 avril 2011. Elle procède toutefois dans ses arrêts par voie d'annulation, comme en matière d'application d'une loi nouvelle, et non de cassation, ni d'exclusion de valeur probante[3]. Mais la situation a évolué.

Aujourd'hui, la situation de la régularité des gardes à vue antérieures à l'entrée en vigueur de la loi du 14 avril 2011[4] se pose de la façon suivante : le principe est toujours affirmé selon lequel il se déduit de l'article 6, § 3, de la convention européenne des droits de l'homme que, même avant l'entrée en vigueur, le 1er juin 2011, de la loi du 14 avril 2011[5], toute personne placée en garde à vue devait être informée de son droit de se taire et, sauf exceptions justifiées par des raisons impérieuses, pouvoir bénéficier de l'assistance d'un avocat. Mais la cassation n'est prononcée que si les prévenus ont été déclarés coupables des faits reprochés en se fondant essentiellement sur les déclarations incriminantes faites durant leur garde à vue[6]. Dès lors, la chambre criminelle juge que *ne doivent pas être annulés les procès-verbaux de garde à vue irréguliers, antérieurs à l'entrée en vigueur de la loi du 14 avril 2011* : une chambre de l'instruction n'a pas à annuler, pour violation du droit à l'assistance par un avocat, une garde à vue antérieure à la loi du 14 avril 2011, mais l'arrêt de renvoi en cour d'assises ne doit pas se fonder exclusivement ni même essentiellement sur les déclarations recueillies en garde à vue[7]. Elle souligne que « l'accusé conserve la faculté de discuter contradictoirement la valeur probante de ses déclarations devant la juridiction de jugement ». Le président de la chambre criminelle refusant l'examen immédiat des pourvois, l'analyse de la chambre criminelle s'effectue à un moment où les faits ont été jugés, ce qui permet d'examiner la régularité de la garde à vue à l'aune de ce qui en a été tiré en termes de condamnation.

615.302 Principe fondamental : impossibilité de condamner une personne sur le fondement des déclarations faites sans avocat. La loi du 14 avril 2011 a introduit dans l'article préliminaire du code de procédure pénale une disposition selon laquelle : « en matière criminelle et correctionnelle, aucune condamnation ne peut être prononcée contre une personne sur le seul fondement de déclarations qu'elle a faites sans avoir pu s'entretenir avec un avocat et être assistée par lui ».

La circulaire de la Chancellerie propose de considérer qu'il s'agit du fondement principal[8]. Cette disposition risquait d'avoir des incidences non forcément souhaitées : ne pas mettre en garde à vue, c'était en effet risquer que les déclarations recueillies ne soient pas utilisables... Mais on sait désormais que l'avocat peut être présent lors de l'audition d'un suspect libre. Dans deux arrêts des 4 janvier et 18 janvier 2011, la Cour de cassation décide que les

1. Crim. 12 avr. 2005, n° 04-86.780, P n° 125 ; *D.* 2008. 1063, obs. M. Léna ; *AJ pénal* 2008. 286, obs. C. Saas ; *RSC* 2008. 926, obs. R. Finielz.
2. Crim. 31 mai 2011, nos 11-80.034, 10-88.809, 11-81.412, P nos 113, 115 et 116 ; *D.* 2011. 2084, note H. Matsopoulou ; *Constitutions* 2011. 326, obs. A. Levade ; *RSC* 2011. 412, obs. A. Giudicelli.
3. SUR ce point : V. Lesclous, « Un an de droit de la garde à vue (1er juin 2010 – 1er juin 2011) », *Dr. pénal* 2011.
4. L. n° 2011-392, 14 avr. 2011 relative à la garde à vue, *JO* 15 avr., p. 6610.
5. L. n° 2011-392, 14 avr. 2011, préc.
6. Crim. 10 sept. 2014, n° 13-82.507, P n° 185 ; *D.* 2014. 1881 ; *AJ pénal* 2015. 99, obs. J. Lasserre Capdeville.
7. Crim. 12 févr. 2014, n° 12-84.500, P n° 41 ; *D.* 2014. 1881 ; *AJ pénal* 2015. 99, obs. J. Lasserre Capdeville (v. ss n° 615.01) – AUSSI : Crim. 1er févr. 2014, n° 13-87.836, P n° 41 ; *D.* 2014. 485, obs. P. de Combles de Nayves.
8. Circ. CRIM 2011-13/E6, 23 mai 2011, n° IV. 2.3, préc.

éléments de preuve recueillis au cours d'une garde à vue en l'absence d'avocat ne peuvent fonder une décision de culpabilité[1].

Dans un arrêt du 11 mai 2011[2], la chambre criminelle avait jugé : « qu'en se déterminant ainsi, par des motifs qui fondent la déclaration de culpabilité sur des déclarations enregistrées au cours de la garde à vue par lesquelles la personne a contribué à sa propre incrimination sans avoir pu être assistée par un avocat, et ensuite rétractées, la cour d'appel n'a pas justifié sa décision ».

L'arrêt portait seulement sur le fait que la personne *n'ait pu* s'entretenir avec un avocat et ne trouvait donc pas application lorsqu'elle avait renoncé à l'exercice de ce droit. Mais l'examen du cas d'espèce montre que la cour d'appel avait non seulement évoqué l'auto-incrimination du prévenu mais aussi d'autres éléments et notamment qu'il était mis en cause par la victime. L'auto-incrimination n'était donc pas le « *seul fondement* » de la condamnation. Mais après l'entrée en vigueur des nouvelles dispositions de l'article préliminaire, la chambre criminelle a revu ses exigences à la baisse[3] : « Attendu que, pour déclarer irrecevables les exceptions de nullité des procès-verbaux d'audition de MM. X... et Y..., établis au cours de leurs gardes à vue respectives en juin 2005 et mai 2006, l'arrêt retient que, lorsque la juridiction correctionnelle est saisie par l'ordonnance de renvoi du juge d'instruction, les parties sont irrecevables à soulever des exceptions tirées de la procédure antérieure ; que les juges prononcent ensuite sur la culpabilité des prévenus par les motifs repris au moyen, desquels il résulte qu'ils ne se sont fondés ni exclusivement ni même essentiellement sur les déclarations recueillies au cours des gardes à vue... »

Elle a repris cette jurisprudence par la suite[4]. Par ailleurs, la Cour de cassation ne casse pas un arrêt ayant refusé à tort d'annuler des procès-verbaux d'audition établis au cours de la garde à vue du prévenu, dès lors que, pour retenir la culpabilité de ce dernier, les juges ne se sont fondés ni exclusivement ni même essentiellement sur les déclarations recueillies au cours de cette mesure[5]. Il se déduit de l'article 6, § 3, de la convention européenne des droits de l'homme que, même avant l'entrée en vigueur, le 1er juin 2011, de la loi du 14 avril 2011, toute personne placée en garde à vue devait être informée de son droit de se taire, et, sauf exceptions justifiées par des raisons impérieuses, pouvoir bénéficier de l'assistance d'un avocat[6] [7]. Dans cet arrêt, les juges du fond s'étaient fondés essentiellement sur les déclarations incriminantes faites par les prévenus durant leur garde à vue pour entrer en voie de condamnation.

Enfin, même si cette décision concerne la cour d'assises, on peut rapporter que la chambre criminelle a jugé que, selon l'article 328 du Code de procédure pénale, après l'avoir informé de son droit, au cours des débats, de faire des déclarations, de répondre aux questions qui lui sont posées ou de se taire, le président de la cour d'assises interroge l'accusé et reçoit ses déclarations. La garantie de l'effectivité du droit de garder le silence impose de proscrire qu'une déclaration de culpabilité soit fondée exclusivement ou essentiellement sur le silence de l'accusé ou sur son refus de répondre à des questions. Ne méconnaît pas ces textes et principe la cour d'assises qui relève un certain nombre d'éléments matériels et témoignages à charge contre l'accusé et relève qu'en dépit de dénégations répétées et d'explications fluctuantes accueillies pour la première fois, près de 3 années après la clôture de l'instruction au cours de laquelle l'intéressé avait fait le choix de demeurer particulièrement taisant, l'accusé ne parvient toujours pas à expliquer de manière cohérente et circonstanciée la présence de son ADN sur le serflex ayant servi à entraver l'une des victimes, et abandonné sur les lieux. En statuant ainsi, la cour d'assises n'a en effet pas fondé la déclaration de culpabilité exclusivement ou essentiellement sur le silence de l'accusé[8]. Il apparaît

1. Crim. 4 janv. 2011, nº 10-85.520, P nº 3 ; *D.* 2011. 242, obs. M. Léna ; *AJ pénal* 2011. 83, obs. J. Danet ; *RSC* 2011. 144, obs. J. Danet – Crim. 18 janv. 2011, nº 10-83.750, P nº 9 ; *D.* 2011. 242, obs. M. Léna ; *AJ pénal* 2011. 83 ; *RSC* 2011. 144, obs. J. Danet ; *D.* 2011. 381 ; *JCP* 2011. 191, note A. Maron ; *Procédures* 2011, nº 75, note J. Buisson ; *Procédures* 2011, nº 110, note A.-S. Chavent-Leclère ; *AJ pénal* 2011. 83, obs. J. Danet ; *AJ pénal* 2011. 198, obs. L. Ascensi ; *Dr. pénal* 2011, nº 27, note A. Maron et M. Haas.
2. Crim. 11 mai 2011, nº 10-84.251, P nº 97 ; *AJ pénal* 2011. 371, obs. L. Ascensi ; *D.* 2011. 1421, obs. C. Girault ; *JCP* 2011. 626 ; *D.* 2011. 1421, obs. C. Girault ; *RSC* 2011. 414, obs. J. Danet ; *RSC* 2012. 185, obs. J. Danet.
3. Crim. 6 déc. 2011, nº 11-80.326, P nº 247 ; *Gaz. Pal.* 22-24 janv. 2012, p. 7, note O. Bachelet ; *RSC* 2012. 185, obs. J. Danet.
4. Crim. 14 mars 2012, nº 11-85.827, P nº 73 ; *D.* 2012. 1063 – Crim. 21 mars 2012, nº 11-83.637, P nº 78 ; *Dr. pénal* 2012, nº 78, note A. Maron et M. Haas ; *D.* 2012. 1063 – Crim. 31 mai 2012, nº 11-83.494, P nº 141 – Crim. 13 juin 2012, nºs 11-81.573, 10-82.420, P nº 147 ; *D.* 2012. 1616 ; *RSC* 2012. 631, obs. J. Danet – Crim. 12 févr. 2014, nº 13-87.836, P nº 41 ; *D.* 2014. 485, obs. P. de Combles de Nayves (v. ss nº 222.398).
5. Crim. 21 mars 2012, nº 11-83.637, P nº 78 ; *D.* 2012. 1063 ; *RSC* 2012. 631, obs. J. Danet.
6. Crim. 10 sept. 2014, nº 13-82.507, *AJ pénal* 2015. 99, obs. J. Lasserre Capdeville.
7. SUR ces points, v. ss nºs 615.101 et 615.121 s.
8. Crim. 26 oct 2022, nº 21-84.618, B : *Dr. pénal* nº 12, Décembre 2022, comm. 203, A. Maron et M. Haas ; *Procédures* 2022, comm. 284, A.-S. Chavent-Leclère.

logique d'étendre cette solution à la matière correctionnelle.

615.303 Position de la CEDH : atteinte aux droits de la défense du fait même d'utiliser les déclarations recueillies sans l'avocat pour fonder une déclaration. Or, la jurisprudence européenne apparaît plus sévère que l'article préliminaire puisque, dans l'arrêt *Salduz c/ Turquie* du 27 novembre 2008, la CEDH estime : « qu'il est en principe porté une atteinte irrémédiable aux droits de la défense lorsque des déclarations incriminantes faites lors d'un interrogatoire de police subi sans assistance possible d'un avocat sont utilisées pour fonder une condamnation ».

C'est donc la mention même de déclarations incriminantes formulées sans avoir pu s'entretenir avec un avocat qu'il faut éviter. La même formulation est reprise dans une décision du mois d'octobre 2011[1], puis confirmée encore dans un arrêt du 17 janvier 2012, encore rendue contre la Turquie[2]. Selon la jurisprudence européenne, ce n'est ni le caractère *exclusif ni même le caractère essentiel* qui importe, mais le *seul fait que la déclaration soit utilisée pour fonder une condamnation*, ce que la chambre criminelle avait considéré dans son arrêt du 11 mai 2011, mais plus par la suite. Il est toutefois capital de savoir si ce critère possède une valeur autonome et peut venir en secours d'une motivation insuffisante, s'agissant de la non-comparution d'un témoin.

615.304 Assouplissement de sa position. Dans un arrêt de Grande Chambre *Al-Khawaja et Tahery c/ Royaume-Uni*, rendu le 15 décembre 2011[3], la Cour européenne des droits de l'Homme a conclu « que l'admission à titre de preuve de la déposition faite avant le procès par un témoin absent de celui-ci et constituant l'élément à charge unique ou déterminant n'emportait pas automatiquement violation de l'article 6, § 1er » et expliqué qu'une application rigide de la règle de la « preuve unique ou déterminante », selon laquelle un procès n'est pas équitable si la condamnation de l'accusé repose uniquement ou dans une mesure déterminante sur des dépositions de témoins qu'à aucun stade de la procédure il n'a pu interroger, irait à l'encontre de la manière dont elle aborde traditionnellement le droit à un procès équitable au titre de l'article 6, § 1, à savoir en examinant *si la procédure dans son ensemble a revêtu un caractère équitable*. Elle ajoute dans cette décision que « le point de savoir s'il y avait de bonnes raisons d'admettre la déposition d'un témoin absent était une "question préliminaire" qu'il faut examiner avant de rechercher si le témoignage en question s'analysait en une preuve unique ou déterminante[4] ». Elle rappelle également que, « dans des affaires où la déposition du témoin absent n'avait pas revêtu le caractère d'une preuve unique ou déterminante, elle avait conclu à la violation de l'article 6, § 1er et 3 d) au motif qu'il n'avait pas été démontré que l'impossibilité faite à la défense d'interroger le témoin était justifiée par un motif sérieux »[5].

Dans un arrêt du 16 juin 2015[6], la Cour de Strasbourg énonce que la police suisse aurait dû informer la requérante de son droit de ne pas s'incriminer soi-même et de garder le silence, mais que cet interrogatoire n'avait constitué qu'un élément de preuve de faible importance dans le procès, et que la condamnation n'avait pas été prononcée sur les seules bases des informations obtenues au cours de cet interrogatoire, de sorte que le procès, vu dans son intégralité, n'était pas inéquitable et qu'il n'y avait pas violation de l'article 6, § 1. La requérante, dans cette affaire, n'avait pas été placée en garde à vue mais entendue à titre de renseignement. La Cour n'en estime pas moins que le droit au silence aurait dû lui être notifié. Dès lors que l'audition est susceptible d'aboutir à une auto-incrimination cette formalité doit être réalisée. Toutefois, en se livrant à une analyse globale du procès, la Cour ne retient pas de violation de l'article 6. La cour de Strasbourg a par la suite confirmé cette « relativisation de la règle de la preuve déterminante »[7]. Dans une décision rendue en Grande Chambre le 15 décembre 2015[8], la Cour vient expliciter les attendus de son arrêt *Al-Khawaja et Tahery*. Dans cette affaire, l'accusé se plaignait de ne pas avoir pu faire interroger des victimes, prostituées lettones qui refusaient de se revenir en Allemagne pour le procès. La Cour énonce explicitement avoir voulu dans son arrêt *Al-Khawaja et Tahery* abandonner le caractère automatique de la règle dite « de la preuve unique et déterminante », et observer qu'« on en arriverait à la création d'une nouvelle règle automatique si un procès devait être considéré comme inéquitable

1. CEDH 27 oct. 2011, *Stojkovic c/ France* et *Belgique*, req. nº 25303/08 ; *AJ pénal* 2012. 93, obs. J.-R. Demarchi ; *RSC* 2012. 241, obs. J.-P. Marguénaud ; *RTD eur.* 2012. 369, obs. E. Palvadeau.
2. CEDH 17 janv. 2012, *Fidanci c/ Turquie*, req. nº 17730/07 ; *D.* 2012. 361, obs. O. Bachelet.
3. CEDH 15 déc. 2011, *Al-Khawaja et Tahery c/ Royaume-Uni*, req. nº 26766/05, 22228/06 ; *RSC* 2012. 245, obs. D. Roets.
4. CEDH 15 déc. 2011, *Al-Khawaja et Tahery c/ Royaume-Uni*, préc., § 120.
5. *Op. cit.*
6. CEDH 16 juin 2015, *Schmidt-Laffer c/ Suisse*, req nº 41269/08 ; *AJ pénal* 2016. 36, obs. S. Lavric.
7. D. Roets, *RSC* 2016. 122.
8. CEDH, gr. ch., 15 déc. 2015, *Schatschaschwili c/ Allemagne*, req. nº 9154/10 ; *RSC* 2016. 122, note D. Roets.

pour la seule raison que la non-comparution du témoin ne se justifiait par aucun motif sérieux, même si la preuve non vérifiée n'était ni unique ni déterminante, voire était sans incidence pour l'issue de l'affaire (13) »[1]. Elle estime donc que « l'absence de motif sérieux justifiant la non-comparution d'un témoin ne peut en soi rendre un procès inéquitable »[2]. Si l'arrêt *Al-Khawaja et Tahery* a donné trois critères d'analyse, motif sérieux de passer outre à l'absence du témoin, caractère unique ou déterminant des déclarations du témoin et existence ou non d'éléments permettant de compenser les difficultés causées à la défense en conséquence de l'admission d'une telle preuve, l'absence du premier critère, qui se présente bien en premier dans l'analyse ne doit pas faire obstacle à l'examen des autres de sorte que le caractère équitable ou non de la procédure doit être apprécié « dans son ensemble ». Ces précisions apparaissent capitales puisqu'elles permettent en réalité de concevoir l'absence de violation de la convention y compris si la juridiction s'est insuffisamment justifiée sur l'absence de possibilité pour la défense de contre-interroger un témoin dès lors que le témoignage de celui-ci, par hypothèse déjà recueilli lors de l'enquête, n'est pas déterminant et qu'il existe des éléments de nature à compenser les difficultés causées à la défense.

Dans l'arrêt de grande chambre *Beuze c/ Belgique* du 9 septembre 2018[3], le requérant se plaignait, d'une part, d'avoir été privé de son droit d'accès à un avocat pendant sa garde à vue sans information suffisante quant à son droit de garder le silence et de ne pas témoigner contre lui-même et, d'autre part, de ne pas avoir bénéficié de la présence d'un avocat lors des auditions, interrogatoires et autres actes d'instruction intervenus durant la phase d'instruction. La Cour fait le constat unanime d'une violation de l'article 6 paragraphes 1 et 3-c) de la Convention, mais à l'issue d'un raisonnement critiqué par la doctrine[4]. Reprenant les affirmations déjà énoncées, la Cour affirme que « lorsqu'elle examine un grief tiré de l'article 6 paragraphe 1, [elle] doit essentiellement déterminer si la procédure pénale a globalement revêtu un caractère équitable » et que « le respect des exigences du procès équitable s'apprécie au cas par cas à l'aune de la conduite de la procédure dans son ensemble et non en se fondant sur l'examen isolé de tel ou tel point ou incident, bien que l'on ne puisse exclure qu'un élément déterminé soit à ce point décisif qu'il permette de juger de l'équité du procès à un stade précoce ». Elle rappelle, de manière traditionnelle, le contenu du droit à avocat mais c'est la question de l'« articulation entre la justification de la restriction au droit d'accès à un avocat et l'équité globale de la procédure », qui pose problème. Se référant à l'arrêt Salduz elle estime qu'il y a deux étapes à suivre en cas de violation à accès à un avocat. Tout d'abord, l'examen de l'existence ou non de « raisons impérieuses » pouvant justifier la restriction de ce droit ; ensuite, l'examen de l'équité globale de la procédure. Elle affirme que ces deux étapes, d'une part, « ont été suivies par les chambres de la Cour dans des affaires mettant en cause soit des restrictions d'origine législative ayant une portée générale et obligatoire, soit des restrictions résultant de décisions prises au cas par cas par les autorités compétentes » et, d'autre part, qu'elles ont été confirmées et précisées dans l'arrêt de *grande chambre Ibrahim et autres c/ Royaume-Uni* du 13 septembre 2016. Selon Damien Roets, cette analyse « est erronée et, par là même, très inquiétante en termes de sécurité juridique européenne. En effet, dans l'arrêt *Salduz*, la Cour ne procède nullement à une analyse en deux étapes et ne suggère aucunement que l'équité globale de la procédure est de nature à compenser la privation du droit à l'assistance d'un avocat puisque la question de la prise en considération de la procédure « dans son ensemble » ne se pose qu'en présence de restrictions « pour des raisons impérieuses ». En l'espèce, si la Cour conclut *in fine* à la violation de l'article 6 paragraphes 1 et 3-c) de la Convention, c'est en raison de l'« ampleur particulière » des restrictions du droit d'accès à un avocat. Par la suite, la Cour a maintenu cette analyse y compris dans le cadre de l'audition libre. Dans l'arrêt *Dubois c/ France*[5] la Cour procède encore à une analyse de l'ensemble de la procédure pour déterminer la portée de la violation d'un droit garanti par la Convention : elle doit rechercher « si, combinée au défaut de notification du droit de garder le silence, le fait d'avoir été privé de la possibilité d'être assisté d'un avocat a ou non affecté l'équité de la procédure dans son ensemble ». Elle juge que les déclarations effectuées n'ont joué qu'un rôle accessoire dans la condamnation du requérant, les juges français s'étant principalement fondés, pour asseoir la condamnation, sur des éléments n'ayant aucun lien avec l'audition libre. Dès lors, selon la Cour européenne, « la procédure pénale menée à l'égard du requérant, considérée dans son ensemble, a permis, dans les circonstances de l'espèce, de remédier aux lacunes procédurales survenues durant l'audition libre ». Enfin, dans

1. CEDH 15 déc. 2011, *Al-Khawaja et Tahery c/ Royaume-Uni*, préc., § 112.
2. CEDH 15 déc. 2011, *Al-Khawaja et Tahery c/ Royaume-Uni*, préc., § 113.
3. CEDH, gr. ch., 9 sept. 2018, n° 71409/10, *Beuze c/ Belgique, AJ pénal* 2019. 30, note E. Clément ; *RSC* 2019. 174, Damien Roets.
4. V. D. Roets, *RSC* 2019. 174.
5. CEDH 28 avr. 2022, n° 52833/19, *Dubois c/ France, AJ pénal* 2022. 319 ; *RSC* 2022. 683, obs. J.-P. Marguénaud.

l'arrêt *Wang*[1] la Cour européenne considère au contraire que la procédure pénale menée à l'égard de la requérante, considérée dans son ensemble, n'a pas permis de remédier aux graves lacunes procédurales survenues pendant l'audition libre (absence d'avocat et d'interprète). s'agissant de l'audition libre, telle qu'elle est prévue en droit français, la Cour considère-t-elle dans ces deux arrêts qu'une personne suspectée d'avoir commis une infraction, convoquée et interrogée par un officier de police ou de gendarmerie, doit également être regardée comme « accusée » au sens de l'article 6, même si cette audition n'est pas effectuée sous contrainte. La Cour considère dans ces deux arrêts qu'une personne suspectée d'avoir commis une infraction, convoquée et interrogée par un officier de police ou de gendarmerie, doit également être regardée comme « accusée » au sens de l'article 6, même si cette audition n'est pas effectuée sous contrainte, faisant ainsi entrer l'audition libre dans le cadre de la personne « accusée »[2].

615.305 Critères déterminant la validité des déclarations recueillies hors la présence de l'avocat pendant la garde à vue. Dans un arrêt *Schatschaschwili c/ Allemagne*[3] la Cour a tenté aussi d'expliciter les trois critères retenus[4]. Pour le troisième critère, le moins « lisible », la Cour précise que « les tribunaux doivent avoir démontré qu'ils étaient conscients de la valeur réduite des déclarations du témoin absent » : qu'« [elle] a égard aux instructions données jury par le juge du fond quant à la façon d'aborder la déposition d'un témoin absent » ; que « la production au procès d'éléments de preuve venant corroborer la déposition non vérifiée constitue une autre garantie de grand poids » ; que « le défendeur doit [...] se voir offrir la possibilité de donner sa propre version des faits et de mettre en doute la crédibilité du témoin absent en soulignant toute incohérence ou contradiction avec les déclarations d'autres témoins » ; que « la diffusion à l'audience d'un enregistrement vidéo de l'interrogatoire au stade de l'enquête du témoin absent, si cela est possible, constitue une garantie supplémentaire de nature à permettre au tribunal, au ministère public et à la défense d'observer le comportement du témoin pendant l'interrogatoire et de se former leur propre opinion quant à sa fiabilité » ; que « le fait d'avoir donné [à la personne poursuivie] ou à l'avocat de la défense la possibilité d'interroger le témoin au stade de l'enquête constitue également une solide garantie permettant de compenser les difficultés causées à la défense en conséquence de l'admission au procès de dépositions non vérifiées ». Cette décision a été très critiquée par la doctrine : « L'arrêt de grande chambre *Schatschaschwili c/ Allemagne* amplifie malencontreusement le phénomène d'édulcoration de l'article 6, § 3, d) de la convention (ce que ne saurait occulter le fait que, *in casu*, la Cour conclut à la violation du droit garanti par cette disposition conventionnelle). En effet, après avoir admis la possibilité de ne pas offrir à la personne poursuivie le droit d'interroger ou de faire interroger une personne dont le témoignage n'est pas unique ou n'apparaît pas déterminant, puis considéré que la privation de ce droit est compatible avec la convention quand bien même le témoignage est unique ou déterminant dès lors qu'existent des éléments procéduraux suffisamment compensateurs, la Cour admet désormais que l'article 6, § 3, d) de la convention puisse ne pas être respecté en l'absence d'un motif sérieux de non-comparution du témoin, alors pourtant que, en pareille situation, les questions du caractère unique ou déterminant du témoignage et de la présence d'éléments compensateurs suffisants ne devraient pas même être posées »[5]. Dans une décision du 12 octobre 2017[6], la cour de Strasbourg condamne l'Italie pour être entrée en voie de condamnation contre un accusé qui n'avait pu être confronté avec le plaignant qui l'avait identifié avant de disparaître et d'être vainement recherché (il était en fuite en raison d'un mandat d'arrêt délivré contre lui). Pour la Cour « le caractère déterminant des dépositions de C. C..., en l'absence de confrontation avec le requérant en audience publique, emporte la conclusion que les juridictions internes, aussi rigoureux qu'ait été leur examen, n'ont pas pu apprécier correctement et équitablement la fiabilité de cette preuve »[7].

SECTION 9

IRRÉGULARITÉS COMMISES EN MATIÈRE DE GARDE À VUE – DROITS DU GARDÉ À VUE

§ 1

Notification des droits au gardé à vue

615.311 Notification tardive des droits. La personne placée en garde à vue doit être informée immédiatement de ses droits[8]. Si le retard est

1. CEDH 28 avr. 2022, n° 83700/17, *Wang c/ France, AJ pénal* 2022. 319, obs. T. Besse ; *RSC* 2022. 683, obs. J.-P. Marguénaud.
2. SUR ce point : J.-P. Marguénaud, *RSC* 2022. 683.
3. CEDH, gr. ch., 15 déc. 2015, *Schatschaschwili c/ Allemagne*, req. n° 9154/10 ; *RSC* 2016. 122, note D. Roets.
4. Pour une analyse plus exhaustive : D. Roets, *RSC* 2016. 122.
5. D. Roets, *RSC* 2016. 122.
6. CEDH 12 oct. 2017, *Cafagna c/ Italie*, req. n° 26076/13 ; *AJ pénal* 2017. 552, obs. M. Recotillet.
7. § 56.
8. Crim. 11 oct. 2000, n° 00-82.238, P n° 296 ; *Dr. pénal* 2000, n° 13, note A. Maron.

injustifié il porte nécessairement atteinte aux intérêts de la partie qu'elle concerne[1]. C'est le cas lorsque les droits sont notifiés à l'issue d'une perquisition alors que la personne avait été placée en garde à vue avant qu'elle ne commence[2]. De même, lorsqu'une personne est retenue par un officier de police judiciaire pour être entendue, elle doit être considérée comme ayant été mise en garde à vue, même si celle-ci ne lui a pas été notifiée[3]. En conséquence, les dispositions de l'article 802 du code de procédure pénale ne sont pas applicables à une telle situation[4].

La jurisprudence a néanmoins précisé que la notification n'est pas tardive dès lors qu'il résulte notamment des mentions contenues dans un procès-verbal signé de l'intéressé que, dès le début de la mesure de garde à vue, il a été informé de ce droit[5]. Le procès-verbal doit être rédigé sur le champ mais l'irrégularité consistant à ne consigner cette notification qu'ultérieurement ne peut entraîner la nullité des actes effectués pendant la mesure lorsqu'il est établi que cette personne a eu effectivement connaissance de ses droits dès le début de la mesure[6].

La chambre criminelle distingue donc la *notification effective des droits* qui doit être immédiate, de la *consignation au procès-verbal* qui peut être plus tardive s'il existe au dossier la mention que la notification a bien été immédiate. Peu importe par ailleurs que, dans l'intérêt de la personne gardée à vue, on ait fait rétroagir le point de départ de la garde à vue à un moment où la personne était entendue sans contrainte, dès lors que la notification des droits est intervenue dès le placement effectif en garde à vue[7]. La rédaction d'un procès-verbal spécifique n'est pas indispensable, tout acte de procédure pouvant servir à établir l'accomplissement de la formalité[8]. L'absence de signature du procès-verbal de notification de la mesure de garde à vue n'entraîne pas la nullité de la mesure de garde à vue elle-même s'il résulte des pièces de la procédure que l'intéressé a été régulièrement informé de sa situation et que ses droits lui ont été notifiés[9].

Le retard de 1 h 15 apporté à la notification des droits du fait de la « grande excitation » de la personne gardée à vue lors de son passage à l'hôpital pour y effectuer des examens et le refus de l'intéressé d'y recevoir des soins, ce qui avait contraint les enquêteurs à accomplir de nouvelles tâches supplémentaires, caractérisant les circonstances insurmontables ayant justifié la notification tardive des droits peut être excusé[10]. La chambre criminelle affirme que les juges du fond apprécient souverainement si le retard pour informer de ses droits la personne gardée à vue est ou non légitime[11]. Elle exerce toutefois son contrôle sur la cohérence de la motivation[12]. Elle a exercé ce contrôle tout particulièrement dans deux domaines : celui du retard dû à la recherche d'un interprète pour un étranger ; celui du retard dû à l'état d'alcoolémie de la personne.

La cour d'appel, qui a refusé d'annuler la mesure de garde à vue et la procédure subséquente, alors qu'aucun élément de la procédure n'établit une circonstance insurmontable justifiant la décision de différer tant la notification de ses droits à l'intéressé que l'information du procureur de la République, a méconnu le sens et la portée des articles 63, alinéa 1er, et 63-1 du code de procédure pénale[13]. Dans cette affaire, l'avis au procureur de la République avait été donné 45 minutes après le placement en garde à vue ; les droits avaient été notifiés 30 minutes après le placement... Mais est rejetée l'exception de nullité tirée de ce que la notification des droits ouverts à la personne gardée à vue est intervenue le 20 janvier 2014 à 13 heures 45 alors qu'elle a été interpellée le 20 janvier 2014 à 0 heure 30, l'existence d'une circonstance insurmontable ayant retardé la notification des droits, laquelle ne doit intervenir qu'à partir du moment où la personne gardée à vue est en mesure d'en comprendre la portée[14]. Le délai de 20 minutes entre la présentation d'une personne, interpellée par des agents de police judiciaire, à l'officier de police judiciaire de permanence et son placement en garde à vue, qui inclut la notification des droits afférents à cette mesure, ne peut donner lieu à son annulation, compte tenu des circonstances de l'interpellation, de la zone dans laquelle elle a eu lieu et des délais de transport, le procureur de la République ayant été par ailleurs préalablement avisé[15].

1. Crim. 30 avr. 1996, n° 95-82.217, P n° 182 – Crim. 29 avr. 1998, n° 98-80.121, P n° 145 – Crim. 14 déc. 1999, nos 99-82.855, 99-84.148, 2 esp., P nos 301, 302.
2. Crim. 18 juin 1998, n° 98-81.369, P n° 200 – Crim. 10 mai 2000, n° 00-81.201, P n° 182 ; *AJ pénal* 2015. 214, obs. J. Lasserre Capdeville.
3. Crim. 10 mai 2000, n° 00-81.201, préc.
4. Crim. 6 déc. 2000, nos 00-86.221, 00-82.997, P n° 367 (v. ss n° 615.01).
5. Crim. 9 févr. 2000, n° 99-87.659, P n° 64.
6. Crim. 9 févr. 2000, n° 99-87.659, préc. – Crim. 21 mars 2000, n° 99-87.632, P n° 127.
7. Crim. 19 janv. 2000, n° 99-86.090, P n° 33.
8. Crim. 24 oct. 2000, n° 00-85.407, P n° 306 – Crim. 19 déc. 2000, n° 00-86.715, P n° 383.
9. Crim. 12 janv. 2000, n° 99-86.687, NP.
10. Crim. 27 nov. 2007, n° 07-83.786, NP.
11. Crim. 26 mai 1999, nos 98-84.997, 99-81.457, P n° 105.
12. Crim. 24 mai 2006, n° 06-82.123, NP.
13. Crim. 24 mai 2016, n° 16-80.564, P n° 155 ; *JCP* 2016. 786.
14. Crim. 6 déc. 2016, n° 15-86.619, P.
15. Crim. 15 oct. 2019, n° 19-82.380, P ; *Procédures* 2019, comm. 329 1995 ; *Dr. pénal* 2019, comm. 209, A. Maron et M. Haas ; *D.* 2019. 1995.

615.312 Droit à interprète. Les informations doivent être communiquées à la personne dans une langue qu'elle comprend[1]. Il suffit que la personne puisse comprendre les droits qui lui sont notifiés, il n'est pas nécessaire que l'officier de police judiciaire fasse appel à un interprète assermenté[2]. La pratique a développé la remise d'imprimés dans les langues les moins courantes. Cette pratique a été codifiée par un ajout à l'article 63-1[3] du code de procédure pénale, issu de la loi du 9 mars 2004, qui disposait : « les informations mentionnées au premier alinéa doivent être communiquées à la personne gardée à vue dans une langue qu'elle comprend, le cas échéant au moyen de formulaires écrits ». La rédaction issue de la loi du 27 mai 2014[4] renvoie au formulaire prévu au treizième alinéa, qui dispose que : « Si la personne ne comprend pas le français, ses droits doivent lui être notifiés par un interprète, le cas échéant après qu'un formulaire lui a été remis pour son information immédiate. »

L'impossibilité de joindre un interprète peut être une justification de l'absence de notification immédiate des droits. Mais la Cour de cassation se livre à une étude concrète des cas qui lui sont soumis. Ainsi, elle a estimé injustifiée un délai de seize heures résultant de l'impossibilité de joindre l'interprète en langue arabe auquel recourt habituellement le service de police[5]. N'encourt pas la censure l'arrêt qui, pour refuser d'annuler le placement en garde à vue d'une personne étrangère qui avait reçu, en langue française, notification des droits attachés à ce placement, relève qu'entendue ultérieurement avec l'assistance d'un interprète, celle-ci, qui résidait en France depuis 1973, avait déclaré avoir compris la nature et la portée de la notification faite en français et que le recours à un interprète était justifié par les difficultés tenant à l'attitude de la personne entendue[6].

615.313 Autres hypothèses de report justifié. Constituent des circonstances insurmontables la décision prise collectivement par un barreau[7] de suspendre toute participation des avocats au service des commissions d'office[8].

En revanche, il a été jugé que la défaillance technique du télécopieur qui aurait empêché la transmission au parquet, dans les délais, du procès-verbal de notification de garde à vue ne constitue pas une circonstance insurmontable[9]. La nécessité de porter secours et de faire face aux conséquences d'un accident peut également constituer des circonstances insurmontables[10].

615.314 Notification de ses droits à la personne en état d'ivresse. Lorsqu'une personne en état d'ivresse est placée en garde à vue, la notification des droits ne peut intervenir qu'à partir du moment où la personne est en mesure d'en comprendre la portée[11]. Pendant le dégrisement, la personne n'est pas placée en garde à vue[12]. L'état d'ivresse de l'intéressé constitue une circonstance insurmontable empêchant la notification des droits au gardé à vue qui doit être en mesure d'en comprendre la portée[13]. Les officiers de police judiciaire doivent donc se montrer particulièrement vigilants. Ils ne doivent pas notifier la garde à vue et les droits y afférents trop tôt sous peine de voir soulever une irrégularité touchant à l'incapacité de la personne de comprendre le sens de la mesure. D'un autre côté, ils ne doivent pas non plus la notifier trop tard, sous peine de voir soulever le défaut de notification immédiate. Est régulière la notification faite à une personne en état d'ébriété lors de son interpellation, dès lors que l'officier de police judiciaire a constaté, lors de la notification des droits concomitante au placement en garde à vue, que l'intéressé était manifestement en état de répondre aux questions qui lui étaient posées, ce qu'il a confirmé lors de son audition[14].

Par ailleurs, les officiers et agents de police judiciaire qui procèdent aux vérifications destinées à établir la preuve de l'état alcoolique d'un conducteur tiennent des articles L. 234-4[15], L. 234-5 et L. 234-9[16] du code de la route le droit de retenir la

1. Crim. 11 févr. 1998, nº 97-85.542, P nº 55 ; *D.* 1998. 124 ; *RSC* 1998. 583, obs. J.-P. Dintilhac.
2. Crim. 26 mai 1999, nºs 98-84.997, 99-81.457, P nº 105.
3. C. pr. pén., art. 63-1 : mod. par L. nº 2004-204, 9 mars 2004, art. 81 ; puis mod. par L. nº 2016-731, 3 juin 2016, art. 63.
4. C. pr. pén., art. 63-1 : mod. par L. nº 2014-535, 27 mai 2014, art. 4.
5. Crim. 3 déc. 1996, nº 96-84.503, P nº 443 ; *D.* 1997. 52.
6. Crim. 11 févr. 1998, nº 97-85.542, P nº 55 ; *D.* 1998. 124 ; *RSC* 1998. 583, obs. J.-P. Dintilhac.
7. NOT. : St. Bortoluzzi, D. Piau, Th. Wickers, *Règles de la profession d'avocat*, 17e éd., « Dalloz action », 2022, nºs 471.48, 472.221 s.
8. Crim. 12 mars 1997, nº 96-86.596, P nº 99 ; *D.* 1997. 125 ; *RSC* 1997. 859, obs. J.-P. Dintilhac.
9. Crim. 19 déc. 2007, nº 07-83.340, NP.
10. Crim. 6 mars 2012, nº 11-84.711, P nº 60 ; *D.* 2012. 1656, note A. Gallois ; *D.* 2012. 2917, obs. G. Roujou de Boubée, T. Garé, M.-H. Gozzi, S. Mirabail et T. Potaszkin ; *RSC* 2012. 400, obs. X. Salvat ; *RSC* 2012. 925, obs. J.-F. Renucci.
11. Crim. 3 avr. 1995, nº 94-81.792, P nº 140 ; *D.* 1996. 261, obs. J. Pradel ; *RSC* 1995. 609, obs. J.-P. Dintilhac.
12. Crim. 4 janv. 1996, nº 95-84.330, P nº 5 ; *RSC* 1996. 399, obs. J.-P. Dintilhac – Crim. 10 mai 2000, nº 00-80.865, P nº 181 ; *AJ pénal* 2016. 89.
13. en dernier lieu : Crim. 7 déc. 2011, nº 10-86.735, NP.
14. Crim. 10 mai 2000, nº 00-80.865, préc.
15. C. route, art. 234-4 ; mod. par L. nº 2001-1062, 15 nov. 2001, art. 13.
16. C. route, art. 234-9 ; mod. par L. nº 2011-267, 14 mars 2011, art. 93.

personne concernée pendant le temps strictement nécessaire à ces opérations[1]. Encourt en conséquence la censure l'arrêt qui, pour annuler les actes de procédure postérieurs à l'interpellation d'un conducteur soumis aux épreuves de dépistage de son imprégnation alcoolique, retient que l'intéressé aurait dû être placé en garde à vue avant d'être conduit dans les locaux de la gendarmerie pour y subir les épreuves de vérification de son état alcoolique[2].

De même, est régulière l'audition du prévenu, interpellé à bord de son véhicule après avoir refusé d'obtempérer à une sommation de s'arrêter, qui a accepté, sans y être contraint, de suivre les gendarmes à l'unité pour y être entendu et qui a, à l'issue de son placement en chambre de dégrisement, été entendu puis laissé libre à l'issue de son audition, sans avoir été préalablement placé en garde à vue[3].

L'absence d'obligation de placer cette personne en garde à vue a été affirmée par la loi du 14 avril 2011[4] qui le spécifie expressément : « Lorsqu'il a été procédé aux épreuves de dépistage et aux vérifications prévues par les articles L. 234-3 et L. 234-5, le placement en garde à vue de la personne, si les conditions de cette mesure prévues par le code de procédure pénale sont réunies, n'est pas obligatoire dès lors qu'elle n'est pas tenue sous la contrainte de demeurer à la disposition des enquêteurs et qu'elle a été informée qu'elle peut à tout moment quitter les locaux de police ou de gendarmerie. »[5]

Cette personne ne dispose pas, tant qu'une garde à vue ne lui a pas été notifiée des droits afférents à cette dernière mesure de contrainte[6].

615.315 Intervention de l'avocat. Une grande partie de la jurisprudence antérieure est désormais obsolète. Ainsi, celle qui estimait qu'« aucune disposition légale ou conventionnelle n'impose à l'officier de police judiciaire, qui a tenté vainement de joindre dès le début de la garde à vue le bâtonnier de l'ordre des avocats ou son délégataire, de différer l'audition de la personne qui fait l'objet de cette mesure »[7], se heurte aux dispositions de la loi du 14 avril 2011 prévoyant, sauf exception dûment motivée, un délai d'attente de deux heures[8].

Certains arrêts demeurent toutefois d'actualité. Ainsi, est irrégulière et porte atteinte aux droits de la personne gardée à vue son audition poursuivie par les enquêteurs après la vingtième heure accomplie, dès lors qu'en dépit de sa demande, elle n'a pu s'entretenir avec un avocat à l'expiration de ce délai et qu'aucun élément de la procédure ne justifie des diligences effectuées par l'officier de police judiciaire afin de lui permettre l'exercice de ce droit[9]. Les enquêteurs doivent en effet justifier par écrit des mesures prises pour assurer la présence de l'avocat auprès de son client. L'article 63-4 du code de procédure pénale impose seulement à l'officier de police judiciaire de prendre contact avec l'avocat désigné par la personne gardée à vue mais ne lui fait pas obligation d'assurer l'effectivité de l'entretien avec cet avocat[10].

§ 2
Enregistrement audiovisuel

615.321 Enregistrement audiovisuel des interrogatoires d'un mineur gardé à vue. Tout comme pour la notification des droits de la personne gardée à vue, ou pour l'information immédiate du procureur de la République ou du juge d'instruction, la chambre criminelle de la Cour de cassation estime que le défaut *d'enregistrement audiovisuel des interrogatoires d'un mineur* placé en garde à vue, non justifié par un obstacle insurmontable porte nécessairement atteinte aux intérêts de ce mineur. L'impossibilité, avancée par les fonctionnaires de police, de réaliser l'enregistrement audiovisuel de ce mineur en raison d'un « problème informatique », ne suffit pas, en l'absence de toute autre précision, à caractériser la cause insurmontable qui justifierait l'omission de procéder à un tel enregistrement[11]. L'impossibilité technique de procéder à l'interrogatoire filmé des mineurs placés en garde à vue, doit faire l'objet d'une mention dans le procès-verbal d'interrogatoire lui-même et être porté immédiatement à la connaissance du procureur de la République ou du juge d'instruction[12].

1. Crim. 11 déc. 2007, n° 06-87.931, NP.
2. Crim. 21 juin 2006, n° 06-80.392, P n° 192 ; *D.* 2006. 2274 ; *AJ pénal* 2006. 449, obs. C. Girault ; *RSC* 2007. 587, obs. J. Buisson – Crim. 24 oct. 2007, n° 07-82.310, NP.
3. Crim. 26 oct. 2005, n° 05-80.647, NP – Crim. 2 sept. 2004, n° 03-86.721, NP, *D.* 2005. 2217, obs. C. Rondey ; *AJ pénal* 2005. 368, obs. C. Saas.
4. L. n° 2011-392, 14 avr. 2011, préc.
5. Code de la route, art. L. 234-3 et L. 235-5, quand il est fait application de L. 235-2.
6. Crim. 9 sept. 1998, n° 98-80.662, P n° 229.
7. Crim. 28 avr. 2004, n° 04-80.753, P n° 102 ; *D.* 2004. 1772 – Crim. 13 déc. 2006, n° 05-87.606, P n° 312 ; *AJ pénal* 2007. 140, obs. E. Allain.
8. V. s[s] n° 615.125.
9. Crim. 10 mai 2001, n° 01-81.762, P n° 118.
10. Crim. 3 oct. 2007, n° 00-84.985, NP.
11. Crim. 3 avr. 2007, n° 06-87.264, P n° 104 ; *Gaz. Pal.* 29 août/1er sept. 2007, p. 8, note P. Gagnoud ; *JCP* 2007. II. 10132, note J. Y. Maréchal ; *Dr. pénal* 2007, n° 109, note A. Maron ; *D.* 2007. Ét. 2141, obs. J. Pradel ; *AJ pénal* 2007. 287, note G. Royer (v. s[s] n° 615.01) – Crim. 12 juin 2007, n° 07-80.194, P n° 155 ; *D.* 2007. AJ 1960 ; *D.* 2008. Pan. 1859, obs. F. Bonfils ; *JCP* 2007. IV. 2524.
12. Crim. 26 mars 2008, n° 07-88.554, P n° 77 ; *Dr. pénal* 2008, n° 119, note A. Maron et M. Haas ; *AJ pénal* 2008. 287, obs. G. Royer.

615.322 Enregistrement audiovisuel des auditions des personnes gardées à vue en matière criminelle. La même solution est de mise pour les *auditions des personnes gardées à vue dans une affaire criminelle*, lorsque l'enregistrement audiovisuel est obligatoire ou en ce qui concerne les interrogatoires devant le juge d'instruction : le défaut d'enregistrement audiovisuel de l'interrogatoire de première comparution porte nécessairement atteinte aux intérêts de la personne concernée même si celle-ci n'est pas interrogée[1]. Mais l'obligation d'enregistrement des interrogatoires de garde à vue, prévue à l'article 64-1 du code de procédure pénale, n'est applicable qu'en matière criminelle[2]. L'article 64-1 du code de procédure pénale, n'impose l'enregistrement audiovisuel des interrogatoires des personnes placées en garde à vue pour crime que lorsque ces actes sont réalisés dans les locaux d'un service ou d'une unité de police ou de gendarmerie et non dans les locaux d'un hôpital[3]. Par ailleurs, le demandeur ne saurait se faire un grief de ce qu'aucun enregistrement audiovisuel n'a été effectué durant sa garde à vue à bord d'un navire de la marine nationale, lieu non visé par l'article 64-1 du Code de procédure pénale, texte qui ne concerne que les auditions des personnes placées en garde à vue pour crime, réalisées dans les locaux d'un service ou d'une unité de police ou de gendarmerie exerçant une mission de police judiciaire[4]. Dans ses décisions du 6 avril 2012[5], le Conseil constitutionnel a censuré les septièmes alinéas des articles 64-1 et 116-1 du code de procédure pénale qui dispensaient d'enregistrement audiovisuel les auditions ou interrogatoires des personnes mises en cause pour des crimes en matière de criminalité organisée ou d'atteinte aux intérêts fondamentaux de la nation. Le Conseil constitutionnel a jugé que la différence de traitement instituée entre les personnes suspectées d'avoir commis l'un des crimes visés par les dispositions contestées et celles qui sont entendues ou interrogées alors qu'elles sont suspectées d'avoir commis d'autres crimes entraîne une discrimination injustifiée. Il a en conséquence jugé que les septièmes alinéas des articles 64-1 et 116-1 du code de procédure pénale méconnaissent le principe d'égalité et sont contraires à la Constitution.

Après la décision du Conseil constitutionnel du 6 avril 2012, la chambre criminelle a eu à trancher le cas où des enregistrements en matière de criminalité organisée n'avaient pas été réalisés, conformément aux possibilités ouvertes, à l'époque, par le code de procédure pénale. Elle a jugé que : « Si le prévenu, qui n'a pas été entendu au cours d'une mesure de garde à vue, n'a pas bénéficié d'un enregistrement audiovisuel de ses interrogatoires par le juge d'instruction, il n'en est résulté aucune atteinte à ses droits conventionnellement protégés, qu'il s'agisse de ses droits de la défense ou de celui à un procès équitable, dès lors que l'intéressé a été mis en mesure d'être assisté par un avocat, qu'il a eu la possibilité de vérifier la transcription sur les procès-verbaux, authentifiée par un greffier, des questions posées et des réponses données, de demander toute rectification et de contester, à tous les stades de la procédure, le sens et la portée de ses propos transcrits. D'où il suit que le moyen dirigé contre l'arrêt qui a rejeté le moyen d'annulation pris de l'irrégularité des interrogatoires et confrontations, auxquels a été soumis le prévenu, en raison de l'absence d'enregistrement audiovisuel de ces actes, ne peut qu'être écarté. »[6]

Le défaut de mention du placement sous scellés des Cd-Rom d'enregistrement des interrogatoires en garde à vue dans le procès-verbal n'entraîne la nullité que dans le cas où un grief est établi[7].

§ 3
État de santé du gardé à vue

615.331 État de santé du gardé à vue incompatible avec une poursuite de la garde à vue. Il résulte

1. Crim. 3 mars 2010, n° 09-87.924, P n° 47 ; *D.* 2010. AJ 1024, obs. C. Girault *AJ pénal* 2010. 294, obs. L. Ascensi – AUSSI : L. Belfanti, « La sanction du défaut d'enregistrement des interrogatoires criminels devant le juge d'instruction », *D.* 2010. 1688 – Pour avoir cassé un arrêt de chambre de l'instruction qui avait annulé un procès-verbal de garde à vue « au motif du défaut de l'enregistrement audiovisuel prévu par l'article 116-1 du code de procédure pénale, alors que la commande de l'appareil, destiné à cet enregistrement, avait été actionnée, par erreur, à deux reprises au lieu d'une seule, sans que le défaut de fonctionnement de l'appareil soit apparu durant l'interrogatoire, de sorte que cette impossibilité technique n'a pu être mentionnée au procès-verbal d'interrogatoire » : Crim. 4 nov. 2010, n° 10-85.279, P n° 176 – AUSSI : Crim. 13 mai 2015, n° 14-87.534, P n° 110 ; *D.* 2015. 1101 ; *D.* 2016. 1727, obs. J. Pradel ; *AJ pénal* 2015. 438, obs. C. Girault.
2. Il y a en effet pendant un temps une certaine discordance avec un autre article du code de procédure pénale, l'article 67 qui renvoyait pour les délits flagrants aux dispositions des articles 54 à 66. Désormais, l'article 64-1 est exclu de ce renvoi général (L. 12 mai 2009).
3. Crim. 11 juill. 2012, n° 12-82.136, P n° 167 ; *JCP* 2012. 989.
4. Crim. 20 déc. 2017, n° 17-84.085, P n° 294.
5. Cons. const. 6 avr. 2012, n°s 2012-228/229 QPC, art. non conformes 64-1, al. 7, et 116-1, al. 7, du C. pr. pén., *enregistrement audiovisuel des interrogatoires et des confrontations des personnes mises en cause en matière criminelle*, NON-CONFORMITÉ TOTALE, *JO* 7 avr., p. 6414 ; *Rec.*, p. 186 ; *D.* 2012. 1316, note Courtin ; *D.* 2013. 1584, obs. N. Jacquinot et A. Mangiavillano ; *JCP* 2012. 482 ; *AJ pénal* 2012. 423, obs. J.-B. Perrier ; *RSC* 2013. 441, obs. B. de Lamy.
6. Crim. 10 mai 2012, n° 11-87.328, P n° 116 ; *D.* 2012. 1485.
7. Crim. 8 juill. 2015, n° 15-81.025, NP.

de l'article 63-3 du code de procédure pénale que la poursuite de la garde à vue d'une personne dans les conditions qui sont selon le constat médical, incompatibles avec son état de santé, porte nécessairement atteinte à ses intérêts [1].

615.332 Refus du gardé à vue de se faire examiner. Il résulte des articles 171 et 802 du code de procédure pénale qu'en cas de violation des formes prescrites par la loi à peine de nullité ou d'inobservation des formalités substantielles, le juge saisi d'une demande d'annulation ne peut prononcer la nullité que lorsque celle-ci a eu pour effet de porter atteinte aux intérêts de la partie qu'elle concerne. Méconnaît ce principe, la cour d'appel qui annule les actes de la procédure au motif qu'à la suite de l'examen médical d'une personne placée en garde à vue, aucun certificat médical n'avait été versé au dossier, alors que, tant lors de son placement en garde à vue que lors de la prolongation de celle-ci, l'intéressé, avisé de son droit à être examiné par un médecin, avait indiqué qu'il ne souhaitait pas faire l'objet d'un tel examen et que, dans ces conditions, les juges ne pouvaient déduire l'atteinte portée à ses droits de la seule circonstance qu'aucun certificat médical n'avait été délivré à la suite de l'examen prescrit d'office par l'officier de police judiciaire en application de l'article 63-3, alinéa 2, du code de procédure pénale [2].

La personne mise en examen, qui n'a, à aucun moment, sollicité un examen médical, ne saurait invoquer le non-respect du délai de trois heures fixé à l'article 63-3 du code de procédure pénal, lequel n'est applicable qu'en cas de demande formulée par la personne gardée à vue [3]. Aucun délai n'est prévu lorsque c'est l'officier de police judiciaire qui en a pris l'initiative.

615.333 Traitement inhumain et dégradant. La CEDH a jugé que les conditions dans lesquelles cinq personnes ont été détenues au commissariat de police de Nouméa, notamment le manque d'espace, de lumière et d'aération, ont causé aux requérants des souffrances aussi bien physiques que mentales ainsi qu'un sentiment de profonde atteinte à leur dignité humaine, et qu'elles s'analysent en un traitement inhumain et dégradant. La France a été condamnée pour violation de l'article 3 [4] de la convention européenne des droits de l'homme [5].

§ 4
Qualité pour agir

615.341 Écoute téléphonique importée d'un autre dossier. Certains arrêts de la CEDH [6] ont ouvert la voie à la possibilité pour une partie de contester une écoute téléphonique importée d'un autre dossier que celui où la personne était mise en examen, et à ce qu'elle ait qualité à agir y compris si la conversation avait été passée d'une autre ligne que la sienne.

615.342 Irrégularité procédurale concernant un tiers. La chambre criminelle a semblé ensuite élargir les possibilités pour un tiers de mettre en cause une irrégularité procédurale qui ne le concernait pas directement ; ainsi, elle a admis, dans un arrêt du 6 septembre 2006, que le requérant peut invoquer l'irrégularité d'un acte de la procédure concernant un tiers si cet acte, illégalement accompli, a porté atteinte à ses intérêts [7]. Surtout, s'agissant du domaine précis de la garde à vue, la chambre criminelle avait semblé poser le principe dans un arrêt du 31 mai 2007 :

Or, dans cette affaire X... et Y... avaient été placés tous deux en garde à vue, et X... se plaignait que l'avis de placement donné à Y... ait été tardif sans que des circonstances insurmontables aient été réunies. *A contrario*, apparaissait recevable le moyen tiré par une personne de l'irrégularité de la garde à vue d'une autre, dès lors qu'elle établissait en quoi cela lui avait causé un préjudice.

615.343 Absence de qualité à agir pour contester la garde à vue d'un tiers. Un important arrêt du 14 février 2012 pose le principe de l'absence de qualité pour agir pour contester la garde à vue d'un tiers : « Attendu qu'un demandeur n'est recevable à invoquer l'irrégularité d'un acte concernant une autre personne mise en examen, qui n'a pas requis cette annulation, qu'à la condition de préciser en quoi cette irrégularité a porté atteinte à ses intérêts ; que Julien X... se bornant, en l'espèce, à alléguer l'existence d'un grief qui résulterait pour lui de l'irrégularité de la garde à vue de Rachid Y..., sans en apporter toutefois aucune démonstration, le moyen ne saurait être déclaré recevable... Attendu que la méconnaissance des formalités substantielles aux-

1. Crim. 27 oct. 2009, n° 09-82.505, P n° 176 ; *D.* 2009. AJ 2688, obs. C. Girault ; *AJ pénal* 2010. 37, obs. C. Girault ; *JCP* 2010. 85, note M.-C. Guérin ; *Dr. pénal* 2010. Dossier 3, obs. A. Maron et M. Haas.
2. Crim. 25 févr. 2003, n° 02-86.144, P n° 50 ; *RSC* 2004. 421, obs. J. Buisson – AUSSI : Civ. 1re, 10 oct. 2012, n° 11-30.131, P I, n° 196 ; *D.* 2012. 2453, obs. M. Lena ; *AJ pénal* 2013. 107, obs. C. Renaud-Duparc.
3. Crim. 25 mai 2016, n° 16-80.379, P n° 159 ; *AJ pénal* 2016. 441, obs. D. Brach-Thiel ; *JCP* 2016. 786, *Gaz. Pal.* 2016, n° 27, p. 62, obs. F. Froment.
4. Conv., art. 3.
5. CEDH 5e sect., 2 oct. 2014, *Fakailo c/ France*, req. n° 2871/11 ; *D.* 2014. 2050, obs. J. Falxa.
6. V. ss n° 611.52.
7. V. ss n° 611.52.

quelles est subordonnée la garde à vue ne peut être invoquée à l'appui d'une demande d'annulation d'acte ou de pièce de procédure que par la partie qu'elle concerne. »[1]

Cette jurisprudence a été reprise ultérieurement[2]. Le principe a été étendu depuis à l'audition libre[3][4].

615.344 Incidences de la nullité de la garde à vue sur les autres actes de la procédure. La nullité d'un acte de procédure est *sans effet sur les actes qui lui sont antérieurs*[5]. Il en est ainsi pour la garde à vue qui demeure sans effet sur les actes qui lui sont antérieurs[6]. Dans une procédure suivie du chef de conduite d'un véhicule sous l'empire d'un état alcoolique, la nullité de la garde à vue n'a pas d'effet sur les procès-verbaux de dépistage et de vérification de cet état alcoolique[7]. Excède ses pouvoirs la cour d'appel qui annule l'intégralité d'une enquête alors que la régularité du procès-verbal d'interpellation et des procès-verbaux de dépôt de plainte ne pouvait être affectée par la nullité d'actes ultérieurement accomplis[8]. La régularité d'enregistrements téléphoniques ne peut être affectée par l'annulation des auditions du prévenu en garde à vue, au cours de laquelle ces enregistrements ont été écoutés dès lors qu'ils étaient antérieurs à cette garde à vue[9].

S'agissant des *actes postérieurs aux pièces annulées*, sont nuls par voie de conséquence les actes qui procèdent d'actes dont l'annulation a été prononcée dans la même procédure[10]. La chambre criminelle fait usage de la *théorie dite du « support nécessaire »* selon laquelle lorsque les actes annulés ne constituent pas le support nécessaire des actes subséquents, la régularité de ceux-ci ne s'en trouve pas affectée par l'annulation[11][12]. Justifie sa décision la chambre d'accusation qui, après avoir constaté l'irrégularité d'une prolongation de garde à vue, dresse la liste des actes subséquents procédant de cette mesure et les annule sans étendre cette annulation à la mise en examen et au placement en détention dont elle a souverainement apprécié qu'ils trouvaient leur support dans d'autres actes que ceux entachés de nullité[13].

Dans le même sens, la chambre de l'instruction, après avoir annulé le placement en garde à vue, peut estimer que cette irrégularité n'affecte pas la mise en examen et le placement en détention subséquents dès lors, d'une part, que la garde à vue n'est pas le préalable nécessaire à ces actes et, d'autre part, que le juge d'instruction a pu fonder sa décision sur des pièces antérieures à celles annulées[14]. De même, justifie sa décision la chambre d'accusation qui, après avoir annulé des procès-verbaux de l'enquête sur commission rogatoire, en raison de l'irrégularité de la garde à vue, refuse d'étendre l'annulation au mandat d'amener décerné par le juge d'instruction, aux réquisitions supplétives du procureur de la République, au procès-verbal de première comparution et à l'ordonnance de placement en détention provisoire, en énonçant qu'en l'état des éléments antérieurs de l'information, la garde à vue n'a pas été le préalable nécessaire à ces actes[15]. Il en est de même de la chambre d'accusation qui, après avoir constaté l'irrégularité d'un placement en garde à vue, n'étend pas l'annulation de la perquisition effectuée concomitamment, dont elle a souverainement apprécié quelle ne trouvait pas son support dans la garde à vue entachée de nullité[16] ou lorsqu'elle refuse d'étendre l'annulation au mandat d'amener décerné par le juge d'instruction, aux

1. SUR l'évolution jurisprudentielle sur l'intérêt à agir, v. s^s n° 611.51.
2. Crim. 7 mars 2012, n° 11-88.118, P n° 64 ; *D.* 2012. 818 ; *D.* 2012. 2118, obs. J. Pradel ; *AJ pénal* 2012. 346, obs. L. Ascensi – Crim. 13 mars 2012, n° 11-88.737, P n° 67 ; *D.* 2012. 948 – Crim. 3 mai 2012, n° 11-85.702, NP – Crim. 10 mai 2012, n° 11-87.328, P n° 116 ; *D.* 2012. 1485.
3. Crim. 11 févr. 2014, n° 13-86.878, P n° 38 ; *D.* 2014. 486 ; *AJ pénal* 2014. 369, obs. G. Royer.
4. SUR la notion d'intérêts propres ou protégés, v. s^s n° 611.62.
5. V. s^s n° 611.71.
6. Crim. 30 avr. 1996, n° 95-82.217, P n° 182 ; *RSC* 1996. 879, obs. J.-P. Dintilhac – Crim. 29 févr. 2000, n° 99-82.092, P n° 91 ; *D.* 2000. 143.
7. Crim. 9 juin 1999, n° 98-84.165, P n° 129 ; *D.* 1999. 221 – Crim. 7 mars 2007, n° 06-84.575, NP.
8. Crim. 6 mai 2003, n° 02-87.567, P n° 93 ; *D.* 2014. 1205 ; *D.* 2014. 1736, obs. J. Pradel ; *AJ pénal* 2014. 490, obs. C. Renaud-Duparc.
9. Crim. 14 mai 2014, n° 12-84.075, P n° 133 ; *D.* 2014. 1155 ; *D.* 2014. 1736, obs. J. Pradel ; *AJ pénal* 2014. 492, obs. P. de Combles de Nayves.
10. Crim. 4 juin 1997, n° 97-81.706, P n° 221 ; *RSC* 1997. 855, obs. J.-P. Dintilhac.
11. V. s^s n°s 611.72 et 611.74.
12. Crim. 26 mai 1999, n° 99-81.764, P n° 106 ; *D.* 1999. 194 – Crim. 28 mars 2000, n° 00-80.090, P n° 137 – Crim. 22 juin 2000, n° 00-82.632, P n° 242 – Crim. 28 nov. 2001, n° 01-86.467, P n° 248 ; *D.* 2002. 372 – Crim. 4 janv. 2005, n° 04-84.876, P n° 3 ; *D.* 2005. 761, note J.-L. Lennon ; *D.* 2006. 617, obs. J. Pradel ; *AJ pénal* 2005. 160, obs. J. Leblois-Happe – Crim. 9 août 2006, n° 06-83.219, P n° 202 ; *D.* 2006. 2348 ; *D.* 2007. 973, obs. J. Pradel ; *AJ pénal* 2006. 510, obs. C. Saas – Crim. 6 juin 2007, n° 07-81.836, NP.
13. Crim. 26 janv. 2000, n° 99-86.166, P n° 46 ; *D.* 2000. 93 ; *RSC* 2000. 422, obs. D.-N. Commaret – AUSSI : Crim. 4 févr. 2004, n° 03-85.786, NP, *D.* 2008. 1063, obs. M. Léna ; *AJ pénal* 2008. 286, obs. C. Saas ; *RSC* 2008. 926, obs. R. Finielz ; *Dr. pénal* 2004, n° 75, note A. Maron.
14. Crim. 26 mai 1999, n° 99-81.764, P n° 106 – Crim. 29 févr. 2000, n° 99-82.092, P n° 91 ; *D.* 2000. 143 – Crim. 19 avr. 2000, n° 00-80.357, P n° 160.
15. Crim. 28 mars 2000, n° 00-80.090, P n° 137 – AUSSI : Crim. 26 janv. 2000, n° 99-86.166, P n° 46 ; *D.* 2000. 93 ; *RSC* 2000. 422, obs. D.-N. Commaret.
16. Crim. 19 avr. 2000, n° 00-80.357, P n° 160 – Crim. 22 juin 2000, n° 00-82.632, P n° 242, préc. – Crim. 27 juin 2000, n° 00-80.411, P n° 246.

réquisitions supplétives du procureur de la République, au procès-verbal de première comparution et à l'ordonnance de placement en détention provisoire, en énonçant qu'en l'état des éléments antérieurs de l'information, la garde à vue n'a pas été le préalable nécessaire à ces actes [1].

Encourt la censure l'arrêt qui, après avoir constaté que la garde à vue avait excédé la durée légale et annulé la dernière page du procès-verbal mentionnant l'heure de fin de la mesure, annule par voie de conséquence toute la procédure subséquente, dont l'interrogatoire de première comparution et le placement en détention, bien qu'aucune audition n'ait été effectuée au-delà de la quarante-huitième heure [2]. Pour annuler le procès-verbal de comparution de MM. C... et D... devant le procureur de la République, valant saisine du tribunal, et ordonner le retour du dossier au ministère public, une cour d'appel avait énoncé que l'annulation des procès-verbaux de garde à vue s'étend nécessairement aux procès-verbaux notifiant la fin de cette mesure, de sorte qu'il n'est plus possible de vérifier si les intéressés ont comparu le jour même devant le magistrat du parquet qui a ordonné leur défèrement. L'arrêt est cassé, la régularité du procès-verbal récapitulatif du déroulement de la garde à vue permettant de vérifier l'heure de la levée de cette mesure n'est pas affectée par l'absence de notification des droits aux personnes gardées à vue, la cour d'appel a méconnu les textes précités et le principe ci-dessus rappelé [3]. Il arrive que la chambre criminelle exerce un contrôle indiquant clairement au juge du fond en quoi le sien n'a pas été efficient. On peut citer comme exemple une décision du 10 mars 2020 [4] : « En statuant ainsi, alors qu'il lui appartenait d'ordonner la cancellation de chacune des questions et réponses qui se référaient expressément à l'audition annulée, notamment l'ensemble des questions et réponses en première page, la cinquième question posée à la deuxième page et la réponse subséquente, ainsi que les réponses fournies par M. X. en troisième page de son procès-verbal d'audition en garde à vue, la cour d'appel a méconnu les textes susvisés et le principe ci-dessus rappelé ». Cette décision semble par ailleurs la première statuant expressément sur le mécanisme de la cancellation.

1. Crim. 28 mars 2000, n° 00-80.090, P n° 137 – Crim. 15 oct. 2003, n° 03-82.683, P n° 193 ; *JCP* 2003. IV. 1044.
2. Crim. 23 juin 1999, n° 99-82.186, P n° 149 ; *D.* 1999. 221.
3. Crim. 27 mai 2014, n° 13-87.095, P n° 140 ; *D.* 2014. 1205 ; *JCP* 2014. 788.
4. Crim. 10 mars 2020, n° 19-82.970, NP.

CHAPITRE

616. Autres principaux cas de nullité

SECTION 0 ORIENTEUR

616.00 **Sommaire du chapitre.**

Renvois. En dehors des domaines fréquemment visés par les conclusions de nullité, nous avons abordé tout au long de cet ouvrage d'autres irrégularités de procédure, nullités pouvant être commises en matière de comparution immédiate[1], de comparution sur reconnaissance préalable de culpabilité[2], de citation[3].

616.01 Principaux textes applicables.

TEXTES SOURCES

• C. pr. pén., art. 54, 56, 57, 59, 60, 60-1, 60-2, 66, 76, 77-1, 77-1-1, 77-1-2, 78-2, 78-2-1, 78-2-2, 95, 96, 100 à 100-8, 230-1 à 230-45, 706-95 à 706-102, 802

• C. pr. pén., art. D. 32-2, D. 32-2-1

TEXTES *IN EXTENSO*

• **C. pr. pén., art. 54**

En cas de crime flagrant, l'officier de police judiciaire qui en est avisé, informe immédiatement le procureur de la République, se transporte sans délai sur le lieu du crime et procède à toutes constatations utiles.

Il veille à la conservation des indices susceptibles de disparaître et de tout ce qui peut servir à la manifestation de la vérité. Il saisit les armes et instruments qui ont servi à commettre le crime ou qui étaient destinés à le commettre ainsi que tout ce qui paraît avoir été le produit direct ou indirect de ce crime.

Il représente les objets saisis, pour reconnaissance, aux personnes qui paraissent avoir participé au crime, si elles sont présentes.

• **C. pr. pén., art. 56** [mod. par L. n° 2020-1672, 24 déc. 2020, art. 18]

Si la nature du crime est telle que la preuve en puisse être acquise par la saisie des papiers, documents, données informatiques ou autres objets en la possession des personnes qui paraissent avoir participé au crime ou détenir des pièces, informations ou objets relatifs aux faits incriminés, l'officier de police judiciaire se transporte sans désemparer au domicile de ces derniers pour y procéder à une perquisition dont il dresse procès-verbal. L'officier de police judiciaire peut également se transporter en tous lieux dans lesquels sont susceptibles de se trouver des biens dont la confiscation est prévue à l'article 131-21 du code pénal, pour y procéder à une perquisition aux fins de saisie de ces biens ; si la perquisition est effectuée aux seules fins de rechercher et de saisir des biens dont la confiscation est prévue par les cinquième et sixième alinéas de ce même article, elle doit être préalablement autorisée par le procureur de la République. Lorsque l'enquête porte sur des infractions de violences, l'officier de police judiciaire peut, d'office ou sur instructions du procureur de la République, procéder à la saisie des armes qui sont détenues par la personne suspectée ou dont celle-ci a la libre disposition, quel que soit le lieu où se trouvent ces armes.

Il a seul, avec les personnes désignées à l'article 57 du présent code, les fonctionnaires et agents agissant dans les conditions prévues au troisième alinéa de l'article 28 et celles auxquelles il a éventuellement recours en application de l'article 60, le droit de prendre connaissance des papiers, documents ou données informatiques avant de procéder à leur saisie.

Toutefois, sans préjudice de l'application des articles 56-1 à 56-5, il a l'obligation de provoquer préalablement toutes mesures utiles pour que soit assuré le respect du secret professionnel et des droits de la défense.

Tous objets et documents saisis sont immédiatement inventoriés et placés sous scellés. Cependant, si leur inventaire sur place présente des difficultés, ils font l'objet de scellés fermés provisoires jusqu'au moment de leur inventaire et de leur mise sous scellés définitifs et ce, en présence des personnes qui ont assisté à la perquisition suivant les modalités prévues à l'article 57.

Il est procédé à la saisie des données informatiques nécessaires à la manifestation de la vérité en plaçant sous main de justice soit le support physique de ces données, soit une copie réalisée en présence des personnes qui assistent à la perquisition.

Si une copie est réalisée, il peut être procédé, sur instruction du procureur de la République, à l'effacement définitif, sur le support physique qui n'a pas été placé sous main de justice, des données informatiques dont la détention ou l'usage est illégal ou dangereux pour la sécurité des personnes ou des biens.

Avec l'accord du procureur de la République, l'officier de police judiciaire ne maintient que la saisie des objets, documents et données informatiques utiles à la manifestation de la vérité, ainsi que des biens dont la confiscation est prévue à l'article 131-21 du code pénal.

Le procureur de la République peut également, lorsque la saisie porte sur des espèces, lingots, effets ou valeurs dont la conservation en nature n'est pas nécessaire à la manifestation de la vérité ou à la sauvegarde des droits des personnes intéressées, autoriser leur dépôt à la Caisse des dépôts et consignations ou à la Banque de France ou sur un compte ouvert auprès d'un établissement bancaire par l'Agence de gestion et de recouvrement des avoirs saisis et confisqués.

Lorsque la saisie porte sur des billets de banque ou pièces de monnaie libellés en euros contrefaisants, l'officier de police judiciaire doit transmettre, pour analyse et identification, au moins un exemplaire de chaque type de billets ou pièces suspectés faux au centre d'analyse national habilité à cette fin. Le centre d'analyse national peut procéder à l'ouverture des scellés. Il en dresse inventaire dans un rapport qui doit mentionner toute ouverture ou réouverture des scellés. Lorsque les opérations sont terminées, le rapport et les scellés sont déposés entre les mains du greffier de la juridiction compétente. Ce dépôt est constaté par procès-verbal.

Les dispositions du précédent alinéa ne sont pas applicables lorsqu'il n'existe qu'un seul exemplaire d'un type de billets ou de pièces suspectés faux, tant que celui-ci est nécessaire à la manifestation de la vérité.

Si elles sont susceptibles de fournir des renseignements sur les objets, documents et données informatiques saisis, les personnes présentes lors de la perquisition peuvent être retenues sur place par l'officier de police judiciaire le temps strictement nécessaire à l'accomplissement de ces opérations.

• **C. pr. pén., art. 56-5** [mod. par L. n° 2016-731, 3 juin 2016, art. 58]

1. V. s[s] titre 42.
2. V. s[s] titre 43.
3. V. s[s] titre 41.

« Les perquisitions dans les locaux d'une juridiction ou au domicile d'une personne exerçant des fonctions juridictionnelles et qui tendent à la saisie de documents susceptibles d'être couverts par le secret du délibéré ne peuvent être effectuées que par un magistrat, sur décision écrite et motivée de celui-ci, en présence du premier président de la cour d'appel ou du premier président de la Cour de cassation ou de son délégué. Cette décision indique la nature de l'infraction sur laquelle portent les investigations, les raisons justifiant la perquisition et l'objet de celle-ci. Le contenu de la décision est porté dès le début de la perquisition à la connaissance du premier président ou de son délégué par le magistrat. Celui-ci, le premier président ou son délégué ont seuls le droit de consulter ou de prendre connaissance des documents ou des objets se trouvant sur les lieux préalablement à leur éventuelle saisie. Aucune saisie ne peut concerner des documents ou des objets relatifs à d'autres infractions que celles mentionnées dans la décision précitée. Les dispositions du présent alinéa sont prévues à peine de nullité.

Le magistrat qui effectue la perquisition veille à ce que les investigations conduites ne portent pas atteinte à l'indépendance de la justice.

Le premier président ou son délégué peut s'opposer à la saisie d'un document ou d'un objet s'il estime cette saisie irrégulière. Le document ou l'objet est alors placé sous scellé fermé. Ces opérations font l'objet d'un procès-verbal, qui n'est pas joint au dossier de la procédure, mentionnant les objections du premier président ou de son délégué.

Si d'autres documents ou objets ont été saisis au cours de la perquisition sans soulever d'opposition, ce procès-verbal est distinct de celui prévu à l'article 57. Le procès-verbal mentionné au troisième alinéa du présent article ainsi que le document ou l'objet placé sous scellé fermé sont transmis sans délai au juge des libertés et de la détention, avec l'original ou une copie du dossier de la procédure.

Dans un délai de cinq jours à compter de la réception de ces pièces, le juge des libertés et de la détention statue sur l'opposition par ordonnance motivée non susceptible de recours.

À cette fin, il entend le magistrat qui a procédé à la perquisition et, le cas échéant, le procureur de la République, ainsi que le premier président ou son délégué. Il ouvre le scellé en présence de ces personnes.

S'il estime qu'il n'y a pas lieu à saisir le document ou l'objet, le juge des libertés et de la détention ordonne sa restitution immédiate, ainsi que la destruction du procès-verbal mentionné au même troisième alinéa et, le cas échéant, la cancellation de toute référence à ce document ou à son contenu ou à cet objet figurant dans le dossier de la procédure.

Dans le cas contraire, il ordonne le versement du scellé et du procès-verbal au dossier de la procédure. Cette décision n'exclut pas la possibilité ultérieure pour les parties de demander la nullité de la saisie devant, selon les cas, la juridiction de jugement ou la chambre de l'instruction. »

• **C. pr. pén., art. 57**

Sous réserve de ce qui est dit à l'article 56 concernant le respect du secret professionnel et des droits de la défense, les opérations prescrites par ledit article sont faites en présence de la personne au domicile de laquelle la perquisition a lieu.

En cas d'impossibilité, l'officier de police judiciaire aura l'obligation de l'inviter à désigner un représentant de son choix ; à défaut, l'officier de police judiciaire choisira deux témoins requis à cet effet par lui, en dehors des personnes relevant de son autorité administrative.

Le procès-verbal de ces opérations, dressé ainsi qu'il est dit à l'article 66, est signé par les personnes visées au présent article ; au cas de refus, il en est fait mention au procès-verbal.

• **C. pr. pén., art. 59**

Sauf réclamation faite de l'intérieur de la maison ou exceptions prévues par la loi, les perquisitions et les visites domiciliaires ne peuvent être commencées avant 6 heures et après 21 heures.

Les formalités mentionnées aux articles 56, 56-1, 57 et au présent article sont prescrites à peine de nullité.

• **C. pr. pén., art. 60** [mod. par L. n° 2023-22, 24 janv. 2023, art. 18 et 20]

S'il y a lieu de procéder à des constatations ou à des examens techniques ou scientifiques, l'officier de police judiciaire ou, sous le contrôle de ce dernier, l'agent de police judiciaire ou l'assistant d'enquête a recours à toutes personnes qualifiées.

Lorsqu'ils sont sollicités à cet effet par l'officier de police judiciaire ou, sous le contrôle de ce dernier, par l'agent de police judiciaire, les services ou organismes de police technique et scientifique de la police nationale et de la gendarmerie nationale peuvent directement procéder à des constatations et à des examens techniques ou scientifiques relevant de leur compétence, sans qu'il soit nécessaire d'établir une réquisition à cette fin.

Sauf si elles sont inscrites sur une des listes prévues à l'article 157, ou s'il s'agit d'un service ou organisme mentionné au deuxième alinéa du présent article, les personnes mentionnées au premier alinéa prêtent, par écrit, serment d'apporter leur concours à la justice en leur honneur et en leur conscience.

Les personnes désignées pour procéder aux examens techniques ou scientifiques peuvent procéder à l'ouverture des scellés. Elles en dressent inventaire et en font mention dans un rapport établi conformément aux dispositions des articles 163 et 166. Ces personnes peuvent également, en le mentionnant dans leur rapport, replacer sous scellés les objets examinés et placer sous scellés les objets résultant de leur examen ; en particulier, les médecins requis pour pratiquer une autopsie ou un examen médical peuvent placer sous scellés les prélèvements effectués. Elles peuvent communiquer oralement leurs conclusions aux enquêteurs en cas d'urgence.

Sur instructions du procureur de la République, l'officier de police judiciaire ou, sous le contrôle de ce dernier, l'agent de police judiciaire ou l'assistant d'enquête donne connaissance des résultats des examens techniques et scientifiques aux personnes à l'encontre desquelles il existe des indices faisant présumer qu'elles ont commis ou tenté de commettre une infraction, ainsi qu'aux victimes.

• **C. pr. pén., art. 60-1** [mod. par L. nº 2023-22, 24 janv. 2023, art. 18]

Le procureur de la République ou l'officier de police judiciaire ou, sous le contrôle de ce dernier, l'agent de police judiciaire ou, dans le cas prévu au 3° de l'article 21-3, l'assistant d'enquête, peut, par tout moyen, requérir de toute personne, de tout établissement ou organisme privé ou public ou de toute administration publique qui sont susceptibles de détenir des informations intéressant l'enquête, y compris, sous réserve de l'article 60-1-2, celles issues d'un système informatique ou d'un traitement de données nominatives, de lui remettre ces informations, notamment sous forme numérique, le cas échéant selon des normes fixées par voie réglementaire, sans que puisse lui être opposée, sans motif légitime, l'obligation au secret professionnel. Lorsque les réquisitions concernent des personnes mentionnées aux articles 56-1 à 56-5, la remise des informations ne peut intervenir qu'avec leur accord.

À l'exception des personnes mentionnées aux articles 56-1 à 56-5, le fait de s'abstenir de répondre à cette réquisition dans les meilleurs délais et s'il y a lieu selon les normes exigées est puni d'une amende de 3 750 euros.

À peine de nullité, ne peuvent être versés au dossier les éléments obtenus par une réquisition prise en violation de l'article 2 de la loi du 29 juillet 1881 sur la liberté de la presse.

• **C. pr. pén., art. 60-1-2** [créé par L. nº 2022-299, 2 mars 2022, art. 12]

À peine de nullité, les réquisitions portant sur les données techniques permettant d'identifier la source de la connexion ou celles relatives aux équipements terminaux utilisés mentionnées au 3° du II *bis* de l'article L. 34-1 du code des postes et des communications électroniques ou sur les données de trafic et de localisation mentionnées au III du même article L. 34-1 ne sont possibles, si les nécessités de la procédure l'exigent, que dans les cas suivants :

1° La procédure porte sur un crime ou sur un délit puni d'au moins trois ans d'emprisonnement ;

2° La procédure porte sur un délit puni d'au moins un an d'emprisonnement commis par l'utilisation d'un réseau de communications électroniques et ces réquisitions ont pour seul objet d'identifier l'auteur de l'infraction ;

3° Ces réquisitions concernent les équipements terminaux de la victime et interviennent à la demande de celle-ci en cas de délit puni d'une peine d'emprisonnement ;

4° Ces réquisitions tendent à retrouver une personne disparue dans le cadre des procédures prévues aux articles 74-1 ou 80-4 du présent code ou sont effectuées dans le cadre de la procédure prévue à l'article 706-106-4.

• **C. pr. pén., art. 60-2** [mod. par L. nº 2022-299, 2 mars 2022, art. 12]

Sur demande de l'officier de police judiciaire, ou sous le contrôle de ce dernier, de l'agent de police judiciaire, intervenant par voie télématique ou informatique, les organismes publics ou les personnes morales de droit privé, à l'exception de ceux visés au d du 2 de l'article 9 du règlement (UE) 2016/679 du 27 avril 2016 précité et au 2° de l'article 80 de la loi nº 78-17 du 6 janvier 1978 relative à l'informatique, aux fichiers et aux libertés, mettent à sa disposition les informations utiles à la manifestation de la vérité, à l'exception de celles protégées par un secret prévu par la loi et sous réserve de l'article 60-1-2 du présent code, contenues dans le ou les systèmes informatiques ou traitements de données nominatives qu'ils administrent.

L'officier de police judiciaire ou, sous le contrôle de ce dernier, de l'agent de police judiciaire, intervenant sur réquisition du procureur de la République préalablement autorisé par ordonnance du juge des libertés et de la détention, peut requérir des opérateurs de télécommunications, et notamment de ceux mentionnés au 1 du I de l'article 6 de la loi 2004-575 du 21 juin 2004 pour la confiance dans l'économie numérique, de prendre, sans délai, toutes mesures propres à assurer la préservation, pour une durée ne pouvant excéder un an, du contenu des informations consultées par les personnes utilisatrices des services fournis par les opérateurs.

Les organismes ou personnes visés au présent article mettent à disposition les informations requises par voie télématique ou informatique dans les meilleurs délais.

Le fait de refuser de répondre sans motif légitime à ces réquisitions est puni d'une amende de 3 750 euros.

Un décret en Conseil d'État, pris après avis de la Commission nationale de l'informatique et des libertés, détermine les catégories d'organismes visés au premier alinéa ainsi que les modalités d'interrogation, de transmission et de traitement des informations requises.

• **C. pr. pén., art. 66** [mod. par L. nº 2019-222, 23 mars 2019, art. 50]

Les procès-verbaux dressés par l'officier de police judiciaire en exécution des articles 54 à 62 sont rédigés sur-le-champ ou dès que possible et signés par lui sur chaque feuillet du procès-verbal.

• **C. pr. pén., art. 74-2** [mod. par L. nº 2023-122, 23 janv. 2023, art. 16]

Les officiers de police judiciaire, assistés le cas échéant des agents de police judiciaire, peuvent, sur instructions du procureur de la République, procéder aux actes prévus par les articles 56 à 62 aux fins de rechercher et de découvrir une personne en fuite dans les cas suivants :

1° Personne faisant l'objet d'un mandat d'arrêt délivré par le juge d'instruction, le juge des libertés et de la détention, la chambre de l'instruction ou son président ou le président de la cour d'assises, alors qu'elle est renvoyée devant une juridiction de jugement ;

2° Personne faisant l'objet d'un mandat d'arrêt délivré par une juridiction de jugement ou par le juge de l'application des peines ;

3° Personne condamnée à une peine privative de liberté sans sursis supérieure ou égale à un an ou à une peine privative de liberté supérieure ou égale à un an résultant de la révocation d'un sursis assorti ou non d'une probation, lorsque cette condamnation est exécutoire ou passée en force de chose jugée ;

4° Personne inscrite au fichier judiciaire national automatisé des auteurs d'infractions terroristes ayant manqué aux obligations prévues à l'article 706-25-7 ;

5° Personne inscrite au fichier judiciaire national automatisé des auteurs d'infractions sexuelles ou violentes ayant manqué aux obligations prévues à l'article 706-53-5 ;

6° Personne ayant fait l'objet d'une décision de retrait ou de révocation d'un aménagement de peine ou d'une libération sous contrainte, ou d'une décision de mise à exécution de l'emprisonnement prévu par la juridiction de jugement en cas de violation des obligations et interdictions résultant d'une peine, dès lors que cette décision a pour conséquence la mise à exécution d'un quantum ou d'un reliquat de peine d'emprisonnement supérieur à un an.

Si les nécessités de l'enquête pour rechercher la personne en fuite l'exigent, le juge des libertés et de la détention du tribunal judiciaire peut, à la requête du procureur de la République, autoriser l'interception, l'enregistrement et la transcription de correspondances émises par la voie des télécommunications selon les modalités prévues par les articles 100,100-1 et 100-3 à 100-7, pour une durée maximale de deux mois renouvelable dans les mêmes conditions de forme et de durée, dans la limite de six mois en matière correctionnelle. Ces opérations sont faites sous l'autorité et le contrôle du juge des libertés et de la détention.

Pour l'application des dispositions des articles 100-3 à 100-5, les attributions confiées au juge d'instruction ou à l'officier de police judiciaire commis par lui sont exercées par le procureur de la République ou l'officier de police judiciaire requis par ce magistrat.

Le juge des libertés et de la détention est informé sans délai des actes accomplis en application de l'alinéa précédent.

Si les nécessités de l'enquête pour rechercher la personne en fuite l'exigent, les sections 1, 2 et 4 à 6 du chapitre II du titre XXV du livre IV sont applicables lorsque la personne concernée a fait l'objet de l'une des décisions mentionnées aux 1° à 3° et 6° du présent article pour l'une des infractions mentionnées aux articles 706-73 et 706-73-1.

• **C. pr. pén., art. 76** [mod. par ord. n° 2019-964, 18 sept. 2019, art. 49]

Les perquisitions, visites domiciliaires et saisies de pièces à conviction ou de biens dont la confiscation est prévue à l'article 131-21 du code pénal ne peuvent être effectuées sans l'assentiment exprès de la personne chez laquelle l'opération a lieu.

Cet assentiment doit faire l'objet d'une déclaration écrite de la main de l'intéressé ou, si celui-ci ne sait écrire, il en est fait mention au procès-verbal ainsi que de son assentiment.

Les dispositions prévues par les articles 56 et 59 du présent code sont applicables.

Si les nécessités de l'enquête relative à un crime ou à un délit puni d'une peine d'emprisonnement d'une durée égale ou supérieure à trois ans l'exigent ou si la recherche de biens dont la confiscation est prévue à l'article 131-21 du code pénal le justifie, le juge des libertés et de la détention du tribunal judiciaire peut, à la requête du procureur de la République, décider, par une décision écrite et motivée, que les opérations prévues au présent article seront effectuées sans l'assentiment de la personne chez qui elles ont lieu. À peine de nullité, la décision du juge des libertés et de la détention précise la qualification de l'infraction dont la preuve est recherchée ainsi que l'adresse des lieux dans lesquels ces opérations peuvent être effectuées ; cette décision est motivée par référence aux éléments de fait et de droit justifiant que ces opérations sont nécessaires. Les opérations sont effectuées sous le contrôle du magistrat qui les a autorisées, et qui peut se déplacer sur les lieux pour veiller au respect des dispositions légales. Ces opérations ne peuvent, à peine de nullité, avoir un autre objet que la recherche et la constatation des infractions visées dans la décision du juge des libertés et de la détention ou la saisie des biens dont la confiscation est prévue à l'article 131-21 du code pénal. Toutefois, le fait que ces opérations révèlent des infractions autres que celles visées dans la décision ne constitue pas une cause de nullité des procédures incidentes.

Pour l'application des dispositions de l'alinéa précédent, est compétent le juge des libertés et de la détention du tribunal judiciaire dont le procureur de la République dirige l'enquête, quelle que soit la juridiction dans le ressort de laquelle la perquisition doit avoir lieu. Le juge des libertés et de la détention peut alors se déplacer sur les lieux quelle que soit leur localisation sur le territoire national. Le procureur de la République peut également saisir le juge des libertés et de la détention du tribunal judiciaire dans le ressort duquel la perquisition doit avoir lieu, par l'intermédiaire du procureur de la République de cette juridiction.

• **C. pr. pén., art. 77-1** [mod. par L. n° 2023-22, 24 janv. 2023, art. 20]

S'il y a lieu de procéder à des constatations ou à des examens techniques ou scientifiques, le procureur de la République ou, sur autorisation de celui-ci, l'officier ou l'agent de police judiciaire, a recours à toutes personnes qualifiées.

Les dispositions des deuxième, troisième et quatrième alinéas de l'article 60 sont applicables.

Les quatre derniers alinéas de l'article 60 sont applicables

Le procureur de la République peut, par la voie d'instructions générales prises en application de l'article 39-3, autoriser les officiers ou agents de police judiciaire ou, sous leur contrôle, les assistants d'enquête à requérir toutes personnes qualifiées afin de procéder à des examens médicaux ou psychologiques de la victime ou de procéder à des examens médicaux de la personne suspectée d'avoir commis une des infractions mentionnées à l'article 706-47 ou exigés en application de l'article 706-115. Le procureur est avisé sans délai de ces réquisitions. Ces instructions générales ont une durée qui ne peut excéder six mois. Elles peuvent être renouvelées.

Aucune autorisation n'est nécessaire lorsque l'officier de police judiciaire a recours à une personne qualifiée aux fins :

1° De procéder à la comparaison entre une empreinte génétique issue de trace biologique et l'empreinte génétique d'une personne à l'encontre de laquelle il existe une ou plusieurs raisons plausibles de soupçonner qu'elle a commis l'une des infractions mentionnées à l'article 706-55, ou à la comparaison entre plusieurs traces biologiques ;

2° De procéder à la comparaison entre une trace digitale ou palmaire et l'empreinte digitale ou palmaire d'une personne à l'encontre de laquelle il existe une ou plusieurs raisons plausibles de soupçonner qu'elle a commis un crime ou un délit, ou à la comparaison entre plusieurs traces digitales ou palmaires.

• **C. pr. pén., art. 77-1-1** [mod. par L. n° 2023-22, 24 janv. 2023, art. 18

Le procureur de la République ou, sur autorisation de celui-ci, l'officier ou l'agent de police judiciaire ou, dans le cas prévu au 3° de l'article 21-3 et sous le contrôle de ces derniers, l'assistant d'enquête, peut, par tout moyen, requérir de toute personne, de tout établissement ou organisme privé ou public ou de toute administration publique qui sont susceptibles de détenir des informations intéressant l'enquête, y compris, sous réserve de l'article 60-1-2, celles issues d'un système informatique ou d'un traitement de données nominatives, de lui remettre ces informations, notamment sous forme numérique, le cas échéant selon des normes fixées par voie réglementaire, sans que puisse lui être opposée, sans motif légitime, l'obligation au secret professionnel. Lorsque les réquisitions concernent des personnes mentionnées aux articles 56-1 à 56-5, la remise des informations ne peut intervenir qu'avec leur accord.

En cas d'absence de réponse de la personne aux réquisitions, les dispositions du second alinéa de l'article 60-1 sont applicables.

Le dernier alinéa de l'article 60-1 et l'article 60-1-1 sont également applicables.

Le procureur de la République peut, par la voie d'instructions générales prises en application de l'article 39-3, autoriser les officiers ou agents de police judiciaire, pour des catégories d'infractions qu'il détermine, à requérir de toute personne, de tout établissement ou organisme privé ou public ou de toute administration publique, de leur remettre des informations intéressant l'enquête qui sont issues d'un système de vidéoprotection. Le procureur est avisé sans délai de ces réquisitions. Ces instructions générales ont une durée qui ne peut excéder six mois. Elles peuvent être renouvelées.

• **C. pr. pén., art. 77-1-2** [mod. par L. n° 2022-299, 2 mars 2022, art. 12]

Sur autorisation du procureur de la République, l'officier ou l'agent de police judiciaire peut procéder aux réquisitions prévues par le premier alinéa de l'article 60-2 sous réserve de l'article 60-1-2.

Sur autorisation du juge des libertés et de la détention saisi à cette fin par le procureur de la République, l'officier ou l'agent de police peut procéder aux réquisitions prévues par le deuxième alinéa de l'article 60-2.

Les organismes ou personnes concernés mettent à disposition les informations requises par voie télématique ou informatique dans les meilleurs délais.

Le fait de refuser de répondre sans motif légitime à ces réquisitions est puni conformément aux dispositions du quatrième alinéa de l'article 60-2.

• **C. pr. pén., art. 77-1-3** [mod. par L. n° 2023-22, 24 janv. 2023, art. 20]

Sur autorisation du procureur de la République, l'officier ou l'agent de police judiciaire peut procéder aux réquisitions prévues à l'article 60-3.

Le second alinéa du même article 60-3 est applicable.

• **C. pr. pén., art. 78-2** [mod. par L. n° 2018-778, 10 sept. 2018, art. 68]

Les officiers de police judiciaire et, sur l'ordre et sous la responsabilité de ceux-ci, les agents de police judiciaire et agents de police judiciaire adjoints mentionnés aux articles 20 et 21-1° peuvent inviter à justifier, par tout moyen, de son identité toute personne à l'égard de laquelle existe une ou plusieurs raisons plausibles de soupçonner :

– qu'elle a commis ou tenté de commettre une infraction ;

– ou qu'elle se prépare à commettre un crime ou un délit ;

– ou qu'elle est susceptible de fournir des renseignements utiles à l'enquête en cas de crime ou de délit ;

– ou qu'elle a violé les obligations ou interdictions auxquelles elle est soumise dans le cadre d'un contrôle judiciaire, d'une mesure d'assignation à résidence avec surveillance électronique, d'une peine ou d'une mesure suivie par le juge de l'application des peines ;

– ou qu'elle fait l'objet de recherches ordonnées par une autorité judiciaire.

Sur réquisitions écrites du procureur de la République aux fins de recherche et de poursuite d'infractions qu'il précise, l'identité de toute personne peut être également contrôlée, selon les mêmes modalités, dans les lieux et pour une période de temps déterminés par ce magistrat. Le fait que le contrôle d'identité révèle des infractions autres que celles visées dans les réquisitions du procureur de la République ne constitue pas une cause de nullité des procédures incidentes.

L'identité de toute personne, quel que soit son comportement, peut également être contrôlée, selon les modalités prévues au premier alinéa, pour prévenir une atteinte à l'ordre public, notamment à la sécurité des personnes ou des biens.

Dans une zone comprise entre la frontière terrestre de la France avec les États parties à la convention signée à Schengen le 19 juin 1990 et une ligne tracée à 20 kilomètres en deçà, ainsi que dans les zones accessibles au public des ports, aéroports et gares ferroviaires ou routières ouverts au trafic international et désignés par arrêté et aux abords de ces gares, pour la prévention et la recherche des infractions liées à la criminalité transfrontalière, l'identité de toute personne peut également être contrôlée, selon les modalités prévues au premier alinéa, en vue de vérifier le respect des obligations de détention, de port et de présentation des titres et documents prévues par la loi. Lorsque ce contrôle a lieu à bord d'un train effectuant une liaison internationale, il peut être opéré sur la portion du trajet entre la frontière et le premier arrêt qui se situe au-delà des vingt kilomètres de la frontière. Toutefois, sur celles des lignes ferroviaires effectuant une liaison internationale et présentant des caractéristiques particulières de desserte, le contrôle peut également être opéré entre cet arrêt et un arrêt situé dans la limite des cinquante kilomètres suivants. Ces lignes et ces arrêts sont désignés par arrêté ministériel. Lorsqu'il existe une section autoroutière démarrant dans la zone mentionnée à la première phrase du présent alinéa et que le premier péage autoroutier se situe au-delà de la ligne des 20 kilomètres, le contrôle peut en outre avoir lieu jusqu'à ce premier péage sur les aires de stationnement ainsi que sur le lieu de ce péage et les aires de stationnement attenantes. Les péages concernés par cette disposition sont désignés par arrêté. Le fait que le contrôle d'identité révèle une infraction autre que celle de non-respect des obligations susvisées ne constitue pas une cause de nullité des procédures incidentes. Pour l'application du présent alinéa, le contrôle des obligations de détention, de port et de présentation des titres et documents prévus par la loi ne peut être pratiqué que pour une durée n'excédant pas douze heures consécutives dans un même lieu et ne peut consister en un contrôle systématique des personnes présentes ou circulant dans les zones ou lieux mentionnés au même alinéa.

Dans un rayon maximal de dix kilomètres autour des ports et aéroports constituant des points de passage frontaliers au sens de l'article 2 du règlement (UE) 2016/399 du Parlement européen et du Conseil du 9 mars 2016 concernant un code de l'Union relatif au régime de franchissement des frontières par les personnes (code frontières Schengen), désignés par arrêté en raison de l'importance de leur fréquentation et de leur vulnérabilité, l'identité de toute personne peut être contrôlée, pour la recherche et la prévention des infractions liées à la criminalité transfrontalière, selon les modalités prévues au premier alinéa du présent article, en vue de vérifier le respect des obligations de détention, de port et de présentation des titres et documents prévus par la loi. L'arrêté mentionné à la première phrase du présent alinéa fixe le rayon autour du point de passage frontalier dans la limite duquel les contrôles peuvent être effectués. Lorsqu'il existe une section autoroutière commençant dans la zone mentionnée à la même première phrase et que le premier péage autoroutier se situe au-delà des limites de cette zone, le contrôle peut en outre avoir lieu jusqu'à ce premier péage sur les aires de stationnement ainsi que sur le lieu de ce péage et les aires de stationnement attenantes. Les péages concernés par cette disposition sont désignés par arrêté. Le fait que le contrôle d'identité révèle une infraction autre que celle de non-respect des obligations susmentionnées ne constitue pas une cause de nullité des procédures incidentes. Pour l'application du présent alinéa, le contrôle des obligations de détention, de port et de présentation des titres et documents prévus par la loi ne peut être pratiqué que pour une durée n'excédant pas douze heures consécutives dans un même lieu et ne peut consister en un contrôle systématique des personnes présentes ou circulant dans les zones mentionnées au présent alinéa.

Dans une zone comprise entre les frontières terrestres ou le littoral du département de la Guyane et une ligne tracée à vingt kilomètres en-deçà, et sur une ligne tracée à cinq kilomètres de part et d'autre, ainsi que sur la route nationale 2 sur le territoire de la commune de Régina, l'identité de toute personne peut être contrôlée, selon les modalités prévues au premier alinéa, en vue de vérifier le respect des obligations de détention, de port et de présentation des titres et documents prévus par la loi.

L'identité de toute personne peut également être contrôlée, selon les modalités prévues au premier alinéa du présent article, en vue de vérifier le respect des obligations de détention, de port et de présentation des titres et documents prévus par la loi :

1° En Guadeloupe, dans une zone comprise entre le littoral et une ligne tracée à un kilomètre en deçà, ainsi que sur le territoire des communes que traversent les routes nationales 1, 2, 4, 5, 6, 9, 10 et 11 ;

2° À Mayotte sur l'ensemble du territoire ;

3° À Saint-Martin, dans une zone comprise entre le littoral et une ligne tracée à un kilomètre en deçà ;

4° À Saint-Barthélemy, dans une zone comprise entre le littoral et une ligne tracée à un kilomètre en deçà ;

5° En Martinique, dans une zone comprise entre le littoral et une ligne tracée à un kilomètre en deçà, ainsi que dans une zone d'un kilomètre de part et d'autre de la route nationale 1 qui traverse les communes de Sainte-Marie, La Trinité, Le Robert et Le Lamentin, de la route nationale 2 qui traverse les communes de Saint-Pierre, Le Carbet, Le Morne-Rouge, l'Ajoupa-Bouillon et Basse-Pointe, de la route nationale 3 qui traverse les communes de Le Morne-Rouge, l'Ajoupa-Bouillon, Basse-Pointe, Fonds-Saint-Denis et Fort-de-France, de la route nationale 5 qui traverse les communes de Le Lamentin, Ducos, Rivière-Salée, Sainte-Luce, Rivière-Pilote et Le Marin, de la route nationale 6 qui traverse les communes de Ducos, Le Lamentin, Le Robert, Le François et Le Vauclin, Rivière-Salée, Sainte-Luce, Rivière-Pilote et Le Marin et de la route départementale 1 qui traverse les communes de Le Robert, Le François et Le Vauclin.

• **C. pr. pén., art. 78-2-1** [mod. par ord. n° 2021-1189, 15 sept. 2021, art. 30 et 47]

Sur réquisitions du procureur de la République, les officiers de police judiciaire et, sur l'ordre ou la responsabilité de ceux-ci, les agents de police judiciaire et agents de police judiciaire adjoints mentionnés aux articles 20 et 21 (1°) sont habilités à entrer dans les lieux à usage professionnel, ainsi que dans leurs annexes et dépendances, sauf s'ils constituent un domicile, où sont en cours des activités de construction, de production, de transformation, de réparation, de prestation de services ou de commercialisation, en vue :

– de s'assurer que ces activités ont donné lieu à l'immatriculation au répertoire national des entreprises ou au registre du commerce et des sociétés lorsqu'elle est obligatoire, ainsi qu'aux déclarations exigées par les organismes de protection sociale et l'administration fiscale ;

– de se faire présenter le registre unique du personnel et les documents attestant que les déclarations préalables à l'embauche ont été effectuées ;

– de contrôler l'identité des personnes occupées, dans le seul but de vérifier qu'elles figurent sur le registre ou qu'elles ont fait l'objet des déclarations mentionnées à l'alinéa précédent.

Les réquisitions du procureur de la République sont écrites et précisent les infractions, parmi celles visées aux articles L. 5221-8, L. 5221-11, L. 8221-1, L. 8221-2, L. 8251-1 du code du travail, qu'il entend faire rechercher et poursuivre, ainsi que les lieux dans lesquels l'opération de contrôle se déroulera. Ces réquisitions sont prises pour une durée maximum d'un mois et sont présentées à la personne disposant des lieux ou à celle qui la représente.

Les mesures prises en application des dispositions prévues au présent article font l'objet d'un procès-verbal remis à l'intéressé.

• **C. pr. pén., art. 78-2-2** [mod. par L. n° 2019-222, 23 mars 2019, art. 49]

I. – Sur réquisitions écrites du procureur de la République, dans les lieux et pour la période de temps que ce magistrat détermine et qui ne peut excéder vingt-quatre heures, renouvelables sur décision expresse et motivée selon la même procédure, les officiers de police judiciaire et, sur l'ordre et sous la responsabilité de ceux-ci, les agents de police judiciaire et les agents de police judiciaire adjoints mentionnés aux 1°, 1° *bis* et 1° *ter* de l'article 21 du présent code, peuvent procéder aux contrôles d'identité prévus au septième alinéa de l'article 78-2, aux fins de recherche et de poursuite des infractions suivantes :

1° Actes de terrorisme mentionnés aux articles 421-1 à 421-6 du code pénal ;

2° Infractions en matière de prolifération des armes de destruction massive et de leurs vecteurs mentionnées aux 1° et 2° du I de l'article L. 1333-9, à l'article L. 1333-11, au II des articles L. 1333-13-3 et L. 1333-13-4 et aux articles L. 1333-13-5, L. 2339-14, L. 2339-15, L. 2341-1, L. 2341-2, L. 2341-4, L. 2342-59 et L. 2342-60 du code de la défense ;

3° Infractions en matière d'armes mentionnées à l'article 222-54 du code pénal et à l'article L. 317-8 du code de la sécurité intérieure ;

4° Infractions en matière d'explosifs mentionnés à l'article 322-11-1 du code pénal et à l'article L. 2353-4 du code de la défense ;

5° Infractions de vol mentionnées aux articles 311-3 à 311-11 du code pénal ;

6° Infractions de recel mentionnées aux articles 321-1 et 321-2 du même code ;

7° Faits de trafic de stupéfiants mentionnés aux articles 222-34 à 222-38 dudit code.

II. – Dans les mêmes conditions et pour les mêmes infractions que celles prévues au I, les officiers de police judiciaire, assistés, le cas échéant, des agents de police judiciaire et des agents de police judiciaire adjoints mentionnés aux 1°, 1° *bis* et 1° *ter* de l'article 21 du présent code peuvent procéder à la visite des véhicules circulant, arrêtés ou stationnant sur la voie publique ou dans des lieux accessibles au public.

Les véhicules en circulation ne peuvent être immobilisés que le temps strictement nécessaire au déroulement de la visite qui doit avoir lieu en présence du conducteur. Lorsqu'elle porte sur un véhicule à l'arrêt ou en stationnement, la visite se déroule en présence du conducteur ou du propriétaire du véhicule ou, à défaut, d'une personne requise à cet effet par l'officier ou l'agent de police judiciaire et qui ne relève pas de son autorité administrative. La présence d'une personne extérieure n'est toutefois pas requise si la visite comporte des risques graves pour la sécurité des personnes et des biens.

En cas de découverte d'une infraction ou si le conducteur ou le propriétaire du véhicule le demande ainsi que dans le cas où la visite se déroule en leur absence, il est établi un procès-verbal mentionnant le lieu et les dates et heures de début et de fin de ces opérations. Un exemplaire en est remis à l'intéressé et un autre exemplaire est transmis sans délai au procureur de la République.

Toutefois, la visite des véhicules spécialement aménagés à usage d'habitation et effectivement utilisés comme résidence ne peut être faite que conformément aux dispositions relatives aux perquisitions et visites domiciliaires.

III. – Dans les mêmes conditions et pour les mêmes infractions que celles prévues au I, les officiers de police judiciaire, assistés, le cas échéant, des agents de police judiciaire et des agents de police judiciaire adjoints mentionnés aux 1°, 1° *bis* et 1° *ter* de l'article 21 du présent code peuvent procéder à l'inspection visuelle des bagages ou à leur fouille.

Les propriétaires des bagages ne peuvent être retenus que le temps strictement nécessaire au déroulement de l'inspection visuelle ou de la fouille des bagages, qui doit avoir lieu en présence du propriétaire.

En cas de découverte d'une infraction ou si le propriétaire du bagage le demande, il est établi un procès-verbal mentionnant le lieu et les dates et heures de début et de fin de ces opérations. Un exemplaire en est remis à l'intéressé et un autre exemplaire est transmis sans délai au procureur de la République.

III *bis*. – Dans les mêmes conditions et pour les mêmes infractions que celles prévues au I, les officiers de police judiciaire, assistés, le cas échéant, des agents de police judiciaire et des agents de police judiciaire adjoints mentionnés aux 1°, 1° *bis* et 1° *ter* de l'article 21, peuvent accéder à bord et procéder à une visite des navires présents en mer territoriale, se dirigeant ou ayant déclaré leur intention de se diriger vers un port ou vers les eaux intérieures, ou présents en amont de la limite transversale de la mer, ainsi que des bateaux, engins flottants, établissements flottants et matériels flottants se trouvant dans la mer territoriale ou en amont de la limite transversale de la mer, ainsi que sur les lacs et plans d'eau.

La visite se déroule en présence du capitaine ou de son représentant. Est considérée comme le capitaine la personne qui exerce, de droit ou de fait, le commandement, la conduite ou la garde du navire, du bateau, de l'engin flottant, de l'établissement flottant ou du matériel flottant lors de la visite.

La visite comprend l'inspection des extérieurs ainsi que des cales, des soutes et des locaux.

La visite des locaux spécialement aménagés à un usage d'habitation et effectivement utilisés comme résidence ne peut être faite que conformément aux dispositions relatives aux perquisitions et visites domiciliaires.

Le navire, le bateau, l'engin flottant, l'établissement flottant ou le matériel flottant ne peut être immobilisé que le temps strictement nécessaire au déroulement de la visite, dans la limite de douze heures.

L'officier de police judiciaire responsable de la visite rend compte du déroulement des opérations au procureur de la République et l'informe sans délai de toute infraction constatée.

IV. – Le fait que ces opérations révèlent des infractions autres que celles visées dans les réquisitions du procureur de la République ne constitue pas une cause de nullité des procédures incidentes.

• **C. pr. pén., art. 100** [mod. par L. n° 2021-1729, 22 déc. 2021, art. 3]

En matière criminelle et en matière correctionnelle, si la peine encourue est égale ou supérieure à trois ans d'emprisonnement, le juge d'instruction peut, lorsque les nécessités de l'information l'exigent, prescrire l'interception, l'enregistrement et la transcription de correspondances émises par la voie des communications électroniques. Ces opérations sont effectuées sous son autorité et son contrôle.

La décision d'interception est écrite. Elle n'a pas de caractère juridictionnel et n'est susceptible d'aucun recours.

En cas de délit puni d'une peine d'emprisonnement commis par la voie des communications électroniques sur la ligne de la victime, l'interception peut également être autorisée, selon les mêmes modalités, si elle intervient sur cette ligne à la demande de la victime.

Aucune interception ne peut porter sur une ligne dépendant du cabinet d'un avocat ou de son domicile, sauf s'il existe des raisons plausibles de le soupçonner d'avoir commis ou tenté de commettre, en tant qu'auteur ou complice, l'infraction qui fait l'objet de la procédure ou une infraction connexe au sens de l'article 203 et à la condition que la mesure soit proportionnée au regard de la nature et de la gravité des faits. La décision est prise par ordonnance motivée du juge des libertés et de la détention, saisi à cette fin par ordonnance motivée du juge d'instruction, prise après avis du procureur de la République.

• **C. pr. pén., art. 100-1** [mod. par L. n° 2019-222, 23 mars 2019, art. 44]

La décision prise en application de l'article 100 est motivée par référence aux éléments de fait et de droit justifiant que ces opérations sont nécessaires. Elle comporte tous les éléments d'identification de la liaison à intercepter, l'infraction qui motive le recours à l'interception ainsi que la durée de celle-ci.

• **C. pr. pén., art. 100-2** [mod. par L. n° 2016-731, 3 juin 2016, art. 57]

Cette décision est prise pour une durée maximum de quatre mois. Elle ne peut être renouvelée que dans les mêmes conditions de forme et de durée, sans que la durée totale de l'interception puisse excéder un an ou, s'il s'agit d'une infraction prévue aux articles 706-73 et 706-73-1, deux ans.

• **C. pr. pén., art. 100-3** [mod. par L. n° 2023-22, 24 janv. 2023, art. 24]

Le juge d'instruction ou l'officier de police judiciaire commis par lui ou, sous le contrôle de ce dernier, l'agent de police judiciaire peut requérir tout agent qualifié d'un service ou organisme placé sous l'autorité ou la tutelle du ministre chargé des communications électroniques ou tout agent qualifié d'un exploitant de réseau ou fournisseur de services de communications électroniques autorisé, en vue de procéder à l'installation d'un dispositif d'interception.

• **C. pr. pén., art. 100-4** [mod. par L. n° 2023-22, 24 janv. 2023, art. 24]

Le juge d'instruction ou l'officier de police judiciaire commis par lui ou, sous le contrôle de ce dernier, l'agent de police judiciaire dresse procès-verbal de chacune des opérations d'interception et d'enregistrement. Ce procès-verbal mentionne la date et l'heure auxquelles l'opération a commencé et celles auxquelles elle s'est terminée.

Les enregistrements sont placés sous scellés fermés.

• **C. pr. pén., art. 100-5** [mod. par L. n° 2023-22, 24 janv. 2023, art. 18]

Le juge d'instruction ou l'officier de police judiciaire commis par lui ou l'agent de police judiciaire ou l'assistant d'enquête agissant sous le contrôle de cet officier transcrit la correspondance utile à la manifestation de la vérité. Il en est dressé procès-verbal. Cette transcription est versée au dossier.

Les correspondances en langue étrangère sont transcrites en français avec l'assistance d'un interprète requis à cette fin.

À peine de nullité, ne peuvent être transcrites les correspondances avec un avocat relevant de l'exercice des droits de la défense et couvertes par le secret professionnel de la défense et du conseil, prévu à l'article 66-5 de la loi n° 71-1130 du 31 décembre 1971 portant réforme de certaines professions judiciaires et juridiques, hors les cas prévus à l'article 56-1-2 du présent code.

À peine de nullité, ne peuvent être transcrites les correspondances avec un journaliste permettant d'identifier une source en violation de l'article 2 de la loi du 29 juillet 1881 sur la liberté de la presse.

• **C. pr. pén., art. 100-6**

Les enregistrements sont détruits, à la diligence du procureur de la République ou du procureur général, à l'expiration du délai de prescription de l'action publique.

Il est dressé procès-verbal de l'opération de destruction.

• **C. pr. pén., art. 100-7**

Aucune interception ne peut avoir lieu sur la ligne d'un député ou d'un sénateur sans que le président de l'assemblée à laquelle il appartient en soit informé par le juge d'instruction.

Aucune interception ne peut avoir lieu sur une ligne dépendant du cabinet d'un avocat ou de son domicile sans que le bâtonnier en soit informé par le juge d'instruction.

Aucune interception ne peut avoir lieu sur une ligne dépendant du cabinet d'un magistrat ou de son domicile sans que le premier président ou le procureur général de la juridiction où il réside en soit informé.

Les formalités prévues par le présent article sont prescrites à peine de nullité.

• **C. pr. pén., art. 100-8**

Lorsqu'une interception de correspondances émises par la voie des communications électroniques concerne une adresse de communication qui est utilisée sur le territoire d'un État membre de l'Union européenne, et qu'elle n'est pas réalisée dans le cadre d'une décision d'enquête européenne, le juge d'instruction ou l'officier de police judiciaire par lui commis notifie cette interception à l'autorité compétente de cet État si la personne visée par cette interception se trouve sur son territoire.

Cette notification intervient soit avant l'interception lorsqu'il résulte des éléments du dossier de la procédure au moment où est ordonnée l'interception, que la personne visée se trouve ou se trouvera sur le territoire de cet État, soit au cours de l'interception ou après sa réalisation, dès qu'il est établi que cette personne se trouve ou s'est trouvée sur le territoire de cet État au moment de l'interception.

Sur demande de l'autorité compétente de l'État membre formée dans les quatre-vingt-seize heures suivant la réception de la notification et justifiée par le fait qu'une telle interception ne pouvait pas être autorisée, dans le cadre d'une procédure nationale similaire, en application du droit de cet État, soit l'interception ne peut pas être effectuée ou doit être interrompue, soit les données interceptées alors que la personne se trouvait sur son territoire ne peuvent être utilisées et doivent être retirées du dossier de la procédure ou ne peuvent être utilisées que dans les conditions que cette autorité spécifie et pour les motifs qu'elle précise.

Le défaut de notification prévue par les premier et deuxième alinéas ne constitue une cause de nullité de la procédure que s'il est établi qu'une telle interception ne pouvait pas être autorisée, dans le cadre d'une procédure nationale similaire, en application du droit de l'État membre sur le territoire duquel s'est trouvée la personne.

• **C. pr. pén., art. 230-1** [mod. par L. n° 2014-1353, 13 nov. 2014, art. 15]

Sans préjudice des dispositions des articles 60, 77-1 et 156, lorsqu'il apparaît que des données saisies ou obtenues au cours de l'enquête ou de l'instruction ont fait l'objet d'opérations de transformation empêchant d'accéder aux informations en clair qu'elles contiennent ou de les comprendre, ou que ces données sont protégées par un mécanisme d'authentification, le procureur de la République, la juridiction d'instruction, l'officier de police judiciaire, sur autorisation du procureur de la République ou du juge d'instruction, ou la juridiction de jugement saisie de l'affaire peut désigner toute personne physique ou morale qualifiée, en vue d'effectuer les opérations techniques permettant d'obtenir l'accès à ces informations, leur version en clair ainsi que, dans le cas où un moyen de cryptologie a été utilisé, la convention secrète de déchiffrement, si cela apparaît nécessaire.

Si la personne ainsi désignée est une personne morale, son représentant légal soumet à l'agrément du procureur de la République, de l'officier de police judiciaire ou de la juridiction saisie de l'affaire le nom de la ou des personnes physiques qui, au sein de celle-ci et en son nom, effectueront les opérations techniques mentionnées au premier alinéa. Sauf si elles sont inscrites sur une liste prévue à l'article 157, les personnes ainsi désignées prêtent, par écrit, le serment prévu au deuxième alinéa de l'article 60 et à l'article 160.

Si la peine encourue est égale ou supérieure à deux ans d'emprisonnement et que les nécessités de l'enquête ou de l'instruction l'exigent, le procureur de la République, la juridiction d'instruction, l'officier de police judiciaire, sur autorisation du procureur de la République ou du juge d'instruction, ou la juridiction de jugement saisie de l'affaire peut prescrire le recours aux moyens de l'État soumis au secret de la défense nationale selon les formes prévues au présent chapitre.

• **C. pr. pén., art. 230-2** [mod. par L. n° 2018-699, 3 août 2018, art. 16]

Lorsque le procureur de la République, la juridiction d'instruction, l'officier de police judiciaire, sur autorisation du procureur de la République ou du juge d'instruction, ou la juridiction de jugement saisie de l'affaire décident d'avoir recours, pour les opérations mentionnées à l'article 230-1, aux moyens de l'État couverts par le secret de la défense nationale, la réquisition écrite doit être adressée à un organisme technique soumis au secret de la défense nationale, et désigné par décret, avec le support physique contenant les données à mettre au clair ou une copie de celui-ci. Cette réquisition fixe le délai dans lequel les opérations de mise au clair doivent être réalisées. Le délai peut être prorogé dans les mêmes conditions de forme. À tout moment, le procureur de la République, la juridiction d'instruction, l'officier de police judiciaire, sur autorisation du procureur de la République ou du juge d'instruction, ou la juridiction de jugement saisie de l'affaire ou ayant requis l'organisme technique peut ordonner l'interruption des opérations prescrites.

Aux fins de réaliser les opérations de mise au clair, l'organisme technique mentionné au premier alinéa du présent article est habilité à procéder à l'ouverture ou à la réouverture des scellés et à confectionner de nouveaux scellés après avoir, le cas échéant, procédé au reconditionnement des supports physiques qu'il était chargé d'examiner. En cas de risque de destruction des données ou du support physique qui les contient, l'autorisation d'altérer le support physique doit être délivrée par le procureur de la République, la juridiction d'instruction ou la juridiction de jugement saisie de l'affaire.

Les données protégées au titre du secret de la défense nationale ne peuvent être communiquées que dans les conditions prévues aux articles L. 2312-4 à L. 2312-8 du code de la défense.

Lorsqu'il s'agit de données obtenues dans le cadre d'interceptions de communications électroniques, au sein du traitement mentionné au I de l'article 230-45, la réquisition est adressée directement à l'organisme technique désigné en application du premier alinéa du présent article.

• **C. pr. pén., art. 230-3** [mod. par L. n° 2014-1353, 13 nov. 2014, art. 15]

Dès l'achèvement des opérations ou dès qu'il apparaît que ces opérations sont techniquement impossibles ou à l'expiration du délai prescrit ou à la réception de l'ordre d'interruption émanant du procureur de la République, de la juridiction d'instruction, de l'officier de police judiciaire, sur autorisation du procureur de la République ou du juge d'instruction, ou de la juridiction de jugement saisie de l'affaire, les résultats obtenus et les pièces reçues sont retournés par le responsable de l'organisme technique à l'auteur de la réquisition. Sous réserve des obligations découlant du secret de la défense nationale, les résultats sont accompagnés des indications techniques utiles à la compréhension et à leur exploitation ainsi que d'une attestation visée par le responsable de l'organisme technique certifiant la sincérité des résultats transmis.

Les éléments ainsi obtenus font l'objet d'un procès-verbal de réception et sont versés au dossier de la procédure.

• **C. pr. pén., art. 230-4** [mod. par L. n° 2014-1353, 13 nov. 2014, art. 15]

Les décisions prises en application du présent chapitre n'ont pas de caractère juridictionnel et ne sont susceptibles d'aucun recours.

• **C. pr. pén., art. 230-32** [mod. par L. n° 2019-222, 23 mars 2019, art. 44]

Il peut être recouru à tout moyen technique destiné à la localisation en temps réel, sur l'ensemble du territoire national, d'une personne, à l'insu de celle-ci, d'un véhicule ou de tout autre objet, sans le consentement de son propriétaire ou de son possesseur, si cette opération est exigée par les nécessités :

1° D'une enquête ou d'une instruction portant sur un crime ou sur un délit puni d'au moins trois ans d'emprisonnement ;

2° D'une procédure d'enquête ou d'instruction de recherche des causes de la mort ou de la disparition prévue aux articles 74, 74-1 et 80-4 ;

3° D'une procédure de recherche d'une personne en fuite prévue à l'article 74-2.

La géolocalisation est mise en place par l'officier de police judiciaire ou, sous sa responsabilité, par l'agent de police judiciaire, ou prescrite sur réquisitions de l'officier de police judiciaire, dans les conditions et selon les modalités prévues au présent chapitre.

• **C. pr. pén., art. 230-33** [mod. par L. n° 2019-222, 23 mars 2019, art. 44]

L'opération mentionnée à l'article 230-32 est autorisée :

1° Dans le cadre d'une enquête de flagrance, d'une enquête préliminaire ou d'une procédure prévue aux articles 74 à 74-2, par le procureur de la République, pour une durée maximale de quinze jours consécutifs dans les cas prévus aux articles 74 à 74-2 ou lorsque l'enquête porte sur un crime ou sur une infraction mentionnée aux articles 706-73 ou 706-73-1, ou pour une durée maximale de huit jours consécutifs dans les autres cas. À l'issue de ces délais, cette opération est autorisée par le juge des libertés et de la détention à la requête du procureur de la République, pour une durée maximale d'un mois renouvelable dans les mêmes conditions de forme et de durée ;

2° Dans le cadre d'une instruction ou d'une information pour recherche des causes de la mort ou des causes de la disparition mentionnées aux articles 74, 74-1 et 80-4, par le juge d'instruction, pour une durée maximale de quatre mois renouvelable dans les mêmes conditions de forme et de durée.

La durée totale de cette opération ne peut pas excéder un an ou, s'il s'agit d'une infraction prévue aux articles 706-73 ou 706-73-1, deux ans.

La décision du procureur de la République, du juge des libertés et de la détention ou du juge d'instruction est écrite et motivée par référence aux éléments de fait et de droit justifiant que ces opérations sont nécessaires. Elle n'a pas de caractère juridictionnel et n'est susceptible d'aucun recours.

• **C. pr. pén., art. 230-34** [mod. par L. n° 2019-222, 23 mars 2019, art. 44]

Dans les cas mentionnés aux 1° et 2° de l'article 230-33, lorsque les nécessités de l'enquête ou de l'instruction l'exigent, le procureur de la République ou le juge d'instruction peut, aux seules fins de mettre en place ou de retirer le moyen technique mentionné à l'article 230-32, autoriser par décision écrite l'introduction, y compris en dehors des heures prévues à l'article 59, dans des lieux privés destinés ou utilisés à l'entrepôt de véhicules, fonds, valeurs, marchandises ou matériel, ou dans un véhicule situé sur la voie publique ou dans de tels lieux, à l'insu ou sans le consentement du propriétaire ou de l'occupant des lieux ou du véhicule ou de toute personne titulaire d'un droit sur ceux-ci.

S'il s'agit d'un lieu privé autre que ceux mentionnés au premier alinéa du présent article, cette opération ne peut intervenir que dans les cas mentionnés aux 2° et 3° de l'article 230-32 ou lorsque l'enquête ou l'instruction est relative à un crime ou à un délit puni d'au moins cinq ans d'emprisonnement. Si ce lieu privé est un lieu d'habitation, l'autorisation est délivrée par décision écrite :

1° Dans les cas prévus au 1° de l'article 230-33, du juge des libertés et de la détention, saisi à cette fin par le procureur de la République ;

2° Dans les cas prévus au 2° du même article 230-33, du juge d'instruction ou, si l'opération doit intervenir en dehors des heures prévues à l'article 59, du juge des libertés et de la détention, saisi à cette fin par le juge d'instruction.

La mise en place du moyen technique mentionné à l'article 230-32 ne peut concerner ni les lieux mentionnés aux articles 56-1 à 56-5, ni le bureau ou le domicile des personnes mentionnées à l'article 100-7.

• **C. pr. pén., art. 230-35** [L. n° 2014-372, 28 mars 2014, art. 1]

En cas d'urgence résultant d'un risque imminent de dépérissement des preuves ou d'atteinte grave aux personnes ou aux biens, les opérations mentionnées à l'article 230-32 peuvent être mises en place ou prescrites par un officier de police judiciaire. Celui-ci en informe immédiatement, par tout moyen, le procureur de la République ou le juge d'instruction dans les cas mentionnés aux articles 230-33 et 230-34. Ce magistrat peut alors ordonner la mainlevée de la géolocalisation.

Toutefois, si l'introduction dans un lieu d'habitation est nécessaire, l'officier de police judiciaire doit recueillir l'accord préalable, donné par tout moyen :

1° Dans les cas prévus au 1° de l'article 230-33, du juge des libertés et de la détention, saisi à cette fin par le procureur de la République ;

2° Dans les cas prévus au 2° du même article 230-33, du juge d'instruction ou, si l'introduction doit avoir lieu en dehors des heures prévues à l'article 59, du juge des libertés et de la détention, saisi à cette fin par le juge d'instruction.

Ces magistrats disposent d'un délai de vingt-quatre heures pour prescrire, par décision écrite, la poursuite des opérations. À défaut d'une telle autorisation dans ce délai, il est mis fin à la géolocalisation. Dans les cas prévus au premier alinéa du présent article, l'autorisation comporte l'énoncé des circonstances de fait établissant l'existence du risque imminent mentionné à ce même alinéa.

• **C. pr. pén., art. 230-36** [L. n° 2014-372, 28 mars 2014, art. 1]

Le juge d'instruction ou l'officier de police judiciaire commis par lui ou autorisé par le procureur de la République peut requérir tout agent qualifié d'un service, d'une unité ou d'un organisme placé sous l'autorité du ministre de l'intérieur et dont la liste est fixée par décret, en vue de procéder à l'installation et au retrait du moyen technique mentionné à l'article 230-32.

• **C. pr. pén., art. 230-37** [L. n° 2014-372, 28 mars 2014, art. 1]

Les opérations prévues au présent chapitre sont conduites sous le contrôle du magistrat qui les a autorisées ou qui a autorisé leur poursuite.

Le fait que ces opérations révèlent des infractions autres que celles visées dans la décision de ce magistrat ne constitue pas une cause de nullité des procédures incidentes.

• **C. pr. pén., art. 230-38** [L. n° 2014-372, 28 mars 2014, art. 1]

L'officier de police judiciaire ou l'agent de police judiciaire agissant sous sa responsabilité dresse procès-verbal de chacune des opérations de mise en place du moyen technique mentionné à l'article 230-32 et des opérations d'enregistrement des données de localisation. Ce procès-verbal mentionne la date et l'heure auxquelles l'opération a commencé et celles auxquelles elle s'est terminée.

Les enregistrements sont placés sous scellés fermés.

• **C. pr. pén., art. 230-39** [L. n° 2014-372, 28 mars 2014, art. 1]

L'officier de police judiciaire ou l'agent de police judiciaire agissant sous sa responsabilité décrit ou transcrit, dans un procès-verbal qui est versé au dossier, les données enregistrées qui sont utiles à la manifestation de la vérité.

• **C. pr. pén., art. 230-40** [L. n° 2014-372, 28 mars 2014, art. 1]

Lorsque, dans une instruction concernant l'un des crimes ou délits entrant dans le champ d'application des articles 706-73 et 706-73-1, la connaissance de ces informations est susceptible de mettre gravement en danger la vie ou l'intégrité physique d'une personne, des membres de sa famille ou de ses proches et qu'elle n'est ni utile à la manifestation de la vérité, ni indispensable à l'exercice des droits de la défense, le juge des libertés et de la détention, saisi à tout moment par requête motivée du juge d'instruction, peut, par décision motivée, autoriser que n'apparaissent pas dans le dossier de la procédure :

1° La date, l'heure et le lieu où le moyen technique mentionné à l'article 230-32 a été installé ou retiré ;

2° L'enregistrement des données de localisation et les éléments permettant d'identifier une personne ayant concouru à l'installation ou au retrait du moyen technique mentionné à ce même article.

La décision du juge des libertés et de la détention mentionnée au premier alinéa du présent article est jointe au dossier de la procédure. Les informations mentionnées aux 1° et 2° sont inscrites dans un autre procès-verbal, qui est versé dans un dossier distinct du dossier de la procédure, dans lequel figure également la requête du juge d'instruction prévue au premier alinéa. Ces informations sont inscrites sur un registre coté et paraphé, qui est ouvert à cet effet au tribunal judiciaire.

• **C. pr. pén., art. 230-41** [L. n° 2014-372, 28 mars 2014, art. 1]

La personne mise en examen ou le témoin assisté peut, dans les dix jours à compter de la date à laquelle il lui a été donné connaissance du contenu des opérations de géolocalisation réalisées dans le cadre prévu à l'article 230-40, contester, devant le président de la chambre de l'instruction, le recours à la procédure prévue à ce même article. S'il estime que les opérations de géolocalisation n'ont pas été réalisées de façon régulière, que les conditions prévues audit article ne sont pas remplies ou que les informations mentionnées à ce même article sont indispensables à l'exercice des droits de la défense, le président de la chambre de l'instruction ordonne l'annulation de la géolocalisation. Toutefois, s'il estime que la connaissance de ces informations n'est pas ou n'est plus susceptible de mettre gravement en danger la vie ou l'intégrité physique d'une personne, des membres de sa famille ou de ses proches, il peut également ordonner le versement au dossier de la requête et du procès-verbal mentionnés au dernier alinéa du même article. Le président de la chambre de l'instruction statue par décision motivée, qui n'est pas susceptible de recours, au vu des pièces de la procédure et de celles figurant dans le dossier mentionné au même alinéa.

• **C. pr. pén., art. 230-42** [L. n° 2014-372, 28 mars 2014, art. 1]

Aucune condamnation ne peut être prononcée sur le fondement des éléments recueillis dans les conditions prévues à l'article 230-40, sauf si la requête et le procès-verbal mentionnés au dernier alinéa de ce même article ont été versés au dossier en application de l'article 230-41.

• **C. pr. pén., art. 230-43** [L. n° 2014-372, 28 mars 2014, art. 1]

Les enregistrements de données de localisation sont détruits, à la diligence du procureur de la République ou du procureur général, à l'expiration du délai de prescription de l'action publique.

Il est dressé procès-verbal de l'opération de destruction.

• **C. pr. pén., art. 230-44** [L. n° 2014-372, 28 mars 2014, art. 1]

Le présent chapitre n'est pas applicable lorsque les opérations de géolocalisation en temps réel ont pour objet la localisation d'un équipement terminal de communication électronique, d'un véhicule ou de tout autre objet dont le propriétaire ou le possesseur légitime est la victime de l'infraction sur laquelle porte l'enquête ou l'instruction ou la personne disparue au sens des articles 74-1 ou 80-4, dès lors que ces opérations ont pour objet de retrouver la victime, l'objet qui lui a été dérobé ou la personne disparue.

Dans les cas prévus au présent article, les opérations de géolocalisation en temps réel font l'objet de réquisitions conformément aux articles 60-1, 60-2, 77-1-1, 77-1-2, 99-3 ou 99-4.

• **C. pr. pén., art. 230-45** [mod. par L. n° 2019-222, 23 mars 2019, art. 46 et 50]

I. – Un décret en Conseil d'État, pris après avis public et motivé de la Commission nationale de l'informatique et des libertés, détermine les missions et les modalités de fonctionnement de la plate-forme nationale des interceptions judiciaires.

Sauf impossibilité technique, les réquisitions et demandes adressées en application des articles 60-2, 74-2, 77-1-2,80-4, 99-4, 100 à 100-7, 230-32 à 230-44, 706-95 et 709-1-3 du présent code ou de l'article 67 *bis*-2 du code des douanes sont transmises par l'intermédiaire de la plate-forme nationale des interceptions judiciaires qui organise la centralisation de leur exécution.

Les dispositions du présent code relatives au placement des enregistrements sous scellés fermés et à l'établissement d'un procès-verbal lorsqu'il est procédé à leur destruction ne sont pas applicables aux données conservées par la plate-forme nationale des interceptions judiciaires.

Le décret mentionné au premier alinéa du présent I fixe également les modalités selon lesquelles les données ou correspondances recueillies en application des articles 230-32 à 230-44, 706-95-20 et 709-1-3 du présent code sont, sauf impossibilité technique, centralisées et conservées par la plate-forme nationale des interceptions judiciaires.

II. – La plateforme nationale des interceptions judiciaires est placée sous le contrôle d'une personnalité qualifiée, assistée par un comité qui comprend parmi ses membres un député et un sénateur.

Les missions, la composition, l'organisation et le fonctionnement du comité sont précisés par décret en Conseil d'État.

• **C. pr. pén., art. 706-1-1** [mod. par L. n° 2018-898, 23 oct. 2018, art. 36]

Les articles 706-80 à 706-87 [Rédaction conforme au dernier alinéa de l'article 1er de la décision du Conseil constitutionnel n° 2013-679 DC du 4 décembre 2013], 706-95 à 706-103, 706-105 et 706-106 sont applicables à l'enquête, à la poursuite, à l'instruction et au jugement des délits prévus :

1° Aux articles 432-11, 432-15, 433-1, 433-2, 434-9, 434-9-1, 435-1 à 435-4 et 435-7 à 435-10 du code pénal ;

2° Aux articles 1741 et 1743 du code général des impôts, lorsqu'ils sont commis en bande organisée ou lorsqu'il existe des présomptions caractérisées que ces infractions résultent d'un des comportements mentionnés aux 1° à 5° du II de l'article L. 228 du livre des procédures fiscales ;

3° Au dernier alinéa de l'article 414 et à l'article 415 du code des douanes, lorsqu'ils sont punis d'une peine d'emprisonnement d'une durée supérieure à cinq ans ;

4° Aux articles L. 465-1 à L. 465-3-3 du code monétaire et financier lorsqu'ils sont commis en bande organisée.

Les articles mentionnés au premier alinéa du présent article sont également applicables à l'enquête, à la poursuite, à l'instruction et au jugement du blanchiment des délits mentionnés aux 1° à 3°.

• **C. pr. pén., art. 706-1-2** [mod. par L. n° 2014-535, 27 mai 2014, art. 8]

Les articles 706-80 à 706-87, 706-95 à 706-103 et 706-105 sont applicables à l'enquête, à la poursuite, à l'instruction et au jugement des délits prévus au dernier alinéa des articles L. 241-3 et L. 242-6 du code de commerce.

• **C. pr. pén., art. 706-89** [mod. par ord. n° 2019-964, 18 sept. 2019, art. 35]

Si les nécessités de l'enquête de flagrance relative à l'une des infractions entrant dans le champ d'application des articles 706-73 et 706-73-1 l'exigent, le juge des libertés et de la détention du tribunal judiciaire peut, à la requête du procureur de la République, autoriser que les perquisitions, visites domiciliaires et saisies de pièces à conviction soient opérées en dehors des heures prévues par l'article 59.

• **C. pr. pén., art. 706-90** [mod. par ord. n° 2019-964, 18 sept. 2019, art. 35]

Si les nécessités de l'enquête préliminaire relative à l'une des infractions entrant dans le champ d'application des articles 706-73 et 706-73-1 l'exigent, le juge des libertés et de la détention du tribunal judiciaire peut, à la requête du procureur de la République, décider que les perquisitions, visites domiciliaires et saisies de pièces à conviction pourront être effectuées en dehors des heures prévues à l'article 59, lorsque ces opérations ne concernent pas des locaux d'habitation.

En cas d'urgence et pour les enquêtes préliminaires concernant une ou plusieurs infractions mentionnées au 11° de l'article 706-73, ces opérations peuvent toutefois concerner des locaux d'habitation en dehors des heures prévues à l'article 59 lorsque leur réalisation est nécessaire afin de prévenir un risque d'atteinte à la vie ou à l'intégrité physique.

• **C. pr. pén., art. 706-91** [mod. par L. n° 2016-731, 3 juin 2016, art. 1]

Si les nécessités de l'information relative à l'une des infractions entrant dans le champ d'application des articles 706-73 et 706-73-1 l'exigent, le juge d'instruction peut autoriser les officiers de police judiciaire agissant sur commission rogatoire à procéder à des perquisitions, visites domiciliaires et saisies de pièces à conviction en dehors des heures prévues à l'article 59, lorsque ces opérations ne concernent pas des locaux d'habitation.

En cas d'urgence, le juge d'instruction peut également autoriser les officiers de police judiciaire à procéder à ces opérations dans les locaux d'habitation :

1° Lorsqu'il s'agit d'un crime ou d'un délit flagrant ;

2° Lorsqu'il existe un risque immédiat de disparition des preuves ou des indices matériels ;

3° Lorsqu'il existe une ou plusieurs raisons plausibles de soupçonner qu'une ou plusieurs personnes se trouvant dans les locaux où la perquisition doit avoir lieu sont en train de commettre des crimes ou des délits entrant dans le champ d'application des articles 706-73 et 706-73-1 ;

4° Lorsque leur réalisation, dans le cadre d'une information relative à une ou plusieurs infractions mentionnées au 11° de l'article 706-73, est nécessaire afin de prévenir un risque d'atteinte à la vie ou à l'intégrité physique.

• **C. pr. pén., art. 706-92** [mod. par ord. n° 2019-964, 18 sept. 2019, art. 35]

À peine de nullité, les autorisations prévues par les articles 706-89 à 706-91 sont données pour des perquisitions déterminées et font l'objet d'une ordonnance écrite, précisant la qualification de l'infraction dont la preuve est recherchée ainsi que l'adresse des lieux dans lesquels les visites, perquisitions et saisies peuvent être faites ; cette ordonnance, qui n'est pas susceptible d'appel, est motivée par référence aux éléments de fait et de droit justifiant que ces opérations sont nécessaires et qu'elles ne peuvent être réalisées pendant les heures prévues à l'article 59. Les opérations sont faites sous le contrôle du magistrat qui les a autorisées, et qui peut se déplacer sur les lieux pour veiller au respect des dispositions légales. Le magistrat qui les a autorisées est informé dans les meilleurs délais par le procureur de la République ou l'officier de police judiciaire des actes accomplis en application des articles 706-89 à 706-91.

Dans les cas prévus au second alinéa de l'article 706-90 et aux 1° à 4° de l'article 706-91, l'ordonnance comporte également l'énoncé des considérations de droit et de fait qui constituent le fondement de cette décision par référence aux seules conditions prévues par ces alinéas.

Pour l'application des dispositions des articles 706-89 et 706-90, est compétent le juge des libertés et de la détention du tribunal judiciaire dont le procureur de la République dirige l'enquête, quelle que soit la juridiction dans le ressort de laquelle la perquisition doit avoir lieu. Le juge des libertés et de la détention peut alors se déplacer sur les lieux quelle que soit leur localisation sur l'ensemble du territoire national. Le procureur de la République peut également saisir le juge des libertés et de la détention du tribunal judiciaire dans le ressort duquel la perquisition doit avoir lieu, par l'intermédiaire du procureur de la République de cette juridiction.

• **C. pr. pén., art. 706-93**

Les opérations prévues aux articles 706-89 à 706-91 ne peuvent, à peine de nullité, avoir un autre objet que la recherche et la constatation des infractions visées dans la décision du juge des libertés et de la détention ou du juge d'instruction.

Le fait que ces opérations révèlent des infractions autres que celles visées dans la décision du juge des libertés et de la détention ou du juge d'instruction ne constitue pas une cause de nullité des procédures incidentes.

• **C. pr. pén., art. 706-94** [mod. par L. n° 2015-993, 17 août 2015, art. 11]

Lorsque, au cours d'une enquête de flagrance ou d'une instruction relative à l'une des infractions entrant dans le champ d'application des articles 706-73 et 706-73-1, la personne au domicile de laquelle est faite une perquisition est en garde à vue ou détenue en un autre lieu et que son transport sur place paraît devoir être évité en raison des risques graves soit de troubles à l'ordre public ou d'évasion, soit de disparition des preuves pendant le temps nécessaire au transport, la perquisition peut être faite, avec l'accord préalable du procureur de la République ou du juge d'instruction, en présence de deux témoins requis dans les conditions prévues au deuxième alinéa de l'article 57, ou d'un représentant désigné par celui dont le domicile est en cause.

Les dispositions du présent article sont également applicables aux enquêtes préliminaires, lorsque la perquisition est faite sans l'assentiment de la personne dans les conditions prévues aux articles 76 et 706-90. L'accord est alors donné par le juge des libertés et de la détention.

• **C. pr. pén., art. 706-95** [mod. par L. n° 2021-1729, 22 déc. 2021, art. 3]

Si les nécessités de l'enquête de flagrance ou de l'enquête préliminaire relative à l'une des infractions entrant dans le champ d'application des articles 706-73 et 706-73-1 l'exigent, le juge des libertés et de la détention du tribunal judiciaire peut, à la requête du procureur de la République, autoriser l'interception, l'enregistrement et la transcription de correspondances émises par la voie des communications électroniques selon les modalités prévues aux deuxième et dernier alinéas de l'article 100 ainsi qu'aux articles 100-1 et 100-3 à 100-7, pour une durée maximum d'un mois, renouvelable une fois dans les mêmes conditions de forme et de durée. Ces opérations sont faites sous le contrôle du juge des libertés et de la détention.

Les dispositions de l'article 100-8 sont applicables aux interceptions ordonnées en application du présent article.

Pour l'application des dispositions des articles 100-3 à 100-5 et 100-8, les attributions confiées au juge d'instruction ou à l'officier de police judiciaire commis par lui sont exercées par le procureur de la République ou l'officier de police judiciaire requis par ce magistrat.

Le juge des libertés et de la détention qui a autorisé l'interception est informé sans délai par le procureur de la République des actes accomplis en application de l'alinéa précédent, notamment des procès-verbaux dressés en exécution de son autorisation, par application des articles 100-4 et 100-5.

• **C. pr. pén., art. 706-95-1** [mod. par L. n° 2019-222, 23 mars 2019, art. 46]

Si les nécessités de l'enquête relative à un crime ou à l'une des infractions entrant dans le champ d'application des articles 706-73 et 706-73-1 l'exigent, le juge des libertés et de la détention peut, à la requête du procureur de la République, autoriser par ordonnance motivée l'accès, à distance et à l'insu de la personne visée, aux correspondances stockées par la voie des communications électroniques accessibles au moyen d'un identifiant informatique. Les données auxquelles il a été permis d'accéder peuvent être saisies et enregistrées ou copiées sur tout support.

• **C. pr. pén., art. 706-95-2** [mod. par L. n° 2019-222, 23 mars 2019, art. 46]

Si les nécessités de l'information relative à un crime ou à l'une des infractions entrant dans le champ d'application des articles 706-73 et 706-73-1 l'exigent, le juge d'instruction peut autoriser par ordonnance motivée l'accès, à distance et à l'insu de la personne visée, aux correspondances stockées par la voie des communications électroniques accessibles au moyen d'un identifiant informatique. Les données auxquelles il a été permis d'accéder peuvent être saisies et enregistrées ou copiées sur tout support.

• **C. pr. pén., art. 706-95-3** [L. n° 2016-731, 3 juin 2016, art. 2]

Les opérations mentionnées aux articles 706-95-1 et 706-95-2 sont effectuées sous l'autorité et le contrôle du magistrat qui les a autorisées et ne peuvent, à peine de nullité, avoir un autre objet que la recherche et la constatation des infractions visées dans la décision de ce magistrat.

Le magistrat ou l'officier de police judiciaire commis par lui peut requérir tout agent qualifié d'un service ou d'un organisme placé sous l'autorité ou la tutelle du ministre chargé des communications électroniques ou tout agent qualifié d'un exploitant de réseau ou fournisseur de services de communications électroniques autorisé, en vue de procéder aux opérations mentionnées aux mêmes articles 706-95-1 et 706-95-2.

Le fait que ces opérations révèlent des infractions autres que celles visées dans la décision du magistrat qui les a autorisées ne constitue pas une cause de nullité des procédures incidentes.

Lorsque l'identifiant informatique est associé au compte d'un avocat, d'un magistrat, d'un sénateur ou d'un député, l'article 100-7 est applicable.

• **C. pr. pén., art. 706-95-11** [créé par L. n° 2019-222, 23 mars 2019]

Les dispositions du présent paragraphe sont applicables aux techniques spéciales d'enquête mentionnées à la présente section.

Ces techniques spéciales d'enquête peuvent être mises en œuvre si les nécessités de l'enquête ou de l'information judiciaire relatives [Dispositions déclarées non conformes à la Constitution par la décision du Conseil constitutionnel n° 2019-778 DC du 21 mars 2019.] à l'une des infractions entrant dans le champ d'application des articles 706-73 et 706-73-1 l'exigent.

• **C. pr. pén., art. 706-95-12** [créé par L. n° 2019-222, 23 mars 2019]

Les techniques spéciales d'enquête sont autorisées :

1° Au cours de l'enquête, par le juge des libertés et de la détention à la requête du procureur de la République ;

2° Au cours de l'information, par le juge d'instruction, après avis du procureur de la République.

• **C. pr. pén., art. 706-95-13** [mod. par L. n° 2020-1672, 24 déc. 2020, art. 12]

L'autorisation mentionnée à l'article 706-95-12 fait l'objet d'une ordonnance écrite et motivée par référence aux éléments de fait et de droit justifiant que ces opérations sont nécessaires. Elle n'a pas de caractère juridictionnel et n'est pas susceptible de recours.

En cas d'urgence résultant d'un risque imminent de dépérissement des preuves ou d'atteinte grave aux personnes ou aux biens, l'autorisation du juge d'instruction mentionnée au 2° du même article 706-95-12 peut être délivrée sans avis préalable du procureur de la République. Elle comporte alors l'énoncé des circonstances de fait établissant l'existence du risque imminent.

• **C. pr. pén., art. 706-95-14** [créé par L. n° 2019-222, 23 mars 2019, art. 46]

Ces techniques spéciales d'enquête se déroulent sous l'autorité et le contrôle du magistrat qui les a autorisées. Ce magistrat peut ordonner à tout moment leur interruption.

Le juge des libertés et de la détention est informé sans délai par le procureur de la République des actes accomplis. Les procès-verbaux dressés en exécution de la décision du juge des libertés et de la détention lui sont communiqués.

Si le juge des libertés et de la détention estime que les opérations n'ont pas été réalisées conformément à son autorisation ou que les dispositions applicables du présent code n'ont pas été respectées, il ordonne la destruction des procès-verbaux et des enregistrements effectués. Il statue par une ordonnance motivée qu'il notifie au procureur de la République. Ce dernier peut former appel devant le président de la chambre de l'instruction dans un délai de dix jours à compter de la notification.

Les opérations ne peuvent, à peine de nullité, avoir un autre objet que la recherche et la constatation des infractions visées dans les décisions du magistrat. Le fait que ces opérations révèlent des infractions autres que celles visées dans l'autorisation du magistrat ne constitue pas une cause de nullité des procédures incidentes.

• **C. pr. pén., art. 706-95-16** [créé par L. n° 2019-222, 23 mars 2019, art. 46]

L'autorisation mentionnée au 1° de l'article 706-95-12 est délivrée pour une durée maximale d'un mois, renouvelable une fois dans les mêmes conditions de forme et de durée.

L'autorisation mentionnée au 2° du même article 706-95-12 est délivrée pour une durée maximale de quatre mois, renouvelable dans les mêmes conditions de forme et de durée, sans que la durée totale des opérations ne puisse excéder deux ans.

• **C. pr. pén., art. 706-95-17** [créé par L. n° 2019-222, 23 mars 2019, art. 46]

Les techniques spéciales d'enquête mentionnées à la présente section sont mises en place par l'officier de police judiciaire commis par le juge d'instruction ou requis par le procureur de la République ou, sous sa responsabilité, par l'agent de police judiciaire.

En vue de procéder à l'installation, à l'utilisation et au retrait des dispositifs techniques mentionnés à la présente section, le procureur de la République, le juge d'instruction ou l'officier de police judiciaire peut requérir tout agent qualifié d'un service, d'une unité ou d'un organisme placé sous l'autorité ou la tutelle du ministre de l'intérieur ou du ministre de la défense et dont la liste est fixée par décret.

• **C. pr. pén., art. 706-95-18** [créé par L. n° 2019-222, 23 mars 2019, art. 46]

Le procureur de la République, le juge d'instruction ou l'officier de police judiciaire commis par lui ou requis par le procureur de la République, ou l'agent de police judiciaire agissant sous sa responsabilité, dresse procès-verbal de la mise en place des dispositifs techniques et des opérations effectuées en application de la présente section. Ce procès-verbal mentionne la date et l'heure auxquelles l'opération a commencé et celles auxquelles elle s'est terminée.

Les enregistrements sont placés sous scellés fermés.

L'officier de police judiciaire ou l'agent de police judiciaire agissant sous sa responsabilité décrit ou transcrit, dans un procès-verbal qui est versé au dossier, les données enregistrées qui sont utiles à la manifestation de la vérité. Aucune séquence relative à la vie privée étrangère aux infractions visées dans les ordonnances autorisant la mesure ne peut être conservée dans le dossier de la procédure.

Les conversations et données en langue étrangère sont transcrites en français avec l'assistance d'un interprète requis à cette fin.

• **C. pr. pén., art. 706-95-19** [créé par L. n° 2019-222, 23 mars 2019, art. 46]

Les enregistrements et données recueillies lors des opérations effectuées en application de la présente section sont détruits, à la diligence du procureur de la République ou du procureur général, à l'expiration du délai de prescription de l'action publique. Il est dressé procès-verbal de l'opération de destruction.

• **C. pr. pén., art. 706-96** [mod. par L. n° 2019-222, 23 mars 2019, art. 46]

Il peut être recouru à la mise en place d'un dispositif technique ayant pour objet, sans le consentement des intéressés, la captation, la fixation, la transmission et l'enregistrement de paroles prononcées par une ou plusieurs personnes à titre privé ou confidentiel, dans des lieux ou véhicules privés ou publics, ou de l'image d'une ou de plusieurs personnes se trouvant dans un lieu privé.

• **C. pr. pén., art. 706-96-1** [mod. par L. n° 2019-222, 23 mars 2019, art. 46

Au cours de l'enquête, en vue de mettre en place le dispositif technique mentionné à l'article 706-96, le juge des libertés et de la détention peut autoriser l'introduction dans un véhicule ou un lieu privé, y compris hors des heures prévues à l'article 59, à l'insu ou sans le consentement du propriétaire ou du possesseur du véhicule ou de l'occupant des lieux ou de toute personne titulaire d'un droit sur ceux-ci. Ces opérations, qui ne peuvent avoir d'autre fin que la mise en place du dispositif technique, sont effectuées sous son contrôle. Le présent alinéa s'applique également aux opérations ayant pour objet la désinstallation du dispositif technique ayant été mis en place.

Au cours de l'information, en vue de mettre en place le dispositif technique mentionné à l'article 706-96, le juge d'instruction peut autoriser l'introduction dans un véhicule ou un lieu privé, y compris hors des heures prévues à l'article 59, à l'insu ou sans le consentement du propriétaire ou du possesseur du véhicule ou de l'occupant des lieux ou de toute personne titulaire d'un droit sur ceux-ci. S'il s'agit d'un lieu d'habitation et que l'opération doit intervenir hors des heures prévues au même article 59, cette autorisation est délivrée par le juge des libertés et de la détention saisi à cette fin par le juge d'instruction. Ces opérations, qui ne peuvent avoir d'autre fin que la mise en place du dispositif technique, sont effectuées sous l'autorité et le contrôle du juge d'instruction. Le présent alinéa est également applicable aux opérations ayant pour objet la désinstallation du dispositif technique ayant été mis en place.

La mise en place du dispositif technique mentionné à l'article 706-96 ne peut concerner les lieux mentionnés aux articles 56-1,56-2,56-3 et 56-5 ni être mise en œuvre dans le véhicule, le bureau ou le domicile des personnes mentionnées à l'article 100-7.

• **C. pr. pén., art. 706-97** [mod. par L. n° 2016-731, 3 juin 2016, art. 4]

La décision autorisant le recours au dispositif mentionné à l'article 706-96 comporte tous les éléments permettant d'identifier les véhicules ou les lieux privés ou publics visés, l'infraction qui motive le recours à ces mesures ainsi que la durée de celles-ci.

• **C. pr. pén., art. 706-98** [mod. par L. n° 2019-222, 23 mars 2019, art. 46

Les officiers ou agents de police judiciaire ou les agents qualifiés chargés de procéder aux opérations prévues à l'article 706-96 sont autorisés à détenir à cette fin des appareils relevant des dispositions de l'article 226-3 du code pénal.

• **C. pr. pén., art. 706-102-1** [mod. par L. n° 2019-222, 23 mars 2019, art. 46]

Il peut être recouru à la mise en place d'un dispositif technique ayant pour objet, sans le consentement des intéressés, d'accéder, en tous lieux, à des données informatiques, de les enregistrer, de les conserver et de les transmettre, telles qu'elles sont stockées dans un système informatique, telles qu'elles s'affichent sur un écran pour l'utilisateur d'un système de traitement automatisé de données, telles qu'il les y introduit par saisie de caractères ou telles qu'elles sont reçues et émises par des périphériques.

Le procureur de la République ou le juge d'instruction peut désigner toute personne physique ou morale habilitée et inscrite sur l'une des listes prévues à l'article 157, en vue d'effectuer les opérations techniques permettant la réalisation du dispositif technique mentionné au premier alinéa du présent article. Le procureur de la République ou le juge d'instruction peut également prescrire le recours aux moyens de l'État soumis au secret de la défense nationale selon les formes prévues au chapitre Ier du titre IV du livre Ier.

• **C. pr. pén., art. 706-102-3** [mod. par L. n° 2016-731, 3 juin 2016, art. 5]

À peine de nullité, la décision autorisant le recours au dispositif mentionné à l'article 706-102-1 précise l'infraction qui motive le recours à ces opérations, la localisation exacte ou la description détaillée des systèmes de traitement automatisé de données ainsi que la durée des opérations.

• **C. pr. pén., art. 706-102-5** [mod. par L. n° 2019-222, 23 mars 2019, art. 46]

En vue de mettre en place le dispositif technique mentionné à l'article 706-102-1, le juge des libertés et de la détention, à la requête du procureur de la République, ou le juge d'instruction peut autoriser l'introduction dans un véhicule ou dans un lieu privé, y compris hors des heures prévues à l'article 59, à l'insu ou sans le consentement du propriétaire ou du possesseur du véhicule ou de l'occupant des lieux ou de toute personne titulaire d'un droit sur celui-ci. S'il s'agit d'un lieu d'habitation et que l'opération doit intervenir hors des heures prévues à l'article 59, cette autorisation est délivrée par le juge des libertés et de la détention saisi à cette fin par le procureur de la République ou par le juge d'instruction. Ces opérations, qui ne peuvent avoir d'autre fin que la mise en place du dispositif technique, sont effectuées sous l'autorité et le contrôle du juge des libertés et de la détention ou du juge d'instruction. Le présent alinéa est également applicable aux opérations ayant pour objet la désinstallation du dispositif technique ayant été mis en place.

En vue de mettre en place le dispositif technique mentionné à l'article 706-102-1, le juge des libertés et de la détention, à la requête du procureur de la République, ou le juge d'instruction peut également autoriser la transmission par un réseau de communications électroniques de ce dispositif. Ces opérations sont effectuées sous l'autorité et le contrôle du juge des libertés et de la détention ou du juge d'instruction. Le présent alinéa est également applicable aux opérations ayant pour objet la désinstallation du dispositif technique ayant été mis en place.

La mise en place du dispositif technique mentionné à l'article 706-102-1 ne peut concerner les systèmes automatisés de traitement des données se trouvant dans les lieux visés aux articles 56-1, 56-2, 56-3 et 56-5 ni être réalisée dans le véhicule, le bureau ou le domicile des personnes visées à l'article 100-7.

• **C. pr. pén., art. 706-148** [mod. par L. n° 2016-731, 3 juin 2016, art. 84]

Si l'enquête porte sur une infraction punie d'au moins cinq ans d'emprisonnement, le juge des libertés et de la détention peut, sur requête du procureur de la République, ordonner par décision motivée la saisie, aux frais avancés du Trésor, des biens dont la confiscation est prévue en application des cinquième et sixième alinéas de l'article 131-21 du code pénal lorsque la loi qui réprime le crime ou le délit le prévoit ou lorsque l'origine de ces biens ne peut être établie. Le juge d'instruction peut, sur requête du procureur de la République ou d'office après avis du ministère public, ordonner cette saisie dans les mêmes conditions.

La décision prise en application du premier alinéa est notifiée au ministère public, au propriétaire du bien saisi et, s'ils sont connus, aux tiers ayant des droits sur ce bien, qui peuvent la déférer à la chambre de l'instruction par déclaration au greffe du tribunal dans un délai de dix jours à compter de la notification de la décision. Cet appel n'est pas suspensif. L'appelant ne peut prétendre dans ce cadre qu'à la mise à disposition des seules pièces de la procédure se rapportant à la saisie qu'il conteste. S'ils ne sont pas appelants, le propriétaire du bien et les tiers peuvent néanmoins être entendus par la chambre de l'instruction, sans toutefois pouvoir prétendre à la mise à disposition de la procédure.

• **C. pr. pén., art. 802**

* V. s^s n° 611.01.

• **C. pr. pén., art. D. 32-2**

La notification prévue par l'article 100-8 est faite en utilisant le formulaire figurant à l'annexe C de la directive 2014/41/UE du 3 avril 2014 concernant la décision d'enquête européenne en matière pénale.

• **C. pr. pén., art. D. 32-2-1**

Les notifications émanant de l'autorité compétente d'un État membre de l'Union européenne indiquant qu'une interception de correspondances émises par la voie des communications électroniques réalisée ou devant être réalisée par cet État concerne une adresse de communication utilisée sur le territoire national et une personne qui se trouve sur ce territoire sont adressées au directeur des affaires criminelles et des grâces du ministère de la justice.

Dans le cas où une telle interception n'aurait pas pu être autorisée, dans le cadre d'une procédure nationale similaire, en application des dispositions du présent code, le directeur des affaires criminelles et des grâces peut, dans les 96 heures suivant la réception de la notification, demander soit que l'interception ne soit pas effectuée ou qu'elle soit interrompue, soit que les données interceptées alors que la personne se trouvait sur le territoire national ne soient pas utilisées ou ne soient utilisées que dans les conditions qu'il spécifie et pour les motifs qu'il précise.

616.02 Jurisprudence de référence.

PERQUISITIONS

> Le secret professionnel de l'avocat ne peut couvrir des documents constituant le corps du délit

• **Crim. 5 juin 1975,** n° 74-92.792, P n° 146

* V. s^s n° 616.92.

« Attendu qu'en l'état de ces constatations, les juges du fond énoncent que la perquisition et la saisie avaient été régulières aux motifs, d'une part, qu'il appartient au juge d'instruction seul et non au bâtonnier de l'ordre des avocats ou à son représentant de rechercher et de saisir les documents utiles à l'information et, d'autre part, que le pouvoir du juge ne trouve sa limite que dans le principe de la liberté de la défense qui commande de respecter les communications confidentielles de l'avocat avec ses clients ;

Que l'arrêt ajoute que le secret professionnel de l'avocat ne peut couvrir des documents tels que ceux qui ont été saisis en l'espèce et que le prévenu avait été amené à recueillir dans des activités ayant motivé sa propre inculpation ;

Attendu que par ces constatations et énonciations desquelles il résulte que le magistrat instructeur s'est conformé, lors de la perquisition et de la saisie, aux dispositions de l'article 96, alinéa 3, du code de procédure pénale qui prescrivent au juge d'instruction de provoquer préalablement toutes mesures utiles pour que soit assuré le respect du secret professionnel et des droits de la défense, la cour d'appel a justifié sa décision ;

Qu'il s'ensuit que le moyen doit être écarté. »

> Le domicile est l'endroit où une personne a le droit de se dire chez elle, quels que soient le titre juridique de son occupation et l'affectation donnée aux locaux

• **Crim. 24 juin 1987,** n° 87-82.333, P n° 267

* V. s^s n°s 616.61, 616.67, 616.45.

« Attendu qu'il résulte des dispositions combinées des articles 56 et 76 du code de procédure pénale que s'il n'a reçu mandat du juge d'instruction, un officier de police judiciaire ne peut, sans l'assentiment exprès de la personne chez qui l'opération a lieu, légalement procéder à une perquisition ou à une saisie qu'en cas de crime ou de délit flagrants ;

Attendu qu'il résulte de l'arrêt et des pièces de la procédure que des officiers de police judiciaire, agissant dans le cadre d'une enquête préliminaire suivie contre Roger N... du chef "d'escroquerie, abus de confiance" ont effectué une visite domiciliaire dans les locaux de la chambre des métiers de la Guyane à Cayenne après avoir obtenu l'autorisation du vice-président de cet organisme ; qu'au cours de cette opération, ils ont pénétré dans le bureau du président Roger N..., et ce grâce à une clef fournie par Henri C..., secrétaire général ; que divers documents ont été saisis à cette occasion ;

Attendu que pour refuser d'annuler lesdites perquisitions et saisie, l'arrêt attaqué énonce "qu'elles ont été opérées à la chambre des métiers de Guyane dans le bureau du président de cet organisme", ce local mis à la disposition du président *ès qualités* et non *intuitu personae* ne pouvant de ce fait être assimilé à une extension de son domicile et en l'absence du président, le vice-président étant valablement fondé à autoriser une perquisition à laquelle il a assisté dans un local relevant alors de son autorité ;

Mais attendu qu'en statuant ainsi alors que le mot domicile ne signifie pas seulement le lieu où une personne a son principal établissement mais encore le lieu où, qu'elle y habite ou non, elle a le droit de se dire chez elle, quels que soient le titre juridique de son occupation et l'affectation donnée aux locaux, la chambre d'accusation n'a pas légalement justifié sa décision ; d'où il suit que le moyen doit être accueilli. »

> Il n'y a pas perquisition dès lors que l'officier de police ne se livre à aucune recherche pour entrer en possession de documents

• **Crim. 20 sept. 1995,** n° 95-81.140, P n° 276

* V. s^s n° 616.45.

« Attendu qu'il résulte de l'arrêt attaqué et des pièces de la procédure que, le 1er septembre 1994, le juge d'instruction chargé de l'information ouverte du chef ci-dessus énoncé contre Saad A..., chirurgien au centre hospitalier de La Ferté-Bernard, a donné commission rogatoire à la gendarmerie aux fins de se faire remettre le dossier médical de la victime ; qu'en exécution de cette commission rogatoire, un officier de police judiciaire s'est présenté à l'hôpital et, en présence du directeur de l'établissement et du représentant du conseil de l'ordre des médecins, s'est fait remettre le dossier et l'a placé sous scellés ;

Attendu que, estimant que cette opération constituait en réalité une "perquisition dans le cabinet d'un médecin" et aurait donc dû, selon l'article 56-1, alinéa 2 du code de procédure pénale, être effectuée par un magistrat, le procureur de la République a saisi la chambre d'accusation d'une requête en annulation de l'acte et de la procédure subséquente ;

Attendu que, pour faire droit à la requête, les juges énoncent que l'opération incriminée s'analyse en une "perquisition qui n'a été interrompue que par la remise, par son détenteur, du dossier médical" ;

Mais attendu qu'en prononçant ainsi, alors que l'officier de police judiciaire ne s'était livré à aucune recherche pour entrer en possession du dossier, lequel lui avait été remis sur sa demande, la chambre d'accusation a méconnu le texte susvisé et le principe sus-énoncé. »

> En ne démontrant pas qu'une perquisition chez un journaliste procédait d'un impératif prépondérant d'intérêt public, et que d'autres mesures que la perquisition et les saisies opérées au domicile de l'intéressé auraient été insuffisantes pour rechercher l'existence d'une éventuelle violation du secret professionnel, et en identifier les auteurs, la chambre de l'instruction n'a pas justifié sa décision

• **Crim. 25 févr. 2014,** n° 13-84.761, P n° 54

* V. ss n° 616.101.

« Vu l'article 593 du code de procédure pénale ;

Attendu que tout arrêt de la chambre de l'instruction doit comporter les motifs propres à justifier la décision ; que l'insuffisance ou la contradiction des motifs équivaut à leur absence ;

Attendu qu'il résulte de l'arrêt attaqué et des pièces de la procédure qu'à la suite de la publication, les 16 et 17 octobre 2009, par le journal Le Figaro, de clichés de surveillance qui représentaient M. Jean-Pierre Treiber, évadé de la maison d'arrêt d'Auxerre, et qui étaient issus du dossier de l'instruction menée pour tenter de l'appréhender, une enquête, confiée à l'inspection générale de la police nationale, a mis à jour des relations entre des fonctionnaires de police et M. Mignot, journaliste ; qu'une information a été ouverte le 23 novembre 2009 des chefs de violation du secret professionnel, complicité, et recel de violation du secret professionnel ; qu'une perquisition a été pratiquée le 2 décembre 2009 au domicile de M. Mignot, permettant la saisie de matériels informatiques, et le relevé des numéros enregistrés sur son téléphone portable, et que des réquisitions ont été adressées à des établissements bancaires pour obtenir des informations sur les mouvements de son compte ; que M. Mignot, mis en examen, a, au terme de l'information, déposé une requête en annulation des pièces de la procédure, en soutenant notamment que les investigations le concernant avaient porté atteinte au principe du respect du secret des sources des journalistes ;

Attendu que, pour rejeter cette requête, et dire n'y avoir lieu à annulation, l'arrêt retient qu'à plusieurs reprises, il avait été constaté que des informations contenues dans la procédure avaient été portées à la connaissance de journalistes, et que le déroulement de l'enquête en avait été gravement perturbé, que la recherche et la découverte des policiers qui avaient pu, en communiquant à des journalistes des informations sur l'affaire, se rendre coupables de violation du secret professionnel correspondaient bien à l'impératif prépondérant d'intérêt public visé tant par l'article 2 de la loi du 29 juillet 1881 que par la jurisprudence de la Cour européenne des droits de l'Homme sur le secret des sources des journalistes ; que les juges ajoutent que l'intérêt public nécessite que les enquêteurs ne commettent aucune violation du secret qui les lie, et que si une telle violation est suspectée, toutes mesures d'investigation utiles soient mises en œuvre pour en rechercher les auteurs ; que la cour d'appel conclut que les mesures d'investigation prises au cours de l'enquête à l'égard de Julien Mignot, journaliste, n'étaient pas disproportionnées en considération des objectifs recherchés ;

Mais attendu qu'en se déterminant par ces seuls motifs, sans démontrer que les ingérences litigieuses procédaient d'un impératif prépondérant d'intérêt public, et que d'autres mesures que la perquisition et les saisies opérées au domicile de l'intéressé auraient été insuffisantes pour rechercher l'existence d'une éventuelle violation du secret professionnel, et en identifier les auteurs, la chambre de l'instruction n'a pas justifié sa décision ;

D'où il suit que la cassation est encourue ;

Par ces motifs, casse et annule [...]. »

> Les mails émis et reçus avant la décision ne peuvent faire l'objet que d'une perquisition

• **Crim. 8 juill. 2015,** n° 14-88.457, P n° 176

* V. ss n° 616.155.

« Attendu que n'entrent pas dans les prévisions de ces textes l'appréhension, l'enregistrement et la transcription de correspondances émises ou reçues par la voie des télécommunications antérieurement à la date de la décision écrite d'interception prise par le juge d'instruction, lesquels doivent être réalisés conformément aux dispositions légales relatives aux perquisitions. »

> Est irrégulière la prise de photographies de documents et d'objets effectuées lors d'une perquisition au domicile et au cabinet d'un avocat sans qu'ait été mise en œuvre les garanties prévues par les articles 56-1 et 96 dernier alinéa du code de procédure pénale

• **Crim. 8 juill. 2015,** n° 15-81.179, NP

* V. ss n° 616.92.

« Attendu qu'il résulte des articles 56-1 et 96 dernier alinéa que la confidentialité des documents susceptibles d'être saisis lors d'une perquisition au cabinet ou au domicile d'un avocat est assurée par la circonstance que leur consultation est réservée au magistrat instructeur et au bâtonnier ou à son délégué et que ce dernier peut s'opposer à la mesure envisagée, toute contestation étant soumise au juge des libertés et de la détention ;

Attendu qu'il résulte de l'arrêt que, sur les directives du juge d'instruction, les gendarmes ont réalisé des photographies de documents et d'objets lors des perquisitions effectuées au domicile et au cabinet de l'avocat ; que, pour rejeter le moyen fondé sur l'illégalité de cette opération, la cour retient que ces clichés photographiques, susceptibles d'être en lien avec les infractions, constituent des pièces à conviction soumises au débat contradictoire et que la simple prise de clichés ne peut être assimilée à une consultation ou à une prise de connaissance desdits objets ou documents par les enquêteurs ;

Mais attendu qu'en prononçant ainsi, alors que les photographies de pièces ont été versées au dossier de la procédure sans qu'aient été mises en œuvre les garanties prévues par la loi, la chambre de l'instruction a méconnu les textes susvisés et le principe ci-dessus rappelé. »

> Viole l'article 56-1 du code de procédure pénale, l'ordonnance qui prévoit une perquisition chez un avocat sans contenir les motifs précis justifiant la perquisition et décrivant l'objet de celle-ci ni ne mentionnait le lieu où devaient être effectuées les investigations

• **Crim. 9 févr. 2016,** n° 15-85.063, P n° 34

* V. s[s] n° 616.92.

« Vu les articles 56-1 du code de procédure pénale et 8 de la convention européenne des droits de l'homme ;

Attendu qu'il résulte de ces textes que les perquisitions dans le cabinet d'un avocat ou à son domicile ne peuvent être effectuées que par un magistrat et en présence du bâtonnier ou de son délégué, à la suite d'une décision écrite et motivée prise par ce magistrat, qui indique la nature de l'infraction ou des infractions sur lesquelles portent les investigations, les raisons justifiant la perquisition et l'objet de celle-ci et dont le contenu est porté dès le début de la perquisition à la connaissance du bâtonnier ou de son délégué ; que l'absence, dans la décision prise par le magistrat, des motifs justifiant la perquisition et décrivant l'objet de celle-ci, qui prive le bâtonnier, chargé de la protection des droits de la défense, de l'information qui lui est réservée et interdit ensuite le contrôle réel et effectif de cette mesure par le juge des libertés et de la détention éventuellement saisi, porte nécessairement atteinte aux intérêts de l'avocat concerné ;

Attendu que, pour rejeter le moyen de nullité tiré de ce que la décision de perquisition du 23 mars 2012 ne répondait pas aux exigences de l'article 56-1 du code de procédure pénale précité, l'arrêt énonce qu'elle visait le cadre de la saisine du juge, la nature des faits, les noms des sociétés concernées, les agissements incriminés et l'objet de la perquisition envisagée ; que les juges ajoutent que, si la décision du magistrat instructeur ne comportait pas la désignation du lieu exact des investigations, cette difficulté n'a pas été soulevée lors de la perquisition tant par l'avocat que par le délégué du bâtonnier, qui ne pouvaient se méprendre sur l'objet de cette mesure d'instruction ;

Mais attendu qu'en statuant ainsi, alors que la décision de perquisition, portée à la connaissance de l'autorité ordinale, ne contenait pas les motifs précis justifiant la perquisition et décrivant l'objet de celle-ci ni ne mentionnait le lieu où devaient être effectuées les investigations, la chambre de l'instruction a méconnu le texte susvisé ;

D'où il suit que la cassation est encourue de ce chef. »

> Une atteinte au secret du délibéré ne peut être justifiée qu'à la condition qu'elle constitue une mesure nécessaire à l'établissement de la preuve d'une infraction pénale

• **Crim. 22 mars 2016,** n° 15-83.207, P n° 292

* V. s[s] n° 616.123.

« Vu l'article 6, § 1, de la convention européenne des droits de l'homme ;

Attendu que si aucune disposition légale ne protège spécifiquement le secret du délibéré, principe indissociable des fonctions juridictionnelles en tant que garantie de l'indépendance des juges et d'un procès équitable, il se déduit de la disposition conventionnelle susvisée et des principes généraux du droit que l'atteinte que constitue la saisie par un juge d'instruction, dans le cadre des pouvoirs qu'il tient de l'article 81 du code de procédure pénale, de documents couverts par ce secret, ne saurait être justifiée qu'à la condition qu'elle constitue une mesure nécessaire à l'établissement de la preuve d'une infraction pénale ;

Attendu qu'il résulte de l'arrêt attaqué et des pièces de la procédure que les juges d'instruction, en charge de l'information dans laquelle M. X. a été mis en examen, ont procédé à une perquisition à la Cour de cassation, au cours de laquelle ils ont saisi, auprès du service informatique de cette juridiction, des documents couverts par le secret du délibéré, en l'espèce, l'avis personnel du conseiller de la chambre criminelle ayant instruit un pourvoi formé par M. Y... dans une affaire distincte, ainsi que le projet d'arrêt qu'il avait préparé en vue de l'audience collégiale ; que cette perquisition et la saisie sont intervenues postérieurement au refus de communiquer lesdits documents opposé aux juges d'instruction par les magistrats de la formation de jugement, en conformité avec leur serment de garder le secret du délibéré, prêté en application de l'article 6 de l'ordonnance n° 58-1270 du 27 décembre 1958 ;

Attendu que, pour écarter le moyen d'annulation, pris de l'irrégularité de la saisie de l'avis du rapporteur et du projet d'arrêt précités, couverts par le secret du délibéré, l'arrêt retient qu'aucun texte ne prévoit une protection dérogatoire au droit commun de cette catégorie de documents et que le juge d'instruction tient de l'article 81 du code de procédure pénale le pouvoir de procéder à la saisie de toute pièce ou document pouvant apparaître utile à la manifestation de la vérité, sans que puisse lui être opposé le secret professionnel ;

Mais attendu qu'en refusant d'annuler la saisie de l'avis du rapporteur et du projet rédigé par lui, alors que cette appréhension n'était pas indispensable à la recherche de la preuve d'un trafic d'influence, dont seul était suspecté un magistrat étranger à la chambre criminelle, qu'il n'existait aucun indice de participation d'un membre de la formation de jugement ayant participé au délibéré à une quelconque infraction et qu'en conséquence, en procédant ainsi, les juges d'instruction avaient porté une atteinte non nécessaire au secret du délibéré, la chambre de l'instruction a méconnu le texte susvisé et le principe énoncé ci-dessus ;

D'où il suit que la cassation est encourue… »

> L'attestation d'un syndic de copropriété est assimilée à l'assentiment du locataire du parking, objet d'une perquisition qui ne peut être considérée comme domiciliaire du fait de simples constatations visuelles

• **Crim. 5 oct. 2016,** n° 16-81.843, P n° 260

* V. s^s n° 616.171.

« Sur le moyen unique de cassation, pris de la violation des articles 6 et 8 de la convention européenne des droits de l'homme, préliminaire, 76, 591 et 593 du Code de procédure pénale ;

Attendu qu'en l'état de ces énonciations, la chambre de l'instruction a justifié sa décision sans méconnaître les dispositions conventionnelles visées au moyen ;

Qu'en effet, d'une part, les policiers, agissant en enquête préliminaire, ont été spécialement autorisés, en connaissance de cause, par le syndic de copropriété à pénétrer dans les parties communes d'une résidence, M. X. étant titulaire de droit sur les parties communes en sa qualité de locataire d'un appartement et des dépendances ;

Que, d'autre part, ceux-ci n'ont procédé, sur ledit véhicule volé en stationnement dans le parking, qu'à de simples constatations visuelles, lesquelles, n'entrant pas dans les prévisions de l'article 76 du Code de procédure pénale, ne sont pas assimilables à une perquisition ;

D'où il suit que le moyen ne saurait être accueilli […]. »

> L'ordonnance du juge des libertés et de la détention, qui se borne à se référer à la requête présentée par le procureur de la République aux fins de perquisition, en application de l'article 76, alinéa 4, du code de procédure pénale, n'est pas conforme aux exigences de ce texte

• **Crim. 23 nov. 2016,** n° 15-83.649, P n° 307

* V. s^s n° 616.64.

« Vu l'article 76, alinéa 4, du code de procédure pénale, ensemble l'article 8 de la convention européenne des droits de l'homme ;

Attendu que l'ordonnance du juge des libertés et de la détention décidant, sur requête du procureur de la République à l'occasion d'une enquête préliminaire, que les opérations prévues par le premier de ces textes seront effectuées sans l'assentiment de la personne chez qui elles ont lieu, doit être motivée au regard des éléments de fait et de droit justifiant de leur nécessité ; que cette exigence d'une motivation adaptée et circonstanciée s'impose au regard des droits protégés par la convention européenne des droits de l'homme et en tenant compte de l'évolution du statut et du rôle juridictionnel du juge des libertés et de la détention voulue par le législateur ; que cette motivation constitue une garantie essentielle contre le risque d'une atteinte disproportionnée au droit au respect de la vie privée de la personne concernée et doit permettre au justiciable de connaître les raisons précises pour lesquelles ces opérations ont été autorisées ;

Attendu qu'il se déduit de l'ensemble de ces éléments que l'ordonnance du juge des libertés et de la détention, qui se borne à se référer à la requête présentée par le procureur de la République aux fins de perquisition, en application de l'article 76, alinéa 4, du code de procédure pénale, n'est pas conforme aux exigences de ce texte ;

Attendu que, pour rejeter l'exception de nullité tirée de l'absence de motivation de l'ordonnance du juge des libertés et de la détention autorisant les perquisitions au domicile de certains des prévenus, l'arrêt énonce que cette ordonnance mentionne que les éléments de fait exposés dans la requête du ministère public, dont les motifs sont adoptés, laissent présumer l'existence d'une infraction ;

Mais attendu qu'en prononçant ainsi, alors que l'ordonnance ne contient aucune motivation justifiant de la nécessité de la mesure, la cour d'appel a méconnu le texte susvisé et le principe ci-dessus rappelé ;

D'où il suit que la cassation est à nouveau encourue de ce chef ;

Par ces motifs, casse et annule »

> Le placement sous scellés, qui constitue un moyen d'authentification des produits, n'est pas obligatoire et en son absence, la preuve de la nature du produit est soumise au principe de la libre administration de la preuve posé par l'article 427 du code de procédure pénale

• **Crim. 11 déc. 2019,** n° 18-84.912, P.

* V. s^s n° 616.82

« Sur le premier moyen de cassation, pris de la violation de l'article 56, alinéa 4 du code de procédure pénale ;

Attendu que, pour rejeter l'exception de nullité de la procédure prise de l'absence de placement sous scellés des produits stupéfiants, en violation de l'article 56 du code de procédure pénale, l'arrêt énonce que cette disposition, qui vise les perquisitions, est inapplicable en l'espèce, aucune perquisition, imposant le placement sous scellés des produits, n'ayant été effectuée ;

Attendu que si c'est à tort que la cour d'appel n'impose le placement sous scellé qu'en cas de perquisition, la cassation n'est cependant pas encourue, dès lors que le placement sous scellés, qui constitue un moyen d'authentification des produits, n'est pas obligatoire et qu'en leur absence, la preuve de la nature du produit est soumise au principe de la libre administration de la preuve posé par l'article 427 du code de procédure pénale ;

D'où il suit que le moyen doit être écarté. »

RÉQUISITIONS ET EXAMENS TECHNIQUES.

> Pour l'application de l'article 434-15-2 du code pénal il incombe au juge de rechercher si le téléphone dont le suspect a refusé de donner le code de déverrouillage est équipé d'une convention de déchiffrement et si son code de déverrouillage permet de mettre au clair tout ou partie des données cryptées qu'il contient ou auxquelles il donne accès

• **Cass., ass. plén., 7 nov. 2020,** n° 921-83.146, B.

* V. s^s n° 616.136

« Vu les articles 434-15-2 du code pénal et 29 de la loi n° 2004-575 du 21 juin 2004 pour la confiance dans l'économie numérique :

10. Selon le premier de ces textes, est punissable toute personne qui, ayant connaissance de la convention secrète de déchiffrement d'un moyen de cryptologie susceptible d'avoir été utilisé pour préparer, faciliter ou commettre un crime ou un délit, refuse de la remettre aux autorités judiciaires ou de la mettre en œuvre, sur les réquisitions de ces autorités délivrées en application des titres II et III du livre I du code de procédure pénale.

11. Selon le second, un moyen de cryptologie s'entend de tout matériel ou logiciel conçu ou modifié pour transformer des données, qu'il s'agisse d'informations ou de signaux, à l'aide de conventions secrètes ou pour réaliser l'opération inverse avec ou sans convention secrète. Les moyens de cryptologie ont principalement pour objet de garantir la sécurité du stockage ou de la transmission de données, en permettant d'assurer leur confidentialité, leur authentification ou le contrôle de leur intégrité.

12. Pour l'application du premier de ces textes et au sens du second, une convention de déchiffrement s'entend de tout moyen logiciel ou de toute autre information permettant la mise au clair d'une donnée transformée par un moyen de cryptologie, que ce soit à l'occasion de son stockage ou de sa transmission. Il en résulte que le code de déverrouillage d'un téléphone mobile peut constituer une clé de déchiffrement si ce téléphone est équipé d'un moyen de cryptologie.

13. Dès lors, il incombe au juge de rechercher si le téléphone en cause est équipé d'un tel moyen et si son code de déverrouillage permet de mettre au clair tout ou partie des données cryptées qu'il contient ou auxquelles il donne accès.

14. Pour confirmer la relaxe, l'arrêt retient que la clé de déverrouillage de l'écran d'accueil d'un smartphone n'est pas une convention secrète de déchiffrement, car elle n'intervient pas à l'occasion de l'émission d'un message et ne vise pas à rendre incompréhensibles ou compréhensibles des données, au sens de l'article 29 de la loi du 21 juin 2004, mais tend seulement à permettre d'accéder aux données et aux applications d'un téléphone, lesquelles peuvent être ou non cryptées.

15. En statuant ainsi, la cour d'appel a violé les textes susvisés. »

CONTRÔLES D'IDENTITÉ

> Les dispositions des articles 78-2 et 78-2-2 du code de procédure pénale ne sauraient autoriser le procureur de la République à retenir des lieux et périodes sans lien avec la recherche des infractions visées dans ses réquisitions ni la pratique de contrôles d'identité généralisés dans le temps ou dans l'espace

• **Cons. const. 24 janv. 2017,** n° 2016-606/607 QPC

* V. s^{s} n° 616.22.

« 23. En second lieu, il ressort des dispositions contestées que les réquisitions du procureur de la République ne peuvent viser que des lieux et des périodes de temps déterminés. Ces dispositions ne sauraient, sans méconnaître la liberté d'aller et de venir, autoriser le procureur de la République à retenir des lieux et périodes sans lien avec la recherche des infractions visées dans ses réquisitions. Elles ne sauraient non plus autoriser, en particulier par un cumul de réquisitions portant sur des lieux ou des périodes différents, la pratique de contrôles d'identité généralisés dans le temps ou dans l'espace.

24. Sous les réserves énoncées au paragraphe précédent, le grief tiré de la violation de la liberté d'aller et de venir doit être écarté.

[...]

Le Conseil constitutionnel décide :

Article 1er

Sous les réserves énoncées au paragraphe 23, le sixième alinéa de l'article 78-2 du Code de procédure pénale, dans sa rédaction résultant de la loi n° 2011-884 du 27 juillet 2011 relative aux collectivités territoriales de Guyane et de Martinique, et les mots "non seulement aux contrôles d'identité prévus au sixième alinéa de l'article 78-2 mais aussi" figurant au premier alinéa de l'article 78-2-2 du même code, dans sa rédaction résultant de l'ordonnance n° 2012-351 du 12 mars 2012 relative à la partie législative du Code de la sécurité intérieure, sont conformes à la Constitution. [...] »

ÉCOUTES TÉLÉPHONIQUES

> L'enregistrement d'une conversation est illicite dès lors qu'elle résulte d'une provocation au délit

• **Crim. 27 févr. 1996,** n° 95-81.366, P n° 93

* V. s^{s} n°s 616.151.

« Attendu que, pour étendre la nullité des écoutes téléphoniques aux actes de la procédure qui les ont suivies, à l'exception d'un procès-verbal d'audition d'un témoin en date du 17 décembre 1994 (D 37), la chambre d'accusation relève que Didier S... avait, en présence des enquêteurs, pris l'initiative d'appeler Jean-Pierre M..., dirigé la conversation, abordé le premier la question financière, fixé le montant de la rémunération et suscité un rendez-vous en vue de la remise des fonds ; qu'elle énonce que les fonctionnaires de police ont prêté, de manière active, leur assistance à une provocation, organisée par le plaignant, ayant pour objet, non pas de constater un délit sur le point de se commettre, mais d'inciter un délinquant en puissance, inactif depuis 2 mois, contre lequel il n'avait pas cru devoir à l'époque porter plainte, à commettre des faits pénalement répréhensibles, et de mettre en place une souricière en vue de son interpellation ; que, selon les juges, ce stratagème, qui résulte, d'une part, des écoutes illicites et de leur transcription, d'autre part, de la relation volontairement tronquée qu'en a faite Didier S..., par procès-verbal, a vicié de manière substantielle toute la procédure subséquente ;

Attendu qu'en l'état de ces énonciations, établissant que l'interpellation de Jean-Pierre M... a procédé d'une machination de nature à déterminer ses agissements délictueux et que, par ce stratagème, qui a vicié la recherche et l'établissement de la vérité, il a été porté atteinte au principe de la loyauté des preuves, la chambre d'accusation a justifié sa décision sans encourir les griefs allégués ;

Qu'il ne saurait, notamment, lui être reproché d'avoir annulé le réquisitoire introductif, dès lors qu'en renvoyant le ministère public à se pourvoir, elle lui laisse le soin, au vu des pièces dont l'annulation n'est pas prononcée, antérieures aux écoutes téléphoniques, d'apprécier l'opportunité de mettre à nouveau en mouvement l'action publique. »

> La transcription effectuée contre le gré de l'intéressé, par un officier de police judiciaire, de propos qui lui sont tenus officieusement par une personne suspecte, élude les

règles de procédure et compromet les droits de la défense ; la validité d'un tel procédé ne peut être admise

• **Crim. 3 avr. 2007,** n° 07-80.807, P n° 102

* V. s^s n° 616.343.

« Vu l'article 62 du code de procédure pénale ;

Attendu que la transcription effectuée, contre le gré de l'intéressé, par un officier de police judiciaire, des propos qui lui sont tenus, officieusement, par une personne suspecte, élude les règles de procédure et compromet les droits de la défense ; que la validité d'un tel procédé ne peut être admise ;

Attendu que, pour écarter le moyen de nullité pris de ce que les enquêteurs avaient utilisé un procédé déloyal en reproduisant, dans un procès-verbal d'investigations, des déclarations verbales que Tayeb Kassa n'a pas voulu voir consignées dans son audition, l'arrêt retient, d'une part, qu'il n'est pas établi que l'officier de police judiciaire se soit engagé à ne pas retranscrire ces déclarations, et, d'autre part, que la valeur probante de ce simple procès-verbal de renseignement judiciaire sera soumise à l'appréciation de la juridiction de jugement ;

Mais attendu qu'en prononçant ainsi, alors que la rédaction du procès-verbal litigieux constitue un procédé déloyal, la chambre de l'instruction n'a pas justifié sa décision ;

D'où il suit que la cassation est encourue. »

> Même si elle est surprise à l'occasion d'une mesure d'instruction régulière, la conversation téléphonique dans laquelle un avocat placé sous écoute réfère de sa mise en cause dans une procédure pénale à son bâtonnier ne peut être transcrite et versée au dossier de la procédure, à moins qu'elle ne révèle un indice de participation personnelle de ce dernier à une infraction pénale

• **Crim. 22 mars 2016,** n° 15-83.205, P n° 93

* V. s^s n° 616.158.

« Vu les articles 6 de la convention européenne des droits de l'homme et préliminaire du code de procédure pénale ;

Attendu qu'il se déduit de ces textes que, même si elle est surprise à l'occasion d'une mesure d'instruction régulière, la conversation téléphonique dans laquelle un avocat placé sous écoute réfère de sa mise en cause dans une procédure pénale à son bâtonnier ne peut être transcrite et versée au dossier de la procédure, à moins qu'elle ne révèle un indice de participation personnelle de ce dernier à une infraction pénale ;

Attendu que, dans l'information soumise à la chambre de l'instruction, les juges d'instruction ont ordonné, par commission rogatoire du 26 février 2014, le placement sous interception d'une ligne téléphonique attribuée à M. X., avocat ; que des propos échangés avec le bâtonnier de l'ordre des avocats de Paris ont été interceptés le 12 mars 2014, postérieurement à la perquisition de son cabinet, puis ont été transcrits le 19 mai suivant ;

Attendu que, pour écarter le moyen d'annulation, pris de la violation du principe de la confidentialité des conversations entre un avocat et son bâtonnier ainsi que des droits de la défense, l'arrêt énonce que cette conversation ne relevait pas de l'exercice des droits de la défense et que seuls ont été retranscrits les propos utiles à la manifestation de la vérité et à la caractérisation des infractions punissables ;

Mais attendu qu'en prononçant ainsi, alors que ne pouvait être transcrite la conversation téléphonique entre un avocat, placé sous interception, et son bâtonnier, qui ne révélait aucun indice de participation personnelle de ce dernier à la commission d'une infraction pénale, la chambre de l'instruction a méconnu le sens et la portée des textes susvisés et du principe ci-dessus énoncé ;

D'où il suit que la cassation est encourue de ce seul chef ; que n'impliquant pas qu'il soit à nouveau statué sur le fond, elle aura lieu sans renvoi, ainsi que le permet l'article L. 411-3 du code de l'organisation judiciaire ; que les annulations prononcées ci-dessous ont effet à l'égard de toutes les parties à la procédure, sans qu'il soit besoin de statuer sur la demande d'extension sollicitée ;

Par ces motifs, casse et annule »

> La limitation par la Cour de cassation de la transcription des écoutes incidentes aux conversations de nature à faire présumer la participation de l'avocat à une infraction est compatible avec la jurisprudence de la CEDH

• **CEDH 16 juin 2016,** req. n° 49176/11, *Versini-Campinchi & Crasnianski c/ France*

* V. s^s n° 616.158.

« SUR LA VIOLATION ALLÉGUÉE DE L'ARTICLE 8 DE LA CONVENTION

57. La Cour a déjà eu l'occasion de préciser qu'ayant eu lieu dans le cadre d'une procédure criminelle, l'interception, l'enregistrement et la transcription des communications téléphoniques de M. P. en exécution de la commission rogatoire du 2 décembre 2002 – dont celle qu'il a eue avec la requérante le 17 décembre 2002 – poursuivaient l'un des buts légitimes énumérés par le second paragraphe de l'article 8 de la convention : "la défense de l'ordre" (V. la décision Picart préc.). Elle estime qu'il en va de même de l'utilisation de la transcription de la conversation téléphonique du 17 décembre 2002 dans le cadre de la procédure disciplinaire conduite contre la requérante pour manquement au secret professionnel.

71. La Cour constate par ailleurs que la requérante a fait l'objet de poursuites disciplinaires à raison de ces mêmes propos et sur le fondement de leur transcription. Or, dans le cadre de cette procédure, elle a pu demander que cette transcription soit écartée des débats en raison de son illégalité, en arguant de son caractère déloyal et illicite et en invoquant la liberté de communication entre l'avocat et son client.

74. Selon la Cour, il y a lieu de prendre en compte l'ensemble de ces éléments : l'écoute et la transcription litigieuses ont été ordonnées par un magistrat et réalisées sous son contrôle, un contrôle juridictionnel a eu lieu dans le cadre de la procédure pénale dirigée contre M. P. et la requérante a obtenu un examen de la légalité de la transcription de cette écoute dans le cadre de la procédure disciplinaire dont elle a été l'objet. Ce faisant, la Cour estime que, même si elle n'a pas eu la possibilité de saisir un juge d'une demande d'annulation de la transcription de la communication téléphonique du 17 décembre 2002, il y a eu dans les circonstances particulières de l'espèce un contrôle efficace, apte à limiter l'ingé-

rence litigieuse à ce qui était nécessaire dans une société démocratique.

77. La Cour a cependant également souligné que, si le secret professionnel des avocats a une grande importance tant pour l'avocat et son client que pour le bon fonctionnement de la justice, et s'il s'agit de l'un des principes fondamentaux sur lesquels repose l'organisation de la justice dans une société démocratique, il n'est pas pour autant intangible (*ibid.*, § 123). Elle a ajouté qu'il se décline avant tout en obligations à la charge des avocats (*ibid.*, § 119) et que c'est dans la mission de défense dont ils sont chargés qu'il trouve son fondement (*ibid.*, § 118 et 128). Elle a ainsi jugé dans l'affaire Michaud précitée que l'obligation pour les avocats de déclarer les soupçons qu'ils peuvent avoir à l'égard de clients en matière de blanchiment d'argent est compatible avec l'article 8 de la convention dès lors qu'elle ne s'impose à eux que lorsqu'ils exercent pour le compte de ceux-ci un certain type d'activités éloignées de leur mission de défense et qu'elle est assortie d'un filtre protecteur du secret professionnel (les avocats ne communiquent pas les déclarations directement à Tracffin, l'organisme chargé du traitement du renseignement et de l'action contre les circuits financiers clandestins, mais, selon le cas, au président de l'ordre des avocats au Conseil d'État et à la Cour de cassation ou au bâtonnier de l'ordre auprès duquel ils sont inscrits).

82. Ainsi, dès lors que la transcription de la conversation du 17 décembre 2002 entre la requérante et M. P. était fondée sur le fait que son contenu était de nature à faire présumer que la requérante avait elle-même commis une infraction, et que le juge interne s'est assuré que cette transcription ne portait pas atteinte aux droits de la défense de M. P., la Cour estime que la circonstance que la première était l'avocate du second ne suffit pas pour caractériser une violation de l'article 8 de la convention à l'égard de celle-ci.

84. Il résulte de ce qui précède que l'ingérence litigieuse n'est pas disproportionnée par rapport au but légitime poursuivi – la "défense de l'ordre" – et qu'elle peut passer pour "nécessaire" "dans une société démocratique", au sens de l'article 8 de la convention. Partant, il n'y a pas eu violation de cette disposition. »

SONORISATION. FIXATION D'IMAGES

> Des constatations visuelles ne sont ni des mesures de sonorisation, ni des mesures de captation d'images. L'utilisation d'un endoscope constitue une opération de captation d'une image

• **Crim. 23 janv. 2013**, n° 12-85.059, P n° 29

* V. s^s n° 616.171.

« Attendu qu'il résulte de l'arrêt attaqué et des pièces de la procédure que, lors de l'enquête préliminaire, les policiers ont pénétré dans un parc privé et non clos de garages et ont utilisé un endoscope pour visualiser le contenu, non visible de l'extérieur, d'un box fermé ; qu'après s'être ainsi assurés de la présence du véhicule surveillé, ils ont procédé à l'installation, dans l'allée, d'un système de vidéosurveillance du box qui leur a permis d'enregistrer les images des personnes y accédant ;

Attendu que l'arrêt attaqué, après avoir déclaré irrégulière, pour violation des dispositions de l'article 706-96 du code de procédure pénale, la mise en place par les policiers, en enquête préliminaire, d'une caméra de surveillance face au box, destinée à capter, fixer et enregistrer les images des personnes circulant aux abords de ce local ou y pénétrant, annule les actes qui ont pour support les opérations illégales ; que les juges écartent, en revanche, le moyen, pris de l'irrégularité de l'utilisation d'un endoscope, au motif que ce procédé technique n'a pas pour objet de capter une image mais constitue un simple moyen de constatation visuelle ;

Attendu que, si c'est à tort que la chambre de l'instruction a estimé que l'utilisation de cet appareil n'a pas constitué une opération de captation d'une image, elle a néanmoins justifié sa décision de rejet du moyen de nullité, dès lors que les demandeurs, ne revendiquant aucun droit sur le box et le véhicule en cause, ne sauraient se prévaloir d'une prétendue atteinte au droit au respect du domicile ou de la vie privée d'un tiers, dont ils ne démontrent pas en quoi elle aurait porté atteinte à leurs intérêts ;

D'où il suit que les moyens ne sauraient être admis. »

> Sont régulières les constatations visuelles sur des véhicules en stationnement, opérées en enquête préliminaire par des policiers dans un parking souterrain d'un immeuble, dans lequel ils se sont introduits avec l'accord, donné en connaissance de cause, par un résident, dès lors que le syndic, après recherches, n'a pu être identifié

• **Crim. 23 oct. 2013**, n° 13-82.762, P n° 203

* V. s^s n° 616.171.

« Attendu que, pour écarter le moyen d'annulation, proposé par M. X... et pris de l'absence d'autorisation d'un magistrat donnée aux policiers pour accéder, en enquête préliminaire, dans le parking souterrain fermé d'une propriété privée et relever le numéro d'immatriculation d'un véhicule, l'arrêt attaqué relève que ce n'est que postérieurement à leurs vaines recherches pour identifier le syndic et en l'absence de gardien que les policiers, après avoir décliné leur qualité et l'objet de leur présence, ont sollicité et obtenu l'autorisation de pénétrer dans le parking de la part d'un résident qui en a ouvert la porte avec sa télécommande, faisant ainsi usage de son droit d'accès aux parties communes et d'y conduire tout tiers de son choix ; que les juges ajoutent que les policiers se sont livrés dans ce lieu privé, non assimilable à un domicile, à de simples constatations visuelles, à l'exclusion de tout acte coercitif ;

Attendu qu'en statuant ainsi, et dès lors qu'aucune irrégularité ne saurait résulter de l'introduction, en enquête préliminaire, de policiers dans le parking souterrain d'un immeuble avec l'accord, en connaissance de cause, d'une personne titulaire d'un droit d'accès à cette partie commune et en sa présence, après vaine recherche de l'identité du syndic, afin d'y procéder à de simples constatations visuelles sur les véhicules en stationnement, lesquelles n'entrent pas dans les prévisions de l'article 706-96 du code de procédure pénale, ne sont pas assimilables à une perquisition et n'ont pas été de nature à porter atteinte à l'intimité de la vie privée, la chambre de l'instruction a justifié sa décision ;

D'où il suit que le moyen ne saurait être accueilli. »

> Il n'y a pas lieu d'annuler des procès-verbaux rédigés par les policiers relatant qu'ils ont procédé à de simples

constatations visuelles à partir de points hauts, situés à l'extérieur d'une propriété

• **Crim. 25 juin 2014,** n° 14-81.647, P n° 164

* V. s^s n°s 616.171 et 616.172.

« Sur le premier moyen de cassation, pris de la violation des articles 8 et 6, § 1, de la convention de sauvegarde des droits de l'Homme et des libertés fondamentales, le principe du respect des droits de la défense et du contradictoire, des articles 430, 706-96 et préliminaire du code de procédure pénale, ensemble les articles 591 et 593 du code de procédure pénale, défaut de motifs et manque de base légale ;

en ce que l'arrêt a limité l'annulation des pièces de la procédure aux cotes concernant des clichés photographiques (D. 81 à D. 84, D. 86 à D. 91, D. 99 à D. 101 et D. 80), à l'exclusion des pièces de la procédure relatant les constatations effectuées concomitamment, les 26 mars et 11 avril 2012 ;

aux motifs que sur la nullité des procès-verbaux de surveillance : qu'il ressort de l'analyse des pièces du dossier que les enquêteurs procédant dans le cadre de faits distincts, à l'audition de deux ressortissants tunisiens ouvraient une procédure incidente des chefs d'emploi d'étrangers sans titre de séjour et aide au séjour irrégulier en la forme préliminaire, les intéressés évoquant une activité salariée non déclarée dans le bâtiment sur des chantiers situés dans le Var et les Bouches du Rhône et notamment sur la commune de Cassis au bénéfice du nommé M. X… ; que dans le cadre de cette procédure incidente, les fonctionnaires de police effectuaient auprès des mairies concernées les premières diligences aux fins de localiser précisément les chantiers en cause ; qu'ainsi, ils étaient destinataires des relevés de propriété correspondants ; que le 26 mars 2012 au visa des articles 75 et suivants du code de procédure pénale, les enquêteurs se transportaient sur la commune de Cassis afin d'effectuer une surveillance du terrain de M. X… ; qu'ils constataient, par procès-verbal, sur le terrain clos d'un mur, l'existence de travaux, la présence de "cinq individus de type Nord-africain affairés à un chantier" ainsi que de deux véhicules utilitaires ; qu'ils prenaient des photographies captant l'image des personnes et des véhicules et engins de chantier se trouvant à l'intérieur de la propriété ; qu'il sera tout d'abord noté que la seule affirmation du requérant selon laquelle les photographies de l'intérieur de la propriété de M. X… ont été réalisées après emploi de manœuvres et d'intrusions physiques, notamment en escaladant le mur d'enceinte de celle-ci, ne sont corroborées par aucun élément, le constat d'huissier étant purement indicatif et établis en méconnaissance des procès-verbaux des enquêteurs qui en contredisent les conclusions et qui font foi jusqu'à preuve du contraire ; que par un arrêt en date du 21 mars 2007, la Cour de cassation a jugé que "constitue une ingérence dans l'exercice du droit au respect de la vie privée et du domicile le fait, pour des enquêteurs de photographier clandestinement, au moyen d'un téléobjectif, les plaques d'immatriculation des véhicules se trouvant à l'intérieur d'une propriété non visible depuis la voie publique, aux fins d'identification des titulaires des cartes grises et alors que cette immixtion opérée en enquête préliminaire, n'est prévue par aucune disposition de procédure pénale" ; que le 27 mai 2009, cette même juridiction a jugé que "les parties communes d'une copropriété constituant un lieu privé, les opérations de captation et de fixation d'images" doivent répondre aux "conditions de l'article 706-96 du code de procédure pénale" qui dispose que "lorsque les nécessités de l'information concernant un crime ou un délit entrant dans le champ d'application de l'article 706-73 l'exigent, le juge d'instruction peut, après avis du procureur de la République, autoriser par ordonnance motivée les officiers et agents de police judiciaire commis sur commission rogatoire à mettre en place un dispositif technique ayant pour objet sans le consentement des intéressés, la captation, la fixation, la transmission et l'enregistrement des paroles prononcées par une ou plusieurs personnes à titre privé ou confidentiel, dans des lieux ou véhicules privés ou publics, ou de l'image d'une ou de plusieurs personnes se trouvant dans un lieu privé" ; qu'en l'espèce, les enquêteurs agissant dans le cadre de l'enquête préliminaire la captation des images en question représentant soit des personnes, soit des véhicules, utilisée dans le lieu privé que constitue le parc clos de la propriété sise avenue Notre Dame à Cassis, ne répond pas aux conditions légales ; que les clichés photographiques figurant en procédure sous les cotes D. 81 à D. 84, D. 86 à D. 91, D. 99 à D. 101 ainsi que le procès-verbal en rendant compte répertoriées DSCF 988 à DSCF 993, DSCF 1005 à DSCF 1028 sont entachés de nullité et devront en conséquence être cancellés ; que s'agissant des procès-verbaux dits "de transport et surveillance" établis les 26 mars 2012 (cote D 50) et 11 avril 2012 (cote D 93) leur contenu à l'exception des mentions "réalisons des clichés photographiques" qui seront cancellés sont exempts d'irrégularité car se bornant à décrire des constatations effectuées depuis l'extérieur de la propriété ;

1°) alors que les procès-verbaux des enquêteurs ne valent qu'à titre de simples renseignements, et non jusqu'à preuve du contraire ; qu'au cas présent, M. X… avait versé aux débats un constat d'huissier par lequel il apportait la preuve que les surveillances des 26 mars et 11 avril 2012 s'étaient nécessairement traduites par des immixtions visuelles prohibées, voire des intrusions physiques des enquêteurs dans sa sphère privée ou son domicile ; qu'en affirmant que les procès-verbaux de surveillance et constatations vaudraient jusqu'à preuve contraire, pour refuser d'examiner le contenu du constat d'huissier, ainsi considéré comme irrecevable ou inopérant face aux procès-verbaux d'enquête, la chambre de l'instruction a violé les textes susvisés ;

2°) alors que le principe du respect des droits de la défense et du contradictoire implique que la personne mise en examen ne soit pas privée de la faculté de contester les affirmations des enquêteurs quant aux conditions dans lesquelles des éléments de preuve ont été recueillis ; qu'au cas présent, en refusant d'examiner le constat d'huissier versé aux débats par M. X… au motif qu'il méconnaîtrait les procès-verbaux des enquêteurs et en contredirait les conclusions, la chambre de l'instruction, qui a ainsi écarté par principe et sans examen les éléments offerts en preuve par le requérant, n'a pas légalement justifié sa décision au regard des textes susvisés ;

3°) alors que constitue une ingérence illégale dans le droit au respect de la vie privée et du domicile, le fait pour les enquêteurs, agissant dans le cadre d'une enquête préliminaire, de procéder à des constatations visuelles au moyen de manœuvres (escalade d'un mur privé) ou d'un dispositif de captation d'image ou d'agrandissement (type téléobjectif ou jumelles), portant sur l'intérieur d'une propriété privée inaccessible à la vue humaine depuis le domaine public ; qu'au cas présent, la chambre de l'instruction a annulé les photographies prises par les enquêteurs à l'occasion des surveillances des 26 mars et 11 avril 2012, au motif qu'elles avaient porté sur l'intérieur d'une propriété privée ; que la chambre de l'instruction a en revanche refusé d'annuler les constatations effectuées concomitamment à la prise desdits clichés, constatations qui portaient pourtant également sur l'intérieur de la propriété et qui n'avaient manifestement pu être effectuées que soit grâce à l'escalade du mur d'enceinte de la propriété, haut de deux mètres, soit depuis un promontoire distant via un téléobjectif ou des jumelles, s'agissant notamment du relevé de plaques minéralogiques de véhicules garés à l'intérieur de la propriété ;

qu'en statuant ainsi, cependant que ses motifs relatifs aux photographies justifiaient mutatis mutandis l'annulation de la totalité des procès-verbaux des surveillances des 26 mars et 11 avril 2012, constatations incluses, la chambre de l'instruction a violé les textes susvisés ;

Attendu qu'après avoir déclaré irrégulières les photographies effectuées par les policiers de personnes ou de véhicules se trouvant à l'intérieur de la propriété close de M. X..., avoir ordonné leur retrait et avoir prononcé l'annulation des pièces en rendant compte, l'arrêt attaqué, par les motifs reproduits au moyen, refuse, en revanche, d'annuler les procès-verbaux relatant les simples constatations visuelles des policiers, effectuées à partir de l'extérieur de la propriété, au motif que les allégations du demandeur à la nullité selon lesquelles elles avaient nécessairement impliqué une immixtion illégale dans son domicile, ne sont corroborées par aucun élément, le constat d'huissier effectué à sa demande n'ayant qu'une valeur indicative ;

Attendu qu'en prononçant ainsi, abstraction faite d'énonciations erronées mais surabondantes sur la valeur probatoire des rapports de police en matière de délit, l'arrêt attaqué n'encourt pas la censure, dès lors que la Cour de cassation est en mesure de s'assurer que les procès-verbaux rédigés par les policiers relatent qu'ils ont procédé à de simples constatations visuelles à partir de points hauts, situés à l'extérieur de la propriété, sans que le constat d'huissier rédigé sur les indications de M. X... n'en démontre l'impossibilité ;

D'où il suit que le moyen ne saurait être accueilli. »

> Une sonorisation dans un lieu privé peut être autorisée si les nécessités de l'enquête relative à une infraction prévue par les articles 706-73 ou 706-73-1 du Code de procédure pénale l'exigent et hors le cas d'un détournement de procédure. L'existence d'un tel détournement s'entend en pareil cas du fait, pour des agents publics, de se placer faussement et à dessein dans le champ d'application des articles 706-73 et 706-73-1 précités, à seule fin de mettre en œuvre les pouvoirs conférés par les articles 706-96 et 706-96-1 du Code de procédure pénale, dont ils n'auraient pu disposer autrement

> Ne suffisent pas à constituer un détournement de procédure, ni l'absence d'implication effective des personnes concernées dans les faits objet de la mesure de sonorisation, une telle implication n'étant pas exigée par la loi, ni le fait que ces personnes aient ultérieurement été mises en examen à raison de faits distincts, révélés par les opérations précitées, la chambre de l'instruction n'a pas justifié sa décision

• **Crim. 18 juin 2019,** n° 19-80.015, P n° 119

* V. s^{s} n° 616.165

« [...] Vu les articles 706-96, 706-96-1 et 593 du code de procédure pénale ;

Attendu qu'il résulte des deux premiers de ces textes qu'une mesure de sonorisation dans un lieu privé peut être autorisée si les nécessités de l'enquête relative à une infraction prévue par les articles 706-73 ou 706-73-1 du code de procédure pénale l'exigent et hors le cas d'un détournement de procédure ; que l'existence d'un tel détournement s'entend en pareil cas du fait, pour des agents publics, de se placer faussement et à dessein dans le champ d'application des articles 706-73 et 706-73-1 précités, à seule fin de mettre en œuvre les pouvoirs conférés par les articles 706-96 et 706-96-1 du code de procédure pénale, dont ils n'auraient pu disposer autrement

[...] Attendu que pour accueillir partiellement l'exception de nullité tirée de ce que le recours aux règles applicables en matière de criminalité organisée résulterait d'un détournement de procédure, prononcer l'annulation des pièces afférentes à la sonorisation de l'appartement de M. D... et à la poursuite des investigations, ainsi que de celles relatives à la détention provisoire et au contrôle judiciaire des personnes mises en examen, l'arrêt retient en substance que si les interceptions téléphoniques et les géolocalisations pouvaient se justifier au regard de la nature de l'infraction de trafic de fausse monnaie, nécessairement commise en bande organisée, les investigations n'ont toutefois pas établi l'implication effective des intéressés dans ces faits ; que les juges ajoutent que la seule constatation de leur discrétion et de leurs antécédents judiciaires n'était pas de nature à permettre la poursuite des investigations à l'égard du trafic dénoncé ; qu'ils en concluent que la mise en place de la sonorisation au domicile de M. D..., qui a permis de révéler les faits de trafic de stupéfiants, procède d'un détournement de procédure ;

Mais attendu qu'en prononçant ainsi, alors que ne suffisent pas à constituer un détournement de procédure, ni l'absence d'implication effective des personnes concernées dans les faits objet de la mesure de sonorisation, une telle implication n'étant pas exigée par la loi, ni le fait que ces personnes aient ultérieurement été mises en examen à raison de faits distincts, révélés par les opérations précitées, la chambre de l'instruction n'a pas justifié sa décision ;

D'où il suit que la cassation est encourue [...] »

> L'ingérence dans le droit au respect de la vie privée que constitue un dispositif de vidéosurveillance sur la voie publique présente, par sa nature même, un caractère limité et est proportionnée au regard de l'objectif poursuivi

> Le juge d'instruction tire de l'article 81 du Code de procédure pénale, interprété à la lumière de l'article 8 de la Convention européenne des droits de l'homme, le pouvoir de faire procéder à une vidéosurveillance sur la voie publique aux fins de rechercher des preuves des infractions

dont il est saisi, à l'encontre des personnes soupçonnées de les avoir commises. Il doit dans ce cas lui être rendu compte régulièrement de l'état d'avancement des investigations, ce contrôle lui permettant d'apprécier la nécessité de son maintien

> Ni les espaces de circulation, ni les emplacements de stationnement, ni les boxes fermés du parking souterrain d'un immeuble collectif d'habitation ne constituent des lieux d'habitation au sens des articles 230-34 et 706-96-1 du Code de procédure pénale

• **Crim. 18 juin 2019,** n° 18-86.421, P n° 122

* V. s^{s} n° 616.173.

« Attendu que, pour écarter le moyen tiré de l'illégalité du dispositif de vidéo-surveillance [...], constituant selon le requérant une atteinte au respect de sa vie privée, l'arrêt énonce que ledit dispositif de captation d'images a été installé dans un lieu public dont l'accès ne connaît aucune restriction, qu'il avait pour but la surveillance générale de la voie publique, aux abords du domicile d'une personne soupçonnée, et n'entre pas dans le champ de l'article 706-96 du code de procédure pénale ; que les juges ajoutent que le requérant, qui ne détient pas de droit sur la voie publique, ne saurait se faire un grief d'une telle surveillance générale, qui n'a permis aucune captation de son image ou de ses paroles dans sa sphère privée ; qu'ils relèvent enfin que les dispositions du code de la sécurité intérieure sur la vidéoprotection ne trouvent pas à s'appliquer ;

Attendu qu'abstraction faite des motifs relatifs à l'absence d'atteinte à la vie privée du requérant, l'arrêt n'encourt pas la censure, dès lors que, d'une part, l'ingérence dans le droit au respect de la vie privée que constitue un tel dispositif présente, par sa nature même, un caractère limité et est proportionnée au regard de l'objectif poursuivi, d'autre part, la Cour de cassation est en mesure de s'assurer, par le contrôle des pièces de la procédure, que le juge d'instruction, qui tire de l'article 81 du code de procédure pénale, interprété à la lumière de l'article 8 de la Convention européenne des droits de l'homme, le pouvoir de faire procéder à une vidéo-surveillance sur la voie publique aux fins de rechercher des preuves des infractions dont il est saisi, à l'encontre des personnes soupçonnées de les avoir commises, a spécialement autorisé les enquêteurs, le 5 avril 2017, à installer, pour l'exécution de la commission rogatoire générale qu'il leur avait délivrée, un tel dispositif, puis, le 16 juin 2017, à le compléter, et qu'il lui a été rendu compte régulièrement, notamment les 21 avril, 24 mai, 1er juin, 16 juin et 6 septembre 2017, de l'état d'avancement des investigations, ce contrôle lui permettant d'apprécier la nécessité de son maintien ; qu'ainsi, la mesure a été mise en place sous le contrôle effectif du juge d'instruction et selon les modalités qu'il a autorisées ;

Que, dès lors, le moyen doit être écarté ;

Attendu que, pour écarter les moyens de nullité tirés du défaut d'autorisation donnée par le juge des libertés et de la détention aux introductions en dehors des heures prévues par l'article 59 du code de procédure pénale, d'une part, dans le parking souterrain, en vue de la pose d'un dispositif de captation d'images, d'autre part, dans le box où se trouvait le véhicule devant faire l'objet d'une géolocalisation, l'arrêt énonce que le parking d'un immeuble est constitutif d'un lieu privé et non d'un lieu d'habitation, et qu'il ne saurait davantage être soutenu qu'un box loué par un comparse pour entreposer des marchandises illicites est un lieu d'habitation ;

Attendu qu'en prononçant ainsi, et dès lors que ni les espaces de circulation, ni les emplacements de stationnement, ni les boxes fermés du parking souterrain d'un immeuble collectif d'habitation ne constituent des lieux d'habitation au sens des articles 230-34 et 706-96-1 du code de procédure pénale, la chambre de l'instruction n'a méconnu aucun des textes visés au moyen, lequel doit être écarté (...). »

> La vidéosurveillance d'une voie publique peut être ordonnée en enquête préliminaire par le ministère public dès lors qu'il en précise les modalités et en assure le contrôle

• **Crim. 8 déc. 2020,** n° 20-83.885, P

* V. s^{s} n° 616.174.

« [...] 9. Le procureur de la République tient des articles 39-3 et 41 du code de procédure pénale le pouvoir de faire procéder, sous son contrôle effectif et selon les modalités qu'il autorise s'agissant de sa durée et de son périmètre, à une vidéosurveillance sur la voie publique, aux fins de rechercher la preuve des infractions à la loi pénale.

10. L'ingérence dans la vie privée qui résulte d'une telle mesure présentant par sa nature même un caractère limité et étant proportionnée au regard de l'objectif poursuivi, elle n'est pas contraire à l'article 8 de la Convention européenne des droits de l'homme.

11. Pour écarter le moyen d'annulation pris de l'irrégularité, au regard de l'article 8 de la Convention européenne des droits de l'homme, de la pose d'un moyen de vidéosurveillance sur la voie publique n'ayant pas été autorisée par un magistrat du siège indépendant, l'arrêt attaqué retient que l'installation de vidéosurveillance enregistrant l'image d'une ou plusieurs personnes présentes dans un lieu public est étrangère aux dispositions de l'article 706-96 du code de procédure pénale, le législateur ayant estimé que la présence d'un individu, dans un tel lieu, étant par nature susceptible d'être vue par quiconque, il n'y avait pas lieu de prévoir un dispositif légal spécifique pour en capter et fixer l'image.

12. L'arrêt indique en outre que la mise en œuvre d'un tel dispositif n'implique pas d'acte de contrainte, ni d'atteinte à l'intégrité des personnes dont l'image est ainsi recueillie, ni de saisie, d'interception ou d'enregistrement des paroles de ces personnes et que les officiers de police judiciaire, agissant en préliminaire, tiennent de l'article 14 du code de procédure pénale le droit de mettre en place et d'exploiter, au surplus avec l'autorisation préalable du procureur de la République et sous le contrôle de celui-ci, un dispositif de vidéosurveillance ayant pour objet, sans le consentement des intéressés, de capter, fixer et enregistrer les images de personnes se trouvant dans un lieu public, afin d'identifier les auteurs ou complices d'infractions.

13. C'est à tort que l'arrêt écarte toute atteinte à la vie privée pouvant résulter de la mise en œuvre d'une vidéosurveillance sur la voie publique, et considère que les enquêteurs pouvaient y procéder sans autorisation du procureur de la République.

14. L'arrêt n'encourt cependant pas la censure, dès lors qu'il résulte de ses propres constatations que le procureur de la République a spécialement autorisé les enquêteurs à installer le dispositif contesté selon des modalités précises et qu'il en a effectivement assuré le contrôle [...] »

GÉOLOCALISATION

> La surveillance par géolocalisation est conforme à la convention européenne des droits de l'Homme

• **Crim. 22 nov. 2011,** n° 11-84.308, P n° 234

* V. s^{s} n°s 616.134, 616.161, 616.181.

« Attendu que, pour écarter le moyen de nullité pris du défaut de fondement légal de l'apposition sur un véhicule automobile Renault Laguna d'un dispositif technique, dit de "géolocalisation", permettant d'en suivre et relever les déplacements, l'arrêt retient que, d'une part, cette mesure a pour fondement l'article 81 du code de procédure pénale et que, d'autre part, en l'espèce, cette surveillance a été effectuée sous le contrôle d'un juge constituant une garantie suffisante contre l'arbitraire, qu'elle était proportionnée au but poursuivi, s'agissant d'un important trafic de stupéfiants en bande organisée portant gravement atteinte à l'ordre public et à la santé publique et nécessaire au sens de l'article 8, § 2 de la convention européenne des droits de l'homme ;

Attendu qu'en l'état de ces énonciations, les juges, qui ont caractérisé la prévisibilité et l'accessibilité de la loi, et la proportionnalité de l'ingérence ainsi réalisée dans l'exercice, par les requérants, du droit au respect de leur vie privée, ont fait une exacte application du texte conventionnel invoqué ;

D'où il suit que le moyen n'est pas fondé. »

> La technique dite de « géolocalisation » constitue une ingérence dans la vie privée dont la gravité nécessite qu'elle soit exécutée sous le contrôle d'un juge

• **Crim. 22 oct. 2013,** n° 13-81.945, P n° 196

* V. s^{s} n° 616.181.

« Sur le deuxième moyen de cassation, pris de la violation des articles 6 et 8 de la convention européenne des droits de l'homme, 81 du code de procédure pénale, 593 du même code, défaut de motifs, manque de base légale ; [...]

Attendu que, pour écarter le moyen de nullité pris du défaut de fondement légal de la mise en place, par les opérateurs de téléphonie, d'un dispositif technique, dit de "géolocalisation", permettant, à partir du suivi des téléphones de M. A., de surveiller ses déplacements en temps réel, l'arrêt retient, notamment, que cette surveillance, fondée sur l'article 81 du code de procédure pénale, répond aux exigences de prévisibilité et d'accessibilité de la loi et qu'elle a été effectuée sous le contrôle d'un juge constituant une garantie suffisante contre l'arbitraire ; que les juges ajoutent que cette ingérence dans la vie privée de la personne concernée était proportionnée au but poursuivi, s'agissant d'une association de malfaiteurs en vue de préparer des actes de terrorisme portant gravement atteinte à l'ordre public, et qu'elle était nécessaire au sens de l'article 8, § 2 de la convention européenne des droits de l'homme ;

Attendu qu'en prononçant ainsi, la chambre de l'instruction a fait l'exacte application du texte conventionnel invoqué ;

D'où il suit que le moyen n'est pas fondé [...]

Mais sur le premier moyen de cassation, pris de la violation des articles 6 et 8 de la convention européenne des droits de l'homme, 12, 14, 41, 77-1-1 du code de procédure pénale, 593 du même code, défaut de motifs, manque de base légale ; [...]

Vu l'article 8 de la convention européenne des droits de l'homme ;

Attendu qu'il se déduit de ce texte que la technique dite de "géolocalisation" constitue une ingérence dans la vie privée dont la gravité nécessite qu'elle soit exécutée sous le contrôle d'un juge ;

Attendu que, pour écarter le moyen de nullité pris du défaut de fondement légal de la mise en place, par les opérateurs de téléphonie, d'un dispositif technique, dit de « géolocalisation », permettant, à partir du suivi des téléphones de M. A., de surveiller ses déplacements en temps réel, au cours de l'enquête préliminaire, l'arrêt retient, notamment, que les articles 12, 14 et 41 du code de procédure pénale confient à la police judiciaire le soin de constater les infractions à la loi pénale, d'en rassembler les preuves et d'en rechercher les auteurs, sous le contrôle du procureur de la République ; que les juges ajoutent que les mesures critiquées trouvent leur fondement dans ces textes, et qu'il s'agit de simples investigations techniques ne portant pas atteinte à la vie privée et n'impliquant pas de recourir, pour leur mise en œuvre, à un élément de contrainte ou de coercition ;

Mais attendu qu'en se déterminant ainsi, la chambre de l'instruction a méconnu le texte conventionnel susvisé ;

D'où il suit que la cassation est encourue de ce chef ;

Par ces motifs, casse et annule [...]. »

> Les données issues d'une géolocalisation mise en œuvre sur le territoire national et s'étant poursuivie sur le territoire d'un autre État ne peuvent, lorsque cette mesure n'a pas fait l'objet d'une acceptation préalable ou concomitante de celui-ci au titre de l'entraide pénale, être exploitées en procédure qu'avec son autorisation

• **Crim. 9 févr. 2016,** n° 15-85.070, P n° 32

* V. s^{s} n° 616.204.

« Vu les articles 230-32 et 593 du code de procédure pénale ;

Attendu qu'il se déduit du premier de ces textes que les données issues d'une géolocalisation mise en œuvre sur le territoire national et s'étant poursuivie sur le territoire d'un autre État ne peuvent, lorsque cette mesure n'a pas fait l'objet d'une acceptation préalable ou concomitante de celui-ci au titre de l'entraide pénale, être exploitées en procédure qu'avec son autorisation ;

Attendu que, selon le second de ces textes, tout arrêt de la chambre de l'instruction doit comporter les motifs propres à justifier la décision et répondre aux articulations essentielles des mémoires des parties ; que l'insuffisance ou la contradiction des motifs équivaut à leur absence ;

Attendu que, pour rejeter le moyen de nullité des procès-verbaux relatant la poursuite des opérations de géolocalisation des véhicules suspects hors du territoire national, pris de l'illégalité de cette mesure, l'arrêt prononce par les motifs repris au moyen ;

Mais attendu qu'en se déterminant ainsi, alors qu'à défaut de constatation par elle d'une autorisation préalable ou concomitante de l'État étranger concerné par l'opération critiquée, dans le cadre de l'entraide pénale, il lui appartenait de rechercher, au besoin en procédant à un supplément d'information, si les autorités compétentes de cet État autorisaient l'exploitation des données en résultant, la chambre de l'instruction n'a pas justifié sa décision ; d'où il suit que la cassation est encourue de ce chef ;

Par ces motifs, casse et annule. »

> La méconnaissance des formalités substantielles régissant la géolocalisation peut être invoquée à l'appui d'une demande d'annulation d'actes ou de pièces de procédure par la partie titulaire d'un droit sur le véhicule géolocalisé ou qui établit, hors le cas d'un véhicule volé et faussement immatriculé, qu'il a, à l'occasion d'une telle investigation, été porté atteinte à sa vie privée

• **Crim. 27 mars 2018,** n° 17-85.603, P n° 53

* V. s^s n°s 611.64, 616.202.

« Attendu que, pour écarter l'argumentation de M. X..., qui soutenait que les géolocalisations des véhicules en cause étaient nulles, faute de respect des dispositions de l'article 230-35 du code de procédure pénale, l'arrêt énonce que l'intéressé ne saurait être admis à contester la régularité desdites opérations, ne pouvant se prévaloir d'aucun droit sur ces véhicules, qui appartiennent à des tiers ;

Mais attendu qu'en prononçant ainsi, alors qu'il résulte des conclusions de M. X..., à qui il n'était pas reproché d'avoir pris place dans un véhicule volé et faussement immatriculé, que celui-ci soutenait avoir lui-même été géolocalisé par le biais des mesures contestées, en sorte qu'il avait été porté atteinte à sa vie privée, la chambre de l'instruction a méconnu les textes susvisés et le principe ci-dessus rappelé ».

• **Crim. 9 mai 2018,** n° 17-86.638, P n° 89

* V. s^s n° 616.205.

« L'officier de police judiciaire qui, d'initiative, procède à l'installation d'un moyen technique destiné à la localisation en temps réel d'un véhicule doit justifier, dans sa demande d'autorisation a posteriori, le risque imminent de dépérissement des preuves ou d'atteintes graves aux personnes et aux biens.

L'autorisation de prolongation de la mesure délivrée par le magistrat compétent dans le délai de 24 heures doit comporter l'énoncé des circonstances de fait qui établissent le risque imminent de dépérissement des preuves ou d'atteinte grave aux personnes ou aux biens justifiant l'utilisation de cette procédure.

[...] Vu l'article 230-35 du code de procédure pénale ;

Attendu qu'en application de ce texte, l'officier de police judiciaire qui, d'initiative, procède à l'installation d'un moyen technique destiné à la localisation en temps réel d'une personne, d'un véhicule, ou de tout autre objet, doit en informer immédiatement le procureur de la République ou le juge d'instruction et justifier, dans sa demande d'autorisation a posteriori, le risque imminent de dépérissement des preuves ou d'atteintes graves aux personnes et aux biens ; que l'autorisation de prolongation de la mesure délivrée par le magistrat compétent dans le délai de 24 heures doit comporter l'énoncé des circonstances de fait qui établissent le risque imminent de dépérissement des preuves ou d'atteinte grave aux personnes ou aux biens justifiant l'utilisation de cette procédure ;

Attendu qu'il résulte de l'arrêt attaqué et des éléments de la procédure que, début décembre 2015, une habitante de la commune de [...] a dénoncé à la brigade de gendarmerie de [...] M. B... Z..., résidant à [...], comme étant un fournisseur de cocaïne ; que les toutes premières investigations, réalisées en enquête préliminaire par la section de recherches de la gendarmerie de Grenoble, ont conduit un officier de police judiciaire à mettre en place, le 14 janvier 2016 à 4 heures 25, un moyen de localisation en temps réel sur un véhicule Audi A3, utilisé par M. Z..., au regard de l'urgence résultant, selon le procès-verbal établi, d'un « risque imminent de dépérissement des preuves caractérisé par les déplacements réguliers de M. Z... au volant de ce véhicule » ; que, par autorisation du même jour à 15 heures 15, le procureur de la République de Grenoble a autorisé la prolongation de la mesure au visa d'un risque imminent de dépérissement des preuves ou d'atteintes graves aux personnes ou aux biens sans autre caractérisation ; que M. Z..., mis en examen le 15 novembre 2016 des chefs susvisés, a déposé une requête en nullité des actes de géolocalisation du véhicule Audi A3 et de deux autres véhicules découverts par les enquêteurs ;

Attendu que pour rejeter le moyen de nullité contestant la pose en urgence de ce moyen de géolocalisation en temps réel et l'absence d'énoncé, dans l'autorisation de prolongation du procureur de la République, des circonstances de fait établissant l'existence du risque imminent de dépérissement des preuves, l'arrêt prononce par les motifs repris au moyen ;

Mais attendu qu'en se déterminant ainsi, alors que, d'une part, le procès-verbal établi par l'officier de police judiciaire après l'information donnée au procureur de la République n'énonçait que la nécessité d'exercer de manière efficace une surveillance physique de M. Z... et de pourvoir suivre techniquement les déplacements de la voiture qu'il pourrait être amené à utiliser pour ses trajets, d'autre part, l'autorisation de prolongation donnée par le procureur de la République ne comportait aucun énoncé des circonstances de fait établissant l'existence d'un risque imminent de dépérissement des preuves ou d'atteinte grave aux personnes ou aux biens, la chambre de l'instruction a méconnu le texte susvisé ;

D'où il suit que la cassation est encourue ; »

> Il résulte des articles 230-32 et suivants du Code de procédure pénale que les opérations de géolocalisation en temps réel, réalisées dans le cadre fixé par ces articles, doivent être autorisées par écrit par le magistrat compétent, avant la mise en place du dispositif

• **Crim. 9 mai 2018,** n° 17-86.558, P n° 90

* V. s^s n° 616.81

« Vu les articles 171, 802, 230-32 à 230-44 du code de procédure pénale ;

Attendu qu'il résulte de la combinaison des deux premiers de ces textes que la méconnaissance des formalités substantielles régissant les géolocalisations peut être invoquée à l'appui d'une demande d'annulation d'actes ou de pièces de procédure par la partie titulaire d'un droit sur l'objet géolocalisé ou qui établit qu'il a, à l'occasion d'une telle investigation, été porté atteinte à sa vie privée ;

Attendu qu'il résulte des articles 230-32 et suivants du code de procédure pénale que les opérations de géolocalisation en temps réel, réalisées dans le cadre fixé par ces articles, doivent être autorisées par écrit par le magistrat compétent, avant la mise en place du dispositif ;

Attendu qu'il se déduit des dispositions précitées qu'il n'entre pas dans les pouvoirs de la chambre de l'instruction de faire application des dispositions de l'article 230-35 du code de procédure pénale lorsque celles-ci n'ont pas été mises en œuvre par l'officier de police judiciaire ;

Attendu que pour écarter l'argumentation de M. X... qui conteste la régularité de la géolocalisation du véhicule Jaguar, l'arrêt relève que ce véhicule est immatriculé au nom de Mme Zina E..., concubine de l'intéressé, que lors de la garde à vue, M. X... a déclaré qu'il n'était propriétaire d'aucun véhicule, que M. X... ne pouvant se prévaloir d'aucun droit sur ce véhicule géolocalisé, le moyen présenté est irrecevable ; que les juges ajoutent que, de surcroît, le moyen est mal fondé dès lors qu'il se déduit du procès-verbal coté D641/1 que, dûment informé, le procureur de la République de Bobigny a autorisé le 18 février 2016, à 11 heures 15, la géolocalisation demandée, que l'OCRTIS a reçu cette autorisation avant la mise en place du dispositif et qu'il est donc indifférent que le document formalisant cette autorisation soit daté du 19 février ; qu'en tout état de cause, l'urgence résultant du risque imminent de déperdition des preuves était caractérisée et permettait à l'officier de police judiciaire de mettre en place lui-même le dispositif, le procureur de la République en étant informé par tout moyen, ce qui a été fait le 18 février à 11 heures 15 ;

Mais attendu qu'en prononçant ainsi, alors que, d'une part, il constatait que l'intéressé avait l'usage habituel du véhicule en cause, dont il n'était pas prétendu qu'il était détenu frauduleusement, d'autre part, l'autorisation écrite du procureur de la République a été donnée postérieurement à la mise en place du dispositif de géolocalisation, sans mise en œuvre préalable des dispositions de l'article 230-35 du code de procédure pénale, l'arrêt a méconnu les textes susvisés ;

D'où il suit que la cassation est encourue [...] »

DONNÉES DE CONNEXION

> L'obligation de conservation généralisée et indifférenciée des données de connexion prévue par l'article L. 34, III du CPCE, antérieurement à l'entrée en vigueur de la loi n° 2021-998 du 30 juillet 2021, n'est conforme au droit de l'Union que s'agissant de la répression des atteintes aux intérêts fondamentaux de la Nation et du terrorisme, incriminées aux articles 410-1 à 422-7 du code pénal et qui poursuivent l'objectif de sauvegarde de la sécurité nationale

> Les articles 60-1, 60-2, 77-1-1 et 77-1-2 du code de procédure pénale ne sont pas conformes au droit de l'Union en ce que les réquisitions sont délivrées, en enquête de flagrant délit, par un officier de police judiciaire ou par un agent de police judiciaire agissant sous son contrôle, ou lors d'une enquête préliminaire, sur autorisation du procureur de la République, sans contrôle préalable par une juridiction ou une autorité administrative indépendante

> En revanche, les articles 99-3 et 99-4 du même code sont conformes en ce qu'ils prévoient l'intervention du juge d'instruction

> Lorsque l'acte attentatoire à la vie privée a été accompli par un agent compétent mais sans le contrôle d'un tiers alors que celui-ci était prévu par la loi, il appartient au requérant de justifier d'une atteinte à ses intérêts

> Tel n'est pas le cas lorsque l'ingérence alléguée dans la vie privée du fait des réquisitions des enquêteurs aux opérateurs téléphoniques est prévue par la loi, qu'elle a eu un but légitime qui est celui de la recherche d'infractions pénales relevant de la criminalité grave, et que cette ingérence apparaît proportionnée à la poursuite de l'objectif

• **Crim. 12 juill. 2022,** n° 21-83.710, P.

* V. s^s^ n° 616.263 s., 616.271 s.

« *Sur les exigences du droit de l'Union en matière de conservation générale et indifférenciée des données de connexion.*

13. La Cour de justice de l'Union européenne (CJUE) a dit pour droit qu'il résulte de l'article 15, paragraphe 1, de la directive 2002/58/CE du Parlement européen et du Conseil du 12 juillet 2002 concernant le traitement des données à caractère personnel et la protection de la vie privée dans le secteur des communications électroniques, telle que modifiée par la directive 2009/136/CE du Parlement européen et du Conseil du 25 novembre 2009, lu à la lumière des articles 7, 8 et 11, ainsi que de l'article 52, paragraphe 1, de la Charte des droits fondamentaux de l'Union européenne, que le droit de l'Union européenne s'oppose à une conservation généralisée et indifférenciée, à titre préventif, des données de trafic et de localisation aux fins de lutte contre la criminalité, quel que soit son degré de gravité. Seule est admise une conservation généralisée et indifférenciée de ces données, en cas de menace grave, réelle et actuelle ou prévisible pour la sécurité nationale, sur injonction faite aux fournisseurs de services de télécommunications électroniques, pouvant faire l'objet d'un contrôle effectif par une juridiction ou une autorité administrative indépendante, dont la décision est dotée d'un effet contraignant, chargée de vérifier l'existence d'une telle menace et le respect des conditions et garanties devant être prévues, injonction ne pouvant être émise que pour une période limitée au strict nécessaire, mais renouvelable en cas de persistance de la menace.

14. En revanche, le droit de l'Union ne s'oppose pas à des mesures législatives prévoyant, aux fins de lutte contre la criminalité grave :

– une conservation ciblée des données relatives au trafic et des données de localisation qui soit délimitée, sur la base d'éléments objectifs et non discriminatoires, en fonction de catégories de personnes concernées ou au moyen d'un critère géographique, pour une période temporellement limitée au strict nécessaire, mais renouvelable ;

– une conservation généralisée et indifférenciée des adresses IP attribuées à la source d'une connexion, pour une période temporellement limitée au strict nécessaire ;

– une conservation généralisée et indifférenciée des données relatives à l'identité civile, aux comptes et aux paiements des utilisateurs de moyens de communications électroniques ;

– le recours à une injonction faite aux fournisseurs de services de communications électroniques, au moyen d'une décision de l'autorité compétente soumise à un contrôle juridictionnel effectif, de procéder, pour une durée déterminée, à la conservation rapide des données relatives au trafic et des données de localisation dont disposent ces fournisseurs de services, dès lors que ces mesures assurent, par des règles claires et précises, que la conservation des données en cause est subordonnée au respect des conditions matérielles et procédurales afférentes et que les personnes concernées disposent de garanties effectives contre les risques d'abus.

(...)

21. L'article L. 34-1, III, du code des postes et des communications électroniques, dans sa version en vigueur à la date des faits, imposait aux opérateurs de services de télécommunications électroniques la conservation généralisée et indifférenciée, pour une durée maximale d'un an, des données de connexion énumérées à l'article R. 10-13 dudit code, pour les besoins de la recherche, de la constatation et de la poursuite des infractions pénales.

22. Ce dernier texte, dans sa version en vigueur à la date des faits, précisait que cette obligation de conservation, d'une durée d'un an, portait sur :

a) les informations permettant d'identifier l'utilisateur ;

b) les données relatives aux équipements terminaux de communication utilisés ;

c) les caractéristiques techniques ainsi que la date, l'horaire et la durée de chaque communication ;

d) les données relatives aux services complémentaires demandés ou utilisés et leurs fournisseurs ;

e) les données permettant d'identifier le ou les destinataires de la communication.

23. Il prévoyait également que, pour les activités de téléphonie, l'opérateur devait conserver les données relatives au trafic et, en outre, celles permettant d'identifier l'origine et la localisation de la communication.

Sur la conformité du droit français au droit européen s'agissant de la conservation généralisée et indifférenciée des données de connexion

24. Il résulte des principes rappelés aux paragraphes 13 et 14 qu'il convient d'écarter les textes précités de droit interne en ce qu'ils imposaient aux opérateurs de services de télécommunications électroniques, aux fins de lutte contre la criminalité, la conservation généralisée et indifférenciée des données de connexion, à l'exception des données relatives à l'identité civile et aux informations relatives aux comptes et aux paiements, ainsi que, dans le cadre de la recherche et la répression de la criminalité grave, aux adresses IP.

25. En revanche, l'obligation de conservation des données de trafic et de localisation imposée aux opérateurs par l'article L. 34-1, III, du code précité, mis en œuvre par l'article R. 10-13 dudit code, en ce qu'elle permet notamment la recherche, la constatation et la poursuite des atteintes aux intérêts fondamentaux de la Nation et des actes de terrorisme, infractions incriminées aux articles 410-1 à 422-7 du code pénal, est conforme au droit de l'Union, comme poursuivant l'objectif de sauvegarde de la sécurité nationale.

26. La durée de conservation de ces données, pour une année, apparaît strictement nécessaire aux besoins de la sauvegarde de la sécurité nationale.

27. Pour autant, les dispositions des articles précités du code des postes et des communications électroniques ne subordonnent pas le maintien de cette obligation de conservation à un réexamen périodique de l'existence d'une menace grave, réelle et actuelle ou prévisible pour la sécurité nationale.

28. Il s'ensuit que cette obligation de conservation ne vaut injonction au sens où l'entend la CJUE et cette conservation n'est régulière que si le juge saisi du contentieux constate, sous le contrôle de la Cour de cassation, l'existence d'une menace présentant les caractéristiques précitées.

29. À cet égard, même en tenant compte de l'exigence du droit de l'Union selon laquelle cette conservation ne saurait présenter un caractère systémique (CJUE, arrêt *La Quadrature du Net*, précit., pt 138), il résulte notamment des pièces régulièrement produites par le procureur général près la Cour de cassation relatives aux attentats commis en France depuis décembre 1994, soit antérieurement à la date des faits, que la France se trouve exposée, en raison du terrorisme et de l'activité de groupes radicaux et extrémistes, à une menace grave et réelle, actuelle ou prévisible à la sécurité nationale.

30. Dès lors, l'obligation faite aux opérateurs de télécommunications électroniques de conserver de façon généralisée et indifférenciée aux fins de sauvegarde de la sécurité nationale les données de connexion énumérées à l'article R. 10-13 du code précité, qui ont fait l'objet des réquisitions litigieuses, était conforme au droit de l'Union.

31. Le Conseil d'État n'a d'ailleurs déclaré illégales les dispositions de cet article qu'en ce qu'elles imposaient aux opérateurs de communications électroniques, aux fournisseurs d'accès à internet et aux hébergeurs la conservation généralisée et indifférenciée des données de connexion, autres que les données relatives à l'identité civile, aux adresses IP et aux informations relatives aux comptes et aux paiements, aux fins de lutte contre la criminalité et de prévention des menaces à l'ordre public et ne prévoyaient pas un réexamen périodique de l'existence d'une menace grave, réelle et actuelle ou prévisible pour la sécurité nationale (CE 21 avr. 2021, *French Data Network*, req. n° 393099, pt 58).

Sur la conservation rapide en droit français

32. Il convient ensuite de rechercher s'il existait, à la date des faits, une réglementation conforme au droit de l'Union permettant la conservation rapide des données de trafic et de localisation. Une telle réglementation doit notamment préciser la ou les finalités pour laquelle ou lesquelles une conservation rapide peut être ordonnée (CJUE, arrêt *La Quadrature du Net*, précit., pt 132).

33. À la date des faits, la communication des données de trafic ou de localisation conservées par les opérateurs de télécommunication pouvait faire l'objet de réquisitions lors d'une enquête de flagrance, en application des articles 60-1 et 60-2 du code de procédure pénale, par un officier de police judiciaire ou par un agent de police judiciaire agissant sous son contrôle, lors d'une enquête préliminaire, sur le fondement

des articles 77-1-1 et 77-1-2 dudit code, sur autorisation du procureur de la République, enfin, en cas d'ouverture d'une information, en application des articles 99-3 et 99-4, de ce code, par un officier de police judiciaire autorisé par commission rogatoire du juge d'instruction. La régularité de ces opérations peut être contestée devant la chambre de l'instruction ou la juridiction de jugement, sous le contrôle de la Cour de cassation.

34. Ces dispositions, qui prévoyaient la communication immédiate des données de connexion aux autorités nationales compétentes, doivent être analysées comme valant injonction de conservation rapide, au sens de la Convention de Budapest. En effet, le rapport explicatif de celle-ci précise que l'injonction de conservation rapide peut résulter d'une injonction de produire.

35. En outre, aux termes du sixième alinéa du paragraphe III de l'article préliminaire du code de procédure pénale, les mesures portant atteinte à la vie privée d'une personne ne peuvent être prises, sur décision ou sous contrôle effectif de l'autorité judiciaire, que si elles sont, au regard des circonstances de l'espèce, nécessaires à la manifestation de la vérité et proportionnées à la gravité de l'infraction.

36. Il s'ensuit que les dispositions précitées combinées peuvent être interprétées de façon conforme au droit de l'Union comme permettant, pour la lutte contre la criminalité grave, en vue de l'élucidation d'une infraction déterminée, la conservation rapide des données de connexion stockées, même conservées aux fins de sauvegarde de la sécurité nationale.

37. Il appartient à la juridiction, lorsqu'elle est saisie d'un moyen en ce sens, de vérifier, d'une part, que les éléments de fait justifiant la nécessité d'une telle mesure d'investigation répondent à un critère de criminalité grave, dont l'appréciation relève du droit national, d'autre part, que la conservation rapide des données de trafic et de localisation et l'accès à celles-ci respectent les limites du strict nécessaire.

38. S'agissant de la gravité des faits, il appartient au juge de motiver sa décision au regard de la nature des agissements de la personne poursuivie, de l'importance du dommage qui en résulte, des circonstances de la commission des faits et de la durée de la peine encourue.

Sur l'accès aux données

Sur les exigences européennes en matière d'accès aux données

39. La CJUE a jugé (CJUE, 2 mars 2021, *H.K./Prokuratuur*, aff. C-746/18) que l'accès aux données de connexion ne peut être autorisé que :

– si ces données ont été conservées conformément aux exigences du droit européen ;

– s'il a eu lieu pour la finalité ayant justifié la conservation ou une finalité plus grave, sauf conservation rapide ;

– s'il est limité au strict nécessaire ;

– s'agissant des données de trafic et de localisation, s'il est circonscrit aux procédures visant à la lutte contre la criminalité grave ;

– et s'il est soumis au contrôle préalable d'une juridiction ou d'une entité administrative indépendante.

Sur l'exigence d'un contrôle préalable

40. Il résulte de la jurisprudence de la CJUE que l'article 15, paragraphe 1, de la directive 2002/58/CE, lu à la lumière des articles 7, 8 et 11, ainsi que de l'article 52, paragraphe 1, de la Charte des droits fondamentaux, s'oppose à une réglementation nationale donnant compétence au ministère public, qui dirige la procédure d'enquête et exerce, le cas échéant, l'action publique, pour autoriser l'accès d'une autorité publique aux données relatives au trafic et à la localisation (CJUE, arrêt H.*K./Prokuratuur*, précit.). Elle juge également qu'un fonctionnaire de police ne constitue pas une juridiction et ne présente pas toutes les garanties d'indépendance et d'impartialité requises (CJUE, arrêt *Commissioner of An Garda Siochana*, précit.).

41. En effet, la CJUE rappelle qu'il est essentiel que l'accès des autorités nationales compétentes aux données conservées soit subordonné à un contrôle préalable effectué soit par une juridiction, soit par une entité administrative indépendante, susceptible d'assurer un juste équilibre entre, d'une part, les intérêts liés aux besoins de l'enquête dans le cadre de la lutte contre la criminalité grave, et, d'autre part, les droits fondamentaux au respect de la vie privée et à la protection des données à caractère personnel.

42. Ainsi, les articles 60-1, 60-2, 77-1-1 et 77-1-2 du code de procédure pénale sont contraires au droit de l'Union uniquement en ce qu'ils ne prévoient pas un contrôle préalable par une juridiction ou une entité administrative indépendante.

43. En revanche, le juge d'instruction est habilité à contrôler l'accès aux données de connexion. En effet, d'une part, il n'est pas une partie à la procédure mais une juridiction qui statue notamment sur les demandes d'actes d'investigation formées par les parties, lesquelles disposent d'un recours en cas de refus ; d'autre part, il n'exerce pas l'action publique mais statue de façon impartiale sur le sort de celle-ci, mise en mouvement par le ministère public ou, le cas échéant, la partie civile.

Sur les conséquences de la méconnaissance des exigences du droit de l'Union européenne

44. La CJUE juge qu'il appartient à l'ordre juridique interne de chaque État membre, en vertu du principe d'autonomie procédurale, de régler les modalités procédurales des recours en justice destinés à assurer la sauvegarde des droits que les justiciables tirent du droit de l'Union, à condition toutefois qu'elles ne soient pas moins favorables que celles régissant des situations similaires soumises au droit interne – principe d'équivalence – et qu'elles ne rendent pas impossible en pratique ou excessivement difficile l'exercice des droits conférés par le droit de l'Union – principe d'effectivité – (CJUE, arrêt *La Quadrature du Net*, précit., pt 223).

45. Le principe d'effectivité impose au juge pénal national d'écarter des informations et des éléments de preuve qui ont été obtenus au moyen d'une conservation généralisée et indifférenciée des données relatives au trafic et des données de localisation incompatible avec le droit de l'Union ou encore au moyen d'un accès à ces données en violation de ce droit, à l'occasion d'une procédure pénale ouverte à l'encontre de personnes soupçonnées d'actes de criminalité, si celles-ci ne sont pas en mesure de commenter efficacement ces informations et ces éléments de preuve, provenant d'un domaine échappant à la connaissance des juges et qui sont susceptibles d'influencer de manière prépondérante

l'appréciation des faits (CJUE, arrêt *La Quadrature du Net*, précit., pts 226 et 227).

46. À cet égard, il résulte des articles 156 et suivants du code de procédure pénale que toute personne mise en examen peut solliciter du juge d'instruction une expertise et, le cas échéant, une contre-expertise, sous le contrôle de la chambre de l'instruction, lorsque se pose une question d'ordre technique. Il en est de même devant la juridiction de jugement.

47. Il s'ensuit que la législation française offre ainsi à toute personne mise en examen ou poursuivie la possibilité de contester efficacement la pertinence des éléments de preuve résultant de l'exploitation des données de connexion.

48. Le principe d'équivalence commande que l'ensemble des règles de procédure nationales s'applique indifféremment aux recours fondés sur la violation du droit de l'Union et aux recours fondés sur la méconnaissance du droit interne ayant un objet et une cause semblables.

49. Hors les cas de nullité d'ordre public, qui touchent à la bonne administration de la justice, la juridiction, saisie d'une requête ou d'une exception de nullité, doit d'abord rechercher si le requérant a intérêt à demander l'annulation de l'acte, puis, s'il a qualité pour la demander et, enfin, si l'irrégularité alléguée lui a causé un grief. Pour déterminer si le requérant a qualité pour agir en nullité, la juridiction doit examiner si la formalité substantielle ou prescrite à peine de nullité, dont la méconnaissance est alléguée, a pour objet de préserver un droit ou un intérêt qui lui est propre (Crim. 7 sept. 2021, n° 21-80.642, P).

50. Les exigences européennes en matière de conservation et d'accès aux données de connexion ont pour objet la protection du droit au respect de la vie privée, du droit à la protection des données à caractère personnel et du droit à la liberté d'expression (CJUE, arrêt *La Quadrature du Net*, précit.), de sorte que leur méconnaissance n'affecte qu'un intérêt privé.

51. Il en est ainsi en particulier de l'exigence d'un contrôle préalable par une juridiction ou une entité administrative indépendante qui vise à garantir, en pratique, le plein respect des conditions d'accès aux données à caractère personnel, telles que précisées au paragraphe 39, et notamment que l'ingérence dans l'exercice des droits précités est limitée à ce qui est strictement nécessaire (CJUE, arrêt *H.K./Prokuratuur* précit., pts 51 et 58 ; CJUE, arrêt *Commissioner of An Garda Siochana* précit, pt 110).

52. Il s'ensuit qu'en application du principe d'équivalence, la personne mise en examen ou poursuivie n'est recevable à invoquer la violation de cette exigence en matière d'accès aux données de connexion que si elle prétend être titulaire ou utilisatrice de l'une des lignes identifiées ou si elle établit qu'il aurait été porté atteinte à sa vie privée, à l'occasion des investigations litigieuses (Crim. 6 févr. 2018, n° 17-84.380, P, n° 30).

53. Enfin, le juge pénal ne peut prononcer la nullité, en application des dispositions de l'article 802 du code de procédure pénale, que si l'irrégularité elle-même a occasionné un préjudice au requérant, lequel ne peut résulter de la seule mise en cause de celui-ci par l'acte critiqué (Crim. 7 sept. 2021, précit.).

54. La Cour de cassation juge que l'irrégularité fait nécessairement grief au requérant, lorsque la méconnaissance de la règle a irrévocablement affecté les droits de celui-ci.

55. Tel est le cas lorsque l'acte attentatoire à la vie privée a été accompli par une autorité qui n'était pas compétente, à défaut d'y avoir été autorisée, conformément à la loi. Tel est également le cas lorsque l'acte n'a pas été motivé par l'autorité compétente pour l'ordonner alors qu'il devait l'être (Crim. 8 juill. 2015, n° 15-81.731, P, n° 174).

56. À défaut, il appartient au requérant de justifier d'une atteinte à ses intérêts. La Cour de cassation juge qu'il en est ainsi notamment lorsque l'acte attentatoire à la vie privée a été accompli par un agent compétent mais sans le contrôle d'un tiers alors que celui-ci était prévu par la loi (Crim. 7 déc. 2021, n° 20-82.733, P). C'est le cas du procureur de la République ou de l'officier de police judiciaire compétent en vertu du droit national pour accéder aux données de connexion, mais qui agit sans le contrôle préalable d'une juridiction ou d'une entité administrative indépendante.

57. Il se déduit des principes énoncés ci-dessus aux paragraphes 50 et 51 que cette absence de contrôle indépendant préalable ne peut faire grief au requérant que s'il établit l'existence d'une ingérence injustifiée dans sa vie privée et dans ses données à caractère personnel, de sorte que cet accès aurait dû être prohibé.

58. Il appartient, dès lors, à la chambre de l'instruction de s'assurer du respect des quatre premières conditions énoncées au paragraphe 39 et notamment de ce que, d'une part, l'accès a porté sur des données régulièrement conservées, d'autre part, la ou les catégories de données visées, ainsi que la durée pour laquelle l'accès à celles-ci a eu lieu, étaient, au regard des circonstances de l'espèce, limitées à ce qui était strictement justifié par les nécessités de l'enquête.

59. En l'espèce, pour rejeter la demande de nullité résultant des modalités de conservation et d'accès aux données de connexion concernant M. [L] [E], la chambre de l'instruction énonce que les lignes téléphoniques utilisées par celui-ci ont été exploitées par les enquêteurs, suite à leur identification dans le cadre de l'exploitation du flux des bornes couvrant les lieux intéressant l'enquête, à savoir la scène de crime d'[Localité 2] au moment du meurtre, la scène de l'incendie du véhicule Mercedes des auteurs à [Localité 1] et le secteur du domicile de la victime, [D] [P], à [Localité 3], où était localisé de manière récurrente le véhicule utilisé par les tueurs.

60. Elle précise que l'obtention de ces données et leur exploitation ont permis de localiser l'intéressé à proximité des lieux où se trouvait [D] [P], d'en conclure qu'il surveillait ce dernier et de constater qu'il se trouvait encore aux abords de son domicile peu de temps avant son assassinat, de sorte qu'il a pu donner le signal du départ à un individu pour venir le rejoindre à cet endroit où la victime a été abattue peu de temps après.

61. Elle ajoute que M. [L] [E], mis en examen le 26 juin 2020, a eu accès à la procédure à partir de cette date et était donc, depuis lors, en mesure de commenter efficacement l'ensemble des éléments de la procédure qui caractérisait des indices graves ou concordants rendant vraisemblable son implication comme auteur ou complice des faits.

62. Elle conclut que l'ingérence alléguée dans la vie privée de M. [L] [E] du fait des réquisitions des enquêteurs aux opérateurs téléphoniques est prévue par la loi, qu'elle a eu un but légitime qui est celui de la recherche d'infractions pénales relevant de la criminalité grave, en l'espèce meurtre et tentative de meurtre en bande organisée, destruction par moyen dangereux en bande organisée, association de malfaiteurs, recel en bande organisée, que cet objectif tendant à la recherche d'infractions pénales est nécessaire dans une société démocratique, et que cette ingérence apparaît proportionnée à la poursuite de l'objectif.

63. En l'état de ces motifs, dont il résulte que l'accès aux informations litigieuses a porté sur des données régulièrement conservées et qu'il a eu lieu en vue de la poursuite d'infractions relevant de la criminalité grave, dans des conditions limitant cet accès à ce qui était strictement justifié par les nécessités de l'enquête, la chambre de l'instruction n'a méconnu aucun des textes visés au moyen.

64. En conséquence, celui-ci doit être écarté. »

SAISIES PÉNALES

> Une chambre de l'instruction qui, statuant, en application de l'article 706-148 du code de procédure pénale, sur l'appel d'un mis en examen contre l'ordonnance du juge d'instruction ayant procédé, sur le fondement de l'article 131-21, alinéa 5, du code pénal, à la saisie d'un bien immobilier lui appartenant et dont il n'a pu justifier l'origine, peut décider d'office, par substitution de motifs, après avoir recueilli l'avis du ministère public, qu'il y a lieu à saisie du bien en cause, susceptible de confiscation, sur le fondement de l'article 131-21, alinéa 6, du même code, qui dispose que, lorsque la loi le prévoit, la confiscation peut porter sur tout ou partie des biens appartenant à l'auteur de l'infraction

• **Crim. 18 sept. 2012,** n° 12-82.759, P 2012, n° 192

* V. s^{s} n° 616.123.

« Attendu qu'il résulte de l'arrêt attaqué et des pièces de la procédure que le 21 décembre 2011, le juge d'instruction a ordonné la saisie d'un bien immobilier dont M. Dilmi, mis en examen des chefs d'infractions à la législation sur les stupéfiants et association de malfaiteurs, est propriétaire ; que cette ordonnance a été prise, après avis du procureur de la République, sur le fondement de l'article 131-21, alinéa 5, du code pénal ; que M. Dilmi a relevé appel de la décision ;

Attendu que, pour confirmer la saisie ordonnée et écarter l'argumentation de M. Dilmi, qui faisait valoir qu'il n'avait pas été mis en mesure de s'expliquer sur l'origine des biens dont la confiscation était envisagée, la chambre de l'instruction, substituant ses motifs à ceux du premier juge, retient que l'intéressé, poursuivi, en particulier, pour infractions à la législation sur les stupéfiants sur le fondement des dispositions de l'article 222-37 du code pénal, encourt la confiscation de tout ou partie de ses biens, quelle qu'en soit la nature, sans qu'il soit nécessaire d'établir un lien direct ou indirect avec l'infraction ;

Attendu qu'en se déterminant ainsi, l'avis du ministère public ayant été recueilli sur l'application des dispositions de l'article 706-148 du code de procédure pénale, la chambre de l'instruction a justifié sa décision sans méconnaître les textes invoqués par le demandeur ;

Que, d'une part, selon les dispositions de l'article 706-148 du code de procédure pénale, dans les cas où l'infraction poursuivie est punie d'au moins cinq ans d'emprisonnement et où la saisie de patrimoine est prévue par le texte de répression, le juge d'instruction peut ordonner la saisie de tout ou partie des biens de la personne concernée ; que tel était le cas en l'espèce, M. Dilmi se voyant reprocher des infractions à la législation sur les stupéfiants et le délit d'association de malfaiteurs ;

Que, d'autre part, la saisie en cause, ordonnée à titre conservatoire pour garantir l'exécution de la confiscation encourue en cas de condamnation, ne constitue pas une peine, au sens de l'article 132-24 du code pénal ;

D'où il suit que le moyen n'est pas fondé. »

> Mais la chambre de l'instruction ne peut, sous le couvert d'une substitution de motifs, modifier le fondement de la saisie effectuée, laquelle constituait, au sens de l'article 706-148 du code de procédure pénale, une saisie de patrimoine nécessitant l'avis préalable du ministère public

• **Crim. 27 nov. 2012,** n° 12-85.344, P n° 259

* V. s^{s} n° 616.123.

« Vu l'article 706-148 du code de procédure pénale ;

Attendu qu'il résulte de ce texte que, si l'enquête porte sur une infraction punie d'au moins cinq ans d'emprisonnement, le juge d'instruction peut, dans les cas prévus aux cinquième et sixième alinéas de l'article 131-21 du code pénal, sur requête du procureur de la République ou d'office après avis du ministère public, ordonner la saisie de tout ou partie des biens, lorsque la loi qui réprime le crime ou le délit prévoit la confiscation de tout ou partie des biens du condamné ou lorsque l'origine de ces biens ne peut être établie ;

Attendu qu'il résulte de l'arrêt attaqué et des pièces de la procédure qu'au cours d'une information ouverte contre M. Bragmayer du chef d'infractions à la législation sur les stupéfiants, le juge d'instruction a, le 12 décembre 2011, au visa des articles 131-21 du code pénal, 706-153 et 706-154 du code de procédure pénale, rendu une ordonnance maintenant la saisie, opérée le 6 décembre 2011 sur son autorisation, des sommes inscrites au crédit de quatre comptes ouverts à la Caisse d'Épargne et à la Banque Postale au nom de M. Bragmayer, en retenant que ces sommes constituaient le produit direct ou indirect des infractions poursuivies ; que le mis en examen a interjeté appel de cette décision ;

Attendu que, pour confirmer, par substitution de motifs, l'ordonnance entreprise et rejeter l'argumentation de M. Bragmayer qui faisait valoir que les sommes inscrites au crédit de ses comptes bancaires avaient une origine sans rapport avec les infractions pour lesquelles il avait été mis en examen, l'arrêt énonce que, selon l'article 131-21, alinéa 6, du code pénal, lorsque la loi qui réprime le crime ou le délit le prévoit, la confiscation peut porter sur tout ou partie des biens appartenant au condamné ; que les juges ajoutent que M. Bragmayer, mis en examen pour infractions à la législation sur les stupéfiants, et notamment pour le délit visé à l'article 222-37 du code pénal, encourt la confiscation de tout ou partie de ses biens, sans qu'il soit nécessaire d'établir qu'ils proviendraient des infractions reprochées ;

Mais attendu qu'en se déterminant ainsi, la chambre de l'instruction, qui, sous le couvert d'une substitution de motifs, a en réalité modifié le fondement de la saisie effectuée, laquelle constituait, au sens de l'article 706-148 du code de procédure pénale, une saisie de patrimoine nécessitant l'avis préalable du ministère public, a méconnu le texte susvisé et le principe ci-dessus rappelé ;

D'où il suit que la cassation est encourue. »

> La confiscation en valeur peut être ordonnée sur tout bien quelle qu'en soit l'origine dont le prévenu a la propriété ou la libre disposition, même s'il ne constitue pas en lui-même le produit direct ou indirect de cette infraction

• **Crim. 12 nov. 2015,** n° 15-83.784, NP

* V. s^s n° 616.129.

« Attendu qu'il résulte de l'arrêt attaqué que dans le cadre de l'information suivie contre M. M... des chefs de complicité d'abus de biens sociaux, banqueroute et blanchiment, le juge d'instruction a, par ordonnance du 13 janvier 2015, autorisé, en application de l'article 131-21, alinéa 9, du code pénal, la saisie, entre les mains de Me A..., notaire, de la somme de 187 000 euros, correspondant au produit de la vente d'un immeuble, sis à Megève, appartenant aux époux M... ; que M. M... a interjeté appel ;

Attendu que, pour infirmer l'ordonnance déférée et ordonner la mainlevée de la saisie, la chambre de l'instruction retient qu'il ne résulte pas du dossier que le bien immobilier et le produit de sa vente aient servi ou étaient destinés à commettre l'infraction, ni que ces biens aient eu pour origine le produit de l'infraction ;

Mais attendu qu'en se déterminant ainsi, alors que la confiscation en valeur peut être ordonnée sur tout bien quelle qu'en soit l'origine dont le prévenu a la propriété ou la libre disposition, même s'il ne constitue pas en lui-même le produit direct ou indirect de cette infraction, la chambre de l'instruction n'a pas justifié sa décision ;

D'où il suit que la cassation est encourue. »

> Le principe de proportionnalité ne peut s'appliquer à la confiscation d'un bien qui, dans sa totalité, est le produit ou l'objet des infractions dont le prévenu a été déclaré coupable

• **Crim. 7 déc. 2016,** n° 16-80.879, P

* V. s^s n° 616.123.

« Attendu que, pour ordonner la confiscation, à titre de peine complémentaire, d'une maison et d'un terrain appartenant à M. Pierre-Marie X., déclaré coupable de blanchiment et d'escroquerie, l'arrêt attaqué relève que leur acquisition a, pour partie, permis de blanchir les fonds provenant des délits d'abus de biens sociaux commis par son oncle et que, pour le surplus, elle a été financée avec le produit des escroqueries commises par le demandeur ;

Attendu que le moyen est inopérant dès lors que le principe de proportionnalité ne peut s'appliquer à la confiscation d'un bien qui, dans sa totalité, est le produit ou l'objet des infractions dont le prévenu a été déclaré coupable. »

DROIT DES ÉTRANGERS

> Si l'aide apportée aux fins de soustraire sciemment des personnes étrangères aux contrôles mis en œuvre par les autorités pour appliquer les dispositions légales relatives à l'immigration peut constituer un but excluant son auteur du bénéfice de l'exemption prévue par l'article L. 622-4 3° du Ceseda, la cour d'appel, qui s'est abstenue de caractériser un tel mobile, ne pouvait se contenter de procéder par voie d'affirmation

• **Crim. 26 févr. 2020,** n° 19-81.561, P

* V. s^s n° 616.315

« [...] Vu les articles L. 622-4, 3° du Ceseda et 593 du code de procédure pénale :

7. Il résulte du premier de ces textes, dans sa version issue de la loi n° 2018-778 du 10 septembre 2018, qu'est accordé le bénéfice de l'immunité pénale à toute personne physique ou morale ayant apporté une aide à la circulation ou au séjour irrégulier d'un étranger lorsque l'acte reproché, ne donnant lieu à aucune contrepartie directe ou indirecte, a consisté à fournir une aide apportée dans un but exclusivement humanitaire.

8. Selon le second, tout jugement ou arrêt doit comporter les motifs propres à justifier la décision. L'insuffisance ou la contradiction des motifs équivaut à leur absence.

9. Pour dire que le prévenu ne pouvait bénéficier des dispositions de l'article L. 622-4,3°, du Ceseda, et le déclarer coupable des faits poursuivis, l'arrêt relève que si la démarche de M. X... n'a donné lieu à aucune contrepartie et visait à assurer le gîte et le couvert à ses passagers, sa propre audition, celles de sa mère et des migrants font apparaître que le prévenu n'avait pas connaissance de l'éventuelle situation de détresse de ces derniers.

10. Les juges ajoutent que les déclarations du prévenu, selon lesquelles il aurait agi uniquement à titre personnel et non pour le compte d'une association d'aide aux migrants, sont démenties par ses autres réponses apportées aux gendarmes et par les données de l'enquête dès lors qu'il a précisé appartenir à cette association, dont les juges retiennent qu'il est de notoriété publique qu'elle apporte aide et assistance à des personnes étrangères en situation irrégulière, et connaître son responsable.

11. Ils en concluent que l'exemption pénale des dispositions de l'article L. 622-4, 3°, dont M. X... se prévaut, sans que soient remises en cause l'absence de contrepartie directe ou indirecte ainsi que la motivation du prévenu d'agir selon sa conscience et ses valeurs, n'est pas établie, dès lors que la prise en charge de plusieurs personnes étrangères, en situation irrégulière, par le prévenu à la gare de Fontan/Saorge à bord du véhicule de sa mère avec la volonté de les transporter chez M. Y... n'a pas été réalisée dans un but uniquement humanitaire.

12. Ils retiennent en effet que les actes de M. X..., dépourvus de toute spontanéité et constitutifs d'une intervention sur commande sans connaissance de l'éventuelle situation de détresse des migrants, qu'il savait avoir pénétré illégalement en France, se sont inscrits, de manière générale, dans le cadre d'une démarche d'action militante en vue de soustraire sciemment des personnes étrangères aux contrôles mis en œuvre par les autorités pour appliquer les dispositions légales relatives à l'immigration.

13. En se déterminant ainsi, la cour d'appel a méconnu les textes visés au moyen.

14. En premier lieu, la situation de détresse des migrants n'est pas un élément visé par l'article L. 622-4 3°, du Ceseda.

15. En deuxième lieu, il ne résulte nullement de ces dispositions légales que la protection dont bénéficient les auteurs d'actes accomplis dans un but exclusivement humanitaire soit limitée aux actions purement individuelles et personnelles et qu'en soit exclue une action non spontanée et militante exercée au sein d'une association.

16. En troisième lieu, si l'aide apportée aux fins de soustraire sciemment des personnes étrangères aux contrôles mis en œuvre par les autorités pour appliquer les dispositions légales relatives à l'immigration peut constituer un but excluant son auteur du bénéfice de l'exemption prévue par l'article L. 622-4 3° du Ceseda, la cour d'appel, qui s'est abstenue de caractériser un tel mobile, ne pouvait se contenter de procéder par voie d'affirmation.

17. La cassation est par conséquent encourue [...] »

> Avant la loi du 5 août 2021 relative à la gestion de la crise sanitaire, il ne résultait pas de la législation en vigueur que la réalisation d'un test de dépistage au Covid-19 permettait l'exécution d'une mesure d'éloignement d'un étranger prise par l'autorité administrative

• **Crim. 10 nov. 2021,** n° 21-81.925, B

* V. s^s n° 616.317

« 20. Il ne résulte pas de la législation en vigueur au moment des faits que la réalisation d'un test de dépistage au Covid-19 permettait l'exécution d'une mesure d'éloignement d'un étranger prise par l'autorité administrative.

21. Le législateur n'avait entendu sanctionner que la soustraction à l'exécution de la mesure et non le refus de consentir à des actes préparatoires à celle-ci, sauf exceptions spécialement énumérées, parmi lesquelles ne figurait pas le refus de se soumettre à un test de dépistage.

22. Ainsi, le refus par un étranger de se soumettre à un test de dépistage de la Covid 19 nécessaire à l'exécution d'une mesure d'éloignement ne constituait pas une infraction à l'époque des faits.

23. La cassation est dès lors encourue. »

LOYAUTÉ DES PREUVES

> Sur la loyauté des preuves. Lorsque la conjugaison des mesures de garde à vue, du placement des mis en cause dans des cellules contiguës et de la sonorisation des locaux de garde à vue a participé d'un stratagème constituant un procédé déloyal de recherche des preuves, lequel a amené le gardé à vue à s'incriminer lui-même au cours de sa garde à vue

• **Crim. 7 janv. 2014,** n° 13-85.246, P n° 1

* V. s^s n° 616.345.

« Vu l'article 6 de la convention européenne des droits de l'homme et l'article préliminaire du code de procédure pénale, ensemble le principe de loyauté des preuves ;

Attendu que porte atteinte au droit à un procès équitable et au principe de loyauté des preuves le stratagème qui en vicie la recherche par un agent de l'autorité publique ;

Attendu qu'il résulte de l'arrêt attaqué et des pièces de la procédure que, dans le cadre d'une information ouverte à la suite d'un vol à main armée, le juge d'instruction a, par ordonnance prise sur le fondement des articles 706-92 à 706-102 du code de procédure pénale, autorisé la mise en place d'un dispositif de sonorisation dans les cellules de garde à vue d'un commissariat de police ; que MM. Y... et X..., identifiés comme ayant pu participer aux faits objet de la poursuite, ont été placés en garde à vue dans deux cellules contiguës et ont pu, ainsi, communiquer pendant leurs périodes de repos ; qu'au cours de ces périodes, ont été enregistrés des propos de M. X... par lesquels il s'incriminait lui-même ; que celui-ci, mis en examen et placé en détention provisoire, a déposé une requête en annulation de pièces de la procédure ;

Attendu que, pour écarter les moyens de nullité des procès-verbaux de placement et d'auditions en garde à vue, des pièces d'exécution de la commission rogatoire technique relative à la sonorisation des cellules de garde à vue et de la mise en examen, pris de la violation du droit de se taire, du droit au respect de la vie privée et de la déloyauté dans la recherche de la preuve, la chambre de l'instruction énonce que le mode de recueil de la preuve associant la garde à vue et la sonorisation des cellules de la garde à vue ne doit pas être considéré comme déloyal ou susceptible de porter atteinte aux droits de la défense, dès lors que les règles relatives à la garde à vue et les droits inhérents à cette mesure ont été respectés et que la sonorisation a été menée conformément aux restrictions et aux règles procédurales protectrices des droits fondamentaux posées expressément par la commission rogatoire du juge d'instruction et qu'il peut être discuté tout au long de la procédure ;

Mais attendu qu'en statuant ainsi, alors que la conjugaison des mesures de garde à vue, du placement de MM. Y... et X... dans des cellules contiguës et de la sonorisation des locaux participait d'un stratagème constituant un procédé déloyal de recherche des preuves, lequel a amené M. X... à s'incriminer lui-même au cours de sa garde à vue, la chambre de l'instruction a méconnu les textes susvisés et le principe ci-dessus énoncé ;

D'où il suit que la cassation est encourue. »

> Porte atteinte aux principes du procès équitable et de la loyauté des preuves la participation de l'autorité publique à l'administration d'une preuve obtenue de façon illicite ou déloyale par une partie privée

• **Crim. 20 sept. 2016,** n° 16-80.820, P n° 244

* V. s^s n° 616.331.

« Vu les articles 6 de la convention européenne des droits de l'homme et préliminaire du code de procédure pénale ;

Attendu que porte atteinte aux principes du procès équitable et de la loyauté des preuves la participation de l'autorité publique à l'administration d'une preuve obtenue de façon illicite ou déloyale par une partie privée ;

Attendu qu'il résulte de l'arrêt attaqué et des pièces de la procédure que, le 20 août 2015, Maître B..., avocat, agissant au nom du Royaume du Maroc, a dénoncé au procureur de la République des faits de chantage et d'extorsion de fonds en joignant à sa plainte l'enregistrement d'une conversation qui s'était déroulée le 11 août précédent entre le représentant de cet État, Maître N..., et M. L..., auteur, avec Mme G..., d'un livre paru en 2012 sous le titre "Le Roi prédateur", conversation au cours de laquelle M. L… aurait sollicité le paiement d'une somme d'argent contre la promesse de ne pas publier un nouvel ouvrage consacré au souverain marocain ; qu'au cours de l'enquête préliminaire ouverte sur ces faits, Maître N… a produit le 21 août l'enregistrement d'une nouvelle conversation qu'il venait d'avoir avec M. L…, en un lieu placé sous la surveillance des enquêteurs, qui en ont par ailleurs retranscrit la teneur sur procès-verbal ; qu'après ouverture, le 26 août, d'une information judiciaire, Maître N… a informé les enquêteurs qu'un nouveau rendez-vous avait été pris avec M. L… et Mme G… le 27 août, lequel s'est déroulé en un lieu également placé sous surveillance policière ; qu'à l'issue de la conversation entre les trois protagonistes, enregistrée par Maître N…, des sommes d'argent ont été remises par ce dernier aux deux journalistes, qui ont alors été interpellés, les enquêteurs retranscrivant l'enregistrement sur procès-verbal ;

Attendu que, mis en examen des chefs de chantage et d'extorsion de fonds les 28 et 29 août 2015, M. L… et Mme G… ont saisi, le 7 septembre suivant, la chambre de l'instruction de deux requêtes en nullité des enregistrements des 21 et 27 août 2015, des procès-verbaux de retranscription et des actes subséquents ;

Attendu que, pour rejeter les requêtes, et dire n'y avoir lieu à annulation, l'arrêt prononce par les motifs repris au moyen ;

Mais attendu qu'en se déterminant ainsi, alors qu'elle avait relevé la présence constante des enquêteurs sur les lieux des rencontres des 21 et 27 août 2015, la remise aux policiers par le représentant du plaignant des enregistrements litigieux dès la fin de ces rencontres, suivie, le lendemain ou le surlendemain, de leur retranscription par les enquêteurs, et les contacts réguliers entre ces derniers et le représentant du plaignant, d'une part, et l'autorité judiciaire, d'autre part, pendant ces rencontres ayant conduit à l'interpellation des mis en cause à l'issue de la seconde d'entre elles, ce dont il se déduisait que l'autorité publique avait participé indirectement à l'obtention des enregistrements, par un particulier, sans le consentement des intéressés, de propos tenus par eux à titre privé, la chambre de l'instruction a méconnu les textes susvisés et le principe ci-dessus énoncé ;

D'où il suit que la cassation est encourue ;

Par ces motifs, casse et annule »

> La chambre de l'instruction a pu déduire de ses constatations l'absence de participation directe ou indirecte de l'autorité publique à l'obtention des enregistrements litigieux, ce dont il résultait que le principe de la loyauté de la preuve n'avait pas été méconnu

• **Cass., ass. plén., 10 nov. 2017,** n° 17-82.028, P, n° 2

* V. s^s^ n° 616.331

« Mais attendu que l'arrêt retient qu'il apparaît légitime, de la part d'une victime ayant déposé plainte pour chantage et extorsion de fonds, d'informer les enquêteurs de l'avancement des démarches de ceux auxquels elle prête des agissements répréhensibles ; que les services de police et les magistrats, saisis d'une telle plainte, se devaient d'intervenir pour organiser les surveillances de nature à confirmer ou infirmer les dires du plaignant et, si nécessaire, interpeller les auteurs ; qu'on ne saurait déduire de l'existence d'une présence policière aux abords de l'hôtel où ont eu lieu les rencontres, un accord préalable et concerté des enquêteurs avec M. X… sur les enregistrements clandestins effectués ; qu'au demeurant, lors de ces surveillances, les policiers se trouvaient à l'extérieur de l'établissement et n'étaient pas à même de constater les manœuvres de M. X… tendant aux enregistrements clandestins avec son téléphone portable ; que, certes, M. X… a adressé ses enregistrements aux policiers dans un délai très bref après chaque rencontre, mais que ce simple constat est dépourvu de toute portée quant au rôle actif susceptible d'être prêté aux enquêteurs par les mis en examen ; qu'il en va de même de la transcription par les policiers des deux enregistrements puisque cette tâche a été accomplie après les deux rendez-vous litigieux et ne saurait être retenue à faute ; que M. X…, qui, selon la partie civile, a mis à profit les suspensions de négociations intervenues lors de la très longue rencontre du 27 août 2015 pour se faire apporter les sommes d'argent nécessaires, pouvait, de manière tout à fait légitime, en profiter pour informer les enquêteurs de l'avancement des pourparlers ; qu'en conséquence, la preuve n'est pas rapportée de l'existence d'une collusion entre M. X… et les services enquêteurs tendant à faire prendre en charge par le premier les enregistrements litigieux ; que, si les policiers pouvaient raisonnablement se douter de l'enregistrement de la troisième rencontre par M. X… compte tenu de la connaissance qu'ils avaient de son enregistrement clandestin du deuxième rendez-vous, rien ne permet d'affirmer qu'ils avaient connaissance de cette intention dès la deuxième rencontre ; que le concept de « participation », même indirecte, suppose l'accomplissement, par les enquêteurs d'un acte positif, si modeste soit-il ; que le seul reproche d'un « laisser faire » des policiers, dont le rôle n'a été que passif, ne peut suffire à caractériser un acte constitutif d'une véritable implication ;

Que la chambre de l'instruction a pu en déduire l'absence de participation directe ou indirecte de l'autorité publique à l'obtention des enregistrements litigieux, ce dont il résultait que le principe de la loyauté de la preuve n'avait pas été méconnu ; que le moyen n'est pas fondé […] »

> Constitue une violation du principe de loyauté de la preuve toute provocation à la commission de l'infraction de la part des agents de l'autorité publique

> Le stratagème employé par un agent de l'autorité publique pour la constatation d'une infraction ou l'identification de ses auteurs ne constitue pas en soi une atteinte au principe de loyauté de la preuve

> Seul est proscrit le stratagème qui, par un contournement ou un détournement d'une règle de procédure, a pour objet ou pour effet de vicier la recherche de la preuve en portant atteinte à l'un des droits essentiels ou à l'une des garanties fondamentales de la personne suspectée ou poursuivie

• **Cass., ass. plén., 9 déc. 2019,** n° 18-86.767, P

* V. s^s^ n° 616.346

« 27. Constitue une violation du principe de loyauté de la preuve toute provocation à la commission de l'infraction de la part des agents de l'autorité publique.

28. Pour dire n'y avoir lieu à annulation d'un acte ou d'une pièce de procédure, l'arrêt retient que l'obtention frauduleuse de l'enregistrement vidéo, les tractations entre les

personnes mises en cause pour trouver le meilleur moyen d'exercer un chantage sur M. G., les appels téléphoniques et les messages adressés à cet effet à ce dernier, les instructions qui lui ont été données pour qu'il trouve un intermédiaire, les rendez-vous fixés à Alger puis à Paris ou encore la rencontre organisée avec M. A. à Clairefontaine constituent des agissements étroitement liés les uns aux autres et accomplis dans le dessein unique d'obtenir la remise de fonds par M. G.

29. L'arrêt ajoute que les laps de temps plus ou moins longs qui se sont écoulés entre ces différents épisodes ne sauraient être assimilés à des désistements de la part des mis en cause, dès lors qu'il ressort clairement de la procédure que ces derniers avaient un plan très abouti pour parvenir à la remise des fonds. Il en déduit que le policier qui a tenu un rôle d'intermédiaire s'est inséré dans un processus infractionnel indivisible caractérisant une entreprise de chantage et n'a en aucune manière provoqué à la commission de l'infraction.

30. En l'état de ces énonciations, la chambre de l'instruction n'a méconnu ni le principe ni les textes invoqués.

31. Ainsi, le moyen doit être écarté.

Sur le moyen, pris en sa première branche, présenté pour MM. A. et U.

(...)

Réponse de la Cour

34. Le stratagème employé par un agent de l'autorité publique pour la constatation d'une infraction ou l'identification de ses auteurs ne constitue pas en soi une atteinte au principe de loyauté de la preuve.

35. Seul est proscrit le stratagème qui, par un contournement ou un détournement d'une règle de procédure, a pour objet ou pour effet de vicier la recherche de la preuve en portant atteinte à l'un des droits essentiels ou à l'une des garanties fondamentales de la personne suspectée ou poursuivie.

36. En l'espèce, le moyen, qui se borne à invoquer le fait que le procédé prétendument déloyal a conduit à l'interpellation de MM. A. et U., sans démontrer ni même alléguer une atteinte à l'un de leurs droits, n'est pas fondé.

37. Par ailleurs l'arrêt est régulier en la forme.

Par ces motifs (...) :

Rejette les pourvois. (...) »

616.03 Bibliographie indicative.

Encyclopédies. J.-Cl. Pr. pén., « Transports, perquisitions et saisies », art. 92 à 98, fasc. 20, par J. Dumont – Tpji, *V° Perquisitions, saisies*, par Cousteaux – Rép. pén., *V° Enquête de flagrance*, par R. Gauze ; *V° Instruction préparatoire*, par Ch. Guéry ; *V° Perquisitions, saisies, visite domiciliaire*, par S. Rayne.

Contribution. M. Guillaume, « Secret de la défense nationale et État de droit », *in Mél. Braibant*, Dalloz, 1996, p. 366.

Articles. G. Baussonne, « De l'opération de perquisition effectuée ou débutée dans la partie commune d'un habitat collectif », *Gaz. Pal.* 9-11 févr. 2014, p. 9 – M. Bénéjat-Guerlin, « Sécurité dans les transports et /ou sécurité juridique ? À propos de la Loi n° 2016-339 du 22 mars 2016, relative à la prévention et à la lutte contre les incivilités, contre les atteintes à la sécurité publique et contre les actes terroristes dans les transports collectifs de voyageurs », *AJ pénal* 2016. 420 – J. Bossan, « La protection du secret des sources des journalistes en procédure pénale », *Dr. pénal* 2010. Ét. 14 – E. Camous, « Les saisies en procédure pénale : un régime juridique éparpillé », *Dr. pénal* 2010. Ét. 5 ; « Les saisies en procédure pénale : un régime juridique modernisé. – Commentaire des dispositions pénales de droit interne de la loi n° 2010-768 du 9 juillet 2010 visant à faciliter la saisie et la confiscation en matière pénale », *Dr. pénal* 2011. Ét. 1 – Ch. Cutajar, « L'agence de gestion et de recouvrement des avoirs saisis et confisqués », *D.* 2011. Point de vue 826 – L. Davenas, « Le secret médical et la preuve judiciaire », *D.* 2009. 2642 – F. Fourment, « La perquisition taisante », *Gaz. Pal.* 9-11 févr. 2014, p. 22 – Ch. Guéry, « De l'art de naviguer à vue : la saisine du juge d'instruction et le trafic de stupéfiants », *Dr. pénal* 2008. Ét. 6 – P.-A. Iweins, « Perquisitions dans les cabinets d'avocat : le juge du secret existe », *Gaz. Pal.* 2000. Doctr. 1751 – T. Lebreton, « Les contrôles d'identité de police judiciaire », *AJ pénal* 2020, p. 571 – R. Lorrain, Ch. Ingrain, « Le rôle de l'avocat lors des perquisitions pénales à la lumière des développements récents », *AJ pénal* 2016. 246 – C. Michalski, « La recherche et la saisie des preuves électroniques », *Gaz. Pal.* 9-11 févr. 2014, p. 12 – P. Piot, « Perquisitions : les garanties spéciales de procédure pour les avocats et les journalistes », *Gaz. Pal.* 9-11 févr. 2014, p. 17 – H. Robert, « Une importante réforme de procédure pénale inachevée. À propos de la loi du 9 juillet 2010 », *JCP* 2010. Ét. 2013 – D. Turpin, « Contrôles au faciès : les contrôleurs enfin contrôlés ! », *JCP* 2017. doct. 126 – L. Viechniewski, « La confiscation des biens illicites, peine ou mesure de prévention », *LPA* 31 oct. 2002 – B. Warusfel, « Définition juridique et contrôle du secret de la défense nationale », *in* « Le secret et l'État », *Cah. Fondation pour les études de Défense*, n° 12, 1998, p. 15 ; « Le secret de défense entre les exigences de l'État et les nécessités du droit », *Cah. fonct. publ.* mars 2001.

> Sur le droit des étrangers

Articles. L. d'Ambrosio, « Les politiques criminelles en matière d'immigration irrégulière à l'épreuve du droit de l'Union européenne : quelques réflexions sur l'après *El Dridi* au regard des expériences italienne et française », *AJ pénal* 2011. 502 – R. Parizot, « Loi relative à la retenue pour vérification du droit au séjour *versus* avis de la CNCDH : quel bilan », *AJ pénal* 2013. 8 – C. Saas, « Les avatars de la pénalisation du droit des étrangers », *AJ pénal* 2011. 492 ; « Séjour irrégulier, le Conseil constitutionnel désavoué par la chambre criminelle », *AJ pénal* 2012. 410 – S. Slama, « Délit d'aide à l'entrée, à la circulation et au séjour irréguliers : controverses sur la légitimité d'un "délit d'humanité" », *AJ pénal* 2011. 496 – V. Tchen, « L'exécution des mesures d'éloignement des étrangers en situation irrégulière », *Dr. adm.* 2012, n° 8, n° 74.

> Sur la loyauté des preuves

Contributions. A.-E. Crédeville, « Vérité et loyauté des preuves », *Rapport annuel de la Cour de cassation 2004* – P. Lemoine, « La loyauté de la preuve (à travers quelques arrêts récents de la chambre criminelle) », *Rapport annuel de la Cour de cassation 2004.*

Articles. C. Ambroise-Castérot, « Recherche et administration des preuves en procédure pénale : la quête du Graal de la vérité », *AJ pénal* 2005. 261 – A. Bergeaud-Wetterwald, « Du bon usage du principe de loyauté des preuves ? – (À propos de l'arrêt rendu par la chambre criminelle de la Cour de cassation le 7 janvier 2014) », *Dr. pénal* 2014. Ét. 7 – Ph. Bonfils, « Loyauté de la preuve et droit au procès équitable », *D.* 2005. 122 – D.-N. Commaret, « Les métamorphoses de la preuve », *Rev. pénit.* 2003. 763 – G. Dumenil « La nécessité urgente d'encadrer proceduralement la mesure de cyber-infiltration », *Dr. pénal* 2018, étude 22 – N. Fricero et P. Julien, *D.* 2006. Somm. 545 – G. Halard, « Réflexions sur la provocation policière », *RSC* 2018. 31 – P. Maistre du Chambon, « La régularité des provocations policières : l'évolution de la jurisprudence », *JCP* 1989. I. 3422 – E. Molina, « Réflexion critique sur l'évolution paradoxale de la liberté de la preuve des infractions en droit français contemporain », *RSC* 2002. 263 – M.-C. Nagouas-Guérin, « Mythe et réalité du doute favorable en matière pénale », *RSC* 2002. 283 – Th. de Poncheville, « La preuve illégale dans le procès équitable », *Dr. pénal* 2017, étude 18 – J.-F. Renucci, « La loyauté dans la reconnaissance de la preuve », *RSC* 2007. 895 – G. Roussel, « L'emploi de l'informatique sur l'administration de la preuve », *Dr. pénal* 2005. Ét. 11 – E. Verges, « Provocation policière, loyauté de la preuve et étendue de la nullité procédurale », *AJ pénal* 2006. 354 – H. Vlamynck, « La loyauté de la preuve au stade de l'enquête policière », *AJ pénal* 2014. 325.

> Sur les écoutes téléphoniques

Articles. J. Buisson, « Recevabilité des éléments produits par les parties privées », *RSC* 2004. 427 – Y. Capderon, « La nullité d'une écoute téléphonique réalisée sur la ligne d'un tiers », *Dr. pénal* 2017, étude 24 – G. Clément et J.-P. Vicentini, « L'écoute incidente, genèse d'une poursuite », *RSC* 1997. 597 – E. Daoud et B. Bouche, Interceptions judiciaires : « Mais qui gardera les gardiens ? », *AJ pénal* 2014. 333 – M. Imbert-Quaretta, « La plate-forme nationale des interceptions judiciaires », *AJ pénal* 2017. 318 – P. Kayser, « La loi n° 91-646 du 10 juillet 1991 et les écoutes téléphoniques », *JCP* 1992. I. 3559 – T. Lebreton, « Investigations et téléphonie mobile », *Gaz. Pal.* 12 mars 2019, p. 15 – J. Pradel, « Un exemple de restauration de la légalité criminelle : le régime des interceptions de correspondances émises par la voie des télécommunications », *D.* 1992. Chron. 49 – J.-C. Saint-Pau, « Les investigations numériques et le droit au respect de la vie privée », *AJ pénal* 2017. 321.

> Sur les données de connexion

Articles. A. Archambault, « Accès aux données de connexion : quelles pistes pour une mise en conformité ? », *AJ pénal* 2022. 400 – M. Bendavid et C. Quendolo, « Conservation et accès aux données de connexion : la Cour de cassation prend position ; Crim. 12 juill. 2022, n°s 21-83.710, 21-83.820, 21-84.096 et 20-86.652 » *AJ pénal* 2022. 415 – A. Botton, « Les réquisitions judiciaires relatives aux données de connexion : suite... et fin ? », *Droit pénal* 2022, étude 17 ; « Pouvoirs du procureur de la République en matière de réquisitions de données informatiques. – L'heure du dénouement », *JCP* 2022. 735, aperçu rapide, « Contrôle de l'accès aux données de connexion devant la chambre criminelle de la Cour de cassation – Comment reprendre d'une main ce que l'on a donné de l'autre ! », *JCP* 2022. 1046 – J. Buisson, « Données de connexion, conservation et accès : la primauté du droit de l'Union réaffirmée », *Procédures* n° 10, oct. 2022, étude 11 – J. Bossan, « Commentaire des dispositions issues de la loi du 2 mars 2022 visant à combattre le harcèlement scolaire », *Dr. pénal* n° 7-8, Juill. 2022, étude 17 – A-S. Chavent-Leclère « Conformité relative au droit de l'UE des réquisitions à opérateurs téléphoniques », *Procédures* n° 10, oct. 2022, comm. 229 – A. Gogorza « Communications électroniques – L'accès aux données de connexion : les affres du pluralisme normatif », *Dr. pénal* 2022, étude 20 – Ch. Korell « Téléphonie : le risque des enquêtes « à moitié » après les arrêts du 12 juillet » *AJ pénal* 2022. 396 – M. Lassalle, « Conservation et réquisition des données relatives aux communications électroniques : un débat serein est-il enfin possible ? », *D.* 2022. 1540 – T. Lebreton, « Évolution normative et jurisprudentielle sur le thème des métadonnées », *AJ pénal* 2022. 392

> Sur les saisies pénales

Ouvrage spécialisé de référence. L. Ascensi, *Droit et pratique des saisies et confiscations pénales,* 3e éd., « Dalloz-Référence », 2023.

Articles. E. Camous, « La confiscation en valeur -. – Une peine en devenir », *Dr. pénal* n° 2017, dossier 5 ; « Le contrôle de proportionnalité des saisies pénales », *JCP* 2019, doct 150 – E. Camous, G. Cotelle, « La mise en état patrimoniale des affaires pénales », *Dr. pénal* 2013. Étude 12 – A.-S. Chavent-Leclère, « Halo sur la jurisprudence de la Chambre criminelle en matière de confiscations et saisies », *AJ pénal* 2019. 8 – G. Cottelle, « Consécration implicite de la procédure de confiscation sans condamnation préalable », *AJ pénal* 2016. 463 – Ch. Cutajar, « L'agence de gestion et de recouvrement des avoirs saisis et confisqués », *D.* 2011. Point de vue 826 ; « Le nouveau droit des saisies pénales », *AJ pénal* 2012. 124 – A. Dadoun « Confiscation – L'intensité variable de la proportionnalité de la peine de confiscation », *Dr. pénal* 2017, dossier 6 – O. Décima « Du piratage informatique aux perquisitions et saisies numériques ? », *AJ pénal* 2017. 315 – Ch. Duchaine, « Vente avant jugement d'un meuble placé sous main de justice et poursuite du propriétaire du bien (CPP, art. 99-2, al. 2) », *Dr. pénal* 2014. Étude 11 ; « De la nécessité d'un usage raisonné des saisies et confiscations, Punir le condamné ou punir l'État (interview) », *AJ pénal* 2015. 243 – F. Dupuis, « Les saisies en matière pénale, de l'opportun à l'opportunisme », *Procédures* 2004. Étude 6 – C. Fonteix, « De la saisie à la confiscation : un point sur le contentieux », *AJ pénal* 2015. 239 ; « Les saisies et confiscations en matière pénale après la loi du 9 juillet 2010 : l'édifice parachevé ? », *AJ pénal* 2015. 228 – F. Fourment, « La perquisition taisante », *Gaz. Pal.* 9-11 févr. 2014. 22 – J. Goldszlagier « Mourir guéri : la justice pénale financière au défi de ses garanties de procédure, Du sort des perquisitions et saisies en entreprise après le rapport Gauvain » *AJ pénal* 2019. 580 – K. Grabarczyk, « La non conformité à la Convention EDH des perquisitions et saisies au domicile d'un avocat exerçant à titre occasionnel en France », *JCP* 2010. 583 – Guéry Ch., « De l'art de naviguer à vue : la saisine du juge d'instruction et le trafic de stupéfiants », *Dr. pénal* 2008. Étude 6 – J. Lelieur, « Le dispositif juridique de l'Union européenne pour la captation des avoirs criminels », *AJ pénal* 2015. 232 – S. Le Tallec, « Le rôle de l'Agrasc dans l'effectivité de la peine de confiscation », *AJ pénal* 2019. 12 – H. Matsopoulou et H Robert, « Confiscation des biens des tiers : les conditions de la libre disposition et de la bonne foi – Regards croisés », *JCP* 2020, Doctr. 209 – C. Michalski, « La recherche et la saisie des preuves électroniques », *Gaz. Pal.* 9-11 févr. 2014. 12 – M. Pattin, « Le cadre juridique du dispositif de captation des avoirs criminels et sa mise en œuvre par la gendarmerie nationale », *AJ pénal* 2012. 130 – J.-B. Perrier, « Perquisitions et administrations », *AJ pénal* 2016. 242 – B. Petit, « Une nouvelle approche de la lutte contre la criminalité organisée : la prise en compte du volet financier des enquêtes », *AJ pénal* 2010. 148 – H. Robert, « Une importante réforme de procédure pénale inachevée. À propos de la loi du 9 juillet 2010 », *JCP* 2010. Étude 2013 – G. Roussel, « La perquisition : de la recherche de preuves à la recherche d'unité », *AJ pénal* 2016. 236 – A. Rousselet-Magri, « Les perquisitions « informatiques » à l'épreuve du principe de souveraineté, dans un contexte de mondialisation du stockage de données, Étude comparée en droit français et états-unien », *RSC* 2017. 659 ; – S. Sontag Koenig, « Les perquisitions 2.0 : quand l'informatique se saisit de l'immatériel », *AJ pénal* 2016. 238 – M. Souvira, P. Mathys, « La plate-forme d'identification des avoirs criminels (PIAC), outil à disposition des enquêteurs et des magistrats », *AJ pénal* 2012. 134 – R. Stiffel, « L'activité de l'Agrasc en matière de saisie pénale immobilière et de confiscations immobilières », *AJ pénal* 2012. 142 – L. Viechniewski, « La confiscation des biens illicites, peine ou mesure de prévention », *LPA* 31 oct. 2002.

> Sur la géolocalisation

Articles. L. Ascensi, « L'inconventionnalité de la géolocalisation dans le procès pénal : à propos de deux arrêts de la Cour de cassation », *AJ pénal* 2013. 668 – J. Buisson, « La géolocalisation enfin prévue par une loi », *Procédures* 2014. Ét. 10 – E. Dupic, « La géolocalisation judiciaire : nouveau statut et perspectives », *Gaz. Pal.* 4-5 avr. 2014, p. 14 – P. Le Monnier de Gouville, « Le régime de la géolocalisation : une pierre de plus à la mosaïque processuelle pénale », *Gaz. Pal.* 29 juill. 2014, p. 4 – H. Matsopoulou, « L'illégalité des surveillances par « géolocalisation » autorisées par le ministère public », *D.* 2014. 115 – J. Pradel, « De la géolocalisation en procédure pénale – À la recherche d'un statut », *JCP* 2014. Doctr. 77 ; « Un exemple de vide législatif comblé dans l'urgence – À propos de la loi n° 2014-372 du 28 mars 2014 », *JCP* 2014. 415 – X. Pérez López, « La géolocalisation et la preuve pénale », *AJ pénal* 2014. 67 – M. Quéméner, « La procédure pénale à l'épreuve de la géolocalisation ? », *AJ pénal* 2013. 568 – J.-P. Valat, « La loi du 28 mars 2014 relative à la géolocalisation », *Dr. pénal* 2014. Ét. 12 – H. Vlamynck, « La géolocalisation : quelques remarques », *AJ pénal* 2014. 328.

SECTION 1
IDENTIFICATION ET INTERPELLATION

§ 1
Identification et contrôle d'identité

616.11 Identification en enquête préliminaire. Si l'article 75-2 du code de procédure pénale énonce l'obligation dans le cours d'une enquête préliminaire, pour l'officier de police judiciaire d'aviser le procureur de la République dès lors qu'est identifiée une personne à l'encontre de laquelle existent des indices faisant présumer qu'elle a commis ou tenté de commettre une infraction, cette prescription n'est pas prévue à peine de nullité[1].

616.12 Contrôles d'identité – Principes. Aux termes de l'article 78-2 du code de procédure pénale, il existe deux types différents de contrôle d'identité. Le premier est prévu par l'article 78-2, alinéas 1 et 2 : il s'agit d'un contrôle de police judiciaire. Le reste du texte est relatif aux contrôles de police administrative.

§ 2
Contrôle d'identité de police judiciaire

616.21 Le cadre d'application de l'article 78-2 du code de procédure pénale[2]. Aux termes de l'article 78-2 du code de procédure pénale : « Les officiers de police judiciaire et, sur l'ordre et sous la responsabilité de ceux-ci, les agents de police judiciaire et agents de police judiciaire adjoints mentionnés aux articles 20 et 21-1° peuvent inviter à justifier, par tout moyen, de son identité toute personne à l'égard de laquelle existent une ou plusieurs raisons plausibles de soupçonner :

– qu'elle a commis ou tenté de commettre une infraction ;

– ou qu'elle se prépare à commettre un crime ou un délit ;

– ou qu'elle est susceptible de fournir des renseignements utiles à l'enquête en cas de crime ou de délit ;

– ou qu'elle a violé les obligations ou interdictions auxquelles elle est soumise dans le cadre d'un contrôle judiciaire, d'une mesure d'assignation à résidence avec surveillance électronique, d'une peine ou d'une mesure suivie par le juge de l'application des peines ;

– ou qu'elle fait l'objet de recherches ordonnées par une autorité judiciaire.

Sur réquisitions écrites du procureur de la République aux fins de recherche et de poursuite d'infractions qu'il précise, l'identité de toute personne peut être également contrôlée, selon les mêmes modalités, dans les lieux et pour une période de temps déterminés par ce magistrat. Le fait que le contrôle d'identité révèle des infractions autres que celles visées dans les réquisitions du procureur de la

1. Crim. 23 août 2005, n°s 03-87.719, 04-84.771, 05-83.529, P n° 209 ; *JCP* 2005. IV. 3137 ; *D.* 2006. Pan. 621, obs. J. Pradel.
2. C. pr. pén., art. 78-2.

République ne constitue pas une cause de nullité des procédures incidentes ».

La loi du 23 mars 2019 a institué, dans le cadre d'un contrôle d'identité, une visite des navires, bateaux, engins, établissements et matériels flottants, présents en mer territoriale[1].

616.22 Jurisprudence sur les contrôles de police judiciaire. Pour que le contrôle d'identité soit régulier, il est nécessaire que soient caractérisés des indices d'un comportement délictueux qui ne sauraient résulter d'une simple dénonciation anonyme non corroborée par d'autres éléments précis et concordants[2]. Ainsi, doit être cassé l'arrêt qui annule un contrôle d'identité et la procédure subséquente : « après avoir énoncé qu'une dénonciation anonyme ne peut justifier un tel contrôle que si elle est corroborée par d'autres éléments d'information rendant plausible l'existence d'une infraction commise ou en train de se commettre » et qui : « relève que le procès-verbal de surveillance ne signale pas que le conducteur serait sorti du véhicule avec un sac en matière plastique, ce qui aurait été de nature à conforter cette dénonciation, et que la découverte a posteriori d'un sac contenant de la résine de cannabis, et dont la propriété est contestée, ne peut justifier le contrôle ».

Alors : « qu'il ressortait de ses propres constatations que les officiers de police judiciaire ayant procédé à ce contrôle disposaient de renseignements précis, qui ont été corroborés par les constatations faites sur place et qui faisaient présumer que la personne interpellée avait commis ou tenté de commettre une infraction »[3]. Justifie sa décision la cour d'appel qui fait droit à la demande d'annulation du contrôle d'identité, énonçant que la seule référence à l'aspect « nord-africain » de la personne contrôlée ne constituait pas un motif licite de contrôle, dès lors que les mentions du procès-verbal sont de nature à faire présumer que le contrôle d'identité a été motivé par l'appartenance ethnique, réelle ou supposée, de la personne contrôlée, en méconnaissance de l'article 14[4] de la convention européenne des droits de l'homme[5].

Pour que les agents de l'autorité judiciaire aient la faculté de requérir la présentation des documents sous le couvert desquels les étrangers sont autorisés à séjourner en France, il faut que des éléments objectifs déduits de circonstances extérieures à la personne même de l'intéressé soient de nature à faire paraître sa qualité d'étranger ; en l'absence de tels éléments, le contrôle d'identité doit être préalablement effectué sous les conditions et dans les formes prévues par l'article 78-1 du code de procédure pénale[6].

Est justifié le contrôle d'identité d'une personne opéré sur leur initiative, par des gardiens de la paix en patrouille de service dès lors que leur attention est attirée par le comportement de cette personne qui, avec d'autres, stationne à la nuit tombante pendant plus d'une demi-heure sans raison apparente à proximité d'un parking où sont garés des véhicules automobiles, l'une d'elles s'approchant même des voitures en stationnement, éléments constituant à l'égard de l'intéressée un indice faisant présumer qu'elle se préparait à commettre un vol de voiture ou des vols dans les voitures[7].

Le contrôle de l'identité d'une personne de nationalité étrangère, connue pour avoir commis des infractions à la législation sur l'entrée et le séjour des étrangers en France, est justifié, tant au regard de l'article 78-2 du code de procédure pénale que de l'article 8 de l'ordonnance du 2 novembre 1945[8]. L'existence de soupçons antérieurs sur le comportement délictueux de l'intéressé n'est pas de nature à faire obstacle au contrôle d'identité, dès lors qu'il existe à l'encontre de la personne un indice laissant présumer notamment qu'elle a commis ou tenté de commettre une infraction ou qu'elle se prépare à commettre un crime ou un délit[9]. Ne viole pas l'article 78-2 du code de procédure pénale l'ordonnance rendue par un premier président qui rejette l'exception de nullité de la procédure d'interpellation d'un étranger, qui a tenté de se dissimuler à la vue d'un véhicule de police, l'intéressé ayant eu un comportement laissant légitimement croire qu'il était sur le point de commettre ou venait de commettre une infraction[10]. Saisi d'une question prioritaire de constitutionnalité portant sur les articles 78-2 et 78-2-2 du code de procédure pénale, le

1. C. pr. pén., art. 78-2-2, III *bis*.
2. Crim. 13 janv. 1986, n° 84-90.041, P n° 19 – Crim. 14 sept. 2004, n° 04-83.793, NP – Crim. 28 juin 2000, n° 00-80.926, NP – Crim. 8 mars 2000, n° 99-82.075, NP – Crim. 14 oct. 1998, n°s 97-85.014, 97-83.960, NP – Civ. 1re, 31 mai 2005, n° 04-50.033, P I, n° 234 ; *D.* 2005. IR 1657 ; *JCP* 2005. IV. 2619.
3. Crim. 20 juin 2007, n° 06-89.208, NP, *RSC* 2008. 354, obs. R. Finielz.
4. Conv. EDH, art. 14.
5. Crim. 3 nov. 2016, n° 15-85.548, P+B ; *D.* 2016. 2284 ; *JCP* 2016. 1388.
6. Crim. 25 avr. 1985, nos 84-92.916, 85-91.324, 2 esp., P n° 159 ; *D.* 1985. 329, concl. H. Dontenwille ; *JCP* 1985. II. 20465, concl. H. Dontenwille, note W. Jeandidier ; *Gaz. Pal.* 1985. 1. 408.
7. Crim. 13 janv. 1986, n° 84-90.041, P n° 19 ; *RSC* 1987. 193, obs. J.-P. Delmas Saint-Hilaire.
8. Crim. 17 mai 1995, n° 94-85.231, P n° 177 – Crim. 16 juill. 1996, n° 96-81.139, P n° 298 ; *RSC* 1997. 148, obs. J.-P. Dintilhac ; *Dr. pénal* 1997, n° 26, note A. Maron ; *Procédures* 1997, n° 18, note J. Buisson.
9. Crim. 1er févr. 1994, n° 93-82.933, P n° 44 ; *Dr. pénal* 1994, n° 93, note A. Maron.
10. Civ. 1re, 17 janv. 2006, n° 03-50.097, P I, n° 21.

Conseil constitutionnel a rendu le 24 janvier 2017[1] une décision aux termes de laquelle il énonce que « les dispositions contestées n'instituent par elles-mêmes aucune différence de traitement dès lors que toute personne se trouvant sur les lieux et pendant la période déterminés par la réquisition du procureur de la République peut être soumise à un contrôle d'identité » Il a formulé deux réserves d'interprétation. Le procureur de la République ne peut retenir des lieux et périodes sans lien avec la recherche des infractions visées dans ses réquisitions. Il ne peut, autoriser la pratique de contrôles d'identité généralisés dans le temps ou dans l'espace. Mais si la réserve d'interprétation émise par le Conseil constitutionnel dans sa décision nº 2016-606/607 QPC du 24 janvier 2017, selon laquelle les dispositions contestées des articles 78-2 et 78-2-2 du code de procédure pénale « ne sauraient, sans méconnaître la liberté d'aller et venir, autoriser le procureur de la République à retenir des lieux et périodes sans lien avec la recherche des infractions visées dans ses réquisitions », n'impose pas qu'un tel lien résulte nécessairement des mentions des réquisitions, il incombe au juge judiciaire, saisi d'une contestation, d'apprécier l'effectivité dudit lien sur la base de ces mentions ou, à défaut, des pièces au vu desquelles les réquisitions ont été prises. Ayant retenu que ni les réquisitions du procureur de la République ni aucune autre pièce de la procédure ne permettaient d'établir l'effectivité, contestée, du lien entre le lieu des contrôles d'identité et la recherche des infractions visées par ces réquisitions, le premier président en a exactement déduit, abstraction faite d'un motif erroné mais surabondant, que la procédure était irrégulière et que la mesure de rétention ne pouvait être prolongée[2].

Les policiers qui, après être entrés dans des lieux à usage professionnel, sans constater qu'une activité était en cours, effectuent néanmoins des actes d'investigation, excèdent les pouvoirs qu'ils tiennent de la réquisition du procureur de la République aux fins de recherche et poursuite des infractions visées[3].

616.23 Contrôle d'identité préventif sur la référence abstraite au plan Vigipirate et à l'état d'urgence. L'article 78-2-2 du code de procédure pénale énumère un certain nombre d'infractions qui vont des actes de terrorisme, trafic d'armes et d'explosifs, vol, recel, trafic de stupéfiants, pour la recherche ou la poursuite desquelles, sur réquisitions écrites du procureur de la République, les officiers de police judiciaire peuvent dans les lieux et pour la période de temps que ce magistrat détermine et qui ne peut excéder vingt-quatre heures, renouvelables sur décision expresse et motivée selon la même procédure, procéder non seulement aux contrôles d'identité prévus au sixième alinéa de l'article 78-2. Ils peuvent également procéder à la visite des véhicules circulant, arrêtés ou stationnant sur la voie publique ou dans des lieux accessibles au public.

Cet article n'exige pas que, pour prendre ses réquisitions, le procureur de la République démontre l'existence d'indices de commission, ou de risque de commission, des infractions visées par ledit article ou un risque d'atteinte à l'ordre public[4]. Il a été jugé que lorsque les policiers, procèdent à des contrôles d'identité sur la base de l'article 78-2-2 du code de procédure pénale mais constatent incidemment une infraction à la législation sur le séjour des étrangers, la procédure n'en est pas moins régulière dans la mesure où le dernier alinéa de ce texte précise que le fait que ces opérations révèlent la commission d'infractions autres que celles visées dans les réquisitions ne constitue pas une cause de nullité des procédures incidentes[5]. Seul un officier de police judiciaire, assisté, le cas échéant, par un agent de police judiciaire, peut procéder à un contrôle d'identité, dans les conditions prévues par l'article 78-2-2, dans sa rédaction antérieure à la loi du 3 juin 2016[6]. La référence abstraite au plan Vigipirate et à l'état d'urgence ne permet pas, à elle seule, de justifier le contrôle d'identité, en l'absence de circonstances particulières constitutives d'un risque d'atteinte à l'ordre public, le premier président a privé sa décision de base légale au regard de l'article 78-2, alinéa 7, du code de procédure pénale[7], dans sa rédaction antérieure à celle issue de la loi du 3 juin 2016[8].

616.24 Fouille des bagages et des véhicules. Le législateur a ajouté au régime des contrôles d'identité préventifs de l'article 78-2-2 du code de procé-

1. Cons. const. 24 janv. 2017, nº 2016-606/607 QPC, art., sous réserve 78-2, al. 6, 78-2, al. 6 (mots), 78-2-2, al. 1, du C. pr. pén., et conformes L. 611-1 I., al. 2 (mots), L. 611-1-1 I., al. 1, du Ceseda, *contrôles d'identité sur réquisitions du procureur de la République*, CONFORMITÉ – RÉSERVE, *JO* 26 janv., nº 135 ; *AJDA* 2017. 142 ; *D.* 2017. 217 ; *D.* 2018. 1344, obs. E. Debaets et N. Jacquinot ; *AJ pénal* 2017. 239, obs. J.-B. Perrier ; *Dr. pénal* 2017, comm. 48, obs. A. Maron et M. Haas ; *Constitutions* 2017. 184, chron.
2. Cass, 1re civ, 2 sept. 2020, nº 19-50.013, P ; *D.* 2020. 1723.
3. Crim. 1er sept. 2020, nº 19-87.499, P. *JCP* 2020. 1014.
4. Civ. 2e, 19 févr. 2004, nº 03-50.025, P II, nº 70 ; *AJ pénal* 2004. 160, obs. A. Pitoun ; *Dr. pénal* 2004, nº 56, note A. Maron.
5. Civ. 2e, 19 févr. 2004, nº 03-50.025, préc.
6. Civ. 1re, 16 mars 2016, nº 14-25.068, P nº 54 ; *D.* 2016. 714 ; *AJ pénal* 2016. 331, obs. C. Binard.
7. Civ. 1re, 13 sept. 2017, nº 16-22.967, P ; *D.* 2017. 1837 *AJ pénal* 2017. 493, obs. D. Le Drévo ; *JCP* 2017. 1255, obs. J.-B. Perrier.
8. L. nº 2016-731, 3 juin 2016 renforçant la lutte contre le crime organisé, le terrorisme et leur financement, et améliorant l'efficacité et les garanties de la procédure pénale, *JO* 4 juin, nº 1.

dure pénale une possibilité pour les OPJ (assistés des APJ et APJA) de procéder à l'inspection visuelle des bagages ou à leur fouille. Cette fouille de bagages peut s'effectuer sur une personne ou dans un véhicule. Elle est prévue par le III de l'article 78-2-2 qui dispose que « Dans les mêmes conditions et pour les mêmes infractions que celles prévues au I, les officiers de police judiciaire, assistés, le cas échéant, des agents de police judiciaire et des agents de police judiciaire adjoints mentionnés aux 1°, 1° *bis* et 1° *ter* de l'article 21 du présent code peuvent procéder à l'inspection visuelle des bagages ou à leur fouille ». Le Conseil constitutionnel a énoncé que les règles relatives aux contrôles sur réquisitions « ne sauraient, sans méconnaître la liberté d'aller et de venir, autoriser le procureur de la République à retenir des lieux et périodes sans lien avec la recherche des infractions visées dans ses réquisitions ». et ne sauraient « non plus autoriser, en particulier par un cumul de réquisitions portant sur des lieux ou des périodes différents, la pratique de contrôles d'identité généralisés dans le temps ou dans l'espace »[1]. La chambre criminelle a également jugé que l'article 78-2-2 du code de procédure pénale n'autorise pas le procureur de la République à organiser, par une réquisition unique, des contrôles d'identité répartis sur plusieurs jours, mais seulement sur une période maximum de vingt-quatre heures consécutives[2].

Dans une décision du 1er décembre 2017[3], le Conseil constitutionnel a déclaré contraire à la Constitution, l'article 8-1[4] de la loi du 3 avril 1955[5] relative à l'état d'urgence, dans sa rédaction issue de la loi du 21 juillet 2016 prorogeant l'application de la loi du 3 avril 1955 et portant mesures de renforcement de la lutte antiterroriste[6].

Selon ces dispositions le préfet peut autoriser, par décision motivée, les contrôles d'identité, l'inspection visuelle et la fouille des bagages ainsi que la visite des véhicules circulant, arrêtés ou stationnant sur la voie publique ou dans des lieux accessibles au public. Le Conseil constitutionnel juge que, s'il est loisible au législateur de prévoir que les opérations mises en œuvre dans ce cadre, peuvent ne pas être liées au comportement de la personne, la pratique de ces opérations de manière généralisée et discrétionnaire serait incompatible avec la liberté d'aller et de venir et le droit au respect de la vie privée. Or, en prévoyant que ces opérations peuvent être autorisées en tout lieu dans les zones où s'applique l'état d'urgence, le législateur a permis leur mise en œuvre sans qu'elles soient nécessairement justifiées par des circonstances particulières établissant le risque d'atteinte à l'ordre public dans les lieux en cause. Faute que le législateur ait assuré une conciliation équilibrée entre, d'une part, l'objectif de valeur constitutionnelle de sauvegarde de l'ordre public, et, d'autre part, la liberté d'aller et de venir et le droit au respect de la vie privée, le Conseil constitutionnel prononce la censure de l'article 8-1 de la loi du 3 avril 1955. Il a reporté au 30 juin 2018 la date de l'abrogation des dispositions contestées[7]. Est justifiée la décision rejetant l'exception de nullité de palpations de sécurité, qui établit que ces dernières ne pouvaient être assimilées à une perquisition et avaient pour finalité de vérifier que la personne contrôlée n'était porteuse d'aucun objet dangereux pour elle-même ou pour autrui[8].

616.25 Travail dissimulé. L'article 78-2-1 du code de procédure pénale habilite les officiers de police judiciaire, ou, agissant sous leurs ordres et leur responsabilité, les agents de police judiciaire, à pénétrer dans les lieux à usage professionnel, sauf s'ils constituent un domicile, pour y constater des faits de travail clandestin. Les réquisitions du procureur de la République sont écrites et précisent les infractions, parmi celles visées aux articles L. 324-9 [devenu L. 324-8, L. 8221-1 et L. 8221-2] et L. 341-6 [devenu L. 5221-8, L. 5221-11 et L. 8251-1] du code du travail, qu'il entend faire rechercher et poursuivre, ainsi que les lieux dans lesquels l'opération de contrôle se déroulera. Sur place, il n'est pas prévu à peine de nullité que les enquêteurs présentent la réquisition écrite du procureur de la République délivrée en application de l'article 78-2-1[9]. Ces réquisitions sont prises pour une durée maximum d'un mois et sont présentées à la personne disposant

1. Cons. const. 24 janv. 2017, n° 2016-606/607 QPC, consid. n° 23, *AJDA* 2017. 142 ; *D.* 2017. 217 ; *AJ pénal* 2017. 239, obs. J.-B. Perrier.
2. Crim. 13 sept. 2017, n° 17-83.986, P ; *D.* 2017. 1912 ; *AJ pénal* 2017. 543, obs. G. Roussel ; *Dr. pénal* 2017. Comm. 167, note A. Maron et M. Haas ; *RSC* 2018. 142, obs. P.-J. Delage.
3. Cons. const. 1er déc. 2017, n° 2017-677 QPC, art. 8-1 de la loi n° 55-385, 3 avr. 1955, *contrôles d'identité, fouilles de bagages et visites de véhicules dans le cadre de l'état d'urgence,* NON-CONFORMITÉ TOTALE – EFFET DIFFÉRÉ, *JO* 2 déc., n° 77, *AJDA* 2017. 2381 ; *D.* 2017. 2431 ; *D.* 2018. 1344, obs. E. Debaets et N. Jacquinot ; *Constitutions* 2017. 593, chron. L. Domingo ; *Constitutions* 2017. 593655, Décision.
4. L. n° 55-385, 3 avr. 1955, art. 8-1 ; abrogé par Cons. const. 1er déc. 2017, n° 2017-677 QPC, préc.
5. L. n° 55-385, 3 avr. 1955 relative à l'état d'urgence, *JO* 7 avr., p. 3479.
6. L. n° 2016-987, 21 juill. 2016 prorogeant l'application de la loi n° 55-385 du 3 avril 1955 relative à l'état d'urgence et portant mesures de renforcement de la lutte antiterroriste, *JO* 22 juill., n° 2.
7. SUR l'inconstitutionnalité de ce régime, v. ss n° 624.78.
8. Crim. 11 déc. 2019, n° 19-82.454, P.
9. Crim. 15 févr. 2005, nos 04-87.191, 04-87.192, 04-87.193, P n° 57 ; *JCP* 2005. IV. 1793 ; *RSC* 2005. 862, note A. Cerf-Hollander.

des lieux ou à celle qui la représente. Ainsi, est régulier le contrôle d'identité des membres d'un orchestre pratiqué dans les couloirs et lieux de passage séparant la salle de spectacle de la loge des artistes et constituant les annexes de cette salle. Et, s'agissant de la loge du chef d'orchestre, qui était également le gérant de la société à l'initiative de laquelle le spectacle avait été organisé, les constatations de l'arrêt ne permettaient pas de la qualifier de domicile dès lors qu'elle était seulement mise provisoirement, le temps d'un spectacle, à la disposition de son organisateur, fût-il chef d'orchestre[1]. Mais dès lors que les prévenus ont donné leur accord à une perquisition réalisée sous la forme de l'enquête préliminaire, l'article 78-2-1 ne trouve pas application[2].

Par ailleurs, les dispositions des articles L. 611-13 [devenu L. 8271-13 et L. 8271-18] et L. 231-1 [devenu L. 4111-1, L. 4111-1, L. 4111-3] du code du travail, concernant la recherche d'infractions en matière de travail dissimulé ou de travail clandestin, autorisent des visites domiciliaires, perquisitions et saisies en tous lieux de travail, peu important qu'il s'agisse du domicile du contrevenant[3]. Dès lors qu'ils avaient constaté des manquements caractérisés aux règles sur la sécurité des travailleurs, les services de police étaient en droit de procéder à un contrôle d'identité en application de l'article 78-2, alinéa 1er, du code de procédure pénale et, ledit contrôle ayant révélé des délits flagrants de travail illégal, ils pouvaient dès lors agir dans le cadre d'une enquête de flagrance[4]. Un contrôle d'identité ne saurait être justifié par des circonstances postérieures à sa mise en œuvre[5].

§ 3
Contrôle d'identité de police administrative

616.31 Contrôle pour prévenir une atteinte à l'ordre public. Ces contrôles sont possibles : « pour prévenir une atteinte à l'ordre public, notamment à la sécurité des personnes ou des biens »[6] ou dans les zones frontalières et les zones accessibles au public des ports, aéroports, gares ferroviaires ou routières ouverts au trafic international et désignées par arrêté, auxquelles la loi du 23 janvier 2006[7] a étendu la possibilité de contrôles à bord des trains effectuant une liaison internationale et sur certaines portions d'autoroutes situées en zone frontalière[8]. Certaines des décisions rendues dans cette matière l'ont été par les juridictions civiles en charge du contrôle de la rétention des étrangers en séjour irrégulier. Pour que le contrôle soit régulier, il est nécessaire que soient caractérisées les circonstances particulières permettant d'établir la réalité d'un risque sérieux et actuel d'atteinte à l'ordre public. Le seul visa de considérations abstraites ou de motifs d'ordre général ne suffit pas[9]. Peu importe que la personne contrôlée n'ait aucun lien avec des infractions précédemment relevées dans le secteur du contrôle dès lors que les conditions prévues par la loi sont remplies[10].

Encourt la cassation l'arrêt qui a déclaré irrégulier un contrôle d'identité, effectué sur le fondement de l'article 78-2, alinéa 3, sans rechercher si la nature et le nombre des infractions commises dans le quartier considéré ne caractérisaient pas un risque d'atteinte à l'ordre public, notamment pour la sécurité des personnes ou des biens[11]. En vertu des dispositions de l'article 78-2, alinéa 3, l'identité de toute personne peut être contrôlée pour prévenir une atteinte à l'ordre public, notamment à la sécurité des personnes et des biens, quel que soit le comportement de la personne contrôlée, même si celui-ci n'a aucun lien avec des infractions précédemment relevées dans le secteur du contrôle[12].

616.32 Contrôle dans les gares. Ce contrôle est prévu par l'alinéa 4 de l'article 78-2 du code de procédure pénale. La chambre criminelle a rejeté le pourvoi contre l'arrêt d'une cour d'appel qui, pour annuler un contrôle d'identité, avait retenu que le procès-verbal litigieux se bornait à une référence abstraite à de nombreuses infractions commises sur le lieu de l'interpellation, sans invoquer de quelconques circonstances particulières pouvant établir la réalité d'un risque sérieux et actuel d'atteinte à l'ordre public[13]. Elle a rejeté le pourvoi formé contre l'arrêt qui avait écarté l'exception d'illégalité d'un

1. Crim. 6 déc. 2005, nº 05-85.951, P nº 315 ; *RSC* 2007. 591, obs. J. Buisson ; *RSC* 2007. 593, obs. J. Buisson ; *Rev. pénit.* 2006. 139, obs. C. Ambroise-Castérot.
2. Crim. 21 nov. 2000, nº 00-81.443, P nº 346.
3. Crim. 28 nov. 2006, nº 06-81.113, P nº 295 ; *RSC* 2007. 317, obs. A. Cerf-Hollender.
4. Crim. 2 mai 2007, nº 07-81.517, P nº 112 ; *AJ pénal* 2007. 328, obs. C. Girault.
5. Civ. 1re, 6 janv. 2010, nº 08-15.513, P I, nº 2 ; *Dr. pénal* 2010, nº 28, obs. A. Maron et M. Haas.
6. C. pr. pén., art. 78-2, al. 3.
7. L. nº 2006-64, 23 janv. 2006 relative à la lutte contre le terrorisme et portant dispositions diverses relatives à la sécurité et aux contrôles frontaliers, *JO* 24 janv., p. 1129.
8. C. pr. pén., art. 78-2, al. 4.
9. Crim. 4 oct. 1984, nº 83-94.341, P nº 287.
10. Civ. 2e, 26 avr. 2001, nº 99-50.038, P II, nº 79 ; *D.* 2001. IR 1670.
11. Crim. 10 oct. 1996, nº 96-83.079, P nº 356 ; *D.* 1997. Somm. 145, obs. J. Pradel ; *RSC* 1997. 148, obs. J.-P. Dintilhac ; *JCP* 1997. I. 3998, obs. A. Maron ; *Procédures* 1997, nº 42, obs. J. Buisson ; *Dr. pénal* 1997, nº 14, note A. Maron.
12. Civ. 2e, 26 avr. 2001, nº 99-50.038, P II, nº 79.
13. Crim. 17 déc. 1996, nº 96-82.829, P nº 470 ; *Rev. crit. DIP* 1997. 469, note D. Mayer ; *RSC* 1997. 401, obs. J.-P. Dintilhac.

contrôle d'identité effectuée dans une gare et considéré qu'il était régulier dès lors qu'il était fait état de la fréquence des procédures établies pour infractions relatives au séjour des étrangers initiées dans cette gare, ce qui permettait de caractériser la pérennité d'une situation attestant d'un risque sérieux et actuel d'atteinte à l'ordre public[1]. La jurisprudence criminelle semble donc très tolérante avec ces contrôles.

Toutefois, la chambre criminelle a cassé un arrêt d'une cour d'appel qui, pour considérer le contrôle d'identité régulier, avait uniquement relevé qu'il s'était déroulé dans une gare expressément visée dans l'énumération de l'arrêté du 23 avril 2003 alors qu'il ne répondait pas à toutes les conditions prévues par l'article 78-2, alinéa 4, et sans rechercher s'il ne relevait d'un autre type de contrôle d'identité[2]. La première chambre civile de la Cour de cassation se montre plus rigoureuse. S'appuyant sur un arrêt de la Cour de Justice de l'Union européenne[3], elle a estimé que l'article 78-2, alinéa 4, du code de procédure pénale, dans sa rédaction antérieure à celle issue de la loi du 14 mars 2011[4], n'étant assorti d'aucune disposition offrant une telle garantie, ne pouvait fonder la régularité de la procédure par laquelle un juge a ordonné la prolongation de la rétention d'un étranger, en situation irrégulière en France, dont l'identité a été contrôlée dans une zone accessible au public d'une gare ferroviaire ouverte au trafic international[5].

Le législateur est intervenu par la loi du 14 mars 2011[6] pour modifier les termes de l'alinéa 4 de l'article 78-2[7] : « Le contrôle des obligations de détention, de port et de présentation des titres et documents prévus par la loi ne peut être pratiqué que pour une durée n'excédant pas six heures consécutives dans un même lieu et ne peut consister en un contrôle systématique des personnes présentes ou circulant dans les zones ou lieux mentionnés au même alinéa. » L'article 78-7[8] du code de procédure pénale, issu de la loi du 22 mars 2016[9], donne compétence au procureur de la République du lieu de la gare de départ pour les réquisitions des articles 78-2, relatif aux contrôles d'identité et 78-2-2[10], qui concerne les fouilles préventives, sans préjudice des prérogatives des procureurs territorialement compétents, qui doivent être informés des opérations ainsi ordonnées. Lorsque la gare de départ se situe hors du territoire national, les réquisitions et les instructions pour ces actes peuvent être prises par le procureur du lieu de la gare d'arrivée, avec information aux procureurs des lieux où le train marque un arrêt.

616.33 **Contrôle « Schengen ».** Lorsque les gares de départ et d'arrivée se situent hors du territoire national, les mêmes décisions peuvent être prises par le procureur du lieu du premier arrêt en France[11]. Méconnaît l'article 78-2, alinéa 8, du code de procédure pénale, dans sa rédaction applicable au 31 mai 2014, et l'article L. 611-1[12] I alinéa 2 du code de l'entrée et du séjour des étrangers et du droit d'asile, la cour d'appel qui, pour prononcer la nullité du contrôle de l'étranger dans un train, énonce que les mentions du procès-verbal établi par la police de l'air et des frontières, insuffisamment explicites sur

1. Crim. 15 janv. 2003, n° 02-81.008, NP.
2. S'agissant d'une personne dénoncée de manière anonyme comme se livrant habituellement au trafic de stupéfiants. Si son contrôle s'était fait au visa de l'alinéa 4 de l'article 78-2, il n'était pas en réalité destiné à vérifier le respect des règles de détention, de port et de présentation des titres et documents prévus par la loi : Crim. 3 mai 2007, n° 07-81.331, P n° 117 ; *RSC* 2008. 642, obs. J. Buisson ; *AJ pénal* 2007. 329, obs. C. Girault ; *RSC* 2007. 840, obs. R. Finielz ; *Dr. pénal* 2007, n° 120, note A. Maron ; *Procédures* 2007, n° 265, note J. Buisson.
3. CJUE 22 juin 2010, aff. C-188-10 et C-189-10, *D.* 2010. 1254, note A. Levade ; *D.* 2010. 1336, note P. Sargos ; *Dr. pénal* 2010, n° 77, note A. Maron et M. Haas : cet arrêt a énoncé que l'article 67, § 2 TFUE ainsi que les articles 20 et 21 du règlement CE n° 562/2006 du Parlement européen et du Conseil du 15 mars 2006 s'opposaient à une législation nationale conférant aux autorités de police de l'État membre concerné, la compétence de contrôler, uniquement dans une zone définie, *l'identité de toute personne, indépendamment du comportement de celle-ci* et de circonstances particulières établissant un risque d'atteinte à l'ordre public, en vue de vérifier le respect des obligations de détention, de port et de présentation des titres et des documents prévus par la loi, sans prévoir l'encadrement nécessaire de cette compétence garantissant que l'exercice pratique de ladite compétence ne puisse revêtir un effet équivalent à celui des vérifications aux frontières.
4. L. n° 2011-267, 14 mars 2011 d'orientation et de programmation pour la performance de la sécurité intérieure, *JO* 15 mars, p. 4582.
5. Civ. 1re, 18 mai 2011, n° 10-30.776, P I, n° 92 ; *D.* 2011. 1490 ; *RTD eur.* 2012. 513, obs. E. Matringe.
6. L. n° 2011-267, 14 mars 2011 d'orientation et de programmation pour la performance de la sécurité intérieure, *JO* 15 mars, p. 4582.
7. C. pr. pén., art. 78-2 ; mod. par L. n° 2017-1510, 30 oct. 2017, art. 19.
8. C. pr. pén., art. 78-7 ; créé par L. n° 2016-339, 22 mars 2016, art. 8.
9. L. n° 2016-339, 22 mars 2016 relative à la prévention et à la lutte contre les incivilités, contre les atteintes à la sécurité publique et contre les actes terroristes dans les transports collectifs de voyageurs, *JO* 23 mars, n° 2.
10. C. pr. pén., art. 78-2-2 ; mod. par L. n° 2003-239, 18 mars 2003, art. 11 ; mod. par L. n° 2011-266, 14 mars 2011, art. 17.
11. M. Bénéjat-Guerlin, Sécurité dans les transports et/ou sécurité juridique ? À propos de la Loi n° 2016-339 du 22 mars 2016, relative à la prévention et à la lutte contre les incivilités, contre les atteintes à la sécurité publique et contre les actes terroristes dans les transports collectifs de voyageurs *AJ pénal* 2016. 420.
12. Ceseda, art. L. 611-1 ; mod. par L. n° 2012-1560, 31 déc. 2012, art. 1er.

les circonstances dans lesquelles le contrôle a été effectué, ne permettent pas de s'assurer que les policiers étaient en possession d'éléments objectifs, déduits de circonstances extérieures à la personne même de l'intéressé, de nature à faire apparaître sa qualité d'étranger, alors, d'une part, que le contrôle avait été opéré pour la prévention et la recherche des infractions liées à la criminalité transfrontière, pendant une durée n'excédant pas six heures et de manière aléatoire et non systématique et, d'autre part, que le fondement dudit contrôle, par sa nature et sa finalité, était indépendant du recueil d'éléments objectifs extérieurs à la personne de l'étranger[1]. Les contrôles d'identité, dits Schengen, doivent présenter un caractère aléatoire et ne peuvent consister en un contrôle systématique des personnes présentes ou circulant dans un lieu déterminé.

Il ne suffit pas d'indiquer dans le procès-verbal d'interpellation que des contrôles aléatoires ont été menés. Dès lors que c'était la recherche d'infractions au séjour commises dans un contexte factuel précis qui motivait l'action des services de police, le choix d'effectuer des contrôles à la descente d'un train ne présentait aucun caractère aléatoire[2].

SECTION 2
PERQUISITIONS, SAISIES, SCELLÉS

§ 1
Droit commun des perquisitions

616.41 **Domaine d'application du droit des perquisitions.** Il ne nous appartient pas, dans le cadre de cet ouvrage, de rappeler toutes les règles d'application qui régissent les perquisitions dans le cas de l'enquête de flagrance, préliminaire, ou pendant l'instruction préparatoire. Par ailleurs, il existe des infractions pour la constatation desquelles des lois spéciales ont autorisé certains agents à effectuer des perquisitions et saisies, alors qu'une information n'est pas ouverte et sans mandat du juge d'instruction. Il en est ainsi :

- en matière de répression[3] des fraudes[4] ; en matière[5] de douanes[6] ;
- en matière de contributions indirectes[7] ;
- en matière fiscale[8].

Les agents des impôts, qui assistent les gendarmes pour une perquisition sur un délit de facturation, ne peuvent poursuivre leur assistance à des opérations étrangères à leurs pouvoirs[9] :

- en matière de contrôle[10] économique et des prix[11], de protection de la natalité[12], de substances vénéneuses[13] et d'usage[14] de stupéfiants[15], de législation du travail[16] ;
- en matière de débits de boissons et plus généralement de lieux publics ;
- en matière de maisons de jeu ;
- en matière de criminalité organisée, la loi du 9 mars 2004[17] ayant prévu un régime dérogatoire du droit commun.

616.42 **Nullité.** Sous le régime du code d'instruction criminelle, les formalités relatives aux perquisitions et saisies n'étaient pas prescrites à peine de

1. Crim. 8 févr. 2017, n° 16-81.323, P ; *JCP* 2017. 342.
2. Paris, 1er mai 2015, n° 15/01621, *AJ pénal* 2015. 435, obs. C. Saas.
3. Crim. 12 oct. 1987, n° 86-90.540, P n° 343.
4. C. consom., art. L. 511-11 s. (anciens L. 215-1 à L. 215-8 ; issus de décr. 22 janv. 1919 pour l'application de la loi du 1er août 1905 sur la répression des fraudes, 31 janv., p. 1160).
5. Crim. 16 oct. 1958, P n° 663 – Crim. 2 juin 1986, n° 84-95.593, P n° 185 ; *JCP* 1987. II. 20752, note J. Pannier – Crim. 15 oct. 1990, n° 89-86.388, P n° 342 – Crim. 24 janv. 1994, n° 92-82.848, P n° 32.
6. C. douanes, art. 64 (mod. par L. n° 2013-1117, 6 déc. 2013, art. 43 et 49), 65 (mod. L. 2016-1918, 29 déc. 2016, art. 21), 66 (mod. par L. n° 2014-315, 11 mars 2014, art. 12).
7. Paris, 7 juin 1961, *JCP* 1961. II. 12304, note P. Chambon – Crim. 7 mars 1962, *JCP* 1963. II. 13053, note J. F. – Crim. 8 juin 1966, n° 66-90.067, P n° 167 – Crim. 31 janv. 1973, n° 71-91.875, P n° 56 – Crim. 12 janv. 1981, nos 80-90.960, 79-95.026, 2 esp., P n° 11 – Crim. 3 nov. 1982, n° 82-91.529, P n° 237 – Paris, 10 oct. 1984 et TGI Bordeaux, 26 sept. 1984, *D.* 1985. 67, note Lamarque – TGI Bordeaux, ord. réf., 29 janv. 1986, *D.* 1987. 60, note Lo.
8. Crim. 18 oct. 1982, n° 81-93.500, P n° 221 – Cons. const. 29 déc. 1983, n° 83-164 DC, l'inscription des chapitres 31-60 et 31-62 portée à l'annexe "Services votés et mesures nouvelles" du ministère de l'Éducation nationale ainsi que l'article 89 de la loi de finances pour 1984, *loi de finances pour 1984,* NON-CONFORMITÉ PARTIELLE, *JO* 30 déc., p. 3871 ; *Rec.,* p. 67 ; *JCP* 1984. II. 20160, note R. Drago et A. Decocq – Cass., ch. mixte, 15 déc. 1988, nos 87-19.759, 87-19.760, P n° 4 ; *D.* 1989. 189, note M. Jéol ; *JCP* 1989. II. 21263, note O. Dugrip – RAPPR. : Cass., ch. mixte, 15 déc. 1988 P n° 5 : CASSATION SANS RENVOI.
9. Crim. 17 oct. 1994, n° 94-82.780, P n° 333.
10. Crim. 17 déc. 1974, n° 74-92.687, P n° 370 – Crim. 8 oct. 1979, n° 79-91.224, P n° 273 – Crim. 28 avr. 1980, n° 79-92.877, P n° 122 – Crim. 7 mars 1988, n° 87-82.332, P n° 116.
11. Ord. n° 45-1484, 30 juin 1945 relative à la constatation, la poursuite et la répression des infractions à la législation économique, art. 10 s., *JO* 8 juill., p. 4156.
12. CSP, art. L. 177 ; devenus L. 2322-2 et L. 2326-3.
13. CSP, art. L. 564 et R. 5057 ; art. L. 627 ; mod. par L. 31 déc. 1970.
14. Crim. 21 juill. 1982, n° 82-91.034, P n° 196 ; *D.* 1982. 642, note C.-J. Berr – Paris, ch. acc., 24 janv. 1952, *S.* 1952. 1. 93, concl. Combaldieu.
15. C. pr. pén., art. 706-28 ; mod. par L. n° 2004-204, 9 mars 2004, art. 14.
16. Crim. 19 mars 1985, n° 84-90.353, P n° 113.
17. L. n° 2004-204, 9 mars 2004, préc.

nullité, et en jurisprudence, elles n'étaient pas considérées comme substantielles. La chambre criminelle jugeait que la sanction de la nullité n'était pas expressément attachée aux formalités des articles 87[1] à 89[2] du code d'instruction criminelle ; leur inobservation n'en constituait pas moins, si elle portait atteinte aux droits essentiels de la défense, une violation de ses droits entraînant la nullité, laquelle devait être relevée d'office par la chambre d'accusation[3]. Déjà, la nullité de la perquisition ou de la saisie n'entraîne pas celle de la poursuite[4].

Désormais, l'article 59[5] du code de procédure pénale *sanctionne de la nullité* les formalités prescrites par les articles 56[6], 57[7] et par ledit article 59, auxquels renvoient les articles 95[8] et 96[9]. D'autre part, les articles 56 et 96 prescrivent aux officiers de police judiciaire et au juge d'instruction de prendre « toutes mesures utiles pour que soient respectés les droits de la défense ». Les nullités en matière de perquisition sont en conséquence des nullités prévues par la loi.

616.43 Droit de demander au JLD de statuer sur la nullité de la perquisition. L'article 802-2 du code de procédure pénale, issu de la loi n° 2019-222 du 23 mars 2019, donne la possibilité à toute personne ayant fait l'objet d'une perquisition ou d'une visite domiciliaire et *qui n'a pas été poursuivie au plus tôt six mois après*, d'en demander la nullité auprès du juge des libertés et de la détention. La requête doit être formée par déclaration au greffe de la juridiction où la procédure a été menée ou, à défaut, de la juridiction dans le ressort de laquelle la mesure a été réalisée[10]. Elle n'a aucun effet suspensif sur l'enquête ou l'instruction en cours. Le juge statue, dans le mois suivant la réception de la requête, après avoir recueilli les observations écrites du procureur de la République, du requérant et, le cas échéant, de son avocat. Si les nécessités de l'enquête le justifient, le procureur de la République peut, par réquisitions écrites, demander au juge des libertés et de la détention de se prononcer dans un délai de huit jours. Le juge statue par une ordonnance motivée susceptible d'appel, dans un délai de dix jours à compter de sa notification, devant le président de la chambre de l'instruction. Si la perquisition est intervenue à l'occasion d'une procédure pour laquelle des poursuites ont été engagées à l'encontre d'autres personnes que celle ayant formé la demande d'annulation, celle-ci est transmise par le juge des libertés et de la détention soit au président de la chambre de l'instruction lorsqu'une instruction est en cours, soit au président de la juridiction de jugement lorsque celle-ci est saisie. Dans le cadre des recours examinés conformément aux troisième et avant-dernier alinéas, le requérant ne peut prétendre qu'à la mise à disposition des seules pièces de la procédure se rapportant à la perquisition qu'il conteste. Cette nouvelle possibilité de recours ne s'applique qu'aux perquisitions et aux visites domiciliaires intervenues à compter du lendemain de la publication de la loi, soit celles réalisées à compter du 25 mars 2019. Ces dispositions ont été déclarées conformes à la Constitution mais le Conseil constitutionnel a ajouté une réserve d'interprétation destinée à préserver l'impartialité du juge des libertés et de la détention : lorsque la décision contestée en application de l'article 802-2 a été ordonnée par un juge des libertés et de la détention, ce juge ne saurait, sans méconnaître le principe d'impartialité, statuer sur la demande tendant à l'annulation de sa décision[11].

616.44 Application de l'article 802 du code de procédure pénale. Bien que textuelles, les nullités en matière de perquisition n'en sont pas moins *soumises à l'application de l'article 802 du code de procédure pénale.*

Les formalités prévues par les dispositions du code de procédure pénale en matière de perquisition et de saisie ne sont pas exclues du champ d'application de l'article 802 du même code. Dès lors, leur inobservation ne saurait entraîner de nullité de procédure lorsqu'aucune atteinte n'a été portée aux intérêts de la personne concernée[12].

L'inobservation des formalités prévues par les dispositions du code de procédure pénale en matière de perquisition et de saisie doit entraîner la nullité de la procédure, lorsqu'il en est résulté une atteinte aux intérêts de la partie concernée. Encourt la censure l'arrêt qui, après avoir constaté l'irrégularité de la perquisition effectuée au domicile de la personne mise en examen a énoncé qu'il n'en résultait aucun grief alors que cette perquisition a déterminé

1. C. pr. pén., art. 87 ; mod. par L. n° 2016-731, 3 juin 2016, art. 87.
2. C. pr. pén., art. 89 ; mod. par L. n° 85-1407, 30 déc. 1985, art. 14 et 94.
3. Crim. 11 sept. 1933, *D.* 1937. 1. 40 – Crim. 5 août 1952, P n° 224 – Crim. 16 janv. 1958, P n° 68.
4. Crim. 27 déc. 1935, P n° 148 – Crim. 2 janv. 1936, P n° 3 – Crim. 11 juin 1949, P n° 210.
5. C. pr. pén., art. 59.
6. C. pr. pén., art. 56 ; mod. par L. n° 2016-731, 3 juin 2016, art. 58.
7. C. pr. pén., art. 57 ; mod. par L. n° 2016-731, 3 juin 2016, art. 58.
8. C. pr. pén., art. 95.
9. C. pr. pén., art. 96 ; mod. par L. n° 2016-731, 3 juin 2016, art. 58.
10. C. pr. pén., art. 802-2 al 2.
11. Déc. n° 2019-778 DC, 21 mars 2019, n° 198 – V. aussi s[s] n° 616.69.
12. Crim. 15 juin 2000, n° 00-81.334, P n° 229 ; *D.* 2001. 520, obs. J. Pradel.

la mise en examen supplétive de l'intéressé[1]. Les formalités prévues par le Code de procédure pénale, en matière de perquisition, de saisie et de placement sous scellés, n'étant pas exclues du champ d'application de l'article 802 du Code de procédure pénale, leur inobservation ne saurait donner lieu à annulation en l'absence d'atteinte portée aux intérêts de la personne mise en examen[2].

616.45 Distinction entre perquisition et remise volontaire. Les formalités édictées par l'article 56-3[3] du code de procédure pénale n'ont pas lieu d'être observées lorsque, agissant sur commission rogatoire, un officier de police judiciaire se transporte dans un service hospitalier, dont il a auparavant prévenu les responsables, et se borne à constater la remise entre ses mains de dossiers médicaux qu'il place aussitôt sous scellés, en présence des membres de la direction, du corps médical et de l'ordre des médecins, et sans qu'il résulte du procès-verbal qu'il ait été procédé à des investigations ou pénétré dans un lieu constituant un cabinet médical[4]. En cas de remise volontaire, la présence du conseil de l'Ordre n'apparaît pas obligatoire même si la circulaire du 24 mars 1997[5] relative aux perquisitions dans les cabinets médicaux la recommande. Mais elle est souvent exigée par les conseils de l'Ordre.

De même, lorsque les officiers de police judiciaire se sont présentés au siège de la société où la remise des documents consultés et la prise de photocopies ont été librement consenties par le directeur d'exploitation, les règles de la perquisition n'ont pas à être respectées[6].

§ 2
Perquisitions, saisies, scellés au stade de l'enquête de flagrance

616.51 Saisie en cas de crime flagrant. Selon les dispositions de l'article 54 du code de procédure pénale, en cas de crime flagrant l'officier de police judiciaire saisit les armes et instruments qui ont servi à commettre le crime ou qui étaient destinés à le commettre, ainsi que tout ce qui paraît avoir été le produit de ce crime. Il représente les objets saisis, pour reconnaissance, aux personnes qui paraissent avoir participé au crime, si elles sont présentes. Est justifiée la décision rejetant la requête en nullité d'une perquisition dès lors que le seul marquage d'un chien spécialisé dans la détection de produits stupéfiants devant la porte d'un appartement constitue l'indice objectif et apparent d'un comportement suspect, caractérisant la flagrance[7].

616.52 Saisie en cas de chef d'infraction à la législation sur les étrangers. Satisfait aux prescriptions de l'article 54, alinéa 2, notamment à l'obligation de conservation de tout ce qui peut servir à la manifestation de la vérité, l'officier de police judiciaire qui annexe le passeport d'un étranger au procès-verbal dressé à cette fin dans le cadre de l'enquête de flagrant délit suivie contre ce dernier du chef d'infraction à la législation sur les étrangers[8].

616.53 Reconstitution. La réalisation d'une reconstitution dans le cadre d'une enquête de flagrance n'est prohibée par aucun texte et, dès lors qu'aucun procédé déloyal n'a été utilisé, les éventuelles imperfections ou approximations de cette reconstitution n'affectent pas la régularité de cet acte dont la valeur et la portée seront appréciées par les juridictions d'instruction et de jugement[9].

616.54 Perquisition de domicile. La chambre criminelle de la Cour de cassation a refusé de transmettre au Conseil constitutionnel une question prioritaire de constitutionnalité portant sur l'article 56 du code de procédure pénale[10] en ce qu'il permet à la police judiciaire, dans le cadre de l'enquête de flagrance, de pratiquer des perquisitions domiciliaires sans l'autorisation ou l'avertissement préalable d'aucun magistrat et qu'il ne précise pas suffisamment les conditions ainsi que l'étendue des opérations (s'agissant de la teneur et de la présence sur les lieux des éléments recherchés). La Haute juridiction rappelle que le contrôle de l'enquête de flagrance, dont l'effectivité est assurée par l'organisation d'un pouvoir de sanction applicable, tant à l'acte de perquisition lui-même par son annulation éventuelle pour illégalité, qu'à son auteur au cas de violation délibérée de la loi, entre dans la compétence du juge judiciaire, d'office ou sur le recours dont dispose la personne arguant d'une atteinte à ses droits. Cette enquête dans l'exécution de laquelle prend place l'acte contesté,

1. Crim. 3 avr. 2007, n° 07-80.807, P n° 102 ; *D.* 2007. AJ 1422.
2. Crim. 31 oct. 2017, n° 17-80.872, P n° 239.
3. C. pr. pén., art. 56-3 ; mod. par L. n° 2011-94, 25 janv. 2011, art. 32.
4. Limoges, 29 nov. 1994, *BICC* n° 519 – Crim. 20 sept. 1995, n° 95-81.140, P n° 276.
5. Circ. crim. 97-13 E-1, 24 nov. 1997 relative aux perquisitions dans les cabinets médicaux la recommandent.
6. Crim. 10 mars 2004, n° 03-87.441, P n° 65 ; *D.* 2004. 1237 ; *Dr. pénal* 2004, n° 97, note A. Maron ; *RTD com.* 2004. 608, obs. C. Mascala ; *RTD com.* 2004. 627, obs. B. Bouloc.
7. Crim. 11 déc. 2019, n° 19-82.457, P ; *Procédures* 2020, comm. 47, J. Buisson.
8. Crim. 13 janv. 1986, n° 84-90.041, P n° 19.
9. Crim. 26 févr. 2003, n° 02-88.074, P n° 56 ; *D.* 2003. Somm. 1727, obs. J. Pradel ; *JCP* 2003. IV. 1764 ; *Dr. pénal* 2003, n° 92, note A. Maron et M. Haas.
10. Crim. 24 mai 2016, n° 16-90.007, P n° 157 ; *JCP* 2016. 653, Veille par S. Detraz ; *D.* 2016. 1137.

est assortie, dès son ouverture et tout au long de son exécution, des garanties appropriées comportant, au bénéfice de la personne contrainte, le droit à un recours effectif devant l'autorité judiciaire, à qui il appartient de vérifier la légalité des actes accomplis par les officiers et agents de police judiciaire.

§ 3
Perquisitions, saisies, scellés au stade de l'enquête préliminaire

616.61 Assentiment exprès de la personne chez laquelle l'opération a lieu. Aux termes de l'article 76, alinéa premier, du code de procédure pénale, les perquisitions, visites domiciliaires et saisies de pièce à conviction ne peuvent être effectuées sans l'assentiment exprès de la personne chez laquelle l'opération a lieu. Nous nous limitons à donner ici quelques idées sur la notion d'assentiment, qui forme la spécificité de la perquisition et de la saisie dans le cadre de l'enquête préliminaire.

Des dispositions combinées des articles 56 et 76, il résulte que, s'il n'a reçu mandat du juge d'instruction, un officier de police judiciaire ne peut, sans l'assentiment exprès de la personne chez qui l'opération a eu lieu, légalement procéder à une perquisition ou à une saisie qu'en cas de crime ou de délit flagrants. Les perquisitions et saisies sont nulles dès lors qu'avant leur accomplissement, aucun indice apparent d'un comportement délictueux ne pouvait révéler l'existence d'une infraction répondant à la définition donnée par l'article 53 des crimes et délits flagrants[1].

L'assentiment de la personne n'est valable que lorsqu'il est donné en toute connaissance de cause, c'est-à-dire quand la personne a su qu'aucune information n'était encore ouverte[2]. Si le texte constatant l'assentiment exprès du prévenu à une perquisition n'est que partiellement écrit de sa main, la nature des passages manuscrits - nom, prénom, domicile, date, heure, mention « lu et approuvé » précédant sa signature - met la Cour de cassation en mesure de s'assurer qu'il a été satisfait aux exigences de l'article 76[3]. En l'absence d'assentiment exprès de la personne chez qui la perquisition a eu lieu, la chambre d'accusation a, à bon droit, annulé le procès-verbal de perquisition et la planche photographique s'y rapportant, sans étendre l'annulation à l'ensemble de la procédure, le réquisitoire n'ayant pas comme support nécessaire le procès-verbal de perquisition[4]. Justifie sa décision la cour d'appel qui, pour écarter l'exception de nullité de la perquisition, constate que le prévenu ne conteste pas avoir rempli et signé le formulaire d'assentiment à la perquisition, qui demeure suffisamment lisible, puis a renouvelé oralement son acceptation, déduisant que la forte émotion et les tremblements manifestés par l'intéressé ne suffisent pas à établir qu'il n'a pas librement consenti et qu'il a rédigé le document attestant de son consentement sous la contrainte des enquêteurs ou sous l'effet d'un état de confusion mentale tel qu'il l'a privé de tout discernement[5].

616.62 Perquisitions nocturnes dans les locaux à usage d'habitation. Depuis l'entrée en vigueur de la loi du 3 juin 2016[6], en cas d'urgence et pour les enquêtes préliminaires ou celles effectuées dans le cadre d'une information judiciaire, sont autorisées les perquisitions nocturnes *dans les locaux à usage d'habitation*, dès lors qu'il s'agit de l'une des infractions visées au 11° de l'article 703-73 du code de procédure pénale, à savoir des crimes ou délits constituant des actes de terrorisme, et que la réalisation de ces opérations « est nécessaire afin de prévenir un risque d'atteinte à la vie ou à l'intégrité physique »[7][8].

Dans les cas prévus au second alinéa de l'article 706-90 et aux 1° à 4° de l'article 706-91, l'ordonnance comporte également l'énoncé des considérations de droit et de fait qui constituent le fondement de cette décision par référence aux seules conditions prévues par ces alinéas[9]. Il résulte des articles 706-91 et 706-92 du code de procédure pénale et 8 de la convention européenne des droits de l'homme que l'ordonnance autorisant des perquisitions dans des locaux d'habitation en dehors des heures prévues à l'article 59 du code de procédure pénale doit être spécialement motivée, en droit

1. Crim. 30 mai 1980, n° 80-90.075, P n° 165 ; *D.* 1981. 533, note W. Jeandidier – Crim. 24 juin 1987, n° 87-82.333, P n° 267.
2. Crim. 18 juill. 1995, n° 94-86.109, NP, *Dr. pénal* 1995. Chron. 59, obs. V. Lesclous et C. Marsat ; *Dr. pénal* 1996, n° 40, note J.-H. Robert.
3. Crim. 28 janv. 1987, n° 85-95.180, P n° 48 ; *D.* 1987. 258, note M. Azibert.
4. Crim. 4 oct. 1994, n° 94-83.490, P n° 313 ; *D.* 1995. Somm. 145, obs. J. Pradel.
5. Crim. 16 janv. 2018, n° 17-81.896, P n° 11 ; *JCP* 2018. 245.
6. L. n° 2016-731, 3 juin 2016, préc.
7. Cette définition répond aux exigences du Conseil constitutionnel dans sa décision du 19 février 2016 : Cons. const. 19 févr. 2016, n° 2016-536 QPC, art. non conforme 11 I, al. 3, 2nde phrase, de la loi du 3 avril 1955, et conforme le surplus, *perquisitions et saisies administratives dans le cadre de l'état d'urgence*, NON-CONFORMITÉ PARTIELLE, *JO* 21 févr., n° 27 ; *JCP* 2016. 477, C. Ribeyre – AUSSI : H. Matsopoulou, « Les nouveaux moyens de preuve au service de la criminalité organisée – À propos de la loi n° 2016-731 du 3 juin 2016 », *JCP* 2016. 707.
8. C. pr. pén., art. 706-90, al. 2, et 706-91, al. 2, 4° ; art. mod. par L. n° 2016-731, 3 juin 2016, art. 1er.
9. C. pr. pén., art. 706-92 ; mod. par L. n° 2016-731, 3 juin 2016, art. 1er.

et en fait, au vu de l'urgence et au regard des conditions prévues aux 1° à 3° de l'article 706-91 de ce code. L'absence d'une telle motivation de cette atteinte à la vie privée, qui interdit tout contrôle réel et effectif de la mesure, fait nécessairement grief aux intérêts de la personne concernée[1].

616.63 **Perquisitions informatiques à distance.** L'article 57-1[2] du code de procédure pénale a été modifié par la loi du 3 juin 2016[3] pour permettre la mise en œuvre de perquisitions informatiques à distance depuis les locaux des enquêteurs, en préservant l'ensemble des garanties associées au régime des perquisitions « physiques » issues des articles 57 et 76 du code de procédure pénale. Ainsi, dans le cadre de l'enquête préliminaire, les dispositions de l'article 76 du code de procédure pénale (consentement de la personne chez laquelle la perquisition a lieu, sauf autorisation du juge des libertés et de la détention) s'appliquent à la perquisition informatique à distance créée par l'article 57-1 du code de procédure pénale. Il est désormais possible pour l'officier de police judiciaire d'accéder à des données utiles pour une enquête en cours et stockées dans un autre système informatique de façon immatérielle sans déplacement physique.

La chambre criminelle a jugé le 24 janvier 2017[4] que « la découverte des indices de commission d'infractions ayant résulté de la tentative de dissimulation par l'une des personnes poursuivies, avant l'entrée des forces de police, sur l'ordre du préfet, dans les lieux de la perquisition, de certains objets ultérieurement saisis en dehors de ces lieux, autorisait les officiers de police judiciaire à agir selon le mode de l'enquête de flagrance, la légalité de l'ordre de perquisition et des modalités de son exécution étant sans conséquence sur la régularité de la procédure [...] ». Cette jurisprudence traditionnelle en ce que la juridiction peut valider une perquisition menée sans l'assentiment de la personne dans le cas où préexistaient des indices objectifs de la commission d'une infraction flagrante, est intéressante pour se situer dans le cadre de l'état d'urgence, après annulation de l'acte préfectoral de perquisition prononcée par le tribunal administratif. Les conditions de la flagrance étaient réunies sans qu'il soit besoin de faire appel aux résultats de la perquisition.

616.64 **Exigences de motivation.** Dans deux décisions rendues le 23 novembre 2016, la chambre criminelle a précisé les exigences reposant sur les juges des libertés et de la détention. L'une de ces décisions[5] est relative à la *motivation exigée en matière de perquisition*. La perquisition doit en effet être autorisée par le JLD en enquête préliminaire lorsque la peine encourue est au moins égale à cinq ans d'emprisonnement et trois ans seulement depuis l'entrée en vigueur de la loi 2019-222 du 23 mars 2019. L'article 76, alinéa 4, du code de procédure pénale précise que l'ordonnance doit être « motivée par référence aux éléments de fait et de droit justifiant que ces opérations sont nécessaires ». En l'espèce, la chambre de l'instruction avait validé la procédure au motif que l'ordonnance, en se référant aux réquisitions du ministère public, permettait de déduire l'existence d'une infraction passible d'au moins cinq ans d'emprisonnement. La chambre criminelle casse l'arrêt et juge que la motivation « s'impose au regard des droits protégés par la convention européenne des droits de l'homme et en tenant compte de l'évolution du statut et du rôle juridictionnel du juge des libertés et de la détention voulue par le législateur ; que cette motivation constitue une garantie essentielle contre le risque d'une atteinte disproportionnée au droit au respect de la vie privée ». L'ordonnance ne peut donc se contenter de viser les réquisitions du ministère public. La chambre criminelle revient donc sur une jurisprudence antérieure selon laquelle elle jugeait qu'« aucune disposition légale ne fait obstacle à ce que l'ordonnance du juge des libertés et de la détention se réfère expressément à la requête présentée par le procureur de la République aux fins de perquisition, en application de l'article 76, alinéa 4, du code de procédure pénale, lorsque celle-ci comporte toutes les indications exigées par ce texte à peine de nullité »[6]. La chambre criminelle a refusé de transmettre une QPC[7] soutenant que, dans sa rédaction antérieure à celle issue de la loi n° 2019-222 du 23 mars 2019, l'article 76, alinéa 4, du code de procédure pénale qui prévoit la possibilité de perquisitions, visites domiciliaires et saisies de pièces à conviction ou de biens sans l'assentiment exprès de la personne, ordonnées par le juge des libertés et de la détention est contraire à l'article 16 de la Déclaration des

1. Crim. 8 juill. 2015, n° 15-81.731, P n° 174 ; *D.* 2015. 1542 ; *JCP* 2015. 949.
2. C. pr. pén., art. 57-1 ; mod. par L. n° 2016-731, 3 juin 2016, art. 58.
3. L. n° 2016-731, 3 juin 2016, préc.
4. Crim. 24 janv. 2017, n° 16-85.577, NP, *AJ pénal* 2017. 137, obs. J. Lasserre Capdeville.
5. Crim. 23 nov. 2016, n° 15-83.649, P ; *D.* 2016. 2402, obs. note explicative de la Cour de cassation ; *D.* 2017. 245, chron. G. Guého, L. Ascensi, E. Pichon, B. Laurent et G. Barbier ; *JCP* 2017. 82, note J. Pradel ; *AJ pénal* 2017. 43, obs. J.-B. Thierry ; *Dr. pénal* 2017, comm. 13, A. Maron et M. Haas.
6. Crim. 6 mars 2013, n° 12-87.810, P n° 62 ; *D.* 2013. 1993, obs. J. Pradel ; *AJ pénal* 2013. 349, obs. J. Pronier.
7. Crim. 9 avr. 2019, n° 19-90.010, P n° 70 ; *D.* 2019. 891 *AJ pénal* 2019. 397, obs. E. Clément.

droits de l'homme et du citoyen de 1789 en ce qu'il ne prévoit pas de délai dans lequel doivent se dérouler ces opérations. La Cour de cassation a jugé que le juge des libertés et de la détention doit motiver sa décision de façon concrète au regard des éléments de fait et de droit et justifier de la nécessité et de la proportionnalité des mesures autorisées. Ces opérations doivent être effectuées sous le contrôle du juge, qui peut se déplacer sur les lieux en vue de veiller au respect des dispositions légales.

Le juge des libertés et de la détention tire ainsi du contrôle effectif que lui confèrent les dispositions de l'article 76, alinéa 4, du code de procédure pénale, celui de fixer le délai dans lequel la mesure qu'il autorise doit être exécutée. Enfin, ces dispositions ne s'opposent pas à ce que la personne concernée saisisse le juge d'une requête en nullité tirée de la tardiveté des opérations de perquisition, si elle démontre qu'elles n'étaient plus nécessaires à la recherche et à la constatation des infractions en cause.

Le juge des libertés et de la détention, saisi par le procureur de la République d'une demande d'autorisation de perquisition sans assentiment, peut, s'il l'estime suffisamment fondée en fait et en droit, motiver sa décision en reprenant, à l'identique, les termes de cette requête[1].

616.65 Impartialité du juge des libertés et de la détention. Le Conseil constitutionnel a, par une décision du 19 janvier 2023[2], dit que le principe d'impartialité ne s'oppose pas à ce que le juge des libertés et de la détention qui a autorisé une perquisition statue sur la contestation d'une saisie effectuée à cette occasion par un autre juge des libertés et de la détention sous réserve que les dispositions contestées (C. pr. pén., art. 56-1, al. 4 et LPF, art. L. 16 B) ne sauraient, sans méconnaître le principe d'impartialité, être interprétées comme permettant qu'un même juge des libertés et de la détention effectue une saisie et statue sur sa contestation.

616.66 Perquisition support nécessaire de la garde à vue. Il arrive – rarement – que la perquisition constitue le support nécessaire de la garde à vue : « Il se déduit de l'article 8 de la convention européenne des droits de l'homme, des articles 171, 173, 174 et 802 du code de procédure pénale que doivent être annulés les procès-verbaux afférents à l'interpellation et au placement en garde à vue d'une personne auxquels les officiers de police judiciaire ont procédé au domicile de celle-ci, dès lors que l'introduction dans ce domicile trouve son support nécessaire et exclusif dans une ordonnance du juge d'instruction y ayant autorisé une perquisition en dehors des heures légales, elle-même annulée[3]. »

616.67 Perquisition : jurisprudence. Il a été jugé qu'est nulle la perquisition opérée hors la présence de l'intéressé ou de son représentant, alors que l'impossibilité pour lui d'y assister n'est pas établie[4], ou celle effectuée au cours d'une enquête préliminaire sans l'assentiment de celui chez qui elle a lieu[5]. La disposition de l'article 66 du code de procédure pénale qui prescrit de rédiger « sur-le-champ » les procès-verbaux de perquisition et de saisie n'est pas prescrite à peine de nullité, sauf si son inobservation compromet les droits de la défense[6]. Mais la chambre d'accusation, qui a déclaré nulle une saisie opérée sur commission rogatoire, doit également annuler tous les actes qui procèdent de cette saisie irrégulière[7]. Une saisie annulée peut être réitérée sans qu'il importe que la première numérotation des pièces ait été conservée[8]. Est régulière la mesure de garde à vue notifiée à l'issue d'une perquisition effectuée sans mesure de contrainte, il n'est donc pas obligatoire de placer la personne en garde à vue avant de réaliser une perquisition[9]. Ne constitue pas une perquisition soumise aux règles édictées par l'article 56 du code de procédure pénale, la recherche en vue de remise aux services de police, par le propriétaire d'un local ou son représentant, d'objets introduits sans droit ni titre par un tiers n'y ayant pas son domicile[10]. La perquisition peut avoir lieu non seulement chez toute personne qui paraît détenir des pièces ou objets relatifs aux faits incriminés, sans qu'il soit nécessaire qu'une infraction flagrante soit caractérisée à l'égard de cette dernière[11].

La présence de la personne concernée est un élément important : la chambre criminelle a annulé la perquisition effectuée hors la présence de la

1. Crim. 21 janv. 2020, n° 18-84.899, *AJ pénal* 2020. 309, obs. D. Miranda.
2. Cons. const., 19 janv. 2023, n° 2022-1031 QPC.
3. Crim. 21 juin 2016, n° 16-80.126, P n° 188 ; *D.* 2016. 1434.
4. Crim. 23 févr. 1988, n° 87-90.117, P n° 91 – Crim. 7 déc. 1993, n° 93-84.188, P n° 372.
5. Crim. 24 juin 1987, n° 87-82.333, P n° 267.
6. Crim. 7 juin 1963, n° 63-90.694, P n° 194.
7. Crim. 10 déc. 1968, n° 68-92.028, P n° 333 – Crim. 4 juin 1969, n° 69-91.071, P n° 186 ; *JCP* 1970. II. 16187, note P. Chambon.
8. Crim. 23 mars 1977, n° 75-92.170, P n° 109 ; *JCP* 1979. II. 19030, note P. Chambon.
9. Crim. 12 déc. 2000, n° 00-83.852, P n° 369 ; *D.* 2001. 1340, note D. Mayer et J.-F. Chassaing ; *RSC* 2001. 610, obs. A. Giudicelli – Crim. 21 mars 2006, n° 02-80.565, NP.
10. Crim. 12 févr. 2008, n° 07-87.862, P n° 35 ; *D.* 2008. AJ 924 ; *AJ pénal* 2008. 244, note G. Roussel ; *Rev. pénit.* 2008. 381, obs. C. Ambroise-Castérot ; *Procédures* 2008, n° 218, note J. Buisson ; *D.* 2008. Pan. 2761, obs. J. Pradel ; *Dr. pénal* 2009. Chron. 1, obs. D. Guérin.
11. Crim. 27 janv. 1987, n° 86-93.278, P n° 41 ; *D.* 1987. Somm. 408, obs. J. Pradel ; *D.* 1988. 179, note Y. Darolle.

personne mise en examen détenue, qui n'avait pas été invitée à désigner deux témoins pour la représenter, dès lors qu'au cours de celle-ci des stupéfiants avaient été découverts, ce qui avait entraîné une mise en examen supplétive pour des faits que le mis en examen contestait. Elle a considéré que l'irrégularité alléguée, au regard des prescriptions de l'article 57 du code de procédure pénale, avait porté atteinte aux intérêts de l'intéressé[1]. De même, dans une autre espèce, deux frères avaient été interpellés dans une affaire d'infraction à la législation sur les stupéfiants et placés en garde à vue. La perquisition était réalisée au domicile de leurs parents chez qui ils demeuraient en la présence d'un seul d'entre eux. C'est à tort que la cour avalisait cette absence[2].

La perquisition au domicile d'un couple dont le mari est seul suspecté, réalisée en présence de la seule épouse n'est pas valable[3]. Mais l'assentiment express donné par l'épouse dans les formes de la loi, en présence de son époux, laisse présumer que ce dernier était pareillement consentant[4]. N'est pas nulle la perquisition dans les locaux d'une société de gestion immobilière en raison du défaut de convocation de l'avocat de la société, alors qu'avait été convoqué l'avocat des parties civiles, dès lors qu'il résulte du procès-verbal de transport que l'avocat des parties civiles n'a eu aucun rôle actif dans la perquisition et qu'il a quitté les lieux une heure après le début des opérations, juste avant que l'avocat de la société n'arrive sur les lieux et qu'en présence de ce dernier et de lui seul, le juge d'instruction ne procède à la saisie de données informatiques et de documents, de sorte qu'il n'a pas été porté atteinte aux intérêts de la personne mise en examen[5].

La possibilité de procéder à une perquisition avec deux témoins requis a pour finalité de garantir le caractère contradictoire du déroulement des opérations de saisie ainsi que d'authentifier la présence effective sur les lieux des objets découverts et saisis. Ces dispositions excluent qu'un officier de police judiciaire requière des agents de police municipale agissant dans l'exercice de leurs fonctions, dès lors qu'il résulte de l'article 21 du code de procédure pénale que de tels agents sont agents de police judiciaire adjoints et ont pour mission de seconder les officiers de police judiciaire. Si la personne acquiert ainsi la qualité pour agir, elle n'en doit pas moins démontrer son grief[6].

616.68 Une perquisition peut-elle être menée par un agent de police judiciaire ? La chambre criminelle indique qu'il se déduit des articles 75 et 76 du code de procédure pénale que les agents de police judiciaire peuvent, en enquête préliminaire, et au contraire de l'enquête de flagrance, procéder à une perquisition dès lors qu'ils agissent sous le contrôle de l'officier de police judiciaire. L'existence de ce contrôle doit être établie par une mention expresse au procès-verbal de perquisition ou résulter, à défaut, d'une mention spécifique dans les pièces de procédure. En l'absence d'une telle mention, l'éventuelle annulation de la mesure est toutefois soumise à l'existence d'un grief, conformément aux dispositions de l'article 802 du code de procédure pénale[7]. Si les enquêtes préliminaires sont prépondérantes dans l'activité des services enquêteurs et qu'en pratique elles sont largement menées par des agents de police judiciaire, la chambre criminelle n'avait jusque-là jamais affirmé la compétence de ces derniers pour procéder à des perquisitions. En l'espèce, pour retenir que l'exigence de contrôle était respectée, la cour d'appel s'est référée au seul visa du commissaire de police chef de service, apposé sur le soit-transmis de clôture de la procédure et de transmission au procureur de la République. En l'absence de mention spécifique susceptible d'établir que la perquisition avait fait l'objet d'un contrôle par un officier de police judiciaire, le raisonnement des juges du fond ne pouvait donc être approuvé par la Cour de cassation. Le pourvoi a toutefois été rejeté : dès lors que la prévenue, d'une part, n'avait pas contesté la présence du compresseur dans les lieux de la perquisition, d'autre part, ne se prévalait d'aucun autre grief que les poursuites dont elle a été l'objet, la chambre criminelle a estimé que le moyen devait être écarté.

616.69 Perquisition : droits des personnes ayant subi une perquisition. La loi n° 2019-222, du 23 mars 2019 a inséré dans le code de procédure pénale un article 802-2 aux termes duquel toute personne ayant fait l'objet d'une perquisition ou d'une visite domiciliaire et qui n'a pas été poursuivie devant une juridiction d'instruction ou de jugement au plus tôt 6 mois après l'accomplissement de cet acte pourra, dans un délai d'un an à compter de la date à laquelle elle a eu connaissance de cette mesure, saisir le JLD en vue de son annulation. Le JLD doit statuer dans le mois de la réception de la requête. Cette disposition a été validée par le Conseil

1. Crim. 3 avr. 2007, n° 07-80.807, P n° 102 ; *D.* 2007. 1422 ; *D.* 2007. 1817, Chron. D. Caron et S. Ménotti ; *D.* 2008. 2757, obs. J. Pradel ; *AJ pénal* 2007. 285, obs. G. Royer.
2. Crim. 25 juin 2013, n° 13-81.977, P n° 154 ; mais la décision n'est pas cassée, le requérant n'établissant pas de grief.
3. Crim. 5 mars 1998, n° 96-82.678, P n° 89.
4. Crim. 23 oct. 2013, n° 12-82.627, NP.
5. Crim. 11 juill. 2017, n° 16-82.426, P n° 211 ; *JCP* 2017. 98.
6. Crim. 13 sept. 2022, n° 22-80.515 *AJ pénal* 2022. 486.
7. Crim. 7 déc. 2021, n° 20-82.733, P : *D.* 2021. 2234 ; *AJ pénal* 2022. 45, obs. J. Leborne.

constitutionnel[1] sous la réserve que si la perquisition avait été décidée par le JLD, celui-ci ne peut pas traiter la requête au nom des principes d'indépendance et d'impartialité. Elle pose de nombreuses questions qui ne seront pas étudiées en détail ici : comment analyser un droit qui appartient à une personne qui n'est pas partie dans une procédure ? quelles seraient les incidences de ce défaut d'action pour la personne qui deviendrait ensuite partie ? comment sanctionner par une forclusion une personne qui n'est pas partie à la procédure et qui n'a pas agi ? mais si le droit renaît lorsque la personne devient partie, à quoi sert l'article 802-2 ? (V. aussi s[s] n° 616.43).

§ 4
Perquisition à domicile

616.71 Domicile – Notion. Une importante jurisprudence existe également sur la notion de domicile. « Le terme domicile, au sens des articles 56 et 76 du code de procédure pénale, ne signifie pas seulement le lieu où une personne a son principal établissement mais encore le lieu où, qu'elle y habite ou non, elle a le droit de se dire chez elle, quels que soient le titre juridique de son occupation et l'affectation donnée aux locaux »[2], énonce la chambre criminelle.

La chambre louée, ou la chambre d'hôtel est assimilée à un domicile[3]. Le coffre bancaire est considéré comme situé « *dans un domicile autre que celui de la personne poursuivie* », et la perquisition qui y est faite est régulière si les prescriptions de l'article 96 du code de procédure pénale ont été observées[4]. Le siège d'une association ne constitue pas le domicile du président de celle-ci[5]. Une voiture automobile n'est pas un domicile[6] ; toutefois, le propriétaire d'une voiture peut refuser d'en ouvrir le coffre au cours d'un contrôle routier[7], à moins qu'il ne s'agisse d'une enquête de flagrant délit[8]. L'ouverture forcée du capot d'une voiture n'est pas assimilable à une visite domiciliaire[9]. Un appartement partiellement détruit par un incendie et devenu inhabitable, n'est plus un domicile[10]. N'a pas non plus ce caractère un bateau de cinq mètres sans aménagement[11]. Ne sont pas assimilables à une perquisition à domicile les vérifications faites dans un casier de consigne de gare[12], ou les constatations sur les objets contenus dans un garage, faites depuis l'extérieur de celui-ci[13]. L'atelier de ciselure ou la fonderie, dépourvus des équipements nécessaires à l'habitation et où l'intéressé n'exerce pas d'activité permanente, n'est pas un domicile[14].

616.72 Jurisprudence. Justifie sa décision la chambre d'accusation qui, pour rejeter la demande d'annulation de la saisie par le juge d'instruction de correspondance adressée à une personne mise en examen, retient qu'une telle mesure prise dans l'intérêt de la manifestation de la vérité n'a pas à être spécialement motivée[15].

La Cour de cassation a jugé qu'« à l'exception de celles qui ont lieu dans le bureau personnel du dirigeant social, et auxquelles ce dernier, sauf application des articles 57, alinéa 2, 95 ou 96 du code de procédure pénale, doit nécessairement assister, les perquisitions et saisies dans les locaux d'une société peuvent être pratiquées en la seule présence d'une personne se comportant comme le représentant qualifié de cette société »[16]. Il en va de même pour la perquisition dans les locaux d'une association[17]. La pièce de l'appartement d'un tiers dans laquelle une personne mise en examen s'est faite clandestinement héberger pour se soustraire aux poursuites dont il est l'objet et dans laquelle elle vit cachée ne constitue pas le domicile de cette personne, alors d'ailleurs qu'il a un autre domicile. La perquisition effectuée dans ce local, par la police sur commission rogatoire du juge d'instruction, en l'absence de cette personne, est régulière dès lors qu'elle a eu lieu en présence de la personne dans l'appartement de laquelle ledit local est situé[18]. La détention n'est pas un obstacle à la présence de l'inculpé[19]. La simple allégation que l'intéressé était blessé n'établit pas qu'il était dans l'impossibilité d'assister à la perqui-

1. Cons. const. 21 mars 2019, n° 2019-778 DC.
2. Crim. 24 juin 1987, n° 87-82.333, P n° 267.
3. Crim. 24 juin 1893, *S.* 1893. 1. 491 – Crim. 31 janv. 1914, *D.* 1918. 1. 76 – Crim. 30 mai 1980, n° 80-90.075, P n° 165.
4. Crim. 14 oct. 1969, n° 69-90.775, P n° 248.
5. Crim. 27 sept. 1984, n° 84-93.474, P n° 275 ; *JCP* 1984. IV. 327.
6. Crim. 11 sept. 1933, P n° 191 ; *DP* 1937. 1. 40 – Crim. 8 nov. 1979, n° 78-92.914, P n° 311 ; *D.* 1980. IR 523, obs. M. Puech ; *JCP* 1980. II. 19337, note J. Davia.
7. Crim. 23 juin 1964, n° 62-93.147, P n° 208 ; *JCP* 1965. II. 14080 – T. corr. Toulon, 26 avr. 1983, *JCP* 1984. II. 20214, note P. Chambon.
8. Crim. 8 nov. 1979, n° 78-92.914, P n° 311.
9. Rennes, 8 nov. 1984, *D.* 1984. Flash n° 42.
10. Crim. 31 mai 1994, n° 94-81.199, P n° 213.
11. Crim. 20 nov. 1984, n° 84-91.829, P n° 355.
12. Crim. 12 oct. 1993, n° 93-83.490, P n° 287.
13. Crim. 29 mars 1994, n° 93-84.995, P n° 118 ; *D.* 1995. 144, obs. J. Pradel.
14. Crim. 17 oct. 1995, n° 95-81.847, P n° 310 ; *D.* 1996. IR 14.
15. Crim. 7 juin 2000, n° 99-81.570, P n° 215 ; *D.* 2000. IR 226.
16. Crim. 18 juin 2003, n° 02-88.207, P n° 129.
17. Crim. 10 mars 2004, n° 02-85.285, P n° 64 ; *D.* 2004. 1240 ; *D.* 2005. 684, obs. J. Pradel.
18. Crim. 30 mars 1971, n°s 70-92.957, 70-CS143, 2 esp., P n°s 113 et 114.
19. Crim. 27 sept. 1984, n° 84-93.474, P n° 275 – Crim. 7 déc. 1993, n° 93-84.188, P n° 372.

sition faite à son domicile en son absence en présence de deux témoins[1]. Un atelier de ciselure et une fonderie, dépourvus des équipements nécessaires à une habitation effective et dans lesquels les personnes mises en examen n'exercent aucune activité permanente, ne sauraient constituer un domicile : dès lors les investigations effectuées dans ces locaux ne peuvent être assimilées à des perquisitions, au sens de l'article 95 du code de procédure pénale[2]. La chambre de l'instruction qui rejette la requête en nullité de la perquisition au motif que les éléments du dossier ne permettaient pas d'établir que compte tenu de la difficulté à rapporter l'identité précise du locataire ou du propriétaire des lieux perquisitionnés, la seule présence des deux témoins était suffisante, ne justifie pas sa décision, dès lors que les enquêteurs avaient indiqué en procédure que le garage perquisitionné appartenait au mis en examen et que celui-ci, qui avait revendiqué dans une conversation téléphonique antérieure, la propriété de l'appartement, s'était déclaré à plusieurs reprises domicilié à cette adresse[3]. Dans la même affaire, la chambre criminelle devait casser également l'arrêt de la juridiction de renvoi, au motif cette fois-ci, qu'elle n'avait pas « autrement indiqué les raisons qui empêchaient les enquêteurs, en charge de sa garde à vue, à Vesoul, d'inviter M. H à désigner un représentant de son choix pour assister aux perquisitions projetées à Besançon »[4].

616.73 Infraction relevant de la criminalité organisée. Lorsque la perquisition se déroule dans le cadre des articles 706-89 et suivants du code de procédure pénale, c'est-à-dire dans le cas d'infraction relevant de la criminalité organisée, il est possible de se passer, pour la perquisition au domicile, de la présence de la personne dès lors qu'elle est en garde à vue ou détenue en un autre lieu et que son transport sur place paraît devoir être évité en raison des risques graves soit de troubles à l'ordre public ou d'évasion, soit de disparition des preuves pendant le temps nécessaire au transport. La perquisition peut alors être faite, avec l'accord préalable du procureur de la République ou du juge d'instruction, en présence de deux témoins requis dans les conditions prévues au deuxième alinéa de l'article 57[5].

616.74 Pénétration de force dans un domicile. La Cour de cassation a rappelé dans un arrêt du 22 février 2017[6] que l'autorisation de comparution sous contrainte prévue par l'article 78 du code de procédure pénale et donnée par le parquet ne permet pas à l'officier de police judiciaire de pénétrer de force dans un domicile. C'est à tort que, pour rejeter le moyen de nullité pris d'une violation de l'article 78 du code de procédure pénale, la cour d'appel se borne à relever que ce texte n'exige pas que la justification des raisons de craindre que la personne concernée ne réponde pas à une convocation figure dans l'ordre donné à l'officier de police judiciaire de la faire comparaître par la contrainte et les procès-verbaux y afférents, alors que, s'agissant d'une privation de liberté, il appartenait à la chambre de l'instruction de vérifier qu'elle avait été strictement nécessaire[7]. Cette solution a encore été répétée depuis : il se déduit de l'article 78 du Code de procédure pénale qu'il n'appartient pas à l'officier de police judiciaire, autorisé par le procureur de la République à contraindre une personne à comparaître par la force publique, de pénétrer de force dans un domicile, une telle atteinte à la vie privée ne pouvant résulter que de dispositions légales spécifiques confiant à un juge le soin d'en apprécier préalablement la nécessité. Encourt dès lors la cassation l'arrêt qui, pour rejeter l'exception de nullité d'une garde à vue, retient que les policiers, autorisés à contraindre une personne à comparaître, avaient à juste titre fait usage de la force pour défoncer la porte d'entrée de son habitation après avoir constaté la présence d'au moins une personne dans celle-ci[8].

616.75 Saisie dans un collectif d'ordures ménagères. La saisie par des enquêteurs, dans le but de rechercher les auteurs d'une infraction, d'un objet abandonné sur la voie publique ou dans un conteneur collectif d'ordures ménagères ne constitue pas une atteinte à la vie privée au sens de l'article 8 de la Convention européenne des droits de l'homme[9]. On peut en effet soutenir que ce dont la personne a voulu se débarrasser ne lui était pas si essentiel, mais surtout que « L'ingérence est une immixtion, une intrusion. Elle implique le franchissement d'une barrière virtuelle. Le déchet, devenu *res nullius* en droit civil, perd son attachement à la personne et son appréhension, puis son exploitation, si elles apportent des éléments sur la vie privée de son

1. Crim. 23 févr. 1988, nº 87-90.117, P nº 91.
2. Crim. 17 oct. 1995, nº 95-81.847, P nº 310 ; *D.* 1996. 256, obs. J. Pradel.
3. Crim. 20 juin 2018, nº 17-86.657, P nº 116 ; *JCP* 2018. 829.
4. Crim. 5 févr. 2020, nº 19-85.188, P.
5. C. pr. pén., art. 706-95.
6. Crim. 22 févr. 2017, nº 16-82.412, P nº 50 ; *D.* 2017. 453 ; *D.* 2017. 1676, obs. J. Pradel ; *JCP* 2017. 202 ; *AJ pénal* 2017. 227, note M. Murbach-Vibert et J.-F. Barre ; *RSC* 2017. 331, obs. F. Cordier.
7. Crim. 29 nov. 2016, nº 16-83.513, P ; *D.* 2016. 2521.
8. Crim. 18 sept. 2019, nº 18-84.885, P ; *JCP* 2019. 1085 ; *D.* 2019. 1838 ; *D. actu.* 8 oct. 2019, obs. F. Charlent ; *AJ pénal* 2019. 561, obs. É. Clément ; *Dr. pénal* 2019. Comm. 189, obs. A. Maron et M. Haas ; *Procédures* 2019. Comm. 298, obs. A.-S. Chavent-Leclère ; *Gaz. Pal.* 4 févr. 2020, obs. F. Fourment ; *RSC* 2020. 118, note P.-J. Delage.
9. Crim. 6 avr. 2022, nº 21-84.092, P ; *Dr. pénal* 2022, comm. 115, A. Maron et M. Haas.

ancien possesseur, ne constituent pas pour autant une ingérence, une immixtion, dans l'exercice sa vie privée »[1]. Une telle saisie ne nécessite pas une autorisation judiciaire préalable à l'exploitation de son contenu.

§ 5
Perquisitions, saisies, scellés au stade de l'instruction préparatoire

616.81 **Perquisitions sur commission rogatoire.** Les officiers de police judiciaire pratiquant dans un domicile des perquisitions ordonnées sur commission rogatoire n'ont le droit d'opérer une saisie se rapportant à une autre infraction qu'en cas de crime ou de délit flagrant puni d'une peine d'emprisonnement[2]. Il ne saurait en conséquence y avoir de saisie pratiquée sur la base d'une enquête préliminaire ouverte grâce à la découverte incidente d'objets découverts dans le cadre d'une information, sauf assentiment exprès de la personne concernée. Est régulière la perquisition effectuée par le juge d'instruction au domicile et en présence de la personne mise en examen, en l'absence de l'avocat qui n'a pas été avisé de ce transport, dès lors que cet acte a été accompli dans le respect des formalités prévues aux articles 95, 57 et 59 du code de procédure pénale et que la personne mise en examen n'a été soumise à aucun interrogatoire, confrontation ou reconstitution qui eût impliqué l'information de son avocat, préalablement au transport décidé par le magistrat[3].

616.82 **Saisie facultative.** Aux termes de l'article 97 du code de procédure pénale, la saisie de tous documents utiles à l'information est faite par le juge d'instruction lui-même ou son délégataire, qui ont seuls le droit d'en prendre connaissance. La saisie est en principe facultative[4]. Le placement sous scellés, qui constitue un moyen d'authentification des produits, n'est pas obligatoire et en son absence, la preuve de la nature du produit est soumise au principe de la libre administration de la preuve posé par l'article 427 du code de procédure pénale[5].

La méconnaissance des formalités substantielles régissant la géolocalisation peut être invoquée à l'appui d'une demande d'annulation d'actes ou de pièces de procédure par la partie titulaire d'un droit sur le véhicule géolocalisé ou qui établit, hors le cas d'un véhicule volé et faussement immatriculé, qu'il a, à l'occasion d'une telle investigation, été porté atteinte à sa vie privée[6].

616.83 **Scellé ouvert ou fermé.** Sauf exceptions légales, le scellé constitué peut être soit « ouvert » c'est-à-dire que sa consultation est de libre accès, soit « fermé » ce qui suppose le bris du scellé pour pouvoir le voir ou le consulter. Tous objets et documents saisis sont immédiatement inventoriés et placés sous scellés ouverts ou fermés, selon leur nature. Les scellés définitifs peuvent être précédés de scellés provisoires, en raison de leur quantité[7]. L'article 56 du code de procédure pénale n'impose la présence à l'inventaire que des seules personnes ayant assisté à la perquisition[8]. Les scellés fermés non inventoriés ne peuvent être ouverts qu'en présence de la personne mise en examen et de son conseil. Mais ils peuvent être présentés aux témoins et à la partie civile hors sa présence, s'il n'y a pas eu ouverture[9].

La non-convocation du conseil, absent lors de l'ouverture des scellés, est une cause d'irrégularité de la procédure[10] ; le tiers chez qui la saisie a été faite est également invité à y assister. Seule est maintenue la saisie des documents utiles. Les espèces et valeurs fongibles peuvent être déposées à la Caisse des dépôts et consignations.

Les formalités relatives aux perquisitions et saisies ne sont pas applicables à la remise par les témoins d'une arme entre les mains du commissaire de police ou du juge d'instruction[11]. Le support technique d'une empreinte digitale (photographie d'un morceau de vitre), n'est qu'une annexe des procès-verbaux et sa mise sous scellés n'est donc pas nécessaire[12].

Le moyen de nullité pris de la violation des dispositions de l'article 97, alinéa 2, du code de procédure pénale doit être écarté dès lors que les listes électorales remises aux officiers de police judiciaire et saisies ont été immédiatement inventoriées et le placement sous cotes de ces pièces constitue un placement sous scellés ouverts, prescrit par le juge d'instruction et autorisé par la loi. En

1. A. Maron et M. Haas, *Dr. pénal* 2022, comm. 115.
2. Crim. 13 févr. 1925, *DP* 1925. 1. 148 – Crim. 17 mai 1994, n° 93-82.252, P n° 186.
3. Crim. 20 févr. 2002, n° 01-88.335, P n° 41 ; *JCP* 2002. IV. 1650 ; *Dr. pénal* 2003, n° 23, note A. Maron et M. Haas – SUR UNE ANNULATION de perquisition réalisée par les officiers de police judiciaire au domicile d'un mis en examen, sans avocat, alors que le juge d'instruction avait indiqué dans la commission rogatoire de recueillir les « déclarations spontanées » de la personne mise en examen : Nancy, ch. instr., 19 déc. 2002, *Dr. pénal* 2003, n° 68.
4. Crim. 21 mars 1989, n° 89-80.080, P n° 139.
5. Crim. 11 déc. 2019, n° 18-84.912, P ; *D.* 2019. 2411.
6. Crim. 27 mars 2018, n° 17-85.603, P n° 53 *Dr. pénal* 2018, comm. 93, A. Maron et M. Haas.
7. Crim. 22 août 1989, n° 88-86.939, P n° 307.
8. Crim. 20 nov. 1984, n° 84-91.829, P n° 355 ; *JCP* 1985. IV. 41.
9. Crim. 7 juin 1988, n° 88-81.828, P n° 258.
10. Crim. 12 oct. 1972, n° 72-91.527, P n° 284.
11. Crim. 18 févr. 1958, P n° 161.
12. Crim. 29 sept. 1992, n° 89-84.237, P n° 289.

outre, les officiers de police judiciaire n'étaient pas tenus de placer sous scellés les disquettes et documents qui n'étaient que le support matériel des informations communiquées à leur demande par le directeur de la logistique, des télécommunications et de l'informatique de la mairie[1]. Justifie sa décision la chambre de l'instruction qui rejette le moyen de nullité tiré du caractère tardif de la saisie et du placement sous scellés d'un téléphone portable déposé dans la fouille de sécurité avant qu'il en soit porté mention, le même jour, à l'inventaire de celle-ci et qui a fait l'objet d'une réquisition aux fins d'exploitation et d'analyse par un service spécialisé du contenu de ce téléphone, dès lors que l'appareil est toujours resté sous le contrôle de l'Inspection générale de la police nationale jusqu'à sa saisie par un fonctionnaire de ce service, et que les allégations du demandeur, selon lesquelles il aurait pu être porté atteinte à l'intégrité de son contenu avant le placement sous scellés, sont dépourvues de fondement[2].

§ 6
Préservation du secret professionnel

A.
Professions traditionnelles : avocat, notaire, huissier...

616.91 **Secret professionnel.** Les articles 56-1 et suivants du code de procédure pénale concernent la préservation du secret professionnel. Le secret professionnel est à la fois un principe général qui doit être toujours respecté mais est aussi entouré de dispositions particulières relatives au cas particulier des avocats, médecins, notaires, avoués, huissiers, journalistes, et au secret-défense... Ces articles, qui se trouvent dans la partie du code consacré au flagrant délit, ont vocation à s'appliquer quel que soit le cadre d'intervention[3].

616.92 **Avocats.** Lorsque, en raison du nombre insuffisant des avocats, il n'y a pas de Conseil de l'Ordre, et que le barreau n'a pas élu de bâtonnier, la perquisition peut être faite en présence du président du tribunal[4]. Le caractère confidentiel des documents échangés entre l'avocat et son client s'oppose à leur saisie, mais le « corps du délit » et les pièces à conviction échappent à cette interdiction[5]. Les lettres adressées par le détenu à son avocat ne sauraient être saisies ni ouvertes, même pendant la période d'interdiction de communiquer, sauf le consentement du premier, donné en connaissance de cause[6]. La saisie des lettres adressées par l'avocat à son client entraîne une nullité d'ordre public, et la cassation de l'arrêt de condamnation[7] ; mais il n'en est pas ainsi si les juges du fond constatent qu'il n'est pas établi que les lettres saisies fussent adressées au défenseur[8]. Les écrits et documents étrangers à une poursuite ou aux droits de la défense, en relation avec une infraction, peuvent être saisis[9], de même que la correspondance entre le conseil et son client, *de nature à établir la preuve de la participation de l'avocat à une infraction*[10]. Justifie sa décision la chambre de l'instruction qui, pour rejeter le moyen d'annulation pris de l'irrégularité d'une perquisition à laquelle a procédé le juge d'instruction, en présence du bâtonnier, dans un cabinet d'avocat, relève que des indices de participation à des faits délictueux existaient à l'encontre de cet avocat au jour de cet acte et que la copie du disque dur du système informatique, effectuée par l'expert, assistant le magistrat, n'avait d'autre but que de perturber le moins possible le fonctionnement du cabinet collectif, ladite copie ayant été placée sous scellé et rien n'ayant été transcrit qui ne concernait la procédure[11]. La loi n° 2019-222 du 23 mars 2019 a ajouté un nouvel alinéa à l'article 56-1 du code de procédure pénale pour préciser que ces dispositions sont applicables aux perquisitions ou visites domiciliaires effectuées, sur le fondement d'autres codes ou de lois spéciales.

Il résulte des articles 56 et 56-1 du code de procédure pénale que le juge des libertés et de la détention ne peut refuser de statuer sur la contestation faisant suite à l'opposition du bâtonnier de l'ordre des avocats à la saisie de documents ou de données informatiques effectuée au domicile ou au cabinet d'un avocat.

Encourt la cassation, par méconnaissance de l'étendue de ses pouvoirs, l'ordonnance par laquelle

1. Crim. 30 oct. 2001, n° 01-84.779, P n° 223 ; *JCP* 2001. 2323.
2. Crim. 30 mars 2016, n° 15-86.693, P n° 110 ; *AJ pénal* 2016. 396, obs. D. Brach-Thiel.
3. St. Bortoluzzi, D. Piau, Th. Wickers, *Règles de la profession d'avocat*, 17e éd., « Dalloz action », 2022, nos 414.00 s.
4. Crim. 23 févr. 1977, n° 76-91.073, P n° 74.
5. Crim. 5 juin 1975, n° 74-92.792, P n° 146 ; *JCP* 1976. II. 18243, note P. Chambon.
6. Crim. 31 déc. 1897, P n° 411.
7. Crim. 6 mars 1958, P n° 230.
8. Crim. 15 juin 1960, P n° 324.
9. Crim. 9 févr. 1988, n° 87-82.709, P n° 63 ; *JCP* 1988. II. 21056, rapp. J. Dardel – Crim. 5 juill. 1993, n° 93-81.275, P n° 236 – Crim. 7 mars 1994, n° 93-84.931, P n° 87 ; *D.* 1994. Somm. 188, obs. J. Pradel ; *D.* 1995. Somm. 167, obs. A. Brunois ; *JCP* 1994. II. 22251, note R. Martin.
10. Crim. 12 mars 1992, n° 91-86.843, P n° 112 – Crim. 20 janv. 1993, n° 92-85.548, P n° 29 – Crim. 27 juin 2001, n° 01-81.865, P n° 163 ; *D.* 2001. 2947.
11. Crim. 14 nov. 2001, n° 01-85.965, P n° 238.

le juge des libertés et de la détention, qui, pour déclarer la contestation irrecevable, retient que l'article 56 précité n'envisage que la saisie de documents, alors qu'il lui incombait d'exercer le contrôle prévu par les alinéas 4 à 7 de l'article 56-1 susvisé, afin de rechercher si la saisie de données informatiques ne portait pas atteinte au libre exercice de la profession d'avocat, au respect du secret professionnel et à celui des droits de la défense[1].

La Cour européenne des droits de l'Homme a jugé que les garanties spéciales de procédure en matière de perquisition concernent les avocats, même étrangers, et non inscrits à un barreau français, dès lors qu'ils remplissent les conditions prévues par le droit interne pour exercer librement la profession d'avocat en France, même à titre occasionnel, et y faire usage de ce titre : « les perquisitions ou les visites domiciliaires [qui] visent le domicile ou le cabinet d'un avocat exerçant régulièrement sa profession, à titre principal en qualité d'avocat inscrit à un barreau ou à titre occasionnel dans un autre État membre de l'Union européenne, [...] doivent impérativement être assorties de garanties spéciales de procédure » (§ 41). Par ailleurs, le droit français ne prévoyait aucune procédure permettant au requérant d'initier « *un "contrôle efficace" pour contester la perquisition et les saisies dont il a fait l'objet* » (§ 44) puisqu'il ne disposait que de la qualité « de *tiers à l'information judiciaire* » (§ 48)[2]. Une chambre de l'instruction, saisie d'une requête en nullité de photographies prises au domicile d'un avocat lors d'une perquisition avait jugé que « les clichés photographiques, susceptibles d'être en lien avec les infractions, constituent des pièces à conviction soumises au débat contradictoire et que la simple prise de clichés ne peut être assimilée à une consultation ou à une prise de connaissance desdits objets ou documents par les enquêteurs ». La Cour de cassation casse cet arrêt au motif « qu'en prononçant ainsi, alors que les photographies de pièces ont été versées au dossier de la procédure sans qu'aient été mises en œuvre les garanties prévues par la loi, la chambre de l'instruction a méconnu les textes susvisés et le principe ci-dessus rappelé »[3].

Viole l'article 56-1 du code de procédure pénale, l'ordonnance qui prévoit une perquisition chez un avocat sans contenir les motifs précis justifiant la perquisition et décrivant l'objet de celle-ci ni ne mentionnait le lieu où devaient être effectuées les investigations[4].

Un individu qui avait pris à bail un local d'habitation par le moyen des services d'un avocat au barreau de Paris qui lui avait servi de prête-nom ne peut invoquer l'irrégularité de formalités destinées à protéger le secret attaché à la profession d'avocat, dès lors qu'il n'avait pas lui-même cette qualité, qu'il n'était pas client de l'avocat ayant pris le bail et qu'il n'établissait pas en quoi le non-respect allégué des formalités invoquées aurait porté atteinte à ses intérêts[5].

616.93 **Constitutionnalité.** Il n'y a pas lieu de renvoyer au Conseil constitutionnel une QPC relative à l'article 56-1 du code de procédure pénale, réglementant les perquisitions au domicile et au cabinet d'un avocat, qui ne saurait être regardé comme portant une atteinte substantielle au droit des personnes intéressées d'exercer un recours effectif devant une juridiction. Compte tenu de l'ensemble des garanties prévues par le texte, propres à sauvegarder le libre exercice de la profession d'avocat ainsi que le secret professionnel, il est sans emport que ne soit pas prévu un second degré de juridiction, principe qui n'a, selon le Conseil constitutionnel, pas valeur constitutionnelle[6].

616.94 **Préservation du secret professionnel en tout lieu.** Le pouvoir, reconnu à l'officier de police judiciaire par les articles 56 et 76 du code de procédure pénale ou au juge d'instruction par l'article 96 dudit code, de saisir les objets et documents utiles à la manifestation de la vérité trouve sa limite dans le principe de la libre défense, qui commande de respecter la confidentialité des correspondances échangées entre un avocat et son client et qui sont liées à l'exercice des droits de la défense. Dès lors, encourt la cassation l'arrêt de la chambre de l'instruction qui refuse d'annuler la saisie, effectuée au cours d'une perquisition au domicile de la personne mise en examen, d'un courrier reçu de son avocat ayant trait à l'exécution d'une condamnation pénale, en l'espèce un suivi socio-judiciaire, prononcée dans une instance distincte[7].

1. Crim. 8 août 2007, n° 07-84.252, P n° 188 ; *D.* 2007. AJ 2307 ; *D.* 2008. Pan. 947, obs. B. Blanchard ; *AJ pénal* 2007. 492, obs. C. Saas ; *Dr. pénal* 2007. Chron. 30, obs. A. Lepage ; *Procédures* 2007, n° 264, note J. Buisson.
2. CEDH 21 janv. 2010, *Xavier Da Silveira c/France*, req. n° 43757/05 ; *D.* 2010. 383, obs. C. Girault ; *D.* 2011. 552, obs. B. Blanchard ; *AJ pénal* 2010. 233, obs. C. Porteron ; *RSC* 2010. 702, obs. D. Roets.
3. Crim. 8 juill. 2015, n° 15-81.179, NP, *RSC* 2015. 902, obs. F. Cordier.
4. Crim. 9 févr. 2016, n° 15-85.063, P n° 34 ; *D.* 2016. 427 ; *Gaz. Pal.* 2016, n° 9, p. 33, note V. Nioré ; *Procédures* 2016, comm. 141, obs. A.-S. Chavent-Leclère.
5. Crim. 18 févr. 2015, n° 14-82.019, P n° 30 ; *D.* 2015. 491 ; *AJ pénal* 2015. 323, obs. J. Lasserre Capdeville.
6. Crim. 7 janv. 2020, n° 19-82.011, P ; *JCP* 2020. 128.
7. Crim. 13 déc. 2006, n° 06-87.169, P n° 313 ; *D.* 2007. AJ 306 ; *D.* 2007. Pan. 977, obs. J. Pradel ; *AJ pénal* 2007. 140, obs. C. Girault ; *Dr. pénal* 2007, n° 64, note A. Maron.

616.95 Secret du délibéré. À la suite de sa saisine par une QPC transmise par la Cour de cassation [1], le Conseil constitutionnel a, dans une décision du 4 décembre 2015 [2] jugé que le secret du délibéré est une composante du principe d'indépendance des juridictions garanti par l'article 16 de la Déclaration de 1789, qui suppose l'existence de garanties spécifiques pour protéger un tel secret. Il a invalidé sur ce point les articles 56 et 57 du code de procédure pénale en déclarant non conforme à la Constitution le troisième alinéa de l'article 56 du code de procédure pénale et les mots : « Sous réserve de ce qui est dit à l'article 56 concernant le respect du secret professionnel et des droits de la défense » figurant à l'article 57 du même code. Il a toutefois reporté l'effet de sa décision au 1er octobre 2016. Le 22 mars 2016, dans une affaire très médiatisée concernant notamment un ancien président de la République, la chambre criminelle a rendu un arrêt cassant, sur un point, l'arrêt rendu par la chambre de l'instruction [3]. La Haute juridiction juge que si aucune disposition légale ne protège spécifiquement le secret du délibéré, principe indissociable des fonctions juridictionnelles en tant que garantie de l'indépendance des juges et d'un procès équitable, il se déduit de l'article 6, § 1, de la convention européenne des droits de l'homme et des principes généraux du droit que l'atteinte que constitue la saisie par un juge d'instruction, dans le cadre des pouvoirs qu'il tient de l'article 81 du code de procédure pénale, de documents couverts par ce secret, ne saurait être justifiée qu'à la condition qu'elle constitue une mesure nécessaire à l'établissement de la preuve d'une infraction pénale : « en refusant d'annuler la saisie de l'avis du rapporteur et du projet rédigé par lui, alors que cette appréhension n'était pas indispensable à la recherche de la preuve d'un trafic d'influence, dont seul était suspecté un magistrat étranger à la chambre criminelle, qu'il n'existait aucun indice de participation d'un membre de la formation de jugement ayant participé au délibéré à une quelconque infraction et qu'en conséquence, en procédant ainsi, les juges d'instruction avaient porté une atteinte non nécessaire au secret du délibéré, la chambre de l'instruction a méconnu le texte susvisé et le principe énoncé ci-dessus ».

Le législateur est alors intervenu, en créant, par la loi du 3 juin 2016 [4], un article 56-5 du code de procédure pénale qui prévoit un dispositif particulier. Ainsi, les perquisitions dans les locaux d'une juridiction ou au domicile d'une personne exerçant des fonctions juridictionnelles et qui tendent à la saisie de documents susceptibles d'être couverts par le secret du délibéré ne peuvent être effectuées que par un magistrat, sur décision écrite et motivée de celui-ci, en présence du premier président de la cour d'appel ou du premier président de la Cour de cassation ou de son délégué. Cette décision indique la nature de l'infraction sur laquelle portent les investigations, les raisons justifiant la perquisition et l'objet de celle-ci. Le contenu de la décision est porté dès le début de la perquisition à la connaissance du premier président ou de son délégué par le magistrat. Celui-ci, le premier président ou son délégué ont seuls le droit de consulter ou de prendre connaissance des documents ou des objets se trouvant sur les lieux préalablement à leur éventuelle saisie. Aucune saisie ne peut concerner des documents ou des objets relatifs à d'autres infractions que celles mentionnées dans la décision précitée. Les dispositions du présent alinéa sont prévues à peine de nullité.

Le magistrat qui effectue la perquisition veille à ce que les investigations conduites ne portent pas atteinte à l'indépendance de la justice.

Le premier président ou son délégué peut s'opposer à la saisie d'un document ou d'un objet s'il estime cette saisie irrégulière. Le document ou l'objet est alors placé sous scellé fermé. Ces opérations font l'objet d'un procès-verbal, qui n'est pas joint au dossier de la procédure, mentionnant les objections du premier président ou de son délégué.

Si d'autres documents ou objets ont été saisis au cours de la perquisition sans soulever d'opposition, ce procès-verbal est distinct de celui prévu à l'article 57. Le procès-verbal mentionné au troisième alinéa du présent article ainsi que le document ou l'objet placé sous scellé fermé sont transmis sans délai au juge des libertés et de la détention, avec l'original ou une copie du dossier de la procédure. Dans un délai de cinq jours à compter de la réception de ces pièces, le juge des libertés et de la détention statue sur l'opposition par ordonnance motivée non susceptible de recours.

1. Crim. 29 sept. 2015, nº 15-83.207 QPC, *JO* 6 déc., p. 22502 ; *D.* 2015. 1954 ; *Dr. pénal* 2015, comm. 150, obs. A. Maron et M. Haas.
2. Cons. const. 4 déc. 2015, nº 2015-506 QPC, art. non conformes 56, al. 3, 57 (mots), et conformes 96, al. 3, du C. pr. pén., *respect du secret professionnel et des droits de la défense lors d'une saisie de pièces à l'occasion d'une perquisition,* NON-CONFORMITÉ PARTIELLE – EFFET DIFFÉRÉ – RÉSERVE TRANSITOIRE, *JO* 6 déc., p. 22502 ; *D.* 2015. 2504 ; *D.* 2016. 1727, obs. J. Pradel ; *AJ pénal* 2016. 276, obs. J.-B. Perrier ; *Constitutions* 2015. 650, Décision ; *Constitutions* 2016. 75, chron. I. Aftisse, T. Campagne, G. Caron, C. Duez, A. Maës et M. Montagne ; *Dr. pénal* 2016, comm. 16, A. Maron et M. Haas.
3. Crim. 22 mars 2016, nº 15-83.207, P nº 292 ; *D.* 2016. 713 ; *D.* 2016. 1727, obs. J. Pradel ; *AJ pénal* 2016. 261, obs. P. de Combles de Nayves ; *RSC* 2016. 364, obs. F. Cordier ; *Dr. pénal* mai 2016, comm. 86.
4. L. nº 2016-731, 3 juin 2016, préc.

À cette fin, il entend le magistrat qui a procédé à la perquisition et, le cas échéant, le procureur de la République, ainsi que le premier président ou son délégué. Il ouvre le scellé en présence de ces personnes.

S'il estime qu'il n'y a pas lieu à saisir le document ou l'objet, le juge des libertés et de la détention ordonne sa restitution immédiate, ainsi que la destruction du procès-verbal mentionné au même troisième alinéa et, le cas échéant, la cancellation de toute référence à ce document ou à son contenu ou à cet objet figurant dans le dossier de la procédure.

Dans le cas contraire, il ordonne le versement du scellé et du procès-verbal au dossier de la procédure. Cette décision n'exclut pas la possibilité ultérieure pour les parties de demander la nullité de la saisie devant, selon les cas, la juridiction de jugement ou la chambre de l'instruction. On remarque évidemment la corrélation que l'on peut faire entre ce texte et celui garantissant le respect du secret professionnel de l'avocat, le premier président de la cour d'appel ou son délégué jouant le rôle du bâtonnier ». Par ailleurs, une dérogation à l'obligation de conserver le secret des délibérations, édictée par l'article 304 du code de procédure pénale, ne saurait être admise, même à l'occasion de poursuites pour violation du secret du délibéré, sans qu'il soit porté atteinte tant à l'indépendance des juges, professionnels comme non-professionnels, qu'à l'autorité de leurs décisions[1].

616.96 **Médecins.** L'article 56-3 du code de procédure pénale dispose que : « Les perquisitions dans le cabinet d'un médecin sont effectuées par un magistrat et en présence de la personne responsable de l'ordre ou de l'organisation professionnelle à laquelle appartient l'intéressé ou de son représentant. »

Dans une poursuite du chef d'homicide involontaire contre un chirurgien, la saisie d'un dossier médical à l'hôpital peut être faite[2]. Le secret imposé au médecin ne met pas obstacle à la saisie par le juge d'instruction, en présence d'un représentant de l'Ordre, d'un dossier médical relatif à l'admission dans un hôpital d'une personne poursuivie, afin de vérifier si son état justifiait son hospitalisation ou était simulé[3].

Dans une poursuite du chef de fraude fiscale contre un dentiste, des fiches dentaires peuvent être régulièrement saisies[4].

1. Crim. 25 mai 2016, n° 15-84.099, P n° 160 ; *D.* 2016. 1139 ; *D.* 2016. 1727, obs. J. Pradel ; *AJ pénal* 2016. 390, obs. J.-B. Thierry ; *RSC* 2016. 265, note Y. Mayaud.
2. Paris, ch. acc., 22 mars 1963, *JCP* 1963. IV. 86.
3. Crim. 24 avr. 1969, n° 68-93.507, P n° 145 ; *D.* 1969. 637, rapp. Chappar ; *JCP* 1970. II. 16306, note R. Savatier – AUSSI : Crim. 21 mai 1979, n° 78-92.205, P n° 178.
4. Crim. 8 juin 1966, n° 66-90.067, P n° 167.

616.97 **Notaires et huissiers.** L'article 56-3 pose les mêmes règles que pour les médecins pour les notaires et les huissiers. Il existe une particularité relative aux notaires. En effet, l'article 645 du code de procédure pénale prévoit que : « Tout dépositaire public de pièces arguées de faux, ou ayant servi à établir des faux, est tenu, sur ordonnance du juge d'instruction, de les lui remettre et de fournir, le cas échéant, les pièces de comparaison qui sont en sa possession. Si les pièces ainsi remises par un officier public ou saisies entre ses mains ont le caractère d'actes authentiques, il peut demander à ce qu'il lui en soit laissé une copie, certifiée conforme par le greffier, ou une reproduction par photographie ou par tout autre moyen. Ladite copie ou reproduction est mise au rang des minutes de l'office jusqu'à restitution de la pièce originale. »

La remise de documents dans le cadre de l'article 645 du code de procédure pénale ne constitue nullement une violation du secret professionnel, l'article 226-14 du code pénal précisant que « l'article 226-13 n'est pas applicable dans les cas où la loi impose ou autorise la révélation du secret ».

B. Presse

616.101 **Entreprises de presse.** L'article 56-2 du code de procédure pénale, dispose : « Les perquisitions dans les locaux d'une entreprise de presse ou de communication audiovisuelle ne peuvent être effectuées que par un magistrat qui veille à ce que les investigations conduites ne portent pas atteinte au libre exercice de la profession de journaliste et ne constituent pas un obstacle ou n'entraînent pas un retard injustifié à la diffusion de l'information. »

Une perquisition effectuée dans une entreprise de presse alors qu'il s'agit du seul moyen susceptible d'aider à la recherche des auteurs et complices d'une infraction d'atteinte à l'intimité de la vie privée est nécessaire et proportionnée au but poursuivi et n'est pas contraire aux dispositions de l'article 10[5] de la convention européenne des droits de l'homme[6].

Si l'article 10 de la convention européenne des droits de l'homme reconnaît, en son premier paragraphe, à toute personne le droit à la liberté d'expression, ce texte prévoit, en son second paragraphe, que l'exercice de cette liberté comportant des devoirs et des responsabilités peut être soumis à certaines formalités, conditions, restrictions ou sanctions, prévues par la loi, qui constituent, dans une société démocratique, des mesures nécessaires notamment

5. Conv. EDH, art. 10.
6. Crim. 5 déc. 2000, n° 00-85.695, P n° 362 ; *RSC* 2001. 604, obs. J. Francillon ; *JCP* 2001. II. obs. P. Conte.

à la nécessité de se prémunir contre des agissements de nature à entraver la manifestation de la vérité, à la préservation d'informations confidentielles et à la protection des droits d'autrui, au nombre desquels figure la présomption d'innocence.

Justifie sa décision, au regard du texte précité, la chambre de l'instruction qui, dans une information suivie des chefs de violation du secret de l'instruction et recel à la suite de la publication dans deux organes de presse d'articles reproduisant *in extenso* des procès-verbaux d'une instruction relative à des faits de dopage dans le milieu du cyclisme professionnel, refuse d'annuler des perquisitions réalisées aux sièges des journaux et au domicile personnel de journalistes, la saisie des relevés des communications passées par les journalistes dans les jours précédant la parution des articles en cause, la transcription de la conversation d'un journaliste avec un policier dont la ligne était écoutée, par des motifs qui établissent que ces ingérences de l'autorité publique étaient nécessaires et proportionnées au but légitime visé[1].

Dans un cas d'espèce où un juge d'instruction, saisi d'une information relative à la diffusion dans la presse d'un rapport de la chambre régionale des comptes, avait opéré une perquisition dans les locaux du Midi Libre, la chambre criminelle estime « que l'ingérence était nécessaire et proportionnée au but légitime visé »[2], mais rejette la motivation selon laquelle la réalisation d'une telle perquisition relèverait de la seule conscience du juge d'instruction. En ne démontrant pas qu'une perquisition chez un journaliste procédait d'un impératif prépondérant d'intérêt public, et que d'autres mesures que la perquisition et les saisies opérées au domicile de l'intéressé auraient été insuffisantes pour rechercher l'existence d'une éventuelle violation du secret professionnel, et en identifier les auteurs, la chambre de l'instruction n'a pas justifié sa décision[3]. Les mesures préparatoires, telles la pose de scellés ne peuvent être assimilées à la perquisition elle-même[4].

616.102 **Journalistes – Secret des sources.** L'article 2[5] de la loi de 1881, modifié par la loi du 4 janvier 2010, prévoit que le secret des sources des journalistes est protégé dans l'exercice de leur mission d'information du public. Il ne peut être porté atteinte directement ou indirectement au secret des sources que si un impératif prépondérant d'intérêt public le justifie et si les mesures envisagées sont strictement nécessaires et proportionnées au but légitime poursuivi. Cette atteinte ne peut en aucun cas consister en une obligation pour le journaliste de révéler ses sources. Est considéré comme une atteinte indirecte au secret des sources le fait de chercher à découvrir les sources d'un journaliste au moyen d'investigations portant sur toute personne qui, en raison de ses relations habituelles avec un journaliste, peut détenir des renseignements permettant d'identifier ces sources.

Au cours d'une procédure pénale, il est tenu compte, pour apprécier la nécessité de l'atteinte, de la gravité du crime ou du délit, de l'importance de l'information recherchée pour la répression ou la prévention de cette infraction et du fait que les mesures d'investigation envisagées sont indispensables à la manifestation de la vérité. Dès lors que l'atteinte portée au secret des sources des journalistes n'était pas justifiée par l'existence d'un impératif prépondérant d'intérêt public et que la mesure n'était pas strictement nécessaire et proportionnée au but légitime poursuivi, les réquisitions visant à des investigations sur les lignes téléphoniques des journalistes en cause, et celles des pièces dont elles étaient le support nécessaire sont annulées[6].

C.
Défense nationale

616.111 **Secret-défense.** La loi du 29 juillet 2009[7] a ajouté un article 56-4 au code de procédure pénale. Lorsqu'une perquisition est envisagée dans un lieu précisément identifié, abritant des éléments couverts par le secret de la défense nationale, la perquisition ne peut être réalisée que par un magistrat en présence du président de la Commission consultative du secret de la défense nationale ou par l'un de ses représentants. La liste de ces lieux est

1. Crim. 30 oct. 2006, nº 06-85.693, P nº 258 ; *D.* 2007. 1240, note A. Guedj ; *JCP* 2006. IV. 3304 ; *RSC* 2007. 106, obs. J. Francillon ; *Dr. pénal* 2007, nº 13, note A. Maron ; *Dr. pénal* 2007. Chron. 1, obs. O. Mouysset ; *JCP* 2007. II. 10054, obs. F. Fourment.
2. Crim. 4 déc. 2007, nº 07-86.086, NP, *Procédures* 2008, nº 59, note J. Buisson.
3. Crim. 25 févr. 2014, nº 13-84.761, P nº 54 ; *D.* 2014. 609 ; *D.* 2014. 1736, obs. J. Pradel ; *JCP* 2014. 344.
4. Crim. 29 nov. 1995, nº 95-83.951, P nº 363 ; *JCP* 1996. IV. 441.
5. L. 29 juill. 1881, art. 2 ; mod. par L. nº 2010-1, 4 janv. 2010 ; art. 1er.
6. Crim. 6 déc. 2011, nº 11-83.970, P nº 248 ; *D.* 2012. 17, obs. S. Lavric ; *D.* 2012. 765, obs. E. Dreyer ; *JCP* 2012. 102 ; *RSC* 2012. 191, note J. Danet – AUSSI : J. Buisson, « Protection du secret des sources des journalistes », *Procédures* 2010, nº 45 – Ph. Bonfils, « Loi nº 2010-1 du 4 janvier 2010 relative à la protection du secret des sources des journalistes », *RSC* 2010. 457 – J. Bossan, « La protection du secret des sources des journalistes en procédure pénale », *Dr. pénal* 2010. Ét. 14 – E. Derieux, « Secret des sources des journalistes – À propos de la loi du 4 janvier 2010 », *JCP* 2010. AR 40.
7. L. nº 2009-928, 29 juill. 2009 relative à la programmation militaire pour les années 2009 à 2014 et portant diverses dispositions concernant la défense, *JO* 31 juill., p. 12713.

établie de façon précise et limitative par arrêté du Premier ministre et le magistrat doit vérifier si le lieu dans lequel il souhaite effectuer une perquisition figure sur cette liste.

La perquisition ne peut être effectuée qu'en vertu d'une décision écrite du magistrat qui indique au président de la Commission consultative du secret de la défense nationale les informations utiles à l'accomplissement de sa mission. Le président de la commission ou son représentant se transporte sur les lieux sans délai. Les règles applicables sur les lieux de la perquisition sont directement inspirées de celles relatives aux perquisitions chez les avocats.

Lorsqu'à l'occasion d'une perquisition dans tout lieu, on découvre des éléments couverts par le secret de la défense nationale, le magistrat présent sur le lieu ou immédiatement avisé par l'officier de police judiciaire en informe le président de la Commission consultative du secret de la défense nationale. Les éléments classifiés sont placés sous scellés, sans que le magistrat ou l'officier de police judiciaire menant la perquisition puisse en prendre connaissance. Ils sont pris en charge par le président de la commission du secret de la défense nationale ou son représentant afin qu'il en assure la garde. Les opérations relatives aux éléments classifiés font l'objet d'un procès-verbal qui n'est pas joint au dossier de la procédure. La déclassification et la communication des éléments ainsi placés sous scellés relèvent de la procédure prévue par les articles L. 2312-4 et suivants du code de la défense.

Enfin, l'article 56-4 prévoit l'hypothèse de la perquisition envisagée dans un lieu classifié au titre du secret de la défense nationale dans les conditions définies à l'article 413-9-1 du code pénal qui se déroule dans des conditions similaires au premier cas. La perquisition doit alors être précédée d'une décision de déclassification temporaire du lieu aux fins de perquisition et ne peut être entreprise que dans les limites de la déclassification ainsi décidée. Les dispositions de cet article sont prévues à peine de nullité. Dans sa décision du 10 novembre 2011 [1], le Conseil constitutionnel a déclaré les dispositions législatives relatives aux lieux classifiés et au régime de perquisition dans ces lieux contraires à la Constitution. Selon le Conseil, en créant ce dispositif de classification de lieux, le législateur a opéré, entre les exigences constitutionnelles précitées, une conciliation déséquilibrée, contraire à la Constitution. En conséquence, le Conseil a censuré les dispositions du paragraphe III de l'article 56-4 du code de procédure pénale, celles des articles 413-9-1, 413-10-1 et 413-11-1 du code pénal, celles du troisième alinéa de l'article L. 2312-1, du quatrième alinéa de l'article L. 2312-4, celles de l'article L. 2312-7-1 du code de la défense, ainsi que, par voie de conséquence, les mots : « et *d'accéder à tout lieu classifié* » figurant à l'article L. 2312-5, alinéa 2, du même code. Le Conseil constitutionnel a reporté la date de cette déclaration d'inconstitutionnalité au 1er décembre 2011. Le décret du 30 novembre 2011 [2] tire également les conséquences de la décision du Conseil en abrogeant les dispositions réglementaires relatives aux lieux classifiés.

616.112 **Loi du 20 janvier 2017.** Depuis l'entrée en vigueur de la loi n° 2017-55 du 20 janvier 2017 portant statut des autorités administratives indépendantes et des autorités publiques indépendantes, lorsqu'une perquisition est envisagée dans un lieu précisément identifié, abritant des éléments couverts par le secret de la défense nationale, la perquisition ne peut être réalisée que par un magistrat en présence du président de la Commission consultative du secret de la défense nationale. Ce dernier peut être représenté par un membre de la commission ou par des délégués, dûment habilités au secret de la défense nationale, qu'il désigne selon des modalités déterminées par décret en Conseil d'État. Le président ou son représentant peut être assisté de toute personne habilitée à cet effet.

La liste des lieux visés au premier alinéa est établie de façon précise et limitative par arrêté du Premier ministre. Cette liste, régulièrement actualisée, est communiquée à la Commission consultative du secret de la défense nationale ainsi qu'au ministre de la justice, qui la rendent accessible aux magistrats de façon sécurisée. Le magistrat vérifie si le lieu dans lequel il souhaite effectuer une perquisition figure sur cette liste.

Les conditions de délimitation des lieux abritant des éléments couverts par le secret de la défense nationale sont déterminées par décret en Conseil d'État.

Le fait de dissimuler dans les lieux visés à l'alinéa précédent des procédés, objets, documents, informations, réseaux informatiques, données informatisées ou fichiers non classifiés, en tentant de les faire bénéficier de la protection attachée au secret de la défense nationale, expose son auteur aux sanctions prévues à l'article 434-4 du code pénal.

1. Cons. const. 10 nov. 2011, n° 2011-192 QPC, art. non conformes 56-4, III, du C. pr. pén., L. 2312-1, al. 3, L. 2312-4, al. 4, L. 2312-7-1, L. 2312-5, al. 2 (mots), du C. défense, 413-9-1, 413-10-1 et 413-11-1 du C. pén., *secret défense*, NON-CONFORMITÉ PARTIELLE – EFFET DIFFÉRÉ, *JO* 11 nov. p. 19005 ; *Rec.*, p. 528 ; *D.* 2011. 2721, édito. F. Rome ; *AJDA* 2011. 2206 ; *JCP* 2012. 176, note Lepage ; *Dr. pénal* 2011, n° 158, note A. Maron et M. Haas.

2. Décr. n° 2011-1691, 30 nov. 2011 portant abrogation de dispositions du code de la défense, *JO* 1er déc., p. 20201.

La perquisition ne peut être effectuée qu'en vertu d'une décision écrite du magistrat qui indique au président de la Commission consultative du secret de la défense nationale les informations utiles à l'accomplissement de sa mission. Le président de la commission ou son représentant se transporte sur les lieux sans délai. Au commencement de la perquisition, le magistrat porte à la connaissance du président de la commission ou de son représentant, ainsi qu'à celle du chef d'établissement ou de son délégué, ou du responsable du lieu, la nature de l'infraction ou des infractions sur lesquelles portent les investigations, les raisons justifiant la perquisition, son objet et les lieux visés par cette perquisition. Seul le président de la Commission consultative du secret de la défense nationale, son représentant et, s'il y a lieu, les personnes qui l'assistent peuvent prendre connaissance d'éléments classifiés découverts sur les lieux. Le magistrat ne peut saisir, parmi les éléments classifiés, que ceux relatifs aux infractions sur lesquelles portent les investigations. Si les nécessités de l'enquête justifient que les éléments classifiés soient saisis en original, des copies sont laissées à leur détenteur. Chaque élément classifié saisi est, après inventaire par le président de la commission consultative, placé sous scellé. Les scellés sont remis au président de la Commission consultative du secret de la défense nationale qui en devient gardien. Les opérations relatives aux éléments classifiés saisis ainsi que l'inventaire de ces éléments font l'objet d'un procès-verbal qui n'est pas joint au dossier de la procédure et qui est conservé par le président de la commission consultative. La déclassification et la communication des éléments mentionnés dans l'inventaire relèvent de la procédure prévue par les articles L. 2312-4 et suivants du code de la défense[1].

Lorsqu'à l'occasion d'une perquisition un lieu se révèle abriter des éléments couverts par le secret de la défense nationale, le magistrat présent sur le lieu ou immédiatement avisé par l'officier de police judiciaire en informe le président de la Commission consultative du secret de la défense nationale. Les éléments classifiés sont placés sous scellés, sans que le magistrat ou l'officier de police judiciaire qui les a découverts n'en prenne connaissance, puis sont remis ou transmis, par tout moyen en conformité avec la réglementation applicable aux secrets de la défense nationale, au président de la commission afin qu'il en assure la garde. Les opérations relatives aux éléments classifiés font l'objet d'un procès-verbal qui n'est pas joint au dossier de la procédure. La déclassification et la communication des éléments ainsi placés sous scellés relèvent de la procédure prévue par les articles L. 2312-4 et suivants du code de la défense[2]. Ces dispositions sont édictées à peine de nullité.

Sans que les dispositions précitées ne soient fortement remises en cause, la protection du secret de la défense nationale a fait l'objet d'une nouvelle instruction générale interministérielle (IGI n° 1300) publiée au *JO* du 11 août 2021[3], abrogeant et remplaçant la précédente du 13 novembre 2020[4].

Précisons enfin, que le décret du 2 décembre 2019 relatif aux modalités de classification et de protection du secret de la défense nationale[5] était venu substituer aux trois niveaux de classification « Confidentiel défense », « Secret défense » et « Très secret défense », les deux niveaux « Secret » et « Très secret », ce dernier comportant une nouvelle catégorie « Très secret avec classification spéciale ».

§ 7
Saisie pénale

616.121 **Confiscation.** Un dispositif, ayant pour but de permettre la recherche et la saisie sous main de justice de biens corporels ou incorporels pouvant faire l'objet de confiscation, a été mis en place par la loi du 9 juillet 2010[6]. Or, l'article 131-21 du code pénal dispose, depuis sa modification par la loi du 5 mars 2007[7], que la peine complémentaire de confiscation est encourue de plein droit pour les délits punis d'une peine d'emprisonnement supérieure à un an[8].

La confiscation porte désormais sur tous les biens meubles ou immeubles ayant servi à commettre l'infraction ou qui étaient destinés à la commettre et dont le condamné est propriétaire ou dont il a la libre disposition.

Elle porte également sur tous les biens qui sont l'objet ou le produit direct ou indirect de l'infraction, à l'exception des biens susceptibles de restitution à la victime.

1. C. pr. pén., art. 56-4 I.
2. C. pr. pén., art. 56-4 II.
3. Arr. 9 août 2021 portant approbation de l'instruction générale interministérielle n° 1300 sur la protection du secret de la défense nationale, *JO* 11 août 2021, n° 1.
4. Instruction générale interministérielle n° 1300/SGDSN/PSE/PSD, 13 nov. 2020.
5. Décr. n° 2019-1271, 2 déc. 2019 relatif aux modalités de classification et de protection du secret de la défense nationale, *JO* 3 déc. 2019, n° 10 – V. C. défense nat., art. R. 2311-2 s.
6. L. n° 2010-768, 9 juill. 2010 visant à faciliter la saisie et la confiscation en matière pénale, *JO* 10 juill., p. 12753.
7. L. n° 2007-297, 5 mars 2007 relative à la prévention de la délinquance, *JO* 7 mars, p. 4297.
8. V. s[s] n° 716.291 s.

Lorsqu'il s'agit d'un crime ou d'un délit puni d'au moins cinq ans d'emprisonnement et ayant procuré un profit direct ou indirect, la confiscation porte également sur les biens meubles ou immeubles sous certaines conditions modifiées par la loi du 27 mars 2012[1]. La décision de saisie pénale suspend ou interdit toute procédure civile d'exécution portant sur le bien saisi à compter de la date à laquelle elle devient opposable jusqu'à ce que soit prononcée une décision de mainlevée ou de confiscation. Mais elle ne confère aucun privilège à l'État[2]. La saisie est ordonnée par le procureur de la République sur autorisation du juge des libertés et de la détention dans le cadre de l'enquête préliminaire ou de flagrance. Elle est ordonnée par le juge d'instruction lorsqu'il a été saisi[3].

La loi prévoit en détail les règles relatives aux saisies immobilières, saisies de biens incorporels, saisies sans dépossession... C'est dans ce registre que peuvent être ordonnées les saisies de comptes bancaires[4]. La loi du 6 décembre 2013[5] a modifié les articles 706-148, 706-150, 706-153, 706-154, et 706-158 du code de procédure pénale pour apporter la précision que, dans le cas de recours sur une décision de saisie, l'appelant ne peut prétendre dans ce cadre qu'à la mise à disposition des seules pièces de la procédure se rapportant à la saisie qu'il conteste. S'ils ne sont pas appelants, le propriétaire du bien et les tiers peuvent néanmoins être entendus par la chambre de l'instruction, sans toutefois prétendre à la mise à disposition de la procédure. La saisie conservatoire n'est possible que s'il existe des présomptions de participation aux faits objet de l'enquête de la personne propriétaire des fonds ou dont elle a la libre disposition[6]. La loi du 23 janvier 2023[7] précise que le compte peut être ouvert auprès d'un établissement habilité par la loi à tenir des comptes de dépôts ou d'actifs numériques mentionnés à l'article L. 54-10-1 du code monétaire et financier.

616.122 **Agence de recouvrement des avoirs saisis et confisqués (Agrasc).** Une agence dite de gestion et de recouvrement des avoirs saisis et confisqués (Agrasc) a été créée par la loi du 9 juillet 2010. Son activité a débuté officiellement le 15 janvier 2011. La création d'un traitement automatisé de données à caractère personnel dénommé « Agrasc » a été autorisé par un arrêté du 20 janvier 2012[8]. Son objet est de permettre à l'Agence de gestion et de recouvrement des avoirs saisis et confisqués, la centralisation des décisions de saisie et de confiscation dont elle est saisie quelle que soit la nature des biens ainsi que toutes informations utiles relatives aux biens visés, à leur localisation et à leurs propriétaires ou détenteurs, d'autre part, la gestion et le recouvrement de ces biens. Le Conseil constitutionnel a déclaré l'article 131-21 du code pénal conforme à la Constitution[9].

616.123 **Confiscation des biens.** La confiscation des biens prévue par l'article 131-21, alinéa 6, du code pénal, concerne tous les biens dont les mis en examen ont la libre disposition, de sorte que la cour d'appel a justifié sa décision de confirmer « l'ordonnance de saisie d'un immeuble appartenant à une société civile immobilière B..., dont les intéressés sont les uniques porteurs de parts, de sorte qu'ils ont la libre disposition de cet immeuble »[10]. La confiscation s'étend à tout bien qui est le produit direct ou indirect de l'infraction, peu important que celui-ci ait été acquis pour partie avec des fonds licites[11]. Il résulte de l'article 222-49, alinéa 2, du code pénal que la confiscation de tout ou partie du patrimoine du condamné peut être prononcée sans qu'il soit nécessaire d'établir que le bien a été acquis illégalement ou qu'il constitue le produit direct ou indirect de l'infraction[12].

Aux termes des articles 222-49, alinéa 2, et 450-5 du code pénal, les personnes physiques coupables d'un trafic de stupéfiants ou de la participation à une association de malfaiteurs encourent, à titre de peine complémentaire, la confiscation de tout ou partie de leurs biens, ou, sous réserve des droits du propriétaire de bonne foi, dont elles ont la libre disposition, quelle qu'en soit la nature, meubles ou immeubles, divis ou indivis, et ce, sans qu'il soit

1. L. n° 2012-409, 27 mars 2012 de programmation relative à l'exécution des peines, *JO* 28 mars, p. 5592.
2. Crim. 24 avr. 2013, n° 12-87.473 QPC, NP, *Dr. pénal* 2013, comm. 117, A. Maron et M. Haas.
3. C. pr. pén., art. 706-42.
4. C. pr. pén., art. 706-154 ; mod. par L. n° 2023-22, 23 janv. 2023, art. 3.
5. L. n° 2013-1117, 6 déc. 2013 relative à la lutte contre la fraude fiscale et la grande délinquance économique et financière, *JO* 7 déc., p. 19941.
6. Crim. 21 nov. 2018, n° 18-80.089, P n° 195.
7. L. n° 2023-22, 24 janv. 2023 d'orientation et de programmation du ministère de l'intérieur, *JO* 25 janv., n° 1.
8. Arr. 20 janv. 2012 portant création d'un traitement automatisé dénommé Agrasc destiné à la gestion et au recouvrement des biens saisis et confisqués par l'Agence de gestion et de recouvrement des avoirs saisis et confisqués, *JO* 10 févr., p. 2356, NOR : JUST1133973A ; *Dr. pénal* 2012. Alerte 17.
9. Cons. const. 26 nov. 2010, n° 2010-66 QPC, art. conforme 131-21 du C. pén., *confiscation de véhicules,* CONFORMITÉ, *JO* 27 nov. p. 21117 ; *Rec.,* p. 334 ; *D.* 2011. 2823, obs. G. Roujou de Boubée, T. Garé, S. Mirabail et T. Potaszkin ; *AJ pénal* 2011. 31, obs. J.-B. Perrier.
10. Crim. 29 janv. 2014, n° 13-80.062. P n° 32 ; *JCP* 2014. 271 – AUSSI : Crim. 29 janv. 2014, n° 13-80.063, P n° 32 ; *AJ pénal* 2014. 310 ; *JCP* 2014. 271.
11. Crim. 23 juill. 2014, n° 13-85.558, NP – Crim. 6 mai 2015, n° 14-87.902, NP, *Dr. pénal* 2015, comm. 93, M. Véron.
12. Crim. 8 juill. 2015, n° 14-86.938, P n° 180 ; *D.* 2015. 1541.

exigé que le bien sur lequel elle porte soit l'objet ou le produit direct ou indirect de l'infraction[1]. Dans un arrêt du même jour, la Haute juridiction estime, en revanche, qu'un moyen du même type est inopérant dès lors que le principe de proportionnalité ne peut s'appliquer à la confiscation d'un bien qui, dans sa totalité, est le produit ou l'objet des infractions dont le prévenu a été déclaré coupable[2]. À propos de cette différence, Jacques-Henri Robert écrit : « cette peine n'est que l'effacement de la conséquence illégale de l'infraction, l'enrichissement du condamné. Au contraire, la confiscation de tout ou partie de ses biens, indépendamment de leur rapport avec l'infraction, est un appauvrissement qui dépasse le rétablissement du *statu quo ante* et elle tend davantage à la rétribution de la faute du condamné ». Il en conclut que certaines peines seront exemptes du contrôle de proportionnalité[3]. La Cour européenne des droits de l'Homme a admis le principe de la peine de confiscation s'il existe un rapport raisonnable de proportionnalité entre son application et le but poursuivi dans le respect de l'intérêt général, par exemple, la lutte contre le blanchiment[4].

Il en est de même dans le cas où d'une ordonnance de saisie d'un fonds de commerce exploité par une société A. F... dont Madame L... est porteur de parts unique, de sorte que les époux B. ont la libre disposition de ce fonds « l'ordonnance de saisie d'un fonds de commerce exploité par une société A. F... dont Madame L... est porteur de parts unique, de sorte que les époux B... ont la libre disposition de ce fonds »[5].

La remise à l'Agrasc de biens meubles saisis, en vue de leur aliénation, dans le respect de ce texte et de l'article 131-21 du code pénal, ne porte pas, par elle-même, atteinte aux droits résultant des contrats de distribution sélective dont font l'objet ces produits, non plus qu'à ceux du titulaire de la marque pour ces derniers. Ne saurait en conséquence se faire un grief de ce que la chambre de l'instruction a déclaré irrecevable sa requête, faute de qualité à agir en tant que tiers au sens de l'article 99-2 du Code de procédure pénale, la société titulaire du droit sur la marque des produits qui faisaient l'objet de contrats de distribution sélective et qui ont été saisis et remis à l'Agrasc en vue de leur aliénation[6].

616.124 Modification du fondement de la saisie. S'agissant de la possibilité pour la juridiction de modifier le fondement de la saisie, la chambre criminelle a sanctionné une chambre de l'instruction qui avait voulu rectifier les articles invoqués dans l'ordonnance de saisie pénale « Si l'enquête porte sur une infraction punie d'au moins cinq ans d'emprisonnement, le juge d'instruction peut, dans les cas prévus aux cinquième et sixième alinéas de l'article 131-21 du code pénal, sur requête du procureur de la République ou d'office après avis du ministère public, ordonner la saisie de tout ou partie des biens, lorsque la loi qui réprime le crime ou le délit prévoit la confiscation de tout ou partie des biens du condamné ou lorsque l'origine de ces biens ne peut être établie [...] ; en se déterminant ainsi, la chambre de l'instruction, qui, sous le couvert d'une substitution de motifs, a en réalité modifié le fondement de la saisie effectuée, laquelle constituait, au sens de l'article 706-148 du code de procédure pénale, une saisie de patrimoine nécessitant l'avis préalable du ministère public, a méconnu le texte susvisé et le principe ci-dessus rappelé. »[7]

L'avis du ministère public n'est en effet pas nécessaire dans le cas où une saisie de compte bancaire est réalisée en application de l'article 706-154 du code de procédure pénale[8]. Mais la substitution est possible dans d'autres cas. Ainsi, une chambre de l'instruction qui, statuant, en application de l'article 706-148 du code de procédure pénale, dans une procédure suivie des chefs d'infractions à la législation sur les stupéfiants sur l'appel d'un mis en examen contre l'ordonnance du juge d'instruction ayant procédé, sur le fondement de l'article 131-21, alinéa 5, du code pénal, à la saisie d'un bien immobilier lui appartenant et dont il n'a pu justifier l'origine, peut-elle décider d'office, par substitution de motifs, après avoir recueilli l'avis du ministère public, qu'il y a lieu à saisie du bien en cause, susceptible de confiscation, sur le fondement de l'article 131-21, alinéa 6, du même code, qui dispose que, lorsque la loi le prévoit, la confiscation peut porter sur tout ou partie des biens appartenant à l'auteur de l'infraction[9]. Dans le premier cas, la chambre criminelle estime que c'est le fondement de la saisie qui est modifié et pas dans le second.

La saisie peut être ordonnée dans les cas où l'origine des biens ne peut être établie et que

1. Crim. 7 déc. 2016, n° 15-85.136, P ; *D.* 2016. 2519 ; *D.* 2017. 245, chron. G. Guého, L. Ascensi, E. Pichon, B. Laurent et G. Barbier ; *AJ pénal* 2017. 141 ; *JCP* 2017. Actu. 13, Zoom par J.-H. Robert.
2. Crim. 7 déc. 2016, n° 16-80.879, P ; *AJ pénal* 2017. 142, obs. O. Violeau ; *JCP* 2017. Actu. 13, Zoom par J.-H. Robert ; *Dr. pénal* 2017, comm. 31, V. Peltier.
3. Art. préc.
4. CEDH 4 nov. 2014, *Abouffada c/France,* req. n° 28457/10.
5. Crim. 29 janv. 2014, n° 13-80.063, P n° 32 ; *JCP* 2014. 271 ; *AJ pénal* 2014. 310.
6. Crim. 31 janv. 2018, n° 17-81.408, P n° 28 ; *Dr. pénal* 2018, comm. 56, A. Maron et M. Haas ; *AJ pénal* 2018. 102, note D. Luciani-Mien).
7. Crim. 27 nov. 2012, n° 12-85.344, P n° 259 ; *AJ pénal* 2013, obs. L. Ascensi.
8. Crim. 18 sept. 2012, n° 12-80.662, P n° 193 ; *D.* 2012. 2247 ; *AJ pénal* 2013. 171.
9. Crim. 18 sept. 2012, n° 12-82.759, P n° 192 ; *D.* 2012. 2247.

l'enquête porte sur une infraction punie d'au moins cinq ans d'emprisonnement et *lorsque la loi prévoit la confiscation de tout ou partie des biens du condamné*. Il en est ainsi des crimes contre l'humanité, des crimes contre l'espèce humaine commis respectivement par des personnes physiques et morales, à savoir les crimes d'eugénisme et de clonage reproductif ; des atteintes à la dignité de la personne les plus graves commises par des personnes physiques ou morales coupables de traite des êtres humains et de proxénétisme, de la corruption de mineur et la pédopornographie commises en bande organisée, de la fausse monnaie, de l'association de malfaiteurs en vue de la commission de crimes ou de délits punis de dix ans d'emprisonnement commise par des personnes physiques ou morales, de la non-justification de ressources commise par personne ayant autorité sur un mineur qui se livre à la commission de crimes ou de délits punis d'au moins cinq ans d'emprisonnement et procurant à celles-ci un profit direct ou indirect, des crimes ou délits de traite des êtres humains, extorsion ou *association de malfaiteurs, trafic et usage de stupéfiants*, des crimes ou délits de guerre, de terrorisme, du *blanchiment* en général[1].

Depuis l'entrée en vigueur de la loi du 6 décembre 2013[2], la confiscation générale de patrimoine de la personne morale condamnée pour des faits de blanchiment est prévue par la loi[3]. Les dispositions spécifiques de l'article 706-148 du code de procédure pénale doivent s'appliquer : « Attendu que, pour confirmer l'ordonnance entreprise et rejeter l'argumentation des époux K... qui faisaient valoir notamment que l'avis du ministère public n'avait pas été recueilli préalablement à la mesure, l'arrêt énonce que le juge d'instruction n'était pas tenu, au regard des dispositions de l'article 706-153 du code de procédure pénale, de solliciter l'avis du procureur de la République avant de prendre son ordonnance. Mais attendu qu'en décidant ainsi, alors que la saisie effectuée constituait, au sens de l'article 706-148 du code de procédure pénale, une saisie de patrimoine nécessitant l'avis préalable du ministère public, la chambre de l'instruction a méconnu le texte susvisé et le principe ci-dessus rappelé. »[4] Il se déduit de l'alinéa 1er de l'article 706-148 du code de procédure pénale que la chambre de l'instruction, saisie d'un appel formé contre une ordonnance du juge des libertés et de la détention ayant autorisé, sur requête du procureur de la République, la saisie en valeur de biens, peut, en raison de l'effet dévolutif de l'appel, et après débat contradictoire, modifier le fondement légal de la saisie de ces biens dès lors que cette mesure a été précédée d'une requête du ministère public, peu important le fondement visé par celle-ci, et doit, s'il s'agit d'une saisie de patrimoine, l'ordonner elle-même[5]. Il se déduit de ces textes que peuvent être saisis en valeur les biens ou droits incorporels dont le mis en cause est propriétaire ou, sous réserve des droits du propriétaire de bonne foi, dont il a la libre disposition, dont la valeur représente celle des biens ayant servi à commettre l'infraction ou qui étaient destinés à la commettre.

Dans ce cas, il appartient au juge, d'une part, de s'assurer que les conditions de la confiscation de l'instrument de l'infraction prévues par le deuxième alinéa de l'article 131-21 du code pénal étaient réunies au moment de la commission des faits, d'autre part, de vérifier que la valeur du bien saisi n'excède pas celle de l'instrument de l'infraction, enfin, lorsqu'une telle garantie est invoquée, d'apprécier le caractère proportionné de l'atteinte portée au droit de propriété de l'intéressé au regard de la gravité concrète des faits et de sa situation personnelle[6]. La saisie en valeur des biens meubles corporels, qui ne sont pas visés à l'article 706-141 du code de procédure pénale, ne peut être effectuée que sur le fondement des articles 94 et 97 du même code[7]. Le juge qui ordonne la saisie en valeur d'un bien appartenant ou étant à la libre disposition d'une personne, alors qu'il ne résulte pas des pièces de la procédure de présomptions qu'elle a bénéficié de la totalité du produit de l'infraction, doit cependant apprécier, lorsque cette garantie est invoquée, le caractère proportionné de l'atteinte portée au droit de propriété de l'intéressé s'agissant de la partie du produit de l'infraction dont elle n'aurait pas tiré profit[8].

616.125 Respect du principe du contradictoire. On sait qu'en application de l'alinéa premier du code de procédure pénale, au cours de l'enquête de flagrance ou de l'enquête préliminaire, le juge des

1. Pour plus de précisions : C. Cutajar, « Le nouveau droit des saisies pénales », *AJ pénal* 2012. 124.
2. L. n° 2013-1117, 6 déc. 2013 relative à la lutte contre la fraude fiscale et la grande délinquance économique et financière, *JO* 7 déc. 2013.
3. C. pén., art. 324-9 ; mod. par L. n° 2009-526, 12 mai 2009, art. 124.
4. Crim. 11 juill. 2012, n° 12-82.050, P n° 168 ; *D.* 2012. 1964 ; *AJ pénal* 2012. 661, obs. J. Pronier ; *Dr. pénal* 2012. Comm. 138.
5. Crim. 16 mai 2018, n° 17-83.584, P n° 96 ; *D.* 2018. 1075 ; *Procédures* 2018, comm. 226, A.-S. Chavent-Leclère, *JCP* 2018. 705.
6. Crim. 6 nov. 2019, n° 19-82.683 ; *D.* 2019. 2139 ; *Procédures* 2020, comm. 21, obs. A.-S. Chavent-Leclère.
7. Crim. 7 août 2019, n° 18-87.174, P ; *D.* 2019. 1654 ; *AJ pénal* 2019. 512, obs. M. Hy.
8. Crim. 24 oct 2018, n° 18-80.834, P n° 178 ; *D.* 2019. 53, obs. Ph. Petitprez ; *AJ pénal* 2019. 46, obs. O. Violeau, *AJ pénal* 2018. 505, obs. M. Hy ; *JCP* 2018. 1274 ; *D.* 2018, pan., 2263, note E. Tricoire ; *Gaz. Pal.* 2018, n° 42, p. 17, note R. Mésa ; *Dr. pénal* 2018, comm. 217, note É. Camous.

libertés et de la détention, saisi par requête du procureur de la République, peut ordonner par décision motivée la saisie, aux frais avancés du Trésor, des immeubles dont la confiscation est prévue par l'article 131-21 du code pénal. Le juge d'instruction peut, au cours de l'information, ordonner cette saisie dans les mêmes conditions. C'est dans ce dernier domaine que la jurisprudence est la plus dense.

Constituent « les seules pièces de la procédure se rapportant à la saisie, au sens du second alinéa de l'article 706-150 du Code de procédure pénale, la requête du ministère public, l'ordonnance attaquée et la décision de saisie précisant les éléments sur lesquels se fonde la mesure de saisie immobilière [1] ».

Lorsque la chambre de l'instruction saisie d'un recours formé contre une ordonnance de saisie spéciale au sens des articles 706-141 à 706-158 du Code de procédure pénale s'appuie, pour la confirmer, sur une ou des pièces précisément identifiées de la procédure, est tenue de s'assurer que celles-ci ont été communiquées à la partie appelante [2]. Une chambre de l'instruction ne peut, sans méconnaître les droits de la défense, confirmer l'ordonnance de saisie d'un immeuble prise à l'encontre du tiers propriétaire, appelant, sur le fondement des déclarations de parties à la procédure dont la copie ne lui a pas été adressée préalablement à l'audience [3]. Aucune disposition légale non plus que réglementaire n'interdit aux juges d'avoir communication des actes de la procédure accomplis postérieurement à l'ordonnance de saisie pénale, à la condition que ces pièces soient mises à la disposition de l'appelant si les juges fondent la décision sur celles-ci précisément identifiées, la chambre de l'instruction n'a méconnu aucun des textes visés au moyen [4]. La restriction apportée à la mise à disposition des pièces du dossier ne méconnaît pas les dispositions de l'article 6 de la Convention européenne des droits de l'homme, en ce qu'elle garantit un juste équilibre entre les droits de la personne concernée par la saisie et la nécessité de préserver le secret de l'enquête et de l'instruction, la jurisprudence de la Cour de cassation favorisant le maintien de cet équilibre. D'une part, sont considérées comme les pièces de la procédure se rapportant à la saisie, la requête du ministère public aux fins de saisie ainsi que l'ordonnance du juge des libertés et de la détention et, antérieurement à la loi n° 2019-221 du 23 mars 2019 relative au renforcement de l'organisation des juridictions, la décision de saisie du ministère public. D'autre part, la chambre de l'instruction, saisie d'un recours formé contre une ordonnance de saisie spéciale au sens des articles 706-141 à 706-158 du code de procédure pénale, qui, pour justifier d'une telle mesure, s'appuie, dans ses motifs décisoires, sur une ou des pièces précisément identifiées de la procédure, est tenue de s'assurer que celles-ci ont été communiquées à la partie appelante [5].

616.126 Confiscation de patrimoine. La question du principe de proportionnalité. Les héritiers indivisaires susceptibles d'être mis en examen du chef de blanchiment, qui détiennent 99,5 % des parts de la société civile immobilière, ont le pouvoir de décider de l'affectation de l'actif net social résultant de la vente de l'immeuble de cette société, de sorte qu'ils ont la libre disposition de cet élément d'actif, au sens des articles susvisés, dans leur rédaction, issue de la loi du 27 mars 2012 [6]. Ainsi, la personnalité morale dont jouit une société civile immobilière régulièrement immatriculée, qui lui confère un patrimoine propre, distinct de celui des associés, ne fait pas obstacle à la saisie par un juge d'instruction d'un élément de son actif afin de garantir la peine de confiscation à laquelle des associés, qui détiennent de façon indivise 99,5 % de son capital, sont susceptibles d'être condamnés pour des faits de blanchiment. Ils doivent être regardés comme ayant la libre disposition de l'actif net social résultant de la vente de l'immeuble appartenant à la société au sens de la loi du 27 mars 2012 et qui peut donc être saisi et confisqué [7].

La modification apportée par le législateur aux articles 131-21, alinéa 6, du code pénal et 706-148 du code de procédure pénale par la loi du 27 mars 2012, avait pour objet de permettre d'atteindre certaines personnes usant de prête-noms ou de paravents pour ne pas apparaître juridiquement comme propriétaires de biens. À la référence « aux biens appartenant au condamné », a été ajoutée

1. Crim. 13 juin 2018, n° 17-83.238 – Crim. 13 juin 2018, n° 17-83.893, P n° 110 ; *Dr. pén.* 2018, comm. 164, obs. – Crim. 13 juin 2018, n° 17-83.242, *Dr. pén.* 2018, comm. 242.
2. Crim. 13 juin 2018, n° 17-83.894. – Crim. 30 janv. 2019, n° 18-82.644 – Crim. 26 juin 2019, n° 18-85.209, P ; *Dr. pénal* 2019, comm. 157, A. Maron et M. Haas – Crim. 30 janv. 2019, n° 18-82.644, P n° 31 ; *JCP* 2019. 274 – Crim. 23 oct ; 2019, n° 18-87.097, *D.* 2019. 2095 ; *JCP* 2019. 1222 ; *Procédures* 2020, comm. 23, J. Buisson.
3. Crim. 23 oct. 2019, n° 18-87.097, P ; *Procédures* 2020, comm. 23, J. Buisson.
4. Crim. 26 juin 2019, n° 18-85.209, P n° 138 ; *Dr. pénal* 2019, comm. 157, A. Maron et M. Haas ; *Procédures* 2019, comm. 269.
5. Crim. 15 janv. 2020, n° 19-80.891, P ; *D.* 2020. 86 ; *JCP* 2020. 196 *AJ pénal* 2020. 145, obs. M. Hy.
6. L. n° 2012-409, 27 mars 2012 de programmation relative à l'exécution des peines, *JO* 28 mars, p. 5592.
7. Crim. 23 mai 2013, n° 12-87.473, P n° 113 ; *D.* 2013. 1352 ; *D.* 2013. 1778, Chron P. Labrousse ; *JCP* 2013. 677 ; *JCP* 2013. 804, note Ch. Cutajar ; *AJ pénal* 2013. 482, obs. L. Ascensi ; *Dr. pénal* 2013. Comm. 117, A. Maron et M. Haas.

celle des biens dont ce dernier « *a la libre disposition* », sous réserve des droits du propriétaire de bonne foi. Dans cet arrêt, la chambre criminelle considère que le pouvoir de décision lié à la détention de la quasi-totalité des parts sociales entraîne libre disposition des biens. Est ainsi régulière la saisie à titre confiscatoire de l'actif d'une société immobilière en tant que bien à la disposition des personnes susceptibles d'être mises en examen. Le principe de proportionnalité ne peut s'appliquer à la confiscation d'un bien qui, dans sa totalité, est le produit ou l'objet des infractions dont le prévenu a été déclaré coupable[1], jurisprudence répétée depuis[2]. Hormis le cas où la confiscation, qu'elle soit en nature ou en valeur, porte sur un bien qui, dans sa totalité, constitue le produit ou l'objet de l'infraction, le juge, en ordonnant une telle mesure, doit apprécier le caractère proportionné de l'atteinte portée au droit de propriété de l'intéressé lorsqu'une telle garantie est invoquée ou procéder à cet examen d'office lorsqu'il s'agit d'une confiscation de tout ou partie du patrimoine. Il incombe en conséquence au juge qui décide de confisquer un bien, après s'être assuré de son caractère confiscable en application des conditions légales, de préciser la nature et l'origine de ce bien ainsi que le fondement de la mesure et, le cas échéant, de s'expliquer sur la nécessité et la proportionnalité de l'atteinte portée au droit de propriété du prévenu[3]. Est inopérant le motif retenant la violation du principe de proportionnalité par une mesure de saisie pénale, en nature ou en valeur, lorsque la mesure porte sur l'objet ou le produit direct ou indirect supposé de l'infraction. En outre, l'article 706-150 du Code de procédure pénale n'exige pas, pour ordonner une saisie, que soit caractérisé un risque de dissipation du bien objet de la mesure. Enfin, il appartient seulement à la chambre de l'instruction de contrôler que le juge d'instruction a régulièrement ordonné la saisie du bien et de s'assurer de son caractère confiscable en application des conditions légales, en précisant le fondement de la mesure. En statuant sur l'appel interjeté à l'encontre d'une ordonnance de saisie pénale du juge d'instruction, la chambre de l'instruction ne peut remettre en cause l'existence des indices graves ou concordants justifiant la mise en examen des personnes poursuivies[4]. Ainsi, dès lors que le bien saisi n'est ni le produit, ni l'objet de l'infraction ou qu'il n'est qu'en partie ce produit les juges doivent contrôler la proportionnalité et la nécessité de l'atteinte portée au droit de propriété au regard de la gravité concrète des faits, de la situation personnelle du mis en cause et de sa personnalité ; en revanche, la confiscation ou la saisie d'un bien qui, dans sa totalité, est le produit ou l'objet de l'infraction n'est pas soumise au principe de proportionnalité, y compris lorsque la confiscation est ordonnée en valeur. Par ailleurs, seules les confiscations de patrimoine doivent faire l'objet d'office d'un contrôle de proportionnalité. Dans l'ensemble des autres cas, le juge répressif doit y procéder si et seulement si cette garantie est invoquée.

616.127 **Saisie immobilière.** Les statistiques produites, à ce titre, par l'Agrasc, et présentées dans ses rapports d'activité faisaient état de 202 saisies immobilières en 2011 et, après une année 2018 exceptionnelle avec 800 saisies, l'Agrasc évalue, en moyenne, le nombre annuel de ces procédures à 700 – ce qui représente en une décennie une augmentation de 247 %. Les confiscations sont en augmentation de 509 %. Alors que seuls 23 biens immobiliers avaient été confisqués en 2011, ce sont 140 qui ont fait l'objet d'une telle mesure en 2020. En une décennie le nombre de biens saisis qui sont, finalement, confisqués a considérablement augmenté – c'était le cas pour un bien sur dix en 2011, c'est aujourd'hui le cas pour un bien sur quatre[5].

Sur le fond, justifie sa décision confirmant l'ordonnance de saisie immobilière, la cour d'appel qui retient que le bien, produit direct de l'infraction de blanchiment, a été à juste titre saisi par le juge d'instruction au visa des articles 706-150 à 706-152 du code de procédure pénale, qui ne prévoient pas l'avis préalable du ministère public, qu'il ne résulte pas des investigations diligentées postérieurement à l'acte de cession d'actions dans le capital des sociétés détentrices de l'immeuble que le transfert de propriété de l'immeuble ait été effectif, toutes les pièces qui le composent étant réservées à un usage exclusif d'habitation privée et, enfin que les locaux saisis relèvent du droit commun et ne constituent en aucun cas une adresse officielle de la République de Guinée Équatoriale. Il convient de distinguer le préjudice global né d'une ou plusieurs infractions, que la procédure judiciaire a pour objet de démontrer ou d'infirmer, du préjudice résultant de la saisie pénale d'un bien, dont tout tiers s'estimant victime peut faire appel en application de l'article 706-150 du code de procédure pénale[6]. Ne présente pas un caractère sérieux la QPC relative à l'article 706-150, second alinéa du code de procédure pénale dès lors que, la saisie, prévue par l'article 706-150 du code

1. Crim. 7 déc. 2016, n° 16-80.879, P n° 331 ; *AJ pénal 2017. 142*, obs. O. Violeau ; *JCP* 2017. Actu. 13. Zoom par J.-H. Robert ; *Dr. pénal* 2017, comm. 31, V. Peltier.
2. Not : Crim. 5 janv. 2017, n° 16-80.275, P n° 7.
3. Crim. 12 juin 2019, n° 18-83.396, P n° 105.
4. Crim. 26 juin 2019, n° 19-80.235, P n° 137 ; *D.* 2019. 1337 ; *Procédures* 2019, comm. 270.
5. V. les différents rapports de l'Agrasc et not. F. Dequatre, « Les saisies spéciales immobilières : une arme procédurale au service d'un durcissement de la politique répressive », *RSC* 2022. 549.
6. Crim. 5 mars 2014, n° 13-84.978, P n° 65 ; *D.* 2014. 613.

de procédure pénale, d'un immeuble qui, soit a servi ou était destiné à commettre l'infraction, soit est l'objet ou le produit direct ou indirect de l'infraction, ne peut être ordonnée, à titre conservatoire, que si elle est destinée à garantir l'exécution d'une peine de confiscation, laquelle serait, le cas échéant, soumise au contrôle du juge national[1]. Est régulière, la saisie de l'immeuble acquis antérieurement à la commission des faits et sans lien avec eux, mais dont la valeur équivaut au montant des sommes qui sont le produit de l'infraction[2]. « Le seul état d'indivision d'un immeuble ne constitue pas un obstacle à sa confiscation mais la juridiction de jugement doit se prononcer sur la bonne foi du tiers indivisaire : doit être examinée la requête de toute personne non condamnée pénalement qui est propriétaire d'un bien indivis et qui soulève des incidents contentieux relatifs à l'exécution d'une décision pénale ordonnant la confiscation de ce bien ; [...] qu'en omettant dans son dispositif de statuer sur la demande de restitution de Mme A..., sans dire si celle-ci pouvait ou non être considérée comme propriétaire de bonne foi de sa part indivise, au sens des articles 131-21 et 222-49 du code pénal, la cour d'appel n'a pas justifié sa décision. »[3]

Dans un arrêt du 15 mars 2017, la chambre criminelle a également confirmé l'arrêt d'une chambre de l'instruction qui avait, pour confirmer la saisie du bien immobilier indivis, énoncé notamment qu'en application de l'alinéa 6 de l'article 131-21 du code pénal, il est susceptible de confiscation comme appartenant au prévenu, que cette mesure ne porte pas une atteinte disproportionnée au droit de propriété des indivisaires et qu'il relevait de l'office du juge d'instruction de l'ordonner sur ledit bien quand bien même il abritait le domicile familial et que le mis en examen était propriétaire d'autres immeubles. La Cour de cassation juge qu'« en l'état de ces motifs, et dès lors que M. J... n'a invoqué, devant les juges du fond, aucun élément de nature à démontrer que la saisie de l'immeuble qu'il critiquait en ce qu'il constituait son domicile, portait une atteinte excessive à sa vie privée et familiale, la chambre de l'instruction a justifié sa décision »[4].

Les juges du fond doivent motiver la peine de confiscation d'un immeuble abritant le domicile familial de la personne condamnée en justifiant de sa nécessité et de sa proportionnalité au regard de l'atteinte à la vie privée et familiale[5]. Le recours à l'interposition d'une société immobilière entre la personne mise en examen et son patrimoine immobilier ainsi qu'à des prête-noms de l'entourage familial pour exercer les fonctions ou les rôles de dirigeant de droit, d'administrateurs et d'associés, joint à une gestion de fait de la société par l'intéressé, tous éléments qui relèvent de l'appréciation souveraine des juges du fond, suffisent à caractériser la libre disposition du bien immobilier, ou de la créance résultant de son expropriation, propriété de ladite société, de nature à en permettre la saisie[6]. Des associés et titulaires de parts d'une SCI, seule propriétaire d'un bien immobilier saisi, ne sont pas des tiers ayant des droits sur ce bien au sens de l'article 706-150 du Code de procédure pénale et n'ont donc pas qualité pour exercer un recours contre une ordonnance de saisie immobilière effectuée en application de l'article 706-150 du Code de procédure pénale ni pour se pourvoir en cassation[7]. Justifie sa décision confirmant la saisie d'un bien immobilier indivis la chambre de l'instruction qui énonce que cette mesure ne porte pas une atteinte disproportionnée au droit de propriété des indivisaires, quand bien même il abritait le domicile familial et que le mis en examen était propriétaire d'autres immeubles, dès lors que ce dernier n'a invoqué aucun élément de nature à démontrer que la saisie de l'immeuble portait une atteinte excessive à sa vie privée et familiale[8]. Est justifiée la décision confirmant une saisie immobilière qui énonce que le principe de proportionnalité ne peut s'appliquer à la saisie provisoire aux fins de garantir la confiscation d'un bien qui, dans sa totalité, est le produit ou l'objet des infractions objet de la poursuite, la juridiction d'instruction devant apprécier et vérifier la nature de produit de l'infraction du bien saisi chaque fois qu'elle statue sur cette mesure ou sur une demande de restitution[9]. De même, est justifiée la décision confirmant une saisie immobilière, qui a apprécié le caractère proportionné de l'atteinte portée par la saisie au droit au respect des biens de la société propriétaire, au regard de sa situation personnelle et de la gravité concrète des faits[10].

616.128 **Saisie de biens et droits incorporels.** Les articles 706-153 et suivants du code de procédure pénale prévoient la procédure applicable à tous les

1. Crim. 6 oct. 2015, n° 15-81.752, P n° 218 ; *D.* 2015. 2078 ; *JCP* 2015. 1283.
2. Crim. 24 sept. 2014, n° 13-88.602, P n° 198 ; *D.* 2014. 2227, note L. Saenko ; *D.* 2015. 110, chron. G. Barbier, B. Laurent, G. Guého et T. Azéma ; *AJ pénal* 2014. 592, obs. L. Ascensi – Crim. 14 janv. 2015, n° 14-85.486, NP – Crim. 25 févr. 2015, n° 13-81.946, NP.
3. Crim. 20 mai 2015, n° 14-81.741, P n° 121 ; *D.* 2015. 1210 ; *AJ pénal* 2015. 441, obs. L. Ascensi – SUR CES POINTS : L. Ascensi, « État des saisies et confiscations immobilières », *AJ pénal* 2016. 66.
4. Crim. 15 mars 2017, n° 16-80.801, P ; *D.* 2017. 705.
5. Crim. 22 mars 2017, n° 16-82.051, P n° 80 ; *AJ pénal* 2017. 299, obs. O. Violeau.
6. Crim. 8 nov. 2017, n° 17-82.632, P n° 250 ; *D.* 2017. 2303.
7. Crim. 3 mai 2018, n° 16-87.534, P n° 82 ; *Dr. pénal* n° 6, Juin 2018, comm. 117.
8. Crim. 15 mars 2017, n° 16-80.801, P n° 74 ; *JCP* 2017. 529.
9. Crim. 15 janv. 2020, n° 19-80.891, P ; *JCP* 2020. 196 ; *AJ pénal* 2020. 145, obs. M. Hy.
10. Crim. 24 juin 2020, n° 19-85.874, P ; *D.* 2020. 1363 ; *JCP* 2020. 895 ; *Procédures* 2020, comm. 156.

biens et droits incorporels qui sont susceptibles de confiscation. La loi du 14 mars 2011 [1], dite Loppsi 2, a modifié l'article 706-154 [2] du code de procédure pénale, et prévoit depuis, dans son alinéa premier, la possibilité pour le procureur de la République ou le magistrat instructeur d'autoriser par tout moyen un OPJ à procéder à la saisie d'une somme d'argent versée sur un compte ouvert auprès d'un établissement habilité par la loi à tenir des comptes de dépôt. Le juge des libertés et de la détention, saisi par le procureur de la République ou le juge d'instruction lorsqu'une information est ouverte, se prononce par ordonnance motivée sur le *maintien ou la mainlevée* de la saisie dans un délai de dix jours à compter de sa réalisation. Le 14 octobre 2016 [3], le Conseil constitutionnel a déclaré l'article 706-153 du code de procédure pénale conforme à la Constitution. Il rappelle que si la mesure de saisie a pour effet de rendre indisponibles les biens ou droits incorporels saisis, elle est ordonnée par un magistrat du siège et ne peut porter que sur des biens ou droits dont la confiscation peut être prononcée à titre de peine complémentaire en cas de condamnation pénale. Par ailleurs, toute personne qui prétend avoir un droit sur un bien placé sous main de justice peut en solliciter la restitution par requête auprès, selon le cas, du procureur de la République, du procureur général ou du juge d'instruction.

Enfin, l'ordonnance du juge des libertés et de la détention ou du juge d'instruction autorisant ou prononçant la saisie est notifiée au propriétaire du bien ou du droit saisi et, s'ils sont connus, aux tiers ayant des droits sur ce bien ou sur ce droit qui peuvent la contester devant la chambre de l'instruction. Ces personnes, qu'elles aient fait appel ou non, peuvent par ailleurs être entendues par la chambre de l'instruction avant que celle-ci ne statue. Elles ne sont donc pas privées de la possibilité de faire valoir leurs observations et de contester la légalité de la mesure devant un juge. Selon l'article 706-153 du code de procédure pénale, immédiatement applicable aux procédures en cours, la saisie peut être ordonnée par le juge d'instruction pour garantir l'exécution de la peine complémentaire de confiscation d'un bien, meuble ou immeuble, laquelle était et demeure encourue en application des articles 131-21 et 324-7, 12° du code pénal, dans leurs rédactions contemporaines des faits et actuelle [4]. Au cours de l'information judiciaire, le juge d'instruction peut ordonner la saisie des biens ou droits incorporels susceptibles d'être confisqués et, si la saisie n'est pas subordonnée à la mise en examen de leur propriétaire ou titulaire, la chambre de l'instruction saisie de l'appel d'une ordonnance de saisie pénale spéciale doit apprécier l'existence d'indices de commission d'une infraction de nature à justifier la mesure de saisie pénale [5].

Il se déduit des articles 706-141-1 et 706-153 du Code de procédure pénale et 131-21 du code pénal que peuvent être saisis en valeur les biens ou droits incorporels dont le mis en cause est propriétaire ou, sous réserve des droits du propriétaire de bonne foi, dont il a la libre disposition, dont la valeur représente celle des biens ayant servi à commettre l'infraction ou qui étaient destinés à la commettre. Encourt dès lors la cassation la décision qui limite la saisie au montant du produit de l'infraction de proxénétisme, alors qu'elle avait constaté que, d'une part, les immeubles ayant servi à commettre le délit poursuivi, bien que cédés postérieurement aux faits, étaient lors de leur commission à la libre disposition du mis en examen et que la société propriétaire n'était pas de bonne foi, d'autre part, les sommes saisies représentaient la valeur de l'instrument de l'infraction [6]. Il se déduit des articles 131-21, alinéa 3, du code pénal, 706-141 et 706-153 du Code de procédure pénale qu'il appartient à la chambre de l'instruction saisie d'un appel formé à l'encontre d'une ordonnance emportant saisie spéciale de biens, rendue au cours d'une enquête ayant ultérieurement fait l'objet d'un classement sans suite, d'ordonner la mainlevée de la saisie, sous réserve de l'application des dispositions du 2e alinéa de l'article 41-4 du Code de procédure pénale [7]. Il résulte de l'article 706-154 du Code de procédure pénale que le procureur de la République peut autoriser par tout moyen l'officier de police judiciaire à saisir les sommes versées sur un compte bancaire. La chambre de l'instruction a confirmé, à bon droit, la décision du juge des libertés et de la détention qui a ordonné la saisie de sommes versées sur le compte bancaire, et non maintenu la saisie effectuée par un officier de police judiciaire dès lors que cette décision a été prise dans le respect des garanties prévues par l'article 706-154 du Code de procédure pénale, et que ces décisions maintenant ou ordonnant la saisie ont l'une et l'autre pour objet et pour effet de rendre indisponible le bien saisi [8]. Il résulte de l'article 706-154 du Code de procédure pénale que l'appelant d'une ordonnance de

1. L. n° 2011-267, 14 mars 2011 d'orientation et de programmation pour la performance de la sécurité intérieure, *JO* 15 mars, p. 4582.
2. C. pr. pén., art. 706-154 ; mod. par L. n° 2011-267, 14 mars 2011, art. 39.
3. Cons. const. 14 oct. 2016, nos 2016-583/584/585/586-QPC, art. conforme 706-153 du C. pr. pén., *Saisie spéciale des biens ou droits mobiliers incorporels*, CONFORMITÉ, *JO* 16 oct., n° 48 ; *D.* 2016. 2067 ; *AJ pénal* 2016. 602, obs. O. Violeau.
4. Crim. 22 févr. 2017, n° 16-83.257, P n° 52 ; *AJ pénal* 2017. 244, obs. O. Violeau.
5. Crim. 4 mars 2020, n° 19-81.371, P ; *JCP* 2020. 418.
6. Crim. 6 nov. 2019, n° 19-82.683, P ; *JCP* 2019. 1292.
7. Crim. 13 juin 2019, n° 18-83.411, P n° 115 ; *JCP* 2019. 767 ; *D.* 2019. 1287.
8. Crim. 17 avr. 2019, n° 18-84.057, P n° 83 ; *JCP* 2019. 570.

saisie spéciale d'une somme d'argent inscrite au crédit d'un compte bancaire peut prétendre, dans le cadre de son recours, à la mise à disposition des pièces de la procédure se rapportant à la saisie qu'il conteste[1]. Par arrêt du 9 octobre 2019[2], la chambre criminelle a refusé le renvoi au Conseil constitutionnel de QPC portant sur la constitutionnalité des articles 706-141-1 et 706-154 du code de procédure pénale. Peuvent être saisis en valeur les biens ou droits incorporels dont le mis en cause est propriétaire ou, sous réserve des droits du propriétaire de bonne foi, dont il a la libre disposition, dont la valeur représente celle des biens ayant servi à commettre l'infraction ou qui étaient destinés à la commettre. Dans ce cas, il appartient au juge, d'une part, de s'assurer que les conditions de la confiscation de l'instrument de l'infraction prévues par le deuxième alinéa de l'article 131-21 du code pénal étaient réunies au moment de la commission des faits, d'autre part, de vérifier que la valeur du bien saisi n'excède pas celle de l'instrument de l'infraction, enfin, lorsqu'une telle garantie est invoquée, d'apprécier le caractère proportionné de l'atteinte portée au droit de propriété de l'intéressé au regard de la gravité concrète des faits et de sa situation personnelle[3].

616.129 **Saisie de l'assurance-vie.** En ce qui concerne l'assurance-vie, l'article 706-155 du code de procédure pénale, issu de la loi du 9 juillet 2010[4], a édicté des dispositions en vertu desquelles : « Lorsque la saisie porte sur une créance figurant sur un contrat d'assurance sur la vie, elle entraîne la suspension des facultés de rachat, de renonciation et de nantissement de ce contrat, dans l'attente du jugement définitif au fond. Cette saisie interdit également toute acceptation postérieure du bénéfice du contrat dans l'attente de ce jugement et l'assureur ne peut alors plus consentir d'avances au contractant. Cette saisie est notifiée au souscripteur ainsi qu'à l'assureur ou à l'organisme auprès duquel le contrat a été souscrit. » La chambre criminelle a jugé que la saisie ne pouvait avoir pour effets que ceux expressément énoncés par l'article 706-155 du code de procédure pénale : encourt en conséquence la cassation l'arrêt qui retient qu'aucune disposition légale n'interdit de procéder, en application de l'article 706-153 du code de procédure pénale, à la saisie des sommes placées sur des comptes d'assurance sur la vie, dès lors que ces sommes correspondent, au sens de l'article 131-21, alinéa 3, du code pénal, aux produits directs ou indirects de l'infraction poursuivie[5]. L'article 706-155 du code de procédure pénale est exclusif de toute autre saisie en matière d'assurance-vie. Il permet un gel mais pas de transfert à l'Agrasc. Le législateur est alors intervenu dans la loi du 6 décembre 2013[6] pour affirmer expressément que la *condamnation définitive* à la peine de confiscation d'un contrat d'assurance-vie entraîne de plein droit sa résolution judiciaire et le transfert des fonds confisqués au profit de l'État. Il a modifié en ce sens les articles L. 160-9[7] du code des assurances, L. 223-29[8] du code la mutualité, et L. 932-23-2[9] du code de la sécurité sociale[10]. Justifie sa décision la chambre de l'instruction qui ordonne la saisie pénale d'un contrat de capitalisation, souscrit par le dirigeant de holdings mis en examen pour abus de confiance et escroquerie, dès lors que, d'une part, le souscripteur du contrat d'assurance-vie conservait une créance sur l'assureur, laquelle constitue un bien saisissable à titre de mesure conservatoire, immédiatement applicable, comme pouvant représenter, en valeur, le produit, susceptible de confiscation, de certaines des infractions poursuivies, et que, d'autre part, la valeur de l'ensemble des biens saisis n'excède pas le montant estimé du produit des infractions[11].

S'agissant des saisies en valeur, elles ne doivent pas excéder la valeur du bien susceptible de confiscation[12]. La confiscation en valeur peut être ordonnée sur tout bien quelle qu'en soit l'origine dont le prévenu a la propriété ou la libre disposition, même s'il ne constitue pas en lui-même le produit direct ou indirect de cette infraction[13].

1. Crim. 24 oct. 2018, nº 17-86.199, P nº 176 ; *JCP* 2018. 1274.
2. Crim. 9 oct. 2019, nº 18-82.172, NP, *Procédures* 2020, comm. 24.
3. Crim. 6 nov. 2019, nº 19-82.683, P ; *D.* 2019. 2139 ; *Procédures* 2020, comm. 21, obs. A.-S. Chavent-Leclère.
4. L. nº 2010-768, 9 juill. 2010 visant à faciliter la saisie et la confiscation en matière pénale, *JO* 10 juill., p. 12753.
5. Crim. 30 oct. 2012, nº 12-84.961, P nº 229 ; *D.* 2012. 2606. La chambre de l'instruction de Bordeaux avait, quant à elle, estimé, dans un arrêt du 5 juillet 2012 (cité par S. Almaseanu, chron. cit.) qu'était valide la saisie puis le transfert à l'Agrasc de sommes prises sur plusieurs contrats d'assurance-vie dès lors qu'il était établi que les sommes investies étaient directement issues des abus de faiblesse poursuivis dans le cadre de l'information judiciaire.
6. L. nº 2013-117, 6 déc. 2013 relative à la lutte contre la fraude fiscale et la grande délinquance économique et financière, *JO* 7 déc., p. 19941.
7. C. assur., art. L. 160-9 ; créé par L. nº 2013-1117, 6 déc. 2013, art. 22.
8. C. mutualité, art. L. 223-29 ; créé par L. nº 2013-1117, 6 déc. 2013, art. 22.
9. CSS, art. L. 932-23-2 ; issu de L. nº 2013-1117, 6 déc. 2013, art. 22 ; puis de ord. nº 2015-378, 2 avr. 2015, art. 17.
10. SUR ces questions : S. Almaseanu, « Saisie et confiscation pénale des assurances-vie : l'état du droit positif après la loi du 6 décembre 2013 », *Gaz. Pal.* 18/19 juill. 2014, p. 5.
11. Crim. 29 sept. 2015, nº 15-83.207, P nº 212 ; *D.* 2015. 1954.
12. Crim. 12 nov. 2015, nº 15-83.114, P nº 214.
13. Crim. 12 nov. 2015, nº 15-83.784, NP.

SECTION 3
RÉQUISITIONS ET EXAMENS TECHNIQUES

616.131 Examen technique lors de l'enquête de flagrance[1]. Aux termes de l'article 60 du code de procédure pénale, s'il y a lieu de procéder à des constatations ou à des examens techniques ou scientifiques, l'officier de police judiciaire a recours à toutes personnes qualifiées. Sauf si elles sont inscrites sur une des listes prévues à l'article 157, les personnes ainsi appelées prêtent, par écrit, serment d'apporter leur concours à la justice en leur honneur et en leur conscience.

Depuis l'entrée en vigueur de la loi du 23 mars 2019, ces personnes peuvent également, en le mentionnant dans leur rapport, replacer sous scellés les objets examinés et placer sous scellés les objets résultant de leur examen ; en particulier, les médecins requis pour pratiquer une autopsie ou un examen médical peuvent placer sous scellés les prélèvements effectués (possibilité identique à celle prévue, au cours de l'instruction, par le deuxième alinéa de l'article 163)[2].

616.132 Examen technique lors de l'enquête préliminaire[3]. L'article 77-1 confère au procureur de la République, en enquête préliminaire, le soin de charger toute personne qualifiée de missions techniques ou scientifiques de même nature que celles qui peuvent être confiées aux experts par le juge d'instruction sur le fondement de l'article 156 du code de procédure pénale[4].

L'article 77-1 prévoit également que, s'il y a lieu de procéder à des constatations ou à des examens techniques ou scientifiques, le procureur de la République ou, sur autorisation de celui-ci l'officier de police judiciaire a recours à toutes personnes qualifiées.

Les dispositions de l'article 77-1 du code de procédure pénale sont édictées dans l'intérêt d'une bonne administration de la justice et leur méconnaissance est constitutive d'une nullité à laquelle les dispositions *de l'article 802 du même code sont étrangères*. La plupart des nullités apparues dans ce domaine sont relatives à l'absence d'autorisation donnée par le procureur de la République : doivent être annulés les réquisitions adressées à un expert qui ne mentionnent pas l'existence d'une autorisation du procureur de la République, sans avoir à rechercher l'existence d'un grief[5]. L'absence d'autorisation du procureur de la République peut être invoquée par toute personne y ayant intérêt[6].

Les dispositions de l'article 77-1 du Code de procédure pénale, qui permettent au procureur de la République, ou sur son autorisation, aux officiers ou agents de police judiciaire, et, sous leur contrôle, aux assistants d'enquête, de confier des constatations ou des examens techniques et scientifiques à des personnes qualifiées, sont édictées en vue de garantir la fiabilité de la recherche et de l'administration de la preuve. Encourt la cassation la décision rejetant une requête en nullité de réquisitions adressées par les enquêteurs sur ce fondement dès lors qu'elles avaient été délivrées sans autorisation du procureur de la République et que l'absence d'une telle autorisation peut être invoquée par toute partie y ayant intérêt[7]. Il résulte de l'article 77-1 du code de procédure pénale que l'autorisation donnée par le procureur de la République aux officiers de police judiciaire de faire procéder à des examens techniques ou scientifiques doit être donnée dans le cadre de la procédure d'enquête préliminaire en cours et non par voie d'autorisation générale et permanente préalable. Cette interprétation est commandée par la nécessité de garantir la direction effective des enquêtes préliminaires par le procureur de la République[8].

616.133 Défaut de prestation de serment. Le défaut de prestation de serment de la personne qualifiée peut être soulevé, qu'il s'agisse alors des examens réalisés dans le cadre de l'article 60 ou de l'article 77-1 : c'est ainsi que les fonctionnaires des impôts doivent prêter par écrit le serment d'apporter leur concours à la justice, en leur honneur et conscience[9].

En revanche est régulière l'intervention de deux agents de police judiciaire du service d'enquête sur les fraudes aux technologies de l'information dans le cadre d'opérations de perquisition et de saisie, la chambre de l'instruction énonce à bon droit, qu'ils n'avaient pas à prêter le serment de l'article 60, alinéa 2, du code de procédure pénale, dès lors qu'ils intervenaient pour seconder dans l'exercice de leurs fonctions les officiers de police judiciaire, confor-

1. C. pr. pén., art. 60.
2. V. G. Vibrac, « Recours à personne qualifiée, expert et placement sous scellés » *AJ pénal* 2019. 203.
3. C. pr. pén., art. 77-1.
4. Crim. 14 sept. 2005, n° 05-84.021, P n° 226 ; *RSC* 2006. 412, obs. J. Buisson – Crim. 15 mai 2007, n° 06-85.715, NP.
5. Crim. 14 oct. 2003, n° 03-84.539, P n° 187 ; *D.* 2003. IR 2932 ; *D.* 2004. 1265, note P. Hennion-Jacquet ; *JCP* 2003. IV. 2979 ; *RSC* 2004. 431, note J. Buisson.
6. Crim. 16 sept. 2003, n° 03-82.918, P n° 160 ; *D.* 2003. IR 2669 ; *JCP* 2003. IV. 2897.
7. Crim. 18 juin 2019, n° 19-80.105, P n° 121 ; *D.* 2019. 1339.
8. Crim. 17 déc. 2019, n° 19-83.574, P ; *D.* 2020. 16 ; *AJ pénal* 2020. 141, obs. M. Lassalle ; *AJ pénal* 2020. 253, obs. K. Mariat.
9. Crim. 3 oct. 1996, n° 95-83.879, P n° 345 ; *Procédures* 1997, n° 44, note J. Buisson ; *AJ pénal* 2006. 452, obs. G. Roussel – Crim. 21 juin 2006, n° 06-82.774, P n° 193 ; *D.* 2006. IR 2055 ; *Gaz. Pal.* 2/3 févr. 2007, p. 20, note Y. Monnet ; *Procédures* 2006, n° 216, note J. Buisson.

mément aux dispositions de l'article 20 dudit code[1]. Des policiers spécialisés, notamment en informatique, n'ont pas à prêter serment lorsqu'ils interviennent en assistance, par exemple pour la saisie du disque dur d'un ordinateur.

De même, les agents de la DNERF ne sont pas des « personnes qualifiées » qui doivent prêter serment dès lors qu'ils interviennent dans un domaine où la loi leur confie des pouvoirs de police judiciaire[2]. Le défaut de prestation de serment apparaît alors comme une nullité pour laquelle la démonstration de l'existence d'un grief n'est pas nécessaire[3].

Mais l'examen technique des articles 60 et 77-1 ne doit pas être confondu avec le seul examen qui est une mesure ne requérant aucune technicité : ainsi, l'identification par des opérateurs d'Orange (France Télécom), de numéros de téléphone qui n'est pas une mesure de constatation ou d'examen technique[4].

616.134 Réquisition de documents de systèmes informatiques. Jusqu'à la loi du 23 juin 1999[5] ces deux textes portaient une incise : « *qui ne peuvent être différées* », et le critère d'urgence était donc imposé. Ce n'est plus le cas. Mais la différence entre les deux textes est de taille. En flagrance, l'officier de police judiciaire peut décider lui-même d'avoir recours à des personnes qualifiées ; pendant l'enquête préliminaire, c'est le procureur de la République qui doit en décider.

L'article 60-1 du code de procédure pénale dispose que le procureur de la République ou l'officier de police judiciaire peut, par tout moyen, requérir de toute personne, de tout établissement ou organisme privé ou public ou de toute administration publique qui sont susceptibles de détenir des informations intéressant l'enquête, y compris ceux issus d'un système informatique ou d'un traitement de données nominatives, de lui remettre ces informations, notamment sous forme numérique, sans que puisse lui être opposée, sans motif légitime, l'obligation au secret professionnel. Lorsque les réquisitions concernent des personnes mentionnées aux articles 56-1 à 56-5, la remise des informations ne peut intervenir qu'avec leur accord.

Les OPJ peuvent se faire remettre par voie de réquisition judiciaire les enregistrements de vidéosurveillance installée, par le propriétaire, dans les parties communes d'un immeuble collectif, qui échappent aux prescriptions de l'article 706-96 et suivants du code de procédure pénale. Dès lors est régulière l'exploitation par les policiers, dans le cadre d'une enquête de flagrance, des enregistrements des caméras de surveillance communiqués sur réquisition prise en application de l'article 60-1 du code précité[6]. L'accord des journalistes n'est nécessaire que si ces professionnels sont directement requis de fournir des informations : il ne l'est pas lorsqu'un opérateur de téléphonie est requis de fournir les « fadettes » d'un journaliste[7].

Aux termes de l'article 77-1-1 du code de procédure pénale, le procureur de la République ou, sur autorisation de celui-ci, l'officier ou l'agent de police judiciaire ou, sous le contrôle de ces derniers, l'assistant d'enquête, peut, par tout moyen, procéder aux mêmes réquisitions. On note là encore la différence entre les pouvoirs des OPJ en flagrance et ce qu'ils peuvent faire dans le cadre de l'enquête préliminaire, les réquisitions du procureur étant alors obligatoires. Les dispositions de l'article 77-1-1 précité sont édictées dans l'intérêt d'une bonne administration de la justice et leur méconnaissance est constitutive d'une nullité à laquelle les dispositions de l'article 802 du même code sont étrangères[8]. Mais, l'article 77-1-1 ne soumettant l'autorisation du procureur de la République *à aucune forme particulière*, il n'y a pas lieu d'annuler les réquisitions adressées à un opérateur de téléphonie au motif qu'elles portent simplement la mention « sur autorisation du procureur de la République » sans qu'aucune pièce de la procédure ne précise qu'il y a eu une demande en ce sens suivie d'une réponse écrite ou verbale du parquet autorisant ces réquisitions[9]. Il en est de même de la mention « en accord avec le parquet de X... »[10].

La remise de documents au sens de l'article 77-1-1 du code de procédure pénale s'entend notamment

1. Crim. 27 juin 2001, n° 01-81.865, P n° 163 ; *D.* 2001. 2947.
2. Crim. 6 mai 2002, n° 02-81.130, NP, *RSC* 2002. 906, obs. J. Buisson ; *RSC* 2003. 393, obs. J. Buisson.
3. Crim. 21 juin 2006, n° 06-82.774, P n° 193 ; *D.* 2006. 2055 ; *AJ pénal* 2006. 452, obs. G. Roussel ; *RSC* 2007. 553, obs. H. Matsopoulou ; *RSC* 2007. 602, obs. J. Buisson.
4. Crim. 18 juin 2002, n° 01-86.098, P n° 136.
5. L. n° 99-515, 23 juin 1999 renforçant l'efficacité de la procédure pénale, *JO* 24 juin, p. 9247.
6. Crim. 6 mars 2013, n° 12-87.810, P n° 62 ; *D.* 2013. 1993, obs. J. Pradel ; *AJ pénal* 2013. 349, obs. J. Pronier ; *Gaz. Pal.* 21 juill. 2013, p. 37, note F. Fourment.
7. Crim. 14 mai 2013, n° 11-86.626, P n° 106 ; *D. actu.* 12 juin 2013, obs. S. Lavric ; *AJ pénal* 2013. 467, obs. J. Lasserre Capdeville ; *Procédures* 2013, n° 220, obs. A.-S. Chavent-Leclère.
8. Crim. 1er sept. 2005, n° 05-84.061, P n° 211 ; *D.* 2005. IR 2549 ; *JCP* 2005. IV. 3190 ; *JCP* 2006. I. 113, note A. Maron ; *AJ pénal* 2005. 419 ; *Dr. pénal* 2005, n° 184 ; *RSC* 2006. 399, obs. J. Buisson – Crim. 6 déc. 2005, n° 05-85.076, P n° 319 ; *D.* 2006. Pan. 617, obs. J. Pradel ; *D.* 2006. 1429, obs. P. Mathonnet et M. Ghnassia ; *RSC* 2007. 599, obs. J. Buisson.
9. Crim. 23 mai 2006, n° 06-83.241, P n° 139 ; *D.* 2006. 2836, note J. Pradel ; *AJ pénal* 2006. 367, obs. C. Girault ; *RSC* 2006. 853, note R. Finielz.
10. Crim. 9 janv. 2007, n° 06-87.698, NP.

de la communication, sans moyen coercitif, de documents issus d'un système informatique ou d'un traitement de données nominatives, tels ceux détenus par un opérateur de téléphonie. Il n'importe à cet égard que la personne qui les a remis ait dû préalablement les rechercher dans un système de traitement de données nominatives, ni que ces documents soient des documents dématérialisés, issus d'un système informatique[1].

N'entre pas dans le champ d'application de l'article 77-1-1 du code de procédure pénale, la simple demande faite, par les officiers de police judiciaire, à une personne de leur remettre des documents intéressant l'enquête, demande à laquelle la personne répond spontanément[2].

De même, les dispositions de l'article 77-1-1 ne sont pas applicables à la notification d'une convocation en justice, qui ne constitue pas un acte d'enquête[3]. Une décision est intervenue dans un dossier très médiatique, dit des fadettes, aux termes de laquelle la chambre criminelle a statué sur des réquisitions fondées sur l'article 77-1-1 du code de procédure pénale, mais relatives à des éléments probatoires entrant dans le champ de l'application de la loi du 4 janvier 2010[4] : dès lors que l'atteinte portée au secret des sources des journalistes n'était pas justifiée par l'existence d'un impératif prépondérant d'intérêt public, et que la mesure n'était pas strictement nécessaire et proportionnée au but légitime poursuivi, la chambre de l'instruction a légalement justifié sa décision, tant au regard de l'article 10 de la convention européenne des droits de l'homme qu'au regard de l'article 2 de la loi du 29 juillet 1881[5].

Les juges ont fait une exacte application de l'article 77-1-1 du code de procédure pénale et du texte conventionnel invoqué, dès lors que la remise de documents au sens premier de ces textes s'entend également de la communication, sans recours à un moyen coercitif, de documents issus d'un système informatique ou d'un traitement de données nominatives, tels ceux détenus par le gestionnaire d'un système de messagerie électronique, or, comme en l'espèce, le contenu des correspondances échangées, et que l'ingérence ainsi apportée dans l'exercice du droit au respect de la vie privée et familiale n'excède pas ce qui est nécessaire dans une société démocratique, à la recherche et à la poursuite des infractions[6]. Un prévenu médecin ne saurait se faire un grief de ce que la caisse primaire d'assurance maladie a été requise, en application de l'article 77-1-1 du code de procédure pénale de communiquer la liste de ses patientes sans qu'il ait préalablement donné son accord à la remise de ce document, dès lors qu'un tel accord n'est nécessaire que si l'un des professionnels visés aux articles 56-1 à 56-3 est directement requis de fournir les informations sollicitées[7].

Un demandeur est irrecevable à soulever la nullité de réquisitions prises sur le fondement de l'article 77-1-1 du Code de procédure pénale s'il ne justifie pas avoir été le titulaire ou l'utilisateur des lignes objet des réquisitions, ni qu'il aurait été porté atteinte, à l'occasion des investigations litigieuses, à sa vie privée[8]. Une personne mise en examen est sans qualité pour contester la régularité de réquisitions faites auprès d'opérateurs téléphoniques sur le fondement de l'article 77-1-1 du Code de procédure pénale, ayant pour seul objet d'identifier les lignes téléphoniques ayant déclenché des bornes-relais données, dès lors qu'elle ne prétend être ni le titulaire ni l'utilisateur de l'une des lignes identifiées et que sa vie privée n'est pas susceptible d'être mise en cause par cette recherche[9].

En cas d'annulation, la théorie dite « du support nécessaire » s'applique : doit être censuré l'arrêt qui avait également annulé, d'une part, le procès-verbal constatant, antérieurement aux réquisitions litigieuses, la réception du renseignement anonyme à l'origine de la procédure et, d'autre part, le réquisitoire introductif intervenu postérieurement à la réquisition contestée sans constater que cette pièce satisfaisait, en la forme, aux conditions requises pour son existence légale[10].

1. Crim. 22 nov. 2011, n° 11-84.308, P n° 234 ; *D.* 2011. 2937 ; *D.* 2012. 171, Chron. C. Roth, A. Leprieur et M.-L. Divialle ; *D.* 2012. 2118, obs. J. Pradel ; *AJ pénal* 2012. 293, obs. J. Lasserre Capdeville ; *JCP* 2012, n° 49, note A. Bonnet ; *Dr. pénal* 2011, n° 12, note A. Maron et M. Haas.
2. Crim. 12 mars 2008, n° 07-88.604, NP, *Dr. pénal* 2008, n° 75, note A. Maron et M. Haas.
3. Crim. 29 mai 2013, n° 12-82.033, P n° 122 ; *D. actu.* 9 juill. 2013, obs. J. Gayet ; *Gaz. Pal.* 21 juill. 2013, p. 46, obs. F. Fourment.
4. L. n° 2010-1, 4 janv. 2010 relative à la protection du secret des sources des journalistes, *JO* 5 janv., p. 272.
5. Bordeaux, ch. instr., 5 mai 2011 ; *JCP* 2011, n° 643, note E. Derieux ; *JCP* 2011. Actu. 1099, obs. J.-H. Robert ; *RLDI* 2011, n° 2483, note E. Derieux – Crim. 6 déc. 2011, n° 11-83.970, P n° 248 ; *D.* 2012, n° 17, obs. S. Lavric ; *Legipresse* 2012, p. 105, note A. Guedj et T. Fourrey ; *Procédures* 2012, n° 47, obs. A.-S. Chavent-Leclère ; *Gaz. Pal.* 1er-2 janv. 2012, p. 23, note D. Piot.
6. Crim. 6 nov. 2013, n° 12-87.130, P n° 217 ; *AJ pénal* 2014. 40., obs. P. de Comble de Nayves ; *Procédures* 2014. 56, obs. A.-S. Chavent-Leclère ; *Gaz. Pal.* 9 févr. 2014, p. 38, note F. Fourment.
7. Crim. 19 mars 2014, nos 10-88.725, 13-88.616, P n° 88.
8. Crim. 27 mars 2018, n° 17-85.603, P n° 53 ; *Dr. pénal* 2018, comm. 93, A. Maron et M. Haas.
9. Crim. 6 févr. 2018, n° 17-84.380, P n° 30 ; *Procédures* 218, comm. 124, par A.-S. Chavent-Leclère ; *AJ pénal* 2018. 204, obs. Y. Capderon.
10. Crim. 17 oct. 2006, n° 06-81.118, NP.

616.135 Convention secrète de déchiffrement d'un moyen de cryptologie : la réquisition. Dans une décision du 13 octobre 2020[1], la chambre criminelle a répondu à plusieurs questions relatives à l'application de l'article 434-15-2 du code pénal, resté sans application pendant de longues années, mais dont le caractère imprécis, voire sibyllin a permis la réactivation lorsque l'évolution technologique a donné à tous des téléphones chiffrés, dont le décryptage était difficile, et notamment pour prévenir des attentats. L'article en question dispose qu'« est puni de trois ans d'emprisonnement et de 270 000 € d'amende le fait, pour quiconque ayant connaissance de la convention secrète de déchiffrement d'un moyen de cryptologie susceptible d'avoir été utilisé pour préparer, faciliter ou commettre un crime ou un délit, de refuser de remettre ladite convention aux autorités judiciaires ou de la mettre en œuvre, sur les réquisitions de ces autorités délivrées en application des titres II et III du livre Ier du code de procédure pénale ». Dans l'affaire jugée le 13 octobre 2020 un suspect s'est vu réclamer, par l'enquêteur qui procédait à son audition, les codes de déverrouillage des trois téléphones portables découverts en sa possession. Ayant refusé de les communiquer, il a été poursuivi notamment pour refus de remettre la convention secrète de déchiffrement d'un moyen de cryptologie, dont il a été déclaré coupable en première instance puis relaxé par la cour d'appel. Le parquet général a formé un pourvoi en cassation.

La chambre criminelle a tout d'abord estimé que la réquisition délivrée par un OPJ agissant en vertu des articles 60-1, 77-1-1 et 99-3 du code de procédure pénale, sous le contrôle de l'autorité judiciaire, entre dans les prévisions de l'article 434-15-2 du code pénal, réprimant le refus de remettre la convention secrète de déchiffrement d'un moyen de cryptologie. Cependant, une simple demande formulée au cours d'une audition, sans avertissement que le refus d'y déférer est susceptible de constituer une infraction pénale, ne constitue pas une réquisition au sens de ce texte. La Cour de cassation juge certes « qu'une simple demande formulée au cours d'une audition, sans avertissement que le refus d'y déférer est susceptible de constituer une infraction pénale, ne constitue pas une réquisition au sens du texte précité [C. pén., art. 434-15-2] ». En conséquence, la demande de l'OPJ adressée à la personne gardée à vue ne vaut réquisition, au sens de l'article 434-15-2 du code pénal, qu'à partir du moment où elle s'accompagne de la précision qu'un refus de sa part est susceptible de constituer une infraction. Cette précision n'est pas prévue par le texte. Mais la chambre criminelle juge que c'est à tort que la cour d'appel « a énoncé que cette réquisition ne pouvait être délivrée par un fonctionnaire de police, alors que la réquisition délivrée par un officier de police judiciaire agissant en vertu des articles 60-1, 77-1-1 et 99-3 du code de procédure pénale, dans leur rédaction applicable au litige, sous le contrôle de l'autorité judiciaire, entre dans les prévisions de l'article 434-15-2 du code pénal ».

La doctrine a largement critiqué cette décision en relevant que l'autorité judiciaire ne pouvait être composée que de magistrats et ne pouvait inclure les membres des forces de l'ordre, fussent-ils dotés d'une habilitation de police judiciaire. Or, l'arrêt semble inclure l'OPJ lorsqu'il délivre des réquisitions sur autorisation du procureur de la République dans le cadre de l'enquête préliminaire sur le fondement de 77-1-1 du Code de procédure pénale mais aussi de sa propre initiative dans le cadre de l'enquête de flagrance, sur la base de l'article 60-1 du même code[2].

616.136 Les téléphones portables de nouvelle génération contiennent-ils des conventions secrètes de déchiffrement au sens de l'article 434-15-2 du code pénal ? Dans l'arrêt du 13 octobre 2020, précité, la chambre criminelle a jugé que le code de déverrouillage d'un téléphone portable peut constituer une convention secrète de déchiffrement d'un moyen de cryptologie lorsque ledit téléphone est équipé d'un moyen de cryptologie. L'existence d'un tel moyen peut se déduire des caractéristiques de l'appareil ou des logiciels qui l'équipent ainsi que des résultats d'exploitation des téléphones au moyen d'outils techniques, utilisés notamment par les personnes qualifiées requises ou experts désignés à cette fin, portés, le cas échéant, à la connaissance de la personne concernée. Encourt dès lors la cassation l'arrêt qui relaxe le prévenu du chef de refus de remettre la convention secrète de déchiffrement d'un moyen de cryptologie au motif qu'un code de déverrouillage d'un téléphone portable ne constitue pas une telle convention. Sur cette question encore, la même doctrine a posé le problème en ces termes : la chambre criminelle n'a-t-elle pas confondu un procédé empêchant seulement l'accès aux données que le téléphone contient (le code pin) et procédé consistant à transformer des données, c'est-à-dire de cryptage à proprement parler. On peut difficilement cacher que la réponse à cette question requiert des connaissances technologiques qui ne sont pas à la portée de tous. C'est après avoir

1. Crim. 13 oct. 2020, no 20-80.150, P ; *AJ pénal* 2020. 587, note E. Dreyer ; *JCP* 2020. 1417, obs. P. de Combles de Nayves ; *Procédures* 2020, comm. 229, J. Buisson ; *ibid.* 2021, alerte 1, Focus par J. Buisson ; *D.* 2021. 609, obs. S. Vergnolle.

2. V. not. E. Dreyer ; *AJ pénal* 2020. 587 ; P. de Combles de Nayves, *JCP* 2020. 1417, S. Vergnolle ; *D.* 2021. 609.

fait toutes les recherches nécessaires en la matière que l'Assemblée plénière de la Cour de cassation, saisi après que la cour de renvoi a résisté, a confirmé l'analyse de la chambre criminelle[1].

La cour de renvoi avait jugé que la clé de déverrouillage de l'écran d'accueil d'un smartphone n'est pas une convention secrète de déchiffrement, car elle n'intervient pas à l'occasion de l'émission d'un message et ne vise pas à rendre incompréhensibles ou compréhensibles des données, au sens de l'article 29 de la loi du 21 juin 2004, mais tend seulement à permettre d'accéder aux données et aux applications d'un téléphone, lesquelles peuvent être ou non cryptées. On remarquera que la doctrine, précitée, trouvait là un écho.

Dans sa décision du 7 novembre 2022, la Haute juridiction expose que selon l'article 29 de la loi n° 2004-575 du 21 juin 2004 pour la confiance dans l'économie numérique, un moyen de cryptologie s'entend de tout matériel ou logiciel conçu ou modifié pour transformer des données, qu'il s'agisse d'informations ou de signaux, à l'aide de conventions secrètes ou pour réaliser l'opération inverse avec ou sans convention secrète. Les moyens de cryptologie ont principalement pour objet de garantir la sécurité du stockage ou de la transmission de données, en permettant d'assurer leur confidentialité, leur authentification ou le contrôle de leur intégrité. Elle indique ensuite qu'une convention de déchiffrement s'entend de tout moyen logiciel ou de toute autre information permettant la mise au clair d'une donnée transformée par un moyen de cryptologie, que ce soit à l'occasion de son stockage ou de sa transmission. Il en résulte que le code de déverrouillage d'un téléphone mobile peut constituer une clé de déchiffrement si ce téléphone est équipé d'un moyen de cryptologie. Elle conclut qu'il est dès lors nécessaire pour le juge de rechercher si le téléphone en cause est équipé d'un tel moyen et si son code de déverrouillage permet de mettre au clair tout ou partie des données cryptées qu'il contient ou auxquelles il donne accès.

616.137 Obligation de donner son code de déverrouillage et droit de ne pas contribuer à sa propre incrimination. Dans une décision du 30 mars 2018[2] le Conseil constitutionnel a décidé que les dispositions de l'article 434-15-2 « n'ont pas pour objet d'obtenir des aveux de sa part et n'emportent ni reconnaissance ni présomption de culpabilité mais permettent seulement le déchiffrement des données cryptées. En outre, l'enquête ou l'instruction doivent avoir permis d'identifier l'existence des données traitées par le moyen de cryptologie susceptible d'avoir été utilisé pour préparer, faciliter ou commettre un crime ou un délit. Enfin, ces données, déjà fixées sur un support, existent indépendamment de la volonté de la personne suspectée ». Il a considéré qu'elles « ne portent pas atteinte au droit de ne pas s'accuser ni au droit au respect de la vie privée et au secret des correspondances ».

La chambre criminelle de la Cour de cassation a également jugé que « le droit de ne pas s'incriminer soi-même ne s'étend pas aux données que l'on peut obtenir de la personne concernée en recourant à des pouvoirs coercitifs mais qui existent indépendamment de la volonté de l'intéressé »[3]. Cette affirmation exploite la jurisprudence de la CEDH qui a affirmé dans l'arrêt *Sanders* que le droit au silence « ne s'étend pas à l'usage, dans une procédure pénale, de données que l'on peut obtenir de l'accusé en recourant à des pouvoirs coercitifs mais qui existent indépendamment de la volonté du suspect, par exemple les documents recueillis en vertu d'un mandat, les prélèvements d'haleine, de sang et d'urine ainsi que de tissus corporels en vue d'une analyse de l'ADN »[4] Une partie de la doctrine a fait connaître son désaccord. Ainsi, Emmanuel Dreyer écrit : « Toutefois, on peut s'interroger sur l'opportunité de reprendre une telle solution dans le cadre d'une incrimination exposant l'auteur des faits à rien moins que 3 ans d'emprisonnement et de 270 000 € d'amende ! Prétendre que l'application de ce texte ne pose aucun problème, et en faire une interprétation extensive, choque alors que l'obligation faite à la personne suspecte de fournir la convention de chiffrement qu'elle a utilisée équivaut à lui demander d'ouvrir la porte du local où elle a caché le moyen ou le produit de l'infraction en s'auto-incriminant au mépris de la présomption d'innocence... C'est oublier que dans le même arrêt, la juridiction de Strasbourg a également posé en principe que « le droit de ne pas contribuer à sa propre incrimination présuppose que, dans une affaire pénale, l'accusation cherche à fonder son argumentation sans recourir à des éléments de preuve obtenus par la contrainte ou les pressions, au mépris de la volonté de l'accusé » (§ 68). Or, la lourdeur des peines fulminées, associée au lien étroit entre les données que l'autorité judiciaire cherche à décrypter et la culpabilité de l'intéressé, pourraient bien faire apparaître que la solution est excessive en ce qu'elle transforme le suspect en collaborateur du service public de la justice, ce qui constitue une inversion des rôles difficilement défendable ».

1. Cass., ass. plén., 7 nov. 2020, n° 921-83.146, B.
2. Cons. const. 30 mars 2018, n° 2018-696 QPC, cons. 7 Cons. const. 30 mars 2018, n° 2018-696 QPC, *D.* 2018. 723 ; *AJ pénal* 2018. 257, obs. M. Lacaze ; *D.* 2018. 514, obs. M. Quemener ; Constitutions 2018. 192.
3. Crim. 10 déc. 2019, n° 18-86.878, P.
4. CEDH, gr. ch., 17 déc. 1996, n° 19187/91, *Saunders c/ Royaume-Uni*, § 69.

SECTION 4
ÉCOUTES TÉLÉPHONIQUES, SONORISATION ET FIXATION D'IMAGES

§ 1
Écoutes téléphoniques

A.
Domaine d'application

616.141 Pouvoir du ministère public. Les nullités évoquées ici sont celles qui peuvent être soulevées lors de l'audience correctionnelle[1].

C'est l'article 706-95 du code de procédure pénale qui circonscrit les pouvoirs du ministère public en la matière. Il précise que si les nécessités de l'enquête de flagrance ou de l'enquête préliminaire relative à l'une des infractions entrant dans le champ d'application de l'article 706-73 ou 706-73-1 l'exigent, le juge des libertés et de la détention du tribunal judiciaire peut, à la requête du procureur de la République, autoriser l'interception, l'enregistrement et la transcription de correspondances émises par la voie des télécommunications selon les modalités prévues par les articles 100, alinéa 2, 100-1, et 100-3 à 100-7, pour une durée maximum d'un mois[2], renouvelable une fois dans les mêmes conditions de forme et de durée. Ces opérations sont faites sous le contrôle du juge des libertés et de la détention. L'absence au dossier de la requête du procureur de la République ne saurait constituer une cause de nullité des écoutes téléphoniques, réalisées durant une enquête en matière de criminalité organisée, si les mentions portées sur d'autres actes établissent son existence et en reproduisent la teneur[3]. Les articles 100-1 à 100-2 du code de procédure pénale, en application desquels la durée d'une écoute doit s'apprécier au regard de la ligne téléphonique interceptée et non de la personne qui en est titulaire, ne méconnaissent pas l'article 8 de la convention européenne des droits de l'homme en ce que l'interception successive ou cumulée en application de ces textes de différentes lignes téléphoniques utilisées par une même personne soupçonnée d'infractions graves, est une mesure nécessaire à la défense de l'ordre et à la prévention des infractions pénales[4].

Pour l'application des dispositions des articles 100-3 à 100-5, les attributions confiées au juge d'instruction ou à l'officier de police judiciaire commis par lui sont exercées par le procureur de la République ou l'officier de police judiciaire requis par ce magistrat. Le juge des libertés et de la détention qui a autorisé l'interception est informé sans délai par le procureur de la République des actes accomplis en application de l'alinéa précédent, notamment des procès-verbaux dressés en exécution de son autorisation, par application des articles 100-4 et 100-5.

616.142 Information sans délai du juge des libertés et de la détention. Le juge des libertés et de la détention doit être informé du déroulement de l'écoute téléphonique qu'il a autorisée au cours d'une enquête préliminaire. Toutefois, l'article 706-95 du code de procédure pénale n'exige pas l'exercice d'un contrôle immédiat mais seulement que le juge des libertés et de la détention soit informé sans délai par le procureur de la République, à l'issue des opérations d'interception, d'enregistrement et de transcription prévues par les articles 100-3 et 100-5 du code de procédure pénale[5]. L'information sans délai prévue par le texte ne concerne que la transmission par les enquêteurs au ministère public à l'issue des opérations. De surcroît, le non-respect de cette formalité entre dans le champ des prévisions de l'article 802 du code de procédure pénale et l'éventuelle nullité est soumise à la justification d'un grief par le demandeur[6].

616.143 Autorisation du juge des libertés et de la détention. L'autorisation écrite du juge des libertés et de la détention, de procéder, dans les conditions prévues à l'article 706-95 du code de procédure pénale, à des interceptions de correspondance émises par la voie des télécommunications doit intervenir avant que ne soit délivrée la réquisition à l'opérateur téléphonique. En revanche, il n'est pas nécessaire que sa transmission aux services de police soit alors déjà effective[7].

Une personne mise en examen est sans qualité pour contester la régularité de réquisitions faites auprès d'opérateurs téléphoniques dès lors qu'elle

1. Pour tous les éléments relatifs aux écoutes téléphoniques mises en place par le magistrat instructeur : Ch. Guéry et P. Chambon, *Droit et pratique de l'instruction préparatoire*, 11e éd., « Dalloz action », 2022, nos 562.11 s.
2. L. n° 2011-267, 14 mars 2011 a fait passer le délai de quinze jours, renouvelable une fois, à un délai d'un mois, renouvelable une fois.
3. Crim. 5 mars 2013, n° 12-88.167, P n° 55 ; *D. actu.* 24 avr. 2013, obs. S. Fucini ; *D.* 2013. Pan. 1993, obs. J. Pradel ; *AJ pénal* 2013. 479, obs. J.-B. Perrier.
4. Crim. 8 juill. 2015, n° 15-81.731, P n° 174 ; *D.* 2015. 1542 ; *JCP* 2015. 949 ; *AJ pénal* 2016. 44, obs. L. Ascensi.
5. Crim. 23 mai 2006, n° 06-83.241, P n° 139 ; *D.* 2006. 2836, note J. Pradel ; *AJ pénal* 2006. 367, obs. C. Girault ; *RSC* 2006. 853, note R. Finielz – Crim. 20 mars 2007, n° 06-89.555, NP.
6. Crim. 26 juin 2007, n° 07-82.625, P n° 172 ; *D.* 2007. AJ 2239 ; *RSC* 2008. 362, obs. R. Finielz ; *AJ pénal* 2007. 487, obs. S. Lavric.
7. Crim. 26 mars 2008, n° 07-88.281, P n° 74 ; *JCP* 2008. I. 181, note A. Maron ; *RSC* 2008. 929, obs. R. Finielz ; *D.* 2008. AJ 1148 ; *AJ pénal* 2008. 380, obs. J. Leblois-Happe ; *Dr. pénal* 2008, n° 74, note A. Maron et M. Haas ; *Dr. pénal* 2009. Chron. 1, obs. D. Guérin.

ne prétend pas être le titulaire ou l'utilisateur de l'une des lignes identifiées et que sa vie privée n'est pas susceptible d'être mise en cause[1]. En application de l'article 706-95 du Code de procédure pénale, le juge des libertés et de la détention, à la requête du procureur de la République, peut autoriser l'interception, l'enregistrement et la transcription de correspondances émises par la voie des communications électroniques pour une durée maximum d'un mois. La mention, dans la décision, de la durée pour laquelle la mesure est autorisée constitue une garantie essentielle contre le risque d'une atteinte disproportionnée au droit au respect de la vie privée des personnes concernées, aux intérêts desquelles son absence porte nécessairement atteinte[2]. L'article 706-95 du Code de procédure pénale et les articles 100 et suivants auxquels il renvoie, ne prévoient pas la nécessité d'une motivation des ordonnances du juge des libertés et de la détention ayant prescrit puis prolongé les interceptions téléphoniques, et ces dispositions ne sont pas contraires à l'article 8 de la Convention européenne des droits de l'homme en ce que l'interception est autorisée par un juge tenu informé de son exécution et répond à des exigences précises qu'il détaille[3]. Mais cette dernière jurisprudence apparaît obsolète. En effet, l'article 44 de la loi n° 2019-222 du 23 mars 2019 a modifié l'article 100-1 du code de procédure pénale, auquel renvoie l'article 706-95. Selon le nouveau texte, la décision autorisant l'interception comporte non seulement tous les éléments d'identification de la liaison à intercepter et de l'infraction qui motive le recours à l'interception ainsi que la durée de celle-ci, mais aussi que cette décision devait être motivée « par référence aux éléments de fait et de droit justifiant que ces opérations sont nécessaires ».

616.144 **Durée.** Depuis l'entrée en vigueur de la loi du 3 juin 2016[4], l'article 100-2 du code de procédure pénale a été modifié afin de fixer une durée maximale aux écoutes téléphoniques ordonnées. Le délai de droit commun est d'une année. Il est porté à deux ans lorsque l'infraction qui motive l'interception de télécommunication est de celles visées aux articles 706-73 et 706-73-1 du code de procédure pénale.

616.145 **Cour de justice de l'Union européenne.** Dans une décision rendue en Grande chambre le 2 octobre 2018[5], la Cour de justice de l'Union européenne a jugé que l'article 15, § 1, de la directive 2002/58/CE du Parlement européen et du Conseil, du 12 juillet 2002, concernant le traitement des données à caractère personnel et la protection de la vie privée dans le secteur des communications électroniques (directive vie privée et communications électroniques), telle que modifiée par la directive 2009/136/CE du Parlement européen et du Conseil, du 25 novembre 2009, lu à la lumière des articles 7 et 8 de la charte des droits fondamentaux de l'Union européenne, doit être interprété en ce sens que l'accès d'autorités publiques aux données visant à l'identification des titulaires des cartes SIM activées avec un téléphone mobile volé, telles que les nom, prénom et, le cas échéant, adresse de ces titulaires, comporte une ingérence dans les droits fondamentaux de ces derniers, consacrés à ces articles de la charte des droits fondamentaux, qui ne présente pas une gravité telle que cet accès devrait être limité, en matière de prévention, de recherche, de détection et de poursuite d'infractions pénales, à la lutte contre la criminalité grave.

616.146 **IMSI-catcher.** La loi du 3 juin 2016 permet l'utilisation d'un nouveau dispositif, dit IMSI-catcher, que ce soit pendant l'information judiciaire[6] mais aussi pendant l'enquête[7] dès lors que l'on se trouve en présence d'une infraction visée aux articles 706-73 ou 706-73-1 sur la criminalité organisée. Ce système permet de se substituer, dans un périmètre donné, aux antennes relais des opérateurs permettant ainsi aux services d'enquête de disposer des informations sur les terminaux qui s'y sont connectés. Les opérations se déroulent sous l'autorité et le contrôle du magistrat qui les a autorisées. Dans le cadre de l'enquête, la durée maximale est fixée à un mois, renouvelable une fois dans les mêmes conditions. L'autorité judiciaire peut également autoriser l'utilisation de l'IMSI-catcher afin d'intercepter des correspondances émises ou reçues par un équipement terminal, une telle autorisation étant délivrée pour une durée maximale de quarante-huit heures, renouvelable une fois dans les mêmes conditions. Les opérations de recueil de données techniques ou d'interceptions de communications réalisées à l'aide d'un dispositif IMSI-catcher sont effectuées sous l'autorité et le contrôle du magistrat qui les a autorisées et ne peuvent, à peine de nullité, avoir un autre objet que la recherche et la constatation des infractions visées dans la décision de ce magistrat. Le fait que les opérations révèlent des infractions autres que celles visées dans la décision du

1. Crim. 6 févr. 2018, n° 17-84.380 *AJ pénal* 2018. 204, obs. Y. Capderon.
2. Crim. 9 janv. 2018, n° 17-82.946, P n° 4 ; *JCP* 2018. 176 ; *AJ pénal* 2018. 158, obs. J. Frinchaboy ; *Dr. pénal* 2019, chron. 1, V. Georget.
3. Crim. 11 déc. 2018, n° 18-82.365, P n° 211 ; *JCP* 2019. 74.
4. L. n° 2016-731, 3 juin 2016 renforçant la lutte contre le crime organisé, le terrorisme et leur financement, et améliorant l'efficacité et les garanties de la procédure pénale, *JO* 4 juin, n° 1.
5. CJUE, 2 oct. 2018, aff. C-207/16 ; *AJ pénal* 2018. 584, obs. B. Nicaud ; *D.* 2018. 1913.
6. C. pr. pén., art. 706-95-5. Anc.
7. C. pr. pén., art. 706-95-4.anc.

magistrat qui les a autorisées ne constitue pas une cause de nullité des procédures incidentes.

Ces dispositions, qui figuraient aux articles 706-95-4 et suivants du code de procédure pénale sont incluses, depuis le 1er juin 2019, dans les « autres techniques spéciales d'enquête » figurant aux articles 706-95-11 et suivants du code de procédure pénale. L'article de référence pour les IMSI catchers est l'article 706-95-20 du code de procédure pénale pour les enquêtes. L'autorisation mentionnée au 1° de l'article 706-95-12 est délivrée pour une durée maximale d'un mois, renouvelable une fois dans les mêmes conditions de forme et de durée[1].

616.147 **Lignes identifiées à partir du boîtier.** Le dispositif mis en place, au moyen de réquisitions à des opérateurs privés de télécommunications, ne constitue pas un appareil ou un dispositif technique entrant dans les prévisions des articles 706-95-4 et suivants, issus de la loi n° 2016-731 du 3 juin 2016 (articles modifiés depuis). Dès lors qu'elle était limitée à l'interception des communications des seules lignes téléphoniques identifiées à partir du boîtier de téléphone, dont le numéro d'identification était précisé, et qui avait été désigné par les enquêteurs au juge d'instruction comme étant en possession de M. B., la décision d'interception, d'enregistrement et de transcription des correspondances répondait aux exigences des articles 100 et suivants du code de procédure pénale[2].

616.148 **Écoutes téléphoniques de la victime.** La loi du 23 mars 2019 a ajouté un alinéa à l'article 100 du code de procédure pénale pour prévoir, qu'en cas de délit puni d'une peine d'emprisonnement commis par la voie des communications électroniques sur la ligne de la victime, l'interception peut également être autorisée, selon les mêmes modalités, si elle intervient sur cette ligne à la demande de la victime. Ces dispositions permettent notamment de placer sur écoutes la ligne d'une personne victime d'appels téléphoniques malveillants réitérés, punis d'un an d'emprisonnement par l'article 222-16 du code pénal.

B.
Jurisprudence

616.151 **Constitutionnalité.** Il n'y a pas lieu à renvoi au Conseil constitutionnel de deux QPC relatives aux articles 100, 100-5, alinéas 1 et 3, 100-7, alinéa 2 du code de procédure pénale, dès lors que l'interception de correspondances d'un avocat émises par la voie des télécommunications est ordonnée et contrôlée par le juge, en sa qualité de gardien de la liberté individuelle et que le pouvoir que ce magistrat tient de l'article 100 du texte précité de prescrire, lorsque les nécessités de la procédure l'exigent, l'interception, l'enregistrement et la transcription des correspondances émises par la voie des télécommunications, trouve sa limite dans le respect des droits de la défense[3].

616.152 **Transcription de l'enregistrement des conversations.** Lorsque les écoutes révèlent des faits étrangers à la saisine du juge d'instruction, les officiers de police judiciaire établissent un procès-verbal de renseignements judiciaires qui est transmis au juge d'instruction et qui peut aussi être transmis au procureur de la République. La personne mise en examen dans une affaire ouverte sur la base d'un tel rapport ne peut invoquer une atteinte aux droits de la défense qui résulterait de l'absence de transcription de l'enregistrement des conversations, « dès lors qu'elle a la faculté de demander cette transcription à la juridiction d'instruction saisie de la nouvelle poursuite »[4]. La transcription dans le cadre de l'affaire initiale ne semble pas non plus un cas de nullité[5].

Une conversation entre un avocat, son client ou un tiers ne peut être retranscrite que s'il en résulte que son contenu est de nature à faire présumer la participation de cet avocat à une infraction[6], mais cette infraction peut être étrangère à la saisine initiale du juge[7]. Peut être retranscrite la conversation dans laquelle il apparaît que le mis en cause, en fuite, a un rendez-vous avec son conseil[8].

616.153 **Utilisation d'un stratagème.** Aucun stratagème ne peut être utilisé par les enquêteurs ou les magistrats. Est prohibée toute écoute s'accompagnant de guet-apens, de provocation, de stratagème ou d'artifice[9]. La chambre criminelle a confirmé ce principe dans une affaire célèbre en rappelant que,

1. C. pr. pén., art. 706-95-16.
2. Crim. 28 nov. 2017, n° 17-81.736, P n° 269 ; *D.* 2017. 2480 ; *AJ pénal* 2018. 94, obs. D. Aubert.
3. Crim. 6 avr. 2016, n° 15-86.043, P n° 125 ; *D.* 2016. 1375 ; *JCP* 2016. 588 ; *JCP G* 2016. chron., 670, spéc. n° 9, note Ch. Vautrot-Schwarz ; *Gaz. Pal.* 2016, n° 27, p. 65, note F. Fourment.
4. Crim. 14 janv. 1992, n° 91-85.864, P n° 13 ; *RSC* 1993. 130, obs. A. Braunschweig.
5. Crim. 28 janv. 1992, nos 90-84.940, 90-84.941, P n° 34.
6. Crim. 15 janv. 1997, n° 96-83.753, P n° 14 – Crim. 18 janv. 2006, n° 05-86.447, P n° 22 ; *AJ pénal* 2006. 126, note C. Girault ; *Gaz. Pal.* 21-23 mai 2006, p. 17 ; *Procédures* 2006, n° 85, note J. Buisson.
7. Crim. 1er oct. 2003, n° 03-82.909, P n° 177 ; *D.* 2004. Somm. 671, obs. J. Pradel.
8. Crim. 17 sept. 2008, n° 08-85.229, P n° 191 ; *AJ pénal* 2008. 467, obs. S. Lavric.
9. NOT. : Crim. 9 oct. 1980, n° 80-93.140, P n° 255 – Crim. 13 juin 1989, nos 89-81.388, 89-81.709, P n° 254 ; *D.* 1989. IR 219.

dès lors qu'il résulte des énonciations des juges que l'interpellation d'une personne, suspectée de trafic d'influence, a procédé d'une machination de nature à déterminer ses agissements délictueux et que, par ce stratagème, qui a vicié la recherche et l'établissement de la vérité, il a été porté atteinte au principe de la loyauté des preuves, la chambre d'accusation est fondée à prononcer la nullité de la procédure subséquente[1]. Elle a réaffirmé en 2008 que porte atteinte au principe de loyauté des preuves et au droit à un procès équitable, la provocation à la commission d'une infraction par un agent de l'autorité publique, en l'absence d'éléments antérieurs permettant d'en soupçonner l'existence[2 3].

Un détenu qui utilise illégalement un portable en détention, peut être placé sous écoutes téléphoniques, dès lors qu'aucun stratagème n'a été mis en œuvre : justifie sa décision la chambre de l'instruction qui, pour écarter le grief pris de la déloyauté du procédé tenant à l'interception des communications téléphoniques passées clandestinement par un détenu retient que les enquêteurs et le magistrat instructeur, qui se sont bornés à constater, à l'occasion d'une surveillance téléphonique concernant un tiers, que la personne mise en examen et incarcérée avait successivement détenu et utilisé deux téléphones portables en maison d'arrêt, et à procéder en conséquence à l'interception des conversations émises depuis ces téléphones, n'avaient eu recours à aucun artifice ni stratagème, étant observé qu'ils n'étaient intervenus en rien dans la fourniture de ces téléphones, que les surveillances ainsi réalisées, qui avaient donné lieu à des procès-verbaux dans lesquels les enquêteurs s'étaient bornés à transcrire les propos tenus et susceptibles d'être discutés, ne sauraient par ailleurs être assimilés à des interrogatoires nécessitant la présence d'un avocat[4].

616.154 Conversation fortuite avec un tiers. Justifie sa décision la chambre de l'instruction qui, pour rejeter l'exception de nullité prise de la prétendue irrégularité de la captation d'une conversation entre une personne et un interlocuteur présent à ses côtés, et de sa transcription, retient que le recueil des renseignements obtenus par les enquêteurs, lors d'une conversation fortuite du suspect avec un tiers, à l'occasion d'une interception téléphonique régulièrement autorisée par le juge d'instruction, n'a pas constitué un procédé de recherche des preuves déloyal ou portant une atteinte illégale à la vie privée[5].

616.155 Transcription de courriels reçus sur la boîte électronique antérieurement à la décision d'interception. Dans un arrêt du 8 juillet 2015, la chambre criminelle a jugé qu'« encourt la cassation l'arrêt de la chambre de l'instruction qui, pour rejeter une requête en nullité de l'appréhension et de la transcription de courriels reçus sur la boîte électronique du requérant antérieurement à la décision d'interception prise par le juge d'instruction en application de ces textes, retient que, si la notion d'interception vise des communications en cours d'échange, elle se définit aussi comme le fait de s'emparer de ce qui est envoyé à quelqu'un, et que par suite une commission rogatoire délivrée au titre de l'article 100 du code de procédure pénale permet d'exploiter des éléments archivés sur une boîte mail avant la date de sa délivrance »[6].

Les mails émis et reçus avant la décision ne peuvent faire donc faire l'objet que d'une perquisition.

616.156 Saisies des correspondances stockées par la voie des communications électroniques. Le législateur a introduit, par la loi du 3 juin 2016[7], les articles 706-95-1 à 706-95-3, afin de créer un régime propre aux saisies des correspondances stockées par la voie des communications électroniques, indépendant de celui applicable aux perquisitions, *en matière de criminalité organisée*. Aux termes de l'article 706-95-2, dans sa rédaction issue de la loi du 23 mars 2019, si les nécessités de l'information relative à un crime ou à l'une des infractions entrant dans le champ d'application des articles 706-73 et 706-73-1 l'exigent, le juge d'instruction peut autoriser par ordonnance motivée l'accès, à distance et à l'insu de la personne visée, aux correspondances stockées par la voie des communications électroniques accessibles au moyen d'un identifiant informatique. Les données auxquelles il a été permis d'accéder peuvent être saisies et enregistrées ou copiées sur tout support.

Les opérations en cause sont effectuées sous l'autorité et le contrôle du magistrat qui les a autorisées et ne peuvent, à peine de nullité, avoir un autre

1. Crim. 27 févr. 1996, n° 95-81.366, P n° 93 ; *D.* 1996. 346, note Ch. Guéry ; *JCP* 1996. II. 22629, note M.-L. Rassat.
2. Crim. 4 juin 2008, n° 08-81.045, P n° 141 ; *D.* 2008. AJ 1766, obs. S. Lavric – AUSSI : Crim. 7 févr. 2007, n° 06-87.753, P n° 37 ; *D.* 2007. 2012, note J.-R. Demarchi ; *RSC* 2007. 331, obs. R. Filniez ; *RSC* 2007. 560, obs. J. Francillon ; *RSC* 2008. 663, obs. J. Buisson ; *Procédures* 2007, n° 147, note J. Buisson ; *AJ pénal* 2008. 425, note S. Lavric.
3. SUR ce point, v. s[s] n° 616.344.
4. Crim. 14 avr. 2015, n° 14-88.054, NP, *JCP* 2015. 789, obs. O. Decima ; *RSC* 2015. 406, obs. D. Boccon-Gibod ; *Dr. pénal* 2015, comm. 90, A. Maron et M. Haas.
5. Crim. 14 avr. 2015, n° 14-88.515, P n° 83 ; *Dr. pénal* 2015, comm. 90, A. Maron et M. Haas.
6. Crim. 8 juill. 2015, n° 14-88.457, P n° 176 ; *D.* 2015. 1542 ; *JCP* 2015. 949 ; *JCP* 2015. 844, Zoom par S. Detra ; *AJ pénal* 2016. 90, obs. G. Roussel ; *Dr. pénal* 2015, comm. 131, par A. Maron et M. Haas.
7. L. n° 2016-731, 3 juin 2016, préc.

objet que la recherche et la constatation des infractions visées dans l'ordonnance d'autorisation. Si ces opérations font apparaître des infractions autres que celles visées dans ladite ordonnance cela ne constitue pas une cause de nullité des procédures incidentes. Lorsque l'identifiant informatique est associé au compte d'un avocat, d'un magistrat ou d'un député, le régime protecteur institué par l'article 100-7 du code de procédure pénale doit recevoir application[1]. L'article 706-95-1 prévoit la procédure dans le cadre des enquêtes : si les nécessités de l'enquête relative à un crime ou à l'une des infractions entrant dans le champ d'application des articles 706-73 et 706-73-1 l'exigent, le juge des libertés et de la détention peut, à la requête du procureur de la République, autoriser par ordonnance motivée l'accès, à distance et à l'insu de la personne visée, aux correspondances stockées par la voie des communications électroniques accessibles au moyen d'un identifiant informatique. Les données auxquelles il a été permis d'accéder peuvent être saisies et enregistrées ou copiées sur tout support.

616.157 Fourniture du matériel. Aucune violation des dispositions légales en matière d'interception de communications téléphoniques ne saurait résulter de la simple fourniture à un service de police du matériel technique lui permettant d'y procéder par un prestataire qui n'accomplit aucun acte de procédure[2].

616.158 Conversation entre un avocat et un tiers qui n'est pas son client. Pour la chambre criminelle, aucune disposition légale ou conventionnelle ne fait obstacle à la captation, à l'enregistrement et à la transcription des propos d'un avocat intervenant sur la ligne téléphonique d'un tiers régulièrement placée sous écoute, dès lors que, comme en l'espèce, en premier lieu, cet avocat n'assure pas la défense de la personne placée sous surveillance, qui n'est ni mise en examen ou témoin assisté ni même n'a été placée en garde à vue dans la procédure en cause, et, en second lieu, ses propos, seraient-ils échangés avec un client habituel, dont le contenu est étranger à tout exercice des droits de la défense dans ladite procédure ou dans toute autre, révèlent des indices de sa participation à des faits susceptibles de qualification pénale, tels que les a analysés, en l'espèce, sans insuffisance ni contradiction, la chambre de l'instruction[3]. Il semble que cette analyse pourrait être contradictoire avec celle formulée par la CEDH dans son arrêt du 16 juin 2016 dès lors que celle-ci pose le principe de l'impossibilité d'utiliser la conversation contre le client. Or, pour la chambre criminelle, dès lors qu'elle fait présumer la participation de l'avocat à une infraction, la conversation n'est pas considérée comme entrant dans le champ des droits de la défense.

Dans un arrêt du 15 juin 2016, la Chambre criminelle casse une décision qui avait refusé de prononcer certaines nullités relatives à des transcriptions d'écoutes, « alors qu'il résult[ait] de ces énonciations que le contenu des conversations litigieuses procédait de l'élaboration d'une stratégie de défense et ne révélait pas, au moment de l'écoute, des indices de nature à faire présumer la participation de l'avocat à une infraction, l'existence de ceux-ci ne pouvant se déduire d'éléments postérieurs »[4]. La Cour européenne des droits de l'Homme a par ailleurs admis que la limitation par la Cour de cassation de la transcription des écoutes incidentes aux conversations de nature à faire présumer la participation de l'avocat à une infraction était compatible avec la jurisprudence de la CEDH[5].

Mais l'interdiction de la transcription des correspondances entre un avocat et son client, relevant de l'exercice des droits de la défense, s'étend à celles échangées à ce sujet entre l'avocat et les proches de celui-ci. Il n'en va autrement que s'il apparaît que le contenu et la nature des échanges sont propres à faire présumer la participation de cet avocat à une infraction. Encourt dès lors la cassation l'arrêt qui rejette la requête en nullité de la transcription de conversations interceptées sur une ligne téléphonique entre une personne et des avocats, alors que ces échanges relevaient de l'exercice des droits de la défense du compagnon de cette personne et que les conversations transcrites n'étaient pas de nature à faire présumer la participation des avocats à une infraction[6].

616.159 Écoute téléphonique à l'étranger. Selon l'article 100-8 du Code de procédure pénale

1. C. pr. pén., art. 706-95-3.
2. Crim. 18 févr. 2015, n° 14-82.019, P n° 30 ; *D.* 2015. 491 ; *AJ pénal* 2015. 323, obs. J. Lasserre Capdeville – Crim. 22 mars 2016, n° 15-83.207, P n° 92 ; *D.* 2016. 713 ; *Gaz. Pal.* 12 avr. 2016, n° 14, p. 19, note C. Ingrain, R. Lorrain, L. Saenko ; *JCP* 2016. Doctr. 670, n° 9, obs. C. Vautrot-Schwarz ; *AJ pénal* 2016. 261, obs. P. de Combles de Nayves ; *RSC* 2016. 364, obs. F. Cordier.
3. Crim. 22 mars 2016, n°s 15-83.205, P n° 93, n° 15-83.206, P n° 88, n° 15-83.207, P n° 92, 3 arrêts ; *D.* 2016. 713 ; *Gaz. Pal.* 12 avr. 2016, n° 14, p. 19, note C. Ingrain, R. Lorrain, L. Saenko ; *JCP* 2016. Doctr. 670, n° 9, obs. C. Vautrot-Schwarz ; *AJ pénal* 2016. 261, obs. P. de Combles de Nayves.
4. Crim. 15 juin 2016, n° 15-86.043, P ; *D.* 2016. 1375 ; *JCP* 2016. 853.
5. CEDH 16 juin 2016, *Versini-Campinchi & Crasnianski c/ France,* req. n° 49176/11 ; *D.* 2016. 1852, note E. Raschel ; *D.* 2017. 74, obs. Th. Wickers ; *JCP* 2016. 762. Zoom par D. Rebut ; *AJ pénal* 2016. 427, note C. Ambroise-Castérot.
6. Crim. 13 déc. 2022, n° 21-87.435, B ; *AJ pénal* 2023. 87, obs. E. Mercinier-Pantalacci ; *Procédures* 2023, comm. 55, A.-S. Chavent-Leclère ; *D.* 2022. 2297 ; *JCP* 2023. 166, note N. Jeanne ; *RSC* 2023. 156, obs P.-J. Delage.

« Lorsqu'une interception de correspondances émises par la voie des communications électroniques concerne une adresse de communication qui est utilisée sur le territoire d'un État membre de l'Union européenne, et qu'elle n'est pas réalisée dans le cadre d'une décision d'enquête européenne, le juge d'instruction ou l'officier de police judiciaire par lui commis notifie cette interception à l'autorité compétente de cet État si la personne visée par cette interception se trouve sur son territoire. Cette notification intervient soit avant l'interception lorsqu'il résulte des éléments du dossier de la procédure au moment où est ordonnée l'interception, que la personne visée se trouve ou se trouvera sur le territoire de cet État, soit au cours de l'interception ou après sa réalisation, dès qu'il est établi que cette personne se trouve ou s'est trouvée sur le territoire de cet État au moment de l'interception.

Sur demande de l'autorité compétente de l'État membre formée dans les quatre-vingt-seize heures suivant la réception de la notification et justifiée par le fait qu'une telle interception ne pouvait pas être autorisée, dans le cadre d'une procédure nationale similaire, en application du droit de cet État, soit l'interception ne peut pas être effectuée ou doit être interrompue, soit les données interceptées alors que la personne se trouvait sur son territoire ne peuvent être utilisées et doivent être retirées du dossier de la procédure ou ne peuvent être utilisées que dans les conditions que cette autorité spécifie et pour les motifs qu'elle précise.

Le défaut de notification prévue par les premier et deuxième alinéas ne constitue une cause de nullité de la procédure que s'il est établi qu'une telle interception ne pouvait pas être autorisée, dans le cadre d'une procédure nationale similaire, en application du droit de l'État membre sur le territoire duquel s'est trouvée la personne ».

La chambre criminelle a jugé qu'il se déduit des articles 100 à 100-5 du code de procédure pénale que les officiers de police judiciaire, agissant sur commission rogatoire du juge d'instruction ou sur autorisation du juge des libertés et de la détention, ne peuvent faire procéder par des opérateurs de téléphonie français à l'interception de communications émises à partir de téléphones mobiles étrangers ou situés à l'étranger sans violer les règles de compétence territoriale et de souveraineté des États que si lesdites interceptions ne nécessitent pas l'assistance technique d'un autre État. [1]

1. Crim. 20 juin 2018, n° 17-86.651, P ; *D.* 2018. 1387 ; *JCP* 2018. 829. Sur les conséquences de l'utilisation du réseau international de l'opérateur Orange et de ses récepteurs, installés sur le territoire français, V. dans la même affaire Crim. 5 févr. 2020, n° 19-85.188, P.

§ 2
Sonorisation et fixation d'images

616.161 **Compétence** [2]. À la différence de l'article 706-95 ouvrant la possibilité pour le ministère public, dans certains cas, de solliciter du JLD des écoutes téléphoniques, la sonorisation de véhicules ou d'appartement est demeuré de la compétence exclusive du juge d'instruction jusqu'à la loi du 3 juin 2016 [3].

616.162 **Criminalité organisée.** La loi du 3 juin 2016 a élargi aux enquêtes les possibilités de mettre en place, en matière de criminalité organisée visée par les articles 706-73 et 706-73-1 du code de procédure pénale, un dispositif technique ayant pour objet, sans le consentement des intéressés, la captation, la fixation, la transmission et l'enregistrement de paroles prononcées par une ou plusieurs personnes à titre privé ou confidentiel, dans des lieux ou véhicules privés ou publics, ou de l'image d'une ou plusieurs personnes se trouvant dans un lieu privé [4] ; dispositif institué par la loi du 9 mars 2004 pour l'information judiciaire et déjà étendu aux services spécialisés de renseignement par celle du 24 juillet 2015. Il n'est donc plus nécessaire d'ouvrir une information judiciaire pour mettre en œuvre ces procédures. C'est le JLD qui autorise ces opérations à la requête du procureur de la République pour une durée maximale d'un mois, renouvelable une fois dans les mêmes conditions. L'article relatif aux conditions requises devant le juge d'instruction est devenu l'article 706-96-1 du code de procédure pénale.

616.163 **Motivation.** L'ordonnance par laquelle un juge d'instruction ordonne la mise en place d'un dispositif de sonorisation au domicile d'une personne, ainsi que la transcription des enregistrements, seulement motivée par les « nécessités de l'information » ne répond pas à l'exigence de motivation posée par l'article 706-96 du code de procédure pénale. La motivation exigée par ce texte s'entend en effet d'une motivation au regard des éléments précis et circonstanciés résultant de la procédure, et l'absence d'une telle motivation de cette atteinte à la vie privée, interdit tout contrôle réel et effectif de la mesure, fait grief aux personnes dont les propos ont été captés et enregistrés [5].

Doit être rejeté le pourvoi contre un arrêt ayant admis que la motivation de l'ordonnance de renou-

2. C. pr. pén., art. 706-95.
3. L. n° 2016-731, 3 juin 2016, préc.
4. C. pr. pén., art. 706-96.
5. Crim. 6 janv. 2015, n° 14-85.448, P n° 5 ; *D.* 2015. 159 ; *D.* 2015. 1716, obs. F. Fourment ; *JCP* 2015, act. 51, obs. A. Donnier ; *Dr. pénal* 2015 comm. 27, obs. A. Maron et M. Haas ; *JCP* 2015. Doctr. 385, obs. A. Maron.

vellement selon laquelle le dispositif de sonorisation mis en place sur un véhicule avait permis d'apporter des éléments utiles à l'information judiciaire en cours, apparaît suffisante en ce qu'elle complète celle figurant sur la première ordonnance. En l'espèce, la première ordonnance avait retenu que les investigations déjà menées démontraient que l'un des acteurs en cause, M. B., pourrait être impliqué dans les faits objet de l'information et que placé sur écoute, il ressortait des conversations enregistrées par les enquêteurs que ce dernier se montrait très prudent au téléphone et qu'un dispositif de sonorisation du véhicule qu'il utilise fréquemment pourrait apporter des éléments[1]. En matière de sonorisation, qu'il s'agisse du juge d'instruction ou de l'enquête, c'est l'article 706-95-13 du code de procédure pénale qui dispose que « l'autorisation mentionnée à l'article 706-95-12 fait l'objet d'une ordonnance écrite et motivée par référence aux éléments de fait et de droit justifiant que ces opérations sont nécessaires. Elle n'a pas de caractère juridictionnel et n'est pas susceptible de recours ».

616.164 **Scellés.** Les enregistrements sonores ou audiovisuels résultant de l'exploitation d'un dispositif de sonorisation ou de fixation d'images doivent être placés sous scellés et les officiers de police judiciaire ne peuvent détenir une copie de ces enregistrements que pour les besoins et dans le temps de l'exécution de la mission confiée par le juge d'instruction[2].

616.165 **Sonorisation et détournement de procédure.** Dans une décision du 18 juin 2019[3], la chambre criminelle a jugé qu'une mesure de sonorisation dans un lieu privé peut être autorisée si les nécessités de l'enquête relative à une infraction prévue par les articles 706-73 ou 706-73-1 du Code de procédure pénale l'exigent et *hors le cas d'un détournement de procédure.* Elle précise que l'existence d'un tel détournement s'entend en pareil cas du fait, pour des agents publics, de se placer faussement et à dessein dans le champ d'application des articles 706-73 et 706-73-1 précités, à seule fin de mettre en œuvre les pouvoirs conférés par les articles 706-96 et 706-96-1 du Code de procédure pénale, dont ils n'auraient pu disposer autrement. Dans cette affaire, une enquête préliminaire pour des infractions de fausse monnaie commises en bande organisée et association de malfaiteurs a été ouverte sur la base d'un renseignement anonyme. Le juge des libertés et de la détention a autorisé le placement sur écoute et la sonorisation de l'appartement de l'un des suspects, puis une information a été ouverte qui révélait l'existence d'un trafic de stupéfiants dont le magistrat instructeur était saisi par réquisitoire supplétif. La chambre de l'instruction a estimé que si les interceptions téléphoniques et les géolocalisations pouvaient se justifier au regard de la nature de l'infraction de trafic de fausse monnaie, nécessairement commise en bande organisée, « les investigations n'ont toutefois pas établi l'implication effective des intéressés dans ces faits ». La chambre criminelle ne retient pas l'existence d'un détournement de procédure car les enquêteurs pouvaient raisonnablement croire à l'implication des deux personnes que leur avait dénoncées l'informateur dans le trafic de fausse monnaie. Rien ne démontre qu'ils aient détourné les actes d'enquête aux fins de prouver un trafic de stupéfiants dont ils semblaient tout ignorer.

616.166 **Constitutionnalité.** Par une décision du 6 février 2018, la chambre criminelle a jugé qu'il n'y a n'y a pas lieu à renvoi au Conseil constitutionnel de la question prioritaire de constitutionnalité relative aux dispositions de l'article 706-96 dans sa rédaction issue des lois n° 2005-1549 du 12 décembre 2005 et n° 2015-993 du 17 août 2015, et des articles 171 et 802 du Code de procédure pénale, en ce qu'elles priveraient la personne mise en examen, qui ne dispose d'aucun droit sur le véhicule ou le lieu sonorisé et dont les propos n'ont pas été captés, de la possibilité de dénoncer la violation des règles applicables en matière de sonorisation, ces textes opérant une conciliation équilibrée entre, d'une part, les droits de la défense au stade de l'instruction préparatoire, d'autre part, les principes de valeur constitutionnelle de prévention des atteintes à l'ordre public et de recherche des auteurs d'infractions en matière de criminalité organisée et dès lors qu'il lui est loisible, dans le cadre du débat contradictoire, de contester la force probante des indices et des éléments de preuve qui seraient éventuellement retenus à charge à partir de sonorisations concernant des tiers[4].

§ 3
Lieu privé

616.171 **Cadre juridique[5].** La captation, la fixation, l'enregistrement ou la transmission par les

1. Crim. 20 mars 2019, n° 18-87.250, P ; *D.* 2019. 703 ; *D.* 2019. 1341 ; *JCP* 2019. 455 ; *Dr. pénal* 2019, comm. 97, A. Maron et M. Haas.
2. Crim. 8 juill. 2015, n° 15-81.731, P n° 174 ; *D.* 2015. 1542 ; *JCP* 2015. 949.
3. Crim. 18 juin 2019, n° 19-80.015, P n° 119 ; *D.* 2019. 1339 ; *ibid.* 1626, obs. J. Pradel ; *AJ pénal* 2019. 450, obs. E. Clément ; *D. actu.* 9 juill. 2019, obs. D. Goetz ; *JCP* 2019. 1030, n° 14, obs. J.-B. Perrier ; *Dr. pén.* 2019. Comm. 156, obs. F. Fourment ; *Gaz. Pal.* 10 sept. 2019. 24, note R. Mésa ; Lexbase Pénal n° 18, juill. 2019, note M. Toullier ; *RSC* 2019. 657, note P.-J. Delage.
4. Crim. 6 févr. 2018, n° 17-85.301, P n° 32 ; *D.* 2018. 353.
5. C. pr. pén., art. 706-96.

enquêteurs de l'image d'une personne se trouvant dans un lieu privé ne sont autorisés que dans les cas et conditions prévus par l'article 706-96 du code de procédure pénale, affirme la chambre criminelle dans un important arrêt du 21 mars 2007[1]. L'article D. 15-1-5 du Code de procédure pénale, modifié par le décret du 24 mai 2019, limite les services qui peuvent opérer ces installations.

La Cour de cassation estime dans le même arrêt que constitue une ingérence dans l'exercice du droit au respect de la vie privée et du domicile le fait, pour des enquêteurs, de photographier clandestinement, au moyen d'un téléobjectif, les plaques d'immatriculation des véhicules se trouvant à l'intérieur d'une propriété privée non visible de la voie publique, aux fins d'identification des titulaires des cartes grises et alors que cette immixtion, opérée en enquête préliminaire, qui n'est prévue par aucune disposition de procédure pénale, est nécessairement irrégulière. En conséquence, les dispositifs techniques aux fins de sonorisation et fixation de l'image de personnes se trouvant dans un lieu privé sans le consentement des intéressés, ne peuvent être installés que dans le cadre des infractions prévues à l'article 706-73. Cet arrêt se trouve dans la droite ligne des décisions rendues par la Cour européenne des droits de l'Homme, relatives à l'ingérence de l'autorité publique dans la vie privée[2]. Dans ces affaires, seule l'ouverture d'une information judiciaire permettait, jusqu'à l'entrée en vigueur de la loi du 3 juin 2016[3], d'utiliser ce type de procédés de preuve. Les parties communes d'une copropriété constituent un lieu privé, les opérations de captation et de fixation d'images ne peuvent se dérouler hors du cadre de l'article 706-96[4]. Mais le parking souterrain d'un immeuble d'habitation constitue un lieu privé et non un lieu d'habitation, au sens de l'article 706-96 du code de procédure pénale[5]. L'attestation d'un syndic de copropriété est assimilée à l'assentiment du locataire du parking, objet d'une perquisition qui ne peut être considérée comme domiciliaire du fait de simples constatations visuelles[6].

La Cour de cassation l'a encore rappelé dans l'hypothèse de photographies prises du parking d'une copropriété[7]. Si l'accès des services de police à un lieu privé est conditionné par l'accord de l'occupant, du moment qu'elles sont « librement accessibles », l'accès aux parties communes d'un immeuble n'exige pas un accord préalable du syndic ou des propriétaires[8]. Mais, à défaut d'un accès de l'habitat à des personnes autres que ses occupants, l'habitat collectif demeure un habitat privé. Dans ce cas, l'exploitant de l'immeuble, le syndic, voire même un simple résident peuvent donner les autorisations d'accès. Des constatations visuelles ne sont ni des mesures de sonorisation, ni des mesures de captation d'images et n'entrent pas dans le cadre fixé par l'article 706-96 du code de procédure pénale les enquêteurs étaient bien habilités, en enquête préliminaire, à procéder dans le parking souterrain, à des constatations visuelles, leur introduction dans ce lieu clos et privé, partie commune de l'immeuble, ayant été autorisée par le syndic de copropriété.

616.172 **Jurisprudence.** C'est à tort qu'une chambre de l'instruction a estimé que l'utilisation d'un endoscope n'a pas constitué une opération de captation d'une image[9]. Sont régulières les constatations visuelles sur des véhicules en stationnement, opérées en enquête préliminaire par des policiers

1. Crim. 21 mars 2007, nº 06-89.444, P nº 89 ; *D.* 2007. AJ 1204 ; *AJ pénal* 2007. 286, note G. Royer ; *Procédures* 2007, nº 201 ; *RSC* 2007. 841, obs. R. Finielz – Crim. 27 mai 2009, nº 09-82.115, P nº 108 ; *D.* 2009. AJ 1697, note C. Girault ; *AJ pénal* 2009. 367, obs. L. Ascensi ; *RSC* 2009. 595, obs. Y. Mayaud ; *RSC* 2009. 866, obs. R. Finielz ; *RSC* 2009. 899, obs. J. Buisson ; *Dr. pénal* 2009, nº 114, note A. Maron et M. Haas ; *Dr. pénal* 2010. Chron. 1, obs. D. Guérin ; *Procédures* 2009, nº 284, note J. Buisson – AUSSI : D. Caron et S. Menotti, « Les conditions de la légalité de la photographie par les policiers de personnes ou de véhicules dans un lieu privé », *D.* 2007. 1817.
2. CEDH 24 avr. 1990, *Huvig et Kruslin c/France*, req. nº 11801/85 ; *D.* 1990. 353, note J. Pradel ; *D.* 1990. 187, chron. R. Koering-Joulin ; *RFDA* 1991. 101, chron. V. Berger, H. Labayle et F. Sudre ; *RSC* 1990. 615, obs. L.-E. Pettiti ; *RTD civ.* 1991. 292, obs. J. Hauser – CEDH 24 août 1998, *Lambert c/France*, req. nº 23618/94 ; *D.* 1999. Somm. 271, obs. J.-F. Renucci ; *JCP* 1999. I. 105, obs. Sudre ; *RSC* 1998. 829, obs. L.-E. Pettiti ; *RSC* 1999. 384, obs. R. Koering-Joulin ; *RTD civ.* 1998. 994, obs. J.-P. Marguénaud – CEDH 29 mars 2005, *Matheron c/France*, req. nº 57752/00 ; *D.* 2005. 1755, note J. Pradel ; *RSC* 2006. 662, Chron. F. Massias ; *RSC* 2007. 333. Ét. R. Filniez.
3. L. nº 2016-731, 3 juin 2016, préc.
4. Crim. 27 mai 2009, nº 09-82.115, P nº 108 ; *D.* 2009. 1697, obs. C. Girault ; *D.* 2009. 2238, obs. J. Pradel ; *Procédures* 2009, nº 284, note J. Buisson ; *Dr. pénal* 2009, nº 114, note A. Maron et M. Haas ; *Dr. pénal* 2010. Chron. 1, obs. D. Guérin ; *AJ pénal* 2009. 367, obs. L. Ascensi ; *RSC* 2009. 595, obs. Y. Mayaud ; *RSC* 2009. 866, obs. R. Finielz ; *AJDI* 2010. 228, obs. G. Roujou de Boubée.
5. Crim. 22 nov. 2011, nº 11-84.308, P nº 234 ; *D.* 2011. Somm. 2937 ; *Dr. pénal* 2012, nº 12, note A. Maron et M. Haas ; *JCP* 2012. 49, note A. Bonnet.
6. Crim. 5 oct. 2016, nº 16-81.843, P nº 260.
7. Crim. 27 mai 2009, nº 09-82.115, P nº 108 ; *D.* 2009. 1697, note C. Girault ; *D.* 2009. Pan. 2241, obs. J. Pradel ; *Dr. pénal* 2009, nº 114, note A. Maron ; *Dr. pénal* 2010. Chron. 1, obs. D. Guérin ; *Procédures* 2009, nº 284, note J. Buisson ; *AJ pénal* 2009. 367, obs. L. Ascensi ; *RSC* 2009. 595, obs. Y. Mayaud ; *RSC* 2009. 866, obs. R. Finielz ; *RSC* 2009. 899, obs. J. Buisson.
8. Crim. 2 oct. 2013, nº 12-87.976, P nº 186 ; *AJ pénal* 2014. 138, obs. J. Lasserre Capdeville.
9. Crim. 23 janv. 2013, nº 12-85.059, P nº 29 ; *D.* 2013. 308 ; *D.* 2013. 1045, obs. T. Potaszkin ; *AJ pénal* 2013. 227, obs. J. Pronier ; *Dr. pénal* 2013, comm. 49, A. Maron et M. Haas ; *JCP* 2013. 265.

dans un parking souterrain d'un immeuble, dans lequel ils se sont introduits avec l'accord, donné en connaissance de cause, par un résident, dès lors que le syndic, après recherches, n'a pu être identifié[1]. En l'absence d'éléments d'identification du locataire du box et au regard des nécessités de l'enquête de flagrance portant sur des infractions graves en cours de commission ou risquant de se commettre, il a été impossible aux policiers, malgré la recherche effectuée pour connaître l'identité et les coordonnées du titulaire du bail, de s'assurer la présence de M. B... ou d'un représentant, lors de la perquisition de son box laquelle ne pouvait être différée, la chambre de l'instruction a justifié sa décision[2]. Si, lors de la surveillance d'une villa en rénovation, dans une enquête relative à du travail dissimulé, les photographies prises par les policiers de personnes ou de véhicules se trouvant à l'intérieur de la propriété close sont irrégulières et donnent lieu à annulation des pièces en rendant compte, en revanche, il n'y a pas lieu d'annuler les procès-verbaux relatant de simples constatations visuelles à partir de points hauts situés à l'extérieur de la propriété[3]. Ne constitue ni une visite domiciliaire, ni une ingérence dans l'exercice du droit au respect de la vie privée et du domicile, l'installation d'un dispositif de vidéosurveillance sur un parking extérieur, visible de la rue et dépourvu de dispositif en interdisant l'accès, nonobstant le caractère privatif des emplacements de stationnement qu'il abrite[4]. Ne méconnaît ni les dispositions des articles 706-96 du code de procédure pénale ni celles de l'article 8 de la convention européenne des droits de l'homme, la mise en œuvre sur la voie publique d'un dispositif permettant de photographier, d'une part, les véhicules entrant dans un parking d'un immeuble d'habitation ou en sortant, d'autre part, ceux, visibles de l'extérieur, accédant, stationnant dans une propriété privée ou la quittant[5].

Pour rejeter l'exception de nullité des investigations effectuées par la police, au milieu de la nuit, dans le parking souterrain d'une résidence privée, prise notamment de la violation de l'article 59 du code de procédure pénale, une chambre de l'instruction a énoncé que les policiers étaient autorisés, de manière permanente, par une décision de l'assemblée générale des copropriétaires, à pénétrer en ce lieu. En cet état, et dès lors qu'il résulte des pièces de la procédure que les policiers n'ont effectué, à l'intérieur du parking souterrain, que de simples constatations visuelles, qui échappent aux règles relatives aux perquisitions, la chambre de l'instruction a justifié sa décision[6]. La jurisprudence récente sur l'intérêt propre que doit revêtir l'action d'un tiers à l'acte de procédure querellée est souvent mise en œuvre en matière de sonorisation ou fixation d'image ; ainsi une personne qui n'est titulaire d'aucun droit propre sur une propriété privée ne saurait être admise à invoquer une irrégularité qui résulterait des photographies prises par les policiers de véhicules stationnant à l'intérieur, dès lors que son image n'a pas été captée et qu'elle n'établit pas qu'à cette occasion il aurait été porté atteinte à un autre intérêt qui lui soit propre[7].

616.173 Vidéo sur la voie publique. Instruction préparatoire. Les pouvoirs généraux de l'article 81 du Code de procédure pénale ne permettent pas au juge d'instruction d'utiliser des images recueillies au moyen d'une vidéoprotection sur la voie publique mise en place par les OPJ sur le fondement d'une commission rogatoire rédigée en des termes généraux[8].

Pour écarter le moyen d'annulation pris de l'irrégularité, au regard de l'article 8 de la Convention européenne des droits de l'homme, de la mise en œuvre, sur la voie publique, d'un dispositif de vidéosurveillance en exécution d'une commission rogatoire délivrée sur le fondement de l'article 81 du code de procédure pénale, une cour d'appel avait retenu que cette mesure avait été effectuée sous le contrôle du juge d'instruction et pour un temps limité. Les juges avaient ajouté notamment qu'elle était nécessaire pour identifier les auteurs des importations de produits stupéfiants et localiser le lieu de stockage de la drogue et proportionnée à la gravité des infractions objet de l'enquête et, enfin, que seules les images utiles à la manifestation de la vérité ont été exploitées pour être versées en procédure, les CD ayant été placés sous scellés. Mais la Cour de cassation juge cette motivation insuffisante dès lors qu'elle était en mesure de s'assurer qu'il ne résultait d'aucune pièce de la procédure qu'antérieurement à la mise en place de la vidéosurveillance critiquée, le magistrat instructeur ait autorisé les officiers de police judiciaire, auxquels il avait délivré une commission rogatoire rédigée en des termes

1. Crim. 23 oct. 2013, n° 13-82.762, P n° 203 ; *AJ pénal* 2016. 154.
2. Crim. 6 mars 2013, n° 12-87.810, P n° 62 ; *AJ pénal* 2013. 349, obs. J. Pronier.
3. Crim. 25 juin 2014, n° 14-81.647, P n° 164 ; *D.* 2014. 1452 ; *JCP* 2014. 892.
4. Crim. 18 déc. 2013, n° 13-85.375, P n° 264 ; *AJ pénal* 2014. 189, obs. H. Vlamynck.
5. Crim. 15 avr. 2015, n° 14-87.620, P n° 91.
6. Crim. 14 oct. 2015, n° 15-81.765, P n° 223 ; *D.* 2015. 2130.
7. Crim. 15 avr. 2015, n° 15-87.616, NP.
8. Crim. 11 déc. 2018, n° 18-82.365, P n° 211 ; *Procédures* 2019, comm. 93, A.-S. Chavent-Leclère ; *D.* 2019. 15 ; *AJ pénal* 2019. 101, obs. P de Combles de Nayves ; *JCP* 2019. 74.

généraux, à y procéder et qu'il en ait fixé la durée et le périmètre.

La chambre criminelle a précisé sa jurisprudence dans un arrêt du 18 juin 2019[1] : le juge d'instruction tire de l'article 81 du Code de procédure pénale, interprété à la lumière de l'article 8 de la Convention européenne des droits de l'homme, le pouvoir de faire procéder à une vidéosurveillance sur la voie publique aux fins de rechercher des preuves des infractions dont il est saisi, à l'encontre des personnes soupçonnées de les avoir commises. Il doit dans ce cas lui être rendu compte régulièrement de l'état d'avancement des investigations, ce contrôle lui permettant d'apprécier la nécessité de son maintien. Ce sont les conditions dans lesquelles l'autorisation a été donnée qui est primordiale : à la différence du cas d'espèce jugé le 11 décembre 2018, le magistrat instructeur a spécialement autorisé les enquêteurs à installer, pour l'exécution de la commission rogatoire générale qu'il leur a délivrée, un tel dispositif, puis, le 16 juin 2017, à le compléter, et qu'il lui a été rendu compte régulièrement, notamment les 21 avril, 24 mai, 1er juin, 16 juin et 6 septembre 2017, de l'état d'avancement des investigations, ce contrôle lui permettant d'apprécier la nécessité de son maintien. Il importe dès lors que les magistrats instructeurs suivent ces recommandations aux fins de pouvoir exercer un contrôle effectif, condition sine qua non de la régularité des opérations. La chambre criminelle énonce par ailleurs dans le même arrêt que l'ingérence dans le droit au respect de la vie privée que constitue un dispositif de vidéo surveillance sur la voie publique présente, par sa nature même, un caractère limité et est proportionnée au regard de l'objectif poursuivi. Le moyen tiré de l'absence de justification de l'autorisation obtenue *par un particulier* en vue de l'installation d'un système de vidéosurveillance sur la voie publique est inopérant, dès lors qu'à le supposer avéré, le défaut d'autorisation ne constituerait pas la violation d'une règle de procédure pénale et serait hors du champ d'application des articles 171 et suivants du Code de procédure pénale[2].

616.174 **Vidéo sur la voie publique – Enquête.** Le procureur de la République tient des articles 39-3 et 41 du Code de procédure pénale le pouvoir de faire procéder, sous son contrôle effectif et selon les modalités qu'il autorise s'agissant de sa durée et de son périmètre, à une vidéo-surveillance sur la voie publique, aux fins de rechercher la preuve des infractions à la loi pénale et l'ingérence dans la vie privée qui résulte de la mise en œuvre d'une telle mesure présentant par sa nature même un caractère limité et étant proportionnée au regard de l'objectif poursuivi, elle n'est pas contraire à l'article 8 de la Convention européenne des droits de l'homme. Ainsi, n'encourt pas la censure, l'arrêt d'une chambre de l'instruction qui valide l'installation d'une vidéo-surveillance sur un lieu public par des officiers de police judiciaire agissant en enquête préliminaire dès lors qu'il résulte de ses constatations que le procureur de la République en a spécialement autorisé l'installation selon des modalités précises et qu'il en a effectivement assuré le contrôle[3].

La chambre criminelle a rendu une autre décision[4] validant une vidéo surveillance ordonnée par le procureur de la République alors même que les caméras étaient placées dans des lieux privés, l'important étant qu'elles filmaient la voie publique (leur placement avait été autorisé par le propriétaire du lieu où elles étaient installées).

La doctrine se montre assez critique avec ces décisions en rappelant que les articles 39-3 et 41 du Code de procédure pénale, au visa desquels elles sont rendues, constituent des dispositions générales, qui ne prévoient nullement le recours à la vidéosurveillance sans même parler de l'organisation de son régime[5] Pareilles dispositions ne prévoient nullement le recours à la vidéosurveillance, ni n'organisent son régime et le rapprochement entre l'article 41 et l'article 81 du code de procédure pénale est faite, étant rappelé que l'article 81 n'a jamais suffi, au regard de la CEDH, a justifier que le juge d'instruction puisse prendre des mesures de contrainte non spécifiées par la loi.

Lorsqu'il s'agit, non d'une vidéo surveillance permanente mais de la prise de photographies, la chambre criminelle a admis que « les actes incriminés, soit la prise de clichés photographiques, ne pouvant être assimilés à la mise en place d'un dispositif de captation et d'enregistrement continu d'images de personnes se trouvant dans un lieu privé, qui requiert l'autorisation préalable et le contrôle d'un juge »[6].

1. Crim. 18 juin 2019, n° 18-86.421, P n° 122 ; *Dr. pénal* 2019, comm. 158, par A. Maron et M. Haas ; *JCP* 2019. 767 ; *JCP* 2019. 836 ; *Procédures* n° 10, oct. 2019, comm. 266.
2. Crim. 6 févr. 2018, n° 17-84.380, P n° 30 ; *D.* 2018. 352 – Y. Capdepon, Nullité de réquisitions auprès d'un opérateur téléphonique : intérêt à agir : *AJ pénal* 2018. 204.
3. Crim. 8 déc. 2020, n° 20-83.885, P ; *Dr. pénal* 2021, comm. 36, A. Maron et M. Haas ; *D.* 2021. 15.
4. Crim. 18 mai 2021, n° 20-86.266, P ; *Procédures* 2021, comm. 201, J. Buisson ; *JCP* 2021. 16, *ibid.*, 711, obs. Ph Collet ; *AJ pénal* 2021. 326, obs. R. Mesa.
5. V. J. Buisson, « Administration de la preuve pénale par l'autorité publique : l'exigence d'une loi interne spécifique », *Procédures* 2021, étude 4 ; Ph. Collet, « Les lacunes de la « vidéosurveillance » en procédure pénale », *D.* 2021. Chron. 1099 s.
6. Crim. 6 avr. 2022, n° 21-84.092, P ; *D.* 2022. 707 ; *RSC* 2022. 399, obs. J.-P. Vialat.

SECTION 5
GÉOLOCALISATION

§ 1
Avant la loi du 28 mars 2014

616.181 Cadre juridique. La surveillance par géolocalisation au cours d'une enquête portant sur des infractions très graves ne méconnaît pas le droit au respect de la vie privée garanti par l'article 8 de la convention européenne des droits de l'homme[1]. Cet arrêt prévoit toutefois que la loi doit, en la matière, user de termes assez clairs pour indiquer à tous de manière suffisante en quelles circonstances et sous quelles conditions elle habilite la puissance publique à recourir à de telles mesures, ce qui pose la question de la conformité de la législation française qui n'a prévu aucune disposition particulière sur ce sujet, la géolocalisation n'étant ni une écoute téléphonique ni une sonorisation.

Toutefois, la chambre criminelle a avalisé le procédé dans un arrêt du 22 novembre 2011[2]. Pour écarter le moyen de nullité pris du défaut de fondement légal de ce dispositif technique, permettant d'en suivre et relever les déplacements d'un véhicule, la Cour de cassation a confirmé l'analyse de la chambre de l'instruction qui avait retenu que, d'une part, cette mesure a pour fondement l'article 81 du code de procédure pénale et que, d'autre part, en l'espèce, cette surveillance a été effectuée sous le contrôle d'un juge constituant une garantie suffisante contre l'arbitraire, qu'elle était proportionnée au but poursuivi, s'agissant d'un important trafic de stupéfiants en bande organisée portant gravement atteinte à l'ordre public et à la santé publique, et nécessaire au sens de l'article 8, § 2, de la convention européenne des droits de l'homme.

Le 22 octobre 2013, la chambre criminelle a rendu deux arrêts importants[3]. La géolocalisation est conforme à l'article 8 de la convention européenne des droits de l'homme dans le cadre d'une information, mais pas dans le cadre d'une enquête menée par le ministère public. Dans l'un de ces arrêts la chambre criminelle confirme en effet une décision de chambre de l'instruction ayant validé la géolocalisation d'un téléphone portable par un juge d'instruction. Elle relève que la surveillance par géolocalisation fondée sur l'article 81 du code de procédure pénale répond aux exigences de prévisibilité et d'accessibilité de la loi. Elle retient que l'opération a été réalisée sous le contrôle d'un juge et que l'ingérence dans la vie privée apparaissait proportionnée au but poursuivi s'agissant d'une association de malfaiteurs en vue de la préparation d'actes terroristes. Dans l'autre arrêt en revanche elle invalide la possibilité pour le ministère public d'avoir recours à cette technique dès lors qu'elle considère qu'elle « *constitue une ingérence dans la vie privée dont la gravité nécessite qu'elle soit exécutée sous le contrôle d'un juge* ».

Dans un arrêt du 8 février 2018 la Cour européenne des droits de l'homme a dit que la procédure de géolocalisation antérieure à la loi de 2014 emportait violation de l'article 8 de la Convention européenne des droits de l'homme. La Cour juge, que, dans le domaine des mesures de géolocalisation en temps réel, le droit français, écrit et non écrit, n'indiquait pas, au moment des faits et avant la loi n° 2014-372 du 28 mars 2014, avec assez de clarté l'étendue et les modalités d'exercice du pouvoir d'appréciation des autorités[4].

616.182 Applicabilité de la loi dans le temps. Depuis l'entrée en vigueur de la loi du 28 mars 2014[5], la chambre criminelle a eu l'occasion de rendre des arrêts relatifs au droit antérieur. Après avoir rappelé qu'il résulte des dispositions de l'article 112-4, alinéa 1, du code pénal que la validité des actes de procédure doit être appréciée en fonction du droit applicable au moment de leur accomplissement, elle juge que la géolocalisation réalisée avant la loi du 28 mars 2014 sous le seul contrôle du ministère public est régulière : « si [...] la légalité [de la mesure] [...] doit être appréciée en fonction du droit applicable au moment de son accomplissement, [...] sa durée [...] n'a pas excédé celle au terme de laquelle le respect des dispositions de l'article 8 de la convention européenne des droits de l'homme imposait qu'elle fût exécutée sous le contrôle d'un juge »[6]. L'arrêt

1. CEDH 2 sept. 2010, *Uzun c/Allemagne*, req n° 35623/05 ; *D.* 2010. 2161, obs. S. Lavric ; *D.* 2011. 724, note H. Matsopoulou ; *RSC* 2011. 217, obs. D. Roets ; *JCP* 2010. Actu. 905, obs. K. Grabarczyk ; *JCP* 2011. 94, obs. F. Sudre.
2. Crim. 22 nov. 2011, n° 11-84.308, P n° 234 ; *D.* 2011. 2937 ; *D.* 2012. 171, Chron. C. Roth, A. Leprieur et M.-L. Divialle ; *D.* 2012. 2118, obs. J. Pradel ; *AJ pénal* 2012. 293, obs. J. Lasserre Capdeville.
3. Crim. 22 oct. 2013, n° 13-81.945, P n° 196 ; *D.* 2014. 115, note H. Matsopoulou ; *D.* 2014. 311, Chron. B. Laurent, C. Roth, G. Barbier et P. Labrousse ; *AJ pénal* 2013. 668, note L. Ascensi ; *JCP* 2013. 1378, F. Fourment ; *Dr. pénal* 2013, comm. 177, obs. A. Maron et M. Haas ; *CCE* 2013, comm. 129, note A. Lepage ; *D. avocats* 2014. 24, obs. J. Danet – Crim. 22 oct. 2013, n° 13-81.949, P n° 197 ; *Gaz. Pal.* 1-5 nov. 2013, p. 16, note L. J.-H. Robert ; *Gaz. Pal.* 15-16 nov. 2013, obs. O. Bachelet ; *RSC* 2013. 847, obs. D. Boccon-Gibod.
4. CEDH 5e sect., 8 févr. 2018, *Ben Faiza c/ France*, req. n° 31446/12, *D.* 2018. 352 ; *Procédures* 2018, comm. 126.
5. L. n° 2014-372, 28 mars 2014 relative à la géolocalisation, *JO* 29 mars, p. 6123.
6. Crim. 6 janv. 2015, n° 14-84.694, P 2015, n° 9 ; *D.* 2015. 160 ; *JCP* 2015. 295, note O. Décima ; *RSC* 2015. 123, note A. Giudicelli – AUSSI : Crim. 6 janv. 2015, n° 14-85.528, P 2015, n° 8 ; *D.* 2015. 160 ; *RSC* 2015. 123, obs. A. Giudicelli.

n'est pas censuré dès lors qu'il ressort de ses énonciations que la durée de la mesure contestée, qui n'a pris effet que trois jours, n'a pas excédé celle au terme de laquelle le respect des dispositions de l'article 8 de la convention européenne des droits de l'homme imposait qu'elle fût exécutée sous le contrôle d'un juge.

§ 2
Depuis la loi du 28 mars 2014

A.
Cadre juridique

616.191 Géolocalisation en temps réel pour suivi dynamique d'un mis en cause. Aux termes de l'article 230-32 du code de procédure pénale, définit le champ d'application du texte : « Il peut être recouru à tout moyen technique destiné à la localisation en temps réel, sur l'ensemble du territoire national, d'une personne, à l'insu de celle-ci, d'un véhicule ou de tout autre objet, sans le consentement de son propriétaire ou de son possesseur, si cette opération est exigée par les nécessités :

1° D'une enquête ou d'une instruction portant sur un crime ou sur un délit puni d'au moins trois ans d'emprisonnement ;

2° D'une procédure d'enquête ou d'instruction de recherche des causes de la mort ou de la disparition prévue aux articles 74, 74-1 et 80-4 ;

3° D'une procédure de recherche d'une personne en fuite prévue à l'article 74-2. ».

La loi n° 2019-222 du 23 mars 2019 a modifié les conditions posées à l'origine en généralisant les possibilités d'avoir recours à la géolocalisation dans le cadre d'une enquête ou d'une instruction portant sur un crime ou sur un délit puni d'au moins trois ans d'emprisonnement (cinq ans auparavant).

Il s'agit uniquement de prévoir quelles sont les dispositions applicables en cas de géolocalisation en temps réel, dite aussi dynamique, les recherches *a posteriori* pouvant toujours être effectuées sur réquisition du ministère public.

616.192 Géolocalisation se rapportant à la victime. Est exclue du dispositif la géolocalisation se rapportant à la victime : l'article 230-44 dispose que : « Le présent chapitre n'est pas applicable lorsque les opérations de géolocalisation en temps réel ont pour objet la localisation d'un équipement terminal de communication électronique, d'un véhicule ou de tout autre objet dont le propriétaire ou le possesseur légitime est la victime de l'infraction sur laquelle porte l'enquête ou l'instruction ou la personne disparue au sens des articles 74-1 ou 80-4, dès lors que ces opérations ont pour objet de retrouver la victime, l'objet qui lui a été dérobé ou la personne disparue. Dans les cas prévus au présent article, les opérations de géolocalisation en temps réel font l'objet de réquisitions conformément aux articles 60-1, 60-2, 77-1-1, 77-1-2, 99-3 ou 99-4. » Justifie sa décision la chambre de l'instruction qui rejette la demande d'annulation de la géolocalisation effectuée pendant l'enquête de police sur les instructions du procureur de la République, dès lors que les opérations critiquées ont consisté non pas en une géolocalisation en temps réel pour suivi dynamique d'un mis en cause, seule envisagée par les dispositions des articles 230-32 et suivants du code de procédure pénale, mais en une géolocalisation en temps différé pour reconstitution ultérieure de son parcours, régulièrement exécutée sur le fondement de l'article 77-1-1 du code de procédure pénale[1].

616.193 Durée. L'article 230-33 du code de procédure pénale fixe la durée pendant laquelle la géolocalisation peut être réalisée : à l'origine, si c'est le procureur de la République qui l'ordonne dans le cadre d'une enquête de flagrance, d'une enquête préliminaire ou d'une procédure prévue aux articles 74 à 74-2, la durée maximale est de quinze jours consécutifs. À l'issue de ce délai, cette opération est autorisée par le juge des libertés et de la détention à la requête du procureur de la République, pour une durée maximale d'un mois renouvelable dans les mêmes conditions de forme et de durée. Si c'est le magistrat instructeur qui l'ordonne, dans le cadre d'une instruction ou d'une information pour recherche des causes de la mort ou des causes de la disparition mentionnées aux articles 74, 74-1 et 80-4, la durée maximale est de quatre mois renouvelable dans les mêmes conditions de forme et de durée. Il ne résulte d'aucun texte qu'une même ligne téléphonique ne puisse faire l'objet de plusieurs mesures de géolocalisation à l'occasion de procédures distinctes, sauf à ce que le recours à un stratagème soit établi[2].

La loi du 23 mars 2019 a modifié les délais qui varient selon que l'enquête porte sur une infraction relevant de la criminalité organisée, ils sont alors de quinze jours[3], ou sur un délit de droit commun, ils sont alors de huit jours. À l'issue de ces délais, cette opération peut être autorisée par le juge des libertés et de la détention à la requête du procureur de la République, pour une durée maximale d'un mois renouvelable dans les mêmes conditions de forme et de durée[4]. Le délai prévu dans le cadre d'une infor-

1. Crim. 2 nov. 2016, n° 16-82.376, P n° 282 ; *D.* 2017. 245, chron. G. Guého, L. Ascensi, E. Pichon, B. Laurent et G. Barbier ; *JCP* 2016. 1388.
2. Crim. 8 juill. 2015, n° 15-81.731, P n° 174 ; *D.* 2015. 1542 ; *JCP* 2015. 949.
3. Ils sont également de quinze jours dans le cadre d'application par le procureur de la République des articles 74 à 74-2.
4. C. pr. pén., art. 230-33, 2°.

mation judiciaire[1] n'a pas été modifié et est toujours de quatre mois renouvelable. En revanche, il est prévu une durée maximale : la géolocalisation ne peut durer plus de deux ans en matière de criminalité organisée et plus d'un an en droit commun.

Par ailleurs, il n'est pas nécessaire que l'éventuelle prolongation par le JLD d'une mesure ordonnée par le procureur de la République intervienne immédiatement. L'article 230-33 du code de procédure pénale n'exige pas une telle continuité. En l'espèce, la balise était demeurée en place mais les enquêteurs n'avaient pas relevé sa position pendant le délai où la géolocalisation n'était pas ordonnée (deux jours)[2]. Cette même décision précise également quel est le point de départ du délai accordé par le JLD. L'article 230-33 précise que « À l'issue de ces délais, cette opération est autorisée par le juge des libertés et de la détention à la requête du procureur de la République, pour une durée maximale d'un mois renouvelable dans les mêmes conditions de forme et de durée ». Dès lors, ce délai court à compter de la mise en place initiale du dispositif. La chambre criminelle a eu l'occasion de préciser que l'article 230-33 du Code de procédure pénale ne pose pas l'exigence d'une continuité entre l'expiration du délai durant lequel la mesure est autorisée par le procureur de la République et la délivrance de l'autorisation du juge des libertés et de la détention faisant courir, à partir de ce moment, un nouveau délai[3].

616.194 **Motivation.** Depuis l'entrée en vigueur de la loi du 23 mars 2019 la décision du procureur de la République, du juge des libertés et de la détention ou du juge d'instruction est écrite et motivée par référence aux éléments de fait et de droit justifiant que ces opérations sont nécessaires. Elle n'a pas de caractère juridictionnel et n'est susceptible d'aucun recours[4].

616.195 **Enquête douanière.** La loi du 28 mars 2014 a créé un article 67 *bis*-2 du code des douanes qui permet le recours à la mesure de géolocalisation dans le cadre des enquêtes douanières portant sur un délit douanier puni d'une peine d'emprisonnement égale ou supérieure à cinq ans. Les opérations de géolocalisation sont autorisées dans les conditions et selon les mêmes modalités prévues par le chapitre V du code de procédure pénale. Elles peuvent être mises en place ou prescrites par les agents des douanes habilités par le ministre chargé des douanes dans des conditions fixées par décret. L'article 67 *bis*-2 du Code des douanes a été modifié par la loi du 23 mars 2019 pour reprendre les mêmes exigences, s'agissant de la possibilité de mise en œuvre d'une géolocalisation, que le Code de procédure pénale, s'agissant notamment de la baisse à trois ans de la pénalité encourue exigée par le texte.

Par ailleurs, l'article 67 *bis* du Code des douanes[5] prévoit des dispositions particulières : surveillance, infiltration, géolocalisation, identité d'emprunt, exemption pénale, missions, conditions formelles de l'autorisation et de l'audition des agents. L'article 63 *ter* du Code des douanes, applicable lorsque les agents des douanes accèdent aux lieux et locaux professionnels pour y procéder aux investigations nécessaires à la recherche et à la constatation des infractions prévues par le Code des douanes, n'exige pas la présence d'un officier de police judiciaire[6].

616.196 **Conventionnalité.** La chambre criminelle a jugé que les dispositions relatives à la géolocalisation ne sont pas contraires à l'article 8 de la Convention européenne des droits de l'homme, dès lors que l'autorisation donnée par le ministère public, nécessaire au sens des textes conventionnels, l'est pour une très courte durée et que la prolongation de la mesure est autorisée par un juge qui en contrôle l'exécution[7].

B.
Pose du dispositif

616.201 **Autorisation écrite.** Dans les cas mentionnés aux 1° et 2° de l'article 230-33 du code de procédure pénale, lorsque les nécessités de l'enquête ou de l'instruction l'exigent, le procureur de la République ou le juge d'instruction peut, aux seules fins de mettre en place ou de retirer le moyen technique mentionné à l'article 230-32, autoriser par décision écrite l'introduction, y compris en dehors des heures prévues à l'article 59, dans des lieux privés destinés ou utilisés à l'entrepôt de véhicules, fonds, valeurs, marchandises ou matériel, ou dans un véhicule situé sur la voie publique ou dans de tels lieux, à l'insu ou sans le consentement du propriétaire ou de l'occupant des lieux ou du

1. Et de l'application des articles 74, 74-1 et 80-4 du code de procédure pénale.
2. Crim. 19 févr. 2019, n° 18-84.671, P n° 38 ; *AJ pénal* 2019. 277, obs. E. Clément.
3. Crim. 30 janv. 2019, n° 18-82.644, P n° 31 ; *JCP* 2019. 274.
4. La loi précédente ne prévoyait que le caractère écrit de la décision ; V. C. pr. pén., art. 230-33 *in fine*.
5. C. douanes, art. 67 *bis*, mod. par L. n° 2014-35, 11 mars 2014, art. 9, *JO* 12 mars, p. 5112.et par la loi n° 2016-731, 3 juin 2016.
6. Crim. 5 nov. 2003, n° 02-88.244, P n° 209 ; *AJ pénal* 2004. 34, obs. A. P. ; *RSC* 2004. 658, obs. H. Matsopoulou.
7. Crim. 11 déc. 2018, n° 18-82.365, P n° 211 ; *JCP* 2019. 74 ; *D.* 2019. 15 ; *AJ pénal* 2019. 101, obs. P. de Combles de Nayves ; *RSC* 2019. 417, obs. F. Cordier.

véhicule ou de toute personne titulaire d'un droit sur ceux-ci[1].

En vertu de l'article L. 126-1 du code de la construction et de l'habitation les services de police et de gendarmerie peuvent aussi bénéficier d'une autorisation permanente d'accès aux parties communes. En revanche, s'il s'agit d'un lieu privé autre que ceux énumérés ci-dessus, cette opération ne peut intervenir que dans les cas mentionnés aux 3° et 4° de l'article 230-32 ou lorsque l'enquête ou l'instruction est relative à un crime ou à un délit puni d'au moins cinq ans d'emprisonnement. Si ce lieu privé est un lieu d'habitation, l'autorisation est délivrée par décision écrite : 1° Dans les cas prévus au 1° de l'article 230-33, du juge des libertés et de la détention, saisi à cette fin par le procureur de la République ; 2° Dans les cas prévus au 2° du même article 230-33, du juge d'instruction ou, si l'opération doit intervenir en dehors des heures prévues à l'article 59, du juge des libertés et de la détention, saisi à cette fin par le juge d'instruction. Les lieux d'habitation constituent un espace privé qui est donc particulièrement protégé par le législateur. Aux termes de l'article 230-33 du code de procédure pénale, la décision rendue par le JLD n'est pas susceptible de recours. Cette précision semble priver le ministère public, malgré les termes de l'article 185, de la possibilité d'interjeter appel de la décision refusant la géolocalisation. Il résulte des articles 230-32 et suivants du Code de procédure pénale que les opérations de géolocalisation en temps réel, réalisées dans le cadre fixé par ces articles, doivent être autorisées par écrit par le magistrat compétent, avant la mise en place du dispositif[2].

616.202 **Géolocalisation d'un véhicule volé et faussement immatriculé.** La pose d'un procédé de géolocalisation à l'extérieur d'un véhicule volé et faussement immatriculé est étrangère aux prévisions de l'article 8, § 2, de la convention européenne des droits de l'homme[3]. La chambre criminelle a répété cette jurisprudence peu de temps après : en dehors du recours, par les autorités publiques, à un procédé déloyal, non démontré, ni même allégué, en l'espèce, un mis en examen est irrecevable à contester la régularité de la géolocalisation en temps réel d'un véhicule volé et faussement immatriculé sur lequel il ne peut se prévaloir d'aucun droit, les dispositions conventionnelles et légales invoquées ne trouvant, dans ce cas, à s'appliquer[4].

Il résulte de la combinaison des articles 6 et 8 de la Convention européenne des droits de l'homme, préliminaire, 171, 230-32 à 230-44, 802, 591 et 593 du code de procédure pénale que la méconnaissance des formalités substantielles régissant la géolocalisation peut être invoquée à l'appui d'une demande d'annulation d'actes ou de pièces de procédure par la partie titulaire d'un droit sur le véhicule géolocalisé ou qui établit, hors le cas d'un véhicule volé et faussement immatriculé, qu'il a, à l'occasion d'une telle investigation, été porté atteinte à sa vie privée. Doit être censuré l'arrêt d'une chambre de l'instruction qui, pour écarter l'argumentation du requérant tendant à contester la régularité de la géolocalisation de véhicules par l'intermédiaire de laquelle il avait lui-même été géolocalisé, en sorte qu'il avait été porté atteinte à sa vie privée, retient que l'intéressé ne peut se prévaloir d'aucun droit sur ces véhicules, qui appartiennent à des tiers, alors qu'il n'était pas reproché à l'intéressé d'avoir pris place dans un véhicule volé et faussement immatriculé[5]. Dès lors, le demandeur possède un droit d'action si la géolocalisation a pu porter atteinte à sa vie privée et que le véhicule utilisé n'est pas volé.

616.203 **Constitutionnalité.** Par une décision du 14 novembre 2017[6], la chambre criminelle a refusé de transmettre une QPC ainsi rédigée : « Les dispositions des articles 230-32 à 230-43, 171 et 802 du code de procédure pénale, telles qu'interprétées de façon constante par la jurisprudence de la chambre criminelle, en ce qu'elles privent la personne mise en examen de la possibilité de dénoncer la violation des règles applicables en matière de géolocalisation dès lors qu'elle ne dispose d'aucun droit sur l'objet géolocalisé, portent-elles atteinte aux droits et libertés que la Constitution garantit et plus exactement au principe d'égalité des justiciables, aux droits de la défense ainsi qu'au droit à un recours effectif devant une juridiction, garantis par les articles 6 et 16 de la Déclaration des droits de l'homme et du citoyen de 1789 ? ». Elle a jugé que la question posée, rapportée à l'interprétation constante de la Cour de cassation qu'elle vise, ne présente pas un caractère sérieux, dès lors qu'en subordonnant la recevabilité d'un moyen de nullité pris de l'irrégularité d'une géolocalisation, à la condition que la personne concernée dispose d'un droit sur le véhicule géolocalisé dans le cas où

1. C. pr. pén., art. 230-34.
2. Crim. 9 mai 2018, n° 17-86.558, P n° 190 ; *D.* 2018. 1014.
3. Crim. 15 oct. 2014, n°s 12-82.391, 14-85.056, P 2014, n° 208 ; *D.* 2014. 2115 ; *RSC* 2014. 797, obs. D. Boccon-Gibod.
4. Crim. 7 juin 2016, n° 15-87.755, P n° 174 : *D.* 2016. 1314 ; *D.* 2016. 1597, obs. L. Ascensi ; *JCP* 2016. 853 ; *JCP* 2016. 1176, obs. O. Décima ; *RSC* 2016. 847, obs. J.-F. Renucci – Crim. 27 mars 2018, n° 17-85.603, P n° 53 ; *Dr. pénal* 2018, comm. 93, A. Maron et M. Haas.
5. Crim. 27 mars 2018, n° 17-85.603, P n° 53 ; *D.* 2018. 725 et 1611, obs. J. Pradel ; *AJ pénal* 2018. 317, obs. F. Engel.
6. Crim. 14 nov. 2017, n° 17-82.435, P n° 259 ; *D.* 2017. 2370 ; *JCP* 2017. 1375 ; *JCP* 2018. 106 ; *Procédures* 2018, comm. 27.

le véhicule a été volé et faussement immatriculé, et hors le cas où serait démontré le recours par les autorités publiques à un procédé déloyal, les textes précités et leur interprétation jurisprudentielle constante opèrent une conciliation équilibrée entre, d'une part, les droits de la défense ainsi que le droit à un recours effectif devant une juridiction, d'autre part, les principes de valeur constitutionnelle de prévention des atteintes à l'ordre public et de recherche des auteurs d'infractions. Elle expose ensuite que le principe d'égalité ne s'oppose ni à ce que des règles différentes soient appliquées à des situations différentes ni à ce qu'il soit dérogé à l'égalité pour des raisons d'intérêt général, pourvu que, dans l'un et l'autre cas, la différence de traitement qui en résulte soit en rapport direct avec l'objet de la loi qui l'établit. La différence de situation entre la personne qui dispose de droits sur un véhicule volé et faussement immatriculé, tels le propriétaire de celui-ci ou la personne à qui il en aurait conféré l'usage, et celle qui n'en dispose pas justifie la différence de traitement induite par l'interprétation constante que la Cour de cassation fait des articles 230-32 à 230-44 du code de procédure pénale, laquelle est en rapport direct avec l'objet de la loi. Dans la même affaire et sur le fond elle a jugé que hors le cas de recours, par l'autorité publique, à un procédé déloyal, l'irrecevabilité opposée à un moyen de nullité pris de l'irrégularité de la géolocalisation d'un véhicule volé et faussement immatriculé, présenté par une personne qui ne peut se prévaloir d'aucun droit sur ce dernier, en ce qu'elle opère une conciliation équilibrée entre, d'une part, le droit à un procès équitable et celui au respect de la vie privée, d'autre part, l'obligation pour les États d'assurer le droit à la sécurité des citoyens par la prévention des infractions et la recherche de leurs auteurs, n'est pas contraire aux articles 6 et 8 de la Convention européenne des droits de l'homme[1].

616.204 **Mesure n'ayant pas fait l'objet d'une acceptation préalable ou concomitante au titre de l'entraide pénale.** La chambre criminelle a jugé qu'un mis en examen, qui ne peut se prévaloir d'aucun droit sur un conteneur géolocalisé et qui n'a pas été lui-même géolocalisé, est irrecevable à invoquer une irrégularité affectant cette mesure, dès lors qu'il n'établit pas qu'à cette occasion il aurait été porté atteinte à un autre intérêt qui lui serait propre[2]. Il se déduit de l'article 230-32 du code de procédure pénale que les données issues d'une géolocalisation mise en œuvre sur le territoire national et s'étant poursuivie sur le territoire d'un autre État ne peuvent, lorsque cette mesure n'a pas fait l'objet d'une acceptation préalable ou concomitante de celui-ci au titre de l'entraide pénale, être exploitées en procédure qu'avec son autorisation[3]. La chambre criminelle casse l'arrêt d'une chambre de l'instruction qui avait estimé qu'elle n'avait pas connaissance des actes du dossier en cours d'exécution de sorte « qu'il n'était pas établi à ce stade que les demandes d'entraide n'ont pas, ou ne seront pas délivrées aux pays concernés et que l'accord de ces derniers n'a pas ou ne sera pas donné pour que les informations issues de la poursuite du suivi dynamique sur leur sol puissent être utilisées et exploitées au même titre que les données de géolocalisation recueillies au moyen du même dispositif sur l'ensemble du territoire national ». La chambre criminelle juge qu'en se déterminant ainsi « alors qu'à défaut de constatation par elle d'une autorisation préalable ou concomitante de l'État étranger concerné par l'opération critiquée, dans le cadre de l'entraide pénale, il lui appartenait de rechercher, au besoin en procédant à un supplément d'information, si les autorités compétentes de cet État autorisaient l'exploitation des données en résultant, la chambre de l'instruction n'a pas justifié sa décision au regard de l'article précité ».

La régularité de l'opération est donc assujettie, soit à un accord préalable de l'État requis, soit à un accord *a posteriori* relatif à l'exploitation des données résultant de la géolocalisation. On rappellera que l'article 230-32 du code de procédure pénale dispose qu'il peut être recouru à tout moyen technique destiné à la localisation en temps réel, sur l'ensemble du territoire national, d'une personne, à l'insu de celle-ci, d'un véhicule ou de tout autre objet, sans le consentement de son propriétaire ou de son possesseur, si cette opération est exigée par les nécessités (suivent les nécessités). Le texte n'aborde pas la question de la géolocalisation à l'étranger.

616.205 **Urgence.** En cas d'urgence résultant d'un risque imminent de dépérissement des preuves ou d'atteinte grave aux personnes ou aux biens, les opérations mentionnées à l'article 230-32 peuvent être *mises en place ou prescrites par un officier de police judiciaire.* Celui-ci en informe immédiatement, par tout moyen, le procureur de la République ou le juge d'instruction dans les cas mentionnés aux arti-

1. Crim. 20 déc. 2017, nº 17-82.435, P nº 298.
2. Crim. 23 nov. 2016, nº 16-81.904, P ; *D.* 2016. 2402 ; *D.* 2017. 245, chron. G. Guého, L. Ascensi, E. Pichon, B. Laurent et G. Barbier ; *AJ pénal* 2017. 76, note J.-B. Thierry.
3. Crim. 9 févr. 2016, nº 15-85.070, P nº 32 ; *D.* 2016. 379 ; *D.* 2016. 1069, note J. Pradel ; *JCP* 2016. 537 ; *RSC* 2016. 369, obs. F. Cordier ; *AJ pénal* 2016. 275, obs. M.-E. Boursier ; *RSC* 2016. 847, obs. J.-F. Renucci – AUSSI : Crim. 9 févr. 2016, nº 15-85.071, NP, *RSC* 2016. 369, obs. F. Cordier.

cles 230-33 et 230-34. Ce magistrat peut alors ordonner la mainlevée de la géolocalisation. Toutefois, si l'introduction dans un lieu d'habitation est nécessaire, l'officier de police judiciaire doit recueillir l'accord préalable, donné par tout moyen : 1° Dans les cas prévus au 1° de l'article 230-33, du juge des libertés et de la détention, saisi à cette fin par le procureur de la République ; 2° Dans les cas prévus au 2° du même article 230-33, du juge d'instruction ou, si l'introduction doit avoir lieu en dehors des heures prévues à l'article 59, du juge des libertés et de la détention, saisi à cette fin par le juge d'instruction. Ces magistrats disposent d'un délai de vingt-quatre heures pour prescrire, par décision écrite, la poursuite des opérations. À défaut d'une telle autorisation dans ce délai, il est mis fin à la géolocalisation. Dans les cas prévus au premier alinéa du présent article, l'autorisation comporte l'énoncé des circonstances de fait établissant l'existence du risque imminent mentionné à ce même alinéa.

Il existe donc un certain nombre de cas où la décision de géolocalisation appartient au procureur de la République ou au juge d'instruction mais pour lesquels la décision d'autorisation du JLD sera nécessaire pour la mise en place du dispositif. Lorsque les officiers de police judiciaire se sont introduits dans un lieu privé visé au premier alinéa de l'article 230-34 du code de procédure pénale pour procéder à l'installation du dispositif, la décision écrite prescrivant la poursuite des opérations doit expressément faire mention de la nécessité de cette introduction afin de satisfaire aux exigences découlant de l'article 230-34 du même code. Le délai de quinze jours ou de quatre mois court à compter de la mise en œuvre effective de la géolocalisation initiale. Le délai de vingt-quatre heures prévu par la loi risque de se computer d'heure à heure ; il importe en conséquence de porter l'heure à laquelle le magistrat rend la décision sur celle-ci.

L'officier de police judiciaire qui, d'initiative, procède à l'installation d'un moyen technique destiné à la localisation en temps réel d'un véhicule doit justifier, dans sa demande d'autorisation *a posteriori*, le risque imminent de dépérissement des preuves ou d'atteintes graves aux personnes et aux biens [1]. L'autorisation de prolongation de la mesure délivrée par le magistrat compétent dans le délai de 24 heures doit comporter l'énoncé des circonstances de fait qui établissent le risque imminent de dépérissement des preuves ou d'atteinte grave aux personnes ou aux biens justifiant l'utilisation de cette procédure [2]. En application des articles 230-32 et 230-35, alinéas premier et dernier, du code de procédure pénale, l'officier de police judiciaire qui, en cas d'urgence, procède à l'installation d'un moyen technique destiné à la localisation en temps réel d'une personne, d'un véhicule, ou de tout autre objet, doit en informer immédiatement, par tout moyen, selon les cas, le procureur de la République ou le juge d'instruction. Ce magistrat compétent dispose d'un délai de vingt-quatre heures pour prescrire, le cas échéant, la poursuite des opérations, par une décision écrite, qui comporte l'énoncé des circonstances de fait établissant l'existence d'un risque imminent de dépérissement des preuves ou d'atteinte grave aux personnes ou aux biens. La commission rogatoire délivrée aux fins de poursuite de la géolocalisation d'un véhicule ne mentionne pas en quoi il existait un risque imminent de dépérissement des preuves ou d'atteinte grave aux personnes ou aux biens rendant nécessaire le recours à la procédure d'urgence prévue à l'article 230-35 du Code de procédure pénale, de sorte que cette délégation ne saurait s'analyser en une autorisation régulière de poursuite des opérations précédemment engagées par l'officier de police judiciaire. La chambre de l'instruction, saisie d'une requête en annulation de cette décision prise par le juge d'instruction, au motif du défaut de motivation de cette dernière conformément aux exigences légales, ne peut substituer sa propre motivation à celle de ce magistrat [3].

C.
Personnes protégées

616.211 Personne protégée. La géolocalisation ne peut concerner ni les lieux mentionnés aux articles 56-1 à 56-4 du code de procédure pénale, ni le bureau ou le domicile des personnes mentionnées à l'article 100-7 du même code. Ces interdictions ne concernent que l'introduction dans les lieux visés et non la géolocalisation en temps réel, quel que soit le moyen utilisé, des personnes concernées, du moment qu'il n'a pas été indispensable de pénétrer dans les lieux prohibés.

Sont concernés :

– le cabinet et le domicile d'un avocat, les locaux de l'ordre des avocats ou des caisses de règlement pécuniaire des avocats [4] ;

– les locaux d'une entreprise de presse, d'une entreprise de communication audiovisuelle, d'une entreprise de communication au public en ligne, d'une agence de presse, véhicules professionnels de

1. Crim. 9 mai 2018, n° 17-86.638, P n° 89 ; *Dr. pénal* 2018, comm. 136, A. Maron et M. Haas ; *JCP* 2018. 705 ; *Procédures* 2018, comm. 224, A.-S. Chavent-Leclère.
2. Crim. 9 mai 2018, n° 17-86.638, précit.
3. Crim. 25 juill. 2018, n° 18-80.651, P n° 134 ; *D.* 2018. 1649 ; *JCP* 2018. 950.
4. C. pr. pén., art. 56-1.

ces entreprises ou agences, domicile d'un journaliste lorsque les investigations sont liées à son activité professionnelle[1] ;

- le cabinet d'un médecin, d'un notaire, d'un huissier[2] ;

- les lieux abritant des éléments couverts par le secret de la défense nationale[3] ;

- le cabinet et le domicile d'un magistrat, le bureau et le domicile d'un député ou sénateur[4].

616.212 Risque de mise en danger de la personne. Lorsque dans une instruction concernant l'un des crimes ou délits entrant dans le champ d'application de l'article 706-73 et 706-73-1 du code de procédure pénale, la connaissance de ces informations est susceptible de mettre gravement en danger la vie ou l'intégrité physique d'une personne, des membres de sa famille ou de ses proches et qu'elle n'est ni utile à la manifestation de la vérité, ni indispensable à l'exercice des droits de la défense, le juge des libertés et de la détention, saisi à tout moment par requête motivée du juge d'instruction, peut, par décision motivée, autoriser que n'apparaissent pas dans le dossier de la procédure : 1° La date, l'heure et le lieu où le moyen technique mentionné à l'article 230-32 a été installé ou retiré ; 2° L'enregistrement des données de localisation et les éléments permettant d'identifier une personne ayant concouru à l'installation ou au retrait du moyen technique mentionné à ce même article.

La décision du juge des libertés et de la détention mentionnée au premier alinéa du présent article est jointe au dossier de la procédure. Les informations mentionnées aux 1° et 2° sont inscrites dans un autre procès-verbal, qui est versé dans un dossier distinct du dossier de la procédure, dans lequel figure également la requête du juge d'instruction prévue au premier alinéa. Ces informations sont inscrites sur un registre coté et paraphé, qui est ouvert à cet effet au tribunal judiciaire[5]. Il faut alors rapprocher le mécanisme de celui instauré pour les auditions de témoin sous X...

Le texte prévoit un recours pour les personnes auxquelles il a été donné connaissance de l'utilisation des dispositions de l'article 230-40. La personne mise en examen ou le témoin assisté peut, dans les dix jours à compter de la date à laquelle il lui a été donné connaissance du contenu des opérations de géolocalisation réalisées dans le cadre prévu à l'article 230-40, contester, devant le président de la chambre de l'instruction, le recours à la procédure prévue à ce même article.

S'il estime que les opérations de géolocalisation n'ont pas été réalisées de façon régulière, que les conditions prévues audit article ne sont pas remplies ou que les informations mentionnées à ce même article sont indispensables à l'exercice des droits de la défense, le président de la chambre de l'instruction ordonne l'annulation de la géolocalisation.

Toutefois, s'il estime que la connaissance de ces informations n'est pas ou n'est plus susceptible de mettre gravement en danger la vie ou l'intégrité physique d'une personne, des membres de sa famille ou de ses proches, il peut également ordonner le versement au dossier de la requête et du procès-verbal mentionnés au dernier alinéa du même article.

Le président de la chambre de l'instruction statue par décision motivée, qui n'est pas susceptible de recours, au vu des pièces de la procédure et de celles figurant dans le dossier mentionné au même alinéa. On notera que le président de la chambre de l'instruction acquiert ici un nouveau pouvoir : annuler la procédure de géolocalisation seul et hors audience, puisque le texte ne se contente pas de lui attribuer des pouvoirs relatifs aux conditions d'application de l'article 230-40 mais aussi celui de statuer sur l'irrégularité de la réalisation des opérations de géolocalisation[6]. Un décret du 29 juin 2016[7] fixe les modalités de constitution, de conservation, de communication et de destruction du dossier distinct de la procédure mentionnée à l'article 230-40 du code de procédure pénale[8].

Dans sa décision du 25 mars 2014[9], le Conseil constitutionnel a formulé deux réserves d'interprétation relatives au droit de recours ouvert au mis en examen ou au témoin assisté lorsque ces dispositions sont mises en œuvre en estimant d'une part que le délai de dix jours dans lequel le mis en examen ou le témoin assisté pouvait contester la procédure ne pouvait débuter qu'à compter du moment où la décision du JLD avait été portée formellement à la connaissance de la personne, non à compter de la date à laquelle elle en avait été seulement informée, d'autre part que la chambre de l'instruction conservait son pouvoir d'annulation de l'acte lorsqu'elle était saisie dans les conditions de l'article 170. Il a également considéré que lorsqu'il a été fait application des dispositions de l'article 230-40 du code de procédure pénale, dès lors que la personne mise en cause n'a pas été mise en

1. C. pr. pén., art. 56-2.
2. C. pr. pén., art. 56-3.
3. C. pr. pén., art. 56-4.
4. C. pr. pén., art. 100-7.
5. C. pr. pén., art. 230-40.
6. C. pr. pén., art. 230-41.
7. Décr. n° 2016-867, 29 juin 2016 portant application des articles 230-40 à 230-42 du code de procédure pénale, *JO* 30 juin, n° 32.
8. *Dr. pénal* 2016. Alerte 52, W. Roumier.
9. Cons. const. 25 mars 2014, n° 2014-693 DC, art. non conformes 1er (230-42 (mot) du C. pr. pén.), 3 de la loi, *loi relative à la géolocalisation,* NON-CONFORMITÉ PARTIELLE – RÉSERVE, *JO* 29 mars, p. 6125.

mesure de contester les conditions dans lesquelles les données de géolocalisation ont été recueillies, ces données ne pouvaient pas fonder le seul élément de la condamnation.

SECTION 6
DONNÉES DE CONNEXION

§ 1
Qu'appelle-t-on « données de connexion » ?

616.221 **Définition.** Si les difficultés relatives aux données de connexion ont fait une entrée fracassante dans la jurisprudence et la doctrine, il convient tout d'abord de tenter de bien comprendre exactement de quoi l'on parle : qu'est-ce qu'une donnée de connexion ? En réalité le pluriel s'impose.

Les données de connexion sont des données de trafic, qui établissent les contacts qu'une personne a eus par téléphone ou SMS et par exemple, la date et l'heure de ces contacts, la durée de l'échange, les données de localisation, qui permettent de connaître les zones d'émission et de réception d'une communication passée avec un téléphone mobile identifié et obtenir la liste des appels ayant borné à la même antenne relais. Ces données sont accessibles sur les « fadettes » (facturations détaillées établies par les opérateurs de téléphonie).

616.222 **Distinction.** Les données de connexion peuvent être subdivisées en deux catégories, permettant ainsi d'affiner une classification tenant compte de l'atteinte au droit au respect à la vie privée qui résulte de leur communication.

Les données « techniques » de connexion se distinguent des données « administratives ». Relèvent de cette dernière catégorie, les données relatives à l'identité civile, celles permettant l'identification numérique de l'utilisateur et les données de paiements. On y trouve des éléments classiques d'identification (nom, prénom, lieu de naissance pour les personnes physiques, raison sociale pour les personnes morales) et des moyens usuels de contacter la personne (adresse postale, adresse mail et numéro de téléphone). Il convient d'y ajouter les données d'identification numérique que sont l'identifiant de connexion, le pseudonyme utilisé et les données de contrôle du mot de passe. figurent dans cette catégorie de données, celles relatives au paiement qui présentent, de manière générale, un enjeu essentiel en matière probatoire, mettant en évidence une volonté caractérisée de souscrire à un service.

L'ensemble de ces métadonnées administratives, considérées comme ne révélant que des informations peu attentatoires à la vie privée, ne bénéficient pas d'un régime particulier. Elles doivent d'ailleurs, en vertu de l'article L. 34-1 du Code des postes et des communications électroniques faire l'objet d'une obligation de conservation permanente et généralisée par les opérateurs de télécommunication d'une durée de 5 ans pour l'identité civile à compter de la fin de la validité du contrat et, pour les autres, d'un an à compter de la fin de validité du contrat ou de la clôture du compte (CPCE, art. L. 34-1, II *bis*, 1° et 2°).

Les « données techniques » constituent des données de connexion regroupant toutes les « informations produites ou nécessitées par l'utilisation des réseaux de communications électroniques ». Par nature plus intrusives que les données administratives, les données techniques sont générées à chaque communication. Elles contiennent les dates et heures de connexion et les caractéristiques de la ligne de l'abonné pour les FAI, mais aussi, pour les hébergeurs, les identifiants propres, les opérations effectuées ainsi que le moment où celles-ci ont été réalisées. Ces dernières informations permettent de montrer que même sans véritablement disposer du contenu des échanges ou de l'utilisation faite du terminal, certaines métadonnées révèlent des éléments importants relatifs à la vie privée, justifiant la détermination d'une appréhension bien spécifique comme le montrent les restrictions à la conservation de celles-ci.

616.223 **Des réquisitions.** L'accès aux métadonnées se fait par le biais de réquisitions adressées à l'opérateur de télécommunications concerné, à savoir le fournisseur d'accès à internet ou l'opérateur téléphonique.

Ces réquisitions sont fondées sur les articles :

- 60-1 et 60-2 du code de procédure pénale dans le cadre d'une enquête de flagrance, dispositions permettant aux officiers de police judiciaire (OPJ), aux agents de police judiciaire (APJ), sous le contrôle de ces derniers, et au parquet d'émettre de telles réquisitions ;
- 77-1-1 et 77-1-2 du code de procédure pénale en préliminaire, lesquels supposent une intervention du procureur ;
- 99-3 et 99-4 du code de procédure pénale au cours de l'instruction, lesquels confient ce pouvoir aux magistrats instructeurs et aux forces de l'ordre en exécution d'une commission rogatoire.

Depuis l'entrée en vigueur de la loi du 2 mars 2022, ces réquisitions sont réalisées dans le cadre général fixé par l'article 60-1-2 du Code de procédure pénale[1].

616.224 **Deux questions différentes.** On rencontre deux questions différentes, connexes, mais qu'il faut bien différencier, aussi bien dans la jurispru-

1. V. s[s] n° 616.262.

dence européenne que dans la jurisprudence nationale. Celle tout d'abord de la conservation des données de connexion, celle ensuite du droit d'accès à ces données.

Ajoutons qu'en 2021 ont été émises plus de 1,7 million de réquisitions judiciaires aux fins d'accès à des métadonnées (information donnée à l'occasion des arrêts de la chambre criminelle du 12 juill. 2022 par M. Desportes, premier avocat général).

§ 2
Les questions posées par la jurisprudence européenne

A.
Jurisprudence de la CJUE

616.231 **Conservation.** Selon la directive 2002/58/CE du 12 juillet 2002, dite directive Vie privée et communications électroniques ou directive e-Privacy, modifiée par celle du 15 mars 2006[1] il est interdit aux opérateurs de stocker les métadonnées et leur fait obligation de les effacer ou de les anonymiser (art. 5, § 1 et 6, § 1). Toutefois, il est prévu que les opérateurs puissent les conserver pour leurs propres besoins (art. 6, §§ 2 et 3) et que les États puissent déroger à cette interdiction en imposant aux opérateurs une conservation des données, pendant une durée limitée, pour une durée comprise entre six mois et deux ans au maximum aux fins de sauvegarder la sécurité nationale, la défense et la sécurité publique, ou pour assurer « la prévention, la recherche, la détection et la poursuite d'infractions pénales » (art. 15, § 1).

Dans sa décision du 6 oct 2020 *La Quadrature du Net* et *French Data Network* du 6 oct 2020 la CJUE a dit qu'une législation ne pouvait ordonner, à titre préventif, la conservation généralisée et indifférenciée des données relatives au trafic et des données de localisation[2].

Toutefois, elle admet qu'une législation nationale puisse prévoir qu'une autorité confrontée à une situation dans laquelle il importe de conserver des données aux fins d'élucidation d'infractions pénales graves, puisse, en se soumettant à un contrôle juridictionnel effectif a posteriori, émettre une injonction de conservation rapide de données de connexion alors stockées.

Seule est admise une conservation généralisée et indifférenciée de ces données, en cas de menace grave, réelle et actuelle ou prévisible pour la sécurité nationale, sur injonction faite aux fournisseurs de services de télécommunications électroniques, pouvant faire l'objet d'un contrôle effectif par une juridiction ou une autorité administrative indépendante, dont la décision est dotée d'un effet contraignant, chargée de vérifier l'existence d'une telle menace et le respect des conditions et garanties devant être prévues, injonction ne pouvant être émise que pour une période limitée au strict nécessaire, mais renouvelable en cas de persistance de la menace.

L'accès des autorités publiques à ces données, il doit être justifié par l'objectif d'intérêt général pour lequel la conservation a été imposée.

616.232 **Accès.** Dans une autre décision très remarquée, la CJUE, dans un arrêt du 2 mars 2021, dit *Prokuratur*[3], a dit, d'une part, que l'accès à des données relatives au trafic ou à des données de localisation doit être réservé aux seules procédures visant à la lutte contre la criminalité grave ou à la prévention de menaces graves contre la sécurité publique et d'autre part, il ne peut être autorisé par une autorité de poursuite.

Elle juge « essentiel que l'accès des autorités nationales compétentes aux données conservées soit subordonné à un contrôle préalable effectué soit par une juridiction soit par une entité administrative indépendante et que la décision de cette juridiction ou de cette entité intervienne à la suite d'une demande motivée »). L'autorité de contrôle doit être indépendante et impartiale, ce qui implique qu'elle « ne soit pas impliquée dans la conduite de l'enquête pénale en cause » et qu'elle « ait une position de neutralité vis-à-vis des parties à la procédure pénale ». Le ministère public, qui « dirige la procédure d'enquête et exerce, le cas échéant, l'action publique » ne peut effectuer ce contrôle préalable, faute pour lui de disposer du statut de tiers par rapport aux intérêts en cause.

1. Directive 2002/58/CE du Parlement européen et du Conseil du 12 juillet 2002 concernant le traitement des données à caractère personnel et la protection de la vie privée dans le secteur des communications électroniques (directive vie privée et communications électroniques), *JOCE L* 201, 31 juill. 2002.
2. CJUE 6 oct. 2020, aff. C-511/18, *La Quadrature du net [Assoc.], AJDA* 2020. 1880 ; *D.* 2021. 406, et les obs. note M. Lassalle ; *ibid.* 2020. 2262, obs. J. Larrieu, C. Le Stanc et P. Tréfigny ; *AJ pénal* 2020. 531 ; *Dalloz IP/IT* 2021. 46, obs. E. Daoud, I. Bello et O. Pecriaux ; Légipresse 2020. 671, étude W. Maxwell ; *ibid.* 2021. 240, étude N. Mallet-Poujol ; *RTD eur.* 2021. 175, obs. B. Bertrand ; *ibid.* 181, obs. B. Bertrand ; *ibid.* 973, obs. F. Benoît-Rohmer Légipresse 2020. 671, étude W. Maxwell ; et 2021. 240, étude N. Mallet-Poujol ; *RTD eur.* 2021. 175, obs. B. Bertrand ; et 181, obs. B. Bertrand ; *ibid.* 973, obs. F. Benoît-Rohmer.
3. CJUE 2 mars 2021, aff. C-746/18, *Prokuratuur, D. actu.*, 5 mars 2021, nos obs. ; *AJDA* 2021. 1086, chron. P. Bonneville, C. Gänser et A. Iljic ; *D.* 2021. 470 ; *ibid.* 1564, obs. J.-B. Perrier ; *AJ pénal* 2021. 267, obs. S. Lavric ; *Dalloz IP/IT* 2021. 468, obs. B. Bertrand.

Il en est de même pour un fonctionnaire de police, qui ne constitue pas une juridiction et ne présente pas toutes les garanties d'indépendance et d'impartialité requises[1].

En résumé la CJUE a rendu plusieurs arrêts aux termes desquels elle a fortement limité la possibilité d'imposer aux opérateurs la conservation des données de connexion en prohibant la conservation généralisée et indifférenciée des données de trafic et de localisation pour d'autres motifs que ceux liés aux besoins de la sécurité nationale en cas de menace grave. Elle s'est également prononcée sur les conditions dans lesquelles une règlementation nationale peut autoriser l'accès aux données relatives au trafic et aux données de localisation dans le cadre des enquêtes pénales en exigeant un contrôle préalable exercé, soit par une juridiction, soit par une autorité administrative indépendante.

616.233 **Infraction d'abus de marché.** Selon la décision de la CJUE du 20 septembre 2022[2], interrogée par la Cour de cassation française, la conservation généralisée et indifférenciée des données de trafic pendant un an à compter du jour de l'enregistrement par les opérateurs de services de communications électroniques n'est pas autorisée, à titre préventif, aux fins de la lutte contre les infractions d'abus de marché, dont font partie les opérations d'initiés. Ni la directive « *abus de marché* » (*PE et Cons. CE, dir. 2003/6/CE 28 janv. 2003*) ni le règlement relatif aux abus de marché (*Règl. (UE) n° 596/2014, 16 avr. 2014*) ne peuvent constituer le fondement juridique d'une obligation générale de conservation des enregistrements de données relatives au trafic détenus par les opérateurs de services de communications électroniques aux fins de l'exercice des pouvoirs conférés aux autorités compétentes en matière financière au titre de ces instruments. Seule la directive « vie privée et communications électroniques », et les conditions posées par celle-ci, constitue l'acte de référence en matière de conservation et, de manière plus générale, de traitement des données à caractère personnel dans le secteur des communications électroniques. Si la CJUE est en première ligne la CEDH a aussi rendu quelques décisions.

B.
Jurisprudence de la Cour européenne des droits de l'homme

616.241 **Évolution de la jurisprudence.** Dans le cadre d'une enquête portant sur un trafic de stupéfiants au cours de laquelle des réquisitions aux fins d'obtention de métadonnées avaient été émises, la CEDH a reconnu la nécessité de l'ingérence et a considéré que les réquisitions, adressées à un opérateur de téléphonie sur le fondement de l'article 77-1-1 du code de procédure pénale, n'avaient pas violé l'article 8 de la Convention européenne des droits de l'homme. La jurisprudence de la CJUE n'est même pas évoquée dans la partie relative au droit pertinent[3]. Mais dans une décision postérieure, la Cour de Strasbourg juge le régime britannique de conservation et d'accès aux métadonnées contraire à l'article 8 de la Convention européenne des droits de l'homme en ce qu'il concerne toutes les infractions et n'est soumis à aucun contrôle d'une juridiction ou d'une instance administrative indépendante[4]. Elle reprend donc à son compte la décision de l'autre grande Cour européenne.

§ 3
Les réponses de la jurisprudence nationale

A.
Jurisprudence administrative

616.251 **Décision du Conseil d'État du 21 avril 2021.** Le Conseil d'État, statuant en assemblée du contentieux, a dû examiner la conformité des dispositions normatives françaises qui contraignent les opérateurs, sous peine de sanction, à conserver un certain temps les métadonnées.

Par une décision du 21 avril 2021, il a jugé qu'il est désormais possible d'invoquer un moyen visant à écarter l'application d'une norme européenne en ce qu'elle priverait de garanties effectives une exigence constitutionnelle, notamment en matière sécuritaire.

Sur le fond, il a estimé qu'aussi longtemps que la menace pour la sécurité nationale reste constituée, la conservation généralisée des données de connexion demeure légale.

Il juge notamment que « Si la conservation généralisée et indifférenciée des adresses IP ne saurait être justifiée par les besoins de la lutte contre l'ensemble des infractions pénales, il ne résulte pas des énonciations de l'arrêt de la Cour de justice de l'Union européenne que le législateur serait tenu d'énumérer les infractions relevant du champ de la criminalité grave en se référant à des catégories strictement prédéfinies en droit interne. Le rattachement d'une

1. CJUE, 5 avr. 2022, *Commissioner of An Garda Siochana*, aff. C-140/20.
2. CJUE, 20 sept. 2022, aff. C-339/20 et C-397/20, *S. R. JCP* 2022. 1096, Focus par D. Berlin ; *D.* 2022. 1662.
3. CEDH 8 mai 2018, *Ben Faiza c/ France*, req. n° 31446/12, *D.* 2018. 352 ; *Procédures* 2018, comm. 126. 3.
4. CEDH 25 mai 2021, *Big Brother Watch et autres c/ R.U*, req. n°s 58170/13, 62322/14 (51) et 24969/15.

infraction pénale à la criminalité grave a donc vocation à s'apprécier de façon concrète, sous le contrôle du juge pénal, au regard de la nature de l'infraction commise et de l'ensemble des faits de l'espèce. Une obligation de conservation généralisée et indifférenciée des adresses IP peut ainsi être imposée aux opérateurs, dès lors que les conditions d'accès à ces données par les services d'enquête sont fixées en fonction de la gravité des infractions susceptibles de le justifier, dans le respect du principe de proportionnalité, lequel fait partie des principes généraux du droit de l'Union européenne ».

Il affirme également qu'il « ressort des pièces du dossier que la France est confrontée *à une menace pour sa sécurité nationale*, appréciée au regard de l'ensemble des intérêts fondamentaux de la Nation listés à l'article L. 811-3 du code de la sécurité intérieure cité au point 19 qui, par son intensité, revêt un caractère grave et réel. Cette menace est, à la date de la présente décision, non seulement prévisible mais aussi actuelle. Cette menace procède d'abord de la persistance d'un risque terroriste élevé, ainsi qu'en témoigne notamment le fait que sont survenues sur le sol national au cours de l'année 2020 six attaques abouties ayant causé sept morts et onze blessés. ... Par ailleurs, la France est particulièrement exposée au risque d'espionnage et d'ingérence étrangère, en raison notamment de ses capacités et de ses engagements militaires et de son potentiel technologique et économique. ... La France est également confrontée à des menaces graves pour la paix publique, liées à une augmentation de l'activité de groupes radicaux et extrémistes. »

Le Conseil d'État a en revanche déclaré illégales les dispositions de cet article uniquement en ce qu'elles imposaient aux opérateurs de communications électroniques, aux fournisseurs d'accès à internet et aux hébergeurs la conservation généralisée et indifférenciée des données de connexion, autres que les données relatives à l'identité civile, aux adresses IP et aux informations relatives aux comptes et aux paiements, aux fins de lutte contre la criminalité et de prévention des menaces à l'ordre public et ne prévoyaient pas un réexamen périodique de l'existence d'une menace grave, réelle et actuelle ou prévisible pour la sécurité nationale.

B. Jurisprudence constitutionnelle

616.261 Articles 230-32 et 230-33 du code de procédure pénale. Saisie d'une QPC portant sur la constitutionnalité de l'article 230-32 et 230-33 du code de procédure pénale, la chambre criminelle a estimé sérieuse la question posée dans la mesure où la circonstance que les articles susvisés autorisent une autorité chargée de diriger l'enquête et d'engager les poursuites à décider une mesure de géolocalisation sans le contrôle préalable d'une autorité extérieure est susceptible de porter une atteinte excessive aux droits et aux libertés protégés par les articles 2 et 16 de la Déclaration des droits de l'homme et du citoyen du 26 août 1789.

Dans une décision du 23 septembre 2021[1], le Conseil constitutionnel, a relevé que la surveillance par géolocalisation n'implique pas d'acte de contrainte sur la personne visée, ni d'atteinte à son intégrité corporelle, de saisie, d'interception de correspondance ou d'enregistrement d'image ou de son. Il a également estimé que le législateur a entouré la mise en œuvre des mesures de géolocalisation de garanties de nature à assurer, dans le respect des prérogatives de l'autorité judiciaire, une conciliation équilibrée entre l'objectif de valeur constitutionnelle de recherche des auteurs d'infractions et le droit au respect de la vie privée. Il a donc déclaré valide les articles 222-32 et 222-33 du Code de procédure pénale. Ajoutons ici que, dans une décision du 8 avril 2022[2], le Conseil constitutionnel a validé les articles 230-1 à 230-5 ainsi que l'article 706-102-1 du code de procédure pénale s'agissant de la possibilité de recourir discrétionnairement à des moyens couverts par le secret de la défense nationale.

616.262 Articles 77-1-1 et 77-1-2 du code de procédure pénale. Saisi d'une QPC portant sur la conformité des articles 77-1-1 et 77-1-2 du code de procédure pénale au droit à la vie privée, le Conseil a jugé qu'en matière d'enquête préliminaire l'accord préalable du procureur aux réquisitions constituait une garantie, mais qu'elle n'était pas suffisante dans ce cadre d'enquête « qui peut porter sur tout type d'infraction et qui n'est pas justifiée par l'urgence ni limitée dans le temps »[3].

On remarquera que la censure n'est pas fondée sur l'intervention du parquet, qui est qualifiée de garantie mais sur une atteinte au droit à la vie privée. En réaction, la loi n° 2022-299 du 2 mars 2022 visant à combattre le harcèlement scolaire a créé l'article 60-1-2 du code de procédure pénale, trouvant à s'appliquer aussi bien en préliminaire qu'en flagrance, qui instaure des échelles de gravité en deçà desquelles les réquisitions de métadonnées sont exclues[4]. Il est nécessaire que la procédure porte sur un crime ou sur un délit puni d'au moins trois ans d'emprisonnement ou qu'elle porte sur un délit puni d'au moins un an d'emprisonnement commis par l'utilisation d'un réseau de communications électroniques et ces réquisitions ont pour

1. Cons. const. 23 sept. 2021, n° 2021-930 QPC, *JO* 24 sept., n° 51.
2. Cons. const. 8 avr. 2022, n° 2022-987-QPC, *D.* 2022. 706.
3. Cons. const. 3 déc. 2021 ; n° 2021-952-QPC, *D.* 2022. 1540.
4. V. s^s n° 616.274.

seul objet d'identifier l'auteur de l'infraction. Ces réquisitions peuvent aussi concerner les équipements terminaux de la victime et intervenir à la demande de celle-ci en cas de délit puni d'une peine d'emprisonnement. Enfin elles sont admises dans le cadre des procédures prévues aux articles 74-1 ou 80-4 ou sont effectuées dans le cadre de la procédure prévue à l'article 706-106-4.

616.263 Article L. 34-1, II et III, du code des postes et des communications électroniques, dans sa version en vigueur du 20 décembre 2013 au 31 juillet 2021 Saisi par la Cour de cassation d'une QPC[1], portant sur l'article L. 34-1, II et III, du code des postes et des communications électroniques, dans sa version en vigueur du 20 décembre 2013 au 31 juillet 2021, qui autorise pour les besoins de la recherche, de la constatation et de la poursuite des infractions pénales, la conservation généralisée et indifférenciée pendant un an des données à caractère personnel prévues à l'article R. 10-13 du même code, sans réserver une telle conservation aux infractions les plus graves ni la soumettre à l'autorisation et au contrôle d'une autorité ou juridiction indépendante, contrevient-il au droit au respect de la vie privée garanti par l'article 2 de la Déclaration des droits de l'homme et du citoyen de 1789 et à l'article 34 de la Constitution ? ». Le Conseil constitutionnel a considéré que cette conservation générale et indifférenciée des données de connexion portait une atteinte disproportionnée au droit au respect de la vie privée et était contraire à la Constitution[2].

616.264 Articles 60-1 et 60-2 du code de procédure pénale. Par décision du 20 mai 2022[3], le Conseil constitutionnel a jugé conforme au bloc de constitutionnalité des articles 60-1 et 60-2 du code de procédure pénale en jugeant suffisant que les réquisitions soient mises en œuvre sous le contrôle d'un magistrat de l'ordre judiciaire [...] ». Par cette décision, le Conseil constate que les articles 60-1 et 60-2 du code de procédure pénale, poursuivant l'objectif de valeur constitutionnelle de recherche des auteurs d'infractions, permettent de requérir des métadonnées dans le cadre strict de l'enquête de flagrance, soumise à une quadruple condition (détermination de l'un des 4 critères de l'art. 53 C. pr. pén., temporalité, apparence et gravité) et limitée dans sa durée (8 jours, renouvelable une fois pour les seules enquêtes portant sur une infraction punie d'au moins 5 ans).

L'intervention du procureur, qualifié de « magistrat de l'ordre judiciaire » conformément à la jurisprudence constante du Conseil était, là aussi, expressément présentée comme constitutive d'une garantie contre les atteintes au droit à la vie privée. Antoine Botton écrit « À l'évidence, la décision commentée entre en contradiction avec la solution dégagée par la Cour de Justice. En effet, le procureur de la République, agirait-il dans un cadre de flagrance, ne peut être considéré comme une autorité impartiale compétente en matière d'accès aux données électroniques, en ce qu'il « a pour mission non pas de trancher en toute indépendance un litige, mais de le soumettre, le cas échéant, à la juridiction compétente, en tant que partie au procès exerçant l'action pénale »[4].

Les articles 60-1 et 60-2 ont été modifiés pour renvoyer aux dispositions générales fixées par l'article 60-1-2[5].

616.265 Articles 99-3 et 99-4 du code de procédure pénale. Enfin dans une décision du 17 juin 2022[6], le Conseil constitutionnel a validé la rédaction des articles 99-3 et 99-4 du code de procédure pénale. Il était reproché, notamment, à ces dispositions de permettre au juge d'instruction, ou à un officier de police judiciaire commis par lui, de requérir la communication de données de connexion alors qu'une instruction pourrait porter sur tout type d'infraction et qu'elle n'est pas justifiée par l'urgence ni limitée dans le temps. Il en résulterait une méconnaissance du droit au respect de la vie privée.

Le Conseil constitutionnel n'a pas fait droit à ce grief, pour le Conseil, les dispositions contestées opèrent une conciliation équilibrée entre l'objectif de valeur constitutionnelle de recherche des auteurs d'infractions et le droit au respect de la vie privée. Ces articles ont été modifiés pour renvoyer aux dispositions générales fixées par l'article 60-1-2.

C.
Jurisprudence judiciaire

616.271 Arrêts rendus le 12 juillet 2022 : conservation des données. La chambre criminelle a rendu plusieurs arrêts importants le 12 juillet

1. Crim. 7 déc. 2021, QPC n° 21-83.710.
2. Cons. const. n° 976/977 QPC, 25 févr. 2022, n° 2021-976/977-QPC, *D.* 2022. 1540.
3. Crim. 20 mai 2022, n° 2022-993 QPC, *AJ pénal* 2022. 379 *JCP* 2022. 735, aperçu rapide A. Botton.
4. A. Botton, « Pouvoirs du procureur de la République en matière de réquisitions de données informatiques. – L'heure du dénouement » *JCP* 2022. 735, aperçu rapide.
5. L. n° 2023-22, 24 janv. 2023 d'orientation et de programmation du ministère de l'intérieur, *JO* 25 janv., n° 1, art. 18 ; L. n° 2022-299, 2 mars 2022 visant à combattre le harcèlement scolaire, *JO* 3 mars, n° 5.
6. Cons. const. 17 juin 2022, n° 2022-1000 QPC : *JO* 18 juin, n° 76 ; *Procédures* n° 10, oct. 2022, comm. 233 ; *Dr. pénal* 2022, alerte 72, Veille par W. Roumier ; *D.* 2022. 1540).

2022[1]. Ils traitent à la fois de la conservation des données et du droit d'accès mais aussi des nullités de procédure pouvant être prononcées. Selon les requérants, des données avaient fait l'objet d'une conservation irrégulière car la législation française alors en vigueur imposait aux opérateurs de conserver pendant un an l'ensemble des données de connexion pour la recherche de toutes les infractions pénales.

S'agissant de la conservation généralisée et indifférenciée des données de trafic et de localisation, la chambre criminelle rappelle, après avoir analysé la jurisprudence de la CJUE, qu'elle ne peut être imposée aux opérateurs que pour les besoins de la sécurité nationale en cas de menace grave.

Il appartient à la juridiction saisie d'apprécier d'une part l'existence d'une menace pour la sécurité nationale justifiant une telle conservation et d'autre part que la durée de conservation est strictement nécessaire aux besoins de la préservation de la sécurité nationale. Pour la lutte contre la criminalité grave, les États peuvent, pour les besoins d'une enquête, demander un gel de ces données que détiennent les opérateurs en application de l'obligation de conservation pour les besoins de la sécurité nationale (méthode de la conservation rapide). La chambre criminelle estime, à partir des pièces transmises par le parquet général relatives aux attentats terroristes commis en France depuis 1994, qu'une telle menace était caractérisée et que la durée de conservation d'un an était conforme au droit de l'Union. Les réquisitions prévues aux articles 60-1 et 60-2, 77-1-1 et 77-1-2, 99-3 et 99-4 du code de procédure pénale valent injonction de conservation rapide, au sens de la Convention du Conseil de l'Europe signée à Budapest le 23 novembre 2001. Les données conservées par les opérateurs, soit pour leurs besoins propres, soit au titre de l'obligation de conservation générale imposée aux fins de sauvegarde de la sécurité nationale, peuvent donc l'être également, à la demande des enquêteurs, par voie de réquisitions, pour la répression d'une infraction grave déterminée.

Elle juge que l'article L. 34-1, III, du code des postes et des communications électroniques, dans sa version en vigueur au moment des faits, imposait aux opérateurs de services de télécommunications électroniques la conservation généralisée et indifférenciée, pour une durée maximale d'un an, des données de connexion énumérées à l'article R. 10-13 dudit code, pour les besoins de la recherche, de la constatation et de la poursuite des infractions pénales. Elle en déduit que les dispositions de ce dernier texte, ne sont conformes au droit de l'Union qu'en ce qu'elles imposent une obligation de conservation des données de trafic et de localisation pour la recherche, la constatation et la poursuite des infractions incriminées aux articles 410-1 à 422-7 du code pénal. Cette obligation de conservation ne vaut injonction au sens où l'entend la CJUE et cette conservation n'est régulière que si le juge saisi du contentieux constate, sous le contrôle de la Cour de cassation, l'existence d'une menace grave, réelle et actuelle ou prévisible pour la sécurité nationale. Il appartient ainsi à la juridiction saisie d'une requête ou d'une exception de nullité, sous le contrôle de la Cour de cassation, de vérifier si, à la date de la conservation des données litigieuses, il existait une telle menace pour la sécurité nationale. Dans les affaires qui lui étaient soumises, la chambre criminelle de la Cour de cassation constate que l'obligation faite aux opérateurs de télécommunications électroniques de conserver de façon généralisée et indifférenciée aux fins de sauvegarde de la sécurité nationale les données de connexion énumérées à l'article R. 10-13 du code précité qui ont fait l'objet des réquisitions litigieuses, était conforme au droit de l'Union.

L'article 34-1 du code de postes et des communications électroniques issu de la loi du 30 juin 2021 distingue les données selon leur sensibilité et la finalité de la collecte. Le code distingue ainsi trois finalités et les hiérarchise par ordre d'importance. Les données les moins intrusives ne peuvent être conservées que « pour les besoins des procédures pénales, de la prévention des menaces contre la sécurité publique et de la sauvegarde de la sécurité nationale ». D'autres données plus sensibles ne peuvent être conservées que « pour les besoins de la lutte contre la criminalité et la délinquance grave, de la prévention des menaces graves contre la sécurité publique et de la sauvegarde de la sécurité nationale ». Enfin, les données les plus sensibles, comme les données de localisation, ne peuvent être conservées que pour « des motifs tenant à la sauvegarde de la sécurité nationale, lorsqu'est constatée une menace grave, actuelle ou prévisible, contre cette dernière ». Ce dernier niveau de conservation n'est pas automatique, il est conditionné. Cela ne signifie toutefois pas qu'en pratique la conservation des données les plus intrusives soit devenue exceptionnelle. Un décret a, en effet, d'ores et déjà constaté l'existence d'une menace grave, actuelle et prévisible sans que celle-ci ne soit détaillée[2]. Ce décret vise « la menace grave et actuelle contre la sécurité nationale » et « l'urgence ».

1. Crim. 12 juill. 2022, n° 21-83.710, n° 21-83.820, n° 21-84.096, n° 21-86.652) 12-07-2022, n° 21-83.710, B ; *D.* 2022. 1360, obs. A. Botton.

2. Décr. n° 2021-1363, 20 oct. 2021 portant injonction, au regard de la menace grave et actuelle contre la sécurité nationale, de conservation pour une durée d'un an de certaines catégories de données de connexion, *JO* 21 oct., n° 4.

616.272 **Arrêts rendus le 12 juillet 2022 : accès aux données.** Les requérants faisaient aussi valoir l'accès irrégulier aux données personnelles, obtenues par les enquêteurs avec l'autorisation du procureur de la République ou du juge d'instruction, qui ne seraient ni une juridiction ni une entité administrative indépendante. Sur ce point, les décisions sont particulièrement importantes puisque la chambre criminelle juge que les articles 60-1, 60-2, 77-1-1 et 77-1-2 du code de procédure pénale sont contraires au droit de l'Union uniquement en ce qu'ils ne prévoient pas un contrôle préalable par une juridiction ou une entité administrative indépendante. En revanche, le juge d'instruction est habilité à contrôler l'accès aux données de connexion.

Les réquisitions adressées pendant l'enquête préliminaire et l'enquête de flagrance en application des articles 60-1, 60-2, 77-1-1 et 77-1-2 du code de procédure pénale sont contraires au droit de l'Union européenne en ce qu'ils ne prévoient pas un contrôle préalable par une juridiction ou une autorité administrative indépendante dès lors que le parquet, quel que soit son statut, dirige la procédure d'enquête et exerce, le cas échéant, l'action publique. Les réquisitions adressées pendant l'information judiciaire en application des articles 99-3 et 99-4 du code de procédure pénale sont conformes au droit de l'Union européenne dès lors d'une part que le juge d'instruction n'est pas une partie à la procédure mais une juridiction et d'autre part qu'il n'exerce pas l'action publique mais statue de façon impartiale sur le sort de celle-ci, mise en mouvement par le ministère public ou, le cas échéant, la partie civile (§ 43 de l'arrêt n° 21-83.710).

Si elle apparaît conforme au droit européen, la solution tranche avec celle adoptée par le Conseil constitutionnel dont on rappellera qu'il juge que le contrôle des réquisitions de données informatiques par le procureur de la République « opère une conciliation équilibrée entre l'objectif de valeur constitutionnelle de recherche des auteurs d'infractions et le droit au respect de la vie privée »[1].

La chambre criminelle se trouvait dans une position difficile, justifiant qu'un auteur évoque « les affres du pluralisme normatif »[2], puisqu'elle était à la fois contrainte de ne pas contredire la jurisprudence européenne tout en étant tenue par l'autorité absolue de la chose jugée des décisions du Conseil constitutionnel, selon l'article 62 de la Constitution. Il semble qu'elle ait réussi, par ses motifs, à naviguer dans le mince interstice ainsi ouvert « la formule retenue – suivant laquelle les dispositions de procédure pénale en cause « sont contraires au droit de l'Union » – est précisément soucieuse de concilier son office de juge européen et le respect de l'autorité dite « absolue » des décisions du Conseil »[3].

616.273 **Arrêts rendus le 12 juillet 2022 : une nullité à grief.** Le plus curieux est que, finalement, les arrêts en cause sont des arrêts de rejet, en raison non de l'inexistence d'irrégularités, mais parce que la chambre criminelle estime que le grief n'est pas établi. Elle commence par rappeler que l'adhésion à l'Union européenne emporte l'obligation, pour le juge national, d'assurer la primauté du droit de l'Union et que la CJUE en déduit qu'afin de garantir l'effectivité de l'ensemble des dispositions du droit de l'Union, le principe de primauté impose aux juridictions nationales d'interpréter, dans toute la mesure du possible, leur droit interne de manière conforme au droit de l'Union. À défaut de pouvoir procéder à une telle interprétation, le juge national a l'obligation d'assurer le plein effet des dispositions du droit de l'Union en laissant au besoin inappliquée, de sa propre autorité, toute disposition contraire de la législation nationale, même postérieure, sans qu'il ait à demander ou à attendre l'élimination préalable de celle-ci par voie législative ou par tout autre procédé constitutionnel (CJCE, arrêt du 9 mars 1978, Simmenthal, 106/77).

Elle juge que de telles nullités de procédure ne peuvent être admises que si le requérant justifie d'un grief. Pour arriver à cette conclusion elle que l'absence de contrôle préalable par une juridiction ou une autorité indépendante ne peut faire grief au requérant que s'il établit l'existence d'une ingérence injustifiée au respect de sa vie privée. Selon la Haute juridiction, un tel grief ne peut être retenu que dans deux hypothèses :

– lorsque les données ont été irrégulièrement conservées, cette condition n'étant pas remplie dès lors que l'existence d'une menace terroriste est établie en France depuis 1994, justifiant ainsi une conservation généralisée et indifférenciée des données de trafic et de localisation pendant une durée d'un an.

– lorsqu'au regard de la gravité de l'infraction et des nécessités de l'enquête, leur accès aurait dû être prohibé. Une telle appréciation doit être effectuée au regard de la nature des agissements de la personne poursuivie, de l'importance du dommage qui en

1. Cons. const. 20 mai 2022, n° 2022-993 QPC, § 14, *D.* 2022. 99, v. s[s] n° 616.264.
2. A. Gogorza, « Communications électroniques – L'accès aux données de connexion : les affres du pluralisme normatif » – *Dr. pénal* 2022, étude 20.
3. A. Botton, « Pouvoirs du procureur de la République en matière de réquisitions de données informatiques. – L'heure du dénouement », *JCP* 2022. 735, aperçu rapide A. Botton.

résulte, des circonstances de la commission des faits et de la durée de la peine encourue[1].

C'est ensuite que la chambre criminelle prend une décision largement critiquée par la doctrine. Elle ne retient pas que l'acte a été accompli *par une autorité incompétente*, ce qui l'aurait amenée à constater l'existence d'un grief nécessaire mais, faisant application de sa jurisprudence selon laquelle l'acte attentatoire à la vie privée accompli par un *agent compétent mais sans le contrôle d'un tiers alors que celui-ci était prévu par la loi* ne porte pas nécessairement atteinte aux intérêts de la personne[2], elle juge que tel est le cas lorsque le procureur de la République ou l'officier de police judiciaire, compétent en vertu du droit national pour accéder aux données de trafic et de localisation, lorsqu'il agit sans le contrôle préalable d'une juridiction ou d'une autorité administrative indépendante[3].

Selon A. Botton[4] « l'analyse ainsi conduite par la chambre criminelle entre, nous semble-t-il, en contradiction avec les termes mêmes de la décision HK contre Prokuratuur à laquelle elle tente pourtant de se conformer. En effet, la Cour de justice a jugé dans cette décision que le droit de l'Union pertinent « doit être interprété en ce sens qu'il s'oppose à une réglementation nationale donnant compétence au ministère public, dont la mission est de diriger la procédure d'instruction pénale et d'exercer, le cas échéant, l'action publique lors d'une procédure ultérieure, pour autoriser l'accès d'une autorité publique aux données relatives au trafic et aux données de localisation aux fins d'une instruction pénale » (CJUE, 2 mars 2021, aff. C-748 /18, *HK c/ Prokuratuur*, p[t] 59). Or, le dispositif estonien en cause était précisément analogue à notre droit national, de sorte que la Cour de justice ne procède pas à la même analyse que la chambre criminelle de la Cour, jugeant à l'inverse *qu'il s'agit bien d'une question de compétence pour accéder aux données*. On ne peut que la suivre dans cette approche simple : le ministère public, à défaut d'autorisation par une autorité indépendante, n'est pas compétent pour décider de l'accès aux données électroniques. Le grief devrait donc, en conséquence, être présumé en vertu de la jurisprudence même de la chambre criminelle ». Selon A. Gogorza[5] : « Peut-on cependant affirmer qu'une autorité ne réunissant pas les qualités requises par une norme supérieure pour réaliser le contrôle attendu demeure encore compétente pour accéder aux données de connexion ? Peut-on, semblablement, admettre que l'irrégularité tient au fait que ladite autorité, prétendument compétente, a agi sans le contrôle préalable d'une juridiction ou d'une entité administrative indépendante alors que ledit contrôle n'a pas été prévu ? Ces distinctions dissimulent le fait que les autorités désignées par le droit national pour accéder aux données de connexion ne peuvent être considérées comme telles par le droit de l'Union ; et c'est à ce titre – celui de l'incompétence – que leur action devrait être sanctionnée ».

Est possiblement remise en cause aussi pour certains la notion de grief telle qu'elle résulte de l'arrêt du 7 septembre 2021 fondamental en matière de nullités selon lequel le grief ne peut résulter de la seule mise en cause de l'intéressé par l'acte irrégulier. Ainsi selon le professeur Gogorza encore « La solution, ici rappelée, évite que la seule découverte d'un élément à charge à l'occasion de l'acte puisse être invoquée au titre du grief tout en voulant établir un lien entre le préjudice à même de conduire à l'annulation et la règle violée. Concernant les données de connexion, la Cour précise encore sa construction, exigeant que le grief coïncide avec une atteinte injustifiée au droit protégé par la norme. À raisonner de la sorte, on ne saurait néanmoins faire abstraction de la finalité de la règle violée. Le contrôle préalable par une juridiction ou une entité administrative indépendante a certes pour finalité la protection de la vie privée ; mais elle joue, avant tout un rôle préventif, évitant que des atteintes injustifiées à ce droit essentiel ne soient consommées. Le fait d'être privé de cette garantie fait nécessairement grief dans la mesure où, d'une part, tout rôle prophylactique de la règle s'en trouve confisqué et que, d'autre part, rien ne garantit une identité d'appréciation entre les autorités chargées de procéder au contrôle *a priori* et a posteriori. Prétendre le contraire revient à mettre en cause l'essence même du contrôle préalable [et] d'une certaine manière, la nature de sa violation ».

616.274 Définition du grief Dans une décision du 25 octobre 2022, la chambre criminelle apporte des précisions pour le cadre de l'instruction préparatoire[6] : si le juge d'instruction est habilité à contrôler l'accès par les enquêteurs aux données de trafic et de localisation régulièrement conservées par les opérateurs de télécommunications, il doit résulter

1. § 38 de l'arrêt n° 21-83.710.
2. Crim. 7 déc. 2021, n° 20-82.733, *D.* 2021. 2234 ; *ibid.* 2022. 424, chron. L. Ascensi, E. Barbé, A.-S. de Lamarzelle, M. Fouquet et B. Joly ; *AJ pénal* 2022. 45, obs. J. Leborne ; *Légipresse* 2022. 194, étude N. Verly. 7.
3. § 53 de l'arrêt n° 21-83.710.
4. A. Botton, « Pouvoirs du procureur de la République en matière de réquisitions de données informatiques. – L'heure du dénouement » *JCP* 2022. 735, aperçu rapide A. Botton.
5. A. Gogorza, « Communications électroniques – L'accès aux données de connexion : les affres du pluralisme normatif », *Dr. pénal* 2022, étude 20.
6. Crim. 25 oct. 2022, n° 21-87.397, P ; *JCP* 2023, act. 91, J.-B. Thierry.

des pièces de l'information que cet accès a été réalisé sous le contrôle effectif de ce magistrat et selon les modalités qu'il a autorisées, s'agissant de la durée et du périmètre de celui-ci. Encourt dès lors la cassation l'arrêt qui écarte la nullité des réquisitions délivrées par les enquêteurs alors que la Cour de cassation est en mesure de s'assurer, par l'examen de la procédure dont elle a le contrôle, qu'il ne résulte d'aucune pièce que le magistrat instructeur, qui a délivré une commission rogatoire rédigée en des termes généraux, ait autorisé les officiers de police judiciaire à procéder aux réquisitions adressées aux opérateurs de télécommunications. Mais surtout, la chambre criminelle précise ce en quoi peut consister un grief en cette matière : « l'existence d'un grief pris de l'absence de contrôle préalable par une juridiction ou une entité administrative indépendante n'est établie que lorsque l'accès a porté sur des données irrégulièrement conservées, pour une finalité moins grave que celle ayant justifié la conservation hors hypothèse de la conservation rapide, n'a pas été circonscrit à une procédure visant à la lutte contre la criminalité grave ou a excédé les limites du strict nécessaire ». Si la juridiction casse l'arrêt rendu elle renvoie la cour « à rechercher si un grief était établi, conformément au paragraphe 15 de cet arrêt et, en ce cas, prononcer la nullité des actes litigieux ».

Compte tenu des limites apportées à la caractérisation de ce grief, la doctrine peut écrire que « présumer le grief aurait été bien plus protecteur du droit au respect de la vie privée : il y a un paradoxe évident à insister longuement sur des exigences formelles qui apparaissent en réalité totalement détachées de l'importance du droit substantiel en cause »[1].

§ 4
La loi du 2 mars 2022

616.281 **Une loi insuffisante.** Après les décisions du Conseil constitutionnel que nous avons mentionnées, mais avant les arrêts rendus par la chambre criminelle le 12 juillet 2022, le législateur est intervenu, à l'occasion de la loi du 2 mars 2022[2] visant à combattre le harcèlement scolaire en insérant dans le code de procédure pénale deux nouveaux articles, 60-1-1 et 60-1-2.

L'article 12 de la loi du 2 mars 2022 modifie, en effet, les articles 60-1, 60-2, 77-1-1, 77-1-2 et 99-3 du code de procédure pénale. Le législateur estime que toutes les réquisitions judiciaires – y compris dans le cadre de l'enquête de flagrance et de l'instruction préparatoire – sont concernées par la décision du Conseil constitutionnel. Quel que soit le cadre d'enquête, les réquisitions de données relatives aux communications ne sont ainsi désormais légales que si la procédure porte « sur un crime ou sur un délit puni d'au moins trois ans d'emprisonnement » ou encore « sur un délit puni d'au moins un an d'emprisonnement commis par l'utilisation d'un réseau de communications électroniques et ces réquisitions ont pour seul objet d'identifier l'auteur de l'infraction ».

Pour ce faire, le législateur pose deux conditions : la première encadre l'opportunité de recourir à la mesure en évoquant « les nécessités de la procédure ». La seconde s'attache à restreindre le recours aux réquisitions en fonction du contexte infractionnel.

Le recours aux réquisitions des données techniques de connexion est autorisé dès lors que l'enquête ou l'instruction portent sur un crime ou un délit puni d'une peine de 3 ans d'emprisonnement.

Le 2° de l'article énonce en effet que la peine de l'infraction visée est abaissée à un an d'emprisonnement à la double condition que le délit ait été commis en utilisant un réseau de communications électroniques et que la réquisition des données n'ait pour objet que l'identification de l'auteur de l'infraction.

La deuxième dérogation a pour fondement l'accord de la victime qui permet de limiter l'atteinte à la vie privée réalisée par voie de réquisition. Si celle-ci y consent, les réquisitions peuvent porter sur toutes les données techniques de connexion, y compris les données de trafic et de localisation dès lors qu'une peine d'emprisonnement est encourue, quelle qu'en soit la durée.

La troisième dérogation n'énonce plus aucun critère de gravité de l'infraction, mais renvoie à des situations faisant l'objet de procédures spécifiques : celle de l'enquête ou de l'instruction aux fins de recherche d'une personne disparue et celle ayant pour but de retracer l'éventuel parcours criminel d'une personne condamnée à raison des crimes sériels prévus à l'article 706-106-1 du Code de procédure pénale.

Toutefois, après cette loi, la chambre criminelle a rendu les arrêts du 12 juillet 2022, longuement évoqués ci-dessus, desquels il résulte que le procureur de la République n'est pas compétent pour avoir accès aux données de connexion. Dès lors, la loi du 2 mars 2022 peut apparaître insuffisante. Elle ne fait que fixer un seuil, d'ailleurs très bas, aux infractions « graves » susceptibles d'être conservées par un accès sur réquisition. Il n'existe pas, à l'heure où nous écrivons, d'autorité administrative indépendante ou de juridiction qui puisse répondre aux exigences posées par la Cour de Justice.

1. J.-B. Thierry, *JCP* 2023, act. 91.
2. L. n° 2022-299, 2 mars 2022 visant à combattre le harcèlement scolaire, *JO* 3 mars.

Aujourd'hui, les praticiens se plaignent d'une part du caractère encore obscur de la situation actuellement applicable et soulignent par ailleurs le problème rencontré dans l'application de ces nouveaux arrêts, qui réside dans la perte d'autonomie de l'OPJ dans ses investigations et dans la perte de temps. Demander l'autorisation (par téléphone ou par mail), attendre celle-ci, en cas de réponse favorable, procéder à la réquisition, l'analyser... Puis, en fonction de ces nouvelles analyses, refaire de nouvelles demandes d'autorisation, ... On oublie aussi, trop souvent, que la téléphonie peut aussi être utilisée à décharge[1].

SECTION 7
ÉTRANGER EN SITUATION IRRÉGULIÈRE

§ 1
Avant la loi du 31 décembre 2012

A.
Directive retour

616.291 **Position du problème.** Il ne s'agit pas ici de reprendre la totalité du contentieux judiciaire ou administratif qui est la conséquence de l'application du droit spécifique aux étrangers en situation irrégulière mais d'évoquer les nombreuses conséquences de l'arrêt rendu par la Cour de justice de l'Union européenne le 28 avril 2011, portant sur l'interprétation des articles 15 et 16 de la directive 2008/115[2], dite, directive retour.

Cette directive pose des normes applicables dans les États membres pour l'éloignement de leur territoire de ressortissants de pays tiers en séjour irrégulier. Elle prévoit l'adoption, à l'égard de tout ressortissant de pays tiers en séjour irrégulier, d'une décision de retour qui ouvre, en principe, une période de retour volontaire suivie, si nécessaire, de mesures d'éloignement forcé. En cas de défaut de départ volontaire, la directive impose aux États membres de procéder à l'éloignement forcé en employant les mesures les moins coercitives possible. Ce n'est que si l'éloignement risque d'être compromis, que l'État membre peut procéder à la rétention de la personne concernée dont la durée ne peut dépasser en aucun cas dix-huit mois. Dans une décision du 11 mars 2021[3], la CJUE a précisé que l'article 5 de la directive 2008/115/CE du Parlement européen et du Conseil, du 16 décembre 2008, relative aux normes et procédures communes applicables dans les États membres au retour des ressortissants de pays tiers en séjour irrégulier, lu en combinaison avec l'article 24 de la Charte des droits fondamentaux de l'Union européenne, doit être interprété en ce sens que les États membres sont tenus de prendre dûment en compte l'intérêt supérieur de l'enfant avant d'adopter une décision de retour, assortie d'une interdiction d'entrée, même lorsque le destinataire de cette décision est non pas un mineur, mais le père de celui-ci.

616.292 **Arrêt du 28 avril 2011.** Dans l'arrêt du 28 avril 2011[4] la CJUE estime que la « directive (dite retour) s'oppose à une réglementation d'un État membre prévoyant l'infliction d'une peine d'emprisonnement à un ressortissant d'un pays tiers en séjour irrégulier pour le seul motif que celui-ci demeure, en violation d'un ordre de quitter le territoire de cet État dans un délai déterminé, sur ledit territoire sans motif justifié ». Elle juge ainsi la législation italienne contraire sur ce point avec les articles 15 et 16 de la directive. La Cour précise que les autorités nationales sont tenues d'agir avec diligence et de prendre position dans les plus brefs délais. Une fois l'irrégularité du séjour constatée, ces autorités doivent, en principe, adopter une décision de retour.

616.293 **Analyses divergentes.** Une partie de la doctrine, suivie par certaines juridictions du fond, a estimé que la directive s'opposait à une réglementation d'un État membre prévoyant l'infliction d'une peine d'emprisonnement à un ressortissant d'un pays tiers en *séjour irrégulier*. Selon ces auteurs, les articles L. 621-1 et L. 621-2 du Ceseda qui prévoient qu'un étranger en situation irrégulière en France encourt une peine d'emprisonnement, sont concernés par l'interprétation donnée de la directive[5].

La chancellerie quant à elle a soutenu dans une note du 12 mai 2011[6] que : « La directive donne aux États membres la possibilité de décider de ne pas appliquer ladite directive aux ressortissants de pays tiers faisant l'objet d'une sanction pénale prévoyant ou

1. SUR cette question, v. not. : Ch. Korell « Téléphonie : le risque des enquêtes "à moitié" après les arrêts du 12 juillet » *AJ pénal* 2022. 396.
2. Dir. 2008/115/CE 16 déc. 2008 relative aux normes et procédures communes applicables dans les États membres au retour des ressortissants de pays tiers en séjour irrégulier, *JOUE* 4 déc., p. 98.
3. CJUE 11 mars 2021, aff. C-112/20, *D.* 2021. 575.
4. CJUE 28 avr. 2011, *El Dridi*, aff. C-61/11 ; *D.* 2011. 1880, note Gh. Poissonnier ; *AJDA* 2011. 1614, obs. M. Aubert, E. Broussy et F. Donnat ; *D.* 2011. 1400, entretien S. Slama ; *AJ pénal* 2011. 362, note S. Slama et Basilien-Gainche ; *AJ pénal* 2011. 502, note L. d'Ambrosio.
5. NOT. : *D.* 2011. 1880, note Gh. Poissonnier.
6. Dépêche, 12 mai 2011 relative à la portée de l'arrêt de la Cour de justice européenne (CJUE) du 28 avril 2011 portant sur l'interprétation des articles 15 et 16 de la directive 2008/115/CE, dite « directive retour », non publiée.

ayant pour conséquence leur retour conformément au droit national, telle l'interdiction judiciaire du territoire ou faisant l'objet de procédure d'extradition. »

En conséquence, elle estime que : « Le dispositif répressif existant en vue de pénaliser une méconnaissance d'une mesure d'éloignement judiciaire n'est pas affecté par cet arrêt. »

Au regard des critères posés par la directive, auxquels doit se conformer toute sanction pénale d'emprisonnement prononcée à la suite du non-respect de décisions d'éloignement prises par l'administration, il apparaît possible, selon le ministère de la Justice, de poursuivre les étrangers s'étant soustraits à une mesure d'éloignement lorsque d'une part, des comportements de violence envers les personnes dépositaires de l'autorité publique ou de fraudes avérées (telle la remise de faux documents administratifs par exemple...) détachables de l'infraction de séjour irrégulier ou de soustraction à une mesure d'éloignement ; d'autre part les comportements visant à faire échec à l'exécution forcée de la mesure d'éloignement par l'autorité administrative, lorsqu'a été préalablement mise en œuvre la mesure la plus coercitive prévue par la directive, à savoir le placement de l'étranger en rétention. Il s'agit ici de l'application de l'article L. 624-1 du Ceseda et il est préconisé de ne placer en garde à vue sur la base de cet article que dans les hypothèses précitées.

Surtout, la Chancellerie estime que le délit d'entrée ou de séjour irrégulier prévu par l'article L. 621-1 du Ceseda, puni d'un an d'emprisonnement et d'une amende de 3 750 euros, est une infraction « indépendante de toute mesure d'éloignement, de sorte que les articles 15 et 16 de la directive "retour", relatifs au placement en rétention des étrangers visés par une décision d'éloignement, ne peuvent lui être opposés ».

616.294 **Arrêt *Achughbabian* de la CJUE du 6 décembre 2011.** Dans sa décision du 6 décembre 2011[1], la CJUE expose que la directive retour s'oppose à une réglementation nationale permettant l'emprisonnement d'un ressortissant d'un pays tiers en séjour irrégulier qui n'a pas été soumis aux mesures coercitives prévues par la directive et n'a pas, en cas de placement en rétention en vue de l'application de la procédure d'éloignement, vu expirer la durée maximale de cette rétention. Elle ajoute qu'une réglementation nationale telle que l'article L. 621-1 du Ceseda est « susceptible de faire échec à l'application des normes et des procédures communes » établies par la directive retour et « de retarder le retour », portant ainsi « atteinte à l'effet utile de ladite directive ». Mais ce second arrêt n'a pas pour autant levé les doutes sur la possibilité de mettre en garde à vue une personne en séjour irrégulier. La Chancellerie a en effet estimé que « ce n'est qu'au stade de l'engagement des poursuites pénales contre l'étranger en situation irrégulière au titre de l'article L. 621-1, et non lors du placement en garde à vue, que l'arrêt de la Cour serait susceptible de produire des effets »[2].

B. Réglementation française

616.301 **Décisions du Conseil constitutionnel.** Dans sa décision du 3 février 2012[3], le Conseil constitutionnel juge que l'emprisonnement, prévu par l'article L. 621-1 du code de l'entrée et de séjour des étrangers et du droit d'asile, pour séjour irrégulier, n'est pas contraire à la Constitution. Elle estime que la France détient légitimement le pouvoir de réglementer le séjour des étrangers auxquels aucune règle de valeur constitutionnelle n'assure « des droits de caractère général et absolu d'accès et de séjour sur le territoire national » et qu'en conséquence, le législateur peut sanctionner le séjour irrégulier de sanctions pénales pourvu qu'elles ne soient pas manifestement disproportionnées.

Une question prioritaire de constitutionnalité a été posée qui visait l'article L. 221-1 du code de l'entrée et du séjour des étrangers et du droit d'asile, dans sa rédaction résultant de la loi n° 2015-925 du 29 juillet 2015 relative à la réforme du droit d'asile, et de l'article L. 222-1 du même code, dans sa rédaction résultant de la loi n° 2016-274 du 7 mars 2016 relative au droit des étrangers en France. Il était reproché à ces dispositions de permettre le maintien en zone d'attente d'un étranger pendant un délai de quatre jours sans l'intervention d'un juge judiciaire et sans préciser les règles de computation de ce délai. Il en résulterait une méconnaissance de la liberté individuelle et du droit à un

1. CJUE 6 déc. 2011, *Achughbabian,* aff. C-329/11 ; *AJDA* 2011. 2384 ; *AJDA* 2012. 306, chron. M. Aubert, E. Broussy et F. Donnat ; *D.* 2012. 333, note Gh. Poissonnier ; *D.* 2012. 390, obs. O. Boskovic, S. Corneloup, F. Jault-Seseke, N. Joubert et K. Parrot ; *D.* 2013. 324, obs. O. Boskovic, S. Corneloup, F. Jault-Seseke, N. Joubert et K. Parrot ; *JCP* 2012. 226, obs. A. Levade ; *RFDA* 2012. 377, chron. L. Clément-Wilz, F. Martucci et C. Mayeur-Carpentier ; *Constitutions* 2012. 63, obs. A. Levade ; *Rev. crit. DIP* 2013. 117, note K. Parrot.
2. Dépêche du 13 déc. 2011 sur la portée de l'arrêt de : CJUE 6 déc. 2011, *Achughbabian,* aff. C-329/11, préc., portant sur la compatibilité de l'article L. 221-1 du Ceseda avec la directive 2008/115/CE, dite directive retour, N/ref 11/04/C39.
3. Cons. const. 3 févr. 2012, n° 2011-217 QPC, art. conforme L. 621-1 du Ceseda, *délit d'entrée ou de séjour irrégulier en France,* CONFORMITÉ, *JO* 4 févr. p. 2076 ; *Rec.,* p. 104 ; *JCP* 2012. 198, obs. A. Levade ; *AJ pénal* 2012. 410, obs. C. Saas ; *RSC* 2012. 135, obs. E. Fortis ; *RSC* 2013. 433, obs. B. de Lamy.

recours juridictionnel effectif. Le Conseil constitutionnel n'a pas fait droit à cette demande. Il a jugé que le maintien en zone d'attente est destiné à permettre à l'administration d'organiser le départ de l'étranger qui ne satisfait pas aux conditions d'entrée en France ou, dans le cas d'un étranger qui demande à entrer en France au titre de l'asile, de vérifier si l'examen de sa demande relève de la compétence d'un autre État membre ou si elle n'est pas irrecevable ou manifestement infondée. L'étranger ne peut être maintenu en zone d'attente que pour le temps strictement nécessaire à l'accomplissement de ces diligences. Il a précisé ensuite que, selon les dispositions contestées, le délai de quatre jours commence à courir dès le prononcé de la décision initiale de maintien en zone d'attente[1]. Ces dispositions ne prévoient, par ailleurs, aucun motif de prorogation de ce délai.

616.302 **Avis de la chambre criminelle du 5 juin 2012.** Le 3 avril 2012 la première chambre civile de la Cour de cassation a soumis à la chambre criminelle une demande d'avis ainsi libellée : « À la lumière des arrêts de la Cour de Justice de l'Union européenne du 28 avril 2011 (El Dridi) et du 6 décembre 2011 (Achugbabian) ainsi que, d'une part, de l'article 63 du code de procédure pénale dans sa version antérieure à celle issue de la loi du 14 avril 2011, d'autre part, des articles 62-2 et 67 du code de procédure pénale dans leur rédaction actuellement en vigueur, un ressortissant d'un État tiers à l'Union européenne peut-il être placé en garde à vue, sur le fondement du seul article L. 621-1 du code de l'entrée et du séjour des étrangers et du droit d'asile (Ceseda) ? »

Dans son avis du 5 juin 2012[2], la chambre criminelle estime : « Il résulte de l'article 62-2 du code de procédure pénale issu de la loi n° 2011-392 du 14 avril 2011 qu'une mesure de garde à vue ne peut être décidée par un officier de police judiciaire que s'il existe des raisons plausibles de soupçonner que la personne concernée a commis ou tenté de commettre un crime ou un délit puni d'emprisonnement ; qu'en outre, la mesure doit obéir à l'un des objectifs nécessaires à la conduite de la procédure pénale engagée ; qu'à la suite de l'entrée en application de la directive du 16 décembre 2008 relative aux normes et procédures communes applicables dans les États membres au retour des ressortissants d'États tiers en séjour irrégulier, telle qu'interprétée par la Cour de Justice de l'Union européenne, le ressortissant d'un État tiers mis en cause, pour le seul délit prévu par l'article L. 621-1 du code de l'entrée et du séjour des étrangers, n'encourt pas l'emprisonnement lorsqu'il n'a pas été soumis préalablement aux mesures coercitives visées à l'article 8 de ladite directive ; qu'il ne peut donc être placé en garde à vue à l'occasion d'une procédure diligentée de ce seul chef. »

En fait, la directive s'oppose à une réglementation d'un État membre réprimant le séjour irrégulier par des sanctions pénales, pour autant que celle-ci permet l'emprisonnement d'un ressortissant d'un pays tiers qui, tout en séjournant irrégulièrement sur le territoire dudit État membre et n'étant pas disposé à quitter ce territoire volontairement, n'a pas été soumis aux mesures coercitives visées à l'article 8 de cette directive et n'a pas, en cas de placement en rétention en vue de la préparation et de la réalisation de son éloignement, vu expirer la durée maximale de cette rétention. En revanche, elle ne s'oppose pas à une telle réglementation pour autant que celle-ci permet l'emprisonnement d'un ressortissant d'un pays tiers auquel la procédure de retour établie par ladite directive a été appliquée et qui séjourne irrégulièrement sur ledit territoire sans motif justifié de son retour. Le prononcé d'une peine d'emprisonnement et le placement en garde à vue d'un étranger pour le seul délit de séjour irrégulier ne pourraient être valables que si les conditions énoncées ci-dessus sont d'ores et déjà établies (séjour irrégulier, non-départ volontaire, déjà soumis aux mesures coercitives de l'article 8 ou retour volontaire après mesure d'éloignement). Comme le note alors Ghislain Poissonnier, il y a urgence à légiférer.

616.303 **Jurisprudence civile (Civ. 1re, 5 juill. 2012).** La première chambre civile de la Cour de cassation a rendu deux arrêts le 5 juillet 2012[3].

1. Cons. const., 17 mars 2022, n° 2021-983-QPC, *D.* 2022. 608.
2. Crim. avis, 5 juin 2012, nos 11-19.250, 11-21.792, 11-19.378, 11-19.251, 11-30.371, 11-30.530, 11-30.384, P n° 158 ; *D.* 2012. 1997, obs. Gh. Poissonnier, avis Mathon ; *D.* 2012. 2001, note S. Slama ; *JCP* 2012. 735, obs. A. Levade ; *AJ pénal* 2012. 410, note. C. Saas.
3. Civ. 1re, 5 juill. 2012, nos 11-30.530, 11-30.371, 11-19.250, P I, n° 158 ; *D.* 2012. 1827 ; *D.* 2013. 324, obs. O. Boskovic, S. Corneloup, F. Jault-Seseke, N. Joubert et K. Parrot ; *RSC* 2012. 621, obs. J. Danet ; *JCP* 2012. 858 ; *Dr. pénal* 2012, n° 124, note A. Maron et M. Haas ; *AJDA* 2012. 1372 ; *D.* 2012. 2001 – Circ. min. Int. 18 janv. 2013, entrée en vigueur des dispositions de la loi n° 2012-1560 du 31 décembre 2012 relative à la retenue pour vérification du droit au séjour et modifiant le délit d'aide au séjour irrégulier pour en exclure les actions humanitaires et désintéressées, NOR : NTK1300159C [la présente circulaire abroge : la circulaire du 6 juillet 2012, NOR : INTK1207284C et la circulaire du 23 novembre 2009 relative à la mise en œuvre des dispositions des articles L. 622-1 et L. 622-4 du code de l'entrée et du séjour des étrangers et du droit d'asile relatives à l'aide à l'entrée, à la circulation et au séjour des étrangers en situation irrégulière, NOR INTK 0900091C] ; Instruction relative à l'interdiction de l'intervention des forces de police et de gendarmerie dans le cadre scolaire lors du déroulement de procédures d'éloignement, 19 oct. 2013, NOR : INTK1307763J – C. Saas, « Séjour irrégulier, le Conseil constitutionnel désavoué par la chambre criminelle », *AJ pénal* 2012. 410 – V. Tchen, « L'exécution des mesures d'éloignement des étrangers en situation irrégulière », *Dr. adm.* 2012, n° 8, n° 74.

Selon la Haute juridiction, il résulte de la jurisprudence de la Cour de justice de l'Union européenne que la directive 2008/115 [1] s'oppose à une réglementation nationale réprimant le séjour irrégulier d'une peine d'emprisonnement, en ce que cette réglementation est susceptible de conduire, pour ce seul motif, à l'emprisonnement d'un ressortissant d'un pays tiers, lorsque ce dernier, non disposé à quitter le territoire national volontairement, soit n'a pas été préalablement soumis à l'une des mesures coercitives prévues à l'article 8 de cette directive, soit, a déjà fait l'objet d'un placement en rétention, mais n'a pas vu expirer la durée maximale de cette mesure. En outre, il résulte de l'article 62-2 du code de procédure pénale, issu de la loi du 14 avril 2011 [2], applicable à la date des faits qu'une mesure de garde à vue ne peut être décidée par un officier de police judiciaire que s'il existe des raisons plausibles de soupçonner que la personne concernée a commis ou tenté de commettre un crime ou un délit puni d'emprisonnement et qu'au surplus cette mesure doit obéir à l'un des objectifs nécessaires à la conduite de la procédure pénale. Il s'ensuit que le *ressortissant d'un pays tiers, en séjour irrégulier en France,* qui n'encourt pas l'emprisonnement prévu par l'article L. 621-1 du code de l'entrée et du séjour des étrangers et du droit d'asile lorsqu'il se trouve dans l'une ou l'autre situation exposée par la jurisprudence européenne précitée, *ne peut être placé en garde à vue* à l'occasion d'une procédure de flagrant délit diligentée de ce seul chef.

Par une dépêche du 6 juillet 2012 [3], la chancellerie a confirmé qu'il fallait « inviter les officiers de police judiciaire à éviter de recourir désormais à une mesure de garde à vue du seul chef de séjour irrégulier ». Le placement demeure évidemment possible dans le cas où il existe la suspicion de la commission d'un autre délit. Par ailleurs, le ressortissant d'un État tiers à l'Union européenne peut toujours, s'il refuse ou se trouve dans l'impossibilité de justifier de son identité à l'occasion d'un contrôle et en cas de nécessité, être retenu dans le cadre de l'article 78-3 du code de procédure pénale pour une durée de 4 heures maximum. L'audition libre demeure possible mais uniquement si l'étranger n'a pas fait l'objet d'une mesure de contrainte pour être amené devant l'officier de police judiciaire. La palpation de sécurité opérée sur une personne faisant l'objet d'un contrôle d'identité n'autorise pas l'officier de police judiciaire à procéder, sans l'assentiment de l'intéressé, à la fouille de sa sacoche, dès lors que cette palpation n'a pas préalablement révélé l'existence d'un indice de la commission d'une infraction flagrante [4]. La fouille d'une sacoche est donc une forme de perquisition. La méconnaissance des garanties prévues par l'alinéa 1er de l'article 78-3 du code de procédure pénale cause nécessairement grief à la personne dont l'identité est vérifiée. La personne ne peut être retenue que pendant le temps strictement exigé par l'établissement de son identité. Il appartient à la chambre de l'instruction de rechercher, au besoin en sollicitant que les procès-verbaux dressés par les services de police dans le cadre de la procédure de vérification d'identité soient joints au dossier de l'information judiciaire, si le demandeur a bénéficié des droits qu'il tenait de l'article 78-3 du code de procédure pénale et s'il n'a été retenu que le temps strictement nécessaire [5].

616.304 Conventionnalité de l'article L. 611-1 du Ceseda. Le 6 juin, la première chambre civile de la Cour de cassation a déclaré l'article L. 611-1, alinéa 1er, relatif *au contrôle spécifique du titre de séjour*, non-conforme aux textes conventionnels : « Attendu que, pour confirmer cette décision, l'ordonnance relève que l'immatriculation de l'autocar à l'étranger constituait un élément objectif d'extranéité justifiant le contrôle des passagers en application de l'article L. 611 1 du Ceseda ; Qu'en statuant ainsi, alors qu'en ce qu'il confère aux policiers la faculté, sur l'ensemble du territoire national, en dehors de tout contrôle d'identité, de requérir des personnes de nationalité étrangère, indépendamment de leur comportement ou de circonstances particulières établissant un risque d'atteinte à l'ordre public, la présentation des documents au titre desquels celles-ci sont autorisées à circuler ou à séjourner en France, l'article L. 611 1, alinéa 1, du Ceseda ne satisfait pas aux exigences des textes susvisés dès lors qu'il n'est assorti d'aucune disposition de nature à garantir que l'usage de cette faculté ne puisse revêtir un effet équivalent à celui des vérifications aux frontières, le premier président les a violés par refus d'application. » [6]

La CJUE avait déjà affirmé dans son arrêt *Melki et Abdeli* rendu le 22 juin 2010, que les dispositions de l'article 78-2, alinéa 8, du code de procédure pénale n'encadraient pas suffisamment la compétence des

1. Dir. 2008/115/CE, Parlement et Conseil, 16 déc. 2008 relatives aux normes et procédures communes applicables dans les États membres au retour des ressortissants de pays tiers en séjour irrégulier, *JOCE L* 348, 24 déc., p. 98.
2. L. n° 2011-392, 14 avr. 2011 relative à la garde à vue, *JO* 15 avr., p. 6610.
3. Dépêche 6 juill. 2012, n° 11-04-C39.
4. Crim. 23 mars 2016, n° 14-87.370, P n° 102 ; *D.* 2016. 785 ; *AJ pénal* 2016. 397, obs. J. Andrei.
5. Crim. 2 nov. 2016, n° 16-81.716, P ; *D.* 2017. 279, note J.-L. Lennon ; *D.* 2017. 1676, obs. J. Pradel.
6. Civ. 1re, 6 juin 2012, n° 10-25.233, P I, n° 119 ; *D.* 2012. 1552, obs. Gh. Poissonnier ; *D.* 2013. 324, obs. O. Boskovic, S. Corneloup, F. Jault-Seseke, N. Joubert et K. Parrot ; *JCP* 2012. 736.

autorités de police et aboutissaient en réalité à la possibilité d'un contrôle ayant un effet équivalent à celui des vérifications aux frontières, procédé prohibé par l'article 21 du règlement 562/2006[1]. C'est pourquoi le législateur est intervenu dans la loi du 14 mars 2011 pour modifier le texte de l'article 78-2 du code de procédure pénale qui prévoit désormais que ces contrôles d'identité doivent viser la prévention et la recherche des infractions liées à la criminalité transfrontalière, être limités dans le temps et dans l'espace et ne pas excéder six heures, et ne peuvent consister en un contrôle systématique des personnes présentes ou circulant dans les zones mentionnées à l'article 78-2, alinéa 4, du même code[2]. C'est ce principe qui est ici appliqué par la Cour de cassation au contrôle du titre de séjour prévu par l'article L. 611-1, alinéa 1er, du Ceseda.

§ 2
Depuis la loi du 31 décembre 2012

616.311 **Projet de loi.** Le ministre de l'Intérieur, a présenté à l'occasion du Conseil des ministres du 28 septembre 2012, un projet de loi tirant les conséquences de la solution rendue par la première chambre civile de la Cour de cassation[3]. Il est proposé l'institution d'une retenue pour vérification de situation d'une durée maximum de 16 heures, placée sous le contrôle du procureur de la République, assortie des mêmes garanties que la garde à vue : droit à l'interprète, à l'avocat, au médecin et à l'aide juridictionnelle[4].

616.312 **Abrogation du délit de séjour irrégulier.** La loi du 31 décembre 2012[5] a abrogé le délit de séjour irrégulier « simple », établi par l'article L. 621-1 du Ceseda. En revanche, l'article L. 621-4, relatif au séjour malgré interdiction subsiste. En même temps, la loi du 31 décembre a instauré un nouvel article L. 611-1-1 remplaçant la garde à vue désormais impossible pour les séjours irréguliers. Ce nouvel article dispose que :

« I. Si, à l'occasion d'un contrôle effectué en application de l'article L. 611-1 du présent code, des articles 78-1, 78-2, 78-2-1 et 78-2-2 du code de procédure pénale ou de l'article 67 *quater* du code des douanes, il apparaît qu'un étranger n'est pas en mesure de justifier de son droit de circuler ou de séjourner en France, il peut être conduit dans un local de police ou de gendarmerie et y être retenu par un officier de police judiciaire de la police nationale ou de la gendarmerie nationale aux fins de vérification de son droit de circulation ou de séjour sur le territoire français. Dans ce cas, l'officier de police judiciaire ou, sous le contrôle de celui-ci, un agent de police judiciaire met l'étranger en mesure de fournir par tout moyen les pièces et documents requis et procède, s'il y a lieu, aux opérations de vérification nécessaires. Le procureur de la République est informé dès le début de la retenue. L'officier de police judiciaire ou, sous le contrôle de celui-ci, un agent de police judiciaire informe aussitôt l'étranger, dans une langue qu'il comprend ou dont il est raisonnable de supposer qu'il la comprend, des motifs de son placement en retenue et de la durée maximale de la mesure ainsi que du fait qu'il bénéficie :

1° Du droit d'être assisté par un interprète ;

2° Du droit d'être assisté par un avocat désigné par lui ou commis d'office par le bâtonnier, qui est alors informé de cette demande par tous moyens et sans délai. Dès son arrivée, l'avocat peut communiquer pendant trente minutes avec la personne retenue dans des conditions qui garantissent la confidentialité de l'entretien. L'étranger peut demander que l'avocat assiste à ses auditions. Dans ce cas, la première audition, sauf si elle porte uniquement sur les éléments d'identité, ne peut débuter sans la présence de l'avocat avant l'expiration d'un délai d'une heure suivant l'information adressée à celui-ci. Toutefois, les opérations de vérification ne nécessitant pas la présence de l'étranger peuvent être effectuées dès le début de la retenue. Au cours des auditions, l'avocat peut prendre des notes. À la fin de la retenue, l'avocat peut, à sa demande, consulter le procès-verbal établi en application du treizième alinéa du présent I ainsi que le certificat médical y étant, le cas échéant, annexé et formuler des observations écrites également annexées ;

3° Du droit d'être examiné par un médecin désigné par l'officier de police judiciaire. Le médecin se prononce sur l'aptitude au maintien de la personne en retenue et procède à toutes constatations utiles ;

4° Du droit de prévenir à tout moment sa famille et toute personne de son choix et de prendre tout contact utile afin d'assurer l'information et, le cas échéant, la prise en charge des enfants dont il assure normalement la garde, qu'ils l'aient ou non accompagné lors de son placement en retenue. Si des circonstances particulières l'exigent, l'officier de police judiciaire prévient lui-même la famille et la personne choisie. En tant que de besoin, il informe

1. Règl. (CE) n° 562/2006, Parlement et Conseil, 15 mars 2006 établissant un code communautaire relatif au régime de franchissement des frontières par les personnes (code frontières Schengen), *JOUE L* 105/1, 13 avr., p. 1.
2. V. ss n° 616.32.
3. V. ss nos 616.303 s.
4. *Dr. pénal* 2012. Alerte 52, obs. W. Roumier.
5. L. n° 2012-1560, 31 déc. 2012 relative à la retenue pour vérification du droit au séjour et modifiant le délit d'aide au séjour irrégulier pour en exclure les actions humanitaires et désintéressées, *JO* 1er janv., p. 48.

le procureur de la République aux fins d'instruction dans l'intérêt des enfants ;

5° Du droit d'avertir ou de faire avertir les autorités consulaires de son pays.

Lorsque l'étranger ne parle pas le français, il est fait application de l'article L. 111-7.

L'étranger ne peut être retenu que pour le temps strictement exigé par l'examen de son droit de circulation ou de séjour et, le cas échéant, le prononcé et la notification des décisions administratives applicables. La retenue ne peut excéder seize heures à compter du début du contrôle mentionné au premier alinéa du présent I. Le procureur de la République peut mettre fin à la retenue à tout moment.

Les mesures de contrainte exercées sur l'étranger sont strictement proportionnées à la nécessité des opérations de vérification et de son maintien à la disposition de l'officier de police judiciaire. L'étranger ne peut être soumis au port des menottes ou des entraves que s'il est considéré soit comme dangereux pour autrui ou pour lui-même, soit comme susceptible de tenter de prendre la fuite.

Durant la retenue, lorsque sa participation aux opérations de vérification n'est pas nécessaire, l'étranger ne peut être placé dans une pièce occupée simultanément par une ou plusieurs personnes gardées à vue.

Si l'étranger ne fournit pas d'éléments permettant d'apprécier son droit de circulation ou de séjour, les opérations de vérification peuvent donner lieu, après information du procureur de la République, à la prise d'empreintes digitales ou de photographies lorsque celle-ci constitue l'unique moyen d'établir la situation de cette personne.

L'officier de police judiciaire ou, sous le contrôle de celui-ci, un agent de police judiciaire mentionne, dans un procès-verbal, les motifs qui ont justifié le contrôle, ainsi que la vérification du droit de circulation ou de séjour et les conditions dans lesquelles la personne a été présentée devant lui, informée de ses droits et mise en mesure de les exercer. Il précise le jour et l'heure du début et de la fin de la retenue et la durée de celle-ci et, le cas échéant, la prise d'empreintes digitales ou de photographies. Il y annexe le certificat médical établi à l'issue de l'examen éventuellement pratiqué.

Ce procès-verbal est présenté à la signature de l'étranger intéressé. Celui-ci est informé de la possibilité de ne pas signer ledit procès-verbal. S'il refuse de le signer, mention est faite du refus et des motifs de celui-ci.

Le procès-verbal est transmis au procureur de la République, copie en ayant été remise à la personne intéressée. Les mentions de chaque procès-verbal concernant l'identité de la personne, le jour et l'heure du début et de la fin de la retenue et la durée de celle-ci figurent également sur un registre spécial, tenu à cet effet dans le local de police ou de gendarmerie.

Si elle n'est suivie à l'égard de l'étranger qui a été retenu d'aucune procédure d'enquête ou d'exécution adressée à l'autorité judiciaire ou n'a donné lieu à aucune décision administrative, la vérification du droit de circulation ou de séjour ne peut donner lieu à une mise en mémoire sur fichiers et le procès-verbal, ainsi que toutes les pièces se rapportant à la vérification sont détruits dans un délai de six mois à compter de la fin de la retenue, sous le contrôle du procureur de la République.

Les prescriptions énumérées au présent article sont imposées à peine de nullité, sous réserve des dispositions de l'article L. 552-13.

II. Lorsqu'un étranger, retenu en application de l'article 78-3 du code de procédure pénale, n'est pas en mesure de justifier de son droit de circuler ou de séjourner en France, le I du présent article s'applique et la durée de la retenue effectuée en application de ce même article 78-3 s'impute sur celle de la retenue pour vérification du droit de séjour.

III. S'il apparaît, au cours de la retenue de l'étranger, que celui-ci doit faire l'objet d'un placement en garde à vue conformément aux articles 62 et suivants du code de procédure pénale, la durée de la retenue s'impute sur celle de la garde à vue. »

Il en résulte que le délit de séjour irrégulier est abrogé mais que subsistent les délits d'entrée irrégulière[1] *et de maintien irrégulier sur le territoire* après l'adoption « d'un arrêté d'expulsion, d'une mesure de reconduite à la frontière, d'une obligation de quitter le territoire français ou d'une interdiction judiciaire du territoire », délit dont la répression est subordonnée au fait que l'étranger ait « fait l'objet d'une mesure régulière de placement en rétention ou d'assignation à résidence ayant pris fin sans qu'il ait pu être procédé à son éloignement. »[2]

Il se déduit de l'article L. 624-1 du code de l'entrée et du séjour des étrangers et du droit d'asile, dans sa rédaction plus favorable issue de la loi du 31 décembre 2012, qu'un étranger ayant fait l'objet d'un placement en rétention administrative ou d'une assignation à résidence ne peut être poursuivi du chef de soustraction à l'exécution d'une décision de reconduite à la frontière que si ces mesures administratives ont pris fin sans qu'il ait été procédé à son éloignement. Encourt dès lors la cassation la décision de condamnation du prévenu qui a été poursuivi de ce chef avant que le délai maximal de rétention administrative soit expiré[3].

1. Ceseda, art. L. 621-2.
2. Ceseda, art. L. 624-1.
3. Crim. 1er avr. 2015, nº 13-86.418, P nº 72 ; *JCP* 2015. 557 ; *AJ pénal* 2015. 600, obs. J. Lasserre Capdeville.

616.313 Contrôle des étrangers après la loi du 31 décembre 2012. L'article L. 611-1 du Ceseda institue deux possibilités de contrôler la régularité du séjour sur le territoire français des personnes de nationalité étrangère.

– En dehors de tout contrôle d'identité, les officiers de police judiciaire et, sur leurs ordres, les agents de police judiciaire et agents de police judiciaire adjoints peuvent requérir de toute personne de nationalité étrangère de présenter les pièces ou documents sous le couvert desquels elle est autorisée à circuler ou à séjourner en France. De telles opérations ne peuvent désormais être pratiquées que pour une durée n'excédant pas six heures consécutives dans un même lieu, et elles ne peuvent consister en un contrôle systématique des personnes présentes ou circulant dans ce lieu.

– À la suite d'un contrôle d'identité effectué en application des prévisions du code de procédure pénale, les personnes de nationalité étrangère peuvent être également tenues de présenter les pièces et documents visés à l'alinéa précédent.

La loi du 31 décembre 2012 institue un dispositif protecteur des droits de la personne faisant l'objet d'une telle retenue, proche du régime institué par la loi du 14 avril 2011 [1] en matière de garde à vue, qu'il s'agisse de la notification de la mesure, du droit à un interprète, à un médecin, à appeler sa famille et à faire appel à un avocat pouvant s'entretenir 30 minutes avec la personne et assister à ses auditions. Dans une affaire *Selina Affum c/ Préfet du Pas-de-Calais* [2], la Cour de cassation a saisi la CJUE du cas de l'intéressée, de nationalité ghanéenne, interceptée le 22 mars 2013 par la police française au point d'entrée du tunnel sous la Manche, alors qu'elle était à bord d'un autobus en provenance de Belgique et à destination de Londres. Elle avait présenté un passeport belge comportant la photographie et le nom d'un tiers et était dépourvue de tout autre document à son nom. Elle a alors été placée en garde à vue pour entrée irrégulière sur le territoire français, puis les autorités françaises ont demandé à la Belgique de la réadmettre sur son territoire conformément à la « directive retour ». Le placement en garde à vue était-il possible ? Selon la Cour de justice, les États membres ne sauraient, du seul fait de l'entrée irrégulière conduisant au séjour irrégulier, emprisonner des ressortissants de pays qui ne font pas partie de l'Union européenne pour lesquels la procédure de retour établie par la directive n'a pas encore été menée à son terme, un tel emprisonnement étant susceptible de faire échec à l'application de cette procédure et de retarder le retour et, ainsi, de porter atteinte à l'effet utile de la directive. La directive était applicable à Madame A... qui ne pouvait être emprisonnée au seul motif de son entrée irrégulière sur le territoire français avant d'avoir été soumise à la procédure de retour.

Se rend coupable d'aide à l'entrée ou au séjour irrégulier d'étrangers en bande organisée un avocat, au courant des pratiques d'un réseau d'entrées illégales sur le territoire national de ressortissants marocains, dont il était l'unique avocat, dès lors qu'il a suscité la recherche et la production de « faux garants », que ses honoraires d'intervention étaient inclus dans le prix du passage conçu comme un « forfait » tous frais compris et qu'ainsi conçue, la prestation de l'avocat peut être analysée, non comme l'exercice régulier de l'office de la défense, mais comme l'un des moyens envisagés pour pénétrer sur le territoire français, l'infraction d'aide à l'entrée ou au séjour étant un délit autonome [3].

En vertu des articles 63 et 67 du Code de procédure pénale, le placement en garde à vue n'est possible, en cas de flagrant délit, qu'à l'occasion d'enquêtes sur les délits punis d'emprisonnement. Il s'ensuit que le ressortissant d'un pays tiers, entré en France irrégulièrement, par une frontière intérieure à l'espace Schengen, qui n'encourt pas l'emprisonnement prévu à l'article L. 621-2 du Ceseda dès lors que la procédure de retour organisée par la directive 2008/115 n'a pas encore été menée à son terme, ne peut être placé en garde à vue à l'occasion d'une procédure de flagrant délit diligentée du seul chef d'entrée irrégulière [4].

616.314 Inconstitutionnalité de l'article L. 622-4 du Ceseda. Saisi le 11 mai 2018 par la chambre criminelle de la Cour de cassation [5], le Conseil constitutionnel a rendu sa décision le 6 juillet 2018 [6].

1. L. n° 2011-392, 14 avr. 2011, préc.
2. CJUE, 7 juin 2016, *Selina Affum c/Préfet du Pas-de-Calais*, aff. C-47/15 ; *AJDA* 2016. 1151 ; *AJDA* 20161681, chron. E. Broussy, H. Cassagnabère et C. Gänser ; *D.* 2016. 1255 ; *JCP* 2016. 694, Veille par D. Berlin ; *AJ pénal* 2016. 387, obs. C. Saas.
3. Crim. 18 oct. 2017, n° 16-83.108, P ; *JCP* 2017. 1254 ; *Dr. pénal* 2017, comm. 182, obs. J.-H. Robert – AUSSI : D. Roets « À quoi sert le fait justificatif spécial d'humanité de l'article L. 622-4 3° du Ceseda ? », *AJ pénal* 2017. 535.
4. 1er arrêt : Civ. 1re, 7 févr. 2018, n° 17-10.338, P+B ; *Dr. pénal* 2018, comm. 91, A. Maron et M. Haas.
5. Crim. 9 mai 2018, n° 17-85.736, NP, *AJDA* 2018. 948 ; *Dr. pénal* 2018, comm. 129, J.-H. Robert.
6. Cons. const. 6 juill. 2018, n° 2018-717/718 QPC, art., non conforme L. 622-4, al. 1 (mots), et sous réserve L. 622-4 3° du Ceseda, *délit d'aide à l'entrée, à la circulation ou au séjour irréguliers d'un étranger*, non-conformité PARTIELLE – EFFET DIFFÉRÉ – RÉSERVE, *JO* 7 juill., n° 107 ; *AJDA* 2018. 1421 ; *D.* 2018. 1442 ; *AJ fam.* 2018. 426 ; *D.* 2018. 1856, obs. J. Roux ; *D.* 2018. 1894, obs. C. Saas ; *D.* 2019. 49, note A. Dejean de la Bâtie ; *JCP G* 2018. 876, note M. Borgetto ; *JCP A* 2018, comm. 597, note H. Pauliat ; *Dr. adm.* 2018, repère 8, P. Lignières ; *Dr. pén.* 2018, comm. 159 ; *D.* 2018. 1894, note C. Saas.

Le Conseil résume ainsi la question posée : Les requérants, rejoints par les parties intervenantes, soutiennent que les dispositions renvoyées méconnaîtraient le principe de fraternité, en raison, d'une part, de ce que l'immunité prévue par le 3° de l'article L. 622-4 du code de l'entrée et du séjour des étrangers et du droit d'asile s'applique uniquement lorsque la personne est mise en cause pour aide au séjour irrégulier, et non pour aide à l'entrée et à la circulation d'un étranger en situation irrégulière sur le territoire français. D'autre part, elles méconnaîtraient ce même principe dès lors qu'elles ne prévoient pas d'immunité en cas d'aide au séjour irrégulier pour tout acte purement humanitaire n'ayant donné lieu à aucune contrepartie directe ou indirecte. Pour ces mêmes motifs, les dispositions renvoyées seraient également contraires aux principes de nécessité et de proportionnalité des délits et des peines. Par ailleurs, les requérants soutiennent que ces dispositions violeraient également le principe de légalité des délits et des peines en ce que les termes du 3° précité seraient insuffisamment précis. Enfin, le principe d'égalité devant la loi serait également méconnu dès lors que seule l'aide au séjour d'un étranger en situation irrégulière peut faire l'objet de l'exemption en cause, et non l'aide à l'entrée ou à la circulation d'un étranger en situation irrégulière.

Il consacre le principe de fraternité comme un principe à valeur constitutionnelle :

6. Par conséquent, la question prioritaire de constitutionnalité porte sur les mots « *au séjour irrégulier* » figurant au premier alinéa de l'article L. 622-4 du code de l'entrée et du séjour des étrangers et du droit d'asile, ainsi que sur le 3° de ce même article.

- Sur le fond :

En ce qui concerne le grief tiré de la méconnaissance du principe de fraternité :

7. Aux termes de l'article 2 de la Constitution : « La devise de la République est "Liberté, Égalité, Fraternité" ». La Constitution se réfère également, dans son préambule et dans son article 72-3, à l'« idéal commun de liberté, d'égalité et de fraternité ». Il en ressort que la fraternité est un principe à valeur constitutionnelle.

8. Il découle du principe de fraternité la liberté d'aider autrui, dans un but humanitaire, sans considération de la régularité de son séjour sur le territoire national.

9. Toutefois, aucun principe non plus qu'aucune règle de valeur constitutionnelle n'assure aux étrangers des droits de caractère général et absolu d'accès et de séjour sur le territoire national. En outre, l'objectif de lutte contre l'immigration irrégulière participe de la sauvegarde de l'ordre public, qui constitue un objectif de valeur constitutionnelle.

10. Dès lors, il appartient au législateur d'assurer la conciliation entre le principe de fraternité et la sauvegarde de l'ordre public.

Le Conseil a rendu une décision inconstitutionnalité, ainsi motivée :

« 13. Dès lors, en réprimant toute aide apportée à la circulation de l'étranger en situation irrégulière, y compris si elle constitue l'accessoire de l'aide au séjour de l'étranger et si elle est motivée par un but humanitaire, le législateur n'a pas assuré une conciliation équilibrée entre le principe de fraternité et l'objectif de valeur constitutionnelle de sauvegarde de l'ordre public. Par conséquent, et sans qu'il soit besoin d'examiner les autres griefs à l'encontre de ces dispositions, les mots "au séjour irrégulier" figurant au premier alinéa de l'article L. 622-4 du code de l'entrée et du séjour des étrangers et du droit d'asile, doivent être déclarés contraires à la Constitution. »

Outre l'inconstitutionnalité prononcée, le Conseil a émis une réserve d'interprétation à propos du 30 de l'article L. 622-4 :

« 14. Il résulte du 3° de l'article L. 622-4 que, lorsqu'il est apporté une aide au séjour à un étranger en situation irrégulière sur le territoire français, sans contrepartie directe ou indirecte, par une personne autre qu'un membre de la famille proche de l'étranger ou de son conjoint ou de la personne vivant maritalement avec celui-ci, seuls les actes de conseils juridiques bénéficient d'une exemption pénale quelle que soit la finalité poursuivie par la personne apportant son aide. Si l'aide apportée est une prestation de restauration, d'hébergement ou de soins médicaux, la personne fournissant cette aide ne bénéficie d'une immunité pénale que si cette prestation est destinée à assurer des conditions de vie dignes et décentes à l'étranger. L'immunité n'existe, pour tout autre acte, que s'il vise à préserver la dignité ou l'intégrité physique de l'étranger. Toutefois, ces dispositions ne sauraient, sans méconnaître le principe de fraternité, être interprétées autrement que comme s'appliquant en outre à tout autre acte d'aide apportée dans un but humanitaire. »

Il a reporté la date d'abrogation au 1er décembre 2018 et a proclamé à titre transitoire que : « Afin de faire cesser l'inconstitutionnalité constatée à compter de la publication de la présente décision, il y a lieu de juger que l'exemption pénale prévue au 3° de l'article L. 622-4 du Ceseda doit s'appliquer également aux actes tendant à faciliter ou à tenter de faciliter, hormis l'entrée sur le territoire, la circulation constituant l'accessoire du séjour d'un étranger en situation irrégulière en France lorsque ces actes sont réalisés dans un but humanitaire. ».

L'article 1er de la directive 2002/90/CE du Conseil du 28 novembre 2002 permet de réprimer l'aide apportée à l'entrée irrégulière sur le territoire d'un État de l'Union, sans imposer d'immunité en cas de poursuite d'un but humanitaire. De plus, l'interdiction de poursuivre pénalement un étranger qui fait l'objet d'une procédure d'éloignement, n'interdit pas de poursuivre une personne qui aide cet étranger à franchir une frontière d'un État de l'Union, et qui, elle-même, ne fait pas l'objet d'une procédure d'éloignement. Par ailleurs, la personne qui, dans un but humanitaire, apporte une aide à l'entrée sur le territoire français, favorise la commission d'une infraction, ce qui explique qu'elle ne puisse bénéficier de l'immunité prévue en cas d'aide, poursuivant le même but, apportée au séjour et à la circulation. En l'absence de doute raisonnable sur l'interprétation des règles communautaires, il n'y a pas lieu à transmettre à la Cour de justice de l'Union européenne une question préjudicielle[1].

616.315 Article L. 622-4 du Ceseda issu de la loi du 10 septembre 2018. Jurisprudence. À la suite de cette décision, le législateur est intervenu par la loi n° 2018-778 du 10 septembre 2018.

L'article L. 622-4 du Ceseda est désormais ainsi rédigé :

« Sans préjudice des articles L. 621-2, L. 623-1, L. 623-2 et L. 623-3, ne peut donner lieu à des poursuites pénales sur le fondement des articles L. 622-1 à L. 622-3 l'aide à la circulation ou au séjour irréguliers d'un étranger lorsqu'elle est le fait :

[...]

3° De toute personne physique ou morale lorsque l'acte reproché n'a donné lieu à aucune contrepartie directe ou indirecte et a consisté à fournir des conseils ou accompagnements juridiques, linguistiques ou sociaux, ou toute autre aide apportée dans un but exclusivement humanitaire. »

La chambre criminelle a tout d'abord jugé que l'article 38 de la loi n° 2018-778 du 10 septembre 2018 qui a élargi les immunités prévues par l'article L. 622-4 du Code de l'entrée et du séjour des étrangers et du droit d'asile (Ceseda) en faisant obstacle aux poursuites pénales dans le cas où l'aide à la circulation et au séjour irrégulier d'un étranger n'a donné lieu, de la part d'une personne physique ou morale, à aucune contrepartie directe ou indirecte et a consisté à fournir une aide quelconque dans un but exclusivement humanitaire, d'application immédiate en vertu de l'article 71 de la loi, entre dans le champ d'application de l'article 112-1 du code pénal[2].

Puis, dans une importante décision du 26 février 2020[3], la chambre criminelle a eu à appliquer au fond la nouvelle mouture de la loi. Compte tenu de la nouvelle rédaction de l'article L. 622-4 du Ceseda, il s'agissait de déterminer si le comportement du prévenu pouvait être qualifié d'« exclusivement humanitaire ». La cour d'appel avait semblé faire du militantisme de l'intéressé un motif s'opposant à ce caractère exclusif. Elle ajoutait qu'il n'avait pas connaissance de l'éventuelle situation de détresse des migrants. Sur ces deux motifs, la chambre criminelle relevait qu'ils ne faisaient pas partie des conditions posées par le texte. Enfin, la cour d'appel soulignait que le prévenu avait eu le désir de « soustraire sciemment des personnes étrangères aux contrôles mis en œuvre par les autorités pour appliquer les dispositions légales relatives à l'immigration ». Sur ce plan, en indiquant que ce dessein « peut constituer un but excluant son auteur du bénéfice de l'exemption prévue par l'article L. 622-4 3° du Ceseda », la chambre criminelle n'exclut pas que, lorsqu'une telle situation est démontrée, le caractère exclusif de l'intention humanitaire puisse faire défaut. Mais, dans le cas d'espèce, la cour d'appel avait procédé par voie d'affirmation sans démontrer cette intention.

616.316 Soustraction à une mesure d'éloignement. Selon les articles L. 551-1, I, et L. 561-2, I, 5°, du Ceseda, dans leur rédaction issue de la loi n° 2018-187 du 20 mars 2018, l'étranger qui fait l'objet d'une décision portant obligation de quitter le territoire français, prise moins d'un an auparavant, pour laquelle le délai de départ volontaire est expiré ou n'a pas été accordé, et qui ne présente pas de garanties de représentation effectives propres à prévenir un risque de soustraction à l'exécution de la décision d'éloignement peut être placé en rétention administrative. Selon les articles L. 551-1, I, et L. 561-2, I, 6°, dans leur rédaction issue de la même loi, l'étranger qui doit être reconduit d'office à la frontière en exécution d'une interdiction de retour sur le territoire français et qui ne présente pas les garanties précédemment énoncées peut également être placé en rétention administrative. Il résulte de la jurisprudence de la Cour de justice de l'Union européenne (CJUE 26 juill. 2017, aff. C-225/16, p^t 49), que, jusqu'au moment de l'exécution volontaire ou forcée de l'obligation de retour et, par conséquent, du retour effectif de l'intéressé dans son pays d'origine, un pays de transit ou un autre pays tiers, au sens de l'article 3, point 3, de la directive 2008/115 du 16 décembre 2008, le séjour irrégulier de l'intéressé est régi par la décision de retour et non pas par l'interdiction d'entrée, laquelle ne produit ses effets qu'à partir de ce moment, en

1. Crim. 25 janv. 2023, n° 21-86.839, P.
2. Crim. 12 déc. 2018, n° 17-85.736, P n° 216 ; *D.* 2018, somm., 2418 ; *D.* 2019. 49, note A. Dejean de la Bâtie.
3. Crim. 26 févr. 2020, n° 19-81.561, P ; *Dr. pénal* n° 4, avr. 2020, comm. 77, J.-H. Robert.

interdisant à l'intéressé, pendant une certaine période après son retour, d'entrer et de séjourner de nouveau sur le territoire des États membres. Ayant relevé que M. [O] avait fait l'objet d'une décision portant obligation de quitter le territoire français prise plus d'un an auparavant et que l'obligation de départ n'avait pas été exécutée ce qui excluait toute méconnaissance par celui-ci d'une interdiction de retour, le premier président, qui n'avait pas à répondre à un moyen inopérant, en a déduit à bon droit que l'arrêté de placement en rétention était irrégulier[1].

Selon l'article L. 561-2, II, du code de l'entrée et du séjour des étrangers et du droit d'asile, dans sa rédaction issue de la loi n° 2018-778 du 10 septembre 2018, l'autorité administrative peut demander au juge des libertés et de la détention de l'autoriser à requérir les services de police ou de gendarmerie pour qu'ils visitent le domicile de l'étranger assigné à domicile afin de s'assurer de sa présence et de le reconduire à la frontière ou, si le départ n'est pas possible immédiatement, de lui notifier une décision de placement en rétention. Il se déduit de ces dispositions qu'une autorisation du juge des libertés et de la détention est nécessairement requise lorsque les services de police entendent intervenir au domicile de l'étranger assigné à résidence pour exécuter la mesure d'éloignement, peu important qu'ils aient été invités à entrer sans user de contrainte[2].

Les infractions de pénétration non autorisée sur le territoire national après interdiction judiciaire et de soustraction à l'exécution d'une mesure de refus d'entrée en France sont caractérisées par la violation délibérée de cette interdiction judiciairement prononcée et par le refus d'exécuter la mesure de refus d'entrée en France ; elles sont distinctes de la soustraction à une mesure d'éloignement, n'entrent pas dans les prévisions de la directive 2008/115/CE du Parlement européen et du Conseil du 16 décembre 2008 (dite « directive Retour ») et n'exigent, pour être poursuivies, aucune mesure de contrainte particulière[3].

Il résulte de la jurisprudence de la Cour de justice de l'Union européenne (CJUE 26 juill. 2017, aff. C-225/16) que, jusqu'au moment de l'exécution volontaire ou forcée de l'obligation de retour et, par conséquent, du retour effectif de l'intéressé dans son pays d'origine, un pays de transit ou un autre pays tiers, au sens de l'article 3, point 3, de la directive 2008/115/CE du 16 décembre 2008, le séjour irrégulier de l'intéressé est régi par la décision de retour et non pas par l'interdiction d'entrée, laquelle ne produit ses effets qu'à partir de ce moment, en interdisant à l'intéressé, pendant une certaine période après son retour, d'entrer et de séjourner de nouveau sur le territoire des États membres[4].

Par trois arrêts du 13 avril 2023[5], la Cour de cassation a apporté des précisions sur les articles L. 824-1 et L. 824-9 du code de l'entrée et du séjour des étrangers et du droit d'asile (Ceseda) à la lumière du droit de l'Union européenne. À la lumière de la directive du 16 décembre 2008 et de la jurisprudence de la CJUE, elle constate que l'étranger refusant de coopérer ne pourra être poursuivi tant que la procédure d'éloignement n'est pas parvenue à son terme. Avant toute poursuite, il faudra qu'il ait fait l'objet d'un « placement en rétention ou d'une assignation à résidence, ayant pris fin [...] sans qu'il ait pu être procédé à son éloignement ». L'expiration du délai maximal de la mesure de rétention ou d'assignation à résidence devient désormais un élément préalable à la poursuite de ce type d'infractions. Par ailleurs la directive retour 2008/115/CE règle les procédures communes applicables dans les États membres de l'Union au retour des ressortissants de pays tiers en séjour irrégulier. Selon l'article 3 de cette directive, le retour doit s'entendre comme « le fait, pour le ressortissant, de rentrer dans son pays d'origine ou dans un pays de transit, lequel s'entend d'un pays tiers à l'Union européenne ». Cette directive ne pouvait donc s'appliquer à une prévenue était originaire d'Angola, qui devait être transférée vers l'Allemagne. L'arrêt n'est toutefois pas cassé pour une autre raison : l'article L. 824-9 du Ceseda ne peut viser qu'une soustraction à une interdiction administrative du territoire ou à une obligation de quitter le territoire et n'est pas applicable à la situation de la prévenue qui s'opposait à une décision de transfert.

616.317 Le refus de se soumettre au dépistage du Covid n'est pas le refus de se soumettre à une mesure d'éloignement. Encourt la cassation la décision de condamnation du chef de soustraction par un étranger à une mesure administrative d'éloignement dès lors qu'à l'époque des faits, le législateur ne sanctionnait pas le refus de consentir à des actes préparatoires à l'exécution de la mesure, sauf exceptions spécialement énumérées, parmi lesquelles ne figurait pas le refus de se soumettre à un test de dépistage de la Covid-19. Ainsi, le refus par un étranger de se soumettre à ce test nécessaire à l'exécution d'une mesure d'éloignement ne consti-

1. Cass, 1re civ. 15 juin 2022, n° 20-22.889, P ; *D.* 2022. 1157.
2. Civ. 1re, 16 mars 2022 ; n° 21-10.029, P ; *D.* 2022. 560.
3. Crim. 29 juin 2022, n° 21-84.321, P, *AJ pénal* 2022. 433.
4. Civ. 1re, 17 nov. 2021, n° 20-17.139, B ; *D.* 2021. 2091.
5. Crim. 13 avr. 2023, n° 22-81.676, B ; Crim. 13 avr. 2023, n° 22-85.816, B ; Crim. 13 avr. 2023, n° 22-84.426, B – M. Dominati, « Conditions de poursuite pénale des étrangers s'étant opposes à une décision d'éloignement », *D. actu.* 21 avr. 2023.

tuait pas une infraction[1]. Cette décision est venue mettre un terme à une jurisprudence disparate selon les cours d'appel, certaines étant entrées en voie de condamnation pour refus d'embarquement, d'autres ayant relaxé les prévenus qui s'étaient prévalus de leur droit de ne pas se soumettre à un test anticovid, sans vouloir pour autant se soustraire à leur éloignement. Depuis la loi n° 2021-1040 du 5 août 2021 relative à la gestion de la crise sanitaire[2]la loi prévoit que la peine prévue en cas de refus de se soumettre à une mesure d'éloignement est également applicable en cas de refus, par un étranger, de se soumettre aux obligations sanitaires nécessaires à l'exécution d'office de la mesure dont il fait l'objet[3]. Dans une décision du 14 septembre 2022, la 1re chambre civile de la Cour de cassation juge que, selon l'article L. 552-7, alinéa 5, du code de l'entrée et du séjour des étrangers et du droit d'asile, dans sa rédaction issue de la loi n° 2018-778 du 10 septembre 2018, le juge des libertés et de la détention peut, à titre exceptionnel, être saisi d'une demande de quatrième prolongation de la rétention, notamment lorsque, dans les quinze derniers jours, l'étranger a fait obstruction à l'exécution d'office de la mesure d'éloignement. Caractérise une telle obstruction le refus de se soumettre à un test PCR de dépistage de la Covid-19 exigé par une compagnie aérienne avant l'embarquement sauf s'il est justifié par des raisons médicales dûment constatées[4].

Les ressortissants de pays tiers en séjour irrégulier qui doivent être éloignés en application peuvent, en vue de la préparation et de la réalisation de cet éloignement, s'agissant d'une privation de liberté, tout au plus être soumis à une rétention. Néanmoins, selon la CJUE, les États membres ont la faculté d'adopter, dans le respect des principes de la directive 2008/115/CE et de son objectif, des dispositions réglant la situation dans laquelle les mesures coercitives n'ont pas permis de parvenir à l'éloignement d'un ressortissant d'un pays tiers qui séjourne sur leur territoire de façon irrégulière, sans motif justifié de non-retour, la procédure de retour établie par ladite directive ayant été menée à son terme[5]. Telle est la situation de la personne qui a fait l'objet d'une mesure de rétention dont la durée maximale a été atteinte sans qu'elle ait pu être éloignée, malgré les efforts de l'État membre, et de celle dont la rétention a été levée au constat qu'il n'existe plus de perspectives raisonnables d'éloignement pour des considérations d'ordre juridique ou autres, au sens de l'article 15, § 4, de la directive précitée, ce dont le juge saisi des poursuites doit s'assurer. Il s'en déduit que les délits, punis d'une peine d'emprisonnement, dont la poursuite repose sur la circonstance de l'entrée, du séjour ou du maintien irrégulier de la personne poursuivie, et qui ont pour seul objet de sanctionner le manque de coopération de celle-ci à l'exécution de la décision de retour, ne peuvent être poursuivis avant que la procédure de rétention ne soit parvenue à son terme. Tel est le cas de l'alinéa 3 de l'article L. 824-9 du code de l'entrée et du séjour des étrangers et du droit d'asile qui réprime de trois ans d'emprisonnement le fait, pour un étranger, *de refuser de se soumettre aux obligations sanitaires nécessaires à l'exécution d'office de la mesure d'éloignement dont il fait l'objet*. Une telle infraction ne peut être poursuivie que si cet étranger a fait l'objet d'une mesure régulière de placement en rétention ou d'assignation à résidence ayant pris fin pour l'un des motifs visés ci-dessus, sans qu'il ait pu être procédé à son éloignement[6]. Les délits, punis d'une peine d'emprisonnement, dont la poursuite repose sur la circonstance de l'entrée, du séjour ou du maintien irrégulier de la personne poursuivie, et qui ont pour seul objet de sanctionner le manque de coopération de cette dernière à l'exécution de la décision de retour, ne peuvent être poursuivis avant que la procédure d'éloignement ne soit parvenue à son terme. Tel est le cas de l'article L. 824-1 du code de l'entrée et du séjour des étrangers et du droit d'asile, qui réprime de trois ans d'emprisonnement le fait, pour un étranger qui fait l'objet d'une interdiction administrative du territoire, d'une décision d'expulsion, d'une mesure de reconduite à la frontière ou d'une obligation de quitter le territoire, *de ne pas communiquer à l'autorité administrative compétente les documents de voyage, ou les renseignements qui permettent d'établir son identité, ou encore des renseignements inexacts*. Une telle infraction ne peut être poursuivie que si cet étranger a fait l'objet d'une mesure régulière de placement en rétention ou d'assignation ayant pris fin pour l'un des motifs visés ci-dessus, sans qu'il ait pu être procédé à son éloignement[7].

616.318 Conseil d'État. Saisi le 15 mars 2018 par le Conseil d'État d'une question prioritaire de constitutionnalité portant sur le paragraphe IV de l'article L. 512-1 du code de l'entrée et du séjour des étrangers et du droit d'asile, dans sa rédaction résultant de la loi du 7 mars 2016[8] relative au droit

1. Crim. 10 nov. 2021, n° 21-81.925, P ; *JCP* 2021. 1297 ; *D.* 2021. 2049.
2. L. n° 2021-1040, 5 août 2021 relative à la gestion de la crise sanitaire, *JO* 6 août.
3. Ceseda, art. L. 824-9.
4. Civ. 1re, 14 sept. 2022, n° 21-13.462, P ; *D.* 2022. 1599.
5. CJUE 28 avr. 2011, aff. C-61/11, *El Dridi, D.* 2011. 1880, note G. Poissonnier ; 6 déc. 2011, préc. ; 7 juin 2016, aff. C-47/15, *Affum, D.* 2016. 1255.
6. Crim.13 avr. 2023, n° 22-81.676, B, *D.* 2023. 788.
7. Crim.13 avr. 2023, n° 22-85.816, P, *D.* 2023. 789.
8. L. n° 2016-274, 7 mars 2016 relative au droit des étrangers en France, *JO* 8 mars, n° 1.

des étrangers en France, le Conseil constitutionnel, dans une décision rendue le 1er juin 2018 [1] juge que ces dispositions n'opèrent pas une conciliation équilibrée entre le droit au recours juridictionnel effectif et l'objectif poursuivi par le législateur. Les requérants faisaient valoir que les dispositions contestées méconnaîtraient les exigences du droit au recours juridictionnel effectif en impartissant à l'étranger détenu et au juge des délais trop courts pour garantir le caractère effectif du recours contre une obligation de quitter le territoire français et l'exercice des droits de la défense. Le législateur n'aurait en outre pas prévu de garanties suffisantes de nature à assurer à l'étranger en détention un accès effectif à un interprète et à un avocat dans ces délais. Le Conseil juge ainsi :

« 6. En adoptant les dispositions contestées, le législateur a entendu assurer l'exécution de l'obligation de quitter le territoire français et éviter qu'un étranger détenu, objet d'une telle mesure, doive, à l'issue de sa détention, être placé en rétention administrative le temps que le juge se prononce sur son recours.

7. Toutefois, d'une part, les dispositions contestées prévoient un délai maximum de cinq jours entre la notification d'une obligation de quitter le territoire à un étranger détenu et le moment où le juge administratif se prononce sur la légalité de cette mesure s'il en est saisi. L'étranger dispose donc d'un délai particulièrement bref pour exposer au juge ses arguments et réunir les preuves au soutien de ceux-ci.

8. D'autre part, l'administration peut notifier à l'étranger détenu une obligation de quitter le territoire français sans attendre les derniers temps de la détention, dès lors que cette mesure peut être exécutée tant qu'elle n'a pas été abrogée ou retirée. Elle peut donc, lorsque la durée de la détention le permet, procéder à cette notification suffisamment tôt au cours de l'incarcération tout en reportant son exécution à la fin de celle-ci.

9. Dès lors, en enserrant dans un délai maximal de cinq jours le temps global imparti à l'étranger détenu afin de former son recours et au juge afin de statuer sur celui-ci, les dispositions contestées, qui s'appliquent quelle que soit la durée de la détention, n'opèrent pas une conciliation équilibrée entre le droit au recours juridictionnel effectif et l'objectif poursuivi par le législateur d'éviter le placement de l'étranger en rétention administrative à l'issue de sa détention, tel qu'il a été analysé au paragraphe 6.

10. Ainsi, sans qu'il soit besoin d'examiner les autres griefs, les mots "et dans les délais" figurant à la première phrase du paragraphe IV de l'article L. 512-1 du code de l'entrée et du séjour des étrangers et du droit d'asile doivent être déclarés contraires à la Constitution. »

La censure a pris effet immédiatement.

616.319 Statut de réfugié : conséquences. Il résulte de l'article 33 de la Convention de Genève du 28 juillet 1951 relative au statut de réfugié ainsi que des articles L. 721-2 et L. 511-1 du Code de l'entrée et du séjour des étrangers et du droit d'asile, que l'autorité administrative ne peut obliger un étranger à quitter le territoire français lorsqu'il a obtenu la qualité de réfugié. Le prévenu est bénéficiaire d'une décision de l'office français de protection des réfugiés et apatrides, qui est déclarative et récognitive de sorte que la qualité de réfugié qui lui est reconnue est réputée lui appartenir depuis le jour de son arrivée en France. Cette reconnaissance a pour conséquence nécessaire d'enlever toute base légale à la poursuite du chef de soustraction à un arrêté portant obligation de quitter le territoire français [2].

616.320 Légalité de la rétention. Obligation de relever d'office une éventuelle irrégularité. Dans une décision du 8 novembre 2022 [3], la Cour de justice de l'Union européenne a dit que l'article 15, § 2 et 3, de la directive 2008/115/CE du Parlement européen et du Conseil, du 16 décembre 2008, relative aux normes et procédures communes applicables dans les États membres au retour des ressortissants de pays tiers en séjour irrégulier, l'article 9, § 3 et 5, de la directive 2013/33/UE du Parlement européen et du Conseil, du 26 juin 2013, établissant des normes pour l'accueil des personnes demandant la protection internationale, et l'article 28, § 4, du règlement UE 604/2013 du Parlement européen et du Conseil, du 26 juin 2013, établissant les critères et mécanismes de détermination de l'État membre responsable de l'examen d'une demande de protection internationale introduite dans l'un des États membres par un ressortissant de pays tiers ou un apatride, lus en combinaison avec les articles 6 et 47 de la charte des droits fondamentaux de l'Union européenne, doivent être interprétés en ce sens que : le contrôle, par une autorité judiciaire, du respect des conditions de légalité de la rétention d'un ressortissant d'un pays tiers qui découlent du droit de l'Union doit conduire cette autorité à relever d'office, sur la base des éléments du dossier portés à sa connaissance, tels que complétés ou éclairés lors de la procédure contradictoire devant elle, l'éventuel

1. Cons. const. 1er juin 2018, n° 2018-709 QPC, art. non conforme L. 512-1 IV, première phrase (mots), du Ceseda, *délai de recours et de jugement d'une obligation de quitter le territoire français notifiée à un étranger,* NON-CONFORMITÉ PARTIELLE, *JO* 2 juin, n° 88 ; *AJDA* 2018. 1131 ; *D.* 2018. 1155.

2. Crim. 11 mars 2020, n° 19-81.541, P ; *JCP* 2020. 418.
3. CJUE, gde ch. 08 nov. 2022, aff. C-704/20, *D.* 2022. 1967.

non-respect d'une condition de légalité qui n'a pas été invoquée par la personne concernée. Cette décision semble de nature à modifier, dans ce champ précis, la jurisprudence de la chambre criminelle refusant au juge la possibilité de relever d'office une nullité de procédure, hors le champ de la compétence juridictionnelle.

616.321 Refonte du Ceseda. Nouvelle numérotation. Une ordonnance et un décret portant parties législative et réglementaire du code de l'entrée et du séjour des étrangers et du droit d'asile ont été publiés au Journal officiel du 30 décembre 2020[1]. Cette refonte est intervenue à droit constant.

SECTION 8
LOYAUTÉ DE LA PREUVE

§ 1
Procédés loyaux

616.331 Déloyauté émanant d'une partie à la procédure. Le 20 septembre 2016, la chambre criminelle affirme que « porte atteinte aux principes du procès équitable et de la loyauté des preuves la participation de l'autorité publique à l'administration d'une preuve obtenue de façon illicite ou déloyale par une partie privée »[2]. Dans cette affaire relative à l'enregistrement d'une conversation entre un représentant de l'État marocain et l'auteur d'un ouvrage relatif à la royauté marocaine, les mis en examen avaient saisi la chambre de l'instruction d'une requête en nullité portant sur la régularité des enregistrements litigieux, rejetée par cette juridiction. La chambre criminelle casse cet arrêt au motif qu'« en se déterminant ainsi, alors qu'elle avait relevé la présence constante des enquêteurs sur les lieux des rencontres des 21 et 27 août 2015, la remise aux policiers par le représentant du plaignant des enregistrements litigieux dès la fin de ces rencontres, suivie, le lendemain ou le surlendemain, de leur retranscription par les enquêteurs, et les contacts réguliers entre ces derniers et le représentant du plaignant, d'une part, et l'autorité judiciaire, d'autre part, pendant ces rencontres ayant conduit à l'interpellation des mis en cause à l'issue de la seconde d'entre elles, ce dont il se déduisait que l'autorité publique avait participé indirectement à l'obtention des enregistrements, par un particulier, sans le consentement des intéressés, de propos tenus par eux à titre privé, la chambre de l'instruction a méconnu les articles 6 de la convention européenne des droits de l'homme et préliminaire du code de procédure pénale et le principe ci-dessus énoncé ». Il apparaît ainsi que c'est la *participation de l'autorité publique* à l'administration d'une preuve illicite ou déloyale qui est sanctionnée et plus seulement la provocation à la commission d'une infraction par un comportement actif.

Mais ne peut s'analyser en une déloyauté des enquêteurs et en une violation du droit de se taire, le fait pour un gardé à vue qui avait confié à un gendarme de l'escorte avoir commis les faits qui lui étaient reprochés et qu'il contestait sur procès-verbal, de répondre à son avocat, lors d'un interrogatoire, qu'il avait reconnu les faits à un gendarme qui le gardait[3]. Le principe énoncé par la chambre criminelle est limité à l'enquête publique[4].

Contrairement à la jurisprudence des chambres civiles de la Cour de cassation[5], la chambre criminelle admet qu'une partie privée puisse produire des éléments qu'elle s'est procurée illégalement dès lors qu'ils peuvent avoir été contradictoirement débattus : « Ne méconnaît pas les dispositions de l'article 6 de la convention européenne des droits de l'homme, la cour d'appel qui, après en avoir contradictoirement débattu, admet comme mode de preuve, la production de l'enregistrement d'une conversation téléphonique privée, dès lors qu'elle est justifiée par la nécessité de rapporter la preuve des faits dont l'auteur de l'enregistrement est victime et par les besoins de sa défense » (conversation téléphonique enregistrée par un époux en cours de procédure de divorce et plainte pour attestation mensongère[6]).

Cette jurisprudence est régulièrement rappelée : « Aucune disposition légale ne permet aux juges répressifs d'écarter des moyens de preuve remis par un particulier aux services d'enquête, au seul motif qu'ils auraient été obtenus de façon illicite ou déloyale et il leur appartient seulement, en applica-

1. Ord. n° 2020-1733 et Décr. n° 2020-1734, 16 déc. 2020, *JO* 30 déc. 2020 ; *D.* 2021. 16.
2. Crim. 20 sept. 2016, n° 16-80.820, P n° 244 ; *Gaz. Pal.* 18 oct. 2016, p. 10, obs. R. Mesa ; *D.* 2016. 1863 ; *JCP* 2016. 1177, note A. Gallois ; *Dr. pénal* 2016, comm. 164, obs. A. Maron et M. Haas ; *Procédures* 2016, comm. 341, obs. A.-S. Chavent-Leclère ; *AJ pénal* 2016. 600, obs. C. Ambroise-Castérot – v. aussi s^s n°s 545.31 s.
3. Crim. 31 mars 2015, n° 14-86.913, NP, *RSC* 2015. 399, obs. D. Boccon-Gibod.
4. V. s^s n°s 545.31 s. et 616.331.
5. PAR EX. : Civ. 2e, 7 oct. 2004, n° 03-12.653, P II, n° 447 ; *AJ pénal* 2005. 30.
6. Crim. 31 janv. 2007, n° 06-82.683, P n° 100 ; *AJ pénal* 2007. 145 ; *Gaz. Pal.* 11-12 mai 2007, p. 13, note A. C. – POUR UNE LIMITE en matière de secret médical : Crim. 24 avr. 2007, n° 06-88.051, P n° 108 ; *AJ pénal* 2007. 331, obs. C. Saas ; *RSC* 2007. 815, obs. Y. Mayaud ; *RSC* 2007. 838, obs. R. Finielz ; *RSC* 2007. 895, obs. J.-F. Renucci ; *Gaz. Pal.* 1-2 août 2007. Somm. 17 – AUSSI EN MATIÈRE de testing : Crim. 11 juin 2002, n° 01-85.559, P n° 131 ; *D.* 2002. 2657 ; *D.* 2003. 1309, Chron. L. Collet-Askri ; *RSC* 2002. 879, obs. J.-F. Renucci.

tion de l'article 427 du code de procédure pénale, d'en apprécier la valeur probante après les avoir soumis à la discussion contradictoire. »[1]

Elle ne semble pas contraire aux exigences de la Cour européenne des droits de l'Homme qui a admis dans un arrêt *Schenk c/ Suisse* qu'une preuve illégale pouvait être produite et utilisée en justice dès lors qu'elle avait pu être discutée dans le cadre d'un procès équitable[2].

Dans l'affaire *Bettencourt*, alors que le majordome avait clandestinement procédé à des enregistrements, la chambre criminelle rappelle que ces pièces ne sont pas en elles-mêmes des actes ou des pièces de l'information, au sens de l'article 170 du code de procédure pénale, et, comme tels, susceptibles d'être annulées, mais des moyens de preuve qui peuvent être discutés contradictoirement, et la transcription de ces enregistrements, qui a pour seul objet d'en matérialiser le contenu, ne peut davantage donner lieu à annulations. Il en est de même s'il s'agit de conversations entre un client et son avocat dès lors que l'autorité publique n'est pas intervenue dans leur réalisation mais qu'ils ont été produits par un particulier[3].

Toutefois, la chambre criminelle a mis une limite à cette possibilité dans une hypothèse de préservation du secret médical : « N'a pas donné de base légale à sa décision la cour d'appel qui, dans la procédure engagée, du chef de fausse attestation et usage, par le médecin psychiatre d'un établissement spécialisé, contre, notamment, la mère d'un majeur protégé qui y a séjourné, refuse d'écarter des débats les pièces du dossier médical et psychologique de ce dernier, produites par la partie poursuivante, sans rechercher si l'examen public et contradictoire, devant la juridiction correctionnelle, de ces pièces, couvertes par le secret professionnel, constitue une mesure nécessaire et proportionnée à la défense de l'ordre et à la protection des droits de la partie civile au sens de l'article 8 de la convention européenne des droits de l'homme. »[4]

Enfin, dans l'affaire dite « Roi du Maroc », la chambre criminelle affirme, le 20 septembre 2016, que « porte atteinte aux principes du procès équitable et de la loyauté des preuves la participation de l'autorité publique à l'administration d'une preuve obtenue de façon illicite ou déloyale par une partie privée »[5]. L'attendu de principe semble impliquer que c'est la *participation de l'autorité publique* à l'administration d'une preuve illicite ou déloyale qui est sanctionnée et plus seulement la provocation à la commission d'une infraction par un comportement actif. La chambre de l'instruction de renvoi ayant estimé qu'aucun élément d'une participation active de l'autorité publique n'étant démontré, l'Assemblée plénière de la Cour de cassation a statué, par arrêt du 10 novembre 2017[6]. Elle n'a pas remis en cause l'appréciation souveraine des juges du fond qui avaient estimé que les faits de l'espèce ne permettaient pas de retenir à l'encontre des enquêteurs des actes positifs. Elle a ainsi estimé que « la chambre de l'instruction a pu en déduire l'absence de participation directe ou indirecte de l'autorité publique à l'obtention des enregistrements litigieux, ce dont il résultait que le principe de la loyauté de la preuve n'avait pas été méconnu ». Il n'existe pas de réelle contradiction entre ces décisions.

616.332 Audition des descendants dans une affaire de violences conjugales. Anciennement, la chambre criminelle jugeait que les descendants ne pouvaient être entendus sur les griefs invoqués par les époux, disposition de l'article 205 du code de procédure civile qui, bien que figurant dans un texte étranger à la procédure pénale, était inspirée par un souci de décence et de protection des intérêts moraux de la famille et reprise de textes législatifs antérieurs, d'une règle fondamentale qui ne saurait être tournée par le recours à une poursuite pénale[7]. Elle est revenue sur cette jurisprudence dans un arrêt rendu le 2 juin 2015 : « Les dispositions de l'arti-

1. Crim. 27 janv. 2010, nº 09-83.395, P nº 16 ; *AJ pénal* 2010. 280, note J. Lasserre Capdeville – AUSSI : Crim. 7 mars 2012, nº 11-88.118, P nº 64 ; *D.* 2012. 818 ; *D.* 2012. 2118, obs. J. Pradel ; *AJ pénal* 2012. 346, obs. L. Ascensi.
2. CEDH 12 juill. 1988, *Schenk c/Suisse*, req. nº 10862/84, § 46 ; *RSC* 1988. 840, obs. L.-E. Pettiti et F. Teitgen – SOLUTION REPRISE par : CEDH 12 mai 2000, *Khan c/Royaume-Uni*, req. nº 35394/97 ; *JDI* 2001. 205 – CEDH 25 sept. 2001, *P. G. et J. H. c/Royaume-Uni*, req. nº 44787/98 ; *JDI* 2002. 301 – CEDH 16 févr. 2000, *Jasper c/Royaume-Uni*, req. nº 27052/95 – CEDH 16 févr. 2000, *Fitt c/Royaume-Uni*, req. nº 29777/96.
3. Crim. 31 janv. 2012, nº 11-85.464, P nº 27 ; *D.* 2012. 440, obs. M. Léna ; *AJ pénal* 2012. 224, obs. E. Daoud et P.-Ph. Boutron-Marmion.
4. Crim. 24 avr. 2007, nº 06-88.051, P nº 108 ; *Gaz. Pal.* 1-2 août 2007. Somm. 17 ; *AJ pénal* 2007. 331, obs. C. Saas ; *RSC* 2007. 815, obs. Y. Mayaud.
5. Crim. 20 sept. 2016, nº 16-80.820, P nº 244 ; D. 2016. 1863 ; *Just. amp ; cass.* 2017. 206, rapp. N. Bonnal ; *ibid.* 223, concl. P. Lagauche ; *AJ pénal* 2016. 600, obs. C. Ambroise-Castérot ; *RSC* 2016. 797, obs. F. Cordier ; *Gaz. Pal.* 18 oct. 2016, p. 10, obs. R. Mesa ; *JCP* 2016. 1177, note A. Gallois ; *Dr. pénal* 2016, comm. 164, A. Maron et M. Haas ; *Procédures* 2016, comm. 341, obs. A.-S. Chavent-Leclère.
6. Cass., ass. plén., 10 nov. 2017, nº 17-82.028, P. Ass. plén., nº 2 ; *D.* 2017. 2304 ; *JCP* 1366, Libre propos par A. Gallois ; *JCP*, 1376, note C. Ribeyre ; *AJ pénal* 2018. 100, obs. C. Kurek ; *D.* 2018. 353, note O. Décima ; *Procédures* 2018, comm. 23, obs. A.-S. Chavent-Leclère ; *Dr. pénal* 2018, comm. 37, A. Maron et M. Haas.
7. Crim. 5 févr. 1980, nº 79-90.936, P nº 47 – Crim. 4 janv. 1985, P nº 11.

cle 205 du code de procédure civile, qui interdisent au juge d'entendre les descendants sur les griefs invoqués par les époux, sont relatives au divorce et ne sont pas applicables devant la juridiction pénale, en raison du principe de la liberté de la preuve »[1]. Le témoignage des descendants peut être pris en compte dans le cadre d'une procédure pénale pour violences conjugales même si parallèlement une procédure de divorce est en cours.

§ 2
Procédés déloyaux

616.341 **Hypnose.** Certains procédés ne peuvent, selon la chambre criminelle, être utilisés à titre de preuve. Il en est ainsi de l'hypnose. Un témoin même consentant ne peut être entendu en ayant recours à l'hypnose[2].

616.342 **Profilage.** En ce qui concerne le profilage, la chambre criminelle a confirmé l'annulation par une chambre de l'instruction d'une analyse psycho-criminologique, aussi appelée « profilage ». La mission confiée à l'expert était imprécise, ce qui conduisait, selon la Cour de cassation, à une délégation générale de pouvoirs empêchant le juge d'instruction d'exercer son contrôle sur les opérations effectuées. Par ailleurs, l'expert, en identifiant un suspect sans l'avoir examiné, comme le seul à avoir un profil psychologique totalement compatible avec le passage à l'acte meurtrier, a tranché une question de la compétence exclusive du juge[3]. Cette décision ne condamne pas toutefois le principe du recours à un « profileur ».

616.343 **Transcription de « déclarations verbales ».** Encourt la censure l'arrêt qui refuse d'annuler un procès-verbal reproduisant des déclarations verbales que la personne gardée à vue n'a pas voulu voir consignées dans le procès-verbal de son audition[4]. Il en est de même des déclarations qu'a pu faire une personne mise en examen lors de son transfert vers la maison d'arrêt : « le recueil, dans ces conditions, des propos par lesquels le mis en examen s'incriminait lui-même, avait pour effet d'éluder les droits de la défense et que les officiers de police judiciaire auraient dû se borner, constatant la volonté du mis en examen de s'exprimer plus amplement sur les faits, à en faire rapport au juge d'instruction, seul habilité à procéder à un interrogatoire dans les formes légales, la chambre de l'instruction a méconnu les textes et principe susvisés. »[5]

616.344 **Provocation policière à l'infraction.** La chambre criminelle admet depuis longtemps un principe de loyauté des preuves[6] illustré par l'affaire dite *Schuller/Maréchal*. La chambre d'accusation de Paris exposait dans un arrêt du 8 février 1995 que : « opérant ainsi, les fonctionnaires de police ont prêté de manière active leur assistance à une provocation organisée par le plaignant qui était destinée, non pas à constater un délit sur le point de se commettre, mais à inciter un délinquant en puissance, inactif depuis deux mois, à commettre des faits pénalement répréhensibles et à organiser une "souricière" [...] ».

La chambre criminelle a confirmé cette décision en rappelant que, dès lors qu'il résulte des énonciations des juges que l'interpellation d'une personne, suspectée de trafic d'influence, a procédé d'une machination de nature à déterminer ses agissements délictueux et que, par ce stratagème, qui a vicié la recherche et l'établissement de la vérité, il a été porté atteinte au principe de la loyauté des preuves, la chambre d'accusation est fondée à prononcer la nullité de la procédure subséquente[7]. Ceci renvoie à une distinction bien connue mais aussi difficile à mettre en œuvre : la provocation au délit d'un côté, la provocation à la preuve, de l'autre[8]. La Cour de cassation a été amenée à apprécier concrètement à de nombreuses reprises si l'intervention de l'agent public avait provoqué à la commission d'un délit ou facilité seulement la preuve d'une infraction préexistante[9]. Doit être censuré l'arrêt ayant retenu comme élément de preuve du délit de détention d'images de

1. Crim. 2 juin 2015, n° 14-85.130, P n° 136 ; *D.* 2015. 1209 ; *D.* 2015. Actu. 1209 ; *D.* 2015. 1395, obs. G. Guého ; *JCP* 2015, act. 693 ; *JCP* 2015. 999, note F. Rousseau ; *AJ pénal* 2015. 439, obs. G. Roussel ; *RSC* 2015. 117.
2. Crim. 12 déc. 2000, n° 00-83.852, P n° 369 ; *D.* 2001. 1340 ; *Dr. pénal* 2000, n° 82.
3. Crim. 29 janv. 2003, n° 02-86.774, P n° 2 ; *Dr. pénal* 2003, n° 53 ; *Procédures* 2003, n° 100, note J. Buisson ; *LPA* 28 mai 2003, note J. Gallois ; *JCP* 2003. IV. 1527.
4. Crim. 3 avr. 2007, n° 07-80.807, P n° 102 ; *D.* 2007. AJ 1422 ; *D.* 2007. Chron. 1817, obs. D. Caron et S. Menotti.
5. Crim. 5 mars 2013, n° 12-87.087, P n° 56 ; *AJ pénal* 2013. 288, obs. L. Belfanti.
6. Cass., ch. réun., 31 janv. 1888, *S.* 1889. I. 241 – Crim. 12 juin 1952, *JCP* 1952. II. 7241, note J. Brouchot – AUSSI : Crim. 9 oct. 1980, n° 80-93.140, P n° 255 – Crim. 13 juin 1989, n°s 89-81.388, 89-81.709, P n° 254 ; *D.* 1989. IR 219.
7. Crim. 27 févr. 1996, n° 95-81.366, P n° 93 ; *JCP* 1996. II. 22629, note M.-L. Rassat ; *D.* 1996. 346, note Ch. Guéry (v. les attendus s^s^ n° 616.01).
8. P. Maistre du P. Chambon, « La régularité des provocations policières : l'évolution de la jurisprudence », *JCP* 1989. I. 3422.
9. Crim. 22 juin 1994, n°s 92-85.123, 92-85.124, 92-85.637, P n° 247 – Crim. 30 avr. 1998, n° 97-85.747, P n° 147 – Crim. 5 mai 1999, n° 97-83.117, P n° 87 – Crim. 25 oct. 2000, n° 00-80.829, P n° 317 – Crim. 8 oct. 2003, n° 02-86.351, NP – Crim. 8 juin 2005, n° 05-82.012, P n° 173 ; *D.* 2014. 1042 ; *D.* 2014. 1736, obs. J. Pradel ; *AJ pénal* 2014. 374, obs. P. de Combles de Nayves ; *RSC* 2014. 577, obs. J. Francillon.

mineurs à caractère pornographique les actes résultant d'une provocation policière à la transmission de telles images, en l'occurrence la circonstance qu'un témoin avait, à l'instigation des policiers, incité le prévenu à lui transmettre des images pornographiques mettant en scène des mineurs[1].

La chambre criminelle a réaffirmé en 2008 que porte atteinte au principe de loyauté des preuves et au droit à un procès équitable, la provocation à la commission d'une infraction par un agent de l'autorité publique, en l'absence d'éléments antérieurs permettant d'en soupçonner l'existence. Le service de police de New York avait créé un site de pornographie infantile qu'il exploitait aux fins d'identifier des internautes pédophiles. Le Français qui s'était connecté et chez qui avaient été découverts des documents dont certains étaient antérieurs à la connexion sur le service géré par les policiers américains, a obtenu l'annulation de la procédure : la découverte de la détention d'images pornographiques n'a été permise que par la provocation à la commission d'une infraction organisée par les autorités américaines et dont les résultats avaient été transmis aux autorités françaises[2].

Dans un arrêt du 5 février 2008, *Ramanausclas c/ Lituanie*, la Cour européenne des droits de l'Homme a donné une définition de la provocation policière : « Il y a provocation policière lorsque les agents impliqués - membres des forces de l'ordre ou personnes intervenant à leur demande - ne se limitent pas à examiner de manière purement passive l'activité délictueuse, mais exercent sur la personne qui en fait l'objet une influence de nature à l'inciter à commettre une infraction qu'autrement elle n'aurait pas commise, pour en rendre possible la constatation, c'est-à-dire en apporter la preuve et la poursuivre. » La jurisprudence de la Cour européenne des droits de l'Homme distingue également provocation au délit, et provocation à la preuve[3].

616.345 Provocation policière à la preuve. Le 7 janvier 2014, la chambre criminelle a rendu un important arrêt[4], confirmé par l'Assemblée plénière le 6 mars 2015[5] et jugé que « porte atteinte au droit à un procès équitable et au principe de loyauté des preuves le stratagème qui consiste à conjuguer des mesures de garde à vue, à placer deux personnes dans des cellules contiguës et à sonoriser les locaux, participant d'un stratagème constituant un procédé déloyal de recherche des preuves, et qui a amené l'une des deux personnes à s'incriminer elle-même au cours de sa garde à vue ». La loyauté est donc un critère autonome d'appréciation de la légalité des méthodes d'investigation. En effet, la provocation policière n'était ici qu'une provocation à la preuve puisque les faits délictueux avaient déjà été commis. La notion de stratagème se détache alors de celle de provocation pour voir consacrée son autonomie[6].

La chambre criminelle a rendu un arrêt dans le domaine de la provocation à la preuve le 17 mars 2015 et a jugé qu'est proportionnée au regard des impératifs de la sûreté publique, de la prévention des infractions pénales et de la protection de la santé publique au sens de l'article 8 de la convention européenne des droits de l'homme, l'atteinte à l'intimité d'une personne mise en examen des chefs de complicité de vols avec armes en bande organisée, complicité d'enlèvement et séquestration, association de malfaiteurs et détention d'armes aggravée, résultant de la sonorisation de la cellule qu'elle occupait dans l'établissement pénitentiaire où elle était détenue provisoirement, dès lors que cette mesure, ordonnée par un juge d'instruction, conformément aux prescriptions légales, et d'une durée de quelques jours, a été exécutée sans recours à un stratagème, lequel ne saurait résider, contrairement à ce qui est allégué, dans le seul fait que, durant cette période, le détenu partageant cette cellule était mis en examen par le même magistrat dans une information distincte[7]. Comme l'écrit Gildas Barbier dans son commentaire de cet arrêt : « Il nous paraît

1. Crim. 11 mai 2006, n° 05-84.837, P n° 132 ; *D.* 2006. 1772 ; *AJ pénal* 2006. 354, note E. Vergès ; *RSC* 2006. 848, obs. R. Finielz ; *RSC* 2006. 876, obs. J.-F. Renucci ; *RSC* 2006. 879, obs. J.-F. Renucci.
2. Crim. 4 juin 2008, n° 08-81.045, P n° 141 ; *D.* 2008. AJ 1766, obs. S. Lavric – AUSSI : Crim. 7 févr. 2007, n° 06-87.753, P n° 37 ; *D.* 2007. 2012, note J.-R. Demarchi ; *RSC* 2007. 331, obs. Finiel ; *RSC* 2007. 560, obs. J. Francillon ; *Procédures* 2007, n° 147, note J. Buisson ; *AJ pénal* 2008. 425, obs. S. Lavric.
3. NOT. : CEDH 9 juin 1998, *Teixeira de Castro c/Portugal*, req. n° 25829/94, § 36 ; *RSC* 1999. 384, obs. R. Koering-Joulin – CEDH 5 févr. 2008, req. n° 74420/01, *Ramanauskas c/Lituanie, RSC* 2008. 692, Chron. J.-P. Marguénaud et D. Roets.
4. Crim. 7 janv. 2014, n° 13-85.246, P n° 1 ; *D.* 2014. 407, note E. Vergès ; *D.* 2014. 264, entretien S. Detraz ; *D.* 2014. 1736, obs. J. Pradel ; *AJ pénal* 2014. 194, obs. H. Vlamynck ; *RSC* 2014. 130, obs. J. Danet ; *JCP* 2014. 199 ; *D. actu.* 9 janv. 2014, obs. A. Portmann ; *D. actu.* 27 janv. 2014, S. Fucini ; *D.* 2014. 1453 ; *RSC* 2014. 130, note J. Danet – A. Bergeaud-Wetterwald, « Du bon usage du principe de loyauté des preuves ? (À propos de l'arrêt rendu par la chambre criminelle de la Cour de cassation le 7 janvier 2014) », *Dr. pénal* 2014. Ét. 7 (v. s[s] n° 615.01).
5. Cass., ass. plén., 6 mars 2015, n° 14-84.339, P n° 2 ; *D.* 2015. 711, obs. S. Fucini, note J. Pradel ; *D.* 2015. 1738, obs. J. Pradel ; *Gaz. Pal.* 21 mars 2015. 10, note S. Raoult. ; *AJ pénal* 2015. 362, note C. Girault ; *RSC* 2015. 117, obs. P.-J. Delage ; *RSC* 2015. 971, chron. J.-F. Renucci.
6. SUR ces questions : A. Bergeaud-Wetterwald, « Du bon usage du principe de loyauté des preuves ? (À propos de l'arrêt rendu par la chambre criminelle de la Cour de cassation le 7 janvier 2014) », *Dr. pénal* 2014. Ét. 7.
7. Crim. 17 mars 2015, n° 14-88.351, P n° 54 ; *D.* 2015. 1395, obs. G. Barbier ; *Dr. pénal* 2015, comm. 78, obs. A. Maron et M. Haas.

que ce qui distingue les deux espèces, du point de vue du recours à un stratagème, constaté dans un cas, écarté dans l'autre, ce n'est pas la sonorisation en elle-même d'un lieu de détention, ni même la présence d'un codétenu. Ce qui est essentiel, c'est que le codétenu soit ou non instrumentalisé par le juge d'instruction, ou paraisse l'être. » Par ailleurs, la chambre criminelle a procédé à une appréciation de la proportionnalité de la mesure de sonorisation, et a estimé qu'une sonorisation de quelques jours, dans cette affaire de criminalité organisée pouvait être admise. Il s'agit là d'une des premières décisions par laquelle la chambre criminelle procède, par elle-même, au contrôle de proportionnalité d'une mesure sous l'angle de l'éventuelle violation de l'article 8 de la convention européenne des droits de l'homme.

616.346 **Stratagème.** Après l'arrêt du 7 janvier 2014[1], distinguant pour la première fois la provocation à l'infraction du stratagème, la chambre criminelle est intervenue dans une affaire très médiatisée et touchant le monde du football professionnel. Elle a cassé un arrêt qui déclarait régulier le fait, pour un officier de police judiciaire, dans le but de rechercher les preuves d'une tentative de chantage et d'en identifier les auteurs, de se substituer à celle-ci durant plusieurs mois dans des négociations avec les suspects, auprès desquels l'enquêteur s'identifiait en la seule qualité de représentant de la victime et sous un pseudonyme, au moyen de communications téléphoniques, dont certaines ont fait l'objet d'interceptions, qui ont conduit à l'interpellation des mis en cause[2]. Mais la chambre de l'instruction de renvoi ayant rejeté à nouveau les requêtes en nullité présentées, la chambre criminelle de la Cour de cassation a été saisie d'un pourvoi et l'Assemblée plénière a été saisie[3].

Dans une décision du 9 décembre 2019[4], l'Assemblée plénière a dit que constitue une violation du principe de loyauté de la preuve toute provocation à la commission de l'infraction de la part des agents de l'autorité publique. Le stratagème employé par un agent de l'autorité publique pour la constatation d'une infraction ou l'identification de ses auteurs ne constitue pas en soi une atteinte au principe de loyauté de la preuve. Seul est proscrit le stratagème qui, par un contournement ou un détournement d'une règle de procédure, a pour objet ou pour effet de vicier la recherche de la preuve *en portant atteinte à l'un des droits essentiels ou à l'une des garanties fondamentales de la personne suspectée ou poursuivie.*

La chambre criminelle a encore jugé que toute personne placée en garde à vue doit pouvoir bénéficier de la présence d'un avocat lors d'une séance d'identification des suspects dont elle fait partie[5]. L'article 61-3 du code de procédure pénale le prévoit en effet expressément. Elle juge dans le même arrêt que constitue une atteinte au principe de loyauté de la preuve, le stratagème employé par un agent de l'autorité publique qui, par un contournement ou un détournement d'une règle de procédure, a pour objet ou pour effet de vicier la recherche de la preuve en portant atteinte à l'un des droits essentiels ou à l'une des garanties fondamentales de la personne suspectée ou poursuivie (les circonstances de la présentation, telles que transcrites par le seul procès-verbal rédigé d'initiative par les enquêteurs, étaient manifestement inexactes).

616.347 **Détournement de procédure.** La chambre criminelle a jugé que ne suffisent pas à constituer un détournement de procédure, ni l'absence d'implication effective des personnes concernées dans les faits objet de la mesure de sonorisation, une telle implication n'étant pas exigée par la loi, ni le fait que ces personnes aient ultérieurement été mises en examen à raison de faits distincts, révélés par les opérations précitées. La doctrine avait eu l'occasion, quelques mois précédemment, de revenir sur la définition de ce que peut être un « détournement de procédure »[6], Pierre-Jérôme Delage dégage ainsi trois critères : « 1° Un détournement de procédure est nécessairement le fait de l'autorité publique (officiers de police judiciaire, administration fiscale, etc.) ; 2° Un détournement de procédure procède forcément d'une démarche intentionnelle de la part de l'autorité publique ; 3° Cette démarche intentionnelle consiste, pour l'autorité publique, à se placer artificiellement dans un cadre procédural déterminé afin d'user de prérogatives dont elle n'aurait pas pu bénéficier autrement ».[7] « Le détournement procédure est une forme de fraude à la loi

1. V. s[s] n° 616.345.
2. Crim. 11 juill. 2017, n° 17-80.313, P n° 208, *D.* 2017. 1562 ; *Procédures* 2017, comm. 244, A.-S. Chavent-Leclère ; *Dr. pénal* n° 10, oct. 2017, comm. 154, A. Maron et M. Haas ; *Dr. pénal* 2017, p. 436, obs. J.-B. Perrier.
3. Crim. 19 juin 2019, n° 18-86.767, NP.
4. Cass., ass. plén., 9 déc. 2019, n° 18-86.767, P ; *JCP* 2020. 128 ; *Procédures* 2020, comm. 43, J. Buisson ; *JCP* 2020. 129, obs. crit. H. Matsopoulou ; *AJ pénal* 2020. 88, obs. C. Ambroise-Casterot.
5. Crim. 28 sept. 2022, n° 20-86.054, B ; *AJ pénal* 2022. 532, obs. P. de Combles de Nayves.
6. Crim. 18 juin 2019, n° 19-80.015, P n° 119 ; *D.* 2019. 1339 ; *ibid.* 1626, obs. J. Pradel ; *AJ pénal* 2019. 450, obs. E. Clément ; *D. actu.* 9 juill. 2019, obs. D. Goetz ; *JCP* 2019. 1030, n° 14, obs. J.-B. Perrier ; *Dr. pén.* 2019. Comm. 156, obs. F. Fourment ; *Gaz. Pal.* 10 sept. 2019. 24, note R. Mésa ; *Lexbase Pénal* n° 18, juill. 2019, note M. Toullier ; *RSC* 2019. 657, note P.-J. Delage.
7. *RSC* 2019, 657.

consistant, pour les agents de l'autorité publique, à se placer faussement dans le champ d'application d'une disposition légale à seule fin de mettre en œuvre des pouvoirs conférés par celle-ci, dont ils n'auraient pas disposé s'ils s'étaient conformés à la loi. Le détournement de procédure tend donc à un détournement de pouvoirs puisqu'il s'agit d'utiliser des pouvoirs à d'autres fins que celles pour lesquelles ils ont été accordés »[1].

La chambre criminelle a encore jugé que ne constitue pas un stratagème, le fait pour des gendarmes de consigner dans un procès-verbal des propos qui n'ont pas été recueillis contre le gré de l'intéressé ou à son insu[2].

616.348 Enregistrement d'une conversation téléphonique privé à l'insu de l'auteur des propos invoqués. La deuxième chambre civile de la Cour de cassation estime que « l'enregistrement d'une conversation téléphonique privée effectué et conservé à l'insu de l'auteur des propos invoqués est un procédé déloyal rendant irrecevable en justice la preuve ainsi obtenue »[3]. Il en est de même pour la chambre commerciale[4].

SECTION 9
DÉLAI RAISONNABLE DE LA PROCÉDURE

616.351 Textes. L'article 6 de la Convention européenne des droits de l'homme tout comme l'article 47, § 2, de la Charte des droits fondamentaux de l'Union européenne disposent que « toute personne a droit à ce que sa cause soit entendue [...] dans un délai raisonnable ». Le Pacte international relatif aux droits civils et politiques fait figurer à l'article 14.3, c) « le droit à être jugé sans retard excessif ».

Au niveau du droit interne, l'article 113-3 du code de l'organisation judiciaire énonce que : « Les décisions de justice sont rendues dans un délai raisonnable » tandis qu'en matière pénale, le délai raisonnable est prévu à l'article préliminaire du code de procédure pénale pour la personne mise en cause (« il doit être définitivement statué sur l'accusation dont cette personne fait l'objet dans un délai raisonnable ») De nombreux textes limitent par ailleurs désormais la durée de l'enquête, de l'instruction ou de l'audiencement. et certains textes particuliers apportent une sanction sévère au non respect des délais : il en est ainsi, dans le cadre de cet ouvrage, de l'article 179 du code de procédure pénale, qui prévoit la remise en liberté du prévenu en détention si le tribunal correctionnel n'a pas commencé à examiner au fond à l'expiration d'un délai de 2 mois à compter de la date de renvoi, sauf prolongation exceptionnelle. Le droit français prévoit encore une action en responsabilité de l'État du fait du fonctionnement défectueux de la justice[5]. Mais la question qui se pose est de savoir si la durée excessive de la procédure en elle-même peut avoir un effet sur une annulation totale et forcément alors définitive.

616.352 Incidences de la violation du délai raisonnable sur la validité de la procédure. Quelques avocats ont tenté, avec succès, devant plusieurs juridictions du fond, de soulever la nullité de la procédure en raison de la violation de ce délai déraisonnable[6]. Il faut dire que, d'après Raphaële Parizot, lorsque la Cour européenne des droits de l'homme a condamné, la France, le 12 mai 2022[7], en raison de la durée excessive d'une procédure juridictionnelle, il s'agissait de sa 285e condamnations pour violation du délai raisonnable[8] !

1. V. aussi sur la notion de « contournement de procédure », F. Desportes et L. Lazerges-Cousquer, *Traité de procédure pénale*, 4e éd., Economica, 2016, n° 577.
2. Crim. 7 janv. 2020, n° 19-84.246, P ; *JCP* 2020. 128.
3. Civ. 2e, 7 oct. 2004, n° 03-12.653, P II, n° 447 ; *D.* 2005. 122, note Ph. Bonfils ; *D.* 2005. 2643, obs. L. Marino ; *AJ pénal* 2005. 30 ; *RTD civ.* 2005. 135, obs. J. Mestre et B. Fages.
4. Com. 13 oct. 2009, n° 08-19.525, *Leymarie c/Assoc. de gestion et de compatibilité d'Auvergne*, NP, *D.* 2010. 2671, obs. Ph. Delebecque, J.-D. Bretzner et I. Gelbard-Le Dauphin.
5. COJ, art. L. 141-1, prévoyant que « l'État est tenu de réparer le dommage causé par le fonctionnement défectueux du service public de la justice. Sauf dispositions particulières, cette responsabilité n'est engagée que par une faute lourde ou par un déni de justice ». Cet article est en conformité avec la jurisprudence de la CEDH : CEDH, gr. ch., 26 oct. 2000, n° 30210/96, *Kudla c/ Pologne*, § 152, *AJDA* 2000. 1006, chron. J.-F. Flauss ; *RFDA* 2001. 1250, chron. H. Labayle et F. Sudre ; *ibid.* 2003. 85, étude J. Andriantsimbazovina ; *RSC* 2001. 881, obs. F. Tulkens ; *RTD civ.* 2001. 442, obs. J.-P. Marguénaud.
6. T. corr. Nanterre, 11 janv. 2021, n° 01194045395 ; Versailles, 15 sept. 2021, n° 21/3005 à propos d'une procédure ayant duré 19 ans et 7 mois dont 15 ans et 3 mois d'information judiciaire ; T. corr. Avignon, 17 nov. 2021, n° 11098000046 ; T. corr. Marseille, 17 janv. 2022, n° 06000000011 ; T. corr. Tarascon, 2 févr. 2022, n° 12135000029 ; T. corr. Rouen, 22 févr. 2022, n° 12257000001 ; T. corr. Nanterre, 25 mars 2022, n° 21041000337 ; T. corr. Tours, 12 janv. 2022, n° 08000013674 ; T. corr. Basse Terre, 31 janv. 2022, n° 21098000021. V. R. Parizot, – « Le délai raisonnable ou la métaphore du tabouret », *AJ pénal* 2022. 344.
7. CEDH 12 mai 2022, n° 43078/15, *Tabouret c/ France*. La procédure avait duré près de dix-huit années, durée jugée déraisonnable par la Cour de Strasbourg au regard notamment de l'absence de complexité particulière de l'affaire – M. Pugliese, « Délai raisonnable : peut-on annuler le temps perdu ? », *AJ pénal* 2022. 350 – SUR cette question, v. aussi s[s] n° 521.62.
8. R. Parizot – « Le délai raisonnable ou la métaphore du tabouret », *AJ pénal* 2022. 344.

Jusqu'à présent, la Cour de cassation avait toujours jugé que « le dépassement du délai raisonnable défini à l'article 6, § 1, de la Convention de sauvegarde des droits de l'homme et des libertés fondamentales est sans incidence sur la validité de la procédure et ne saurait être utilisé comme fondement d'une demande d'annulation de cette même procédure »[1]. Elle a régulièrement cassé des arrêts de cours d'appel qui prononçaient une annulation de procédure au regard de la durée déraisonnable de celle-ci[2].

Dans l'affaire dite de *la Chaufferie de la Défense*, le tribunal correctionnel de Nanterre puis la cour d'appel de Versailles ont constaté que la durée excessive de la procédure – près de vingt ans en l'espèce – n'était justifiée au regard ni de la complexité de l'affaire ni du comportement des parties. Ils ont jugé que le délai excessif était exclusivement imputable aux carences des autorités compétentes, en relevant notamment que six juges d'instruction s'étaient succédé, que seulement deux d'entre eux avaient instruit le dossier, que huit ans s'étaient écoulés entre la désignation du cinquième juge d'instruction et l'ordonnance de règlement sans qu'aucun acte d'instruction ne soit effectué. Les juges ont ensuite examiné les conséquences de l'allongement excessif de la procédure au regard du droit à un procès équitable des prévenus et, concernant deux d'entre eux, âgés de 83 et 98 ans, ont ainsi relevé qu'ils n'avaient plus les capacités physiques et intellectuelles d'entendre, de suivre et de commenter les débats, de vérifier l'exactitude de leurs moyens de défense et de les comparer aux déclarations des autres prévenus. La cour a encore relevé qu'ils ne pourraient plus être confrontés au principal prévenu du dossier, mort à l'âge de 94 ans[3]. La cour d'appel a conclu en insérant la question du délai raisonnable dans celle du procès équitable : « après avoir constaté que la procédure qui lui est soumise [...] viole la norme d'un délai raisonnable et porte atteinte de façon irrémédiable à l'ensemble des principes de fonctionnement de la justice pénale, notamment le respect des droits de la défense et des règles d'administration de la preuve, qu'elle ne peut participer elle-même à cette violation en laissant se poursuivre le procès dépourvu de tout caractère équitable ».

La chambre criminelle, en assemblée plénière de chambre, a, dans un arrêt du 9 novembre 2022[4], censuré l'arrêt déféré et jugé :

– au visa des articles 6, § 1, de la Convention européenne des droits de l'homme et 802 du code de procédure pénale que la méconnaissance du délai raisonnable et ses éventuelles conséquences sur les droits de la défense sont sans incidence sur la validité des procédures et, sous réserve des lois relatives à la prescription, ne constituent pas une cause d'extinction de l'action publique.

– que cette méconnaissance ne constitue pas plus ni la violation d'une règle d'ordre public ou d'une règle de forme prescrite par la loi, ni l'inobservation d'une formalité substantielle au sens de l'article 802 du code de procédure pénale dès lors qu'elle ne compromet pas en elle-même les droits de la défense. Ses éventuelles conséquences sur l'exercice de ces droits doivent en revanche être prises en compte au stade du jugement au fond selon les modalités suivantes :

– qu'il appartient tout d'abord au juge, en application de l'article 427 du code de procédure pénale, d'apprécier la valeur probante des éléments de preuve qui lui sont soumis et sont débattus contradictoirement devant lui, le dépérissement des preuves pouvant, le cas échéant, conduire à une décision de relaxe ;

– qu'en présence de parties civiles, le juge peut faire application du dernier alinéa de l'article 10 du code de procédure pénale, et décider, après avoir ordonné une expertise constatant que l'état mental ou physique du prévenu rend durablement impossible sa comparution personnelle dans des conditions lui permettant d'exercer sa défense, qu'il sera tenu une audience pour statuer uniquement sur l'action civile, après avoir constaté la suspension de l'action publique et sursis à statuer sur celle-ci ;

– que, dans le cadre de l'application des critères de l'article 132-1 du code pénal, le juge peut déterminer la nature, le quantum et le régime des peines qu'il prononce en prenant en compte les éventuelles conséquences du dépassement du délai raisonnable et, le cas échéant, prononcer une dispense de peine s'il constate que les conditions de l'article 132-59 du code pénal sont remplies. Ainsi l'extrême durée d'une procédure pénale ne justifie pas à elle seule son annulation mais les juges se doivent de prendre en compte le temps écoulé depuis les faits, autant pour apprécier le degré de responsabilité pénale des prévenus, que pour asseoir, le cas échéant, la moti-

1. Crim. 20 mars 2002, nº 01-83.543 ; Crim. 16 oct. 2002, nº 01-88.381 ; Crim. 24 avr. 2013, nº 12-82.863, P nº 100 ; *D.* 2013. 1993, obs. J. Pradel ; *D. actu.* 15 mai 2013, obs. S. Lavr. Cass., ass. plén., 4 juin 2021, nº 21-81.656, *D.* 2021. 1136, et les obs. ; *Rev. sociétés* 2021. 650, note H. Matsopoulou.
2. Crim. 24 avr. 2013, nº 12-82.863, P nº 100 ; *D.* 2013. 1993, obs. J. Pradel. ; *D.actu.* 15 mai 2013, obs. S. Lavric – Com. 23 nov. 2010, nº 09-72.031, *D.* 2010. 2901, obs. E. Chevrier ; *ibid.* 2011. 540, obs. D. Ferrier – Cass., ass. plén., 4 juin 2021, nº 21-81.656, *D.* 2021. 1136, et les obs. ; *Rev. sociétés* 2021. 650, note H. Matsopoulou.
3. NOT. : M. Pugliese, « Délai raisonnable : peut-on annuler le temps perdu ? », *AJ pénal* 2022. 350.
4. Crim. 9 nov. 2022, nº 21-85.655, P – v. s^s^ n°s 521.02 et 521.62.

vation de leur peine, ce qui revient sur le positionnement qu'elle avait adopté en 2004, et sans négliger pour autant le sort d'éventuelles parties civiles.

En dehors de la solution imaginée par la chambre criminelle il n'existe guère de solution en dehors d'une intervention législative qui viendrait ôter la qualité pour agir au ministère public dans de telles circonstances. Ni la nullité des actes, dont chacun a été réalisé dans les conditions légales, ni celle de la procédure dès lors qu'une annulation permet de refaire les actes annulés, ce qui serait un comble, ne semblent en effet opératoires.

TITRE

62. Les incidents et exceptions devant le tribunal correctionnel

SECTION 0
ORIENTEUR

62.00 **Sommaire du titre.**

CHAPITRE

621. Incidents

SECTION 0

ORIENTEUR

621.00 Sommaire du chapitre.

621.01 Principaux textes applicables.

TEXTES SOURCES

- Conv. EDH, art. 6, § 3, d
- C. pr. pén., art. 397-2, 410, 410-1, 411, 412, 417, 427, 434, 439, 459, 460, 460-1, 463, 464, 513, 706-47, 706-47-1, 706-115
- C. pr. pén., art. D. 47-21, D. 47-23, D. 47-24, D. 47-25

TEXTES *IN EXTENSO*

- **Conv. EDH,** art. 6, § 3, d)

Tout accusé a droit notamment à :

[...] interroger ou faire interroger les témoins à charge et obtenir la convocation et l'interrogation des témoins à décharge dans les mêmes conditions que les témoins à charge.

- **C. pr. pén., art. 388-5** [mod. par L. n° 2019-222, 23 mars 2019, art. 60]

En cas de poursuites par citation prévue à l'article 390 ou convocation prévue à l'article 390-1, les parties ou leur avocat peuvent, avant toute défense au fond ou à tout moment au cours des débats, demander, par conclusions écrites, qu'il soit procédé à tout acte qu'ils estiment nécessaire à la manifestation de la vérité.

Ces conclusions peuvent être adressées avant le début de l'audience, par lettre recommandée avec demande d'avis de réception ou par remise au greffe contre récépissé.

S'il estime que tout ou partie des actes demandés sont justifiés et qu'il est possible de les exécuter avant la date de l'audience, le président du tribunal peut, après avis du procureur de la République, en ordonner l'exécution selon les règles applicables au cours de l'enquête préliminaire. Les procès-verbaux ou autres pièces relatant leur exécution sont alors joints au dossier de la procédure et mis à la disposition des parties ou de leur avocat. Si le prévenu ou la victime doivent être à nouveau entendus, ils ont le droit d'être assistés, lors de leur audition, par leur avocat, en application de l'article 63-4-3. L'avocat est alors convoqué au plus tard cinq jours ouvrables avant l'audition, et il a accès au dossier au plus tard quatre jours ouvrables avant cette date.

Si les actes demandés n'ont pas été ordonnés par le président du tribunal avant l'audience, le tribunal statue sur cette demande et peut commettre par jugement l'un de ses membres ou l'un des juges d'instruction du tribunal, désigné dans les conditions prévues à l'article 83, pour procéder à un supplément d'information ; l'article 463 est applicable. S'il refuse d'ordonner ces actes, le tribunal doit spécialement motiver sa décision. Le tribunal peut statuer sur cette demande sans attendre le jugement sur le fond, par un jugement qui n'est susceptible d'appel qu'en même temps que le jugement sur le fond.

- **C. pr. pén., art. 397-2** [mod. par L. n° 2021-1729, 22 déc. 2021, art. 7]

Dans tous les cas prévus au présent paragraphe 3, le tribunal peut, à la demande des parties ou d'office, commettre par jugement l'un de ses membres ou l'un des juges d'instruction de la juridiction désigné dans les conditions de l'article 83, alinéa premier, pour procéder à un supplément d'information ; les dispositions de l'article 463 sont applicables.

Le tribunal peut, dans les mêmes conditions, s'il estime que la complexité de l'affaire nécessite des investigations supplémentaires approfondies, renvoyer le dossier au procureur de la République.

Le tribunal statue au préalable sur le maintien du prévenu en détention provisoire jusqu'à sa comparution devant un juge d'instruction. Cette comparution doit avoir lieu le jour même, à défaut de quoi le prévenu est remis en liberté d'office. Toutefois, si la gravité ou la complexité de l'affaire justifie que le tribunal commette un juge du pôle de l'instruction compétent et qu'il n'existe pas de pôle au sein du tribunal judiciaire, cette comparution doit intervenir devant le juge d'instruction du pôle territorialement compétent dans un délai de cinq jours ouvrables, à défaut de quoi le prévenu est remis en liberté d'office.

• **C. pr. pén., art. 410**

Le prévenu régulièrement cité à personne doit comparaître, à moins qu'il ne fournisse une excuse reconnue valable par la juridiction devant laquelle il est appelé. Le prévenu a la même obligation lorsqu'il est établi que, bien que n'ayant pas été cité à personne, il a eu connaissance de la citation régulière le concernant dans les cas prévus par les articles 557, 558 et 560.

Si ces conditions sont remplies, le prévenu non comparant et non excusé est jugé par jugement contradictoire à signifier, sauf s'il est fait application des dispositions de l'article 411.

Si un avocat se présente pour assurer la défense du prévenu, il doit être entendu s'il en fait la demande, même hors le cas prévu par l'article 411.

• **C. pr. pén., art. 410-1**

Lorsque le prévenu cité dans les conditions prévues par le premier alinéa de l'article 410 ne comparaît pas et que la peine qu'il encourt est égale ou supérieure à deux années d'emprisonnement, le tribunal peut ordonner le renvoi de l'affaire et, par décision spéciale et motivée, décerner mandat d'amener ou mandat d'arrêt.

Si le prévenu est arrêté à la suite du mandat d'amener ou d'arrêt, il est fait application des dispositions de l'article 135-2. Toutefois, dans le cas où la personne est placée en détention provisoire par le juge des libertés et de la détention, elle doit comparaître dans les meilleurs délais, et au plus tard dans le délai d'un mois, devant le tribunal correctionnel, faute de quoi elle est mise en liberté.

• **C. pr. pén., art. 411**

Quelle que soit la peine encourue, le prévenu peut, par lettre adressée au président du tribunal et qui sera jointe au dossier de la procédure, demander à être jugé en son absence en étant représenté au cours de l'audience par son avocat ou par un avocat commis d'office. Ces dispositions sont applicables quelles que soient les conditions dans lesquelles le prévenu a été cité.

L'avocat du prévenu, qui peut intervenir au cours des débats, est entendu dans sa plaidoirie et le prévenu est alors jugé contradictoirement.

Si le tribunal estime nécessaire la comparution personnelle du prévenu, il peut renvoyer l'affaire à une audience ultérieure en ordonnant cette comparution. Le procureur de la République procède alors à une nouvelle citation du prévenu.

Le prévenu qui ne répondrait pas à cette nouvelle citation peut être jugé contradictoirement si son avocat est présent et entendu. Le tribunal peut également, le cas échéant, après avoir entendu les observations de l'avocat, renvoyer à nouveau l'affaire en faisant application des dispositions de l'article 410-1.

Lorsque l'avocat du prévenu qui a demandé à ce qu'il soit fait application des dispositions du présent article n'est pas présent au cours de l'audience, le prévenu est, sauf renvoi de l'affaire, jugé par jugement contradictoire à signifier.

• **C. pr. pén., art. 412**

Si la citation n'a pas été délivrée à la personne du prévenu, et s'il n'est pas établi qu'il ait eu connaissance de la citation, la décision, au cas de non-comparution du prévenu, est rendue par défaut, sauf s'il est fait application des dispositions de l'article 411.

Dans tous les cas, si un avocat se présente pour assurer la défense du prévenu, il doit être entendu s'il en fait la demande. Le jugement est alors contradictoire à signifier, sauf s'il a été fait application de l'article 411.

Dans tous les cas, le tribunal peut, s'il l'estime nécessaire, renvoyer l'affaire à une audience ultérieure, en faisant le cas échéant application des dispositions de l'article 410-1.

• **C. pr. pén., art. 417**

Le prévenu qui comparaît a la faculté de se faire assister par un défenseur.

S'il n'a pas fait choix d'un défenseur avant l'audience et s'il demande cependant à être assisté, le président en commet un d'office.

Le défenseur ne peut être choisi ou désigné que parmi les avocats inscrits à un barreau, ou parmi les avoués admis à plaider devant le tribunal.

L'assistance d'un défenseur est obligatoire quand le prévenu est atteint d'une infirmité de nature à compromettre sa défense.

• **C. pr. pén., art. 427**

Hors les cas où la loi en dispose autrement, les infractions peuvent être établies par tout mode de preuve et le juge décide d'après son intime conviction.

Le juge ne peut fonder sa décision que sur des preuves qui lui sont apportées au cours des débats et contradictoirement discutées devant lui.

• **C. pr. pén., art. 434**

Si le tribunal estime qu'une expertise est nécessaire, il est procédé conformément aux articles 156 à 166, 168 et 169.

• **C. pr. pén., art. 439**

Si le témoin ne comparaît pas, et s'il n'a pas fait valoir un motif d'excuse reconnu valable et légitime, le tribunal peut, sur réquisitions du ministère public ou même d'office, ordonner que ce témoin soit immédiatement amené devant lui par la force publique pour y être entendu, ou renvoyer l'affaire à une prochaine audience.

• **C. pr. pén., art. 459**

Le prévenu, les autres parties et leurs avocats peuvent déposer des conclusions.

Ces conclusions sont visées par le président et le greffier ; ce dernier mentionne ce dépôt aux notes d'audience.

Le tribunal qui est tenu de répondre aux conclusions ainsi régulièrement déposées doit joindre au fond les incidents et exceptions dont il est saisi, et y statuer par un seul et même jugement en se prononçant en premier lieu sur l'exception et ensuite sur le fond.

Il ne peut en être autrement qu'au cas d'impossibilité absolue, ou encore lorsqu'une décision immédiate sur l'incident ou sur l'exception est commandée par une disposition qui touche à l'ordre public.

• **C. pr. pén., art. 460**

L'instruction à l'audience terminée, la partie civile est entendue en sa demande, le ministère public prend ses réquisitions, le prévenu, et, s'il y a lieu, la personne civilement responsable, présentent leur défense.

La partie civile et le ministère public peuvent répliquer. Le prévenu ou son avocat auront toujours la parole les derniers.

• **C. pr. pén., art. 460-1**

Lorsque la personne qui se prétend lésée s'est constituée partie civile selon les modalités prévues à l'article 420-1, le président donne lecture de sa demande dès que l'instruction à l'audience est terminée. Le ministère public prend ses réquisitions ; le prévenu et, s'il y a lieu, la personne civilement responsable présentent leur défense.

Si le tribunal l'estime nécessaire, il peut ordonner la comparution de la partie civile. En ce cas, les débats sur l'ensemble de l'affaire ou uniquement sur les intérêts civils sont renvoyés à une prochaine audience dont la date est immédiatement fixée. Les parties sont tenues de comparaître sans autre citation à l'audience de renvoi. Il en est de même pour les personnes invitées par le tribunal à rester à sa disposition lorsqu'un avertissement écrit leur est immédiatement délivré.

• **C. pr. pén., art. 463**

S'il y a lieu de procéder à un supplément d'information, le tribunal commet par jugement un de ses membres qui dispose des pouvoirs prévus aux articles 151 à 155. Dans le cas où la tutelle pénale est encourue, le juge commis procède ou fait procéder à tous les actes nécessaires au prononcé de cette mesure et, notamment, à l'enquête et à l'examen médico-psychologique prévus à l'article 81 (sixième et septième alinéas).

Ce supplément d'information obéit aux règles édictées par les articles 114, 119, 120 et 121.

Le procureur de la République peut obtenir, au besoin par voie de réquisitions, la communication du dossier de la procédure à toute époque du supplément d'information, à charge de rendre les pièces dans les vingt-quatre heures.

• **C. pr. pén., art. 464**

Si le tribunal estime que le fait constitue un délit, il prononce la peine.

Il statue, s'il y a lieu, sur l'action civile, et peut ordonner le versement provisoire, en tout ou partie, des dommages-intérêts alloués.

Il a aussi la faculté, s'il ne peut se prononcer en l'état sur la demande en dommages-intérêts, d'accorder à la partie civile une provision, exécutoire nonobstant opposition ou appel.

Après avoir statué sur l'action publique, le tribunal peut, d'office ou à la demande du procureur de la République ou des parties, renvoyer l'affaire à une date ultérieure pour statuer sur l'action civile, même s'il n'ordonne pas de mesure d'instruction, afin de permettre à la partie civile d'apporter les justificatifs de ses demandes. Ce renvoi est de droit lorsqu'il est demandé par les parties civiles. Le tribunal doit alors fixer la date de l'audience à laquelle il sera statué sur l'action civile. La présence du ministère public à cette audience n'est pas obligatoire. À cette audience, le tribunal est composé du seul président siégeant à juge unique.

Les dispositions du présent article sont applicables lorsque le tribunal correctionnel, dans sa composition prévue par le premier alinéa de l'article 398, estime, au résultat des débats, que le fait qui lui était déféré constitue un délit visé par l'article 398-1.

• **C. pr. pén., art. 513**

L'appel est jugé à l'audience sur le rapport oral d'un conseiller ; le prévenu est interrogé.

Les témoins cités par le prévenu sont entendus dans les règles prévues aux articles 435 à 457. Le ministère public peut s'y opposer si ces témoins ont déjà été entendus par le tribunal. La cour tranche avant tout débat au fond.

Après que l'appelant ou son représentant a sommairement indiqué les motifs de son appel, les parties en cause ont la parole dans l'ordre prévu par l'article 460.

Le prévenu ou son avocat auront toujours la parole les derniers.

• **C. pr. pén., art. 706-47** [mod. par L. n° 2021-1539, 30 nov. 2021, art. 45]

Le présent titre est applicable aux procédures concernant les infractions suivantes :

1° Crimes de meurtre ou d'assassinat prévus aux articles 221-1 à 221-4 du code pénal, lorsqu'ils sont commis sur un mineur ou lorsqu'ils sont commis en état de récidive légale ;

2° Crimes de tortures ou d'actes de barbarie prévus aux articles 222-1 à 222-6 du même code et crimes de violences sur un mineur de quinze ans ayant entraîné une mutilation ou une infirmité permanente prévus à l'article 222-10 dudit code ;

3° Crimes de viol prévus aux articles 222-23 à 222-26 du même code et délit prévu à l'article 222-26-1 du même code ;

4° Délits d'agressions sexuelles prévus aux articles 222-27 à 222-33 du même code ;

5° Délits et crimes de traite des êtres humains à l'égard d'un mineur prévus aux articles 225-4-1 à 225-4-4 du même code ;

6° Délit et crime de proxénétisme à l'égard d'un mineur prévus au 1° de l'article 225-7 et à l'article 225-7-1 du même code ;

7° Délits de recours à la prostitution prévus aux articles 225-12-1 et 225-12-2 du même code ;

8° Délit de corruption de mineur prévu à l'article 227-22 du même code ;

9° Délit de proposition sexuelle faite par un majeur à un mineur de quinze ans ou à une personne se présentant comme telle en utilisant un moyen de communication électronique, prévu à l'article 227-22-1 du même code ;

10° Délits de captation, d'enregistrement, de transmission, d'offre, de mise à disposition, de diffusion, d'importation ou d'exportation, d'acquisition ou de détention d'image ou de représentation pornographique d'un mineur ainsi que le délit de consultation habituelle ou en contrepartie d'un paiement d'un service de communication au public en ligne mettant à disposition une telle image ou représentation, prévus à l'article 227-23 du même code ;

11° Délits de fabrication, de transport, de diffusion ou de commerce de message violent ou pornographique susceptible d'être vu ou perçu par un mineur, prévus à l'article 227-24 du même code ;

12° Délit d'incitation d'un mineur à se soumettre à une mutilation sexuelle ou à commettre cette mutilation, prévu à l'article 227-24-1 du même code ;

13° Délits d'atteintes sexuelles et de tentatives d'atteinte sexuelle prévus aux articles 227-25 à 227-27-2 du même code ;

14° Délit d'incitation à commettre un crime ou un délit à l'encontre d'un mineur, prévu à l'article 227-28-3 du même code ;

15° Délits prévus au premier alinéa de l'article 521-1-1 du même code.

• **C. pr. pén., art. 706-47-1**

Les personnes condamnées pour l'une des infractions mentionnées à l'article 706-47 peuvent être soumises à une injonction de soins prononcée soit lors de leur condamnation, dans le cadre d'un suivi socio-judiciaire, conformément à l'article 131-36-4 du code pénal, soit postérieurement à celle-ci, dans le cadre de ce suivi, d'une libération conditionnelle, d'une surveillance judiciaire ou d'une surveillance de sûreté, conformément aux articles 706-53-19, 723-30, 723-37, 731-1, 763-3 et 763-8 du présent code, dans les cas et conditions prévus par ces articles.

Lorsqu'une injonction de soins est ordonnée, le médecin traitant peut prescrire un traitement inhibiteur de libido conformément à l'article L. 3711-3 du code de la santé publique.

Les personnes poursuivies pour l'une des infractions mentionnées à l'article 706-47 du présent code doivent être soumises, avant tout jugement au fond, à une expertise médicale. L'expert est interrogé sur l'opportunité d'une injonction de soins.

Cette expertise peut être ordonnée dès le stade de l'enquête par le procureur de la République.

Cette expertise est communiquée à l'administration pénitentiaire en cas de condamnation à une peine privative de liberté, afin de faciliter le suivi médical et psychologique en détention prévu par l'article 717-1.

• **C. pr. pén., art. 706-115**

La personne poursuivie doit être soumise avant tout jugement au fond à une expertise médicale afin d'évaluer sa responsabilité pénale au moment des faits.

• **C. pr. pén., art. D. 47-14-1** [créé par décr. n° 2019-507, 24 mai 2019, art. 6]

Les dispositions des articles 706-113 à 706-117 et des articles du présent titre ne sont applicables aux procédures pénales mentionnées par ces articles que lorsque les éléments recueillis au cours de ces procédures font apparaître que la personne fait l'objet d'une mesure de protection juridique dans les conditions prévues au titre XI du livre Ier du code civil.

Si les éléments de la procédure font apparaître un doute sur l'existence d'une mesure de protection juridique, le procureur de la République, le juge d'instruction ou la juridiction de jugement procède ou fait procéder aux vérifications nécessaires.

Si l'existence de cette mesure n'est connue du juge d'instruction ou de la juridiction de jugement qu'après la mise en mouvement de l'action publique, ces dispositions ne sont applicables qu'à compter de cette date. Il en est de même si la mesure de protection juridique est ordonnée en cours de procédure pénale.

• **C. pr. pén., art. D. 47-21**

L'expertise médicale prévue par l'article 706-115 a pour objet de déterminer si l'intéressé était ou non atteint au moment des faits d'un trouble psychique ou neuropsychique ayant aboli ou altéré son discernement ou ayant aboli ou entravé le contrôle de ses actes, afin de permettre à la juridiction saisie d'appliquer les dispositions de l'article 122-1 du code pénal.

Lorsqu'une information est ouverte, et notamment en matière criminelle, il s'agit de l'expertise psychiatrique ordonnée en application du huitième alinéa de l'article 81.

Cette expertise peut être ordonnée dès le stade de l'enquête par le procureur de la République.

• **C. pr. pén., art. D. 47-23**

En matière correctionnelle, s'il apparaît des éléments issus de la procédure civile ayant conduit à la mise en œuvre de la mesure de protection juridique, et notamment des certificats médicaux ou des expertises y figurant et qui ont été versés au dossier de la procédure pénale à la demande du ministère public, du juge d'instruction ou du tribunal correctionnel, des indications suffisantes pour apprécier si l'intéressé était ou non atteint au moment des faits d'un trouble psychique ou neuropsychique ayant aboli ou altéré son discernement ou ayant aboli ou entravé le contrôle de ses actes, le juge d'instruction ou le président du tribunal correctionnel peut, sauf opposition de la personne mise en examen ou du prévenu et de son avocat, dire qu'il n'y a pas lieu de soumettre l'intéressé à une expertise, par ordonnance motivée qui peut être prise en même temps que l'ordonnance de règlement ou par jugement motivé qui peut être joint au jugement sur le fond.

Les dispositions du présent article sont également applicables en matière contraventionnelle.

• **C. pr. pén., art. D. 47-24**

L'expertise prévue par l'article 706-115 peut être confiée à un expert psychiatre ou à un médecin figurant sur la liste prévue par l'article 431 du code civil. Dans les deux cas, les dispositions du 9° de l'article R. 117 sont alors applicables.

• **C. pr. pén., art. D. 47-25**

Lorsqu'en cas d'appel la chambre des appels correctionnels constate que le prévenu a été jugé sans que l'expertise prévue par l'article 706-115 ait été réalisée, hors les cas où elle est facultative ou a été jugée inutile en application des dispositions des articles D. 47-22 ou D. 47-23, elle ordonne qu'il soit procédé à cette expertise.

La chambre renvoie alors l'affaire à une audience ultérieure, puis, au vu du résultat de l'expertise et conformément aux dispositions de l'article 520, annule le jugement, évoque et statue sur le fond.

621.02 **Jurisprudence de référence.**

> Lorsque des conclusions sont dépourvues des formalités prévues par l'article 459 du code de procédure pénale, l'inobservation de cette formalité n'a pas pour effet de porter atteinte aux intérêts du demandeur

• **Crim. 25 oct. 1977,** n° 76-90.676, P n° 318

* V. s^s n° 621.22.

« Vu le mémoire produit ;

Sur le moyen unique de cassation, pris de la violation des articles 459, 512 et 593 du code de procédure pénale, violation des droits de la défense, défaut de motifs, manque de base légale, en ce que les conclusions d'appel déposées par le prévenu sur le bureau de la cour ne revêtent que la signature du président a l'exclusion de celle du greffier, ce qui ne permet pas a la haute juridiction de contrôler si les juges du second degré ont répondu à tous les chefs des conclusions de première instance dont le prévenu s'était expressément approprié les termes devant la cour d'appel et sur lesquelles le premier juge ne s'était que partiellement expliqué ;

Attendu qu'il résulte de l'examen des pièces de procédure que les conclusions écrites qui ont été présentées à la cour d'appel au nom du prévenu x..., et auxquelles l'arrêt se réfère, sont revêtues du visa du président ;

Qu'il s'en déduit que ces conclusions ont été effectivement soumises à l'examen de la cour ;

Que dès lors, s'il est vrai que, contrairement a l'exigence de l'article 459 du code de procédure pénale, les mêmes conclusions ne portent pas aussi le visa du greffier, l'inobservation de cette formalité, quelque regrettable qu'elle soit, n'a pu avoir pour effet de porter atteinte aux intérêts du demandeur ;

Qu'en pareil cas, l'article 802 du code de procédure pénale interdit a la Cour de cassation de prononcer de ce chef aucune annulation ;

Qu'en cet état, et alors que n'est allégué aucun défaut de réponse a un chef détermine desdites conclusions, le moyen ne peut qu'être écarté ;

Et attendu que l'arrêt est régulier en la forme ;

Rejette le pourvoi. »

> À défaut d'avoir été ordonnée par jugement, une remise de cause n'est interruptive de prescription que si, prononcée contradictoirement et motivée par une mesure préparatoire, elle est constatée par une mention sur les notes d'audience

• **Crim. 3 févr. 1993,** n° 92-86.673, P n° 59

* V. s^s n° 621.59.

« Sur le moyen unique de cassation pris de la violation des articles 7 et 9 du code de procédure pénale ;

Vu lesdits articles ;

Attendu, selon ces textes, qu'en matière de contravention, l'action publique se prescrit après une année révolue à compter du jour où l'infraction a été commise ou du jour du dernier acte d'instruction ou de poursuite ;

Attendu que, poursuivie pour diverses contraventions au code du travail, Danièle Y... a été condamnée par le tribunal de police à 17 amendes de 100 francs chacune ; que, sur les appels de la prévenue et du ministère public, la juridiction du second degré était saisie par ce dernier d'une exception de prescription de l'action publique ;

Attendu que, pour rejeter ladite exception, les juges énoncent que "sont interruptives de prescription les remises de cause ayant valeur de jugement préparatoire à condition toutefois qu'elles soient constatées au plumitif et contradictoires" ; qu'ils retiennent qu'au cas d'espèce trois renvois pour production de pièce – ayant donc le caractère d'actes préparatoires – ont été ordonnées les 29 novembre 1991, 10 avril et 11 septembre 1992, après citation de la prévenue devant la cour d'appel en date du 3 septembre 1991 et avant nouvelle citation du 19 octobre 1992 ; qu'ils précisent "qu'à chaque fois, la prévenue était représentée et que mention a été portée de ces diligences au dossier de la procédure" ;

Mais attendu qu'en statuant ainsi, alors que, à défaut d'avoir été ordonnée par jugement, une remise de cause n'est interruptive de prescription que si, prononcée contradictoirement et motivée par une mesure préparatoire, elle est constatée par une mention sur les notes d'audience tenues par le greffier et signées par le président en application de l'article 453 du code de procédure pénale, ce qui, en l'espèce, ne résulte pas des pièces de la procédure, la cour d'appel a méconnu le sens et la portée des textes susvisés ;

D'où il suit que la cassation est encourue ;

Par ces motifs, casse et annule [...] »

> La jonction des incidents au fond, prévue par l'article 459 du code de procédure pénale, applicable même dans le cas de l'article 386, constitue une mesure d'administration judiciaire qui n'est soumise à aucune forme particulière, n'a pas à être motivée et n'est susceptible d'aucun recours

• **Crim. 13 mars 1995,** n° 94-81.343, P n° 101

* V. s^s n° 621.36.

« Sur le premier moyen de cassation pris de la violation des articles 385 et 386 du code de procédure pénale, la violation des articles 591 et 593 du code de procédure pénale, un défaut de motifs et un défaut de réponse à conclusions ;

En ce que l'arrêt attaqué a joint au fond l'examen des questions préjudicielles qu'avait accueilli le tribunal ;

Au motif que les incidents, c'est-à-dire les questions préjudicielles soulevées par les prévenus, ont par application de l'article 459 du code de procédure pénale été joints au fond et les conseils des prévenus ont, à l'occasion de l'examen au fond après les réquisitions du ministère public, été invités à s'expliquer tant sur les exceptions, ce qu'ils ont fait, que sur le fond, qu'ils n'ont pas souhaité aborder ;

Alors que, d'une part, le texte de l'article 386 du code de procédure pénale précise "qu'une exception préjudicielle est présentée avant toute défense au fond" et que son alinéa 3 ajoute que, "si l'exception n'est pas admise, les débats sont continués", ce qui implique l'impossibilité de joindre une exception au fond sans avoir tranché préalablement la question de sa recevabilité et de son bien-fondé, dès lors qu'elle est de nature à enlever aux faits qui servent de base à la poursuite, le caractère d'une infraction, ce qui était le cas en l'espèce ;

Alors que, d'autre part, dans des conclusions de donné acte régulièrement déposées devant la Cour, la défense des prévenus a fait valoir "la nécessité par la Cour d'examiner, avant toute défense au fond, lesdites questions préjudicielles et de statuer sur celles-ci par décision séparée" ; que "le président a, sans que la Cour se soit retirée pour délibérer, sans concertation avec ses conseils, seul décidé de joindre immédiatement les incidents au fond et de poursuivre les débats", et qu'en définitive la défense a "vainement tenté de s'opposer à la jonction au fond des incidents, et en particulier des questions préjudicielles soulevées, avant même qu'elles aient été débattues" et qu'elle a accepté de poursuivre les débats sans toutefois que cette acceptation puisse valoir renonciation par les prévenus des irrégularités ainsi commises ; mais que la Cour n'a pas fourni la moindre réponse à ces moyens et observations, violant ainsi grossièrement l'article 593, alinéa 2 du code de procédure pénale et entachant sa décision d'un défaut de réponse à conclusions ;

Attendu qu'il résulte de l'arrêt attaqué que, les avocats du prévenu ayant déposé, avant toute défense au fond, des conclusions demandant à la cour d'appel de statuer par arrêt séparé sur diverses exceptions, les incidents ont été joints au fond ;

Attendu qu'en l'état de ces énonciations, l'arrêt attaqué n'encourt pas la censure ;

Qu'en effet, la jonction des incidents au fond, prévue par l'article 459 du code de procédure pénale, constitue une mesure d'administration judiciaire, applicable même dans le cas de l'article 386, qui n'est soumise à aucune forme particulière, qui n'a pas à être motivée et qui n'est susceptible d'aucun recours ; Que, dès lors, le moyen ne peut qu'être écarté. »

> L'article 417 du code de procédure pénale n'impose au président de commettre d'office un défenseur que si le prévenu comparant, qui n'a pas fait choix d'un avocat avant l'audience, demande cependant à être assisté

• **Crim. 16 janv. 1995,** n° 94-80.720, P n° 20

* V. s[s] n° 621.44.

« Vu les mémoires produits en demande et en défense ;

Sur le premier moyen de cassation pris de la violation notamment des articles 417 et 512 du code de procédure pénale, violation de la convention européenne de sauvegarde des droits de l'Homme et des libertés fondamentales et notamment son article 6, § 1 (droit à un procès équitable) et 6, alinéa b et c, violation des droits et intérêts de la défense ;

En ce qu'André Y. a été jugé hors la présence d'un défenseur et déclaré coupable sans qu'il ait pu faire valoir tous ses moyens de défense alors que le ministère public puis la cour d'appel envisageaient successivement d'aggraver la peine afin d'y prévoir une mesure d'emprisonnement ferme ;

Alors qu'à l'audience du 9 novembre 1993, André Y. a sollicité le report de son procès à une audience ultérieure afin de bénéficier de l'assistance d'un avocat ; l'affaire a certes été "mise en continuation au 30 novembre 1993" pour permettre à celui-ci le concours d'un défenseur mais en définitive, André Y. a été jugé le 30 novembre 1993 sans l'intervention d'un avocat ;

Attendu qu'il résulte de l'arrêt attaqué que l'affaire, appelée à l'audience du 9 novembre 1993, a été mise en continuation au 30 novembre suivant pour permettre au prévenu d'être assisté de son avocat qui avait refusé son concours, faute de règlement de ses honoraires ; qu'à cette dernière audience, André Y. a présenté lui-même ses moyens d'appel et de défense, ayant la parole en dernier ;

Attendu qu'en l'état de ces mentions, d'où il ne se déduit nullement qu'André Y. ait sollicité la désignation d'un avocat d'office, le demandeur ne saurait invoquer aucune violation des droits de la défense ni des dispositions légales ou conventionnelles visées au moyen ;

Qu'en effet l'article 417 du code de procédure pénale, qui ne prévoit pas, devant les juridictions correctionnelles, sauf cas particulier d'infirmité, l'assistance obligatoire d'un défenseur, n'impose au président d'en commettre un office que si le prévenu comparant, qui n'a pas fait choix d'un avocat avant l'audience, demande cependant à être assisté ;

D'où il suit que le moyen doit être écarté. »

> Les juges sont tenus de répondre aux chefs péremptoires des conclusions dont ils sont régulièrement saisis ; il en est ainsi lorsque le prévenu, non comparant, a exposé ses moyens de défense dans la lettre adressée au président de la juridiction pour demander à être jugé en son absence par application de l'article 411, alinéa 1er, du code de procédure pénale

• **Crim. 21 oct. 1998,** n° 98-80.059, P n° 271

* V. s[s] n° 621.27.

« Vu l'article 411 du code de procédure pénale ;

Attendu que les juges sont tenus de répondre aux chefs péremptoires des conclusions dont ils sont régulièrement saisis ; qu'il en est ainsi lorsque le prévenu, non comparant, a exposé ses moyens de défense dans la lettre adressée au président de la juridiction pour demander à être jugé en son absence ;

Attendu qu'il résulte du jugement et des pièces de procédure que Madeleine O. citée à comparaître devant le tribunal de police, n'a pas comparu, mais a adressé au président de la juridiction une lettre dans laquelle elle exposait que la contravention reprochée, à la supposer établie, ne lui était pas imputable ;

Attendu que, pour déclarer la prévenue coupable de l'infraction à un règlement sanitaire préfectoral visée à la prévention, le tribunal, statuant contradictoirement par application de l'article 410, alinéa 2, du code de procédure pénale, se borne à énoncer "qu'il résulte des pièces du dossier et des débats que les faits sont établis" ;

Mais attendu qu'en prononçant ainsi, sans répondre aux moyens de défense contenus dans la lettre adressée par la prévenue, d'où il se déduisait qu'elle demandait à être jugée en son absence, le tribunal de police n'a pas donné de base légale à sa décision ;

D'où il suit que la cassation est encourue. »

> Les juges ne peuvent ordonner un sursis à statuer sans donner de date de renvoi fixée à l'avance

• **Crim. 1er déc. 1999,** n° 99-83.509, P n° 288

* V. s[s] n° 621.55.

« Vu les articles 4 du code civil et 6.1 de la convention européenne des droits de l'homme ;

Attendu que les juges ne sauraient, sans interrompre le cours de la justice, ordonner un sursis à statuer d'une durée indéterminée ;

Attendu que, statuant après relaxe par les premiers juges de Z..., du chef d'agression sexuelle aggravée, la cour d'appel énonce que, pour assurer une parfaite sérénité des débats, il y a lieu d'ordonner le renvoi de l'affaire jusqu'à ce qu'une décision sur le fond soit prise à l'égard d'une nouvelle procédure concernant le même prévenu et la même victime ;

Mais attendu qu'en prononçant ainsi, sans fixer le terme à l'issue duquel l'affaire serait à nouveau appelée, la cour d'appel qui a interrompu le cours de la justice a méconnu le principe ci-dessus énoncé ;

Que, dès lors, la cassation est encourue ;

Par ces motifs, casse et annule [...]. »

> Il n'est pas indispensable que la défense ait la parole en dernier après l'incident joint au fond dès lors qu'elle l'a eu avant que la cour d'appel se prononce sur l'ensemble de l'affaire

• **Crim. 27 févr. 2002,** n° 01-83.119, P n° 51

* V. s[s] n° 621.28.

« Sur le premier moyen de cassation proposé pour N., pris de la violation des articles 460, 512, 513 et 593 du code de procédure pénale, défaut de motifs et manque de base légale :

En ce que l'arrêt attaqué indique que le conseil du prévenu a soulevé une exception d'incompétence territoriale donnant lieu à un débat à l'issue duquel le prévenu et son conseil n'ont pas eu la parole en dernier ;

Alors que la règle selon laquelle le prévenu ou son conseil doivent, à peine de nullité, avoir toujours la parole en dernier doit s'appliquer aux débats portant sur les questions de nullité de procédure soulevées au début de l'audience même si une décision de jonction a été ordonnée ; qu'ainsi la Cour a méconnu les droits de la défense ;

Attendu que l'arrêt mentionne qu'après que les avocats des prévenus, puis le ministère public et l'avocat de la partie civile eurent été entendus sur l'exception d'incompétence, les juges ont joint l'incident au fond ;

Attendu qu'en l'état de ces énonciations, l'arrêt n'encourt pas la censure, dès lors que, après jonction de l'incident au fond et poursuite des débats, les avocats des prévenus ont eu la parole en dernier, avant que la cour d'appel ne se prononce sur l'ensemble de l'affaire ;

Qu'il s'ensuit que le moyen doit être écarté. »

> Le dépôt de conclusion au début de l'audience suffit à saisir la juridiction de la nullité même si l'attention de la juridiction n'a pas été attirée sur leur nature et si l'avocat ne les a développées oralement qu'après les réquisitions sur le fond du ministère public

• **Crim. 10 déc. 2003,** n° 02-87.487, P n° 244

* V. s[s] n° 621.24.

« Vu les articles 385 et 386 du code de procédure pénale ;

Attendu que selon ces textes le tribunal doit statuer sur les exceptions que le prévenu lui soumet dans des conclusions régulièrement déposées avant toute défense au fond ;

Attendu qu'au début de l'audience du 6 novembre 2001, le conseil de Georges X... a déposé des conclusions soulevant des exceptions de nullité ; que, pour confirmer l'irrecevabilité des exceptions ainsi soulevées, l'arrêt attaqué retient que l'avocat du prévenu, à l'annonce du dossier, s'est contenté de déposer sur le bureau du tribunal des conclusions, sans attirer l'attention du magistrat sur leur contenu, et n'a développé ses moyens de nullité qu'après que l'instruction de l'affaire eut été faite à la barre et que le procureur de la République eut pris ses réquisitions ;

Mais attendu qu'en prononçant ainsi, alors que, par le dépôt des conclusions au début de l'audience, le tribunal se trouvait saisi, dès l'ouverture des débats et avant toute défense au fond, des exceptions ainsi présentées, l'arrêt attaqué a méconnu le sens et la portée du principe ci-dessus rappelé. »

> L'exception prise de l'incompétence de la juridiction correctionnelle au profit de la cour d'assises n'impose pas une décision immédiate commandée par une disposition qui touche à l'ordre public

• **Crim. 16 juin 2009,** n° 08-87.090, P n° 124

* V. s[s] n° 621.35.

« Sur le premier moyen de cassation, pris de la violation des articles 111-1 et 111-2, 222-7, 222-8, 7° et 10°, du code pénal, 459, 469, 591 et 593 du code de procédure pénale, violation de la loi, défaut de motifs, excès de pouvoir ;

En ce que la cour d'appel a déclaré Pascaline X..., veuve Y..., en partie mal fondée en son appel, déclaré irrecevable en cause d'appel l'exception d'incompétence soulevée par les parties civiles, rejeté le moyen visant à ce que l'incident constitué par cette exception de compétence ne soit pas joint au fond et confirmé le jugement en ce qu'il a déclaré irrecevable l'exception d'incompétence soulevée par la partie civile sur le fondement de l'article 469 du code de procédure pénale, joint cet incident au fond en application de l'article 459 du même code et a confirmé le jugement en ce qu'il a déclaré Jean-Marc Z... coupable des faits d'homicide involontaire ;

Aux motifs que les parties ont soulevé *in limine litis* l'incompétence de la présente juridiction au motif que les faits reprochés au prévenu sont intentionnels et constituent en réalité le crime de violences volontaires ayant entraîné la mort sans l'intention de la donner par une personne dépositaire de l'autorité publique dans l'exercice de sa mission avec l'usage d'une arme prévu et réprimé par les articles 222-7, 222-8, 7° et 10°, puis 132-23 du code pénal, demandent à la cour de statuer par décision immédiate et non après jonction au fond de cet incident ; mais que, hors le cas d'impossibilité absolue ou lorsqu'une décision immédiate sur l'incident ou sur l'exception est commandée par une disposition d'ordre public, la juridiction saisie de conclusions régulièrement déposées doit, conformément à l'article 459 du code de procédure pénale, joindre au fond tout incident ou exception dont elle est saisie et y statuer par une seule et même décision en se prononçant en premier lieu sur l'exception et ensuite sur le fond ; que n'étant dans aucune des hypothèses envisagées par le dernier alinéa de l'article 459 précité et telle que retenue par la juridiction comme l'immunité diplomatique parlementaire ou ministérielle, le tribunal, dont la cour adopte les motifs, a justement joint au fond l'exception soulevée ; que, de même, la cour joint, pour les mêmes motifs adoptés, la présente exception soulevée à nouveau devant elle avant tout débat au fond ; qu'il convient de confirmer la décision entreprise de ce chef ;

Alors que les règles de qualification des infractions et de compétence des juridictions pénales sont d'ordre public ; que, si les faits contenus dans l'ordonnance de renvoi sont susceptibles d'une qualification criminelle, le juge correctionnel doit se déclarer incompétent ; qu'en l'espèce, l'incident ayant trait à l'incompétence de la juridiction correctionnelle pour connaître de faits criminels caractérisant l'infraction de violences ayant entraîné la mort sans intention de la donner, la cour d'appel ne pouvait, sans violer les textes précités, juger qu'elle n'était pas saisie d'une question d'application d'une règle d'ordre public ;

Attendu que, pour joindre l'incident au fond, en écartant les conclusions déposées par l'avocat des parties civiles en cause d'appel, avant toute défense au fond, demandant à la cour de statuer par arrêt séparé sur sa compétence, l'arrêt énonce que ne sont pas réunies les conditions posées par le dernier alinéa de l'article 459 du code de procédure pénale ;

Attendu qu'en statuant ainsi, la cour d'appel a fait l'exacte application dudit article ;

Qu'en effet, n'impose pas une décision immédiate commandée par une disposition qui touche à l'ordre public, au sens du dernier alinéa de ce texte, une exception prise de l'incompétence de la juridiction correctionnelle au profit de la cour d'assises ;

Que, dès lors, le moyen ne peut qu'être écarté. »

> La juridiction de jugement ne peut écarter des pièces des débats parce qu'elles n'ont pas été communiquées au ministère public alors qu'il lui appartenait d'assurer le débat contradictoire en ordonnant leur communication

• **Crim. 12 janv. 2005,** n° 04-81.982, P n° 17

* V. s[s] n° 621.25.

« Vu l'article 427 du code de procédure pénale ;

Attendu qu'il résulte de ce texte que le juge ne peut refuser d'examiner les preuves qui lui sont apportées lors des débats, au motif qu'elles n'auraient pas été préalablement communiquées à la partie adverse ;

Attendu qu'il résulte des énonciations de l'arrêt attaqué que Jean-Louis X..., prévenu d'abus de confiance, a produit divers documents lors des débats d'appel ; que, pour faire droit à la demande du ministère public tendant à ce que ces pièces soient écartées des débats, les juges du second degré énoncent que "ne peuvent être pris en considération par la Cour des documents non soumis à la libre discussion des parties, notamment lorsqu'ils n'ont pas, préalablement, été remis au ministère public" ;

Mais attendu qu'en statuant ainsi alors qu'il lui appartenait d'assurer le débat contradictoire en ordonnant la communication des documents susvisés au ministère public, la cour d'appel a méconnu le sens et la portée du texte susvisé et du principe ci-dessus rappelé ;

D'où il suit que la cassation est encourue ;

Par ces motifs, et sans qu'il y ait lieu de statuer sur les autres moyens ;

casse et annule [...]. »

> La note en délibéré est admissible dès lors que le principe du contradictoire a été respecté

• **Crim. 9 févr. 2005,** n° 83-87.710, NP

* V. s[s] n° 621.26.

« Attendu qu'il résulte de l'arrêt attaqué et des pièces de procédure que Norith X... Y... a été déclaré coupable d'escroqueries à la TVA, commises au cours du second semestre de l'année 1997 et de l'année 1998, par jugement du 6 mai 2002, qui a constaté la prescription des faits commis antérieurement au 18 juillet 1997 ; que le tribunal l'a condamné à verser à l'État, partie civile, une somme de 15 000 euros à titre de dommages-intérêts ; que, saisie du seul appel de la partie civile, la cour d'appel, après lui avoir demandé d'indiquer, dans une note en délibéré, le montant de la taxe dont le remboursement avait été frauduleusement obtenu par le prévenu au cours de la seule période non prescrite, a estimé que le préjudice de l'État, causé par le délit, consistait en principal dans le montant de cette taxe, et a condamné le prévenu à verser à la partie civile la somme de 559 178,43 euros ;

Attendu que, d'une part, les juges, qui apprécient l'opportunité d'ordonner la reprise des débats à la suite d'une note en délibéré, n'ont pas méconnu les textes conventionnels et légaux visés au moyen, dès lors que la Cour de cassation est en mesure de s'assurer que cette note a été communiquée au conseil du prévenu et que celui-ci pouvait y répondre ;

Attendu, d'autre part, qu'en évaluant comme elle l'a fait le montant du préjudice de la partie civile, la cour d'appel, qui n'avait pas à répondre mieux qu'elle ne l'a fait aux conclusions dont elle était saisie, n'a fait qu'user de son pouvoir d'apprécier, dans les limites des conclusions des parties, l'indemnité propre à réparer le dommage né de l'infraction ;

D'où il suit que le moyen doit être écarté ;

Et attendu que l'arrêt est régulier en la forme ;

REJETTE le pourvoi. »

> Aucune disposition légale n'impose à la partie qui dépose des conclusions, conformément à l'article 459 du code de procédure pénale, de les communiquer aux autres parties. Encourt dès lors la censure l'arrêt qui déclare irrecevables des conclusions régulièrement déposées au motif qu'elles n'ont pas été adressées aux avocats des autres parties alors qu'il appartenait aux juges d'ordonner ou d'assurer la communication de ces conclusions

• **Crim. 23 janv. 2007,** n° 06-84.551, P n° 14

* V. s[s] n° 621.25.

« Vu l'article 459 du code de procédure pénale ;

Attendu que ce texte n'exige pas que la partie qui dépose des conclusions, dans les conditions qu'il prévoit, les communique préalablement aux autres parties ;

Attendu qu'il résulte de l'arrêt attaqué et des pièces de la procédure que Gilbert H., condamné par le tribunal correctionnel pour injures publiques envers une personne en raison de son origine ou de son appartenance ou de sa non-appartenance à une ethnie, une nation, une race ou une religion déterminée, a interjeté appel ;

Attendu que, pour déclarer irrecevables les conclusions que son avocat avait adressées, par télécopie, à la cour d'appel l'avant-veille de l'audience et régulièrement visées, l'arrêt énonce que ces conclusions n'ont pas été adressées aux avocats des parties civiles ;

Mais attendu qu'en prononçant ainsi, alors qu'il appartenait aux juges d'ordonner ou d'assurer la communication des conclusions aux autres parties, la cour d'appel a méconnu le sens et la portée du texte susvisé et du principe ci-dessus rappelé ;

D'où il suit que la cassation est encourue ;

Par ces motifs, casse et annule [...]. »

> Les juges ne peuvent, sans motiver leur décision, refuser le renvoi d'une affaire sollicité par le prévenu en raison de l'absence de l'avocat choisi

• **Crim. 15 juin 2010,** n° 09-88.193, P n° 106

* V. s[s] n°s 621.44, 621.53, 621.55.

« Sur le premier moyen de cassation, pris de la violation de l'article préliminaire, alinéa 1er, du code de procédure pénale :

Vu ledit article, ensemble l'article 6, § 3 de la convention européenne des droits de l'homme ;

Attendu que, selon ces textes, toute personne poursuivie, qui ne souhaite pas se défendre elle-même, a droit à l'assistance d'un défenseur de son choix ; que les juges ne peuvent, sans motiver leur décision, refuser le renvoi d'une affaire sollicité par le prévenu en raison de l'absence de l'avocat choisi ;

Attendu qu'il résulte des pièces de la procédure que l'avocat d'Olivier G. Roussel a demandé le renvoi de l'affaire par télécopie et par lettre, parvenues avant l'audience, et que la juridiction de proximité a statué par décision contradictoire à signifier à l'égard du prévenu ;

Mais attendu que, le jugement ne mentionnant ni la demande de renvoi ni la décision des juges en réponse à cette demande, la cassation est encourue ;

Par ces motifs, et sans qu'il soit besoin d'examiner le second moyen de cassation proposé :

casse et annule [...]. »

> L'exercice de la faculté reconnue au prévenu qui comparaît devant la juridiction correctionnelle de se faire assister d'un avocat, et, s'il n'en a pas fait le choix avant l'audience et demande cependant à être assisté, de s'en faire désigner un d'office par le président implique, pour être effectif, y compris en cause d'appel, que ce dernier l'ait préalablement informé de cette faculté s'il n'a pas reçu cette information avant l'audience

• **Crim. 24 nov. 2010,** n° 10-82.772, P n° 189

* V. s[s] n° 621.44.

« Vu l'article 593 du code de procédure pénale, ensemble l'article 417 du même code ;

Attendu que tout jugement ou arrêt doit comporter les motifs propres à justifier la décision ; que l'insuffisance ou la contradiction des motifs équivaut à leur absence ;

Attendu que le prévenu, à l'audience des débats du 17 février 2010, a sollicité le renvoi au motif qu'il souhaitait comparaître assisté d'un conseil ; que, pour rejeter cette demande, l'arrêt énonce que les faits sont du 2 novembre 2008, le jugement du 5 janvier 2009 et l'appel du 13 janvier suivant et que l'intéressé a donc eu, depuis cette dernière date notamment, le temps de préparer sa défense ;

Mais attendu qu'en prononçant ainsi, sans permettre à la Cour de cassation de s'assurer que l'intéressé avait été en mesure de bénéficier de l'assistance d'un avocat de son choix ou commis d'office, la cour d'appel a violé le texte susvisé et le principe ci-dessus rappelé ;

D'où il suit que la cassation est encourue. »

> Des conclusions ne respectant pas les dispositions de l'article 459, de la part d'un prévenu ne comparaissant pas ni n'étant représenté, sont irrecevables (REVIREMENT par rapport à : Crim. 27 mai 1987, n° 86-93.921, P n° 223). Dès lors, le prévenu ne peut se faire un grief d'une insuffisance ou d'un défaut de réponse aux moyens qui pouvaient être contenus dans ces écrits

• **Crim. 16 juin 2011,** n° 10-87.568, p. 139

* V. s[s] n°s 621.44.

« Sur le premier moyen de cassation, pris de la violation des articles préliminaire, 32, 47, 410, 411, 523-1, 535, 591, 593 du code de procédure pénale et 6 de la convention européenne des droits de l'homme ;

Sur le deuxième moyen de cassation, pris de la violation des articles préliminaire, 32, 47, 410, 411, 523-1, 535, 591, 593 du code de procédure pénale et 6 de la convention européenne des droits de l'homme ;

Sur le troisième moyen de cassation, pris de la violation des articles préliminaire, 18 à 21, 410, 411, 535, 591, 593 du code de procédure pénale, L. 130-1 et L. 130-3 du code de la route et 6 de la convention européenne des droits de l'homme ;

Sur le quatrième moyen de cassation, pris de la violation des articles préliminaire, 410, 411, 535, 591, 593 du code de procédure pénale, L. 2213-2, L. 2213-3, L. 2512-14 du code général des collectivités territoriales, 111-5 du code pénal, 9 de la loi n° 75-1331 du 31 décembre 1975 et 6 de la convention européenne des droits de l'homme ;

Sur le cinquième moyen de cassation, pris de la violation des articles préliminaire, 410, 411, 535, 591, 593 du code de procédure pénale, L. 2213-2, L. 2213-3, L. 2512-14 du code général des collectivités territoriales et 6 de la convention européenne des droits de l'homme ;

Sur le sixième moyen de cassation, pris de la violation des articles préliminaire, 410, 411, 535, 591, 593 du code de procédure pénale et 6 de la convention européenne des droits de l'homme ;

Sur le septième moyen de cassation, pris de la violation des articles préliminaire, 410, 411, 535, 591, 593 du code de procédure pénale et 6 de la convention européenne des droits de l'homme ;

Sur le huitième moyen de cassation, pris de la violation des articles préliminaire, 410, 411, 535, 591, 593 du code de procédure pénale, R. 411-25, alinéa 2, du code de la route et 6 de la convention européenne des droits de l'homme ;

Les moyens étant réunis ;

Attendu que le prévenu ne saurait se faire un grief d'une insuffisance ou d'un défaut de réponse à conclusions, dès lors que les écrits qu'il a adressés à la juridiction ne valent pas conclusions régulièrement déposées au sens de l'article 459 du code de procédure pénale, faute pour lui d'avoir comparu à l'audience ou d'y avoir été représenté ;

D'où il suit que les moyens doivent être écartés ;

Et attendu que l'arrêt est régulier en la forme ;

REJETTE le pourvoi. »

> La décision du barreau de suspendre pour une durée indéterminée sa participation aux audiences constitue, au regard des impératifs de l'espèce, une circonstance insurmontable justifiant que l'examen d'un mandat d'arrêt européen soit effectué sans que la personne réclamée soit assistée par un avocat

• **Crim. 8 juill. 2015,** n° 14-86.400, P n° 177

* V. s[s] n°s 621.44.

« Attendu qu'il résulte de l'arrêt attaqué et des pièces de procédure que M. Chlaouchi, qui, en raison du mouvement du barreau local consistant à suspendre toute participation aux audiences, a comparu le 19 août 2014 devant la cour d'appel sans pouvoir bénéficier de l'assistance d'un avocat commis d'office, a demandé que l'affaire soit renvoyée ;

Attendu que, pour rejeter cette demande et statuer au fond, les juges énoncent que, d'une part, par arrêt du 29 juillet 2013, a été autorisée, en exécution d'un mandat d'arrêt européen, la remise aux autorités belges de M. Chlaouchi, fixée au 24 septembre 2014, d'autre part, le conseil de l'ordre a confirmé qu'en raison de la grève du barreau, aucun avocat ne pourrait être désigné pour assister le prévenu, la date de la fin de ce mouvement n'étant pas précisée ;

Attendu qu'en prononçant ainsi, et dès lors que la décision du barreau de suspendre pour une durée indéterminée sa participation aux audiences constituait une circonstance insurmontable justifiant, au regard des impératifs de l'espèce, que l'affaire fût retenue sans la présence d'un avocat, la cour d'appel a justifié sa décision sans méconnaître les dispositions conventionnelles invoquées ;

D'où il suit que le moyen ne saurait être accueilli ;

Et attendu que l'arrêt est régulier en la forme ;

REJETTE le pourvoi. »

> N'encourt pas la censure l'arrêt rendu par une chambre des appels correctionnels dont le président, lors des débats, a décidé d'entendre en qualité de témoin, mais sans observer les prescriptions des articles 435 à 457 et 513 du code de procédure pénale, une personne présente dans la salle, dès lors que la déclaration de culpabilité n'est pas fondée, même pour partie, sur ses déclarations faites à l'audience

• **Crim. 20 févr. 2019,** n° 18-80.421, P, n° 47.

* V. s[s] n° 621.93

« Attendu qu'il résulte de l'arrêt attaqué, du jugement qu'il confirme et des pièces de procédure que le fils de Mme F. B, alors âgé de trois ans, a été hospitalisé pour plusieurs blessures ; que sa mère a déclaré aux services de police que celui-ci était tombé dans les escaliers de l'immeuble où elle habitait ; que cette déclaration ne correspondant pas aux blessures relevées, notamment une morsure sur le torse de l'enfant et certains hématomes, et aux déclarations de voisines qui dénonçaient la violence de son concubin, Mme B., lors de sa seconde audition, a reconnu que M. S. à qui elle avait confié momentanément l'enfant, lui avait avoué, à son retour, avoir corrigé son fils qui avait fait une bêtise ; que l'enfant a été provisoirement placé et qu'un administrateur *ad hoc* lui a été désigné ; qu'interpellé, M. S. a soutenu n'être aucunement impliqué dans les faits et dénoncé l'une des voisines, à qui il a soutenu avoir confié l'enfant très momentanément ; que, poursuivi pour violences ayant entraîné une incapacité totale de travail de vingt et un jours sur mineur de 15 ans, M. S. a été condamné à trois ans d'emprisonnement, le tribunal correctionnel décernant en outre mandat de dépôt ; que M. S. a interjeté appel de la décision ainsi que le ministère public ;

Attendu que, devant les dénégations de M. S. le président de la chambre des appels correctionnels a fait appeler à la barre Mme B assistait aux débats et que l'intéressée a été entendue sans prestation de serment ; qu'il ressort des notes d'audience, signées du président et du greffier, que celle-ci est revenue sur ses secondes déclarations, affirmant qu'elle ne savait pas quelle personne avait frappé l'enfant, ni comment son fils s'était cassé le bras, que le prévenu ne la frappait pas, qu'elle n'en avait pas peur et qu'elle n'était pas « venue dire qu'il était innocent mais écouter ce qui se passait » ; que la cour d'appel a confirmé le jugement par un arrêt qui ne rapporte pas les termes de cette audition mais retient les déclarations de la mère de l'enfant faites aux services de police ;

Attendu qu'en cet état, si les prescriptions des articles 435 à 457 et 513 du code de procédure pénale relatives à l'audition d'un témoin par la chambre des appels correctionnels n'ont pas été respectées, la cassation n'est cependant pas encourue dés lors que la déclaration de culpabilité n'a pas été fondée, même pour partie, sur les déclarations faites à l'audience par Mme B. »

> Le prévenu ou son avocat doit toujours avoir la parole en dernier sur un incident qui n'est pas joint au fond. Il en est ainsi d'une demande de renvoi

• **Crim. 15 juin 2021,** n° 20-83.192, NP.

* V. s[s] n° 621.42

« Vu l'article 513 du code de procédure pénale :

8. Aux termes de ce texte, le prévenu ou son avocat auront toujours la parole les derniers ; cette règle s'applique à tout incident dès lors qu'il n'est pas joint au fond.

9. Il résulte des mentions de l'arrêt attaqué qu'à l'audience du 11 mars 2020, au cours des débats, il a été décidé de renvoyer l'affaire en ce qui concerne l'EPIC et il a été statué sur la demande de renvoi formée par la société O. et à laquelle le ministère public s'est opposé, pour la rejeter, sans que cette société ni son avocat n'aient eu la parole en dernier.

10. En prononçant ainsi, alors que l'incident n'avait pas été joint au fond, la cour d'appel a méconnu le sens et la portée du texte susvisé et le principe ci-dessus rappelé.

11. La cassation est par conséquent encourue de ce chef. »

> Aucune disposition de procédure pénale n'interdit aux juges de décider que soient annexés à une procédure pénale les éléments d'une autre procédure dont la production peut être de nature à les éclairer et à contribuer à la manifestation de la vérité, à la seule condition qu'une telle jonction ait un caractère contradictoire et que les pièces ou les procédures communiquées puissent être soumises à la discussion de toutes les parties. Toutefois, si l'opportunité d'ordonner un supplément d'information, notamment aux fins de versement au dossier de nouvelles pièces, relève de l'appréciation souveraine des juges du fond, le refus

d'ordonner un supplément d'information doit être spécialement motivé. La Cour de cassation exerce son contrôle sur la suffisance de la motivation de la décision de rejet d'une telle demande

• **Crim. 14 déc. 2022,** n° 21-86.427, P.

* V. s^s n° 621.74

« 13. Les demandeurs soutiennent qu'une juridiction répressive ne peut, sans méconnaître les règles du procès équitable, fonder une condamnation sur des pièces extraites d'une procédure distincte, si elle a refusé son versement en totalité au dossier dont elle est saisie.

14. La Cour de cassation juge qu'aucune disposition de procédure pénale n'interdit aux juges de décider que soient annexés à une procédure pénale les éléments d'une autre procédure dont la production peut être de nature à les éclairer et à contribuer à la manifestation de la vérité, à la seule condition qu'une telle jonction ait un caractère contradictoire et que les pièces ou les procédures communiquées puissent être soumises à la discussion de toutes les parties (Crim. 16 mars 1981, n° 80-95.343, P, n° 91).

15. Elle juge également que l'opportunité d'ordonner un supplément d'information, notamment aux fins de versement au dossier de nouvelles pièces, relève de l'appréciation souveraine des juges du fond (Crim. 13 mars 1997, n° 96-81.081, P, n° 197 ; Crim. 11 sept. 2019, n° 18-81.980, P). Elle rappelle que le refus d'ordonner un supplément d'information doit être spécialement motivé et exerce son contrôle sur la suffisance de la motivation de la décision de rejet d'une telle demande (Crim. 25 avr. 2006, n° 05-87.318, P, n° 111 ; Crim. 9 mai 2019, n° 18-81.743, P, n° 88).

16. Ces règles ne méconnaissent aucun des principes de droit conventionnel ou de droit interne visés aux moyens, pour les motifs qui suivent.

17. La Cour européenne des droits de l'homme, sur le fondement de l'article 6 de la Convention, exige que l'accusation comme la défense puissent prendre connaissance des observations ou éléments de preuve produits par l'autre partie et soient en mesure de les discuter (CEDH, 28 août 1991, *Brandstetter c/ Autriche*, req. n°s 11170/84, 12876/87, 13468/87).

18. Pour autant, elle juge que l'exigence d'équité du procès ne fait pas obligation à la juridiction de jugement d'ordonner une mesure d'instruction au seul motif que l'une des parties en a fait la demande, et que les juridictions sont libres, pourvu que la Convention soit respectée, de refuser d'ordonner une telle mesure (CEDH, 26 juill. 2011, *[N] et autres c/ Azerbaïdjan*, req. n°s 35485/05, 35680/05, 36085/05).

19. Aucune décision de la Cour européenne des droits de l'homme ne censure le versement, au dossier d'une procédure, de pièces provenant d'une autre procédure, ni ne reconnaît le droit à la personne poursuivie d'obtenir le versement de la totalité de la procédure dont elles ont été extraites.

20. Par ailleurs, la Cour de cassation juge que, lorsque, dans le dossier de la procédure suivie contre elle, est versée depuis une autre procédure une pièce qui la concerne, la personne poursuivie peut, si elle a qualité pour agir, en demander l'annulation. Tel est le cas, par exemple, de transcriptions d'écoutes téléphoniques, de résultats d'une géolocalisation ou d'expertises provenant d'autres procédures (Crim. 16 févr. 2011, n° 10-82.865, P, n° 29 ; Crim. 8 juill. 2015, n° 15-81.731, P, n° 174).

21. Il résulte des motifs exprimés aux paragraphes 17 à 20 que la jurisprudence rappelée aux paragraphes 14 et 15 doit être maintenue.

22. En l'espèce, devant la cour d'appel, M. [B] a sollicité un supplément d'information, afin que soient produites, dans leur totalité, trois procédures d'information dont seules certaines pièces avaient été versées au dossier. Au soutien de sa demande, il a indiqué que ces pièces avaient conduit le juge d'instruction puis le tribunal à déduire l'existence d'un contexte criminogène venant étayer la déclaration de culpabilité en considérant que les faits poursuivis constituaient une action de représailles, cette appréciation n'étant fondée sur aucun élément objectif.

23. Pour rejeter cette demande, l'arrêt attaqué indique que les dossiers d'information dont la communication était demandée se rapportaient à deux tentatives de meurtre commises sur [V] [E] [I], les 14 janvier et 21 février 2016, et à l'homicide dont il a été victime, le 23 septembre 2017. Les juges retiennent que, pour chacune de ces procédures, les pièces nécessaires à la compréhension de leur contexte ont été transmises. Ils précisent que les pièces annexées, provenant de la procédure d'information n° 916/02, comprenaient non seulement le procès-verbal de synthèse initial mais également l'ensemble des auditions d'[V] [E] [I], lequel avait développé de manière complète les circonstances dans lesquelles s'inscrivaient les règlements de comptes et livré les noms de ses possibles agresseurs.

24. Les juges ajoutent que, selon une recherche opérée pendant le temps de l'audience, faite à la demande de la défense, et dont les résultats ont été communiqués pendant les débats, cette procédure a été clôturée par une ordonnance de non-lieu, sans que rien ne permette de confirmer ou d'infirmer la thèse avancée par [V] [E] [I]. Ils relèvent que le contexte ainsi parfaitement décrit par la victime elle-même était commun aux deux autres dossiers qui la concernent également et plus particulièrement à la procédure d'information n° 916/07, laquelle a également fait l'objet d'un non-lieu conformément à un réquisitoire définitif également annexé au dossier.

25. Ils constatent que la procédure d'information n° 916/003, relative à l'homicide d'[V] [E] [I], s'inscrivait dans le même contexte et qu'elle était toujours en cours, de sorte qu'une juridiction de jugement ne pourrait contraindre le juge d'instruction à communiquer des pièces toujours couvertes par le secret de l'instruction.

26. En l'état de ces motifs, dénués d'insuffisance et de contradiction, qui établissent que le supplément d'information sollicité n'aurait apporté aucun élément utile à la manifestation de la vérité et que la procédure, telle qu'elle était constituée, permettait un exercice des droits de la défense satisfaisant aux exigences du procès équitable, prévues par l'article 6 de la Convention européenne des droits de l'homme et l'article préliminaire du code de procédure pénale, la cour d'appel a justifié sa décision. »

621.03 Bibliographie indicative.

Articles. D. Apelbaum, M. Durand-Poincloux, M. Dekonink, « Le renvoi dans l'intérêt des droits de la défense : régime et incertitudes d'un mécanisme essentiel du procès pénal », *Dr. pénal* 2021, étude 21.

SECTION 1
NOTIONS

621.11 Incidents de procédure. Il n'existe pas de définition des incidents. On s'accorde en général à dire que l'incident consacre un désaccord entre les parties ou entre une partie et la juridiction de jugement. Il s'agit d'une contestation accessoire au procès pénal qui tend à différer le jugement de l'affaire. Le dépôt de conclusion oblige alors les juges à répondre aux arguments soulevés. L'article 459 du code de procédure pénale vise d'ailleurs et tout d'abord, dans ses deux premiers alinéas, la possibilité pour le prévenu et les autres parties, de déposer des conclusions. C'est seulement l'alinéa trois qui mentionne que « le tribunal qui est tenu de répondre aux conclusions ainsi régulièrement déposées doit joindre au fond les incidents et exceptions dont il est saisi... ».

Les incidents les plus fréquents sont les demandes de renvoi, de complément d'information, d'expertise, d'audition de témoin...

621.12 Distinction des incidents et des exceptions. L'exception est un moyen de défense qui dénie à la juridiction le droit de condamner tandis que l'incident ne fait que consacrer un désaccord ayant pour effet de différer le jugement.

621.13 Réquisitions du ministère public. Le parquet peut présenter au nom de la loi, les réquisitions tant écrites qu'orales qu'il croit convenables au bien de la justice[1]. Sa liberté de parole à l'audience est consacrée par l'article 33 du code de procédure pénale. Si le ministère public prend des réquisitions écrites, mention en est faite aux notes d'audience tenues par le greffier et le tribunal est tenu d'y répondre. Aucune disposition légale n'impose qu'elles soient communiquées par avance aux parties.

SECTION 2
DEMANDE

621.21 Définition de la façon dont les incidents et exceptions doivent être déposés[2]. En fait, c'est par la nécessité qui est faite au tribunal de répondre aux « conclusions régulièrement déposées » que l'on conclut en général à la nécessité pour les parties de les déposer par écrit et de les faire viser par le greffier. Ces conclusions sont visées par le président et le greffier ; ce dernier mentionne ce dépôt aux notes d'audience[3]. Faute de dépôt à l'audience et de visa des conclusions, le tribunal n'est donc pas tenu d'y répondre. Le tribunal correctionnel n'était ainsi pas tenu de répondre à des conclusions non datées ni signées par leurs auteurs et non revêtues du visa du greffier[4]. Des conclusions non signées par leur auteur, et qui ne sont revêtues d'aucun des visas prévus par l'article 459 du code de procédure pénale, n'établissent pas que les juges d'appel aient été mis en mesure d'y répondre[5].

Saisi à propos de la constitutionnalité des notes d'audiences, le Conseil constitutionnel a rendu le 20 septembre 2019 une décision de conformité[6]. Il juge que, la voie de l'inscription de faux étant ouverte au plaideur, celui-ci pouvant déposer des conclusions d'incident faisant état de l'irrégularité, et les parties pouvant, lors de l'audience, exiger qu'il leur soit donné acte dans les notes d'audience de propos tenus ou d'incidents. Dès lors, il ne résulte pas des dispositions contestées l'impossibilité pour une partie d'apporter la preuve de l'existence d'une irrégularité ayant affecté le déroulement d'une audience correctionnelle. Les griefs tirés de la méconnaissance du droit à un procès équitable et des droits de la défense doivent en conséquence être écartés. L'égalité devant la loi et la justice n'est pas non plus malmenée par cette disposition.

621.22 Conclusions formulées oralement et mentionnées par le juge. Le fait de formuler des incidents ou exceptions oralement ou en n'ayant pas respecté les formalités de visa prévues par l'article 459 du code de procédure pénale n'entraîne aucune nullité, s'il résulte de la décision que les conclusions ont été soumises au juge qui s'y réfère[7].

621.23 Les incidents et les exceptions peuvent, en principe, être soulevés à tout moment. Si les nullités de procédure et les questions préjudicielles doivent être soulevées *in limine litis*, ce n'est pas le cas des incidents ou des exceptions simples de procédure, qui peuvent en principe être soulevées à tout moment. Les textes des articles 385 et 386 du code de procédure pénale n'imposent en effet le respect de cette exigence qu'en ce qui concerne les *exceptions de nullité* et les *questions préjudicielles*. Toutefois, la jurisprudence a étendu cette règle à d'autres exceptions. Mais les incidents de procédure, telles

1. C. pr. pén., art. 458.
2. C. pr. pén., art. 459.
3. C. pr. pén., art. 459, al. 2.
4. Crim. 8 juin 1994, nº 93-83.548, P nº 229 – Crim. 4 févr. 2004, nº 03-81.984, P nº 32.
5. Crim. 13 oct. 2015, nº 14-86.374, P nº 222 ; *JCP* 2015. 1283.
6. Cons. const. 20 sept. 2019, nº 2019-801 QPC : *Dr. pénal* 2020, chron. 9, M. Brenaut et F. Safi.
7. Crim. 25 oct. 1977, nº 76-90.676, P nº 318 (v. ss nº 621.01).

les conclusions sollicitant des mesures d'instruction, un sursis à statuer, un renvoi[1], un supplément d'information, une demande d'expertise, *etc.*, sont recevables à tout moment.

621.24 **Conclusions recevables.** Un rappel à l'orthodoxie de l'article 459, a amené la chambre criminelle à juger que les écrits adressés à la juridiction par un prévenu ayant, en application de l'article 411 du code de procédure pénale, demandé à être jugé en son absence, ne sont pas régulièrement déposés au sens de ce texte, faute pour lui d'avoir comparu à l'audience ou d'y avoir été représenté. Dès lors, le prévenu ne peut se faire un grief d'une insuffisance ou d'un défaut de réponse aux moyens qui pouvaient être contenus dans ces écrits[2]. Toutefois, est recevable l'exception de nullité réitérée en appel et non soutenue oralement lorsqu'elle est déposée par voie de conclusions écrites avant les débats au fond[3].

Est recevable l'exception soulevée dans des conclusions déposées avant l'audience et visées par le greffier, même si elles n'ont pas été développées oralement avant les réquisitions du ministère public[4]. Dès lors que l'avocat a déposé des conclusions, il n'est pas obligé d'attirer l'attention du tribunal sur leur contenu pour que celui-ci soit saisi, « dès l'ouverture des débats et avant toute défense au fond, des exceptions ainsi présentées »[5]. La juridiction pénale se trouve saisie, dès l'ouverture des débats et avant toute défense au fond, des exceptions présentées dans des conclusions déposées au greffe de la juridiction, trois jours avant l'audience, et qui ont été visées par le greffier[6].

621.25 **Respect du contradictoire.** Il n'existe pas de règle écrite dans le code de procédure pénale garantissant que les conclusions des parties soient communiquées entre elles ou au ministère public. L'article 5-3 du règlement intérieur national de la profession d'avocat prévoit que : « Si dans une procédure pénale, le prévenu ou l'accusé est demandeur à une exception ou fin de non-recevoir, son avocat doit communiquer ses moyens et éléments de preuve sans délai pour permettre la contradiction en temps utile par la partie défenderesse à l'exception ou à la fin de non-recevoir, sauf si cette communication compromet le moyen soulevé, auquel cas s'applique la règle générale selon laquelle les avocats des parties communiquent leurs moyens de droit ou de fait et leurs éléments de preuve au ministère public et aux avocats des autres parties au plus tard à la fin de l'instruction du dossier à l'audience. »

Le tribunal ne peut écarter des conclusions au motif qu'elles n'auraient pas été communiquées auparavant aux autres parties[7]. Il ne peut pas non plus écarter des pièces au motif qu'elles n'ont pas été, préalablement, remises au ministère public : il résulte de l'article 427 du code de procédure pénale que le juge ne peut refuser d'examiner les preuves qui lui sont apportées lors des débats, au motif qu'elles n'auraient pas été préalablement communiquées à la partie adverse. Il lui appartient d'assurer cette communication avant de prendre sa décision[8]. Rappelons que l'article 427 énonce simplement que : « Hors les cas où la loi en dispose autrement, les infractions peuvent être établies par tout mode de preuve et le juge décide d'après son intime conviction. Le juge ne peut fonder sa décision que sur des preuves qui lui sont apportées au cours des débats et contradictoirement discutées devant lui ».

En pratique, si une partie ne respecte pas le principe du contradictoire et tente de mettre une autre partie ou le ministère public en difficulté par son comportement, le tribunal peut retarder le jugement de l'affaire un peu plus tard à la même audience, voire ordonner un renvoi.

621.26 **Notes en délibéré.** En matière pénale, il n'existe pas d'ordonnance de clôture. Les notes en délibéré peuvent être admises sous certaines restrictions. Le respect du principe du contradictoire est en effet primordial : « Les juges, qui apprécient l'opportunité d'ordonner la reprise des débats à la suite d'une note en délibéré, n'ont pas méconnu les textes

1. La demande de renvoi doit être formée en début d'audience. On peut penser toutefois qu'elle peut être présentée en cours d'audience dès lors qu'elle est motivée par un élément apparu depuis le début de l'audience.
2. Crim. 16 juin 2011, n° 10-87.568, P n° 139 ; *D.* 2011. 1688 ; *D.* 2011. 2231, obs. J. Pradel ; *D.* 2012. 171, Chron. C. Roth, A. Leprieur et M.-L. Divialle ; *RSC* 2011. 664, obs. J. Danet ; *RSC* 2011. 869, obs. X. Selvat – A. Maron et M. Haas, « Les absents ont toujours tort », *Dr. pénal* 2011, comm. 114 (v. s^s n° 621.01).
3. Crim. 24 oct. 2017, n° 16-85.875, P ; *Procédures* 2018, comm. 22, obs. A.-S. Chavent-Leclère.
4. SUR les conclusions déposées au greffe de la juridiction trois jours avant l'audience, visées par le greffier : Crim. 26 mars 1997, n° 96-83.477, P n° 121 ; *Procédures* 1997, n° 189, note J. Buisson – Crim. 28 févr. 2001, n° 00-82.107, P n° 52 ; *JCP* 2001. IV. 1944 ; *Dr. pénal* 2001. Chron. 39, obs. C. Marsat.
5. Crim. 10 déc. 2003, n° 02-87.487, P n° 244 ; *JCP* 2004. IV. 1240 ; *AJ pénal* 2004. 75.
6. Crim. 26 mars 1997, n° 96-83.477, P n° 121.
7. Crim. 27 juin 1929, P n° 179 – Crim. 17 juin 1991, n° 90-83.636, NP – Crim. 23 janv. 2007, n° 06-84.551, P n° 14 ; *D.* 2007. 659 ; *AJ pénal* 2007. 138, obs. C. Girault (v. s^s n° 621.01).
8. Crim. 12 janv. 2005, n° 04-81.982, P n° 17 (v. s^s n° 621.01) – Crim. 18 févr. 2015, n° 13-84.000, P n° 31 ; *AJ pénal* 2015. 261, C. Porteron ; *Dr. pénal* 2015, comm. 57, A. Maron et M. Haas – SUR LA NÉCESSITÉ de cette communication par laquelle l'accusé sera tenu au courant non seulement de la qualification juridique des faits, mais aussi « des faits matériels qui sont mis à sa charge et sur lesquels se fonde l'accusation » : CEDH 12 avr. 2011, *Adrian Constantin c/ Roumanie*, req. n° 21175/03, § 18.

conventionnels et légaux visés au moyen, dès lors que la Cour de cassation est en mesure de s'assurer que cette note a été communiquée au conseil du prévenu et que celui-ci pouvait y répondre. »[1]

Dans cette affaire, c'est d'ailleurs la cour d'appel qui avait sollicité cette note. Les juges du fond apprécient donc souverainement s'il y a lieu d'ordonner la reprise des débats à la suite du dépôt d'une note en délibéré, y compris si le principe du contradictoire a été respecté[2]. Les juges ne sont pas tenus de répondre à une note adressée spontanément en délibéré : aucune disposition légale ou conventionnelle n'impose aux juges de faire mention dans leur décision de l'existence d'une note en délibéré produite après l'audience, dès lors qu'ils ne fondent pas leur conviction sur ce document[3]. Lorsqu'elle est prise en compte, elle peut valoir renonciation à de précédentes conclusions[4]. La cour d'appel n'est pas tenue de faire mention, dans sa décision, d'une note en délibéré produite après l'audience et sur laquelle elle n'a pas fondé sa conviction[5].

Mais il en va différemment dans le cas où, au cours de l'audience, ils ont expressément accepté de recevoir une note en délibéré, celle-ci devant alors être examinée au même titre que des conclusions régulièrement déposées[6].

621.27 Conclusions déposées par une personne non comparante. Aux termes de l'article 411, alinéa 1er, du code de procédure pénale, le prévenu peut demander par courrier à être jugé en son absence, quelle que soit la peine encourue. La lettre du prévenu contenant une argumentation valait jusqu'à il y a peu conclusions et le tribunal ou la cour d'appel devait y donner suite[7]. La juridiction du jugement devait alors répondre à l'argumentation comprise dans une simple lettre. Il n'en allait autrement que, lorsque, saisie d'une demande du prévenu à être jugé en son absence à laquelle étaient jointes des conclusions, la juridiction avait ordonné sa comparution personnelle, celui-ci, s'il avait eu connaissance de la nouvelle citation et n'avait pas répondu à cette invitation sans fournir d'excuse reconnue valable, devait être jugé contradictoirement sans que le tribunal ait à répondre à ces conclusions[8]. L'arrêt précité[9] et ses confirmations[10], mettent un terme à cette lecture extensive des dispositions de l'article 459 du code de procédure pénale.

621.28 Ordre de parole. Le président donne la parole aux parties dans l'ordre indiqué par l'article 460 du code de procédure pénale, c'est-à-dire que « la partie civile est entendue en sa demande, le ministère public prend ses réquisitions, le prévenu, et, s'il y a lieu, la personne civilement responsable, présentent leur défense. La partie civile et le ministère public peuvent répliquer. Le prévenu ou son avocat auront toujours la parole les derniers ». Dans le cas où l'incident est joint au fond, il suffit que cette règle soit respectée avant que la juridiction ne se prononce sur l'ensemble de l'affaire[11]. En revanche, lorsque la juridiction rend une décision sur l'incident, l'ordre de parole doit avoir été respecté lors des débats sur cet incident[12]. Mais le prévenu ne saurait se faire un grief de ce que le président ne lui a pas donné la parole après le ministère public, dès lors que celui-ci s'en était rapporté à justice sur la demande de renvoi formée[13].

SECTION 3
RÉPONSE DU TRIBUNAL CORRECTIONNEL

621.31 Distinction entre les incidents et exceptions qui peuvent être joints au fond et les autres. En dehors de l'exception posée par l'article 459 du code de procédure pénale lui-même, il existe des inci-

1. Crim. 9 févr. 2005, n° 83-87.710, NP, *D.* 2014. 374 ; *AJ pénal* 2014. 191, obs. P. de Combles de Nayves (v. ss n° 621.01).
2. Crim. 25 juin 1990, n° 89-86.356, P n° 258 – Crim. 1er avr. 1998, n° 97-83.734, P n° 125 – Crim. 9 févr. 2005, n° 83-87.710, NP – Crim. 14 mars 2007, n° 06-81.010, NP, *AJ pénal* 2007. 288 – Crim. 2 mai 2007, n° 06-84.829, NP.
3. Crim. 2 avr. 2003, n° 02-83.834, NP – Crim. 2 mai 2007, n° 06-84.829, NP – Crim. 16 déc. 2009, n° 09-81.136, P n° 215 ; *D.* 2010. 1653, obs. P. Chaumont ; *D.* 2010. 1923, note J. Lapousterle.
4. Crim. 4 nov. 2003, n° 02-87.425, NP.
5. Crim. 9 mars 2016, n° 13-85.943, P n° 71 ; *D.* 2016. 662.
6. Crim. 29 janv. 2014, n° 13-80.093, P n° 33 ; *D.* 2014. 374 ; *AJ pénal* 2014. 191, obs. P. de Combles de Nayves.
7. SUR le fait que le tribunal de police est tenu de répondre aux chefs péremptoires des conclusions transmises par un prévenu non comparant qui a demandé à être jugé en son absence conformément aux dispositions de l'article 411, alinéa 1er, du code de procédure pénale : Crim. 27 mai 1987, n° 86-93.921, P n° 223 – Crim. 6 mai 1997, n° 96-84.807, P n° 175 – Crim. 21 oct. 1998, n° 98-80.059, P n° 271 (v. ss n° 621.01).
8. Crim. 31 mai 2000, n° 99-85.443, P n° 210.
9. V. ss n° 621.24.
10. Crim. 13 sept. 2011, n° 11-81.093, P n° 177 ; *RSC* 2011. 869, obs. X. Selvat – Crim. 22 nov. 2011, n° 11-82.826, P n° 236 ; *D.* 2011. 2998 ; *D.* 2012. 171, Chron. C. Roth, A. Leprieur et M.-L. Divialle.
11. Crim. 5 mai 1997, n° 85-82.685, P n° 166 – Crim. 27 févr. 2002, n° 01-83.119, P n° 51 ; *RSC* 2002. 810, obs. B. Bouloc (v. ss n° 621.01).
12. Crim. 27 févr. 2002, n° 01-83.119, P n° 51 ; *RSC* 2002. 810, obs. B. Bouloc – Crim. 5 janv. 2005, n° 04-82.437, P n° 8 – Crim. 12 janv. 2005, n° 04-83.030, P n° 16 ; *AJ pénal* 2015. 378, obs. G. Pitti – Crim. 1er févr. 2011, n° 10-85.378, P n° 16 ; *AJ pénal* 2011. 200.
13. Crim. 20 sept. 2011, n° 11-81.314, P n° 183 ; *D.* 2011. 2542, obs. M. Léna ; *D.* 2012. 171, chron. C. Roth, A. Leprieur et M.-L. Divialle ; *JCP* 2011. 1246 ; *AJ pénal* 2012. 47, obs. J. Pronier ; *Dr. pénal* 2011, n° 143, note J. Leroy ; *RSC* 2012. 198, obs. J. Danet.

dents qui, par leur nature ne peuvent être joints au fond :

- la première de ces demandes et la plus fréquente est la demande de renvoi de l'affaire ; il n'est pas techniquement impossible de la joindre au fond mais il s'agit alors d'un rejet implicite puisque les débats se poursuivent[1] ;
- il en est de même en cas de demande de jonction avec un autre dossier, ou de disjonction ;
- les contestations relatives à la composition du tribunal ou de la cour d'appel doivent être tranchées immédiatement. Il en est ainsi notamment des problèmes relatifs au principe de la collégialité ou du juge unique[2] ainsi que les demandes de récusation[3] ;
- toutes les demandes relatives à la publicité des débats doivent être tranchées immédiatement sous peine de perdre tout intérêt[4] ;
- la discussion sur la recevabilité d'une constitution de partie civile peut être examinée avant de lui permettre d'assister aux débats en cas de huis clos et en tout cas avant de savoir si son conseil peut plaider ;
- lorsqu'une partie, prévenu ou partie civile, s'oppose à l'audition d'un témoin cité, le tribunal doit statuer immédiatement sur la demande ;
- lorsqu'une partie, prévenu ou partie civile sollicite un supplément d'information[5] ;
- lorsqu'une partie sollicite une expertise dès lors qu'elle aurait une incidence sur l'action publique[6] ;
- lorsqu'une partie conteste la recevabilité d'une constitution de partie civile...

621.32 Non-renvoi de QPC. Dans une décision du 11 octobre 2011[7], la chambre criminelle a refusé de renvoyer au Conseil constitutionnel une question prioritaire de constitutionnalité ainsi rédigée : « L'article 459 du code de procédure pénale en ce qu'il prévoit que le tribunal alors qu'il est saisi d'une demande aux fins de constater la nullité d'ordre public d'actes et de procès-verbaux de la procédure dont il a à connaître, peut joindre au fond l'incident dont il est ainsi saisi, est-il conforme à la Constitution ou porte-t-il atteinte au principe de la présomption d'innocence, du respect des droits de la défense, du procès équitable, du respect de la liberté individuelle, d'égalité devant la loi, au principe de l'équilibre des parties dans le cadre du procès pénal, au principe de l'indépendance et de l'impartialité du juge, tels que prévus et protégés par le Préambule de la Constitution, par la Déclaration des Droits de l'Homme, par la Constitution, en ce que les actes et procès-verbaux affectés ainsi d'une nullité d'ordre public, vont être publiquement révélés et portés à la connaissance des juges qui se devront par la suite de les ignorer ? »

La chambre criminelle a jugé que la question, ne portant pas sur l'interprétation d'une disposition constitutionnelle dont le Conseil constitutionnel n'aurait pas encore eu l'occasion de faire application, n'est pas nouvelle : « Et attendu que la question posée ne présente pas, à l'évidence, un caractère sérieux dès lors que les dispositions de l'article 459 du code de procédure pénale qui prescrivent, sauf en cas d'impossibilité absolue ou lorsqu'une décision immédiate sur l'incident ou l'exception est commandée par une disposition qui touche à l'ordre public, de joindre au fond les incidents et exceptions et de statuer par un seul et même jugement, en se prononçant en premier lieu sur l'exception et ensuite sur le fond, n'ont pour seul objet, sans porter atteinte aux principes susvisés, que de prévenir les procédés dilatoires et d'aboutir ainsi à une décision dans un délai raisonnable dans l'intérêt d'une bonne administration de la justice, le jugement rendu étant susceptible d'appel en toutes ses dispositions. »

621.33 Procédure applicable lorsque le tribunal statue immédiatement sur la demande. Dès lors qu'il est saisi d'un tel incident, le tribunal procède comme il le ferait dans le cas où un incident ou une exception serait joint au fond : les arguments développés peuvent d'ailleurs avoir une incidence sur le fait que la juridiction correctionnelle décide ou non de statuer immédiatement. Les parties sont alors entendues conformément à la lettre de l'article 460 du code de procédure pénale en première instance, c'est-à-dire la partie civile en premier, puis le ministère public qui prend ses réquisitions, et le prévenu ainsi que, s'il y a lieu, la personne civilement responsable.

En fait, en général, c'est plutôt le demandeur à l'exception ou à l'incident qui est entendu en premier et les autres intervenants ensuite dans l'ordre précité. L'article 460, dans son deuxième alinéa, précise que la partie civile et le ministère public peuvent répliquer. Le prévenu ou son avocat auront toujours la parole les derniers. En cause d'appel, l'article 513 du code de procédure pénale, modifié par la loi du 15 juin 2000[8] fixe le même ordre d'audition.

621.34 Jonction des incidents au fond. Dans le cas où le tribunal ne se trouve pas dans les cas mentionnés ci-dessus, dans lesquels l'objet même de la demande conduit à une réponse immédiate,

1. V. s^s n° 621.42.
2. V. s^s n°s 113.11 s.
3. V. s^s n°s 211.181 s.
4. SUR la publicité des débats, v. s^s n°s 523.11 s.
5. V. s^s n°s 712.11 s.
6. V. s^s n°s 713.05 s.
7. Crim. 11 oct. 2011, n° 11-90.088, NP.
8. L. n° 2000-516, 15 juin 2000 renforçant la protection de la présomption d'innocence et les droits des victimes, *JO* 16 juin, p. 9038.

l'article 459 du code de procédure pénale contraint le tribunal à répondre aux conclusions régulièrement déposées et non aux simples notes de plaidoirie [1].

Le tribunal doit seulement répondre aux chefs péremptoires, c'est-à-dire à ceux de nature à influer sur la décision, à l'exclusion des simples arguments, n'entraînant pas de conséquence juridique [2]. La chambre criminelle retient que le juge n'est pas « tenu de suivre le concluant dans les détails de son argumentation ». Le tribunal doit joindre au fond les incidents et exceptions : « Le tribunal qui est tenu de répondre aux conclusions ainsi régulièrement déposées doit joindre au fond les incidents et exceptions dont il est saisi, et y statuer par un seul et même jugement en se prononçant en premier lieu sur l'exception et ensuite sur le fond. » [3]

621.35 Exceptions au principe de la jonction de l'incident au fond. Selon le texte de l'article 459 du code de procédure pénale, l'incident doit être joint au fond sauf en cas d'impossibilité absolue, ou encore lorsqu'une décision immédiate sur l'incident ou sur l'exception est commandée par une disposition qui touche à l'ordre public [4]. Toutefois, même dans ces circonstances, le tribunal est rarement contraint de statuer immédiatement. Ainsi, même si les conclusions déposées visent à établir l'incompétence de la juridiction saisie, celle-ci n'est pas tenue de répondre immédiatement. N'impose pas une décision immédiate commandée par une disposition qui touche à l'ordre public une exception d'incompétence de la juridiction correctionnelle au profit de la cour d'assises [5] [6].

621.36 Absence de recours sur la décision de jonction. La décision de jonction de l'incident au fond se fait par simple mention aux notes d'audience, après délibération entre le président et les assesseurs, souvent sur le siège, si la juridiction est collégiale. La décision ne peut être attaquée par la voie de l'appel : elle constitue une mesure d'administration judiciaire, n'est soumise à aucune forme particulière, n'a pas à être motivée et n'est susceptible d'aucun recours [7]. Encourt dès lors la censure l'arrêt d'une cour d'appel qui déclare recevable l'appel formé contre la décision du tribunal joignant au fond l'exception d'irrecevabilité des poursuites prise d'une immunité diplomatique [8].

621.37 Décision immédiate. Dans le cas où un jugement est immédiatement rendu, il est susceptible d'appel mais si la décision ne met pas fin à la procédure, il ne peut être examiné par la cour d'appel que si l'appelant saisit son président d'une demande en recevabilité immédiate lors de l'inscription de l'appel [9]. La procédure est suspendue jusqu'à l'expiration du délai d'appel ou examen du recours.

621.38 Cour d'appel. La cour d'appel n'a pas à répondre à des conclusions déposées seulement devant la juridiction de première instance si elles n'ont pas été reprises devant elle. Inversement, s'il ne résulte ni des énonciations de l'arrêt attaqué, ni de celles du jugement, ni d'aucunes conclusions régulièrement déposées que le demandeur, qui n'a pas comparu devant le tribunal correctionnel, mais dont la défense a été assurée par un avocat, dans les conditions prévues par l'article 410, alinéa 3, du code de procédure pénale, ait contesté devant le premier juge, avant toute défense au fond, les conditions dans lesquelles ont été réalisées les vérifications destinées à établir la preuve de son état alcoolique, le moyen, qui revient à contester la régularité d'un acte de l'enquête, est irrecevable par application de l'article 385 du même code [10].

SECTION 4
DEMANDE DE RENVOI

621.41 Demandeur. Le prévenu ou la partie civile peut demander une remise de cause c'est-à-dire le renvoi de l'affaire à une autre audience. Le tribunal correctionnel peut également le décider de lui-même pour diverses raisons. Ce renvoi de la cause est en général ordonné au début de l'audience, mais il peut l'être à tout moment, dès lors qu'au cours des débats apparaîtrait un élément méritant vérification ou pour toute autre raison [11]. Bien qu'il ait décidé de l'audiencement de l'affaire, le ministère public peut aussi solliciter le renvoi : ce sera par

1. Crim. 13 juin 1978, nº 77-93.445, P nº 196.
2. Crim. 22 nov. 1972, *[*], Gaz. Pal.* 1973. 1. 98 – Crim. 24 janv. 1973, nº 72-91.194, P nº 40 – Crim. 25 janv. 1973, nº 72-91.193, P nº 43 – Crim. 5 mars 1974, nº 72-91.436, P nº 91 – Crim. 20 juin 2000, nº 99-81.235, P nº 236 ; *RSC* 2001. 151, obs. B. Bouloc.
3. C. pr. pén., art. 459, al. 3 – AUSSI sur ces points, v. ss nos 612.51 s.
4. C. pr. pén., art. 459, al. 4.
5. Crim. 16 juin 2009, nº 08-87.090, P nº 124 ; *AJ pénal* 2009. 419 ; *RSC* 2009. 832, obs. Y. Mayaud (v. ss nº 621.01).
6. SUR LES EXCEPTIONS tirées des immunités personnelles, v. ss nº 622.21.
7. Crim. 22 juin 1994, nos 92-85.123, 92-85.124, 92-85.637, P nº 247 – Crim. 13 mars 1995, nº 94-81.343, P nº 101 – Crim. 17 nov. 2004, nº 03-82.657, P nº 291 ; *D.* 2005. 566, obs. A. Lienhard – Crim. 10 mai 2007, nº 06-87.379, P nº 122 ; *D.* 2007. 1817, Chron. D. Caron et S. Ménotti ; *AJ pénal* 2007. 334.
8. Crim. 10 mai 2007, nº 06-87.379, P nº 122 ; *D.* 2007. 1817, Chron. D. Caron et S. Ménotti ; *AJ pénal* 2007. 334.
9. C. pr. pén., art. 570, 571.
10. Crim. 4 avr. 2013, nº 12-85.067, P nº 79.
11. V. ss nº 532.31 s.

exemple le cas lorsque l'avocat de la défense aura présenté *in limine litis* des conclusions de nullité sur lesquelles il souhaitera se pencher avant d'y répondre. Il se déduit de l'article 6, § 3, de la convention européenne des droits de l'homme que la demande de renvoi de l'affaire présentée à cette fin par l'avocat de la personne poursuivie peut être formée par lettre ou par télécopie, sans mandat de représentation[1].

621.42 **La demande de renvoi est un incident.** Après avoir estimé qu'une demande de renvoi relevait de l'administration judiciaire et n'était pas susceptible de recours, la chambre criminelle juge désormais que selon l'article 513 du code de procédure pénale le prévenu ou son avocat auront toujours la parole les derniers et que cette règle s'applique aussi à tout incident dès lors qu'il n'est pas joint au fond. Ce principe est appliqué dans le cadre d'une demande de renvoi[2].

Ainsi, dans une décision rendue le 15 juin 2021, la chambre criminelle casse l'arrêt d'une cour d'appel au motif qu'il « a été statué sur la demande de renvoi formée par la société X et à laquelle le ministère public s'est opposé, pour la rejeter, sans que cette société ni son avocat n'aient eu la parole en dernier », alors que l'incident n'avait pas été joint au fond. Rappelons que si le tribunal joint ce type d'incident au fond, il le rejette implicitement puisque les débats se poursuivent.

621.43 **Renvois de droit.** Dans un certain nombre d'hypothèses, le tribunal est amené à renvoyer l'affaire obligatoirement. Il en est ainsi lorsque la citation directe est délivrée par la partie civile, puisque la juridiction de jugement doit, lors de la première audience, fixer le montant et le délai de versement de la consignation qu'elle doit déposer au greffe à peine d'irrecevabilité de sa constitution de partie civile[3].

Il en est également ainsi lorsque le délai de citation n'a pas été respecté et que la partie citée comparait. Dans ce cas, la citation n'est pas nulle mais le tribunal doit, si la partie citée le demande, ordonner le renvoi à une audience ultérieure[4].

Il en est également ainsi lorsque le prévenu qui comparait selon la procédure de comparution immédiate sollicite un délai pour préparer sa défense[5].

Enfin, depuis l'entrée en vigueur de la loi du 27 mai 2014, le renvoi est de droit dans le cas de non-délivrance de copies de pièces dans le cadre du respect de certains délais entre la citation et l'audience[6].

621.44 **Droits de la défense**[7]. Dans un certain nombre d'hypothèses, le tribunal est sollicité par le prévenu qui comparait sans avocat pour qu'il renvoie l'affaire afin d'assurer la présence de ce dernier. La chambre criminelle estime que la juridiction doit renvoyer l'affaire en application de l'article 417, alinéa 2, du code de procédure pénale, selon lequel « s'il n'a pas fait choix d'un défenseur avant l'audience et s'il demande cependant à être assisté, le président en commet un d'office ». L'article 417 du code de procédure pénale n'impose au président de commettre un défenseur d'office que si le prévenu comparant, qui n'a pas fait choix d'un avocat avant l'audience, demande cependant à être assisté[8]. L'inobservation de cette formalité substantielle porte atteinte aux droits de la défense[9]. Tel n'est pas le cas lorsque l'avocat du prévenu comparant, lequel a eu la parole en dernier, a indiqué ne pas plaider pour son client, a fait néanmoins des observations orales puis a quitté la salle d'audience[10].

La règle selon laquelle le prévenu ou son avocat doit toujours avoir la parole en dernier s'applique également à la personne redevable pécuniairement d'une amende (s'agissant du titulaire du certificat d'immatriculation du véhicule est redevable pécuniairement de l'amende encourue pour des infractions) dont la liste est fixée par décret[11]. Mais il n'existe pas de grief, pour le prévenu ainsi que son avocat, de n'avoir eu la parole en dernier, comme le prescrit l'article 513, alinéa 4, du Code de procédure pénale, dès lors que la cour d'appel n'était saisie que des seules dispositions relatives à la solidarité fiscale[12].

Encourt la cassation, l'arrêt de la cour d'appel qui, pour rejeter la demande du prévenu sollicitant la désignation d'un avocat d'office, énonce que, depuis huit mois, l'intéressé a eu tout le loisir de choisir un avocat ou de s'en faire désigner un conseil[13]. Mais l'absence à l'audience du défenseur choisi n'entraîne

1. Crim. 6 janv. 2015, nº 13-87.035, P nº 3 ; *D.* 2015. 159.
2. Crim. 3 janv. 2012, nº 10-88.82, NP. – Crim. 9 déc. 2015, nº 14-82.059, NP. – Crim. 23 mars 2021, nº 20-81.367, NP – Crim. 24 mars 2021, nº 20-81.068, NP.
3. C. pr. pén., art. 392-1 (v. s^s^ nº 222.41 s.).
4. C. pr. pén., art. 553.
5. C. pr. pén., art. 397-1 (v. s^s^ nºs 424.32 et 532.43).
6. V. s^s^ nº 612.101.
7. SUR cette question : D. Apelbaum, M. Durand-Poincloux, M. Dekonink, « Le renvoi dans l'intérêt des droits de la défense : régime et incertitudes d'un mécanisme essentiel du procès pénal », *Dr. pénal* 2021, étude 21.
8. Crim. 16 janv. 1995, nº 94-80.720, P nº 20.
9. Crim. 22 sept. 1999, nº 98-86.557, P nº 196 ; *Dr. pénal* 2000, nº 12, note A. Maron.
10. Crim. 4 janv. 2006, nº 05-83.096, P nº 7 ; *D.* 2006. IR 395 ; *RSC* 2006. 314, obs. G. Vermelle.
11. Crim. 7 nov. 2017, nº 17-80.831 ; *D.* 2017. 2305 ; *AJ pénal* 2017. 553, obs. J.-P. Céré.
12. Crim. 23 févr. 2022, nº 21-81.161, B ; *Procédures* nº 4, avr. 2022, comm. CRIT. 104, A.-S. Chavent-Leclère.
13. Crim. 22 sept. 1999, nº 98-86.557, P nº 196.

pas nécessairement le renvoi de l'affaire[1]. Les juges ne peuvent, sans motiver leur décision, refuser le renvoi d'une affaire, sollicité par le prévenu en raison de l'absence de l'avocat choisi[2]. La chambre criminelle estimait en fait qu'il appartenait au président d'audience d'apprécier s'il devait demander au prévenu s'il aurait souhaité être assisté par un avocat. Après avoir refusé de renvoyer une QPC portant sur la constitutionnalité de l'article 417 au motif que la question posée ne présente pas un caractère sérieux au regard du principe constitutionnel des droits de la défense, dès lors que l'exercice de la faculté de se faire assister par un défenseur, prévue par l'article 417, alinéas 1 et 2, du code de procédure pénale, implique, pour être effectif, que le prévenu a été préalablement informé de cette faculté[3], la chambre criminelle a jugé quelques mois plus tard, dans une décision du 24 novembre 2010, que : « L'exercice de la faculté reconnue au prévenu qui comparaît devant la juridiction correctionnelle de se faire assister d'un avocat, et, s'il n'en a pas fait le choix avant l'audience et demande cependant à être assisté, de s'en faire désigner un d'office par le président implique, pour être effectif, y compris en cause d'appel, que ce dernier l'ait préalablement informé de cette faculté s'il n'a pas reçu cette information avant l'audience. »[4]

Quelques jours plus tôt, la France avait été condamnée par la Cour européenne des droits de l'Homme dans une affaire *Katrisch c/ France*[5], dans laquelle la cour d'appel avait refusé le renvoi parce que le détenu avait eu tout le temps de demander un avocat. La Cour relève que : « À supposer que le requérant ait manqué à une obligation de diligence en ne contactant pas un avocat plus tôt, cela ne saurait justifier [...] le refus de report d'audience opposé par la cour d'appel [...] compte tenu de ce qui précède, la cour estime qu'en refusant de reporter l'audience, les autorités ont, dans les circonstances de l'espèce, porté atteinte au droit du requérant de disposer du temps et des facilités nécessaires pour préparer sa défense et à l'assistance d'un avocat garantis par l'article 6, § 3, b) et c) de la convention. »

L'article 417 du code de procédure pénale, déjà modifié par la loi du 17 mai 2011, mais uniquement pour faire disparaître une référence plus qu'obsolète à la tutelle pénale, l'a encore été par la loi du 13 décembre 2011, dans son article 64.

Désormais, l'alinéa 2 du texte est ainsi rédigé : « Si le prévenu n'a pas fait choix d'un défenseur avant l'audience, le président l'informe, s'il n'a pas reçu cette information avant l'audience, qu'il peut, à sa demande, bénéficier d'un avocat commis d'office. Si le prévenu formule cette demande, le président commet un défenseur d'office. »

La juridiction ne peut donc plus se contenter de répondre à une demande de renvoi mais doit poser expressément la question au prévenu, s'il n'apparaît pas au dossier en tout cas, que l'intéressé aurait déjà reçu cette information avant l'audience. En pratique, et même dans l'hypothèse d'un choix d'avocat ou d'une demande de désignation d'un avocat particulièrement tardive, au regard de la date des faits ou de celle à laquelle le prévenu a été avisé des poursuites, la plupart des juridictions choisissent d'accorder un premier renvoi, en précisant à son bénéficiaire qu'il s'agira du dernier. Il faut ici souligner que le respect de l'équilibre du procès permet de faire droit pareillement à une demande de renvoi formulée, même tardivement, par une partie civile souhaitant être assistée. La décision du barreau de suspendre pour une durée indéterminée sa participation aux audiences constitue une circonstance insurmontable lorsqu'il existe des impératifs de délai interdisant de ré-audiencer l'affaire[6]. L'arrêt rendu le 8 juillet 2015 par la chambre criminelle ne doit pas être interprété comme donnant l'opportunité de passer outre à toute grève du barreau. Dans le cas d'espèce considéré, l'intéressé devait être remis à un État étranger après exécution de peines d'emprisonnement en France et la grève votée était illimitée, deux éléments qui semblent déterminants pour dire que l'audience ne pouvait être reportée.

621.45 Infirmité de nature à compromettre la défense. Le dernier alinéa de l'article 417 du code de procédure pénale prévoit que l'assistance d'un défenseur est obligatoire quand le prévenu est atteint d'une infirmité de nature à compromettre sa défense. Il s'agit d'une formalité substantielle[7]. Le respect des droits de la défense impose également à la juridiction de jugement de renvoyer l'affaire s'il est établi que, pour des raisons de santé, le prévenu est dans l'impossibilité absolue de communiquer avec son avocat et de présenter sa défense[8].

1. Crim. 17 janv. 1996, n° 95-82.114, P n° 29 ; *Procédures* 1996, n° 192, note J. Buisson.
2. Crim. 15 juin 2010, n° 09-88.193, P n° 108 ; *D.* 2010. 1877 ; *RSC* 2010. 939, obs. J.-F. Renucci.
3. Crim. 16 juill. 2010, n° 10-80.551, NP, *D.* 2011. 14 ; *RSC* 2011. 151, note J. Danet.
4. Crim. 24 nov. 2010, n° 10-82.772, P n° 189 ; *D.* 2011. 14 ; *RSC* 2011. 151, note J. Danet.
5. CEDH 4 nov. 2010, *Katrisch c/ France*, req. n° 22575/08 ; *AJ pénal* 2011. 139, obs. C. Porteron.
6. Crim. 8 juill. 2015, n° 14-86.400, P n° 177 ; *JCP* 2015. 949 ; *AJ pénal* 2016. 40, obs. J. Andréi.
7. Crim. 9 mai 1972, n° 72-90.111, P n° 162 ; *D.* 1973. 78, note E. R. ; *D.* 1972. 621, note J. Pradel ; *JCP* 1973. II. 17444, note P. Chambon ; *JCP* 1974. II. 17825, note M. A. – Crim. 26 avr. 1977, n° 77-90.284, P n° 138 ; *D.* 1977. IR 336.
8. Crim. 5 juin 1997, n° 96-82.783, P n° 228 ; *JCP* 1997. II. 22908.

621.46 **Demande de renvoi par lettre (C. pr. pén., art. 410).** Aux termes de l'article 410 du code de procédure pénale, le prévenu régulièrement cité à personne doit comparaître, à moins qu'il ne fournisse une excuse reconnue valable par la juridiction devant laquelle il est appelé. Le prévenu a la même obligation lorsqu'il est établi que, bien que n'ayant pas été cité à personne, il a eu connaissance de la citation régulière le concernant dans les cas prévus par les articles 557, 558 et 560. Si l'excuse est reconnue valable, le tribunal renvoie l'affaire à une audience ultérieure.

Toute personne poursuivie, qui ne souhaite pas se défendre elle-même, a droit à l'assistance d'un défenseur de son choix et la demande de renvoi de l'affaire présentée à cette fin peut être formée par lettre ou par télécopie[1].

SECTION 5
DÉCISION DE RENVOI

§ 1
Action publique

621.51 **Moment de la décision de renvoi.** La décision de renvoi, si elle est le plus souvent prise avant même que l'affaire ait été débattue, peut être prise à tout moment puisqu'il n'existe pas en procédure pénale de clôture des débats. C'est ce qu'a réaffirmé la Cour de cassation dans une affaire où la juridiction du second degré relevait que : « La décision attaquée, comme en font foi les notes d'audience, après instruction de l'affaire et réquisitions du ministère public tendant au prononcé d'une peine, et défense du prévenu, ne constitue pas une simple mesure d'administration judiciaire ; qu'il appartenait au tribunal de statuer au fond, comme il en était requis, fût-ce sur le principe de la culpabilité ; qu'ils ajoutent que les renvois successifs, qui tendent à constituer un sursis à statuer indéfini et illimité, sont de nature à interrompre le cours de la justice. »

Cette décision est cassée au motif que : « Les débats en matière correctionnelle n'étant clos que par le prononcé du jugement ou de l'arrêt, les juges conservent la faculté d'accorder une remise de cause si, après avoir entendu les réquisitions du ministère public et la défense du prévenu, ils estiment ne pas être en mesure de rendre leur décision sur l'action publique sans un nouvel examen de l'affaire ; qu'ils peuvent également, sans que le cours de la justice en soit pour autant interrompu, renvoyer plusieurs fois une même affaire, lorsque le terme de chaque renvoi est déterminé et porté à la connaissance des parties. »

621.52 **Motivation du renvoi.** La demande de renvoi de l'affaire ou de sursis à statuer relève de l'appréciation souveraine des juges du fond[2]. Toutefois, toute personne poursuivie, qui ne souhaite pas se défendre elle-même, a droit à l'assistance d'un défenseur de son choix. Les juges ne peuvent, sans motiver leur décision, refuser le renvoi d'une affaire sollicitée par le prévenu en vertu de l'absence de l'avocat choisi. En application de l'article 6, § 3, c) de la convention européenne des droits de l'homme, qui prévoit que tout accusé qui ne souhaite pas se défendre lui-même a droit à l'assistance d'un défenseur de son choix, les juges ne peuvent pas, sans motivation, refuser le renvoi d'une affaire sollicité par le prévenu en raison de l'absence de l'avocat choisi[3].

621.53 **Refus de renvoi.** Le juge ne peut lorsque l'avocat n'est pas présent, statuer sans s'expliquer sur une demande de renvoi[4]. Il ne peut pas non plus rejeter une demande de remise de cause sans en donner les motifs, que le prévenu soit ou non présent[5]. La chambre criminelle juge que les motifs employés par la juridiction ressortissent de leur appréciation souveraine. Ce principe vaut devant toutes les juridictions : encourt la cassation le jugement de la juridiction de proximité qui s'est prononcée sans mentionner la demande de renvoi de l'affaire formée par un avocat et parvenue avant l'audience non plus que la réponse des juges à cette demande, les juges ne pouvant, sans motiver leur décision, refuser le renvoi d'une affaire sollicité par le prévenu en raison de l'absence de l'avocat choisi[6].

621.54 **Forme du renvoi.** Le renvoi peut se faire par jugement mais il se fait le plus souvent par simple mention au dossier. La juridiction doit toutefois être vigilante au choix des formes au regard des différences de prescription de l'action publique qui s'y attachent[7].

1. Crim. 25 févr. 2014, n° 13-81.554, P n° 52 ; *D.* 2014. 609 ; *JCP* 2014. 344 ; *AJ pénal* 2014. 376, obs. D. Luciani-Mien.
2. Crim. 5 mai 1997, n° 96-83.085, P n° 167.
3. Crim. 24 mai 2006, n° 05-85.685, P n° 147 ; *D.* 2006. 1704 ; *D.* 2007. 973, obs. J. Pradel ; *AJ pénal* 2006. 412, obs. J. Leblois-Happe ; *RSC* 2006. 847, obs. R. Finielz.
4. Crim. 16 déc. 2008, n° 08-85.341, NP, *D.* 2014. 609 ; *AJ pénal* 2014. 376, obs. D. Luciani-Mien – Crim. 15 juin 2010, n° 09-88.193, P n° 108 ; *D.* 2010. 1877 ; *RSC* 2010. 939, obs. J.-F. Renucci.
5. Crim. 24 mai 2006, n° 05-85.685, P n° 147 ; *D.* 2006. 1704 ; *D.* 2007. 973, obs. J. Pradel ; *AJ pénal* 2006. 412, obs. J. Leblois-Happe ; *RSC* 2006. 847, obs. R. Finielz.
6. Crim. 12 avr. 2012, n° 11-86.898, P n° 97 ; *RSC* 2012. 926, obs. J.-F. Renucci ; *Dr. pénal* 2012, n° 108, note A. Maron et M. Haas ; *JCP* 2012. 673.
7. V. s[s] n° 621.59.

621.55 **Renvoi à date fixe.** Les juridictions de jugement ne sauraient sans interrompre le cours de la justice ordonner qu'il sera sursis à statuer pour une durée indéterminée sur une action dont elles sont saisies[1]. Le jugement statuant par jugement contradictoire à signifier à l'égard du prévenu qui ne mentionne, ni la demande de renvoi faite par l'avocat d'un prévenu par télécopie et par lettre parvenues avant l'audience, ni la décision des juges en réponse à cette demande encourt la cassation[2]. Le terme du sursis à statuer doit toujours être déterminé afin que le cours de la justice ne soit pas interrompu. La juridiction correctionnelle ne doit donc jamais renvoyer *sine die* mais a toujours l'obligation de fixer une date de renvoi, quitte à renvoyer de nouveau si l'affaire n'est pas en état ce jour-là[3].

La même affaire peut faire l'objet de plusieurs renvois successifs, dès lors que le terme de chaque renvoi est déterminé et porté à la connaissance des parties[4]. Il faut convenir toutefois que la multiplication des renvois dans une même affaire, porte atteinte à la crédibilité de l'institution judiciaire dans son ensemble.

621.56 **Renvoi en collégialité.** Lorsque le tribunal siège dans sa composition à juge unique dans les cas prévus par l'article 398-1 du code de procédure pénale, le juge peut si la complexité des faits le justifie, mais aussi en raison de l'importance de la peine susceptible d'être prononcée, décider d'office ou à la demande des parties ou du ministère public, de renvoyer l'affaire devant le tribunal correctionnel siégeant en formation collégiale. Cette décision n'est pas susceptible de recours[5].

621.57 **Renvoi pour comparution personnelle d'une partie.** Le tribunal peut décider d'office d'un renvoi pour ordonner la comparution personnelle d'une partie. Il s'agit en général du prévenu mais cette opportunité est aussi ouverte s'agissant de la partie civile (c'est alors l'article 460-1 qui s'applique, notamment dans le cas où la partie civile s'est constituée selon les formes simplifiées de l'article 420-1 du code de procédure pénale). Le tribunal peut décerner mandat d'amener ou d'arrêt lorsque le prévenu encourt une peine d'emprisonnement supérieure ou égale à deux ans et qu'il ne comparaît pas personnellement. Lorsqu'il a demandé à être jugé en son absence, conformément aux dispositions de l'article 411, alinéa 3, le tribunal, s'il estime la présence de la personne nécessaire, peut renvoyer l'affaire à une date ultérieure et ordonner la comparution personnelle. Si le prévenu ne comparaît pas à cette nouvelle audience, il peut alors faire usage de l'article 410 et délivrer mandat d'amener ou d'arrêt.

621.58 **Renvoi pour comparution d'un témoin.** Aux termes de l'article 439 du code de procédure pénale, si le témoin ne comparaît pas, et s'il n'a pas fait valoir un motif d'excuse reconnu valable et légitime, le tribunal peut, sur réquisitions du ministère public ou même d'office, ordonner que ce témoin soit immédiatement amené devant lui par la force publique pour y être entendu, ou renvoyer l'affaire à une prochaine audience.

621.59 **Interruption de la prescription.** Pour être interruptif de la prescription de l'action publique, le renvoi doit avoir été effectué *par jugement*[6]. S'il n'a pas été ordonné par jugement, il n'est interruptif de la prescription de l'action publique que si, *prononcé contradictoirement et motivé par une mesure préparatoire*, il est constaté par une *mention sur les notes d'audience* tenues par le greffier et signée par le président en application de l'article 453 du code de procédure pénale[7]. Il y a donc là plusieurs exigences qui apparaissent rarement remplies. En effet, s'il est fréquent que le renvoi soit contradictoire et les notes d'audience le consacrant signées par le président (encore que c'est ce qui faisait défaut dans l'arrêt du 3 février 1993), il est rare que ce type de renvoi soit effectué alors qu'une mesure préparatoire est ordonnée. Le tribunal qui motive par une mesure préparatoire et le renvoi de l'affaire le fait le plus souvent par jugement.

Or, il n'est pas forcément nécessaire qu'une mesure préparatoire soit ordonnée par le tribunal pour qu'un renvoi soit ordonné, et habituellement par simple mention au dossier. Il peut s'agir par exemple de l'attente de versements de pièces par une partie (hypothèse de l'arrêt du 3 février 1993) ou de la remise du rapport d'un expert désigné mais qui ne respecte pas les délais qui lui ont été impartis. Le plus souvent, il s'agit d'une demande émanant des avocats qui, pour une raison ou une autre, ne sont pas en l'état d'assurer la défense du prévenu ou de la partie civile. La loi du 27 février 2017 n'a pas apporté d'élément nouveau sur ce débat.

§ 2
Action civile

621.61 **Renvoi sur les intérêts civils.** Depuis longtemps, le renvoi sur les intérêts civils était possible après que le tribunal a rendu la décision au

1. Crim. 1er déc. 1999, n° 99-83.509, P n° 288 (v. s^s n° 621.01).
2. Crim. 15 juin 2010, n° 09-88.193, P n° 108 ; *D.* 2010. 1877 ; *RSC* 2010. 939, obs. J.-F. Renucci (v. s^s n° 621.01).
3. Crim. 1er déc. 1999, n° 98-83.509, P n° 288.
4. Crim. 6 août 1997, n° 96-81.268, P n° 282.
5. C. pr. pén., art. 398-2.
6. Crim. 4 mai 1995, n° 93-82.561, P n° 164.
7. Crim. 3 févr. 1993, n° 92-86.673, P n° 59.

pénal et une décision avant dire droit, le plus souvent une expertise sur les intérêts civils. Depuis la loi du 15 juin 2000, le renvoi est possible même lorsque le tribunal n'ordonne pas de mesure d'instruction. Aux termes de l'article 464 du code de procédure pénale, si le tribunal peut d'office ou à la demande du procureur de la République ou des parties, renvoyer l'affaire à une date ultérieure pour statuer sur l'action civile, même s'il n'ordonne pas de mesure d'instruction, afin de permettre à la partie civile d'apporter les justificatifs de ses demandes, il est précisé que « *ce renvoi est de droit lorsqu'il est demandé par les parties civiles* ». Le tribunal doit alors fixer la date de l'audience à laquelle il sera statué sur l'action civile. La présence du ministère public à cette audience n'est pas obligatoire. À cette audience, le tribunal est composé du seul président siégeant à juge unique. En application des dispositions des articles 464 et 512 du Code de procédure pénale, la présence du ministère public n'est pas obligatoire devant la chambre des appels correctionnels lorsque les débats ne portent plus que sur les intérêts civils[1].

621.62 Application de l'article 414-3 du code civil après décision d'irresponsabilité pénale. Compétence de la chambre de l'instruction. Dans son état antérieur à l'entrée en vigueur de la loi du 3 juin 2016, si la partie civile le demandait, la chambre de l'instruction devait renvoyer l'affaire devant le tribunal correctionnel compétent pour qu'il se prononce sur la responsabilité civile de la personne, conformément à l'article 414-3 du code civil, et statue sur les demandes de dommages et intérêts. La loi a modifié les termes de l'article 706-125 et c'est désormais la chambre de l'instruction elle-même qui, si la partie civile le demande, se prononce sur la responsabilité civile de la personne, conformément à l'article 414-3 du code civil, et statue sur les demandes de dommages et intérêts[2].

621.63 Jugement sur les intérêts civils dans le cas où le prévenu est dans l'incapacité de se défendre. Une importante modification a été apportée par la loi du 23 mars 2019 au code de procédure pénale, et à son article 10, qui concerne le sort des victimes d'une personne qui n'était pas en état d'aliénation mentale au moment des faits mais dont l'état mental ou physique rend durablement impossible durablement impossible sa comparution personnelle devant la juridiction de jugement dans des conditions lui permettant d'exercer sa défense. Dans ce cas, d'une part, la prescription de l'action publique se trouve suspendue, d'autre part, le président de la juridiction saisie peut, d'office, ou à la demande du ministère public ou des parties, décider, après avoir ordonné une expertise permettant de constater cette impossibilité, qu'il sera tenu une audience publique pour statuer uniquement sur l'action civile. La personne doit alors être représentée à cette audience par un avocat.

621.64 Mise en cause d'un organisme tiers payeur. La mise en cause de l'organisme de Sécurité Sociale s'impose à peine d'irrecevabilité de la demande en réparation[3] sous la réserve importante qu'a amenée la modification de l'article L. 376-1 du code de la sécurité sociale[4] en son alinéa 8 en ajoutant la phrase : « dans le cadre d'une procédure pénale, la déclaration en jugement commun ou l'intervention des caisses de sécurité sociale peut intervenir après les réquisitions du ministère public, dès lors que l'assuré s'est constitué partie civile et qu'il n'a pas été statué sur le fond de ses demandes ».

SECTION 6
SUPPLÉMENT D'INFORMATION

621.71 Textes applicables devant le tribunal correctionnel. Aux termes de l'article 463 du code de procédure pénale, s'il y a lieu de procéder à un supplément d'information, le tribunal commet par jugement un de ses membres qui dispose des pouvoirs prévus aux articles 151 à 155. Jusqu'à la loi du 17 mai 2011 (!), le texte se poursuivait en relation avec la tutelle pénale, abrogée par la loi du 2 février 1981[5], soit trente ans auparavant[6].

Le tribunal ne peut donc désigner que l'un de ses membres et ne peut d'emblée confier cette mission à un magistrat instructeur[7]. Mais le renvoi aux articles 151 à 155 du code de procédure pénale, relatifs aux règles de forme et de fond de la commission rogatoire, permet au juge désigné par la juridiction de délivrer une commission rogatoire pour confier l'accomplissement de la mission, selon le cas à des

1. Crim. 28 mars 2018, n° 16-84.872, P ; *JCP* 2018. 518.
2. SUR l'irresponsabilité pénale, v. s[s] n°s 714.11 s.

3. Crim. 24 oct. 1991, n° 90-82.220, P n° 376 – Crim. 1er mars 1995, n° 93-83.174, P n° 91 – Crim. 18 sept. 2007, n° 07-80.347, P n° 212 ; *AJ pénal* 2007. 543, obs. G. R. – V. aussi s[s] n° 223.91 s.
4. L. n° 2016-1547, 18 nov. 2016 de modernisation de la justice du XXIe siècle, *JO* 19 nov., n° 1 ; puis L. n° 2016-1827, 23 déc. 2016 de financement de la sécurité sociale pour 2017, *JO* 24 déc., n° 1.
5. L. n° 81-82, 2 févr. 1981 renforçant la sécurité et protégeant la liberté des personnes, *JO* 3 févr., p. 414.
6. TOUTEFOIS, l'article 70 de cette même loi disposait que : « *Toutes les références à la tutelle pénale dans les textes en vigueur sont supprimées.* »
7. Crim. 2 août 1934, *DH* 1934. 494 – Crim. 11 juill. 1956, *D.* 1956. Somm. 146 – Crim. 22 nov. 1956, *D.* 1957. 89, note P. A (à l'exception du cas de saisine par la voie de comparution immédiate, v. s[s] n° 424.36).

officiers de police judiciaire, ou à un magistrat[1]. La plupart du temps, le juge ou le conseiller désigné confie l'intégralité de la mission à un juge d'instruction de son ressort, quitte pour lui à la subdéléguer une nouvelle fois à un service d'enquête lorsque cela est possible. Il est clair que si l'audition du prévenu est nécessaire, seul un magistrat pourra la réaliser. La suite de l'article 463 expose clairement que : « Ce supplément d'information obéit aux règles édictées par les articles 114, 119, 120 et 121. Le procureur de la République peut obtenir, au besoin par voie de réquisitions, la communication du dossier de la procédure à toute époque du supplément d'information, à charge de rendre les pièces dans les vingt-quatre heures. » Si dans le cadre d'une saisine initiale par citation ou par convocation par procès-verbal, la juridiction refuse d'ordonner un supplément d'information régulièrement sollicité avant le début de l'audience, par conclusions écrites adressées par lettre recommandée avec demande d'avis de réception, elle doit spécialement motiver sa décision. Cette exigence ne cesse pas même lorsque des conclusions, régulièrement déposées à l'audience, ne réitèrent pas expressément une telle demande d'actes[2].

Si un supplément d'information est nécessaire, une juridiction répressive ne peut enjoindre au ministère public de diligenter une enquête, elle doit commettre l'un de ses membres pour effectuer les recherches[3]. Certains textes prévoient certaines particularités du supplément d'information dans le cadre de la procédure de comparution immédiate ou de citation directe et convocation par officier de police judiciaire[4].

621.72 Forclusion de l'article 175 du code de procédure pénale. Dans les dossiers ayant donné lieu à une information confiée à un magistrat instructeur, les avis de fin d'information invitent les parties à formuler des demandes d'actes ou des requêtes en nullité. Faute de quoi, elles sont forcloses pour le faire. Toutefois, la forclusion édictée par l'article 175, alinéa 2, du code de procédure pénale ne fait pas obstacle à ce que, en application des articles 463 et 512 du même code, les parties puissent saisir la juridiction de jugement de demandes tendant à l'accomplissement d'un supplément d'information[5].

621.73 Supplément d'information et convention européenne des droits de l'Homme. Le supplément d'information ordonné en application de l'article 463 du code de procédure pénale n'est pas contraire aux dispositions de l'article 6, § 1, de la convention européenne des droits de l'homme, dès lors que son exécution n'implique pas que le magistrat commis acquiert, à l'occasion de cette mesure, une conviction sur la culpabilité du prévenu. Le magistrat en charge du supplément d'information peut donc, en principe, participer à la formation de jugement[6].

621.74 Appréciation souveraine des juges du fond. Selon la jurisprudence de la chambre criminelle, le moyen qui critique le rejet d'une demande de supplément d'information étant de pur fait, ne relève pas du contrôle de la Cour de cassation[7]. La chambre criminelle a également jugé qu'en refusant d'ordonner les actes d'instruction demandés, la chambre de l'instruction ne méconnaît pas les dispositions de l'article 6, § 3 de la convention européenne des droits de l'homme dont l'objet est d'assurer le respect des droits de la défense devant les juridictions de jugement[8]. Saisie d'un moyen critiquant le rejet d'un supplément d'information que le demandeur avait fondé, notamment, de la violation des articles 6 de la convention européenne des droits de l'homme, la Cour de cassation a rappelé « qu'il est vainement fait grief à l'arrêt d'avoir refusé d'ordonner les nouvelles mesures d'instruction sollicitées, dès lors que l'opportunité d'ordonner un supplément d'information est une question de pur fait qui échappe au contrôle de la Cour de cassation »[9]. Ces décisions concernent aussi bien les juridictions de jugement que la chambre de l'instruction. La cour d'appel qui motive au fond a « *nécessairement écarté la demande de supplément d'information* »[10]. Toutefois, le tribunal ne saurait fonder une décision de relaxe sur l'insuffisance de son information. Il doit lorsqu'il s'estime insuffisamment informé, ordonner les mesures complémentaires qui s'imposent[11].

1. Crim. 11 nov. 1951, P n° 296.
2. Crim. 29 nov. 2022, n° 22-81.088, P.
3. Crim. 6 déc. 2000, n° 00-86.561, NP, *Procédures* 2001, n° 99, note J. Buisson.
4. V. s^s n°s 424.36, 621.79.
5. Crim. 30 juin 1999, n° 98-80.470, P n° 173 ; *Procédures* 2000, n° 42, note J. Buisson ; *Dr. pénal* 2000. Chron. 8, obs. C. Marsat – Crim. 22 mai 2002, n° 01-85.685, NP.
6. Crim. 19 janv. 2000, n° 99-80.655, P n° 35 ; *RSC* 2000. 852, obs. D.-N. Commaret.
7. Crim. 1er déc. 1960, P n° 566 – Crim. 27 févr. 1978, n° 77-92.301, P n° 73 – Crim. 4 janv. 1990, n° 89-85.795, P n° 4 – Crim. 10 mars 1992, n°s 91-86.944, 92-80.389, P n° 105 – Crim. 4 janv. 1995, n°s 93-85.135, 93-85.141, 93-85.143, 94-84.899, P n° 1 – Crim. 3 avr. 1996, n° 95-83.690, P n° 146 – Crim. 19 sept. 1995, n° 95-83.497, P n° 272 – Crim. 14 févr. 2006, n° 05-87.043, NP – Crim. 1er févr. 2011, n° 10-83.526, NP – Crim. 4 avr. 2012, n° 11-83.465, NP – Crim. 16 oct. 2013, n° 12-85.273, NP.
8. Crim. 10 mars 1992, n°s 91-86.944, 92-80.389, P n° 105.
9. Crim. 13 mars 2012, n° 12-80.105, NP – AUSSI : Crim. 1er oct. 2013, n° 12-85.217, NP.
10. Crim. 22 mai. 2002, n° 01-85.685, NP.
11. Crim. 23 nov. 1971, n° 70-90.603, P n° 318 – Crim. 22 juin 1976, n° 75-90.105, P n° 229 – Crim. 19 juin 1979, n° 78-92.277, P n° 215 – Crim. 12 déc. 1996, n° 95-82.198, P n° 465.

Aucune disposition de procédure pénale n'interdit aux juges de décider que soient annexés à une procédure pénale les éléments d'une autre procédure dont la production peut être de nature à les éclairer et à contribuer à la manifestation de la vérité, à la seule condition qu'une telle jonction ait un caractère contradictoire et que les pièces ou les procédures communiquées puissent être soumises à la discussion de toutes les parties[1]. Si l'opportunité d'ordonner un supplément d'information, notamment aux fins de versement au dossier de nouvelles pièces, relève de l'appréciation souveraine des juges du fond, le refus d'ordonner un tel complément doit être spécialement motivé et la Cour de cassation exerce son contrôle sur la suffisance de la motivation de la décision de rejet d'une telle demande. Ces règles, précisées par la jurisprudence, ne méconnaissent aucun des principes de droit conventionnel ou de droit interne. Lorsque, dans le dossier de la procédure suivie contre elle, est versée depuis une autre procédure une pièce qui la concerne, la personne poursuivie peut, si elle a qualité pour agir, en demander l'annulation[2].

621.75 **Pouvoirs du juge délégué.** Le magistrat délégué ne peut accomplir d'autres actes que ceux pour lesquels il a reçu mission. Il ne possède aucun pouvoir juridictionnel et ne peut notamment délivrer mandat d'arrêt, d'amener ou de dépôt, ni répondre à une demande d'acte qui lui serait adressée, susceptible de trancher un litige. Seule la juridiction qui a ordonné le complément d'information est susceptible de répondre selon sa propre procédure à ces demandes.

621.76 **Fin du supplément d'information.** Alors qu'il existe une procédure particulière devant la chambre de l'instruction, avec un arrêt de dépôt prévu par l'article 208 du code de procédure pénale, il n'existe aucune procédure spécifique devant le tribunal correctionnel. Les pièces d'exécution du supplément d'information sont versées au dossier de la procédure, qui est appelé à l'audience de renvoi.

Les règles traditionnelles du contradictoire doivent s'appliquer : si ces pièces ont rejoint le dossier la veille de l'audience et que l'avocat n'a pu en prendre connaissance, il sera fait droit à sa demande de renvoi. Il peut être utile que le service de l'audiencement systématise la délivrance d'une copie des pièces nouvelles, dès leur retour, pour éviter toute discussion sur ce point.

621.77 **Mesures de sûreté.** Lorsqu'une juridiction est amenée à ordonner un supplément d'information, elle peut ordonner le maintien en détention de l'intéressé. C'est le cas du tribunal correctionnel.

La loi n'impartit au juge aucun délai pour se prononcer après l'exécution d'un supplément d'information[3]. Lorsqu'un supplément d'information est ordonné, quel que soit l'organe qui l'ordonne, et quel que soit le moment de la procédure, la détention n'obéit plus à aucune règle de prolongation. Il n'existe plus aucun délai dans lequel l'intéressé devrait comparaître en dehors du délai raisonnable fixé par la convention européenne des droits de l'homme.

621.78 **Demande de mise en liberté, de mainlevée de contrôle judiciaire ou d'Arse.** La juridiction qui a ordonné le supplément d'information avec mesure de sûreté est celle qui est compétente pour répondre aux demandes de mises en liberté, de mainlevée de contrôle judiciaire ou d'Arse[4]. Si la chambre de l'instruction trouve une compétence particulière lorsque c'est la cour d'assises qui a pris la décision, il n'en est pas de même lorsque c'est la juridiction correctionnelle qui l'a ordonnée. C'est cette dernière qui est compétente pour répondre à toute demande.

621.79 **Supplément d'information dans le cadre de la procédure de comparution immédiate, sur citation directe ou sur convocation par officier de police judiciaire.** Il existe une spécificité dans cette matière puisque le texte de l'article 397-2 du code de procédure pénale dispose que : « le tribunal peut, à la demande des parties ou d'office, commettre par jugement l'un de ses membres ou l'un des juges d'instruction de la juridiction désigné dans les conditions de l'article 83, alinéa premier, pour procéder à un supplément d'information ; les dispositions de l'article 463 sont applicables ».

Alors que le tribunal correctionnel ne peut, dans le cadre traditionnel, que désigner l'un de ses membres, il lui est loisible, dans le cadre de la procédure de comparution immédiate, de désigner directement un juge d'instruction. La mention de l'article 83 du code de procédure pénale renvoie à la désignation du juge d'instruction par le président de la juridiction[5].

Depuis l'entrée en vigueur de la loi du 27 mai 2014[6], l'article 388-5 du code de procédure pénale dispose qu' : « En cas de poursuites par citation prévue à l'article 390 ou convocation prévue à

1. Crim. 14 déc. 2022, n° 21-86.427, B, *Dr. pénal*, févr. 2023, comm. 34, A. Maron et M. Haas.
2. Même arrêt.
3. Crim. 17 juill. 1990, n° 90-82.614, P n° 286 ; *RSC* 1991. 602.
4. SUR ces mesures coercitives, v. s[s] titres 81 s.
5. SUR cette question, v. s[s] n°s 424.36 s.
6. L. n° 2014-535, 27 mai 2014 portant transposition de la directive 2012/13/UE du Parlement européen et du Conseil, 22 mai 2012 relative au droit à l'information dans le cadre des procédures pénales, *JO* 28 mai, p. 8864.

l'article 390-1, les parties ou leur avocat peuvent, avant toute défense au fond ou à tout moment au cours des débats, demander, par conclusions écrites, qu'il soit procédé à tout acte qu'ils estiment nécessaire à la manifestation de la vérité ».

Si les actes demandés n'ont pas été ordonnés par le président du tribunal avant l'audience, le tribunal statue sur cette demande et peut commettre par jugement l'un de ses membres ou l'un des juges d'instruction du tribunal, désigné dans les conditions prévues à l'article 83, pour procéder à un supplément d'information ; l'article 463 est applicable. S'il refuse d'ordonner ces actes, le tribunal doit spécialement motiver sa décision. Le tribunal peut statuer sur cette demande sans attendre le jugement sur le fond, par un jugement qui n'est susceptible d'appel qu'en même temps que le jugement sur le fond. La rédaction est donc identique à celle utilisée en matière de comparution immédiate[1].

SECTION 7
DEMANDE D'EXPERTISE

621.81 Article 434 du code de procédure pénale. L'article 434 du code de procédure pénale dispose que si le tribunal estime qu'une expertise est nécessaire, il est procédé conformément aux articles 156 à 166, 168 et 169. Cet article renvoie directement aux dispositions relatives à l'expertise ordonnée par le juge d'instruction pendant l'instruction préparatoire.

621.82 Demande d'expertise constituant un incident de procédure qui doit ou non être joint au fond. Selon sa nature l'incident que constitue la demande d'expertise peut ou non être joint au fond. Si l'expertise sollicitée peut avoir une influence sur la déclaration de culpabilité ou sur la peine prononcée, le tribunal peut se retirer immédiatement pour y répondre même s'il n'y est pas contraint. Dans ce cas, l'incident n'est pas joint au fond et le prévenu ou son avocat doit avoir la parole en dernier en application de l'article 460 du code de procédure pénale[2].

621.83 Décision souveraine des juges du fond. La décision sur l'opportunité d'ordonner une expertise est souveraine dès lors qu'elle est légalement motivée[3].

621.84 Contenu de la décision. La décision désignant un expert doit comporter le nom de l'expert ou des experts désignés, déterminer avec précision sa mission, impartir un délai dans lequel l'expert devra déposer son rapport. La décision désigne également le magistrat en charge du contrôle de l'exécution de cette mission.

621.85 Expertise antérieure au prononcé sur l'action publique. Le tribunal correctionnel doit ordonner une expertise obligatoirement dans certains cas, si le ministère public ne l'a pas ordonné auparavant :

– S'il est saisi d'une des affaires visées par l'article 706-47 du code de procédure pénale, il ordonne une expertise médicale ayant pour but d'interroger l'expert sur l'opportunité d'une injonction de soins[4]. Cette expertise peut être ordonnée par le procureur de la République dès le stade de l'enquête ou lorsqu'il est saisi, par le juge d'instruction. L'article 706-47 a été modifié par la loi du 4 avril 2016, puis par celle du 3 août 2018, et celle du 30 novembre 2021[5], énumère désormais précisément tous les articles concernés. Au terme de l'article 706-47-1 du Code de procédure pénale, les personnes poursuivies pour agression sexuelle « doivent être soumises, avant tout jugement au fond, à une expertise médicale ». La comparution du prévenu à l'audience alors qu'il était préalablement en état de fuite oblige les juges à ordonner une expertise médicale obligatoire en matière de condamnation pour agression sexuelle.[6]

– Cette expertise a plus précisément pour objet, selon la lettre de l'article D. 47-21 du code de procédure pénale, de déterminer si l'intéressé était ou non atteint au moment des faits d'un trouble psychique ou neuropsychique ayant aboli ou altéré son discernement ou ayant aboli ou entravé le contrôle de ses actes, afin de permettre à la juridiction saisie d'appliquer les dispositions de l'article 122-1 du code pénal.

Le même article précise que lorsqu'une information est ouverte, et notamment en matière criminelle, il s'agit de l'expertise psychiatrique ordonnée en application du huitième alinéa de l'article 81.

Cette expertise peut être ordonnée dès le stade de l'enquête par le procureur de la République. Il n'y a donc pas de question complémentaire à inclure dans la mission à la différence de ce qui vient d'être exposé à propos de la mission relevant de l'application de l'article 706-47-1 du code de procédure pénale.

Il est prévu par ailleurs, en matière correctionnelle et contraventionnelle seulement que s'il apparaît des éléments issus de la procédure civile ayant

1. V. aussi s[s] n° 621.101.
2. Crim. 12 janv. 2005, n° 04-83.030, P n° 16 ; *AJ pénal* 2015. 378, obs. G. Pitti.
3. Crim. 11 juill. 1972, n° 72-90.788, P n° 234.
4. C. pr. pén., art. 706-47-1.
5. L. n° 2021-1539, 30 nov. 2021 visant à lutter contre la maltraitance animale et conforter le lien entre les animaux et les hommes… *JO* 1er déc., n° 1.
6. Crim. 15 mai 2018, n° 17-82.866, P n° 92 ; *Procédures* n° 7, juill. 2018, comm. 223, A.-S. Chavent-Leclère.

conduit à la mise en œuvre de la mesure de protection juridique, et notamment des certificats médicaux ou des expertises y figurant et qui ont été versés au dossier de la procédure pénale à la demande du ministère public, du juge d'instruction ou du tribunal correctionnel, des indications suffisantes pour apprécier si l'intéressé était ou non atteint au moment des faits d'un trouble psychique ou neuropsychique ayant aboli ou altéré son discernement ou ayant aboli ou entravé le contrôle de ses actes, le juge d'instruction ou le président du tribunal correctionnel peut, sauf opposition de la personne mise en examen ou du prévenu et de son avocat, dire qu'il n'y a pas lieu de soumettre l'intéressé à une expertise, par ordonnance motivée qui peut être prise en même temps que l'ordonnance de règlement ou par jugement motivé qui peut être joint au jugement sur le fond [1].

621.86 **Expertise facultative.** De manière facultative la juridiction peut ordonner une expertise lorsqu'elle ne s'estime pas suffisamment informée sur l'élément matériel ou intentionnel de l'infraction. Il peut s'agir d'une expertise technique (analyse de produits présentés comme des stupéfiants, expertise technique d'engin, expertise comptable, *etc.*) ou d'une expertise médicale du prévenu, de nature à apprécier le degré de sa responsabilité pénale au moment des faits. L'expertise médicale de la victime peut aussi déterminer la qualification de l'infraction, par exemple lorsqu'il s'agit d'apprécier la durée de l'incapacité temporaire de travail, qu'il s'agisse de blessures volontaires ou involontaires. Il peut s'agir aussi d'une expertise psychologique de nature à renseigner la juridiction sur la personnalité et les ressorts psychologiques de la personne qui comparait devant elle ou des conséquences de l'infraction sur la victime.

621.87 **Expertise sur les intérêts civils.** Le tribunal, après avoir statué sur l'action publique peut ordonner le versement d'une provision qu'il peut assortir de l'exécution provisoire, aux termes de l'article 464 du code de procédure pénale. Il peut renvoyer l'affaire à une date ultérieure pour statuer sur l'action civile, même s'il n'ordonne pas de mesure d'instruction, afin de permettre à la partie civile d'apporter les justificatifs de ses demandes. Ce renvoi est de droit lorsqu'il est demandé par les parties civiles.

Le plus souvent le renvoi est accompagné d'une expertise avant dire droit sur les intérêts civils, confiée à un expert médical. Le juge peut alors accorder ou pas, à la demande de celle-ci, une provision à valoir sur l'indemnisation de la victime. Le tribunal doit alors fixer la date de l'audience à laquelle il sera statué sur l'action civile. La présence du ministère public à cette audience ne sera pas obligatoire. À l'audience de renvoi, le tribunal est composé du seul président siégeant à juge unique.

1. C. pr. pén., art. D. 47-23.

SECTION 8

DEMANDE D'AUDITION DE TÉMOINS

621.91 **Réponse immédiate de la juridiction.** La demande d'audition de témoins fait partie de ces incidents auxquels la juridiction doit, en toute logique, répondre immédiatement [2]. L'article 513, alinéa 2, du code de procédure pénale dispose d'ailleurs expressément que « la cour tranche avant tout débat au fond ». Il doit en être de même pour le tribunal correctionnel. La demande d'audition de témoin, formulée par conclusions régulièrement déposées, doit entraîner une réponse du tribunal [3].

621.92 **L'audition d'un témoin est-elle obligatoire ?** [4] L'article 6, § 3, d) de la convention européenne des droits de l'homme est ainsi rédigé : « Tout accusé a droit notamment à : [...] interroger ou faire interroger les témoins à charge et obtenir la convocation et l'interrogation des témoins à décharge dans les mêmes conditions que les témoins à charge ».

Il résulte de cet article que tout prévenu a le droit d'interroger ou faire interroger les témoins à charge et d'obtenir la convocation des témoins à décharge dans les mêmes conditions que les témoins à charge.

Selon la Cour européenne des droits de l'Homme, « Les droits de la défense sont restreints de manière incompatible avec les garanties de l'article 6 lorsqu'une condamnation se fonde, uniquement ou dans une mesure déterminante, sur les dépositions faites par une personne que l'accusé n'a pu interroger ou faire interroger ni au stade de l'instruction ni pendant les débats » [5].

2. Témoin en général, v. s[s] n°s 223.11 s., cas de nullité et audition de témoin, v. s[s] n°s 614.11 s. et 621.31.
3. Crim. 4 mars 2014, n° 13-81.916, P n° 63 ; *D.* 2014. 668 ; *Procédures* 2014, n° 120, note A.-S. Chavent-Leclère.
4. Conv. EDH, art. 6, § 3, d).
5. CEDH 27 févr. 2001, *Lucà c/ Italie*, req. n° 33354/96, § 40 – AUSSI : CEDH 17 juill. 2001, *Sadak a. c/ Turquie*, req. n° 29900/96, § 65 – CEDH 19 juin 2003, *Hulki Günes c/ Turquie*, req. n° 28490/95, § 86, *RSC* 2004. 441, obs. F. Massias – CEDH 2 août 2005, *Kolu c/ Turquie*, req. n° 35811/97, § 59 – CEDH 13 avr. 2006, *Vaturi c/ France*, req. n° 75699/01, § 50 et *Zentar c/ France*, req. n° 17902/02, § 26 – CEDH 20 avr. 2006, *Carta c/ Italie*, req. n° 4548/02, § 49 – CEDH 19 oct. 2006, *Majadallah c/ Italie*, req. n° 62094/00, § 38 – CEDH 6 févr. 2007, *Mentes c/ Turquie*, req. n° 36487/02, § 30 – CEDH 10 avr. 2007, *Panarisi c/ Italie*, req. n° 46794/99, § 106 – CEDH 27 mai 2008, *Ünel c/ Turquie*, req. n° 35686/02, § 38 – CEDH 13 janv. ▶

Ainsi, « même là où des procédures faisant contrepoids sont jugées compenser de manière suffisante les obstacles auxquels se heurte la défense, une condamnation ne peut se fonder uniquement, ni dans une mesure déterminante sur des déclarations anonymes »[1].

Cette règle, dite règle de la preuve unique ou déterminante, a peut-être été atténuée par l'arrêt *Al-Khawaja et Tahery c/ Royaume-Uni*, du 15 décembre 2011[2], selon lequel : « Étant donné les risques inhérents aux témoignages par ouï-dire, le caractère unique ou déterminant d'une preuve de ce type admise dans une affaire est [...] un facteur très important à prendre en compte dans l'appréciation de l'équité globale de la procédure et il doit être contrebalancé par des éléments suffisants, notamment par des garanties procédurales solides. Dans chaque affaire où le problème de l'équité de la procédure se pose en rapport avec une déposition d'un témoin absent, il s'agit de savoir s'il existe des éléments suffisamment compensateurs des inconvénients liés à l'admission d'une telle preuve pour permettre une appréciation correcte et équitable de la fiabilité de celle-ci. L'examen de cette question permet de ne prononcer une condamnation que si la déposition du témoin absent est suffisamment fiable compte tenu de son importance dans la cause. »[3]

La Cour européenne des droits de l'Homme a eu l'occasion de rappeler que ces dispositions n'emportaient pas exigence de convocation et d'interrogatoire de tout témoin à décharge et que la convention laisse le soin aux États de juger de l'utilité d'une offre de preuve par témoin[4].

Il ne suffit pas au requérant qui allègue la violation de l'article 6, § 3, d) de démontrer qu'il n'a pu interroger un certain témoin à décharge. Encore faut-il qu'il rende vraisemblable que la convocation dudit témoin était nécessaire à la recherche de la vérité et que le refus de l'interroger a causé un préjudice aux droits de la défense[5]. Mais la Cour européenne a estimé que ne bénéficiait pas d'un procès équitable l'accusé qui n'avait jamais eu, non plus que son conseil, une occasion suffisante d'interroger un témoin[6]. Le fait que le témoin ait été entendu dans le cadre de l'enquête préliminaire, de flagrance, ou dans le cours de l'instruction n'est pas suffisant[7]. Dans une affaire *Schatschaschwili c/ Allemagne*[8], la CEDH précise sa jurisprudence dégagée dans l'affaire *Al-Khawaja et Tahery* s'agissant des conditions dans lesquelles une juridiction de jugement peut admettre à titre de preuve les déclarations de témoins n'ayant pas comparu devant elle. Dans cette affaire, les deux témoins étaient de nationalité lettone et avaient été interrogés lors d'un passage en Allemagne par le magistrat chargé de l'enquête. Mais l'accusé n'avait pas été confronté avec eux. De retour dans leur pays, les témoins n'avaient pas déféré à leur convocation lors de l'audience en Allemagne. La Cour admet que l'absence au procès des témoins se justifiait par un motif sérieux mais constate que leurs dépositions ont été « susceptibles d'emporter la décision sur l'affaire ». La Cour estime qu'il « faut absolument vérifier, pour déterminer si la procédure a été équitable dans son ensemble, si les autorités, au moment de l'audition conduite au stade de l'instruction, sont parties de l'hypothèse que le témoin en question ne serait pas entendu dans la phase de procès. Dès lors que les autorités d'enquête ont pu raisonnablement juger que le témoin concerné ne serait pas interrogé à l'audience devant le tribunal du fond, il est essentiel que la défense se soit vue offrir la possibilité de poser des questions à l'intéressé au stade de l'instruction » (§ 157). Elle juge que, dans le cas d'espèce, il était prévisible que les témoins ne comparaîtraient pas par la suite. Elle estime en conséquence que : « vu l'importance que revêtaient les déclarations de O... et P..., seuls témoins oculaires de l'infraction pour laquelle le requérant a été condamné, les mesures compensatrices prises étaient insuffisantes pour permettre une appréciation équitable et adéquate de la fiabilité des éléments de preuve non vérifiés » (§ 163).

Mais elle affirme surtout que : « l'absence de motif sérieux justifiant la non-comparution d'un témoin ne peut en soi rendre un procès inéquitable »[9]. Elle précise les critères retenus dans *Al-Khawaja et Tahery*, dans une décision critiquée par la doctrine[10].

▶ 2009, *Taxquet c/ Belgique*, req. n° 926/05 ; *D.* 2011. 47, obs. O. Bachelet ; *D.* 2009. 1058, note J.-F. Renucci ; *D.* 2009. 48, note J. Pradel ; *Just. & cass.* 2011. 241, obs. Mathon ; *RFDA* 2009. 677, obs. Berthier et Caire ; *AJ pénal* 2011. 35, obs. C. Renaud-Duparc ; *RSC* 2009. 657, obs. J.-P. Marguénaud, § 58 – CEDH 30 avr. 2009, *Tsotsos c/ Grèce*, req. n° 25109/07, § 33 – CEDH 16 févr. 2010, *V. D. c/ Roumanie*, req. n° 7078/02, § 110 – CEDH 18 mai 2010, *Ogaristi c/ Italie*, req. n° 231/07, § 58 – CEDH 1er mars 2011, *Nevruz Bozkurt c/ Turquie*, req. n° 27335/04, § 48.

1. CEDH 26 mars 1996, *Doorson c/ Pays-Bas*, req. n° 20524/92, § 76.
2. CEDH 15 déc. 2011, *Al-Khawaja et Tahery c/ Royaume-Uni*, req. nos 26766/05, 22228/06 ; *D.* 2012. 586, note J.-F. Renucci ; *RSC* 2012. 245, obs. D. Roets.
3. SUR l'affaiblissement des garanties en résultant : D. Roets : « Une ébréchure dans la règle dite "de la preuve unique ou déterminante" », *RSC* 2012. 245.
4. CEDH 12 févr. 2004, *Morel c/ France*, req. n° 43284/98, § 63.
5. CEDH 12 févr. 2004, *Morel c/ France*, préc.
6. CEDH 19 déc. 1990, *Delta c/ France*, req. n° 11444/85 ; *D.* 1991. Somm. 213, obs. J. Pradel ; *JCP* 1992. I. 3601, n° 24 ; *RSC* 1991. 393, obs. L.-E. Pettiti.
7. Crim. 12 janv. 1989, n° 88-81.592, P n° 13 ; *D.* 1989. Somm. 174, obs. J. Pradel ; *RSC* 1989. 350.
8. CEDH, gr. ch., 15 déc. 2015, n° 9154/10, § 144 ; *JCP* 2016, act. 28, F. Sudre ; *RSC* 2012. 245, obs. D. Roets.
9. § 113.
10. Pour une analyse détaillée, v. ss n° 615.304.

621.93 **Jurisprudence de la chambre criminelle – L'audition d'un témoin est-elle obligatoire ?** Il résulte de l'article 6, § 3, de la convention européenne des droits de l'homme que tout prévenu a le droit d'interroger ou faire interroger les témoins à charge et d'obtenir la convocation des témoins à décharge dans les mêmes conditions que les témoins à charge[1].

Mais peut être écartée l'audition du témoin cité dès lors que les recherches le concernant sont restées vaines[2], lorsque la demande d'audition ne précise pas suffisamment son objet et son utilité[3], ou lorsqu'il existe des risques de pression ou de représailles sur ce témoin[4], ou de menaces sur la partie civile[5]. Le refus peut également être fondé, conformément à la jurisprudence de la CEDH, sur le fait que l'audition du témoin n'est pas le seul élément à charge existant contre le prévenu : c'est ce que fait par exemple la chambre criminelle dans un arrêt du 3 décembre 2003 en exposant « qu'en l'état de ces motifs, et dès lors que la déclaration de culpabilité ne repose pas sur les seules déclarations de Jan Z..., la cour d'appel a justifié sa décision sans méconnaître les dispositions conventionnelles invoquées »[6]. La cour d'appel peut refuser l'audition du témoin en énonçant les circonstances de nature à mettre obstacle à la confrontation et à lui enlever toute force probante à la suite des artifices utilisés pour le prévenu pour empêcher son identification[7]. L'absence d'auditions de témoins ne soulève aucun problème sur le terrain de l'article 6 de la convention lorsque la condamnation ne s'appuyait pas sur leurs dires[8].

Mais l'article 175 du code de procédure pénale ne saurait être opposé à la demande d'audition de témoins, étant inapplicable devant la juridiction de jugement[9].

De toutes les façons, la juridiction doit motiver sa décision dès lors que l'arrêt attaqué mentionne expressément que la cour d'appel a été saisie d'une requête tendant à l'audition d'un témoin et qu'aucune réponse n'a été donnée à cette demande, les juges du second degré n'ont pas justifié leur décision[10].

621.94 **Audition du témoin en cause d'appel : spécificités.** En appel, l'article 513 du code de procédure pénale dispose que : « Les témoins cités par le prévenu sont entendus dans les règles prévues aux articles 435 à 457. Le ministère public peut s'y opposer si ces témoins ont déjà été entendus par le tribunal. La cour tranche avant tout débat au fond »[11].

La chambre criminelle décide que les juges d'appel sont tenus, lorsqu'ils en sont légalement requis d'ordonner l'audition contradictoire des témoins à décharge dans les mêmes conditions que les témoins à charge. La règle selon laquelle le témoin cité doit être entendu par la juridiction de jugement sauf à ce que celle-ci motive les raisons de son refus s'applique donc aussi bien aux témoins avec lesquels le prévenu souhaite être confronté parce qu'ils le mettent en cause qu'aux témoins à décharge, la seule exception résidant dans le fait que le témoin ait été entendu par le tribunal[12]. Mais le prévenu doit avoir fait citer le témoin pour pouvoir faire grief du refus de son audition[13]. Les juges du second degré peuvent refuser de faire droit à la demande que la cour d'appel ordonne la citation par le parquet général d'un témoin à décharge en énonçant qu'en application de l'article 513, alinéa 2, du code de procédure pénale, il avait la faculté de lui-même le faire citer[14][15].

L'audition de la mère de la victime devant la chambre des appels correctionnels, sans prestation de serment, ne respecte pas les prescriptions des articles 435 à 457 du Code de procédure pénale relatives aux témoins quand bien même ses déclarations devant la police sur le comportement de son mari prévenu étaient contradictoires et avait-elle affirmé à l'audience qu'elle n'était pas « venue dire qu'il était innocent mais écouter ce qui se passait ». Pour autant la Cour ne casse pas l'arrêt au motif que la déclaration de culpabilité n'a pas été fondée « même pour partie » sur ses déclarations faites à l'audience, ce qui ressort d'une jurisprudence constante[16]... Une cour d'appel ne peut refuser d'entendre trois témoins, au motif qu'ils n'avaient pas été cités devant le

1. V. s[s] n° 621.93.
2. Crim. 3 févr. 1993, n° 92-83.443, P n° 57 ; *JCP* 1993. II. 22197.
3. Crim. 27 oct. 1993, n° 93-80.113, P n° 319.
4. Crim. 8 févr. 1990, n° 89-81.832, P n° 70 ; *Gaz. Pal.* 1990. 2. 541.
5. Crim. 26 oct. 1994, n° 93-84.493, P n° 343.
6. Crim. 3 déc. 2003, n° 02-87.139, NP – AUSSI : Crim. 22 mars 1989, n° 88-84.580, P n° 144 – Crim. 24 oct. 1989, n° 89-81.492, P n° 373.
7. Crim. 21 janv. 1991, n° 90-81.264, P n° 32 ; *D.* 1991. Somm. 213, obs. J. Pradel.
8. CEDH 19 déc. 1989, *Kamasinski c/ Autriche*, req. n° 9783/82, § 89 et 91.
9. Crim. 26 mars 1998, n° 97-81.214, P n° 115 ; *Procédures* 1998, n° 181, note J. Buisson.
10. Crim. 20 sept. 2011, n° 11-81.314, P n° 183 ; *AJ pénal* 2012. 47, obs. J. Pronier ; *JCP* 2011. 1384 ; *RSC* 2012. 198, note J. Danet ; *D.* 2011. 2542, obs. M. Léna ; *D.* 2012. 171, obs. C. Roth, A. Leprieur et M.-L. Divialle ; *AJ pénal* 2012. 47, obs. J. Pronier – Crim. 26 oct. 2011, n° 11-80.683, P n° 221 ; *JCP* 2011. 1384 ; *RSC* 2012. 198, note J. Danet.
11. V. s[s] n°s 922.72 s.
12. Crim. 13 févr. 2008, n° 07-81.097, P n° 142 ; *D.* 2008. 1805, note J.-L. Lennon ; *AJ pénal* 2008. 197 ; *RSC* 2008. 984, obs. J.-F. Renucci.
13. Crim. 27 janv. 2009, n° 08-83.158, NP.
14. Crim. 28 mai 2003, n° 02-85.398, NP.
15. pour plus de précisions sur la situation particulière en appel, v. s[s] n°s 922.72 s.
16. Crim. 20 févr. 2019, n° 18-80.421, P n° 47 ; *Procédures* n° 4, avr. 2019, comm. 131 ; *Dr. pénal* 2019, comm. 75, A. Maron et M. Haas.

tribunal correctionnel, et ce, alors même que le prévenu était déjà assisté par le même avocat, l'abstention de la défense de les faire citer en première instance établissant le caractère non déterminant de ces déclarations par rapport à la décision à prendre. En statuant ainsi, la cour d'appel a méconnu le sens et la portée du texte précité et le principe ci-dessus rappelé. En effet, dès lors que les témoins, régulièrement cités devant la cour d'appel, n'avaient pas été entendus par le tribunal, ils devaient l'être par la juridiction du second degré, peu important qu'ils n'aient pas été cités en première instance, l'article 513 susvisé ne prévoyant pas une telle restriction[1].

621.95 **Témoin anonyme.** L'utilisation de dépositions anonymes pour asseoir une condamnation n'est pas en toutes circonstances incompatible avec la convention européenne des droits de l'homme[2].

Toutefois, il y a violation de l'article 6, § 3 lorsque ce type de témoignage constitue la seule base de la condamnation[3].

Par ailleurs, si le témoin anonyme appartient aux forces de police de l'État, un témoignage anonyme ne peut être admis que dans des circonstances exceptionnelles[4][5].

621.96 **Demande de huis-clos.** La cour d'appel qui n'a pas fait état de la demande motivée de huis-clos et n'y a pas répondu n'a pas justifié sa décision[6].

SECTION 9
DEMANDE D'ACTE DANS LE CADRE DE LA PROCÉDURE DE CITATION DIRECTE OU DE CONVOCATION PAR OFFICIER DE POLICE JUDICIAIRE

621.101 **Domaine d'application des demandes d'acte**[7]. La loi du 27 mai 2014[8] opérant transposition de la directive 2012/13[9] a créé un article 388-5 ouvrant de nouveaux droits aux parties ou à leur avocat qui peuvent, avant toute défense au fond ou à tout moment au cours des débats, demander, par conclusions écrites, qu'il soit procédé à tout acte qu'ils estiment nécessaire à la manifestation de la vérité, et autorise le dépôt de conclusions avant le début de l'audience, par lettre recommandée avec demande d'avis de réception ou par remise au greffe contre récépissé, auxquelles le président pourra répondre comme suit.

S'il estime que tout ou partie des actes demandés sont justifiés et qu'il est possible de les exécuter avant la date de l'audience, le président du tribunal peut, après avis du procureur de la République, en ordonner l'exécution selon les règles applicables au cours de l'enquête préliminaire. Les procès-verbaux ou autres pièces relatant leur exécution sont alors joints au dossier de la procédure et mis à la disposition des parties ou de leur avocat. Si le prévenu ou la victime doivent être à nouveau entendus, ils ont le droit d'être assistés, lors de leur audition, par leur avocat, en application de l'article 63-4-3. Si les actes demandés n'ont pas été ordonnés par le président du tribunal avant l'audience, le tribunal statue sur cette demande et peut commettre par jugement l'un de ses membres ou l'un des juges d'instruction du tribunal, désigné dans les conditions prévues à l'article 83, pour procéder à un supplément d'information ; l'article 463 est applicable.

S'il refuse d'ordonner ces actes, le tribunal doit spécialement motiver sa décision. Le tribunal peut statuer sur cette demande sans attendre le jugement sur le fond, par un jugement qui n'est susceptible d'appel qu'en même temps que le jugement sur le fond. En termes d'organisation au sein du service correctionnel, il n'est pas non plus évident que le service de l'audiencement sache précisément quel est le président d'audience auquel la demande doit être remise[10], ni que tous les magistrats présidant des audiences aient la même pratique... L'opportunité d'ordonner un supplément d'information à la suite d'une demande d'actes formée en application de l'article 388-5 du code de procédure pénale, rendu applicable à la cour d'appel par l'article 512 du même code, est une question de pur fait qui ne relève pas du contrôle de la Cour de cassation[11].

Si c'est à tort que, pour rejeter la demande d'expertise formée par conclusions écrites déposées par le prévenu le jour de l'audience, une cour d'appel énonce que l'article 388-5 suppose la saisine

1. Crim. 29 juin 2022, n° 21-85.470, B ; *D.* 2022. 1263.
2. CEDH 26 mars 1996, *Doorson c/ Pays Bas*, req. n° 20524/92, § 69, *Rec.* 1996-II ; *Justices* 1997. 205, obs. Cohen-Jonathan et Flauss – CEDH 23 févr. 1997, *Van Mechelen a. c/ Pays-Bas*, req. n°s 21363/93, 21364/93, 21427/93 et 22056/93, § 52, *Rec.* 1997-III ; *D.* 1998. Somm. 359, obs. J.-F. Renucci ; *JCP* 1998. I. 107, obs. F. Sudre ; *RG proc.* 1998. 248, obs. Flauss.
3. CEDH 20 sept. 1993, *Saïdi c/ France*, req. n° 14647/89, § 44.
4. CEDH 23 avr. 1997, *Van Mechelen a. c/ Pays-Bas*, req. n°s 21363/93, 21364/93, 21427/93 et 22056/93, § 56 à 66.
5. AUSSI : v. s^{s} n° 223.45.
6. Crim. 10 nov. 2020, n° 19-86.750, P ; *JCP* 2020. 1416 et v. s^{s} n°s 523.21 s.
7. C. pr. pén., art. 388-5.
8. L. n° 2014-535, 27 mai 2014 portant transposition de la directive 2012/13/UE du Parlement européen et du Conseil, du 22 mai 2012, relative au droit à l'information dans le cadre des procédures pénales, *JO* 28 mai, p. 8864.
9. Dir. 2012/13/UE, 22 mai 2012 relative au droit à l'information dans le cadre des procédures pénales, *JOUE L* 142/1, 1er juin, p. 1.
10. SUR cette question, v. s^{s} titre 51.
11. Crim. 8 févr. 2017, n° 16-80,057, P n° 39.

préalable du président de la juridiction, l'arrêt n'encourt pas pour autant la censure dès lors que, d'une part, le rejet a fait l'objet d'une motivation spéciale et, d'autre part, que l'opportunité d'ordonner une mesure d'instruction relève de l'appréciation souveraine des juges du fond [1].

1. Crim. 11 sept. 2019, nº 18-81.980, P nº, D actu. 1er oct. 2019, obs. Fucini ; *AJ pénal* 2019, 562, obs. J. Lasserre Capdeville.

CHAPITRE

622. Exceptions

SECTION 0

ORIENTEUR

622.00 Sommaire du chapitre.

622.01 Principaux textes applicables.

TEXTES SOURCES

• C. pr. pén., art. 384, 386, 459, 706-64, 706-65, 706-66, 706-67

TEXTES *IN EXTENSO*

• **C. pr. pén., art. 384**

Le tribunal saisi de l'action publique est compétent pour statuer sur toutes exceptions proposées par le prévenu pour sa défense, à moins que la loi n'en dispose autrement, ou que le prévenu n'excipe d'un droit réel immobilier.

• **C. pr. pén., art. 386**

* V. s^{s} n° 611.01.

• **C. pr. pén., art. 459**

* V. s^{s} n° 611.01.

• **C. pr. pén., art. 706-64**

Les juridictions pénales, à l'exception des juridictions d'instruction et de la cour d'assises, peuvent solliciter l'avis de la Cour de cassation en application de l'article L. 151-1 du code de l'organisation judiciaire. Toutefois, aucune demande d'avis ne peut être présentée lorsque, dans l'affaire concernée, une personne est placée en détention provisoire, sous assignation à résidence avec surveillance électronique ou sous contrôle judiciaire.

• **C. pr. pén., art. 706-65**

Lorsque le juge envisage de solliciter l'avis de la Cour de cassation en application de l'article L. 151-1 du code de l'organisation judiciaire, il en avise les parties et le ministère public. Il recueille les observations écrites éventuelles des parties et les conclusions du ministère public dans le délai qu'il fixe, à moins que ces observations ou conclusions n'aient déjà été communiquées.

Dès réception des observations et conclusions ou à l'expiration du délai, le juge peut, par une décision non susceptible de recours, solliciter l'avis de la Cour de cassation en formulant la question de droit qu'il lui soumet. Il sursoit à statuer jusqu'à la réception de l'avis ou jusqu'à l'expiration du délai mentionné à l'article 706-67.

• **C. pr. pén., art. 706-66**

La décision sollicitant l'avis est adressée, avec les conclusions et les observations écrites éventuelles, par le greffier de la juridiction au greffe de la Cour de cassation.

Elle est notifiée, ainsi que la date de transmission du dossier, aux parties par lettre recommandée avec demande d'avis de réception.

Le ministère public auprès de la juridiction est avisé ainsi que le premier président de la cour d'appel et le procureur général lorsque la demande d'avis n'émane pas de la cour.

• **C. pr. pén., art. 706-67**

La Cour de cassation rend son avis dans les trois mois de la réception du dossier.

622.02 Jurisprudence de référence.

> Lorsqu'un acte administratif est assorti d'une sanction pénale qu'il est demandé à un tribunal de prononcer, les juges ont le devoir de s'assurer, tant en la forme qu'au fond, de sa conformité à la loi

• **Crim. 18 nov. 1991,** n° 91-83.072, P n° 414

* V. s^{s} n°s 622.43, 622.46.

« Attendu que par arrêté du 25 septembre 1989 le préfet de Police de Paris a interdit, sur le territoire de cette ville, la vente de boissons alcoolisées dans les stations-service et leurs dépendances entre 22 heures et 7 heures ; qu'Éric X..., gérant d'une station-service, a été poursuivi pour vente de boissons alcoolisées en contravention audit arrêté ; que par jugement, frappé d'appel par le procureur général, le tribunal de police a déclaré illégal l'arrêté précité et renvoyé le prévenu des fins de la poursuite ;

Attendu que pour confirmer le jugement entrepris, les juges du second degré relèvent que l'interdiction édictée par le préfet a eu pour effet de limiter la liberté du commerce reconnue par l'article 7 de la loi des 2 et 17 mars 1791, et de rompre l'égalité entre les citoyens ; qu'ils observent que la restriction apportée n'est justifiée par aucune considération tirée de la situation de fait locale, telle l'existence de troubles qui seraient dus à la vente de boissons alcoolisées la nuit dans les stations-service, ou la recrudescence des accidents nocturnes de la circulation qui résulteraient de la conduite des véhicules sous l'empire d'un état alcoolique ;

Attendu qu'en l'état de ces énonciations la cour d'appel a donné une base légale à sa décision sans encourir les griefs allégués ;

Qu'en effet, d'une part, lorsqu'un acte administratif est assorti d'une sanction pénale qu'il est demandé à un tribunal de prononcer, les juges ont le devoir non d'en apprécier l'opportunité mais de s'assurer, tant en la forme qu'au fond, de sa conformité à la loi ;

Que, d'autre part, s'il appartient au préfet, en vertu des pouvoirs qu'il tient de l'article L. 131-13 du code des communes et de l'article 34. III de la loi du 2 mars 1982, de prendre toutes mesures relatives au maintien de la salubrité, de la sûreté, de la sécurité et de la tranquillité publiques, ces textes ne l'autorisent pas à édicter une interdiction générale et absolue portant atteinte à la liberté du commerce et de l'industrie en l'absence de circonstances locales précises constituant une menace pour l'ordre public qu'il a mission de préserver ;

D'où il suit que les moyens ne peuvent qu'être écartés. »

> Seule l'exception tendant à mettre l'assureur hors de cause doit être soulevée par lui avant toute défense au fond

• **Crim. 19 déc. 2000,** n° 00-80.479, P n° 382

* V. s[s] n° 622.84.

« Vu l'article 385-1 du code de procédure pénale ;

Attendu qu'il résulte du premier alinéa de ce texte que, lorsqu'il intervient ou qu'il est mis en cause devant la juridiction pénale, l'assureur peut présenter toute exception de nature à l'exonérer totalement de son obligation de garantie à l'égard des tiers ; que seule l'exception tendant à le mettre hors de cause doit être soulevée par lui avant toute défense au fond ;

Attendu qu'il ressort de l'arrêt attaqué et des pièces de procédure que le père, les frères et les sœurs de la victime ainsi que la concubine de celle-ci se sont constitués partie civile ; que, tant devant les juges du premier degré que devant la cour d'appel, la compagnie UAP, assureur de la société Deroct, a soutenu qu'elle ne garantissait pas l'indemnisation du préjudice subi par la concubine, dès lors que, selon les clauses du contrat d'assurance, seule entrait dans le domaine de la garantie l'indemnisation complémentaire due, en vertu de l'article L. 452-3 du code de la sécurité sociale, à la victime ou à ses ayants droit, au nombre desquels ne figure pas le concubin ;

Attendu que, pour déclarer cette exception irrecevable, la cour d'appel énonce qu'en méconnaissance de l'article 385-1 du code de procédure pénale, elle a été présentée à titre "infiniment subsidiaire" et qu'elle ne tendait au surplus qu'à une "exonération partielle de garantie" ;

Mais attendu qu'en prononçant ainsi, alors que l'exception de non-assurance, qui n'avait été opposée par l'assureur du prévenu qu'à l'une des parties civiles, ne tendait pas à sa mise hors de cause et n'avait donc pas à être invoquée avant toute défense au fond, la cour d'appel, qui aurait dû examiner le bien-fondé de cette exception, laquelle était de nature à exonérer totalement l'assureur de son obligation de garantie à l'égard d'un tiers, a méconnu le sens et la portée du texte susvisé et du principe ci-dessus énoncé ;

D'où il suit que la cassation est encourue de ce chef. »

> L'exception d'illégalité doit être soulevée avant toute défense au fond

• **Crim. 18 févr. 2003,** n° 02-81.883, NP

* V. s[s] n° 622.45.

« Sur le premier moyen de cassation, pris de la violation de l'article 7-1 de la convention européenne de sauvegarde des droits de l'Homme et des libertés fondamentales, de l'article 111-5 du code pénal et des articles 386 et 593 du code de procédure pénale ;

En ce que l'arrêt a déclaré l'exception d'illégalité des arrêtés préfectoraux des 15 mars et 23 juillet 1996 soulevée par Antoine X... irrecevable ;

Aux motifs qu'en application des dispositions de l'article 386 du code de procédure pénale, est irrecevable devant la cour d'appel le moyen, non soulevé devant les premiers juges, pris de l'illégalité des arrêtés préfectoraux des 15 mars 1996 et 23 juillet 1996 en ce qu'ils auraient été signés par le secrétaire général de la préfecture ;

Alors que l'exception d'illégalité d'un acte administratif complétant le texte d'incrimination est un moyen de fond qui touche à l'existence de l'élément légal de l'infraction ; qu'elle ne constitue pas une exception préjudicielle puisque l'appréciation de la légalité de cet acte relève de la compétence du juge pénal ; qu'elle peut donc être soulevée en tout état de la procédure ; qu'en refusant d'examiner la légalité des arrêtés préfectoraux des 15 mars 1996 et 23 juillet 1996 pour la violation desquels Antoine X... était poursuivi au motif que le moyen contestant cette légalité n'avait pas été soulevé en première instance, la cour d'appel a violé les textes susvisés ;

Attendu que, prévenu de ne pas s'être conformé à deux arrêtés préfectoraux pris en application de la législation relative aux installations classées, Antoine X... a déposé devant la cour d'appel des conclusions dans lesquelles il invoquait notamment l'illégalité de ces arrêtés, au motif que leur signataire ne justifiait pas d'une délégation régulière ;

Attendu que, pour écarter cette exception, l'arrêt attaqué retient qu'elle n'a pas été présentée devant les premiers juges ;

Attendu qu'en prononçant ainsi, la cour d'appel a fait l'exacte application de l'article 386 du code de procédure pénale ;

D'où il suit que le moyen doit être écarté. »

> L'annulation d'un acte administratif par la juridiction administrative implique que cet acte est réputé n'avoir jamais existé

• **Crim. 3 sept. 2008,** n° 08-80.074, NP

* V. s^s n° 622.48.

« Vu l'article L. 223-5 V du code de la route, ensemble le principe de l'autorité de la chose jugée par la juridiction administrative ;

Attendu que l'annulation par la juridiction administrative d'un acte administratif prive de base légale la poursuite engagée pour violation de cet acte ;

Attendu qu'Alain X... a été poursuivi pour avoir conduit un véhicule à moteur malgré l'invalidation de son permis de conduire résultant de la perte de la totalité des points dont il était affecté ;

Attendu que, par jugement définitif du 23 juin 2006, le tribunal administratif de Paris a annulé les décisions du ministre de l'Intérieur du 26 mai 2006 portant retrait de points et constatant la perte de validité du permis de conduire d'Alain X... ;

Attendu que, pour écarter l'argumentation du prévenu qui faisait valoir que le jugement précité avait supprimé l'élément matériel du délit qui lui était reproché, l'arrêt retient qu'au moment des contrôles routiers la décision ministérielle était en vigueur ;

Mais attendu qu'en prononçant ainsi, la cour d'appel a méconnu les textes et principes ci-dessus rappelés ;

D'où il suit que la cassation est encourue ; qu'elle aura lieu sans renvoi, la Cour de cassation étant en mesure d'appliquer directement la règle de droit et de mettre fin au litige, ainsi que le permet l'article L. 411-3 du code de l'organisation judiciaire ;

Par ces motifs, casse et annule [...]. »

> Le juge pénal peut contrôler la nécessité d'un acte administratif

• **Crim. 18 nov. 2003,** n° 03-81.918, P n° 215

* V. s^s n° 622.46.

« Vu l'article L. 2212-2 du code général des collectivités territoriales ;

Attendu qu'en application de ce texte, les maires peuvent, notamment, réglementer la pratique de la planche à roulettes, afin d'assurer le bon ordre, la sûreté, la sécurité et la salubrité publiques ; que la légalité de ces mesures est subordonnée à leur nécessité ;

Attendu que Denis Noël a été poursuivi pour avoir, le 17 septembre 2002, à 22 heures, pratiqué la planche à roulettes sur le parvis de l'hôtel de ville de Roanne en violation de l'arrêté municipal du 2 mai 2001, qui interdit cette activité en dehors d'un espace spécialement aménagé à cet effet à proximité de la piscine municipale ;

Attendu que, pour relaxer le prévenu, le tribunal de police énonce que, portant aux libertés individuelles une atteinte disproportionnée par rapport au but de sécurité et de tranquillité publiques qu'il vise, l'arrêté municipal est illégal ;

Mais attendu qu'en prononçant ainsi, alors que la mesure prise, qui ne réglemente pas l'exercice d'une liberté individuelle et n'a ni pour objet ni pour effet d'interdire de façon générale et absolue la pratique de la planche à roulettes, tend à assurer le bon ordre ainsi que la sécurité et la sûreté publiques, le tribunal a méconnu le sens et la portée du texte susvisé et du principe ci-dessus rappelé ;

D'où il suit que la cassation est encourue. »

> La décision par laquelle la juridiction correctionnelle joint au fond un incident constitue une mesure d'administration judiciaire qui n'est susceptible d'aucun recours. Encourt dès lors la censure l'arrêt d'une cour d'appel qui déclare recevable l'appel formé contre la décision du tribunal joignant au fond l'exception d'irrecevabilité des poursuites prise d'une immunité diplomatique

• **Crim. 10 mai 2007,** n° 06-87.379, P n° 122

* V. s^s n° 622.21.

« Sur le moyen relevé d'office, après avis donné aux avocats, pris de la violation de l'article 459 du code de procédure pénale ;

Vu ledit article ;

Attendu que, selon ce texte, la décision par laquelle la juridiction correctionnelle joint au fond un incident constitue une mesure d'administration judiciaire qui n'est susceptible d'aucun recours ;

Attendu qu'il résulte de l'arrêt attaqué et des pièces de procédure que, poursuivi pour fraude fiscale, dans deux procédures distinctes, Jean-Pierre Y... a, avant toute défense au fond, soulevé l'exception d'immunité diplomatique, dont il disait bénéficier en qualité de représentant permanent de l'Angola auprès de l'Unesco ; que, par décisions du 2 novembre 2005, le tribunal a joint l'incident au fond et renvoyé l'examen des affaires à une date ultérieure ;

Attendu que, statuant sur les appels interjetés par le prévenu de ces décisions de jonction au fond, l'arrêt, après avoir joint les procédures en raison de leur connexité, retient, notamment, que les principes d'ordre public qui gouvernent l'immunité des agents diplomatiques des puissances étrangères commandent un jugement immédiat sur le mérite de l'exception d'irrecevabilité des poursuites ; que les juges ajoutent que la jonction de l'exception au fond tranche implicitement une question de compétence et ne revêt donc pas un caractère simplement préparatoire ; qu'ils en déduisent que les appels de ces décisions sont immédiatement recevables ;

Mais attendu qu'en prononçant ainsi, la cour d'appel a méconnu le sens et la portée du texte susvisé et du principe ci-dessus énoncé ;

D'où il suit que la cassation est encourue ; qu'elle aura lieu sans renvoi, la Cour de cassation étant en mesure d'appliquer directement la règle de droit et de mettre fin au litige ainsi que le permet l'article L. 411-3 du code de l'organisation judiciaire ;

Par ces motifs, et sans qu'il soit besoin d'examiner les moyens proposés :

casse et annule [...]. »

> La prescription constitue une exception péremptoire et d'ordre public qui peut être soulevée par le prévenu en tout état de la procédure

• **Crim. 20 janv. 2009,** n° 08-80.021, P n° 21

* V. s^s n° 622.14.

« Vu les articles 9 et 175 du code de procédure pénale ;

Attendu que, d'une part, selon le premier de ces textes, la prescription de l'action publique en matière de contravention est d'une année révolue ;

Attendu que, d'autre part, la prescription constitue une exception péremptoire et d'ordre public qui peut être soulevée par le prévenu en tout état de la procédure ;

Attendu que, pour déclarer le prévenu irrecevable à invoquer la prescription de la contravention de blessures involontaires, l'arrêt attaqué retient que celle-ci est connexe au délit de blessures involontaires et que l'ordonnance de renvoi, notifiée conformément aux dispositions de l'article 175 du code de procédure pénale, a purgé les vices de la procédure ;

Mais attendu qu'en statuant ainsi, alors que la loi ne prévoit aucune exception au délai de prescription qu'elle édicte et que celle-ci peut être invoquée en tout état de la procédure, la cour d'appel a méconnu le sens et la portée des textes susvisés et des principes ci-dessus énoncés ;

D'où il suit que la cassation est encourue. »

> En application de l'article 111-5 du code pénal, les juridictions pénales sont compétentes pour apprécier la légalité de l'ordre de perquisition administrative qui détermine la régularité de la procédure

• **Crim. 13 déc. 2016,** n° 16-82.176, P n° 340.

* V. s^s n° 622.63.

« Vu l'article 591 du code de procédure pénale, ensemble l'article 11, 1°, de la loi n° 55-385 du 3 avril 1955 relative à l'état d'urgence dans sa rédaction résultant de l'ordonnance n° 60-372 du 15 avril 1960 modifiant certaines dispositions de la loi n° 55-385 du 3 avril 1955 instituant un état d'urgence.

Attendu que, selon le second de ces textes, le décret déclarant ou la loi prorogeant l'état d'urgence peut, par une disposition expresse, conférer au ministre de l'intérieur, pour l'ensemble du territoire où est institué l'état d'urgence, et au préfet, dans le département, le pouvoir d'ordonner des perquisitions à domicile de jour et de nuit ;

Attendu qu'il résulte de l'arrêt attaqué et des pièces de la procédure que, le 19 novembre 2015, le préfet du Rhône a ordonné la perquisition des habitations ou locaux situés 11 avenue G. à V. dans lesquels il existait, selon l'arrêté du préfet, des raisons sérieuses de penser que se trouvaient des personnes, armes ou objets pouvant être liés à des activités à caractère terroriste ; que, le 20 novembre 2015, à 1 heure, les fonctionnaires de police ont perquisitionné, à cette adresse, le domicile de M. F..., où se trouvait M. B... ; que l'officier de police judiciaire présent sur les lieux y a saisi un pistolet à plombs, 1 072 grammes d'héroïne, 134 grammes de cocaïne, 1 098 grammes de résine de cannabis, 242 grammes d'herbe de cannabis, des balances électroniques de précision, un couteau portant des traces de cannabis, des sachets de conditionnement et un document pouvant correspondre à une feuille de comptes ; que le même jour, à 1 heure 45, un officier de police judiciaire a établi un procès-verbal "sur la situation du quartier "L. B." de V., donnant sur l'avenue G., et l'origine des renseignements sur l'existence d'un trafic de stupéfiants, ainsi que sur ce trafic et les risques de dérives communautaires et de radicalisation dans ce quartier" ; qu'après l'ouverture d'une information judiciaire, MM. B. et F. ont été mis en examen le 22 novembre 2015 des chefs sus-énoncés et placés en détention provisoire ; que M. F. a saisi, le 3 février 2016, la chambre de l'instruction d'une requête en annulation des actes de la procédure ;

Attendu que, pour accueillir le moyen tiré de l'illégalité de l'ordre préfectoral de perquisition et annuler les actes de la procédure, à l'exception de l'ordre de perquisition, du procès-verbal établi le 20 novembre 2015 à 1 heure 45, du réquisitoire introductif et de la désignation du juge d'instruction, après avoir rappelé les termes de l'article 11 de la loi n° 55-385 du 3 avril 1955 dans sa rédaction issue de la loi n° 2015-1501 du 20 novembre 2015 prorogeant l'application de la loi n° 55-385 du 3 avril 1955 relative à l'état d'urgence et renforçant l'efficacité de ses dispositions, l'arrêt retient que l'ordre de perquisition administrative ne répond pas aux conditions de régularité prévue par ce texte ;

Mais attendu qu'en statuant ainsi, alors que, si elle a énoncé, à bon droit, qu'en application de l'article 111-5 du code pénal, les juridictions pénales sont compétentes pour apprécier la légalité de l'ordre de perquisition, qui, sans constituer le fondement des poursuites, détermine la régularité de la procédure, il lui appartenait de statuer en application du 1° de l'article 11 de la loi n° 55-385 du 3 avril 1955 relative à l'état d'urgence, dans sa rédaction résultant de l'ordonnance n° 60-372 du 15 avril 1960 et non de la loi n° 2015-1501 du 20 novembre 2015 prorogeant l'application de la loi n° 55-385 du 3 avril 1955 relative à l'état d'urgence et renforçant l'efficacité de ses dispositions, la chambre de l'instruction a méconnu les textes susvisés et le principe ci-dessus rappelé ;

D'où il suit que la cassation est encourue ;

Par ces motifs, casse et annule. »

> Lorsque la juridiction du fond estime un arrêté préfectoral insuffisamment motivé, il lui appartient de solliciter le ministère public afin d'obtenir de l'autorité administrative les éléments factuels sur lesquels elle s'était fondée pour prendre sa décision, a méconnu les textes susvisés et le principe ci-dessus rappelé

• **Crim. 28 mars 2017,** n° 16-85.073, P n° 88.

* V. s^s n° 622.66.

« Vu les articles 111-5 du code pénal et 11, I, de la loi n° 55-385 du 3 avril 1955 relative à l'état d'urgence dans sa rédaction résultant de la loi n° 2015-1501 du 20 novembre 2015 prorogeant l'application de la loi n° 55-385 du 3 avril 1955 relative à l'état d'urgence et renforçant l'efficacité de ses dispositions ;

Attendu qu'aux termes du premier de ces textes, les juridictions pénales sont compétentes pour interpréter les actes administratifs, réglementaires ou individuels et pour en apprécier la légalité lorsque, de cet examen, dépend la solution du procès pénal qui leur est soumis ; qu'il en va ainsi lorsque, de la régularité de ces actes, dépend celle de la procédure pénale ;

Attendu que, selon le second de ces textes, le décret déclarant ou la loi prorogeant l'état d'urgence peut, par une disposition expresse, conférer au ministre de l'intérieur, pour l'ensemble du territoire où est institué l'état d'urgence, et au préfet, dans le département, le pouvoir d'ordonner des perquisitions en tout lieu, y compris un domicile, de jour et de nuit, sauf dans un lieu affecté à l'exercice d'un mandat parlementaire ou à l'activité professionnelle des avocats, des magistrats ou des journalistes, lorsqu'il existe des raisons sérieuses de penser que ce lieu est fréquenté par une personne dont le comportement constitue une menace pour la sécurité et l'ordre publics ;

Attendu qu'il résulte de l'arrêt attaqué et des pièces de procédure que, le 8 décembre 2015, le préfet de l'Isère a ordonné de procéder sans délai à la perquisition des locaux de l'épicerie "l'Epicedre" et de ses annexes, sis 39 avenue de Grugliasco à Échirolles (38), dans lesquels il existait, selon l'arrêté du préfet, des raisons sérieuses de penser que ces lieux étaient fréquentés par un individu susceptible d'y détenir illégalement des armes, d'entretenir des liens et de servir de soutien à des individus radicalisés ; que le même jour, à 15 heures 50, les fonctionnaires de police ont perquisitionné ces locaux, où, en présence du gérant de ce commerce, M. Adda A., un officier de police judiciaire a saisi un sachet contenant dix grammes d'herbe de cannabis ; que M. A. a été poursuivi du chef de détention illicite de stupéfiants devant le tribunal correctionnel ; que le prévenu a soulevé une exception de nullité prise de l'illégalité de l'ordre de perquisition ; que le tribunal, faisant droit à cette exception, a renvoyé M. A. des fins de la poursuite ; que le procureur de la République a relevé appel de cette décision ;

Attendu que, pour accueillir l'exception de nullité tirée de l'illégalité de l'acte administratif et annuler l'intégralité des actes de la procédure, l'arrêt retient que, si l'absence de désignation nominative d'un individu visé par la perquisition et l'absence d'avis au procureur de la République ne sont pas de nature à vicier l'ordre de perquisition, l'arrêté préfectoral, qui ne fait référence à aucun élément factuel, fût-il sommaire, propre à établir la légitimité de l'affirmation selon laquelle le lieu concerné était fréquenté par un ou plusieurs individus dont les comportements constituaient une menace pour la sécurité et l'ordre publics, est insuffisamment précis pour justifier la contrainte exercée ;

Attendu que c'est à bon droit que la cour d'appel a retenu sa compétence pour apprécier la légalité de l'ordre de perquisition ;

Mais attendu qu'en accueillant cette exception, alors qu'il ressort des motifs de l'arrêt que l'arrêté préfectoral énonçait, au visa des dispositions de l'article 11, I, de la loi susvisée, que les locaux concernés étaient fréquentés par une personne susceptible d'y détenir illégalement des armes, d'entretenir des liens et de servir de soutien à des individus radicalisés, d'où il se déduisait une menace pour la sécurité et l'ordre publics, la cour d'appel, à qui il incombait, si elle estimait l'arrêté insuffisamment motivé, de solliciter le ministère public afin d'obtenir de l'autorité préfectorale les éléments factuels sur lesquels celle-ci s'était fondée pour prendre sa décision, a méconnu les textes susvisés et le principe ci-dessus rappelé ; d'où il suit que la cassation est encourue de ce chef ;

Par ces motifs, et sans qu'il soit besoin d'examiner les moyens de cassation proposés, casse et annule. »

> Il incombe au juge répressif, compétent pour apprécier la légalité des arrêtés d'assignation à résidence, de répondre aux griefs invoqués par le prévenu à l'encontre de cet acte administratif, sans faire peser la charge de la preuve sur le seul intéressé et en sollicitant, le cas échéant, le ministère public afin d'obtenir de l'autorité administrative les éléments factuels sur lesquels celle-ci s'était fondée pour prendre sa décision

• **Crim. 3 mai 2017**, n° 16-86.155, P n° 134.

* V. s[s] n° 622.66.

« Sur le moyen unique de cassation, pris de la violation des articles 6 de la convention européenne des droits de l'homme et préliminaire du code de procédure pénale ;

Vu les articles 2 de la Déclaration des droits de l'homme et du citoyen, 111-5 du code pénal et 6 de la loi n° 55-385 du 3 avril 1955 relative à l'état d'urgence dans sa rédaction résultant de la loi n° 2015-1501 du 20 novembre 2015 prorogeant l'application de la loi n° 55-385 du 3 avril 1955 relative à l'état d'urgence et renforçant l'efficacité de ses dispositions ;

Attendu que le droit à la sûreté garanti par l'article 2 de la Déclaration des droits de l'homme et du citoyen commande au juge pénal, lorsqu'il envisage, dans un cas prévu par la loi, de prononcer une peine privative de liberté à l'encontre d'une personne poursuivie au seul motif qu'elle s'est soustraite à l'exécution d'un acte administratif la concernant, de s'assurer préalablement que l'obligation dont la violation est alléguée était nécessaire et proportionnée ;

Attendu qu'aux termes du deuxième de ces textes, les juridictions pénales sont compétentes pour interpréter les actes administratifs, réglementaires ou individuels et pour en apprécier la légalité lorsque, de cet examen, dépend la solution du procès pénal qui leur est soumis ;

Attendu que, selon le troisième de ces textes, le ministre de l'intérieur peut prononcer l'assignation à résidence, dans le lieu qu'il détermine, de toute personne résidant dans la zone fixée par le décret mentionné à l'article 2 et à l'égard de laquelle il existe des raisons sérieuses de penser que son comportement constitue une menace pour la sécurité et l'ordre publics dans les circonscriptions territoriales mentionnées audit article 2 ; que cette personne peut également être astreinte, d'une part, à demeurer dans le lieu d'habitation déterminé par le ministre de l'intérieur, pendant la plage horaire qu'il fixe, dans la limite de douze heures par vingt-quatre heures, d'autre part, à se présenter périodiquement aux services de police ou aux unités de gendarmerie, selon une fréquence déterminée dans la limite de trois présentations par jour ;

Attendu qu'il résulte de l'arrêt attaqué et des pièces de procédure que le 22 juillet 2016, le ministre de l'intérieur a pris, au visa, notamment, de la loi n° 55-385 du 3 avril 1955 modifiée relative à l'état d'urgence, deux arrêtés d'assignation à résidence visant MM. Nassim Y et Henni X, lesquels ont été notifiés aux intéressés ; que ces arrêtés ont astreint M. X et M. Y, d'une part, à résider, le premier sur le territoire de la commune d'(...) et le second sur celle de (...), chacun ayant, en outre, obligation de demeurer à une adresse déterminée pour la nuit selon un horaire précis, d'autre part, à se présenter quotidiennement, à heures fixes, à l'hôtel de police de (...) ; que l'arrêté concernant M. X a précisé que les déplacements effectués par ses soins afin de se conformer à cette dernière obligation constituaient la seule dérogation à l'obligation de résidence qui lui a été imposée ; que chacun de ces arrêtés a été motivé, d'une part, au regard de la gravité de la menace terroriste sur le territoire national, d'autre part, compte tenu d'éléments propres à chacun des deux prévenus relevant de leurs activités, de documents possédés par eux ou consultés par leur soin, ainsi que de la personnalité et de l'activité de certains de leurs contacts ; qu'une enquête a été ouverte à la suite du recueil de l'information par des policiers de ce que ces deux personnes s'étaient soustraites aux obligations de leur assignation à résidence, dès le 29 juillet 2016, puis à nouveau les 3 et 4 août 2016, s'agissant de M. X, d'une part, le 3 août 2016 pour ce qui est de M. Y, d'autre part ; que les investigations entreprises ont confirmé la violation de l'obligation de résidence imposée à MM. X et Y en exécution des deux arrêtés d'assignation à résidence susvisés ; que les prévenus ont été poursuivis devant le tribunal correctionnel du chef de non-respect d'une assignation à résidence prononcée par le ministre de l'intérieur dans le cadre de l'état d'urgence ; que les juges du premier degré les ont renvoyés des fins de la poursuite ; que le procureur de la République a relevé appel de cette décision ;

Attendu que, pour écarter, dans les conditions prévues à l'article 186 du code de procédure pénale, l'exception d'illégalité des arrêtés d'assignation à résidence soulevée par les prévenus et retenir MM. X et Y dans les liens de la prévention, l'arrêt relève que ces actes administratifs ont été motivés par la référence à des éléments factuels, dont l'autorité administrative a déduit l'existence de raisons sérieuses de penser que le comportement des intéressés constituait une menace pour la sécurité et l'ordre publics sous le régime de l'état d'urgence ; que les juges ajoutent que, d'une part, les prévenus, tout en contestant la réalité des faits énoncés dans ces arrêtés ou l'interprétation qu'en a donnée l'administration, ont été dans l'incapacité d'étayer leurs allégations, d'autre part, la preuve de la fausseté desdits faits ou l'erreur d'interprétation qui en aurait été donnée ne saurait être trouvée dans l'absence de production aux débats d'éléments permettant de conforter la motivation de chacun de ces actes administratifs ; qu'ils en déduisent que les prévenus demandent à la juridiction répressive de contrôler l'opportunité des actes administratifs individuels les concernant ; qu'ils relèvent que la matérialité du non-respect de l'assignation à résidence dont chacun des deux prévenus a fait l'objet n'est pas contestée et que les manquements aux obligations imposées ont été délibérés ;

Mais attendu qu'en statuant ainsi, alors que, s'il appartient au prévenu, poursuivi pour non-respect de l'assignation à résidence prononcée par le ministre de l'intérieur dans le cadre de l'état d'urgence, de préciser sur quels éléments porte sa contestation des raisons retenues par l'arrêté ministériel permettant de penser que son comportement constitue une menace pour la sécurité et l'ordre publics, il incombe au juge répressif, compétent pour apprécier la légalité des arrêtés d'assignation à résidence, de répondre aux griefs invoqués par le prévenu à l'encontre de cet acte administratif, sans faire peser la charge de la preuve sur le seul intéressé et en sollicitant, le cas échéant, le ministère public afin d'obtenir de l'autorité administrative les éléments factuels sur lesquels celle-ci s'était fondée pour prendre sa décision, la cour d'appel a méconnu les textes susvisés et les principes ci-dessus rappelés ; d'où il suit que la cassation est encourue de ce chef ;

Par ces motifs, casse et annule. »

622.03 Bibliographie indicative.

Articles. A. Brunel, « État d'urgence et renseignement : retour sur la répartition des contentieux », *AJ pénal* 2017. 475 – J.-P. Marguenaud, « La reconnaissance par l'Assemblée plénière de la Cour de cassation de l'autorité interprétative des arrêts de la CEDH... », *RTDC* 2011. 725 – G. Odinet, « Le rôle du juge administratif dans le contrôle de l'état d'urgence », *Cah. justice* 2017. 275.

SECTION 1
NOTIONS

622.11 Exceptions de procédure. L'exception est un moyen de défense qui dénie à la juridiction le droit de condamner.

622.12 Distinction entre exception et exception préjudicielle. L'exception préjudicielle est une exception qui ne peut être tranchée par le tribunal correctionnel mais qui contraint celui-ci à demeurer dans l'attente de la décision d'une autre autorité. Elle contraint le juge saisi de l'action publique à surseoir à statuer jusqu'à ce que la question concernée ait été tranchée par la juridiction compétente[1].

622.13 Interdiction pour le tribunal de soulever d'office une exception. La jurisprudence estime que les juridictions pénales ne peuvent soulever d'office une exception de procédure même substantielle et d'ordre public[2], sauf en ce qui concerne la compétence des juridictions[3]. Cette règle vaut surtout pour les exceptions de nullité[4] mais a valeur générale. La solution est différente dans quelques domaines particuliers qui touchent à l'existence de l'action publique : amnistie, prescription, abrogation de la loi pénale...[5].

1. Crim. 28 mai 1997, n° 96-84.750, P n° 210.
2. Crim. 15 juin 1987, n° 85-92.803, P n° 251 – Crim. 21 mars 1989, n° 88-82.789, P n° 138 ; *D.* 1989. Somm. 394, obs. J. Pradel – Crim. 25 févr. 1991, n° 90-81.383, P n° 94 – Crim. 14 oct. 1991, n° 90-84.818, P n° 341 – Crim. 9 déc. 1991, n° 91-82.880, P n° 466 – Crim. 17 nov. 1992, n° 92-82.902, NP, *Dr. pénal* 1993, n° 54, note A. Maron – Crim. 17 mars 1993, n° 92-82.348, P n° 124 – Crim. 12 mars 1996, n° 95-81.127, P n° 110 – Crim. 18 sept. 1996, n° 95-84.134, P n° 318 – Crim. 19 mars 1997, n° 96-82.911, NP, *Procédures* 1997, n° 216, note J. Buisson – Crim. 10 déc. 2003, n° 03-83.344, P n° 243 ; *AJ pénal* 2004. 120, obs. C. Girault – Crim. 25 avr. 2006, n° 06-80.599, P n° 107 ; *D.* 2006. 1565 ; *AJ pénal* 2006. 317 ; *RSC* 2006. 852, obs. R. Finielz – Crim. 10 oct. 2006, n° 06-81.833, P n° 246 ; *D.* 2006. IR 2752 ; *Procédures* 2007, n° 45, note J. Buisson.
3. Crim. 13 nov. 1996, n° 95-84.897, P n° 405 – Crim. 7 juin 2000, n° 99-82.788, P n° 219 ; *D.* 2000. IR 224 ; *D.* 2001. Somm. 518, obs. J. Pradel ; *D.* 2001. Chron. 6, obs. C. Marsat – Crim. 10 déc. 2003, n° 03-83.344, P n° 243 ; *AJ pénal* 2004. 120, obs. C. Girault.
4. V. s[s] n°s 611.11 s.
5. SUR ces causes d'extinction de l'action publique, v. s[s] n°s 635.11 s.

622.14 Moment où l'exception peut être soulevée. Dès lors qu'il ne s'agit pas d'une exception préjudicielle qui doit être soulevée, aux termes de l'article 386 du code de procédure pénale, avant toute défense au fond, les autres exceptions peuvent généralement être soulevées à tout moment. C'est le cas s'agissant des obstacles à l'action publique comme la prescription[1] ou l'exception de chose jugée[2] ou dans le cas de l'exception tirée de l'absence de plainte préalable d'une administration lorsque celle-ci est nécessaire à la poursuite[3], ou encore dans le cadre posé par l'article 6, § 1, du code de procédure pénale[4] [5]. L'exception tirée de l'irrecevabilité d'une constitution de partie civile peut également être soulevée en tout état de la procédure. Mais *il existe des cas dans lesquels la jurisprudence assimile l'exception à une exception préjudicielle en ce qui concerne l'exigence de sa présentation in limine litis.* C'est le cas par exemple de l'exception d'illégalité d'un acte administratif[6] ou de celle tendant à mettre hors de cause l'assureur[7]. C'est également lorsqu'est invoquée la règle *electa una via.*

622.15 Cas particulier de la règle *electa una via.* L'article 5 du code de procédure pénale dispose que : « La partie civile qui a exercé son action devant la juridiction civile compétente ne peut la porter devant la juridiction répressive. Il n'en est autrement que si celle-ci a été saisie par le ministère public avant qu'un jugement sur le fond ait été rendu par la juridiction civile »[8].

La fin de non-recevoir tirée de ce texte doit, selon la jurisprudence, être invoquée avant toute défense au fond[9]. La jurisprudence le rappelle : la règle *electa una via*, fondée sur l'article 5 du Code de procédure pénale, constitue une fin de non-recevoir, laquelle, aux termes de l'article 385 du même code, doit être présentée avant toute défense au fond, à peine d'irrecevabilité[10].

Le prévenu qui s'est défendu devant la juridiction répressive doit être considéré comme ayant accepté le débat devant cette juridiction et renoncé à se prévaloir des dispositions de l'article 5[11].

1. Crim. 20 oct. 1992, n° 91-86.924, P n° 330 – Crim. 20 janv. 2009, n° 08-80.021, P n° 21 (v. s^s n° 622.01).
2. Crim. 13 nov. 1989, n° 88-80.801, P n° 408.
3. Crim. 10 déc. 1953, *D.* 1954. 105, rapp. Patin.
4. SUR cet article, v. ss n° 623.11.
5. Crim. 2 sept. 2003, n° 02-87.799, P n° 147.
6. V. ss nos 622.41 s.
7. V. ss nos 622.81 s.
8. V. ss n° 222.44.
9. Crim. 29 mars 1995, n° 94-82.320, P n° 137.
10. Crim. 18 sept. 2018, n° 13-88.631, P n° 160 ; *AJ pénal* 2018. 499, obs. P. Lemoine.
11. Crim. 21 juin 1976, n° 76-91.477, P n° 211 – Crim. 5 juin 1984, n° 83-91.845, P n° 204.

622.16 Amnistie. Le tribunal doit vérifier d'office l'application éventuelle de l'amnistie aux faits objets de la poursuite[12]. Dans l'hypothèse où elle la constaterait, elle dirait alors que l'action publique est éteinte et pourrait statuer sur les intérêts civils.

622.17 Prescription de l'action publique. Le tribunal doit également vérifier d'office l'éventuelle prescription de l'action publique[13].

SECTION 2
PROCÉDURE

622.20 Renvoi. La procédure applicable aux exceptions de procédure est la même que celle examinée ci-dessus, relative aux incidents de procédure. Il en est ainsi des conclusions écrites et de la réponse apportée par la juridiction, sous exception des spécificités étudiées ci-dessous.

622.21 Obligation de réponse immédiate dans certains cas. Dans certains cas particuliers, il est logique que le tribunal correctionnel apporte une réponse immédiate lorsque certains incidents étaient soulevés. Il en est de même pour certaines exceptions : celles relatives aux immunités personnelles. Il en est ainsi par exemple lorsqu'un ministre, un diplomate[14] ou toute personne bénéficiant de ce type d'immunité de poursuite ou de juridiction, serait cité devant une juridiction de droit commun.

Mais dès lors que la juridiction a joint l'incident au fond et renvoyé à une audience ultérieure, l'appel de cette décision est irrecevable[15].

622.22 Première audience sur citation de la partie civile. Le prévenu poursuivi sur citation de la partie civile ne peut se voir opposer la forclusion édictée par l'article 385 du code de procédure pénale au motif qu'il n'aurait pas présenté une exception lors de l'audience à l'issue de laquelle les juges ont fixé la consignation dès lors que l'action publique n'étant mise en mouvement qu'après le versement de la somme due par la partie civile, le débat sur le fond n'a pu s'engager[16]. Cette jurisprudence, prise en cas d'exception de nullité, peut être étendue à l'ensemble des cas où une exception doit être présentée avant toute défense au fond.

12. SUR les effets de l'amnistie, v. ss nos 635.41 s.
13. SUR les effets de la prescription de l'action publique, v. ss nos 631.11 s. et 634.11 s.
14. Crim. 26 févr. 1937, P n° 40.
15. Crim. 10 mai 2007, n° 06-87.379, P n° 122 ; *D.* 2007. 1817, Chron. D. Caron et S. Ménotti ; *AJ pénal* 2007. 334 (v. ss n° 622.01).
16. Crim. 22 juin 1999, n° 98-84.424, P n° 145.

622.23 **Procédure devant la cour d'appel.** Les exceptions soulevées devant la juridiction du premier degré doivent être expressément reprises et présentées et elles doivent l'être avant toute défense au fond[1]. Est irrecevable une exception proposée devant la cour d'appel différente de celle régulièrement soulevée devant les premiers juges[2 3].

SECTION 3
COMPÉTENCE DU JUGE RÉPRESSIF POUR STATUER SUR LES EXCEPTIONS

622.31 **Principe**[4]. L'article 384 du code de procédure pénale dispose que le tribunal saisi de l'action publique est compétent pour statuer sur toutes exceptions proposées par le prévenu pour sa défense, à moins que la loi n'en dispose autrement, ou que le prévenu n'excipe d'un droit réel immobilier. C'est de cette disposition que l'on tire l'adage selon lequel *le juge de l'action est juge de l'exception*.

622.32 **Quelles exceptions ?** Les exceptions préjudicielles obéissant à un régime particulier[5], les exceptions le plus souvent soulevées concernent l'illégalité d'un acte administratif, la compétence du tribunal[6] la prescription de l'action publique ou l'amnistie[7].

622.33 **Saisine de la Cour de cassation pour avis.** Le tribunal correctionnel ou la cour d'appel peut saisir la Cour de cassation pour avis lorsque la question de droit est nouvelle, pose une difficulté sérieuse et est susceptible de se poser dans de nombreux litiges[8 9]. Mais la saisine pour avis n'est pas possible si la personne est en détention provisoire, sous contrôle judiciaire ou assignée à résidence avec surveillance électronique. Le juge avise les parties et le ministère public. Il recueille les observations écrites éventuelles des parties et les conclusions du ministère public dans le délai qu'il fixe, à moins que ces observations ou conclusions n'aient déjà été communiquées.

Dès réception des observations et conclusions ou à l'expiration du délai, le juge peut, par une décision non susceptible de recours, solliciter l'avis de la Cour de cassation en formulant la question de droit qu'il lui soumet. Il sursoit à statuer jusqu'à la réception de l'avis ou jusqu'à l'expiration du délai mentionné à l'article 706-67[10].

SECTION 4
EXCEPTION D'ILLÉGALITÉ

622.41 **Domaine de l'exception d'illégalité**[11]. L'article 111-5 du code pénal dispose que : « les juridictions pénales sont compétentes pour interpréter les actes administratifs, réglementaires ou individuels et pour en apprécier la légalité lorsque, de cet examen, dépend la solution du procès pénal qui leur est soumis ».

Issu du code pénal entré en vigueur le 1er mars 1994, et mettant fin à des controverses entre le Tribunal des conflits[12] et la chambre criminelle de la Cour de cassation[13], il a considérablement modifié la matière puisque la jurisprudence antérieure, d'ailleurs contradictoire, distinguait entre actes administratifs réglementaires et individuels, et entre les actes administratifs pénalement sanctionnés et ceux invoqués comme moyen de défense.

Désormais le juge correctionnel peut donc interpréter et apprécier la légalité des actes administratifs, réglementaires ou individuels lorsque de cet examen dépend la solution du litige. Mais cette compétence concerne seulement les décisions prises par l'administration dans l'exercice de ses fonctions d'autorité et ne s'étend pas à l'appréciation de la validité des contrats administratifs[14]. La définition adoptée par le législateur est large. Entrent dans les prévisions de l'article 111-5, les actes administratifs ayant déterminé l'accomplissement d'actes d'investigation ou de poursuite, soit qu'ils en constituent juridiquement la condition préalable soit qu'ils en soient, matériellement, le support exclusif et nécessaire. De la légalité de ces actes dépend en effet la régularité de la procédure pénale subséquente et donc « la solution du procès » au sens de l'article précité[15].

Le domaine d'application de cette capacité reconnue au juge judiciaire d'apprécier la légalité d'un acte administratif est également large puisque par exemple, en matière d'astreinte accompagnant une mesure de remise en état prononcée pour infraction

1. Crim. 28 févr. 2001, n° 00-82.107, P n° 52 ; *JCP* 2001. IV. 1944 ; *Dr. pénal* 2001. Chron. 39, obs. C. Marsat.
2. Crim. 7 août 1990, n° 89-83.556, P n° 298.
3. AUSSI : v. ss nos 922.21 s.
4. C. pr. pén., art. 384.
5. V. ss nos 623.11 s.
6. V. ss nos 311.31 s.
7. SUR la prescription, v. ss nos 631.11 s. et 634.11 s. – SUR l'amnistie, v. ss nos 635.41 s.
8. COJ, art. L. 151-1, C. pr. pén., art. 706-64.
9. L'article 706-67 prévoit que la Cour de cassation rend son avis dans les trois mois de la réception du dossier.
10. C. pr. pén., art. 706-65.
11. C. pén., art. 111-5.
12. T. confl. 5 juill. 1951, *Avranches c/Desmarets, Lebon* 638 ; *D.* 1952. 271, note C. Blaevoet.
13. Crim. 21 déc. 1961, P n° 551.
14. Crim. 25 sept. 1995, n° 94-83.771, P n° 279 ; *Dr. pénal* 1996, n° 14, note J.-H. Robert.
15. F. Desportes, *JCP* 2017. 141.

au droit de l'urbanisme, la chambre criminelle a pu récemment décider que, saisie sur le fondement de l'article 710 du code de procédure pénale d'un incident contentieux relatif à l'exécution, la cour d'appel était compétente en vertu de l'article 111-5 du code pénal, pour apprécier, par voie d'exception, la légalité d'un acte administratif[1].

Il n'y a donc pas question préjudicielle dans ces cas. Mais il demeure d'autres hypothèses de question préjudicielle en matière administrative[2].

622.42 **Constitutionnalité.** La chambre criminelle a refusé de transmettre une QPC tirée de l'inconstitutionnalité de l'article 111-5 du code pénal tirée de sa non-conformité avec les articles 6 et 8 de la Déclaration des droits de l'homme et du citoyen. Elle a dit que la question posée ne présente pas un caractère sérieux, dès lors que le législateur a pu, sans manquer aux principes de légalité des poursuites et d'égalité devant la loi, et dans le but d'accélérer le cours de la justice répressive, doter le juge pénal de pouvoirs identiques à ceux du juge administratif, relativement à l'espèce dont il est saisi[3].

622.43 **Contrôle de légalité des actes administratifs : une obligation pour le juge pénal.** Une des parties au procès peut déposer des conclusions d'illégalité par lesquelles elle conteste la légalité d'un acte administratif, réglementaire ou individuel. Le contrôle de légalité des actes administratifs constitue une obligation pour le juge pénal[4]. Il se déduit en effet de l'article 111-5 du code pénal que le juge *peut d'office constater l'illégalité d'un acte administratif*[5]. En conséquence, il ne peut surseoir à statuer dans l'attente d'une décision du juge administratif, même lorsque l'instance est en cours[6], voire même si un recours a été parallèlement introduit devant le Conseil d'État[7]. Il n'en va différemment que si l'appréciation de la validité de l'acte critiqué n'est pas nécessaire à la solution du procès pénal[8].

622.44 **Contrats administratifs.** Le juge pénal n'est pas compétent pour apprécier la validité d'un contrat administratif. Mais la compétence en cette matière des juridictions administratives ne fait pas obstacle à ce que les tribunaux judiciaires chargés d'instruire ou de prononcer sur les crimes et délits caractérisent les divers éléments constitutifs de l'infraction dont ils sont saisis[9].

622.45 **L'exception d'illégalité doit être soulevée avant toute défense au fond.** Bien que l'exception d'illégalité ne soit pas, techniquement, une exception préjudicielle puisque le tribunal correctionnel a vocation à trancher lui-même, la chambre criminelle soumet cette exception au régime des questions préjudicielles prévu par l'article 386 du code de procédure pénale. Cet article est expressément visé dans les arrêts ayant répondu aux pourvois qui faisaient remarquer l'absence de question préjudicielle[10]. Cette exception, tout en épousant ce régime, est très particulière puisque *le juge pénal peut la soulever d'office*[11].

622.46 **Étendue du contrôle.** Lorsque le juge pénal apprécie la *légalité* d'un acte administratif, son contrôle a la même nature que celui du juge administratif. Il peut en conséquence porter une appréciation, non seulement sur le *caractère formel*[12] et notamment sur le caractère *clair et précis* de la norme ayant conduit à une sanction administrative puis à une sanction pénale[13] : ainsi les dispositions nationales interdisant d'incorporer dans les compléments alimentaires des produits chimiques non autorisés par arrêtés ministériels pris sur l'avis de l'Agence française de sécurité sanitaire des aliments (Afssa), ou autres que ceux dont l'emploi est déclaré licite par la réglementation communautaire, ne méconnaissent aucune des exigences tenant à la prévisibilité et à l'accessibilité de la loi pénale[14].

Il peut contrôler la *motivation* utilisée[15] mais aussi la *nécessité de l'acte :* même si la Cour de cassation

1. Crim. 21 nov. 2017, n° 17-80.016, P ; *AJDA* 2017. 2338 ; *D.* 2017. 2427 ; *RDI* 2018. 97, obs. G. Roujou de Boubée ; *AJCT* 2018. 230, obs. L. Moreau.
2. V. s^s^ n°s 623.51 s.
3. Crim. 4 déc. 2018, n° 18-82.852, QPC, NP, *Dr. pénal* 2019, comm. 69 par J.-H. Robert.
4. Crim. 18 nov. 1991, n°s 91-83.072, 90-86.930, P n° 414, 2 esp.
5. Crim. 7 juin 1995, n° 94-81.416, P n° 208.
6. Crim. 7 juin 1995, n° 94-81.416, préc. – Crim. 27 févr. 1996, n° 93-85.619, P n° 95 – Crim. 17 janv. 2007, n° 06-82.657, NP.
7. Crim. 21 févr. 2006, n° 05-82.232, P n° 50 ; *RSC* 2006. 835, obs. J.-H. Robert ; *Dr. pénal* 2006, n° 71, note J.-H. Robert.
8. Crim. 11 juill. 1994, n° 93-85.801, P n° 271 – Crim. 3 juin 1998, n° 97-81.895, P n° 182 – Crim. 28 avr. 1998, n° 96-81.539, P n° 141 – Crim. 18 nov. 2003, n° 03-80.174, P n° 216 ; *RSC* 2004. 865, obs. G. Vermelle ; *RSC* 2004. 888, obs. J.-H. Robert.
9. Crim. 25 sept. 1995, n° 94-83.771, P n° 279 ; *Dr. pénal* 1996, n° 14, note J.-H. Robert – Crim. 22 janv. 1997, n°s 95-85.936, 95-84.514, P n°s 27, 28 ; *Dr. pénal* 1997, n° 82, note J.-H. Robert.
10. par ex. : Crim. 18 févr. 2003, n° 02-81.883, P n° 22 (v. s^s^ n° 622.01) – AUSSI : Crim. 29 mars 1995, n° 94-82.320, P n° 137 – Crim. 23 mars 2004, n° 03-84.795, NP.
11. V. s^s^ n° 622.43.
12. Crim. 26 janv. 1994, n° 93-81.058, P n° 36 – Crim. 8 févr. 1995, n° 92-82.148, P n° 62.
13. Crim. 6 avr. 2004, n° 03-82.570, P n° 85.
14. Crim. 23 mars 2004, n° 03-80.991, P n° 75 ; *RSC* 2005. 82, obs. C. Ambroise-Castérot – AUSSI : Crim. 24 févr. 2004, n° 03-83.773, P n° 51.
15. Crim. 26 juin 1996, n°s 95-83.529, 95-85.053, 95-83.423, 3 esp., P n° 277 – Crim. 12 mars 1997, n°s 96-81.660, 96-81.659, 2 esp., P n° 98 – Crim. 4 déc. 1999, n° 98-86.781, P n° 300.

casse, le 18 novembre 2003, un jugement d'un tribunal de police, elle n'en rappelle pas moins le principe selon lequel la légalité des mesures prises par les maires pour assurer le bon ordre, la sûreté, la sécurité et la salubrité publiques est subordonnée à leur nécessité[1].

Le juge correctionnel contrôle également la *proportionnalité* de la sanction administrative et la conformité du texte interné au droit européen : est régulier l'arrêt de la cour d'appel qui a contrôlé la légalité de l'arrêté préfectoral critiqué et apprécié la proportionnalité de la sanction prononcée au regard de l'article 37 de la loi du 30 décembre 1982, qui n'est pas contraire aux dispositions du règlement 881/92[2][3]. Enfin, le contrôle peut porter sur le respect de textes et principes supérieurs : loi dont procède l'acte[4], principes généraux du droit ou principes à valeur constitutionnelle[5][6].

622.47 **Décision du tribunal.** Le juge pénal n'a pas qualité pour annuler le règlement qu'il déclare illégal. En effet, l'illégalité d'un acte administratif ne peut être consacrée que par la juridiction administrative. En conséquence, le jugement de la juridiction correctionnelle n'affecte pas la validité de l'acte administratif, mais le texte litigieux ne peut plus, au cas d'espèce, servir de fondement à une condamnation pénale[7]. La décision rendue n'a qu'une autorité relative et n'a pas vocation à s'appliquer pour les autres procès du même type. Le juge pénal peut aussi statuer sur la régularité des avis consultatifs fournis par une commission à l'autorité administrative prononçant une sanction, susceptible de conduire à des poursuites pénales en cas de violation des obligations qui y sont attachées[8].

1. Crim. 18 nov. 2003, n° 03-81.918, P n° 215 ; *AJ pénal* 2004. 29, obs. C. G.
2. Règl. (CEE) n° 881/92, Conseil, 26 mars 1992 concernant l'accès au marché des transports de marchandises par route dans la Communauté exécutés au départ ou à destination du territoire d'un État membre, ou traversant le territoire d'un ou de plusieurs États membres, *JOCE L* 095 9 avr., p. 1.
3. Crim. 3 avr. 2001, n° 00-86.515, P n° 89 ; *D.* 2001. 1999 ; *RSC* 2001. 799, obs. B. Bouloc – Crim. 18 nov. 2003, n° 03-81.918, P n° 215 ; *AJ pénal* 2004. 29 – Crim. 6 avr. 2004, n° 03-82.570, P n° 85 ; *Gaz. Pal.* 8-9 déc. 2004, p. 2.
4. Crim. 21 janv. 1985, n° 84-93.787, P n° 31 – Crim. 18 nov. 1985, n° 84-90.152, P n° 359 – Crim. 20 déc. 1994, n° 93-80.267, P n° 424.
5. Crim. 27 nov. 1991, n°s 91-83.072, 90-86.930, P n° 414, 2 esp. – Crim. 4 janv. 1994, n° 91-86.246, P n° 4 – Crim. 27 mars 1995, n° 94-82.131, P n° 125 – Crim. 16 févr. 1999, n° 98-82.575, P n° 19 ; *RSC* 1999. 808, obs. B. Bouloc ; *Dr. pénal* 1999, n° 70, note J.-H. Robert.
6. SUR le contrôle exercé par la Cour de cassation dans le cadre de l'état d'urgence, v. s^{s} n°s 622.61 s.
7. Crim. 30 déc. 1909, P n° 633.
8. Crim. 6 avr. 2004, n° 03-82.570, P n° 85.

622.48 **Conséquences de l'annulation d'un acte par le tribunal administratif.** Si la juridiction correctionnelle ne peut elle-même prononcer l'annulation d'un acte administratif, elle doit en revanche tenir compte des décisions rendues par la juridiction administrative. Or, *l'annulation d'un acte administratif par la juridiction administrative implique que cet acte est réputé n'avoir jamais existé*[9]. Ainsi, doit être cassé un arrêt qui déclare coupable un prévenu pour conduite d'un véhicule malgré l'invalidation du permis de conduire résultant de la perte totale des points après que le tribunal administratif a annulé, par jugement définitif, les décisions du ministre de l'Intérieur portant retrait de points et constatant la perte de validité du permis de conduire, y compris lorsque l'arrêté était valide au moment du constat[10]. D'une manière générale, l'annulation de l'acte par la juridiction administrative prive de base légale les poursuites engagées du chef de sa violation[11].

622.49 **La solution du procès pénal doit dépendre de l'examen de légalité.** Dès lors que la solution du procès pénal ne dépend pas de l'examen de l'acte administratif, la juridiction pénale ne peut déclarer cet acte illégal[12]. La chambre criminelle a encore eu l'occasion de le rappeler : selon l'article 111-5 du code pénal, les juridictions pénales sont compétentes pour interpréter les actes administratifs, réglementaires ou individuels et pour en apprécier la légalité lorsque, de cet examen, dépend la solution du procès pénal qui leur est soumis[13].

Ainsi, le tribunal correctionnel ne peut déclarer illégal un décret pris pour l'application d'une loi comportant des dispositions répressives et qui définit, à elle seule, les éléments de l'infraction qu'elle prévoit, que dans le cas où ledit décret en étend ou en modifie la portée[14]. Il a été jugé que la légalité des textes réglementaires pris pour l'application des dispositions législatives relatives au permis à points était sans incidence sur les poursuites exercées du chef des infractions énoncées à l'article L. 11-1

9. CE 11 mai 2004, req. n° 255886 ; *Lebon* ; *D.* 2004. 1499 ; *D.* 2004. 1603, Chron. B. Mathieu ; *D.* 2005. 26, obs. P.-L. Frier ; *D.* 2005. 2187, obs. C. Willmann, J.-M. Labouz, L. Gamet et V. Antoine-Lemaire ; *Just. & cass.* 2007. 15, ét. J. Arrighi de Casanova ; *Dr. soc.* 2004. 762, ét. P. Langlois ; *Dr. soc.* 2004. 766, note X. Prétot.
10. Crim. 3 sept. 2008, n° 08-80.074 ; *D.* 2012. 2396 ; *AJ pénal* 2013. 101, obs. J.-P. Céré.
11. Crim. 5 juill. 1976, n° 75-92.645, P n° 248 – Crim. 21 nov. 2007, n° 07-81.659, P n° 290.
12. Crim. 25 sept. 1995, n° 94-83.771, P n° 279 – Crim. 22 janv. 1997, n° 95-85.936, P n° 27 – Crim. 18 nov. 2003, n° 03-80.174, P n° 216 ; *RSC* 2004. 865, obs. G. Vermelle ; *RSC* 2004. 888, obs. J.-H. Robert.
13. Crim. 29 janv. 2019, n° 17-84.366, P n° 27 ; *JCP* 2019. 274 ; D. *actu* 6 mars 2019, obs. P.-M. Recotillet ; *D.* 2019, Pan, 2320, obs. G. Roujou de Boubée.
14. Crim. 9 janv. 1995, n° 93-82.490, P n° 8.

ancien (devenus L. 223-1 s.) du code de la route[1]. Le juge ne peut non plus étendre son contrôle à une décision administrative antérieure à l'arrêté d'expulsion dont il lui appartient, en revanche, d'apprécier la légalité[2]. Il en est de même pour un arrêté préfectoral fixant le pays de renvoi[3] ou pour le placement d'un individu en cellule de dégrisement, décision qui constitue « une mesure de police administrative relevant pour les litiges survenus à l'occasion de son exécution de la seule compétence des juridictions de l'ordre administratif », y compris si le dégrisement est suivi d'une mesure de garde à vue, et même si la procédure de dégrisement figure dans le dossier pénal[4].

622.50 Exception d'illégalité : code de l'urbanisme. Le juge répressif est autorisé par l'article 111-5 du code pénal à apprécier la légalité des actes administratifs lorsque, « de cet examen, dépend la solution du procès pénal » et ce, sans limite de temps : il y est dérogé par l'article L. 600-1 du code de l'urbanisme qui enferme l'exception d'illégalité élevée contre les divers plans d'urbanisme dans « un délai de six mois à compter de la prise d'effet du document en cause » et sans distinguer selon que le juge saisi est administratif ou judiciaire.

Mais cette dérogation connaît des exceptions visées par les trois derniers alinéas de l'article L. 600-1, qui rendent à l'exception d'illégalité son caractère illimité dans le temps quand elle est fondée sur l'inobservation de l'information du public lors de la préparation des documents contestés. Un prévenu a été poursuivi notamment pour avoir exécuté des travaux en méconnaissance du plan d'occupation des sols, en violant les règles de hauteur, surface, distance et excavation prescrites par ledit plan ; dans ses conclusions devant la cour d'appel, le prévenu faisait valoir une exception d'illégalité du plan d'occupation des sols visé à la poursuite. Pour dire établis ces délits, la cour d'appel énonçait que le prévenu ne soulevait pas clairement l'irrégularité du plan d'occupation des sols, mais se contentait de soutenir qu'il était anormal de ne pas avoir eu accès au rapport du commissaire enquêteur ; elle ajoutait que cette demande, floue, devait être écartée La chambre criminelle approuve la cour d'appel en indiquant « qu'en statuant ainsi, dès lors que le prévenu n'a pas justifié que l'exception échappait à la prescription instituée par l'article L. 600-1 du code de l'urbanisme, la cour d'appel, qui n'était pas tenue de suivre le prévenu dans le détail de son argumentation, n'a méconnu aucun des textes visés au moyen »[5].

SECTION 5
PERQUISITION ADMINISTRATIVE DANS LE CADRE DE L'ÉTAT D'URGENCE

622.61 Compétence du juge administratif. Le législateur a confié à l'autorité administrative le soin de statuer sur les décisions prises dans le cadre de l'état d'urgence. Aux termes de l'article 11 de la loi du 3 avril 1955[6] modifiée « ... les mesures prises sur le fondement de la présente loi sont soumises au contrôle du juge administratif dans les conditions fixées par le code de justice administrative... ». Cette décision de perquisition est prise par l'autorité préfectorale, le juge administratif ne pouvant intervenir qu'une fois la perquisition effectuée pour la sanctionner en cas d'illégalité. Le Conseil constitutionnel a rappelé que « le juge administratif est chargé de s'assurer que cette mesure doit être motivée et adaptée, nécessaire et proportionnée à la finalité qu'elle poursuit »[7]. Cette compétence est reconnue au titre des principes fondamentaux reconnus par les lois de la République[8].

622.62 Constitutionnalité. La chambre criminelle a transmis au Conseil constitutionnel deux QPC relatives à la rédaction des dispositions de l'article 11 de la loi du 3 avril 1955[9] dans son état antérieur à la loi du 20 novembre 2015[10] prorogeant l'application de la loi et renforçant l'efficacité de ses dispositions. Par une décision du 23 septem-

1. Crim. 11 juill. 1994, n° 93-85.801, P n° 271 ; *RSC* 1995. 344, obs. B. Bouloc – Crim. 15 févr. 1995, n° 94-81.480, P n° 68.
2. Crim. 3 juin 1998, n° 97-81.895, P n° 182 ; *RSC* 1999. 314, obs. B. Bouloc.
3. Crim. 28 avr. 1998, n° 96-81.539, P n° 141 ; *RSC* 1999. 96, obs. B. Bouloc.
4. Crim. 8 janv. 2013, n° 12-81.208, P n° 8.
5. Crim. 22 mai 2013, n° 12-83.846, *RDI* 2013. 534, obs. G. Roujou de Boubée ; *Constr.-Urb.* 2013, comm. 116, note J.-M. Février ; *Dr. pénal* 2013, comm. 129, note J.-H. Robert ; *RSC* 2013. 821, note J.-H. Robert.
6. L. n° 55-385, 3 avr. 1955 relative à l'état d'urgence, *JO* 7 avr., p. 3479.
7. Cons. const. 19 févr. 2016, n° 2016-536 QPC, art. non conforme 11 I, al. 3, 2nde phrase, de la loi du 3 avril 1955, et conforme le surplus, *perquisitions et saisies administratives dans le cadre de l'état d'urgence,* NON CONFORMITÉ PARTIELLE, consid. 10, *JO* 21 févr. ; *D.* 2016. 428 ; *AJDA* 2016. 340 ; *AJCT* 2016. 202. Et. J.-C. Jobart ; *Constitutions* 2016. 100, chron. L. Domingo.
8. Cons. const. 23 janv. 1987, n° 86-224 DC, loi non conforme, *loi transférant à la juridiction judiciaire le contentieux des décisions du Conseil de la concurrence,* NON-CONFORMITÉ TOTALE, consid. 15, *RFDA* 1987. 301, note L. Favoreu, et 1990. 698, ét. G. Vedel.
9. L. n° 55-385, 3 avr. 1955 relative à l'état d'urgence, *JO* 7 avr., p. 3479.
10. L. n° 2015-1501, 20 nov. 2015 prorogeant l'application de la loi n° 55-385 du 3 avril 1955 relative à l'état d'urgence et renforçant l'efficacité de ses dispositions, *JO* 21 nov., p. 21665.

bre 2016[1], le Conseil a déclaré les dispositions critiquées inconstitutionnelles, mais a précisé qu'aucune mesure prise sur leur fondement dans le cadre d'une procédure pénale ne pourrait être contestée à raison de cette inconstitutionnalité.

Dans sa rédaction issue de la loi du 20 novembre 2015, cet article 11 précise que les perquisitions peuvent être ordonnées « en tout lieu, y compris un domicile, de jour et de nuit, sauf dans un lieu affecté à l'exercice d'un mandat parlementaire ou à l'activité professionnelle des avocats, des magistrats ou des journalistes, lorsqu'il existe des raisons sérieuses de penser que ce lieu est fréquenté par une personne dont le comportement constitue une menace pour la sécurité et l'ordre publics. La décision ordonnant une perquisition précise le lieu et le moment de la perquisition. Le procureur de la République territorialement compétent est informé sans délai de cette décision. La perquisition est conduite en présence d'un officier de police judiciaire territorialement compétent. Elle ne peut se dérouler qu'en présence de l'occupant ou, à défaut, de son représentant ou de deux témoins. [...] Lorsqu'une infraction est constatée, l'officier de police judiciaire en dresse procès-verbal, procède à toute saisie utile et en informe sans délai le procureur de la République [...] ». Il précise par ailleurs que le contrôle du juge sera exercé « au regard de la situation de fait prévalant à la date à laquelle la mesure a été prise, compte tenu des informations dont disposait alors l'autorité administrative sans que des faits intervenus postérieurement, notamment les résultats de la perquisition, n'aient d'incidence à cet égard ».

622.63 Compétence du juge judiciaire. Par deux arrêts du 13 décembre 2016[2], « la Chambre criminelle (...) affirme sa volonté ferme de redonner au juge judiciaire toute sa place, à l'occasion de pourvois portant sur des procédures incidentes à des perquisitions administratives réalisées dans le cadre de l'état d'urgence »[3]. Dans une première espèce[4] la Cour estime que, si les juges ont considéré à bon droit que les juridictions pénales sont compétentes pour apprécier la légalité de l'ordre de perquisition en application de l'article 111-5 du code pénal - en ce qu'il détermine la régularité de la procédure - ils auraient dû statuer en application de l'article 11 de la loi relative à l'état d'urgence, dans sa rédaction applicable à la date de l'ordre de perquisition.

Dans la seconde espèce[5], la Cour censure l'arrêt de la chambre de l'instruction, au visa de l'article 111-5 et de l'article préliminaire du code de procédure pénale, au motif que les juges ont méconnu ces dispositions en déclinant leur compétence. Le juge judiciaire est en conséquence compétent pour apprécier la légalité des perquisitions administratives exécutées dans le cadre de l'état d'urgence en cas de procédure pénale incidente. Cette compétence repose sur l'article 111-5 du code pénal mais aussi sur l'article préliminaire du code de procédure pénale, aux termes duquel « les mesures de contrainte dont la personne suspectée ou poursuivie peut faire l'objet sont prises sur décision ou sous le contrôle effectif de l'autorité judiciaire », dans l'espèce dans laquelle la compétence judiciaire n'était pas reconnue. L'article préliminaire « permet de réintroduire, dans le contentieux des libertés, le juge pénal chassé de l'article 66 de la Constitution par le Conseil constitutionnel »[6].

622.64 Exploitation des données collectées lors d'une perquisition administrative. Justifie sa décision le premier président de la cour d'appel qui s'est déclaré compétent pour l'appel concernant une autorisation d'exploiter les données contenues dans les éléments saisis lors d'une perquisition administrative sur le fondement de l'article 11 de la loi n° 2017-258 du 28 février 2017, dès lors qu'en ne prévoyant pas de dispositions transitoires particulières, le législateur a entendu donner, dès le 31 octobre 2017, jour de l'entrée en vigueur de la loi nouvelle de procédure, compétence au juge judiciaire pour autoriser, à la demande des autorités administratives, l'exploitation des données saisies dans le cadre d'une perquisition effectuée sous le régime antérieur aux dispositions de l'article L. 229-1 du Code de la sécurité intérieure[7]. De même, justifie sa décision le premier président de la cour d'appel, saisie de l'appel concernant une autorisation d'exploiter les données contenues dans les éléments saisis lors d'une perquisition administrative sur le fondement de l'article 11 de la loi n° 2017-258 du 28 février 2017, qui rejette l'argumentation du demandeur invoquant une atteinte injustifiée et disproportionnée à l'exercice du droit au respect de la vie privée, retenant qu'au regard des agissements et des liens présumés de celui-ci avec des sites et mouvements djihadistes, l'autorisation d'exploitation des données régulièrement saisies constituait une mesure qui n'était pas dispropor-

1. Cons. const. 23 sept., n° 2016-567/568 QPC, art. non conforme 11 1° de la loi n° 55-385 du 3 avr. 1955, *perquisitions administratives dans le cadre de l'état d'urgence*, NON-CONFORMITÉ TOTALE, *JO* 25 sept., n° 28 ; *AJDA* 2016. 1776 ; *D.* 2016. 1864 ; *Constitutions* 2016. 540, chron.
2. Crim. 13 déc. 2016, n°s 16-84.794, 16-82.176, P n° 340 ; *AJDA* 2016. 2411 ; *D.* 2017. 275, note J. Pradel ; *JCP* 2017. 141, note F. Desportes *Dr. pénal* 2017. Étude 6, C. Ribeyre ; *AJ pénal* 2017. 30, obs. Th. Herran, M. Lacaze.
3. Th. Herran, M. Lacaze, *AJ pénal* 2017. 30.
4. Crim. 13 déc. 2016, n° 16.82-176, P.
5. Crim. 13 déc. 2016, n° 16.84-794, P.
6. C. Ribeyre, *Dr. pénal* 2017. Ét. 6.
7. Crim. 14 nov. 2018, n° 18-80.507, P n° 191 ; *JCP* 2018. 1341.

tionnée face à la menace terroriste, mais s'avérait nécessaire à la sécurité nationale, à la sûreté publique, à la prévention des infractions pénales et à la protection des droits et libertés d'autrui [1].

622.65 Application de la loi dans le temps. L'une des décisions du 13 décembre 2016 [2] est cassée pour avoir opéré le contrôle de légalité au regard de la loi du 3 avril 1955 modifiée par celle du 20 novembre 2015 alors que l'arrêté préfectoral en cause avait été pris le 19 novembre 2015.

622.66 Domaine du contrôle. Le contrôle porte sur la légalité interne et externe de la perquisition de sorte qu'il s'exerce sur l'existence et la suffisance de la motivation. Pour le Conseil d'État : « Si les dispositions de l'article 4 de la loi du 11 juillet 1979, codifié à l'article L. 211-6 du code des relations entre le public et l'administration, prévoient qu'une absence complète de motivation n'entache pas d'illégalité une décision lorsque l'urgence absolue a empêché qu'elle soit motivée, il appartient au juge administratif d'apprécier au cas par cas, en fonction des circonstances particulières de chaque espèce, si une urgence absolue a fait obstacle à ce que la décision comporte une motivation même succincte. » [3]

Lorsqu'elle apprécie la légalité d'un arrêté préfectoral ordonnant des perquisitions en application de la législation sur l'état d'urgence, la juridiction pénale doit, avant de statuer, si elle estime l'arrêté insuffisamment motivé, solliciter le ministère public afin d'obtenir de l'autorité préfectorale les éléments factuels sur lesquels celle-ci s'est fondée pour prendre sa décision. Encourt en conséquence la cassation l'arrêt d'une cour d'appel qui, pour accueillir une exception de nullité tirée de l'illégalité de l'acte administratif, se borne à relever que la motivation de celui-ci est insuffisante [4]. Cette décision peut poser la question de l'apport de notes blanches des services de renseignement. Le Conseil d'État a admis que des notes blanches soient présentées comme moyens de preuve devant le juge [5]. Mais « la note blanche n'a pas pour autant force de vérité. Elle conduit à un exercice délicat pour le juge, qui ne peut pas imposer à l'administration de dévoiler des éléments qui compromettraient ses sources et ses méthodes mais ne peut pas non plus tenir pour acquises des informations générales sur telle ou telle personne » [6].

Cette décision a été critiquée par la doctrine. Ainsi, le professeur Cassia [7] qui écrit que : « Jusqu'aux arrêts du 28 mars 2017, il n'était venu à l'esprit de personne de considérer que l'examen, par le juge pénal, d'un vice de légalité externe soulevé contre un acte administratif individuel était subordonné à une spécificité procédurale [...]. La mise en œuvre de cette procédure de consultation de l'autorité administrative auteur de l'acte litigieux est subordonnée à la condition que la juridiction pénale éprouve un doute sur la pertinence/suffisance de la motivation telle qu'elle figure dans cet acte, et donc qu'elle envisage d'en déclarer la nullité ; elle est alors tenue de demander au ministère public qu'il sollicite le préfet afin que, le cas échéant, ce dernier fasse part d'une ou de raisons de fait non mentionnée(s) dans l'arrêté susceptible(s) de justifier l'adoption de la décision litigieuse ». L'auteur explique également que « le doute sur la motivation profite... au ministère public, à qui il est demandé de se tourner vers le préfet, comme si le ministère public ne devait pas par lui-même, sans injonction du juge pénal, réunir tous les éléments de nature à justifier légalement les poursuites et la peine requise contre le prévenu. La chambre criminelle de la Cour de cassation offre donc une session de rattrapage à l'auteur de l'acte administratif individuel qui est le support nécessaire et exclusif des poursuites devant la juridiction répressive ». Il ajoute que « permettre à l'Administration de se justifier *a posteriori* est non seulement contraire à la lettre de l'article L. 211-5 du CRPA, qui souligne le caractère écrit et complet des considérations de fait et de droit figurant dans la décision individuelle, mais aussi malheureux en termes de bonne administration, puisque l'autorité publique sait qu'il lui est toujours loisible d'affiner, en cours de contentieux, une motivation négligée au stade de la rédaction de l'acte. Cette possibilité de régulariser une motivation déficiente, en elle-même déjà trop favorable à l'administration, est plus inacceptable encore à l'égard des ordres de perquisition administrative, ces mesures de police échappant aux procédures des référés d'urgence – ce qui requiert une attention décuplée de l'administration quant à l'auto-évaluation de la légalité/opportunité de son action. »

Dans une décision postérieure, du 3 mai 2017 [8], intervenant cette fois-ci non dans le cadre d'une

1. Crim. 14 nov. 2018, n° 18-80.507, P n° 191 ; *JCP* 2018. 1341.
2. Crim. 13 déc. 2016, n° 16-82.176, P n° 134.
3. CE, avis, n°s 398234, 399135, 6 juill. 2016 ; *JO* 10 juill. 2016 ; *JCP* 2016. 1079, obs. P. Türk.
4. Crim. 28 mars 2017, n° 16-85.073, P n° 88 ; *D.* 2017. Actu. 763 ; *D.* 2017. 1169, obs. P. Cassia.
5. CE 3 mars 2003, req. n° 238662, *min. Int. c/Rakhimov, Lebon ; AJDA* 2003. 1343, note O. Lecucq – AUSSI IMPLICITEMENT : CE 11 oct. 1991, req. n° 128128, *min. Int. c/Diouri, Lebon ; AJDA* 1991. 923 ; *AJDA* 1991. 890, chron. C. Maugüé et R. Schwartz ; *RFDA* 1991. 978, concl. M. de Saint Pulgent.
6. G. Odinet, « Le rôle du juge administratif dans le contrôle de l'état d'urgence », *cah. justice* 2017. 275.
7. P. Cassia, *D.* 2017. 1169.
8. Crim. 3 mai 2017, n° 16-86.155, NP, *AJDA* 2017. 910 ; *D.* 2017. 1175, obs. G. Beaussonie ; *D.* 2017. 1557, chron. G. Guého, E. Pichon, B. Laurent, L. Ascensi et G. Barbier ; *RSC* 2017. 337, obs. F. Cordier.

perquisition administrative mais *d'une décision d'assignation à résidence*, la chambre criminelle juge, sur le fondement du droit à la sûreté garanti par l'article 2 de la Déclaration des droits de l'Homme et du citoyen et de l'article 111-5 du code pénal, que le juge répressif demeure compétent, à l'occasion de la poursuite d'un prévenu qui n'a pas respecté un arrêté d'assignation à résidence pris dans le cadre de l'état d'urgence, *pour apprécier la légalité de cet acte administratif*. À cette fin, le juge peut solliciter le ministère public afin d'obtenir de l'autorité administrative les éléments factuels sur lesquels celle-ci s'était fondée pour prendre sa décision. La chambre criminelle estime que, s'il appartient au prévenu, poursuivi pour non-respect de l'assignation à résidence prononcée par le ministre de l'Intérieur dans le cadre de l'état d'urgence, de préciser sur quels éléments porte sa contestation des raisons retenues par l'arrêté ministériel permettant de penser que son comportement constitue une menace pour la sécurité et l'ordre publics : « Il incombe au juge répressif, compétent pour apprécier la légalité des arrêtés d'assignation à résidence, de répondre aux griefs invoqués par le prévenu à l'encontre de cet acte administratif ». Il doit en être ainsi « sans faire peser la charge de la preuve sur le seul intéressé et en sollicitant, le cas échéant, le ministère public afin d'obtenir de l'autorité administrative les éléments factuels sur lesquels celle-ci s'était fondée pour prendre sa décision. » Il en résulte que s'il appartient au juge administratif de s'assurer que la mesure d'assignation à résidence « est adaptée, nécessaire et proportionnée à la finalité qu'elle poursuit » et « d'apprécier, au regard des éléments débattus contradictoirement devant lui, l'existence de raisons sérieuses permettant de penser que le comportement de la personne assignée à résidence constitue une menace pour la sécurité et l'ordre publics »[1], il en est de même pour le juge pénal.

SECTION 6
EXCEPTION VISANT À VOIR PRONONCER LA NON-CONVENTIONNALITÉ DE LA LOI PÉNALE

622.71 **Nature juridique.** Les exceptions tirées de l'incompatibilité du droit interne avec le droit conventionnel ou le droit communautaire ne sont pas soumises aux dispositions de l'article 386 du code de procédure pénale et *peuvent ainsi être soulevées à tout moment*. Le juge pénal ne peut donc la déclarer irrecevable pour ce motif et doit y répondre[2]. Il en est de même pour la demande de question préjudicielle qui doit être distinguée de l'exception préjudicielle. L'avocat peut soit saisir une autre juridiction et demander à la juridiction pénale d'accueillir son exception préjudicielle dans l'attente que l'autre juridiction ait statué, soit demander au tribunal de poser une question préjudicielle notamment dans le domaine qui relève de l'interprétation d'un traité communautaire.

Mais la juridiction pénale n'est jamais tenue de faire droit à cette demande et de poser une question préjudicielle dès lors que sa décision est susceptible de voie de recours[3].

622.72 **Défaut de réponse à l'exception.** S'il est de principe que le juge pénal doit répondre aux exceptions de ce type présentées, la chambre criminelle semble relativement large avec le contrôle exercé dès lors que la question posée n'apparaît pas pertinente ou que l'application du droit communautaire semble s'appliquer avec évidence[4].

622.73 **Jurisprudence ayant accueilli l'exception.** Il existe une abondante jurisprudence de la Cour de cassation qui rejette les exceptions tirées de la non-conventionnalité de la loi pénale française mais quelques décisions importantes ont accueilli cette exception. Il en fut ainsi récemment dans les affaires de garde à vue, la Cour de cassation affirmant, dans trois arrêts du 19 octobre 2010 que la garde à vue de droit commun française était contraire aux exigences d'un procès équitable[5]. Elle a aussi déclaré que l'article 2 de la loi du 2 juillet 1931, interdisant la publication, avant décision judiciaire, d'informations relatives à des constitutions de partie civile ne saurait servir de fondement à une condamnation pénale, dès lors que ce délit, par l'interdiction générale et absolue qu'il prévoit, instaure une restriction à la liberté d'expression qui n'est pas nécessaire à la protection des intérêts légitimes énumérés par l'article 10, § 2, de la convention européenne des droits de l'homme[6].

1. Cons. const. 22 déc. 2015, n° 2015-527 QPC, art. conforme 6, 9 premiers alinéas, de la loi n° 55-385 du 3 avr. 1955, *assignations à résidence dans le cadre de l'état d'urgence*, CONFORMITÉ, *JO* 26 déc., p. 24084 ; n° 210 ; *D.* 2016. 79 ; *AJDA* 2015. 2463 ; *RFDA* 2016. 123, note A. Roblot-Troizier ; *Constitutions* 2015. 654, et 2016. 100, chron. L. Domingo, consid. 12 et 15.
2. Crim. 10 janv. 1995, n° 94-82.490, P n° 9 ; *RSC* 1995. 365, obs. A. Giudicelli-Delage ; *RSC* 1995. 810, obs. B. Bouloc.
3. Crim. 17 juin 1992, n° 91-85.872, P n° 244.
4. Crim. 24 nov. 1998, n° 97-86.325, P n° 311 – Crim. 21 oct. 2003, n° 02-88.032, P n° 195 ; *RSC* 2004. 353, obs. J.-H. Robert.
5. TOUTEFOIS, la chambre criminelle avait retardé l'application de ce principe au plus tard le 1er juillet 2011 mais l'Assemblée plénière, dans des arrêts du 15 avril 2011 a déclaré immédiatement applicable aux affaires en cours l'application des principes de la convention (v. ss nos 615.21 s.).
6. Crim. 16 janv. 2001, n° 00-83.608, P n° 10 ; *D.* 2001. 1067, obs. J.-F. Renucci ; *D.* 2001. 2346, obs. B. de Lamy – Crim. 27 mars 2001, n° 00-85.454, P n° 80.

Les articles 11 et 12 de la loi du 19 juillet 1977[1] et L. 90-1[2] du code électoral, interdisant la publication, la diffusion et le commentaire, par quelque moyen que ce soit, de tout sondage d'opinion en relation avec l'une des consultations visées par l'article 1er de la loi précitée, ont également été considérés comme insusceptibles de servir de fondement à une condamnation pénale de ce chef car ces articles instaurent une restriction à la liberté de recevoir et de communiquer des informations qui n'est pas nécessaire à la protection des intérêts légitimes énumérés par l'article 10, § 2, de la convention européenne[3].

SECTION 7 NULLITÉ DU CONTRAT D'ASSURANCE

622.81 **Cadre juridique.** En cas de poursuite pour *homicide ou blessures involontaires*, le juge pénal est compétent pour statuer sur l'exception fondée sur une cause de nullité ou sur une clause du contrat d'assurance de la personne dont la responsabilité civile est susceptible d'être engagée. Toutefois, l'exception n'est recevable que *si elle est de nature à exonérer totalement l'assureur de son obligation à l'égard des tiers*.

622.82 **Formalités procédurales.** Aux termes de l'article 388-1 du code de procédure pénale, la personne dont la responsabilité civile est susceptible d'être engagée à l'occasion d'une infraction d'homicide ou de blessures involontaires qui a entraîné pour autrui un dommage quelconque pouvant être garanti par un assureur doit préciser le nom et l'adresse de celui-ci, ainsi que le numéro de sa police d'assurance. Il en est de même pour la victime lorsque le dommage qu'elle a subi peut être garanti par un contrat d'assurance. Ces renseignements sont consignés dans les procès-verbaux d'audition. Lorsque des poursuites pénales sont exercées, les assureurs appelés à garantir le dommage sont admis à intervenir et peuvent être mis en cause devant la juridiction répressive, même pour la première fois en cause d'appel ; ils doivent se faire représenter par un avocat ou un avoué.

En ce qui concerne les débats et les voies de recours, les règles concernant les personnes civilement responsables et les parties civiles sont applicables respectivement à l'assureur du prévenu et à celui de la partie civile sous réserve des dispositions de l'alinéa ci-dessus et des articles 385-1, alinéa 2, 388-2 et 509, alinéa 2.

622.83 **Mise en cause de l'assureur.** Dix jours au moins avant l'audience, la mise en cause de l'assureur est faite par toute partie qui y a intérêt au moyen d'un acte d'huissier ou d'une lettre recommandée, avec demande d'avis de réception, qui mentionne la nature des poursuites engagées, l'identité du prévenu, de la partie civile et, le cas échéant, de la personne civilement responsable, le numéro des polices d'assurance, le montant de la demande en réparation ou, à défaut, la nature et l'étendue du dommage, ainsi que le tribunal saisi, le lieu, la date et l'heure de l'audience[4]. Faute d'avoir mis en cause l'assureur de la victime devant la juridiction répressive, dans les formes et les délais prévus par l'article 388-1 du code de procédure pénale, le prévenu et son assureur ne sauraient se faire grief du refus par la cour d'appel de surseoir à statuer dans l'attente de cette mise en œuvre[5].

622.84 **Présentation avant toute défense au fond.** L'exception qui tend à mettre hors de cause l'assureur, mais seulement celle-ci, doit être présentée avant toute défense au fond[6]. Si, selon l'alinéa 2 de l'article 385-1 du code de procédure pénale, l'assureur, mis en cause dans les conditions prévues par les articles 388-1 et 388-2 et qui n'intervient pas au procès pénal, est réputé renoncer à toute exception, cette disposition ne fait pas obstacle, lorsque cet assureur n'a pas comparu en première instance, à ce qu'il soumette à la cour d'appel avant toute défense au fond, les exceptions visées à l'alinéa 1er dudit article 385-1.

Encourt dès lors la cassation l'arrêt qui, pour déclarer irrecevable une exception de nullité du contrat d'assurance présentée, avant toute défense au fond, devant la juridiction du second degré, retient que l'assureur, qui a été régulièrement mis en cause et qui n'a pas comparu devant le tribunal correctionnel, est réputé avoir renoncé à toute exception[7].

Dans le cas où la victime d'un accident de la circulation est placée sous tutelle, l'avis que doit lui délivrer, en application de l'article R. 421-5 du code des assurances, l'assureur souhaitant invoquer la nullité du contrat, doit être adressé à son tuteur. Fait en conséquence l'exacte application des articles L. 211-20 et R. 421-5 du code des assurances, 440 et

1. L. n° 77-808, 19 juill. 1977 relative à la publication et à la diffusion de certains sondages d'opinion, *JO* 20 juill., p. 3837.
2. C. électoral, art. L. 90-1 ; mod. par L. n° 2016-508, 25 avr. 2016, art. 4.
3. Crim. 4 sept. 2001, n° 00-85.329, P n° 170 ; *D.* 2002. 1794, obs. B. de Lamy ; *RSC* 2002. 95, obs. B. Bouloc ; *RSC* 2002. 125, obs. J. Francillon.
4. C. pr. pén., art. 388-2 (aussi : v. s[s] n°s 223.114 s.).
5. Crim. 29 févr. 2020 ; n° 98-95.825, P.
6. Crim. 5 juin 1996, n° 95-82.542, P n° 237 – Crim. 19 déc. 2000, n° 00-80.479, P n° 382 ; *D.* 2001. 522.
7. Crim. 16 janv. 2007, n° 06-80.185, P n° 9 ; *AJ pénal* 2007. 185, obs. G. Royer.

suivants du code civil et 385-1 du code de procédure pénale la cour d'appel qui, pour dire que l'exception de nullité soulevée par l'assureur est inopposable à la victime d'un accident de la circulation et au Fonds de garantie, que l'assureur est irrecevable en son exception de nullité et qu'il sera tenu d'indemniser la victime de son entier préjudice, retient que l'assureur n'avait pas avisé le Fonds de garantie et le tuteur de la victime en même temps et dans les mêmes formes[1]. En effet lorsque l'assureur entend par application des articles 385-1 et 388-1 du code de procédure pénale, soulever la nullité du contrat d'assurance souscrit par son assureur il doit aviser par LRAR le Fonds de garantie et la victime ou ses ayants droit. À défaut, il s'interdit d'invoquer l'opposabilité aux victimes de son exception de garantie.

622.85 Assureur qui n'intervient pas au procès pénal. L'assureur mis en cause dans les conditions prévues par l'article 388-2 qui n'intervient pas au procès pénal est réputé renoncer à toute exception ; toutefois, s'il est établi que le dommage n'est pas garanti par l'assureur prétendu, celui-ci est mis hors de cause par le tribunal.

1. Crim. 10 mars 2015, nº 13-87.189, P nº 48 ; *Dr. pénal* 2015, nº 77, note A. Maron et M. Haas.

CHAPITRE

623. Exceptions préjudicielles traditionnelles

SECTION 0
ORIENTEUR

623.00 **Sommaire du chapitre.**

623.01 **Principaux textes applicables.**

TEXTE *IN EXTENSO*

• **C. pr. pén.,** art. 386
* V. s[s] n° 611.01.

SECTION 1
DÉFINITION ET RÉGIME

623.11 **Différences entre questions préjudicielles à l'action et questions préjudicielles au jugement.** La « question préjudicielle » s'entend généralement comme la *question préjudicielle au jugement*, c'est-à-dire celle qui s'oppose à ce que la juridiction pénale puisse statuer en l'état. Il existe aussi des cas d'opposition à ce que l'action publique soit exercée tant qu'ils n'ont pas été résolus par la juridiction compétente et que la Cour de cassation nomme également « question préjudicielle ». Mais il s'agit alors de *question préjudicielle à l'action*, telle celle prévue à l'article 6, § 1, du code de procédure pénale qui dispose que lorsqu'un crime ou un délit prétendument commis à l'occasion d'une poursuite judiciaire impliquerait la violation d'une disposition de procédure pénale, l'action publique ne peut être exercée que si le caractère illégal de la poursuite ou de l'acte accompli à cette occasion a été constaté par une décision devenue définitive de la juridiction répressive saisie. Le délai de prescription de l'action publique court à compter de cette décision.

623.12 **Interdiction de principe pour le juge de soulever lui-même une question préjudicielle.** Tout comme pour les exceptions de procédure, le juge pénal n'a pas vocation à soulever lui-même une exception préjudicielle[1]. Mais dans ce domaine aussi il existe des exceptions touchant, par exemple, à la nationalité[2], ou à l'article 234 du traité de Rome, désormais article 267[3] du TFUE[4].

Il faut rappeler que le juge pénal peut également contrôler la légalité d'un acte administratif lorsqu'il lui apparaît que cette illégalité conditionne la solution du procès qui lui est soumis mais qu'il ne s'agit alors pas d'une question préjudicielle[5].

623.13 **Régime.** L'article 386 du code de procédure pénale qui règle la question : l'exception préjudicielle est présentée avant toute défense au fond, édicte l'alinéa premier du texte[6] ; les alinéas suivants précisent les conditions de son admission. La question préjudicielle déposée oralement est rece-

1. Crim. 18 janv. 1993, n°s 92-81.705, 92-83.147, P n° 22, 2 esp. – Crim. 17 févr. 1993, n° 91-85.212, P n° 79.
2. V. s[s] n° 623.33.
3. TFUE, art. 267 [TUE-A, art. 234 ; TCE, art. 177] – AUSSI : I. Pingel (dir.), De Rome à Lisbonne : Commentaire article par article des traités UE et CE 2e éd., Helbing Lichtenhahn – Dalloz – Bruylant, 2010, p. 1534.
4. V. s[s] n° 623.63.
5. V. s[s] n°s 622.41 s.
6. Crim. 18 janv. 1993, n°s 92-81.705, 92-83.147, P n° 22, 2 esp. – Crim. 29 mars 1995, n° 94-82.320, P n° 137 ; *RSC* 1995. 607, obs. J.-P. Dintilhac – Crim. 26 mars 1997, n° 96-83.477, P n° 121 ; *Procédures* 1997, n° 189, note J. Buisson.

vable formellement s'il résulte des mentions de la décision elle-même que les juges en ont été saisis [1]. L'exception préjudicielle ne peut être soulevée pour la première fois devant la cour d'appel ou la Cour de cassation [2].

623.14 L'exception préjudicielle doit être de nature à retirer au fait qui sert de base à la poursuite le caractère d'une infraction. Cette règle est édictée par l'alinéa deux de l'article 386 du code de procédure pénale [3]. Il s'agit là d'une règle de *recevabilité* alors que l'alinéa suivant, qui vise l'obligation de s'appuyer sur des faits ou titres donnant un fondement à la prévention, présente une règle non de recevabilité mais d'*admission*. Toutefois, on ne peut tirer de cette terminologie de différences pratiques, telle que celle différenciant la forme du fond. En effet, le fait que la question soit de nature à retirer au fait qui sert de base à la poursuite le caractère d'une infraction touche également au fond. La jurisprudence la plus importante s'inscrit en matière civile. Ainsi, le tribunal correctionnel ne doit pas surseoir à statuer lorsque le prévenu poursuivi pour abattage d'arbres fait valoir qu'il était copropriétaire du terrain sur lesquels les arbres ont été abattus. Cette qualité en effet, si elle était établie, ne serait pas de nature à supprimer l'existence du délit [4].

De même le tribunal n'a pas à surseoir à statuer dans le cas où l'exception de propriété est soulevée par la personne prévenue de construction sans autorisation sur des terrains riverains de la voie publique, puisqu'en cette matière, l'infraction est indépendante du point de savoir si le constructeur est ou non propriétaire [5].

L'exception préjudicielle n'est admise que si elle s'appuie sur des faits ou des titres donnant un fondement à la prétention du prévenu [6]. Cette condition apparaît nécessaire pour éviter les questions préjudicielles qui seraient purement dilatoires. Elle donne au juge un véritable pouvoir pour contrôler le caractère *a priori* sérieux de la question posée [7]. Ainsi, lorsque l'exception est prise de l'existence d'un droit de propriété, elle doit se fonder sur des titres, la règle d'accession, voire des faits de possession [8].

Mais lorsqu'il n'y a aucun doute sur l'existence d'un titre, il n'y a pas obligation pour le tribunal de surseoir à statuer : ainsi, lorsque le prévenu qui invoque pour sa défense l'existence à son profit d'un droit de propriété en produit l'acte authentique établissant ses droits : « d'une part, contrairement à ce qui est soutenu par le demandeur, les juges du fond n'étaient pas saisis d'une exception préjudicielle concernant un droit réel immobilier au sens de l'article 384 du code de procédure pénale, Y... ayant fait état d'un acte authentique établissant ses droits de façon certaine... » [9].

SECTION 2
EFFETS DES QUESTIONS PRÉJUDICIELLES

623.21 Sursis à statuer. Lorsque la question préjudicielle est admise, le juge doit surseoir à statuer jusqu'à ce qu'il y soit répondu. Le juge ne pouvant renvoyer *sine die*, impartit en général un délai pendant lequel le demandeur devra saisir la juridiction compétente. Il n'existe pas de délai fixe, à l'exclusion de celui prévu par l'article 1042 du code de procédure civile, en matière de nationalité, qui est d'un mois. Lorsque c'est devant la Cour de Justice de Luxembourg que la question est posée, c'est le juge lui-même qui la saisit.

623.22 Non-respect du délai par le demandeur. Hors le cas précité où c'est le juge lui-même qui saisit la juridiction compétente, lorsque le demandeur ne présente pas l'exception dans le délai imparti, il peut être passé outre.

623.23 Décision de la juridiction saisie. Dès lors que la question préjudicielle a été admise et la juridiction compétente saisie, sa décision s'impose au juge sur le point soulevé.

623.24 Suspension de l'action publique. L'action publique est suspendue pendant le temps que la juridiction saisie prend à trancher le point soumis : encourt la cassation l'arrêt qui déclare prescrites l'action publique et l'action civile alors que le délai de prescription a été suspendu à compter de l'arrêt ayant sursis à statuer jusqu'à la date de l'arrêt de la juridiction administrative saisie d'une question préjudicielle [10].

1. Crim. 29 mars 1995, n° 94-82.320, P n° 137.
2. Crim. 18 janv. 1993, n°s 92-81.705, 92-83.147, P n° 22, 2 esp. – Crim. 17 févr. 1993, n° 91-85.212, P n° 79.
3. Crim. 20 juin 1963, n° 62-93.143, P n° 219 – Crim. 18 mai 1993, n° 93-80.331, P n° 185.
4. Crim. 7 août 1951, P n° 258.
5. Crim. 25 juill. 1914, P n° 350 – Crim. 24 nov. 1928, P n° 286 – AUSSI : Crim. 24 juill. 1897, P n° 265.
6. Crim. 27 nov. 1984, n° 83-94.190, P n° 372 – Crim. 27 févr. 1985, n° 84-92.910, P n° 98 – Crim. 28 mai 1997, n° 96-84.750, P n° 210.
7. Crim. 9 avr. 1921, P n° 155 – Crim. 27 nov. 1984, n° 83-94.190, P n° 372 – Crim. 27 févr. 1985, n° 84-92.910, P n° 98.
8. Crim. 17 nov. 1893, P n° 310 – OU DES FAITS de possession : Crim. 23 juill. 1858, P n° 213 – Crim. 13 janv. 1859, P n° 18 – Crim. 11 avr. 1867, P n° 87.
9. Crim. 26 mars 1985, n° 83-93.613, P n° 127.
10. Crim. 28 mars 2000, n° 99-84.367, P n° 139 ; *D.* 2000. 184 ; *RDI* 2000. 619, obs. G. Roujou de Boubée ; *RSC* 2000. 838, obs. J.-H. Robert ; *RSC* 2000. 856, obs. D.-N. Commaret.

SECTION 3
QUESTION PRÉJUDICIELLE EN MATIÈRE CIVILE

623.31 Domaine d'application. La question préjudicielle en matière civile concerne traditionnellement trois domaines d'application : les droits réels immobiliers, la filiation, et la nationalité.

623.32 Droit réel immobilier. L'article 384 du code de procédure pénale fait expressément mention des droits réels immobiliers. Une question préjudicielle fondée sur l'existence de droits réels ne peut être admise par les tribunaux répressifs qu'autant que les faits invoqués ou les titres produits sont de nature, dans le cas où ils seraient retenus par les juges compétents, à faire disparaître l'infraction[1]. Une exception préjudicielle fondée sur l'existence de droits réels immobiliers ne peut être admise par les tribunaux répressifs qu'autant qu'elle est présentée par le prévenu et que les titres produits ou les faits invoqués sont de nature, dans le cas où ils seraient retenus par les juges compétents, à faire disparaître l'infraction[2].

623.33 Nationalité. L'article 29 du code civil dispose que « la juridiction civile de droit commun est seule compétente pour connaître des contestations sur la nationalité française ou étrangère des personnes physiques ». Ces dispositions sont d'ordre public[3]. Conformément à la lettre du texte, seules les personnes physiques sont visées. L'exception de nationalité peut être soulevée lorsque le prévenu étranger décline la compétence des juridictions françaises lorsque l'infraction a été commise hors du territoire de la République et qu'aucune des conditions prescrites par les articles 113-6 et suivants du code pénal pour justifier la compétence des tribunaux français n'est remplie[4]. Mais le prévenu poursuivi pour usage d'une carte d'identité obtenue à l'aide d'un certificat de nationalité argué de faux ne peut arguer de sa nationalité française pour échapper aux poursuites[5].

Les questions de nationalité ne sauraient être admises qu'autant qu'elles reposent sur des moyens sérieux[6] : la juridiction correctionnelle ne doit pas surseoir devant une exception manifestement peu sérieuse[7]. Ainsi la validité de son mariage avec une ressortissante française ne constitue pas pour l'intéressé une exception préjudicielle au jugement d'un étranger poursuivi[8].

623.34 Filiation. L'article 311-6 du code civil exposait qu'en « cas de délit portant atteinte à la filiation d'un individu, il ne peut être statué sur l'action pénale qu'après le jugement passé en force de chose jugée sur la question de filiation ». La jurisprudence a dit que cet article pouvait être invoqué lorsque le délit portait directement atteinte à la filiation. Il pouvait aussi l'être dès que l'infraction dénoncée mettait en cause l'état civil d'un enfant et que la question de la filiation se rattachait directement au fait de l'accusation, par exemple lorsqu'un faux en écriture authentique devrait, s'il était établi, donner à un enfant une filiation autre que celle qui lui appartient et entraînerait par suite une suppression d'état[9]. Depuis l'ordonnance du 4 juillet 2005[10]cet article a été transféré et modifié. C'est désormais l'article 319 du code civil qui dispose que, en cas d'infraction portant atteinte à la filiation (et non plus du seul délit), il ne peut être statué sur l'action pénale qu'après le jugement passé en force de chose jugée sur la question de la filiation.

623.35 Exception préjudicielle de débet. L'exception préjudicielle de débet soulevée dans le cadre de poursuites du chef de détournement de fonds publics, justifiant le sursis à statuer par le juge répressif, doit être soulevée avant toute défense au fond. Au surplus, cette procédure ne peut bénéficier qu'aux seuls comptables publics et ne peut être invoquée par ceux qui sont susceptibles d'être déclarés comptables de fait par une juridiction financière[11].

SECTION 4
QUESTION PRÉJUDICIELLE EN MATIÈRE PÉNALE

623.41 Une question préjudicielle de nature pénale ? De nombreux auteurs ont pris l'habitude de classer certaines questions dans la liste des « questions préjudicielles de nature pénale ». Or, la question préjudicielle est celle qui ne peut être tranchée par la juridiction pénale parce qu'une autre juridiction doit statuer. Peut-on estimer, sur le plan théorique, que la juridiction pénale est elle-même concernée par l'attente qu'une « autre juridiction pénale » ait statué ?

1. Crim. 20 mars 1973, n° 72-93.258, P n° 139 – Crim. 8 juill. 1986, n° 85-92.820, P n° 231.
2. Crim. 21 oct. 2020, n° 19-87.071, P ; *JCP* 2020. 1286.
3. Crim. 24 juill. 1974, n° 74-91.533, P n° 265.
4. Crim. 29 déc. 1964, n° 64-92.733, P n° 347.
5. Crim. 19 mai 1981, n° 81-90.703, P n° 162 – Crim. 4 janv. 1982, n° 80-95.198, P n° 2.
6. Crim. 29 déc. 1964, n° 64-92.733, P n° 347 – Crim. 4 juill. 1978, n° 78-90.977, P n° 220.
7. Crim. 29 déc. 1964, n° 64-92.733, P n° 347.
8. Crim. 18 mai 1993, n° 93-80.331, P n° 185 ; *JCP* 1993. IV. 258.
9. Crim. 22 avr. 1969, n° 68-93.016, P n° 141.
10. Ord n° 2005-759.
11. Crim. 18 déc. 2019, n° 18-85.856, P.

Au-delà de cette difficulté sémantique, en matière de dénonciation calomnieuse, le délit ne peut être jugé tant que la fausseté du fait dénoncé n'a pas été établie[1]. De même le délit de diffamation portant sur des faits pénalement répréhensibles ne peut, en vertu de l'article 35 de la loi du 29 juillet 1881 être jugé tant que la juridiction répressive compétente n'a pas statué sur les faits constitutifs de l'infraction. Ces hypothèses apparaissent comme des cas dans lesquels le tribunal compétent ne peut statuer avant qu'une autre action publique n'ait été réglée. On a vu aussi que d'autres questions formaient non des questions préjudicielles au jugement, mais des questions préjudicielles à l'action[2].

SECTION 5
QUESTION PRÉJUDICIELLE EN MATIÈRE ADMINISTRATIVE

623.51 Pouvoirs du juge pénal[3]. Le juge pénal dispose de certains pouvoirs dans l'interprétation et l'appréciation de la validité d'un acte administratif[4].

623.52 Question préjudicielle de nature administrative. L'article 111-5 du code pénal ne concerne pas la validité des contrats administratifs[5]. Il ne concerne pas non plus le fonctionnement de l'administration[6]. Les difficultés qui peuvent se présenter dans ces domaines et qui sont soumises au juge pénal doivent faire l'objet d'une question préjudicielle soumise à la juridiction administrative et obligent le juge à surseoir à statuer[7].

623.53 Légalité d'un acte administratif : jurisprudence. Constitue une question préjudicielle l'appréciation de la légalité d'un acte administratif individuel[8] ou l'appréciation de l'opportunité d'un acte réglementaire[9]. Le rejet, par la juridiction administrative, d'un recours en annulation d'un arrêté ne fait pas obstacle à ce que l'exception d'illégalité du même arrêté soit soulevée devant le juge répressif[10]. Constitue une exception préjudicielle celle prise de l'illégalité du décret annulant l'autorisation donnée à un contribuable de se constituer partie civile, en application de l'article L. 316-5 du code des communes[11]. Il en est de même de la contestation sur la validité de l'acte administratif d'où résulte la nomination d'un magistrat[12].

SECTION 6
EXCEPTION PRÉJUDICIELLE PROCÉDANT DE L'APPLICATION DU DROIT SUPRANATIONAL

623.61 Le traité a une valeur supérieure à la loi nationale. Selon l'article 55 de la Constitution, le traité à une autorité supérieure à celle des lois. Le juge pénal doit en conséquence faire application d'un traité lorsque ses dispositions sont contraires à celle d'une loi[13]. Il doit aussi constater l'illégalité d'un décret ou règlement qui serait contraire aux normes qu'il édicte[14].

623.62 Interprétation d'un traité international. Après une longue période pendant laquelle les traités internationaux ne pouvaient être interprétés, ni par les juridictions administratives, ni par les juridictions civiles, mais seulement par le ministre des Affaires étrangères saisi sur renvoi de la juridiction[15], le Conseil d'État[16], puis les chambres civiles de la Cour

1. Crim. 16 févr. 1988, nº 87-84.107, P nº 75 ; *RSC* 1988. 786, obs. G. Levasseur.
2. V. s^{s} nº 623.14.
3. C. pén., art. 111-5.
4. V. s^{s} nº 622.41.
5. Crim. 25 sept. 1995, nº 94-83.771, P nº 279 ; *Dr. pénal* 1996, nº 14, note J.-H. Robert.
6. Crim. 26 nov. 1842, P nº 308 – Crim. 24 sept. 1846, P nº 256 ; *DP* 1846. 1. 291 ; *S.* 1846. 1. 657 – Crim. 3 août 1855, P nº 275 ; *S.* 1855. 1. 766 – Crim. 30 juin 1898, P nº 235 ; *S.* 1899. 1. 535.
7. Crim. 28 mai 1997, nº 96-84.750, P nº 210.
8. Crim. 15 juin 1982, nº 82-91.100, P nº 161.
9. S'agissant de l'opportunité de l'acte et non de sa légalité, que le juge pénal peut apprécier : Crim. 20 mars 1980, nº 79-93.104, P nº 97.
10. Crim. 24 févr. 1976, nº 75-91.237, P nº 70.
11. Crim. 12 mai 1992, nº 92-81.080, P nº 186.
12. Crim. 15 juin 1982, nº 82-91.100, P nº 161.
13. Crim. 18 févr. 1971, nº 66-93.873, P nº 57 – Crim. 13 déc. 1983, nº 82-92.638, P nº 340 – Crim. 12 déc. 1984, nº 84-92.896, P nº 239.
14. Crim. 1er févr. 1990, nº 89-80.673, P nº 56 – Crim. 29 oct. 1991, nº 89-86.893, P nº 386.
15. Il était admis que les conventions diplomatiques sont des actes de haute administration qui ne peuvent être interprétés, s'il y a lieu, que par les puissances entre lesquelles elles sont intervenues – Crim. 27 févr. 1964, nº 63-92.156, P nº 75 – Crim. 1er déc. 1966, nº 66-93.235, P nº 275 – Crim. 29 juin 1972, nos 71-91.821, 71-91.581, P nos 226, 227, 2 esp. ; *Gaz. Pal.* 1972. 1. 27 ; *JCP* 1973. II. 17457, note D. Ruzié – Crim. 30 juin 1976, nº 75-93.296, P nº 236 ; *JCP* 1976. II. 18435, rapp. Mongin ; *D.* 1977. I. note J. Coste-Floret – Crim. 7 juill. 1980, nº 79-93.727, P nº 216 – Crim. 3 juin 1985, nº 84-94.404, P nº 212 – Crim. 10 mai 1988, nº 88-81.980, P nº 201.
16. CE, as., 29 juin 1990, *Gisti*, req. nº 78519, *Lebon* 171 ; *GAJA*, 21e éd., Dalloz, 2017, nº 88 [DEPUIS : 10e éd., 1993, nº 118] ; *RGDIP* 1990. 879 ; *AJDA* 1990. 621, concl. R. Abraham, note G. Teboul ; *D.* 1990. 560, note P. Sabourin ; *JCP* 1990. II. 21579, note J. Tercinet ; *JDI* 1990. 965, note F. Julien Laferrière ; *RJF* 1990. 626 ; *LPA* 19 sept. 1990, note J.-F. Flauss ; *RFDA* 1990. 923, note J.-F. Lachaume ; *RFDA* 1991. 101, chron. V. Berger, H. Labayle et F. Sudre ; *Rev. crit. DIP* 1991. 61, note P. Lagarde ; *RGDIP* 1991. 109, comm. M.-F. Buffet-Tchakaloff ; *RGDIP* 1991. 753, note C. Rousseau ; *Revue de recherche juridique et de droit prospectif* 1991. 441, comm. R. Ghevontian.

de cassation[1], et enfin la chambre criminelle[2], ont admis que les juridictions peuvent interpréter les traités internationaux à l'exception des traités communautaires pour lesquels une procédure particulière est mise en place.

623.63 Recours en interprétation devant la Cour de justice de l'Union européenne. En ce qui concerne les traités de l'Union européenne, les articles 230[3] et 234[4] du TFUE prévoient l'interprétation et le contrôle de la régularité des traités de par la Cour de justice.

En vertu de l'article 234 du traité, le juge correctionnel qui éprouve un doute sur l'interprétation d'une disposition communautaire doit saisir la Cour de justice de l'Union européenne en interprétation[5]. L'exception présentée sur le fondement de l'article 234 du traité n'est pas considérée comme une exception préjudicielle soumise à l'article 386 du code de procédure pénale. Elle en présente pourtant tous les aspects. Mais la chambre criminelle estime que cette exception est recevable y compris lorsqu'elle n'a pas été présentée avant toute défense au fond. Elle peut être présentée pour la première fois en cause d'appel[6]. Mais dès lors que l'acte est clair, il n'y a pas lieu à saisine de la Cour de justice de l'Union européenne puisque les traités sont d'application directe par les juridictions nationales[7]. Une juridiction peut se référer à l'interprétation déjà donnée par la Cour de justice de l'Union européenne à l'occasion d'une question préjudicielle similaire[8].

Depuis l'entrée en vigueur du traité dit de Lisbonne, l'article de référence est l'article 267 du TFUE.

À titre d'exemple on pourra citer :

– L'arrêt du 9 septembre 2014[9], par lequel la chambre criminelle a saisi la CJUE de la question de savoir si les dispositions des articles 5 à 9 de la directive 2005/29[10] relative aux pratiques commerciales déloyales des entreprises vis-à-vis des consommateurs dans le marché intérieur font-elles obstacle à ce que soient interdites, en toutes circonstances, quelle que soit leur incidence possible sur la décision du consommateur moyen, des réductions de prix qui ne seraient pas calculées par rapport à un prix de référence fixé par voie réglementaire ?

– Et celui du 8 mars 2016[11], par lequel la chambre criminelle, fait état de la réponse par la Cour de justice de l'Union européenne a dit pour droit[12] que la directive 2005/29[13], dite directive sur les pratiques commerciales déloyales, modifiant la directive 84/450[14] et les directives 97/7[15], 98/27[16] et 2002/65[17] et le règlement 2006/2004[18], doit être interprétée en ce sens qu'elle s'oppose à des dispo-

1. Civ. 1re, 19 déc. 1995, n° 93-20.424, P I, n° 470.
2. Crim. 30 mars 1999, n° 97-85.451, P n° 60 – Crim. 27 mai 1999, n° 99-81.765, P n° 110.
3. TFUE, art. 263 [TUE-A, art. 230 ; TCE, art. 173] – AUSSI : I. Pingel (dir.), *De Rome à Lisbonne : Commentaire article par article des traités UE et CE* 2e éd., Helbing Lichtenhahn – Dalloz – Bruylant, 2010, p. 1502.
4. TFUE, art. 267 [TUE-A, art. 234 ; TCE, art. 177] – AUSSI : I. Pingel (dir.), *De Rome à Lisbonne...*, 2e éd., préc., 2010, p. 1534.
5. Crim. 26 sept. 1994, n° 91-87.062, P n° 303 – Crim. 3 oct. 1994, n° 93-80.109, P n° 309 ; *RSC* 1995. 342. obs. B. Bouloc.
6. Crim. 16 mai 1991, n° 89-82.396, P n° 210 ; *RSC* 1992. 96, obs. J. Pradel – Crim. 10 janv. 1995, n° 94-82.490, P n° 9.
7. Crim. 16 juin 1983, n° 81-92.316, P n° 187 ; *JCP* 1983. II. 20044, note A. Decocq.
8. Crim. 14 janv. 1980, n° 78-94.365, P n° 20 – Crim. 5 déc. 1983, n° 82-92.275, P n° 325.
9. Crim. 9 sept. 2014, n° 13-85.927, P n° 182 ; *D.* 2015. 588, obs. H. Aubry, E. Poillot et N. Sauphanor-Brouillaud ; *RTD eur.* 2015. 348-30, obs. B. Thellier de Poncheville ; *RTD eur.* 2015. 348-9, obs. S. Adalid.
10. Dir. 2005/29/CE, Parlement et Conseil, 11 mai 2005 relative aux pratiques commerciales déloyales des entreprises vis-à-vis des consommateurs dans le marché intérieur. du Parlement européen et du Conseil du 11 mai 2005 relative aux pratiques commerciales déloyales des entreprises vis-à-vis des consommateurs dans le marché intérieur et modifiant la directive 84/450/CEE du Conseil et les directives 97/7/CE 98/27/CE et 2002/65/CE du Parlement européen et du Conseil et le règlement (CE) n° 2006/2004 du Parlement européen et du Conseil (« directive sur les pratiques commerciales déloyales »), *JOCE L* 149, 11 juin, p. 22.
11. Crim. 8 mars 2016, n° 13-85.927, NP.
12. CJUE, 8 sept. 2015, Cdiscount SA, aff. C-13/15 ; *D.* 2016. 617, obs. H. Aubry, E. Poillot et N. Sauphanor-Brouillaud ; *AJCA* 2015. 479, obs. C. Pecnard.
13. Dir. 2005/29/CE, Parlement et Conseil, 11 mai 2005, préc.
14. Dir. 84/450/CEE, Conseil, 10 sept. 1984 relative au rapprochement des dispositions législatives, réglementaires et administratives des États membres en matière de publicité trompeuse, *JOCE L* 250, 19 sept., p. 17.
15. Dir. 97/7/CE, Parlement et Conseil, 20 mai 1997 concernant la protection des consommateurs en matière de contrats à distance – Déclaration du Conseil et du Parlement européen sur l'article 6 paragraphe 1 – Déclaration de la Commission sur l'article 3 paragraphe 1 premier tiret, *JOCE L* 144, 4 juin, p. 19.
16. Dir. 98/27/CE, Parlement et Conseil, 19 mai 1998 relative aux actions en cessation en matière de protection des intérêts des consommateurs, *JOCE L* 166, 11 juin, p. 51.
17. Dir. 2002/65/CE, Parlement et Conseil, 23 sept. 2002 concernant la commercialisation à distance de services financiers auprès des consommateurs, et modifiant les directives 90/619/CEE du Conseil, 97/7/CE et 98/27/CE, *JOCE L* 271, 9 oct., p. 16.
18. Règl. (CE) 2006/2004, Parlement et Conseil, 27 oct. 2004 relatif à la coopération entre les autorités nationales chargées de veiller à l'application de la législation en matière de protection des consommateurs (Règlement relatif à la coopération en matière de protection des consommateurs), *JOCE L* 364, 9 déc., p. 1.

sitions nationales, telles que celles en cause au principal, qui prévoient une interdiction générale, sans évaluation au cas par cas permettant d'établir le caractère déloyal des annonces de réduction de prix qui ne font pas apparaître le prix de référence lors du marquage ou de l'affichage des prix, pour autant que ces dispositions poursuivent des finalités tenant à la protection des consommateurs, ce qu'il appartient à la juridiction de renvoi d'apprécier.

CHAPITRE

624. Question prioritaire de constitutionnalité

SECTION 0 ORIENTEUR

624.00 Sommaire du chapitre.

624.01 Principaux textes applicables.

TEXTES SOURCES

• Const., art. 61-1, 62

• Ord. n° 58-1067, 7 nov. 1958 [portant loi organique sur le Conseil constitutionnel], art. 23-1 à 23-5, 23-7 à 23-12

• C. pr. pén., art. R. 49-21 à R. 49-33

TEXTES *IN EXTENSO*

• Const., art. 61-1

Lorsque, à l'occasion d'une instance en cours devant une juridiction, il est soutenu qu'une disposition législative porte atteinte aux droits et libertés que la Constitution garantit, le Conseil constitutionnel peut être saisi de cette question sur renvoi du Conseil d'État ou de la Cour de cassation qui se prononce dans un délai déterminé.

Une loi organique détermine les conditions d'application du présent article.

• Const., art. 62

Une disposition déclarée inconstitutionnelle sur le fondement de l'article 61 ne peut être promulguée ni mise en application.

Une disposition déclarée inconstitutionnelle sur le fondement de l'article 61-1 est abrogée à compter de la publication de la décision du Conseil constitutionnel ou d'une date ultérieure fixée par cette décision. Le Conseil constitutionnel détermine les conditions et limites dans lesquelles les effets que la disposition a produits sont susceptibles d'être remis en cause.

Les décisions du Conseil constitutionnel ne sont susceptibles d'aucun recours. Elles s'imposent aux pouvoirs publics et à toutes les autorités administratives et juridictionnelles.

• Ord. n° 58-1067, 7 nov. 1958, art. 23-1

Devant les juridictions relevant du Conseil d'État ou de la Cour de cassation, le moyen tiré de ce qu'une disposition législative porte atteinte aux droits et libertés garantis par la Constitution est, à peine d'irrecevabilité, présenté dans un écrit distinct et motivé. Un tel moyen peut être soulevé pour la première fois en cause d'appel. Il ne peut être relevé d'office.

Devant une juridiction relevant de la Cour de cassation, lorsque le ministère public n'est pas partie à l'instance, l'affaire lui est communiquée dès que le moyen est soulevé afin qu'il puisse faire connaître son avis.

Si le moyen est soulevé au cours de l'instruction pénale, la juridiction d'instruction du second degré en est saisie.

Le moyen ne peut être soulevé devant la cour d'assises. En cas d'appel d'un arrêt rendu par la cour d'assises en premier ressort, il peut être soulevé dans un écrit accompagnant la déclaration d'appel. Cet écrit est immédiatement transmis à la Cour de cassation.

• Ord. n° 58-1067, 7 nov. 1958, art. 23-2

La juridiction statue sans délai par une décision motivée sur la transmission de la question prioritaire de constitutionnalité au Conseil d'État ou à la Cour de cassation. Il est procédé à cette transmission si les conditions suivantes sont remplies :

1° La disposition contestée est applicable au litige ou à la procédure, ou constitue le fondement des poursuites ;

2° Elle n'a pas déjà été déclarée conforme à la Constitution dans les motifs et le dispositif d'une décision du Conseil constitutionnel, sauf changement des circonstances ;

3° La question n'est pas dépourvue de caractère sérieux.

En tout état de cause, la juridiction doit, lorsqu'elle est saisie de moyens contestant la conformité d'une disposition législative, d'une part, aux droits et libertés garantis par la

Constitution et, d'autre part, aux engagements internationaux de la France, se prononcer par priorité sur la transmission de la question de constitutionnalité au Conseil d'État ou à la Cour de cassation.

La décision de transmettre la question est adressée au Conseil d'État ou à la Cour de cassation dans les huit jours de son prononcé avec les mémoires ou les conclusions des parties. Elle n'est susceptible d'aucun recours. Le refus de transmettre la question ne peut être contesté qu'à l'occasion d'un recours contre la décision réglant tout ou partie du litige.

• **Ord. n° 58-1067, 7 nov. 1958, art. 23-3**

Lorsque la question est transmise, la juridiction sursoit à statuer jusqu'à réception de la décision du Conseil d'État ou de la Cour de cassation ou, s'il a été saisi, du Conseil constitutionnel. Le cours de l'instruction n'est pas suspendu et la juridiction peut prendre les mesures provisoires ou conservatoires nécessaires.

Toutefois, il n'est sursis à statuer ni lorsqu'une personne est privée de liberté à raison de l'instance ni lorsque l'instance a pour objet de mettre fin à une mesure privative de liberté.

La juridiction peut également statuer sans attendre la décision relative à la question prioritaire de constitutionnalité si la loi ou le règlement prévoit qu'elle statue dans un délai déterminé ou en urgence. Si la juridiction de première instance statue sans attendre et s'il est formé appel de sa décision, la juridiction d'appel sursoit à statuer. Elle peut toutefois ne pas surseoir si elle est elle-même tenue de se prononcer dans un délai déterminé ou en urgence.

En outre, lorsque le sursis à statuer risquerait d'entraîner des conséquences irrémédiables ou manifestement excessives pour les droits d'une partie, la juridiction qui décide de transmettre la question peut statuer sur les points qui doivent être immédiatement tranchés.

Si un pourvoi en cassation a été introduit alors que les juges du fond se sont prononcés sans attendre la décision du Conseil d'État ou de la Cour de cassation ou, s'il a été saisi, celle du Conseil constitutionnel, il est sursis à toute décision sur le pourvoi tant qu'il n'a pas été statué sur la question prioritaire de constitutionnalité. Il en va autrement quand l'intéressé est privé de liberté à raison de l'instance et que la loi prévoit que la Cour de cassation statue dans un délai déterminé.

• **Ord. n° 58-1067, 7 nov. 1958, art. 23-4**

Dans un délai de trois mois à compter de la réception de la transmission prévue à l'article 23-2 ou au dernier alinéa de l'article 23-1, le Conseil d'État ou la Cour de cassation se prononce sur le renvoi de la question prioritaire de constitutionnalité au Conseil constitutionnel. Il est procédé à ce renvoi dès lors que les conditions prévues aux 1° et 2° de l'article 23-2 sont remplies et que la question est nouvelle ou présente un caractère sérieux.

• **Ord. n° 58-1067, 7 nov. 1958, art. 23-5**

Le moyen tiré de ce qu'une disposition législative porte atteinte aux droits et libertés garantis par la Constitution peut être soulevé, y compris pour la première fois en cassation, à l'occasion d'une instance devant le Conseil d'État ou la Cour de cassation. Le moyen est présenté, à peine d'irrecevabilité, dans un mémoire distinct et motivé. Il ne peut être relevé d'office.

En tout état de cause, le Conseil d'État ou la Cour de cassation doit, lorsqu'il est saisi de moyens contestant la conformité d'une disposition législative, d'une part, aux droits et libertés garantis par la Constitution et, d'autre part, aux engagements internationaux de la France, se prononcer par priorité sur le renvoi de la question de constitutionnalité au Conseil constitutionnel.

Le Conseil d'État ou la Cour de cassation dispose d'un délai de trois mois à compter de la présentation du moyen pour rendre sa décision. Le Conseil constitutionnel est saisi de la question prioritaire de constitutionnalité dès lors que les conditions prévues aux 1° et 2° de l'article 23-2 sont remplies et que la question est nouvelle ou présente un caractère sérieux.

Lorsque le Conseil constitutionnel a été saisi, le Conseil d'État ou la Cour de cassation sursoit à statuer jusqu'à ce qu'il se soit prononcé. Il en va autrement quand l'intéressé est privé de liberté à raison de l'instance et que la loi prévoit que la Cour de cassation statue dans un délai déterminé. Si le Conseil d'État ou la Cour de cassation est tenu de se prononcer en urgence, il peut n'être pas sursis à statuer.

• **Ord. n° 58-1067, 7 nov. 1958, art. 23-7**

La décision motivée du Conseil d'État ou de la Cour de cassation de saisir le Conseil constitutionnel lui est transmise avec les mémoires ou les conclusions des parties. Le Conseil constitutionnel reçoit une copie de la décision motivée par laquelle le Conseil d'État ou la Cour de cassation décide de ne pas le saisir d'une question prioritaire de constitutionnalité. Si le Conseil d'État ou la Cour de cassation ne s'est pas prononcé dans les délais prévus aux articles 23-4 et 23-5, la question est transmise au Conseil constitutionnel.

La décision du Conseil d'État ou de la Cour de cassation est communiquée à la juridiction qui a transmis la question prioritaire de constitutionnalité et notifiée aux parties dans les huit jours de son prononcé.

• **Ord. n° 58-1067, 7 nov. 1958, art. 23-8**

Le Conseil constitutionnel, saisi en application des dispositions du présent chapitre, avise immédiatement le Président de la République, le Premier ministre et les présidents de l'Assemblée nationale et du Sénat. Ceux-ci peuvent adresser au Conseil constitutionnel leurs observations sur la question prioritaire de constitutionnalité qui lui est soumise.

Lorsqu'une disposition d'une loi du pays de la Nouvelle-Calédonie fait l'objet de la question prioritaire de constitutionnalité, le Conseil constitutionnel avise également le président du gouvernement de la Nouvelle-Calédonie, le président du congrès et les présidents des assemblées de province.

• **Ord. n° 58-1067, 7 nov. 1958, art. 23-9**

Lorsque le Conseil constitutionnel a été saisi de la question prioritaire de constitutionnalité, l'extinction, pour quelque cause que ce soit, de l'instance à l'occasion de laquelle la question a été posée est sans conséquence sur l'examen de la question.

• Ord. n° 58-1067, 7 nov. 1958, art. 23-10

Le Conseil constitutionnel statue dans un délai de trois mois à compter de sa saisine. Les parties sont mises à même de présenter contradictoirement leurs observations. L'audience est publique, sauf dans les cas exceptionnels définis par le règlement intérieur du Conseil constitutionnel.

• Ord. n° 58-1067, 7 nov. 1958, art. 23-11

La décision du Conseil constitutionnel est motivée. Elle est notifiée aux parties et communiquée soit au Conseil d'État, soit à la Cour de cassation ainsi que, le cas échéant, à la juridiction devant laquelle la question prioritaire de constitutionnalité a été soulevée.

Le Conseil constitutionnel communique également sa décision au Président de la République, au Premier ministre et aux présidents de l'Assemblée nationale et du Sénat ainsi que, dans le cas prévu au dernier alinéa de l'article 23-8, aux autorités qui y sont mentionnées.

La décision du Conseil constitutionnel est publiée au Journal officiel et, le cas échéant, au Journal officiel de la Nouvelle-Calédonie.

• Ord. n° 58-1067, 7 nov. 1958, art. 23-12

Lorsque le Conseil constitutionnel est saisi d'une question prioritaire de constitutionnalité, la contribution de l'État à la rétribution des auxiliaires de justice qui prêtent leur concours au titre de l'aide juridictionnelle est majorée selon des modalités fixées par voie réglementaire.

• C. pr. pén., art. R. 49-21

Conformément aux dispositions de l'article 23-1 de l'ordonnance n° 58-1067 du 7 novembre 1958 portant loi organique sur le Conseil constitutionnel, la partie qui soutient, à l'appui d'une demande déposée en application des règles du présent code devant une juridiction d'instruction, de jugement, d'application des peines ou de la rétention de sûreté, qu'une disposition législative porte atteinte aux droits et libertés garantis par la Constitution doit, à peine d'irrecevabilité, présenter ce moyen dans un écrit distinct et motivé.

La juridiction doit relever d'office l'irrecevabilité du moyen qui n'est pas présenté dans un écrit distinct et motivé.

• C. pr. pén., art. R. 49-22

Au cours de l'instruction pénale, le moyen tiré de ce qu'une disposition législative porte atteinte aux droits et libertés garantis par la Constitution est présenté, à l'appui d'une demande, dans un écrit distinct et motivé déposé au greffe de la chambre de l'instruction et qui est visé par le greffier avec l'indication du jour du dépôt.

Cet écrit peut être également déposé au greffe du juge d'instruction, du juge des libertés et de la détention ou du juge des enfants. Le greffier l'adresse alors sans délai à la chambre de l'instruction.

• C. pr. pén., art. R. 49-23

Lorsque le moyen tiré de ce qu'une disposition législative porte atteinte aux droits et libertés garantis par la Constitution est présenté par la personne mise en examen devant le président de la chambre de l'instruction saisi conformément aux dispositions de l'article 187-1 à l'occasion de l'appel d'une ordonnance de placement en détention provisoire, il est examiné par ce magistrat. Ce dernier peut toutefois renvoyer cet examen à la chambre de l'instruction lorsque la question le justifie.

• C. pr. pén., art. R. 49-24

Lorsque le moyen tiré de ce qu'une disposition législative porte atteinte aux droits et libertés garantis par la Constitution est soulevé par une personne détenue, à l'appui d'une demande qui peut être formée par remise au chef de l'établissement pénitentiaire, l'écrit distinct et motivé peut également être remis au chef de l'établissement pénitentiaire. Cet écrit est visé par ce dernier, avec l'indication du jour du dépôt, et il est adressé sans délai, en original ou en copie, au greffe de la juridiction saisie.

• C. pr. pén., art. R. 49-25

La juridiction statue sans délai, selon les règles de procédure qui lui sont applicables, sur la transmission de la question prioritaire de constitutionnalité, après que le ministère public et les parties, entendues ou appelées, ont présenté leurs observations sur la question prioritaire de constitutionnalité.

La juridiction peut toutefois statuer sans recueillir les observations du ministère public et des parties s'il apparaît de façon certaine, au vu du mémoire distinct, qu'il n'y a pas lieu de transmettre la question prioritaire de constitutionnalité.

Dès lors qu'elles sont présentées par écrit, les observations du ministère public et des autres parties doivent figurer dans un écrit distinct et motivé. À défaut, elles ne peuvent être jointes à la décision transmettant la question à la Cour de cassation.

• C. pr. pén., art. R. 49-26

La juridiction n'est pas tenue de transmettre une question prioritaire de constitutionnalité mettant en cause, par les mêmes motifs, une disposition législative dont la Cour de cassation ou le Conseil constitutionnel est déjà saisi. En cas d'absence de transmission pour ce motif, elle sursoit à statuer sur le fond, jusqu'à ce qu'elle soit informée de la décision de la Cour de cassation ou, le cas échéant, du Conseil constitutionnel.

• C. pr. pén., art. R. 49-27

Le refus de transmettre la question dessaisit la juridiction du moyen tiré de la question prioritaire de constitutionnalité.

Toutefois, lorsque ce refus a été exclusivement motivé par la constatation que la disposition législative contestée n'était pas applicable à la procédure en cause ou ne constituait pas le fondement des poursuites, la juridiction peut, si elle entend à l'occasion de l'examen de l'affaire faire application de cette disposition, rétracter ce refus et transmettre la question.

• C. pr. pén., art. R. 49-28

Le greffe avise les parties et le ministère public par tout moyen et sans délai de la décision statuant sur la transmission de la question prioritaire de constitutionnalité à la Cour de cassation.

En cas de décision de transmission, l'avis aux parties précise que celle-ci n'est susceptible d'aucun recours et que les parties qui entendent présenter des observations devant la Cour de cassation doivent se conformer aux dispositions de l'article R. 49-30, qui est reproduit dans l'avis, ainsi que le premier alinéa de l'article R. 49-32. L'avis est adressé par lettre recommandée avec demande d'avis de réception aux parties qui n'ont pas comparu.

En cas de décision de refus de transmission, l'avis aux parties précise que celle-ci ne peut être contestée qu'à l'occasion d'un recours formé contre une décision ayant statué sur la demande au cours de la procédure.

• **C. pr. pén., art. R. 49-29**

Lorsqu'il est soulevé pour la première fois en cause d'appel, le moyen tiré de ce qu'une disposition législative porte atteinte aux droits et libertés garantis par la Constitution est présenté dans un écrit distinct et motivé.

Lorsque la décision ayant refusé de transmettre la question prioritaire de constitutionnalité est contestée à l'occasion d'un recours contre la décision ayant statué sur la demande au cours de la procédure, le moyen tiré de ce qu'une disposition législative porte atteinte aux droits et libertés garantis par la Constitution est également présenté dans un écrit distinct et motivé.

• **C. pr. pén., art. R. 49-30**

Les parties disposent d'un délai d'un mois à compter de la décision de transmission de la question de constitutionnalité à la Cour de cassation pour faire connaître leurs éventuelles observations devant la Cour. Elles sont signées par un avocat au Conseil d'État et à la Cour de cassation, conformément aux règles prévues par l'article 585, sauf lorsqu'elles émanent de la personne condamnée, de la partie civile en matière d'infraction à la loi sur la presse ou du demandeur en cassation lorsque la chambre criminelle est saisie d'un pourvoi en application des articles 567-2, 574-1 et 574-2.

• **C. pr. pén., art. R. 49-31**

Lorsque la question prioritaire de constitutionnalité est soulevée à l'occasion d'un pourvoi, les autres parties au pourvoi disposent d'un délai d'un mois pour remettre un mémoire en réponse sur la question prioritaire de constitutionnalité. Celui-ci est établi, remis et communiqué suivant les règles régissant le pourvoi.

• **C. pr. pén., art. R. 49-32**

Le premier président ou son délégué, à la demande d'une des parties ou d'office, peut, en cas d'urgence, réduire le délai prévu aux articles R. 49-30 et R. 49-31.

Il fixe la date de l'audience au cours de laquelle sera examinée la question prioritaire de constitutionnalité.

Le procureur général en est avisé pour lui permettre de faire connaître son avis.

• **C. pr. pén., art. R. 49-33**

Le greffe notifie aux parties la décision prise par le premier président ou son délégué en application du premier alinéa de l'article R. 49-32, ainsi que la date de l'audience.

624.02 Jurisprudence de référence.

> Les dispositions de l'article 575 du code de procédure pénale ne sont pas conformes à la Constitution dans la mesure où elles ont pour effet de priver la partie civile de la possibilité de faire censurer, par la Cour de cassation, la violation de la loi par les arrêts de la chambre de l'instruction statuant sur la constitution d'une infraction, la qualification des faits poursuivis et la régularité de la procédure, apportant ainsi une restriction injustifiée aux droits de la défense

• **Cons. const. 23 juill. 2010,** n° 2010-15/23 QPC, *JO* 24 juill., p. 13727

* V. s^{s} n° 624.14.

« 1. Considérant que les questions transmises par la Cour de cassation portent sur la même disposition législative ; qu'il y a donc lieu de les joindre pour y répondre par une seule décision ;

2. Considérant qu'aux termes de l'article 575 du code de procédure pénale : "La partie civile ne peut se pourvoir en cassation contre les arrêts de la chambre de l'instruction que s'il y a pourvoi du ministère public.

Toutefois, son seul pourvoi est recevable dans les cas suivants :

1° Lorsque l'arrêt de la chambre de l'instruction a dit n'y avoir lieu à informer ;

2° Lorsque l'arrêt a déclaré l'irrecevabilité de l'action de la partie civile ;

3° Lorsque l'arrêt a admis une exception mettant fin à l'action publique ;

4° Lorsque l'arrêt a, d'office ou sur déclinatoire des parties, prononcé l'incompétence de la juridiction saisie ;

5° Lorsque l'arrêt a omis de statuer sur un chef de mise en examen ;

6° Lorsque l'arrêt ne satisfait pas, en la forme, aux conditions essentielles de son existence légale ;

7° En matière d'atteintes aux droits individuels telles que définies aux articles 224-1 à 224-5 et 432-4 à 432-6 du code pénal ;

3. Considérant que, selon les requérants, l'interdiction faite à la partie civile de se pourvoir contre un arrêt de non-lieu de la chambre de l'instruction en l'absence de pourvoi du ministère public porte atteinte au principe d'égalité devant la loi et la justice, au droit à un recours effectif et aux droits de la défense ;

4. Considérant qu'aux termes de l'article 6 de la Déclaration des droits de l'Homme et du citoyen de 1789, la loi "est la même pour tous, soit qu'elle protège, soit qu'elle punisse" ; que son article 16 dispose : *"Toute société dans laquelle la garantie des droits n'est pas assurée, ni la séparation des pouvoirs déterminée, n'a point de Constitution"* ; que, si le législateur peut prévoir des règles de procédure différentes selon les faits, les situations et les personnes auxquelles elles s'appliquent, c'est à la condition que ces différences ne procèdent pas de distinctions injustifiées et que soient assurées aux justiciables des garanties égales, notamment quant au respect du principe des droits de la défense, qui implique en particulier l'existence d'une procédure juste et équitable garantissant l'équilibre des droits des parties ;

5. Considérant qu'en vertu de l'article préliminaire du code de procédure pénale, l'autorité judiciaire veille à l'information et à la garantie des droits des victimes au cours de toute procédure pénale ; qu'aux termes de l'article 1er de ce même code : *"L'action publique pour l'application des peines est mise en mouvement et exercée par les magistrats ou par les fonctionnaires auxquels elle est confiée par la loi. Cette action peut aussi être mise en mouvement par la partie lésée, dans les conditions déterminées par le présent code"* ; que

son article 2 dispose : *"L'action civile en réparation du dommage causé par un crime, un délit ou une contravention appartient à tous ceux qui ont personnellement souffert du dommage directement causé par l'infraction"* ;

6. Considérant qu'en application de l'article 85 du code de procédure pénale, toute personne qui se prétend lésée par un crime ou un délit peut, en portant plainte, se constituer partie civile devant le juge d'instruction compétent ; qu'au cours de l'instruction préparatoire, la partie civile peut accéder à la procédure, être informée du déroulement de celle-ci, formuler une demande ou présenter une requête en annulation d'actes d'instruction ou demander la clôture de la procédure ; que, conformément à l'article 87 du même code, elle peut interjeter appel de l'ordonnance déclarant sa constitution irrecevable ; que, par application des deuxième et troisième alinéas de son article 186, elle peut également former appel des ordonnances de non-informer, de non-lieu, des ordonnances faisant grief à ses intérêts ainsi que de l'ordonnance par laquelle le juge statue sur sa compétence ; que la même faculté d'appel lui est ouverte par l'article 186-1 de ce code, pour les ordonnances refusant les actes d'instruction qu'elle a demandés, relatives à la prescription de l'action publique ou écartant une demande d'expertise ; qu'en vertu de l'article 186-3, il en va de même de l'ordonnance de renvoi devant le tribunal correctionnel si la victime estime que les faits renvoyés constituent un crime ;

7. Considérant qu'aux termes de l'article 567 du même code, les arrêts de la chambre de l'instruction peuvent être annulés en cas de violation de la loi sur pourvoi en cassation formé par le ministère public ou la partie civile à laquelle il est fait grief suivant les distinctions établies ;

8. Considérant que la partie civile n'est pas dans une situation identique à celle de la personne mise en examen ou à celle du ministère public ; que, toutefois, la disposition contestée a pour effet, en l'absence de pourvoi du ministère public, de priver la partie civile de la possibilité de faire censurer, par la Cour de cassation, la violation de la loi par les arrêts de la chambre de l'instruction statuant sur la constitution d'une infraction, la qualification des faits poursuivis et la régularité de la procédure ; qu'en privant ainsi une partie de l'exercice effectif des droits qui lui sont garantis par le code de procédure pénale devant la juridiction d'instruction, cette disposition apporte une restriction injustifiée aux droits de la défense ; que, par suite, l'article 575 de ce code doit être déclaré contraire à la Constitution ;

9. Considérant que l'abrogation de l'article 575 est applicable à toutes les instructions préparatoires auxquelles il n'a pas été mis fin par une décision définitive à la date de publication de la présente décision,

Décide :

Article 1er. – L'article 575 du code de procédure pénale est déclaré contraire à la Constitution.

Les articles 62, 63, 63 1, 63-4, alinéas 1er à 6, et 77 du code de procédure pénale n'instituent pas les garanties appropriées à l'utilisation qui est faite de la garde à vue. »

> La déclaration d'inconstitutionnalité de l'article 1er, relatives aux dispositions concernant la garde à vue, prend effet le 1er juillet 2011 dans les conditions fixées au considérant 30

• **Cons. const. 30 juill. 2010,** n° 2010-14/22 QPC, *JO* 31 juill., p. 14198

* V. s[s] n° 624.14.

« 24. Considérant, en outre, qu'il incombe au législateur d'assurer la conciliation entre, d'une part, la prévention des atteintes à l'ordre public et la recherche des auteurs d'infractions, toutes deux nécessaires à la sauvegarde de droits et de principes de valeur constitutionnelle, et, d'autre part, l'exercice des libertés constitutionnellement garanties ; qu'au nombre de celles-ci figurent le respect des droits de la défense, qui découle de l'article 16 de la Déclaration de 1789, et la liberté individuelle que l'article 66 de la Constitution place sous la protection de l'autorité judiciaire ;

25. Considérant qu'en elles-mêmes, les évolutions rappelées ci-dessus ne méconnaissent aucune exigence constitutionnelle ; que la garde à vue demeure une mesure de contrainte nécessaire à certaines opérations de police judiciaire ; que, toutefois, ces évolutions doivent être accompagnées des garanties appropriées encadrant le recours à la garde à vue ainsi que son déroulement et assurant la protection des droits de la défense ;

26. Considérant que l'autorité judiciaire comprend à la fois les magistrats du siège et du parquet ; que l'intervention d'un magistrat du siège est requise pour la prolongation de la garde à vue au-delà de quarante-huit heures ; qu'avant la fin de cette période, le déroulement de la garde à vue est placé sous le contrôle du procureur de la République qui peut décider, le cas échéant, de sa prolongation de vingt-quatre heures ; qu'il résulte des articles 63 et 77 du code de procédure pénale que le procureur de la République est informé dès le début de la garde à vue ; qu'il peut ordonner à tout moment que la personne gardée à vue soit présentée devant lui ou remise en liberté ; qu'il lui appartient d'apprécier si le maintien de la personne en garde à vue et, le cas échéant, la prolongation de cette mesure sont nécessaires à l'enquête et proportionnés à la gravité des faits que la personne est suspectée d'avoir commis ; que, par suite, le grief tiré de la méconnaissance de l'article 66 de la Constitution doit être écarté ;

27. Considérant cependant, d'une part, qu'en vertu des articles 63 et 77 du code de procédure pénale, toute personne suspectée d'avoir commis une infraction peut être placée en garde à vue par un officier de police judiciaire pendant une durée de vingt-quatre heures quelle que soit la gravité des faits qui motivent une telle mesure ; que toute garde à vue peut faire l'objet d'une prolongation de vingt-quatre heures sans que cette faculté soit réservée à des infractions présentant une certaine gravité ;

28. Considérant, d'autre part, que les dispositions combinées des articles 62 et 63 du même code autorisent l'interrogatoire d'une personne gardée à vue ; que son article 63-4 ne permet pas à la personne ainsi interrogée, alors qu'elle est retenue contre sa volonté, de bénéficier de l'assistance effective d'un avocat ; qu'une telle restriction aux droits de la défense est imposée de façon générale, sans considération des circonstances particulières susceptibles de la justifier, pour rassembler ou conserver les preuves ou assurer la pro-

tection des personnes ; qu'au demeurant, la personne gardée à vue ne reçoit pas la notification de son droit de garder le silence ;

29. Considérant que, dans ces conditions, les articles 62, 63, 63 1, 63-4, alinéas 1er à 6, et 77 du code de procédure pénale n'instituent pas les garanties appropriées à l'utilisation qui est faite de la garde à vue compte tenu des évolutions précédemment rappelées ; qu'ainsi, la conciliation entre, d'une part, la prévention des atteintes à l'ordre public et la recherche des auteurs d'infractions et, d'autre part, l'exercice des libertés constitutionnellement garanties ne peut plus être regardée comme équilibrée ; que, par suite, ces dispositions méconnaissent les articles 9 et 16 de la Déclaration de 1789 et doivent être déclarées contraires à la Constitution ;

– Sur les effets de la déclaration d'inconstitutionnalité :

30. Considérant, d'une part, que le Conseil constitutionnel ne dispose pas d'un pouvoir général d'appréciation de même nature que celui du Parlement ; qu'il ne lui appartient pas d'indiquer les modifications des règles de procédure pénale qui doivent être choisies pour qu'il soit remédié à l'inconstitutionnalité constatée ; que, d'autre part, si, en principe, une déclaration d'inconstitutionnalité doit bénéficier à la partie qui a présenté la question prioritaire de constitutionnalité, l'abrogation immédiate des dispositions contestées méconnaîtrait les objectifs de prévention des atteintes à l'ordre public et de recherche des auteurs d'infractions et entraînerait des conséquences manifestement excessives ; qu'il y a lieu, dès lors, de reporter au 1er juillet 2011 la date de cette abrogation afin de permettre au législateur de remédier à cette inconstitutionnalité ; que les mesures prises avant cette date en application des dispositions déclarées contraires à la Constitution ne peuvent être contestées sur le fondement de cette inconstitutionnalité,

DÉCIDE :

Article 1er. – Les articles 62, 63, 63-1 et 77 du code de procédure pénale et les alinéas 1er à 6 de son article 63-4 sont contraires à la Constitution.

Article 2. – La déclaration d'inconstitutionnalité de l'article 1er prend effet le 1er juillet 2011 dans les conditions fixées au considérant 30.

Article 3. – Il n'y a pas lieu, pour le Conseil constitutionnel, de statuer sur l'article 706-73 du code de procédure pénale et le septième alinéa de son article 63-4. »

> Non-constitutionnalité de l'article 618-1 du code de procédure pénale (frais irrépétibles devant la Cour de cassation)

• **Cons. const. 1er avr. 2011,** no 2011-112 QPC, *JO* 2 avr., p. 5892

* V. ss no 624.14.

« 1. Considérant qu'aux termes de l'article 618-1 du code de procédure pénale : "La cour condamne l'auteur de l'infraction à payer à la partie civile la somme qu'elle détermine, au titre des frais non payés par l'État et exposés par celle-ci. La cour tient compte de l'équité ou de la situation économique de la partie condamnée. Elle peut, même d'office, pour des raisons tirées des mêmes considérations, dire qu'il n'y a pas lieu à cette condamnation" ;

2. Considérant que la requérante fait valoir que ces dispositions réservent à la seule partie civile, à l'exclusion de la personne poursuivie, la possibilité d'obtenir, devant la Cour de cassation, le remboursement des frais exposés à l'occasion d'un pourvoi ; qu'ainsi, elles porteraient atteinte au principe d'égalité devant la loi et la justice ;

[...] 5. Considérant, d'une part, que si, selon les dispositions de l'article 800-2 du code de procédure pénale, toute juridiction prononçant un non-lieu, une relaxe ou un acquittement peut ordonner qu'une indemnité qu'elle détermine au titre des frais non payés par l'État et exposés par la personne poursuivie soit mise à la charge de la partie civile lorsque l'action a été mise en mouvement par cette dernière, la Cour de cassation a jugé que cette faculté, réservée à une juridiction de jugement ou de l'instruction, n'était pas applicable à la procédure du pourvoi en cassation ;

6. Considérant, d'autre part, que les dispositions contestées, propres à la Cour de cassation, ont pour effet de réserver à la seule partie civile la possibilité d'obtenir le remboursement des frais qu'elle a engagés dans le cas où la personne poursuivie est reconnue auteur de l'infraction ; qu'en revanche, elles privent, en toute circonstance, la personne dont la relaxe ou l'acquittement a acquis un caractère définitif de la faculté d'obtenir de la partie civile le remboursement de tels frais ;

7. Considérant que, dans ces conditions, les dispositions de l'article 618-1 du code de procédure pénale portent atteinte à l'équilibre entre les parties au procès pénal dans l'accès de la voie du recours en cassation ; que, par suite, elles sont contraires à la Constitution ;

[...] 9. Considérant que l'abrogation de l'article 618-1 du code de procédure pénale aura pour effet, en faisant disparaître l'inconstitutionnalité constatée, de supprimer les droits reconnus à la partie civile par cet article ; que le Conseil constitutionnel ne dispose pas d'un pouvoir général d'appréciation de même nature que celui du Parlement ; que, par suite, il y a lieu de reporter au 1er janvier 2012 la date de l'abrogation de cet article afin de permettre au législateur d'apprécier les suites qu'il convient de donner à cette déclaration d'inconstitutionnalité,

DÉCIDE

Article 1er. – L'article 618-1 du code de procédure pénale est contraire à la Constitution.

Article 2. – La déclaration d'inconstitutionnalité de l'article 1er prend effet à compter du 1er janvier 2012 dans les conditions fixées au considérant 9 de la présente décision. »

> Les dispositions de l'article 475-1 du code de procédure pénale sont conformes à la Constitution, pas celles de l'article 800-2

• **Cons. const. 21 oct. 2011,** no 2011-190 QPC, *JO* 22 oct., p. 17969

* V. ss no 624.14.

« 1. Considérant qu'aux termes de l'article 475-1 du code de procédure pénale : "Le tribunal condamne l'auteur de l'infraction à payer à la partie civile la somme qu'il détermine, au titre des frais non payés par l'État et exposés par celle-ci. Le tribunal tient compte de l'équité ou de la situation économique de la partie condamnée. Il peut, même d'office, pour des raisons tirées des mêmes considérations, dire qu'il n'y a pas lieu à cette condamnation. "Les dispositions du présent article sont également applicables aux organismes tiers payeurs intervenant à l'instance" ;

2. Considérant qu'aux termes de son article 800-2 : "À la demande de l'intéressé, toute juridiction prononçant un non-lieu, une relaxe ou un acquittement peut accorder à la personne poursuivie une indemnité qu'elle détermine au titre des frais non payés par l'État et exposés par celle-ci. "Cette indemnité est à la charge de l'État. La juridiction peut toutefois ordonner qu'elle soit mise à la charge de la partie civile lorsque l'action publique a été mise en mouvement par cette dernière. "Un décret en Conseil d'État fixe les conditions d'application du présent article" ;

3. Considérant que, selon les requérants, il résulte de ces dispositions que les conditions dans lesquelles la personne poursuivie mais non condamnée peut obtenir le remboursement des frais exposés dans la procédure sont plus restrictives que celles qui permettent à la partie civile d'obtenir de la personne condamnée le remboursement de ces mêmes frais ; que, par suite, ces dispositions méconnaîtraient le droit à une procédure juste et équitable ; que les requérants dénoncent, en particulier, le déséquilibre des droits au profit de la partie civile, d'une part, en cas de nullité de la procédure ou d'irrecevabilité de la constitution de partie civile et, d'autre part, au regard de la situation de la personne civilement responsable ; qu'ils font valoir, en outre, qu'il incomberait au Conseil constitutionnel d'apprécier la constitutionnalité de l'article 800-2 du code de procédure pénale au regard des modalités fixées dans le décret pris pour son application ;

4. Considérant qu'aux termes de l'article 6 de la Déclaration des droits de l'Homme et du citoyen de 1789, la loi est "la même pour tous, soit qu'elle protège, soit qu'elle punisse" ; que son article 16 dispose : "Toute société dans laquelle la garantie des droits n'est pas assurée, ni la séparation des pouvoirs déterminée, n'a point de Constitution" ; que, si le législateur peut prévoir des règles de procédure différentes selon les faits, les situations et les personnes auxquelles elles s'appliquent, c'est à la condition que ces différences ne procèdent pas de distinctions injustifiées et que soient assurées aux justiciables des garanties égales, notamment quant au respect du principe des droits de la défense, qui implique en particulier l'existence d'une procédure juste et équitable garantissant l'équilibre des droits des parties ;

5. Considérant qu'aucune exigence constitutionnelle n'impose qu'une partie au procès puisse obtenir du perdant le remboursement des frais qu'elle a exposés en vue de l'instance ; que, toutefois, la faculté d'un tel remboursement affecte l'exercice du droit d'agir en justice et les droits de la défense ;

6. Considérant, d'une part, que l'article 475-1 du code de procédure pénale est applicable devant le tribunal correctionnel ainsi que devant la juridiction de proximité, le tribunal de police et la chambre des appels correctionnels ; qu'il se borne à prévoir que la partie civile peut obtenir de l'auteur de l'infraction une indemnité au titre des frais de procédure qu'elle a exposés pour sa défense ; qu'il ne méconnaît aucun droit ou liberté que la Constitution garantit ;

7. Considérant, d'autre part, en premier lieu, que l'article 800-2 du même code a pour objet de permettre à la juridiction d'instruction ou de jugement statuant par une décision mettant fin à l'action publique de faire supporter par l'État ou la partie civile une somme au titre des frais non pris en compte au titre des frais de justice que la personne poursuivie mais non condamnée a dû exposer pour sa défense ; qu'en prévoyant que cette somme est à la charge de l'État ou peut être mise à celle de la partie civile lorsque l'action publique a été mise en mouvement non par le ministère public mais par cette dernière, le législateur s'est fondé sur un critère objectif et rationnel en lien direct avec l'objet de la loi ;

8. Considérant, en deuxième lieu, qu'en renvoyant à un décret en Conseil d'État la détermination des conditions de son application, l'article 800-2 du code de procédure pénale ne méconnaît pas, en lui-même, le principe d'égalité ; qu'il n'appartient pas au Conseil constitutionnel d'examiner les mesures réglementaires prises pour l'application de cet article ;

9. Considérant, en troisième lieu, que le ministère public n'est pas dans une situation identique à celle de la personne poursuivie ou de la partie civile ; qu'il en va ainsi, notamment, de la mise à la charge de l'État des frais de la procédure pénale ; que, par suite, en encadrant les conditions dans lesquelles l'État peut être condamné à verser à la personne poursuivie mais non condamnée une indemnité au titre des frais qu'elle a exposés, les dispositions de l'article 800-2 n'ont pas méconnu l'équilibre des droits des parties dans la procédure pénale ;

10. Considérant, en quatrième lieu, que, lorsque l'action publique a été mise en mouvement par la partie civile, les dispositions de l'article 800-2 réservent à la personne poursuivie qui a fait l'objet d'un non-lieu, d'une relaxe ou d'un acquittement la possibilité de demander une indemnité au titre des frais exposés pour sa défense ; qu'en revanche, elles privent de la faculté d'obtenir le remboursement de tels frais l'ensemble des parties appelées au procès pénal qui, pour un autre motif, n'ont fait l'objet d'aucune condamnation ; que, dans ces conditions, les dispositions de l'article 800-2 du code de procédure pénale portent atteinte à l'équilibre du droit des parties dans le procès pénal ; que, par suite, elles sont contraires à la Constitution ;

11. Considérant qu'aux termes du deuxième alinéa de l'article 62 de la Constitution : "Une disposition déclarée inconstitutionnelle sur le fondement de l'article 61-1 est abrogée à compter de la publication de la décision du Conseil constitutionnel ou d'une date ultérieure fixée par cette décision. Le Conseil constitutionnel détermine les conditions et limites dans lesquelles les effets que la disposition a produits sont susceptibles d'être remis en cause" ; que, si, en principe, la déclaration d'inconstitutionnalité doit bénéficier à l'auteur de la question prioritaire de constitutionnalité et la disposition déclarée contraire à la Constitution ne peut être appliquée dans les instances en cours à la date de la publication de la décision du Conseil constitutionnel, les dispositions de l'article 62 de la Constitution réservent à ce dernier le pouvoir tant de fixer la date de l'abrogation et reporter dans le temps ses effets que de prévoir la remise en cause des effets que la disposition a produits avant l'intervention de cette déclaration ;

12. Considérant que l'abrogation de l'article 800-2 du code de procédure pénale aura pour effet, en faisant disparaître l'inconstitutionnalité constatée, de supprimer les droits reconnus à la personne poursuivie qui a fait l'objet d'un non-

lieu, d'une relaxe ou d'un acquittement ; que le Conseil constitutionnel ne dispose pas d'un pouvoir général d'appréciation de même nature que celui du Parlement ; que, par suite, il y a lieu de reporter au 1er janvier 2013 la date de l'abrogation de cet article afin de permettre au législateur d'apprécier les suites qu'il convient de donner à cette déclaration d'inconstitutionnalité,

DÉCIDE :

Article 1er. – L'article 800-2 du code de procédure pénale est contraire à la Constitution.

Article 2. – La déclaration d'inconstitutionnalité de l'article 1er prend effet à compter du 1er janvier 2013 dans les conditions prévues au considérant 12.

Article 3. – L'article 475-1 du code de procédure pénale est conforme à la Constitution. »

> Le juge appelé à se prononcer sur le caractère sérieux d'une question prioritaire de constitutionnalité ne peut, pour réfuter ce caractère sérieux, se fonder sur l'interprétation de la disposition législative contestée qu'impose sa conformité aux engagements internationaux de la France, que cette interprétation soit formée simultanément à la décision qu'il rend ou l'ait été auparavant

• **Cons. const., 2 oct. 2020,** n°2020-858/859

* V. s[s] n° 624.54 et 624.74

« 9. Il s'en déduit que le juge appelé à se prononcer sur le caractère sérieux d'une question prioritaire de constitutionnalité ne peut, pour réfuter ce caractère sérieux, se fonder sur l'interprétation de la disposition législative contestée qu'impose sa conformité aux engagements internationaux de la France, que cette interprétation soit formée simultanément à la décision qu'il rend ou l'ait été auparavant. Il n'appartient pas non plus au Conseil constitutionnel saisi d'une telle question prioritaire de constitutionnalité de tenir compte de cette interprétation pour conclure à la conformité aux droits et libertés que la Constitution garantit.

10. En revanche, ces mêmes exigences ne s'opposent nullement à ce que soit contestée, dans le cadre d'une question prioritaire de constitutionnalité, la portée effective qu'une telle interprétation confère à une disposition législative, si l'inconstitutionnalité alléguée procède bien de cette interprétation.

...

14. Il s'en déduit qu'il appartient aux autorités judiciaires ainsi qu'aux autorités administratives de veiller à ce que la privation de liberté des personnes placées en détention provisoire soit, en toutes circonstances, mise en œuvre dans le respect de la dignité de la personne. Il appartient, en outre, aux autorités et juridictions compétentes de prévenir et de réprimer les agissements portant atteinte à la dignité de la personne placée en détention provisoire et d'ordonner la réparation des préjudices subis. Enfin, il incombe au législateur de garantir aux personnes placées en détention provisoire la possibilité de saisir le juge de conditions de détention contraires à la dignité de la personne humaine, afin qu'il y soit mis fin.

15 En premier lieu, si une personne placée en détention provisoire et exposée à des conditions de détention contraires à la dignité de la personne humaine peut saisir le juge administratif en référé, sur le fondement des articles L. 521-2 ou L. 521-3 du code de justice administrative, les mesures que ce juge est susceptible de prononcer dans ce cadre, qui peuvent dépendre de la possibilité pour l'administration de les mettre en œuvre utilement et à très bref délai, ne garantissent pas, en toutes circonstances, qu'il soit mis fin à la détention indigne.

16. En second lieu, d'une part, si, en vertu de l'article 148 du code de procédure pénale, la personne placée en détention provisoire peut à tout moment former une demande de mise en liberté, le juge n'est tenu d'y donner suite que dans les cas prévus au second alinéa de l'article 144-1 du même code. Or, il s'agit du cas où la détention provisoire excède une durée raisonnable, au regard de la gravité des faits reprochés et de la complexité des investigations nécessaires à la manifestation de la vérité, et du cas où la détention n'est plus justifiée par l'une des causes énumérées à l'article 144 du même code, qui relèvent toutes des exigences propres à la sauvegarde de l'ordre public ou à la recherche des auteurs d'infractions. D'autre part, si l'article 147-1 du même code autorise le juge à ordonner la mise en liberté d'une personne placée en détention provisoire, ce n'est que dans la situation où une expertise médicale établit que cette personne est atteinte d'une pathologie engageant le pronostic vital ou que son état de santé physique ou mentale est incompatible avec le maintien en détention. Dès lors, aucun recours devant le juge judiciaire ne permet au justiciable d'obtenir qu'il soit mis fin aux atteintes à sa dignité résultant des conditions de sa détention provisoire.

17. Par conséquent, et indépendamment des actions en responsabilité susceptibles d'être engagées à raison de conditions de détention indignes, les dispositions contestées méconnaissent les exigences constitutionnelles précitées. Sans qu'il soit besoin de se prononcer sur les autres griefs, elles doivent donc être déclarées contraires à la Constitution. »

> Aucun texte ne fait obligation à une juridiction saisie d'une question prioritaire de constitutionnalité de se prononcer sur sa transmission à la Cour de cassation par une décision nécessairement distincte de celle rendue au fond

• **Crim. 5 oct. 2021,** n° 20-85.985, B

* V. s[s] n° 624.37

« Réponse de la Cour

Sur le moyen, pris en ses première, deuxième et quatrième branches

8. Pour rejeter la demande d'annulation du jugement prise de ce que le tribunal correctionnel n'a pas statué sur la question prioritaire de constitutionnalité avant de prononcer au fond, l'arrêt attaqué énonce que le tribunal, bien que l'ayant fait sous une forme irrégulière, en la rejetant par des motifs intégrés au jugement au fond alors qu'il lui appartenait de rendre, sur ce point, une décision distincte, n'en a pas moins répondu à la question et motivé son refus de transmission.

9. Les juges ajoutent que cette erreur de procédure a d'autant moins préjudicié au demandeur qu'ayant interjeté appel de sa condamnation, il a soumis à la cour d'appel, qui en a refusé la transmission par un arrêt frappé de pourvoi ayant abouti à une ordonnance de déchéance, puis à la cour

d'appel de renvoi, qui en a également refusé la transmission, une question prioritaire de constitutionnalité identique.

10. C'est à tort que la cour d'appel a énoncé que le tribunal correctionnel avait statué sous une forme irrégulière par un seul et même jugement.

11. En effet, ni les articles 23-1 à 23-7 de l'ordonnance n° 58-1067 du 7 novembre 1958 portant loi organique sur le Conseil constitutionnel, ni les articles R. 49-21 à R. 49-29 du code de procédure pénale ne font obligation à une juridiction saisie d'une question prioritaire de constitutionnalité de se prononcer sur sa transmission à la Cour de cassation par une décision nécessairement distincte de celle rendue au fond.

12. La procédure applicable devant le tribunal correctionnel, en vertu de laquelle cette juridiction a statué sur la transmission de la question prioritaire de constitutionnalité conformément à l'article R. 49-25 du code de procédure pénale, ne prévoit pas davantage une telle nécessité.

13. Néanmoins, l'arrêt n'encourt pas la censure, dès lors qu'il n'a tiré aucune conséquence de l'erreur qu'il avait relevée à tort.

14. Ainsi, les griefs ne sont pas fondés. »

624.03 **Bibliographie indicative.**

Encyclopédie. J.-Cl. P. pén., art. LO 630, fasc. 20, par D. Guérin et A. Borzeix.

Ouvrages. Ph. Belloir, *La question prioritaire de constitutionnalité*, « La justice au quotidien », L'Harmattan, 2012 – Ch. Courtin (dir), *La QPC et la matière pénale*, Bruylant, 2013 – Ch. Maugié et J.-H. Stahl, *La question prioritaire de constitutionnalité*, 3e éd., « Connaissance du droit », Dalloz, 2017.

Articles. H.-F. Akandji-Kombé, « QPC versus question préjudicielle à la CJUE », *JCP* 2010. 563 – M. Bouchet et J.-B. Perrier « Réflexions communes sur la QPC en matière pénale », *Dr. pénal* 2020, étude 31 – A. Cappello, « L'impact de la QPC sur le droit pénal substantiel », *AJ pénal* 2018. 388 – P. Cassia, « Premières QPC devant la Cour de cassation », *JCP* 2010. Aperçu rapide 370 – P. Cassia et E. Saulnier-Cassia, « Imbroglio autour de la question prioritaire de constitutionnalité (QPC) », *D.* 2010. Chron. 1234 – Ph. Conte, « La question prioritaire de constitutionnalité et le petit bricoleur... », *Dr. pénal* 2013. Ét. 8 – H. Croze, « La question prioritaire de constitutionnalité : aspects procéduraux », *JCP* 2010. 269 ; *Procédures* 2010. Ét. 2 – D. de Béchillon, « La question de constitutionnalité peut-elle être prioritaire ? », *JCP* 2010. Libres propos 550 – B. de Lamy, « La question prioritaire de constitutionnalité : une nouveauté... lourde et inachevée », *RSC* 2010. 201 – G. Drago, « Vers la question prioritaire de constitutionnalité. Une Constitution proche du citoyen », *JCP* 2010. 2 – P. Fombeur, « Question prioritaire de constitutionnalité, droit constitutionnel et droit de l'Union européenne », *D.* 2010. Chron. 1229 – C. Huglo, « À propos de la question prioritaire de constitutionnalité : de nouvelles obligations aussi exigeantes qu'exaltantes », *LPA* 25 janv. 2010 – P. Jan, « La question prioritaire de constitutionnalité », *LPA* 18 déc. 2009, p. 6 – G. Lucazeau, « Constitution, convention ou traité. La "guerre des trois" aura-t-elle lieu ? », *JCP* 2010. Aperçu rapide 716 – B. Mathieu, « Le Conseil constitutionnel se prépare à recevoir les premières questions prioritaires de constitutionnalité. À propos du nouveau règlement du Conseil constitutionnel », *JCP* 2010. Actu. 238 ; « La question prioritaire de constitutionnalité : une nouvelle voie de droit. À propos de la loi organique du 10 décembre 2009 et de la décision du Conseil constitutionnel n° 2009-595 DC », *JCP* 2009. Doctr. 609 ; « Les débuts prometteurs de la question prioritaire de constitutionnalité devant le Conseil d'État », *JCP* 2010. Aperçu rapide 465 ; « La Cour de cassation tente de faire invalider la question prioritaire de constitutionnalité par la Cour de Luxembourg », *JCP* 2010. Libres propos 464 ; « La guerre des juges n'aura pas lieu. À propos de la décision n° 2010-605 DC du Conseil constitutionnel », *JCP* 2010. 576 ; – P. Mathonnet, « La QPC en matière pénale dispose-t-elle encore d'un effet utile ? » *AJ pénal* 2018. 394, J.-B. Perrier, « L'avocat face à la question prioritaire de Constitutionnalité », *AJ pénal* 2010. Pratiques 122 – S. de la Rosa, « L'article 6, § 1 de la convention européenne, le Conseil constitutionnel et la question préjudicielle de constitutionnalité », *RFDC* 2009. 817, dossier spécial, M. Verpeaux (dir.), *JCP* 2008. Études 169 à 178 – V. Tellier-Cayrol, « La constitutionnalisation de la procédure pénale », *AJ pénal* 2011. 283.

SECTION 1
PRINCIPES

624.11 **Évolution.** Pendant longtemps, les juges, qu'ils soient civils ou répressifs, n'avaient aucun pouvoir en matière de constitutionnalité des lois. Ils étaient tenus d'appliquer la loi en toutes ses dispositions, sans pouvoir en apprécier la constitutionnalité[1]. La donne n'a changé qu'au XXIe siècle. La France n'avait en effet connu, dans son histoire, qu'un seul mode de contrôle de constitutionnalité : par voie d'action. C'est ce que permettait la Constitution de la Ve République en rendant obligatoire la saisine du Conseil constitutionnel pour les lois organiques et les règlements des assemblées parlementaires, tandis que le Conseil n'était saisi que de manière facultative pour les lois ordinaires et les engagements internationaux. La voie d'action n'était ouverte qu'à certaines autorités politiques.

624.12 **Loi constitutionnelle du 23 juillet 2008.** La loi constitutionnelle du 23 juillet 2008[2] a introduit dans la Constitution du 4 octobre 1958 un article 61-1 dont le premier alinéa dispose que : « Lorsque, à l'occasion d'une instance en cours devant une juridiction, il est soutenu qu'une dispo-

1. Crim. 24 juill. 1946, P n° 170 – Crim. 17 juill. 1947, P n° 182 – Crim. 26 févr. 1974, n° 72-93.438, P n° 82 – Crim. 21 janv. 1985, n° 84-93.787, P n° 31 – Crim. 18 nov. 1985, n° 84-90.152, P n° 359 – Crim. 7 mai 1987, n° 87-80.822, P n° 186 – Crim. 12 juin 1989, n°s 87-85.197, 88-87.389, 88-83.448, 3 esp., P n° 251 – Crim. 20 déc. 1994, n° 93-80.267, P n° 424.
2. L. n° 2008-724, 23 juill. 2008 de modernisation des institutions de la Ve République, *JO* 24 juill., p. 11890.

sition législative porte atteinte aux droits et libertés que la Constitution garantit, le Conseil constitutionnel peut être saisi de cette question sur renvoi du Conseil d'État ou de la Cour de cassation qui se prononce dans un délai déterminé. »

La grande nouveauté est donc que la loi constitutionnelle du 23 juillet 2008 ouvre un *droit nouveau au bénéfice des justiciables*, en permettant que le Conseil constitutionnel puisse être saisi, à l'occasion des procès intentés devant les juridictions administratives et judiciaires, de la conformité aux droits et libertés constitutionnellement garantis de dispositions législatives déjà promulguées.

624.13 La loi organique du 10 décembre 2009. Relatives à l'application de l'article 61-1 de la Constitution, les dispositions de la loi du 10 décembre 2009 [1] sont entrées en vigueur le 1er mars 2010.

Le dispositif a été complété par le décret du 16 février 2010 [2] qui précise les règles de procédure devant les différentes juridictions relevant du Conseil d'État et de la Cour de cassation et par un autre décret du même jour qui concerne l'aide juridictionnelle et fixe le montant de la rétribution des auxiliaires de justice prêtant leur concours devant le Conseil d'État, la Cour de cassation et le Conseil constitutionnel. Il peut, à première vue, paraître surprenant de constater que c'est un simple décret qui a posé la base de règles de procédure pénale, alors que la matière relève normalement de la loi en vertu de l'article 34 de la Constitution. Mais la Constitution a donné une habilitation à la loi organique qui a elle-même accordé ce pouvoir au décret. Enfin, le décret du 15 octobre 2010 [3] a tiré les enseignements de la suppression de la formation spéciale de la Cour de cassation.

624.14 Chiffres. D'après son rapport annuel de 2010, la Cour de cassation avait été saisie au 31 décembre 2010, de 537 QPC, dont 305 en matière pénale. Elle en a transmis 122 sur les 424 affaires traitées, dont 99 en matière pénale. La chambre criminelle traite environ 60 % des affaires dont est saisie la Cour [4], ce chiffre étant très fluctuant selon les années (30 % à peine en 2016). En mars 2013, les dispositions censurées depuis le 1er mars 2010, concernaient en majorité le droit pénal ou la procédure pénale (15 décisions sur 66) [5] mais la tendance est à l'équilibre en 2016 : 25 questions ont été renvoyées au Conseil par la chambre criminelle (26 par les autres chambres). En 2013, la Cour de cassation a examiné 333 QPC et 355 en 2014. Le chiffre le plus important avait été atteint en 2011, année où 464 questions ont été examinées, avant qu'un brusque relèvement en 2016 fasse passer le chiffre de 229 (2015) à 476 (2016).

La Cour de cassation a rendu 285 décisions en 2019 (159 en matière pénale), et 282 en 2020 (169 en matière pénale). Sur cette dernière année, 79 % des QPC ont été présentées en incidente à un pourvoi et 21 % ont été transmises par les juridictions [6]. En 2021, la Cour de cassation a rendu 287 décisions dont 170 en matière pénale [7].

624.15 Grands principes. « La procédure de question prioritaire de constitutionnalité fait appel à trois juges successifs, ce qui est beaucoup, peut-être trop », écrit Guillaume Drago [8]. Le législateur a mis en place un système à trois étages, le premier consiste à ce que le moyen tiré de l'inconstitutionnalité soit présenté devant la juridiction devant laquelle il est soulevé, qui procède à un premier filtre avant de saisir la Cour de cassation ou le Conseil d'État [9]. La Haute juridiction concernée réalise un second filtre et, dans le cas où le Conseil constitutionnel est finalement saisi, c'est ce dernier qui se prononce sur la constitutionnalité de la loi.

624.16 Question « prioritaire ». La loi organique du 10 décembre 2009 impose au juge de procéder d'abord à l'examen du moyen de constitu-

1. L. org. n° 2009-1523, 10 déc. 2009 relative à l'application de l'article 61-1 de la Constitution, *JO* 11 déc., p. 21379.
2. Décr. n° 2010-148, 16 févr. 2010 portant application de la loi organique n° 2009-1523 du 10 décembre 2009 relative à l'application de l'article 61-1 de la Constitution, *JO* 18 févr., p. 2969.
3. Décr. n° 2010-1216, 15 oct. 2010 relatif à la procédure d'examen des questions prioritaires de constitutionnalité devant la Cour de cassation, *JO* 16 oct., p. 18572.
4. AUSSI : C. Maugié et J.-H. Stahl, *La question prioritaire de constitutionnalité*, 3e éd., « Connaissance du droit », Dalloz, 2017, p. 76.
5. Cons. const. 30 juill. 2010, nos 2010-14/22 QPC (v. ss nos 615.23, 615.24) – Cons. const. 23 juill. 2010, nos 2010-15/23 QPC (v. ss n° 624.73) – Cons. const. 22 sept. 2010, n° 2010-32 QPC (v. ss nos 615.23, 912.51) – Cons. const. 17 déc. 2010, n° 2010-81 QPC (v. ss n° 624.73) – Cons. const. 1er avr. 2011, n° 2011-112 QPC (v. ss nos 624.75 s.) – Cons. const. 9 sept. 2011, n° 2011-160 QPC – Cons. const. 9 sept. 2011, n° 2011-161 QPC – Cons. const. 16 sept. 2011, n° 2011-163 QPC (v. ss nos 222.52, 222.53, 222.241, 414.72) – Cons. const. 21 oct. 2011, n° 2011-190 QPC (v. ss nos 222.181, 222.193, 733.53) – Cons. const. 18 nov. 2011, n° 2011-191 QPC (v. ss n° 615.163) – Cons. Const. 17 févr. 2012, n° 2011-222 QPC (v. ss n° 222.52) – Cons. const. 17 févr. 2012, n° 2011-223 QPC (v. ss n° 615.21) – Cons. const. 6 avr. 2012, nos 2012-228/229 QPC (v. ss n° 615.321) – Cons. const. 4 mai 2012, n° 2012-240 QPC – Cons. const. 23 nov. 2012, n° 2012-284 QPC.
6. Rapport annuel 2020 de la Cour de cassation, livre 4, section 3.
7. Rapport annuel 2021 de la Cour de cassation, p. 259 s.
8. G. Drago, « Vers la question prioritaire de constitutionnalité. Une Constitution proche du citoyen », *JCP* 2010. 2.
9. Seule la Cour de cassation sera présentée dans cette édition.

tionnalité avant de statuer sur toute autre question. Les juridictions du fond doivent examiner la question posée « sans délai ».

624.17 Évolution de la matière pénale. Dans une intéressante étude[1], des auteurs ont décelé les évolutions suivantes :

- un mouvement d'extension des principes constitutionnels du champ pénal, compléments apportés ou créations dans les domaines du droit de se taire, de l'individualisation des peines, de l'exigence de motivation des décisions de justice ;
- le renforcement de l'effectivité de certains principes et particulièrement au regard de la rétroactivité des principes constitutionnels consacrés ;
- aucun nouveau principe n'a toutefois été consacré en dehors de celui de fraternité qui n'est pas propre à la matière pénale.

SECTION 2
PRÉSENTATION DE LA QPC DEVANT LA JURIDICTION SAISIE

624.21 Présentation du moyen tiré de l'inconstitutionnalité d'une loi. Le moyen doit être présenté dans un écrit distinct et motivé[2]. La motivation doit établir que la disposition contestée est applicable au litige ou à la procédure, ou constitue le fondement des poursuites ; dans le cas où la disposition aurait déjà été déclarée conforme à la Constitution dans les motifs et le dispositif d'une décision du Conseil constitutionnel, que les circonstances ont changé ; que la question n'est pas dépourvue de caractère sérieux.

Dans un arrêt du 15 février 2012[3], la chambre criminelle a confirmé un arrêt de cour d'appel ayant rejeté la demande de transmission de la question de constitutionnalité après l'avoir déclarée irrecevable au motif qu'elle avait été présentée après la clôture des débats ; la question de constitutionnalité est un moyen qui suit le régime procédural applicable à la prétention au soutien de laquelle il vient. La question de constitutionnalité, portant sur une disposition procédurale relative aux exceptions de nullité, aurait dû être présentée dans les conditions d'une telle exception, avant toute défense au fond.

624.22 Débat contradictoire. L'article R. 49-25 du code de procédure pénale dispose que : « La juridiction statue sans délai, selon les règles de procédure qui lui sont applicables, sur la transmission de la question prioritaire de constitutionnalité, après que le ministère public et les parties, entendues ou appelées, ont présenté leurs observations sur la question prioritaire de constitutionnalité ».

Le fait que le texte précise que la juridiction statue sans délai, expression utilisée déjà par l'article 23-2[4] de l'ordonnance du 7 novembre 1958, doit être entendu comme exigeant qu'il soit statué dans les meilleurs délais. Le ministère public est donc sollicité à l'audience pour présenter des observations orales ou écrites. Le texte précise que toutefois, la juridiction peut « statuer sans recueillir les observations du ministère public et des parties s'il apparaît de façon certaine, au vu du mémoire distinct, qu'il n'y a pas lieu de transmettre la question prioritaire de constitutionnalité ».

Dans le cas où il apparaît d'évidence à la juridiction qu'il n'y a pas lieu de transmettre la QPC, les réquisitions du ministère public ne sont donc pas obligatoires. On ne voit pas toutefois pourquoi la parole ne lui serait pas donnée. L'alinéa 3 du même texte dispose que : « Dès lors qu'elles sont présentées par écrit, les observations du ministère public et des autres parties doivent figurer dans un écrit distinct et motivé. À défaut, elles ne peuvent être jointes à la décision transmettant la question à la Cour de cassation ».

Le parquet a donc la possibilité de présenter des observations écrites. Il doit alors le faire dans un écrit distinct, cette exigence permettant seule de les joindre à la décision de transmission.

SECTION 3
DÉCISION DE LA JURIDICTION SAISIE DE LA QPC

§ 1
Décision de transmission

624.31 Appréciation de la juridiction pénale : impossibilité de relever d'office un moyen. En cours d'information, c'est la chambre de l'instruction qui doit être saisie de l'exception. Si celle-ci est présentée devant la juridiction correctionnelle, c'est bien entendu cette juridiction, collégiale ou à juge unique qui est compétente pour statuer. Le moyen ne peut être soulevé d'office, mais peut être soulevé pour la première fois en cause d'appel ou devant la Cour de cassation. En revanche, la juridiction doit relever d'office un moyen qui ne serait pas présenté dans un écrit distinct et motivé, tel que l'expose clairement

1. M. Bouchet et J.-B. Perrier « Réflexions communes sur la QPC en matière pénale », *Dr. pénal* 2020, étude 31.
2. Ord. nº 58-1067, 7 nov. 1958, art. 23-1 ; créé par LO nº 2009-1523, 10 déc. 2009, art. 1er.
3. Crim. 15 févr. 2012, nº 11-81.244, P nº 49 ; *D.* 2012. 817.
4. Ord. nº 58-1067, 7 nov. 1958, art. 23-2 ; créé par LO nº 2009-1523, 10 déc. 2009, art. 1er.

l'article R. 49-21, alinéa 2, du code de procédure pénale.

L'absence de possibilité de soulever d'office ce moyen a fait l'objet de critiques doctrinales : « Il y a quand même un paradoxe majeur à empêcher le juge de soulever d'office la question de droit par excellence qui est celle de la constitutionnalité de la loi applicable au litige alors qu'il est conduit, lorsqu'il est saisi, à porter une appréciation sur le bien-fondé de la question ! On ne se résout pas à cette capitis diminutio de la compétence du juge. »[1]

Par ailleurs, selon l'article 23-2[2] de l'ordonnance du 7 novembre 1958, la juridiction doit, lorsqu'elle est saisie de moyens contestant la conformité d'une disposition législative, d'une part, aux droits et libertés garantis par la Constitution et, d'autre part, aux engagements internationaux de la France, se prononcer par priorité sur la transmission de la question de constitutionnalité au Conseil d'État ou à la Cour de cassation.

624.32 **Décision de transmission.** Selon l'article 23-2[3] de l'ordonnance du 7 novembre 1958, la question est transmise : « *si les conditions suivantes sont remplies :*

1° La disposition contestée est applicable au litige ou à la procédure, ou constitue le fondement des poursuites ;

2° Elle n'a pas déjà été déclarée conforme à la Constitution dans les motifs et le dispositif d'une décision du Conseil constitutionnel, sauf changement des circonstances ;

3° La question n'est pas dépourvue de caractère sérieux. »

Ces conditions étant cumulatives, si une seule fait défaut, la juridiction devra prendre une décision de non-transmission.

624.33 **Transmission facultative.** Selon l'article R. 49-26 du code de procédure pénale, « la juridiction n'est pas tenue de transmettre une question prioritaire de constitutionnalité mettant en cause, par les mêmes motifs, une disposition législative dont la Cour de cassation ou le Conseil constitutionnel est déjà saisi. En cas d'absence de transmission pour ce motif, elle sursoit à statuer sur le fond, jusqu'à ce qu'elle soit informée de la décision de la Cour de cassation ou, le cas échéant, du Conseil constitutionnel ».

Il s'agit du seul exemple de transmission facultative. *A priori*, la juridiction placée dans un tel cas devrait choisir de ne pas transmettre. Il n'y a en effet aucun intérêt à cela puisque dans le cas où le Conseil constitutionnel serait saisi par la Cour de cassation ou le Conseil d'État il devrait statuer y compris en cas d'extinction de l'instance à l'occasion de laquelle la question a été posée, et que sa décision a vocation à s'appliquer *erga omnes*[4].

La première vraie difficulté est ici pour la juridiction de connaître « en temps réel », l'état des QPC déjà transmises, soit à la chambre criminelle, soit par celle-ci au Conseil constitutionnel. Il n'y a que des avantages, dans une telle hypothèse à consulter les sites internet ou intranet qui récapitulent les transmissions déjà opérées. La seconde difficulté sera pour la juridiction saisie de s'assurer qu'en cas de question déjà transmise, celle-ci l'a été dans les mêmes termes et concernant le même article. Une différence d'alinéa peut parfois suffire à transmettre une QPC, alors qu'une question très voisine, mais non rigoureusement identique ou non articulée sur les mêmes moyens d'inconstitutionnalité, a déjà été posée. Enfin, la réserve du critère du « changement des circonstances » doit également être posée.

624.34 **Délais.** Il n'existe pas de délai s'agissant de la décision de transmettre ou non la question sinon que la juridiction doit statuer sans délai. En revanche, elle doit être transmise à la Cour de cassation dans les huit jours de son prononcé avec les mémoires ou les conclusions des parties. Elle n'est susceptible d'aucun recours et ne peut être attaquée qu'avec la décision sur le fond. La doctrine a pu critiquer l'absence de tout recours autonome contre une décision de non-transmission.

624.35 **Notification de la décision de transmission.** La décision de transmission est notifiée aux parties et doit comporter les indications de leur possibilité de présenter des observations dans le délai d'un mois devant la Cour de cassation[5].

624.36 **Rétractation du refus.** Le refus de transmettre la question dessaisit la juridiction du moyen tiré de la question prioritaire de constitutionnalité. Toutefois, lorsque ce refus a été exclusivement motivé par la constatation que la disposition législative contestée n'était pas applicable à la procédure en cause ou ne constituait pas le fondement des poursuites, la juridiction peut, si elle entend à l'occasion de l'examen de l'affaire faire application de cette disposition, rétracter ce refus et transmettre la question[6].

624.37 **Absence d'obligation de statuer par une décision distincte.** Par un arrêt du 5 octobre 2021[7],

1. G. Drago, « Vers la question prioritaire de constitutionnalité. Une Constitution proche du citoyen », préc.
2. Ord. n° 58-1067, 7 nov. 1958, art. 23-9 ; créé par LO n° 2009-1523, 10 déc. 2009, art. 1er.
3. Ord. n° 58-1067, 7 nov. 1958, art. 23-9, préc.
4. Ord. n° 58-1067, 7 nov. 1958, art. 23-9, préc.
5. C. pr. pén., art. R. 49-28.
6. C. pr. pén., art. R. 49-27.
7. Crim. 5 oct. 2021, n° 20-85.985, B ; *Dr. pénal* 2021, comm. 193, *ibid.*, 2021, comm. 203.

la chambre criminelle a jugé que ni les articles 23-1 à 23-7 de l'ordonnance n° 58-1067 du 7 novembre 1958 portant loi organique sur le Conseil constitutionnel, ni les articles R. 49-21 à R. 49-29 du Code de procédure pénale ne font obligation à une juridiction saisie d'une question prioritaire de constitutionnalité de se prononcer sur sa transmission à la Cour de cassation par une décision nécessairement distincte de celle rendue au fond. La procédure applicable devant le tribunal correctionnel ne prévoit pas davantage une telle nécessité. C'est donc à tort qu'une cour d'appel a énoncé qu'un tribunal correctionnel avait statué sous une forme irrégulière par un seul et même jugement sur une question préalable de constitutionnalité, une telle décision n'encourt pas la censure dès lors que la cour n'en a tiré aucune conséquence.

§ 2
Sursis à statuer

624.41 **Principe.** La juridiction qui prend la décision de transmettre la question sursoit à statuer jusqu'à la décision de la Cour de cassation, lorsqu'il s'agit d'une décision de non-transmission, du Conseil constitutionnel si la question arrive jusqu'à lui[1]. Le cours de l'instruction n'est pas suspendu et la juridiction peut prendre les mesures provisoires ou conservatoires nécessaires.

624.42 **Exceptions au sursis à statuer.** L'article 23-3[2] de l'ordonnance du 7 novembre 1958, prévoit qu'il n'est sursis à statuer, ni lorsqu'une personne est *privée de liberté à raison de l'instance*, ni lorsque l'instance a pour *objet de mettre fin à une mesure privative de liberté*. La juridiction peut également statuer sans attendre la décision relative à la question prioritaire de constitutionnalité *si la loi ou le règlement prévoit qu'elle statue dans un délai déterminé ou en urgence*. Si la juridiction de première instance statue sans attendre et s'il est formé appel de sa décision, la juridiction d'appel sursoit à statuer. Elle peut toutefois ne pas surseoir si elle est elle-même tenue de se prononcer dans un délai déterminé ou en urgence. En outre, lorsque le sursis à statuer risquerait d'entraîner des conséquences irrémédiables ou manifestement excessives pour les droits d'une partie, la juridiction qui décide de transmettre la question peut statuer sur les points qui doivent être immédiatement tranchés.

624.43 **Cas dans lequel le juge doit surseoir à statuer alors qu'il ne transmet pas la question.** Il s'agit du cas pour lequel le refus de transmettre est motivé par le fait qu'une question identique est pendante devant la Cour de cassation[3].

624.44 **Sursis à statuer : jurisprudence.** La Cour de cassation a fait application de la règle selon laquelle il n'y a pas de sursis à statuer lorsque la question posée concerne une personne qui est placée en détention provisoire. Une chambre de l'instruction saisie n'avait pas immédiatement statué sur la question mais avait statué dans un premier temps sur la détention.

La chambre criminelle rappelle que si, lorsque la question est transmise, il n'est pas sursis à statuer jusqu'à réception de la question par la Cour de cassation ou, s'il a été saisi, du Conseil constitutionnel, quand l'instance a pour objet de mettre fin à une mesure privative de liberté, il appartient cependant à la chambre de l'instruction de statuer sur la transmission de la question prioritaire de constitutionnalité *par priorité et sans délai*[4].

Dans le cas où le Conseil constitutionnel, saisi par la Cour de cassation, donne raison par la suite au demandeur, « ni cette disposition ni l'autorité de la chose jugée ne sauraient priver le justiciable de la faculté d'introduire une nouvelle instance pour qu'il puisse être tenu compte de la décision du Conseil constitutionnel »[5]. Il reste au demandeur à réitérer sa demande, la question ayant désormais été tranchée par le Conseil.

SECTION 4
QPC DEVANT LA COUR DE CASSATION

624.51 **Procédure devant la Cour de cassation.** La Cour doit se prononcer sur le renvoi de la question prioritaire de constitutionnalité au Conseil constitutionnel dans un délai de trois mois. La question est transmise au Conseil constitutionnel si le Conseil d'État ou la Cour de cassation ne s'est pas prononcé dans les trois mois. Lorsque le moyen est présenté pour la première fois devant la Cour de cassation, le délai est de trois mois à compter de la présentation[6] du moyen[7]. La question est soumise à un débat contradictoire écrit. Dans les premiers

1. Ord. n° 58-1067, 7 nov. 1958, art. 23-3, préc.
2. Ord. n° 58-1067, 7 nov. 1958, art. 23-3, préc.
3. V. s^{s} n° 624.33.
4. Crim. 2 sept. 2010, n° 10-84.027, P n° 128 ; *D.* 2011. 124, Chron. L. Lazerges-Cousquer, A. Leprieur et E. Degorce ; *AJ pénal* 2010. 556, obs. J.-B. Perrier.
5. C. Mauguié et J.-H. Stahl, *La question prioritaire de constitutionnalité*, 3e éd., « Connaissance du droit », Dalloz, 2017, p. 136.
6. Crim. 19 mars 2010, n° 09-81.027, NP, *D.* 2010. 830, obs. S. Lavric ; *RSC* 2010. 640, obs. J. Francillon ; *Dr. pénal* 2010, n° 64, note M. Véron.
7. Ord. n° 58-1067, 7 nov. 1958, art. 23-5 ; créé par LO n° 2009-1523, 10 déc. 2009, art. 1er.

temps, les QPC ont été confiées à une formation spécialisée de la Cour nommée « formation de constitutionnalité », puis l'article 23-6 de la loi organique a été abrogé par la loi organique du 22 juillet 2010[1] et c'est désormais la chambre compétente de la Cour qui les prend en charge[2].

Dans le cas d'une question prioritaire de constitutionnalité portant sur la loi relative à l'aide juridique, le point de départ du délai d'un mois dans lequel elle pouvait être posée est fixé à la date de la signature par le requérant de l'avis de réception de la décision de rejet de son recours contre la décision du bureau d'aide juridictionnelle ayant refusé de lui accorder l'aide juridictionnelle. En effet, d'une part, la disposition contestée n'était pas applicable au litige à la date du pourvoi, ni dans le mois qui a suivi. D'autre part, la question ne pouvait être posée ni devant le bureau d'aide juridictionnelle, ni devant le premier président statuant sur recours, qui ne sont pas des juridictions relevant de la Cour de cassation[3].

624.52 Transmission. La Cour de cassation doit transmettre dès lors que les conditions prévues aux 1° et 2° de l'article 23-2 sont remplies et que la question est nouvelle ou présente un caractère sérieux[4]. Les 1° et 2° de l'article 23-2 concernent les conditions de transmission par la juridiction du premier degré à la Cour de cassation :

1° La disposition contestée est applicable au litige ou à la procédure, ou constitue le fondement des poursuites ; lorsque ce n'est pas une disposition législative qui est critiquée, mais son absence, il n'y a pas lieu de transmettre la question au Conseil constitutionnel[5] ;

2° Elle n'a pas déjà été déclarée conforme à la Constitution dans les motifs et le dispositif d'une décision du Conseil constitutionnel, sauf changement des circonstances ;

Le 3° du même article n'est pas repris alors qu'il supposait que la question n'était pas dépourvue de caractère sérieux. Toutefois le texte relatif à la transmission par la Cour de cassation ou le Conseil d'État suppose que le 1° et le 2° soient remplis et que la question soit nouvelle ou présente un caractère sérieux. Selon la décision du Conseil constitutionnel du 3 décembre 2009 : « Le législateur organique a entendu imposer que le Conseil constitutionnel soit saisi de l'interprétation de toute disposition constitutionnelle dont il n'a pas encore eu l'occasion de faire application... Dans les autres cas, il a entendu permettre au Conseil d'État à la Cour de cassation d'apprécier l'intérêt de saisir le Conseil constitutionnel en fonction de ce critère alternatif. »

La Cour de cassation sursoit à statuer jusqu'à la décision du Conseil constitutionnel, sauf quand l'intéressé est privé de liberté à raison de l'instance et que la loi prévoit que la Cour de cassation statue dans un délai déterminé. Il peut n'être pas sursis à statuer si la Cour de cassation est tenue de se prononcer en urgence[6].

Cette jurisprudence a été encore répétée : si l'article 23-5, alinéa 4, de l'ordonnance n° 58-1067 du 7 novembre 1958 portant loi organique sur le Conseil constitutionnel dispose que lorsque le Conseil constitutionnel a été saisi, le Conseil d'État ou la Cour de cassation sursoit à statuer jusqu'à ce qu'il se soit prononcé, il en va autrement quand l'intéressé est privé de liberté à raison de l'instance et que la loi prévoit que la Cour de cassation statue dans un délai déterminé[7].

N'est pas nouvelle une question invoquant le respect du secret professionnel en cours de procès, car ce respect ne constitue pas un principe ou un droit garanti par la Constitution[8].

624.53 Engagements internationaux et droit constitutionnel. La décision rendue par la Cour de cassation le 16 avril 2010 a soulevé une polémique. La Haute juridiction a en effet interrogé la Cour de Justice de l'Union européenne sur l'articulation entre le contrôle de constitutionnalité et le droit de l'Union européenne. La loi organique du 10 décembre 2009 impose en effet au juge de transmettre au Conseil constitutionnel la question de constitutionnalité avant de se prononcer sur la conformité du texte avec les engagements internationaux de la France. Or, la Cour de justice des Communautés européennes a rendu des décisions où elle affirme que le juge national doit procéder « de *sa propre autorité et sans délai* » à l'application du droit communautaire[9] Il s'agissait en fait de vérifier que le juge peut toujours saisir la Cour de Justice de l'Union en interprétation des principes fondamentaux du droit même si le Conseil constitutionnel, saisi d'une exception préjudicielle, a validé le texte en cause[10]. La doctrine a été très divisée, entre ceux qui ont considéré que l'argu-

1. LO n° 2010-830, 22 juill. 2010 relative à l'application de l'article 65 de la Constitution, *JO* 23 juill., p. 13562.
2. Pour plus de précisions, v. s[s] n° 624.02.
3. Crim. 15 sept. 2020, n° 19-86.763, P ; *JCP* 2020. 1141.
4. Ord. n° 58-1067, 7 nov. 1958, art. 23-4.
5. Civ. 1re, 16 nov. 2010, n° 10-60.366, NP, *D.* 2010. 2916.
6. Ord. n° 58-1067, 7 nov. 1958, art. 23-5.
7. Crim. 26 mai 2020, n° 20-81.971 ; *Dr. pénal* n° 7-8, juill. 2020, comm. 149, A. Maron et M. Haas.
8. Com. 13 avr. 2012, n° 12-40.009, P IV, n° 83.
9. CJCE 9 mars 1978, *Simmenthal*, aff. C-106/77.
10. Crim. 16 avr. 2010, n° 10-40.002, NP, *D.* 2010. 1254, note A. Levade ; *Dr. pénal* 2010, n° 77, note A. Maron et M. Haas – NOT. : J.-P. Dintilhac, P. Sargos et J.-F. Weber, « Le droit européen est-il soluble dans la question prioritaire de constitutionnalité ? », *Le Monde.fr* 11 mai 2010.

mentation utilisée par la Cour de cassation « *laisse pantois* »[1], et ceux qui ont vu dans cette décision « non comme une volonté d'obstruction à la réforme constitutionnelle mais comme une manifestation réitérée d'intégration de nos institutions et de l'ordre juridique de l'Union européenne »[2].

Le Conseil constitutionnel a répondu dans une décision du 12 mai 2010[3] en rappelant qu'il ne contrôle pas la compatibilité des lois avec les engagements internationaux de la France. Il rappelle que l'article 62 de la Constitution « ne limite pas la compétence des juridictions administratives et judiciaires pour faire prévaloir ces engagements sur une disposition législative incompatible avec eux, même lorsque cette dernière a été déclarée conforme à la Constitution ». Finalement, la CJCE a rendu le 22 juin 2010 sa décision : la procédure incidente de contrôle de constitutionnalité prioritaire d'une loi instaurée par un État membre de l'Union n'est pas conforme au traité si cette procédure a pour conséquence d'empêcher les juridictions nationales de satisfaire à leur obligation de saisir la Cour de Justice de questions préjudicielles. La Cour de cassation en a tiré comme conséquence que lorsqu'un litige met en jeu la conformité d'une disposition avec le droit européen, elle doit, pour sauvegarder l'application du droit européen, *d'abord se prononcer sur cette conformité, soit en renvoyant une question préjudicielle soit en la tranchant elle-même*[4]. En conséquence, la *question prioritaire de constitutionnalité passe en ce cas, après le droit communautaire.*

La chambre criminelle a jugé qu'est irrecevable la question prioritaire de constitutionnalité portant sur une disposition législative pour laquelle il n'existe pas d'interprétation jurisprudentielle constante de la Cour de cassation[5]. Elle a toutefois, dans les cas d'espèce jugés le 26 mai 2020, déclarés recevables les demandes et les a transmises en estimant qu'il existait une question sérieuse eu égard à l'atteinte qui pourrait être portée à la liberté individuelle, l'article 11 de la loi du 23 mars 2020 pourrait ne pas préciser suffisamment les modalités de l'intervention du juge judiciaire lors de l'allongement des délais de détention[6].

624.54 Engagements internationaux et transmission de QPC. Dans sa décision du 2 octobre 2020[7] sur les conditions indignes de détention, le Conseil a également jugé que le juge appelé à se prononcer sur le caractère sérieux d'une question prioritaire de constitutionnalité ne peut, pour réfuter ce caractère sérieux, *se fonder sur l'interprétation de la disposition législative contestée qu'impose sa conformité aux engagements internationaux de la France, que cette interprétation soit formée simultanément à la décision qu'il rend ou l'ait été auparavant.* Il n'appartient pas non plus au Conseil constitutionnel saisi d'une telle question prioritaire de constitutionnalité de tenir compte de cette interprétation pour conclure à la conformité aux droits et libertés que la Constitution garantit. Il n'est donc pas possible pour la Cour de cassation de refuser une transmission sur le seul motif que sa jurisprudence est conforme, par exemple, à la Convention européenne des droits de l'homme.

À la suite de cette décision, la Cour de cassation a fait application de ce dernier principe à l'article 16-1 de l'ordonnance n° 2020-303 du 25 mars 2020 résultant de la loi du 11 mai 2020 de prorogation de l'état d'urgence sanitaire, qui prévoit la prolongation de plein droit de la détention provisoire[8].

SECTION 5
QPC DEVANT LE CONSEIL CONSTITUTIONNEL

624.61 Procédure devant le Conseil constitutionnel. Bien que le problème de la recevabilité ne soit pas forcément exclu, c'est la question de fond qui sera débattue devant le Conseil constitutionnel, seul habilité à la traiter. La procédure est contradictoire[9] et les parties présentent leurs observations. Le secrétariat général du Conseil les avise de la date à

1. G. Carcassonne et N. Molfessis, « La Cour de cassation à l'assaut de la question prioritaire », *Le Monde* 22 avr. 2010.
2. Note A. Maron et M. Haas, *Dr. pénal* 2010, n° 77 – AUSSI : P. Cassia et E. Saulnier-Cassia, « Imbroglio autour de la question prioritaire de constitutionnalité (QPC) », *D.* 2010. Chron. 1234.
3. Cons. const. 12 mai 2010, n° 2010-605 DC, art. conformes 1er, 26, 47 et 48 de la loi, *loi relative à l'ouverture à la concurrence et à la régulation du secteur des jeux d'argent et de hasard en ligne*, CONFORMITÉ, *JO* 13 mai, p. 8897 ; *AJDA* 2010. 1048 ; *D.* 2010. 1321, note A. Levade ; *D.* 2010. 1229, chron. P. Fombeur ; *D.* 2010. 1234, chron. P. Cassia et E. Saulnier-Cassia ; *D.* 2010. 1495, chron. V. Lasserre-Kiesow et P. Le More ; *RFDA* 2010. 458, note P. Gaïa ; *Constitutions* 2010. 363, obs. A.-M. Le Pourhiet ; *Constitutions* 2010. 387, obs. A. Levade ; *Rev. crit. DIP* 2011. 1, étude D. Simon ; *RTD civ.* 2010. 499, obs. P. Deumier.
4. Cass., ass. plén., 29 juin 2010, n° 10-40.001, *Melki et Abdeli*, NP, *D.* 2010. 1254, note A. Levade ; *D.* 2010. 1229, Chron. P. Fombeur ; *D.* 2010. 1234, Chron. P. Cassia et E. Saulnier-Cassia ; *D.* 2010. 1336, entretien P. Sargos ; *RSC* 2011. 466, Chron. B. Aubert.
5. Crim. 27 juin 2018, n° 18-80.684 – Crim. 16 janv. 2019, n° 18-81.040 Crim. 19 févr. 2019, n° 18-86.428.
6. Crim. 26 mai 2020 ; *Procédures* n° 7, juill. 2020, comm. 132.
7. Cons. Const., 2 oct. 2020, *JO* 3 oct., n° 106 – V. aussi s[s] n° 624.74.
8. Crim. 3 nov. 2020, n° 20-83.189, NP. *Dr. pénal* 2021, comm. 66.
9. Ord. n° 58-1067, 7 nov. 1958, art. 23-10.

laquelle elles peuvent présenter des observations écrites et produire des pièces au soutien de celles-ci[1]. Le Conseil constitutionnel doit statuer dans les trois mois de sa saisine et il est prévu une audience publique sauf cas exceptionnels. Le Conseil constitutionnel a également appliqué en matière de QPC la procédure qui consiste à demander au secrétaire général du Gouvernement de produire ses observations lorsqu'il estime qu'il est susceptible de soulever d'office un moyen d'inconstitutionnalité[2].

624.62 Décision et effets. La décision qui doit être motivée constate la constitutionnalité ou l'inconstitutionnalité de la disposition législative soumise[3]. Selon l'article 62, alinéa 2, de la Constitution : « Une disposition déclarée inconstitutionnelle sur le fondement de l'article 61-1 est abrogée à compter de la publication de la décision du Conseil constitutionnel ou d'une date ultérieure fixée par cette décision. Le Conseil constitutionnel détermine les conditions et limites dans lesquelles les effets que la disposition a produits sont susceptibles d'être remis en cause. »

Par principe, la disposition reconnue inconstitutionnelle ne peut plus produire dans l'avenir aucun effet mais le Conseil peut aussi déterminer « les conditions et limites dans lesquelles les effets que la disposition a produits sont susceptibles d'être remis en cause », c'est-à-dire déterminer, par exemple, que les décisions s'étant fondées sur la disposition déclarées inconstitutionnelles, ne doivent plus être mises à exécution. Les décisions du Conseil constitutionnel ne sont susceptibles d'aucun recours. Elles s'imposent aux pouvoirs publics et à toutes les autorités administratives et juridictionnelles (Const., art. 62).

624.63 Extinction de l'instance au cours de laquelle la question avait été posée. L'article 23-9 de l'ordonnance du 7 novembre 1958 dispose que : « Lorsque le Conseil constitutionnel a été saisi de la question prioritaire de constitutionnalité, l'extinction, pour quelque cause que ce soit, de l'instance à l'occasion de laquelle la question a été posée est sans conséquence sur l'examen de la question. »

624.64 QPC et ordonnance non ratifiée. Le 28 mai 2020, le Conseil constitutionnel a rendu une décision dont il résulte que les articles d'une ordonnance non ratifiée sont considérés comme des dispositions législatives à compter de l'expiration du délai d'habilitation dès lors que le projet de loi de ratification a été déposé et qu'elles interviennent dans une matière législative[4]. Le Conseil effectue là un revirement par rapport à la solution donnée en 2011[5]. En l'espèce, la QPC portait sur l'article L. 311-5 du Code de l'énergie, dans sa rédaction issue d'une ordonnance n° 2011-504 du 9 mai 2011 ratifiée par le Parlement et en vigueur jusqu'au 18 août 2015. Cette décision a fait l'objet de rudes critiques, la doctrine évoquant parfois une « une interprétation *contra constitutionem* »[6].

Par une décision du 3 juillet 2020[7] le Conseil constitutionnel déclare conformes à la Constitution des dispositions d'habilitation de la loi du 23 mars 2020 d'urgence pour faire face à l'épidémie de Covid-19 mais juge qu'elles ne pouvaient dispenser le gouvernement de respecter les exigences de l'article 66 de la Constitution s'agissant notamment de l'intervention du juge judiciaire en cas de prolongation d'une détention provisoire. Il était notamment reproché à ces dispositions de méconnaître les exigences découlant de l'article 66 de la Constitution ainsi que les droits de la défense en permettant aux ordonnances prises sur le fondement de cette loi d'habilitation de prévoir une prolongation automatique de tous les titres de détention provisoire venant à expiration durant la période d'état d'urgence sanitaire, sans que cette prolongation soit subordonnée à l'intervention d'un juge. Les QPC portant sur la loi d'habilitation et non sur l'article 16 de l'ordonnance, le Conseil conclut à l'absence d'inconstitutionnalité de la disposition législative contestée.

Le Conseil constitutionnel juge que, si les dispositions d'une ordonnance acquièrent valeur législative à compter de la signature lorsqu'elles sont ratifiées par le législateur, elles doivent être regardées, dès l'expiration du délai de l'habilitation et dans les

1. Cons. const. 4 févr. 2010, n° 2010-601 DC, art. conformes 1er, 11, 12 et 32 de la loi, *loi relative à l'entreprise publique La Poste et aux activités postales*, CONFORMITÉ, *JO* 18 févr., p. 2986.
2. Cons. const. 30 mars 2012, n° 2012-227 QPC, art., sous réserve, 26-4 C. civ. (rédaction de la loi du 24 juillet 2006), conforme 21-2 C. civ. (rédaction de la loi du 16 mars 1998), *conditions de contestation par le procureur de la République de l'acquisition de la nationalité par mariage*, CONFORMITÉ – RÉSERVE, *JO* 31 mars, p. 5918 ; *Rec.*, p. 175 ; *D.* 2013. 324, obs. O. Boskovic, S. Corneloup, F. Jault-Seseke, N. Joubert et K. Parrot ; *D.* 2013. 1584, obs. N. Jacquinot et A. Mangiavillano ; *Dr. fam.* 2012. Alerte 25, obs. M. Lamarche ; *AJ fam.* 2012. 350, obs. F. Chénedé ; *Rev. crit. DIP* 2012. 560, note P. Lagarde ; *RTD civ.* 2012. 294, obs. J. Hauser.
3. Ord. n° 58-1067, art. 23-11.
4. Cons. const. 28 mai 2020, n° 2020-843 QPC *JCP G* 2020, act. 718, obs. P.-E. Lagraulet. *JCP G* 2020, act. 796, obs. J. Padovani ; *JCP G* 2020. 779, notre CRIT. Anne Levade.
5. Déc., 10 févr. 2012, n° 2011-219 QPC, énonçant que « l'ordonnance n'ayant « pas été ratifiée (...) les dispositions (...) ne revêtent pas le caractère de dispositions législatives au sens de l'article 61-1 de la Constitution ».
6. A. Levade, art. cit.
7. Cons. const. 3 juill. 2020, n° 2020-851/852-QPC *JCP* 2020. 915, Aperçu rapide par Anne Levade.

matières qui sont du domaine législatif, comme des dispositions législatives au sens de l'article 61-1 de la Constitution. Leur conformité aux droits et libertés que la Constitution garantit peut donc être contestée par une question prioritaire de constitutionnalité.

SECTION 6
ÉLÉMENTS DE JURISPRUDENCE

624.71 **Première décision.** Elle ne sera indiquée qu'à titre d'information puisque la première décision d'inconstitutionnalité ne fut pas rendue en matière pénale : le 28 mai 2010, le Conseil constitutionnel, saisi d'une question prioritaire de constitutionnalité renvoyée par le Conseil d'État, a déclaré contraire au principe d'égalité le mécanisme de « cristallisation » des pensions militaires de retraite[1].

Par ailleurs un certain nombre de références sont indiquées dans les différents titres de ce guide à propos des dispositions qu'elles concernent.

624.72 **Régime de garde à vue.** Parmi les nombreuses décisions rendues par la suite par le Conseil constitutionnel, il faut bien entendu citer celle du 30 juillet 2010 : le Conseil constitutionnel y déclare les articles 62, 63, 63 1, 63-4, alinéas 1er à 6, et 77 du code de procédure pénale comme contraires à la Constitution puisqu'ils « n'instituent pas les garanties appropriées à l'utilisation qui est faite de la garde à vue compte tenu des évolutions précédemment rappelées ; qu'ainsi, la conciliation entre, d'une part, la prévention des atteintes à l'ordre public et la recherche des auteurs d'infractions et, d'autre part, l'exercice des libertés constitutionnellement garanties ne peut plus être regardée comme équilibrée ; que, par suite, ces dispositions méconnaissent les articles 9 et 16 de la Déclaration de 1789 ».

Mais le Conseil devait aussi estimer que : « Si, en principe, une déclaration d'inconstitutionnalité doit bénéficier à la partie qui a présenté la question prioritaire de constitutionnalité, l'abrogation immédiate des dispositions contestées méconnaîtrait les objectifs de prévention des atteintes à l'ordre public et de recherche des auteurs d'infractions et entraînerait des conséquences manifestement excessives ; qu'il y a lieu, dès lors, de reporter au 1er juillet 2011 la date de cette abrogation afin de permettre au législateur de remédier à cette inconstitutionnalité ; que les mesures prises avant cette date en application des dispositions déclarées contraires à la Constitution ne peuvent être contestées sur le fondement de cette inconstitutionnalité. »[2]

On sait que la chambre criminelle devait prendre une position identique dans ses arrêts du 19 octobre 2010, mais que l'Assemblée plénière devait revenir à une application immédiate de la CEDH dans ses décisions du 15 avril 2011.

624.73 **Autres décisions importantes en matière pénale.** D'autres décisions importantes sont intervenues. Ainsi, les dispositions de l'article 575 du code de procédure pénale ont été considérées comme contraires à la Constitution (art. 6 et 16)[3]. Cet article prévoyait, sauf les exceptions qu'il énumérait que la partie civile ne pouvait se pourvoir en cassation contre un arrêt de la chambre de l'instruction en l'absence de pourvoi du ministère public.

Le Conseil constitutionnel estime que cet article avait pour effet de priver la partie civile de la possibilité de faire censurer, par la Cour de cassation, la violation de la loi par les arrêts de la chambre de l'instruction, privant ainsi une partie de l'exercice effectif des droits qui lui sont garantis par le code de procédure pénale devant la juridiction d'instruction et apportant une restriction injustifiée aux droits de la défense.

Dans sa décision, le Conseil constitutionnel indique que cette abrogation est applicable à toutes les instructions préparatoires auxquelles il n'a pas été mis fin par une décision définitive à la date de

1. Cons. const. 28 mai 2010, n° 2010-1 QPC, art. non conformes 26 de la loi de finances rectificative pour 1981, 68 de la loi de finances rectificative pour 2002 (à l'exception du paragraphe VII) 100 de la loi de finances pour 2007 (à l'exception du paragraphe V), *cristallisation des pensions*, NON-CONFORMITÉ TOTALE – EFFET DIFFÉRÉ, *JO* 29 mai, p. 9728 ; *Rec.*, p. 91 ; *AJDA* 2010. 1051 ; *AJDA* 2010. 1606, note O. Dord ; *D.* 2010. 1354, obs. S. Lavric ; *D.* 2010. 2868, obs. O. Boskovic, S. Corneloup, F. Jault-Seseke, N. Joubert et K. Parrot ; *D.* 2011. 1713, obs. V. Bernaud et L. Gay ; *RFDA* 2010. 717, note D. Katz ; *RDSS* 2010. 1061, étude L. Gay ; *Constitutions* 2010. 390, obs. A. Levade ; *Constitutions* 2010. 441, obs. S. Slama ; *RTD civ.* 2010. 517, obs. P. Puig ; – A. Levade, « QPC 1, 2 et 3 : Le Conseil d'État joue le jeu du renvoi », *D.* 2010. 1061 ; *D. actu.* 16 avr. 2010, obs. Brondel ; *AJDA* 2010. 1018, concl. A. Courrèges ; *D.* 2010. 1354, obs. S. Lavric ; *D.* 2010. 2868, obs. O. Boskovic, S. Corneloup, F. Jault-Seseke, N. Joubert et K. Parrot ; *D.* 2011. 1713, obs. V. Bernaud et L. Gay.

2. Cons. const. 30 juill. 2010, nos 2010-14/22 QPC, art. non conformes 62, 63, 63-1, 63-4, al. 1 à 6, 77 C. pr. pén., *garde à vue*, NON-CONFORMITÉ PARTIELLE – EFFET DIFFÉRÉ, *JO* 31 juill., p. 14198 ; *Rec.*, p. 179 ; *D.* 2010. 1928, entretien C. Charrière-Bournazel ; *D.* 2010. 1949, point de vue P. Cassia ; *D.* 2010. 2254, obs. J. Pradel ; *D.* 2010. 2696, entretien Y. Mayaud ; *D.* 2010. 2783, Chron. J. Pradel ; *D.* 2011. 1713, obs. V. Bernaud et L. Gay ; *AJ pénal* 2010. 470, ét. J.-B. Perrier ; *RSC* 2011. 139, obs. A. Giudicelli ; *RSC* 2011. 165, obs. B. de Lamy ; *RSC* 2011. 193, Chron. C. Lazerges (aussi : v. ss n° 615.23).

3. Constitution, art. 6 et 16.

publication de la décision du Conseil constitutionnel[1].

Le Conseil constitutionnel a par ailleurs mis fin à la possibilité que la chambre de l'instruction se réserve le contentieux d'une mesure coercitive, principalement de la détention provisoire, en déclarant contraire à la constitution les deuxième et troisième phrases du premier alinéa de l'article 207 du code de procédure pénale[2]. Il a émis par ailleurs un certain nombre de réserves d'interprétation relative à l'obligation de présenter dans les vingt heures une personne qui a été gardée à vue lorsqu'elle est présentée à une juridiction disposant de locaux aménagés pour la nuit[3], sur l'impossibilité pour le ministère public qui dresse le procès-verbal d'interpellation de l'article 393 du code de procédure pénale, de recevoir les explications de la personne sur les faits lorsqu'elle n'est pas assistée d'un avocat[4]...

Parmi les dernières décisions importantes, on relèvera celles concernant les conditions d'application de l'article 62 du code de procédure pénale, relatives à l'audition libre, en date des 18 novembre 2011 et 18 juin 2012[5], dispositions depuis intégrées par la loi du 27 mai 2014, celle du 9 octobre 2014[6], par laquelle le Conseil, saisi par la chambre criminelle de la Cour de cassation de deux questions prioritaires de constitutionnalité relatives à la conformité aux droits et libertés que la Constitution garantit du 8° *bis* de l'article 706-73 du code de procédure pénale et de son article 706-88 a estimé que ces dispositions, qui ont pour effet de permettre, lors des enquêtes ou des instructions portant sur une escroquerie en bande organisée, la mise en œuvre d'une mesure de garde à vue pouvant durer 96 heures dans les conditions prévues à l'article 706-88, étaient contraires à la Constitution, celle du 18 mars 2015, relative aux conditions d'application de la règle *non bis in idem*... On peut encore évoquer la décision rendue par le Conseil constitutionnel le 2 octobre 2020, en matière de surpopulation carcérale.

624.74 Dignité de la détention. Dans sa décision du 2 octobre 2020[7], le Conseil constitutionnel a jugé, au fond, que si une personne placée en détention provisoire et exposée à des conditions de détention contraires à la dignité de la personne humaine peut saisir le juge administratif en référé, sur le fondement des articles L. 521-2 ou L. 521-3 du code de justice administrative, les mesures que ce juge est susceptible de prononcer dans ce cadre, qui peuvent dépendre de la possibilité pour l'administration de les mettre en œuvre utilement et à très bref délai, ne garantissent pas, en toutes circonstances, qu'il soit mis fin à la détention indigne. Si, en vertu de l'article 148 du code de procédure pénale, la personne placée en détention provisoire peut à tout moment former une demande de mise en liberté, le juge n'est tenu d'y donner suite que dans les cas prévus au second alinéa de l'article 144-1 du même code. Or, il s'agit du cas où la détention provisoire excède une durée raisonnable, au regard de la gravité des faits reprochés et de la complexité des investigations nécessaires à la manifestation de la vérité, et du cas où la détention n'est plus justifiée par l'une des causes énumérées à l'article 144 du même code, qui relèvent toutes des exigences propres à la sauvegarde de l'ordre public ou à la recherche des auteurs d'infractions. Par ailleurs, si l'article 147-1 du même code autorise le juge à ordonner la mise en liberté d'une personne placée en détention provisoire, ce n'est que dans la situation où une expertise médicale établit que cette personne est atteinte

1. Cons. const. 23 juill. 2010, n°s 2010-15/23 QPC, art. non conforme 575 C. pr. pén., NON-CONFORMITÉ TOTALE, *JO* 24 juill., p. 13727 ; *Rec.*, p. 161 ; *D.* 2010. 2686, note C. Lacroix ; *D.* 2010. 2254, obs. J. Pradel ; *RSC* 2011. 188, obs. B. de Lamy ; *D.* 2010. 193, Chron. C. Lazerges.
2. Cons. const. 17 déc. 2010, n° 2010-81 QPC, art. non conforme 207, al. 1 (2e et 3e phrases) C. pr. pén., *détention provisoire : réserve de compétence de la chambre de l'instruction*, NON-CONFORMITÉ PARTIELLE, *JO* 19 déc., p. 22375 ; *Rec.*, p. 412 ; *D.* 2011. 2231, obs. J. Pradel ; *AJ pénal* 2011. 140, obs. L. Ascensi ; *RSC* 2011. 193, Chron. C. Lazerges ; *RSC* 2012. 233, obs. B. de Lamy – RENVOI DE : Crim. 28 sept. 2010, n° 10-90.098 QPC, P n° 2.
3. C. pr. pén., art. 803-3.
4. Cons. const. 6 mai 2011, n° 2011-125 QPC, art. sous réserve 393 C. pr. pén., *déférement devant le procureur de la République*, CONFORMITÉ – RÉSERVE, *JO* 7 mai, p. 7850 ; *Rec.*, p. 218 ; *D.* 2012. 1638, obs. V. Bernaud et N. Jacquinot ; *AJ pénal* 2011. 471, obs. J.-B. Perrier ; *RSC* 2011. 415, obs. J. Danet.
5. Cons. const. 18 nov. 2011, nos 2011-191/194/195/196/197 QPC, art., sous réserve 62, al. 2, conformes 62, al. 1, 63-3-1, al. 3, 63 4, al. 2, 63-4-1 à 63-4-5 du C. pr. pén., *Garde à vue II*, CONFORMITÉ – RÉSERVE, *JO* 19 nov., p. 19480 ; *Rec.*, p. 544 ; *D.* 2011. 3034, note H. Matsopoulou, 3005, point de vue E. Vergès ; *D.* 2012. 1638, obs. V. Bernaud et N. Jacquinot ; *AJ pénal* 2012. 102, obs. J.-B. Perrier ; *RSC* 2012. 185, obs. J. Danet, et 217, obs. B. de Lamy (aussi : v. ss n° 615.163) – Cons. const. 18 juin 2012, n° 2012-257 QPC, sous réserve, art. 78, al. 1, conforme le surplus, C. pr. pén., *convocation et audition par OPJ en enquête préliminaire*, CONFORMITÉ – RÉSERVE, *JO* 19 juin, p. 10181 ; *Rec.*, p. 298 ; *AJ pénal* 2012. 602, obs. J.-B. Perrier ; *Constitutions* 2012. 442, Chron. A. Darsonville ; *RSC* 2013. 441, obs. B. de Lamy, et 842, obs. X. Salvat.
6. Cons. const. 9 oct. 2014, n° 2014-420/421 QPC, art. non conforme 706-73, 8° *bis*, du C. pr. pén., *prolongation exceptionnelle de la garde à vue pour des faits d'escroquerie en bande organisée*, NON-CONFORMITÉ TOTALE – EFFET DIFFÉRÉ – RÉSERVE TRANSITOIRE – NON-LIEU À STATUER, *JO* 12 oct., p. 16578 ; *D.* 2014. 1999 ; *AJ pénal* 2014. 574, note J.-B. Perrier ; *JCP* 2014. 1107 ; *D.* 2014. 1999 ; *D.* 2014. 2278, obs. A. Botton ; *Dr. pénal* 2014, Comm. 142, A. Maron et M. Haas.
7. Cons. const., 2 oct. 2020, *JO* 3 oct., n° 106 – V. aussi ss n° 624.54.

d'une pathologie engageant le pronostic vital ou que son état de santé physique ou mentale est incompatible avec le maintien en détention. Dès lors, aucun recours devant le juge judiciaire ne permet au justiciable d'obtenir qu'il soit mis fin aux atteintes à sa dignité résultant des conditions de sa détention provisoire.

624.75 Interprétation des lois. Il existait une divergence d'appréciation entre les décisions de la Cour de cassation et du Conseil constitutionnel en ce qui concerne l'interprétation d'un texte que fait la chambre criminelle de la Cour de cassation.

La Cour de cassation estimait que lorsque la question posée tendait, en réalité, à contester non la constitutionnalité des dispositions qu'elle visait, mais *l'interprétation qu'en a donnée la Cour de cassation, il n'y avait pas lieu de la transmettre*. Elle n'avait pas de caractère sérieux car elle tendait « en réalité non à contester la constitutionnalité des dispositions législatives qu'elle vise, mais l'interprétation qu'en donne la Cour de cassation »[1]. Cette appréciation a été reprise par les juridictions du fond[2].

Tel ne fut pas la position du Conseil constitutionnel qui estima pour sa part qu'il entrait dans ses compétences de contrôler la conformité à la Constitution de l'interprétation des lois faite par la Cour de cassation[3]. A. Maron et M. Haas ont raison d'affirmer qu'il s'agit là d'une question radicale qui porte sur la nature même du Conseil constitutionnel : « Est-il devenu une Cour suprême, sous le contrôle de laquelle se trouvent désormais le Conseil d'État et la Cour de cassation ou demeure-t-il seulement, comme par le passé, mais avec des compétences certes étendues, le juge de la conformité de la loi à la Constitution ? »

La Cour de cassation s'est finalement inclinée par quatre arrêts de l'Assemblée plénière du 20 mai 2011[4] et admet désormais que sa jurisprudence constante puisse faire l'objet d'un contrôle par le Conseil constitutionnel à l'occasion d'une question prioritaire de constitutionnalité. Le contrôle par voie d'exception ajoute en effet un élément fondamental au contrôle par voie d'action, forcément abstrait puisqu'antérieur à l'application : il intègre l'interprétation que la jurisprudence a déjà pu donner au principe et ainsi, peut conduire le Conseil constitutionnel « à prendre, plus frontalement encore que par la voie des réserves d'interprétation, le contre-pied de la jurisprudence du Conseil d'État ou de la Cour de cassation en censurant une inconstitutionnalité qui ne résiderait pas en propre dans la disposition législative mais bien dans l'interprétation qui en a été donnée par les juridictions »[5]. La Cour de cassation a, par la suite, confirmé sa jurisprudence[6].

624.76 QPC présentée sur un texte postérieur identique. La chambre criminelle a jugé qu'une QPC pouvait être déposée même si les mêmes dispositions avaient été invalidées par une décision antérieure dès lors qu'elles ont été reprises dans une loi postérieure. Ainsi, la QPC dirigée contre l'article 706-71 du code de procédure pénale, dans sa rédaction issue de la loi n° 2019-222 du 23 mars 2019, n'est pas privée d'objet par le fait que ce même article, dans une rédaction antérieure et même si ses dispositions étaient rédigées de manière identique et avaient un objet analogue, a été déclaré contraire à la Constitution par le Conseil constitutionnel dans la décision n° 2019-802 QPC du 20 septembre 2019. En revanche, le caractère sérieux de la QPC dirigée contre la version de 2019 de cet article se déduit nécessairement de la déclaration d'inconsti-

1. PAR EX. à propos de la motivation des arrêts de cour d'assises : Crim. 19 mai 2010, n°s 09-85.445, 09-83.328, 2 esp., P ; *Dr. pénal* 2010, n° 87, 7e et 9e arrêts, note A. Maron et M. Haas – Cass., ass. plén., 31 mai 2010, n° 09-70.716, P ; *D.* 2010. 1351 – PAR LA SUITE : Cons. const. 1er avr. 2011, n° 2011-113/115 QPC, art. conformes 349, 350, 353 et 357 du C. pr. pén., *motivation des arrêts d'assises*, CONFORMITÉ, *JO* 2 avr., p. 5893 ; *Rec.*, p. 173 ; *D.* 2011. 1154, point de vue W. Mastor et B. de Lamy ; *D.* 2011. 1156, point de vue J.-B. Perrier ; *D.* 2011. 1158, Chron. M. Huyette ; *D.* 2012. 1638, obs. V. Bernaud et N. Jacquinot ; *AJ pénal* 2011. 243, obs. J.-B. Perrier ; *RSC* 2011. 423, obs. J. Danet (aussi : v. s^s^ n° 721.23).
2. Versailles, 22 oct. 2010, RG n° 2010/01700, *Dr. pénal* 2011, n° 28, note A. Maron et M. Haas.
3. Cons. const. 6 oct. 2010, n° 2010-39 QPC, art. 365 du C. civ., *adoption au sein d'un couple non marié*, CONFORMITÉ, *JO* 7 oct., p. 18154 ; *Rec.*, p. 264 ; *D.* 2010. 2744, obs. I. Gallmeister, note F. Chénedé ; *D.* 2011. 529, Chron. N. Maziau ; *D.* 2011. 1585, obs. F. Granet-Lambrechts ; *D.* 2011. 1713, obs. V. Bernaud et L. Gay ; *D.* 2011. 2298, obs. B. Mallet-Bricout et N. Reboul-Maupin ; *Dr. pénal* 2010, n° 127, note A. Maron et M. Haas – Cons. const. 14 oct. 2010, n° 2010-52 QPC, art. 1er, non conforme, loi du 30 avril 1941, *imposition due par une société agricole*, NON-CONFORMITÉ TOTALE, *JO* 15 oct., p. 18540 ; *Rec.*, p. 283 ; *D.* 2011. 529, Chron. N. Maziau ; *D.* 2011. 1713, obs. V. Bernaud et L. Gay.
4. Cass., ass. plén., 20 mai 2011, n°s 11-90.042, 11-90.033, 11-90.025, 11-90.032, 4 esp., P n°s 5 à 8 ; *D.* 2011. 1346, obs. A. Lienhard ; *D.* 2011. Point de vue 1426, obs. D. Chagnollaud ; *D.* 2011. Chron. 1775, obs. N. Maziau ; *Rev. Sociétés* 2011. 512, note H. Matsopoulou ; *Gaz. Pal.* 29-31 mai 2011. 7, note Rousseau ; *Gaz. Pal.* 5-7 juin 2011, p. 11, note G. Drago ; *Dr. pénal* 2011, n° 95, note J.-H. Robert ; *JCP* 2011. 670, obs. B. Mathieu ; *Procédures* 2011, n° 242, note A.-S. Chavent-Leclère ; *RSC* 2011. 611, obs. H. Matsopoulou ; *RSC* 2011. 656, note J. Danet.
5. C. Mauguié et J.-H. Stahl, *La question prioritaire de constitutionnalité*, 2e éd., « Connaissance du droit », Dalloz, 2012, p. 226.
6. PAR EX. : Crim. 29 févr. 2012, n° 11-85.377, NP, *Dr. pénal* 2012, n° 48, note M. Véron.

tutionnalité de sa précédente version[1]. Dans sa décision du 30 avril 2020, le Conseil constitutionnel a tenu compte de l'autorité de la chose qu'il avait interprétée en déclarant contraire à la Constitution l'article 706-71 du code de procédure pénale, dans sa rédaction issue de la loi n° 2019-222 du 23 mars 2019 et en renvoyant aux motifs de sa décision n° 2019-802 pour expliquer les raisons pour lesquelles il portait une atteinte excessive aux droits de la défense[2].

624.77 **Question des frais irrépétibles.** Le Conseil constitutionnel a eu à apprécier la constitutionnalité des dispositions des articles 475-1, 618-1, 800-2 du code de procédure pénale relatifs aux sommes pouvant être mises à la charge du prévenu condamné et au profit de la partie civile ou à l'inverse, au profit d'une personne ayant bénéficié d'un non-lieu, d'une relaxe ou d'un acquittement et en ce cas mis à la charge de l'État. Si la constitutionnalité des premières a été retenue, celle des deux autres a été écartée[3].

624.78 **État d'urgence (fouille des bagages et véhicules) : inconstitutionnalité du régime.** Le Conseil constitutionnel a été saisi le 25 septembre 2017 par le Conseil d'État d'une question prioritaire de constitutionnalité portant sur l'article 8-1[4] de la loi du 3 avril 1955[5], dans sa rédaction issue de la loi du 21 juillet 2016[6].

En application du premier alinéa de l'article 8-1 de la loi du 3 avril 1955, dans les zones dans lesquelles l'état d'urgence a été déclaré, le préfet peut autoriser, par décision motivée, les officiers de police judiciaire et, sous leur responsabilité, les agents de police judiciaire et certains agents de police judiciaire adjoints à procéder à des contrôles d'identité, à l'inspection visuelle et à la fouille des bagages ainsi qu'à la visite des véhicules circulant, arrêtés ou stationnant sur la voie publique ou dans des lieux accessibles au public.

La Ligue des droits de l'homme reprochait à ces dispositions de permettre qu'il soit ainsi procédé à ces mesures, sans que la décision d'y recourir soit subordonnée à des circonstances ou à des menaces particulières ni qu'un contrôle juridictionnel effectif puisse s'exercer à leur encontre. Il en résultait, selon cette association, une violation de la liberté d'aller et de venir, du droit au respect de la vie privée, du principe d'égalité devant la loi et du droit à un recours juridictionnel effectif, ainsi qu'une méconnaissance par le législateur de sa compétence de nature à affecter ces droits et libertés.

La décision rendue ce jour par le Conseil constitutionnel rappelle que la Constitution n'exclut pas la possibilité pour le législateur de prévoir un régime d'état d'urgence. Il appartient au législateur, dans ce cadre, d'assurer la conciliation entre, d'une part, la prévention des atteintes à l'ordre public et, d'autre part, le respect des droits et libertés reconnus à tous ceux qui résident sur le territoire de la République. Parmi ces droits et libertés figurent la liberté d'aller et de venir, composante de la liberté personnelle protégée par les articles 2 et 4 de la Déclaration des droits de l'Homme et du citoyen de 1789 et le droit au respect de la vie privée, protégé par le même article 2.

Examinant à la lumière de ces règles constitutionnelles les dispositions contestées, le Conseil constitutionnel relève que, si celles-ci font obligation au préfet de désigner précisément les lieux concernés par ces opérations, ainsi que la durée pendant laquelle elles sont autorisées, qui ne peut excéder vingt-quatre heures, et si elles rendent applicables à ces opérations certaines des garanties applicables aux inspections, fouilles et visites réalisées dans un cadre judiciaire, il peut être procédé à ces opérations, dans les lieux désignés par la décision du préfet, à l'encontre de toute personne, quel que soit son comportement et sans son consentement.

Le Conseil constitutionnel juge que, s'il est loisible au législateur de prévoir que les opérations mises en œuvre dans ce cadre peuvent ne pas être liées au comportement de la personne, la pratique de ces opérations de manière généralisée et discrétionnaire serait incompatible avec la liberté d'aller et de venir et le droit au respect de la vie privée. Or, en prévoyant que ces opérations peuvent être autorisées en tout lieu dans les zones où s'applique l'état d'urgence, le législateur a permis leur mise en œuvre sans qu'elles soient nécessairement justifiées par des circonstances particulières établissant le risque d'atteinte à l'ordre public dans les lieux en cause.

1. Crim. 4 févr. 2020, n° 19-86.945.
2. Déc., 30 avr. 2020, n° 2020-836 QPC).
3. Cons. const. 1er avr. 2011, n° 2011-112 QPC, art. non conforme 618-1 du C. pr. pén., *frais irrépétibles devant la Cour de cassation*, NON-CONFORMITÉ TOTALE – EFFET DIFFÉRÉ, *JO* 2 avr., p. 5892 ; *Rec.*, p. 170 ; *D.* 2012. 1376, note C. Courtin ; *D.* 2013. 1584, obs. N. Jacquinot et A. Mangiavillano ; *AJ pénal* 2012. 423, obs. J.-B. Perrier ; *RSC* 2013. 441, obs. B. de Lamy – Cons. const. 21 oct. 2011, n° 2011-190 QPC, art. non conforme 800-2 du C. pr. pén., *frais irrépétibles devant les juridictions pénales*, NON-CONFORMITÉ PARTIELLE – EFFET DIFFÉRÉ, *JO* 22 oct., p. 1796 ; *Rec.*, p. 525 ; *D.* 2012. 1638, obs. V. Bernaud et N. Jacquinot ; *AJ pénal* 2012. 168, obs. J.-B. Perrier (aussi : v. ss n° 733.53).
4. L. n° 55-385, 3 avr. 1955, art. 8-1 ; créé par L. n° 2016-987, 21 juill. 2016, art. 4 ; abrogé par décision n° 2017-677 QPC du 1er décembre 2017.
5. L. n° 55-385, 3 avr. 1955 relative à l'état d'urgence, *JO* 7 avr., p. 3479.
6. L. n° 2016-987, 21 juill. 2016 prorogeant l'application de la loi n° 55-385 du 3 avril 1955 relative à l'état d'urgence et portant mesures de renforcement de la lutte antiterroriste, *JO* 22 juill., n° 2.

Faute que le législateur ait assuré une conciliation équilibrée entre, d'une part, l'objectif de valeur constitutionnelle de sauvegarde de l'ordre public, et, d'autre part, la liberté d'aller et de venir et le droit au respect de la vie privée, le Conseil constitutionnel prononce la censure de l'article 8-1 de la loi du 3 avril 1955. Concernant les effets dans le temps de cette censure, le Conseil constitutionnel rappelle qu'il ne dispose pas d'un pouvoir général d'appréciation de même nature que celui du Parlement et qu'il ne lui appartient pas d'indiquer les modifications qui doivent être retenues pour qu'il soit remédié à l'inconstitutionnalité constatée. Il relève qu'en l'espèce, en cas de recours à l'état d'urgence, l'abrogation immédiate des dispositions contestées aurait pour effet de priver l'autorité administrative du pouvoir d'autoriser des contrôles d'identité, des fouilles de bagages et des visites de véhicules et entraînerait ainsi des conséquences manifestement excessives. C'est pourquoi il reporte au 30 juin 2018 la date de l'abrogation des dispositions contestées. Ce délai permettra au Parlement, le cas échéant, d'adopter un nouveau dispositif conforme aux exigences constitutionnelles.

624.79 Atteinte au principe d'égalité entre les citoyens. La question prioritaire de constitutionnalité relative à l'article 4 de la loi du 27 février 2017[1], qui porterait atteinte au principe d'égalité entre les citoyens garanti par l'article 6 de la Déclaration des droits de l'Homme et du citoyen du 26 août 1789, ne présente pas un caractère sérieux, dès lors que la différence de traitement qui en résulte, entre des personnes ayant commis les mêmes crimes ou délits aux mêmes dates, selon l'intervention ou non d'actes de mise en mouvement ou d'exercice de l'action publique, est en rapport direct avec la loi dont l'objet est de prévoir les conditions d'acquisition de la prescription de l'action publique ; il n'y a pas lieu de la renvoyer au Conseil constitutionnel[2].

1. L. n° 2017-242, 27 févr. 2017 portant réforme de la prescription en matière pénale, *JO* 28 févr., n° 2.
2. Crim. 28 juin 2017, n° 17-90.010 QPC, P, NON-RENVOI – CONTRE : TGI Rennes, 28 mars 2017, *JurisData* 012958.

TITRE

63. Les causes d'extinction de l'action publique

SECTION 0
ORIENTEUR

63.00 Sommaire du titre.

CHAPITRE

631. Règles générales de prescription de l'action publique

SECTION 0 ORIENTEUR

631.00 **Sommaire du chapitre.**

631.01 **Principaux textes applicables.**

TEXTES SOURCES

- C. pr. pén., art. 7, 8, 10, 41, 393, 495-5, 495-7, 495-8, 495-10, 495-12, 495-15-1, 495-16, 706-43, 706-44, 706-113, 706-125, 706-130, 712-6
- C. pr. pén., art. D. 47-22
- C. pén., art. 132-24, 213-5, 314-8
- C. com., art. L. 654-16
- C. consom., art. L. 341-50, L. 341-51
- C. élect., art. L. 114
- CJM, art. L. 211-13
- CSS, art. L. 244-7
- L. 29 juill. 1881, art. 65, 65-1, 65-2, 65-3
- LPF, art. L. 230
- C. for., art. L. 341-3, L. 363-3

TEXTES *IN EXTENSO*

- **C. pr. pén., art. 7** [mod. par L. n° 2021-478, 21 avr. 2021, art. 10]

L'action publique des crimes se prescrit par vingt années révolues à compter du jour où l'infraction a été commise.

L'action publique des crimes mentionnés aux articles 706-16,706-26 et 706-167 du présent code, aux articles 214-1 à 214-4 et 221-12 du code pénal et au livre IV *bis* du même code se prescrit par trente années révolues à compter du jour où l'infraction a été commise.

L'action publique des crimes mentionnés à l'article 706-47 du présent code, lorsqu'ils sont commis sur des mineurs, se prescrit par trente années révolues à compter de la majorité de ces derniers ; toutefois, s'il s'agit d'un viol, en cas de commission sur un autre mineur par la même personne, avant l'expiration de ce délai, d'un nouveau viol, d'une agression sexuelle ou d'une atteinte sexuelle, le délai de prescription de ce viol est prolongé, le cas échéant, jusqu'à la date de prescription de la nouvelle infraction.

L'action publique des crimes mentionnés aux articles 211-1 à 212-3 du code pénal est imprescriptible.

- **C. pr. pén., art. 8** [mod. par L. n° 2021-478, 21 avr. 2021, art. 10]

L'action publique des délits se prescrit par six années révolues à compter du jour où l'infraction a été commise.

L'action publique des délits mentionnés à l'article 706-47 du présent code, lorsqu'ils sont commis sur des mineurs, à l'exception de ceux mentionnés aux articles 222-29-1 et 227-26 du code pénal, se prescrit par dix années révolues à compter de la majorité de ces derniers.

L'action publique des délits mentionnés aux articles 222-12, 222-29-1 et 227-26 du même code, lorsqu'ils sont commis sur des mineurs, se prescrit par vingt années révolues à compter de la majorité de ces derniers.

Toutefois, s'il s'agit d'une agression sexuelle ou d'une atteinte sexuelle commise sur un mineur, en cas de commission sur un autre mineur par la même personne, avant l'expiration des délais prévus aux deuxième et troisième alinéas du présent article, d'une agression sexuelle ou d'une atteinte sexuelle, le délai de prescription de la première infraction est prolongé, le cas échéant, jusqu'à la date de prescription de la nouvelle infraction.

L'action publique du délit mentionné à l'article 434-3 du code pénal se prescrit, lorsque le défaut d'information concerne une agression ou un atteinte sexuelle commise sur un mineur, par dix années révolues à compter de la majorité de la victime et, lorsque le défaut d'information concerne un viol commis sur un mineur, par vingt années révolues à compter de la majorité de la victime.

L'action publique des délits mentionnés à l'article 706-167 du présent code, lorsqu'ils sont punis de dix ans d'emprisonnement, ainsi que celle des délits mentionnés aux articles 706-16 du présent code, à l'exclusion de ceux définis aux articles 421-2-5 à 421-2-5-2 du code pénal, et 706-26 du présent code et au livre IV *bis* du code pénal se prescrivent par vingt années révolues à compter du jour où l'infraction a été commise.

• **C. pr. pén., art. 9** [mod. par L. n° 2017-242, 27 févr. 2017, art. 1]

L'action publique des contraventions se prescrit par une année révolue à compter du jour où l'infraction a été commise.

• **C. pr. pén., art. 9-1** [mod. par L. n° 2018-703, 3 août 2018, art. 1]

Le délai de prescription de l'action publique du crime prévu à l'article 214-2 du code pénal, lorsqu'il a conduit à la naissance d'un enfant, court à compter de la majorité de ce dernier.

Par dérogation au premier alinéa des articles 7 et 8 du présent code, le délai de prescription de l'action publique de l'infraction occulte ou dissimulée court à compter du jour où l'infraction est apparue et a pu être constatée dans des conditions permettant la mise en mouvement ou l'exercice de l'action publique, sans toutefois que le délai de prescription puisse excéder douze années révolues pour les délits et trente années révolues pour les crimes à compter du jour où l'infraction a été commise.

Est occulte l'infraction qui, en raison de ses éléments constitutifs, ne peut être connue ni de la victime ni de l'autorité judiciaire.

Est dissimulée l'infraction dont l'auteur accomplit délibérément toute manœuvre caractérisée tendant à en empêcher la découverte.

• **C. pr. pén., art. 9-2** [mod. par L. n° 2021-478, 21 avr. 2021, art. 10]

Le délai de prescription de l'action publique est interrompu par :

1° Tout acte, émanant du ministère public ou de la partie civile, tendant à la mise en mouvement de l'action publique, prévu aux articles 80, 82, 87, 88, 388, 531 et 532 du présent code et à l'article 65 de la loi du 29 juillet 1881 sur la liberté de la presse ;

2° Tout acte d'enquête émanant du ministère public, tout procès-verbal dressé par un officier de police judiciaire ou un agent habilité exerçant des pouvoirs de police judiciaire tendant effectivement à la recherche et à la poursuite des auteurs d'une infraction ;

3° Tout acte d'instruction prévu aux articles 79 à 230 du présent code, accompli par un juge d'instruction, une chambre de l'instruction ou des magistrats et officiers de police judiciaire par eux délégués, tendant effectivement à la recherche et à la poursuite des auteurs d'une infraction ;

4° Tout jugement ou arrêt, même non définitif, s'il n'est pas entaché de nullité.

Tout acte, jugement ou arrêt mentionné aux 1° à 4° fait courir un délai de prescription d'une durée égale au délai initial.

Le présent article est applicable aux infractions connexes ainsi qu'aux auteurs ou complices non visés par l'un de ces mêmes acte, jugement ou arrêt.

Le délai de prescription d'un viol, d'une agression sexuelle ou d'une atteinte sexuelle commis sur un mineur est interrompu par l'un des actes ou l'une des décisions mentionnés aux 1° à 4° intervenus dans une procédure dans laquelle est reprochée à la même personne une de ces mêmes infractions commises sur un autre mineur.

• **C. pr. pén., art. 9-3** [L. n° 2017-242, 27 févr. 2017, art. 1]

Tout obstacle de droit, prévu par la loi, ou tout obstacle de fait insurmontable et assimilable à la force majeure, qui rend impossible la mise en mouvement ou l'exercice de l'action publique, suspend la prescription.

• **C. pr. pén., art. 10** [mod. par L. n° 2019-222, 23 mars 2019, art. 42]

Lorsque l'action civile est exercée devant une juridiction répressive, elle se prescrit selon les règles de l'action publique. Lorsqu'elle est exercée devant une juridiction civile, elle se prescrit selon les règles du code civil.

Lorsqu'il a été statué sur l'action publique, les mesures d'instruction ordonnées par le juge pénal sur les seuls intérêts civils obéissent aux règles de la procédure civile.

Lorsque la juridiction répressive a omis de se prononcer sur une ou plusieurs demandes de la partie civile régulièrement constituée, celle-ci peut ressaisir la juridiction afin qu'il soit statué sur sa demande conformément aux articles 710 et 711. La présence du ministère public à cette audience est facultative.

Lorsque l'état mental ou physique d'une personne citée ou renvoyée devant une juridiction de jugement rend durablement impossible sa comparution personnelle dans des conditions lui permettant d'exercer sa défense et que la prescription de l'action publique se trouve ainsi suspendue, le président de cette juridiction peut, d'office, ou à la demande du ministère public ou des parties, décider, après avoir ordonné une expertise permettant de constater cette impossibilité, qu'il sera tenu une audience publique pour statuer uniquement sur l'action civile. La personne doit alors être représentée à cette audience par un avocat.

• **C. pr. pén., art. 41** [mod. par L. n° 2021-1729, 22 déc. 2021, art. 14]

Le procureur de la République procède ou fait procéder à tous les actes nécessaires à la recherche et à la poursuite des infractions à la loi pénale.

À cette fin, il dirige l'activité des officiers et agents de la police judiciaire dans le ressort de son tribunal.

Lorsqu'il s'agit d'actes d'enquête devant être exécutés dans un autre ressort que celui du tribunal de grande instance, il peut demander au procureur de la République territorialement compétent d'y procéder ou d'y faire procéder par un officier de police judiciaire. Il peut toutefois également requérir directement tout officier de police judiciaire sur l'ensemble du territoire national de procéder à ces actes.

Le procureur de la République contrôle les mesures de garde à vue. Il visite les locaux de garde à vue chaque fois qu'il l'estime nécessaire et au moins une fois par an ; il tient à cet effet un registre répertoriant le nombre et la fréquence des contrôles effectués dans ces différents locaux. Il adresse au procureur général un rapport concernant les mesures de garde à vue et l'état des locaux de garde à vue de son ressort ; ce rapport est transmis au garde des Sceaux. Le garde des Sceaux rend compte de l'ensemble des informations ainsi recueillies dans un rapport annuel qui est rendu public.

Il a tous les pouvoirs et prérogatives attachés à la qualité d'officier de police judiciaire prévus par la section II du chapitre Ier du titre Ier du présent livre, ainsi que par des lois spéciales.

Il peut se transporter dans toute l'étendue du territoire national. Il peut également, dans le cadre d'une demande d'entraide adressée à un État étranger et avec l'accord des autorités compétentes de l'État concerné, se transporter sur le territoire d'un État étranger aux fins de procéder à des auditions.

En cas d'infractions flagrantes, il exerce les pouvoirs qui lui sont attribués par l'article 68.

Le procureur de la République peut également requérir, suivant les cas, une personne habilitée dans les conditions prévues au sixième alinéa de l'article 81, le service pénitentiaire d'insertion et de probation ou le service de la protection judiciaire de la jeunesse de vérifier la situation matérielle, familiale et sociale d'une personne faisant l'objet d'une enquête, de vérifier la faisabilité matérielle de certaines peines ou aménagements de peine pouvant être prononcés et de l'informer sur les mesures propres à favoriser l'insertion sociale de l'intéressé. Ces réquisitions peuvent également être faites après le renvoi d'une personne devant le tribunal correctionnel par le juge d'instruction, lorsque celle-ci est en détention provisoire.

Ces diligences doivent être prescrites avant toute réquisition de placement en détention provisoire lorsque la peine encourue n'excède pas cinq ans d'emprisonnement et en cas de poursuites selon la procédure de comparution immédiate prévue aux articles 395 à 397-6 ou lorsque la personne est déférée devant le procureur de la République en application de l'article 393 et en cas de poursuites selon la procédure de comparution sur reconnaissance préalable de culpabilité prévue aux articles 495-7 à 495-13.

À l'exception des infractions prévues aux articles 19 et 27 de l'ordonnance n° 45-2658 du 2 novembre 1945 relative aux conditions d'entrée et de séjour des étrangers en France, en cas de poursuites pour une infraction susceptible d'entraîner à son encontre le prononcé d'une mesure d'interdiction du territoire français d'un étranger qui déclare, avant toute saisine de la juridiction compétente, se trouver dans l'une des situations prévues par les articles 131-30-1 ou 131-30-2 du code pénal, le procureur de la République ne peut prendre aucune réquisition d'interdiction du territoire français s'il n'a préalablement requis, suivant les cas, l'officier de police judiciaire compétent, une personne habilitée dans les conditions prévues au sixième alinéa de l'article 81 ou, en cas d'impossibilité matérielle, le service pénitentiaire d'insertion et de probation, afin de vérifier le bien-fondé de cette déclaration.

Le procureur de la République peut également recourir à une association d'aide aux victimes agréée par le ministre de la justice dans des conditions définies par décret, afin qu'il soit porté aide à la victime de l'infraction.

• **C. pr. pén., art. 393** [mod. par L. n° 2020-1672, 24 déc. 2020, art. 26]

En matière correctionnelle, lorsqu'il envisage de poursuivre une personne en application des articles 394, 395 et 397-1-1, le procureur de la République ordonne qu'elle soit déférée devant lui.

Après avoir, s'il y a lieu, informé la personne de son droit d'être assistée par un interprète, constaté son identité et lui avoir fait connaître les faits qui lui sont reprochés ainsi que leur qualification juridique, le procureur de la République l'informe qu'elle a le droit à l'assistance d'un avocat de son choix ou commis d'office. L'avocat choisi ou, dans le cas d'une demande de commission d'office, le bâtonnier de l'ordre des avocats en est avisé sans délai.

L'avocat ou la personne déférée lorsqu'elle n'est pas assistée par un avocat peut consulter sur-le-champ le dossier. L'avocat peut communiquer librement avec le prévenu.

Le procureur de la République avertit alors la personne de son droit de faire des déclarations, de répondre aux questions qui lui sont posées ou de se taire. Après avoir, le cas échéant, recueilli les observations de la personne ou procédé à son interrogatoire, le procureur de la République entend, s'il y a lieu, les observations de l'avocat, portant notamment sur la régularité de la procédure, sur la qualification retenue, sur le caractère éventuellement insuffisant de l'enquête, sur la nécessité de procéder à de nouveaux actes qu'il estime nécessaires à la manifestation de la vérité et sur les modalités d'engagement éventuel des poursuites ou le recours éventuel à la procédure de comparution sur reconnaissance préalable de culpabilité. Au vu de ces observations, le procureur de la République soit procède comme il est dit aux articles 394 à 396 et à l'article 397-1-1, soit requiert l'ouverture d'une information, soit ordonne la poursuite de l'enquête, soit prend toute autre décision sur l'action publique en application de l'article 40-1. S'il ordonne la poursuite de l'enquête et que la personne est à nouveau entendue, elle a le droit d'être assistée, lors de son audition, par son avocat, en application de l'article 63-4-3.

Si le procureur de la République procède comme il est dit aux articles 394 à 397-1-1, il peut décider de fixer à la même audience, afin qu'elles puissent être jointes à la procédure ou examinées ensemble, de précédentes poursuites dont la personne a fait l'objet pour d'autres délits, à la suite d'une convocation par procès-verbal, par officier de police judiciaire ou en vue d'une comparution sur reconnaissance préalable de culpabilité, d'une citation directe, d'une ordonnance pénale ou d'une ordonnance de renvoi du juge d'instruction. Hors le cas de la comparution immédiate, cette décision doit intervenir au moins dix jours avant la date de l'audience. Le prévenu et son avocat en sont informés sans délai.

Mention de ces formalités est faite au procès-verbal à peine de nullité de la procédure.

• **C. pr. pén., art. 495-5**

L'ordonnance pénale, à laquelle il n'a pas été formé opposition ou qui n'a pas été portée par le ministère public à l'audience du tribunal correctionnel, a les effets d'un jugement passé en force de chose jugée.

Cependant, l'ordonnance pénale statuant uniquement sur l'action publique n'a pas l'autorité de la chose jugée à l'égard de l'action civile en réparation des dommages causés par l'infraction.

• **C. pr. pén., art. 495-7**

Pour tous les délits, à l'exception de ceux mentionnés à l'article 495-16 et des délits d'atteintes volontaires et involontaires à l'intégrité des personnes et d'agressions sexuelles prévus aux articles 222-9 à 222-31-2 du code pénal lorsqu'ils sont punis d'une peine d'emprisonnement d'une durée supérieure à cinq ans, le procureur de la République peut, d'office ou à la demande de l'intéressé ou de son avocat, recourir à la procédure de comparution sur reconnaissance préalable de culpabilité conformément aux dispositions de la présente section à l'égard de toute personne convoquée à cette fin ou déférée devant lui en application de l'article 393 du présent code, lorsque cette personne reconnaît les faits qui lui sont reprochés.

• **C. pr. pén., art. 495-8** [mod. par L. n° 2019-222, 23 mars 2019, art. 59]

Le procureur de la République peut proposer à la personne d'exécuter une ou plusieurs des peines principales ou complémentaires encourues ; la nature et le quantum de la ou des peines sont déterminés conformément aux articles 130-1 et 132-1 du code pénal.

Lorsqu'est proposée une peine d'emprisonnement, sa durée ne peut être supérieure à trois ans ni excéder la moitié de la peine d'emprisonnement encourue. Le procureur peut proposer qu'elle soit assortie en tout ou partie du sursis. Il peut également proposer qu'elle fasse l'objet d'une des mesures d'aménagement énumérées par l'article 712-6. Si le procureur de la République propose une peine d'emprisonnement ferme, il précise à la personne s'il entend que cette peine soit immédiatement mise à exécution ou si la personne sera convoquée devant le juge de l'application des peines pour que soient déterminées les modalités de son exécution, notamment la semi-liberté, le placement à l'extérieur ou la détention à domicile sous surveillance électronique.

Lorsqu'est proposée une peine d'amende, son montant ne peut être supérieur à celui de l'amende encourue. Elle peut être assortie du sursis.

Le procureur de la République peut proposer que la peine d'emprisonnement proposée révoquera tels ou tels sursis précédemment accordés. Il peut également proposer le relèvement d'une interdiction, d'une déchéance ou d'une incapacité résultant de plein droit de la condamnation, en application du second alinéa de l'article 132-21 du code pénal, ou l'exclusion de la mention de la condamnation du bulletin n° 2 ou n° 3 du casier judiciaire en application des articles 775-1 et 777-1 du présent code.

Les déclarations par lesquelles la personne reconnaît les faits qui lui sont reprochés sont recueillies, et la proposition de peine est faite par le procureur de la République, en présence de l'avocat de l'intéressé choisi par lui ou, à sa demande, désigné par le bâtonnier de l'ordre des avocats, l'intéressé étant informé que les frais seront à sa charge sauf s'il remplit les conditions d'accès à l'aide juridictionnelle. La personne ne peut renoncer à son droit d'être assistée par un avocat. L'avocat doit pouvoir consulter sur-le-champ le dossier.

La personne peut librement s'entretenir avec son avocat, hors la présence du procureur de la République, avant de faire connaître sa décision. Elle est avisée par le procureur de la République qu'elle peut demander à disposer d'un délai de dix jours avant de faire connaître si elle accepte ou si elle refuse la ou les peines proposées.

Le procureur de la République peut, avant de proposer une peine conformément aux dispositions du cinquième alinéa du présent article, informer par tout moyen la personne ou son avocat des propositions qu'il envisage de formuler.

• **C. pr. pén., art. 495-10** [mod. par L. n° 2019-222, 23 mars 2019, art. 59, 60]

Lorsque la personne demande à bénéficier, avant de se prononcer sur la proposition faite par le procureur de la République, du délai prévu à l'avant-dernier alinéa de l'article 495-8, le procureur de la République peut la présenter devant le juge des libertés et de la détention pour que celui-ci ordonne son placement sous contrôle judiciaire, à l'assignation à résidence avec surveillance électronique ou, à titre exceptionnel et si l'une des peines proposées est égale ou supérieure à deux mois d'emprisonnement ferme et que le procureur de la République a proposé sa mise à exécution immédiate, son placement en détention provisoire, selon les modalités prévues par le dernier alinéa de l'article 394 ou les articles 395 et 396, jusqu'à ce qu'elle comparaisse de nouveau devant le procureur de la République. Cette nouvelle comparution doit intervenir dans un délai compris entre dix et vingt jours à compter de la décision du juge des libertés et de la détention. À défaut, il est mis fin au contrôle judiciaire, à l'assignation à résidence avec surveillance électronique ou à la détention provisoire de l'intéressé si l'une de ces mesures a été prise.

• **C. pr. pén., art. 495-12**

Lorsque la personne déclare ne pas accepter la ou les peines proposées ou que le président du tribunal judiciaire ou son délégué rend une ordonnance de refus d'homologation, le procureur de la République saisit, sauf élément nouveau, le tribunal correctionnel selon l'une des procédures prévues par l'article 388 ou requiert l'ouverture d'une information.

Lorsque la personne avait été déférée devant lui en application des dispositions de l'article 393, le procureur de la République peut la retenir jusqu'à sa comparution devant le tribunal correctionnel ou le juge d'instruction, qui doit avoir lieu le jour même, conformément aux dispositions de l'article 395 ; si la réunion du tribunal n'est pas possible le jour même, il est fait application des dispositions de l'article 396. Les dispositions du présent alinéa sont applicables y compris si la personne avait demandé à bénéficier d'un délai et avait été placée en détention provisoire en application des dispositions des articles 495-8 et 495-10.

• **C. pr. pén., art. 495-15-1**

La mise en œuvre de la procédure prévue par la présente section n'interdit pas au procureur de la République de procéder simultanément à une convocation en justice en application de l'article 390-1. La saisine du tribunal résultant de cette convocation en justice est caduque si la personne accepte la ou les peines proposées et que celles-ci font l'objet d'une ordonnance d'homologation.

• **C. pr. pén., art. 495-16** [mod. par L. n° 2018-898, 23 oct. 2018, art. 24]

Les dispositions de la présente section ne sont applicables ni aux mineurs de dix-huit ans ni en matière de délits de presse, de délits d'homicides involontaires ou de délits politiques.

• **C. pr. pén., art. 706-43**

L'action publique est exercée à l'encontre de la personne morale prise en la personne de son représentant légal à l'époque des poursuites. Ce dernier représente la personne morale à tous les actes de la procédure. Toutefois, lorsque des poursuites pour des mêmes faits ou des faits connexes sont engagées à l'encontre du représentant légal, celui-ci peut saisir par requête le président du tribunal judiciaire aux fins de désignation d'un mandataire de justice pour représenter la personne morale.

La personne morale peut également être représentée par toute personne bénéficiant, conformément à la loi ou à ses statuts, d'une délégation de pouvoir à cet effet.

La personne chargée de représenter la personne morale en application du deuxième alinéa doit faire connaître son identité à la juridiction saisie, par lettre recommandée avec demande d'avis de réception.

Il en est de même en cas de changement du représentant légal en cours de procédure.

En l'absence de toute personne habilitée à représenter la personne morale dans les conditions prévues au présent article, le président du tribunal judiciaire désigne, à la requête du ministère public, du juge d'instruction ou de la partie civile, un mandataire de justice pour la représenter

• **C. pr. pén., art. 706-44**

Le représentant de la personne morale poursuivie ne peut, en cette qualité, faire l'objet d'aucune mesure de contrainte autre que celle applicable au témoin.

• **C. pr. pén., art. 706-113** [mod. par L. n° 2021-1729, 22 déc. 2021, art. 14 (V)]

Sans préjudice de l'application des articles 706-112-1 à 706-112-3, lorsque la personne fait l'objet de poursuites, le procureur de la République ou le juge d'instruction en avise le curateur ou le tuteur ainsi que le juge des tutelles. Il en est de même si la personne fait l'objet d'une alternative aux poursuites consistant en la réparation du dommage ou en une médiation, d'une composition pénale ou d'une comparution sur reconnaissance préalable de culpabilité ou si elle est entendue comme témoin assisté.

Le curateur ou le tuteur peut prendre connaissance des pièces de la procédure dans les mêmes conditions que celles prévues pour la personne poursuivie.

Si la personne est placée en détention provisoire, le curateur ou le tuteur bénéficie de plein droit d'un permis de visite.

Le procureur de la République ou le juge d'instruction avise le curateur ou le tuteur des décisions de non-lieu, de relaxe, d'acquittement, d'irresponsabilité pénale pour cause de trouble mental, ou de condamnation dont la personne fait l'objet.

Le curateur ou le tuteur est avisé de la date d'audience. Lorsqu'il est présent à l'audience, il est entendu par la juridiction en qualité de témoin.

• **C. pr. pén., art. 706-125** [mod. par L. n° 2016-731, 3 juin 2016, art. 87]

Dans les autres cas, la chambre de l'instruction rend un arrêt de déclaration d'irresponsabilité pénale pour cause de trouble mental par lequel :

1° Elle déclare qu'il existe des charges suffisantes contre la personne d'avoir commis les faits qui lui sont reprochés ;

2° Elle déclare la personne irresponsable pénalement en raison d'un trouble psychique ou neuropsychique ayant aboli son discernement ou le contrôle de ses actes au moment des faits ;

3° Si la partie civile le demande, elle se prononce sur la responsabilité civile de la personne, conformément à l'article 414-3 du code civil, et statue sur les demandes de dommages et intérêts ;

4° Elle prononce, s'il y a lieu, une ou plusieurs des mesures de sûreté prévues au chapitre III du présent titre.

• **C. pr. pén., art. 706-130**

Lorsque la cour d'assises rentre dans la salle d'audience en application de l'article 366, le président prononce un arrêt portant déclaration d'irresponsabilité pénale pour cause de trouble mental.

Cet arrêt met fin à la détention provisoire ou au contrôle judiciaire.

• **C. pr. pén., art. 712-6** [mod. par L. n° 2020-1672, 24 déc. 2020, art. 7]

Les jugements concernant les mesures de placement à l'extérieur, de semi-liberté, de fractionnement et suspension des peines, de détention à domicile sous surveillance électronique et de libération conditionnelle sont rendus, après avis du représentant de l'administration pénitentiaire, à l'issue d'un débat contradictoire tenu en chambre du conseil, au cours duquel le juge de l'application des peines entend les réquisitions du ministère public et les observations du condamné ainsi que, le cas échéant, celles de son avocat, sans préjudice de l'application des dispositions de l'article 712-16-3. Si le condamné est détenu, ce débat peut se tenir dans l'établissement pénitentiaire. Il peut être fait application des dispositions de l'article 706-71.

Le juge de l'application des peines peut, avec l'accord du procureur de la République et celui du condamné ou de son avocat, octroyer l'une de ces mesures sans procéder à un débat contradictoire.

Le juge de l'application des peines peut également, chaque fois qu'il l'estime nécessaire, décider, d'office ou à la demande du condamné ou du ministère public, de renvoyer le jugement de l'affaire devant le tribunal de l'application des peines. Le juge ayant ordonné ce renvoi est membre du tribunal qui statue conformément à l'article 712-7. La décision de renvoi constitue une mesure d'administration judiciaire qui n'est pas susceptible de recours.

Les dispositions du présent article sont également applicables, sauf si la loi en dispose autrement, aux décisions du juge de l'application des peines concernant les peines de suivi socio-judiciaire, d'interdiction de séjour, de travail d'intérêt général, d'emprisonnement avec sursis probatoire ou les mesures d'ajournement avec probation.

• **C. pr. pén., art. D. 47-22**

Cette expertise est facultative :

1° En cas de procédure d'alternative aux poursuites consistant en la réparation du dommage ou en une médiation ;

2° En cas de composition pénale ;

3° Lorsque la personne est entendue comme témoin assisté ;

4° Lorsqu'il est fait application de la procédure d'ordonnance pénale ;

5° En cas de comparution sur reconnaissance préalable de culpabilité.

• **C. pén., art. 421-2-5** [mod. par L. n° 2014-1353, 13 nov. 2014, art. 5]

Le fait de provoquer directement à des actes de terrorisme ou de faire publiquement l'apologie de ces actes est puni de cinq ans d'emprisonnement et de 75 000 € d'amende.

Les peines sont portées à sept ans d'emprisonnement et à 100 000 € d'amende lorsque les faits ont été commis en utilisant un service de communication au public en ligne.

Lorsque les faits sont commis par la voie de la presse écrite ou audiovisuelle ou de la communication au public en ligne, les dispositions particulières des lois qui régissent ces matières sont applicables en ce qui concerne la détermination des personnes responsables.

Selon la réserve énoncée par le Conseil constitutionnel dans sa décision n° 2020-845 QPC du 19 juin 2020, les mots « ou de faire publiquement l'apologie de ces actes » figurant au premier alinéa de l'article 421-2-5 du code pénal, dans sa rédaction résultant de la loi n° 2014-1353 du 13 novembre 2014 renforçant les dispositions relatives à la lutte contre le terrorisme, ne sauraient, sans méconnaître la liberté d'expression et de communication, être interprétés comme réprimant un délit de recel d'apologie d'actes de terrorisme.

• **C. pén., art. 314-8**

La juridiction peut décider que la personne condamnée comme complice de l'infraction définie à l'article 314-7 est tenue solidairement, dans la limite des fonds ou de la valeur vénale des biens reçus à titre gratuit ou onéreux, aux obligations pécuniaires résultant de la condamnation à l'exécution de laquelle l'auteur de l'infraction a voulu se soustraire.

Lorsque la condamnation de nature patrimoniale a été prononcée par une juridiction répressive, le tribunal peut décider que la peine qu'il prononce ne se confondra pas avec celle qui a été précédemment prononcée.

La prescription de l'action publique ne court qu'à compter de la condamnation à l'exécution de laquelle le débiteur a voulu se soustraire ; toutefois, elle ne court qu'à compter du dernier agissement ayant pour objet d'organiser ou d'aggraver l'insolvabilité du débiteur lorsque le dernier agissement est postérieur à cette condamnation.

• **C. com., art. L. 654-16**

Pour l'application des dispositions des sections 1 et 2 du présent chapitre, la prescription de l'action publique ne court que du jour du jugement ouvrant la procédure de sauvegarde, de redressement judiciaire ou de liquidation judiciaire lorsque les faits incriminés sont apparus avant cette date.

• **C. consom., art. L. 341-50** [Ord. n° 2016-351, 25 mars 2016, art. 5]

Le fait de consentir à autrui un prêt usuraire ou d'apporter à quelque titre et de quelque manière que ce soit, directement ou indirectement, son concours à l'obtention ou à l'octroi d'un prêt usuraire ou d'un prêt qui deviendrait usuraire au sens de l'article L. 314-6 du fait de son concours est puni d'un emprisonnement de deux ans et d'une amende de 300 000 euros.

En cas de condamnation, le tribunal peut en outre ordonner :

1° La publication intégrale, ou par extraits, de sa décision, aux frais du condamné, dans les journaux qu'il désigne, ainsi que l'affichage de cette décision dans les conditions prévues à l'article 131-35 du code pénal ;

2° La fermeture, pour une durée de cinq ans au plus ou définitive, de l'entreprise dont l'une des personnes chargées de l'administration ou de la direction est condamnée en application de l'alinéa premier du présent article, assortie éventuellement de la nomination d'un administrateur ou d'un liquidateur ;

3° L'interdiction, suivant les modalités prévues par l'article 131-27 du code pénal, soit d'exercer une fonction publique ou d'exercer l'activité professionnelle ou sociale dans l'exercice ou à l'occasion de l'exercice de laquelle l'infraction a été commise, soit d'exercer une profession commerciale ou industrielle, de diriger, d'administrer, de gérer ou de contrôler à un titre quelconque, directement ou indirectement, pour son propre compte ou pour le compte d'autrui, une entreprise commerciale ou industrielle ou une société commerciale. Ces interdictions d'exercice ne peuvent excéder une durée de cinq ans. Elles peuvent être prononcées cumulativement.

En cas de fermeture, le tribunal fixe la durée pendant laquelle le délinquant ou l'entreprise doit continuer à payer à son personnel les salaires, indemnités et rémunérations de toute nature auxquels celui-ci avait droit jusqu'alors ; cette durée ne saurait excéder trois mois.

• **C. consom., art. L. 341-51** [Ord. n° 2016-351, 25 mars 2016, art. 5]

En ce qui concerne le délit mentionné à l'article L. 341-50, la prescription de l'action publique court à compter du jour de la dernière perception, soit d'intérêt, soit de capital.

• **C. élect., art. L. 114**

L'action publique et l'action civile intentées en vertu des articles L. 86, L. 87, L. 91 à L. 104, L. 106 à L. 108 et L. 113 ou pour infraction à l'article L. 61 si les armes étaient apparentes, seront prescrites après six mois à partir du jour de la proclamation du résultat de l'élection.

• **CJM, art. L. 211-13**

La prescription de l'action publique résultant de l'insoumission ou de la désertion ne commence à courir qu'à partir du jour où l'insoumis ou le déserteur a atteint l'âge le dispensant de satisfaire à toute obligation militaire.

• **CSS, art. L. 244-7**

En ce qui concerne les infractions mentionnées aux articles L. 244-1 à L. 244-4 et L. 244-6, les délais de prescription de l'action publique commencent à courir à compter de l'expiration du délai d'un mois qui suit, selon le cas, soit l'avertissement, soit la mise en demeure prévus à l'article L. 244-2.

• **L. 29 juill. 1881, art. 65**

L'action publique et l'action civile résultant des crimes, délits et contraventions prévus par la présente loi se prescriront après trois mois révolus, à compter du jour où ils auront été commis ou du jour du dernier acte d'instruction ou de poursuite s'il en a été fait.

Toutefois, avant l'engagement des poursuites, seules les réquisitions aux fins d'enquête seront interruptives de prescription. Ces réquisitions devront, à peine de nullité, articuler et qualifier les provocations, outrages, diffamations et injures à raison desquels l'enquête est ordonnée.

Les prescriptions commencées à l'époque de la publication de la présente loi, et pour lesquelles il faudrait encore, suivant les lois existantes, plus de trois mois à compter de la même époque, seront, par ce laps de trois mois, définitivement accomplies.

• **L. 29 juill. 1881, art. 65-1**

Les actions fondées sur une atteinte au respect de la présomption d'innocence commise par l'un des moyens visés à l'article 23 se prescriront après trois mois révolus à compter du jour de l'acte de publicité.

• **L. 29 juill. 1881, art. 65-2**

En cas d'imputation portant sur un fait susceptible de revêtir une qualification pénale, le délai de prescription prévu par l'article 65 est réouvert ou court à nouveau, au profit de la personne visée, à compter du jour où est devenue définitive une décision pénale intervenue sur ces faits et ne la mettant pas en cause.

• **L. 29 juill. 1881, art. 65-3** [mod. par L. n° 2021-1109, 24 août 2021, art. 48]

Pour les délits prévus par l'article 24, l'article 24 *bis*, les deuxième et troisième alinéas de l'article 32 et les troisième et quatrième alinéas de l'article 33, le délai de prescription prévu par l'article 65 est porté à un an.

Pour ces délits, le deuxième alinéa de l'article 65 n'est pas applicable.

• **LPF, art. L. 230**

Les plaintes peuvent être déposées jusqu'à la fin de la troisième année qui suit celle au cours de laquelle l'infraction a été commise.

Lorsque l'infraction a été commise dans les conditions prévues à l'article 1837 du code général des impôts, la plainte doit être déposée dans les trois ans qui suivent l'affirmation jugée frauduleuse.

La prescription de l'action publique est suspendue pendant une durée maximum de six mois entre la date de saisine de la commission des infractions fiscales et la date à laquelle cette commission émet son avis.

• **C. for., art. L. 341-3** [mod. par Décr. n° 2015-656, 10 juin 2015, art. 1]

Nul ne peut user du droit de défricher ses bois et forêts sans avoir préalablement obtenu une autorisation.

L'autorisation est délivrée à l'issue d'une procédure fixée par décret en Conseil d'État.

La validité des autorisations de défrichement est fixée par décret.

L'autorisation est expresse lorsque le défrichement :

1° Est soumis à enquête publique réalisée conformément aux dispositions du chapitre III du titre II du livre Ier du code de l'environnement ;

2° A pour objet de permettre l'exploitation d'une carrière autorisée en application du titre Ier du livre V du même code. Toute autorisation de défrichement accordée à ce titre comporte un échéancier des surfaces à défricher, dont les termes sont fixés en fonction du rythme prévu pour l'exploitation. Sa durée peut être portée à trente ans. En cas de non-respect de l'échéancier, après mise en demeure restée sans effet, l'autorisation est suspendue.

• **C. for., art. L. 363-3**

L'action ayant pour objet les défrichements effectués en infraction à l'article L. 341-3 se prescrit par six ans à compter de l'époque où le défrichement a été consommé.

631.02 Jurisprudence de référence.

> La durée de la prescription est fonction de la qualification donnée au fait punissable par la juridiction qui statue définitivement

• **Crim. 7 mai 1996,** n° 95-83.992, P n° 196

* V. s^{s} n° 631.12.

« Attendu qu'il résulte des articles 7 et 9 du code de procédure pénale qu'en matière de contravention, la prescription de l'action publique est d'une année révolue à compter du jour où l'infraction a été commise, si, dans cet intervalle, il n'a été fait aucun acte d'instruction ou de poursuite ; que ces textes ne prévoient aucune exception à la règle qu'ils édictent ;

Attendu que, pour rejeter l'exception de prescription de l'action publique soulevée par Vincent Clouzeau, la juridiction du second degré, après avoir rappelé que le tribunal a requalifié la prévention en contravention de violences, énonce que "la prescription d'un an ne pouvait pas avoir été acquise avant que le tribunal n'ait relevé que la durée de l'incapacité totale de travail était inférieure à huit jours" ;

Mais attendu qu'en statuant ainsi, alors que les faits reprochés au prévenu dataient du 30 janvier 1992 et que la citation devant le tribunal avait été délivrée le 14 mars 1994 sans qu'aucun acte interruptif soit intervenu, la cour d'appel a méconnu le principe ci-dessus rappelé ;

D'où il suit que la cassation est encourue. »

> Le délai de prescription de l'action publique se calcule de quantième à quantième et expire le dernier jour à minuit

• **Crim. 7 juin 2006,** n° 05-84.148, P n° 161

* V. s^s n° 631.52.

« Vu les articles 7 et 8 du code de procédure pénale ;

Attendu qu'il résulte des articles 7 et 8 précités que l'action publique en matière de délit se prescrit après trois années révolues à compter du jour où les infractions ont été commises ou, si dans l'intervalle il en a été fait, à compter du dernier acte d'instruction ou de poursuite ;

Que ce délai se calcule de quantième à quantième et expire le dernier jour à minuit ;

Attendu qu'il ressort de l'arrêt attaqué qu'Alexandre de X... Y... a porté plainte et s'est constitué partie civile le 27 mai 2002 en dénonçant des abus de faiblesse et vol dont aurait été victime son frère Eugène, lors de la cession, courant 1996, de parts détenues dans plusieurs sociétés et lors de la renonciation de ce dernier à sa part dans l'indivision familiale ; que cette plainte faisait suite à une précédente portée devant le juge d'instruction de Bordeaux ayant donné lieu à une décision d'incompétence confirmée par arrêt de la chambre d'accusation, en date du 6 octobre 1998 ; que la partie civile a formé contre cet arrêt un pourvoi dont elle s'est par la suite désistée ;

Attendu que, pour déclarer l'action publique éteinte, l'arrêt énonce que le délai de prescription triennale a commencé à courir le 27 mai 1999, jour où a été rendu l'arrêt de la Cour de cassation constatant le désistement du pourvoi d'Alexandre de X... Y..., et qu'il a expiré le 26 mai 2002 à minuit ;

Mais attendu qu'en prononçant ainsi, alors que c'est le 27 mai 2002 à minuit qu'était venu à expiration le délai de la prescription, la chambre de l'instruction a méconnu le sens et la portée des textes susvisés ;

D'où il suit que la cassation est encourue. »

> En matière de dénonciation calomnieuse, la prescription court du jour où elle est parvenue à l'autorité ayant le pouvoir d'y donner suite ou de saisir l'autorité compétente

• **Crim. 17 oct. 2006,** n° 05-85.519, P n° 250

* V. s^s n° 631.111.

« Attendu qu'il résulte de l'arrêt attaqué et des pièces de la procédure que le 3 janvier 2003, Daniel X..., qui exerce la profession d'expert-comptable, a porté plainte et s'est constitué partie civile du chef de complicité de dénonciation calomnieuse contre Jean-Pierre Y... auquel il reprochait d'avoir, le 12 novembre 1996, à l'occasion d'une procédure commerciale, adressé au conseil régional de l'Ordre à Montpellier un courrier le mettant en cause ;

Attendu que, pour confirmer l'ordonnance de non-lieu rendue par le juge d'instruction, l'arrêt, après avoir relevé que la lettre de dénonciation est parvenue le 14 novembre 1996 au conseil de l'Ordre qui ne l'a pas transmise au président de la chambre régionale de discipline, retient que plus de trois ans se sont écoulés entre la date à laquelle la dénonciation a été portée à la connaissance de l'autorité et la constitution de partie civile de Daniel X..., le 3 janvier 2003, et qu'en l'absence de poursuites disciplinaires contre ce dernier, la prescription de l'action publique, qui n'a pas été suspendue, est acquise en faveur de Jean-Pierre Y... ;

Attendu qu'en statuant ainsi, les juges du fond ont justifié leur décision, dès lors que la dénonciation calomnieuse est une infraction instantanée dont la prescription triennale commence à courir le jour où la dénonciation est parvenue à l'autorité ayant le pouvoir d'y donner suite ou de saisir l'autorité compétente et qu'elle ne peut être suspendue, ce qui n'a pas été le cas en l'espèce, que par l'exercice effectif de poursuites, pénales ou disciplinaires, relatives au fait dénoncé ;

D'où il suit que le moyen doit être écarté ;

Et attendu que l'arrêt est régulier en la forme. »

> Le délai de prescription du délit de non dénonciation de faits délictueux par un commissaire aux comptes court du jour où il a connaissance des faits délictueux, au plus tard à la certification des comptes

• **Crim. 9 mars 1999,** n° 98-81.485, P n° 32

* V. s^s n° 631.121.

« Attendu qu'il résulte de l'arrêt attaqué et des pièces de la procédure que les parties civiles demanderesses ont déposé plainte, le 1er juillet 1997, pour non-dénonciation de faits délictueux par un commissaire aux comptes, délit prévu par l'article 457 de la loi du 24 juillet 1966 sur les sociétés commerciales ; qu'elles ont fait valoir que l'expertise ordonnée par la juridiction consulaire dans l'instance commerciale qui les opposait à la société coopérative E..., dont le rapport a été déposé le 19 septembre 1994, a révélé des carences dans la comptabilité de cette dernière, pour les années 1988 à 1992, certifiée "sans réserve" par le commissaire aux comptes ;

Attendu que le juge d'instruction, après avoir énoncé que la prescription du délit commençait à courir le jour de la connaissance, par le commissaire aux comptes, des faits délictueux, a rendu une ordonnance de refus d'informer, au motif que l'infraction poursuivie, antérieure, à la supposer démontrée, à la certification des comptes de l'exercice clos le 31 décembre 1992, était prescrite ;

Attendu que, pour confirmer la décision, la chambre d'accusation relève que les parties civiles ont eu connaissance, au plus tard à la fin de l'année 1992, lors des opérations d'expertise auxquelles elles participaient, des anomalies de la comptabilité du E... et de "l'absence de toute observation" du commissaire aux comptes ;

Attendu que, si c'est à tort que la chambre d'accusation s'est ainsi référée à la date de la découverte, par les parties civiles, des faits délictueux, pour fixer le point de départ du délai de prescription de la non-révélation de ces faits, l'arrêt n'encourt pas pour autant la censure, dès lors que la prescription de l'action publique était acquise à la date du dépôt de la plainte ;

Qu'en effet, le délai de prescription du délit de non-dénonciation, prévu par l'article 457 de la loi du 24 juillet 1966, court du jour où le commissaire aux comptes a connaissance des faits délictueux, au plus tard à la certification des comptes, et l'obligation de les révéler au procureur de la République ;

D'où il suit que le moyen ne saurait être accueilli ;

Et attendu que l'arrêt est régulier en la forme ;

REJETTE le pourvoi. »

> Le délit d'usage de faux se prescrit à partir de la date de chacun des actes par lesquels le prévenu se prévaut de la pièce fausse

• **Crim. 11 janv. 2001,** n° 00-81.761, NP

* V. s^s n° 631.82.

« Vu l'article 441-1 du code pénal ;

Attendu que le délai de prescription court, à l'égard du délit d'usage de faux, infraction instantanée, à partir de la date de chacun des actes par lesquels le prévenu se prévaut de la pièce fausse ;

Attendu que, pour dire prescrits les faits d'usage de fausses pièces qu'auraient commis Philogone Z... et Marie-Georges A... dans une procédure les opposant à Achille X..., la chambre d'accusation relève que la plainte a été déposée par celui-ci le 16 septembre 1998, alors que le dernier usage des documents litigieux a eu lieu lors du dépôt du dossier à l'audience de la cour d'appel du 23 juin 1995 ; qu'elle ajoute que "par principe", l'instance en cassation, concernant une décision sur le fond, n'implique aucun acte d'usage des pièces produites devant la juridiction de jugement, dès lors que le contrôle de la Cour de cassation ne porte que sur la légalité de la décision attaquée, sans discussion des éléments de preuve soumis à l'appréciation souveraine des juges ;

Mais attendu qu'en prononçant ainsi, sans rechercher, comme elle y était invitée par le mémoire de la partie civile, si les pièces arguées de faux, après leur versement au dossier d'appel, n'avaient pas été invoquées devant la Cour de cassation et n'avaient pas ainsi fait l'objet d'un nouveau fait positif d'usage, la chambre d'accusation n'a pas mis la Cour de cassation en mesure de s'assurer de la légalité de sa décision ;

D'où il suit que la cassation est encourue ;

Par ces motifs, casse et annule [...]. »

> La prescription constitue une exception péremptoire et d'ordre public qui peut être soulevée par le prévenu en tout état de la procédure, nonobstant la forclusion édictée par l'article 175 du code de procédure pénale

• **Crim. 20 janv. 2009,** n° 08-80.021, P n° 21

* V. s^s n° 631.13.

« Vu les articles 9 et 175 du code de procédure pénale ;

Attendu que, d'une part, selon le premier de ces textes, la prescription de l'action publique en matière de contravention est d'une année révolue ;

Attendu que, d'autre part, la prescription constitue une exception péremptoire et d'ordre public qui peut être soulevée par le prévenu en tout état de la procédure ;

Attendu que, pour déclarer le prévenu irrecevable à invoquer la prescription de la contravention de blessures involontaires, l'arrêt attaqué retient que celle-ci est connexe au délit de blessures involontaires et que l'ordonnance de renvoi, notifiée conformément aux dispositions de l'article 175 du code de procédure pénale, a purgé les vices de la procédure ;

Mais attendu qu'en statuant ainsi, alors que la loi ne prévoit aucune exception au délai de prescription qu'elle édicte et que celle-ci peut être invoquée en tout état de la procédure, la cour d'appel a méconnu le sens et la portée des textes susvisés et des principes ci-dessus énoncés ;

D'où il suit que la cassation est encourue. »

ESCROQUERIE

> La prescription, en matière d'escroquerie, ne commence à courir qu'à partir de la dernière remise lorsque les manœuvres frauduleuses constituent, non pas une série d'escroqueries distinctes, mais une opération délictueuse unique

• **Crim. 26 sept. 1995,** n° 94-84.008, P n° 288

* V. s^s n° 631.91.

« Attendu que la prescription, en matière d'escroquerie, ne commence à courir qu'à partir de la dernière remise lorsque les manœuvres frauduleuses constituent, non pas une série d'escroqueries distinctes, mais une opération délictueuse unique ;

Attendu qu'il appert de l'arrêt attaqué que la caisse primaire d'assurance-maladie du Val-d'Oise a déposé plainte avec constitution de partie civile le 12 octobre 1989 à l'encontre de Jacques Fournier, à qui elle reproche d'avoir, en 1966 et 1967, effectué de fausses déclarations en vue de percevoir une rente d'accident du travail, qui lui a été versée jusqu'au 14 juin 1989 ;

Attendu que, pour déclarer prescrit le délit d'escroquerie, la cour d'appel énonce que la partie civile avait découvert le caractère frauduleux des déclarations litigieuses dès 1980 ;

Mais attendu qu'en prononçant ainsi, alors que le dernier versement a eu lieu en 1989, les juges ont méconnu le sens et la portée des textes et principe susvisés ;

Qu'il s'ensuit que la cassation est encourue ;

Par ces motifs, casse et annule [...]. »

> Il en est ainsi même en cas de victimes distinctes

• **Crim. 23 oct. 1978,** n° 74-90.336, P n° 283

* V. s^s n° 631.91.

« Attendu que des énonciations de l'arrêt attaqué, il appert que, par leurs manœuvres frauduleuses, les prévenus se sont fait remettre par chacun des 111 acquéreurs de parts sociales, des Fonds depuis 1963 jusqu'au 13 janvier 1970, date du premier acte interruptif de la prescription de l'action publique ;

Attendu que, pour déclarer non prescrits les faits d'escroquerie antérieurs au 13 janvier 1967, la cour d'appel énonce que les agissements des demandeurs constituent "un tout indivisible, une opération unique en raison de l'uniformité des circonstances dans lesquelles ces escroqueries ont été commises qui ont toutes tendu a l'exécution d'un programme d'ensemble", que, dès lors, "l'interruption de la prescription réalisée pour un fait délictueux vaut interruption de prescription pour l'ensemble de l'activité délictuelle" ;

Attendu qu'en statuant ainsi, la cour d'appel, loin d'avoir violé les textes susvisés au moyen, en a fait l'exacte application ; qu'en effet, les manœuvres retenues à la charge des prévenus ne constituent pas, au regard de chaque acquéreur de parts, une succession d'escroqueries distinctes, mais une opération délictueuse unique, dont la prescription n'a commencé à courir qu'a la date de la dernière remise des fonds par l'une des victimes de l'escroquerie ; que, dès lors, le moyen ne saurait être accueilli ;

Et attendu que l'arrêt est régulier en la forme ;

Rejette le pourvoi. »

ABUS DE FAIBLESSE

> La prescription du délit d'abus de faiblesse ne commence à courir qu'à partir du dernier prélèvement effectué sur le patrimoine de la victime lorsque l'abus frauduleux procède d'une opération délictueuse unique

• **Crim. 27 mai 2004,** n° 03-82.738, P n° 141

* V. s^s n° 631.101.

« Attendu que, pour écarter l'exception de prescription soulevée par le prévenu, l'arrêt retient que la prescription n'a commencé à courir que du jour où la victime, qui n'était pas destinataire des relevés de ses comptes bancaires, a eu connaissance de la perte de son patrimoine, ce dont elle a été informée par d'autres membres de sa famille ;

Attendu que, si c'est à tort que la cour d'appel a situé le point de départ de la prescription au jour où la victime a été en mesure d'avoir connaissance des conséquences des faits poursuivis, l'arrêt n'encourt cependant pas la censure de ce chef, dès lors que ces faits, à les supposer constitutifs de l'infraction visée à la prévention, procèdent d'un mode opératoire unique et que les prélèvements bancaires, réalisés au moyen de la même procuration, n'ont pris fin qu'en 1999, moins de trois ans avant le premier acte de poursuite. »

HOMICIDE INVOLONTAIRE

> Le délit d'homicide involontaire n'est constitué que du jour du décès. Encourt la cassation l'arrêt qui fixe le point de départ de la prescription de l'action publique non pas à la date du décès mais à celle, antérieure, du fait délictueux qui en aurait été la cause

• **Crim. 4 nov. 1999,** n° 99-81.279, P n° 248

* V. s^s n° 631.132.

« Mais sur le premier moyen de cassation, pris de la violation des articles 319 ancien du code pénal, 221-6 du code pénal, 6, 8, 575, alinéa 2, 3° et 593 du code de procédure pénale, défaut de motifs et manque de base légale :

En ce que l'arrêt attaqué a confirmé l'ordonnance de non-lieu rendue par le juge d'instruction de Nantes ;

Aux motifs que les faits qualifiés d'homicide involontaire apparaissent couverts par la prescription triennale, puisque si l'origine transfusionnelle de la contamination de Catherine X... ne fait pas de doute, cette contamination a certainement été provoquée par les soins prodigués en urgence au Mans puis à Tours au mois de novembre 1983, soit au cours de l'intervention chirurgicale de reconstruction du fémur pratiquée à Nantes au mois de mai 1984 (arrêt attaqué, p. 6, alinéa 4) ;

Alors que la prescription de l'action publique ne court que du jour où l'infraction objet de la poursuite est constituée dans tous ses éléments ; que le délit d'homicide involontaire n'est caractérisé qu'au jour du décès de la victime, élément constitutif de l'infraction prévue et réprimée par l'article 319 du code pénal ancien, de sorte qu'en fixant le point de départ de la prescription du délit d'homicide involontaire de Catherine X... à la date des transfusions qui en étaient la cause, la chambre d'accusation a méconnu les textes et principes sus-rappelés ;

Vu les articles 319, ancien et 221-6 du code pénal, 6 et 8 du code de procédure pénale ;

Attendu que la prescription de l'action publique ne court que du jour où l'infraction, objet de la poursuite, est constituée dans tous ses éléments ; que le délit d'homicide involontaire n'est caractérisé qu'au jour du décès de la victime, élément constitutif de l'infraction prévue et réprimée tant par l'article 319 ancien du code pénal que par l'article 221-6 dudit code ;

Attendu que, pour déclarer éteinte l'action publique, l'arrêt attaqué constate que la prescription triennale des faits qualifiés d'homicide involontaire sur la personne de Catherine X..., décédée le 30 novembre 1991, dénoncés par la plainte avec constitution de partie civile déposée par ses parents le 12 octobre 1993, était acquise, dès lors que la contamination, d'origine transfusionnelle, de la victime par le virus du sida était la conséquence de soins prodigués en 1983 ou d'une opération pratiquée en 1984 ;

Mais attendu qu'en prononçant ainsi, la chambre d'accusation a méconnu les textes susvisés et le principe sus-énoncé ;

D'où il suit que la cassation est encourue ;

Par ces motifs, casse et annule [...]. »

PRISE ILLÉGALE D'INTÉRÊTS

> Le délai de prescription du délit de prise illégale d'intérêts commence à courir du dernier acte administratif accompli par l'agent public par lequel il prend ou reçoit directement ou indirectement un intérêt dans une opération dont il a l'Administration ou la surveillance. L'enregistrement en comptabilité d'une transaction intervenue entre les parties ne constitue qu'une suite de l'acte délictuel initial et non un acte administratif nouveau constitutif d'une prise illégale d'intérêts

• **Crim. 4 oct. 2000,** n° 99-85.404, P n° 287

* V. s^s n° 631.104.

« Vu les articles 6 et 8 du code de procédure pénale, ensemble l'article 432-12 du code pénal ;

Attendu que le délit de prise illégale d'intérêts se prescrit à compter du dernier acte administratif accompli par l'agent public par lequel il prend ou reçoit directement ou indirectement un intérêt dans une opération dont il a l'administration ou la surveillance ;

Attendu qu'il résulte de l'arrêt attaqué que, le 3 septembre 1991, la chambre de commerce et d'industrie (CCI) de Millau, dont X. était le président, a attribué, en qualité de maître d'ouvrage, à la société Z., dirigée par Y., les lots gros œuvre, charpente et couverture d'un marché sur appel d'offres pour la construction de la tour de contrôle de l'aéroport de cette ville ; que la plus grande partie des travaux de gros œuvre, qui se sont achevés en juin 1992, a été en fait réalisée par la société X., dont X. est le président, laquelle s'est substituée à la société Z., sans recours à la sous-traitance :

Attendu que ces travaux ont été facturés, pour un montant de 670 900,35 francs, par la société Z. et réglés par la CCI, par mandatements successifs, sur présentation par cette société de situations d'avancement des travaux ; que, dans le même temps, une somme totale de 586 404,29 francs a été rétrocédée à la société X. après que celle-ci eut adressé à l'entreprise adjudicataire cinq demandes d'acomptes s'échelonnant du 28 février au 31 août 1992 ;

Attendu que la dernière demande d'acompte du 31 août 1992 ayant suscité un différend entre X. et Y. qui en a contesté le montant, ce dernier n'en a réglé qu'une partie à titre transactionnel ; que la différence entre la somme réclamée et celle payée a été régularisée par un "avoir" émis seulement le 31 décembre 1993 par la société X. et reçu le 8 avril 1994 par la société Z ;

Attendu qu'à la suite de la dénonciation, courant mars 1996, par le directeur de l'aérodrome de Millau, des agissements de X., le procureur de la République a ordonné une enquête préliminaire le 29 mars 1996 ; que, le 10 avril 1997, une information judiciaire a été ouverte contre X. et Y. pour prise illégale d'intérêts et complicité, à l'issue de laquelle les intéressés ont été renvoyés devant la juridiction correctionnelle ;

Attendu que, pour écarter l'exception de prescription de l'action publique soulevée par les prévenus, la juridiction du second degré relève qu'à compter de l'adjudication du 3 septembre 1991, les prises d'intérêts se sont déroulées successivement lors de chacun des mandatements, par l'intermédiaire de la société Z. et également « par les demandes d'acomptes de la société X. à la société Z. ainsi que par le règlement desdits acomptes, soit par paiement effectif de la société Z. à la société X., soit encore par le paiement, injustement qualifié de régularisation comptable, par facture d'avoir délivré par la société X. à la société Z. » ;

Que les juges ajoutent qu'ainsi la série d'opérations fait qu'en l'espèce l'intérêt reçu par le prévenu principal X. se traduit, par la volonté des deux prévenus, en la création d'une situation permanente dont X. tire intérêt ; que, dans ce cas, les règlements qu'il a reçus régulièrement et l'avoir qui a mis fin à ces relations contractuelles délictueuses ont transformé l'infraction en délit continu ;

Qu'ils énoncent enfin que le "soit-transmis du 27 mars 1996 est donc suffisant pour interrompre la prescription qui a commencé à courir à compter du 8 avril 1994, date de réception par la société Z. de l'avoir de X. mettant fin au compte courant entre les parties et traduisant une partie des faits délictueux successivement perpétrés" ;

Mais attendu qu'en prononçant ainsi, alors que l'émission de l'avoir par la société X., le 31 décembre 1993, et sa réception, le 8 avril 1994, par la société Z., ne faisait qu'enregistrer en comptabilité la transaction intervenue courant 1992 entre les deux sociétés, sans réaliser aucun acte nouveau d'administration plaçant X. en position de surveillé et de surveillant, la cour d'appel n'a pas donné de base légale à sa décision ;

D'où il suit que la cassation est encourue ;

Par ces motifs, casse et annule [...]. »

> Le délai de prescription de l'action publique du délit de prise illégale d'intérêts ne commence à courir, en cas de dissimulation destinée à empêcher la connaissance de l'infraction, qu'à partir du jour où celle-ci est apparue et a pu être constatée dans des conditions permettant l'exercice des poursuites

• **Crim. 16 déc. 2014,** nº 14-82.939, P nº 272

* V. s[s] nº 631.104.

« Attendu qu'il résulte de l'arrêt attaqué et des pièces de la procédure qu'une information judiciaire a été ouverte le 18 février 2011, contre personne non dénommée, des chefs, notamment, d'obtention indue d'autorisation, tromperie sur les qualités substantielles d'un médicament avec mise en danger de la vie de l'Homme, prise illégale d'intérêts ; que M. X..., praticien hospitalier, professeur d'université, a été mis en examen pour prise illégale d'intérêts ; qu'il lui est reproché d'avoir fourni des prestations de conseil rémunérées, de 2004 à 2006, au bénéfice du groupe pharmaceutique Servier alors que, jusqu'en 2003, il était, en sa qualité de président de la commission d'autorisation de mise sur le marché de l'Agence française de sécurité sanitaire du médicament et des produits de santé, chargé d'assurer la surveillance et le contrôle et d'exprimer un avis sur les opérations effectuées par les laboratoires pharmaceutiques ; que M. X... a déposé une requête tendant à voir constater la prescription de l'action publique qui a été rejetée par les juges d'instruction ;

Attendu que, pour confirmer l'ordonnance entreprise, l'arrêt, après avoir relevé que M. X... ne contestait pas avoir effectué des prestations de conseil pour le groupe Servier, constate que sa rémunération lui était rétrocédée par la société FC Consulting dirigée par son épouse, qui, en vertu d'un contrat conclu le 22 octobre 2004, établissait des factures à la société Iris, elle-même filiale du groupe Servier bénéficiaire des prestations ;

Attendu qu'en l'état de ces énonciations la chambre de l'instruction a justifié sa décision ;

Qu'en effet, si le délit de prise illégale d'intérêts se prescrit à compter du jour où la participation a pris fin, le délai de prescription de l'action publique ne commence à courir, en cas de dissimulation destinée à empêcher la connaissance de l'infraction, qu'à partir du jour où celle-ci est apparue et a pu être constatée dans des conditions permettant l'exercice des poursuites ;

D'où il suit que le moyen ne saurait être admis. »

> L'obligation de dénonciation, prévue par l'article 434-3 du code pénal, subsiste, même s'il apparaît à celui qui a connaissance des faits sur laquelle elle porte que ceux-ci sont prescrits

> La condition de vulnérabilité de la victime doit exister au moment des faits mais encore lors de la révélation à la personne tenue à l'obligation de dénonciation

• **Crim. 14 avr. 2021,** nº 20-81.196, P

* V. s[s] nº 631.124

« 19. [L'article 434-3 du code pénal] a pour but de lever l'obstacle aux poursuites pouvant résulter de ce que l'âge ou la fragilité de la victime l'ont empêchée de dénoncer les faits. Il en résulte que, lorsque cet obstacle est levé, l'obligation de dénonciation ainsi prévue disparaît.

20. Aussi, la condition, prévue par le texte en cause, tenant à la vulnérabilité de la victime, doit-elle être remplie non seulement au moment où les faits ont été commis, mais encore lorsque la personne poursuivie pour leur non-dénonciation en a pris connaissance.

21. En revanche, tant que l'obstacle ainsi prévu par la loi demeure, l'obligation de dénoncer persiste, même s'il apparaît à celui qui prend connaissance des faits que ceux-ci ne pourraient plus être poursuivis, compte tenu de la prescrip-

tion de l'action publique. En effet, d'une part, la condition que la prescription ne soit pas acquise ne figure pas à l'article 434-3 du code pénal, d'autre part, les règles relatives à la prescription sont complexes et ne peuvent être laissées à l'appréciation d'une personne qui peut, en particulier, ignorer l'existence d'un acte de nature à l'interrompre.

22. Pour prononcer la relaxe de M. Y, en ce qui concerne l non-dénonciation, par celui-ci, aux autorités administratives et judiciaires, d'agressions sexuelles commises par M. Q, et qui sont parvenues à sa connaissance en 2014 et en 2015, la cour d'appel énonce que son obligation de les dénoncer avait disparu, d'une part, parce que la prescription de l'action publique était acquise quand il avait été informé de leur existence, d'autre part, parce que leurs victimes, alors âgées de trente-quatre à trente-six ans, insérées au plan familial, social et professionnel et ne souffrant pas d'une maladie ou d'une déficience les empêchant de porter plainte, étaient en mesure de faire connaître elles-mêmes ces faits aux autorités administratives et judiciaires.

23. C'est à tort que la cour d'appel a estimé que l'obligation de dénoncer ces agressions sexuelles commises sur des mineurs avait disparu en raison de la prescription de l'action publique.

24. Cependant, la cassation n'est pas pour autant encourue, dès lors que, par des motifs relevant de son appréciation souveraine, la cour d'appel énonce que les victimes étaient, au moment où les faits ont été portés à la connaissance de M. Y, en état de les dénoncer elles-mêmes et que ce seul motif est de nature à justifier la relaxe prononcée.

(...)

Par ces motifs, (...) :

Rejette le pourvoi ; (...) »

631.03 Bibliographie indicative.

Encyclopédies. Rép. pén., *V° Action publique*, par F. Molins – J.-Cl. Pr. pén., « Prescription de l'action publique », par B. Challe.

Thèses. G. Ballé, *La prescription pénale et l'action civile*, thèse, Paris, 1945, dact., 168 – L. Dupraz, *De la prescription en droit pénal*, thèse, Lausanne, 1920, 119 p. – A. Janem, *L'évolution du droit de la prescription pénale en France depuis 1964*, 2 vol., thèse, Poitiers, 2009, dact., 685 p. – P. Mahinz, *La prescription de l'action publique et de l'action civile*, thèse, Bordeaux, 1913 – A. Mihman, *Contribution à l'étude du temps dans la procédure pénale. Pour une approche unitaire du temps de la réponse pénale*, thèse, Paris XI, 2007 – A. Varinard, *La prescription de l'action publique (sa nature juridique, droit matériel, droit formel)*, thèse, Lyon 2, 1973, dact., 529 p.

Contributions. J.-F. Burgelin, « Pour l'unification des délais de prescription en droit pénal », *in Mél. Soyer*, Paris, LGDJ, 2000, p. 49 – C. Gavalda, « La théorie de la prescription des actions en procédure pénale », *in* Stéfani (dir.), *Quelques aspects de l'autonomie du droit pénal. Études de droit criminel*, Dalloz, 1956, p. 77 – G. Mathieu, « Le délai de prescription de l'action publique ou la mémoire de la justice pénale concernant les infractions », *in Mél. Savelli*, PUAM 1998, p. 169 – H. Matsopoulou, « L'oubli en droit pénal », *in Mél. Bouloc*, 2006, Dalloz, p. 771 – A. Varinard, « La prescription de l'action publique. Une institution à réformer », *in Mél. Pradel*, Cujas, 2006, p. 605.

Articles. P. Blanchetier, « Point de départ du délai de prescription des délits de presse sur internet. Vers une solution libertaire et contraire au bon sens », *D.* 2001. Chron. 2056 – B. Bouloc, « Regard sur la prescription pénale », *AJ pénal* 2016. 294 – D. Boccon-Gibod, « Les exigences contradictoires d'un régime raisonné de la prescription de l'action publique », *AJ pénal* 2016. 297 – R. Chèdeville, « Les délais de prescription en matière pénale et la loi du 12 mai 1950 », *JCP* 1950. I. 884 – C. Cohen, « La prescription en question », *Gaz. Pal.* 12 sept. 1995, p. 1059 – D.-N. Commaret, « Point de départ du délai de prescription de l'action publique. Des palliatifs jurisprudentiels, faute de réforme législative d'ensemble », *RSC* 2004. 897 – C. Costaz, « Le droit à l'oubli », *Gaz. Pal.* 1995. 1. Doctr. 2 – V. Courcelle-Labrousse, « Réforme de la prescription en matière de droits de douane », *AJ pénal* 2016. 302 – J. Danet, « La prescription de l'action publique. Quels fondements et quelle réforme ? », *AJ pénal* 2006. 285 ; « La prescription de l'action publique, un enjeu de politique criminelle », *Arch. pol. crim.* 2006. 75 – A. Darsonville, « Recul du point de départ de la prescription de l'action publique et suspension du délai : le flou actuel et à venir ? », *AJ pénal* 2016. 306 – E. Dreyer, « La prescription des infractions commises par les médias », *AJ pénal* 2006. 294 – P.-Y. Gautier, « De la prescription des infractions commises sur internet... et dans le monde physique », *D.* 2002. Chron. 1852 – Ch. Guéry, « De la formule "depuis temps non couvert par la prescription de l'action publique" et de ses effets », *AJ pénal* 2016. 309 – T. Le Bars, « La computation des délais de prescription et de procédure. *Quiproquo* sur le *dies a quo* et le *dies ad quem* », *JCP* 2000. I. 258 – P. Maistre du Chambon, « L'hostilité de la Cour de cassation à l'égard de la prescription de l'action publique », note sous Crim. 20 févr. 2002, *JCP* 2002. II. 10075 – A. Mihman, « Comment réformer la prescription de l'action publique ? », *Rev. pénit.* 2007. 517 – C. Pigache, « La prescription pénale, instrument de la politique criminelle », *RSC* 1983. 55 – P. Savey-Casard, « Le régime de l'action civile survivant à l'action publique », *RSC* 1976. 319.

Rapport. J.-J. Hyest, H. Portelli et R. Yung, *Pour un droit de la prescription moderne et cohérent, rapport d'information n° 338 sur le régime des prescriptions civiles et pénales, JO* Sénat 20 juin 2007.

> Sur la loi du 27 février 2017

Articles. E. Daoud, « La prescription des infractions occultes ou dissimulées en droit pénal des affaires : à la poursuite du temps perdu », *Dr. pénal* mai 2017, dossier 3 – L. Griffon-Yarza, « Aspects pratiques de la réforme de la prescription pénale », *Dr. pénal* mai 2017, dossier 2 – J. Leblois-Happe, « La réforme de la prescription, enfin ! – Loi n° 2017-242 du 27 février 2017 », *JCP* 2017, doct. 424 – Ch. Ingrain, R. Lorrain, « Réforme de la prescription pénale : la mise en œuvre et les conséquences (*in*) attendues de l'application immédiate de la loi », *D. actu.* févr. 2017 – J. Lasserre Capdeville, « Le droit régissant la prescription en matière pénale est réformé », *AJCT* 2017. 120 – M. Léna, « Nouveaux délais de prescription de l'action publique : tableau récapitulatif », *AJ pénal* 2017. 169 – A. Lepage et H. Matsopoulou, « La prescription de l'action publique entre pérennité et innovations », *Dr. pénal* mai 2017, dossier 1 – A. Mihman, « La réforme de la prescription de l'action publique – À propos de la loi n° 2017-242 du 27 février 2017 », *Gaz. Pal.* 7 mars 2017, n° 10 – E. Molin, « Soit-transmis des parquets aux administrations et prescription de l'action publique – Avant et avec la loi n° 2017-242 du 27 février 2017 portant réforme de la prescription en matière pénale », *Procédures* 2018, ét. 7 – E. Morain, « La prescription pénale s'allonge », *LPA* 20 mars 2017, n° 56 – J.-B. Perrier, « L'essentiel et le détail de la réforme de la prescription en matière pénale », *D.* 2017. 713 – W. Roumier, « Adoption en première lecture de la proposition de loi portant réforme de la prescription en matière pénale », *Dr. pénal* 2016, alerte 64 – T. Scherer, « La réforme de la prescription en matière pénale sous l'angle du droit transitoire », *AJ pénal* 2018. 303 – E. Vergès, « La prescription de l'action publique rénovée – À propos de la loi n° 2017-242 du 27 février 2017 portant réforme de la prescription en matière pénale », *RSC* 2017. 91.

SECTION 1
NOTIONS

631.11 **Définition.** La prescription de l'action publique peut être définie comme une cause d'extinction de l'action publique par l'effet de l'écoulement d'une période de temps passé depuis le jour de la commission de l'infraction. En *common law*, le principe est l'absence de prescription, alors que l'imprescriptibilité constitue une exception rarissime en droit français. Seul le dernier alinéa de l'article 7 du code de procédure pénale (ancien article 213-5 du code pénal), visant les crimes contre l'humanité, et certaines infractions militaires de désertion en présence de l'ennemi sont concernées. Il n'existe pas de texte prévoyant expressément de délit imprescriptible. En revanche, certaines actions en réparation sont imprescriptibles, il en est ainsi de l'atteinte portée au domaine public routier, notamment celle tendant à l'enlèvement des ouvrages faits[1]. Il en résulte que, si les auteurs ou les personnes civilement responsables peuvent être condamnés à la réparation du dommage causé, quel que soit le temps écoulé depuis le fait constitutif de la contravention de voirie routière, cette contravention se prescrit selon les dispositions de l'article 9 du Code de procédure pénale[2]

631.12 **Qualification.** La durée de la prescription est fonction de la qualification donnée au fait punissable par la juridiction qui statue définitivement. Peu importent les qualifications qui avaient été retenues à l'origine par le ministère public[3].

1. C. voirie routière, art. L. 116-6.
2. Crim. 31 janv. 2023, n° 22-83.368, P.

631.13 **Ordre public.** La prescription de l'action publique constitue, selon la chambre criminelle, « une exception péremptoire et d'ordre public qui doit être relevée d'office par les juges du fond »[4]. Les conséquences de ce principe sont les suivantes : la prescription de l'action publique peut être relevée en tout état de la procédure[5], y compris pour la première fois devant la Cour de cassation, sous la condition toutefois qu'elle « trouve dans les constatations des juges du fond les éléments nécessaires lui permettant d'en apprécier la valeur »[6].

Elle doit aussi être relevée d'office par les juges du fond[7].

Mais il faut citer ici une jurisprudence en vertu de laquelle il a été jugé que méconnaît les dispositions des articles 6, § 1, de la convention européenne des droits de l'homme, 8 et préliminaire du code de procédure pénale la chambre de l'instruction qui relève d'office la prescription de l'action publique sans avoir permis aux parties d'en débattre[8]. Il faut en déduire qu'un débat doit donc s'instaurer à l'audience sur la question de la prescription et qu'une prescription de l'action publique ne saurait résulter d'un délibéré sans que la possibilité en ait été évoquée lors des débats. Cette jurisprudence est désormais établie. Elle ne concerne pour l'instant que les chambres de l'instruction, mais elle peut être aisément transposée à l'audience correctionnelle dès lors que la question de la prescription n'aurait pas été mise au débat[9].

3. Crim. 5 avr. 1965, n° 64-91.937, P n° 108 – Crim. 4 nov. 1986, n° 85-91.293, P n° 321 – Crim. 16 févr. 1993, n° 92-84.083, P n° 76 – Crim. 28 févr. 1995, n° 94-82.040, P n° 88 – Crim. 7 mai 1996, n° 95-83.992, P n° 196 (v. s^s^ n° 631.01).
4. Crim. 20 mai 1980, n° 79-93.548, P n° 156 – Crim. 14 févr. 1995, n° 93-85.640, P n° 66 – Crim. 20 janv. 2009, n° 08-80.021, P n° 21 ; *D.* 2009. 502 ; *AJ pénal* 2009. 177, obs. C. Girault.
5. Crim. 22 févr. 1955, P n° 116 – Crim. 9 juill. 1996, n° 95-83.418, NP, *Dr. pénal* 1996, n° 248, obs. J.-H. Robert.
6. Crim. 27 avr. 1963, n° 61-94.254, P n° 154 – Crim. 16 janv. 1964, n° 63-90.263, P n° 16 – Crim. 12 mai 1976, n° 75-92.128, P n° 155 – Crim. 22 nov. 1983, n° 81-93.446, P n° 307 – Crim. 3 mai 1990, n° 89-81.370, P n° 168 – Crim. 20 oct. 1992, n° 91-86.924, P n° 330 – Crim. 16 janv. 2002, n° 01-84.667, NP, *D.* 2009. 502 ; *AJ pénal* 2009. 177, obs. C. Girault – Crim. 27 févr. 2002, n° 01-82.530, NP – Crim. 20 janv. 2009, n° 08-80.021, P n° 21.
7. Crim. 20 mai 1980, n° 79-93.548, P n° 156 – Crim. 20 oct. 1992, n° 91-86.924, P n° 330 – Crim. 14 févr. 1995, n° 93-85.640, P n° 66.
8. Crim. 8 janv. 2013, n° 12-81.045, P n° 9 ; *D.* 2013. 308 ; *D.* 2013. 1993, obs. J. Pradel ; *JCP* 2013. 205 ; *AJ pénal* 2013. 354, obs. J. Lasserre Capdeville – SUR L'OBLIGATION pour la chambre de l'instruction qui relève d'office un moyen d'ordre public de permettre aux parties d'en débattre, à rapprocher : Crim. 26 juin 2012, n° 12-80.319, P n° 158 – *contra :* Crim. 6 mai 2003, n° 02-84.348, p. 2003, n° 92.
9. Crim. 23 juin 2015, n° 14-83.836, P n° 160 ; *D.* 2016. 277, obs. E. Dreyer ; *RSC* 2015. 675, obs. A. Giudicelli.

631.14 **Effets de la prescription.** La prescription éteint l'action publique à l'égard de tous et ôte aux faits leur caractère délictueux[1]. Rien ne prohibe toutefois que soient abordés lors de l'audience des faits prescrits s'ils peuvent éclairer les débats sur le fond ou sur la personnalité de tel ou tel. Aucun texte n'interdit non plus aux juges de tenir compte de faits prescrits, contradictoirement débattus, pour apprécier les éléments constitutifs d'autres infractions commises en période non prescrite. Justifie sa décision la cour d'appel qui, saisie de faits de fraude fiscale, se fonde, pour déduire l'élément intentionnel et déterminer la peine, sur des antécédents administratifs ou fiscaux du contribuable concernant une période antérieure atteinte par la prescription[2]. La prescription fait également obstacle à l'exercice de l'action civile devant le juge pénal, en vertu de l'article 10 du code de procédure pénale. La prescription de l'action publique s'étend à l'infraction elle-même et profite par voie de conséquence à l'ensemble de ses auteurs, coauteurs ou complices qui peuvent se prévaloir de la même exception[3].

Il résulte de l'article 10 du code de procédure pénale, issu de la loi du 17 juin 2008[4], que les actes qui interrompent ou suspendent le délai de prescription de l'action publique produisent les mêmes effets à l'égard de la prescription de l'action civile exercée devant la juridiction répressive, non seulement à l'encontre de tous les participants à l'infraction mais encore à l'égard des victimes des infractions commises par eux[5].

631.15 **Prescription et justice restaurative.** On peut noter que, pour la première fois, la prescription d'une infraction n'empêche plus nécessairement qu'une mesure de justice soit envisagée. Aux termes de l'article 10-1 du Code de procédure pénale « à l'occasion de toute procédure pénale et à tous les stades de la procédure, y compris lors de l'exécution de la peine, la victime et l'auteur d'une infraction, sous réserve que les faits aient été reconnus, peuvent se voir proposer une mesure de justice restaurative ». La définition de la justice restaurative[6] est donnée par le même article : « constitue une mesure de justice restaurative toute mesure permettant à une victime ainsi qu'à l'auteur d'une infraction de participer activement à la résolution des difficultés résultant de l'infraction, et notamment à la réparation des préjudices de toute nature résultant de sa commission ».

Un décret du 23 novembre 2021[7] a ajouté de nouvelles dispositions à l'article D. 1-1-1 du Code de procédure pénale. L'alinéa 2 de cet article dispose que : « lorsque les conditions prévues par l'article 10-1 sont réunies, et notamment que l'auteur de l'infraction a reconnu avoir commis les faits qui lui sont reprochés, les mesures de justice restaurative peuvent être mises en œuvre *y compris si la prescription de l'action publique est acquise* ».

Mieux, le même article prévoit qu'« en cas de décisions de classement sans suite, de non-lieu, de relaxe ou d'acquittement dans des procédures concernant des infractions sexuelles commises par des majeurs sur des mineurs dont la commission est reconnue par leur auteur mais qui sont motivées par la prescription de l'action publique, le procureur de la République vérifie si une mesure de justice restaurative est susceptible d'être mise en œuvre ».

631.16 ***Ne bis in idem.*** Interprétant l'article 54 de la convention d'application de l'accord de Schengen relatif au principe *ne bis in idem*, la Cour de cassation indique que la prescription de l'action publique dans un État ne fait obstacle à la poursuite des mêmes faits dans un autre État qu'à la condition que cette prescription ait été constatée par un jugement définitif rendu à la suite de l'exercice de l'action publique[8].

631.17 **Action civile.** Aux termes de l'article 10, alinéa premier, du code de procédure pénale, lorsque l'action civile est exercée devant une juridiction répressive, elle se prescrit selon les règles de l'action publique. Lorsqu'elle est exercée devant une juridiction civile, elle se prescrit selon les règles du code civil. En conséquence, la prescription a pour effet d'éteindre l'action publique mais entraîne de surcroît l'impossibilité d'exercer l'action civile devant la juridiction répressive. Elle peut alors être intentée devant la juridiction civile dès lors que le délai de prescription du droit civil n'est pas expiré.

631.18 **Réformes envisagées.** La Cour de cassation a joué, dans le domaine de prescription de l'action publique, un rôle très important. Elle a notamment, et tout d'abord dans le domaine de la délinquance économique et financière, retardé le

1. Crim. 27 oct. 1993, n° 92-82.374, P n° 320 ; *Dr. pénal* 1994, n° 17 – Crim. 19 sept. 1996, n° 96-80.436, P n° 327.
2. Crim. 19 sept. 1996, n° 96-80.436, P n° 327.
3. Crim. 17 mars 1952, *RSC* 1953. 109 – Crim. 4 déc. 1952, *Gaz. Pal.* 1953. 1. 92.
4. L. n° 2008-561, 17 juin 2008 portant réforme de la prescription en matière civile, *JO* 18 juin, p. 9856.
5. Crim. 21 mars 2018, n° 17-80.058, FS-P+B ; *D.* 2018. 672 ; *JCP* 2018. 518 ; *Dr. pénal* 2018, comm. 88, A. Maron et M. Haas ; *AJ pénal* 2018. 321, obs. Ch. Courtin.
6. SUR la justice restaurative, v. s[s] n° 715.61.
7. Décr. n° 2021-1516, 23 nov. 2021, tendant à renforcer l'effectivité des droits des personnes victimes d'infractions commises au sein du couple ou de la famille, *JO* 24 nov., n° 6 ; *Procédures* 2022, comm. 16, M. Douchy-Oudot ; *Dr. pénal* 2022, alerte 2, veille W. Roumier.
8. Crim. 12 mai 2009, n° 07-85.875, P n° 89 ; *D.* 2009. Chron. 2258, note D. Brach-Thiel ; *AJ pénal* 2009. 309, obs. E. Péchillon.

point de départ de la prescription de certains délits occultes[1], à tel point que des critiques de plus en plus vives se sont élevées. La Commission présidée par M. Coulon a remis en février 2008 des propositions parmi lesquelles la fixation d'un point de départ intangible de la prescription, figé à la date de commission des faits, avec un allongement du délai. C'était la solution reprise dans l'avant-projet de nouveau code de procédure pénale avant que Madame la garde des Sceaux annonce, début 2010, un retour en arrière s'agissant du point de départ du délit d'abus de biens sociaux. Ce projet a été abandonné. Mais un autre a, rapidement, vu le jour, qui a abouti finalement à une réforme profonde de la matière. Nous en reprenons les grands principes ci-dessous. On ne reviendra pas ici sur les raisons, fondées ou non, qui ont prévalu dans ce choix[2].

SECTION 2
DÉLAIS DE PRESCRIPTION DE L'ACTION PUBLIQUE

§ 1
Délais – Principes généraux

631.21 Les articles 7, 8, 9 du code de procédure pénale. Ce sont les trois articles qui régissent la prescription de l'action publique, le premier en matière de crime, le second en matière de délit, et le troisième pour les contraventions. L'article 8 a été profondément modifié par la loi du 27 février 2017[3].

Le professionnel risque donc d'être confronté à de nouvelles difficultés. Comme le dit Théo Scherer « La cause principale de ces difficultés est le caractère inédit de certaines situations. En effet, pour la première fois, il faut simultanément appliquer à certains délais de prescription en cours une augmentation de durée, un report du point de départ et la superposition d'un délai butoir »[4].

631.22 Loi du 27 février 2017 : grands principes. « Si, pour l'essentiel, la loi du 27 février 2017 assure une certaine stabilité aux règles relatives à la prescription en matière pénale, en allongeant les délais de prescription et en légalisant les solutions et découvertes jurisprudentielles, elle ne réalise pas pleinement la simplification espérée », écrit Jean-Baptiste Périer[5]. On peut en effet le craindre. La loi du 27 février 2017 a tout d'abord allongé les délais de droit commun s'agissant de la prescription de l'action publique concernant un crime, qui passe de dix à vingt ans, et un délit, qui voit sa durée évoluer de trois à six ans (le délai de prescription des contraventions n'a pas été modifié). Le délai de six ans est également applicable aux délits douaniers[6]. Les délais dérogatoires prévus par des textes particuliers, et notamment en ce qui concerne les infractions commises à l'encontre de mineurs, ont été maintenus (mais sur la loi du 21 avril 2021 modifiant encore la question, v. s^s n° 631.123).

Les articles 7 et 8 du code de procédure pénale prévoient désormais que le délai de prescription court à compter du jour où l'infraction a été commise, précision inconnue de la formulation précédente. L'article 9-1 pose les exceptions à ce principe qui sont relatives aux crimes et aux délits commis contre les mineurs et aux infractions clandestines.

631.23 Application de la loi dans le temps. L'article 112-2, 4°, du code pénal disposait, jusqu'à son abrogation par la loi du 9 mars 2004[7] que : « Sont applicables immédiatement à la répression des infractions commises avant leur entrée en vigueur [...] lorsque les prescriptions ne sont pas acquises, les lois relatives à la prescription de l'action publique [...], sauf quand elles auraient pour résultat d'aggraver la situation des intéressés. »

Il résultait de cet article qu'une loi nouvelle n'avait aucun effet sur une prescription, dès lors qu'elle était déjà acquise d'une part, et qu'en revanche dès lors que la prescription n'était pas acquise, la loi nouvelle était applicable immédiatement si elle n'aggravait pas le sort de la personne.

C'est surtout à propos de la répression de certains crimes et délits commis contre les mineurs que la Cour de cassation avait eu l'occasion de réaffirmer qu'une loi nouvelle ne pouvait avoir pour effet de réouvrir un délai expiré[8]. L'article 112-2-4 avait par ailleurs considérablement modifié les règles antérieures à son entrée en vigueur puisque, avant le 1er mars 1994, les lois relatives à la prescription de

1. V. s^s n°s 632.42 s.
2. SUR ces points de nombreuses notes doctrinales, not. : J. Leblois-Happe, « La réforme de la prescription, enfin ! Loi n° 2017-242 du 27 février 2017 », *JCP* 2017. Doctr. 424 ; A. Lepage et H. Matsopoulou, « La prescription de l'action publique entre pérennité et innovations », *Dr. pénal* mai 2017, dossier 1 – E. Vergès, « La prescription de l'action publique rénovée : À propos de la loi n° 2017-242 du 27 février 2017 portant réforme de la prescription en matière pénale », *RSC* 2017. 91.
3. L. n° 2017-242, 27 févr. 2017 portant réforme de la prescription en matière pénale, *JO* 28 févr., n° 2.
4. Th. Scherer, « La réforme de la prescription en matière pénale sous l'angle du droit transitoire », *AJ pénal* 2018. 303.
5. J.-B. Perrier, « L'essentiel et le détail de la réforme de la prescription en matière pénale », *D.* 2017. 713.
6. C. douanes, art. 351, al. 1.
7. L. n° 2004-204, 9 mars 2004 portant adaptation de la justice aux évolutions de la criminalité, *JO* 10 mars, p. 4567.
8. Crim. 3 nov. 1994, n° 94-80.010, P n° 349 ; *RSC* 1995. 367, obs. J.-P. Dintilhac – Crim. 28 févr. 1995, n° 93-83.493, P n° 87 – Crim. 3 sept. 1997, n° 97-83.351, P n° 294 – Crim. 17 nov. 1999, n° 99-85.940, P n° 266 (sur ces questions, v. s^s n°s 634.11 s.).

l'action publique étaient applicables immédiatement qu'elles soient plus douces ou plus sévères. D'ailleurs, le législateur devait déroger expressément à la règle nouvelle qu'il avait lui même posée en précisant dans la loi du 17 juin 1998 [1], relative à la répression des infractions sexuelles et à la protection des mineurs, dans son article 50, qu'il était dérogé à l'article 112-2, 4° du code pénal. Comme la loi du 10 juillet 1989 [2] y dérogeait aussi pour une autre raison : elle n'était pas concernée par l'article 112-2, 4° qui lui était postérieur [3], la situation n'a cessé de s'aggraver pour les personnes poursuivies dans des proportions considérables d'une part mais aussi très difficiles à comprendre de l'autre [4].

La définition de l'article 112-2, 4°, du code pénal, issue de loi du 9 mars 2004 [5], prévoit que les lois relatives à la prescription de l'action publique et à la prescription des peines sont applicables immédiatement à la répression des infractions commises avant leur entrée en vigueur. Les lois nouvelles sont donc applicables immédiatement même si elles sont plus sévères aux situations en cours dès lors que les faits ne sont pas déjà prescrits lors de son entrée en vigueur. Cependant si la loi, dite Perben II, autorise l'application immédiate d'une loi nouvelle modifiant la durée de la prescription, même si celle-ci aggrave le sort du prévenu, cette disposition nouvelle n'a pas d'effet sur une prescription déjà définitivement acquise [6]. Dans sa rédaction issue de la loi du 9 mars 2004, l'article 112-2, 4°, du code pénal est conforme à l'article 7 [7] de la convention européenne des droits de l'homme [8].

§ 2
Délais spéciaux

A.
Délais spéciaux plus courts

631.31 **Presse.** Dans un certain nombre de domaines, le législateur a prévu des délais plus courts que ceux énoncés par l'article 8 du code de procédure pénale. Il en est ainsi principalement en matière de presse [9]. L'article 65 [10] de la loi du 29 juillet 1881 [11] prévoit que les délits prévus et réprimés par cette loi sont prescrits par un délai de trois mois et ceci même si les infractions ont été créées postérieurement à la loi du 29 juillet 1881 ; ainsi la chambre criminelle a cassé un arrêt de cour d'appel qui avait estimé que l'article 24 *bis* de la loi, inséré par celle du 13 juillet 1990 [12], n'était pas concerné par la prescription courte prévue par l'article 65 [13].

Néanmoins, la loi du 9 mars 2004 a allongé ce délai à un an pour les délits prévus par le seul article 65-3, modifié par la loi du 27 janvier 2017 [14] [15] puis par celle du 24 août 2021 [16]. Mais la contravention d'injure raciale non publique se prescrit toujours par trois mois [17]. La loi du 4 janvier 1993 [18] a prévu une réouverture du délai de prescription : « En cas d'imputation portant sur un fait susceptible de revêtir une qualification pénale, le délai de prescription prévu par l'article 65 est réouvert ou court à nouveau, au profit de la personne visée, à compter du jour où est devenue définitive une décision pénale intervenue sur ces faits et ne la mettant pas en cause. » [19]

Le 5 avril 2012, la première chambre civile de la Cour de cassation a refusé de transmettre une question prioritaire de constitutionnalité portant sur l'article 65 [20], alinéa 1er, de la loi du 29 juillet 1881 ainsi libellée : « – L'article 65, alinéa 1er, de la loi du 29 juillet 1881 est-il contraire à la Constitution en ce qu'instituant un délai de prescription après trois mois à compter du jour du dernier acte d'instruction ou de poursuite s'il en a été fait, il constitue une atteinte excessive au droit à un recours effectif ? – l'article 65, alinéa 1er, de la loi du 29 juillet 1881 est-il contraire à la Constitution en ce qu'il implique que l'acte interruptif de prescription ait été porté à la connaissance de la partie adverse dans le délai de prescription ? »

1. L. n° 98-468, 17 juin 1998 relative à la prévention et à la répression des infractions sexuelles ainsi qu'à la protection des mineurs, *JO* 18 juin, p. 9255.
2. L. n° 89-487, 10 juill. 1989 relative à la prévention des mauvais traitements à l'égard des mineurs et à la protection de l'enfance, *JO* 14 juill., p. 8869.
3. Crim. 29 mai 1996, n° 96-81.210, P n° 219 – Crim. 1er déc. 1998, n° 97-80.560, P n° 325.
4. V. ss nos 634.11 s.
5. L. n° 2004-204, 9 mars 2004, préc.
6. Crim. 6 févr. 2008, n° 06-88.299, P n° 32 ; *D.* 2008. AJ 787 ; *D.* 2009. 123, obs. G. Roujou de Boubée, T. Garé et S. Mirabail ; *AJ pénal* 2008. 232, obs. G. Roussel.
7. Conv. EDH, art. 7.
8. Crim. 1er oct. 2013, n° 13-84.981, NP, *D.* 2014. 311, Chron. B. Laurent, C. Roth, G. Barbier et P. Labrousse.
9. V. aussi chap. 414.
10. L. 29 juill. 1881, art. 65 ; mod. par L. n° 93-2, 4 janv. 1993, art. 52.
11. L. 29 juill. 1881 sur la liberté de la presse, *JO* 30 juill., p. 4201.
12. L. n° 90-615, 13 juill. 1990, préc.
13. Crim. 30 oct. 2001, n° 00-87.818, P n° 225 ; *JCP* 2002. I. 15, note M. Véron.
14. L. n° 2017-86, 27 janv. 2017, préc.
15. V. ss n° 631.32.
16. L. n° 2021-1109, 24 août 2021confortant le respect des principes de la République, *JO* 25 août 2021.
17. Crim. 23 mai 2006, n° 06-80.820, P n° 144 ; *D.* 2006. 1844, obs. J. Daleau ; *AJ pénal* 2006. 366 – Crim. 7 juin 2006, n° 05-83.812, P n° 162 ; *AJ pénal* 2006. 415, obs. C. Saas.
18. L. n° 93-2, 4 janv. 1993 portant réforme de la procédure pénale, *JO* 4 janv., p. 215.
19. L. 29 juill. 1881, art. 65-2 ; créé par L. n° 93-2, 4 janv. 1993, art. 52.
20. L. 29 juill. 1881, art. 65 ; mod. par L. n° 93-2, 4 janv. 1993, art. 52.

Elle a estimé que la question était dépourvue de caractère sérieux dès lors que le délai de prescription institué par l'article 65[1], alinéa 1er, de la loi du 29 juillet 1881 ne porte pas au droit à un recours effectif une atteinte excessive dans la mesure où il procède d'un juste équilibre entre le droit d'accès au juge et les exigences de conservation des preuves propres aux faits que réprime cette loi, ensuite, que dans les instances civiles en réparation des délits prévus par la loi du 29 juillet 1881, constitue un acte interruptif de la prescription tout acte régulier de procédure par lequel le demandeur manifeste son intention de continuer l'action engagée, même si cet acte n'est pas porté à la connaissance de la partie adverse elle-même[2]. En matière de presse, le fait de publication étant l'élément par lequel les infractions sont consommées, toute reproduction dans un écrit rendu public d'un texte déjà publié est elle-même constitutive d'infraction, et le point de départ de la prescription, lorsqu'il s'agit d'une publication nouvelle, est fixé au jour de cette publication[3]. En revanche, la rediffusion d'un même écrit, sans reproduction ni réimpression, ne constitue pas une nouvelle publication[4].

L'action publique et l'action civile résultant des infractions prévues par la loi sur la liberté de la presse se prescrivent par trois mois révolus à compter du jour où elles ont été commises ou du jour du dernier acte de poursuite, s'il en a été fait ; ce délai se calcule de quantième à quantième et expire le dernier jour à minuit[5]. Le terme révolu exclut le jour où le délit a été perpétré du délai pendant lequel court le temps de la prescription[6].

« Ce délai, qui ne commence à courir que le lendemain du jour où l'infraction aurait été commise, le terme révolu excluant le jour où le délit a été perpétré du délai pendant lequel court le temps de la prescription, se calcule de quantième à quantième et expire le dernier jour à minuit »[7].

631.32 Délits prévus par les articles 24, 24 *bis*, 32 et 33 du code de procédure pénale. L'article 65-3[8] de la loi du 29 juillet 1881, issu de la loi du 9 mars 2004, disposait que les délits prévus par l'article 24, alinéa 8 (délit de provocation à la discrimination, à la haine ou à la violence à l'égard d'une personne ou d'un groupe de personnes à raison de leur origine ou de leur appartenance ou de leur non-appartenance à une ethnie, une nation, une race ou une religion déterminée), par l'article 24 *bis* (délit de contestation de l'existence d'un ou plusieurs crimes contre l'humanité), par l'article 32[9] alinéa 2 (délit de diffamation envers une personne ou un groupe de personnes à raison de leur origine ou de leur appartenance ou de leur non-appartenance à une ethnie, une nation, une race ou une religion déterminée) et 33[10], alinéa 3 (délit d'injure publique envers une personne ou un groupe de personnes à raison de leur origine ou de leur appartenance ou de leur non-appartenance à une ethnie, une nation, une race ou une religion déterminée), étaient soumis à un délai de prescription d'un an. Cette liste est limitative[11]. « C'était ce caractère malsain, nauséabond, des propos qui justifiait l'extension du délai de prescription, davantage que leur gravité. En effet, la prescription trimestrielle demeure pour d'autres infractions graves, y compris punies d'emprisonnement, telles les provocations directes suivies d'effet de l'article 23 de la loi de 1881 »[12].

La chambre criminelle a décidé de saisir le Conseil constitutionnel d'une question prioritaire de constitutionnalité portant sur l'article 65-3 de la loi du 29 juillet 1881, en ces termes : « Et attendu que la question présente un caractère sérieux, dès lors que la différence de régime instaurée, en matière de prescription, par les dispositions critiquées est susceptible de dépasser ce qui serait nécessaire pour prendre en compte la nature particulière des délits ci-dessus visés au regard des autres infractions de presse, et de porter atteinte au principe d'égalité des citoyens devant la justice. »[13]

L'article 65-3[14] de la loi du 29 juillet 1881, dans sa rédaction résultant de la loi du 9 mars 2004, adaptant la justice aux évolutions de la criminalité, a été jugé conforme à la Constitution[15], aux motifs :

1. L. 29 juill. 1881, art. 65, préc.
2. Civ. 1re, 5 avr. 2012, n° 11-25.290, P I, n° 87 ; *D.* 2012. 1588, note C. Bigot ; *D.* 2013. 457, obs. E. Dreyer ; *Dr. pénal* 2012, n° 90, note M. Véron ; *Constitutions* 2012. 641, obs. D. de Bellescize.
3. Crim. 2 oct. 2012, n° 12-80.419, P n° 204 ; *D.* 2012. 2521 ; *D.* 2013. 457, obs. E. Dreyer.
4. Crim. 28 oct. 2014, n° 13-86.303, P n° 218 ; *D.* 2014. 2242 ; *Dr. pénal* n° 12, 2014, comm. 150, M. Véron ; *JCP* 2014. 1249.
5. Crim. 12 nov. 2014, n° 13-84.444, P n° 236 ; *D.* 2014. 2242 ; *D.* 2015. 342, obs. E. Dreyer ; *AJ pénal* 2015. 203, obs. N. Verly.
6. Crim. 9 janv. 2018, n° 16-86.735, P n° 1 ; *JCP* 2018. 176.
7. Id., *D. actu.* 6 févr. 2018, obs. J. Gallois ; *RSC* 2018. 131, obs. P.-J. Delage.
8. L. 29 juill. 1881, art. 65-3 ; mod. par L. n° 2017-86, 27 janv. 2017, art. 170.
9. L. 29 juill. 1881, art. 32 ; mod. par L. n° 2017-86, 27 janv. 2017, art. 170.
10. L. 29 juill. 1881, art. 33 ; mod. par L. n° 2017-86, 27 janv. 2017, art. 170.
11. Crim. 23 mai 2006, n° 06-80.820, P n° 144 ; *D.* 2006. 1844, obs. J. Daleau ; *AJ pénal* 2006. 366 ; *Dr. pénal* 2006, n° 110, note M. Véron.
12. E. Raschel, « Quelques remarques sur la prescription de l'action publique des infractions de presse », *AJ pénal* 2021. 513.
13. Crim. 22 janv. 2013, n° 12-90.064, NP.
14. L. 29 juill. 1881, art. 65-3, préc.
15. Cons. const. 12 avr. 2013, n° 2013-302 QPC, art. conforme 65-3 de la loi du 29 juill. 1881, *Délai de prescription* ▶

« Qu'en portant de trois mois à un an le délai de la prescription pour les délits qu'il désigne, l'article 65-3 de la loi du 29 juillet 1881 a pour objet de faciliter la poursuite et la condamnation, dans les conditions prévues par cette loi, des auteurs de propos ou d'écrits provoquant à la discrimination, à la haine ou à la violence, diffamatoires ou injurieux, à caractère ethnique, national, racial, ou religieux ou contestant l'existence d'un crime contre l'humanité ; que le législateur a précisément défini les infractions auxquelles cet allongement du délai de la prescription est applicable ; que la différence de traitement qui en résulte, selon la nature des infractions poursuivies, ne revêt pas un caractère disproportionné au regard de l'objectif poursuivi ; qu'il n'est pas porté atteinte aux droits de la défense ; que, dans ces conditions, les dispositions contestées ne méconnaissent pas les exigences constitutionnelles précitées. »

La loi du 27 janvier 2014[1] et celle du 13 novembre 2014[2] ont modifié l'article 65-3, alors ainsi rédigé : « Pour les délits prévus par les septième et huitième alinéas de l'article 24, l'article 24 *bis*, les deuxième et troisième alinéas de l'article 32 et les troisième et quatrième alinéas de l'article 33, le délai de prescription prévu par l'article 65 est porté à un an. »

Sont donc concernés les délits suivants :

- délit de provocation à la discrimination, à la haine ou à la violence à l'égard d'une personne ou d'un groupe de personnes à raison de leur sexe, de leur orientation ou identité sexuelle ou de leur handicap ou auront provoqué, à l'égard des mêmes personnes aux discriminations prévues par les articles 225-2 et 432-7 du code pénal[3] ;

- délit de provocation à la discrimination, à la haine ou à la violence à l'égard d'une personne ou d'un groupe de personnes à raison de leur origine ou de leur appartenance ou de leur non-appartenance à une ethnie, une nation, une race ou une religion déterminée[4] ;

- délit de contestation de l'existence d'un ou plusieurs crimes contre l'humanité[5] ;

- délit de diffamation envers une personne ou un groupe de personnes à raison de leur origine ou de leur appartenance ou de leur non-appartenance à une ethnie, une nation, une race ou une religion déterminée[6] ;

- délit de diffamation envers une personne ou un groupe de personnes à raison de leur sexe, de leur orientation ou identité sexuelle ou de leur handicap[7] ;

- délit d'injure publique envers une personne ou un groupe de personnes à raison de leur origine ou de leur appartenance ou de leur non-appartenance à une ethnie, une nation, une race ou une religion déterminée[8] ;

- délit d'injure publique envers une personne ou un groupe de personnes à raison de leur sexe, de leur orientation ou identité sexuelle ou de leur handicap[9].

Certaines infractions figurant dans la loi sur la presse intègrent parfois le code pénal et épousent alors les règles de prescription traditionnelles. Il en est ainsi des délits de provocation à la commission d'actes terroristes et d'apologie du terrorisme, désormais visés par l'article 421-2-5[10] du code pénal, depuis l'entrée en vigueur de la loi du 13 novembre 2014.

Enfin, la loi du 24 août 2021[11] a étendu ce délai de prescription particulier *à l'ensemble des délits prévus et réprimés par l'article 24 de la loi du 29 juillet 1881 sur la liberté de la presse.* « C'est ainsi tout le bloc d'infractions visant à lutter contre la haine qui est désormais soumis à un délai de prescription d'un an destiné à faciliter les poursuites. (...) La prescription trimestrielle finira par devenir non plus le principe, mais l'exception »[12].

Les abus de la liberté d'expression définis par le code pénal, ainsi exclus du régime de faveur de la loi sur la presse, se prescrivent quant à eux par six ans, en application du droit commun. Or, on a assisté à un passage de la loi sur la presse au code pénal[13]

▶ *d'un an pour les délits de presse à raison de l'origine, l'ethnie, la nation, la race ou la religion*, CONFORMITÉ, *JO* 14 avr., p. 6186 ; *D.* 2013. 1526, note E. Dreyer ; *AJ pénal* 2013. 410, obs. J.-B. Perrier ; *Constitutions* 2013. 248, obs. D. de Bellescize ; *CCE* 2013, comm. 82, A. Lepage ; *RSC* 2013. 910, note B. de Lamy.

1. L. n° 2014-56, 27 janv. 2014 visant à harmoniser les délais de prescription des infractions prévues par la loi sur la liberté de la presse du 29 juillet 1881, commises en raison du sexe, de l'orientation ou de l'identité sexuelle ou du handicap, *JO* 28 janv., p. 1561.
2. L. n° 2014-1353, 13 nov. 2014 renforçant les dispositions relatives à la lutte contre le terrorisme, *JO* 14 nov., p. 19162.
3. L. 29 juill. 1881, art. 24, al. 7.
4. L. 29 juill. 1881, art. 24, al. 8.
5. L. 29 juill. 1881, art. 24 *bis*.
6. L. 29 juill. 1881, art. 32, al. 2, préc.
7. L. 29 juill. 1881, art. 32, al. 3.
8. L. 29 juill. 1881, art. 33, al. 3 ; mod. par L. n° 2017-86, 27 janv. 2017, art. 170.
9. L. 29 juill. 1881, art. 33, al. 4.
10. C. pr. pén., art. 421-2-5 ; créé par L. n° 2014-1353, 13 nov. 2014, art. 5.
11. L. n° 2021-1109, 24 août 2021 confortant le respect des principes de la République, *JO* 25 août 2021.
12. Ch. Bigot, « Un an de droit processuel de la presse », *CCE* 2022, chron. 4, spéc. n° 12.
13. SUR cette question, v. not. : E. Dreyer, « L'opportunité d'une sortie des infractions de presse de la loi du 29 juillet 1881 au regard d'un exemple précis : le cas du délit d'apologie du terrorisme et de provocation aux actes de terrorisme », *in La réécriture de la loi sur la presse du 29 juillet 1881, une nécessité ?*, Lextenso, coll. « Grands colloques », 2017, p. 37 s. ; E. Raschel, « Quelques remarques sur la prescription de l'action publique des infractions de presse », *AJ Pénal* 2021. 513.

pour les délits de provocation directe et d'apologie du terrorisme ou encore de discrédit public jeté sur un acte ou une décision juridictionnelle. Le législateur a par ailleurs choisi d'introduire l'incrimination de diffusion d'éléments permettant d'identifier ou de localiser une personne afin de l'exposer directement à un risque, dans le code pénal.

631.33 **Délits au code électoral.** Le délai de prescription de certaines infractions au code électoral est de six mois à compter de la proclamation des résultats ; il s'agit des infractions strictement délimitées par l'article L. 114[1] du code électoral[2]. Cet article vise des délits de fraude en matière d'inscription sur les listes électorales, soustraction ou altération de bulletins, fraudes au scrutin. La courte prescription instituée par l'article L. 114 ne s'applique ni aux délits visés par l'article L. 113-1[3][4]ni à ceux de l'article L. 116[5][6].

631.34 **Atteinte à l'autorité de la justice.** En matière d'atteinte à l'autorité de la justice, l'action publique se prescrivait également par trois mois, à compter du jour où le délit de discrédit sur un acte ou une décision juridictionnelle a été commis[7]. Il résultait de la combinaison des dispositions de l'article 434-25, alinéa 4, du code pénal et de celles des articles 7 et 8 du code de procédure pénale que la prescription abrégée reprenait son cours après chaque acte d'instruction accompli dans le même délai de trois mois[8]. La loi du 27 février 2017 a fait disparaître l'alinéa 4 du texte de l'article 434-25 de sorte que ce délit est désormais couvert par une prescription de droit commun.

B.
Délais spéciaux plus longs

631.41 **Exceptions à la durée de droit commun.** Le code de procédure pénale a prévu plusieurs exceptions à la durée de trois ans, et désormais de six ans, de droit commun.

L'article 8 lui-même, et par renvoi à l'article 706-47, organise une prescription particulière pour certains délits commis sur des mineurs victimes ; la multiplicité des lois en ce domaine a compliqué le sujet à l'extrême[9].

631.42 **Infraction à la législation sur les stupéfiants.** Les infractions à la législation sur les stupéfiants, délits prévus par l'article 706-26, et la participation à une association de malfaiteurs lorsqu'elle a pour objet de préparer une infraction à la législation sur les stupéfiants[10], se prescrivent par 20 ans, en ce qui concerne les délits. L'article 706-26 vise les articles 222-36, 222-37, 222-38 et 222-39 du code pénal. Cette augmentation du délai de prescription, dont l'ampleur déroge de façon spectaculaire au droit commun en matière de délits, date de la loi du 8 février 1995[11].

631.43 **Acte de terrorisme et infraction connexe.** Les actes de terrorisme incriminés par les articles 421-1 à 421-5 du code pénal et les infractions connexes[12] se prescrivent par 20 ans, en ce qui concerne les délits. Les délits punis de dix ans d'emprisonnement relatifs à la prolifération d'armes de destruction massive se prescrivent également par vingt années[13].

631.44 **Infraction fiscale.** En matière fiscale, les plaintes peuvent être déposées jusqu'à la fin de la troisième année qui suit celle au cours de laquelle l'infraction a été commise, en matière fiscale[14]. La prescription de l'action publique est suspendue pendant une durée maximum de six mois entre la date de saisine de la commission des infractions fiscales et la date à laquelle cette commission émet son avis[15]. Lorsque l'administration fiscale opte pour la voie pénale, la prescription applicable est la prescription triennale prévue par l'article 8 du code de procédure pénale, et non celle de l'article L. 178[16] du Livre des procédures fiscales qui concerne exclusivement le droit de reprise de l'administration fiscale[17].

631.45 **Infraction forestière.** En matière forestière, l'action ayant pour objet les défrichements effectués en infraction à l'article L. 341-3 du code forestier se prescrit par six ans à compter de l'époque où le défrichement a été consommé[18].

1. C. élect., art. L. 114 ; décr. n° 64-1086, 27 oct. 1964.
2. Crim. 3 juin 1986, n° 86-91.301, P n° 192 – Crim. 28 mai 2003, n° 02-85.185, P n° 108 ; *RTD com.* 2003. 829, obs. B. Bouloc.
3. C. élect., art. L. 113-1 ; mod. par L. n° 2017-1339, 15 sept. 2017, art. 26.
4. Crim. 28 mai 2003, n° 02-83.544, P n° 109 ; *D.* 2003. 2015 ; *RSC* 2004. 358, obs. D. Rebut.
5. C. élect., art. L. 116 ; mod. par L. n° 88-1262, 30 déc. 1988, art. 17.
6. Crim. 3 juin 1986, n° 86-91.301, P n° 192.
7. C. pr. pén., art. 434-25, al. 4.
8. Crim. 30 avr. 1996, n° 95-85.027, P n° 177.
9. V. s[s] n°s 634.11 s.
10. C. pr. pén., art. 706-31.
11. L. n° 95-125, 8 févr. 1995 relative à l'organisation des juridictions et à la procédure civile, pénale et administrative, *JO* 9 févr., p. 2175.
12. C. pr. pén., art. 706-25-1, abrogé et remplacé par le dernier alinéa de l'article 8 du même code.
13. C. pr. pén., art. 706-167.
14. LPF, art. L. 230, al. 1er.
15. LPF, art. L. 230, al. 3.
16. LPF, art. L. 178.
17. Crim. 22 févr. 2017, n° 15-82.952, P n° 53 ; *D.* 2017. 509 ; *JCP* 2017. 409.
18. C. for., art. L. 363-3.

631.46 La loi du 22 février 2017. La loi du 22 février 2017[1] n'a pas modifié l'économie de ces textes particuliers qui subsistent. Les seuls régimes dérogatoires qui ont été supprimés sont d'une part, le sort particulier qui était fait aux infractions commises au préjudice de personnes vulnérables[2] et le délai de prescription de trois mois du délit de discrédit jeté sur une décision de justice de l'ancien article 434-25 du code pénal.

§ 3
Point de départ du délai

A.
Principe

631.51 Obligation de fixation de point de départ du délai par le juge. Les juges doivent vérifier la date de commission du délit pour fixer le point de départ de la prescription de l'action publique. Encourt la censure pour insuffisance de motifs, l'arrêt qui énonce que les éléments du dossier ne permettent pas d'établir que le délit a été commis antérieurement à la date à laquelle la prescription a commencé à courir[3]. Lorsque le juge a fixé ce point de départ, son appréciation est souveraine dès lors que les motifs qui la justifient ne contiennent, ni illégalité, ni contradiction[4].

Le délai commence à courir à compter du lendemain du jour de l'infraction[5]. Le terme révolu excluant le jour où le délit a été perpétré du délai pendant lequel court le temps de la prescription. Le délai se calcule de quantième à quantième et expire le dernier jour à minuit[6]. Ainsi, avait-il pu être jugé avant la loi du 27 février 2017, qu'aux termes des articles 7 et 8 du code de procédure pénale, l'action publique se prescrit après 3 années révolues à compter du lendemain du jour où ces infractions ont été commises si, dans l'intervalle, il n'a été fait aucun acte d'instruction ou de poursuite[7], un tel acte étant bien sûr de nature à repousser le terme de la prescription. Enfin, le délai de prescription de l'action publique ne constituant pas un délai prévu pour l'accomplissement d'un acte ou d'une formalité au sens de l'article 801 du code de procédure pénale, le délai qui prend fin un samedi n'est pas prorogé au lundi suivant[8][9]. Selon l'article L. 230 du LPF dans sa version applicable à la cause, s'agissant de l'exercice des poursuites pénales, les plaintes de l'administration fiscale peuvent être déposées jusqu'à la fin de la troisième année qui suit celle au cours de laquelle l'infraction a été commise. La prescription spéciale de l'action publique commence à courir du jour où l'infraction a été commise, soit, en cas d'omission de déclaration, le jour où celle-ci aurait dû être faite, en cas de dissimulation de sommes sujettes à l'impôt, le jour où une déclaration inexacte est produite auprès des services fiscaux. Il s'en déduit que le dépôt d'une déclaration de succession, fût-elle tardive au regard des dispositions fiscales la régissant, qui comporte des omissions, fait courir le délai de prescription dès lors qu'elle tend à permettre la liquidation et le paiement de l'impôt[10].

631.52 Mode de calcul du délai. Le délai de prescription exprimé en années ou en mois commence à courir à partir du jour où il a été commis mais la jurisprudence fait partir le délai le lendemain : *dies a quo non computative in termino*. Calculé de quantième à quantième, il expire le dernier jour à minuit. Le dernier jour, *dies ad quem*, est compris dans le délai. Ainsi, le vol commis le 1er janvier 2013, sera prescrit le 1er janvier 2016 à minuit. En effet, le jour où l'infraction a été commise n'est pas compris dans le délai et celui-ci n'est expiré qu'à la fin du dernier jour à minuit[11]. Ainsi doit être cassé l'arrêt qui, après avoir fixé au 27 mai 1999, le point de départ du délai de prescription, retient comme date d'expiration le 26 mai 2002 à minuit, au lieu du 27 à la même heure[12]. Ce délai ne constitue pas un délai prévu pour l'accomplissement d'un acte ou d'une formalité au sens de l'article 801 du code de procédure pénale. Aussi, le délai n'est pas prorogé au premier jour ouvrable suivant[13]. La loi du 27 février 2017 n'a pas modifié ces règles.

1. L. n° 2017-242, 22 févr. 2017 portant réforme de la prescription en matière pénale, *JO* 28 févr., n° 2.
2. C. pr. pén., art. 8 ; mod. par L. n° 2011-267, 14 mars 2011, art. 48 ; puis not. par mod. par L. n° 2017-242, 27 févr. 2017, art. 1er.
3. Crim. 8 juill. 1970, n° 69-92.273, P n° 229 – Crim. 20 mai 1980, n° 79-93.548, P n° 156.
4. Crim. 14 févr. 1974, n° 73-91.516, P n° 68.
5. Crim. 17 sept. 2008, n° 08-84.928, P n° 190 ; *AJ pénal* 2008. 469, obs. L. Ascensi ; *RSC* 2009. 402, obs. R. Finielz.
6. Crim. 9 janv. 2018, n° 16-86.735, P n° 1 ; *RSC* 2018. 131, obs. P.-J. Delage – Crim. 7 juin 2006, n° 05-84.148, P n° 161 ; *AJ pénal* 2006. 408, obs. J. Leblois-Happe.
7. Crim. 8 sept. 1998, n° 98-80.742, P n° 227 ; *RSC* 1999. 346, obs. A. Giudicelli ; *Dr. pénal* 1999, comm. 17, obs. A. Maron.
8. Crim. 30 oct. 2001, n° 00-87.981, P n° 224 ; *D.* 2001. IR 3586.
9. V. ss n° 631.52.
10. Crim. 6 janv. 2021, n° 18-84.570, P.
11. Crim. 1er févr. 1993, n° 92-82.491, P n° 53 – Crim. 8 sept. 1998, n° 98-80.742, P n° 227 ; *D.* 1998. IR 262 ; *Dr. pénal* 1999, n° 17, note A. Maron – Crim. 7 sept. 1999, P n° 182 ; *D.* 1999. IR 248 – Crim. 28 juin 2000, n° 99-85.381, P n° 255 ; *JCP* 2000. IV. 2692 – Crim. 30 oct. 2001, n° 00-87.981, P n° 224 ; *D.* 2001. IR 3586.
12. Crim. 7 juin 2006, n° 05-84.148, P n° 161 ; *AJ pénal* 2006. 408, obs. J. Leblois-Happe.
13. Crim. 30 oct. 2001, n° 00-87.981, P n° 224 ; *D.* 2001. 3586.

631.53 **Point de départ du délai : principes.** Le point de départ du délai de prescription est le jour de la commission de l'infraction ou de la tentative si elle est punissable. Le délai ne court que lorsque tous les éléments du délit sont réunis. Dès lors, il convient de savoir, infraction par infraction, à quel moment il peut être dit que tous les éléments d'une infraction sont réunis. Si le constat est le plus souvent simple en matière d'infraction instantanée, tel n'est pas le cas lorsqu'on se trouve en présence d'infraction continue ou répétée.

B. Exceptions

631.61 **Point de départ du délai : exceptions légales.** La chambre criminelle a reporté le point de départ de la prescription de l'action publique dans un certain nombre d'hypothèses toutes plus ou moins liées à un constat : il existe de nombreux délits dont l'existence n'est pas connue tout de suite mais qui ne peuvent que se révéler bien plus tardivement, rendant sans effet la prescription traditionnelle, dont le point de départ est fixé au jour de leur commission[1].

Il arrive que le législateur ait prévu un point de départ de délai différé dans certains cas. Il en est ainsi pour les infractions de :

631.62 **Banqueroute et infractions assimilées**[2]. La prescription de l'action publique ne court que du jour du jugement ouvrant la procédure de sauvegarde, de redressement judiciaire ou de liquidation judiciaire lorsque les faits incriminés sont apparus avant cette date[3]. Aux termes de l'article L. 654-16 du code de commerce, en matière de banqueroute, la prescription de l'action publique ne court que du jour du jugement ouvrant la procédure de sauvegarde, de redressement judiciaire ou de liquidation judiciaire lorsque les faits incriminés sont apparus avant cette date. Le report du point de départ de la prescription est justifié par le fait que l'exercice de poursuites du chef de banqueroute est subordonné à l'ouverture d'une procédure collective. Il en résulte que lorsque les faits sont apparus entre le jour du jugement ouvrant une procédure de redressement judiciaire et le jour du jugement prononçant la liquidation judiciaire, il n'y a pas lieu de repousser le point de départ du délai de prescription à la date de cette seconde décision. Il se déduit de ce qui précède que lorsque le détournement constitutif du délit de banqueroute a été réalisé postérieurement au jugement ouvrant une procédure de sauvegarde, de redressement ou de liquidation judiciaire, le délai de prescription court, en application du dernier des textes susvisés, à compter de la date de commission des faits, sauf s'il est établi que l'infraction a été délibérément dissimulée[4].

631.63 **Organisation frauduleuse d'insolvabilité.** La prescription ne court qu'à compter de la condamnation à l'exécution de laquelle le débiteur a voulu se soustraire ; toutefois, elle ne court qu'à compter du dernier agissement ayant pour objet d'organiser ou d'aggraver l'insolvabilité du débiteur lorsque le dernier agissement est postérieur à cette condamnation[5].

631.64 **Usure.** La prescription de l'action publique court à compter du jour de la dernière perception, soit d'intérêt, soit de capital[6]. Ce n'est pas la date de la clôture du compte courant dans le cadre duquel les opérations se sont déroulées ni de son apurement qui doit être prise en compte[7]. Le recouvrement des sommes dues, résultant de l'exercice des voies d'exécution, ne saurait constituer la perception soit d'intérêt, soit de capital, au sens de l'article L. 313-5 précité et, par conséquent, retarder le point de départ de la prescription au jour de cette saisie[8].

631.65 **Désertion et insoumission.** La prescription de l'action publique résultant de l'insoumission ou de la désertion ne commence à courir qu'à partir du jour où l'insoumis ou le déserteur a atteint l'âge le dispensant de satisfaire à toute obligation militaire[9].

631.66 **Matière électorale.** L'action publique et l'action civile intentées en vertu des articles L. 86, L. 87, L. 91 à L. 104, L. 106 à L. 108 et L. 113 ou pour infraction à l'article L. 61 du code électoral si les armes étaient apparentes, seront prescrites après six mois à partir du jour de la proclamation du résultat de l'élection[10].

631.67 **Délit de presse.** L'article 65-2 de la loi du 29 juillet 1881 prévoit qu'en cas d'imputation portant sur un fait susceptible de revêtir une qualification pénale, le délai de prescription prévu par l'article 65 est réouvert ou court à nouveau, au profit de la personne visée, à compter du jour où est

1. V. s^s n°s 632.12 s.
2. C. com., art. L. 626-1 à L. 626-14.
3. C. com., art. L. 654-16.
4. Crim. 25 nov. 2020, n° 19-85.091, P ; *D.* 2020. 2396 ; *RSC* 2021. 361, obs. H. Matsopoulou ; *Procédures* n° 2021, comm. 17, A.-S. Chavant-Leclère.
5. C. pén., art. 314-8.
6. C. consom., art. L. 313-5 [devenu L. 341-50].
7. Crim. 26 sept. 1996, n° 95-85.463, P n° 337.
8. Crim. 2 oct. 2002, n° 01-85.931, P n° 179 ; *RSC* 2003. 109, obs. J.-F. Renucci et C. Ambroise-Castérot.
9. CJM, art. L. 211-13.
10. C. élect., art. L. 114 ; mod. par ord. n° 2000-916,19 sept. 2000, art. 1.

devenue définitive une décision pénale intervenue sur ces faits et ne la mettant pas en cause.

631.68 **Sécurité sociale.** En ce qui concerne les infractions mentionnées aux articles L. 244-1 à L. 244-4 et L. 244-6 du code de la sécurit sociale, les délais de prescription de l'action publique commencent à courir à compter de l'expiration du délai d'un mois qui suit, selon le cas, soit l'avertissement, soit la mise en demeure prévus à l'article L. 244-2[1].

631.69 **Complice.** À l'égard du complice, la prescription ne court que du jour où a été consommé le délit auquel il a participé et non du jour où ont été commis les faits de complicité[2].

SECTION 3
INFRACTIONS INSTANTANÉES

§ 1
Droit de la presse

631.71 **Droit de la presse.** Les infractions au droit de la presse sont des infractions instantanées mais leur mode de commission et le délai très bref de prescription a amené une jurisprudence abondante. D'une manière générale, la prescription court à compter du jour où la publication est faite[3] et relève de l'appréciation souveraine des juges du fond dès lors qu'elle est déduite de motifs relevant des faits susceptibles de l'étayer[4]. Lorsqu'un livre réputé diffamatoire fait l'objet de plusieurs éditions successives la prescription ne remonte pas au jour de la première édition, mais au jour de chacune des éditions nouvelles[5]. Cette jurisprudence qui décide qu'en matière de presse, le fait de publication étant l'élément par lequel les infractions sont consommées, toute reproduction dans un écrit rendu public d'un texte déjà publié est elle-même constitutive d'infraction, le point de départ de la prescription, lorsqu'il s'agit d'une publication nouvelle, étant fixé au jour de cette publication, est constante[6]. Lorsque l'écrit est inséré dans un journal périodique portant la date de sa publication, celle-ci doit être tenue, à l'égard de la personne visée, comme étant celle du délit, sauf usage contraire de distribution, erreur matérielle ou fraude[7]. On présume la publication, qui consomme l'infraction au jour mentionné sur la couverture de l'organe de presse, ou au premier jour de la période mentionnée par lui mais cette règle n'interdit pas à la partie poursuivante de prouver la publication à une date ultérieure.

Dans un arrêt du 22 octobre 2013, la chambre criminelle confirme un arrêt de cour d'appel qui avait admis que les prévenus avaient rapporté la preuve d'une date de publication effective du journal, antérieure au premier jour de la période considérée. Le délai de prescription de l'action publique court alors à compter du jour où le périodique a été mis à la disposition du public, date qui résulte des bordereaux de livraison du journal aux points de vente et de l'attestation de l'imprimeur[8] a rediffusion d'un même écrit, sans reproduction ni réimpression, ne constitue pas une nouvelle publication[9].

631.72 **Délits de presse commis sur internet.** La spécificité de la publication sur internet avait amené certaines juridictions à estimer que la prescription ne commençait à courir qu'à compter de la suppression du texte litigieux sur le réseau[10], au motif que l'infraction s'était prolongée tant que le message subsistait sur le site. La chambre criminelle cassait ces décisions en maintenant à ces infractions de presse par la voie d'internet la qualification de *délit instantané* dont le point de départ du délai de prescription était la *date à laquelle le message avait été mis pour la première fois à la disposition des utilisateurs*[11]. Le législateur a tenté, infructueusement, de réformer le système dans la loi du 21 juin 2004[12], en prévoyant des dispositions spéciales pour la prescription des publications sur internet prescrites « après trois mois révolus à compter de la date à

1. CSS, art. L. 244-7 ; mod. par L. n° 88-16, 5 janv. 1988, art. 1er.
2. Crim. 8 janv. 1991, n° 80-92.844, P n° 15.
3. Crim. 13 oct. 1987, n° 86-96.686, P n° 349 – Crim. 2 oct. 1990, n° 90-80.045, P n° 328 – Crim. 8 janv. 1991, n° 90-80.593, P n° 13 – Crim. 8 déc. 1992, n° 92-83.981, P n° 408 – Crim. 31 janv. 1995, n° 92-86.559, P n° 39.
4. Crim. 2 oct. 1990, n° 90-80.045, P n° 328.
5. Crim. 27 avr. 1982, n° 80-93.435, P n° 102 – Crim. 8 janv. 1991, n° 90-80.593, P n° 13.
6. Crim. 2 oct. 2012, n° 12-80.419, P n° 204 ; *D.* 2012. 2521 ; *D.* 2013. 457, obs. E. Dreyer.
7. Crim. 27 avr. 1982, n° 80-93.435, P n° 102 – Crim. 8 janv. 1991, n° 90-80.593, P n° 13 – Crim. 29 juin 1993, n° 88-85.158, P n° 230 – Crim. 27 avr. 2004, n° 03-84.682, P n° 100.
8. Crim. 22 oct. 2013, n° 12-84.272, P n° 200 ; *D.* 2014. 508, obs. E. Dreyer ; *Dr. pénal* 2014, n° 6, note M. Véron.
9. Crim. 28 oct. 2014, n° 13-86.303, P n° 218 ; *D.* 2014. 2242 ; *D.* 2015. 342, obs. E. Dreyer ; *AJ pénal* 2015. 203, obs. N. Verly.
10. Paris, 15 déc. 1999, *JurisData* 142505 ; *D.* 2000. Somm. 403, obs. J.-Y. Dupeux ; *JCP* 2000. II. 10281, note A. Schmidt et V. Facchina ; *JCP E* 2000. 1905, note N. Mallet-Pujol ; *LPA* 7 juill. 2000, note V. Peltier ; *RSC* 2000. 644, obs. J. Francillon.
11. Crim. 30 janv. 2001, n° 00-83.004, P n° 28 ; *D.* 2001. 1833, note E. Dreyer ; *D.* 2011. 2056, Chron. Ph. Blanchetier ; *RSC* 2001. 605, obs. J. Francillon – Crim. 16 oct. 2001, n° 00-85.728, P n° 211 ; *D.* 2002. 2770, obs. C. Bigot ; *JCP* 2002. II. 10028, note Ph. Blanchetier ; *RSC* 2002. 621, obs. J. Francillon.
12. L. n° 2004-575, 21 juin 2004 pour la confiance dans l'économie numérique, *JO* 22 juin, p. 11168.

laquelle cesse la mise à disposition du public du message susceptible de déclencher l'une de ces actions ». Mais le Conseil constitutionnel a déclaré ces dispositions contraires à la Constitution au motif que la différence de régime instauré par les dispositions critiquées « dépasse manifestement ce qui serait nécessaire pour prendre en compte la situation particulière des messages exclusivement disponibles sur un support informatique »[1].

En matière d'infractions de presse commises *via* internet le point de départ du délai de prescription de trois mois prévu par l'article 65[2] de la loi du 29 juillet 1881 doit donc être fixé à la date du premier acte de publication, c'est-à-dire, en l'espèce, à la date à laquelle l'article litigieux a été mis pour la première fois à la disposition des utilisateurs du réseau Internet[3], autrement dit, à la première date de mise en ligne. Une cour d'appel a estimé qu'en l'absence de toute preuve contraire, la date à laquelle la partie civile avait constaté la parution sur internet des propos incriminés devait être considérée comme la date de sa première publication, laquelle était attestée par une capture d'écran réalisée par la victime[4]. La simple adjonction d'une seconde adresse pour accéder à un site existant ne saurait caractériser un nouvel acte de publication de textes figurant déjà à l'identique sur ce site.

Dans le cas de publication sur deux sites internet distincts, « la date de diffusion fait courir des délais de prescription différents pour les deux sites »[5]. Plusieurs décisions ont indiqué que la création d'un lien hypertexte devait être analysée comme une nouvelle mise en ligne du texte auquel ce lien renvoie[6]. Dans ce cas, les juges doivent examiner si l'auteur du lien a approuvé le contenu litigieux, l'a seulement repris ou s'est contenté de créer un lien, sans reprendre ni approuver ledit contenu, s'il savait ou était raisonnablement censé savoir que le contenu litigieux était diffamatoire et s'il a agi de bonne foi. Un tel examen concerne des éléments extrinsèques au contenu incriminé, de la nature de ceux dont la Cour de cassation juge qu'il appartient aux juges de les prendre en compte pour apprécier le sens et la portée des propos poursuivis comme diffamatoires[7]. Selon E. Dreyer la grande innovation de l'arrêt, précité, du 1er septembre 2020, tient au fait que la solution n'est pas réservée au cas où le créateur du lien est l'auteur même du propos auquel il est renvoyé « Il va falloir que les internautes prennent conscience de leurs responsabilités en la matière »[8].

Mais ne saurait constituer une nouvelle publication sur le réseau internet, au sens de l'article 65 de la loi du 29 juillet 1881, d'un contenu déjà diffusé, la juxtaposition de mots, résultant d'un processus purement automatique et aléatoire issu d'une fonction intégrée dans un moteur de recherche, exclusive, en l'espèce, de toute volonté de son exploitant d'émettre, à nouveau, les propos critiqués[9]. Mais la nouvelle mise à disposition du public, d'un contenu précédemment mis en ligne sur un site internet dont le titulaire a volontairement réactivé ledit site sur le réseau internet, après l'avoir désactivé, constitue une nouvelle reproduction faisant courir un nouveau délai de prescription[10].

Une nouvelle mise à disposition du public d'un contenu précédemment mis en ligne sur un site internet dont une personne a volontairement réactivé le contenu initial sur le réseau internet, après qu'il eut été retiré, constitue une telle reproduction de la part de cette personne[11]. En l'espèce constitue

1. Cons. const. 10 juin 2004, n° 2004-496 DC, art., non conformes 6 IV, al. 1 et 2 (mots), al. 5 (mots), V, al. 2, sous réserve 1er, et conforme le surplus 6 de la loi, *loi pour la confiance dans l'économie numérique*, NON-CONFORMITÉ PARTIELLE, *JO* 22 juin, p. 11182 ; *Rec.*, p. 101 ; *D.* 2005. 199, note S. Mouton ; *D.* 2005. Pan. 1125, obs. V. Ogier-Bernaud et C. Severino ; *D.* 2004. 1739, Chron. B. Mathieu ; *D.* 2004. 3089, Chron. D. Bailleul ; *RFDA* 2004. 651, obs. B. Genevois.
2. L. 29 juill. 1881, art. 65, préc.
3. Crim. 30 janv. 2001, n° 00-83.004, P n° 28 ; *D.* 2001. 1833, note E. Dreyer ; *D.* 2001. 2056, Chron. Ph. Blanchetier ; *RSC* 2001. 605, obs. J. Francillon – Crim. 16 oct. 2001, 27 nov. 2001, nos 01-80.134, 01-80.135, P n° 246 ; *D.* 2002. 2770, obs. C. Bigot ; *RSC* 2002. 621, obs. J. Francillon – Crim. 19 sept. 2006, n° 05-87.230, NP, *D.* 2013. 1002, obs. T. Fourrey – Crim. 6 janv. 2009, n° 05-83.491, P n° 4 ; *D.* 2009. 1260, note C. Courtin ; *AJ pénal* 2009. 127, obs. G. Royer – Paris, 7 mai 2009, RG n° 07/06246.
4. Agen, 26 mai 2011, RG n° 11/00171-A, *Dr. pénal* 2012. Chron. 5, obs. O. Mouysset.
5. Crim. 2 oct. 2012, n° 12-80.419, P n° 204 ; *Dr. pénal* 2012. Comm. 157, obs. M. Véron – Crim. 11 juin 2013, n° 12-84.573, NP.
6. TGI Paris, 17e ch., 18 mars 2013. Crim. 2 nov. 2016, n° 15-87.163, P, n° 283, Crim. 1er sept. 2020, n° 19-84.505, P ; *JCP* 2020. 1074 ; *RSC* 2021. 111, obs. E. Dreyer ; *Dr. pénal* 2020, comm. 206 ; *AJ pénal* 2020. 470, obs. J.-B. Thierry ; *Dalloz IP/IT* 2020. 701, obs. E. Derieux ; Légipresse 2020. 544, étude V. Tesnière ; *ibid.* 2021. 177, étude N. Verly ; *ibid.* 291, étude N. Mallet-Poujol. 2020. 1680 ; *ibid.* 2021. 197, obs. E. Dreyer ; *Légipresse* 2020. 467 et les obs. ; *ibid.* 544, étude V. Tesnière.
7. Crim. 1er sept. 2020, n° 19-84.505, P ; *JCP* 2020. 1074 ; *RSC* 2021. 111, obs. E. Dreyer ; *Dr. pénal* 2020, comm. 206 ; *AJ pénal* 2020. 470, obs. J.-B. Thierry ; *Dalloz IP/IT* 2020. 701, obs. E. Derieux ; *Légipresse* 2020. 467 et les obs. ; *ibid.* 544, étude V. Tesnière ; *ibid.* 2021. 177, étude N. Verly ; *ibid.* 291, étude N. Mallet-Poujol ; *D.* 2020. 1680 ; *ibid.* 2021. 197, obs. E. Dreyer.
8. E. Dreyer, *Dr. pénal* 2020, comm. 206.
9. Crim. 10 janv. 2017, n° 15-86.019, P n° 13 ; *D.* 2017. 163 ; *D.* 2018. 208, obs. E. Dreyer ; *JCP* 2017. 204 ; *AJ pénal* 2017. 141, obs. N. Verly ; *D. IP/IT* 2017. 181, obs. E. Derieux.
10. Crim. 7 févr. 2017, n° 15-83.439, P n° 38 ; *D.* 2017. 409 ; *JCP* 2017. 342 ; *AJ pénal* 2017. 234, obs. N. Verly.
11. Crim. 10 avr. 2018, n° 17-82.814 P n° 71 ; *D.* 2018. 851 ; *D.* 2018. 1295, obs. A. Serinet ; *JCP* 2018. 573 ; *Procédures* 2018, comm. 192, A.-S. Chavent-Leclère.

un nouvel acte de publication, interruptif de prescription, le déplacement d'un contenu de l'onglet « historique » vers l'onglet « article ». La cour d'appel qui, pour mettre hors de cause des directeurs de publication de sites internet ayant, soit repris un article argué de diffamation, en tout ou en partie, soit inséré un lien permettant d'y accéder, énonce que l'excuse de bonne foi, admise au profit des auteurs de l'article, bénéficie en conséquence aux différents directeurs de publication ayant permis l'accès audit article, a fait l'exacte application des articles 29, 35 et 35 *bis* de la loi du 29 juillet 1881 et de l'article 1382 du code civil ; en effet, s'il est vrai que l'intention de nuire doit être appréciée en la personne des auteurs de l'article diffamatoire, l'existence de faits justificatifs suffisants pour faire admettre la bonne foi des auteurs a pour effet d'exclure tant leur responsabilité que celle du directeur de publication des organes de presse l'ayant relayé, dès lors que les propos litigieux ont été repris sans dénaturation et sans qu'aucun élément nouveau n'ait été invoqué depuis la publication de l'article initial[1].

§ 2
Infractions de nature financière

A.
Faux

631.81 **Délits de faux.** Le faux est un délit instantané et se prescrit très simplement, à compter du jour de son établissement, qu'il s'agisse du faux en écriture privée de l'article 441-1 du code pénal, ou encore de l'établissement d'attestation faisant état de faits matériellement inexacts de l'article 441-7 du même code. Ce n'est pas la découverte du faux qui fait courir la prescription, même si le faux peut être dissimulé[2] : « Attendu qu'en l'état de ces énonciations, et dès lors que le délit de faux est une infraction instantanée dont la prescription court à compter de la date de l'établissement de l'écrit argué de faux et non de la découverte de son existence, la chambre de l'instruction a justifié sa décision »[3]. Les actes d'usage de faux ne sont pas de nature à interrompre le délai de prescription du faux lui-même[4]. La prescription du délit d'usage de faux est, quant à elle, plus complexe.

631.82 **Usage de faux.** L'usage de faux est une infraction instantanée, mais qui se renouvelle à chaque nouvel usage. La prescription ne court donc qu'à compter du dernier fait d'usage[5]. Ne donne pas de base légale à sa décision la chambre d'accusation qui retient la prescription comme acquise, sans rechercher si les documents argués de faux, après leur versement au dossier de première instance, n'avaient pas été invoqués, dans des conclusions régulièrement déposées, aux différents stades du procès civil en cause et n'avaient ainsi pas fait l'objet d'un nouveau fait positif d'usage[6]. De même, ne donne pas de base légale à sa décision, la chambre d'accusation qui énonce que « par principe », l'instance en cassation, concernant une décision sur le fond, n'implique aucun acte d'usage des pièces produites devant la juridiction de jugement, dès lors que le contrôle de la Cour de cassation ne porte que sur la légalité de la décision attaquée, sans rechercher si les pièces arguées de faux, après leur versement au dossier d'appel, n'avaient pas été invoquées devant la Cour de cassation et n'avaient pas ainsi fait l'objet d'un nouveau fait positif d'usage[7].

Une difficulté d'analyse des arrêts de la Cour de cassation a pu consister à se demander si l'usage de faux renouvelé permettait de considérer comme non prescrits *les usages de faux antérieurs*. Par exemple, si une personne fait usage de faux le 1er janvier 2010, puis le 1er janvier 2012 et enfin le 1er janvier 2014, si la plainte est déposée le 10 janvier 2015, que signifie la formule selon laquelle « la prescription ne court qu'à compter du dernier fait d'usage ». Les usages des mois de janvier 2010 et 2012 sont-ils prescrits parce que la plainte a été déposée plus de trois ans après leur commission ou bien le dernier acte d'usage permet-il de considérer que la prescription n'a couru qu'à compter du 1er janvier 2014 ? La chambre criminelle a répondu à cette question en précisant que « le délai de prescription court, à l'égard du délit d'usage de faux, infraction instantanée, à partir de la date de chacun des actes par lesquels le prévenu se prévaut de la pièce fausse »[8]. C'est donc bien chacun des actes qu'il faut examiner isolément et les deux premiers usages de faux sont bien prescrits dans l'exemple que nous avons donné. Ce qui fait perdre en fait tout caractère particulier à cette jurisprudence[9].

1. Crim. 7 mai 2018, n° 17-82.663, P n° 85 ; *JCP* 2018. 705.
2. Crim. 27 mai 1991, n° 90-80.267, P n° 222 ; *RSC* 1992. 580, obs. P. Bouzat ; *RTD com.* 1992. 477, obs. P. Bouzat – Crim. 3 mai 1993, n° 92-81.728, P n° 162 – Crim. 19 janv. 2000, n° 98-88.101, P n° 32 ; *D.* 2000. 106 – Crim. 25 mai 2004, n° 03-85.674, NP, *JCP* 2005. I. 106 ; *Dr. pénal* 2004, n° 183.
3. Crim. 19 mai 2004, n° 03-82.329, NP.
4. Crim. 25 oct. 1983, n° 83-90.074, P n° 261.
5. Crim. 30 mars 1999, n° 98-81.301, P n° 58.
6. Crim. 19 janv. 2000, n° 98-88.101, P n° 32.
7. Crim. 11 janv. 2001, n° 00-81.761, NP.
8. Crim. 11 janv. 2001, n° 00-81.761, NP.
9. SUR cette question : Ch. Guéry, « De l'escroquerie et de l'usage de faux envisagés sous l'angle d'un régime dérogatoire à la prescription de l'action publique », *D.* 2012. Chron. 1839.

B.
Escroqueries

631.91 Délit d'escroquerie. L'escroquerie est un délit instantané qui est consommé par la remise des fonds[1]. Le délai ne court pas à compter de l'usage d'une fausse qualité[2].

Mais la jurisprudence a été amenée à considérer que la prescription ne commence à courir qu'à la date de la dernière remise des fonds[3]. Cette simple remarque ne suffit pas à comprendre ce qui est prescrit de ce qui ne l'est pas ; nous avons vu en effet ci-dessus, en ce qui concerne l'usage de faux, qu'une formule quasiment identique n'apporte en fait aucune exception réelle aux principes de prescription. Qu'en est-il en matière d'escroquerie ? Il s'agit de faire une distinction entre les cas où l'on est en présence de plusieurs escroqueries et les cas où il s'agit d'une opération délictueuse unique. Dans ce dernier cas, il est clair que c'est la prescription de l'opération entière qui commence à courir au jour de la dernière remise de fonds[4]. C'est ainsi que doit être cassé l'arrêt qui, pour déclarer prescrit le délit d'escroquerie poursuivi à l'encontre d'une personne qui, en 1966 et 1967, a effectué de fausses déclarations en vue de percevoir une rente d'accident du travail qui lui a été versée jusqu'en juin 1989, énonce que la partie civile a découvert le caractère frauduleux des déclarations litigieuses dès 1980, alors que le dernier versement a eu lieu en 1989. Si l'on veut comparer ce type de décision avec celles rendues en ce qui concerne le délit de faux[5], il convient de rappeler que chaque usage de faux nouveau est un délit distinct ; en ce sens dire que la prescription commence à courir le jour du dernier usage n'apporte rien puisque les usages précédents sont prescrits.

En revanche, les versements successifs tels que ceux visés dans l'arrêt du 26 septembre 1995 ne sont pas des escroqueries distinctes : les manœuvres frauduleuses utilisées en 1966-1967 ont permis le versement pendant vingt ans de prestations indues. Il s'agit d'une opération unique, une escroquerie unique dont la prescription ne commence à courir que du jour du dernier versement. La clarté de la motivation de la Cour de cassation apparaît également dans un arrêt plus ancien, du 23 octobre 1978[6], dans lequel elle affirme : « Attendu que, pour déclarer non prescrits les faits d'escroquerie antérieurs au 13 janvier 1967, la cour d'appel énonce que les agissements des demandeurs constituent "un tout indivisible, une opération unique en raison de l'uniformité des circonstances dans lesquelles ces escroqueries ont été commises qui ont toutes tendu à l'exécution d'un programme d'ensemble", [...] attendu qu'en statuant ainsi, la cour d'appel, loin d'avoir violé les textes susvisés au moyen, en a fait l'exacte application ; qu'en effet, les manœuvres retenues à la charge des prévenus ne constituent pas, au regard de chaque acquéreur de parts, une succession d'escroqueries distinctes, mais une opération délictueuse unique, dont la prescription n'a commencé à courir qu'à la date de la dernière remise des fonds par l'une des victimes de l'escroquerie. »

Cet arrêt est intéressant et se distingue de celui du mois de septembre 1995 par un aspect capital : il y avait des victimes distinctes, en l'occurrence 111 acquéreurs de parts sociales qui avaient versé entre 1963 et 1970 des sommes aux prévenus, le premier acte interruptif de la prescription intervenant en janvier 1970. Le pourvoi estimait donc que « *les faits d'escroquerie antérieurs au 13 janvier 1967* » étaient prescrits. Il est rejeté par la chambre criminelle[7].

631.92 La notion d'opération unique peut être retenue même lorsque des manœuvres sont réitérées. Ainsi, dans une espèce jugée par la chambre criminelle le 6 octobre 2004[8], la prévenue avait pour chaque versement frauduleux, falsifié son bulletin de salaire après signature de l'employeur, la cour d'appel avait estimé qu'il y avait « autant d'escroqueries que de versements frauduleux » et que la seule exception admise, « qui fait courir la prescription à compter du dernier versement concerne le cas où les manœuvres frauduleuses constituent une opération délictuelle unique ; que, dans le cas de Marie-Françoise X..., épouse Y..., il y a eu une manœuvre frauduleuse distincte pour chacun des 183 versements indus effectués ». La chambre cri-

1. Crim. 26 avr. 1994, nº 93-84.880, P nº 149 ; *RSC* 1994. 773, obs. G. Giudicelli-Delage ; *RSC* 1995. 96, obs. B. Bouloc – Crim. 8 sept. 2010, nº 09-85.961, NP, *D.* 2011. 1862, obs. Mascala ; *Dr. pénal* 2010, nº 144, note M. Véron ; *RTD com.* 2011. 183, obs. B. Bouloc.
2. Crim. 26 avr. 1994, nº 93-84.880, P nº 149, préc.
3. Crim. 22 juill. 1971, nº 70-90.318, P nº 237 – Crim. 9 mai 1972, nº 71-90.996, P nº 161 – Crim. 17 déc. 1974, nº 73-91.110, P nº 371 – Crim. 27 mai 1991, nº 90-80.267, P nº 222 – Crim. 26 avr. 1994, nº 93-84.880, P nº 149 – Crim. 20 juin 1994, nº 93-84.425, NP, *Dr. pénal* 1994, nº 260, note M. Véron ; *RSC* 1995. 103, obs. R. Ottenhof.
4. Crim. 23 oct. 1978, nº 74-90.336, P nº 283 – Crim. 27 mai 1991, nº 90-80.267, P nº 222 – Crim. 26 sept. 1995, nº 94-84.008, P nº 288 ; *Dr. pénal* 1996, nº 61, note M. Véron ; *RSC* 1996. 658, obs. R. Ottenhof (v. s[s] nº 631.91).
5. V. s[s] nº 631.81.
6. Crim. 23 oct. 1978, nº 74-90.336, P nº 283.
7. SUR cette question : Ch. Guéry, « De l'escroquerie et de l'usage de faux envisagés sous l'angle d'un régime dérogatoire à la prescription de l'action publique », *D.* 2012. Chron. 1839.
8. Crim. 6 oct. 2004, nº 03-83.142, NP ; *Dr. pénal* 2005, comm. nº 27, obs. A. Maron.

minelle casse au motif que « la prescription, en matière d'escroquerie, ne commence à courir qu'à compter de la dernière remise des fonds, valeurs ou bien quelconque, lorsque les manœuvres frauduleuses multiples et répétées se poursuivent sur une longue période formant entre elles un tout indivisible et provoquant des remises successives ».

C. Autres infractions

631.101 **Blanchiment.** Le blanchiment étant un délit autonome, la prescription qui le concerne est indépendante de celle qui s'applique à l'infraction originaire[1]. On retrouve ici une distinction énoncée de longue date en matière d'infraction consécutive à une autre, mais autonome dans ses éléments, et appliquée jadis au recel. Le recel constitue un délit distinct et la prescription qui le concerne est indépendante de celle qui s'applique à l'infraction originaire[2]. Les dispositions des articles 203 du code de procédure pénale et 321-3 à 321-5 du code pénal impliquent que le recel du produit d'un détournement de fonds publics ne saurait commencer à se prescrire avant que l'infraction dont il procède soit apparue et ait pu être constatée dans des conditions permettant l'exercice de l'action publique[3]. De même, il résulte des articles 321-1 et 432-12 du code pénal que le délit de recel de prise illégale d'intérêts ne peut être reproché à la personne qui aurait commis l'infraction principale, celle-ci fût-elle prescrite[4].

631.102 **Abus de faiblesse.** La prescription du délit d'abus de faiblesse ne commence à courir qu'à partir du dernier prélèvement effectué sur le patrimoine de la victime lorsque l'abus frauduleux procède d'une opération délictueuse unique. Il en est ainsi dans le cas de prélèvements bancaires réalisés sur le compte de la victime, au moyen de la même procuration[5]. La notion d'opération unique est donc retenue également par la chambre criminelle dans le cas d'abus de faiblesse. Même si l'arrêt de référence, précité, ne permet pas de mesurer les effets de cette appellation, on peut penser qu'ils sont identiques à ceux relevés en matière d'escroquerie et qu'en conséquence c'est la prescription de l'entière opération qui commence à courir lors du dernier prélèvement. Est justifiée la décision écartant la prescription du délit d'abus de faiblesse qui énonce que le délai ne commence à courir qu'à partir du dernier prélèvement effectué sur le patrimoine de la victime, lorsque l'abus frauduleux procède d'un mode opératoire unique. En outre, la modification de la clause relative au bénéficiaire caractérise, au même titre que la souscription d'un contrat d'assurance-vie, le délit d'abus de faiblesse[6].

631.103 **Concussion.** La prescription en matière de concussion commence à courir du jour de la dernière perception de sommes indues lorsque ces perceptions résultent d'opérations indivisibles[7] : « Attendu que, pour constater la prescription des faits antérieurs au 22 novembre 1998, l'arrêt énonce que le délit de concussion étant caractérisé par la perception de sommes qu'une personne chargée d'une mission de service public sait ne pas être dues, seules peuvent être poursuivies les perceptions intervenues dans le délai de trois ans précédant le premier acte interruptif de prescription ; Mais attendu qu'en prononçant ainsi, la chambre de l'instruction a méconnu les textes susvisés et le principe ci-dessus énoncé. »

Cette jurisprudence a été confirmée[8]. Les opérations indivisibles sont à mettre en parallèle avec « l'opération unique » retenue par la jurisprudence sur l'escroquerie[9].

631.104 **Délit de prise illégale d'intérêts : infraction instantanée.** Le délit de prise illégale d'intérêts est consommé dès que l'agent public a pris ou reçu un intérêt dans une entreprise ou opération dont il avait au moment de l'acte la charge d'assurer la surveillance ou l'administration[10].

La chambre criminelle a, depuis très longtemps[11], estimé que le délit de prise illégale d'intérêt est instantané. Elle a depuis réaffirmé sa jurisprudence[12].

Le délai de prescription commence à courir du dernier acte administratif accompli par l'agent public par lequel il prend ou reçoit directement ou

1. Crim. 31 mai 2012, n° 12-80.715, P n° 139 ; *D.* 2012. 1678, obs. S. Lavric ; *RSC* 2012. 868, obs. H. Matsopoulou.
2. Crim. 16 janv. 1964, n° 63-90.263, P n° 16.
3. Crim. 28 févr. 2017, n° 15-81.969, NP, *D.* 2017. 570.
4. Crim. 12 nov. 2015, n° 14-83.073, P n° 253 ; *D.* 2015. 2375.
5. Crim. 27 mai 2004, n° 03-82.738, P n° 141 ; *Dr. pénal* 2004, n° 130 ; *RSC* 2004. 881 ; *RSC* 2004. 902 (v. ss n° 631.01).
6. Crim. 18 sept. 2019, n° 18-85.038, P *JCP* 2019. 1085.
7. Crim. 31 janv. 2007, n°s 05-87.596, 06-81.273, P n° 24 ; *D.* 2007. 1824, n° 8, obs. D. Caron et S. Ménotti ; *JCP* 2007. IV. 1559 ; *Dr. pénal* 2007, n° 74.
8. Crim. 16 nov. 2011, n° 10-88.838, NP, *Dr. pénal* 2012, n° 20.
9. V. s^{s} n°s 631.104, 631.111.
10. C. pén., art. 432-12.
11. Crim. 10 avr. 1897, P n° 139 – Crim. 7 oct. 1976, n° 75-92.246, P n° 285.
12. Crim. 4 oct. 2000, n° 99-85.404, P n° 287 ; *D.* 2001. 1654, note M. Segonds (v. s^{s} n° 631.01) – Crim. 4 avr. 2001, n° 00-82.534, P n° 93 ; *JCP* 2001. IV. 2164 ; *Gaz. Pal.* 30 nov.-1er déc. 2001, p. 36, obs. Y. Monnet – Crim. 10 avr. 2002, n° 01-84.286, P n° 84 ; *D.* 2003. 246, note M. Segonds ; *Dr. pénal* 2002, n° 105, note M. Véron ; *Gaz. Pal.* 2004. 1. Somm. 628, note A. C. – Crim. 29 juin 2005, n° 04-87.294, P n° 198 ; *AJDA* 2005. 1860 ; *D.* 2005. 2244 ; *RTD com.* 2006. 226, obs. B. Bouloc.

indirectement un intérêt dans une opération dont il a l'administration ou la surveillance[1].

Il en est ainsi même lorsque le délit se renouvelle dans le temps : lorsqu'une personne investie d'un mandat électif public, a pris un intérêt dans des opérations successives, indépendantes les unes des autres, dont elle a, au moment de l'acte, en tout ou partie, la charge d'assurer la surveillance, le délit consommé à l'occasion de chacune de ces opérations conserve son caractère instantané.

Dès lors, doivent être déclarés prescrits les faits de prise illégale d'intérêts résultant de la participation du prévenu aux délibérations d'un conseil municipal ayant adopté des décisions favorables à ses activités professionnelles, commis plus de trois années avant le premier acte interruptif de prescription, et les poursuites possibles contre la dernière délibération non encore prescrite ne sauraient englober les précédentes infractions déjà prescrites[2].

Il n'existe, en cette matière, aucune notion d'opération délictueuse unique permettant de rechercher les premiers faits prescrits selon le droit commun. La difficulté est de circonscrire ce qui constitue un acte administratif de l'agent public par lequel il prend ou reçoit un intérêt dans l'opération dont il a l'administration ou la surveillance : ainsi, l'enregistrement en comptabilité d'une transaction intervenue entre les parties ne constitue qu'une suite de l'acte délictuel initial et non un acte administratif nouveau constitutif d'une prise illégale d'intérêts[3].

En revanche, constitue un tel acte le dernier versement d'honoraires effectué par un maire, au nom de la commune, au profit de son beau-frère, architecte, attributaire d'un marché de maîtrise d'œuvre pour l'extension et la rénovation d'un bâtiment communal[4].

De même, les faits reprochés au maire d'une commune, lors de l'achat d'une maison par la commune, ont été commis lors de la délibération du conseil municipal, mais également lors du mandatement du prix par le maire, dernier acte administratif fait moins de trois ans avant l'acte de saisine pour enquête[5].

Toutefois, si l'acte a été dissimulé, la Cour de cassation reporte le point de départ du délai de prescription au jour de la révélation de l'acte délictueux[6] : « Si le délit de prise illégale d'intérêts se prescrit à compter du jour où la participation a pris fin, le délai de prescription de l'action publique ne commence à courir, en cas de dissimulation destinée à empêcher la connaissance de l'infraction, qu'à partir du jour où celle-ci est apparue et a pu être constatée dans des conditions permettant l'exercice des poursuites. »[7] Ceci, sans compter que le délit de prise illégale d'intérêt peut parfois constituer une infraction continue...

631.105 **Délit de prise illégale d'intérêts : infraction continue ?** Depuis l'entrée en vigueur de la nouvelle rédaction de l'article 432-12 par le code pénal, qui a transformé le terme d'ingérence en prise illégale d'intérêt, le texte a ajouté le verbe « conserver » à ceux de « prendre » et « recevoir ». Une partie de la doctrine a alors estimé, en accord avec les auteurs de la circulaire du 14 mai 1993, que le délit était devenu continu et que la prescription commencerait à courir seulement le jour où cesse la situation délictueuse[8].

La jurisprudence a confirmé cette analyse : si l'acte consiste à conserver l'intérêt interdit, il crée une situation permanente qui s'inscrit dans la durée. Dès lors, la prise illégale d'intérêts devient un délit continu et la prescription ne commence à courir qu'à compter du jour où cesse la situation délictueuse[9]. Elle a confirmé, dans l'affaire dite du Médiator, cette analyse : la conservation d'un intérêt dans l'entreprise dont le prévenu avait la charge d'assurer la surveillance confère à l'infraction un caractère continu[10].

631.106 **Délit de corruption et de trafic d'influence.** Les délits de corruption et de trafic d'influence sont des délits instantanés, qui sont consommés dès la conclusion du pacte de corruption. Mais ce délit se renouvelle à chaque exécution du pacte[11] : « L'accomplissement par le corrompu d'un acte de sa fonction ou facilité par un acte de sa

1. par ex. : Crim. 4 oct. 2000, n° 99-85.404, P n° 287 ; *D.* 2001. 1654, note M. Segonds.
2. Crim. 4 avr. 2001, n° 00-82.534, P n° 93 ; *JCP* 2001. IV. 2164 ; *Gaz. Pal.* 30 nov.-1er déc. 2001, p. 36, obs. Y. Monnet.
3. Crim. 4 oct. 2000, précité.
4. Crim. 29 juin 2005, n° 04-87.294, P n° 198.
5. Crim. 10 avr. 2002, n° 01-84.286, P n° 84 ; *D.* 2003. 246, obs. M. Segonds.
6. Crim. 19 mars 2008, n° 07-82.124, P n° 71 ; *D.* 2008. 1063, obs. S. Lavric ; *AJ pénal* 2008. 319, note J. Lelieur ; *Dr. pénal* 2008, comm. 102.
7. Crim. 16 déc. 2014, n° 14-82.939, P n° 272 ; *D.* 2015. 76 ; *JCP* 2015. 86.
8. J.-Cl. Pénal, art. 432-12 et 432-13, n° 60, par Y. Muller – *contra* : J.-H. Robert, « Du caractère continu ou instantané du délit d'ingérence selon l'article 432-12 du code pénal », *Dr. pénal* 1994. Chron. 10.
9. Crim. 3 mai 2001, n° 00-82.880, P n° 106 ; *D.* 2001. 2876 ; *RSC* 2002. 111, obs. J.-P. Delmas Saint-Hilaire ; *Dr. pénal* 2001, comm. 99.
10. Crim. 29 avr. 2014, n° 14-80.060, NP.
11. Crim. 6 févr. 1969, n° 67-93.492, P n° 67 ; *RSC* 1969. 871, obs. A. Vitu – Crim. 12 déc. 1989, n° 88-83.417, P n° 474 – Crim. 9 nov. 1995, n° 94-84.204, P n° 346 – Crim. 27 oct. 1997, n° 96-83.698, P n° 352 ; *Dr. pénal* 1998, n° 16, note M. Véron ; *LPA* 1997, n° 134, p. 23, note Cl. Ducouloux-Favard – Crim. 8 oct. 2003, n° 03-82.589, P n° 185 ; *D.* 2004. 3023, note M. Segonds ; *AJ pénal* 2003. 102, obs. A. P.

fonction constitue un acte d'exécution de ce pacte. »[1]

À chaque manifestation de l'intention, le délit est constitué.

§ 3
Jurisprudence relative à certains délits instantanés

631.111 Dénonciation calomnieuse. Pour le délit de dénonciation calomnieuse[2], le point de départ de la prescription se situe au jour où la dénonciation est parvenue à l'autorité ayant le pouvoir d'y donner suite ou de saisir la juridiction[3]. Dans cette matière particulière, il se déduit par ailleurs de l'article 226-11 du code pénal que la prescription de l'action publique du chef de dénonciation calomnieuse est suspendue tant que les poursuites exercées des chefs des délits dénoncés sont en cours[4]. Lorsqu'une relaxe du chef du délit dénoncé a été prononcée par un jugement dont seule la partie civile a relevé appel, la prescription de l'action publique du chef de dénonciation calomnieuse reste suspendue tant que la procédure se poursuit sur les intérêts civils. En l'espèce, est cassée la décision qui avait fixé le point de départ de la prescription le jour où le jugement de relaxe était devenu définitif, soit dix jours après son prononcé, alors que « la prescription de l'action publique, qui avait commencé à courir du jour de la plainte avec constitution de partie civile arguée de calomnieuse, a été immédiatement suspendue pendant le cours de la poursuite ainsi engagée, et que cette suspension n'a pris fin qu'au jour de la signification de l'arrêt de la Cour de cassation du 26 septembre 2012 qui a définitivement mis fin à cette procédure, qui s'était poursuivie sur les seuls intérêts civils »[5].

631.112 Détournement de gage ou de correspondance. Pour le délit de détournement de gage[6], la prescription court à compter du jour ou la demande de restitution du véhicule automobile gagé a été formulée[7].

Pour le délit de détournement de correspondance[8], la prescription court à compter du jour du détournement[9].

631.113 Faux témoignage. Pour le délit de faux témoignage[10], la prescription commence à courir du jour où la déposition mensongère a été faite et les dispositions de l'article 434-13, alinéa 2, qui prévoient une exemption de peine si le faux témoin a rétracté spontanément son témoignage, n'ont pas pour effet de reporter le point de départ de la prescription à la date à laquelle le témoignage est devenu irrévocable[11].

631.114 Usurpation d'état civil. Pour le délit d'usurpation d'état civil[12], la prescription commence à courir du jour où l'identité est usurpée dans des circonstances de nature à déterminer des poursuites pénales[13].

631.115 Bigamie. Pour le délit de bigamie la prescription court du jour où le second mariage est contracté[14].

631.116 Tromperie. Pour le délit de tromperie sur la qualité de la marchandise vendue, le délai de prescription court à partir de la livraison de la chose et non à compter de la découverte de la tromperie[15] ;

Pour le délit de tromperie[16] la prescription court du jour de la livraison de la marchandise et non de la découverte de la tromperie[17].

631.117 Présentation de comptes infidèles. Pour le délit de présentation de comptes infidèles[18], la prescription court à compter de la publication desdits comptes[19].

631.118 Escroquerie au jugement. Pour le délit d'escroquerie au jugement, la prescription court du jour où la décision obtenue frauduleusement devient exécutoire[20].

631.119 Harcèlement moral. En matière de harcèlement moral, la prescription ne commence à courir, pour chaque acte de harcèlement incriminé, qu'à partir du dernier[21].

1. Crim. 29 juin 2005, n° 05-82.265, P n° 200 ; *D.* 2005. 2338.
2. C. pén., art. 226-10.
3. Crim. 24 sept. 2002, n° 02-84.485, P n° 171 ; *D.* 2002. 3060 – Crim. 17 oct. 2006, n° 05-85.519, P n° 250 ; *D.* 2006. 2874 ; *AJ pénal* 2007. 32.
4. Crim. 22 mai 2012, n° 11-87.246, NP, *Dr. pénal* 2012, n° 125.
5. Crim. 21 avr. 2020, n° 19-81.089, P ; *RSC* 2020. 314, note Y. Mayaud.
6. C. pén., art. 226-15.
7. Toulouse, 13 janv. 2000, RG n° 99/00667.
8. C. pén., art. 226-15.
9. Crim. 17 juin 1987, n° 86-94.013, P n° 254.
10. C. pén., art. 434-13.
11. Crim. 17 déc. 2002, n° 02-81.424, P n° 234 ; *D.* 2003. 314 ; *RSC* 2004. 94, obs. J.-P. Delmas Saint-Hilaire.
12. C. pén., art. 434-23.
13. Crim. 16 févr. 1999, n° 98-80.535, P n° 25 : mais le délit se renouvelle à chaque usage.
14. Crim. 5 févr. 1963, n° 59-94.033, P n° 65 – Crim. 12 avr. 1983, n° 82-91.088, P n° 97 ; *D.* 1983. IR 306.
15. Rouen, 17 janv. 1979, *JCP* 1979. II. 19182, note M.-L. Rassat – SUR POURVOI : Crim. 10 juin 1980, n° 79-90.652, P n° 183.
16. C. consom., art. L. 213-1.
17. Crim. 17 juin 1991, n° 89-85.957, P n° 259.
18. C. com., art. L. 242-6.
19. Crim. 9 juill. 1996, n° 95-83.418, NP, *Dr. pénal* 1996, n° 248, note J.-H. Robert.
20. Crim. 30 juin 2004, n° 03-85.019, P n° 178 ; *JCP* 2004. IV. 3011 ; *AJ pénal* 2004. 405 ; *Dr. pénal* 2004, n° 156, note M. Véron.
21. Crim.19 juin 2019, n° 18-85.725, P n° 128.

§ 4
Jurisprudence relative à certains délits d'omission

631.121 Jurisprudence pour les délits d'omission. Il est parfois plus difficile de situer dans le temps une omission qu'un acte positif. La jurisprudence a eu l'occasion également de se pencher sur une grande partie des infractions les plus courantes.

631.122 Non-révélation de faits délictueux. Pour le délit de non-révélation de faits délictueux[1], la prescription court du jour où le commissaire aux comptes a connaissance des faits délictueux, au plus tard à la certification des comptes, et l'obligation de les révéler au procureur de la République[2].

631.123 Omission de porter secours à personne en péril. Pour le délit d'omission de porter secours à personne en péril[3], la prescription commence à courir au moment où le médecin a eu connaissance de la contamination de son patient par le virus VIH du sang antérieurement transfusé au cours d'une opération et qu'il avait l'obligation de révéler[4].

631.124 Non-dénonciation d'infraction sexuelle. Dans une décision du 14 avril 2021[5], la chambre criminelle a précisé le régime de la prescription s'agissant du délit de non-dénonciation d'infraction sexuelle.

Dans cette affaire largement médiatisée et touchant à des agressions sexuelles commises dans la communauté catholique, la cour d'appel avait retenu que l'obligation de dénoncer avait disparu car « la prescription de l'action publique était acquise quand il avait été informé de leur existence ». la non-dénonciation ne serait pas constituée lorsque les faits d'agressions sexuelles sur lesquels porte la révélation sont pour leur part prescrits. la prescription de l'infraction divulguée ferait disparaître l'obligation de dénonciation. Mais la Cour de cassation a censuré l'arrêt d'appel sur ce point et énoncé que « l'obligation de dénoncer persiste, même s'il apparaît à celui qui prend connaissance des faits que ceux-ci ne pourraient plus être poursuivis, compte tenu de la prescription de l'action publique. En effet, d'une part, la condition que la prescription ne soit pas acquise ne figure pas à l'article 434-3 du code pénal, d'autre part, les règles relatives à la prescription sont complexes et ne peuvent être laissées à l'appréciation d'une personne qui peut, en particulier, ignorer l'existence d'un acte de nature à l'interrompre ». Elle rappelle que la condition relative à la prescription de l'infraction révélée n'est pas inscrite dans le texte de la loi et énonce que la prescription de l'infraction support de l'obligation de dénonciation ne peut pas être un facteur exonératoire en raison de la complexité des règles juridiques relatives à la prescription et du fait que le dépositaire de l'information peut « ignorer l'existence d'un acte de nature à l'interrompre ».

La Cour énonce par ailleurs que l'article 434-3 du code pénal « a pour but de lever l'obstacle aux poursuites pouvant résulter de ce que l'âge ou la fragilité de la victime l'ont empêchée de dénoncer les faits. Il en résulte que, lorsque cet obstacle est levé, l'obligation de dénonciation ainsi prévue disparaît. Aussi, la condition, prévue par le texte en cause, tenant à la vulnérabilité de la victime, doit-elle être remplie non seulement au moment où les faits ont été commis, mais encore lorsque la personne poursuivie pour leur non-dénonciation en a pris connaissance ». Elle souligne aussi que la condition de vulnérabilité de la victime doit exister au moment des faits mais encore lors de la révélation à la personne tenue à l'obligation de dénonciation. Cette solution a parfois été critiquée par la doctrine : « En statuant de la sorte, la Cour de cassation procède à une véritable relecture de l'incrimination au mépris du principe d'interprétation stricte qu'elle vient pourtant de réaffirmer, car elle impose, ni plus ni moins, une condition que ce texte ne prévoit pas, à savoir que l'exigence de minorité ou vulnérabilité des victimes des agressions initiales subsiste au moment où le signalement doit être effectué. C'est procéder à une interprétation non plus stricte mais restrictive du texte en question : en ajoutant cette condition, la haute juridiction le prive d'une partie de son champ d'application [...] Comment peut-on tout à la fois juger que l'obligation de signalement s'impose malgré la prescription des faits (ce qui laisse entendre que l'objectif n'est pas exclusivement de juger ceux-ci), mais qu'elle disparaît lorsque les victimes peuvent directement porter plainte (ce qui concède que l'objectif est principalement de juger les faits) ? »[6].

631.125 Non-dénonciation d'infraction sexuelle : la loi du 21 avril 2021. Quelques jours après le prononcé de l'arrêt du 14 avril 2021, cité ci-dessus, le législateur a encore une fois modifié le régime de l'article 434-3 du code pénal en ajoutant

1. C. com., art. L. 820-7.
2. Crim. 9 mars 1999, n° 98-81.485, P n° 32.
3. C. pén., art. 223-6, al. 2.
4. Crim. 17 sept. 1997, n° 96-84.972, P n° 300 : mais cassation pour connexité avec d'autres faits non prescrits dont la poursuite a interrompu la prescription pour le tout (sur les effets de la connexité, v. s^s n° 633.43).
5. Crim. 14 avr. 2021, n° 20-81.196, P ; *D.* 2021. 747 ; *D.* 2021. 937, note crit. E. Dreyer ; *AJ pénal* 2021. 257, obs. A. Darsonville ; *JCP* 2021. 520 ; *ibid* 2021. 575, obs. H. Matsopoulou.
6. E. Dreyer, *D.* 2021. 937.

à l'article 8 du code de procédure pénale un alinéa au terme duquel « l'action publique du délit mentionné à l'article 434-3 du code pénal se prescrit, lorsque le défaut d'information concerne une agression ou une atteinte sexuelle commise sur un mineur, par dix années révolues à compter de la majorité de la victime et, lorsque le défaut d'information concerne un viol commis sur un mineur, par vingt années révolues à compter de la majorité de la victime ». La loi recule donc le point de départ de la prescription de l'action publique à la date de la majorité de la victime. De surcroît les délais de prescription sont de 10 ans et 20 ans au lieu de 6 ans lorsque la non-dénonciation porte sur des agressions ou atteintes sexuelles commises sur des mineurs. En retardant le point de départ de la prescription le législateur semble conforter l'analyse classant ce délit dans la catégorie des infractions instantanées. Or, une partie de la doctrine[1], s'appuyant parfois sur des travaux préparatoires qui nous semblent équivoques, estime qu'en ajoutant le membre de phrase « de continuer à ne pas informer ces autorités tant que ces infractions [principales] n'ont pas cessé », la loi du 3 août 2018 a eu pour effet de rendre continue l'infraction prévue par l'article 434-3 du code pénal. Cette même doctrine s'interroge alors sur l'opportunité d'allonger un délai de prescription d'une infraction continue tout en relevant que « la consommation d'une infraction continue peut prendre fin "quand l'agent cesse d'être tenu de respecter l'obligation qu'il a jusqu'alors violée" »[2]. En tout état de cause, si l'état délictueux prend fin, selon la jurisprudence, à la majorité de la victime, la loi du 21 avril 2021 a mis en place un régime dérogatoire permettant de repousser le point de départ du délai de prescription[3].

On notera par ailleurs que la particularité ne concerne que les agressions ou atteintes sexuelles sur mineurs et non les mauvais traitements. Or, selon Audrey Darsonville[4] « le délai de prescription allongé est peu compatible avec la jurisprudence de la Cour de cassation du 14 avril 2021 qui fait elle cesser l'obligation de dénonciation lorsque la vulnérabilité de la victime a disparu [...] une solution serait peut-être pour les juridictions de conserver le critère de la vulnérabilité en le basant sur un délai objectif, dix ans pour les délits sexuels et vingt ans pour les crimes sexuels, à compter de la majorité de la victime. Une telle option aurait le mérite de la simplicité, le délai de vulnérabilité étant fixé par la loi, mais nuirait à la spécificité de chaque victime puisque la vulnérabilité ne peut être calculée de façon fixe et identique pour toutes les victimes. L'avenir nous dira comment la Cour de cassation appréhendera cette nouvelle mutation du délit de non-dénonciation ».

631.126 **Non-convocation de l'assemblée générale extraordinaire.** Pour le délit de non-convocation de l'assemblée générale extraordinaire par le président ou les administrateurs d'une société anonyme, prévu par l'article L. 242-9[5] du code de commerce, la prescription court du jour à compter de l'expiration du délai de quatre mois suivant l'approbation des comptes ayant fait apparaître que les capitaux propres de la société, en raison des pertes subies, étaient devenus inférieurs à la moitié du capital social[6].

SECTION 4

INFRACTION DONT LE RÉSULTAT DOMMAGEABLE EST PRIS EN COMPTE

631.131 **Notion.** Certaines infractions comportent, parmi leurs éléments constitutifs, l'existence d'un résultat dommageable. La prescription ne commence alors à courir qu'à partir de la réalisation du préjudice. On privilégiera donc non le fait générateur du dommage mais la réalisation complète du préjudice, dès lors que celui-ci constitue l'un des éléments constitutifs de l'infraction.

631.132 **Homicide ou blessure involontaires.** Il en est principalement ainsi en matière d'homicide ou de blessures involontaires. La Cour de cassation a ainsi estimé en matière d'homicide involontaire[7], que la prescription a pour point de départ la date du décès et non celle, antérieure, du fait délictueux qui en avait été la cause[8]. Cette règle est particulièrement importante lorsqu'il existe un temps important entre le fait générateur du dommage et le décès. Elle a permis des poursuites dans des cas d'utilisa-

1. V. not. Ph. Bonfis, « Entre continuité et rupture : la loi du 3 août 2018 sur les violences sexuelles et sexistes » : *JCP G* 2018. 975 ; C. Dounot et E.-C. Fréty, « Un cardinal condamné pour l'exemple ? », *Dr. pén.* 2019, étude 19 ; H. Matsopoulou « Les nouvelles règles de prescription applicables aux crimes et délits sexuels commis sur des mineurs », *JCP* 2021. 514.
2. E. Dreyer, *Droit pénal* général : LexisNexis, 5e éd., 2019, p. 590.
3. V. H. Matsopoulou, « Les nouvelles règles de prescription applicables aux crimes et délits sexuels commis sur des mineurs » *JCP* 2021. 514.
4. *AJ pénal* 2021. 257.
5. C. com., art. L. 242-9.
6. Crim. 24 mars 1999, n° 98-81.548, P n° 53.
7. C. pén., art. 221-6.
8. Aix-en-Provence, 12 janv. 1954, *D.* 1954. 338 ; *JCP* 1954. II. 8040, note R. Savatier – Crim. 4 nov. 1985, n° 84-90.634, P n° 339 – Crim. 17 déc. 1991, n° 90-87.329, NP, *Dr. pénal* 1992, n° 173 – Crim. 4 nov. 1999, n° 99-81.279, P n° 248 ; *D.* 2000. 29 ; *Dr. pénal* 2000, n° 43 ; *RSC* 2000. 395, obs. Y. Mayaud.

tion de produits nocifs pour la santé publique, dont les effets létaux sont parfois différés dans le temps (hémophiles décédés du sida, personnes décédées à la suite de la prescription d'une herbe chinoise *aristolochia fonghi*...). Les mêmes principes prévalent en cas de blessures involontaires[1], où la prescription a pour point de départ le jour où il a pu être constaté que l'incapacité totale de travail avait duré plus de trois mois[2]. Les juges doivent ainsi rechercher la date à laquelle s'est révélée l'incapacité invoquée par la victime[3]. Dès lors que les faits d'homicide involontaire reprochés à un médecin psychiatre qui assurait le suivi d'un homme souffrant de troubles psychiatriques et poursuivi pour homicide volontaire, ne procédaient pas d'une unité de conception, n'étaient pas déterminés par la même cause ou ne tendaient pas au même but que les faits d'homicide volontaire reprochés à l'auteur de l'assassinat, ou ne formaient pas avec eux un tout indivisible, la cour d'appel, qui a infirmé la décision rejetant l'exception de prescription de l'action publique soutenue par le médecin psychiatre et le déclarant coupable, a justifié sa décision[4].

631.133 **Crime.** L'Assemblée plénière de la Cour de cassation a rendu, le 7 novembre 2014, un arrêt fort important sur la prescription de l'action publique en matière de crime[5]. Toutefois, ce n'est pas le principe du report du point de départ du délai de l'action publique qui a été privilégié mais la suspension de ce délai[6].

SECTION 5
INFRACTION CONTINUE

631.141 **Définition et régime.** L'infraction continue est celle qui est constituée d'un seul élément matériel qui se prolonge dans le temps.

Le délai de prescription ne court qu'à compter du jour où la situation illicite a pris fin « dans ses actes constitutifs et dans ses effets »[7]. La définition de ce type d'infraction explique aisément un tel régime puisque l'infraction n'est consommée que lorsque la situation illicite prend fin[8]. Certaines infractions peuvent présenter les deux caractères.

Sur la prise illégale d'intérêts, v. s^s n°s 631.104, 631.105.

631.142 **Association de malfaiteurs.** Pour le délit d'association de malfaiteurs[9], la prescription court du jour où le prévenu cesse d'en faire partie, soit en la quittant, soit parce qu'elle a cessé d'exister[10].

631.143 **Recel.** Pour le délit de recel[11], la prescription court du jour où le prévenu se libère de l'objet recelé entre les mains d'un tiers de bonne foi[12]. Peu importe que l'infraction principale soit déjà prescrite[13].

Dans une importante affaire d'assassinat en Corse, la chambre criminelle a précisé le sort réservé à la prescription du recel en bande organisée. Elle a d'abord cassé, pour contradiction de motifs l'arrêt d'une chambre de l'instruction qui ne pouvait « sans se contredire tout à la fois retenir que le recel de la motocyclette imputable à M. P... avait cessé le 30 septembre 2007 et estimer, sans mieux s'en expliquer, que ledit recel se serait poursuivi de manière ininterrompue jusqu'à ce que le dernier détenteur se défasse du véhicule en 2012 »[14]. Elle a ensuite confirmé le sursis à statuer ordonné par la juridiction de renvoi : « Attendu qu'après avoir procédé à une exacte analyse des effets de la circonstance aggravante de bande organisée sur la prescription du délit de recel, la chambre de l'instruction, par des motifs non hypothétiques, a justifié sa décision dès lors que l'exception de prescription peut être soulevée à tout stade de la procédure et qu'aucune disposition du code de procédure pénale n'interdit à cette juridiction de différer sa décision dans l'attente de l'évolution des investigations »[15]. Le recel du produit d'une

1. C. pén., art. 222-19 s.
2. Cass., ch. mixte, 26 févr. 1971, n° 67-10.834, P n° 67 ; *D.* 1971. 241, concl. R. Lindon ; *RSC* 1971. 683, obs. G. Levasseur – Crim. 22 oct. 1979, n° 77-93.117, P n° 291 ; *Gaz. Pal.* 1980. 1. 373 – Bordeaux, 28 avr. 1987, *Gaz. Pal.* 1987. 2. 507 ; *RSC* 1988. 878, obs. G. Levasseur – Crim. 12 déc. 1989, n° 88-83.417, P n° 474 – Crim. 4 déc. 1990, n° 90-81.772, P n° 413 ; *D.* 1991. IR 40 ; *RSC* 1992. 80, obs. G. Levasseur – Crim. 3 juin 2008, n°s 07-80.240, 07-80.241, P n° 137 ; *D.* 2008. 2003, note A. Darsonville ; *RSC* 2008. 903, obs. Y. Mayaud.
3. Crim. 4 déc. 1990, n° 90-81.772, P n° 413.
4. Crim. 15 sept. 2015, n° 14-83.740, P+B ; *D.* 2015. 1896 ; *JCP* 2015. 1133 ; *AJ pénal* 2016. 29, note Y. Mayaud ; *RSC* 2016. 347, obs. P. Mistretta.
5. Cass., ass. plén., 7 nov. 2014, n° 14-83.739, P n° 1 ; *D.* 2014. 2304 ; *D.* 2014. 2498, note R. Parizot ; *JCP* 2015. Doctr. 69, note A. Lepage ; *Dr. pénal* 2014. Comm. 105, M. Véron ; *AJ pénal* 2015. 36, obs. A. Darsonville ; *RSC* 2014. 803, obs. D. Boccon-Gibod.
6. V. s^s n°s 633.123 s.
7. Crim. 19 févr. 1957, P n° 166 – Crim. 6 févr. 1969, *[*], JCP* 1969. II. 16004, note P. Chambon – Crim. 17 mai 1983, n° 83-90.030, P n° 142 – Crim. 20 mai 1992, n° 90-87.350, P n° 202 – Crim. 4 janv. 1990, n° 89-81.602, P n° 9 ; *D.* 1990. Somm. 376, obs. J. Pradel.
8. J.-F. Rénucci, « Infractions d'affaires et prescription de l'action publique », *D.* 1997. Chron. 23.
9. C. pén., art. 450-1.
10. Crim. 16 oct. 1979, n° 79-90.762, P n° 285.
11. C. pén., art. 3211-1 (pour le recel d'abus de confiance et d'abus de biens sociaux, v. s^s n° 632.23).
12. Crim. 17 mai 1983, n° 83-90.110, P n° 143 – Crim. 28 mars 1996, n° 95-80.395, P n° 142.
13. Crim. 16 juill. 1964, n° 63-91.919, P n° 241 ; *D.* 1964. 654.
14. Crim. 11 mai 2016, n° 15-86.817, NP, *Dr. pénal* 2016. Ét. 16, C. de Jacobet de Nombel.
15. Crim. 24 mai 2017, n° 16-86.879, NP.

infraction par la perception d'une rémunération indue prend fin lorsque l'auteur des faits n'est plus en possession des fonds perçus, y compris au titre des intérêts des placements ou au titre des excédents des frais de gestion[1].

631.144 **Proxénétisme.** Pour le délit de proxénétisme par cohabitation, la prescription court du jour où elle prend fin[2].

631.145 **Construction sans permis.** Pour le délit de construction sans permis[3], la prescription court à partir de la date d'achèvement des travaux[4]. En l'absence de justification suffisante il a été admis que le point de départ est fixé au jour des enduits extérieurs du dernier garage, enduit nécessaires pour assurer la pérennité de l'ouvrage[5]. Peu importe que les travaux restant à exécuter ne soient pas en eux-mêmes subordonnés à l'obtention d'un permis de construire[6]. Les solutions sont identiques en ce qui concerne l'infraction de réalisation de travaux non conformes au permis de construire. Le point de départ du délai de prescription est le jour de l'achèvement des travaux : l'appréciation de la conformité de l'édifice au permis de construire doit être portée au jour où « l'immeuble est en état d'être affecté à l'usage auquel il est destiné »[7].

631.146 **Fausse déclaration.** Pour les délits de fausse déclaration pour obtenir des prestations indues, qu'il s'agisse de l'aide personnalisée au logement[8], ou du revenu de solidarité active[9], la prescription court du jour de la dernière prestation reçue indûment[10].

631.147 **Corruption de fonctionnaire.** Pour le délit de corruption de fonctionnaire, la prescription à partir de la dernière remise de rémunération intervenue en exécution du pacte initial[11].

1. Crim. 16 janv. 2018, n° 16-87.699, F-P+B.
2. Crim. 29 juin 1983, n° 83-90.987, P n° 207.
3. C. urb., art. L. 421-1 (mod. par ord. n° 2005-1527, 8 déc. 2005, art. 15) et L. 480-4 (mod. par L. n° 2016-1547, 18 nov. 2016, art. 43).
4. Crim. 17 juin 1964, n° 64-91.009, P n° 206 – Crim. 11 févr. 1971, n° 70-92.521, P n° 52 – Crim. 17 juill. 1974, n° 74-90.206, P n° 256 ; *D.* 1974. 203 – Crim. 10 déc. 1985, n° 84-92.105, P n° 395 – Crim. 20 mai 1992, n° 90-87.350, P n° 202 ; *RSC* 1993. 122, obs. F. Boulan.
5. Toulouse, 22 juin 2000, RG n° 99/01143.
6. Crim. 18 mai 1994, n° 93-84.557, P n° 197 ; *D.* 1994. 190 ; *RSC* 1995. 359, obs. J.-H. Robert.
7. Crim. 19 janv. 1982, NP, *D.* 1982. IR 249 ; *RDI* 1982. 441, obs. G. Roujou de Boubée.
8. CCH, art. L. 351-13.
9. CASF, art. L. 262-46.
10. Crim. 23 févr. 1994, n° 93-81.171, P n° 76 – Paris, 3 mai 2001, RG n° 00/05344.
11. Crim. 6 févr. 1969, n° 67-93.492, P n° 67 ; *JCP* 1969. II. 16004, note P. Chambon ; *RSC* 1969. 871, obs. A. Vitu – Crim. 13 déc. 1972, n° 72-90.997, P n° 391.

631.148 **Conservation de données informatisées sans accord.** Pour le délit de conservation de données informatisées, sans l'accord exprès de l'intéressé, faisant apparaître ses origines raciales, ou ses opinions politiques, philosophiques ou religieuses, son appartenance syndicale, ou ses mœurs[12].

631.149 **Constitutionnalité.** Le Conseil d'État a renvoyé une QPC[13] contestant la conformité à la Constitution de la jurisprudence de la Cour de cassation reportant la prescription des infractions continues.

Le Conseil constitutionnel[14]a validé la jurisprudence de la chambre criminelle en jugeant que les dispositions contestées ont pour seul effet de fixer le point de départ du délai de prescription des infractions continues au jour où l'infraction a pris fin dans ses actes constitutifs et dans ses effets. En prévoyant que ces infractions ne peuvent commencer à se prescrire tant qu'elles sont en train de se commettre, les dispositions contestées fixent des règles qui ne sont pas manifestement inadaptées à la nature de ces infractions. Par ailleurs, il ne résulte pas de ces dispositions une impossibilité pour une personne poursuivie pour une infraction continue de démontrer que cette infraction a pris fin, le juge pénal appréciant souverainement les éléments qui lui sont soumis afin de déterminer la date à laquelle l'infraction a cessé. Enfin, le Conseil constitutionnel a considéré qu'il n'existait pas de principe fondamental reconnu par les lois de la République imposant au législateur de prévoir un délai de prescription de l'action publique pour les infractions dont la nature n'est pas d'être imprescriptible.

SECTION 6
INFRACTIONS D'HABITUDE

631.151 **Définition.** L'infraction d'habitude est celle qui nécessite, pour être constituée la commission d'au moins deux ou plusieurs actes identiques.

631.152 **Régime de prescription.** Il est simple : en ce domaine, la prescription ne commence à courir que du jour du dernier acte constitutif de l'habitude. Peu importe que les faits antérieurs en soient fort éloignés dans le temps. Il en est ainsi pour les délits :

- d'exercice illégal de la médecine[15] ;

12. C. pén., art. 226-19.
13. CE 2e et 7e ch. réunies, 28 févr. 2019, n° 424993, *JCP* 2019. 331, obs. D. Rebut.
14. Cons. const., 24 mai 2019, n° 2019-785-QPC, *D.* 2019. 1815, obs. J.-B. Perrier ; *D.* 2019. 1107 ; *Dr. pénal* n° 7-8, juill. 2019, alerte 42, W. Roumier ; *AJ pénal* 2019. 398, obs. S. Papillon.
15. CSP, art. L. 4161-1.

- d'appels téléphoniques malveillants ou agressions sonores[1] ;
- de harcèlement sexuel[2] ;
- de harcèlement moral[3].

SECTION 7
PRESCRIPTION DES CONTRAVENTIONS

631.161 **Principes.** Aux termes de l'article 9 du code de procédure pénale, « en matière de contravention, la prescription de l'action publique est d'une année révolue ; elle s'accomplit selon les distinctions spécifiées à l'article 7 ». Telle était la rédaction du texte depuis 1958. Elle a changé avec l'entrée en vigueur de la loi du 27 février 2017[4]. Ce n'est pas le délai qui est modifié mais le législateur a ajouté une nouvelle précision, identique pour les délits et les crimes, selon laquelle le point de départ du délai de prescription est celui du jour où l'infraction a été commise. Le nouveau texte est désormais le suivant : « L'action publique des contraventions se prescrit par une année révolue à compter du jour où l'infraction a été commise. » Si l'action publique des contraventions se prescrit par une année à compter du jour où l'infraction a été commise si, dans cet intervalle, il n'a été fait aucun acte d'instruction ou de poursuite, en cas de réclamation recevable du contrevenant, le ministère public ne peut que renoncer aux poursuites ou poursuivre l'intéressé par ordonnance pénale ou par citation devant la juridiction de jugement[5].

631.162 **Douanes.** La loi du 27 février 2017 a ajouté un alinéa à l'article 351[6] du code des douanes. Désormais, en matière de contravention, l'action de l'administration des douanes se prescrit par trois années révolues[7].

631.163 **Connexité.** L'interruption de la prescription triennale de l'action publique applicable à un délit est sans incidence sur la prescription des contraventions déjà acquise, seraient-elles connexes, indivisibles ou en concours[8]. Doit être censuré l'arrêt qui a considéré qu'une contravention de blessures involontaires n'était pas prescrite en raison de sa connexité à un délit de blessures involontaires, la prescription en matière de contraventions étant d'une année révolue[9]. Encourt la cassation l'arrêt confirmatif ayant disqualifié en contravention les faits poursuivis comme délit de violences et condamné la prévenue après avoir écarté la prescription de l'action publique, alors que plus d'un an s'était écoulé entre le jugement ayant ordonné l'expertise et la nouvelle citation à comparaître devant le tribunal correctionnel[10].

631.164 **Interruption de l'action publique.** La matière de l'ordonnance pénale contraventionnelle compte nombre de décisions relatives à la prescription.

En matière contraventionnelle, cette prescription est interrompue par les réquisitions adressées par le ministère public au président du tribunal de police aux fins d'obtenir la condamnation par voie d'ordonnance pénale de l'auteur d'une infraction[11]. Le visa du titre de l'amende pénale fixe, par lequel le ministère public manifeste sa volonté de réprimer une contravention, constitue, s'il intervient dans l'année de l'infraction, un acte de poursuite interruptif de la prescription[12]. La remise du procès-verbal condamnant le prévenu à une amende minorée n'interrompt pas la prescription de l'action publique et seul le titre exécutoire de l'amende forfaitaire majorée interrompt la prescription annuelle[13]. De même, interrompt la prescription de l'action publique la transmission de la procédure, comprenant la requête en exonération, de l'officier du ministère public à l'officier du ministère public territorialement compétent[14]. Mais la prescription de l'action publique n'est pas interrompue par la requête en exonération de son amende forfaitaire par le justiciable[15]. Pareillement, la transmission tardive de l'opposition du contrevenant par le greffe ne suspend pas l'écoulement du délai de prescription[16].

Encourt la censure le jugement de la juridiction de proximité [désormais le tribunal de police] qui déclare l'action publique éteinte par l'effet de la

1. C. pén., art. 433-21.
2. C. pén., art. 222-33.
3. Crim. 19 juin 2019, n° 18-85.725, P n° 128 ; *D.* 2019. 1346 ; *RSC* 2019. 623, obs. Y. Mayaud.
4. L. n° 2017-242, 27 févr. 2017, préc.
5. Crim. 9 avr. 2019, n° 18-83.215, P n° 71 ; *JCP* 2019. 513.
6. C. douanes, art. 351 ; L. n° 2017-242, 27 févr. 2017, art. 3.
7. SUR le régime douanier de prescription : V. Courcelle-Labrousse, « Réforme de la prescription en matière de droits de douane », *AJ pénal* 2016. 302.
8. Crim. 23 juin 2015, n° 13-86.922, P n° 159 ; *AJ pénal* 2016. 45, obs. J. Lasserre Capdeville.
9. Crim. 20 janv. 2009, n° 08-80.021, P n° 21 ; *D.* 2009. 502 ; *AJ pénal* 2009. 177, obs. C. Girault ; *Dr. pénal* 2009. Comm. 57, obs. A. Maron et M. Haas.
10. Crim. 3 oct. 2000, n° 00-81.257, P n° 285 ; *D.* 2000. 287.
11. Dijon, 24 mars 1977, *JCP* 1979. IV. 14 – Crim. 4 déc. 2013, n° 12-88.004, P n° 249.
12. Crim. 27 févr. 1985, n° 84-92.910, P n° 98.
13. Crim. 18 oct. 2006, n° 06-83.085, P n° 252 ; *D.* 2006. IR 2873 ; *AJ pénal* 2007. 38 ; *Procédures* 2007. Comm. 19, obs. J. Buisson.
14. Crim. 5 mars 2013, n° 12-84.527, P n° 58 ; *AJ pénal* 2013. 355, obs. J.-P. Céré – AUSSI : Crim. 15 janv. 2014, n° 13-84.533, P n° 13 ; *AJ pénal* 2014. 253, obs. J.-P. Céré.
15. Crim. 3 sept. 2014, n° 13-86.153, NP, *AJ pénal* 2014. 537, obs. J.-P. Céré.
16. Crim. 13 sept. 2022, n° 21-86.424, NP.

prescription sans tenir compte de la réclamation du contrevenant qui avait entraîné, conformément aux dispositions de l'article 530 du code de procédure pénale, l'annulation du titre exécutoire et la reprise des poursuites [1]. Lorsqu'un contrevenant forme une réclamation à l'encontre d'une amende forfaitaire ou d'une amende forfaitaire majorée, il saisit le ministère public qui apprécie si la réclamation est recevable. Si une décision d'irrecevabilité de la réclamation du contrevenant est prise par le ministère public pour un motif autre que l'un des deux seuls prévus par l'article 530-1, alinéa 1er du code de procédure pénale, le contrevenant, avisé de cette décision, peut élever un incident contentieux devant la juridiction de proximité, en application de l'article 530-2 du même code. Si la juridiction de proximité juge que la réclamation est recevable, le titre exécutoire est annulé, ce qui a pour effet d'ouvrir un nouveau délai de prescription [2]. En revanche, le courrier du parquet informant le contrevenant de l'irrecevabilité de sa requête n'est pas un acte de poursuite interrompant le délai [3].

En matière de contravention, la prescription annale est acquise lorsque le titre exécutoire d'une amende forfaitaire majorée prononcée, notamment pour une infraction d'excès de vitesse, a été émis plus d'un an après la constatation de cette infraction [4]. Constitue un acte interruptif de l'action publique relative aux contraventions des quatre premières classes le document de transmission par lequel l'officier du ministère public adresse à un officier de police judiciaire des instructions aux fins d'enquête sur un contrevenant [5] [6].

631.165 Contraventions de presse. La chambre criminelle a jugé que la liste des infractions visées par l'article 65-3 [7] de la loi du 29 juillet 1881, qui se prescrivent par un délai de trois mois, était limitative et que les dispositions de l'article 45 [8] de la loi du 9 mars 2004 portant le délai de prescription à un an ne concernaient donc que les délits prévus par les articles 24 [9], alinéa 8, 24 *bis* [10], 32 [11], alinéa 2, et 33 [12], alinéa 3 [13].

Depuis la loi n° 2004-204 du 9 mars 2004, l'action publique de certains délits de presse se prescrit par un an. Les contraventions correspondantes ont été soumises au même régime par la loi n° 2017-86 du 27 janvier 2017, créant le nouvel article 65-4 de la loi de 1881qui dispose que les articles 54-1 et 65-3 et le dernier alinéa de l'article 55 sont applicables aux contraventions prévues par le code pénal réprimant les faits prévus aux septième et huitième alinéas de l'article 24, aux deuxième et troisième alinéas de l'article 32 et aux troisième et quatrième alinéas de l'article 33 lorsque ces faits ne sont pas commis publiquement.

Sur le principe selon lequel aucune peine ne saurait être prononcée lorsque les faits poursuivis, bien qu'entrant dans les prévisions de deux textes répressifs successifs, applicables respectivement à la date de la commission desdits faits et à celle de leur jugement, ont échappé à toute incrimination entre l'abrogation du premier et l'entrée en vigueur du second [14], s'agissant ici d'une contravention de défaut de maîtrise [15].

1. Crim. 14 sept. 2005, n° 05-81.978, P n° 23 ; *D.* 2005. 2625 – Crim. 18 oct. 2006, n° 06-83.085, P n° 252 ; *D.* 2006. 2873 ; *AJ pénal* 2007. 38.
2. Cass., avis, 5 mars 2007, P n° 2.
3. Crim. 6 sept. 2022, n° 22-80.358. D. Goetz, « Suspension et interruption de la prescription en matière contraventionnelle : deux intéressantes illustrations », *D. actu.* 27 sept. 2022.
4. Crim. 18 oct. 2006, n° 06-83.085, P n° 252.
5. Crim. 10 déc. 1997, n° 97-81.759, P n° 421.
6. V. s[s] n° 633.145.
7. L. 29 juill. 1881, art. 65-3 ; mod. par L. n° 2017-86, 27 janv. 2017, art. 170.
8. L. n° 2004-204, 9 mars 2004, préc., art. 45.
9. L. 29 juill. 1881, art. 24, préc.
10. L. 29 juill. 1881, art. 24 *bis*, préc.
11. L. 29 juill. 1881, art. 32, préc.
12. L. 29 juill. 1881, art. 33, préc.
13. Crim. 23 mai 2006, n° 06-80.820, P n° 144 ; *D.* 2006. 1844, obs. J. Daleau ; *AJ pénal* 2006. 366.
14. Crim. 2 mars 1994, n° 93-82.921, P n° 86.
15. V. s[s] n° 635.54.

CHAPITRE

632. Infractions clandestines

SECTION 0
ORIENTEUR

632.00 **Sommaire du chapitre.**

632.01 **Principaux textes applicables.**

TEXTES SOURCES

• C. pr. pén., art. 41, 393, 495-5, 495-7, 495-8, 495-10, 495-12, 495-15-1, 495-16, 706-43, 706-44, 706-113, 712-6

• C. pr. pén., art. D. 47-22

• C. pén., art. 132-24, 226-1

TEXTES *IN EXTENSO*

• **C. pr. pén., art. 41**

* V. s^s n° 631.01.

• **C. pr. pén., art. 393**

* V. s^s n° 631.01.

• **C. pr. pén., art. 495-5**

* V. s^s n° 631.01.

• **C. pr. pén., art. 495-7**

* V. s^s n° 631.01.

• **C. pr. pén., art. 495-8**

* V. s^s n° 631.01.

• **C. pr. pén., art. 495-10**

* V. s^s n° 631.01.

• **C. pr. pén., art. 495-12**

* V. s^s n° 631.01.

• **C. pr. pén., art. 495-15-1**

* V. s^s n° 631.01.

• **C. pr. pén., art. 495-16**

* V. s^s n° 631.01.

• **C. pr. pén., art. 706-43**

* V. s^s n° 631.01.

• **C. pr. pén., art. 706-44**

* V. s^s n° 631.01.

• **C. pr. pén., art. 706-113**

* V. s^s n° 631.01.

• **C. pr. pén., art. 712-6**

* V. s^s n° 631.01.

• **C. pr. pén., art. D. 47-22**

* V. s^s n° 631.01.

• **C. pén., art. 132-24**

Lorsque, à l'occasion de procédures séparées, la personne poursuivie a été reconnue coupable de plusieurs infractions en concours, les peines prononcées s'exécutent cumulativement dans la limite du maximum légal le plus élevé. Toutefois, la confusion totale ou partielle des peines de même nature peut être ordonnée soit par la dernière juridiction appelée à statuer, soit dans les conditions prévues par le code de procédure pénale.

• **C. pén., art. 226-1**

Est puni d'un an d'emprisonnement et de 45 000 euros d'amende le fait, au moyen d'un procédé quelconque, volontairement de porter atteinte à l'intimité de la vie privée d'autrui :

1° En captant, enregistrant ou transmettant, sans le consentement de leur auteur, des paroles prononcées à titre privé ou confidentiel ;

2° En fixant, enregistrant ou transmettant, sans le consentement de celle-ci, l'image d'une personne se trouvant dans un lieu privé.

Lorsque les actes mentionnés au présent article ont été accomplis au vu et au su des intéressés sans qu'ils s'y soient opposés, alors qu'ils étaient en mesure de le faire, le consentement de ceux-ci est présumé.

632.02 Jurisprudence de référence.

RECEL D'ABUS DE CONFIANCE

> Le recel du produit d'un abus de confiance ne saurait commencer à se prescrire avant que l'infraction dont il procède soit apparue et ait pu être constatée dans des conditions permettant l'exercice de l'action publique

• **Crim. 7 mai 2002,** n° 02-80.797, P n° 108

* V. s[s] n° 632.23.

« Vu les articles 321-1 à 321-5 du code pénal et 203 du code de procédure pénale ;

Attendu que le recel du produit d'un abus de confiance ne saurait commencer à se prescrire avant que l'infraction dont il procède soit apparue et ait pu être constatée dans des conditions permettant l'exercice de l'action publique ;

Attendu qu'il résulte de l'arrêt attaqué que, le 22 février 1999, le procureur de la République a ordonné une enquête préliminaire sur des faits pouvant admettre une qualification pénale portés à sa connaissance par le commissaire du gouvernement près la chambre régionale du Limousin et concernant, notamment, la gestion de l'association Z... qui avait en charge les équipes d'amateurs, dont Y... était le président et X..., l'un des animateurs ;

Qu'à l'occasion de déplacements à Paris, notamment pour assister aux assemblées générales de la Ligue nationale de basket, X... a bénéficié de repas et de distractions onéreuses dont le coût a été réglé par Y., au moyen de chèques tirés, de septembre 1993 à mars 1995, sur le compte de l'association ; que, dans l'information ouverte le 12 janvier 2000, ce dernier a été mis en examen pour abus de confiance et X... pour recel de ce délit ;

Attendu que l'avocat de X... a demandé au juge d'instruction de constater la prescription de l'action publique ; que ce magistrat a rejeté cette demande, par ordonnance du 30 octobre 2001, dont l'intéressé a relevé appel ;

Attendu que, pour infirmer cette décision et déclarer prescrit le délit de recel d'abus de confiance, la chambre de l'instruction, après avoir rappelé que le recel est une infraction autonome dont la prescription commence à courir du jour où il a pris fin, énonce qu'en raison de la nature des faits reprochés à X... qui a profité sur le champ, au cours de sorties à Paris, des dépenses payées par Y..., le délai de prescription de l'action publique a commencé à courir à compter de l'émission du dernier chèque, soit le 13 mars 1995 ; qu'elle en déduit que la prescription était acquise depuis le 13 mars 1998, lorsque le ministère public a ordonné une enquête préliminaire, le 22 février 1999 ;

Mais attendu qu'en prononçant ainsi, alors que, par arrêt distinct du même jour, rendu dans la même procédure, elle a constaté que le délit d'abus de confiance reproché à Y... n'était apparu et n'avait pu être constaté que lors de l'enquête ordonnée par le ministère public, la chambre de l'instruction a méconnu les textes susvisés et le principe ci-dessus énoncé. »

ABUS DE BIENS SOCIAUX

> La prescription de l'action publique du chef d'abus de biens sociaux court, sauf dissimulation, à compter de la présentation des comptes annuels par lesquels les dépenses litigieuses sont mises indûment à la charge de la société

• **Crim. 27 juin 2001,** n° 00-87.414, P n° 164

* V. s[s] n° 632.43.

« Vu les articles 7, 8 et 593 du code de procédure pénale, ensemble les articles L. 223-23 et L. 225-254 du code de commerce ;

Attendu que la prescription de l'action publique du chef d'abus de biens sociaux court, sauf dissimulation, à compter de la présentation des comptes annuels par lesquels les dépenses litigieuses sont mises indûment à la charge de la société ;

Attendu que tout jugement ou arrêt doit contenir les motifs propres à justifier la décision ; que l'insuffisance ou la contradiction des motifs équivaut à leur absence ;

Attendu que, pour écarter la prescription de l'action publique, l'arrêt énonce que si les charges indues figurent dans les comptes annuels des entreprises considérées, dans les rubriques où elles doivent trouver leur place, elles étaient noyées dans la masse soit des frais soit des charges salariales et que rien ne permettait aux actionnaires, qui n'étaient pas en possession des comptes détaillés, de connaître les affectations des frais et salaires litigieux et de vérifier si ces dépenses avaient été effectuées dans le seul intérêt de la société ; qu'il ajoute que, dès lors, les actionnaires ni même le commissaire aux comptes n'étaient en mesure de déclencher l'action publique à la date de présentation des comptes annuels ;

Mais attendu qu'en prononçant ainsi, sans tirer les conséquences légales de leurs propres constatations ou caractériser la dissimulation des opérations litigieuses, la cour d'appel a méconnu les textes susvisés et les principes sus-énoncés. »

> Le délit d'abus de biens sociaux est un délit instantané consommé lors de chaque paiement indu (seconde branche du moyen). La prescription en matière d'abus de bien social court à compter de la présentation des comptes annuels

• **Crim. 28 mai 2003,** n° 02-83.544, P n° 109

* V. s[s] n° 632.46.

« Sur le moyen pris en sa première branche ;

Attendu qu'il résulte de l'arrêt attaqué que la dénonciation des contrats de travail litigieux au procureur de la République est intervenue en décembre 1993 ; que ce magistrat a prescrit une enquête préliminaire le 10 décembre 1993 ;

Attendu que, pour déclarer prescrits les faits d'abus de biens sociaux commis antérieurement au 10 décembre 1990, les juges, après avoir rappelé qu'en la matière la prescription court, sauf dissimulation, à compter de la présentation des comptes annuels par lesquels les dépenses litigieuses sont mises indûment à la charge de la société, relèvent que l'engagement de Gaston S. et Francine F. par la société Ergé 2000 n'a jamais été dissimulé puisque leurs salaires, non seulement figuraient dans les comptes sociaux, mais encore faisaient l'objet du payement des cotisations sociales ;

Attendu qu'en l'état de ces énonciations la cour d'appel a justifié sa décision ;

Mais sur le moyen pris en sa seconde branche ;

Vu les articles 7 et 8 du code de procédure pénale, ensemble l'article L. 242-6 du code de commerce ;

Attendu que le délit d'abus de biens sociaux résultant du versement de salaires rémunérant un emploi fictif est une infraction instantanée, consommée lors de chaque paiement indu ;

Attendu que, pour étendre la prescription de l'action publique aux abus de biens sociaux commis postérieurement au 10 décembre 1990, les juges énoncent que ce délit est une infraction instantanée constituée en tous ses éléments le jour où la société Ergé 2000 a conclu avec Gaston S. et Francine F. les contrats de travail litigieux et qu'elle n'a pas été réitérée à chaque perception indue de salaires ;

Mais attendu qu'en statuant ainsi, la cour d'appel a méconnu les textes susvisés et le principe ci-dessus rappelé. »

> L'amnésie traumatique de la victime n'est pas suspensive de prescription

• **Crim. 17 oct. 2018,** n° 17-86.161, P, n° 173

* V. s[s] n° 632.30

« Sur le deuxième moyen de cassation, pris de la violation de l'article 9-1 du Code de procédure pénale ;

Sur le troisième moyen de cassation, pris de la violation de l'article 9-3 du Code procédure pénale et violation du principe de l'égalité des armes ;

[...]

Attendu que, pour confirmer l'ordonnance de non-lieu, l'arrêt retient que M. X., né le [...], est devenu majeur le [...] et que la prescription a été acquise, à l'expiration d'un délai de dix ans, soit le 22 janvier 2000, avant le dépôt de la plainte initiale, premier acte qui aurait pu en interrompre le cours ; que les juges ajoutent que l'amnésie traumatique invoquée par la partie civile ne peut être considérée comme constituant un obstacle de fait insurmontable et assimilable à la force majeure ayant pu suspendre le délai de prescription ;

Attendu qu'en l'état de ces énonciations, desquelles il résulte l'absence de nécessité d'autres investigations, la chambre de l'instruction a fait l'exacte application des textes visés aux moyens [...]. »

632.03 Bibliographie indicative.

Encyclopédies. Rép. pén., *V° Action publique*, par F. Molins – J.-Cl. Pr. pén., « Prescription de l'action publique », par B. Challe.

Thèses. H. Mehdi, La prescription de l'action publique de l'abus de biens sociaux, thèse, Nice, 2001, dact., 406 p. – A. Varinard, La prescription de l'action publique (sa nature juridique, droit matériel, droit formel), thèse, Lyon 2, 1973, dact., 529 p.

Contributions. M. Véron, « Visite à la Cour du roi Pétaud ou les errements de la prescription en matière pénale », *in Mél. Dupichot*, 2004, Bruylant, p. 501 – J. Larguier, « Le point de départ de la prescription en matière d'abus de biens sociaux », *in Mél. Roger Secrétan*, Montreux, impr. Corbaz, 1964, p. 159.

Articles. B. Boccara, « De la généralisation de la prescription différée des délits clandestins », note sous Crim. 4 mars 1997, *LPA* 4 avr. 1997, p. 17 – B. Bouloc, « Le dévoiement de l'abus de biens sociaux », *RJ com.* 1995. 301 ; « Le point de départ de la prescription de l'abus de biens sociaux », *RSC* 2000. 360 – J. Delga, « Prescription de l'abus de biens sociaux », *Cah. dr. aff.* 1996, n° 42, p. 1339 – A. Donnier, « Prescription et clandestinité : la troublante constance de la Cour de cassation », *D.* 2005. 2998 – C. Ducouloux-Favard, « Abus de biens sociaux, une prescription butoir pour qui, pour quoi ? », *LPA* 14 févr. 1996, p. 15 ; « L'abus de biens et de pouvoirs sociaux », *Lamy Droit pénal des affaires* 2002, n°s 1318 à 1323 – C. Freyria, « Imprescriptibilité du délit en droit pénal des affaires ? », *JCP E* 1996. Chron. 241 – J. Lelieur, « La prescription des infractions de corruption », *D.* 2008. 1076 – A. Lienhard, « Les particularités de la prescription de l'abus de biens sociaux », *AJ pénal* 2006. 295 – Y. Mayaud, « Pour une approche cohérente de la prescription de l'abus de biens sociaux (À propos d'un arrêt de la Chambre criminelle du 8 octobre 2003) », *D.* 2004. Chron. 194 – R. Mesa, « À propos du point de départ du délai de prescription de l'action publique et de la théorie dite des infractions clandestines », *Gaz. Pal.* 4-5 avr. 2014, p. 11 – D. Ohl, « Fixation du point de départ de la prescription en matière d'abus de biens sociaux », *JCP* 2000. II. 10386 – J. Pannier, « La prescription de l'action publique en matière de change », *JCP* 1991. I. 3511 – M. Pralus, « Contribution au procès du délit d'abus de biens sociaux », *JCP* 1997. I. 4001 – D. Rebut, « Abus de biens sociaux : la chambre criminelle et ses jurisprudences », *RSC* 2002. 827 – J.-F. Renucci, « Infractions d'affaires et prescription de l'action publique », *D.* 1997. Chron. 23 – J.-H. Robert, « Abus de biens sociaux, réglages sur la prescription », *Dr. pénal* 2000, n° 17 – R. Roujou de Boubée, « Abus de biens sociaux. Fixation du point de départ de la prescription : une péripétie plutôt qu'un événement », *D.* 2001. Somm. 23251 – M. Véron, « L'abus de biens sociaux : évolution ou dérive », *Gaz. Pal.* 1996. 1. Doctr. 623 ; « Émergence d'une catégorie nouvelle d'infractions pénales, les infractions "clandestines" soumises à un régime spécifique en matière de prescription », *Dr. pénal* 1998. Chron. 16.

> Sur la loi du 22 février 2017

V. aussi bibliographie s[s] n° 631.03.

SECTION 1
INFRACTIONS CLANDESTINES PAR NATURE

632.11 Consécration des infractions clandestines par la loi du 27 février 2017. La jurisprudence de la chambre criminelle avait, au cas par cas, établi une liste des infractions clandestines par nature[1]. L'article 9-1 du code de procédure pénale, issu de la loi du 27 février 2017[2], consacre le principe en énonçant que « par dérogation au premier alinéa des articles 7 et 8 du présent code, le délai de prescription de l'action publique de l'infraction occulte ou dissimulée court à compter du jour où l'infraction est apparue et a pu être constatée dans des conditions permettant la mise en mouvement ou l'exercice de l'action publique, sans toutefois que le délai de

1. V. s[s] n°s 632.12 s.
2. L. n° 2017-242, 27 févr. 2017, préc.

prescription puisse excéder douze années révolues pour les délits et trente années révolues pour les crimes à compter du jour où l'infraction a été commise ». Les deux alinéas suivants définissent l'infraction occulte et l'infraction dissimulée. « Est occulte l'infraction qui, en raison de ses éléments constitutifs, ne peut être connue ni de la victime ni de l'autorité judiciaire ». L'infraction occulte est donc celle qu'on appelait clandestine par nature. Ce caractère est déterminé par la nature de ses éléments constitutifs et la jurisprudence exposée ci-dessous devrait être, pour l'essentiel, confortée.

632.12 **Tromperie.** La chambre criminelle a jugé que le délai de prescription de cette infraction commence à courir du jour où il apparaît et peut être constaté dans des conditions permettant l'exercice de l'action publique [1] : « si la tromperie est une infraction instantanée, elle n'en constitue pas moins un délit clandestin par nature, en ce qu'elle a pour but de laisser le contractant dans l'ignorance des caractéristiques réelles d'un produit et que, dès lors, le délai de prescription commence à courir le jour où le délit apparaît. » [2]

632.13 **Atteinte à l'intimité de la vie privée.** Le caractère occulte des faits est un élément constitutif de l'infraction. En effet l'article 226-1 du code pénal punit le fait, au moyen d'un procédé quelconque, volontairement de porter atteinte à l'intimité de la vie privée d'autrui, de capter, enregistrer ou transmettre, sans le consentement de leur auteur, des paroles prononcées à titre privé ou confidentiel ou l'image d'une personne se trouvant dans un lieu privé. Il est alors assez logique que la prescription ne puisse commencer à courir avant que la personne n'en ait été avertie.

La jurisprudence estime en conséquence que l'infraction ne peut être prescrite avant qu'elle ait pu être constatée en tous ses éléments et que soit révélée, aux victimes, l'atteinte qui a pu être portée à leurs droits [3]. Toutefois, la chambre criminelle n'a pas établi de principe général selon lequel le point de départ de la prescription serait automatiquement retardé lorsque la clandestinité fait partie des éléments constitutifs de l'infraction.

632.14 **Fichage (C. pén., art. 226-19).** L'article 226-19 du code pénal [4] vise la mise en mémoire informatisée de données nominatives faisant apparaître des origines raciales, politiques, philosophiques ou religieuses ou ses appartenances syndicales ou ses mœurs.

Cette infraction ne peut être prescrite avant qu'elle ait pu être constatée dans tous ses éléments et que soit révélée aux victimes l'atteinte qui a pu être portée à leurs droits [5].

632.15 **Altération de la preuve en vue de faire obstacle à la manifestation de la vérité (C. pén., art. 434-4).** La jurisprudence fixe le point de départ du délai au jour où le délit est apparu et a pu être constaté dans des conditions permettant l'exercice de l'action publique : le point de départ de la prescription du délit d'altération de preuves en vue de faire obstacle à la manifestation de la vérité doit être fixé au jour où le délit est apparu et a pu être constaté dans des conditions permettant l'exercice de l'action publique [6].

632.16 **Pratique commerciale trompeuse (C. consom., art. L. 121-1).** La jurisprudence considère ici que le point de départ du délai de prescription est fixé au jour où le délit est apparu et a pu être constaté dans des conditions permettant l'exercice de l'action publique. Ainsi, ce n'est pas à la date de la diffusion de plaquettes publicitaires relatives à un ensemble immobilier que commence à courir le délai mais à celle où les victimes ont été en mesure de constater la fausseté du contenu de la publicité incriminée, notamment le défaut de conformité entre ce qui était promis et ce qui a été réalisé [7]. En matière de publicité de nature à induire en erreur, devenu pratique commerciale trompeuse, le point de départ de la prescription de l'action publique est fixé au jour où le délit est apparu et a pu être constaté dans des conditions permettant l'exercice de cette action [8].

632.17 **Dissimulation d'enfant (C. pén., art. 227-13).** Le point de départ de la prescription des délits de simulation ou dissimulation ayant entraîné une atteinte à l'état civil d'un enfant doit être fixé au

1. Crim. 7 juill. 2005, n° 05-81.119, P n° 206 ; *D.* 2005. 2998, note A. Donnier ; *JCP* 2005. II. 10143, note J. Leblois-Harpe ; *Gaz. Pal.* 2005. 2. 2688 ; *Gaz. Pal.* 2006. 1. Somm. 2059, note D. Viriot-Barrial ; *Dr. pénal* 2005, n° 132, obs. J.-H. Robert ; *RJDA* 10/05, n° 1162, p. 1015 ; *AJ pénal* 2005. 370, obs. J. Leblois-Happe ; *RSC* 2006. 84, obs. C. Ambroise-Castérot ; *RTD com.* 2006. 228, obs. B. Bouloc.
2. Crim. 7 juill. 2005, n° 05-81.119, P n° 206 ; *D.* 2005. 2998, note A. Donnier ; *AJ pénal* 2005. 370, obs. J. Leblois-Happe ; *RSC* 2006. 84, obs. C. Ambroise-Castérot.
3. Crim. 4 mars 1997, n° 96-84.773, P n° 83 ; *Dr. pénal* 1997, n° 75, note M. Véron ; *RSC* 1997. 669, obs. J.-P. Dintilhac – Crim. 8 juin 1999, n° 97-82.834, NP, *Dr. pénal* 1999, n° 146, note M. Véron ; *Procédures* 1999, n° 255, note J. Buisson.
4. Mod. par ord. n° 2018-1125, 12 déc. 2018, art. 13.
5. Crim. 4 mars 1997, n° 96-84.773, P n° 83.
6. Crim. 17 déc. 2002, n° 01-87.178, P n° 233 ; *D.* 2003. 1731, obs. J. Pradel ; *JCP* 2003. IV. 1258 ; *Dr. pénal* 2003, n° 29, note M. Véron ; *RSC* 2004. 94, obs. J.-P. Delmas Saint-Hilaire – Crim. 16 mai 2012, n° 11-83.834, P n° 123 ; *D.* 2012. 1405 ; *D.* 2012. 2118, obs. J. Pradel.
7. Crim. 20 févr. 1986, n°s 85-91.357, 84-91.600, 2 esp., P n° 70 ; *D.* 1986. IR 398, obs. G. Roujou de Boubée.
8. Crim. 24 mars 2015, n° 14-82.166, NP.

jour où l'infraction est apparue ou a pu être constatée dans des conditions permettant l'exercice de l'action publique[1].

SECTION 2
INFRACTION DISSIMULÉE

632.21 **Les apports de la loi du 27 févr. 2017.** La Cour de cassation a, depuis longtemps, établi que le point de départ de certaines infractions dissimulées pouvait être retardé au jour de leur découverte. Ce principe a donné lieu à d'importants débats doctrinaux et politiques, cette jurisprudence apparaissant prise *contra legem*. Ce n'est plus le cas depuis l'entrée en vigueur de la loi du 27 février 2017[2]. On a vu plus haut que le point de départ des infractions occultes et dissimulées était reporté « à compter du jour où l'infraction est apparue et a pu être constatée dans des conditions permettant la mise en mouvement ou l'exercice de l'action publique ». Cette précision est désormais donnée par l'article 9-1 du code de procédure pénale. Le même article donne une définition de l'infraction dissimulée : « Est dissimulée l'infraction dont l'auteur accomplit délibérément toute manœuvre caractérisée tendant à en empêcher la découverte ». Cette définition nous paraît susceptible d'entraîner une extension notable des affaires dans lesquelles le caractère dissimulé pourra être reconnu. En effet, la jurisprudence de la Cour de cassation se limitait principalement aux affaires financières. La nouvelle définition légale paraît susceptible de s'appliquer à n'importe quelle infraction, pourvu que, dans le cas d'espèce considéré, l'auteur ait accompli des « manœuvres pour en empêcher la découverte ». Mais de quoi s'agit-il exactement ? « La notion d'infraction dissimulée, elle, nous interroge dans la mesure où, le plus souvent, l'auteur d'une infraction accomplit délibérément des manœuvres tendant à empêcher sa découverte... de sorte que la définition qu'en donne la loi nouvelle a vocation à s'appliquer à la plupart des infractions »[3], écrivent MM Ingrain et Lorrain. On peut être plus mesuré. En effet, ce que les auteurs de la plupart des infractions cherchent à dissimuler c'est l'identité de leur auteur et non l'existence du délit ou du crime, de sorte que le danger de généralisation ne semble pas tout à fait exact : les vols, les violences, les accidents de la route, les agressions sexuelles, tout ce qui fait le volume des infractions n'est pas, en général, susceptible de dissimulation. Le trafic de stupéfiants, en revanche, est quant à lui le plus souvent « *dissimulé* » mais n'apparaît vraiment susceptible d'être concerné par un retard important du délai de prescription.

On peut ainsi s'interroger sur les rapports entre cette définition et certaines affaires pour lesquelles la chambre criminelle a préféré constater une suspension de l'action publique. Enfin, la doctrine a prévu la pérennité d'une nécessaire interprétation L'interprétation judiciaire sera également nécessaire pour déterminer les contours de cette clandestinité par dissimulation (qu'est-ce qu'une « manœuvre » au sens de la loi ? En quoi doit-elle être « caractérisée » ? Quel est précisément le sens de l'adverbe « délibérément »[4] ?). On peut penser en effet que la notion de manœuvres devra être précisée. Le fait de se dissimuler lorsqu'on vend des stupéfiants ne devrait pas, par exemple, être considérée comme une « manœuvre tendant à en empêcher la découverte ». La chambre criminelle a répondu en partie à cette question en jugeant, d'une part, que les juridictions exercent une appréciation souveraine sur l'existence ou non d'une dissimulation, d'autre part, que celle-ci ne peut résulter que d'un acte positif de camouflage de la part du prévenu, c'est-à-dire lorsque l'auteur accomplit délibérément une manœuvre tendant à empêcher la découverte des faits[5].

632.22 **Abus de confiance.** L'abus de confiance est une infraction instantanée consommée lors de chaque paiement indu[6].

Mais l'abus de confiance peut être une infraction clandestine. Le point de départ de la prescription doit alors être fixé au jour où le délit est apparu et a pu être constaté dans des conditions permettant l'exercice de l'action publique[7].

1. Crim. 23 juin 2004, n° 03-82.371, P n° 173 ; *D.* 2005. 1399, note M. Royo ; *AJ pénal* 2004. 366, obs. J. Coste ; *RSC* 2004. 883, obs. Y. Mayaud ; *RSC* 2004. 897, obs. D.-N. Commaret.
2. L. n° 2017-242, 27 févr. 2017, préc.
3. Ch. Ingrain, R. Lorrain, « Réforme de la prescription pénale : la mise en œuvre et les conséquences (*in*) attendues de l'application immédiate de la loi, Le droit en débats », *D. actu.* 20 févr. 2017.
4. J. Leblois-Harpe, « La réforme de la prescription, enfin ! – Loi n° 2017-242, 27 févr. 2017 », *JCP* 2017. Doctr. 424.
5. Crim. 5 oct. 2022, n° 21-82.339, *AJ pénal* 2022. 528, obs. B. Bouloc (dans un cas de prise illégale d'intérêts).
6. Crim. 13 sept. 2006, n° 05-84.111, P n° 220 ; *AJ pénal* 2006. 504, obs. G. Royer ; *RSC* 2007. 537, obs. C. Mascala.
7. Crim. 5 juill. 1945, P n° 76 – Crim. 18 juill. 1974, n° 73-92.016, P n° 258 – Crim. 19 févr. 1975, n° 74-90.474, P n° 58 – Crim. 10 mars 1976, n° 75-93.172, P n° 88 – Crim. 26 janv. 1977, n° 76-90.485, P n° 35 – Crim. 11 févr. 1981, n° 80-90.972, P n° 53 – Crim. 29 oct. 1984, n° 83-92.268, P n° 323 – Crim. 7 mai 2002, n° 02-80.638, P n° 107 ; *Dr. pénal* 2002, n° 104, note M. Véron (1er arrêt) – Crim. 23 mai 2002, n° 01-83.983, NP, *Dr. pénal* 2002, n° 104, note M. Véron – Crim. 8 févr. 2006, n° 05-80.301, P n° 34 ; *D.* 2006. 2297, note L. Saenko ; *AJ pénal* 2006. 214 – Crim. 11 déc. 2013, n° 12-86.624, P n° 251 ; *D.* 2013. 2916 ; *AJ pénal* 2014. 132, obs. J. Gallois ; *JCP* 2013, act. 1374, obs. J.-Y. Maréchal.

Une mesure d'expertise civile demeure sans effet sur l'interruption de ce délai[1].

L'appréciation des juges du fond quant à la date à laquelle l'infraction a pu être constatée est souveraine, dès lors que les motifs ne contiennent ni insuffisance ni contradiction[2].

Lorsque la preuve du détournement ne résulte que d'une mise en demeure restée sans effet, le point de départ de la prescription de l'action publique doit être fixé au jour de cette mise en demeure[3]. Ainsi, alors que le prévenu présentait un compte rendu de sa gestion au juge des tutelles qui lui en donnait *quitus*, l'arrêt de la cour d'appel énonce que ce magistrat n'était pas en capacité d'appréhender la réalité de la situation, notamment la destination exacte des sommes prélevées et leur absence de remboursement, qui ne sont apparues qu'à la suite des investigations des inspecteurs des impôts. La chambre criminelle estime, qu'« en l'état de ces énonciations, d'où il résulte que les faits n'ont pu être constatés, dans des conditions permettant l'exercice de l'action publique, qu'à partir du signalement de l'Administration des impôts, la cour d'appel a justifié sa décision »[4]. Dès lors que les détournements opérés par le prévenu, agent principal d'assurances qui a détourné des contrats de capitalisation qui lui avaient été remis, pour en assurer la conservation et la gestion, par un client de ces compagnies d'assurances, n'ont été découverts qu'à la suite d'un contrôle des services de la société d'assurances, ce contrôle constitue le point de départ du délai de prescription[5].

632.23 Recel d'abus de biens sociaux et recel d'abus de confiance. Tout comme elle l'a décidé en matière de recel d'abus de biens sociaux[6], la chambre criminelle a accordé le régime de l'abus de confiance au recel d'abus de confiance : « le recel du produit d'un abus de confiance ne saurait se prescrire avant que l'infraction dont il procède soit apparue et ait pu être constatée dans des conditions permettant l'exercice de l'action publique »[7]. Bien que le recel soit un délit distinct, il s'apparente en la matière à un délit de conséquence[8]. La prescription du recel d'abus de bien sociaux ne peut courir avant que l'infraction d'origine soit apparue et ait pu être constatée dans des conditions permettant l'exercice de l'action publique[9].

Des faits de recel du produit d'abus de biens sociaux résultant de l'exécution d'un seul et même contrat de travail fictif, constituent une opération délictueuse unique. En conséquence, la prescription, qui n'a pu commencer à courir pour l'ensemble des faits, au plus tôt, qu'après la date de la dernière perception de revenus, ne saurait être acquise, dès lors qu'un acte interruptif de prescription est intervenu moins de 3 ans après cette date[10].

632.24 Corruption. La chambre criminelle a admis que le point de départ du délai de prescription des faits de corruption qui ont été dissimulés est reporté à la date où ceux-ci sont apparus[11].

632.25 Favoritisme. Le délit d'atteinte à la liberté d'accès et à l'égalité des candidats dans les marchés publics et les délégations de services publics, prévu par l'article 432-14 du code pénal est une infraction instantanée. En conséquence, elle se prescrit à compter du jour où les faits ont été commis. Par exemple, c'est à la date de la délibération d'un conseil municipal attribuant irrégulièrement un marché, au regard du code des marchés publics, que le délit est consommé, sans qu'il y ait lieu de tenir compte des actes d'exécution de cette délibération qui ne relèvent pas de la procédure de dévolution du marché[12].

Mais il n'est pas rare qu'en la matière l'infraction commise l'ait aussi été clandestinement. La chambre criminelle estime alors que le point de départ de la prescription est différé au jour où l'acte a pu être constaté dans des conditions permettant l'exercice des poursuites[13]. Ainsi, si le favoritisme n'est pas

1. Crim. 4 sept. 1995, nº 94-84.971, NP, *Dr. pénal* 1996, nº 6, note M. Véron ; *RSC* 1996. 378, obs. R. Ottenhof.
2. Crim. 11 févr. 1981, nº 80-92.059, P nº 53 – Crim. 2 juill. 1998, nº 97-84.780, NP, *RSC* 1999. 584, obs. R. Ottenhof – Crim. 7 mai 2002, nº 02-80.638, P nº 107 – Crim. 23 mai 2002, nº 01-83.983, NP, *Dr. pénal* 2002, nº 104, note M. Véron.
3. Crim. 6 oct. 1955, P nº 378 ; *JCP* 1956. II. 9244, note P. Ourliac et M. de Juglart – Crim. 12 juill. 1956, P nº 529 ; *D.* 1956. 722.
4. Crim. 16 déc. 2009, nº 09-80.143, NP, *RSC* 2010. 626, obs. H. Matsopoulou.
5. Crim. 11 déc. 2013, nº 12-86.624, P nº 251 ; *D.* 2013. 2916 ; *JCP* 2013, act. 1374, obs. J.-Y. Maréchal ; *AJ pénal* 2014. 132, obs. J. Gallois.
6. Crim. 6 févr. 1997, nº 96-80.615, P nº 48 ; *D.* 1997. 334, note J.-F. Renucci ; *D. affaires* 1997. 281 ; *JCP* 1997. II. 22823, note M. Pralus ; *Dr. pénal* 1997, nº 61, note M. Véron ; *RSC* 1997. 393, obs. J.-F. Renucci – Crim. 27 oct. 1997, nº 96-83.698, P nº 352 ; *Dr. pénal* 1998, nº 20, note M. Véron.
7. Crim. 7 mai 2002, nº 02-80.797, P nº 108 ; *D.* 2002. 1883 ; *Dr. pénal* 2002, nº 108, note M. Véron (v. s^s nº 632.01).
8. NOT. : B. Bouloc, Colloque « L'entreprise et le droit pénal », *Gaz. Pal.* 10-12 mars 2002, p. 12.
9. Crim. 6 févr. 1997, nº 96-80.615, P nº 48, préc. (sur la prescription de l'abus de bien social, v. s^s nºs 632.42 s.).
10. Crim. 10 nov. 2020, nº 19-80.557, P ; *JCP* 2020. 1416 ; *Procédures* 2021, comm. 24.
11. Crim. 6 mai 2009, nº 08-84.107, NP.
12. Crim. 27 juin 2001, nº 01-83.049, NP.
13. Crim. 27 oct. 1999, nºs 98-85.214, 98-85.757, P nºs 238, 239, 2 esp. ; *D.* 2000. 13 ; *Dr. pénal* 2000, nº 27, note M. Véron ; *RSC* 2000. 618, obs. J.-P. Delmas Saint-Hilaire – Crim. 5 mai 2004, nº 03-85.503, P nº 110 ; *D.* 2004. 2413 ; *AJ pénal* 2004. 285, obs. C. Girault ; *RSC* 2004. 897, obs. D. N. Commaret ; *RTD com.* 2004. 827, obs. B. Bouloc – Crim. 19 mai 2004, nº 03-86.192, P nº 131 ; *RSC* 2004. 897, obs. D. N. Commaret ; *RTD com.* 2004. ▶

une infraction occulte par nature, il convient d'examiner, selon le cas d'espèce, si les faits ont été ou non dissimulés. Il en est ainsi dans un arrêt du 24 février 2010 : « Attendu que, pour dire les faits de favoritisme non prescrits, l'arrêt énonce que la sélection des candidatures et le choix définitif qui ont été faits ont été favorisés par des soutiens occultes, qui se sont manifestés avant le dépôt des projets et ne sont apparus, dans des conditions permettant l'exercice de poursuites, qu'à partir du 5 mars 2002, date à laquelle C. en a révélé l'existence aux services de gendarmerie. »[1]

632.26 Détournement de fonds public. Dans un arrêt du 2 décembre 2009[2], la chambre criminelle confirme la décision d'une cour d'appel ayant appliqué au délit de détournement de fonds public la jurisprudence retardant le point de départ du délai de prescription au jour de l'apparition de l'infraction dans des conditions permettant l'exercice de l'action publique. L'infraction n'est pas non plus clandestine par nature, mais la cour d'appel a parfaitement caractérisé « l'existence d'une dissimulation de nature à retarder le point de départ de la prescription ». Le contrôle par le Conseil constitutionnel des recettes déclarées par un candidat à l'élection présidentielle n'exclut pas la dissimulation de leur origine, de sorte que la validation des comptes est sans effet sur le point de départ de la prescription de l'action publique[3].

632.27 Escroquerie. Nous n'avons pas trouvé d'exemple permettant de penser que l'escroquerie qui n'est certes pas une infraction occulte par nature, se trouverait dans le champ de la possibilité d'extension du point de départ du délai de prescription dans le cas où il serait établi que les circonstances du cas d'espèce étaient ceux d'une dissimulation. Ceci est d'autant plus curieux que le caractère frauduleux des manœuvres n'est pas toujours établi dans le délai de la prescription de droit commun.

Mais la Cour de cassation a expressément écarté l'extension de sa jurisprudence[4]. Il y est partiellement pallié dans l'application de la notion d'opération délictuelle unique[5]. La loi du 27 février 2017 étant plus large, il est vraisemblable que, dans certains cas, on puisse admettre un report du point de départ du délai.

632.28 Blessure involontaire. Dans une décision du 3 juin 2008[6], la chambre criminelle a admis que c'était à bon droit qu'une chambre de l'instruction avait confirmé l'ordonnance de refus d'informer pour cause de prescription de l'action publique rendue par le juge d'instruction, en retenant que plus de trois ans se sont écoulés entre le moment où le plaignant *avait appris que la maladie dont il était atteint avait été contractée à l'occasion de l'exercice de son activité professionnelle* et lui avait occasionné une incapacité totale de travail supérieure à trois mois, et le jour où il avait porté plainte avec constitution de partie civile du chef du délit de blessures involontaires. Il en résulte que, dans cette hypothèse particulière en tout cas, la chambre criminelle a admis, dans le cas d'une maladie causée par l'exposition prolongée à des produits dangereux, que le délai de prescription commence à courir, non à partir du moment où la maladie a été diagnostiquée et donc où l'infraction est constituée, mais seulement lorsque la victime a été en mesure d'établir le lien entre la maladie et l'exposition aux produits, élément que l'on peut rapprocher de la situation où le délit était occulte.

632.29 Infractions n'ayant pas été considérées comme clandestines. La doctrine dénonce le manque de cohérence du système dès lors qu'on ne voit pas trop la raison pour lesquelles certaines infractions ne peuvent être admises comme dissimulées au cas par cas. Mais la chambre criminelle n'a pas admis cette qualité aux infractions de faux : « Dès lors que le délit de faux est une infraction instantanée dont la prescription court à compter de la date de l'établissement de l'écrit argué de faux et non de la découverte de son existence, la chambre de l'instruction a justifié sa décision »[7] ou de violation du secret professionnel et de recel de violation de secret professionnel : « En prononçant ainsi, la chambre de l'instruction a justifié sa décision sans méconnaître les dispositions conventionnelles invoquées, les délits de violation du secret professionnel et de recel de violation du secret professionnel n'étant pas des infractions commises, par nature, de manière clandestine. »[8]

Là encore, la rédaction du texte, par la loi du 27 février 2017, pourrait entraîner une extension des infractions concernées par le retard du départ de la prescription de l'action publique.

▶ 827, obs. B. Bouloc – Crim. 17 déc. 2008, n° 08-82.319, P n° 261 ; *AJ pénal* 2009. 131, obs. J. Lasserre Capdeville ; *Dr. pénal* 2009, n° 36, note M. Véron ; *RSC* 2010. 141, obs. C. Mascala ; *RTD com.* 2009. 471, obs. B. Bouloc – Crim. 24 juin 2020, n° 19-81.724, NP, *JCP* 020, 889, Zoom par J.-M. Brigant.

1. Crim. 24 févr. 2010, n° 09-83.988, NP.
2. Crim. 2 déc. 2009, n° 09-81.967, P n° 204 ; *AJ pénal* 2010. 78 ; *RSC* 2010. 863, obs. C. Mascala ; *Dr. pénal* 2010, n° 57, note M. Véron.
3. Cass., ass. plén., 13 mars 2020, n°s 18-80.162, 18-80.164, 18-80.165, 19-86.609, P ; *JCP* 2020. 418.
4. Crim. 2 avr. 1996, n° 95-83.069, NP, *Dr. pénal* 1996. 185, note M. Véron.
5. V. s^s n°s 631.102 et 631.103.
6. Crim. 3 juin 2008, n°s 07-80.241, 07-80.240, P n° 137 ; *D.* 2008. 2003, note A. Darsonville ; *RSC* 2008. 903, obs. Y. Mayaud (aussi : v. s^s n°s 631.132).
7. Crim. 19 mai 2004, n° 03-82.329, NP.
8. Crim. 8 nov. 2005, n° 05-80.370, P n° 284.

632.30 **Amnésie.** L'amnésie chez la victime d'un viol, provoquée par le traumatisme infantile subi, ne justifie pas le recul du point de départ de la prescription de l'action publique au jour où l'infraction lui est finalement apparue[1]. La chambre de l'instruction avait motivé sa décision en retenant qu'en matière d'infraction sexuelle, « aucun texte et aucune décision de justice n'ont fixé [le] point de départ [du délai de prescription] à la date à laquelle la victime en avait eu connaissance ». Cette jurisprudence ne devrait pas être modifiée, la dissimulation prévue par la loi du 27 février 2017 s'attache aux efforts de dissimulation de l'auteur de l'infraction, pas aux éventuelles perturbations de la victime, même si elles sont en relation avec les faits. Cette jurisprudence a été reprise encore depuis : est justifiée la décision de non-lieu du chef de viol fondée sur la prescription de l'action publique, qui retient que l'amnésie traumatique invoquée par la partie civile ne peut être considérée comme constituant un obstacle de fait insurmontable et assimilable à la force majeure ayant pu suspendre le délai de prescription[2].

SECTION 3
DÉLIT D'ABUS DE BIENS SOCIAUX

632.41 **Évolution de la jurisprudence de la chambre criminelle.** Le délit d'abus de biens sociaux, qui consiste pour le dirigeant à dissimuler des malversations réalisées au détriment d'une société, est un délit occulte par nature.

Le délai de trois ans (désormais six ans) à compter des faits ne suffit pas à garantir sa répression efficace. C'est pourquoi la chambre criminelle a étendu au délit d'abus de biens sociaux la règle qu'elle avait fixée pour l'abus de confiance : le point de départ de la prescription triennale doit être fixé au jour où ce délit est apparu et a pu être constaté[3].

Elle a ensuite évolué dans cette jurisprudence en affirmant que le point de départ de la prescription triennale doit être fixé au jour où le délit est apparu et a pu être constaté dans des conditions permettant l'exercice de l'action publique[4]. La nuance est de taille : il faut que les personnes qui ont connaissance du délit soient habilitées à mettre l'action publique en mouvement. Dans l'arrêt du 10 août 1981, les personnes qui en avaient eu connaissance étaient le commissaire aux comptes et un expert-comptable, également poursuivis, qui n'avaient eu aucun intérêt à dénoncer les faits. Une grande partie de la doctrine avait critiqué cette solution, certains évoquant même une infraction imprescriptible[5].

Dès 1995, Pierre Mazeaud, président de la commission des lois de l'Assemblée nationale, présentait une proposition de loi ayant pour but d'instaurer un délai de six ans maximum à compter de la commission des abus de biens. Bien que ce texte n'ait pas été voté, on peut en trouver encore trace dans l'avant-projet de code de procédure pénale de 2010, abandonné, qui proposait de consacrer un délai de trois ans pour les délits les moins gravement réprimés mais de six ans pour les autres, à condition toutefois que le point de départ du délit soit toujours celui de la date de commission des faits. Mais la jurisprudence a encore évolué puisque, dans un arrêt du 5 mai 1997[6], la chambre criminelle énonce que le délai de prescription de l'action publique du chef d'abus de biens sociaux ne commence à courir, *sauf dissimulation, qu'à compter de la présentation des comptes annuels*. Il en résulte que la présentation des comptes annuels, à moins que ceux-ci aient été falsifiés, marque désormais le point de départ de la prescription de l'action publique. Par exemple, l'apparition dans les comptes annuels de l'existence d'un compte-courant de l'un des dirigeants qui serait débiteur, l'apparition d'opérations faites à des fins personnelles d'un dirigeant, fera courir le délai de prescription de l'action publique à compter de la présentation de ces comptes.

632.42 **Jurisprudence sur le point de départ de la prescription qui commence à courir, sauf dissimulation, à compter de la présentation des comptes annuels.** Dans un arrêt du 13 octobre 1999[7], la

1. Crim. 18 déc. 2013, n° 13-81.129, NP, *Gaz. Pal.* 31 janv.-1er févr. 2014, obs. E. Raschel ; *D.* 2014. 13.
2. Crim. 17 oct. 2018, n° 17-86.161, P n° 173 ; *JCP* 2018. 1274 ; *Procédures* 2018, comm. 380, obs. A.-S. Chavent-Leclère. *RSC* 2018. 895, obs. Y. Mayaud.
3. Crim. 7 déc. 1967, n° 66-91.972, P n° 321 ; *D.* 1968. 617, note J.-M. R. – Crim. 20 juill. 1977, n° 76-92.671, P n° 267 – Crim. 12 juin 1978, n° 76-90.886, P n° 189.
4. Crim. 10 août 1981, n° 80-93.092, P n° 244 ; *Rev. sociétés* 1983. 368, note B. Bouloc – Crim. 17 nov. 1986, n° 85-93.444, P n° 342 – Crim. 13 févr. 1989, n° 88-81.218, P n° 69 ; *Rev. sociétés* 1989. 692, note B. Bouloc – Crim. 27 juill. 1993, n° 92-85.146, NP, *Dr. pénal* 1994, n° 89, note J.-H. Robert – Crim. 30 nov. 1993, n° 92-85.671, NP, *Dr. pénal* 1994, n° 110, note M. Véron – Crim. 27 janv. 2010, n° 09-81.816, NP, *RSC* 2010. 626, obs. H. Matsopoulou ; *Dr. pénal* 2010, n° 60, note M. Véron.
5. W. Jeandidier, *Dr. pénal des affaires*, 6e éd., « Précis », Dalloz, 2005 ; 4e éd., 2000, nos 272 s. – C. Freyria, « Imprescriptibilité du délit en droit pénal des affaires ? », *JCP* 1996. Chron. 241.
6. Crim. 5 mai 1997, n° 96-81.482, P n° 159 ; *Rev. sociétés* 1997. 127, note B. Bouloc.
7. Crim. 13 oct. 1999, nos 96-80.774, 96-83.874, 98-80.044, P n° 219 ; *D.* 2001, n° 29, obs. G. Roujou de Boubée ; *JCP* 2000. II. 10386, note D. Ohl ; *JCP E* 2000. I. 1128, obs. E. Fortis et Y. Muller ; *Dr. pénal* 2000, n° 17, note J.-H. Robert ; *Rev. Sociétés* 2000. 360, note B. Bouloc ; *Bull. Joly* 2000. 182, note J.-F. Barbièri ; *RSC* 2000. 410, obs. J.-F. Renucci.

chambre criminelle consacre la jurisprudence selon laquelle la prescription commence à courir à compter de la présentation des comptes annuels dans une affaire où la cour d'appel avait écarté la prescription. La Haute juridiction reproche à la cour d'appel de ne pas avoir répondu aux chefs péremptoires des conclusions du prévenu qui faisaient valoir que les salaires prétendument fictifs reprochés figuraient dans les bilans des exercices et que, faute de dissimulation, la prescription avait commencé à courir à compter de la date de présentation des comptes annuels. Il en était de même quelques mois plus tard pour des honoraires injustifiés[1]. Cette cassation pour manque de base légale était confortée plus expressément encore dans un arrêt de cassation du 27 juin 2001[2] pour violation de la loi. La Cour énonce que pour écarter l'action publique, la cour d'appel expliquait que les charges indues figuraient dans les comptes annuels « noyées dans la masse soit des frais soit des charges salariales et que rien ne permettait aux actionnaires, qui n'étaient pas en possession des comptes détaillés, de connaître les affectations des frais et salaires litigieux et de vérifier si ces dépenses avaient été effectuées dans le seul intérêt de la société ». Elle estime qu'en prononçant ainsi, sans tirer les conséquences légales de leurs propres constatations ou caractériser la dissimulation des opérations litigieuses, la cour d'appel a méconnu les textes susvisés et les principes susénoncés[3]. On peut se demander si cette jurisprudence, prenant comme base le point objectif de la publication des comptes de la société perdurera après l'entrée en vigueur de la loi du 27 février 2017.

632.43 Notion de dissimulation. La jurisprudence rapportée ci-dessus permet de considérer que *seule la dissimulation peut retarder le point de départ de la prescription de l'action publique au-delà du jour de la présentation des comptes annuels*. Il y a dissimulation dans le fait de présenter en comptabilité des dépenses mises indûment à la charge de la société sous une fausse imputation ou sur la base de factures comportant de fausses indications quant à la personne en réalité redevable des sommes y figurant et quant à leur objet ou lorsque les dépenses litigieuses n'ont pas été enregistrées en comptabilité[4]. Caractérise une dissimulation, de nature à faire courir le délai de prescription à compter d'une date postérieure à celle de la présentation des comptes, l'omission de la délibération du conseil d'administration d'une société d'économie mixte sur une convention passée par son directeur général avec diverses sociétés et en exécution de laquelle des versements abusifs de fonds avaient été effectués, ainsi que l'absence de présentation d'une autre convention dans le rapport spécial du commissaire aux comptes l'année même de son inscription dans les comptes[5].

La dissimulation n'est donc pas forcément un acte positif mais peut consister en une omission.

632.44 Exception au principe du point de départ au jour de la présentation des comptes. Le point de départ de la prescription de l'abus de bien social peut être avancé lorsque des informations suffisamment précises ont été données aux associés ou aux actionnaires. Mais « des indices de mauvaise gestion » apparus à l'occasion de contrôles et audits financiers n'impliquent pas nécessairement de la part des dirigeants d'une société un comportement entrant dans les prévisions de l'article L. 242-6[6] du code de commerce, laissant donc soupçonner la commission d'abus de biens sociaux[7].

632.45 Emplois fictifs. En matière de rémunération d'emplois fictifs, la Cour de cassation a considéré qu'il ne peut y avoir dissimulation dès lors que ces dépenses figurent dans les comptes sociaux[8], mais il peut en aller différemment dès lors que serait constatée une « apparence trompeuse » : la chambre criminelle confirme un arrêt ayant estimé : « que la présentation des comptes annuels de la société, victime de l'infraction, s'est opérée en visant dans les pièces comptables des dépenses apparemment normales de commissionnement engagées au profit de sociétés d'assistance commerciale pour des prestations facturées et prétendument accomplies, que ces honoraires ont pris la forme d'une dépense habituelle de l'entreprise en contrepartie d'une valeur ajoutée, que les dirigeants sociaux ont été abusés par cette forme trompeuse les ayant convaincus de l'existence d'activités commerciales réelles »[9].

1. Crim. 10 nov. 1999, n° 98-85.477, NP, *Dr. pénal* 2000, n° 58, note J.-H. Robert ; *Rev. Sociétés* 2001. 873, note B. Bouloc.
2. Crim. 27 juin 2001, n° 00-87.414, P n° 164 ; *JCP* 2002. I. 107 ; *RSC* 2002. 339, obs. J.-F. Renucci ; *Dr. pénal* 2001, n° 129, note J.-H. Robert ; *Bull. Joly* 2001. 1117, note J.-F. Barbièri.
3. Jurisprudence désormais bien établie : Crim. 2 avr. 2014, n° 13-80.010, NP, *AJ pénal* 2014. 419, obs. J. Gallois ; *Rev. Sociétés* 2014. 592, note B. Bouloc ; *RTD com.* 2014. 706, obs. B. Bouloc.
4. Crim. 28 mai 2003, n° 02-85.185, P n° 108.
5. Crim. 10 avr. 2002, n° 01-80.090, P n° 85 ; *Dr. pénal* 2002, n° 96, note J.-H. Robert ; *D.* 2002. 2408.
6. C. com., art. L. 242-6 ; mod. par L. n° 2013-1117, 6 déc. 2013, art. 30.
7. Crim. 7 mai 2002, n° 02-80.796, P n° 106 ; *D.* 2003. 248, obs. G. Roujou de Boubée ; *RSC* 2002. 827, obs. D. Rebut ; *Dr. pénal* 2002, n° 84, note J.-H. Robert.
8. Crim. 27 juin 2001, n° 00-87.414, P n° 164 ; *RSC* 2002. 339, obs. J.-F. Renucci.
9. Crim. 23 mai 2002, n° 01-83.983, NP.

Le délit est une infraction instantanée consommée lors de chaque paiement indu[1]. En conséquence, la prescription court à compter du dernier versement mais peut être reportée à la date de présentation des comptes annulés dans lesquels figurent les salaires en cause.

632.46 Constitutionnalité du report du point de départ en cas d'infraction occulte ou dissimulée. Comme cela était prévisible, la Cour de cassation n'a pas tardé à être saisie de QPC relatives à la constitutionnalité de sa jurisprudence sur la prescription de l'action publique. La Cour, en sa formation d'Assemblée plénière, a rendu quatre arrêts qui, s'ils confirment que la Cour a modifié sa position sur la possibilité de contester devant le Conseil constitutionnel sa jurisprudence, n'en sont pas moins des décisions de rejet sur le fond[2].

Les requérants discutaient tant le report du point de départ de la prescription de l'action publique, au jour où les faits ont pu être constatés dans des conditions permettant l'exercice de l'action publique, lorsque l'infraction est occulte ou dissimulée, que l'effet de l'interruption de la prescription intervenue dans la poursuite des infractions à l'égard des infractions connexes.

L'Assemblée plénière estime tout d'abord que les questions posées ne portaient pas sur l'interprétation d'une disposition constitutionnelle dont le Conseil constitutionnel n'aurait pas eu l'occasion de faire application. Le critère de la nouveauté de la question ne trouve en effet application que pour les dispositions constitutionnelles et non pour les règles et principes de valeur constitutionnelle. Or, le principe de prescription de l'action publique n'est pas une disposition constitutionnelle. La prescription de l'action publique n'est fondée sur aucun principe fondamental, ni aucune règle de valeur constitutionnelle ce dont témoigne l'imprescriptibilité reconnue des crimes contre l'humanité. Les règles relatives au point de départ de la prescription et à l'incidence que la connexité des infractions peut exercer sur elle, satisfont au principe de prévisibilité, en ce qu'elles « sont anciennes, connues, constantes et reposent sur des critères précis et objectifs ».

1. Crim. 14 mai 2003, n° 02-81.217, P n° 97 ; *D.* 2003. 1766, obs. A. Lienhard ; *D.* 2004. 137, obs. A. Giudicelli ; *D.* 2004. 319, obs. M. Segonds ; *RSC* 2003. 797, obs. D. Rebut – Crim. 28 mai 2003, n° 02-83.544, P n° 109 ; *Rev. sociétés* 2003. 906, obs. B. Bouloc.
2. Cass., ass. plén., 20 mai 2011, n°s 11-90.042, 11-90.033, 11-90.025, 11-90.032, P n°s 5 à 8, 4 esp. ; *D.* 2011. 1346, obs. A. Lienhard ; *D.* 2011. Point de vue 1426, obs. D. Chagnollaud ; *D.* 2011. Chron. 1775, obs. N. Maziau ; *D.* 2011. 2231, obs. J. Pradel ; *JCP* 2011. 644, note B. Mathieu ; *JCP* 2011. 670, obs. A.-S. Chavent-Leclère ; *Gaz. Pal.* 29-31 mai 2011, p. 7, obs. Rousseau ; *Gaz. Pal.* 5-7 juin 2011, p. 11, obs. G. Drago ; *Rev. Sociétés* 2011. 512, note H. Matsopoulou ; *Dr. pénal* 2011, n° 95, note J.-H. Robert ; *Procédures* 2011, n° 242 ; *RSC* 2011. 611, obs. H. Matsopoulou ; *AJ pénal* 2011. 516 ; *RSC* 2011. 656, obs. J. Danet ; *RTD com.* 2011. 654, obs. B. Bouloc.

SECTION 4
DÉLAI BUTOIR

632.51 Principe. La loi du 27 février 2017 a instauré une nouveauté remarquable : un délai butoir. Ces délais commencent à courir du jour de la commission de l'infraction. L'expiration d'un délai de douze ans en matière correctionnelle et trente ans en matière criminelle met un terme à l'action publique même si les faits ont été dissimulés ou s'il s'agit d'une infraction occulte[3].

632.52 Appréciation doctrinale. Le délai butoir introduit par la loi du 27 février 2017 répond à l'idée selon laquelle il était indispensable d'éviter les imprescriptibilités de fait. Dans son rapport au Sénat, le 5 octobre 2016, M. Buffet précisait que : « Comme le souligne une partie au moins de la doctrine[4], en fixant le point de départ de la prescription au jour de la révélation des faits, le texte adopté par l'Assemblée nationale "donne la possibilité au ministère public de poursuivre en théorie indéfiniment, contre le principe même de prescription, et témoigne d'un pas vers l'imprescriptibilité". Aussi, suivant la recommandation n° 6 du rapport *Pour un droit de la prescription moderne et cohérent* de notre ancien collègue M. Jean-Jacques Hyest et de nos collègues MM. Hugues Portelli et Richard Yung, qui soulignait lui aussi la nécessité "de ne pas rendre imprescriptibles *de facto* certaines infractions", votre commission a-t-elle adopté un amendement COM-10 de son rapporteur tendant à fixer un délai butoir pour l'exercice de l'action publique, en cas de report du point de départ des délais de prescription des infractions occultes : l'action publique ne pourrait être engagée plus de dix ans, en matière délictuelle, et trente ans, en matière criminelle, à compter de la commission de l'infraction. Le délai butoir serait interrompu et suspendu dans les mêmes conditions que le délai de prescription ».

La nature de ce délai n'est pas évidente ; certains auteurs l'analysent comme un délai ayant pour effet d'interdire au délai de prescription de dépasser une certaine limite dont le terme est fixé et connu d'avance – délai préfix – et non de créer une deuxième prescription qui s'ajouterait à la précédente tandis que d'autres estiment que ce délai de forclusion est susceptible d'interruption[5]. Il convient de bien faire la diffé-

3. C. pr. pén., art. 9-3.
4. P. Farge, « Attendre et espérer », *AJ pénal* 2016. 292.
5. J. de Maillard, « La réforme de la prescription pénale : une "amnistie"... occulte ou dissimulée », *Gaz. Pal.* 18 avr. 2017, n° 15.

rence entre ce délai butoir et une prescription de douze ans : dans le cas prévu par l'article 9-3, si un acte interruptif de l'action publique est accompli, c'est que l'infraction a été en état d'être poursuivie ; en conséquence, seul le délai de six ans en matière correctionnelle peut s'appliquer. Ce n'est que si la prescription n'a pas commencé à courir en raison du caractère occulte ou dissimulé du crime ou du délit que le délai de douze ans peut s'appliquer. Selon la circulaire de la Chancellerie « il résulte de ces délais butoirs que si, avant l'expiration d'un délai de douze ans ou trente ans à compter de sa commission, un délit ou un crime occulte ou dissimulé n'a pas été découvert et n'a pas fait l'objet d'un acte interruptif de prescription, ces faits sont définitivement prescrits et ne pourront plus donner lieu à poursuite. Si un acte interruptif est intervenu avant l'expiration de ces délais butoirs, s'appliquent alors les nouveaux délais de prescription de droit commun de six ans et de vingt ans »[1]. Il en résulte que si l'on estime que le délai butoir est un délai préfix, non susceptible d'interruption ou de suspension, l'action publique ne pourra jamais être exercée plus de 12 ans après la commission des faits clandestins. Au contraire, si l'on estime qu'il peut être interrompu ou suspendu, il empêche seulement les poursuites pour les délits clandestins n'ayant pas été révélés dans des conditions permettant l'action publique pendant plus de 12 ans[2].

632.53 Application dans le temps du délai de forclusion. On sait que, dans l'hypothèse où une loi nouvelle vient modifier le délai de prescription ou le mode de calcul de celui-ci, la loi nouvelle ne peut pas remettre en cause des prescriptions déjà acquises sous l'empire de la loi ancienne[3]. Depuis la réforme introduite par la loi du 9 mars 2004[4], l'article 112-2 4°[5] du code pénale dispose que :

« Sont applicables immédiatement à la répression des infractions commises avant leur entrée en vigueur :

1° Les lois de compétence et d'organisation judiciaire, tant qu'un jugement au fond n'a pas été rendu en première instance ;

2° Les lois fixant les modalités des poursuites et les formes de la procédure ;

3° Les lois relatives au régime d'exécution et d'application des peines ; toutefois, ces lois, lorsqu'elles auraient pour résultat de rendre plus sévères les peines prononcées par la décision de condamnation, ne sont applicables qu'aux condamnations prononcées pour des faits commis postérieurement à leur entrée en vigueur ;

4° Lorsque les prescriptions ne sont pas acquises, les lois relatives à la prescription de l'action publique et à la prescription des peines ».

L'appréciation du point de savoir si la prescription est acquise doit être faite, évidemment, au regard de la loi ancienne[6].

Ce sont ces principes qui ont gouverné toute la jurisprudence relative, par exemple, aux faits commis à l'encontre de mineurs, depuis la loi inaugurale du 10 juillet 1989[7]. Il en résulte que si la prescription n'était pas acquise sous le régime antérieur, la loi nouvelle devra s'appliquer, qu'elle réduise ou allonge le délai. Dans un arrêt *Coeme c/ Belgique*[8], la Cour européenne des droits de l'Homme a jugé que l'application immédiate d'une loi prorogeant les délais de prescription ne portait pas atteinte à l'article 7 de la convention, « car on ne peut interpréter cette disposition comme empêchant, par l'effet de l'application immédiate d'une loi de procédure, un allongement des délais de prescription lorsque les faits reprochés n'ont jamais été prescrits ». Dans l'affaire *Scoppola c/ Italie*, la CEDH a indiqué que « les règles sur la rétroactivité contenues dans l'article 7 de la convention européenne des droits de l'homme ne s'appliquent qu'aux dispositions définissant les infractions et les peines qui les répriment »[9].

632.54 Le délai butoir dans la loi du 27 février 2017, art. 4. Ce texte résulte d'un amendement gouvernemental dont le but était de ne pas permettre que les nouveaux délais butoirs puissent conduire à la prescription d'infractions pour lesquelles l'action publique a déjà été valablement mise en mouvement, dans des hypothèses où, *pour des infractions occultes ou dissimulées*, les poursuites

1. Circ. chancellerie, 28 févr. 2017 présentant les dispositions de la loi n° 2017-242 du 27 février 2017 portant réforme de la prescription en matière pénale, *BOMJ*, n° 2017-03, 31 mars 2017, n°s 3-1 s., NOR : JUSD1706599C.
2. EN CE SENS : Th. Scherer, « La réforme de la prescription en matière pénale sous l'angle du droit transitoire », *AJ pénal* 2018. 303.
3. Crim. 5 oct. 1958, P n° 608 – Crim. 3 nov. 1994, n° 94-80.010, P n° 349 ; *RSC* 1995. 369, obs. J.-P. Dintilhac ; *RSC* 1995. 567, obs. B. Bouloc – Crim. 6 févr. 2008, n° 06-88.299, P n° 32 ; *D.* 2008. 787 ; *D.* 2009. 123, obs. G. Roujou de Boubée, T. Garé et S. Mirabail ; *AJ pénal* 2008. 232, obs. G. Roussel.
4. L. n° 2004-204, 9 mars 2004, préc.
5. C. pén., art. 112-2 ; mod. par L. n° 2004-204, 9 mars 2004 ; art. 72.
6. Crim. 26 mars 1997, n° 97-80.086, P n° 122 – Crim. 17 nov. 1982, n° 82-92.029, P n° 262 – Crim. 29 avr. 1997, n° 95-82.669, P n° 155.
7. L. n° 89-487, 10 juill. 1989 relative à la prévention des mauvais traitements à l'égard des mineurs et à la protection de l'enfance, *JO* 14 juill., p. 8869.
8. CEDH 22 juin 2000, *Coëme a. c/ Belgique*, req. n°s 32547/96, 32548/96, 33209/96, 33210/96, 2000-VII – AUSSI : CEDH 12 févr. 2013, *Previti c/ Italie*, req. n° 1845/08.
9. CEDH 17 sept. 2009, *Scoppola c/ Italie*, req. n° 10249/03, § 110 ; *AJDA* 2010. 997, chron. J.-F. Flauss ; *D.* 2010. 2732, obs. G. Roujou de Boubée, T. Garé et S. Mirabail ; *RSC* 2010. 234, obs. J.-P. Marguénaud.

auraient été engagées plus de douze ou trente ans après les faits. Le texte adopté est d'ailleurs plus général et ne se limite pas à ces infractions.

Il énonce : « La présente loi ne peut avoir pour effet de prescrire des infractions qui, au moment de son entrée en vigueur, avaient valablement donné lieu à la mise en mouvement ou à l'exercice de l'action publique à une date à laquelle, en vertu des dispositions législatives alors applicables et conformément à leur interprétation jurisprudentielle, la prescription n'était pas acquise ». La difficulté tient à la définition de la notion de mise en mouvement ou à l'exercice de l'action publique.

Selon la circulaire de la Chancellerie, du 28 février 2017[1] « Le 4° de l'article 112-2 du code pénal prévoit l'application immédiate des lois de prescription de l'action publique et des peines, sans distinguer selon qu'elles sont plus ou moins sévères. Il en résulte que les prescriptions plus longues résultant des nouvelles dispositions n'ont aucun effet sur les prescriptions déjà acquises lors de l'entrée en vigueur de la réforme, qui ne saurait réouvrir les délais de prescription. Ainsi, les délits ou les crimes prescrits au moment de l'entrée en vigueur de la loi, par application des délais de prescription de l'action publique de trois ans ou de dix ans, ne peuvent plus être poursuivis. Il en est de même pour les peines correctionnelles déjà prescrites à l'issue de l'ancien délai de cinq ans. En revanche, s'agissant des prescriptions en cours au moment de l'entrée en vigueur de la présente loi, les nouveaux délais de prescription plus sévères se substituent aux anciens. »

632.55 **Incidences de l'article 4 de la loi du 27 février 2017 sur le délai de prescription relatif aux infractions occultes ou dissimulées.** Selon la circulaire de la Chancellerie, du 28 février 2017[2], bien qu'il ne vise expressément que les dossiers ayant donné lieu à la mise en mouvement ou à l'exercice de l'action publique, l'article 4 de la loi du 27 février 2017 « n'implique cependant pas que l'interruption de la prescription par des actes d'enquête émanant du ministère public ou des procès-verbaux dressés par la police judiciaire tendant effectivement à la recherche et à la poursuite de leurs auteurs serait remise en cause en l'absence de mise en mouvement de l'action publique intervenue avant l'entrée en vigueur de la loi. En effet, conformément à la jurisprudence désormais consacrée par le nouvel article 9-2 du code de procédure pénale, de tels actes auront valablement interrompu la prescription, qui aura donc recommencé à courir, à compter du dernier d'entre eux, pour un délai de trois ans s'il s'agissait de faits de nature délictuelle. La jurisprudence traditionnelle estime ainsi, en cas de correctionnalisation légale de faits criminels, désormais prescrits par trois ans au lieu de dix ans, que l'entrée en vigueur d'une nouvelle prescription plus courte ne saurait avoir pour effet de remettre en cause l'interruption de la prescription déjà réalisée à cette date[3] » et rappelle que « conformément à l'article 112-4 du code pénal, les dispositions de son article 112-2 sont sans effet sur la validité des actes de procédure accomplis selon la loi alors en vigueur »[4]. La chambre criminelle considère par ailleurs que le délai de trois ans « ne se substitue à celui de dix ans qu'à compter de l'entrée en vigueur de la loi nouvelle », à condition que toutefois le délai total ne puisse excéder dix ans depuis le dernier acte interruptif accompli sous l'empire de la loi ancienne[5].

C'est dès lors uniquement à compter de l'entrée en vigueur de la loi que le nouveau délai commence à courir, sous réserve que la prescription en résultant ne puisse dépasser celle qui résultait des anciennes dispositions.

Sous réserve de l'appréciation souveraine de la Cour de cassation, les délais butoirs de douze ans et de trente ans, même s'ils sont applicables à des délits ou des crimes occultes ou dissimulés commis avant l'entrée en vigueur de la loi, ne peuvent donc commencer à courir qu'à compter de cette date, soit à compter du 1er mars 2017.

Cette interprétation est du reste totalement conforme à l'intention du législateur, dès lors qu'il n'a jamais été soutenu aux cours des débats que les délits occultes ou dissimulés commis avant 2005 pourraient être prescrits du fait de l'entrée en vigueur de la loi nouvelle, mais au contraire qu'il a été expressément indiqué que la loi ne concernerait que les infractions commises après son entrée en vigueur (par exemple, séance du 14 février 2017, « M. Alain Tourret, rapporteur. [...] : J'appelle votre attention sur un point : nous avons décidé que cette loi ne devait pas être considérée comme une loi de procédure d'application immédiate. Ainsi ne pourra-t-elle s'appliquer qu'aux faits qui se produiront après son adoption. » Même si ces propos ne traduisent pas exactement les conséquences juridiques de la réforme, puisque les prescriptions plus longues s'appliqueront aux infractions commises avant la date de son entrée en vigueur mais non encore prescrites, et que les délais butoirs s'appliqueront à ces mêmes faits, mais uniquement à

1. Circ. chancellerie, 28 févr. 2017, préc., nos 3-1 s., NOR : JUSD1706599C.
2. Circ. chancellerie, 28 févr. 2017, NOR : JUSD1706599C, préc.
3. Crim. 29 avr. 1997, n° 95-82.669, P n° 155.
4. Crim. 30 nov. 1994, nos 94-84.127, 94-84.396, P n° 389 ; *RSC* 1995. 369, obs. J.-P. Dintilhac.
5. Crim. 29 avr. 1997, n° 95-82.669, préc.

compter de cette date, ils mettent très clairement en évidence la volonté du législateur de ne pas permettre une application rétroactive de la loi).

La doctrine fut moins unanime. Ainsi, selon Jean de Maillard, l'unique raison d'être de l'article 4 de la nouvelle loi est de créer une exception à la règle du délai butoir pour les infractions pour lesquelles l'action publique s'exerçait ou avait été mise en œuvre au 1er mars 2017 [1]. D'autres auteurs proposent une analyse au terme de laquelle ils concluent à l'application immédiate de la loi à la répression des infractions commises avant leur entrée en vigueur. Selon MM. Ingrain et Lorrain : « la loi nouvelle portant réforme de la prescription pénale est une loi d'application immédiate. Et, si l'on considère que l'article 4 déroge à l'article 112-2 4° du code pénal, c'est dans un sens plus favorable au justiciable en y intégrant une once de rétroactivité qui n'était pas prévue par les textes [...]. En créant cette condition de poursuite cumulative avec la condition de prescription non acquise, l'article 4 semble donc inciter les praticiens à appliquer le délai butoir aux enquêtes en cours au moment de l'entrée en vigueur de la loi en faisant fi d'éventuels actes interruptifs intervenus antérieurement à la loi nouvelle » [2]. Laurent Griffon-Yarza ne partage pas non plus l'avis de la circulaire [3] : « Nous ne la partageons pas dans la mesure où ce texte déroge expressément aux règles d'application de la loi dans le temps. D'abord, l'action publique relative à des infractions commises plus de douze ans avant la date d'entrée en vigueur de la loi est prescrite si cette action publique n'a pas été mise en mouvement ou exercée, et ce même si des actes d'enquête interruptifs de prescription ont été accomplis. Autrement dit, il faut qu'un juge du siège - juge d'instruction ou juridiction de jugement - ait été saisi depuis moins de douze ans. Ensuite, s'il s'est écoulé moins de douze ans depuis la commission de l'infraction avant le 1er mars 2017, il faudra constater, à partir du jour de la révélation de l'infraction, soit des actes interruptifs de prescription, soit la mise en mouvement ou l'exercice de l'action publique, le nouveau délai (douze ans ou trente ans selon la nature de l'infraction) étant plus favorable que l'imprescriptibilité de fait mise en œuvre par la jurisprudence ». Si l'action publique peut se définir comme « l'activité procédurale exercée au nom de la société par le ministère public, pour faire constater par le juge compétent le fait punissable, établir la culpabilité du délinquant et obtenir le prononcé de la sanction établie par la loi » [4], la question principale qui risque de se poser est de savoir si les actes réalisés pendant l'enquête pourront constituer cette mise en œuvre de l'action publique. On peut en douter : on peut donc considérer que l'exercice ou la mise en mouvement de l'action implique la saisine d'un juge, c'est-à-dire d'un magistrat du siège, de sorte que les dispositions transitoires de la loi du 27 février 2017 ne s'appliquent pas aux infractions faisant l'objet d'une enquête préliminaire. Autrement dit, le délai butoir institué par la loi nouvelle pourrait avoir pour effet de prescrire des infractions faisant l'objet d'une enquête en cours. C'est la conclusion à laquelle conduit un raisonnement purement juridique. C'est du reste celle qu'a paru adopter le parquet national financier, lequel a justifié l'ouverture d'une information judiciaire portant sur les faits de détournements de fonds publics reprochés à un ancien Premier ministre devenu candidat à l'élection présidentielle « en raison de l'ancienneté des faits et de l'exigence de la mise en œuvre de l'action publique résultant de l'article 4 de la loi adoptée définitivement le 16 février 2017 » [5].

Saisie d'une question prioritaire de constitutionnalité ainsi rédigée : « L'article 4 de la loi n° 2017-242 du 27 février 2017 porte-t-il atteinte au principe d'égalité entre les citoyens garanti par l'article 6 de la Déclaration des droits de l'Homme et du citoyen du 26 août 1789 ? », la chambre criminelle a dit n'y avoir lieu à la renvoyer au Conseil constitutionnel au motif qu'elle « ne présente pas un caractère sérieux, dès lors que la différence de traitement qui en résulte, entre des personnes ayant commis les mêmes crimes ou délits aux mêmes dates, selon l'intervention ou non d'actes de mise en mouvement ou d'exercice de l'action publique, est en rapport direct avec la loi dont l'objet est de prévoir les conditions d'acquisition de la prescription de l'action publique » [6]. La chambre criminelle a jugé qu'il résulte de l'article 4 de la loi du 27 février 2017 que l'entrée en vigueur des dispositions de cette loi relatives à la prescription des infractions occultes ne peut avoir pour effet de prescrire celles qui, au jour de cette entrée en vigueur, avaient valablement donné lieu à la mise en mouvement ou à l'exercice de l'action publique à

1. J. de Maillard, « La réforme de la prescription pénale : une "amnistie"... occulte ou dissimulée », *Gaz. Pal.* 18 avr. 2017, n° 15.
2. Ch. Ingrain, R. Lorrain, « Réforme de la prescription pénale : la mise en œuvre et les conséquences (*in*) attendues de l'application immédiate de la loi, Le droit en débats », *D. actu.* 20 févr. 2017.
3. L. Griffon-Yarza, « Aspects pratiques de la réforme de la prescription pénale », *Dr. pénal* mai 2017, dossier 2.
4. R. Merle et A. Vitu, *Traité de droit criminel*, t. II, *Procédure pénale*, 5e éd., Cujas, 2001, n° 25.
5. E. Daoud, « La prescription des infractions occultes ou dissimulées en droit pénal des affaires : à la poursuite du temps perdu » *Dr. pénal* mai 2017, dossier 3.
6. Crim. 28 juin 2017, n° 17-90.010, P.

une date à laquelle, en vertu des dispositions législatives alors applicables et conformément à leur interprétation jurisprudentielle, la prescription n'était pas acquise[1]. Elle a changé d'avis ensuite[2].

Enfin, dans un arrêt du 13 octobre 2020, la chambre criminelle a jugé qu'il résulte des travaux parlementaires que l'article 4 de la loi du 27 février 2017 a eu pour seule finalité, selon l'intention du législateur, de prévenir la prescription de certaines infractions occultes ou dissimulées par l'effet de la loi nouvelle, laquelle prévoit notamment que le délai de prescription de ces infractions, quand il s'agit de délits, ne peut excéder douze années révolues à compter du jour où l'infraction a été commise, alors que selon la jurisprudence constante de la Cour de cassation, ces infractions ne se prescrivaient qu'à partir du moment où le délit est apparu et a pu être constaté dans des conditions permettant l'exercice de l'action publique.

Dès lors, ce texte doit être interprété restrictivement et ne saurait avoir pour effet de déroger de façon générale aux dispositions de l'article 112-2, 4°, du code pénal, selon lesquelles les lois relatives à la prescription de l'action publique sont applicables immédiatement à la répression des infractions commises avant leur entrée en vigueur, lorsque les prescriptions ne sont pas acquises[3].

632.56 Constitutionnalité de l'article 4 de la loi du 27 février 2017. Par une décision du 9 septembre 2021[4], le Conseil constitutionnel, saisi par la chambre criminelle, a déclaré conforme à la Constitution l'article 4 de la loi n° 2017-242 du 27 février 2017 portant réforme de la prescription en matière pénale. Le Conseil a considéré qu'en application du deuxième alinéa de l'article 9-1 du Code de procédure pénale, depuis le 1er mars 2017, le délai de prescription de l'action publique d'une infraction occulte ou dissimulée court à compter du jour où l'infraction est apparue et a pu être constatée dans des conditions permettant la mise en mouvement ou l'exercice de l'action publique, sans toutefois que le délai de prescription puisse excéder douze années révolues pour les délits et trente années révolues pour les crimes à compter du jour où l'infraction a été commise et qu'il résulte des dispositions contestées que ce nouveau régime de prescription ne s'applique pas aux infractions commises avant le 1er mars 2017, lorsqu'elles avaient valablement donné lieu à la mise en mouvement ou à l'exercice de l'action publique à une date à laquelle, en vertu des dispositions législatives alors applicables et conformément à leur interprétation jurisprudentielle, la prescription n'était pas acquise. Il juge que ces dispositions n'instituent ni une infraction ni une peine. Dès lors, le grief tiré de la méconnaissance du principe de rétroactivité de la loi pénale plus douce à l'encontre des dispositions contestées ne peut qu'être écarté. En effet le principe de rétroactivité *in mitius* ne concerne que les lois de fond et non, comme en l'espèce, des dispositions de nature procédurale. En second lieu, le Conseil rappelle qu'il résulte du principe de nécessité des peines et de la garantie des droits, proclamée par l'article 16 de la même déclaration, un principe selon lequel, en matière pénale, il appartient au législateur, afin de tenir compte des conséquences attachées à l'écoulement du temps, de fixer des règles relatives à la prescription de l'action publique qui ne soient pas manifestement inadaptées à la nature ou à la gravité des infractions. Les dispositions contestées ont pour seul objet d'organiser les conditions d'application dans le temps de la loi du 27 février 2017, et non de fixer des règles relatives à la prescription de l'action publique. Par suite, elles ne contreviennent pas aux exigences relatives à la prescription de l'action publique qui découlent des articles 8 et 16 de la Déclaration de 1789. Pour les mêmes motifs, le grief tiré de la méconnaissance par le législateur de l'étendue de sa compétence doit donc être écarté.

1. Crim. 20 avr. 2017, n° 16-80.091, P+B ; *D.* 2017. 1459, note J. Lasserre Capdeville ; *JCP G* 2017. Act. 527, note J.-M. Brigant ; *Dr. pénal* 2017, comm. 100, note E. Bonis-Garçon ; *RTD com.* 2017. 451, obs. L. Saenko.
2. V. ss n° 632.56.
3. Crim. 13 oct. 2020, n° 19-87.787, P ; *D.* 2020. 2010 ; *JCP* 2020. 1286 ; *Procédures* 2020, comm. 233 ; *AJ pénal* 2021. 87, obs. M. Lassalle.
4. Cons. const. 9 sept. 2021, n° 2021-926 QPC, *JO* 11 sept., n° 34 ; *D.* 2021. 1628 ; *Dr. pénal* 2021, alerte 73, W. Roumier ; *Dr. pénal* 2021, comm. 189, A. Maron et M. Haas ; *Procédures* 2021, comm. 307.

SECTION 5

CERTAINES INFRACTIONS COMMISES À L'ENCONTRE D'UNE PERSONNE VULNÉRABLE (DISPOSITIONS ABROGÉES)

632.61 Des dispositions particulières au profit des personnes vulnérables. La loi du 14 mars 2011[5], dite Loppsi 2, a ajouté à l'article 8 du code de procédure pénale, un alinéa ainsi rédigé : « Le délai de prescription de l'action publique des délits mentionnés aux articles 223-15-2, 311-3, 311-4, 313-1, 313-2, 314-1, 314-2, 314-3, 314-6 et 321-1 du code pénal, commis à l'encontre d'une personne vulnérable du fait de son âge, d'une maladie, d'une infirmité, d'une déficience physique ou psychique

5. L. n° 2011-267, 14 mars 2011 d'orientation et de programmation pour la performance de la sécurité intérieure, *JO* 15 mars, p. 4582.

ou de son état de grossesse, court à compter du jour où l'infraction apparaît à la victime dans des conditions permettant l'exercice de l'action publique. » Ce rappel n'a plus qu'un intérêt historique puisque les dispositions de cette loi ont été abrogées par la loi du 27 février 2017. Jusqu'à l'entrée en vigueur de cette loi, les dérogations introduites par la loi du 14 mars 2011 étaient les suivantes.

Le délai de prescription de l'action publique des délits mentionnés aux articles 223-15-2, 311-3, 311-4, 313-1, 313-2, 314-1, 314-2, 314-3, 314-6 et 321-1 du code pénal, commis à l'encontre d'une personne vulnérable du fait de son âge, d'une maladie, d'une infirmité, d'une déficience physique ou psychique ou de son état de grossesse, court à compter du jour où l'infraction apparaît à la victime dans des conditions permettant l'exercice de l'action publique.

632.62 **Principe de « l'apparition à la victime » dans des conditions permettant l'exercice de l'action publique.** La notion n'est pas nouvelle mais elle doit sans doute être comprise ici un peu différemment : ce n'est pas tant l'existence du fait qui peut demeurer inconnue de la personne vulnérable, mais son caractère infractionnel. Son état de santé peut en effet lui interdire de comprendre la portée de faits dont elle comprendra plus tard, ou ses représentants légaux, ou ses héritiers, la réelle portée. C'est sans doute principalement à un représentant légal désigné tardivement que devraient bénéficier ces nouvelles dispositions.

632.63 **Délits concernés.** L'énumération du dernier alinéa de l'article 8 concerne :

- le délit d'abus de faiblesse de l'article 223-15-2 du code pénal ;
- le délit de vol simple de l'article 311-3 du code pénal ;
- le délit de vol aggravé de l'article 311-4 du code pénal ;
- le délit d'escroquerie de l'article 313-1 du code pénal ;
- le délit d'escroquerie aggravée de l'article 313-2 du code pénal ;
- le délit d'abus de confiance de l'article 314-1 du code pénal ;
- les délits d'abus de confiance aggravé des articles 314-2 et 314-3 du code pénal ;
- le délit de détournement de gage de l'article 314-6 du code pénal ;
- le délit de recel de l'article 321-1 du code pénal.

La liste est un peu surprenante. Si l'abus de confiance aggravé est concerné, il n'en est pas de même du délit de recel, voire de certains articles aggravant le délit de vol.

632.64 **Application de la loi dans le temps.** Conformément aux principes énoncés[1], ce texte était applicable aux délits antérieurs à son entrée en vigueur dès lors qu'ils n'étaient pas prescrits.

632.65 **Abrogation.** L'exception issue de la loi du 14 mars 2011[2] relative à certains délits commis à l'encontre d'une personne vulnérable a été abrogée par la loi du 27 février 2017[3].

1. V. s^s n° 632.63.
2. L. n° 2011-267, 14 mars 2011, préc.
3. L. n° 2017-242, 27 févr. 2017, préc.

CHAPITRE

633. Interruption et suspension de l'action publique

SECTION 0 ORIENTEUR

633.00 Sommaire du chapitre.

633.01 Principaux textes applicables.

TEXTES SOURCES

• Const., art. 67

• C. pr. pén., art. 6, 6-1, 7, 41, 41-1, 41-2, 85, 393, 495-5, 495-7, 495-8, 495-10, 495-12, 495-15-1, 495-16, 706-113, 706-43, 706-44, 712-6

• C. pr. pén., art. D. 47-22

• C. pén., art. 132-24

• C. com., art. L. 462-3

• LPF, art. L. 230

• C. douanes, art. 450

• C. élect., art. L. 114

TEXTES *IN EXTENSO*

• Const., art. 67

Le Président de la République n'est pas responsable des actes accomplis en cette qualité, sous réserve des dispositions des articles 53-2 et 68.

Il ne peut, durant son mandat et devant aucune juridiction ou autorité administrative française, être requis de témoigner non plus que faire l'objet d'une action, d'un acte d'information, d'instruction ou de poursuite. Tout délai de prescription ou de forclusion est suspendu.

Les instances et procédures auxquelles il est ainsi fait obstacle peuvent être reprises ou engagées contre lui à l'expiration d'un délai d'un mois suivant la cessation des fonctions.

• C. pr. pén., art. 6

L'action publique pour l'application de la peine s'éteint par la mort du prévenu, la prescription, l'amnistie, l'abrogation de la loi pénale et la chose jugée.

Toutefois, si des poursuites ayant entraîné condamnation ont révélé la fausseté du jugement ou de l'arrêt qui a déclaré l'action publique éteinte, l'action publique pourra être reprise ; la prescription doit alors être considérée comme suspendue depuis le jour où le jugement ou arrêt était devenu définitif jusqu'à celui de la condamnation du coupable de faux ou usage de faux.

(...)

• **C. pr. pén., art. 6-1**

Lorsqu'un crime ou un délit prétendument commis à l'occasion d'une poursuite judiciaire impliquerait la violation d'une disposition de procédure pénale, l'action publique ne peut être exercée que si le caractère illégal de la poursuite ou de l'acte accompli à cette occasion a été constaté par une décision devenue définitive de la juridiction répressive saisie. Le délai de prescription de l'action publique court à compter de cette décision.

• **C. pr. pén., art. 7** [mod. par L. nº 2021-478, 21 avr. 2021, art. 10]

L'action publique des crimes se prescrit par vingt années révolues à compter du jour où l'infraction a été commise.

L'action publique des crimes mentionnés aux articles 706-16,706-26 et 706-167 du présent code, aux articles 214-1 à 214-4 et 221-12 du code pénal et au livre IV *bis* du même code se prescrit par trente années révolues à compter du jour où l'infraction a été commise.

L'action publique des crimes mentionnés à l'article 706-47 du présent code, lorsqu'ils sont commis sur des mineurs, se prescrit par trente années révolues à compter de la majorité de ces derniers ; toutefois, s'il s'agit d'un viol, en cas de commission sur un autre mineur par la même personne, avant l'expiration de ce délai, d'un nouveau viol, d'une agression sexuelle ou d'une atteinte sexuelle, le délai de prescription de ce viol est prolongé, le cas échéant, jusqu'à la date de prescription de la nouvelle infraction.

L'action publique des crimes mentionnés aux articles 211-1 à 212-3 du code pénal est imprescriptible.

• **C. pr. pén., art. 9-2**

* V. s[s] nº 631.01

• **C. pr. pén., art. 9-3** [L. nº 2017-242, 27 févr. 2017, art. 1]

* V. s[s] nº 631.01

• **C. pr. pén., art. 41**

* V. s[s] nº 631.01

• **C. pr. pén., art. 41-1** [mod. par L. nº 2021-401, 8 avr. 2021, art. 1]

S'il lui apparaît qu'une telle mesure est susceptible d'assurer la réparation du dommage causé à la victime, de mettre fin au trouble résultant de l'infraction ou de contribuer au reclassement de l'auteur des faits, le procureur de la République peut, préalablement à sa décision sur l'action publique, directement ou par l'intermédiaire d'un officier de police judiciaire, d'un délégué ou d'un médiateur du procureur de la République :

1° Procéder au rappel auprès de l'auteur des faits des obligations résultant de la loi ;

2° Orienter l'auteur des faits vers une structure sanitaire, sociale ou professionnelle ; cette mesure peut consister dans l'accomplissement par l'auteur des faits, à ses frais, d'un stage ou d'une formation dans un service ou un organisme sanitaire, social ou professionnel, et notamment d'un stage de citoyenneté, d'un stage de responsabilité parentale, d'un stage de sensibilisation à la lutte contre l'achat d'actes sexuels, d'un stage de responsabilisation pour la prévention et la lutte contre les violences au sein du couple et sexistes, d'un stage de lutte contre le sexisme et de sensibilisation à l'égalité entre les femmes et les hommes ou d'un stage de sensibilisation aux dangers de l'usage de produits stupéfiants ; en cas d'infraction commise à l'occasion de la conduite d'un véhicule terrestre à moteur, cette mesure peut consister dans l'accomplissement, par l'auteur des faits, à ses frais, d'un stage de sensibilisation à la sécurité routière ;

3° Demander à l'auteur des faits de régulariser sa situation au regard de la loi ou des règlements. Cette régularisation peut notamment consister à se dessaisir au profit de l'État de la chose qui a servi ou était destinée à commettre l'infraction ou qui en était le produit. Le dessaisissement peut également être fait au bénéfice d'une personne morale à but non lucratif désignée par le procureur de la République, lorsqu'il s'agit d'une chose dont l'auteur des faits est propriétaire et sur laquelle aucun tiers n'est susceptible d'avoir des droits ;

4° Demander à l'auteur des faits de réparer le dommage résultant de ceux-ci. Cette réparation peut notamment consister en une restitution, en une remise en état des lieux ou des choses dégradés ou en un versement pécuniaire au bénéfice de la victime ou de toute personne physique ou morale ayant eu à engager des frais pour remettre en état les lieux ou les choses dégradés ;

5° Faire procéder, à la demande ou avec l'accord de la victime, à une mission de médiation entre l'auteur des faits et la victime. En cas de réussite de la médiation, le procureur de la République ou le médiateur du procureur de la République en dresse procès-verbal, qui est signé par lui-même et par les parties, et dont une copie leur est remise ; si l'auteur des faits s'est engagé à verser des dommages et intérêts à la victime, celle-ci peut, au vu de ce procès-verbal, en demander le recouvrement suivant la procédure d'injonction de payer, conformément aux règles prévues par le code de procédure civile. En cas de violences au sein du couple relevant de l'article 132-80 du code pénal, il ne peut pas être procédé à une mission de médiation ;

6° En cas d'infraction commise soit contre son conjoint, son concubin ou son partenaire lié par un pacte civil de solidarité, soit contre ses enfants ou ceux de son conjoint, concubin ou partenaire, demander à l'auteur des faits de résider hors du domicile ou de la résidence du couple et, le cas échéant, de s'abstenir de paraître dans ce domicile ou cette résidence ou aux abords immédiats de celui-ci, ainsi que, si nécessaire, de faire l'objet d'une prise en charge sanitaire, sociale ou psychologique ; les dispositions du présent 6° sont également applicables lorsque l'infraction est commise par l'ancien conjoint ou concubin de la victime, ou par la personne ayant été liée à elle par un pacte civil de solidarité, le domicile concerné étant alors celui de la victime. Pour l'application du présent 6°, le procureur de la République recueille ou fait recueillir, dans les meilleurs délais et par tous moyens l'avis de la victime sur l'opportunité de demander à l'auteur des faits de résider hors du logement du couple. Sauf circonstances particulières, cette mesure est prise lorsque sont en cause des faits de violences susceptibles d'être renouvelés et que la victime la sollicite. Le procureur de la République peut préciser les modalités de prise en charge des frais afférents à ce logement pendant une durée qu'il fixe et qui ne peut excéder six mois ;

7° Demander à l'auteur des faits de ne pas paraître, pour une durée qui ne saurait excéder six mois, dans un ou plusieurs lieux déterminés dans lesquels l'infraction a été commise ou dans lesquels réside la victime ;

8° Demander à l'auteur des faits de ne pas rencontrer ou recevoir, pour une durée qui ne peut excéder six mois, la ou les victimes de l'infraction désignées par le procureur de la République, directement ou par l'intermédiaire des personnes mentionnées au premier alinéa, ou ne pas entrer en relation avec cette ou ces victimes ;

9° Demander à l'auteur des faits de ne pas rencontrer ou recevoir, pour une durée qui ne peut excéder six mois, le ou les coauteurs ou complices éventuels désignés par le procureur de la République directement ou par l'intermédiaire des personnes mentionnées au même premier alinéa, ou ne pas entrer en relation avec eux ;

10° Demander à l'auteur des faits de s'acquitter d'une contribution citoyenne auprès d'une association d'aide aux victimes mentionnée aux articles 10-2 et 41 du présent code du ressort du tribunal judiciaire ou, à défaut, de la cour d'appel. Le montant de cette contribution, qui ne peut excéder le montant prévu au premier alinéa de l'article 131-13 du code pénal, est fixé par le procureur de la République en fonction de la gravité des faits ainsi que des ressources et des charges de l'auteur des faits ;

11° Dans les cas prévus à l'article 44-1 du présent code et après avoir recueilli l'avis du maire, demander à l'auteur des faits de répondre à une convocation du maire en vue de conclure une transaction. Si l'auteur des faits ne se présente pas à la convocation ou si aucun accord n'est trouvé, le maire en informe le procureur de la République.

La procédure prévue au présent article suspend la prescription de l'action publique.

En cas de non-exécution de la mesure en raison du comportement de l'auteur des faits, le procureur de la République, sauf élément nouveau, met en œuvre une composition pénale ou engage des poursuites.

• **C. pr. pén., art. 41-2**

Le procureur de la République, tant que l'action publique n'a pas été mise en mouvement, peut proposer, directement ou par l'intermédiaire d'une personne habilitée, une composition pénale à une personne physique qui reconnaît avoir commis un ou plusieurs délits punis à titre de peine principale d'une peine d'amende ou d'une peine d'emprisonnement d'une durée inférieure ou égale à cinq ans, ainsi que, le cas échéant, une ou plusieurs contraventions connexes qui consiste en une ou plusieurs des mesures suivantes :

(...)

Les actes tendant à la mise en œuvre ou à l'exécution de la composition pénale sont interruptifs de la prescription de l'action publique.

• **C. pr. pén., art. 85**

Toute personne qui se prétend lésée par un crime ou un délit peut en portant plainte se constituer partie civile devant le juge d'instruction compétent en application des dispositions des articles 52, 52-1 et 706-42.

Toutefois, la plainte avec constitution de partie civile n'est recevable qu'à condition que la personne justifie soit que le procureur de la République lui a fait connaître, à la suite d'une plainte déposée devant lui ou un service de police judiciaire, qu'il n'engagera pas lui-même des poursuites, soit qu'un délai de trois mois s'est écoulé depuis qu'elle a déposé plainte devant ce magistrat, contre récépissé ou par lettre recommandée avec demande d'avis de réception, ou depuis qu'elle a adressé, selon les mêmes modalités, copie à ce magistrat de sa plainte déposée devant un service de police judiciaire. Cette condition de recevabilité n'est pas requise s'il s'agit d'un crime ou s'il s'agit d'un délit prévu par la loi du 29 juillet 1881 sur la liberté de la presse ou par les articles L. 86, L. 87, L. 91 à L. 100, L. 102 à L. 104, L. 106 à L. 108 et L. 113 du code électoral.

Lorsque la plainte avec constitution de partie civile est formée par une personne morale à but lucratif, elle n'est recevable qu'à condition que la personne morale justifie de ses ressources en joignant son bilan et son compte de résultat.

• **C. pr. pén., art. 393**

* V. s^s n° 631.01.

• **C. pr. pén., art. 495-5**

* V. s^s n° 631.01.

• **C. pr. pén., art. 495-7**

* V. s^s n° 631.01.

• **C. pr. pén., art. 495-8**

* V. s^s n° 631.01.

• **C. pr. pén., art. 495-10**

* V. s^s n° 631.01.

• **C. pr. pén., art. 495-12**

* V. s^s n° 631.01.

• **C. pr. pén., art. 495-15-1**

* V. s^s n° 631.01.

• **C. pr. pén., art. 495-16**

* V. s^s n° 631.01.

• **C. pr. pén., art. 706-43**

* V. s^s n° 631.01.

• **C. pr. pén., art. 706-44**

* V. s^s n° 631.01.

• **C. pr. pén., art. 706-113**

* V. s^s n° 631.01.

• **C. pr. pén., art. 712-6**

* V. s^s n° 631.01.

• **C. pr. pén., art. D. 47-22**

* V. s^s n° 631.01.

• **C. pén., art. 132-24**

* V. s^s n° 632.01.

• **C. com., art. L. 462-3** [mod. par ord. n° 2017-303, 9 mars 2017, art. 4]

L'Autorité peut être consultée par les juridictions sur les pratiques anticoncurrentielles définies aux articles L. 420-1, L. 420-2 et L. 420-5 ainsi qu'aux articles 101 et 102 du traité sur le fonctionnement de l'Union européenne et relevées dans les affaires dont elles sont saisies. Elle ne peut donner un avis qu'après une procédure contradictoire. Toutefois, si elle dispose d'informations déjà recueillies au cours d'une procédure antérieure, elle peut émettre son avis sans avoir à mettre en œuvre la procédure prévue au présent texte.

L'Autorité de la concurrence peut transmettre tout élément qu'elle détient concernant les pratiques anticoncurrentielles concernées, à l'exclusion des pièces élaborées ou recueillies au titre du IV de l'article L. 464-2, à toute juridiction qui la consulte ou lui demande de produire des pièces qui ne sont pas déjà à la disposition d'une partie à l'instance. Elle peut le faire dans les mêmes limites lorsqu'elle produit des observations de sa propre initiative devant une juridiction. Les dispositions prévues au présent alinéa ne sont pas applicables aux demandes de production de pièces formées en vue ou dans le cadre d'une action en dommages et intérêts fondée sur l'article L. 481-1 du présent code.

Le cours de la prescription est suspendu, le cas échéant, par la consultation de l'Autorité.

L'avis de l'Autorité peut être publié après le non-lieu ou le jugement.

• **LPF, art. L. 230** [mod. par L. n° 2013-1117, 6 déc. 2013, art. 53]

Les plaintes peuvent être déposées jusqu'à la fin de la sixième année qui suit celle au cours de laquelle l'infraction a été commise.

Lorsque l'infraction a été commise dans les conditions prévues à l'article 1837 du code général des impôts, la plainte doit être déposée dans les six ans qui suivent l'affirmation jugée frauduleuse.

La prescription de l'action publique est suspendue pendant une durée maximum de six mois entre la date de saisine de la commission des infractions fiscales et la date à laquelle cette commission émet son avis.

• **C. élect., art. L. 114**

L'action publique et l'action civile intentées en vertu des articles L. 86, L. 87, L. 91 à L. 104, L. 106 à L. 108 et L. 113 ou pour infraction à l'article L. 61 si les armes étaient apparentes, seront prescrites après six mois à partir du jour de la proclamation du résultat de l'élection.

633.02 Jurisprudence de référence.

INTERRUPTION

> Un acte de poursuite ou d'instruction qui interrompt la prescription de 6 mois prévue par l'article L. 114 du code électoral a pour effet de substituer à celle-ci la prescription de droit commun

• **Crim. 18 déc. 1990,** n° 90-83.392, P n° 440

* V. s^s^ n° 633.52.

« Attendu, d'autre part, que le délai de six mois après le jour de la proclamation des résultats de l'élection à l'expiration duquel la prescription est acquise en vertu de l'article L. 114 du code électoral est interrompu par tout acte de poursuite ou d'instruction ; que le nouveau délai qui court à compter de cette interruption est celui fixé, suivant la nature des infractions, par les articles 7 et 8 du code de procédure pénale ;

Attendu qu'il appert de l'arrêt attaqué que Marc A. et Daniel B. ont été poursuivis devant la juridiction répressive pour infraction à l'article L. 103 du code électoral à raison de l'enlèvement, le 21 novembre 1988, de deux urnes contenant les suffrages recueillis lors des élections aux chambres de commerce et non encore dépouillés ;

Attendu que, pour déclarer l'action publique éteinte par l'effet de la prescription la cour d'appel, après avoir constaté que les résultats de l'élection avaient été proclamés "dans les heures ou les jours qui ont suivi le scrutin", énonce que "le mandement de citation est daté du 30 novembre 1989" (en réalité du 30 oct.), "soit près d'un an plus tard, avec délivrance des citations les 16 et 17 novembre 1989" ; qu'elle en déduit que l'article L. 114 du code électoral prévoyant que l'action publique intentée sur le fondement de l'article L. 103 du même code étant prescrite après six mois à partir du jour de la proclamation du résultat de l'élection, la prescription était déjà acquise lorsque les poursuites ont été engagées ;

Mais attendu que, par ces seules énonciations, alors qu'elle n'a pas recherché si des actes de poursuite ou d'instruction n'avaient pas interrompu le délai de prescription de six mois, édicté par l'article L. 114 du code électoral, la cour d'appel n'a pas donné de base légale à sa décision ;

Qu'ainsi la cassation est encourue. »

> Une plainte avec constitution de partie civile faisant état d'une opération complexe déterminée, met l'action publique en mouvement et interrompt la prescription à l'égard de toutes les infractions, même non expressément qualifiées dans cette plainte, qui ont été commises à l'occasion de cette opération

• **Crim. 20 oct. 1993,** n° 92-86.717, P n° 303

* V. s^s^ n° 633.43.

« Sur le premier moyen de cassation pris de la violation des articles 1, 2, 3 et 6 de la loi du 28 décembre 1966, ensemble 1382 du code civil, 2, 8 et 593 du code de procédure pénale, défaut et contradiction de motifs, manque de base légale ;

En ce que l'arrêt attaqué a déclaré B. coupable du délit d'usure, le condamnant à ce titre et pour plusieurs autres infractions à une peine d'un an d'emprisonnement avec sursis et de 200 000 francs d'amende et a déclaré en outre recevable la constitution de partie civile des époux I ;

Aux motifs que le juge d'instruction a été saisi des faits visés par la plainte avec constitution de partie civile, c'est-à-dire de l'ensemble des faits relatifs à l'opération dont les parties civiles se plaignaient, comprenant la signature du contrat de prêt en tant que cautions hypothécaires et l'existence d'un mandat de gestion ; dès lors, quelles que soient les qualifications données à ces faits par les plaignants, qui ont d'ailleurs fait référence, après certaines infractions déterminées "à tout autre délit..." la plainte avec constitution de partie civile des époux I. du 23 mai 1989, qui a été suivie d'un réquisitoire introductif, a valablement interrompu le délai de prescription des faits d'usure relatifs à l'opération concernée ; que ces faits ne sont pas prescrits et l'exception soulevée par B. sera rejetée ;

Alors que la plainte avec constitution de partie civile n'a un effet interruptif au regard de la prescription qu'en ce qui concerne les faits visés dans cet acte ; que dès lors, la cour d'appel, saisie de la fin de non-recevoir tirée de la prescription de l'action publique et présentant un caractère d'ordre public, devait rechercher si les faits afférents au taux de l'intérêt appliqué au contrat de prêt souscrit par M. F. et dont s'étaient portés cautions M. et Mme I. étaient effectivement visés dans leur plainte avec constitution de partie civile ; que, par suite, l'arrêt attaqué, s'abstenant d'une telle recherche, et retenant que ladite plainte avait nécessairement dénoncé l'ensemble des faits relatifs à l'opération dont les parties civiles se plaignaient, a violé les textes légaux susvisés ;

Attendu qu'en rejetant par les motifs reproduits au moyen, l'exception de prescription présentée par le prévenu, relativement aux faits constitutifs du délit d'usure, visé à la prévention, la cour d'appel a fait l'exacte application de la loi ;

Qu'en effet, une plainte avec constitution de partie civile faisant état d'une opération complexe déterminée, met l'action publique en mouvement et interrompt la prescription à l'égard de toutes les infractions, même non expressément visées dans cette plainte, qui ont été commises à l'occasion de cette opération [...]. »

> La prescription de l'action publique constitue une exception d'ordre public. Il appartient au ministère public d'établir que cette action n'est pas éteinte par prescription

• **Crim. 20 oct. 1993,** n° 94-83.519, P n° 159

* V. s[s] n° 633.43.

« Attendu que la prescription de l'action publique constitue une exception péremptoire et d'ordre public ; qu'il appartient au ministère public d'établir que cette action n'est pas éteinte par la prescription ;

Attendu qu'il résulte de l'arrêt attaqué que Gabrielle X. est poursuivie pour avoir laissé en stationnement une résidence mobile (mobil home) sans autorisation pendant plus de 3 mois sur un terrain lui appartenant ;

Attendu que la prévenue a soutenu devant la cour d'appel que cette résidence, ayant perdu ses moyens de mobilité, devait être considérée comme une construction mais, que sa mise en place remontant à 1966, le délit de défaut de permis de construire était prescrit ;

Attendu que, pour infirmer le jugement qui avait retenu à l'encontre de la prévenue l'infraction reprochée et la déclarer coupable de défaut de permis de construire en écartant l'exception de prescription, les juges d'appel, après avoir relevé que lors des constatations effectuées le 4 avril 1993, la résidence avait perdu ses moyens de mobilité, retiennent que Gabrielle Y. n'apporte pas la preuve qui lui incombe que cette perte fût "antérieure à la date où les constatations ont été faites" ;

Mais attendu qu'il appartenait aux juges de s'assurer du moment où le délit avait été consommé et de fixer le point de départ de la prescription ; que, faute de l'avoir fait, l'arrêt ne permet pas à la Cour de cassation d'exercer son contrôle ;

D'où il suit que la cassation est encourue. »

> La plainte avec constitution de partie civile interrompt la prescription de l'action publique dès lors que l'aide juridictionnelle a été obtenue

• **Crim. 14 nov. 1995,** n° 94-83.837, P n° 347

* V. s[s] n° 633.161.

« Attendu que la prescription de l'action publique est interrompue par le dépôt, constaté sans équivoque, d'une plainte avec déclaration expresse de constitution de partie civile, dès lors que l'aide juridictionnelle a été ultérieurement obtenue ;

Attendu qu'il ressort de l'arrêt attaqué et des pièces de la procédure que le doyen des juges d'instruction a été saisi le 30 juin 1992 d'une plainte avec constitution de partie civile, émanant de Francis Damien qui dénonçait des faits de travail clandestin commis du 1er janvier au 30 juin 1989 et indiquait qu'il avait sollicité l'aide juridictionnelle ; que le bénéfice de cette mesure lui ayant été accordé, le juge d'instruction a communiqué la plainte, le 3 décembre 1992, au procureur de la République qui a ouvert une information par réquisitoire du 14 décembre 1992 ; que le magistrat instructeur a clos son information par une ordonnance de non-lieu ;

Attendu que, pour confirmer, sur appel de la partie civile, l'ordonnance de non-lieu entreprise, la chambre d'accusation énonce que "la plainte avec constitution de partie civile, reçue matériellement le 30 juin 1992 au cabinet du doyen des juges d'instruction sans que ce dernier, par ordonnance, n'en constate le dépôt et ne fixe le montant de la consignation prévue par l'article 88 du code de procédure pénale, ni le délai imparti pour son versement par la partie civile, alors que celle-ci n'avait pas encore obtenu l'aide juridictionnelle et qu'elle n'avait pas été dispensée de consignation [...] n'a pas interrompu la prescription triennale, de sorte que, postérieurement au 30 juin 1992, les faits dénoncés ne pouvaient plus légalement comporter une poursuite" ;

Mais attendu qu'en statuant ainsi, alors qu'aucune consignation n'ayant été ordonnée, la prescription avait été interrompue par le dépôt de la plainte avec constitution de partie civile suivie de l'obtention de l'aide juridictionnelle dispensant le plaignant de consigner, les juges ont méconnu le sens et la portée du principe sus-énoncé ;

D'où il suit que la cassation est encourue. »

> En cas d'infractions connexes, l'effet interruptif de la prescription de l'action publique produit ses effets à l'égard de toutes les personnes impliquées dans la commission de ces infractions

• **Crim. 6 juin 1996,** n° 95-85.919, P n° 143

* V. s[s] n° 633.43.

« Sur le moyen unique de cassation pris de la violation des articles 6, 7, 8 et 593 du code de procédure pénale :

Attendu qu'il résulte de l'arrêt confirmatif attaqué et des pièces de procédure qu'à la suite de la plainte avec constitution de partie civile de la société Sovac, qui exposait n'avoir pu appréhender le matériel agricole nanti, dont elle avait financé le 16 août 1988 l'acquisition par Jeanne F., cette dernière a été inculpée le 6 mai 1991 de détournement d'objet donné en gage ;

Qu'à la suite de réquisitions supplétives du procureur de la République des 7 et 14 octobre 1991, de 2 ordonnances de refus de plus ample informé rendues par le juge d'instruction les 8 et 16 octobre 1991 et d'un arrêt de la chambre d'accusation du 19 novembre 1991 prescrivant la poursuite de l'information, Guy C., président du conseil d'administration de la société venderesse, a été mis en examen le 22 février 1994 pour faux et complicité d'escroquerie ; Que, par l'arrêt attaqué, Jeanne F. a été déclarée coupable d'escroquerie et Guy C. de complicité de ce délit ;

Attendu que, pour écarter les conclusions du demandeur, soutenant que l'action publique était prescrite à son égard à la date de sa mise en examen, les juges retiennent "que sont constitutifs d'actes interruptifs de prescription tous les actes ayant pour objet de constater les délits et d'en découvrir le ou les auteurs ; que, le juge d'instruction étant saisi *in rem*, l'effet interruptif joue à l'égard de tous les auteurs ou coauteurs que l'information viendrait à révéler", et par conséquent, en l'espèce, "non seulement à l'égard de Mme F., mais également à l'égard des autres prévenus" ;

Attendu qu'en l'état de ces énonciations, et dès lors qu'en cas d'infractions connexes, un acte interruptif de prescription concernant l'une d'elles a nécessairement le même effet à l'égard des autres, la cour d'appel a justifié sa décision sans encourir les griefs allégués ;

Et attendu que l'arrêt est régulier en la forme ;

REJETTE le pourvoi. »

> La prescription de l'action publique du chef de dénonciation calomnieuse est suspendue tant que les poursuites pénales exercées du chef du délit dénoncé sont en cours. Le rappel adressé aux enquêteurs en vue du retour d'une commission rogatoire n'est pas un acte interruptif de l'action publique

• **Crim. 18 sept. 2001,** n° 01-80.726, NP

* V. s^s n° 633.183.

« Attendu qu'il résulte de l'arrêt attaqué que, le 13 septembre 1999, Jean-Paul C., ancien maire de Montferrat, a déposé plainte et s'est constitué partie civile contre Jean-Louis C. du chef de diffamation publique envers un citoyen chargé d'un mandat public à raison des propos tenus par ce dernier le 27 juin 1999, lors d'une fête organisée par la municipalité ;

Que le juge d'instruction a rendu une ordonnance de non-lieu en raison de la prescription ;

Attendu que, pour confirmer l'ordonnance frappée d'appel, les juges du second degré retiennent qu'entre le 8 mars 2000 et le 30 juin 2000 aucun acte n'est intervenu, hormis le rappel adressé au commandant de gendarmerie demandant le retour, après exécution, de la commission rogatoire délivrée le 6 juin 2000 ; que les juges ajoutent que cet acte ne constitue ni un acte d'enquête ni un acte tendant à la manifestation de la vérité ;

Attendu qu'en prononçant ainsi, la chambre de l'instruction a justifié sa décision ; Que, d'une part, le rappel adressé par le juge d'instruction à un service d'enquête constitue un acte d'administration judiciaire non susceptible d'interrompre le délai de prescription ; Que, d'autre part, la procédure issue de la loi du 4 janvier 1993 qui permet aux parties civiles de demander aux juridictions d'instruction l'accomplissement de certains actes interruptifs fait désormais obstacle à ce que les parties civiles se prévalent de la suspension de la prescription de l'action publique du fait de l'inaction du juge ; qu'en l'espèce, aucune demande d'acte n'a été présentée ;

D'où il suit que le moyen doit être écarté ;

Et attendu que l'arrêt est régulier en la forme ;

REJETTE le pourvoi. »

> L'arrêt confirmatif d'une ordonnance de non-lieu rendue par un juge d'instruction, interrompt la prescription de l'action publique à l'égard tant des faits visés par la décision de non-lieu partiel, que de ceux qui leur sont connexes et qui ont fait l'objet d'un renvoi devant le tribunal correctionnel

• **Crim. 27 mars 2002,** n°s 00-81.712, 00-88.111, P n° 70

* V. s^s n° 633.44.

« Attendu qu'il résulte de l'arrêt attaqué et des pièces de la procédure que, dans l'information suivie contre Jean-Marie B. des chefs notamment d'escroquerie et tentative, le juge d'instruction a rendu le 10 juin 1992 une ordonnance de non-lieu partiel et de renvoi devant le tribunal correctionnel ; que cette décision a été confirmée par un arrêt de la chambre d'accusation du 28 octobre 1993, dont le pourvoi a été rejeté par un arrêt de la Cour de cassation du 22 novembre 1994 ; qu'à la suite de la citation délivrée à Jean-Marie B. selon mandement du 1er août 1995, le tribunal correctionnel a, par un jugement du 7 mars 1996, annulé l'ordonnance de renvoi du 10 juin 1992, et, par un jugement du 29 avril 1999, a constaté l'extinction de l'action publique en retenant que, du fait de l'annulation de l'ordonnance de renvoi du 10 juin 1992, aucun acte interruptif n'est intervenu entre le réquisitoire définitif du 12 mai 1992 et le mandement de citation du 1er août 1995 ;

Attendu que, pour infirmer ce jugement, la cour d'appel énonce, d'une part, que les faits poursuivis devant elle sont unis par un lien de connexité avec ceux pour lesquels le juge d'instruction a prononcé un non-lieu, ayant été accomplis par le prévenu à la même époque, dans le cadre de son activité de conseil juridique, d'autre part, que la prescription de l'action publique a été interrompue à l'égard de ceux-ci par l'arrêt confirmatif rendu par la chambre d'accusation le 28 octobre 1993, et que cette interruption s'étend aux faits poursuivis qui leur sont connexes ;

Attendu qu'en l'état de ces motifs, la cour d'appel a justifié sa décision, dès lors que les actes de procédure, même s'ils concernent des faits pour lesquels un non-lieu est intervenu, interrompent la prescription de l'action publique à l'égard de faits connexes, objet d'un renvoi devant la juridiction correctionnelle ;

D'où il suit que le moyen ne saurait être admis. »

> Toute ordonnance rendue par le juge d'instruction interrompt la prescription de l'action publique

• **Crim. 10 févr. 2004,** n° 03-87.283, P n° 36

* V. s^s n° 633.175.

« Attendu qu'il résulte de l'arrêt attaqué et des pièces de la procédure qu'à la suite d'une enquête préliminaire, une information a été ouverte, le 11 janvier 1996, contre notamment, Daniel X..., pour des faits de détournements de fonds et de biens publics, faux et usage de faux, escroquerie et abus de confiance ; qu'un arrêt de la chambre d'accusation du 10 novembre 1999 a annulé la majeure partie des actes de l'enquête préliminaire et de l'information, excluant cependant de la censure le procès-verbal de l'audition, le 22 janvier 1995, du témoin dénonçant les faits poursuivis, le réquisitoire introductif ainsi qu'une ordonnance de restitution d'objets saisis rendue le 19 décembre 1996 par le magistrat instructeur ;

Attendu que, confirmant la décision du juge d'instruction ayant rejeté la demande de la personne mise en examen tendant à la constatation de la prescription de l'action publique, l'arrêt retient que celle-ci a été régulièrement interrompue par des actes d'instruction et de poursuite ;

Attendu qu'en l'état de l'ordonnance de restitution précitée, et dès lors que l'arrêt du 10 novembre 1999 a définitivement exclu cet acte de l'annulation prononcée, la chambre de l'instruction a justifié sa décision au regard des articles 7 et 8 du code de procédure pénale ;

Qu'en effet, interrompt le cours de la prescription de l'action publique toute ordonnance rendue par le juge d'instruction ;

D'où il suit que le moyen doit être écarté ;

Et attendu que l'arrêt est régulier en la forme ;

rejette le pourvoi. »

> En cas d'infractions connexes faisant l'objet de procédures distinctes, un acte interruptif de prescription concernant l'une d'elles a nécessairement le même effet à l'égard de l'autre. Il en est ainsi même si les procédures n'ont pas été jointes

• **Crim. 1er déc. 2004,** n° 03-87.883, P n° 304

* V. ss n° 633.43.

« Attendu que, pour constater la prescription des faits de détournement de fonds publics reprochés à Daniel Y... et Michel Z... et de recel imputés à Raymond-Max X..., et infirmer l'ordonnance du juge d'instruction qui avait relevé que ces faits sont connexes à ceux objet de la procédure renvoyée devant le tribunal correctionnel de Nanterre, des chefs d'abus de biens sociaux au profit du Rassemblement pour la République, l'arrêt se borne à énoncer que les actes accomplis dans une procédure distincte, non jointe à la présente information, ne sont pas susceptibles d'avoir interrompu la prescription de l'action publique à l'égard des faits objet de cette dernière ;

Mais attendu qu'en se déterminant ainsi, sans rechercher s'il n'y avait pas connexité, au sens de l'article 203 du code de procédure pénale, entre les faits objet des deux procédures en cause et si les actes accomplis dans celle renvoyée devant le tribunal correctionnel de Nanterre n'avaient pas interrompu la prescription à l'égard des faits objet de la présente information, la chambre de l'instruction n'a pas justifié sa décision ;

D'où il suit que la cassation est encourue ;

Par ces motifs, et sans qu'il y ait lieu d'examiner le premier moyen proposé Par ces motifs, casse et annule. »

> La convocation adressée par le juge d'instruction à une partie interrompt la prescription de l'action publique

• **Crim. 5 sept. 2006,** n° 06-80.402, P n° 205

* V. ss n° 633.174.

« Vu l'article 7 du code de procédure pénale ;

Attendu que la convocation, adressée par un juge d'instruction, en vue de procéder à des auditions, interrogatoires ou confrontations, est un acte d'instruction qui interrompt la prescription ;

Attendu qu'il résulte de l'arrêt attaqué et des pièces de la procédure que l'information ouverte contre Paul Carrière M. du chef de diffamation publique, sur plainte des demandeurs, a été clôturée par une ordonnance de non-lieu ; que, sur appel des parties civiles, la chambre de l'instruction, pour déclarer prescrite l'action publique, relève qu'entre l'audition du témoin assisté, en date du 9 avril 2004, et le procès-verbal d'audition de la partie civile, en date du 5 août 2004, plus de trois mois se sont écoulés sans qu'aucun acte interruptif de prescription ait été accompli ;

Mais attendu qu'en statuant ainsi, alors que la convocation adressée à la partie civile, le 1er juillet 2004, par le juge d'instruction, avait interrompu la prescription, l'arrêt a méconnu le texte susvisé et le principe ci-dessus énoncé ;

D'où il suit que la cassation est encourue ;

Par ces motifs, casse et annule [...]. »

> Le renvoi contradictoire attesté par les notes d'audience interrompt la prescription de l'action publique même en l'absence de jugement

• **Crim. 28 nov. 2006,** nos 05-85.085, 01-87.169, P n° 298

* V. ss n° 633.192.

« Attendu qu'il ressort des pièces de la procédure que le 19 décembre 2000, Samuel Vuelta-Simon, alors juge d'instruction au tribunal de Boulogne-sur-Mer, a porté plainte et s'est constitué partie civile auprès du juge d'instruction du tribunal de Toulon, par l'intermédiaire de son avocat, inscrit au barreau de cette ville, du chef de diffamation publique envers un fonctionnaire public, contre, notamment, Christian G., directeur de publication du journal, Jacqueline L. et Michel Duforest, journaliste, à la suite de la publication, dans le quotidien Le Figaro du 3 octobre 2000, d'un article reproduisant des propos relatifs à une procédure judiciaire, tenus par Jacqueline Novi, épouse Leduc, avocat au barreau de Lille ; qu'à l'issue de l'information ouverte sur le fondement des articles 23, 29, alinéa 2, et 31, alinéa 1er, de la loi du 29 juillet 1881, Christian G., Michel D. et Jacqueline L. ont été renvoyés devant le tribunal correctionnel ; que les premiers juges, après avoir rejeté des exceptions de procédure, ont relaxé Jacqueline L. et déclaré la prévention établie à l'encontre des deux autres prévenus ;

Attendu que, devant les juges du second degré, appelés à statuer sur les recours de Christian G., de Michel D. et du ministère public contre l'ensemble des prévenus, Jacqueline L. a fait valoir que la juridiction saisie était incompétente territorialement, et que la prescription de l'action publique était acquise, en l'absence de renvoi contradictoire de l'examen de l'affaire, en première instance, entre le 13 juin 2003 et le 20 novembre 2003 ;

Attendu que, pour rejeter ces exceptions, l'arrêt énonce qu'en matière de presse, le délit, qui résulte de la publication, est réputé commis partout où l'écrit a été publié, et que le journal Le Figaro étant distribué sur l'ensemble du territoire national, le tribunal de Toulon était compétent pour connaître de la poursuite, sans que puisse être invoqué un choix prétendument arbitraire, artificiel et de nature à nuire aux intérêts de la défense ; que, s'agissant de la prescription, les juges relèvent que le tribunal a ordonné contradictoirement une remise de cause le 1er septembre 2003, et que cette décision de renvoi, constatée sur les notes d'audience signées par le président et le greffier, même en l'absence de jugement, est un acte de poursuite interruptif de prescription ;

Attendu qu'en statuant ainsi, la cour d'appel a justifié sa décision sans encourir les griefs allégués aux moyens, lesquels, en conséquence, doivent être écartés. »

> Il appartient à la partie civile, en cas d'inaction du ministère public, de citer le prévenu à l'une des audiences de la juridiction de jugement pour interrompre la prescription. Faute d'avoir usé de ce droit, elle ne saurait invoquer une prétendue suspension de la prescription de l'action publique

• **Crim. 30 mai 2007,** n° 06-86.256, P n° 142

* V. s^s^ n° 633.106.

« Vu les articles 7 et 8 du code de procédure pénale ;

Attendu que, d'une part, il résulte des textes susvisés qu'en matière de délit, la prescription de l'action publique est de trois années révolues, si, dans cet intervalle, il n'a été fait aucun acte d'instruction ou de poursuite ;

Attendu que, d'autre part, le droit de poursuivre l'audience pour faire juger l'affaire appartient à toutes les parties ; que la partie civile, comme le ministère public, peuvent assigner le prévenu à une des audiences de la juridiction de jugement, sauf le droit pour celle-ci de renvoyer la cause à une autre audience ;

Attendu qu'il ressort de l'arrêt attaqué et des pièces de procédure que, par jugement en date du 13 mai 2002, Arnaud R. a été déclaré coupable de vol et condamné à une peine d'emprisonnement avec sursis ainsi qu'à des réparations envers la société Équip, constituée partie civile ; que le prévenu et le ministère public ont relevé appel de cette décision le 17 mai suivant ; qu'en raison d'un retard dans la rédaction du jugement, les pièces de la procédure n'ont été transmises à la cour d'appel qu'en octobre 2005 ; que, le 4 janvier 2006, les parties ont été citées à comparaître à l'audience du 20 janvier 2006 ;

Attendu que, pour écarter la prescription, l'arrêt retient que si aucun acte de nature à l'interrompre n'a été accompli depuis le jugement, celle-ci s'est trouvée suspendue par l'existence d'un obstacle de droit ;

Mais attendu qu'en prononçant ainsi la cour d'appel a méconnu les textes susvisés et le principe ci-dessus rappelé ;

D'où il suit que la cassation est encourue tant sur l'action publique que sur l'action civile ; qu'elle aura lieu sans renvoi, la Cour de cassation étant en mesure d'appliquer directement la règle de droit et de mettre fin au litige, ainsi que le permet l'article L. 411-3 du code de l'organisation judiciaire ;

Par ces motifs, et sans qu'il y ait lieu d'examiner les autres moyens de cassation proposés :

casse et annule [...]. »

> Ne constituent des actes de poursuite interruptifs de prescription au sens des articles 7 et 8 du code de procédure pénale ni les demandes de recherche de pièces de procédure adressées par le procureur de la République à son propre secrétariat ni le classement sans suite d'une procédure

• **Crim. 19 févr. 2008,** n° 07-84.494, P n° 41

* V. s^s^ n°s 633.106, 633.145, 633.148.

« Attendu qu'il résulte de l'arrêt attaqué et des pièces de la procédure que, le 15 février 2002, à Ajaccio (Corse du sud), Antoine Y... a été victime, à l'âge de 87 ans, en traversant une rue, d'un accident de la circulation, à la suite duquel il a dû être admis au centre hospitalier d'Ajaccio, où il est décédé le 24 février 2002 ; que, le 4 mars 2002, sa petite-fille, Karine Z..., s'est présentée au commissariat de police où, au terme de sa déposition sur les circonstances de l'accident et les conditions de l'hospitalisation de son grand-père, elle a déclaré porter plainte et se constituer partie civile ; qu'en exécution d'instructions du parquet des 26 et 27 mars 2002, les services de police ont poursuivi l'enquête en procédant dans les formes légales à la saisie du dossier hospitalier du défunt et en requérant d'un médecin expert un examen technique ou scientifique "sur pièces" tendant à "établir le lien entre l'accident et le décès" ; que l'expert désigné a déposé son rapport le 9 juillet 2002 ;

Attendu que, par lettre du 9 décembre 2004, Karine Z... a sollicité du procureur de la République des renseignements sur l'état de la procédure ; qu'au vu de ce courrier, ce magistrat a transmis au bureau d'ordre du parquet deux soit-transmis, le premier du 10 décembre 2004, le second du 28 juillet 2005, comportant respectivement les instructions suivantes : "recherche précédents et procédure" et "précédents" ; qu'en l'absence de tout autre acte, le procureur de la République a, le 7 décembre 2005, requis l'ouverture d'une information contre personne non dénommée du chef d'homicide involontaire ; que, par ordonnance du 19 février 2007, conforme aux réquisitions du parquet, le juge d'instruction saisi du dossier a dit n'y avoir lieu à suivre au motif que la prescription était acquise depuis le 9 juillet 2005, aucun acte interruptif n'ayant été accompli depuis le 9 juillet 2002, date du dépôt du rapport de l'expert ;

Attendu que, pour confirmer cette décision, l'arrêt prononce par les motifs repris au moyen ;

Attendu qu'en l'état de ces énonciations, et dès lors que ni une demande de recherche de pièces de procédure adressée par le procureur de la République à son propre secrétariat ni un classement sans suite ne constituent des actes de poursuite au sens des articles 7 et 8 du code de procédure pénale, la chambre de l'instruction a justifié sa décision ;

D'où il suit que le moyen, inopérant en ce qu'il invoque l'impossibilité d'agir des plaignantes, qui disposaient de la faculté de se constituer partie civile devant le juge d'instruction, ne saurait être accueilli ;

Et attendu que l'arrêt est régulier en la forme ;

REJETTE le pourvoi. »

> La lettre adressée par un procureur de la République au président d'une chambre départementale des huissiers de justice, pour lui demander de provoquer les explications d'un huissier de justice à la suite du dépôt d'une plainte et de les lui transmettre assorties d'un avis motivé, constitue un acte tendant à la recherche et à la poursuite des infractions à la loi pénale

• **Crim. 1er févr. 2012,** n° 11-83.072, P n° 35

* V. s^s^ n° 633.146.

« Vu les articles 7, 8, 40 et 41 du code de procédure pénale ;

Attendu qu'interrompt le cours de la prescription de l'action publique tout acte du procureur de la République tendant à la recherche et à la poursuite des infractions à la loi pénale ;

Attendu qu'il résulte des pièces de procédure que, le 6 octobre 2008, M. et Mme X... ont porté plainte auprès du procureur de la République du chef de violation de domicile, pour des faits qui auraient été commis, notamment par un huissier de justice, à l'occasion d'une expulsion, le 7 octobre 2005 ; que, le 20 octobre 2008, le procureur de la République a adressé cette plainte au président de la chambre départementale des huissiers de justice en l'invitant à provoquer les explications de son confrère et à les lui transmettre assorties de son avis motivé ; que M. et Mme X... ont porté plainte et se sont constitués parties civiles auprès du juge d'instruction de Marseille du chef de violation de domicile, le 23 janvier 2009 ; que le magistrat instructeur a rendu une ordonnance de non-lieu le 12 mai 2010 ;

Attendu que, pour confirmer cette ordonnance après avoir constaté l'extinction de l'action publique par la prescription, l'arrêt relève que l'infraction de violation de domicile, à la supposer établie, a été commise le 7 octobre 2005 ; que la prescription de l'action publique a été suspendue pendant trois mois, en application de l'article 85 du code de procédure pénale, du 6 octobre 2008 au 6 janvier 2009 ; que les juges ajoutent que ni la plainte du 6 octobre 2008 ni le courrier adressé par le procureur de la République au président de la chambre départementale des huissiers de justice, le 20 octobre 2008, ne constituent des actes interruptifs de la prescription ; que la prescription de l'action publique était acquise le 8 janvier 2009 ;

Mais attendu qu'en se déterminant ainsi, alors que la lettre adressée par un procureur de la République au président d'une chambre départementale des huissiers de justice, pour lui demander de provoquer les explications d'un huissier de justice à la suite du dépôt d'une plainte et de les lui transmettre assorties d'un avis motivé, constitue un acte tendant à la recherche et à la poursuite des infractions à la loi pénale, la chambre de l'instruction a méconnu le sens et la portée des textes susvisés et du principe énoncé ci-dessus ; d'où il suit que la cassation est encourue ;

Par ces motifs, casse et annule. »

> Une plainte adressée au procureur de la République du chef d'abus de biens sociaux ne constitue pas un acte de poursuite ou d'instruction interruptif de la prescription de l'action publique au sens de l'article 7 du code de procédure pénale

• **Crim. 11 juill. 2012,** n° 11-87.583, P n° 169

* V. s^s n° 633.73.

« Vu les articles 6 et 8 du code de procédure pénale ;

Attendu qu'une plainte adressée au procureur de la République ne constitue pas un acte de poursuite ou d'instruction et n'a pas d'effet interruptif de la prescription de l'action publique ;

Attendu qu'il résulte de l'arrêt attaqué que M. O. est poursuivi du chef d'abus de biens sociaux pour avoir, en qualité de gérant des sociétés Meubles Martel et ameublement saintais, procédé, à son profit personnel, le 15 décembre 2004, à la cession des parts sociales détenues par la première dans le capital de la seconde, sans réunir d'assemblée générale et obtenir l'accord des autres porteurs de parts ;

Attendu que, pour écarter l'exception de prescription invoquée par le prévenu, qui soutenait qu'il s'était écoulé plus de trois ans entre le 15 décembre 2004, date de la cession litigieuse, et la réquisition aux fins d'enquête adressée le 20 décembre 2007 par le procureur de la République à un service de police judiciaire, l'arrêt retient, notamment, que la plainte de la société Meubles Martel est datée du 4 décembre 2007 et a été reçue au parquet de Saintes le 6 décembre 2007 ; que les juges ajoutent que cette plainte est un acte interruptif de prescription, intervenu moins de trois ans après la date de la cession litigieuse ;

Mais attendu qu'en prononçant ainsi, la cour d'appel a méconnu le principe ci-dessus rappelé ;

D'où il suit que la cassation est encourue de ce chef ;

Par ces motifs, casse et annule [...]. »

> En matière d'infractions à la loi sur la liberté de la presse, avant l'engagement des poursuites, seules les réquisitions aux fins d'enquête articulant et qualifiant les provocations, outrages, diffamations et injures à raison desquels l'enquête est ordonnée sont interruptives de prescription

• **Crim. 16 sept. 2014,** n° 13-85.457, P n° 187

* V. s^s n° 633.154.

« Vu l'article 65, alinéa 2, de la loi du 29 juillet 1881 ;

Attendu que, selon ce texte, en matière d'infractions à la loi sur la liberté de la presse, avant l'engagement des poursuites, seules les réquisitions aux fins d'enquête articulant et qualifiant les provocations, outrages, diffamations et injures à raison desquels l'enquête est ordonnée sont interruptives de prescription ;

Attendu que, pour rejeter l'exception de prescription de l'action publique soulevée par la prévenue, l'arrêt énonce qu'il résulte des pièces de la procédure que plusieurs actes d'enquête ont été effectués entre le 10 mars 2012, date de mise en ligne des propos incriminés, et le 11 juin 2012, date d'expiration du délai de trois mois prévu par la loi du 29 juillet 1881, soit l'audition de Mme L., le 13 mars 2012, les investigations effectuées le 16 avril 2012 sur le site "consciencevraie. info", et l'audition de Mme A., le 7 juin 2012 ; que les juges retiennent que ces éléments d'enquête ont chacun interrompu la prescription durant la période alléguée ;

Mais attendu qu'en se déterminant ainsi, alors qu'aucun acte de poursuite ou d'instruction, ni aucune réquisition d'enquête articulant et qualifiant la diffamation, n'ont été réalisés entre la date des faits et la mise en mouvement de l'action publique par la délivrance, le 10 janvier 2013, d'une convocation en justice à la prévenue, et qu'un délai de plus de trois mois s'étant ainsi écoulé, l'action publique du chef de diffamation était éteinte par l'effet de la prescription, la cour d'appel a méconnu le texte susvisé et le principe ci-dessus rappelé ;

D'où il suit que la cassation est encourue de ce chef ; que la Cour de cassation appliquera directement la règle de droit, ainsi que le permet l'article L. 411-3 du code de l'organisation judiciaire, concernant la poursuite du chef de diffamation publique ;

Par ces motifs :

Constate la prescription de l'action publique concernant le délit de diffamation publique envers un particulier ;

casse et annule [...]. »

> Ne constituent pas des actes interruptifs de prescription les réponses apportées par l'administration aux instructions et demandes du parquet

• **Crim. 4 nov. 2014,** n° 13-85.379, P n° 224

* V. s[s] n° 633.155.

« Attendu qu'il résulte de l'arrêt attaqué et des pièces de procédure que dans le courant de l'année 2003, la société Locimo a déposé une demande de permis de construire pour effectuer des travaux de transformation d'une grange en appartements ; que ce permis a été délivré le 10 janvier 2004 ; que l'avancement des travaux a fait apparaître que les termes du permis délivré n'étaient pas respectés, notamment en ce qui concerne le nombre et le type d'ouvertures ; qu'un procès-verbal a été établi le 19 avril 2005 ; que la société a déposé alors plusieurs demandes de permis modificatifs, la dernière le 14 novembre 2005 ; que le parquet a, par soit-transmis du 3 février 2006, saisi l'administration compétente d'une demande d'avis ; que par arrêt du 19 novembre 2009, la cour administrative d'appel de Versailles a confirmé le rejet de la demande de M. X... tendant à l'annulation de l'arrêté municipal du 17 juin 2005, lequel avait refusé un permis de construire modificatif ; que le parquet a, par soit-transmis du 26 juillet 2009, demandé un extrait de registre des sociétés concernant la société mise en cause ; qu'il a poursuivi ladite société par citation directe du 9 février 2011 ; que le tribunal correctionnel a condamné la société pour exécution par personne morale de travaux non autorisés par un permis de construire et pour infraction aux dispositions du plan d'occupation des sols, et a ordonné la remise en état des lieux sous astreinte ;

Attendu que, pour écarter l'exception de prescription de l'action publique soulevée par la prévenue, la cour d'appel énonce qu'outre le fait que, comme l'a relevé le tribunal, aucune déclaration d'achèvement des travaux n'est intervenue et qu'ainsi, aucune prescription n'a commencé à courir, l'examen attentif de la chronologie de l'enquête permet d'exclure la prescription invoquée ;

Mais attendu qu'en jugeant que la chronologie de l'enquête permettait d'exclure la prescription invoquée, cependant qu'elle n'avait constaté, dans l'intervalle de plus de trois années séparant les instructions du parquet du 3 février 2006 de la demande du 28 juillet 2009 du même parquet sollicitant du tribunal de commerce la délivrance de l'extrait K-bis de la société Locimo, que l'intervention d'un avis adressé le 2 octobre 2007 au ministère public par la préfecture des Yvelines en réponse auxdites instructions, alors que ne constituent pas des actes interruptifs de prescription les réponses apportées par l'administration aux instructions et demandes du parquet, la cour d'appel n'a pas légalement justifié sa décision ;

D'où il suit que la cassation est encourue. »

> La prescription est interrompue par l'audience à laquelle se déroulent les débats et pendant le temps du délibéré. Peu importe que le jugement prononcé ait été ultérieurement annulé

• **Crim. 17 févr. 2015,** n° 13-88.129, P n° 29

* V. s[s] n° 633.104.

« Sur le moyen unique de cassation, pris de la violation des articles 7 et 8 du code de procédure pénale, 65 de la loi du 29 juillet 1881 ensemble l'article 593 du code de procédure pénale ; Vu les articles 8 du code de procédure pénale et 65 de la loi du 29 juillet 1881 ; Attendu qu'il résulte de ces textes que si l'action publique résultant d'une infraction prévue par la loi du 29 juillet 1881 se prescrit après trois mois révolus à compter du jour où l'infraction a été commise, ou du jour du dernier acte d'instruction ou de poursuite s'il en a été fait, la prescription est interrompue par l'audience à laquelle ont lieu les débats, et suspendue pendant la durée du délibéré, les parties poursuivantes étant alors dans l'impossibilité d'accomplir un tel acte de procédure avant le prononcé du jugement ; Attendu qu'il résulte de l'arrêt attaqué et des pièces de la procédure que M. X... et l'association Sollies environnement et urbanisme, dont il est le président, ont fait citer M. Y..., maire de la commune de Sollies Pont, devant le tribunal correctionnel des chefs d'injures et diffamation publiques envers un particulier en raison de propos tenus par celui-ci lors d'un conseil municipal ; que l'audience des débats a eu lieu le 1er mars 2013 ; que par jugement du 8 avril 2013, le tribunal correctionnel, après avoir procédé d'office à la requalification des faits poursuivis, a déclaré M. Y... coupable d'injures et diffamation publiques commises envers un fonctionnaire ou un dépositaire de l'autorité publique ; que le prévenu et le procureur de la République ont interjeté appel de cette décision ; Attendu que, pour dire l'action publique prescrite, après avoir annulé le jugement prononcé le 8 avril 2013, l'arrêt retient qu'en l'état de cette annulation, la prescription a couru du précédent jugement, en date du 7 janvier 2013, par lequel le tribunal avait fixé la consignation à verser par les parties civiles, que le mandement de citation du procureur général, seul acte interruptif de prescription, est intervenu le 11 juin 2013 et qu'un délai de plus de trois mois s'est donc écoulé entre ces deux actes ; Mais attendu qu'en prononçant ainsi, alors que la prescription de l'action publique a été interrompue par l'audience des débats du 1er mars 2013, dont le déroulement est attesté par les notes d'audience tenues par le greffier et signées par le président, conformément à l'article 453 du code de procédure pénale, puis suspendue pendant la durée du délibéré du tribunal correctionnel, peu important que le jugement prononcé ait été ultérieurement annulé, la cour d'appel a méconnu les textes susvisés et le principe ci-dessus rappelé ; D'où il suit que la cassation est encourue ;

Par ces motifs, casse et annule [...]. »

> Un rapport de synthèse ne constitue pas un acte interruptif de l'action publique

• **Crim. 23 nov. 2016,** n° 15-83.649, P n° 307.

* V. s[s] n° 633.151.

« Vu l'article 593 du code de procédure pénale ;

Attendu que tout jugement ou arrêt doit comporter les motifs propres à justifier la décision ; que l'insuffisance ou la contradiction des motifs équivaut à leur absence ;

Attendu que, pour refuser de constater la prescription de l'action publique du chef des infractions poursuivies, l'arrêt énonce que, d'une part, l'enquête, qui a débuté début 2007, s'est poursuivie sans discontinuer jusqu'à la transmission au parquet de Nanterre d'un rapport de synthèse du 12 février

2010, d'autre part, avant l'audience de fixation du 21 février 2013, les avis à victimes ont été adressés courant novembre 2012 tandis que les citations ont été signifiées aux prévenus à compter du 10 décembre 2012 ;

Mais attendu qu'en statuant ainsi, sans rechercher si le délai de prescription de l'action publique avait été interrompu par un acte de poursuite ou d'instruction, ce que ne constitue ni le rapport de synthèse daté du 12 février 2010, ni la transmission de celui-ci, la cour d'appel n'a pas justifié sa décision ;

D'où il suit que la cassation est encourue de ce chef ; »

> L'énumération prévue à l'article 9-2 des actes qui interrompent la prescription de l'action publique n'est pas limitative. Constitue un tel acte la délivrance du titre exécutoire d'une amende forfaitaire majorée

• **Crim. 21 janv. 2020,** n° 19-84.450, P

* V. s^s n° 633.11

« Attendu que l'énumération prévue à l'article 9-2 précité des actes qui interrompent la prescription de l'action publique n'est pas limitative ; que constitue un tel acte la délivrance du titre exécutoire de l'amende forfaitaire majorée ;

Attendu qu'il résulte du jugement attaqué et des pièces de procédure qu'une contravention a été dressée le 27 mai 2017 pour non-transmission de l'identité et de l'adresse du conducteur d'un véhicule immatriculé au nom de la société B, contrôlé en excès de vitesse le 6 avril 2017 ; qu'à défaut de paiement de l'amende correspondante, une amende forfaitaire majorée a été délivrée le 23 mars 2018, laquelle a été contestée le 4 janvier 2019 ; que le ministère public a délivré deux mandements de citation le 19 mars 2019, du chef de non-transmission de l'identité du conducteur, l'un contre Mme N., représentante légale de la société B, l'autre contre cette dernière, lesquels ont été suivis de la délivrance de citations le 3 avril 2019 ;

Attendu que, pour déclarer l'action publique éteinte par la prescription, le jugement énonce que le réquisitoire aux fins de citation est daté du 19 mars 2019 ;

Mais attendu qu'en se déterminant ainsi, alors que le délai de prescription d'un an, couru à compter de la commission des faits le 27 mai 2017, a été interrompu par la délivrance du titre exécutoire de l'amende forfaitaire majorée du 23 mars 2018, laquelle a fait courir un nouveau délai d'un an qui n'était pas expiré lors des mandements de citation du 19 mars 2019 ayant abouti à la signification des citations, le tribunal a méconnu les textes susvisés et le principe ci-dessus énoncé ;

D'où il suit que la cassation est encourue ; »

SUSPENSION

> La prescription de l'action publique du chef de dénonciation calomnieuse est suspendue tant que les poursuites pénales exercées du chef du délit dénoncé sont en cours. Tel est le cas, tant que la juridiction saisie en appel de l'ordonnance de non-lieu n'a pas déclaré irrecevable l'appel comme tardif

• **Crim. 27 oct. 1998,** n° 97-86.698, P n° 277

* V. s^s n° 633.122.

« Attendu qu'il se déduit des articles 373 ancien et 226-11 nouveau du code pénal que la prescription de l'action publique du chef de dénonciation calomnieuse est suspendue tant que les poursuites pénales exercées du chef du délit dénoncé sont en cours ;

Attendu qu'il résulte de l'arrêt attaqué que, le 21 octobre 1991, une ordonnance de non-lieu a été rendue dans l'information suivie sur la plainte de Y... contre X... pour tentative d'escroquerie ; que, par arrêt en date du 24 janvier 1992, la chambre d'accusation a déclaré irrecevable comme tardif l'appel interjeté par la partie civile contre cette décision ; que, le 9 décembre 1994, X... a déposé plainte avec constitution de partie civile du chef de dénonciation calomnieuse à l'encontre de Y... ;

Attendu que, pour confirmer l'ordonnance du juge d'instruction ayant déclaré l'action publique prescrite, la chambre d'accusation retient que le point de départ du délai de prescription doit être fixé "à la date à laquelle l'ordonnance de non-lieu est devenue définitive" soit, en l'espèce, au 7 novembre 1991 ;

Mais attendu qu'en prononçant ainsi, alors que les poursuites pénales exercées du chef du délit dénoncé étaient demeurées pendantes jusqu'à l'arrêt du 24 janvier 1992, la chambre d'accusation a méconnu les textes susvisés et le principe ci-dessus énoncé ;

D'où il suit que la cassation est encourue. »

> La partie civile dispose des moyens de demander à la juridiction l'accomplissement de certains actes d'instruction. Elle ne saurait en conséquence se prévaloir de la suspension de l'action publique en raison de l'inaction du juge

• **Crim. 26 mai 2009,** n° 08-87.855, P n° 106

* V. s^s n° 633.108.

« Sur le moyen unique de cassation, pris de la violation des articles 65 de la loi du 29 juillet 1881 sur la presse, ensemble les articles 81 et 82-1 du code de procédure pénale :

Attendu qu'en constatant la prescription des poursuites du chef de diffamation publique, compte tenu de l'absence de tout acte d'instruction accompli entre le 26 novembre 2007, date du procès-verbal d'audition d'un témoin, et la communication du dossier, par le juge d'instruction, au procureur de la République, le 15 avril 2008, la chambre de l'instruction a justifié sa décision ; que la partie civile, tenant des articles 81, alinéa 9, 82-1, 156 et 173, alinéa 3, du code de procédure pénale la faculté de demander à la juridiction d'instruction l'accomplissement de certains actes interruptifs, dont son audition, ne saurait se prévaloir de la suspension de la prescription en raison de l'inaction du juge ;

Qu'ainsi le moyen ne saurait être admis. »

> Toute ordonnance du juge d'instruction interrompt la prescription de l'action publique. Il en est ainsi y compris en matière de contrôle judiciaire

• **Crim. 27 mars 2013,** n° 12-82.946, NP

* V. s^s n° 633.175.

« Vu les mémoires produits en demande et en défense ;

Sur le moyen unique de cassation, pris de la violation des articles 7 et 8 du code de procédure pénale ;

Vu lesdits articles ;

Attendu que toute ordonnance rendue par le juge d'instruction interrompt le cours de la prescription de l'action publique ;

Attendu qu'il résulte de l'arrêt attaqué et des pièces de la procédure qu'indépendamment de formalités relatives à la désignation du magistrat instructeur, seule est intervenue dans l'information en cause, entre une audition du 5 décembre 2006 et une autre audition du 3 mars 2010, une ordonnance de mainlevée partielle du contrôle judiciaire de l'un des mis en examen, rendue le 19 juin 2008 par le juge d'instruction ;

Attendu que, pour décider que l'action publique est éteinte par la prescription, l'arrêt retient que, si les actes par lesquels l'autorité de poursuite manifeste la volonté de voir réprimer l'infraction ou les actes ayant pour objet de constater le délit, d'en découvrir ou d'en confondre les auteurs sont susceptibles d'interrompre la prescription de l'action publique, tel n'est pas le cas d'une ordonnance du juge d'instruction levant partiellement une mesure de contrôle judiciaire, cette décision étant en elle-même sans effet sur l'exercice de l'action publique ou la manifestation de la vérité ;

Attendu qu'en prononçant ainsi, alors que l'ordonnance rendue le 19 juin 2008 par le juge d'instruction a interrompu la prescription de l'action publique, la chambre de l'instruction a méconnu les textes susvisés et le principe ci-dessus énoncé ;

D'où il suit que la cassation est encourue ;

Par ces motifs, casse et annule [...]. »

> La prescription de l'action publique est suspendue pendant les délais prévus par l'article 175 du code de procédure pénale

• **Crim. 8 avr. 2014,** n° 13-81.808, NP

* V. s^s n° 633.107.

« Sur le troisième moyen de cassation, pris de la violation de l'article 65 de la loi du 29 juillet 1881 ; Attendu que, pour rejeter l'exception de prescription de l'action publique soulevée par le prévenu, qui faisait valoir que plus de trois mois s'étaient écoulés entre le réquisitoire définitif du procureur de la République et l'ordonnance de renvoi, l'arrêt retient que la prescription a été suspendue pendant ce délai, en raison de l'impossibilité de droit, pour la partie poursuivante, de se substituer au juge d'instruction pour prendre un tel acte juridictionnel relevant de la seule compétence de ce dernier ;

Attendu qu'en prononçant ainsi, la cour d'appel a justifié sa décision, dès lors que la prescription de l'action publique est suspendue à partir du moment où le juge d'instruction estime que l'information est achevée et pendant les délais prévus par l'article 175 du code de procédure pénale ;

D'où il suit que le moyen ne peut être admis. »

> Caractérise un obstacle insurmontable à l'exercice des poursuites du chef d'homicides volontaires, pour une femme obèse dont les grossesses ne pouvaient être décelées par les proches, ni par les médecins, d'accoucher sans témoin, de ne pas déclarer les enfants à l'état civil, et de cacher les corps des cadavres des nouveaux-nés

• **Cass., ass. plén., 7 nov. 2014,** n° 14-83.739, P n° 1

* V. s^s n° 633.123.

Mais attendu que si, selon l'article 7, alinéa 1er, du code de procédure pénale, l'action publique se prescrit à compter du jour où le crime a été commis, la prescription est suspendue en cas d'obstacle insurmontable à l'exercice des poursuites ;

Et attendu que l'arrêt retient que les grossesses de Mme Y..., masquées par son obésité, ne pouvaient être décelées par ses proches ni par les médecins consultés pour d'autres motifs médicaux, que les accouchements ont eu lieu sans témoin, que les naissances n'ont pas été déclarées à l'état civil, que les cadavres des nouveaux-nés sont restés cachés jusqu'à la découverte fortuite des deux premiers corps le 24 juillet 2010 et que, dans ces conditions, nul n'a été en mesure de s'inquiéter de la disparition d'enfants nés clandestinement, morts dans l'anonymat et dont aucun indice apparent n'avait révélé l'existence ;

Qu'en l'état de ces constatations et énonciations procédant de son appréciation souveraine des éléments de preuve, la chambre de l'instruction, qui a caractérisé un obstacle insurmontable à l'exercice des poursuites, ce dont il résultait que le délai de prescription avait été suspendu jusqu'à la découverte des cadavres, a, par ces seuls motifs, légalement justifié sa décision.

> L'absence d'avis de paiement de la consignation au doyen des juges d'instruction suspend la prescription trimestrielle en matière de presse

• **Crim. 8 mars 2022,** n° 21-83.037, B

* V. s^s n° 633.109.

« Vu les articles 65 de la loi du 29 juillet 1881, 9-2 et 9-3 du Code de procédure pénale

[...]

10. Il résulte du troisième que tout obstacle de droit, prévu par la loi, ou tout obstacle de fait insurmontable et assimilable à la force majeure, qui rend impossible la mise en mouvement ou l'exercice de l'action publique, suspend la prescription.

11. Tel est le cas lorsque la personne qui, lésée par un crime ou un délit, a mis en mouvement l'action publique par sa plainte avec constitution de partie civile, ne dispose d'aucun moyen de droit pour obliger le juge d'instruction à accomplir un acte interruptif de prescription.

12. Il s'en déduit que le délai de prescription est suspendu entre la date de dépôt de la plainte avec constitution de partie civile et la délivrance du réquisitoire par le procureur de la République.

[...]

16. Les juges en déduisent que la prescription de l'action publique était acquise, ce délai n'étant pCs suspendu par l'attente du versement de la consignation de la partie civile.

17. En se déterminant ainsi, alors que la partie civile n'est recevable à présenter une demande d'acte qu'après l'ouverture de l'information, la chambre de l'instruction a méconnu les textes susvisés et les principes ci-dessus rappelés.

18. La cassation est par conséquent encourue. »

633.03 Bibliographie indicative.

Encyclopédies. Rép. pén., *V^o Action publique*, par F. Molins – J.-Cl. Pr. pén., « Prescription de l'action publique », par B. Challe.

Ouvrages. Ch Bigot, *Pratique du droit de la presse*, Dalloz, 4e éd. 2023 ; E. Raschel, *La procédure pénale en droit de la presse*, « Guide pratique », Gazette du Palais – Lextenso, 2019.

Contribution. A. Varinard, « La prescription de l'action publique. Une institution à réformer », *in Mél. Pradel*, Cujas, 2006, p. 605.

Articles. M. Anzani, « L'article 6-1 du code de procédure pénale et le faux commis à l'occasion d'une poursuite judiciaire », *Dr. pénal* 2006. Ét. 5 – P. Chambon, « L'interruption de la prescription de l'action publique », *Gaz. Pal.* 1953. 1. Doctr. 21 – L. Favoreu, « La Cour de cassation, le Conseil constitutionnel et la responsabilité pénale du président de la République », *D.* 2001. Chron. – A. Darsonville, « Recul du point de départ de la prescription de l'action publique et suspension du délai : le flou actuel et à venir ? », *AJ pénal* 2016. 306 – A. Guidicelli, « Prescription de l'action publique : suspendre un délai qui n'a pas commencé à courir c'est... ? », *RSC* 2015. 121 – J. Goulesque, « Le dépôt d'une plainte avec constitution de partie civile et l'interruption de la prescription de l'action publique », *RSC* 1966. 3993365 – H. Helfre, « Essai de liste des actes interruptifs et des actes non interruptifs de prescription de l'action publique », *Gaz. Pal.* 1987. 1. Doctr. 427 – P. Maistre du Chambon, « L'hostilité de la Cour de cassation à l'égard de la prescription de l'action publique, note ss Crim. 20 févr. 2002 », *JCP* 2002. II. 10075 – A. Mihman, « Comment réformer la prescription de l'action publique ? », *RPDP* 2007. 517, spéc. 520 – G. Pancrazi, « Les actes d'enquête des membres de la MIEM [Mission interministérielle d'enquête sur les marchés et les conventions de délégation de service public] interrompent la prescription de l'action publique du délit de l'article 432-14 du code pénal », *Gaz. Pal.* 28 févr.-1er mars 2003, p. 639.

> Sur la loi du 27 février 2017

V. aussi bibliographie ss no 631.03.

> Sur la crise sanitaire de la Covid-19.

Articles. A. Botton, « Les droits et libertés fondamentaux à l'épreuve de l'ordonnance no 2020-303 du 25 mars 2020 », Blog du Club des juristes, 30 mars 2020 – J. Buisson, « Covid-19 – Incidence sur les règles de la procédure pénale », Procédures 2020, comm. 100 – P. de Combles de Nayves, « Présentation de l'ordonnance réformant la procédure pénale face à l'épidémie de Covid-19 », *AJ pénal* 2020. 172 – V.-O. Dervieux, Ph. Laumosne, « Justice pénale de l'essentiel, L'ordonnance no 2020-303 du 25 mars 2020 et la procédure pénale », *AJ pénal* 2020. 179 – H. Matsopoulou, « Les principes directeurs du procès pénal à l'épreuve de l'épidémie de covid-19 – À propos de l'ordonnance no 2020-303 du 25 mars 2020 portant adaptation de règles de procédure pénale », *JCP* 2020. 687 ; « La fin des "prolongations de plein droit" des détentions provisoires intervenues dans le cadre de l'état d'urgence sanitaire », *JCP* 2020, Doctr. 767 – S. Pellé, « La justice pénale à l'heure du coronavirus : l'urgence ou le miroir de notre procédure pénale ? », *D.* 2020. 777 – J.-B. Perrier, « La procédure pénale en urgence sanitaire », *Gaz. Pal.* 31 mars 2020, p. 18 – C. Ribeyre, « La procédure pénale à l'épreuve de l'état d'urgence sanitaire », *Dr. pénal* 2020, étude 3 – M. Touillier, « L'adaptation de la procédure pénale au malheur des temps, Brèves considérations distanciées sur l'ordonnance no 2020-303 du 25 mars 2020 portant adaptation de règles de procédure pénale sur le fondement de la loi d'urgence pour faire face à l'épidémie de Covid-19 », *AJ pénal* 2020. 186.

SECTION 1 DÉFINITIONS

633.11 Interruption de l'action publique : définition. L'article 7 du code de procédure pénale, auquel renvoie l'article 8 concernant la prescription des délits disposait, avant l'entrée en vigueur de la loi du 27 février 2017[1], que « l'action publique se prescrit par [...] si, dans cet intervalle, il n'a été fait aucun acte d'instruction ou de poursuite ». C'est donc l'acte d'instruction ou de poursuite qui caractérisait celui pouvant interrompre l'action publique. La Cour de cassation n'avait pas donné de définition. Elle se contentait d'affirmer que les actes d'instruction ou de poursuite sont « ceux qui ont pour objet de constater une infraction, d'en rassembler les preuves et d'en rechercher les auteurs »[2]. L'une des innovations majeures de la loi du 27 février 2017 est d'avoir renoncé à la notion d'« acte d'instruction ou de poursuite ». À la place, le législateur se livre à une énumération. L'article 9-2 dispose en effet, après sa modification par la loi du 21 avril 2021[3] :

« 1° Tout acte, émanant du ministère public ou de la partie civile, tendant à la mise en mouvement de l'action publique, prévu aux articles 80, 82, 87, 88, 388, 531 et 532 du présent code et à l'article 65 de la loi du 29 juillet 1881 sur la liberté de la presse ;

2° Tout acte d'enquête émanant du ministère public, tout procès-verbal dressé par un officier de police judiciaire ou un agent habilité exerçant des pouvoirs de police judiciaire tendant effectivement à la recherche et à la poursuite des auteurs d'une infraction ;

3° Tout acte d'instruction prévu aux articles 79 à 230 du présent code, accompli par un juge d'instruction, une chambre de l'instruction ou des magistrats et officiers de police judiciaire par eux délégués, tendant effectivement à la recherche et à la poursuite des auteurs d'une infraction ;

4° Tout jugement ou arrêt, même non définitif, s'il n'est pas entaché de nullité.

1. L. no 2017-242, 27 févr. 2017, préc.
2. Crim. 9 mai 1936, *DH* 1936. 333 – Crim. 7 mars 1961, P no 142 – Crim. 19 juill. 1978, no 78-90.370, P no 240 – Crim. 2 avr. 1998, no 97-84.191, P no 131.
3. L. no 2021-478, 21 avr. 2021 visant à protéger les mineurs des crimes et délits sexuels et de l'inceste *JO* 22 avr., no 4.

Tout acte, jugement ou arrêt mentionné aux 1° à 4° fait courir un délai de prescription d'une durée égale au délai initial.

Le présent article est applicable aux infractions connexes ainsi qu'aux auteurs ou complices non visés par l'un de ces mêmes actes, jugement ou arrêt.

Le délai de prescription d'un viol, d'une agression sexuelle ou d'une atteinte sexuelle commis sur un mineur est interrompu par l'un des actes ou l'une des décisions mentionnés aux 1° à 4° intervenus dans une procédure dans laquelle est reprochée à la même personne une de ces mêmes infractions commises sur un autre mineur. »

On verra qu'en réalité, la loi ne fait qu'entériner la jurisprudence de la Cour de cassation. Par ailleurs, il existe tout de même un certain nombre d'actes, limités, pour lesquels la jurisprudence de la chambre criminelle, tendant à consacrer un acte interruptif de prescription, pourrait être modifiée. Le reste de la jurisprudence que l'on trouvera ci-dessous semble devoir entrer dans la définition du nouveau texte.

On ajoutera par ailleurs que certains textes prévoient expressément que la prescription est interrompue ; ils ne sont pas remis en cause par la liste de l'article 9-2 du code de procédure pénale (c'est le cas des articles 41-2 et 44-1 du code de procédure pénale, qui consistent dans la mise en œuvre ou l'exécution d'une composition pénale ou d'une transaction).

La loi du 27 février 2017 précise également les conséquences de l'interruption. D'une part, le délai qui recommence à courir à partir de l'interruption est d'une durée égale au délai initial. D'autre part, l'interruption de la prescription s'étend aux infractions connexes, aux coauteurs et aux complices, même si ces derniers ne sont pas visés par l'acte de procédure ou la décision de justice qui interrompt la prescription. Par conséquent, l'effet interruptif d'un acte s'attache à l'infraction concernée et non à la personne visée par cet acte. Nous écrivions dans la précédente édition de cet ouvrage qu'« il est certain toutefois que le législateur a entendu dresser une liste exhaustive et que de nouvelles formes d'interruption, non prévues par le texte, ne seront plus permises ».

Les premières décisions rendues par la chambre criminelle ont permis au contraire de conforter l'idée selon laquelle l'énumération de l'article 9-2 du code de procédure pénale n'était pas limitative ! Dans une décision du 21 janvier 2020[1], la chambre criminelle a précisé que l'énumération prévue à l'article 9-2 du Code de procédure pénale des actes qui interrompent la prescription de l'action publique n'était pas limitative. Elle a ainsi admis que le délai de prescription de l'action publique avait été interrompu par la délivrance du titre exécutoire d'une amende forfaitaire majorée. Selon Jacques-Henri Robert, cette affirmation serait formulée *contra legem*[2]. Dans une décision du même jour[3], la chambre criminelle a jugé que le délai de prescription de l'action publique était interrompu par tout jugement, même non définitif, s'il n'est pas entaché de nullité. Une ordonnance pénale interrompt ainsi le délai de prescription.

La chambre criminelle a précisé peu de temps après[4] qu'*en* matière de contraventions donnant lieu au recouvrement de l'amende forfaitaire majorée prévue par l'article 529-2, alinéa 2, du code de procédure pénale, il suffit, pour que la prescription de l'action publique ne soit pas acquise, que le délai soit interrompu *par la délivrance du titre exécutoire, qui fait courir la prescription de la peine*, puis, après la réclamation du contrevenant, que la citation *soit délivrée avant l'expiration du nouveau délai de prescription de l'action publique ouvert à la suite de cette réclamation*. Si l'émission d'un avis de contravention constitue, conformément à l'article 9-2 du code de procédure pénale, un acte d'enquête ou de poursuite de nature à interrompre la prescription de l'action publique, il n'en va pas de même en ce qui concerne la décision par laquelle le ministère public se borne à informer, par courrier, un contrevenant de l'irrecevabilité d'une requête en exonération ou d'une réclamation de sorte qu'il appartiendra au juge de renvoi de vérifier la date de signature des titres exécutoires[5].

633.12 Interruption de l'action publique. Infractions sexuelles sur mineur. « Le délai de prescription d'un viol, d'une agression sexuelle ou d'une atteinte sexuelle commis sur un mineur est interrompu par l'un des actes ou l'une des décisions mentionnées aux 1° à 4° intervenus dans une procédure dans laquelle est reprochée à la même personne une de ces mêmes infractions commises sur un autre mineur ». Cet ajout par la loi du 21 avril 2021[6] à l'article 9-2 du Code de procédure pénale emprunte au régime de la connexité. L'alinéa précédent dispose d'aileurs que « Le présent article est applicable

1. Crim. 21 janv. 2020, n° 19-84.450, P ; *JCP* 2020. 125 ; *Procédures* 2020, comm. 74, A.-S. Chavent-Leclère ; *D.* 2020. 153 ; *D. actu.* 10 févr. 2020, obs. D. Goetz ; *JCP* 2020. 491, obs. crit. J.-H. Robert ; *RSC* 2020. 113, P.-J. Delage.
2. *JCP* 2020. 491.
3. Crim. 21 janv. 2020., n° 19-81.066, P ; *JCP* 2020. 125 ; *D.* 2020. 154 ; *Procédures* 2020, comm. 74, A.-S. Chavent-Leclère.
4. Crim. 24 mars 2020, n° 19-85.331 – *Dr. pénal* 2020, comm. 140, J.-H. Robert ; *JCP G* 2020. 491.
5. Crim. 13 sept. 2022, n° 21-86.424, NP.
6. L. n° 2021-478, 21 avr. 2021 visant à protéger les mineurs des crimes et délits sexuels et de l'inceste *JO* 22 avr., n° 4.

aux infractions connexes ainsi qu'aux auteurs ou complices non visés par l'un de ces mêmes actes, jugement ou arrêt ».

Toutefois, cette nouvelle disposition n'exige pas que les conditions de la connexité soient réunies : si les infractions doivent avoir été commises par la même personne, il n'est pas nécessaire que les liens d'identité ou de causalité soient vérifiés. On doutera de l'intérêt de cette disposition dès lors que la connexité était déjà retenue si l'auteur se livrait à diverses agressions de même nature sur des mineurs...

633.13 Interruption de l'action publique : nécessité d'un acte régulier. Pour interrompre l'action publique, l'acte effectué doit avoir été régulier. Un réquisitoire introductif nul n'interrompt pas la prescription de l'action publique[1]. La jurisprudence a eu l'occasion de statuer à de nombreuses reprises sur l'absence d'effet interruptif d'actes nuls : procès-verbal irrégulier[2], citation directe[3], signification d'un jugement nul[4]. La signification d'un jugement qui encourt la nullité, si elle ouvre les délais des voies de recours permettant aux parties de faire constater judiciairement cette nullité, ne peut interrompre la prescription[5]. On peut en conclure d'une manière plus générale que l'effet interruptif des actes d'instruction ou de poursuite est conditionné par la régularité de l'acte accompli.

S'agissant de la compétence territoriale, la chambre criminelle estime que : « dès lors que l'incompétence territoriale du ministère public n'est pas manifeste lors du dépôt de la plainte de l'Administration des impôts pour fraude fiscale, les instructions aux fins d'enquête du procureur de la République ainsi que tous les autres actes de poursuite de ce magistrat interrompent valablement la prescription »[6].

Les actes accomplis par un juge d'instruction incompétent ne peuvent interrompre l'action publique[7]. Mais ils demeurent valables et comme tels interruptifs de prescription dès lors que son incompétence n'apparaît qu'ultérieurement à la commission de ces actes[8]. Si l'action publique n'est pas interrompue par un acte nul, donc inexistant, encore faut-il que la nullité de cet acte ait été sollicitée selon les formes prévues par la loi[9]. On peut noter que l'article 9-2, issu de la loi du 26 février 2017, prévoit qu'est interruptif de prescription « tout jugement ou arrêt, même non définitif, s'il n'est pas entaché de nullité ». Les autres alinéas ne sont pas complétés par cette formule. On peut toutefois douter de la modification de la jurisprudence ici exposée, et relative à des actes nuls autres que les jugements ou arrêts.

633.14 Suspension de l'action publique : définition. Il n'existait, avant la loi du 27 février 2017, aucun texte définissant le concept, même si certaines causes de suspension sont prévues par la loi[10]. La jurisprudence appliquait un adage selon lequel la prescription ne peut courir contre celui qui ne peut agir. C'est le cas lorsqu'un obstacle de droit ou de fait l'en empêche. Aux termes de l'article 9-3 du code de procédure pénale, issu de la loi du 27 février 2017, « tout obstacle de droit, prévu par la loi, ou tout obstacle de fait insurmontable et assimilable à la force majeure, qui rend impossible la mise en mouvement ou l'exercice de l'action publique, suspend la prescription ». Cette définition semble rejoindre la définition de la chambre criminelle. Elle semble toutefois la compliquer quelque peu par l'ajout d'une référence à la force majeure. Il faudra dire si tout obstacle insurmontable constitue un cas de force majeure.

633.15 Obligation à la charge du ministère public. L'exception de prescription de l'action publique étant d'ordre public, elle doit être relevée d'office par le juge.

Aussi, il appartient au ministère public d'établir que la prescription n'est pas éteinte par la prescription et, par voie de conséquence, de déterminer la date de l'infraction permettant de fixer le point de départ du délai de prescription : « attendu que la prescription de l'action publique constitue une exemption péremptoire et d'ordre public qui doit être relevée d'office par le juge, et qu'il appartient au ministère public d'établir que l'action publique n'est pas éteinte par la prescription » énonce le 16 décembre 1964 la

1. Crim. 15 juin 1893, *DP* 1893. 1. 607 – Crim. 17 févr. 1987, n° 86-96.298, P n° 77.
2. Crim. 6 janv. 1965, n° 64-91.568, P n° 4.
3. Crim. 15 juin 1893, *DP* 1895. 1. 496 – Crim. 24 avr. 1979, n° 78-92.033, P n° 142 – Crim. 7 mai 1991, n° 90-84.122, P n° 195.
4. Crim. 15 mars 1961, P n° 163.
5. Crim. 5 mars 2014, n° 12-88.080, P n° 68 ; *AJ pénal* 2014. 308, obs. L. Belfanti.
6. Crim. 3 juin 2004, n° 03-87.113, P n° 151 ; *RSC* 2005. 580, obs. H. Matsopoulou.
7. Crim. 7 févr. 1980, n° 78-94.147, P n° 52 ; *JCP* 1981. II. 19498, note W. Jeandidier – Crim. 29 nov. 1983, n° 82-94.295, P n° 323 – Crim. 8 sept. 2004, n° 03-86.098, P n° 202 ; *JCP* 2004. IV. 3196 – Crim. 16 mars 1988, n° 87-8.240, P n° 131 ; *D.* 1988. 496, note H. Fenaux ; *D.* 1988. Somm. 362, obs. J. Pradel – Crim. 14 nov. 1989, n° 88-87.229, P n° 413 – Crim. 3 avr. 1997, n° 95-83.042, P n° 134 ; *JCP* 1997. IV. 1785 – Crim. 21 juin 2005, n° 04-84.698, P n° 184 ; *JCP* 2005. IV. 2825.
8. Crim. 5 janv. 2000, n° 99-81.929, P n° 2 ; *Dr. pénal* 2000, n° 123 – Crim. 3 juin 2004, n° 03-87.113, P n° 151 ; *RSC* 2005. 580, obs. H. Matsopoulou ; *JCP* 2004. IV. 2645.
9. Crim. 12 nov. 2015, n° 14-82.765, P n° 262 ; *D.* 2015. 2375 ; *D.* 2016. 1836, obs. C. Mascala ; *Dr. soc.* 2016. 34, chron. R. Salomon.
10. V. s^s n°s 633.71 s.

chambre criminelle dans une affaire où la date d'un affichage illicite, infraction instantanée, n'était pas déterminée[1].

De même, doit être cassé l'arrêt qui, alors qu'il s'était écoulé plus de trois ans entre le fait poursuivi et la citation, a prononcé une condamnation sans formuler aucune précision de nature à démontrer qu'il y a eu acte de poursuite avant l'accomplissement du délai ou que l'exercice de l'action publique avait été impossible[2].

Dans des circonstances exceptionnelles, tel le cas d'enlèvement d'une personne dont le corps n'a jamais été retrouvé, le meurtre ne peut être prescrit dès lors que le décès de la personne n'est pas avéré. Le crime de séquestration ne peut être prescrit pour les mêmes raisons. L'actualité a montré, en Autriche ou aux États-Unis, que des personnes enlevées pouvaient être séquestrées pendant de très longues années. Cela ne veut pas dire pour autant qu'une date précise est absolument nécessaire pour proclamer prescrites les poursuites mais elle doit l'être suffisamment et le ministère public doit être en mesure de démontrer que les faits ne sont pas prescrits. Dans un arrêt relatif à une affaire où la prévenue était poursuivie pour avoir laissé en stationnement une résidence mobile (mobil home) sans autorisation pendant plus de trois sur un terrain lui appartenant, la Cour casse un arrêt de cour d'appel[3]. La prévenue avait soutenu que cette résidence avait perdu ses moyens de mobilité mais qu'un éventuel défaut de permis de construire était prescrit. Elle était pourtant condamnée de ce dernier chef, la prescription ayant été écartée au motif que l'intéressée n'apportait pas la preuve qui lui incombait que cette perte de mobilité fut « antérieure à la date où les constatations ont été faites ». La chambre criminelle rappelle qu'il appartenait aux juges de s'assurer du moment où le délit avait été consommé et de fixer le point de départ de la prescription ; que, faute de l'avoir fait, l'arrêt ne permet pas à la Cour de cassation d'exercer son contrôle. De même, un prévenu avait soutenu devant une cour d'appel que des travaux non autorisés par un permis de construire et en infraction au plan local d'urbanisme ayant été achevés avant même que l'administration en constate l'existence, et avant qu'elle établisse un procès-verbal d'infractions, plus de trois ans après, les délits de défaut de permis de construire et de violation d'un plan d'urbanisme étaient prescrits. Pour déclarer le prévenu coupable des deux infractions au code de l'urbanisme en écartant l'exception de prescription, la cour d'appel avait énoncé que la prescription ne pouvait être invoquée dans la mesure où le prévenu ne démontrait pas à quelle date ces constructions hétéroclites étaient terminées. Mais il appartenait aux juges de s'assurer du moment où les délits avaient été consommés et de fixer le point de départ de la prescription. Faute de l'avoir fait, l'arrêt ne permet pas à la Cour de cassation d'exercer son contrôle et est cassé[4]. Par ailleurs, a justifié sa décision la cour d'appel qui, pour écarter l'exception de prescription de l'action publique relative à des infractions en matière d'urbanisme, ne s'est pas fondée uniquement sur la déclaration d'achèvement des travaux et a, par une appréciation souveraine, écarté les éléments tendant à démontrer que l'immeuble était en état d'être affecté à l'usage auquel il était destiné, ce dont il résultait que la prescription n'était pas acquise[5].

633.16 Non-application de l'article 801 du code de procédure pénale. L'article 801 du code de procédure pénale, qui dispose que le délai prévu par une disposition de procédure pénale pour l'accomplissement d'un acte ou d'une formalité qui expirerait normalement un samedi, un dimanche ou bien un jour férié ou chômé est prorogé jusqu'au premier jour ouvrable suivant, n'est pas applicable au délai de prescription de l'action publique dont l'écoulement a pour effet d'ôter aux faits poursuivis tout caractère délictueux. Ce délai ne constitue pas un délai prévu pour l'accomplissement d'un acte ou d'une formalité au sens de l'article 801. C'est donc à bon droit qu'une chambre d'accusation a refusé de proroger au lundi suivant le délai de prescription qui expirait un samedi[6].

SECTION 2
EFFETS

§ 1
Interruption ou suspension

A.
Effets : principes généraux

633.21 Interruption de l'action publique : effets. L'interruption de l'action publique anéantit le temps qui a pu déjà courir. Le nouveau délai repart de zéro. L'article 9-2 du code de procédure pénale,

1. Crim. 16 déc. 1964, n° 63-93.089, P n° 339 – AUSSI : Crim. 12 mars 1958, P n° 250.
2. Crim. 19 mars 1956, P n° 274 ; *D.* 1956. Somm. 132.
3. Crim. 19 avr. 1995, n° 94-83.519, P n° 159 ; *JCP* 1995. IV. 1829 ; *Gaz. Pal.* 1995. 2. 364, obs. J.-P. Doucet.
4. Crim. 23 sept. 2014, n° 13-86.053, P n° 197 ; *D.* 2014. 1998 ; *JCP* 2014. 1110 ; *RDI* 2014. 639, obs. G. Roujou de Boubée ; *RSC* 2014. 790, obs. J.-H. Robert.
5. Crim. 16 janv. 2018, n° 17-81.896, P ; *JCP* 2018. 245.
6. Crim. 30 oct. 2001, n° 00-87.981, P n° 224 ; *D.* 2001. 3586.

issu de la loi du 27 février 2017, dispose que « tout acte, jugement ou arrêt mentionné aux 1° à 4° fait courir un délai de prescription d'une durée égale au délai initial ». La solution n'allait pas de soi et a été discutée pendant les travaux préparatoires, la proposition de loi initiale proposant que tout acte interruptif ait pour effet de faire courir un nouveau délai de prescription d'une durée égale à la moitié du délai initial, soit trois ans en matière délictuelle et dix ans en matière criminelle, solution qui, à notre avis, ne pouvait être comprise que si l'acte interruptif n'avait pas pour effet de réduire la prescription[1]. La notion de délai butoir en cette matière, qui pose bien des difficultés en Italie par exemple, n'a pas été discutée[2].

633.22 Suspension de l'action publique : effets. La suspension de l'action publique arrête seulement le cours de la prescription. Lorsqu'il repart, le délai prend en compte le temps déjà écoulé avant sa suspension. La situation est donc plus favorable à l'auteur de l'infraction qu'en ce qui concerne l'interruption puisque, en cas de suspension, il ne perd pas le bénéfice du temps déjà écoulé. La loi du 27 février 2017 n'a apporté aucune précision sur ce point.

B.
Effets à l'égard des personnes

633.31 Portée générale. L'interruption de la prescription de l'action publique a un effet général en ce qui concerne toutes les personnes qui peuvent être concernées par cette infraction : elle produit son effet à l'égard de tous les auteurs et complices de l'infraction, connus ou inconnus[3], poursuivis ou non, bien que les poursuites n'aient été engagées que contre un seul d'entre eux ou même seulement contre personne non dénommée[4]. L'article 7 du code de procédure pénale le prévoyait d'ailleurs expressément : « Il en est ainsi même à l'égard des personnes qui ne seraient pas impliquées dans cet acte d'instruction ou de poursuite ». La prescription s'étend aussi bien aux auteurs de l'infraction qu'aux victimes[5]. Mais la prescription de l'action publique à l'égard du complice d'une infraction de presse ne peut être interrompue par les actes de la poursuite annulée contre le directeur de la publication, auteur principal de l'infraction[6]. L'effet interruptif se produit également à l'égard des commettants civilement responsables[7].

Le dernier alinéa de l'article 9-2 porte mention que « Le présent article est applicable aux infractions connexes ainsi qu'aux auteurs ou complices non visés par l'un de ces mêmes actes, jugement ou arrêt ».

633.32 Action civile. Tout acte de poursuite et d'instruction accompli dans le délai de prescription de l'action publique interrompt la prescription des actions tant publique que civile[8].

C.
Effets à l'égard des faits

633.41 Portée relative. L'effet interruptif de la prescription est, en principe, limité aux faits délictueux visés par la poursuite. La procédure suivie devant la juridiction de jugement ou une décision de condamnation du chef d'homicide involontaire ne sauraient interrompre la prescription de l'action publique à l'égard de l'auteur du crime d'homicide volontaire commis par un tiers sur la même victime. Toutefois, cette prescription est susceptible d'avoir été interrompue par des actes de poursuite ou d'instruction survenus avant la saisine de la juridiction de jugement du chef d'homicide involontaire[9].

633.42 Actions fiscale ou douanière. Les actes interruptifs de la prescription de l'action publique étendent leurs effets à l'action fiscale, lorsqu'ils visent des faits constituant à la fois des infractions de droit commun et des infractions fiscales[10]. Ils interrompent l'action fiscale exercée par l'Administration des impôts pour infraction à la législation des contributions indirectes[11]. En matière douanière, les actes d'instruction accomplis au cours d'une information ouverte à la requête du ministère public à la suite d'un acte introductif d'instance fiscale, interrompent le cours de la prescription à l'égard de l'action publique et de l'action fiscale[12].

1. Autant on peut comprendre qu'au bout de cinq ans, un acte interruptif fasse repartir une prescription de trois ans, autant on peut trouver singulier que le premier acte intervenant dans les premiers mois de commission du délit ait pour effet de faire baisser la prescription de six à trois ans.
2. SUR le délai butoir, v. s^{s} n°s 632.52 s.
3. Crim. 6 nov. 1984, n° 83-93.301, P n° 334 – Crim. 28 oct. 1992, n° 91-84.341, P n° 350 – Crim. 5 juill. 1993, n° 92-82.799, P n° 239 ; *RSC* 1994. 120, obs. J.-C. Marin – Crim. 30 mai 1994, n° 93-81.943, P n° 210 ; *Rev. sociétés* 1995. 749, note B. Bouloc – Crim. 20 mai 2003, n° 02-85.185, P n° 243 ; *RTD com.* 2003. 829, obs. B. Bouloc – Crim. 12 juill. 2005, n° 04-16.933, P n° 162 ; *D.* 2005. 2145, obs. E. Chevrier.
4. Crim. 13 nov. 1973, n° 72-91.554, P n° 414.
5. Crim. 17 févr. 1986, n° 85-90.713, P n° 62.
6. Crim. 5 juill. 1995, n° 93-82.665, P n° 249.
7. Crim. 14 juin 2006, n° 05-82.900, P n° 181 ; *AJ pénal* 2006. 446, obs. G. Royer.
8. Crim. 17 févr. 1986, n° 85-90.713, préc.
9. Crim. 2 févr. 1993, n° 92-85.886, P n° 55 ; *RSC* 1994. 106, obs. G. Levasseur.
10. Crim. 6 janv. 1987, n° 85-90.631, P n° 2.
11. Crim. 30 mai 1994, n° 93-81.943, P n° 210 ; *Rev. sociétés* 1995. 749, note B. Bouloc.
12. Crim. 3 juin 1991, n° 90-83.151, P n° 233 ; *D.* 1992. 228, note J. Pannier.

633.43 Faits indivisibles et faits connexes. Une importante exception doit être notée au principe de la relativité des effets de la prescription quant aux infractions. En effet, l'effet interruptif se transmet à toutes les infractions indivisibles ou connexes. Tout acte de poursuite ou d'instruction effectué à l'encontre d'un des participants à des infractions indivisibles interrompt la prescription à l'égard de tous les autres, même s'ils ne sont pas impliqués dans cet acte[1]. Il en est ainsi des poursuites pour trafic de stupéfiants et les délits douaniers indivisibles de contrebande ou complicité de contrebande, et ce même si les poursuites ont été exercées séparément et ne sont pas jointes[2]. Cette dernière précision est extrêmement importante : un dossier peut contenir pour seules pièces des actes qui montrent que l'infraction est prescrite, et pourtant, celle-ci ne l'est pas forcément s'il existe dans une autre enquête, qui n'est pas forcément portée à la connaissance du procureur, du juge d'instruction ou de la juridiction de jugement qui prend la décision, des actes interruptifs portant sur des actes indivisibles. Mais la solution est la même en matière d'infractions connexes et est à ce niveau encore plus remarquable : lorsque des infractions sont connexes, un acte interruptif de prescription concernant les unes a nécessairement le même effet à l'égard des autres[3]. Il en est ainsi que les poursuites aient été exercées séparément ou par voie de réquisitions supplétives[4]. Doivent être considérées comme connexes les infractions qui procèdent d'une même conception, relèvent du même mode opératoire et tendent au même but[5].

Une plainte avec constitution de partie civile visant les agissements délictueux commis par les dirigeants d'une société met en mouvement l'action publique et interrompt la prescription à l'égard de toutes les infractions, même non visées dans cette plainte, qui ont été commises dans le fonctionnement de la société[6]. Une plainte avec constitution de partie civile faisant état d'une opération complexe déterminée met l'action publique en mouvement et interrompt la prescription à l'égard de toutes les infractions, même non expressément visées dans cette plainte, qui ont été commises à l'occasion de cette opération[7].

De même, une plainte avec constitution de partie civile du chef de blessures involontaires, déposée contre un chirurgien en 1996, interrompt la prescription du délit d'omission de porter secours ayant fait l'objet d'un réquisitoire supplétif du procureur de la République en février 2000[8]. Les actes interruptifs de prescription des infractions de falsification de chèques et usage et escroquerie interrompent la prescription des faits de recel de fonds provenant desdites infractions[9]. Il en est ainsi également y compris si les auteurs des infractions connexes sont différents[10]. L'inculpation d'une nommée JC... pour détournement d'objet donné en gage peut valider l'interruption de l'action publique permettant les poursuites exercées plus tard contre GC... pour faux et complicité d'escroquerie[11]. Le délai de prescription de l'action publique est interrompu par une plainte avec constitution de partie civile, visant les faits connexes d'abus de pouvoirs qui auraient été commis, à la même période, par la même personne au préjudice de la même société[12].

Mais l'interruption de la prescription triennale de l'action publique applicable à un délit est sans incidence sur la prescription des contraventions déjà acquise, seraient-elles connexes, indivisibles ou en concours[13].

La jurisprudence qui étend l'interruption de la prescription aux faits connexes est confortée par le dernier alinéa de l'article 9-2 qui le prévoit désormais expressément.

633.44 Acte interruptif ayant donné lieu à décision de non-lieu. Les actes interruptifs de la prescription de l'action publique continuent à produire cet effet même s'ils concernent des faits pour lesquels un non-lieu est finalement rendu[14]. Une cour d'appel énonce à bon droit que : « Les faits poursuivis devant elle sont unis par un lien de connexité avec ceux pour lesquels le juge d'instruction a prononcé un non-lieu, ayant été accomplis

1. Crim. 19 janv. 1967, n° 66-92.856, P n° 32 – Crim. 16 mai 2012, n° 11-83.299, NP, *D.* 2013. 1647, obs. C. Mascala – Crim. 27 juin 2012, n° 11-86.197, NP, *D.* 2013. 1647, obs. C. Mascala ; *Dr. sociétés* 2012, n° 191, note R. Salomon.
2. Crim. 12 janv. 1972, n° 70-91.562, P n° 17 – Crim. 1er déc. 2004, n° 03-87.883, P n° 304 ; *Dr. pénal* 2005, n° 31 (v. ss n° 633.01).
3. Crim. 16 déc. 1975, n° 74-90.718, P n° 283 – Crim. 29 nov. 1983, n° 82-94.295, P n° 323 – Crim. 18 févr. 1991, n° 90-80.025, P n° 85.
4. Crim. 15 janv. 1990, n° 86-96.469, P n° 22 – Crim. 28 oct. 1992, n° 91-84.341, P n° 350.
5. Crim. 30 nov. 1987, n° 87-80.737, P n° 435 – Crim. 18 févr. 1991, n° 90-80.025, P n° 85 – Crim. 28 nov. 1996, n° 95-80.168, P n° 437 – Crim. 18 janv. 2006, n° 05-85.858, NP, *Dr. pénal* 2006. Comm. n° 76, note A. Maron.
6. Crim. 30 juin 1971, n° 70-91.929, P n° 218.
7. Crim. 20 oct. 1993, n° 92-86.717, P n° 303 ; *D.* 1994. Somm. 186, obs. J. Pradel.
8. Crim. 5 sept. 2001, n° 00-85.003, NP.
9. Crim. 19 déc. 1995, n° 95-80.850, P n° 390.
10. Crim. 6 juin 1996, n° 95-85.919, P n° 143.
11. Crim. 6 juin 1996, n° 95-85.919, préc.
12. Crim. 14 nov. 2013, n° 12-87.008, NP, *Rev. sociétés* 2014. 123, note B. Bouloc ; *RSC* 2014. 559, note H. Matsopoulou.
13. Crim. 23 juin 2015, n° 13-86.922, P n° 833 ; *AJ pénal* 2016. 45, obs. J. Lasserre Capdeville.
14. Crim. 25 févr. 1998, n° 97-82.887, P n° 76 – Crim. 27 mars 2002, nos 00-81.712, 00-88.111, P n° 70 ; *D.* 2002. 1751 ; *RSC* 2003. 122, obs. A. Giudicelli.

par le prévenu à la même époque, dans le cadre de son activité de conseil juridique, d'autre part, que la prescription de l'action publique a été interrompue à l'égard de ceux-ci par l'arrêt confirmatif rendu par la chambre d'accusation le 28 octobre 1993, et que cette interruption s'étend aux faits poursuivis qui leur sont connexes. »[1] Mais la décision de la chambre criminelle ayant estimé que l'ordonnance de non-lieu et sa notification étaient interruptives de l'action publique[2] pourrait devenir obsolète : une telle décision n'entre pas dans l'une des catégories énumérées par l'article 9-2 du code de procédure pénale.

§ 2
Délai nouveau

633.51 **Nouveau délai identique.** La logique du système de l'interruption de la prescription de l'action publique suppose que le nouveau délai soit exactement le même que le précédent. Il en est ainsi y compris pour les délais spéciaux, plus courts, qui sont ceux des délits de presse, l'article 65[3] de la loi du 29 juillet 1881 disposant qu'ils se prescrivent par trois mois du jour où ils ont été commis, ou s'il y a interruption, à partir du dernier acte de poursuite. En ce qui concerne le délai abrégé de trois mois, applicable en cas d'atteinte au respect de la justice, la prescription repart pour le même délai après chaque acte d'instruction ou de poursuite accompli dans ce délai[4]. Désormais l'avant dernier alinéa de l'article 9-2 du code de procédure pénale énonce que « Tout acte, jugement ou arrêt mentionné aux 1° à 4° fait courir un délai de prescription *d'une durée égale au délai initial* ».

633.52 **Délai nouveau plus long.** Il existe, à notre connaissance, un seul exemple d'un délai nouveau plus long que celui qui a été interrompu. Il s'agit du délai de six mois fixé par l'article L. 114[5] du code électoral pour la contestation des scrutins. La chambre criminelle a, depuis longtemps, estimé que le nouveau délai qui partait était le délai de droit commun, c'est-à-dire un délai de trois ans en matière délictuelle[6]. Bien que les arrêts rendus mentionnent l'article L. 114, celui-ci se contente d'édicter que : « L'action publique et l'action civile intentées en vertu des articles L. 86, L. 87, L. 91 à L. 104, L. 106 à L. 108 et L. 113 ou pour infraction à l'article L. 61 si les armes étaient apparentes, seront prescrites après six mois à partir du jour de la proclamation du résultat de l'élection. »

Aucune précision sur le nouveau délai n'est apportée. Il conviendra d'attendre la jurisprudence de la chambre criminelle après l'entrée en vigueur de la loi du 27 février 2017, au regard de la précision textuelle mentionnée ci-dessus[7].

633.53 **Reprise de l'action.** L'article 6, alinéa 2, du code de procédure pénale dispose que si des poursuites ayant entraîné condamnation ont révélé la fausseté du jugement ou de l'arrêt qui a déclaré l'action publique éteinte, l'action publique pourra être reprise ; la prescription doit alors être considérée comme suspendue depuis le jour où le jugement ou arrêt était devenu définitif jusqu'à celui de la condamnation du coupable de faux ou usage de faux.

SECTION 3
CAUSES LÉGALES D'INTERRUPTION ET DE SUSPENSION DE L'ACTION PUBLIQUE

§ 1
Causes légales d'interruption

633.61 **Composition pénale.** Depuis l'entrée en vigueur de la loi du 9 mars 2004[8], les actes tendant à la mise en œuvre ou à l'exécution de la composition pénale sont interruptifs de la prescription de l'action publique[9]. Selon l'article 41-2, alinéa 8, du code de procédure pénale : « La prescription de l'action publique est suspendue entre la date à laquelle le procureur de la République propose une composition pénale et la date d'expiration des délais impartis pour exécuter la composition pénale ».

633.62 **Transaction.** Plusieurs textes spéciaux ont prévu expressément l'interruption de la prescription de l'action publique en matière de transaction. Il s'agit de l'article L. 470-4-1[10] du code de commerce qui octroie à l'autorité administrative chargée de la concurrence et de la consommation un pouvoir de transaction et prévoit que : « L'acte par lequel le procureur de la République donne son accord à une proposition de transaction est interruptif de la prescription de l'action publique. » L'article L. 470-4-1 est devenu l'article L. 490-5 par

1. Crim. 27 mars 2002, n°s 00-81.712, 00-88.111, P n° 70.
2. Crim. 28 juin 2000, n° 99-85.381, P n° 255.
3. L. 29 juill. 1881, art. 65, préc.
4. Crim. 30 avr. 1996, n° 95-85.027, P n° 177.
5. C. électoral, art. L. 114.
6. Crim. 27 juin 1967, n°s 67-90.455, 67-90.456, P n° 192 – Crim. 27 févr. 1968, n° 67-92.824, P n° 65 – Crim. 3 juin 1986, n° 86-91.301, P n° 192 – Crim. 18 déc. 1990, n° 90-83.392, P n° 440.
7. V. s^s n° 633.51.
8. L. n° 2004-204, 9 mars 2004, préc.
9. C. pr. pén., art. 41-2, al. 20.
10. C. com., art. L. 470-4-1 ; mod. par ord. n° 2005-1086, 1er sept. 2005, art. 1er.

l'effet de l'ordonnance n° 2017-303 du 9 mars 2017. Il en était de même pour les transactions que pouvait proposer la Halde[1]. L'article 41-1-1[2], institué par la loi du 15 août 2014[3], et relatif à certaines transactions que peuvent proposer les officiers de police judiciaire, comportait également la précision que : « L'acte par lequel le président du tribunal de grande instance ou le juge par lui désigné homologue la proposition de transaction est interruptif de la prescription de l'action publique. »[4] Cet article a été abrogé.

§ 2
Causes légales de suspension de l'action publique

633.71 Minorité de la victime – Tutelle – Curatelle. La minorité de la victime n'est pas une cause générale de suspension de l'action publique : sauf dans les cas où la loi en dispose autrement, la minorité de l'enfant victime du délit ne constitue pas un obstacle de droit ayant pour effet de suspendre le cours de la prescription. Il en va différemment dans le cadre fixé par les articles 8 et 706-41 du code de procédure pénale[5] : la prescription est alors suspendue pendant la minorité de la victime, sans qu'il soit pour autant nécessaire d'attendre pour agir, l'échéance de sa majorité[6]. La mesure de curatelle[7] dont fait l'objet une personne ne constitue pas, à la différence de la situation de la personne sous tutelle, un obstacle de droit à sa capacité d'agir en justice de nature à suspendre la prescription de l'action publique ou à reporter le point de départ du délai de celle-ci, seule étant requise l'assistance du curateur qu'il lui appartient de solliciter[8].

633.72 Mise en œuvre d'une procédure d'alternative aux poursuites. Lorsque le procureur de la République met en œuvre une procédure alternative aux poursuites : rappel à la loi[9], orientation vers une structure sociale, sanitaire ou professionnelle, régularisation de la situation, réparation du dommage ou médiation, obligation de résidence hors du domicile du couple, l'action publique est suspendue selon le terme précis de l'alinéa 2 de l'article 41-1 du code de procédure pénale.

Les réquisitions aux fins de médiation pénale prévue par l'article 41-1 du code précité ont pour effet de suspendre la prescription de l'action publique même pour les délits de presse[10].

633.73 Plainte avec constitution de partie civile. Depuis l'entrée en vigueur de la loi du 5 mars 2007[11], l'article 85[12] du code de procédure pénale prévoit, sauf exception, que celui qui se constitue partie civile doit justifier d'avoir au préalable déposé une plainte auprès du procureur de la République depuis un délai de trois mois ou avoir été destinataire du classement sans suite de ladite plainte. L'article 85 précisait, jusqu'à l'entrée en vigueur de la loi du 27 février 2017[13] que : « La prescription de l'action publique est suspendue, au profit de la victime, du dépôt de la plainte jusqu'à la réponse du procureur de la République ou, au plus tard, une fois écoulé le délai de trois mois. » Il s'agissait d'une cause nouvelle de suspension légale qui a été supprimée par la loi du 27 février 2017, non pas que le législateur ait entendu la faire disparaître mais tout simplement en raison de l'édiction du texte général sur la suspension de l'action publique. Dans une décision rendue le 21 avril 2022[14], la chambre criminelle a précisé que constitue une plainte, au sens de l'article 85 du code de procédure pénale, toute information portée, sans formalisme particulier, à la connaissance de l'autorité judiciaire ou d'un officier ou agent de police judiciaire, et relative à des faits susceptibles de revêtir une qualification pénale. Une plainte simple qui ne constitue pas un acte de poursuite ou d'instruction, n'a pas d'effet interruptif de la prescription de l'action publique[15]. Une plainte non assortie d'une constitution de partie civile n'est pas un acte d'instruction ou de poursuite, même dans les matières, comme les infractions à la réglementation des changes, où la

1. L. n° 2004-1486, 30 déc. 2004 portant création de la haute autorité de lutte contre les discriminations et pour l'égalité, *JO* 31 déc., p. 22567, art. 11-3, depuis 2011 : les compétences de la Halde ont été transférées au Défenseur des droits.
2. C. pr. pén., art. 41-1-1 ; créé par L. n° 2014-896, 15 août 2014, art. 35 ; mod. par L. n° 2017-258, 28 févr. 2017, art. 19.
3. L. n° 2014-896, 15 août 2014 relative à l'individualisation des peines et renforçant l'efficacité des sanctions pénales, *JO* 17 août, p. 13647.
4. V. s[s] n°s 635.81 s.
5. V. s[s] n°s 635.11 s.
6. Crim. 30 nov. 1994, n°s 94-84.127, 94-84.396, P n° 389 ; *RSC* 1995. 369, obs. J.-P. Dintilhac.
7. AUSSI : N. Peterka et A. Caron-Déglise, *Protection de la personne vulnérable*, 5e éd., « Dalloz action », 2020, n°s 334.24, 335.36, 343.12.
8. Crim. 7 juin 2017, n° 16-85.191, P n° 156 ; *D.* 2018. 1458, obs. J.-J. Lemouland et D. Noguéro ; *JCP* 2017. 932.
9. Crim. 29 nov. 2022, n° 22-81.814, P.
10. Paris, 21 févr. 2002, NP.
11. L. n° 2007-291, 5 mars 2007, préc.
12. C. pr. pén., art. 85 ; mod. par L. n° 2017-242, 27 févr. 2017, art. 3.
13. L. n° 2017-242, 27 févr. 2017, préc.
14. Crim. 21 avr. 2022, n° 21-82.877, B ; *D.* 2022. 838 ; *JCP* 2022. 621 ; *Procédures* n° 6, Juin 2022, comm. 157 ; *AJ pénal* 2022. 327, obs. E. Clément.
15. Crim. 11 juill. 2012, n° 11-87.583, P n° 169 ; *D.* 2012. 1965 ; *D.* 2013. 1647, obs. C. Mascala ; *AJ pénal* 2012. 555, obs. J. Gallois.

plainte de l'administration est la condition préalable et nécessaire de la mise en mouvement de l'action publique.

633.74 Article 6-1 du code de procédure pénale. Il dispose que lorsqu'un crime ou un délit prétendument commis à l'occasion d'une poursuite judiciaire impliquerait la violation d'une disposition de procédure pénale, l'action publique ne peut être exercée que si le caractère illégal de la poursuite ou de l'acte accompli à cette occasion a été constaté par une décision définitive de la juridiction répressive saisie. Dans ce cas, le « délai de prescription de l'action publique court à compter de cette décision ». Il s'agit là encore d'un cas de suspension légale.

Il résulte de la combinaison des articles 6-1 et 86 du code de procédure pénale que, lorsqu'un crime ou un délit est dénoncé comme ayant été commis à l'occasion d'une poursuite judiciaire et impliquerait la violation d'une disposition de procédure pénale, l'absence de décision définitive de la juridiction répressive constatant le caractère illégal de la poursuite ou de l'acte accompli met obstacle à l'exercice de l'action publique pour la répression dudit crime ou délit[1]. Cet obstacle est général et concerne aussi les tiers à l'action pénale qui ne peuvent agir devant la juridiction pénale en nullité mais qui disposent d'un recours devant la juridiction civile[2]. L'exception préjudicielle à la mise en mouvement de l'action publique constitue un obstacle de droit entraînant nécessairement la suspension de l'action publique[3]. Mais l'article 6-1 ne vise que le cas où les infractions dénoncées impliqueraient la violation d'une disposition de procédure pénale[4]. Ne justifie pas sa décision, l'arrêt qui déclare qu'il n'y a pas lieu à informer des chefs de faux en écriture publique, destruction ou soustraction de preuve alors que les faits dénoncés, consistant en la substitution et la destruction d'objets placés sous scellés, n'impliquent pas la violation d'une règle de procédure pénale[5].

Les dispositions de l'article 6-1 du code de procédure pénale ne sont pas incompatibles avec celles des articles 6[6] et 13[7] de la convention européenne des droits de l'homme dès lors que la personne concernée dispose d'un recours judiciaire préalable en annulation des actes argués d'illégalité[8].

En faisant droit aux requêtes en nullité fondées sur une violation de l'article 6-1 du code de procédure pénale, présentées par le procureur de la République de Nanterre et son adjointe, mis en examen pour collecte de données à caractère personnel par un moyen frauduleux, déloyal ou illicite et atteinte au secret des correspondances par personne dépositaire de l'autorité publique, et placés sous le statut de témoin assisté pour violation du secret professionnel et recel, à la suite de la plainte déposée par deux journalistes du *Monde*, une chambre de l'instruction a justifié sa décision, dès lors que, d'une part, les délits dénoncés impliquant la violation de dispositions de procédure pénale (réquisitions prises sur la base de l'article 77-1-1 du code de procédure pénale), l'action publique ne pouvait être engagée qu'après la constatation définitive du caractère illégal des actes accomplis et que, d'autre part, les demandeurs disposaient d'un recours effectif au sens de l'article 13 de la convention européenne des droits de l'homme[9].

Dans une affaire où deux personnes mises en examen dans une information ouverte des chefs d'association de malfaiteurs et tentative d'assassinat en bande organisée s'étaient constituées parties civiles pour faux, usage de faux et subornation de témoin contre les deux juges d'instruction chargés de l'information, en leur reprochant de ne pas avoir fidèlement reproduit, dans un procès-verbal d'audition, les propos tenus par un témoin, et d'avoir, lors d'une audition ultérieure, exercé des pressions sur ce témoin, le procureur de la République, avait requis qu'en application des dispositions de l'article 6-1 du code de procédure pénale, le juge d'instruction n'informe pas tant que le caractère illégal des actes visés dans la plainte ne serait pas constaté par une décision devenue définitive. Pour infirmer l'ordonnance disant y avoir lieu à informer, la chambre de l'instruction avait estimé que même à les supposer établis les faits imputés aux deux magistrats instructeurs à l'occasion de l'établissement par leurs seuls soins d'un acte de procédure relevaient d'un possible contrôle juridictionnel et que les mis en examen se devaient de faire constater préalablement à leur dépôt de plainte, l'illégalité de cet acte en application de l'article 6-1 du code de procédure pénale sans qu'ils puissent se prévaloir en cause d'appel du délai de forclusion de six mois qui ne pouvait courir, s'agissant d'un acte qu'ils ne pouvaient connaître, qu'à compter de l'interrogatoire qui suivait sa noti-

1. Crim. 28 janv. 1997, n° 96-81.388, P n° 37.
2. Crim. 14 févr. 2001, n° 00-83.657, P n° 42.
3. POUR un arrêt appliqué à une procédure antérieure à l'apparition de l'article 6-1 dans son écriture actuelle : Crim. 8 juin 1999, n° 97-82.834, NP ; *Procédures* 1999, n° 255, note J. Buisson.
4. Crim. 21 avr. 1998, n° 97-82.897, P n° 139 – Crim. 2 sept. 2003, n° 02-87.799, P n° 147 ; *JCP* 2003. IV. 280.
5. Crim. 6 janv. 2009, n° 08-81.464, P n° 1 ; *D.* 2009. AJ 433 ; *AJ pénal* 2009. 177, obs. C. Girault.
6. Conv. EDH, art. 6.
7. Conv. EDH, art. 13.
8. Crim. 28 janv. 1997, n° 96-81.388, P n° 37 ; *Procédures* 1997, n° 122, note J. Buisson ; *RSC* 1997. 644, obs. J.-P. Dinthillac – Crim. 25 avr. 2001, n° 01-80.829, NP, *Dr. pénal* 2001, n° 20, note A. Maron.
9. Crim. 25 juin 2013, n° 12-82.718, P n° 151 ; *D.* 2013. 1625 ; *JCP* 2013. 874 ; *RSC* 2013. 837, note X. Salvat.

fication. La chambre criminelle rejette le pourvoi en constatant qu' : « En l'état de ces énonciations, et dès lors qu'il n'a pas été préalablement et définitivement jugé que les actes de procédure contestés, accomplis à l'occasion d'une poursuite judiciaire, portaient atteinte au principe de loyauté des preuves, la chambre de l'instruction a justifié sa décision au regard des dispositions de l'article 6-1 du code de procédure pénale. »[1]

633.75 Consultation de l'Autorité de la concurrence. L'article L. 462-3[2] du code de commerce qui prévoit que l'Autorité de la concurrence, qui a remplacé le Conseil de la concurrence, peut être consultée par les juridictions sur les pratiques anticoncurrentielles définies aux articles L. 420-1[3], L. 420-2[4] et L. 420-5[5] ainsi qu'aux articles 101 et 102 du traité sur le fonctionnement de l'Union européenne et relevées dans les affaires dont elles sont saisies, dispose dans son alinéa 2 que : « Le cours de la prescription est suspendu, le cas échéant, par la consultation de l'Autorité. »

633.76 Infractions fiscales. En cette matière, la prescription de l'action publique est suspendue pendant une durée maximum de six mois entre la date de saisine de la commission des infractions fiscales et la date à laquelle cette commission émet son avis[6]. Lorsque l'infraction a été commise dans les conditions prévues à l'article 1837[7] du code général des impôts, la plainte doit être déposée dans les six ans qui suivent l'affirmation jugée frauduleuse (la durée traditionnelle de trois années a été doublée par la loi du 6 décembre 2013[8]). Si, aux termes de l'article L. 230[9] du livre des procédures fiscales, l'action publique est prescrite à la fin de la troisième année (désormais sixième année) qui suit celle au cours de laquelle l'infraction a été commise, cette période est augmentée de celle comprise entre la date de saisine de la commission des infractions fiscales et la date à laquelle cette commission émet son avis[10].

633.77 Douanes. L'article 450 du code des douanes prévoyait que l'avis de la commission de conciliation et d'expertise douanière devait être notifié aux parties dans un délai maximal de douze mois pendant lequel le cours des prescriptions était suspendu. Cette suspension s'appliquait à l'égard de toutes les personnes poursuivies pour des opérations portant sur les marchandises soumises à l'examen de la commission de conciliation et d'expertise douanière et pas seulement à l'égard des seules personnes qui ont saisi ladite commission[11]. Cet article a été abrogé par la loi n° 2016-1918 du 26 décembre 2016.

633.78 Président de la République. La doctrine a déduit de l'arrêt rendu en Assemblée plénière par la Cour de cassation le 10 octobre 2001[12], selon lequel le président de la République ne peut être mis en examen, cité ou renvoyé devant une juridiction pénale de droit commun pendant la durée de son mandat, que l'action publique était suspendue par un obstacle de droit mettant la partie poursuivante dans l'impossibilité d'agir[13].

Cette solution fut entérinée par l'article 67, alinéa 2, de la Constitution, issu de la réforme constitutionnelle du 23 février 2007[14], portant modification du titre IX de la Constitution : « Le président de la République ne peut, durant son mandat et devant aucune juridiction ou autorité administrative française, être requis de témoigner non plus que faire l'objet d'une action, d'un acte d'information, d'instruction ou de poursuite. Tout délai de prescription ou de forclusion est suspendu »[15].

633.79 Santé publique. Il résulte de l'article L. 1142-7 du Code de la santé publique que la saisine de la commission régionale de conciliation et d'indemnisation des accidents médicaux suspend le délai de prescription de l'action publique[16].

1. Crim. 28 oct. 2014, n° 14-81.127, P n° 216 ; *D.* 2014. 2243 ; *AJ pénal* 2015. 206, obs. L. Ascensi ; *AJ pénal* 2015. 320, obs. P. de Combles de Nayves.
2. C. com., art. L. 462-3 ; mod. par ord. n° 2017-303, 9 mars 2017, art. 4.
3. C. com., art. L. 420-1 ; mod. par L. n° 2001-420, 15 mai 2001, art. 52.
4. C. com., art. L. 420-2 ; mod. par L. n° 2005-882, 2 août 2005, art. 40.
5. C. com., art. L. 420-5 ; mod. par L. n° 2017-256, 28 févr. 2017, art. 64.
6. LPF, art. L. 230.
7. CGI, art. 1837.
8. L. n° 2013-1117, 6 déc. 2013 relative à la lutte contre la fraude fiscale et la grande délinquance économique et financière, *JO* 7 déc., p. 19941.
9. LPF, art. L. 230, préc.
10. Crim. 4 oct. 1982, n° 81-35.003, P n° 204.
11. Crim. 11 janv. 2006, n° 05-80.859, P n° 13 ; *AJ pénal* 2006. 124.
12. Cass., ass. plén., 10 oct. 2001, n° 01-84.922, P n° 11 ; *D.* 2002. 237, note Ch. Debbash ; *D.* 2001. 3365, Chron. L. Favoreu ; *D.* 2002. 674, note J. Pradel ; *Dr. pénal* 2001, n° 144, note A. Maron ; *RSC* 2002. 59, obs. L. Hamon ; *RSC* 2002. 128, obs. A. Giudicelli ; *RSC* 2002. 676, obs. V. Bück.
13. NOT. : L. Favoreu, « La Cour de cassation, le Conseil constitutionnel et la responsabilité pénale du président de la République », *D.* 2001. Chron. 3365 ; « Le statut pénal du chef de l'État », *D.* 2003. Interview 430.
14. L. constitutionnelle n° 2007-238, 23 févr. 2007 portant modification du titre IX de la Constitution, *JO* 24 févr., p. 3354.
15. M.-L. Rassat, « Du statut dit "pénal" du président de la République », *Dr. pénal* 2007. Chron. 8.
16. Crim. 8 janv. 2019, n° 18-82.235, P n° 3 ; *Procédures* n° 2019, comm. 90, A.-S. Chavent-Leclère.

SECTION 4
CAUSES JURISPRUDENTIELLES DE SUSPENSION DE L'ACTION PUBLIQUE

633.81 La prescription ne court pas contre celui qui ne peut pas agir. En partant de cette maxime, la chambre criminelle a développé une jurisprudence selon laquelle la prescription de l'action publique ne court pas dès lors qu'il existe un obstacle de fait ou de droit. En précisant que « tout obstacle de droit, prévu par la loi, ou tout obstacle de fait insurmontable et assimilable à la force majeure, qui rend impossible la mise en mouvement ou l'exercice de l'action publique, suspend la prescription », l'article 9-3 [1] du code de procédure pénale, issu de la loi du 27 février 2017, a repris le même principe.

§ 1
Obstacles de fait

633.91 Fait insurmontable. Il doit s'agir d'un obstacle insurmontable faisant obstacle à l'exercice de l'action publique [2]. Le premier exemple, souvent cité, est celui de l'occupation du territoire par l'ennemi [3]. Il en est de même lorsqu'une personne est internée pour état de démence [4]. Mais le mensonge d'une personne poursuivie qui s'est laissée condamner à la place du coupable n'est pas considéré comme suspensif de l'action, il appartenait en effet au procureur de vérifier la véracité des déclarations [5]. Il en résulte que l'obstacle à l'exercice de l'action ne doit pas avoir été créé par le comportement de la victime ou du ministère public. La loi du 27 février 2017 ne reprend pas cette jurisprudence et il faudra attendre la prochaine décision de la chambre criminelle pour être éclairé sur ce point. En matière de contravention, la transmission tardive de l'opposition du contrevenant par le greffe ne suspend pas l'écoulement du délai de prescription, d'une part, parce que l'article R. 46 du code de procédure pénale, selon lequel il appartient au greffe d'aviser sans délai le procureur de la République ou l'officier du ministère public de l'opposition formée par le prévenu, n'institue aucun délai dont la méconnaissance serait susceptible d'être sanctionnée ; d'autre part, parce que le délai de transmission de l'opposition au ministère public, à supposer qu'il caractérise un retard anormal traduisant un dysfonctionnement du greffe, n'ayant pas placé l'officier du ministère public dans l'impossibilité d'agir, ne constitue pas un obstacle de fait assimilable à la force majeure pouvant suspendre la prescription dans les conditions prévues par l'article 9-3 du code de procédure pénale [6].

633.92 Différences et similitudes entre le recul du point de départ du délai de prescription et la suspension de la prescription. S'il convient de différencier le recul du point de départ du délai de prescription de l'action publique et la suspension de celle-ci, il faut reconnaître qu'il existe entre les deux notions de remarquables similitudes. Ainsi, dans un arrêt du 25 avril 2017 [7] la chambre criminelle confirme la décision d'une chambre de l'instruction qui, pour caractériser l'existence de la suspension de l'action publique, avait énoncé que l'exercice des poursuites avait été « empêchée par une multiplication d'obstacles de fait pouvant être qualifiés d'insurmontables de par l'ingéniosité du procédé, la duplicité des deux amants dans l'orchestration de la mise en scène, la dispersion des morceaux du cadavre assurant la clandestinité, puis le zèle montré par la veuve pour accréditer le scénario d'un abandon familial par un mari pressé de refaire sa vie ».

La question que l'on peut se poser est la suivante : lorsque la loi du 27 février 2017 sera applicable aux faits de l'espèce, ne sera-t-on pas tenté de considérer que, dans ce type de situation, on se trouve en présence de manœuvres caractérisées de dissimulation ? Car pour motiver l'existence d'un obstacle insurmontable, les juridictions s'emploient souvent à détailler la mise en scène réalisée, mise en scène qui peut – et à notre avis doit – désormais être analysée sous l'angle des manœuvres caractérisées de dissimulation [8]. On pourrait donc assister à un glissement : le report du point de départ du délai de prescription de l'action publique pourrait concerner des affaires pour lesquelles le choix avait été fait de juger qu'il existait un obstacle insurmontable de fait. La suspension de l'action publique en raison d'un obstacle de fait pourrait quant à elle être réservée aux seuls cas de force majeure plus étroite-

1. C. pr. pén., art. 9-3 ; créé par L. n° 2017-242, 27 févr. 2017, art. 1er.
2. Crim. 11 juin 1985, n° 84-92.656, P n° 224 – Crim. 3 mai 1993, n° 92-81.728, P n° 162.
3. Crim. 1er août 1919, *DP* 1922. I. 49, note Matte.
4. Crim. 8 juill. 1858, P n° 192 – MAIS SOLUTION CONTRAIRE lorsque la cause d'aliénation mentale du prévenu est survenue postérieurement à l'infraction : Crim. 22 mars 1913, P n° 83.
5. Crim. 8 août 1994, n° 93-84.847, P n° 288 ; *RSC* 1995. 125, obs. J.-P. Dintilhac.
6. Crim. 6 sept. 2022, n° 22-80.358, NP, D. Goetz, « Suspension et interruption de la prescription en matière contraventionnelle », *D. actu*, 27 sept. 2022.
7. Crim. 25 avr. 2017, n° 17-80.879, NP.
8. Crim. 13 déc. 2017, n° 17-83.330, P n° 290 ; *D.* 2018. 11 ; *AJ pénal* 2018. 97, obs. M. Lacaze ; *RSC* 2018. 129, obs. R. Parizot : « La chambre criminelle retient que la seule dissimulation du corps ne caractérise pas un obstacle insurmontable à l'exercice des poursuites pouvant justifier la suspension de la prescription de l'action publique. »

ment analysés. Il n'existe aucun enjeu juridique à cette distinction. En effet, si l'effet du recul du point de départ et celui de la suspension sont en théorie différents, puisque la suspension ne fait qu'interrompre le cours du délai, ils sont similaires lorsque ce délai n'a pas commencé à courir.

§ 2
Obstacles de droit – Procédure

633.101 Principe - Impossibilité d'agir par un obstacle de droit. Le principal cas de suspension de la prescription par un obstacle de droit est celui où la partie poursuivante a été mise dans l'impossibilité d'agir.

Mais la jurisprudence a évolué en cette matière, en regard des profondes modifications ayant touché l'instruction préparatoire. C'est ainsi qu'avant l'entrée en vigueur de la loi du 4 janvier 1993 [1], la partie civile ne disposait d'aucun droit pour obliger le juge à accomplir un acte interruptif de prescription. La chambre criminelle estimait en conséquence que l'inaction du juge d'instruction mettant la partie civile dans l'impossibilité d'agir était une cause de suspension de la prescription de l'action publique [2].

Mais depuis l'entrée en vigueur de la loi du 4 janvier 1993, les parties peuvent solliciter du juge qu'il accomplisse des actes d'information, et dans le cas contraire le juge doit répondre dans les trente jours de la demande. S'il ne le fait pas, la partie peut saisir directement la chambre de l'instruction [3].

Aussi la chambre criminelle a-t-elle modifié sa jurisprudence et décide désormais que la partie civile doit saisir le juge d'instruction, pendant l'information [4], d'une demande d'acte régulière.

Plus rigoureux encore : passé quatre mois depuis le dernier acte d'information, elle doit saisir la chambre de l'instruction en application des dispositions de l'article 221-2 du code de procédure pénale.

La chambre criminelle, dans un arrêt du 6 février 2007 [5], estime en effet que la partie civile aurait dû user du moyen qui lui est offert par l'article 221-2 du code de procédure pénale de saisir directement la chambre de l'instruction lorsqu'il s'est écoulé quatre mois depuis le dernier acte d'instruction, dans une hypothèse où le dossier était resté au règlement pendant plus de trois ans ce qui entraînait la prescription de l'action publique. Mais si la partie civile ne respecte pas les formes imposées par le code de procédure pénale, sa demande d'acte d'instruction ne sera pas interruptive de prescription [6].

L'Assemblée plénière de la Cour de cassation a considéré comme obstacle de droit la règle fixée par l'article 13, alinéa 2, de la loi organique du 23 novembre 1993 [7] selon lequel aucune constitution de partie civile n'est recevable devant la Cour de justice de la République [8]. Par ailleurs, la partie civile ne peut se prévaloir d'une suspension du délai de prescription résultant d'une procédure ayant abouti à une ordonnance de refus d'informer en raison de l'irrégularité de sa plainte [9] [10].

633.102 Questions préjudicielles. Lorsqu'une juridiction de jugement ordonne un sursis à statuer dans l'attente de la résolution d'une question préjudicielle, la prescription de l'action publique est suspendue. Il en est ainsi lorsqu'un contribuable a saisi la juridiction administrative en application de l'article L. 4143-1 du code général des collectivités territoriales afin d'obtenir l'autorisation d'exercer l'action que la région n'exerçait pas [11].

633.103 Alternatives aux poursuites. Les articles 41-1 et 41-2 du code de procédure pénale, qui prévoient tous deux une alternative aux poursuites exercées par le ministère public, mentionnent expressément que « la procédure prévue au présent article suspend la prescription de l'action publique » [12], et que « les actes tendant à la mise en œuvre ou à l'exécution de la composition pénale sont interruptifs de la prescription de l'action publique » [13]. La jurisprudence l'a énoncé expressément [14].

1. L. n° 93-2, 4 janv. 1993 portant réforme de la procédure pénale, *JO* 4 janv., p. 215.
2. Crim. 12 oct. 1982, n° 81-94.170, P n° 211 ; *RSC* 1983. 493, obs. J.-H. Robert – Crim. 12 juill. 1972, n° 71-92.171, P n° 240 ; *D.* 1972. 65, note P. Chambon – Crim. 24 févr. 1986, n° 84-93.267, P n° 71 – Crim. 27 oct. 1987, n° 86-95.321, P n° 374 – Crim. 26 mai 1992, n° 91-84.187, P n° 212 – Crim. 16 juill. 1996, n° 95-80.943, P n° 299.
3. C. pr. pén., art. 82-1.
4. Crim. 8 janv. 1997, n° 96-83.010, P n° 6 – Crim. 18 sept. 2001, n° 01-80.726, NP, *Dr. pénal* 2002. Chron. 10 – Crim. 22 mai 2009, n° 08-87.855, P n° 106 ; *D.* 2009. 1761, obs. S. Lavric ; *AJ pénal* 2009. 405, obs. L. Ascensi.
5. Crim. 6 févr. 2007, n° 06-88.713, P n° 31 ; *AJ pénal* 2007. 222, obs. J. Leblois-Happe.
6. Crim. 7 juin 2000, n° 99-81.570, P n° 215 ; *Dr. pénal* 2001. Chron. 3.
7. LO n° 93-1252, 23 nov. 1993 sur la Cour de justice de la République, *JO* 24 nov., p. 16168.
8. Cass., ass. plén., 23 déc. 1999, n° 99-86.298, P n° 9.
9. Crim. 29 sept. 2009, n° 09-81.424, P n° 161 ; *AJ pénal* 2009. 499, obs. G. Royer.
10. mais sur la suspension de l'action publique après la délivrance des avis de fin d'information, v. s^s n° 633.107.
11. Crim. 28 mars 2000, n° 99-84.367, P n° 139 ; *D.* 2000. 184 ; *RDI* 2000. 619, obs. G. Roujou de Boubée ; *RSC* 2000. 838, obs. J.-H. Robert ; *RSC* 2000. 856, obs. D.-N. Commaret – Crim. 3 déc. 2003, n° 03-82.966, P n° 233 ; *JCP* 2004. IV. 1113.
12. C. pr. pén., art. 41-1.
13. C. pr. pén., art. 41-2.
14. Crim. 17 oct. 2017, n° 16-85.193, *RSC* 2018. 126, obs. P.-J. Delage.

633.104 **Voies de recours.** La mise en délibéré d'un jugement ou d'un arrêt suspend la prescription de l'action publique[1], solution récemment reprise : le délai de prescription est suspendu pendant la durée du délibéré, les parties poursuivantes étant dans l'impossibilité d'accomplir un acte de procédure interruptif[2]. La prescription est aussi interrompue par l'audience à laquelle se déroulent les débats[3]. Peu importe que le jugement prononcé ait été ultérieurement annulé[4].

Le pourvoi en cassation suspend la prescription de l'action publique pendant la durée de l'instance en cassation et jusqu'à la signification aux parties de l'arrêt rendu sur le pourvoi, prescrite par l'article 614 du code de procédure pénale[5]. Il en est ainsi même en cas de non-recevabilité du pourvoi[6]. Mais cette suspension ne concerne que le demandeur au pourvoi[7]. Un arrêt ancien précise que l'action est suspendue lorsque la Cour de cassation est saisie d'une instance en règlement de juges[8]. Il en est de même pour le recours en révision[9]. En revanche, les décisions avant dire droit ne suspendent pas l'action publique. Il en est ainsi notamment de l'expertise[10].

633.105 **Suspension et relations avec l'étranger.** L'exécution à l'étranger d'une peine infligée à un ressortissant français également poursuivi en France suspend la prescription de l'action publique[11]. En revanche, l'obligation où se trouve le ministère public d'attendre, pour engager les poursuites, une plainte de la partie offensée ou une dénonciation officielle à l'autorité française par l'autorité du pays où le fait a été commis, en cas de délit commis contre un particulier par un français à l'étranger, ne constitue pas un obstacle absolu à l'exercice de la poursuite et, dès lors, ne suspend pas la prescription de l'action publique[12].

633.106 **Inaction du ministère public.** Il appartient à la partie civile, en cas d'inaction du ministère public, de citer le prévenu à l'une des audiences de la juridiction de jugement pour interrompre la prescription. Faute d'avoir usé de ce droit, elle ne saurait invoquer une prétendue suspension de la prescription de l'action publique[13]. Il en est ainsi même lorsque c'est un retard dans la rédaction du jugement qui a entraîné la comparution du prévenu devant la cour d'appel plus de trois ans après le jugement du tribunal correctionnel. La cour d'appel avait estimé que la prescription était suspendue par l'existence d'un obstacle de droit. Mais la chambre criminelle casse l'arrêt au motif que : « poursuivre l'audience pour faire juger l'affaire appartient à toutes les parties ; que la partie civile, comme le ministère public, peuvent assigner le prévenu à une des audiences de la juridiction de jugement, sauf le droit pour celle-ci de renvoyer la cause à une autre audience »[14]. Cette jurisprudence a été réaffirmée : « il appartient à la partie civile de surveiller le déroulement de la procédure et d'accomplir les diligences utiles pour poursuivre l'action qu'elle a engagée, en faisant citer elle-même le prévenu à l'une des audiences de la juridiction, avant l'expiration du délai de prescription et cette obligation n'est pas incompatible avec les articles 6 et 13 de la convention européenne des droits de l'homme quand, comme en l'espèce, il n'existe pour elle aucun obstacle de droit ou de fait la mettant dans l'impossibilité d'agir »[15].

La non-notification d'une décision de classement sans suite ne met pas non plus le plaignant, qui peut se constituer partie civile devant la juridiction d'instruction, dans l'impossibilité d'agir[16].

633.107 **Problème des avis de fin d'information de l'article 175 du code de procédure pénale, et des délais abrégés de prescription de l'action publique.** En matière de presse, dès lors que le délai de prescription de l'action publique est de trois mois, il peut arriver que la question se pose avec acuité lors de la fin de l'information, de savoir si la prescription n'est pas tout de même suspendue. En effet, les avis de fin d'information ouvrent à la partie la possibilité de faire des demandes d'actes pendant un délai de trois mois.

Ce n'est donc pas là l'inaction du juge qui risque d'entraîner la prescription de l'action publique, mais la simple application du délai prévu par le législateur. On doit pouvoir considérer, dans ces cas d'espèce, que la prescription est suspendue. C'est ce

1. Crim. 4 déc. 1885, P n° 335.
2. Crim. 22 oct. 2013, n° 12-84.408, P n° 198 ; *D.* 2013. 2523 ; *Dr. pénal* 2014, n° 7, note M. Véron ; *D.* 2013. 2523.
3. Crim. 20 févr. 2007, n° 06-81.362, NP – Crim. 17 févr. 2015, n° 13-88.129, P n° 29 ; *JCP* 2015. 291, zoom S. Detraz (v. s[s] n° 633.01).
4. Crim. 17 févr. 2015, n° 13-88.129, P n° 29 ; *D.* 2015. 434 ; *AJ pénal* 2015. 328, obs. G. Royer ; *JCP* 2015. 291, Zoom, par S. Detraz (v. s[s] n° 633.01).
5. Crim. 28 févr. 1946, P n° 75 – Crim. 5 mars 1979, n° 78-92.809, P n° 94 ; *D.* 1979. IR 551 – Crim. 19 avr. 1983, n° 82-92.366, P n° 111.
6. Crim. 8 nov. 1889, *DP* 1890. 1. 329.
7. Crim. 19 mars 1956, P n° 75 ; *JCP* 1956. II. 9312, note P. Chambon.
8. Crim. 9 juin 1888, P n° 92.
9. Crim. 24 févr. 1939, P n° 42.
10. Crim. 3 oct. 2000, n° 00-81.257, P n° 285 ; *D.* 2000. 287.
11. Crim. 28 mai 1985, n° 85-91.506, P n° 201.
12. Crim. 16 juill. 1987, n° 86-93.463, P n° 298.
13. Crim. 10 nov. 1999, n° 98-86.446, P n° 254 ; *D.* 2000. 52 ; *RSC* 2000. 856, obs. D. N. Commaret ; *RTD com.* 2000. 477, obs. B. Bouloc.
14. Crim. 30 mai 2007, n° 06-86.256, P n° 142 ; *AJ pénal* 2007. 433 (v. s[s] n° 633.01).
15. Crim. 20 oct. 2015, n° 14-87.122, P n° 225 ; *D.* 2015. 2252 ; *JCP* 2015. 1283.
16. Crim. 19 févr. 2008, n° 07-84.894, P n° 41 ; *AJ pénal* 2008. 233, obs. C. Saas.

qu'a décidé le tribunal correctionnel de Paris[1]... La chambre criminelle a ensuite jugé que « la prescription de l'action publique est suspendue à partir du moment où le juge d'instruction estime que l'information est achevée et pendant les délais prévus par l'article 175 précité »[2].

C'est d'ailleurs un principe général qui ne se limite pas aux infractions de presse.

Entre le réquisitoire définitif du procureur de la République et l'ordonnance de renvoi, la prescription est suspendue, en raison de l'impossibilité de droit, pour la partie poursuivante, de se substituer au juge d'instruction pour prendre un tel acte juridictionnel relevant de la seule compétence de ce dernier[3]. Cette jurisprudence a été répétée : la prescription de l'action publique est interrompue par l'avis de fin d'information donné par le juge d'instruction aux parties, en application de l'article 175 du code de procédure pénale, et la prescription de l'action publique est suspendue pendant les délais prévus audit article, le juge d'instruction estimant l'information achevée[4].

Par ailleurs, « lorsque, le juge d'instruction ayant estimé l'information terminée, le ministère public communique ses réquisitions à l'avocat d'une partie après l'expiration du délai d'un mois ou de trois mois qui lui est imparti pour le faire, le délai de dix jours ou d'un mois dont dispose cette partie pour présenter des observations complémentaires a pour point de départ la date de cette communication [...] faute de communication des réquisitions prises par le ministère public, le délai de réplique d'un mois n'a pu commencer à courir et le délai de prescription [est] demeuré suspendu »[5].

Enfin, la suspension est encore admise lorsque : « Par l'effet d'une erreur de procédure non imputable aux parties civiles, celles-ci, comme le juge d'instruction, se trouvaient privées de tout accès effectif au dossier, et placées dans l'impossibilité d'agir, et que la prescription de l'action publique se trouvait nécessairement suspendue jusqu'à la reconstitution du dossier irrégulièrement expurgé, et son retour au juge d'instruction. »[6]

633.108 Non-rétroactivité des règles nouvelles. La chambre criminelle a eu l'occasion de préciser que les règles nouvelles mettant fin à la suspension de l'action publique dans les cas ci-dessus exposés, n'étaient pas rétroactives : si les articles 81, alinéa 9, 156 et 173, alinéa 3, du code de procédure pénale qui permettent aux parties de demander aux juridictions d'instruction l'accomplissement de certains actes interruptifs, demandes d'acte ou requêtes en nullité, font désormais obstacle à ce qu'une partie civile se prévale de la suspension de la prescription du fait de l'inaction du juge ces textes, d'application immédiate, ne sauraient avoir d'effet sur les prescriptions dont le cours est demeuré suspendu jusqu'à leur entrée en vigueur[7].

633.109 Suspension au profit de la partie civile avant l'ouverture de l'information. Si les règles nouvelles n'offrent plus à la partie civile de possibilité de voir l'action suspendue à son profit après l'ouverture de l'information, puisqu'elle dispose alors de moyens d'obliger le juge à accomplir un acte, tel n'est pas le cas avant l'ouverture de l'information dès lors qu'elle a déposé une plainte avec constitution de partie civile, versé la consignation ou obtenu l'aide juridictionnelle. En effet, une fois la consignation versée, la partie civile ne peut agir avant qu'un magistrat instructeur soit désigné. Dans un cas d'espèce, le juge d'instruction s'était abstenu pendant plusieurs mois de transmettre la plainte au parquet alors qu'il s'agissait d'une affaire de presse, avec une courte prescription. La chambre criminelle estime alors qu'il existe un obstacle de droit mettant temporairement la partie civile dans l'impossibilité d'agir, et suspendant en conséquence les poursuites[8].

Par ailleurs, il y a suspension de l'action publique entre la date du dépôt de la plainte et le versement de la consignation. Il y a donc conjonction de l'interruption de l'action publique et de sa suspension : la prescription de l'action publique est interrompue par le dépôt de la plainte avec constitution de partie civile dès lors que la consignation est versée dans le délai imparti, et entre-temps, cette prescription est suspendue de la date du dépôt à celle du versement[9]. Cette jurisprudence a été reprise au visa de l'article 9-3 du Code de procédure pénale dont il se déduit que le délai de prescription est suspendu

1. T. corr. Paris, 17e ch., 27 nov. 2008, *D.* 2009. Pan. 1785, note J.-Y. Dupeux et Th. Massis.
2. Crim. 25 oct. 2011, n° 11-80.017, P n° 218 ; *D.* 2011. 2730, obs. S. Lavric ; *D.* 2012. 765, obs. E. Dreyer ; *D.* 2012. 2118, obs. J. Pradel.
3. Crim. 8 avr. 2014, n° 13-81.808, NP, *D.* 2015. 342, obs. E. Dreyer v. ss n° 633.01).
4. Crim. 3 avr. 2019, n° 18-84.468, P n° 66 ; *D.* 2019. 821 ; *AJ pénal* 2019. 456, obs. G. Roussel ; *JCP* 2019. 513.
5. Crim. 19 nov. 2013, n° 12-86.062, NP.
6. Crim. 17 déc. 2013, n° 12-86.393, NP.
7. Crim. 8 janv. 1997, n° 96-83.010, P n° 6 ; *D.* 1997. 64 – Crim. 9 juin 1998, n° 96-84.894, P n° 188 ; *D.* 1998. 202 ; *Gaz. Pal.* 1998. 2. Chron. dr. crim. 177 ; *Procédures* 1998, n° 263, obs. J. Buisson – Crim. 26 mai 2009, n° 08-87.855, P n° 106 ; *D.* 2009. AJ 1761.
8. Crim. 22 nov. 2005, n° 05-82.807, P n° 304 ; *Gaz. Pal.* 11 mai 2006, p. 17, note Y. Monnet ; *AJ pénal* 2006. 124, obs. J. Leblois-Happe – Crim. 11 oct. 2022, n° 22-84.417, *AJ pénal* 2023. 45, obs. J.-B. Thierry ; *RSC* 2023. 126, obs. E. Dreyer.
9. Crim. 7 juin 1990, n° 89-84.991, P n° 235 – Crim. 7 sept. 1999, n° 98-86.219, P n° 181.

entre la date de dépôt de la plainte avec constitution de partie civile et la délivrance du réquisitoire par le procureur de la République, période pendant laquelle le plaignant ne dispose d'aucun moyen de droit pour obliger le juge d'instruction à accomplir un acte interruptif de prescription. Ainsi, n'est pas acquise la prescription qui résulte du défaut d'information au doyen des juges d'instruction du versement de la consignation et qui n'a pu, de ce fait transmettre la procédure au ministère public pour solliciter ses réquisitions en vue d'une ouverture d'information[1].

633.110 Autres obstacles de droit. On trouve en jurisprudence d'autres exemples de suspension de l'action publique en raison de l'existence d'un obstacle de droit.

Lorsque le président de la chambre de l'instruction rend l'ordonnance de l'article 187 du code de procédure pénale en prescrivant au juge d'instruction de suspendre son information, la prescription de l'action publique est suspendue[2].

La demande de mainlevée de l'immunité d'un membre du Parlement entraîne une suspension de l'action publique mais qui est personnelle mais ne bénéficie pas aux coauteurs ou complices[3].

En cas de disparition de pièces dans un dossier d'information la prescription est également suspendue[4].

633.111 Urgence sanitaire : suspension de l'action publique. L'ordonnance n° 2020-303 du 25 mars 2020 portant adaptation de règles de procédure pénale sur le fondement de la loi n° 2020-290 du 23 mars 2020 d'urgence pour faire face à l'épidémie de covid-19 a, dans son article 2, prévu que « les délais de prescription de l'action publique et de prescription de la peine sont suspendus à compter du 12 mars 2020 jusqu'au terme prévu à l'article 2 ». Cet article 2 fixait cette date à l'expiration d'un délai d'un mois à compter de la date de cessation de l'état d'urgence sanitaire déclaré. La fin de cet état date du 10 juillet 2020 et la suspension a donc été de droit jusqu'au 10 août de la même année. Cette suspension s'est appliquée à toutes les prescriptions qui n'étaient pas acquises au 12 mars 2020. L'ordonnance ayant été publiée le 26 mars 2020, une difficulté pourrait naître de ce qu'elle prévoit expressément que les prescriptions non acquises au 12 mars sont touchées. Le cas échéant, il appartiendra à la jurisprudence de dire si une prescription acquise entre le 12 et le 26 mars pouvait être touchée par le texte. Peut-être faudrait-il alors considérer que la crise sanitaire constituait un obstacle de fait qui suspendait le cours du délai dès le 12 mars, avant que l'ordonnance créée un obstacle de droit incontestable.

§ 3
Obstacles de droit – Droit pénal spécial

633.121 Infractions de presse. Le constat est particulièrement sévère en matière de presse où la prescription est très courte. Dans un cas d'espèce, la partie civile avait fait citer le 9 décembre 2009 un prévenu pour diffamation publique devant le tribunal correctionnel pour l'audience du 22 mars 2010. À cette audience, le tribunal fixa le montant de la consignation, qui fut versée dans le délai imparti et renvoya l'affaire au 22 juin 2010. Le 14 septembre 2010, le tribunal constata la prescription de l'action publique et de l'action civile, plus de trois mois s'étant écoulés entre la date de la citation et celle de l'audience. La Cour de cassation rejette le pourvoi formé contre l'arrêt confirmatif en affirmant le principe qu'incombe à la partie civile « *l'obligation de surveiller la procédure* ». Il lui appartenait donc de délivrer une nouvelle citation avant l'expiration du délai de prescription[5]. Par ailleurs, si la prescription peut être interrompue, en cette matière, avant l'engagement des poursuites, par des réquisitions aux fins d'enquête, c'est à la condition qu'elles articulent et qualifient les faits à raison desquels l'enquête est ordonnée[6][7].

Dès lors que l'article 85 du code de procédure pénale exclut expressément les infractions en matière de presse de la condition de recevabilité de la plainte avec constitution de partie civile consistant en la justification du dépôt d'une plainte auprès du procureur de la République ou d'un service de police judiciaire, il s'en déduit que la suspension de la prescription de l'action publique, qui est le corollaire nécessaire de la condition de recevabilité précitée, n'est pas applicable lorsqu'est poursuivie l'une de ces infractions[8].

1. Crim. 8 mars 2022, n° 21-83.037, B ; *Procédures* 2022, comm. 128, A.-S. Chavent-Leclère ; *D.* 2022. 513.
2. Crim. 5 mars 2002, n° 01-83.870, P n° 53 ; *D.* 2002. 1531 ; *RSC* 2004. 132, obs. A. Giudicelli.
3. Crim. 3 févr. 1955, *JCP* 1955. II. 8663, note P. Chambon.
4. Crim. 26 sept. 2000, n° 99-86.348, P n° 278 ; *D.* 2001. 521, obs. J. Pradel – DANS LE MÊME SENS pour le cas de destruction de la minute d'un arrêt : Crim. 29 mai 1997, n°s 96-80.261, 96-82.691, P n° 215 ; *Procédures* 1997, n° 242, note J. Buisson.
5. Crim. 11 avr. 2012, n° 11-83.916, NP, *D.* 2013. 457, obs. E. Dreyer ; *Dr. pénal* 2012, n° 101, note M. Véron.
6. Crim. 22 mai 2012, n° 11-82.416, P n° 130 ; *D.* 2012. 1614 ; *D.* 2013. 457, obs. E. Dreyer ; *JCP* 2012. 794 ; *D.* 2012. 1614.
7. MAIS sur la suspension de l'action publique après la délivrance des avis de fin d'information, v. s^s^ n° 633.107.
8. Crim. 14 mars 2017, n° 15-86.199, P ; *D.* 2017. 706.

633.122 Dénonciation calomnieuse. Dans cette matière, la chambre criminelle estime que les poursuites sont suspendues tant que celles exercées du chef du délit dénoncé sont en cours[1]. Méconnaît ce principe l'arrêt qui, après avoir relevé que l'appel interjeté contre l'ordonnance de non-lieu rendue dans ces poursuites avait été déclaré irrecevable par la chambre d'accusation, retient pour point de départ de la prescription, la date à laquelle l'ordonnance de non-lieu est devenue définitive en l'état de l'irrecevabilité de l'appel[2]. C'est au jour de la décision mettant définitivement fin à la procédure suivie sur ces poursuites que le délai de prescription du délit de dénonciation calomnieuse commence à courir[3]. Il importe peu, au regard de cette suspension, que la plainte du chef de dénonciation calomnieuse n'ait été déposée qu'après la décision définitive intervenue sur les faits dénoncés[4].

Mais l'action ne peut être suspendue que par l'exercice effectif de poursuites pénales ou disciplinaires relatives au fait dénoncé. N'est pas susceptible d'ouvrir une procédure disciplinaire la lettre de dénonciation mettant en cause un expert-comptable adressée au président du conseil régional de l'ordre qui ne l'a pas transmise au président de la chambre régionale de discipline[5].

Il résulte des articles 7 et 8 du code de procédure pénale, dans leur rédaction antérieure à la loi n° 2017-242 du 27 février 2017, et 226-10 du code pénal que le point de départ de la prescription de l'action publique du chef du délit de dénonciation calomnieuse se place au jour où la dénonciation est parvenue à l'autorité ayant le pouvoir d'y donner suite ou de saisir l'autorité compétente. Selon l'article 226-11 du code pénal, lorsque le fait dénoncé a donné lieu à des poursuites, la suspension de la prescription de l'action publique cesse au jour où la décision concernant le fait dénoncé est devenue définitive. Il se déduit enfin de l'article 497 du code de procédure pénale que le dommage dont la partie civile, seule appelante d'un jugement de relaxe, peut obtenir réparation de la personne relaxée résulte de la faute civile démontrée à partir et dans la limite des faits objet de la poursuite. Il en résulte que, lorsqu'une relaxe du chef du délit dénoncé a été prononcée par un jugement dont seule la partie civile a relevé appel, la prescription de l'action publique du chef de dénonciation calomnieuse reste suspendue tant que la procédure se poursuit sur les intérêts civils[6].

633.123 Crime – Arrêt du 7 novembre 2014 – Genèse. La chambre criminelle n'a jamais accepté de reporter le point de départ de la prescription de l'action publique dans une affaire criminelle. Elle l'a refusé dans une affaire de séquestration arbitraire en 2004[7]. Dans un arrêt rendu le 19 septembre 2006[8], elle a jugé que le point de départ de la prescription de l'action publique ne pouvait être reporté à la date à laquelle le ministère public avait eu connaissance de la découverte d'un cadavre[9]. Mais elle avait aussi ajouté que : « La censure n'est cependant pas encourue, dès lors qu'il résulte des propres constatations de l'arrêt que ni la date ni les causes de la mort de cette personne ne sont connues, de sorte que le point de départ de la prescription tel que fixé par l'article 7 du code de procédure pénale ne peut être déterminé à ce stade de l'information ». Il en résulte que dans le cas de personne disparue dont la mort n'est pas certaine, la prescription de l'action publique n'est pas acquise tant que le décès n'est pas avéré ni daté, au moins grossièrement. Il appartient en effet à l'accusation de déterminer la date à laquelle la prescription de l'action publique a été acquise. On pouvait s'interroger sur les raisons qui empêchaient la chambre criminelle d'accepter qu'un crime puisse être dissimulé. Didier Boccon-Gibod a analysé la différence de situation qui sépare fondamentalement les affaires de biens de celles relatives à des atteintes aux personnes : rares sont en effet les crimes que ceux qui les commettent ne tentent pas de dissimuler. Dès lors « poser un principe général selon lequel la dissimulation est une cause de report de la prescription, c'est prendre le risque, *contra legem*, de purement et simplement supprimer toute idée de prescription »[10]. Mais s'agissait-il réellement de poser un tel principe dès lors que la dissimulation d'un crime demeure exceptionnelle, même si le criminel tente quant à lui de ne pas être découvert ?

1. Crim. 22 mai 2012, n° 11-87.246, NP, *Dr. pénal* 2012, n° 125.
2. Crim. 28 nov. 1978, n° 78-92.055, P n° 333 – Crim. 27 oct. 1998, n° 97-86.698, P n° 277 – Crim. 24 sept. 2002, n° 02-84.485, P n° 171.
3. Crim. 24 sept. 2002, n° 02-84.485, P n° 171 ; *Dr. pénal* 2003, n° 17, note M. Véron.
4. Crim. 20 mai 2003, n° 03-81.253, P n° 98.
5. Crim. 17 oct. 2006, n° 05-85.519, P n° 250 ; *D.* 2006. 2874 ; *AJ pénal* 2007. 32.
6. Crim. 21 avr. 2020, n° 19-81.089, P ; *D.* 2020. 876. *JCP* 2020. 632 ; *Procédures* n° 6, Juin 2020, comm. 112.
7. Crim. 21 janv. 2004, n° 03-81.940, NP.
8. Crim. 19 sept. 2006, n° 06-83.963, P n° 226 – Crim. 8 déc. 2010, n°s 10-82.861, 10-86.852, NP – Crim. 20 juill. 2011, n° 11-83.086, NP.
9. Toutefois, le pourvoi est rejeté pour une raison également fondamentale dans ces matières : ni la date, ni les causes de la mort de la victime n'étant établies au moment où les juges ont statué, il était impossible de déterminer quel était le point de départ du délai de prescription de l'action publique.
10. D. Boccon Gibod, *RSC* 2014. 803.

Dans le cas d'espèce qui devait entraîner l'arrêt rendu le 7 novembre 2014 [1] par l'Assemblée plénière de la Cour de cassation, une femme avait reconnu devant les policiers avoir dissimulé ses grossesses et tué dès leur naissance huit de ses enfants, dont elle avait caché les corps [2]. Le parquet ouvrit une information, plus de dix ans après les meurtres, du chef notamment d'homicides volontaires aggravés. La requérante, mise en examen, ayant argué de la prescription de l'action publique, la chambre de l'instruction de Douai rejeta sa requête par un arrêt du 7 octobre 2011 aux termes duquel elle exposait que : « Le secret entourant les naissances et les décès concomitants... a constitué un obstacle insurmontable à l'exercice de l'action publique qu'appelaient les origines criminelles de la mort des huit nouveau-nés ; qu'en effet ni un tiers ni une autorité n'était en mesure de s'inquiéter de la disparition d'enfants nés clandestinement, morts dans l'anonymat, et dont aucun indice apparent ne révélait l'existence physique ; que dans ces circonstances de fait qui ont placé l'autorité de poursuite dans l'impossibilité absolue d'agir, seule la découverte des cadavres des nouveau-nés a établi la réalité de leur existence jusqu'alors insoupçonnée et permis l'exercice de l'action publique pour l'application des peines régissant l'atteinte à leur vie... » [3] La chambre criminelle accueillit le pourvoi formé par la requérante dans un arrêt rendu le 16 octobre 2013, au motif « qu'en matière de crime, l'action publique se prescrit par dix années révolues à compter du jour où le crime a été commis si, dans cet intervalle, il n'a été fait aucun acte d'instruction ou de poursuite » [4].

Saisie sur renvoi, la chambre de l'instruction de Paris rendait un arrêt estimant que le point de départ du délai de prescription devait être fixé au jour de la découverte des cadavres [5]. Elle évoquait également la suspension du délai de prescription. C'était donc à l'Assemblée plénière de se prononcer et elle le fit dans un sens contraire à celui retenu par la chambre criminelle quelques mois plus tôt. C'est en fait la motivation utilisée par la chambre de l'instruction de Douai, selon laquelle il existait un obstacle insurmontable à l'exercice de l'action publique, et partant une suspension de celle-ci, qui a été avalisée. Dans un arrêt du 20 juillet 2011 [6], la chambre criminelle avait d'ailleurs posé le principe que « seul un obstacle insurmontable à l'exercice des poursuites peut entraîner la suspension du délai de prescription de l'action publique », même si c'était pour écarter son existence.

Yves Mayaud avait, dans plusieurs de ses articles [7], rappelé qu'une règle du code civil, résumée par l'adage latin « *Contra non valentem agere non currit praescriptio* » pouvait être retenue pour expliciter qu'il existait un obstacle de procédure à la répression. Il rappelait : « Un effort de réflexion a été fait en ce sens dans un rapport d'information déposé au Sénat le 20 juin 2007 [8]. Une recommandation très appuyée (n° 5) préconise, au nom du principe *Contra non valentem agere...*, que les solutions dégagées pour les infractions à caractère économique ou financier soient étendues à d'autres domaines du droit pénal, "et en particulier aux crimes dissimulés par leur auteur (en déguisant par exemple un meurtre en une mort naturelle ou en dissimulant le corps)". C'est dire combien l'adage a vocation à la généralité, pour participer d'une règle de bon entendement et de sagesse. Le législateur vient d'en reconnaître la justesse : la loi n° 2011-267 du 14 mars 2011 d'orientation et de programmation pour la performance de la sécurité intérieure a complété l'article 8 du code de procédure pénale par un troisième alinéa, afin de faire courir le délai de prescription de l'action publique des délits d'abus frauduleux de l'état d'ignorance ou de faiblesse, de vol, d'escroquerie, d'abus de confiance, et de recel, lorsqu'ils sont commis à l'encontre d'une personne vulnérable, "à compter du jour où l'infraction apparaît à la victime dans des conditions permettant l'exercice de l'action publique"... N'est-ce pas là une reconnaissance explicite de la légitimité de l'axiome d'origine civiliste ? De cette légitimité dictée par la nature profonde de la prescription, et malheureusement contrariée par la Cour de cassation dans l'affaire qui nous retient... »

633.124 Crime – Arrêt du 7 novembre 2014 – Analyse. Il convient d'être prudent dans l'analyse de la décision rendue le 7 novembre 2014 par l'Assemblée plénière : les circonstances de la cause étaient exceptionnelles et ne prêtent pas forcément à être

1. Cass., ass. plén., 7 nov. 2014, n° 14-83.739, P n° 1 ; *Dr. pénal* 2014, n° 105, note M. Véron ; *D.* 2014. 2304 ; *D.* 2014. 2498, note R. Parizot ; *D.* 2014. 2469, point de vue L. Saenko ; *D. actu.* 12 nov. 2014, obs. J. Danet ; *JCP* 2015. Doctr. 69, note A. Lepage ; *AJ pénal* 2015. 36, note A. Darsonville ; *RSC* 2014. 777, obs. Y. Mayaud ; *RSC* 2014. 803, obs. D. Boccon-Gibod ; *RSC* 2015. 121, obs. A. Giudicelli.
2. FINALEMENT elle devait être condamnée par la cour d'assises de Douai, en juillet 2015, à neuf ans d'emprisonnement.
3. Douai, ch. instr., 7 oct. 2011, RG n° 2952.
4. Crim. 16 oct. 2013, n° 13-85.232, NP, *D. actu.* 31 oct. 2013, obs. M. Bombled ; *D.* 2014. 933, obs. X. Salvat ; *D.* 2014. 1736, obs. J. Pradel ; *RSC* 2013. 803, Chron. Y. Mayaud.
5. Paris, 5e ch. instr., 19 mai 2014, n° 2013/08837, *D.* 2014. 1206, obs. M. Bombled.
6. Crim. 20 juill. 2011, n° 11-83.086, NP.
7. *D.* 2013. 2673 ; *RSC* 2013. 803.
8. J.-J. Hyest, H. Portelli et R. Yung, *Rapport d'information fait au nom de la commission des lois et de la mission d'information de la commission des lois, 20 juin 2007, n° 338, Pour un droit de la prescription moderne et cohérent*, La Documentation française, 2007.

souvent déclinées. Bien qu'on soit très proche de la jurisprudence retardant le point de départ de la prescription pour infraction occulte, ce n'est pas sous cet angle que l'arrêt de l'Assemblée plénière doit être envisagé. En effet, *c'est la suspension de l'action publique qui est privilégiée et non le report du point de départ du délai de prescription, même si les conséquences sont rigoureusement identiques*. L'avocat général avait, dans ses réquisitions, proposé que l'on admette qu'un tel crime puisse être une infraction dissimulée par la volonté de son auteur : « Ce n'est pas la nature même du crime ou du délit qui justifie le report du point de départ de la prescription, mais ce sont les circonstances dans lesquelles les actes constitutifs de l'infraction ont été accomplis de façon occulte. »

La chambre de l'instruction de Douai, tout en caractérisant l'existence d'un obstacle insurmontable, avait fixé le *point de départ du délai* à la découverte des cadavres. Or, le mécanisme est compliqué puisque le raisonnement suppose que la prescription puisse être suspendue sans avoir commencé à courir : « Cela supposerait... de mener un raisonnement quelque peu abstrait consistant à dire que, dans le cas où l'infraction est occulte, le point de départ du délai de prescription est fixé, par application des textes, au jour de la commission des actes mais que ce délai est immédiatement suspendu par l'effet de la clandestinité ou de la dissimulation, constituant un obstacle insurmontable à l'exercice de l'action publique, cette suspension prenant fin au jour où cesse le secret entourant la commission des faits. Le résultat serait le même que celui obtenu par le biais du report du point de départ du délai de prescription et présenterait l'avantage de prendre sa source dans un mécanisme, la suspension de la prescription, qui est prévu par le code de procédure pénale même s'il fait l'objet d'une interprétation jurisprudentielle extensive. »[1]

Toutefois, c'est manifestement le raisonnement qui a convaincu l'Assemblée plénière, dans un souci, qualifié par certains auteurs d'un « habile compromis »[2]. De nombreux auteurs, plus ou moins critiques avec l'initiative prise par la Cour de cassation, pensent désormais que le temps de légiférer est largement venu : on pourrait sans dommage imaginer une modification conservant les textes actuels sur la durée tout en ajoutant que le point de départ de la prescription est fixé à la date à laquelle l'infraction est révélée. Ce mécanisme permettrait de focaliser l'attention sur le point de départ du délai, et il appartiendrait alors seulement à la jurisprudence (mais peut-on imaginer dans ce domaine qu'il puisse en être autrement ?), de déterminer la date de la « révélation ». Cette solution pourrait synthétiser la jurisprudence ayant pour fondement le report du point de départ du délai de prescription en cas d'infraction clandestine par nature ou en raison du cas d'espèce, et de celle reposant sur une suspension du délai de prescription qui n'aurait pas encore commencé à courir, également fondé sur une certaine clandestinité des faits. L'Assemblée plénière a en effet, dans sa décision du 7 novembre 2014, usé de tous les synonymes possibles pour éviter le terme de « dissimulation ». D'autres auteurs proposent une admission dans la loi de la suspension de l'action publique, dès lors qu'il existe un obstacle insurmontable. Il conviendrait alors de dire *que le délai de prescription d'action publique n'a pas commencé à courir ou est suspendu*[3]. La loi du 27 février 2017 n'a pas retenu cette terminologie pourtant présente à l'article 2234 du code de procédure civile.

633.125 **Meurtre – Dissimulation.** Dans un arrêt rendu le 13 décembre 2017[4], un meurtre avait été dénoncé en mars 2015 alors qu'il avait été commis en décembre 2001 ou en janvier 2002. Les auteurs avaient enterré le cadavre dans le sous-sol d'une maison avant de le transporter ultérieurement dans une forêt, où il était découvert en juin 2016. La chambre de l'instruction avait fait application des dispositions nouvelles de l'article 9-1, en retenant que le meurtre était occulte et s'accompagnait de manœuvres de dissimulation conduisant au report du point de départ du délai de prescription. Au visa de l'article 7 du code de procédure pénale, dans sa version antérieure à la loi du 27 février 2017, la Haute juridiction énonce tout d'abord qu'il « résulte de ce texte qu'en matière de crime, l'action publique se prescrit par dix années révolues à compter du jour où le crime a été commis si, dans cet intervalle, il n'a été fait aucun acte d'instruction ou de poursuite ; que seul un obstacle insurmontable à l'exercice des poursuites peut entraîner la suspension du délai de prescription de l'action publique », puis que « la seule dissimulation du corps ne caractérise pas un obstacle insurmontable à l'exercice des poursuites pouvant justifier la suspension de la prescription de l'action publique ». Dans cette affaire, la disparition de la victime avait été constatée dès l'origine et la police en avait été informée. Cet élément différencie fondamentalement ce cas d'espèce de celui jugé dans l'affaire de l'octuple infanticide précédemment

1. J.-Y. Maréchal, « Prescription du meurtre : couvrez ces cadavres que je ne saurais voir », *Dr. pénal* 2013. Ét. 18.
2. A. Lepage, *JCP* 2015. Doctr. 69.
3. C. civ., art. 2234 ; mod. par L. n° 2008-561, 17 janv. 2008, art. 1er.
4. Crim. 13 déc. 2017, n° 17-83.330, P n° 290 ; *D.* 2018. 1 ; *JCP* 2018. 46, Zoom par J.-M. Brigand ; *JCP* 2018. 177, obs. J.-Y. Maréchal ; *AJ pénal* 2018. 97, obs. M. Lacaze ; *RSC* 2018. 129, obs. R. Parizot.

évoqué. Il ne suffit pas, pour admettre la suspension de l'action publique, que le meurtrier ait dissimulé le cadavre de la victime, hypothèse qui n'est pas rare.

On peut se demander si cette décision n'apparaît pas « comme une décision pivot entre deux époques de la prescription de l'action publique en France à propos des infractions dissimulées »[1]. Il nous semble en effet, comme nous l'avons exposé ci-dessus[2], que la notion d'infraction dissimulée serait plus adaptée dans ce type de situation, et que, dans l'avenir, il est envisageable de reporter le point de départ de la prescription de l'action publique.

On peut enfin procéder à une comparaison avec les faits de l'espèce ayant donné lieu à un autre arrêt de la chambre criminelle, rendu le 25 avril 2017[3]. La chambre criminelle avait jugé ainsi : « Attendu que, pour rejeter l'exception de prescription soulevée par la défense et renvoyer MM. F. et L. M., ainsi que Mme L., du chef d'assassinat, l'arrêt retient, notamment, que l'exercice des poursuites a été empêché par une multiplication d'obstacles de fait pouvant être qualifiée d'insurmontable de par l'ingéniosité du procédé, la duplicité des deux amants dans l'orchestration de la mise en scène, la dispersion des morceaux de cadavre assurant la clandestinité, puis le zèle montré par la veuve pour accréditer le scénario d'un abandon familial par un mari pressé de refaire sa vie ; que les juges ajoutent que Mme Valérie M. s'est trouvée dans l'impossibilité de porter à la connaissance des enquêteurs, avant le mois d'avril 2008, les informations dont elle disposait compte tenu de sa personnalité perturbée par les sévices sexuels répétés qu'elle-même avait subis de la part de son frère lorsqu'elle était enfant ; qu'ils en déduisent que le point de départ de la prescription de dix ans doit être fixé au 18 avril 2008, date de la révélation des faits, et qu'aucune prescription n'est encourue eu égard à l'ouverture de l'information dès le 31 octobre 2008 ». Elle estime qu'« en l'état de ces constatations et énonciations procédant de son appréciation souveraine des faits et circonstances de la cause, la chambre de l'instruction qui, sans insuffisance ni contradiction, a caractérisé un obstacle insurmontable à l'exercice des poursuites, ce dont il résultait que le délai de prescription avait été suspendu jusqu'au 18 avril 2008, date de la révélation des faits, en a déduit à bon droit que la prescription n'était pas acquise ». Une appréciation *in concreto* doit donc permettre de savoir si les faits de l'espèce peuvent constituer ou une cause de suspension de l'action publique. Faire croire, par divers moyens, que la victime vit toujours peut constituer cette cause quand le simple fait d'enterrer le cadavre demeure insuffisant.

633.126 Abandon de déchets. Si le délit prévu par l'article L. 541-6 du code de l'environnement, consistant à abandonner, déposer ou faire déposer des déchets dans des conditions contraires aux dispositions du même code, est une infraction qui se prescrit à compter du jour où les faits la consommant ont été commis, le délai de prescription de l'action publique ne commence à courir, lorsque les actes irréguliers ont été dissimulés ou accomplis de manière occulte, qu'à partir du jour où ils sont apparus et ont pu être constatés dans des conditions permettant l'exercice des poursuites[4].

§ 4
Obstacles de droit – Les personnes

633.131 Poursuites intentées contre le président de la République. Aux termes de l'article 67 de la Constitution : « Le président de la République n'est pas responsable des actes accomplis en cette qualité, sous réserve des dispositions des articles 53-2 et 68. Il ne peut, durant son mandat et devant aucune juridiction ou autorité administrative française, être requis de témoigner non plus que faire l'objet d'une action, d'un acte d'information, d'instruction ou de poursuite. Tout délai de prescription ou de forclusion est suspendu. Les instances et procédures auxquelles il est ainsi fait obstacle peuvent être reprises ou engagées contre lui à l'expiration d'un délai d'un mois suivant la cessation des fonctions. »

En conséquence, le président de la République ne peut, pendant la durée de son mandat, être entendu comme témoin assisté, ni être mis en examen, ni cité ou renvoyé pour une infraction quelconque devant une juridiction pénale de droit commun et la Haute Cour de Justice n'étant compétente que pour connaître des actes de haute trahison du président de la République commis dans l'exercice de ses fonctions, les poursuites pour tous les autres actes devant les juridictions pénales de droit commun ne peuvent être exercées pendant la durée du mandat présidentiel, la prescription étant alors suspendue pendant cette même durée[5].

1. *RSC* 2018, obs. R. Parizot, art. cité.
2. V. ss no 633.124.
3. Crim. 25 avr. 2017, no 17-80.879, NP.
4. Crim. 12 avr. 2022, no 21-83.696, B ; *Procédures* 2022, comm. 153, A.-S. Chavent-Leclère *AJ pénal* 2022. 381, obs. Ch. Courtin.
5. Cass., ass. plén., 10 oct. 2001, no 01-84.922, P no 206 ; *D.* 2001. 365, note L. Favoreu ; *D.* 2002. 237, note Ch. Debbasch ; *D.* 2002. 674, note J. Pradel ; *RFDA* 2001. 1169, note O. Jouanjan et P. Wachsmann ; *RFDA* 2001. note O. Beaud ; *LPA* 2001, no 203 ; *RSC* 2002. 128, obs. A. Giudicelli ; *RSC* 2002. 676, obs. V. Bück ; *Dr. pénal* 2001, no 144, note A. Maron ; *Dr. pénal* 2002. Chron. 1, obs. G. Delaloy.

SECTION 5

CAUSES JURISPRUDENTIELLES D'INTERRUPTION : ACTES ÉMANANT DU MINISTÈRE PUBLIC

§ 1 Actes émanant du ministère public lui-même

633.141 Liste des actes du ministère public interrompant la prescription (Loi du 27 février 2017). L'article 9-2 du code de procédure pénale, issu de la loi du 27 février 2017, dispose dans son alinéa 1er 1° et 2° que :

« 1° Tout acte, émanant du ministère public ou de la partie civile, tendant à la mise en mouvement de l'action publique, prévu aux articles 80, 82, 87, 88, 388, 531 et 532 du présent code et à l'article 65 de la loi du 29 juillet 1881 sur la liberté de la presse ;

2° Tout acte d'enquête émanant du ministère public, tout procès-verbal dressé par un officier de police judiciaire ou un agent habilité exerçant des pouvoirs de police judiciaire tendant effectivement à la recherche et à la poursuite des auteurs d'une infraction ».

La jurisprudence citée ci-dessous devrait en conséquence être confirmée.

633.142 Réquisitions. La prescription de l'action publique est interrompue par toutes les réquisitions que peut prendre le ministère public : « tout acte du procureur de la République tendant à la recherche et à la poursuite des infractions à la loi pénale »[1]. Toutes les réquisitions présentées devant le juge d'instruction interrompent la prescription de l'action publique. Il en est de même devant la juridiction du second degré[2].

Il en est ainsi notamment du réquisitoire introductif[3], même s'il donne aux faits une qualification différente de celle retenue par les juges du fond[4], comme du réquisitoire supplétif ou définitif[5].

Méconnaît les articles 8 et 591 du code de procédure pénale la cour d'appel qui déclare les actions publique et douanière éteintes par l'effet de la prescription, alors qu'elle constatait qu'à la suite de l'annulation de l'ordonnance de renvoi des prévenus devant le tribunal correctionnel, le procureur de la République a demandé la désignation d'un nouveau juge d'instruction par une requête qui manifestait sa volonté de poursuivre l'exercice de l'action publique, à laquelle est associée l'action douanière[6].

633.143 Actes de poursuite. La prescription de l'action publique est interrompue par la citation directe du prévenu à la requête du ministère public devant le tribunal correctionnel[7].

633.144 Convocations. Est interruptive de prescription, la convocation envoyée par le procureur de la République à une personne, en vue de l'entendre sur une plainte dont elle est l'objet[8].

633.145 Instructions données par le procureur de la République. Lorsque le procureur de la République demande aux enquêteurs d'accomplir un acte d'enquête, ces instructions interrompent valablement l'action publique[9]. Il en est ainsi par exemple lorsque le procureur leur demande de procéder à une recherche d'adresse du prévenu[10]. Il en est de même dans le cas où le parquet d'une ville transmet un dossier au procureur d'une autre ville, pour meilleure compétence[11] ou de la demande de la copie d'une pièce utile à la poursuite, adressée à un autre procureur de la République[12] ; mais pas lorsqu'il s'agit d'instructions internes[13].

Les instructions données par le procureur de la République, à l'effet de procéder à des recherches pour découvrir l'adresse du prévenu en vue de sa comparution sur reconnaissance préalable de culpabilité, constituent un acte tendant à la poursuite des infractions à la loi pénale, interruptif de prescription[14].

Les instructions données par le procureur général au procureur de la République à l'effet de procéder à des recherches en vue de découvrir l'adresse du prévenu, en application de l'article 560 du code de procédure pénale, constituent un acte de poursuite

1. Crim. 20 févr. 2002, n° 01-85.042, P n° 42 ; *D.* 2002. 1115 ; *RSC* 2003. 585, obs. A. Giudicelli – Crim. 3 mai 2007, n° 06-89.398, NP.
2. Pour des réquisitions tendant à la confirmation d'une ordonnance de non-lieu : Crim. 27 avr. 2004, n° 03-85.328, P n° 99 ; *JCP* 2004. IV. 2266.
3. Crim. 3 févr. 1955, *JCP* 1955. II. 8663.
4. Crim. 25 nov. 1969, n° 68-92.669, P n° 314.
5. Crim. 11 oct. 1961, *JCP* 1961. IV. 158.
6. Crim. 22 janv. 2014, n° 12-88.211, P n° 20 ; *JCP* 2014. 271 ; *AJ pénal* 2014. 142, obs. J.-B. Perrier ; *D.* 2014. 280.
7. Crim. 20 nov. 1968, n° 68-90.799, P n° 306.
8. Crim. 27 avr. 2000, n° 99-81.415, P n° 173.
9. Crim. 16 mai 1973, n° 71-92.496, P n° 224 – Crim. 19 oct. 1976, n° 75-92.852, P n° 295 – Crim. 3 janv. 1985, n° 83-94.530, P n° 5 – Crim. 5 mars 1985, n° 84-90.056, P n° 103 – Crim. 22 janv. 1990, n° 88-85.361, P n° 39 – Crim. 10 déc. 1997, n° 97-81.759, P n° 421 – Crim. 2 avr. 1998, n° 97-84.191, P n° 131 – Crim. 19 mars 2003, n° 02-83.752, NP – Crim. 6 oct. 2004, n° 03-86.378, NP.
10. Crim. 3 juin 2004, n° 03-80.593, P n° 152 ; *D.* 2004. 3213, note D. Caramalli ; *D.* 2005. 1521, obs. G. Roujou de Boubée, M.-H. Gozzi, S. Mirabail et M. Segonds ; *JCP* 2004. IV. 2582 ; *RSC* 2004. 892, obs. D. Rebut.
11. Crim. 5 janv. 2000, n° 99-81.929, P n° 2 ; *Dr. pénal* 2000, n° 123 – Crim. 6 févr. 2007, n° 06-86.760, P n° 30 ; *D.* 2007. AJ 1016 ; *AJ pénal* 2007. 234.
12. Crim. 29 mars 1990, n° 89-83.378, NP, *Gaz. Pal.* 16 oct. 1990, p. 9.
13. Crim. 19 févr. 2008, n° 07-84.494, P n° 41 (v. s^s n° 633.01).
14. Crim. 24 juin 2015, n° 13-87.972, P n° 833.

interruptif de prescription[1]. Constitue un acte interruptif de l'action publique relative aux contraventions des quatre premières classes le document de transmission par lequel l'officier du ministère public adresse à un officier de police judiciaire des instructions aux fins d'enquête sur un contrevenant[2].

On relèvera une nouvelle fois les contraintes particulières existant en matière d'infractions au droit de la presse, puisqu'il a été jugé que peut seule avoir un effet interruptif de prescription, au sens de l'article 65[3], alinéa 2, de la loi du 29 juillet 1881 sur la liberté de la presse, la réquisition aux fins d'enquête qui articule et qualifie elle-même les injures à raison desquelles l'enquête est ordonnée. Encourt par conséquent la censure l'arrêt qui, en l'absence de telles mentions dans le soit-transmis du procureur de la République, retient que la plainte initiale, annexée à cet acte et faisant corps avec lui, répond aux exigences légales et que, dès lors, la prescription a été interrompue par la réquisition[4].

633.146 **Soit-transmis.** Les instructions du procureur de la République sont le plus souvent données par le moyen de ce document informel que l'on appelle « soit-transmis ». Dans l'affaire dite des disparues de l'Yonne, un soit-transmis adressé par le procureur de la République à la direction de l'aide sociale à l'enfance de l'Yonne pour connaître la situation de trois pupilles ou anciennes pupilles de l'État a été considéré comme un acte ayant pour objet de rechercher les infractions et d'en découvrir les auteurs[5]. La première réaction peut être dubitative mais lorsqu'on connaît la nature de l'affaire, cette décision peut tout à fait être comprise. Le dirigeant d'une association de défense des intérêts de victime avait en effet alerté le ministère public sur la disparition de plusieurs personnes dont certaines nommément désignées et une enquête préliminaire avait été ouverte. La demande adressée à l'ASE de l'Yonne était donc la prémisse des poursuites pouvant être exercées si la disparition des jeunes femmes était confirmée. C'est plus l'objet de la demande adressée par soit-transmis qui importe que l'*instrumentum*.

Un soit-transmis du parquet n'est pas en lui-même et systématiquement interruptif de la prescription de l'action publique. Tout dépend de son contenu. C'est le critère finaliste de l'acte interruptif de prescription qui doit être pris en compte[6]. Ainsi, la demande de renseignements adressée au président d'une chambre des notaires au sujet de faits dénoncés dans une plainte n'a pas le caractère d'un acte de poursuite interruptif de la prescription[7]. Le soit-transmis adressé à l'Administration des Affaires maritimes et précisant que le ministère public envisage d'engager des poursuites dès le retour de l'avis sollicité, interrompt également la prescription de l'action publique[8], tout comme ont un caractère interruptif les instructions données par le procureur de la République à la police judiciaire, aux fins d'enquête sur les faits dénoncés par la plainte du directeur des services fiscaux[9]. Le soit-transmis par lequel le procureur de la République sollicite l'avis de la direction départementale de l'Équipement quant à l'opportunité de la démolition d'une construction irrégulière interrompt la prescription[10]. Tout « soit-transmis » par lequel le parquet sollicite la police judiciaire pour constater une infraction est interruptif de prescription[11].

La lettre adressée par un procureur de la République au président d'une chambre départementale des huissiers de justice, pour lui demander de provoquer les explications d'un huissier de justice à la suite du dépôt d'une plainte et de les lui transmettre assorties d'un avis motivé, constitue un acte tendant à la recherche et à la poursuite des infractions à la loi pénale[12]. En l'espèce, le procureur de la République avait adressé une plainte au président de la chambre départementale des huissiers de justice en l'invitant à provoquer les explications de son confrère et à les lui transmettre assorties de son avis motivé. La chambre de l'instruction avait estimé que : « Ni la plainte du 6 octobre 2008 ni le courrier

1. Crim. 3 juin 2004, nº 03-80.593, P nº 152 ; *D.* 2004. 3213, note D. Caramalli ; *D.* 2005. 1521, obs. G. Roujou de Boubée, M.-H. Gozzi, S. Mirabail et M. Segonds ; *RSC* 2004. 892, obs. D. Rebut.
2. Crim. 10 déc. 1997, nº 97-81.759, P nº 421.
3. L. 29 juill. 1881, art. 65.
4. Crim. 22 mai 2012, nº 11-82.416, P nº 130 ; *D.* 2012. 1614 ; *D.* 2013. 457, obs. E. Dreyer.
5. Crim. 20 févr. 2002, nº 01-85.042, P nº 42 ; *JCP* 2002. II. 10075, note P. Maistre du Chambon ; *D.* 2002. 1115 ; *RSC* 2003. 585, obs. A. Giudicelli.
6. Obs. A. Giudicelli, *RSC* 2003. 585 – POUR UN CAS où des soit-transmis successifs du parquet ne sont pas considérés comme des actes interruptifs de prescription : Toulouse, 13 oct. 2009, *Dr. pénal* 2010. 19, nº 6, obs. O. Mouysset.
7. Crim. 3 févr. 1977, nº 76-92.065, P nº 45.
8. Crim. 28 juin 2005, nº 05-80.307, P nº 194 ; *JCP* 2005. IV. 2911 ; *JCP* 2005. I. 159, obs. A. Maron ; *Dr. pénal* 2005, nº 152, note A. Maron ; *Procédures* 2005, nº 235, note J. Buisson.
9. Crim. 22 janv. 1990, nº 88-85.361, P nº 39 ; *D.* 1990. 453, note G. Tixier et Th. Lamulle ; *Dr. pénal* 1990, nº 257.
10. Crim. 26 févr. 2002, nº 01-84.186, NP, *Dr. pénal* 2002, nº 75, note J.-H. Robert ; *Dr. pénal* 2002, nº 79, note A. Maron.
11. Crim. 16 mai 1973, nº 71-92.496, P nº 224 ; *D.* 1974. 216, note J.-H. Robert ; *RSC* 1974. 119 – Crim. 5 mars 1985, nº 84-90.056, P nº 103 – Crim. 10 déc. 1997, nº 97-81.759, P nº 421 – Crim. 2 avr. 1998, nº 97-84.191, P nº 131 ; *Gaz. Pal.* 1998. 2. Chron. dr. crim. 140 – Crim. 6 oct. 2010, nº 10-82.839, NP.
12. Crim. 1er févr. 2012, nº 11-83.072, P nº 35 ; *D.* 2012. 860, note C. Courtin ; *RSC* 2012. 391, note X. Salvat.

adressé par le procureur de la République au président de la chambre départementale des huissiers de justice, le 20 octobre 2008, ne constituent des actes interruptifs de la prescription et qu'ainsi la prescription était acquise le 8 janvier 2009. »

Son arrêt est cassé par la Haute juridiction qui, après avoir rappelé, au visa des articles 7, 8, 40 et 41 du code de procédure pénale : « qu'interrompt le cours de la prescription de l'action publique tout acte du procureur de la République tendant à la recherche et à la poursuite des infractions à la loi pénale », estime « que la lettre adressée par le procureur de la République au président d'une chambre départementale des huissiers de justice, pour lui demander de provoquer les explications d'un huissier de justice à la suite du dépôt d'une plainte et de les lui transmettre assorties d'un avis motivé, constitue un acte tendant à la recherche et à la poursuite des infractions à la loi pénale ».

Le soit-transmis d'une affaire du ministère public à son collègue compétent territorialement est interruptif du délai de prescription de l'action publique[1]. Un soit-transmis de l'officier du ministère public est un acte marquant la reprise des poursuites[2]. Interrompt le délai de prescription de l'action publique l'envoi, par le procureur de la République, aux services d'enquête, d'un soit-transmis en vue de rechercher l'adresse du prévenu et de lui remettre une convocation en justice. Les instructions données par le procureur de la République, à l'effet de procéder à des recherches pour découvrir l'adresse du prévenu en vue de sa comparution sur reconnaissance préalable de culpabilité, constituent un acte tendant à la poursuite des infractions à la loi pénale[3].

633.147 **Mandement de citation.** Il faut ici distinguer : soit le mandement de citation a été adressé à l'huissier pour délivrer une citation à comparaître et il interrompt la prescription de l'action publique[4], soit il figure au dossier mais n'a pas été transmis à l'huissier en vue de sa délivrance, et il ne l'interrompt pas[5]. La difficulté sera souvent ici celle de la preuve d'une transmission effective à l'huissier si celui-ci conteste avoir reçu le mandement.

La transmission d'un ordre de citation par le procureur général au procureur de la République interrompt la prescription de l'action publique[6]. Le procès-verbal de recherches infructueuses dressé par l'huissier en charge de délivrer une citation à comparaître interrompt également la prescription[7]. Constitue un acte de poursuite le mandement par lequel le ministère public requiert un huissier de justice de délivrer une citation à comparaître devant la juridiction répressive ; en l'absence de preuve contraire, la date de la cédule de citation doit être retenue comme date d'envoi à l'huissier instrumentaire[8].

633.148 **Classement sans suite.** Le classement sans suite n'est pas un acte de poursuite puisqu'au contraire, il formalise la décision inverse. C'est ce que décide la Cour de cassation dans un arrêt du 19 février 2008[9] : « Attendu qu'en l'état de ces énonciations, et dès lors que ni une demande de recherche de pièces de procédure adressée par le procureur de la République à son propre secrétariat ni un classement sans suite ne constituent des actes de poursuite au sens des articles 7 et 8 du code de procédure pénale, la chambre de l'instruction a justifié sa décision. »

La solution n'était pas certaine, l'avocat général ayant conclu à la cassation et le rapporteur évoqué des arrêts précédents ayant confirmé des arrêts de cour d'appel qui avaient estimé que la prescription avait commencé à courir à compter du classement sans suite[10]. Le même arrêt est intéressant en ce qu'il rejette le pourvoi proposant de considérer que la non-notification de ce classement sans suite avait pour effet de suspendre l'action publique : les plaignantes disposaient de la faculté de se constituer partie civile, rétorque la chambre criminelle. Le classement sans suite n'entre pas dans l'énumération du nouvel article 9-2 du code de procédure pénale.

633.149 **Incident contentieux relatif à l'exécution.** Selon l'article 8 du code de procédure pénale, ensemble les articles 710, 711 du même code, L. 235[11] et L. 236[12] du livre des procédures fiscales, la requête par laquelle le ministère public porte devant le tribunal un incident contentieux relatif à

1. Crim. 5 mars 2013, nº 12-84.527, P nº 58 ; *D.* 2013. 915 ; *AJ pénal* 2013. 355, obs. J.-P. Céré.
2. Crim. 15 janv. 2014, nº 13-84.533, P nº 13 ; *AJ pénal* 2014. 253, obs. J.-P. Céré.
3. Crim. 24 juin 2015 ; nº 13-87.972, P ; *Dr. pénal* 2015, comm. 117, A. Maron et M. Haas.
4. Crim. 28 janv. 1988, nº 86-92.565, P nº 44 – Crim. 13 févr. 1990, nº 89-80.743, P nº 74 – Crim. 13 nov. 1991, nº 90-87.019, P nº 406 – Crim. 13 déc. 2005, nº 04-87.489, P nº 331 ; *RSC* 2006. 638, obs. A. Giudicelli ; *JCP* 2006. I. 159, obs. A. Maron ; *Dr. pénal* 2006, nº 76, note A. Maron.
5. Crim. 16 févr. 1999, nº 97-83.951, P nº 21 ; *Dr. pénal* 1999, nº 78 – Crim. 2 sept. 2004, nº 04-81.660, P nº 199 ; *D.* 2004. IR 2544 ; *JCP* 2004. IV. 3085 ; *Dr. pénal* 2004, nº 167, note A. Maron ; *AJ pénal* 2004. 406.
6. Crim. 13 déc. 2005, nº 04-87.489, P nº 331 ; *RSC* 2006. 638, obs. A. Giudicelli.
7. Crim. 24 oct. 2007, nº 07-82.315, P nº 258 ; *D.* 2007. 3070 ; *D.* 2008. 2757, obs. J. Pradel ; *AJ pénal* 2007. 542.
8. Crim. 3 déc. 2013, nº 12-87.379, NP.
9. Crim. 19 févr. 2008, nº 07-84.494, P nº 41, v. s[s] nº 633.01.
10. Crim. 11 oct. 2005, nº 05-80.733, NP – Crim. 22 nov. 2005, nº 05-82.284, NP.
11. LPF, art. L. 235.
12. LPF, art. L. 236.

l'exécution d'une sentence pénale est un acte de poursuite interruptif du délai de prescription (dans une affaire où le tribunal correctionnel avait ordonné un supplément d'information confié à l'un de ses membres, ayant quitté par la suite la juridiction[1]).

§ 2
Actes accomplis sur délégation ou par d'autres administrations

633.151 Procès-verbaux établis par les autorités de police ou de gendarmerie. Au fil de la jurisprudence antérieure, il avait été jugé que les procès-verbaux qui sont dressés par les forces de police ou de gendarmerie, que ce soit d'office[2] ou sur instruction du parquet et qui ont pour objet de constater les infractions et de rassembler les preuves les concernant dans le cadre d'une enquête préliminaire ou de flagrance interrompent la prescription de l'action publique[3]. Le procès-verbal qui accueille la plainte d'une victime qui dénonce des faits interrompt la prescription de l'action publique[4] y compris si la plaignante fait ces déclarations à l'occasion d'une plainte portée contre elle[5]. En conséquence, si la plainte simple n'a pas d'effet interruptif[6], tel n'est pas le cas si elle est prise par procès-verbal établi par un enquêteur[7].

On peut désormais s'interroger sur le point de savoir si la plainte de la victime interrompt la prescription de l'action publique même si elle est recueillie par un enquêteur. En effet, cette plainte n'entre pas dans la définition limitative des actes interruptifs de l'action publique posée par l'article 9-2 du code de procédure pénale, issu de la loi du 27 février 2017. Toutefois, on a vu que la chambre criminelle avait jugé que cette liste n'était pas limitative[8]. L'article 15-3[9], issu de la même loi, prévoit que tout dépôt de plainte fait l'objet d'un procès-verbal et donne lieu à la délivrance immédiate d'un récépissé à la victime, qui mentionne les délais de prescription de l'action publique définis aux articles 7 à 9 ainsi que la possibilité d'interrompre le délai de prescription par le dépôt d'une plainte avec constitution de partie civile, en application de l'article 85. Si elle en fait la demande, une copie du procès-verbal lui est immédiatement remise. Ni le rapport de synthèse, ni sa transmission au procureur de la République ne constituent un acte d'instruction ou de poursuite interruptif, comme tel, de la prescription[10]. Ne sont interruptifs de prescription ni le compte rendu effectué par le service enquêteur au procureur de la République, ni la transmission de la procédure d'enquête à celui-ci, quand bien même les aurait-il sollicités.[11] Le soit transmis aux fins de connaître l'avancement des investigations et le procès-verbal de synthèse ne sont pas des actes interruptifs de l'action publique[12].

633.152 Procès-verbaux établis par d'autres administrations. Interrompent encore la prescription de l'action publique :

– les procès-verbaux de constat ou de saisie des agents des Douanes, dès lors qu'ils émanent d'agents compétents[13]. Il résulte de l'article 7 du Code de procédure pénale, dans sa rédaction antérieure à la loi n° 2017-242 du 27 février 2017, que seul peut être regardé comme un acte d'instruction ou de poursuite le procès-verbal dressé par les agents de l'administration des douanes dans l'exercice de leurs attributions de police judiciaire et à l'effet de constater les infractions, à l'exclusion des actes de l'enquête administrative qui en ont constitué le prélude. Encourt dès lors la cassation l'arrêt qui énonce que le procès-verbal d'intervention et d'audition établi par les agents des douanes, qui constate la remise par le prévenu de différents documents permettant l'exercice du contrôle, est un acte interruptif de prescription, alors que ce document ne constatait aucune infraction, ni

1. Crim. 31 mai 2012, n° 11-84.687, P n° 142 ; *D.* 2012. 1742 ; *JCP* 2012. 861.
2. Crim. 15 avr. 1937, *S.* 1938. 1. 233, note L. Hugueney.
3. Crim. 7 déc. 1966, n° 66-91.669, P n° 284 ; *D.* 1967. 201.
4. Crim. 23 juin 1998, n° 98-81.849, P n° 203 ; *JCP* 1998. IV. 3221 – Crim. 7 juin 2001, n° 00-85.973, P n° 142.
5. Crim. 9 juill. 2003, n° 03-82.063, P n° 139 ; *D.* 2003. IR 2341 ; *JCP* 2003. IV. 2668 ; *AJ pénal* 2003. 67 ; *RSC* 2004. 136, obs. A. Giudicelli.
6. Crim. 10 mai 1972, n° 71-90.995, P n° 167 – Crim. 11 juill. 2012, n° 11-87.583, P n° 169 ; *D.* 2012. 1965, et 2013. 1649, obs. C. Mascala ; *AJ pénal* 2012. 555, obs. J. Gallois ; *Rev. Sociétés* 2012. 653, note B. Bouloc ; *RTD com.* 2012. 857, obs. B. Bouloc.
7. Crim. 23 juin 1998, n° 98-81.849, préc.
8. Crim. 21 janv. 2020, n° 19-84.450, P ; *JCP* 2020. 125 ; *Procédures* 2020, comm. 74, A.-S. Chavent-Leclère ; *D.* 2020. 153 ; *D. actu.* 10 févr. 2020, obs. D. Goetz ; *JCP* 2020. 491, obs. J.-H. Robert ; *RSC* 2020. 113, P.-J. Delage, v. s[s] n° 633.11.
9. C. pr. pén., art. 15-3 ; mod. par L. n° 2017-242, 27 févr. 2017, art. 1er.
10. Crim. 3 nov. 2015, n° 14-80.844, P n° 237 ; *JCP* 2015. 1427, obs. J.-Y. Maréchal ; *JCP* 2015. Doctr. 381, obs. J.-B. Perrier ; *Dr. pénal* 2015, comm. 170 – Crim. 23 nov. 2016, n° 15-83.649, P ; *Dr. pénal* 2017, comm. 13, A. Maron et M. Haas.
11. Crim. 5 avr. 2018, n° 17-83.166, P+B ; *D.* 2018. 851 ; *Procédures* 2018, comm. 193, A.-S. Chavant-Leclère.
12. Crim. 5 avr. 2018, n° 17-83.166, P, n° 173 ; *D.* 2018. 851 ; *RSC* 2018. 457, F. Cordier.
13. Crim. 29 nov. 1983, n° 82-94.295, P n° 323 – Crim. 26 juill. 1988, n° 87-81.745, P n° 305 – Crim. 22 avr. 1992, n° 92-80.594, P n° 171 – Crim. 21 mars 1994, n° 93-82.974, P n° 106 – Crim. 21 mars 1994, n° 93-82.974, P n° 271 – Crim. 29 janv. 1998, n° 96-83.149, P n° 35 ; *JCP* 1998. IV. 2371.

ne relatait aucun acte d'enquête portant sur une infraction préalablement révélée [1].

- les procès-verbaux des inspecteurs du travail dressés dans l'exercice de leurs attributions de police judiciaire, conformément aux dispositions des articles L. 611-1 [devenu L. 8112-1] et L. 611-10 [devenu L. 8113-7] du code du travail [2]. Seul peut être regardé comme un acte d'instruction ou de poursuite, le procès-verbal dressé par l'inspecteur du travail, dans l'exercice de ses attributions de police judiciaire et à l'effet de constater les infractions, à l'exclusion des actes de l'enquête administrative qui en ont constitué le prélude [3].

- les procès-verbaux des agents de la direction générale de la concurrence, de la consommation et de la répression des fraudes légalement habilités [4] ;

- les procès-verbaux dressés par les agents de la DGCCRF [5] ;

- les procès-verbaux des inspecteurs des lois sociales en agriculture dressés dans l'exercice de leurs attributions de police judiciaire [6] ;

- les procès-verbaux de la Direction générale du commerce intérieur ou des prix [7] ;

- les procès-verbaux accomplis par les membres de la Mission interministérielle d'enquête sur les marchés et conventions de délégation de service public (Miem) [8].

Mais la sommation qu'une commune a fait adresser par huissier de justice aux prévenus, aux fins que ceux-ci vérifient si une régularisation de leur situation au regard des obligations du code de l'urbanisme était possible et, à défaut, remettent les lieux en état, n'interrompt pas la prescription de l'action publique, dès lors que ne sont interruptifs de prescription que les actes qui ont pour but de constater une infraction, d'en rassembler les preuves ou d'en rechercher les auteurs [9].

633.153 **Cas particulier : infractions fiscales.** La plainte de l'Administration des impôts, préalable aux poursuites du chef de fraude fiscale, ne constitue pas un acte de poursuite ou d'instruction au sens de l'article 7 du code de procédure pénale. Elle n'a pas d'effet interruptif de la prescription [10].

633.154 **Cas particulier : infractions de presse.** Le soit-transmis du procureur de la République qui ne répond pas aux exigences posées par l'article 65 [11], alinéa 2, de la loi du 29 juillet 1881 (qualification et articulation des diffamations ou injures à raison desquelles l'enquête est ordonnée) n'interrompt pas la prescription de l'action publique. Cette solution a récemment été répétée : le soit-transmis du ministère public aux fins d'enquête et les actes d'exécution qui ont suivi n'ont pu interrompre la prescription, dès lors que les réquisitions aux fins d'enquête ont seulement fait état d'une diffamation publique, sans autre précision sur le type de diffamation visé, et n'ont donc pas qualifié les faits, comme l'exige l'article 65, alinéa 2, de la loi du 29 juillet 1881 sur la liberté de la presse [12].

Il en est de même des procès-verbaux établis sur cette base [13]. En effet, l'article 65, alinéa 2, dispose qu'« avant l'engagement des poursuites, seules les réquisitions aux fins d'enquête seront interruptives de prescription », et ajoute que « ces réquisitions devront, à peine de nullité, articuler et qualifier » les infractions de presse « à raison desqu[elles] l'enquête est ordonnée ». Avant l'engagement des poursuites, seules les réquisitions aux fins d'enquête articulant et qualifiant les faits dont elles sont l'objet sont interruptives de prescription [14].

Il en résulte que :

- seuls les actes accomplis par une autorité judiciaire sont susceptibles d'interrompre le délai de prescription avant l'engagement des poursuites ; en droit de la presse, la plainte simple de la victime, et les investigations diligentées par les enquêteurs dans le cadre d'une enquête préliminaire ne sont pas interruptives du délai de prescription de l'action publique ;

1. Crim. 11 mai 2022, n° 20-86.594, B ; *D.* 2022. 997 ; *AJ pénal* 2022. 328, obs. J. Lasserre Capdeville, *Lexbase pénal* 2022, n° N1460BZ4, obs. A. Léon.
2. Crim. 26 nov. 1985, n° 84-93.304, P n° 378 – Crim. 17 déc. 1991, n° 90-84.813, P n° 483.
3. Crim. 21 mai 2019, n° 18-82.574, P n° 97 ; *D.* 2019. 1106 ; *JCP* 2019. 702 ; *RSC* 2019. 841, obs. A. Cerf-Hollender.
4. Crim. 16 déc. 1976, n° 76-90.587, P n° 371 ; *D.* 1977. 162 ; *JCP* 1977. II. 18601, note J.-Cl. Soyer et A. Decocq – Crim. 19 mars 1979, n° 78-93.954, P n° 111 – Crim. 6 janv. 1987, n° 85-90.631, P n° 2 – Crim. 7 mars 1988, n° 87-82.332, P n° 116 – Crim. 2 juill. 1997, n° 96-85.755, P n° 264 ; *JCP* 1998. IV. 1264 ; *Gaz. Pal.* 1997. 2. Chron. dr. crim. 238 ; *Procédures* 1998, n° 14, note J. Buisson.
5. Crim. 9 mars 2010, n° 09-84.800, P n° 48 ; *D.* 2010. 1216 ; *AJ pénal* 2010. 252.
6. Crim. 28 juill. 1975, n° 74-93.079, P n° 193.
7. Crim. 19 mars 1979, n° 78-93.954, P n° 111.
8. Crim. 30 nov. 2005, n° 05-80.862, P n° 313 – SUR le courrier Miem au préfet pour avoir accès à des documents : Crim. 8 avr. 2010, n° 09-86.691, P n° 64 ; *AJ pénal* 2010. 296, obs. J.-B. Perrier.
9. Crim. 24 févr. 2015, n° 13-85.049, P n° 33 ; *AJ pénal* 2015. 264, obs. D. Luciani-Mien.
10. Crim. 17 mai 1989, n° 88-80.603, P n° 204 – Crim. 7 avr. 1992, n° 91-82.842, P n° 146 – Crim. 19 mai 2005, n° 04-85.076, P n° 150 ; *RSC* 2006. 622, obs. H. Matsopoulou.
11. L. 29 juill. 1881, art. 65.
12. Crim. 29 nov. 2022, n° 22-81.814, B ; *D.* 2022. 2163 ; *AJ pénal* 2022. 589 et les obs. ; *Légipresse* 2022. 664 et les obs. ; *RSC* 2023 p.124, obs. E Dreyer.
13. Crim. 14 févr. 1995, n° 93-85.640, P n° 66 – Crim. 30 oct. 2001, n° 00-87.818, P n° 225.
14. Crim, 10 mai 2023, n° 21-86.348, B ; *D.* 2023. 954.

– ces actes doivent répondre aux exigences requises par le texte. Toutefois, et contrairement à l'article 53 de la loi sur la presse, l'article 65, alinéa 2, ne requiert pas l'indication du texte de loi applicable à la poursuite[1].

Ainsi, un soit-transmis qui ne respecte pas les exigences imposées par l'article 65, alinéa 2, de la loi du 29 juillet 1881, mais qui fait référence à une plainte, qui lui était annexée, et qui articulait et qualifiait les faits incriminés, n'est pas interruptif du délai de prescription de l'action publique.

Un tel soit-transmis, « à défaut d'articuler et de qualifier lui-même les injures à raison desquelles l'enquête était ordonnée, ne pouvait constituer une réquisition d'enquête au sens de l'article 65, alinéa 2 » de la loi du 29 juillet 1881[2]. La solution a été récemment répétée[3]. Il ne peut être suppléé à cette carence au moyen des éléments figurant dans la plainte annexée aux soit-transmis[4]. L'action publique relative à une infraction se prescrivant selon un délai plus court, et pourtant éteinte, ne peut être ressuscitée à la suite de l'accomplissement d'un acte interruptif concernant l'autre infraction, telle l'atteinte à la vie privée[5].

De même, les réquisitions aux fins d'enquête visant l'infraction de « diffamation publique », laquelle n'est en tant que telle pas réprimée par la loi sur la liberté de la presse, ne répondent pas aux exigences du texte[6].

Selon la même décision, « il se déduit de ce même texte que ces réquisitions ne peuvent viser une qualification incompatible avec celle ensuite retenue par l'acte de poursuite »[7].

L'article 50 de la loi du 29 juillet 1881 n'exige, à peine de nullité, que la mention, dans l'acte initial de poursuite, du fait incriminé, de sa qualification et du texte de loi énonçant la peine encourue ; sa nullité ne peut être prononcée que si l'acte a pour effet de créer une incertitude dans l'esprit des personnes poursuivies quant à l'étendue des faits dont elles auraient à répondre. Si la plainte avec constitution de partie civile d'une association a effectivement mentionné, comme support des propos dénoncés, le compte Twitter de la prévenue, aux lieu et place de son compte Facebook, il ne s'est agi que d'une erreur de plume dont il n'est résulté aucune incertitude dans l'esprit de la prévenue sur l'objet des poursuites, dès lors que l'acte introductif d'instance a également reproduit, dans son entier, son message d'excuses visant, à trois reprises, la publication des propos litigieux sur son « mur » Facebook. Par ailleurs, est régulière la plainte avec constitution de partie civile précisant les faits qualifiés d'injure publique envers un groupe de personnes à raison de son appartenance à une nation et visant l'article 33, alinéa 3, de ladite loi, le visa de l'article 23 n'ayant d'autre portée que de préciser le mode de publicité[8].

633.155 Recherches de la victime. De façon incidente, dans l'arrêt *Fourniret*[9], la chambre criminelle de la Cour de cassation admet comme acte interruptif de prescription la diffusion de fiche de recherches des éventuelles victimes : « Attendu qu'en cet état, abstraction faite de motifs erronés mais non déterminants critiqués par les deux premières branches du second moyen, la chambre de l'instruction a justifié sa décision dès lors que, d'une part, doivent être considérées comme connexes les infractions qui, comme en l'espèce, procèdent d'une même conception, relèvent du même mode opératoire et tendent au même but, et que, d'autre part, en cas d'infractions connexes faisant l'objet de procédures distinctes, un acte interruptif de prescription concernant l'une d'elles, telle la diffusion réitérée de fiches de recherches, a nécessairement le même effet à l'égard de l'autre. »

Cette jurisprudence est conforme à celle retenue par la chambre criminelle en matière de recherche des causes de la mort[10].

633.156 Rapport et procès-verbaux adressés au procureur de la République. En dehors du caractère interruptif que peut avoir un procès-verbal, sa *transmission* au procureur de la République n'a pas de caractère interruptif. Ainsi, la prescription de l'action publique n'est pas interrompue par la transmission d'un rapport d'enquête au procureur de la République[11], même si elle émane des enquêteurs eux-mêmes[12]. Il s'agissait, dans cette dernière espèce d'une demande de consultation des services de

1. Crim. 20 juin 2006, n° 05-86.690, P n° 187 ; *D.* 2006. 2212 ; *AJ pénal* 2006. 372.
2. Crim. 22 mai 2012, n° 11-82.416, P n° 130 ; *D.* 2012. 1614 ; *D.* 2013. 457, obs. E. Dreyer.
3. Crim. 16 sept. 2014, n° 13-85.457, P n° 187 ; *D.* 2014. 1879 ; *AJ pénal* 2015. 51, obs. N. Verly ; *Dr. pénal* 2014, comm. 139, M. Véron.
4. Paris, pôle 2, ch. 7, 24 avr. 2013, RG n° 12/04210, *Légipresse* 2013, n° 306, p. 336.
5. Crim. 22 sept. 1998, n° 98-83.568, P n° 232 ; *RSC* 1999. 344, obs. A. Giudicelli.
6. Crim. 30 mars 2021, n° 19-85.806, *Gaz. Pal.* 25 mai 2021, n° 19, p. 26, obs. F. Fourment ; *JCP* 2021. 752, n° 16, obs. O. Mouysset ; *RSC* 2022. 79, note CRIT. E. Dreyer.
7. Le prévenu avait été cité à comparaître devant le tribunal correctionnel pour diffamation publique envers un agent public alors que les réquisitions avaient été prises pour diffamation envers un particulier.
8. Crim. 25 oct. 2022, n° 22-80.056, NP, *Légipresse* 2022. 664.
9. Crim. 18 janv. 2006, n° 05-85.858, NP, *Dr. pénal* 2006, n° 76, note A. Maron.
10. V. s^s n° 633.184.
11. Crim. 26 oct. 2010, n° 09-87.978, NP.
12. Crim. 4 nov. 2014, n° 13-85.379, P n° 224 ; *JCP* 2014. 1304 ; *RSC* 2014. 807, obs. D. Boccon-Gibod (v. s^s n° 633.01).

l'urbanisme d'une préfecture, demande interruptive du délai de prescription, mais à laquelle il ne fut répondu que 18 mois plus tard. Après cette réponse, le ministère public resta inactif de telle sorte que plus de trois ans s'écoulèrent depuis la demande de consultation. La Chambre criminelle juge que : « ne constituent pas des actes interruptifs de prescription les réponses apportées par l'administration aux instructions et demandes du parquet »[1].

633.157 **Consultations de fichier.** La consultation du fichier national des immatriculations constitue un acte d'instruction ou de poursuite, interruptif de prescription de l'action publique au sens de l'article 7 du code de procédure pénale[2], solution répétée après l'entrée en vigueur du nouvel article 9-2 du code de procédure pénale, et même si l'infraction ne donne pas lieu à retrait de points du permis de conduire[3]. Une réquisition, destinée à établir, aux fins d'identification de l'auteur d'un crime, une comparaison entre les profils génétiques figurant dans le fichier national automatisé des empreintes génétiques (Fnaeg) et celui déterminé à partir du prélèvement effectué sur le vêtement de la victime d'un viol, constitue un acte d'instruction, interruptif de la prescription au sens des articles 7 et 8 du code de procédure pénale[4]. De même, la consultation du fichier national des permis de conduire constitue un acte d'instruction ou de poursuite, interruptif de l'action publique au sens de l'article 7 du code de procédure pénale[5].

SECTION 6

CAUSES JURISPRUDENTIELLES D'INTERRUPTION – PLAINTE AVEC CONSTITUTION DE PARTIE CIVILE

633.161 **Principe.** Les actes de mise en mouvement de l'action publique par la partie civile sont interruptifs de prescription, qu'il s'agisse de la délivrance d'une citation directe ou d'une plainte avec constitution de partie civile. L'ordonnance rendue par le juge d'instruction, qui constate le dépôt de la plainte avec constitution de partie civile, est interruptive de prescription[6]. Dès lors qu'une consignation a été ordonnée, c'est le versement qui met en mouvement l'action publique ; l'interruption de la prescription est en conséquence subordonnée au versement de cette consignation dans le délai imparti[7].

Le versement lui-même n'est pas un acte interruptif de prescription mais confère ce caractère à la plainte avec constitution de partie civile[8]. Il en est ainsi qu'il s'agisse d'une plainte avec constitution de partie civile devant le juge d'instruction ou devant le tribunal correctionnel. Dès lors que la personne a obtenu l'aide juridictionnelle et est dispensée de consigner, la prescription est interrompue du jour de la plainte[9]. Mais si la partie civile n'a pas respecté les formalités exigées par les articles 85 et 88 du code de procédure pénale, sa plainte n'est pas interruptive de prescription[10]. C'est d'autant plus important aujourd'hui que l'article 85 contraint le plaignant à déposer une plainte auprès du procureur de la République avant de pouvoir se constituer partie civile à titre principal. Une citation délivrée par l'Administration fiscale « à titre conservatoire » et sans date d'audience n'interrompt pas l'action publique[11], non plus qu'une citation irrégulière[12].

633.162 **Constitution de partie civile incidente.** Si la plainte avec constitution de partie civile à titre principal interrompt la prescription de l'action publique, la constitution à titre incident, c'est-à-dire alors que l'action publique est déjà mise en mouvement et qu'une information est ouverte, a le même effet[13].

633.163 **Demande d'aide juridictionnelle.** La demande d'aide juridictionnelle n'interrompt pas l'action publique[14]. Mais lorsqu'elle a été obtenue, elle a le même effet que le versement de la consignation : c'est le dépôt de la plainte qui interrompt l'action publique[15].

1. SUR le procès-verbal de synthèse, v. s[s] n° 633.151.
2. Crim. 19 juin 2012, n° 11-88.684, P n° 152 ; *D.* 2012. 1889.
3. Crim. 1er sept. 2020, n° 19-87.157, P ; *D.* 2020. 1681 ; *Dr. pénal* 2020, comm. crit. 173, J.-H. Robert ; *Dr. pénal* 2020, comm. 180 ; *JCP* 2020. 1074 ; *Procédures* 2020, comm. 181.
4. Crim. 12 déc. 2012, n° 12-85.274, P n° 279 ; *D.* 2013. 179.
5. Crim. 28 oct. 2014, n° 13-86.413, NP, *Dr. pénal* 2014, comm. 151, A. Maron et M. Haas.
6. Crim. 22 déc. 1976, n° 76-91.065, P n° 378 – Crim. 26 mai 1977, n° 76-92.121, P n° 196 – Crim. 9 déc. 1980, n° 80-91.546, P n° 341 – Crim. 23 avr. 1985, n° 84-90.682, P n° 155 – Crim. 7 juin 1990, n° 89-84.991, P n° 235 ; *Gaz. Pal.* 26 févr. 1991, p. 9, note J.-P. Doucet – Crim. 18 déc. 1990, n° 87-82.208, P n° 441 – Crim. 7 sept. 1999, n° 98-86.219, P n° 181.
7. Crim. 9 déc. 1980, n° 80-91.546, P n° 341 – Crim. 23 avr. 1985, n° 84-90.682, P n° 155 – Crim. 22 nov. 2005, n° 05-82.807, P n° 304 ; *AJ pénal* 2006. 124, obs. J. Leblois-Happe ; *Gaz. Pal.* 7-11 mai 2006, p. 17.
8. Crim. 15 avr. 1991, n° 90-82.838, P n° 177.
9. Crim. 14 nov. 1995, n° 94-83.837, P n° 347 ; *JCP* 1996. IV. 705.
10. Crim. 25 juin 1970, n° 69-93.357, P n° 218.
11. Crim. 14 mars 1988, n° 87-82.247, P n° 123.
12. Crim. 29 sept. 2009, n° 09-81.424, P n° 161 ; *AJ pénal* 2009. 499, obs. G. Royer.
13. Crim. 1er oct. 2003, n° 03-83.582, P n° 178 ; *D.* 2004. Somm. 667, obs. J. Pradel ; *JCP* 2003. IV. 2922 ; *AJ pénal* 2003. 108 ; *RSC* 2004. 136, obs. A. Giudicelli.
14. Crim. 19 mars 1987, n° 84-94.716, P n° 130 ; *JCP* 1987. II. 20879, note P. Chambon.
15. Crim. 14 nov. 1995, n° 94-83.837, P n° 347.

633.164 Suspension de l'action publique entre la plainte et le versement de la consignation – Renvoi. Ce cas combine les effets de la suspension et de l'interruption[1].

633.165 Requête en exonération d'amende forfaitaire. La requête en exonération d'une amende forfaitaire prévue par l'article 529-2 du code de procédure pénale ne constitue pas un acte d'instruction ou de poursuite susceptible d'interrompre la prescription de l'action publique[2].

SECTION 7

CAUSES JURISPRUDENTIELLES D'INTERRUPTION – ACTES DU JUGE D'INSTRUCTION

633.171 Désignation du juge d'instruction. La désignation du juge d'instruction est un acte d'administration interne accompli par le président de la juridiction. Il a été jugé que l'ordonnance de désignation du juge d'instruction n'est pas interruptive de prescription[3] ; toutefois, une cour d'appel a estimé que l'ordonnance du président du tribunal pourvoyant au remplacement du juge d'instruction interrompait la prescription[4]. Les réquisitions aux fins de désignation d'un juge d'instruction interrompent la prescription de l'action publique[5].

633.172 Ordonnance de soit-communiqué. S'agissant de l'ordonnance de soit-communiqué, acte du juge lui-même, il a été jugé qu'elle interrompt la prescription dès lors qu'elle a pour objet de saisir le procureur de la République aux fins de réquisitions sur l'action publique[6].

633.173 Soit-transmis du juge d'instruction. Le soit-transmis, adressé par le juge d'instruction au président du tribunal aux fins d'obtenir de lui des informations, à la suite d'un complément d'information par réquisitions supplétives sollicité par le ministère public, constitue un acte d'instruction interruptif de la prescription[7]. Les avis donnés par le juge d'instruction au procureur de la République en application de l'article 92 du Code de procédure pénale (transport du juge) sont interruptifs de prescription[8].

633.174 Convocations. La convocation adressée à la partie civile en vue de son audition constitue un acte interruptif de l'action publique[9]. Il en est de même de la convocation prévue par l'article 80-2 du code de procédure pénale par laquelle le juge d'instruction avise la personne qu'il envisage de la mettre en examen et l'informe de ses droits[10]. Toutefois, dans ces deux cas d'espèce, les convocations avaient été suivies de l'audition de la personne convoquée. Or, dans un arrêt du 11 janvier 2000, la chambre criminelle semble estimer que les convocations adressées à un avocat ou à une partie en vue d'une audition ne sont pas des actes interruptifs de l'action publique *dès lors qu'elles n'ont pas été suivies de l'acte en vue duquel elles ont été adressées*[11].

Il s'agissait d'un cas d'espèce dans lequel le magistrat instructeur, après avoir adressé des convocations à partie civile et à personne mise en examen, avait accepté le report de l'acte à une date ultérieure, sur une demande qui lui était présentée. Il demeure donc une incertitude, à notre avis, sur le cas d'un acte qui ne se tient pas du fait de l'absence de la partie convoquée, sans qu'un report n'ait été décidé. Un autre arrêt, non publié, affirme que la convocation d'un témoin *défaillant* n'est pas un acte d'interruption de l'action publique[12].

633.175 Actes accomplis par le juge d'instruction. D'une façon générale, on peut dire que tous les actes d'instruction accomplis par le juge d'instruction sont interruptifs de la prescription de l'action publique. La solution est en tout cas claire en ce qui concerne les ordonnances : la chambre criminelle énonce expressément que toutes les ordonnances du juge d'instruction interrompent la prescription de l'action publique[13].

Reste qu'au cas par cas, il n'est pas toujours simple de savoir si tel acte peut ou non être considéré comme un acte d'instruction. Les actes suivants sont, sans conteste possibles, interruptifs :

1. V. s^s n° 633.109.
2. Crim. 3 sept. 2014, n° 13-86.153, NP, *AJ pénal* 2014. 537, obs. J.-P. Céré ; *Dr. pénal* 2015, comm. 42, A. Maron et M. Haas.
3. Crim. 11 avr. 1959, *D.* 1960. 40.
4. Montpellier, 18 nov. 1999, RG n° 98/01531.
5. V. s^s n° 633.142.
6. Crim. 23 juin 1998, n° 98-81.849, P n° 203 ; *JCP* 1998. IV. 3221 ; *Gaz. Pal.* 1998. 2. Chron. dr. crim. 177 – Crim. 15 nov. 2000, n° 00-92.973, NP.
7. Crim. 19 nov. 2014, n° 13-87.375, P n° 248 ; *JCP* 2015. 15 ; *Dr. pénal* 2015, comm. 13, A. Maron et M. Haas.
8. Crim. 19 déc. 2017, n° 17-83.867, P ; *JCP* 2018. 106.
9. Crim. 5 sept. 2006, n° 06-80.402, P n° 205 ; *D.* 2006. IR 2348 ; *AJ pénal* 2006. 406.
10. Crim. 9 juill. 2003, n° 03-82.063, P n° 139 ; *D.* 2003. IR 2341 ; *JCP* 2003. IV. 2668 ; *AJ pénal* 2003. 67 ; *RSC* 2004. 136, obs. A. Giudicelli.
11. Crim. 11 janv. 2000, n° 98-86.269, P n° 12 ; *Dr. pénal* 2000, n° 67.
12. Crim. 26 sept. 2001, n° 01-81.337, NP.
13. Crim. 10 févr. 2004, n° 03-87.283, P n° 36 ; *D.* 2012. 860, note C. Courtin ; *D.* 2012. 2118, obs. J. Pradel ; *D.* 2013. 1647, obs. C. Mascala ; *JCP* 2004. IV. 1780 ; *AJ pénal* 2012. 345, obs. J. Lasserre Capdeville ; *RSC* 2012. 391, obs. X. Salvat ; *Procédures* 2004, n° 134 ; *Dr. pénal* 2004, n° 72, note A. Maron (v. s^s n° 633.01).

- un procès-verbal d'interrogatoire, de confrontation, d'audition de témoin ou de partie civile ;
- un transport sur les lieux, une perquisition[1] ;
- la délivrance d'un mandat de comparution, d'amener, d'arrêt ou de dépôt[2] ;
- la délivrance des avis de fin d'information[3] ;
- l'avis de ses droits transmis à la partie civile[4] ;
- la lettre d'information adressée à une autorité judiciaire étrangère chargée d'exécuter une commission rogatoire internationale[5] ;
- toute ordonnance juridictionnelle, c'est-à-dire tranchant un litige, en répondant à une demande, y compris en matière de restitution[6] ou de contrôle judiciaire[7] ;
- il en est de même pour les arrêts de la chambre de l'instruction[8]. Toute ordonnance rendue en matière de contrôle judiciaire par un juge d'instruction interrompt la prescription de l'action publique. Est donc justifiée la décision de la chambre de l'instruction qui retient que l'ordonnance de main levée partielle du contrôle judiciaire d'un mis en examen a interrompu le délai de prescription de l'action publique[9].

On peut toutefois s'interroger sur la pérennité de certaines jurisprudences. Le texte nouveau évoque en effet « tout acte d'instruction prévu aux articles 79 à 230 du présent code, accompli par un juge d'instruction, une chambre de l'instruction ou des magistrats et officiers de police judiciaire par eux délégués, tendant effectivement à la recherche et à la poursuite des auteurs d'une infraction ». Est-ce que toutes les ordonnances rendues par le magistrat instructeur tendent à cette recherche ou poursuite ? Une ordonnance de restitution par exemple, en fait-elle partie ?

SECTION 8
CAUSES JURISPRUDENTIELLES D'INTERRUPTION – ACTES ACCOMPLIS SUR DÉLÉGATION DU JUGE D'INSTRUCTION

633.181 **Principe.** Autant les actes accomplis par le juge d'instruction lui-même posent peu de difficultés, autant ceux accomplis par les délégataires, que sont les enquêteurs et les experts, donnent lieu à une jurisprudence plus difficile à cerner.

633.182 **Expertise.** En ce qui concerne l'expertise ordonnée par le magistrat instructeur, il convient d'être particulièrement vigilant. En effet, certains actes sont interruptifs de prescription, d'autres pas[10]. Sont interruptifs de prescription :
- la désignation de l'expert[11] ;
- la notification du rapport d'expertise[12] ;
- l'ordonnance de refus de contre-expertise[13] ;

En revanche, ne sont pas interruptifs de prescription :
- les opérations d'expertise elles-mêmes[14] ;
- les lettres adressées par l'expert au tribunal[15] ;
- le dépôt du rapport d'expertise[16].

633.183 **Actes accomplis sur commission rogatoire.** L'ordre écrit que le juge d'instruction adresse aux officiers de police judiciaire, à l'effet de rechercher une personne qui doit être entendue en qualité de témoin, constitue un acte d'instruction qui interrompt la prescription[17].

La délivrance d'une commission rogatoire apparaît sans problème comme un acte d'enquête ou d'instruction, « une commission rogatoire délivrée par un juge d'instruction, quel qu'en soit l'objet, constitue par elle-même un acte d'instruction au sens de l'article 7 du code de procédure pénale, de nature à interrompre la prescription »[18].

La chambre criminelle estime que le rappel adressé à un commandant de gendarmerie pour qu'il adresse les pièces de cette commission roga-

1. Crim. 31 mai 1913, *S.* 1914. 1. 288.
2. Crim. 19 et 24 nov. 1887, *DP* 1888. 1. 191 – Crim. 3 janv. 1861, P n° 1.
3. Crim. 11 janv. 2000, n° 98-86.269, P n° 12 ; *Dr. pénal* 2000, n° 67, note A. Maron – Crim. 9 juin 1998, n° 96-84.894, P n° 188.
4. Crim. 9 juin 1998, n° 96-84.894, préc.
5. Crim. 11 févr. 2009, n° 08-81.731, P n° 37 ; *D.* 2009. 2238, obs. J. Pradel.
6. Crim. 10 févr. 2004, n° 03-87.283, P n° 36 ; *D.* 2012. 860, note C. Courtin ; *D.* 2012. 2118, obs. J. Pradel ; *D.* 2013. 1647, obs. C. Mascala ; *JCP* 2004. IV. 1780 ; *AJ pénal* 2012. 345, obs. J. Lasserre Capdeville ; *RSC* 2012. 391, obs. X. Salvat ; *Dr. pénal* 2004, n° 72, note A. Maron ; *Procédures* 2004, n° 134 (v. s^s n° 633.01).
7. SUR une ordonnance de mainlevée partielle du contrôle judiciaire interrompant la prescription de l'action publique : Crim. 27 mars 2013, n° 12-82.946, NP (v. s^s n° 633.01).
8. Crim. 5 mars 2002, n° 01-83.870, P n° 53 ; *D.* 2002. 1531 ; *RSC* 2004. 132, obs. A. Giudicelli.
9. Crim. 16 déc. 2015, n° 15-84.179, P n° 313 – AUSSI : Crim. 3 nov. 2015, n° 14-80.844, P n° 410 ; *D.* 2015. 2321 ; *JCP* 2015. 1427 ; *Dr. pénal* 2015, comm. 170, obs. A. Maron et M. Haas.
10. T. Moussa, *Droit de l'expertise*, 3e éd., « Dalloz action », 2015, nos 223.116 s., 243.54, 323.27, 343.21 s.
11. Crim. 9 mai 1936, *DH* 1936. 333 – Crim. 22 juill. 1954, P n° 272.
12. Crim. 5 mai 2004, n° 04-81.269, P n° 111 ; *D.* 2004. IR 1933 ; *AJ pénal* 2004. 292, note J. Coste.
13. Crim. 5 déc. 2001, n° 01-81.995, NP.
14. Crim. 16 mars 1964, n° 63-91.024, P n° 97.
15. Crim. 29 mai 1991, n° 90-81.381, P n° 228.
16. *contra* : Crim. 11 janv. 1940, *Gaz. Pal.* 1940. 1. 231 – mais : Crim. 27 févr. 1968, n° 67-92.824, P n° 65 – Rouen, ch. corr., 4 mars 1981, *JCP* 1881. II. 19670, note P. Chambon.
17. Crim. 11 janv. 1940, *Gaz. Pal.* 1940. 2. 231 – Crim. 15 janv. 1990, n° 86-96.469, P n° 22.
18. Crim. 12 nov. 2008, n° 08-80.381, P n° 228 ; *D.* 2009. 24 ; *D.* 2009. 2238, obs. J. Pradel ; *AJ pénal* 2009. 72, obs. C. Girault.

toire, après exécution, ne constitue ni une demande d'enquête ni un acte tendant à la manifestation de la vérité, mais un acte purement administratif ne comportant pas d'effet interruptif de la prescription[1].

Le courrier par lequel un magistrat de liaison français à l'étranger communique la commission rogatoire internationale au ministre de la Justice du pays requis est un acte d'administration de la justice ne pouvant être considéré comme un acte de poursuite ou d'instruction interrompant la prescription[2].

633.184 **Recherches des causes de la mort.** Les actes accomplis dans le cadre de la procédure particulière de recherche des causes de la mort sont-ils réellement des actes d'enquête ou d'instruction, dès lors que l'existence d'une infraction n'est pas établie ? La chambre criminelle a estimé que ces actes, qui tendent à la « poursuite éventuelle » des auteurs de l'infraction, interrompent la prescription de l'action publique[3].

633.185 **Rapport adressé au juge d'instruction.** Ne constitue pas un acte d'instruction ou de poursuite le compte-rendu, adressé par un commissaire de police au juge d'instruction qui lui avait délivré une commission rogatoire, dès lors que ce compte-rendu se bornait à reproduire les termes du rapport de clôture rédigé par l'officier de police judiciaire qu'il avait subdélégué[4].

SECTION 9

CAUSES JURISPRUDENTIELLES D'INTERRUPTION – DÉCISIONS DE JUSTICE ET VOIES DE RECOURS

633.191 **Saisine de la juridiction.** La saisine de la juridiction par le ministère public interrompt la prescription de l'action publique. Il en est ainsi de la citation directe devant le tribunal correctionnel[5]. La prescription de l'action publique n'est pas interrompue par la seule signification au prévenu des conclusions de la partie civile[6].

633.192 **Assimilation.** Sont considérés comme des actes de poursuite interrompant la prescription de l'action publique les jugements ou arrêts définitifs ou avant dire droit[7]. En ce qui concerne les jugements de renvoi, il convient de distinguer : si le jugement est rendu contradictoirement, il interrompt l'action publique[8], ce qui n'est pas le cas lorsqu'il est rendu par défaut[9]. Il est par ailleurs nécessaire que la présence de l'intéressé soit consignée dans les notes d'audience[10], ce qui permet de considérer que, dans ce cas, la remise de cause est interruptive de prescription même lorsqu'elle n'est pas consacrée par jugement[11]. En matière de presse, la chambre criminelle a également jugé que « la remise de cause contradictoire constitue un acte d'instruction ou de poursuite de nature à interrompre la prescription de l'action publique »[12]. La chambre criminelle devra dire si cette jurisprudence s'inscrit toujours dans les termes de la loi du 27 février 2017.

633.193 **Interruption de la prescription de l'action publique par l'appel**[13]. Tel est le cas de l'appel formé par les parties civiles, contre l'ordonnance de non-lieu rendue par le juge d'instruction à la suite de la destruction par incendie de la quasi totalité du dossier[14]. L'appel interrompt la prescription de l'action en diffamation quelle que soit la partie dont il émane[15].

633.194 **Autres voies de recours.** Il en est de même de l'opposition[16] et du pourvoi en cassation[17]. La signification d'une décision de la Cour de cassation renvoyant l'affaire devant une nouvelle

1. Crim. 18 sept. 2001, n° 01-80.726, NP, *Dr. pénal* 2002. Chron. 10.
2. Crim. 3 mars 2015, n° 14-80.094, P n° 42 ; *D.* 2015. 629.
3. Crim. 6 juin 1991, n° 89-84.617, P n° 243 ; *Dr. pénal* 1991, n° 299.
4. Crim. 12 nov. 2014, n° 13-84.764, P n° 235 ; *D.* 2015. 342, obs. E. Dreyer ; *AJ pénal* 2015. 158, obs. G. Royer ; *Dr. pénal* 2015, comm. 13, A. Maron et M. Haas.
5. Crim. 20 nov. 1968, n° 68-90.799, P n° 306.
6. Crim. 17 juin 2008, n° 07-86.330, P n° 152 ; *AJ pénal* 2008. 372.
7. Crim. 23 mars 1912, et Paris, 1er févr. 1912, *DP* 1912. 1. 161 ; *DP* 1916. 2. 113, note Leloir ; *S.* 1912. 1. 345, note Roux.
8. Crim. 3 févr. 1993, n° 92-86.673, P n° 59 – Crim. 4 mai 1995, n° 93-82.561, P n° 164 – Crim. 30 janv. 2001, n° 00-84.556, NP, *Dr. pénal* 2001, n° 32.
9. Crim. 12 juill. 1972, n° 72-90.728, P n° 249.
10. Crim. 31 mai 1949, *D.* 1949. 364 ; *RSC* 1950. 216, obs. M. Patin – Crim. 1er déc. 1949, *S.* 1952. 1. 161, note R. Meurisse ; *JCP* 1950. II. 5363, note A. Colombini – Crim. 25 juill. 1972, n° 71-92.254, P n° 257 – Crim. 11 mai 1988, n° 87-92.056, P n° 206 – Crim. 3 févr. 1993, n° 92-86.673, P n° 59 – Crim. 4 mai 1995, n° 93-82.561, P n° 164 ; *D.* 1995. IR 181.
11. Crim. 28 nov. 2006, n° 05-85.085, P n° 298 (v. ss n° 633.01).
12. Crim. 11 mai 1988, n° 87-92.056, P n° 206.
13. Crim. 22 juin 1944, P n° 147 – Crim. 14 févr. 1989, n° 86-94.422, P n° 74 – Crim. 24 oct. 1989, n° 89-84.811, P n° 378 – Crim. 25 janv. 1993, n° 92-83.136, P n° 39 ; *Gaz. Pal.* 1993. 1. 9, note J.-P. Doucet.
14. Crim. 25 janv. 1993, n° 92-83.136, P n° 39.
15. Civ. 2e, 16 déc. 1999, n° 98-11.110, P II, n° 191.
16. Crim. 13 mars 1951, *D.* 1951. 276 – Crim. 19 mars 1956, *JCP* 1956. II. 9312 – Crim. 20 sept. 1994, n° 91-83.264, P n° 299 – Crim. 20 mai 2003, n° 02-85.403, P n° 100 ; *D.* 2003. IR 2285 ; *RSC* 2004. 136, obs. A. Giudicelli ; *JCP* 2003. IV. 2267.
17. Crim. 20 juin 1951, P n° 178.

juridiction interrompt la prescription[1]. Mais la signification d'un jugement frappé ensuite de nullité ne peut constituer un acte de poursuite de nature à interrompre la prescription[2].

633.195 **Actes d'une autorité étrangère.** Les actes régulièrement accomplis à l'étranger interrompent la prescription en France, quel que soit l'effet attaché à ces actes par la loi étrangère au regard de son propre système de prescription[3]. La dénonciation officielle adressée par l'autorité étrangère à l'autorité française aux fins de jugement en France des délits commis par un Français à l'étranger, conformément aux dispositions de l'article 113-8 du code pénal, constitue également un acte de poursuite interruptif de la prescription de l'action publique[4].

1. Crim. 6 mai 1986, n° 84-90.788, P n° 153 – Crim. 13 févr. 1989, n° 88-81.218, P n° 69 – Crim. 24 oct. 1989, n° 89-84.811, P n° 378.
2. Crim. 15 mars 1961, P n° 163.
3. Crim. 5 juin 1996, n° 94-84.642, P n° 239 ; *Gaz. Pal.* 1996. 1. 182 – Crim. 24 sept. 1998, n° 97-84.030, P n° 234.
4. Crim. 12 oct. 2005, n° 05-80.189, P n° 260 ; *D.* 2005. IR 2822.

CHAPITRE

634. Prescription relative à certains délits commis contre les mineurs

SECTION 0
ORIENTEUR

634.00 **Sommaire du chapitre.**

634.01 **Principaux textes applicables.**

TEXTES SOURCES

• C. pr. pén., art. 8, 9-1, 706-47

• C. pén., art. 222-11, 222-12, 222-30, 225-12-1, 225-12-2, 227-23, 227-25, 227-26

TEXTES *IN EXTENSO*

• **C. pr. pén., art. 8**

* V. s[s] n° 631.01.

• **C. pr. pén., art. 9-1**

* V. s[s] n° 631.01.

• **C. pr. pén., art. 706-47** [mod. par L. n° 2021-1539, 30 nov. 2021, art. 45]

Le présent titre est applicable aux procédures concernant les infractions suivantes :

1° Crimes de meurtre ou d'assassinat prévus aux articles 221-1 à 221-4 du code pénal, lorsqu'ils sont commis sur un mineur ou lorsqu'ils sont commis en état de récidive légale ;

2° Crimes de tortures ou d'actes de barbarie prévus aux articles 222-1 à 222-6 du même code et crimes de violences sur un mineur de quinze ans ayant entraîné une mutilation ou une infirmité permanente prévus à l'article 222-10 dudit code ;

3° Crimes de viol prévus aux articles 222-23 à 222-26 du même code et délit prévu à l'article 222-26-1 du même code ;

4° Délits d'agressions sexuelles prévus aux articles 222-27 à 222-33 du même code ;

5° Délits et crimes de traite des êtres humains à l'égard d'un mineur prévus aux articles 225-4-1 à 225-4-4 du même code ;

6° Délit et crime de proxénétisme à l'égard d'un mineur prévus au 1° de l'article 225-7 et à l'article 225-7-1 du même code ;

7° Délits de recours à la prostitution prévus aux articles 225-12-1 et 225-12-2 du même code ;

8° Délit de corruption de mineur prévu à l'article 227-22 du même code ;

9° Délit de proposition sexuelle faite par un majeur à un mineur de quinze ans ou à une personne se présentant comme telle en utilisant un moyen de communication électronique, prévu à l'article 227-22-1 du même code ;

10° Délits de captation, d'enregistrement, de transmission, d'offre, de mise à disposition, de diffusion, d'importation ou d'exportation, d'acquisition ou de détention d'image ou de représentation pornographique d'un mineur ainsi que le délit de consultation habituelle ou en contrepartie d'un paiement d'un service de communication au public en ligne mettant à disposition une telle image ou représentation, prévus à l'article 227-23 du même code ;

11° Délits de fabrication, de transport, de diffusion ou de commerce de message violent ou pornographique susceptible d'être vu ou perçu par un mineur, prévus à l'article 227-24 du même code ;

12° Délit d'incitation d'un mineur à se soumettre à une mutilation sexuelle ou à commettre cette mutilation, prévu à l'article 227-24-1 du même code ;

13° Délits d'atteintes sexuelles et de tentatives d'atteinte sexuelle prévus aux articles 227-25 à 227-27-2 du même code ;

14° Délit d'incitation à commettre un crime ou un délit à l'encontre d'un mineur, prévu à l'article 227-28-3 du même code ;

15° Délits prévus au premier alinéa de l'article 521-1-1 du même code.

• **C. pén., art. 222-11**

Les violences ayant entraîné une incapacité totale de travail pendant plus de huit jours sont punies de trois ans d'emprisonnement et de 45 000 euros d'amende.

• **C. pén., art. 222-12** [mod. par L. n° 2022-52, 24 janv. 2022, art. 10]

L'infraction définie à l'article 222-11 est punie de cinq ans d'emprisonnement et de 75 000 euros d'amende lorsqu'elle est commise :

1° Sur un mineur de quinze ans ;

2° Sur une personne dont la particulière vulnérabilité, due à son âge, à une maladie, à une infirmité, à une déficience physique ou psychique ou à un état de grossesse, est apparente ou connue de son auteur ;

3° Sur un ascendant légitime ou naturel ou sur les père ou mère adoptifs ;

4° Sur un magistrat, un juré, un avocat, un officier public ou ministériel, un membre ou un agent de la Cour pénale internationale, une personne dépositaire de l'autorité publique autre que celles mentionnées à l'article 222-14-5, un gardien assermenté d'immeubles ou de groupes d'immeubles ou un agent exerçant pour le compte d'un bailleur des fonctions de gardiennage ou de surveillance des immeubles à usage d'habitation en application de l'article L. 127-1 du code de la construction et de l'habitation, dans l'exercice ou du fait de ses fonctions, lorsque la qualité de la victime est apparente ou connue de l'auteur ;

4° *bis* A Sur une personne exerçant une activité privée de sécurité mentionnée aux articles L. 611-1 ou L. 621-1 du code de la sécurité intérieure dans l'exercice ou du fait de ses fonctions, lorsque la qualité de la victime est apparente ou connue de l'auteur ;

4° *bis* Sur un enseignant ou tout membre des personnels travaillant dans les établissements d'enseignement scolaire, sur un agent d'un exploitant de réseau de transport public de voyageurs ou toute personne chargée d'une mission de service public, ainsi que sur un professionnel de santé, dans l'exercice ou du fait de ses fonctions, lorsque la qualité de la victime est apparente ou connue de l'auteur ;

4° *ter* Sur le conjoint, les ascendants ou les descendants en ligne directe ou sur toute autre personne vivant habituellement au domicile des personnes mentionnées aux 4°, 4° *bis* A et 4° *bis*, en raison des fonctions exercées par ces dernières ;

5° Sur un témoin, une victime ou une partie civile, soit pour l'empêcher de dénoncer les faits, de porter plainte ou de déposer en justice, soit en raison de sa dénonciation ou de sa plainte, soit à cause de sa déposition devant une juridiction nationale ou devant la Cour pénale internationale ;

5° *bis* et 5° *ter* (abrogés)

5° *quater* Sur une personne qui se livre à la prostitution, y compris de façon occasionnelle, si les faits sont commis dans l'exercice de cette activité ;

6° Par le conjoint ou le concubin de la victime ou le partenaire lié à la victime par un pacte civil de solidarité ;

6° *bis* Contre une personne, en raison de son refus de contracter un mariage ou de conclure une union ou afin de la contraindre à contracter un mariage ou à conclure une union ;

7° Par une personne dépositaire de l'autorité publique ou chargée d'une mission de service public dans l'exercice ou à l'occasion de l'exercice de ses fonctions ou de sa mission ;

7° *bis* Par une personne exerçant une activité privée de sécurité mentionnée aux articles L. 611-1 ou L. 621-1 du code de la sécurité intérieure dans l'exercice ou à l'occasion de l'exercice de ses fonctions ou de sa mission ;

8° Par plusieurs personnes agissant en qualité d'auteur ou de complice ;

9° Avec préméditation ou avec guet-apens ;

10° Avec usage ou menace d'une arme ;

11° Dans des établissements d'enseignement ou d'éducation ou dans les locaux de l'administration, ainsi que, lors des entrées ou sorties des élèves ou du public ou dans un temps très voisin de celles-ci, aux abords de ces établissements ou locaux ;

12° Par un majeur agissant avec l'aide ou l'assistance d'un mineur ;

13° Dans un moyen de transport collectif de voyageurs ou dans un lieu destiné à l'accès à un moyen de transport collectif de voyageurs ;

14° Par une personne agissant en état d'ivresse manifeste ou sous l'emprise manifeste de produits stupéfiants ;

15° Par une personne dissimulant volontairement en tout ou partie son visage afin de ne pas être identifiée.

Les peines encourues sont portées à dix ans d'emprisonnement et à 150 000 euros d'amende lorsque l'infraction définie à l'article 222-11 est commise :

a) Sur un mineur de quinze ans par un ascendant légitime, naturel ou adoptif ou par toute autre personne ayant autorité sur le mineur ;

b) Alors qu'un mineur assiste aux faits et que ceux-ci sont commis par le conjoint ou le concubin de la victime ou le partenaire lié à la victime par un pacte civil de solidarité ou, si la victime est mineure, par un ascendant légitime, naturel ou adoptif ou par toute autre personne ayant autorité sur le mineur victime.

Les peines sont portées à sept ans d'emprisonnement et 100 000 euros d'amende lorsque cette infraction est commise dans deux des circonstances prévues aux 1° et suivants du présent article. Les peines sont portées à dix ans d'emprisonnement et 150 000 euros d'amende lorsqu'elle est commise dans trois de ces circonstances.

Les deux premiers alinéas de l'article 132-23 relatif à la période de sûreté sont applicables aux infractions prévues au présent article lorsqu'elles sont punies de dix ans d'emprisonnement.

• **C. pén., art. 222-29** [mod. par L. n° 2018-703, 3 août 2018, art. 7]

Les agressions sexuelles autres que le viol sont punies de sept ans d'emprisonnement et de 100 000 euros d'amende lorsqu'elles sont imposées à une personne dont la particulière vulnérabilité due à son âge, à une maladie, à une infirmité, à une déficience physique ou psychique ou à un état de grossesse ou résultant de la précarité de sa situation économique ou sociale est apparente ou connue de son auteur.

• **C. pén., art. 222-29-1** [créé par L. n° 2021-478, 21 avr. 2021, art. 1]

Les agressions sexuelles autres que le viol sont punies de dix ans d'emprisonnement et de 150 000 € d'amende lorsqu'elles sont imposées à un mineur de quinze ans par violence, contrainte, menace ou surprise.

• **C. pén., art. 222-30** [mod. par L. n° 2018-703, 3 août 2018, art. 3]

L'infraction définie à l'article 222-29 est punie de dix ans d'emprisonnement et de 150 000 euros d'amende :

1° Lorsqu'elle a entraîné une blessure ou une lésion ;

2° Lorsqu'elle est commise par un ascendant ou par toute autre personne ayant sur la victime une autorité de droit ou de fait ;

3° Lorsqu'elle est commise par une personne qui abuse de l'autorité que lui confèrent ses fonctions ;

4° Lorsqu'elle est commise par plusieurs personnes agissant en qualité d'auteur ou de complice ;

5° Lorsqu'elle est commise avec usage ou menace d'une arme ;

6° (abrogé)

7° Lorsqu'elle est commise par une personne agissant en état d'ivresse manifeste ou sous l'emprise manifeste de produits stupéfiants ;

8° Lorsqu'une substance a été administrée à la victime, à son insu, afin d'altérer son discernement ou le contrôle de ses actes.

• **C. pén., art. 225-12-1** [mod. par L. n° 2021-478, 21 avr. 2021, art. 7]

Lorsqu'il est commis en récidive dans les conditions prévues au second alinéa de l'article 132-11, le fait de solliciter, d'accepter ou d'obtenir des relations de nature sexuelle d'une personne qui se livre à la prostitution, y compris de façon occasionnelle, en échange d'une rémunération, d'une promesse de rémunération, de la fourniture d'un avantage en nature ou de la promesse d'un tel avantage est puni de 3 750 € d'amende.

Est puni de cinq ans d'emprisonnement et de 75 000 € d'amende le fait de solliciter, d'accepter ou d'obtenir, en échange d'une rémunération, d'une promesse de rémunération, de la fourniture d'un avantage en nature ou de la promesse d'un tel avantage, des relations de nature sexuelle de la part d'une personne qui se livre à la prostitution, y compris de façon occasionnelle, lorsque cette personne est mineure ou présente une particulière vulnérabilité, apparente ou connue de son auteur, due à une maladie, à une infirmité, à un handicap ou à un état de grossesse.

• **C. pén., art. 225-12-2** [mod. par L. n° 2021-478, 21 avr. 2021, art. 6 et 7]

Les peines prévues au second alinéa de l'article 225-12-1 sont portées à sept ans d'emprisonnement et à 100 000 euros d'amende :

1° Lorsque l'infraction est commise de façon habituelle ou à l'égard de plusieurs personnes ;

2° Lorsque la personne a été mise en contact avec l'auteur des faits grâce à l'utilisation, pour la diffusion de messages à destination d'un public non déterminé, d'un réseau de communication ;

3° Lorsque les faits sont commis par une personne qui abuse de l'autorité que lui confèrent ses fonctions ;

4° Lorsque l'auteur des faits a délibérément ou par imprudence mis la vie de la personne en danger ou a commis contre elle des violences.

Hors les cas dans lesquels ces faits constituent un viol ou une agression sexuelle, les peines prévues au second alinéa de l'article 225-12-1 sont portées à dix ans d'emprisonnement et à 150 000 euros d'amende lorsqu'il s'agit d'un mineur de quinze ans.

• **C. pén., art. 227-23,** [mod. par L. n° 2021-478, 21 avr. 2021, art. 4]

Le fait, en vue de sa diffusion, de fixer, d'enregistrer ou de transmettre l'image ou la représentation d'un mineur lorsque cette image ou cette représentation présente un caractère pornographique est puni de cinq ans d'emprisonnement et de 75 000 euros d'amende. Lorsque l'image ou la représentation concerne un mineur de quinze ans, ces faits sont punis même s'ils n'ont pas été commis en vue de la diffusion de cette image ou représentation.

Le fait d'offrir, de rendre disponible ou de diffuser une telle image ou représentation, par quelque moyen que ce soit, de l'importer ou de l'exporter, de la faire importer ou de la faire exporter, est puni des mêmes peines.

Les peines sont portées à sept ans d'emprisonnement et à 100 000 euros d'amende lorsqu'il a été utilisé, pour la diffusion de l'image ou de la représentation du mineur à destination d'un public non déterminé, un réseau de communications électroniques.

Le fait de consulter habituellement ou en contrepartie d'un paiement un service de communication au public en ligne mettant à disposition une telle image ou représentation, d'acquérir ou de détenir une telle image ou représentation par quelque moyen que ce soit est puni de cinq ans d'emprisonnement et de 75 000 euros d'amende.

Les infractions prévues au présent article sont punies de dix ans d'emprisonnement et de 500 000 euros d'amende lorsqu'elles sont commises en bande organisée.

La tentative des délits prévus au présent article est punie des mêmes peines.

Les dispositions du présent article sont également applicables aux images pornographiques d'une personne dont l'aspect physique est celui d'un mineur, sauf s'il est établi que cette personne était âgée de dix-huit ans au jour de la fixation ou de l'enregistrement de son image.

• **C. pén., art. 227-25** [mod. par L. n° 2021-478, 21 avr. 2021, art. 4]

Hors les cas de viol ou d'agression sexuelle prévus à la section 3 du chapitre II du présent titre, le fait, pour un majeur, d'exercer une atteinte sexuelle sur un mineur de quinze ans est puni de sept ans d'emprisonnement et de 100 000 € d'amende.

• **C. pén., art. 227-26** [mod. par L. n° 2021-478, 21 avr. 2021, art. 4]

L'infraction définie à l'article 227-25 est punie de dix ans d'emprisonnement et de 150 000 euros d'amende :

1° Lorsqu'elle est commise par une personne majeure ayant sur la victime une autorité de droit ou de fait ;

2° Lorsqu'elle est commise par une personne qui abuse de l'autorité que lui confèrent ses fonctions ;

3° Lorsqu'elle est commise par plusieurs personnes agissant en qualité d'auteur ou de complice ;

4° Lorsque le mineur a été mis en contact avec l'auteur des faits grâce à l'utilisation, pour la diffusion de messages à destination d'un public non déterminé, d'un réseau de communication électronique ;

5° Lorsqu'elle est commise par une personne agissant en état d'ivresse manifeste ou sous l'emprise manifeste de produits stupéfiants.

634.02 Jurisprudence de référence.

• **Crim. 20 juill. 2011,** n° 11-83.106, NP

* V. s[s] n° 634.82.

« Vu l'article 8 du code de procédure pénale, dans la rédaction de la loi n° 98-468 du 17 juin 1998 ;

Attendu que, d'une part, si, selon les deux premiers alinéas de ce texte, la prescription de l'action publique, d'une durée de trois années révolues, des délits commis contre des mineurs prévus et réprimés par les articles 222-9, 222-11 à 222-15, 222-27 à 222-30, 225-7, 227-22 et 227-25 à 227-27 du code pénal, ne commence à courir qu'à compter de la majorité des victimes, il résulte de son dernier alinéa que le délai de prescription de dix ans ne s'applique qu'aux délits prévus par les articles 222-30 et 227-26 du code pénal soit aux agressions et aux atteintes sexuelles commises sur les seuls mineurs de quinze ans ;

Attendu que, le 29 octobre 2002, Mme Pegui Z... Y..., née le 21 octobre 1977, a déposé plainte contre son père, M. X... Y..., des chefs de viols et agressions sexuelles aggravés commis à Chanteloup-les-Vignes (Yvelines), entre 1985 et le 21 octobre 1995, date de sa majorité ; que l'arrêt attaqué, après avoir constaté la prescription de l'action publique des seuls délits d'agressions sexuelles aggravées commis antérieurement au 15 juillet 1986, c'est-à-dire plus de trois ans avant l'entrée en vigueur, le 15 juillet 1989, de la loi du 10 juillet 1989 relative à la prévention des mauvais traitements à l'égard des mineurs et à la protection de l'enfance, ayant notamment complété l'article 7 du code de procédure pénale, prononce le renvoi de M. X... Y... devant la cour d'assises sur l'ensemble des autres chefs d'accusation ;

Mais attendu qu'en statuant ainsi, alors que, les attentats à la pudeur avec violence, contrainte ou surprise commis par ascendant légitime entre le 21 octobre 1992 et le 28 février 1994 et les atteintes sexuelles commises par violence, contrainte, menace ou surprise entre le 1er mars 1994 et le 20 octobre 1995, soumis à un délai de prescription de trois ans et non de dix ans, ce dernier délai n'étant prévu par la loi précitée du 17 juin 1998 que pour les victimes d'agressions et atteintes sexuelles mineures de quinze ans, se trouvaient prescrits au jour du dépôt de plainte, la chambre de l'instruction a méconnu le texte susvisé ;

D'où il suit que la cassation est encourue de ce chef ;

Par ces motifs, et sans qu'il y ait lieu de statuer sur les autres moyens proposés :

casse et annule [...]. »

634.03 Bibliographie indicative.

Encyclopédies. Rép. pén., *V° Action publique,* par F. Molins – J.-Cl. Pr. pén., « Prescription de l'action publique », par B. Challe.

Articles. S. Detraz, « Le dédoublement des agressions sexuelles -. – Commentaire de certaines des dispositions de la loi du 21 avril 2021 visant à protéger les mineurs des crimes et délits sexuels et de l'inceste », *Dr. pénal* 2021, étude 12 ; C. Ghica-Lemarchand, « Commentaire de la loi du 21 avril 2021 visant à protéger les mineurs des crimes et délits sexuels et de l'inceste » *D.* 2021. 1552 – Ch. Guéry, « Crimes et délits commis contre les mineurs par ascendant : quelle prescription ? », *D.* 1997. Chron. 138 ; « La prescription des infractions contre les mineurs : un nouvel état des lieux », *D.* 1999. Chron. 39 ; « Kafka II, pourquoi faire simple quand on peut faire... une nouvelle loi sur la prescription des infractions commises contre les mineurs », *D.* 2004. Chron. 3015 – X. Lameyre, « La prescription de l'action publique en matière d'infractions contre les mineurs, ou les dysharmonies d'un régime pénal d'exception », *AJ pénal* 2006. 289 – H. Matsopoulou « Les nouvelles règles de prescription applicables aux crimes et délits sexuels commis sur des mineurs » *JCP* 2021. 514 – K. Vartanian, « À propos de l'alinéa 3 de l'article 7 du code de procédure pénale », *D.* 1997. Chron. 67.

SECTION 1
UNE HISTOIRE INDISPENSABLE À LA COMPRÉHENSION DU PROBLÈME – ORIGINES

634.11 Complexité de la question. Nous avons consacré trois longs articles à cette difficulté sans avoir pu faire le tour des problèmes tant, en cette matière, le législateur semble avoir multiplié les embûches[1]. Allonger la prescription, ajouter des délits ou des crimes, en retirer, ne peut en effet qu'entraîner de redoutables difficultés d'application de la loi dans le temps. Nous ne traiterons ici que des délits, le lecteur pouvant se reporter aux articles précités en ce qui concerne les crimes. Les principes sont d'ailleurs les mêmes. La législation depuis la loi du 10 juillet 1989[2] a fait des crimes et délits commis contre les mineurs l'une des exceptions les plus

1. Ch. Guéry, « Crimes et délits commis contre les mineurs par ascendant : quelle prescription ? », *D.* 1997. Chron. 138 ; « La prescription des infractions contre les mineurs : un nouvel état des lieux », *D.* 1999. Chron. 39 ; « Kafka II, pourquoi faire simple quand on peut faire... une nouvelle loi sur la prescription des infractions commises contre les mineurs », *D.* 2004. Chron. 3015.
2. L. n° 89-487, 10 juill. 1989 relative à la prévention des mauvais traitements à l'égard des mineurs et à la protection de l'enfance, *JO* 14 juill., p. 8869.

notables dérogeant au droit commun de la prescription. Et encore, le législateur a été tenté à de nombreuses reprises, d'aller vers une imprescriptibilité absolue[1] !

634.12 **Origines.** Il est absolument essentiel de connaître un peu l'histoire des lois relatives à la prescription de certains délits. Avant 1989, il n'existait aucune règle particulière et tous les délits commis contre les mineurs étaient couverts par une prescription traditionnelle, à savoir trois ans à compter de la commission des faits.

634.13 **Portée de la loi du 10 juillet 1989.** La loi du 10 juillet 1989, la première, prend la mesure de la difficulté pour un mineur de déposer une plainte, alors qu'il est justement incapable civilement de le faire, mais surtout alors que ses parents ou les personnes qui le gardent sont parfois les auteurs mêmes de l'infraction. Là est le principal intérêt de cette loi : elle protège le mineur victime de faits de nature sexuelle commis *par ses ascendants ou des personnes ayant autorité*. Le législateur n'avait entendu viser que les crimes. La Cour de cassation, pour des raisons qu'il est devenu inutile de rappeler[2], *a étendu les nouvelles règles en matière de délit*. La loi reporte alors la prescription des faits commis à la majorité de la victime. Le jour de sa majorité court à nouveau un délai de trois ans pendant lequel elle peut déposer plainte.

634.14 **Portée de la loi du 17 juin 1998.** La loi du 17 juin 1998[3] ne se contente plus de protéger l'enfant victime d'agressions qui auraient été commises par ses ascendants ou par des personnes ayant autorité sur lui. Elle protège tout mineur victime d'un certain nombre d'infractions : tous les crimes, et c'est une révolution, et certains délits qu'elle énumère. Par ailleurs, dès cette loi, la prescription en matière de délits court pour une durée de dix ans pour certains d'entre eux : ceux visés aux articles 222-30 et 227-26 du code pénal. La loi du 17 juin 1998 ayant prévu expressément de déroger à l'article 112-2, 4°, du code pénal qui dispose que sont applicables immédiatement à la répression des infractions commises avant leur entrée en vigueur, lorsque les prescriptions ne sont pas acquises, les lois relatives à la prescription de l'action publique et à la prescription des peines, sauf quand elles auraient eu pour résultat d'aggraver la situation de l'intéressé, elle entre en application immédiatement et y compris si elle aggrave le sort des personnes, ce qui est évidemment le cas.

634.15 **Portée de la loi du 18 mars 2003.** La loi du 18 mars 2003[4] a élargi la liste de l'article 8. Elle a ajouté à la liste de l'article 8 les infractions de traite aggravée des êtres humains[5] et de conditions de travail et d'hébergement contraires à la dignité de la personne[6].

SECTION 2
LOI DU 9 MARS 2004

634.21 **Portée de la loi du 9 mars 2004.** La loi du 9 mars 2004[7], dite loi Perben II, supprime la liste de l'article 8 pour renvoyer au seul article 706-47, avant que les lois suivantes reprennent quelques articles au sein même de l'article 8. Il est aujourd'hui ainsi conçu, dans ses deux premiers alinéas : « En matière de délit, la prescription de l'action publique est de trois années révolues ; elle s'accomplit selon les distinctions spécifiées à l'article précédent. Le délai de prescription de l'action publique des délits mentionnés à l'article 706-47 et commis contre des mineurs est de dix ans ; celui des délits prévus par les articles 222-12, 222-30 et 227-26 du code pénal est de vingt ans ; ces délais ne commencent à courir qu'à partir de la majorité de la victime ».

L'article 8 est mal rédigé : après avoir renvoyé à l'article 706-47 du même code s'agissant de certains délits contre les mineurs, et après un point-virgule, l'article se poursuit ainsi « celui des délits prévus par les articles 222-12, 222-30 et 227-26 du code pénal est de vingt ans ; ces délais ne commencent à courir qu'à partir de la majorité de la victime ». Et alors que l'article 8, dans ce second alinéa, a pris soin de préciser que la prescription particulière de dix ans

1. NOT. : Prop. L. n° 3679 tendant à rendre imprescriptibles les infractions sexuelles commises contre les mineurs, *JO* 20 mars 2002 ; prop. L. n° 355 tendant à rendre imprescriptibles certains crimes, *JO* 7 nov. 2002 – Prop. L. n° 2536 visant à rendre imprescriptibles les infractions sexuelles contre les mineurs, *JO* 28 sept. 2005 – Prop. L. n° 230 visant à assurer l'imprescriptibilité des crimes sexuels commis sur des mineurs, déposée à l'Assemblée nationale le 27 sept. 2007 : *D. actu.* 10 oct. 2007 – POSTÉRIEUREMENT l'Assemblée nationale a rejeté une proposition de loi modifiant encore le délai de prescription : *Dr. pénal* 2015. Alerte 5, veille W. Roumier.
2. Crim. 8 févr. 1994, n° 93-84.479, P n° 56 – Crim. 3 nov. 1994, n° 94-80.010, P n° 349 ; *RSC* 1995. 367, obs. J.-P. Dintilhac – POUR MIEUX appréhender la globalité de la question : Ch. Guéry, « Crimes et délits commis contre les mineurs par ascendant : quelle prescription ? » *D.* 1997. Chron. 138.
3. L. n° 98-468, 17 juin 1998 relative à la prévention et à la répression des infractions sexuelles ainsi qu'à la protection des mineurs, *JO* 18 juin, p. 9255.
4. L. n° 2003-239, 18 mars 2003 pour la sécurité intérieure, *JO* 19 mars, p. 4761.
5. C. pén., art. 225-4-2.
6. C. pén., art. 225-15, al. 2 et 3.
7. L. n° 2004-204, 9 mars 2004 portant adaptation de la justice aux évolutions de la criminalité, *JO* 10 mars, p. 4567.

était réservée aux délits mentionnés à l'article 706-47 et *commis contre des mineurs*, et qu'il était facile de conserver cette rédaction dans la phrase qui suivait, tel n'est pas le cas : ce sont apparemment tous les délits visés aux articles 222-12, 222-30 et 227-26 qui sont concernés par cette extension dérogatoire au droit commun. Pourtant, ni la pratique ni la jurisprudence n'ont tenu compte de cette singulière rédaction et la prescription allongée n'est appliquée qu'*aux seules infractions commises contre les mineurs*.

La loi du 9 mars 2004 est complexe car elle suscite un mouvement dans les deux sens : aggravation de la répression dans certains cas, atténuation du nombre des articles prévus par les articles 8 et 706-47 du code de procédure pénal de l'autre.

Par ailleurs, elle abroge la mention de l'alinéa de l'article 112, 4° du code pénal, selon laquelle sont applicables immédiatement à la répression des infractions commises avant leur entrée en vigueur, lorsque les prescriptions ne sont pas acquises, les lois relatives à la prescription de l'action publique et à la prescription des peines, *sauf quand elles auraient pour résultat d'aggraver la situation de l'intéressé*, rendant inutile une nouvelle dérogation à cet article. Désormais c'est la règle : la plus grande sévérité d'une loi de prescription nouvelle n'empêche pas son application immédiate. L'article 112 4° est depuis rédigé ainsi : « sont applicables immédiatement à la répression des infractions commises avant leur entrée en vigueur [...] lorsque les prescriptions ne sont pas acquises, les lois relatives à la prescription de l'action publique et à la prescription des peines ». Dans sa rédaction issue de la loi du 9 mars 2004, l'article 112-2[1], 4°, du code pénal, qui permet l'entrée en vigueur immédiate des lois relatives à la prescription de l'action publique, est conforme à l'article 7[2] de la convention européenne des droits de l'homme[3].

Pour l'Assemblée plénière de la Cour de cassation[4], la prescription de l'action publique ne revêt pas le caractère d'un principe fondamental reconnu par les lois de la République et ne procède pas des articles 7[5] et 8[6] de la Déclaration des droits de l'Homme et du citoyen du 26 août 1789, ni d'aucune disposition, règle ou principe de valeur constitutionnelle.

La chambre criminelle, saisie également de QPC contestant, au regard de l'article 8 de la Déclaration des droits de l'Homme et du citoyen, la constitutionnalité des dispositions de la loi du 9 mars 2004 allongeant les délais de prescription applicables aux crimes et délits à caractère sexuels commis sur des mineurs, a, pour refuser de les transmettre au Conseil constitutionnel, estimé que : « La question posée, relative à l'application immédiate et non rétroactive, aux infractions commises avant leur entrée en vigueur, lorsque la prescription n'est pas encore acquise, des lois de procédure allongeant le délai de prescription de l'action publique, qui, dès lors que cette prescription a pour seul effet de faire obstacle à l'exercice des poursuites, est étrangère aux droits et libertés garantis par l'article 8 de la Déclaration des droits de l'Homme définissant les principes de légalité criminelle et de nécessité des peines, n'a pas de caractère sérieux »[7].

634.22 Principe de l'application d'une loi nouvelle aux seuls faits non encore prescrits lors de son entrée en vigueur. Il s'agit d'un principe jurisprudentiel constant et d'une toute première importance : une loi nouvelle ne fait pas revivre une prescription déjà acquise[8].

Mais dès lors que les faits ne sont pas encore prescrits sous l'égide de la loi ancienne, la loi nouvelle est applicable. C'est ainsi que la loi du 17 juin 1998[9] a pu entrer en vigueur au moment où certains des délits prévus par la loi précédente, celle du 10 juillet 1989, étaient sur le point de se prescrire. Mais s'ils ne l'étaient pas encore, la loi nouvelle a pu considérablement allonger les délais de prescription puisque certains délits sont concernés par une prescription de dix ans. Et ainsi de suite : lorsque la loi du 9 mars 2004 entre en application, si le délit n'est pas encore prescrit, elle trouve à s'appliquer[10]. L'application immédiate et non rétroactive aux infractions commises avant leur entrée en vigueur, lorsque la prescription n'est pas encore acquise, des lois de

1. C. pr. pén., art. 112-2 ; mod. par L. n° 2004-204, 9 mars 2004, art. 72.
2. Conv. EDH, art., 7.
3. Crim. 1er oct. 2013, n° 13-84.981, NP, *D.* 2014. 311, Chron. B. Laurent, C. Roth, G. Barbier et P. Labrousse.
4. Cass., ass. plén., 20 mai 2011, nos 11-90.042, 11-90.025, 11-90.033, 11-90.032, P nos 5, 7, 6, 8 ; *D.* 2011. 1346, obs. A. Lienhard, 1426, point de vue D. Chagnollaud, 1775, Chron. N. Maziau, et 2231, obs. J. Pradel ; *AJ pénal* 2011. 516, note J. Gallois ; *Rev. Sociétés* 2011. 512, note H. Matsopoulou ; *RSC* 2011. 611, obs. H. Matsopoulou, 656, obs. J. Danet ; *RSC* 2012. 221, obs. B. de Lamy ; *RTD com.* 2011. 654, obs. B. Bouloc.
5. Déclaration des droits de l'Homme et du citoyen, 26 août 1789, art. 7.
6. Déclaration des droits de l'Homme et du citoyen, 26 août 1789, art. 8.
7. Crim. 11 mai 2011, n° 11-90.016 QPC, NP, *D.* 2011. 1801, note S. Detraz – Crim. 29 févr. 2012, n° 11-90.124 QPC, NP.
8. Crim. 3 nov. 1994, n° 94-80.010, P n° 349 – Crim. 30 nov. 1994, nos 94-84.127, 94-84.396, P n° 389 ; *RSC* 1995. 369, obs. J.-P. Dintilhac – Crim. 28 févr. 1995, n° 93-83.493, P n° 87 – Crim. 29 mai 1996, n° 96-81.210, P n° 219 ; *Gaz. Pal.* 1996. 2. 158.
9. L. n° 98-468, 17 juin 1998, préc.
10. POUR des exemples, v. ss nos 634.53 s.

procédure allongeant le délai de prescription de l'action publique, dès lors que cette prescription a pour seul effet de faire obstacle à l'exercice des poursuites, ne contrevient pas aux droits et libertés garantis par l'article 8 de la déclaration des droits de l'Homme définissant les principes de légalité criminelle et de nécessité des peines. La Cour de cassation a donc refusé de transmettre cette question prioritaire de constitutionnalité, pour absence de caractère sérieux[1].

634.23 Suppression de certains délits par la loi du 9 mars 2004. Les délits qui ne sont plus prévus par l'article 8 du code de procédure pénale ne peuvent plus être poursuivis selon des modalités exceptionnelles, y compris si une partie des poursuites a été engagée sous l'égide de la loi ancienne. Les lois nouvelles de prescription, qui sont applicables, même si elles sont plus sévères, le sont *a fortiori* lorsqu'elles sont plus douces. L'ancien article 8 donnait une liste précise des délits concernés. La loi du 9 mars 2004 renvoie à l'article 706-47 qui énumère lui aussi les infractions concernées. On note, par rapport à la liste précédente que les articles du code pénal suivants ont disparu :

- 222-9, 222-11 à 222-15 c'est-à-dire les articles qui visent les coups et blessures volontaires ;
- 225-4-2 et 225-7, concernant le proxénétisme sur mineur[2] ;
- 225-15, visant les conditions indignes de travail ou d'hébergement commises sur mineur.

634.24 Ajout de certains délits par la loi du 9 mars 2004. Le législateur a ajouté à la liste deux articles du code pénal qui n'étaient pas visés dans la loi du 17 juin 1998 :

- 225-12-1 et 225-12-2 qui visent le recours à la prostitution d'un mineur ;
- 227-23, qui vise l'exploitation à caractère pornographique de l'image d'un mineur.

634.25 Introduction d'un délai de prescription de dix ans par la loi du 9 mars 2004 pour tous les délits prévus à l'article 706-47 du code de procédure pénale. Cette loi introduit une disposition générale dans l'article 8 selon laquelle « le délai de prescription de l'action publique des délits mentionnés à l'article 706-47 et commis contre les mineurs est de dix ans ».

La loi du 9 mars 2004 introduit, pour certains délits, une prescription de vingt ans à compter de la majorité. Il s'agit des délits déjà visés comme exceptions par la loi du 17 juin 1998, qui leur avait accordé le statut spécial de prescription de dix ans à compter de la majorité : les articles 222-30 et 227-26 du code pénal. Le caractère exorbitant du droit commun d'une telle prescription mérite-t-il d'être plus amplement souligné ? Ainsi, une tentative de meurtre commis en 2013 sur un mineur né en 2000 sera prescrite en 2023 (date des faits plus dix ans), tandis qu'une agression sexuelle commise par une personne ayant autorité dans les mêmes conditions est prescrite en 2038 (majorité plus vingt ans) !

1. Crim. 11 mai 2011, n° 11-90.016 QPC, préc.
2. CEP. v. s[s] n° 634.71.

SECTION 3

LES LOIS POSTÉRIEURES À CELLE DU 9 MARS 2004

634.31 Réintroduction des violences volontaires par la loi du 4 avril 2006. La loi du 4 avril 2006[3] a réintroduit dans la liste des délits concernés ceux visés par l'article 222-12 du code pénal. L'article 222-12 aggrave l'infraction définie par l'article 222-11. Ce dernier traite des violences ayant entraîné une incapacité totale de travail pendant plus de huit jours commises sans circonstance aggravante. L'article 222-12, quant à lui, énumère les circonstances aggravantes suivantes, qui font encourir une peine de cinq ans d'emprisonnement et 75 000 euros d'amende ; lorsque l'infraction de violences est commise sur un mineur de quinze ans. Le reste de l'article concerne le même type d'infraction commise sur une personne vulnérable, un ascendant légitime ou naturel, un magistrat[4]...

L'avant dernier alinéa du texte aggrave encore la répression lorsque l'infraction définie à l'article 222-11 est commise sur un mineur de quinze ans par un ascendant légitime, naturel ou adoptif ou par toute autre personne ayant autorité sur le mineur mais aussi lorsque l'infraction est commise dans deux ou trois des circonstances prévues aux 1° et suivants du présent article. La situation pour les violences commises contre les mineurs se présente d'une façon tout à fait particulière puisque la prescription exceptionnelle les concernant avait disparu avec la loi du 9 mars 2004 et qu'elle n'est réintroduite que partiellement[5]. C'est également le cas pour le proxénétisme commis sur mineur, ajouté par la loi du 18 mars 2003[6], retiré de la liste par celle du 9 mars 2004[7] et réintroduit par celle du 4 avril 2006[8] !

3. L. n° 2006-399, 4 avr. 2006 renforçant la prévention et la répression des violences au sein du couple ou commises contre les mineurs, *JO* 5 avr., p. 5097.
4. V. s[s] n° 633.03.
5. V. s[s] n° 634.54.
6. L. n° 2003-239, 18 mars 2003, préc.
7. L. n° 2004-204, 9 mars 2004, préc.
8. L. n° 2006-399, 4 avr. 2006, préc.

634.32 **Loi du 5 août 2013.** Dans sa mouture traditionnelle, l'article 222-29 du code pénal prévoyait une circonstance aggravante pour les agressions sexuelles commises sur mineurs de quinze ans ou personnes vulnérables. La peine encourue passait de cinq à sept ans. La loi du 5 août 2013 [1] a modifié l'article 222-29 en n'y laissant subsister que les personnes vulnérables, les agressions sexuelles passant dans un nouvel article 222-29-1.

634.33 **Loi du 4 août 2014.** Ce n'est que par la loi du 4 août 2014 [2] que le législateur a modifié l'article 8 pour y introduire l'article 222-29-1 du code pénal. On peut dès lors se demander si l'absence de mention des agressions sexuelles sur mineurs de moins de quinze ans pendant la période séparant les lois d'août 2013 [3] et du 4 août 2014 ne peut avoir une incidence sur le calcul des délais de prescription.

634.34 **Portée de la loi du 27 février 2017.** La loi du 27 février 2017 a fait passer la durée de prescription de l'action publique des délits à six ans à compter du jour de commission de l'infraction. Elle n'a rien changé aux situations particulières telle celle étudiée ici. Cette loi n'est applicable qu'aux situations non encore prescrites au moment de son entrée en vigueur. La loi de 2017 a renoncé à un certain nombre de délais exceptionnels qui s'appliquaient à certaines catégories d'infractions. Il en était ainsi pour les infractions sexuelles commises sur mineurs, qui bénéficiaient de délais allongés de vingt ou de trente ans, et qui se sont trouvées soumises au délai de droit commun de vingt ans en matière criminelle.

634.35 **Loi du 3 août 2018.** La loi du 3 août 2018 a réintroduit un régime exceptionnel de délai de prescription allongé en cas d'infractions sexuelles commises sur mineurs. L'alinéa 3 de l'article 7 a porté le délai de prescription des infractions mentionnées à l'article 706-47 à trente ans lorsqu'elles sont commises sur mineurs. Le délai de prescription des délits sexuels commis sur mineur se prescrit par un délai de dix ou de vingt ans, en vertu de l'article 8 du code de procédure pénale.

L'alinéa 3 de l'article 7 du code de procédure pénale prévoit, depuis l'entrée en vigueur de cette loi, que l'action publique des crimes mentionnés à l'article 706-47 lorsqu'ils sont commis sur des mineurs, se prescrit par trente années révolues à compter de la majorité de ces derniers. On est désormais bien proche de l'imprescriptibilité pour ces infractions. Il ne s'agit toutefois qu'une modification touchant les crimes [4].

634.36 **Loi du 21 avril 2021.** La loi du 21 avril 2021 [5] a ajouté un alinéa à l'article 7 du code de procédure pénale aux termes duquel « toutefois, s'il s'agit d'un viol, en cas de commission sur un autre mineur par la même personne, avant l'expiration de ce délai, d'un nouveau viol, d'une agression sexuelle ou d'une atteinte sexuelle, le délai de prescription de ce viol est prolongé, le cas échéant, jusqu'à la date de prescription de la nouvelle infraction ».

Elle a également ajouté un alinéa à l'article 8 deux alinéas.

Le premier est relatif à l'agression sexuelle ou l'atteinte sexuelle commise sur un mineur : En cas de commission sur un autre mineur par la même personne, avant l'expiration des délais prévus aux même article, d'une agression sexuelle ou d'une atteinte sexuelle, le délai de prescription de la première infraction est prolongé, le cas échéant, jusqu'à la date de prescription de la nouvelle infraction. Il s'agit là de ce qui est appelé la « prescription glissante » ou « coulante » [6].

Selon les travaux parlementaires il a été jugé important de reconnaître le « statut de victime à l'ensemble des personnes qui ont eu à souffrir d'un même criminel » [7] et de ne plus se contenter de les entendre « en qualité de témoin de moralité » [8].

« La rédaction permet de penser qu'il est possible d'enchaîner les prescriptions en cas de commission de plusieurs nouvelles infractions. Mais elle n'indique rien quant à une limite qui ne permettrait pas de prolonger le délai ad vitam aeternam. Sans le dire, le texte pourrait bien aboutir, en pratique, à une forme implicite d'imprescriptibilité » écrit C. Ghica-Lemarchand [9].

Stéphane Detraz [10] donne l'explication suivante, qui permet de bien saisir le fonctionnement du système :

« Lorsqu'un tel type d'infraction est commis à deux reprises, par la même personne, mais sur deux

1. L. n° 2013-711, 5 août 2013 portant diverses dispositions d'adaptation dans le domaine de la justice en application du droit de l'Union européenne et des engagements internationaux de la France, *JO* 6 août, p. 13338.
2. L. n° 2014-873, 4 août 2014 pour l'égalité réelle entre les femmes et les hommes, *JO* 5 août, p. 12949.
3. L. n° 2013-711, 5 août 2013, préc.
4. L. n° 2018-703, 3 août 2018 renforçant la lutte contre les violences sexuelles et sexistes, art. 1, *JO* 5 août, n° 7.
5. L. n° 2021-478, 21 avr. 2021 visant à protéger les mineurs des crimes et délits sexuels et de l'inceste *JO* 22 avr., n° 4.
6. C. Ghica-Lemarchand, « Commentaire de la loi du 21 avril 2021 visant à protéger les mineurs des crimes et délits sexuels et de l'inceste », *D.* 2021. 1552.
7. A. Louis, Rapp. AN n° 3939, 3 mars 2021, p. 34.
8. A. Louis, Rapp. AN n° 3939, précit., p. 108.
9. C. Ghica-Lemarchand précit.
10. S. Detraz, « Le dédoublement des agressions sexuelles – Commentaire de certaines des dispositions de la loi du 21 avril 2021 visant à protéger les mineurs des crimes et délits sexuels et de l'inceste », *Dr. pénal* 2021, étude 12.

mineurs distincts (« un autre mineur »), le délai de prescription correspondant à la première infraction « est prolongé, le cas échéant, jusqu'à la date de prescription de la nouvelle infraction ». Autrement dit, lorsque cela a pour effet de repousser l'échéance de sa prescription, l'action publique née de la première infraction se prescrira en même temps que l'action publique attachée à la seconde en profitant le cas échéant des causes de suspension et d'interruption de celle-ci. Si une troisième infraction est commise, l'action publique relative à la deuxième infraction (de même que, par voie conséquence, celle qui concerne la première infraction) se prescrira en même temps que l'action publique affectée à cette troisième infraction, et ainsi de suite. »

Il convient de noter que si l'article 7 prévoit que les infractions peuvent être celles « d'un nouveau viol, d'une agression sexuelle ou d'une atteinte sexuelle », l'article 8 énonce qu'il doit s'agir « d'une agression sexuelle ou d'une atteinte sexuelle ».

L'article 222-27, en disposant que « les agressions sexuelles, autres que le viol... » sous un paragraphe intitulé (après celui concernant le viol) « des autres agressions sexuelles », semble bien considérer le viol comme une agression sexuelle. Le professeur Detraz estime au contraire que « le rapprochement de ces deux dispositions (les nouveaux articles 7 et 8), éclairé par le fait que la loi du 21 avril 2021 emploie l'expression « agression sexuelle » comme étant exclusive du viol, conduit à estimer que la prorogation de la prescription n'a pas lieu, après la commission d'un délit d'agression ou d'atteinte sexuelles, si c'est ensuite un viol qui est perpétré »[1]. On peine alors à comprendre pourquoi le viol suivi d'une agression sexuelle bénéficierait d'une prolongation de prescription tandis qu'il n'en serait pas de même pour une agression sexuelle suivie d'un viol.

Il est encore plus difficile de comprendre pourquoi une agression sexuelle suivie d'une autre agression sexuelle bénéficierait d'une prolongation tandis que, si le deuxième terme est plus grave (un viol), il en irait différemment...

Quoi qu'il en soit, la prescription d'un viol sur mineur étant fixée à trente ans, et celle d'un délit à dix ou vingt ans selon les distinctions de l'article 8, alinéa 2 du Code de procédure pénale, ces deux délais partant à compter de la majorité de la victime, on attendra de voir si les dispositions nouvelles trouvent à s'appliquer en pratique. Ce système ne saurait toutefois permettre la réouverture d'une prescription déjà acquise.

Par ailleurs, un autre alinéa prévoit que l'action publique du délit mentionné à l'article 434-3 du code pénal se prescrit, lorsque le défaut d'information concerne une agression ou un atteinte sexuelle commise sur un mineur, par dix années révolues à compter de la majorité de la victime et, lorsque le défaut d'information concerne un viol commis sur un mineur, par vingt années révolues à compter de la majorité de la victime. »[2] Enfin, l'article 9-2, relatif aux causes d'interruption de la prescription, se voit doté d'un nouvel alinéa selon lequel le délai de prescription d'un viol, d'une agression sexuelle ou d'une atteinte sexuelle commis sur un mineur est interrompu par l'un des actes ou l'une des décisions mentionnées aux 1° à 4° du même article intervenus dans une procédure dans laquelle est reprochée à la même personne une de ces mêmes infractions commises sur un autre mineur.

634.37 **Complexité de l'analyse. Logiciel de calcul de la prescription.** Nous avons renoncé à présenter des tableaux des diverses situations dans la présente édition. Le principe essentiel selon lequel une prescription ne peut pas bénéficier d'une extension lorsqu'elle est déjà acquise rend de plus en plus rare en effet les situations où les différences entre les lois de 1989 et 1998 présentent un intérêt. De surcroît, le nombre de situations qui se sont succédé, et notamment les lois de 2017 portant le délai de droit commun à six ans, puis de 2018 et 2021, rend la présentation en tableaux quasiment impossible sauf à multiplier à l'infini les sous-catégories. Nous conseillons volontiers aujourd'hui d'avoir recours au logiciel mis en place par la Chancellerie, nommé Clepsydre[3]. Mais un logiciel ne peut remplacer la compréhension fine des mécanismes mis en place. Il faut par exemple se sortir de l'idée que si les faits les plus anciens ne sont pas prescrits il en va forcément de même des faits les plus récents. Si cette analyse est souvent exacte, elle ne l'est pas toujours parce les règles applicables au-delà de la minorité spéciale de quinze ans ont parfois été plus restrictives : en grandissant le mineur perd certains attributs de protection et on en trouvera un exemple paradigmatique s^s n° 634.82.

SECTION 4
RÉGIME DE PRESCRIPTION DE CERTAINS DÉLITS COMMIS CONTRE LES MINEURS – MÉTHODOLOGIE

634.41 **Examen préalable.** La première chose à vérifier est l'inclusion dans la liste dressée par l'article 706-47 et l'article 8 du code de procédure pénale du délit poursuivi. Si le délit ne fait pas ou

1. *Id.*

2. V. s^s n° 631.125.
3. Accessible pour les magistrats à l'adresse suivante http://dacg.intranet.justice.gouv.fr/clepsydre/

plus partie de cette liste, la prescription est celle du droit commun, à savoir trois ans à compter de la date des faits, six ans si les faits n'étaient pas prescrits lors de l'entrée en vigueur de la loi du 27 février 2017.

Ainsi, alors que l'article 222-12 du code pénal fait partie de l'énumération de l'article 8, tel n'est pas le cas l'article 222-13 : encourt la cassation l'arrêt qui condamne un prévenu pour des violences volontaires n'ayant entraîné aucune incapacité totale de travail, sur des mineurs de quinze ans, infraction définie par l'article 222-13 du code pénal, alors qu'aucun acte interruptif de prescription n'ayant été effectué sous l'empire de la loi du 17 juin 1998, la prescription de l'action publique était acquise au moment de l'entrée en vigueur de la loi nouvelle[1].

634.42 Données nécessaires à la résolution des cas. Afin de résoudre les différentes difficultés qui peuvent se poser en pratique, il convient de noter, dans tous les cas :

- la date de naissance de la victime ;
- la date des faits ;
- la date de la plainte.

Ces trois éléments sont absolument nécessaires à la résolution de chaque cas.

Il convient dans un second temps :

- de vérifier si les faits ont été commis par un ascendant ou une personne ayant autorité ;
- de déterminer s'ils font partie des cas exceptionnels posés par les articles 222-30 et 227-26.

Muni de ces renseignements, le professionnel est capable de résoudre n'importe quel cas pratique.

SECTION 5
DÉLITS PRÉVUS À L'ARTICLE 706-47 DU CODE DE PROCÉDURE PÉNALE

634.51 Délits prévus à l'article 706-47 du code de procédure pénale, à l'exclusion des cas particuliers visés aux articles 222-30 et 227-26 du code pénal. Ces délits sont punis de dix ans d'emprisonnement depuis 2004[2], et non depuis 1998. Pour le passé, il convient d'effectuer une césure entre ceux qui ont été commis par des ascendants ou des personnes ayant autorité, et ceux commis par des tiers. Pour ces derniers délits, la loi du 10 juillet 1989[3] n'était pas applicable et le droit commun de la prescription de trois ans à compter des faits a perduré jusqu'à l'entrée en vigueur de la loi du 17 juin 1998[4]. Il est donc impossible de remonter plus loin que trois ans avant l'entrée en vigueur de la loi du 17 juin 1998. En revanche, si les faits ont été commis par un ascendant ou une personne ayant autorité, la loi de 1989 était applicable. Il est donc tout à fait possible, selon les cas d'espèces, de remonter pour ces délits trois ans avant l'entrée en vigueur de la loi 1989[5].

634.52 Distinction entre délits commis par des tiers et délits commis par ascendant ou personne ayant autorité. Pour les délits commis par des tiers, le droit commun s'appliquait jusqu'en 1998, puisque la loi du 10 juillet 1989 n'avait rien prévu pour eux. La loi du 17 juin 1998 leur est en revanche applicable, lorsque les faits n'étaient pas prescrits lors de son entrée en vigueur, c'est-à-dire pour les faits commis après le 17 juin 1995, dès lors évidemment que la personne n'a pas laissé passer le délai de prescription depuis sa majorité sans déposer de plainte. C'est pourquoi la date de la plainte est également importante à retenir.

Pour les délits commis par ascendant ou personne ayant autorité, la situation est différente puisque la loi du 10 juillet 1989 les concernait déjà. La date butoir jusqu'à laquelle on peut remonter sera alors calculée ainsi : trois ans (prescription de droit commun) avant l'entrée en vigueur de la loi du 10 juillet 1989[6] soit jusqu'au 10 juillet 1986.

634.53 Délits prévus à l'article 706-47 du code de procédure pénale, à l'exclusion des cas particuliers prévus aux articles 222-30 et 227-26, commis par des tiers (suite). Pour des faits correctionnels non définis par les articles 222-30 ou 227-26 du code pénal, commis par un tiers, avec une date de naissance en 1982, une date des faits en 1988. Les faits n'étaient pas prescrits lors de l'entrée en vigueur de la loi de 1989 mais celle-ci ne les concerne pas puisqu'elle n'était pas applicable aux tiers. Les faits sont prescrits selon le droit commun, en 1991.

Avec une date de naissance en 1988 et une date des faits en 1996 : les faits ne sont pas prescrits selon le droit commun lorsqu'entre en vigueur la loi du 17 juin 1998[7] qui concerne aussi les tiers. Cette loi réouvre pour un délai de trois ans à la majorité de la victime. La personne est majeure en 2006. La loi du 9 mars 2004[8] a changé la prescription pour ces infractions : elle est désormais de dix ans à compter de la majorité. En conséquence, elle était acquise en 2016.

1. Crim. 25 nov. 2009, n° 09-81.040, P n° 198 ; *D.* 2010. AJ 20 ; *AJ pénal* 2010. 295, obs. C. Duparc.
2. Depuis 2004.
3. L. n° 89-487, 10 juill. 1989, préc.
4. L. n° 98-468, 17 juin 1998, préc.
5. POUR des exemples, v. ss n° 634.53.
6. L. n° 89-487, 10 juill. 1989, préc.
7. L. n° 98-468, 17 juin 1998, préc.
8. L. n° 2004-204, 9 mars 2004, préc.

634.54 Délits de l'article 706-47 commis par ascendant ou personne ayant autorité – Exemples. Pour des faits correctionnels non définis par les articles 222-30 ou 227-26 avec une date de naissance en 1982, une date des faits en 1988.

Les faits ne sont pas prescrits selon le droit commun lors de l'entrée en vigueur de la loi du 10 juillet 1989[1] qui s'applique. La majorité est en 2000. À ce moment-là, la loi du 17 juin 1998 est déjà entrée en vigueur et réouvre pour un délai de trois ans. Les faits sont prescrits en 2003.

Cet exemple est important : on peut au maximum remonter jusqu'à trois ans avant l'entrée en vigueur de la loi du 10 juillet 1989, c'est-à-dire jusqu'à des faits commis après le 10 juillet 1986, mais c'est à la condition que la prescription ne soit pas déjà acquise lors de l'entrée en vigueur de la loi du 9 mars 2004[2] qui allonge tous les délais à dix ans minimum.

C'est ainsi que si les faits sont commis à la même date, en 1988, mais que la date de naissance est 1985 (et non 1982 comme dans l'exemple ci-dessus), on arrive avec le même raisonnement à dire que les faits ne sont pas prescrits en 1989 – réouverture pour trois ans à la majorité – mais ne le sont pas non plus en 2004 lorsque le législateur prévoit dix ans de prescription pour ces délits (majorité plus trois ans, soit 2003 plus trois ans) : les faits seront prescrits en 2013.

Si l'on veut réfléchir non plus en rapport avec la date des faits, mais avec la date de naissance, il faut fixer ici une limite à 1983 ; c'est la dernière possibilité pour être majeur en 2001 et pouvoir bénéficier de la loi de 2004, qui réouvre pour dix ans, selon le mois de naissance, bien sûr.

SECTION 6
DÉLITS PRÉVUS AUX ARTICLES 222-30 ET 227-26 DU CODE PÉNAL

634.61 Cas particulier des délits prévus par les articles 222-30 et 227-26 du code pénal. Il y a deux particularités pour ces délits :

- la loi du 17 juin 1998[3] prévoyait déjà une prescription de dix ans ;
- la loi du 9 mars 2004[4] prévoit une prescription de vingt ans.

Pour les cas assez communs des délits prévus à l'article 222-30, par exemple agression sexuelle sur mineur de quinze ans par personne ayant autorité, on peut donc tout à fait sauter la phase de calcul : tout délit de ce type postérieur au 17 juin 1995 n'est pas prescrit. Pourquoi ? Tout simplement parce que la loi du 17 juin 1998 prévoyait déjà pour ces délits-là une prescription de dix ans à compter de la majorité, or moins de dix ans se sont écoulés avant l'entrée en vigueur de la loi du 9 mars 2004. En conséquence, aucun délit n'a pu être prescrit entre-temps. Le délai étant désormais de vingt ans, tout fait non prescrit avant l'entrée en vigueur de la loi du 17 juin 1998 ne le sera au plus tôt que le 18 juin 2018 (cas d'une majorité acquise le lendemain de la loi du 17 juin 1998).

Les faits antérieurs ne sont pas pour autant prescrits : en effet, cela dépend toujours de la date des faits, de la date de naissance de la victime et de la date de la plainte.

Mais c'est seulement le cas lorsqu'il s'agit de faire application du second alinéa de l'article 222-30 ou du premier alinéa de l'article 227-26 qui visent les ascendants ou personnes ayant autorité. En effet, si la loi du 17 juin 1998 visait globalement les articles 222-30 et 227-26, la loi du 10 juillet 1989, quant à elle ne concernait que les ascendants ou les personnes ayant autorité.

Les articles 222-30, alinéa 2, et 227-26, alinéa 1er, permettent donc de remonter jusqu'à trois ans avant l'entrée en vigueur de la loi du 10 juillet 1986 si les faits n'étaient pas prescrits lors de l'entrée en vigueur de la loi du 17 juin 1998.

634.62 Délits prévus par les articles 222-30 et 227-26 – Exemples. Pour des faits correctionnels définis par les articles 222-30 ou 227-26 avec une date de naissance en 1982 et une date des faits en 1988, ces derniers ne sont pas prescrits selon le droit commun lors de l'entrée en vigueur de la loi du 10 juillet 1989 qui s'applique alors. La majorité est en 2000. À ce moment-là, la loi du 10 juillet 1989 est déjà entrée en vigueur et réouvre le délai pour dix ans, et comme nous l'avons indiqué, la prescription sera en conséquence de vingt ans à compter de la majorité (ici 2020) puisqu'aucune prescription de dix ans ne peut être acquise entre 1998 et 2004.

Si on prend une date de naissance en 1970 et des faits commis en 1987, on débute de la même façon : les faits ne sont pas prescrits lors de l'entrée en vigueur de la loi du 10 juillet 1989, qui réouvre pour trois ans à compter de la majorité. En revanche, on remarque ici que la majorité étant acquise en 1988, les faits sont définitivement prescrits en 1991 et la loi du 17 juin 1998 n'y pourra rien. On perçoit dans les deux exemples ci-dessus que si la date des faits a, évidemment, une grande importance, la date de naissance n'en a pas moins.

Les articles 222-30, alinéa 2, et 227-26, alinéa 1er, permettent donc de remonter jusqu'à trois

1. L. n° 89-487, 10 juill. 1989, préc.
2. L. n° 2004-204, 9 mars 2004, préc.
3. L. n° 98-468, 17 juin 1998, préc.
4. L. n° 2004-204, 9 mars 2004, préc.

ans avant l'entrée en vigueur de la loi du 10 juillet 1989[1] si les faits n'étaient pas prescrits lors de l'entrée en vigueur de la loi du 17 juin 1998.

Si l'on veut réfléchir non plus en rapport avec la date des faits, mais avec la date de naissance, il faut fixer ici une limite à 1979 ; c'est la dernière possibilité pour être majeur en 1995 et pouvoir bénéficier de la loi du 17 juin 1998, qui réouvre pour dix ans, selon le mois de naissance, bien sûr.

SECTION 7
PROXÉNÉTISME SUR MINEUR[2]

634.71 Proxénétisme commis sur mineur – Exemples. Le raisonnement est ici le même que celui qui vient d'être exposé. Le proxénétisme commis sur mineur a été introduit par la loi du 18 mars 2003, supprimé par une loi du 9 mars 2004, et réintroduit par celle du 4 avril 2006[3]. La période pendant lequel le délit est redevenu un délit concerné par la prescription de droit commun interdit, à notre avis, de poursuivre des faits antérieurs au 4 avril 2003, en se servant d'une prescription étendue.

SECTION 8
DÉLITS PRÉVUS AUX ARTICLES 222-12 DU CODE PÉNAL

634.81 Délit prévu par l'article 222-12 du code pénal. Il existe un principe selon lequel aucune peine ne saurait être prononcée lorsque les faits poursuivis, bien qu'entrant dans les prévisions de deux textes répressifs successifs, applicables respectivement à la date de la commission desdits faits et à celle de leur jugement, ont échappé à toute incrimination entre l'abrogation du premier et l'entrée en vigueur du second[4]. La Cour de cassation s'est prononcée sur la succession de trois versions d'une disposition pénale du code général des impôts. Elle a conclu « qu'il doit être fait application au prévenu de la loi la plus favorable, lorsque, postérieurement à une infraction commise sous l'empire d'une première loi, est entrée en vigueur une deuxième loi d'incrimination moins sévère qui est ensuite remplacée par une troisième disposition plus sévère »[5].

Cette règle doit également trouver application dans le cas où des lois successives étendent une prescription, mais où, entre-temps, il s'est écoulé un laps de temps pendant lequel le délit a été soumis au droit commun. Tel est le cas pour l'article 222-12[6] du code pénal, pour lequel doit être prise en compte la seule loi du 4 avril 2006[7], étendant la prescription pour une durée de vingt ans à compter de la majorité. Même si le droit antérieur à la loi du 9 mars 2004[8] réouvrait pour un délai de trois ans à compter de la majorité, l'intervention de la loi du 9 mars 2004 a réintroduit cet article dans le droit commun et interdit de se servir de la loi antérieure à celle du 9 mars 2004 pour estimer que les faits n'étaient pas prescrits lors de l'intervention de celle d'avril 2006. En clair, la prescription étendue de l'article 222-12 ne vise que les délits commis après le 4 avril 2003, c'est-à-dire qui n'étaient pas prescrits selon le droit commun avant l'intervention de la loi du 4 avril 2006.

634.82 Cas pratique : l'arrêt du 20 juillet 2011. La totalité du cas d'espèce ayant donné lieu à l'arrêt rendu le 20 juillet 2011[9] par la chambre criminelle, est reportée ci-dessus[10].

Ce cas montre que, malgré la complexité des développements ci-dessus présentés, nous avons facilité la tâche du lecteur en posant toujours des cas pour lesquels le crime ou le délit avait été commis *à une date* précise. Or, dans un grand nombre de cas, les viols ou les agressions sexuelles sont commis au cours *d'une période* qui s'étend sur plusieurs années. C'est le cas de l'espèce rapportée. Les faits tant criminels que correctionnels avaient été commis entre 1985 et le 21 octobre 1995, jour de la majorité de la victime, née le 21 octobre 1977. Dès lors que les faits sont commis dans une fourchette, il est le plus souvent instructif de commencer à examiner la situation des faits les plus anciens. Ils avaient été commis par un ascendant ou une personne ayant autorité. Le crime le plus ancien remontant à 1985, n'était pas prescrit lors de l'entrée en vigueur de la loi du 10 juillet 1989 qui réouvrait à compter de la majorité pour dix ans. La victime, majeure le 21 octobre 1995, disposait donc de dix ans à compter de ce jour pour déposer plainte. Ce qu'elle avait fait en 2002. En conséquence, tous les crimes étaient susceptibles d'être poursuivis et l'intéressé était renvoyé devant la juridiction de jugement pour la totalité.

En ce qui concerne les délits, la situation se présentait différemment. En effet, l'arrêt attaqué avait déclaré prescrits les faits antérieurs au 15 juillet 1986 c'est-à-dire trois ans avant l'entrée en

1. L. n° 89-487, 10 juill. 1986, préc.
2. C. pén., art. 225-5.
3. L. 2006-399, 4 avr. 2006, préc.
4. Crim. 2 mars 1994, n° 93-82.921, P n° 86.
5. Crim. 14 juin 2017, n°s 16-81.926, 16-81.927, NP ; *Dr. pénal* 2017, comm. 123, obs. P. Conte.
6. C. pén., art. 222-12.
7. L. n° 2006-399, 4 avr. 2006, préc.
8. L. n° 2004-204, 9 mars 2004, préc.
9. Crim. 20 juill. 2011, n° 11-83.106, NP, *D.* 2011. 2339, obs. M. Lena ; *AJ pénal* 2011. 592, obs. L. Priou.
10. V. s^s n° 634.01.

vigueur de la loi du 10 juillet 1989 dans ce département. Ils étaient prescrits selon le droit commun. La cour avait renvoyé pour l'ensemble des autres faits délictuels reprochés à l'intéressé. Si l'on n'y prend garde, la facilité est en effet de procéder conformément à ce qui vient d'être dit pour les crimes, en prenant la date la plus ancienne, c'est-à-dire ici le 15 juillet 1986. Ces faits n'étaient pas prescrits lors de l'entrée en vigueur de la loi du 10 juillet 1989 qui réouvrait la prescription à la majorité pour trois ans. Or, le 21 octobre 1998 (majorité plus trois ans), la loi du 17 juin 1998 était entrée en vigueur qui, quant à elle, réouvrait pour les délits prévus par l'article 227-26 et 222-30, pour dix ans. En conséquence, les délits postérieurs au 14 juillet 1986 n'étaient pas prescrits, du moins jusqu'au 15 juillet 1992. C'est là où l'affaire se compliquait en effet. Car les délits des articles 227-26 et 222-30 sont des délits qui intéressent exclusivement les mineurs de moins de quinze ans. Or, le 15 juillet 1992, la victime eut 15 ans et l'article qui trouvait à s'appliquer pour la période postérieure ne permettait qu'une réouverture de trois ans à compter de la majorité. Les faits correctionnels s'étant déroulés entre les 15 ans et les 18 ans de la victime étaient donc prescrits mais pas ceux, plus anciens, qui avaient été commis avant ses quinze ans ! D'où la nécessité de ne pas se contenter d'une analyse du fait le plus ancien, lorsque sont appliqués des articles conditionnant la durée de réouverture à l'âge du mineur au moment de la commission des faits.

Si, par ailleurs, la mention des dates des 28 février 1994 et 1er mars 1994 obscurcissent quelque peu la première lecture de l'arrêt, c'est qu'il s'agit des dates entourant l'entrée en vigueur du nouveau code pénal, date où le délit d'attentat à la pudeur se transforme en atteinte sexuelle mais cette date n'entre nullement dans le calcul des délais de prescription applicables au cas d'espèce.

634.83 **Prescription « glissante ».** Cette nouveauté est évoquée plus haut, v. s^s^ nº 634.36.

CHAPITRE

635. Autres causes d'extinction de l'action publique

SECTION 0
ORIENTEUR

635.00 **Sommaire du chapitre.**

635.01 **Principaux textes applicables.**

TEXTES SOURCES

- C. pr. pén., art. 6, 41, 180-2,393, 426, 495-5, 495-7, 495-8, 495-10, 495-12, 495-15-1, 495-16, 706-43, 706-44, 706-113, 712-6
- C. pr. pén., art. D. 47-22
- C. pén., art. 132-4, 133-1
- CSP, L. 3423-1
- C. for., art. L. 161-25
- C. transp., art. L. 6142-3, L. 6433-1
- C. com., art. L. 490-5
- C. consom., art. L. 523-1, L. 523-3, L. 523-4
- C. douanes, art. 350
- LPF, art. L. 248, L. 249
- C. voirie rout., art. L. 116-8
- C. trav., art. L. 8114-4

TEXTES *IN EXTENSO*

• C. pr. pén., art. 6

* V. s[s] n° 633.01.

• C. pr. pén., art. 41

* V. s[s] n° 631.01.

• C. pr. pén., art. 180-2 [mod. par L. n° 2020-1672, 24 déc. 2020, art. 14]

Lorsque le juge d'instruction est saisi de faits qualifiés constituant un des délits mentionnés au I de l'article 41-1-2, il peut, à la demande ou avec l'accord du procureur de la République, prononcer, par ordonnance, la transmission de la procédure au procureur de la République aux fins de mise en œuvre de la procédure prévue au même article 41-1-2.

La demande ou l'accord du procureur de la République en vue de la mise en œuvre de la procédure prévue audit article 41-1-2 peut être exprimé ou recueilli au cours de l'information ou à l'occasion de la procédure de règlement prévue à l'article 175. Les représentants légaux de la personne morale mise en cause sont informés, dès la proposition du procureur de la République, qu'ils peuvent se faire assister d'un avocat avant de donner leur accord à la convention.

L'instruction est suspendue en ce qu'elle concerne la personne morale faisant l'objet de la transmission pour mise en œuvre de la procédure prévue à l'article 41-1-2. Les mesures prononcées, le cas échéant, au titre du contrôle judiciaire sont maintenues à l'égard de cette personne jusqu'à la validation de la convention.

L'instruction se poursuit à l'égard des autres parties à la procédure.

Si, dans un délai de trois mois à compter de la transmission de la procédure au procureur de la République, aucun accord sur une proposition de convention n'a été trouvé, si le président du tribunal judiciaire refuse de valider la convention, si la personne morale décide d'exercer son droit de rétractation ou si, dans le délai prévu par la convention, la personne morale ne justifie pas de l'exécution intégrale des obligations à sa charge, le procureur de la République transmet la procédure au juge d'instruction, accompagnée des réquisitions aux fins de reprise de l'information.

• **C. pr. pén., art. 393**

* V. s^{s} n° 631.01.

• **C. pr. pén., art. 426**

Le désistement de la partie civile ne met pas obstacle à l'action civile devant la juridiction compétente.

• **C. pr. pén., art. 495-5**

* V. s^{s} n° 631.01.

• **C. pr. pén., art. 495-7**

* V. s^{s} n° 631.01.

• **C. pr. pén., art. 495-8**

* V. s^{s} n° 631.01.

• **C. pr. pén., art. 495-10**

* V. s^{s} n° 631.01.

• **C. pr. pén., art. 495-12**

* V. s^{s} n° 631.01.

• **C. pr. pén., art. 495-15-1**

* V. s^{s} n° 631.01.

• **C. pr. pén., art. 495-16**

* V. s^{s} n° 631.01.

• **C. pr. pén., art. 706-43**

* V. s^{s} n° 631.01.

• **C. pr. pén., art. 706-44**

* V. s^{s} n° 631.01.

• **C. pr. pén., art. 706-113**

* V. s^{s} n° 631.01.

• **C. pr. pén., art. 712-6**

* V. s^{s} n° 631.01.

• **C. pr. pén., art. D. 47-22**

* V. s^{s} n° 631.01.

• **C. pén., art. 132-4**

* V. s^{s} n° 632.01.

• **C. pén., art. 133-1**

Le décès du condamné ou la dissolution de la personne morale, sauf dans le cas où la dissolution est prononcée par la juridiction pénale, la grâce et l'amnistie, empêchent ou arrêtent l'exécution de la peine. Toutefois, il peut être procédé au recouvrement de l'amende et des frais de justice ainsi qu'à l'exécution de la confiscation après le décès du condamné ou après la dissolution de la personne morale jusqu'à la clôture des opérations de liquidation.

La prescription de la peine empêche l'exécution de celle-ci.

La réhabilitation efface la condamnation.

• **CSP, art. L. 3423-1**

Le procureur de la République peut enjoindre à la personne ayant fait un usage illicite de stupéfiants ou une consommation habituelle et excessive d'alcool de se soumettre à une mesure d'injonction thérapeutique prenant la forme d'une mesure de soins ou de surveillance médicale dans des conditions prévues aux articles L. 3413-1 à L. 3413-4.

La durée de la mesure est de six mois, renouvelable trois fois selon les mêmes modalités.

L'action publique n'est pas exercée à l'encontre des personnes qui se soumettent à la mesure d'injonction thérapeutique qui leur est ordonnée et la suivent jusqu'à son terme.

De même, l'action publique n'est pas exercée à l'égard des personnes ayant fait un usage illicite de stupéfiants lorsqu'il est établi qu'elles se sont soumises, depuis les faits qui leur sont reprochés, à une mesure de soins ou à une surveillance médicale adaptées dans les conditions prévues aux chapitres II et IV du titre Ier du présent livre.

• **C. for., art. L. 161-25**

Le directeur régional de l'Administration chargée des forêts peut, tant que l'action publique n'a pas été mise en mouvement, proposer au mis en cause de transiger sur la poursuite des infractions forestières.

Cette faculté n'est pas applicable aux contraventions des quatre premières classes pour lesquelles l'action pénale est éteinte par le paiement d'une amende forfaitaire en application de l'article 529 du code de procédure pénale, non plus qu'au délit mentionné à l'article L. 163-1.

La proposition de transaction est déterminée en fonction des circonstances et de la gravité de l'infraction, de la personnalité de son auteur ainsi que de ses ressources et de ses charges.

Cette proposition précise l'amende transactionnelle que l'auteur de l'infraction devra payer, dont le montant ne peut pas excéder le tiers du montant de l'amende encourue, ainsi que, le cas échéant, les obligations qui lui seront imposées tendant à faire cesser l'infraction, à éviter son renouvellement, à réparer le dommage ou à remettre en conformité les lieux. Elle fixe également le délai imparti pour le paiement et, s'il y a lieu, l'exécution des obligations.

La transaction proposée par l'Administration et acceptée par l'auteur de l'infraction doit être homologuée par le procureur de la République.

Les actes tendant à la mise en œuvre de la procédure de transaction ou à sa réalisation sont interruptifs de la prescription de l'action publique.

L'action publique est éteinte lorsque l'auteur de l'infraction a exécuté dans les délais impartis l'intégralité des obligations résultant pour lui de l'acceptation de la transaction.

• **C. transp., art. L. 6142-3**

Pour les infractions prévues par le présent livre et par les textes pris pour son application, l'autorité administrative a le droit, tant que l'action publique n'a pas été mise en mouvement, de transiger, après accord du procureur de la République, dans les conditions prévues au titre II du livre VII de la première partie du présent code.

• **C. transp., art. L. 6433-1**

Pour les infractions prévues par le titre Ier du présent livre et par les textes pris pour son application, l'autorité administrative a le droit, tant que l'action publique n'a pas été mise en mouvement, de transiger, après accord du procureur de la République, dans les conditions prévues au titre II du livre VII de la première partie du présent code.

• **C. com., art. L. 490-5** [créé par ord. n° 2017-303, 9 mars 2017, art. 2]

Pour les délits prévus au titre IV du présent livre pour lesquels une peine d'emprisonnement n'est pas encourue et pour les contraventions prévues au présent livre, l'autorité administrative chargée de la concurrence et de la consommation a droit, tant que l'action publique n'a pas été mise en mouvement, de transiger, après accord du procureur de la République, selon les modalités fixées par décret en Conseil d'État.

L'acte par lequel le procureur de la République donne son accord à la proposition de transaction est interruptif de la prescription de l'action publique.

L'action publique est éteinte lorsque l'auteur de l'infraction a exécuté dans le délai imparti les obligations résultant pour lui de l'acceptation de la transaction.

• **C. consom., art. L. 523-1** [mod. par L. n° 2020-734, 17 juin 2020, art. 42]

L'autorité administrative chargée de la concurrence et de la consommation a droit, tant que l'action publique n'a pas été mise en mouvement, de transiger, après accord du procureur de la République, selon des modalités fixées par décret en Conseil d'État, pour :

1° Les contraventions prévues aux livres Ier, II, III et IV ainsi que celles prévues par leurs textes d'application ;

2° Les délits qui ne sont pas punis d'une peine d'emprisonnement, prévus aux livres I, II et III ainsi que pour les infractions prévues aux articles L. 121-2 à L. 121-4.

La proposition de transaction précise le montant de l'amende transactionnelle. Ce montant est déterminé en tenant compte des engagements pris par l'auteur de l'infraction en considération du dernier alinéa du présent article. Il est inférieur au montant maximum de la sanction pécuniaire encourue.

Cet accord comporte, le cas échéant, des obligations tendant à faire cesser les infractions, à éviter leur renouvellement et à réparer le préjudice subi par les consommateurs.

• **C. consom., art. L. 523-3**

L'acte par lequel le procureur de la République donne son accord à la proposition de transaction est interruptif de la prescription de l'action publique.

• **C. consom., art. L. 523-4**

L'action publique est éteinte lorsque l'auteur de l'infraction a exécuté dans le délai imparti les obligations résultant pour lui de l'acceptation de la transaction.

• **C. douanes, art. 350**

L'Administration des douanes est autorisée à transiger avec les personnes poursuivies pour infraction douanière ou pour infraction à la législation et à la réglementation relatives aux relations financières avec l'étranger sous réserve de l'application des dispositions suivantes :

a) lorsqu'aucune action judiciaire n'est engagée, les transactions excédant les limites de compétence des services extérieurs de l'Administration des douanes doivent être soumises pour avis au comité du contentieux fiscal, douanier et des changes prévu à l'article 460 du présent code.

b) après mise en mouvement par l'Administration des douanes ou le ministère public d'une action judiciaire, l'Administration des douanes ne peut transiger que si l'autorité judiciaire admet le principe d'une transaction.

L'accord de principe est donné par le ministère public lorsque l'infraction est passible à la fois de sanctions fiscales et de peines, par le président de la juridiction saisie, lorsque l'infraction est passible seulement de sanctions fiscales.

c) après jugement définitif, les sanctions fiscales prononcées par les tribunaux ne peuvent faire l'objet de transaction.

• **LPF, art. L. 248**

Les infractions peuvent faire l'objet de transactions avant mise en mouvement d'une action judiciaire ou, dans les conditions fixées à l'article L. 249, avant jugement définitif.

• **LPF, art. L. 249**

En matière de contributions indirectes, après mise en mouvement par l'Administration ou le ministère public d'une action judiciaire, l'Administration ne peut transiger que si l'autorité judiciaire admet le principe d'une transaction.

L'accord de principe est donné par le ministère public lorsque l'infraction est passible à la fois de sanctions fiscales et de peines, par le président de la juridiction saisie lorsque l'infraction est passible seulement de sanctions fiscales.

Après jugement définitif, les sanctions fiscales prononcées par les tribunaux ne peuvent faire l'objet de transaction.

Les demandes de remise, totale ou partielle, des sanctions fiscales pour tenir compte des ressources et des charges du débiteur, sont instruites par l'Administration et soumises au président de la juridiction qui a prononcé la condamnation.

La remise ne peut être accordée qu'après avis conforme du président de la juridiction.

• **C. voirie rout., art. L. 116-8**

En matière d'infractions relatives à la police de la conservation du domaine public routier national, le ministre chargé de la voirie routière peut transiger avec les justiciables tant qu'un jugement définitif n'est pas intervenu.

• **C. trav., art. L. 8114-4** [ord. n° 2016-413, 7 avr. 2016, art. 4]

L'autorité administrative compétente peut, tant que l'action publique n'a pas été mise en mouvement, transiger avec les personnes physiques et les personnes morales sur la poursuite d'une infraction constituant une contravention ou un délit, prévue et réprimée :

1° Aux livres II et III de la première partie ;

2° Au titre VI du livre II de la deuxième partie ;

3° Aux livres Ier, II et IV de la troisième partie, à l'exception des dispositions mentionnées aux 1° à 4° de l'article L. 8115-1 ;

4° À la quatrième partie, à l'exception des dispositions mentionnées au titre V du livre VII et au 5° de l'article L. 8115-1 ;

5° Au titre II du livre II de la sixième partie ;

6° À la septième partie.

Sont exclus de cette procédure les délits punis d'une peine d'emprisonnement d'un an ou plus.

635.02 Jurisprudence de référence.

> La transaction avec une personne morale éteint l'action publique envers le représentant légal poursuivi comme personne physique

• **Crim. 20 janv. 1992,** n° 89-94.768, P n° 18

* V. s[s] n° 635.63.

« Sur le moyen de cassation relevé d'office et pris de la violation des articles 350 et 406 du code des douanes, et 6, dernier alinéa, du code de procédure pénale ;

Vu lesdits articles ;

Attendu qu'en matière douanière, les effets de la transaction accordée à une personne morale s'étendent à son représentant légal poursuivi, en cette seule qualité, pour le même fait de fraude ;

Attendu qu'il appert de l'arrêt attaqué et des pièces de procédure que la cour d'appel a déclaré Léon Housset, en sa qualité de gérant de la SARL Vivico exportatrice de viande, coupable du délit douanier réputé exportation sans déclaration de marchandises prohibées, à raison d'expéditions à l'étranger de viande bovine réalisées par sa société sous le couvert de fausses déclarations douanières lui ayant permis l'obtention indue de restitutions attachées à l'exportation ; qu'elle l'a en conséquence condamné à une amende douanière de 673 000 francs et a déclaré la société Vivico solidairement responsable du paiement de cette amende ;

Mais attendu qu'en prononçant ainsi, alors que Léon Housset n'était poursuivi, selon les termes de la citation, qu'en sa qualité de représentant légal de la société, la cour d'appel, qui constate qu'une transaction définitive portant sur les poursuites en cours a été conclue le 14 juin 1989 entre l'Administration des Douanes et la SARL Vivico, a méconnu le principe sus-énoncé ;

Que la cassation est dès lors encourue ; que l'action tant pénale que fiscale étant éteinte par l'effet de ladite transaction, rien ne reste à juger ;

Par ces motifs, et sans qu'il y ait lieu d'examiner les moyens de cassation proposés par les demandeurs au pourvoi ;

casse et annule [...]. »

> Lorsque la cassation ou l'annulation d'un arrêt est motivée par l'abrogation de la loi pénale postérieure à la saisine des juges répressifs, il appartient à la Cour de cassation, après avoir constaté l'extinction de l'action publique, de se prononcer sur le pourvoi en ce qu'il concerne les intérêts civils

• **Crim. 15 mars 1995,** n° 93-85.623, P n° 104

* V. s[s] n° 635.55.

« Attendu qu'en l'absence de prévisions contraires, une loi nouvelle qui abroge une incrimination s'applique aux faits commis avant son entrée en vigueur et non définitivement jugés ;

Attendu qu'il appert de l'arrêt attaqué que Georges X a été poursuivi et condamné pour avoir, le 2 juin 1992, commis l'infraction de conduite de bestiaux sur le terrain d'autrui, faits prévus et punis par l'article R. 34, 10 du code pénal alors applicable ;

Mais attendu que cette contravention, depuis l'entrée en vigueur du code pénal, le 1er mars 1994, n'est plus punissable ; qu'il s'ensuit, par application des principes sus-énoncés, que la poursuite manque désormais de base légale ;

Que néanmoins, l'annulation, intervenant pour ce motif, ne concerne que l'action publique ; qu'en effet, l'abrogation de la loi pénale n'étant intervenue qu'après que la juridiction répressive eut été saisie, cette dernière était compétente pour statuer sur les intérêts civils ;

Attendu qu'à cet égard, le moyen, qui en sa deuxième branche, se borne à remettre en question la valeur et la portée des éléments de preuve contradictoirement débattus, ne saurait être accueilli ;

Par ces motifs,

annule, en ses seules dispositions pénales, l'arrêt de la cour d'appel de Dijon, en date du 17 novembre 1993, toutes autres dispositions étant expressément maintenues. »

> Aux termes de l'article 6, alinéa 3, du code de procédure pénale, selon lequel l'action publique s'éteint en cas de retrait de plainte lorsque celle-ci est une condition nécessaire de la poursuite

• **Crim. 14 janv. 1997,** n° 96-82.901, P n° 9

* V. s[s] n° 635.123.

« Attendu qu'il résulte des pièces produites devant la Cour de cassation que la victime, Y..., s'est désistée de la plainte avec constitution de partie civile qu'elle avait déposée contre X... du chef d'atteinte à la vie privée ;

Que ce désistement, intervenu avant que l'arrêt attaqué n'ait acquis l'autorité de la chose jugée, a pour effet de mettre fin aux poursuites, conformément aux dispositions des articles 226-6 du code pénal et 6, alinéa 3, du code de procédure pénale ;

Par ces motifs ; déclare l'action publique éteinte ;

dit n'y avoir lieu à statuer sur le pourvoi. »

> L'amnistie en raison du *quantum* n'est acquise qu'après condamnation définitive

• **Crim. 22 juill. 2004,** n° 04-83.258, P n° 182

* V. s[s] n° 635.45.

« Attendu que, pour infirmer la décision des premiers juges ayant constaté l'extinction de l'action publique par l'amnistie en application de l'article 14-16° de la loi du 6 août 2002, l'arrêt prononce par les motifs repris au moyen ;

Attendu qu'en cet état, la cour d'appel a justifié sa décision ;

Qu'en effet, le délit d'entrave au fonctionnement du comité d'entreprise, lorsqu'il est commis avant le 17 mai 2002, relève des dispositions de l'article 5 de la loi du 6 août 2002, portant amnistie en raison du *quantum* ou de la nature de la peine et qu'en application de l'article 8 de ladite loi, l'amnistie d'un tel délit n'est acquise qu'après condamnation devenue définitive ;

D'où il suit que le moyen doit être écarté ;

Et attendu que l'arrêt est régulier en la forme ;

REJETTE le pourvoi. »

> La relaxe d'un prévenu du chef de harcèlement sexuel interdit une nouvelle poursuite de ce prévenu pour les mêmes faits qualifiés d'agression sexuelle

• **Crim. 19 janv. 2005,** n° 04-81.686, P n° 25

* V. s[s] n° 635.135.

« Vu l'article 4.1 du protocole n° 7 additionnel à la convention européenne des droits de l'Homme et l'article 6, alinéa 1er, du code de procédure pénale ;

Attendu que, selon ces textes, l'action publique s'éteint par la chose jugée ; qu'un même fait ne peut donner lieu contre le même prévenu à deux actions pénales distinctes ;

Attendu que, par jugement du tribunal correctionnel de Créteil, en date du 8 février 2001, Gérard X… a été renvoyé des fins de la poursuite exercée contre lui du chef de harcèlement sexuel pour des faits commis à Ivry-sur-Seine, de juin 1998 à mars 2000, sur la personne de Christelle Y…, épouse Z… ; Que, sur citation directe de la partie civile du chef d'agressions sexuelles aggravées, la même juridiction a prononcé une relaxe ;

Que l'arrêt attaqué, après avoir rejeté l'exception de chose jugée invoquée par Gérard X…, a condamné ce dernier pour avoir, à Ivry-sur-Seine, de juin 1998 à mars 2000, commis des agressions sexuelles aggravées sur la personne de Christelle Y…, épouse Z… ;

Mais attendu qu'en statuant ainsi, alors que les faits visés par la seconde poursuite étaient les mêmes que ceux soumis à l'appréciation du tribunal correctionnel de Créteil le 8 février 2001, la cour d'appel a méconnu le sens et la portée des textes susvisés ;

D'où il suit que la cassation est encourue ;

Qu'elle aura lieu sans renvoi, la Cour de cassation étant en mesure d'appliquer directement la règle de droit et de mettre fin au litige ainsi que le permet l'article L. 131-5 du code de l'organisation judiciaire ;

Par ces motifs, et sans qu'il soit besoin d'examiner le second moyen proposé :

casse et annule […]. »

> Les tribunaux répressifs ne sont compétents pour connaître de l'action civile en réparation du dommage né d'une infraction qu'accessoirement à l'action publique. Il en résulte que ces tribunaux ne peuvent se prononcer sur l'action civile qu'autant qu'il a été préalablement statué au fond sur l'action publique

• **Crim. 9 sept. 2008,** n° 07-87.207, P n° 177

* V. ss n° 635.24.

« Sur le moyen relevé d'office, après avis donné aux avocats, pris de la violation des articles 2, 3, 464 et 512 du code de procédure pénale :

Vu lesdits articles ;

Attendu que les tribunaux répressifs ne sont compétents pour connaître de l'action civile en réparation du dommage né d'une infraction qu'accessoirement à l'action publique ; qu'il en résulte que ces tribunaux ne peuvent se prononcer sur l'action civile qu'autant qu'il a été préalablement statué au fond sur l'action publique ;

Attendu qu'il résulte de l'arrêt attaqué et des pièces de procédure que Philémon Y, poursuivi pour homicide involontaire, étant décédé en cours de délibéré, le tribunal correctionnel a, par jugement en date du 13 octobre 2006, constaté l'extinction de l'action publique et renvoyé l'affaire sur les intérêts civils à l'audience du 8 décembre 2006 où elle a été mise en délibéré au 12 janvier 2007 ; que, par jugement du même jour, l'assureur du prévenu a été condamné à payer des dommages-intérêts aux ayants droit de la victime ; que, sur l'appel de l'assureur et d'un des ayants droit, les juges du second degré ont fixé les créances des parties civiles sans prononcer de condamnation contre quiconque ;

Mais attendu qu'en statuant ainsi, la cour d'appel a méconnu le sens et la portée des textes susvisés et du principe ci-dessus rappelé ;

D'où il suit que la cassation est encourue.

La transaction de l'article L. 173-12 du code de l'environnement n'est pas contraire à la Constitution. »

• **Cons. const. 26 sept. 2014,** n° 2014-416 QPC

* V. ss n° 635.79.

« […] 1. Considérant qu'aux termes de l'article L. 173-12 du code de l'environnement, dans sa rédaction résultant de l'ordonnance du 11 janvier 2012 susvisée : "I. – L'autorité administrative peut, tant que l'action publique n'a pas été mise en mouvement, transiger avec les personnes physiques et les personnes morales sur la poursuite des contraventions et délits prévus et réprimés par le présent code. La transaction proposée par l'administration et acceptée par l'auteur de l'infraction doit être homologuée par le procureur de la République. II. – Cette faculté n'est pas applicable aux contraventions des quatre premières classes pour lesquelles l'action publique est éteinte par le paiement d'une amende forfaitaire en application de l'article 529 du code de procédure pénale. III. – La proposition de transaction est déterminée en fonction des circonstances et de la gravité de l'infraction, de la personnalité de son auteur ainsi que de ses ressources et de ses charges. Elle précise l'amende transactionnelle que l'auteur de l'infraction devra payer, dont le montant ne peut excéder le tiers du montant de l'amende encourue, ainsi que, le cas échéant, les obligations qui lui seront imposées, tendant à faire cesser l'infraction, à éviter son renouvellement, à réparer le dommage ou à remettre en conformité les lieux. Elle fixe également les délais impartis pour le paiement et, s'il y a lieu, l'exécution des obligations. IV. – L'acte par lequel le procureur de la République donne son accord à la proposition de transaction est interruptif de la prescription de l'action publique. "L'action publique est éteinte lorsque l'auteur de l'infraction a exécuté dans les délais impartis l'intégralité des obligations résultant pour lui de l'acceptation de la transaction. V. – Les modalités d'application du présent article sont fixées par décret en Conseil d'État" ;

2. Considérant que, selon l'association requérante, ces dispositions méconnaissent les principes de nécessité et de proportionnalité des peines, les droits de la défense, le droit au procès équitable de la victime de l'infraction, le respect de la présomption d'innocence, le principe d'égalité devant la loi ainsi que les articles 1er, 3 et 4 de la Charte de l'environnement ;

– SUR LES GRIEFS TIRÉS DE LA MÉCONNAISSANCE DES EXIGENCES QUI RÉSULTENT DES ARTICLES 8 et 16 DE LA DÉCLARATION DES DROITS DE L'HOMME ET DU CITOYEN DE 1789 :

3. Considérant que, selon l'association requérante, en permettant un cumul de l'amende transactionnelle avec les sanctions administratives susceptibles d'être prononcées par l'autorité administrative en application de l'article L. 171-8 du code de l'environnement, les dispositions contestées

méconnaissent le principe de proportionnalité des peines ; qu'en outre, elle fait valoir qu'en cas de poursuites et de condamnation faisant suite à une transaction qui n'a pas été entièrement exécutée, les dispositions contestées n'imposent pas qu'il soit tenu compte des sommes déjà versées et des autres obligations transactionnelles déjà exécutées ; qu'elle soutient également qu'en n'excluant pas les délits les plus graves du champ d'application de la transaction, le législateur a prévu une répression insuffisante de certaines infractions en matière d'environnement dans des conditions qui portent atteinte à l'article 8 de la Déclaration de 1789, aux articles 1er, 3 et 4 de la Charte de l'environnement, ainsi qu'aux objectifs de valeur constitutionnelle de prévention des atteintes à l'ordre public environnemental et de santé publique ;

4. Considérant que l'association requérante soutient également qu'en ne précisant pas que, lorsque l'administration propose une transaction, l'auteur de l'infraction est informé de la nature des faits à l'origine de la procédure et de leur qualification juridique, de son droit de bénéficier de l'assistance d'un avocat et d'avoir communication du procès-verbal d'infraction ainsi que, le cas échéant, des avis de l'autorité administrative recueillis au cours de l'enquête, les dispositions contestées méconnaissent les droits de la défense ; qu'en prévoyant que la transaction est homologuée par le ministère public, ces dispositions ne garantiraient pas le caractère libre et éclairé du consentement de l'auteur de l'infraction ; qu'en outre, en ne précisant pas que les victimes identifiées doivent être avisées de la mise en œuvre de la transaction, ces dispositions méconnaîtraient les droits de la victime d'exercer un recours juridictionnel effectif ;

5. Considérant, d'une part, qu'aux termes de l'article 8 de la Déclaration de 1789 : "La loi ne doit établir que des peines strictement et évidemment nécessaires, et nul ne peut être puni qu'en vertu d'une loi établie et promulguée antérieurement au délit, et légalement appliquée" ; que les principes énoncés par cet article s'appliquent non seulement aux peines prononcées par les juridictions répressives mais aussi à toute sanction ayant le caractère d'une punition ;

6. Considérant, d'autre part, qu'aux termes de l'article 16 de la Déclaration de 1789 : "Toute société dans laquelle la garantie des droits n'est pas assurée, ni la séparation des pouvoirs déterminée, n'a point de Constitution" ; que sont garantis par cette disposition le droit des personnes intéressées à exercer un recours juridictionnel effectif, le droit à un procès équitable, ainsi que les droits de la défense lorsqu'est en cause une sanction ayant le caractère d'une punition ;

7. Considérant que l'article L. 173-12 du code de l'environnement est relatif à la procédure par laquelle, tant que l'action publique n'est pas mise en mouvement, l'autorité administrative peut transiger avec les personnes physiques et les personnes morales sur la poursuite des délits et contraventions de cinquième classe prévus et réprimés par le code de l'environnement ; que la proposition de transaction qui doit être acceptée par l'auteur de l'infraction précise l'amende transactionnelle que celui-ci devra payer, dont le montant ne peut excéder le tiers du montant de l'amende encourue, ainsi que, le cas échéant, les obligations qui lui seront imposées tendant à faire cesser l'infraction, à éviter son renouvellement, à réparer le dommage ou à remettre en conformité les lieux ; que la transaction doit être homologuée par le procureur de la République ;

8. Considérant, en premier lieu, que les dispositions contestées organisent une procédure de transaction qui suppose l'accord libre et non équivoque, avec l'assistance éventuelle de son avocat, de l'auteur des faits ; qu'en outre la transaction homologuée ne présente, en elle-même, aucun caractère exécutoire et n'entraîne aucune privation ou restriction des droits de l'intéressé ; qu'elle doit être exécutée volontairement par ce dernier ; que, par suite, les mesures fixées dans la transaction ne revêtent pas le caractère de sanctions ayant le caractère d'une punition ; qu'il appartient au pouvoir réglementaire de préciser, sous le contrôle du juge, les règles de procédure transactionnelle ;

9. Considérant, en deuxième lieu, qu'en confiant au ministère public le pouvoir d'homologuer une procédure dont l'exécution volontaire par l'auteur de l'infraction a pour seul effet d'éteindre l'action publique, les dispositions contestées ne portent aucune atteinte aux exigences qui résultent de l'article 16 de la Déclaration de 1789 ;

10. Considérant, en troisième lieu, que les dispositions contestées ne font pas obstacle au droit des victimes, avisées de la procédure par le procureur de la République dans les conditions de l'article 40-2 du code de procédure pénale, d'agir pour demander la réparation de leur préjudice devant les juridictions civiles ainsi que, dans le délai de la prescription de l'action publique, devant les juridictions répressives ; que, par suite, les dispositions contestées ne portent pas atteinte au droit des victimes d'exercer un recours juridictionnel effectif ;

11. Considérant, en quatrième lieu, que la transaction avec l'autorité administrative implique, de la part de cette dernière, la renonciation à poursuivre l'auteur des faits ; que, par suite, le grief tiré de ce que l'amende transactionnelle pourrait se cumuler avec une sanction administrative prononcée pour des mêmes faits manque en fait ; qu'en cas d'exécution incomplète des mesures prévues par la transaction homologuée, il résulte des paragraphes III et IV de l'article L. 173-12 qu'il appartient à l'administration de saisir le procureur de la République en vue de la mise en mouvement de l'action publique ;

12. Considérant, en cinquième lieu, qu'il ressort des dispositions du code pénal relatives au prononcé des peines que la juridiction prononce les peines et fixe leur régime en fonction des circonstances de l'infraction et de la personnalité de son auteur ; que, par suite, en cas de poursuites devant la juridiction répressive faisant suite à une transaction qui n'a pas été entièrement exécutée, il est tenu compte, s'il y a lieu, des sommes déjà versées ou des autres obligations respectées par l'auteur de l'infraction au titre de la transaction ; qu'il s'ensuit que manque en fait le grief tiré de ce que les dispositions contestées méconnaîtraient le principe de nécessité des peines en n'imposant pas au juge saisi de poursuites postérieures à une transaction qui n'a pas été complètement exécutée, qu'il soit tenu compte des sommes déjà versées et des autres obligations transactionnelles déjà exécutées ;

13. Considérant qu'il résulte de tout ce qui précède que les griefs tirés de l'atteinte aux exigences des articles 8 et 16 de la Déclaration de 1789 doivent être écartés ;

– SUR LES AUTRES GRIEFS :

14. Considérant, en premier lieu, que, selon l'association requérante, en n'interdisant pas que les déclarations de l'auteur de l'infraction pendant la phase transactionnelle puissent être utilisées à l'occasion des poursuites ultérieures, si la transaction échoue, les dispositions contestées méconnaissent le droit au respect de la présomption d'innocence ;

15. Considérant que ni le principe selon lequel nul n'est tenu de s'accuser, qui découle de l'article 9 de la Déclaration de 1789, ni aucune autre exigence constitutionnelle ne fait obstacle à ce qu'une personne suspectée d'avoir commis une infraction reconnaisse librement sa culpabilité et consente à exécuter une peine ou des mesures de nature à faire cesser l'infraction ou en réparer les conséquences ; que, par suite, les dispositions contestées ne méconnaissent pas la présomption d'innocence ;

16. Considérant, en second lieu, que le pouvoir du procureur de la République de choisir les modalités de mise en œuvre de l'action publique ou les alternatives aux poursuites ne méconnaît pas le principe d'égalité ;

17. Considérant que les dispositions contestées ne sont contraires à aucun autre droit ou liberté que la Constitution garantit ; qu'elles doivent être déclarées conformes à la Constitution,

DÉCIDE : Article 1er – L'article L. 173-12 du code de l'environnement est conforme à la Constitution [...]. »

• **Crim. 19 janv. 2005,** n° 04-81.686, P n° 25

* V. ss n° 635.135.

> En cas de transaction pénale décidée par un OPJ, l'intéressé doit être informé de son droit à être assisté par un avocat antérieurement à sa décision. Est inconstitutionnelle la possibilité laissée au pouvoir réglementaire de fixer la valeur de l'objet volé en dessous de laquelle la transaction est possible

• **Cons. const. 23 sept. 2016,** n° 2016-569 DC

« Les dispositions contestées ne sauraient, sans méconnaître les droits de la défense, autoriser qu'une transaction soit conclue sans que la personne suspectée d'avoir commis une infraction ait été informée de son droit à être assistée de son avocat avant d'accepter la proposition qui lui est faite, y compris si celle-ci intervient pendant qu'elle est placée en garde à vue [...]. »

> Le 1° de l'article 1er du décret n° 2015-1272 du 13 octobre 2015 pris pour l'application des articles 41-1-1 du code de procédure pénale et L. 132-10-1 du code de la sécurité intérieure, et les deuxième et troisième alinéas du III de l'article R. 132-6-1 du code de la sécurité intérieure introduits par l'article 3 de ce même décret sont annulés

• **CE 24 mai 2017**

* V. ss n° 635.91.

« Sur la légalité interne du décret attaqué :

En ce qui concerne le 1° de l'article 1er : [...]

5. Considérant que le 1° de l'article 1er du décret attaqué ajoute au code de procédure pénale une section 1 *bis* intitulée "de la transaction proposée par un officier de police judiciaire", composée des articles R. 15-33-37-1 à R. 15-33-37-6, qui précise les modalités de mise en œuvre de cette transaction pénale instituée par l'article 41-1-1 du code de procédure pénale dans sa rédaction issue de la loi du 15 août 2014 relative à l'individualisation des peines et renforçant l'efficacité des sanctions pénales ; que ces dispositions prévoient ainsi, à l'article R. 15-33-37-1, que l'officier de police judiciaire qui propose une transaction à une personne physique ou morale doit demander l'autorisation au procureur de la République, en lui indiquant le montant de l'amende qu'il envisage ainsi que, le cas échéant, les modalités de réparation du dommage causé ; qu'en vertu du nouvel article R. 15-32-37-2, aucune transaction ne peut être proposée pendant la durée d'une garde à vue et en vertu du nouvel article R. 15-33-37-4, si la personne accepte l'amende transactionnelle proposée, l'officier de police judiciaire peut la soumettre, avant l'homologation de la transaction par le président du tribunal de grande instance ou le juge par lui désigné, à l'obligation de consigner une somme d'argent égale au montant de l'amende ; que l'article R. 15-33-37-5 issu également du 1° de l'article 1er du décret contesté prévoit que la consignation vaut paiement de l'amende transactionnelle si la transaction est homologuée, la somme consignée étant restituée à la personne en cas de refus d'homologation, sauf si la juridiction de jugement, saisie le cas échéant en raison des faits qui avaient fait l'objet de la transaction, inflige une amende d'un montant au moins égal à la somme consignée ; qu'enfin, les dispositions du nouvel article R. 15-33-37-6 issues également du 1° de l'article 1er du décret contesté prévoient que l'exécution de la transaction ne fait pas échec au droit de la partie civile de délivrer citation directe devant le tribunal correctionnel qui, composé d'un seul magistrat, ne statue alors que sur les seuls intérêts civils ;

6. Considérant que le deuxième alinéa de l'article R. 15-33-37-5, introduit dans le code de procédure pénale par le décret attaqué, prévoit, ainsi qu'il a été dit, que la consignation vaut paiement de l'amende transactionnelle si la transaction est homologuée ; que la transaction homologuée revêt ainsi un caractère exécutoire, dès lors qu'elle prive, dans tous les cas, l'auteur de l'infraction de la possibilité de refuser d'acquitter la somme due après l'homologation ; que cette procédure de transaction pénale doit reposer sur l'accord libre et non équivoque de l'auteur des faits, qui implique, notamment, la complète connaissance, par l'intéressé, de la nature des faits reprochés et de leur qualification juridique ; que, toutefois, ni l'article 41-1-1 du code de procédure pénale ni les dispositions de ce code introduites par le 1° de l'article 1er du décret attaqué ne prévoient que la personne à qui est proposée la transaction soit dûment informée de la nature des faits reprochés ainsi que de leur qualification juridique ; qu'il résulte de ce qui précède que le 1° de l'article 1er du décret méconnaît le droit à un procès équitable garanti par l'article 6 de la convention européenne de sauvegarde des droits de l'homme et des libertés fondamentales ; que, sans qu'il soit besoin d'examiner les autres moyens dirigés contre ces dispositions, qui sont divisibles des autres dispositions du décret attaqué, les syndicats requérants sont fondés à en demander l'annulation [...].

Décide :

Article 1er : Le 1° de l'article 1er du décret n° 2015-1272 du 13 octobre 2015 pris pour l'application des articles 41-1-1 du code de procédure pénale et L. 132-10-1 du code de la sécurité intérieure, et les deuxième et troisième alinéas du III de l'article R. 132-6-1 du code de la sécurité intérieure introduits par l'article 3 de ce même décret sont annulés. (…) »

635.03 Bibliographie indicative.

Encyclopédies. J.-Cl. Pr. pén., « Action publique – Extinction – décès, amnistie et autres causes », par D. Caron.

Ouvrage. J.-F. Dupré, *La transaction en matière pénale*, Litec, 1978.

Articles. F. Alt-Maes, « La contractualisation du droit pénal mythe ou réalité ? », *RSC* 2002. 501 – J.-F. Barbiéri, « Incidence d'une fusion : divergences sur l'imputabilité de sanctions financières applicables au comportement de la société absorbée », *LPA* 27 avr. 2001, n° 81, p. 15 – N. Catelan, « Les transactions devant l'ADLC et l'AMF : autorité ou influence sur le droit pénal ? », *AJ pénal* 2015. 467 – S. Cimamonti, « Le développement de la transaction en matière pénale », *AJ pénal* 2015. 460 – J.-C. Crocq, « Du droit de la transaction au droit à la transaction en matière pénale : pour une recomposition des procédures alternatives et simplifiées » *AJ pénal* 2015. 465 ; « Le pouvoir de transaction et de sanction du procureur de la République : le chaînon manquant », *RSC* 2015. 595 – V. Dervieux, « La transaction pénale (TPGL) : nouvel outil de l'arsenal pénal alternatif », *Gaz. Pal.* 27-28 nov. 2015. 5 – M. Dobkine, « La transaction en matière pénale », *D.* 1994. chron. 137 – L. Ferrand, « La loi a doté la Halde d'une procédure efficace et équilibrée », *LPA* 27 juill. 2006, n° 149, p. 3 ; « La Halde : présentation », *Dr. pénal* 2007. Dossier 2 ; « La Halde : bilan et perspectives. Entretien avec Luc Ferrand, directeur des affaires juridiques de la Halde », *Dr. pénal* 2007. Dossier 3 – F. Fourment, « De quoi la transaction pénale est-elle le nom ? », *Gaz. Pal.* 3 nov. 2015. 3 – L. Gamet, « Le principe de la personnalité des peines à l'épreuve des fusions et scissions de sociétés », *JCP* 2001. I. 345 – E. Gherardi, « Réflexions sur la nature juridique des transactions pénales », *RFDA* 1999. 905 – N. Jeanne, « Réflexions sur la transaction pénale par officier de police judiciaire », *RSC* 2016. 1 – C. Miansoni, « La transaction par officier de police judiciaire ou TOPJ », *AJ pénal* 2015. 469 – H. Matsopoulou, « La société absorbante n'est pas pénalement responsable de l'infraction commise par la société absorbée », *D.* 2001. 853 – J.-B. Perrier, « La transaction pénale de l'article 41-1-1 du code de procédure pénale. Bonne idée ou outil dangereux ? », *D.* 2014. 2182 ; « Réflexions et perspectives sur la transaction en matière pénale », *AJ pénal* 2015. 474 – R. Meurisse, « La cristallisation des qualifications et des peines et la loi d'amnistie », *RSC* 1950. 667 – Y. Muller, « La responsabilité pénale de la personne morale en cas de fusion absorption », *JCP E* 2004. I. 1151 – J.-B. Perrier, « La transaction pénale de l'article 41-1-1 du code de procédure pénale. Bonne idée ou outil dangereux ? », *D.* 2014. 2182 – E. Rachel, « Le consentement à la transaction en matière pénale », *AJ pénal* 2015. 463 – J.-H. Robert, « Non ! L'amnistie ne rampe pas », *Dr. pénal* 2002, n° 96 – H. Roudi, « Du pouvoir de l'OPJ de transiger sur l'action publique », *Dr. pénal* 2016. Ét. 2 – W. Roumier, « Modalités de mise en œuvre de la transaction pénale », *Dr. pénal* 2015, alerte 45 – M. Thomas, « La pratique de la transaction en matière environnementale », *AJ pénal* 2015. 473.

Rapport. J. Danet, S. Grunwald, M. Herzog-Evans et *alii*, *Prescription, amnistie et grâce en France : rapport final*, étude Maison des sciences de l'Homme Ange-Guépin et Univ. de Nantes, Faculté de droit et sciences politiques, Unité de recherche droit et changement social, UMR CNRS 6028, Paris, Mission de recherche Droit et justice, 2006, 1 vol., 448 p.

> Sur la CJIP

Contributions. A. Mignon Colombet, « La justice négociée en France : un modèle en construction pour les entreprises », *in* A. Gaudemet (dir.), *La compliance : un monde nouveau ? Aspects d'une mutation du droit*, Panthéon-Assas, 2016, p. 67.

Articles. Ch.-H. Boeringer, G. Courvoisier-Clément, « La convention judiciaire d'intérêt public en enquête préliminaire, Des améliorations souhaitables pour un meilleur équilibre des droits des parties », *AJ pénal* 2020. 455 – J.-M. Brigant, « La loi relative à la transparence, à la lutte contre la corruption et à la modernisation de la vie économique. À propos de la loi n° 2016-1691 du 9 décembre 2016 », *JCP* 2017. act. 3 – O. Claude, « Réflexions sur la première convention judiciaire d'intérêt public », *AJ pénal* 2018. 30 ; « L'enquête interne et la convention judiciaire d'intérêt public », *AJ pénal* 2020. 564 – O. Claude, R. Saint George, « La CJIP Airbus : les nouveaux contours de la coopération dans le cadre de la justice pénale négociée », *AJ pénal* 2020. 240 – G. Daïeff, G. Poissonnier, Convention judiciaire d'intérêt public : « Mieux vaut tard que jamais », *JCP* 2020. 198 ; É. Dezeuze et G. Pellegrin, « Extension du domaine de la transaction pénale : la convention judiciaire d'intérêt public. À propos de la loi n° 2016-1691 du 9 décembre 2016 », *JCP* 2017. Doctr. 64 – A. Gaudemet et A. Dill, « Convention judiciaire d'intérêt public : une première particulière », *JCP* 2017. 1331 – N. Gaucher, M. Fallou, « La convention judiciaire d'intérêt public et la justice pénale », *Procédures* mai 2018, ét. 6 – M. Léna, « De nouvelles lignes directrices pour les CJIP », *AJ pénal* 2023. 4 – J.-Y. Maréchal, « Propos hétérodoxes sur la convention judiciaire d'intérêt public », *Dr. pénal* n° 6, Juin 2020, étude 16 – A. Mignon-Colombet, « La convention judiciaire d'intérêt public : vers une justice de coopération ? », *AJ pénal* 2017. 68 – A. Mignon-Colombet et S. Hannedouche-Leric, « Le nouveau dispositif anti-corruption de la loi Sapin 2 : quelles avancées et quelles zones d'ombre ? », *JCP* 2017. 128 – J.-B. Perrier « La convention judiciaire pour les infractions environnementales : vers une compliance environnementale », *D.* 2020. 396 – G. Poissonnier, « CJIP avec la Bank of China : l'honneur est sauf ! », *Dr. pénal* n° 3, Mars 2020, comm. 56 – G. Poissonnier, J.-C. Duhamel, « Convention judiciaire d'intérêt public : le 23 février 2018 fera date ! », *D.* 2018. 898 – B. Quentin « La Convention judiciaire d'intérêt public en matière de corruption internationale : des conditions de mise en œuvre en clair-obscur » *JCP* 2019, Doctr. 959 – B. Quentin, F. Voiron, « La victime dans la procédure de CJIP : entre strapontin et siège éjectable ? », *AJ pénal* 2021. 15 – A. Roux, « La loi n° 2016-1691 du 9 décembre 2016, dite Sapin II : une avancée encore en retrait des attentes des praticiens », *AJ pénal* 2017. 62 – É. Russo, « CJIP : ajustements apportés par la loi du 24 décembre 2020 et autres sujets de réflexion pour l'avenir », *AJ pénal* 2021. 68 – M. Segonds, « Corruption – Les apports de la loi du 9 décembre 2016 à l'anticorruption », *Dr. pénal* 2017. Ét. 4 ; « La convention judiciaire d'intérêt public abriterait-elle une chimère ? », *Dr. pénal* 2018, comm. 83 – E. Vergès, « La procédure pénale hybride, À propos de la convention judiciaire d'intérêt public issue de la loi n° 2016-1691 du 9 décembre 2016 relative à la transparence, à la lutte contre la corruption et à la modernisation de la vie économique », *RSC* 2017. 579.

SECTION 1
PRINCIPES DE L'EXTINCTION DE L'ACTION PUBLIQUE – SA REPRISE

635.11 Article 6 du code de procédure pénale. L'article 6 du code de procédure pénale prévoit que : « *L'action publique pour l'application de la peine s'éteint par la mort du prévenu, la prescription, l'amnistie, l'abrogation de loi pénale et la chose jugée.* »

Le ministère public ne peut disposer de l'action publique après l'avoir engagée. Celle-ci ne s'éteint que dans les conditions prévues à l'article 6 du code de procédure pénale[1].

635.12 Reprise de l'action publique. L'article 6 du code de procédure pénale dispose, dans son deuxième alinéa que : « *Toutefois, si des poursuites ayant entraîné condamnation ont révélé la fausseté du jugement ou de l'arrêt qui a déclaré l'action publique éteinte, l'action publique pourra être reprise ; la prescription doit alors être considérée comme suspendue depuis le jour où le jugement ou arrêt était devenu définitif jusqu'à celui de la condamnation du coupable de faux ou usage de faux.* »

SECTION 2
DÉCÈS DE LA PERSONNE PHYSIQUE

635.21 Décès de la personne physique poursuivie. Le cas d'espèce qui nous intéresse ici est seulement celui du décès de la personne physique *en cours de procédure*. En effet, si la personne est décédée avant l'engagement des poursuites, celles-ci ne peuvent être déclenchées si cette personne est seule impliquée dans l'affaire. Si le décès survient après que l'action publique ait été engagée, la juridiction de jugement (ou celle d'instruction) doit déclarer l'action publique éteinte à l'égard de cette personne. Il n'est évidemment pas question de relaxer le prévenu mais bien de déclarer l'action publique éteinte. Si le décès intervient après qu'une décision sur le fond a été rendue mais alors que la décision n'est pas encore définitive, il prive la décision de tout effet et les condamnations prononcées ne doivent pas être exécutées[2]. Le demandeur étant décédé en cours d'instance, l'action publique est éteinte à son égard ; ses héritiers n'ont pas manifesté, dans le délai de 3 mois indiqué à leur conseil, l'intention de reprendre l'instance, s'agissant d'une demande de restitution d'un bien dont la propriété était revendiquée[3].

Lorsque le décès survient après l'arrêt de cassation mais antérieurement à la citation du prévenu devant la cour de renvoi, la cour d'appel demeure compétente[4].

635.22 Connaissance du décès postérieurement à la décision. Dans un cas où la chambre criminelle de la Cour de cassation a eu connaissance du décès d'un prévenu dont elle avait rejeté le pourvoi alors qu'il était déjà décédé, elle a rétracté cet arrêt au visa de l'article 6 du code de procédure pénale[5].

635.23 Exécution. D'une façon générale, le décès de la personne fait obstacle à l'application de la peine sauf en matière d'amende puisque l'article 133-1 du code pénal dispose qu'il : « peut être procédé au recouvrement de l'amende et des frais de justice ainsi qu'à l'exécution de la confiscation après le décès du condamné ou après la dissolution de la personne morale jusqu'à la clôture des opérations de liquidation ».

Si le décès du prévenu qui éteint l'action correctionnelle en ce qui concerne les amendes encourues, permet à l'Administration des impôts de poursuivre contre les héritiers ou successeurs du défunt l'application des sanctions qui ont pour objet d'assurer la réparation du préjudice causé au Trésor Public et la confiscation, mesure à caractère réel affectant les marchandises de fraude, c'est à la condition que l'instance ait été portée du vivant de l'auteur de l'infraction devant le tribunal correctionnel seul compétent pour en connaître[6]. La confiscation de l'objet ayant servi à la commission de l'infraction ou qui en constitue le fruit est maintenue à l'encontre des héritiers[7]. S'il éteint, en matière douanière, les actions pour l'application des peines et des sanctions fiscales prévues à l'article 343 du code des douanes, le décès du prévenu en cours d'instance ne dispense pas les juges de statuer sur l'action en recouvrement des droits et taxes éludés, visée à

1. Crim. 24 sept. 2008, n° 08-80.872, P n° 196 ; *D.* 2008. 2868 ; *D.* 2009. 1723, obs. C. Mascala ; *AJ pénal* 2008. 506, obs. G. Royer ; *Dr. pénal* 2009, n° 28, note A. Maron et M. Haas ; *Procédures* 2009, n° 23, note J. Buisson.
2. Crim. 3 mars 1949, P n° 87.
3. Crim. 16 janv. 2019, n° 17-86.966, NP, *JCP* 2019. 201.
4. Crim. 3 févr. 1965, n° 64-92.411, P n° 32.
5. Crim. 21 janv. 1969, n° 68-91.254, P n° 37.
6. Crim. 9 mars 1992, n° 91-83.723, P n° 104 ; *RSC* 1993. 119, obs. J. Beaume.
7. Crim. 9 déc. 1991, n°s 88-80.786, 90-84.994, P n° 465 – Crim. 13 mars 1997, n° 95-85.034, P n° 104.

l'article 377 *bis* de ce code, ces droits pouvant être mis à charge de la succession[1].

635.24 Intérêts civils. Selon les décisions de la chambre criminelle, la juridiction de jugement demeure compétente pour statuer sur les intérêts civils à condition qu'une décision soit intervenue avant le décès[2].

Si le décès survient en cours d'instruction, les juges répressifs, ne pouvant statuer sur l'action publique se trouvent dès lors incompétents pour statuer sur l'action civile[3].

Il en est de même lorsque le décès survient avant la première décision sur le fond, y compris lorsque le décès intervient pendant le délibéré du tribunal correctionnel[4].

Justifie en conséquence sa décision la cour d'appel qui, sur renvoi après cassation, retient la compétence de la juridiction répressive pour connaître de l'action civile dirigée contre les ayants droit du prévenu décédé au cours de l'instance en cassation[5].

L'action publique s'éteint par le décès du prévenu au cours de l'instance du pourvoi en cassation, mais la Cour de cassation demeure compétente pour statuer sur les intérêts civils[6].

Les moyens de cassation portant sur l'action publique doivent en conséquence être examinés, celle-ci servant de fondement à l'action civile. Mais la Cour de cassation n'est pas compétente pour se prononcer sur l'action civile lorsque la décision attaquée a seulement statué sur l'action publique, quand bien même le décès serait survenu pendant l'instance de cassation[7].

La France a été condamnée par la CEDH le 12 avril 2012[8] pour avoir repris sa jurisprudence selon laquelle « les juridictions de jugement régulièrement saisies des poursuites avant l'extinction de l'action publique demeurent compétentes pour statuer sur l'action civile ». Le fils du prévenu a alors saisi la Cour strasbourgeoise (il avait de très lourds dommages-intérêts à payer) qui lui donna raison. Selon la Cour, le prévenu avait été « *déclaré coupable post mortem, en des termes exempts d'ambiguïté* ». La Cour européenne rappelle que : « un déni de justice est constitué lorsqu'un individu condamné in absentia ne peut obtenir ultérieurement qu'une juridiction statue à nouveau » et constate par ailleurs que « la mise en cause civile du requérant en sa qualité d'ayant droit est la conséquence directe de ce constat de culpabilité post mortem » et qu'il « ne pouvait dès lors valablement discuter ni du bien-fondé des sommes susceptibles d'être mises à sa charge ni, du moins partiellement, de leur montant, dès lors que cela découlait nécessairement des constats faits par la cour d'appel sous le volet pénal ».

Elle conclut à la violation de l'article 6, § 1, de la convention.

Cette décision a eu des conséquences très importantes puisque la chambre criminelle de la Cour de cassation a modifié sa jurisprudence relative au fondement de l'indemnisation de la partie civile, appelante d'un jugement de relaxe prononcé en première instance. Désormais, elle juge que le dommage dont la partie civile, seule appelante d'un jugement de relaxe, peut obtenir réparation de la part de la personne relaxée résulte simplement de la faute civile démontrée à partir des faits objets de la poursuite et dans la limite de ceux-ci[9].

635.25 Coauteurs et complices. L'extinction de l'action publique pour cause du décès de l'auteur d'une infraction est personnelle et n'a aucun effet vis-à-vis de ses coauteurs ou complices[10].

1. Crim. 8 oct. 1990, n° 90-80.586, P n° 334 – Crim. 13 mars 1997, n° 95-85.034, P n° 104.
2. Crim. 3 févr. 1965, n° 64-92.411, P n° 32 – Crim. 15 juin 1977, n° 76-91.679, P n° 221.
3. Crim. 5 mai 1998, n° 97-82.669, P n° 149.
4. Crim. 7 mars 1936, *DH* 1936. 238 – Crim. 22 déc. 1972, n° 71-90.924, P n° 404 – Crim. 9 sept. 2008, n° 07-87.207, P n° 177 ; *AJ pénal* 2008. 508, obs. C. Duparc ; *Dr. pénal* 2008, n° 147, note A. Maron et M. Haas (v. s^s n° 635.01) – Crim. 15 sept. 2009, n° 08-86.830, P n° 154 ; *AJ pénal* 2009. 499, obs. G. Royer.
5. Crim. 25 oct. 2006, n° 05-85.998, P n° 254 ; *D.* 2006. 2736, obs. A. Lienhard.
6. Crim. 18 févr. 1915, *DP* 1919. 1. 71 – Crim. 28 févr. 1974, n° 73-90.639, P n° 87 – Crim. 19 oct. 1977, n° 76-90.969, P n° 310 – Crim. 8 avr. 1991, n° 88-81.542, P n° 166 ; *Rev. sociétés* 1991. 776, note B. Bouloc ; *RTD com.* 1992. 488, obs. P. Bouzat – Crim. 13 mars 1995, n° 93-84.299, P n° 100 ; *RSC* 1996. 113, obs. B. Bouloc – Crim. 13 mars 1997, n° 95-85.034, P n° 104.
7. Crim. 9 févr. 1987, n° 86-92.864, P n° 61.
8. CEDH 5e sect., 12 avr. 2012, *Lagardère c/ France*, req. n° 18851/07 ; *AJDA* 2012. 1726, chron. L. Burgorgue-Larsen ; *D.* 2012. 1708, obs. O. Bachelet, note J.-F. Renucci ; *JCP* 2012. Doctr. 724, Mot de la semaine A. Dethomas ; *AJ pénal* 2012. 421, obs. S. Lavric ; *Rev. Sociétés* 2012. 517, note H. Matsopoulou ; *RSC* 2012. 558, obs. H. Matsopoulou ; *RSC* 2012. 695, obs. D. Roets ; *JDI* 2012. Chron. 8 ; *Dr. pénal* 2013. Chron. 4, n° 23, E. Dreyer ; *Dr. pénal* 2013. Chron. 4, n° 23, obs. E. Dreyer ; A. Dethomas, préc.
9. Crim. 5 févr. 2014, n° 12-80.154, P n° 35 ; *D.* 2014. 807, note L. Saenko ; *D.* 2014. Chron. 1414, obs. C. Moreau ; *D.* 2014. 1673, obs. S. Detraz ; *JCP* 2014. Actu. 195, obs. J.-Y. Maréchal ; *Dr. pénal* 2014. Ét. 10, obs. A. Bonnet ; *Dr. pénal* 2014, n° 46, note A. Maron et M. Haas – Crim. 11 mars 2014, n° 12-88.131, P n° 70 ; *D.* 2014. 1673, obs. S. Detraz ; *D.* 2014. 1188, note H. Dantras-Bioy ; *JCP* 2014. 480 ; *JCP* 2014. 653, note J. Pradel ; *Dr. pénal* 2014, n° 80, note A. Maron et M. Haas – Crim. 24 juin 2014, n° 13-84.478, P n° 159 ; *D.* 2014. 1453 ; *D.* 2014. 1673, obs. S. Detraz ; *AJ pénal* 2014. 422 (sur ce point, v. s^s n°s 912.31 et 932.92).
10. Crim. 29 oct. 1886, P n° 358 – Crim. 23 juill. 1974, n° 73-93.566, P n° 261 ; *JCP* 1975. II. 18091, note P. Chambon.

635.26 Incidences du décès sur la compétence de la juridiction. Lorsque deux infractions sont connexes mais commises par des personnes distinctes et que l'une d'elles décède, la juridiction compétente pour juger de l'infraction commise par la personne disparue le demeure pour juger les autres faits[1]. Il en va différemment lorsque le lien de connexité a seulement un caractère personnel : ainsi, la cour d'assises des mineurs, saisie des faits commis par un mineur et un majeur, n'est plus compétente pour juger les seuls faits commis par le majeur en suite du décès du mineur[2].

SECTION 3
DISSOLUTION DE LA PERSONNE MORALE

635.31 Position du problème. L'article 6 du code de procédure pénale, qui prévoit que « l'action publique pour l'application de la peine s'éteint par la mort du prévenu, la prescription, l'amnistie, l'abrogation de loi pénale et la chose jugée » ne vise pas la dissolution de la personne morale. Un texte spécial, l'article L. 480-6 du code de l'urbanisme, en disposant que « l'extinction de l'action publique résultant du décès du prévenu, de la dissolution de la personne morale mise en cause ou de l'amnistie ne fait pas obstacle à l'application des dispositions de l'article L. 480-5 », met sur le même plan décès de la personne physique et dissolution de la personne morale.

635.32 Jurisprudence. La chambre criminelle de la Cour de cassation a consacré implicitement cette solution, non visée expressément par l'article 6, en décidant que la dissolution, sans liquidation d'une société par suite de son absorption par une autre société faisait obstacle aux poursuites du chef de faits reprochés à la société qui avait été absorbée[3]. Elle a par ailleurs confirmé l'arrêt d'une chambre de l'instruction qui avait estimé l'action publique éteinte à l'égard d'une société en raison de la dissolution anticipée de celle-ci, décidée par son unique actionnaire et que « dès lors que la société mise en examen avait perdu son existence juridique, le grief n'est pas encouru »[4]. Une société poursuivie du chef d'homicide involontaire ayant fait l'objet d'une fusion-absorption par une autre société à une date postérieure à la décision frappée de pourvoi, et ayant par conséquent perdu son existence juridique en qualité de personne morale, l'action publique à son égard est éteinte par application de l'article 6 du code de procédure pénale[5]. La chambre criminelle a également jugé que la troisième directive 78/855[6] du concernant les fusions des sociétés anonymes, codifiée par la directive 2011/35[7], telle qu'interprétée en son article 19, § 1, par la CJUE, est dépourvue d'effet direct à l'encontre des particuliers et que l'article 121-1 du code pénal ne peut s'interpréter que comme interdisant que des poursuites pénales soient engagées à l'encontre de la société absorbante pour des faits commis par la société absorbée avant que cette dernière perde son existence juridique par l'effet d'une fusion-absorption. Ainsi, méconnaît cet article la chambre de l'instruction qui, pour refuser d'ordonner le non-lieu au profit de la société absorbante pour ceux des faits qui auraient été commis par la société absorbée antérieurement à sa radiation du registre du commerce et des sociétés, retient que l'opération de fusion-absorption, en l'absence de liquidation, ayant eu pour effet de transférer, en les confondant, le patrimoine et la personnalité juridique de la société absorbée à la société absorbante, entraîne la transmission à cette dernière de la responsabilité pénale[8].

Il est dans tous les cas nécessaire, lorsque des poursuites sont intentées contre une personne morale, que le tribunal dispose d'un extrait K-bis récent, lui permettant de s'assurer que ladite personne a toujours une existence légale[9].

SECTION 4
AMNISTIE

635.41 Définition. L'amnistie est une mesure prise par le législateur qui ôte rétroactivement à certains faits commis lors d'une période déterminée

1. Crim. 9 déc. 1976, n° 75-90.618, P n° 359.
2. Crim. 18 déc. 1973, n° 73-93.210, P n° 470.
3. Crim. 20 juin 2000, n° 99-86.742, P n° 237 ; *Rev. sociétés* 2001. 851, note I. Urbain-Parléani ; *RTD com.* 2000. 459, note B. Bouloc – Crim. 14 oct. 2003, n° 02-86.376, P n° 189 ; *JCP* 2004. I. 157 ; *Dr. pénal* 2004, n° 20 ; *RSC* 2004. 339 – AUSSI : Y. Muller, « La responsabilité pénale de la personne morale en cas de fusion absorption », *JCP E* 2004. I. 1151 – L. Gamet, « le principe de la personnalité des peines à l'épreuve des fusions et scissions de sociétés », *JCP* 2001. I. 345 – H. Matsopoulou, « La société absorbante n'est pas pénalement responsable de l'infraction commise par la société absorbée », *D.* 2001. 853 – J.-F. Barbièri, « Incidence d'une fusion : divergences sur l'imputabilité de sanctions financières applicables au comportement de la société absorbée », *LPA* 27 avr. 2001, n° 81, p. 15.
4. Crim. 15 nov. 2005, n° 04-85.441, NP.
5. Crim. 7 janv. 2020, n° 18-86.293, P ; *JCP* 2020. 128.
6. Troisième dir. 78/855/CEE, Conseil, 9 oct. 1978 fondée sur l'article 54 paragraphe 3 sous g) du traité et concernant les fusions des sociétés anonymes, *JOCE L* 295, 20 oct., p. 36.
7. Dir. 2011/35/UE, Parlement et Conseil, 5 avr. 2011 concernant les fusions des sociétés anonymes, *JOUE L* 110, 29 avr., p. 1.
8. Crim. 25 oct. 2016, n° 16-80.366, P.
9. V. s^s n° 541.14.

leur caractère délictueux. La loi d'amnistie a un champ propre circonscrit par son application dans le temps et la nature des infractions visées. Elle ne peut s'appliquer qu'à des faits commis avant son entrée en vigueur.

635.42 **Effets.** Selon que la loi d'amnistie intervient avant ou après le jugement, elle a pour effet d'empêcher ou d'arrêter les poursuites, ou bien d'effacer la condamnation prononcée.

635.43 **La loi d'amnistie est d'ordre public.** Les lois d'amnistie sont d'ordre public et en conséquence les parties ne peuvent renoncer à leur application, y compris au motif de vouloir une décision sur le fond proclamant son innocence[1].

L'amnistie éteint l'action publique à compter du jour de la promulgation de la loi qui la prévoit, dès lors que les faits poursuivis entrent dans son champ d'application[2]. Lorsqu'une personne est poursuivie pour un abus de confiance résultant de salaires rémunérant des emplois fictifs, consommé lors de chaque paiement indu, le bénéfice de l'amnistie doit être accordé pour les versements qui entrent dans le champ d'application de la loi d'amnistie, mais pas pour ceux qui se sont poursuivis au-delà de la date d'effet de celle-ci[3]. L'amnistie éteignant l'action publique à partir de la promulgation de la loi qui l'accorde, s'oppose à ce que les faits amnistiés soient, postérieurement à cette loi, poursuivis sous une qualification autre que celle qui leur avait été antérieurement donnée[4]. Un auteur a parlé en cette occasion de « *cristallisation des qualifications par l'effet de l'amnistie* »[5].

635.44 **Extinction de l'action publique.** L'amnistie réelle, c'est-à-dire prise au regard de la nature de l'infraction, éteint l'action publique. Au regard de l'action publique, le fait doit être considéré comme n'ayant jamais été commis[6]. À tel point que lorsque l'arrêt de la cour d'appel déclare amnistiés les faits poursuivis, en raison de la nature de l'infraction, le prévenu n'est pas admis à critiquer cet arrêt et son pourvoi est irrecevable[7].

Lorsque l'action publique a déjà été engagée, le tribunal correctionnel doit la déclarer éteinte. Le prévenu bénéficiaire de l'amnistie ne pouvant renoncer à l'avantage que la loi lui confère ne peut ni faire appel de la décision[8] ni se pourvoir en cassation[9] sauf lorsque la loi a mal été appliquée en raison d'une erreur de droit ou de fait[10].

En revanche, l'amnistie personnelle, qui bénéficie à telle personne, n'éteint pas l'action publique qui peut survivre si des coauteurs ou complices sont impliqués[11].

L'amnistie conditionnelle, dont l'octroi est suspendu au paiement de l'amende, a l'exécution de peine d'emprisonnement ou de TIG, n'a pas d'effet extinctif sur l'action publique. L'amnistie au *quantum*, qui suppose que soit intervenue une condamnation, n'a pas non plus d'effet extinctif de l'action publique.

635.45 **Amnistie au *quantum*.** Elle n'est acquise qu'après condamnation définitive ou exécution de la peine. En conséquence, le tribunal correctionnel ne peut la constater lors du prononcé de la sanction[12].

635.46 **Intérêts civils.** Les lois d'amnistie prévoient fréquemment que les juridictions correctionnelles demeurent compétentes pour statuer sur les intérêts civils dès lors qu'elles ont été saisies avant l'abrogation de la loi pénale[13]. La jurisprudence de la chambre criminelle va dans le même sens lorsque la loi ne l'a pas prévu[14].

Les lois d'amnistie rappellent généralement la « réserve du droit des tiers » c'est-à-dire la règle selon laquelle l'amnistie ne peut préjudicier aux tiers.

Si le tribunal correctionnel a déjà été saisi de l'action civile avant la loi d'amnistie, il demeure compétent pour trancher sur cette action[15].

1. Cass., ch. réun., 12 mai 1870, *S.* 1870. I. 324.
2. Crim. 6 mars 1997, nº 96-82.392, P nº 91 – Crim. 26 sept. 2006, nº 05-86.619, P nº 235.
3. Crim. 13 sept. 2006, nº 05-84.111, P nº 220 ; *AJ pénal* 2006. 504, obs. G. Royer ; *RSC* 2007. 537, obs. C. Mascala.
4. Crim. 18 mars 1920, P nº 144 – Crim. 7 juill. 1933, *Gaz. Pal.* 1933. 2. 641 – Crim. 31 mars 1949, P nº 122 – Crim. 16 mars 1964, nº 63-91/307, P nº 95 ; *JCP* 1964. II. 13720, note Michaud – Crim. 20 mai 1976, nº 75-92.036, P nº 171 – Crim. 12 févr. 1925, *DP* 1925. 1. 153, note Henry – Crim. 26 sept. 2006, nº 05-86.619, P nº 235 ; *AJ pénal* 2006. 504 ; *RSC* 2007. 76, obs. Y. Mayaud.
5. R. Meurisse, « La cristallisation des qualifications et des peines et la loi d'amnistie », *RSC* 1950. 667.
6. Crim. 22 oct. 1928, *S.* 1929. I. 97.
7. Crim. 10 janv. 1983, nº 82-91.220, P nº 9.
8. Crim. 20 nov. 1947, P nº 223 – Crim. 23 mars 1950, P nº 107 – Crim. 24 janv. 1962, P nº 59.
9. Crim. 10 janv. 1983, nº 82-91.220, P nº 9.
10. Crim. 11 oct. 1960, P nº 439.
11. Crim. 10 févr. 1949, *JCP* 1949. II. 4857, note J. Costes.
12. Crim. 3 nov. 1983, nº 82-94.478, P nº 276 – Crim. 9 déc. 1997, nº 96-85.958, P nº 419 – Crim. 22 juill. 2004, nº 04-83.258, P nº 182 ; *D.* 2004. 2688 ; *AJ pénal* 2004. 366 ; *Dr. soc.* 2004. 1107, note F. Duquesne ; *RSC* 2005. 550, obs. E. Fortis (v. s^{s} nº 635.01).
13. L. nº 95-884, 3 août 1995 portant amnistie, *JO* 6 août, p. 11804, art. 21 – L. nº 2002-1050, 6 août 2002 de Finances rectificative pour 2002, *JO* 8 août, p. 13576, art. 21 s.
14. Crim. 21 avr. 1976, nº 74-93.069, P nº 121 – Crim. 22 mai 1990, nº 89-85.044, P nº 209 – Crim. 18 oct. 1990, nº 89-84.318, P nº 347.
15. Crim. 2 mars 1971, nº 70-91.116, P nº 68 – Crim. 24 mars 1987, nº 84-91.330, P nº 136 – Crim. 20 févr. 1989, nº 86-96.620, P nº 80 – Crim. 18 oct. 1990, nº 89-84.318, P nº 347.

Si la loi d'amnistie est intervenue avant, l'action civile ne peut être portée que devant la juridiction civile[1], à moins qu'il s'agisse d'une amnistie au *quantum*[2], ou d'une amnistie personnelle[3].

SECTION 5
ABROGATION DE LA LOI PÉNALE

635.51 **Principe.** L'abrogation de la loi pénale est une cause d'extinction de la cause publique dont l'effet est absolu. Cette question est évoquée dans les ouvrages de droit pénal et nous ne rappellerons ici que les principaux éléments.

635.52 **Rétroactivité de la loi pénale plus douce.** Selon l'article 112-1, alinéa 3, du code pénal, « les dispositions nouvelles s'appliquent légalement aux infractions commises avant leur entrée en vigueur et n'ayant pas donné lieu à une condamnation passée en force de chose jugée lorsqu'elles sont moins sévères que les dispositions anciennes ». C'est évidemment le cas si la loi pénale ne poursuit plus le fait incriminé[4]. Il est nécessaire que ce soit le fait lui-même qui ne soit plus poursuivi et qu'il ne s'agisse pas de la réécriture de l'article d'incrimination ou de son déplacement à l'intérieur du code pénal ou dans une loi annexe[5].

Lorsque la loi abrogeant un texte répressif intervient en cours de procédure, elle éteint immédiatement l'action publique[6]. L'abrogation d'un acte administratif individuel pénalement sanctionné est sans effet sur la validité de poursuites fondées sur la violation antérieure de cet acte[7].

635.53 **Règlements ou arrêtés procédant de la loi pénale abrogée.** Selon la chambre criminelle : « Les arrêtés ou les règlements légalement pris par l'autorité compétente revêtent un caractère de permanence qui les fait survivre aux lois dont ils procèdent, tant qu'ils n'ont pas été rapportés ou qu'ils ne sont pas devenus inconciliables avec les règles fixées par une législation nouvelle. »[8]

635.54 **Textes répressifs successifs.** Aucune peine ne saurait être prononcée lorsque les faits poursuivis, bien qu'entrant dans les prévisions de deux textes répressifs successifs, applicables respectivement à la date de la commission desdits faits et à celle de leur jugement, ont échappé à toute incrimination entre l'abrogation du premier et l'entrée en vigueur du second[9]. Il s'agissait dans cet arrêt d'une contravention, celle de défaut de maîtrise qui n'avait pas été réprimée entre l'entrée en vigueur du décret du 28 août 1991[10] et celle du décret du 23 novembre 1992[11]. Mais il est clair que le principe est applicable aux délits. Le même principe doit à notre avis être retenu en matière d'interruption de la prescription de l'action publique. Dès lors qu'un texte permet une prescription exceptionnelle pour un délit donné, puis est abrogé avant qu'une nouvelle loi prévoit à nouveau cette possibilité, les faits sont prescrits s'ils l'étaient lors de l'entrée en vigueur de la dernière loi[12].

635.55 **Action civile.** Lorsque l'abrogation de la loi pénale n'intervient qu'après que la juridiction répressive eut été saisie, cette dernière demeure compétente pour statuer sur les intérêts civils[13]. Si elle intervient avant, la juridiction pénale devient incompétente[14].

SECTION 6
TRANSACTION PÉNALE

§ 1
Principes

635.61 **Extinction par transaction**[15]**.** Tandis que l'alinéa premier de l'article 6 du code de procédure

1. Crim. 19 juill. 1989, n° 87-81.772, P n° 291 – Crim. 30 oct. 1990, n° 88-84.240, P n° 361.
2. Crim. 23 juin 1993, n° 92-83.241, P n° 222.
3. Crim. 8 janv. 1958, P n° 24 – Crim. 5 févr. 1958, P n° 120.
4. Crim. 4 sept. 1990, n° 89-85.962, P n° 309 – Crim. 12 juin 1995, n° 94-82.984, P n° 212 – Crim. 16 oct. 1996, n° 95-84.755, P n° 367 – Crim. 4 mars 1997, n° 96-84.773, P n° 83 – Crim. 30 juin 1998, n° 97-81.562, P n° 209 – Crim. 30 juin 1999, n° 97-85.764, P n° 175.
5. Crim. 12 juin 1989, n°s 87-85.197, 88-87.389, 88-83.448, 3 esp., P n° 251 ; *D.* 1989. 585, note F. Derrida – Crim. 4 sept. 1990, n° 89-85.962, P n° 309 – Crim. 4 mai 1995, n° 94-83.077, P n° 163 – Crim. 12 juin 1995, n° 94-82.984, P n° 212 – Crim. 4 mars 1997, n° 96-84.773, P n° 83 – Crim. 30 juin 1998, n° 97-81.562, P n° 209 – Crim. 30 juin 1999, n° 97-85.764, P n° 175.
6. Crim. 18 déc. 1986, n° 85-93.254, P n° 377 – Crim. 30 janv. 1992, n° 91-81.917, P n° 40 – Crim. 26 mars 1998, n° 96-85.378, P n° 116.
7. Crim. 19 févr. 1997, n° 96-80.130, P n° 68.
8. Crim. 20 mai 1887, P n° 202 – Crim. 4 mai 1976, n° 75-90.848, P n° 140 – Crim. 23 juin 1993, n° 92-81.909, P n° 221 – Crim. 20 déc. 1995, n° 95-81.428, P n° 395 – Crim. 9 juill. 2003, n° 03-82.119, P n° 138 ; *D.* 2003. 2285 ; *AJ pénal* 2003. 73, obs. A.P.
9. Crim. 2 mars 1994, n° 93-82.921, P n° 86.
10. Décr. n° 91-825, 28 août 1991 portant modification des dispositions du code de la route réprimant le dépassement des vitesses maximales autorisées, *JO* 30 août, p. 11398.
11. Décr. n° 92-1227, 23 nov. 1992 modifiant certaines dispositions du code de la route, *JO* 24 nov., p. 16072.
12. pour des exemples de ce type de cas, v. s^{s} n°s 635.11 s.
13. Crim. 15 mars 1995, n° 93-85.623, P n° 104.
14. Crim. 12 oct. 1987, n° 86-92.343, P n° 346 – Crim. 16 déc. 1954, P n° 403 ; *D.* 1955. 145, rapp. Pépy ; *JCP* 1955. II. 8643, note A. Vitu – Crim. 16 mars 1987, n° 85-95.685, NP, *D.* 1988. 40, note F. Dekeuwer – Crim. 6 févr. 1989, n° 87-90.218, P n° 45 – Crim. 30 janv. 1992, n° 91-81.917, P n° 40 – Crim. 15 mars 1995, n° 93-85.623, P n° 104.
15. C. pr. pén., art. 6, al. 3.

pénale expose les différents cas dans lesquels l'action publique s'éteint, l'alinéa 3 précise simplement que cette action « peut, en outre, s'éteindre par transaction lorsque la loi en dispose expressément ou par l'exécution d'une composition pénale ». La comparaison entre le consentement civil contractuel et le consentement en matière pénale a ses limites. Dans cette matière « il n'est jamais question pour les parties de régir leurs rapports en créant des obligations », seulement « d'accepter ou d'écarter certaines faveurs ou sujétions légales ». En matière pénale, « le consentement n'est guère que la manifestation d'une volonté mise en face d'un choix »[1].

La transaction pénale a connu une notable évolution ces dernières années ; prise dans une acception plus large, on peut dire qu'elle « irradie l'évolution de la réponse pénale [...] si l'on veut bien entendre par procédure transactionnelle pénale toute procédure où les parties, qu'il s'agisse du procureur de la République ou de la personne sanctionnée, s'entendent explicitement ou implicitement sur une voie alternative qu'elles proposent, acceptent ou exécutent spontanément, renonçant l'une et l'autre au panel des peines possibles ou à la plénitude de l'exercice des droits de l'accusation ou de la défense devant un juge indépendant et impartial, alors le champ transactionnel s'exprime dans toutes les procédures alternatives et simplifiées dont le code de procédure pénale s'est enrichi au cours des quelque vingt dernières années. Classement sous condition, composition pénale, transaction par officier de police judiciaire[2], ordonnance pénale, amende forfaitaire, comparution sur reconnaissance préalable de culpabilité, toutes ces voies dont l'emprunt est à l'initiative exclusive du ministère public portent en effet la marque de la dynamique transactionnelle »[3].

635.62 Moment. La transaction peut intervenir à tout moment tant qu'une décision définitive n'est pas intervenue[4]. L'engagement préalable des poursuites n'est pas nécessaire. L'Administration doit parfois respecter certains délais. Après jugement définitif, aucune peine ne peut être prononcée par une juridiction répressive qui, si elle a été saisie, doit déclarer l'action publique éteinte[5]. Le recours éventuellement exercé à l'encontre de la décision de première instance devient sans objet[6]. La transaction ne peut porter que sur le montant des amendes fiscales prononcées par la juridiction saisie et jamais sur les sanctions pénales ou les réparations civiles. Les peines prononcées, non définitives, ne peuvent être mises à exécution[7].

635.63 Effets. La transaction pénale éteint l'action publique, que celle-ci ait été intentée ou non. Dans le cas où la transaction pénale intervient avant poursuite, celle-ci ne peut plus être déclenchée[8]. Lorsque l'action publique était déclenchée, elle doit s'interrompre et le tribunal *déclarer l'extinction de l'action publique s'il est saisi.* Les faits ne peuvent pas non plus être poursuivis sous une autre qualification pénale[9] mais l'action publique n'est éteinte que pour les faits objets de la transaction[10]. Les effets de la transaction sont personnels et ne touchent ni le complice ni le coauteur[11]. Toutefois, la transaction avec une personne morale éteint l'action publique envers le représentant légal poursuivi comme personne physique[12] ou les préposés[13]. La transaction obtenue d'une administration étrangère n'a aucun effet sur l'action publique en France[14]. La transaction conclue à l'étranger pour des faits d'importation illicite ne prive pas l'Administration du droit de poursuite pour les faits d'exportation illicite[15]. Aux termes des articles 2046 et 2052 du code civil, une transaction sur les intérêts civils résultant d'un délit a, entre les parties, l'autorité de la chose jugée en dernier ressort[16].

635.64 Transaction et prescription de l'action publique. L'offre de transaction n'a pas pour effet d'interrompre la prescription, n'étant pas un acte d'enquête ou de poursuite, mais une procédure administrative[17].

1. X. Pin, *Le consentement en matière pénale*, préf. P. Maistre du Chambon, « Bibl. sc. crim. », t. 36, LGDJ, 2002, n° 390.
2. La transaction par OPJ a toutefois disparu depuis.
3. J.-C. Croq, « Du droit de la transaction au droit à la transaction en matière pénale : pour une recomposition des procédures alternatives et simplifiées », *AJ pénal* 2015. 465.
4. Crim. 12 févr. 1990, n° 88-85.567, P n° 72 – Crim. 30 juin 1999, n° 95-85.832, NP.
5. Crim. 28 nov. 1954, P n° 341 – Crim. 26 avr. 1955, P n° 201 – Crim. 7 juin 1956, P n° 446.
6. Crim. 4 déc. 1989, n° 89-83.370, NP.
7. Crim. 3 mai 1855, P n° 153 – Crim. 14 févr. 1956, P n° 154 – Crim. 13 juin 1988, n° 87-83.452, NP – Crim. 12 févr. 1990, n° 88-85.567, P n° 72 – Crim. 10 déc. 1998, n° 97-85.948, NP – Crim. 5 mai 1999, n° 97-81.175, NP.
8. Crim. 11 févr. 1980, n° 79-90.716, P n° 54.
9. Crim. 7 mars 1984, n° 83-91.574, P n° 96.
10. Crim. 19 févr. 1964, n°s 63-90.596, 63-92.849, P n° 60 ; *D.* 1964. 376, note M. Mazard – Crim. 20 févr. 1969, n° 68-92.261, P n° 88.
11. Crim. 8 déc. 1999, n° 98-84.928, P n° 295 ; *RSC* 2000. 604, obs. B. Bouloc ; *RTD com.* 2000. 743, obs. B. Bouloc.
12. Crim. 20 janv. 1992, n° 89-94.768, P n° 18 ; *Gaz. Pal.* 25 juill. 1992, n° 207, p. 17, note D. Bayet (v. s^{s} n° 635.01).
13. Crim. 13 déc. 1993, n° 92-85.483, P n° 384 ; *RSC* 1994. 551, obs. B. Bouloc – Crim. 30 mai 1994, n° 93-81.943, P n° 210 ; *Rev. Sociétés* 1995. 749, note B. Bouloc.
14. Crim. 5 oct. 1961, P n° 380 – Crim. 13 févr. 1964, n° 63-91.270, P n° 53.
15. Crim. 3 juin 1991, n° 90-83.151, P n° 233 ; *D.* 1992. 228, note J. Pannier.
16. Crim. 25 nov. 2015, n° 14-84.985, P n° 269 ; *D.* 2015. 2503.
17. Crim. 9 janv. 1958, *JCP* 1958. II. 10537, note Boitard.

635.65 Coauteur et complice. La transaction avec un auteur n'empêche pas l'Administration d'engager les poursuites contre les autres auteurs ou les complices [1]. Les juges doivent toutefois rechercher si la transaction conclue avec un coauteur n'a pas modifié le montant des droits éludés restant dus [2].

635.66 Caducité de la transaction. Lorsque la personne ayant accepté la transaction proposée ne l'exécute pas dans le délai qui lui a été imparti, celle-ci devient caduque et les poursuites peuvent alors reprendre. La transaction n'acquiert son effet que lorsqu'elle a été exécutée. Toutefois, si le contrevenant n'a pas respecté le délai de paiement mais a payé au-delà du délai convenu, la Cour de cassation estime qu'en acceptant ce paiement, l'Administration a implicitement renoncé aux poursuites [3].

635.67 Nullité. Il demeure un doute sur le point de savoir si le tribunal correctionnel est compétent pour apprécier la validité de la transaction lorsque sa nullité est soulevée. Une cour d'appel avait considéré que l'exception de nullité devait être tranchée par la juridiction administrative, arrêt cassé par la chambre criminelle [4]. Mais le Conseil d'État a statué en sens contraire [5]. Si la transaction est déclarée nulle, l'action publique peut suivre son cours si la prescription n'est pas acquise.

635.68 Action civile. Après la transaction la victime ne peut plus obtenir son indemnisation devant une juridiction répressive, la voie de la constitution de partie civile lui est donc interdite [6]. Toutefois, lorsqu'un jugement non définitif est déjà intervenu, la juridiction répressive reste compétente pour statuer sur l'action civile [7]. La transaction ne faisant pas, sauf disposition légale contraire, disparaître l'infraction, et restant dès lors sans effet sur l'exercice de l'action publique, une transaction, en vertu de laquelle les ayants droit de la victime d'un vol ont été indemnisés, ne confère pas un caractère régulier à la possession du produit de l'infraction [8].

S'agissant des civilement responsables, la transaction conclue avec la personne civilement responsable étend ses effets à son préposé, qui doit bénéficier de l'extinction de l'action publique [9] tandis que le commettant ne peut plus être recherché comme civilement responsable s'il a transigé et que le préposé est par la suite poursuivi [10].

635.69 Composition pénale. La composition pénale exécutée est également visée par l'article 6, alinéa 3, du code de procédure pénale comme éteignant l'action publique. Cette procédure, qui figure aujourd'hui aux articles 41-2 et R. 15-33-38 à R. 15-33-60 du code de procédure pénale, créée par la loi du 23 juin 1999 [11] mais modifiée par de nombreuses lois ensuite jusqu'à celle du 22 décembre 2021 [12], comporte une phase de proposition de mesures de sanction par le parquet mais aussi une phase d'homologation par un magistrat du siège, qui la rapproche beaucoup de la convocation sur reconnaissance préalable de culpabilité. Mais ces caractéristiques l'éloignent à proprement parler d'une réelle transaction. La composition pénale peut être utilisée pour tous les délits passibles de cinq ans d'emprisonnement au plus. Tout en faisant l'objet d'une inscription au casier judiciaire [13], la composition pénale n'est pas véritablement une condamnation et ne peut être en conséquence prise en compte comme premier terme d'une récidive. Il s'agit d'une mesure alternative aux poursuites, elle ne met pas en mouvement l'action publique. Elle doit être validée par le juge du siège. L'action publique s'éteint dès lors que la composition pénale réussit. Dans le cas contraire, l'article 41-2 du code de procédure pénale prévoit que le procureur de la République met en mouvement l'action publique.

On peut rapprocher des effets de la composition pénale ceux qui régissent l'injonction thérapeutique suivie d'effet : selon une ancienne jurisprudence, l'exécution de la cure de désintoxication constitue une cause d'extinction de l'action publique [14]. La loi a expressément indiqué que « l'action publique n'est pas exercée à l'égard des personnes qui se soumettent à la mesure d'injonction thérapeutique qui leur est ordonnée et la suivent jusqu'à son terme » [15]. Est

1. Crim. 8 mars 1951, P n° 71 – Crim. 22 janv. 1958, P n° 78 – Crim. 26 nov. 1964, n° 64-90.178, P n° 314 – Crim. 8 déc. 1971, n° 70-91.872, P n° 343.
2. Crim. 5 févr. 1998, n° 96-86.137, P n° 47 ; *D.* 1998. 100 ; *RTD com.* 1998. 956, obs. B. Bouloc – Crim. 8 déc. 1999, n° 98-84.928, P n° 295, préc.
3. Crim. 18 avr. 1983, n°s 81-92.517, 82-90.081, P n° 106.
4. Nîmes, 6 juin 1958, *JCP* 1959. II. 11185, note M. Gal – Crim. 12 mai 1959, *JCP* 1959. II. 11216, note Gal.
5. CE 28 févr. 1986, req. n° 53560, *Lebon ; D.* 1986. 394, concl. M. Delon.
6. Crim. 12 mai 1959, *JCP* 1959. II. 11216, note M. Gal.
7. Crim. 18 févr. 1954, *D.* 1954. 421 – Crim. 3 mai 1957, P n° 355.
8. Crim. 4 juin 1998, n° 96-85.871, P n° 183 ; *Procédures* 1998, n° 223, obs. J. Buisson ; *RG proc.* 1999. 95, obs. Rebut.
9. Crim. 13 déc. 1993, n° 92-85.483, P n° 384.
10. Crim. 11 mars 1959, P n° 167 – Crim. 11 févr. 1980, n° 79-90.716, P n° 54.
11. L. n° 99-515, 23 juin 1999, préc.
12. L. n° 2021-1729, 22 déc. 2021 pour la confiance dans l'institution judiciaire, *JO* 23 déc.
13. C. pr. pén., art. 768, 9°.
14. Crim. 4 mai 1972, n° 71-MI. 450, P n° 156 – Crim. 16 oct. 1975, n° 74-90.871, P n° 218 ; *D.* 1976. 206, note J.-P. Doll ; *JCP* 1976. II. 18291, note M. Caleb.
15. CSP, art. L. 3423-1 ; créé par L. n° 2007-597, 5 mars 2007, art. 49 – Crim. 4 mai 1972, n° 71-MI. 450, P n° 156, préc. – Crim. 16 oct. 1975, n° 74-90.871, P n° 218.

justifiée la décision qui écarte la cause d'extinction de l'action publique prévue par l'article L. 3423-1 du code de la santé publique et condamne le prévenu pour usage de produits stupéfiants, en relevant que la thérapie suivie par lui auprès d'un psychiatre n'équivaut pas au traitement assuré lors de l'admission dans un dispensaire ou un établissement de santé, prévu à l'article L. 3414-1 du code de la santé publique [1].

§ 2
Autorités concernées

635.71 Le ministère public n'a pas de pouvoir de transaction. Si le ministère public a le pouvoir de classer purement et simplement une infraction, d'user de mesures alternatives aux poursuites ou de proposer une composition pénale, il n'a pas le pouvoir, à proprement parler, de transiger sur l'action publique. Il a seulement la possibilité de mettre en œuvre ou non l'action publique, ou de prendre des mesures préalables à sa mise en œuvre, dont la conséquence en cas de réussite, est de ne pas exercer l'action publique.

635.72 Transaction en dehors des cas prévus par la loi. La transaction qui intervient entre la victime de l'infraction ou ses ayants droit et l'auteur, si elle peut avoir des conséquences sur le *quantum* de la peine prononcée et sur le calcul des intérêts civils, n'a pas d'incidence sur l'action publique [2].

635.73 Évolution. Traditionnellement il n'y avait que certaines administrations qui, étant habilitées à déclencher des poursuites, disposaient aussi du droit de proposer à l'auteur des faits une transaction. Cette possibilité tend à s'ouvrir de plus en plus et des lois récentes ont conféré aux maires (seulement pour des contraventions) et à la Halde la possibilité de pouvoir, dans certains cas, transiger [3]. Alors que traditionnellement, en s'appuyant sur les dispositions du code civil, les juges estimaient que l'erreur de droit n'était pas un motif de nullité de la convention conclue, la chambre commerciale de la Cour de cassation a annulé une transaction pénale portant sur une infraction inexistante [4].

635.74 Droit de transiger de certaines administrations subordonnées à l'accord du ministère public. Les administrations, en dehors de celles ne pouvant transiger que sur des contraventions de police, qui peuvent proposer une transaction sont les suivantes :

– l'Administration des Eaux et Forêts [5] ;

– l'autorité administrative chargée de la pêche maritime [6] ;

– l'autorité administrative compétente en matière d'aviation civile [7] ;

– le ministre chargé des postes et télécommunications sur les infractions au monopole postal [8] ;

– l'autorité administrative compétente en matière de concurrence et de la consommation pour certaines infractions [9]. Selon l'article L. 141-2 du code de la consommation, l'action publique est éteinte lorsque l'auteur de l'infraction a exécuté, dans le délai imparti, les obligations résultant pour lui de l'acceptation de la transaction [10]. Ce dernier article a toutefois été abrogé par l'ordonnance nº 2016-301 du 14 mars 2016 et remplacé par l'article L. 523-4 du même code.

Des textes réglementaires fixent l'autorité compétente, le contenu possible de la proposition et les délais. En ce qui concerne les administrations visées ci-dessus, l'accord du ministère public est indispensable [11].

635.75 Droit de transiger de certaines administrations sans accord du ministère public. Certaines administrations disposent à la fois du pouvoir d'engager des poursuites et de transiger avec l'auteur de l'infraction sans avoir besoin de l'accord du ministère public. Il s'agit surtout de l'Administration des douanes [12] [13] et de celle des impôts (contributions indirectes [14]) mais aussi du ministre chargé de la Voirie routière [15]. Ce droit s'exerce librement avant la mise en mouvement de l'action pénale. Après jugement définitif il ne peut plus y avoir de transaction.

Dans le cas où l'action publique est déjà mise en mouvement, en matière de contributions indirectes,

1. Crim. 21 oct. 2015, nº 14-82.832, P nº 231 ; *JCP* 2015. 1283.
2. Crim. 4 juin 1998, nº 96-85.871, P nº 183.
3. V. s[s] n°s 635.76 s.
4. Crim. 11 sept. 2012, nº 10-26.942, NP, *D.* 2012. 3016, note J.-B. Perrier.
5. C. for., art. L. 161-25.
6. Décr. 7 sept. 1870 ; mod. par décr. nº 89-554, 2 août 1989, *JO* 10 août.
7. C. transp., art. L. 6142-3 et L. 6433-1.
8. CPCE, art. L. 2, L. 3, L. 4, L. 17, L. 18.
9. C. consom., art. L. 141-2 [devenu L. 523-1].
10. Crim. 19 mai 2015, nº 14-85.885, P nº 112 ; *AJ pénal* 2015. 443, obs. J.-B. Perrier.
11. pour toute précision de détail sur les pouvoirs de ces administrations : Rép. pén., *V°* Transaction, par M. Redon.
12. C. douanes, art. 350.
13. La possibilité de transaction de l'Administration des Douanes est étendue à toutes les infractions douanières, sauf celles qui sont constatées en application de l'article 28-1 du code de procédure pénale relatif à la douane judiciaire – AUSSI sur l'extension des possibilités de transaction : décr. nº 2012-1264, 14 nov. 2012 modifiant le décret nº 78-1297 du 28 décembre 1978 relatif à l'exercice du droit de transaction en matière d'infractions douanières ou relatives aux relations financières avec l'étranger, *JO* 16 nov., p. 18109.
14. LPF, art. L. 248 et L. 249.
15. C. voirie rout., art. L. 116-8 ; créé par L. nº 89-413, 22 juin 1989.

de douane, de législation et de réglementation relative aux infractions financières avec l'étranger, le ministère doit donner son accord lorsque l'infraction est passible de sanctions fiscales et de peines. C'est le président de la juridiction saisie qui peut le donner dans le cas où l'infraction est seulement passible de sanctions[1] fiscales[2].

635.76 **Droit de transiger des maires.** Depuis l'entrée en vigueur de la loi du 31 mars 2006[3], le maire d'une commune peut proposer une transaction à l'auteur d'une infraction qui a causé un préjudice aux biens de la commune[4]. Cette possibilité n'étant ouverte que dans le cas de commission d'une contravention que les agents de police municipale peuvent constater par procès-verbal sort de l'objet du présent ouvrage.

635.77 **Droit de transiger de la Halde.** À l'entrée en vigueur de la loi du 31 mars 2006[5], la Haute Autorité de lutte contre les discriminations et pour l'égalité (Halde) possédait le droit de transiger avec l'auteur d'une discrimination sanctionnée pénalement[6]. Ce droit de transaction ne suppose pas l'accord du ministère public sauf si l'action publique a déjà été mise en mouvement. La victime doit donner son accord à la proposition de transaction. Après acceptation de la victime et de l'auteur de l'infraction, la procédure est soumise au procureur de la République aux fins d'homologation. En cas de réussite de la transaction, l'action publique est éteinte. Dans le cas contraire, la Haute Autorité peut mettre en mouvement l'action publique par voie de citation directe.

Depuis le 1er mai 2011, le Défenseur des droits a pris la succession du Médiateur de la République, du Défenseur des enfants, de la commission nationale de déontologie de la sécurité, et de la Halde.

635.78 **Droit pénal du travail.** L'ordonnance du 7 avril 2016[7], complétée par le décret du 25 avril 2016[8], a introduit une nouvelle forme de transaction pénale, spécifique au droit pénal du travail[9]. Les contraventions et délits concernés sont énumérés par l'article L. 8114-4 du code du travail[10]. La transaction n'est pas possible lorsque la peine d'emprisonnement encourue est égale ou supérieure à un an. C'est la Direction régionale des entreprises, de la concurrence, de la consommation, du travail et de l'emploi (Dirrecte) qui peut proposer cette transaction. Elle détermine le montant de la transaction et les mesures correctives qu'elle souhaite voir imposer à l'entreprise et leur délai d'exécution. En cas d'acceptation par le contrevenant, le procès-verbal est transmis au procureur de la République qui l'homologue ou non. Cette homologation interrompt le délai de prescription de l'action publique. Dans le cas où la transaction est complètement exécutée dans le délai imparti, elle emporte extinction de l'action publique.

635.79 **Transaction : constitutionnalité.** L'association France Nature Environnement avait formé un recours pour excès de pouvoir contre le décret du 24 mars 2014[11] qui réglemente quelques détails administratifs de la procédure de la transaction[12] : ce décret était lui-même pris en application de l'article L. 173-12[13] du même code, issu de l'ordonnance du 11 janvier 2012[14].

Selon la requérante, la transaction pouvait éteindre l'action publique née de tous les délits contre l'environnement, même les plus graves, et constituait une violation de l'article 8 de la Déclaration des droits de l'Homme et du citoyen qui impose une répression proportionnée à la faute. Les dispositions critiquées méconnaîtraient également les droits de la victime d'exercer un recours juridictionnel effectif.

Le Conseil constitutionnel, dans une décision du 26 septembre 2014[15], rappelle sur ce point que l'article 40-2 du code de procédure pénale expose que : « Le

1. L. n° 77-1453, 29 déc. 1977 accordant des garanties de procédure aux contribuables en matière fiscale et douanière, *JO* 30 déc., p. 6279, art. 16.
2. Crim. 12 févr. 1990, n° 88-85.567, P n° 72 – Crim. 8 oct. 1998, n° 96-84.715, NP – Crim. 30 juin 1999, n° 95-85.832, NP.
3. L. n° 2006-396, 31 mars 2006 pour l'égalité des chances, *JO* 2 avr., p. 4950.
4. C. pr. pén., art. 44-1.
5. L. n° 2006-396, 31 mars 2006, préc.
6. L. n° 2004-1486, 30 déc. 2004 portant création de la haute autorité de lutte contre les discriminations et pour l'égalité, art. 11-1 à 11-3 – C. pr. pén., art. D. 1-1.
7. Ord. n° 2016-413, 7 avr. 2016, préc.
8. Décr. n° 2016-510, 25 avr. 2016, préc.
9. C. trav., art. L. 8114-4 à L. 8114-8 – Circ. 18 juill. 2016, NOR : JUSD1620161 C – L'ordonnance du 7 avril étend également le champ d'application de l'ordonnance pénale à l'ensemble des contraventions prévues par le code du travail et créé de nouvelles sanctions administratives.
10. V. ss n° 635.78.
11. Décr. n° 2014-368, 24 mars 2014 relatif à la transaction pénale prévue à l'article L. 173-12 du code de l'environnement, *JO* 26 mars, p. 5957.
12. C. envir., art. R. 173-1 (mod. par décr. n° 2017-244, 27 févr. 2017, art. 1er) et R. 173-2 à R. 173-4 ; (art. créés par décr. n° 2014-368, 24 mars 2014, art. 1er).
13. C. envir., art. L. 173-12 ; mod. par L. n° 2016-1087, 8 août 2016, art. 135.
14. Ord. n° 2014-34, 11 janv. 2012, préc.
15. Cons. const. 26 sept. 2014, n° 2014-416 QPC, art. conforme L. 173-12 du C. envir., *transaction pénale sur l'action publique en matière environnementale*, CONFORMITÉ, *JO* 28 sept., p. 15791 ; *D.* 2014. 2503, note J.-B. Perrier ; *D.* 2014. 2423, obs. G. Roujou de Boubée, T. Garé, M.-H. Gozzi, S. Mirabail et C. Ginestet ; *AJDA* 2014. 1859 ; *Dr. pénal* 2014, comm. 140, J.-H. Robert ; *RSC* 2014. 785, obs. J.-H. Robert ; *RSC* 2015. 711, obs. B. de Lamy ; *Nouv. Cah. Cons. const.* 2015, p. 161, obs. H. Hoepffner.

procureur de la République avise les plaignants et les victimes si elles sont identifiées, ainsi que les personnes ou autorités mentionnées au deuxième alinéa de l'article 40, des poursuites ou des mesures alternatives aux poursuites qui ont été décidées à la suite de leur plainte ou de leur signalement. Lorsqu'il décide de classer sans suite la procédure, il les avise également de sa décision en indiquant les raisons juridiques ou d'opportunité qui la justifient. »

Le Conseil constitutionnel relève également que la transaction de l'article L. 173-12[1] du code de l'environnement n'est pas exécutoire et que son application dépend de la seule volonté de l'auteur de l'infraction, de sorte que ses stipulations « ne revêtent pas le caractère de sanctions ayant le caractère d'une punition » et qu'elles échappent à l'application de l'article 8 de la Déclaration des droits de l'Homme. Il n'y a pas non plus violation de l'article 16, relatif au droit à un recours effectif, puisqu'il suffit au délinquant de ne pas exécuter la transaction pour rendre caduque son homologation par le procureur de la République.

Selon la doctrine, « la décision du 26 septembre 2014 a le mérite de justifier indirectement la transaction de l'article 41-1-1 du code de procédure pénale, sur laquelle le Conseil constitutionnel n'avait pas jugé à propos de statuer lorsqu'il fut saisi d'un recours contre la loi du 15 août 2014 »[2]. L'addition de l'amende transactionnelle avec l'amende administrative prévue par l'article L. 171-8[3], 4° du code de l'environnement est exclue en cas d'exécution de la transaction puisque, par cette convention, l'administration renonce nécessairement à toute poursuite ; si l'exécution est partielle, la juridiction pénale devra éviter un cumul en vertu des « dispositions du code pénal relatives au prononcé des peines » selon lesquelles « la juridiction prononce les peines et fixe leur régime en fonction des circonstances de l'infraction et de la personnalité de son auteur ». Mais cette décision fut aussi très critiquée par la doctrine qui lui reprocha principalement d'avoir justifié à tort de la nature non pénale de la transaction. Le Conseil a en effet justifié sa décision en indiquant « [...] que les dispositions contestées organisent une procédure de transaction qui suppose l'accord libre et non équivoque, avec l'assistance éventuelle de son avocat, de l'auteur des faits ; qu'en outre la transaction homologuée ne présente, en elle-même, aucun caractère exécutoire et n'entraîne aucune privation ou restriction des droits de l'intéressé ; qu'elle doit être exécutée volontairement par ce dernier ; que, par suite, les mesures fixées dans la transaction ne revêtent pas le caractère de sanctions ayant le caractère d'une punition [...] ». On a fait remarquer que le stage de citoyenneté ou le TIG nécessitaient également l'accord de la personne sans perdre pour autant leur caractère « punitif ». Les conséquences en sont assez lourdes puisque la transaction peut être réglée par le pouvoir réglementaire, ne suppose aucune garantie procédurale et échappe aux principes de nécessité, de proportionnalité et d'individualisation[4]. La doctrine critique aussi l'hypothèse du consentement libre et éclairé, validé par le Conseil « il est plus que difficile de considérer que le consentement de l'intéressé puisse être suffisamment libre, face à la menace de poursuites en cas de refus de la proposition transactionnelle[5] ».

Selon J.-B. Perrier, le Conseil aurait commis une erreur, en érigeant l'exécution volontaire de la mesure comme critère d'exclusion de la notion de sanction, évinçant ainsi les mesures transactionnelles du champ des sanctions : « Or l'exécution volontaire d'une sanction acceptée n'enlève en rien le caractère punitif de la mesure. En matière fiscale et douanière, où la transaction est largement utilisée, l'amende transactionnelle est "volontairement" versée, et pourtant son caractère punitif ne fait aucun doute. De même, la nouvelle transaction de l'article 41-1-1 permet de proposer une amende de 15 000 € pour des faits de vol (même si un tel montant a peu de chances d'être accepté), et il semble de nouveau difficile de considérer que cette amende ne serait pas une sanction ayant le caractère d'une punition. Plus encore, la procédure d'amende forfaitaire repose sur un paiement "volontaire" de l'intéressé. Difficile pourtant de considérer que ces amendes ne sont pas des sanctions. »

§ 3
Droit de transiger des officiers de police judiciaire. Une loi éphémère

A.
Loi du 15 août 2014

635.81 **Rôle de l'OPJ.** La loi du 15 août 2014[6] a créé une importante et nouvelle forme de transaction consacrée par l'article 41-1-1 du code de procé-

1. C. envir., art. L. 173-12, préc.
2. Note J.-H. Robert, *Dr. pénal* 2014, comm. 140.
3. C. envir., art. L. 171-8, 4°.
4. NOT. : B de Lamy, « Où l'on apprend que la transaction pénale n'est pas pénale… parce que l'intéressé consent », *RSC* 2015. 711.
5. J.-B. Perrier, « La transaction pénale et l'erreur du Conseil constitutionnel », *D.* 2014. 2503.
6. L. n° 2014-896, 15 août 2014 relative à l'individualisation des peines et renforçant l'efficacité des sanctions pénales, *JO* 17 août, p. 13647.

dure pénale. Selon les dispositions de ce texte, l'officier de police judiciaire peut, tant que l'action publique n'a pas été mise en mouvement et sur autorisation du procureur de la République, transiger avec les personnes physiques et les personnes morales sur la poursuite :

1° Des contraventions prévues par le code pénal, à l'exception des contraventions des quatre premières classes pour lesquelles l'action publique est éteinte par le paiement d'une amende forfaitaire en application de l'article 529 ;

2° Des délits prévus par le code pénal et punis d'une peine d'amende ;

3° Des délits prévus par le même code et punis d'un an d'emprisonnement au plus, à l'exception du délit d'outrage prévu au deuxième alinéa de l'article 433-5 dudit code ;

4° Du délit prévu à l'article 311-3 du même code, lorsque la valeur de la chose volée est inférieure à un seuil fixé par décret ;

5° Du délit prévu à l'article L. 3421-1 du code de la santé publique ;

6° Du délit prévu au premier alinéa de l'article L. 126-3 du code de la construction et de l'habitation.

Les opérations réalisées par l'officier de police judiciaire en application des I et II du présent article sont relatées dans un seul procès-verbal[1].

S'agissant des délits il s'agit de ceux qui sont punis d'une simple peine d'amende d'une part[2], ceux punis par le seul code pénal et punis d'un an au plus, à l'exception du délit d'outrage[3], le délit de vol simple, lorsque la valeur de la chose volée est inférieure à un seuil qui doit être fixé par décret[4], le délit d'usage illicite de stupéfiants prévu par l'article L. 3421-1 du code de la santé publique[5], le délit d'occupation en réunion des halls et des toits d'immeubles[6].

635.82 **Accord du ministère public.** Ce type de transaction doit être autorisée par le ministère public : lorsque le procureur de la République autorise le recours à la transaction en application de cet article, l'officier de police judiciaire peut soumettre l'auteur de l'infraction, compte tenu de ses ressources et de ses charges, à l'obligation de consigner une somme d'argent, en vue de garantir le paiement de l'amende mentionnée au 1° du II ou, le cas échéant, de l'amende prononcée en cas de poursuites et de condamnation dans les conditions prévues au dernier alinéa du III.

La transaction autorisée par le procureur de la République, proposée par l'officier de police judiciaire et acceptée par l'auteur de l'infraction est homologuée par le président du tribunal de grande instance ou par un juge par lui désigné, après avoir entendu, s'il y a lieu, l'auteur de l'infraction assisté, le cas échéant, par son avocat.

Le même texte fixe les conditions dans laquelle la proposition de transaction est faite : elle est déterminée en fonction des circonstances et de la gravité de l'infraction, de la personnalité et de la situation matérielle, familiale et sociale de son auteur ainsi que de ses ressources et de ses charges. Elle fixe :

1° L'amende transactionnelle due par l'auteur de l'infraction et dont le montant ne peut excéder le tiers du montant de l'amende encourue ;

2° Le cas échéant, l'obligation pour l'auteur de l'infraction de réparer le dommage résultant de celle-ci ;

3° Les délais impartis pour le paiement et, s'il y a lieu, l'exécution de l'obligation de réparer le dommage.

En l'absence de décret, on ne sait pas encore qui peut être à l'origine de la proposition de transaction ni même qui décidera du montant. Il est certain toutefois que l'autorisation nécessaire du procureur de la République constituera la pierre angulaire du système. On imagine que les procureurs de la République donneront les instructions nécessaires à une mise en place harmonieuse de cette nouvelle transaction pénale. Mais on voit mal alors comment différencier cette mesure de la composition pénale, qui s'applique également aux infractions relevant de l'article 41-1-1, et permet au procureur de la République de proposer une amende.

635.83 **Homologation.** Si l'auteur des faits accepte la proposition, la transaction doit être homologuée par le président du tribunal de grande instance ou le magistrat délégué par lui.

L'acte par lequel le président du tribunal de grande instance ou le juge par lui désigné homologue la proposition de transaction est interruptif de la prescription de l'action publique.

L'action publique est éteinte lorsque l'auteur de l'infraction a exécuté dans les délais impartis l'intégralité des obligations résultant pour lui de l'acceptation de la transaction.

En cas de non-exécution de l'intégralité des obligations dans les délais impartis ou de refus d'homologation, le procureur de la République, sauf élément nouveau, met en œuvre les mesures prévues à l'article 41-1 ou une composition pénale, ou engage des poursuites.

1. C. pr. pén., art. 41-1-1, IV.
2. C. pr. pén., art. 41-1-1, I, 2°.
3. C. pr. pén., art. 41-1-1, I, 3°.
4. C. pr. pén., art. 41-1-1, I, 4°.
5. C. pr. pén., art. 41-1-1, I, 5°.
6. C. pr. pén., art. 41-1-1, I, 6°.

635.84 Entrée en vigueur. Les modalités d'application de l'article 41-1-1 du code de procédure pénale sont fixées par décret en Conseil d'État. Celui-ci est intervenu le 13 octobre 2015 [1, 2].

635.85 Absence de droits de la défense. Le système mis en place par la loi du 15 août 2014 [3] ne prévoit pas de droit à l'avocat.

635.86 Constitutionnalité. Le Conseil constitutionnel a été saisi d'un recours contre la constitutionnalité de la loi du 15 août 2014 [4]. Toutefois, il n'a pas statué sur la procédure de transaction [5]. On a pu se demander si la décision rendue le 26 septembre 2014 [6] en matière de transaction dans le droit de l'environnement pouvait être transposée à la transaction par OPJ ?

Selon J.-H. Robert : « La solution la plus raisonnable est l'assimilation des deux transactions dont les stipulations ne constituent pas des peines, et la conséquence en est que la décision du 26 septembre 2014 a validé indirectement la transaction du code de procédure pénale. » [7]

B. Décret du 13 octobre 2015

635.91 Modalités d'application. Le décret du 13 octobre 2015 [8] est venu préciser les modalités de mise en œuvre de la loi du 15 août 2014 [9]. Selon les dispositions de ce décret :

- le délit de vol ne peut entraîner transaction pénale que si la valeur de la chose dérobée est inférieure ou égale à la somme de 300 euros [10] ;

- la transaction ne peut être proposée à une personne pendant sa garde à vue [11]. On peut remarquer que la terminologie utilisée (« pendant ») risque de susciter des interrogations sur la transaction proposée à l'intéressé à l'issue de sa garde à vue ;

- l'officier de police judiciaire qui propose la transaction demande l'autorisation au procureur de la République [12]. Il doit alors prévenir le procureur du *quantum* de l'amende transactionnelle et des modalités de réparation proposées ;

- le procureur de la République communique sa décision par tout moyen [13], ce qui n'exclut pas le consentement purement verbal reporté au procès-verbal ;

- le montant de la consignation peut être égal à celui de l'amende proposée [14]. Dans le cas où la transaction est homologuée, la consignation vaut paiement ; dans le cas contraire elle est restituée [15].

635.92 Décision du Conseil constitutionnel du 23 septembre 2016. À l'occasion d'un recours pour excès de pouvoir formé par le Syndicat de la magistrature (SM) et le Syndicat des avocats (Saf) de France afin de contester la légalité du décret du 13 octobre 2015, une QPC a été soulevée et transmise au Conseil constitutionnel par une décision du Conseil d'État du 27 juin 2016. Le Conseil constitutionnel a jugé le 23 septembre 2016 [16] que « les dispositions contestées ne sauraient, sans méconnaître les droits de la défense, autoriser qu'une transaction soit conclue sans que la personne suspectée d'avoir commis une infraction ait été informée de son droit à être assistée de son avocat avant d'accepter la proposition qui lui est faite, y compris si celle-ci intervient pendant qu'elle est placée en garde à vue ». Par ailleurs, le Conseil constitutionnel a déclaré inconstitutionnel le 4° du paragraphe I de l'article 41-1-1 du code de procédure pénale prévoyant qu'un décret fixe la valeur de l'objet volé

1. Décr. n° 2015-1272, 13 oct. 2015 pris pour l'application des articles 41-1-1 du code de procédure pénale et L. 132-10-1 du code de la sécurité intérieure *JO* 15 oct., p. 19102.
2. MAIS sur le sort de ce décret, v. s[s] n°s 635.92 et 635.93.
3. L. n° 2014-896, 15 août 2014, préc.
4. L. n° 2014-896, 15 août 2014, préc.
5. Cons. const. 7 août 2014, n° 2014-696 DC, art., conformes 19 et 22, non conformes 49, 54 II (mots), 55 I (mots), VII, de la loi, *loi relative à l'individualisation des peines et renforçant l'efficacité des sanctions pénales*, NON-CONFORMITÉ PARTIELLE, *JO* 17 août, p. 13659 ; *D.* 2014. 2423, obs. G. Roujou de Boubée, T. Garé, M.-H. Gozzi, S. Mirabail et C. Ginestet.
6. V. s[s] n° 635.79.
7. SUR les sérieuses réserves qui peuvent être émises sur cette décision et sur son extension : *D.* 2014. 2503, note J.-B. Perrier (v. s[s] n° 635.79).
8. Décr. n° 2015-1272, 13 oct. 2015, préc.
9. L. n° 2014-896, 15 août 2014, préc.
10. C. pr. pén., art. R. 15-33-37-3 ; créé par décr. n° 2015-1272, 13 oct. 2015, art. 1er ; annulé par CE 24 mai 2017, n°s 395321, 395509 *AJDA* 2017. 1144 ; *D.* 2017. 1744, note J.-B. Perrier ; *JCP* 2017. 862, note N. Jeanne ; *AJ pénal* 2017. 409, obs. F. Engel.
11. C. pr. pén., art. R. 15-33-37-2 ; créé par décr. n° 2015-1272, 13 oct. 2015, art. 1er ; annulé par CE 24 mai 2017, n°s 395321, 395509 préc.
12. C. pr. pén., art. 15-33-37-1, al. 1.
13. C. pr. pén., art. R. 15-33-37-1, al. 2 ; art. créé par décr. n° 2015-1272, 13 oct. 2015, art. 1er ; annulé par CE 24 mai 2017, n°s 395321, 395509 préc.
14. C. pr. pén., art. R. 15-33-37-4.
15. C. pr. pén., art. R. 15-33-37-5.
16. Cons. const. 23 sept. 2016, n° 2016-569 QPC, art., non conformes 41-1-1 I. 4° du C. pr. pén., L. 132-10-1 I, 4° (mots) du C. la sécurité intérieure, et sous réserve 41-1-1 (autres dispositions) du C. pr. pén., L. 132-10-1 I. 3° et 4° du C. sécurité intérieure, *transaction pénale par officier de police judiciaire – Participation des conseils départementaux de prévention de la délinquance et des zones de sécurité prioritaires à l'exécution des peines*, NON-CONFORMITÉ PARTIELLE – RÉSERVE, *JO* 25 sept., n° 29 ; *AJ pénal* 2016. 546, obs. Fl. Engel ; *D.* 2016. 1863 ; *RSC* 2017. 389, obs. B de Lamy ; *AJDA* 2016. 1779 ; *D.* 2016. 2545, note J.-B. Perrier ; *AJ pénal* 2017. 198, obs. M. Medjkane ; *Constitutions* 2016. 541, chron. ; *Constitutions* 2016. 642, chron. A. Ponseille.

en deçà de laquelle il est possible de proposer à l'auteur d'un vol une transaction pénale. En renvoyant ainsi au pouvoir réglementaire le soin de délimiter le champ d'application d'une procédure ayant pour objet l'extinction de l'action publique, le législateur a méconnu sa compétence dans des conditions affectant l'égalité devant la procédure pénale. Le Conseil constitutionnel rappelait ainsi au législateur les obligations découlant de l'article 34 de la Constitution, mais il ne pouvait annuler le décret. C'est ce que fit un peu plus tard, en partie, le Conseil d'État.

À propos de la nature ambiguë de la transaction pénale, le Conseil estime que les mesures fixées dans la transaction pénale ne revêtent pas le caractère de sanction ayant le caractère d'une punition[1].

635.93 **Annulation du décret par le Conseil d'État (CE, 24 mai 2017).** Après ce contrôle de constitutionnalité, le décret n'a pas non plus passé avec succès la phase du contrôle de légalité. Saisi par plusieurs syndicats, le Conseil d'État a annulé par sa décision du 24 mai 2017 le 1° de l'article 1er du décret précité qui ajoutait au code de procédure pénale une section 1 *bis* intitulée « de la transaction proposée par un officier de police judiciaire », composée des articles R. 15-33-37-1 à R. 15-33-37-6, qui précise les modalités de mise en œuvre de cette transaction pénale instituée par l'article 41-1-1 du code de procédure pénale dans sa rédaction issue de la loi du 15 août 2014 relative à l'individualisation des peines et renforçant l'efficacité des sanctions pénales et ce aux motifs principaux suivants. Le Conseil relève que : « Cette procédure de transaction pénale doit reposer sur l'accord libre et non équivoque de l'auteur des faits, qui implique, notamment, la complète connaissance, par l'intéressé, de la nature des faits reprochés et de leur qualification juridique ; que, toutefois, ni l'article 41-1-1 du code de procédure pénale ni les dispositions de ce code introduites par le 1° de l'article 1er du décret attaqué ne prévoient que la personne à qui est proposée la transaction soit dûment informée de la nature des faits reprochés ainsi que de leur qualification juridique ; qu'il résulte de ce qui précède que le 1° de l'article 1er du décret méconnaît le droit à un procès équitable garanti par l'article 6 de la convention européenne de sauvegarde des droits de l'homme et des libertés fondamentales. »[2] Le Conseil d'État rappelle que la « procédure de transaction pénale doit reposer sur l'accord libre et non équivoque de l'auteur des faits », tout comme l'avait fait le Conseil constitutionnel. En revanche, en estimant que la transaction homologuée revêt « un caractère exécutoire, dès lors qu'elle prive, dans tous les cas, l'auteur de l'infraction de la possibilité de refuser d'acquitter la somme due après l'homologation », le Conseil d'État va à l'encontre de la décision du Conseil constitutionnel qui avait jugé le contraire[3] ! Enfin, le Conseil d'État juge que la procédure « doit reposer sur l'accord libre et non équivoque de l'auteur des faits, qui implique, notamment, la complète connaissance, par l'intéressé, de la nature des faits reprochés et de leur qualification juridique ». Les textes ne prévoyant pas qu'il soit donné à l'auteur des faits connaissance de ces éléments, le décret est encore voué à l'annulation sur ce point[4].

C.
Abrogation de l'article 41-1-1 du code de procédure pénale

635.101 **Abrogation.** La loi du 23 mars 2019 a purement et simplement abrogé la possibilité de transaction par OPJ. Les difficultés mentionnées ci-dessus n'ont pas été jugées surmontables par le législateur.

§ 4
Convention judiciaire d'intérêt public (CJIP)

635.111 **Transaction réservée aux personnes morales : la convention judiciaire d'intérêt public (CJIP).** La loi du 9 décembre 2016[5], dite Sapin 2, a introduit une nouvelle forme de transaction, dite de convention judiciaire d'intérêt public. Le dispositif a été complété par un décret du 27 avril 2017[6]. Au départ, la loi n'est applicable qu'aux seules personnes

1. DÉJÀ énoncé dans : Cons. const. 26 sept. 2014, n° 2014-416 QPC, art. conforme L. 173-12 du C. envir., *transaction pénale sur l'action publique en matière environnementale*, CONFORMITÉ, *JO* 28 sept., p. 15791 ; *AJDA* 2014. 1859 ; *D.* 2014. 2503, note J.-B. Perrier ; *D.* 2014. 2423, obs. G. Roujou de Boubée, T. Garé, M.-H. Gozzi, S. Mirabail et C. Ginestet ; *RSC* 2014. 785, obs. J.-H. Robert ; *RSC* 2015. 711, obs. B. de Lamy.
2. CE 24 mai 2017, n° 395321, *Syndicat de la magistrature, Lebon* ; *AJDA* 2017. 1144 ; *D.* 2017. 1744, note J.-B. Perrier ; *JCP* 2017. 862, note N. Jeanne ; *AJ pénal* 2017. 409, obs. F. Engel.
3. POUR une critique de la décision du Conseil constitutionnel sur ce point : N. Jeanne, *JCP* 2017. 862.
4. POUR l'extension souhaitable à d'autres transactions qui ne connaissent pas ce droit à l'information : J.-B. Perrier, « La transaction pénale et les apports du Conseil d'État » *D.* 2017. 1744.
5. L. n° 2016-1691, 9 déc. 2016 relative à la transparence, à la lutte contre la corruption et à la modernisation de la vie économique, *JO* 10 déc., n° 2.
6. Décr. n° 2017-660, 27 avr. 2017 relatif à la convention judiciaire d'intérêt public et au cautionnement judiciaire, *JO* 29 avr., n° 30.

morales mises en cause pour les délits de corruption, trafic d'influence ou blanchiment de fraude fiscale.

Après qu'une première mouture du projet ait échoué devant la décision rendue par le Conseil d'État en mars 2016 [1], parce qu'« une procédure de type transactionnel ne saurait être prévue par la loi que dans les cas où les inconvénients qu'elle comporte, tant pour la protection des droits des personnes mises en cause et de la victime que pour la sauvegarde des intérêts de la société, n'apparaissent pas disproportionnés au regard de l'intérêt que sa mise en œuvre présente pour une bonne administration de la justice » et après quelques retouches, le projet fut finalement adopté et inclut dans la loi du 9 décembre 2016. L'intérêt essentiel du dispositif, relevé par la doctrine, réside dans la possibilité qu'il offre à une personne morale mise en cause d'éviter une déclaration de culpabilité et une inscription au casier judiciaire, préservant notamment sa capacité à postuler les marchés publics ou à satisfaire aux exigences de diverses autorités de régulation dont elle relèverait de par le monde [2].

Elle a été créée également en relation avec la pratique des États-Unis dans cette matière et pour contrer ce que certains parlementaires ont qualifié de « véritable impérialisme juridique » partant du constat de l'offensive menée par la justice américaine dotée d'une large compétence extraterritoriale [3]. Elle relève d'une véritable logique de comparaison des coûts : « On est très loin de l'esprit traditionnel de l'action publique. Toute idée de morale ou de rétribution est ici évincée. Le ministère public n'exerce plus son rôle de gardien d'un ordre social ou de préservation d'un ordre public pénal. L'action publique devient l'instrument d'un calcul économique qui vise non seulement à améliorer l'efficacité du rapport coût/bénéfice dans la réalisation du droit pénal, mais également à imposer des obligations qui sont susceptibles de s'avérer plus efficaces qu'une peine pour éviter la réitération de l'infraction. À ce titre, la CJIP a pour finalité de rendre l'acte de corruption moins rentable que la sanction [4] ». La véritable révolution de la loi dite Sapin II est de proposer cette convention dès l'enquête préliminaire, pour des infractions complexes et d'une certaine gravité en matière de délinquance économique [5].

Début 2021, selon le garde des Sceaux, les onze CJIP validées alors avaient déjà « permis le recouvrement de 3,032 milliards d'euros et le versement au fisc de 662 millions d'euros de dommages et intérêts » [6].

635.112 **Dispositif.** Le dispositif est applicable, à l'initiative du procureur, à une personne morale mise en cause pour corruption et trafic d'influence actifs à l'égard d'un agent public français ou étranger, corruption et trafic d'influence, actifs ou passifs, à l'égard d'un agent privé, blanchiment de fraude fiscale et des infractions assimilées à la fraude fiscale, et l'ensemble des infractions connexes à celles précitées, à l'exception de la fraude fiscale elle-même. La proposition, qui peut être formulée tant que l'action publique n'a pas été mise en mouvement, comporte « une ou plusieurs » des obligations suivantes :

1° Verser une « amende d'intérêt public » au Trésor public, dont le montant « est fixé de manière proportionnée aux avantages tirés des manquements constatés, dans la limite de 30 % du chiffre d'affaires moyen annuel calculé sur les trois derniers chiffres d'affaires annuels connus à la date du constat de ces manquements ». Son versement peut être échelonné, selon un échéancier fixé par le procureur, sur une période qui ne peut être supérieure à un an et qui est précisée par la convention ;

2° « Se soumettre, pour une durée maximale de trois ans et sous le contrôle de l'Agence française anticorruption [7], à un programme de mise en conformité » dont les mesures et procédures sont énumérées « au II de l'article 131-39-2 du code pénal », également créé par la loi.

Si une victime est « identifiée », la proposition de convention prévoit également le montant et les modalités de la réparation des dommages causés par

1. CE, avis, 24 mars 2016, n° 391262.
2. É. Dezeuze et G. Pellegrin, « Extension du domaine de la transaction pénale : la convention judiciaire d'intérêt public – À propos de la loi n° 2016-1691 du 9 décembre 2016 », *JCP* 2017. Doctr. 64.
3. P. Lelouche, Rapp. AN n° 3785, p. 149 – M. Segond, « Les apports de la loi du 9 décembre 2016 à l'anticorruption », *Dr. pénal* 2017. Ét. 4 – AUSSI : A. Garapon et P. Servan-Schreiber (dir.), *Deals de justice : Le marché américain de l'obéissance mondialisée*, Puf, 2013.
4. E. Vergès « La procédure pénale hybride, À propos de la convention judiciaire d'intérêt public issue de la loi n° 2016-1691 du 9 décembre 2016 relative à la transparence, à la lutte contre la corruption et à la modernisation de la vie économique », *RSC* 2017. 579.
5. A. Mignon Colombet, « La convention judiciaire d'intérêt public : vers une justice de coopération ? », *AJ pénal* 2017. 68 – SUR le caractère hybride de cette procédure qui se caractérise par l'introduction en droit français d'une procédure issue de la culture de la *Common law* et aboutit à la constitution d'un modèle procédural qui emprunte son consensualisme au procès civil et son caractère répressif au procès pénal : E. Vergès, « La procédure pénale hybride, À propos de la convention judiciaire d'intérêt public issue de la loi n° 2016-1691 du 9 décembre 2016 relative à la transparence, à la lutte contre la corruption et à la modernisation de la vie économique », *RSC* 2017. 579.
6. www.agence-francaise-anticorruption.gouv.fr/fr/convention-judiciaire-dinteret-public
7. Créé par la loi n° 2016-1691, 9 déc. 2016 relative à la transparence, à la lutte contre la corruption et à la modernisation de la vie économique, *JO* 10 déc., n° 2.

l'infraction dans un délai qui ne peut être supérieur à un an. Si la personne morale donne son accord, le procureur saisit par requête le président du tribunal de grande instance aux fins de « validation ». La proposition de convention est jointe à la requête, qui contient « un exposé précis des faits ainsi que la qualification juridique susceptible de leur être appliquée ». Lors d'une audience publique, le président du tribunal (ou un magistrat délégué à cette fin), procède à l'audition de la personne morale mise en cause et de la victime assistées, le cas échéant, de leur avocat. À l'issue de cette audition, le président du tribunal prend la décision de valider ou non la proposition de convention, en vérifiant le bien-fondé du recours à cette procédure, la régularité de son déroulement, la conformité du montant de l'amende aux limites prévues au 1° du I du présent article et la proportionnalité des mesures prévues aux avantages tirés des manquements. Le président du tribunal n'a pas le pouvoir de modifier la convention. Il apparaît clair, en raison de l'importance des sommes en jeu, qu'il y aura bien négociation entre le ministère public et la personne morale, même s'« il est frappant d'observer qu'à aucun moment ne figure dans le texte de loi le mot de “négociation”. La négociation, qui est pourtant au cœur du dispositif transactionnel, a ainsi été passée sous silence par le législateur comme pour tempérer l'audace de cette justice négociée qui ne dit pas vraiment son nom »[1].

635.113 **Convention validée.** L'ordonnance de validation, si elle n'est pas susceptible de recours, peut donner lieu à un droit de rétractation de la personne mise en cause, dans un délai de dix jours, dont les modalités et les effets sont précisés par la loi. Si la convention est validée, l'ordonnance n'emporte pas déclaration de culpabilité et n'a ni la nature, ni les effets d'un jugement de condamnation. Elle n'est pas inscrite au casier judiciaire mais fait l'objet d'une certaine publicité puisqu'elle est annoncée par un communiqué de presse du procureur et l'ordonnance de validation, le montant de l'amende d'intérêt public et la convention sont publiés sur le site internet de l'Agence française anticorruption. Enfin, l'ordonnance de validation vaut titre exécutoire pour la victime.

635.114 **Convention non validée.** Dans le cas où la convention n'est pas validée, le procureur met en mouvement l'action publique, sauf élément nouveau. Si cet échec n'est pas dû au non-respect des obligations ordonnées, le procureur ne peut faire état devant la juridiction d'instruction ou de jugement « des déclarations faites ou des documents remis par la personne morale » au cours de la procédure précitée. Le dispositif mis en place prévoit également la possibilité d'avoir recours à la convention en cours d'instruction[2]. Dès lors que la personne morale mise en examen reconnaît les faits et qu'elle accepte la qualification pénale retenue, le juge d'instruction « peut, à la demande ou avec l'accord du procureur de la République, prononcer, par ordonnance, la transmission de la procédure au procureur de la République aux fins de mise en œuvre de la procédure ». L'instruction est alors « suspendue » à l'égard uniquement de la personne morale concernée, mais les mesures de contrôle judiciaire, éventuellement prononcées sont maintenues jusqu'à la validation de la convention.

Dans le cas d'un échec de la transaction, quelle qu'en soit la cause, ou d'absence de son exécution intégrale, le procureur transmet la procédure au juge d'instruction, accompagnée des réquisitions aux fins de reprise de l'information. On risque dans le cas d'échec de se heurter à une difficulté pratique. On voit mal en effet comment la proposition qui a été faite à la personne morale pourrait ne pas être l'objet d'un procès-verbal côté en procédure. Comment justifier autrement la « disparition » de la personne morale de l'instruction menée ? Mais si la procédure échoue, on sait que le procureur de la République ne peut en cas, en cas d'échec de la convention non imputable à la société mise en cause, par exemple dans le cas d'une non-homologation, faire état devant la juridiction d'instruction ou de jugement « des déclarations faites ou des documents remis par la personne morale au cours de la procédure » qu'impose l'article 41-1-2 du code de procédure pénale.

635.115 **Extension de la CJIP.** La loi n° 2020-1672 du 24 décembre 2020 relative au parquet européen, à la justice environnementale et à la justice pénale spécialisée a étendu le champ d'application de l'article 41-1-2 du code de procédure pénale au blanchiment de la corruption et du trafic d'influence. « Il n'y avait ... plus grande cohérence à ce qu'elle demeure exclue en cas de blanchiment de corruption ou de trafic d'influence non connexes à l'une de ces infractions »[3]. La même loi a modifié l'article 180-2 du code de procédure pénale : il n'est plus exigé que la personne morale reconnaisse les faits devant le juge d'instruction pour pouvoir bénéficier d'une CJIP. Enfin, l'article 800-1 du code de procédure pénale a été complété et prévoit désormais que les frais de justice seront mis à la charge de la personne morale ayant conclu une CJIP, comme c'est déjà le principe en cas de condamnation.

1. A. Mignon Colombet, art. *cit.*

2. C. pr. pén., art. 180-2.
3. É. Russo, « CJIP : ajustements apportés par la loi du 24 décembre 2020 et autres sujets de réflexion pour l'avenir », *AJ pénal* 2021. 68.

635.116 **CJIP environnementale.** La loi n° 2020-1672 du 24 décembre 2020 relative au Parquet européen, à la justice environnementale et à la justice pénale spécialisée, a créé une convention judiciaire d'intérêt public en matière environnementale[1]. Ainsi, tant que l'action publique n'a pas été mise en mouvement, le procureur de la République peut proposer à une personne morale mise en cause pour un ou plusieurs délits prévus par le code de l'environnement ainsi que pour des infractions connexes, à l'exclusion des crimes et délits contre les personnes prévus au livre II du code pénal, de conclure une convention judiciaire d'intérêt public imposant une ou plusieurs des obligations :

- soit verser une amende d'intérêt public au Trésor public. Le montant de cette amende est fixé de manière proportionnée, le cas échéant au regard des avantages tirés des manquements constatés, dans la limite de 30 % du chiffre d'affaires moyen annuel calculé sur les trois derniers chiffres d'affaires annuels connus à la date du constat de ces manquements. Son versement peut être échelonné, selon un échéancier fixé par le procureur de la République, sur une période qui ne peut être supérieure à un an et qui est précisée par la convention ;

- soit régulariser sa situation au regard de la loi ou des règlements dans le cadre d'un programme de mise en conformité d'une durée maximale de trois ans, sous le contrôle des services compétents du ministère chargé de l'environnement ;

- soit enfin assurer, dans un délai maximal de trois ans et sous le contrôle des mêmes services, la réparation du préjudice écologique résultant des infractions commises.

Lorsque la victime est identifiée, sauf si la personne morale mise en cause justifie de la réparation de son préjudice, la convention prévoit également le montant et les modalités de la réparation des dommages causés par l'infraction dans un délai qui ne peut être supérieur à un an. La procédure applicable est celle prévue à l'article 41-1-2 et aux textes pris pour son application. L'ordonnance de validation, le montant de l'amende d'intérêt public et la convention sont publiés sur les sites internet du ministère de la justice, du ministère chargé de l'environnement et de la commune sur le territoire de laquelle l'infraction a été commise ou, à défaut, de l'établissement public de coopération intercommunale auquel la commune appartient. » La loi du 22 août 2021[2] a modifié l'article 41-1-3 en complétant le 2° afin de charger aussi les services de l'Office français de la biodiversité du contrôle de la régularisation de la situation de la personne morale au regard de la loi et des règlements dans le cadre d'un programme de mise en conformité et de permettre également aux services de l'Office français de la biodiversité de recourir à des experts ou personnes qualifiées[3]. Le décret n° 2021-1045 du 4 août 2021[4] adapte les dispositions réglementaires du Code de procédure pénale à cette nouvelle procédure transactionnelle. Il simplifie également la procédure applicable aux conventions judiciaires d'intérêt public en allégeant le formalisme prévu lors de leur conclusion entre le parquet et la personne morale concernée, ainsi qu'en supprimant l'exigence du paiement de l'amende d'intérêt public par chèque certifié. Il prévoit encore la possibilité d'affecter les assistants spécialisés dans plusieurs tribunaux judiciaires, alors qu'ils ne peuvent être aujourd'hui affectés que dans un seul d'entre eux.

Deux conventions judiciaires d'intérêt public en matière environnementale ont été signées entre une usine spécialisée dans la fabrication de visserie et le tribunal judiciaire du Puy-en-Velay, pour des faits de déversement de substances nocives pour le milieu aquatique, en application des dispositions des articles 41-1-2 et 41-1-3 du code de procédure pénale, dans leur rédaction issue de la loi n° 2020-1672 du 24 décembre 2020 qui a créé la « CJIP environnement »[5]. Une autre CJIP, plus importante, a ensuite été signée par le tribunal judiciaire de Marseille le 15 mai 2022[6]. Une autre encore a été signée le 22 septembre 2022 entre le parquet de Charleville-Mézières et la société Nestlé[7].

635.117 **Droits de la défense. Victimes.** Dans le cadre procédural d'une convention judiciaire d'intérêt public en enquête préliminaire, la personne morale mise en cause ne dispose notamment d'aucune garantie d'accès au dossier qui la concerne[8].

Sur la place de la victime dans la CJIP, MM. Quentin et Voiron notent de nombreuses ambivalences dans la place de la victime et proposent des

1. C. pr. pén, art. 41-1-3 ; L. n° 2020-1672, 24 déc. 2020, art. 15.
2. L. n° 2021-1104, 22 août 2021, portant lutte contre le dérèglement climatique et renforcement de la résilience face à ses effets : *JO* 24 août, n° 1 ; *Procédures* 2021, comm. 272.
3. C. pr. pén., art. 41-1-3, al. 5.
4. Décr. n° 2021-1045, 4 août 2021 : *JO* 7 août, n° 4, *Dr. pénal* 2021, alerte 62, W. Roumier ; *Procédures* 2021, comm. 272.
5. Proposition de convention judiciaire d'intérêt public, 19 janv. 2022, n° 21334-32 ; Ordonnance de validation, 4 mars 2022 *AJ pénal* 2022. 276 – ÉGAL^T : toujours pour la juridiction du Puy-en-Velay : Proposition de convention judiciaire d'intérêt public, 23 nov. 2021, n° 21068-09 *AJ pénal* 2022. 97, Ordonnance de validation, 16 déc. 2021. : et *Dr. pén.* 2022, comm. 69, note G. Poissonnier ; *Dr. pénal* 2022, comm. 129.
6. *Dr. pénal* 2022, comm. 129.
7. *D. actu.* 11 oct. 2022, obs. P. Dufourq.
8. Ch.-H. Boeringer, G. Courvoisier-Clément, « La convention judiciaire d'intérêt public en enquête préliminaire, Des améliorations souhaitables pour un meilleur équilibre des droits des parties », *AJ pénal* 2020. 455.

pistes de réflexion quant à la possibilité d'adapter sa place dans le processus aboutissant à une CJIP.[1]

635.118 Jurisprudence. La première convention judiciaire d'intérêt public, relative à des faits de démarchage bancaire et financier illicite et de blanchiment illicite aggravé de fraude fiscale, a été conclue entre le Parquet national financier et la banque HSBC Private Bank Suisse le 30 octobre 2017, puis validée par le président du tribunal de grande instance de Paris le 14 novembre 2017, dans une affaire pour laquelle une information judiciaire était ouverte depuis 2013. HSBC a accepté de payer, dans ce cadre la somme de 300 millions d'euros[2].

À noter encore celle conclue avec la société Mc Donald's constituant un record pour une fraude fiscale[3]. La somme des droits et pénalités dus au titre du règlement d'ensemble et de l'amende d'intérêt public s'élève à plus d'un milliard d'euros.[4]

De plus en plus de CJIP sont désormais conclues et on ne peut évidemment toutes les citer dans le cadre de ces développements[5].

SECTION 7

RETRAIT DE PLAINTE, LORSQUE CELLE-CI EST UNE CONDITION NÉCESSAIRE DE LA POURSUITE

635.121 Principe. Le retrait de la plainte de la victime n'entraîne pas, en principe, d'effet sur l'action publique[6]. L'article 2, alinéa 2, du code de procédure pénale, dispose en effet que : « la renonciation à l'action civile ne peut arrêter, ni suspendre l'exercice de l'action publique, sous réserve des cas visés à l'alinéa 3 de l'article 6 ».

635.122 Exception posée par l'article 6, alinéa 3, du code de procédure pénale. L'action publique peut s'éteindre en cas de retrait de plainte, lorsque celle-ci est une condition nécessaire de la poursuite. Il n'est pas nécessaire que cette plainte mette en mouvement l'action publique sous la forme d'une citation directe ou d'une plainte avec constitution de partie civile devant le doyen des juges d'instruction. Il suffit qu'elle dénonce à l'autorité judiciaire des faits susceptibles de recevoir une qualification pénale. Il peut s'agir de la plainte d'un particulier ou d'une administration. Nous ne citerons ici que les cas relatifs au retrait de plainte par un particulier.

635.123 Domaine d'application. Le retrait de plainte entraîne l'extinction de l'action publique pour les délits suivants :

- injure et diffamation envers les particuliers[7][8] ;
- atteinte à l'intimité de la vie privée[9][10] ;
- divulgation d'informations nominatives résultant de fichiers ou de traitements informatiques[11] ;
- chasse sur le terrain d'autrui[12] ;
- délits commis à l'étranger qui doivent en principe être précédés d'une plainte de la victime ou d'une dénonciation officielle par l'autorité du pays où le fait s'est produit conformément aux prescriptions de l'article 113-8 du code pénal[13].

635.124 Formes du retrait. Aucune forme particulière n'est exigée mais le retrait doit être sincère et sans équivoque ni conditions[14].

1. B. Quentin, F. Voiron, « La victime dans la procédure de CJIP : entre strapontin et siège éjectable ? », *AJ pénal* 2021. 15.
2. NOT. : *D. actu.* 12 mai 2017, P. Dufourq ; *D. actu.* 15 nov. 2017, M. Babonneau ; *AJ pénal* 2017. 68, A. Mignon Colombet ; *D. actu.* 10 juin 2016, P.-A. Souchard, A. Gaudemet et A. Dill, « Convention judiciaire d'intérêt public : une première particulière » ; *JCP* 2017. 1331 ; D. Rebut, « La CJIP au service du budget de l'État », *JCP* 2017. Doctr. 1297, Mot de la semaine.
3. TJ Paris, ord. 16 juin 2022, n° PNF-15 352 000 012, *AJ pénal* 2022. 436, obs. O. Claude et M. Rivasi.
4. Sur les premières CJIP : TGI Paris, 12 sept. 2019, *AJ pénal* 2019. 614, obs. J. Lasserre Capdeville ; G. Daïeff, G. Poissonnier, « Convention judiciaire d'intérêt public : "Mieux vaut tard que jamais" », *JCP* 2020. 198 – G. Poissonnier, « CJIP avec la Bank of China : l'honneur est sauf ! », *Dr. pénal* n° 3, Mars 2020, comm. 56 – O. Claude, R. Saint George, « La CJIP Airbus : les nouveaux contours de la coopération dans le cadre de la justice pénale négociée », *AJ pénal* 2020. 240 – J.-Y. Maréchal « Propos hétérodoxes sur la convention judiciaire d'intérêt public », *Dr. pénal* 2020, étude 16 ; *JCP* 2018. 952, obs. G. Daïeff et G. Poissonnier.
5. Ainsi, en matière de complicité de fraude fiscale, celle passé avec la société J.-P. Morgan Chase ayant accepté le 26 août 2021 de payer 25 millions d'euros d'amende, V. TJ Paris, ord. valid., 2 sept. 2021, n° 85-2021, *AJ pénal* 2021, p. 481. Aussi, TJ Paris, ord. valid., 7 juill. 2022, n° 17 202 000 023 contre les sociétés Doris Group et Idemia France, *AJ pénal* 2022. 480.
6. Crim. 17 mai 1901, *D.* 1902. 1. 303 – Crim. 27 juin 1946, *DP* 1946. 377 – Crim. 15 janv. 1976, n° 75-91.969, P n° 13 – Crim. 18 oct. 1989, n° 88-86.906, P n° 367 – Crim. 4 juin 1998, n° 96-85.871, P n° 183 ; *Procédures* 1998, n° 223, obs. J. Buisson.
7. L. 29 juill. 1881, art. 49.
8. Crim. 10 mars 1998, n° 96-82.673, P n° 93 – Crim. 29 janv. 2008, n° 07-83.880, P n° 24 ; *AJ pénal* 2008. 197.
9. C. pén., art. 226-6.
10. Crim. 14 janv. 1997, n° 96-82.901, P n° 9 – Crim. 8 déc. 1992, n° 92-82.340, P n° 406.
11. C. pén., art. 226-22.
12. C. envir., art. L. 428-33, abrogé par ord. n° 2012-92, 26 janv. 2012, art. 28 [entrée en vigueur le 1er juill. 2013] – Crim. 10 nov. 1992, n° 92-81.268, P n° 366.
13. Crim. 30 avr. 1954, P n° 148 – Crim. 3 juin 1976, n° 75-92.599, P n° 198 – Crim. 27 juin 1984, n° 82-94.281, P n° 248 – Crim. 4 janv. 1996, n° 94-83.284, P n° 4 – Crim. 11 juin 2003, n° 02-83.576, P n° 119 ; *D.* 2004. 308, obs. B. de Lamy.
14. Crim. 23 déc. 1965, n° 64-92.645, P n° 293 – Crim. 16 janv. 1979, n° 78-91.084, P n° 27.

635.125 **Présomption de retrait.** Il y a un cas où le retrait se présume : celui où la partie civile a cité directement un prévenu devant le tribunal correctionnel et ne se présente pas. L'article 425 du code de procédure pénale dispose en effet que : « La partie civile régulièrement citée qui ne comparaît pas ou n'est pas représentée à l'audience est considérée comme se désistant de sa constitution de partie civile. En ce cas, et si l'action publique n'a été mise en mouvement que par la citation directe délivrée à la requête de la partie civile, le tribunal ne statue sur ladite action que s'il en est requis par le ministère public ; sauf au prévenu à demander au tribunal des dommages-intérêts pour abus de citation directe, comme il est dit à l'article 472 ».

Une juridiction du fond a estimé que l'article 425, alinéa 1er, n'établissait qu'une simple présomption qui ne joue pas si elle est contredite par les éléments de la cause. La partie doit être admise à démontrer que son défaut n'impliquait pas l'intention de se désister[1 2].

635.126 **Validité.** Le tribunal correctionnel a compétence pour trancher la question de la validité ou de la nullité de la transaction, par application du principe selon lequel le juge de l'action est juge de l'exception[3]. La Cour de cassation consacre sur ce point l'appréciation souveraine des juges du fond[4]. Le retrait ne doit pas être la conséquence d'une erreur sur l'étendue des droits de la victime[5].

635.127 **Effets.** Lorsque la plainte est une condition nécessaire de la poursuite, le désistement opère extinction de l'action publique quel que soit le stade de la procédure dès lors qu'il n'y a pas de décision définitive, y compris devant la Cour de cassation[6]. Le tribunal correctionnel n'a pas d'autre solution que de constater le désistement et déclarer l'action publique éteinte[7]. L'effet du retrait est personnel : il ne profite ni au coauteur ni au complice. Une transaction conclue avec le civilement responsable n'a aucun effet sur les poursuites pénales contre l'auteur de l'infraction[8]. Les mêmes faits ne peuvent être poursuivis sous une nouvelle qualification pénale[9].

635.128 **Action civile.** Si le retrait de plainte fait disparaître pour son émetteur la possibilité d'agir par le biais de l'action pénale[10], l'article 426 du code de procédure pénale dispose que « le désistement de la partie civile ne met pas obstacle à l'action civile devant la juridiction compétente »[11].

SECTION 8
CHOSE JUGÉE

635.131 **Principe.** Aux termes de l'article 6 du code de procédure pénale, l'autorité de la chose jugée éteint l'action publique. Ce principe coutumier de l'adage *non bis in idem* est désormais consacré au niveau international[12]. Il se déduit de l'article 6 du code de procédure pénale que le principe de l'autorité de chose jugée, fût-ce de manière erronée, fait obstacle à ce qu'une chambre de l'instruction remette en cause le jugement définitif par lequel la juridiction correctionnelle s'est dessaisie sans statuer sur l'action publique et a renvoyé le ministère public à mieux se pourvoir[13]. Toutefois, la partie de la décision par laquelle le juge répressif statue sur la seule action civile exercée devant lui par la victime, par exemple, sur une demande de dommages-intérêts, sur la demande reconventionnelle en indemnité de la personne poursuivie, sur la qualité du tiers civilement responsable n'est dotée que d'une autorité relative[14] dans les conditions de l'article 1351 (désormais 1355) du code civil, c'est-à-dire s'il y a triple identité de parties prises en la même qualité, d'objet, et de cause[15]. Seules les décisions définitives des juridictions pénales statuant au fond sur l'action publique ont au civil autorité à l'égard de tous[16].

Cette autorité permet « une certaine unicité du jugement sur la culpabilité de l'individu condamné au pénal » et empêche que le juge statuant sur l'indemnisation ne s'écarte du principe antérieurement posé par le juge pénal. Statuant sur les intérêts civils, le juge ne peut refuser le droit à réparation de la victime lorsqu'a été reconnue la faute ayant conduit à la condamnation de l'auteur[17].

1. Chambéry, 14 oct. 1965, *JCP* 1966. II. 14712, note M. B.
2. SUR l'article 425 devant la chambre des appels correctionnels, v. s^s n° 912.06.
3. Crim. 23 janv. 1958, P n° 86.
4. Crim. 27 oct. 1999, n° 98-84.629, P n° 237 ; *Rev. sociétés* 2000. 373, note B. Bouloc ; *RTD com.* 2000. 476, obs. B. Bouloc.
5. Crim. 12 mars 1957, P n° 242 – Crim. 7 juin 1968, n° 67-93.421, P n° 182.
6. Crim. 8 déc. 1992, n° 92-82.340, P n° 406.
7. Crim. 14 janv. 1997, n° 96-82.901, P n° 9 (v. s^s n° 635.01).
8. Crim. 28 mai 1998, n° 97-80.970, P n° 176.
9. Crim. 3 févr. 1998, n° 97-80.089, P n° 38 ; *D.* 1998. 102 ; *Procédures* 1998, n° 123, note J. Buisson – Crim. 2 avr. 1990, n° 88-81.264, P n° 141 ; *D.* 1990. Somm. 375, obs. J. Pradel.
10. Crim. 15 mars 2005, n° 04-84.463, P n° 90 ; *D.* 2005. 2986, obs. G. Roujou de Boubée, T. Garé et C. Mascala.
11. Crim. 2 mai 1972, n° 71-91.059, P n° 148 – Crim. 14 juin 1983, n° 81-92.087, P n° 179.
12. Conv. EDH, Prot. add., n° 7, art. 4 – PIDCP, art. 14, § 7 – Conv. européenne d'extradition, art. 9 – Conv. d'application des accords de Shengen, art. 54 à 58.
13. Crim. 12 déc. 2012, n° 12-82.905, P n° 276 ; *D.* 2013. 15.
14. Civ. 2e, 29 janv. 2004, n° 01-14.487, P II, n° 32.
15. Com. 22 juill. 1952, *D.* 1952, 546 ; Civ. 2e, 13 juin 2002, P n° 125.
16. Cass., ch. mixte, 10 oct. 2008, n° 04-16.174, P n° 2.
17. Civ. 2e, 17 déc. 1998, n° 96-22.614, *D.* 1999. 23 ; Crim. 19 mars 1997, n° 96-86.683, P n° 130.

La doctrine moderne y voit la nécessité d'assurer la stabilité des rapports juridiques et donc de mettre un terme au procès [1] ou encore un « Instrument de rationalisation et de moralisation des stratégies judiciaires [2] » et de sanctionner la diligence des parties, en s'opposant « à ce qu'une même partie réitère le même procès, dans le but de rectifier un mauvais choix initial, ou de réparer une omission et de prolonger artificiellement le contentieux [3] ».

Par suite la Cour de cassation a pu juger que l'autorité de la chose jugée s'attache aux jugements qui n'ont fait l'objet d'aucun recours, quels que soient les vices dont ils sont affectés [4], ou qu'une juridiction statuant sur la seule évaluation du dommage éprouvé par la victime d'une infraction, dommage dont la réparation a été ordonnée par une décision antérieure devenue définitive, ne peut sans méconnaître l'autorité de la chose jugée, écarter le principe de cette réparation [5]. La chambre criminelle a ainsi approuvé une cour d'appel d'avoir retenu qu'en vertu de l'autorité de la chose jugée qui s'attache au jugement devenu définitif, l'auteur du délit et son employeur sont tenus de réparer l'entier dommage subi par la partie civile, le juge n'ayant plus que le seul pouvoir de statuer sur l'évaluation de celui-ci, quoique l'obligation ait été mise à la charge des débiteurs en méconnaissance de la législation en matière d'accident de travail [6].

635.132 Ordre public. Il n'est pas possible de déroger au principe de l'autorité de la chose jugée et le principe peut être invoqué à tout moment y compris devant la Cour de cassation à condition toutefois que celle-ci trouve dans les constatations du juge les éléments suffisants pour en apprécier l'application [7]. Elle doit être soulevée d'office par le juge [8].

635.133 Identité d'objet, de cause et de parties. Le triple principe de l'identité d'objet, de cause et de parties doit être respecté pour que la chose jugée ait comme conséquence l'extinction de l'action publique. Tel n'est pas le cas si c'est le complice qui est cité [9] ou un coauteur [10]. L'autorité de la chose jugée n'interdit pas qu'une circonstance aggravante soit retenue à l'encontre de l'auteur principal, alors qu'elle ne l'a pas été contre des complices jugés antérieurement par décision devenue définitive [11]. L'identité d'objet faisant défaut, des poursuites disciplinaires peuvent être engagées parallèlement aux poursuites pénales [12]. L'autorité de la chose jugée fait obstacle à ce que des questions préjudicielles sur lesquelles les premiers juges se sont prononcés par un jugement définitif soient soumises à la juridiction du second degré [13].

635.134 Autorité de la chose jugée d'une décision de validation des comptes de campagne par le Conseil constitutionnel. La validation des comptes de campagne par décision du Conseil constitutionnel résulte d'un contrôle juridictionnel et l'autorité de la chose jugée de cette décision ne trouve à s'appliquer qu'au regard des infractions prévues par l'article L. 113-1 du Code électoral, sanctionnant l'absence de respect des obligations visées par ce texte et imposées à un candidat [14].

635.135 Fait identique poursuivi sous plusieurs qualifications différentes. Même si le code de procédure pénale ne le prévoit expressément qu'en matière criminelle [15], il est de principe qu'un même fait ne peut donner lieu contre le prévenu à deux actions pénales distinctes même sous une qualification différente [16]. Ainsi, la relaxe d'un prévenu du chef de harcèlement sexuel fait obstacle à sa comparution devant le tribunal correctionnel, pour les mêmes faits qualifiés d'agressions sexuelles [17]. Dans l'affaire dite, du sang contaminé, la Cour de cassation a pourtant admis une poursuite du chef d'empoisonnement à l'encontre de prévenus déjà jugés du chef de tromperie sur les qualités d'un produit [18]. Tout repose en fait sur l'appréciation de l'identité de la cause : un jugement définitif rendu sur la prévention d'abus de confiance ne fait pas obstacle à de nouvelles poursuites pour abus de biens sociaux... [19]

1. J. Karila de Van et N. Gerbay, Rép. civ. Dalloz, V° Chose jugée, n° 10.
2. J. Normand, *RTD Civ.* 1995. 177.
3. R. Perrot & N. Fricero, *J.-Cl. Procédure civile*, Fasc. 554 – Autorité de la chose jugée, 1998, spéc. n° 5).
4. Com. 19 oct. 1993, n° 91-20.634, P n° 341.
5. Crim. 19 oct. 1982, NP.
6. Crim. 28 nov. 2000, n° 99-87.420 ; Crim. 20 oct. 2020, n° 19-81.967, NP.
7. Crim. 13 nov. 1989, n° 88-80.801, P n° 408 – Crim. 3 juin 1997, n° 96-83.653, P n° 217.
8. Crim. 2 juin 1992, n° 90-85.696, P n° 215.
9. Crim. 19 nov. 1958, *D.* 1959. Somm. 67.
10. Crim. 6 juin 1978, n° 77-91.558, P n° 181.
11. Crim. 18 mars 1998, n° 97-81.768, P n° 104 ; *D.* 1998. 145.
12. Crim. 7 sept. 2004, n° 04-80.010, P n° 200 ; *D.* 2004. 2691 ; *RSC* 2005. 69, obs. E. Fortis.
13. Crim. 18 déc. 2019, n° 18-83.062, P.
14. Cass., ass. plén., 13 mars 2020, n°s 18-80.162, 18-80.164, 18-80.165, 19-86.609, P ; *JCP* 2020. 418 (cette décision a été rendue à propos de la campagne présidentielle de 1995).
15. C. pr. pén., art. 368.
16. Crim. 9 mai 1961, *JCP* 1961. II. 12223, note P. Chambon – Crim. 7 mars 1984, n° 83-91.574, P n° 96 – Crim. 13 déc. 1990, n° 90-80.108, P n° 433.
17. Crim. 19 janv. 2005, n° 04-81.686, P n° 25 ; *Gaz. Pal.* 30 août 2005, obs. Y. Monnet ; *AJ pénal* 2005. 196, note C. Porteron ; *RSC* 2005. 934, note J.-F. Renucci (v. s^s^ n° 635.01).
18. Crim. 22 juin 1994, n° 93-83.900, P n° 248 ; *D.* 1995. 85, note A. Prothais ; *D.* 1995. 65, concl. J. J. Perfetti ; *D.* 1995. 141, obs. J. Pradel ; *JCP* 1994. II. 22310, note M.-L. Rassat ; *RSC* 1995. 347, obs. Y. Mayaud.
19. Crim. 2 avr. 1990, n° 88-81.264, P n° 141 ; *D.* 1990. Somm. 375, obs. J. Pradel.

635.136 Modification de la nature du fait poursuivi. Si un fait identique ne peut être poursuivi sous plusieurs qualifications différentes, il n'en est pas de même si le fait poursuivi se voit modifié parce qu'il est porté des éléments nouveaux à la connaissance de la partie poursuivante. Ainsi, bien qu'il ait été définitivement condamné du chef d'homicide involontaire, un individu a pu être à nouveau poursuivi pour le crime d'homicide volontaire, la chose jugée « ne pouvant être invoquée lorsque les faits sur lesquels est fondée une seconde poursuite contre un même individu ne se confondent pas avec ceux qui ont servi de base à une première action »[1]. Mais cette possibilité n'est pas ouverte dans le cas de l'aggravation d'un préjudice postérieurement à la condamnation[2], y compris si un délit de blessures involontaires se transforme en homicide involontaire[3]. En revanche, le patron de débit de boissons poursuivi pour avoir donné à boire à une personne manifestement ivre peut être par la suite poursuivi pour homicide involontaire, l'automobiliste ayant provoqué un accident dans lequel il trouva la mort, les « faits objets des deux poursuites étant différents en leurs éléments constitutifs »[4]. Cette solution n'est plus possible, l'article 368 du code de procédure pénale la proscrivant expressément en matière criminelle[5].

635.137 Modification de la qualité de la personne poursuivie. La relaxe du représentant légal d'une personne morale en son nom personnel ne fait pas obstacle à sa poursuite sur la base de l'article 706-43 du code de procédure pénale, en tant que représentant de la personne morale dans les poursuites engagées contre elle à raison des mêmes faits[6].

635.138 Autorité de la chose jugée sur la décision de culpabilité en cas de limitation de l'appel. Il résulte des articles 502 et 509 du Code de procédure pénale que, lorsque le ministère public a limité son appel d'une décision de condamnation aux peines prononcées et que le prévenu n'a pas lui-même relevé appel de la décision sur sa culpabilité, la cour d'appel n'est pas saisie de cette décision sur la culpabilité, qui est revêtue de l'autorité de la chose jugée. Il s'en déduit que, si celle-ci est à nouveau présentée devant elle, la cour d'appel ne peut statuer sur l'exception de nullité de l'acte de poursuite qui avait été écartée par les juges du premier degré avant qu'ils ne prononcent sur la culpabilité du prévenu[7].

1. Crim. 25 mars 1954, *GAPP*, 9e éd., 2016, n° 49 [AUPARAVANT t. II, n° 32] ; *JCP* 1954. II. 8272, note J.-M. Verdier – Crim. 13 mai 1983, n° 82-90.251, P n° 149 ; *JCP* 1985. II. 20385, note W. Jeandidier ; *D.* 1984. 41, rapp. Chappar.
2. Crim. 3 mars 1959, P n° 143.
3. Crim. 8 oct. 1959, P n° 418.
4. Crim. 4 sept. 2001, n° 01-82.160, NP, *Dr. pénal* 2002. Chron. 6, obs. C. Marsat.
5. POUR une poursuite du chef d'homicide volontaire dans un cas de condamnation précédente pour homicide involontaire pour les mêmes faits : Crim. 13 mai 1983, n° 82-90.251, P n° 149, préc. – Il conviendra de remarquer que l'article 368 n'était pas applicable puisqu'il ne vise que les suites d'un premier acquittement.
6. Crim. 30 mai 2000, n° 99-84.212, P n° 206 ; *D.* 2001. 2350, obs. G. Roujou de Boubée ; *Dr. soc.* 2000. 1148, obs. P. Morvan ; *RSC* 2000. 816, obs. B. Bouloc ; *RSC* 2000. 851, obs. G. Giudicelli-Delage.
7. Crim. 26 nov. 2019, n° 18-84.956, P ; *D.* 2019. 2304 ; *JCP* 2019. 1371 ; *AJ pénal* 2020. 91, obs. J.-B. Thierry ; *Procédures* 2020, comm. 48.

LIVRE

7. LE JUGEMENT

SECTION 0

ORIENTEUR

7.00 Sommaire du livre.

TITRE

71. Formation de la décision

SECTION 0

ORIENTEUR

71.00 Sommaire du titre.

CHAPITRE

711. Délibéré

SECTION 0
ORIENTEUR

711.00 **Sommaire du chapitre.**

711.01 **Principaux textes applicables.**

TEXTES SOURCES

- C. pén., art. 130-1, 131-3, 131-4, 131-4-1, 131-6, 132-1, 132-19, 132-20, 132-24, 132-29, 132-35 à 132-39, 132-70-1 à 132-70-3
- C. pr. pén., art. 397-3-1, 418 à 421, 427, 462 à 472, 474, 474-1, 475-1, 478 à 482, 484 à 486 713-42 à 713-49
- CSS, art. L. 376-1 et L. 376-2
- C. civ., art. 378 à 381

TEXTES *IN EXTENSO*

• **C. pén., art. 130-1**

Afin d'assurer la protection de la société, de prévenir la commission de nouvelles infractions et de restaurer l'équilibre social, dans le respect des intérêts de la victime, la peine a pour fonctions :

1° De sanctionner l'auteur de l'infraction ;

2° De favoriser son amendement, son insertion ou sa réinsertion.

• **C. pén., art. 131-3** [mod. par L. n° 2019-222, 23 mars 2019]

Les peines correctionnelles encourues par les personnes physiques sont :

1° L'emprisonnement ; cet emprisonnement peut faire l'objet d'un sursis, d'un sursis probatoire ou d'un aménagement conformément aux dispositions du chapitre II du présent titre ;

2° La détention à domicile sous surveillance électronique ;

3° Le travail d'intérêt général ;

4° L'amende ;

5° Le jour-amende ;

6° Les peines de stage ;

7° Les peines privatives ou restrictives de droits prévues à l'article 131-6 ;

8° La sanction-réparation.

Ces peines ne sont pas exclusives des peines complémentaires prévues à l'article 131-10.

• **C. pén., art. 131-4**

L'échelle des peines d'emprisonnement est la suivante :

1° Dix ans au plus ;

2° Sept ans au plus ;

3° Cinq ans au plus ;

4° Trois ans au plus ;

5° Deux ans au plus ;

6° Un an au plus ;

7° Six mois au plus ;

8° Deux mois au plus.

• **C. pén., art. 131-4-1** [mod. par L. n° 2019-222, 23 mars 2019 et L. 2019-1480, 28 déc. 2019]

Lorsqu'un délit est puni d'une peine d'emprisonnement, la juridiction peut, à la place de l'emprisonnement, prononcer la peine de détention à domicile sous surveillance électronique pendant une durée comprise entre quinze jours et six mois, sans pouvoir excéder la durée de l'emprisonnement encouru.

Cette peine emporte pour le condamné l'obligation de demeurer dans son domicile ou tout autre lieu désigné par la juridiction ou le juge de l'application des peines et du port d'un dispositif intégrant un émetteur permettant de vérifier le respect de cette première obligation.

Le condamné n'est autorisé à s'absenter de son domicile pendant des périodes déterminées par la juridiction ou le juge de l'application des peines que pour le temps nécessaire à l'exercice d'une activité professionnelle, au suivi d'un enseignement, d'un stage, d'une formation ou d'un traitement médical, à la recherche d'un emploi, à la participation à la vie de famille ou à tout projet d'insertion ou de réinsertion.

La juridiction peut décider que le condamné bénéficiera de mesures d'aide ayant pour objet de seconder ses efforts en vue de son reclassement social.

En cas de non-respect par le condamné de ses obligations, le juge de l'application des peines peut, selon des modalités précisées par le code de procédure pénale, soit limiter ses autorisations d'absence, soit ordonner son emprisonnement pour la durée de la peine restant à exécuter.

La juridiction peut également soumettre le condamné à une ou plusieurs des obligations ou interdictions prévues aux articles 132-44 et 132-45.

• **C. pén., art. 131-5-1** [mod. par L. n° 2021-1539, 30 nov. 2021]

Lorsqu'un délit est puni d'une peine d'emprisonnement, la juridiction peut, à la place ou en même temps que l'emprisonnement, prescrire que le condamné devra accomplir, pendant une durée ne pouvant excéder un mois, un stage dont elle précise la nature, les modalités et le contenu eu égard à la nature du délit et aux circonstances dans lesquelles il a été commis.

Sauf décision contraire de la juridiction, le stage, dont le coût ne peut excéder celui des amendes contraventionnelles de la 3e classe, est effectué aux frais du condamné.

Le stage est exécuté dans un délai de six mois à compter de la date à laquelle la condamnation est définitive, sauf impossibilité résultant du comportement ou de la situation du condamné.

Les stages que peut prononcer la juridiction sont :

1° Le stage de citoyenneté, tendant à l'apprentissage des valeurs de la République et des devoirs du citoyen ;

2° Le stage de sensibilisation à la sécurité routière ;

3° Le stage de sensibilisation aux dangers de l'usage de produits stupéfiants ;

4° Le stage de responsabilisation pour la prévention et la lutte contre les violences au sein du couple et sexistes ;

5° Le stage de sensibilisation à la lutte contre l'achat d'actes sexuels ;

6° Le stage de responsabilité parentale ;

7° Le stage de lutte contre le sexisme et de sensibilisation à l'égalité entre les femmes et les hommes ;

8° Le stage de sensibilisation à la prévention et à la lutte contre la maltraitance animale.

• **C. pén., art. 131-6** [mod. par L. n° 2020-936, 30 juill. 2020]

Lorsqu'un délit est puni d'une peine d'emprisonnement, la juridiction peut prononcer, à la place de l'emprisonnement, une ou plusieurs des peines privatives ou restrictives de liberté suivantes :

1° La suspension, pour une durée de cinq ans au plus, du permis de conduire, cette suspension pouvant être limitée, selon des modalités déterminées par décret en Conseil d'État, à la conduite en dehors de l'activité professionnelle ; cette limitation n'est toutefois pas possible en cas de délit pour lequel la suspension du permis de conduire, encourue à titre de peine complémentaire, ne peut pas être limitée à la conduite en dehors de l'activité professionnelle ;

2° L'interdiction de conduire certains véhicules pendant une durée de cinq ans au plus ;

3° L'annulation du permis de conduire avec interdiction de solliciter la délivrance d'un nouveau permis pendant cinq ans au plus ;

4° La confiscation d'un ou de plusieurs véhicules appartenant au condamné ;

5° L'immobilisation, pour une durée d'un an au plus, d'un ou de plusieurs véhicules appartenant au condamné, selon des modalités déterminées par décret en Conseil d'État ;

6° *bis* L'interdiction, pendant une durée de cinq ans au plus, de conduire un véhicule qui ne soit pas équipé, par un professionnel agréé ou par construction, d'un dispositif homologué d'anti-démarrage par éthylotest électronique. Lorsque cette interdiction est prononcée en même temps que la peine d'annulation ou de suspension du permis de conduire, elle s'applique, pour la durée fixée par la juridiction, à l'issue de l'exécution de cette peine ;

7° L'interdiction de détenir ou de porter, pour une durée de cinq ans au plus, une arme soumise à autorisation ;

8° La confiscation d'une ou de plusieurs armes dont le condamné est propriétaire ou dont il a la libre disposition ;

9° Le retrait du permis de chasser avec interdiction de solliciter la délivrance d'un nouveau permis pendant cinq ans au plus ;

10° L'interdiction pour une durée de cinq ans au plus d'émettre des chèques autres que ceux qui permettent le retrait de fonds par le tireur auprès du tiré ou ceux qui sont certifiés et d'utiliser des cartes de paiement ;

11° La confiscation de la chose qui a servi ou était destinée à commettre l'infraction ou de la chose qui en est le produit. Toutefois, cette confiscation ne peut pas être prononcée en matière de délit de presse ;

12° L'interdiction pour une durée de cinq ans au plus d'exercer une activité professionnelle ou sociale dès lors que les facilités que procure cette activité ont été sciemment utilisées pour préparer ou commettre l'infraction. Cette interdiction n'est toutefois pas applicable à l'exercice d'un mandat électif ou de responsabilités syndicales. Elle n'est pas non plus applicable en matière de délit de presse ;

13° L'interdiction, pour une durée de trois ans au plus, de paraître dans certains lieux ou catégories de lieux déterminés par la juridiction et dans lesquels l'infraction a été commise ;

14° L'interdiction, pour une durée de trois ans au plus, de fréquenter certains condamnés spécialement désignés par la juridiction, notamment les auteurs ou complices de l'infraction ;

15° L'interdiction, pour une durée de trois ans au plus, d'entrer en relation avec certaines personnes spécialement désignées par la juridiction, notamment la victime de l'infraction ;

16° L'interdiction, pour une durée de cinq ans au plus, d'exercer une profession commerciale ou industrielle, de diriger, d'administrer, de gérer ou de contrôler à un titre quelconque, directement ou indirectement, pour son propre compte ou pour le compte d'autrui, une entreprise commerciale ou industrielle ou une société commerciale.

Lorsqu'un délit est puni d'une peine d'emprisonnement, la juridiction peut prononcer, à la place de ou en même temps que la peine d'emprisonnement, une ou plusieurs des peines privatives ou restrictives de liberté prévues aux 6°, 7°, 10°, 12°, 13° et 14°.

• **C. pén., art. 131-8** [mod. par L. n° 2019-222, 23 mars 2019]

Lorsqu'un délit est puni d'une peine d'emprisonnement, la juridiction peut prescrire, à la place de l'emprisonnement, que le condamné accomplira, pour une durée de vingt à quatre cents heures, un travail d'intérêt général non rémunéré au profit soit d'une personne morale de droit public, soit d'une personne morale de droit privé chargée d'une mission de service public ou d'une association habilitées à mettre en œuvre des travaux d'intérêt général.

Lorsque le prévenu est présent à l'audience, la peine de travail d'intérêt général ne peut être prononcée si celui-ci la refuse. Le président du tribunal, avant le prononcé du jugement, informe le prévenu de son droit de refuser l'accomplissement d'un travail d'intérêt général et reçoit sa réponse.

Lorsque le prévenu n'est pas présent à l'audience mais y est représenté par son avocat, cette peine peut être prononcée s'il a fait connaître par écrit son accord.

Lorsque le prévenu n'est pas présent à l'audience et n'a pas fait connaître son accord, cette peine ne peut être prononcée que si le tribunal fait application des dispositions du deuxième alinéa de l'article 131-9. Dans ce cas, avant la mise à exécution de la peine de travail d'intérêt général, le juge de l'application des peines informe le condamné de son droit de refuser l'accomplissement d'un travail et reçoit sa réponse. En cas de refus, tout ou partie de l'emprisonnement ou de l'amende fixée par la juridiction peut être mis à exécution, dans les conditions prévues à l'article 712-6 du code de procédure pénale, sous réserve, s'il y a lieu, des possibilités d'aménagement ou de conversion.

• **C. pén., art. 131-8-1**

Lorsqu'un délit est puni d'une peine d'emprisonnement, la juridiction peut prononcer, à la place ou en même temps que la peine d'emprisonnement, la peine de sanction-réparation. Il en est de même lorsqu'un délit est puni à titre de peine principale d'une seule peine d'amende.

La sanction-réparation consiste dans l'obligation pour le condamné de procéder, dans le délai et selon les modalités fixés par la juridiction, à l'indemnisation du préjudice de la victime.

Avec l'accord de la victime et du prévenu, la réparation peut être exécutée en nature. Elle peut alors consister dans la remise en état d'un bien endommagé à l'occasion de la commission de l'infraction ; cette remise en état est réalisée par le condamné lui-même ou par un professionnel qu'il choisit et dont il rémunère l'intervention.

L'exécution de la réparation est constatée par le procureur de la République ou son délégué.

Lorsqu'elle prononce la peine de sanction-réparation, la juridiction fixe la durée maximum de l'emprisonnement, qui ne peut excéder six mois, ou le montant maximum de l'amende, qui ne peut excéder 15 000 euros, dont le juge de l'application des peines pourra ordonner la mise à exécution en tout ou partie dans les conditions prévues par l'article 712-6 du code de procédure pénale si le condamné ne respecte pas l'obligation de réparation. Si le délit n'est puni que d'une peine d'amende, la juridiction ne fixe que le montant de l'amende, qui ne peut excéder 15 000 euros, qui pourra être mis à exécution. Le président de la juridiction en avertit le condamné après le prononcé de la décision.

• **C. pén., art. 131-9** [mod. par L. n° 2019-222, 23 mars 2019, L. n° 2020-936,30 juill. 2020]

L'emprisonnement ne peut être prononcé cumulativement avec une des peines privatives ou restrictives de droits prévues aux 1°, 2°, 3°, 4°, 5°, 5° *bis*, 8°, 9°, 11° et 15° de l'article 131-6 ni avec la peine de travail d'intérêt général.

Lorsqu'elle prononce une ou plusieurs des peines prévues par les articles 131-5-1,131-6 ou 131-8, la juridiction peut fixer la durée maximum de l'emprisonnement ou le montant maximum de l'amende dont le juge de l'application des peines pourra ordonner la mise à exécution en tout ou partie, dans des conditions prévues par l'article 712-6 du code de procédure pénale, si le condamné ne respecte pas les obligations ou interdictions résultant de la ou des peines prononcées. Le président de la juridiction en avertit le condamné après le prononcé de la décision. L'emprisonnement ou l'amende que fixe la juridiction ne peuvent excéder les peines encourues pour le délit pour lequel la condamnation est prononcée ni celles prévues par l'article 434-41 du présent code. Lorsqu'il est fait application des dispositions du présent alinéa, les dispositions de l'article 434-41 ne sont alors pas applicables.

La peine de jours-amende ne peut être prononcée cumulativement avec la peine d'amende.

• **C. pén., art. 131-16** [mod. par L. n° 2019-222, 23 mars 2019]

Le règlement qui réprime une contravention peut prévoir, lorsque le coupable est une personne physique, une ou plusieurs des peines complémentaires suivantes :

1° La suspension, pour une durée de trois ans au plus, du permis de conduire, cette suspension pouvant être limitée à la conduite en dehors de l'activité professionnelle sauf si le règlement exclut expressément cette limitation ;

2° L'interdiction de détenir ou de porter, pour une durée de trois ans au plus, une arme soumise à autorisation ;

3° La confiscation d'une ou de plusieurs armes dont le condamné est propriétaire ou dont il a la libre disposition ;

4° Le retrait du permis de chasser, avec interdiction de solliciter la délivrance d'un nouveau permis pendant trois ans au plus ;

5° La confiscation de la chose qui a servi ou était destinée à commettre l'infraction ou de la chose qui en est le produit ;

6° L'interdiction de conduire certains véhicules terrestres à moteur, y compris ceux pour la conduite desquels le permis de conduire n'est pas exigé, pour une durée de trois ans au plus ;

7° Les peines de stage prévues à l'article 131-5-1 ;

8° La confiscation de l'animal ayant été utilisé pour commettre l'infraction ou à l'encontre duquel l'infraction a été commise ;

9° L'interdiction, pour une durée de trois ans au plus, de détenir un animal ;

10° Le retrait pour une durée d'un an au plus des titres de conduite en mer des navires de plaisance à moteur et, à l'encontre de toute personne embarquée sur un navire étranger, l'interdiction pour un an au plus de pratiquer la navigation dans les eaux territoriales ou les eaux intérieures maritimes françaises.

• **C. pén., art. 131-21** [mod. par L. n° 2022-199, 2 mars 2022]

La peine complémentaire de confiscation est encourue dans les cas prévus par la loi ou le règlement. Elle est également encourue de plein droit pour les crimes et pour les délits punis d'une peine d'emprisonnement d'une durée supérieure à un an, à l'exception des délits de presse.

Sous réserve du dernier alinéa, la confiscation porte sur tous les biens meubles ou immeubles, quelle qu'en soit la nature, divis ou indivis, ayant servi à commettre l'infraction ou qui étaient destinés à la commettre, et dont le condamné est propriétaire ou, sous réserve des droits du propriétaire de bonne foi, dont il a la libre disposition. Lorsqu'une infraction pour laquelle la peine de confiscation est encourue a été commise en utilisant un service de communication au public en ligne, l'instrument utilisé pour avoir accès à ce service est considéré comme un bien meuble ayant servi à commettre l'infraction et peut être confisqué. Au cours de l'enquête ou de l'instruction, il peut être saisi dans les conditions prévues au code de procédure pénale.

Sous réserve du dernier alinéa, la confiscation porte également sur tous les biens qui sont l'objet ou le produit direct ou indirect de l'infraction, à l'exception des biens susceptibles de restitution à la victime. Si le produit de l'infraction a été mêlé à des fonds d'origine licite pour l'acquisition d'un ou plusieurs biens, la confiscation peut ne porter sur ces biens qu'à concurrence de la valeur estimée de ce produit.

Sous les mêmes réserves, la confiscation peut en outre porter sur tout bien meuble ou immeuble défini par la loi ou le règlement qui réprime l'infraction.

Sous les mêmes réserves, s'il s'agit d'un crime ou d'un délit puni d'au moins cinq ans d'emprisonnement et ayant procuré un profit direct ou indirect, la confiscation porte également sur les biens meubles ou immeubles, quelle qu'en soit la nature, divis ou indivis, appartenant au condamné ou, sous réserve des droits du propriétaire de bonne foi, dont il a la libre disposition, lorsque ni le condamné, ni le propriétaire, mis en mesure de s'expliquer sur les biens dont la confiscation est envisagée, n'ont pu en justifier l'origine.

Sous réserve du dernier alinéa, lorsque la loi qui réprime le crime ou le délit le prévoit, la confiscation peut aussi porter sur tout ou partie des biens appartenant au condamné ou, sous réserve des droits du propriétaire de bonne foi, dont il a la libre disposition, quelle qu'en soit la nature, meubles ou immeubles, divis ou indivis.

La confiscation est obligatoire pour les objets qualifiés de dangereux ou nuisibles par la loi ou le règlement, ou dont la détention est illicite, que ces biens soient ou non la propriété du condamné.

Sous réserve du dernier alinéa, la peine complémentaire de confiscation s'applique dans les mêmes conditions à tous les droits incorporels, quelle qu'en soit la nature, divis ou indivis.

Sous les mêmes réserves, la confiscation peut être ordonnée en valeur. La confiscation en valeur peut être exécutée sur tous biens, quelle qu'en soit la nature, appartenant au condamné ou, sous réserve des droits du propriétaire de bonne foi, dont il a la libre disposition. Pour le recouvrement de la somme représentative de la valeur de la chose confisquée, les dispositions relatives à la contrainte judiciaire sont applicables.

La chose confisquée est, sauf disposition particulière prévoyant sa destruction ou son attribution, dévolue à l'État, mais elle demeure grevée, à concurrence de sa valeur, des droits réels licitement constitués au profit de tiers.

Lorsque la chose confisquée est un véhicule qui n'a pas été saisi ou mis en fourrière au cours de la procédure, le condamné doit, sur l'injonction qui lui en est faite par le ministère public, remettre ce véhicule au service ou à l'organisme chargé de sa destruction ou de son aliénation.

Hors le cas mentionné au septième alinéa, lorsque la peine de confiscation porte sur des biens sur lesquels toute personne autre que le condamné dispose d'un droit de propriété, elle ne peut être prononcée si cette personne dont le titre est connu ou qui a réclamé cette qualité au cours de la procédure n'a pas été mise en mesure de présenter ses observations sur la mesure de confiscation envisagée par la juridiction de jugement aux fins, notamment, de faire valoir le droit qu'elle revendique et sa bonne foi.

• **C. pén., art. 132-1**

Lorsque la loi ou le règlement réprime une infraction, le régime des peines qui peuvent être prononcées obéit, sauf dispositions législatives contraires, aux règles du présent chapitre.

Toute peine prononcée par la juridiction doit être individualisée.

Dans les limites fixées par la loi, la juridiction détermine la nature, le *quantum* et le régime des peines prononcées en fonction des circonstances de l'infraction et de la personnalité de son auteur ainsi que de sa situation matérielle, familiale et sociale, conformément aux finalités et fonctions de la peine énoncées à l'article 130-1.

• **C. pén., art. 132-19** [mod. par L. n° 2019-222, 23 mars 2019]

Lorsqu'un délit est puni d'une peine d'emprisonnement, la juridiction peut prononcer une peine d'emprisonnement ferme ou assortie en partie ou en totalité du sursis pour une durée inférieure à celle qui est encourue. Elle ne peut toutefois prononcer une peine d'emprisonnement ferme d'une durée inférieure ou égale à un mois.

Toute peine d'emprisonnement sans sursis ne peut être prononcée qu'en dernier recours si la gravité de l'infraction et la personnalité de son auteur rendent cette peine indispensable et si toute autre sanction est manifestement inadéquate.

Dans ce cas, si la peine est inférieure ou égale à six mois, elle doit, sauf impossibilité résultant de la personnalité ou de la situation du condamné, faire l'objet d'une des mesures d'aménagement prévues à l'article 132-25. Dans les autres cas prévus au même article 132-25, elle doit également être aménagée si la personnalité et la situation du condamné le permettent, et sauf impossibilité matérielle.

Le tribunal doit spécialement motiver sa décision, au regard des faits de l'espèce et de la personnalité de leur auteur ainsi que de sa situation matérielle, familiale et sociale conformément aux dispositions de l'article 464-2 du code de procédure pénale.

• **C. pén., art. 132-20** [mod. par L. n° 2016-731, 3 juin 2016]

Lorsqu'une infraction est punie d'une peine d'amende, la juridiction peut prononcer une amende d'un montant inférieur à celle qui est encourue.

Le montant de l'amende est déterminé en tenant compte des ressources et des charges de l'auteur de l'infraction.

Les amendes prononcées en matière contraventionnelle, correctionnelle et criminelle, à l'exception des amendes forfaitaires, peuvent faire l'objet d'une majoration, dans la limite de 10 % de leur montant, perçue lors de leur recouvrement. Cette majoration, prononcée dans les conditions prévues à l'article 707-6 du code de procédure pénale, est destinée à financer l'aide aux victimes.

• **C. pén., art. 132-24**

Les peines peuvent être personnalisées selon les modalités prévues à la présente section...

• **C. pén., art. 132-25** [mod. par L. n° 2019-222, 23 mars 2019]

Lorsque la juridiction de jugement prononce une peine inférieure ou égale à six mois d'emprisonnement, un emprisonnement partiellement assorti du sursis ou du sursis probatoire et lorsque la partie ferme de la peine est inférieure ou égale à six mois, ou lorsque la juridiction prononce une peine pour laquelle la durée de l'emprisonnement restant à exécuter à la suite d'une détention provisoire est inférieure ou égale à six mois, elle doit, sauf impossibilité résultant de la personnalité ou de la situation du condamné, ordonner que la peine sera exécutée en totalité sous le régime de la détention à domicile sous surveillance électronique, de la semi-liberté ou du placement à l'extérieur.

Si la peine prononcée ou la partie ferme de la peine prononcée est supérieure à six mois et inférieure ou égale à un an d'emprisonnement, elle doit décider, si la personnalité et la situation du condamné le permettent, que la peine sera exécutée en tout ou partie sous le régime de la détention à domicile sous surveillance électronique, de la semi-liberté ou du placement à l'extérieur.

• **C. pén., art. 132-26** [mod. par L. n° 2019-222, 23 mars 2019]

Le condamné placé sous détention à domicile sous surveillance électronique est soumis aux obligations prévues aux deuxième et troisième alinéas de l'article 131-4-1.

Le condamné admis au bénéfice de la semi-liberté est astreint à rejoindre l'établissement pénitentiaire pendant les périodes déterminées par le juge de l'application des peines.

Ces périodes sont notamment déterminées en fonction du temps nécessaire pour que le condamné puisse exercer une activité professionnelle, suivre un enseignement, un stage, une formation ou un traitement, rechercher un emploi ou participer à la vie de famille ou à tout projet d'insertion ou de réinsertion.

Le condamné admis au bénéfice du placement à l'extérieur est astreint, sous le contrôle de l'administration, à effectuer des activités ou à faire l'objet d'une prise en charge sanitaire en dehors de l'établissement pénitentiaire.

La détention à domicile sous surveillance électronique, la semi-liberté et le placement à l'extérieur emportent également pour le condamné l'obligation de répondre aux convocations de toute autorité publique désignée par le juge de l'application des peines. La juridiction de jugement peut également soumettre le condamné aux mesures prévues aux articles 132-43 à 132-46.

• **C. pén., art. 132-29**

La juridiction qui prononce une peine peut, dans les cas et selon les conditions prévus ci-après, ordonner qu'il sera sursis à son exécution.

Le président de la juridiction, après le prononcé de la peine assortie du sursis simple, avertit le condamné, lorsqu'il est présent, qu'en cas de condamnation pour une nouvelle infraction qui serait commise dans les délais prévus aux articles 132-35 et 132-37, le sursis pourra être révoqué par la juridiction.

• **C. pén., art. 132-35**

La condamnation pour crime ou délit assortie du sursis simple est réputée non avenue si le condamné qui en bénéficie n'a pas commis, dans le délai de cinq ans à compter de celle-ci, un crime ou un délit de droit commun suivi d'une nouvelle condamnation ayant ordonné la révocation totale du sursis dans les conditions définies à l'article 132-36 ; le caractère non avenu de la condamnation ne fait pas obstacle à la révocation totale ou partielle du sursis en cas d'infraction commise dans le délai de cinq ans.

• **C. pén., art. 132-36** [mod. par L. n° 2019-222, 23 mars 2019]

La juridiction peut, par décision spéciale, révoquer totalement ou partiellement, pour une durée ou un montant qu'elle détermine, le sursis antérieurement accordé, quelle que soit la peine qu'il accompagne, lorsqu'elle prononce une nouvelle condamnation à une peine de réclusion ou à une peine d'emprisonnement sans sursis.

La juridiction peut, par décision spéciale, révoquer totalement ou partiellement, pour une durée ou un montant qu'elle détermine, le sursis antérieurement accordé qui accompagne une peine quelconque autre que la réclusion ou l'emprisonnement lorsqu'elle prononce une nouvelle condamnation d'une personne physique ou morale à une peine autre que la réclusion ou l'emprisonnement sans sursis.

Lorsque la juridiction ordonne la révocation du sursis en totalité ou en partie, elle peut, par décision spéciale et motivée, exécutoire par provision, faire incarcérer le condamné.

• **C. pén., art. 132-37**

La condamnation pour contravention assortie du sursis simple est réputée non avenue si le condamné qui en bénéficie n'a pas commis, pendant le délai de deux ans à compter de celle-ci, un crime ou un délit de droit commun ou une contravention de la 5e classe suivie d'une nouvelle condamnation ayant ordonné la révocation du sursis dans les conditions définies à l'article 132-36.

• **C. pén., art. 132-38**

En cas de révocation du sursis simple ordonnée par la juridiction, la première peine est exécutée sans qu'elle puisse se confondre avec la seconde.

• **C. pén., art., 132-39**

Lorsque le bénéfice du sursis simple n'a été accordé que pour une partie de la peine, la condamnation est réputée non avenue dans tous ses éléments si la révocation totale du sursis n'a pas été prononcée dans les conditions prévues à l'article 132-36, la peine de jours-amende ou l'amende ou la partie de l'amende non assortie du sursis restant due.

• **C. pén., art. 132-70-1** [mod. par L. n° 2019-222, 23 mars 2019]

La juridiction peut ajourner le prononcé de la peine à l'égard d'une personne physique lorsqu'il apparaît opportun d'ordonner à son égard des investigations, le cas échéant complémentaires, sur sa personnalité ou sa situation matérielle, familiale et sociale de nature à permettre le prononcé d'une peine adaptée. Ces investigations peuvent être confiées au service pénitentiaire d'insertion et de probation ou à une personne morale habilitée. Dans ce cas, la juridiction fixe dans sa décision la date à laquelle il sera statué sur la peine et ordonne, s'il y a lieu, le placement de la personne jusqu'à cette date sous contrôle judiciaire, sous assignation à résidence avec surveillance électronique ou, si celle-ci comparait détenue ou selon la procédure de comparution immédiate, en détention provisoire.

La décision sur la peine intervient au plus tard dans un délai de quatre mois après la décision d'ajournement, sous réserve des délais plus courts prévus au troisième alinéa de l'article 397-3 du code de procédure pénale quand la personne est placée en détention provisoire. Ce délai peut être prolongé pour une nouvelle durée maximale de quatre mois.

• **C. pén., art. 132-70-2**

Lorsque la juridiction ajourne le prononcé de la peine, elle peut octroyer immédiatement à la victime des dommages et intérêts soit à titre provisionnel, soit à titre définitif.

• **C. pén., art. 132-70-3**

La juridiction peut ajourner le prononcé de la peine à l'égard d'une personne en la soumettant à l'obligation de consigner une somme d'argent en vue de garantir le paiement d'une éventuelle peine d'amende. Elle détermine le montant de cette consignation et le délai dans lequel celle-ci doit être déposée au greffe, qui ne saurait être supérieur à un an. Elle peut prévoir que cette consignation est effectuée en plusieurs versements, selon un échéancier qu'elle détermine.

Elle fixe dans sa décision la date à laquelle il sera statué sur la peine.

La décision sur la peine intervient au plus tard dans un délai d'un an après la décision d'ajournement.

• **C. pr. pén., art. 10-1** [mod. par L. 2014-896, 15 août 2014, art. 18]

À l'occasion de toute procédure pénale et à tous les stades de la procédure, y compris lors de l'exécution de la peine, la victime et l'auteur d'une infraction, sous réserve que les faits aient été reconnus, peuvent se voir proposer une mesure de justice restaurative.

Constitue une mesure de justice restaurative toute mesure permettant à une victime ainsi qu'à l'auteur d'une infraction de participer activement à la résolution des difficultés résultant de l'infraction, et notamment à la réparation des préjudices de toute nature résultant de sa commission. Cette mesure ne peut intervenir qu'après que la victime et l'auteur de l'infraction ont reçu une information complète à son sujet et ont consenti expressément à y participer. Elle est mise en œuvre par un tiers indépendant formé à cet effet, sous le contrôle de l'autorité judiciaire ou, à la demande de celle-ci, de l'administration pénitentiaire. Elle est confidentielle, sauf accord contraire des parties et excepté les cas où un intérêt supérieur lié à la nécessité de prévenir ou de réprimer des infractions justifie que des informations relatives au déroulement de la mesure soient portées à la connaissance du procureur de la République.

• **C. pr. pén., art. 397-3-1**

Quand il prononce l'ajournement de la peine aux fins d'investigations sur la personnalité en application de l'article 132-70-1 du code pénal, le tribunal peut également placer ou maintenir la personne déclarée coupable sous contrôle judiciaire en application du premier alinéa de l'article 397-3 du présent code, sous assignation à résidence avec surveillance électronique en application du premier alinéa de l'article 142-12, ou, dans les cas prévus aux articles 395 à 397-7, en détention provisoire en application du deuxième alinéa de l'article 397-3. La détention provisoire ne peut être décidée que pour l'un des motifs prévus aux 2°, 3°, 5° et 6° de l'article 144. Lorsque la personne a été placée ou maintenue en détention, les deux derniers alinéas de l'article 397-3 sont applicables.

• **C. pr. pén., art. 418**

Toute personne qui, conformément à l'article 2, prétend avoir été lésée par un délit, peut, si elle ne l'a déjà fait, se constituer partie civile à l'audience même.

Le ministère d'un avocat n'est pas obligatoire.

La partie civile peut, à l'appui de sa constitution, demander des dommages-intérêts correspondant au préjudice qui lui a été causé.

• **C. pr. pén., art. 419**

La déclaration de constitution de partie civile se fait soit avant l'audience au greffe, soit pendant l'audience par déclaration consignée par le greffier ou par dépôt de conclusions.

• **C. pr. pén., art. 420**

Lorsqu'elle est faite avant l'audience, la déclaration de partie civile doit préciser l'infraction poursuivie et contenir élection de domicile dans le ressort du tribunal saisi, à moins que la partie civile n'y soit domiciliée.

Elle est immédiatement transmise par le greffier au ministère public qui cite la partie civile pour l'audience.

• **C. pr. pén., art. 420-1** [mod. par L. n° 2019-222, 23 mars 2019]

Par dérogation aux dispositions qui précèdent, toute personne qui se prétend lésée peut se constituer partie civile, directement ou par son avocat, par lettre recommandée avec avis de réception, par télécopie ou par le moyen d'une communication électronique parvenue au tribunal vingt-quatre heures au moins avant la date de l'audience, lorsqu'elle demande soit la restitution d'objets saisis, soit des dommages-intérêts ; elle joint à sa demande toutes les pièces justificatives de son préjudice. Ces documents sont immédiatement joints au dossier. Lorsque le délai de vingt-quatre heures n'a pas été respecté mais que le tribunal a effectivement eu connaissance, avant les réquisitions du ministère public sur le fond, de la constitution de partie civile, son irrecevabilité ne peut être relevée.

Avec l'accord du procureur de la République, la demande de restitution ou de dommages-intérêts peut également être formulée par la victime, au cours de l'enquête de police, auprès d'un officier ou d'un agent de police judiciaire, qui en dresse procès-verbal. Cette demande vaut constitution de partie civile si l'action publique est mise en mouvement et que le tribunal correctionnel ou de police est directement saisi.

Dans les cas prévus aux deux alinéas précédents, la partie civile n'est pas tenue de comparaître.

En cas de contestation sur la propriété des objets dont la restitution est demandée, ou si le tribunal ne trouve pas dans la demande, dans les pièces jointes à celle-ci et dans le dossier, les motifs suffisants pour statuer, la décision sur les seuls intérêts civils est renvoyée à une audience ultérieure à laquelle toutes les parties sont citées à la diligence du ministère public.

• **C. pr. pén., art. 421**

À l'audience, la déclaration de partie civile doit, à peine d'irrecevabilité, être faite avant les réquisitions du ministère public sur le fond ou, si le tribunal a ordonné l'ajournement du prononcé de la peine, avant les réquisitions du ministère public sur la peine.

• **C. pr. pén., art. 427**

Hors les cas où la loi en dispose autrement, les infractions peuvent être établies par tout mode de preuve et le juge décide d'après son intime conviction.

Le juge ne peut fonder sa décision que sur des preuves qui lui sont apportées au cours des débats et contradictoirement discutées devant lui.

• **C. pr. pén., art. 462**

Le jugement est rendu soit à l'audience même à laquelle ont eu lieu les débats, soit à une date ultérieure.

Dans ce dernier cas, le président informe les parties présentes du jour où le jugement sera prononcé.

• **C. pr. pén., art. 463**

S'il y a lieu de procéder à un supplément d'information, le tribunal commet par jugement un de ses membres qui dispose des pouvoirs prévus aux articles 151 à 155.

Ce supplément d'information obéit aux règles édictées par les articles 114, 119, 120 et 121.

Le procureur de la République peut obtenir, au besoin par voie de réquisitions, la communication du dossier de la procédure à toute époque du supplément d'information, à charge de rendre les pièces dans les vingt-quatre heures.

• **C. pr. pén., art. 464**

Si le tribunal estime que le fait constitue un délit, il prononce la peine.

Il statue, s'il y a lieu, sur l'action civile, et peut ordonner le versement provisoire, en tout ou partie, des dommages-intérêts alloués.

Il a aussi la faculté, s'il ne peut se prononcer en l'état sur la demande en dommages-intérêts, d'accorder à la partie civile une provision, exécutoire nonobstant opposition ou appel.

Après avoir statué sur l'action publique, le tribunal peut, d'office ou à la demande du procureur de la République ou des parties, renvoyer l'affaire à une date ultérieure pour statuer sur l'action civile, même s'il n'ordonne pas de mesure d'instruction, afin de permettre à la partie civile d'apporter les justificatifs de ses demandes. Ce renvoi est de droit lorsqu'il est demandé par les parties civiles. Le tribunal doit alors fixer la date de l'audience à laquelle il sera statué sur l'action civile. La présence du ministère public à cette audience n'est pas obligatoire. À cette audience, le tribunal est composé du seul président siégeant à juge unique.

Les dispositions du présent article sont applicables lorsque le tribunal correctionnel, dans sa composition prévue par le premier alinéa de l'article 398, estime, au résultat des débats, que le fait qui lui était déféré constitue un délit visé par l'article 398-1.

• **C. pr. pén., art. 464-1**

À l'égard du prévenu détenu, le tribunal peut, en tout état de cause, par décision spéciale et motivée, lorsque les éléments de l'espèce justifient la prolongation d'une mesure particulière de sûreté, maintenir la détention. Pour l'exécution de cette décision, le mandat continue à produire ses effets.

• **C. pr. pén., art. 464-2** [créé par L. n° 2019-222, 23 mars 2019]

I. – Lorsque la durée totale de l'emprisonnement ferme prononcé, y compris en tenant compte le cas échéant de la révocation de sursis, est inférieure ou égale à un an, le tribunal correctionnel doit :

1° Soit ordonner que l'emprisonnement sera exécuté sous le régime de la détention à domicile sous surveillance électronique, de la semi-liberté ou du placement à l'extérieur, selon des modalités déterminées par le juge de l'application des peines ;

2° Soit, s'il ne dispose pas des éléments lui permettant de déterminer la mesure d'aménagement adaptée, ordonner que le condamné soit convoqué devant le juge de l'application des peines et le service pénitentiaire d'insertion et de probation conformément aux dispositions de l'article 474, afin que puisse être prononcé une mesure mentionnée au 1° du présent I conformément à l'article 723-15 ;

3° Soit, si l'emprisonnement est d'au moins six mois, décerner un mandat de dépôt à effet différé, en ordonnant que le condamné soit convoqué dans un délai qui ne saurait excéder un mois devant le procureur de la République afin que ce dernier fixe la date à laquelle il sera incarcéré dans un établissement pénitentiaire ; le procureur de la République peut également donner connaissance au condamné de la date d'incarcération à l'issue de l'audience. Dans ce cas, il n'est pas fait application des articles 723-15 et suivants ;

4° Soit, dans les cas prévus aux articles 397-4, 465 et 465-1, décerner mandat de dépôt ou mandat d'arrêt contre le condamné.

Dans les cas prévus aux 3° et 4° du présent I, le tribunal doit spécialement motiver sa décision, au regard des faits de l'espèce et de la personnalité de leur auteur ainsi que de sa situation matérielle, familiale et sociale, afin de justifier les raisons pour lesquelles il estime devoir prononcer une peine d'emprisonnement sans sursis et celles pour lesquelles il considère que cette peine ne peut être aménagée.

II. – Lorsque la durée totale de l'emprisonnement ferme prononcé, y compris en tenant compte le cas échéant de la révocation de sursis, est supérieure à un an, le tribunal correctionnel doit spécialement motiver sa décision, au regard des faits de l'espèce et de la personnalité de leur auteur ainsi que de sa situation matérielle, familiale et sociale, afin de justifier les raisons pour lesquelles il estime devoir prononcer une peine d'emprisonnement sans sursis.

III. – Le 3° du I est également applicable lorsque la durée totale de l'emprisonnement ferme prononcé par le tribunal correctionnel est supérieure à un an.

IV. – Lorsqu'il décerne un mandat de dépôt à effet différé, le tribunal correctionnel peut, dans les cas prévus aux articles 397-4,465 et 465-1, assortir ce mandat de l'exécution provisoire.

• **C. pr. pén., art. 465**

Dans le cas visé à l'article 464, premier alinéa, s'il s'agit d'un délit de droit commun ou d'un délit d'ordre militaire prévu par le livre III du code de justice militaire et si la peine prononcée est au moins d'une année d'emprisonnement sans sursis, le tribunal peut, par décision spéciale et motivée, lorsque les éléments de l'espèce justifient une mesure particulière de sûreté, décerner mandat de dépôt ou d'arrêt contre le prévenu.

Le mandat d'arrêt continue à produire son effet, même si le tribunal, sur opposition, ou la cour, sur appel, réduit la peine à moins d'une année d'emprisonnement.

Le mandat de dépôt décerné par le tribunal produit également effet lorsque, sur appel, la cour réduit la peine d'emprisonnement à moins d'une année.

Toutefois, le tribunal, sur opposition, ou la cour, sur appel, a la faculté par décision spéciale et motivée, de donner mainlevée de ces mandats.

En toutes circonstances, les mandats décernés dans les cas susvisés continuent à produire leur effet, nonobstant le pourvoi en cassation.

Si la personne est arrêtée à la suite du mandat d'arrêt et qu'il s'agit d'un jugement rendu par défaut, il est fait application des dispositions de l'article 135-2.

• **C. pr. pén., art. 465-1** [mod. par L. n° 2019-222, 23 mars 2019]

Lorsque les faits sont commis en état de récidive légale, le tribunal peut, par décision spéciale et motivée, décerner mandat de dépôt ou d'arrêt contre le prévenu, quelle que soit la durée de la peine d'emprisonnement prononcée.

• **C. pr. pén., art. 466**

Si le tribunal régulièrement saisi d'un fait qualifié délit par la loi, estime, au résultat des débats, que ce fait ne constitue qu'une contravention, il prononce la peine et statue, s'il y a lieu, sur l'action civile.

• **C. pr. pén., art. 467**

Si le fait est une contravention connexe à un délit, le tribunal statue par un seul et même jugement, à charge d'appel sur le tout.

• **C. pr. pén., art. 468**

Si le prévenu bénéficie d'une cause légale d'exemption de peine, le tribunal le déclare coupable et l'exempte de peine. Il statue, s'il y a lieu, sur l'action civile, ainsi qu'il est dit aux deuxième et troisième alinéas de l'article 464.

• **C. pr. pén., art. 469**

Si le fait déféré au tribunal correctionnel sous la qualification de délit est de nature à entraîner une peine criminelle, le tribunal renvoie le ministère public à se pourvoir ainsi qu'il avisera.

Il peut, le ministère public entendu, décerner, par la même décision, mandat de dépôt ou d'arrêt contre le prévenu.

Les dispositions des deux alinéas précédents sont également applicables si le tribunal correctionnel, dans sa composition prévue par le troisième alinéa de l'article 398, estime, au résultat des débats, que le fait qui lui était déféré sous la qualification de l'un des délits visés à l'article 398-1 est de nature à entraîner une peine prévue pour un délit non visé par cet article.

Lorsqu'il est saisi par le renvoi ordonné par le juge d'instruction ou la chambre de l'instruction, le tribunal correctionnel ne peut pas faire application, d'office ou à la demande des parties, des dispositions du premier alinéa, si la victime était constituée partie civile et était assistée d'un avocat lorsque ce renvoi a été ordonné. Toutefois, le tribunal correctionnel saisi de poursuites exercées pour un délit non intentionnel conserve la possibilité de renvoyer le ministère public à se pourvoir s'il résulte des débats que les faits sont de nature à entraîner une peine criminelle parce qu'ils ont été commis de façon intentionnelle.

• **C. pr. pén., art. 469-1**

Nonobstant les dispositions de l'alinéa premier de l'article 464, le tribunal peut, après avoir déclaré le prévenu coupable, soit le dispenser de peine, soit ajourner le prononcé de celle-ci dans les conditions prévues aux articles 132-59 à 132-70 du code pénal et aux articles 747-3 et 747-4 du présent code. Il statue s'il y a lieu sur l'action civile.

La dispense de peine exclut l'application des dispositions prévoyant des interdictions, déchéances ou incapacités de quelque nature qu'elles soient qui résulteraient de plein droit d'une condamnation.

• **C. pr. pén., art. 470**

Si le tribunal estime que le fait poursuivi ne constitue aucune infraction à la loi pénale ou que le fait n'est pas établi, ou qu'il n'est pas imputable au prévenu, il renvoie celui-ci des fins de la poursuite.

• **C. pr. pén., art. 470-1**

Le tribunal saisi, à l'initiative du ministère public ou sur renvoi d'une juridiction d'instruction, de poursuites exercées pour une infraction non intentionnelle au sens des deuxième, troisième et quatrième alinéas de l'article 121-3 du code pénal, et qui prononce une relaxe demeure compétent, sur la demande de la partie civile ou de son assureur formulée avant la clôture des débats, pour accorder, en application des règles du droit civil, réparation de tous les dommages résultant des faits qui ont fondé la poursuite.

Toutefois, lorsqu'il apparaît que des tiers responsables doivent être mis en cause, le tribunal renvoie l'affaire, par une décision non susceptible de recours, devant la juridiction civile compétente qui l'examine d'urgence selon une procédure simplifiée déterminée par décret en Conseil d'État.

• **C. pr. pén., art. 470-2**

Le tribunal correctionnel ne peut relaxer le prévenu en raison d'une des causes d'irresponsabilité pénale prévues par les articles 122-2, 122-3, 122-4, 122-5 et 122-7 du code pénal qu'après avoir constaté que celui-ci avait commis les faits qui lui étaient reprochés.

Dans le cas où il estime qu'est applicable le premier alinéa de l'article 122-1 du code pénal, il statue conformément à l'article 706-133 relatif à la déclaration d'irresponsabilité pénale pour cause de trouble mental.

• **C. pr. pén., art. 471** [mod. par L. n° 2019-222, 23 mars 2019]

Nonobstant appel, le prévenu détenu qui n'a pas été condamné à une peine d'emprisonnement sans sursis est mis en liberté immédiatement après le jugement.

Il en est de même en cas de condamnation à une peine d'emprisonnement, lorsque la détention provisoire a été ordonnée ou maintenue en application de l'article 464-1 ou de l'article 465, premier alinéa, aussitôt que la durée de la détention a atteint celle de la peine prononcée.

Le contrôle judiciaire prend fin sauf si le tribunal en décide autrement lorsqu'il prononce une condamnation à l'emprisonnement sans sursis ou assorti du sursis probatoire. Si un cautionnement a été fourni, les dispositions des premier et deuxième alinéas de l'article 142-2 et du deuxième alinéa de l'article 142-3 sont applicables.

Les sanctions pénales prononcées en application des articles 131-4-1 à 131-11 et 132-25 à 132-70 du code pénal peuvent être déclarées exécutoires par provision.

Si le tribunal a ordonné le maintien du contrôle judiciaire et que la personne se soustrait aux obligations qui lui sont imposées, les dispositions du deuxième alinéa de l'article 141-2 sont applicables. Lorsque le jugement est exécutoire et que le condamné est placé sous le régime du sursis probatoire, le tribunal correctionnel ou le juge de l'application des peines peut désigner, pour veiller au respect des obligations, la personne physique ou morale qui était chargée de suivre l'intéressé dans le cadre du contrôle judiciaire. Cette personne est en ce cas chargée des missions confiées au service pénitentiaire d'insertion et de probation mentionnées à l'article 132-44 du code pénal.

• **C. pr. pén., art. 472**

Dans le cas prévu par l'article 470, lorsque la partie civile a elle-même mis en mouvement l'action publique, le tribunal statue par le même jugement sur la demande en dommages-intérêts formée par la personne relaxée contre la partie civile pour abus de constitution de partie civile.

• **C. pr. pén., art. 474** [mod. par L. n° 2019-222, 23 mars 2019]

Si le tribunal n'a pas prononcé un mandat de dépôt à effet différé en application du 3° du I de l'article 464-2, en cas de condamnation d'une personne non incarcérée à une peine d'emprisonnement inférieure ou égale à un an ou pour laquelle la durée de détention restant à subir est inférieure ou égale à un an, il est remis au condamné qui est présent à l'issue de l'audience un avis de convocation à comparaître, dans un délai qui ne saurait excéder trente jours, devant le juge de l'application des peines en vue de déterminer les modalités d'exécution de la peine. Le condamné est également avisé qu'il est convoqué aux mêmes fins devant le service pénitentiaire d'insertion et de probation dans un délai qui ne saurait être supérieur à quarante-cinq jours. Le présent alinéa est applicable au condamné exécutant une peine sous le régime de la semi-liberté, du placement à l'extérieur ou de la détention à domicile sous surveillance électronique.

L'avis de convocation devant le juge de l'application des peines précise que, sauf exercice par le condamné des voies de recours, la peine prononcée contre lui sera mise à exécution en établissement pénitentiaire s'il ne se présente pas, sans excuse légitime, devant ce magistrat.

Les dispositions du premier alinéa sont également applicables lorsque la personne est condamnée à une peine d'emprisonnement assortie du sursis probatoire. Toutefois, dans cette hypothèse, le condamné n'est convoqué que devant le service pénitentiaire d'insertion et de probation qui se trouve ainsi saisi de la mesure.

• **C. pr. pén., art. 474-1**

En cas de condamnation à des dommages et intérêts, lorsque les articles 706-15-1 et 706-15-2 sont applicables, la personne condamnée présente à l'issue de l'audience est informée qu'en l'absence de paiement volontaire dans un délai de deux mois à compter du jour où la décision sera devenue définitive, le recouvrement pourra, si la victime le demande, être exercé par le Fonds de garantie des victimes des actes de terrorisme et d'autres infractions et qu'une majoration des dommages et intérêts, permettant de couvrir les dépenses engagées par le fonds au titre de sa mission d'aide, sera perçue par le fonds, en sus des frais d'exécution éventuels, dans les conditions déterminées à l'article L. 422-9 du code des assurances.

• **C. pr. pén., art. 475-1** [mod. par L. n° 2021-1729, 22 déc. 2021]

Le tribunal condamne l'auteur de l'infraction ou la personne condamnée civilement en application de l'article 470-1 à payer à la partie civile la somme qu'il détermine, au titre des frais non payés par l'État et exposés par celle-ci. Les parties peuvent produire les justificatifs des sommes qu'elles demandent et le tribunal tient compte de l'équité ou de la situation économique de la partie condamnée. Il peut, même d'office, pour des raisons tirées des mêmes considérations, dire qu'il n'y a pas lieu à cette condamnation.

Les dispositions du présent article sont également applicables aux organismes tiers payeurs intervenant à l'instance.

• **C. pr. pén., art. 478**

Le prévenu, la partie civile ou la personne civilement responsable, peut réclamer au tribunal saisi de la poursuite la restitution des objets placés sous la main de la justice.

Le tribunal peut ordonner d'office cette restitution.

• **C. pr. pén., art. 479**

Toute personne autre que le prévenu, la partie civile ou la personne civilement responsable qui prétend avoir droit sur des objets placés sous la main de la justice, peut également en réclamer la restitution au tribunal saisi de la poursuite.

Seuls, les procès-verbaux relatifs à la saisie des objets peuvent lui être communiqués.

Le tribunal statue par jugement séparé, les parties entendues.

• C. pr. pén., art. 480

Si le tribunal accorde la restitution, il peut prendre toutes mesures conservatoires pour assurer jusqu'à décision définitive sur le fond la représentation des objets restitués.

• C. pr. pén., art. 480-1

Les personnes condamnées pour un même délit sont tenues solidairement des restitutions et des dommages-intérêts.

En outre, le tribunal peut, par décision spéciale et motivée, ordonner que le prévenu qui s'est entouré de coauteurs ou de complices insolvables sera tenu solidairement des amendes.

• C. pr. pén., art. 481 [mod. par L. n° 2016-731, 3 juin 2016]

Si le tribunal estime que les objets placés sous la main de la justice sont utiles à la manifestation de la vérité ou susceptibles de confiscation, il surseoit à statuer jusqu'à sa décision sur le fond.

Dans ce cas, le jugement n'est susceptible d'aucun recours.

Le tribunal peut refuser la restitution lorsque celle-ci présente un danger pour les personnes ou les biens ou lorsque le bien saisi est l'instrument ou le produit direct ou indirect de l'infraction.

• C. pr. pén., art. 482

Le jugement qui rejette une demande de restitution est susceptible d'appel de la part de la personne qui a formé cette demande.

Le jugement qui accorde la restitution est susceptible d'appel de la part du ministère public et de la part du prévenu, de la personne civilement responsable, ou de la partie civile à qui cette décision ferait grief.

La cour ne peut être saisie qu'après que le tribunal a statué au fond.

• C. pr. pén., art. 484

Lorsque la cour d'appel est saisie du fond de l'affaire, elle est compétente pour statuer sur les restitutions dans les conditions prévues par les articles 478 à 481.

La cour d'appel peut refuser la restitution lorsque celle-ci présente un danger pour les personnes ou les biens.

• C. pr. pén., art. 484-1

En cas de condamnation à une peine de confiscation portant sur un bien qui n'est pas sous main de justice, le tribunal correctionnel peut, afin de garantir l'exécution de cette peine, ordonner la saisie, aux frais avancés du Trésor, du bien confisqué.

Le tribunal peut également autoriser la remise à l'Agence de gestion et de recouvrement des avoirs saisis et confisqués, en vue de leur aliénation, des biens meubles confisqués dont il ordonne la saisie, lorsque ces biens ne sont plus nécessaires à la manifestation de la vérité et que leur conservation serait de nature à en diminuer la valeur. Dans ce cas le produit de la vente est consigné.

La décision du tribunal est exécutoire nonobstant l'appel ou l'opposition qui peut être formé à l'encontre de la condamnation. Toutefois, le président de la chambre des appels correctionnels peut ordonner, à la requête du procureur de la République ou à la demande d'une des parties, la mainlevée totale ou partielle de ces mesures, par décision spéciale et motivée.

Les arrêts de relaxe ou qui ne confirment pas la confiscation du bien emportent de plein droit mainlevée de la saisie aux frais avancés du Trésor ou, si le propriétaire en fait la demande, restitution du produit de la vente.

• C. pr. pén., art. 485

Tout jugement doit contenir des motifs et un dispositif.

Les motifs constituent la base de la décision.

Le dispositif énonce les infractions dont les personnes citées sont déclarées coupables ou responsables ainsi que la peine, les textes de loi appliqués, et les condamnations civiles.

Il est donné lecture du jugement par le président ou par l'un des juges ; cette lecture peut être limitée au dispositif. Dans le cas prévu par l'alinéa premier de l'article 398, elle peut être faite même en l'absence des autres magistrats du siège.

• C. pr. pén., art. 485-1 [créé par L. n° 2019-222, 23 mars 2019]

En cas de condamnation, sans préjudice des dispositions prévoyant la motivation spéciale de certaines peines, notamment des peines non aménagées d'emprisonnement ferme, la motivation doit également porter sur le choix de la peine au regard des dispositions des articles 132-1 et 132-20 du code pénal, sauf s'il s'agit d'une peine obligatoire ou de la confiscation du produit ou de l'objet de l'infraction. Les obligations particulières du sursis probatoire n'ont pas à être motivées.

• C. pr. pén., art. 486

La minute du jugement est datée et mentionne les noms des magistrats qui l'ont rendu ; la présence du ministère public à l'audience doit y être constatée.

Après avoir été signée par le président et le greffier, la minute est déposée au greffe du tribunal dans les trois jours au plus tard du prononcé du jugement. Ce dépôt est mentionné sur le registre spécialement tenu au greffe à cet effet.

En cas d'empêchement du président, mention en est faite sur la minute qui est signée par celui des juges qui donne lecture du jugement.

• C. pr. pén., art. 713-42 [mod. par L. n° 2019-222, 23 mars 2019]

La personne condamnée à la peine de détention à domicile sous surveillance électronique est placée sous le contrôle du juge de l'application des peines du tribunal dans le ressort duquel elle est assignée.

Les dispositions des articles 723-8 à 723-12 sont applicables.

• C. pr. pén., art. 713-43 [mod. par L. n° 2021-1729, 22 déc. 2021]

Si le condamné a satisfait aux mesures, obligations et interdictions qui lui étaient imposées pendant une durée au moins égale à la moitié de la peine prononcée, que son reclassement paraît acquis et qu'aucun suivi ne paraît plus nécessaire, le juge de l'application des peines peut, d'office ou sur requête du condamné, décider, par ordonnance rendue selon les modalités prévues à l'article 712-8, sur réquisitions conformes du procureur de la République, de mettre fin de façon anticipée à la peine de détention à domicile sous surveillance électronique. En l'absence d'accord du ministère public, le juge de l'application des peines statue à la suite d'un débat contradictoire en application de l'article 712-6.

Le juge de l'application des peines peut également, tout en mettant fin aux obligations prévues aux deuxième et troisième alinéas de l'article 131-4-1 du code pénal, décider que le condamné restera placé sous son contrôle jusqu'à la date prévue d'expiration de la peine en étant soumis aux obligations prévues à l'article 132-44 du même code et à une ou plusieurs des interdictions ou obligations prévues à l'article 132-45 dudit code.

• **C. pr. pén., art. 713-44** [mod. par L. n° 2019-222, 23 mars 2019]

En cas d'inobservation des interdictions ou obligations qui lui sont imposées, d'inconduite notoire, de nouvelle condamnation ou de refus par le condamné d'une modification nécessaire des conditions d'exécution, le juge de l'application des peines peut soit limiter ses autorisations d'absence, soit ordonner l'emprisonnement de la personne pour la durée de la peine restant à exécuter. La décision est prise conformément aux dispositions de l'article 712-6.

• **C. pr. pén., art. 713-45**

Si le condamné a satisfait aux mesures, obligations et interdictions qui lui étaient imposées pendant au moins un an, que son reclassement paraît acquis et qu'aucun suivi ne paraît plus nécessaire, le juge de l'application des peines peut, par ordonnance rendue selon les modalités prévues à l'article 712-8, sur réquisitions conformes du procureur de la République, décider de mettre fin de façon anticipée à la peine de contrainte pénale.

En l'absence d'accord du ministère public, le juge de l'application des peines peut saisir à cette fin, par requête motivée, le président du tribunal ou un juge par lui désigné, qui statue à la suite d'un débat contradictoire public en application de l'article 712-6. En cas de refus opposé à cette première demande, une autre demande ne peut être présentée qu'une année après cette décision de refus. Il en est de même, éventuellement, des demandes ultérieures.

• **C. pr. pén., art. 713-46**

Le délai d'exécution de la contrainte pénale peut être suspendu par le juge de l'application des peines en cas d'incarcération du condamné, sauf lorsqu'il est fait application des trois derniers alinéas de l'article 713-47 ou de l'article 713-48.

• **C. pr. pén., art. 713-47** [mod. par Ord. n° 2019-964, 18 sept. 2019]

En cas d'inobservation par la personne condamnée des mesures de contrôle et d'assistance, des obligations ou des interdictions mentionnées à l'article 131-4-1 du code pénal qui lui sont imposées, le juge de l'application des peines peut, d'office ou sur réquisitions du procureur de la République, selon les modalités prévues à l'article 712-8 du présent code, modifier ou compléter les obligations ou interdictions auxquelles le condamné est astreint. Le juge de l'application des peines peut également procéder à un rappel des mesures, obligations et interdictions auxquelles est astreinte la personne condamnée.

Si la solution prévue au premier alinéa du présent article est insuffisante pour assurer l'effectivité de la peine, le juge saisit, d'office ou sur réquisitions du procureur de la République, par requête motivée, le président du tribunal judiciaire ou un juge par lui désigné afin que soit mis à exécution contre le condamné tout ou partie de l'emprisonnement fixé par la juridiction en application du dixième alinéa de l'article 131-4-1 du code pénal. Le président du tribunal ou le juge par lui désigné, qui statue à la suite d'un débat contradictoire public conformément aux dispositions de l'article 712-6 du présent code, fixe la durée de l'emprisonnement à exécuter, laquelle ne peut excéder celle fixée par la juridiction. La durée de cet emprisonnement est déterminée en fonction de la personnalité et de la situation matérielle, familiale et sociale du condamné, de la gravité de l'inobservation des mesures, obligations et interdictions, ainsi que du délai pendant lequel la contrainte pénale a été exécutée et des obligations qui ont déjà été respectées ou accomplies. Lorsque les conditions prévues à l'article 723-15 sont remplies, le président du tribunal ou le juge par lui désigné peut décider que cet emprisonnement s'exécutera sous le régime de la semi-liberté, du placement à l'extérieur ou de la surveillance électronique.

Lorsqu'il fait application du deuxième alinéa du présent article, le juge de l'application des peines peut, s'il l'estime nécessaire, ordonner l'incarcération provisoire du condamné en application des deux premiers alinéas de l'article 712-19. À défaut de tenue du débat contradictoire devant le président ou le juge par lui désigné dans un délai de quinze jours suivant l'incarcération du condamné, celui-ci est remis en liberté s'il n'est pas détenu pour une autre cause.

Au cours de l'exécution de la contrainte pénale, le juge de l'application des peines peut faire application à plusieurs reprises du deuxième alinéa du présent article, dès lors que la durée totale des emprisonnements ordonnés ne dépasse pas celle fixée par la juridiction en application du dixième alinéa de l'article 131-4-1 du code pénal. Si la durée de l'emprisonnement ordonné est égale à cette durée ou, compte tenu le cas échéant des précédents emprisonnements ordonnés, atteint cette durée, la décision du président ou du juge par lui désigné met fin à la contrainte pénale.

• **C. pr. pén., art. 713-48**

Si le condamné commet, pendant la durée d'exécution de la contrainte pénale, un crime ou un délit de droit commun suivi d'une condamnation à une peine privative de liberté sans sursis, la juridiction de jugement peut, après avis du juge de l'application des peines, ordonner la mise à exécution de tout ou partie de l'emprisonnement fixé par la juridiction en application du dixième alinéa de l'article 131-4-1 du code pénal.

• **C. pr. pén., art. 713-49** [mod. par L. n° 2016-731, 3 juin 2016]

Les décisions prises en application du deuxième alinéa de l'article 713-47 ou de l'article 713-48 mettant à exécution tout ou partie de l'emprisonnement sont exécutoires par provision.

Lorsque le condamné interjette appel contre ces décisions, son recours est examiné dans un délai de deux mois, à défaut de quoi il est remis en liberté s'il n'est pas détenu pour une autre cause.

• **C. pr. pén., art. 723-8** [mod. par L. n° 2019-222, 23 mars 2019]

Le contrôle de l'exécution de la mesure est assuré au moyen d'un procédé permettant de détecter à distance la présence ou l'absence du condamné dans le seul lieu désigné par le juge de l'application des peines pour chaque période fixée. La mise en œuvre de ce procédé peut conduire à imposer à la personne assignée le port, pendant toute la durée de la détention à domicile sous surveillance électronique, d'un dispositif intégrant un émetteur.

Le procédé utilisé est homologué à cet effet par le ministre de la justice. La mise en œuvre doit garantir le respect de la dignité, de l'intégrité et de la vie privée de la personne.

Le condamné est avisé que l'installation sur sa personne du dispositif prévu au premier alinéa ne peut être réalisée sans son consentement, mais que le fait de refuser cette installation constitue une violation des obligations qui lui incombent et peut donner lieu à la mise à exécution de l'emprisonnement prévue à l'article 713-44 ou au retrait de la mesure d'aménagement prévu à l'article 723-13.

• **C. pr. pén., art. 723-9** [mod. par L. n° 2019-222, 23 mars 2019]

La personne sous surveillance électronique est placée sous le contrôle du juge de l'application des peines dans le ressort duquel elle est assignée.

Le contrôle à distance de la détention à domicile sous surveillance électronique est assuré par des fonctionnaires de l'administration pénitentiaire qui sont autorisés, pour l'exécution de cette mission, à mettre en œuvre un traitement automatisé de données nominatives.

La mise en œuvre du dispositif technique permettant le contrôle à distance peut être confiée à une personne de droit privé habilitée dans des conditions fixées par décret en Conseil d'État.

Dans la limite des périodes fixées dans la décision de détention à domicile sous surveillance électronique, les agents de l'administration pénitentiaire chargés du contrôle peuvent se rendre sur le lieu de l'assignation pour demander à rencontrer le condamné. Ils ne peuvent toutefois pénétrer au domicile de la personne chez qui le contrôle est pratiqué sans l'accord de celle-ci. Ces agents font aussitôt rapport au juge de l'application des peines de leurs diligences.

Les services de police ou de gendarmerie peuvent toujours constater l'absence irrégulière du condamné et en faire rapport au juge de l'application des peines.

• **C. pr. pén., art. 723-10**

Le juge de l'application des peines peut également soumettre la personne placée sous surveillance électronique aux mesures prévues par les articles 132-43 à 132-46 du code pénal.

Il peut en particulier soumettre le condamné à l'une ou plusieurs des mesures de contrôle ou obligations mentionnées aux articles 132-44 et 132-45 du code pénal.

• **C. pr. pén., art. 723-11** [mod. par L. n° 2019-222, 23 mars 2019]

Le juge de l'application des peines peut, d'office ou à la demande du condamné, et après avis du procureur de la République, modifier les conditions d'exécution de la détention à domicile sous surveillance électronique ainsi que les mesures prévues à l'article 723-10.

• **C. pr. pén., art. 723-12**

Le juge de l'application des peines peut à tout moment désigner un médecin afin que celui-ci vérifie que la mise en œuvre du procédé mentionné au premier alinéa de l'article 723-8 ne présente pas d'inconvénient pour la santé du condamné. Cette désignation est de droit à la demande du condamné. Le certificat médical est versé au dossier.

• **CSS, art. L. 376-1** [mod. par L. n° 2016-1827, 23 déc. 2016]

Lorsque, sans entrer dans les cas régis par les dispositions législatives applicables aux accidents du travail, la lésion dont l'assuré social ou son ayant droit est atteint est imputable à un tiers, l'assuré ou ses ayants droit conserve contre l'auteur de l'accident le droit de demander la réparation du préjudice causé, conformément aux règles du droit commun, dans la mesure où ce préjudice n'est pas réparé par application du présent livre.

Les caisses de sécurité sociale sont tenues de servir à l'assuré ou à ses ayants droit les prestations prévues par le présent livre, sauf recours de leur part contre l'auteur responsable de l'accident dans les conditions ci-après.

Les recours subrogatoires des caisses contre les tiers s'exercent poste par poste sur les seules indemnités qui réparent des préjudices qu'elles ont pris en charge, à l'exclusion des préjudices à caractère personnel.

Conformément à l'article 1252 du code civil, la subrogation ne peut nuire à la victime subrogeante, créancière de l'indemnisation, lorsqu'elle n'a été prise en charge que partiellement par les prestations sociales ; en ce cas, l'assuré social peut exercer ses droits contre le responsable, par préférence à la caisse subrogée.

Cependant, si le tiers payeur établit qu'il a effectivement et préalablement versé à la victime une prestation indemnisant de manière incontestable un poste de préjudice personnel, son recours peut s'exercer sur ce poste de préjudice.

Hors le cas où la caisse est appelée en déclaration de jugement commun conformément aux dispositions ci-après, la demande de la caisse vis-à-vis du tiers responsable s'exerce en priorité à titre amiable. Une convention signée par la Caisse nationale de l'assurance maladie des travailleurs salariés, la Caisse nationale du régime social des indépendants et la Caisse centrale de la mutualité sociale agricole avec les organisations représentatives des assureurs peut définir les modalités de mise en œuvre de cette procédure.

La personne victime, les établissements de santé, le tiers responsable et son assureur sont tenus d'informer la caisse de la survenue des lésions causées par un tiers dans des conditions fixées par décret.

L'intéressé ou ses ayants droit doivent indiquer, en tout état de la procédure, la qualité d'assuré social de la victime de l'accident ainsi que les caisses de sécurité sociale auxquelles celle-ci est ou était affiliée pour les divers risques. Ils doivent appeler ces caisses en déclaration de jugement commun ou réciproquement. À défaut du respect de l'une de ces obligations, la nullité du jugement sur le fond pourra être demandée pendant deux ans, à compter de la date à partir de laquelle ledit jugement est devenu définitif, soit à la requête du ministère public, soit à la demande des caisses de sécurité sociale intéressées ou du tiers responsable, lorsque ces derniers y auront intérêt. Dans le cadre d'une procédure pénale, la déclaration en jugement commun ou l'intervention des caisses de sécurité sociale peut intervenir après les réquisitions du ministère public, dès lors que l'assuré s'est constitué partie civile et qu'il n'a pas été statué sur le fond de ses demandes.

En contrepartie des frais qu'elle engage pour obtenir le remboursement mentionné au troisième alinéa ci-dessus, la caisse d'assurance maladie à laquelle est affilié l'assuré social victime de l'accident recouvre une indemnité forfaitaire à la charge du tiers responsable et au profit de l'organisme national d'assurance maladie. Le montant de cette indemnité est égal au tiers des sommes dont le remboursement a été obtenu, dans les limites d'un montant maximum de 910 euros et d'un montant minimum de 91 euros. À compter du 1er janvier 2007, les montants mentionnés au présent alinéa sont révisés chaque année, par arrêté des ministres chargés de la sécurité sociale et du budget, en fonction du taux de progression de l'indice des prix à la consommation hors tabac prévu dans le rapport économique, social et financier annexé au projet de loi de finances pour l'année considérée.

Cette indemnité est établie et recouvrée par la caisse selon les règles et sous les garanties et sanctions, prévues au chapitre 3 du titre III et aux chapitres 2, 3 et 4 du titre IV du livre Ier ainsi qu'aux chapitres 3 et 4 du titre IV du livre II applicables au recouvrement des cotisations de sécurité sociale.

Lorsque l'assuré victime de l'accident est affilié au régime agricole, l'indemnité est recouvrée selon les règles et sous les garanties et sanctions prévues aux chapitres 2, 3 et 4 du titre IV du livre Ier ainsi qu'aux articles L. 725-3 à L. 725-4 du code rural et de la pêche maritime.

• **CSS, art. L. 376-2**

La victime ou ses ayants droit est admise à faire valoir les droits résultant pour elle de l'action en indemnité formée conformément à l'article L. 376-1 par priorité sur ceux des caisses en ce qui concerne son action en remboursement des débours.

• **C. civ., art. 378** [mod. par L. nº 2020-936, 30 juill. 2020]

Peuvent se voir retirer totalement l'autorité parentale ou l'exercice de l'autorité parentale par une décision expresse du jugement pénal les père et mère qui sont condamnés, soit comme auteurs, coauteurs ou complices d'un crime ou délit commis sur la personne de leur enfant, soit comme coauteurs ou complices d'un crime ou délit commis par leur enfant, soit comme auteurs, coauteurs ou complices d'un crime ou délit sur la personne de l'autre parent.

Ce retrait est applicable aux ascendants autres que les père et mère pour la part d'autorité parentale qui peut leur revenir sur leurs descendants.

• **C. civ., art. 378-2** [créé par L. nº 2019-1480, 28 déc. 2019]

L'exercice de l'autorité parentale et les droits de visite et d'hébergement du parent poursuivi ou condamné, même non définitivement, pour un crime commis sur la personne de l'autre parent sont suspendus de plein droit jusqu'à la décision du juge et pour une durée maximale de six mois, à charge pour le procureur de la République de saisir le juge aux affaires familiales dans un délai de huit jours.

• **C. civ., art. 379** [mod. par L. nº 2019-1480, 28 déc. 2019]

Le retrait total de l'autorité parentale prononcé en vertu des articles 378 et 378-1 porte de plein droit sur tous les attributs, tant patrimoniaux que personnels, se rattachant à l'autorité parentale ; à défaut d'autre détermination, il s'étend à tous les enfants mineurs déjà nés au moment du jugement.

Il emporte, pour l'enfant, dispense de l'obligation alimentaire, par dérogation aux articles 205 à 207, sauf disposition contraire dans le jugement de retrait.

• **C. civ., art. 379-1** [mod. par L. nº 2019-1480, 28 déc. 2019]

Le jugement peut, au lieu du retrait total, se borner à prononcer un retrait partiel de l'autorité parentale, limité aux attributs qu'il spécifie, ou un retrait de l'exercice de l'autorité parentale. Il peut aussi décider que le retrait total ou partiel de l'autorité parentale n'aura d'effet qu'à l'égard de certains des enfants déjà nés.

• **C. civ., art. 380** [mod. par L. nº 2019-1480, 28 déc. 2019]

En prononçant le retrait total ou partiel de l'autorité parentale ou de l'exercice de l'autorité parentale ou du droit de garde, la juridiction saisie devra, si l'autre parent est décédé ou s'il a perdu l'exercice de l'autorité parentale, soit désigner un tiers auquel l'enfant sera provisoirement confié à charge pour lui de requérir l'organisation de la tutelle, soit confier l'enfant au service départemental de l'aide sociale à l'enfance.

Elle pourra prendre les mêmes mesures lorsque l'autorité parentale est dévolue à l'un des parents par l'effet du retrait total de l'autorité parentale ou de l'exercice de l'autorité parentale prononcé contre l'autre.

• **C. civ., art. 380-1** [créé par L. nº 2022-301, 2 mars 2022]

En prononçant le retrait total de l'autorité parentale, la juridiction saisie peut statuer sur le changement de nom de l'enfant, sous réserve du consentement personnel de ce dernier s'il est âgé de plus de treize ans.

• **C. civ., art. 381** [mod. par ord. nº 2019-964, 18 sept. 2019]

Les père et mère qui ont fait l'objet d'un retrait total de l'autorité parentale ou d'un retrait de droits pour l'une des causes prévues aux articles 378 et 378-1 pourront, par requête, obtenir du tribunal judiciaire, en justifiant de circonstances nouvelles, que leur soient restitués, en tout ou partie, les droits dont ils avaient été privés.

La demande en restitution ne pourra être formée qu'un an au plus tôt après que le jugement prononçant le retrait total ou partiel de l'autorité parentale est devenu irrévocable ; en cas de rejet, elle ne pourra être renouvelée qu'après une nouvelle période d'un an. Aucune demande ne sera recevable lorsque, avant le dépôt de la requête, l'enfant aura été placé en vue de l'adoption.

Si la restitution est accordée, le ministère public requerra, le cas échéant, des mesures d'assistance éducative.

711.02 Jurisprudence de référence.

> Définition du délibéré qui s'applique devant toutes les juridictions : un examen conscient et réfléchi en vue d'une décision à prendre

• **Crim. 8 juill. 1971,** nº 70-92.447, P nº 226

* V. s^{s} nº 711.11.

« Attendu que l'arrêt attaque rendu par le tribunal supérieur d'appel de la Polynésie française siégeant à Papeete mentionne qu'étaient présents : mm joseph combes, vice-Président du tribunal ; René Bonneau, procureur de la République près ladite juridiction, et Warren Dexter, greffier ;

Attendu qu'en l'état de ces énonciations qui font foi jusqu'à inscription de faux, la Cour de cassation est en mesure de s'assurer de la composition régulière de cette juridiction constituée par un juge unique ;

Que la mention que le tribunal a rendu sa décision après en avoir délibéré conformément à la loi n'implique aucunement, contrairement à ce que soutient le moyen, que le magistrat du siège qui composait la juridiction ait conféré de l'affaire avec d'autres personnes ;

Qu'en effet le verbe délibérer s'entend de l'action consistant à procéder à un examen conscient et réfléchi avec soi-même aussi bien qu'avec d'autres, en vue d'une décision à prendre ;

D'où il suit que le moyen ne saurait être accueilli. »

> Possibilité et portée des notes en délibéré

• **Crim. 14 mars 2007,** nº 06-81.010, P nº 83

* V. s^{s} nº 711.41.

La suite susceptible d'être réservée à une note en délibéré relève de l'appréciation souveraine des juges du fond.

• **Crim. 9 févr. 2005,** nº 03-87.710, NP

* V. s^{s} nº 711.41.

« Les juges, qui apprécient l'opportunité d'ordonner la reprise des débats à la suite d'une note en délibéré, n'ont pas méconnu les textes conventionnels et légaux visés au moyen, dès lors que la Cour de cassation est en mesure de s'assurer que cette note a été communiquée au conseil du prévenu et que celui-ci pouvait y répondre. »

• **Crim. 28 juin 2023,** nº 21-87.417 P

* V. s^{s} nº 726.23.

« Aucune disposition légale ou réglementaire ne prévoit que la note du déroulement des débats doive être communiquée aux parties en cours d'instance. »

> Point de départ des délais de recours

• **Crim. 20 déc. 1971,** nº 71-91.634, P nº 360

* V. s^{s} nº 711.45.

« Lorsque l'arrêt de la cour d'appel est prononcé à une date dont les parties ont été informées ainsi qu'il est dit à l'article 462, alinéa 2 du code de procédure pénale, le délai de cinq jours francs pour se pourvoir en cassation a pour point de départ le jour du prononcé de la décision. Est par suite tardif le pourvoi formé le septième jour après celui où la décision a été prononcée. »

• **Crim. 23 nov. 1999,** nº 99-81.789, P nº 267

* V. s^{s} nº 711.45.

« Le délai d'appel ne court, en application de l'article 498, alinéa 2, du code de procédure pénale, qu'à compter de la signification du jugement, quel qu'en soit le mode, pour la partie qui, après débats contradictoires, n'était pas présente ou représentée à l'audience où le jugement a été prononcé dans le cas où elle-même ou son représentant, en dépit des prescriptions de l'article 462 dudit code, n'a pas été informé du jour où le jugement serait rendu. »

• **Crim. 12 mai 1993,** nº 91-86.034, P nº 175

* V. s^{s} nº 711.45.

« La partie civile présente à l'audience des débats et régulièrement mise en demeure d'assister ou d'être représentée à celle à laquelle la décision devait être rendue, ne saurait se prévaloir de sa propre carence qui seule l'a empêchée de connaître la prorogation du délibéré et d'être informée de la date à laquelle le jugement a été effectivement rendu. Tel est le cas de la partie civile présente à l'audience publique où ont eu lieu les débats contradictoires et où le Tribunal a indiqué que le délibéré serait rendu à une date ultérieure. »

• **Crim. 7 févr. 1996,** nº 95-81.751, P nº 65

* V. s^{s} nº 711.45.

« Le prévenu présent à l'audience des débats et régulièrement mis en demeure d'assister ou d'être représenté à celle à laquelle la décision devait être rendue, ne saurait se prévaloir de son absence à cette dernière audience, qui seule l'a empêché de connaître la prorogation du délibéré et d'être informé de la date à laquelle le jugement a été effectivement rendu. »

711.03 Bibliographie indicative.

Ouvrages. J. et L. Boré, *La cassation en matière pénale*, 4e éd., « Dalloz action », 2017 – J.-P. Doucet, *Le jugement pénal*, 3e éd., 2008 – S. Guinchard et J. Buisson, *Procédure pénale*, 16e éd., « Manuel », LexisNexis, 2023 – L. Griffon-Yarza, *Guide de l'exécution des peines, 22/23*, « Guide », Lexis-Nexis, 2022 – M. Herzog-Evans, *Droit de l'exécution des peines*, 6e éd. « Dalloz action », 2022 – R. Merle et A. Vitu, *Traité de droit criminel*, t. II, *Procédure pénale*, 5e éd., 2001, Cujas – M.-L. Rassat, *Procédure pénale*, 3e éd., Ellipses, 2017 – P.-V. Tournier, *Naissance de la contrainte pénale*, vol. 2, « Criminologie », L'Harmattan, 2015.

Thèses. G. Giudicelle-Delage, *La motivation des décisions de justice*, thèse, Poitiers, 1979 – Hivert G., *La non-comparution du prévenu devant la juridiction de jugement*, thèse, Montpellier I, 2000 – M. Morillard-Léna, *Les voies de recours en matière pénale : essai d'une théorie générale*, thèse, Paris II, 2007.

Articles. L. Boré, « La motivation des décisions de justice et la convention de sauvegarde des droits de l'Homme », *JCP* 2002. I. 104 – V. Bouchard, « Procédures par défaut et par contumace au regard de l'article 6, paragraphe 1, de la convention européenne des droits de l'homme », *RSC* 2003. 517 – B. Bouloc, « La présence du greffier au délibéré, une inadvertance ? », *D.* 1999. 221 – L. Briand, « L'avocat stagiaire et le délibéré », *Gaz. Pal.* oct. 2010. 21 – Collectif, « Quelle nouvelle peine ? », dossier *AJ pénal* mars 2013 – J.-L. Denis, « La motivation des peines » (Belgique), *Revue de* *droit pénal et de criminologie* 1997, p. 1023 à 1039 – J.-P. Doucet, « Le jugement pénal », *Gaz. Pal.*, 1991 et « Le jugement pénal » 3e édition mise à jour, 2008– C. Girault, « Le droit du prévenu en fuite de former opposition par l'intermédiaire de son avocat », *AJ pénal* 2008. 25 – L. Griffon-Yarza, « La contrainte pénale : premiers éléments d'analyse pratique », *Dr. pénal* 2014. Ét. 18 – Ch. Lapp, « La divisibilité du jugement pénal et son effet sur le droit d'opposition », *RSC* 1951. 149 – J.-Y. Lassalle, « La comparution du prévenu », *RSC* 1981. 541 – B. Lavielle, « Le juge correctionnel au bout de ses peines ? », *AJ pénal* 2020. 150 – L. Saenko, « De la proportionnalité de la peine encourue », *Gaz. Pal.* 24 oct. 2017, n° 36, p. 73 – A. Simon, « La disproportion de la répression pénale devant la Cour européenne des droits de l'homme », *Gaz. Pal.* 24 oct. 2017, n° 36, p. 64.

SECTION 1
PRINCIPES GÉNÉRAUX

711.11 **Généralité de la règle.** Les dispositions relatives au délibéré concernent aussi bien les compositions collégiales, avec ou sans magistrat exerçant à titre temporaire ou honoraire, (et jadis avec ou sans citoyen assesseur, avec ou sans juge de proximité), que les audiences tenues à juge unique. Les praticiens savent d'ailleurs qu'une décision à juge unique n'est pas toujours plus aisée à prendre qu'une décision résultant d'un délibéré collégial.

Toute décision juridictionnelle est donc rendue après délibéré, c'est-à-dire après qu'aient été appréciés par le ou les magistrats, selon la belle formule du serment des jurés en matière criminelle « les charges et les moyens de défense suivant (leur) conscience et (leur) intime conviction »[1]. En matière correctionnelle, et hors les cas où la loi en dispose autrement, les infractions peuvent en effet être établies par tout mode de preuve et le juge décide aussi d'après son intime conviction[2]. Ces dernières dispositions sont applicables devant le tribunal de police[3] et ce, malgré les fortes contraintes apportées en matière probatoire par l'article 537 du même code.

La mention dans un arrêt du Tribunal supérieur d'appel de la Polynésie française composé d'un juge unique que le Tribunal en a délibéré conformément à la loi n'implique aucunement, contrairement à ce que soutient le moyen, que ce juge a conféré de l'affaire avec d'autres personnes. Le verbe « délibérer » s'entend de l'action consistant à procéder à un examen conscient et réfléchi, en soi-même aussi bien qu'avec d'autres, en vue d'une décision à prendre[4].

Il est important que la décision rendue retrace d'éventuelles modifications de composition de la juridiction afin que le contrôle de la régularité du délibéré puisse être assuré. Ainsi, lorsque plusieurs audiences ont été consacrées à la même cause par une juridiction de jugement différemment composée, justifie de la régularité de sa composition la cour d'appel qui relève que les débats ont été ré-ouverts devant les nouveaux juges qui ont assisté auxdits débats, au délibéré et au prononcé de la décision[5].

711.12 **Durée du délibéré.** Il n'existe pas de texte prévoyant de durée minimale ou maximale du délibéré. Si l'article 57[6] de la loi du 29 juillet 1881 sur la presse précise-t-il que le tribunal correctionnel et le tribunal de simple police seront tenus de statuer au fond dans le délai maximum d'un mois à compter de la date de la première audience, ce délai n'est pas prescrit à peine de nullité[7]. Sur l'audience, la durée du délibéré devra intégrer la nécessité d'aborder les autres dossiers et de ne pas laisser les justiciables dans l'incertitude de l'activité de leurs juges.

Rien n'interdit *a priori*, que le tribunal se retirant pour délibérer, revienne en salle d'audience pour annoncer que le délibéré dans telle affaire sera finalement rendu à une date ultérieure. Toutefois, il paraît plus sage et pour tout dire plus crédible, que dès le moindre doute sur une difficulté qui pourrait se poser, ou un temps trop long à prendre sur celui de l'audience, la juridiction annonce d'emblée que la décision sera rendue à une date ultérieure qu'elle précisera. Enfin, une telle pratique permet aussi un gain de temps parfois appréciable sur la durée de l'audience, même si elle reporte ce « temps du délibéré » aux horaires durant lesquels les juges ne siègent pas...

D'une audience l'autre, toute pratique répétée de « prorogation du délibéré » est à éviter, et évidemment à proscrire s'agissant de prorogations sans date.

Toutefois, les renvois successifs du prononcé de la décision n'impliquent pas la prolongation du délibéré et, simples mesures d'ordre, peuvent intervenir après la cessation des fonctions de l'un des magistrats dès lors que ce dernier, selon une mention de la décision faisant foi jusqu'à inscription de faux, était présent aux débats et au délibéré et que la lecture a été faite, conformément à l'article 485, dernier alinéa, du code de procédure pénale, par un autre magistrat ayant composé la juridiction[8].

1. C. pr. pén., art. 304.
2. C. pr. pén., art. 427, al. 1.
3. C. pr. pén., art. 536.
4. Crim. 8 juill. 1971, n° 70-92.447, P n° 226.
5. Crim. 3 mai 1993, n° 92-80.341, P n° 161.
6. L. 29 juill. 1881, art. 57.
7. Crim. 7 mai 1951, P n° 133 ; *Gaz. Pal.* 1951.
8. Crim. 7 oct. 1992, n° 91-86.012, P n° 316.

Certains chefs de cour sont attentifs au respect d'un délai maximum de deux mois pour les délibérés (civils comme pénaux) et les intègrent dans l'évaluation de leurs juges. Les procès exceptionnels et concernant notamment certains accidents collectifs importants, justifieront de délibérés évidemment plus longs que d'usage.

711.13 **Effets du délibéré sur la prescription de l'action publique.** Même s'il est intervenu dans la matière spéciale du droit pénal de la presse, mais sans limitation à celle-ci, on signalera un arrêt[1] aux termes duquel la prescription de l'action publique a été interrompue par l'audience des débats du 1er mars 2013, dont le déroulement est attesté par les notes d'audience tenues par le greffier et signées par le président, conformément à l'article 453 du code de procédure pénale, puis suspendue pendant la durée du délibéré du tribunal correctionnel, peu important que le jugement prononcé ait été ultérieurement annulé.

Il faut en déduire, ce que l'arrêt précise, que la prescription est interrompue par l'audience à laquelle ont lieu les débats, et suspendue pendant la durée du délibéré, les parties poursuivantes étant alors dans l'impossibilité d'accomplir un tel acte de procédure avant le prononcé du jugement.

711.14 **Date.** Le jugement doit être rendu, soit à l'audience même à laquelle ont eu lieu les débats, soit à une date ultérieure. Dans ce dernier cas, le président informe les parties présentes du jour où le jugement sera prononcé[2].

La décision d'une mise en délibéré est insusceptible d'appel[3]. La durée du délibéré sera évidemment fonction de la nature des faits, de la complexité du dossier, des événements d'audience et en particulier de l'importance plus ou moins grande en volume et en qualité des pièces déposées par les parties ainsi que des écritures de leurs avocats et encore de la disponibilité des juges composant la juridiction...

Le délibéré sans date est évidemment à exclure puisqu'il est contraire à la lettre même de l'article 462 du code de procédure pénale et ne permet à aucune des parties d'avoir de visibilité sur l'audience au cours de laquelle la décision sera rendue et par suite le point de départ des voies de recours.

Sauf exception, les prorogations de délibérés sont à éviter, dans la mesure, où elles traduisent *a minima*, une imprévisibilité de la juridiction dans l'organisation de son délibéré, au pire, une lourde incertitude sur les conditions dans lesquelles la justice peut être assurément rendue.

1. Crim. 17 févr. 2015, n° 13-88.129, P n° 29 ; *JCP* 2015. II. 291, note S. Detraz.
2. C. pr. pén., art. 462.
3. Nancy, 23 sept. 1987, *JCP* 1988. II. 21024, note P. Chambon.

Il est donc évidemment indiqué aux parties à quelle date et à quelle heure le jugement sera rendu. Il peut être conseillé de préciser sur la minute, l'heure de début de l'audience des débats et l'heure de début de l'audience prévue pour le délibéré, notamment si ces audiences ne débutent pas à la même heure, afin d'éviter toute contestation sur l'information reçue. Une information doit également être donnée sur le lieu de prononcé du délibéré, s'il ne s'agit pas de la salle dans laquelle ont eu lieu les débats. Il est opportun que tous ces points figurent à la note d'audience.

La date choisie doit être suffisamment proche pour respecter le souhait légitime des parties d'être fixées sur leur sort et suffisamment éloigné de l'audience de plaidoirie pour que le greffe correctionnel ait pu mettre la décision en forme. La durée séparant l'audience des débats de celle à laquelle la décision sera rendue, doit donc toujours intégrer le temps de travail du greffe. Au demeurant, la version définitive du jugement ou de l'arrêt ne sera acquise qu'après la tenue de l'audience « de délibéré », puisque les avis donnés par le président de la juridiction et par suite les mentions dans le jugement, dépendront de la présence ou de l'absence de telle ou telle partie, de tel ou tel avocat.

Une décision avait jugé avant celle citée *supra*, que si l'action publique résultant d'une infraction prévue par la loi du 29 juillet 1881 se prescrit, sauf exceptions, après trois mois révolus à compter du jour où l'infraction a été commise, ou du jour du dernier acte d'instruction ou de poursuite s'il en a été fait, la prescription de l'action publique est cependant suspendue pendant la durée du délibéré de la juridiction de jugement, les parties poursuivantes étant alors dans l'impossibilité d'accomplir un acte interruptif de prescription avant le prononcé de la décision[4].

Le prononcé d'une décision dont le délibéré a été prorogé doit intervenir au début de l'audience à laquelle le délibéré a été renvoyé.

4. Crim. 22 oct. 2013, n° 12-84.408, P n° 198 – POUR LES INSTANCES CIVILES : Civ. 2e, 24 nov. 1999, n° 97-13.548, P II, n° 171 – AUSSI, antérieurement au jugement, justifie sa décision la cour d'appel qui, pour confirmer le rejet d'une exception soutenant qu'en application de l'article 65 de la loi du 23 juillet 1881, l'action publique exercée pour des faits de diffamation publique était éteinte par la prescription, retient qu'après l'envoi de l'avis de fin d'information, le délai prévu par l'article 175 du code de procédure pénale doit être considéré comme un obstacle de droit pendant lequel la prescription de l'action publique est suspendue. En effet, la prescription de l'action publique est suspendue à partir du moment où le juge d'instruction estime que l'information est achevée et pendant les délais prévus par l'article 175 précité : Crim. 25 oct. 2011, n° 11-80.017, P n° 218.

Si la plupart des décisions « à juge unique », sont rendues le jour même de l'audience au cours de laquelle les faits sont évoqués, il en va autrement des affaires plus complexes, généralement abordées en audience collégiale.

Il semble raisonnable d'indiquer ici que toute décision mise en délibéré doit s'évincer de la motivation « passe-partout » et contenir une véritable motivation obéissant aux principes ci-dessus énoncés.

711.15 Question du maintien à disposition du prévenu libre. À l'issue des débats devant la cour d'assises, le président fait retirer l'accusé de la salle d'audience et si cet accusé est libre, il lui enjoint de ne pas quitter le palais de justice pendant la durée du délibéré, en indiquant, le cas échéant, le ou les locaux dans lesquels il doit demeurer, et invite le chef du service d'ordre à veiller au respect de cette injonction[1].

Il n'existe pas de disposition similaire en matière correctionnelle et il n'est donc pas possible, en l'état actuel des textes, d'interdire à un prévenu de quitter la salle d'audience avant que les juges aient délibéré et rendu leur jugement, ce qui est sans doute regrettable.

711.16 Question du maintien en détention du prévenu détenu. Il se déduit des dispositions des articles 179 et 464-1 du code de procédure pénale que la comparution d'un prévenu détenu devant une juridiction correctionnelle se prolonge pendant toute la durée des débats et, si l'affaire a été mise en délibéré, jusqu'à ce que la décision soit rendue[2].

La juridiction n'a donc pas, en annonçant une date de délibéré ultérieur à prononcer un maintien ou une prolongation de la détention.

Rien n'exclut à l'inverse, notamment si les débats ont fortement fait pencher la balance du côté d'une probable relaxe, que la remise en liberté soit ordonnée, encore qu'on imagine qu'en l'espèce, sauf souhait particulier de motivation développée, la décision puisse être rendue de suite.

Il n'existe pas de disposition particulière relative au contrôle judiciaire, raison pour laquelle il convient de retenir qu'un prévenu comparaissant sous contrôle judiciaire dans telle affaire dont le jugement est mis en délibéré, doit continuer à en respecter les obligations jusqu'à ce que le délibéré ait été rendu.

Tout comme le prévenu détenu peut à tout moment y compris durant le délibéré formuler une demande de mise en liberté, la personne placée sous contrôle judiciaire peut solliciter la modification ou la suppression de ses obligations ou interdictions devant la juridiction de jugement.

1. C. pr. pén., art. 354, al. 1er.
2. Crim. 7 mai 1985, n° 85-90.018, P n° 171 ; Crim. 25 juin 1986, n° 85-95.498, P n° 226. V. s[s] n° 814.18.

711.17 Question du délibéré avancé. S'il est malheureusement fréquent que des délibérés soient prorogés à une date ultérieure, ce qui implique là encore que la juridiction indique clairement, et fasse mentionner à la note d'audience la nouvelle date du délibéré, il peut arriver qu'une décision soit finalisée bien avant la date annoncée à l'issue des débats, notamment lorsqu'un magistrat de la composition quitte la juridiction et qu'il importe que le jugement ou l'arrêt soit rendu avant son départ.

Les textes ne prévoient pas cette situation.

Que la décision intéresse l'action publique (C. pr. pén., article 462), les seuls intérêts civils (C. pr. pén., art. 10 et C. pr. civ., art. 450) ou les deux, il peut paraître conforme à une bonne administration de la justice qu'une décision soit rendue plusieurs semaines avant la date initialement prévue. Encore faut-il pour cela s'assurer que l'ensemble des parties concernées et leurs avocats soient préalablement avisés de ce changement de date ou encore qu'un éventuel détenu soit extrait si la juridiction souhaite assurer le caractère contradictoire de sa décision. À ces conditions, dont il est recommandé au greffe de conserver la trace, le procédé ne paraît pas critiquable.

SECTION 2
DÉROULEMENT DU DÉLIBÉRÉ

711.21 La question du délibéré sur le siège. Pour les affaires les plus simples, souvent prises à juge unique, dans le souci de ne pas interrompre le déroulement de l'audience par des allées et venues incessantes entre « la salle des délibérés », ou « chambre du conseil », et la salle d'audience publique, le délibéré est rendu sur le siège, après que le magistrat ait pris quelques minutes de réflexion sur le cas qui lui est soumis.

Cette pratique n'échappe pas à toute critique. D'une part, elle trouve sa limite dans l'absence de considération qu'elle montre aux auxiliaires de justice qui ont pu plaider durant de longues minutes le dossier sur le fond, ou sur la personnalité de leur client. D'autre part, elle n'intègre pas toujours le temps nécessaire à la consultation des pièces qui ont pu être versées aux débats et dont, par hypothèse, le président voire ses assesseurs n'ont pas pu prendre une connaissance complète, tandis que l'affaire était instruite puis plaidée. Enfin, la complexité du droit des peines, voire l'addition de réclamations de plusieurs parties civiles compliquent le prononcé de la décision, qui, trop rapidement rendue expose son auteur à diverses procédures en rectification d'erreurs matérielles.

En matière d'audiences collégiales, elle résume l'avis des assesseurs à un vague acquiescement donné au président en quelques secondes, et amplifie encore la vision d'une justice expéditive qui ne détaille pas les arguments et autres éléments de preuve qui ont pu lui être présentés.

Dans tous les cas, le recueil des obligations déontologiques des magistrats déjà évoqué, souligne que : [en audience] « collégiale, le prononcé de la décision pénale sur le siège, immédiatement après la plaidoirie, accréditant l'idée de l'inutilité des débats et du délibéré, est à éviter. Seule une discussion libre entre les membres de la formation est une garantie de la réalité de la délibération et de l'examen des arguments avancés par chacune des parties »[1].

En termes de bonnes pratiques, et même en matière de « juge unique », il peut donc lui être préféré, deux ou trois suspensions d'audiences et un délibéré regroupant plusieurs dossiers, ce qui est aussi de nature à permettre au greffier de ne pas subir « le train d'enfer » de « son » président. Les délibérés seront alors annoncés comme devant être rendus « après la prochaine suspension d'audience », rien n'excluant que des délibérés du matin soient par exemple rendus à la reprise de l'audience en début d'après-midi et rien n'interdisant de surcroît au président de l'audience de donner un délai indicatif quant à la durée de la suspension. De même, par égard pour les justiciables, les délibérés peuvent être annoncés pour la fin de l'audience, avec si possible une prévision sur l'heure de clôture de celle-ci.

Toutefois, la seule mention que l'arrêt attaqué a été rendu par la cour d'appel à l'issue des débats implique que les juges en ont délibéré[2].

711.22 **Contenu du délibéré.** Le délibéré sera plus ou moins complexe selon la nature des contestations de forme ou de fond soulevées durant les débats, contestations qui iront souvent de pair avec la difficulté d'apprécier les faits eux-mêmes.

Le délibéré peut ne concerner qu'un incident d'exécution[3], une demande de restitution ou une demande de mise en liberté[4], ou de modification d'un contrôle judiciaire[5]. En amont du délibéré « sur le fond », une suspension d'audience aura pu encore avoir lieu avec un premier délibéré, par exemple, sur l'opportunité de transmettre une QPC à la chambre criminelle[6], ou la question de la jonction au fond d'une exception de nullité[7].

S'agissant de l'appréciation classique d'un dossier correctionnel, et de principe, le délibéré s'organise schématiquement en quatre temps. Hors les cas où une exception de procédure, exception préjudicielle, question prioritaire de constitutionnalité se pose, il concerne, sur l'action publique, tout d'abord la question de la culpabilité, et, si ce premier point est acquis, celui de la peine. Sur l'action civile, il concerne la question de la recevabilité des parties civiles et si ce point est acquis, celui de leur indemnisation. Encore ne faut-il pas oublier, les dispositions de l'article 470-1, et que dans les hypothèses où le tribunal est saisi, à l'initiative du ministère public ou sur renvoi d'une juridiction d'instruction, de poursuites exercées pour une infraction non intentionnelle au sens des deuxième, troisième et quatrième alinéas de l'article 121-3 du code pénal, et prononce une relaxe, il demeure compétent, sur la demande de la partie civile ou de son assureur formulée avant la clôture des débats, pour accorder, en application des règles du droit civil, réparation de tous les dommages résultant des faits qui ont fondé la poursuite[8].

711.23 **Animation du délibéré collégial.** Chacun des participants au délibéré dispose d'une voix égale. Pour autant, peuvent ne pas s'exprimer avec toute la liberté voulue, les magistrats qui sont d'un grade inférieur à celui du président, ou ceux dont la personnalité est moins marquée, ou encore les magistrats civilistes peu habitués aux audiences pénales.

D'usage, au tribunal correctionnel, chaque magistrat donnera son avis, le plus jeune et le moins gradé des assesseurs s'exprimant en premier, le président en dernier. L'une des difficultés de ce mode opératoire est tout de même que le seul magistrat qui a en principe une connaissance complète du dossier est le président et que la tentation peut être grande de lui en laisser seul exprimer ou expliciter le contenu. Rien ne s'oppose à ce que le temps du délibéré permette évidemment aux assesseurs (contrairement à la matière criminelle), de prendre connaissance du dossier ou de telle pièce.

À l'inverse, devant la chambre des appels correctionnels, c'est le conseiller rapporteur, celui qui là

1. CSM, *Recueil des obligations déontologiques des magistrats*, Dalloz, 2010, recomm. b. 18 *et id.* ; Édition 2019, La documentation française, « le magistrat à l'audience », p. 102.
2. Crim. 6 sept. 1989, n° 89-80.996, P n° 320.
3. V. s[s] n°s 113.181 s.
4. V. s[s] n°s 811.11 s.
5. V. s[s] n°s 821.11 s.
6. V. s[s] n°s 624.11 s.
7. V. s[s] n°s 611.11 s.
8. Toutefois, lorsqu'il apparaît que des tiers responsables doivent être mis en cause, le tribunal renvoie l'affaire, par une décision non susceptible de recours, devant la juridiction civile compétente qui l'examine d'urgence selon une procédure simplifiée déterminée par décret en Conseil d'État : C. pr. pén., art. 470-1, al. 2, art. R. 41-2 ; C. pr. civ., art. 826-1.

encore a pris une connaissance approfondie du dossier, qui s'exprime le plus souvent en premier.

Les votes sont acquis à la majorité des suffrages. Il n'existe pas en droit interne de possibilité d'exprimer une opinion minoritaire, fût-ce sur un point de détail.

711.24 **Opinion dissidente.** Les juridictions françaises ne connaissent pas l'expression des opinions dissidentes. Pourtant, lors de son discours à l'audience solennelle de rentrée de la Cour de cassation, le 15 janvier 2018, le président de la République a indiqué : « ... le jugement est d'autant plus fort qu'il est clair, argumenté, nourri, compris. Nos sociétés démocratiques ont un rapport à la chose jugée qui se modifie et se déforme parce qu'ils ont besoin de comprendre le jugement, parce qu'il est constamment interrogé dans ses prémices, sa construction juridique et dans la compréhension de son évolution. Je crois d'ailleurs que le dialogue des juges que j'évoquais tout à l'heure nourrit cette exigence démocratique. Ce dialogue des juges pourrait *in fine* nous plonger collectivement dans une forme d'entre soi technique et il n'y aurait sans doute rien de pire.

Il est donc essentiel que la clarté, la lisibilité, l'intelligibilité tout à la fois des jugements et des évolutions jurisprudentielles puissent être perçues par nos concitoyens... je souhaite que la force de la procédure et de la délibération puisse être affermie, mieux comprise et que nous réfléchissions collectivement à quelque chose qui n'appartient pas à notre tradition, je dois le dire, mais qui existe davantage dans d'autres univers juridiques, à l'introduction au moins dans les cours faîtières d'opinions dissidentes.

La mise en relief de ce que la décision de justice peut avoir de plurivoque, de complexe, le cas échéant de contestable est à mes yeux un moyen utile de lui conférer sa part d'humanité et d'intelligibilité et de faire du juge le porteur d'une décision qui engage et qui, en effet, choisit parmi des possibles. Le souhait d'entrer dans la complexité des choses, de ne pas subir passivement une verticalité vécue comme une suggestion fait entièrement partie de l'esprit de notre temps... »

Une telle perspective, même réservée à la seule Cour de cassation en ce qui concerne les juridictions judiciaires, pose d'innombrables questions sur le rôle du juge, la force de la juridiction, la forme et la portée des décisions rendues, qui ne peuvent évidemment être abordées dans le cours de cet ouvrage, mais elle devait y être signalée. À ce jour, aucune mise en œuvre de cette proposition n'est intervenue.

711.25 **Situation de l'auditeur de justice.** L'auditeur de justice français peut siéger en surnombre et participer avec voix consultative aux délibérés des juridictions civiles et correctionnelles [1].

711.26 **Situation de l'élève avocat.** Au visa du même article 19 de l'Ordonnance de 1958, la chambre criminelle elle-même a jugé que si, aux termes de ce texte, les élèves des centres régionaux de formation professionnelle d'avocats effectuant un stage dans une juridiction peuvent assister aux délibérés, cette disposition exclut toute participation desdits élèves aux décisions prises par la juridiction [2].

La troisième chambre civile de la Cour de cassation a jugé que l'élève avocat qui, au cours de sa formation, accomplit un stage en juridiction, peut, en application de l'article 12-2 de la loi du 31 décembre 1971, assister aux délibérés de cette juridiction sans y participer [3]. La deuxième chambre civile, juge que, si aux termes de l'article 12-2 de la loi du 31 décembre 1971, les élèves des centres régionaux de formation professionnelle d'avocats peuvent assister aux délibérés de la juridiction auprès de laquelle ils effectuent leur stage de formation, ils ne peuvent cependant y participer, même avec voix consultative [4].

Aucune jurisprudence n'existe en revanche sur la possible intervention d'un élève avocat lors de réquisitions orales du parquet, mais celle-ci ne semble pas heurter de principes majeurs.

Il a été précisé *supra* les conditions dans lesquelles l'élève avocat pouvait accomplir un stage en juridiction [5].

SECTION 3
SECRET DU DÉLIBÉRÉ

711.31 **Principe.** Ce principe est bien connu en matière criminelle. Il se déduit de l'article 355 du code de procédure pénale qui dispose que les magistrats de la cour et les jurés se retirent dans la chambre des délibérations et donc de manière au moins implicite, à l'exclusion de toute autre personne, et de l'article 357, alinéa 2, qui explicite comment les magistrats et les jurés expriment « secrètement » leur vote.

La délibération de la cour et du jury étant secrète, la mention dans l'arrêt de condamnation que des auditeurs de justice ont assisté au délibéré « sans voix délibérative », est dès lors dépourvue de portée et ne saurait signifier que lesdits auditeurs y aient participé d'une manière quelconque, fût-ce avec voix consultative [6].

1. Ord. n° 58-1270, 22 déc. 1958, art. 19 – v. s^s n° 211.41.
2. Crim. 8 nov. 2017, n° 16-83.357, NP.
3. Civ. 3e, 19 mars 2008, n° 07-11.383, P III, n° 50.
4. Civ. 2e, 9 sept. 2010, n° 09-67.149, P II, n° 145 ; *D.* 2010. 2072.
5. V. s^s n° 211.43.
6. Crim. 30 janv. 1985, n° 83-94.748, P n° 52.

Mais s'il est acquis que ce principe s'applique également en matière correctionnelle et de police, on cherchera vainement une mention explicite sur ce point dans le code.

Pour autant, le magistrat est tenu en vertu de son serment au secret professionnel[1] et il est sans doute possible de se référer à cette obligation fondamentale qui va bien au-delà du temps de l'audience.

La question du secret du délibéré a donné lieu à de nouveaux développements à la suite d'une saisie par des juges d'instruction d'un projet de décision dans une affaire particulière, et au renvoi par la chambre criminelle au Conseil constitutionnel d'une question prioritaire de constitutionnalité, ainsi rédigée : « Les dispositions des articles 81, 56, 57 et 96 du code de procédure pénale, en ce qu'elles autorisent la saisie de toutes pièces, y compris, au sein d'une juridiction, d'une pièce couverte par le secret du délibéré, sans assigner de limites à cette mesure, ni l'assortir de garanties spéciales de procédure, portent-elles atteinte au principe d'indépendance des juges et au droit au procès équitable garantis par les articles 64 de la Constitution et 16 de la déclaration des droits de l'homme et du citoyen de 1789 ? »[2] Le Conseil constitutionnel[3] au point 15 de sa décision a considéré : « Qu'en vertu du premier alinéa de l'article 56 du code de procédure pénale, lors d'une enquête de flagrance, l'officier de police judiciaire peut saisir tout papier, document, donnée informatique ou autre objet en la possession des personnes qui paraissent avoir participé à l'infraction ou détenir des pièces, informations ou objets relatifs aux faits ; que, s'il est loisible au législateur de permettre la saisie d'éléments couverts par le secret du délibéré, il lui appartient de prévoir les conditions et modalités selon lesquelles une telle atteinte au principe d'indépendance peut être mise en œuvre afin que celle-ci demeure proportionnée ; que les dispositions contestées se bornent à imposer à l'officier de police judiciaire de provoquer préalablement à une saisie toutes mesures utiles pour que soit assuré le respect du secret professionnel et des droits de la défense ; que ni ces dispositions ni aucune autre disposition n'indiquent à quelles conditions un élément couvert par le secret du délibéré peut être saisi ; qu'ainsi, en adoptant les dispositions contestées, le législateur a méconnu l'étendue de sa compétence dans des conditions qui affectent par elles-mêmes le principe d'indépendance des juridictions ». Par suite, il a déclaré, le troisième alinéa de l'article 56 et les mots « sous réserve de ce qui est dit à l'article 56 concernant le respect du secret professionnel et des droits de la défense » figurant à l'article 57, contraires à la Constitution. En revanche, il a dit le troisième alinéa de l'article 96 du code de procédure pénale conforme à la Constitution.

1. Ord. n° 58-1270, 22 déc. 1958 portant loi organique relative au statut de la magistrature, art. 6, *JO* 23 déc., p. 11551 – À noter que l'article 10 de la loi organique n° 2016-1090 du 8 août 2016 relative aux garanties statutaires, aux obligations déontologiques et au recrutement des magistrats ainsi qu'au Conseil supérieur de la magistrature (*JO* 11 août, n° 1) est venu supprimer le mot « religieusement » du serment prêté par les magistrats, dont la formule est donc désormais : « Je jure de bien et fidèlement remplir mes fonctions, de garder le secret des délibérations et de me conduire en tout comme un digne et loyal magistrat. » Celui des auditeurs de justice est pareillement modifié pour devenir : « Je jure de garder le secret professionnel et de me conduire en tout comme un digne et loyal auditeur de justice. »
2. Crim. 29 sept. 2015, n° 15-83.207, P n° 212 ; *D.* 2016. 713 ; *D.* 2016. 1727, obs. J. Pradel ; *RSC* 2016. 364, obs. F. Cordier.
3. Cons. const. 4 déc. 2015, n° 2015-506 QPC, art. non conformes 56, al. 3, 57 (mots), et conformes 96, al. 3, du C. pr. pén., *respect du secret professionnel et des droits de la défense lors d'une saisie de pièces à l'occasion d'une perquisition*, NON-CONFORMITÉ PARTIELLE – EFFET DIFFÉRÉ – RÉSERVE TRANSITOIRE, *JO* 6 déc., p. 22502, n° 35 ; *D.* 2015. 2504 ; *D.* 2016. 1727, obs. J. Pradel ; *AJ pénal* 2016. 276, obs. J.-B. Perrier ; *Constitutions* 2015. 650, Décision ; *Constitutions* 2016. 75, chron. I. Aftisse, T. Campagne, G. Caron, C. Duez, A. Maës et M. Montagne.

711.32 **Règles applicables aux perquisitions dans une juridiction ou au domicile d'un juge et destinées à protéger le secret du délibéré.** La loi du 3 juin 2016[4] applicable à compter du 1er octobre 2016 est venue modifier le troisième alinéa de l'article 56 du code de procédure pénale désormais ainsi rédigé : « Toutefois, sans préjudice de l'application des articles 56-1 à 56-5, il (l'OPJ) a l'obligation de provoquer préalablement toutes mesures utiles pour que soit assuré le respect du secret professionnel et des droits de la défense » ; tandis que le premier alinéa de l'article 57 du code de procédure pénale dispose maintenant : « Sous réserve des articles 56-1 à 56-5 et du respect du secret professionnel et des droits de la défense mentionné à l'article 56, les opérations prescrites par ledit article sont faites en présence de la personne au domicile de laquelle la perquisition a lieu ».

Les perquisitions dans les locaux d'une juridiction ou au domicile d'une personne exerçant des fonctions juridictionnelles et qui tendent à la saisie de documents susceptibles d'être couverts par le secret du délibéré ne peuvent être effectuées que par un magistrat, sur décision écrite et motivée de celui-ci, en présence du premier président de la cour d'appel ou du premier président de la Cour de cassation ou de son délégué. Cette décision indique

4. L. n° 2016-731, 3 juin 2016, renforçant la lutte contre le crime organisé, le terrorisme et leur financement, et améliorant l'efficacité et les garanties de la procédure pénale, *JO* 4 juin, n° 1.

la nature de l'infraction sur laquelle portent les investigations, les raisons justifiant la perquisition et l'objet de celle-ci. Le contenu de la décision est porté dès le début de la perquisition à la connaissance du premier président ou de son délégué par le magistrat. Celui-ci, le premier président ou son délégué ont seuls le droit de consulter ou de prendre connaissance des documents ou des objets se trouvant sur les lieux préalablement à leur éventuelle saisie. Aucune saisie ne peut concerner des documents ou des objets relatifs à d'autres infractions que celles mentionnées dans la décision précitée. Les dispositions du présent alinéa sont prévues à peine de nullité.

Le magistrat qui effectue la perquisition veille à ce que les investigations conduites ne portent pas atteinte à l'indépendance de la justice.

Le premier président ou son délégué peut s'opposer à la saisie d'un document ou d'un objet s'il estime cette saisie irrégulière. Le document ou l'objet est alors placé sous scellé fermé. Ces opérations font l'objet d'un procès-verbal, qui n'est pas joint au dossier de la procédure, mentionnant les objections du premier président ou de son délégué.

Si d'autres documents ou objets ont été saisis au cours de la perquisition sans soulever d'opposition, ce procès-verbal est distinct de celui prévu à l'article 57. Le procès-verbal mentionné au troisième alinéa du présent article ainsi que le document ou l'objet placé sous scellé fermé sont transmis sans délai au juge des libertés et de la détention, avec l'original ou une copie du dossier de la procédure.

Dans un délai de cinq jours à compter de la réception de ces pièces, le juge des libertés et de la détention statue sur l'opposition par ordonnance motivée non susceptible de recours.

À cette fin, il entend le magistrat qui a procédé à la perquisition et, le cas échéant, le procureur de la République, ainsi que le premier président ou son délégué. Il ouvre le scellé en présence de ces personnes.

S'il estime qu'il n'y a pas lieu à saisir le document ou l'objet, le juge des libertés et de la détention ordonne sa restitution immédiate, ainsi que la destruction du procès-verbal mentionné au même troisième alinéa et, le cas échéant, la cancellation de toute référence à ce document ou à son contenu ou à cet objet figurant dans le dossier de la procédure.

Dans le cas contraire, il ordonne le versement du scellé et du procès-verbal au dossier de la procédure. Cette décision n'exclut pas la possibilité ultérieure pour les parties de demander la nullité de la saisie devant, selon les cas, la juridiction de jugement ou la chambre de l'instruction [1].

1. C. pr. pén., art. 56-5.

Ces nouvelles dispositions sont applicables à toute perquisition intervenant dans les locaux d'une juridiction ou au domicile d'une personne exerçant des fonctions juridictionnelles. Comme le précise la circulaire du 26 juillet 2016 [2], sont concernés les domiciles des magistrats judiciaires et administratifs, mais également des juges de proximité, des juges consulaires, des conseillers prud'hommes, des assesseurs au tribunal pour enfants, au tribunal des affaires de la sécurité sociale et à la commission d'indemnisation des victimes d'infraction ainsi que, pendant la durée de la session, des jurés d'assises. Par ailleurs, la perquisition doit avoir pour objet la saisie de documents susceptibles d'être couverts par le secret du délibéré et l'article 56-5 ne s'applique donc pas à l'ensemble des perquisitions concernant un magistrat.

Si les deux conditions sont réunies, la perquisition est effectuée par le procureur de la République ou le juge d'instruction, en présence du premier président de la cour d'appel ou du premier président de la Cour de cassation ou de son délégué.

Ces dispositions sont largement inspirées du régime applicable aux avocats.

L'article 57 issu de la même loi rappelle que sous réserve des articles 56-1 à 56-5 et du respect du secret professionnel et des droits de la défense mentionné à l'article 56, les opérations prescrites par ledit article sont faites en présence de la personne au domicile de laquelle la perquisition a lieu. En cas d'impossibilité, l'officier de police judiciaire aura l'obligation de l'inviter à désigner un représentant de son choix ; à défaut, l'officier de police judiciaire choisira deux témoins requis à cet effet par lui, en dehors des personnes relevant de son autorité administrative. L'article 57-1 précise les conditions d'accès des enquêteurs aux données contenues dans un système informatique.

Dans l'affaire ayant occasionné la QPC, la chambre criminelle a ultérieurement rendu un arrêt aux termes duquel, elle affirme que le secret du délibéré constituant un principe indissociable des fonctions juridictionnelles, en tant que garantie de l'indépendance des juges et d'un procès équitable, il se déduit de l'article 6, § 1, de la convention européenne des droits de l'homme ainsi que des principes généraux du droit que l'atteinte que représente la saisie par un juge d'instruction de documents couverts par ce secret ne saurait être justifiée qu'à la condition qu'elle constitue une mesure nécessaire à l'établissement de la preuve d'une infraction pénale (la saisie

2. Circ. 26 juill. 2016 de présentation des dispositions de procédure pénale de la loi du 3 juin 2016 renforçant les garanties des justiciables et faisant suite à des décisions du Conseil constitutionnel dans le cadre de questions prioritaires de constitutionnalité, *BOMJ* 31 août, NOR : JUSD1621338C.

concernait en l'espèce, l'avis du conseiller rapporteur et le projet d'arrêt rédigé par lui) [1 2].

711.33 Prohibition de la présence du ministère public et du greffe lors du délibéré. Seuls doivent participer au délibéré les juges qui, ayant assisté aux débats, concourent à la décision. La règle paraît simple et attire surtout l'attention sur l'utilité de formulations adéquates dans les décisions rendues [3].

Ne peuvent pareillement entrer en salle de délibérés d'éventuels assesseurs supplémentaires désignés dans les affaires où les débats sont appelés à se prolonger. Les *magistrats du ministère public* n'assistent donc pas aux délibérations des juges [4]. Mentionnons pour illustration un arrêt de la chambre criminelle ayant rappelé : « Qu'en vertu des principes généraux du droit, aucune personne autre que les juges qui y participent, ne peut assister au délibéré ; Attendu que selon les mentions de l'arrêt attaqué étaient "présents lors des débats et du délibéré" : le président H..., les conseillers L... et T..., le substitut général Y... et le greffier J... ; Attendu qu'en l'état de ces énonciations qui ne mettent pas la Cour de cassation en mesure de s'assurer de la régularité de la composition de la juridiction qui a statué, l'arrêt attaqué encourt la censure » [5].

La présence du *greffier* est également exclue [6]. Le greffier faisant partie intégrante de la juridiction, le jugement doit en premier lieu clairement mentionner sa présence lors des débats. Ensuite, il doit éviter le recours à toute formule insuffisamment précise pouvant laisser croire que le greffier a suivi le tribunal en salle de délibéré. Dans une espèce ou là difficulté était soulevée, la chambre criminelle a jugé qu'il résultait des mentions de l'arrêt attaqué que le président et les conseillers avaient délibéré hors la présence du greffier, ce dont il se déduisait qu'ils étaient assistés par ce dernier lors de l'audience des débats [7].

Un certain nombre de mentions maladroites figurant sur les arrêts, telle que M. X... greffier « durant les débats et le délibéré », « Mme Y... greffier au délibéré »... sont régulièrement exploitées par les avocats aux Conseils comme traduisant une présence dudit greffier au délibéré des juges, parfois de nature à justifier une cassation.

On peut citer ici une décision de la chambre criminelle qui, dans une hypothèse où était soulevé le fait que l'arrêt attaqué mentionnait que la cour d'appel était composée lors des débats et du délibéré de : « président : M. B... » ; « conseillers : M. L..., Mme L... », « greffier : Mme I... » et qu'en vertu du principe absolu et d'ordre public du secret du délibéré, seuls les juges qui ont assisté aux débats peuvent en délibérer et qu'il convenait d'en déduire que l'arrêt attaqué qui mentionne la présence du greffier lors du délibéré était entaché de nullité, rejette le pourvoi aux motifs que : « les mentions de l'arrêt attaqué mettent la Cour de cassation en mesure de s'assurer que la décision a été rendue par le président et les deux conseillers, qui en ont, seuls, délibéré ; Que le moyen, qui procède d'une allégation inexacte, ne saurait être admis » [8]. Et encore, que lorsqu'un l'arrêt constate que la cour d'appel a rendu sa décision après avoir délibéré conformément à la loi, cette mention suffit à établir que, contrairement à ce qui est allégué, le greffier n'a pas assisté au délibéré [9]. À l'inverse, lorsque l'arrêt mentionne que « le greffier au délibéré » était Mariette X... cette mention, ne permet pas à la Cour de cassation de s'assurer que les juges ont délibéré seuls [10]. Ou encore, au visa des articles 510 et 592 du code de procédure pénale (le premier de ces textes précisant que la chambre des appels correctionnels est composée d'un président et de deux conseillers, le second que sont nuls les arrêts et jugements qui ne sont pas rendus par le nombre de juges prescrit), que tout jugement ou arrêt doit contenir la preuve de la composition régulière de la juridiction dont il émane et que l'arrêt qui mentionne que la cour était composée, « lors des débats et du délibéré », outre de trois magistrats, président et assesseurs, « en présence » du greffier et d'un étudiant ne permet pas à la Cour de cassation de s'assurer de la régularité de la composition de la juridiction lors du délibéré [11].

711.34 Portée du secret du délibéré. Il a été jugé en matière criminelle qu'en raison de son caractère secret, aucune pièce de la procédure ne peut ni constater, ni révéler ce qui s'est passé au cours de la délibération de la cour et du jury [12]. Pas plus n'est-il possible de solliciter l'audition comme témoin de

1. Crim. 22 mars 2016, n° 15-83.207, P n° 92 ; *D.* 2016. 713 ; *D.* 2016. 1727, obs. J. Pradel ; *RSC* 2016. 364, obs. F. Cordier.
2. Aussi, v. s^{s} n° 722.41.
3. Les chambres civiles jugent selon une jurisprudence constante que lorsque l'arrêt comporte seulement le nom du président et celui des deux conseillers sous l'intitulé « composition de la cour lors des débats et du délibéré », la mention « et du délibéré », qui figure après le nom du greffier et les mots « lors des débats » procède d'une erreur purement matérielle qui peut, selon l'article 462 du code de procédure civile, être réparée par la Cour de cassation : Civ. 2e, 20 oct. 2005, n° 03-15.833, NP – Soc. 19 mai 2016, n° 15-15.038, NP.
4. COJ, art. R. 122-1 ; créé par décr. n° 2008-522, 2 juin 2008.
5. Crim. 13 nov. 1990, n° 90-80.053, NP.
6. B. Bouloc, « La présence du greffier au délibéré, une inadvertance ? », *D.* 1999. 221.
7. Crim. 11 mars 2014, n° 13-88.301, NP.
8. Crim. 29 avr. 1998, n° 97-82.420, NP.
9. Crim. 19 mars 2014, n° 13-82.416, P n° 89.
10. Crim. 19 déc. 1994, n° 94-80.531, NP.
11. Crim. 18 oct. 2016, n° 15-86.579, NP.
12. Crim. 19 déc. 1990, n° 90-80.430, NP.

l'un des magistrats ayant participé au délibéré sur les conditions dans lesquelles celui-ci s'est tenu ou son éventuel désaccord avec les motifs de la décision [1].

Et il est évidemment impossible d'envisager qu'une décision soit connue avant sa lecture publique. Ainsi, pour un exemple détaillé en matière criminelle, mais dont il y a tout lieu de penser qu'il énonce des principes applicables en matière délictuelle, ne justifie pas sa décision, au regard de l'article 6, § 2 de la convention européenne des droits de l'homme, la cour d'appel qui relaxe des prévenus pour publication d'actes d'une procédure criminelle avant leur lecture en audience publique en retenant, d'une part, que cette publication n'a porté atteinte ni à l'autorité et à l'impartialité de la justice, ni aux intérêts de la partie civile, qui a exercé son droit de réponse, et, d'autre part, que l'application de l'article 38 [2] de la loi du 29 juillet 1881 constituerait en l'espèce une ingérence disproportionnée dans l'exercice du droit à la liberté d'expression et ne répondrait pas à un besoin impérieux de protection de la réputation et des droits d'autrui ou de garantie de l'autorité et de l'impartialité de la justice, alors qu'une telle publication, dans son contexte, était de nature à avoir une incidence sur les droits de la personne mise en cause, et, notamment, sur son droit à la présomption d'innocence [3].

SECTION 4
QUESTIONS PROCÉDURALES ET DISCIPLINAIRES

711.41 Notes en délibéré. Moins courante en matière correctionnelle, que devant les juridictions civiles, la pratique de la note en délibéré n'est pas prohibée. Il convient cependant qu'elle ait été autorisée par la juridiction. Il avait pu être jugé qu'aucune disposition légale ou conventionnelle n'impose aux juges de faire mention dans leur décision de l'existence d'une note en délibéré produite après l'audience, dès lors qu'ils ne fondent pas leur conviction sur ce document [4]. Un arrêt est venu préciser que le demandeur ne saurait se faire un grief de ce que l'arrêt a écarté la note et les pièces produites en délibéré par son avocat, dès lors que la cour d'appel n'en avait pas autorisé l'envoi et que la suite susceptible de leur être réservée relève de son appréciation souveraine [5].

Si, la suite susceptible d'être réservée à une telle note relève de l'appréciation souveraine des juges du fond [6] et si les juges ne sont pas tenus de faire mention, dans leur décision, de l'existence d'une note en délibéré produite après l'audience, dés lors qu'ils ne fondent pas leur conviction sur ce document, il en va différemment dans le cas où, au cours de l'audience, ils ont expressément accepté de recevoir une note en délibéré, celle-ci devant alors être examinée au même titre que des conclusions régulièrement déposées [7].

Il est néanmoins nécessaire pour la juridiction de préciser ce qu'elle entend faire d'une telle note, comment elle concilie son versement avec le respect du contradictoire, et par exemple, en quoi cette note peut fonder la décision sur la culpabilité. Ainsi, lorsque pour écarter la note produite par Jean-Pierre Y... au cours du délibéré, les juges du second degré retiennent que les moyens invoqués dans ce document ne nécessitent pas la reprise des débats et que l'intéressé a eu la possibilité de répliquer à la partie civile et au ministère public qui ont soulevé l'incompétence de la juridiction correctionnelle, la chambre criminelle a pu considérer qu'en l'état de ces motifs, qui relèvent de son appréciation souveraine, la cour d'appel a justifié sa décision sans méconnaître les dispositions légales et conventionnelles invoquées au moyen, lequel doit, dès lors, être écarté [8].

Les juges, qui apprécient l'opportunité d'ordonner la reprise des débats à la suite d'une note en délibéré, n'ont pas méconnu les textes conventionnels et légaux, visés au moyen, dès lors que la Cour de cassation est en mesure de s'assurer que cette note a été communiquée au conseil du prévenu et que celui-ci pouvait y répondre [9].

711.42 Spécificités du délibéré du tribunal correctionnel dans sa formation citoyenne – Dispositions abrogées. La loi du 10 août 2011 [10], qui avait créé notamment l'assesseur citoyen en matière correctionnelle avait prévu, pour le jugement des délits

1. Paris, 8 avr. 1993, *Dr. pénal* 1993, n° 145, note A. Maron.
2. L. 29 juill. 1881, art. 38.
3. Crim. 28 janv. 2014, n° 12-88.430, P n° 25 ; *D.* 2014. 373 ; *D.* 2015. 342, obs. E. Dreyer ; *AJ pénal* 2014. 305, obs. J.-B. Perrier.
4. Crim. 16 déc. 2009, n° 09-81.136, P n° 215 ; *D.* 2010. 1923, note J. Lapousterle ; *D.* 2010. 1653, Chron. P. Chaumont, A. Leprieur et E. Degorce.
5. Crim. 14 juin 2017, n° 16-80.856, NP – Il avait déjà été jugé que la chambre de l'instruction n'était pas tenue de répondre à une note en délibéré dont il n'est pas établi qu'elle ait autorisé l'envoi : Crim. 9 févr. 2016, n° 15-85.063, P n° 34 ; *D.* 2016. 427 ; *D.* 2016. 1727, obs. J. Pradel.
6. Crim. 14 mars 2007, n° 06-81.010, P n° 83 ; *AJ pénal* 2007. 288 (v. s[s] n° 711.01).
7. Crim. 29 janv. 2014, n° 13-80.093, P n° 33, *D.* 2014. 374 ; *AJ pénal* 2014. 191, obs. P. de Combles de Nayves ; *D. actu.*, 10 mars 2014, note Priou-Alibert et Procédures, mars 2014, comm. n° 81, A.-S. Chavent-Leclère – v. égal[t] s[s] n° 521.55.
8. Crim. 27 nov. 1996, n° 95-85.764, NP, *Procédures* 1997, n° 100, note J. Buisson.
9. Crim. 9 févr. 2005, n° 03-87.710, NP, *Dr. pénal* 2005, n° 118, note A. Maron.
10. L. n° 2011-939, 10 août 2011 sur la participation des citoyens au fonctionnement de la justice pénale et le jugement des mineurs, *JO* 11 août, p. 13744.

énumérés à l'article 399-2 du code de procédure pénale, qu'en application de l'article 399-4, les trois magistrats délibèrent avec les citoyens assesseurs sur la qualification des faits, la culpabilité et la peine et que sauf lorsque le président en décidait autrement dans l'intérêt d'une bonne administration de la justice, le délibéré se tenait à l'issue des débats, avant l'examen de toute autre affaire[1].

L'appel à des magistrats non professionnels avait nécessité quelques réaménagements procéduraux, en sorte que notamment au stade du jugement il était prévu, qu'avant de délibérer sur la culpabilité du prévenu, le président rappelle aux citoyens assesseurs les éléments constitutifs de l'infraction ainsi que, s'il y avait lieu, les éléments des circonstances aggravantes, y compris en cas de requalification. Il leur rappelait également, s'il y avait lieu, les dispositions des articles 121-5 et 121-7 ainsi que du chapitre II du titre II du livre Ier du code pénal[2].

En outre, si le prévenu était déclaré coupable, avant de délibérer sur la peine, le président devait rappeler aux citoyens assesseurs les peines encourues compte tenu, le cas échéant, de l'état de récidive. Il leur rappelait également les dispositions des articles 132-19, 132-20, 132-24 et, s'il y avait lieu, 132-19-1 et 132-19-2 du code pénal, ainsi que l'existence des différents modes de personnalisation des peines[3].

Enfin, si la requalification des faits conduisait à retenir une infraction qui ne relevait pas de la compétence du tribunal correctionnel dans sa formation citoyenne, la décision était prise par les seuls magistrats[4]. Toutefois, un arrêté du 18 mars 2013[5] a mis un terme à l'expérimentation de cette nouvelle forme de juridiction et ses lourdeurs évidentes.

711.43 **Information du greffier.** Si le greffier ne peut délibérer avec les juges, il peut en revanche être pertinent de l'aviser des résultats de la délibération, avant l'annonce de la décision en audience publique, afin qu'il puisse préparer certaines pièces d'exécution à commencer par les titres de détention, notamment lorsque l'escorte doit en disposer quand elle quitte le tribunal (mandat de dépôt), ou lorsque la loi prévoit la remise de documents au prévenu (notification des droits, notification du sursis probatoire, placement sous contrôle judiciaire...).

Il est donc conseillé d'éviter l'annonce de décisions comportant une partie formelle, sans avis préalable au greffier d'audience qui devra inscrire le résultat du délibéré sur les notes d'audience, sur le rôle d'audience, éditer le ou les titres de détention en cas de pluralité de prévenus, notifier le cas échéant, un sursis probatoire ou un sursis-tig, remettre aux parties tous formulaires explicatifs mis en place par la juridiction, concernant les frais de procédure, le BEX, les recours ouverts aux victimes...

711.44 **Avis aux escortes.** Afin de fluidifier le rendu des décisions, il convient encore d'aviser les escortes présentes que telle décision va être rendue. De même en cas de prononcé d'une peine particulièrement lourde, il reste opportun d'aviser l'escorte des risques de réaction du condamné ou de sa famille éventuellement présente dans la salle. Ainsi, lorsque le tribunal entre dans la salle, chacun est en place, avisé des risques et l'amélioration des conditions de sécurité, de même que le gain de temps au fil d'une audience peuvent s'avérer appréciables.

Dans l'hypothèse où un titre de détention va être délivré contre un prévenu libre, il est important qu'une escorte ait été prévue et le chef d'escorte avisé, afin qu'il puisse se saisir du prévenu et anticiper toute bousculade notamment avec d'autres prévenus ou des membres de sa famille. C'est usuellement au parquet, avisé par le président de la juridiction de la probable incarcération d'un prévenu, de prévoir la présence d'une escorte. Cette « mise en alerte » est, il est vrai ambiguë, puisque si elle ne donne pas nécessairement au parquet le résultat de l'audience avant qu'il soit publiquement prononcé, elle est le seul moyen d'en assurer l'exécution correcte.

711.45 **Incidences procédurales.** Si le jugement ne mentionne pas que le président a informé les parties du jour où le jugement sera rendu, le délai d'appel ne peut, en application des dispositions de l'article 498, alinéa 2, du code de procédure pénale commencer à courir, que du jour de sa signification[6]. La règle est d'ailleurs la même pour le délai de 5 jours du pourvoi, ainsi qu'il résulte de l'article 568 du code de procédure pénale. Et ce, quel que soit le mode de la signification, pour la partie qui, après débats contradictoires, n'était pas présente ou représentée à l'audience où le jugement a été prononcé dans le cas où elle-même ou son représentant, en dépit des prescriptions de l'article 462 dudit code, n'a pas été informé du jour où le jugement serait rendu[7].

Rappelons que l'article 498 du code de procédure pénale fixe à 10 jours, le délai dont disposent les parties pour relever appel du jugement porté à leur connaissance. La chambre criminelle a encore jugé

1. C. pén., art. 486-2 abrogé.
2. C. pr. pén., art. 486-3 abrogé.
3. C. pr. pén., art. 486-4 abrogé.
4. C. pr. pén., art. 486-5 abrogé.
5. Arr. 18 mars 2013 mettant fin à l'expérimentation des dispositions prévoyant la participation de citoyens assesseurs au fonctionnement de la justice pénale, *JO* 22 mars, p. 4897, NOR : JUSD1306459A.
6. Paris, 9 févr. 1962, *D.* 1962. 378 – Crim. 15 oct. 1996, nº 96-80.995, P nº 360.
7. Crim. 23 nov. 1999, nº 99-81.789, P nº 267.

que si, aux termes de l'alinéa 2 de l'article 498 du Code de procédure pénale, le délai d'appel de dix jours court, pour le prévenu jugé par arrêt contradictoire à signifier, à compter de la signification du jugement, quel qu'en soit le mode, c'est à la condition que cette signification ait été faite conformément aux prescriptions des articles 555 et suivants du même code[1]. Par ailleurs, il sera précisé que pour la computation du délai, le jour du prononcé du jugement ou de sa signification doit être écarté et que ce délai expire le dernier jour à minuit[2].

Ainsi, lorsqu'à l'issue des débats contradictoires, le président de la juridiction a indiqué aux parties ou à leurs avocats la date à laquelle la décision serait prononcée, le renvoi de ce prononcé à une autre date à nouveau indiquée, fût-ce en l'absence des parties ou de leurs représentants, n'est pas de nature à retirer à la procédure son caractère contradictoire[3], solution reprise par les arrêts qui retiennent que lorsqu'une partie, présente ou représentée lors des débats et informée de la mise en délibéré, ne comparaît pas à une audience ultérieure au cours de laquelle le délibéré est prorogé à date fixe, le jugement rendu, à cette date, qui conserve son caractère contradictoire, n'a pas à lui être signifié[4]. On trouvera un exemple d'enchaînement d'audiences au cours desquelles les prescriptions de l'article 462, alinéa 2, du code de procédure pénale ont été régulièrement accomplies faisant courir les délais d'appel contre les deux prévenus dès le prononcé du jugement dans un dernier arrêt[5].

Si à l'issue des débats contradictoires, la partie n'a en revanche pas été avisée de la date du prononcé du jugement, et qu'elle n'était, ni présente, ni représentée à l'audience à laquelle le jugement a été rendu, il est acquis que le délai pour faire appel ne court qu'à compter de la signification du jugement, quel qu'en soit le mode[6] ; autrement formulé, en l'absence de la mention prescrite par l'article 462 du code de procédure pénale, établissant que, à l'issue des débats, le prévenu ou son représentant a été informé de la date de prononcé du jugement, le délai d'appel ne court qu'à compter de la signification pour la partie qui n'était pas présente ou représentée à l'audience à laquelle le jugement a été rendu[7].

Enfin, s'agissant des négligences des justiciables dans le suivi de leurs affaires, il est possible de citer deux décisions : la partie civile présente à l'audience des débats et régulièrement mise en demeure d'assister ou d'être représentée à celle à laquelle la décision devait être rendue, ne saurait se prévaloir de sa propre carence qui seule l'a empêchée de connaître la prorogation du délibéré et d'être informée de la date à laquelle le jugement a été effectivement rendu. Tel est le cas de la partie civile présente à l'audience publique où ont eu lieu les débats contradictoires et où le tribunal a indiqué que le délibéré serait rendu à une date ultérieure[8] ; le prévenu présent à l'audience des débats et régulièrement mis en demeure d'assister ou d'être représenté à celle à laquelle la décision devait être rendue, ne saurait se prévaloir de son absence à cette dernière audience, qui seule l'a empêché de connaître la prorogation du délibéré et d'être informé de la date à laquelle le jugement a été effectivement rendu[9].

Encore faut-il préciser quelles sont les circonstances précises de la cause et l'étendue des informations dont disposait le prévenu quant à la nature des décisions rendues tant au pénal qu'au civil, puisqu'une décision a pu juger que si le jugement rendu après ajournement du prononcé de la peine, est contradictoire à l'égard du prévenu non comparant par application de l'article 132-60 du code pénal, et, si le délai d'appel contre une telle décision court du jour où elle est rendue, sans qu'une signification soit nécessaire en cas d'absence du prévenu, il n'en va pas de même lorsque, par ce jugement, les juges statuent pour la première fois sur l'intervention des parties civiles dans les conditions prévues par l'article 421 du code de procédure pénale (sur ajournement mais avant les réquisitions du ministère public sur la peine), cette circonstance nouvelle imposant alors la signification du jugement au prévenu[10].

711.46 Incidences disciplinaires. Dans tous les cas, il convient de rappeler, que le Conseil supérieur de la Magistrature retient comme règles déontologiques la nécessité pour le magistrat de respecter ses engagements et en particulier de « rendre ses décisions à leur date »[11], d'agir « avec diligence dans un délai raisonnable »[12], et de traiter ses affaires sans retard, notamment dans le « prononcé des décisions »[13], le magistrat devant dire le droit « dans le

1. Crim. 7 mai 2014, n° 13-84.570, P n° 128, *D. actu.* 26 mai 2014, obs. S. Fucini ; *Procédures* 2014. 180, note A.-S. Chavent-Leclère ; *AJ pénal* 2014. 478, obs. J. Lasserre Capdeville.
2. Crim. 11 avr. 2018, n° 17-85.606, NP.
3. Crim. 18 mai 1994, n° 93-85.164, P n° 188.
4. Crim. 5 mars 2002, n° 01-81.269, NP – Crim. 6 mai 2009, n° 08-83.635, NP.
5. Crim. 19 janv. 2011, n° 10-80.902, NP.
6. Crim. 23 nov. 1999, n° 99-81.789, P n° 267.
7. Crim. 13 oct. 2010, n° 10-81.511, P n° 58.
8. Crim. 12 mai 1993, n° 91-86.034, P n° 175.
9. Crim. 7 févr. 1996, n° 95-81.751, P n° 65.
10. Crim. 7 févr. 1996, n° 95-82.546, P n° 63.
11. CSM, *Recueil des obligations déontologiques des magistrats*, Dalloz, 2010, recomm. e. 9 *et id.*, Édition 2019, La documentation française, chapitre VIII, point 7.
12. CSM, *Recueil*..., principe D. 22.
13. CSM, *Recueil*..., recomm. d. 24.

délai prévu, quelles que soient les éventuelles imperfections, contradictions ou lacunes de la loi »[1].

S'agissant plus précisément du secret du délibéré, le recueil des obligations déontologiques des magistrats déjà cité mentionnait ici deux règles qui peuvent être indiquées et demeurent :

D'une part, le magistrat ne commente pas ses propres décisions qui, par leur motivation, doivent se suffire à elles-mêmes. Il ne critique pas, même à l'intérieur de la juridiction, les décisions juridictionnelles de ses collègues dont l'analyse relève de l'exercice normal des voies de recours[2].

D'autre part, le magistrat respecte la confidentialité des débats judiciaires et des procédures évoquées devant lui ; il ne divulgue pas les informations dont il a eu connaissance, même sous forme anonyme ou anecdotique...[3].

Le secret du délibéré est en réalité absolu. Il interdit au juge de faire état d'une décision avant qu'elle soit rendue mais encore des débats qui ont présidé à sa rédaction. Il impose à chaque membre de la juridiction une solidarité sans faille avec le sens de la décision, qu'il s'agisse d'une relaxe ou d'une déclaration de culpabilité et quelle que soit la peine. Et ceci aussi bien dans le cercle personnel qu'entre magistrats n'ayant pas siégé. En ce sens ce secret rejoint très clairement l'obligation de réserve et d'impartialité imposées aux juges.

1. CSM, *Recueil...*, recomm. d. 25.
2. CSM, *Recueil...*, recomm. f. 7.
3. CSM, *Recueil...*, recomm. f. 8.

CHAPITRE

712. Natures et qualifications des décisions

SECTION 0 ORIENTEUR

712.00 **Sommaire du chapitre.**

712.01 **Principaux textes applicables.**

TEXTES SOURCES

• C. pén., art. 130-1, 131-3, 131-4, 131-4-1, 131-6, 132-1, 132-19, 132-20, 132-24, 132-29, 132-35 à 132-39, 132-70-1 à 132-70-3

• C. pr. pén., art. 10-1, 397-3-1, 418 à 421, 427, 462 à 472, 474, 474-1, 475-1, 478 à 482, 484 à 486, 713-42 à 713-49

• CSS, art. L. 376-1 et L. 376-2

• C. civ., art. 378 à 381

TEXTES *IN EXTENSO*

* V. s[s] n° 711.01

712.02 **Jurisprudence de référence.**

> Saisis en matière de comparution immédiate, les juges n'ont pas la possibilité de statuer sur leur compétence

• **Crim. 27 mai 2003,** n° 02-85.619, P n° 107

* V. s[s] n° 712.33.

« Vu les articles 397-2 et 469 du code de procédure pénale ;

Attendu que les dispositions de l'article 469 précité ne sont pas applicables lorsque le tribunal correctionnel, saisi par la comparution immédiate du prévenu et estimant que la complexité de l'affaire nécessite des investigations complémentaires approfondies, renvoie la procédure au procureur de la République en vue de saisir le juge d'instruction ;

Attendu que, régulièrement saisi du chef de violences aggravées à l'encontre d'Adnan X... par sa comparution immédiate, le tribunal correctionnel s'est déclaré incompétent au motif que les violences reprochées auraient entraîné une mutilation ou une infirmité permanente et, faisant application de l'article 397-2, alinéa 2, du code de procédure pénale, a renvoyé le dossier au procureur de la République et maintenu le prévenu en détention jusqu'à sa comparution devant le juge d'instruction le jour même ;

Attendu que, sur appel relevé par le procureur de la République, l'arrêt attaqué a confirmé le jugement ;

Mais attendu qu'en prononçant ainsi, alors qu'il lui appartenait d'annuler le jugement en ce qu'il avait statué sur la compétence et de déclarer l'appel sans objet pour le surplus, la cour d'appel a méconnu les textes susvisés et le principe ci-dessus énoncé ;

D'où il suit que la cassation est encourue ; qu'elle aura lieu sans renvoi, la Cour de cassation étant en mesure d'appliquer directement la règle de droit et de mettre fin au litige, ainsi que le permet l'article L. 131-5 du code de l'organisation judiciaire ;

Par ces motifs, casse et annule [...]. »

> Supplément d'information : liberté d'appréciation des juges

• **Crim. 19 mars 2002,** n° 01-84.551, NP

* V. s[s] n° 712.41.

L'opportunité d'ordonner un supplément d'information relève de l'appréciation souveraine des juges du fond.

> Supplément d'information : impossibilité pour le parquet de compléter son enquête par des investigations nouvelles

• **Crim. 8 déc. 1999,** n° 98-85.893, P n° 298

* V. s^s n° 712.41.

« Il résulte de l'article 463 du code de procédure pénale que seule la juridiction de jugement saisie peut ordonner des investigations complémentaires par voie de supplément d'information, lequel obéit aux règles édictées par les articles 114, 119, 120 et 121 du même code. Encourt, dès lors, la cassation l'arrêt d'une cour d'appel qui refuse d'annuler le rapport et les procès-verbaux, versés aux débats, de l'enquête complémentaire ordonnée par le ministère public relativement aux faits dont la juridiction de jugement était saisie. »

> Supplément d'information : article 388-5

• **Crim. 5 déc. 2017,** n° 16-85.800, NP

* V. s^s n° 712.45.

« Si dans le cadre d'une saisine initiale par citation ou par convocation par procès-verbal la juridiction refuse d'ordonner un supplément d'information régulièrement sollicité au cours des débats par des conclusions écrites, elle doit spécialement motiver sa décision. »

> Qualification des jugements : signature de la lettre recommandée, portée

• **Crim. 7 mai 2014,** n° 13-87.322, P n° 127

* V. s^s n° 712.62.

« Lorsque le prévenu, absent et non représenté à l'audience, a été cité en l'étude de l'huissier, le juge, pour qualifier sa décision, apprécie souverainement si la signature figurant sur le récépissé de la lettre recommandée expédiée en application de l'article 558 du code de procédure pénale est ou non celle de l'intéressé. Dans la négative, le jugement est rendu par défaut. »

> Qualification des jugements : déclaration d'adresse

• **Crim. 2 mars 2011,** n° 10-81.945, P n° 43

* V. s^s n° 712.65.

Vu les articles 503-1, 555, 556, 557, 558, alinéas 2 et 4, du code de procédure pénale ;

« Attendu qu'il résulte de la combinaison de ces textes, que l'huissier qui délivre une citation à la dernière adresse déclarée du prévenu appelant, conformément à l'article 503-1 du code de procédure pénale, est tenu d'effectuer les diligences prévues par les articles 555, 556, 557, 558, alinéas 2 et 4, dudit code, que l'intéressé demeure ou non à l'adresse dont il a fait le choix, cette citation étant réputée faite à personne ;

Attendu qu'il résulte de l'arrêt attaqué et des pièces de procédure que M. X..., lorsqu'il a interjeté appel de la décision du tribunal, a déclaré comme adresse "Pierre et Vacances 97180 Sainte-Anne" ; que l'huissier, après avoir indiqué dans un procès-verbal de perquisition que "j'ai appris que M. X... est actuellement en France, sans aucune précision sur son adresse", a délivré une citation à parquet ;

Attendu que, pour statuer par arrêt contradictoire à signifier, l'arrêt énonce que le prévenu a été régulièrement cité à sa dernière adresse déclarée dans l'acte d'appel, qu'il n'a pas comparu ni fourni d'excuse et que la citation remise à parquet est réputée faite à sa personne, conformément à l'article 503-1 du code de procédure pénale ;

Mais attendu qu'en prononçant ainsi, alors qu'il appartenait à l'huissier d'effectuer les diligences prévues par les alinéas 2 et 4 de l'article 558 du code de procédure pénale, la cour d'appel, qui n'était pas légalement saisie, a méconnu le sens et la portée des textes susvisés ;

D'où il suit que la cassation est encourue. »

• **Crim. 27 sept. 2011,** n° 11-80.252, P n° 185

* V. s^s n° 712.65.

« Fait l'exacte application des dispositions de l'article 503-1 du code de procédure pénale, la cour d'appel qui, pour statuer par décision contradictoire à signifier à l'encontre d'un prévenu appelant non comparant, retient que l'huissier, qui a délivré la citation à l'adresse déclarée par celui-ci, a effectué les diligences prévues par les alinéas 2 et 4 de l'article 558 du code de procédure pénale, en se transportant à cette adresse et, en l'absence de l'intéressé, lui a envoyé une lettre recommandée avec avis de réception en l'invitant à retirer la copie de l'acte à l'étude dans les plus brefs délais. »

• **Crim. 13 mai 2014,** n° 13-83.247, P n° 130

* V. s^s n° 712.65.

« Est irrecevable comme tardif le pourvoi formé plus de cinq jours francs après la signification d'un arrêt contradictoire à signifier, dès lors que, conformément à l'article 503-1 du code de procédure pénale, cette signification a été délivrée au prévenu à l'adresse par lui déclarée, dont il n'avait pas signalé de changement, que l'huissier instrumentaire a accompli la diligence prévue à l'alinéa 2 de l'article 558 de ce code et que l'arrêt signifié ne comporte pas de condamnation à une peine d'emprisonnement ferme. »

SECTION 1
DIVERSITÉ DES DÉCISIONS RENDUES

712.11 Distinction entre mesure d'administration judiciaire et jugement. Est qualifiée d'acte ou de mesure d'administration judiciaire, la décision qui est relative au fonctionnement de la juridiction, est insusceptible de recours, à l'exception du pourvoi en cassation ouvert en cas d'excès de pouvoir et ne tranche pas définitivement le litige.

En ce qui concerne la matière correctionnelle, une décision de renvoi de l'examen de l'affaire à une date ultérieure ou une décision de jonction ou de disjonction, sont des mesures d'administration judiciaire[1]. L'ambiguïté peut résulter du fait que si la plupart du temps elles vont résulter d'une simple mention sur la cote du dossier, elles peuvent aussi faire l'objet d'un jugement, notamment lorsqu'un renvoi est discuté entre les parties. Une décision de renvoi pouvant résulter d'un débat argumenté entre

1. Crim. 4 mars 2008, n° 07-84.002, NP, *D.* 2008. 2213, note S. Detraz ; *RSC* 2009. 131, obs. J. Francillon.

les parties et nécessiter une réelle motivation, *a fortiori* si ce débat a donné lieu à un incident ou à une intervention d'un représentant du conseil de l'ordre, il peut être conseillé dans ce cas, de rendre un jugement et de ne pas se contenter d'une simple mention sur la chemise du dossier.

Un jugement sera également matérialisé lorsqu'il aura été débattu d'un placement, d'un maintien ou d'une mainlevée d'un contrôle judiciaire, d'une assignation à résidence sous surveillance électronique ou d'une détention provisoire. La prescription de l'action publique est également concernée par le fait que la remise de cause ou renvoi est effectué ou non par jugement.

712.12 **Distinctions entre les jugements.** On distingue les jugements incidents des jugements sur le fond. Les premiers vont statuer sur une mesure provisoire ou préparer le jugement sur le fond. Les seconds vont trancher le litige.

712.13 **Jugements provisoires.** Au titre des jugements provisoires on évoquera, par exemple, les jugements rendus avant que le fond ne soit abordé et qui concernent, par exemple, l'examen d'une mesure de contrôle judiciaire ou de détention provisoire. La personne concernée par une telle mesure peut en effet à tout instant saisir la juridiction compétente d'une demande de modification ou de mainlevée de contrôle judiciaire, ou de mise en liberté.

Toute juridiction appelée à statuer, en application des articles 141-1 et 148-1 du code de procédure pénale, sur une demande de mainlevée totale ou partielle du contrôle judiciaire ou sur demande de mainlevée totale ou partielle du contrôle judiciaire ou sur une demande de mise en liberté se prononce après audition du ministère public, du prévenu ou de son avocat ; le prévenu non détenu et son avocat sont convoqués, par lettre recommandée, quarante-huit heures au moins avant la date de l'audience. Si la personne a déjà comparu devant la juridiction moins de quatre mois auparavant, le président de cette juridiction peut, en cas de demande de mise en liberté, refuser la comparution personnelle de l'intéressé par une décision motivée qui n'est susceptible d'aucun recours.

Lorsque la personne n'a pas encore été jugée en premier ressort, la juridiction saisie statue dans les dix jours ou les vingt jours de la réception de la demande, selon qu'elle est du premier ou du second degré. Lorsque la personne a déjà été jugée en premier ressort et qu'elle est en instance d'appel, la juridiction saisie statue dans les deux mois de la demande. Lorsque la personne a déjà été jugée en second ressort et qu'elle a formé un pourvoi en cassation, la juridiction saisie statue dans les quatre mois de la demande.

Toutefois, lorsqu'au jour de la réception de la demande il n'a pas encore été statué soit sur une précédente demande de mise en liberté ou de mainlevée de contrôle judiciaire, soit sur l'appel d'une précédente décision de refus de mise en liberté ou de mainlevée du contrôle judiciaire, les délais prévus ci-dessus ne commencent à courir qu'à compter de la décision rendue par la juridiction compétente. Faute de décision à l'expiration des délais, il est mis fin au contrôle judiciaire ou à la détention provisoire, le prévenu, s'il n'est pas détenu pour une autre cause, étant d'office remis en liberté.

La décision du tribunal est immédiatement exécutoire nonobstant appel ; lorsque le prévenu est maintenu en détention, la cour se prononce dans les vingt jours de l'appel, faute de quoi le prévenu, s'il n'est pas détenu pour autre cause, est mis d'office en liberté[1,2].

De manière exceptionnelle pourra également être présentée à la juridiction une demande de restitution. Sur ce point, on signalera une pratique critiquable qui consiste pour certains parquets à temporiser à l'extrême l'enregistrement de telle demande, pour qu'elle ne vienne finalement devant la juridiction qu'au jour de l'audience sur le fond. Si ce système, que l'on retrouve en matière de requêtes en confusion de peines, permet de limiter l'explosion d'un contentieux particulier, il n'est qu'imparfaitement compatible avec le droit de chacun de voir statuer dans un délai raisonnable sur une demande dont il n'appartient pas à la partie poursuivante d'apprécier si elle est légitime.

712.14 **Jugements sur le fond ou « au fond ».** À l'inverse des jugements évoqués ci-dessus et à suivre, les jugements sur le fond, viennent au contraire trancher le litige sous la seule réserve, d'une part, que la juridiction ne se déclare pas incompétente[3] et d'autre part, celle d'une appréciation différente qui pourra le cas échéant être portée sur les faits et/ou la peine ou encore les intérêts civils, par la juridiction saisie d'un appel.

SECTION 2
HYPOTHÈSES DE JUGEMENTS PROVISOIRES

§ 1
Jugement avant dire droit

712.21 **Jugements avant dire droit.** La juridiction peut estimer que l'affaire qui lui est soumise n'est pas en état d'être jugée. Elle peut vouloir compléter le dossier par une mesure d'instruction sur le fond

1. C. pr. pén., art. 148-2.
2. V. s^s n°s 811.11 s.
3. V. s^s n° 221.101.

qui va consister soit, en un complément d'enquête ou d'instruction décidé d'initiative ou suggéré par l'une des parties, soit même être nécessité quant à la qualification juridique des faits ou encore vouloir affiner les renseignements de personnalité relatifs au prévenu. Les jugements avant dire droit méritent bien cette terminologie. Ils auront donc pour objet, une mesure d'investigation (audition de témoin, prise d'une série de photographies, expertise sur le fond, par exemple, aux fins de détermination d'une incapacité totale de travail ou sur la personnalité d'un prévenu ou complément d'expertise...).

Il en est notamment ainsi en matière de violences ayant entraîné une ITT inférieure ou supérieure à huit jours pour lesquelles des certificats médicaux vont parfois faire naître une hésitation, soit sur la durée de l'ITT, soit sur l'existence d'une infirmité permanente ce qui est évidemment de nature à modifier la nature des poursuites, voire les règles de compétence de la juridiction de jugement, et l'indemnisation des préjudices.

Le jugement avant dire droit ne peut donc qu'être qualifié de provisoire « imparfait », en ce qu'il va nécessairement influer sur le fond quels que soient les investigations sollicitées et leur résultat. On peut toutefois admettre dans la pratique, qu'il en est de même d'une remise en liberté avant jugement, qui limitera de fait, si le prévenu adopte un bon comportement et notamment respecte son contrôle judiciaire, le risque de se voir condamner à une peine d'emprisonnement ferme, ou même, une investigation sur la personnalité du prévenu (enquête de personnalité, expertise psychiatrique...), dont la plupart du temps il sera tenu compte dans l'appréciation de la peine, *a fortiori*, si une atténuation de responsabilité est retenue [1] ou si les éléments recueillis révèlent que le prévenu bénéficie d'un régime de protection [2].

712.22 Portée du jugement avant dire droit. L'autorité de la chose jugée ne s'attache pas à une décision avant dire droit ordonnant une expertise [3].

Justifie sa décision la cour d'appel qui, après avoir ordonné, avant dire droit, une expertise psychiatrique du prévenu, se déclare incompétente, lors de l'audience de renvoi, au motif que les faits relèveraient d'une qualification criminelle dès lors que, d'une part, aucune autorité de chose jugée quant à la compétence ne saurait s'attacher à un arrêt avant dire droit et, que, d'autre part, en matière répressive, la compétence des juridictions est d'ordre public et qu'il appartient aux juges correctionnels, même d'office et en tout état de la procédure, de se déclarer incompétents lorsque les faits poursuivis ressortissent à la juridiction criminelle [4].

§ 2
Jugements sur la compétence

712.31 Principe. Toute juridiction doit vérifier qu'elle est bien compétente à juger le fait déféré et ce quant à sa compétence matérielle, territoriale, et organisationnelle [5]. Les règles de compétence peuvent être invoquées à tous les stades de la procédure, et il n'importe que le prévenu n'ait pas opposé, devant les juges du fond, l'exception dont il pouvait se prévaloir, l'incompétence des juridictions étant en pareil cas d'ordre public [6] ; le moyen tiré de l'incompétence est donc recevable, pour la première fois en cause d'appel [7] et même s'il est présenté pour la première fois devant la Cour de cassation [8], et peut être relevé d'office par cette dernière [9].

712.32 Compétence du tribunal de police. Si le tribunal de police estime que le fait constitue un crime ou un délit, il se déclare incompétent. Il renvoie le ministère public à se pourvoir ainsi qu'il avisera [10].

712.33 Compétence du tribunal correctionnel. Si le fait déféré au tribunal correctionnel sous la qualification de délit est de nature à entraîner une peine criminelle, le tribunal renvoie le ministère public à se pourvoir ainsi qu'il avisera.

Il peut, le ministère public entendu, décerner, par la même décision, mandat de dépôt ou d'arrêt contre le prévenu.

Les dispositions des deux alinéas précédents sont également applicables si le tribunal correctionnel, dans sa composition prévue par le troisième alinéa de l'article 398, estime, au résultat des débats, que le fait qui lui était déféré sous la qualification de l'un des délits visés à l'article 398-1 est de nature à

1. V. s^s^ n°s 714.21 s.
2. V. s^s^ n°s 714.22 s.
3. Crim. 11 juill. 1972, n° 72-90.788, P n° 234.
4. Crim. 1er févr. 2005, n° 04-85.351, P n° 32 ; *D.* 2005. 856.
5. SUR la distinction juge unique/formation collégiale, v. s^s^ n° 113.101.
6. Crim. 20 juin 2006, n° 05-87.415, P n° 189 – antérieurement : Crim. 15 févr. 2000, n° 99-81.685, P n° 70.
7. Crim. 20 oct. 2009, n° 09-81.721, P n° 172 ; *D.* 2009. 2753 ; *D.* 2010. 2732, obs. G. Roujou de Boubée, T. Garé et S. Mirabail ; *AJ pénal* 2010. 31, obs. J. Lasserre Capdeville ; *Rev. Sociétés* 2010. 121, note H. Matsopoulou ; *RTD com.* 2010. 440, obs. B. Bouloc.
8. Crim. 9 nov. 1955, *JCP* 1956. II. 9249, note J. Granier – Crim. 28 févr. 2006, n° 05-85.840, P n° 57 ; *D.* 2006. 1002 – Crim. 9 janv. 2013, n° 12-83.047, P n° 12 ; *D.* 2013. 1304, obs. J.-P. Céré, M. Herzog-Evans et E. Péchillon ; *AJ pénal* 2013. 114.
9. Crim. 12 juin 1958, P n° 457 – Crim. 15 mars 2016, n° 14-87.237, P n° 81 ; *AJDA* 2016. 576 ; *AJCT* 2016. 462, obs. Y. Mayaud.
10. C. pr. pén., art. 540.

entraîner une peine prévue pour un délit non visé par cet article.

Lorsqu'il est saisi par le renvoi ordonné par le juge d'instruction ou la chambre de l'instruction, le tribunal correctionnel ne peut pas faire application, d'office ou à la demande des parties, des dispositions du premier alinéa, si la victime était constituée partie civile et était assistée d'un avocat lorsque ce renvoi a été ordonné. Toutefois, le tribunal correctionnel saisi de poursuites exercées pour un délit non intentionnel conserve la possibilité de renvoyer le ministère public à se pourvoir s'il résulte des débats que les faits sont de nature à entraîner une peine criminelle parce qu'ils ont été commis de façon intentionnelle [1].

Doit être annulé, en ce qu'il a statué sur la compétence, le jugement du tribunal correctionnel qui, sur le fondement de l'article 397-2, alinéa 2, du code de procédure pénale, a renvoyé le dossier dont il était saisi au procureur de la République [2]. Les dispositions de l'article 469 précité ne sont en effet pas applicables lorsque le tribunal correctionnel, saisi par la comparution immédiate du prévenu et estimant que la complexité de l'affaire nécessite des investigations complémentaires approfondies, renvoie la procédure au procureur de la République en vue de saisir le juge d'instruction. En l'espèce, régulièrement saisi du chef de violences aggravées à l'encontre d'Adnan X... par sa comparution immédiate, le tribunal correctionnel s'était déclaré incompétent au motif que les violences reprochées auraient entraîné une mutilation ou une infirmité permanente (ablation de la rate) et, faisant application de l'article 397-2, alinéa 2, du code de procédure pénale, avait renvoyé le dossier au procureur de la République et maintenu le prévenu en détention jusqu'à sa comparution devant le juge d'instruction le jour même. Sur appel relevé par le procureur de la République, l'arrêt attaqué avait confirmé le jugement. La chambre criminelle casse et annule au motif qu'il appartenait à la cour d'annuler le jugement en ce qu'il avait statué sur la compétence et de déclarer l'appel sans objet pour le surplus. Par ailleurs, il résulte de l'alinéa 4 de l'article 469 du code de procédure pénale que la juridiction correctionnelle saisie d'une infraction non intentionnelle conserve la possibilité de se déclarer incompétente s'il apparaît que les faits étaient de nature criminelle puisqu'intentionnels [3].

1. C. pr. pén., art. 469.
2. Crim. 27 mai 2003, n° 02-85.619, P n° 107 ; *D.* 2003. 1877.
3. Crim. 24 mars 2009, n° 08-84.849, P n° 60 ; *D.* 2009. 2140, obs. M. Léna, note R. Mesa ; *D.* 2009. 1714, Chron. P. Chaumont et E. Degorce ; *AJ pénal* 2009. 318, obs. G. Roussel ; *RSC* 2009. 590, obs. Y. Mayaud ; *AJ pénal* 2009. 858, obs. R. Finielz.

712.34 **Juridiction régulièrement saisie.** La juridiction ne peut prononcer sur sa compétence que pour autant qu'elle soit régulièrement saisie.

Il résulte des articles 522-2 et 531 du code de procédure pénale que la juridiction de proximité ne peut renvoyer une affaire devant le tribunal de police, après s'être déclarée incompétente, que si elle en a été saisie par l'acte de poursuite, c'est-à-dire par le renvoi qui lui en a été fait par la juridiction d'instruction, par la comparution volontaire des parties ou par la citation délivrée directement au prévenu. Méconnaît ces textes et principe le jugement par lequel une juridiction de proximité, devant laquelle a été portée par erreur une affaire dans laquelle le prévenu était cité devant le tribunal de police, se déclare incompétente et renvoie la cause devant cette juridiction, alors que n'ayant été saisie ni par la citation, ni par la comparution volontaire du prévenu, elle n'avait pas le pouvoir de statuer, fût-ce sur sa compétence [4].

§ 3
Supplément d'information

712.41 **Principe.** L'opportunité d'ordonner un supplément d'information relève de l'appréciation souveraine des juges du fond [5].

Cependant la juridiction est tenue d'effectuer des recherches si les éléments dont elle dispose ne lui permettent pas en l'état de se prononcer et, selon une formule habituelle, il appartient aux juges d'ordonner les mesures d'instruction dont ils reconnaissent eux-mêmes la nécessité [6]. Ainsi, une cour d'appel qui, après avoir constaté la matérialité de l'infraction au code de l'environnement, était tenue, quel que soit le mode de poursuite et, au besoin, en ordonnant un supplément d'information, de rechercher si les manquements relevés résultaient de l'abstention de l'un des organes ou représentants de la société prévenue et s'ils avaient été commis pour le compte de celle-ci [7].

Erreur fréquente, l'hypothèse du supplément d'information décidé par la juridiction de jugement ne permet pas à celle-ci, dans la majorité des cas, à l'exception de la procédure de convocation par procès-verbal et de celle de comparution immédiate [8], de

4. Crim. 7 juin 2017, n° 16-85.614, P.
5. Crim. 19 mars 2002, n° 01-84.551, NP – Crim. 7 juin 2017, n° 16-83.637, NP.
6. Crim. 27 sept. 2016, n° 15-85.248, P n° 251 ; *AJ pénal* 2016. 599, obs. C. Girault ; *RSC* 2016. 757, obs. Y. Mayaud.
7. Crim. 22 mars 2016, n° 15-81.484, P n° 100 ; *D.* 2016. 2424, obs. G. Roujou de Boubée, T. Garé, C. Ginestet, M.-H. Gozzi, L. Miniato et S. Mirabail ; *AJ pénal* 2016. 381, obs. J. Lasserre Capdeville.
8. V. s^{s} n° 621.79.

désigner un juge d'instruction pour y procéder, ni, dans tous les cas, d'admettre que le ministère public complète son enquête. Sur ce dernier point, on citera la décision qui retient qu'il résulte de l'article 463 du code de procédure pénale que seule la juridiction de jugement saisie peut ordonner des investigations complémentaires par voie de supplément d'information, lequel obéit aux règles édictées par les articles 114, 119, 120 et 121 du même code. Encourt, dès lors, la cassation l'arrêt d'une cour d'appel qui refuse d'annuler le rapport et les procès-verbaux, versés aux débats, de l'enquête complémentaire ordonnée par le ministère public relativement aux faits dont la juridiction de jugement était saisie[1].

712.42 Impossibilité de charger le ministère public d'un supplément d'information. Dans une hypothèse où, saisie de poursuites exercées, du chef d'excès de vitesse, contre X..., la cour d'appel, pour ordonner la réouverture des débats et le renvoi de l'affaire à une audience ultérieure, avait énoncé qu'il importait que les débats soient réouverts pour que le ministère public diligente une enquête afin d'établir la réalité de la vitesse autorisée sur la portion de route concernée, la chambre criminelle a décidé qu'en prononçant ainsi, alors qu'il lui appartenait de commettre l'un de ses membres pour procéder à un supplément d'information, la cour d'appel avait méconnu les textes susvisés[2 3].

Un autre exemple peut être trouvé en matière contraventionnelle, par la cassation d'un arrêt de cour d'appel qui avait jugé que le ministère public n'était pas dessaisi de la procédure par la signature du mandement de citation ni la délivrance de cet acte au prévenu, et que le complément d'enquête réalisé à sa demande, puis versé aux débats, ne saurait être déclaré irrégulier[4].

En revanche, une décision, intéressant également la matière contraventionnelle, a vu la chambre criminelle rejeter la nullité du supplément d'information opéré par le ministère public afin d'identifier l'organisme ayant procédé à la vérification annuelle du cinémomètre, et exécuté par les services de police, au motif que le juge avait dit en l'espèce que l'officier du ministère public a rapporté la preuve de la vérification annuelle du cinémomètre à l'audience dans le cadre du débat contradictoire et que rien n'interdit, dans le cadre de la procédure pénale et orale devant le tribunal de police, tant au ministère public qu'au prévenu, de faire valoir des arguments de nature à favoriser l'émergence de la vérité ou à tout le moins d'éclairer le tribunal sur les questions qu'il est amené à juger ; qu'en statuant ainsi, et dès lors que tout élément de preuve apporté au débat par le ministère public, destiné à compléter les éléments de l'enquête et soumis à la discussion des parties, ne constitue pas un supplément d'information, la juridiction de proximité a justifié sa décision[5]. De même a-t-il été jugé que les renseignements obtenus par le ministère public qui se bornent à compléter les éléments de l'enquête à l'issue de laquelle il a saisi la juridiction répressive, ne constituent pas un supplément d'information[6]. Ainsi la production de documents, certificats, voire du résultat d'une analyse d'un taux d'alcoolémie déjà effectuée ne requiert pas de complément d'information et par suite peut être sollicitée par le juge et réalisée par le ministère public.

S'agissant de la désignation d'un juge du siège pour procéder au supplément d'information, il convient donc de distinguer deux hypothèses selon les développements suivants[7].

712.43 Nécessité de désigner un membre de la composition. S'il y a lieu de procéder à un supplément d'information, le tribunal commet par jugement un de ses membres qui dispose des pouvoirs prévus aux articles 151 à 155 du code de procédure pénale.

Ce supplément d'information obéit aux règles édictées par les articles 114, 119, 120 et 121 du code de procédure pénale. Le membre de la juridiction désigné peut toutefois donner commission rogatoire à un magistrat instructeur de son tribunal.

Le procureur de la République peut obtenir, au besoin par voie de réquisitions, la communication du dossier de la procédure à toute époque du supplément d'information, à charge de rendre les pièces dans les vingt-quatre heures[8].

Il y a nullité si c'est un juge d'instruction qui a été chargé de ce supplément d'information[9] – hors le cas d'une saisine sur CPPV, en comparution immédiate ou de comparution différée[10] -, ou, pour une jurisprudence plus ancienne, lorsque c'est le président d'un autre tribunal qui a été désigné[11].

712.44 Possibilité de désigner un juge d'instruction. Dans les seules affaires poursuivies sur convocation par procès-verbal ou en comparution immé-

1. Crim. 8 déc. 1999, n° 98-85.893, P n° 298.
2. C. pr. pén., art. 463 et 512.
3. Crim. 6 déc. 2000, n° 00-86.561, NP, *Procédures* 2001, n° 99, note J. Buisson.
4. Crim. 20 juill. 2011, n° 10-83.846, P n° 162 ; *AJ pénal* 2011. 601, obs. J. Lasserre Capdeville.
5. Crim. 19 déc. 2017, n° 17-82.755, NP.
6. Crim. 27 févr. 2018, n° 17-83.607, NP.
7. V. égal[t] s[s] n°s 715.22 s.
8. C. pr. pén., art. 463.
9. Crim. 2 août 1934, *DH* 1934. 494.
10. C. pr. pén., art. 397-2, mod. par L. n° 2021-1729, 22 déc. 2021, art. 7, *JO* 23 déc., n° 2 – V. égal[t] s[s] n° 425.29.
11. Crim. 22 nov. 1956, *D.* 1956. Somm. 146.

diate[1, 2], à la demande des parties ou d'office, le tribunal peut commettre par jugement l'un de ses membres ou l'un des juges d'instruction de la juridiction désigné dans les conditions de l'article 83, alinéa 1er, pour procéder à un supplément d'information ; les dispositions de l'article 463 sont applicables[3].

Cette possibilité de demander à ce qu'une ou des mesures d'investigations ponctuelles soient accomplies, dans le cadre continué de la procédure de comparution immédiate, par l'un des juges d'instruction du siège, le dossier restant à l'issue à juger par la composition primitivement saisie, doit être distinguée de l'hypothèse visée par les alinéas 2 et 3 de l'article 397-2 du code de procédure pénale où le tribunal renvoie l'entier dossier au ministère public. Dans cette hypothèse, un arrêt est venu juger par ailleurs, qu'il se déduit de l'article 397-2, alinéa 2, du code de procédure pénale que, lorsque le tribunal renvoie le dossier au procureur de la République en raison de la complexité de l'affaire et des investigations supplémentaires approfondies qu'elle implique, ce magistrat doit requérir l'ouverture d'une information judiciaire[4].

712.45 Supplément d'information et motivation. Il est nécessaire de motiver la décision, tant en cas de refus d'un supplément d'information, qu'en cas d'acceptation. Si le complément d'information est décidé en début d'audience, avant même que les faits ne soient abordés, la juridiction qui aura à connaître à terme du dossier pourra être autrement composée que lors du premier appel de l'affaire. Il est important que les « seconds juges », sachent pour quels motifs leurs collègues ont estimé nécessaire le complément d'information. Si la même composition récupère le dossier après que le complément ait été réalisé, il peut s'être écoulé un temps relativement long entre les deux audiences, qui nécessite là encore que les motifs ayant présidé à la décision soient clairement explicités.

Si les juges du fond apprécient souverainement l'opportunité de faire droit à une demande de supplément d'information, encore faut-il que la motivation de leur décision soit exempte d'insuffisance[5]. Doit être cassé pour insuffisance de motifs l'arrêt qui, pour relaxer le prévenu, fait état de l'incertitude résultant des mesures d'instruction entreprises, tout en admettant implicitement la possibilité d'une mesure complémentaire d'information utile à la manifestation de la vérité qu'il lui appartient en pareil cas d'ordonner[6]. Si dans le cadre d'une saisine initiale par citation ou par convocation par procès-verbal, la juridiction refuse d'ordonner un supplément d'information régulièrement sollicité au cours des débats par des conclusions écrites, elle doit, en vertu des dispositions de l'article 388-5 du code de procédure pénale spécialement motiver sa décision[7].

712.46 Supplément d'information et convention européenne des droits de l'homme. Le supplément d'information confié par la juridiction correctionnelle à l'un de ses membres conformément à l'article 463 du code de procédure pénale, n'est pas contraire aux dispositions de l'article 6, § 1 de la convention européenne des droits de l'homme dès lors que son exécution n'implique pas que le magistrat commis acquiert à l'occasion de cette mesure une conviction sur la culpabilité du prévenu. Rien n'interdit en conséquence à ce magistrat de participer au jugement de l'affaire[8].

Il pourrait évidemment en être autrement si les termes de l'expertise ou de la commission rogatoire délivrée, laissaient suspecter une partialité flagrante ou un préjugement du rédacteur, ouvrant alors la possibilité d'une procédure en récusation[9].

712.47 Nécessité de statuer sur les mesures provisoires. Lorsque le tribunal décide d'un supplément d'information dans les modalités sus-décrites, il doit bien sûr statuer le cas échéant sur les mesures provisoires, contrôle judiciaire, assignation à résidence sous surveillance électronique ou détention provisoire, à défaut de quoi celles-ci tombent.

SECTION 3
QUALIFICATION DES DÉCISIONS

§ 1
Jugement contradictoire

712.51 Principe. La qualification des décisions correctionnelles dépend à la fois des conditions dans lesquelles les parties ont été convoquées en justice et des circonstances de leur absence ou présence devant leur juge[10].

1. C. pr. pén., art. 393.
2. V. s^s n°s 421.05 s.
3. C. pr. pén., art. 394, al. 4 (mod. par L. n° 2016-731, 3 juin 2016, art. 95 ; not. Précédemment par L. n° 2014-535, 27 mai 2014, art. 8), 397-2, al. 1er (art. mod. par L. n° 2007-291, 5 mars 2007, art. 6).
4. Crim. 21 nov. 2012, n° 12-80.621, P n° 254 ; *D.* 2013. 124, Chron. C. Roth, B. Laurent, P. Labrousse et M.-L. Divialle ; *D.* 2013. 1993, obs. J. Pradel.
5. Crim. 25 avr. 2006, n° 05-87.318, P n° 111 ; *AJ pénal* 2006. 317.
6. Crim. 19 juin 1979, n° 78-92.277, P n° 215.
7. Crim. 5 déc. 2017, n° 16-85.800, NP.
8. Crim. 19 janv. 2000, n° 99-80.655, P n° 35 ; *RSC* 2000. 852, obs. D.-N. Commaret.
9. V. s^s n°s 211.181 s.
10. V. s^s n°s 411.05 s.

Lorsque l'ensemble des parties intéressées, et dans l'hypothèse commune, le prévenu et sa victime sont présents et ont pu faire valoir leurs moyens de défense lors des débats, le jugement est dit contradictoire. Même si ces personnes ne sont pas physiquement présentes, la décision sera également qualifiée de contradictoire, si elles ont remis un pouvoir écrit de représentation à un avocat se présentant en leur nom. En effet, si un avocat se présente à l'audience pour le représenter, et s'il est fait application des dispositions de l'article 411 du code de procédure pénale, le jugement est contradictoire [1]. À ce propos, il faut rappeler deux jurisprudences, désormais acquises, aux termes desquelles, d'une part, la mention, sur le récépissé du dépôt de la demande d'aide juridictionnelle figurant au dossier, du nom de l'avocat choisi par le prévenu, fait présumer l'existence d'un mandat donné au conseil, par son client, aux fins de le représenter [2] et d'autre part, que le dépôt de conclusions écrites par l'avocat fait présumer l'existence d'un mandat [3], d'où le caractère contradictoire de telles décisions [4].

712.52 Nul n'est recevable à déclarer qu'il fait défaut dès lors qu'il est présent au début de l'audience. La règle ainsi posée par l'article 413, qui est un des rares articles encore « d'origine » dans le code de procédure pénale, fonde une jurisprudence ancienne [5], mais constamment reprise [6] qui permet de retenir la qualification contradictoire du jugement, que le prévenu ait quitté la salle à l'appel de son nom ou qu'il l'ait fait avant l'examen de son affaire, donc avant l'ouverture des débats.

Le dernier arrêt cité précise que, le délai d'appel court à compter du jugement, même si la partie, dûment avertie, n'était pas présente lors du prononcé de celui-ci, sauf pour elle à justifier de circonstances l'ayant mise dans l'impossibilité absolue d'être présente ou représentée à la lecture de la décision et d'exercer son recours en temps utile.

Pour autant, lorsque le prévenu quitte l'audience au cours des débats, ou en tout cas avant que le délibéré, annoncé pour le jour même, ait été rendu, selon une formule rodée aux termes de laquelle : « le délibéré sera rendu après la prochaine suspension » ou « en fin d'audience », la décision est qualifiée de contradictoire à son égard [7], mais devra lui être signifiée.

Selon les articles 410, alinéa 2, et 498, alinéa 2, du code de procédure pénale, le délai d'appel ne court qu'à compter du jour de la signification du jugement lorsque la décision a été prononcée hors la présence du prévenu et que celui-ci n'a pas été informé de la date à laquelle ce jugement serait rendu [8].

Ainsi encourt la cassation l'arrêt qui déclare irrecevable l'appel d'un jugement prononcé contradictoirement alors que le prévenu, comparant au début de l'audience devant le tribunal, était absent lors des débats et du prononcé de la décision.

En l'absence de la mention prescrite par l'article 462 du code de procédure pénale, établissant que, à l'issue des débats, le prévenu ou son représentant a été informé de la date de prononcé du jugement, le délai d'appel ne court pareillement qu'à compter de la signification pour la partie qui n'était pas présente ou représentée à l'audience à laquelle le jugement a été rendu [9]. Cette solution a encore été confirmée récemment [10] : le délai d'appel ne court qu'à compter de la signification du jugement pour la partie qui, après débats contradictoires, n'était pas présente ou représentée à l'audience où le jugement a été prononcé, lorsque elle-même ou son représentant n'ont pas été informés du jour où le jugement serait rendu.

712.53 Prévenu détenu cité à personne – Extraction. Lorsque les poursuites concernent un prévenu détenu, celui-ci doit être extrait sauf refus clairement exprimé de comparaître, la juridiction demeurant libre d'apprécier si cette comparution doit alors être contrainte ou non. La chambre criminelle a ainsi jugé que le prévenu détenu, régulièrement cité à personne, qui n'est pas conduit à l'audience ne saurait être condamné contradictoirement, dès lors que la décision ne constate pas qu'il a manifesté sa volonté de ne pas être présent aux débats. Encourt la cassation l'arrêt rendu contradictoirement à signifier à l'égard d'un prévenu cité à sa personne, au centre pénitentiaire où il était détenu pour autre cause, et qui constate qu'il ne comparaît pas, à une date à laquelle il était toujours détenu [11]. Est également censuré l'arrêt dans lequel les juges du second degré, après avoir constaté l'absence du prévenu, qui n'avait pas été extrait pour l'audience, ont statué par arrêt contradictoire à signifier au motif que l'intéressé « avait négligé d'aviser les services pénitentiaires de manière à faire organiser son extraction en temps utile [12] ».

1. C. pr. pén., art. 411, al. 2.
2. Crim. 12 mars 2003, n° 02-85.112, P n° 66 ; *D.* 2003. 1730, et les obs., obs. J. Pradel.
3. Crim. 14 oct. 2008, n° 08-81.617, P n° 207 ; *AJ pénal* 2009. 185, obs. L. Ascensi ; *RSC* 2009. 411, obs. R. Finielz.
4. V. s^s n°s 212.31 s.
5. Crim. 22 juill. 1959, *D.* 1959. 475.
6. Crim. 28 févr. 1995, n° 94-84.630, P n° 86 – Crim. 30 mars 1999, n° 98-80.723, NP.
7. PAR EX. : Crim. 17 févr. 1993, n° 92-82.403, P n° 81.
8. Crim. 26 avr. 2006, n° 05-85.389, P n° 113 ; *AJ pénal* 2006. 313, obs. C. Girault.
9. Crim. 13 oct. 2010, n° 10-81.511, P n° 158.
10. Crim. 29 janv. 2019, n° 18-80.985, NP.
11. Crim. 19 janv. 2010, n° 09-87.474, P n° 10 ; *D.* 2010. 444, obs. M. Léna ; *AJ pénal* 2010. 202.
12. Crim. 12 mai 2010, n° 09-87.219, NP.

Une hypothèse différente est celle ou le prévenu détenu a été avisé de la date à laquelle le délibéré serait rendu et n'est pas extrait de son établissement pénitentiaire au jour du délibéré, par erreur, transfèrement dans un autre établissement ou souci d'économie… Certaines juridictions, qualifient alors la décision de contradictoire, considérant que l'intéressé a été avisé de la date du délibéré ; d'autres, de contradictoire à signifier et la font signifier par le greffe de l'établissement pénitentiaire. Seule cette dernière solution nous paraît conforme à la nécessité de faire effectivement connaître la décision à son destinataire, à la prise d'une date certaine pour la computation des délais de recours, à la prise en compte que le défaut de comparution n'est pas du fait du détenu.

Néanmoins, on citera une hypothèse où un arrêt ancien avait, aux termes du pourvoi, jugé contradictoirement X… alors détenu sans constater, ni sa présence, ni sa volonté de ne pas être présent à l'audience à laquelle l'arrêt avait été rendu, alors qu'aux termes de l'article 409 du code de procédure pénale, au jour indiqué pour la comparution à l'audience le prévenu en état de détention y est conduit par la force publique et que dans ces conditions l'absence de mention de l'arrêt ne permettant pas à la Cour de cassation de vérifier s'il a été satisfait à cette prescription et qu'il y avait donc eu violation des droits de la défense. La chambre criminelle, rappelant que l'arrêt attaqué constate qu'à l'issue des débats du 18 octobre 1990, au cours desquels X… était comparant, assisté de son conseil, le président a indiqué que l'affaire était mise en délibéré et que l'arrêt serait lu à l'audience publique du 22 novembre 1990 à 14 heures, considère que c'est à bon droit qu'en application des articles 410 et 512 du code de procédure pénale, l'arrêt rendu à cette date a été déclaré contradictoire ; qu'en effet, et sans préjudice de l'application de l'article 568 du même code, la mise en délibéré de l'affaire ne saurait conférer à la décision un caractère autre que celui qui lui est légalement attribué au moment de l'ouverture des débats [1].

712.54 Détenu empêché de comparaître. Enfin, une autre hypothèse encore concerne le détenu qui est empêché de comparaître. Il a alors été jugé qu'aux termes des articles 409, 410 du code de procédure pénale et 6 de la convention européenne des droits de l'homme, un prévenu, détenu à l'étranger, régulièrement cité et ayant eu connaissance de la citation, empêché de comparaître en raison de cette détention, ne saurait être jugé en son absence sauf renonciation à sa comparution. Méconnaît, dès lors, ces textes, l'arrêt qui, ne faisant pas droit à une demande de renvoi présentée par l'avocat de ce prévenu, statue par arrêt contradictoire à signifier [2].

Dans l'hypothèse d'une grève des agents de l'administration pénitentiaire, qui s'oppose à toute extraction, et constitue une circonstance imprévisible et insurmontable, il est permis à la chambre (d'accusation) de l'instruction de rendre son arrêt sur l'appel d'une ordonnance de rejet de mise en liberté en l'absence (de l'inculpé) du mis en examen détenu, et nonobstant sa demande de comparaître, alors que la décision ne peut être différée [3], solution qu'il y a tout lieu de penser transposable lorsque la demande de mise en liberté est présentée devant la juridiction de jugement.

1. Crim. 28 oct. 1991, n° 90-87.680, NP.

§ 2
Jugement contradictoire à signifier

712.61 Principe. Le jugement est contradictoire à signifier (anciennement « réputé contradictoire »), si les parties ont eu connaissance de la date à laquelle leur affaire allait être appelée au tribunal mais qu'elles ne se présentent pas. Il en est de même si un avocat se présente mais sans pouvoir exprès de représentation. Il en est encore de même, en cas de renvoi du juge d'instruction avec obligation de déclaration d'adresse et citation à la dernière adresse déclarée, peu important alors que la citation n'ait pas réellement touché son destinataire. Dans toutes ces hypothèses, la voie de l'opposition sera fermée et le seul recours contre la décision sera l'appel.

Pour autant, et aux motifs d'un avantage indû ainsi accordé à celui qui ne comparaît pas devant ses juges et que cette réforme ne contreviendrait pas aux standards européens, un auteur a pu aller jusqu'à soutenir l'opportunité qu'il y aurait à supprimer une telle qualification de notre code [4].

712.62 Prévenu non comparant. Dans le but de limiter les manœuvres dilatoires et la volonté d'un prévenu de se soustraire à ses juges, la loi est venue dire que le prévenu a l'obligation de comparaître lorsqu'il est établi que, bien que n'ayant pas été cité à personne, il a eu connaissance de la citation régulière le concernant dans les cas prévus par les articles 557, 558 et 560 du code de procédure pénale. Si ces conditions sont alors remplies, le prévenu non comparant et non excusé est jugé par jugement contradictoire à signifier, sauf s'il est fait

2. Crim. 29 juin 2011, n° 10-83.466, P n° 154 ; *AJ pénal* 2011. 600, obs. J. Lasserre Capdeville ; *RSC* 2011. 901, obs. J.-F. Renucci ; *RSC* 2012. 199, obs. J. Danet.
3. Crim. 19 févr. 1992, n° 91-86.567, P n° 77.
4. L. Griffon-Yarza, « Jugement contradictoire à signifier : une qualification de procédure pénale à supprimer », *Dr. pénal*, 2023 étude 2.

application des dispositions de l'article 411[1]. Lorsque le prévenu, absent et non représenté à l'audience, a été cité en l'étude de l'huissier, le juge, pour qualifier sa décision, apprécie souverainement si la signature figurant sur le récépissé de la lettre recommandée expédiée en application de l'article 558 du code de procédure pénale est ou non celle de l'intéressé. Dans la négative, le jugement est rendu par défaut[2].

712.63 Prévenu non comparant – Absence de son avocat. On parle également de jugement contradictoire à signifier lorsque l'avocat du prévenu qui a demandé à ce qu'il soit fait application des dispositions de l'article 411 relative à la situation du prévenu demandant à être jugé en son absence, n'est pas présent au cours de l'audience ; le texte prévoit que le prévenu est, sauf renvoi de l'affaire, jugé par jugement contradictoire à signifier[3].

712.64 Citation à personne. Quand la citation n'a pas été délivrée à personne, et s'il n'est pas établi que le prévenu a eu connaissance de la citation, mais dès lors qu'un avocat se présente pour le représenter, le jugement est également qualifié de contradictoire à signifier[4].

Dans l'hypothèse où le prévenu a demandé le renvoi de l'affaire à une audience ultérieure, ce qui lui a été refusé par la juridiction, il est établi qu'il a eu connaissance de la citation, et le jugement ne peut donc qu'être qualifié de contradictoire à signifier[5].

712.65 Conséquences de l'obligation de déclarer son adresse. L'huissier, qui délivre une citation à la dernière adresse déclarée du prévenu appelant, conformément à l'article 503-1 du code de procédure pénale, est tenu d'effectuer les diligences prévues par les articles 555, 556, 557 et 558, alinéas 2 et 4, dudit code, que l'intéressé demeure ou non à l'adresse dont il a fait le choix, cette citation étant réputée faite à sa personne.

Dès lors que l'huissier ne parvient pas à remettre l'acte à l'intéressé lui-même ou à une personne présente à l'adresse déclarée, il doit signifier l'acte à son étude et accomplir les formalités prévues par l'article 558, alinéas 2 et 4, à l'adresse déclarée ; en l'absence de ces diligences, la citation n'est pas régulière et la cour d'appel n'est pas légalement saisie[6]. Comme souligné par le communiqué de la chambre criminelle accompagnant cette décision : « L'huissier délivrant la citation ne doit pas vérifier que l'adresse déclarée par l'appelant correspond à son domicile ; l'établissement d'un procès-verbal de perquisition est donc à proscrire de même que la délivrance de la citation à parquet. S'il ne parvient pas à remettre l'acte à l'intéressé lui-même ou à une personne présente à l'adresse déclarée, l'huissier doit conserver l'acte à son étude et accomplir les formalités prévues par les alinéas 2 et 4 de l'article 558 du code de procédure pénale à l'adresse déclarée. La citation ainsi délivrée est réputée faite à personne et le prévenu non comparant est jugé par arrêt contradictoire à signifier, peu important par ailleurs que la lettre recommandée éventuellement envoyée par l'huissier à l'adresse déclarée soit ou non parvenue à son destinataire ».

Il avait d'ailleurs déjà été jugé que le prévenu qui n'a pas fait connaître son changement d'adresse déclarée lors de son appel, dans les formes prescrites, peut être jugé par décision contradictoire à signifier[7].

Solution encore confirmée par une autre décision ayant jugé que, fait l'exacte application des dispositions de l'article 503-1 du code de procédure pénale, la cour d'appel qui, pour statuer par décision contradictoire à signifier à l'encontre d'un prévenu appelant non comparant, retient que l'huissier, qui a délivré la citation à l'adresse déclarée par celui-ci, a effectué les diligences prévues par les alinéas 2 et 4 de l'article 558 du code de procédure pénale, en se transportant à cette adresse et, en l'absence de l'intéressé, lui a envoyé une lettre recommandée avec avis de réception en l'invitant à retirer la copie de l'acte à l'étude dans les plus brefs délais[8]. Encore convient-il que la juridiction s'assure que les diligences mises à la charge de l'huissier aient été effectivement et régulièrement accomplies, ce qui nécessite une lecture toujours attentive des formulaires de signification. Dans une espèce où la cour d'appel avait constaté que bien que convoqué régulièrement à adresse déclarée conformément à l'article 503-1 du code de procédure pénale, M. X... n'avait pas comparu, ni fait connaître un motif d'empêchement et l'avait jugé par décision contradictoire à signifier, la décision est cassée car l'acte ne spécifiait pas si l'avis de passage de l'huissier avait été donné par lettre simple ou par lettre recommandée, et la cour ne

1. C. pr. pén., art. 410.
2. Crim. 7 mai 2014, n° 13-87.322, P n° 127 ; *D.* 2014. 1096.
3. C. pr. pén., art. 411, al. 5.
4. C. pr. pén., art. 412, al. 2.
5. Crim. 3 nov. 2016, n° 13-85.650, NP.
6. Crim. 2 mars 2011, n° 10-81.945, P n° 43 ; *D.* 2011. 754 ; *D.* 2011. 1849, Chron. C. Roth, A. Leprieur et M.-L. Divialle ; *AJ pénal* 2011. 299, note C. Renaud-Duparc ; *RSC* 2011. 873, obs. D. Boccon-Gibod.
7. Crim. 2 oct. 2007, n° 07-80.581, P n° 232 ; *AJ pénal* 2007. 542.
8. Crim. 27 sept. 2011, n° 11-80.252, P n° 185 ; *D.* 2012. 2917, obs. G. Roujou de Boubée, T. Garé, M.-H. Gozzi, S. Mirabail et T. Potaszkin ; *AJ pénal* 2012. 289, obs. L. Priou-Alibert – RAPPR. : Crim. 2 mars 2011, n° 10-88.945, P n° 43 – Crim. 30 mars 2011, n° 10-87.198, P n° 66.

pouvait donc constater que le prévenu avait eu connaissance d'une citation régulièrement effectuée[1 2].

La portée de l'obligation de déclarer son adresse qui est à la charge du prévenu, est régulièrement rappelée et à tous les stades de la procédure. A ainsi été jugé irrecevable comme tardif le pourvoi formé plus de cinq jours francs après la signification d'un arrêt contradictoire à signifier, dès lors que, conformément à l'article 503-1 du code de procédure pénale, cette signification a été délivrée au prévenu à l'adresse par lui déclarée, dont il n'avait pas signalé de changement, que l'huissier instrumentaire a accompli la diligence prévue à l'alinéa 2 de l'article 558 de ce code et que l'arrêt signifié ne comporte pas de condamnation à une peine d'emprisonnement ferme[3].

À l'inverse, la juridiction doit bien veiller à ce que le prévenu ait été convoqué à l'adresse déclarée, car il en va de la régularité de sa saisine. Ainsi, lorsque le prévenu a été cité à une adresse autre que celle mentionnée dans sa déclaration d'appel, il appartient à la chambre des appels correctionnels, légalement saisie par l'acte d'appel, de constater l'irrégularité de la citation et d'inviter le ministère public à faire citer le prévenu à son adresse déclarée[4]. Solution encore rappelée dans une décision ayant jugé qu'une juridiction ne peut être valablement saisie si la citation ne précise pas que l'appelant réside chez un tiers, en l'espèce sa mère, alors qu'il avait porté cette information sur la déclaration d'appel[5].

§ 3
Jugements par défaut et itératif défaut

712.71 Principe. Si telle partie n'a pas été touchée, le jugement sera rendu par défaut à son égard et la partie concernée disposera à son encontre, au choix, des deux voies de recours que sont l'opposition et l'appel. On relèvera que dans un arrêt[6], la CJUE estime qu'en cas d'impossibilité de localisation d'une personne poursuivie en justice, celle-ci peut être jugée ou condamnée par défaut, ce qui valide ce mode de poursuite, mais qu'elle a le droit, par la suite, d'obtenir la réouverture du procès sur le fond en sa présence[7]. Toutefois, ce droit peut lui être refusé s'il résulte d'indices précis et objectifs qu'elle s'est délibérément soustraite à l'action en justice en empêchant les autorités de l'informer de la date et du lieu du procès et des accusations portées contre elle.

Sauf les cas prévus par les articles 410, 411, 414, 415, 416 et 424 du code de procédure pénale, toute personne régulièrement citée qui ne comparaît pas au jour et à l'heure fixés par la citation est jugée par défaut, ainsi qu'il est dit à l'article 412[8].

Une cour d'appel a pu décider, pour confirmer le jugement ayant déclaré une opposition irrecevable, que le prévenu ayant fait citer plusieurs témoins pour la date, le lieu et l'heure de l'audience à laquelle il avait été lui-même invité à comparaître, il était établi, conformément à l'article 412 du code de procédure pénale, qu'il avait eu connaissance de la citation régulière le concernant et que n'ayant pas comparu, il avait été à bon droit jugé contradictoirement[9].

A priori, la qualification par défaut doit tendre à se réduire ce qui est souhaitable, en ce qu'elle maintient tant le prévenu, que les parties civiles, dans l'incertitude d'une décision définitive et l'impossibilité d'une exécution immédiate, sauf acquiescement.

712.72 Partie civile non comparante. Les dispositions de l'article 410 du code de procédure pénale, selon lesquelles le prévenu régulièrement cité à personne ou ayant eu connaissance de la citation le concernant, et qui ne comparaît pas, est jugé contradictoirement lorsqu'il n'a pas été excusé, ont un caractère exceptionnel et ne sauraient être étendues à la partie civile. Dans le cas où celle-ci, régulièrement citée, ne comparaît pas, il doit être statué à son égard par défaut. Le pourvoi en cassation contre un arrêt portant à tort qu'il a été rendu par arrêt contradictoire à signifier, alors qu'il aurait dû être rendu par défaut, est irrecevable. Le recours exercé a cependant pour effet de différer, jusqu'à la signification de la décision de la Cour de cassation, l'ouverture du délai d'opposition[10].

712.73 Signification du jugement par défaut. Le jugement prononcé par défaut sera signifié par exploit d'huissier, conformément aux dispositions des articles 550 et suivants[11 12].

712.74 Jugement par itératif défaut. Est qualifié d'itératif défaut le jugement initialement rendu par défaut, qui a pu être porté à la connaissance du

1. Crim. 11 juill. 2017, n° 17-80.157, NP.
2. V. aussi s^s n°s 415.11 s.
3. Crim. 13 mai 2014, n° 13-83.247, P n° 130.
4. Crim. 24 juin 2015, n° 14-81.452, P n° 164.
5. Crim. 30 mars 2021, n° 20-85.836, P.
6. CJUE, 19 mai 2022, aff. C-569/20, *Spetsializirana prokuratura*.
7. Dir. UE 2016/343, Parlement et Conseil, 9 mars 2016 portant renforcement de certains aspects de la présomption d'innocence et du droit d'assister à son procès dans le cadre des procédures pénales, *JOUE L* 65/1, 11 mars 2003, art. 8 § 4 et art. 9.
8. C. pr. pén., art. 487.
9. Crim. 26 mai 1998, n° 97-81.328, P n° 174.
10. Crim. 25 oct. 1988, n° 86-94.231, P n° 363.
11. C. pr. pén., art. 488.
12. V. s^s n°s 914.11 s.

prévenu, qui a choisi d'y faire opposition et donc de demander à être jugé à une date qui lui a été communiquée[1] et à laquelle pourtant, il ne se présente pas, sans excuse valable, ni ne se fait représenter. Le jugement sera en ce cas purement et simplement confirmé en toutes ses dispositions, l'opposition étant alors déclarée non avenue[2 3].

La juridiction doit être attentive à ce que, même en l'absence du prévenu, si un avocat se présente il doit être entendu. En effet, le droit à un procès équitable et le droit de tout accusé à l'assistance d'un défenseur s'opposent à ce que la juridiction correctionnelle, saisie d'une opposition, déclare celle-ci non avenue au motif que l'opposant n'est pas comparant alors que l'avocat chargé de le représenter avait demandé à être entendu sur le fond de l'affaire[4].

Le caractère non avenu de l'opposition aboutit à la confirmation de la première décision également rendue sur les intérêts civils.

Le jugement par itératif défaut est évidemment susceptible d'appel.

Enfin, le prévenu qui a formé opposition à un jugement de défaut et qui n'a pas immédiatement reçu notification de la date à laquelle il sera statué sur ce recours doit être cité à sa dernière adresse connue à la date du mandement de citation. Si tel n'a pas été le cas, le tribunal doit constater l'irrégularité de la citation et inviter le ministère public à faire délivrer une nouvelle citation régulière. Il ne peut statuer au fond, que ce soit par itératif défaut ou par un nouveau jugement de défaut[5].

§ 4
Difficultés de qualification du jugement

A.
Difficultés de qualification pour cause de renvois successifs

712.81 Question de la maîtrise des renvois. Des difficultés récurrentes de qualification ont souvent été posées en cas de renvois successifs d'une même affaire à l'origine de laquelle les parties avaient été pourtant régulièrement citées. Que les renvois soient opérés *sine die*, solution évidemment à proscrire, la juridiction priant alors le ministère public de faire réciter tel ou tel des prévenus, ou qu'ils soient effectués en l'absence de tous les intéressés, sous couvert du passage à l'audience d'un avocat non nécessairement muni d'un pouvoir de représentation, que les pièces du dossier ou leur classement hasardeux ne permettent pas de suivre la chronologie de citations successives... de telles situations aboutissent rapidement à des imbroglios qui vont poser difficulté au moment de la qualification finale du jugement ou de l'arrêt rendu. Une attention toute particulière doit donc être portée à cette question.

Doivent être distinguées les hypothèses où la juridiction étant saisie, ne se pose qu'un problème de qualification de la décision qu'elle rend, et celles où il convient de considérer purement et simplement que le tribunal où la cour ne sont pas saisis des faits de la poursuite.

712.82 Question de la saisine effective de la juridiction. Un arrêt ancien avait pu tout d'abord juger que le prévenu cité à comparaître en mairie et n'ayant pas comparu devait être jugé par défaut, la circonstance qu'au cours du délibéré il ait fait parvenir à la cour une lettre par laquelle il demande à être représenté par son avocat et que la décision à intervenir soit contradictoire à son égard étant inopérante et ne pouvant conférer à la décision un caractère contraire à celui qui lui est légalement attribué[6].

Rendu à la même date, un autre arrêt était venu dire que le prévenu cité à personne qui n'était pas présent lorsque la cour avait ordonné une deuxième remise à une date ultérieure, et qui n'avait pas été davantage présent à l'audience où ont eu lieu les débats ni à celle où l'arrêt a été rendu, ne pouvait s'il n'avait pas été cité à nouveau pour la date des débats, être jugé que par défaut[7]. Encore jugé que si, lorsque l'affaire est renvoyée pour débats à une audience ultérieure lors de laquelle elle subit une nouvelle remise, le prévenu non comparant ni excusé, bien que cité à personne, ne peut, s'il n'a été à nouveau cité, être jugé que par défaut ; il en est autrement lorsque, les débats ayant eu lieu à l'audience indiquée dans la citation, l'affaire est mise en délibéré puis ce délibéré prolongé. Le prévenu est, dans ce dernier cas, jugé contradictoirement, le point de départ des délais pour exercer les voies de recours étant seulement reporté à la date de la signification de la décision[8].

Un arrêt avait toutefois jugé que l'affaire qui fait l'objet de renvois successifs à des dates fixes dont les parties présentes sont régulièrement informées conserve un caractère contradictoire à l'égard du prévenu présent lors de la première audience, même s'il ne comparaît pas lors des audiences ultérieures.

1. Crim. 23 déc. 1986, n° 86-95.642, P n° 390.
2. C. pr. pén., art. 494.
3. V. s[s] n° 914.75.
4. Crim. 19 févr. 2003, n° 01-88.361, P n° 45, *D.* 2003. IR 806 ; *JCP* 2003. IV. 1604.
5. Crim. 29 nov. 2017, n° 17-81.574, P.
6. Crim. 22 juill. 1964, n° 64-90.879, P n° 247.
7. Crim. 22 juill. 1964, n° 64-90.649, P n° 246.
8. Crim. 5 mars 1980, n° 79-92.274, P n° 82.

Les décisions ainsi prononcées n'ont pas à lui être signifiées et il n'a pas à être cité pour chaque nouvelle audience même si une audition de témoins est ordonnée par arrêt avant dire droit[1].

Dans le contexte d'une décision rendue en premier ressort, la chambre criminelle a encore jugé[2] qu'en l'absence du prévenu à l'audience du 8 septembre 1999, l'affaire n'avait pu être renvoyée contradictoirement à celle du 17 novembre suivant et alors qu'aucune citation à comparaître à cette audience n'avait été délivrée à la personne du prévenu, la cour d'appel avait méconnu les textes des articles 410 et 412 du code de procédure pénale ; de même, et toujours au visa des mêmes articles, que le prévenu, cité à personne, qui n'a pas comparu, ne peut être jugé contradictoirement, en cas d'absence à une audience ultérieure à laquelle l'affaire a été renvoyée, que s'il a été régulièrement cité à personne pour cette nouvelle audience, ou s'il est établi qu'il a eu connaissance de la citation (et, au visa de l'article 520 que la cour d'appel qui annule, sur l'appel du prévenu, un jugement par défaut improprement qualifié de contradictoire, doit évoquer et statuer à nouveau sur le fond)[3].

Plus récemment, la chambre criminelle a jugé, dans l'hypothèse d'un renvoi à une audience ultérieure, qu'une juridiction ne peut se prononcer sur le fond alors qu'il ne résulte d'aucune pièce de procédure que le prévenu a été régulièrement informé de la date à laquelle les débats devaient avoir lieu[4]. Ou encore, dans une espèce où le juge de proximité devant lequel M. David X... régulièrement cité à comparaître à l'audience du 5 février 2016 s'était présenté, avait décidé du renvoi de l'affaire, sans fixer de date, en demandant que le prévenu soit recité, la victime réavisée et un témoin convoqué, l'avait néanmoins condamné en son absence, lors de l'audience du 15 avril 2016, pour laquelle l'officier du ministère public avait requis l'accomplissement de ces formalités que la juridiction avait méconnu le sens et la portée des articles 410 et 412 du code de procédure dès lors qu'il ne résultait d'aucune pièce de procédure que le prévenu ait été régulièrement informé de la date à laquelle les débats devaient avoir lieu[5].

B.
Qualification et partie civile

712.91 **Jugement contradictoire.** La partie civile peut toujours se faire représenter par un avocat. Dans ce cas le jugement est contradictoire à son égard[6]. Il en est de même du civilement responsable qui se fait représenter[7].

Lorsque la partie civile s'est constituée selon les modalités de l'article 420-1, soit par courrier, télécopie ou déclaration aux enquêteurs, la décision rendue sur la demande de restitution d'objets saisis ou de dommages-intérêts présentée produit tous les effets d'une décision contradictoire ; elle est signifiée à la partie civile par exploit d'huissier conformément aux dispositions des articles 550 et suivants[8].

Dans tous les cas le dispositif du jugement doit mentionner quelle est la nature de la décision à l'égard de la partie civile.

C.
Qualification du jugement *erga omnes*

712.101 **Nécessité d'une qualification du jugement *erga omnes*.** La qualification doit être opérée à l'égard de l'ensemble des parties au procès (prévenu, parties civiles, civilement responsable, parties intervenantes...). Si évidemment le délibéré est toujours rendu en présence du ministère public, les autres parties peuvent avoir été absentes des débats ou présentes aux débats et absentes lorsque la décision est rendue. Selon les modalités de convocation devant le tribunal et leur présence ou absence lors des débats, la décision sera différemment qualifiée ce qui entraînera des différences sur les recours dont elle sera susceptible de faire l'objet[9].

712.102 **Jugement du prévenu.** Le prévenu sera jugé contradictoirement s'il est présent ou s'il est représenté par un avocat muni d'un pouvoir écrit. Il sera jugé par décision contradictoire à signifier, lorsqu'absent, la juridiction pourra s'assurer qu'il a néanmoins été touché par la convocation ou lorsqu'il était soumis à une obligation de déclarer son adresse, ou lorsqu'il a été défendu à l'audience par un avocat non muni d'un mandat écrit de représentation. Il sera jugé par défaut dans les autres cas.

On rappellera encore :

– que le droit d'être entendu que reconnaît le dernier alinéa de l'article 410 du code de procédure pénale à l'avocat qui se présente pour assurer la défense d'un prévenu implique, même en l'absence du mandat de représentation prévu par le premier alinéa de l'article 411 dudit code, que celui-ci puisse déposer des conclusions qui doivent être visées par le président et le greffier et auxquelles les juges sont

1. Crim. 17 déc. 1985, n° 83-92.479, P n° 406.
2. Crim. 27 juin 2000, n° 00-80.780, P n° 247.
3. Crim. 7 déc. 2010, n° 09-88.369, P n° 196 ; *D.* 2011. 308.
4. Crim. 15 nov. 2005, n° 05-80.998, NP.
5. Crim. 28 juin 2017, n° 16-87.736, NP.
6. C. pr. pén., art. 424.
7. C. pr. pén., art. 415.
8. C. pr. pén., art. 420-2.
9. V. s[s] n°s 415.71 s.

tenus de répondre. La décision, en ce cas, est rendue contradictoirement[1] ;

– que le dépôt de conclusions écrites par un avocat fait présumer l'existence d'un mandat et qu'en conséquence, les premiers juges qualifient alors, à juste titre, le jugement de contradictoire[2].

En matière de jugement contradictoire à signifier, le délai d'appel court à compter de la signification du jugement faite à domicile, à étude d'huissier ou à parquet, sous réserve de la signature de l'avis de réception de la lettre recommandée par le condamné, ou de la connaissance de la signification par un acte d'exécution quelconque d'autre part. La peine devient exécutoire à l'issue de ce délai.

Une hypothèse particulière est celle du prévenu jugé par décision contradictoire à signifier et qui vient à décéder entre l'audience des débats et la date à laquelle la décision est rendue. Par hypothèse, le jugement ou l'arrêt ne pourra être signifié au défunt et le principe de personnalisation des peines exclut que soit reconnue valable une signification aux héritiers. Faut-il qualifier néanmoins de jugement de contradictoire à signifier en sachant qu'il ne le sera jamais ? Il n'existe à vrai dire pas d'autre solution au regard du principe d'une qualification *erga omnes*. En outre, ce jugement devra bien évidemment être signifié aux parties civiles s'il en existe... même si les dispositions pénales qui sous-tendent la décision civile, n'acquerront jamais de caractère définitif.

712.103 **Jugement et partie civile.** Vis-à-vis de la partie civile, le jugement est contradictoire si elle est présente ou représentée[3], contradictoire à signifier, si non comparante, elle s'est constituée par lettre recommandée avec accusé de réception ou selon les modalités de l'article 420-1 du code de procédure pénale, lors de l'enquête initiale[4]. Si la partie civile n'est ni présente, ni représentée, le jugement constatant son désistement présumé est rendu par défaut[5].

712.104 **Jugement et assureur ou organisme social.** S'agissant des tiers, le jugement rendu sera contradictoire vis-à-vis de l'assureur représenté par un avocat et contradictoire à signifier si sa mise en cause a été régulière. Pareillement, pour l'organisme social.

712.105 **Jugement et civilement responsable.** Enfin, le jugement rendu sera vis-à-vis du civilement responsable, contradictoire s'il est présent ou représenté par un avocat[6], contradictoire à signifier, si absent, il est néanmoins établi qu'il a eu connaissance de la convocation en justice, et par défaut dans les autres cas[7].

Les tribunaux correctionnels rendent en matière pénale des décisions en premier ressort. L'appel des décisions pénales du tribunal de police n'est envisageable que lorsque l'amende encourue est celle prévue pour les contraventions de la cinquième classe, lorsqu'a été prononcée la peine prévue par le 1° de l'article 131-16[8], du code pénal, ou lorsque la peine d'amende prononcée est supérieure au maximum de l'amende encourue pour les contraventions de la deuxième classe[9], soit en ce dernier cas, supérieure à 150 euros[10].

D.
Erreurs de qualifications – Recours

712.111 **Absence de citation.** L'erreur la plus grave concerne l'hypothèse du jugement rendu contre une personne qui ignorait même qu'elle était invitée à comparaître devant telle juridiction. Elle se rencontre en jurisprudence, principalement lorsqu'un prévenu régulièrement cité et présent lors d'une première audience, voit son affaire renvoyée à une date ultérieure, sans fixation de date, ce qui commande une nouvelle citation... qui ne lui sera pas délivrée.

Aux termes des deux premiers alinéas de l'article 410 du code de procédure pénale : « Le prévenu régulièrement cité à personne doit comparaître, à moins qu'il ne fournisse une excuse reconnue valable par la juridiction devant laquelle il est appelé. Le prévenu a la même obligation lorsqu'il est établi que, bien que n'ayant pas été cité à personne, il a eu connaissance de la citation régulière le concernant dans les cas prévus par les articles 557, 558 et 560.

Si ces conditions sont remplies, le prévenu non comparant et non excusé est jugé par jugement contradictoire à signifier, sauf s'il est fait application des dispositions de l'article 411... ».

Le jugement rendu en l'absence du prévenu ne peut donc être qualifié de contradictoire à signifier que si ce prévenu a été « régulièrement » – cet adverbe a toute son importance – « cité à personne », conformément au début dudit article.

Dans l'hypothèse d'un prévenu comparant dont l'affaire est renvoyée à une date ultérieure, la

1. Crim. 12 déc. 2006, n° 05-86.214, P n° 310 ; *D.* 2007. 445, obs. C. Girault ; *AJ pénal* 2007. 139, obs. C. Girault ; *RSC* 2007. 322, obs. R. Filnietz.
2. Crim. 14 oct. 2008, n° 08-81.617, P n° 207 ; *AJ pénal* 2009. 185, obs. L. Ascensi ; *RSC* 2009. 411, obs. R. Finieltz.
3. C. pr. pén., art. 424.
4. C. pr. pén., art. 420-2.
5. C. pr. pén., art. 425.
6. C. pr. pén., art. 415.
7. C. pr. pén., art. 487.
8. C. pr. pén., art. 131-16.
9. C. pr. pén., art. 546.
10. C. pén., art. 131-13.

chambre criminelle a déjà jugé, qu'une juridiction ne peut se prononcer sur le fond alors qu'il ne résulte d'aucune pièce de procédure que le prévenu ait été régulièrement informé de la date à laquelle les débats devaient avoir lieu[1]. De même, au visa des articles 410 et 412 du code de procédure pénale que le prévenu, cité à personne, qui n'a pas comparu, ne peut être jugé contradictoirement, en cas d'absence à une audience ultérieure à laquelle l'affaire a été renvoyée, que s'il a été régulièrement cité à personne pour cette nouvelle audience, ou s'il est établi qu'il a eu connaissance de la citation (et au visa de l'article 520 que la cour d'appel qui annule, sur l'appel du prévenu, un jugement par défaut improprement qualifié de contradictoire, doit évoquer et statuer à nouveau sur le fond)[2].

S'agissant d'une décision rendue en dernier ressort, en l'espèce par une juridiction de proximité, la Cour de cassation a rappelé au visa des articles 410 et 412 du code de procédure pénale que le prévenu qui a comparu à une première audience à l'issue de laquelle l'affaire a été renvoyée sans date, ne peut être jugé contradictoirement en son absence, à une audience ultérieure que s'il a été régulièrement cité à personne pour cette nouvelle audience, ou s'il est établi qu'il a eu connaissance de la citation[3]. Plus clairement dit, la juridiction n'était, dans cette hypothèse, pas saisie, et ne pouvait statuer. Il n'est pas envisageable de « rectifier » cette erreur sur le fondement des dispositions de l'article 711 du code de procédure pénale.

712.112 Qualification erronée d'un jugement de police. La chambre criminelle avait déjà jugé que la qualification erronée d'un jugement de police, présenté à tort comme « rendu en premier ressort », ne saurait avoir pour effet de préjudicier au justiciable qui, induit en erreur sur la voie de recours applicable, a interjeté appel de cette décision. En conséquence, le délai de pourvoi à son encontre, ne commence à courir que de la date de notification de l'arrêt de la chambre criminelle qui déclare irrecevable le pourvoi formé contre l'arrêt de la cour d'appel qui, à bon droit, avait constaté l'irrecevabilité de cet appel[4].

De même, toujours en matière contraventionnelle, la qualification erronée d'un jugement de police, présenté à tort comme « rendu en premier ressort », ne saurait avoir pour effet de préjudicier au justiciable qui, induit en erreur sur la voie de recours applicable[5], a interjeté appel de cette décision. En conséquence, le délai de pourvoi à son encontre, ne commence à courir que de la date de notification de l'arrêt de la chambre criminelle qui déclare irrecevable le pourvoi formé contre l'arrêt de la cour d'appel qui, à bon droit, avait constaté l'irrecevabilité de cet appel[6].

712.113 Qualification erronée d'une décision du tribunal correctionnel. De même la qualification erronée d'une décision du tribunal correctionnel, « rendue en premier ressort », en méconnaissance des dispositions de l'article 747-2 du code de procédure pénale, ne peut avoir pour effet de porter préjudice à la personne concernée qui, sur la foi de cette qualification, a interjeté appel de ladite décision. En conséquence, le délai de pourvoi ne commence à courir à son égard qu'à compter de la date de notification de l'arrêt de la chambre criminelle qui casse l'arrêt de la cour d'appel rendu sur cet appel[7].

En cas de jugement qualifié par erreur de jugement rendu en premier ressort, si un justiciable a interjeté un appel irrecevable, le délai de pourvoi à son encontre ne commence à courir que de la date de notification de l'arrêt de la chambre criminelle qui déclare irrecevable le pourvoi formé contre l'arrêt de la cour d'appel[8].

712.114 Décisions improprement qualifiées de défaut ou de contradictoire. Une autre série de difficultés concerne les décisions improprement qualifiées de défaut alors qu'elles auraient dû être contradictoires à signifier et *vice versa*. Quel recours pour le prévenu ?

On peut regretter ici que le code de procédure pénale n'énonce pas comme le code de procédure civile que « la qualification inexacte d'un jugement par les juges qui l'ont rendu est sans effet sur le droit d'exercer un recours »[9].

La solution la plus simple semble être de laisser à la juridiction le soin de rectifier l'erreur ainsi commise dans le cadre d'une rectification d'erreur matérielle[10].

Mais la juridiction saisie du recours peut également statuer. Dans une hypothèse où le prévenu avait formé opposition à un arrêt l'ayant condamné par défaut pour abandon de famille et où, pour déclarer cette opposition irrecevable, les juges avaient retenu que le prévenu aurait dû, conformément aux dispositions de l'article 503-1 du code de procédure pénale (déclaration d'adresse), être jugé par arrêt contradictoire à signifier, la chambre

1. Crim. 15 nov. 2005, n° 05-80.998, NP, préc.
2. Crim. 7 déc. 2010, n° 09-88.369, P n° 196, préc.
3. Crim. 28 juin 2017, n° 16-87.736, NP.
4. Crim. 29 mai 1996, n° 95-83.546, P n° 218.
5. SUR les voies de recours, v. s^s titre 91.
6. Crim. 29 mai 1999, n° 95-83.546, P n° 218.
7. Crim. 21 janv. 1998, n° 96-86.562, P n° 30 ; *RSC* 1998. 765, obs. B. Bouloc.
8. Crim. 14 mars 1990, n° 90-86.416, P n° 129.
9. C. pr. civ., art. 536.
10. V. s^s n° 113.191 s.

criminelle censure pour violation des articles 489 et 512 du code de procédure pénale. Elle juge que le jugement par défaut est non avenu dans toutes ses dispositions lorsque le prévenu a formé opposition à son exécution ; il s'ensuit qu'il n'appartient pas au juge saisi de l'opposition de prononcer sur la régularité du précédent jugement rendu par défaut[1].

Dans une autre espèce où le prévenu soutenait, par conclusions, la nullité de la citation initiale, en faisant valoir, notamment, que l'huissier de justice n'avait pas effectué les diligences utiles à la remise de l'acte à son destinataire et avait omis de mentionner la qualité de la personne l'ayant reçu en mairie, et où l'arrêt avait énoncé que l'opposition à un arrêt contradictoire à signifier n'est pas recevable et que la cour d'appel n'avait pas compétence pour statuer sur la nature de l'arrêt précédemment rendu, la chambre criminelle prononce une cassation au motif qu'en statuant ainsi, alors qu'elle était tenue d'examiner les pièces de procédure pour s'assurer de la nature de la décision frappée d'opposition et de répondre aux chefs péremptoires des conclusions dont elle était saisie, la cour d'appel n'a pas justifié sa décision[2].

En résumé, lorsqu'elle est saisie d'une opposition, la juridiction ne peut la déclarer irrecevable au seul motif que la décision aurait dû être qualifiée de contradictoire à signifier ; lorsqu'elle est saisie de conclusions soulevant expressément la difficulté de qualification de la décision attaquée, elle a l'obligation d'y répondre.

Permettant de sauvegarder les droits de la personne à l'encontre de laquelle une décision a été rendue sous une qualification inexacte, la chambre criminelle, rappelant que si la citation à comparaître n'a pas été délivrée à la personne du prévenu mais s'il est établi qu'il en a eu connaissance, la décision, en cas de non-comparution, doit être qualifuée de contradictoire à signifier, a jugé qu'en statuant par défaut, l'article 412 du code de procédure pénale avait été méconnu, que la cassation était encourue mais qu'elle aurait lieu sans renvoi, le délai de pourvoi en cassation contre la décision viciée courant à compter de la notification de son arrêt[3]. De même, pour une décision mentionnant à tort être rendu en dernier ressort, mention de nature à induire le demandeur en erreur sur la voie de recours qui lui était ouverte, le point de départ du délai d'appel étant alors reporté au jour de la notification de l'arrêt[4].

1. Crim. 12 sept. 2007, n° 07-81.985, P n° 204 ; *AJ pénal* 2007. 493.
2. Crim. 28 janv. 2009, n° 08-87.099, NP.
3. Crim. 22 juin 2016, n° 13-85.649, NP.
4. Crim. 9 janv. 2018, n° 17-81.953, NP ; Crim. 21 mars 2000, n° 99-84.087, P n° 124.

CHAPITRE

713. Décisions portant sur les exceptions, incidents, demandes diverses

SECTION 0

ORIENTEUR

713.00 **Sommaire du chapitre.**

713.01 **Principaux textes applicables.**

TEXTES SOURCES

- C. pén., art. 130-1, 131-3, 131-4, 131-4-1, 131-5-1, 131-6, 131-8, 132-1, 132-19, 132-20, 132-24, 132-29, 132-35 à 132-39, 132-70-1 à 132-70-3
- C. pr. pén., art. 10-1, 397-3-1, 418 à 421, 427, 462 à 472, 474, 474-1, 475-1, 478 à 482, 484 à 486 713-42 à 713-48
- CSS, art. L. 376-1 et L. 376-2
- C. civ., art. 378 à 381

TEXTES *IN EXTENSO*

* V. s[s] n° 711.01

713.02 **Jurisprudence de référence.**

> Applicabilité directe de la Conv. EDH et des décisions de la Cour de Strasbourg devant les juridictions françaises

- **Cass., ass. plén., 15 avr. 2011,** n° 10-17.049, P n° 1

* V. s[s] n° 713.16.

« Les États adhérents à la convention de sauvegarde des droits de l'Homme et des libertés fondamentales sont tenus de respecter les décisions de la Cour européenne des droits de l'Homme, sans attendre d'être attaqués devant elle, ni d'avoir modifié leur législation ».

713.05 **Présentation logique.** Il est logique pour la juridiction de statuer d'abord sur les incidents ou les questions procédurales qui lui ont été soumises et, si ces questions ne l'en empêchent pas, d'aborder le fond. Dans sa présentation formelle, le jugement devra donc décrire successivement, si l'exception n'est pas retenue, sa réponse sur ce point, avant celle qui concerne le fond du dossier[1].

SECTION UNIQUE

DIVERSITÉ DES DÉCISIONS SUR INCIDENTS

713.11 **Exception d'incompétence.** Contrairement à la matière civile, la juridiction qui s'estime incompétente n'a pas à désigner celle qui, selon elle, doit être saisie. Il appartient donc à la juridiction correctionnelle qui se dit incompétente, de renvoyer l'affaire au ministère public, invitant celui-ci « à se pourvoir ainsi qu'il appartiendra », celui-ci appréciant, s'il y a lieu de saisir une autre juridiction des mêmes faits, ou de relever appel de la décision d'incompétence.

Ainsi, si le fait déféré au tribunal correctionnel sous la qualification de délit est de nature à entraîner une peine criminelle, le tribunal renvoie le ministère public à se pourvoir ainsi qu'il avisera[2] ; il en est de même, s'il est saisi « à juge unique », d'un délit relevant de la collégialité[3] ; il en est encore de même, si le tribunal saisi d'une procédure de comparution immédiate, estime que la complexité de l'affaire nécessite des investigations supplémentaires approfondies[4 5].

Il en est encore de même, si c'est en raison d'une incompétence territoriale que la juridiction refuse de juger le dossier[6].

1. V. s[s] n°s 611.11 s. et 621.11 s.
2. C. pr. pén., art. 469, al. 1er.
3. C. pr. pén., art. 469, al. 3.
4. C. pr. pén., art. 397-2, al. 2.
5. Dans cette dernière hypothèse, le procureur de la République doit requérir l'ouverture d'une information judiciaire lorsque la juridiction de jugement, saisie selon la procédure de comparution immédiate, lui renvoie le dossier en raison de la complexité de l'affaire et des investigations supplémentaires approfondies qu'elle nécessite : Crim. 21 nov. 2012, n° 12-80.621, P n° 254 ; *D.* 2013. 124, chron. C. Roth, B. Laurent, P. Labrousse et M.-L. Divialle ; *D.* 1993, obs. J. Pradel.
6. Pour plus de précisions, v. s[s] n°s 313.11 s.

713.12 **Possibilité de délivrance d'un mandat.** Lorsque le tribunal correctionnel décline sa compétence parce qu'il estime que les faits qui lui sont déférés sont susceptibles de supporter une qualification et une peine criminelle, il peut, le ministère public entendu, décerner, par la même décision, mandat de dépôt ou d'arrêt contre le prévenu[1].

La décision par laquelle un tribunal correctionnel, après s'être déclaré incompétent en raison de la nature criminelle des faits, a, sur les réquisitions du ministère public demandant l'application des dispositions de l'alinéa 2 de l'article 469 du code de procédure pénale, ordonné que le prévenu comparaissant détenu soit maintenu en détention, vaut délivrance d'un mandat de dépôt criminel[2].

713.13 **Exception de nullité.** Le principe est que le tribunal, tenu de répondre aux conclusions régulièrement déposées, doit joindre au fond les incidents et exceptions dont il est saisi, et y statuer par un seul et même jugement en se prononçant en premier lieu sur l'exception et ensuite sur le fond[3]. Il ne sera dérogé à cette règle qu'au cas d'impossibilité absolue, ou encore lorsqu'une décision immédiate sur l'incident ou sur l'exception est commandée par une disposition qui touche à l'ordre public[4][5].

La décision par laquelle la juridiction correctionnelle joint au fond les incidents dont elle est saisie, comme celle par laquelle concomitamment, elle refuse de surseoir à statuer, constitue une mesure d'administration judiciaire qui n'est pas soumise au contrôle de la Cour de cassation[6]. La jonction des incidents au fond, prévue par l'article 459 du code de procédure pénale, applicable même dans le cas de l'article 386, constitue une mesure d'administration judiciaire qui n'est soumise à aucune forme particulière, n'a pas à être motivée et n'est susceptible d'aucun recours. N'encourt donc pas la censure l'arrêt qui énonce que, les avocats du prévenu ayant déposé avant toute défense au fond des conclusions demandant à la cour d'appel de statuer par arrêt séparé sur des exceptions dites préjudicielles, les incidents ont été joints au fond[7].

713.14 **Transmission d'une question prioritaire de constitutionnalité.** En cette matière, qui vise à sanctionner une atteinte aux droits et libertés garantis par la Constitution, la juridiction statue sans délai, selon les règles de procédure qui lui sont applicables, sur la transmission de la question prioritaire de constitutionnalité, après que le ministère public et les parties, entendues ou appelées, ont présenté leurs observations sur la question prioritaire de constitutionnalité[8].

La juridiction peut toutefois statuer sans recueillir les observations du ministère public et des parties s'il apparaît de façon certaine, au vu du mémoire distinct, qu'il n'y a pas lieu de transmettre la question prioritaire de constitutionnalité.

Dès lors qu'elles sont présentées par écrit, les observations du ministère public et des autres parties doivent figurer dans un écrit distinct et motivé. À défaut, elles ne peuvent être jointes à la décision transmettant la question à la Cour de cassation[9].

Si le tribunal correctionnel, qui ne peut s'en saisir d'office, ni réécrire la question telle qu'elle est formulée par une partie, transmet la QPC à la chambre criminelle, il doit le faire dans les huit jours de son prononcé, le dossier accompagné des mémoires ou des conclusions des parties. Une telle décision n'est susceptible d'aucun recours et ne peut être attaquée qu'avec la décision sur le fond. Le tribunal sursoit alors à statuer sur le fond, à deux exceptions principales près : lorsqu'une personne est privée de liberté à raison de l'instance et lorsque l'instance a pour objet de mettre fin à une mesure privative de liberté. L'article 23-3[10] de l'ordonnance du 7 novembre 1958 modifiée prévoit cependant que la juridiction peut également statuer sans attendre la décision relative à la QPC, si la loi ou le règlement prévoit qu'elle statue dans un délai déterminé ou en urgence[11] ; elle peut, lorsque le sursis à statuer risquerait d'entraîner des conséquences irrémédiables ou manifestement excessives pour les droits d'une partie, transmettre la question mais aussi statuer sur les points qui doivent être immédiatement tranchés. Compte tenu des délais observés, devant la chambre criminelle d'une part, et devant le Conseil constitutionnel d'autre part en cas de transmission de la QPC, il est recommandé de renvoyer l'examen du dossier à six mois.

Si le tribunal refuse de transmettre la QPC à la chambre criminelle, l'instance se poursuit et le refus de transmettre pourra être attaqué en même temps que la décision sur le fond, devant la cour d'appel. En principe, le refus de transmettre la question dessaisit la juridiction du moyen tiré de la question prioritaire de constitutionnalité[12].

1. C. pr. pén., art. 469, al. 2.
2. Crim. 26 juill. 1988, n° 88-83.008, P n° 307.
3. C. pr. pén., art. 459, al. 3.
4. C. pr. pén., art. 459, al. 4.
5. SUR ces points, v. s^s^ n°s 611.11 s.
6. Crim. 22 juin 1994, n°s 92-85.123, 92-85.124, 92-85.637, P n° 247.
7. Crim. 13 mars 1995, n° 94-81.343, P n° 101.
8. SUR les principes applicables, v. s^s^ n°s 624.11 s.
9. C. pr. pén., art. R. 49-25.
10. Ord. n° 58-1067, 7 nov. 1958 portant loi organique sur le Conseil constitutionnel, art. 23-3 ; créé par LO n° 2009-1523, 10 déc. 2009, art. 1er.
11. Par ex. : C. pr. pén., art. 397-3, al. 3.
12. C. pr. pén., art. R.* 49-27, al. 1er.

Le greffe avise les parties et le ministère public par tout moyen et sans délai de la décision statuant sur la transmission de la question prioritaire de constitutionnalité à la Cour de cassation.

En cas de décision de transmission, l'avis aux parties précise que celle-ci n'est susceptible d'aucun recours et que les parties qui entendent présenter des observations devant la Cour de cassation doivent se conformer aux dispositions de l'article R.*49-30, qui est reproduit dans l'avis, ainsi que le premier alinéa de l'article R.*49-32. L'avis est adressé par lettre recommandée avec demande d'avis de réception aux parties qui n'ont pas comparu.

En cas de décision de refus de transmission, l'avis aux parties précise que celle-ci ne peut être contestée qu'à l'occasion d'un recours formé contre une décision ayant statué sur la demande au cours de la procédure[1].

Dans tous les cas, le dispositif du jugement doit reprendre l'ensemble de ces décisions et délais.

713.15 **Question préjudicielle.** Lorsque la question préjudicielle est admise, le juge doit surseoir à statuer jusqu'à ce qu'il y soit répondu et, afin de ne pas se voir reprocher un renvoi *sine die* interrompant le cours de la justice, fixer une date de renvoi, quitte à ce que celui-ci soit réitéré[2].

713.16 **Exception de non-conventionnalité.** Le juge répressif est tenu de répondre à l'exception de non-conventionnalité d'un texte soulevée par l'une des parties au procès.

En vertu de l'article 55 de la Constitution du 4 octobre 1958, les traités ou accords régulièrement ratifiés ou approuvés ont, dès leur publication, une autorité supérieure à celle des lois. Les dispositions de tels traités ou accords doivent être par suite appliqués d'office, le cas échéant, par les juridictions françaises[3].

C'est la convention de sauvegarde des droits de l'Homme et des libertés fondamentales, dite convention européenne des droits de l'homme, qui sera le plus souvent invoquée et elle est donc bien d'applicabilité directe devant les juridictions répressives. Sur ce point on retiendra la décision significative de l'Assemblée plénière de la Cour de cassation, aux termes de laquelle, les États adhérents à la convention de sauvegarde des droits de l'Homme et des libertés fondamentales sont tenus de respecter les décisions de la Cour européenne des droits de l'Homme, sans attendre d'être attaqués devant elle, ni d'avoir modifié leur législation[4].

1. C. pr. pén., art. R.* 49-28.
2. V. s[s] n° 623.21.
3. Crim. 18 févr. 1971, n° 66-93.873, P n° 57.
4. Cass., ass. plén., 15 avr. 2011, n° 10-17.049, P n° 1 ; *D.* 2011. 1080 ; *D.* 2011. 1128, entretien G. Roujou de Boubée ; *D.* 2011. 1713, obs. V. Bernaud et L. Gay ; *D.* 2012. 390, obs. O. Boskovic, S. Corneloup, F. Jault-Seseke, N. Joubert et K. Parrot ; *AJ pénal* 2011. 311, obs. C. Mauro ; *RSC* 2011. 410, obs. A. Giudicelli ; *RTD civ.* 2011. 725, obs. J.-P. Marguénaud.

CHAPITRE

714. Décisions portant sur l'irresponsabilité pénale

SECTION 0
ORIENTEUR

714.00 **Sommaire du chapitre.**

714.01 **Principaux textes applicables.**

TEXTES SOURCES

• C. pén., art. 122-1

• C. pr. pén., 706-133 et 706-134,706-135 à 706-139, D. 47-27 à D. 47.37

• CSP, art. L. 3211-2-1, L. 3211-2-3, L. 3211-7, L. 3211-8, L. 3211-11-1, L. 3211-12, L. 3211-12-1 à L. 3211-12-6, L. 3213-1, L. 3213-7, L. 3222-1.

TEXTES *IN EXTENSO*

• **C. pén., art. 122-1**

N'est pas pénalement responsable la personne qui était atteinte, au moment des faits, d'un trouble psychique ou neuropsychique ayant aboli son discernement ou le contrôle de ses actes.

La personne qui était atteinte, au moment des faits, d'un trouble psychique ou neuropsychique ayant altéré son discernement ou entravé le contrôle de ses actes demeure punissable. Toutefois, la juridiction tient compte de cette circonstance lorsqu'elle détermine la peine et en fixe le régime. Si est encourue une peine privative de liberté, celle-ci est réduite du tiers ou, en cas de crime puni de la réclusion criminelle ou de la détention criminelle à perpétuité, est ramenée à trente ans. La juridiction peut toutefois, par une décision spécialement motivée en matière correctionnelle, décider de ne pas appliquer cette diminution de peine. Lorsque, après avis médical, la juridiction considère que la nature du trouble le justifie, elle s'assure que la peine prononcée permette que le condamné fasse l'objet de soins adaptés à son état.

• **C. pén., art. 122-1-1** [créé par L. n° 2022-52, 24 janv. 2022]

Le premier alinéa de l'article 122-1 n'est pas applicable si l'abolition temporaire du discernement de la personne ou du contrôle de ses actes au moment de la commission d'un crime ou d'un délit résulte de ce que, dans un temps très voisin de l'action, la personne a volontairement consommé des substances psychoactives dans le dessein de commettre l'infraction ou une infraction de même nature ou d'en faciliter la commission.

• **C. pén., art. 122-1-2** [créé par L. n° 2022-52, 24 janv. 2022]

La diminution de peine prévue au second alinéa de l'article 122-1 n'est pas applicable en cas d'altération temporaire du discernement de la personne ou du contrôle de ses actes au moment de la commission d'un crime ou d'un délit lorsque cette altération résulte d'une consommation volontaire, de façon illicite ou manifestement excessive, de substances psychoactives.

• **C. pén., art. 122-2**

N'est pas pénalement responsable la personne qui a agi sous l'empire d'une force ou d'une contrainte à laquelle elle n'a pu résister.

• **C. pén., art. 122-3**

N'est pas pénalement responsable la personne qui justifie avoir cru, par une erreur sur le droit qu'elle n'était pas en mesure d'éviter, pouvoir légitimement accomplir l'acte.

• **C. pén., art. 122-4**

N'est pas pénalement responsable la personne qui accomplit un acte prescrit ou autorisé par des dispositions législatives ou réglementaires.

N'est pas pénalement responsable la personne qui accomplit un acte commandé par l'autorité légitime, sauf si cet acte est manifestement illégal.

• **C. pén., art. 122-5**

N'est pas pénalement responsable la personne qui, devant une atteinte injustifiée envers elle-même ou autrui, accomplit, dans le même temps, un acte commandé par la nécessité de la légitime défense d'elle-même ou d'autrui, sauf s'il y a disproportion entre les moyens de défense employés et la gravité de l'atteinte.

N'est pas pénalement responsable la personne qui, pour interrompre l'exécution d'un crime ou d'un délit contre un bien, accomplit un acte de défense, autre qu'un homicide volontaire, lorsque cet acte est strictement nécessaire au but poursuivi dès lors que les moyens employés sont proportionnés à la gravité de l'infraction.

• **C. pén., art. 122-6**

Est présumé avoir agi en état de légitime défense celui qui accomplit l'acte :

1° Pour repousser, de nuit, l'entrée par effraction, violence ou ruse dans un lieu habité ;

2° Pour se défendre contre les auteurs de vols ou de pillages exécutés avec violence.

• **C. pén., art. 122-7**

N'est pas pénalement responsable la personne qui, face à un danger actuel ou imminent qui menace elle-même, autrui ou un bien, accomplit un acte nécessaire à la sauvegarde de la personne ou du bien, sauf s'il y a disproportion entre les moyens employés et la gravité de la menace.

• **C. pén., art. 122-8** [mod. par Ord. n° 2019-950, 11 sept. 2019 et L. n° 2020-734, 17 juin 2020]

Les mineurs capables de discernement sont pénalement responsables des crimes, délits ou contraventions dont ils ont été reconnus coupables, en tenant compte de l'atténuation de responsabilité dont ils bénéficient en raison de leur âge, dans des conditions fixées par le code de la justice pénale des mineurs.

NB : Se reporter aux conditions d'application prévues à l'article 10 de l'ordonnance n° 2019-950 du 11 septembre 2019 (CJPM).

• **C. pén., art. 122-9** [créé par L. n° 2022-401, 21 mars 2022]

N'est pas pénalement responsable la personne qui porte atteinte à un secret protégé par la loi, dès lors que cette divulgation est nécessaire et proportionnée à la sauvegarde des intérêts en cause, qu'elle intervient dans le respect des conditions de signalement définies par la loi et que la personne répond aux critères de définition du lanceur d'alerte prévus à l'article 6 de la loi n° 2016-1691 du 9 décembre 2016 relative à la transparence, à la lutte contre la corruption et à la modernisation de la vie économique.

N'est pas non plus pénalement responsable le lanceur d'alerte qui soustrait, détourne ou recèle les documents ou tout autre support contenant les informations dont il a eu connaissance de manière licite et qu'il signale ou divulgue dans les conditions mentionnées au premier alinéa du présent article.

Le présent article est également applicable au complice de ces infractions.

• **C. pr. pén., art. 706-119** [mod. par L. n° 2019-222, 23 mars 2019]

Si le juge d'instruction estime, lorsque son information lui paraît terminée, qu'il est susceptible d'appliquer le premier alinéa de l'article 122-1 du code pénal relatif à l'irresponsabilité pénale d'une personne en raison d'un trouble mental, il en informe le procureur de la République lorsqu'il lui communique le dossier ainsi que les parties lorsqu'il les avise, en application du I de l'article 175 du présent code.

Le procureur de la République, dans ses réquisitions, et les parties, dans leurs observations, indiquent s'ils demandent la saisine de la chambre de l'instruction afin que celle-ci statue sur l'application du premier alinéa de l'article 122-1 du code pénal conformément aux articles 706-122 à 706-127 du présent code.

• **C. pr. pén., art. 706-120** [mod. par L. n° 2022-52, 24 janv. 2022]

Lorsqu'au moment du règlement de son information, le juge d'instruction estime, après avoir constaté qu'il existe contre la personne mise en examen des charges suffisantes d'avoir commis les faits reprochés, qu'il y a des raisons plausibles d'appliquer le premier alinéa de l'article 122-1 du code pénal, il ordonne, si le procureur de la République ou une partie en a formulé la demande, que le dossier de la procédure soit transmis par le procureur de la République au procureur général aux fins de saisine de la chambre de l'instruction. Il peut aussi ordonner d'office cette transmission.

Lorsque le juge d'instruction, au moment du règlement de son information, estime que l'abolition temporaire du discernement de la personne mise en examen résulte au moins partiellement de son fait et qu'il existe une ou plusieurs expertises concluant que le discernement de la personne était seulement altéré, il renvoie celle-ci devant la juridiction de jugement compétente qui statue à huis clos sur l'application du même article 122-1 ; si la personne n'est pas déclarée pénalement irresponsable, le dossier est renvoyé à une audience ultérieure pour être examiné au fond conformément aux dispositions relatives aux jugements des crimes ou des délits.

Dans les autres cas, il rend une ordonnance d'irresponsabilité pénale pour cause de trouble mental qui précise qu'il existe des charges suffisantes établissant que l'intéressé a commis les faits qui lui sont reprochés.

• **C. pr. pén., art. 706-124**

Si elle estime qu'il existe des charges suffisantes contre la personne mise en examen d'avoir commis les faits qui lui sont reprochés et que le premier alinéa de l'article 122-1 du code pénal n'est pas applicable, la chambre de l'instruction ordonne le renvoi de la personne devant la juridiction de jugement compétente.

• **C. pr. pén., art. 706-125**

Dans les autres cas, la chambre de l'instruction rend un arrêt de déclaration d'irresponsabilité pénale pour cause de trouble mental par lequel :

1° Elle déclare qu'il existe des charges suffisantes contre la personne d'avoir commis les faits qui lui sont reprochés ;

2° Elle déclare la personne irresponsable pénalement en raison d'un trouble psychique ou neuropsychique ayant aboli son discernement ou le contrôle de ses actes au moment des faits ;

3° Si la partie civile le demande, elle se prononce sur la responsabilité civile de la personne, conformément à l'article 414-3 du code civil, et statue sur les demandes de dommages et intérêts ;

4° Elle prononce, s'il y a lieu, une ou plusieurs des mesures de sûreté prévues au chapitre III du présent titre.

• **C. pr. pén., art. 706-133**

S'il estime que les dispositions du premier alinéa de l'article 122-1 du code pénal sont applicables, le tribunal correctionnel rend un jugement de déclaration d'irresponsabilité pénale pour cause de trouble mental par lequel :

1° Il déclare que la personne a commis les faits qui lui étaient reprochés ;

2° Il déclare la personne irresponsable pénalement en raison d'un trouble psychique ou neuropsychique ayant aboli son discernement ou le contrôle de ses actes au moment des faits ;

3° Il se prononce sur la responsabilité civile de la personne auteur des faits, conformément à l'article 414-3 *[ancienne rédaction : 489-2]* du code civil, et statue, s'il y a lieu, sur les demandes de dommages et intérêts formées par la partie civile ;

4° Il prononce, s'il y a lieu, une ou plusieurs des mesures de sûreté prévues au chapitre III du présent titre.

Le jugement de déclaration d'irresponsabilité pénale pour cause de trouble mental met fin à la détention provisoire ou au contrôle judiciaire.

• **C. pr. pén., art. 706-134**

Les dispositions de l'article 706-133 sont applicables devant la chambre des appels correctionnels.

Elles sont également applicables, à l'exception du 4°, devant le tribunal de police.

• **C. pr. pén., art. 706-135**

Sans préjudice de l'application des articles L. 3213-1 et L. 3213-7 du code de la santé publique, lorsque la chambre de l'instruction ou une juridiction de jugement prononce un arrêt ou un jugement de déclaration d'irresponsabilité pénale pour cause de trouble mental, elle peut ordonner, par décision motivée, l'admission en soins psychiatriques de la personne, sous la forme d'une hospitalisation complète dans un établissement mentionné à l'article L. 3222-1 du même code s'il est établi par une expertise psychiatrique figurant au dossier de la procédure que les troubles mentaux de l'intéressé nécessitent des soins et compromettent la sûreté des personnes ou portent atteinte, de façon grave, à l'ordre public. Le représentant de l'État dans le département ou, à Paris, le préfet de police est immédiatement avisé de cette décision. Le régime de cette hospitalisation est celui prévu pour les admissions en soins psychiatriques prononcées en application de l'article L. 3213-1 du même code.

• **C. pr. pén., art. 706-136**

Lorsque la chambre de l'instruction ou une juridiction de jugement prononce un arrêt ou un jugement de déclaration d'irresponsabilité pénale pour cause de trouble mental, elle peut ordonner à l'encontre de la personne les mesures de sûreté suivantes, pendant une durée qu'elle fixe et qui ne peut excéder dix ans en matière correctionnelle et vingt ans si les faits commis constituent un crime ou un délit puni de dix ans d'emprisonnement :

1° Interdiction d'entrer en relation avec la victime de l'infraction ou certaines personnes ou catégories de personnes, et notamment les mineurs, spécialement désignées ;

2° Interdiction de paraître dans tout lieu spécialement désigné ;

3° Interdiction de détenir ou de porter une arme ;

4° Interdiction d'exercer une activité professionnelle ou bénévole spécialement désignée, dans l'exercice de laquelle ou à l'occasion de laquelle l'infraction a été commise ou impliquant un contact habituel avec les mineurs, sans faire préalablement l'objet d'un examen psychiatrique déclarant la personne apte à exercer cette activité ;

5° Suspension du permis de conduire ;

6° Annulation du permis de conduire avec interdiction de solliciter la délivrance d'un nouveau permis.

Ces interdictions, qui ne peuvent être prononcées qu'après une expertise psychiatrique, ne doivent pas constituer un obstacle aux soins dont la personne est susceptible de faire l'objet.

Si la personne est hospitalisée en application des articles L. 3213-1 et L. 3213-7 du code de la santé publique, les interdictions dont elle fait l'objet sont applicables pendant la durée de l'hospitalisation et se poursuivent après la levée de cette hospitalisation, pendant la durée fixée par la décision.

• **C. pr. pén., art. 706-136-1**

Lorsqu'une personne condamnée dans les circonstances mentionnées au second alinéa de l'article 122-1 du code pénal n'a pas été condamnée à un suivi socio-judiciaire, le juge de l'application des peines peut ordonner, à la libération de cette personne, si son état le justifie et après avis médical, une obligation de soins pendant une durée qu'il fixe et qui ne peut excéder cinq ans en matière correctionnelle ou dix ans si les faits commis constituent un crime ou un délit puni de dix ans d'emprisonnement. Le dernier alinéa de l'article 706-136 du présent code est applicable.

• **C. pr. pén., art. 706-137**

La personne qui fait l'objet d'une mesure prononcée en application des articles 706-136 ou 706-136-1 peut demander au juge des libertés et de la détention du lieu de la situation de l'établissement hospitalier ou de son domicile d'ordonner sa modification ou sa levée. Celui-ci statue en chambre du conseil sur les conclusions du ministère public, le demandeur ou son avocat entendus ou dûment convoqués. Il peut solliciter l'avis préalable de la victime. La levée de la mesure ne peut être décidée qu'au vu du résultat d'une expertise psychiatrique. En cas de rejet de la demande, aucune demande ne peut être déposée avant l'expiration d'un délai de six mois.

• **C. pr. pén., art. 706-138**

Lorsque l'interdiction prévue au 1° de l'article 706-136 est prononcée, la partie civile peut demander à être informée par le procureur de la République de la levée de l'hospitalisation dont cette personne aura pu faire l'objet en application des articles L. 3213-1 et L. 3213-7 du code de la santé publique.

La partie civile peut, à tout moment, indiquer au procureur de la République qu'elle renonce à cette demande.

• **C. pr. pén., art. 706-139-1** [créé par L. n° 2022-52, 24 janv. 2022]

Lorsque le juge d'instruction est saisi d'une information sur le fondement des articles 221-5-6,222-18-4 ou 222-26-2 du code pénal et décide du renvoi de la personne mise en examen devant la juridiction de jugement du chef de ces incriminations, il est tenu, dans son ordonnance de règlement, de préalablement déclarer, en application du premier alinéa de l'article 122-1 du même code, que celle-ci est pénalement irresponsable des faits commis à la suite de sa consommation volontaire de substances psychoactives.

• **CSP, art. L. 3211-2-1**

I. – Une personne faisant l'objet de soins psychiatriques en application des chapitres II et III du présent titre ou de l'article 706-135 du code de procédure pénale est dite en soins psychiatriques sans consentement.

La personne est prise en charge :

1° Soit sous la forme d'une hospitalisation complète dans un établissement mentionné à l'article L. 3222-1 du présent code ;

2° Soit sous toute autre forme, pouvant comporter des soins ambulatoires, des soins à domicile dispensés par un établissement mentionné au même article L. 3222-1 et, le cas échéant, une hospitalisation à domicile, des séjours à temps partiel ou des séjours de courte durée à temps complet effectués dans un établissement mentionné audit article L. 3222-1.

II. – Lorsque les soins prennent la forme prévue au 2° du I, un programme de soins est établi par un psychiatre de l'établissement d'accueil et ne peut être modifié, afin de tenir compte de l'évolution de l'état de santé du patient, que dans les mêmes conditions. Le programme de soins définit les types de soins, leur périodicité et les lieux de leur réalisation, dans des conditions déterminées par décret en Conseil d'État.

Pour l'établissement et la modification du programme de soins, le psychiatre de l'établissement d'accueil recueille l'avis du patient lors d'un entretien au cours duquel il donne au patient l'information prévue à l'article L. 3211-3 et l'avise des dispositions du III du présent article et de celles de l'article L. 3211-11.

III. – Aucune mesure de contrainte ne peut être mise en œuvre à l'égard d'un patient pris en charge sous la forme prévue au 2° du I.

• **CSP, art. L. 3211-7**

La personne hospitalisée en application des chapitres II et III du présent code ou de l'article 706-135 du code de procédure pénale dans un établissement de soins conserve le domicile qui était le sien avant l'hospitalisation aussi longtemps que ce domicile reste à sa disposition. Néanmoins, les significations qui y auront été faites pourront, suivant les circonstances, être annulées par les tribunaux.

• **CSP, art. L. 3211-8**

La personne faisant l'objet de soins psychiatriques en application des chapitres II et III du présent titre ou de l'article 706-135 du code de procédure pénale peut être placée en curatelle ou en tutelle dans les conditions et selon les modalités prévues aux articles 425 et 440 du code civil.

• **CSP, art. L. 3213-1**

I. – Le représentant de l'État dans le département prononce par arrêté, au vu d'un certificat médical circonstancié ne pouvant émaner d'un psychiatre exerçant dans l'établissement d'accueil, l'admission en soins psychiatriques des personnes dont les troubles mentaux nécessitent des soins et compromettent la sûreté des personnes ou portent atteinte, de façon grave, à l'ordre public. Les arrêtés préfectoraux sont motivés et énoncent avec précision les circonstances qui ont rendu l'admission en soins nécessaire. Ils désignent l'établissement mentionné à l'article L. 3222-1 qui assure la prise en charge de la personne malade.

Le directeur de l'établissement d'accueil transmet sans délai au représentant de l'État dans le département et à la commission départementale des soins psychiatriques mentionnée à l'article L. 3222-5 :

1° Le certificat médical mentionné au deuxième alinéa de l'article L. 3211-2-2 ;

2° Le certificat médical et, le cas échéant, la proposition mentionnés aux deux derniers alinéas du même article L. 3211-2-2.

II. – Dans un délai de trois jours francs suivant la réception du certificat médical mentionné à l'avant-dernier alinéa de l'article L. 3211-2-2, le représentant de l'État dans le département décide de la forme de prise en charge prévue à l'article L. 3211-2-1, en tenant compte de la proposition établie, le cas échéant, par le psychiatre en application du dernier alinéa de l'article L. 3211-2-2 et des exigences liées à la sûreté des personnes et à l'ordre public. Il joint à sa décision, le cas échéant, le programme de soins établi par le psychiatre.

Dans l'attente de la décision du représentant de l'État, la personne malade est prise en charge sous la forme d'une hospitalisation complète.

III. – Lorsque la proposition établie par le psychiatre en application de l'article L. 3211-2-2 recommande une prise en charge sous une autre forme que l'hospitalisation complète, le représentant de l'État ne peut modifier la forme de prise en charge des personnes mentionnées au II de l'article L. 3211-12 qu'après avoir recueilli l'avis du collège mentionné à l'article L. 3211-9.

IV. – Les mesures provisoires, les décisions, les avis et les certificats médicaux mentionnés au présent chapitre figurent sur le registre mentionné à l'article L. 3212-11.

• **CSP, art. L. 3213-7**

Lorsque les autorités judiciaires estiment que l'état mental d'une personne qui a bénéficié, sur le fondement du premier alinéa de l'article 122-1 du code pénal, d'un classement sans suite, d'une décision d'irresponsabilité pénale ou d'un jugement ou arrêt de déclaration d'irresponsabilité pénale nécessite des soins et compromet la sûreté des personnes ou porte atteinte de façon grave à l'ordre public, elles avisent immédiatement la commission mentionnée à l'article L. 3222-5 du présent code ainsi que le représentant de l'État dans le département qui ordonne sans délai la production d'un certificat médical circonstancié portant sur l'état actuel du malade. Au vu de ce certificat, il peut prononcer une mesure d'admission en soins psychiatriques dans les conditions définies à l'article L. 3213-1. Toutefois, si la personne concernée fait déjà l'objet d'une mesure de soins psychiatriques en application du même article L. 3213-1, la production de ce certificat n'est pas requise pour modifier le fondement de la mesure en cours.

À toutes fins utiles, le procureur de la République informe le représentant de l'État dans le département de ses réquisitions ainsi que des dates d'audience et des décisions rendues.

Si l'état de la personne mentionnée au premier alinéa le permet, celle-ci est informée par les autorités judiciaires de l'avis dont elle fait l'objet ainsi que des suites que peut y donner le représentant de l'État dans le département. Cette information lui est transmise par tout moyen et de manière appropriée à son état.

L'avis mentionné au premier alinéa indique si la procédure concerne des faits punis d'au moins cinq ans d'emprisonnement en cas d'atteinte aux personnes ou d'au moins dix ans d'emprisonnement en cas d'atteinte aux biens. Dans ce cas, la personne est également informée des conditions dans lesquelles il peut être mis fin à la mesure de soins psychiatriques en application des articles L. 3211-12, L. 3211-12-1 et L. 3213-8.

714.02 Jurisprudence de référence

• **CEDH 3 sept. 2015,** *Berland c/ France*, req.n° 42875/10

* V. s[s] n° 714.22.

Les mesures ordonnées à la suite d'une déclaration d'irresponsabilité pénale pour cause de trouble mental ne sont pas des peines au sens de l'art. 7, § 1, Conv. EDH et le principe de non-rétroactivité n'a donc pas vocation à s'appliquer.

• **Crim. 15 sept. 2015,** n° 14-86.135, P n° 198

* V. s[s] n° 714.21.

Il résulte de l'article 112-1 du code pénal que les dispositions d'une loi nouvelle s'appliquent aux infractions commises avant leur entrée en vigueur et n'ayant pas donné lieu à une condamnation passée en force de chose jugée lorsqu'elles sont moins sévères que les dispositions anciennes ; il résulte de l'article 122-1, alinéa 2 du code pénal, dans sa rédaction issue de la loi du 15 août 2014, que si la personne qui était atteinte, au moment des faits, d'un trouble psychique ou neuropsychique ayant altéré son discernement encourt une peine privative de liberté, celle-ci est réduite du tiers, la juridiction pouvant toutefois, par une décision spécialement motivée en matière correctionnelle, décider de ne pas appliquer cette diminution de peine ; la situation du prévenu n'a pas été examinée au regard des dispositions plus favorables de l'article 122-1, alinéa 2 du code de procédure pénal, entré en vigueur le 1er octobre 2014 ; il y a lieu, dès lors, de procéder à un nouvel examen de l'affaire au regard de ces dispositions plus favorables ; d'où il suit que l'annulation est encourue de ce chef ; elle sera limitée aux peines prononcées dès lors que la déclaration de culpabilité n'encourt pas la censure.

• **Crim. 26 févr. 2020,** n° 19-80.120, NP (exemple de motivation)

* V. s[s] n° 714.21

... pour faire application des dispositions de l'article 122-1, alinéa 2, du code pénal et condamner M. U... à trente ans de réclusion criminelle, l'arrêt relève que, s'agissant de l'état mental de l'accusé, ses actes posés après les faits ont davantage démontré son égocentrisme que son incohérence, que l'ensemble des développements et conclusions des expertises psychiatriques ont conduit la Cour et le jury à retenir une altération du discernement de l'accusé et une diminution de la peine ; que la cour d'assises retient ensuite qu'une peine significative, compte tenu de l'extrême gravité des faits, doit être prononcée, assortie d'un suivi socio-judiciaire d'une durée également significative, notamment en raison des soins dont l'accusé devra bénéficier ;

Attendu qu'en l'état de ces motifs qui exposent les principaux éléments l'ayant convaincue dans le choix de la peine, la cour d'assises a justifié la peine appliquée, conformément aux exigences énoncées par le Conseil constitutionnel dans sa décision n° 2017-694 QPC du 2 mars 2018 ;

714.03 Bibliographie indicative.

Ouvrage. A. Artus, *Criminalité et troubles mentaux,* coll. Criminologie L'Harmattan, 2023.

Articles.

> Application de la loi dans le temps. *D. Actu.* 18 sept. 2015, obs. Autier ; *Dr. pénal* 2015, n° 134, note Peltier ; *D. Actu.* 22 sept. 2015, obs. Fucini ; *D.* 2015. 1842 ; *JCP G* 2015. 1209, note Peltier ; *Gaz. Pal.* 2015. 3652, obs. Dreyer ; *Dr. pénal* 2015, n° 152, obs. Bonis-Garçon.

> Altération et abolition du discernement. Bourrat-Gueguen, *Dr. pénal* 2015, Ét. 4 (l'aménagement de la procédure pénale à l'égard de l'auteur d'une infraction atteint de troubles mentaux) – E. Clément, « Loi responsabilité pénale et sécurité intérieure : tu ne t'intoxiqueras point », *D. actu.*, 7 févr. 2022 – J. Danet, *Gaz. Pal.* 2014. II. Dossier p. 3404 (modification de l'art. 122-1 du code pénal par la loi du 15 août 2014) – J. Danet et C. Saas, *RSC* 2007 ; *Doctr.* 779 (le fou et sa « dangerosité ») – S. Detraz, *RSC* 2008. 873 (la décision d'irresponsabilité pénale pour cause de trouble mental) – L. Leturmy, « Les nouveaux liens entre substances psychoactives, perte du discernement et responsabilité pénale », *AJ pénal* 2022. 135 – H. Matsopoulou, *Dr. pénal* 2008, Ét. 5 (mesures de sûreté justifiées par la « dangerosité ») – Th. Michaud-Nérard, *Gaz. Pal.* 2009. 1 ; *Doctr.* 1921 (le problème de l'irresponsabilité pénale des malades mentaux « déclarés déments ») – J.-Y. Maréchal, *Dr. pénal* 2022, Ét. 7 (Pénaliser la folie ... par la bande) – Mésa, *Gaz. Pal.* 2014. 2 ; *Doctr.* 3538 (régime répressif de l'anormal mental) – J.-L. Senon et C. Manzanera, *AJ pénal* 2007. 155 (troubles mentaux et prison) – B. Viau et R. Perray, *Gaz. Pal.* 2008. 1 ; *Doctr.* 32 (fichage des personnes atteintes de troubles mentaux).

Dossier. « Irresponsabilité pénale des malades mentaux : état des lieux«, *AJ pénal* 2004. 303 s. – « Troubles mentaux et responsabilité pénale », *AJ pénal* 2021. 10, nota. L. Ascensi, « Les transformations de l'irresponsabilité pénale pour cause de trouble mental », p. 452.

Veille. « Les délinquants dangereux atteints de troubles psychiatriques », *Dr. pénal* 2006, n° 31.

SECTION 1
GÉNÉRALITÉS

714.11 Causes d'irresponsabilité pénale. Il existe diverses causes d'irresponsabilité pénale : le trouble psychique ou neuro-psychique au moment des faits ayant eu pour conséquence d'abolir le discernement de leur auteur[1], la contrainte[2], l'erreur sur le droit[3], l'ordre de la loi ou de l'autorité légitime[4], la légitime

1. C. pén., art. 122-1.
2. C. pén., art. 122-2.
3. C. pén., art. 122-3.
4. C. pén., art. 122-4.

défense[1], l'état de nécessité[2]. Une fois retenue cette cause, la personne ne peut plus être déclarée pénalement responsable et cette situation a un impact au plan civil. La chambre criminelle rappelant, au visa de l'article 122-5 du code pénal qu'il résulte de ce texte que la légitime défense exclut toute faute, casse la décision d'une cour qui pour débouter M. [A] de ses demandes au titre de l'action civile, a énoncé qu'il n'y avait pas lieu d'y faire droit, dans un contexte de violences réciproques alors que les juges, ayant retenu dans le même arrêt que l'action de M. [A] relevait de la légitime défense, ne pouvaient tirer de celle-ci une faute de nature à exclure ou réduire son indemnisation[3].

S'il est nécessaire que la juridiction qui entend retenir une cause d'irresponsabilité caractérise celle-ci dans sa décision, seule la première d'entre elles donne lieu à la mise en œuvre d'une procédure spécifique essentiellement régie par les dispositions du code de procédure pénale[4].

Par ailleurs, à la suite d'une décision de la chambre criminelle fortement commentée[5], la loi du 24 janvier 2022[6] est venue limiter le domaine de l'irresponsabilité pénale et de l'atténuation de la responsabilité qui en découle, en incriminant notamment la consommation de substances agissant sur le psychisme et ayant conduit à la réalisation d'infractions tout en étant privé de discernement[7].

À cette liste déjà longue, le législateur, avait ajouté par la loi du 9 décembre 2016[8], la situation spécifique des lanceurs d'alerte[9] qu'elle définissait comme suit : « Un lanceur d'alerte est une personne physique qui révèle ou signale, de manière désintéressée et de bonne foi, un crime ou un délit, une violation grave et manifeste d'un engagement international régulièrement ratifié ou approuvé par la France, d'un acte unilatéral d'une organisation internationale pris sur le fondement d'un tel engagement, de la loi ou du règlement, ou une menace ou un préjudice graves pour l'intérêt général, dont elle a eu personnellement connaissance. Les faits, informations ou documents, quel que soit leur forme ou leur support, couverts par le secret de la défense nationale, le secret médical ou le secret des relations entre un avocat et son client sont exclus du régime de l'alerte défini par le présent chapitre. »

Citons une décision venue rappeler que les dispositions d'une loi nouvelle s'appliquent aux infractions commises avant leur entrée en vigueur et n'ayant pas donné lieu à une condamnation passée en force de chose jugée lorsqu'elles sont moins sévères que les dispositions anciennes.

Par suite, doit être annulé l'arrêt qui n'a pas examiné la situation de la prévenue au regard de l'article 7 de la loi du 9 décembre 2016, qui a institué, à compter du 11 décembre 2016, une nouvelle cause d'irresponsabilité pénale au bénéfice de la personne ayant, dans certaines conditions, porté atteinte à un secret protégé par la loi[10].

Ces dispositions ont déjà été modifiées par la loi du 21 mars 2022[11] visant à améliorer la protection des lanceurs d'alerte. L'article 122-9 du code pénal dispose désormais que « N'est pas pénalement responsable la personne qui porte atteinte à un secret protégé par la loi, dès lors que cette divulgation est nécessaire et proportionnée à la sauvegarde des intérêts en cause, qu'elle intervient dans le respect des conditions de signalement définies par la loi et que la personne répond aux critères de définition du lanceur d'alerte prévus à l'article 6 de la loi n° 2016-1691 du 9 décembre 2016 relative à la transparence, à la lutte contre la corruption et à la modernisation de la vie économique.

N'est pas non plus pénalement responsable le lanceur d'alerte qui soustrait, détourne ou recèle les documents ou tout autre support contenant les informations dont il a eu connaissance de manière licite et qu'il signale ou divulgue dans les conditions mentionnées au premier alinéa du présent article.

Le présent article est également applicable au complice de ces infractions ».

Ne seront développées ci-après que les spécificités relatives à la situation visée par les dispositions des articles 122-1 à 122-1-2, le lecteur étant renvoyé aux ouvrages généraux de droit pénal pour les autres causes d'irresponsabilité ou d'atténuation de la responsabilité.

SECTION 2
DÉCISION D'IRRESPONSABILITÉ PÉNALE POUR TROUBLE PSYCHIQUE OU NEUROPSYCHIQUE

714.21 Distinction abolition et altération du discernement. Il sera rappelé que seule l'abolition du discernement est synonyme de déclaration d'irres-

1. C. pén., art. 122-5 et 122-6.
2. C. pén., art. 122-7.
3. Crim. 4 oct. 2022, n° 22-80.064, NP.
4. C. pr. pén., 706-119 s.
5. Crim. 14 avr. 2021, n° 20-80.135, P, *JCP G* 2021. 521, note F. Rousseau ; *Dr. pénal* 2021 comm. 103, obs. P. Conte ; *RSC* 2021. 321, note X. Pin – v. s[s] n° 714.22.
6. L. n° 2022-53, 24 janv. 2022, *JO* 25 janv., n° 1.
7. J.-Y. Maréchal, « Pénaliser la folie… par la bande », *Dr. pénal* 2022, Et. 7 et v. s[s] n°s 714.22 s.
8. L. n° 2016-1691, 9 déc. 2016 relative à la transparence, à la lutte contre la corruption et à la modernisation de la vie économique, *JO* 10 déc., n° 2.
9. C. pén., art. 122-9. Loi n° 2016-1691, 9 déc. 2016 relative à la transparence, à la lutte contre la corruption et à la modernisation de la vie économique.
10. Crim. 17 oct. 2018, n° 17-80.485, NP.
11. L. n° 2022-401, 21 mars 2022, *JO* 22 mars, n° 2, art. 6.

ponsabilité pénale excluant donc toute condamnation. L'altération, quel qu'en soit le degré, n'empêche ni la déclaration de culpabilité, ni le prononcé d'une peine[1]. La juridiction devait déjà tenir compte de cette circonstance lorsqu'elle déterminait la peine et en fixait le régime[2].

Depuis l'entrée en vigueur de la loi du 15 août 2014, l'alinéa 2 de l'article 122-1 du code pénal a été réécrit. La personne qui était atteinte, au moment des faits, d'un trouble psychique ou neuropsychique ayant altéré son discernement ou entravé le contrôle de ses actes demeure punissable mais la juridiction tient compte de cette circonstance lorsqu'elle détermine la peine et en fixe le régime. Si est encourue une peine privative de liberté, celle-ci est réduite du tiers ou, en cas de crime, puni de la réclusion criminelle ou de la détention criminelle à perpétuité, est ramenée à trente ans. La juridiction peut toutefois, par une décision spécialement motivée en matière correctionnelle, décider de ne pas appliquer cette diminution de peine. Lorsque, après avis médical, la juridiction considère que la nature du trouble le justifie, elle s'assure que la peine prononcée permette que le condamné fasse l'objet de soins adaptés à son état[3].

Concernant la date d'entrée en vigueur de ce dispositif, on citera un arrêt aux termes duquel une loi nouvelle moins sévère s'appliquant, selon l'article 112-1 du code pénal, aux infractions commises avant son entrée en vigueur et n'ayant pas donné lieu à une condamnation passée en force de chose jugée, doit être annulée la décision d'une cour d'appel qui a prononcé une peine d'emprisonnement à l'encontre d'une personne atteinte, au moment des faits, d'un trouble psychique ou neuropsychique ayant altéré son discrnement ou entravé le contrôle de ses actes sans quait été examinée la situation du prévenu au regard des dispositions plus favorables de l'article 122-1, alinéa 2, du code pénal entré en vigueur le 1er octobre 2014, réduisant, dans cette hypothèse, du tiers la peine privative de liberté encourue[4].

On rappellera antérieurement à cette réforme, l'arrêt qui avait décidé que justifie sa décision de condamner le prévenu, poursuivi pour des faits commis une nouvelle fois en état de récidive légale, à une peine d'emprisonnement inférieure au seuil de deux ans prévu pour le délit de violences aggravées par l'article 132-19-1 du code pénal, la cour d'appel qui, après avoir mis en exergue l'altération importante de son discernement au moment des faits, considère qu'il en résulte une responsabilité très atténuée au sens de l'article 122-1 du code pénal.

En effet, les dispositions de l'alinéa 2 de l'ancien article 122-1 du code pénal permettaient au juge de prononcer, s'il l'estimait nécessaire, une peine autre que l'emprisonnement ou une peine inférieure à la peine minimale même lorsque les faits avaient été commis une nouvelle fois en état de récidive légale[5].

Curieusement la réécriture du texte n'a pas maintenu cet énoncé. La diminution de la peine d'un tiers paraît toutefois être la règle minimale en matière d'altération du discernement et rien n'exclut que les juges prononcent une peine plus largement réduite encore au vu des circonstances de l'espèce. Dans tous les cas, la chambre criminelle était déjà attentive à ce que ce point, s'il était soulevé dans les écritures, fasse l'objet d'une réponse motivée de la juridiction. Ainsi, après avoir rappelé, qu'il résulte de l'article 122-1 du code pénal que si la personne qui était atteinte, au moment des faits, d'un trouble psychique ou neuropsychique ayant altéré son discernement encourt une peine privative de liberté, celle-ci est réduite du tiers, la juridiction pouvant toutefois, par une décision spécialement motivée en matière correctionnelle, décider de ne pas appliquer cette diminution de peine, elle relève, dans une espèce, que, pour condamner M. X... à deux ans d'emprisonnement avec sursis et mise à l'épreuve, l'arrêt retient que les éléments de personnalité et la situation sociale du prévenu justifient que la sanction soit réaménagée. Mais elle casse cette décision, car en statuant ainsi, sans répondre aux conclusions par lesquelles M. X... faisait valoir qu'il était atteint au moment des faits d'une altération du discernement, retenue par un rapport d'expertise psychiatrique, emportant la réduction de la peine encourue aux deux tiers, la cour ne l'a pas justifiée[6].

La chambre criminelle avait par ailleurs jugé que l'appréciation, par une chambre de l'instruction, saisie sur le fondement de l'article 706-120 du code de procédure pénale, de l'abolition, pour cause de trouble psychique ou neurologique, du discernement d'une personne mise en examen, est souveraine[7], et il y avait sans doute lieu de considérer qu'une telle décision s'appliquait pareillement à la juridiction de jugement, sous couvert d'une juste motivation de cette appréciation. C'est en ce sens que la chambre criminelle s'est de nouveau pronon-

1. PAR EX. : v. s[s] n° 714.02.
2. C. pén., art. 122-1, al. 2, anc.
3. C. pén., art. 122-1 ; issu L. n° 2014-896, 15 août 2014, art. 17.
4. Crim. 15 sept. 2015, n° 14-83.135, P n° 198 ; *Gaz. Pal.* 2015, 1, p. 27, note E. Dreyer. V. aussi : Crim. 14 oct. 2014, n° 3-85.779, P n° 205.
5. Crim. 6 nov. 2012, n° 12-82.190, P n° 240 ; *AJ pénal* 2013. 98, obs. M. Léna ; *RSC* 2012. 897, obs. X. Salvat.
6. Crim. 5 janv. 2017, n° 15-85.144, NP.
7. Crim. 21 mars 2012, n° 12-80.178, P n° 77 ; *AJ pénal* 2012. 416, obs. J. Gallois.

cée, retenant que les juges disposent du pouvoir d'apprécier souverainement les conséquences devant être tirées, quant à la durée et quant au régime d'une telle peine, de l'existence de troubles psychiques ou neuropsychiques ayant, sans les abolir, altéré le discernement de l'auteur de l'infraction ou entravé le contrôle de ses actes [1].

Elle a encore jugé qu'en estimant que le prévenu était atteint, au moment des faits, d'un trouble mental ayant altéré mais non aboli son discernement, la cour d'appel a souverainement apprécié les conclusions du rapport d'expertise psychiatrique déposé par le docteur A..., le 30 janvier 2015, et répondu sans insuffisance aux conclusions dont elle était saisie [2].

La question de la motivation de l'altération des facultés mentales et de ses conséquences sur le prononcé de la peine devait inévitablement être reprise après que le Conseil constitutionnel a déclaré contraire à la Constitution, l'article 365-1 du code de procédure pénale en ce qu'il ne prévoyait pas de motivation de la peine criminelle [3].

La chambre criminelle s'est logiquement prononcée en faveur d'une démarche des juges exposant les principaux éléments les ayant conduits au choix de telle peine [4].

Par ailleurs, rappelons que les dispositions de l'article 122-1 ne concernent que « le moment des faits ».

La question de l'incapacité du prévenu à comparaître devant ses juges, a été évoquée *supra* [5]. Il suffira de rappeler ici, qu'un arrêt [6] était venu juger qu'il se déduit des dispositions de l'article 6, § 1 et 3, a) et c) de la convention européenne des droits de l'homme et de l'article préliminaire du code de procédure pénale que, lorsque l'altération des facultés d'une personne mise en examen est telle que celle-ci se trouve dans l'impossibilité absolue d'assurer effectivement sa défense, serait-elle assistée d'un avocat, il doit être sursis à son renvoi devant la juridiction de jugement. Encourt, dès lors, la censure l'arrêt d'une chambre de l'instruction qui, après avoir relevé qu'aux termes d'un rapport d'expertise psychiatrique la personne mise en examen est, à la suite d'un accident vasculaire cérébral survenu en cours d'information, inapte à être auditionnée ou interrogée et inaccessible à une sanction pénale, confirme l'ordonnance du juge d'instruction ayant ordonné sa mise en accusation devant la cour d'assises.

Une autre décision avait jugé qu'il se déduit des articles 6, § 1 et § 3, a et c, de la convention européenne des droits de l'homme, ainsi que de l'article préliminaire et de l'article 470 du code de procédure pénale qu'il ne peut être statué sur la culpabilité d'une personne que l'altération de ses facultés physiques ou psychiques met dans l'impossibilité de se défendre personnellement contre l'accusation dont elle fait l'objet, fut-ce en présence de son tuteur ou de son curateur et avec l'assistance de son avocat ; qu'en l'absence de l'acquisition de la prescription de l'action publique ou de disposition légale lui permettant de statuer sur les intérêts civils, la juridiction pénale, qui ne peut interrompre le cours de la justice, est tenue de renvoyer l'affaire à une audience ultérieure et ne peut juger qu'après avoir constaté que l'accusé ou le prévenu a recouvré la capacité à se défendre [7].

Enfin, l'article 10 du code de procédure pénale a été complété par un dernier alinéa qui précise que lorsque l'état mental ou physique d'une personne citée ou renvoyée devant une juridiction de jugement rend durablement impossible sa comparution personnelle dans des conditions lui permettant d'exercer sa défense et que la prescription de l'action publique se trouve ainsi suspendue, le président de cette juridiction peut, d'office, ou à la demande du ministère public ou des parties, décider, après avoir ordonné une expertise permettant de constater cette impossibilité, qu'il sera tenu une audience publique pour statuer uniquement sur l'action civile. La personne doit alors être représentée à cette audience par un avocat [8].

714.22 **L'arrêt « *Halimi* » et ses suites : la loi du 24 janvier 2022.** La question de l'irresponsabilité pénale ou de la responsabilité atténuée de l'auteur, ressurgit à chaque commission médiatisée d'infractions révulsant au plus haut point l'opinion publique. Elle peut se compléter de celle de savoir si celui qui commet un acte sous l'emprise d'une bouffée délirante ayant aboli son discernement au moment des faits causée, par exemple, par une consommation régulière de produits stupéfiants, peut ou doit être tenu pénalement responsable [9].

La chambre criminelle [10] saisie d'un pourvoi contre un arrêt de chambre de l'instruction ayant déclaré une personne mise en examen des chefs de

1. Crim. 29 janv. 2014, n° 12-85.603, P n° 34 ; *D.* 2014. 372.
2. Crim. 28 mars 2018, n° 17-81.232, P.
3. Cons. const. 2 mars 2018, n° 2017-694 QPC – v. s[s] n° 716.133.
4. Crim. 26 févr. 2020, n° 19-80.120, *Dr. pénal* 2020, Bonis, comm. 106,
5. V. s[s] n°s 221.121 s.
6. Crim. 11 juill. 2007, n° 07-83.056, P n° 185 ; *D.* 2007. 2239 ; *AJ pénal* 2007. 485, obs. C. Saas.
7. Crim. 5 sept. 2018, n° 17-84.402, P – AUSSI : Crim. 5 sept. 2018, n° 17-83.683 (v. s[s] n° 221.123).
8. C. pr. pén., art. 10, al. 4, créé par L. n° 2019-222, 23 mars 2019, art. 42.
9. S. Hasnaoui-Dufrenne, « Affaire *Sarah Halimi* : peu importent les raisons de la folie », *D. actu.* 28 avr. 2021.
10. Crim. 14 avr. 2021, n° 20-80.135, P, *Lexbase pénal* mai 2021, n° 38, note J-C. Saint Pau ; C. Dubois, *Les Cahiers de la justice* 2021, p. 417.

meurtre aggravé, arrestation, enlèvement, détention ou séquestration aggravées, irresponsable pénalement pour cause de trouble mental, et ayant ordonné son admission en soins psychiatriques sous la forme d'une hospitalisation complète ainsi que des mesures de sûreté, a dans une formule ciselée, dont on a pu écrire qu'elle venait en préciser la lettre et l'esprit[1], jugé que les dispositions de l'article 122-1, alinéa 1er, du code pénal, ne distinguaient pas selon l'origine du trouble psychique ayant conduit à l'abolition de ce discernement.

Dans la suite de cet arrêt, le Président de la République, M. Emmanuel Macron, a demandé au ministre de la Justice de faire évoluer la loi, afin que l'auto-intoxication volontaire aux stupéfiants soit un critère d'exclusion de l'irresponsabilité, tandis que des sénateurs déposaient une proposition de loi dans le même sens.

Bien que la mission pluridisciplinaire chargée de réfléchir à une éventuelle modification législative ait conclu en faveur d'un maintien du droit positif[2], la loi du 24 janvier 2022[3] est venue notamment créer deux nouveaux appendices à l'article 122-1 du code pénal qui en limitent par suite la portée. D'une part, l'article 122-1-1 qui vient exclure l'application du premier alinéa de l'article 122-1 si l'abolition temporaire du discernement de la personne ou du contrôle de ses actes au moment de la commission d'un crime ou d'un délit résulte de ce que, dans un temps très voisin de l'action, la personne a volontairement consommé des substances psychoactives dans le dessein de commettre l'infraction ou une infraction de même nature ou d'en faciliter la commission ; d'autre part, l'article 122-1-2, qui dispose que la diminution de peine prévue au second alinéa de l'article 122-1 n'est pas applicable en cas d'altération temporaire du discernement de la personne ou du contrôle de ses actes au moment de la commission d'un crime ou d'un délit lorsque cette altération résulte d'une consommation volontaire, de façon illicite ou manifestement excessive, de substances psychoactives.

Ces dispositions étant à l'évidence plus sévères que dans l'état antérieur du droit, elles ne s'appliqueront qu'aux infractions commises à compter du 26 janvier 2022, date d'entrée en vigueur de la loi nouvelle. On peut admettre avec certains commentateurs le caractère imprécis de certaines des notions énoncées (la notion de substance psychoactive est-elle suffisamment définie ? Dans quel délai avant les faits sa consommation devra-t-elle être établie ? Comment caractériser le dessein de commettre une infraction pour un tel auteur ?) et regretter une fois de plus une loi de circonstance prise sans doute trop rapidement.

Cette même loi créée de nouvelles infractions d'intoxication volontaire par une personne ayant provoqué une abolition temporaire de son discernement pendant laquelle elle a commis un homicide volontaire, un viol ou des blessures graves, infractions qui, si elles paraissent constituées à l'issue d'une information, doivent, en application du nouvel article 706-139-1 du code de procédure pénale, donner lieu au renvoi de la personne devant la juridiction de jugement, cour d'assises ou tribunal correctionnel, afin qu'elle soit jugée pour ces actes. La loi a ainsi ajouté à l'article 706-120 du code pénal après le premier alinéa, un alinéa ainsi rédigé : « Lorsque le juge d'instruction, au moment du règlement de son information, estime que l'abolition temporaire du discernement de la personne mise en examen résulte au moins partiellement de son fait et qu'il existe une ou plusieurs expertises concluant que le discernement de la personne était seulement altéré, il renvoie celle-ci devant la juridiction de jugement compétente qui statue à huis clos sur l'application du même article 122-1 ; si la personne n'est pas déclarée pénalement irresponsable, le dossier est renvoyé à une audience ultérieure pour être examiné au fond conformément aux dispositions relatives aux jugements des crimes ou des délits ».

Un décret du 25 avril 2022[4] est venu préciser comment s'appliquent et s'articulent les dispositions légales, en prévoyant notamment qu'il doit être fait application de l'article 706-139-1 en cas de commission des nouvelles infractions d'intoxication volontaire, et de l'article 706-120 dans les autres cas, lorsque le trouble mental ne résulte pas d'une intoxication volontaire de la personne consti-

1. *D. actu.* Étudiant, « Affaire Halimi, la lettre et l'esprit de l'article 122-1 du Code pénal », 7 mai 2021.
2. D. Raimbourg, « Les travaux de la mission ministérielle sur l'irresponsabilité pénale », Les cahiers de la justice 2021, p. 453 – ÉGALT : E.-C. Frety, « Il faut admettre les limites du droit face à un acte commis par un malade mental », *JCP*, éd. G 2021, 507.
3. L. no 2022-52, 24 janv. 2022 relative à la responsabilité pénale et à la sécurité intérieure, *JO* 25 janv., no 1. E. Clément, « Loi responsabilité pénale et sécurité intérieure : tu ne t'intoxiqueras point », *D. actu.*, 7 févr. 2022 ; L. Leturmy, « Les nouveaux liens entre substances psychoactives, perte du discernement et responsabilité pénale », *AJ pénal* 2022. 135 ; S. Pellé, « De la responsabilité pénale, du trouble mental et de quelques autres dispositions en matière de sécurité intérieure », *D.* 2022. 519.
4. Décr. no 2022-657, 25 avr. 2022 précisant les dispositions de procédure pénale résultant de la loi no 2022-52 du 24 janvier 2022 relative à la responsabilité pénale et à la sécurité intérieure applicables en cas de trouble mental, *JO* 26 avr., no 31, V. C. pr. pén., art. D. 47-37 s. V. aussi : Circ. DACG CRIM-2022-13/H2, 12 mai 2022 de présentation des dispositions résultant de la loi no 2022-52 du 24 janvier 2022 relative à la responsabilité pénale et à la sécurité intérieure portant sur l'irresponsabilité pénale.

tutive de ces nouvelles infractions, mais qu'il résulte, par exemple, de l'arrêt par celle-ci d'un traitement médical[1].

714.23 Déclaration d'irresponsabilité pénale. Depuis l'entrée en vigueur de la loi du 25 février 2008, et sous la réserve des dispositions issues de la loi précitée du 24 janvier 2022, le tribunal correctionnel, s'il estime que les dispositions du premier alinéa de l'article 122-1 du code pénal sont applicables, rend un jugement de déclaration d'irresponsabilité pénale pour cause de trouble mental par lequel :

1° Il déclare que la personne a commis les faits qui lui étaient reprochés ;

2° Il déclare la personne irresponsable pénalement en raison d'un trouble psychique ou neuropsychique ayant aboli son discernement ou le contrôle de ses actes au moment des faits ;

3° Il se prononce sur la responsabilité civile de la personne auteur des faits, conformément à l'article 489-2 du code civil, et statue, s'il y a lieu, sur les demandes de dommages et intérêts formées par la partie civile ;

4° Il prononce, s'il y a lieu, une ou plusieurs des mesures de sûreté prévues au chapitre III du présent titre.

Le jugement de déclaration d'irresponsabilité pénale pour cause de trouble mental met fin à la détention provisoire ou au contrôle judiciaire[2].

Les dispositions de l'article 706-133 sont applicables devant la chambre des appels correctionnels, et, à l'exception du 4°, devant le tribunal de police[3].

Une loi du 27 septembre 2013[4] est venue compléter l'article L. 3213-7 du code de la santé publique de deux alinéas qui précisent : « Si l'état de la personne mentionnée au premier alinéa le permet, celle-ci est informée par les autorités judiciaires de l'avis dont elle fait l'objet ainsi que des suites que peut y donner le représentant de l'État dans le département. Cette information lui est transmise par tout moyen et de manière appropriée à son état », et : « L'avis mentionné au premier alinéa indique si la procédure concerne des faits punis d'au moins cinq ans d'emprisonnement en cas d'atteinte aux personnes ou d'au moins dix ans d'emprisonnement en cas d'atteinte aux biens. Dans ce cas, la personne est également informée des conditions dans lesquelles il peut être mis fin à la mesure de soins psychiatriques en application des articles L. 3211-12, L. 3211-12-1 et L. 3213-8 ».

714.24 Complexité ? Aux termes des dispositions de la loi du 24 janvier 2022 et du décret du 22 avril 2022 précité :

Conformément aux dispositions de l'article 706-139-1, lorsque le juge d'instruction estime qu'il existe des charges suffisantes contre la personne mise en examen d'avoir consommé volontairement, de façon illicite ou manifestement excessive, des substances psychoactives en ayant connaissance du fait que cette consommation est susceptible de la conduire à mettre délibérément autrui en danger, lorsque cette consommation a entraîné un trouble psychique ou neuropsychique temporaire sous l'empire duquel elle a commis un homicide volontaire et/ou en cas d'abolition de son discernement (C. pén., art. 221-5-6, al. 1 et 2), des tortures, actes de barbaries ou violences ayant entraîné la mort, une mutilation ou infirmité permanente, ou une incapacité pendant plus de huit jours et/ou en cas d'abolition de son discernement (C. pén., art. 222-18-4), un viol et/ou en cas d'abolition de son discernement (C. pén., art. 222-26-2), que ces qualifications ont été visées lors de l'ouverture de l'information ou qu'elles ont été retenues en cours de procédure, il la renvoie devant la juridiction de jugement compétente selon les modalités prévues par les articles 179 ou 181 du présent code, après l'avoir préalablement déclarée pénalement irresponsable des faits commis à la suite de sa consommation volontaire de substances psychoactives.

Lorsque le juge d'instruction estime qu'il existe des charges suffisantes contre la personne mise en examen d'avoir commis les infractions qui lui sont reprochées dans les circonstances prévues par l'article 122-1-1 du code pénal, il la renvoie pour ces infractions devant la juridiction de jugement compétente selon les modalités prévues par les articles 179 ou 181 du présent code.

Les dispositions des deux alinéas précédents s'appliquent y compris s'il existe dans la procédure une ou plusieurs expertises concluant que le discernement de la personne était seulement altéré (C. pr. pén., art. D. 47-37-1).

Hors les hypothèses prévues par les articles 706-139-1 et D. 47-37-1, lorsque le juge d'instruction estime que l'abolition temporaire du discernement de la personne mise en examen résulte au moins partiellement de son fait et qu'il existe une ou plusieurs expertises concluant que son discernement était seulement altéré, il ordonne, conformément aux dispositions du deuxième alinéa de l'article 706-120, le renvoi de la personne devant la juridiction de jugement compétente pour que celle-ci statue à huis clos sur la seule application de

1. V. s[s] n° 714.24.
2. C. pr. pén., art. 706-133.
3. C. pr. pén., art. 706-134.
4. L. n° 2013-869, 27 sept. 2013 modifiant certaines dispositions issues de la loi n° 2011-803 du 5 juillet 2011 relative aux droits et à la protection des personnes faisant l'objet de soins psychiatriques et aux modalités de leur prise en charge, *JO* 29 sept., p. 16230, art. 10.

l'article 122-1 du code pénal, selon les modalités précisées par la section II du présent chapitre. « Si la personne fait l'objet d'une mesure de sûreté et que les faits reprochés constituent un délit, le juge d'instruction peut ordonner le maintien de cette mesure jusqu'à l'audience conformément aux alinéas deux à quatre de l'article 179. Si la personne fait l'objet d'une mesure de sûreté et que les faits reprochés constituent un crime, les dispositions des alinéas cinq, sept, huit et neuf de l'article 181 sont applicables » (C. pr. pén., art. D 47-37-2).

Lorsque la juridiction de jugement est saisie en application du deuxième alinéa de l'article 706-120 et de l'article D. 47-37-2, son président ordonne au moins un mois avant l'audience une expertise afin de déterminer si la personne est en état de comparaître personnellement et de comprendre les débats, ainsi que pour déterminer les modalités de cette comparution, et notamment s'il peut être recouru à un moyen de télécommunication, audiovisuelle conformément aux dispositions de l'article 706-71. « S'il résulte de cette expertise que l'état mental de la personne rend durablement impossible sa comparution personnelle dans des conditions lui permettant d'exercer sa défense, le président de la juridiction de jugement constate par ordonnance que la procédure et que la prescription de l'action publique se trouvent suspendues, sans préjudice de sa possibilité de faire application des dispositions du quatrième alinéa de l'article 10 (C. pr. pén., art. D 47-37-3).

Lorsque le tribunal correctionnel est saisi en application des dispositions du deuxième alinéa de l'article 706-120, il ne statue, conformément aux dispositions de cet alinéa, que pour se prononcer à huis clos sur l'application de l'article 122-1 du code pénal.

Les experts ayant examiné la personne, et notamment ceux ayant rendu des avis divergents, doivent être entendus par le tribunal, le cas échéant par un moyen de télécommunication.

Si le tribunal estime que les dispositions du premier alinéa de cet article sont applicables, il rend un jugement de déclaration d'irresponsabilité pénale pour cause de trouble mental conformément aux dispositions de l'article 706-134 du présent code.

Si le tribunal estime que les dispositions du premier alinéa de l'article 122-1 du code pénal ne sont pas applicables, il ordonne le renvoi du prévenu à une audience ultérieure du tribunal correctionnel pour que celui-ci statue comme en cas de renvoi prononcé par la juridiction d'instruction. Cette décision ne peut faire l'objet d'un appel. Si le prévenu faisait l'objet d'une mesure de sûreté, le tribunal peut, par décision spécialement motivée, ordonner le maintien de cette mesure jusqu'à l'audience de renvoi ; en cas de maintien en détention, les délais prévus par les quatrième et cinquième alinéas de l'article 179 sont alors applicables.

Dans le cas prévu par l'alinéa précédent, le tribunal peut également, avec l'accord du prévenu donné en présence de son avocat, continuer d'examiner le dossier au fond et statuer sur l'action publique sans renvoyer le dossier à une audience ultérieure. Dans ce cas, les débats se poursuivent en audience publique, sous réserve des dispositions des alinéas deux et trois de l'article 400.

Les décisions prévues par le troisième alinéa et par la troisième phrase du quatrième alinéa, ainsi que celles statuant sur l'action publique prévues par le cinquième alinéa peuvent faire l'objet d'un appel devant la chambre des appels correctionnels (C. pr. pén., art. D 47-37-8)[1].

714.25 **Modification du rôle de la chambre de l'instruction.** L'article 706-125[2], issu de la loi du 25 février 2008, disposait en son troisième alinéa que la chambre de l'instruction rendant un arrêt de déclaration d'irresponsabilité pénale pour cause de trouble mental, à la demande de la partie civile, renvoyait l'affaire devant le tribunal correctionnel compétent pour qu'il se prononce sur la responsabilité civile de la personne, conformément à l'article 414-3 du code civil, et statue sur les demandes de dommages et intérêts.

La loi du 3 juin 2016[3], a supprimé par son article 87, les mots : « renvoie l'affaire devant le tribunal correctionnel compétent pour qu'il », ce qui donne donc compétence à la chambre de l'instruction pour statuer sur les intérêts civils sans nécessiter une nouvelle audience. Le 3° de l'article 706-125 dispose que « si la partie civile le demande, elle (la chambre de l'instruction) se prononce sur la responsabilité civile de la personne, conformément à l'article 414-3 (*anc. 489-2*) du code civil, et statue sur les demandes de dommages et intérêts ».

Ces dispositions simplificatrices sont inchangées.

Au visa des articles 168 et 706-122, alinéa 4, du code de procédure lorsque la chambre de l'instruction est saisie en application de l'article 706-120 du code de procédure pénale, elle doit entendre les experts ayant examiné la personne mise en examen.

1. M. Slimani, « Précisions procédurales en matière de responsabilité en cas de troubles mentaux », *D. actu.* 17 mai 2022.
2. C. pr. pén., art. 706-125 ; créé par L. n° 2008-174, 25 févr. 2008, art. 3 ; mod. par L. n° 2016-731, 3 juin 2016, art. 87 – POUR ILLUSTRATION : Crim. 3 févr. 2010, n° 09-82.472, P. n° 17 ; *D. actu.* 4 mars 2010, obs. M. Léna ; *AJ pénal* 2010. 244, obs. G. Royer.
3. L. n° 2016-731, 3 juin 2016 renforçant la lutte contre le crime organisé, le terrorisme et leur financement et améliorant l'efficacité et les garanties de la procédure pénale, *JO* 4 juin, n° 1.

Ils exposent, s'il y a lieu, le résultat des opérations auxquelles ils ont procédé, après avoir prêté serment d'apporter leur concours à la justice en leur honneur et en leur conscience. L'arrêt ne peut qu'être cassé si aucun des experts n'ayant procédé à l'une des expertises n'est entendu[1], étant toutefois précisé que, lorsque plusieurs experts sont désignés pour exécuter une mission commune, chacun d'eux a qualité pour exposer, à l'audience de la chambre de l'instruction, même en l'absence des autres, le résultat de l'ensemble des opérations auxquelles ils ont procédé[2].

Relevons avec la commentatrice du premier arrêt cité[3], que ni le code de procédure pénale ni la chambre criminelle ne précisent toutefois les modalités de convocation des experts, l'article 197 du code de procédure pénale, selon lequel le procureur général notifie par lettre recommandée à chacune des parties et à son avocat la date à laquelle l'affaire sera appelée à l'audience, ne visant pas les experts et aucun autre texte ne le faisant.

714.26 **Inscription au casier judiciaire.** Figurent au casier judiciaire, les jugements ou arrêts de déclaration d'irresponsabilité pénale pour cause de trouble mental, lorsqu'une hospitalisation d'office a été ordonnée en application de l'article 706-135 ou lorsqu'une ou plusieurs des mesures de sûreté prévues par l'article 706-136 ont été prononcées[4].

Une déclaration d'irresponsabilité pénale n'étant pas, par hypothèse une condamnation, elle ne saurait en revanche servir de premier terme en cas d'éventuelle récidive.

714.27 **Inscription au Fnaeg.** Le fichier national automatisé des empreintes génétiques, placé sous le contrôle d'un magistrat, est destiné à centraliser les empreintes génétiques issues des traces biologiques ainsi que les empreintes génétiques des personnes déclarées coupables de l'une des infractions mentionnées à l'article 706-55 du code de procédure pénale en vue de faciliter l'identification et la recherche des auteurs de ces infractions. Sont conservées dans les mêmes conditions les empreintes génétiques des personnes poursuivies pour l'une des infractions mentionnées à l'article 706-55 ayant fait l'objet d'une décision d'irresponsabilité pénale en application des articles 706-120, 706-125, 706-129, 706-133 ou 706-134[5].

714.28 **Décision sur les soins.** Sans préjudice de l'application des articles L. 3213-1 et L. 3213-7 du code de la santé publique, lorsque la chambre de l'instruction ou une juridiction de jugement prononce un arrêt ou un jugement de déclaration d'irresponsabilité pénale pour cause de trouble mental, elle peut ordonner, par décision motivée, l'admission en soins psychiatriques de la personne, sous la forme d'une hospitalisation complète dans un établissement mentionné à l'article L. 3222-1 du même code s'il est établi par une expertise psychiatrique figurant au dossier de la procédure que les troubles mentaux de l'intéressé nécessitent des soins et compromettent la sûreté des personnes ou portent atteinte, de façon grave, à l'ordre public. Le représentant de l'État dans le département ou, à Paris, le préfet de police est immédiatement avisé de cette décision. Le régime de cette hospitalisation est celui prévu pour les admissions en soins psychiatriques prononcées en application de l'article L. 3213-1 du même code[6].

L'article 496 du code de procédure pénale, qui prévoit que les jugements rendus en matière correctionnelle peuvent être attaqués par la voie de l'appel, pose une règle générale qui doit recevoir application à moins qu'il n'y soit dérogé par une disposition légale expresse ; à défaut d'une telle disposition, l'appel d'une décision d'hospitalisation d'office prise sur le fondement de l'article 706-135 du code précité est recevable[7].

Dans l'hypothèse où une juridiction ne prononcerait pas une d'hospitalisation complète, expression ayant remplacé la notion d'hospitalisation d'office[8], une mesure administrative demeure envisageable. Ainsi, lorsque les autorités judiciaires estiment que l'état mental d'une personne qui a bénéficié, sur le fondement du premier alinéa de l'article 122-1 du code pénal, d'un classement sans suite, d'une décision d'irresponsabilité pénale ou d'un jugement ou arrêt de déclaration d'irresponsabilité pénale nécessite des soins et compromet la sûreté des personnes ou porte atteinte de façon grave à l'ordre public, elles avisent immédiatement la commission mentionnée à l'article L. 3222-5 du présent code ainsi que le représentant de l'État dans le département qui ordonne sans délai la production d'un certificat médical circonstancié portant sur l'état actuel du malade. Au vu de ce certificat, il peut prononcer une mesure d'admission en soins psychiatriques dans les conditions définies à l'article L. 3213-1.

À toutes fins utiles, le procureur de la République informe le représentant de l'État dans le départe-

1. Crim. 15 mars 2023, n° 22-87.318, P.
2. Crim. 29 nov. 2017, n° 16-85.490, P n° 271.
3. E. Delacoure, « Abolition du discernement : le devoir d'auditionner les experts », *D. actu.* 17 avr. 2023.
4. C. pr. pén., art. 768, 10°.
5. C. pr. pén., art. 706-54, al. 1er, mod. par L. n° 2021-1729, 22 déc. 2021, *JO* 23 déc., n° 2, art. 8.
6. C. pr. pén., art. 706-135.
7. Crim. 3 févr. 2010, n° 09-82.472, P n° 17 ; *AJ pénal* 2010. 244, obs. G. Royer ; *RSC* 2011. Chron. 149, obs. J. Danet.
8. CSP, art. L. 3213-1 s.

ment de ses réquisitions ainsi que des dates d'audience et des décisions rendues[1].

714.29 **Spécificités procédurales.** Le décret du 24 juin 2010[2], est venu préciser les modalités d'application de ces dispositions en modifiant l'article D. 47-29 du code de procédure pénale : « Lorsqu'une juridiction de jugement (ou la chambre de l'instruction) décide, conformément à l'article 706-135 du présent code, de l'hospitalisation d'office de la personne dans un établissement mentionné à l'article L. 3222-1 du code de la santé publique, elle prend à cette fin une ordonnance motivée aussitôt après avoir rendu le jugement ou l'arrêt de déclaration d'irresponsabilité pénale pour cause de trouble mental. Cette ordonnance est signée par le président de la juridiction et le greffier. Lorsque l'arrêt de déclaration d'irresponsabilité pénale pour cause de trouble mental est rendu par la cour d'assises, cette ordonnance est prise par la cour sans l'assistance du jury ; la cour statue d'office ou sur les réquisitions du ministère public, après que la cour d'assises s'est prononcée sur l'action publique, selon la procédure prévue par le deuxième alinéa de l'article 371 du présent code. Une copie de cette ordonnance est immédiatement adressée par le procureur de la République ou le procureur général au représentant de l'État dans le département ou, à Paris, au préfet de police. Ce dernier procède sans délai à l'hospitalisation, après, le cas échéant, les formalités de levée d'écrou ; il détermine l'établissement dans lequel la personne sera hospitalisée.

Cette ordonnance est inscrite dans le registre prévu par le dernier alinéa de l'article L. 3213-1 du code de la santé publique.

Copie de l'expertise psychiatrique figurant au dossier de la procédure et établissant que les troubles mentaux de l'intéressé nécessitent des soins et compromettent la sûreté des personnes ou portent atteinte, de façon grave, à l'ordre public, est également immédiatement adressée par le procureur de la République ou le procureur général au représentant de l'État dans le département ou, à Paris, au préfet de police, pour être jointe au dossier médical de la personne.

L'expertise prévue à l'alinéa précédent est celle réalisée au cours de l'instruction, sans préjudice de la possibilité pour le président de la chambre de l'instruction ou de la juridiction de jugement d'ordonner un complément d'expertise afin d'actualiser les informations concernant l'état mental de la personne. Si la dernière expertise figurant au dossier ne comporte pas d'indications suffisantes pour apprécier que les conditions de l'hospitalisation d'office sont effectivement réunies au moment où la juridiction doit statuer, le président de celle-ci peut également, avant la date prévue pour l'audience, requérir de l'expert ou de l'un des experts ayant procédé à cette expertise, ou de tout autre médecin psychiatre, la délivrance d'un certificat médical décrivant l'état actuel de la personne. Ce certificat peut également être requis par le ministère public. Copie du certificat est alors adressée au représentant de l'État en application de l'alinéa précédent avec celle de l'expertise psychiatrique ».

Il est donc important de souligner la nécessité, qui peut sembler superfétatoire, d'un jugement évidemment motivé et d'une ordonnance toute aussi motivée, dont ces dispositions précisent le sort.

Cette ordonnance aux fins d'hospitalisation d'office est immédiatement exécutoire[3].

SECTION 3
MESURES DE SÛRETÉ

714.31 **Conditions.** Les mesures de sûreté prévues à l'article 706-136 ne peuvent être prononcées par la juridiction que s'il apparaît, au moment où la décision est rendue et au vu des éléments du dossier et notamment de l'expertise de l'intéressé, qu'elles sont nécessaires pour prévenir le renouvellement des actes commis par la personne déclarée pénalement irresponsable, pour protéger cette personne, pour protéger la victime ou la famille de la victime, ou pour mettre fin au trouble à l'ordre public résultant de la commission de ces actes[4].

La décision ordonnant une ou plusieurs des mesures prévues à l'article 706-137 est prise soit dans l'arrêt de la chambre de l'instruction ou le jugement du tribunal correctionnel, soit par une ordonnance distincte. Cette ordonnance est alors signée par le président de la juridiction et le greffier. Lorsque l'arrêt de déclaration d'irresponsabilité pénale pour cause de trouble mental est rendu par la cour d'assises, cette ordonnance est prise par la cour sans l'assistance du jury. La décision est motivée au regard des dispositions de l'article D. 47-29-6.

Copie de la décision est remise à l'intéressé pour notification.

La décision est immédiatement exécutoire, sans préjudice de la possibilité de saisine du juge des libertés et de la détention, conformément aux dispo-

1. CSP, art. L. 3213-7.
2. Décr. n° 2010-692, 24 juin 2010 précisant les dispositions du code de procédure pénale relatives à l'irresponsabilité pénale pour cause de trouble mental, *JO* 26 juin, p. 11532 : et qui évoque toujours le terme « d'hospitalisation d'office » pourtant effacé de la loi...
3. C. pr. pén., art. D. 47-29-1.
4. C. pr. pén., art. D. 47-29-6, al. 1.

sitions de l'article 706-137 aux fins de modification ou de mainlevée de ces mesures[1].

714.32 **Nature.** Lorsque la chambre de l'instruction ou une juridiction de jugement prononce un arrêt ou un jugement de déclaration d'irresponsabilité pénale pour cause de trouble mental, elle peut ordonner à l'encontre de la personne les mesures de sûreté suivantes, pendant une durée qu'elle fixe et qui ne peut excéder dix ans en matière correctionnelle et vingt ans si les faits commis constituent un crime ou un délit puni de dix ans d'emprisonnement :

1° Interdiction d'entrer en relation avec la victime de l'infraction ou certaines personnes ou catégories de personnes, et notamment les mineurs, spécialement désignées ;

2° Interdiction de paraître dans tout lieu spécialement désigné ;

3° Interdiction de détenir ou de porter une arme ;

4° Interdiction d'exercer une activité professionnelle ou bénévole spécialement désignée, dans l'exercice de laquelle ou à l'occasion de laquelle l'infraction a été commise ou impliquant un contact habituel avec les mineurs, sans faire préalablement l'objet d'un examen psychiatrique déclarant la personne apte à exercer cette activité ;

5° Suspension du permis de conduire ;

6° Annulation du permis de conduire avec interdiction de solliciter la délivrance d'un nouveau permis.

Ces interdictions, qui ne peuvent être prononcées qu'après une expertise psychiatrique, ne doivent pas constituer un obstacle aux soins dont la personne est susceptible de faire l'objet.

Si la personne est hospitalisée en application des articles L. 3213-1 et L. 3213-7 du code de la santé publique, les interdictions dont elle fait l'objet sont applicables pendant la durée de l'hospitalisation et se poursuivent après la levée de cette hospitalisation, pendant la durée fixée par la décision[2].

Par un arrêt du 14 avril 2010, conforme à sa jurisprudence antérieure[3], la chambre criminelle avait rejeté un pourvoi invoquant l'inapplication des mesures de sûreté à une situation antérieure à leur édiction, au motif que les dispositions de l'article 112-1 du code pénal, prescrivant que seules peuvent être prononcées les peines légalement applicables à la date de l'infraction, ne s'appliquent pas aux mesures de sûreté prévues, en cas de déclaration d'irresponsabilité pénale pour cause de trouble mental, par les articles 706-135 et 706-136 du code de procédure pénale issus de la loi du 25 février 2008[4], et ce en raison de leur caractère préventif et non répressif.

Dans un arrêt la Cour européenne des droits de l'homme[5], saisie dans l'affaire jugée en France en 2010, conclut pareillement malgré deux avis dissidents, que les mesures ordonnées à la suite d'une déclaration d'irresponsabilité pénale pour cause de trouble mental ne sont pas des peines au sens de l'article 7, § 1, de la convention européenne des droits de l'homme et le principe de non-rétroactivité n'a donc pas vocation à s'appliquer.

En revanche, le fait qu'un condamné interné dans un établissement de « défense sociale » après avoir commis plusieurs infractions n'ait pu bénéficier de soins adaptés à sa pathologie constitue une atteinte aux principes édictés par l'article 3 de la Convention de sauvegarde des droits de l'homme et des libertés fondamentales, ledit article prohibant les traitements inhumains et dégradants et le condamné n'ayant pu avoir une quelconque perspective de libération faute de recevoir le traitement nécessaire, ce qui constitue « une épreuve particulièrement pénible l'ayant soumis à une détresse d'une intensité qui excède le niveau inévitable de souffrance inhérent à la détention »[6].

714.33 **Dispense d'inscription au B2.** Lorsqu'elle prononce une interdiction en application des dispositions de l'article 706-136 du code de procédure pénale, la chambre de l'instruction ou la juridiction de jugement peut ordonner, soit dans sa décision, soit dans une décision ultérieure, que la déclaration d'irresponsabilité pénale pour cause de trouble mental ne sera pas mentionnée au bulletin n° 2 du casier judiciaire conformément aux dispositions de l'article 775-1[7].

714.34 **Recours contre les mesures de sûreté.** À peine d'irrecevabilité, la décision ordonnant une ou plusieurs mesures de sûreté ne peut faire l'objet d'un appel ou d'un pourvoi en cassation qu'en même temps qu'un appel ou qu'un pourvoi formé contre la décision portant déclaration d'irresponsabilité pénale pour cause de trouble mental.

L'appel ou le pourvoi formé contre cette décision n'est pas suspensif.

Lorsqu'elle n'a pas fait l'objet d'un appel, la décision est caduque si la juridiction d'appel déclare la personne pénalement responsable. Il en est de

1. C. pr. pén., art. D. 47-29-7, al. 1 à 3.
2. C. pr. pén., art. 706-136.
3. Crim. 14 avr. 2010, n° 09-82.291, NP – Crim. 16 déc. 2009, n° 09-85.153, P n° 216 ; *D.* 2010. 471, note J. Pradel.
4. L. n° 2008-174, 25 févr. 2008 relative à la rétention de sûreté et à la déclaration d'irresponsabilité pénale pour cause de trouble mental, *JO* 26 févr., p. 3266.
5. CEDH 3 sept. 2015, *Berland c/ France*, req. n° 42875/10.
6. CEDH, gr. Ch. 31 janv. 2019, n° 18052/11, *Rooman c/ Belgique, Dr. pénal* 2019, comm. 78.
7. C. pr. pén., art. D. 47-32.

même si, à la suite d'un pourvoi en cassation, la juridiction de renvoi déclare la personne pénalement responsable[1].

La personne qui fait l'objet d'une interdiction prononcée en application des articles 706-136 ou 706-136-1 du code de procédure pénale peut également demander au juge des libertés et de la détention du lieu de la situation de l'établissement hospitalier ou de son domicile d'ordonner sa modification ou sa levée. Celui-ci statue en chambre du conseil sur les conclusions du ministère public, le demandeur ou son avocat entendus ou dûment convoqués. Il peut solliciter l'avis préalable de la victime. La levée de la mesure ne peut être décidée qu'au vu du résultat d'une expertise psychiatrique. En cas de rejet de la demande, aucune demande ne peut être déposée avant l'expiration d'un délai de six mois[2].

714.35 Information ultérieure de la partie civile. Lorsque l'interdiction prévue au 1° de l'article 706-136 du code de procédure pénale est prononcée, la partie civile peut demander à être informée par le procureur de la République de la levée de l'hospitalisation dont cette personne aura pu faire l'objet en application des articles L. 3213-1 et L. 3213-7 du code de la santé publique.

La partie civile peut, à tout moment, indiquer au procureur de la République qu'elle renonce à cette demande[3].

714.36 Sanction du non-respect des mesures de sûreté. La méconnaissance par la personne qui en a fait l'objet des interdictions prévues à l'article 706-136 du code de procédure pénale ou de l'obligation de soins prévue à l'article 706-136-1 est punie, sous réserve des dispositions du premier alinéa de l'article 122-1 du code pénal, de deux ans d'emprisonnement et 30 000 euros d'amende[4].

1. C. pr. pén., art. D. 47-29-7, al. 4 à 6.
2. C. pr. pén., art. 706-137.
3. C. pr. pén., art. 706-138.
4. C. pr. pén., art. 706-139 ; créé par L. n° 2014-896, 15 août 2014, art. 17.

CHAPITRE

715. Décisions portant sur la culpabilité et la peine

SECTION 0 ORIENTEUR

715.00 Sommaire du chapitre.

715.01 Principaux textes applicables.

TEXTES SOURCES

• C. pén., art. 130-1, 131-3, 131-4, 131-4-1, 131-6, 132-1, 132-19, 132-20, 132-24, 132-29, 132-35 à 132-39, 132-70-1 à 132-70-3

• C. pr. pén., art. 397-3-1, 418 à 421, 427, 462 à 472, 474, 474-1, 475-1, 478 à 482, 484 à 486 713-42 à 713-49

• CSS, art. L. 376-1 et L. 376-2

• C. civ., art. 378 à 381

TEXTES *IN EXTENSO*

* V. s[s] n° 711.01

• **C. pén., art. 131-3** [applicable jusqu'au 24 mars 2020]

Les peines correctionnelles encourues par les personnes physiques sont :

1° L'emprisonnement ;

2° La contrainte pénale ;

3° L'amende ;

4° Le jour-amende ;

5° Le stage de citoyenneté ;

6° Le travail d'intérêt général ;

7° Les peines privatives ou restrictives de droits prévues à l'article 131-6 ;

8° Les peines complémentaires prévues à l'article 131-10 ;

9° La sanction-réparation.

• **C. pén., art. 131-3** [mod. par L. n° 2019-222, 23 mars 2019, applicable depuis le 24 mars 2020]

Les peines correctionnelles encourues par les personnes physiques sont :

1° L'emprisonnement ; cet emprisonnement peut faire l'objet d'un sursis, d'un sursis probatoire ou d'un aménagement conformément aux dispositions du chapitre II du présent titre ;

2° La détention à domicile sous surveillance électronique ;

3° Le travail d'intérêt général ;

4° L'amende ;

5° Le jour-amende ;

6° Les peines de stage ;

7° Les peines privatives ou restrictives de droits prévues à l'article 131-6 ;

8° La sanction-réparation.

Ces peines ne sont pas exclusives des peines complémentaires prévues à l'article 131-10.

• **C. pén., art. 131-5-1** [applicable jusqu'au 23 mars 2020]

Lorsqu'un délit est puni d'une peine d'emprisonnement, la juridiction peut, à la place de l'emprisonnement, prescrire que le condamné devra accomplir un stage de citoyenneté, tendant à l'apprentissage des valeurs de la République et des devoirs du citoyen. Les modalités et le contenu de ce stage sont fixés par décret en Conseil d'État. La juridiction précise si ce stage, dont le coût ne peut excéder celui des amendes contraventionnelles de la 3e classe, doit être effectué aux frais du condamné.

Cette peine ne peut être prononcée contre le prévenu qui la refuse ou n'est pas présent à l'audience. Toutefois, cette peine peut être prononcée lorsque le prévenu, absent à l'audience, a fait connaître par écrit son accord et qu'il est représenté par son avocat.

• **C. pén., art. 131-5-1** [applicable depuis le 24 mars 2020, mod. L. n° 2021-1539, 30 nov. 2021

Lorsqu'un délit est puni d'une peine d'emprisonnement, la juridiction peut, à la place ou en même temps que l'emprisonnement, prescrire que le condamné devra accomplir, pendant une durée ne pouvant excéder un mois, un stage dont elle précise la nature, les modalités et le contenu eu égard à la nature du délit et aux circonstances dans lesquelles il a été commis.

Sauf décision contraire de la juridiction, le stage, dont le coût ne peut excéder celui des amendes contraventionnelles de la 3e classe, est effectué aux frais du condamné.

Le stage est exécuté dans un délai de six mois à compter de la date à laquelle la condamnation est définitive, sauf impossibilité résultant du comportement ou de la situation du condamné.

Les stages que peut prononcer la juridiction sont :

1° Le stage de citoyenneté, tendant à l'apprentissage des valeurs de la République et des devoirs du citoyen ;

2° Le stage de sensibilisation à la sécurité routière ;

3° Le stage de sensibilisation aux dangers de l'usage de produits stupéfiants ;

4° Le stage de responsabilisation pour la prévention et la lutte contre les violences au sein du couple et sexistes ;

5° Le stage de sensibilisation à la lutte contre l'achat d'actes sexuels ;

6° Le stage de responsabilité parentale ;

7° Le stage de lutte contre le sexisme et de sensibilisation à l'égalité entre les femmes et les hommes ;

8° Le stage de sensibilisation à la prévention et à la lutte contre la maltraitance animale.

• **C. pr. pén., art. 420-1** [mod. par L. n° 2019-222, 23 mars 2019, applicable depuis le 25 mars 2019]

Par dérogation aux dispositions qui précèdent, toute personne qui se prétend lésée peut se constituer partie civile, directement ou par son avocat, par lettre recommandée avec avis de réception, par télécopie ou par le moyen d'une communication électronique parvenue au tribunal vingt-quatre heures au moins avant la date de l'audience, lorsqu'elle demande soit la restitution d'objets saisis, soit des dommages-intérêts ; elle joint à sa demande toutes les pièces justificatives de son préjudice. Ces documents sont immédiatement joints au dossier. Lorsque le délai de vingt-quatre heures n'a pas été respecté mais que le tribunal a effectivement eu connaissance, avant les réquisitions du ministère public sur le fond, de la constitution de partie civile, son irrecevabilité ne peut être relevée.

Avec l'accord du procureur de la République, la demande de restitution ou de dommages-intérêts peut également être formulée par la victime, au cours de l'enquête de police, auprès d'un officier ou d'un agent de police judiciaire, qui en dresse procès-verbal. Cette demande vaut constitution de partie civile si l'action publique est mise en mouvement et que le tribunal correctionnel ou de police est directement saisi.

Dans les cas prévus aux deux alinéas précédents, la partie civile n'est pas tenue de comparaître.

En cas de contestation sur la propriété des objets dont la restitution est demandée, ou si le tribunal ne trouve pas dans la demande, dans les pièces jointes à celle-ci et dans le dossier, les motifs suffisants pour statuer, la décision sur les seuls intérêts civils est renvoyée à une audience ultérieure à laquelle toutes les parties sont citées à la diligence du ministère public.

• **C. pr. pén., art. 465-1** [applicable jusqu'au 23 mars 2020]

Lorsque les faits sont commis en état de récidive légale, le tribunal peut, par décision spéciale et motivée, décerner mandat de dépôt ou d'arrêt contre le prévenu, quelle que soit la durée de la peine d'emprisonnement prononcée.

S'il s'agit d'une récidive légale au sens des articles 132-16-1 et 132-16-4 du code pénal, le tribunal délivre mandat de dépôt à l'audience, quel que soit le *quantum* de la peine prononcée, sauf s'il en décide autrement par une décision spécialement motivée.

• **C. pr. pén., art. 465-1** [mod. par L. n° 2019-222, 23 mars 2019, applicable depuis le 24 mars 2020]

Lorsque les faits sont commis en état de récidive légale, le tribunal peut, par décision spéciale et motivée, décerner mandat de dépôt ou d'arrêt contre le prévenu, quelle que soit la durée de la peine d'emprisonnement prononcée.

• **C. pr. pén., art. 474** [applicable jusqu'au 23 mars 2020]

En cas de condamnation d'une personne non incarcérée à une peine d'emprisonnement inférieure ou égale à deux ans ou pour laquelle la durée de détention restant à subir est inférieure ou égale à deux ans, il est remis au condamné qui est présent à l'issue de l'audience un avis de convocation à comparaître, dans un délai qui ne saurait excéder trente jours, devant le juge de l'application des peines en vue de déterminer les modalités d'exécution de la peine. Le condamné est également avisé qu'il est convoqué aux mêmes fins devant le service pénitentiaire d'insertion et de probation dans un délai qui ne saurait être supérieur à quarante-cinq jours. Les durées de deux ans prévues par le présent alinéa sont réduites à un an si le condamné est en état de récidive légale.

L'avis de convocation devant le juge de l'application des peines précise que, sauf exercice par le condamné des voies de recours, la peine prononcée contre lui sera mise à exécution en établissement pénitentiaire s'il ne se présente pas, sans excuse légitime, devant ce magistrat.

Les dispositions du premier alinéa sont également applicables lorsque la personne est condamnée à une peine d'emprisonnement assortie du sursis avec mise à l'épreuve, à une peine d'emprisonnement avec sursis assortie de l'obligation d'accomplir un travail d'intérêt général ou bien à une peine de travail d'intérêt général. Toutefois, dans ces hypothèses, le condamné n'est convoqué que devant le service pénitentiaire d'insertion et de probation qui se trouve ainsi saisi de la mesure.

• **C. pr. pén., art. 474** [mod. par L. n° 2019-222, 23 mars 2019, applicable depuis le 24 mars 2020]

Si le tribunal n'a pas prononcé un mandat de dépôt à effet différé en application du 3° du I de l'article 464-2, en cas de condamnation d'une personne non incarcérée à une peine d'emprisonnement inférieure ou égale à un an ou pour laquelle la durée de détention restant à subir est inférieure ou égale à un an, il est remis au condamné qui est présent à l'issue de l'audience un avis de convocation à comparaître, dans un délai qui ne saurait excéder trente jours, devant le juge de l'application des peines en vue de déterminer les modalités d'exécution de la peine. Le condamné est également avisé qu'il est convoqué aux mêmes fins devant le service pénitentiaire d'insertion et de probation dans un délai qui ne saurait être supérieur à quarante-cinq jours. Le présent alinéa est applicable au condamné exécutant une peine sous le régime de la semi-liberté, du placement à l'extérieur ou de la détention à domicile sous surveillance électronique.

L'avis de convocation devant le juge de l'application des peines précise que, sauf exercice par le condamné des voies de recours, la peine prononcée contre lui sera mise à exécution en établissement pénitentiaire s'il ne se présente pas, sans excuse légitime, devant ce magistrat.

Les dispositions du premier alinéa sont également applicables lorsque la personne est condamnée à une peine d'emprisonnement assortie du sursis probatoire. Toutefois, dans cette hypothèse, le condamné n'est convoqué que devant le service pénitentiaire d'insertion et de probation qui se trouve ainsi saisi de la mesure.

• **C. pr. pén., art. 713-42** [applicable jusqu'au 23 mars 2020]

Le service pénitentiaire d'insertion et de probation évalue la personnalité et la situation matérielle, familiale et sociale de la personne condamnée à la contrainte pénale.

À l'issue de cette évaluation, le service adresse au juge de l'application des peines un rapport comportant des propositions relatives au contenu et aux modalités de mise en œuvre des mesures de contrôle et d'assistance, des obligations et des interdictions mentionnées à l'article 131-4-1 du code pénal.

• **C. pr. pén., art. 713-42** [mod. par L. n° 2019-222, 23 mars 2019, applicable depuis le 24 mars 2020]

La personne condamnée à la peine de détention à domicile sous surveillance électronique est placée sous le contrôle du juge de l'application des peines du tribunal dans le ressort duquel elle est assignée.

Les dispositions des articles 723-8 à 723-12 sont applicables.

• **C. pr. pén., art. 713-43** [applicable jusqu'au 23 mars 2020]

Au vu du rapport établi par le service pénitentiaire d'insertion et de probation, le juge de l'application des peines, lorsqu'il n'a pas été fait application du neuvième alinéa de l'article 131-4-1 du code pénal, détermine les obligations et interdictions auxquelles est astreint le condamné parmi celles mentionnées aux 1° à 3° de ce même article, ainsi que les mesures d'aide dont il bénéficie. S'il a été fait application du neuvième alinéa dudit article, le juge de l'application des peines peut modifier, supprimer ou compléter les obligations et interdictions décidées par la juridiction ; il détermine les mesures d'aide dont le condamné bénéficie.

Le juge statue par ordonnance motivée, après réquisitions écrites du procureur de la République et après avoir entendu les observations du condamné ainsi que, le cas échéant, celles de son avocat. S'il envisage d'astreindre le condamné à l'obligation d'effectuer un travail d'intérêt général prévue au 2° du même article 131-4-1, il statue après que le condamné a été informé de son droit de refuser l'accomplissement d'un travail d'intérêt général et après avoir reçu sa réponse. Il lui notifie cette ordonnance et lui donne connaissance des dispositions des articles 713-44, 713-47 et 713-48 du présent code.

La décision du juge de l'application des peines intervient au plus tard dans les quatre mois qui suivent le jugement de condamnation.

• **C. pr. pén., art. 713-43** [mod. par la L. n° 2021-1729, 22 déc. 2021, applicable depuis le 24 mars 2020]

Si le condamné a satisfait aux mesures, obligations et interdictions qui lui étaient imposées pendant une durée au moins égale à la moitié de la peine prononcée, que son reclassement paraît acquis et qu'aucun suivi ne paraît plus nécessaire, le juge de l'application des peines peut, d'office ou sur requête du condamné, décider, par ordonnance rendue selon les modalités prévues à l'article 712-8, sur réquisitions conformes du procureur de la République, de mettre fin de façon anticipée à la peine de détention à domicile sous surveillance électronique. En l'absence d'accord du ministère public, le juge de l'application des peines statue à la suite d'un débat contradictoire public en application de l'article 712-6.

Le juge de l'application des peines peut également, tout en mettant fin aux obligations prévues aux deuxième et troisième alinéas de l'article 131-4-1 du code pénal, décider que le condamné restera placé sous son contrôle jusqu'à la date prévue d'expiration de la peine en étant soumis aux obligations prévues à l'article 132-44 du même code et à une ou plusieurs des interdictions ou obligations prévues à l'article 132-45 dudit code.

• **C. pr. pén., art. 713-44** [applicable jusqu'au 23 mars 2020]

La situation matérielle, familiale et sociale de la personne est réévaluée à chaque fois que nécessaire au cours de l'exécution de la peine, et au moins une fois par an, par le service pénitentiaire d'insertion et de probation et le juge de l'application des peines.

Au vu de chaque nouvelle évaluation, le juge de l'application des peines peut, selon les modalités prévues à l'article 712-8 et après avoir entendu les observations du condamné ainsi que, le cas échéant, celles de son avocat :

1° Modifier ou compléter les obligations et interdictions auxquelles la personne condamnée est astreinte ;

2° Supprimer certaines d'entre elles.

• **C. pr. pén., art. 713-44** [mod. par L. n° 2019-222, 23 mars 2019, applicable depuis le 24 mars 2020]

En cas d'inobservation des interdictions ou obligations qui lui sont imposées, d'inconduite notoire, de nouvelle condamnation ou de refus par le condamné d'une modification nécessaire des conditions d'exécution, le juge de l'application des peines peut soit limiter ses autorisations d'absence, soit ordonner l'emprisonnement de la personne pour la durée de la peine restant à exécuter. La décision est prise conformément aux dispositions de l'article 712-6.

• **C. pr. pén., art. 713-47** [applicable jusqu'au 31 déc. 2019]

En cas d'inobservation par la personne condamnée des mesures de contrôle et d'assistance, des obligations ou des interdictions mentionnées à l'article 131-4-1 du code pénal qui lui sont imposées, le juge de l'application des peines peut, d'office ou sur réquisitions du procureur de la République, selon les modalités prévues à l'article 712-8 du présent code, modifier ou compléter les obligations ou interdictions auxquelles le condamné est astreint. Le juge de l'application des peines peut également procéder à un rappel des mesures, obligations et interdictions auxquelles est astreinte la personne condamnée.

Si la solution prévue au premier alinéa du présent article est insuffisante pour assurer l'effectivité de la peine, le juge saisit, d'office ou sur réquisitions du procureur de la République, par requête motivée, le président du tribunal de grande instance ou un juge par lui désigné afin que soit mis à exécution contre le condamné tout ou partie de l'emprisonnement fixé par la juridiction en application du dixième alinéa de l'article 131-4-1 du code pénal. Le président du tribunal ou le juge par lui désigné, qui statue à la suite d'un débat contradictoire public conformément aux dispositions de l'article 712-6 du présent code, fixe la durée de l'emprisonnement à exécuter, laquelle ne peut excéder celle fixée par la juridiction. La durée de cet emprisonnement est déterminée en fonction de la personnalité et de la situation matérielle, familiale et sociale du condamné, de la gravité de l'inobservation des mesures, obligations et interdictions, ainsi que du délai pendant lequel la contrainte pénale a été exécutée et des obligations qui ont déjà été respectées ou accomplies. Lorsque les conditions prévues à l'article 723-15 sont remplies, le président du tribunal ou le juge par lui désigné peut décider que cet emprisonnement s'exécutera sous le régime de la semi-liberté, du placement à l'extérieur ou de la surveillance électronique.

Lorsqu'il fait application du deuxième alinéa du présent article, le juge de l'application des peines peut, s'il l'estime nécessaire, ordonner l'incarcération provisoire du condamné en application des deux premiers alinéas de l'article 712-19. À défaut de tenue du débat contradictoire devant le président ou le juge par lui désigné dans un délai de quinze jours suivant l'incarcération du condamné, celui-ci est remis en liberté s'il n'est pas détenu pour une autre cause.

Au cours de l'exécution de la contrainte pénale, le juge de l'application des peines peut faire application à plusieurs reprises du deuxième alinéa du présent article, dès lors que la durée totale des emprisonnements ordonnés ne dépasse pas celle fixée par la juridiction en application du dixième alinéa de l'article 131-4-1 du code pénal. Si la durée de l'emprisonnement ordonné est égale à cette durée ou, compte tenu le cas échéant des précédents emprisonnements ordonnés, atteint cette durée, la décision du président ou du juge par lui désigné met fin à la contrainte pénale.

• **C. pr. pén., art. 713-47** [mod. par Ord. n° 2019-964, 18 sept. 2019, applicable depuis le 1er janvier 2020]

En cas d'inobservation par la personne condamnée des mesures de contrôle et d'assistance, des obligations ou des interdictions mentionnées à l'article 131-4-1 du code pénal qui lui sont imposées, le juge de l'application des peines peut, d'office ou sur réquisitions du procureur de la République, selon les modalités prévues à l'article 712-8 du présent code, modifier ou compléter les obligations ou interdictions auxquelles le condamné est astreint. Le juge de l'application des peines peut également procéder à un rappel des mesures, obligations et interdictions auxquelles est astreinte la personne condamnée.

Si la solution prévue au premier alinéa du présent article est insuffisante pour assurer l'effectivité de la peine, le juge saisit, d'office ou sur réquisitions du procureur de la République, par requête motivée, le président du tribunal judiciaire ou un juge par lui désigné afin que soit mis à exécution contre le condamné tout ou partie de l'emprisonnement fixé par la juridiction en application du dixième alinéa de l'article 131-4-1 du code pénal. Le président du tribunal ou le juge par lui désigné, qui statue à la suite d'un débat contradictoire public conformément aux dispositions de l'article 712-6 du présent code, fixe la durée de l'emprisonnement à exécuter, laquelle ne peut excéder celle fixée par la juridiction. La durée de cet emprisonnement est déterminée en fonction de la personnalité et de la situation matérielle, familiale et sociale du condamné, de la gravité de l'inobservation des mesures, obligations et interdictions, ainsi que du délai pendant lequel la contrainte pénale a été exécutée et des obligations qui ont déjà été respectées ou accomplies. Lorsque les conditions prévues à l'article 723-15 sont remplies, le président du tribunal ou le juge par lui désigné peut décider que cet emprisonnement s'exécutera sous le régime de la semi-liberté, du placement à l'extérieur ou de la surveillance électronique.

Lorsqu'il fait application du deuxième alinéa du présent article, le juge de l'application des peines peut, s'il l'estime nécessaire, ordonner l'incarcération provisoire du condamné en application des deux premiers alinéas de l'article 712-19. À défaut de tenue du débat contradictoire devant le président ou le juge par lui désigné dans un délai de quinze jours suivant l'incarcération du condamné, celui-ci est remis en liberté s'il n'est pas détenu pour une autre cause.

Au cours de l'exécution de la contrainte pénale, le juge de l'application des peines peut faire application à plusieurs reprises du deuxième alinéa du présent article, dès lors que la durée totale des emprisonnements ordonnés ne dépasse pas celle fixée par la juridiction en application du dixième alinéa de l'article 131-4-1 du code pénal. Si la durée de l'emprisonnement ordonné est égale à cette durée ou, compte tenu le cas échéant des précédents emprisonnements ordonnés, atteint cette durée, la décision du président ou du juge par lui désigné met fin à la contrainte pénale.

715.02 Jurisprudence de référence.

> Supplément d'information : aucune injonction ne peut être faite au ministère public de compléter son enquête

• **Crim. 6 déc. 2000,** n° 00-86.561, NP

* V. ss n° 715.22.

« Vu les articles 463 et 512 du code de procédure pénale ;

Attendu que, selon ces textes, s'il y a lieu de procéder à un supplément d'information, la cour d'appel commet par arrêt un de ses membres qui dispose des pouvoirs prévus aux articles 151 à 155 du code de procédure pénale ; que ce supplément d'information obéit aux règles édictées par les articles 114 et 119 à 121 du même code ;

Attendu que, saisie des poursuites exercées, du chef d'excès de vitesse, contre Gilbert Gay, la cour d'appel, pour ordonner la réouverture des débats et le renvoi de l'affaire à une audience ultérieure, énonce qu'il importe que les débats soient réouverts pour que le ministère public diligente une enquête afin d'établir la réalité de la vitesse autorisée sur la portion de route concernée ;

Mais attendu qu'en prononçant ainsi, alors qu'il lui appartenait de commettre l'un de ses membres pour procéder à un supplément d'information, la cour d'appel a méconnu les textes susvisés et le principe ci-dessus énoncé ;

D'où il suit que la cassation est encourue ».

SECTION 1 ABSENCE DE CULPABILITÉ

715.11 **Relaxe.** Si le tribunal estime que le fait poursuivi ne constitue pas une infraction à la loi pénale ou n'est pas établi ou encore qu'il n'est pas imputable au prévenu, aussi bien en raison d'une cause personnelle que légale comme l'abrogation de la loi pénale, il prononce une relaxe ou le renvoie des fins de la poursuite[1].

En matière correctionnelle, le juge qui n'est pas lié par la qualification donnée à la prévention, ne peut prononcer une décision de relaxe qu'autant qu'il a vérifié que les faits dont il est saisi ne sont constitutifs d'aucune infraction[2]. Ainsi pour asseoir sa décision de relaxe, il ne suffit pas pour le juge de déclarer que les faits dont il est saisi ne sont pas constitutifs de l'infraction qualifiée à la prévention, mais de retenir que ces faits, ne sont constitutifs d'aucune infraction punissable, ou qu'ils ne sont pas imputables à la personne du prévenu.

Se fondant sur l'article 388 du code de procédure pénale, l'article 6, § 1 de la convention européenne des droits de l'homme et l'article préliminaire du code de procédure pénale, la chambre criminelle juge par ailleurs et constamment que s'il appartient aux juges répressifs de restituer aux faits dont ils sont saisis leur véritable qualification, c'est à la condition que le prévenu ait été en mesure de présenter sa défense sur la nouvelle qualification envisagée[3]. La juridiction aura donc soin d'examiner publiquement, de mettre dans le débat, une éventuelle requalification, à défaut de quoi elle ne pourrait s'autoriser une requalification au stade de délibéré.

Par ailleurs, la cour d'appel saisie de faits de violence commis par M. X... peut apprécier, au regard des éléments contradictoirement débattus, toutes les circonstances dans lesquelles ils ont été commis, y compris la participation d'un autre auteur, même relaxé définitivement. En effet, l'autorité de la chose jugée attachée à une relaxe, devenue définitive, prononcée par la juridiction du premier degré, est limitée au prévenu relaxé, seule partie pouvant s'en prévaloir[4].

Dans une affaire ou le tribunal correctionnel avait, à tort, statué sur l'action publique puis ordonné le renvoi de l'ensemble des demandes présentées par les parties civiles, y compris sur leur recevabilité, à une audience ultérieure du tribunal statuant sur intérêts civils, la chambre criminelle a également répondu à la question de savoir si la relaxe du prévenu par la cour d'appel, saisie de la seule action publique, pouvait être opposée à la partie civile qui en l'espèce n'avait initialement relevé appel que sur l'action publique. Retenant que toute partie civile, constituée devant le tribunal correctionnel, peut faire appel d'un jugement qui, après avoir statué sur l'action publique, a, à tort, renvoyé à une audience ultérieure l'examen de la recevabilité de sa constitution et que, en l'absence d'un tel appel, la partie civile ne saurait reprocher à la cour d'appel statuant sur l'action civile de lui opposer l'autorité de la chose jugée sur l'action publique, mais qu'au cas d'espèce, au visa de l'article 6, § 1 de la Convention européenne des droits de l'homme, l'application immédiate d'une règle de procédure, résultant d'une interprétation nouvelle de la Cour de cassation, non prévisible pour la partie civile, doit être écartée dès lors qu'elle aboutit à la priver d'un procès équitable, en lui interdisant l'accès au juge, la chambre criminelle a annulé l'arrêt déféré. Elle a invité la cour d'appel de renvoi à statuer sur la recevabilité des constitutions de partie civile puis, le cas échéant, à rechercher l'existence d'une faute civile du prévenu définitivement relaxé, cette faute devant être démontrée à partir et dans la limite des faits objet de la poursuite[5].

La juridiction qui relaxe un prévenu ne doit pas se déclarer incompétente sur l'action civile mais débouter la partie civile de sa demande. La partie civile ne saurait toutefois se faire grief de cette erreur qui ne lui cause aucun préjudice[6].

Le tribunal peut toutefois statuer sur cette dernière en matière d'infractions non intentionnelles, en application de l'article 470-1 du code de procédure pénale ou en vertu de la jurisprudence de la chambre criminelle selon laquelle le dommage dont la partie civile, seule appelante d'un jugement de relaxe, peut obtenir réparation de la part de la personne relaxée

1. C. pr. pén., art. 470.
2. Juris. Constante : ex., Crim. 11 mai 2006, n° 05-85.637, P n° 131 ; *AJ pénal* 2015. 211, obs. C. Renaud-Duparc.
3. Crim. 16 mai 2001, n° 00-85.066, P n° 128 ; *D.* 2002. 31, note B. Lapérou-Scheneider ; *RSC* 2001. 821, obs. J.-F. Renucci – Crim. 17 oct. 2001, n° 01-81.988, P n° 213 – Crim. 5 mars 2003, n° 01-87.045, P n° 60 – Crim. 16 mai 2007, n° 06-87.866, P n° 129 ; *D.* 2007. 1727 ; *AJ pénal* 2007. 332, obs. C. Saas – Crim. 13 févr. 2008, n° 07-81.097, P n° 38 ; *D.* 2008. 1805, note J.-L. Lennon ; *AJ pénal* 2008. 197 ; *RSC* 2008. 984, obs. J.-F. Renucci.
4. Crim. 29 juin 2022, n° 21-82.318, P.
5. Crim. 15 févr. 2022, n° 20-86.486, P.
6. Crim. 10 mai 1993, n° 92-82.205, P n° 169.

résulte de la faute civile démontrée à partir et dans la limite des faits objet de la poursuite[1 2].

Saisie de la question de savoir si un jugement qui annule la procédure peut ou doit prononcer la relaxe du prévenu, la chambre criminelle a affirmé qu'en relaxant les prévenus après avoir prononcé la nullité de la procédure, les juges, qui demeuraient saisis des faits objet de la poursuite, ont fait une exacte application de l'article 470 du code de procédure pénale[3]. La solution est logique car si lorsqu'une nullité affecte la citation, la juridiction n'est plus saisie d'aucun fait et ne saurait en conséquence se prononcer sur la culpabilité[4], la nullité de fond enlève toute substance aux accusations portées contre le prévenu. La chambre criminelle avait d'ailleurs, avant cet arrêt de 2018, validé à plusieurs reprises des relaxes consécutives à des annulations de procédure en matière contraventionnelle[5].

La relaxe peut dans l'hypothèse d'une détention provisoire antérieure pour l'affaire en question, justifier une procédure en indemnisation du prévenu. Elle ne peut entraîner le paiement des frais fixes de procédure.

SECTION 2

DE L'INDÉCISION SUR LA CULPABILITÉ

715.21 Alternative. Soit le tribunal, ce qui se produira dans la majorité des cas qui lui sont soumis, va s'estimer suffisamment informé, et il va pouvoir trancher sur la question de la culpabilité, soit, il va au contraire, juger que des mesures complémentaires doivent être ordonnées, sur le fond, avant de pouvoir se prononcer. Une telle option peut être suggérée par la défense mais ressortir également du choix de la juridiction.

715.22 Impossibilité d'enjoindre au ministère public de poursuivre l'enquête. Le tribunal est saisi. Dès lors c'est à lui qu'il appartient d'instrumenter. Dans une affaire où une cour d'appel, pour ordonner la réouverture des débats et le renvoi de l'affaire à une audience ultérieure, avait énoncé qu'il importait que les débats soient réouverts pour que le ministère public diligente une enquête afin d'établir la réalité de la vitesse autorisée sur la portion de route concernée, la chambre criminelle a censuré l'arrêt, considérant qu'il appartenait à la cour de commettre l'un de ses membres pour procéder à un supplément d'information[6].

Il semble en revanche possible, sans recourir à un supplément d'information d'inviter le ministère public à joindre à la procédure une pièce qui y serait mentionnée mais ne figurerait pas dans le dossier initialement soumis à l'appréciation du tribunal, par exemple, un bulletin du casier judiciaire n° 1 à jour, le résultat d'une vérification tenant à l'état alcoolique du prévenu ou à la consommation de produits stupéfiants, dès lors que les pièces du dossier attestent de la réalité des prélèvements ou vérifications médicales effectuées et que ne manquent que le retour des analyses et leur versement au dossier de la procédure.

715.23 Hypothèse d'un supplément d'information. L'opportunité d'ordonner un supplément d'information relève de l'appréciation souveraine des juges du fond[7] ou autrement formulé, constitue une question de fait qui ne relève pas du contrôle de la Cour de cassation[8]. En revanche, les juges ne peuvent se refuser à procéder à un supplément d'information dont ils reconnaissent eux-mêmes la nécessité[9].

Sont donc régulièrement cassés les décisions qui choisissent de prononcer une relaxe alors même qu'elles admettent implicitement ou explicitement la possibilité d'une mesure complémentaire utile à la manifestation de la vérité[10].

S'il y a lieu de procéder à un supplément d'information, le tribunal commet par jugement un de ses membres qui dispose des pouvoirs prévus aux articles 151 à 155 du code de procédure pénale. Saisi sur CPPV ou comparution immédiate, il peut commettre l'un des juges d'instruction de la juridiction[11].

Ce supplément d'information obéit aux règles édictées par les articles 114, 119, 120 et 121 du code de procédure pénale.

Le procureur de la République peut obtenir, au besoin par voie de réquisitions, la communication

1. Crim. 5 févr. 2014, n° 12-80.154, P n° 35 ; *D.* 2014. 807, note L. Saenko ; *D.* 2014. 1414, chron. B. Laurent, C. Roth, G. Barbier, P. Labrousse et C. Moreau ; *AJ pénal* 2014. 422, obs. C. Renaud-Duparc ; *Dr. pénal* 2014. Ét. 10, par A. Bonnet, et Comm. 46, obs. A. Maron et M. Haas.
2. V. s[s] n° 222.193.
3. Crim. 6 nov. 2018, n° 17-81.703, P.
4. Crim. 12 déc. 2000, n° 99-85.310, NP, solution implicite.
5. Crim. 13 janv. 2016, n° 15-81.561, NP ; Crim. 13 sept. 2017, n° 17-83.986, P n° 220.
6. Crim. 6 déc. 2000, n° 00-86.561, NP, *Procédures* 2001, n° 99, note J. Buisson (v. s[s] n° 712.42).
7. Crim. 19 mars 2002, n° 01-84.551, NP ;
8. Crim. 14 nov. 2019, n° 18-85.688, NP.
9. Crim. 22 juin 1976, n° 75-90.105, P n° 229 : Il appartient à la cour d'appel d'ordonner les mesures complémentaires d'instruction dont elle reconnaît implicitement qu'elles seraient utiles à la manifestation de la vérité ; Crim. 12 déc. 1996, n° 95-82.198, P n° 465 ; Crim. 27 sept. 2016, n° 15-85.248, P ; Crim. 16 avr. 2019, n° 18-85.817, NP.
10. Crim. 23 nov. 1971, n° 70-90.603, P n° 318 ; Crim. 19 juin 1979, n° 78-92.277, P n° 215 ; Crim. 12 déc. 1996, n° 95-82.198, P, n° 465 ; Crim. 19 juin 2018, n° 17-83.039, NP ;
11. V. s[s] n°s 712.43 s.

du dossier de la procédure à toute époque du supplément d'information, à charge de rendre les pièces dans les vingt-quatre heures [1] [2].

Il sera rappelé que la désignation par la juridiction de jugement, d'un juge d'instruction du siège, pour qu'il procède au supplément d'information, n'est possible qu'en matière de convocation par procès-verbal ou en comparution immédiate [3] [4].

La forclusion édictée par l'article 175, alinéa 2, du code de procédure pénale, en matière de dossiers d'instruction, ne fait pas obstacle à ce que, en application des articles 463 et 512 du même code, les parties puissent saisir la juridiction de jugement de demandes tendant à l'accomplissement d'un supplément d'information [5].

Pour autant, il n'est pas interdit de penser que la juridiction de jugement est fondée à rejeter une demande de complément d'information qui aurait déjà été formulée par l'une des parties devant le juge d'instruction et aurait été par exemple rejetée en raison de sa tardiveté (irrecevabilité) ou de son inutilité, sans avoir fait l'objet d'un quelconque recours.

715.24 Désignation explicite du magistrat chargé du supplément d'information. Le jugement doit désigner le magistrat qui sera chargé de procéder aux investigations complémentaires. En général, c'est le président du tribunal correctionnel qui se voit assigner cette tâche mais rien n'interdit qu'un assesseur se la voie confiée. Rien n'interdit non plus que le président du tribunal correctionnel subdélègue la réalisation d'un acte ponctuel à l'un de ses assesseurs (l'audition d'un témoin par exemple).

715.25 Objet du supplément d'information. Le jugement devra autant que possible préciser dans sa motivation les raisons pour lesquelles la juridiction s'estime insuffisamment informée et se voit contrainte de procéder à cette reprise de l'enquête. Ce faisant, elle intégrera les événements d'audience ou les observations développées par voies de conclusions des parties. Le complément d'information participe du respect du contradictoire et de l'égalité des armes en permettant au débat judiciaire de prendre toute son ampleur. Il évince l'idée de tout « copié-collé » du jugement sur l'enquête ou l'idée d'une affaire jugée « à l'avance ». Il permet à la juridiction éventuellement autrement composée qui statuera après accomplissement du supplément d'information, de comprendre la démarche des juges qui l'ont précédé.

Pour autant, la motivation devra exprimer avec retenue les interrogations, doutes ou demandes de la juridiction, dès lors que ce jugement « provisoire » sur l'action publique sera de fait soumis à la réalisation des investigations sollicitées. Il est donc conseillé de ne pas chercher à ce stade à trancher les questions qui se posent, car toute anticipation peut être mise à mal par les éléments nouveaux qui seront apportés par le complément d'information.

Le supplément, parfois dit complément d'information, consistera généralement à la délivrance d'une commission rogatoire pour recherche de témoins, ou d'un enregistrement de vidéosurveillance, ou de vérifications téléphoniques ou toute autre investigation que le tribunal estimera utile. Le président de la composition généralement désigné pour y procéder peut également réaliser lui-même telles auditions ou interrogatoires. Il peut encore être décidé d'une expertise (par exemple pour analyse d'un produit qualifié de stupéfiant) mais qui peut aussi porter sur la personnalité de la personne poursuivie, en cas notamment d'expertise obligatoire (majeur protégé, agressions sexuelles...) qui aurait été omise dans la procédure initiale. Dans tous les cas, il n'est pas nécessaire de détailler dans le dispositif de la décision l'intégralité de la mission déléguée sur commission rogatoire ou contenue dans l'expertise, car c'est cet acte qui délimitera la demande du tribunal.

715.26 Modalités du supplément d'information. Le juge chargé du supplément d'information dispose des pouvoirs d'investigation du juge d'instruction. Il peut procéder par voie d'interrogatoires ou de confrontations, étant alors soumis aux règles des articles 114 et suivants du code de procédure pénale, d'auditions de témoins, d'expertises... Le plus généralement, il délivrera cependant une commission rogatoire, dans les règles des articles 151 et suivants du code de procédure pénale et demandera à un officier de police judiciaire de procéder aux investigations utiles qu'il aura soin de détailler (auditions, constatations techniques, prise de clichés photographiques, établissement d'un plan des lieux, recherches de nouveaux éléments de l'enquête...). La mention type « et *procéder plus généralement à tous actes vous paraissant utiles à la manifestation de la vérité* », peut opportunément clore la mission et éviter que, contraints par une commande trop précise, les enquêteurs doivent le cas échéant solliciter une nouvelle commission rogatoire pour procéder à une constatation non explicitement demandée dans la mission initiale.

Évidemment, l'énoncé des investigations à effectuer ne doit en aucun cas trahir l'opinion du rédacteur sur la culpabilité ou la non-culpabilité du ou des prévenus...

1. C. pr. pén., art. 463.
2. V. s^s n°s 712.41 s.
3. C. pr. pén., art. 393 s.
4. V. s^s n° 712.44.
5. Crim. 30 juin 1999, n° 98-80.470, P n° 173 ; *Dr. pénal* 2000. Chron. 8, obs. C. Marsat.

L'attention du service mandaté dans le cadre d'une commission rogatoire ou d'un expert doit être appelée sur le fait que la mission déléguée s'inscrit dans une procédure de jugement, le cas échéant alors que des prévenus sont détenus, et non dans le cours d'une information au sens classique du terme, et que des délais particulièrement stricts doivent ici être respectés. Il est recommandé de contacter le service d'enquête saisi.

La problématique particulière du supplément d'information décidé par le tribunal de police a été évoquée *supra*[1].

715.27 Délais. Il conviendra qu'au sein de la juridiction, un circuit clair d'envoi et de réception des suppléments d'information soit défini, afin que le magistrat mandant soit rapidement avisé du retour des investigations sollicitées.

La décision emportant supplément d'information doit donc définir une date de retour des mesures sollicitées et une date de renvoi pour l'examen du dossier, permettant de surcroît à l'ensemble des parties de pouvoir les consulter, en obtenir le cas échéant copie, avant l'audience au cours de laquelle les débats seront repris. Un délai suffisant sera décidé entre la date de retour des pièces demandées et l'audience sur le fond. Il est primordial de souligner en matière de délivrance de commissions rogatoires le caractère extrêmement urgent des mesures sollicitées, *a fortiori*, lorsque le prévenu est en état de détention.

Rien n'interdit au magistrat chargé du supplément d'information de solliciter de nouvelles investigations, après un premier retour des enquêteurs qui lui semblerait insuffisant. Dans ce cas, et sauf renvoi lointain, il y aura simplement lieu lors de l'audience se tenant à la date initialement prévue pour l'évocation au fond du dossier et des résultats du complément d'information, de décider d'un nouveau renvoi.

Il est particulièrement opportun que la juridiction ayant sollicité un complément d'information soit de nouveau réunie, dans la même composition, pour en apprécier les résultats.

715.28 Mesures provisoires. Tout complément d'investigation, dont par nature, la réalisation va demander plusieurs semaines ou plusieurs mois, pose dans les dossiers les plus lourds, la question du maintien ou de la mainlevée des mesures de contrôle judiciaire, assignation à résidence sous surveillance électronique ou détention provisoire.

Le jugement devra mentionner une décision sur ce point à défaut de quoi ces mesures seront levées.

1. V. s[s] n° 121.49.

SECTION 3
DE LA DÉCISION SUR LA CULPABILITÉ

715.31 Nécessité d'une déclaration sur la culpabilité. Dans la majorité des cas, le tribunal pourra trancher au vu des éléments de la procédure.

La juridiction correctionnelle qui n'est donc pas liée par la qualification adoptée dans la citation qui l'a saisie, a le devoir de prononcer une condamnation lorsque l'infraction tombe sous le coup d'une autre disposition, pourvu qu'il s'agisse du même fait[2] et à la condition de clairement le préciser dans sa décision. Les tribunaux de la répression ne sont pas liés, en principe, par la qualification qu'a adoptée la partie poursuivante mais à la condition qu'il ne soit rien ajouté aux faits et que ces faits restent tels qu'ils ont été dénoncés dans les actes de la procédure[3]. Le respect du principe du contradictoire est primordial[4].

Comme cela a déjà été précisé précédemment[5], la chambre criminelle[6], a rappelé que le juge correctionnel, qui n'est pas lié par la qualification donnée à la prévention, ne peut prononcer une décision de relaxe qu'autant qu'il a vérifié que les faits dont il est saisi ne sont constitutifs d'aucune infraction, qu'il a le droit et le devoir de leur restituer leur véritable qualification à la condition de n'y rien ajouter et de mettre le prévenu en mesure de se défendre sur la nouvelle qualification envisagée. La Cour en déduit qu'ayant retenu la possibilité d'une qualification différente des faits dont ils étaient saisis, les juges du second degré ne pouvaient confirmer la relaxe du prévenu au motif que celui-ci, non comparant devant la cour, n'était pas en mesure d'apporter ses observations sur la requalification, alors qu'il leur appartenait de rendre une décision renvoyant l'affaire à une date ultérieure et invitant le prévenu à venir s'expliquer sur la requalification envisagée[7].

Les convocations en justice pouvant contenir des erreurs de date ou de détail (marque du véhicule volé, n° exact d'immatriculation...), au sujet desquelles les parties n'auront soulevé aucune difficulté, c'est au stade du délibéré qu'il conviendra de mentionner les rectifications à porter, pour que des mentions exactes figurent dans le jugement rédigé. S'agissant des textes de prévention et de répression, il est possible de citer ici une espèce dans laquelle la chambre criminelle a estimé que : « La société Sita sud ouest, pénalement poursuivie en tant que personne morale, pour certains faits de pollution

2. Crim. 22 juill. 1970, n° 70-90.212, P n° 244.
3. Crim. 5 mars 1968, n° 67-92.085, P n° 75.
4. V. s[s] n°s 521.31 s.
5. V. s[s] n° 715.11.
6. Crim. 1er juin 2016, n° 14-87.173, P n° 171 ; *D.* 2016. 1256 ; *RTD com.* 2016. 884, obs. B. Bouloc.
7. SUR les requalifications, v. s[s] n°s 552.11 s.

commis avant l'abrogation des articles 18 à 27 et de l'article 28-1 de la loi du 3 janvier 1992 par l'article 5-I de l'ordonnance du 18 septembre 2000 relative à la partie législative du code de l'environnement, ne saurait reprocher aux juges du fond d'avoir refusé de tenir compte d'une erreur affectant la codification, par cette ordonnance, de l'article 22 devenu l'article L. 216-6 du code précité dès lors que, d'une part, ces juges, avant la ratification de ladite ordonnance par le législateur, tenaient de l'article 111-5 du code pénal la faculté de vérifier si la codification était intervenue à droit constant dans les conditions prévues par l'article 1er de la loi du 16 décembre 1999 et que, d'autre part, l'article 31 de la loi du 2 juillet 2003 "habilitant le Gouvernement à simplifier le droit", entrée en vigueur au cours de l'instance d'appel, a ratifié cette ordonnance compte tenu des modifications prévues au paragraphe III qui porte rectification de l'erreur commise par l'autorité réglementaire ; Qu'en effet, l'abrogation d'une loi à la suite de sa codification à droit constant ne modifie ni la teneur ni la portée des dispositions transférées »[1].

Il y aura lieu de préciser si des requalifications sont intervenues, le prévenu étant alors déclaré coupable « des faits ainsi requalifiés... », ou si un état de récidive légale relevé durant les débats doit être retenu « ... en état de récidive pour avoir été condamné le... à la peine de... pour des faits de..., condamnation contradictoire et définitive lors de la commission des faits objets des présentes poursuites »[2], « état au sujet duquel le prévenu s'est exprimé à l'audience », ou si une circonstance aggravante est abandonnée ou relevée lors de débats, dans ce dernier cas avec un accord du prévenu pour comparaître volontairement. À l'inverse, le tribunal précisera pourquoi, le cas échéant, il n'y a pas lieu de retenir l'état de récidive visé aux poursuites, par exemple, parce qu'une mesure de composition pénale, qui constitue, en application des articles 40-1 et 41-2 du code de procédure pénale, une alternative aux poursuites exécutée ne peut constituer le premier terme d'une récidive[3].

Là encore la présentation du raisonnement de la juridiction doit être logique. Il y a donc lieu d'énoncer successivement, le cas échéant, les infractions pour lesquelles une relaxe est décidée, avant celles pour lesquelles la culpabilité est retenue, dans l'ordre d'importance décroissante, soit les délits avant les contraventions. Une attention particulière doit être portée aux relaxes partielles qui peuvent porter aussi bien sur des infractions, que sur l'étendue d'infractions retenues. Par exemple, il est possible de relaxer pour le vol d'un téléviseur, dans des poursuites retenant « la soustraction frauduleuse de biens appartenant à autrui, en particulier, des bijoux, une tablette tactile, un téléphone portable, un téléviseur... », tout en déclarant le prévenu coupable de l'infraction portant sur les autres objets dérobés. Cette précision a tout son intérêt au temps de l'indemnisation de la victime.

Les délits spécifiques comme la prise du nom d'un tiers[4], qui justifient du prononcé d'une peine à part, sans confusion avec celles qui auront pu être prononcées pour l'infraction à l'occasion de laquelle l'usurpation a été commise, doivent être évoqués après ces dernières. Mais par hypothèse ils nécessitent le prononcé d'une peine distincte, comme les infractions de rébellion de détenus[5], d'évasion[6] ou de refus de se soumettre à prélèvement biologique destiné à alimenter le Fnaeg[7]. Le tribunal devra donc ici être attentif à la cohérence d'une condamnation de ce chef et au prononcé de peines distinctes.

715.32 Impossibilité d'une déclaration de culpabilité et d'un sursis au prononcé de la peine hors ajournement. Hors les cas d'ajournement[8], le juge pénal ne peut retenir la culpabilité d'un prévenu sans prononcer simultanément sur la peine[9].

La jurisprudence est constante pour affirmer qu'encourt la cassation pour violation des prescriptions de l'article 464 du code de procédure pénale, l'arrêt d'une cour d'appel qui après avoir affirmé la culpabilité du prévenu, ordonne une expertise pour évaluer le préjudice résultant de l'infraction sans toutefois prononcer une peine[10]. Pas plus n'est-il possible aux juges correctionnels de déclarer la culpabilité d'un prévenu, tout en subordonnant à une mesure d'instruction la détermination de l'infraction retenue et la peine applicable[11], et ce même s'il s'agit d'ordonner un supplément d'information sur la caractérisation d'une autre infraction[12], dernière hypothèse dans laquelle une disjonction s'imposait[13].

1. Crim. 13 janv. 2015, nº 13-88.183, P nº 17 ; *AJDA* 2015. 78 ; *AJCT* 2015. 347, obs. C. Laval ; *RSC* 2015. 337, obs. J.-H. Robert.
2. Jurispr. constante : Crim. 4 mai 1894, *DP* 1896. 1. 137.
3. Crim. 30 nov. 2010, nº 10-80.460, P nº 190 ; *D.* 2011. 166 ; *D.* 2011. 2231, obs. J. Pradel ; *D.* 2011. 2823, obs. G. Roujou de Boubée, T. Garé, S. Mirabail et T. Potaszkin.

4. C. pén., art. 434-23.
5. C. pén., art. 433-9.
6. C. pén., art. 434-32.
7. C. pr. pén., art. 706-56, II.
8. V. ss nos 715.41 s.
9. Crim. 11 févr. 2009, nº 08-85.224, P nº 36 ; Crim. 10 févr. 2016, nº 15-80.405, P nº 43.
10. Crim. 21 nov. 1968, nº 68-91.226, P nº 310.
11. Crim. 10 juill. 1979, nº 78-91.065, P nº 242 – Crim. 15 avr. 1985, nº 84-90.573, P nº 132.
12. Crim. 11 févr. 2009, nº 08-85.224, P nº 36 précité ; *D.* 2009. 876 ; *AJ pénal* 2009. 236.
13. V. la formulation retenue par : Crim. 21 févr. 2017, nº 16-85.507, NP.

715.33 **Fait justificatif.** Si la légitime défense est par exemple soulevée devant la juridiction, dans les termes des articles 122-5 et 122-6 du code pénal, elle devra nécessairement se prononcer sur ce point. Par ailleurs, même à supposer que le fait justificatif soit rejeté, le juge répressif auquel la question est posée, a l'obligation de rechercher d'éventuels agissements fautifs de la victime justifiant un partage de responsabilité.

Ainsi, si n'a pas agi en état de légitime défense, au sens des articles 122-5 et 122-6 du code pénal, la personne qui, après avoir tenté d'appréhender sous la menace de son fusil de chasse deux individus qui s'étaient introduits par escalade sur son terrain clôturé pour y cueillir des champignons, les arrête dans leur fuite en tirant sur eux plusieurs coups de feu, les frappe à coups de crosse et de gourdin et les attache à un arbre avant de les livrer à la gendarmerie, il appartient au juge répressif, lorsqu'il en est requis, de rechercher si, même en l'absence de légitime défense caractérisée au sens des articles 122-5 et 122-6 du code pénal, les agissements fautifs des victimes, définitivement condamnées pour les dégradations et le vol aggravé qu'elles ont commis au préjudice de l'auteur de leurs blessures, n'ont pas concouru à la réalisation du délit et ne justifient pas un partage de responsabilité[1].

Encourt la cassation l'arrêt qui écarte tout partage de responsabilité entre l'auteur de meurtres et les victimes au motif qu'il n'apporte pas la preuve d'une provocation ou de ce que les victimes auraient joué un rôle déterminant dans la réalisation des dommages, sans rechercher si, en volant des marchandises dans un commerce, malgré l'opposition des personnes présentes, les victimes n'ont pas commis une faute, qui a concouru à la réalisation de leur propre dommage[2].

Rappelons que ne commet aucune violation de la loi l'arrêt qui rejette comme inconciliable avec le délit de blessures involontaires le fait justificatif de légitime défense[3].

Enfin, il y a lieu de rappeler que l'article 122-6 pose pour certaines hypothèses, une présomption de légitime défense.

SECTION 4
DE LA DÉCISION SUR LA PEINE

§ 1
Ajournements

715.41 **Ajournement simple.** Bien qu'elle retienne la culpabilité du prévenu, la juridiction peut ajourner le prononcé de la peine lorsqu'il apparaît que son reclassement est en voie d'être acquis, que le dommage causé est en voie d'être réparé et que le trouble résultant de l'infraction va cesser. Dans ce cas, elle fixe dans sa décision la date à laquelle il sera statué sur la peine[4].

L'article 132-60 du code pénal donne aux juges la pleine faculté d'ajourner le prononcé de la peine et aucune disposition légale ne prévoit que doivent être énoncées, dans leur décision, les conditions d'application définies par l'alinéa 1er de ce texte[5]. L'ajournement du prononcé de la peine est une simple faculté laissée à la libre appréciation des juges du fond[6]. Mais la déclaration de culpabilité est acquise et la juridiction qui a statué sur la culpabilité du prévenu tout en ajournant le prononcé de la peine ne peut ultérieurement décider d'une relaxe[7].

Il convient de noter que dans cette hypothèse, la constitution de partie civile sera possible jusqu'aux réquisitions du ministère public sur la peine[8].

L'ajournement ne peut être ordonné que si la personne physique prévenue ou le représentant de la personne morale prévenue est présent à l'audience. La Cour de cassation n'est pas en mesure de s'assurer que les prescriptions de l'article 132-60 ont été observées lorsqu'il ne résulte, ni de l'arrêt ajournant le prononcé de la peine ni de l'arrêt attaqué, que le prévenu était présent à cette première audience[9].

La décision sur la peine intervient au maximum dans le délai d'un an après la première décision d'ajournement[10]. À cette date, le tribunal peut dispenser de peine, prononcer une peine ou prononcer un nouvel ajournement à condition de n'avoir pas déjà atteint le délai d'un an depuis la première audience. Faute de comparution de l'intéressé à ladite audience, et en l'absence de toute excuse ou demande de renvoi, la décision sur la peine est contradictoire et le délai d'appel court du jour où elle a été prononcée, sans qu'une signification soit nécessaire[11].

Dans cette situation, le prévenu accepte de se soumettre aux conditions de l'ajournement mais ne fait l'objet d'aucun suivi spécifique. Ce type de décision peut être particulièrement opportun lorsqu'il s'agit pour le tribunal d'imposer au prévenu le remboursement d'une somme d'argent à sa

1. Crim. 7 déc. 1999, n° 98-86.337, P n° 292.
2. Crim. 29 juin 2010, n° 09-87.463, P n° 117.
3. Crim. 16 févr. 1967, n° 66-92.071, P n° 70.
4. C. pén., art. 132-60.
5. Crim. 18 mai 2004, n° 04-80.109, P n° 122 ; *RSC* 2004. 874, obs. G. Vermelle.
6. Crim. 18 mai 2016, n° 15-84.190, NP.
7. Crim. 30 mai 2017, n° 16-87.183, P n° 144.
8. C. pr. pén., art. 421.
9. Crim. 11 mars 2009, n° 08-84.513, NP, *Dr. pénal* 2009, n° 75, obs. Véron ; Crim. 24 mars 2015, n° 14-84.836, P n° 65, *AJ pénal* 2015. 558, obs. Lasserre-Capdeville.
10. C. pén., art. 132-62.
11. Crim. 4 nov. 1988, n° 88-80.761, P n° 370.

victime ou encore la restitution d'un objet volé qu'il sait pouvoir récupérer. L'argument souvent développé de la lourdeur d'une telle procédure qui voit revenir une même affaire deux fois devant la juridiction ne doit pas être surévalué, car l'audience sur ajournement pourra être extrêmement rapide : l'engagement du prévenu a été respecté et est justifié, c'est une dispense de peine qui sera prononcée ; il ne l'est pas, une peine sera alors décidée, sans qu'il soit nécessaire de revenir sur des faits précédemment instruits, appréciés par les juges et qui ont donc donné lieu à une déclaration de culpabilité sur laquelle ils ne peuvent revenir. La décision de culpabilité ne pourra pas plus être remise en cause par la voie de l'appel contre la décision relative à la peine[1].

715.42 **Précisions procédurales.** Il faut relever que les dispositions relatives à l'ajournement ont, de longue date, été jugées inapplicables en matière d'infractions à la loi sur la presse[2]. En revanche, elles trouvent à s'appliquer, par exemple, en matière d'infractions au droit de l'urbanisme. Dans ce cas, la cour appelée à statuer sur les peines applicables en répression d'infractions au code de l'urbanisme dont une restauratrice a été déclarée coupable par un précédent arrêt d'ajournement de peines devenu définitif, qui a confirmé la condamnation à la démolition de la véranda adossée au restaurant, d'une superficie de 40 m^2, édifiée sur la voie publique, dans le champ de visibilité d'un immeuble classé, sans permis de construire et en violation du plan d'occupation des sols, n'est pas tenue, après avoir ajourné le prononcé de la peine, d'entendre elle-même le représentant de la direction départementale de l'équipement, dès lors que cette audition avait déjà eu lieu en première instance[3].

La règle essentielle en matière d'ajournement est le report de la décision sur la peine à une année maximum. La chambre criminelle a considéré que l'art. 469-3 ancien du code de procédure pénale, a pour objet d'autoriser les juges à faire bénéficier le prévenu, reconnu coupable d'un délit, d'un ajournement de la décision sur la peine n'excédant pas un an, mais non d'assurer l'impunité à ce prévenu après l'expiration de ce délai ; celui-ci, qui n'a pas été institué en faveur du prévenu, mais relève d'un caractère seulement indicatif et incitatif à l'usage des autorités judiciaires, n'est pas prescrit à peine de nullité[4].

A par ailleurs été considérée comme régulière la composition d'une juridiction qui, après avoir déclaré coupable le prévenu et ajourné le prononcé de la peine, en application de l'art. 469-3 C. pr. pén., statue sur la peine dans une composition différente[5]. Bien que rien ne l'impose, il est tout de même particulièrement opportun que ce soit la même composition qui statue la première et la seconde fois.

Comme déjà précisé, la juridiction ayant, lors de la première audience utile, statué sur la culpabilité, elle ne peut, par la suite, rendre une décision de relaxe incompatible avec la déclaration de culpabilité qui a acquis l'autorité de la chose jugée[6]. Lorsque le juge a statué sur la culpabilité tout en ajournant le prononcé de la peine, il ne peut ultérieurement prononcer de nouveau sur la culpabilité[7].

En cas d'appel d'un jugement qui déclare le prévenu coupable d'une infraction et renvoie le prononcé de la peine à une date ultérieure, les juges ne sauraient, sans méconnaître les règles de leur saisine, statuer sur la seule culpabilité en laissant au tribunal le soin de fixer la peine[8]. Il leur appartient en cas d'appel du ministère public, de se prononcer sur la peine sans égard pour la date à laquelle le tribunal avait prévu de le faire[9]. S'ils sont saisis par le seul appel du prévenu, dont ils ne doivent pas aggraver le sort, il leur appartient d'ordonner une remise de cause, de façon à ne statuer sur la peine qu'après l'expiration du délai fixé par le tribunal[10].

En cas de pourvoi en cassation contre un arrêt qui déclare le prévenu coupable d'une infraction et ajourne le prononcé de la peine, il est sursis à l'exécution de l'arrêt, conformément à l'art. 569 du code de procédure pénale jusqu'à la décision de la Cour de cassation. La cour d'appel qui, dans l'attente de cette décision, n'a pu statuer à la date prévue, n'a pas à ordonner un nouvel ajournement[11]. En l'état d'un appel interjeté contre un jugement qui statue sur la peine, après ajournement du prononcé de celle-ci, est irrecevable le moyen de cassation qui se borne à critiquer les dispositions du premier jugement ayant définitivement statué sur la culpabilité du prévenu[12].

1. Crim. 7 févr. 2007, n° 06-84.427, P n° 36 ; *D.* 2007. 1017 ; *AJ pénal* 2007. 186, obs. C. Girault.
2. Crim. 2 déc. 1980, n° 79-91.096, P n° 326.
3. Crim. 16 déc. 2003, n° 02-87.185, P n° 248.
4. Crim. 3 oct. 1984, n° 83-90.701 P n° 286 : *JCP* 1985. II. 20447, note Chambon ; *Gaz. Pal.* 1985. 1. 238, note Doucet ; *RSC* 1985. 606, obs. J. Robert. *Adde* : note Pradel, *D.* 1983. 250, et note Chambon : *JCP* 1983. II. 19998, s^s. TGI Aix-en-Provence, 24 juin 1982.
5. Crim. 14 nov. 1989, n° 88-83.758, P n° 415.
6. Crim. 12 juin 1979, n° 79-90.710, P n° 206.
7. Crim. 30 mai 2017, n° 16-87.183, P n° 144.
8. Crim. 27 mars 1984, n° 83-92.422, P n° 129, RSC1985,122, obs. J. Robert ; Crim. 18 mars 1987, n° 87-80.250, P n° 129 ;
9. Crim. 28 févr. 1991, n° 90-82.555, P n° 101, RSC1991, 603, obs. Braunschweig. Crim. 7 oct. 1992, n° 92-81.284, P n° 308.
10. Crim. 7 oct. 1992, n° 92-81.284, précité.
11. Crim. 9 avr. 1997, n° 96-85.023, NP, *Gaz. Pal*, 1997, 2, chron. Crim. 172.
12. Crim. 17 nov. 1987, n° 86-94.186, P n° 414.

715.43 Ajournement avec probation. Plus contraignant que le précédent, ce type d'ajournement va voir la juridiction ajourner le prononcé de la peine dans les conditions et selon les modalités définies à l'article 132-60 en plaçant l'intéressé sous le régime de la probation[1] pendant un délai qui ne peut être supérieur à un an[2].

La décision est exécutoire par provision. Le prévenu est alors soumis aux dispositions des articles 132-43 à 132-46 du code pénal et là encore dans la limite d'une année après la première audience, le prévenu va devoir s'acquitter de certaines obligations en étant toutefois ici sous le contrôle du service pénitentiaire d'insertion et de probation.

À l'audience de renvoi, la juridiction peut, en tenant compte de la conduite du coupable au cours du délai d'épreuve, soit le dispenser de peine, soit prononcer la peine prévue par la loi, soit ajourner une nouvelle fois le prononcé de la peine dans les conditions et selon les modalités prévues à l'article 132-63. Avec l'accord du procureur de la République, le juge de l'application des peines peut, trente jours avant l'audience de renvoi, prononcer lui-même la dispense de peine, à l'issue d'un débat contradictoire tenu conformément aux dispositions de l'article 712-6 du code de procédure pénale[3].

Enfin, signalons dans le champ de l'exécution de la peine, que la chambre criminelle a pu juger qu'il résulte de l'article 132-52 du code pénal, dans sa rédaction issue de la loi nº 2019-222 du 23 mars 2019, entrée en vigueur le 24 mars 2020, que le caractère non avenu de la condamnation ne fait pas obstacle à la prolongation ou à la révocation totale ou partielle du sursis probatoire, en cas d'infraction ou de manquement aux obligations commis avant l'expiration du délai de probation. En conséquence, la cassation de l'arrêt d'une chambre de l'application des peines qui, après des débats tenus en l'absence du condamné et de l'avocat qui l'avait assisté en première instance, n'indique pas, comme l'exigent les articles 712-13 et D. 49-42 du code de procédure pénale, que cet avocat avait été convoqué à l'audience, doit intervenir avec renvoi dès lors que des rapports d'incidents aux obligations ont été transmis au juge de l'application des peines avant l'expiration du délai de probation[4].

1. C. pr. pén., art. 132-64, mod. L. nº 2020-1672, 24 déc. 2020, *JO* 26 déc., nº 4, art. 26. Le régime de la probation, concerne désormais le sursis probatoire qui a remplacé le sursis avec mise à l'épreuve lors de l'entrée en vigueur des dispositions de la loi du 23 mars 2019 de programmation pour la justice sur les peines, le 24 mars 2020.
2. C. pr. pén., art. 132-63, mod. L. nº 2020-1672, 24 déc. 2020, art. 26.
3. C. pén., art. 132-65 mod. L. nº 2020-1672, 24 déc. 2020.
4. Crim. 5 janv. 2022, nº 21-83.378, P.

715.44 Ajournement avec injonction. Dans les seuls cas prévus par les lois ou les règlements qui répriment des manquements à des obligations déterminées, la juridiction qui ajourne le prononcé de la peine peut enjoindre à la personne physique ou à la personne morale déclarée coupable de se conformer à une ou plusieurs des prescriptions prévues par ces lois ou règlements. La juridiction impartit un délai pour l'exécution de ces prescriptions[5]. On parle alors d'ajournement avec injonction. La juridiction peut assortir l'injonction d'une astreinte lorsque celle-ci est prévue par la loi ou le règlement ; dans ce cas, elle fixe, dans les limites prévues par la loi ou le règlement, le taux de l'astreinte et la durée maximale pendant laquelle celle-ci sera applicable.

L'astreinte cesse de courir le jour où les prescriptions énumérées par l'injonction ont été exécutées[6]. Cet ajournement avec injonction ne peut intervenir qu'une fois ; il peut être ordonné même si la personne physique prévenue ou le représentant de la personne morale prévenue n'est pas présent.

Dans tous les cas, la décision peut être assortie de l'exécution provisoire[7]. Le taux de l'astreinte, tel qu'il a été fixé par la décision d'ajournement, ne peut être modifié.

Pour la liquidation de l'astreinte, la juridiction apprécie l'inexécution ou le retard dans l'exécution des prescriptions en tenant compte, s'il y a lieu, de la survenance d'événements qui ne sont pas imputables au coupable.

L'astreinte ne donne pas lieu à contrainte judiciaire[8].

À l'audience de renvoi, lorsque les prescriptions énumérées par l'injonction ont été exécutées dans le délai fixé, la juridiction peut soit dispenser le coupable de peine, soit prononcer les peines prévues par la loi ou le règlement.

Lorsque les prescriptions ont été exécutées avec retard, la juridiction liquide, s'il y a lieu, l'astreinte et prononce les peines prévues par la loi ou le règlement.

Lorsqu'il y a inexécution des prescriptions, la juridiction liquide s'il y a lieu l'astreinte, prononce les peines et peut en outre, dans les cas et selon les conditions prévues par la loi ou le règlement, ordonner que l'exécution de ces prescriptions sera poursuivie d'office aux frais du condamné.

Sauf dispositions contraires, la décision sur la peine intervient au plus tard un an après la décision d'ajournement[9].

5. C. pén., art. 132-66.
6. C. pén., art. 132-67.
7. C. pén., art. 132-68.
8. C. pén., art. 132-70.
9. C. pén., art. 132-69.

715.45 **Ajournement aux fins d'investigations complémentaires sur la personnalité du prévenu.** Depuis la loi du 15 août 2014, la juridiction pouvait, sur le modèle de la « césure » du procès pénal, ajourner le prononcé de la peine à l'égard d'une personne physique lorsqu'il apparaissait nécessaire d'ordonner à son égard des investigations complémentaires sur sa personnalité ou sa situation matérielle, familiale et sociale, lesquelles peuvent être confiées au service pénitentiaire d'insertion et de probation ou à une personne morale habilitée.

Dans ce cas, elle fixait dans sa décision la date à laquelle il était statué sur la peine.

La loi du 23 mars 2019 de programmation pour la justice est venue modifier à compter du 24 mars 2020 la rédaction des premiers alinéas de l'article 132-70-1 qui précise désormais que la juridiction peut ajourner le prononcé de la peine à l'égard d'une personne physique lorsqu'il apparaît opportun d'ordonner à son égard des investigations, le cas échéant complémentaires, sur sa personnalité ou sa situation matérielle, familiale et sociale de nature à permettre le prononcé d'une peine adaptée. Ces investigations peuvent être confiées au service pénitentiaire d'insertion et de probation ou à une personne morale habilitée.

Dans ce cas, la juridiction fixe dans sa décision la date à laquelle il sera statué sur la peine et ordonne, s'il y a lieu, le placement de la personne jusqu'à cette date sous contrôle judiciaire, sous assignation à résidence avec surveillance électronique ou, si celle-ci comparait détenue ou selon la procédure de comparution immédiate, en détention provisoire.

La décision sur la peine intervient au plus tard dans un délai de quatre mois après la décision d'ajournement, sous réserve des délais plus courts prévus au troisième alinéa de l'article 397-3 du code de procédure pénale quand la personne est placée en détention provisoire. Ce délai peut être prolongé pour une nouvelle durée maximale de quatre mois [1].

La juridiction qui ajourne dans ces conditions peut néanmoins octroyer immédiatement à la victime des dommages et intérêts soit à titre provisionnel, soit à titre définitif [2].

715.46 **Ajournement aux fins de consignation.** La loi du 15 août 2014 a enfin permis à la juridiction d'ajourner le prononcé de la peine à l'égard d'une personne en la soumettant à l'obligation de consigner une somme d'argent en vue de garantir le paiement d'une éventuelle peine d'amende. Elle détermine le montant de cette consignation et le délai dans lequel celle-ci doit être déposée au greffe, qui ne saurait être supérieur à un an. Elle peut prévoir que cette consignation est effectuée en plusieurs versements, selon un échéancier qu'elle détermine.

Elle fixe dans sa décision la date à laquelle il sera statué sur la peine.

La décision sur la peine intervient au plus tard dans un délai d'un an après la décision d'ajournement [3].

Au sujet de ce dernier cas on soulignera qu'il s'agit de consigner le montant d'une éventuelle peine d'amende et non celui de dommages et intérêts.

Dans toutes les hypothèses d'ajournement, qui postulent que la déclaration de culpabilité est acquise, précisons une nouvelle fois qu'il est évidemment exclu qu'au jour de l'audience sur ajournement, la juridiction prononce une relaxe [4].

§ 2 Dispense de peine

715.51 **Conditions.** La dispense de peine peut être accordée lorsqu'il apparaît que le reclassement du coupable est acquis, que le dommage causé est réparé et que le trouble résultant de l'infraction a cessé. Encourt la cassation le jugement qui, pour constater que les conditions de la dispense de peine sont remplies, se borne à retenir que le dommage est réparé [5].

La juridiction qui prononce une dispense de peine peut décider que sa décision ne sera pas mentionnée au casier judiciaire.

La dispense de peine ne s'étend pas au paiement des frais du procès [6]. Elle peut intervenir dès la première audience ou après ajournement. Dans tous les cas la dispense de peine ne figure pas sur le bulletin n° 2 du casier judiciaire, et il n'est donc pas nécessaire de l'exclure au moment de son prononcé [7].

§ 3 Mesure de justice restaurative

715.61 **Notion.** La loi du 15 août 2014 a inséré au sein du code de procédure pénale un article 10-1 précisant qu'à l'occasion de toute procédure pénale et à tous les stades de la procédure, y compris lors de l'exécution de la peine, la victime et l'auteur d'une infraction, sous réserve que les faits aient été reconnus, peuvent se voir proposer une mesure de justice restaurative. Constitue une mesure de justice restau-

1. C. pén., art. 132-70-1.
2. C. pén., art. 132-70-2.
3. C. pén., art. 132-70-3.
4. Crim. 30 mai 2017, n°s 16-87.183, 16-87.184, NP.
5. Crim. 7 mai 2019, n° 18-85.729, P n° 86 – v. s^s^ n° 724.43.
6. C. pén., art. 132-59.
7. C. pr. pén., art. 775, 12°.

rative toute mesure permettant à une victime ainsi qu'à l'auteur d'une infraction de participer activement à la résolution des difficultés résultant de l'infraction, et notamment à la réparation des préjudices de toute nature résultant de sa commission. Cette mesure ne peut intervenir qu'après que la victime et l'auteur de l'infraction ont reçu une information complète à son sujet et ont consenti expressément à y participer. Elle est mise en œuvre par un tiers indépendant formé à cet effet, sous le contrôle de l'autorité judiciaire ou, à la demande de celle-ci, de l'administration pénitentiaire. Elle est confidentielle, sauf accord contraire des parties et excepté les cas où un intérêt supérieur lié à la nécessité de prévenir ou de réprimer des infractions justifie que des informations relatives au déroulement de la mesure soient portées à la connaissance du procureur de la République[1].

La mention voulue explicite à la « justice restaurative », encore dénommée « justice réparatrice »[2], qui tend à donner à l'auteur de l'infraction et à sa ou ses victimes une occasion de prendre activement part à la résolution ou à la réduction des répercussions de l'infraction, aboutit sans doute en l'état des moyens et des mesures prises par les juridictions, à des résultats plus symboliques que réels[3].

715.62 **Modèle international.** Notre pays n'est pas encore arrivé à ce stade ultime que connaissent certains États d'Amérique du Nord ou d'Europe du nord et qui se traduit par la mise en œuvre de conférences restauratives, de rencontres entre criminels et victimes, de cercles « de soutien et de responsabilité »... La création d'un sous-titre II intitulé « De la justice restaurative » au sein du titre préliminaire du code de procédure pénale est toutefois significative d'une volonté.

La démarche s'inscrit dans un courant international notamment marqué par une déclaration du Congrès des Nations unies pour la prévention du crime et la justice pénale, dont la onzième réunion qui s'est tenue à Bangkok en avril 2005[4], a abouti à une déclaration dont le préambule affirme que cette justice « produit une réponse au crime qui respecte la dignité et l'égalité des personnes, favorise la compréhension et promeut l'harmonie sociale au travers de la guérison (healing), des victimes, des infracteurs et des communautés ».

Et une directive européenne du 25 octobre 2012[5] établissant des normes minimales concernant les droits, le soutien et la protection des victimes de la criminalité indique dans son article 46 que : « Les services de justice réparatrice, tels que la médiation entre la victime et l'auteur de l'infraction, la conférence en groupe familial et les cercles de détermination de la peine, peuvent être très profitables à la victime mais nécessitent la mise en place de garanties pour éviter qu'elle ne subisse une victimisation secondaire et répétée ».

Le comité des ministres du Conseil de l'Europe a adopté, le 5 octobre 2018, une recommandation relative à la justice restaurative en matière pénale[6] qui définit celle-ci comme un « processus permettant aux personnes qui ont subi un préjudice résultant d'une infraction et aux responsables de ces préjudices de participer activement, s'ils y consentent librement, au règlement des problèmes résultant de l'infraction, avec l'aide d'un tiers qualifié et impartial »[7]. Cette définition doit donc pour l'instant se lire en reflet de celle que donne notre code de procédure pénale.

Mais surtout, ladite recommandation innove en indiquant que la réussite d'une mesure restaurative peut conduire les magistrats compétents, soit à intégrer, dans la décision sur les conséquences du crime (entendre l'infraction), l'accord conclu par les parties quant au traitement des répercussions du crime (id.) sur leur avenir[8], soit à en tenir compte lors de l'application des peines[9].

715.63 **Objectifs et modalités.** La cohérence de l'article 10-1 du code de procédure pénale avec l'article 130-1 du code pénal qui affine la définition des objectifs de la peine qui a pour fonctions « 1° de sanctionner l'auteur de l'infraction ; 2° de favoriser son amendement, son insertion ou sa réinsertion afin d'assurer la protection de la société, [de] prévenir la commission de nouvelles infractions et [de]

1. C. pr. pén., art. 10-1 – Circ. JUST1708302C, SG 15 mars 2017, *BOMJ* 31 mars 2017.
2. J.-H. Robert Cario et P. Mbanzoulou (dir.), *La justice restaurative une utopie qui marche ?*, « Sciences criminelles », L'Harmattan, 2010 – AUSSI : v. notion de « justice transformatrice » : « De la justice réparatrice à la justice transformatrice », Commission du droit du Canada, 1999, p. 5. R. Cario, Justice pénale et justice restaurative : entre complémentarité et autonomie assurées, *AJ pénal* 2017. 253.
3. R. Cario, « La justice restaurative en France, des normes et de leurs dévoiements », *AJ pénal* 2021. 242.
4. Congrès des Nations unies pour la prévention du crime et la justice pénale, 18-25 avr. 2005. La justice réparatrice comme alternative au système traditionnel : adeptes et sceptiques présentent leurs arguments au congrès pour la prévention du crime, sur www.un.org/press/fr/2005/SOCCP331.doc.htm.
5. Dir. 2012/29/UE, Parlement et Conseil, 25 oct. 2012 établissant des normes minimales concernant les droits, le soutien et la protection des victimes de la criminalité et remplaçant la décision-cadre 2001/220/JAI du Conseil, *JOUE L* 315, 14 nov., p. 57.
6. Recommandation CM/Rec (2018)8 relative à la justice restaurative en matière pénale.
7. R. Cario, « Les apports de la recommandation (18) 8 du Conseil de l'Europe dans la consolidation de la justice restaurative en France », *AJ pénal* 2019. 87.
8. Recomm. CM/Rec (2018)8, 5 oct. 2018, art. 6.
9. Recomm. CM/Rec (2018)8, 5 oct. 2018, art. 58.

restaurer l'équilibre social, dans le respect des intérêts de la victime » est à souligner.

Et l'on sera définitivement convaincu d'une réelle volonté d'instauration d'un système cohérent et non d'une simple pétition de principe, avec l'article 707, IV du code de procédure pénale qui dispose : « Au cours de l'exécution de la peine, la victime a le droit (...) 2° D'obtenir la réparation de son préjudice, par l'indemnisation de celui-ci ou par tout autre moyen adapté, y compris, s'il y a lieu, en se voyant proposer une mesure de justice restaurative ».

Un décret est venu logiquement étendre le champ de la justice restaurative jusque et y compris devant la juridiction de jugement[1].

Outre le cas prévu par le 1° de l'article 10-2, la possibilité pour la victime ou l'auteur d'une infraction de participer à une mesure de justice restaurative relevant de l'article 10-1 lui est proposée, lorsque cette mesure paraît envisageable :

1° Par le procureur de la République ou le délégué du procureur de la République, lors de la mise en œuvre d'une alternative aux poursuites ou d'une composition pénale, à tout moment de la procédure ;

2° Par le juge d'instruction, à tout moment de l'information, et notamment lorsqu'il reçoit la plainte avec constitution de partie civile de la victime ou qu'il procède à la mise en examen de la personne poursuivie ;

3° Par le président de la juridiction de jugement, à tout moment de l'audience et après avoir rendu la décision sur l'action publique et sur l'action civile ;

4° Par le juge de l'application des peines en application du 2° du IV de l'article 707.

Lorsque les conditions prévues par l'article 10-1 sont réunies, et notamment que l'auteur de l'infraction a reconnu avoir commis les faits qui lui sont reprochés, les mesures de justice restaurative peuvent être mises en œuvre y compris si la prescription de l'action publique est acquise.

En cas de décisions de classement sans suite, de non-lieu, de relaxe ou d'acquittement dans des procédures concernant des infractions sexuelles commises par des majeurs sur des mineurs dont la commission est reconnue par leur auteur mais qui sont motivées par la prescription de l'action publique, le procureur de la République vérifie si une mesure de justice restaurative est susceptible d'être mise en œuvre.

Ces dernières dispositions sont entrées en vigueur le 1er février 2022[2].

715.64 **Limites du dispositif français.** La justice restaurative recouvre donc l'ensemble des processus qui font appel à la participation des délinquants, des victimes et/ou des autres personnes affectées par un acte délictueux, souvent avec l'aide d'un facilitateur, pour régler les problèmes découlant du délit en question[3]. La mise en œuvre d'une mesure de justice restaurative suppose dans tous les cas que l'auteur des faits les reconnaisse ou ne les dénie pas, que la victime et l'auteur acceptent la mesure au sujet de laquelle ils auront reçu une information complète « par un tiers indépendant formé à cet effet », qui en aura la charge, leur acceptation étant révocable à tout moment. La mesure de justice restaurative est placée « sous le contrôle de l'autorité judiciaire ou, à la demande de celle-ci, de l'administration pénitentiaire ». Pouvant se situer à tous stades de la procédure, elle se distingue donc de la médiation.

Pour autant, le dispositif français n'en est qu'à ses prémisses, et il conviendra de préciser quel représentant de l'autorité judiciaire déclenche le processus et quel est son cadre exact. Ainsi par exemple, l'Institut pour la justice restaurative[4] interprète les nouvelles dispositions comme obligeant les animateurs à informer le procureur de leur crainte d'une nouvelle infraction, mais il limite la communication « au déroulement de la mesure et non au contenu des échanges » et il ajoute que ces révélations ne pourraient pas servir de base unique à de nouvelles poursuites, de la même manière que le contenu des pourparlers en vue d'une comparution sur reconnaissance préalable de culpabilité ne peut pas, en cas d'échec, être invoqué devant le tribunal. Enfin et surtout, se pose la question du financement de la justice restaurative : elle ne repose pas sur les frais de justice pris en charge par l'État, et ces mesures seront donc supportées par des associations subventionnées, ou non, à cet effet. Et l'on sait les notamment les difficultés que traversent de manière habituelle, toutes les associations intervenant dans le champ pénal.

§ 4 Exemption de peine

715.71 **Conditions.** Si le prévenu bénéficie d'une cause légale d'exemption de peine, le tribunal le déclare coupable puis l'exempte de peine. Il statue,

1. C. pr. pén., art. D. 1er-1-1, issu Décr. n° 2020-1640, 21 déc. 2020, art. 7, *JO* 23 déc., n° 41, mod. par Décr. n° 2021-1516, 23 nov. 2021, art. 2, *JO* 24 nov, n° 6 – ÉGALT : CJPM, art. L. 13-4.
2. R. Cario, « Justice restaurative », *AJ pénal* 2022. 60.
3. A. Coignac, reportage, « Justice restaurative : la réparation les yeux dans les yeux », *D. actu.*, 30 juill. 2018.
4. Institut français pour la justice restaurative, https://www.justicerestaurative.org/

s'il y a lieu, sur l'action civile, ainsi qu'il est dit aux deuxième et troisième alinéas de l'article 464 [1]. La juridiction de jugement n'est pas liée par une décision qui aurait été prise sur l'application de l'article 132-78 du code pénal par la chambre de l'instruction et le prévenu peut donc toujours, s'il l'estime utile, invoquer le bénéfice de ces dispositions lors de l'audience [2].

Est concernée par cette disposition, dans les cas prévus par la loi, la personne qui a tenté de commettre un crime ou un délit et qui, ayant averti l'autorité administrative ou judiciaire, a permis d'éviter la réalisation de l'infraction et, le cas échéant, d'identifier les autres auteurs ou complices [3]. Ces dispositions sont également applicables lorsque la personne a permis soit d'éviter la réalisation d'une infraction connexe de même nature que le crime ou le délit pour lequel elle était poursuivie, soit de faire cesser une telle infraction, d'éviter qu'elle ne produise un dommage ou d'en identifier les auteurs ou complices [4]. La simple collaboration aux actes d'enquête ou l'aveu de sa participation aux faits poursuivis n'entrent donc pas dans les hypothèses ci-dessus.

1. C. pr. pén., art. 468.
2. Crim. 16 nov. 2016, nº 16-85.101, P nº 302.
3. C. pén., art. 132-78, al. 1er.
4. C. pén., art. 132-78, al. 3.

CHAPITRE

716. Choix de la peine

SECTION 0 ORIENTEUR

716.00 **Sommaire du chapitre.**

716.01 Principaux textes applicables.

TEXTES SOURCES

- C. pén., art. 130-1, 131-3, 131-4, 131-4-1, 131-6, 131-8, 131-8-1, 131-9, 131-16, 131-21, 131-21-1, 131-21-2, 131-22, 131-23, 131-25, 131-26-2, 131-30, 131-30-2, 131-36, 131-36-1, 131-36-4, 131-36-6, 131-36-11, 131-36-12-1, 131-43, 132-1, 132-19, 132-20, 132-24 à 132-26, 132-29, 132-35 à 132-39, 132-40 à 132-53, 132-70-1 à 132-70-3
- C. pr. pén., art. 10-1, 397-3-1, 418 à 421, 427, 462 à 486, 707, 713-42 à 713-49, 723-8 à 12
- CSS, art. L. 376-1 et L. 376-2
- C. civ., art. 378 à 381

TEXTES *IN EXTENSO*

* V. s[s] n° 711.01

• **C. pén., art. 131-5-1** [mod. par L. n° 2021-1539, 30 nov. 2021]

Lorsqu'un délit est puni d'une peine d'emprisonnement, la juridiction peut, à la place ou en même temps que l'emprisonnement, prescrire que le condamné devra accomplir, pendant une durée ne pouvant excéder un mois, un stage dont elle précise la nature, les modalités et le contenu eu égard à la nature du délit et aux circonstances dans lesquelles il a été commis.

Sauf décision contraire de la juridiction, le stage, dont le coût ne peut excéder celui des amendes contraventionnelles de la 3e classe, est effectué aux frais du condamné.

Le stage est exécuté dans un délai de six mois à compter de la date à laquelle la condamnation est définitive, sauf impossibilité résultant du comportement ou de la situation du condamné.

Les stages que peut prononcer la juridiction sont :

1° Le stage de citoyenneté, tendant à l'apprentissage des valeurs de la République et des devoirs du citoyen ;

2° Le stage de sensibilisation à la sécurité routière ;

3° Le stage de sensibilisation aux dangers de l'usage de produits stupéfiants ;

4° Le stage de responsabilisation pour la prévention et la lutte contre les violences au sein du couple et sexistes ;

5° Le stage de sensibilisation à la lutte contre l'achat d'actes sexuels ;

6° Le stage de responsabilité parentale ;

7° Le stage de lutte contre le sexisme et de sensibilisation à l'égalité entre les femmes et les hommes ;

8° Le stage de sensibilisation à la prévention et à la lutte contre la maltraitance animale.

• **C. pén., art. 131-8** [mod. par L. n° 2019-222, 23 mars 2019, applicable depuis le 24 mars 2020]

Lorsqu'un délit est puni d'une peine d'emprisonnement, la juridiction peut prescrire, à la place de l'emprisonnement, que le condamné accomplira, pour une durée de vingt à quatre cents heures, un travail d'intérêt général non rémunéré au profit soit d'une personne morale de droit public, soit d'une personne morale de droit privé chargée d'une mission de service public ou d'une association habilitées à mettre en œuvre des travaux d'intérêt général.

Lorsque le prévenu est présent à l'audience, la peine de travail d'intérêt général ne peut être prononcée si celui-ci la refuse. Le président du tribunal, avant le prononcé du jugement, informe le prévenu de son droit de refuser l'accomplissement d'un travail d'intérêt général et reçoit sa réponse.

Lorsque le prévenu n'est pas présent à l'audience mais y est représenté par son avocat, cette peine peut être prononcée s'il a fait connaître par écrit son accord. Lorsque le prévenu n'est pas présent à l'audience et n'a pas fait connaître son accord, cette peine ne peut être prononcée que si le tribunal fait application des dispositions du deuxième alinéa de l'article 131-9. Dans ce cas, avant la mise à exécution de la peine de travail d'intérêt général, le juge de l'application des peines informe le condamné de son droit de refuser l'accomplissement d'un travail et reçoit sa réponse. En cas de refus, tout ou partie de l'emprisonnement ou de l'amende fixée par la juridiction peut être mis à exécution, dans les conditions prévues à l'article 712-6 du code de procédure pénale, sous réserve, s'il y a lieu, des possibilités d'aménagement ou de conversion.

• **C. pén., art. 131-8-1**

Lorsqu'un délit est puni d'une peine d'emprisonnement, la juridiction peut prononcer, à la place ou en même temps que la peine d'emprisonnement, la peine de sanction-réparation. Il en est de même lorsqu'un délit est puni à titre de peine principale d'une seule peine d'amende.

La sanction-réparation consiste dans l'obligation pour le condamné de procéder, dans le délai et selon les modalités fixés par la juridiction, à l'indemnisation du préjudice de la victime.

Avec l'accord de la victime et du prévenu, la réparation peut être exécutée en nature. Elle peut alors consister dans la remise en état d'un bien endommagé à l'occasion de la commission de l'infraction ; cette remise en état est réalisée par le condamné lui-même ou par un professionnel qu'il choisit et dont il rémunère l'intervention.

L'exécution de la réparation est constatée par le procureur de la République ou son délégué.

Lorsqu'elle prononce la peine de sanction-réparation, la juridiction fixe la durée maximum de l'emprisonnement, qui ne peut excéder six mois, ou le montant maximum de l'amende, qui ne peut excéder 15 000 euros, dont le juge de l'application des peines pourra ordonner la mise à exécution en tout ou partie dans les conditions prévues par l'article 712-6 du code de procédure pénale si le condamné ne respecte pas l'obligation de réparation. Si le délit n'est puni que d'une peine d'amende, la juridiction ne fixe que le montant de l'amende, qui ne peut excéder 15 000 euros, qui pourra être mis à exécution. Le président de la juridiction en avertit le condamné après le prononcé de la décision.

• **C. pén., art. 131-9** [mod. par L. n° 2019-222, 23 mars 2019 puis par L. n° 2020-936,30 juill. 2020]

L'emprisonnement ne peut être prononcé cumulativement avec une des peines privatives ou restrictives de droits prévues aux 1°, 2°, 3°, 4°, 5°, 5° *bis*, 8°, 9°, 11° et 15° de l'article 131-6 ni avec la peine de travail d'intérêt général.

Lorsqu'elle prononce une ou plusieurs des peines prévues par les articles 131-5-1,131-6 ou 131-8, la juridiction peut fixer la durée maximum de l'emprisonnement ou le montant maximum de l'amende dont le juge de l'application des peines pourra ordonner la mise à exécution en tout ou partie, dans des conditions prévues par l'article 712-6 du code de procédure pénale, si le condamné ne respecte pas les obligations ou interdictions résultant de la ou des peines prononcées. Le président de la juridiction en avertit le condamné après le prononcé de la décision. L'emprisonnement ou l'amende que fixe la juridiction ne peuvent excéder les peines encourues pour le délit pour lequel la condamnation est prononcée ni celles prévues par l'article 434-41 du présent code. Lorsqu'il est fait application des dispositions du présent alinéa, les dispositions de l'article 434-41 ne sont alors pas applicables.

La peine de jours-amende ne peut être prononcée cumulativement avec la peine d'amende.

• **C. pén., art. 131-16** [mod. par L. n° 2019-222, 23 mars 2019, applicable depuis le 24 mars 2020]

Le règlement qui réprime une contravention peut prévoir, lorsque le coupable est une personne physique, une ou plusieurs des peines complémentaires suivantes :

1° La suspension, pour une durée de trois ans au plus, du permis de conduire, cette suspension pouvant être limitée à la conduite en dehors de l'activité professionnelle sauf si le règlement exclut expressément cette limitation ;

2° L'interdiction de détenir ou de porter, pour une durée de trois ans au plus, une arme soumise à autorisation ;

3° La confiscation d'une ou de plusieurs armes dont le condamné est propriétaire ou dont il a la libre disposition ;

4° Le retrait du permis de chasser, avec interdiction de solliciter la délivrance d'un nouveau permis pendant trois ans au plus ;

5° La confiscation de la chose qui a servi ou était destinée à commettre l'infraction ou de la chose qui en est le produit ;

6° L'interdiction de conduire certains véhicules terrestres à moteur, y compris ceux pour la conduite desquels le permis de conduire n'est pas exigé, pour une durée de trois ans au plus ;

7° Les peines de stage prévues à l'article 131-5-1 ;

8° La confiscation de l'animal ayant été utilisé pour commettre l'infraction ou à l'encontre duquel l'infraction a été commise ;

9° L'interdiction, pour une durée de trois ans au plus, de détenir un animal ;

10° Le retrait pour une durée d'un an au plus des titres de conduite en mer des navires de plaisance à moteur et, à l'encontre de toute personne embarquée sur un navire étranger, l'interdiction pour un an au plus de pratiquer la navigation dans les eaux territoriales ou les eaux intérieures maritimes françaises.

• **C. pén., art. 131-21** [mod. par L. n° 2022-199, 2 mars 2022]

La peine complémentaire de confiscation est encourue dans les cas prévus par la loi ou le règlement. Elle est également encourue de plein droit pour les crimes et pour les délits punis d'une peine d'emprisonnement d'une durée supérieure à un an, à l'exception des délits de presse.

Sous réserve du dernier alinéa, la confiscation porte sur tous les biens meubles ou immeubles, quelle qu'en soit la nature, divis ou indivis, ayant servi à commettre l'infraction ou qui étaient destinés à la commettre, et dont le condamné est propriétaire ou, sous réserve des droits du propriétaire de bonne foi, dont il a la libre disposition. Lorsqu'une infraction pour laquelle la peine de confiscation est encourue a été commise en utilisant un service de communication au public en ligne, l'instrument utilisé pour avoir accès à ce service est considéré comme un bien meuble ayant servi à commettre l'infraction et peut être confisqué. Au cours de l'enquête ou de l'instruction, il peut être saisi dans les conditions prévues au code de procédure pénale.

Sous réserve du dernier alinéa, la confiscation porte également sur tous les biens qui sont l'objet ou le produit direct ou indirect de l'infraction, à l'exception des biens susceptibles de restitution à la victime. Si le produit de l'infraction a été mêlé à des fonds d'origine licite pour l'acquisition d'un ou plusieurs biens, la confiscation peut ne porter sur ces biens qu'à concurrence de la valeur estimée de ce produit.

Sous les mêmes réserves, la confiscation peut en outre porter sur tout bien meuble ou immeuble défini par la loi ou le règlement qui réprime l'infraction.

Sous les mêmes réserves, s'il s'agit d'un crime ou d'un délit puni d'au moins cinq ans d'emprisonnement et ayant procuré un profit direct ou indirect, la confiscation porte également sur les biens meubles ou immeubles, quelle qu'en soit la nature, divis ou indivis, appartenant au condamné ou, sous réserve des droits du propriétaire de bonne foi, dont il a la libre disposition, lorsque ni le condamné, ni le propriétaire, mis en mesure de s'expliquer sur les biens dont la confiscation est envisagée, n'ont pu en justifier l'origine.

Sous réserve du dernier alinéa, lorsque la loi qui réprime le crime ou le délit le prévoit, la confiscation peut aussi porter sur tout ou partie des biens appartenant au condamné ou, sous réserve des droits du propriétaire de bonne foi, dont il a la libre disposition, quelle qu'en soit la nature, meubles ou immeubles, divis ou indivis.

La confiscation est obligatoire pour les objets qualifiés de dangereux ou nuisibles par la loi ou le règlement, ou dont la détention est illicite, que ces biens soient ou non la propriété du condamné.

Sous réserve du dernier alinéa, la peine complémentaire de confiscation s'applique dans les mêmes conditions à tous les droits incorporels, quelle qu'en soit la nature, divis ou indivis.

Sous les mêmes réserves, la confiscation peut être ordonnée en valeur. La confiscation en valeur peut être exécutée sur tous biens, quelle qu'en soit la nature, appartenant au condamné ou, sous réserve des droits du propriétaire de bonne foi, dont il a la libre disposition. Pour le recouvrement de la somme représentative de la valeur de la chose confisquée, les dispositions relatives à la contrainte judiciaire sont applicables.

La chose confisquée est, sauf disposition particulière prévoyant sa destruction ou son attribution, dévolue à l'État, mais elle demeure grevée, à concurrence de sa valeur, des droits réels licitement constitués au profit de tiers.

Lorsque la chose confisquée est un véhicule qui n'a pas été saisi ou mis en fourrière au cours de la procédure, le condamné doit, sur l'injonction qui lui en est faite par le ministère public, remettre ce véhicule au service ou à l'organisme chargé de sa destruction ou de son aliénation.

Hors le cas mentionné au septième alinéa, lorsque la peine de confiscation porte sur des biens sur lesquels toute personne autre que le condamné dispose d'un droit de propriété, elle ne peut être prononcée si cette personne dont le titre est connu ou qui a réclamé cette qualité au cours de la procédure n'a pas été mise en mesure de présenter ses observations sur la mesure de confiscation envisagée par la juridiction de jugement aux fins, notamment, de faire valoir le droit qu'elle revendique et sa bonne foi.

NOTA :

• **Par une décision n° 2021-932 QPC du 23 septembre 2021,** le Conseil constitutionnel a déclaré contraires à la Constitution le troisième alinéa et les mots « ou, sous réserve des droits du propriétaire de bonne foi, dont il a la libre disposition » figurant au neuvième alinéa de l'article 131-21 du code pénal, dans sa rédaction résultant de la loi n° 2013-1117 du 6 décembre 2013 relative à la lutte contre la fraude fiscale et la grande délinquance économique et financière. L'abrogation de ces dispositions est toutefois reportée au 31 mars 2022. Les mesures prises avant cette date en application des dispositions déclarées contraires à la Constitution ne peuvent être contestées sur le fondement de cette inconstitutionnalité.

• **Par une décision n° 2021-949/950 QPC du 24 novembre 2021,** le Conseil constitutionnel a déclaré contraires à la Constitution les deuxième, quatrième, cinquième, sixième, huitième alinéas et le reste du neuvième alinéa de l'article 131-21 du code pénal, dans sa rédaction résultant de la loi n° 2013-1117 du 6 décembre 2013 relative à la lutte contre la fraude fiscale et la grande délinquance économique et financière. L'abrogation de ces dispositions est toutefois reportée au 31 décembre 2022. Les mesures prises avant cette date en application des dispositions déclarées contraires à la Constitution ne peuvent être contestées sur le fondement de cette inconstitutionnalité.

• **C. pén., art. 131-21-1**

Lorsqu'elle est encourue comme peine complémentaire, la confiscation d'un animal ou d'une catégorie d'animal concerne l'animal qui a été utilisé pour commettre ou tenter de commettre l'infraction ou à l'encontre duquel l'infraction a été commise.

Elle concerne également les animaux dont le condamné est propriétaire ou dont il a la libre disposition, si ces animaux étaient susceptibles d'être utilisés pour commettre l'infraction ou si l'infraction aurait pu être commise à leur encontre.

La juridiction qui prononce la confiscation de l'animal prévoit qu'il sera remis à une fondation ou à une association de protection animale reconnue d'utilité publique ou déclarée, qui pourra librement en disposer.

Si l'animal n'a pas été placé en cours de procédure, le condamné doit, sur injonction qui lui est faite par le ministère public, le remettre à l'organisme visé à l'alinéa précédent. Les dispositions du quatrième alinéa de l'article 131-21 sont également applicables.

Lorsque l'animal a été placé en cours de procédure, la juridiction qui ordonne sa confiscation peut mettre les frais de placement à la charge du condamné.

Lorsqu'il s'agit d'un animal dangereux, la juridiction peut ordonner qu'il soit procédé à son euthanasie, le cas échéant aux frais du condamné.

• **C. pén., art. 131-21-2**

Lorsqu'elle est encourue à titre de peine complémentaire, l'interdiction de détenir un animal peut être limitée à certains animaux ou certaines catégories d'animaux.

Lorsqu'elle est encourue pour un crime ou un délit, cette interdiction est soit définitive, soit temporaire ; dans ce dernier cas, elle ne peut excéder une durée de cinq ans.

• **C. pén., art. 131-22** [mod. par L. n° 2019-222, 23 mars 2019 puis par L. n° 2021-401, 8 avr. 2021]

La juridiction qui prononce la peine de travail d'intérêt général fixe le délai pendant lequel le travail d'intérêt général doit être accompli dans la limite de dix-huit mois. Le délai prend fin dès l'accomplissement de la totalité du travail d'intérêt général ; il peut être suspendu provisoirement pour motif grave d'ordre médical, familial, professionnel ou social. Ce délai est suspendu pendant le temps où le condamné est assigné à résidence avec surveillance électronique, est placé en détention provisoire, exécute une peine privative de liberté ou accomplit les obligations du service national. Toutefois, le travail d'intérêt général peut être exécuté en même temps qu'une assignation à résidence avec surveillance électronique, qu'un placement à l'extérieur, qu'une semi-liberté ou qu'un placement sous surveillance électronique.

La suspension du délai prévu au premier alinéa est décidée par le juge de l'application des peines dans les modalités d'exécution de l'obligation d'accomplir un travail d'intérêt général et la suspension du délai prévu à l'alinéa précédent sont décidées par le juge de l'application des peines dans le ressort duquel le condamné a sa résidence habituelle ou, s'il n'a pas en France sa résidence habituelle, par le juge de l'application des peines du tribunal qui a statué en première instance.

Le directeur du service pénitentiaire d'insertion et de probation ou son représentant est compétent pour décider des modalités d'exécution de l'obligation d'accomplir un travail d'intérêt général, sauf si le juge de l'application des peines décide d'exercer cette compétence. Le poste de travail choisi par le directeur du service pénitentiaire d'insertion et de probation, son représentant ou le juge de l'application des peines doit être adapté à la situation de la personne condamnée et de nature à favoriser sa réinsertion sociale et professionnelle.

Lorsque la personne a été condamnée pour un délit prévu par le code de la route ou sur le fondement des articles 221-6-1,222-19-1,222-20-1 et 434-10, elle accomplit de préférence la peine de travail d'intérêt général dans un des établissements spécialisés dans l'accueil des blessés de la route.

Au cours du délai prévu par le présent article, le condamné doit satisfaire aux mesures de contrôle déterminées à l'article 132-44.

• **C. pén., art. 131-23**

Le travail d'intérêt général est soumis aux prescriptions législatives et réglementaires relatives au travail de nuit, à l'hygiène, à la sécurité ainsi qu'au travail des femmes et des jeunes travailleurs. Le travail d'intérêt général peut se cumuler avec l'exercice de l'activité professionnelle.

• **C. pén., art. 131-25** [mod. par L. nº 2019-222, 23 mars 2019, applicable depuis le 24 mars 2020]

En cas de condamnation à une peine de jours-amende, le montant global est exigible à l'expiration du délai correspondant au nombre de jours-amende prononcés.

Sous réserve des dispositions de l'article 747-1-1 du code de procédure pénale, le défaut total ou partiel du paiement de ce montant entraîne l'incarcération du condamné pour une durée correspondant au nombre de jours-amende impayés. Il est procédé comme en matière de contrainte judiciaire. La détention ainsi subie est soumise au régime des peines d'emprisonnement.

• **C. pén., art. 131-26-2** [mod. par L. nº 2022-52, 24 janv. 2022]

I. – Le prononcé de la peine complémentaire d'inéligibilité mentionnée au 2° de l'article 131-26 et à l'article 131-26-1 est obligatoire à l'encontre de toute personne coupable d'un délit mentionné au II du présent article ou d'un crime.

Cette condamnation est mentionnée au bulletin nº 2 du casier judiciaire prévu à l'article 775 du code de procédure pénale pendant toute la durée de l'inéligibilité.

II. – Les délits pour lesquels l'inéligibilité est obligatoirement prononcée sont les suivants :

1° Les délits prévus aux articles 222-9, 222-11, 222-12, 222-14, 222-14-1, 222-14-4, 222-14-5, 222-15, 222-15-1 et 222-27 à 222-33-2-2 du présent code ;

2° Les délits prévus aux articles 225-1 à 225-2 ;

3° Les délits prévus aux articles 313-1, 313-2 et 314-1 à 314-3, ainsi que leur recel ou leur blanchiment ;

4° Les délits prévus au chapitre Ier du titre II du livre IV ;

5° Les délits prévus aux articles 432-10 à 432-15, 433-1 et 433-2, 434-9, 434-9-1, 434-43-1, 435-1 à 435-10 et 445-1 à 445-2-1, ainsi que leur recel ou leur blanchiment ;

6° Les délits prévus aux articles 441-2 à 441-6, ainsi que leur recel ou leur blanchiment ;

7° Les délits prévus aux articles L. 86 à L. 88-1, L. 91 à L. 104, L. 106 à L. 109, L. 111, L. 113 et L. 116 du code électoral ;

8° Les délits prévus aux articles 1741 et 1743 du code général des impôts, lorsqu'ils sont commis en bande organisée ou lorsqu'ils résultent de l'un des comportements mentionnés aux 1° à 5° du II de l'article L. 228 du livre des procédures fiscales, ainsi que leur recel ou leur blanchiment ;

9° Les délits prévus aux articles L. 465-1 à L. 465-3-3 du code monétaire et financier, ainsi que leur recel ou leur blanchiment ;

10° Les délits prévus aux articles L. 241-3 et L. 242-6 du code de commerce, ainsi que leur recel ou leur blanchiment ;

11° Les délits prévus à l'article L. 113-1 du code électoral et à l'article 11-5 de la loi nº 88-227 du 11 mars 1988 relative à la transparence financière de la vie politique ;

12° Les délits prévus au I de l'article LO 135-1 du code électoral et à l'article 26 de la loi nº 2013-907 du 11 octobre 2013 relative à la transparence de la vie publique ;

[Dispositions déclarées non conformes à la Constitution par Cons. const. 8 sept. 2017, nº 2017-752 DC]

14° Le délit de participation à une association de malfaiteurs prévu à l'article 450-1 du présent code, lorsqu'il a pour objet un crime ou un délit mentionné aux 1° à 13° du présent II.

III. – Toutefois, la juridiction peut, par une décision spécialement motivée, décider de ne pas prononcer la peine prévue par le présent article, en considération des circonstances de l'infraction et de la personnalité de son auteur.

• **C. pén., art. 131-30** [mod. par L. nº 2019-222, 23 mars 2019, applicable depuis le 24 mars 2020]

Lorsqu'elle est prévue par la loi, la peine d'interdiction du territoire français peut être prononcée, à titre définitif ou pour une durée de dix ans au plus, à l'encontre de tout étranger coupable d'un crime ou d'un délit.

L'interdiction du territoire entraîne de plein droit la reconduite du condamné à la frontière, le cas échéant, à l'expiration de sa peine d'emprisonnement ou de réclusion.

Lorsque l'interdiction du territoire accompagne une peine privative de liberté sans sursis, son application est suspendue pendant le délai d'exécution de la peine. Elle reprend, pour la durée fixée par la décision de condamnation, à compter du jour où la privation de liberté a pris fin.

L'interdiction du territoire français prononcée en même temps qu'une peine d'emprisonnement ne fait pas obstacle à ce que cette peine fasse l'objet, aux fins de préparation d'une demande en relèvement, de mesures de semi-liberté, de placement à l'extérieur, de détention à domicile sous surveillance électronique ou de permissions de sortir.

• **C. pén., art. 131-30-2** [mod. par Ord. nº 2020-1733, 16 déc. 2020]

La peine d'interdiction du territoire français ne peut être prononcée lorsqu'est en cause :

1° Un étranger qui justifie par tous moyens résider en France habituellement depuis qu'il a atteint au plus l'âge de treize ans ;

2° Un étranger qui réside régulièrement en France depuis plus de vingt ans ;

3° Un étranger qui réside régulièrement en France depuis plus de dix ans et qui, ne vivant pas en état de polygamie, est marié depuis au moins quatre ans avec un ressortissant français ayant conservé la nationalité française, à condition que ce mariage soit antérieur aux faits ayant entraîné sa condamnation et que la communauté de vie n'ait pas cessé depuis le mariage ou, sous les mêmes conditions, avec un ressortissant étranger relevant du 1° ;

4° Un étranger qui réside régulièrement en France depuis plus de dix ans et qui, ne vivant pas en état de polygamie, est père ou mère d'un enfant français mineur résidant en France, à condition qu'il établisse contribuer effectivement à l'entretien et à l'éducation de l'enfant dans les conditions prévues par l'article 371-2 du code civil depuis la naissance de celui-ci ou depuis au moins un an ;

5° Un étranger qui réside en France sous couvert du titre de séjour prévu à l'article L. 425-9 du code de l'entrée et du séjour des étrangers et du droit d'asile.

Les dispositions prévues au 3° et au 4° ne sont toutefois pas applicables lorsque les faits à l'origine de la condamnation ont été commis à l'encontre du conjoint ou des enfants de l'étranger ou de tout enfant sur lequel il exerce l'autorité parentale.

Les dispositions du présent article ne sont pas applicables aux atteintes aux intérêts fondamentaux de la nation prévus par les chapitres Ier, II et IV du titre Ier du livre IV et par les articles 413-1 à 413-4,413-10 et 413-11, ni aux actes de terrorisme prévus par le titre II du livre IV, ni aux infractions en matière de groupes de combat et de mouvements dissous prévues par les articles 431-14 à 431-17, ni aux infractions en matière de fausse monnaie prévues aux articles 442-1 à 442-4.

• **C. pén., art. 131-36** [mod. par L. n° 2019-222, 23 mars 2019, puis par L. n° 2021-401, 8 avr. 2021]

Un décret en Conseil d'État détermine les modalités d'application des dispositions de la présente sous-section.

Ce décret détermine également les conditions dans lesquelles s'exécutera l'activité des condamnés à la peine de travail d'intérêt général ainsi que la nature des travaux proposés, de même que les cas dans lesquels un examen médical préalable est obligatoire, au regard notamment de la situation du condamné ou de la nature des travaux proposés.

Il détermine en outre les conditions dans lesquelles :

1° Le directeur du service pénitentiaire d'insertion et de probation établit, après avis du ministère public et du juge de l'application des peines dans le ressort duquel se situe la structure d'accueil et après consultation de tout organisme public compétent en matière de prévention de la délinquance, la liste des travaux d'intérêt général susceptibles d'être accomplis dans le département ;

2° Le travail d'intérêt général peut, pour les condamnés salariés, se cumuler avec la durée légale du travail ;

3° Sont habilitées les personnes morales de droit privé chargées d'une mission de service public et les associations mentionnées au premier alinéa de l'article 131-8 ;

4° Sont désignées les personnes physiques ou morales chargées de participer à la mise en œuvre des stages mentionnés à l'article 131-5-1.

• **C. pén., art. 131-36-1**

Dans les cas prévus par la loi, la juridiction de jugement peut ordonner un suivi socio-judiciaire.

Le suivi socio-judiciaire emporte, pour le condamné, l'obligation de se soumettre, sous le contrôle du juge de l'application des peines et pendant une durée déterminée par la juridiction de jugement, à des mesures de surveillance et d'assistance destinées à prévenir la récidive. La durée du suivi socio-judiciaire ne peut excéder dix ans en cas de condamnation pour délit ou vingt ans en cas de condamnation pour crime. Toutefois, en matière correctionnelle, cette durée peut être portée à vingt ans par décision spécialement motivée de la juridiction de jugement ; lorsqu'il s'agit d'un crime puni de trente ans de réclusion criminelle, cette durée est de trente ans ; lorsqu'il s'agit d'un crime puni de la réclusion criminelle à perpétuité, la cour d'assises peut décider que le suivi socio-judiciaire s'appliquera sans limitation de durée, sous réserve de la possibilité pour le tribunal de l'application des peines de mettre fin à la mesure à l'issue d'un délai de trente ans, selon les modalités prévues par l'article 712-7 du code de procédure pénale.

La décision de condamnation fixe également la durée maximum de l'emprisonnement encouru par le condamné en cas d'inobservation des obligations qui lui sont imposées. Cet emprisonnement ne peut excéder trois ans en cas de condamnation pour délit et sept ans en cas de condamnation pour crime. Les conditions dans lesquelles le juge de l'application des peines peut ordonner, en tout ou partie, l'exécution de l'emprisonnement sont fixées par le code de procédure pénale.

Le président de la juridiction, après le prononcé de la décision, avertit le condamné des obligations qui en résultent et des conséquences qu'entraînerait leur inobservation.

• **C. pén., art. 131-36-4**

Sauf décision contraire de la juridiction, la personne condamnée à un suivi socio-judiciaire est soumise à une injonction de soins dans les conditions prévues aux articles L. 3711-1 et suivants du code de la santé publique, s'il est établi qu'elle est susceptible de faire l'objet d'un traitement, après une expertise médicale ordonnée conformément aux dispositions du code de procédure pénale. Le président avertit alors le condamné qu'aucun traitement ne pourra être entrepris sans son consentement, mais que, s'il refuse les soins qui lui seront proposés, l'emprisonnement prononcé en application du troisième alinéa de l'article 131-36-1 pourra être mis à exécution.

Lorsque la juridiction de jugement prononce une injonction de soins et que la personne a été également condamnée à une peine privative de liberté non assortie du sursis, le président informe le condamné qu'il aura la possibilité de commencer un traitement pendant l'exécution de cette peine.

• **C. pén., art. 131-36-6** [mod. par L. n° 2019-222, 23 mars 2019, applicable depuis le 24 mars 2020]

Le suivi socio-judiciaire ne peut être ordonné en même temps qu'une peine d'emprisonnement assorti, en tout ou partie, du sursis probatoire.

• **C. pén., art. 131-36-11** [mod. par L. n° 2019-222, 23 mars 2019, applicable depuis le 24 mars 2020]

La juridiction ne peut ordonner le placement sous surveillance électronique mobile qu'après avoir fait vérifier la faisabilité technique de la mesure et la disponibilité du dispositif technique devant être utilisé.

• **C. pén., art. 131-36-12-1** [mod. par L. n° 2019-222, 23 mars 2019, applicable depuis le 24 mars 2020]

Par dérogation aux dispositions de l'article 131-36-10, le placement sous surveillance électronique mobile peut être ordonné à l'encontre d'une personne majeure, dont une expertise médicale a constaté la dangerosité, condamnée à une peine privative de liberté d'une durée égale ou supérieure à deux ans pour des violences ou des menaces punies d'au moins cinq ans d'emprisonnement et commises :

1° Soit contre son conjoint, son concubin ou son partenaire lié par un pacte civil de solidarité ;

2° Soit contre ses enfants ou ceux de son conjoint, concubin ou partenaire.

Le présent article est également applicable lorsque les violences ont été commises par l'ancien conjoint ou concubin de la victime, ou par la personne ayant été liée à elle par un pacte civil de solidarité, le domicile concerné étant alors celui de la victime.

• **C. pén., art. 131-43** [mod. par L. n° 2019-222, 23 mars 2019, applicable depuis le 24 mars 2020]

Le règlement qui réprime une contravention peut prévoir, lorsque le coupable est une personne morale, les peines complémentaires mentionnées aux 5°, 8° et 9° de l'article 131-16. Pour les contraventions de la 5e classe, le règlement peut, en outre, prévoir la peine complémentaire mentionnée au premier alinéa de l'article 131-17.

• **C. pén., art., 132-40** [mod. par L. n° 2019-222, 23 mars 2019, applicable depuis le 24 mars 2020]

La juridiction qui prononce un emprisonnement peut, dans les conditions prévues ci-après, ordonner qu'il sera sursis à son exécution, la personne physique condamnée étant placée sous le régime de la probation.

Après le prononcé de l'emprisonnement assorti du sursis probatoire, le président de la juridiction notifie au condamné, lorsqu'il est présent, les obligations à respecter durant le délai de probation et l'avertit des conséquences qu'entraînerait une condamnation pour une nouvelle infraction commise au cours de ce délai ou un manquement aux mesures de contrôle et aux obligations particulières qui lui sont imposées. Il l'informe de la possibilité qu'il aura de voir déclarer sa condamnation non avenue s'il observe une conduite satisfaisante.

Lorsque la juridiction prononce, à titre de peine complémentaire, la peine d'interdiction du territoire français pour une durée de dix ans au plus, il est sursis à son exécution durant le temps de la probation prévue au premier alinéa.

• **C. pén., art., 132-41** [mod. par L. n° 2019-222, 23 mars 2019, applicable depuis le 24 mars 2020]

Le sursis probatoire est applicable aux condamnations à l'emprisonnement prononcées pour une durée de cinq ans au plus, en raison d'un crime ou d'un délit de droit commun. Lorsque la personne est en état de récidive légale, il est applicable aux condamnations à l'emprisonnement prononcées pour une durée de dix ans au plus.

Toutes les fois que la juridiction n'a pas prononcé l'exécution provisoire, la probation n'est applicable qu'à compter du jour où la condamnation devient exécutoire selon les dispositions du deuxième alinéa de l'article 708 du code de procédure pénale.

La juridiction pénale ne peut prononcer le sursis probatoire à l'encontre d'une personne ayant déjà fait l'objet de deux condamnations assorties du sursis probatoire pour des délits identiques ou assimilés au sens des articles 132-16 à 132-16-4 et se trouvant en état de récidive légale. Lorsqu'il s'agit soit d'un crime, soit d'un délit de violences volontaires, d'un délit d'agressions ou d'atteintes sexuelles ou d'un délit commis avec la circonstance aggravante de violences, la juridiction ne peut prononcer le sursis probatoire à l'encontre d'une personne ayant déjà fait l'objet d'une condamnation assortie du sursis probatoire pour des infractions identiques ou assimilées et se trouvant en état de récidive légale. Toutefois, ces dispositions ne sont pas applicables lorsque le sursis probatoire ne porte que sur une partie de la peine d'emprisonnement prononcée en application des dispositions du dernier alinéa de l'article 132-42.

• **C. pén., art., 132-41-1** [créé par L. n° 2019-222, 23 mars 2019]

Lorsque la personnalité et la situation matérielle, familiale et sociale de l'auteur d'un crime ou délit puni d'une peine d'emprisonnement et les faits de l'espèce justifient un accompagnement socio-éducatif individualisé et soutenu, la juridiction peut décider que le sursis probatoire consistera en un suivi renforcé, pluridisciplinaire et évolutif, faisant l'objet d'évaluations régulières par le service pénitentiaire d'insertion et de probation, afin de prévenir la récidive en favorisant l'insertion ou la réinsertion de la personne au sein de la société.

Dans ce cas, le dernier alinéa de l'article 132-41 n'est pas applicable.

Si elle dispose d'éléments d'information suffisants sur la personnalité du condamné et sur sa situation matérielle, familiale et sociale, la juridiction peut alors définir les obligations et interdictions particulières auxquelles celui-ci est astreint.

Dans le cas contraire, ces obligations et interdictions sont déterminées par le juge de l'application des peines dans des conditions et selon des modalités précisées par le code de procédure pénale, après évaluation de la personnalité et de la situation matérielle, familiale et sociale du condamné par le service pénitentiaire d'insertion et de probation.

• **C. pén., art., 132-42** [mod. par L. n° 2019-222, 23 mars 2019, applicable depuis le 24 mars 2020]

La juridiction pénale fixe le délai de probation qui ne peut être inférieur à douze mois ni supérieur à trois ans. Lorsque la personne est en état de récidive légale, ce délai peut être porté à cinq ans. Ce délai peut être porté à sept ans lorsque la personne se trouve à nouveau en état de récidive légale.

Elle peut décider que le sursis ne s'appliquera à l'exécution de l'emprisonnement que pour une partie dont elle détermine la durée. Cette partie ne peut toutefois excéder cinq ans d'emprisonnement.

• **C. pén., art., 132-43** [mod. par L. n° 2020-936, 30 juill. 2020]

Au cours du délai de probation, le condamné doit satisfaire aux mesures de contrôle qui sont prévues par l'article 132-44 et à celles des obligations particulières prévues par l'article 132-45 qui lui sont spécialement imposées. En outre, le condamné peut bénéficier de mesures d'aide destinées à favoriser son reclassement social.

Ces mesures et obligations particulières, à l'exception des interdictions de contact ou de paraître prévues au même article 132-45, cessent de s'appliquer et le délai de probation est suspendu pendant le temps où le condamné est incarcéré. Le délai de probation est également suspendu pendant le temps où le condamné accomplit les obligations du service national.

• **C. pén., art., 132-44** [mod. par L. n° 2019-222, 23 mars 2019, applicable depuis le 24 mars 2020]

Les mesures de contrôle auxquelles le condamné doit se soumettre sont les suivantes :

1° Répondre aux convocations du juge de l'application des peines ou du service pénitentiaire d'insertion et de probation désigné ;

2° Recevoir les visites du service pénitentiaire d'insertion et de probation et lui communiquer les renseignements ou documents de nature à permettre le contrôle de ses moyens d'existence et de l'exécution de ses obligations ;

3° Prévenir le service pénitentiaire d'insertion et de probation de ses changements d'emploi ;

4° Prévenir le service pénitentiaire d'insertion et de probation de ses changements de résidence ou de tout déplacement dont la durée excéderait quinze jours et rendre compte de son retour ;

5° Obtenir l'autorisation préalable du juge de l'application des peines pour tout changement d'emploi ou de résidence, lorsque ce changement est de nature à mettre obstacle à l'exécution de ses obligations ;

6° Informer préalablement le juge de l'application des peines de tout déplacement à l'étranger.

• **C. pén., art., 132-45** [mod. par L. n° 2021-401, 8 avr. 2021, en vigueur depuis le 10 octobre 2021]

La juridiction de condamnation ou le juge de l'application des peines peut imposer spécialement au condamné l'observation de l'une ou de plusieurs des obligations suivantes :

1° Exercer une activité professionnelle ou suivre un enseignement ou une formation professionnelle ;

2° Établir sa résidence en un lieu déterminé ;

3° Se soumettre à des mesures d'examen médical, de traitement ou de soins, même sous le régime de l'hospitalisation. Ces mesures peuvent consister en l'injonction thérapeutique prévue par les articles L. 3413-1 à L. 3413-4 du code de la santé publique, lorsqu'il apparaît que le condamné fait usage de stupéfiants ou fait une consommation habituelle et excessive de boissons alcooliques. Une copie de la décision ordonnant ces mesures est adressée par le juge de l'application des peines au médecin ou au psychologue qui doit suivre la personne condamnée. Les rapports des expertises réalisées pendant la procédure sont adressés au médecin ou au psychologue, à leur demande ou à l'initiative du juge de l'application des peines. Celui-ci peut également leur adresser toute autre pièce utile du dossier ;

4° Justifier qu'il contribue aux charges familiales ou acquitte régulièrement les pensions alimentaires dont il est débiteur ;

5° Réparer en tout ou partie, en fonction de ses facultés contributives, les dommages causés par l'infraction, même en l'absence de décision sur l'action civile ;

6° Justifier qu'il acquitte en fonction de ses facultés contributives les sommes dues au Trésor public à la suite de la condamnation ;

7° S'abstenir de conduire certains véhicules déterminés par les catégories de permis prévues par le code de la route ou de conduire un véhicule qui ne soit pas équipé, par un professionnel agréé ou par construction, d'un dispositif homologué d'antidémarrage par éthylotest électronique ;

7° *bis* Sous réserve de son accord, s'inscrire et se présenter aux épreuves du permis de conduire, le cas échéant après avoir suivi des leçons de conduite ;

8° Ne pas se livrer à l'activité dans l'exercice ou à l'occasion de l'exercice de laquelle l'infraction a été commise ou ne pas exercer une activité impliquant un contact habituel avec des mineurs ;

9° S'abstenir de paraître en tout lieu, toute catégorie de lieux ou toute zone spécialement désignés ;

10° Ne pas engager de paris, notamment dans les organismes de paris mutuels, et ne pas prendre part à des jeux d'argent et de hasard ;

11° Ne pas fréquenter les débits de boissons ;

12° Ne pas fréquenter certains condamnés, notamment les auteurs ou complices de l'infraction ;

13° S'abstenir d'entrer en relation avec certaines personnes, dont la victime, ou certaines catégories de personnes, et notamment des mineurs, à l'exception, le cas échéant, de ceux désignés par la juridiction ;

14° Ne pas détenir ou porter une arme ;

15° Accomplir à ses frais un des stages prévus à l'article 131-5-1 du présent code ;

16° S'abstenir de diffuser tout ouvrage ou œuvre audiovisuelle dont il serait l'auteur ou le coauteur et qui porterait, en tout ou partie, sur l'infraction commise et s'abstenir de toute intervention publique relative à cette infraction ; les dispositions du présent alinéa ne sont applicables qu'en cas de condamnation pour crimes ou délits d'atteintes volontaires à la vie, d'agressions sexuelles ou d'atteintes sexuelles ;

17° Remettre ses enfants entre les mains de ceux auxquels la garde a été confiée par décision de justice ;

18° En cas d'infraction commise soit contre son conjoint, son concubin ou son partenaire lié par un pacte civil de solidarité, soit contre ses enfants ou ceux de son conjoint, concubin ou partenaire, résider hors du domicile ou de la résidence du couple et, le cas échéant, s'abstenir de paraître dans ce domicile ou cette résidence ou aux abords immédiats de celui-ci, ainsi que, si nécessaire, faire l'objet d'une prise en charge sanitaire, sociale ou psychologique ; les dispositions du présent 19° sont également applicables lorsque l'infraction est commise par l'ancien conjoint ou concubin de la victime, ou par la personne ayant été liée à elle par un pacte civil de solidarité, le domicile concerné étant alors celui de la victime. Pour l'application du présent 19°, l'avis de la victime est recueilli, dans les meilleurs délais et par tous moyens, sur l'opportunité d'imposer au condamné de résider hors du logement du couple. Sauf circonstances particulières, cette mesure est prise lorsque sont en cause des faits de violences susceptibles d'être renouvelés et que la victime la sollicite. La juridiction peut préciser les modalités de prise en charge des frais afférents à ce logement ;

18° *bis* Respecter l'interdiction de se rapprocher d'une victime de violences commises au sein du couple prévue à l'article 132-45-1 du présent code contrôlée par un dispositif électronique mobile anti-rapprochement ;

19° Obtenir l'autorisation préalable du juge de l'application des peines pour tout déplacement à l'étranger ;

20° Respecter les conditions d'une prise en charge sanitaire, sociale, éducative ou psychologique, destinée à permettre sa réinsertion et l'acquisition des valeurs de la citoyenneté ; cette prise en charge peut, le cas échéant, intervenir au sein d'un établissement d'accueil adapté dans lequel le condamné est tenu de résider ;

21° L'obligation d'accomplir un travail d'intérêt général, selon les modalités prévues à l'article 131-8 ;

22° L'injonction de soins, dans les conditions prévues aux articles L. 3711-1 à L. 3711-5 du code de la santé publique, si la personne a été condamnée pour un délit pour lequel le suivi socio-judiciaire est encouru et qu'une expertise médicale a conclu qu'elle était susceptible de faire l'objet d'un traitement ;

23° L'obligation de justifier de la remise d'un bien dont la confiscation a été ordonnée ;

24° L'obligation de justifier du paiement régulier des impôts ;

25° L'obligation de justifier de la tenue d'une comptabilité régulière certifiée par un commissaire aux comptes.

• **C. pén., art. 132-45-1** [mod. par L. n° 2019-1480, 28 déc. 2019]

En cas d'infraction punie d'au moins trois ans d'emprisonnement commise contre son conjoint, son concubin ou son partenaire lié par un pacte civil de solidarité, y compris lorsqu'ils ne cohabitent pas, ou commise par l'ancien conjoint ou concubin de la victime ou par la personne ayant été liée à elle par un pacte civil de solidarité, la juridiction peut, à la demande ou avec le consentement exprès de la victime, qui peut être recueilli par tout moyen :

1° Interdire au condamné de se rapprocher de la victime à moins d'une certaine distance fixée par la décision ;

2° Et, afin d'assurer le respect de cette interdiction, astreindre le condamné au port, pendant toute la durée de la mesure, d'un bracelet intégrant un émetteur permettant à tout moment de déterminer à distance sa localisation sur l'ensemble du territoire national et permettant de déterminer s'il s'approche de la victime à qui a été attribué un dispositif électronique permettant également de déterminer sa localisation.

Le condamné est avisé que la pose du bracelet ne peut être effectuée sans son consentement mais que le fait de la refuser constitue une violation des obligations qui lui incombent et peut donner lieu à la révocation de la mesure. Ce dispositif est homologué par le ministre de la justice. Sa mise en œuvre doit garantir le respect de la dignité, de l'intégrité et de la vie privée de la personne et ne doit pas entraver son insertion sociale.

Un décret en Conseil d'État précise les modalités d'application du présent article. Ce décret en Conseil d'État, pris après avis de la Commission nationale de l'informatique et des libertés, autorise la mise en œuvre d'un traitement automatisé de données à caractère personnel assurant le contrôle à distance de la localisation du condamné et de la victime ; ce décret peut étendre les finalités du traitement prévu à l'article 763-13 du code de procédure pénale. Les personnes contribuant au contrôle à distance, qui ne peut conduire à imposer la présence du condamné dans certains lieux, peuvent être des personnes privées habilitées dans des conditions prévues par ce décret.

• **C. pén., art. 132-46** [mod. par L. n° 2019-222, 23 mars 2019, applicable depuis le 24 mars 2020]

Les mesures d'aide ont pour objet de seconder les efforts du condamné en vue de son reclassement social.

Ces mesures, qui s'exercent sous forme d'une aide à caractère social et, s'il y a lieu, d'une aide matérielle, sont mises en œuvre par le service pénitentiaire d'insertion et de probation avec la participation, le cas échéant, de tous organismes publics et privés.

• **C. pén., art. 132-47** [mod. par L. n° 2019-222, 23 mars 2019, applicable depuis le 24 mars 2020]

Le sursis probatoire peut être révoqué par la juridiction de jugement dans les conditions prévues par l'article 132-48.

Il peut également l'être par le juge de l'application des peines, selon les modalités prévues par le code de procédure pénale, lorsque le condamné n'a pas satisfait aux mesures de contrôle et aux obligations particulières qui lui étaient imposées. Tout manquement à ces mesures et obligations commis après que la probation est devenue exécutoire peut justifier la révocation du sursis. Si cette révocation est ordonnée alors que la condamnation n'avait pas encore acquis un caractère définitif, elle devient caduque dans le cas où cette condamnation serait ultérieurement infirmée ou annulée.

• **C. pén., art. 132-48** [mod. par L. n° 2019-222, 23 mars 2019, applicable depuis le 24 mars 2020]

Si le condamné commet, au cours du délai de probation, un crime ou un délit de droit commun suivi d'une condamnation à une peine privative de liberté sans sursis, la juridiction de jugement peut, après avis du juge de l'application des peines, ordonner la révocation en totalité ou en partie du ou des sursis antérieurement accordés. Cette révocation ne peut être ordonnée pour des infractions commises avant que la condamnation assortie du sursis ait acquis un caractère définitif.

La mesure d'interdiction du territoire français est exécutoire de plein droit en cas de révocation totale du sursis probatoire dans les conditions prévues au présent article.

• **C. pén., art. 132-49** [mod. par L. n° 2019-222, 23 mars 2019, applicable depuis le 24 mars 2020]

La décision ordonnant la révocation partielle du sursis ne met pas fin au régime de la probation et n'attache pas à la condamnation les effets d'une condamnation sans sursis.

• **C. pén., art. 132-50** [mod. par L. n° 2019-222, 23 mars 2019, applicable depuis le 24 mars 2020]

Si la juridiction ordonne l'exécution de la totalité de l'emprisonnement et si le sursis probatoire a été accordé après une première condamnation déjà prononcée sous le même bénéfice, elle peut, par décision spéciale, ordonner que la première peine sera également exécutée.

• **C. pén., art. 132-51**

Lorsque la juridiction ordonne la révocation du sursis en totalité ou en partie, elle peut, par décision spéciale et motivée, exécutoire par provision, faire incarcérer le condamné.

• **C. pén., art. 132-52** [mod. par L. n° 2019-222, 23 mars 2019, applicable depuis le 24 mars 2020]

La condamnation assortie du sursis probatoire est réputée non avenue lorsque le condamné n'a pas fait l'objet d'une décision ordonnant l'exécution de la totalité de l'emprisonnement.

Lorsque le bénéfice du sursis probatoire n'a été accordé que pour une partie de l'emprisonnement, la condamnation est réputée non avenue dans tous ses éléments si la révocation du sursis n'a pas été prononcée dans les conditions prévues par l'alinéa précédent.

Le caractère non avenu de la condamnation ne fait pas obstacle à la prolongation ou à la révocation totale ou partielle du sursis probatoire dès lors que le manquement ou l'infraction ont été commis avant l'expiration du délai de probation.

• **C. pén., art. 132-53** [mod. par L. n° 2019-222, 23 mars 2019, applicable depuis le 24 mars 2020]

Si le sursis probatoire a été accordé après une première condamnation déjà prononcée sous le même bénéfice, cette première condamnation est réputée non avenue si la seconde vient elle-même à être déclarée ou réputée non avenue dans les conditions et les délais prévus par le premier alinéa de l'article 132-52 ci-dessus ou par l'article 744 du code de procédure pénale.

• **C. pr. pén., art. 707** [mod. par L. n° 2021-403, 8 avr. 2021]

I. – Sur décision ou sous le contrôle des autorités judiciaires, les peines prononcées par les juridictions pénales sont, sauf circonstances insurmontables, mises à exécution de façon effective et dans les meilleurs délais.

II. – Le régime d'exécution des peines privatives et restrictives de liberté vise à préparer l'insertion ou la réinsertion de la personne condamnée afin de lui permettre d'agir en personne responsable, respectueuse des règles et des intérêts de la société et d'éviter la commission de nouvelles infractions.

Ce régime est adapté au fur et à mesure de l'exécution de la peine, en fonction de l'évolution de la personnalité et de la situation matérielle, familiale et sociale de la personne condamnée, qui font l'objet d'évaluations régulières.

III. – Toute personne condamnée incarcérée en exécution d'une peine privative de liberté bénéficie, chaque fois que cela est possible, d'un retour progressif à la liberté en tenant compte des conditions matérielles de détention et du taux d'occupation de l'établissement pénitentiaire, dans le cadre d'une mesure de semi-liberté, de placement à l'extérieur, de détention à domicile sous surveillance électronique, de libération conditionnelle ou d'une libération sous contrainte, afin d'éviter une remise en liberté sans aucune forme de suivi judiciaire. Le droit de cette personne d'être incarcérée dans des conditions respectant sa dignité est garanti par l'article 803-8.

IV. – Au cours de l'exécution de la peine, la victime a le droit :

1° De saisir l'autorité judiciaire de toute atteinte à ses intérêts ;

2° D'obtenir la réparation de son préjudice, par l'indemnisation de celui-ci ou par tout autre moyen adapté, y compris, s'il y a lieu, en se voyant proposer une mesure de justice restaurative ;

3° D'être informée, si elle le souhaite, de la fin de l'exécution d'une peine privative de liberté, dans les cas et conditions prévus au présent code ;

4° À la prise en compte, s'il y a lieu, de la nécessité de garantir sa tranquillité et sa sûreté.

L'autorité judiciaire est tenue de garantir l'intégralité de ces droits tout au long de l'exécution de la peine, quelles qu'en soient les modalités.

• **C. pr. pén., art. 713-49** [mod. par L. n° 2016-731, 3 juin 2016]

Les décisions prises en application du deuxième alinéa de l'article 713-47 ou de l'article 713-48 mettant à exécution tout ou partie de l'emprisonnement sont exécutoires par provision.

Lorsque le condamné interjette appel contre ces décisions, son recours est examiné dans un délai de deux mois, à défaut de quoi il est remis en liberté s'il n'est pas détenu pour une autre cause.

• **C. pr. pén., art. 723-8** [mod. par L. n° 2019-222, 23 mars 2019, applicable depuis le 24 mars 2020]

Le contrôle de l'exécution de la mesure est assuré au moyen d'un procédé permettant de détecter à distance la présence ou l'absence du condamné dans le seul lieu désigné par le juge de l'application des peines pour chaque période fixée. La mise en œuvre de ce procédé peut conduire à imposer à la personne assignée le port, pendant toute la durée de la détention à domicile sous surveillance électronique, d'un dispositif intégrant un émetteur.

Le procédé utilisé est homologué à cet effet par le ministre de la justice. La mise en œuvre doit garantir le respect de la dignité, de l'intégrité et de la vie privée de la personne.

Le condamné est avisé que l'installation sur sa personne du dispositif prévu au premier alinéa ne peut être réalisée sans son consentement, mais que le fait de refuser cette installation constitue une violation des obligations qui lui incombent et peut donner lieu à la mise à exécution de l'emprisonnement prévue à l'article 713-44 ou au retrait de la mesure d'aménagement prévu à l'article 723-13.

• **C. pr. pén., art. 723-9** [mod. par L. n° 2019-222, 23 mars 2019, applicable depuis le 24 mars 2020]

La personne sous surveillance électronique est placée sous le contrôle du juge de l'application des peines dans le ressort duquel elle est assignée.

Le contrôle à distance de la détention à domicile sous surveillance électronique est assuré par des fonctionnaires de l'administration pénitentiaire qui sont autorisés, pour l'exécution de cette mission, à mettre en œuvre un traitement automatisé de données nominatives.

La mise en œuvre du dispositif technique permettant le contrôle à distance peut être confiée à une personne de droit privé habilitée dans des conditions fixées par décret en Conseil d'État.

Dans la limite des périodes fixées dans la décision de détention à domicile sous surveillance électronique, les agents de l'administration pénitentiaire chargés du contrôle peuvent se rendre sur le lieu de l'assignation pour demander à rencontrer le condamné. Ils ne peuvent toutefois pénétrer au domicile de la personne chez qui le contrôle est pratiqué sans l'accord de celle-ci. Ces agents font aussitôt rapport au juge de l'application des peines de leurs diligences.

Les services de police ou de gendarmerie peuvent toujours constater l'absence irrégulière du condamné et en faire rapport au juge de l'application des peines.

• **C. pr. pén., art. 723-10**

Le juge de l'application des peines peut également soumettre la personne placée sous surveillance électronique aux mesures prévues par les articles 132-43 à 132-46 du code pénal.

Il peut en particulier soumettre le condamné à l'une ou plusieurs des mesures de contrôle ou obligations mentionnées aux articles 132-44 et 132-45 du code pénal.

• **C. pr. pén., art. 723-11** [mod. par L. n° 2019-222, 23 mars 2019, applicable depuis le 24 mars 2020]

Le juge de l'application des peines peut, d'office ou à la demande du condamné, et après avis du procureur de la République, modifier les conditions d'exécution de la détention à domicile sous surveillance électronique ainsi que les mesures prévues à l'article 723-10.

• **C. pr. pén., art. 723-12**

Le juge de l'application des peines peut à tout moment désigner un médecin afin que celui-ci vérifie que la mise en œuvre du procédé mentionné au premier alinéa de l'article 723-8 ne présente pas d'inconvénient pour la santé du condamné. Cette désignation est de droit à la demande du condamné. Le certificat médical est versé au dossier.

716.02 Jurisprudence de référence.

PEINES CRIMINELLES

> Déclaration d'inconstitutionnalité relative à la motivation des peines criminelles

• **Cons. const., 2 mars 2018,** n° 2017-694 QPC

* V. s[s] n° 716.133.

« En n'imposant pas à la cour d'assises de motiver le choix de la peine, le législateur a méconnu les exigences tirées des articles 7, 8 et 9 de la Déclaration de 1789. Par suite, et sans qu'il soit besoin d'examiner les autres griefs, le deuxième alinéa de l'article 365-1 du code de procédure pénale doit être déclaré contraire à la Constitution ».

> Affirmation du principe de motivation de toutes peines

• **Crim. 1er févr. 2017,** n° 15-85.199, P n° 28, n° 15-83.984, P n° 29, n° 15-84.511, P n° 30

* V. s[s] n° 716.132

« Il résulte des articles 132-1 du code pénal et 485 du code de procédure pénale qu'en matière correctionnelle, toute peine doit être motivée en tenant compte de la gravité des faits, de la personnalité de leur auteur et de sa situation personnelle ».

> Peines contraventionnelles, motivation de la peine d'amende

• **Crim. 30 mai 2018,** n° 16-85.777, P n° 106

* V. s[s] n° 716.134

« En application des articles 132-1 et 132-20 du code pénal, 485, 543 et 593 du code de procédure pénale et des principes constitutionnels tels que dégagés dans la décision n° 2017-694 QPC du 2 mars 2018, la juridiction qui prononce une peine d'amende doit motiver sa décision au regard des circonstances de l'infraction, de la personnalité et de la situation personnelle de son auteur, en tenant compte de ses ressources et de ses charges ;

Que cette obligation de motivation s'applique en matière contraventionnelle ;

Attendu, toutefois, que, s'agissant de textes de procédure, l'objectif, reconnu par le Conseil constitutionnel, d'une bonne administration de la justice, commande que la nouvelle interprétation qui en est donnée n'ait pas d'effet rétroactif, de sorte qu'elle ne s'appliquera qu'aux décisions prononcées à compter du présent arrêt. »

PEINES DÉLICTUELLES

> Motivation de la peine d'emprisonnement

• **Crim. 9 janv. 2018,** n° 17-80.200, P n° 5

• **Crim. 21 mars 2018,** n° 16-87.296, P n° 50

* V. s[s] n° 716.142

« Selon l'article 132-1 du code pénal, en matière correctionnelle, toute peine doit être motivée en tenant compte de la gravité des faits, de la personnalité de leur auteur et de sa situation personnelle ; que ces exigences s'imposent en ce qui concerne les peines prononcées à l'encontre tant des personnes physiques que des personnes morales. »

> Motivation de la peine d'amende délictuelle

• **Crim. 15 mars 2017,** n° 16-83.838, P n° 73

* V. s[s] n° 716.212

« Le juge qui prononce une amende doit motiver sa décision au regard des circonstances de l'infraction, de la personnalité et de la situation personnelle de son auteur, en tenant compte de ses ressources et de ses charges. »

> Possibilité de motifs communs à plusieurs peines

• **Crim. 27 juin 2018,** n° 16-87.009, P n° 128

* V. s[s] n° 716.132

« Attendu qu'en matière correctionnelle, le juge qui prononce une peine doit motiver sa décision au regard des circonstances de l'infraction, de la personnalité et de la situation personnelle de son auteur ; que le juge qui prononce une amende doit, en outre, motiver sa décision en tenant compte des ressources et des charges du prévenu ; que lorsque plusieurs peines sont prononcées, les motifs peuvent être communs à celles-ci ;

Qu'il appartient au juge de motiver la peine qu'il prononce en se référant, dans sa décision, aux éléments qui résultent du dossier et à ceux qu'il a sollicités et recueillis lors des débats ; qu'il revient au prévenu, à la demande du juge ou d'initiative, d'exposer sa situation et de produire, éventuellement, des justificatifs de celle-ci ; que lorsque le prévenu n'a pas comparu et n'a pas fourni ni fait fournir d'éléments sur sa situation, il n'incombe pas au juge d'en rechercher d'autres que ceux dont il dispose ».

> Absence de nécessité pour la juridiction de jugement de prononcer un mandat d'arrêt déjà pris par le juge d'instruction

• **Crim. 29 sept. 1992,** n° 92-82.584, P n° 290

* V. s[s] n° 716.424.

« Le mandat d'arrêt délivré par le juge d'instruction reste exécutoire, après la clôture de l'instruction, tant qu'il n'a pas été rapporté, remplacé ou anéanti par un acte exprès de l'autorité judiciaire (1). La juridiction correctionnelle qui, en prononçant par défaut une condamnation à l'emprisonnement, constate qu'un mandat d'arrêt a été décerné par le juge d'instruction, en entérine les effets, et n'a pas à décerner un nouveau mandat, lorsqu'elle ordonne, sur opposition, le maintien en détention du prévenu ».

APPLICATION DE LA LOI DU 23 MARS 2019 DANS LE TEMPS

> Peine d'emprisonnement, aménagement, mandat de dépôt

• **Crim. 11 mai 2021,** n° 20-83.507, P

* V. s[s] n° 716.146, 716.152

« Lorsque les faits ont été commis avant le 24 mars 2020, date d'entrée en vigueur de la loi n° 2019-222 du 23 mars 2019 et sans récidive légale, le juge qui prononce une peine d'emprisonnement supérieure à un an et inférieure ou égale à deux ans doit se prononcer sur son éventuel aménagement au regard des dispositions issues de la loi précitée relatives à l'aménagement des peines supérieures à six mois et inférieures ou égales à un an, seule la condition tenant au quantum de la peine aménageable restant régie par la loi ancienne.

Il se déduit du principe qui vient d'être énoncé ainsi que de l'articulation des articles 132-19 du code pénal, dans ses rédactions antérieure et postérieure à la loi précitée, 132-25 du code pénal, 464-2 et 593 du code de procédure pénale, dans leur rédaction issue de cette loi, que, lorsque la date des faits poursuivis est antérieure au 24 mars 2020, si la peine d'emprisonnement prononcée est supérieure à un an et inférieure ou égale à deux ans, au sens de l'article D. 48-1-1 du code de procédure pénale, l'aménagement de la peine est le principe, sauf en cas de récidive. La juridiction de jugement ne peut écarter l'aménagement que si elle constate que la situation ou la personnalité du condamné ne permettent pas son prononcé ou si elle relève une impossibilité matérielle de le faire. Dans ce cas, elle doit motiver spécialement sa décision, de façon précise et circonstanciée, au regard des faits de l'espèce, de la personnalité et de la situation matérielle, familiale et sociale du condamné.

Elle doit en outre, si elle ne décerne aucun mandat de dépôt ou d'arrêt en application des articles 397-4, 465 et 465-1 du code de procédure pénale, délivrer un mandat de dépôt à effet différé. Dès lors encourt la censure, l'arrêt de la cour d'appel, qui après avoir condamné le prévenu à une peine d'emprisonnement de dix-huit mois pour des faits commis avant le 24 mars 2020, ne se prononce pas sur son aménagement ».

APPLICATION DE LA LOI DU 23 MARS 2019

> Principe de l'aménagement de la peine supérieure à 6 mois et inférieure à un an, sauf motivation sur la situation ou la personnalité du condamné qui ne permettent pas son prononcé ou si la juridiction relève une impossibilité matérielle de le faire. Dans ce cas délivrance d'un mandat de dépôt à effet à défaut de mandat de dépôt ou d'arrêt

• **Précision complémentaire : si le prévenu est comparant,** la juridiction doit l'interroger sur sa situation personnelle et, le cas échéant, peut ordonner un ajournement de la peine aux fins d'investigations sur sa personnalité ou sa situation, en application de l'article 132-70-1 précité. 61. Si le prévenu est non comparant, la juridiction de jugement ne peut refuser d'aménager la peine en se fondant sur sa seule absence. Il lui appartient alors de rechercher, au vu des pièces de la procédure, si le principe d'un aménagement peut être ordonné.

• **Crim. 11 mai 2021,** n° 20-85.576, P

* V. s[s] n°s 716.146, 716.152

« 48. Si la peine d'emprisonnement prononcée est supérieure à six mois et inférieure ou égale à un an, durée qui doit être déterminée en faisant application de l'article D. 48-1-1 du code de procédure pénale, l'aménagement de la peine est le principe.

49. La juridiction de jugement ne peut écarter l'aménagement que si elle constate que la situation ou la personnalité du condamné ne permettent pas son prononcé ou si elle relève une impossibilité matérielle de le faire.

50. Dans ce cas, elle doit motiver spécialement sa décision, de façon précise et circonstanciée, au regard des faits de l'espèce, de la personnalité et de la situation matérielle, familiale et sociale du condamné.

51. Elle doit en outre, si elle ne décerne aucun mandat de dépôt ou d'arrêt en application des articles 397-4, 465 et 465-1 du code de procédure pénale, délivrer un mandat de dépôt à effet différé.

52. Il s'en déduit que le refus d'aménagement ne peut être motivé par des éléments autres que ceux énoncés au paragraphe 49.

53. Ainsi, la juridiction de jugement ne peut refuser d'aménager la peine au motif qu'elle ne serait pas en possession d'éléments lui permettant d'apprécier la mesure d'aménagement adaptée. Dans ce cas, elle doit ordonner, d'une part, l'aménagement de la peine, d'autre part, la convocation du prévenu devant le juge de l'application des peines, en application de l'article 464-2, I, 2° du code de procédure pénale.

54. Elle ne peut davantage l'écarter au motif de l'absence d'éléments propres à caractériser un projet de réinsertion puisque l'aménagement n'est plus subordonné à l'exigence d'un tel projet.

55. Enfin, jusqu'à ce jour, la Cour de cassation jugeait que si après interrogatoire du prévenu comparant, la juridiction de jugement estimait ne pas disposer d'éléments suffisamment précis et actualisés pour apprécier la faisabilité d'un aménagement, elle pouvait le refuser (Crim. 17 juin 2020, pourvoi n° 19-85.559, en cours de publication).

56. Elle jugeait également que la cour d'appel pouvait refuser l'aménagement de la peine à l'égard du prévenu non comparant qui n'avait fourni, ni fait fournir, à aucun des stades de la procédure, à la juridiction d'éléments sur sa personnalité et sa situation personnelle (Crim. 12 déc. 2017, n° 16-87.230, P n° 286).

57. Ces solutions ne peuvent être maintenues.

58. D'une part, la mise à exécution d'une courte peine d'emprisonnement qui résulte nécessairement du refus d'aménager ne peut être fondée sur la circonstance que la juridiction ne dispose pas d'éléments suffisants pour se prononcer.

59. D'autre part, en modifiant la rédaction de l'article 132-70-1 du code pénal, le législateur a entendu favoriser le recours à l'ajournement du prononcé de la peine aux fins d'investigations sur la personnalité ou la situation du prévenu, de façon à permettre un aménagement de la peine.

60. En conséquence, si le prévenu est comparant, la juridiction doit l'interroger sur sa situation personnelle et, le cas échéant, peut ordonner un ajournement de la peine aux fins d'investigations sur sa personnalité ou sa situation, en application de l'article 132-70-1 précité.

61. Si le prévenu est non comparant, la juridiction de jugement ne peut refuser d'aménager la peine en se fondant sur sa seule absence. Il lui appartient alors de rechercher, au vu des pièces de la procédure, si le principe d'un aménagement peut être ordonné.

62. En l'espèce, pour refuser l'aménagement de la peine prononcée à l'encontre de M. [D], l'arrêt énonce qu'en raison de l'insuffisance d'éléments actualisés sur sa situation et sur sa personnalité, aucune pièce n'ayant été produite devant la cour ni par le prévenu ni par son conseil, aucun aménagement de peine ne peut être prononcé, d'autant que les substituts à une peine d'emprisonnement déjà ordonnés n'ont pas dissuadé l'intéressé de commettre les faits reprochés.

63. En statuant ainsi, la cour d'appel, qui a prononcé à l'égard du prévenu une peine d'emprisonnement de huit mois, au sens de l'article D. 48-1-1 du code de procédure pénale, n'a pas justifié sa décision.

64. En effet, si elle estimait n'être pas en possession d'éléments suffisants sur la personnalité ou la situation de M. [D], il appartenait à la cour d'appel d'interroger le prévenu, présent à l'audience, afin d'obtenir ces éléments pour apprécier si un aménagement de sa peine, au moins dans son principe, pouvait être prononcé et, le cas échéant, d'ordonner des investigations complémentaires sur ceux-ci, en application de l'article 132-70-1 du code pénal ».

716.03 **Bibliographie indicative (motivation).**

Ouvrage. C. Chainais, D. Fenouillet, G. Guerlin, *Les sanctions en droit contemporain. Vol. 2. La motivation des sanctions prononcées en justice*, « L'esprit du droit », Dalloz, 2013 – R. Ottenhof (dir.), *L'individualisation de la peine. De Saleilles à aujourd'hui*, Érès, 2001.

Articles. A. Ponseille, M. Touillier (interview), « La motivation des peines : une révolution manquée ? », *D. actu.* 24 janv. 2023 – C. Menabe, « La probation en France : vers un renforcement du sens et de l'efficacité des peines ? », *D.* 2019. 1728 – A. Mihman, « La motivation spéciale des peines d'emprisonnement », *Gaz. Pal.*, n° 16, 26 avr. 2016.

Rapport. P.-Y. Gahdoun, R. Parizot, A. Ponseille, M. Touillier (dir.), *La motivation des peines correctionnelles et criminelles*, Institut des Études et de la recherche sur le droit et la justice, déc. 2022.

SECTION 1
DÉFINITIONS DE LA PEINE, PRINCIPE ET LIMITES À LA LIBERTÉ DU JUGE DANS SON CHOIX

716.10 **Renvoi.** À elle seule, la notion de peine mériterait de longs développements qui ne peuvent trouver leur place dans cet ouvrage. Il suffira de souligner ici que peine et mesure de sûreté connaissent au fil des évolutions de ces vingt dernières années des frontières assez floues, tandis que la multiplication de décisions prises par le parquet sans jugement ou celle des stages aux contenus divers, ont troublé davantage encore des notions que l'on croyait – à tort – établies[1].

Les développements suivants constituent un rappel synthétique des dispositions essentielles sur les peines encourues en matière correctionnelle et de police. Pour un panorama exhaustif il convient de consulter les codes et les ouvrages spécialisés[2].

§ 1
Notions de peine

716.21 **Notion de peine au sens de la convention européenne des droits de l'homme et des règles de l'UE.** Nul ne peut être condamné pour une action ou une omission qui, au moment où elle a été commise, ne constituait pas une infraction d'après le droit national ou international. De même il n'est infligé aucune peine plus forte que celle qui était applicable au moment où l'infraction a été commise[3].

La qualification de « peine » contenue dans l'article 7, § 1 de la convention européenne des droits de l'homme possède une portée autonome. Pour rendre efficace la protection offerte par cette disposition, la Cour doit demeurer libre d'aller au-delà des apparences et apprécier elle-même si une mesure particulière s'analyse au fond en une « peine » au sens de cette clause[4 5].

Le libellé de l'article 7, § 1, seconde phrase, indique que le point de départ de toute appréciation de l'existence d'une peine consiste à déterminer si la mesure en question est imposée à la suite d'une condamnation pour une « infraction ». D'autres éléments sont pertinents à cet égard : la qualification de la mesure en cause en droit interne, sa nature et son but, les procédures associées à son adoption et à son exécution, ainsi que sa gravité[6]. La

1. C. Duvert, « Qu'est-ce qu'une peine ? » *D.* 2020. 2407. V. 716-21 s – v. s^{s} n°s 716.21 s.
2. En particulier : L. Griffon-Yarza, *Guide de l'exécution des peines 22/23*, « Guides », LexisNexis, 2022.
3. Conv. EDH, art. 7, § 1.
4. Conv. EDH, art. 7, § 1.
5. CEDH 9 févr. 1995, *Welch c/Royaume-Uni,* req. n° 17440/90, série A n° 307-A, p. 13, § 27-28 ; *AJDA* 1995. 719, chron. J.-F. Flauss ; *RSC* 1996. 470, obs. R. Koering-Joulin – CEDH 8 juin 1995, *Jamil c/France,* req. n° 15917/89 ; *AJDA* 1995. 719, chron. J.-F. Flauss ; *D.* 1996. somm. 197, obs. J.-F. Renucci ; *RSC* 1995. 855, obs. L.-E. Pettiti ; *RSC* 1996. 471, obs. R. Koering-Joulin ; *RSC* 1996. 662, obs. J.-P. Delmas Saint-Hilaire.
6. CEDH 17 déc. 2009, *M. c/Allemagne*, req. n° 19359/04, § 120-121 : aux termes de laquelle la Cour décide que la détention de sûreté prévue par le code pénal allemand doit être qualifiée de « peine » ; *D.* 2010. 737, obs. M. Léna, note J. Pradel ; *AJ pénal* 2010. 129, ét. J. Leblois-Happe ; *RSC* 2010. 228, obs. D. Roets ; *RSC* 2010. 236, obs. D. Roets – CEDH 9 févr. 1995, *Welch c/Royaume-Uni,* préc., § 28 – CEDH 8 juin 1995, *Jamil c/France,* préc., § 31 – CEDH 26 janv. 1999, *Adamson c/Royaume-Uni,* req. n° 42293/98 – CEDH 7 déc. 2006, *Van der Velden c/Pays-Bas*, req. n° 29514/05 – CEDH 12 févr. 2008, 2006-XV, et *Kafkaris c/Chypre* [GC], req. n° 21906/04, § 117, § 142 ; *RSC* 2008. 692, chron. J.-P. Marguénaud et D. Roets ; *RSC* 2009. 431, chron. P. Poncela.

gravité de la mesure n'est toutefois pas décisive en soi, puisque de nombreuses mesures non pénales de nature préventive peuvent avoir un impact substantiel sur la personne concernée[1].

Dans leur jurisprudence, la Commission comme la Cour ont établi une distinction entre une mesure constituant en substance une « peine » et une mesure relative à « l'exécution » ou à « l'application » de la « peine ». En conséquence, lorsque la nature et le but d'une mesure concernent la remise d'une peine ou un changement dans le système de libération conditionnelle, cette mesure ne fait pas partie intégrante de la « peine » au sens de l'article 7 de la convention CEDH[2]. Cependant, la distinction entre les deux n'est peut-être pas toujours nette en pratique[3].

Par ailleurs, si la législation pénale, tout comme les règles de procédure pénale ne relèvent pas de la compétence de la Communauté (UE)[4] ou, autrement formulé, relèvent de la compétence des États membres[5], il est de jurisprudence constante que le droit communautaire impose des limites à cette compétence, une législation nationale ne pouvant restreindre les libertés fondamentales garanties par le droit de l'Union[6].

À titre d'exemple, les articles 48, 52 et 59 du traité et l'article 3 de la directive 64/221[7] pour la coordination des mesures spéciales aux étrangers en matière de déplacement et de séjour justifiées par des raisons d'ordre public, de sécurité publique et de santé publique s'opposent à une réglementation nationale qui, hormis quelques exceptions, en particulier d'ordre familial, impose au juge national d'ordonner l'expulsion à vie du territoire des ressortissants des autres États membres reconnus coupables des délits d'acquisition et de détention de stupéfiants pour leur seul usage personnel.

Une telle sanction constitue une entrave aux libertés fondamentales énoncées auxdits articles du traité. Or, si un État membre peut considérer que l'usage de stupéfiants constitue un danger pour la société de nature à justifier des mesures spéciales à l'encontre des étrangers qui enfreignent la législation nationale sur les stupéfiants, afin de préserver l'ordre public, une mesure d'expulsion justifiée par l'exception d'ordre public prévue notamment à l'article 56 du traité ne pourrait être prise à l'encontre d'un ressortissant communautaire que si, outre le fait qu'il a commis une infraction à la loi sur les stupéfiants, son comportement personnel créait une menace réelle et suffisamment grave affectant un intérêt fondamental de la société. Tel n'est pas le cas lorsqu'une expulsion à vie du territoire national est prononcée de manière automatique à la suite d'une condamnation pénale, sans tenir compte du comportement personnel de l'auteur de l'infraction ni du danger qu'il représente pour l'ordre public[8].

716.22 Notion constitutionnelle de peine. Aux termes de l'article[9] 8 de la Déclaration des droits de l'Homme et du citoyen de 1789 : « La loi ne doit établir que des peines strictement et évidemment nécessaires, et nul ne peut être puni qu'en vertu d'une loi établie et promulguée antérieurement au délit et légalement appliquée »[10]. « Il résulte de ces dispositions qui s'appliquent à toute sanction ayant le caractère de punition, comme des principes fondamentaux reconnus par les lois de la République, qu'une peine ne peut être infligée qu'à la condition que soient respectés le principe de légalité des délits et des peines, le principe de nécessité des peines, le principe de non rétroactivité de la loi répressive d'incrimination plus sévère ainsi que le principe de respect des droits de la défense. »[11]

En l'absence de disproportion manifeste entre l'infraction et la peine encourue il n'appartient pas au Conseil constitutionnel de substituer sa propre appréciation à celle du législateur en ce qui concerne

1. CEDH 9 févr. 1995, *Welch c/Royaume-Uni*, préc., § 32 – CEDH 7 déc. 2006, *Van der Velden c/ Pays-Bas*, préc.
2. NOT. : CEDH 3 mars 1986, *Hogben c/Royaume-Uni*, req. n° 11653/85 – Commission, décision du 3 mars 1986, DR 46, p. 231 – CEDH 10 juill. 2003, *Grava c/Italie*, req. n° 43522/98, § 51 ; *RSC* 2004. 165, obs. F. Massias – CEDH 12 févr. 2008, *Kafkaris*, préc., § 142.
3. CEDH 12 févr. 2008, *Kafkaris c/Chypre*, préc., § 142 – CEDH 1er avr. 2008, *Monne c/France*, req. n° 39420/06.
4. CJCE 11 nov. 1981, *Casati*, aff. C-203/80, *Rec.*, p. 2595, pt 27.
5. CJCE 19 janv. 1999, *Donatela Calfa*, aff. C-348/96, *Rec.*, p. I-11 ; *AJDA* 1999. 798, chron. H. Chavrier, H. Legal et G. de Bergues ; *AJDA* 2000. 526, chron. J.-F. Flauss ; *D.* 1999. 275, obs. J.-F. Renucci ; *JCP* 1999. II. 10104, note J.-P. Lhernould ; *RSC* 1999. 641, obs. L. Idot.
6. CJCE 6 mars 2007, *Placanica*, aff. C-338/04 ; *AJDA* 2007. 1117, chron. E. Broussy, F. Donnat et C. Lambert ; *D.* 2007. 1314, note J.-L. Clergerie ; *RSC* 2007. 641, chron. L. Idot ; *RTD eur.* 2009. 511, chron. A.-L. Sibony et A. Defossez.
7. Dir. 64/221, préc.
8. CJCE 19 janv. 1999, préc.
9. Déclaration des droits de l'Homme et du citoyen de 1789, art. 8.
10. Cons. const. 13 janv. 2012, n° 2011-210 QPC, art. conforme L. 2122-16 du CGCT, *révocation des fonctions de maire*, CONFORMITÉ, *JO* 14 janv., p. 753 ; *Rec.*, p. 78 ; *AJDA* 2012. 70 ; *AJDA* 2012. 546, note M. Verpeaux ; *AJCT* 2012. 255, obs. M. Yazi-Roman, obs. S. Dyens.
11. Cons. const. 30 déc. 1997, n° 97-395 DC, art., non conformes 19, 75 ; 85 III, al. 3 (mots), IV, 119, et sous réserve 85, V, *loi de finances pour 1998*, NON-CONFORMITÉ PARTIELLE, *JO* 31 déc., p. 19313 ; *AJDA* 1998. 173 ; *AJDA* 1998. 118, note J.-E. Schoettl ; *D.* 1999. 235, obs. F. Mélin-Soucramanien ; *JCP* 1998 II. 20016.

la nécessité des peines attachées aux infractions[1], le Conseil ne disposant pas d'un pouvoir général d'appréciation et de décision de même nature que celui du Parlement[2].

716.23 Distinction peine et période de sûreté. La période de sûreté introduite dans notre droit en 1978, n'affecte qu'un nombre limité de délits et de crimes. Elle correspond à une période de la peine privative de liberté durant laquelle aucune mesure d'aménagement de peine ne pourra intervenir à l'exception des réductions de peine et réductions supplémentaires de peine – dans la limite de la période de sûreté – et des autorisations de sortie sous escorte[3].

La durée de la période de sûreté est de la moitié de la peine ou, s'il s'agit d'une condamnation à la réclusion criminelle à perpétuité, de dix-huit ans. La cour d'assises ou le tribunal peut toutefois, par décision spéciale, soit porter ces durées jusqu'aux deux tiers de la peine ou, s'il s'agit d'une condamnation à la réclusion criminelle à perpétuité, jusqu'à vingt-deux ans, soit décider de réduire ces durées.

Dans les autres cas, lorsqu'elle prononce une peine privative de liberté d'une durée supérieure à cinq ans, non assortie du sursis, la juridiction peut fixer une période de sûreté pendant laquelle le condamné ne peut bénéficier d'aucune des modalités d'exécution de la peine mentionnée au premier alinéa. La durée de cette période de sûreté ne peut excéder les deux tiers de la peine prononcée ou vingt-deux ans en cas de condamnation à la réclusion criminelle à perpétuité.

Le Conseil constitutionnel a eu l'occasion de préciser, admettant la conformité de l'article 132-23 du code pénal à la Constitution :

– que la période de sûreté ne constitue pas une peine s'ajoutant à la peine principale, mais une mesure d'exécution de cette dernière,

– qu'elle ne s'applique de plein droit que si le juge a prononcé une peine privative de liberté, non assortie de sursis, supérieure ou égale à dix ans. Sa durée est alors calculée, en vertu du deuxième alinéa de l'article 132-23, en fonction du quantum de peine retenu par le juge. Ainsi, même lorsque la période de sûreté s'applique sans être expressément prononcée, elle présente un lien étroit avec la peine et l'appréciation par le juge des circonstances propres à l'espèce,

– que la juridiction de jugement peut, par décision spéciale, faire varier la durée de la période de sûreté dont la peine prononcée est assortie, en fonction des circonstances de l'espèce. En l'absence de décision spéciale, elle peut avertir la personne condamnée des modalités d'exécution de sa peine[4].

Il a en revanche imposé sa motivation en matière criminelle[5].

Les principes relatifs à l'application de la loi dans le temps, ci-dessus énoncés pour les peines, s'étendent à la période de sûreté qui, bien que relative à l'exécution de la peine, n'en relève pas moins de la décision de la juridiction de jugement qui, dans les conditions déterminées par la loi, peut en faire varier la durée en même temps qu'elle se prononce sur la culpabilité du prévenu ou de l'accusé. L'appréciation de cette culpabilité ne peut, conformément au principe de non-rétroactivité de la loi pénale plus sévère, être effectuée qu'au regard de la législation en vigueur à la date des faits[6].

La période de sûreté ne s'applique surtout que dans les cas prévus par la loi. C'est généralement le dernier alinéa de l'article prévoyant telle infraction qui précise si le prononcé d'une période de sûreté est possible.

La chambre criminelle a eu l'occasion de rappeler que la période de sûreté n'est pas une peine mais un mode d'exécution de celle-ci (parfois une « modalité d'exécution de la peine »). Au cas qui lui était soumis elle a jugé qu'en vertu de l'interprétation stricte de la loi pénale, était exclue toute période de sûreté pour le recel criminel[7].

§ 2
Légalité des peines

716.31 Une limite pour le juge, une garantie pour le justiciable. Le juge demeure soumis en tout

1. *Ibid.*, et déjà énoncé dans : Cons. const. 19-20 janv. 1981, n° 80-127 DC, art. non conformes 66, 92, 94 et 100, al. 2, et conformes les autres dispositions de la loi, *loi renforçant la sécurité et protégeant la liberté des personnes,* NON-CONFORMITÉ PARTIELLE : « 12. Considérant que l'article 61 de la Constitution ne confère pas au Conseil constitutionnel un pouvoir général d'appréciation et de décision identique à celui du Parlement, mais lui donne seulement compétence pour se prononcer sur la conformité à la Constitution des lois déférées à son examen – 13. Considérant que, dans le cadre de cette mission, il n'appartient pas au Conseil constitutionnel de substituer sa propre appréciation à celle du législateur en ce qui concerne la nécessité des peines attachées aux infractions définies par celui-ci, alors qu'aucune disposition du titre Ier de la loi n'est manifestement contraire au principe posé par l'article 8 de la Déclaration de 1789... ».
2. Cons. const. 27 juill. 2001, n° 2001-446 DC, art. conformes 2, 4, 5, 8, 19 V de la loi, *loi relative à l'interruption volontaire de grossesse et à la contraception,* CONFORMITÉ, *JO* 7 juill., p. 10828 ; *D.* 2001. 2533, note B. Mathieu ; *D.* 2002. 1948, obs. G. Nicolas ; *RSC* 2002. 672, obs. V. Bück.
3. C. pén., art. 132-23.
4. Cons. const. 26 oct. 2018, n° 2018-742 QPC.
5. Cons. const. 29 mars 2019, n° 2019-770 QPC.
6. Cons. const. 3 sept. 1986, n° 86-215 DC, loi conforme, *loi relative à la lutte contre la criminalité et la délinquance,* CONFORMITÉ, *JO* 5 sept., p. 10788 ; *Rev. Cons. const.* 1986. 130.
7. Crim. 22 janv. 2020, n° 19-84.084, P, *Dr. pénal* 2020, comm. 66, E. Bonis.

état de cause, au principe de légalité en vertu duquel :

La loi détermine les crimes et délits et fixe les peines applicables à leurs auteurs.

Le règlement détermine les contraventions et fixe, dans les limites et selon les distinctions établies par la loi, les peines applicables aux contrevenants [1].

Nul ne peut être puni pour un crime ou pour un délit dont les éléments ne sont pas définis par la loi, ou pour une contravention dont les éléments ne sont pas définis par le règlement.

Nul ne peut être puni d'une peine qui n'est pas prévue par la loi, si l'infraction est un crime ou un délit, ou par le règlement, si l'infraction est une contravention [2]. Sont seuls punissables les faits constitutifs d'une infraction à la date à laquelle ils ont été commis [3].

Nul ne peut donc être puni pour un crime ou un délit, d'une peine non prévue par la loi [4] et ce principe, d'ordre public, constitue une exception péremptoire qui doit être relevée par le juge en tout état de la procédure y compris pour la première fois devant la Cour de cassation [5]. L'abrogation d'une infraction ultérieurement réintroduite dans le code pénal oblige à des distinctions parfois subtiles : ainsi, en cas de conflit entre plusieurs lois pénales de fond successives, lorsqu'une infraction a été commise sous l'empire d'une première loi, dont des dispositions ont ensuite été abrogées, ce qui a eu pour effet de la rendre inapplicable aux faits, cette deuxième loi étant elle-même remplacée par une troisième réprimant les faits objet de la poursuite, le principe de non rétroactivité de la loi pénale implique que les faits ne puissent plus être poursuivis [6]. Par ailleurs, il doit être fait application au prévenu de la loi la plus favorable lorsque, postérieurement à une infraction commise sous l'empire d'une première loi, est entrée en vigueur une deuxième loi d'incrimination moins sévère qui est ensuite remplacée par une troisième disposition plus sévère [7].

En matière de textes réglementaires, la violation d'un décret qui renvoie expressément pour toutes ses modalités d'application à des arrêtés qui n'ont pas été publiés, est dépourvue de toute sanction pénale, l'ensemble des articles formant un tout indissociable [8]. Les dispositions de textes assortis de sanctions pénales ne peuvent être étendues ou aggravées par voie de circulaire [9]. À titre d'exemple, et selon l'article R. 443-3 [10] du code de l'urbanisme, la réglementation du stationnement des caravanes n'est opposable aux usagers que si des mesures de signalisation ont été prises ; la connaissance personnelle que le prévenu pourrait avoir de cette réglementation ne peut suppléer à la signalisation prescrite, qui seule peut mettre les justiciables en demeure de se conformer, sous sanction pénale, au règlement édicté [11].

La juridiction peut donc prononcer n'importe laquelle des peines encourues pour l'infraction qu'elle sanctionne et ce, dans la limite du maximum prévu par la loi ou le règlement.

Seuls étant punissables les faits constitutifs d'une infraction à la date à laquelle ils ont été commis et pouvant seules être prononcées les peines légalement applicables à la même date, le tribunal ou la cour devront veiller, face à des faits anciens ou à une législation fortement changeante, à ce que la peine envisagée figure bien au rang de celles que le prévenu encourt.

Rappelons que les dispositions nouvelles s'appliquent aux infractions commises avant leur entrée en vigueur et n'ayant pas donné lieu à une condamnation passée en force de chose jugée lorsqu'elles sont moins sévères que les dispositions anciennes [12].

Pour être constantes, ces règles n'en sont pas moins souvent négligées par certaines juridictions [13].

716.32 **Illustrations.** À titre d'illustrations, ont donc notamment été cassées des décisions qui prononçaient :

– pour sanctionner une première infraction, une peine d'emprisonnement qui n'est encourue qu'en cas de récidive légale en matière d'exercice illégal de la profession d'avocat [14] ;

– une amende d'un million d'euros, en énonçant que les dispositions de l'article 324-3 du code pénal permettent de retenir comme base de calcul le montant global des sommes créditant les comptes ouverts au nom de la société Basic International sur

1. C. pén., art. 111-2.
2. C. pén., art. 111-3.
3. C. pén., art. 112-1, al. 1.
4. Crim. 1er mars 1995, nº 94-84.034, P nº 90 ; *RSC* 1996. 117, obs. B. Bouloc.
5. Crim. 14 nov. 2017, nº 17-80.893, P ; *D.* 2018. 399, note M. Bouchet ; *AJ pénal* 2018. 38, obs. E. Gallardo.
6. Crim. 23 mai 2012, nº 11-83.901, P nº 134 (modifications successives de l'infraction d'abandon de famille).
7. Crim. 22 févr. 2017, nº 15-82.952, P nº 53.
8. Crim. 7 janv. 1986, nº 84-95.673, P nº 10.
9. Crim. 17 janv. 1952, P nº 17.
10. C. urb., art. R. 443-3.
11. Crim. 13 janv. 1987, nº 86-93.645, P nº 18.
12. C. pén., art. 112-1.
13. D. Goetz, « Motivation et principe de légalité : d'intéressantes confirmations de jurisprudence », *D. actu.*, 12 nov. 2019 (cumul des poursuites pour omission d'écritures comptables et fraude fiscale, cumul de sanction, solidarité fiscale, prise en compte des éléments de personnalité pour le prononcé de la peine d'emprisonnement, interdiction professionnelle non encourue).
14. Crim. 5 févr. 2013, nº 12-81.155, P nº 35 ; *AJ pénal* 2013. 275, obs. L. Priou.

la période de référence et dont M. D... était en réalité le propriétaire, soit au moins la moitié de la somme de 7 544 220 euros détenue par le prévenu à la date du 30 septembre 2009 sur les comptes ouverts auprès de la banque HSBC en Suisse, alors que devait être pris comme base de calcul de l'amende prononcée le montant des seuls droits éludés [1] ;

– une peine excédant le maximum légal (3 mois avec sursis) pour l'infraction de racolage prévue par l'article 225-10-1 du code pénal [2] ;

– une peine d'amende non prévue par l'ordonnance du 2 février 1945 [3] pour un mineur de treize ans [4] ;

– une peine d'amende de 50 000 euros, dépassant le maximum de 37 500 euros encouru à l'époque des faits [5] ;

– la peine en considérant que le prévenu encourt cinq ans d'emprisonnement et 500 000 euros d'amende alors que le montant de l'amende encourue à la date des faits reprochés était de 37 500 euros pouvant être porté à 75 000 euros dans certaines circonstances définies à l'article 1741 du code général des impôts [6] ;

– une peine de destruction de vidéogrammes contrefaits saisis non prévue par le délit de l'article L. 335-3 [7] du code de la propriété intellectuelle [8] ;

– une interdiction des droits civils, civiques et de famille pour un outrage à magistrat [9] ;

– une interdiction des droits civiques, civils et de famille à l'encontre d'un prévenu déclaré coupable de non-dénonciation de mauvais traitements infligés à un mineur, alors que les textes réprimant cette infraction ne prévoient pas une telle interdiction [10] ;

– la publication de la décision de condamnation en matière de faux et usage et une interdiction professionnelle non prévue par les articles 313-7 et 441-10 du code pénal réprimant les infractions poursuivies [11] ;

– la publication et l'affichage de la décision, par application des dispositions de l'article 1741, alinéa 4, du code général des impôts alors que ces dispositions ont été abrogées par la décision du Conseil constitutionnel, en date du 10 décembre 2010 [12], et que les faits, commis du 1er septembre 2004 au 31 août 2006, sont antérieurs à l'entrée en vigueur de la loi du 29 décembre 2010 édictant à nouveau ces sanctions [13] ;

– la faillite personnelle d'un dirigeant sur le fondement de l'article L. 654-6 du code de commerce alors que celui-ci a été déclaré contraire à la Constitution par la décision du Conseil constitutionnel du 29 septembre 2016 [14] ;

– cassation de l'arrêt qui, s'agissant de pratiques commerciales trompeuses, condamne la prévenue à la peine complémentaire d'interdiction de gérer pour une durée de dix ans, alors que le maximum prévu par les articles L. 121-6, dans sa rédaction antérieure au 1er juillet 2016, et L. 132-3 du code de la consommation réprimant le délit reproché, est fixé à cinq ans [15] ;

– une peine d'affichage non prévue par l'article L. 121-4 [L. 132-4] du code de la consommation pour ce délit lorsqu'il est commis par une personne physique [16] ;

– la diffusion par le service de communication au public par voie électronique de la décision intervenue, la diffamation commise envers un particulier ne pouvant donner lieu au prononcé d'une telle peine complémentaire non prévue [17] ;

– une faillite personnelle d'une durée de dix ans en répression de délits de banqueroute commis en

1. Crim. 11 sept. 2019, n° 18-81.040, P.
2. Crim. 26 sept. 2007, n° 07-82.713, P n° 223 ; *D.* 2007. 2732 ; *AJ pénal* 2007. 538, obs. G. Royer.
3. Ord. n° 45-174, 2 févr. 1945 relative à l'enfance délinquante.
4. Crim. 14 nov. 2017, n° 17-80.893, préc. ; *D. actu.* 6 déc. 2017, obs. C. Fonteix ; *D.* 2018. 399, note M. Bouchet ; *AJ pénal* 2018. 38, obs. E. Gallardo.
5. Crim. 7 sept. 2022, n° 21-84.325, NP.
6. Crim. 29 mai 2019, n° 18-81.013, P n° 100.
7. CPI, art. L. 335-3.
8. Crim. 19 avr. 2005, n° 04-83.879, P n° 135 ; *D.* 2005. 1416, obs. J. Daleau ; *RSC* 2005. 842, obs. G. Vermelle.
9. Crim. 13 avr. 2010, n° 09-84.583, P n° 69 ; *D.* 2010. 1285 ; *AJ pénal* 2010. 395, obs. J.-B. Perrier.
10. Crim. 12 janv. 2000, n° 99-80.534, P n° 20 ; *D.* 2000. 74 ; *RSC* 2000. 813, obs. B. Bouloc.
11. Crim. 1er juin 2016, n° 15-80.667, NP.
12. Cons. const. 10 déc. 2010, n° 2010-72/75/82 QPC, art. non conforme 1741, al. 4, du CGI, *publication et affichage du jugement de condamnation,* NON-CONFORMITÉ TOTALE, *JO* 11 déc., p. 21710 ; *Rec.*, p. 382 ; *D.* 2011. 929, note B. Bouloc ; *D.* 2011. 1713, obs. V. Bernaud et L. Gay ; *D.* 2011. 2823, obs. G. Roujou de Boubée, T. Garé, S. Mirabail et T. Potaszkin ; *AJ pénal* 2011. 76, obs. J.-B. Perrier ; *Rev. sociétés* 2011. 377, note H. Matsopoulou ; *RSC* 2011. 193, chron. C. Lazerges ; *RSC* 2011. 624, obs. S. Detraz ; *RSC* 2012. 230, obs. B. de Lamy ; *Constitutions* 2011. 531, obs. A. Darsonville.
13. Crim. 16 mai 2012, n° 11-84.091, NP.
14. Cons. const. 29 sept. 2016, n° 2016-573 QPC, art., non conforme L. 654-6, et conformes L. 654-2 2° (mots), L. 654-5 2° (mots) du C. com., *cumul des poursuites pénales pour banqueroute avec la procédure de redressement ou de liquidation judiciaire et cumul des mesures de faillite ou d'interdiction prononcées dans ces cadres,* NON-CONFORMITÉ PARTIELLE, *JO* 1er oct., n° 58 ; *D.* 2016. 1925 ; *D.* 2017. 1877, obs. C. Mascala ; *Rev. Sociétés* 2016. 755, note H. Matsopoulou ; *Rev. Sociétés* 2016. 770, obs. Ph. Roussel Galle ; *Constitutions* 2016. 544, chron. ; *RSC* 2017. 305, obs. H. Matsopoulou – Crim. 22 nov. 2017, n° 16-83.549, P ; *D.* 2017. 2422.
15. Crim. 27 juin 2023, n° 22-83.338, P.
16. Crim. 16 nov. 2010, n° 10-80.749, NP.
17. Crim. 3 nov. 2015, n° 13-82.645, P n° 239 ; *D.* 2015. 2321 ; *D.* 2016. 277, obs. E. Dreyer ; *AJ pénal* 2016. 145, obs. G. Royer.

2009 et 2010 par application des dispositions de l'article L. 654-6[1] du code de commerce dans sa rédaction résultant de l'ordonnance du 18 décembre 2008[2], alors que ces dispositions ont été déclarées contraires à la Constitution par la décision du Conseil constitutionnel du 29 septembre 2016[3], prenant effet à la date de sa publication au *Journal officiel de la République française* le 1er octobre 2016[4] ;

– après avoir déclaré le prévenu coupable de continuation de travaux nonobstant l'arrêté en prescrivant l'interruption, délit prévu par l'article L. 480-3[5] du code de l'urbanisme, la démolition de l'ouvrage irrégulièrement édifié alors que l'article L. 480-5[6] du code précité attribue à la juridiction le pouvoir de statuer sur la démolition des ouvrages en cas de condamnation pour les infractions prévues aux articles L. 160-1 et L. 480-4[7] ;

– en prononçant une interdiction d'exercer une fonction publique pour une durée de dix ans, alors que les articles L. 249-1 du code de commerce et 131-27 du code pénal, applicables au délit reproché, limitent une telle interdiction, lorsqu'elle est temporaire, à une durée de cinq ans, la cour d'appel a méconnu l'article 111-3 du code pénal et le principe selon lequel nul ne peut être uni d'une peine qui n'est pas prévue par la loi[8] ;

– une peine de confiscation sur le seul fondement de l'article L. 225-19[9] du code de l'action sociale et des familles[10], ou encore pour infraction d'offre d'adhésion à une chaîne faisant espérer des gains financiers par la progression géométrique des adhérents prévue par l'article L. 122-6, 2°[11] du code de la consommation, lorsque les faits ont été commis avant le 19 mars 2014, la peine complémentaire de confiscation prévue à l'article 131-21 du code pénal n'étant pas encourue par l'auteur de l'infraction de vente pyramidale prévue à l'article L. 122-6, 2° du code de la consommation, lorsque les faits ont été commis avant le 19 mars 2014, la peine complémentaire de confiscation prévue à l'article 131-21 du code pénal n'étant pas encourue par l'auteur de l'infraction de vente pyramidale prévue à l'article L. 122-6, 2° du code de la consommation, et réprimée par l'article L. 122-7 [devenu L. 132-19] de ce code, dans sa version antérieure à l'entrée en vigueur de la loi du 17 mars 2014[12][13].

§ 3 Proportionnalité des peines

A. Fondements

716.41 **Article 49 de la Charte des droits fondamentaux de l'Union européenne.** Si les deux premiers points de l'article 49[14] de la Charte des droits fondamentaux de l'UE renvoient au principe de légalité, son point 3 est d'une singulière actualité et concerne une notion, la proportionnalité, dont le terme même est curieusement, absent des autres instruments internationaux[15].

Cet article 49 est rédigé comme suit : « 1. Nul ne peut être condamné pour une action ou une omission qui, au moment où elle a été commise, ne constituait pas une infraction d'après le droit national ou le droit international. De même, il n'est infligé aucune peine plus forte que celle qui était applicable au moment où l'infraction a été commise. Si, postérieurement à cette infraction, la loi prévoit une peine plus légère, celle-ci doit être appliquée.

2. Le présent article ne porte pas atteinte au jugement et à la punition d'une personne coupable d'une action ou d'une omission qui, au moment où elle a été commise, était criminelle d'après les principes généraux reconnus par l'ensemble des nations.

3. L'intensité des peines ne doit pas être disproportionnée par rapport à l'infraction ».

716.42 **Article 1er du protocole additionnel à la convention européenne des droits de l'homme.** Sera en revanche souvent invoqué, notamment en matière de saisies et confiscation, l'article 1er du (premier) protocole additionnel à la convention européenne des droits de l'homme aux termes duquel : « Toute personne physique ou morale a droit au respect de ses biens. Nul ne peut être privé de sa propriété que pour cause d'utilité publique et dans les conditions

1. C. com., art. L. 654-6.
2. Ord. n° 2008-1345, 18 déc. 2008, préc.
3. Cons. const. 29 sept. 2016, n° 2016-573 QPC, préc.
4. Crim. 22 nov. 2017, n° 16-83.549, P n° 267 ; *D.* 2017. 2422 ; *Dr. pénal* 2018, comm. 20, note E. Bonis-Garçon ; *Gaz. Pal.* 2018, n° 3, p. 46, note E. Dreyer.
5. C. urb., art. L. 480-3 ; mod. par ord. n° 2005-1527, 8 déc. 2005, art. 15.
6. *Ibid.*
7. Crim. 18 mai 2005, n° 04-84.950, P n° 149 ; *D.* 2005. 1734 ; *RDI* 2005. 451, obs. G. Roujou de Boubée ; *RSC* 2005. 858, obs. J.-H. Robert.
8. Crim. 19 avr. 2023, n° 22-82.994, P.
9. CASF, art. L. 225-19 ; créé par L. n° 2005-744, 4 juill. 2005, art. 2.
10. Crim. 18 mars 2008, n° 07-83.342, P n° 66 ; *AJ pénal* 2008. 284 ; *RDSS* 2008. 740, note C. Castella.
11. Abrog. par ord. n° 2016-301, 14 mars 2016 relative à la partie législative du code de la consommation.
12. L. n° 2014-344, 17 mars 2014, préc.
13. Crim. 6 avr. 2016, n° 15-81.206, P n° 124 ; *D.* 2016. 836 ; *AJ pénal* 2016. 386, obs. E. Raschel.
14. Charte des droits fondamentaux de l'UE, art. 49.
15. S. Van Drooghenbroek, *La proportionnalité dans le droit de la convention européenne des droits de l'homme : Prendre l'idée simple au sérieux,* « Droit », Publications de la Faculté universitaire de Saint-Louis (FUSL), Bruxelles, 2002.

prévues par la loi et les principes généraux du droit international.

Les dispositions précédentes ne portent pas atteinte au droit que possèdent les États de mettre en vigueur les lois qu'ils jugent nécessaires pour réglementer l'usage des biens conformément à l'intérêt général ou pour assurer le paiement des impôts ou d'autres contributions ou des amendes ».

La Cour européenne des droits de l'homme a ainsi admis le principe de la peine de confiscation à condition qu'il existe un rapport raisonnable de proportionnalité entre son application et le but poursuivi dans le respect de l'intérêt général[1].

716.43 **Contrôle du Conseil constitutionnel et de la Cour de cassation.** De longue date le Conseil constitutionnel exerce un contrôle de proportionnalité qu'on a pu dire inspiré, surtout depuis 1990, des jurisprudences constitutionnelles allemande et communautaire[2], et ce, bien au-delà des frontières du droit pénal et de la procédure pénale.

Si la chambre criminelle a initialement semblé hésiter à investir ce champ, considérant que cet examen relevait de l'appréciation souveraine des juges du fond, sous réserve d'une suffisance - et d'une absence de contradiction - des motifs de la décision, elle a progressivement énoncé des règles de plus en plus précises indiquant aux juridictions la marche à suivre. Comme on l'illustrera ci-après, elle est massivement saisie de pourvois relatifs à ce contrôle dont certains auteurs ont par ailleurs pu questionner la pertinence, le sens, l'utilité ou la fonction, tant la proportionnalité de la peine est proche du principe de sa nécessité[3]. Dans tous les cas il appartient aux parties qui le souhaitent de soulever la question de la proportionnalité devant les premiers juges car est, par exemple, nouveau et mélangé de fait, le grief qui invoque pour la première fois devant la Cour de cassation le caractère disproportionné de l'atteinte spécifique portée à la protection du domicile et de la vie privée par la mesure de saisie, en violation de l'article 8 de la Convention européenne des droits de l'homme[4].

1. CEDH 4 nov. 2014, Abouffada c/ France, n° 28457/10.
2. V. Le Goesel-Le Bihan « Le contrôle de proportionnalité exercé par le Conseil constitutionnel », Cahiers du Conseil constitutionnel n° 22, juin 2007.
3. L. Saenko, « De la proportionnalité de la peine encourue » in dossier « *La proportionnalité en matière pénale* », *Gaz. Pal.* 24 oct. 2017. G. Chetard, « La proportionnalité de la répression – Étude sur les enjeux du contrôle de proportionnalité en droit pénal français », GIP Recherche-Justice et thèse soutenue le 28 novembre 2019 Université de Strasbourg. N. Catelan, « Le contrôle de proportionnalité et le droit pénal », colloque « Le juge judiciaire face au contrôle de proportionnalité » Aix, 19 mai 2017 – ÉGAL^{T} : Revue ENM Justice Actualité 24, déc. 2020 « Le contrôle de proportionnalité ».

On peut encore admettre, avec d'autres commentateurs avisés, qu'en matière pénale, il s'agit de « concilier l'inconciliable »[5], de « tracer les frontières à l'intérieur desquelles le pouvoir répressif peut effectivement viser à la garantie de la sécurité sans empiéter excessivement sur l'exercice des libertés »[6] et que l'exigence de proportionnalité si elle est posée doit être examinée, tant au niveau de la nature des poursuites, qu'à celui de la peine finalement prononcée.

B.
Illustrations

716.51 **Avertissement.** Sont citées à suivre quelques décisions abordant la question de la proportionnalité de la peine, autre limite à la liberté reconnue au juge dans le choix de la peine.

Si d'une manière générale le juge ne doit répondre qu'aux conclusions déposées et aux objections qui sont opposées aux poursuites, il est des situations dans lesquelles le contrôle de proportionnalité doit être effectué d'office. Il en est ainsi en matière de confiscation du patrimoine[7], ou encore en matière de droit pénal de la presse où les juges doivent vérifier le caractère proportionné de l'atteinte pouvant être portée par la peine au principe de la liberté d'expression[8].

1°
Proportionnalité des peines d'emprisonnement et d'amende

716.61 **Peine d'emprisonnement.** Bien qu'à l'occasion de pourvois, des mémoires aient à plusieurs reprises relevé le moyen de la proportionnalité à propos de la peine d'emprisonnement, la chambre criminelle motive jusqu'ici ses décisions en retenant notamment que la cour, qui a déterminé la sanction au regard de la gravité des faits, de la personnalité et de la situation personnelle du prévenu et a nécessairement apprécié sa proportionnalité, a statué sans méconnaître les dispositions conventionnelles invoquées[9]. Plus précisément elle a jugé que le moyen qui invoque une violation de l'article 8 de la Convention européenne des droits de l'homme pour contester une condamnation à une peine d'emprisonne-

4. Crim. 16 janv. 2019, n° 17-82.997, NP.
5. S. Guinchard et J. Buisson, *Procédure pénale*, 16ᵉ éd., LexisNexis, 2023, p. 2.
6. G. Chetard, « La proportionnalité de la répression dans la jurisprudence du Conseil constitutionnel », *RSC* 2013. 51 à 71.
7. Crim. 8 mars 2017, n° 15-87.422, P n° 66.
8. Crim. 1er févr. 2017, n° 15-84.511, P n° 30.
9. Crim. 21 nov. 2017, n° 16-86.600, NP.

ment prononcée conformément aux exigences de l'article 132-19 est inopérant[1].

Il est vrai que la remise à plat de sa jurisprudence relative au prononcé de la peine d'emprisonnement, aboutit à un contrôle de la motivation des décisions dont on peut dire que le principe de proportionnalité pour ne pas dire de nécessité[2], n'est évidemment pas évincé.

716.62 **Peine d'amende.** Faisant une pure application des dispositions de l'article 132-20 du code pénal en vertu desquelles en matière correctionnelle, le juge qui prononce une amende doit motiver sa décision au regard des circonstances de l'infraction, de la personnalité et de la situation personnelle de son auteur, en tenant compte de ses ressources et de ses charges, la chambre criminelle a censuré la décision d'une cour d'appel qui, pour porter le montant des amendes prononcées à l'encontre de deux personnes condamnées pour des délits de blanchiment et de recel, de 5 000 euros à 50 000 et 30 000 euros, avait fondé sa décision, pour la première, sur le bénéfice financier, pour la seconde, sur la gravité des faits et des éléments de personnalité, sans s'expliquer sur les ressources et les charges des prévenues qu'elle devait prendre en considération[3].

La proportionnalité s'appréciera donc ici très concrètement au regard de ces ressources et charges. Ce qui a été rapidement confirmé par un autre arrêt en vertu duquel, il appartient au prévenu qui fait valoir devant la cour d'appel le caractère disproportionné, eu égard à la faiblesse de ses revenus, de l'amende prononcée par les premiers juges, d'apporter à la juridiction les éléments de nature à justifier, non seulement du montant de ses ressources, mais également de celui de ses charges. N'encourt par suite pas la censure, l'arrêt qui prononce une amende sans tenir compte des charges du prévenu dès lors que ce dernier, pour contester l'amende prononcée par le tribunal, ne faisait état que de ses ressources[4].

2°
Proportionnalité en cas de poursuites pénales et fiscales

716.71 **Position du Conseil constitutionnel.** Le Conseil constitutionnel saisi de la question des doubles poursuites pénales et fiscales, a en particulier dans sa décision de 2018[5] émis les réserves suivantes :

– un contribuable qui a été déchargé de l'impôt par une décision juridictionnelle devenue définitive pour un motif de fond ne saurait être condamné pour fraude fiscale sur le fondement de l'article 1741 du code général des impôts.

– le principe de nécessité des délits et des peines ne saurait interdire au législateur de fixer des règles distinctes permettant l'engagement de procédures conduisant à l'application de plusieurs sanctions afin d'assurer une répression effective des infractions. Ce principe impose néanmoins que les dispositions de l'article 1741 ne s'appliquent qu'aux cas les plus graves d'omission déclarative frauduleuse. Cette gravité peut résulter du montant des droits fraudés, de la nature des agissements de la personne poursuivie ou des circonstances de leur intervention ;

– si l'éventualité que deux procédures soient engagées peut conduire à un cumul de sanctions, le principe de proportionnalité implique qu'en tout état de cause le montant global des sanctions éventuellement prononcées ne dépasse pas le montant le plus élevé de l'une des sanctions encourues. Sous cette réserve, l'application combinée des dispositions contestées de l'article 1728 et de l'article 1741 du code général des impôts ne méconnaît pas le principe de proportionnalité des peines.

716.72 **Position de la chambre criminelle.** Dans la suite de cette décision – et dans la même affaire – la chambre criminelle a pu juger que lorsque le prévenu de fraude fiscale justifie avoir fait l'objet, à titre personnel, d'une sanction fiscale définitivement prononcée pour les mêmes faits, le juge pénal n'est tenu de veiller au respect de l'exigence de proportionnalité que s'il prononce une peine de même nature. Dès lors, n'a pas méconnu la portée de la réserve d'interprétation du Conseil constitutionnel relative au principe de proportionnalité des peines en cas de cumul de sanctions pénales et fiscales, la cour d'appel qui condamne les prévenus, à l'encontre desquels des pénalités fiscales définitives ont été prononcées, chacun, à douze mois d'emprisonnement avec sursis et trois ans d'inéligibilité pour fraude fiscale, aucune amende pénale ne leur ayant été infligée[6].

On relèvera par ailleurs que si le juge répressif, saisi d'écritures motivées à cette fin, a la possibilité

1. Crim. 28 juin 2017, n° 16-87.658, P n° 187.
2. L. Saenko, « De la proportionnalité de la peine encourue », *Gaz. Pal.* 24 oct. 2017, 73.
3. Crim. 1er févr. 2016, n° 15-83.984, P ; *D.* 2017. 961, note C. Saas ; *D.* 2017. 1557, chron. G. Guého, E. Pichon, B. Laurent, L. Ascensi et G. Barbier ; *D.* 2017. 2501, obs. G. Roujou de Boubée, T. Garé, C. Ginestet, M.-H. Gozzi, S. Mirabail et E. Tricoire.
4. Crim. 22 mars 2017, n° 16-80.050, P ; *D.* 2017. 763 ; *D.* 2017. 1676, obs. J. Pradel ; *D.* 2017. 2501, obs. G. Roujou de Boubée, T. Garé, C. Ginestet, M.-H. Gozzi, S. Mirabail et E. Tricoire.
5. Cons. const. 23 nov. 2018, n° 2018-745 QPC – ÉGALT : Cons. const. 24 juin 2016, n° 2016-545 QPC et n° 2016-546 QPC.
6. Crim. 12 sept. 2018, n° 18-81.067, P n° 157 – MÊME AFFAIRE : 11 sept. 2019, n° 18-81.067, P – ÉGALT : Crim. 11 sept 2019, n° 18-82.430, P.

de surseoir à statuer en cas de poursuites fiscales et pénales, il n'en a aucunement l'obligation. En effet, la mise en œuvre du principe constitutionnel de proportionnalité selon lequel, si l'éventualité que deux procédures, pénale et fiscale, pour des faits de fraude fiscale soient engagées peut conduire à un cumul de sanctions, le montant global des sanctions éventuellement prononcées ne doit pas dépasser le montant le plus élevé de l'une des sanctions encourues, s'applique devant le juge qui se prononce en dernier, qu'il soit le juge pénal ou le juge de l'impôt. Il s'en déduit qu'elle n'implique aucune mesure de sursis à statuer devant le juge répressif[1].

En réalité, subsiste ici la difficulté d'une définition admise de ce qui constitue « les cas les plus graves » de fraude fiscale. Suivant un premier arrêt[2], la chambre criminelle de la Cour de cassation avait refusé de transmettre une QPC portant sur ce sujet au Conseil constitutionnel. Par un arrêt du 21 octobre 2020[3], relatif à la possibilité d'un cumul de sanctions fiscales et pénales applicables à la TVA, elle a en revanche renvoyé à la CJUE les questions suivantes : 1°/ L'exigence de clarté et de prévisibilité des circonstances dans lesquelles les dissimulations déclaratives en matière de TVA due peuvent faire l'objet d'un cumul de poursuites et de sanctions de nature pénale est-elle remplie par des règles nationales telles que celles précédemment décrites ? 2°/ L'exigence de nécessité et de proportionnalité du cumul de telles sanctions est-elle remplie par des règles nationales telles que celles précédemment décrites ?

Signalons enfin que la chambre criminelle a encore jugé que le principe de proportionnalité du cumul des sanctions pénales et fiscales ne s'applique pas au prononcé de sanctions à l'encontre du prévenu, dirigeant de société, lorsque celui-ci est le redevable légal de l'impôt.

La solidarité fiscale prévue à l'article 1745 du code général des impôts, qui constitue une garantie pour le recouvrement de la créance du Trésor public, ne constitue pas une peine au sens de l'article 8 de la Déclaration de 1789 de sorte que le principe précité ne lui est pas applicable.

Dès lors, justifie sa décision, sans méconnaître la réserve d'interprétation émise par le Conseil constitutionnel relative au principe de proportionnalité du cumul des sanctions pénales et fiscales, la cour d'appel qui condamne le gérant d'une société du chef de fraude fiscale pour omissions déclaratives en matière de TVA et d'impôt sur les sociétés en raison d'un établissement stable en France, à une amende, et prononce la mesure de solidarité fiscale avec la société, alors que la société a fait l'objet de pénalités fiscales[4].

1. Crim. 11 sept. 2019, n° 18-81.980, P ; Crim. 29 janv. 2020, n° 17-83.577, P.
2. Crim. 6 mars 2019, n° 18-90.035, NP.
3. Crim. 21 oct. 2020, n° 19-81.929, P ; V. Ollivier et E. Planchat, « La Cour de cassation relance le dialogue des juges sur le cumul des sanctions fiscales et pénales », *D. actu.*. 19 nov. 2020.

3°
Proportionnalité en matière de saisies et confiscations

716.81 Proportionnalité et saisies pénales. Est inopérant le moyen pris de la violation du principe de proportionnalité par une mesure de saisie pénale en valeur au regard du droit de propriété dès lors que cette saisie a porté sur la valeur de l'objet ou du produit direct ou indirect supposé de l'infraction[5]. Le même caractère inopérant du moyen tiré de la violation du principe de proportionnalité avait été opposé à une saisie pénale en valeur constituant le produit ou l'objet de l'infraction[6] ou contre le prononcé d'une peine de confiscation d'un bien constituant le produit ou l'objet de l'infraction[7].

Mais si le moyen pris de la violation du principe de proportionnalité au regard du droit de propriété est inopérant lorsque la saisie a porté sur la valeur du produit direct ou indirect de l'infraction[8], le juge qui ordonne la saisie en valeur d'un bien appartenant ou étant à la libre disposition d'une personne, alors qu'il ne résulte pas des pièces de la procédure de présomptions qu'elle a bénéficié de la totalité du produit de l'infraction, doit cependant apprécier, lorsque cette garantie est invoquée, le caractère proportionné de l'atteinte portée au droit de propriété de l'intéressé s'agissant de la partie du produit de l'infraction dont elle n'aurait pas tiré profit[9]. Après requalification et en matière de saisie spéciale portant sur l'instrument de l'infraction, les juges doivent notamment procéder à un contrôle de proportionnalité sous réserve qu'une telle garantie soit invoquée[10].

716.82 Proportionnalité et confiscation d'un bien. La première difficulté en matière de confiscation est de préciser la nature et l'origine du bien concerné car les obligations pesant sur le juge en termes de motivation de sa décision vont en dépendre. Les situations ne sont en effet pas strictement comparables lorsque la confiscation concerne un

4. Crim. 23 oct. 2019, n° 18-85.088, P.
5. Crim. 5 janv. 2017, n° 16-80.275, P n° 7.
6. Crim. 12 oct. 2016, n° 16-82.322, P n° 265.
7. Crim. 7 déc. 2016, n° 16-80.879, P n° 331 ; *AJ pénal* 2017. 142, obs. O. Violeau. Crim. 15 mai 2019, n° 18-84.494, P n° 95.
8. Crim. 5 janv. 2017, n° 16-80.275, P n° 7 précité.
9. Crim. 24 oct. 2018, n° 18-80.834, P n° 178.
10. Crim. 4 mars 2020, n° 19-81.818, P.

objet de faible valeur ou un patrimoine en son entier, un bien produit, total ou partiel de l'infraction, ou ayant servi à la commettre[1].

La seconde, au regard de la diversité des régimes applicables sera pour le juge de préciser de manière explicite le fondement des confiscations prononcées, la chambre criminelle n'étant pas, dans le cas contraire, en mesure de contrôler leur régularité[2].

Les principes applicables et la manière dont le juge doit agir ont, selon une formule progressivement retenue aux travers d'arrêts concernant autant les exigences de motivation que la question de la proportionnalité[3], été plusieurs fois rappelés par la chambre criminelle qui a jugé que hormis le cas où la confiscation, qu'elle soit en nature ou en valeur, porte sur un bien qui, dans sa totalité, constitue le produit ou l'objet de l'infraction, le juge, en ordonnant une telle mesure, doit apprécier le caractère proportionné de l'atteinte portée au droit de propriété de l'intéressé lorsqu'une telle garantie est invoquée ou procéder à cet examen d'office lorsqu'il s'agit d'une confiscation de tout ou partie du patrimoine. Il incombe en conséquence au juge qui décide de confisquer un bien, après s'être assuré de son caractère confiscable en application des conditions légales, de préciser la nature et l'origine de ce bien ainsi que le fondement de la mesure et, le cas échéant, de s'expliquer sur la nécessité et la proportionnalité de cette peine par rapport au droit de propriété du prévenu[4].

Logiquement, la chambre criminelle a pu parallèlement casser des décisions dans lesquelles les juges avaient procédé à un contrôle de proportionnalité alors même que le bien saisi était le produit de l'infraction[5] dès lors qu'elle avait affirmé que le principe de proportionnalité ne peut s'appliquer à la confiscation d'un bien qui, dans sa totalité, est le produit ou l'objet des infractions dont le prévenu a été déclaré coupable[6]. Pareillement, la violation du principe de proportionnalité ne peut être invoquée en raison du prononcé d'une mesure de confiscation, en nature ou en valeur, tant du produit direct ou indirect de l'infraction que de son objet[7].

Saisie de la question prioritaire de constitutionnalité suivante : « L'article 131-21, alinéa 3, du Code pénal, tel qu'interprété par la Chambre criminelle de la Cour de cassation, en ce qu'il exclut tout contrôle de proportionnalité, y compris sur invocation, en cas de confiscation de l'objet ou du produit de l'infraction, porte-t-il atteinte aux principes de nécessité et de proportionnalité des peines et au droit de propriété respectivement garantis par les articles 8 et 16 d'une part, ainsi que 2 et 17 d'autre part de la Déclaration des Droits de l'Homme et du Citoyen de 1789 ? », la chambre criminelle a, par une décision du 5 avril 2023[8] choisi de ne pas transmettre la question. Elle a notamment retenu que la condamnation au versement de dommages et intérêts ou au paiement de sommes dues au titre dune créance dans le cadre d'une autre procédure ne constituait pas une sanction ayant le caractère d'une punition et que dès lors ladite condamnation ne pouvait être prise en considération dans l'appréciation du respect du principe de proportionnalité des peines.

S'agissant de la question d'une confiscation d'un bien pour une valeur globale allant au-delà du montant du produit de l'infraction, il sera cité un arrêt[9] aux termes duquel il a été indiqué que l'article 131-21 du code pénal offre au juge la faculté de prononcer la confiscation d'un bien acquis avec des fonds dont une partie seulement provient de l'infraction. Justifie en conséquence sa décision la cour d'appel qui ordonne la confiscation d'un bien immobilier acquis au moyen, en majeure partie, d'un prêt dont les mensualités de remboursement ont été essentiellement réglées par les sommes obtenues lors de la commission des délits d'abus de faiblesse et d'escroqueries et, pour une faible partie, de fonds propres d'origine licite.

La chambre criminelle a jugé qu'il résulte de l'article 131-21, alinéa 3, du code pénal qu'un bien qui constitue le produit de l'infraction peut faire l'objet d'une mesure de confiscation, totale ou partielle selon le choix opéré par les juges du fond, si ledit produit a été mêlé à des fonds d'origine licite pour l'acquisition du bien en cause. Les juges amenés à prononcer une telle mesure doivent motiver leur décision, s'agissant de la partie du bien acquise avec des fonds licites, au regard de la nécessité et la proportionnalité de l'atteinte ainsi portée au droit

1. POUR des développements complets : L. Ascensi, *Droit et pratique des saisies et confiscations pénales*, 3ᵉ éd., « Dalloz Référence », 2023.
2. Crim. 19 juin 2019, nº 18-85.354, NP ; Crim. 25 nov. 2020, nº 19-81.444, NP ; Crim. 14 avr. 2021, nº 20-83.021, NP.
3. Crim. 27 juin 2018, nº 16-87.009, P nº 128 ; – Crim. 16 janv. 2019, nº 17-86.581, P nº 14, *D. actu.*, 19 févr. 2019, obs. C. Fonteix ; *D.* 2019. 128 ; *AJ pénal* 2019. 218, obs. J. Hennebois ; – Crim. 12 juin 2019, nº 18-83.396, P nº 105, *D. actu.*, 8 juill. 2019, obs. S. Fucini ; *D.* 2019. 1230 ; *ibid.* 1858, obs. C. Mascala ; *AJ pénal* 2019. 444, obs. Y. Mayaud ; – Crim. 29 janv. 2020, nº 17-83.577, *D.* 2020. 338 ; *AJ pénal* 2020. 302, obs. C. Litaudon ; *D. actu.* 12 févr. 2020, obs. O. Claude – v. sˢ nº 716.291.
4. Crim. 24 juin 2020, nº 19-85.074, NP. Crim. 30 juin 2021, nº 20-81.724, NP.
5. Crim. 15 mai 2019, nº 18-84.494, P nº 95, *D. actu.*, 13 juin 2019, obs. L. Jay ; *D.* 2019. 1105.
6. Crim. 7 déc. 2016, nº 16-80.879, P nº 331 ; Crim. 17 sept. 2019, nº 18-86.276, NP.
7. Crim. 15 mai 2019, nº 18-84.494, précité ; Crim. 5 nov. 2019, nº 18-84.554, NP.
8. Crim. 5 avr. 2023, nº 22-85.754, NP.
9. Crim. 7 déc. 2016, nº 15-86.897, P ; *D.* 2016. 2571.

de propriété et au droit au respect de la vie privée de l'intéressé, lorsque de telles garanties sont invoquées. Justifie sa décision la cour d'appel qui, pour ordonner la confiscation d'un immeuble dont le prévenu est propriétaire, retient que ce bien a été financé pour partie par des sommes provenant du produit de l'infraction et, s'agissant de la partie financée avec des fonds licites, apprécie, par des motifs afférents à la situation personnelle du prévenu et à la gravité concrète des faits, la nécessité et la proportionnalité de l'atteinte ainsi portée au droit de propriété et au droit au respect de la vie privée de l'intéressé[1].

Pour autant, la chambre criminelle saisie de la question de la proportionnalité d'une confiscation au regard du droit au respect de la vie privée et familiale a été amenée à juger que la confiscation étant susceptible d'y porter atteinte, par exemple si elle concerne le logement familial, le juge est tenu de contrôler le caractère proportionné de l'atteinte portée à ce droit fondamental, lorsque cela lui est demandé. Il doit le faire *même lorsque le bien confisqué est le produit de l'infraction ou un bien de même valeur, car la circonstance que le bien soit d'origine illicite n'empêche pas que sa confiscation puisse porter atteinte à la vie privée et familiale de son propriétaire*, en fonction de l'usage qu'il en a fait[2].

À la question classique des droits de tiers sur un bien saisi apprécié sous l'angle du principe de proportionnalité, un arrêt a jugé qu'un bien susceptible de confiscation par application de l'article 131-21, alinéa 6, du code pénal peut être saisi même s'il est indivis. Si la personne mise en examen peut invoquer son droit à la vie privée et familiale pour s'opposer à la saisie, c'est à la condition qu'elle fasse état, devant les juges du fond, d'éléments propres à démontrer qu'il y a été porté atteinte. En revanche, elle est sans intérêt à invoquer les droits des autres propriétaires indivis[3]. Cette décision est à rapprocher d'une s'étant prononcée sur la confiscation d'un immeuble indivis d'un prévenu déclaré coupable de non-justification de ressources[4] et d'une autre relative à l'exécution d'une confiscation d'un bien indivis entre l'auteur du délit et un indivisaire non condamné[5]. La chambre criminelle a encore jugé que la confiscation des droits réels de nue propriété dont un tiers avait fait donation à la prévenue, peu important les clauses d'exclusion de la communauté et l'interdiction faite à la donataire d'aliéner ou d'hypothéquer ladite nue-propriété objet de la donation qui assortissaient cette donation et qui ne sont pas affectés par la confiscation[6]. En matière de confiscation en valeur prévue par le neuvième alinéa de l'article 131-21 du code pénal, la peine complémentaire de confiscation porte notamment sur les biens qui sont l'instrument, l'objet ou le produit direct ou indirect de l'infraction, à l'exception des biens susceptibles de restitution à la victime, et il appartient au juge qui la décide de préciser quel est le fondement du caractère confiscable du bien auquel le bien confisqué se substitue et de s'assurer que la valeur de ce bien n'excède pas celle de l'instrument, de l'objet ou du produit de l'infraction[7].

Il ne suffit alors pas aux juges de faire référence au capital restant dû pour démontrer que le bien est grevé de droits réels licitement constitués au profit de tiers, susceptible à ce titre d'échapper à l'exécution de la confiscation[8].

716.83 Proportionnalité et confiscation du patrimoine. En matière de confiscation du patrimoine, la Cour de cassation a jugé qu'aux termes des articles 222-49, alinéa 2, et 450-5 du code pénal, les personnes physiques déclarées coupables d'un trafic de stupéfiants ou de la participation à une association de malfaiteurs encourent, à titre de peine complémentaire, la confiscation de tout ou partie de leurs biens ou, sous réserve des droits du propriétaire de bonne foi, des biens dont elles ont la libre disposition, quelle qu'en soit la nature, meubles ou immeubles, divis ou indivis, et ce, sans qu'il soit exigé que le bien confisqué soit l'objet ou le produit direct ou indirect de l'infraction ; justifient leur décision, sans méconnaître l'article premier du protocole additionnel à la convention européenne des droits de l'homme, les juges qui s'expliquent, par des motifs dépourvus d'insuffisance, sur la nécessité et la proportionnalité de l'atteinte portée au droit de propriété de l'intéressé par la mesure de confiscation de tout ou partie du patrimoine, au regard de sa situation personnelle et de la gravité concrète des faits[9]. Refusant de renvoyer une question prioritaire

1. Crim. 22 mars 2017, n° 16-82.051, P n° 80 ; *AJ pénal* 2017. 299.
2. Crim. 19 avr. 2023, n° 22-82.994, P.
3. Crim. 15 mars 2017, n° 16-80.801, P ; *D.* 2017. 705 ; *D.* 2017. 2501, obs. G. Roujou de Boubée, T. Garé, C. Ginestet, M.-H. Gozzi, S. Mirabail et E. Tricoire ; *AJ pénal* 2017. 299, obs. O. Violeau.
4. Crim. 3 nov. 2016, n° 15-85.751, P ; *D.* 2016. 2283 ; *D.* 2017. 2501, obs. G. Roujou de Boubée, T. Garé, C. Ginestet, M.-H. Gozzi, S. Mirabail et E. Tricoire.
5. Crim. 20 mai 2015, n° 14-87.741, P n° 121.
6. Crim. 15 déc. 2021, n° 20-85.196, NP, comm. N. Catelan, « Confiscation : de quelques principes essentiels à son prononcé », Lexbase, La lettre juridique n° 892, 27 janv. 2022, Peines.
7. Crim. 17 nov. 2021, n° 20-86.847, NP – v. s[s] n° 716.291.
8. Crim. 23 nov. 2022, n° 21-85.668, P. C. Fonteix, « Confiscation en valeur d'un bien immobilier acquis à l'aide d'un emprunt en cours de remboursement : insuffisante motivation », *D. actu.* 4 janv. 2023.
9. Crim. 7 déc. 2016, n° 15-85.136, P n° 330 ; *D.* 2016. 2519 ; *D.* 2017. 245, chron. G. Guého, L. Ascensi, E. Pichon, B. Laurent et G. Barbier ; *AJ pénal* 2017. 141.

de constitutionnalité au Conseil constitutionnel elle a surtout indiqué que, s'agissant des dispositions de l'article 225-25 du code pénal, en ce qu'elles prévoient la confiscation générale édictée par l'article 131-21, sixième alinéa du même code, il appartient au juge, pour éviter tout risque d'arbitraire, d'apprécier la nécessité de l'atteinte portée au droit de propriété de la personne concernée au regard de la gravité concrète des faits qui lui sont reprochés et de sa situation personnelle[1]. Dans cette hypothèse le contrôle de proportionnalité s'impose d'office au juge.

Ainsi, les personnes physiques coupables de blanchiment encourant, aux termes de l'article 324-7, 12°, du code pénal, à titre de peine complémentaire, la confiscation de tout ou partie de leurs biens, sans qu'il soit exigé que le bien sûr lequel elle porte soit l'objet ou le produit direct ou indirect de l'infraction, justifient leur décision, sans méconnaître l'article premier du protocole additionnel de la convention européenne des droits de l'homme, les juges qui, prononçant la confiscation d'un bien immobilier, n'ont fait qu'user de leur pouvoir d'appréciation de la nécessité de l'atteinte portée au droit de propriété d'une prévenue, au regard de la gravité des faits et de la situation personnelle de l'intéressée[2].

Mais il résulte des dispositions des articles premier du protocole additionnel n° 1 à la convention de sauvegarde des droits de l'homme et des libertés fondamentales, 132-1 et 131-21, alinéa 6, du code pénal, 485 du code de procédure pénale, que le juge qui prononce une mesure de confiscation de tout ou partie d'un patrimoine doit motiver sa décision au regard de la gravité des faits, de la personnalité de son auteur et de sa situation personnelle et apprécier le caractère proportionné de l'atteinte portée au droit de propriété de l'intéressé. Méconnaît ces dispositions la cour d'appel qui justifie le prononcé, à titre de peine complémentaire, d'une mesure de confiscation de la propriété du prévenu qu'elle déclare coupable de faits de blanchiment par le seul constat de ce que cette peine est adaptée à la nature des faits délictueux commis[3].

Par son arrêt du 29 janvier 2020 précité[4], la chambre criminelle a cassé la décision dont les motifs ne précisaient pas la nature et l'origine des biens confisqués, ni le fondement de la mesure et, par conséquent, ne permettaient pas d'apprécier le respect par les juges de l'exigence de motivation.

716.84 Proportionnalité et confiscation d'un véhicule. La peine complémentaire de confiscation du véhicule prévue par l'article R. 413-14-1[5] du code de la route en cas de dépassement de plus de cinquante km/h de la vitesse autorisée, sanction à caractère principalement dissuasif dont l'objet est de lutter plus efficacement contre les grands excès de vitesse et de réduire le nombre de morts et de blessés causés par les accidents de la route, répond à un impératif d'intérêt général et ne méconnaît aucun principe conventionnel[6].

La chambre criminelle allant plus loin, a précisé que le moyen qui invoque pour la première fois devant la Cour de cassation le caractère disproportionné de l'atteinte spécifique portée au droit de propriété de l'intéressé, en violation de l'article premier du Protocole additionnel n° 1 à la Convention européenne des droits de l'homme, par la mesure de confiscation de son véhicule prononcée par le tribunal de police pour la contravention d'excès de vitesse d'au moins 50 km/h, et confirmée par la cour d'appel, est nouveau, mélangé de fait et, comme tel, irrecevable[7].

4°
Proportionnalité des interdictions de gérer et inéligibilités

716.91 Proportionnalité et interdiction de gérer. Dès lors qu'il résulte des articles 130-1, 132-1 du code pénal, ensemble 485 du code de procédure pénale, qu'en matière correctionnelle, toute peine doit être motivée en tenant compte de la gravité des faits, de la personnalité de leur auteur et de sa situation personnelle, l'arrêt qui, pour condamner M. X... à une interdiction de gérer un commerce pour une durée de cinq ans, retient que cette peine est justifiée au regard de son comportement professionnel, sans mieux s'expliquer sur les éléments de la personnalité du prévenu qu'elle a pris en considération pour prononcer la peine d'interdiction de gérer, méconnaît le sens et la portée des textes susvisés et le principe ci-dessus rappelé[8].

En revanche, le moyen pris de ce qu'une peine d'interdiction de gérer porterait une atteinte disproportionnée au droit de la personne condamnée au respect de sa vie privée et familiale garanti par

1. Crim. 24 mai 2016, n° 15-81.287, NP.
2. Crim. 30 mars 2016, n° 15-81.550, P n° 104 ; *D.* 2016. 2424, obs. G. Roujou de Boubée, T. Garé, C. Ginestet, M.-H. Gozzi, L. Miniato et S. Mirabail.
3. Crim. 8 mars 2017, n° 15-87.422, P n° 66 ; *D.* 2017. 648 ; *D.* 2017. 2501, obs. G. Roujou de Boubée, T. Garé, C. Ginestet, M.-H. Gozzi, S. Mirabail et E. Tricoire ; *RDI* 2017. 240, obs. G. Roujou de Boubée.
4. Crim. 29 janv. 2020, n° 17-83.577, P.
5. C. route, art. R. 413-14-1 ; créé par décr. n° 2004-1330, 6 déc. 2004, art. 2.
6. Crim. 10 févr. 2016, n° 15-82.324, P n° 39 ; *D.* 2016. 425 ; *D.* 2016. 2424, obs. G. Roujou de Boubée, T. Garé, C. Ginestet, M.-H. Gozzi, L. Miniato et S. Mirabail.
7. Crim. 13 juin 2017, n° 16-83.201, P n° 164.
8. Crim. 11 juill. 2017, n° 16-81.396, NP.

l'article 8 de la convention européenne des droits de l'homme est irrecevable devant la Cour de cassation s'il n'a pas été soutenu devant la cour d'appel[1]. Est pareillement irrecevable le moyen qui invoque pour la première fois devant la Cour de cassation le caractère disproportionné de l'atteinte spécifique portée à la liberté des intéressés d'entreprendre et de travailler par la mesure d'interdiction de gérer prononcée par le tribunal correctionnel et confirmée par la cour d'appel, en violation de l'article 6 de la convention européenne des droits de l'homme[2].

716.92 Proportionnalité et peine d'inéligibilité. La proportionnalité de la peine d'inéligibilité prononcée en matière d'infraction au droit de la presse a dû être appréciée au regard de l'article 10 de la Convention européenne des droits de l'homme et singulièrement de l'article 10 consacré à la liberté d'expression.

A été rejeté le pourvoi contre la décision d'une cour d'appel qui, pour condamner l'auteur d'une provocation à la discrimination raciale à une peine complémentaire d'inéligibilité pour une durée d'un an, retient que les faits ont été commis par un homme politique, maire d'une commune depuis treize ans, dont la mission est avant tout d'assurer la sécurité de l'ensemble des personnes sur sa commune et que cette peine est prononcée compte tenu de la personnalité du prévenu et de la gravité des faits, motifs procédant de son appréciation souveraine qui, d'une part, répondent à l'exigence résultant des articles 132-1 du code pénal et 485 du code de procédure pénale, et dont il se déduit, d'autre part, que les juges ont apprécié le caractère proportionné de l'atteinte portée au principe de la liberté d'expression[3].

Il faut noter qu'un certain nombre de dispositions rendent la peine complémentaire d'inéligibilité obligatoire[4].

5°
Autres exemples

716.101 Remise en état en matière d'urbanisme et proportionnalité. Alors même que les condamnations à la mise en conformité des lieux ou des ouvrages, la démolition ou la réaffectation du sol, prévus par l'article L. 480-5 du code de l'urbanisme, mêmes assorties d'une astreinte, constituent des mesures à caractère réel destinées à faire cesser une situation illicite, et non des sanctions pénales[5], la chambre criminelle a jugé qu'en retenant que les prévenus, poursuivis pour infraction au plan d'occupation des sols, réalisation d'affouillement ou d'exhaussement du sol, défrichement sans autorisation de bois ou forêts d'un particulier, de travaux nuisibles au débit des eaux ou aux milieux aquatiques et d'altération de l'habitat d'une espèce végétale protégée non cultivée, ont opéré des remaniements d'une ampleur considérable, que l'autorisation de défrichement obtenue a été dépassée de sept hectares et qu'il n'est pas admissible qu'un seul propriétaire puisse modifier l'aménagement d'un secteur important sans en considérer l'ensemble, en fuyant une éventuelle étude d'impact qu'aurait déclenchée une demande d'autorisation, que certes la nature reprend ses droits, mais sous d'autres formes, la cour d'appel a nécessairement apprécié l'utilité de la mesure de remise en état des lieux sous astreinte qu'elle a prononcée au regard des intérêts protégés par les dispositions des codes de l'urbanisme, de l'environnement et forestier, dont elle a fait application écartant par suite toute atteinte au principe de proportionnalité[6]. Une autre décision aura pu ainsi retenir l'absence de disproportion manifeste entre l'atteinte à la vie privée et au domicile et les impératifs d'intérêt général des législations urbanistique et environnementale[7].

Dans plusieurs espèces il a pu être jugé que la confiscation d'un immeuble n'était pas disproportionnée au regard du droit au respect de la vie privée et familiale[8], la cour d'appel ayant opéré un contrôle de proportionnalité entre l'atteinte à la vie privée et familiale et au domicile des prévenus et les impératifs d'intérêt général de la législation en matière d'urbanisme résultant de la mesure de démolition ordonnée[9]. Un arrêt, rendu pareillement en matière de construction sans permis de construire, a jugé que la disproportion manifeste entre l'atteinte à la vie privée et familiale et au domicile par rapport aux impératifs d'intérêt général des

1. Crim. 20 juin 2017, n° 16-80.982, P ; *D.* 2017. 1877, obs. C. Mascala ; *Rev. Sociétés* 2017. 651, note H. Matsopoulou – Crim. 31 janv. 2017, n° 16-82.945, P ; *AJDA* 2017. 258 ; *D.* 2017. 352 ; *D.* 2017. 1789, obs. L. Neyret et N. Reboul-Maupin ; *RDI* 2017. 195, obs. G. Roujou de Boubée ; *RSC* 2017. 317, obs. J.-H. Robert.
2. Crim. 17 janv. 2018, n° 17-80.152, NP ; *AJDA* 2017. 258 ; *D.* 2017. 352 ; *D.* 2017. 1789, obs. L. Neyret et N. Reboul-Maupin ; *RDI* 2017. 195, obs. G. Roujou de Boubée ; *RSC* 2017. 317, obs. J.-H. Robert.
3. Crim. 1er févr. 2017, n° 15-84.511, P n° 30.
4. V. ss n° 716.276.
5. Crim. 6 nov. 2012, n° 12-82.449, P n° 239 ; *RDI* 2013. 87, obs. G. Roujou de Boubée ; *RSC* 2013. 368, obs. J.-H. Robert.
6. Crim. 14 juin 2016, n° 15-83.631, P n° 181 ; *RSC* 2016. 788, obs. J.-H. Robert.
7. Crim. 21 mars 2017, n° 16-83.839, NP ; *RSC* 2017. 317, obs. J.-H. Robert.
8. Crim. 5 janv. 2022, n° 21-80.638, NP, id.
9. Crim. 15 janv. 2019, n° 18-80.341, NP – ÉGALT : Cour européenne des droits de l'homme 17 oct. 2013, n° 27013/07, Winterstein / France sur la violation de l'article 8 de la Conv. EdH.

législations urbanistique et environnementale qui résulterait de la démolition, ne saurait être utilement invoquée quand la construction litigieuse est située en zone inondable avec fort aléa[1], position réaffirmée dans une décision ultérieure[2].

Mais l'appréciation du respect du principe de proportionnalité se combine avec les règles générales imposées aux juridictions et en particulier à l'obligation qui leur est faite de répondre aux chefs péremptoires des conclusions qui leurs sont soumises. Ainsi le juge doit répondre, en fonction des impératifs d'intérêt général poursuivis par cette législation, aux chefs péremptoires des conclusions des parties, selon lesquels une telle mesure porterait une atteinte disproportionnée au droit au respect de la vie familiale. Encourt la censure pour insuffisance de motifs l'arrêt qui, pour ordonner la remise en état des lieux consistant dans la démolition de la maison d'habitation du prévenu, se borne à caractériser la culpabilité de ce dernier, sans répondre à ses conclusions selon lesquelles une démolition porterait une atteinte disproportionnée au droit au respect de sa vie privée et familiale et à son domicile, en ce qu'elle viserait la maison d'habitation dans laquelle il vivait avec sa femme et ses deux enfants, et que la famille ne disposait pas d'un autre lieu de résidence malgré une demande de relogement[3].

716.102 Proportionnalité et annulation du permis de conduire. Sera relevée, la cassation au visa de l'article 593 du code de procédure pénale, d'un arrêt ayant prononcé la peine complémentaire d'annulation du permis de conduire avec interdiction de solliciter un nouveau permis pendant un an, en retenant que le casier judiciaire ne comporte mention d'aucune condamnation mais sans répondre aux conclusions du prévenu faisant état de sa situation personnelle et familiale et des difficultés engendrées par la mesure, la cour n'ayant donc pas justifié sa décision[4].

716.103 Application du principe de proportionnalité en matière de mesure provisoire (CJ) et de requêtes. Une mesure prise à titre provisoire « ante-jugement » n'échappe pas nécessairement au questionnement de sa proportionnalité. Le maintien d'une interdiction professionnelle prévue par une mesure de contrôle judiciaire doit ainsi répondre à l'exigence d'une nécessité actuelle au regard de l'état d'avancement de l'information judiciaire et du risque de réitération des faits et, ainsi, de proportionnalité au regard des atteintes que cette interdiction porte à la liberté individuelle et au droit du travail[5].

Par ailleurs, et cette fois « post-jugement », le juge, saisi d'une demande de relèvement d'une peine d'interdiction définitive du territoire français, par un requérant invoquant le droit au respect de sa vie privée et familiale, doit rechercher si le maintien de la mesure en cause respecte un juste équilibre entre le droit précité et les impératifs de sûreté publique, de prévention des infractions pénales et de protection de la santé publique visés à l'article 8 de la Convention européenne des droits de l'homme[6].

Mais la cour d'appel, qui pour rejeter une requête, retient que, si le demandeur invoque l'obtention de la protection subsidiaire prévue par les dispositions de l'article L. 712-1 du code de l'entrée et du séjour des étrangers et du droit d'asile, le bénéfice de cette protection était déjà connu de la juridiction qui, en prononçant la peine d'interdiction temporaire du territoire français, avait jugé qu'elle ne portait aucune atteinte disproportionnée au respect de la vie privée et familiale de M. X... au regard des faits objet de la condamnation et qu'aucun fait nouveau n'était allégué par le requérant, a souverainement apprécié qu'il n'était pas survenu d'élément nouveau susceptible de porter une atteinte disproportionnée à la vie familiale du requérant, a justifié sa décision[7].

De même, la cour d'appel qui, par des motifs dont il se déduit que les juges ont souverainement apprécié l'absence de disproportion entre le respect de la vie privée et familiale de l'intéressé et le but recherché par la mesure d'éloignement, a justifié sa décision sans méconnaître les textes conventionnels et légaux invoqués au moyen (notamment art. 8 Conv. EdH), lequel doit, dès lors, être écarté[8].

En matière de réhabilitation, il se déduit des articles 785 à 793 du code de procédure pénale qu'il appartient à la chambre de l'instruction, saisie d'une demande en réhabilitation judiciaire qui répond aux conditions requises par les articles 786 à 789, d'apprécier, au regard de la nature et de la gravité de l'ensemble des condamnations concernées par la demande, si le comportement du requérant pendant le délai d'épreuve doit conduire au prononcé de la mesure sollicitée afin de permettre l'effacement de condamnations dont le maintien ne serait plus nécessaire et proportionné. Pour rejeter la requête, l'arrêt, après avoir relevé que les conditions

1. Crim. 16 janv. 2018, n° 17-81.884, P n° 15 ; *AJDA* 2018. 136 ; *D.* 2018. 170 ; *RDI* 2018. 227, obs. G. Roujou de Boubée.
2. Crim. 6 nov. 2018, n° 17-85.827 NP.
3. Crim. 31 janv. 2017, n° 16-82.945, P ; *AJDA* 2017. 258 ; *D.* 2017. 352 ; *D.* 2017. 1789, obs. L. Neyret et N. Reboul-Maupin ; *RDI* 2017. 195, obs. G. Roujou de Boubée ; *RSC* 2017. 317, obs. J.-H. Robert.
4. Crim. 16 janv. 2018, n° 17-82.162, NP.
5. Crim. 18 juin 2019, n° 19-82.559, P n° 118.
6. Crim. 13 mars 2001, n° 00-82.670, P n° 63 ; Crim. 30 mars 2011, n° 09-86.641, P n° 68.
7. Crim. 20 juin 2018, n° 17-85.088, NP.
8. Crim. 17 oct. 2018, n° 17-84.282, NP.

de l'article 786 du code de procédure pénale sont réunies, énonce que, lors de l'enquête ordonnée par le procureur de la République, l'intéressé a précisé que sa démarche est motivée par son projet d'entrer dans la magistrature, mais que, compte tenu de la nature des infractions d'outrages envers personne dépositaire de l'autorité publique et personne chargée d'une mission de service public, il n'apparaît pas opportun de faire droit à la demande ;

Mais attendu qu'en se déterminant ainsi, en considération de la seule nature des faits ayant occasionné la condamnation prononcée contre le demandeur et sans apprécier, au vu des pièces produites par celui-ci avec sa requête et des éléments recueillis par le procureur de la République en application de l'article 791 du code de procédure pénale, le comportement de l'intéressé pendant le délai d'épreuve, la chambre de l'instruction a violé les textes susvisés et méconnu le principe ci-dessus énoncé[1].

§ 4
Individualisation des peines

716.111 **Principe d'une peine individualisée.** Le principe d'individualisation des peines qui découle de l'article 8 de la déclaration des droits de l'homme et du citoyen, a valeur constitutionnelle[2]. La motivation des jugements et arrêts est une exigence constitutionnelle mais cette dernière concerne aussi le prononcé des peines[3].

Aux termes de l'article 132-1[4] du code pénal tel que réécrit par la loi du 15 août 2014[5] et non modifié par la loi de 2019, toute peine prononcée par la juridiction doit être individualisée.

Dans les limites fixées par la loi, la juridiction détermine la nature, le *quantum* et le régime des peines prononcées en fonction des circonstances de l'infraction et de la personnalité de son auteur ainsi que de sa situation matérielle, familiale et sociale, conformément aux finalités et fonctions de la peine énoncées à l'article 130-1.

Ce dernier article, issu pareillement de la loi de 2014, non modifié en 2019, dispose quant à lui qu'afin d'assurer la protection de la société, de prévenir la commission de nouvelles infractions et de restaurer l'équilibre social, dans le respect des intérêts de la victime, la peine a pour fonctions :

1° De sanctionner l'auteur de l'infraction ;

2° De favoriser son amendement, son insertion ou sa réinsertion.

Les peines peuvent être personnalisées selon les modalités prévues à la section introduite par l'article 132-24[6], dans sa rédaction issue de la loi du 15 août 2014, modifiée par la loi du 23 mars 2019 de programmation pour la justice.

Il est possible de relever qu'alors que l'article 132-1 du code pénal évoque l'individualisation de la peine au regard de sa nature, son quantum et son régime, en fonction des circonstances de l'infraction et de la personnalité de son auteur ainsi que de sa situation matérielle, familiale et sociale, l'article 132-24 évoque en termes de personnalisation de la peine, les aménagements dont elle peut faire l'objet, en ce y compris, ajournement, dispense et sursis.

Ce dispositif, déjà abordé par la loi du 24 novembre 2009[7], dite loi pénitentiaire, souligne l'importance de la prise en compte de la personne du prévenu tant au stade du prononcé qu'à celui de l'exécution de la peine. Le parallèle peut être fait avec le code de procédure pénale qui, dans le temps de l'exécution, dispose que l'exécution des peines favorise, dans le respect des règles et des intérêts de la société l'insertion ou la réinsertion des condamnés ainsi que la prévention de la récidive.

Même s'il concerne l'exécution des sentences pénales, rappelons qu'aux termes de l'article 707[8] du code de procédure pénale, lui aussi réécrit par la loi du 15 août 2014 en ses points I à III, outre la substitution de la détention à domicile sous surveillance électronique au placement sous surveillance électronique au point III, opérée par la loi du 23 mars 2019 et enfin complété par la loi du 8 avril 2021, il est prévu que :

I. – Sur décision ou sous le contrôle des autorités judiciaires, les peines prononcées par les juridictions pénales sont, sauf circonstances insurmontables, mises à exécution de façon effective et dans les meilleurs délais.

II. – Le régime d'exécution des peines privatives et restrictives de liberté vise à préparer l'insertion ou la réinsertion de la personne condamnée afin de lui permettre d'agir en personne responsable, respectueuse des règles et des intérêts de la société et d'éviter la commission de nouvelles infractions.

1. Crim. 7 janv. 2020, n° 19-80.839, P.
2. NOTA : Cons. const. 22 juill. 2005, n° 2005-520 QPC *relative à la loi précisant le déroulement de l'audience d'homologation de la CRPC.*
3. Nota : Cons. const. 2 mars 2018, n° 2017-694 QPC.
4. C. pén., art. 132-1 ; mod. par L. n° 2014-896, 15 août 2014, art. 2.
5. L. n° 2014-896, 15 août 2014 relative à l'individualisation des peines et renforçant l'efficacité des sanctions pénales, *JO* 17 août, p. 13647.
6. C. pén., art. 132-24 ; mod. par L. n° 2014-896, 15 août 2014, art. 3.
7. L. n° 2009-1436, 24 nov. 2009, préc.
8. C. pr. pén., art. 707, mod. par L. n° 2021-403, 8 avr. 2021, *JO* 9 avr., n° 3.

Ce régime est adapté au fur et à mesure de l'exécution de la peine, en fonction de l'évolution de la personnalité et de la situation matérielle, familiale et sociale de la personne condamnée, qui font l'objet d'évaluations régulières.

III. - Toute personne condamnée incarcérée en exécution d'une peine privative de liberté bénéficie, chaque fois que cela est possible, d'un retour progressif à la liberté en tenant compte des conditions matérielles de détention et du taux d'occupation de l'établissement pénitentiaire, dans le cadre d'une mesure de semi-liberté, de détention à domicile sous surveillance électronique, de placement sous surveillance électronique, de libération conditionnelle ou d'une libération sous contrainte, afin d'éviter une remise en liberté sans aucune forme de suivi judiciaire. Le droit de cette personne d'être incarcérée dans des conditions respectant sa dignité est garanti par l'article 803-8.

Le IV de cet article est consacré à la victime qui, au cours de l'exécution de la peine a le droit :

1° De saisir l'autorité judiciaire de toute atteinte à ses intérêts ;

2° D'obtenir la réparation de son préjudice, par l'indemnisation de celui-ci ou par tout autre moyen adapté, y compris, s'il y a lieu, en se voyant proposer une mesure de justice restaurative ;

3° D'être informée, si elle le souhaite, de la fin de l'exécution d'une peine privative de liberté, dans les cas et conditions prévus au présent code ;

4° À la prise en compte, s'il y a lieu, de la nécessité de garantir sa tranquillité et sa sûreté.

L'autorité judiciaire est tenue de garantir l'intégralité de ces droits tout au long de l'exécution de la peine, quelles qu'en soient les modalités.

§ 5
Motivation des peines

A.
Liberté de choix du juge

716.121 Peine : Principe de la liberté de choix du juge. C'est sous la réserve des dispositions de l'alinéa premier de l'article 464 du code de procédure pénale qui prévoient que si le tribunal estime que le fait constitue un délit il prononce la peine, que le tribunal peut, après avoir déclaré le prévenu coupable, soit le dispenser de peine[1], soit ajourner le prononcé de celle-ci dans les conditions prévues aux articles 132-59 à 132-70-3 du code pénal et aux articles 747-3 et 747-4 du code de procédure pénale[2], soit prononcer la peine. Il statue s'il y a lieu sur l'action civile[3].

En règle générale, la déclaration de culpabilité[4] sera donc suivie du prononcé de la peine et de l'éventuelle décision sur les intérêts civils.

Toute la question est dès lors de savoir si le choix du juge est discrétionnaire ou s'il doit être motivé. Elle a fait l'objet de sensibles évolutions.

716.122 Absence ancienne d'obligation de motiver toute autre peine que l'emprisonnement. Une jurisprudence tenace a longtemps affirmé qu'aucune disposition légale n'imposait au juge de motiver le choix d'une peine autre que l'emprisonnement sans sursis[5], ou encore que « les juges du fond dispos(ai)ent, quant à l'application de la peine, dans les limites fixées par la loi, d'une faculté discrétionnaire dont ils ne doivent aucun compte »[6]. La détermination de la peine par les juges, dans les limites fixées par la loi, relevait d'une faculté dont ils ne devaient aucun compte et à laquelle l'article 132-24 (ancien) n'avait apporté aucune restriction[7]. Aucune disposition légale n'imposait non plus à la cour d'appel l'obligation de motiver l'ajournement du prononcé de la peine[8].

Certaines peines exigeaient toutefois une motivation spéciale comme l'interdiction définitive du territoire français[9].

En matière d'emprisonnement, la loi du 15 août 2014[10] avait par ailleurs réécrit l'article 132-19 du

1. V. s^s n°s 715.51 s.

2. V. s^s n°s 715.41 s.
3. C. pr. pén., art. 469-1.
4. V. s^s n° 715.41.
5. Jurispr. constante : Crim. 19 oct. 2004, n° 04-80.317, P n° 246 ; *D.* 2005. 1528 ; *D.* 2005. 1521, obs. G. Roujou de Boubée, M.-H. Gozzi, S. Mirabail et M. Segonds ; *RSC* 2005. 70, obs. E. Fortis ; *D.* 2005. 77, obs. Y. Mayaud.
6. Crim. 3 nov. 1955, P n° 540 – Crim. 19 déc. 1996, n° 96-81.647, P n° 482 – pour les peines de substitution (alternatives) : Crim. 11 oct. 1989, n° 89-80.650, NP, *JCP* 1990. IV. 33 : « Pour le prononcé, à titre de peine principale, d'une des sanctions ou mesures prévues aux articles 43-3 et suivants du code pénal (ancien), les juges du fond disposent dans les limites et sous les réserves fixées par la loi, d'une faculté discrétionnaire dont ils ne doivent aucun compte [...] » – pour la peine de publication : Crim. 9 avr. 1976, n° 75-92.623, P n° 108, « Les juges du fond apprécient souverainement si la réparation de l'infraction doit être ordonnée sous la forme d'une publication de leur décision [...] » – pour la peine d'amende : Crim. 22 oct. 1998, n° 97-84.186, P n° 276 ; *Dr. pénal* 1999, n° 38, note M. Véron : « Si aux termes de l'article 132-24 du code pénal, les juges doivent tenir compte des ressources et des charges de la personne condamnée à une peine d'amende, ce texte ne leur impose pas de motiver spécialement leur décision à cet égard »...
7. Crim. 21 oct. 1997, n° 96-86.143, NP, *JCP* 1997. IV. 2487.
8. Crim. 18 mai 2004, n° 04-80.109, P n° 122, *Dr. pénal*, 2004, 139.
9. V. s^s n°s 716.131, 716.274 et 716.275.
10. L. n° 2014-896, 15 août 2014, entrée en vigueur le 1er octobre 2014 – v. s^s n° 716.111.

code pénal pour préciser qu'en matière correctionnelle, une peine d'emprisonnement sans sursis ne pouvait être prononcée qu'en dernier recours si la gravité de l'infraction et la personnalité de son auteur rendaient cette peine nécessaire et si toute autre sanction était manifestement inadéquate ; dans ce cas, la peine d'emprisonnement devait, si la personnalité et la situation du condamné le permettaient, et sauf impossibilité matérielle, faire l'objet d'une des mesures d'aménagement prévues [1].

Lorsque le tribunal correctionnel prononçait une peine d'emprisonnement sans sursis ne faisant pas l'objet d'une des mesures d'aménagement prévues aux mêmes sous-sections 1 et 2, il devait spécialement motiver sa décision, au regard des faits de l'espèce et de la personnalité de leur auteur ainsi que de sa situation matérielle, familiale et sociale [2] [3].

Avait été supprimée l'exception antérieure qui précisait qu'il n'y avait pas lieu à motivation spéciale lorsque la personne se trouvait en état de récidive légale.

La loi de programmation pour la justice [4] est venue réécrire à son tour cet article de manière assez importante puisqu'il dispose désormais :

« Lorsqu'un délit est puni d'une peine d'emprisonnement, la juridiction peut prononcer une peine d'emprisonnement ferme ou assortie en partie ou en totalité du sursis pour une durée inférieure à celle qui est encourue. Elle ne peut toutefois prononcer une peine d'emprisonnement ferme d'une durée inférieure ou égale à un mois.

Toute peine d'emprisonnement sans sursis ne peut être prononcée qu'en dernier recours si la gravité de l'infraction et la personnalité de son auteur rendent cette peine indispensable et si toute autre sanction est manifestement inadéquate.

Dans ce cas, si la peine est inférieure ou égale à six mois, elle doit, sauf impossibilité résultant de la personnalité ou de la situation du condamné, faire l'objet d'une des mesures d'aménagement prévues à l'article 132-25. Dans les autres cas prévus au même article 132-25, elle doit également être aménagée si la personnalité et la situation du condamné le permettent, et sauf impossibilité matérielle.

Le tribunal doit spécialement motiver sa décision, au regard des faits de l'espèce et de la personnalité de leur auteur ainsi que de sa situation matérielle, familiale et sociale conformément aux dispositions de l'article 464-2 du code de procédure pénale ».

1. V. s^{s} n°s 712.11 s. et 712.21 s.
2. C. pén., art. 132-19, préc.
3. Dern. Al. mod. par L. n° 2016-731, 3 juin 2016, art. 110 qui a remplacé la conjonction « ou » (ne faisant pas l'objet d'une mesure d'aménagement...), par la conjonction « et ».
4. L. n° 2019-222, 23 mars 2019, art. 74 – V. s^{s} n° 716.134.

Ainsi, la peine d'emprisonnement doit être « indispensable », elle ne peut avoir une durée inférieure ou égale à un mois et elle doit faire l'objet d'un aménagement, sauf impossibilité tenant à la personnalité du condamné à une peine inférieure ou égale à un an, ou sous la même réserve et en cas d'impossibilité matérielle, pour les peines comprises entre 6 mois et un jour et un an.

Il est inutile d'insister plus avant sur la volonté affichée de voir les aménagements de peine d'emprisonnement inférieures à un an se développer. Mais aussi sur une exigence accrue de motivation [5] qui, même en matière d'emprisonnement ferme, avait pu en des temps plus anciens, paraître des plus légères.

B.
D'une obligation exceptionnelle de motiver le choix... à sa généralisation

716.131 **Motivation et peine d'interdiction du territoire français à l'égard d'un étranger protégé.** En matière d'interdiction du territoire français prononcée à l'égard d'un étranger « protégé », la loi était venue de manière ancienne imposer une exigence de motivation spéciale, fondée sur la gravité de l'infraction et la situation personnelle et familiale de l'étranger lorsqu'est en cause :

1° Un étranger, ne vivant pas en état de polygamie, qui est père ou mère d'un enfant français mineur résidant en France, à condition qu'il établisse contribuer effectivement à l'entretien et à l'éducation de l'enfant dans les conditions prévues par l'article 371-2 du code civil depuis la naissance de celui-ci ou depuis au moins un an ;

2° Un étranger marié depuis au moins trois ans avec un conjoint de nationalité française, à condition que ce mariage soit antérieur aux faits ayant entraîné sa condamnation, que la communauté de vie n'ait pas cessé depuis le mariage et que le conjoint ait conservé la nationalité française ;

3° Un étranger qui justifie par tous moyens qu'il réside habituellement en France depuis plus de quinze ans, sauf s'il a été, pendant toute cette période, titulaire d'une carte de séjour temporaire portant la mention « étudiant » ;

4° Un étranger qui réside régulièrement en France depuis plus de dix ans, sauf s'il a été, pendant toute cette période, titulaire d'une carte de séjour temporaire portant la mention « étudiant » ;

5° Un étranger titulaire d'une rente d'accident du travail ou de maladie professionnelle servie par un

5. B. Lavielle, « Le juge correctionnel au bout de ses peines », *AJ pénal* 2020. 150.

organisme français et dont le taux d'incapacité permanente est égal ou supérieur à 20 %[1].

La motivation exigée l'était donc moins à l'égard de tous les étrangers en séjour irrégulier qu'à l'égard de ceux bénéficiant de par la loi d'une protection supplémentaire.

La chambre criminelle avait déjà jugé que ne justifiait pas sa décision la cour d'appel qui, pour prononcer une peine de dix ans d'interdiction du territoire français, énonçait que la requérante n'est pas en possession d'un titre de séjour délivré "au regard de son état de santé" et que son pays d'origine offre la possibilité de soins nécessaires à une bonne prise en charge de sa maladie par un personnel compétent, sans rechercher si la situation de la prévenue entrait dans les prévisions des articles 131-30-2, 5°, du code pénal et L. 313-11, 11°, du code de l'entrée et du séjour des étrangers et du droit d'asile et alors que l'appréciation de la gravité de cet état de santé et des soins qu'il exigeait relevait de la compétence exclusive du préfet saisi de la demande de renouvellement du titre[2].

Elle a encore jugé qu'il appartient au prévenu qui se prévaut d'une situation susceptible de relever des prévisions des articles 131-30-1 ou 131-30-2 du code pénal d'apporter à la juridiction les éléments de nature à lui permettre de s'en assurer. Par suite, la cour d'appel qui retient qu'un prévenu se prévalant des dispositions de l'article 131-30-1, 4° du code pénal ne justifie pas résider régulièrement en France depuis plus de dix ans n'inverse pas la charge de la preuve de la durée de ce séjour[3].

Mais encourt la cassation l'arrêt dont il ne résulte d'aucune mention, que le prévenu, non comparant mais représenté à l'audience, dont la situation est susceptible de relever des dispositions des articles 131-30 1, 2° ou 131-30-2 du code pénal, a pu présenter ses observations sur sa situation au regard de ces dispositions avant d'être condamné à une peine d'interdiction définitive du territoire français[4]. De même, lorsqu'il ne résulte d'aucune mention de l'arrêt que le prévenu, qui était présent à l'audience de la cour d'appel, a pu présenter ses observations sur sa situation au regard des articles 131-30-1 et 131-30-2 du code pénal avant d'être condamné à une peine d'interdiction du territoire français pendant trois ans, qui n'avait pas été prononcée en première instance[5].

1. C. pén., art. 131-30-1.
2. Crim. 26 juin 2013, n° 13-80.594, P n° 168.
3. Crim. 31 mars 2015, n° 14-86.584, P n° 70 ; *D.* 2015. 869 ; *D.* 2015. 2465, obs. G. Roujou de Boubée, T. Garé, C. Ginestet, M.-H. Gozzi et S. Mirabail ; *AJ pénal* 2015. 491, obs. J. Lasserre Capdeville.
4. Crim. 16 janv. 2019, n° 18-80.920, NP.
5. Crim. 5 juin 2019, n° 17-87.362, NP.

716.132 Motivation des peines délictuelles. Une évolution portée par la jurisprudence de la chambre criminelle et confirmée par la loi. Largement portée par la chambre criminelle à compter de l'année 2016 et clairement affirmée par trois arrêts du 1er février 2017[6] ayant énoncé qu'il résultait des articles 132-1 du code pénal et 485 du code de procédure pénale qu'en matière correctionnelle, toute peine devait être motivée en tenant compte de la gravité des faits, de la personnalité de leur auteur et de sa situation personnelle, la motivation de la quasi-totalité des peines est désormais exigée par la loi.

Dans un premier temps, s'est progressivement imposée l'exigence d'une motivation de toutes les peines, ce qui, somme toute, paraît d'autant plus logique que les exigences de motivation sur la culpabilité n'avaient pour leur part jamais disparues.

Nous rappellerons ci-après l'évolution des exigences de motivation posées, peine par peine, par la chambre criminelle.

Dans la limite des développements que cet ouvrage peut consacrer à ce sujet, et en forme de synthèse des attentes de la Cour de cassation, il est possible de citer une décision publiée du 27 juin 2018[7], par laquelle la chambre criminelle, comme pour parfaire son édifice[8], a jugé qu'en matière correctionnelle, le juge qui prononce une peine doit motiver sa décision au regard des circonstances de l'infraction, de la personnalité et de la situation personnelle de son auteur ; que le juge qui prononce une amende doit, en outre, motiver sa décision en tenant compte des ressources et des charges du prévenu ; que lorsque plusieurs peines sont prononcées, les motifs peuvent être communs à celles-ci.

Cette première partie de l'arrêt simplifie et allège la tâche des juges qui peuvent argumenter la nécessité du prononcé de plusieurs peines sur des motifs proches ou similaires.

Elle a ajouté, qu'il appartient au juge de motiver la peine qu'il prononce en se référant, dans sa décision, aux éléments qui résultent du dossier et à ceux qu'il a sollicités et recueillis lors des débats ; qu'il revient au prévenu, à la demande du juge ou d'initiative, d'exposer sa situation et de produire, éventuellement, des justificatifs de celle-ci ; que lorsque le prévenu n'a pas comparu et n'a pas fourni ni fait fournir d'éléments sur sa situation, il n'incombe

6. Crim. 1er févr. 2017, n° 15-85.199, P n° 28, n° 15-83.984, P n° 29 et n° 15-84.511, P n° 30.
7. Crim. 27 juin 2018, n° 16-87.009, P.n° 128 ; Crim. 14 nov. 2019, n° 18-85.688, NP, *Dr. pénal* 2020, comm. 24, obs. E. Bonis.
8. Voir dans les prémisses de la décision du 27 juin 2018, Crim. 28 nov. 2017, n° 16-87.026, NP qui censure une décision sur la peine au visa des articles 132-20, 132-1 et 132-24 du code pénal, 485, 512 et 593 du code de procédure pénale.

pas au juge d'en rechercher d'autres que ceux dont il dispose.

Cette seconde partie de la motivation, allège également le travail des magistrats dans la recherche d'éléments d'appréciation de la peine qu'il incombe au prévenu et à son avocat de fournir à la juridiction.

La loi n'a pas remis en cause ce *modus operandi*.

L'article 485-1 du code de procédure pénale, issu de la loi de mars 2019, dispose en effet qu'en cas de condamnation, sans préjudice des dispositions prévoyant la motivation spéciale de certaines peines, notamment des peines non aménagées d'emprisonnement ferme, la motivation doit également porter sur le choix de la peine au regard des dispositions des articles 132-1 et 132-20 du code pénal, sauf s'il s'agit d'une peine obligatoire ou de la confiscation du produit ou de l'objet de l'infraction [1].

Comme la chambre criminelle l'avait dit des obligations du sursis avec mise à l'épreuve [2], les mêmes dispositions prévoient que les obligations particulières du sursis probatoire n'ont pas à être motivées.

Rappelons que l'article 132-1 dispose dans ses deux derniers alinéas que toute peine prononcée par la juridiction doit être individualisée et que dans les limites fixées par la loi, la juridiction détermine la nature, le quantum et le régime des peines prononcées en fonction des circonstances de l'infraction et de la personnalité de son auteur ainsi que de sa situation matérielle, familiale et sociale, conformément aux finalités et fonctions de la peine énoncées à l'article 130-1. Ces deux articles n'ont pas été retouchés par la loi du 23 mars 2019.

Par ailleurs ce dernier article précise, qu'afin d'assurer la protection de la société, de prévenir la commission de nouvelles infractions et de restaurer l'équilibre social, dans le respect des intérêts de la victime, la peine a pour fonctions :

1° De sanctionner l'auteur de l'infraction ;

2° De favoriser son amendement, son insertion ou sa réinsertion.

L'article 132-20 ajoute, concernant l'amende, que lorsqu'une infraction est punie d'une peine d'amende, la juridiction peut prononcer une amende d'un montant inférieur à celle qui est encourue, se prononçant en tout état de cause en tenant compte des ressources et des charges de l'auteur de l'infraction.

716.133 Motivation des peines criminelles. *En matière criminelle*, les arrêts de cours d'assises n'étaient, jusqu'à il y a peu, pas motivés [3]. Les arrêts criminels visaient la déclaration de la cour et du jury répondant aux questions posées par le président de la cour d'assises à l'issue des débats et mentionnaient les textes appliqués à l'appui du dispositif [4]. La chambre criminelle continuait à réaffirmer l'absence d'obligation de motivation de la peine [5], ce qui pouvait d'ailleurs se concevoir au regard de la composition « populaire » du jury d'assises.

Le débat avait toutefois été relancé même s'il avait été aussitôt stoppé net par une décision du Conseil constitutionnel saisi sur QPC relative à la motivation des arrêts de cours d'assises, dont les considérants pouvaient ne pas convaincre [6]. Dans sa décision du 4 août 2011 [7], relative à la loi sur la participation des citoyens au fonctionnement de la justice pénale et le jugement des mineurs, le Conseil constitutionnel réaffirmait le même principe, validant cette fois la mise en œuvre d'une feuille de motivation prévue par le nouvel article 365-1 du code de procédure pénale, aux termes duquel : le président ou l'un des magistrats assesseurs par lui désigné rédige la motivation de l'arrêt.

En cas de condamnation, la motivation consiste dans l'énoncé des principaux éléments à charge qui, pour chacun des faits reprochés à l'accusé, ont convaincu la cour d'assises. Ces éléments sont ceux qui ont été exposés au cours des délibérations menées par la cour et le jury en application de l'article 356, préalablement aux votes sur les questions.

La motivation figure sur un document annexé à la feuille des questions appelé feuille de motivation, qui est signée conformément à l'article 364 du code de procédure pénale.

Lorsqu'en raison de la particulière complexité de l'affaire, liée au nombre des accusés ou des crimes qui leur sont reprochés, il n'est pas possible de rédiger immédiatement la feuille de motivation, celle-ci doit alors être rédigée, versée au dossier et déposée au greffe de la cour d'assises au plus tard dans un délai de trois jours à compter du prononcé de la décision [8].

1. C. pr. pén., art. 485-1, créé par la L. n° 2019-222, 23 mars 2019, art. 74, applicable à compter du 24 mars 2020.
2. Crim. 22 nov. 2017, n° 16-83.549, P.
3. Crim. 15 déc. 1999, n°s 99-83.910, 99-84.099, P n° 307 et 308, *Dr. pénal* 2000, 93.
4. Crim. 30 avr. 1996, n° 95-85.638, P n° 181.
5. Crim. 8 févr. 2017, n°s 16-80.391, 15-86.914, 16-80.389, 16-81.242, P ; *D.* 2017. 1557, chron. G. Guého, E. Pichon, B. Laurent, L. Ascensi et G. Barbier ; *D.* 2017. 1676, obs. J. Pradel.
6. Cons. const. 1er avr. 2011, n° 2011-113/115 QPC, préc.
7. Cons. const. 4 août 2011, n° 2011-635 DC, art., non conformes 5 (399-2, 4° et 5°, C. pr. pén.), 38 (10-3 (mots), ord. n° 45-174, 2 févr. 1945), 49 (24-2, 2° et 3°, ord. n° 45-174, 2 févr. 1945), 49 (24-1, al. 2, ord. n° 45-174, 2 févr. 1945), sous réserve 15 de la loi, *loi sur la participation des citoyens au fonctionnement de la justice pénale et le jugement des mineurs,* NON-CONFORMITÉ PARTIELLE – EFFET DIFFÉRÉ – RÉSERVE, *JO* 11 août, p. 13763 ; *D.* 2011. Actu. 2042.
8. C. pr. pén., art. 365-1, al. 4, qui pose un délai identique au délai « virtuel » de l'article 486 du code de procédure pénale en matière correctionnelle.

Mais les Sages allaient être de nouveau saisis de la question de savoir si les dispositions de l'article 362 et de l'article 365-1 du code de procédure pénale, en ce qu'elles n'imposent pas à la cour et au jury de motiver la peine, portent atteinte aux principes de nécessité, de légalité et d'individualisation de la peine, au droit à une procédure juste et équitable et aux droits de la défense, à l'égalité devant la loi et devant la justice, garantis par les articles 6, 7, 8, 9 et 16 de la Déclaration des droits de l'Homme et du citoyen de 1789, ainsi que par l'article 34 de la Constitution[1].

Par une décision du 2 mars 2018[2], le deuxième alinéa de l'article 365-1 du code pénal était finalement déclaré contraire à la Constitution en ce qu'il n'imposait pas à la cour d'assises de motiver le choix de la peine qu'elle prononce, les effets de la décision étant reportés au 1er mars 2019 et les arrêts de cour d'assises rendus en dernier ressort avant la publication de sa décision ne pouvant être contestés sur le fondement de cette inconstitutionnalité.

Il est intéressant d'observer au sujet de cette évolution que dans le même temps[3] la CEDH écartait la violation de l'article 6, § 1 (droit à un procès équitable) de la convention européenne des droits de l'homme, dans une affaire concernant la condamnation de Mme L... à la réclusion à perpétuité par la cour d'assises pour homicide volontaire avec préméditation sur ses cinq enfants. La requérante se plaignait en particulier que son droit à un procès équitable avait été violé en raison de l'absence de motivation du verdict du jury sur sa culpabilité et de l'arrêt de la cour d'assises sur la fixation de sa peine.

La Cour jugeait qu'il convient d'avoir égard au procès dans son ensemble, comprenant les décisions de justice postérieures à la déclaration du jury et qui ont précisé ses motifs. Elle estimait par conséquent que la lecture combinée des arrêts de la cour d'assises et de l'arrêt de la Cour de cassation permettait à la requérante de comprendre les raisons pour lesquelles elle avait été déclarée pénalement responsable, et donc reconnue coupable et condamnée à la réclusion à perpétuité.

La chambre criminelle adoptait une position similaire en affirmant qu'il ne résultait d'aucune disposition de la convention européenne des droits de l'homme que la cour d'assises, après avoir statué sur la culpabilité, soit tenue de motiver la peine qu'elle prononce[4].

Pourtant, le devoir de motivation, était régulièrement abordé par les instances européennes comme l'un des éléments contribuant à la qualité des décisions de justice[5], même si des exceptions sont admises, notamment en matière de décisions d'administration judiciaire, de questions procédurales mineures ou essentiellement non contentieuses (jugements par défaut ou sur l'accord des parties), de décisions de cours d'appel confirmant une décision de première instance après avoir entendu des arguments similaires ayant les mêmes fondements, de décisions prises par un jury ainsi que certaines décisions concernant l'autorisation d'exercer un recours ou d'intenter une action, dans les pays où de telles autorisations sont requises.

Toujours est-il que l'obligation de motivation de la peine est devenue également la règle en matière criminelle, avant que la loi de programmation pour la justice du 22 mars 2019 ne l'inscrive dans le code de procédure pénale[6].

716.134 Motivation des peines contraventionnelles. *En matière contraventionnelle*, la chambre criminelle n'a pas eu de suite l'occasion de se prononcer, sur la nécessité de la motivation des peines. La discussion méritait d'avoir lieu car si l'on se souvient que la convention européenne des droits de l'homme dont l'article 2[7] du protocole additionnel n° 7 prévoit que le droit de faire examiner la condamnation par une juridiction supérieure peut faire l'objet d'exceptions pour les infractions mineures, ce qui permet de retenir l'idée que l'exigence de motivation des peines soit moindre pour les infractions les moins graves, il est à l'inverse aisé de soutenir que les textes retenus pour fonder l'obligation de motiver les peines sont applicables en matière contraventionnelle, tandis que certaines peines de police prononcées sont parfois plus lourdes que leurs avatars correctionnels (suspension du permis de conduire par exemple).

Au demeurant, en matière contraventionnelle, le juge peut statuer par ordonnance pénale[8], procédure simplifiée qui exclut toute motivation, aux termes de l'article 526 du code de procédure pénale

1. Crim. 13 déc. 2017, nos 17-82.086, 17-82.237, 17-82.858, NP.
2. Cons. const. 2 mars 2018, n° 2017-694 QPC, art. non conforme 365-1, al. 2, du C. pr. pén., *motivation de la peine dans les arrêts de cour d'assises*, NON-CONFORMITÉ TOTALE, *JO* 3 mars, n° 55 : *D. actu.* 6 mars 2018, D. Goetz ; *AJ pénal* 2018. 192, note A.-G. Robert.
3. CEDH 26 mai 2015, *Lhermitte c/Belgique*, req. n° 34238/09 ; *RSC* 2017. 128, obs. J.-P. Marguénaud.
4. Crim. 20 juin 2018, n° 17-82.237, P n° 118 ; *D.* 2018. 1388.
5. NOT. : Conseil consultatif des juges européens (CCJE), avis n° 11 (2008), précité, sur la qualité des décisions de justice – J.-P. Jean, « La qualité des décisions de justice de justice au sens du Conseil de l'Europe », colloque organisé les 8 et 9 mars 2007, Faculté de droit et de sciences sociales de Poitiers et Études de la Cepej, n° 4.
6. Pour ce qui concerne la matière correctionnelle, C. pr. pén., art. 485-1 nouveau – v. ss n° 716.134.
7. Protocole additionnel n° 7 de la conv. EDH, art. 2.
8. C. pr. pén., art. 524 s.

qui mentionne que « le juge n'est pas tenu de motiver l'ordonnance pénale », ce qui toutefois ne l'exclut pas. Le caractère subsidiaire de cette voie procédurale permet cependant au justiciable qui le souhaite, de recourir à la procédure de droit commun (sur opposition à l'ordonnance).

Il faut noter que si l'alinéa 2 de l'article 495-2 du code de procédure pénale précise, s'agissant de l'ordonnance pénale délictuelle : « l'ordonnance pénale doit être motivée, au regard notamment des dispositions du I de l'article 495 », la pratique est celle d'une motivation « passe-partout », reproduite d'ordonnance en ordonnance quelles que soient les infractions poursuivies ou encore la personnalité de leur auteur.

En tout état de cause et par plusieurs arrêts, la chambre criminelle a finalement jugé qu'en application des articles 132-1 et 132-20 du code pénal, 485, 543 et 593 du code de procédure pénale et des principes constitutionnels tels que dégagés dans la décision n° 2017-694 QPC du 2 mars 2018, la juridiction qui prononce une peine d'amende doit motiver sa décision au regard des circonstances de l'infraction, de la personnalité et de la situation personnelle de son auteur, en tenant compte de ses ressources et de ses charges et que cette obligation de motivation s'applique en matière contraventionnelle[1].

On notera qu'en l'espèce, la chambre criminelle a également décidé de faire une application différée de sa nouvelle jurisprudence en jugeant que, s'agissant de textes de procédure, l'objectif, reconnu par le Conseil constitutionnel, d'une bonne administration de la justice, commande que la nouvelle interprétation qui en est donnée n'ait pas d'effet rétroactif, de sorte qu'elle ne s'appliquera qu'aux décisions prononcées à compter du présent arrêt.

SECTION 2
L'EMPRISONNEMENT FERME ET SON AMÉNAGEMENT PAR LA JURIDICTION DE JUGEMENT

§ 1
Prononcé d'une peine ferme

716.141 Motivation et peine d'emprisonnement : rappel historique. En matière de peine d'emprisonnement, la juridiction correctionnelle devait déjà, avant l'entrée en vigueur de la loi de programmation et pour la justice, appuyer sa décision sur un raisonnement en deux temps. Elle devait dire pourquoi la gravité de l'infraction et la personnalité de son auteur rendaient cette peine nécessaire et pour quelles raisons toute autre sanction était manifestement inadéquate ; elle devait déjà, en outre, motiver l'absence d'octroi d'un quelconque aménagement de la peine privative de liberté au regard, des faits de l'espèce et de la personnalité de leur auteur ainsi que de sa situation matérielle, familiale et sociale[2].

À vrai dire la solution n'était pas tout à fait nouvelle puisqu'elle s'était déjà manifestée, sous l'empire des dispositions antérieures, par une décision venue dire qu'aux termes de l'article 132-19, alinéa 2, du code pénal, en matière correctionnelle, la juridiction ne peut prononcer une peine d'emprisonnement sans sursis qu'après avoir spécialement motivé le choix de cette peine.

Encourait ainsi la cassation, l'arrêt qui, pour condamner le prévenu à trois mois d'emprisonnement sans sursis, se bornait à énoncer qu'il confirme le jugement sur la peine, lequel était lui-même dépourvu de motifs à cet égard[3]. De même avait pu être mentionnée la cassation d'un arrêt qui, pour condamner le prévenu à quatre mois d'emprisonnement, s'était borné à énoncer qu'il convient de tenir compte de la durée et de l'importance de l'activité dissimulée ainsi que des antécédents judiciaires de l'intéressé sans caractériser la nécessité de la peine d'emprisonnement ferme conformément à l'article 132-24 du code pénal, ni l'impossibilité d'ordonner une mesure d'aménagement[4][5].

De même était cassé l'arrêt qui, pour condamner à la peine de trois mois d'emprisonnement sans sursis une personne reconnue coupable de vol, se bornait à retenir, par motifs propres et adoptés, que les faits sont d'autant plus graves qu'ils ont été commis au préjudice d'une personne âgée qui reste psychologiquement traumatisée et que la peine tient exactement compte de la personnalité du prévenu[6].

Ne répondait pas non plus aux exigences de la motivation spéciale imposée par l'article 132-24, alinéa 3, du code pénal et encourait encore la cassation, l'arrêt qui prononçait une peine d'emprisonnement, pour partie sans sursis, sans rechercher si la personnalité et la situation du condamné permettaient d'aménager cette peine ni justifier d'une impossibilité matérielle empêchant cet aménagement[7].

1. Crim. 30 mai 2018, n° 16-85.777, P ; *D.* 2018. 1208.
2. C. pén., art. 132-19 ; mod. par L. n° 2005-1549, 12 déc. 2005, art. 3 ; et antérieurement réd. de L. n° 2014-896, 15 août 2014, art. 3.
3. Crim. 21 juin 1995, n° 94-83.442, P n° 231.
4. Crim. 30 oct. 2012, n° 11-87.244, P n° 228 ; *D.* 2012. 2805 ; *D.* 2013. 2713, obs. G. Roujou de Boubée, T. Garé, M.-H. Gozzi, S. Mirabail et T. Potaszkin ; *AJ pénal* 2013. 284.
5. AUSSI : v. s[s] n° 716.422, 724.12.
6. Crim. 12 oct. 2010, n° 10-81.044, P n° 156 ; *D.* 2010. 275, obs. M. Léna ; *D.* 2011. 2823, obs. G. Roujou de Boubée, T. Garé, S. Mirabail et T. Potaszkin.
7. Crim. 3 nov. 2011, n° 10-87.502, P n° 226 ; *D.* 2011. 2799 ; *AJ pénal* 2012. 99, obs. J. Lasserre Capdeville.

L'année 2012 avait amené la chambre criminelle à une appréciation plus souple des critères qu'elle avait énoncés initialement, en jugeant notamment que les énonciations de l'arrêt attaqué mettaient la Cour de cassation en mesure de s'assurer que la cour d'appel, en l'absence du prévenu régulièrement cité, et faute d'éléments lui permettant d'apprécier la situation personnelle de celui-ci en vue d'aménager la peine d'emprisonnement, avait justifié sa décision au regard des exigences de l'article 132-24 du code pénal[1] ou même, que la cour d'appel ayant relevé que les graves défaillances indemnitaires, du 1er juin 2006 jusqu'à ce jour, et l'importance du casier judiciaire portant 11 condamnations démontrant son ancrage dans tout type de délinquance justifiaient un emprisonnement ferme, sans aucunement se prononcer sur les possibilités d'aménagement de la peine d'emprisonnement ferme prononcée, avait pareillement, faute d'éléments lui permettant d'apprécier la situation personnelle de celui-ci en vue d'aménager la peine d'emprisonnement, justifié sa décision au regard des exigences de l'article 132-24 du code pénal[2].

Elle avait d'ailleurs arrêté une formule qui semblait stabilisée, posant qu'en l'état d'énonciations, d'où il résultait que toute autre sanction était manifestement inadéquate et que la possibilité d'aménager la partie de la peine d'emprisonnement prononcée non assortie du sursis ne ressortait, ni des pièces du dossier, ni des éléments versés aux débats, la cour d'appel avait justifié sa position[3].

Enfin, lorsque la récidive légale était visée, et quand une peine minimale ou « plancher » était encourue, la situation était inversée : le juge pouvait y déroger mais il devait motiver la non-application de la peine minimale[4], ou l'absence de prononcé immédiat d'un mandat de dépôt[5] [6]. Et la situation existait même, pour certains délits, hors le cas de la circonstance personnelle de récidive[7] [8].

Les peines planchers ayant été abrogées à compter du 1er octobre 2014, ce dispositif dérogatoire a donc disparu[9].

716.142 Évolution récente sur la motivation de la peine d'emprisonnement : la loi du 15 août 2014 et la jurisprudence ultérieure. L'intention du législateur de 2014, comme de ses devanciers d'ailleurs, avait été de limiter le prononcé de la peine d'emprisonnement aux faits les plus graves et contre les personnalités les plus lourdes. Il était affirmé de principe que cette peine privative de liberté, sans sursis, ne pouvait être prononcée qu'en dernier recours. Les critères d'application restrictive de l'emprisonnement étaient clairs : la gravité de l'infraction et la personnalité de son auteur rendaient cette peine nécessaire et toute autre sanction était manifestement inadéquate.

L'exigence de motivation détaillée était clairement destinée à servir de repoussoir au prononcé de la peine privative de liberté.

De surcroît et là encore de principe, la peine d'emprisonnement devait, si la personnalité et la situation du condamné le permettaient, et sauf impossibilité matérielle, faire l'objet d'une des mesures d'aménagement prévues aux sous-sections 1 et 2 suivant l'article 132-24 du code pénal, soit, la semi-liberté, le placement à l'extérieur, le placement sous surveillance électronique, le fractionnement de peine. La juridiction devait donc dire pourquoi, le cas échéant, elle refusait au condamné le bénéfice d'un aménagement de la peine d'emprisonnement qu'elle prononçait.

Soulignons enfin que le principe de l'aménagement de la peine ferme avait vocation à s'appliquer, même en cas de délivrance d'un mandat de dépôt ou d'arrêt, car dans cette hypothèse, les peines privatives de liberté pouvaient être immédiatement aménagées, dans les conditions prévues par le code, sans attendre que la condamnation soit exécutoire en application de son article 707, sous réserve du droit d'appel suspensif du ministère public prévu à l'article 712-14[10]. Dans la pratique quotidienne des juridictions ce dernier dispositif était résiduel, sans doute parce qu'il est délicat d'expliquer au condamné comme aux victimes, en particulier en matière de comparution immédiate, que la gravité des faits justifie une incarcération... qu'il convient immédiatement d'aménager.

À compter du 1er octobre 2014, le prononcé de toute peine d'emprisonnement sans sursis ou partiellement assortie du sursis était subordonné au respect des prescriptions de l'article 132-19 du code pénal, dans sa rédaction en vigueur depuis cette date[11].

La chambre criminelle avait rapidement eu l'occasion de préciser que l'alinéa 3, ajouté à l'article 132-19 du code pénal par la loi du 15 août 2014[12], en vertu duquel toute décision prononçant,

1. Crim. 28 nov. 2012, n° 12-81.140, P n° 266.
2. Crim. 28 nov. 2012, n° 12-80.639, P n° 265 ; *D.* 2013. 2713, obs. G. Roujou de Boubée, T. Garé, M.-H. Gozzi, S. Mirabail et T. Potaszkin.
3. Crim. 21 nov. 2012, n° 11-85.867, P n° 253.
4. C. pén., art. 132-19-1 anc.
5. C. pr. pén., art. 465-1, al. 2.
6. V. ss nos 716.423 s.
7. C. pén., art. 132-19-2.
8. V. ss n° 716.164.
9. SUR les peines planchers, v. ss nos 716.161 s.
10. C. pr. pén., art. 707-5 ; issu L. n° 2014-896, 15 août 2014, art. 24.
11. Crim. 8 oct. 2014, n° 14-80.633, P n° 202 ; *AJ pénal* 2015. 200, obs. J. Lasserre Capdeville.
12. L. n° 2014-896, 15 août 2014, art. 132-19, al. 3.

notamment, une peine d'emprisonnement sans sursis doit être spécialement motivée au regard des faits de l'espèce et de la personnalité de leur auteur ainsi que de sa situation matérielle, familiale et sociale, constituait une loi de procédure, qui ne pouvait entraîner l'annulation d'une décision régulièrement rendue avant son entrée en vigueur[1].

Mais c'est surtout à compter de la fin de l'année 2016, que la jurisprudence de la Cour de cassation a évolué, tout d'abord sur la motivation de la peine d'emprisonnement.

Par trois décisions du 29 novembre 2016, la chambre criminelle est venue en effet poser les principes suivants :

« Il résulte de l'article 132-19 du code pénal que le juge qui prononce une peine d'emprisonnement sans sursis doit en justifier la nécessité au regard de la gravité de l'infraction, de la personnalité de son auteur et du caractère manifestement inadéquat de toute autre sanction ; Encourt la censure l'arrêt qui, pour prononcer une peine de trois ans d'emprisonnement, retient que la gravité des faits et la personnalité du prévenu rendent nécessaire le prononcé d'une peine d'emprisonnement ferme et que toute autre sanction serait manifestement inadéquate, sans s'expliquer sur les éléments de la personnalité du prévenu qu'elle a pris en considération pour fonder sa décision et sur le caractère inadéquat de toute autre sanction[2] ;

I. – S'il résulte de l'article 132-19, alinéa 2, du code pénal que le juge, qui prononce en matière correctionnelle une peine d'emprisonnement sans sursis, doit en justifier la nécessité au regard de la gravité de l'infraction, de la personnalité de son auteur et du caractère manifestement inadéquat de toute autre sanction, il n'est tenu, selon le troisième alinéa du même texte, de spécialement motiver sa décision au regard de la situation matérielle, familiale et sociale du prévenu que pour refuser d'aménager la peine d'emprisonnement sans sursis d'une durée n'excédant pas deux ans, ou un an en cas de récidive légale, ainsi prononcée.

II. – N'encourt pas la censure, l'arrêt qui, bien que ne se prononçant pas expressément sur le caractère manifestement inadéquat de toute autre sanction qu'une peine d'emprisonnement sans sursis, comporte des motifs dont il résulte que les juges ont entendu, implicitement mais nécessairement, fonder leur appréciation de la nécessité d'une telle peine sur l'inadéquation de toute autre sanction.

III. – N'est pas tenue, au regard des exigences de l'article 132-19 du code pénal, de caractériser autrement l'impossibilité d'ordonner une mesure d'aménagement de peine, la cour d'appel qui prononce une peine d'emprisonnement sans sursis en l'absence du prévenu régulièrement cité et faute d'éléments lui permettant d'apprécier la situation personnelle de celui-ci en vue d'un tel aménagement[3] ;

S'il résulte de l'article 132-19, alinéa 2, du code pénal que le juge, qui prononce en matière correctionnelle une peine d'emprisonnement sans sursis, doit en justifier la nécessité au regard de la gravité de l'infraction, de la personnalité de son auteur et du caractère manifestement inadéquat de toute autre sanction il n'est tenu, selon le troisième alinéa du même texte, de spécialement motiver sa décision au regard de la situation matérielle, familiale et sociale du prévenu que pour refuser d'aménager la peine d'emprisonnement sans sursis d'une durée n'excédant pas deux ans, ou un an en cas de récidive légale, ainsi prononcée. Justifie sa décision la cour d'appel qui, pour prononcer une peine d'un an d'emprisonnement sans sursis et sans aménagement, retient, par motifs exempts d'insuffisance comme de contradiction, dans l'exercice de son pouvoir souverain d'appréciation, que la gravité de l'infraction, la personnalité de son auteur et le caractère manifestement inadéquat de toute autre sanction rendent nécessaire une peine d'emprisonnement sans sursis et que les faits de l'espèce, la personnalité du prévenu et sa situation matérielle, familiale et sociale ne permettent pas d'aménager ladite peine »[4].

716.143 Pratique de la motivation de la peine d'emprisonnement sous l'empire de la loi de 2014. L'évolution précédemment retracée a suscité une importante jurisprudence rappelée ci-dessous.

Au regard des articles 132-19, 132-24 et 132-26-1 du code pénal, la juridiction qui souhaitait prononcer une peine d'emprisonnement ferme devait la justifier au regard de la gravité de l'infraction, de la personnalité de son auteur et du caractère manifestement inadéquat de toute autre sanction, le juge devant de manière explicite se référer aux circonstances de l'espèce.

Dans un second temps, lorsque la peine d'emprisonnement prononcée était égale ou inférieure à deux ans, ou, un an pour une personne en état de récidive légale, elle avait vocation à être aménagée par la juridiction de jugement à qui il appartenait dès l'audience de jugement de prononcer sur l'aménagement choisi ou refusé. Il résultait ainsi des

1. Crim. 31 mars 2015, n° 14-86.584, P n° 70.
2. Crim. 29 nov. 2016, n° 15-86.712, P n° 316 ; *D.* 2016. 2465 ; *D.* 2017. 2501, obs. G. Roujou de Boubée, T. Garé, C. Ginestet, M.-H. Gozzi, S. Mirabail et E. Tricoire ; *AJ pénal* 2017. 96. Crim. 9 janv. 2018, n° 17-80.200, P n° 5 ; Crim. 21 mars 2018, n° 16-87.296, P n° 50.
3. Crim. 29 nov. 2016, n° 15-83.108, P n° 314 ; *D.* 2016. 2465 ; *AJ pénal* 2017. 96.
4. Crim. 29 nov. 2016, n° 15-86.116, P n° 315, *ibid.*

articles 132-19 du code pénal, 723-2 et 723-7-1 du code de procédure pénale que la juridiction qui ordonnait l'aménagement de la condamnation à une peine d'emprisonnement qu'elle prononçait devait choisir la nature de la mesure d'aménagement tout en laissant au juge de l'application des peines le soin d'en définir les modalités d'exécution. Était par suite cassé, l'arrêt qui se bornait à énoncer que la peine d'emprisonnement sans sursis prononcée à l'encontre du prévenu pourrait faire l'objet d'un aménagement *ab initio* selon des modalités à définir en accord avec le juge d'application des peines[1].

« En cas de refus d'un quelconque aménagement de la peine, le juge est tenu de spécialement motiver sa décision au regard des faits de l'espèce, de la personnalité du prévenu et de sa situation matérielle, familiale et sociale. Le juge qui prononce une peine d'emprisonnement sans sursis doit en justifier la nécessité au regard de la gravité de l'infraction, de la personnalité de son auteur et du caractère manifestement inadéquat de toute autre sanction ; que, si la peine prononcée n'est pas supérieure à deux ans, ou à un an pour une personne en état de récidive légale, le juge, qui décide de ne pas l'aménager, doit en outre, soit constater une impossibilité matérielle de le faire, soit motiver spécialement sa décision au regard des faits de l'espèce, de la personnalité du prévenu et de sa situation matérielle, familiale et sociale[2].

Les juges ne sont donc tenus de spécialement motiver leur décision au regard de la situation matérielle, familiale et sociale du prévenu que pour refuser d'aménager la peine d'emprisonnement sans sursis d'une durée n'excédant pas deux ans, ou un an en cas de récidive légale et non pour justifier la nécessité d'une telle peine.

En cas d'impossibilité matérielle d'aménagement de la peine, la juridiction n'est pas tenue à cette motivation et ce notamment en l'absence du prévenu régulièrement cité et faute d'éléments lui permettant d'apprécier la situation personnelle de celui-ci en vue d'un tel aménagement.

POUR EXEMPLE

« Attendu qu'après avoir relevé que la manière d'opérer, la nature de l'infraction commise, l'importance du profit financier tiré par M. X..., le détournement de la mission de défense opéré par ce dernier, sa volonté de porter atteinte à l'autorité de l'État et de tirer profit de la misère humaine de jeunes candidats à l'immigration signent un ancrage certain dans la délinquance organisée à visée lucrative et un professionnalisme qui doivent être sanctionnés par une peine d'emprisonnement sans sursis, l'arrêt retient que la gravité de l'infraction et la personnalité de son auteur, par ailleurs déjà condamné à deux reprises, rendent cette peine nécessaire, toute autre sanction étant manifestement inadéquate, et que la cour ne dispose pas de suffisamment d'éléments précis, actualisés et vérifiés concernant la personnalité et la situation matérielle, familiale et sociale du condamné ou son évolution pour apprécier la possibilité de prononcer en sa faveur une mesure d'aménagement de peine. Attendu qu'en l'état de ces motifs qui répondent aux exigences de l'article 132-19 du code pénal, la cour d'appel a justifié sa décision »[3].

716.144 Motivation de l'emprisonnement avec sursis. Après que plusieurs pourvois aient frôlé la question de la nécessaire motivation du choix du sursis par la juridiction, un arrêt est venu poser le principe qu'il résulte des articles 132-1 du code pénal et 485 du code de procédure pénale, qu'en matière correctionnelle, toute peine doit être motivée en tenant compte de la gravité des faits, de la personnalité de son auteur et de sa situation personnelle et censurer en conséquence l'arrêt qui, pour abandon de famille, condamne le prévenu à quatre mois d'emprisonnement avec sursis et mise à l'épreuve sans s'expliquer sur sa personnalité et sa situation personnelle[4][5].

En matière de sursis probatoire, le demandeur ne saurait toutefois se faire un grief de ce que la cour d'appel n'aurait pas motivé les obligations particulières qui lui ont été imposées dans le cadre de la peine d'emprisonnement avec sursis et mise à l'épreuve prononcée à son encontre, dès lors que l'exigence selon laquelle, en matière correctionnelle, toute peine doit être motivée au regard de la gravité des faits, de la personnalité de leur auteur et de sa situation personnelle, s'applique au prononcé de cette peine, et non au choix de ses modalités que sont les obligations prévues à l'article 132-45 du code pénal, lesquelles sont susceptibles d'être modifiées par le juge de l'application des peines[6].

Cette absence d'exigence d'une motivation spéciale des obligations particulières du sursis probatoire a été retenue par la loi du 23 mars 2019[7].

1. Crim. 20 avr. 2017, n° 16-80.091, P n° 110 ; *D.* 2017. 1459, note J. Lasserre Capdeville ; *JCP G* 2017. Act. 527, note J.-M. Brigant ; *Dr. pénal* 2017, comm. 100, note E. Bonis-Garçon ; *RTD com.* 2017. 451, obs. L. Saenko.
2. Crim. 11 juill. 2017, n° 16-85.927, NP.
3. Crim. 18 oct. 2017, n° 16-83.108, P n° 231.
4. Crim. 28 juin 2017, n° 16-87.469, P n° 188 ; *D.* 2017. 2501, obs. G. Roujou de Boubée, T. Garé, C. Ginestet, M.-H. Gozzi, S. Mirabail et E. Tricoire ; *AJ fam.* 2017. 545, obs. A. Sannier – POUR UN EXEMPLE de validation de la motivation du prononcé d'un sursis avec mise à l'épreuve : Crim. 28 juin 2017, n° 16-85.788, NP.
5. SUR le sursis avec mise à l'épreuve (probatoire) : v. s[s] n°s 716.181 s.
6. Crim. 22 nov. 2017, n° 16-83.549, P n° 267 ; *D.* 2017. 2422.
7. C. pr. pén., art. 485-1.

« Par ailleurs, une autre décision[1] est venue juger que le défaut de notification au condamné, par le président de la juridiction, des obligations devant être respectées pendant la durée du sursis avec mise à l'épreuve, en méconnaissance des prescriptions de l'article 132-40, alinéa 2, du code pénal, a pour seule sanction l'inopposabilité de ces obligations au condamné jusqu'à leur notification régulière à l'intéressé, par le juge de l'application des peines ou le service pénitentiaire d'insertion et de probation, selon les modalités prévues par l'article R. 59 du code de procédure pénale, et d'autre part, l'avertissement prévu par l'article 132-40 précité n'est pas prescrit à peine de nullité. Un arrêt du 3 novembre 2016 avait déjà considéré que l'absence de preuve de la notification, à l'audience, ou postérieurement par le juge de l'application des peines, des obligations d'une mesure de sursis avec mise à l'épreuve ne fait pas obstacle à sa révocation pour manquements à une obligation particulière, dès lors que le condamné, présent au délibéré, a été averti dans les formes de l'article 132-40 du code pénal »[2].

716.145 Dispositions applicables à la peine d'emprisonnement après la loi du 23 mars 2019. L'article 132-19 du code pénal, issu de la loi du 23 mars 2019 de programmation pour la justice entrée en vigueur sur ce point le 24 mars 2020, dispose désormais que lorsqu'un délit est puni d'une peine d'emprisonnement, la juridiction peut prononcer une peine d'emprisonnement ferme ou assortie en partie ou en totalité du sursis pour une durée inférieure à celle qui est encourue. Elle ne peut toutefois prononcer une peine d'emprisonnement ferme d'une durée inférieure ou égale à un mois.

Toute peine d'emprisonnement sans sursis ne peut être prononcée qu'en dernier recours si la gravité de l'infraction et la personnalité de son auteur rendent cette peine indispensable et si toute autre sanction est manifestement inadéquate.

Dans ce cas, si la peine est inférieure ou égale à six mois, elle doit, sauf impossibilité résultant de la personnalité ou de la situation du condamné, faire l'objet d'une des mesures d'aménagement prévues à l'article 132-25. Dans les autres cas prévus au même article 132-25, elle doit également être aménagée si la personnalité et la situation du condamné le permettent, et sauf impossibilité matérielle.

Le tribunal doit spécialement motiver sa décision, au regard des faits de l'espèce et de la personnalité de leur auteur ainsi que de sa situation matérielle, familiale et sociale conformément aux dispositions de l'article 464-2 du code de procédure pénale »[3].

La loi est donc venue prohiber le prononcé de peines d'emprisonnement sans sursis inférieure ou égale à un mois, substituer au caractère « nécessaire » de l'emprisonnement, son caractère « indispensable », réduire le seuil de la peine d'emprisonnement aménageable de deux à un an, en distinguant les conditions pouvant conduire à un refus d'aménagement :

– ***la peine inférieure ou égale à six mois*** doit sauf impossibilité résultant de la personnalité ou de la situation du condamné, faire l'objet d'un aménagement prévu à l'article 132-25 qui ne peut concerner que la totalité de la peine ;

– ***la peine supérieure à six mois et inférieure ou égale à un an*** doit également être aménagée, en totalité ou partiellement, si la personnalité et la situation du condamné le permettent, sauf impossibilité matérielle.

Les dispositions réglementaires[4] précisent que les seuils de six mois ou un an d'emprisonnement prévus en matière d'aménagement de peine par le troisième alinéa de l'article 132-19 et l'article 132-25 du code pénal, ainsi que par les 1°, 2° et 3° du I de l'article 464-2, l'article 474 et l'article 723-15 du code de procédure pénale s'apprécient en prenant en compte, le cas échéant, de :

« 1° La révocation totale ou partielle d'un sursis simple ou d'un sursis probatoire, décidée par la juridiction de jugement et dont la durée s'ajoute, conformément aux articles 132-38 et 132-50 du code pénal, à celle de la peine d'emprisonnement pouvant être exécutée ;

« 2° L'intervention d'une détention provisoire dont la durée est intégralement déduite, conformément à l'article 716-4 du présent code, de celle de la peine d'emprisonnement prononcée. »

Le texte réitère l'obligation faite au tribunal de motiver sa décision et définit les critères pour ce faire, alors même que les nouveaux articles 464-2 II du code de procédure pénale (pour la peine supérieure à un an) et 485-1 du même code imposent déjà la motivation du choix d'une peine d'emprisonnement ferme.

Il est donc important de relever que la nouvelle rédaction de l'article 132-19 du code pénal, en ce qu'elle débute par une mention relative aux délits punis d'une peine d'emprisonnement et se termine par une exigence de motivation qui renvoie aux

1. Crim. 18 oct. 2017, n° 16-87.123, P n° 232 ; *AJ pénal* 2017. 559, obs. J. Ficara.
2. Crim. 3 nov. 2016, n° 15-87.373, NP, *AJ pénal* 2017. 51, obs. J. Ficara.
3. L. n° 2019-222, 23 mars 2019 de programmation 2018-2022 et de réforme pour la justice, art. 74.
4. C. pr. pén., art. D. 48-1-1, issu Décr. n° 2020-187, 3 mars 2020 relatif aux aménagements de peine et aux modalités d'exécution de la peine de détention à domicile sous surveillance électronique, *JO* 4 mars, n° 2.

dispositions de l'article 464-2 du code de procédure pénale, sans distinguer les peines aménageables des autres, devrait conduire à exiger des juridictions ordonnant une peine d'emprisonnement ferme, d'en justifier, quelle qu'en soit la durée, le caractère indispensable au regard de la gravité de l'infraction, de la personnalité de son auteur et du caractère manifestement inadéquat de toute autre sanction, en motivant spécialement sa décision au regard des faits de l'espèce et de la personnalité de leur auteur ainsi que de sa situation matérielle, familiale et sociale.

Quant à l'exigence de motivation, seront ici rappelées deux jurisprudences qui ont vu la chambre criminelle juger que :

- à partir du 1er octobre 2014, le prononcé de toute peine d'emprisonnement sans sursis ou partiellement assortie du sursis est subordonné au respect des prescriptions de l'article 132-19 du code pénal, dans sa nouvelle rédaction en vigueur depuis cette date [1] ;
- l'alinéa 3, ajouté à l'article 132-19 du code pénal par la loi n° 2014-896 du 15 août 2014 relative à l'individualisation des peines et renforçant l'efficacité des sanctions pénales, en vertu duquel toute décision prononçant, notamment, une peine d'emprisonnement sans sursis doit être spécialement motivée au regard des faits de l'espèce et de la personnalité de leur auteur ainsi que de sa situation matérielle, familiale et sociale, est une loi de procédure qui ne peut entraîner l'annulation d'une décision régulièrement rendue avant son entrée en vigueur [2].

716.146 **Entrée en vigueur des dispositions nouvelles.** Depuis le 24 mars 2020, date d'entrée en vigueur de la plupart des dispositions relatives aux peines issues de la loi du 23 mars 2019, il est donc impossible de prononcer une peine d'emprisonnement inférieure ou égale à un mois sans sursis, même pour des faits antérieurs à la date d'entrée en vigueur de la loi. La logique aurait voulu que l'on prohibe toutes les peines inférieures ou égales à un mois si l'on observe que la révocation d'un sursis simple de 15 jours aboutit à l'exécution d'une peine inférieure à un mois ce que la loi semble justement vouloir exclure en raison du caractère particulièrement désocialisant et pour tout dire inutile des très courtes peines privatives de liberté. La loi nouvelle n'interdit donc pas le prononcé d'une peine d'un mois d'emprisonnement avec sursis, ni la révocation - quelle qu'en soit la durée - d'une telle peine, ni la révocation partielle d'un sursis pour une durée de seulement un mois.

1. Crim. 8 oct. 2014, n° 14-80.633, P n° 202.
2. Crim. 31 mars 2015, n° 14-86.584, P n° 70.

S'agissant des règles applicables à l'entrée en vigueur des textes relatifs aux peines, on sait qu'en vertu des deux premiers alinéas de l'article 112-1 du code pénal sont seuls punissables les faits constitutifs d'une infraction à la date à laquelle ils ont été commis et que peuvent seules être prononcées les peines légalement applicables à la même date. L'article 112-4 du code pénal dispose par ailleurs que l'application immédiate d'une loi nouvelle n'a pas de conséquence sur les condamnations passées rendues conformément à la loi ancienne. Toutefois, l'alinéa 2 de cet article prévoit que cesse de recevoir exécution la peine prononcée pour un fait qui en vertu d'une loi postérieure au jugement n'a plus le caractère d'une infraction pénale. Ainsi des peines prononcées avant la suppression de l'infraction de chèque sans provision.

La règle ne vaut toutefois que sous la réserve qu'une autre qualification pénale ne puisse être substituée à la qualification supprimée : si la déclaration de culpabilité du chef d'abus de blanc-seing prononcée à l'encontre d'un prévenu convaincu d'avoir prélevé à des fins personnelles sur le compte bancaire de la victime des sommes importantes à l'aide de chèques signés en blanc par celle-ci et destinés à régler de simple dépenses courantes est dépourvue de base légale sous l'empire du code pénal entré en vigueur le 1er mars 1994, qui a supprimé cette qualification pénale, les faits relatés par les juges d'appel n'en restent pas moins pénalement punissables, comme constitutifs d'un abus de confiance rentrant dans les prévisions tant de l'article 408 du code pénal applicable à la date des faits reprochés que de l'article 314-1 du nouveau code pénal [3].

La présente hypothèse est ici différente avec la suppression, non d'une infraction, mais d'une peine en raison de son quantum. Le principe d'application immédiate de la loi pénale plus douce rappelé par l'article 112-1, alinéa 3 du code pénal impose de faire bénéficier les prévenus des dispositions nouvelles moins sévères [4].

3. Crim. 21 sept. 1994, n° 93-85.297, P n° 300, *Dr. pénal* 1995, 3, note Veron ; *RSC* 1995. 101, note Ottenhof.
4. Crim. 15 sept. 2015, n° 14-86.135, P n° 140. En l'espèce, la loi nouvelle moins sévère s'appliquant, selon l'article 112-1, alinéa 3, du code pénal, aux infractions commises avant son entrée en vigueur et n'ayant pas donné lieu à une condamnation passée en force de chose jugée, doit être annulée la décision d'une cour d'appel qui a prononcé une peine d'emprisonnement à l'encontre d'une personne atteinte, au moment des faits, d'un trouble psychique ou neuro-psychique ayant altéré son discernement ou entravé le contrôle de ses actes sans qu'ait été examinée la situation du prévenu au regard des dispositions plus favorables de l'article 122-1, alinéa 2, du code pénal entré en vigueur le 1er octobre 2014, réduisant, dans cette hypothèse, du tiers la peine privative de liberté encourue.

La chambre criminelle avait déjà jugé qu'encourt la cassation l'arrêt qui, pour contravention de coups ou violences volontaires commise le 13 janvier 1993, prononce une peine d'emprisonnement alors qu'au moment de son prononcé cette peine avait été supprimée par la loi du 19 juillet 1993 [1].

De même après abrogation du dispositif des peines plancher, la chambre criminelle avait-elle jugée qu'une loi nouvelle moins sévère s'appliquant, selon l'article 112-1, alinéa 3, du code pénal, aux infractions commises avant son entrée en vigueur et n'ayant pas donné lieu à une condamnation passée en force de chose jugée, doit être annulée la décision d'une cour d'appel ayant condamné un prévenu, pour un vol en récidive commis le 24 mai 2010, à la peine minimale d'un an d'emprisonnement prévue par l'article 132-19-1 du code pénal dont les dispositions ont été abrogées, à compter du 1er octobre 2014, par l'article 7 de la loi du 15 août 2014 relative à l'individualisation des peines et renforçant l'efficacité des sanctions pénales [2]. Et encore, que les dispositions d'une loi nouvelle s'appliquent aux infractions commises avant leur entrée en vigueur et n'ayant pas donné lieu à une condamnation passée en force de chose jugée lorsqu'elles sont moins sévères que les dispositions anciennes [3].

Encourt également l'annulation en application de l'article 112-1 du code pénal, l'arrêt qui, statuant antérieurement à la loi nouvelle, prononce une peine d'emprisonnement, alors que la loi n° 2015-990 a supprimé, à l'article L. 2328-1 du code du travail, réprimant l'entrave au fonctionnement régulier d'un comité d'entreprise ou d'un comité central d'établissement, ladite peine [4].

Suivant un arrêt du 11 mai 2021 [5], la chambre criminelle, au visa des articles 112-1 et 132-19, alinéa 1er, du code pénal dans sa version issue de la loi n° 2019-222 du 23 mars 2019 applicable depuis le 24 mars 2020, a jugé que :

- Selon le premier de ces textes, les lois de pénalité moins sévères sont applicables aux infractions commises avant leur entrée en vigueur.

- Selon le second, lorsqu'un délit est puni d'emprisonnement, la juridiction peut prononcer une peine d'emprisonnement ferme ou assortie en partie ou en totalité du sursis pour une durée inférieure à celle qui est encourue. Elle ne peut toutefois prononcer une peine d'emprisonnement ferme d'une durée inférieure ou égale à un mois.

- Cette dernière disposition, qui ne peut être interprétée comme instaurant une peine minimale, a pour objectif de supprimer les courtes peines d'emprisonnement et de les remplacer par des peines alternatives.

- En prononçant une peine de quinze jours d'emprisonnement pour prise du nom d'un tiers alors que l'interdiction des peines d'emprisonnement inférieures ou égales à un mois ferme est une disposition de pénalité moins sévère applicable aux infractions commises avant son entrée en vigueur, la cour d'appel a méconnu les textes susvisés et les principes ci-dessus rappelés.

Trois autres arrêts du même jour [6] ont confirmé l'application immédiate de la loi du 23 mars 2019 en matière d'application des peines et le caractère obligatoire de l'aménagement de la peine inférieure à six mois d'emprisonnement.

716.147 Sort des peines d'emprisonnement inférieures ou égales à un mois prononcées avant l'entrée en vigueur de la loi du 23 mars 2019 ... et le cas échéant après. Une juridiction a pu, par erreur, prononcer depuis l'entrée en vigueur de la loi du 23 mars 2019 une peine d'emprisonnement inférieure à un mois qui le cas échéant a d'ailleurs pu entraîner la révocation de sursis antérieurs. Il convient ici de se référer à une jurisprudence plus ancienne qui avait eu à apprécier le prononcé d'une peine illégale de six ans d'emprisonnement dont deux ans avec sursis. La chambre criminelle avait jugé que la cour d'appel qui avait dit que le condamné devait exécuter la partie sans sursis de la peine prononcée contre lui, soit quatre ans d'emprisonnement, n'avait pas substitué une peine nouvelle à celle prononcée par l'arrêt de condamnation et que le principe de l'autorité qui s'attache à la chose jugée, même de manière erronée, s'opposait à ce qu'une décision de justice devenue définitive soit remise en cause [7]. L'arrêt attaqué ayant en revanche dit que le sursis affectant une peine supérieure à cinq années ne pourrait être révoqué, la chambre criminelle en prononce la cassation (sans renvoi) jugeant que la révocation du sursis assortissant une condamnation devenue définitive n'est pas subordonnée à la régularité de son prononcé, qui ne peut plus être remise en question, et que, d'autre part, la juridiction prononçant une nouvelle condamnation est seule habilitée à dispenser le condamné de la révocation de plein droit du sursis antérieurement accordé.

La question de la mise à exécution des peines inférieures ou égales à un mois prononcées avant l'entrée en vigueur de la loi de 2019, ou, par erreur,

1. Crim. 14 déc. 1994, n° 94-83.064, P n° 412.
2. Crim. 14 oct. 2014, n° 13-85.779, P n° 205.
3. Crim. 10 déc. 2014, n° 13-84.076, NP.
4. Crim. 26 janv. 2016, n° 13-82.158, P n° 18.
5. Crim. 11 mai 2021, n° 20-85.464, P.
6. Crim. 11 mai 2021, n° 20-83.507, P, n° 20-84.412, P et n° 20-85.576, P. M. Dominati « Motivation des peines correctionnelles et de leurs aménagements », *D. actu.*. 31 mai 2021.
7. Crim. 4 avr. 2013, n° 10-88.834, P n° 78.

depuis, et le cas échéant de leur aménagement doit s'apprécier dans ce contexte.

Faut-il en effet considérer que passées en force de chose jugée, ce qui signifie qu'elles ne sont plus susceptibles de recours, soit parce que les recours ont été épuisés, soit que les délais sont expirés lors de l'entrée en vigueur de la loi du 23 mars 2019, elles ont vocation à subsister et à être aménagées, le cas échéant, au bénéfice du régime antérieur soit jusqu'à deux ans d'emprisonnement ? Faut-il à l'inverse, en particulier quand ladite peine n'est pas définitive et par exemple si un pourvoi est introduit contre une décision l'ayant prononcée, annuler l'arrêt et imposer à la cour de renvoi le réexamen de l'affaire au regard des nouvelles dispositions légales, soit sur le quantum de la peine, voire sa nature ?

À ce jour, la chambre criminelle ne s'est pas prononcée sur ce sujet.

716.148 Pratique de la peine d'emprisonnement après l'entrée en vigueur de la loi du 23 mars 2019. Solutions acquises. En substance, et quelle que soit la volonté affichée des pouvoirs exécutif et législatif de voir se développer aménagements de peine et alternatives à l'emprisonnement, la pratique antérieure de l'aménagement de peine ne devrait pas être foncièrement bouleversée, ce d'autant que l'entrée en vigueur de ces dispositions a télescopé le déclenchement de l'état d'urgence sanitaire lié à la pandémie de la Covid-19 [1], ramenant les praticiens à leurs usages les mieux assurés.

La première question à résoudre était, de la même manière que pour la prohibition du prononcé des peines d'emprisonnement ferme inférieures ou égales à un mois sus-évoquée, celle de la problématique de l'entrée en vigueur du nouvel article 132-19 : s'appliquait-il immédiatement dès le 24 mars 2020 y compris à des faits commis alors que la peine d'emprisonnement ferme était aménageable jusqu'à deux années ? Fallait-il, conformément à la circulaire du 6 mars 2020 [2], considérer en application de l'article 112-2, 3° du code pénal, que ces dispositions issues de lois relatives au régime d'exécution et d'application des peines étaient immédiatement applicables à la répression des infractions commises avant leur entrée en vigueur sous la réserve posée au même article d'une exclusion de cette application immédiate, lorsqu'elle aurait pour résultat de rendre plus sévères les peines prononcées par la décision de condamnation. Fallait-il à l'inverse, la juridiction de jugement ne pouvant plus désormais aménager la peine supérieure à une année d'emprisonnement, contre deux précédemment, considérer que la loi nouvelle n'était applicable qu'aux seules condamnations prononcées pour des faits commis postérieurement à son entrée en vigueur ?

Saisie de la difficulté, la chambre criminelle, statuant en plénière de chambre [3] a jugé que pour l'application d'une loi nouvelle modifiant le prononcé et l'aménagement de la peine d'emprisonnement sans sursis, il importe de déterminer au préalable si les nouvelles dispositions sont susceptibles de constituer une loi pénale moins sévère qui, par application de l'article 112-1, alinéa 3, du code pénal devrait s'appliquer aux infractions n'ayant pas donné lieu à une condamnation passée en force de chose jugée. Des dispositions qui visent, d'une part, à limiter le recours aux courtes peines d'emprisonnement et, d'autre part, à rendre effectives les peines d'emprisonnement prononcées pour des durées plus longues ne constituent pas un ensemble indivisible. Il en résulte qu'elles doivent, au regard de leur application dans le temps, être envisagées séparément les unes des autres. Les dispositions de l'article 74 de la loi n° 2019-222 du 23 mars 2019, qui interdisent désormais l'aménagement des peines d'emprisonnement ferme comprises entre un et deux ans, se rapportent au régime d'exécution et d'application des peines et obéissent aux règles définies par l'article 112-2, 3°, du code pénal. Ayant pour effet de rendre plus sévères les peines prononcées, elles ne sont donc applicables qu'aux condamnations relatives à des faits commis postérieurement à leur entrée en vigueur.

Les nouvelles dispositions concernant le quantum aménageable, ne s'appliquent en conséquence

1. L. n° 2020-290 du 23 mars 2020 d'urgence pour faire face à l'épidémie de covid-19, *JO* 24 mars, n° 2.
2. La circulaire n° CRIM JUSD2006590C du 6 mars 2020 (dite de présentation des dispositions relatives aux peines et entrant en vigueur le 24 mars 2020...), considérait (point 4.1.2) que les dispositions nouvelles s'appliquaient y compris lorsque les faits étaient antérieurs au 24 mars 2020, considérant que les dispositions nouvelles entraient dans la catégorie des lois fixant les modalités des poursuites (C. pén., art. 112-2, 2°) et non dans celle des lois relatives au régime d'exécution et d'application des peines visées à l'article 112-2, 3° du même code, position qui semblait contraire à plusieurs des arrêts rendus par la chambre criminelle à l'occasion de l'entrée en vigueur des dispositions de la loi pénitentiaire du 24 novembre 2009 : Crim. 9 juin 2010, n° 09-87.677, NP ; Crim. 6 déc. 2011, n° 10-86.118, NP ; Crim. 5 nov. 2013, n° 12-85.387, NP. De même développait-elle le fait que « Si le juge de l'application des peines est saisi en application de l'article 723-15 du code de procédure pénale d'une ou plusieurs condamnations prononcées avant le 24 mars 2020 à une ou plusieurs peines d'emprisonnement dont le cumul n'excède pas deux ans, et que ces condamnations sont suivies d'une condamnation prononcée à compter du 24 mars 2020 à une peine d'emprisonnement inférieure ou égale à un an, ayant ou non donné lieu à la délivrance d'un mandat de dépôt à effet différé, il sera alors nécessaire, pour l'application de l'article 723-15, de tenir compte du nouveau seuil d'un an ».
3. Crim. 20 oct. 2020, n° 19-84.754, P.

qu'aux condamnations relatives à des faits commis postérieurement au 24 mars 2020.

716.149 Pratique de la peine d'emprisonnement après l'entrée en vigueur de la loi du 23 mars 2019. Raisonnement à tenir. En résumé, seules les dispositions relatives à l'abaissement du seuil d'aménagement à 1 an ne sont pas d'application immédiate. Toutes les autres le sont.

En conséquence, si une peine prononcée pour des faits commis avant le 24 mars 2020 demeure aménageable jusqu'à un quantum de 2 ans, l'aménagement s'opère selon les dispositions nouvelles issues des articles 132-25 du code pénal et 464-2 du code de procédure pénale qui s'appliquent, selon la distinction portant sur la durée de l'emprisonnement supérieure ou inférieure ou égale à 6 mois [1], et peuvent ou doivent faire l'objet d'un mandat de dépôt à effet différé.

S'il souhaite prononcer une peine d'emprisonnement, le juge doit donc établir que la gravité de l'infraction et la personnalité de son auteur rendent cette peine indispensable et que toute autre sanction est manifestement inadéquate. Il tient compte de la personnalité de l'auteur des faits ainsi que de sa situation matérielle, familiale et sociale, dans la mesure des informations qui étaient à la disposition de la juridiction, et le cas échéant, des pièces d'un dossier d'information comme du refus du prévenu de s'expliquer devant ses juges et de fournir toute information sur sa situation [2].

La loi a détaillé par ailleurs, dans un nouvel article, les différentes options offertes au tribunal ou à la cour.

« I. – Lorsque la durée totale de l'emprisonnement ferme prononcé, y compris en tenant compte le cas échéant de la révocation de sursis, est inférieure ou égale à un an, le tribunal correctionnel doit :

1° Soit ordonner que l'emprisonnement sera exécuté sous le régime de la détention à domicile sous surveillance électronique [3], de la semi-liberté ou du placement à l'extérieur [4], selon des modalités déterminées par le juge de l'application des peines ;

2° Soit, s'il ne dispose pas des éléments lui permettant de déterminer la mesure d'aménagement adaptée, ordonner que le condamné soit convoqué devant le juge de l'application des peines et le service pénitentiaire d'insertion et de probation conformément aux dispositions de l'article 474, afin que puisse être prononcé une mesure mentionnée au 1° du présent I conformément à l'article 723-15 ;

3° Soit, si l'emprisonnement est d'au moins six mois, décerner un mandat de dépôt à effet différé, en ordonnant que le condamné soit convoqué dans un délai qui ne saurait excéder un mois devant le procureur de la République afin que ce dernier fixe la date à laquelle il sera incarcéré dans un établissement pénitentiaire ; le procureur de la République peut également donner connaissance au condamné de la date d'incarcération à l'issue de l'audience. Dans ce cas, il n'est pas fait application des articles 723-15 et suivants ;

4° Soit, dans les cas prévus aux articles 397-4,465 et 465-1, décerner mandat de dépôt ou mandat d'arrêt contre le condamné.

Dans les cas prévus aux 3° et 4° du présent I, le tribunal doit spécialement motiver sa décision, au regard des faits de l'espèce et de la personnalité de leur auteur ainsi que de sa situation matérielle, familiale et sociale, afin de justifier les raisons pour lesquelles il estime devoir prononcer une peine d'emprisonnement sans sursis et celles pour lesquelles il considère que cette peine ne peut être aménagée.

II. – Lorsque la durée totale de l'emprisonnement ferme prononcé, y compris en tenant compte le cas échéant de la révocation de sursis, est supérieure à un an, le tribunal correctionnel doit spécialement motiver sa décision, au regard des faits de l'espèce et de la personnalité de leur auteur ainsi que de sa situation matérielle, familiale et sociale, afin de justifier les raisons pour lesquelles il estime devoir prononcer une peine d'emprisonnement sans sursis.

III. – Le 3° du I est également applicable lorsque la durée totale de l'emprisonnement ferme prononcé par le tribunal correctionnel est supérieure à un an.

IV. – Lorsqu'il décerne un mandat de dépôt à effet différé, le tribunal correctionnel peut, dans les cas prévus aux articles 397-4,465 et 465-1, assortir ce mandat de l'exécution provisoire ». [5]

On remarquera, qu'après l'article 132-19 du code pénal et l'article 485-1 du code de procédure pénale, l'obligation de motivation est de nouveau rappelée aux juges.

§ 2
Aménagement de la peine : principe et modalités

716.151 Aménagements de peine *ab initio* : une interrogation obligatoire pour la juridiction. La loi

1. V. s[s] n° 716.145.
2. Crim. 1er juin 2022, n° 21-81.644, NP. AUSSI : Crim. 21 avr. 2022, n° 21-82.790, NP.
3. V. s[s] n° 716.155.
4. V. s[s] n° 716.156.
5. C. pr. pén., art. 464-2, créé par L. n° 2019-222, 23 mars 2019, art. 74, applicable à compter du 24 mars 2020.

pénitentiaire de 2009 voulait déjà faciliter le développement des aménagements de peine, difficulté récurrente du système carcéral français[1].

Aux termes de l'article 132-24[2] du code pénal, dans sa rédaction issue de la loi du 23 mars 2019, entrée en vigueur sur ces dispositions le 24 mars 2020, les peines peuvent être personnalisées selon les modalités prévues à la section qu'il introduit. Suivent cinq sous-sections reprenant successivement les conditions d'application des mesures d'aménagement et des modes d'exécution de la peine suivantes[3] :

- sous-section 1 : De la détention à domicile sous surveillance électronique, de la semi-liberté et du placement à l'extérieur ;
- sous-section 2 : Du fractionnement des peines ;
- sous-section 3 : Du sursis simple ;
- sous-section 4 : Du sursis probatoire ;
- sous-section 5 : De la dispense de peine et de l'ajournement.

La jurisprudence antérieure exigeait que l'exclusion de l'aménagement pour une peine d'emprisonnement dont le *quantum* le permettait soit toujours motivée. Ainsi la chambre criminelle avait-elle déjà pu juger au visa de l'article 132-24 du code pénal, dans sa rédaction alors en vigueur : « Attendu qu'en matière correctionnelle, en dehors des condamnations en récidive légale prononcées, en application de l'article 132-19-1 du code pénal, une peine d'emprisonnement sans sursis ne peut être prononcée qu'en dernier recours si la gravité de l'infraction et la personnalité de son auteur rendent cette peine nécessaire et si toute autre sanction est manifestement inadéquate ; que, lorsqu'elle n'est pas supérieure à deux ans, elle doit, si la personnalité et la situation du condamné le permettent, et sauf impossibilité matérielle, faire l'objet d'une des mesures d'aménagement prévues aux articles 132-25 à 132-28 du même code ;

Attendu que, pour condamner le prévenu à une peine de deux ans d'emprisonnement, dont un an avec sursis, l'arrêt se borne à mentionner la gravité des faits et la mauvaise foi de l'intéressé ;

Mais attendu qu'en prononçant ainsi, la cour d'appel, qui ne s'est expliquée, ni sur le caractère manifestement inadéquat de toute autre sanction que la partie ferme de la peine d'emprisonnement qu'elle a prononcée, ni sur l'impossibilité matérielle d'ordonner une mesure d'aménagement d'une telle peine d'emprisonnement sans sursis, a méconnu le texte susvisé »[4].

Si l'octroi d'un aménagement de la peine d'emprisonnement n'a donc pas à être motivé, pour son refus, il fallait déjà que les juges établissent que la personnalité et la situation du condamné ne permettaient pas l'aménagement de la peine ou constatent une impossibilité matérielle[5].

Cette exigence est maintes fois rappelée, par l'article 132-19 du code pénal issu de la loi du 23 mars 2019 de programmation pour la justice (« ... Le tribunal doit spécialement motiver sa décision, au regard des faits de l'espèce et de la personnalité de leur auteur ainsi que de sa situation matérielle, familiale et sociale conformément aux dispositions de l'article 464-2 du code de procédure pénale... »), l'article 464-2 du code de procédure pénale (« le tribunal doit spécialement motiver sa décision, au regard des faits de l'espèce et de la personnalité de leur auteur ainsi que de sa situation matérielle, familiale et sociale, afin de justifier les raisons pour lesquelles il estime devoir prononcer une peine d'emprisonnement sans sursis et celles pour lesquelles il considère que cette peine ne peut être aménagée... ») ou encore l'article 485-1 du même code (« ... sans préjudice des dispositions prévoyant la motivation spéciale de certaines peines, notamment des peines non aménagées d'emprisonnement ferme, la motivation doit également porter sur le choix de la peine au regard des dispositions des articles 132-1 et 132-20 du code pénal, sauf s'il s'agit d'une peine obligatoire ou de la confiscation du produit ou de l'objet de l'infraction... »).

Enfin, et cette innovation est à relever, alors que les dispositions antérieures (C. pén., art. 132-25 ancien) distinguait notamment les possibilités d'aménagement en fonction d'un éventuel état de récidive du condamné, tel n'est plus le cas des nouvelles dispositions concernant l'aménagement de peine par la juridiction de jugement (C. pén., art. 132-25 et 132-26).

1. P.-V. Tournier, A. Kensey, « Aménagements des peines privatives de liberté, des mesures d'exception », Cesdip, *Questions Pénales*, 2000, XIII, p. 3 s. – E. Dubourg, « Aménager la fin de peine, après le vote de la loi pénitentiaire », *Arpenter le champ pénal* 4 mars 2013, n°s 311-312, p. 25.
2. C. pén., art. 132-24, préc.
3. ÉGAL^T^ : Décr. n° 2020-81, 3 févr. 2020, *JO* 4 févr., n° 1, relatif à la peine de détention à domicile sous surveillance électronique, au sursis probatoire, aux conversions de peines et au mandat de dépôt à effet différé, pris en application de la loi n° 2019-222 du 23 mars 2019 de programmation 2018-2022 et de réforme pour la justice. Décr. n° 2020-187, 3 mars 2020, *JO* 4 mars, n° 2, relatif aux aménagements de peine et aux modalités d'exécution de la peine de détention à domicile sous surveillance électronique.
4. Crim. 12 mai 2015, n° 14-83.310, P n° 105 ; *AJ pénal* 2015. 548, obs. J. Gallois ; *RSC* 2015. 857, obs. H. Matsopoulou.
5. Crim. 29 nov. 2016, n° 15-83.108, P n° 314, n° 15-86.116, P n° 315, n° 15-86.712, P n° 316 ; Crim. 22 avr. 2020, n° 19-84.978.

La Cour de cassation a donné une interprétation détaillée de ces nouvelles dispositions.

716.152 Aménagements de peine *ab initio* : mode d'emploi. Par un premier arrêt du 11 mai 2021 rendu en plénière de chambre[1], il a été jugé qu'il se déduit des articles 464-2, 485-1 de code de procédure pénale, 132-1 et 132-19 du code pénal, dans leur rédaction issue de la loi n° 2019-222 du 23 mars 2019, qu'en matière correctionnelle, le juge qui prononce une peine d'emprisonnement ferme doit, quels que soient le *quantum* et la décision prise quant à son éventuel aménagement, motiver ce choix en faisant apparaître qu'il a tenu compte des faits de l'espèce, de la personnalité de leur auteur, ainsi que de sa situation matérielle, familiale et sociale. Il lui appartient d'établir, au regard de ces éléments, que la gravité de l'infraction et la personnalité de son auteur rendent cette peine indispensable et que toute autre sanction est manifestement inadéquate. Ces dispositions sont applicables immédiatement au jugement des infractions commises avant leur entrée en vigueur, le 24 mars 2020, en application de l'article 112-2, 2°, du code pénal, s'agissant de dispositions relatives à la motivation des peines.

Justifie sa décision, la cour d'appel, qui, postérieurement au 24 mars 2020, pour prononcer une peine de dix-huit mois d'emprisonnement, statue par des motifs[2] dont il résulte qu'elle a tenu compte des faits de l'espèce, de la personnalité du prévenu et de sa situation personnelle et établissent que la gravité des faits et la personnalité du prévenu rendent la peine d'emprisonnement sans sursis indispensable, toute autre sanction étant manifestement inadéquate. L'arrêt attaqué est toutefois cassé au motif qu'après avoir condamné le prévenu à une peine d'emprisonnement de dix-huit mois, il ne se prononce pas sur son aménagement.

Dans un autre arrêt du même jour, également rendu en plénière de chambre[3], extrêmement détaillé et dont la motivation a été reprise *supra*[4], revenant en partie sur sa jurisprudence antérieure, la chambre criminelle a par ailleurs jugé en substance que :

– Si la peine d'emprisonnement prononcée est supérieure à six mois et inférieure ou égale à un an, durée qui doit être déterminée en faisant application de l'article D. 48-1-1 du code de procédure pénale, l'aménagement de la peine est le principe et ne peut être écarté, par décision motivée, que si la juridiction constate que la situation ou la personnalité du condamné ne permettent pas son prononcé ou si elle relève une impossibilité matérielle de le faire :

- si le prévenu est comparant, la juridiction doit l'interroger sur sa situation personnelle et, le cas échéant, peut ordonner un ajournement de la peine aux fins d'investigations sur sa personnalité ou sa situation, en application de l'article 132-70-1 précité ;

- si le prévenu est non comparant, la juridiction de jugement ne peut refuser d'aménager la peine en se fondant sur sa seule absence. Il lui appartient alors de rechercher, au vu des pièces de la procédure, si le principe d'un aménagement peut être ordonné.

– Elle doit en outre, si elle ne décerne aucun mandat de dépôt ou d'arrêt en application des articles 397-4, 465 et 465-1 du code de procédure pénale, délivrer un mandat de dépôt à effet différé.

Rappelons qu'en l'absence d'éléments portés à leur connaissance, les juges qui prononcent une peine d'emprisonnement sans sursis peuvent fonder leur appréciation de la personnalité du prévenu sur son seul casier judiciaire[5].

Par un troisième arrêt du même jour[6], la chambre criminelle a rappelé le caractère obligatoire de l'aménagement de la peine inférieure à six mois d'emprisonnement.

Lorsque la peine est inférieure à six mois, et dès lors que la loi ne permet pas la délivrance d'un mandat de dépôt à effet différé, elle doit, si elle ne décerne aucun mandat de dépôt ou d'arrêt en application des articles 397-4 et 465-1 du code de procédure pénale, remettre au condamné un avis de convocation à comparaître devant le juge de l'application des peines conformément à l'article 474 du code de procédure pénale.

Enfin, les arrêts du 11 mai 2021 sont également venus dire que la juridiction de jugement, en application de 464-2 2° du code de procédure pénale, peut ordonner l'aménagement de la peine uniquement en son principe, c'est-à-dire sans déterminer la mesure (DDSE, SL ou PE) qui sera appliquée, et renvoyer au JAP uniquement pour le choix de celle-ci : dans ce cas le JAP n'a plus la main sur l'opportunité de l'aménagement, mais uniquement sur le choix de la mesure. Cette solution a été depuis confirmée : dès lors que ni la situation ou la personnalité du condamné, ni une impossibilité matérielle empêchent l'aménagement de la peine, il appartient à la juridic-

1. Crim. 11 mai 2021, n° 20-83.507, P.
2. La cour d'appel retenait en l'espèce que le prévenu, âgé de 55 ans, parent, avec la co-prévenue, de six enfants dont quatre encore mineurs, victime de plusieurs accidents vasculo-cérébraux, bénéficiait d'une carte d'invalidité au taux de 80 % n'exerçait plus d'activité professionnelle et qu'il s'était inscrit depuis de nombreuses années dans un processus continu de délinquance astucieuse.
3. Crim. 11 mai 2021, n° 20-85.576, P.
4. V. s^s n° 716.02.
5. Crim. 15 janv. 2020, n° 18-81.617, P, *Dr. pénal* 2013. Comm. 20, obs. M. Véron.
6. Crim. 11 mai 2021, n° 20-84.412, P.

tion correctionnelle, d'une part, de l'ordonner explicitement dans son principe, et d'autre part, soit de déterminer la forme de cet aménagement si elle obtient les éléments d'appréciation nécessaires à cette fin, en interrogeant le prévenu présent à l'audience, soit, dans le cas inverse, d'ordonner sa convocation devant le juge de l'application des peines pour qu'il en règle les modalités conformément aux dispositions de l'article 464-2, I, 1° et 2°, du code de procédure pénale[1].

Elle a été réaffirmée, par un arrêt retenant que l'article 464-2, 2°, du code de procédure pénale ne prévoit pas que la juridiction, qui ordonne l'aménagement de la condamnation à une peine d'emprisonnement qu'elle prononce, doive motiver sa décision de laisser au juge de l'application des peines le choix de la mesure d'aménagement. Dès lors n'encourt pas la censure l'arrêt qui, après avoir ordonné dans son principe l'aménagement de la partie ferme de la peine d'emprisonnement, s'est contenté d'énoncer qu'il convenait de laisser au juge de l'application des peines territorialement compétent le choix de son mode d'exécution[2].

Par la suite, la chambre criminelle a rendu plusieurs arrêts sanctionnant l'absence de motivation du refus d'aménagement[3] et reprenant les principes ci-dessus énoncés.

716.153 Aménagements de peine *ab initio* : peine d'emprisonnement, mandat de dépôt et exécution provisoire. Lorsque la juridiction de jugement a prononcé une peine d'emprisonnement aménagée *ab initio*, les dispositions du code de procédure pénale permettent d'assortir celle-ci d'un mandat de dépôt, et de prononcer l'exécution provisoire de la mesure d'aménagement prononcée[4]. Si tel a été le cas, le juge de l'application des peines devra, dans un délai de cinq jours ouvrables, fixer les modalités d'exécution de la semi-liberté, du placement extérieur ou de la détention à domicile sous surveillance électronique.

Le code de procédure prévoit en effet :

– en ce qui concerne la possibilité d'un aménagement sous forme de semi-liberté ou de placement extérieur : « Lorsqu'il a été fait application des dispositions de l'article 132-25 du code pénal, le juge de l'application des peines fixe les modalités d'exécution de la semi-liberté ou du placement à l'extérieur par ordonnance non susceptible de recours, dans un délai maximum de quatre mois à compter de la date à laquelle la condamnation est exécutoire et dans un délai de cinq jours ouvrables lorsque la juridiction de jugement a ordonné le placement ou le maintien en détention du condamné et déclaré sa décision exécutoire par provision »[5] ;

– et pour la DDSE : « Lorsqu'il a été fait application des dispositions de l'article 132-26 du code pénal, le juge de l'application des peines fixe les modalités d'exécution de la détention à domicile sous surveillance électronique par une ordonnance non susceptible de recours dans un délai maximum de quatre mois à compter de la date à laquelle la condamnation est exécutoire et dans un délai de cinq jours ouvrables lorsque la juridiction de jugement a ordonné le placement ou le maintien en détention du condamné et déclaré sa décision exécutoire par provision »[6].

Les praticiens savent combien ces dispositions sont utiles et pratiquées par les juridictions, puisqu'elles permettent de mettre en place très rapidement, la mesure d'aménagement prononcée, le condamné demeurant écroué dans ce bref laps de temps, et ainsi, de préserver une insertion professionnelle lorsqu'elle existe, tout en assurant l'effectivité rapide de la peine, notamment en matière de violences intra-familiales.

Aux termes d'un arrêt publié[7] la chambre criminelle a jugé que le tribunal correctionnel qui fait application des articles 132-19 et 132-25 du code pénal en aménageant en totalité la peine d'emprisonnement ferme qu'il prononce, ne peut ordonner, même s'il est saisi selon la procédure de comparution immédiate, le maintien en détention du prévenu placé sous mandat de dépôt. Dans cette affaire, l'exécution provisoire n'avait toutefois pas été prononcée. Cette décision ne semble donc pas remettre en cause les principes ci-dessus énoncés.

716.154 Diversité de mesures possibles. Comme illustré ci-dessus et comme le rappelle notamment l'article 464-2 du code de procédure pénale, la juridiction qui accorde un aménagement de la peine d'emprisonnement ordonne qu'il sera exécuté sous le régime de la détention à domicile sous surveillance électronique, de la semi-liberté ou du placement à l'extérieur. Elle peut également, ce qu'elle fait rarement en pratique et qui se conçoit surtout pour de courtes peines, décider d'un fractionnement. Elle ne peut en revanche décider d'une libération condi-

1. Crim. 6 avr. 2022, n° 21-83.457, P – AUSSI : Crim. 13 sept. 2022, n° 21-86.808, NP, Crim. 9 nov. 2022, n° 21-86.347.
2. Crim. 24 juin 2023, n° 21-87.352, P.
3. Crim. 23 juin 2021, n° 20-86.522, NP ; Crim. 28 juill. 2021, n° 20-83.398, NP ; Crim. 8 sept. 2021, n° 20-84.961, NP.
4. C. pr. pén., art. 471 qui dispose que les sanctions pénales prononcées en application des articles 131-4-1 à 131-11 et 132-25 à 132-70 du code pénal peuvent être déclarées exécutoires par provision.
5. C. pr. pén., art. 732-2.
6. C. pr. pén., art. 723-7-1.
7. Crim. 14 avr. 2021, n° 21-80.829, P. M. Dominati, « Aménagement de peine *ab initio* : incompatibilité avec le maintien en détention », *D. actu.* 11 mai 2021.

tionnelle *ab initio* prérogative qui revient au juge ou au tribunal de l'application des peines[1].

C'est la juridiction de jugement qui décide, dans son principe et sa nature, de l'aménagement octroyé, même si elle peut renvoyer au juge de l'application des peines le soin d'en déterminer les modalités. Le tribunal correctionnel disposera rarement de l'intégralité des renseignements permettant de déterminer de manière complète les conditions dans lesquelles le condamné effectuera sa peine privative de liberté (permis de conduire valable, assurance d'un véhicule, contrat de travail, justification des horaires, justification de domicile, dates de congés...).

Il est donc fréquent qu'après le temps de l'audience et celui du prononcé de la peine, un délai s'instaure pour fixer un aménagement dont on souhaite qu'il se déroule de la meilleure des manières possibles.

716.155 Détention à domicile sous surveillance électronique : modalité d'aménagement d'une peine d'emprisonnement. Innovation issue de la loi du 23 mars 2019 de programmation pour la justice, entrée en vigueur le 24 mars 2020, la détention à domicile sous surveillance électronique, dite DDSE, a pour inconvénient majeur de regrouper sous une même appellation, une peine, prononcée par la juridiction de jugement et un aménagement de peine qui peut être accordé par le juge de l'application des peines mais aussi *ab initio* par la juridiction, lors de l'audience de jugement, après prononcé d'une peine d'emprisonnement.

La difficulté n'est pas mince car sous un même nom, se cachent deux régimes différents : une peine dite alternative à l'emprisonnement, d'une durée de quinze jours à six mois, alors même que sont prohibées les peines d'emprisonnement inférieures à un mois, ce dont la circulaire d'application s'évince en soutenant que la peine autonome de DDSE ne constitue pas une peine d'emprisonnement[2] et s'opère donc sans mise à l'écrou et un aménagement d'une peine d'emprisonnement. La première n'ouvrira pas droit à réduction de peine, l'aménagement si.

S'agissant de la DDSE en tant qu'aménagement de peine, elle est prévue comme la semi-liberté ou le placement à l'extérieur, comme modalité d'aménagement d'une peine d'emprisonnement soit inférieure ou égale à six mois, soit inférieure ou égale à un an[3].

Les principes relatifs à son exécution sont fixés aux articles 131-4-1 et, comme pour les deux autres modalités principales d'aménagement, 132-26 du code pénal.

La juridiction de jugement doit arrêter la nature de l'aménagement accordé. Il avait été précédemment jugé par la chambre criminelle qu'en application des articles 132-19 du code pénal, 723-2 et 723-7-1 du code de procédure pénale, la juridiction qui ordonne l'aménagement de la condamnation à une peine d'emprisonnement qu'elle prononce doit choisir la nature de la mesure d'aménagement tout en laissant au juge de l'application des peines le soin d'en définir les modalités d'exécution. Doit en conséquence être cassé l'arrêt qui se borne à énoncer que la peine d'emprisonnement sans sursis prononcée à l'encontre du prévenu pourra faire l'objet d'un aménagement *ab initio* selon des modalités à définir en accord avec le juge d'application des peines[4].

Si elle décide de prononcer une peine d'emprisonnement aménagé sous la forme d'une DDSE, la juridiction qui s'estimera en possession des renseignements utiles pour fonder son choix pourra fixer elle-même le lieu, les jours et les horaires selon lesquels la mesure s'exécutera. Mais à l'inverse elle peut aussi laisser au juge de l'application des peines, une fois le principe d'une DDSE arrêté, le soin d'en fixer les modalités concrètes[5]. Il est dans ce cas remis au condamné qui assiste à l'audience une convocation devant le juge de l'application des peines.

La juridiction peut également soumettre le condamné à une ou plusieurs des obligations ou interdictions, à des mesures d'aide ayant pour objet de seconder ses efforts en vue de son reclassement social, prévues aux articles 132-43 à 132-46[6].

716.156 Semi-liberté et placement à l'extérieur. Distinguant deux seuils limités à une année d'emprisonnement et non plus deux comme auparavant et sans tenir compte d'un éventuel état de récidive légale, la loi dispose désormais :

– que lorsque la juridiction de jugement prononce une peine inférieure ou égale à six mois d'emprisonnement, un emprisonnement partiellement assorti du sursis ou du sursis probatoire et lorsque la partie ferme de la peine est inférieure ou égale à six mois, ou lorsque la juridiction prononce une peine pour laquelle la durée de l'emprisonnement restant à exécuter à la suite d'une détention provisoire est inférieure ou égale à six mois, elle doit, sauf impossibilité résultant de la personnalité ou de la situation du condamné, ordonner que la peine sera exécutée en totalité sous le régime de la détention à domicile sous surveillance électronique, de la semi-liberté ou du placement à l'extérieur.

1. C. pr. pén., art. 730.
2. Circ. N° CRIMJUSD2006590C du 6 mars 2020 précitée, point 2.1.2.
3. C. pén., art. 132-25 – v. s[s] n° 716.134.
4. Crim. 20 avr. 2017, n° 16-80.091, P n° 110 – v. égal[t] s[s] n° 716.152, Crim. 6 avr. 2022, n° 21-83.457, P.
5. C. pr. pén., art. D. 49-85.
6. C. pén., art. 132-26, al. 6, id. et v. la liste des mesures de contrôle et des obligations, s[s] n°s 716.364 s.

– Que si la peine prononcée ou la partie ferme de la peine prononcée est supérieure à six mois et inférieure ou égale à un an d'emprisonnement, elle doit décider, si la personnalité et la situation du condamné le permettent, que la peine sera exécutée en tout ou partie sous le régime de la détention à domicile sous surveillance électronique, de la semi-liberté ou du placement à l'extérieur [1].

Il faut à nouveau rappeler que l'aménagement de la peine porte sur la totalité de celle-ci lorsqu'elle est inférieure ou égale à 6 mois et peut n'être que partiel pour les peines supérieure à 6 mois et inférieures à 1 an.

Comme vient le préciser l'article suivant, le condamné admis au bénéfice de la semi-liberté est astreint à rejoindre l'établissement pénitentiaire pendant les périodes déterminées par le juge de l'application des peines.

Ces périodes sont notamment déterminées en fonction du temps nécessaire pour que le condamné puisse exercer une activité professionnelle, suivre un enseignement, un stage, une formation ou un traitement, rechercher un emploi ou participer à la vie de famille ou à tout projet d'insertion ou de réinsertion [2].

La juridiction peut également soumettre le condamné à une ou plusieurs des obligations ou interdictions prévues aux articles 132-44 et 132-45 [3].

Bien que les nouvelles dispositions ne le mentionnent pas, et que la circulaire précitée du 6 mars 2020 de présentation des dispositions relatives aux peines souligne que le prononcé de ces mesures ne nécessite plus que le condamné justifie de tels critères d'octroi, les juges conserveront nécessairement en tête que les raisons d'accorder une mesure de semi-liberté ou placement à l'extérieur (ou de DDSE) sont les mêmes que précédemment, à savoir l'exercice d'une activité professionnelle, même temporaire, le suivi d'un stage ou d'un enseignement, d'une formation professionnelle voire la recherche d'un emploi, la participation essentielle du condamné à la vie de sa famille, la nécessité de suivre un traitement médical et plus largement l'existence d'efforts sérieux de réadaptation sociale résultant de son implication durable dans tout autre projet caractérisé d'insertion ou de réinsertion notamment de nature à prévenir les risques de récidive. L'argument de la circulaire selon lequel : « Le législateur a en effet considéré que de telles conditions n'étaient nullement justifiées, s'agissant d'aménagement prononcé *ab initio*, et alors même que la juridiction pouvait par ailleurs, sans que soient alors exigées de telles conditions, ne prononcer aucune peine d'emprisonnement ou prononcer une peine d'emprisonnement avec sursis » [4] paraît assez faible. Il est d'ailleurs immédiatement contrebalancé par l'obligation faite au juge de prendre en compte la personnalité et la situation de l'intéressé et ce, que ce soit lors du jugement ou dans la phase de l'application de la peine [5].

716.157 **Fractionnement.** En matière correctionnelle, la juridiction peut, pour motif d'ordre médical, familial, professionnel ou social, décider que l'emprisonnement prononcé pour une durée de deux ans, ou, si la personne est en état de récidive légale, égale ou inférieure à un an au plus sera, pendant une période n'excédant pas quatre ans, exécuté par fractions, aucune d'entre elles ne pouvant être inférieure à deux jours [6].

Il faut noter que la limite de deux années n'a pas été modifiée par la loi du 23 mars 2019 de programmation pour la justice.

En matière d'emprisonnement, le fractionnement demeure peu pratiqué, sauf le cas échéant pour de très courtes peines, car sa mise en œuvre et l'exécution successive des fractions de la peine, d'une part apparaissent très contraignantes par la répétition des mesures d'écrou et de levée d'écrou et d'autre part parce que chaque fractionnement recule d'autant la date de fin de peine, ce qui peut psychologiquement être assez difficile à subir par le condamné.

SECTION 3
RÉCIDIVE ET PEINES PLANCHER

716.161 **Définition et effets de la récidive sur la peine.** Le législateur dans une démarche admissible

1. C. pén., art. 132-25, rédaction L. n° 2019-222, 23 mars 2019, applicable au 20 mars 2020.
2. C. pén., art. 132-26, al. 2 et 3, id.
3. C. pén., art. 132-26, al. 6, id.
4. Circ. n° CRIMJUSD2006590C, 6 mars 2020, point 4.4.
5. L'article D. 119 du code de procédure pénale issu du Décr. n° 2020-187 du 3 mars 2020 précise d'ailleurs que dans les cas prévus par les articles 723-1 et 723-7, les mesures d'aménagement de la peine sous le régime de la semi-liberté, du placement extérieur ou de la détention à domicile sous surveillance électronique peuvent être ordonnées par le juge de l'application des peines, conformément aux dispositions du deuxième alinéa du II et du III de l'article 707, au regard de l'évolution de la personnalité et de la situation matérielle, familiale et sociale de la personne condamnée, et notamment lorsque cet aménagement est justifié pour permettre à celle-ci : 1° D'exercer une activité professionnelle, même temporaire, de suivre un stage, un enseignement ou une formation professionnelle, ou de rechercher un emploi ; 2° De participer à la vie de sa famille ; 3° De suivre un traitement médical ; 4° D'assurer sa réadaptation sociale du fait de son implication dans tout autre projet d'insertion ou de réinsertion de nature à prévenir les risques de récidive.
6. C. pén., art. 132-27.

consistant à aggraver le sort de délinquants qui renouvellent la commission d'infraction, peut limiter la marge de manœuvre de la juridiction répressive, soit en transformant la nature d'une infraction renouvelée après une première condamnation, de contraventionnelle en délictuelle modifiant par la même nature et quantum des peines encourues, soit en aggravant le sort des récidivistes, ce qui dans sa logique la plus aboutie a pu amener la mise en place d'un dispositif répressif aggravé pour les délinquants d'habitude : les peines planchers[1].

Les règles applicables en cas de récidive figurent aux articles 132-8 à 132-16-5 du code pénal, distinguent personnes physiques et morales et ne seront pas développées ici. Elles n'ont pas été revues par les récentes réformes pénales, sauf à venir préciser que les délits relatifs au trafic d'armes prévus aux articles 222-52 à 222-67 sont considérés, au regard de la récidive, comme une même infraction[2].

Le principe de la récidive délictuelle, dite temporaire et spéciale, est simple : la récidive concerne le renouvellement dans un délai de cinq ans d'une même infraction ou d'une infraction assimilée[3].

Son effet, pour les personnes physiques est celui d'un doublement du maximum des peines d'emprisonnement et d'amende encourues et il sera donc noté que cette aggravation du maximum ne vaut pas pour les autres peines.

La chambre criminelle a toutefois eu à se pencher sur l'analyse de l'article 132-9, alinéa 1er, du code pénal qui dispose « lorsqu'une personne physique, déjà condamnée définitivement pour un crime ou pour un délit puni de dix ans d'emprisonnement par la loi, commet, dans le délai de dix ans à compter de l'expiration ou de la prescription de la précédente peine, un délit puni de la même peine, le maximum des peines d'emprisonnement et d'amende encourues est doublé » et à déterminer si ce *quantum* de dix ans devait prendre en compte l'existence de la circonstance aggravante personnelle qu'est la récidive. Elle n'a pas admis cette position, jugeant que seule devait être retenue la peine édictée par la disposition réprimant l'infraction[4]. En réalité, ne sont prises dans la détermination de la peine encourue au titre du premier terme de la récidive, ni les circonstances aggravantes personnelles, ni les excuses susceptibles d'atténuer la première condamnation telles que l'excuse de minorité[5].

En matière contraventionnelle, dans les cas où le règlement le prévoit, lorsqu'une personne physique, déjà condamnée définitivement pour une contravention de la 5e classe, commet, dans le délai d'un an à compter de l'expiration ou de la prescription de la précédente peine, la même contravention, le maximum de la peine d'amende encourue est porté à 3 000 euros et que là encore, lorsque la loi prévoit que la récidive d'une contravention de la 5e classe constitue un délit, la récidive est constituée si les faits sont commis dans le délai de trois ans à compter de l'expiration ou de la prescription de la précédente peine[6].

Le principe du doublement du taux maximum de la peine d'amende encourue est également applicable aux récidives de personnes morales condamnées selon les distinctions des articles 132-12 à 132-14 du code pénal. La seule originalité à rappeler tient à la matière contraventionnelle où, dans les cas où le règlement le prévoit, lorsqu'une personne morale, déjà condamnée définitivement pour une contravention de la 5e classe, engage sa responsabilité pénale, dans le délai d'un an à compter de l'expiration ou de la prescription de la précédente peine, par la même contravention, le taux maximum de l'amende applicable est égal à dix fois celui qui est prévu par le règlement qui réprime cette contravention en ce qui concerne les personnes physiques[7].

Enfin, s'agissant de la pratique de l'audience, rappelons également que l'état de récidive légale peut être relevé d'office par la juridiction de jugement même lorsqu'il n'est pas mentionné dans l'acte de poursuites, dès lors qu'au cours de l'audience la personne poursuivie en a été informée et qu'elle a été mise en mesure d'être assistée d'un avocat et de faire valoir ses observations[8]. Sur ce dernier point, il est important de souligner qu'*il résulte des dispositions de l'article 132-16-5 du code pénal que, lorsqu'il n'est pas mentionné dans l'acte de poursuites, l'état de récidive légale ne peut être relevé d'office par la juridiction de jugement, que si le prévenu en a été informé et qu'il a été mis en mesure d'être assisté par un avocat et de faire valoir ses observations.*

En conséquence, c'est à bon droit qu'une cour d'appel rejette la demande du ministère public, présentée en cause d'appel, tendant à ce que soit prononcée contre un prévenu ayant demandé à être jugé en son absence en étant représenté par son

1. V. ss nos 716.142 s.
2. C. pén., art. 132-16-4-1, issu L. no 2016-731, 3 juin 2016, art. 26.
3. C. pén., art. 132-10 – V. ss no 716.142.
4. Crim. 15 juin 2022, no 21-83.409, P ; M. Slimani « Récidive : modalités de détermination de la peine encourue pour l'infraction servant de premier terme », *D. actu.* 24 juin 2022.
5. Crim. 30 juin 2021, no 20-86.753, P ; P. Bonfils « Comment analyser le premier terme de la récidive lorsqu'il résulte d'une condamnation par une juridiction pour mineurs ? », *AJ pénal*, 2021. 489.
6. C. pén., art. 132-11.
7. C. pén., art. 132-15.
8. C. pén., art. 132-16-5, créé par L. no 2005-1549, 12 déc. 2005.

avocat, une peine entrant dans les prévisions de l'article 132-19-1 du code pénal, alors qu'il n'avait pas été satisfait aux prescriptions de l'article 132-16-5 du même code[1]. Si, aux termes de l'article 132-16-5 du code pénal, l'état de récidive légale peut être relevé d'office par la juridiction de jugement, même lorsqu'il n'est pas mentionné dans l'acte de poursuite, c'est à la condition que, au cours de l'audience, la personne poursuivie en ait été informée et qu'elle ait été mise en mesure d'être assistée d'un avocat et de faire valoir ses observations ; devant la cour d'appel, le ministère public a requis que soit constaté l'état de récidive légale du prévenu, invité à présenter ses observations sur cette circonstance aggravante, retenue par les juges du second degré ; en retenant cette circonstance, alors qu'elle n'avait pas été mentionnée dans l'acte de poursuite et que le prévenu qui avait sollicité la désignation d'un avocat commis d'office n'a pas pu en bénéficier, la cour d'appel a méconnu le texte susvisé et le principe ci-dessus rappelé[2]. À l'inverse, l'état de récidive légale peut être constaté même s'il a été omis par les premiers juges, dès lors que le prévenu et son conseil ont été mis en mesure, même seulement en instance d'appel, de faire valoir leurs observations sur l'état de récidive légale soulevée d'office par la juridiction[3].

716.162 La question des infractions assimilées. Les assimilations (le vol, l'extorsion, l'escroquerie et l'abus de confiance, les délits d'agressions sexuelles et ceux d'atteintes sexuelles...) figuraient initialement aux articles 132-16 et suivants du code pénal, ce qui permettait au juge comme à l'avocat de repérer de suite le rapprochement opéré par le législateur, à des fins répressives, de deux ou plusieurs infractions *a priori* différentes. Par suite, il avait été jugé que le juge ne peut opérer lui-même une assimilation qui ne serait pas prévue par la loi[4].

Mais le législateur a également essaimé des assimilations au sein du code pénal, à l'occasion de la répression de telle ou telle infraction. Les principales assimilations sont présentées dans le tableau ci-après[5].

Enfin, pour souligner l'extension de ce processus d'assimilation, on peut encore signaler parmi les textes récents, que l'article L. 455-2 du code de la consommation[6], dispose que sont considérés, au regard de la récidive, comme une même infraction, les délits prévus et réprimés par :

1° Les articles L. 121-2 à L. 121-4 et L. 132-2, les articles L. 122-1 à L. 122-5 et L. 132-25, les articles L. 431-2, L. 431-4, L. 432-2, L. 432-4, L. 432-6, L. 433-2, L. 433-9, L. 453-1 à L. 453-8, les articles L. 441-1 et L. 454-1, les articles L. 413-1 et L. 451 à L. 451-4 du présent code ;

2° Les articles L. 716-9 à L. 716-11 du code de la propriété intellectuelle ;

3° Les articles L. 1343-2 à L. 1343-4, L. 3322-11, L. 3351-1, L. 3351-2, L. 4212-1, L. 4212-2, L. 4212-3, L. 4212-4, L. 4212-5, L. 4212-7, L. 4223-1, L. 4223-4, L. 4323-2, L. 5421-1, L. 5421-2, L. 5421-3, L. 5421-4, L. 5421-5, L. 5421-6, L. 5421-6-1, L. 5421-13, L. 5421-14, L. 5421-15, L. 5424-1, L. 5424-3, L. 5424-6, L. 5424-11, L. 5431-2, L. 5431-5, L. 5431-6, L. 5431-7, L. 5438-3, L. 5438-4, L. 5438-5, L. 5438-6, L. 5432-1, L. 5441-1, L. 5441-2, L. 5441-3, L. 5441-4, L. 5441-5, L. 5441-6, L. 5441-8, L. 5441-9, L. 5442-1, L. 5442-2, L. 5442-4, L. 5442-9, L. 5442-10, L. 5442-11, L. 5461-3 et L. 5462-3 du code de la santé publique ; 4° Les articles L. 237-1, L. 237-2, L. 237-3, L. 253-15 à L. 253-17, L. 254-9, L. 255-18, L. 671-9 et L. 671-10 du code rural et de la pêche maritime ;

5° La loi du 30 décembre 1931 tendant à réprimer la fraude dans le commerce de l'essence de térébenthine et des produits provenant des végétaux résineux ;

6° La loi du 3 juillet 1934 tendant à réglementer la fabrication des pâtes alimentaires ;

7° La loi du 2 juillet 1935 tendant à l'organisation et à l'assainissement des marchés du lait et des produits résineux ;

8° La loi du 21 avril 1939 tendant à réprimer les fraudes dans la vente des objets en écaille et en ivoire.

716.163 Nécessité pour le juge de caractériser l'état de récidive. Le ministère public, au temps des poursuites, puis le juge à l'audience doivent donc avoir soin de rechercher en cas d'antécédents du prévenu, l'existence d'une telle assimilation et d'en préciser les termes ce qui peut parfois se révéler délicat.

1. Crim. 11 oct. 2011, nº 11-81.298, P nº 201 ; *Dr. pénal* 2011, nº 12, comm., 148, obs. M. Véron ; *RSC* 2012. 895, obs. X. Salvat.
2. Crim. 23 mai 2013, nº 12-83.721, P nº 114 ; *D. actu.* 4 juin 2013, obs. L. Priou-Alibert ; *JCP* 2013. 1032, obs. A. Maron ; *JCP* 2013, nº 875, note A. Bolze ; *Dr. pénal* 2013, nº 116, note A. Maron et M. Haas ; *Dr. pénal* 2013, comm. 137, obs. E. Bonis-Garçon ; *Dr. pénal* 2013, 140, obs. M. Véron.
3. Crim. 16 mai 2018, nº 11-87.213, NP, *Dr. pén.* 2018, comm. 143, note V. Peltier.
4. Crim. 8 déc. 2009, nº 09-85.627, P nº 209 (en l'espèce rébellion et circonstance aggravante de violence) ; *D.* 2010. 1132, obs. K. Gachi ; *RSC* 2010. 859, obs. C. Mascala.
5. V. tableau 716.162-1.
6. C. consom., art. L. 455-2, créé par Ord. nº 2016-301, 14 mars 2016 (anciennement C. consom., art. L. 213-5).

TABLEAU 716.162-1. INFRACTIONS ASSIMILÉES

1er terme	Texte	2e terme
Vol, extorsion, chantage, escroquerie, abus de confiance	C. pén., art. 132-16	Chacune de ces infractions est assimilée aux autres en matière de récidive (déjà sous l'empire de l'ancien code pénal)
Agressions sexuelles et atteintes sexuelles délictuelles	C. pén., art. 132-16-1	Infractions assimilées depuis L. du 17 juin 1998
Homicide involontaire et atteintes involontaires à l'intégrité de la personne commise à l'occasion de la conduite d'un véhicule terrestre à moteur prévues aux articles 221-6-1 (homicide involontaire par conducteur dans toutes les circonstances prévues par cet article), 222-19-1 (atteinte involontaire à l'intégrité de la personne ayant entraîné une incapacité totale de travail pendant plus de 3 mois, dans toutes les circonstances prévues par cet article), 222-20-1 (atteinte involontaire à l'intégrité de la personne ayant entraîné une incapacité totale de travail d'une durée inférieure ou égale à 3 mois, dans toutes les circonstances de cet article)	C. pén., art. 132-16-2, al. 1er	Infractions assimilées depuis L. 12 juin 2003
• Délits des articles L. 221-2 (Défaut de permis de conduire), L. 234-1 (conduite sous l'empire d'un état alcoolique ou en état d'ivresse manifeste), L. 235-1 (conduite ou accompagnement d'un conducteur après usage de stupéfiants, le cas échéant en état alcoolique) et L. 413-1 (excès de vitesse égal ou supérieur à 50 km/h) du code de la route • Délits des articles L. 221-2 (Défaut de permis de conduire), L. 233-1 (refus d'obtempérer), L. 233-1-1 (refus d'obtempérer dans des circonstances exposant directement autrui à un risque de mort ou de blessures de nature à entraîner une mutilation ou une infirmité permanente), L. 234-1 (conduite sous l'empire d'un état alcoolique ou en état d'ivresse manifeste), L. 235-1 (conduite ou accompagnement d'un conducteur après usage de stupéfiants, le cas échéant en état alcoolique) et L. 413-1 (excès de vitesse égal ou supérieur à 50 km/h) du code de la route	C. pén., art. 132-16-2, al. 2 : *id.*	• Jusqu'au 26 janvier 2022 : Ce second alinéa, assimile également ces délits avec ceux de l'alinéa 1 de l'article 132-16-2, lorsqu'ils constituent le second terme de la récidive • Depuis le 26 janvier 2022[a] : Le second alinéa, assimile toujours ces délits avec ceux de l'alinéa 1 de l'article 132-16-2, lorsqu'ils constituent le second terme de la récidive
Délits de traite des êtres humains et de proxénétisme	C. pén., art. 132-16-3°	Infractions assimilées depuis la loi du 12 décembre 2005
Délits de violences volontaires avec tout autre délit commis avec la circonstance aggravante de violences	C. pén., art. 132-16-4°	Infractions assimilées depuis la loi du 12 décembre 2005
Délits relatifs au trafic d'armes prévus aux art. 222-52 à 222-67	C. pén., art. 132-16-4-1	Infractions assimilées depuis la loi du 3 juin 2016
Délit de recel lorsque l'infraction dont provient le bien recelé est puni d'une peine supérieure à celle de l'emprisonnement encouru en vertu des articles 321-1 ou 321-2	C. pén., art. 321-4	Crim. 22 janv. 2020, nº 19-84.084, P
Délit de recel avec l'infraction dont provient le bien recelé	C. pén., art. 321-5	Crim. 29 mars 2017, nº 16-85.079, NP
Délit de blanchiment avec l'infraction à l'occasion de laquelle ont été commises les opérations de blanchiment	C. pén., art. 324-5	Crim. 21 janv. 2020, nº 18-84.899, P[b]

a C. pén., art. 132-16-2, mod. par L. nº 2022-52, 24 janv. 2022, *JO* 25 janv., nº 1, art. 11.
b A. Roques, « Précisions sur l'assimilation des infractions en matière de récidive légale », *D. actu.* 20 févr. 2020.

Ainsi, le délit de conduite sous l'empire d'un état alcoolique, prévu par l'article L. 234-1 du code de la route, et le délit de blessures involontaires ayant entraîné une incapacité totale de travail n'excédant pas trois mois, par conducteur de véhicule sous l'empire d'un état alcoolique, prévu par l'article 222-20-1 du code pénal ne sont assimilés au regard de la récidive par l'article 132-16-2 du code pénal, que si le délit de conduite sous l'empire d'un état alcoolique en constitue le second terme[1].

La circonstance aggravante personnelle de récidive ne peut être prise en compte pour la détermination de la peine encourue pour l'infraction qui sert de premier terme à la récidive, seule devant être retenue la peine édictée par la disposition réprimant l'infraction. Ainsi il n'est pas possible de retenir une récidive d'association de malfaiteurs, le prévenu ayant été précédemment déclaré coupable de détention illégale d'armes et de munitions des première et quatrième catégories, aggravée et en récidive, de détention illégale d'explosifs en récidive, sans que

1. Crim. 31 mai 2016, nº 15-84.329, P nº 167.

soit visée la circonstance aggravante de bande organisée, et de recel de vol avec effraction commis en récidive, les dispositions réprimant ces infractions prévoyant des peines inférieures à dix ans d'emprisonnement, en dehors de la récidive[1].

De même, le premier terme de la récidive s'apprécie, s'agissant de la condamnation d'un mineur, indépendamment de l'atténuation de peine dont il bénéficie[2].

En matière de condamnations prononcées à l'étranger, la chambre criminelle a eu à apprécier si l'accord sur le Brexit ou sortie du Royaume-Uni de l'Union européenne avait rendu inapplicable l'article 132-23-1 du code pénal prenant en compte les condamnations prononcées par les juridictions pénales d'un État membre de l'UE, dans les mêmes conditions que les condamnations prononcées par les juridictions pénales françaises et produisant les mêmes effets. Elle a jugé qu'il résulte de l'article 127.6 de l'accord sur le retrait du Royaume-Uni de Grande-Bretagne et d'Irlande du Nord de l'Union européenne et de la Communauté européenne de l'énergie atomique que, sauf disposition contraire, pendant la période de transition, toute référence aux États membres dans le droit de l'Union applicable en vertu du paragraphe 1, y compris dans sa mise en oeuvre et son application par les États membres, s'entend comme incluant le Royaume-Uni ; observé que pour l'application de cet article, l'Union européenne incluait le Royaume-Uni au moment où la cour d'appel a rendu sa décision et que l'accord de retrait précité ne constituait pas une loi pénale nouvelle justifiant l'application de l'article 49 de la Charte des droits fondamentaux, selon lequel lorsque la loi prévoit une peine plus légère, celle-ci doit être appliquée ; et enfin conclu que constitue une condamnation prononcée par la juridiction pénale d'un Etat membre de l'Union européenne, et est prise en compte dans les mêmes conditions que les condamnations prononcées par les juridictions pénales françaises, en produisant les mêmes effets juridiques que ces condamnations, au sens de l'article 132-23-1 du code pénal, celle prononcée par un pays qui faisait partie de l'Union européenne lors de ce prononcé, y compris lorsque ce pays a quitté cette Union depuis[3].

716.164 Vie et mort des peines plancher ? Rappel du principe. L'article 132-19-1 du code pénal qui énonçait les peines minimales ou « planchers » encourues, en matière délictuelle, selon les pénalités initiales prévues a été abrogé[4] le 1er octobre 2014[5], de même que les articles 132-18-1 et 132-19-2[6].

Le dispositif demeure mentionné dans cette édition pour mémoire... et également du fait d'une demande réitérée de certains hommes politiques et autres groupes de pression de les voir rétablies, lorsque sont médiatisés des faits divers violents notamment à l'égard des forces de l'ordre[7].

La circonstance de récidive ne devait pas être prise en compte pour déterminer la peine plancher encourue par application de l'article 132-19-1 du code pénal[8]. Il s'agissait en l'espèce de poursuites pour un vol simple et un recel en état de récidive (vol passible de trois ans d'emprisonnement, six ans en état de récidive légale ; recel simple passible de cinq ans, dix ans en état de récidive légale : peine plancher encourue deux ans) que la cour d'appel avait cru pouvoir sanctionner d'une peine de quatre années d'emprisonnement (en prenant en compte les dix ans encourus pour recel en état de récidive).

716.165 Peines minimales encourues hors état de récidive légale – Rappel. Jusqu'au 1er octobre 2014, pour les délits prévus aux articles 222-9 (violences ayant entraîné une mutilation ou infirmité), 222-12 et 222-13 (violences ayant entraîné une ITT de plus de huit jours dans toutes leurs circonstances et violences ayant entraîné une ITT inférieure ou égale à huit jours ou n'ayant entraîné aucune ITT aggravées), au 3° de l'article 222-14 (violences habituelles sur mineur de quinze ans ou sur personne vulnérable ayant entraîné une ITT de plus de huit jours), au 4° de l'article 222-14-1 (violences avec arme, en bande organisée ou avec guet-apens, ayant entraîné une ITT supérieur à huit jours, sur personnes protégées) et à l'article 222-15-1 (embuscade), la peine d'emprisonnement ne pouvait en outre être inférieure aux seuils suivants :

1° Dix-huit mois, si le délit était puni de sept ans d'emprisonnement.

2° Deux ans, si le délit était puni de dix ans d'emprisonnement.

1. Crim. 15 juin 2022, n° 21-83.409, P. M. Slimani, « Récidive : modalités de détermination de la peine encourue pour l'infraction servant de premier terme », *D. Actu.* 24 juin 2022.
2. Crim. 30 juin 2021, n° 20-86.753, P, *D. actu.*, 22 juill. 2021, obs. M. Récotillet ; *AJ pénal* 2021. 489, obs. P. Bonfils.
3. Crim. 14 avr. 2021, n° 20-82.529, P.
4. L. n° 2014-896, 15 août 2014, art. 7.
5. V. ss tableau 716.164-1.
6. L. n° 2014-896, 15 août 2014, art. 7.
7. EN DERNIER LIEU : proposition de loi AN, n° 740 2è rectifié enregistré à la Présidence de l'Assemblée nationale le 17 janv. 2023 et P. Januel, « L'Assemblée débat du retour des peines plancher », *D. actu.* 14 févr. 2023. Cette proposition de loi a été retirée par la députée qui l'avait présenté, Mme Moutchou, le 2 mars 2023. Dès le 7 mars, une proposition de loi (n° 933) visant à mieux protéger les forces de l'ordre en définissant des peines minimales de privation de liberté était de nouveau enregistrée à la présidence de l'Assemblée nationale.
8. Crim. 6 mars 2012, n° 11-84.711, P n° 60 ; *D.* 2012. 925, obs. J.-F. Renucci ; *D.* 2012. 1656, note A. Gallois ; *D.* 2012. 2917, obs. G. Roujou de Boubée, T. Garé, M.-H. Gozzi, S. Mirabail et T. Potaszkin ; *RSC* 2012. 400, obs. X. Salvat.

TABLEAU 716.164-1. DÉTERMINATION DES PEINES MINIMALES ENCOURUES (DISPOSITIONS SUPPRIMÉES DEPUIS LE 1ER OCTOBRE 2014)

Peine initialement encourue	Peine plancher encourue	Possible dérogation à l'application de la peine plancher	Limite en cas de nouvelle récidive (double récidive)
Délit puni de 3 ans d'emprisonnement	1 an	Les juges peuvent déroger au minimum ou prononcer une autre peine que l'emprisonnement par une motivation spéciale en considération des circonstances de l'infraction, de la personnalité de son auteur ou des garanties d'insertion ou de réinsertion présentées par celui-ci	La peine d'emprisonnement est la seule possible lorsque sont commis une nouvelle fois en état de récidive légale un ou des délits de : – violences volontaires, – ou commis avec la circonstance de violences, – agressions ou atteinte sexuelle, – ou un délit puni de dix ans d'emprisonnement
Délit puni de 5 ans d'emprisonnement	2 ans		
Délit puni de 7 ans d'emprisonnement	3 ans		
Délit puni de 10 ans d'emprisonnement	4 ans		Les juges ne peuvent prononcer dans ce cas, une peine d'emprisonnement inférieure aux seuils de l'article 132-19-1, que si le prévenu présente des garanties exceptionnelles d'insertion ou de réinsertion

Toutefois, la juridiction pouvait prononcer, par une décision spécialement motivée, une peine inférieure à ces seuils ou une peine autre que l'emprisonnement en considération des circonstances de l'infraction, de la personnalité de son auteur ou des garanties d'insertion ou de réinsertion présentées par celui-ci [1].

La loi du 15 août 2014 a abrogé cet article.

716.166 Suppression des peines plancher – Rappel. La circulaire de politique pénale de Mme la ministre de la Justice en date du 19 septembre 2012 [2], invitait les parquets à tenir le plus grand compte dans les réquisitions et les voies de poursuites de la situation personnelle, sociale et économique des prévenus, rapportant la demande antérieure d'un appel systématique en cas de non-application du dispositif des peines planchers. La suppression du dispositif faisait partie des préconisations de la conférence de consensus du 20 février 2013 [3]. L'abrogation des peines planchers est effective depuis le 1er octobre 2014.

716.167 Application dans le temps de la loi sur les peines plancher – Rappel. Une loi nouvelle moins sévère s'appliquant, selon l'article 112-1, alinéa 3, du code pénal, aux infractions commises avant son entrée en vigueur et n'ayant pas donné lieu à une condamnation passée en force de chose jugée, doit être annulée la décision d'une cour d'appel ayant condamné un prévenu, pour un vol en récidive commis le 24 mai 2010, à la peine minimale d'un an d'emprisonnement prévue par l'article 132-19-1 du code pénal dont les dispositions ont été abrogées, à compter du 1er octobre 2014, par l'article 7 de la loi du 15 août 2014 [4].

À l'occasion d'un pourvoi [5], la chambre criminelle se voyait proposer une cassation fondée sur le fait :

« 1°) que les dispositions d'une loi nouvelle s'appliquent aux infractions commises avant leur entrée en vigueur et n'ayant pas donné lieu à une condamnation passée en force de chose jugée lorsqu'elles sont moins sévères que les dispositions anciennes ; que l'article 132-19-1 du code pénal, qui prévoyait des peines plancher en matière de récidive, a été supprimé par l'article 7 de la loi du 15 août 2014, entré en vigueur le 1er octobre 2014 après que l'arrêt attaqué eut été rendu ; qu'il y a lieu de procéder à un nouvel examen de l'affaire au regard des dispositions nouvelles plus favorables ;

2°) et que l'article 3 de la loi du 15 août 2014, entré en vigueur le 1er octobre 2014 après que l'arrêt attaqué eut été rendu, a étendu l'obligation de motivation spéciale des peines d'emprisonnement délictuel sans sursis au cas des personnes se trouvant en situation de récidive ; qu'il y a lieu de procéder à un nouvel examen de l'affaire au regard des dispositions nouvelles plus favorables ; qu'en raison du caractère indivisible de la peine, l'annulation portera sur l'ensemble des peines principale et accessoire prononcées ».

Elle a cependant décidé : « que, pour condamner M. X... à la peine principale de quatre ans d'emprisonnement, avec maintien en détention, du chef de vol avec violence en récidive, le tribunal a retenu qu'une telle peine était "à la juste mesure de ses

1. C. pén., art. 132-19-2.
2. Circulaire de politique pénale du 19 sept. 2012, *JO* 18 oct., p. 16225, NOR. : JUSD1235192C.
3. *Pour une nouvelle politique publique de prévention de la récidive,* rapport au Premier ministre, 20 févr. 2013 ; disponible sur : ladocumentationfrancaise.fr.
4. Crim. 14 oct. 2014, n° 13-85.779, P n° 205 ; *D.* 2014. 2113 ; *RSC* 2014. 800, obs. D. Boccon-Gibod.
5. Crim. 31 mars 2015, n° 14-86.584, P n° 70 ; *D.* 2015. 869 ; *D.* 2015. 2465, obs. G. Roujou de Boubée, T. Garé, C. Ginestet, M.-H. Gozzi et S. Mirabail ; *AJ pénal* 2015. 491, obs. J. Lasserre Capdeville.

actes" compte tenu de la gravité des faits, de la violence gratuite qui a accompagné le vol et de la personnalité de l'intéressé, déjà condamné à plusieurs reprises pour des vols aggravés ; que l'arrêt confirmatif énonce lui-même qu'il s'agit d'une "juste peine", en adéquation avec, d'une part, les circonstances de l'infraction commise en état de récidive, d'autre part, la personnalité du prévenu, qui, au demeurant, a déclaré l'accepter ; que si les juges du second degré ajoutent que cette peine correspond, par ailleurs, à la peine minimale d'emprisonnement alors prévue par l'article 132-19-1 du code pénal, il ressort des motifs, propres et adoptés, rappelés ci-dessus, qu'un tel motif, surabondant, n'a pas fondé leur décision de confirmer la peine d'emprisonnement fixée par les premiers juges ».

Que, par suite, M. X... ne peut utilement prétendre à un réexamen de la peine au regard des dispositions plus favorables résultant de l'abrogation, à compter du 1er octobre 2014, dudit article 132-19-1, par l'article 7 de la loi du 15 août 2014 relative à l'individualisation des peines et renforçant l'efficacité des sanctions pénales.

S'il est donc interdit aux juges de se référer, même à titre comparatif ou historique, au *quantum* de la peine plancher naguère encourue, le fait que la peine décidée corresponde effectivement à cet ancien *quantum* n'est pas en lui-même de nature à ouvrir droit à un réexamen de la situation du prévenu au regard des nouveaux textes dès lors que la peine est justifiée par les éléments tirés de la nature des faits commis et de la personnalité du condamné.

Enfin, dans un second moyen, le demandeur au pourvoi sollicitait le bénéfice des dispositions de l'article 132-19 du code pénal, tel que modifié à compter du 1er octobre 2014 par l'article 3 de la même loi, en vertu desquelles toute décision prononçant une peine d'emprisonnement sans sursis doit être spécialement motivée, disposition nouvelle qu'il estimait moins sévère que les dispositions antérieurement applicables en cas de récidive. La chambre criminelle, écarte pareillement ce moyen, considérant que : « contrairement à ce qui est allégué, l'article 132-19 du code pénal, qui ne concerne ni la définition des faits punissables, ni la nature et le quantum des peines susceptibles d'être prononcées, n'entre pas dans les prévisions de l'article 112-1, alinéa 3, mais dans celles de l'article 112-2, 2°, dudit code ; que, s'agissant d'une loi de procédure, elle ne peut entraîner l'annulation d'une décision sur le fond régulièrement rendue avant son entrée en vigueur ».

716.168 Distinction de la récidive et de la réitération. Depuis l'entrée en vigueur de la loi du 12 décembre 2005[1], il y a réitération d'infractions pénales lorsqu'une personne a déjà été condamnée définitivement pour un crime ou un délit et commet une nouvelle infraction qui ne répond pas aux conditions de la récidive légale[2]. On parle également de réitération en cas de répétition d'infractions, le cas échéant de même nature, mais qui ne sont pas définitives entre elles.

Les peines prononcées pour l'infraction commise en réitération se cumulent sans limitation de *quantum* et sans possibilité de confusion avec les peines définitivement prononcées lors de la condamnation précédente[3].

La juridiction de jugement comme avant elle l'autorité de poursuite doivent donc être particulièrement attentives à l'existence ou non d'une récidive légale dès lors que celle-ci est visée aux poursuites ou que les juges souhaitent la retenir.

Il est à noter qu'à la QPC ainsi posée : « L'article 132-8 du code pénal méconnaît-il le principe de nécessité des peines et la garantie des droits, garantis par les articles 8 et 16 de la Déclaration des droits de l'homme et du citoyen de 1789, en ce qu'il retient un état de récidive légale générale et perpétuelle, c'est-à-dire sans égard pour la nature des infractions en cause et sans fixer aucune condition de délai, à toute personne condamné pour un crime ou pour un délit puni de dix ans d'emprisonnement par la loi ? », la chambre criminelle a, par une décision du 13 avril 2023[4] refusé de transmettre la QPC.

SECTION 4
PEINES CORRECTIONNELLES AUTRES QUE L'EMPRISONNEMENT ET LEUR MOTIVATION

716.171 Diversité des peines encourues en matière correctionnelle. De même que le code pénal définit les peines contraventionnelles encourues par les personnes physiques[5] aux articles 131-12 et suivants du code pénal, il répertorie les peines encourues en matière correctionnelle, aux articles 131-3 et suivants du même code.

La loi du 23 mars 2019[6] a sensiblement modifié la liste des peines encourues en matière correction-

1. L. n° 2005-1549, 12 déc. 2005, art. 3.
2. Crim. 12 mars 2014, n° 13-81.273, P n° 76 ; *D. actu.* 31 mars 2014, obs. Fonteix.
3. C. pén., art. 132-16-7.
4. Crim. 13 avr. 2023, n° 22-83.580, NP.
5. V. s[s] n° 121.56.
6. Bien que l'année 2020 ait été marquée par l'épidémie de Covid, on pourra consulter avec profit le rapport du ministère de la justice « Loi de programmation 2018-2022 et de réforme pour la justice, rapport d'exécution établi au titre de l'année 2020 ».

nelle par les personnes physiques, qui s'établit depuis le 24 mars 2020 comme suit[1] :

1° L'emprisonnement ; cet emprisonnement peut faire l'objet d'un sursis, d'un sursis probatoire ou d'un aménagement conformément aux dispositions du chapitre II du présent titre ;

2° La détention à domicile sous surveillance électronique ;

3° Le travail d'intérêt général ;

4° L'amende ;

5° Le jour-amende ;

6° Les peines de stage ;

7° Les peines privatives ou restrictives de droits prévues à l'article 131-6 ;

8° La sanction-réparation.

Ces peines ne sont pas exclusives des peines complémentaires prévues à l'article 131-10.

Elle a donc pour l'essentiel, supprimé la contrainte pénale, remplacée à son deuxième rang par la détention à domicile sous surveillance électronique[2], porté au troisième rang la peine de travail d'intérêt général[3], regroupé les peines de stage[4], introduit pour la peine d'emprisonnement les sursis applicables qui ne figuraient pas, à ce stade, dans les dispositions antérieures[5].

Les peines privatives ou restrictives de droit (ou de liberté)[6] et les peines complémentaires[7] n'ont pas changé et constituent, par leur diversité, un vivier important de peines susceptibles d'être exactement appropriées à tel ou tel cas d'espèce.

De jurisprudence constante, la gravité relative des peines se mesure, non par leur durée ou leur quotité, mais par le rang qu'elles occupent dans l'échelle établie par le code pénal, une peine d'amende étant moins grave qu'une peine d'emprisonnement[8]. On retrouve cette prise en compte d'une hiérarchie des peines dans le contentieux de la réformation *in pejus* qui prohibe, sur le seul appel du prévenu, l'aggravation de la peine prononcée en première instance[9]. Ainsi en va-t-il de la substitution d'une peine d'emprisonnement d'une durée de trois mois avec sursis à celle de deux cents jours-amende d'un montant unitaire de 50 euros[10]. Et dans la même hypothèse d'un appel du seul prévenu, de l'augmentation de la durée de l'emprisonnement, même en l'assortissant du sursis[11] ou de l'amende[12] prononcée en première instance.

L'échelle des peines d'emprisonnement figure à l'article 131-4 du code pénal.

716.172 Question de l'exécution provisoire. Nonobstant appel, le prévenu détenu qui n'a pas été condamné à une peine d'emprisonnement sans sursis est mis en liberté immédiatement après le jugement.

Il en est de même en cas de condamnation à une peine d'emprisonnement, lorsque la détention provisoire a été ordonnée ou maintenue en application de l'article 464-1 ou de l'article 465, premier alinéa, aussitôt que la durée de la détention a atteint celle de la peine prononcée[13].

S'agissant des autres peines correctionnelles ou de certaines peines d'emprisonnement, les sanctions pénales prononcées en application des articles 131-4-1 à 131-11 et 132-25 à 132-70 du code pénal peuvent être déclarées exécutoires par provision[14]. Il s'agit donc des peines de :

- Détention à domicile sous surveillance électronique (C. pén., art. 131-4-1) ;
- Jours-amende (C. pén., art. 131-5) ;
- Stage (C. pén., art. 131-5-1) ;
- Une ou plusieurs des peines privatives ou restrictives de liberté (C. pén., art. 131-6) ;
- Une ou plusieurs des peines privatives ou restrictives de droits (C. pén., art. 131-7) ;
- Travail d'intérêt général (C. pén., art. 131-8) ;
- Sanction-réparation (C. pén., art. 131-8-1) ;
- Peine maximale d'emprisonnement ou montant maximal de l'amende pré-fixés et encourus en cas de non-respect des conditions d'exécution d'une ou plusieurs des peines prévues par les articles 131-5-1, 131-6 ou131-8 (C. pén., art. 131-9) ;
- Peine complémentaire (C. pén., art. 131-10)[15] ;
- Peine maximale d'emprisonnement ou montant maximal de l'amende pré-fixés et encourus en cas de non-respect des conditions d'exécution d'une ou plusieurs peines complémentaires (C. pén., art. 131-11) ;
- Peine d'emprisonnement sous le régime de la détention à domicile sous surveillance électronique (C. pén., art. 132-25 et 132-26) ;

1. C. pén., art. 131-3.
2. C. pén., art. 131-4-1 et v. s[s] n° 716.133 pour la DDSE et v. s[s] n° 716.181 pour la contrainte pénale.
3. C. pén., art. 131-8 et v. s[s] n° 716.201.
4. C. pén., art. 131-5-1 et v. s[s] n° 716.221.
5. B. Lavielle, « Le juge correctionnel au bout de ses peines ? », *AJ pénal*, 2020. 150.
6. C. pén., art. 131-6, et v. s[s] n° 716.241.
7. C. pén., art. 131-10 et 131-11 et v. s[s] n° 716.251.
8. Crim. 4 févr. 1938, *Gaz. Pal.* 1938, 1, 523 ; *RSC* 1938, 485, obs. Magnol – Crim. 15 févr. 1956, n° 16.355, P.
9. Règle rappelée par l'article 515, al. 2 du code de procédure pénale.
10. Crim. 14 févr. 2023, n° 21-85.689, P ; M. Dominati, *D. actu.* 23 févr. 2023.
11. Crim. 13 juin 1968, n° 68-90.940, P. n° 193.
12. Crim. 16 mars 2021, n° 20-82.174, P.
13. C. pr. pén., art. 471, al. 1 et 2, mod. par L. n° 2019-22, 23 mars 2019, art. 81.
14. C. pr. pén., art. 471, al. 4.
15. PAR EX. : Crim. 2 nov. 2005, n° 05-82.004, P n° 274.

- Peine d'emprisonnement fractionnée (C. pén., art. 132-27) ;
- Peine d'amende fractionnée (C. pén., art. 132-28) ;
- Peine avec sursis simple (C. pén., art. 132-29 à 132-39) ;
- Peine d'emprisonnement avec sursis probatoire (C. pén., art. 132-40 à 132-53) ;
- Ajournements et dispense de peine (C. pén., art. 132-58 à 132-70)[1].

Il sera noté :

- que les peines de confiscation peuvent être assorties de l'exécution provisoire, exception faite en matière de presse[2] ;
- que les peines contraventionnelles visées aux articles 131-12 à 131-18 ne peuvent être assorties de l'exécution provisoire, pas plus que les sanctions applicables aux personnes morales ;
- que la chambre criminelle a eu l'occasion de juger que, ni l'article 485-1 du code de procédure pénale relatif à la motivation des peines, ni aucune autre disposition législative ne prévoient l'obligation pour les juges de motiver le choix d'assortir une peine d'inéligibilité de l'exécution provisoire[3].

§ 1
Fin de la contrainte pénale

716.181 Création et suppression de la contrainte pénale. Créée en 2014[4] la contrainte pénale a été supprimée par la loi de programmation de 2019, non sans cependant que soient prévues des dispositions transitoires, applicables aux contraintes pénales en cours et les soumettant jusqu'à leur terme, au régime en vigueur lors de leur prononcé[5].

Lorsque la personnalité et la situation matérielle, familiale et sociale de l'auteur d'un délit puni d'une peine d'emprisonnement et les faits de l'espèce justifient un accompagnement socio-éducatif individualisé et soutenu, la juridiction pouvait prononcer la peine de contrainte pénale.

La contrainte pénale emportait pour le condamné l'obligation de se soumettre, sous le contrôle du juge de l'application des peines, pendant une durée comprise entre six mois et cinq ans et qui est fixée par la juridiction, à des mesures de contrôle et d'assistance ainsi qu'à des obligations et interdictions particulières destinées à prévenir la récidive en favorisant son insertion ou sa réinsertion au sein de la société.

Dès le prononcé de la décision de condamnation, la personne condamnée était astreinte, pour toute la durée d'exécution de sa peine, aux mesures de contrôle prévues à l'article 132-44 alors en vigueur.

Les obligations et interdictions particulières auxquelles pouvait être astreint le condamné étaient :

1° Les obligations et interdictions prévues à l'article 132-45 alors applicable en matière de sursis avec mise à l'épreuve ;

2° L'obligation d'effectuer un travail d'intérêt général, dans les conditions prévues à l'article 131-8 (ancien) ;

3° L'injonction de soins, dans les conditions prévues aux articles L. 3711-1 à L. 3711-5 du code de la santé publique, si la personne a été condamnée pour un délit pour lequel le suivi socio-judiciaire est encouru et qu'une expertise médicale a conclu qu'elle était susceptible de faire l'objet d'un traitement.

Le condamné pouvait, en outre, bénéficier des mesures d'aide prévues à l'article 132-46 (ancien) du code pénal.

La juridiction fixait également la durée maximale de l'emprisonnement encouru par le condamné en cas d'inobservation des obligations et interdictions auxquelles il est astreint. Cet emprisonnement ne pouvait excéder deux ans, ni le maximum de la peine d'emprisonnement encourue. Les conditions dans lesquelles l'exécution de l'emprisonnement pouvait être ordonnée, en tout ou partie, étaient fixées par le code de procédure pénale.

Après le prononcé de la décision, le président de la juridiction notifiait à la personne condamnée, lorsqu'elle était présente, les obligations et interdictions qui lui incombaient ainsi que les conséquences pouvant résulter de leur violation.

Dans des conditions et selon des modalités précisées par le code de procédure pénale, après évaluation de la personnalité et de la situation matérielle, familiale et sociale du condamné par le service pénitentiaire d'insertion et de probation, le juge de l'application des peines, lorsqu'il n'avait pas été fait application du neuvième alinéa de l'article 131-4-1, déterminait les obligations et interdictions auxquelles était astreint le condamné parmi celles mentionnées aux 1° à 3°, ainsi que les mesures d'aide dont il bénéficiait. S'il avait été fait application du neuvième alinéa, le juge de l'application des peines pouvait modifier, supprimer ou compléter les obligations et interdictions décidées par la juridiction ; il déterminait les mesures d'aide dont le condamné bénéficie. Au cours de l'exécution de la contrainte pénale, les obligations et interdictions et les mesures d'aide pouvaient être modifiées, suppri-

1. L'ajournement avec probation est exécutoire par provision : C. pr. pén., art. 132-63, al. 2.
2. C. pr. pén., art. 131-6, 10° – V. aussi S. Almaseanu, « L'exécution provisoire des confiscations pénales », *Gaz. Pal.* 26 janv. 2016, n° 4.
3. Crim. 19 avr. 2023, n° 22-83.355, NP, S. Dyens, « La peine complémentaire d'inéligibilité au risque de l'exécution provisoire », *AJCT* 2022. 494.
4. L. n° 2014-896, 15 août 2014, C. pén., art. 131-3-2° et 131-4-1 anciens.
5. L. n° 2019-222, art. 109, XIX.

mées ou complétées par le juge de l'application des peines au regard de l'évolution du condamné.

La condamnation à la contrainte pénale était exécutoire par provision [1].

La chambre criminelle avait eu l'occasion s'agissant de l'application de cette peine dans le temps de préciser que, telle que définie par le texte précité, la contrainte pénale constitue une peine alternative à l'emprisonnement sans sursis, applicable, à partir du 1er octobre 2014, aux jugements d'infractions même commises avant cette date et que si, à partir du 1er octobre 2014, le juge saisi d'un délit puni de cinq ans d'emprisonnement au plus, fût-il commis avant l'entrée en vigueur de la loi précitée, peut substituer à l'emprisonnement sans sursis la contrainte pénale, en ce que celle-ci constitue, aux termes de l'article 131-4-1 du code pénal, une peine alternative à la privation de liberté, on ne saurait, prétendre à l'annulation de sa condamnation dès lors que l'emprisonnement a été prononcé conformément aux exigences de l'article 132-24, alinéa 3, du code pénal dans sa version alors en vigueur [2].

Depuis le 1er janvier 2017, la contrainte pénale était applicable aux infractions quelle que soit la durée de la peine encourue [3], ses modalités de mise en œuvre étant détaillées par les articles 713-42 à 713-8 anciens du code de procédure pénale.

Trop complexe et concurrente du sursis avec mise à l'épreuve, du sursis assorti de l'obligation d'accomplir un travail d'intérêt général pour lequel d'autres obligations étaient également prononcées, souffrant sans doute aussi d'une ambition à l'inverse des moyens donnés aux services pénitentiaires d'insertion et de probation pour l'assumer pleinement, cette peine n'a su convaincre les juridictions de sa pertinence. Elle était dès lors condamnée, malgré le fort soutien de ses promoteurs [4].

§ 2
Détention à domicile sous surveillance électronique

716.191 Détention à domicile sous surveillance électronique : une peine autonome. La détention à domicile sous surveillance électronique (DDSE) a été créée par la loi du 23 mars 2019 de programmation pour la justice et est entrée en vigueur le 24 mars 2020. Ben que portant le même nom, elle est à distinguer de la DDSE aménagement de peine.

S'agissant de la peine autonome de DDSE, la loi prévoit que lorsqu'un délit est puni d'une peine d'emprisonnement, la juridiction peut, à la place de l'emprisonnement, prononcer la peine de détention à domicile sous surveillance électronique pendant une durée comprise entre quinze jours et six mois, sans pouvoir excéder la durée de l'emprisonnement encouru. Elle apparaît donc comme une peine alternative à l'emprisonnement. Il convient de souligner que le prononcé de la peine de DDSE ne nécessite pas le consentement du condamné, ni sa présence à l'audience. On relèvera toutefois que comme pour le travail d'intérêt général ou encore les peines de stage, la présence du prévenu lors du prononcé contribue sans doute à une meilleure compréhension et par suite exécution de sa peine.

Cette peine emporte pour le condamné l'obligation de demeurer dans son domicile ou tout autre lieu désigné par la juridiction ou le juge de l'application des peines et du port d'un dispositif intégrant un émetteur permettant de vérifier le respect de cette première obligation [5].

Le condamné n'est autorisé à s'absenter de son domicile ou du lieu fixé par la décision d'octroi, pendant des périodes déterminées par la juridiction ou le juge de l'application des peines que pour le temps nécessaire à l'exercice d'une activité professionnelle, au suivi d'un enseignement, d'un stage, d'une formation ou d'un traitement médical, à la recherche d'un emploi, à la participation à la vie de famille ou à tout projet d'insertion ou de réinsertion.

Cette peine ne donnant pas lieu à un placement sous écrou elle n'ouvre pas droit à des réductions de peine [6]. La juridiction peut décider que le condamné bénéficiera de mesures d'aide ayant pour objet de seconder ses efforts en vue de son reclassement social.

La juridiction peut également soumettre le condamné à une ou plusieurs des obligations ou interdictions prévues aux articles 132-44 et 132-45 [7].

La juridiction de jugement peut donc déterminer le lieu et les modalités de la DDSE ou n'en arrêter que le principe, laissant au juge de l'application des peines le soin de les définir. Elle peut ou non fixer l'une ou plusieurs des obligations ou interdictions applicables en matière de sursis probatoire. Elle peut ou non assortir sa

1. C. pén., art. 131-4-1 ancien.
2. Crim. 14 avr. 2015, nos 15-80.858, 14-84.473, P n° 86.
3. L. n° 2014-896, 15 août 2014, art. 19 II : qui prévoyait initialement que la contrainte pénale n'était applicable qu'en cas de « délit puni d'une peine d'emprisonnement d'une durée inférieure ou égale à cinq ans » – Dépêche DACG du 16 janvier 2017 relative à l'élargissement du champ d'application de la contrainte pénale.
4. P. V. Tournier, « Naissance de la contrainte pénale », T1 et 2, L'Harmattan 2015.
5. C. pr. pén., art. R. 57-10 s.
6. Contrairement à la DDSE aménagement de peine d'emprisonnement.
7. C. pén., art. 131-4-1, créé par L. n° 2019-222, 23 mars 2019, art. 71 V, mod. par L. n° 2019-1480, 28 déc. 2019, art. 10 et C. pén. 132-26, et pour la liste des mesures de contrôle et des obligations, v. ss nos 716.364 s.

décision de l'exécution provisoire [1]. En tout état de cause le suivi de la mesure incombera au juge de l'application du domicile compétent en raison du domicile du condamné [2] et qui pourra en cas de non-respect par le condamné de ses obligations, soit limiter ses autorisations d'absence, soit ordonner l'emprisonnement de la personne pour la durée de la peine restant à exécuter [3].

Originalité supplémentaire, l'article 713-43 du code de procédure pénale prévoit que si le condamné a satisfait aux mesures, obligations et interdictions qui lui étaient imposées pendant une durée au moins égale à la moitié de la peine prononcée, que son reclassement paraît acquis et qu'aucun suivi ne paraît plus nécessaire, le juge de l'application des peines pourra, d'office ou sur requête du condamné, décider, par ordonnance rendue selon les modalités prévues à l'article 712-8, sur réquisitions conformes du procureur de la République, mettre fin de façon anticipée à la peine de détention à domicile sous surveillance électronique.

La création de la peine et de l'aménagement de peine de DDSE a *ipso facto* entraîné la suppression des dispositions antérieurement consacrées au placement sous surveillance électronique [4].

§ 3
Travail d'intérêt général

716.201 **Travail d'intérêt général. Prononcé.** La peine de travail d'intérêt général, née de la loi du 10 juin 1983, entrée en vigueur au 1er janvier 1984 [5], promue au troisième rang des peines correctionnelles encourue par le nouvel article 131-3 du code pénal a été sensiblement modifiée par la loi du 23 mars 2019, dont les dispositions relatives aux peines sont entrées en vigueur le 24 mars 2020 [6].

Désormais, lorsqu'un délit est puni d'une peine d'emprisonnement, la juridiction peut prescrire, à la place de l'emprisonnement, que le condamné accomplira, pour une durée de vingt à quatre cents heures, un travail d'intérêt général non rémunéré au profit soit d'une personne morale de droit public, soit d'une personne morale de droit privé chargée d'une mission de service public ou d'une association habilitées à mettre en œuvre des travaux d'intérêt général.

Alors que depuis sa création cette peine reposait sur l'accord du prévenu recueilli à l'audience, il faut relever qu'après la possibilité d'un prononcé de cette peine au bénéfice d'un prévenu, absent à l'audience, qui a fait connaître par écrit son accord et qu'il est représenté par son avocat [7], la dernière version du texte, soit le dernier alinéa de l'article 131-8 du code pénal, permet le prononcé d'un TIG hors la présence du prévenu et de tout accord préalable. Dans ce cas, le juge de l'application des peines sera, au temps de la mise à exécution, tenu de recueillir cet accord.

Ainsi, lorsque le prévenu est présent à l'audience, la peine de travail d'intérêt général ne peut être prononcée si celui-ci la refuse. Le président du tribunal, avant le prononcé du jugement, informe le prévenu de son droit de refuser l'accomplissement d'un travail d'intérêt général et reçoit sa réponse.

Lorsque le prévenu n'est pas présent à l'audience mais y est représenté par son avocat, cette peine peut être prononcée s'il a fait connaître par écrit son accord. Il peut être rappelé que c'est justement cet accord du condamné qui avait amené la chambre criminelle à rejeter un pourvoi dans lequel le requérant invoquait le défaut de motivation de la peine de travail d'intérêt général. Le demandeur ne saurait en effet se faire un grief d'un défaut de motivation de la peine de travail d'intérêt général au regard de sa situation personnelle, dès lors que le prononcé d'une telle peine étant subordonné à l'accord préalable de l'intéressé, il implique nécessairement la prise en compte de la gravité des faits, de la personnalité de leur auteur et de la situation personnelle de celui-ci [8].

Lorsqu'enfin, le prévenu n'est pas présent à l'audience et n'a pas fait connaître son accord, cette peine ne peut être prononcée que si le tribunal fait application des dispositions du deuxième alinéa de l'article 131-9. Dans ce cas, avant la mise à exécution de la peine de travail d'intérêt général, le juge de l'application des peines informe le condamné de son droit de refuser l'accomplissement d'un travail et reçoit sa réponse. En cas de refus, tout ou partie de l'emprisonnement ou de l'amende fixée par la juridiction peut être mis à exécution, dans les conditions prévues à l'article 712-6 du code de procédure pénale, sous réserve, s'il y a lieu, des possibilités d'aménagement ou de conversion [9]. Il reste possible de s'interroger sur l'impact de ces relâchements successifs sur l'exigence d'un accord du prévenu à accomplir un

1. C. pr. pén., art. 471.
2. C. pr. pén., art. 713-42 s., D. 49-82 à D 49-89.
3. C. pén., art. 131-4-1, al. 5.
4. C. pén. anciens articles 132-26-1 et 132-26-2. Les termes de « placement sous surveillance électronique » ne sont conservés que pour le placement sous surveillance électronique mobile, voir notamment, C. pén., art. 131-36-9 s.
5. L. n° 83-466, 10 juin 1983 portant abrogation ou révision de certaines dispositions de la loi n° 81-82 du 2 février 1981 et complétant certaines dispositions du code pénal et du code de procédure pénale, *JO* 11 juin 1983.
6. Valentine Legrand. Le travail d'intérêt général, une peine en pleine évolution. Droit. 2021. ffdumas03559718f, HAL Open Science ; A. Thezee, Le travail d'intérêt général de 1984 à 2018, *AJ pénal* 2020. 326.
7. C. pén., art. 131-8 *in fine ;* réd. issue L. n° 2016-731, 3 juin 2016, art. 107.
8. Crim. 16 avr. 2019, n° 18-83.434, P n° 79.
9. C. pén., art. 131-8, mod. par L. n° 2019-222, 23 mars 2019, art. 71 (V), entrée en vigueur le 24 mars 2020.

TIG quant au développement de cette peine. L'hypothèse d'un prévenu qui ne comparaît pas ni ne fait connaître les motifs de son absence semble *a priori* peu propice à l'exécution volontaire d'une telle peine. Ces différentes étapes paraissent ainsi surtout conduire à l'augmentation des délais d'exécution.

La durée maximale de la peine de travail d'intérêt général de 210 heures, passée à 280 heures avec la loi du 15 août 2014 est désormais de 400 heures ce qui de l'avis unanime des praticiens est une hérésie. Il faut en effet compter d'une part avec les difficultés de trouver des places de travail d'intérêt général et d'autre part, la nécessaire difficulté d'une remise au travail de personnes souvent désocialisées qui n'ont plus occupé d'emploi régulier depuis bien longtemps.

Enfin et comme par le passé, le travail d'intérêt général sera ainsi prononcé à titre de peine principale[1], à titre de peine d'emprisonnement avec sursis probatoire dont l'une des obligations sera d'accomplir un travail d'intérêt général[2], ou à titre de peine complémentaire, notamment en matière d'infractions au code de la route[3].

716.202 Travail d'intérêt général. Exécution. L'important est ici pour la juridiction de s'assurer de l'accord de principe du prévenu, de la faisabilité de la peine au regard de ses contraintes professionnelles, de ses capacités physiques et de la nature des postes de TIG offerts sur le ressort. Il convient d'expliquer à l'intéressé, selon les différentes modalités applicables, que l'inexécution de ce travail peut le conduire à effectuer une peine d'emprisonnement. Il n'est pas inutile de lui préciser qu'il doit se soumettre à l'affectation qui lui sera indiquée et accomplir les heures le plus rapidement possible, un certain nombre de prévenus semblant penser qu'ils ont une certaine latitude sur la façon d'accomplir le travail, voire le choix du lieu de son exécution... Une bonne coordination avec le service pénitentiaire d'insertion et de probation chargé de la mise en œuvre de ces peines et le juge de l'application des peines, est donc nécessaire.

S'agissant de l'exécution de cette peine, les règles essentielles sont fixées à l'article 131-22 du code pénal qui dispose que la juridiction qui prononce la peine de travail d'intérêt général fixe le délai pendant lequel le travail d'intérêt général doit être accompli dans la limite de dix-huit mois. Le délai prend fin dès l'accomplissement de la totalité du travail d'intérêt général ; il peut être suspendu provisoirement pour motif grave d'ordre médical, familial, professionnel ou social. Ce délai est suspendu pendant le temps où le condamné est assigné à résidence avec surveillance électronique, est placé en détention provisoire, exécute une peine privative de liberté ou accomplit les obligations du service national. Toutefois, le travail d'intérêt général peut être exécuté en même temps qu'une assignation à résidence avec surveillance électronique, qu'un placement à l'extérieur, qu'une semi-liberté ou qu'un placement sous surveillance électronique.

Les modalités d'exécution de l'obligation d'accomplir un travail d'intérêt général et la suspension du délai prévu à l'alinéa précédent sont décidées par le juge de l'application des peines dans le ressort duquel le condamné a sa résidence habituelle ou, s'il n'a pas en France sa résidence habituelle, par le juge de l'application des peines du tribunal qui a statué en première instance.

Lorsque la personne a été condamnée pour un délit prévu par le code de la route ou sur le fondement des articles 221-6-1, 222-19-1, 222-20-1 et 434-10, elle accomplit de préférence la peine de travail d'intérêt général dans un des établissements spécialisés dans l'accueil des blessés de la route.

Au cours du délai prévu par le présent article, le condamné doit satisfaire aux mesures de contrôle déterminées à l'article 132-44. Il doit en outre se soumettre à l'examen médical préalable à l'exécution de la peine qui a pour but de rechercher s'il n'est pas atteint d'une affection dangereuse pour les autres travailleurs et de s'assurer qu'il est médicalement apte au travail auquel il est envisagé de l'affecter.

Doit être relevée ici, la mise en œuvre par le ministère de la justice d'une agence du travail d'intérêt général et de l'insertion professionnelle (ATIGIP) et d'une plate-forme TIG360° répertoriant l'ensemble des postes de travaux d'intérêt général disponibles sur le territoire[4].

La volonté de voir cette peine se développer a encore été marquée par la modification de l'article 131-36, 1° du code pénal qui dispose désormais que le directeur du service pénitentiaire d'insertion et de probation établit, après avis du ministère public et du juge de l'application des peines dans le ressort duquel se situe la structure d'accueil et après consultation de tout organisme public compétent en matière de prévention de la délinquance, la liste des travaux d'intérêt général susceptibles d'être accomplis dans le département[5]. Le nouveau dispositif

1. C. pén., art. 131-8.
2. C. pén., art. 132-45, 21°, le "sursis assorti de l'obligation d'accomplir un travail d'intérêt général" prévu à l'ancien article 132-54 disparaissant en tant que tel.
3. NOT. : C. pén., art. 131-22 s.
4. A. Coignac, « TIG 360° : concrétiser l'alternative à la prison », *D. actu.*, 6 déc. 2021.
5. C. pén., art. 131-36, mod. par L. n° 2021-401, 8 avr. 2021, art. 6 – ÉGAL[T] : Décr. n° 2021-1743, 22 déc. 2021 relatif aux procédures d'habilitation des structures d'accueil, d'inscription et d'affectation sur les postes de travail d'intérêt général et d'exécution des mesures de travail non rému-▶

ouvre la possibilité d'exécution de la peine de TIG dans les entreprises de l'économie sociale et solidaire[1]. Un rapport est également venu proposer l'ouverture du TIG aux « entreprises privées marchandes »[2] et l'expérimentation du TIG en secteur privé devrait avoir apporter ses premiers résultats, une fois passées les difficultés liées notamment à la crise Covid[3]. Le tout s'inscrit dans une volonté gouvernementale de voir largement se développer cette peine qui en termes statistiques, plafonne.

§ 4
Amende et jours-amende

716.211 **Amende. Principes.** Une chose est la motivation de la peine, une autre est la détermination du montant de l'amende. Un arrêt est venu rappeler qu'en matière correctionnelle, en application de l'article 132-1 du code pénal, toute peine doit être motivée en tenant compte des circonstances de l'infraction, de la personnalité de son auteur et de sa situation matérielle, familiale et sociale. Encourt la censure l'arrêt qui, pour prononcer une peine d'amende, se borne à statuer en considération des seules dispositions de l'article 132-20 du code pénal, au regard des ressources et de la situation professionnelle du prévenu, sans motiver le choix de cette peine au regard des circonstances de l'infraction[4].

Lorsqu'une infraction est punie d'une peine d'amende, la juridiction peut prononcer une amende d'un montant inférieur à celle qui est encourue.

Le montant de l'amende est déterminé en tenant compte des ressources et des charges de l'auteur de l'infraction[5] et la juridiction de jugement doit motiver son choix contrairement aux exigences de la jurisprudence antérieure à 2017[6].

Cette disposition suppose que lors de l'interrogatoire d'identité du prévenu, celui-ci ait pu s'exprimer sur ses activités professionnelles et ses ressources. Il sera rappelé ici que la convocation en justice indique au prévenu qu'il doit comparaître à l'audience en possession des justificatifs de ses revenus ainsi que de ses avis d'imposition ou de non-imposition, ou les communiquer à l'avocat qui le représente[7]. Cette obligation est rarement respectée en pratique et il appartient sans aucun doute aux parquets et aux juges du siège de la rappeler notamment aux auxiliaires de justice. Elle est d'autant plus importante que la chambre criminelle est venue préciser que l'amende doit être motivée[8] en tenant compte de la gravité des faits, de la personnalité de leur auteur et de sa situation personnelle, dont ses ressources et charges, au jour où la juridiction statue, dernière précision qui, pour sembler évidente, n'est pas donnée par la loi[9].

Cette obligation de motiver les peines d'amende concerne les amendes correctionnelles[10], comme de police[11], y compris lorsqu'elles sont assorties du sursis[12] et qu'elles soient prononcées à l'encontre des personnes physiques[13], comme des personnes morales[14].

L'attention des juges doit également porter sur le montant de la peine d'amende encouru au moment des faits, car ne justifie pas sa décision la cour d'appel qui, pour condamner un prévenu à une peine d'amende, se détermine en considération d'un montant erroné de la peine encourue à la date des

▶ néré, et à l'agrément des structures de placement extérieur, *JO* 23 déc., n° 48 et Décr. n° 2021-1744, 22 déc. 2021 relatif à la simplification de la procédure d'habilitation des structures d'accueil, d'inscription et d'affectation sur les postes de travail d'intérêt général, *JO* 23 déc., n° 49.

1. NOT. : Décr. n° 2018-1098, 7 déc. 2018 portant création d'un service à compétence nationale dénommé « Agence du travail d'intérêt général et de l'insertion professionnelle des personnes placées sous main de justice » (*JO* 9 déc.) et la généralisation de l'accès à la plateforme « TIG 360° » depuis le 1er févr. 2020 ; Arr. 16 déc. 2019 relatif à l'habilitation d'organismes accueillant des personnes condamnées à une peine de travail d'intérêt général (*JO* 20 déc.) ; Décr. n° 2019-1462, 26 déc. 2019 relatif à l'expérimentation du travail d'intérêt général dans les entreprises de l'économie sociale et solidaire et les sociétés à mission (*JO* 28 déc.) ; Arr. 20 janv. 2020 fixant la liste des départements concernés par l'application du décret n° 2019-1462 préc. (*JO* 21 janv.).
2. D. Paris et D. Layani, *Les leviers permettant de dynamiser le travail d'intérêt général,* remis au Premier ministre en mars 2018 – AUSSI : *D. actu.* 9 mars 2018, obs. T. Coustetle. C. Mouhanna, chargé de recherche CNRS, Mission de recherche Droit et Justice de la Fondation Caritas France et du CESDIP, *Travail d'intérêt général et intérêt général au travail, analyse sociologique des succès et obstacles au développement d'une mesure pénale*, rapp. n° 217.07.25.19, déc. 2019 – ÉGALT : circulaire de politique générale, sept. 2022, p. 10.
3. L. n° 2014-856, 31 juill. 2014 relative à l'économie social et solidaire, *JO* 1er août, n° 2 ; Décr. n° 2019-1462, 26 déc. 2019 relatif à l'expérimentation du travail d'intérêt général dans les entreprises de l'économie sociale et solidaire et les sociétés à mission, *JO* 28 déc., n° 8.
4. Crim. 27 juin 2023, n° 22-84.804, P.
5. C. pén., art., 132-20, al. 1 et 2, mod. par L. n° 2016-731, 3 juin 2016.
6. Crim. 22 oct. 1998, n° 97-84.186, P n° 276.
7. C. pr. pén., art. 390, 390-1, 394.
8. V. ss n° 716.212.
9. Crim. 10 mai 2023, n° 22-80.375, P.
10. Crim. 17 janv. 2018, nos 10-80.593, 16-86.364, NP ;
11. Crim. 30 mai 2018, n° 16-85.777, P n° 106. ; Crim. 16 oct. 2018, n° 17-84.823, NP.
12. Crim. 17 janv. 2018, n° 17-80.011, NP.
13. Crim. 1er févr. 2017, n° 15-83, 934, NP.
14. Crim. 9 janv. 2018, n° 17-80.200, P n° 5. *AJ pénal* 2018. 144, obs. F. Chopin ; *RTD com.* 2018. 224, obs. L. Saenko.

faits reprochés, alors même que la peine prononcée est inférieure au maximum légal[1].

Le prévenu condamné à une peine d'amende présent à l'audience est avisé par le président, d'une diminution possible du montant de celle-ci de 20 % dans la limite de 1 500 euros, s'il la règle dans le mois du jugement[2]. À l'inverse, les amendes prononcées en matière contraventionnelle, correctionnelle et criminelle, à l'exception des amendes forfaitaires, peuvent faire l'objet d'une majoration, dans la limite de 10 % de leur montant, perçue lors de leur recouvrement. Cette majoration, prononcée dans les conditions prévues à l'article 707-6 du code de procédure pénale, est destinée à financer l'aide aux victimes[3].

L'articulation de ces dispositions commande un minimum d'explications soit, lors de l'audience, soit, devant le bureau de l'exécution (BEX).

Il sera encore rappelé que l'article 131-9, alinéa 3, du code pénal prohibe expressément le prononcé d'une peine de jours-amende cumulativement avec une peine d'amende. Si la juridiction saisie, à l'occasion d'une même procédure, de deux infractions en concours, dont l'une n'est punie que d'une peine d'amende, a la faculté, conformément à l'article 132-3, alinéa 1, du code pénal, de prononcer une ou plusieurs des peines encourues, elle ne peut toutefois pas, en application de l'article 131-9, alinéa 3, précité, prononcer à la fois une peine d'amende et de jours-amende[4].

Il faut également retenir que certaines dispositions spéciales permettent au tribunal de fixer le montant de l'amende en proportion de la somme sur laquelle a porté l'infraction ; pour exemple on citera, l'article 311-4 du code pénal qui sanctionne notamment le vol de découvertes archéologiques ou de biens culturels, l'article 321-3 du code pénal en matière de recel...

Un arrêt a ainsi pu retenir : « Vu l'article L. 152-4 du code monétaire et financier ;

Attendu qu'il résulte de ce texte que le manquement à l'obligation déclarative prévue à l'article L. 152-1 du code monétaire et financier est puni d'une amende égale au quart de la somme sur laquelle a porté l'infraction ou la tentative d'infraction ;

Attendu qu'après avoir déclaré M. X... coupable d'avoir transféré sans les déclarer des sommes d'une valeur totale de 958 746 euros, l'arrêt le condamne, solidairement avec la société Sociedad Antonio Y... & A... Lda et M. Y..., à une amende de 290 921 euros, représentant le quart du montant des transferts imputés à ces derniers ;

Mais attendu qu'en prenant en considération, pour déterminer l'amende infligée à M. X..., le montant d'opérations de transfert qui sont distinctes de celles reprochées au prévenu et dont celui-ci n'a pas été déclaré coupable, la cour d'appel a méconnu le texte susvisé ;

D'où il suit que la cassation est encourue de ce chef »[5].

L'assiette de l'amende proportionnelle prévue à l'article 324-3 du code pénal est calculée en prenant pour base le montant du produit direct ou indirect de l'infraction d'origine, sur lequel a porté le blanchiment. Méconnaît ce principe l'arrêt qui, pour condamner le prévenu à une amende d'un million d'euros, retient que les dispositions de l'article 324-3 du code pénal permettent de retenir comme base de calcul le montant global des sommes non déclarées créditant les comptes ouverts à l'étranger, alors que le produit de la fraude fiscale est constitué de l'économie qu'elle a permis de réaliser et dont le montant est équivalent à celui des impôts éludés[6]. Il y a enfin lieu de rappeler qu'en matière d'infractions au droit pénal du travail, en particulier en matière de santé, hygiène et sécurité au travail, il est appliqué autant de peines d'amende que de salariés concernés par la prévention.

716.212 **Amende. Motivation.** Une première décision[7] rendue au visa des articles 132-20, alinéa 2, du code pénal, ensemble 132-1 du même code et 485, 512 et 593 du code de procédure pénale, était venue poser le principe selon lequel, en matière correctionnelle, le juge qui prononce une amende doit motiver sa décision au regard des circonstances de l'infraction, de la personnalité et de la situation personnelle de son auteur, en tenant compte de ses ressources et de ses charges. Et censurer la cour d'appel qui, pour porter le montant des amendes prononcées à l'encontre de deux personnes condamnées pour des délits de blanchiment et de recel, de 5 000 euros à 50 000 et 30 000 euros, fondait sa décision, pour la première, sur le bénéfice financier, pour la seconde, sur la gravité des faits et des éléments de personnalité, sans s'expliquer sur les ressources et les charges des prévenues qu'elle devait prendre en considération.

Bien que la jurisprudence ait jusqu'alors fait peu de cas de l'exigence posée par l'article 132-20[8] on

1. Crim. 29 mai 2019, nº 18-81.013, P nº 100.
2. C. pr. pén., art. 707-2 et 707-3.
3. C. pén., art. 132-20, al. 3.
4. Crim. 11 janv. 2022, nº 21-84.114, P.
5. Crim. 25 mars 2015, nº 13-84.422, P nº 68 ; *D.* 2015. 796.
6. Crim. 11 sept. 2019, nº 18-81.040, P.
7. Crim. 1er févr. 2017, nº 15-83.984, P nº 29 ; *Dr. pénal* 2017, 69, comm. E. Bonis-Garçon, CRITIQUE.
8. Il était ainsi jugé avec constance que si l'article 132-24 (ancien) du code pénal prescrit à la juridiction qui prononce une peine d'amende, de tenir compte des ressources et ▶

peut considérer que ce texte tout comme la loi du 15 août 2014 d'une facon générale, n'entraînaient pas d'obligation de motivation mais une obligation de se déterminer en fonction d'un certain nombre de critères. Le problème est que l'absence de motivation ne permettait pas de contrôle du respect de cette détermination de sorte que la chambre criminelle a rendu les arrêts du 1er février 2017 dont l'importance est donc à souligner.

Par ailleurs, la question était évidemment de savoir comment les juridictions apprécieraient ces ressources et charges et motiveraient leur choix[1]. L'une des premières commentatrices de l'arrêt précité[2], concluait son propos par : « Reste à s'interroger sur la teneur de cette obligation de motivation, notamment s'agissant des ressources et des charges du prévenu, qui contrairement à la gravité de l'infraction et à sa personnalité, sont des éléments qui ne ressortent pas nécessairement du dossier pénal. Ces éléments devront-ils être recherchés par le juge dans l'hypothèse où ils ne sont pas spontanément apportés par le prévenu ? La référence abstraite à la prise en compte de la situation financière de l'intéressé satisfera-t-elle la chambre criminelle, ou exigera-t-elle une motivation plus concrète ? Autant d'interrogations qui, à n'en pas douter, seront levées par de futures décisions, tant il paraît évident que cet arrêt va ouvrir de nombreuses perspectives pour les pourvois à venir... ».

Après qu'un deuxième arrêt[3] soit venu confirmer la solution issue du premier, un autre[4] est venu en effet préciser qu'il appartient au prévenu qui fait valoir devant la cour d'appel le caractère disproportionné, eu égard à la faiblesse de ses revenus, de l'amende prononcée par les premiers juges, d'apporter à la juridiction les éléments de nature à justifier, non seulement du montant de ses ressources, mais également de celui de ses charges. N'encourt en conséquence pas la censure l'arrêt qui prononce une amende sans tenir compte des charges du prévenu dès lors que ce dernier, pour contester l'amende prononcée par le tribunal, ne faisait état que de ses ressources. Il a encore été jugé[5] que dès lors que, d'une part, le prévenu, domicilié chez son avocat lors du jugement de premier instance, puis sans domicile fixe au moment de l'audience tenue devant la cour d'appel, n'a comparu ni devant les premiers juges, ni devant la cour d'appel après avoir fait l'objet d'une première décision de condamnation prononcée par défaut dont il a formé opposition et n'a fourni, ni fait fournir, à aucun de ces stades, à la juridiction d'éléments sur sa personnalité et sa situation personnelle, ainsi que sur le montant de ses ressources comme de ses charges, d'autre part, il n'incombe pas aux juges, en possession des seuls éléments mentionnés en procédure sur ces différents points, de rechercher ceux qui ne leur auraient pas été soumis.

Si l'exigence de motivation de la peine d'amende délictuelle a été ainsi fixée, il est important de souligner ces différentes étapes qui apportent un éclairage sur la répartition des rôles entre le juge et le prévenu quant aux éléments à fournir[6].

La chambre criminelle a ainsi dit que s'il incombe aux juges, lorsqu'ils prononcent une amende, de prendre en considération les ressources et les charges du prévenu, la détermination du montant de cette amende relève de leur appréciation souveraine[7]. La motivation de la peine d'amende peut être commune à celle de la peine d'emprisonnement pourvu qu'il apparaisse que les ressources et charges du prévenu ont été prises en compte[8]. Et d'une manière générale le juge n'a pas à rechercher des éléments de situation personnelle d'un prévenu qui ne les a pas fait connaître ni ne comparaît en première instance ou devant les juges d'appel[9].

La chambre criminelle a ainsi pu considérer que la cour qui pour condamner la prévenue à une amende délictuelle de 50 000 euros dont 30 000 euros avec sursis, après avoir relevé que les infractions commises sont d'une gravité certaine dès lors qu'elles sont révélatrices d'un éloignement du vétérinaire des élevages dont il accepte le suivi sanitaire et génèrent des risques importants, notamment en matière d'antibio-résistance et de santé des consommateurs, énonce que le tribunal a fait une juste appréciation de la peine qui doit les sanctionner au regard du bénéfice annuel dégagé par la prévenue

▶ des charges de l'auteur de l'infraction, ce texte ne leur impose pas de motiver spécialement leur décision à cet égard : Crim. 22 oct. 1998, nº 97-84.186, P nº 276 ; et ENCORE ANTÉRIEUREMENT : Crim. 27 oct. 2015, nº 14-87.571, NP ; ou que le texte de l'article 132-20 du code pénal, dont la violation est alléguée, ne prévoit non plus qu'aucun autre une obligation de motivation sur ce point, dès lors que le montant retenu est dans la limite du maximum encouru (Crim. 5 juin 2013, nº 12-87.053, NP).

1. B. Lavielle, « Payer : combien ? Pourquoi ? Sur l'exigence de motivation des peines d'amende », Les petites affiches, 18 mai 2017, nº 99.
2. C. Fonteix, *D. actu.* 16 févr. 2017.
3. Crim. 15 mars 2017, nº 16-83.838, P nº 73 ; *D.* 2017. 2501, obs. G. Roujou de Boubée, T. Garé, C. Ginestet, M.-H. Gozzi, S. Mirabail et E. Tricoire.
4. Crim. 22 mars 2017, nº 16-80.050, P nº 81 ; *D.* 2017. 763 ; *D.* 2017. 1676, obs. J. Pradel ; *D.* 2017. 2501, obs. G. Roujou de Boubée, T. Garé, C. Ginestet, M.-H. Gozzi, S. Mirabail et E. Tricoire –.
5. Crim. 12 déc. 2017, nº 16-87.230, P nº 286.
6. Chronique de la jurisprudence de la Cour de cassation, *D.* 2017. 1557.
7. Crim. 30 mai 2018, nº 16-87.182, NP.
8. Crim. 6 sept. 2022, nº 21-85.840, NP.
9. Crim. 10 avr. 2019, nº 18-83.709, P nº 75.

s'élevant, selon les déclarations de son président, M. A..., à l'audience, entre 200 000 et 300 000 euros, a justifié sa décision[1]. Elle a encore jugé que le demandeur ne saurait se faire un grief de ce que le jugement attaqué ne contient aucun motif relatif à l'amende de 135 euros prononcée, dès lors que celle-ci correspond à l'amende forfaitaire qui aurait été due si l'intéressé n'avait pas formulé de requête en exonération et ne pouvait, en application de l'article 530-1 du code de procédure pénale, être inférieure[2]. Elle a pu valider l'arrêt énonçant qu'il est tenu compte des gains occultes générés par un important trafic de cannabis et que le montant de l'amende est proportionné à l'importance des quantités de cannabis traitées par M. L... dès lors que le prévenu, contre lequel des recherches ont été entreprises, en vain, dès 2011, et qui n'a comparu ni devant les premiers juges, ni devant la cour d'appel, et n'a fourni, ni fait fournir, à aucun de ces stades, à la juridiction, d'éléments sur le montant de ses ressources comme de ses charges[3]. De même la cour justifie sa décision, dès lors que le prévenu n'avait développé, dans ses conclusions d'appel, aucune argumentation relative aux peines susceptibles d'être prononcées contre lui, alors même que l'appel du ministère public portait uniquement sur sa condamnation, par les juges du premier degré, à une amende entièrement assortie du sursis, et qu'elle s'est référée aux éléments sur la personnalité, la situation personnelle, les ressources et les charges du prévenu tels qu'ils résultaient du dossier et des débats à l'audience[4] ; dans une telle hypothèse, il n'appartient en effet pas à la cour de rechercher d'autres éléments que ceux dont elle dispose[5].

Elle a en revanche régulièrement sanctionné des arrêts ne s'expliquant ni sur les ressources ni sur la situation financière du prévenu[6] ou ne s'expliquant pas sur la gravité des faits[7].

Elle a encore cassé l'arrêt qui avait vu les juges d'appel porter l'amende infligée par les premiers juges à la société X... de 500 000 euros à 650 000 euros, aux motifs, d'une part, que cette société avait un casier judiciaire vierge, qu'elle assumait une mission de service public et ne pouvait se comporter avec une telle négligence vis-à-vis de questions environnementales locales et d'un enjeu majeur au regard du contexte sociétal et écologique actuels, d'autre part, que le préjudice serait apprécié en tenant compte de déboisements portant sur 40,6 hectares et du retard inacceptable pris pour les travaux de reboisement mettant d'ores et déjà en péril certaines espèces, mais ne s'étaient pas expliqués sur le montant des ressources et des charges de la prévenue, qui était représentée à l'audience[8].

Sera encore signalé un arrêt ayant jugé en premier lieu, que la société X..., non comparante en appel mais représentée par son avocat, n'a pas contesté l'amende infligée en première instance ni son caractère disproportionné et il n'appartenait pas aux juges de rechercher d'autres éléments que ceux qui leur étaient soumis. En second lieu, que le principe de personnalisation des peines n'interdit pas aux juges de prononcer la même peine contre deux prévenus différents dès lors qu'ils ont estimé que leur responsabilité était identique et que l'amende était proportionnée à leurs revenus et à leurs charges[9]. La chambre criminelle a également refusé de renvoyer une question prioritaire de constitutionnalité fondée sur les dispositions de l'article 369 du code des douanes, en considérant notamment que la différence tenant aux critères d'individualisation des amendes douanières et de droit commun est justifiée par la spécificité des règles du droit douanier dont la violation est pénalement sanctionnée et la différence de nature existant entre les amendes douanières et de droit commun[10]. Elle développe depuis une jurisprudence constante aux termes de laquelle, le prononcé, par le juge correctionnel :

– de l'amende fiscale prévue à l'article 1790 du code général des impôts en répression des infractions à la législation sur les contributions indirectes est soumis aux dispositions spécifiques de l'article 1800 du même code et échappe par conséquent aux prescriptions des articles 132-1 et 132-20, alinéa 2 du code pénal[11] ;

– de l'amende fiscale prévue à l'article L. 152-4 du code monétaire et financier en répression des infractions aux obligations déclaratives en matière de transfert de capitaux à destination de l'étranger, est soumis aux dispositions spécifiques de l'article 369 du code des douanes et échappe, par conséquent, aux prescriptions des articles 132-1 et 132-20, alinéa 2, du code pénal[12] ;

– de l'amende prévue à l'article 414 du code des douanes en répression des infractions de contrebande et d'importation ou d'exportation sans déclaration de marchandises prohibées est soumis aux dispositions spécifiques de l'article 369 du code des douanes et échappe, par conséquent, aux prescriptions des articles 132-1 et 132-20, alinéa 2, du code

1. Crim. 30 janv. 2018, n° 16-87.131, P n° 25.
2. Crim. 30 mai 2018, n° 16-85.777, P n° 106.
3. Crim. 10 avr. 2019, n° 18-83.709, P n° 75.
4. Crim. 26 nov. 2019, n° 18-84.956, P.
5. Crim. 18 mars 2020, n° 18-85.542, P.
6. Crim. 27 juin 2018, n° 16-87.009, P n° 128.
7. Crim. 15 mai 2019, n° 18-84.494, P n° 95.
8. Crim. 18 oct. 2022, n° 21-86.965, P.
9. Crim. 15 févr. 2022, n° 20-81.450, P.
10. Crim. 30 mai 2018, n° 17-86.290, P n° 107.
11. Crim. 18 juill. 2017, n° 15-86.153, P n° 213.
12. Crim. 3 mai 2018, n° 17-81.854, NP.

pénal[1] et encore que l'amende douanière analysée en mesure de réparation ne peut être assortie d'un sursis simple. Toutefois, on retiendra que dans une espèce dans laquelle, pour condamner le prévenu à une amende douanière, la cour avait énoncé que le nombre des articles contrefaisants s'élevait à 1072, la cassation est prononcée à défaut d'avoir indiqué la valeur des marchandises retenue pour justifier le montant de l'amende douanière[2] ;

– et qu'il se déduit de l'article 369 du code des douanes, d'une part que le juge qui prononce une amende fiscale n'est pas tenu de prendre en considération la situation personnelle, familiale et sociale du contrevenant pour en déterminer le montant. D'autre part, s'il peut réduire le montant de cette amende, eu égard à l'ampleur et à la gravité de l'infraction commise, ainsi qu'à la personnalité de son auteur, il ne saurait en dispenser totalement ce dernier[3].

Ainsi, ces textes spéciaux appellent-ils une motivation mais cette dernière n'est pas celle qui est prévue aux dispositions des articles 132-1 et 132-20 du code pénal.

La chambre criminelle a encore jugé que le demandeur au pourvoi ne saurait se faire un grief de ce que le jugement attaqué ne contient aucun motif relatif à l'amende de 135 euros prononcée, dès lors que celle-ci correspond à l'amende forfaitaire qui aurait été due si l'intéressé n'avait pas formulé de requête en exonération et ne pouvait, en application de l'article 530-1 du code de procédure pénale, être inférieure à cette somme[4].

Par ailleurs, en matière de personne « redevable pécuniaire », a été jugé inopérant le moyen qui critique les motifs de l'arrêt justifiant le montant de l'amende mise à la charge de la personne redevable pécuniairement, dès lors que de tels motifs sont surabondants[5].

716.213 **Spécificités de l'amende douanière.** Les amendes douanières présentent un caractère mixte, à la fois pénal et fiscal[6]. Parmi les conséquences qui sont attachées à la nature fiscale de ces amendes, la jurisprudence retient que l'amende proportionnelle de l'article 414 du code des douanes ne peut être prononcée que dans la limite des conclusions de l'Administration[7]. Autre conséquence, la cassation des dispositions relatives aux peines ne s'étend pas à l'amende douanière[8].

En matière de blanchiment douanier, au titre des dispositions de l'article 415 du code des douanes, l'amende est fixée entre un minimum et un maximum, par référence à « la somme sur laquelle a porté l'infraction ou la tentative d'infraction ». En matière d'importation de produits prohibés, au titre de l'article 414 du code des douanes ou d'importation sans déclaration de produits non prohibés (C. douanes, art. 414-2), l'amende douanière est fixée entre un minimum et un maximum par référence à la « valeur de l'objet de la fraude ». La question est dès lors de fixer cette valeur. Concernant les articles 414 et 414-2 du code des douanes, la valeur de l'objet s'entend de la valeur sur le marché intérieur de la marchandise et sa détermination relève du pouvoir souverain des juges du fond qui sont fondés à adopter la valeur fournie par l'Administration[9].

Si les articles 414, 414-2 et 415 du code des douanes prévoient des montants minimaux pour les amendes douanières, l'article 369 du même code, dans sa version issue de la loi n° 213-1279 du 29 décembre 2013, dispose que « 1. Eu égard à l'ampleur et à la gravité de l'infraction commise, ainsi qu'à la personnalité de son auteur, le tribunal peut : [...] d) Réduire le montant des amendes fiscales jusqu'à un montant inférieur à leur montant minimal ; ». Les juges peuvent donc réduire ce montant d'autant qu'ils le souhaitent. Mais l'article 469-1 du code de procédure pénale, qui autorise les juridictions correctionnelles à dispenser de peine un prévenu déclaré coupable, ne pouvant être appliqué lorsque la sanction encourue est de nature fiscale, cette réduction ne peut pas permettre d'atteindre un montant nul[10]. Il se déduit encore de l'article 369 du code des douanes que le juge, s'il peut réduire le montant de l'amende douanière encourue, eu égard à l'ampleur et à la gravité de l'infraction commise, ainsi qu'à la personnalité de son auteur, ne saurait en dispenser totalement ce dernier. Encourt la cassation la cour d'appel, qui exclut le prononcé d'une amende douanière à l'encontre des prévenus qu'elle a reconnus coupables de blanchiment douanier, au motif qu'elle ne dispose pas d'élément sur leur situation financière, alors que, d'une part, elle ne pouvait écarter le prononcé de toute amende douanière, fut-elle d'un montant symbolique, d'autre part, n'étant pas tenue de prendre en considération la situation personnelle, familiale et sociale des prévenus pour fixer le montant de cette amende, elle ne pouvait en réduire le montant au motif qu'elle ne

1. Crim. 7 nov. 2018, n° 17-84.616, P n° 187.
2. Crim. 4 déc. 2019, n° 18-81.756, P.
3. Crim. 7 déc. 2022, n° 21-85.993, P.
4. Crim. 30 mai 2018, n° 16-85.777, P n° 106.
5. Crim. 7 nov. 2017, n° 17-80.834, NP.
6. Crim. 7 avr. 1992, n° 91-83.957, P n° 145.
7. Crim. 25 mai 1981, n° 80-91.128, P n° 169 ; Crim. 21 nov. 2012, n° 11-87.468, NP.
8. Crim. 9 juin 2022, n° 21-84.748, P. M. Dominati, « La cassation d'une sanction pénale ne s'étend pas à l'amende douanière », *D. actu.*, 24 juin 2022.
9. Crim. 18 juill. 2017, n° 16-84.898, NP.
10. SDER, « Amende douanière et pouvoirs du juge », version 22 janv. 2022.

disposait pas d'éléments relatifs à celle-ci[1]. Un autre arrêt a jugé au visa des articles 365, 369 du code des douanes, 485, 512 et 593 du code de procédure pénale, qu'aux termes du deuxième de ces textes, eu égard à l'ampleur et à la gravité de l'infraction commise, ainsi qu'à la personnalité de son auteur, le tribunal peut réduire le montant de l'amende fiscale prononcée à l'encontre de l'auteur d'une infraction douanière jusqu'à un montant inférieur à son montant minimal et qu'il résulte du premier et des trois derniers qu'en matière douanière, toute peine d'amende doit être motivée[2]. Cette possibilité de réduction par la juridiction de jugement du montant de l'amende fiscale, en deçà du minima encouru, soit antérieurement le tiers, résulte de la loi du 29 décembre 2013[3] et avait déjà fait l'objet de décisions en ce sens[4]. Depuis cette loi, le juge peut donc prendre en compte la gravité réelle de l'infraction commise et la personnalité de son auteur pour fixer librement le montant des pénalités douanières ou fiscales. Un second arrêt du 5 janvier 2023[5] est venu en revanche, au visa de l'article 1800 du CGI, juger que s'il se déduit de ce texte qu'en matière de contributions indirectes, le tribunal peut modérer le montant des amendes et pénalités encourues, eu égard à l'ampleur et à la gravité de l'infraction commise, ainsi qu'à la personnalité de son auteur, il ne saurait en dispenser totalement ce dernier. En ne prononçant que des amendes contre les prévenus, la cour d'appel, qui ne pouvait dispenser ceux-ci de toute pénalité proportionnelle, fût-elle d'un montant symbolique, a méconnu le texte susvisé et le principe ci-dessus rappelé.

Par ailleurs, et du fait du caractère mixte - pénal et fiscal - de cette sanction, ils ne peuvent prononcer une amende au-delà « des limites des conclusions l'Administration ».

Cette amende présente le caractère d'une sanction prononcée au titre de l'article 343, 2°, du code des douanes, et est, en cela, à distinguer de la condamnation à payer le montant des droits éludés prévue par l'article 377 *bis* du même code[6]. Les deux peuvent donc se cumuler.

Enfin, l'article 406, alinéa 1, du code des douanes dispose que « Les condamnations contre plusieurs personnes pour un même fait de fraude sont solidaires, tant pour les pénalités pécuniaires tenant lieu de confiscation que pour l'amende et les dépens »[7]. Mais l'article 369 du code des douanes dispose que « 1. Eu égard à l'ampleur et à la gravité de l'infraction commise, ainsi qu'à la personnalité de son auteur, le tribunal peut : [...] e) En ce qui concerne les sanctions fiscales visées au c et au d du présent 1 [amende et confiscation], limiter ou supprimer la solidarité de certains condamnés [...] » Les juridictions peuvent donc, librement et en vertu de leur pouvoir d'appréciation, limiter ou supprimer la solidarité concernant l'amende fiscale. Ils ne sont pas tenus de motiver spécialement leur refus de supprimer la solidarité pour le paiement de l'amende[8].

716.214 **Jours-amende.** Lorsqu'un délit est puni d'une peine d'emprisonnement, la juridiction peut prononcer une peine de jours-amende consistant pour le condamné à verser au Trésor une somme dont le montant global résulte de la fixation par le juge d'une contribution quotidienne pendant un certain nombre de jours. Le montant de chaque jour-amende est déterminé en tenant compte des ressources et des charges du prévenu ; il ne peut excéder 1 000 euros. Le nombre de jours-amende est déterminé en tenant compte des circonstances de l'infraction ; il ne peut excéder trois cent soixante[9].

Le prévenu condamné à une peine de jours-amende présent à l'audience est avisé par le président, d'une diminution possible du montant de celle-ci de 20 % dans la limite de 1 500 euros, s'il la règle dans le mois du jugement[10], nonobstant le nombre de jours-amende prononcés[11].

Le juge qui prononce une peine de jours-amende doit motiver sa décision en tenant compte des ressources et des charges du prévenu[12].

Il a été rappelé par la chambre criminelle qu'aux termes des articles 131-9, alinéa 3, et 132-3, alinéa 1, du code pénal, les peines d'amende et de jours-amende ne peuvent être prononcées cumulativement[13].

§ 5
Peines de stage

716.221 **Un régime unifié pour des stages diversifiés.** Alors que les dispositions antérieures distin-

1. Crim. 7 déc. 2022, n° 21-85.993, P.
2. Crim. 5 janv. 2023, n° 21-87.258, P.
3. L. n° 2013-1279, 29 déc. 2013, art. 40.
4. Crim. 25 juin 2014, n° 13-84.131, NP, *RSC* 2014. 571, obs. S. Detraz ; *RTD com.* 2014. 887, obs. B. Bouloc ; *Gaz. Pal.* 2014. 3259, obs. S. Detraz).
5. Crim. 5 janv. 2023, n° 22-81.981, P.
6. Crim. 8 janv. 1998, n° 97-84.996, P n° 9.
7. PAR EX. : Crim. 24 mai 2000, n° 97-84.006, NP.
8. Crim. 9 févr. 2005, n° 04-82.456, NP.
9. C. pén., art. 131-5.
10. C. pr. pén., art. 707-2 et 707-3.
11. Circ. DACG CRIM 2005-20 E1, 7 sept. 2005 relative à la présentation des dispositions relatives à la diminution de 20 % de l'amende en cas de paiement volontaire dans le délai d'un mois et aux ordonnances pénales, *BOMJ* n° 99, 30 sept. 2005, NOR : JUSD0530127C.
12. Crim. 10 avr. 2019, n° 18-83.841, NP.
13. Crim. 11 janv. 2022, n° 21-84.114, P, M. Dominati « Illustration du non-cumul des peines d'amende et de jours amende », *D. actu.*, 28 janv. 2022. H. Dantras-Bioy, « Amende + jour-amende = (non-cumul) ^{2}, *Dr. pénal*, 2022, comm. 59, note critique.

guaient les différents stages pouvant être prononcés par les juridictions à titre de peines, le dispositif issu de la loi du 23 mars 2019 de programmation pour la justice, et applicable au 24 mars 2020, regroupe tous les stages et les soumets à un régime unique qui ne requiert plus l'accord du prévenu pour leur prononcé, ni par suite sa présence à l'audience, même si ces deux derniers points sont sans doute des atouts à ne pas négliger pour une bonne compréhension puis exécution de la peine.

Chaque stage voit son contenu défini dans un article unique[1].

Désormais, lorsqu'un délit est puni d'une peine d'emprisonnement, la juridiction peut, à la place ou en même temps que l'emprisonnement, prescrire que le condamné devra accomplir, pendant une durée ne pouvant excéder un mois, un stage dont elle précise la nature, les modalités et le contenu eu égard à la nature du délit et aux circonstances dans lesquelles il a été commis.

Sauf décision contraire de la juridiction, le stage, dont le coût ne peut excéder celui des amendes contraventionnelles de la 3e classe, est effectué aux frais du condamné.

Le stage est exécuté dans un délai de six mois à compter de la date à laquelle la condamnation est définitive, sauf impossibilité résultant du comportement ou de la situation du condamné.

Les stages que peut prononcer la juridiction sont :

1° Le stage de citoyenneté, tendant à l'apprentissage des valeurs de la République et des devoirs du citoyen ;

2° Le stage de sensibilisation à la sécurité routière ;

3° Le stage de sensibilisation aux dangers de l'usage de produits stupéfiants ;

4° Le stage de responsabilisation pour la prévention et la lutte contre les violences au sein du couple et sexistes ;

5° Le stage de sensibilisation à la lutte contre l'achat d'actes sexuels ;

6° Le stage de responsabilité parentale ;

7° Le stage de lutte contre le sexisme et de sensibilisation à l'égalité entre les femmes et les hommes ;

8° Le stage de sensibilisation à la prévention et à la lutte contre la maltraitance animale[2].

Il est là encore primordial que les juridictions correctionnelles connaissent l'ensemble des possibilités de stage offertes sur leur ressort, nature et contenu, afin de ne prononcer que des peines aisément exécutables et qu'elles estimeront utiles au reclassement du condamné.

Il sera en effet délicat pour les juridictions compte tenu de leur charge, de la relative complexité du texte, de la diversité des stages, de préciser comme l'alinéa premier de l'article 131-5-1 l'exige, leur nature, les modalités et leur contenu eu égard à la nature du délit et aux circonstances dans lesquelles il a été commis. Un lien est sans aucun doute à trouver ici entre tribunal correctionnel, bureau de l'exécution et service de l'application des peines.

§ 6
Sanction réparation

716.231 **Réparer et punir.** Lorsqu'un délit est puni d'une peine d'emprisonnement, la juridiction peut prononcer, à la place ou en même temps que la peine d'emprisonnement, la peine de sanction-réparation. Il en est de même lorsqu'un délit est puni à titre de peine principale d'une seule peine d'amende.

La sanction-réparation consiste dans l'obligation pour le condamné de procéder, dans le délai et selon les modalités fixés par la juridiction, à l'indemnisation du préjudice de la victime.

Avec l'accord de la victime et du prévenu, la réparation peut être exécutée en nature. Elle peut alors consister dans la remise en état d'un bien endommagé à l'occasion de la commission de l'infraction ; cette remise en état est réalisée par le condamné lui-même ou par un professionnel qu'il choisit et dont il rémunère l'intervention.

L'exécution de la réparation est constatée par le procureur de la République ou son délégué.

Lorsqu'elle prononce la peine de sanction-réparation, la juridiction fixe la durée maximum de l'emprisonnement, qui ne peut excéder six mois, ou le montant maximum de l'amende, qui ne peut excéder 15 000 euros, dont le juge de l'application des peines pourra ordonner la mise à exécution en tout ou partie dans les conditions prévues par l'article 712-6 du code de procédure pénale si le condamné ne respecte pas l'obligation de réparation. Si le délit n'est puni que d'une peine d'amende, la juridiction ne fixe que le montant de l'amende, qui ne peut excéder 15 000 euros, qui pourra être

1. Décret n° 2020-128, 18 févr. 2020 portant application de diverses dispositions pénales de la loi n° 2019-222 du 23 mars 2019 de programmation 2018-2022 et de réforme pour la justice, *JO* 19 févr., n° 1, C. pén., art. R. 131-35 nouv. (les définitions étant jusqu'alors éparpillées au sein des art. R. 131-35 [citoyenneté], R. 131-46 [sensibilisation aux dangers de l'usage de stupéfiants], R. 131-48 [responsabilité parentale], R. 131-51-1 [violences au sein du couple et sexistes], R. 131-51-3 [achats d'actes sexuels]...

2. C. pén., art. 131-5-1 mod. par L. n° 2021-1539, 30 nov. 2021 visant à lutter contre la maltraitance animale et conforter le lien entre les animaux et les hommes, *JO* 1er déc., art. 31, n° 1, qui est venue ajouter le 8°.

mis à exécution. Le président de la juridiction en avertit le condamné après le prononcé de la décision[1].

Rarement prononcée la sanction réparation n'a pas été modifiée par la loi du 23 mars 2019 de programmation pour la justice.

§ 7
Peines alternatives, complémentaires et autres mesures

A.
Peines alternatives

716.241 Peines privatives ou restrictives de liberté. Lorsqu'un délit est puni d'une peine d'emprisonnement, la juridiction peut prononcer, à la place de l'emprisonnement, une ou plusieurs des peines privatives ou restrictives de liberté suivantes :

1° La suspension, pour une durée de cinq ans au plus, du permis de conduire, cette suspension pouvant être limitée, selon des modalités déterminées par décret en Conseil d'État, à la conduite en dehors de l'activité professionnelle ; cette limitation n'est toutefois pas possible en cas de délit pour lequel la suspension du permis de conduire, encourue à titre de peine complémentaire, ne peut pas être limitée à la conduite en dehors de l'activité professionnelle ;

2° L'interdiction de conduire certains véhicules pendant une durée de cinq ans au plus ;

3° L'annulation du permis de conduire avec interdiction de solliciter la délivrance d'un nouveau permis pendant cinq ans au plus ;

4° La confiscation d'un ou de plusieurs véhicules appartenant au condamné ;

5° L'immobilisation, pour une durée d'un an au plus, d'un ou de plusieurs véhicules appartenant au condamné, selon des modalités déterminées par décret en Conseil d'État ;

6° *bis* L'interdiction, pendant une durée de cinq ans au plus, de conduire un véhicule qui ne soit pas équipé, par un professionnel agréé ou par construction, d'un dispositif homologué d'anti-démarrage par éthylotest électronique. Lorsque cette interdiction est prononcée en même temps que la peine d'annulation ou de suspension du permis de conduire, elle s'applique, pour la durée fixée par la juridiction, à l'issue de l'exécution de cette peine[2] ;

7° L'interdiction de détenir ou de porter, pour une durée de cinq ans au plus, une arme soumise à autorisation ;

8° La confiscation d'une ou de plusieurs armes dont le condamné est propriétaire ou dont il a la libre disposition ;

9° Le retrait du permis de chasser avec interdiction de solliciter la délivrance d'un nouveau permis pendant cinq ans au plus ;

10° L'interdiction pour une durée de cinq ans au plus d'émettre des chèques autres que ceux qui permettent le retrait de fonds par le tireur auprès du tiré ou ceux qui sont certifiés et d'utiliser des cartes de paiement ;

11° La confiscation de la chose qui a servi ou était destinée à commettre l'infraction ou de la chose qui en est le produit. Toutefois, cette confiscation ne peut pas être prononcée en matière de délit de presse ;

12° L'interdiction pour une durée de cinq ans au plus d'exercer une activité professionnelle ou sociale dès lors que les facilités que procure cette activité ont été sciemment utilisées pour préparer ou commettre l'infraction. Cette interdiction n'est toutefois pas applicable à l'exercice d'un mandat électif ou de responsabilités syndicales. Elle n'est pas non plus applicable en matière de délit de presse ;

13° L'interdiction, pour une durée de trois ans au plus, de paraître dans certains lieux ou catégories de lieux déterminés par la juridiction et dans lesquels l'infraction a été commise ;

14° L'interdiction, pour une durée de trois ans au plus, de fréquenter certains condamnés spécialement désignés par la juridiction, notamment les auteurs ou complices de l'infraction ;

15° L'interdiction, pour une durée de trois ans au plus, d'entrer en relation avec certaines personnes spécialement désignées par la juridiction, notamment la victime de l'infraction ;

16° L'interdiction, pour une durée de cinq ans au plus, d'exercer une profession commerciale ou industrielle, de diriger, d'administrer, de gérer ou de contrôler à un titre quelconque, directement ou indirectement, pour son propre compte ou pour le compte d'autrui, une entreprise commerciale ou industrielle ou une société commerciale[3].

La loi visant à protéger les victimes de violences conjugales[4] a complété ces dispositions par l'alinéa suivant « Lorsqu'un délit est puni d'une peine d'emprisonnement, la juridiction peut prononcer, à la place de ou en même temps que la peine d'emprisonnement, une ou plusieurs des peines privatives ou restrictives de liberté prévues aux 6°, 7°, 10°, 12°, 13° et 14° ».

La seule condition quant au prononcé de l'une ou de plusieurs de ces peines est que le prévenu encoure

1. C. pén., art. 131-3, 8° et 131-8-1.
2. L. n° 2014-896, 15 août 2014, art. 52.
3. C. pén., art. 131-6.
4. L. n° 2020-936, 31 juill. 2020, *JO* 31 juill., n° 2.

une peine d'emprisonnement. Il s'agit des anciennes peines dites « alternatives », prononcées donc à la place de l'emprisonnement, avec lequel elles ne sauraient se cumuler. Pour la plupart elles nécessitent que soient spécifiées, la nature de la mesure, en général d'interdiction, et la durée de la sanction.

B.
Peines complémentaires

716.251 **Distinction avec les précédentes.** Si elles peuvent être de même nature que les précédentes, les peines complémentaires ne peuvent être prononcées que lorsque l'un des articles réprimant le délit poursuivi le prévoit[1]. On aura donc soin de se reporter à la dernière section du chapitre du code pénal concerné pour rechercher si telle peine envisagée est possible ou pas. Pareillement après l'avoir énoncé, il conviendra d'en indiquer la durée ou le caractère définitif.

Cette vérification est d'autant plus nécessaire que la loi a prévu que certaines de ces peines complémentaires ont un caractère obligatoire. Il en va ainsi notamment en matière d'inéligibilité[2] ou encore d'interdiction de détenir ou porter une arme soumise à autorisation[3] ou de confiscation d'une arme dont le condamné est propriétaire ou dont il a la libre circulation[4] ou d'annulation du permis de conduire[5].

Lorsqu'un délit est puni d'une ou de plusieurs des peines complémentaires mentionnées à l'article 131-10, la juridiction peut ne prononcer que la peine complémentaire ou l'une ou plusieurs des peines complémentaires encourues à titre de peine principale[6]. Sauf si elle a un caractère obligatoire, le prononcé d'une peine complémentaire obéit aux nouvelles exigences de motivation[7].

Encore faut-il qu'il s'agisse d'une peine et il sera rappelé qu'en matière de droit pénal de l'urbanisme, la mise en conformité des lieux ou des ouvrages, la démolition de ces derniers ou la réaffectation du sol, prévues par l'article L. 480-5 du code de l'urbanisme, qui constituent des mesures à caractère réel destinées à faire cesser une situation illicite, et non des sanctions pénales, ne peuvent donc être prononcées à titre de peine principale[8].

1. C. pén., art. 131-10.
2. V. s^s n° 716.276.
3. V. s^s n° 716.271.
4. V. s^s n° 716.395.
5. V. s^s n° 716.277
6. C. pén., art. 131-11, al. 1er.
7. Crim. 1er févr. 2017, n° 15-85.199, P n° 28.
8. Crim. 6 nov. 2012, n° 12-82.449, P n° 239, *D. actu.* 27 nov. 2012, obs. O. Martineau.

Complexité supplémentaire, la juridiction peut alors fixer la durée maximum de l'emprisonnement ou le montant maximum de l'amende dont le juge de l'application des peines pourra ordonner la mise à exécution en tout ou partie, dans des conditions prévues par l'article 712-6 du code de procédure pénale, en cas de violation par le condamné des obligations ou interdictions résultant des peines prononcées en application des dispositions du présent article. Le président de la juridiction en avertit le condamné après le prononcé de la décision. L'emprisonnement ou l'amende que fixe la juridiction ne peuvent excéder les peines encourues pour le délit pour lequel la condamnation est prononcée, ni celles prévues par l'article 434-41 du présent code. Lorsqu'il est fait application des dispositions du présent alinéa, les dispositions de l'article 434-41 ne sont pas applicables[9].

À défaut de la fixation de la « pré-peine », le non-respect des peines prononcées est sanctionné dans les termes des articles 434-38 et suivants du code pénal.

C.
Question des cumuls

716.261 **Cumuls impossibles.** Dans sa rédaction modifiée par la loi du 23 mars 2019, l'article 131-9 dispose que l'emprisonnement ne peut être prononcé cumulativement avec une des peines privatives ou restrictives de droits prévues à l'article 131-6 ni avec la peine de travail d'intérêt général.

Lorsqu'elle prononce une ou plusieurs des peines prévues par les articles 131-5-1, 131-6 ou 131-8, la juridiction peut fixer la durée maximum de l'emprisonnement ou le montant maximum de l'amende dont le juge de l'application des peines pourra ordonner la mise à exécution en tout ou partie, dans des conditions prévues par l'article 712-6 du code de procédure pénale, si le condamné ne respecte pas les obligations ou interdictions résultant de la ou des peines prononcées. Le président de la juridiction en avertit le condamné après le prononcé de la décision. L'emprisonnement ou l'amende que fixe la juridiction ne peuvent excéder les peines encourues pour le délit pour lequel la condamnation est prononcée ni celles prévues par l'article 434-41 du présent code. Lorsqu'il est fait application des dispositions du présent alinéa, les dispositions de l'article 434-41 ne sont alors pas applicables.

La peine de jours-amende ne peut être prononcée cumulativement avec la peine d'amende[10].

9. C. pén., art. 131-11, al. 2.
10. V. s^s n° 716.211.

D. Exemples et motivation

716.271 **Interdiction de détenir ou de porter une arme.** Cette interdiction est facultative ou obligatoire. Sa durée varie selon les infractions concernées. Elle concerne les crimes[1] et les délits.

À titre d'exemple, on peut signaler que le prononcé de cette interdiction est oligatoire en cas de condamnation pour des crimes ou délits commis avec une arme visés au II de l'article 222-44 du code pénal ou encore pour les infractions prévues à la section I du chapitre 1er du Titre II du Livre deuxième du code pénal, soit les atteintes volontaires à la vie. Toutefois la juridiction peut par décision spécialement motivée, dire qu'il n'y a pas lieu de la prononcer en considération des circonstances de l'infraction et de la personnalité de son auteur.

716.272 **Interdiction de gérer.** Rendu le même jour que celui concernant la motivation de la peine d'amende, un arrêt de la chambre criminelle est venu affirmer qu'il résulte des articles 132-1 du code pénal et 485 du code de procédure pénale qu'en matière correctionnelle toute peine doit être motivée au regard de la gravité des faits, de la personnalité de leur auteur et de sa situation personnelle.

Faisant application de ce principe à la peine d'interdiction de gérer, la chambre criminelle a jugé que justifie sa décision la cour d'appel qui a motivé le choix de la peine de cinq ans d'interdiction de gérer qu'elle a prononcée à l'encontre d'un prévenu poursuivi du chef d'abus de biens sociaux, en relevant que celui-ci avait suivi une école de commerce, était dirigeant de sociétés depuis 1978, avait repris la gérance d'une société, placée en redressement judiciaire en novembre 2013 et ne percevait pas de rémunération au titre de sa gérance et qu'il bénéficiait de revenus fonciers et en retenant qu'il avait privilégié les intérêts de ladite société dans laquelle il était particulièrement intéressé et qui se trouvait en état de cessation des paiements, en réalisant à son profit, en l'absence de convention de trésorerie, des apports effectués par une autre société, non remboursés, entraînant la déconfiture de cette dernière[2].

Une autre décision approuve la cour d'appel d'avoir prononcé, à l'encontre de M. C..., une mesure d'interdiction professionnelle, en retenant, par des motifs en partie communs à ceux relatifs à la condamnation à une peine d'emprisonnement, que les faits commis par lui ont porté atteinte au crédit de son employeur et fait courir des risques à de nombreux emprunteurs en situation financière difficile et que les faits ont été facilités par les fonctions exercées par le prévenu, qui en a méconnu les obligations pour atteindre des objectifs personnels[3].

Pour un exemple de cassation sur la motivation insuffisante de la peine d'interdiction de gérer, un arrêt qui, pour condamner M. X... à une interdiction de gérer un commerce pour une durée de cinq ans, retient que cette peine est justifiée au regard de son comportement professionnel, auquel la chambre criminelle reproche d'avoir méconnu le sens et la portée des textes 130-1, 132-1 du code pénal, ensemble 485 du code de procédure pénale, en l'état de cette seule énonciation, sans s'être mieux expliqué sur les éléments de la personnalité du prévenu qu'elle a pris en considération pour prononcer la peine d'interdiction de gérer[4]. De même en cas d'insuffisante motivation des peines d'amende et d'interdiction de gérer[5].

716.273 **Interdiction professionnelle.** A été approuvée la motivation de la cour d'appel, ayant prononcé à l'encontre de M. B..., la peine complémentaire d'interdiction définitive d'exercer l'activité professionnelle de médecin libéral, en relevant, par motifs propres et adoptés, que l'intéressé, âpre au gain et dénué de scrupule, qui a initié la fraude quelques années seulement après son installation et qui a déjà été sanctionné par ses pairs en 2010 pour des faits similaires, a augmenté frauduleusement son chiffre d'affaires au détriment de la solidarité nationale, ses motifs répondant à l'exigence résultant des articles 132-1 du code pénal et 485 du code de procédure pénale, selon laquelle, en matière correctionnelle, toute peine doit être motivée en tenant compte de la gravité des faits, de la personnalité de leur auteur et de sa situation personnelle, et la cour d'appel ayant ainsi justifié son choix de prononcer une interdiction professionnelle, sans méconnaître les dispositions légales et conventionnelles invoquées[6].

716.274 **Interdiction de séjour.** Définie par le code pénal[7] comme emportant défense de paraître dans certains lieux déterminés par la juridiction, comportant, en outre, des mesures de surveillance et

1. PAR EX. : Crim. 22 avr. 2020, n° 19-84.464, P.
2. Crim. 1er févr. 2017, n° 15-85.199, P ; *D.* 2017. 961, note C. Saas ; *D.* 2017. 2501, obs. G. Roujou de Boubée, T. Garé, C. Ginestet, M.-H. Gozzi, S. Mirabail et E. Tricoire.
3. Crim. 11 juill. 2017, n° 16-85.156, NP.
4. Crim. 11 juill. 2017, n° 16-81.396, NP – AUSSI : Crim. 26 juin 2018, n° 17-80.522, NP.
5. Crim. 27 juin 2018, n° 16-87.009, P.précité.
6. Crim. 11 juill. 2017, n° 16-83.816, NP – POUR UNE ILLUSTRATION d'approbation de motivation par une cour d'appel d'une double interdiction d'exercer une profession commerciale ou industrielle, de diriger, administrer, gérer ou contrôler une entreprise ou société : Crim. 21 nov. 2017, n° 17-80.525, NP.
7. C. pén., art. 131-31.

d'assistance, la liste des lieux interdits ainsi que les mesures de surveillance et d'assistance pouvant être modifiées par le juge de l'application des peines, dans les conditions fixées par le code de procédure pénale, l'interdiction de séjour ne peut excéder une durée de dix ans en cas de condamnation pour crime et une durée de cinq ans en cas de condamnation pour délit.

Son régime est donc fixé par le code de procédure pénale[1] et est inchangé, pour les dispositions les plus récentes depuis 2004.

A été approuvée la cour d'appel motivant la peine complémentaire d'interdiction de séjour, par la nécessité d'éloigner le condamné des lieux dans lesquels il a commis ses méfaits[2].

716.275 Interdiction du territoire français. Lorsqu'elle est prévue par la loi, la peine d'interdiction du territoire français peut être prononcée, à titre définitif ou pour une durée de dix ans au plus, à l'encontre de tout étranger coupable d'un crime ou d'un délit.

L'interdiction du territoire entraîne de plein droit la reconduite du condamné à la frontière, le cas échéant, à l'expiration de sa peine d'emprisonnement ou de réclusion.

Lorsque l'interdiction du territoire accompagne une peine privative de liberté sans sursis, son application est suspendue pendant le délai d'exécution de la peine. Elle reprend, pour la durée fixée par la décision de condamnation, à compter du jour où la privation de liberté a pris fin. Aucune disposition n'interdit le prononcé d'une interdiction du territoire français à l'encontre d'un ressortissant de l'UE. Cependant, la directive 2004/38/CE du 29 avril 2004[3] qui reprend la jurisprudence antérieure de la Cour de justice et ses compléments ultérieurs exigent que le comportement de la personne représente une menace réelle, actuelle et suffisamment grave pour un intérêt fondamental de la société. En outre, les mesures d'ordre public ou de sécurité publique doivent respecter le principe de proportionnalité et être fondées exclusivement sur le comportement personnel de l'individu concerné. L'existence de condamnations pénales antérieures ne peut à elle seule motiver de telles mesures et des exceptions sont prévues concernant notamment les mineurs (Dir. 29 avr. 2004, art. 27, 28, 29, et 33 qui concernent précisément l'éloignement à titre de peine ou de mesure accessoire).

L'interdiction du territoire français prononcée en même temps qu'une peine d'emprisonnement ne fait pas obstacle à ce que cette peine fasse l'objet, aux fins de préparation d'une demande en relèvement, de mesures de semi-liberté, de placement à l'extérieur, de détention à domicile sous surveillance électronique ou de permissions de sortir[4].

En matière d'interdiction du territoire français prononcée à l'égard d'un étranger « protégé », la loi a prévu une exigence de motivation spéciale, fondée sur la gravité de l'infraction et la situation personnelle et familiale de l'étranger dans cinq cas[5][6]. On peut également noter *in fine* de l'article 131-30 du code pénal, la possibilité d'un aménagement de la peine privative de liberté assortie d'une telle interdiction aux fins d'en solliciter le relèvement.

Il résulte des articles 131-30-1 et 131-30-2 du code pénal que le juge répressif ne peut prononcer la peine d'interdiction du territoire sans que le prévenu, présent ou représenté à l'audience, ait pu faire valoir ses observations sur sa situation au regard des dispositions desdits articles. Encourt la cassation l'arrêt dont il ne résulte d'aucune mention que le prévenu, présent à l'audience, a pu présenter ses observations sur sa situation au regard des articles 131-30-1 et 131-30-2 du code pénal, avant d'être condamné à une peine d'interdiction définitive du territoire, la Cour de cassation n'étant pas en mesure de s'assurer de la légalité de la décision rendue[7].

Ne justifie pas sa décision la cour d'appel qui rejette une requête en relèvement de la peine d'interdiction définitive du territoire français sans rechercher si, au jour où elle statue, le maintien de la mesure respecte un juste équilibre entre, d'une part, le droit au respect de la vie privée et familiale du requérant, d'autre part, les impératifs de sûreté publique, de prévention des infractions et de protection de la santé publique prévus par l'article 8 de la convention européenne des droits de l'homme[8].

Il faut noter qu'en cas de révocation totale du sursis probatoire dans les conditions prévues à l'article 132-48 du code pénal, la mesure d'interdiction du territoire français est exécutoire de plein droit.

1. C. pr. pén., art. 762-1 s.
2. Crim. 26 avr. 2017, n° 16-81.239, NP.
3. Dir. 2004/38/CE, Parlement et Conseil, 29 avr. 2004 relative au droit des citoyens de l'Union et des membres de leurs familles de circuler et de séjourner librement sur le territoire des Etats membres, modifiant le règlement (CEE) n° 1612/68 et abrogeant les directives 64/221/CEE, 68/360/CEE, 72/194/CEE, 73/148/CEE, 74/34/CEE, 75/35/CEE, 90/364/CEE, 90/365/CEE ET 93/96/CEE.
4. C. pén., art. 131-30, mod. par L. n° 2019-222, 23 mars 2019, art. 74.
5. C. pén., art. 131-30-1.
6. V. s[s] n° 716.121.
7. Crim. 11 juin 2008, n° 07-83.024, P n° 147 ; *D.* 2008. 1830 ; *D.* 2009. 123, obs. G. Roujou de Boubée, T. Garé et S. Mirabail.
8. Crim. 30 mars 2011, n° 09-86.641, P n° 68 ; *D.* 2011. 1221, obs. M. Bombled ; *AJ pénal* 2011. 262.

716.276 **Inéligibilité.** Les règles concernant la peine complémentaire d'inéligibilité ont récemment changé.

Dans les cas prévus par la loi et par dérogation au septième alinéa de l'article 131-26, la peine d'inéligibilité mentionnée au 2° du même article peut être prononcée pour une durée de dix ans au plus à l'encontre d'une personne exerçant une fonction de membre du Gouvernement ou un mandat électif public au moment des faits[1]. La durée maximale encourue est donc ici doublée en matière délictuelle.

Il peut être souligné que la Cour de cassation a jugé, tout en rappelant que la motivation des peines complémentaires obligatoires n'est pas nécessaire, que la peine complémentaire d'inéligibilité dont le prononcé n'était pas obligatoire au moment des faits doit être motivée par la cour d'assises qui la prononce[2].

Mais surtout, que la peine complémentaire d'inéligibilité est devenue obligatoire dans toute une série de situations.

Le prononcé de la peine complémentaire d'inéligibilité mentionnée au 2° de l'article 131-26 et à l'article 131-26-1 est en effet obligatoire à l'encontre de toute personne coupable d'un délit mentionné au II de l'article 131-26-2 ou d'un crime.

Cette condamnation est mentionnée au bulletin n° 2 du casier judiciaire prévu à l'article 775 du code de procédure pénale pendant toute la durée de l'inéligibilité.

Les délits pour lesquels l'inéligibilité est obligatoirement prononcée sont les suivants :

1° Les délits prévus aux articles 222-9,222-11,222-12,222-14,222-14-1,222-14-4,222-14-5,222-15,222-15-1 et 222-27 à 222-33-2-2 du présent code ;

2° Les délits prévus aux articles 225-1 à 225-2 ;

3° Les délits prévus aux articles 313-1,313-2 et 314-1 à 314-3, ainsi que leur recel ou leur blanchiment ;

4° Les délits prévus au chapitre Ier du titre II du livre IV ;

5° Les délits prévus aux articles 432-10 à 432-15,433-1 et 433-2,434-9,434-9-1,434-43-1,435-1 à 435-10 et 445-1 à 445-2-1, ainsi que leur recel ou leur blanchiment ;

6° Les délits prévus aux articles 441-2 à 441-6, ainsi que leur recel ou leur blanchiment ;

7° Les délits prévus aux articles L. 86 à L. 88-1, L. 91 à L. 104, L. 106 à L. 109, L. 111, L. 113 et L. 116 du code électoral ;

8° Les délits prévus aux articles 1741 et 1743 du code général des impôts, lorsqu'ils sont commis en bande organisée ou lorsqu'ils résultent de l'un des comportements mentionnés aux 1° à 5° du II de l'article L. 228 du livre des procédures fiscales, ainsi que leur recel ou leur blanchiment ;

9° Les délits prévus aux articles L. 465-1 à L. 465-3-3 du code monétaire et financier, ainsi que leur recel ou leur blanchiment ;

10° Les délits prévus aux articles L. 241-3 et L. 242-6 du code de commerce, ainsi que leur recel ou leur blanchiment ;

11° Les délits prévus à l'article L. 113-1 du code électoral et à l'article 11-5 de la loi n° 88-227 du 11 mars 1988 relative à la transparence financière de la vie politique ;

12° Les délits prévus au I de l'article LO 135-1 du code électoral et à l'article 26 de la loi n° 2013-907 du 11 octobre 2013 relative à la transparence de la vie publique ;

[Dispositions déclarées non conformes à la Constitution par la décision n° 2017-752 DC du 8 septembre 2017.]

14° Le délit de participation à une association de malfaiteurs prévu à l'article 450-1 du présent code, lorsqu'il a pour objet un crime ou un délit mentionné aux 1° à 13° du présent II.

La chambre criminelle a eu l'occasion de juger qu'il résulte de l'article 485-1 du code de procédure pénale que les juges n'ont pas à motiver le choix de la peine, au regard des dispositions des articles 132-1 et 132-20 du code pénal, lorsque celle-ci est obligatoire, ce qui est le cas de la peine d'inéligibilité depuis la loi n° 2017-1339 du 15 septembre 2017[3]. La même décision a par ailleurs rappelé que ni l'article 485-1 du code de procédure pénale ni aucune autre disposition législative ne prévoient l'obligation pour les juges de motiver le choix d'assortir une peine d'inéligibilité de l'exécution provisoire[4].

Toutefois, la juridiction peut, par une décision spécialement motivée, décider de ne pas prononcer la peine prévue par le présent article, en considération des circonstances de l'infraction et de la personnalité de son auteur[5]. Dans ce cas il est tenu d'une obligation de motivation spéciale[6].

A été approuvée une cour d'appel qui, pour condamner l'auteur d'une provocation à la discrimination raciale à une peine complémentaire d'inéligibilité pour une durée d'un an, retient que les faits

1. C. pén., art. 131-26-1, créé par L. n° 2013-907, 11 oct. 2013, art. 27.
2. Crim. 9 mars 2022, n° 21-81.506, P, M. Recotillet, *D. actu.*, 29 mars 2022.
3. Crim. 19 avr. 2023, n° 22-83.355, P.
4. M. Dominati, « La motivation de la peine complémentaire d'inéligibilité et de son exécution provisoire », *D. actu.* 24 mai 2023.
5. C. pén., art. 131-26-2, mod. par L.n° 2022-52, 24 janv. 2022, *JO* 25 janv., n° 1, art. 10.
6. Crim. 9 mars 2022, n° 21-81.506, P.

ont été commis par un homme politique, maire d'une commune depuis treize ans, dont la mission est avant tout d'assurer la sécurité de l'ensemble des personnes sur sa commune et que cette peine est prononcée compte tenu de la personnalité du prévenu et de la gravité des faits, motifs procédant de son appréciation souveraine qui répondent à l'exigence résultant des articles 132-1 du code pénal et 485 du code de procédure pénale[1]. Il s'agit d'une décision particulièrement importante en ce qu'elle concerne également la mise en œuvre du principe de proportionnalité.

716.277 Annulation du permis de conduire. Cette peine est là encore facultative ou obligatoire et sa durée varie selon les infractions. À titre d'exemple, l'article 222-44 dispose que toute condamnation pour les délits prévus par les 1° à 6° et le dernier alinéa de l'article 222-19-1 (atteintes involontaires à l'intégrité de la personne ayant entraîné une incapacité totale de travail pendant plus de trois mois, aggravée) donne lieu de plein droit à l'annulation du permis de conduire avec interdiction de solliciter un nouveau permis pendant dix ans au plus.

Un arrêt rendu en la matière avait, après avoir rappelé les dispositions de l'article 130-1 du code pénal et constaté que le prévenu, professeur, séparé de son conjoint, avait été condamné pour conduite sous l'empire d'un état alcoolique, jugé que la nature et les circonstances du délit commis ainsi que ses conséquences particulièrement graves qui ont entraîné la mort d'un homme, et l'attitude de M. S... qui refuse d'admettre avoir commis une faute, ce qui interroge sur sa connaissance du code de la route amenaient la cour à condamner le prévenu à la peine de trois mois d'emprisonnement avec sursis, à l'annulation de son permis de conduire avec interdiction de le repasser avant un an et à une amende de 5 000 FCFP.

La chambre criminelle a considéré, qu'en l'état de ces énonciations et abstraction faite du motif surabondant relatif à l'attitude du prévenu, la cour, qui a déterminé la sanction au regard de la gravité des faits, de la personnalité et de la situation personnelle du prévenu et a nécessairement apprécié sa proportionnalité, a, sans méconnaître les dispositions conventionnelles invoquées, a justifié sa décision[2].

Au sujet du problème connexe de l'obtention par le prévenu d'un permis de conduire obtenu auprès d'un autre État, seront signalés deux arrêts récents :

– le premier qui a jugé que dès lors que l'invalidation du permis de conduire français entraîne nécessairement l'interdiction du droit de conduire sur le territoire national français, quand bien même le prévenu serait titulaire d'un permis délivré par un autre État ou d'un permis international, le moyen soutenant que les permis de conduire libanais et international présentés par le prévenu auraient été obtenus régulièrement est inopérant[3] ; Dès lors commet le délit de conduite malgré l'annulation de ce permis, prévu par l'article L. 224-16, I, du code de la route, la personne qui, pour s'affranchir de cette interdiction, invoque le fait qu'elle est titulaire d'un permis de conduire délivré par un État étranger[4]

– le second que l'article L. 223-5 du code de la route prévoit que la personne qui perd la totalité des points perd le droit de conduire et ne peut obtenir un nouveau permis avant un délai de six mois, voire un an. Selon les articles R. 222-1, R. 222-2 du code de la route et l'arrêté du 8 février 1999 relatif à la reconnaissance des permis délivrés par les États membre de l'Union européenne, pour être reconnu, un permis obtenu dans un autre État membre ne doit pas l'avoir été pendant une période d'interdiction de solliciter ou d'obtenir le permis de conduire ; une mesure de retrait de point résultant d'une infraction commise sur le territoire français implique l'échange du permis. Méconnaît ces dispositions la cour d'appel qui déclare un conducteur coupable de conduite sans permis, alors qu'elle constate qu'il avait restitué son permis, annulé pour perte totale des points, puis passé, dans un autre État membre, un nouveau permis de conduire après que la période d'interdiction avait expiré[5].

716.278 Obligation à titre de peine complémentaire, de rembourser l'aide universelle d'urgence accordée aux victimes de violences conjugales. La loi du 28 février 2023 est venue créer une aide universelle d'urgence pour les victimes de violences conjugales[6].

Elle a également créé un nouvel article 222-44-1 du code pénal qui dispose que les personnes physiques coupables des infractions prévues au 6° des articles 222-10, 222-12 et 222-13 ou à l'avant-dernier alinéa de l'article 222-14 encourent également la peine complémentaire d'obligation de remboursement du prêt versé à la victime en application

1. Crim. 1er févr. 2017, n° 15-84.511, P ; *AJDA* 2017. 256 ; *D.* 2017. 961, note C. Saas ; *AJ pénal* 2017. 175, note E. Dreyer ; *AJCT* 2017. 288, obs. S. Lavric.
2. Crim. 21 nov. 2017, n° 16-86.600, NP – AUSSI : Crim. 26 juin 2018, n° 17-86.666, NP.
3. Crim. 17 mai 2022, n° 21-85.611, P – ÉGALT : Crim. 8 janv. 2013, n° 12-80.501, P n° 3.
4. Crim. 8 janv. 2013, n° 12-80.501, P n° 3.
5. Crim. 9 mars 2022, n° 21-84.021, P.
6. L. n° 2023-140, 28 févr. 2023 créant une aide universelle d'urgence pour les victimes de violences conjugales, *JO* 1er mars, n° 1 – CASF, art. L. 214-8 s. entrant en vigueur à une date fixée par décret, et au plus tard neuf mois après sa promulgation.

de l'article L. 214-9 du code de l'action sociale et des familles, sans que ce remboursement puisse excéder 5 000 euros. Le prononcé de cette peine complémentaire est obligatoire en cas de condamnation pour l'un des crimes ou délits punis au 6° des articles 222-10 et 222-12 et à l'avant-dernier alinéa de l'article 222-14 du présent code. Toutefois, la juridiction peut, par une décision spéciale et motivée lorsque la condamnation est prononcée par une juridiction correctionnelle, décider de ne pas prononcer cette peine en considération des circonstances de l'infraction et de la personnalité de son auteur.

Le caractère obligatoire du prononcé de cette peine dans certains cas, sauf motivation contraire de la juridiction, sera souligné.

E. Effets d'une condamnation sur l'autorite parentale

716.281 **Décisions affectant l'autorité parentale.** Le code civil prévoit les conditions dans lesquelles, peuvent se voir retirer totalement l'autorité parentale ou l'exercice de l'autorité parentale[1] par une décision expresse du jugement pénal, les père et mère qui sont condamnés, soit comme auteurs, coauteurs ou complices d'un crime ou délit commis sur la personne de leur enfant, soit comme coauteurs ou complices d'un crime ou délit commis par leur enfant, soit comme auteurs, coauteurs ou complices d'un crime ou délit sur la personne de l'autre parent. Ce retrait est applicable aux ascendants autres que les père et mère pour la part d'autorité parentale qui peut leur revenir sur leurs descendants[2].

L'article 378 du code civil confère donc aux juridictions un pouvoir d'appréciation pour décider de la mesure de retrait de l'autorité parentale qui est une mesure de protection de l'enfant. Mais ce pouvoir d'appréciation ne peut toutefois dispenser la cour d'énoncer les motifs qui, dans la recherche de l'intérêt de l'enfant, rendent nécessaire la mesure de retrait de l'autorité parentale à l'un de ses parents[3].

Il faut noter par ailleurs que la loi du 28 décembre 2019[4] est venue créer un article 378-2 du code civil qui suspend de plein droit l'exercice de l'autorité parentale et les droits de visite et d'hébergement du parent poursuivi ou condamné même non définitivement, pour un crime commis sur la personne de d'autre parent jusqu'à la décision du juge et pour une période maximale de six mois, à charge pour le procureur de la république de saisir le juge aux affaires familiales dans un délai de huit jours. Peuvent se voir également retirer totalement l'autorité parentale, en dehors de toute condamnation pénale, les père et mère qui, soit par de mauvais traitements, soit par une consommation habituelle et excessive de boissons alcooliques ou un usage de stupéfiants, soit par une inconduite notoire ou des comportements délictueux, notamment lorsque l'enfant est témoin de pressions ou de violences, à caractère physique ou psychologique, exercées par l'un des parents sur la personne de l'autre, soit par un défaut de soins ou un manque de direction, mettent manifestement en danger la sécurité, la santé ou la moralité de l'enfant.

Peuvent pareillement se voir retirer totalement l'autorité parentale, quand une mesure d'assistance éducative avait été prise à l'égard de l'enfant, les père et mère qui, pendant plus de deux ans, se sont volontairement abstenus d'exercer les droits et de remplir les devoirs que leur laissait l'article 375-7.

L'action en retrait total de l'autorité parentale est portée devant le tribunal judiciaire, soit par le ministère public, soit par un membre de la famille ou le tuteur de l'enfant, soit par le service départemental de l'aide sociale à l'enfance auquel l'enfant est confié[5].

Le retrait total de l'autorité parentale prononcé en vertu des articles 378 et 378-1 porte de plein droit sur tous les attributs, tant patrimoniaux que personnels, se rattachant à l'autorité parentale ; à défaut d'autre détermination, il s'étend à tous les enfants mineurs déjà nés au moment du jugement.

Il emporte, pour l'enfant, dispense de l'obligation alimentaire, par dérogation aux articles 205 à 207, sauf disposition contraire dans le jugement de retrait.

Le jugement peut, au lieu du retrait total, se borner à prononcer un retrait partiel de l'autorité parentale, limité aux attributs qu'il spécifie, ou un retrait de l'exercice de l'autorité parentale. Il peut aussi décider que le retrait total ou partiel de l'autorité parentale n'aura d'effet qu'à l'égard de certains des enfants déjà nés[6].

1. Circ. n°JUSD2002214C, 28 janv. 2020, *BOMJ* complémentaire du 28 janvier 2020, relative à la présentation des dispositions de droit civil et de droit pénal immédiatement applicables de la loi n° 2019-1480 du 28 décembre 2019 visant à agir contre les violences au sein de la famille et instructions de politique pénale issues des travaux du Grenelle contre les violences conjugales.
2. C. civ., art. 378 s., mod. par L. n° 2020-936, 30 juill. 2020, *JO* 31 juill., n° 2, art. 4.
3. Crim. 20 oct. 2021, n° 20-86.321, NP.
4. C. civ., art. 378-2, créé par L. n° 2019-1480, 28 déc. 2019, *JO* 29 déc., n° 2, art. 18.
5. C. civ., art. 378-1, dans réd. issue n° 2019-964, 18 sept. 2019, art. 35 (VD).
6. C. civ., art. 379-1, dans réd. issue L. n° 2019-1480, 28 déc. 2019, art. 8.

Les père et mère qui ont fait l'objet d'un retrait total de l'autorité parentale ou d'un retrait de droits pour l'une des causes prévues aux articles 378 et 378-1 pourront, par requête, obtenir du tribunal judiciaire, en justifiant de circonstances nouvelles, que leur soient restitués, en tout ou partie, les droits dont ils avaient été privés.

La demande en restitution ne pourra être formée qu'un an au plus tôt après que le jugement prononçant le retrait total ou partiel de l'autorité parentale est devenu irrévocable ; en cas de rejet, elle ne pourra être renouvelée qu'après une nouvelle période d'un an. Aucune demande ne sera recevable lorsque, avant le dépôt de la requête, l'enfant aura été placé en vue de l'adoption.

Si la restitution est accordée, le ministère public requerra, le cas échéant, des mesures d'assistance éducative[1].

Il convient donc dans un premier temps de bien distinguer les mesures à caractère civil et celles à caractère pénal affectant l'autorité parentale, les décisions prononcées par une juridiction civile et celles qui sont énoncées par le jugement pénal de condamnation, à condition qu'un tel retrait de l'autorité parentale ou de son exercice soit prévu par la disposition répressive appliquée.

À titre d'exemple, l'article 222-31-2 du code pénal[2] prévoit que lorsque le viol incestueux ou l'agression sexuelle incestueuse est commis contre un mineur par une personne titulaire sur celui-ci de l'autorité parentale, la juridiction de jugement doit se prononcer sur le retrait total ou partiel de cette autorité ou sur le retrait de l'exercice de cette autorité en application des articles 378 et 379-1 du code civil.

Elle peut alors statuer sur le retrait de cette autorité ou sur le retrait de l'exercice de cette autorité en ce qu'elle concerne les frères et sœurs mineurs de la victime.

L'article 222-48-2 du même code, issu de la même loi que le précédent, dispose qu'en cas de condamnation pour un crime ou un délit prévu aux sections 1, 3 ou 3 *bis*, commis par le père ou la mère sur la personne de son enfant ou de l'autre parent, la juridiction de jugement se prononce sur le retrait total ou partiel de l'autorité parentale ou sur le retrait de l'exercice de cette autorité, en application des articles 378, 379 et 379-1 du code civil.

Le fait que la juridiction « doive » se prononcer lui laisse toute latitude pour ordonner ou refuser le retrait total ou partiel de cette autorité parentale au regard des faits de chaque espèce, en motivant sa décision sur ce point précis[3]. Devant la juridiction répressive, le retrait fera suite à une demande particulière du ministère public, de l'une des parties à l'instance en général, le représentant du mineur concerné ou d'office.

716.281-1 Décisions affectant l'autorité parentale

C. pén., art. 221-5-5 : En cas de condamnation pour un crime ou un délit prévu à la présente section (atteintes volontaires à la vie), commis par le père ou la mère sur la personne de son enfant ou de l'autre parent, **la juridiction de jugement se prononce** sur le retrait total ou partiel de l'autorité parentale ou sur le retrait de l'exercice de cette autorité, en application des art. 378, 379 et 379-1 C. civ.

C. pén., art. 222-31-2 : Lorsque le viol incestueux ou l'agression sexuelle incestueuse est commis contre un mineur par une personne titulaire sur celui-ci de l'autorité parentale, **la juridiction de jugement doit se prononcer** sur le retrait total ou partiel de cette autorité ou sur le retrait de l'exercice de cette autorité en application des art. 378 et 379-1 C. civ. Elle peut alors statuer sur le retrait de cette autorité en ce qu'elle concerne les frères et sœurs de la victime.

C. pén., art. 222-48-2 : En cas de condamnation pour un crime ou un délit prévu aux sections consacrées aux atteintes volontaires à l'intégrité de la personne, agressions sexuelles, harcèlement moral, commis par le père ou la mère sur la personne de son enfant ou de l'autre parent, **la juridiction de jugement se prononce** sur le retrait total ou partiel de l'autorité parentale ou sur le retrait de l'exercice de cette autorité, en application des art. 378, 379 et 379-1 C. civ.

C. pén., art. 227-27-3 : Lorsque l'atteinte sexuelle incestueuse est commise par une personne titulaire de l'autorité parentale sur le mineur, **la juridiction de jugement doit se prononcer** sur le retrait total ou partiel de cette autorité ou sur le retrait de l'exercice de cette autorité en application des art. 378 et 379-1 C. civ. Elle peut alors statuer sur le retrait de cette autorité en ce qu'elle concerne les frères et sœurs de la victime.

C. pén., art. 421-2-4-1 : Lorsqu'une personne ayant autorité sur un mineur, le fait de participer à un groupement formé ou à une entente établie en vue de la préparation, caractérisée par un ou plusieurs faits matériels, d'un des actes de terrorisme mentionnés aux art. 421-1 et 421-2, **la juridiction de jugement se prononce** sur le retrait total ou partiel de l'autorité parentale ou sur le retrait de l'exercice de cette autorité en application des art. 378 et 379-1. Elle peut alors statuer sur le retrait de l'autorité parentale en ce qu'elle concerne les autres enfants mineurs de cette personne.

Le représentant légal d'un enfant victime d'un crime ou d'un délit commis par son père ou sa mère peut demander à la juridiction pénale, au titre de l'action civile, le retrait de l'autorité parentale[4]. Dans ce cas, le ministère public doit assister aux

1. C. civ., art. 381, dans réd. issue Ord. nº 2019-964, 18 sept. 2019, art. 35 (VD).
2. C. pén., art. 222-31-2, mod. par L. nº 2019-1480, 28 déc. 2019, art. 8.
3. Spécifiquement en cas de risque de réitération des faits : Nîmes, ch. corr., 19 avr. 2007, RG nº 07/00351, *JurisData* 337195 – Agen, ch. corr., 9 févr. 2009, RG nº 08/00156A, *JurisData* 003334 – OU MÊME au seul regard de la gravité des faits : Douai, 24 févr. 2010, *JurisData* 011084.
4. Crim. 23 sept. 2008, nº 08-80.489, P nº 195 ; *D.* 2008. AJ 2724 ; *RJPF* 2008-12/29, obs. F. Eudier.

débats devant la chambre correctionnelle de la cour d'appel qui statue, en application de l'article 378 du code civil, sur le retrait de l'autorité parentale, même lorsqu'il n'est pas appelant du jugement de première instance.

Notons que si la Cour de Strasbourg avait pu décider que n'est pas conforme à l'article 8 de la convention européenne des droits de l'homme le prononcé automatique d'une privation de l'autorité parentale, en cas de condamnation pénale, sans contrôle du type d'infraction et sans appréciation de l'intérêt de l'enfant[1], la législation française ouvre la possibilité au juge pénal de prononcer cette mesure, mais ne l'y contraint pas.

§ 8
Confiscations

A.
Rappel des principes sur la motivation des confiscations

716.291 **Distinctions.** Essentiellement abordées par les pourvois sous l'angle de la proportionnalité[2], les différentes peines de confiscation sont soumises à une obligation de motivation, comme en atteste un arrêt qui retient qu'il résulte des dispositions des articles premier[3] du protocole additionnel n° 1 à la convention européenne des droits de l'homme, 132-1 et 131-21, alinéa 6, du code pénal, 485 du code de procédure pénale, que le juge qui prononce une mesure de confiscation de tout ou partie d'un patrimoine doit motiver sa décision au regard de la gravité des faits, de la personnalité de son auteur et de sa situation personnelle et apprécier le caractère proportionné de l'atteinte portée au droit de propriété de l'intéressé. Méconnaît ces dispositions la cour d'appel qui justifie le prononcé, à titre de peine complémentaire, d'une mesure de confiscation de la propriété du prévenu qu'elle déclare coupable de faits de blanchiment par le seul constat de ce que cette peine est adaptée à la nature des faits délictueux commis[4].

Dans un arrêt de principe, la chambre criminelle a énoncé que hormis le cas où la confiscation, qu'elle soit en nature ou en valeur, porte sur un bien qui, dans sa totalité, constitue le produit de l'infraction[5], le juge, en ordonnant une telle mesure, doit apprécier le caractère proportionné de l'atteinte portée au droit de propriété de l'intéressé lorsqu'une telle garantie est invoquée ou procéder à cet examen d'office lorsqu'il s'agit d'une confiscation de tout ou partie du patrimoine et qu'il lui incombe en conséquence lorsqu'il décide de confisquer un bien, après s'être assuré de son caractère confiscable en application des conditions légales, de préciser la nature et l'origine de ce bien ainsi que le fondement de la mesure et, le cas échéant, de s'expliquer sur la nécessité et la proportionnalité de l'atteinte portée au droit de propriété du prévenu[6].

L'évolution du droit des confiscations a amené une modification substantielle des dispositions de l'article 131-21 du code pénal. On soulignera en particulier, que *la peine de confiscation ne peut être prononcée* lorsqu'elle porte sur des biens sur lesquels toute personne autre que le condamné dispose d'un droit de propriété, dont le titre est connu ou qui a réclamé cette qualité au cours de la procédure et qui n'a pas été mise en mesure de présenter ses observations sur la mesure de confiscation envisagée par la juridiction de jugement aux fins, notamment, de faire valoir le droit qu'elle revendique et sa bonne foi[7].

Rappelons tout d'abord à ce sujet que la confiscation en valeur[8] ne constitue pas un fondement autonome de confiscation, mais une modalité du prononcé de la confiscation de l'instrument, de l'objet ou du produit de l'infraction ou encore la saisie d'un bien représentant la valeur d'un autre bien dont la confiscation est prévue par l'article 131-21 du code pénal[9]. Par suite le juge qui décide de confisquer un bien en valeur doit notamment préciser quel est le fondement du caractère confiscable du bien auquel le bien confisqué se substitue et s'assurer que la valeur de ce bien n'excède pas celle de l'instrument, de l'objet ou du produit de l'infraction »[10]. Par

1. CEDH 3e sect., 14 oct. 2008, *Iordache c/Roumanie*, req. n° 6817/02.
2. V. ss nos 716.82 s.
3. Protocole additionnel n° 1 à la convention européenne des droits de l'homme, art. 1er.
4. Crim. 8 mars 2017, n° 15-87.422, P n° 66 ; *D.* 2017. 648 ; *D.* 2017. 2501, obs. G. Roujou de Boubée, T. Garé, C. Ginestet, M.-H. Gozzi, S. Mirabail et E. Tricoire ; *RDI* 2017. 240, obs. G. Roujou de Boubée.
5. Pour des censures de décisions ayant exercé un contrôle de proportionnalité indu dès lors que la saisie portait sur un bien produit de l'infraction : Crim. 26 juin 2019, n° 19-80.235, P n° 137, *D.* 2019. 1337 ; Crim. 15 mai 2019, n° 18-84.494, P n° 95, L. Jay « Peine correctionnelle : le juge tenu de s'expliquer sur la gravité des faits », *D. actu.*, 13 juin 2019.
6. Crim. 27 juin 2018, n° 16-87.009, P n° 128., M. Recotillet « Précisions sur la motivation de la peine de confiscation », *D. actu.* 24 juill. 2018.
7. SUR les décisions successives de la CJUE, du Conseil constitutionnel et de la chambre criminelle, v. ss n° 222.22 – POUR les restitutions, v. ss n° 113.233.
8. C. pén., art. 131-21, al. 9. V.
9. Crim. 25 nov. 2015, n° 14-85.727, NP – v. ss n° 716.82.
10. Crim. 17 nov. 2021, n° 20-86.847, NP.

ailleurs, la dérogation au principe de motivation prévue par les articles 132-1 du code pénal et 485-1 du code de procédure pénale pour la peine de confiscation du produit ou de l'objet de l'infraction étant d'interprétation stricte, la confiscation du produit de l'infraction, lorsqu'elle est ordonnée en valeur, doit être motivée en tenant compte de la gravité des faits, de la personnalité de leur auteur et de sa situation personnelle[1].

La chambre criminelle a donc successivement élaboré un mode d'emploi extrêmement précis de la motivation qu'elle exige selon la nature du bien confisqué et le fondement d'une telle décision[2]. Cette position a été rappelée à maintes reprises[3]. Il faut notamment en retenir que dans le cas où la mesure de confiscation en valeur affecte un bien immobilier, objet ou produit direct ou indirect de l'infraction, le moyen pris de la violation du principe de proportionnalité en raison de l'atteinte au droit de propriété est inopérant[4].

Mais s'agissant de cette peine, on distinguera le moyen pris d'une insuffisance de motivation de la peine complémentaire de confiscation prononcée par la juridiction correctionnelle, au regard de la gravité des faits, de la personnalité de leur auteur et de sa situation personnelle, qui est inopérant s'agissant de la confiscation de biens qui sont le produit de l'infraction[5], d'autres hypothèses dans lesquelles la motivation du choix de telle peine devient primordial. Une cour qui ne détermine pas à quel titre les biens ont été confisqués, en particulier s'ils constituent le produit des infractions, ne met pas la Cour de cassation en mesure de s'assurer que les exigences de motivation ont été respectées[6]. Il est donc primordial pour la juridiction qui prononce une confiscation de préciser la nature, l'origine des biens concernés ainsi que le fondement de la mesure[7]. La chambre criminelle a pu encore reprocher à une cour d'avoir ordonné une confiscation, prononcée sur le fondement de l'article 131-21, alinéa 5 du code pénal, « sans s'expliquer sur la nécessité et la proportionnalité de l'atteinte portée au droit de propriété », dès lors que le juge qui prononce une confiscation hors l'hypothèse où elle porte sur un bien qui dans sa totalité constitue le produit ou l'objet de l'infraction, doit motiver sa décision au regard des circonstances de l'infraction, de la personnalité de son auteur, ainsi que de sa situation personnelle[8].

Par ailleurs, si c'est à bon droit que les juges retiennent que le véhicule était susceptible de confiscation, les dispositions de l'article 131-21, alinéa 5, du code pénal n'exigeant pas que le bien confisqué ait été acquis à l'aide du profit direct ou indirect procuré par l'infraction, la cour d'appel, qui statue sans mieux s'expliquer sur la personnalité de la prévenue et sa situation personnelle, ne justifie pas sa décision[9].

Il faut également préciser que la confiscation peut être obligatoire, par exemple, en cas de condamnation pour des crimes ou délits commis avec une arme visés au II de l'article 222-44 du code pénal. Toutefois la juridiction peut par décision spécialement motivée, dire qu'il n'y a pas lieu de la prononcer en considération des circonstances de l'infraction et de la personnalité de son auteur.

À l'instar de ce qu'elle a décidé pour la peine d'amende douanière ou fiscale[10], la chambre criminelle a jugé que le prononcé par le juge correctionnel de la confiscation prévue à l'article 414 du code des douanes en répression des infractions de contrebande et d'importation ou d'exportation sans déclaration de marchandises prohibées est soumis aux dispositions spécifiques de l'article 369 du code des douanes et échappe, par conséquent, aux prescriptions des articles 485 du code de procédure pénale et 132-1 du code pénal[11].

Enfin, les modifications du dernier alinéa de l'article 131-21 du code pénal, en ce qu'elles concernent les droits des tiers de bonne foi sur le bien dont la confiscation est envisagée obligent également la juridiction à envisager de ce chef une motivation spécifique et détaillée.

Demeure la question, non réglée par les textes, du moment de l'audience où il convient de donner la parole au tiers réclamant le bien pour qu'il fasse valoir ses prétentions. Aucune jurisprudence de la chambre criminelle n'a abordé ce point à la date d'édition de cet ouvrage. Cependant, dès lors que l'ordre d'intervention des parties et des tiers est : partie civile, son assureur, administration poursuivante, ministère public, prévenu, civilement respon-

1. Crim. 19 avr. 2023, n° 22-82.994, P.
2. V. tableau s[s] n° 716.311.
3. Crim. 20 nov. 2019, n° 18-85.906, NP ; Crim. 18 mars 2020, n° 18-83.986, NP.
4. Crim. 3 mai 2018, n° 17-82.098, P n° 79.
5. Crim. 31 janv. 2018, n° 17-81.876, P n° 29 ; *AJDA* 2018. 252 ; *AJCT* 2018. 277, obs. J. Lasserre Capdeville.
6. Crim. 12 sept. 2018, n° 17-84.295, NP.
7. Crim. 16 janv. 2019, n° 17-86.581, P n° 14, *AJ pénal* 2019. 218, obs. J. Hennebois.
8. Crim. 12 juin 2019, n° 18-83.396, P, Y. Mayaud « Infractions de conséquence et condamnations conséquentes liées à des opérations de démarchage », *AJ pénal* 2019. 444. Crim. 29 janv. 2020, n° 17-83.577, P, O. Claude « Les exigences de motivation dans les affaires de fraude fiscale et de blanchiment », *D. actu.* 12 févr. 2020.
9. Crim. 21 mars 2018, n° 16-87.296, P n° 50 ; *D.* 2018. 672.
10. V. s[s] n° 716.212.
11. Crim. 7 sept. 2022, n° 21-85.236, P.

sable, son assureur, il peut sembler logique que le tiers propriétaire dont l'intérêt est que la confiscation ne soit pas ordonnée à la demande de l'une quelconque de ces parties, intervienne après celles-ci, le prévenu conservant en tout état de cause la parole en dernier.

B.

Précisions sur les droits des tiers quant à l'objet confisqué

716.301 **Droit des tiers et biens confisqués.** Ainsi que le développe le sommaire d'un arrêt important rendu par la chambre criminelle le 7 septembre 2022[1], il résulte des articles 6, § 1, et 13 de la Convention de sauvegarde des droits de l'homme et des libertés fondamentales et 1 du Protocole additionnel n° 1 à celle-ci que toute personne dont le titre est connu ou qui a revendiqué cette qualité pendant la procédure a droit à ce que sa cause soit entendue par une juridiction ordonnant la confiscation d'un bien dont elle est propriétaire ou dont elle revendique la propriété. Il résulte de l'article 131-21 du code pénal dans sa rédaction issue de la loi n° 2021-1729 du 22 décembre 2021, applicable à compter du 31 décembre 2021, que lorsque la peine de confiscation porte sur des biens sur lesquels toute personne autre que le condamné dispose d'un droit de propriété, elle ne peut être prononcée si cette personne, dont le titre est connu ou qui a réclamé cette qualité au cours de la procédure, n'a pas été mise en mesure de présenter ses observations sur la mesure de confiscation envisagée par la juridiction de jugement aux fins, notamment, de faire valoir le droit qu'elle revendique et sa bonne foi. Pour tenir compte des décisions rendues tant par la Cour européenne des droits de l'homme (CEDH, arrêt 16 avril 2019, *Bokova c/ Russie*, n° 27879/13, § 55 ; CEDH, arrêt 10 avr. 2012, *Silickiene c/ Lituanie*, n° 20496/02, § 50), que par la Cour de justice de l'Union européenne (CJUE, arrêt 14 janv. 2021, OM, C-393/19, § 61), les personnes dont le titre est connu ou qui ont réclamé cette qualité au cours de la procédure sont recevables à interjeter appel ou à former un pourvoi en cassation contre la décision ordonnant la confiscation d'un bien leur appartenant. Outre ce droit à exercer un recours contre la décision de confiscation, la personne propriétaire du bien dont la confiscation est envisagée dont le titre est connu ou qui a réclamé cette qualité au cours de la procédure et qui est convoquée conformément aux dispositions de l'article 131-21 susvisées, bénéficie des droits suivants.

D'une part, si l'article D. 45-2-1 du code de procédure pénale, qui complète l'article 131-21 du code pénal, prévoit que la personne concernée a le droit de présenter elle-même ou par un avocat ses observations à l'audience, il résulte de la jurisprudence de la Cour européenne des droits de l'homme et de la Cour de justice de l'Union européenne qu'elle a le droit également de bénéficier de l'assistance d'un avocat tout au long de la procédure, en première instance comme en appel ou en cassation.

D'autre part, la juridiction correctionnelle qui statue sur la mesure de confiscation est tenue de s'assurer que lui ont été communiqués en temps utile outre les procès-verbaux de saisie, en cas de saisie spéciale, les réquisitions aux fins de saisie, l'ordonnance et les pièces précisément identifiées de la procédure sur lesquelles elle se fonde dans ses motifs décisoires.

Encourt la cassation l'arrêt de la cour d'appel qui ordonne à l'encontre de la prévenue des mesures de confiscations de biens appartenant à des personnes morales qui n'ont pas été mises en mesure de présenter leurs observations au cours des débats. Et il est évidemment nécessaire que les motifs de la décision rendue permette à la chambre criminelle le cas échéant saisie de contrôler le respect de ces différents impératifs.

C.

Résumé des principes concernant la motivation en matière de confiscation

716.311 **Motivation des confiscations. Tableau de synthèse.** V. s[s] tableau 716.311-1, ci-après.

D.

Confiscations obligatoires prévues par le code de la route

716.321 **Confiscations en matière de délinquance routière.** Dans une délinquance plus quotidienne et qui n'est pas nécessairement vécue comme moins grave que la délinquance liée aux affaires et au blanchiment, en matière d'infractions au code de la route, il faut encore rappeler que la confiscation du véhicule du prévenu est également obligatoire dans toute une série d'hypothèses[2], sauf motivation contraire de la juridiction[3].

1. Crim. 7 sept. 2022, n° 21-84.322, P ; *D.* 2022. 1560 ; *ibid.* 2023. 421, chron. L. Ascensi, M. Fouquet, P. Mallard, L. Guerrini, B. Joly et O. Violeau ; *AJ pénal* 2022. 540, obs. M. Hy ; *RSC* 2023. 148, obs. R. Parizot.

2. C. pén., art. 222-44, 13°.
3. V. s[s] tableau 716.321-1.

Tableau 716.311-1.
Motivation des confiscations

La juridiction doit identifier la nature et l'origine du bien objet de la confiscation (Crim. 29 janv. 2020, n° 17-83.577, P)

La juridiction doit **dire à quel titre ce bien est confisqué** (le fondement de la mesure, *ibid.*).
Elle doit **motiver** la peine de confiscation en fonction des circonstances de l'infraction, de la personnalité de son auteur et de sa situation matérielle, familiale et sociale (C. pén., art. 132-1 et C. pr. pén., art. 485-1), sauf lorsque le bien est dans sa totalité le produit ou l'objet de l'infraction (C. pr. pén., art. 485-1 ; Crim. 31 janv. 2018, n° 17-81.876, P n° 29), à l'**exception** d'une confiscation en valeur pour laquelle la motivation s'impose.
La peine de confiscation ne peut être prononcée lorsqu'elle porte sur des biens sur lesquels toute personne autre que le condamné dispose d'un droit de propriété, dont le titre est connu ou qui a réclamé cette qualité au cours de la procédure et qui n'a pas été mise en mesure de présenter ses observations sur la mesure de confiscation envisagée par la juridiction de jugement aux fins, notamment, de faire valoir le droit qu'elle revendique et sa bonne foi (C. pén., art. 131-21 *in fine*).
Hormis le cas où la confiscation, qu'elle soit en nature ou en valeur, porte sur un bien qui, dans sa totalité, constitue le produit ou l'objet de l'infraction, **le juge**, en ordonnant une telle mesure, **doit apprécier le caractère proportionné de l'atteinte portée au droit de propriété** de l'intéressé lorsqu'une telle garantie est invoquée ou **procéder à cet examen d'office lorsqu'il s'agit d'une confiscation de tout ou partie du patrimoine** (Crim. 24 juin 2020, n° 19-85.074, P.).
La confiscation étant susceptible de porter atteinte au droit au respect de sa vie privée et familiale, par exemple si elle concerne le logement familial, le juge est tenu de contrôler le caractère proportionné de l'atteinte portée à ce droit fondamental, lorsque cela lui est demandé. Il doit le faire **même lorsque le bien confisqué est le produit de l'infraction ou un bien de même valeur, car la circonstance que le bien soit d'origine illicite n'empêche pas que sa confiscation puisse porter atteinte à la vie privée et familiale de son propriétaire**, en fonction de l'usage qu'il en a fait (Crim. 19 avr. 2023, n° 22-82.994, P).
Aucun texte légal ou conventionnel n'impose au juge saisi de l'action publique de soumettre au débat contradictoire la peine qu'il envisage de prononcer et qu'il détermine librement parmi les peines, principales et complémentaires, encourues par le prévenu. **Le juge peut ordonner l'une quelconque des mesures de confiscation prévues par la loi, sans que le fondement de cette peine doive être au préalable contradictoirement débattu** (Crim. 1er févr. 2023, n° 22-81.085, P).

Confiscation de l'instrument de l'infraction (C. pén., art. 131-21, al. 2)	Nécessité d'établir que le bien a permis la commission de l'infraction, sans qu'il ait été nécessairement déterminant de cette commission (Crim. 24 oct. 2018, n° 18-82.370, P n° 177).	Nécessité d'établir que le bien appartient à la personne condamnée ou bien qu'il est à sa libre disposition, qu'il en est le « propriétaire économique réel » (Crim. 25 nov. 2020, n° 19-86.979, P n° 109), et que dans l'hypothèse d'un tiers propriétaire, ce dernier n'est pas de bonne foi.
Confiscation de l'objet ou du produit de l'infraction (C. pén., art. 131-21, al. 3)	Nécessité d'établir que le bien constitue le produit de l'infraction, ou l'avantage économique tiré de l'infraction ou qu'il est détenu par la personne poursuivie des suites de la commission de l'infraction dont il est un des éléments constitutifs (Crim. 22 juin 2022, n° 21-85.671, P).	S'il n'est pas nécessaire que le bien appartienne à la personne condamnée ou qu'il soit à sa libre disposition, il faut établir que le propriétaire n'est pas de bonne foi (Crim. 7 nov. 2018, n° 17-87.424, P n° 88).
Confiscation des biens dont l'origine licite n'est pas justifiée (C. pén., art. 131-21, al. 5)	Les motifs doivent établir que la personne condamnée, mise en mesure de le faire n'a pas rapportée la preuve de l'origine licite du ou des biens.	Nécessité d'établir que le bien appartient à la personne condamnée ou qu'il est à sa libre disposition, soit qu'il en est le « propriétaire économique réel » (Crim. 25 nov. 2020, n° 19-86.979, P n° 109), et que le tiers propriétaire n'est pas de bonne foi.
Confiscation de patrimoine (C. pén., art. 131-21, al. 6 et texte de droit pénal spécial la prévoyant)	Nécessité de citer le texte spécial qui autorise la confiscation du patrimoine.	Nécessité d'établir que le bien appartient à la personne condamnée ou bien qu'il est à sa libre disposition, c'est-à-dire qu'il en est le « propriétaire économique réel » (Crim. 25 nov. 2020, n° 19-86.979, P n° 109), et que le tiers propriétaire n'est pas de bonne foi. Il n'est pas nécessaire que le bien entretienne un lien quelconque avec l'infraction et la confiscation peut porter sur un bien d'origine licite (Crim. 8 juill. 2015, n° 14-86.938, P n° 180).

Tableau 716.321-1.
Cas pour lesquels la confiscation du véhicule est obligatoire

Article	Nature de l'infraction	Observations
C. route, art. L. 221-2[a]	Conduite sans permis	Confiscation obligatoire du véhicule dont le condamné s'est servi pour commettre l'infraction s'il en est le propriétaire. La juridiction peut toutefois ne pas prononcer cette confiscation par une décision spécialement motivée[b].

a C. route, art. L. 221-2, mod. par Ord. n° 2019-950, 11 sept. 2019 portant partie législative du CJPM, *JO* 13 sept., n° 2, art. 5.

b C. route, art. L. 221-2 1 ; mod. par Ord. n° 2019-950, 11 sept. 2019 portant partie législative du CJPM, *JO* 13 sept., n° 2, art. 5. Conformément à l'article 25 de la loi n° 2020-734, l'ordonnance n° 2019-950 entre en vigueur le 31 mars 2021. Cette date a été reportée au 30 septembre 2021 par l'article 2 de la loi n° 2021-218 du 26 février 2021.

TABLEAU 716.321-1. (*SUITE*)
CAS POUR LESQUELS LA CONFISCATION DU VÉHICULE EST OBLIGATOIRE

C. route, art. L. 224-16[a]	Conduite malgré rétention, suspension, annulation ou interdiction d'obtenir la délivrance du permis de conduire	• *Idem*. La confiscation n'est pas obligatoire lorsque le délit a été commis à la suite d'une des mesures administratives prévues aux articles L. 224-1[b], L. 224-2[c] et L. 224-7[d] • Non prévu pour la conduite avec permis invalidé du fait d'un solde de points nul.
C. route, art. L. 234-1	CEI et CEA en récidive	• Confiscation obligatoire du véhicule dont le condamné s'est servi pour commettre l'infraction s'il en est le propriétaire. La juridiction peut toutefois ne pas prononcer cette confiscation par une décision spécialement motivée[e]. • La suspension du permis de conduire prévue au présent article ne peut être assortie du sursis, même partiellement[f].
C. route, art. L. 234-2[g]	Conduite d'un véhicule non équipé d'un système antidémarrage, malgré une interdiction prononcée par une juridiction de jugement comme peine complémentaire d'une conduite sous l'empire d'un état alcoolique	*Ibid.* Uniquement en cas de récidive. V. textes sur homologation du dispositif d'antidémarrage[h].
C. route, art. L. 234-8	Refus de se soumettre aux vérifications	*Ibid.* Uniquement en cas de récidive.
C. route, art. L. 235-1[i]	Conduite après usage de stupéfiants en état de récidive	Confiscation obligatoire du véhicule dont le condamné s'est servi pour commettre l'infraction s'il en est le propriétaire. La juridiction peut toutefois ne pas prononcer cette confiscation par une décision spécialement motivée[j].
C. route, art. L. 235-3[k]	Refus de se soumettre au dépistage des stupéfiants en état de récidive	*Idem*[l]
C. route, art. L. 413-1	Récidive de grand excès de vitesse (= à 50 km/h)	Confiscation obligatoire du véhicule dont le condamné s'est servi pour commettre l'infraction s'il en est le propriétaire. La juridiction peut toutefois ne pas prononcer cette confiscation par une décision spécialement motivée[m].
C. pén., art. 221-6-1	Homicide involontaire dans les circonstances prévues par cet article	• Confiscation obligatoire du véhicule dans les cas prévus par les 4e et dernier alinéa de l'article 221-6-1 ainsi que dans les cas prévus par les 2°, 3° et 5° du même article, en cas de récidive • ou si la personne a déjà été définitivement condamnée pour un des délits prévus par les articles L. 221-2, L. 224-16, L. 234-1, L. 234-8, L. 235-1, L. 235-3 ou L. 413-1 du code de la route ou pour la contravention mentionnée à ce même article L. 413-1. • La juridiction peut toutefois ne pas prononcer cette peine par une décision spécialement motivée[n].
C. pén., art. 222-19-1	Blessures involontaires ITT > à 3 mois par conducteur dans les circonstances de cet article	Confiscation du véhicule dont le condamné s'est servi pour commettre l'infraction dans les cas prévus par les articles 222-19-1 et 222-20-1, s'il en est le propriétaire.

a C. route, art. L. 224-16, mod. par Ord. n° 2019-950, 11 sept. 2019 portant partie législative du CJPM, *JO* 13 sept., n° 2, art. 5. *Idem* sur date d'entrée en vigueur.

b C. route, art. L. 224-1 mod. par L. n° 2022-52, 24 janv. 2022, *JO* 25 janv., n° 1, art. 11.

c C. route, art. L. 224-2 mod. par L. n° 2022-52, 24 janv. 2022, *JO* 25 janv., n° 1, art. 11.

d C. route, art. L. 224-7, mod par L. n° 2019-1428, 24 déc. 2019, *JO* 26 déc., n° 1, art. 98 (V) ; C. route, art. L. 224-16 II 1° ; mod. par L. n° 2011-267, 14 mars 2011, art. 70.

e C. route, art. L. 234-12 I 1° ; mod. par L. n° 2011-267, 14 mars 2011, art. 74 et 81.

f C. route, art. L. 234-2 II.

g C. route, art. L. 234-2 mod. par Ord. n° 2019-950, 11 sept. 2019 portant partie législative du CJPM, *JO* 13 sept., n° 2, art. 5. Conformément à l'article 25 de la loi n° 2020-734, l'ordonnance n° 2019-950 entre en vigueur le 31 mars 2021. Cette date a été reportée au 30 septembre 2021 par l'article 2 de la loi n° 2021-218 du 26 février 2021.

h Décr. n° 2019-871, 21 août 2019 relatif au droit de conduire limité aux seuls véhicules équipés d'un éthylotest anti-démarrage.

i C. route, art. L. 235-1 mod. par L. n° 2019-1428, 24 déc. 2019, *JO* 26 déc., n° 1, art. 98 (V) et Ord. n° 2019-950, 11 sept. 2019 portant partie législative du CJPM, *JO* 13 sept., n° 2, art. 5. Conformément à l'article 25 de la loi n° 2020-734, l'ordonnance n° 2019-950 entre en vigueur le 31 mars 2021. Cette date a été reportée au 30 sept. 2021 par l'article 2 de la loi n° 2021-218 du 26 février 2021.

j C. route, art. L. 235-4 ; mod. par L. n° 2011-267, 14 mars 2011, art. 74 et 81.

k C. route, art. L. 235-3, mod. par L. n° 2019-1428, 24 déc. 2019, *JO* 26 déc., n° 1, art. 98 (V) et Ord. n° 2019-950, 11 sept. 2019 portant partie législative du CJPM, *JO* 13 sept., n° 2, art. 98 (V). *Ibid*, date d'entrée en vigueur de l'Ord.

l C. route, art. L. 235-4, préc.

m C. route, art. L. 413-1 II 1° ; mod. par L. n° 2011-267, 14 mars 2011, art. 74.

n C. pén., art. 221-8 ; mod. par L. n° 2019-222, 23 mars 2019, art. 71 (V), précitée.

Tableau 716.321-1. (*suite*)
Cas pour lesquels la confiscation du véhicule est obligatoire

Article	Nature de l'infraction	Observations
C. pén., art. 222-20-1	Blessures involontaires ITT < à 3 mois par conducteur dans les circonstances de cet article	• Cette confiscation est obligatoire dans les cas prévus par les 4e et dernier alinéa de ces articles ainsi que dans les cas prévus par les 2°, 3° et 5° du même article, en cas de récidive ou si la personne a déjà été définitivement condamnée pour un des délits prévus par les articles L. 221-2, L. 224-16, L. 234-1, L. 234-8, L. 235-1, L. 235-3 ou L. 413-1 du code de la route ou pour la contravention mentionnée à ce même article L. 413-1. • La juridiction peut toutefois ne pas prononcer cette peine par une décision spécialement motivée[a].

a C. pén., art. 221-44, 13 ; mod. par L. n° 2019-222, 23 mars 2019, art. 71 (V), précitée.

Hors ces hypothèses, si la confiscation est encourue à titre facultatif, elle peut être prononcée, à condition que la juridiction s'explique sur la proportionnalité de l'atteinte portée au droit de propriété par la mesure de confiscation ordonnée, qui ne concerne pas l'objet de l'infraction mais le bien ayant servi à commettre cette dernière. La gravité des infractions routières commises par le prévenu n'est pas en soi suffisante pour justifier la confiscation de son automobile[1]. Concernant encore l'automobile, mais pas la délinquance routière, la chambre criminelle a pu dans les mêmes temps juger que ce véhicule ayant permis la rencontre avec la victime, le prévenu étant poursuivi pour propositions sexuelles faites à un mineur de 15 ans, il peut faire l'objet d'une confiscation, peu important que l'usage de ce bien n'ait pas été déterminant de la commission des faits, dès lors que la cour d'appel constate, par des motifs procédant de son pouvoir souverain d'appréciation, que le véhicule avait permis la commission de l'infraction poursuivie, en ce que cette dernière était aggravée par la circonstance selon laquelle les propositions sexuelles ont été suivies d'une rencontre avec la personne se présentant comme un mineur de quinze ans[2]. Il est possible d'entendre ici la remarque de Jacques-Henry Robert commentateur du premier arrêt cité, relevant que les exigences de la chambre criminelle tourmentent inutilement la conscience des juges correctionnels qui ont déjà tant à faire...

E.
Hypothèse de la demande d'exécution d'une décision de confiscation prise par une autorité judiciaire étrangère

716.331 Confiscations prononcées par une autorité judiciaire étrangère. Dans une affaire jugée en janvier 2023, le tribunal correctionnel, puis la cour d'appel de Paris, ont eu à se prononcer sur requête du procureur national financier sur une demande d'exécution de la confiscation d'un bien immobilier prononcée par jugement définitif du tribunal fédéral suisse.

À cette occasion, la chambre criminelle à son tour saisie d'un pourvoi contre l'arrêt ayant autorisé cette exécution, a, en application des dispositions des articles 713 et suivants du code de procédure pénale[3], apporté de précieuses précisions :

– l'article 713-38, alinéa 3, du code de procédure pénale dispose que l'autorisation d'exécution ne peut avoir pour effet de porter atteinte aux droits licitement constitués au profit des tiers, en application de la loi française, sur des biens dont la confiscation a été prononcée par la décision étrangère. Toutefois, si cette décision contient des dispositions relatives aux droits des tiers, elle s'impose aux juridictions françaises à moins que les tiers n'aient pas été mis à même de faire valoir leurs droits devant la juridiction étrangère dans des conditions analogues à celles prévues par la loi française ; les motifs de non-exécution par l'autorité judiciaire française des décisions de confiscation prononcées par les autorités judiciaires étrangères, énoncés par l'article 713-37 du code de procédure pénale, concernent soit la personne condamnée par les autorités judiciaires étrangères, soit le tiers propriétaire du bien confisqué ;

– le jugement du tribunal correctionnel autorisant l'exécution d'une décision de confiscation prononcée par une autorité judiciaire étrangère doit être notifié à la personne condamnée et au tiers propriétaire du bien confisqué si son titre est connu ou s'il a revendiqué cette qualité au cours de la procédure. Ces personnes sont recevables à interjeter appel de la décision dans un délai de dix jours par déclaration au greffe du tribunal correctionnel ;

1. Crim. 8 nov. 2022, n° 21-86.096, NP, *Dr. pénal* 2023, comm. 4.
2. Crim. 25 janv. 2023, n° 22-83.997, P.
3. C. pr. pén., art. 713 s. relatifs à la coopération internationale aux fins d'exécution des décisions de confiscation.

– ces mêmes personnes ont droit à l'assistance d'un avocat au cours de l'instance d'appel ainsi qu'à la communication en temps utile des pièces de la procédure ;

– la juridiction française saisie doit rechercher, au besoin en demandant aux autorités judiciaires étrangères, par commission rogatoire, la fourniture des informations lui permettant de savoir si le tiers est de bonne foi, s'il a été mis à même de faire valoir ses droits devant la juridiction étrangère dans des conditions analogues à celles prévues par la loi française ;

– la publicité des débats judiciaires est une règle d'ordre public à laquelle il ne peut être dérogé que dans les cas limitativement déterminés par la loi et que les articles 713-36 à 713-41 du code de procédure pénale qui organisent l'exécution des décisions de confiscation prononcées par les autorités judiciaires étrangères ne prévoient pas de dérogation à ce principe[1].

§ 9
Suivi socio-judiciaire

716.341 **Suivi socio-judiciaire. Prononcé.** Dans les cas prévus par la loi, la juridiction de jugement peut ordonner un suivi socio-judiciaire.

Le suivi socio-judiciaire emporte, pour le condamné, l'obligation de se soumettre, sous le contrôle du juge de l'application des peines et pendant une durée déterminée par la juridiction de jugement, à des mesures de surveillance et d'assistance destinées à prévenir la récidive...

Le président de la juridiction, après le prononcé de la décision, avertit le condamné des obligations qui en résultent et des conséquences qu'entraînerait leur inobservation[2].

Si les mesures de contrôle applicables à la personne condamnée à un suivi socio-judiciaire sont celles prévues à l'article 132-44, et si le condamné peut aussi être soumis par la décision de condamnation ou par le juge de l'application des peines aux obligations prévues à l'article 132-45[3], le suivi socio-judiciaire ne peut être confondu avec le sursis probatoire et la loi prévoit d'ailleurs expressément qu'il ne peut être ordonné en même temps qu'une peine d'emprisonnement assorti, en tout ou partie, d'un tel sursis[4].

Sauf décision contraire de la juridiction, la personne condamnée à un suivi socio-judiciaire est soumise à une injonction de soins dans les conditions prévues aux articles L. 3711-1 et suivants du code de la santé publique, s'il est établi qu'elle est susceptible de faire l'objet d'un traitement, après une expertise médicale ordonnée conformément aux dispositions du code de procédure pénale. Le président avertit alors le condamné qu'aucun traitement ne pourra être entrepris sans son consentement, mais que, s'il refuse les soins qui lui seront proposés, l'emprisonnement prononcé en application du troisième alinéa de l'article 131-36-1 pourra être mis à exécution[5].

Cette motivation « à double détente » n'est pas sans poser de difficultés. L'injonction de soins n'est en effet envisageable que s'il est établi que la personne est susceptible de faire l'objet d'un traitement, après une expertise médicale ordonnée conformément aux dispositions du code de procédure pénale[6]. Or, l'expertise peut conclure à l'impossibilité ou l'inutilité d'un traitement. Il est donc prudent dans cette hypothèse de mentionner une telle conclusion pour justifier l'exclusion de l'injonction de soins, ce d'autant qu'elle est de droit sauf motivation contraire. De même, si la juridiction entend passer outre cette conclusion expertale, il est plus qu'utile de dire en quoi les juges ont estimé nécessaires malgré tout d'imposer une telle injonction.

Il est important là encore que la juridiction correctionnelle connaisse les conditions dans lesquelles une telle peine peut être mise en œuvre, et en particulier la disponibilité ou non sur le ressort d'un (ou de plusieurs) médecin coordonnateur chargé d'assurer le relais entre les soins et l'autorité judiciaire. À défaut, il conviendra sans doute de lui préférer un sursis probatoire avec obligation de soins, certes d'une durée plus courte.

716.342 **Caractère facultatif ou obligatoire.** Le prononcé d'un suivi socio-judiciaire n'est possible que lorsque le texte réprimant telle infraction le prévoit. Schématiquement la plupart des infractions graves de violences et d'agressions sexuelles sont concernées. On sait depuis deux arrêts rendus le 2 septembre 2004, que le suivi socio-judiciaire est qualifié de peine complémentaire par la chambre criminelle[7].

Depuis la loi du 9 juillet 2010, les personnes physiques coupables de tortures ou d'actes de barbarie ou des infractions définies aux articles 222-23 à 222-32 peuvent également être condamnées à un

1. Crim. 5 janv. 2023, n° 21-87.017, P.
2. C. pén., art. 131-36-1 – C. pr. pén., art. 763-1 s.
3. C. pén., art. 131-36-2 – V. liste s[s] n°s 716.365 s.
4. C. pén., art. 131-36-6, mod. par L. n° 2019-222, 23 mars 2019, art. 81 – Crim. 3 mars 2021, n° 20-82.399, P.
5. C. pén., art. 131-36-4.
6. C. pén., art. 131-36-4.
7. Crim. 2 sept. 2004, n°s 04-80.518, 04-82.182, P n° 197, 198 ; *D.* 2006. 1649, obs. G. Roujou de Boubée, T. Garé, M.-H. Gozzi et S. Mirabail ; *D.* 2004. 2623.

suivi socio-judiciaire selon les modalités prévues par les articles 131-36-1 à 131-36-13.

Les personnes physiques coupables des infractions définies aux articles 222-8, 222-10, 222-12, 222-13, 222-14 et 222-18-3 peuvent également être condamnées à un suivi socio-judiciaire, selon les modalités prévues par les articles 131-36-1 à 131-36-13, lorsque l'infraction est commise soit par le conjoint ou le concubin de la victime ou par le partenaire lié à celle-ci par un pacte civil de solidarité, ou par son ancien conjoint, son ancien concubin ou l'ancien partenaire lié à elle par un pacte civil de solidarité, soit, sur un mineur de quinze ans, par un ascendant légitime, naturel ou adoptif, ou par toute autre personne ayant autorité sur la victime.

Mais surtout, pour les infractions prévues par l'alinéa précédent qui sont commises sur un mineur de quinze ans par un ascendant légitime, naturel ou adoptif, ou par toute autre personne ayant autorité sur la victime, le suivi socio-judiciaire est obligatoire en matière correctionnelle lorsqu'il s'agit de violences habituelles, sauf en cas de condamnation à une peine d'emprisonnement assortie du sursis avec mise à l'épreuve ou si le tribunal correctionnel considère, par décision spécialement motivée, qu'il n'y a pas lieu de prononcer cette mesure ; en matière criminelle, la cour d'assises délibère de façon spécifique sur le prononcé d'un suivi socio-judiciaire[1].

716.343 Possible placement sous surveillance électronique. Depuis 2005, le suivi socio-judiciaire peut également comprendre, à titre de mesure de sûreté, le placement sous surveillance électronique mobile[2]. Le PSEM ne peut être ordonné qu'à l'encontre d'une personne majeure condamnée à une peine privative de liberté d'une durée égale ou supérieure à sept ans ou, lorsque la personne a été condamnée pour un crime ou un délit commis une nouvelle fois en état de récidive légale, d'une durée égale ou supérieure à cinq ans, et dont une expertise médicale a constaté la dangerosité, lorsque cette mesure apparaît indispensable pour prévenir la récidive à compter du jour où la privation de liberté prend fin[3]. Depuis la loi du 23 mars 2019, la juridiction ne peut ordonner le placement sous surveillance électronique mobile qu'après avoir fait vérifier la faisabilité technique de la mesure et la disponibilité du dispositif technique devant être utilisé[4].

Le placement sous surveillance électronique mobile emporte pour le condamné l'obligation de porter pour une durée de deux ans, renouvelable une fois en matière délictuelle et deux fois en matière criminelle, un émetteur permettant à tout moment de déterminer à distance sa localisation sur l'ensemble du territoire national.

Le président de la juridiction avertit le condamné que le placement sous surveillance électronique mobile ne pourra être mis en œuvre sans son consentement, mais que, à défaut ou s'il manque à ses obligations, l'emprisonnement prononcé en application du troisième alinéa de l'article 131-36-1 pourra être mis à exécution[5].

Par dérogation aux dispositions de l'article 131-36-10, le placement sous surveillance électronique mobile peut être ordonné à l'encontre d'une personne majeure, dont une expertise médicale a constaté la dangerosité, condamnée à une peine privative de liberté d'une durée égale ou supérieure à deux ans pour des violences ou des menaces punies d'au moins cinq ans d'emprisonnement et commises :

1° Soit contre son conjoint, son concubin ou son partenaire lié par un pacte civil de solidarité ;

2° Soit contre ses enfants ou ceux de son conjoint, concubin ou partenaire.

Ces dispositions sont également applicables lorsque les violences ont été commises par l'ancien conjoint ou concubin de la victime, ou par la personne ayant été liée à elle par un pacte civil de solidarité, le domicile concerné étant alors celui de la victime[6].

Les modalités d'exécution du placement sous surveillance électronique mobile sont fixées par le code de procédure pénale[7].

716.344 Point de départ et délai. La durée du suivi socio-judiciaire ne peut excéder dix ans en cas de condamnation pour délit ou vingt ans en cas de condamnation pour crime. Toutefois, en matière correctionnelle, cette durée peut être portée à vingt ans par décision spécialement motivée de la juridiction de jugement[8].

Lorsque le suivi socio-judiciaire accompagne une peine privative de liberté sans sursis, il s'applique, pour la durée fixée par la décision de condamnation, à compter du jour où la privation de liberté a pris fin.

Le suivi socio-judiciaire est suspendu par toute détention intervenue au cours de son exécution[9].

En l'absence de peine privative de liberté, le point de départ de la peine de suivi socio-judiciaire, sauf

1. C. pén., art. 222-48-1.
2. C. pén., art. 131-36-9, créé par L. n° 2005-1549, 12 déc. 2005.
3. C. pén., art. 131-36-10.
4. C. pén., art. 131-36-11, mod. par L. n° 2019-222, 23 mars 2019, art. 75.
5. C. pén., art. 131-36-12.
6. C. pén., art. 136-12-1, mod. par L. n° 2019-222, 23 mars 2019, art. 75.
7. C. pén., art. 131-36.13 et C. pr. pén., art. 763-10 à 763-14.
8. C. pén., art. 131-36-1, al. 2.
9. C. pén., art. 131-36-5.

exécution provisoire, est le jour où la condamnation devient exécutoire soit, la date de condamnation plus onze jours.

716.345 **Sanction du non-respect.** La décision de condamnation fixe également la durée maximum de l'emprisonnement encouru par le condamné en cas d'inobservation des obligations qui lui sont imposées. Cet emprisonnement ne peut excéder trois ans en cas de condamnation pour délit et sept ans en cas de condamnation pour crime. Les conditions dans lesquelles le juge de l'application des peines peut ordonner, en tout ou partie, l'exécution de l'emprisonnement sont fixées par le code de procédure pénale[1].

En cas d'inobservation des obligations mentionnées aux articles 131-36-2 et 131-36-3 du code pénal ou de l'injonction de soins, le juge de l'application des peines peut, d'office ou sur réquisitions du procureur de la République, ordonner, par décision motivée, la mise à exécution de l'emprisonnement prononcé par la juridiction de jugement en application du troisième alinéa de l'article 131-36-1 du code pénal. Cette décision est prise selon les dispositions prévues à l'article 712-6.

En cas d'inobservation des obligations ou de l'injonction de soins, les dispositions de l'article 712-17 sont applicables.

La mise à exécution de l'emprisonnement prononcé en cas d'inobservation des obligations d'un suivi socio-judiciaire doit être assimilée à la mesure de révocation ou au retrait d'une mesure dont le condamné bénéficiait, s'agissant du point de départ du délai d'appel[2].

Constitue pour le condamné une violation des obligations qui lui ont été imposées le fait de refuser de commencer ou de poursuivre le traitement prescrit par le médecin traitant et qui lui a été proposé dans le cadre d'une injonction de soins.

Une décision de la chambre criminelle est venue juger que, s'il ne résulte d'aucune des mentions de l'arrêt attaqué et du jugement qu'il confirme, ni d'aucun visa de l'article 131-36-4 du code pénal, que l'avertissement prescrit par ce texte a été donné à M. O..., la cassation n'est cependant pas encourue, dès lors qu'aucune mise à exécution de l'emprisonnement fixé en application de l'article 131-36-1 du même code ne pourra intervenir, en raison du refus, par le condamné, de commencer ou de poursuivre le traitement proposé dans le cadre d'une injonction de soins, sans que l'avertissement omis par le président de la juridiction de jugement lui ait été préalablement notifié par le juge de l'application des peines[3].

L'accomplissement de l'emprisonnement pour inobservation des obligations du suivi socio-judiciaire ne dispense pas le condamné de l'exécution du suivi socio-judiciaire. En cas de nouveau manquement par le condamné à ses obligations, le juge de l'application des peines peut de nouveau ordonner la mise à exécution de l'emprisonnement pour une durée qui, cumulée avec la durée de l'emprisonnement exécuté, ne saurait excéder celle fixée par la juridiction de condamnation[4].

Il n'appartient donc pas à la juridiction correctionnelle, et c'est sans doute une lacune, de prononcer la mise à exécution de la peine sanctionnant le non-respect d'un suivi socio-judiciaire, alors qu'elle a à rejuger par exemple, pour des faits qui lui avaient valu cette condamnation, une personne en réitération ou récidive.

SECTION 5
LES SURSIS

§ 1
Sursis simple

716.351 **Conditions – Personnes physiques.** La juridiction qui prononce une peine peut, dans les cas et selon les conditions prévus aux articles 132-29 et suivants du code pénal, l'assortir d'un sursis simple qui institue une exécution conditionnelle de la peine, qu'elle soit d'emprisonnement ou d'une autre nature, lorsque son prononcé est possible.

Le président de la juridiction, après le prononcé de la peine assortie du sursis simple, avertit le condamné, lorsqu'il est présent, qu'en cas de condamnation pour une nouvelle infraction qui serait commise dans les délais prévus aux articles 132-35 et 132-37, le sursis pourra être révoqué par la juridiction[5].

La portée de la réforme de 2014, non retouchée depuis, est ici de laisser le choix à la juridiction de révoquer ou pas le sursis antérieur contrairement à l'automaticité qui prévalait auparavant, sauf décision contraire (dispense de révocation)[6].

Le sursis simple, total ou partiel, est applicable, en ce qui concerne les personnes physiques, aux condamnations correctionnelles à l'emprisonnement prononcées pour une durée de cinq ans au plus, à

1. C. pén., art. 131-36-1, al. 3.
2. Crim. 16 févr. 2022, n° 21-81.126, NP, M. Dominati « La portée de l'inobservation des obligations du suivi-socio-judiciaire », *D. actu.*, 23 mars 2022, note critique.
3. Crim. 24 mai 2018, n° 16-85.310, NP.
4. C. pr. pén., art. 763-5.
5. C. pén., art. 132-29, mod. par L. n° 2014-896, 15 août 2014, art. 8 ; C. pr. pén., art. 734 à 736.
6. V. s[s] n° 716.163.

l'amende ou à la peine de jours-amende, aux peines privatives ou restrictives de droits mentionnées à l'article 131-6, à l'exception de la confiscation, et aux peines complémentaires mentionnées à l'article 131-10, à l'exception de la confiscation, de la fermeture d'établissement et de l'affichage (ou de la publication).

Le sursis simple ne peut être ordonné que pour l'emprisonnement lorsque le prévenu a été condamné dans le délai prévu à l'article 132-30 à une peine autre que la réclusion ou l'emprisonnement[1].

Le sursis simple est applicable, en ce qui concerne les personnes physiques, aux condamnations contraventionnelles aux peines privatives ou restrictives de droits mentionnées à l'article 131-14, à l'exception de la confiscation, aux peines complémentaires prévues par les 1°, 2° et 4° de l'article 131-16 ainsi qu'à la peine complémentaire prévue au premier alinéa de l'article 131-17. Il est également applicable à l'amende prononcée pour les contraventions de la 5e classe[2].

Il faut donc en retenir, l'impossibilité du prononcé d'un sursis simple pour les amendes contraventionnelles des quatre premières classes[3], toujours en matière contraventionnelle, lorsque le prévenu a déjà été condamné à une peine de réclusion ou d'emprisonnement dans les cinq années précédant les faits[4] et, en matière délictuelle, lorsque le prévenu a été condamné au cours des cinq années précédant les faits, pour crime ou délit de droit commun, à une peine de réclusion ou d'emprisonnement[5] ou lorsque si l'emprisonnement prononcé excède cinq années[6], et.

En revanche, le condamné à une simple peine d'amende, peut bénéficier dans les cinq années d'une peine d'emprisonnement avec sursis, et le condamné à la seule peine d'emprisonnement avec sursis, peut bénéficier dans les cinq années, d'une peine d'amende avec sursis. En clair dans un délai de cinq ans, un prévenu ne peut bénéficier du sursis simple qu'une seule fois par nature de peine distincte.

Par ailleurs, le sursis simple est applicable aux peines d'emprisonnement prononcées pour des infractions fiscales, mais pas à l'amende[7] ; il est exclu en matière d'infractions forestières[8], ou en matière de pêche fluviale[9].

Dans le fil du principe général de motivation des peines posé par le nouvel article 485-1 du code de procédure pénale issu de la loi du 23 mars 2019 applicable depuis le 24 mars 2020, une peine même assortie du sursis doit être motivée. Il en était déjà ainsi d'une peine d'emprisonnement de douze mois assortie du sursis simple et d'une amende de trente mille euros tenant compte des facultés contributives d'une prévenue, la référence à son casier judiciaire et d'autres énonciations de l'arrêt rapportant des témoignages de personnes ayant travaillé avec elle, qui la décrivent comme étant dotée d'un fort caractère et sachant imposer son point de vue, démontrant que les juges se sont prononcés en tenant compte notamment de la personnalité de l'auteur des faits[10].

716.352 **Conditions – Personne morale.** Le sursis simple est applicable, en ce qui concerne les personnes morales, aux condamnations à l'amende et aux peines mentionnées aux 2°, 5°, 6° et 7° de l'article 131-39[11].

Le sursis simple ne peut être ordonné à l'égard d'une personne morale que lorsque celle-ci n'a pas été condamnée, dans le même délai, pour crime ou délit de droit commun, à une amende d'un montant supérieur à 15 000 euros[12].

En ce qui concerne les personnes morales, le sursis simple est applicable à la peine d'interdiction d'émettre des chèques ou d'utiliser des cartes de paiement prévue par les articles 131-42 et 131-43. Il est également applicable à l'amende prononcée pour les contraventions de la 5e classe[13].

716.353 **Effets.** La condamnation pour crime ou délit assortie du sursis simple est réputée non avenue si le condamné qui en bénéficie n'a pas commis, dans le délai de cinq ans à compter de celle-ci, un crime ou un délit de droit commun suivi d'une nouvelle condamnation ayant ordonné la révocation totale du sursis dans les conditions définies à l'article 132-36 ; le caractère non avenu de la condamnation ne fait pas obstacle à la révocation totale ou partielle du sursis en cas d'infraction commise dans le délai de cinq ans[14].

La juridiction peut, par décision spéciale, révoquer totalement ou partiellement, pour une durée ou un montant qu'elle détermine, le sursis antérieurement accordé, quelle que soit la peine qu'il accompagne, lorsqu'elle prononce une nouvelle condam-

1. C. pén., art. 132-31.
2. C. pén., art. 132-34, al. 1er.
3. Crim. 22 mars 2005, n° 04-87.473, NP.
4. C. pr. pén., art. 132-33.
5. C. pén., art. 132-30.
6. PAR EX., s'agissant d'une peine de neuf ans d'emprisonnement dont huit avec sursis : Crim. 10 janv. 1996, n° 95-82.084, P n° 11.
7. Crim. 18 nov. 1891, *DP* 1892. 1. 109, concl. Baudouin.
8. Crim. 28 janv. 1897, *DP* 1897. 1. 87.
9. Crim. 30 août 1900, *DP* 1901. 147.
10. Crim. 18 mars 2020, n° 18-86.492, P.
11. C. pén., art. 132-32.
12. C. pén., art. 132-33, al. 2.
13. C. pén., art. 132-34, al. 2.
14. C. pén., art. 132-35 ; mod. par L. 2014-896, 15 août 2014, art. 8.

nation à une peine de réclusion ou à une peine d'emprisonnement sans sursis.

La juridiction peut, par décision spéciale, révoquer totalement ou partiellement, pour une durée ou un montant qu'elle détermine, le sursis antérieurement accordé qui accompagne une peine quelconque autre que la réclusion ou l'emprisonnement lorsqu'elle prononce une nouvelle condamnation d'une personne physique ou morale à une peine autre que la réclusion ou l'emprisonnement sans sursis.

La loi de 2019 est venue compléter l'article 132-26 par un alinéa qui précise que lorsque la juridiction ordonne la révocation du sursis en totalité ou en partie, elle peut, par décision spéciale et motivée, exécutoire par provision, faire incarcérer le condamné[1].

La révocation d'un emprisonnement avec sursis ne peut avoir lieu qu'après prononcé d'une peine d'emprisonnement ferme. Ainsi, le prononcé d'une peine autre que l'emprisonnement sans sursis ne peut avoir d'effet révocatoire, tandis qu'il a été jugé par ailleurs, qu'une condamnation à une peine ferme convertie en peine de jours-amende ne saurait entrainer la révocation d'un sursis antérieur[2]. Un sursis à l'emprisonnement antérieurement accordé ne peut être révoqué, fût-ce par décision spéciale, lors du prononcé d'une peine autre que de réclusion ou d'emprisonnement sans sursis, telle qu'une peine de jours-amende[3]. Le sursis qui accompagne une peine d'emprisonnement ne peut pas plus être révoqué, lors du prononcé d'une peine d'emprisonnement avec sursis probatoire[4].

Aux termes de l'article 132-38, issu de cette même loi du 15 août 2014, en cas de révocation du sursis simple ordonnée par la juridiction, la première peine est exécutée sans qu'elle puisse se confondre avec la seconde. La loi du 23 mars 2019 de programmation pour la justice est venue ajouter à l'article 132-36 du code pénal un dernier alinéa précisant que lorsque la juridiction ordonne la révocation du sursis en totalité ou en partie, elle peut, par décision spéciale et motivée, exécutoire par provision, faire incarcérer le condamné.

La jurisprudence antérieure posait la règle selon laquelle, il résulte des dispositions de l'article 735 du code de procédure pénale que le sursis simple dont bénéficie un condamné est révoqué de plein droit lorsque l'intéressé a commis, dans le délai de cinq ans à compter de la condamnation assortie de ce sursis, un crime ou un délit de droit commun, suivi d'une nouvelle condamnation soit à une peine criminelle, soit à une peine correctionnelle d'emprisonnement sans sursis ; il s'ensuit que les juges ne peuvent, sans commettre un excès de pouvoir, ordonner la mise à exécution d'une condamnation antérieure. Aux termes de l'alinéa 2 du même article, la juridiction répressive peut toutefois, par décision spéciale et motivée, dire que la condamnation qu'elle prononce n'entraîne pas la révocation ou n'entraîne que la révocation partielle du sursis antérieurement accordé[5]. Il résulte de l'article 735, alinéa 2, du code de procédure pénale que, si les juges peuvent, dans leur décision de condamnation à une peine entraînant par l'effet de la loi la révocation d'un sursis antérieur, dire que cette peine n'entraînera pas la révocation, en revanche, ce texte ne les autorise pas, en l'absence de demande de dispense de révocation, à dire, dans la même décision, qu'il n'y a pas lieu à dispense de révocation[6].

L'article 735 du code de procédure pénale dans sa rédaction issue de la loi du 15 août 2014 dispose que lorsque la juridiction de jugement n'a pas statué sur la révocation du sursis en application de l'article 132-36 du code pénal parce qu'elle n'avait pas connaissance de la première condamnation, le procureur de la République peut ultérieurement saisir le tribunal correctionnel d'une requête motivée tendant à sa révocation.

Le tribunal statue en audience publique, après audition de la personne et, s'il y a lieu, de son avocat.

La question pourrait se poser au regard de la rédaction de ce texte qui a été modifiée par rapport à la version antérieure, de savoir si dès lors que la juridiction a pu avoir connaissance de la première condamnation et qu'elle n'a pas statué sur la révocation du sursis antérieur, il est tout de même loisible au procureur de la République de saisir le tribunal correctionnel d'une requête motivée ultérieure tendant à sa révocation. En réalité, la juridiction a tout intérêt, si telle est son intention, lors d'une nouvelle condamnation, à purger la situation du condamné, des sursis antérieurs qu'elle entend révoquer.

La même loi de 2014 a par suite modifié l'article 735-1, en prévoyant qu'en cas de condamnation à une peine d'emprisonnement prononcée par la juridiction pénale d'un État membre de l'Union européenne, la révocation du sursis simple ne peut être prononcée que par le tribunal correctionnel statuant sur requête du procureur de la République, selon la procédure prévue à l'article 735 et non plus en application des dispositions de l'article 711 du code de procédure pénale comme précédemment.

1. C. pén., art. 132-36, mod. Par L.n° 2019-222, 23 mars 2019, *JO* 24 mars, n° 2, art. 72.
2. Crim. 28 avr. 2011, n° 10-83.371, P n° 82 ; *Gaz. Pal*, 2011, 2, 2343, note Dreyer.
3. Crim. 4 sept. 2018, n° 17-85.957, P n° 141.
4. Crim. 19 janv. 2022, n° 20-84.287, P.
5. Crim. 17 mai 1988, n° 87-90.067, P n° 213.
6. Crim. 1er oct. 1987, n° 86-95.844, P n° 325.

La révocation du sursis antérieur n'étant plus de droit, la juridiction de jugement devra préciser expressément les sursis qu'elle entend révoquer, en totalité ou partiellement.

Lorsque le bénéfice du sursis simple n'a été accordé que pour une partie de la peine, la condamnation est réputée non avenue dans tous ses éléments si la révocation totale du sursis n'a pas été prononcée dans les conditions prévues à l'article 132-36, la peine de jours-amende ou l'amende ou la partie de l'amende non assortie du sursis restant due[1]. La condamnation pour contravention assortie du sursis simple est réputée non avenue si le condamné qui en bénéficie n'a pas commis, pendant le délai de deux ans à compter de celle-ci, un crime ou un délit de droit commun ou une contravention de la 5e classe suivie d'une nouvelle condamnation ayant ordonné la révocation du sursis dans les conditions définies à l'article 132-36[2].

C'est à partir du jour où la condamnation est devenue définitive par l'expiration du délai imparti pour exercer les voies de recours ou par le rejet du pourvoi en cassation, que court le délai de cinq ans, prévu par l'article 735 du code de procédure pénale, après lequel une condamnation à l'emprisonnement avec sursis est considérée comme non avenue en l'absence d'une nouvelle condamnation à l'emprisonnement sans sursis[3].

La loi du 23 mars 2019 de programmation pour la justice n'a pas apporté d'autres modifications à ces dispositions.

§ 2
Sursis probatoires

A.
Prononcé

716.361 **Conditions.** Le sursis avec mise à l'épreuve, né en 1958 a été supprimé par la loi du 23 mars 2019, pour être remplacé par le sursis probatoire, dont les commentateurs s'accordent à dire qu'il recouvre les régimes antérieurs des peines de contrainte pénale, sursis avec mise à l'épreuve et sursis assorti de l'obligation d'accomplir un travail d'intérêt général.

La première difficulté à résoudre concernera les règles d'application de la loi dans le temps, le législateur n'ayant pas cru utile, contrairement à ce qu'il a fait en matière de contrainte pénale, de les préciser.

La loi précise juste à ce sujet[4] que dans le code de procédure pénale et dans toutes les autres dispositions de nature législative, les mots « sursis avec mise à l'épreuve » sont remplacés par les mots « sursis probatoire ».

La circulaire de la DACG du 25 mars 2019[5] n'a guère développé sur le sujet, cette direction soutenant seulement que « les sursis-tig prononcés en application des articles 132-4 à 132-56 avant le 24 mars 2020 doivent évidemment continuer à recevoir exécution, selon les modalités prévues par ces articles. En particulier, le sursis-tig sera non avenu dès que le TIG aura été exécuté ».

La chambre criminelle avait rappelé, à l'occasion de l'entrée en vigueur de la loi du 15 août 2014 que selon l'article 112-2, 3° du code pénal, les lois relatives au régime d'exécution et d'application des peines sont d'application immédiate, sauf si elles ont pour résultat de rendre plus sévères les peines prononcées par la décision de condamnation. En l'espèce, elle avait jugé, au sujet des autorisations de déplacement à l'étranger, que les dispositions de la loi du 15 août 2014 précitées, ayant supprimé l'obligation de solliciter l'autorisation du juge de l'application des peines pour la remplacer par l'information préalable de ce magistrat, qui relèvent du régime d'exécution et d'application des peines n'avaient pas pour effet de rendre plus sévère la peine prononcée et étaient d'application immédiate[6].

Sous ces réserves et depuis le 24 mars 2020, le sursis probatoire est donc applicable aux condamnations à l'emprisonnement prononcées pour une durée de cinq ans au plus, en raison d'un crime ou d'un délit de droit commun. Lorsque la personne est en état de récidive légale, il est applicable aux condamnations à l'emprisonnement prononcées pour une durée de dix ans au plus.

Toutes les fois que la juridiction n'a pas prononcé l'exécution provisoire, la probation n'est applicable qu'à compter du jour où la condamnation devient exécutoire selon les dispositions du deuxième alinéa de l'article 708 du code de procédure pénale.

La juridiction pénale ne peut prononcer le sursis probatoire à l'encontre d'une personne ayant déjà

1. C. pén., art. 132-39 ; mod. par L. 2014-896, 15 août 2014, art. 8.
2. C. pén., art. 132-37.
3. Crim. 31 mars 1987, n° 86-94.803, P n° 150.
4. L. n° 2019-2222, 23 mars 2019, art. 81, VII.
5. Circ. JUSD1908819 C dite de première présentation des dispositions relatives aux peines de la loi n° 2019-222 du 23 mars 2019 de programmation 2018-2022 et de réforme pour la justice, *BOMJ* n° 2019-04, 30 avr. 2019.
6. Crim. 4 nov. 2015, n° 15-80.310, P n° 449, *D. actu.*, 30 nov. 2015, obs. Gallois ; *Gaz. Pal.*, 26 janv. 2016, p. 46, obs. Detraz. Sur l'application immédiate des lois plus douces relatives au régime d'exécution et d'application des peines, à rapprocher : Crim. 12 mai 2010, n° 09-84.030, P n° 85.

fait l'objet de deux condamnations assorties du sursis probatoire pour des délits identiques ou assimilés au sens des articles 132-16 à 132-16-4 et se trouvant en état de récidive légale. Lorsqu'il s'agit soit d'un crime, soit d'un délit de violences volontaires, d'un délit d'agressions ou d'atteintes sexuelles ou d'un délit commis avec la circonstance aggravante de violences, la juridiction ne peut prononcer le sursis probatoire à l'encontre d'une personne ayant déjà fait l'objet d'une condamnation assortie du sursis probatoire pour des infractions identiques ou assimilées et se trouvant en état de récidive légale. Toutefois, ces dispositions ne sont pas applicables lorsque le sursis probatoire ne porte que sur une partie de la peine d'emprisonnement prononcée en application des dispositions du dernier alinéa de l'article 132-42 [1].

Le premier alinéa ne modifie pas la situation qui existait sous l'empire des dispositions antérieures en ce qui concerne la limite d'application de ce sursis aux peines de cinq ans d'emprisonnement au plus hors récidive légale, et qui avaient vu la chambre criminelle casser, dans l'intérêt de la loi, le jugement qui avait condamné le prévenu à six ans d'emprisonnement dont 3 ans avec sursis et mise à l'épreuve pendant trois ans [2].

Le point de départ de la mesure est fixé à l'alinéa 2 de l'article 132-41 et demeure inchangé par rapport au système antérieur.

De même, la juridiction peut décider que le sursis ne s'appliquera à l'exécution de l'emprisonnement que pour une partie dont elle détermine la durée. Cette partie ne peut toutefois excéder cinq ans d'emprisonnement [3].

La juridiction pénale fixe donc le délai de probation qui ne peut être inférieur à douze mois ni supérieur à trois ans. Lorsque la personne est en état de récidive légale, ce délai peut être porté à cinq ans. Ce délai peut être porté à sept ans lorsque la personne se trouve à nouveau en état de récidive légale [4].

Le principe général de motivation des peines posé au nouvel article 485-1 du code de procédure pénale oblige la juridiction à motiver le choix de sa peine mais pas les obligations particulières du sursis probatoire, ce qui est la reprise d'une jurisprudence antérieure [5].

716.362 **Création du sursis probatoire renforcé.** Innovation issue de la loi du 23 mars 2019 de programmation pour la justice, il est possible, lorsque la personnalité et la situation matérielle, familiale et sociale de l'auteur d'un crime ou délit puni d'une peine d'emprisonnement et les faits de l'espèce justifient un accompagnement socio-éducatif individualisé et soutenu, à la juridiction de décider que le sursis probatoire consistera en un suivi renforcé, pluridisciplinaire et évolutif, faisant l'objet d'évaluations régulières par le service pénitentiaire d'insertion et de probation, afin de prévenir la récidive en favorisant l'insertion ou la réinsertion de la personne au sein de la société.

Dans ce cas, le dernier alinéa de l'article 132-41 n'est pas applicable.

Si elle dispose d'éléments d'information suffisants sur la personnalité du condamné et sur sa situation matérielle, familiale et sociale, la juridiction peut alors définir les obligations et interdictions particulières auxquelles celui-ci est astreint.

Dans le cas contraire, ces obligations et interdictions sont déterminées par le juge de l'application des peines dans des conditions et selon des modalités précisées par le code de procédure pénale, après évaluation de la personnalité et de la situation matérielle, familiale et sociale du condamné par le service pénitentiaire d'insertion et de probation.

Pour obéir à une terminologie nouvelle, ces dispositions n'en sont pas moins qu'une copie des conditions antérieures d'octroi et du régime de la contrainte pénale notamment en termes de bilan/suivi pluridisciplinaire. La circulaire précitée énonce d'ailleurs : « la loi nouvelle regroupe désormais l'actuel sursis avec mise à l'épreuve, le sursis-TIG et la contrainte pénale dans un unique dispositif, le sursis probatoire. Celui-ci reprend ainsi le mécanisme du sursis avec mise à l'épreuve, fréquemment utilisé par les juridictions, mais en permettant son adaptation aux circonstances et à la personnalité du condamné, un sursis probatoire renforcé pouvant toujours être prononcé dans les cas où, actuellement, il est recouru à la contrainte pénale ».

716.363 **Fixation des contraintes.** Au cours du délai de probation, le condamné doit satisfaire aux mesures de contrôle qui sont prévues par l'article 132-44 et à celles des obligations particulières prévues par l'article 132-45 qui lui sont spécialement imposées. En outre, le condamné peut bénéficier de mesures d'aide destinées à favoriser son reclassement social.

Ces mesures et obligations particulières cessent de s'appliquer et le délai de probation est suspendu pendant le temps où le condamné est incarcéré. Le délai de probation est également suspendu pendant le temps où le condamné accomplit les obligations du service national [6].

1. C. pén., art. 132-41, réd. L. 2019-222, 23 mars 2019, art. 80.
2. Crim. 31 mars 1999, nº 98-84.460, P nº 68 ; *Dr. pénal* 1999, Comm. 112, obs. M. Véron.
3. C. pén., art. 132-42, al. 2.
4. C. pén., art. 132-42, al. 1.
5. Crim. 22 nov. 2017, nº 16-83.549, P ; *D.* 2017. 2422.
6. C. pén., art. 132-43.

La juridiction de jugement fixe donc une ou des obligations particulières qui pourront être modifiées, complétées ou supoprimées par le juge de l'application des peines dans le cadre du suivi des mesures.

716.364 **Mesures de contrôle.** Depuis le 24 mars 2020, les mesures de contrôle auxquelles le condamné doit se soumettre sont les suivantes :

1° Répondre aux convocations du juge de l'application des peines ou du service pénitentiaire d'insertion et de probation désigné ;

2° Recevoir les visites du service pénitentiaire d'insertion et de probation et lui communiquer les renseignements ou documents de nature à permettre le contrôle de ses moyens d'existence et de l'exécution de ses obligations ;

3° Prévenir le service pénitentiaire d'insertion et de probation de ses changements d'emploi ;

4° Prévenir le service pénitentiaire d'insertion et de probation de ses changements de résidence ou de tout déplacement dont la durée excéderait quinze jours et rendre compte de son retour ;

5° Obtenir l'autorisation préalable du juge de l'application des peines pour tout changement d'emploi ou de résidence, lorsque ce changement est de nature à mettre obstacle à l'exécution de ses obligations ;

6° Informer préalablement le juge de l'application des peines de tout déplacement à l'étranger[1].

716.365 **Obligations particulières.** La loi du 23 mars 2019 a sensiblement modifié et accru la liste des obligations particulières pouvant être prononcées dans le cadre d'un sursis probatoire, mais aussi d'une DDSE.

La juridiction de condamnation ou le juge de l'application des peines peut désormais imposer spécialement au condamné l'observation de l'une ou de plusieurs des obligations suivantes :

1° Exercer une activité professionnelle ou suivre un enseignement ou une formation professionnelle ;

2° Établir sa résidence en un lieu déterminé ;

3° Se soumettre à des mesures d'examen médical, de traitement ou de soins, même sous le régime de l'hospitalisation. Ces mesures peuvent consister en l'injonction thérapeutique prévue par les articles L. 3413-1 à L. 3413-4 du code de la santé publique, lorsqu'il apparaît que le condamné fait usage de stupéfiants ou fait une consommation habituelle et excessive de boissons alcooliques. Une copie de la décision ordonnant ces mesures est adressée par le juge de l'application des peines au médecin ou au psychologue qui doit suivre la personne condamnée. Les rapports des expertises réalisées pendant la procédure sont adressés au médecin ou au psychologue, à leur demande ou à l'initiative du juge de l'application des peines. Celui-ci peut également leur adresser toute autre pièce utile du dossier ;

4° Justifier qu'il contribue aux charges familiales ou acquitte régulièrement les pensions alimentaires dont il est débiteur ;

5° Réparer en tout ou partie, en fonction de ses facultés contributives, les dommages causés par l'infraction, même en l'absence de décision sur l'action civile ;

6° Justifier qu'il acquitte en fonction de ses facultés contributives les sommes dues au Trésor public à la suite de la condamnation ;

7° S'abstenir de conduire certains véhicules déterminés par les catégories de permis prévues par le code de la route ou de conduire un véhicule qui ne soit pas équipé, par un professionnel agréé ou par construction, d'un dispositif homologué d'antidémarrage par éthylotest électronique ;

7° *bis* Sous réserve de son accord, s'inscrire et se présenter aux épreuves du permis de conduire, le cas échéant après avoir suivi des leçons de conduite ;

8° Ne pas se livrer à l'activité dans l'exercice ou à l'occasion de l'exercice de laquelle l'infraction a été commise ou ne pas exercer une activité impliquant un contact habituel avec des mineurs ;

9° S'abstenir de paraître en tout lieu, toute catégorie de lieux ou toute zone spécialement désignés ;

10° Ne pas engager de paris, notamment dans les organismes de paris mutuels, et ne pas prendre part à des jeux d'argent et de hasard ;

11° Ne pas fréquenter les débits de boissons ;

12° Ne pas fréquenter certains condamnés, notamment les auteurs ou complices de l'infraction ;

13° S'abstenir d'entrer en relation avec certaines personnes, dont la victime, ou certaines catégories de personnes, et notamment des mineurs, à l'exception, le cas échéant, de ceux désignés par la juridiction ;

14° Ne pas détenir ou porter une arme ;

15° Accomplir à ses frais un des stages prévus à l'article 131-5-1 du présent code ;

16° S'abstenir de diffuser tout ouvrage ou œuvre audiovisuelle dont il serait l'auteur ou le coauteur et qui porterait, en tout ou partie, sur l'infraction commise et s'abstenir de toute intervention publique relative à cette infraction ; les dispositions du présent alinéa ne sont applicables qu'en cas de condamnation pour crimes ou délits d'atteintes volontaires à la vie, d'agressions sexuelles ou d'atteintes sexuelles ;

1. C. pén., art. 132-44.

17° Remettre ses enfants entre les mains de ceux auxquels la garde a été confiée par décision de justice ;

18° En cas d'infraction commise soit contre son conjoint, son concubin ou son partenaire lié par un pacte civil de solidarité, soit contre ses enfants ou ceux de son conjoint, concubin ou partenaire, résider hors du domicile ou de la résidence du couple et, le cas échéant, s'abstenir de paraître dans ce domicile ou cette résidence ou aux abords immédiats de celui-ci, ainsi que, si nécessaire, faire l'objet d'une prise en charge sanitaire, sociale ou psychologique ; les dispositions du présent 19° sont également applicables lorsque l'infraction est commise par l'ancien conjoint ou concubin de la victime, ou par la personne ayant été liée à elle par un pacte civil de solidarité, le domicile concerné étant alors celui de la victime. Pour l'application du présent 19°, l'avis de la victime est recueilli, dans les meilleurs délais et par tous moyens, sur l'opportunité d'imposer au condamné de résider hors du logement du couple. Sauf circonstances particulières, cette mesure est prise lorsque sont en cause des faits de violences susceptibles d'être renouvelés et que la victime la sollicite. La juridiction peut préciser les modalités de prise en charge des frais afférents à ce logement ;

18° *bis* Respecter l'interdiction de se rapprocher d'une victime de violences commises au sein du couple prévue à l'article 132-45-1 du présent code contrôlée par un dispositif électronique mobile anti-rapprochement ;

19° Obtenir l'autorisation préalable du juge de l'application des peines pour tout déplacement à l'étranger ;

20° Respecter les conditions d'une prise en charge sanitaire, sociale, éducative ou psychologique, destinée à permettre sa réinsertion et l'acquisition des valeurs de la citoyenneté ; cette prise en charge peut, le cas échéant, intervenir au sein d'un établissement d'accueil adapté dans lequel le condamné est tenu de résider ;

21° L'obligation d'accomplir un travail d'intérêt général, selon les modalités prévues à l'article 131-8 ;

22° L'injonction de soins, dans les conditions prévues aux articles L. 3711-1 à L. 3711-5 du code de la santé publique, si la personne a été condamnée pour un délit pour lequel le suivi socio-judiciaire est encouru et qu'une expertise médicale a conclu qu'elle était susceptible de faire l'objet d'un traitement ;

23° L'obligation de justifier de la remise d'un bien dont la confiscation a été ordonnée ;

24° L'obligation de justifier du paiement régulier des impôts ;

25° L'obligation de justifier de la tenue d'une comptabilité régulière certifiée par un commissaire aux comptes[1].

La chambre criminelle a déjà jugé que l'article 132-45 du code pénal, relatif aux modalités du sursis avec mise à l'épreuve, s'applique immédiatement, dans la mesure où ses dispositions sont moins sévères que les dispositions anciennes, aux infractions commises avant son entrée en vigueur[2]. Elle avait également considéré de longue date, que la liste des obligations et interdictions énumérées par la loi avait un caractère limitatif[3]. Ainsi l'obligation faite à la prévenue, condamnée pour non-représentation d'enfant, à une peine d'emprisonnement assortie de sursis avec mise à l'épreuve de se conformer aux décisions de justice réglant les modalités d'exercice de l'autorité parentale n'entrait-elle pas dans les prévisions limitatives énumérées par l'article 132-45 du code pénal[4]. Pareillement, l'inobservation d'une obligation ne pouvait être sanctionnée que si elle avait été précisément imposée au condamné[5]. Il n'y a pas de raison de penser que ces positions puissent être modifiées.

On regrettera que le réordonnancement desdites obligations n'ait pas pu conduire à la suppression des n° « *bis* » (7 et 18) et on observera le rajout d'obligations nouvelles, en particulier les trois dernières. Sera également souligné le lourd cumul de l'obligation de soins (3°), du respect d'une prise en charge sanitaire (20°), de l'obligation de se soumettre à l'injonction de soins si la personne a été condamnée pour un délit pour lequel le suivi socio-judiciaire est encouru (22°), alors même que l'injonction de soins est dans ce cas de droit, si le suivi socio judiciaire est prononcé, qui ne donnent pas une lisibilité aisée du panorama des soins obligés dans le cadre de la probation.

Parmi les premiers arrêts rendus par la juridiction suprême sera signalé celui où, saisie d'un pourvoi contre un arrêt ayant condamné une prévenue à quatre mois d'emprisonnement, peine assortie d'un sursis probatoire pendant deux ans, en lui imposant, sur le fondement de l'article 132-45,17°, du code pénal, l'obligation particulière de remettre l'enfant entre les mains de son père, auquel la garde a été confiée par décision de justice, elle a affirmé que les décisions statuant sur le droit de visite et d'hébergement de l'un des parents entrent dans les prévisions

1. C. pén., art. 132-45 mod. par L. n° 2021-401, 8 avr. 2021, *JO* 9 avr., n° 1, art. 7.
2. Crim. 3 oct. 1994, n° 93-85.633, P n° 312.
3. Crim. 14 mars 1963, P n° 124 et Crim. 2 avr. 1963, *D.* 1963. 506, note Schewin.
4. Crim. 23 juin 1999, n° 98-87.147, P n° 155 ; *D.* 1999. 228 ; *RSC* 2000. 196, obs. B. Bouloc.
5. Crim. 21 janv. 1975, n° 73-92.253, P n° 25.

de l'article 132-45, 17°, précité[1]. L'une des innovations de la loi du 23 mars 2019 de programmation pour la justice a été de modifier le 15° et le 21° pour prévoir que l'accomplissement de l'un des stages prévus à l'article 131-5-1 du code pénal ou l'obligation d'accomplir un travail d'intérêt général selon les modalités prévues à l'article 131-8 deviennent une des obligations particulières d'un sursis probatoire, supprimant par suite l'ancien sursis assorti de l'obligation d'accomplir un travail d'intérêt général.

Enfin, là où, au titre des mesures de contrôle générales, tout déplacement à l'étranger peut s'opérer sur une simple information préalable du juge de l'application des peines de tout déplacement à l'étranger, un niveau de contrainte supplémentaire peut être décidé en application du 19° de l'article 132-44. Dans l'hypothèse où le juge de l'application des peines souhaitera sanctionner un manquement, il conviendra qu'en soit précisé le fondement exact.

716.366 Spécificité d'un dispositif contre les violences entre conjoints. La loi du 18 décembre 2019 est venue insérer un nouvel article au sein de ceux qui sont consacrés au sursis probatoire[2].

En cas d'infraction punie d'au moins trois ans d'emprisonnement commise contre son conjoint, son concubin ou son partenaire lié par un pacte civil de solidarité, y compris lorsqu'ils ne cohabitent pas, ou commise par l'ancien conjoint ou concubin de la victime ou par la personne ayant été liée à elle par un pacte civil de solidarité, la juridiction peut, à la demande ou avec le consentement exprès de la victime, qui peut être recueilli par tout moyen :

1° Interdire au condamné de se rapprocher de la victime à moins d'une certaine distance fixée par la décision ;

2° Et, afin d'assurer le respect de cette interdiction, astreindre le condamné au port, pendant toute la durée de la mesure, d'un bracelet intégrant un émetteur (bracelet antirapprochement dit BAR) permettant à tout moment de déterminer à distance sa localisation sur l'ensemble du territoire national et permettant de déterminer s'il s'approche de la victime à qui a été attribué un dispositif électronique permettant également de déterminer sa localisation.

Le condamné est avisé que la pose du bracelet ne peut être effectuée sans son consentement mais que le fait de la refuser constitue une violation des obligations qui lui incombent et peut donner lieu à la révocation de la mesure. Ce dispositif est homologué par le ministre de la justice. Sa mise en œuvre doit garantir le respect de la dignité, de l'intégrité et de la vie privée de la personne et ne doit pas entraver son insertion sociale.

Un décret en Conseil d'État précise les modalités d'application du présent article. Ce décret en Conseil d'État, pris après avis de la Commission nationale de l'informatique et des libertés, autorise la mise en œuvre d'un traitement automatisé de données à caractère personnel assurant le contrôle à distance de la localisation du condamné et de la victime ; il peut étendre les finalités du traitement prévu à l'article 763-13 du code de procédure pénale. Les personnes contribuant au contrôle à distance, qui ne peut conduire à imposer la présence du condamné dans certains lieux, peuvent être des personnes privées habilitées dans des conditions prévues par ce décret[3].

Saisie pour avis la chambre criminelle a estimé que lorsque le BAR permet le prononcé d'un aménagement de peine en cours d'exécution, il ne peut être considéré comme aggravant la situation du condamné, de sorte qu'il peut être accordé, même si la peine exécutée est relative à des faits commis avant l'entrée en vigueur de la loi[4].

À l'inverse, mais logiquement, elle a jugé que les dispositions légales permettant l'ajout d'un BAR dans le cadre d'un sursis probatoire « ont pour résultat d'aggraver la situation du condamné et ne s'appliquent donc pas aux condamnations prononcées pour des faits commis avant leur entrée en vigueur »[5].

716.367 Mesures d'aide et d'assistance. Les mesures d'aide ont pour objet de seconder les efforts du condamné en vue de son reclassement social.

Ces mesures, qui s'exercent sous forme d'une aide à caractère social et, s'il y a lieu, d'une aide matérielle, sont mises en œuvre par le service pénitentiaire d'insertion et de probation avec la participation, le cas échéant, de tous organismes publics et privés[6].

716.368 Notification des obligations. Après le prononcé de l'emprisonnement assorti du sursis probatoire, le président de la juridiction notifie au condamné, lorsqu'il est présent, les obligations à respecter durant le délai de probation et l'avertit des conséquences qu'entraînerait une condamnation pour une nouvelle infraction commise au cours de ce délai ou un manquement aux mesures de contrôle et aux obligations particulières qui lui sont

1. Crim. 23 mars 2022, n° 21-80.885, NP.
2. L. n° 2019-1480, 28 déc. 2019, art. 10.
3. C. pén., art. 132-45-1 mod. par L. n° 2019-1480, 28 déc. 2019, *JO* 29 déc., n° 2, art. 10.
4. Avis de la Cour de cassation, 22 sept. 2021, n° 21-96.001, P.
5. Crim. 25 janv. 2023, n° 22-82.432, P.
6. C. pén., art. 132-46 mod. par L. n° 2019-222, 23 mars 2019, art. 80.

imposées. Il l'informe de la possibilité qu'il aura de voir déclarer sa condamnation non avenue s'il observe une conduite satisfaisante[1].

Il s'agit ici pour le président du tribunal correctionnel de mettre en place, avec le concours du greffe, des formulaires de notification lisibles et à jour, dont la signature sera proposée par le greffier d'audience et le décryptage parfois complexe dans le temps de l'audience, relayé par les fonctionnaires du BEX, d'où la nécessité d'une bonne coordination entre tous. Dans la mesure du possible et pour éviter la multiplication de formulaires susceptibles d'être égarés, il peut être conseillé de faire figurer sur cette même notification, la date du premier rendez-vous devant le juge de l'application des peines ou le service pénitentiaire d'insertion et de probation, donné au condamné dès l'audience.

La chambre criminelle a toutefois jugé que le défaut de notification au condamné, par le président de la juridiction, des obligations devant être respectées pendant la durée du sursis avec mise à l'épreuve, en méconnaissance des prescriptions de l'article 132-40, alinéa 2, du code pénal, a pour seule sanction l'inopposabilité de ces obligations au condamné jusqu'à leur notification régulière à l'intéressé, par le juge de l'application des peines ou le service pénitentiaire d'insertion et de probation, selon les modalités prévues par l'article R. 59 du code de procédure pénale, l'avertissement prévu par l'article 132-40, précité, n'étant par ailleurs pas prescrit à peine de nullité[2]. Un arrêt antérieur[3] avait retenu que l'absence de preuve de la notification, à l'audience, ou postérieurement par le juge de l'application des peines, des obligations d'une mesure de sursis avec mise à l'épreuve ne fait pas obstacle à sa révocation pour manquements à une obligation particulière, dès lors que le condamné, présent au délibéré, a été averti dans les formes de l'article 132-40 du code pénal.

B.
Mise en œuvre

716.371 **Encadrement du condamné.** Des mesures de contrôle ainsi que des obligations et interdictions sont fixées, dont le condamné doit justifier du respect pendant un certain délai. Comme cela a déjà été précisé, la juridiction pénale fixe le délai de probation qui ne peut être inférieur à douze mois ni supérieur à trois ans. Lorsque la personne est en état de récidive légale, ce délai peut être porté à cinq ans. Ce délai peut être porté à sept ans lorsque la personne se trouve à nouveau en état de récidive légale[4].

Au cours du délai de probation, le condamné doit satisfaire aux mesures de contrôle qui sont prévues par l'article 132-44 et à celles des obligations particulières prévues par l'article 132-45 qui lui sont spécialement imposées. En outre, le condamné peut bénéficier de mesures d'aide destinées à favoriser son reclassement social.

Ces mesures et obligations particulières cessent de s'appliquer et le délai de probation est suspendu pendant le temps où le condamné est incarcéré. Le délai de probation est également suspendu pendant le temps où le condamné accomplit les obligations du service national[5].

716.372 **Suivi.** Classiquement le suivi des mesures de probation est confié au juge de l'application des peines et au service pénitentiaire d'insertion et de probation.

Toutefois, lorsque le jugement est exécutoire et que le condamné est placé sous le régime de la mise à l'épreuve, le tribunal correctionnel ou le juge de l'application des peines peut désigner, pour veiller au respect des obligations, la personne physique ou morale qui était chargée de suivre l'intéressé dans le cadre du contrôle judiciaire[6]. Ainsi l'association désignée au temps du contrôle judiciaire pourra-t-elle poursuivre son intervention socio-éducative dans le temps de la peine, ce qui évitera au prévenu d'avoir successivement deux interlocuteurs différents.

Il est important que les services en charge rendent compte au juge de l'application des peines dans le meilleur délai, des difficultés de suivi qu'ils rencontrent afin qu'il puisse dans la mesure du possible tenter d'y remédier.

L'une des difficultés classiques concerne le recouvrement des sommes dues au titre des dommages causés par l'infraction, même en l'absence de décision sur l'action civile (obligation n° 5°) ou encore au Trésor public en raison de la condamnation (obligation n° 6°). Il est possible de citer ici une décision qui retient que la juridiction de jugement n'avait pas à s'expliquer sur les facultés contributives visées par l'article 132-45, 5°, du code pénal, a justifié sa décision, dès lors que celles-ci

1. C. pén., art. 132-40, al. 2, *ibid*.
2. Crim. 18 oct. 2017, n° 16-87.123, P ; *AJ pénal* 2017. 559, obs. J. Ficara ; *Dr. pénal* 2017. 187, comm. V. Peltier.
3. Crim. 3 nov. 2016, n° 15-87.373, NP, *AJ pénal* 2017. 51, obs. J. Ficara.
4. C. Pén., art. 132-42, al. 1 mod. par L. n° 2019-222, 23 mars 2019, art. 80.
5. C. pén., art. 132-43, mod. par L. n° 2020-936, 30 juill. 2020, *JO* 31 juill., n° 2, art. 16, ayant ajouté à la première phrase du second alinéa de l'article 132-43, après le mot « particulières » les mots « à l'exception des interdictions de contact ou de paraître prévues au même article 132-45 » – C. pr. pén., art. 739, al. 2.
6. C. pr. pén., art. 471, *in fine*.

seront prises en considération à l'occasion de la mise en œuvre de la mesure de probation[1]. Une autre qui casse un arrêt qui, pour condamner M. X... à indemniser le dommage, résultant pour la société SGI, des manquements à ses obligations contractuelles, retient que le fait que la créance de la SARL SGI ait été déclarée dans le cadre de la procédure collective n'interdit pas à cette société de se constituer partie civile contre le dirigeant de l'entreprise poursuivi devant le juge pénal pour banqueroute mais sans caractériser l'existence d'un préjudice particulier de la partie civile, distinct du montant de la créance qu'elle a déclarée dans le cadre de la procédure commerciale, et résultant directement de l'infraction[2].

Il est tout aussi important que l'ensemble des formations correctionnelles de la juridiction et le ministère public soient avisés de l'effectivité et de l'efficacité de ce type de suivi pour en encourager le prononcer et à défaut chercher ensemble les moyens de l'améliorer.

C.
Effets et fin

716.381 Sursis probatoire – Non avenu, révocation, effets. La condamnation assortie du sursis probatoire est réputée non avenue lorsque le condamné n'a pas fait l'objet d'une décision ordonnant l'exécution de la totalité de l'emprisonnement.

Lorsque le bénéfice du sursis probatoire n'a été accordé que pour une partie de l'emprisonnement, la condamnation est réputée non avenue dans tous ses éléments si la révocation du sursis n'a pas été prononcée dans les conditions prévues par l'alinéa précédent.

Le caractère non avenu de la condamnation ne fait pas obstacle à la prolongation ou à la révocation totale ou partielle du sursis probatoire dès lors que le manquement ou l'infraction ont été commis avant l'expiration du délai de probation[3].

La chambre criminelle a pu juger, s'agissant des nouveaux textes, qu'il résulte de l'article 132-52 du code pénal, dans sa rédaction issue de la loi n° 2019-222 du 23 mars 2019, entrée en vigueur le 24 mars 2020, que le caractère non avenu de la condamnation ne fait pas obstacle à la prolongation ou à la révocation totale ou partielle du sursis probatoire, en cas d'infraction ou de manquement aux obligations commis avant l'expiration du délai de probation. En conséquence, la cassation de l'arrêt d'une chambre de l'application des peines qui, après des débats tenus en l'absence du condamné et de l'avocat qui l'avait assisté en première instance, n'indique pas, comme l'exigent les articles 712-13 et D. 49-42 du code de procédure pénale, que cet avocat avait été convoqué à l'audience, doit intervenir avec renvoi dès lors que des rapports d'incidents aux obligations ont été transmis au juge de l'application des peines avant l'expiration du délai de probation[4].

Il faut rappeler qu'un avis de la Cour de cassation avait estimé que l'effet du non avenu était relatif pour le prévenu récidivant, dès lors qu'il se déduisait des derniers alinéas des articles 133-16 et 133-13 du code pénal, issus de l'article 43 de la loi du 5 mars 2007[5], entrée en vigueur le 7 mars 2008, qu'une condamnation avec sursis réputée non avenue, peut constituer le premier terme de la récidive[6]. Toutefois, l'article 133-16 a été largement modifié depuis[7].

Le sursis probatoire peut être à l'inverse révoqué par la juridiction de jugement dans les conditions prévues par l'article 132-48[8]. Ce dernier article prévoit que si le condamné commet, au cours du délai de probation, un crime ou un délit de droit commun suivi d'une condamnation à une peine privative de liberté sans sursis, la juridiction de jugement peut, après avis du juge de l'application des peines, ordonner la révocation en totalité ou en partie du ou des sursis antérieurement accordés. Encourt la cassation l'arrêt qui ne mentionne pas qu'un tel avis a été recueilli[9]. Cette révocation ne peut être ordonnée pour des infractions commises avant que la condamnation assortie du sursis ait acquis un caractère définitif.

Un autre arrêt est venu juger qu'avant d'ordonner cette révocation, la juridiction du second degré n'avait pas à inviter le prévenu à s'expliquer à l'audience sur son éventualité, dès lors qu'en application de l'article 132-40 du code pénal, la personne condamnée à une peine d'emprisonnement et placée sous le régime de la mise à l'épreuve a été informée, par le président de la juridiction qui a prononcé cette mesure, qu'elle pourrait être révoquée en cas de commission d'un nouveau délit pendant le délai d'épreuve, cet avertissement étant suffisant pour l'informer des risques qu'elle encourt à cet égard si elle commet un nouveau délit dans ce délai[10].

1. Crim. 27 sept. 2016, n° 15-86.447, NP.
2. Crim. 17 févr. 2016, n° 15-80.984, NP.
3. C. pén., art. 132-52.
4. Crim. 5 janv. 2022, n° 21-83.378.
5. L. n° 2007-297, 5 mars 2007 relative à la prévention de la délinquance, *JO* 7 mars, p. 4297.
6. Cass., avis, 26 janv. 2009, n° 08-00.013, P n° 1.
7. L. n° 2012-409, 27 mars 2012, art. 13 (V).
8. C. pén., art. 132-47, al. 1.
9. Crim. 3 avr. 1995, n° 94-81.851, P n° 141.
10. Crim. 19 juin 2019, n° 18-84.069, NP, *Dr. pénal.* 2019, Comm. 160.

La mesure d'interdiction du territoire français est exécutoire de plein droit en cas de révocation totale du sursis probatoire dans les conditions prévues audit article[1].

Si la juridiction ordonne l'exécution de la totalité de l'emprisonnement et si le sursis probatoire a été accordé après une première condamnation déjà prononcée sous le même bénéfice, elle peut, par décision spéciale, ordonner que la première peine sera également exécutée. Le tribunal correctionnel ou la chambre des appels correctionnels disposent donc d'une certaine latitude dans le choix d'une révocation ou pas d'un sursis antérieur, dans la première des hypothèses, de l'étendue de la révocation, totale ou partielle, et même de son effet sur un sursis antérieur.

Enfin, lorsque la juridiction ordonne la révocation du sursis en totalité ou en partie, elle peut, par décision spéciale et motivée, exécutoire par provision, faire incarcérer le condamné[2]. Les termes de cet article posent l'exigence d'une décision distincte communément appelée ordonnance d'incarcération immédiate. Seule la délivrance concomitante d'un mandat de dépôt pour la nouvelle peine privative de liberté et de cette ordonnance d'incarcération immédiate pour révocation d'un sursis probatoire antérieur permettra l'exécution immédiate des deux peines nonobstant appel et même si le sursis probatoire a été prononcé par une juridiction différente de celle qui le révoque.

Le sursis probatoire peut également être révoqué par le juge de l'application des peines, selon les modalités prévues par le code de procédure pénale, lorsque le condamné n'a pas satisfait aux mesures de contrôle et aux obligations particulières qui lui étaient imposées. Tout manquement à ces mesures et obligations commis après que la probation est devenue exécutoire peut justifier la révocation du sursis. Si cette révocation est ordonnée alors que la condamnation n'avait pas encore acquis un caractère définitif, elle devient caduque dans le cas où cette condamnation serait ultérieurement infirmée ou annulée[3].

Qu'elle soit ordonnée par la juridiction ou le juge de l'application des peines, la décision ordonnant une révocation partielle du sursis ne met pas fin au régime de la probation et n'attache pas à la condamnation les effets d'une condamnation sans sursis[4].

Dans tous les cas, la révocation ne saurait être prononcée pour un manquement à une obligation, en l'espèce de soins, à laquelle la condamnée n'avait pas été soumise[5].

716.382 Sursis probatoire – Effets « en cascade ». Lorsque le bénéfice du sursis probatoire n'a été accordé que pour une partie de l'emprisonnement, la condamnation est réputée non avenue dans tous ses éléments si la révocation du sursis n'a pas été prononcée dans les conditions prévues par l'alinéa précédent.

Le caractère non avenu de la condamnation ne fait pas obstacle à la prolongation ou à la révocation totale ou partielle du sursis probatoire dès lors que le manquement ou l'infraction ont été commis avant l'expiration du délai de probation[6]. Mais il se déduit de l'article 132-52 d code pénal qu'après l'expiration du délai d'épreuve, le sursis avec mise à l'épreuve assortissant la condamnation à une peine d'emprisonnement ne peut plus faire l'objet d'une prolongation[7].

Si le sursis probatoire a été accordé après une première condamnation déjà prononcée sous le même bénéfice, cette première condamnation est réputée non avenue si la seconde vient elle-même à être déclarée ou réputée non avenue dans les conditions et les délais prévus par le premier alinéa de l'article 132-52 ci-dessus ou par l'article 744 du code de procédure pénale[8].

En revanche, si la juridiction ordonne l'exécution de la totalité de l'emprisonnement et si le sursis probatoire a été accordé après une première condamnation déjà prononcée sous le même bénéfice, elle peut, par décision spéciale, ordonner que la première peine sera également exécutée.[9].

Avant la loi du 15 août 2014, la révocation d'un sursis probatoire entraînait par effet « en cascade » la révocation d'un autre sursis d'épreuve antérieur sauf si la juridiction par décision spéciale et motivée dispensait le condamné de tout ou partie de son exécution. Depuis, en cas de révocation, la juridiction peut, par décision spéciale ordonner la mise à exécution également d'un sursis probatoire antérieur, qui n'est donc plus « automatique ». La loi du 23 mars 2019 de programmation pour la justice n'a pas retouché ce système.

En clair, la juridiction doit être attentive à la portée qu'elle souhaite donner à l'effet du non avenu comme à celui d'une révocation : par exemple, si après dix-huit mois d'emprisonnement dont neuf mois avec sursis probatoire durant trois ans, est rapidement prononcée une peine de trois mois d'emprisonnement avec sursis probatoire durant dix-huit mois, l'achèvement correct de la seconde peine entraînera le non avenu immédiat de la

1. C. pén., art. 132-48.
2. C. pén., art. 132-51.
3. C. pén., art. 132-47, al. 2.
4. C. pén., art. 132-49.
5. Crim. 2 nov. 2017, n° 17-80.075, NP.
6. C. pén., art. 132-52.
7. Crim. 7 mai 2014, n° 13-86.436, P n° 129.
8. C. pén., art. 132-53.
9. C. pr. pén., art. 132-50.

première, autrement dit son extinction, y compris dans l'accomplissement d'une partie ferme non encore ramenée à exécution ou l'obligation particulière d'indemniser les victimes de la première affaire jugée.

Il avait ainsi été jugé que par application de l'article 132-52, alinéa 2, du code pénal, une condamnation à l'emprisonnement assortie partiellement d'un sursis avec mise à l'épreuve est réputée non avenue dans tous ses éléments à l'échéance du délai d'épreuve et perd ainsi son caractère exécutoire à partir de cette date, à moins qu'elle ne fasse l'objet d'une décision ordonnant la révocation totale du sursis.

Faisait dès lors l'exacte application de ce texte la chambre de l'application des peines qui constate, après l'échéance du délai d'épreuve, qu'est devenue sans objet la requête du condamné sollicitant une suspension de peine pour raison médicale, le sursis avec mise à l'épreuve n'ayant pas fait l'objet d'une révocation totale [1].

Enfin, s'il se déduisait de l'article 132-52 du code pénal qu'après l'expiration du délai d'épreuve, le sursis avec mise à l'épreuve assortissant la condamnation à une peine d'emprisonnement ne pouvait plus faire l'objet d'une révocation partielle [2], la loi du 15 août 2014 est là encore venue modifier la situation antérieure. Elle a en effet ajouté à l'article 132-52 du code pénal un troisième alinéa ainsi rédigé : le caractère non avenu de la condamnation ne fait pas obstacle à la révocation totale ou partielle du sursis avec mise à l'épreuve dès lors que le manquement ou l'infraction ont été commis avant l'expiration du délai d'épreuve.

SECTION 6
PEINES CONTRAVENTIONNELLES ENCOURUES PAR LES PERSONNES PHYSIQUES

716.391 Peines encourues par les personnes physiques en matière de contravention. Les peines contraventionnelles encourues par les personnes physiques sont :

1° L'amende.

2° Les peines privatives ou restrictives de droits prévues à l'article 131-14.

3° La peine de sanction-réparation prévue par l'article 131-15-1.

Ces peines ne sont pas exclusives d'une ou de plusieurs des peines complémentaires prévues aux articles 131-16 et 131-17 [3].

716.392 Peine d'amende. Le montant de l'amende encourue selon la classe de la contravention est le suivant :

1° 38 euros au plus pour les contraventions de la 1re classe ;

2° 150 euros au plus pour les contraventions de la 2e classe ;

3° 450 euros au plus pour les contraventions de la 3e classe ;

4° 750 euros au plus pour les contraventions de la 4e classe ;

5° 1 500 euros au plus pour les contraventions de la 5e classe, montant qui peut être porté à 3 000 euros en cas de récidive lorsque le règlement le prévoit, hors les cas où la loi prévoit que la récidive de la contravention constitue un délit [4].

Par une décision de 2018, la chambre criminelle a jugé qu'en application des articles 32-1 et 132-20 du code pénal, 485, 543 et 593 du code de procédure pénale et des principes constitutionnels tels que dégagés dans la décision n° 2017-694 QPC du 2 mars 2018, la juridiction qui prononce une peine d'amende doit motiver sa décision au regard des circonstances de l'infraction, de la personnalité et de la situation personnelle de son auteur, en tenant compte de ses ressources et de ses charges et que cette obligation de motivation s'applique en matière contraventionnelle [5].

716.393 Peine privative ou restrictive de droits [6]. C'est seulement pour les contraventions de la 5e classe, qu'une ou plusieurs des peines privatives ou restrictives de droits peuvent être prononcées :

1° La suspension, pour une durée d'un an au plus, du permis de conduire, cette suspension pouvant être limitée à la conduite en dehors de l'activité professionnelle ; cette limitation n'est toutefois pas possible en cas de contravention pour laquelle la suspension du permis de conduire, encourue à titre de peine complémentaire, ne peut pas être limitée à la conduite en dehors de l'activité professionnelle.

2° L'immobilisation, pour une durée de six mois au plus, d'un ou de plusieurs véhicules appartenant au condamné.

3° La confiscation d'une ou de plusieurs armes dont le condamné est propriétaire ou dont il a la libre disposition.

4° Le retrait du permis de chasser, avec interdiction de solliciter la délivrance d'un nouveau permis pendant un an au plus.

1. Crim. 28 avr. 2011, n° 10-87.986, P n° 84 ; *D.* 2011. 1284 ; *D.* 2011. 2823, obs. G. Roujou de Boubée, T. Garé, S. Mirabail et T. Potaszkin ; *RPD* 2012. 150, obs. J. Chevallier.
2. Crim. 12 avr. 2012, n° 11-84.684, P n° 99 ; *D.* 2012. 1335 ; *AJ pénal* 2012. 497, obs. V. Dufourd.
3. C. pén., art. 131-12.
4. C. pén., art. 131-13.
5. Crim. 30 mai 2018, n° 16-85.777, P n° 106.
6. C. pén., art. 131-14.

5° L'interdiction, pour une durée d'un an au plus, d'émettre des chèques autres que ceux qui permettent le retrait de fonds par le tireur auprès du tiré ou ceux qui sont certifiés et d'utiliser des cartes de paiement.

6° La confiscation de la chose qui a servi ou était destinée à commettre l'infraction ou de la chose qui en est le produit. Toutefois, cette confiscation ne peut pas être prononcée en matière de délit de presse[1].

Si les peines privatives ou restrictives de droits énumérées à l'article 131-14 peuvent être prononcées cumulativement, la peine d'amende ne saurait être prononcée avec l'une d'elles[2].

716.394 **Peine de sanction-réparation.** Pour ces mêmes contraventions de 5e classe, la juridiction peut prononcer à la place ou en même temps que la peine d'amende la peine de sanction-réparation selon les modalités prévues par l'article 131-8-1.

Dans ce cas, la juridiction fixe le montant maximum de l'amende, qui ne peut excéder 1 500 euros, dont le juge de l'application des peines pourra ordonner la mise à exécution en tout ou partie dans les conditions prévues par l'article 712-6 du code de procédure pénale si le condamné ne respecte pas l'obligation de réparation[3].

716.395 **Peine complémentaire.** Les peines complémentaires encourues pour une contravention lorsque le règlement le prévoit sont prévues aux articles 131-16 et 131-18, l'article 131-18 permettant au juge de ne prononcer en ce cas qu'une ou plusieurs des peines complémentaires encourues.

Depuis le 24 mars 2020, le règlement qui réprime une contravention peut prévoir, lorsque le coupable est une personne physique, une ou plusieurs des peines complémentaires suivantes :

1° La suspension, pour une durée de trois ans au plus, du permis de conduire, cette suspension pouvant être limitée à la conduite en dehors de l'activité professionnelle sauf si le règlement exclut expressément cette limitation ;

2° L'interdiction de détenir ou de porter, pour une durée de trois ans au plus, une arme soumise à autorisation ;

3° La confiscation d'une ou de plusieurs armes dont le condamné est propriétaire ou dont il a la libre disposition ;

4° Le retrait du permis de chasser, avec interdiction de solliciter la délivrance d'un nouveau permis pendant trois ans au plus ;

5° La confiscation de la chose qui a servi ou était destinée à commettre l'infraction ou de la chose qui en est le produit ;

6° L'interdiction de conduire certains véhicules terrestres à moteur, y compris ceux pour la conduite desquels le permis de conduire n'est pas exigé, pour une durée de trois ans au plus ;

7° Les peines de stage prévues à l'article 131-5-1 ;

8° La confiscation de l'animal ayant été utilisé pour commettre l'infraction ou à l'encontre duquel l'infraction a été commise ;

9° L'interdiction, pour une durée de trois ans au plus, de détenir un animal ;

10° Le retrait pour une durée d'un an au plus des titres de conduite en mer des navires de plaisance à moteur et, à l'encontre de toute personne embarquée sur un navire étranger, l'interdiction pour un an au plus de pratiquer la navigation dans les eaux territoriales ou les eaux intérieures maritimes françaises[4].

Enfin il sera rappelé que le sursis simple n'est pas applicable aux peines prononcées pour les contraventions des quatre premières classes, ni à la confiscation, ni à la sanction réparation[5].

SECTION 7
PEINES ENCOURUES PAR LES PERSONNES MORALES

§ 1
Peines correctionnelles

716.401 **En matière criminelle.** Curieusement, l'article 131-37 du code pénal prévoit à la fois les peines criminelles et correctionnelles encourues par les personnes morales. Il s'agit de :

1° L'amende.

2° Dans les cas prévus par la loi, les peines énumérées à l'article 131-39 et la peine prévue à l'article 131-39-2.

716.402 **En matière correctionnelle.** En matière correctionnelle, les personnes morales encourent également la peine de sanction-réparation prévue par l'article 131-39-1[6].

1. C. pén., art. 131-14.
2. C. pén., art. 131-15.
3. C. pén., art. 131-15-1.
4. C. pén., art. 131-16 mod. par L. n° 2019-222, 23 mars 2019, *JO* 24 mars, n° 2, art. 71 (V).
5. C. pén., art. 132-34, al. 1.
6. C. pén., art. 131-37 ; mod. par L. n° 2016-1691, 9 déc. 2016, art. 18 – L'article 131-39-2 dispose que lorsque la loi le prévoit à l'encontre d'une personne morale, un délit peut être sanctionné par l'obligation de se soumettre, sous le contrôle de l'Agence française anticorruption, pour une durée maximale de cinq ans, à un programme de mise en conformité destiné à s'assurer de l'existence et de la mise en œuvre en son sein des mesures et procédures définies au II du même article.

Le taux maximum de l'amende applicable aux personnes morales est égal au quintuple de celui prévu pour les personnes physiques par la loi qui réprime l'infraction[1].

Lorsque la loi le prévoit à l'encontre d'une personne morale, un crime ou un délit peut être sanctionné d'une ou de plusieurs des peines suivantes :

1° La dissolution, lorsque la personne morale a été créée ou, lorsqu'il s'agit d'un crime ou d'un délit puni en ce qui concerne les personnes physiques d'une peine d'emprisonnement supérieure ou égale à trois ans, détournée de son objet pour commettre les faits incriminés.

2° L'interdiction, à titre définitif ou pour une durée de cinq ans au plus, d'exercer directement ou indirectement une ou plusieurs activités professionnelles ou sociales.

3° Le placement, pour une durée de cinq ans au plus, sous surveillance judiciaire.

4° La fermeture définitive ou pour une durée de cinq ans au plus des établissements ou de l'un ou de plusieurs des établissements de l'entreprise ayant servi à commettre les faits incriminés.

5° L'exclusion des marchés publics à titre définitif ou pour une durée de cinq ans au plus.

6° L'interdiction, à titre définitif ou pour une durée de cinq ans au plus, de procéder à une offre au public de titres financiers ou de faire admettre ses titres financiers aux négociations sur un marché réglementé.

7° L'interdiction, pour une durée de cinq ans au plus, d'émettre des chèques autres que ceux qui permettent le retrait de fonds par le tireur auprès du tiré ou ceux qui sont certifiés ou d'utiliser des cartes de paiement.

8° La peine de confiscation, dans les conditions et selon les modalités prévues à l'article 131-21.

9° L'affichage de la décision prononcée ou la diffusion de celle-ci soit par la presse écrite, soit par tout moyen de communication au public par voie électronique.

10° La confiscation de l'animal ayant été utilisée pour commettre l'infraction ou à l'encontre duquel l'infraction a été commise.

11° L'interdiction, à titre définitif ou pour une durée de cinq ans au plus, de détenir un animal.

12° L'interdiction, pour une durée de cinq ans au plus de percevoir toute aide publique attribuée par l'État, les collectivités territoriales, leurs établissements ou leurs groupements ainsi que toute aide financière versée par une personne privée chargée d'une mission de service public[2].

1. C. pén., art. 131-38.

La peine complémentaire de confiscation est également encourue de plein droit pour les crimes et pour les délits punis d'une peine d'emprisonnement d'une durée supérieure à un an, à l'exception des délits de presse.

Les peines définies aux 1° et 3° ci-dessus ne sont pas applicables aux personnes morales de droit public dont la responsabilité pénale est susceptible d'être engagée. Elles ne sont pas non plus applicables aux partis ou groupements politiques ni aux syndicats professionnels. La peine définie au 1° n'est pas applicable aux institutions représentatives du personnel[3].

La décision prononçant la dissolution de la personne morale comporte le renvoi de celle-ci devant le tribunal compétent pour procéder à la liquidation[4].

Le taux maximum de l'amende applicable aux personnes morales est égal au quintuple de celui prévu pour les personnes physiques par la loi qui réprime l'infraction. À noter qu'un arrêt récent est venu juger qu'il ne saurait être fait grief à l'arrêt attaqué d'avoir dépassé le maximum de l'amende prévue par l'article L. 4741-11 du code du travail, dans sa version antérieure à l'ordonnance du 7 avril 2016, dès lors qu'aux termes de l'article 131-38 du code pénal, dont la portée est générale, le taux maximum de l'amende applicable aux personnes morales est égal au quintuple de celui prévu pour les personnes physiques par la loi qui réprime l'infraction[5].

716.403 **En matière délictuelle.** En matière délictuelle, la juridiction peut prononcer à la place ou en même temps que l'amende encourue par la personne morale la peine de sanction-réparation selon les modalités prévues par l'article 131-8-1.

Dans ce cas, la juridiction fixe le montant maximum de l'amende, qui ne peut excéder ni 75 000 euros, ni l'amende encourue par la personne morale pour le délit considéré, dont le juge de l'application des peines pourra ordonner la mise à exécution en tout ou partie dans les conditions prévues par l'article 712-6 du code de procédure pénale si le condamné ne respecte pas l'obligation de réparation[6].

La décision de la juridiction qui prononce le placement sous surveillance judiciaire de la personne morale, doit comporter la désignation d'un mandataire de justice et sa mission qui ne peut

2. C. pén., art. 131-39, al. 12 ; aj. par L. n° 2014-790, 10 juill. 2014, art. 12.
3. C. pén., art. 131-39.
4. C. pén., art. 131-45.
5. Crim. 27 févr. 2018, n° 17-80.887, P.
6. C. pén., art. 131-39-1.

porter que sur l'activité dans l'exercice ou à l'occasion de laquelle l'infraction a été commise. Ladite surveillance est exercée par le juge de l'application des peines[1].

Les conséquences des peines d'interdiction professionnelle, de fermeture, d'exclusion des marchés publics, d'interdiction d'émettre des chèques, de confiscation ou d'affichage et diffusion sont précisées à l'article 131-48 du code pénal.

§ 2
Peines contraventionnelles

716.411 **Peines contraventionnelles encourues par les personnes morales.** Les peines contraventionnelles encourues par les personnes morales sont :

1° L'amende.

2° Les peines privatives ou restrictives de droits prévues à l'article 131-42.

3° La peine de sanction-réparation prévue par l'article 131-44-1.

Ces peines ne sont pas exclusives d'une ou de plusieurs des peines complémentaires prévues à l'article 131-43[2].

716.412 **Peine d'amende.** Le taux maximum de l'amende applicable aux personnes morales est égal au quintuple de celui prévu pour les personnes physiques par le règlement qui réprime l'infraction[3].

716.413 **Peine privative ou restrictive de droit.** Pour toutes les contraventions de la 5e classe, la peine d'amende peut être remplacée par une ou plusieurs des peines privatives ou restrictives de droits suivantes :

1° L'interdiction, pour une durée d'un an au plus, d'émettre des chèques autres que ceux qui permettent le retrait de fonds par le tireur auprès du tiré ou ceux qui sont certifiés ou d'utiliser des cartes de paiement.

2° La confiscation de la chose qui a servi ou était destinée à commettre l'infraction ou de la chose qui en est le produit[4].

716.414 **Peine complémentaire.** Le règlement qui réprime une contravention peut prévoir, lorsque le coupable est une personne morale, les peines complémentaires mentionnées aux 5° (confiscation de la chose qui a servi ou était destinée à commettre l'infraction ou qui n'est le produit), 10° (confiscation de l'animal ayant été utilisé pour commettre l'infraction ou à l'encontre duquel l'infraction a été commise) et 11° (interdiction de détenir un animal pour trois ans au plus) de l'article 131-16. Pour les contraventions de la 5e classe, le règlement peut, en outre, prévoir la peine complémentaire mentionnée au premier alinéa de l'article 131-17 (interdiction d'émettre des chèques pour trois ans au plus)[5]. Lorsqu'une contravention est punie d'une ou de plusieurs des peines complémentaires prévues à l'article 131-43, la juridiction peut ne prononcer que la peine complémentaire ou l'une ou plusieurs des peines complémentaires encourues[6].

716.415 **Peine de sanction-réparation.** Pour les contraventions de la 5e classe, la juridiction peut prononcer à la place ou en même temps que l'amende encourue par la personne morale la peine de sanction-réparation selon les modalités prévues par l'article 131-8-1.

Dans ce cas, la juridiction fixe le montant maximum de l'amende, qui ne peut excéder 7 500 euros, dont le juge de l'application des peines pourra ordonner la mise à exécution en tout ou partie dans les conditions prévues par l'article 712-6 du code de procédure pénale si le condamné ne respecte pas l'obligation de réparation[7].

SECTION 8
PRONONCÉ ET MISE À EXÉCUTION DE LA PEINE

716.421 **Prononcé de la peine.** Si le tribunal ou la cour d'appel estiment que les faits déférés sont constitutifs d'un crime et non d'un délit, il est procédé comme il sera précisé *infra* (v. ss n° 941.44).

Si dans la majorité des cas, le tribunal estime que le fait constitue bien un délit, il prononce la peine[8].

Si le tribunal régulièrement saisi d'un fait qualifié délit par la loi, estime, au résultat des débats, que ce fait ne constitue qu'une contravention, il prononce la peine et statue, s'il y a lieu, sur l'action civile[9]. Si enfin, le fait est une contravention connexe à un délit, le tribunal statue par un seul et même jugement, à charge d'appel sur le tout[10].

Sont donc ensuite énoncées les peines, là encore par ordre d'importance : peines délictuelles avant peines contraventionnelles, peines d'emprisonnement, avant peines d'amende, dans l'ordre de l'article 131-3 du code pénal, peines principales avant

1. C. pén., art. 131-46.
2. C. pén., art. 131-40.
3. C. pén., art. 131-41.
4. C. pén., art. 131-42.
5. C. pén., art. 131-43.
6. C. pén., art. 131-44.
7. C. pén., art. 131-44-1.
8. C. pr. pén., art. 464, al. 1er.
9. C. pr. pén., art. 466.
10. C. pr. pén., art. 467.

peines complémentaires. Ce souci n'est pas que formel, il facilitera grandement l'exécution desdites peines.

Les modalités d'exécution de certaines de ces peines, soit le bénéfice d'un sursis simple ou d'un sursis probatoire, le sursis assorti de l'obligation d'accomplir un travail d'intérêt général anciennement prévu par les articles 132-54 et suivants du code pénal ayant été supprimé par la loi du 23 mars 2019, l'obligation d'accomplir un TIG devenant la vingt et unième obligation de l'article 132-45 qui énonce les obligations possibles du sursis probatoire, devront être clairement exposées et les avertissements légaux donnés [1].

En dernier lieu seront énoncées les peines complémentaires prononcées, l'éventuelle inscription au Fijais, avec pour cette dernière là encore, avertissement et formulaire de notification remis au prévenu.

La confiscation de scellés et la restitution de certains objets saisis doivent faire l'objet d'une attention particulière pour éviter tous problèmes d'exécution et décharger les services des scellés de pièces qui les encombrent inutilement.

Il est important que dans son devoir général d'explication, le président de la juridiction détaille les conditions dans lesquelles, la peine devra être exécutée et les risques qu'encourt le condamné à ne pas s'y soumettre, tout comme les avantages qu'il peut escompter des suites d'un bon déroulement de la peine [2].

Le temps contraint de l'audience est malheureusement peu propice à ce genre d'explications, d'où l'intérêt de mettre en place des fiches écrites de renseignements sur certaines peines ou modalités d'exécution de la peine et d'un relais immédiat par les fonctionnaires du BEX. Un rôle d'information utile peut encore être confié à l'huissier d'audience. Les avocats bien sûr accompagnent généralement leurs clients après le prononcé de la peine.

En matière contraventionnelle, c'est le tribunal de police qui connaît seul des contraventions, depuis la disparition de la juridiction de proximité [3]. La complexité vient ici des différentes voies possibles de jugement d'une contravention : de la procédure simplifiée [4], à la procédure de l'amende forfaitaire [5], au demeurant applicables à certaines contraventions seulement. Dans ce contexte, si le tribunal de police estime que le fait constitue une contravention, il prononce la peine sous réserve des dispositions des articles 132-59 à 132-70 du code pénal et des articles 747-3 et 747-4 du code de procédure pénale (dispense de peine et ajournements).

Il statue s'il y a lieu sur l'action civile conformément aux dispositions de l'article 464, alinéas 2 et 3, sous la réserve de l'article L. 211-4-1 du code de l'organisation judiciaire [6] en vigueur à compter du 1er mai 2017, qui dispose que le tribunal judiciaire connaît des actions en réparation d'un dommage corporel, ce qui vaut compétence exclusive.

716.422 Décision sur la mise à exécution d'une peine privative de liberté. La mise à exécution immédiate de la peine privative de liberté s'inscrit, soit dans la continuité d'un titre de détention en cours lors de l'audience, on parlera alors d'un maintien en détention, qui ne demande pas de formalités particulières à l'exception importante du prononcé public de ce maintien, soit, après une période de liberté ou même, sans que le prévenu n'ait effectué le moindre jour de détention, il s'agit alors d'un placement en détention. Dans ces derniers cas, il y a lieu de prononcer un mandat de dépôt, qui nécessite l'édition de ce titre par le greffier et l'appréhension physique du prévenu. Les préalables à une telle mesure sont : l'avis au greffier avant le retour du tribunal dans la salle d'audience, la pré-constitution d'une escorte [7].

Le placement en détention n'est possible qu'à la condition que la peine d'emprisonnement sans sursis prononcée soit supérieure à une année [8] exception faite des affaires jugées en comparution immédiate. Lorsque les faits ont été commis en état de récidive légale, le tribunal peut, par décision spéciale et motivée, décerner mandat de dépôt ou d'arrêt contre le prévenu, quelle que soit la durée de la peine d'emprisonnement prononcée [9].

Ces règles ne s'appliquent évidemment qu'après que le tribunal se soit prononcé sur un éventuel aménagement de la peine privative de liberté, en particulier lorsque la durée totale de l'emprisonnement ferme prononcé, y compris en tenant compte le cas échéant de la révocation de sursis, est inférieure ou égale à un an, ainsi que détaillé précédemment et conformément aux précisions de l'article 464-2 du code de procédure pénale.

À défaut d'être clairement précisée, lors de la lecture du délibéré et notée par le greffier pour être ultérieurement mentionnée dans le jugement ou l'arrêt, la décision d'aménagement sera considérée comme n'ayant pas été prononcée.

1. V. ss nos 733.11 s.
2. SUR le non avenu en matière de sursis, v. ss no 716.353.
3. C. pr. pén., art. 521.
4. C. pr. pén., art. 524 à 528-2.
5. C. pr. pén., art. 529 à 533.
6. COJ, art. L. 211-4-1 ; issu L. no 2016-1547, 18 nov. 2016, art. 14.
7. V. ss nos 711.43 et 711.44.
8. C. pr. pén., art. 465.
9. C. pr. pén., art. 465-1, mod. par L. no 2019-222, 23 mars 2019.

L'attention sera attirée sur le respect scrupuleux des obligations procédurales de cet instant précis : il ne peut être question de « rattraper » un oubli de prononcé du maintien en détention ou de demander au greffe de mentionner un placement en détention qui n'a pas eu lieu dans le temps du délibéré. Sera ici signalée une décision du Conseil supérieur de la magistrature aux termes de laquelle « Le magistrat mis en cause a manqué à son devoir de rigueur et de légalité, en raison de sa connaissance insuffisante des règles de procédure pénale l'ayant conduite à prendre le risque de commettre une erreur sur une question fondamentale et constitutionnelle de libertés individuelles, en confirmant au représentant du ministère public, après la clôture d'une audience correctionnelle qu'elle avait présidée, qu'un maintien en détention avait été prononcé à l'encontre de la personne condamnée alors même que cette décision n'avait pas été prise, contribuant ainsi à maintenir indûment en détention cette personne qui, informée par son avocat de sa libération dans la journée, n'a pas supporté cette déception et s'est donné la mort. Les faits présentant un caractère isolé dans le parcours d'un magistrat qui ne disposait alors que d'une faible expérience, pour n'avoir été nommée dans ses fonctions, à la suite d'une intégration dans le corps judiciaire, que trois mois auparavant, le prononcé d'une sanction n'apparaît pas justifié »[1].

Le prononcé d'une peine privative de liberté comportant un emprisonnement immédiat ou poursuivant l'exécution d'un titre de détention est toujours un moment de tension dans la salle d'audience, tant vis-à-vis du prévenu, que vis-à-vis des membres de sa famille ou des amis venus le soutenir. Il doit être effectué avec autant de délicatesse que possible et l'annonce rapide, du décompte de la détention provisoire déjà effectuée, des remises de peine envisageables, dès que la peine aura acquis un caractère définitif, des possibilités de solliciter un aménagement sous telles conditions et même de relever appel de la décision, contribuent généralement à faire baisser cette tension d'un cran. À l'inverse, l'indication d'une possibilité d'appel du ministère public peut aussi être apportée. Dans les affaires laissant craindre des réactions plus vives, il est évidemment nécessaire de se concerter avec le parquet, seul à même d'obtenir un renfort de l'escorte, et il n'est pas inutile avant la lecture du délibéré d'indiquer aux participants qu'il n'y a pas lieu de manifester à l'annonce des peines prononcées. Il est d'ailleurs opportun d'aviser le chef d'escorte lorsque l'importance de la peine prononcée ne semble pas avoir été anticipée, ni par le prévenu, ni par son avocat, ou encore lorsqu'une peine importante est prononcée alors que la relaxe était plaidée.

1. CSM statuant comme conseil de discipline des magistrats du siège, 13 juill. 2017,

Sauf dans les hypothèses mentionnées ci-après, la recherche d'une mise à exécution immédiate d'une peine privative de liberté par la juridiction de jugement n'est jamais obligatoire. Ainsi une peine de quatre ans d'emprisonnement peut-elle ne pas être assortie d'un mandat de dépôt ou d'arrêt. Cette position peut se concevoir par la volonté, par exemple, de permettre au prévenu, s'agissant d'une sanction particulièrement lourde, de bénéficier du regard de la juridiction du second degré avant toute incarcération. À l'inverse, le *quantum* important de la peine, sanctionnant, notamment après une période de détention provisoire longue, des faits anciens, peut justifier la volonté de la juridiction de purger une situation pénale significative.

716.423 Délivrance d'un mandat de dépôt. Encore une fois et de principe, le prononcé d'une peine d'emprisonnement sans sursis ne peut être assorti de la délivrance d'un mandat de dépôt que lorsque la peine est d'au moins une année[2], sauf poursuites en comparution immédiate[3] pour lesquelles une peine même de quelques jours peut être mise à exécution en sortie d'audience. En revanche, depuis la loi de 2019, un mandat de dépôt à effet différé peut être prononcé si l'emprisonnement est d'au moins six mois[4].

En outre, si les faits ont été commis en état de récidive légale et si bien sûr cette circonstance a été retenue par la juridiction, celle-ci peut, par décision spéciale et motivée, décerner mandat de dépôt ou d'arrêt contre le prévenu, quelle que soit la durée de la peine d'emprisonnement prononcée[5]. Elle n'y est jamais tenue et n'a donc à motiver le refus d'un titre de détention ou d'arrestation que si elle a été expressément invitée à le prononcer par le ministère public et a décidé de ne pas le faire.

Jusqu'au 23 mars 2020, en cas de récidive légale au sens des articles 132-16-1, soit en matière d'agressions sexuelles ou d'atteintes sexuelles, et 132-16-4 du code pénal, soit en matière de violences volontaires aux personnes ou de tous délits commis avec la circonstance aggravante de violences, il était en revanche prévu que le tribunal délivre mandat de dépôt à l'audience, quel que soit le *quantum* de la peine prononcée, sauf s'il en décidait autrement par une décision spécialement motivée[6]. Ces dispositions qui n'avaient pas été retouchées par la loi du

2. C. pr. pén., art. 465.
3. C. pr. pén., art. 397-4, al. 1.
4. V. s[s] n° 716.426.
5. C. pr. pén., art. 465-1, mod. par L. n° 2019-222, 23 mars 2019.
6. C. pr. pén., art. 465-1, al. 2.

15 août 2014, ont été supprimées par celle du 23 mars 2019[1].

Sous le régime antérieur de cet article, il avait été jugé que la violence que doit revêtir la résistance constitutive de la rébellion ne peut être retenue au regard de la récidive, comme caractérisant la circonstance aggravante de violences prévue par l'article 132-16-4 du code pénal. Justifie, dès lors, sa décision, la cour d'appel qui, en pareille occurrence, écarte la circonstance de la récidive[2]. Dans le même ordre d'idée, que le crime de violences volontaires ayant entraîné la mort sans intention de la donner[3] est une infraction distincte du délit de violences commises avec arme[4], dont la cour d'assises était seule saisie, et non pas une circonstance aggravante de ce délit[5].

716.424 **Prononcé d'un mandat d'arrêt.** Soit que l'intéressé ait été jugé en son absence, soit qu'il ait été présent aux débats et se soit retiré avant que les juges aient pu rendre leur délibéré et qu'il soit appréhendé, la juridiction qui prononce la peine peut, dans certaines conditions, l'assortir d'un mandat d'arrêt qui vaut titre de recherche et d'incarcération.

Hors le cas de récidive, si la peine prononcée est au moins d'une année d'emprisonnement sans sursis, le tribunal peut, par décision spéciale et motivée, lorsque les éléments de l'espèce justifient une mesure particulière de sûreté, décerner mandat de dépôt ou d'arrêt contre le prévenu[6].

Lorsque les faits sont commis en état de récidive légale, le tribunal peut, par décision spéciale et motivée, décerner mandat de dépôt ou d'arrêt contre le prévenu, quelle que soit la durée de la peine d'emprisonnement prononcée[7].

Il appartient là encore aux juges de dire s'ils estiment utile, qu'en vue de l'exécution immédiate de la peine prononcée il y a lieu à délivrer un mandat d'arrêt ou non. Le prononcé d'un mandat d'arrêt en matière de condamnations par défaut est assez fréquent, afin que le prévenu soit effectivement recherché et que le caractère significatif de la peine prononcée assortie d'un mandat d'arrêt, puisse permettre d'aboutir à une opposition ou à un appel et à une purge de la situation concernée. Il avait été jugé que c'est du jour où l'opposition est formée contre le jugement de défaut ayant décerné mandat d'arrêt que part le délai de huit jours dans lequel l'affaire doit être soumise au tribunal[8]. Aujourd'hui, ce délai est de deux mois (combinaison des articles 135-2 et 465 du code de procédure pénale ; v. ss n° 716.141).

Le mandat d'arrêt délivré par le juge d'instruction reste exécutoire, après la clôture de l'instruction, tant qu'il n'a pas été rapporté, remplacé ou anéanti par un acte exprès de l'autorité judiciaire. La juridiction correctionnelle qui, en prononçant par défaut une condamnation à l'emprisonnement, constate qu'un mandat d'arrêt a été décerné par le juge d'instruction, en entérine les effets, et n'a pas à décerner un nouveau mandat, lorsqu'elle ordonne, sur opposition, le maintien en détention du prévenu[9].

716.425 **Effets du mandat de dépôt ou d'arrêt – Lieu d'exécution.** Une question fréquente est de savoir si la juridiction de jugement a le pouvoir de décider du lieu de détention des condamnés. Un certain nombre de prévenus ou leur famille solliciteront d'ailleurs dès la fin de l'audience, un écrou dans un autre établissement que celui dont ils ont été extraits, soit en raison des relations qu'ils entretiennent avec le personnel pénitentiaire (on pense aux comparutions multiples pour des violences sur les agents), soit en raison de difficultés avec leurs co-détenus, soit encore sur le fondement du droit au respect de la vie familiale. Il sera rappelé sur ce dernier point que la Cour européenne des droits de l'homme a déjà jugé que la Convention européenne des droits de l'homme n'accorde pas aux détenus le droit de choisir leur lieu de détention, la séparation et l'éloignement du détenu de sa famille constituant des conséquences inévitables de la détention. Néanmoins, le fait de détenir une personne dans une prison éloignée de sa famille au point que toute visite de révèle en réalité très difficile, voire impossible peut, dans certaines circonstances spécifiques, constituer une ingérence dans la vie familiale du détenu, la possibilité pour les membres de sa famille de lui rendre visite étant un facteur essentiel pour le maintien de la vie familiale[10].

Par principe, les détenus sont incarcérés dans la maison d'arrêt la plus proche de la juridiction devant laquelle ils sont appelés à comparaître. En cas de pluralité de détenus dans un même dossier, il arrive cependant qu'ils soient écroués dans différents établissements. Enfin, des incidents ont pu amener des transfèrements dans le temps de la

1. L.n° 2019-222, 23 mars 2019, art. 74.
2. Crim. 8 déc. 2009, n° 09-85.627, P n° 209 ; *AJ pénal* 2010. 191, obs. C. Duparc ; *D.* 2010. AJ 153, obs. K. Gachi.
3. C. pén., art. 222-7.
4. C. pén., art. 222-11 à 222-13.
5. Crim. 29 nov. 2017, n° 17-80.224, P n° 272 ; *D.* 2017. 2479 ; *AJ pénal* 2018. 92, obs. E. Clément.
6. C. pr. pén., art. 465, al. 1er.
7. C. pr. pén., art. 465-1, al. 1er.
8. Crim. 24 oct. 1968, n° 68-91.258, P n° 266.
9. Crim. 29 sept. 1992, n° 92-82.584, P n° 290.
10. CEDH, *Vintman c/ Ukraine*, 23 oct. 2014, § 78.

détention provisoire. L'article D. 53 du code de procédure pénale disposant que les prévenus placés en détention provisoire sont incarcérés, pendant la durée de l'instruction, selon les prescriptions du mandat ou de la décision de justice dont ils font l'objet, à la maison d'arrêt de la ville où siège la juridiction d'instruction ou du jugement devant laquelle ils ont à comparaître, et la détention demeurant provisoire, tant qu'une décision définitive n'a pas été rendue, rien ne semble interdire à la juridiction de jugement de prescrire un changement de lieu de détention, une fois son verdict rendu[1].

Il convient toutefois de souligner que de même que pour les prévenus détenus, libérés lors du jugement, un retour par l'établissement initial, pour les formalités de transfèrement ou de levée d'écrou est inévitable. Par ailleurs, l'escorte chargée de l'extraction ou le service dédié qui n'a que rarement la charge d'un seul détenu, n'effectuera pas immédiatement un éventuel transfert.

Enfin, un tel choix n'ayant pas à être porté dans la décision, il est certainement plus raisonnable, de mentionner un souhait/une demande de transfèrement dans la notice individuelle remplie conformément aux dispositions des articles D. 56-2, D. 158 du code de procédure pénale, le cas échéant relayée par le parquet conformément à l'article 715 du même code.

Le mandat d'arrêt continue à produire son effet, même si le tribunal, sur opposition, ou la cour, sur appel, réduit la peine à moins d'une année d'emprisonnement.

Le mandat de dépôt décerné par le tribunal produit également effet lorsque, sur appel, la cour réduit la peine d'emprisonnement à moins d'une année.

Toutefois, le tribunal, sur opposition, ou la cour, sur appel, a la faculté par décision spéciale et motivée, de donner mainlevée de ces mandats.

1. Il sera toutefois rappelé que si la chambre criminelle (Crim. 14 oct. 2020, n° 20-84.077) a transmis au Conseil constitutionnel une QPC relative au fait qu'il n'existe aucune procédure permettant à la personne placée en détention provisoire de solliciter du juge d'instruction le changement de son lieu de détention, ce qui est de nature à la priver de la faculté de faire valoir une atteinte excessive portée à sa vie privée et familiale, le Conseil constitutionnel (Cons. const. 21 janv. 2021, n°s 2020-874/875/876/877) a estimé qu'en déterminant le lieu d'incarcération d'une personne placée en détention provisoire, au cours d'une instruction, sans imposer la prise en compte du lieu du domicile de sa famille, le législateur n'a pas privé de garanties légales le droit de mener une vie familiale normale dont bénéficient les intéressés dans les limites inhérentes à la détention provisoire. Et dans le délai de recours et jusqu'à ce qu'il ait été statué, la personne condamnée en première instance conserve la qualité de détenu provisoire.

En toutes circonstances, les mandats décernés dans les cas susvisés continuent à produire leur effet, nonobstant le pourvoi en cassation.

Si la personne est arrêtée à la suite du mandat d'arrêt et qu'il s'agit d'un jugement rendu par défaut, il est fait application des dispositions de l'article 135-2[2].

716.426 **Mandat de dépôt à effet différé.** En application de l'article 464-2, 3° lorsque la durée totale de l'emprisonnement ferme prononcé, y compris en tenant compte le cas échéant de la révocation de sursis, est inférieure ou égale à un an et si l'emprisonnement est d'au moins six mois, la juridiction peut décerner un mandat de dépôt à effet différé, en ordonnant que le condamné soit convoqué dans un délai qui ne saurait excéder un mois devant le procureur de la République afin que ce dernier fixe la date à laquelle il sera incarcéré dans un établissement pénitentiaire ; le procureur de la République peut également donner connaissance au condamné de la date d'incarcération à l'issue de l'audience. Dans ce cas, il n'est pas fait application des articles 723-15 et suivants.

Le mandat de dépôt à effet différé marque la volonté d'améliorer la mise à exécution des peines privatives de liberté et traduit dans la loi la pratique d'un certain nombre de parquets concernant la délivrance au condamné d'une date d'écrou permettant par ailleurs de lisser les arrivées à l'établissement pénitentiaire et de participer ce faisant à la gestion de la surpopulation carcérale.

Dans cette hypothèse, le tribunal doit spécialement motiver sa décision, au regard des faits de l'espèce et de la personnalité de leur auteur ainsi que de sa situation matérielle, familiale et sociale, afin de justifier les raisons pour lesquelles il estime devoir prononcer une peine d'emprisonnement sans sursis et celles pour lesquelles il considère que cette peine ne peut être aménagée[3].

Lorsqu'il décerne un mandat de dépôt à effet différé, le tribunal correctionnel peut, dans les cas prévus aux articles 397-4,465 et 465-1, assortir ce mandat de l'exécution provisoire[4].

Le mandat de dépôt à effet différé décerné par le tribunal correctionnel en application du 3° du I ou du III de l'article 464-2 est immédiatement signé par le président du tribunal correctionnel à l'issue de l'audience et revêtu de son sceau.

Le tribunal ne peut assortir ce mandat de l'exécution provisoire en application du IV de l'article 464-2 que :

2. C. pr. pén., art. 465, al. 2 s.
3. C. pr. pén., art. 464-2.
4. C. pr. pén., art. 464-2, IV.

1° S'il est saisi selon la procédure de comparution immédiate ou de comparution différée ;

2° S'il prononce une peine d'emprisonnement ferme d'une durée d'au moins un an ;

3° Quelle que soit la durée de la peine d'emprisonnement prononcée, si les faits sont commis en état de récidive légale[1].

Le décret du 3 février 2020[2] a notamment précisé les conditions dans lesquelles s'exécute le mandat de dépôt à effet différé[3].

1. C. pr. pén., art. D 45-2-1-1, créé par Décr. n° 2020-187, 3 mars 2020, *JO* 4 mars, n° 2.

2. Décr. n° 2020-81, 3 févr. 2020 relatif à la peine de détention à domicile sous surveillance électronique, au sursis probatoire, aux conversions de peines et au mandat de dépôt à effet différé, pris en application de la loi n° 2019-222 du 23 mars 2019 de programmation 2018-2022 et de réforme pour la justice, *JO* 4 févr., n° 1.

3. V. not. C. pr. pén., art. D. 48-2-4 à D. 48-2-8.

CHAPITRE

717. Décision portant sur la constitution de partie civile

SECTION 0
ORIENTEUR

717.00 **Sommaire du chapitre.**

717.01 **Principaux textes applicables.**

TEXTES SOURCES

- C. pén., art. 130-1, 131-3, 131-4, 131-4-1, 131-6, 132-1, 132-19, 132-20, 132-24, 132-29, 132-35 à 132-39, 132-70-1 à 132-70-3
- C. pr. pén., art. 397-3-1, 418 à 421, 427, 462 à 472, 474, 474-1, 475-1, 478 à 482, 484 à 486 713-42 à 713-48
- CSS, art. L. 376-1 et L. 376-2
- C. civ., art. 378 à 381

TEXTES *IN EXTENSO*

* V. s[s] n° 716.01

SECTION UNIQUE
RÈGLES PRINCIPALES

717.11 **Avertissement.** Sont uniquement rappelées ici les règles principales des conditions dans lesquelles intervient la décision sur l'action civile, voire son exécution.

717.12 **Principe.** Le tribunal correctionnel, une fois prononcée la peine, ou ajourné le prononcé de celle-ci, statue, s'il y a lieu, sur l'action civile, et peut ordonner le versement provisoire, en tout ou partie, des dommages-intérêts alloués.

Il a aussi la faculté, s'il ne peut se prononcer en l'état sur la demande en dommages et intérêts, d'accorder à la partie civile une provision, exécutoire nonobstant opposition ou appel.

Après avoir statué sur l'action publique, le tribunal peut, d'office ou à la demande du procureur de la République ou des parties, renvoyer l'affaire à une date ultérieure pour statuer sur l'action civile, même s'il n'ordonne pas de mesure d'instruction, afin de permettre à la partie civile d'apporter les justificatifs de ses demandes. Ce renvoi est de droit lorsqu'il est demandé par les parties civiles. Le tribunal doit alors fixer la date de l'audience à laquelle il sera statué sur l'action civile. La présence du ministère public à cette audience où le tribunal est composé d'un seul juge, n'est pas obligatoire[1].

Les juridictions correctionnelles, après avoir statué sur l'action publique, ne peuvent connaître ultérieurement de l'action civile que si elles s'en sont réservé la faculté par une décision excluant leur dessaisissement. Encourt, dès lors, la cassation la cour d'appel qui, après avoir liquidé les chefs de préjudice à caractère personnel soumis à son examen et sursis à statuer sur le seul préjudice patrimonial soumis au recours des tiers payeurs, déclare recevable une demande complémentaire ultérieure de la victime tendant à la réparation d'autres chefs de préjudice à caractère personnel[2].

Par ailleurs, si les tribunaux correctionnels ont la faculté, en application de l'article 464 du code de procédure pénale, d'ordonner un renvoi à date déterminée lorsqu'ils ne peuvent se prononcer en l'état sur une demande en dommages-intérêts, ils ne sauraient, par contre, sans interrompre le cours de la justice, ordonner qu'il sera sursis à statuer, pour un temps indéterminé, sur une action dont ils sont saisis. Équivaut à un renvoi pour un temps indéterminé le renvoi, à trois ans « à la requête de la partie la plus diligente qui sollicitera une nouvelle expertise »[3].

717.13 **Recevabilité.** Il sera renvoyé sur ce point et le suivant aux développements consacrés à la constitution de partie civile[4]. Il suffit de rappeler à

1. C. pr. pén., art. 464.
2. Crim. 24 févr. 1993, n° 92-82.543, P n° 87.
3. Crim. 25 janv. 1973, n° 72-91.314, P n° 44.
4. V. s[s] n°s 222.41 s.

ce stade que le premier temps du raisonnement de la juridiction concerne ici la recevabilité de la constitution de partie civile.

Elle pourra prendre la forme d'une phrase telle que : « Déclare (le prévenu) responsable du préjudice subi par Mme X..., et celle-ci recevable en sa constitution de partie civile ».

Une difficulté est ici de n'oublier aucune partie civile, alors que le cas échéant, certaines auront constitué avocat et déposé des écritures, d'autres auront comparu en personne, d'autres enfin auront adressé leur demande par écrit au tribunal, éventuellement lors de précédentes audiences, si le dossier a fait l'objet de renvois. Par ailleurs, les tiers intervenants doivent être clairement repérés, en particulier les assureurs et organismes sociaux.

Sur ce dernier point, les dispositions de l'article L. 376-1 du code de la sécurité sociale seront rappelées, ainsi que les jurisprudences qui ont pu décider que ces constitutions doivent intervenir avant les réquisitions du ministère public, jusqu'à la réécriture de cet article[1] qui prévoit que dans le cadre d'une procédure pénale, la déclaration en jugement commun ou l'intervention des caisses de sécurité sociale peut intervenir après les réquisitions du ministère public, dès lors que l'assuré s'est constitué partie civile et qu'il n'a pas été statué sur le fond de ses demandes.

Il avait été jugé antérieurement que les dispositions de l'article 421 du code de procédure pénale, qui ne prévoient aucune exception, et aux termes desquelles la déclaration de partie civile à l'audience doit, à peine d'irrecevabilité, être faite avant les réquisitions du ministère public sur le fond, sont applicables à la caisse des dépôts et consignations agissant en application des dispositions de l'ordonnance du 7 janvier 1959[2] pour le remboursement des prestations par elle servies à l'agent d'une commune victime de dommages dont la responsabilité incombe à un tiers[3]. Une cour d'appel justifie sa décision dès lors qu'il résulte de l'article L. 376-1 du code de la sécurité sociale que, si le tiers payeur est admis à intervenir devant les juridictions répressives pour poursuivre le remboursement de prestations mises à sa charge, une telle intervention, comme toute action civile, doit être exercée devant la juridiction du premier degré et avant les réquisitions du ministère public, conformément à l'article 421 du code de procédure pénale[4].

La réécriture de l'article L. 376-1 ne concerne pas les recours de l'AJE pour lequel les textes n'ont pas été modifiés et dont l'intervention doit donc toujours être effectuée avant les réquisitions du ministère public.

S'il apparaît que la demande formulée n'est pas recevable le tribunal prononce une irrecevabilité de la constitution de partie civile, et non un débouté. Soulignons cependant qu'un arrêt est venu indiquer qu'il résulte des articles 6, § 1, de la convention européenne des droits de l'homme et préliminaire du code de procédure pénale que le juge ne peut relever d'office l'irrecevabilité d'une constitution de partie civile sans avoir invité au préalable les parties à présenter leurs observations[5]. Ceci suppose clairement une réouverture des débats, si l'irrecevabilité est relevée en cours de délibéré et n'a pas été débattue avant que la juridiction ne se retire.

717.14 **Bien-fondé.** Une fois acquise la recevabilité de l'action, la juridiction « liquidera » le préjudice, en allouant à la partie civile telle somme qu'elle estimera à même de la dédommager de l'intégralité de celui-ci ou, estimant manquer d'éléments, renverra à une audience sur intérêts civils ultérieure, tenue par un seul juge. Si, bien que recevable, la demande formulée par une partie civile ne paraît pas justifiée, la juridiction pénale prononcera un débouté.

La difficulté est en la matière l'absence quasi-systématique de tout justificatif du préjudice, en particulier matériel qui est allégué. De positions extrêmement rigoureuses refusant dans ce cas toute indemnisation, au renvoi systématique à l'audience sur intérêts civils pour production de justificatifs, avec entre les deux, une indemnisation forfaitaire qui ne dit pas son nom, toutes les pratiques se rencontrent ce qui n'est évidemment pas très satisfaisant.

Par ailleurs, on signalera l'existence de textes spéciaux soumettant en certaines matières, l'indemnisation à des critères beaucoup plus précis. Ainsi dans le domaine de la propriété intellectuelle, la cour d'appel qui, d'une part, ne s'est pas expliquée sur les critères qu'elle devait prendre en considération au titre de l'article L. 331-1-3, alinéa 1, du code de la propriété intellectuelle et qui n'était pas saisie par la partie lésée d'une demande d'indemnisation forfaitaire prévue au second alinéa du même article et qui, d'autre part, n'a pas évalué la réparation de l'atteinte aux droits moraux dont jouit l'auteur de toute œuvre de l'esprit du fait de sa contrefaçon, n'a pas justifié sa décision[6].

1. L. n° 2016-1547, 18 nov. 2016, modifiée.
2. Ord. n° 59-76, 7 janv. 1959 relative aux actions en réparation civile de l'État, *JO* 8 janv., p. 563.
3. Crim. 29 mai 1984, n° 82-91.868, P n° 199.
4. Crim. 18 mai 2005, n° 04-83.920, NP.
5. Crim. 14 mai 2014, n° 12-84.075, P n° 133 ; *D.* 2014. 1155 ; *D.* 2014. 1736, obs. J. Pradel ; *AJ pénal* 2014. 492, obs. P. de Combles de Nayves.
6. Crim. 27 févr. 2018, n° 16-86.881, P ; *D. actu.* 21 mars 2018, obs. H. Diaz ; *JCP* 2018. 436, n°s 55 et 56, obs. N. Binctin ; *AJ pénal* 2018. 253, obs. J. Lasserre Capdeville.

717.15 **Solidarité des prévenus.** Les personnes condamnées pour un même délit sont tenues solidairement des restitutions et des dommages-intérêts.

En outre, le tribunal peut, par décision spéciale et motivée, ordonner que le prévenu qui s'est entouré de coauteurs ou de complices insolvables sera tenu solidairement des amendes [1].

Cette solidarité n'a pas vocation à jouer lorsque sont en cause les frais irrépétibles, ceux-ci étant donc supportés individuellement par chaque coprévenu [2].

Par ailleurs, il doit être rappelé que le partage de responsabilité entre les coauteurs d'un dommage échappe à la compétence de la juridiction répressive [3].

717.16 **Expertise et provision.** Dans un certain nombre d'hypothèses, en particulier de violences contre les personnes, une expertise médicale sera sollicitée, parfois avec l'appoint d'un psychologue expert ou d'un psychiatre pour déterminer le retentissement des faits sur la victime.

Il appartient au tribunal s'il l'estime nécessaire, car cette mesure d'investigation peut ne pas être indispensable à la liquidation des préjudices, et dans ce cas il dira pourquoi il la rejette, de prescrire notamment l'expertise-type dite, mission Dintilhac, complétée si besoin par toutes questions spécifiques qu'il estimera nécessaire de voir posées. Il convient de désigner le ou les experts, le montant de la consignation, de mettre celle-ci à la charge de la victime pour s'assurer de son versement, sauf si le prévenu accepte d'en opérer le versement, de dire dans quel délai ce versement doit intervenir. Il faut préciser la date à compter de laquelle le dépôt du rapport est sollicité. Le cas échéant, une provision sera allouée à la victime. Ni en matière de provision, ni en matière d'indemnisation, les juges ne peuvent évidemment allouer plus que les sommes sollicitées.

Il importe de veiller à ce qu'un délai suffisant soit prévu entre le dépôt du rapport et la date à laquelle l'affaire sera rappelée « sur intérêts civils », date évidemment indiquée verbalement aux parties présentes lors du délibéré puis, dans la décision.

717.17 **Frais de procédure** [4]**.** La partie civile peut solliciter dès ce stade le règlement d'une somme au titre des dispositions de l'article 475-1 du code de procédure pénale [5]. Les pratiques sont ici variables, si la majorité des juridictions accordent une somme sur ce fondement dès l'audience pénale, d'autres reportent la décision sur ce point jusqu'à l'audience de liquidation définitive des préjudices. Surtout de fortes disparités existent quant aux sommes allouées.

Il faut rappeler que la solidarité édictée par l'article 480-1 du code de procédure pénale pour les restitutions et les dommages-intérêts n'est pas applicable au paiement de frais non recouvrables [6], lesquels ne peuvent donner lieu qu'à une condamnation *in solidum*, ou à autant de condamnations individuelles qu'il existe de prévenus et de parties civiles [7].

1. C. pr. pén., art. 480-1.
2. Crim. 16 juin 2015, n° 14-82.595, P n° 151 ; *AJ pénal* 2016. 43, obs. G. Royer ; *RTD com.* 2015. 607, obs. B. Bouloc.
3. Crim. 7 avr. 2009, n° 08-85.519, P n° 65 ; *AJ pénal* 2009. obs. C. Duparc ; *Procédures* 2009, n° 287, note J. Buisson.
4. C. pr. pén., art. 475-1.
5. V. s[s] n° 222.181.
6. Crim. 16 juin 2015, n° 14-82.595, P n° 151 ; *AJ pénal* 2016. 43, obs. G. Royer ; *RTD com.* 2015. 607, obs. B. Bouloc.
7. Crim. 29 juin 2016, n° 14-86.372, P n° 209.

TITRE

72. Formalisation de la décision

SECTION 0
ORIENTEUR

72.00 Sommaire du titre.

CHAPITRE

721. Principes généraux

SECTION 0
ORIENTEUR

721.00 Sommaire du chapitre.

721.01 Principaux textes applicables.

TEXTES SOURCES

• C. pr. pén., art. 485, 486, 543, 648, 649

TEXTES *IN EXTENSO*

• C. pr. pén., art. 485

Tout jugement doit contenir des motifs et un dispositif.

Les motifs constituent la base de la décision.

Le dispositif énonce les infractions dont les personnes citées sont déclarées coupables ou responsables ainsi que la peine, les textes de loi appliqués, et les condamnations civiles.

Il est donné lecture du jugement par le président ou par l'un des juges ; cette lecture peut être limitée au dispositif. Dans le cas prévu par l'alinéa premier de l'article 398, elle peut être faite même en l'absence des autres magistrats du siège.

• C. pr. pén., art. 486

La minute du jugement est datée et mentionne les noms des magistrats qui l'ont rendu ; la présence du ministère public à l'audience doit y être constatée.

Après avoir été signée par le président et le greffier, la minute est déposée au greffe du tribunal dans les trois jours au plus tard du prononcé du jugement. Ce dépôt est mentionné sur le registre spécialement tenu au greffe à cet effet.

En cas d'empêchement du président, mention en est faite sur la minute qui est signée par celui des juges qui donne lecture du jugement.

• C. pr. pén., art. 543 [mod. par L. n° 21-1729, 22 déc. 2021]

Sont applicables à la procédure devant le tribunal de police les articles 475-1 à 486 concernant les frais de justice et dépens, la restitution des objets placés sous la main de la justice et la forme des jugements.

Toutefois, les dispositions de l'article 480-1 ne sont applicables qu'aux condamnés pour contraventions de la cinquième classe.

• C. pr. pén., art. 648

Lorsque, par suite d'une cause extraordinaire, des minutes d'arrêts ou de jugements rendus en matière criminelle, correctionnelle ou de police, et non encore exécutés, ou des procédures en cours et leurs copies établies conformément à l'article 81 ont été détruites, enlevées ou se trouvent égarées ou qu'il n'a pas été possible de les rétablir, il est procédé ainsi qu'il suit.

• C. pr. pén., art. 649

S'il existe une expédition ou copie authentique du jugement ou de l'arrêt, elle est considérée comme minute et en conséquence remise par tout officier public ou tout dépositaire au greffe de la juridiction qui a rendu la décision, sur l'ordre qui lui en est donné par le président de cette juridiction.

Cet ordre lui sert de décharge.

721.03 Bibliographie indicative.

Ouvrage. Y. Perrier, *La probation de 1885 à 2005*, « Hors collection », Dalloz, 2013.

Articles. Ch. Guéry, « Peut-on motiver l'intime conviction ? », *JCP* 2011. Ét. 28 – H. Hasnaoui, « De la motivation spéciale des peines d'emprisonnement ferme après la loi n° 2009-1436 du 24 novembre 2009 : précisions sur une petite révolution ? », *Dr. pénal* 2011. Ét. 22 – M. Huyette, « Comment motiver les décisions de la cour d'assises ? », *D.* 2011. 1158 – C. Sevely-Fournié, « Répression et motivation. Réflexions sur la motivation des arrêts et jugements des juridictions répressives », *RSC* 2009. 783.

Rapport. *Sursis avec mise à l'épreuve : la peine méconnue. Une analyse des pratiques de la probation en France*, Ét. S. Dindo, DAP/bureau PMJ1 mai 2011.

SECTION 1
POURQUOI MOTIVER ?

§ 1
Articulation de la motivation

721.11 **Schéma.** Comme le jugement civil, le jugement pénal comporte schématiquement trois parties.

La première comprend un exposé des faits pénalement qualifiés, il s'agit de la prévention et des articles de loi prévoyant et réprimant ceux-là, selon la partie poursuivante.

La deuxième est constituée par la motivation de la décision. Il s'agit d'une partie discursive construite autour de l'examen critique des moyens soulevés par les parties et des raisons conduisant les juges à trancher dans tel sens. De plus en plus, s'impose également une motivation de la peine ou du non prononcé de telle peine, de même qu'une motivation de la décision sur les modalités d'exécution de la peine privative de liberté (aménagement, placement ou maintien en détention).

La troisième concerne le contenu de la décision proprement dite, appelé le dispositif. Il peut porter sur la seule action publique, mais également concerner l'action civile.

721.12 **Motifs et dispositif.** Aux termes des articles 485 et 543 du code de procédure pénale, les jugements correctionnels et de police doivent contenir des motifs et un dispositif. Les motifs constituent la base de la décision. Le dispositif énonce les infractions dont les personnes citées sont déclarées coupables ou responsables, ainsi que la peine, les textes de loi appliqués, et les condamnations civiles. Il est donné lecture du jugement par le président ou par l'un des juges ; cette lecture peut être limitée au dispositif.

Dans le cas prévu par l'alinéa premier de l'article 398 (qui prévoit le principe de la collégialité), elle peut être faite même en l'absence des autres magistrats du siège[1].

Les dispositions des articles 475-1 à 486 (et 749 à 762) du code de procédure pénale étant applicables à la procédure devant le tribunal de police[2], les règles qui vont suivre s'appliquent également aux jugements rendus par ces juridictions de même que devant la cour d'appel lorsqu'elle est saisie.

Il est possible d'ajouter que les décisions du juge de l'application des peines relatives aux principales mesures d'individualisation de la peine privative de liberté[3], qui sont qualifiées d'ordonnances ou de jugements, doivent obéir aux principes ici évoqués.

1. C. pr. pén., art. 485.
2. C. pr. pén., art. 543.

§ 2
Exigence de motivation

721.21 **Exigence conventionnelle de motivation.** Les exemples concernant les nouvelles exigences en matière de motivation des peines ont été amplement développés *supra*. Il s'agit ici de rappeler que l'obligation de motivation concerne d'abord les faits déférés à la juridiction.

Comme l'a exprimé le Conseil consultatif de juges européens (CCJE) dans son avis n° 11 rendu en 2008[4] à l'attention du Comité des ministres du Conseil de l'Europe et portant sur la qualité des décisions de justice : « La motivation permet non seulement une meilleure compréhension et acceptation de la décision par le justiciable mais elle est surtout une garantie contre l'arbitraire. D'une part, elle oblige le juge à rencontrer les moyens de défense des parties et à préciser les éléments qui justifient sa décision et rendent celle-ci conforme à la loi et, d'autre part, elle permet une compréhension du fonctionnement de la justice par la société »[5].

L'exigence de motivation a pu faire débat au plan conventionnel, même si la jurisprudence de la Cour de Strasbourg paraît relativement assise[6]. Mais on cherchera en vain des dispositions précises sur la motivation des décisions pénales dans la convention européenne des droits de l'homme.

La Cour européenne des droits de l'Homme attache en réalité une importance majeure aux circonstances de chaque espèce.

721.22 **Exigence de motivation en droit interne.** L'obligation de motiver la décision pénale, à l'instar du jugement civil, repose sur trois considérations principales :

– les juges sont tenus de charpenter leur raisonnement et celui-ci doit naturellement conduire au dispositif[7] ;

3. C. pr. pén., art. 712-4.
4. CCJE, avis n° 11 (2008).
5. Cité dans : *Rapport annuel 2010 de la Cour de cassation,* « L'obligation de motivation ».
6. L. Boré, « La motivation des décisions de justice et la convention de sauvegarde des droits de l'Homme », *JCP* 2002. I. 104 – CEDH 16 déc. 1992, *Hadjianastassiou c/Grèce*, req. n° 12945/87 – CEDH 19 avr. 1994, *Van de Hurk c/Pays-Bas*, req. n° 16034/90 – CEDH 9 déc. 1994, *Ruiz Torija et Hiro Balani c/ Espagne*, req. n° 18064/91 ; *D.* 1996. Somm. 202, obs. Fricero ; *JCP* 1995. I. 3825, n° 19, obs. F. Sudre : l'exigence de motivation pouvant toutefois varier selon la nature des décisions et devant être analysée en fonction des circonstances.
7. POUR le président P. Mimin : « La probité de l'exposé va de pair avec l'exactitude de la pensée ».

– la motivation garantit, à la simple lecture de la décision, que celle-ci ne repose pas sur l'arbitraire des juges [1] ;

– cette motivation est seule de nature à permettre à la Cour de cassation de savoir si la qualification donnée aux faits est exacte et si la loi a été correctement interprétée et appliquée.

Depuis le 24 mars 2020, l'entrée en vigueur de l'article 485-1 du code de procédure pénale commande qu'en cas de condamnation, sans préjudice des dispositions prévoyant la motivation spéciale de certaines peines, notamment des peines non aménagées d'emprisonnement ferme, la motivation porte sur le choix de la peine au regard des dispositions des articles 132-1 et 132-20 du code pénal, sauf s'il s'agit d'une peine obligatoire ou de la confiscation du produit ou de l'objet de l'infraction. Les obligations particulières du sursis probatoire n'ont pas à être motivées [2].

721.23 Exigence constitutionnelle de motivation. Le Conseil constitutionnel a reconnu plusieurs fois, même s'il l'a fait parfois avec nuances, la valeur « d'exigence constitutionnelle » du principe de motivation des décisions pénales [3]. Pour la cour d'assises cette évolution a été ponctuée par la décision ayant jugé que le défaut de motivation de la peine méconnaissait les exigences constitutionnelles de garantie contre l'arbitraire et d'individualisation des peines [4], l'exigence de motivation sur la culpabilité ayant été préalablement imposée par la loi n° 2011-939 du 10 août 2011, entrée en vigueur le 1er janvier 2012 [5].

L'article 593 du code de procédure pénale mentionne l'absence et l'insuffisance de motifs, de même que l'omission ou le refus de se prononcer sur une ou plusieurs demandes des parties ou du ministère public, au rang des ouvertures à cassation : « Les arrêts de la chambre de l'instruction, ainsi que les arrêts et jugements en dernier ressort sont déclarés nuls s'ils ne contiennent pas de motifs ou si leurs motifs sont insuffisants et ne permettent pas à la Cour de cassation d'exercer son contrôle et de reconnaître si la loi a été respectée dans le dispositif. Il en est de même lorsqu'il a été omis ou refusé de prononcer soit sur une ou plusieurs demandes des parties, soit sur une ou plusieurs réquisitions du ministère public ».

721.24 Exigence éthique de motivation. Ainsi la motivation est-elle une obligation légale, avant même d'être cette « exigence éthique », déjà rappelée par Robert Badinter lors de la synthèse des travaux du quarantenaire de l'École nationale de la magistrature [6].

Ces principes ne semblent plus devoir être discutés de nos jours, même si dans une décision relative à la commission compétente en matière de refus de suspension ou de retrait de l'habilitation d'OPJ prévue aux articles 16-2 et 16-3 du code de procédure pénale (et dont le texte a d'ailleurs été modifié depuis), l'Assemblée plénière de la Cour de cassation, avait pu juger que « les décisions de la commission [...] n'ayant pas, en vertu de la loi, à être motivées sur le fond, n'enfreignent pas les principes généraux du droit, en ce qu'ils touchent notamment aux droits de la défense » [7]. De plus en plus en effet, l'exigence de motivation se généralise, comme en atteste encore l'exigence du contradictoire et de la motivation en matière d'inscription au registre des détenus particulièrement signalés (DPS) [8].

1. S. Guinchard (rapporté par J.-P. Doucet *in Le jugement pénal*) : « Une motivation c'est un raisonnement » – R. Garraud, *Traité théorique et pratique de droit pénal français*, t. III, p. 1245 : « L'obligation de motiver les jugements permet d'abord aux justiciables de se rendre compte des raisons qui ont poussé les juges à décider dans tel ou tel sens. Quand on est condamné on aime à savoir pourquoi. C'est une garantie qui est toute naturelle et qui fait partie des droits du justiciable. De plus, cette obligation incite le juge à passer au crible son opinion, à se rendre compte de sa valeur. Les mauvaises raisons se volatilisent et s'évanouissent lorsqu'on cherche à les formuler par écrit. Il y a donc, dans la mise au point des motifs, une sorte de garde-fou qui protège le juge contre les écarts de sa propre imagination. Enfin, l'obligation de motiver permet de suivre l'élaboration scientifique de la jurisprudence et de contrôler les raisons d'être de ses évolutions ».
2. C. pr. pén., art. 485-1, créé par la L. n° 2019-222, 23 mars 2019, art. 74, entré en vigueur le 24 mars 2020.
3. Par ex. : Cons. const. 1er avr. 2011, nos 2011-113/115 QPC, art. conformes 349, 350, 353 et 357 du C. pr. pén., *motivation des arrêts d'assises,* CONFORMITÉ, consid. 11, articles 349, 350, 353 et 357 du code de procédure pénale, *motivation des arrêts d'assises,* CONFORMITÉ, *JO* 2 avr., p. 5893 ; *Rec.*, p. 173 ; *D.* 2011. 1154, point de vue W. Mastor et B. de Lamy ; *D.* 2011. 1156, point de vue J.-B. Perrier ; *D.* 2011. 1158, Chron. M. Huyette ; *D.* 2012. 1638, obs. V. Bernaud et N. Jacquinot ; *AJ pénal* 2011. 243, obs. J.-B. Perrier ; *RSC* 2011. 423, obs. J. Danet ; *Constitutions* 2011. 361, obs. A. Cappello.
4. Cons. const. 2 mars 2018, n° 2017-694 QPC, *D. actu.*, 6 mars 2018, obs. D. Goetz ; *AJDA* 2018. 1561.
5. C. pr. pén., art. 365-1, mod. par L. n° 2019-222, 23 mars 2019, art. 63 (les dispositions du 2e alinéa de l'article 365-1, dans leur rédaction en vigueur avant la loi de 2019 ont été déclarées contraires à la Constitution par la décision n° 2017-694 QPC du 2 mars 2018).
6. Bordeaux, 1er-2 oct. 1999 : « [...] la mise en lumière à travers les motifs de la décision et la peine choisie de la force expressive de la justice pénale [...] est porteuse de valeurs en même temps que de douleurs. Je demeure convaincu pour ma part que la justice de demain privilégiera les premières plutôt que les secondes [...] » et « [...] ne pas motiver ou rendre une décision trop tardive, c'est autant de formes contemporaines du déni de justice [...]. »
7. Cass., ass. plén., 1er juill. 1994, n° 94-82.593, P n° 5.
8. Circ. JUSD1236970C, 15 oct. 2012, *BOMJ* 31 oct. 2012 : affirmant que la procédure est régie par l'article 24 de la loi n° 2000-321 du 12 avril 2000 (*JO* 13 avr., p. 5646), et que toute décision d'inscription ou de maintien au registre doit être motivée et ne peut intervenir qu'après que la personne intéressée ait été mise à même de présenter, ou de faire présenter par un avocat, des observations écrites ou orales.

Seule à même de démontrer la culpabilité du prévenu, puis d'asseoir le choix raisonné de la peine, elle est inséparable du principe de personnalisation des peines affirmé par l'article 132-24 du code pénal. Il a été développé précédemment sur les évolutions notoires de l'exigence de motivation de toute peine correctionnelle[1].

SECTION 2
COMMENT MOTIVER ?

721.31 **Réalité correctionnelle.** Plus délicate est la situation de fait, observée devant les juridictions correctionnelles où nombre de jugements, notamment ceux qui sont rendus sur le siège, dans des contentieux de masse, et qui n'appellent la plupart du temps aucune contestation des prévenus (conduites en état alcoolique, petits vols, infractions en matière de chèques...) n'ont longtemps pas été motivés, sinon par quelques formules-types intégrées dans les diverses applications informatiques pénales[2] et unifiées par la généralisation du logiciel Cassiopée. Ceci, sans même que ne soient évoquées sauf pour mémoire, les ordonnances pénales délictuelles qui ne comportent malgré le texte, qu'une motivation stéréotypée et les décisions sur plaider coupable qui connaissent le même sort, pour des raisons sans doute plus compréhensibles.

Certes, les procès les plus retentissants donnent lieu et à un déroulé qui se rapproche de celui des assises (assesseurs supplémentaires, salle spécialement aménagée, durée des débats allongés, venues des experts, compte-rendu de presse), et à la rédaction de décisions extrêmement motivées, proche de décisions civiles, notamment en ce qu'elles portent souvent sur des aspects indemnitaires immédiatement pris en compte après la décision pénale.

Mais malgré les exigences posées par la chambre criminelle puis par la loi au sujet de la peine, le quotidien de la juridiction correctionnelle demeure trop souvent celui de l'absence de motivation au point d'ailleurs qu'on puisse s'étonner que les avocats aient pu si longtemps renoncer à intenter plus de recours sur ce seul aspect.

Les cassations sont pourtant fréquentes ne serait-ce qu'en matière contraventionnelle, soit que le ou les juges n'aient pas précisé les éléments fondant leur conviction[3], soit même qu'ils aient inversé la charge de la preuve[4]. En matière correctionnelle, lorsque les motifs sont contradictoires ou dubitatifs[5]...

Les mêmes cruelles absences se font ressentir en matière d'intérêts civils.

S'il est vrai que la chambre correctionnelle peut annuler un jugement de première instance et évoquer conformément aux dispositions de l'article 520 du code de procédure pénale, il n'est pas interdit de penser que ce dispositif, heurte le droit à un véritable double degré de juridiction.

La chambre criminelle a néanmoins refusé de saisir le Conseil constitutionnel d'une QPC fondée sur la non-conformité de l'article 520 du code de procédure pénale à la Constitution : « Ne présente pas un caractère sérieux la question prioritaire de constitutionnalité prise de ce que les dispositions de l'article 520 du code de procédure pénale priveraient la personne poursuivie du double degré de juridiction dès lors que ce mécanisme doit intervenir dans tous les cas après annulation du jugement et que l'arrêt rendu sur évocation est susceptible de pourvoi en cassation. Dans ces conditions, il n'est porté atteinte ni au droit à un recours juridictionnel effectif, ni au droit à un procès équitable garantis par l'article 16 de la Déclaration des droits de l'Homme et du citoyen »[6].

Le Conseil constitutionnel n'a d'ailleurs jamais proclamé que le double degré de juridiction avait valeur constitutionnelle. La France a de surcroît

1. V. s[s] n°s 716.134 s.
2. Crim. 9 janv. 1989, n° 88-81.787, P n° 5 : « La lecture du seul dispositif d'un jugement ou arrêt à l'audience même à laquelle ont eu lieu les débats ne saurait impliquer l'inexistence de sa motivation au moment du prononcé. »
3. Crim. 19 juin 2018, n° 17-85.408, NP : « ... pour retenir la culpabilité du prévenu du chef d'excès de vitesse, le jugement retient qu'il a bien commis les faits qui lui sont reprochés et que les pièces produites par l'intéressé ne permettent pas de s'assurer de sa présence en un autre lieu que celui de l'infraction aux heures et jour figurant au procès-verbal ; Mais attendu qu'en prononçant ainsi, par des motifs qui procèdent d'une inversion de la charge de la preuve et sans mieux rechercher si le prévenu était le conducteur du véhicule en excès de vitesse, la juridiction de proximité n'a pas justifié sa décision ».
4. Crim. 2 mars 2016, n° 15-82.190, NP : « ... inversant la charge de la preuve, et alors qu'en application de l'article L. 121-3 du code de la route, il appartenait à la juridiction de relaxer le prévenu s'il n'était pas établi que celui-ci était le conducteur du véhicule et de le déclarer éventuellement redevable pécuniairement de l'amende encourue... ».
5. Crim. 29 mai 2019, n° 18-81.613, NP : « ... en prononçant ainsi par des motifs contradictoires et dubitatifs qui, n'établissant pas que les fonds ont été remis à titre précaire, peu important que la prévenue ait été déterminée à ne pas les rembourser dès qu'elle les a appréhendés et qu'elle ait persisté dans cette volonté par la suite, ne caractérisent pas l'abus de confiance reproché ni, en conséquence, le recel de ce délit, la cour d'appel, qui n'a pas recherché si les faits reprochés à Mme G... pouvaient recevoir une autre qualification, a méconnu le texte susvisé ».
6. Crim. 15 févr. 2011, n° 10-90.123, P n° 26 ; *Dr. pénal* 2011, n° 57, note A. Maron et M. Haas ; *D.* 2001. 307, obs. C. Girault. Solution reprise par Crim. 2 oct. 2013, n° 13-81.449, NP.

formulé des réserves lors de la ratification du protocole n° 7 de la convention européenne des droits de l'homme : l'examen de la décision de condamnation par une juridiction supérieure peut se limiter à un contrôle de l'application de la loi, tel que le recours en cassation[1]. En conséquence, l'article 520 du code de procédure pénale ne méconnaît pas les dispositions de l'article 2-1 du protocole n° 7 selon lesquelles le condamné peut faire apprécier une seconde fois en fait, par une juridiction supérieure, la déclaration de culpabilité et la condamnation prononcées contre lui[2].

Régulièrement, l'obligation de motivation est cependant rappelée par la chambre criminelle. Ainsi une double censure au motif d'une motivation inexistante ou insuffisante, sur l'excuse pour empêchement légitime (parvenue au tribunal après débat mais avant le prononcé de la décision) et sur le fond : en s'abstenant de se prononcer sur la validité de cette excuse, tout en condamnant le prévenu par décision contradictoire, la cour d'appel a méconnu le texte susvisé[3] et le principe ci-dessus énoncé (les juges sont tenus de se prononcer, sur la validité de la lettre du prévenu non comparant, parvenue après les débats mais avant le prononcé de la décision et invoquant une cause d'empêchement légitime) ; tout jugement ou arrêt doit comporter les motifs propres à justifier la décision et l'insuffisance des motifs équivaut à leur absence et l'arrêt attaqué qui se borne à énoncer que les faits sont établis au regard de la procédure et, au demeurant non sérieusement contestés dans leur matérialité, doit être censuré[4].

721.32 **Adoption des motifs.** La question devient caricaturale si l'on y ajoute la pratique de la motivation par adoption de motifs, admise en jurisprudence, notamment sur opposition à une première décision rendue par défaut[5], ou en appel lorsqu'il s'agit de confirmer la décision entreprise[6]. La Cour européenne des droits de l'Homme a cependant elle-même considéré que cette pratique ne violait pas les exigences du procès équitable[7].

Pour autant, la jurisprudence nationale n'accepte pas tout, qui décide par exemple, que doit être cassé l'arrêt qui se limite à adopter les motifs d'un jugement se bornant à énoncer que les faits sont établis sans énoncer lesdits faits[8] ; doit encore être cassé l'arrêt qui se limite à adopter les motifs d'un jugement se bornant à énoncer que les faits sont établis, sans les énoncer et sans préciser l'existence des circonstances exigées par la loi pour que ces faits soient punissables[9]. Un ou des motifs erronés serait pareillement sanctionnés.

Il a encore été jugé que méconnaît l'article 509 du code de procédure pénale et son obligation de procéder elle-même à l'examen des faits dont elle est saisie par l'appelant, la cour d'appel qui, pour confirmer le jugement sur la culpabilité et sur la peine, énonce que les motifs du jugement attaqué la mettent en mesure de s'assurer que le premier juge a, sans insuffisance ni contradiction, répondu aux chefs péremptoires des conclusions dont il était saisi, caractérisé en tous ses éléments, tant matériels qu'intentionnel, le délit dont il a déclaré coupable le prévenu en lui infligeant une sanction adaptée sa personnalité[10]. La vraie difficulté de l'adoption des motifs a déjà été soulignée par les auteurs. C'est celui, même dans les dossiers les plus importants, du risque qu'après un « copié-collé » de l'ordonnance de renvoi d'un juge d'instruction et du réquisitoire du parquet, à l'étape suivante : « Le tribunal, voire la cour, reprennent à leur tour, ce qu'ils trouvent au dossier, soit dans le pire des cas, une ordonnance de renvoi copiant un réquisitoire qui a lui-même scanné, au sens propre ou figuré, le rapport de synthèse des enquêteurs initialement saisis. Dans ce cas, cette justice de répétition n'aura rien prouvé ni de ses capacités, ni de son indépendance et aura donné au contraire elle-même la preuve de la nécessité d'une réforme majeure, dénuée d'arrières pensées et de petits calculs »[11].

721.33 **Généralisation du logiciel Cassiopée.** Le développement et l'implantation en vue de « fluidifier la chaîne pénale », du logiciel pénal Cassiopée dans l'ensemble des juridictions françaises, en remplacement de logiciels obsolètes et parfois disparates, a abouti à une uniformisation des trames de jugements pénaux.

En aucun cas la mise en place de ce logiciel à vocation nationale n'exclut que chaque composition motive ses décisions. Il faut surtout signaler d'une part, la nécessité de conserver un regard critique sur certaines formulations proposées par cet outil, d'autre part, celle d'adapter les trames toutes faites aux spécificités de telle ou telle affaire.

1. Crim. 19 déc. 1990, n° 90-83.175, P n° 443.
2. Crim. 26 févr. 1997, n° 96-82.850, NP – Crim. 7 déc. 2010, n° 10-87.339, P n° 194 ; *D.* 2011. 307, obs. C. Girault.
3. C. pr. pén., art. 410.
4. Crim. 19 juin 2012, n° 11-87.545, P n° 151 ; *RSC* 2012. 928, obs. J.-F. Renucci.
5. Crim. 17 févr. 1938, *DH* 1938. 311.
6. Crim. 16 févr. 1934, P n° 35.
7. CEDH 26 sept. 1995, *Diennet c/France*, req. n° 18160/91 – CEDH 19 déc. 1997, *Helle c/Finlande*, req. n° 20772/92, *Rec.*, VII, p. 2930 ; *RGDP* 1998. 239, obs. J.-F. Flauss – CEDH 21 janv. 1999, *Garcia Ruiz c/Espagne*, req. n° 30544/96.
8. Crim. 14 oct. 1985, n° 84-96.009, P n° 310.
9. Crim. 6 mars 1996, n° 95-83.310, P n° 105.
10. Crim. 30 mai 2017, n° 16-83.474, P.
11. Ch. Guéry, B. Lavielle, « Copié, collé, jugé ? (sur la motivation des ordonnances de renvoi par le juge d'instruction) », *Dr. pénal* 2010. Ét. 24.

À titre d'exemple, la mention initialement prévue en cas de prononcé d'un suivi socio-judiciaire de : « Condamne M... à la peine de... pour non-respect des obligations de son suivi socio-judiciaire », devait être comprise comme : « Dit que M... sera condamné à la peine de... en cas de non-respect des obligations de son suivi socio-judiciaire ».

L'École nationale de la magistrature a diffusé courant 2020, une trame numérique de jugement correctionnel tentant notamment d'intégrer l'ensemble des modifications issues de la loi du 23 mars 2019 et concernant les peines. La chambre criminelle a mis en ligne pour sa part en 2018 une trame d'arrêt correctionnel et diffuse régulièrement sur son site interne de précieux outils d'aide à la formalisation des décisions.

721.34 **Bonnes pratiques.** Au-delà des principes et des regrets ci-dessus rappelés, il nous semble que c'est la mission première du juge que de dire ce qui fonde sa décision, notamment en cette matière pénale qui touche aux libertés individuelles et spécialement dans certains types de contentieux. Il n'est d'ailleurs pas vain de soutenir qu'il y va aussi de la survie du juge, tant il est vrai qu'une absence de motivation sérieuse reste le meilleur argument à la généralisation de procédures rapides, voire administratives et donc à la disparition de celui dont le cœur des fonctions est de dire pourquoi il juge dans ce sens plutôt que dans tel autre.

Sous ces réserves et sans prétendre à l'exhaustivité, il nous semble utile d'attirer l'attention du lecteur sur l'impérieuse nécessité de motiver :

- Les jugements de condamnation ou de relaxe rendus alors que le ou les prévenus ou leurs conseils ont fortement contesté la matérialité des faits, l'intention délictuelle ou plus largement leur culpabilité. Il est en effet possible de pressentir un appel et la motivation doit être faite, sans attendre la matérialisation de l'acte d'appel, dans un simple souci de respect du principe du contradictoire[1] et afin que les parties souhaitant faire appel sachent sur quoi le motiver[2].

- Les jugements rendus alors que des incidents de procédure ont été soulevés[3]. Il est difficilement admissible qu'une exception de nullité soit rejetée sans que la juridiction dise pourquoi, et ce même si le rejet semble s'imposer en vertu d'une jurisprudence constante.

- Les jugements intervenant dans un contexte à forte charge émotionnelle (accidents de la circulation ayant entraîné la mort, drames collectifs, affaires à caractère familial...). Ce sont parfois plus les motifs de la décision qui traduiront auprès des personnes concernées la réelle prise en compte de leur situation, que la peine proprement dite. Seul un exposé détaillé des circonstances d'un homicide involontaire faisant suite à une conduite après usage de stupéfiants ou consommation exagérée d'alcool, permet de retracer aux yeux de l'ensemble des personnes intéressées, qui sont parfois des parents éloignés de la victime ou n'ont pas eu un accès direct à la procédure initiale, « ce qui s'est passé » et dont elles demandent justice.

En matière d'agression sexuelle, il paraît aussi important de détailler ce qui va conduire la juridiction à prononcer une peine d'emprisonnement sévère, le cas échéant assortie d'un mandat de dépôt à l'audience, que les incertitudes ou éléments de doute qui vont conduire à la relaxe. Il existe sans doute là, le moyen d'expliciter une décision toujours difficile à admettre et si longtemps attendue...

- Les jugements aboutissant au prononcé d'une peine d'emprisonnement sans sursis[4 5].

On notera à nouveau pour être complet, une jurisprudence qui concerne spécialement les décisions rendues sur le siège, en vertu de laquelle, la lecture du seul dispositif d'un jugement ou arrêt, à l'audience même à laquelle ont eu lieu les débats, ne saurait impliquer l'inexistence de sa motivation au moment du prononcé alors qu'il résulte des dispositions combinées des articles 462, 485 et 486 du code de procédure pénale que le président peut se limiter à cette lecture et déposer au greffe, dans le délai prévu par ce dernier texte, la minute de la décision.

Doit donc être écarté comme non fondé le moyen qui, sous le couvert d'une méconnaissance des

1. Les délais d'édition des décisions par les greffes correctionnels doivent être pris en compte. N'oublions pas cependant que le jugement contradictoire à signifier non motivé part à la signification... non motivé !

2. CEDH 26 juill. 2007, *Baucher c/France*, req. n° 53640/00 ; *D.* 2007. 2305, obs. M. Léna ; *AJ pénal* 2007. 529, obs. C. Porteron : retenant une violation de l'article 6, § 1 et § 3, b) de la convention, notamment aux motifs que : « Faute d'avoir pu obtenir le jugement complet avant l'expiration du délai d'appel, le requérant avait donc pour seule issue d'interjeter appel sans connaître aucun élément de la motivation retenue par le tribunal correctionnel [...] qu'à l'époque des faits, la possibilité d'interjeter un appel purement conservatoire l'exposait à l'appel incident du ministère public sans que son propre désistement ultérieur mette fin à l'instance et donc à l'aggravation éventuelle de sa peine par la cour d'appel, sans avoir pu au préalable réellement mesurer ses chances de succès ».

3. C. pr. pén., art. 459.

4. C. pén., art. 132-19.

5. Décisions qui imposent la motivation spéciale du placement ou du maintien en détention, sous la réserve d'un état de récidive qui permet de ne pas motiver mais ne l'interdit pas : C. pr. pén., art. 397-2, 397-3, 397-4 (en matière de comparution immédiate), 464-1 (décision de prolongation de détention), 465 (mandat de dépôt ou d'arrêt décerné à l'audience).

dispositions de la convention européenne des droits de l'homme et d'une violation des droits de la défense, invoque une prétendue inexistence de la motivation d'une décision de condamnation rendue à l'audience à laquelle ont eu lieu les débats[1].

721.35 **Langue du jugement.** Tout jugement doit être écrit en langue française. Un arrêt très ancien de la chambre criminelle de la Cour de cassation a sanctionné l'inobservation de cette règle par la nullité[2]. Toutefois, il peut n'être pas inutile de reprendre dans un certain nombre d'affaires, les déclarations telles que formulées par les prévenus, voire les victimes, devant les enquêteurs ou le juge d'instruction, et à l'audience, y compris en ce qu'elles peuvent comprendre de tournures maladroites ou mal-appropriées[3]. Il est exclu en revanche que le juge s'affranchisse de son devoir de dignité qui procède de son serment et recourre dans ses écrits - comme dans ses propos - à des expressions ou des commentaires qui, en raison de leur forme ou de leur caractère excessif, sont de nature à porter atteinte à l'image de la justice[4].

À ce stade, une question qui se pose est celle du droit à la traduction du jugement ou de l'arrêt rendu contre une personne de nationalité étrangère.

Si d'usage, la présence d'un interprète est prévue lors de la lecture du délibéré, elle laisse en tout état de cause entière la difficulté pour le prévenu ou les parties civiles étrangères d'accéder à la motivation de la décision, rarement immédiatement disponible. La difficulté de disposer immédiatement d'un exemplaire du jugement rendu se pose d'ailleurs pour l'ensemble des justiciables quelles que soient leur nationalité et leur langue maternelle.

En outre, dans l'hypothèse d'une absence du prévenu (ou d'une des parties civiles) lors du prononcé de la décision, en matière de jugement contradictoire à signifier ou de défaut, il y a lieu de craindre que la communication d'un jugement en langue française n'éclaire que peu l'intéressé sur le sens de la décision rendue. Par suite, comment prétendre que le destinataire de la décision ait été efficacement mis en mesure d'en saisir la portée et de pouvoir en parfaite connaissance de cause apprécier, s'il doit ou non exercer une voie de recours, n'étant au demeurant pas toujours assisté d'un avocat ?

Il résulte de l'article 3 de la directive 2010/64[5], que les États membres doivent veiller à ce que les suspects ou les personnes poursuivies qui ne comprennent pas la langue de la procédure pénale concernée bénéficient, dans un délai raisonnable, de la traduction écrite de tous les documents essentiels pour leur permettre d'exercer leurs droits de la défense et pour garantir le caractère équitable de la procédure. Parmi ces documents essentiels figurent toute décision privative de liberté, toutes charges ou tout acte d'accusation et tout jugement.

La chambre criminelle a eu l'occasion d'énoncer, à l'occasion de recours contre les décisions d'une chambre de l'instruction[6], que les dispositions des directives 2010/64, précitée, transposée en droit interne par la loi du 5 août 2013[7] et le décret du 25 octobre 2013[8], et 2013/48[9], transposée en droit interne par les lois du 27 mai 2014[10] et du 3 juin 2016[11], et le décret du 28 octobre 2016[12], justifient la traduction de tout jugement français - et de tout arrêt - rendu contre un prévenu ne maîtrisant pas notre langue.

721.36 **Style.** On se reportera avec profit au document rédigé par le service de documentation et d'études de la Cour de cassation sur les normes de saisie (dernière version novembre 2012), qui aborde notamment les précisions orthographiques, dactylographiques ou typographiques ou encore les règles essentielles qui tiennent à la rédaction et à la saisie des arrêts.

1. Crim. 9 janv. 1989, n° 88-81.787, P n° 5.
2. Crim. 16 févr. 1833.
3. SUR la difficulté susceptible d'apparaître si la France venait à ratifier la Charte européenne des langues régionales ou minoritaires du 5 novembre 1992, v. s[s] n° 545.21.
4. Recueil des obligations déontologiques des magistrats, 2019, La documentation française, chap. VI, point 1.
5. Dir. 2010/64/UE, Parlement et Conseil, 20 oct. 2010 relative au droit à l'interprétation et à la traduction dans le cadre des procédures pénales, *JOUE L* 280, 26 oct., p. 1.
6. Crim. 21 mars 2017, n° 17-80.241, NP – Crim. 12 sept. 2017, n° 17-83.874, P (même affaire) ; *AJ pénal* 2017. 501, obs. M.-H. Yazici ; *RSC* 2017. 769, obs. F. Cordier.
7. L. n° 2013-711, 5 août 2013 portant diverses dispositions d'adaptation dans le domaine de la justice en application du droit de l'Union européenne et des engagements internationaux de la France, *JO* 6 août, p. 13338.
8. Décr. n° 2013-958, 25 oct. 2013 portant application des dispositions de l'article préliminaire et de l'article 803-5 du code de procédure pénale relatives au droit à l'interprétation et à la traduction, *JO* 27 oct., p. 17550.
9. Dir. 2013/48/UE, Parlement et Conseil, 22 oct. 2013 relative au droit d'accès à un avocat dans le cadre des procédures pénales et des procédures relatives au mandat d'arrêt européen, au droit d'informer un tiers dès la privation de liberté et au droit des personnes privées de liberté de communiquer avec des tiers et avec les autorités consulaires, *JOUE L* 294, 6 nov., p. 1.
10. L. n° 2014-535, 27 mai 2014 portant transposition de la directive 2012/13/UE du Parlement européen et du Conseil, du 22 mai 2012, relative au droit à l'information dans le cadre des procédures pénales, *JO* 28 mai, p. 8864.
11. L. n° 2016-731, 3 juin 2016 renforçant la lutte contre le crime organisé, le terrorisme et leur financement, et améliorant l'efficacité et les garanties de la procédure pénale, *JO* 4 juin, n° 1.
12. Décr. n° 2016-1455, 28 oct. 2016 portant renforcement des garanties de la procédure pénale et relatif à l'application des peines en matière de terrorisme, *JO* 30 oct., n° 11.

CHAPITRE

722. Mentions formelles de la décision

SECTION 0
ORIENTEUR

722.00 **Sommaire du chapitre.**

722.01 **Principaux textes applicables.**

TEXTES SOURCES

• C. pr. pén., art. 485, 486, 543, 648, 649

TEXTES *IN EXTENSO*

• **C. pr. pén., art. 485**

* V. s^s n° 721.01.

• **C. pr. pén., art. 486**

* V. s^s n° 721.01.

• **C. pr. pén., art. 543**

* V. s^s n° 721.01.

• **C. pr. pén., art. 648**

* V. s^s n° 721.01.

• **C. pr. pén., art. 649**

* V. s^s n° 721.01.

722.02 **Jurisprudence de référence.**

> Régularité de la composition de la juridiction

• **Crim. 4 oct. 1989,** n° 88-87.435, P n° 339

* V. s^s n° 722.22.

Les règles gouvernant la composition des juridictions sont d'ordre public et tout jugement ou arrêt doit contenir la preuve de la composition régulière de la juridiction dont il émane.

> Conformité du jugement au délibéré

• **Crim. 7 nov. 1974,** n° 71-91.419, P n° 320

* V. s^s n° 722.11.

« Vu les articles (647 du code de procédure pénale, 147 et suivants du code pénal, ... des articles 400 et 512 du code de procédure pénale, des articles 485 et 593 du même code) ;

Attendu que le jugement ou l'arrêt porte sur la minute doit être conforme à celui qui a été prononcé ;

Que cette règle est d'ordre public ;

Attendu que l'arrêt attaque a été rendu le 29 avril 1971 par la cour d'appel de Douai, quatrième chambre correctionnelle, que, d'après la minute de cet arrêt, dont l'expédition certifiée conforme par le greffier de ladite cour d'appel, est jointe au dossier, Jean X..., Nicole X..., épouse Y..., et Gérard Y... Ont été déclarés coupables du délit d'exercice illégal de la médecine et, sur l'action publique, condamnés à des peines d'amende, d'un montant de 6 000 francs pour le premier, et de 4 000 francs pour chacun des deux autres ;

Attendu que les demandeurs ont soutenu que cet arrêt, tel qu'il avait été publiquement prononcé, les avait condamnés non seulement aux peines d'amende susdites, mais aussi à des peines d'emprisonnement ;

Qu'ils ont été régulièrement autorisés à s'inscrire en faux contre l'arrêt attaque et renvoyés à se pourvoir devant la cour d'appel d'Amiens, désignée à cet effet conformément aux prescriptions de l'article 647-4 du code de procédure pénale ;

Qu'ils se sont effectivement pourvus devant cette juridiction ou il a été procédé, suivant la loi, au jugement de l'inscription de faux incident ;

Qu'il a été statué sur celle-ci par un arrêt du 22 juin 1973, dont le dispositif énonce que "la quatrième chambre correctionnelle de la cour d'appel de Douai a, par arrêt en date du 29 avril 1971, prononcé en audience publique, condamne contradictoirement pour exercice illégal de la médecine, Jean X... à un mois d'emprisonnement avec sursis et 6 000 francs d'amende, Nicole X..., épouse Y..., à un mois d'emprisonnement avec sursis et 4 000 francs d'amende et Gérard Y... à un mois d'emprisonnement avec sursis et 4 000 francs d'amende" ;

Attendu qu'il résulte de la confrontation de la minute de l'arrêt de la cour d'appel de Douai du 29 avril 1971 et du dispositif de l'arrêt précité de la cour d'appel d'Amiens, que, faute de mentionner les peines d'emprisonnement infligées aux prévenus, l'arrêt attaque, tel qu'il est porte sur la minute, n'est pas, dans ses dispositions pénales, conforme à celui qui a été prononcé ;

Qu'ainsi la cassation est encourue de ce chef. »

> Importance des mentions formelles (nom des participants) sur la validité du jugement

• **Crim. 12 juin 1978,** n° 76-90.886, P n° 189

* V. s^s n° 722.22.

« Aux termes de l'article 592 du code de procédure pénale, lorsque plusieurs audiences ont été consacrées à la même affaire, les juges qui ont concouru à la décision sont présumés avoir assisté à toutes les audiences. Cette présomption légale ne saurait être considérée comme infirmée par le seul fait qu'un arrêt mentionne que la cour d'appel avait la même composition aux deux dernières audiences, cette mention ne faisant aucunement la preuve que les mêmes magistrats n'ont pas siégé également aux précédentes audiences. »

722.03 **Bibliographie indicative.**

* V. ss n° 721.03

SECTION 1
NÉCESSITÉ D'UNE PRÉCISION FORMELLE

722.11 **Une partie du jugement à part entière.** Une décision, jugement ou arrêt, n'est régulière que si elle a été rendue conformément aux exigences légales.

La régularité formelle de la décision ne doit donc pas être négligée, notamment lors de la relecture avant signature.

Une absence ou une erreur de date de la décision, une erreur ou une omission dans la composition de la juridiction, la mention d'une collégialité, alors que l'infraction jugée ressort de la compétence du juge unique et ce sont autant de motifs inutiles de recours qui vont dans tous les cas retarder l'exécution de la décision de justice et pénaliser l'une ou l'autre des parties concernées, sinon les deux.

En outre, de trop fréquentes erreurs jettent un discrédit sur les règles de fonctionnement normales de la justice et les procédures en rectification d'erreur matérielle [1] posent de leur côté d'autres contraintes.

Bien évidemment, le jugement ou l'arrêt porté sur la minute doit être conforme à celui qui a été prononcé. Cette règle est d'ordre public [2].

722.12 **En-tête.** Dans la présentation du jugement « Cassiopée », l'en-tête proprement dit comprend les mentions successives : de la cour d'appel concernée, du tribunal judiciaire, la date du jugement, la mention « chambre correctionnelle », affectée le cas échéant du numéro de cette chambre pour les juridictions les plus importantes, le numéro de la minute, le numéro du parquet.

En cas de jonction de dossiers, les numéros de parquet de tous les dossiers joints devront être portés sur le jugement. Il est d'usage de joindre un ou des dossiers avec le dossier portant le numéro de parquet le plus ancien.

Il peut être mentionné avant l'intitulé « Jugement Correctionnel », la date de l'audience initiale ou encore « Plaidé le... », suivi de la date du délibéré ou encore « Délibéré le... ».

Si les jugements ou arrêts sont rendus au nom du peuple français, aucun texte ne prescrit que la mention en soit portée dans la décision [3].

722.13 **Date.** La minute doit porter la date à laquelle le jugement a été rendu car tout jugement ou arrêt doit avoir une date certaine. L'absence de date doit entraîner la nullité de la décision [4].

Toutefois il a pu être jugé en matière criminelle que si l'arrêt de condamnation contient une erreur de date et d'heure purement matérielle, cette erreur peut être rectifiée par l'examen des autres pièces de procédure [5]. Tel est le cas de l'arrêt de condamnation par une cour d'assises qui, bien que se référant au procès-verbal des débats, mentionne une date d'ouverture de ceux-ci différente de celle portée à ce procès-verbal et manifestement inexacte [6].

SECTION 2
IDENTIFICATION DES ACTEURS JUDICIAIRES

§ 1
Magistrat

722.21 **Mention des noms des magistrats et régularité de la composition.** L'article 486 du code de procédure pénale prescrit en son premier alinéa que la minute du jugement est datée et mentionne les noms des magistrats qui l'ont rendu [7]. Les règles gouvernant la composition des juridictions sont d'ordre public et tout jugement ou arrêt doit contenir la preuve de la composition régulière de la juridiction dont il émane [8].

1. V. ss nos 113.191 s.
2. Crim. 7 nov. 1974, n° 71-91.419, P n° 320.
3. Crim. 31 janv. 1996, n° 95-81.319, P n° 57.
4. Crim. 11 oct. 1977, n° 75-93.350, P n° 301.
5. Crim. 30 nov. 1977, n° 77-92.173, P n° 379.
6. Crim. 8 juin 1994, n° 92-82.657, P n° 227.
7. Crim. 14 mai 1990, n° 89-83.945, P n° 191.
8. Crim. 15 mai 2013, n° 12-84.811, P n° 107.

Il convient que les mentions de l'arrêt attaqué mettent la Cour de cassation en mesure de s'assurer que les mêmes magistrats ont participé aux débats et au délibéré et que l'arrêt a été lu par l'un d'eux, en application de l'article 485 du code de procédure pénale[1]. L'article 512 du même code rend cette disposition applicable aux arrêts des cours d'appel. L'article 592 du code de procédure pénale, dispose que les décisions sont déclarées nulles, lorsqu'elles ne sont pas rendues par le nombre de juges prescrit ou qu'elles ont été rendues par des juges qui n'ont pas assisté à toutes les audiences de la cause, et encore lorsque ces décisions ont été rendues sans que le ministère public ait été entendu. La mention du nom du représentant du ministère public n'est toutefois pas exigée[2]. Le même article précise enfin que lorsque plusieurs audiences ont été consacrées à la même affaire, les juges qui ont concouru à la décision sont présumés avoir assisté à toutes les audiences.

Ces dernières dispositions, aux termes desquelles sont déclarés nuls les arrêts rendus par les juges qui n'ont pas assisté à toutes les audiences, ne s'appliquent qu'aux audiences au cours desquelles la cause a été instruite, plaidée ou jugée[3] ; elles ne sauraient être étendues aux audiences au cours desquelles l'affaire a été appelée et renvoyée à une date ultérieure[4], ni à celles au cours desquelles a été ordonné, avant dire droit, un complément d'information[5].

Le nom des magistrats du siège qui ont rendu la décision doit donc figurer sur le jugement et le principe de continuité des débats commande que les mêmes magistrats aient assisté à l'intégralité des audiences qui viendraient à être successivement consacrées à une même affaire[6]. Par suite, seuls les juges devant lesquels l'affaire a été débattue peuvent en délibérer[7]. L'absence de mention de la composition de la juridiction lors du délibéré entache la décision de nullité, *a fortiori* lorsque les autres mentions ne permettent pas de considérer qu'il en a été délibéré conformément à la loi[8]. La décision doit mentionner les noms des magistrats qui l'ont rendue et les mentions de l'arrêt doivent établir la régularité de la composition de la juridiction[9]. Encourt, dès lors, la cassation l'arrêt qui énonce qu'il a été lu par un conseiller, alors que ce magistrat n'entrait pas dans la composition de la cour d'appel à cette audience, ces mentions contradictoires ne mettant pas la Cour de cassation en mesure de s'assurer de la régularité de la composition de la juridiction[10]. Plus récemment, la Cour de cassation a jugé que doit être cassé l'arrêt qui mentionne que la cour était composée, outre des trois magistrats, de deux citoyens assesseurs sans indiquer les noms de ceux-ci[11].

Ne satisfait pas en lui-même aux conditions essentielles de son existence légale, et spécialement aux prescriptions de l'article 486, alinéa 1er, du code de procédure pénale un jugement qui ne mentionne pas le nom des magistrats composant le tribunal correctionnel et se borne à énoncer qu'il a été rendu par le président en l'absence de deux juges assesseurs dont la présence aux débats et au délibéré n'est pas mentionnée, et sans qu'il soit fait référence aux dispositions de l'article 485, alinéa 3, du même code. La cour d'appel ne saurait suppléer aux mentions légales et rejeter l'exception de nullité du jugement en constatant que, d'après les notes d'audience tenues lors des débats, le tribunal était composé des magistrats dont s'agit. La cour d'appel doit en ce cas, par application de l'article 520 du code de procédure pénale[12].

Dès lors que l'un des conseillers dont le nom figure dans la décision finale, ne faisait plus partie de la juridiction au moment de la prorogation du délibéré et qu'il n'est pas établi qu'il a même participé à ce délibéré, l'arrêt ne satisfait pas, en la forme, aux conditions essentielles de son existence légale[13]. La question pourrait se poser d'un arrêt mentionnant expressément la participation d'un magistrat qui a ensuite quitté la juridiction au délibéré qui été rendu ultérieurement par le président lui toujours en fonctions dans ladite juridiction.

Même s'il concerne un magistrat du parquet général, une espèce intéressante a été soumise à l'appréciation de la première chambre civile de la Cour de cassation. Cette magistrate, nommée procureur général près la Cour d'appel d'Aix-en-Provence par décret du Président de la République du 2 décembre 2019, publié au *Journal officiel* le 4 décembre 2019, avait été installée dans ses nouvelles fonctions au cours d'une audience s'étant tenue le 2 janvier 2020. Cependant à la date du 6 décembre 2019, elle avait saisi le conseil régional

1. PAR EX. : Crim. 5 sept. 2012, n° 11-83.351, NP.
2. Crim. 12 juill. 1994, n° 93-84.609, P n° 278.
3. Crim. 20 nov. 1973, n° 73-91.908, P n° 426.
4. Crim. 30 oct. 1962, P n° 297 ; Crim. 1er févr. 1972, n° 71-91.328, P n° 40.
5. Crim. 20 janv. 1992, n° 91-81.939, P n° 19 ; Crim. 17 nov. 2009, n° 09-82.678, NP.
6. Crim. 12 juin 1978, n° 76-90.886, P n° 189.
7. Crim. 21 juin 1990, n° 89-82.965, P n° 256.
8. Crim. 3 avr. 1995, n° 94-81.893, NP.
9. Crim. 30 mars 2005, n° 04-82.629, P n° 107 : pour une hypothèse de mentions contradictoires quant à la participation du président au délibéré.
10. Crim. 4 oct. 1989, n° 88-87.435, P n° 339.
11. Crim. 15 mai 2013, n° 12-84.811, P n° 107.
12. Crim. 31 janv. 1994, n° 93-81.724, P n° 40.
13. Crim. 23 janv. 2019, n° 18-82.047, P n° 24.

de discipline des barreaux du ressort de son ancienne cour d'appel aux fins de poursuites disciplinaires à l'encontre d'un avocat exerçant dans ce ressort. Au jour de la saisine du conseil régional de discipline, le décret la nommant dans ses nouvelles fonctions étant paru, la Cour d'appel de Douai au sein de laquelle elle exerçait en premier lieu, en avait déduit qu'elle avait été déchargée de ses fonctions et n'avait plus qualité pour agir. La première chambre civile censure cette décision considérant que c'est l'installation des magistrats qui fixe la date de la prise des nouvelles fonctions et, par voie de conséquence, de la cessation des anciennes[1].

Pour le siège, la meilleure manière de résoudre la difficulté des départs de magistrats avant que tous les délibérés auxquels ils ont participé n'aient été rendus demeure que le magistrat toujours en place, qui a participé à l'audience et au délibéré, rende la décision seul, en application des dispositions de l'article 485, al. 4 du code de procédure pénale. Une telle solution n'est évidemment pas envisageable si les trois magistrats composant la collégialité ont quitté la juridiction sans rendre leur délibéré ou si l'audience concernée était tenue à juge unique. Dans cette hypothèse regrettable, les débats doivent être repris.

722.22 Composition de la formation collégiale. Si la composition de la formation collégiale a changé entre l'audience de plaidoirie et celle à laquelle le jugement est rendu, il convient de mentionner le nom des magistrats de ces deux audiences.

Dans tous les cas le délibéré ne peut être rendu que par un des magistrats ayant assisté aux débats depuis le début. La seule affirmation que la cour d'appel a délibéré conformément à la loi ne suffit pas à déterminer si les magistrats qui ont participé au délibéré sont ceux qui étaient présents lors des débats (la minute du jugement condamnant les prévenus pour infractions au code de l'urbanisme mentionnait le nom de trois magistrats composant la cour « lors du délibéré » mais omettait de mentionner la composition de la juridiction lors des débats)[2].

L'arrêt qui mentionne les noms des trois magistrats de la cour d'appel ayant participé aux débats et au délibéré, et qui indique qu'au jour du prononcé, le dispositif a été lu par l'un d'eux, conformément à l'article 485 du code de procédure pénale n'encourt pas la cassation, ce texte n'exigeant pas que soit spécifié le nom du magistrat qui a lu l'arrêt[3].

À l'inverse, ne met pas la Cour de cassation en mesure d'exercer son contrôle sur la régularité de la composition de la juridiction ayant statué, l'arrêt de cour d'appel qui n'indique pas qu'il ait été fait application, pour la lecture de la décision, des dispositions de l'article 485, dernier alinéa, du code de procédure pénale dans sa rédaction issue de la loi n° 85-1407 du 30 décembre 1985, et qui fait état, pour l'audience des débats et celle du prononcé de la décision, de deux compositions différentes sans mentionner une reprise des débats[4].

722.23 Composition de l'audience correctionnelle à juge unique. Lorsque l'audience correctionnelle est tenue à juge unique, le jugement doit préciser que le magistrat a été désigné conformément aux dispositions de l'article 398, alinéa 4, du code de procédure pénale.

La présence, au sein de la composition, d'un magistrat placé doit être indiquée par la formule : « désigné suivant ordonnance de Monsieur le premier président de la cour d'appel de... en date du... ».

722.24 Audience de cour d'appel tenue par un conseiller statuant à juge unique. Dans l'hypothèse d'une audience de cour d'appel tenue par un conseiller statuant à juge unique sans que l'arrêt mentionne, ni qu'il remplaçait le président de chambre empêché, ni les conditions de sa désignation, la chambre criminelle saisie d'un pourvoi a pu décider que l'arrêt attaqué mentionnant que la cour d'appel était composée de M. C..., conseiller, statuant à juge unique, en application des dispositions de l'article 547 du code de procédure pénale, cette mention suffisait à établir que ce magistrat avait été régulièrement appelé à présider en l'empêchement du président titulaire[5].

722.25 Avocat assesseur. L'intervention d'un avocat pour compléter le tribunal ou la cour (uniquement si aucun juge n'est disponible)[6] ou la cour, doit être spécifiée[7], de même que la présence d'un auditeur de justice[8].

La présence d'un élève avocat sera mentionnée comme suit : « élève avocat qui effectue un stage à la cour d'appel ou au TJ de... et a assisté à l'audience et au délibéré conformément à l'article 12-2 de la L. n° 71-1130 du 31 décembre 1971 modifiée ».

1. Civ., 1re, 26 oct. 2022, n° 21-50.047, P – V. aussi : Com. 1er déc. 2021, n° 20-16.004, NP.
2. Crim. 30 mai 2017, n° 16-85.626, P.
3. Crim. 6 nov. 2001, n° 01-83.151, NP.
4. Crim. 13 oct. 1988, n° 87-83.736, P n° 346.
5. Crim. 30 nov. 2016, n° 16-80.317, NP.
6. V. s[s] n° 211.26.
7. SUR le jugement qui doit préciser que l'avocat qui complète le tribunal appartient au barreau du siège de la juridiction : Crim. 16 déc. 1959, P n° 554 – SUR le jugement qui doit préciser qu'il est le plus ancien présent dans l'ordre du tableau : Crim. 5 oct. 1976, n° 75-93.083, P n° 280 – SUR le jugement qui doit préciser qu'il n'intervient qu'en raison de l'empêchement de tous les autres magistrats de la juridiction : Crim. 3 juin 1991, n° 89-86.573, P n° 235.
8. Ord. n° 58-1270, 22 déc. 1958, art. 19.

722.26 Qualité de magistrat exerçant à titre temporaire. La qualité de magistrat exerçant à titre temporaire (MTT) de l'un des assesseurs doit également être mentionnée, sans que soit nécessaire la référence à l'ensemble des décisions concernant la nomination de celui-ci et son habilitation ponctuelle ou habituelle à siéger en correctionnelle.

722.27 Vers une disparition du nom des juges ? Le rapport sur l'*Open Data* des décisions de justice[1], porteur de vingt recommandations, a suscité des débats qui n'ont pas été tranchés, relativement au maintien ou non du nom des magistrats sur les décisions appelées à être universellement distribuées.

Dans sa suite, la loi de programmation 2018-2022 et de réforme pour la justice a modifié l'article L. 111-13 du code de l'organisation judiciaire et a créé un nouvel article L. 751-1 dans le code de justice administrative.

Le nouvel article L. 111-13 qui concerne également la pseudonymisation des noms et prénoms des personnes physiques mentionnées dans une décision dispose dans son alinéa 3 que les données d'identité des magistrats et des membres du greffe ne peuvent faire l'objet d'une réutilisation ayant pour objet ou pour effet d'évaluer, d'analyser, de comparer ou de prédire leurs pratiques professionnelles réelles ou supposées. La violation de cette interdiction est punie des peines prévues aux articles 226-18,226-24 et 226-31 du code pénal, sans préjudice des mesures et sanctions prévues par la loi n° 78-17 du 6 janvier 1978 relative à l'informatique, aux fichiers et aux libertés. Sans qu'il soit possible de développer ici dans le détail pareil sujet, il sera dit qu'il nous semble assez vain de croire que la pseudonymisation ou l'absence de mention du nom du ou des juges, excluent que des algorithmes de plus en plus perfectionnés puissent permettre l'identification de l'auteur d'une décision, par sa date, son lieu, la nature du litige ou encore le style rédactionnel de son auteur... De surcroît, c'est le fondement même de la fonction de juger qui nous semble commander, que le nom des magistrats figure sur la décision qu'ils doivent rendre et assumer pleinement.

§ 2 Ministère public

722.31 Mention de la présence du ministère public dans la décision. La présence du représentant du ministère public doit résulter de la décision, même si le principe d'indivisibilité du parquet permet à plusieurs de ses membres de se substituer, dans une même affaire ou encore au cours d'une même audience[2].

L'omission dans la minute du jugement du patronyme du magistrat du parquet présent lors des débats et du jugement n'est pas plus une cause de nullité[3], sous la réserve qu'il n'y ait aucune équivoque sur la présence à l'audience d'un magistrat du ministère public[4]. L'article 486 du code de procédure pénale, s'il exige l'indication du nom des magistrats qui ont rendu la décision, n'impose que de constater la présence du ministère public à l'audience[5].

Sur la perspective d'une éventuelle occultation du nom du représentant du ministère public[6].

722.32 Présence obligatoire du ministère public. Si les articles 32, 486 et 510 du code de procédure pénale exigent que le ministère public, partie nécessaire au procès pénal, soit présent à chaque audience des juridictions de jugement, il résulte de l'article 592 du même code qu'à l'instar des magistrats composant la juridiction, il est présumé avoir assisté à toutes les audiences de la cause, dès lors qu'il a été entendu en ses réquisitions à celle des débats[7]. Un arrêt de la chambre criminelle rappelle cette jurisprudence, en jugeant que si les articles 32, 486 et 510 du code de procédure pénale exigent que le ministère public, partie nécessaire au procès pénal, soit présent à chaque audience des juridictions de jugement, il résulte de l'article 592 du même code qu'à l'instar des magistrats composant la juridiction, il est présumé avoir assisté à toutes les audiences de la cause, dès lors qu'il a été entendu en ses réquisitions à celle des débats, et que la nullité de la décision n'est encourue qu'à défaut de cette audition selon l'alinéa 2 de ce texte, l'absence de mention de la présence du ministère public au prononcé à la minute de l'arrêt n'important pas[8].

722.33 Présence non obligatoire du ministère public. Cependant, l'article 464, alinéa 4, du code

1. L. Cadiet, *L'open data des décisions de justice : Mission d'étude et de préfiguration sur l'ouverture au public des décisions de justice,* Rapport public, rendu public en janvier 2018, Documentation française ; http://www.ladocumentationfrancaise.fr/var/storage/rapports-publics/184000019.pdf.

2. C. pr. pén., art. 32.
3. Crim. 26 févr. 1970, n° 69-92.346, P n° 81.
4. Crim. 28 mai 1974, n° 72-92.129, P n° 203.
5. Crim. 6 mai 1996, n° 95-81.766, P n° 187 ; *LPA* 25 août 1997, obs. Josserand. Crim. 12 juin 2001, n° 00-87.016, NP.
6. V. s^{s} n° 722.27.
7. Crim. 26 mars 1996, n° 93-84.306, P n° 134 ; *RSC* 1996. 883, obs. J.-P. Dintilhac – SUR LA MENTION selon laquelle l'arrêt a été prononcé en présence du ministère public résulte, à défaut de constatations ou de preuves contraires, la présomption que ce magistrat a été présent à toutes les audiences de la cause : Crim. 7 sept. 1999, n° 98-87.561, P n° 179.
8. Crim. 25 avr. 2017, n° 16-81.793, P ; *D.* 2017. 1051 ; *Dr. soc.* 2017. 774, chron. R. Salomon.

de procédure pénale, issu de la loi du 15 juin 2000, prévoit que la présence du ministère public n'est pas obligatoire lors de l'audience de renvoi sur intérêts civils. Il résulte de l'article 464, alinéa 3, du code de procédure pénale que la présence du ministère public n'est pas obligatoire lorsque le débat ne porte plus que sur les intérêts civils[1].

Il résulte encore des dispositions des articles 464 et 711 du code de procédure pénale, que la présence du ministère public n'est pas obligatoire lorsque le débat porte, devant la juridiction correctionnelle saisie d'une requête en rectification d'erreur matérielle, sur les seuls intérêts civils[2]. Il peut être conseillé de mentionner le cas échéant que le ministère public n'était pas représenté à l'audience sur intérêts civils, en vertu des dispositions précitées.

Toute formule qui laisserait entendre que le ministère public a pu assister au délibéré des juges est évidemment à proscrire, étant de nature à entraîner la nullité du jugement.

§ 3
Greffier

722.41 Inscription du nom du greffier au jugement. Le nom du greffier d'audience doit également figurer dans le jugement qu'il est d'ailleurs appelé à signer avec le président. L'indication du nom du greffier n'est pas exigée à peine de nullité, il suffit, conformément aux dispositions de l'article 486 du code de procédure pénale que sa signature figure au bas de la minute de la décision avec celle du Président[3]. La capacité du greffier est présumée (jusqu'à preuve contraire) et dispense de préciser s'il a été préalablement assermenté[4].

Sur la perspective d'une éventuelle occultation du nom du greffier, voir *supra*[5].

722.42 Absence de signature du greffier sur la minute – Conséquence. L'absence de la signature du président ou du greffier sur la minute, affecte la validité de la décision qui ne satisfait pas en elle-même aux conditions essentielles de son existence légale, et tel est le cas lorsque l'arrêt attaqué ne comporte que la seule signature du président[6].

1. Crim. 25 févr. 2003, n° 01-88.320, P n° 54 ; *D.* 2003. 948.
2. Crim. 3 nov. 2009, n° 09-80.991, P n° 183 ; *AJ pénal* 2010. 39, obs. J. Lasserre Capdeville.
3. Crim. 26 juill. 1989, n° 88-84.186, P n° 301 – CEPENDANT : Civ. 2e, 15 févr. 2001, n° 99-13.028, P II, n° 29 : « *Le jugement authentifié par le greffier qui a assisté à son prononcé, doit comporter l'indication du nom de celui-ci* ».
4. Crim. 16 mars 1989, n° 88-82.461, P n° 132.
5. V. ss n° 722.27.
6. Crim. 27 juin 2017, n° 16-86.666, NP.

SECTION 3
IDENTIFICATION DES PARTIES PRIVÉES

722.51 Parties. Hors l'hypothèse d'une citation directe par une partie privée ou de poursuites diligentées par une administration, et toujours dans le schéma du jugement « Cassiopée », le jugement est réputé s'être déroulé entre, le procureur de la République, partie poursuivante, la ou les différentes parties civiles, et le ou les prévenus.

Ces parties sont donc énoncées dans cet ordre, avec mention de leurs nom, prénom, adresse, le fait qu'elles soient comparantes ou non comparantes, assistées ou représentées par tel avocat, dont le cas échéant, sera précisé le barreau de rattachement.

Pour les personnes morales, l'identité du représentant légal doit être précisée, de même que sa qualité exacte (gérant, mandataire...).

Pour une commune, il est conseillé de mentionner en vertu de quelle délibération du conseil municipal, produite aux débats, telle personne se constitue, puisque cette délibération est une condition de recevabilité de la constitution, ou à tout le moins qu'une telle délibération a bien été produite[7].

Est également mentionné à ce stade, tout tiers intervenant (assureur, Fonds de garantie, CPAM ou autre organisme social, agent judiciaire de l'État[8]...) et, éventuellement l'avocat qui intervient en son nom.

Suit, l'identité complète du prévenu : nom, prénom, date et lieu de naissance, filiation, nationalité, situation familiale, situation professionnelle, adresse, antécédents judiciaires (sous la forme « jamais condamné » ou « déjà condamné »), la situation pénale (libre, sous contrôle judiciaire, retenu sous escorte, détenu dans la cause, détenu pour autre cause, et dans ces deux derniers cas le nom de l'établissement pénitentiaire), et le cas échéant les coordonnées de son avocat. Sont ensuite mentionnées, le cas échéant, l'existence et les coordonnées d'un représentant légal.

Enfin, viennent sous forme simplifiée les différents chefs de prévention (« *Escroquerie, faits commis le 6 avril 2010 à...* »).

La loi de programmation 2018-2022 et de réforme pour la justice a modifié l'article L. 111-13 du code de l'organisation judiciaire et créé un nouvel article L. 751-1 dans le code de justice administrative, ouvrant la possibilité avant mise à disposition du public des décisions de justice d'une occultation des noms et prénoms des personnes physiques mentionnées dans ladite décision. Lorsque sa divulgation est

7. CGCT, art. L. 2122-22.
8. Décr. n° 2012-985, 23 août 2012 substituant la dénomination « agent judiciaire de l'État » à celle d'agent judiciaire du Trésor, *JO* 24 août, p. 13762.

de nature à porter atteinte à la sécurité ou au respect de la vie privée de ces personnes ou de leur entourage est également occulté tout élément permettant d'identifier les parties, les tiers, les magistrats et les membres du greffe.

722.52 **État civil des parties.** Sous les réserves ci-dessus, une attention toute particulière doit être portée à l'exactitude des mentions d'état civil des parties et tout spécialement du prévenu, pour pallier les difficultés d'exécution ultérieures. Il faut, lorsque la situation se présente, énoncer l'ensemble des alias du ou des prévenus, affectés le cas échéant des dates et lieux de naissance qui ont pu être donnés dans d'autres procédures, afin de permettre au casier judiciaire dans le temps de l'exécution de donner à la décision sa portée la plus complète.

Pour la même raison, la réalité de l'adresse des parties, notamment lorsqu'une modification a été signalée à l'audience, doit être portée au jugement. C'est la raison pour laquelle, l'interrogatoire d'identité à l'audience ne peut pas être qu'un interrogatoire formel et qu'il convient pour le président de s'assurer de la réalité des renseignements donnés, le cas échéant par production d'une pièce d'identité ou d'un document justificatif et que la moindre hésitation doit être levée au risque de voir le jugement rendu se heurter à des difficultés d'exécution insolubles.

Ces contraintes sont spécialement à rappeler en ce qui concerne les personnes civilement responsables et les représentants légaux (mineur victime, incapable majeur, personne morale...).

On comprend à l'énoncé de ces exigences, combien le travail d'anonymisation ou de pseudonymisation des décisions de justice pourra s'avérer délicat.

SECTION 4
DE QUELQUES DIFFICULTÉS PARTICULIÈRES

722.61 **Difficultés susceptibles d'affecter le délibéré.** C'est encore dès l'en-tête du jugement que des précisions doivent apparaître de manière visible sur les conditions dans lesquelles le délibéré a été rendu.

La première règle en matière de délibéré est la mention, puis le respect d'une date certaine. Le président à l'audience des débats aura soin de fixer une date ni trop proche qui ne lui permette pas, en collégialité, de délibérer véritablement avec ses assesseurs, ni de donner au greffe le temps de mettre en forme la décision, ni trop lointaine, les parties étant en droit d'être fixées sur leur sort ou celui de leurs demandes dans un délai là encore raisonnable. Il est important que ce délibéré soit tenu et qu'une prorogation de délibéré n'intervienne donc que de manière exceptionnelle.

Les renvois successifs du prononcé de la décision n'impliquent pas la prolongation du délibéré et, simples mesures d'ordre, peuvent intervenir après la cessation des fonctions de l'un des magistrats dès lors que ce dernier, selon une mention de la décision faisant foi jusqu'à inscription de faux, était présent aux débats et au délibéré et que la lecture a été faite, conformément à l'article 485, dernier alinéa, du code de procédure pénale, par un autre magistrat ayant composé la juridiction[1].

Il a déjà été dit que le délibéré devait être rendu en principe par le président de l'audience qui a tenu les débats. À défaut, un de ses assesseurs peut rendre la décision, au nom de la collégialité. La minute d'un arrêt étant signée par un conseiller qui a participé aux débats et au délibéré, il se déduit de cette seule circonstance d'une part que la lecture de la décision a été donnée par ce magistrat à l'audience ultérieure tenue dans une autre composition où l'arrêt a été rendu, ainsi que le permet l'article 485, dernier alinéa, du code de procédure pénale, d'autre part que le président était empêché[2].

L'hypothèse dans laquelle entre la date des débats et le jour du délibéré, un magistrat appartenant à la composition collégiale aurait été appelé à d'autres fonctions, ne pose guère de difficulté. Un décret de nomination a pu intervenir concernant ce magistrat, il n'est affecté dans sa nouvelle juridiction qu'au jour de rédaction de son procès-verbal d'installation. Il a donc pu délibérer avec ses collègues sur l'affaire en cause. Plus délicate peut être la situation d'un juge quittant la magistrature, encore que les mises en disponibilités, mises à la retraite ou démissions puissent se prévoir à l'avance et commandent sans doute qu'à l'approche de l'événement, le magistrat concerné ne siège plus, sauf à être assuré de pouvoir rendre l'ensemble de ses délibérés avant son départ.

Le décès du juge unique entre l'audience des débats et celle du délibéré impose la reprise *in extenso* de ces débats. Le décès du président ou de l'un des assesseurs d'une formation collégiale, n'a pas les mêmes conséquences dès lors que le jugement peut être rendu par l'un des autres membres de la collégialité. La question peut néanmoins se poser de savoir comment les parties peuvent s'assurer que les juges avaient effectivement délibéré ensemble, avant que l'un d'entre eux ne disparaisse, et il peut être conseillé de préciser ce point dans la décision rendue pour qu'il ne puisse faire l'objet de contestation à l'occasion de l'exercice d'une voie de recours.

1. Crim. 7 oct. 1992, nº 91-86.012, P nº 316.
2. Crim. 28 oct. 1992, nº 91-85.793, P nº 348.

CHAPITRE

723. Saisine et débats

SECTION 0 ORIENTEUR

723.00 Sommaire du chapitre.

723.01 Principaux textes applicables.

TEXTES SOURCES

• C. pr. pén., art. 485, 486, 543, 648, 649

TEXTES *IN EXTENSO*

• **C. pr. pén., art. 485**

* V. s[s] n° 721.01.

• **C. pr. pén., art. 486**

* V. s[s] n° 721.01.

• **C. pr. pén., art. 543**

* V. s[s] n° 721.01.

• **C. pr. pén., art. 648**

* V. s[s] n° 721.01.

• **C. pr. pén., art. 649**

* V. s[s] n° 721.01.

SECTION UNIQUE VOIES DES POURSUITES ET PRÉVENTION

723.11 Modalités de la saisine. Diverses voies procédurales étant susceptibles de conduire à la comparution d'un prévenu et obéissant à des conditions différentes[1], il convient que le jugement mentionne en vertu de quels textes la personne concernée comparaît : convocation par officier de police judiciaire, comparution immédiate, citation, comparution volontaire... Il peut arriver qu'une comparution volontaire se greffe sur une citation entachée d'une erreur de date ou supplée l'absence d'un ou de quelques faits au sein de poursuites multiples ou permette le jugement d'une affaire alors que la connaissance prise de la convocation en justice est séparée de la date de l'audience de moins de dix jours. Seules ces précisions permettront de savoir si la juridiction est saisie et à la juridiction d'appel ou à la chambre criminelle qui serait saisie à son tour, d'apprécier la régularité de la procédure.

Toute demande de renvoi de l'examen de l'affaire en vertu d'une excuse légitime doit être mentionnée et son rejet éventuel explicité. La demande doit être examinée même si elle est parvenue au tribunal saisi après l'audience mais avant le prononcé de la décision.

Toutes précisions doivent être données sur le respect des délais de citation et la faculté offerte au prévenu de préparer sa défense, au premier rang de laquelle se trouve la possibilité qui lui a été laissée de choisir un avocat. Dans l'hypothèse d'un prévenu comparaissant sans avocat, il est plus qu'opportun de noter que : « M. X... a fait choix de se défendre seul (et par suite qu'il a eu la parole en dernier), ou même, que M. X... avisé de la possibilité de se voir désigner un avocat d'office ou d'en choisir un, a souhaité se défendre seul ».

Seront rappelées ici les dispositions de l'article 417 du code de procédure pénale aux termes desquelles : « Le prévenu qui comparaît a la faculté de se faire assister par un défenseur. Si le prévenu n'a pas fait choix d'un défenseur avant l'audience, le président l'informe, s'il n'a pas reçu cette information avant l'audience, qu'il peut, à sa demande, bénéficier d'un avocat commis d'office. Si le prévenu formule cette demande, le président commet un défenseur d'office. Le défenseur ne peut être choisi ou désigné que parmi les avocats inscrits à un barreau. L'assistance d'un défenseur est obligatoire quand le prévenu est atteint d'une infirmité de nature à compromettre sa défense ».

1. V. s[s] titres 41 et 42.

723.12 **Saisine *in rem* et *in personam*.** Le tribunal est saisi *in rem* et *in personam*. Il lui appartient donc de dire si le prévenu a bien commis les faits qui lui sont reprochés et surtout pas s'il a commis d'autres faits, non compris dans la saisine, ou si d'autres personnes ont commis les mêmes faits.

Dans l'hypothèse particulière ouverte par l'article L. 121-6 du code de la route, la chambre criminelle a été rendue destinataire d'une question prioritaire de constitutionnalité ainsi formulée : « L'article L. 121-6 du code de la route lequel incrimine le fait, pour le représentant légal de la personne morale, titulaire du certificat d'immatriculation ou détentrice du véhicule avec lequel une infraction constatée selon les modalités de l'article L. 130-9 du code de la route a été commise, de ne pas indiquer, par lettre recommandée avec accusé de réception ou de façon dématérialisée, selon les modalités précisées par arrêté, dans un délai de 45 jours à compter de l'envoi ou de la remise de l'avis de contravention, à l'autorité mentionnée sur cet avis, l'identité et l'adresse de la personne physique qui conduisait ce véhicule, à moins qu'il n'établisse l'existence d'un vol, d'une usurpation de plaque d'immatriculation, et réprime ce fait d'une amende prévue pour les contraventions de 4e classe, est-il contraire aux articles 1er, 4, 5, 6, 9 et 16 de la Déclaration des droits de l'Homme et du citoyen du 26 août 1789 intégrée au Préambule de la Constitution du 4 octobre 1958 et 34 et 62 de la Constitution du 4 octobre 1958, et aux principes d'égalité des citoyens devant la Loi, aux droits de la défense incluant notamment le droit à une procédure juste et équitable, au principe de clarté et à l'objectif de valeur constitutionnelle d'intelligibilité et d'accessibilité de la loi ? ».

Le 7 février 2018, la question a fait l'objet d'une décision de non-renvoi au Conseil constitutionnel, à défaut de caractère sérieux, ledit article, en faisant obligation au représentant légal d'une personne morale qui détient un ou plusieurs véhicules d'indiquer aux autorités compétentes, en cas de constatation d'une infraction au code de la route, l'identité du conducteur, le cas échéant lui-même, et en sanctionnant de la peine prévue pour les contraventions de la quatrième classe le refus de satisfaire à cette obligation, l'article L. 121-6 du code de la route, dont les dispositions sont dépourvues d'ambiguïté, assurant un juste équilibre entre les nécessités de la lutte contre l'insécurité routière et le droit de ne pas s'auto-incriminer, ne méconnaissant pas les droits de la défense et ne portant aucune atteinte au principe d'égalité entre les justiciables[1].

De même le tribunal ne peut, alors que comparaît devant lui un prévenu en sa seule qualité de gérant d'une société, lui demander de comparaître volontairement comme représentant de la personne morale afin d'envisager la condamnation de celle-ci. Il a encore été jugé ans une espèce où l'organe de la société fille, pour le compte de laquelle l'infraction avait été commise, a été identifié comme étant une société holding, personne morale assurant sa présidence, la cassation était néanmoins encourue par l'arrêt qui n'avait pas identifié l'organe ou le représentant de la société holding[2], tous éléments devant être précisés dans la décision.

Le président a pu faire acter d'initiative ou à la demande de l'une des parties, la reconnaissance par le prévenu en cours de débats, d'un fait susceptible de donner lieu à des poursuites ou à tout le moins à une enquête. Il ne peut s'en autosaisir et doit rester dans le cadre strict des poursuites qui lui sont confiées, sous la réserve des possibilités de requalifications qui sont un autre débat[3].

La prévention est essentielle en ce qu'elle va guider le président dans la conduite de l'audience. Précise et détaillée, elle fixera les limites exactes de sa saisine et sera le fil directeur de la partie du jugement consacrée à la motivation. En cas de comparution volontaire, il est important de faire noter avec précision par le greffier les limites de la saisine, ces éléments étant repris lors de la rédaction du jugement.

723.13 **Prévention détaillée.** Juste avant les motifs proprement dits de la décision, le jugement « Cassiopée » reprend, de manière détaillée, la qualification juridique des faits. Il sera largement renvoyé ici aux développements consacrés[4] au contenu de l'acte de saisine.

Le jugement doit donc énoncer tout d'abord, le lieu ou les lieux où se sont produits les faits. Il convient là encore de mentionner minutieusement l'intégralité des lieux concernés, soit par exemple en matière d'escroquerie l'un quelconque des lieux dans lequel s'est produit un des éléments constitutifs de l'infraction : lieu d'usage du faux nom, de la fausse qualité, de l'une des manœuvres frauduleuses ou encore de la remise. Si dans la majorité des situations un lieu unique sera concerné, il se peut, soit en face d'une infraction complexe, soit en cas de multiplicité de délits que ces lieux soient nombreux. Cette précision est essentielle pour l'appréciation de la compétence de la juridiction[5].

1. Crim. 7 févr. 2018, nº 17-90.023, NP.

2. Crim. 21 juin 2022, nº 20-86.857, P.M. Recotillet, « L'exigence d'identification de l'organe ou du représentant de la personne morale en cas de pluralité de sociétés », *D. actu.* 11 juill. 2022.
3. V. ss nos 551.11 s.
4. V. ss nos 412.31 s.
5. V. ss titre 31.

Cette première énonciation est généralement suivie de la formule « en tous cas sur le territoire national », qui a l'avantage d'englober le cas échéant l'un des lieux qui n'aurait pas été spécifié. Suit, la date des faits, qui doit pareillement être précisément mentionnée pour des raisons dont la formule générique, là encore le plus souvent reprise, « et depuis temps non couvert par la prescription » révèle l'évidence[1]. Il convient d'adopter avec prudence la formulation « de courant 2010 à courant 2011 » qui, bien que validée par la chambre criminelle peut susciter des interrogations lors des débats. Il convient de veiller à ce que la période de la prévention n'englobe pas une période durant laquelle le prévenu était mineur. Dans cette dernière hypothèse, le tribunal ne peut que se déclarer incompétent et contrairement à certaines pratiques, une relaxe pour les faits commis durant la minorité ne peut pas être envisagée, dès lors qu'elle supposerait un examen de la culpabilité par une juridiction qui n'est pas apte à le faire.

Doivent ensuite être spécifiés les éléments constitutifs de l'infraction, soit, par exemple : « ... en employant des manœuvres frauduleuses, en l'espèce en signant l'acte de promesse de vente le..., en vertu duquel le chiffre d'affaires annoncé est conforme à des règles déontologiques de la profession de pharmacien, alors qu'il savait que ces chiffres étaient gonflés artificiellement par des pratiques contraires à la déontologie de la profession et non indiquées aux acheteurs, trompé..., pour les déterminer à lui remettre des fonds, valeurs ou bien quelconque, en l'espèce la somme de... euros, au titre du prix de vente de la pharmacie... » ;

Ou encore en matière de mœurs : « D'avoir, -..., en tout cas sur le territoire national, entre le 27 et le 28 novembre 2..., en tout cas depuis temps non couvert par la prescription, commis une atteinte sexuelle avec violence, contrainte, menace ou surprise, en l'espèce en procédant - des attouchements de nature sexuelle en particulier..., sur S..., personne qu'il savait particulièrement vulnérable en raison de son état physique ou mental, avec cette circonstance que les faits ont été commis en réunion ».

Bien que l'on rencontre parfois ce cas de figure, des présentations de la prévention qui se contentent de reprendre *a minima* les éléments constitutifs du délit, par exemple : « pour avoir à... agressé sexuellement Mme..., faits prévus et réprimés par... », ou : « ... pour avoir escroqué M..., faits prévus et réprimés... », et qui ne spécifient aucune des circonstances de l'espèce ne sont pas admissibles. Pareillement des poursuites pour s'être « rendu complice des faits de faux commis par X... », sans que ceux-ci ne soient spécifiés. Elles justifient le cas échéant le dépôt de conclusions de nullité au regard de l'imprécision de l'acte de saisine et de l'éventualité dans laquelle le prévenu s'est trouvé de ne pas savoir exactement quels étaient les faits qui lui étaient reprochés. Elles supposent en tous cas que le tribunal supplée cette insuffisance et dans son jugement détaille les éléments constitutifs concrets qui lui permettront d'asseoir sa décision de relaxe ou de condamnation. Ceci est d'autant plus crucial face à des délinquants d'habitude, par exemple toujours poursuivis pour des vols aggravés qui n'hésiteront pas le cas échéant à soutenir qu'ils ont déjà été jugés pour tels faits poursuivis de manière imprécise, lors d'une précédente audience, exposant le tribunal à des recherches le plus souvent sans utilité réelle.

723.14 **Textes applicables.** Le jugement reprend les textes de prévention et de répression visés à l'acte de poursuites. Il se contentera généralement des textes visés initialement. Mais l'on sait que le visa de l'intégralité des textes de poursuite n'est pas une condition de validité de la citation[2]. Les textes sur lesquels repose telle ou telle peine complémentaire peuvent ainsi avoir été initialement omis.

Il serait précieux que l'énoncé des textes visés aux poursuites obéisse à un ordre logique et que ceux-ci soient mentionnés par code. Par exemple, l'article 222-11, avant l'article 222-12, le code pénal, avant le code des assurances et ainsi de suite, ne serait-ce que pour faciliter la lecture desdits articles par le président lors de l'audience.

Il est plus qu'opportun, dans l'hypothèse où le tribunal prononce telle peine, qu'il mentionne en vertu de quel texte il le fait, par souci de clarté vis-à-vis des parties, de leurs conseils, voire de la chambre correctionnelle qui viendrait à être saisie d'un appel. Dans l'absolu on ne saurait que trop conseiller à une juridiction qui songe à prononcer une peine complémentaire fondée sur un texte ne figurant pas à la citation de mettre cette question dans le débat afin qu'un échange contradictoire s'instaure lors de l'audience à ce sujet.

Il est une autre hypothèse où une précision supplémentaire est la bienvenue, c'est celle de l'abrogation de la loi pénale applicable au moment des faits et de son remplacement par des dispositions nouvelles. Dans ce cas, il peut être conseillé de mentionner explicitement la « substitution de textes », par exemple selon la formule : « [...] prévus et réprimés par les articles... applicables au moment des faits, abrogés par la loi n°... du... et désormais prévus et punis par les articles... issus de la loi n°... du... ». De même s'il

1. Ch. Guéry, « De la formule "depuis temps non couvert par la prescription de l'action publique" et de ses effets », *AJ pénal* 2016. 309.

2. V. s^s^ n° 412.41.

s'agit de préciser quelle version du code des marchés publics ou de tout autre code au contenu changeant, il y a lieu d'appliquer.

723.15 **Tiers intervenants.** L'intervention d'un interprète, ses nom et qualité, la prestation du serment doivent figurer sur le jugement. Si de manière exceptionnelle, un expert intervient devant la juridiction correctionnelle, ses nom, âge et qualité doivent être précisés dans le rappel de la procédure suivie à l'audience. Sa prestation de serment devra pareillement figurer dans le corps du jugement.

D'une manière générale, tout intervenant (assureur, Fonds de garantie, CPAM, Agent judiciaire de l'État...), devra être mentionné au jugement en ce y compris, le cas échéant, le nom de son avocat. Il en est spécialement de même désormais de tout tiers revendiquant des droits sur un bien susceptible d'être confisqué, ou frappé de confiscation.

CHAPITRE

724. Exposé des faits et motivation

SECTION 0 ORIENTEUR

724.00 Sommaire du chapitre.

724.01 Principaux textes applicables.

TEXTES *IN EXTENSO*

• **C. pr. pén.,** art. 485

* V. s[s] n° 721.01.

• **C. pr. pén.,** art. 486

* V. s[s] n° 721.01.

• **C. pr. pén.,** art. 543

* V. s[s] n° 721.01.

• **C. pr. pén.,** art. 648

* V. s[s] n° 723.01.

• **C. pr. pén.,** art. 649

* V. s[s] n° 723.01.

• **CGI,** art. 1018 A [mod. par L. n° 2021-1900, 30 déc. 2021, art. 130 (V)]

Les décisions des juridictions répressives, à l'exception de celles qui ne statuent que sur les intérêts civils, sont soumises à un droit fixe de procédure dû par chaque condamné. Ce droit est de :

1° 31 euros pour les ordonnances pénales en matière contraventionnelle ou correctionnelle ;

2° 31 euros pour les autres décisions des tribunaux de police et des juridictions de proximité et celles des juridictions qui ne statuent pas sur le fond ; ainsi un jugement avant dire droit ou statuant sur un incident obéit-il à ce droit ;

3° 127 euros pour les décisions des tribunaux correctionnels. Toutefois, ce droit est porté à 254 euros si le condamné n'a pas comparu personnellement, dès lors que la citation a été délivrée à personne ou qu'il est établi que le prévenu a eu connaissance de la citation, sauf s'il est jugé en son absence dans les conditions prévues par les premier et deuxième alinéas de l'article 411 du code de procédure pénale. Cette majoration ne s'applique pas si le condamné s'acquitte volontairement du montant du droit fixe de procédure dans un délai d'un mois à compter de la date où il a eu connaissance de la décision ;

4° 169 euros pour les décisions des cours d'appel statuant en matière correctionnelle et de police ;

5° 527 euros pour les décisions des cours d'assises.

Il est de 211 euros pour les décisions de la Cour de cassation statuant en matière criminelle, correctionnelle ou de police.

Lorsque la personne a été condamnée pour conduite sous l'influence de substances ou plantes classées comme stupéfiants en application de l'article L. 235-1 du code de la route ou du 3° des articles 221-6-1, 222-19-1 ou 222-20-1 du code pénal, les droits fixes de procédure prévus au présent article sont augmentés d'une somme, fixée par arrêté du ministre de la Justice, égale au montant, arrondi à la dizaine inférieure, des indemnités maximales prévues pour les différentes analyses toxicologiques permettant d'établir la présence de stupéfiants dans le sang.

Les décisions rendues sur le fond s'entendent des jugements et arrêts des cours et tribunaux qui statuent sur l'action publique et qui ont pour effet, si aucune voie de recours n'est ouverte ou n'est exercée, de mettre fin à la procédure.

Ce droit n'est pas dû lorsque le condamné est mineur.

Ce droit est recouvré sur chaque condamné comme en matière d'amendes et de condamnations pécuniaires par les comptables publics compétents. Les personnes condamnées pour un même crime ou pour un même délit sont tenues solidairement au paiement des droits fixes de procédure.

Ce droit est aussi recouvré, comme en matière criminelle ou correctionnelle, en cas de décision de non-lieu ou de relaxe sur la partie civile qui a mis en mouvement l'action publique.

Le présent article est applicable sur l'ensemble du territoire national.

724.02 Jurisprudence de référence.

> Possibilité de maintien en détention durant le délibéré

• **Crim. 25 juin 1986,** n° 85-95.498, P n° 226

* V. s^s n° 724.35.

« Sur le moyen unique de cassation pris de la violation des articles 179, 464-1 et 593 du code de procédure pénale ;

en ce que l'arrêt attaqué a rejeté la demande de mise en liberté du prévenu ;

aux motifs que le caractère juridique – contradictoire ou par défaut – d'une décision de justice rendue après mise en délibéré est déterminée par la comparution des parties à l'ouverture des débats, de telle sorte que le caractère contradictoire subsiste même si celles-ci ne sont pas présentes au prononcé de la sentence ; qu'ainsi il n'y a pas de solution de continuité entre les débats et la décision, le temps de réflexion constitué par le délibéré étant le prolongement des débats eux-mêmes et de la comparution des parties ; que l'article 462 du code de procédure impose seulement au juge d'informer les parties présentes aux débats du jour où le jugement sera prononcé ; que le tribunal ayant rejeté les prescriptions de l'article 464-1 du code de procédure pénale lorsque, le 22 février 1985, à l'issue des débats et du délibéré, il a rendu la décision sur les faits qui lui étaient déférés, la détention est régulière ; que le fait que le tribunal ait estimé utile de prononcer un maintien en détention lors des renvois en continuation ayant précédé la mise en délibéré est sans incidence sur cette situation ;

"alors que la comparution devant la juridiction correctionnelle faisant cesser de plein droit le mandat de dépôt, le tribunal doit, lorsqu'il procède à l'instruction de l'affaire par renvoi en continuation et qu'il estime le maintien en détention du prévenu nécessaire, statuer sur la détention après chaque audience, par une décision spéciale et motivée ; que cette règle s'applique également au cas où le tribunal rend une décision de mise en délibéré avant de statuer au fond ; qu'en l'espèce, il est constant que le tribunal qui avait, à l'issue de ses audiences d'instruction des 30 et 31 janvier 1985 et des 4, 5 et 6 février 1985, maintenu la détention du prévenu par une décision spéciale et motivée, n'a pas, à l'issue de la dernière audience d'instruction du 7 février 1985, rendu une décision spéciale et motivée pour justifier le maintien du prévenu en détention ; que dès lors, la détention du prévenu n'a aucune base légale" ;

Attendu qu'il résulte de l'arrêt attaqué et des pièces de la procédure que X... a été poursuivi devant le tribunal correctionnel de Paris des chefs d'infraction à la législation sur les stupéfiants et d'importation en contrebande de marchandises prohibées ; qu'après plusieurs audiences successives, ce tribunal a, le 7 février 1985, mis l'affaire en délibéré et a prononcé le jugement le 22 février suivant ; que X... a interjeté appel de cette décision ;

Attendu que saisie d'une demande de mise en liberté, la cour d'appel énonce, pour écarter l'argument du prévenu, repris au moyen, qui reprochait au tribunal d'avoir, le 7 février 1985, ordonné son maintien en détention sans motiver cette décision, que "le temps de réflexion que constitue le délibéré est le prolongement des débats eux-mêmes et de la comparution des parties" ; qu'elle relève que l'article 462 du code de procédure pénale "n'impose aux juges que la seule obligation d'informer les parties présentes aux débats du jour où le jugement sera prononcé" ; qu'elle ajoute enfin que le tribunal a, le 22 février 1985, statué sur la détention du prévenu, conformément aux dispositions de l'article 464-1 du code précité ;

Attendu qu'en l'état de ces motifs, la cour d'appel qui a fait l'exacte application des textes visés au moyen, a donné une base légale à sa décision ; qu'en effet, il se déduit des dispositions desdits textes que la comparution d'un prévenu détenu devant les juges correctionnels se prolonge pendant toute la durée des débats et, même si l'affaire a été mise en délibéré, jusqu'à la clôture de ceux-ci par le jugement ; que dès lors, cette comparution ne fait cesser de plein droit la détention provisoire qu'au prononcé dudit jugement, lequel doit ainsi statuer sur le maintien en détention par une décision spéciale et motivée ;

D'où il suit que le moyen doit être écarté ;

Et attendu que l'arrêt est régulier en la forme ;

REJETTE le pourvoi. »

SECTION 1
DISTINCTION FAITS ET MOTIFS

724.11 **Exposé des faits.** Un exposé complet et clair des faits est la condition *sine qua non* de la compréhension des poursuites. Il doit donc être synthétique et objectif, sobre et grammaticalement correct. Les termes étrangers et les néologismes sont à prohiber, sauf si une expression particulière, alors citée entre guillemets, constitue l'un des éléments de l'infraction (diffamation, outrage...). L'exposé des faits peut s'articuler à partir de la plainte initiale, autour de la version de la victime ou des constatations des enquêteurs et des pièces produites.

Dans les cas où les faits ne sont pas juridiquement discutés, le jugement peut se borner à reproduire les termes de la loi en ne négligeant toutefois aucun des éléments constitutifs de l'infraction retenue[1], et en

1. Crim. 3 janv. 1959, P n° 18.

circonstanciant ces éléments au regard des faits de l'espèce. On pourra par exemple, préciser la nature des violences commises, décrire les images qui présenteraient un caractère d'obscénité les faisant entrer dans la catégorie des outrages aux bonnes mœurs, énoncer dans leur intégralité les insultes proférées...

Dans les dossiers d'instruction, le résumé des faits s'inspirera nécessairement de l'ordonnance de renvoi ou du début du réquisitoire définitif[1]. Le débat sur le « copié-collé » de ces pièces au temps de l'acte de saisine, puis de celui du jugement a déjà été abordé[2]. Ce résumé ne peut évidemment en aucun cas anticiper sur l'éventuelle culpabilité du prévenu et doit donc être encore une fois aussi neutre que possible.

POUR EXEMPLE

Le 15 août 2000, Monsieur F... a déposé plainte à l'encontre de Monsieur H... pour... Il a déclaré aux enquêteurs que... Les services de police ont découvert... Ils ont interpellé Monsieur H... qui a été trouvé porteur d'une arme, en l'espèce... À l'issue de l'enquête, Monsieur F... a remis aux policiers un certificat médical fixant son incapacité temporaire de travail consécutive à l'agression dénoncée à... jours.

724.12 Motifs. Les motifs sont la « partie du jugement dans laquelle le juge indique les raisons de sa décision »[3]. Les motifs constituent la base de la décision[4].

Un jugement n'est suffisamment motivé que si l'on trouve dans sa rédaction, tous les éléments permettant d'asseoir son dispositif. Qu'elle aboutisse à une condamnation ou à une relaxe, la décision sur l'action publique doit être motivée. Le doute qui aboutit à une décision de relaxe doit indiquer les éléments de fait qui ont donné corps à ce doute[5]. Ne serait-il saisi que d'une requête en relèvement d'interdiction, déchéance, incapacité, mesure de publication sur le fondement de l'article 702-1 du code de procédure pénale., le tribunal est tenu de motiver sa décision et de répondre aux chefs péremptoires de l'argumentation du requérant[6]. En cas de condamnation, la déclaration de culpabilité doit être justifiée par les motifs du jugement et affirmée en termes non équivoques[7], les motifs dubitatifs ou hypothétiques étant à proscrire[8].

Si la cour d'appel qui n'a pas été saisie régulièrement dans les formes prévues par l'article 459 du code de procédure pénale n'est pas tenue de répondre à la demande du prévenu tendant à l'audition de témoins[9] et si le demandeur au pourvoi ne saurait se faire un grief du rejet de la requête en confusion de peines qu'il a présentée verbalement, dès lors qu'en l'absence de conclusions écrites indiquant de manière précise les condamnations dont la confusion avec la peine prononcée par la cour d'appel était demandée, celle-ci n'était pas tenue de répondre à cette demande[10], il peut être néanmoins conseillé à la juridiction de préciser par écrit, pourquoi elle ne répond pas à telle demande (défaut de conclusions, écritures irrégulièrement déposées...). Il a déjà été jugé qu'il résulte de l'article 6, § 3, d) de la convention européenne des droits de l'homme que les juges d'appel sont tenus, lorsqu'ils en sont légalement requis, d'ordonner l'audition contradictoire des témoins à décharge dans les mêmes conditions que les témoins à charge et que le refus des juges de faire droit à une telle demande doit être motivé[11]. Il a été dit par ailleurs, comment la chambre criminelle a progressivement étendu à partir de 2017 l'obligation de motivation de la peine correctionnelle[12], obligation reprise dans la loi de 2019, ce qui nécessite évidemment une motivation à part entière sur la ou les peines prononcées, de même que sur l'aménagement de la peine privative de liberté sans sursis.

Le tribunal qui prononce une peine doit, en principe, par le même jugement statuer sur d'éventuelles réparations civiles. Aux termes des dispositions de l'article 464 du code de procédure pénale, le tribunal peut condamner au paiement de dommages-intérêts et ordonner le versement provisoire en tout ou partie des dommages-intérêts alloués. Il peut accorder une provision ou même, sans ordonner de mesure d'instruction, renvoyer l'affaire sur intérêts civils, afin de permettre à la partie civile d'apporter les justificatifs de ses demandes. La motivation va donc successivement concerner l'action publique, puis l'action civile.

SECTION 2
DE L'OBLIGATION DE MOTIVER – PORTÉE GÉNÉRALE

724.21 Sur l'action publique, l'obligation de statuer sur les incidents. Le tribunal doit d'abord statuer sur d'éventuels incidents de procédure, exceptions

1. SUR la nullité pour insuffisance de motifs la décision qui ne précise pas les éléments de fait qui constituent l'infraction dont l'existence entraîne condamnation : Crim. 19 avr. 1958, P n° 317.
2. V. s^s n° 721.32.
3. *Petit Larousse illustré*, 2023.
4. C. pr. pén., art. 485, al. 2.
5. Crim. 22 juin 1960, P n° 339.
6. Crim. 28 févr. 2001, n° 99-87.963, P n° 55 ; *RSC* 2001. 839, obs. D.-N. Commaret.
7. Crim. 1er juin 1934, *DH* 1934. 399.
8. PAR EX. : Crim. 14 oct. 2014, n° 13-85-512, P n° 206.
9. Cass., ass. plén., 2 déc. 2005, n° 96-81.553, P n° 3.
10. Crim. 1er mars 2017, n° 15-87.069, NP.
11. Crim. 4 juin 1998, n° 97-82.618, P n° 184 – v. s^s n° 223.13.
12. V. s^s n°s 716.133 s.

de nullité ou d'incompétence et le jugement abordera donc en premier lieu ces points, sans compter la saisine du Conseil constitutionnel pour une éventuelle QPC[1].

Le tribunal doit en effet examiner la légalité des poursuites et donc statuer sur les exceptions de procédure qui auront été régulièrement soulevées en début de procès et jointes au fond en application des articles 385 et 459 du code de procédure pénale[2 3]. Il conviendra de voir l'effet de l'exception, tant sur l'action publique, que sur l'action civile. L'action publique éteinte du fait, par exemple, d'une loi d'amnistie, n'empêche pas le tribunal de statuer sur les intérêts civils.

POUR EXEMPLE

Il résulte de l'arrêt attaqué que les prévenus, agriculteurs, qui avaient importé d'Espagne des produits vétérinaires bénéficiant d'une autorisation de mise sur le marché dans cet État, et non en France, mais très proches, dans leur composition et leurs effets, des produits autorisés sur le territoire national, ont été poursuivis pour importation de médicaments vétérinaires sans autorisation et pour importation sans déclaration de marchandises prohibées. Ils avaient soulevé devant les juges du fond l'exception d'illégalité du décret du 27 mai 2005[4] relatif aux importations de médicaments vétérinaires, dont sont issus les textes du code de la santé publique applicables en l'espèce. Ils avaient soutenu que certaines modifications des règles techniques adoptées n'ont pas été notifiées à la Commission européenne, alors que l'article 8 de la directive 98/34[5] l'exige, et que diverses dispositions de ce décret sur les importations « parallèles », correspondant à celles poursuivies, méconnaissaient, par des restrictions d'importation non justifiées, les objectifs de la directive 2001/82[6] instituant un code communautaire, telle que modifiée par la directive 2004/28[7].

Pour infirmer le jugement qui avait accueilli l'exception soulevée et pour déclarer les prévenus coupables des faits reprochés, les juges du second degré ont relevé qu'au vu de l'arrêt rendu le 6 décembre 2006 par le Conseil d'État, « l'opposabilité du décret n° 2005-558 du 27 mai 2005 aux prévenus est incontestable ».

La Cour de cassation sanctionne l'instance d'appel soulignant qu'en se déterminant ainsi, sans examiner elle-même, comme l'article 111-5 du code pénal l'exige, le bien-fondé de l'exception d'illégalité de cet acte, fondement des poursuites, et en laissant sans réponse la demande de voir poser des questions préjudicielles à la Cour de justice de l'Union européenne, la cour d'appel n'a pas justifié sa décision[8].

Ainsi, a-t-il encore été jugé que la publicité des débats judiciaires est une règle d'ordre public à laquelle il ne peut être dérogé que dans les cas limitativement déterminés par la loi et qu'encourt la cassation l'arrêt qui, sans constater que la publicité est dangereuse pour l'ordre, la sérénité des débats, la dignité de la personne ou les intérêts d'un tiers, se borne à énoncer qu'à la demande de la partie civile, le président a ordonné le huis clos en application de l'article 400 du code de procédure pénale[9].

Méconnaît cette règle et l'article 400 du code de procédure pénale l'arrêt qui se borne à énoncer, au visa de cette dernière disposition, que « la cour, à la demande de la victime pour qui la publicité de l'audience paraissait dangereuse pour les mœurs, a ordonné que les débats aient lieu à huis clos », alors qu'il lui appartenait de vérifier par elle-même si la publicité était dangereuse pour l'ordre, la sérénité des débats, la dignité de la personne ou les intérêts d'un tiers[10]. L'arrêt qui se borne à énoncer que l'avocat des parties civiles a demandé le huis clos et que la cour d'appel, après en avoir délibéré, a ordonné cette mesure conformément à l'article 400 du code précité doit être cassé dès lors qu'en s'abstenant de constater que la publicité était dange-

1. V. s^s n°s 624.11 s.
2. Pour plus de développements, v. s^s n°s 611.11 s. et 621.11 s.
3. NOT. ne peut soulever d'office, ni une exception de nullité de citation, ni d'expertise, ni de l'ordonnance de renvoi : Crim. 19 mars 1997, n° 96-82.912, NP, *Dr. pénal* 1997, n° 104, note A. Maron – en revanche l'exception concernant la compétence peut être soulevée en tout état de la procédure et même d'office par la juridiction saisie.
4. Décr. n° 2005-558, 27 mai 2005 relatif aux importations de médicaments vétérinaires et modifiant le code de la santé publique, *JO* 28 mai, p. 9360.
5. Dir. 98/34/CE, Parlement et Conseil, 22 juin 1998 prévoyant une procédure d'information dans le domaine des normes et réglementations techniques, *JOCE L* 204, 21 juill., p. 37 ; abrogé et remplacé par : Dir. (UE) 2015/1535, Parlement et Conseil, 9 sept. 2015 prévoyant une procédure d'information dans le domaine des réglementations techniques et des règles relatives aux services de la société de l'information, *JOUE L* 241, 17 sept., p. 1.
6. Dir. 2001/82/CE, Parlement et Conseil, 6 nov. 2001 instituant un code communautaire relatif aux médicaments vétérinaires, *JOCE L* 311, 28 nov., p. 1.
7. Dir. 2004/28/CE, Parlement et Conseil, 31 mars 2004 modifiant la directive 2001/82/CE instituant un code communautaire relatif aux médicaments vétérinaires, L 136, 30 avr., p. 58.
8. Crim. 17 déc. 2014, n° 13-86.686, P n° 279 ; *D.* 2015. 2465, obs. G. Roujou de Boubée, T. Garé, C. Ginestet, M.-H. Gozzi et S. Mirabail ; *RSC* 2015. 642, obs. E. Fortis ; *RTD com.* 2015. 170, obs. B. Bouloc ; *RTD eur.* 2015. 348-3, obs. B. Le Baut-Ferrarese ; *RTD eur.* 2015. 348-30, obs. B. Thellier de Poncheville ; *RTD eur.* 2015. 348-9, obs. S. Adalid.
9. Crim. 9 nov. 2005, n° 04-87.471, P n° 292.
10. Crim. 17 sept. 2008, n° 07-87.967, P n° 193 ; *D.* 2008. 2672 ; *D.* 2009. 2238, obs. J. Pradel ; *AJ pénal* 2008. 514, obs. M. Nord-Wagner.

reuse pour l'ordre ou les mœurs, la cour d'appel a méconnu les textes susvisés et le principe énoncé ci-dessus [1]. Ne justifie pas sa décision une cour d'appel qui ne fait pas état d'une demande motivée de huis clos et qui n'y répond pas [2].

En revanche, justifie sa décision de recourir au huis clos la chambre correctionnelle d'une cour d'appel qui ordonne cette mesure, demandée par les parties civiles et le ministère public, pour assurer la sérénité des débats [3].

Il peut être demandé une expertise au fond ou sur la personnalité du prévenu. L'expertise peut être prescrite au fond lorsque le tribunal s'estime insuffisamment informé et que par exemple la qualification des faits en dépend : durée de l'incapacité temporaire de travail personnel (si celle-ci est supérieure à huit jours les violences volontaires constituent un délit ; de même pour les blessures involontaires entraînant une ITT supérieure à trois mois). Dans ce cas, il est important de fixer précisément la mission de l'expert et le délai dont il dispose pour l'accomplir. L'audience de renvoi peut être fixée, le cas échéant contradictoirement, après réquisitions du parquet à moins que le tribunal ne laisse à celui-ci le soin de faire ré-audiencer le dossier, lorsque l'expertise aura été déposée ; dans ce cas les parties devront à nouveau être citées à la diligence du parquet.

L'expertise peut être prescrite pour éclairer le tribunal sur la personnalité de l'intéressé et notamment lui permettre d'aborder la question de son degré de responsabilité [4]. Elle est également obligatoire en matière d'infractions sexuelles [5]. Une demande de complément d'information, trouve également à être examinée à ce stade.

Toute demande formalisée dans des conclusions régulières doit finalement être examinée et doit trouver une réponse dans l'expression écrite de la décision de justice. Il est donc important que le lecteur du jugement comprenne pourquoi il a été statué dans tel sens plutôt que dans tel autre, car par nature, le fait qu'un incident ait été soulevé, caractérise l'existence de positions antagonistes.

Il sera rappelé que l'article 593 du code de procédure pénale déclare nuls les jugements et arrêts prononcés sans qu'il ait été répondu à une demande des parties ou à une des réquisitions du ministère public.

724.22 Obligation de motiver les jugements de relaxe comme de condamnation. L'obligation de motiver concerne tous les jugements et en particulier les jugements de relaxe comme de condamnation, les jugements statuant sur un incident comme sur le fond.

Si les juges apprécient librement la valeur des éléments de preuve qui leur sont soumis et se décident d'après leur intime conviction, ils ne sauraient, sans se contredire ou mieux s'en expliquer, après avoir reconnu la réunion de charges lourdes de culpabilité, se borner, pour prononcer la relaxe, à affirmer l'existence d'un doute [6]. Encore faut-il que l'énoncé des faits n'entre pas en contradiction avec la décision de relaxe [7]. De longue date est nul, le jugement de relaxe qui n'indique pas les raisons pour lesquelles est prononcé le renvoi des fins de la poursuite [8].

724.23 Obligation de répondre aux conclusions des parties. Le juge est tenu d'une obligation générale d'explicitation de son raisonnement. Seront ici rappelés les termes du code de procédure pénale, généralement rapportés à la seule matière des nullités de procédure, mais qui concernent l'ensemble des demandes formulées par les parties : le prévenu, les autres parties et leurs avocats peuvent déposer des conclusions.

Ces conclusions sont visées par le président et le greffier ; ce dernier mentionne ce dépôt aux notes d'audience. Il sera rappelé ici que si aucune disposition légale n'impose à la partie qui dépose des conclusions, conformément à l'article 459 du code de procédure pénale, de les communiquer aux autres parties, la juridiction au motif du caractère tardif de ce dépôt ou du fait de l'absence de communication aux autres parties, ne peut les déclarer irrecevables mais qu'il lui appartient d'ordonner ou d'assurer la communication de ces conclusions [9].

Le tribunal qui est tenu de répondre aux conclusions ainsi régulièrement déposées doit joindre au fond les incidents et exceptions dont il est saisi, et y statuer par un seul et même jugement en se prononçant en premier lieu sur l'exception et ensuite sur le fond.

Il ne peut en être autrement qu'au cas d'impossibilité absolue, ou encore lorsqu'une décision immédiate sur l'incident ou sur l'exception est commandée par une disposition qui touche à l'ordre public [10].

Par exemple, le juge correctionnel méconnaît la loi en joignant au fond l'examen d'une exception

1. Crim. 17 oct. 2001, n° 01-80.399, P n° 212.
2. Crim. 10 nov. 2020, n° 19-86.750 P.
3. Crim. 24 janv. 2007, n° 06-84.330, P n° 17 ; *AJ pénal* 2007. 131, obs. C. Girault.
4. C. pén., art. 122-1.
5. C. pr. pén., art. 706-47.
6. Crim. 3 févr. 1992, n° 91-81.426, P n° 47.
7. Crim. 20 juill. 1955, *D.* 1955. 699.
8. Crim. 30 déc. 1927, P n° 338.
9. Crim. 23 janv. 2007, n° 06-84.551, P n° 14 ; *D.* 2007. 659 ; *AJ pénal* 2007. 138, obs. C. Girault.
10. C. pr. pén., art. 459.

concernant la légalité d'une poursuite contre un membre de l'Assemblée nationale[1].

S'agissant de conclusions constituant une défense au fond, il est évidemment primordial que le tribunal réponde à tout moyen tendant à exonérer le prévenu des poursuites : présentation d'un alibi consistant à exclure sa présence sur les lieux des faits poursuivis, fait justificatif, absence d'élément matériel ou intentionnel de l'infraction...

Le ministère public peut également déposer devant le tribunal correctionnel des conclusions écrites, en vertu de l'article particulier prévoyant d'une manière générale que le procureur de la République prend, au nom de la loi, les réquisitions tant écrites qu'orales qu'il croit convenables au bien de la justice et que dans le cas où des réquisitions écrites sont prises, mention en est faite dans les notes tenues par le greffier et que le tribunal est tenu d'y répondre[2].

Devant les juridictions correctionnelles, en application des articles 458 et 512 du code de procédure pénale, le ministère public, fût-il partie jointe, prend au nom de la loi les réquisitions tant écrites qu'orales qu'il croit convenables au bien de la justice. Justifie donc sa décision la cour d'appel qui, saisie de l'action fiscale pour infractions à la législation sur les contributions indirectes, statue après avoir entendu le ministère public, bien que l'appel de ce dernier ait été déclaré irrecevable[3].

Encourt la cassation pour insuffisance et contradiction de motifs, en application de l'article 593 du code de procédure pénale, l'arrêt de la chambre d'accusation qui constate l'existence d'une entente entre deux (*inculpés*) mis en examen, et qui omet de statuer sur les actes préparatoires, relevés par les réquisitions du ministère public, susceptibles de justifier le renvoi des intéressés devant la juridiction de jugement pour association de malfaiteurs, au sens tant des articles 265 et 266 anciens que de l'article 450-1 nouveau du code pénal[4].

Enfin, la décision doit également répondre aux conclusions de la partie civile sollicitant une expertise, notamment si elle la refuse, ou la liquidation de son préjudice. Ici, la motivation sera à la fois plus succincte par exemple sur les mesures d'instruction, et il pourra être renvoyé au dispositif pour connaître le modèle type de l'expertise fondée sur la nomenclature Dintilhac, ou plus complexe, sur l'indemnisation complète des préjudices, patrimoniaux ou extra-patrimoniaux, des victimes directes ou indirectes... Dans tous les cas, les juges du fond, statuant sur les intérêts civils, doivent se prononcer dans les limites des conclusions dont ils sont saisis ; méconnaît ce principe l'arrêt qui évalue le préjudice patrimonial d'une partie civile à une somme inférieure à celle proposée par la prévenue[5]. Les juges du fond, statuant sur les intérêts civils, doivent se prononcer dans la limite des conclusions dont ils sont saisis. Méconnaît ce principe la cour d'appel qui condamne un prévenu à verser des dommages-intérêts à la partie civile alors que celle-ci avait dirigé sa demande contre un autre prévenu, relaxé par la Cour[6].

724.24 Nécessité de conclusions régulièrement déposées. En application des dispositions de l'alinéa 2 de l'article 459, les conclusions, déposées auprès de greffier de l'audience ont été visées par celui-ci et le président.

Aucune disposition légale n'impose à la partie qui dépose des conclusions, conformément à l'article 459 du code de procédure pénale, de les communiquer aux autres parties. Encourt dès lors la censure l'arrêt qui déclare irrecevables des conclusions régulièrement déposées au motif qu'elles n'ont pas été adressées aux avocats des autres parties alors qu'il appartenait aux juges d'ordonner ou d'assurer la communication de ces conclusions[7]. La communication *in extremis* de conclusions, voire des pièces qui y sont annexées, à la partie civile ou au parquet expose simplement le concluant à se voir opposer une demande de renvoi que le président d'audience et ses assesseurs le cas échéant devront trancher.

Dès lors que des conclusions, qui figurent au dossier, ne sont ni datées ni signées par leur auteur et qu'elles ne sont revêtues d'aucun des visas prévus par l'article 459, alinéa 2, du code de procédure pénale, ni mentionnées par l'arrêt, il n'est pas établi que les juges d'appel aient été mis en demeure d'y répondre[8]. Il en est de même si ces conclusions sont simplement adressées par télécopie six jours avant l'audience[9].

La cour d'appel n'est tenue de répondre à la demande du prévenu tendant à l'audition de témoins que si elle en a été légalement requise dans les formes prévues par l'article 459 du code de procédure pénale[10].

1. Crim. 3 févr. 1955, *JCP* 1955. II. 8663, note P. Chambon.
2. C. pr. pén., art. 458.
3. Crim. 12 déc. 2007, n° 07-81.823, P n° 310 ; *AJ pénal* 2008. 98.
4. Crim. 11 juill. 1995, n° 94-85.917, P n° 254.
5. Crim. 19 mars 1985, n° 83-94.870, P n° 115 ; *Gaz. Pal.* 1985. 2. 594, note J.-P. Doucet.
6. Crim. 14 oct. 2003, n° 03-81.366, P n° 190 ; *AJ pénal* 2003. 105 ; *Dr. soc.* 2004. 222, obs. F. Duquesne ; *RSC* 2004. 367, obs. A. Cerf-Hollender.
7. Crim. 23 janv. 2007, n° 06-84.551, P n° 14 ; *D.* 2007. 659 ; *AJ pénal* 2007. 138, obs. C. Girault.
8. Crim. 8 juin 1994, n° 93-83.548, P n° 229.
9. Crim. 7 janv. 2015, n° 12-86.653, P n° 13, *D. actu.* 19 janv. 2015, obs. A. Priou-Alibert ; *D.* 2015. 210 ; *D.* 2015. 2465, obs. G. Roujou de Boubée, T. Garé, C. Ginestet, M.-H. Gozzi et S. Mirabail ; *Dr. soc.* 2015. 629, chron. R. Salomon ; *RSC* 2015. 89, obs. Y. Mayaud.
10. Cass., ass. plén., 2 déc. 2005, n° 96-81.553, P n° 3.

Il résulte des dispositions combinées des articles 459 et 536 du code de procédure pénale que les conclusions produites par un prévenu comparant à l'audience du tribunal de police sont irrecevables lorsqu'elles n'ont pas été déposées le jour de l'audience des débats et qu'il n'est pas établi que le président en ait eu connaissance[1].

On soulignera un revirement important de jurisprudence intervenu en 2011 aux termes duquel il résulte de l'article 459 du code de procédure pénale que les conclusions doivent être déposées à l'audience, visées par le président et le greffier ; que les écrits adressés à la juridiction par un prévenu ayant, en application de l'article 411 du code de procédure pénale, demandé à être jugé en son absence, ne sont pas régulièrement déposés au sens de ce texte, faute pour lui d'avoir comparu à l'audience ou d'y avoir été représenté ; que dès lors, le prévenu ne peut se faire un grief d'une insuffisance ou d'un défaut de réponse aux moyens qui pouvaient être contenus dans ces écrits[2], jurisprudence acquise.

724.25 Possibilité de conclusions orales. La mention d'un « dépôt » de conclusions semble imposer que celles-ci soient écrites. Mais la jurisprudence fait application des dispositions de l'article 802 du code de procédure pénale et admet que puissent être valables, les conclusions orales, pourvu que la preuve de leur développement *in limine litis* puisse être rapportée par les notes d'audiences. L'avocat qui les soulève aura généralement soin de solliciter l'inscription de sa demande aux notes d'audience. La question sera plus souvent ici de savoir ce qui a été débattu et soumis aux juges, et de ce qui n'a pas été soumis à débat.

L'inobservation par le greffier de la formalité du visa des conclusions déposées par le prévenu n'a pu avoir pour effet de porter atteinte aux droits de la défense, dès lors qu'il résulte de l'examen de pièces de procédure que lesdites conclusions, d'ailleurs visées par le président, ont été effectivement soumises à l'examen de la Cour. En pareil cas, l'article 802 du code de procédure pénale interdit à la Cour de cassation de prononcer de ce chef aucune annulation[3].

1. Crim. 17 févr. 1998, n° 97-82.999, P n° 64.
2. Crim. 16 juin 2011, n° 10-87.568, P n° 139 ; *D.* 2011. 1688 ; *D.* 2011. 2231, obs. J. Pradel ; *D.* 2012. 171, Chron. C. Roth, A. Leprieur et M.-L. Divialle ; *RSC* 2011. 664, obs. J. Danet ; *RSC* 2011. 869, obs. X. Selvat – *contra* sur la recevabilité des écrits adressés à la juridiction pénale par un prévenu non comparant et non représenté : Crim. 27 mai 1987, n° 86-93.921, P n° 223 – Crim. 21 oct. 1998, n° 98-80.059, P n° 271 – MAIS décis. du 16 juin confirmée par : Crim. 13 sept. 2011, n° 11-81.093, P n° 177 – Crim. 22 nov. 2011, n° 11-82.826, P n° 236 ; *RSC* 2011. 869, obs. X. Selvat.
3. Crim. 25 oct. 1977, n° 76-90.676, P n° 318.

724.26 Possibilité de retirer ses conclusions. Certaines conclusions relatives à la procédure, parfois hâtivement déposées, peuvent ne présenter aucun intérêt dans la défense du prévenu, soit qu'elles soulèvent un point de droit déjà tranché, soit que l'avocat préfère finalement articuler une défense au fond. Il peut arriver, notamment à l'occasion d'une audience de renvoi, que l'avocat qui les a déposées souhaite alors ne pas maintenir ses écritures, ou même que le président lui demande s'il maintient bien ses conclusions antérieures. Il est toujours possible de retirer des conclusions antérieures et la seule mention au jugement que : « les conclusions déposées le... par Me... n'ont pas été soutenues », tiendra lieu sur ce point de motivation.

Il résulte de l'article 385 du code de procédure pénale, applicable en matière de presse, que la nullité de la citation ne peut être relevée d'office par les juridictions correctionnelles, et qu'elle se trouve couverte lorsque le prévenu, après l'avoir régulièrement soulevée, a renoncé, au cours des débats à s'en prévaloir[4].

724.27 Réponse obligatoire aux seuls moyens péremptoires. Les juges sont tenus de répondre aux chefs péremptoires des conclusions dont ils sont saisis, ce qui s'entend au sens premier de ce à quoi on ne peut répliquer, qui a un caractère indiscutable. Tout arrêt ou jugement doit contenir les motifs propres à justifier la décision et que l'insuffisance des motifs équivaut à leur absence[5]. Ils n'ont donc à prendre en compte et à motiver que les moyens susceptibles d'influer sur la solution du litige et non pas l'ensemble des arguments évoqués à l'occasion d'un litige. Autrement formulé, ils ne sont pas tenus de suivre les prévenus dans le détail de leur argumentation[6].

SECTION 3
DE LA MOTIVATION EN MATIÈRE DE PRIVATION DE LIBERTÉ

724.31 Motivation de la détention ou du contrôle judiciaire en cas de renvoi de l'examen d'un dossier. Les mesures contraignantes et souvent en cours depuis de longs mois lors de l'appel de l'affaire devant le tribunal correctionnel doivent faire, en cas de renvoi de l'examen du dossier à une date ultérieure, l'objet d'un examen par le tribunal, car faute de décision expresse, tant la détention que le con-

4. Crim. 6 mars 1974, n° 73-92.256, P n° 96.
5. Crim. 9 mai 1994, n° 94-81.196, P n° 173. Crim. 18 févr. 2014, n° 12-87.629, P n° 43.
6. PAR EX. : Crim. 25 avr. 2017, n° 16-81.793, P ; *D.* 2017. 1051 ; *Dr. soc.* 2017. 774, chron. R. Salomon.

trôle judiciaire sont levés, mais surtout une décision motivée est seule à même d'en justifier le maintien jusqu'au prochain appel du dossier[1].

La décision rendue devra faire état du débat qui s'est instauré à l'audience sur la nécessité d'un maintien ou d'une modification ou d'une suppression de ces mesures, et indiquer les raisons du choix opéré, conformément aux critères de l'article 144 du code de procédure pénale.

Il est vrai que ce débat assez informel donne rarement lieu à l'énoncé de motivations très fouillées sur les mesures provisoires, surtout si le renvoi est opéré à bref délai[2].

D'amples développements sont consacrés *infra* à la détention provisoire[3], au contrôle judiciaire[4] et à l'assignation à résidence avec surveillance électronique[5].

724.32 Motivation de la détention provisoire et déferement dans le cadre d'une comparution immédiate. S'agissant des déferements selon la procédure de la comparution immédiate, le tribunal peut, dans les cas prévus par les articles 395 et suivants, placer ou maintenir le prévenu en détention provisoire par décision spécialement motivée[6].

La décision prescrivant la détention est rendue suivant les modalités prévues par les articles 135, 137-3, premier alinéa et 464-1 et est motivée par référence aux dispositions des 1° à 6° de l'article 144. Elle est exécutoire par provision[7].

En vertu des dispositions de l'article 144 du code de procédure pénale on rappellera que les points 1° à 6° de l'article 144 tendent à :

1° Conserver les preuves ou les indices matériels qui sont nécessaires à la manifestation de la vérité ;

2° Empêcher une pression sur les témoins ou les victimes ainsi que sur leur famille ;

3° Empêcher une concertation frauduleuse entre la personne mise en examen et ses coauteurs ou complices ;

4° Protéger la personne mise en examen ;

5° Garantir le maintien de la personne mise en examen à la disposition de la justice ;

6° Mettre fin à l'infraction ou prévenir son renouvellement ;

L'atteinte à l'ordre public n'est plus un critère admis en matière correctionnelle.

Ainsi lorsque le prévenu sollicite un délai pour préparer sa défense ou que le dossier n'est pas en état lors de son premier appel (victimes non avisées, organisme social non appelé à la cause, expertise à diligenter...), la juridiction doit se prononcer sur la situation du prévenu jusqu'à l'audience de renvoi : sera-t-il remis en liberté (alors qu'il comparaît sous escorte ou déjà placé en détention par le juge des libertés et de la détention), et celle-ci sera-t-elle simple ou assortie d'un contrôle judiciaire, ou sera-t-il maintenu ou placé en détention ? Rien n'exclut évidemment qu'une personne placée en détention provisoire ou sous contrôle judiciaire au temps de l'instruction voit cette mesure allégée ou levée.

Il doit s'instaurer ici un débat assez malaisé ou le fond du dossier n'est pas abordé, notamment lorsque le prévenu a demandé un délai pour préparer sa défense et qui est de droit, mais où les critères du risque de pression sur les témoins ou victimes, de maintien à disposition de la justice ou encore de non-renouvellement de l'infraction ou de garantie de représentation sont étroitement liés au déroulement de l'enquête initiale.

Dans tous les cas, la décision rendue doit expliciter les critères sur lesquels elle repose.

Il résulte de l'article 144 du code de procédure pénale, dans sa rédaction issue de la loi du 5 mars 2007, que la détention provisoire ne peut être ordonnée ou prolongée que s'il est démontré, au regard des éléments précis et circonstanciés résultant de la procédure, qu'elle constitue l'unique moyen de parvenir à l'un ou plusieurs objectifs définis par ce texte, et que ces objectifs ne sauraient être atteints en cas de placement sous contrôle judiciaire.

Encourt en conséquence la censure l'arrêt d'une chambre de l'instruction qui, pour rejeter les demandes de mise en liberté présentées par une personne condamnée par la cour d'assises et ayant relevé appel de cette décision, retient que le maintien en détention est l'unique moyen d'éviter une réitération des faits de la part du requérant qui présente un état dangereux, sans préciser expressément que les objectifs recherchés ne pouvaient être atteints par un placement sous contrôle judiciaire[8] ou sous assignation à résidence sous surveillance électronique. Sur ce dernier point, il résulte de l'article 144 du code de procédure pénale que la détention provisoire ne peut être ordonnée ou prolongée que s'il est démontré, au regard des éléments précis et circonstanciés résultant de la procédure, qu'elle constitue l'unique moyen de parvenir à l'un ou plusieurs des objectifs définis par ce texte, et que ceux-ci ne sauraient être atteints en cas de placement sous contrôle judiciaire ou d'assi-

1. V. s^s n°s 811.11 s.
2. V. s^s n°s 532.41 s.
3. V. s^s n°s 811.11 s.
4. V. s^s n°s 821.11 s.
5. V. s^s n°s 831.11 s.
6. V. s^s n°s 814.142 s.
7. C. pr. pén., art. 397-3.

8. Crim. 26 févr. 2008, n° 07-88.336, P n° 50 ; *D.* 2008. 853, obs. E. Allain ; *AJ pénal* 2008. 228, obs. M. Nord-Wagner ; *RSC* 2011. 862, obs. D. Boccon-Gibod.

gnation à résidence avec surveillance électronique. Encourt en conséquence la cassation l'arrêt d'une chambre de l'instruction qui, pour rejeter les demandes de mise en liberté d'un accusé condamné par la cour d'assises et ayant relevé appel de cette décision, ne précise pas expressément que les objectifs fixés ne pouvaient être atteints par un placement sous contrôle judiciaire ni par une assignation à résidence avec surveillance électronique[1].

724.33 **Décision de détention à l'issue d'une procédure de comparution immédiate.** À l'égard d'un prévenu condamné à un emprisonnement sans sursis, le placement ou le maintien en détention ordonné à l'issue d'une procédure de comparution immédiate en application de l'article 397-4 du code de procédure pénale échappe aux prescriptions de l'article 144 du même code, édictées pour la détention provisoire[2] [3].

724.34 **Hypothèse des demandes de mise en liberté.** La mise en liberté peut aussi être demandée en tout état de cause par toute personne mise en examen, tout prévenu ou accusé, et en toute période de la procédure.

Lorsqu'une juridiction de jugement est saisie, il lui appartient de statuer sur la détention provisoire[4].

Les critères de l'article 144 sont encore ici applicables.

Lorsqu'une juridiction de jugement est saisie, par application de l'article 148-1 du code de procédure pénale, d'une demande de mise en liberté, sa décision rejetant cette demande doit être spécialement motivée dans les conditions prévues à l'article 145, ainsi que l'exige l'article 148 du même code[5].

L'exigence de motivation spéciale sur le caractère insuffisant des obligations du contrôle judiciaire prévue par l'article 137-3 du code de procédure pénale cesse d'être applicable lorsque le juge d'instruction a renvoyé la personne poursuivie devant la juridiction de jugement[6].

Une décision a jugé que ne porte pas atteinte à la présomption d'innocence la cour d'appel qui, pour rejeter la demande de mise en liberté d'une personne dont la condamnation à une peine d'emprisonnement a fait l'objet d'un pourvoi en cours d'examen, mentionne l'existence de cette condamnation[7].

724.35 **Hypothèse du tribunal appelé à statuer sur le sort d'un mandat d'arrêt délivré après ordonnance de règlement ou en suite d'une décision de condamnation rendue par défaut.** Le tribunal correctionnel peut avoir à connaître de la situation d'une personne arrêtée à la suite du mandat d'arrêt prononcé contre elle, soit lors du règlement d'un dossier d'instruction, soit à l'occasion d'un jugement rendu par défaut. Il est alors fait application des dispositions de l'article 135-2 du code de procédure pénale par renvoi du dernier alinéa de l'article 465.

Il résulte du 7e alinéa de l'article 135-2 et du dernier alinéa de l'article 465 que les dispositions des alinéas 2 et 3 du premier de ces textes ne sont pas applicables à l'exécution d'un mandat d'arrêt décerné à la suite d'une condamnation en matière correctionnelle à une peine privative de liberté par une décision contradictoire ou réputée contradictoire[8].

N'est donc concernée ici que l'hypothèse du prévenu, soit objet d'un mandat d'arrêt à l'issue de l'information dont l'ordonnance de règlement a été rendue, soit non comparant, jugé par défaut et contre lequel, souvent pour le faire venir s'expliquer devant ses juges, la juridiction correctionnelle a délivré un mandat d'arrêt.

Le prévenu, interpellé à la suite d'un mandat d'arrêt, postérieurement au règlement d'un dossier d'information est, selon son lieu d'arrestation (+ ou – 200 kilomètres du siège de la juridiction de jugement) traité suivant les dispositions de l'article 135-2 du code de procédure pénale. Il est présenté au juge des libertés et de la détention qui, sur réquisitions du ministère public, peut le placer sous contrôle judiciaire ou ordonner son placement en détention à l'issue d'un débat contradictoire, dans ce dernier cas par une ordonnance motivée conformément aux dispositions de l'article 144 (C. pr. pén., art. 135-2, al. 4), cette présentation devant le JLD n'étant pas obligatoire si dans les délais prévus pour cette présentation, la personne peut comparaître devant la juridiction de jugement (C. pr. pén., art. 135-2, al. 6).

Les dispositions de l'article 135-2 sont également applicables aux mandats d'arrêt délivrés après l'ordonnance de règlement. Elles ne sont toutefois pas applicables lorsque, postérieurement à la délivrance du mandat d'arrêt décerné au cours de l'instruction ou après son règlement, la personne a été condamnée à une peine privative de liberté, soit en matière correctionnelle par un jugement contradictoire ou réputé contradictoire, soit en matière criminelle par un arrêt rendu par défaut ; elles ne sont de même pas applicables lorsque le mandat a été délivré à la suite d'une telle condamnation. Dans

1. Crim. 13 oct. 2010, n° 10-85.552, P n° 161.
2. Crim. 13 avr. 2010, n° 09-87.398, P n° 65 ; *AJ pénal* 2010. 450, obs. G. Roussel.
3. V. s^s n°s 421.11 s.
4. C. pr. pén., art. 148-1 – v. s^s n°s 814.41 s.
5. Crim. 16 déc. 1971, n° 71-92.341, P n° 358.
6. Crim. 6 mai 2002, n° 02-81.391, P n° 98.
7. Crim. 12 oct. 2016, n° 16-84.711, P.
8. Crim. 11 juin 2013, n° 13-81.998, P n° 134.1.

ces cas, sans qu'il soit nécessaire de la présenter devant le juge des libertés et de la détention, la personne arrêtée est placée en détention provisoire jusqu'à l'expiration des délais de recours et, en cas de recours, jusqu'à sa comparution devant la juridiction de jugement, sans préjudice de son droit de former des demandes de mise en liberté avant cette comparution (C. pr. pén., art. 135-2 dernier alinéa).

Le sort du mandat d'arrêt exécuté entre la clôture de l'information et le jugement ou après condamnation par défaut est examiné *infra* (v. s^{s} n°s 813.11, 813.22).

724.36 **Mise en délibéré. La question du « maintien » en détention.** Souvent ignorée des praticiens saisis du « tout-venant » correctionnel, il faut rappeler les règles applicables lorsqu'en présence de prévenus détenus, la juridiction met, à l'issue des débats, sa décision en délibéré.

Il se déduit des dispositions des articles 179 et 464-1 du code de procédure pénale que la comparution d'un prévenu détenu devant une juridiction correctionnelle se prolonge pendant toute la durée des débats et, si l'affaire a été mise en délibéré, jusqu'à la clôture de ceux-ci par le jugement. Ainsi cette comparution ne fait cesser de plein droit la détention provisoire qu'au prononcé dudit jugement, lequel doit alors statuer sur le maintien en détention par une décision spéciale et motivée[1].

Aux termes de l'article 464-1 du code de procédure pénale « le tribunal peut, en tout état de cause, par une décision spéciale et motivée, lorsque les éléments de l'espèce justifient le maintien d'une mesure particulière de sûreté, maintenir la détention » ; à l'égard du prévenu détenu, il se déduit des dispositions de cet article que la comparution d'un prévenu détenu devant les juges correctionnels se prolonge pendant toute la durée des débats et, si l'affaire a été mise en délibéré, jusqu'à la clôture de ceux-ci par le jugement de condamnation ; que dès lors, cette comparution ne fait cesser de plein droit la détention provisoire qu'au prononcé dudit jugement, lequel doit alors statuer sur le maintien en détention par une décision spéciale et motivée[2].

Une décision plus ancienne, dans un domaine voisin a pu décider que dès lors que la mesure particulière de sûreté, prévue par l'article 464-1 du code de procédure pénale, a été ordonnée, ses effets se prolongent, sans qu'il soit nécessaire de la renouveler, jusqu'au jugement sur le fond. Justifie sa décision une cour d'appel qui, pour rejeter les conclusions du prévenu qui soutenait être illégalement détenu à compter d'un jugement avant dire droit ayant prescrit, sans le motiver, son maintien en détention provisoire, retient que le tribunal, qui, initialement, dès la comparution du prévenu, avait ordonné, par une décision spéciale et motivée, la mesure particulière de sûreté prévue par l'article 464-1 du code de procédure pénale, n'était plus tenu de la renouveler lors de son jugement avant dire droit[3].

Le tribunal, saisi d'un dossier comportant des détenus, n'a donc pas à maintenir ou prolonger la détention lorsqu'il met sa décision en délibéré.

1. Crim. 25 juin 1986, n° 85-95.498, P n° 226.
2. Crim. 30 oct. 2002, n° 02-82.810, NP.

SECTION 4
MOTIVATION SUR LA CULPABILITÉ

724.41 **Nécessité de statuer sur la culpabilité du prévenu.** Tout jugement ou arrêt doit énoncer les faits dont le prévenu est jugé coupable et constater l'existence de tous les éléments constitutifs de l'infraction. Le juge correctionnel ne peut prononcer une peine à raison d'un fait qualifié délit, en se bornant à constater l'existence de ce délit dans les termes de la loi, sans établir dans sa décision l'existence des circonstances exigées pour que ce fait soit punissable[4].

Le tribunal examine donc après le rappel des faits, les éléments tirés du dossier et de l'audience qui lui permettent de statuer sur la culpabilité du prévenu[5].

Comme en matière civile, la motivation pénale repose sur le syllogisme, que celui-ci soit exprimé ou sous-entendu. Une majeure, la loi (abstraite), réprimant tel acte, expose celui qui en est l'auteur à telle peine. Une mineure, l'espèce (concrète), établit que le prévenu est bien l'auteur (le co-auteur, le complice) d'un tel acte. La conclusion : dès lors que les agissements établis dans la mineure entrent dans le cadre prévu par la majeure, le prévenu, déclaré coupable, doit se voir appliquer la sanction prévue par la loi.

Le juge doit successivement établir la matérialité des faits, qualifier pénalement ces faits, vérifier qu'ils correspondent point par point aux éléments constitutifs visés dans l'acte de poursuite. Le juge peut requalifier les faits, à la condition de ne rien ajouter aux faits dont il était saisi initialement[6].

3. Crim. 25 mai 1988, n° 87-85.273, P n° 220.
4. Crim. 15 oct. 1991, n° 91-80.920, P n° 345.
5. C. pr. pén., art. 427, al. 2.
6. Crim. 22 avr. 1986, n° 84-95.759, P n° 136 – Crim. 22 mars 2000, n° 98-87.496, P n° 133, en l'espèce : « S'il appartient au juge répressif de restituer aux faits dont il est saisi leur véritable qualification, c'est à la condition de n'y rien ajouter, sauf acceptation expresse par le prévenu d'être jugé sur des faits et des circonstances non compris dans la poursuite. Faute d'y avoir consenti, un prévenu poursuivi du chef de violences volontaires ne saurait être condamné pour omission de porter secours, les éléments constitutifs de ces deux infractions étant différents. »

Dans tous les cas il doit provoquer un débat contradictoire sur cette requalification[1 2].

La procédure étant orale, le jugement doit faire état des débats à l'audience.

La motivation écrite sur la culpabilité sera évidemment plus ou moins longue selon que les faits sont niés ou reconnus. pour des exemples récents de démonstration jugée suffisante de la culpabilité du prévenu : en matière d'agression sexuelle aggravée[3], d'infraction au code de l'urbanisme[4], de recel d'atteinte à la liberté d'accès et à l'égalité des candidats dans les marchés publics[5], d'outrages[6], d'infraction à la législation sur les contributions indirectes relatives aux maisons de jeux[7], d'infractions à la législation sur les contributions indirectes[8]...

POUR EXEMPLES

« La culpabilité de Monsieur A... est confirmée par les éléments du dossier tels que l'empreinte relevée sur..., le témoignage de sa propre mère et celui de Messieurs X... et Y... Le prévenu reconnaît d'ailleurs l'intégralité des faits qui lui sont reprochés. »

« Monsieur B... nie les faits qui lui sont reprochés. Il ressort toutefois des éléments du dossier (procès-verbaux d'audition des témoins X... et Y..., examen technique de...) et des débats à l'audience (déclarations du prévenu actées par le greffier...) :

- que le prévenu a été dans l'incapacité de dire où il se trouvait au moment de l'agression de Madame P...,

- que la victime a été formelle sur son identification à tous les stades de la procédure,

- que le prévenu n'a jamais pu expliquer que les enquêteurs aient retrouvé à son domicile la carte nationale d'identité de Madame P... qu'il a déclaré pourtant ne pas connaître. »

En tout état de cause, une motivation qui se borne à énoncer : « Il résulte de l'enquête de police, de l'information et des débats à l'audience, que les faits sont établis » apparaît notoirement insuffisante. La jurisprudence sanctionne de longue date, aussi bien l'absence de motif[9], que leur insuffisance[10], leur contradiction ou le fait qu'ils manifestent un excès de pouvoir[11].

Tout jugement ou arrêt devant contenir les motifs propres à justifier la décision, encourt la cassation, le jugement d'un tribunal de police qui, d'une part, est rédigé sur un imprimé ne comportant aucune référence au procès-verbal de constatation[12], d'autre part ne précise pas en quoi l'attitude d'une prévenue est de nature à provoquer la débauche, et enfin qui ne répond pas aux chefs péremptoires des conclusions déposées par l'avocat de la personne non comparante qui a demandé à être jugée en son absence conformément aux dispositions de l'article 411, alinéa 1er, du code de procédure pénale[13].

Dans le même domaine, on peut citer une autre décision aux termes de laquelle ne caractérise pas la contravention prévue et réprimée par l'article R. 34-13° du code pénal le jugement qui se fonde essentiellement sur le fait que la prévenue est une « prostituée notoire » et ne précise pas en quoi son attitude était de nature à provoquer la débauche[14].

C'est toujours au visa du même principe, à savoir que tout jugement de condamnation doit à peine de nullité constater les éléments constitutifs de

1. SUR requalification de délit de banqueroute en complicité de banqueroute : CEDH 25 mars 1999, *Pélissier et Sassi c/ France*, req. n° 25444/94 ; *RTDH* 2000. 281 – AUSSI : J.-P. Marguénaud, « La dérive de la procédure pénale française au regard des exigences européennes », *D.* 2000. 249.
2. V. ss nos 551.11 s.
3. Crim. 8 févr. 2017, n° 16-80.057, P n° 39 ; *D.* 2017. 408 ; *RSC* 2017. 291, obs. Y. Mayaud.
4. Crim. 8 mars 2017, n° 15-87.422, P : cassation sur la peine ; *D.* 2017. 648 ; *D.* 2017. 2501, obs. G. Roujou de Boubée, T. Garé, C. Ginestet, M.-H. Gozzi, S. Mirabail et E. Tricoire ; *RDI* 2017. 240, obs. G. Roujou de Boubée.
5. Crim. 15 mars 2017, n° 16-83.838, P : cassation sur la peine ; *D.* 2017. 2501, obs. G. Roujou de Boubée, T. Garé, C. Ginestet, M.-H. Gozzi, S. Mirabail et E. Tricoire.
6. Crim. 29 mars 2017, n° 16-80.637, P n° 97 ; *D.* 2017. 818 ; *AJ pénal* 2017. 278, note D. Luciani-Mien.
7. Crim. 18 juill. 2017, n° 15-86.153, P.
8. Crim. 6 déc. 2017, n° 16-80.216, P.
9. Ainsi, le jugement de police qui après la mention pré-imprimée énonçant que « la culpabilité du prévenu résulte de la procédure et des débats », se contente de reproduire la qualification juridique de la contravention ainsi que la date et le lieu de celle-ci. encourt la cassation, le jugement d'un tribunal de police, rédigé sur un imprimé, ne comportant notamment aucune référence ni à l'établissement du procès-verbal de constatation, ni aux circonstances de la contravention réprimée : Crim. 26 nov. 1990, n° 90-81.974, P n° 404 – SUR l'arrêt qui pour confirmer une décision de condamnation du juge de police, se borne à déclarer que le prévenu ne comparaissait pas et qu'il y a lieu à confirmation pure et simple : Crim. 1er avr. 1922, P n° 140.
10. PAR EX., n'est pas justifiée la décision par laquelle les juges relaxent un prévenu sans avoir examiné tous les éléments de la prévention : Crim. 19 avr. 1956, P n° 329 – doit être cassé l'arrêt qui, pour un vol commis avec effraction, prononce une condamnation sanctionnant la circonstance aggravante retenue, sans spécifier la nature de l'effraction : Crim. 15 oct. 1991, n° 91-80.920, P n° 345.
11. Ainsi censuré un jugement qui déclare constant un fait en contradiction avec les conclusions d'un rapport d'expertise auquel il se réfère : Crim. 24 mai 1945, P n° 58 – un arrêt qui décidait, en matière de prix illicites, que l'amende devait être « au moins égale au montant des sommes perçues indûment » : Crim. 25 mai 1971, n° 70-92.570, P n° 175 – une décision fixant une peine supérieure au maximum légal encouru : Crim. 8 févr. 1977, n° 76-92.906, P n° 51.
12. Crim. 26 nov. 1990, n° 90-81.974, P n° 404 ; *RSC* 1991. 574, obs. G. Levasseur.
13. Crim. 9 déc. 1992, n° 92-80.721, P n° 415.
14. Crim. 22 juin 1983, n° 82-93.126, P n° 194.

l'infraction qui a motivé la condamnation, soit, le ou les textes de prévention ou de répression – en général ceux qui sont visés à la prévention – l'élément matériel du délit et son élément intentionnel[1] que les décisions jurisprudentielles sont rendues en ce domaine.

La juridiction doit être attentive à la question de la loi applicable au moment des faits. Sa décision doit mentionner les articles de loi applicables lors des faits et le cas échéant ceux qui le sont lors du jugement (entrée en vigueur d'un nouveau texte, modifications liées à une codification ou recodification...).

Le juge correctionnel ne peut prononcer une peine en raison d'un fait qualifié délit qu'autant qu'il constate, dans sa décision, l'existence de tous les éléments constitutifs de l'infraction. Doit ainsi être cassé l'arrêt qui prononce une condamnation sans spécifier les faits propres à caractériser l'élément matériel de l'infraction[2]. Le juge correctionnel ne peut prononcer une peine à raison d'un fait qualifié délit qu'autant qu'il constate dans sa décision l'existence des circonstances exigées par la loi pour que ce fait soit punissable. Doit être cassé l'arrêt qui prononce une condamnation pour outrage public à la pudeur sans spécifier les faits propres à caractériser le délit[3].

Toute aussi prohibée que la généralité des motifs, la rédaction d'une décision visant une portée générale. Il est fait défense aux juges de se prononcer par voie de disposition générale et réglementaire sur les causes qui leur sont soumises. Méconnaît ce principe la cour d'appel qui, pour écarter l'exception d'un prévenu ayant contesté la légalité de l'arrêté préfectoral servant de base aux poursuites exercées à son encontre pour infraction à l'article L. 221-17 du code du travail, se borne à se référer à ses précédentes décisions où à des arrêts de la Cour de cassation[4].

À l'identique de la décision constatant la culpabilité, la décision de relaxe doit être motivée. Le juge correctionnel ne peut prononcer une décision de relaxe qu'autant qu'il a vérifié que les faits dont il est saisi ne sont constitutifs d'aucune infraction[5]. Il conviendra donc de préciser d'une phrase en quoi les faits ne sont pas constitutifs d'une infraction dont le parquet ou une partie aurait demandé à l'audience la requalification.

POUR EXEMPLE

« Monsieur C... conteste, comme il l'a toujours fait, les infractions qui lui sont reprochées. Les éléments du dossier pas plus que les débats n'ont permis d'établir formellement sa présence sur les lieux le... De surcroît, en l'absence d'identité du prélèvement ADN réalisé sur la victime et de celui auquel il a accepté de se soumettre, il y a lieu de le renvoyer des fins de la poursuite, aucune autre infraction n'étant susceptible de trouver son fondement dans les faits poursuivis. »

724.42 **Ajournement.** Si la juridiction ajourne après déclaration de culpabilité le prononcé de la peine, par un ajournement simple[6], avec probation[7], ou dans des cas résiduels avec injonction[8], ou les nouvelles hypothèses créées par la loi du 15 août 2014[9], elle doit évidemment préciser pourquoi ce choix est possible, ce qu'elle attend du prévenu dans le temps de l'ajournement, le délai qu'elle lui impose pour ce faire et plus clairement la date à laquelle l'affaire sera rappelée, date qui doit se situer dans l'année qui suit la première audience[10].

Il convient de rappeler que l'ajournement simple[11], comme l'ajournement avec mise à l'épreuve[12], ne peut être ordonné que si la personne physique prévenue ou le représentant de la personne morale prévenue est présent à l'audience[13]. Il faut noter que l'article 132-66 du code pénal n'a pas cette exigence de présence du prévenu à l'audience en matière d'ajournement avec injonction. Ajoutons encore ici que la loi du 23 mars 2019 a mis en place un ajournement aux fins d'investigations sur la personnalité ou la situation matérielle, familiale et sociale[14].

Selon l'article 464 du code de procédure pénale et sauf à faire application des dispositions particulières prévues par l'article 469-1 du même code, le juge pénal ne peut retenir la culpabilité d'un prévenu sans prononcer simultanément sur la peine. Ainsi, lorsque le juge a statué sur la culpabilité tout en ajournant le prononcé de la peine, il ne peut ultérieurement prononcer de nouveau sur la culpabilité[15]. La chambre criminelle a encore censuré un arrêt qui, après avoir déclaré MM. Jacques X..., Grégory X... et Mme Claire X... coupables d'escroqueries au préjudice de Pôle emploi a ordonné pour le surplus de la prévention une expertise, omettant de prononcer simultanément une peine, au motif qu'en prononçant ainsi, alors qu'il lui appartenait

1. Crim. 30 oct. 1924, *DH* 1924. 653.
2. Cass., ch. mixte, 28 févr. 1986, n° 84-93.287, P n° 81.
3. Crim. 17 juin 1981, n° 80-93.125, P n° 211.
4. Crim. 18 juill. 1991, n° 90-82.208, P n° 301.
5. Crim. 28 mars 2000, n° 98-86.886, P n° 138 ; *D.* 2000. 198.
6. C. pén., art. 132-60 – V. s^s^ n° 715.41.
7. C. pén., art. 132-63 ; C. pr. pén., art. 747-3 et 747-4 – V. s^s^ n° 715.43.
8. C. pén., art. 132-66 s. – V. s^s^ n° 715.44.
9. V. s^s^ n° 715.45 et 715.46.
10. C. pén., art. 132-62.
11. C. pén., art. 132-60, al. 3.
12. C. pén., art. 132-63, al. 1er.
13. V. s^s^ n°s 715.41 s.
14. C. pén., art. 132-70-1 et V. s^s^ n° 715.45.
15. Crim. 30 mai 2017, n° 16-87.183, P.

de sanctionner les faits de la prévention qu'elle déclarait établis, après disjonction et sans attendre le résultat de mesures d'instruction complémentaires ordonnées sur des faits connexes mais non indivisibles, la cour d'appel a méconnu le sens et la portée du texte susvisé[1].

Dans l'hypothèse où une constitution de partie civile a été régularisée, il convient de mentionner qu'elle a été le cas échéant reçue par le tribunal, voire de fixer le montant des dommages et intérêts alloués, dès lors que leur règlement constituera dans la majorité des cas la condition mise à l'ajournement et au prononcé ultérieur d'une mesure de faveur.

POUR EXEMPLE

« M... reconnaissant lui-même sa culpabilité, il convient de le déclarer coupable des faits objets de la prévention. L'intéressé s'étant toutefois formellement engagé devant le tribunal à réparer l'intégralité des dommages causés et de suivre des soins, il y a lieu, pour lui permettre de faire ses preuves, d'ajourner le prononcé de la peine à l'audience du......... à......... heures, en le plaçant jusqu'à cette date sous le régime de la mise à l'épreuve avec obligations, de payer à sa victime les dommages-intérêts mis à sa charge par la présente décision, et de suivre les soins nécessités par son état. »

724.43 **Dispense de peine.** Que cette mesure[2] soit prononcée dès la première audience ou lors de l'audience intervenant sur ajournement, il convient là encore de préciser pourquoi ce choix a été fait. Encourt la cassation, un jugement qui pour constater que les conditions de la dispense de peine sont remplies, se borne à retenir que le dommage est réparé[3]. Seuls les motifs tirés du texte de l'article 132-59 du code pénal lui-même peuvent justifier le prononcé d'une dispense de peine. Ainsi encore, un tribunal qui énonce que, compte tenu des circonstances et notamment du fait que S... est une société à associé unique au capital de 1 000 euros, dont le gérant à l'audience a indiqué être le seul conducteur de la société et qui s'est engagé à s'auto désigner pour toute autre infraction, il convient de considérer que le trouble est ainsi réparé, ne peut être que sanctionné[4].

POUR EXEMPLE

« Le reclassement de Monsieur......... (le prévenu) qui travaille désormais régulièrement (CDI auprès de la société T...) étant acquis, les dommages causés ayant été par ses soins réparés, le trouble à l'ordre public ayant cessé, il y a lieu de le déclarer coupable des faits mais de le dispenser de peine. »

1. Crim. 21 févr. 2017, n° 16-85.507, NP.
2. C. pén., art. 132-59 – V. s^s n° 715.51.
3. Crim. 7 mai 2019, n° 18-85.729, P n° 86.
4. Crim. 24 mars 2020, n° 19-86.298, NP.

En soi, une décision emportant dispense de peine malgré condamnation civile à régler des dommages et intérêts semble contradictoire et pourrait être susceptible d'être sanctionnée par la cour d'appel ou la chambre criminelle.

Cette règle étant méconnue, il n'est pas interdit de rappeler que la dispense de peine ne figure pas au bulletin n° 2 du casier judiciaire et tout aussi conseillé au président de rappeler au prévenu que la trace de cette décision figurera néanmoins au bulletin n° 1 réservé à la connaissance des autorités judiciaires. Enfin, le prévenu déclaré coupable et dispensé de peine est, en application de l'article 132-59 dernier alinéa du code pénal, tenu au paiement du droit fixe de procédure défini à l'article 1018 A[5] du code général des impôts[6], ce dont il convient assurément de l'avertir.

SECTION 5
MOTIVATION SUR LA PEINE

724.51 **Une révolution permanente ?** Au cours de l'année 2017, la chambre criminelle a donc posé l'exigence d'une motivation générale des peines correctionnelles[7] prenant en compte la gravité des faits, la personnalité de l'auteur et sa situation. La décision devra systématiquement apporter les éléments justifiant de son choix et permettant à la chambre criminelle d'exercer son contrôle[8].

Qu'il s'agisse de l'application d'un principe de motivation obligatoire de toutes les peines, du respect du principe de proportionnalité et, en amont de l'application de la règle *ne bis in idem*, ces nouvelles normes ont clairement révolutionné les règles de la motivation des décisions correctionnelles comme criminelles et de police.

Il sera renvoyé pour l'ensemble de ces sujets aux développements *supra*[9].

724.52 **Bonnes pratiques.** La lecture des motifs du jugement ou de l'arrêt doit se suffire à elle-même.

En tout état de cause, la décision doit détailler la motivation et respecter toutes les exigences légales propres à telle ou telle peine. Par exemple, mentionner expressément l'accord du prévenu en cas de prononcé d'un stage de citoyenneté puisque cette peine requiert l'assentiment de la personne condamnée.

5. CGI, art. 1018 A.
6. Crim. 24 juin 2014, n° 13-84.955, P n° 160 ; *D.* 2014. 1451.
7. V. s^s n° 716.121 s.
8. PAR EX : Crim. 27 mars 2018, n° 16-87.585, P n° 55.
9. V. s^s chap. 716 et plus spécialement s^s n°s 716.121 s.

La principale difficulté, pour les juges comme pour les avocats, ne sera surmontée qu'en présence d'une bonne connaissance des peines encourues, notamment à titre complémentaire, en particulier lorsqu'elles sont obligatoires.

En cas de pluralité d'infractions, en particulier de contraventions connexes ou de délits pour lesquels une peine distincte est prévue (évasion : C. pén., art. 434-31, rébellion : C. pén., art. 433-9, usurpation d'état civil : C. pén., art. 434-23, organisation frauduleuse de l'insolvabilité : C. pén., art. 314-8...), il est toujours judicieux d'indiquer sans ambiguïté à quelles infractions se rattachent les peines prononcées.

Au titre des bonnes pratiques il peut être conseillé, dans un souci pédagogique qui peut s'adresser autant aux parties qu'à leurs avocats, de décrypter le cheminement qui a été celui de la composition dans le choix de la peine, même s'il est souvent plus complexe qu'il en a l'air[1]. En cas d'appel, et au-delà des critères mis à jour par la chambre criminelle dans ses derniers arrêts, la motivation détaillée visant aussi bien les antécédents, que le peu de compte qui a été tenu des condamnations précédentes, la personnalité de l'auteur, la gravité des faits, leur nombre et les circonstances de leur commission, leur nature, le nombre de victimes ou l'importance des dommages causés... éclaireront la juridiction d'appel lorsqu'il lui appartiendra à son tour de se prononcer, tout comme ils pourront dissuader tel ou tel de relever appel de la première décision rendue.

SECTION 6
DE L'ABSENCE DE MOTIVATION – SANCTIONS

724.61 **Recours.** Le premier recours qui s'exerce contre une décision non motivée est l'appel[2] sous réserve des conditions particulières posées pour l'appel des jugements de police[3]. Si le jugement est annulé pour violation ou omission non réparée de formes prescrites par la loi à peine de nullité, la cour évoque et statue sur le fond[4 5].

La chambre criminelle a jugé qu'il n'y avait pas lieu de transmettre une QPC au Conseil constitutionnel au sujet de cet article, aux motifs que : « Si la disposition qu'elle vise impose à la cour d'appel d'évoquer et de statuer sur le fond après annulation du jugement, c'est dans tous les cas et par un arrêt susceptible d'un pourvoi en cassation, et qu'il n'est ainsi porté atteinte ni au droit du prévenu à un recours juridictionnel effectif ni à son droit à un procès équitable garantis par l'article 16 de la Déclaration des droits de l'Homme et du citoyen »[6]. On aurait pu imaginer une autre solution consistant, par exemple, pour la cour d'appel à annuler la première décision non motivée et à renvoyer aux premiers juges.

724.62 **Ouverture à cassation.** Les difficultés liées à la motivation ouvrent une possibilité de pourvoi contre les décisions des juridictions du fond soit, dont la motivation est purement et simplement absente ou ne permet pas de considérer qu'il ait été répondu aux conclusions, soit, dont les motifs et le dispositif se contredisent, soit, dont l'insuffisante motivation ne permet pas à la Cour de cassation d'exercer son contrôle sur la bonne application de la loi[7].

En matière d'avortement n'était ainsi pas suffisamment motivé l'arrêt qui se bornait à reproduire les termes de la loi sans préciser aucun des faits, qui en justifiait l'application[8].

Un motif superflu ou surabondant peut ne pas vicier le jugement ou l'arrêt, s'il s'agit par exemple d'un motif erroné sans influence sur la solution du litige. Ainsi, lorsqu'il résulte des énonciations de l'arrêt que le licenciement d'un salarié est lié à sa désignation comme candidat aux fonctions de délégué du personnel et à la volonté de l'employeur de faire obstacle à sa candidature, il n'importe que la cour d'appel ait, à tort, considéré ce salarié comme ayant déjà possédé, au moment des faits, la qualité de candidat dès lors qu'elle a, par ailleurs, caractérisé dans tous ses éléments le délit d'atteinte à la libre désignation des délégués du personnel, également réprimé par l'article L. 462-1 [devenu L. 2282-1] du code du travail, l'erreur de droit dont est entaché l'arrêt étant sans influence sur la réalité de l'infraction retenue[9]. La Cour de cassation peut substituer un motif de pur droit à un motif erroné ou inopérant de l'arrêt attaqué et rejeter le moyen dirigé contre ce dernier motif[10].

SECTION 7
MENTION DES AVERTISSEMENTS ET AVIS

§ 1
Avertissements relatifs à la peine

724.71 **Multiplication des avis relatifs aux peines.** Le jugement écrit doit reprendre l'ensemble des avis prévus par la loi[11], qui concernent aussi

1. J. Danet et B. Lavielle, « La juste peine », *Gaz. Pal.* 24-25 mai 2000, p. 888.
2. SUR la procédure devant la cour d'appel, v. s^s titre 92.
3. V. s^s n° 121.62.
4. C. pr. pén., art. 520.
5. V. s^s n°s 942.11 s.
6. Crim. 15 févr. 2011, n° 10-90.123, P n° 26.
7. C. pr. pén., art. 593.
8. Crim. 19 janv. 1971, n° 70-91.296, P n° 16.
9. Crim. 27 mars 1979, n° 77-92.843, P n° 122.
10. Crim. 27 févr. 1968, n° 66-92.668, P n° 61.
11. V. s^s n°s 733.11 s.

bien les peines, que l'action civile ou encore les frais de justice. Il doit préciser si la personne à laquelle ils sont destinés était présente ou non lors du délibéré, s'ils ont pu ou non être donnés et ce, même si la chambre criminelle recherche parfois dans les notes d'audience régulièrement signées du président et du greffier, la preuve que tels avertissements ont bien été donnés, en l'absence de mention expresse dans le jugement ou l'arrêt.

Ces avertissements ou avis sont parfois spécifiques à telle peine (par exemple, le suivi socio-judiciaire) voire telle obligation résultant de cette peine (par exemple, l'injonction de soins).

Si l'on comprend la volonté du législateur d'une certaine pédagogie de l'audience quant à la portée de la décision qui vient d'être rendue et les conditions dans lesquelles se dérouleront la phase d'exécution et d'application de la peine qui vont suivre, force est de constater que le caractère complexe de ces explications cumulées ne permet sans doute pas de la satisfaire pleinement.

Les exemples concernant les plus fréquents de ces avertissements seront développés *infra* (v. s^{s} n°s 733.11 s.).

§ 2
Avertissement relatif au droit à réparation à raison d'une détention provisoire

724.81 Information sur le droit à réparation à raison d'une détention en cas de relaxe. Lorsque la décision de non-lieu, de relaxe ou d'acquittement lui est notifiée, la personne est avisée de son droit de demander réparation, ainsi que des dispositions des articles 149-1 à 149-3, alinéa 1er[1] du code de procédure pénale.

En matière de jugement contradictoire, il est donc nécessaire de mentionner dans le dispositif de la décision que la personne relaxée et qui a été antérieurement détenue à titre provisoire pour les faits jugés, a été avisée du principe de son droit à indemnisation et des dispositions précitées. À défaut, le délai de six mois imposé pour le dépôt de la requête ne saurait courir.

La jurisprudence ancienne sur le point de départ du délai de recours n'a pas lieu d'être remise en cause : Le délai mentionné par l'article 149-2 du code de procédure pénale, dans sa rédaction antérieure à la loi du 15 juin 2000, pour saisir la commission prévue par l'article 149-1 dudit code, ne peut commencer à courir avant que l'arrêt de non-lieu ait été notifié au requérant[2].

1. C. pr. pén., art. 149, al. 2.

§ 3
Avertissement sur les frais de procédure et d'aide juridictionnelle

724.91 Droit fixe de procédure. En l'état actuel des textes, un droit fixe de procédure est prévu à l'article 1018 A du code général des impôts[3], précédemment modifié par la loi de finances pour l'année 2015[4] à la charge des personnes faisant l'objet d'une décision d'une juridiction répressive, à l'exception de celles qui ne statuent que sur les intérêts civils. Ce droit n'est pas dû lorsque le condamné est mineur. Ce droit est recouvré comme en matière d'amendes et de condamnations pécuniaires par les comptables publics compétents. Les personnes condamnées pour un même crime ou pour un même délit sont tenues solidairement au paiement des droits fixes de procédure.

L'arrêté du 29 février 2012[5], créant un article A. 38-6 du code de procédure pénale est venu préciser que les droits fixes de procédure prévus à l'article 1018 A du code général des impôts sont, conformément aux dispositions du neuvième alinéa de cet article, augmentés d'une somme de 210 euros, correspondant au montant, arrondi à la dizaine inférieure, de l'indemnité maximale prévue par le 10° de l'article R. 118 du présent code pour les analyses toxicologiques permettant d'établir la présence de stupéfiants dans le sang, en cas de condamnation pour conduite après usage de substances ou plantes classées comme stupéfiants ou pour atteinte involontaire à la vie ou à l'intégrité physique de la personne par un conducteur ayant fait usage de substances ou plantes classées comme stupéfiants, prononcée en application de l'article L. 235-1 du code de la route ou du 3° des articles 221-6-1, 222-19-1 ou 222-20-1 du code pénal.

Comme en ce qui concerne l'amende, les condamnés doivent être avisés qu'en cas de paiement du

2. Civ. 2e, 31 janv. 2002, n° 00-21.684, P II, n° 10 ; *D.* 2002. 2013, note C. Pelletier – SUR les règles d'indemnisation en matière de détention provisoire, v. s^{s} n°s 814.161 s.
3. Mod. par L. n° 2021-1900, 30 déc. 2021, art. 130 (V).
4. L. n° 2014-1654, 29 déc. 2014 de finances pour 2015, *JO* 30 déc., p. 22828, art. 35 IB : précisant que le produit de ce droit est affecté, dans la limite de 7 millions d'euros par an, au Conseil national des barreaux – AUSSI : « instructions au greffe relatives à l'augmentation des droits fixes de procédure en matière pénale », 16 févr. 2015, DSJ, sous-direction de l'organisation judiciaire et de l'innovation, bureau des méthodes et des expertises. Évidemment les anciens tarifs sont maintenus pour toutes les décisions prononcées avant 2015 et non formalisées au 1er janvier 2015. L'article 1018A a été modifié par la L. n° 2021-1900 du 30 déc. 2021, art. 130 (V).
5. Arr. 29 févr. 2012 fixant le contenu des registres mentionnés aux articles R. 541-43 et R. 541-46 du code de l'environnement, *JO* 8 mars, p. 4320, NOR : DEVP1205955A.

droit fixe de procédure dans le délai d'un mois à compter de la date où ils ont eu connaissance du jugement, ils bénéficient de la suppression de la majoration du droit fixe de procédure, le ramenant à 127 euros et d'une diminution de 20 % sur la totalité de la somme à payer.

Pour une meilleure clarté, et dans les cas où le prévenu a comparu il peut donc être conseillé de mentionner dans la décision, pour les procédures ordinaires, que le condamné est informé qu'en cas de paiement du droit fixe de procédure dans le délai d'un mois à compter de la date du jugement, il bénéficie d'une diminution de 20 % ramenant le droit fixe de procédure à 101,60 euros (au lieu de 127 euros).

Il faut mentionner ici que le prévenu déclaré coupable et dispensé de peine est, en application de l'article 132-59, dernier alinéa, du code pénal, tenu au paiement du droit fixe de procédure défini à l'article 1018 A du code général des impôts[1].

Il a encore été jugé que « le droit fixe de procédure, prévu par l'article 1018 A du code général des impôts, ne figure pas parmi les frais de justice énumérés par l'article R. 92 du code de procédure pénale, qui, seuls, sont à la charge de l'État et sans recours envers les condamnés, qu'ils aient ou non obtenu le bénéfice de l'aide juridictionnelle »[2].

Le législateur n'a manifestement pas cherché à faire œuvre de simplicité lors de la dernière réévaluation des frais fixes...

À titre d'exemple, en cas d'arrêt rendu par la chambre criminelle après une décision d'un tribunal de police rendu en dernier ressort, les droits fixes se cumulent, soit 211 euros (arrêt rendu par la Cour de cassation) + 31 euros (jugement du tribunal de police en dernier ressort) soit 242 euros, ramenés à 193,60 euros en cas d'application de la minoration de 20 %. En cas d'arrêt rendu par la chambre criminelle après décision d'une cour d'appel, il en est de même 211 euros (pour l'arrêt rendu par la chambre criminelle) + 169 euros (pour la décision de la cour d'appel) soit 380 euros, ramenés à 304 euros en cas d'application de la minoration de 20 %.

Ce droit est aussi recouvré, comme en matière criminelle ou correctionnelle, en cas de décision de non-lieu ou de relaxe sur la partie civile qui a mis en mouvement l'action publique. Sur ce point précis, il est à retenir que la charge du droit fixe ne saurait être confondue avec une « amende pour constitution de partie civile abusive »[3] et que « ce droit, dont la partie civile est redevable, ne constitue pas une amende civile »[4].

TABLEAU 724.91-1. RÉCAPITULATIF DES DROITS FIXES DE PROCÉDURE (FRAIS DE JUSTICE)

Situation du prévenu	Montant du droit fixe	Conditions particulières
Présent ou représenté avec mandat exprès	Droit fixe à 127 €	• Si paiement à la demande du Trésor public. • Un droit fixe de procédure de 31 € doit normalement être ajouté aux 127 € si un jugement avant dire droit a été rendu dans l'affaire (soit au total 158 euros).
	Droit fixe à 101,60 €	Si paiement dans le mois de la décision. De même, le droit à 31 € est ramené à 24,80 € (soit au total 126,40 €).
Touché par la convocation mais absent et non représenté	Droit fixe à 254 €	Si paiement à la demande du Trésor public.
	Droit fixe à 101,60 €	Si paiement dans le mois de la décision.
Poursuivi pour conduite sous l'influence de substances ou plantes classées comme stupéfiants en application de C. route, art. L. 235-1 ou de C. pén., art. 221-6-1, al. 3, 222-19-1, al. 3 ou 222-20-1, al. 3	Droit fixe à 464 €	254 € (prévenu touché mais absent) + 210 € pour les infractions Natinf 23758, 23759, 23760, 23761, 23762.
	Droit fixe à 337 €	127 € (prévenu comparant ou représenté) + 210 € (id.), si paiement à la demande du Trésor public.
	Droit fixe à 269,60 €	101,60 € + 168 € (210 € – 20 %), si paiement dans le mois de la décision.

724.92 Recouvrement d'aide juridictionnelle. Aux termes d'une note du secrétariat général du ministère de la Justice de 2015, et à la différence du jugement civil, le jugement pénal devait expressément mentionner dans son dispositif l'obligation pour le condamné de rembourser à l'État la contribution versée à l'avocat de la partie civile bénéficiaire de l'aide juridictionnelle[5]. La note du 13 janvier 2016, ne développe pas davantage ce point.

1. Crim. 24 juin 2014, n° 13-84.955, P n° 160 ; *D.* 2014. 1451.
2. Crim. 12 juin 2012, n° 11-88.782, P n° 146.
3. Crim. 20 oct. 2010, n° 10-81.184, NP.
4. Crim. 4 nov. 2004, n° 04-82.875, NP.
5. La note du 13 janvier 2016 relative au montant des plafonds de ressources, des correctifs pour charges familiales à compter du 1er janvier 2016 et des tranches de ressources pour l'admission à l'aide juridictionnelle partielle à compter du 14 janvier 2016 (*BOMJ*, n° 2016-01, 29 janv.) rend caduque et remplace la note SG-15-016/SADJAV/30.12.2015, NOR : JUST1532602N.

SECTION 8
MENTIONS CONCERNANT LA PARTIE CIVILE

724.101 **Sur l'action civile.** Les règles de motivation sont ici les mêmes qu'en matière civile. Toutefois il n'y a pas lieu de revenir sur les faits, puisqu'ils ont été évoqués au titre de l'action publique sous réserve de la situation dans laquelle un partage de responsabilité (entre l'auteur et la victime) est décidé au plan civil et de celle où il s'agit de statuer sur la seule situation du civilement responsable.

La présentation de la procédure se résume à la constitution de partie civile et à la vérification de sa recevabilité[1], outre l'appel à la cause des tiers intervenants si besoin est (notamment en cas de mise en cause des organismes sociaux tiers payeurs)[2].

Il convient d'être précis sur la qualité de la partie civile, lorsque notamment elle agit en représentation d'enfants mineurs ou de personnes protégées. Ainsi pourra-t-on distinguer par exemple :

POUR EXEMPLE

« Attendu que l'action de Madame/Monsieur .... (partie civile) qui a directement et personnellement souffert du dommage consécutif aux agissements de Madame/Monsieur......... (prévenu/e) est recevable (à l'inverse : irrecevable aux motifs que.........). (S'il y a lieu à partage de responsabilité : Attendu cependant qu'en raison de........., Madame/ Monsieur......... (victime) a concouru pour partie à la réalisation de son propre dommage. Qu'ainsi une part de responsabilité, qu'il convient de fixer à......... doit être laissée à sa charge). Attendu qu'en considération de......... il y a lieu d'allouer à la victime la somme de.........

Attendu (le cas échéant) qu'il y a lieu de condamner l'auteur de l'infraction à payer à la partie civile une somme de......... euros au titre des dispositions de l'article 475-1 du code de procédure pénale. »

OU, AUTRE EXEMPLE

« Attendu que Madame S... se constitue partie civile les nom et qualité d'administratrice légale de ses enfants mineurs X... et Y..., aux fins d'obtenir la condamnation de Monsieur B... (prévenu) à lui payer les sommes de......... euros à titre de dommages-intérêts pour les préjudices moraux et de......... euros sur le fondement des dispositions de l'article 475-1 du code de procédure pénale. Qu'elle sollicite, pour le surplus, un renvoi sur intérêts civils pour liquidation ultérieure du préjudice économique.

Attendu que cette constitution est recevable et régulière en la forme. Que Monsieur B... a déclaré ne pas y avoir de moyen opposant.

Attendu que le préjudice moral allégué résulte directement de l'homicide involontaire dont le prévenu a été déclaré coupable et qu'il convient de fixer à......... euros et......... euros les sommes respectivement dues, à la mère et aux enfants des victimes directes de l'accident du......... en réparation de leur préjudice moral. Attendu que Monsieur B... sera condamné à payer ces sommes à la partie civile.

Attendu qu'il sera en revanche sursis à statuer sur le préjudice économique, la partie civile ne disposant pas en l'état de l'ensemble des documents justificatifs permettant de l'apprécier.

Attendu qu'il convient, en tenant compte de l'équité et de la situation économique de la partie condamnée, de dire que Monsieur B... devra payer à Madame S... la somme de......... euros au titre des dispositions de l'article 475-1 du code de procédure pénale. »

OU, LE CAS ÉCHÉANT

« Attendu que le tribunal ne dispose pas en l'état d'éléments suffisants pour régler l'indemnisation des préjudices de Madame/Monsieur......... (partie civile) ; qu'il sera donc sursis à statuer jusqu'à l'audience du......... à......... dans l'attente de la production par ce dernier de......... »

Le jugement gagne en clarté à ce que soient détaillés les différents chefs de préjudice et que le lecteur comprenne aisément à quel titre, telle indemnisation est ou non accordée. La présentation de l'indemnisation du préjudice corporel sous forme d'un tableau reprenant prétentions des parties, évaluation du dommage, part des organismes sociaux, offre des avantages de grande clarté et souvent la démonstration d'une bonne maîtrise par la juridiction de jugement de modes de calcul qui peuvent s'avérer complexes. Il en est de même de la précision concernant les points qui devront être complétés ou documentés devant le juge chargé des intérêts civils.

L'article 706-15 du code de procédure pénale impose à la juridiction d'informer la partie civile qui se voit allouer des dommages-intérêts à la suite de la condamnation de l'auteur de l'une des infractions prévue aux articles 706-3 et 706-14 du code de procédure pénale de la possibilité de saisir la Civi. La mention de cet avis doit figurer dans le dispositif du jugement.

S'agissant des spécificités applicables en cas de poursuites diligentées par la partie civile, on se bornera à rappeler ici, d'une part, que doit être ordonnée, en cas de condamnation, la restitution de

1. C. pr. pén., art. 2 s.
2. NOT. : CSS, art. L. 376-1 : frappant de nullité le jugement rendu sans qu'il y ait eu, de la part de la victime ou de ses ayants droit, appel des caisses en déclaration de jugement commun.

la somme versée à titre de consignation, d'autre part, que lorsque le tribunal, saisi sur citation directe de la partie civile, a prononcé une relaxe, il peut condamner la partie civile au paiement d'une amende civile[1].

La loi de programmation 2018-2022[2] et de réforme pour la justice est venue permettre la constitution de partie civile devant le tribunal correctionnel et le tribunal de police par voie dématérialisée en complétant l'article 420-1 du code de procédure pénale. Elle a donc supprimé l'irrecevabilité automatique des plaintes déposées moins de 24 heures avant la date de l'audience Elle a également précisé que si le procès sur l'action publique se tient en l'absence de la victime, à qui un avis a été adressé mais dont il n'est pas certain qu'il a été reçu, une nouvelle audience doit être fixée sur les intérêts civils, et la victime doit y être convoquée[3].

724.102 Sanctions des abus de constitution de partie civile. Dans le cas prévu par l'article 470 (en cas de relaxe), lorsque la partie civile a elle-même mis en mouvement l'action publique, le tribunal statue par le même jugement sur la demande en dommages-intérêts formée par la personne relaxée contre la partie civile pour abus de constitution de partie civile[4]. Cet article est rendu applicable à la cour d'appel par l'article 512 du même code.

Nombre de décisions peuvent être citées, dont il convient de souligner qu'elles s'attachent à caractériser en quoi la partie civile a agi de mauvaise foi ou de manière téméraire[5]. La partie civile qui a elle-même mis en mouvement l'action publique ne peut être en effet condamnée à des dommages-intérêts envers le prévenu relaxé qu'autant qu'il est constaté par les juges qu'elle a agi de mauvaise foi ou témérairement. Une telle faute ne saurait se déduire du seul exercice du droit de citation directe qui est ouvert à la partie civile par les articles 2, 3, 388 et 392 du code de procédure pénale[6].

La chambre criminelle a par ailleurs déjà jugé que l'appréciation de la mauvaise foi ou de la témérité relève du pouvoir souverain des juridictions du fond[7]. Un arrêt retient que l'article 472 du code de procédure pénale est applicable lorsque la relaxe est prononcée après que la prescription de l'action publique eut été constatée[8] ce, dans une hypothèse où la cour d'appel retenait la parfaite connaissance par la partie civile agissante, de la prescription de son action, lors du dépôt de sa citation.

En application des articles 425 et 472 du code de procédure pénale, lorsque la partie civile se désiste de la citation directe par laquelle elle a mis en mouvement l'action publique, il ne peut être statué sur la demande de dommages-intérêts présentée par le prévenu pour abus de constitution de partie civile qu'à la condition que celui-ci ait été renvoyé des fins de la poursuite. Encourt dès lors la cassation l'arrêt qui octroie des dommages-intérêts pour abus de constitution de partie civile sans que cette décision n'ait été précédée de la relaxe du prévenu[9].

Ainsi, le fait d'attraire de manière hâtive et téméraire une personne devant une juridiction répressive lui cause nécessairement un préjudice et justifie l'allocation à son profit de dommages et intérêts, sur le fondement de l'article 472 du code de procédure pénale[10]. Tel est encore le cas lorsque l'action publique a été mise en mouvement par citation directe de la partie civile et que le prévenu a été renvoyé des fins de la poursuite, justifie l'attribution de dommages-intérêts à ce prévenu sur le fondement de l'article 472 du code de procédure pénale, la cour d'appel qui relève que la partie civile a agi de mauvaise foi et dans l'intention de nuire au prévenu[11].

Lorsque l'action publique a été mise en mouvement par la citation directe de la partie civile, qu'elle est, après renvoi, citée à nouveau, cette fois par le prévenu, pour voir statuer sur l'action qu'elle avait engagée, son désistement à l'audience ne fait pas obstacle à ce que le ministère public ayant été entendu en ses réquisitions sur le délit, des dommages-intérêts soient alloués au prévenu qui en avait fait la demande en raison de cette poursuite

1. C. pr. pén., art. 392-1 : (après réquisitions du ministère public), le caractère exceptionnel de cette sanction nécessite bien évidemment une motivation particulière.
2. L. n° 2019-222, 23 mars 2019, *JO* 24 mars, n° 2, art. 42, renvoi au tribunal de police par application de l'article 536 du même code – ÉGAL[T] : C. Bléry et J.-P. Teboul, « Dématérialisation des procédures : saisine d'une juridiction par le Portail du justiciable », *D. actu.* 5 mars 2020.
3. *Ibid.* l'art. 42 ayant également modifié l'article 391 du code de procédure pénale. V. Circ. CRIM n° 2019-00018, n°JUSD1910286, 8 avr. 2019 de présentation des dispositions immédiatement applicables de la loi n° 2019-222 du 23 mars 2019 de programmation 2018-2022 et de réforme pour la justice relatives aux alternatives aux poursuites, aux poursuites et au jugement.
4. C. pr. pén., art. 472.
5. Crim. 14 janv. 2003, n° 02-84.445, NP – Crim. 4 nov. 2003, n° 03-82.427, NP – Crim. 1er sept. 2009, n° 08-86.660, NP – Crim. 5 juin 2013, n° 12-84.796, préc. – Crim. 7 janv. 2014, n° 13-80.073, NP ; *D.* 2015. 230, obs. J.-P. Clavier, N. Martial-Braz et C. Zolynski – Crim. 17 févr. 2015, n° 13-85.848, NP.
6. Crim. 6 nov. 1979, n° 78-92.862, P n° 308.
7. Crim. 7 avr. 2004, n° 03-83.244, NP – Crim. 16 juin 2004, n° 03-85.746, NP – Crim. 5 juin 2013, n° 12-84.796, préc. – Crim. 20 juin 2017, n° 16-82.908, NP.
8. Crim. 16 janv. 2018, n° 16-87.699, P.
9. Crim. 17 janv. 2012, n° 11-82.072, P n° 11.
10. Crim. 21 janv. 1997, n° 95-83.766, P n° 18.
11. Crim. 7 mai 2002, n° 01-84.492, P n° 102 ; *D.* 2002. 1883 ; *RSC* 2003. 91, obs. B. Bouloc.

abusive par application de l'article 425, alinéa 2, du code de procédure pénale[1].

La chambre criminelle de la Cour de cassation admet que le prévenu puisse réclamer des dommages et intérêts pour constitution de partie civile abusive pour la première fois en cause d'appel[2].

Seront également rappelés ici les termes de l'article 800-2 du code de procédure pénale[3] qui dans son premier alinéa dispose : « À la demande de l'intéressé, toute juridiction prononçant un non-lieu, une relaxe, un acquittement ou toute décision autre qu'une condamnation ou une déclaration d'irresponsabilité pénale peut accorder à la personne poursuivie pénalement ou civilement responsable une indemnité qu'elle détermine au titre des frais non payés par l'État et exposés par celle-ci. Il en est de même, pour la personne civilement responsable, en cas de décision la mettant hors de cause.

Cette indemnité est à la charge de l'État. La juridiction peut toutefois ordonner qu'elle soit mise à la charge de la partie civile lorsque l'action publique a été mise en mouvement par cette dernière.

Les deuxième et troisième alinéas sont applicables devant la Cour de cassation en cas de rejet d'un pourvoi portant sur une décision mentionnée au deuxième alinéa. Un décret en Conseil d'État détermine les conditions d'application du présent article »[4].

Enfin, l'article 91 du code de procédure pénale dispose : « Quand, après une information ouverte sur constitution de partie civile, une décision de non-lieu a été rendue, la personne mise en examen et toutes personnes visées dans la plainte, et sans préjudice d'une poursuite pour dénonciation calomnieuse, peuvent, si elles n'usent de la voie civile, demander des dommages-intérêts au plaignant dans les formes indiquées ci-après.

L'action en dommages-intérêts doit être introduite dans les trois mois du jour où l'ordonnance de non-lieu est devenue définitive. Elle est portée par voie de citation devant le tribunal correctionnel où l'affaire a été instruite. Ce tribunal est immédiatement saisi du dossier de l'information terminée par une ordonnance de non-lieu, en vue de sa communication aux parties. Les débats ont lieu en chambre du conseil : les parties, ou leurs conseils, et le ministère public sont entendus. Le jugement est rendu en audience publique.

En cas de condamnation, le tribunal peut ordonner la publication intégrale ou par extraits de son jugement dans un ou plusieurs journaux qu'il désigne, aux frais du condamné. Il fixe le coût maximum de chaque insertion.

L'opposition et l'appel sont recevables dans les délais de droit commun en matière correctionnelle.

L'appel est porté devant la chambre des appels correctionnels statuant dans les mêmes formes que le tribunal. L'arrêt de la cour d'appel peut être déféré à la Cour de cassation comme en matière pénale.

Lorsqu'une décision définitive rendue en application de l'article 177-2 a déclaré que la constitution de partie civile était abusive ou dilatoire, cette décision s'impose au tribunal correctionnel saisi dans les conditions prévues aux alinéas précédents ».

Un arrêt a pu rappeler que si les débats sur une demande de dommages-intérêts présentée sur le fondement de l'article 91 du code de procédure pénale, tant en première instance qu'en appel, ont lieu en chambre du conseil, la décision est rendue en audience publique[5].

1. Crim. 22 févr. 1966, n° 64-90.865, P n° 56.
2. Crim. 27 mai 2004, n° 03-81.080, P n° 140 ; *D.* 2004. 1933 ; *D.* 2005. 684, obs. J. Pradel ; *RSC* 2005. 104, obs. A. Giudicelli.
3. Dans sa rédaction issue L. n° 2021-1729, 22 déc. 2021, *JO* 23 déc., n° 2, art. 14 (V), texte applicable depuis le 24 déc. 2021.
4. V. s[s] n° 222.196.
5. Crim. 18 juill. 2017, n° 16-85.300, NP.

CHAPITRE
725. Dispositif

SECTION 0
ORIENTEUR

725.00 Sommaire du chapitre.

725.01 Principaux textes applicables.

TEXTES SOURCES

• C. pr. pén., art. 485, 486, 543, 648, 649

TEXTES *IN EXTENSO*

• **C. pr. pén., art. 485**

* V. s[s] n° 721.01.

• **C. pr. pén., art. 486**

* V. s[s] n° 721.01.

• **C. pr. pén., art. 543**

* V. s[s] n° 721.01.

• **C. pr. pén., art. 648**

* V. s[s] n° 721.01.

• **C. pr. pén., art. 649**

* V. s[s] n° 721.01.

725.02 Jurisprudence de référence.

> Définition du dispositif et relation avec les motifs de la décision

• **Crim. 2 oct. 1990,** n° 90-84.412, P n° 327

* V. s[s] n° 725.13.

« Le dispositif d'un arrêt doit être interprété par les motifs auxquels il s'unit et dont il est la conséquence.

Un défaut de concordance entre le dispositif et les motifs, relevé d'office par la Cour de cassation, lorsqu'il est seulement le résultat d'une erreur matérielle évidente, ne saurait donner ouverture à cassation. »

SECTION 1
EXIGENCES LÉGALES

725.11 Définition et formulation. Le dispositif est la partie du jugement dans laquelle est exprimée la décision du tribunal[1].

Aussi chaque point tranché commencera-t-il par un verbe (déclare, condamne, ordonne, renvoie...).

On doit retrouver dans le dispositif les réponses aux chefs de prévention qui ont été discutés dans la partie « motivation », ainsi que les réponses aux demandes de l'éventuelle partie civile ou aux réquisitions précises du ministère public[2] et encore aux moyens péremptoires développés par le prévenu. Le dispositif, par lequel le juge va pouvoir vérifier point par point qu'il a répondu aux demandes est donc la conclusion logique de sa motivation[3]. Il convient évidemment d'éviter, et que sanctionne l'article 593 du code de procédure pénale, la contradiction entre les motifs et le dispositif qui équivaut à un défaut de motifs[4]. Cependant, la chambre criminelle a déjà pu juger que des erreurs matérielles du dispositif susceptibles d'être rectifiées, compte tenu des motifs, suivant la procédure prévue aux articles 710 et 711

1. *Petit Larousse,* 2000.
2. SUR le tribunal qui n'est tenu de répondre qu'aux chefs précis développés par les conclusions et constituant pour la partie qui les invoque un système péremptoire de défense : Crim. 5 mars 1974, n° 72-91.436, P n° 91.
3. Le dispositif d'une décision doit être interprété par les motifs auxquels il s'unit et dont il est la conséquence. Le défaut de concordance entre le dispositif et les motifs, lorsqu'il est le résultat d'une erreur matérielle évidente pouvant être réparée par la procédure prévue aux articles 710 et 711 du code de procédure pénale ne saurait donner ouverture à cassation : Crim. 2 oct. 1990, n° 90-84.412, P n° 327 – SUR les motifs et dispositifs qui ne sauraient être séparés et se complètent mutuellement : Crim. 13 oct. 1959, P n° 425.
4. PAR EX. : Crim. 20 avr. 2017, n° 16-82.495, NP.

du code de procédure pénale, ne permettent pas de recevoir le moyen du pourvoi qui les invoque[1].

Aux termes de l'article 485 du code de procédure pénale : « Le dispositif énonce les infractions dont les personnes citées sont déclarées coupables ou responsables, ainsi que la peine, les textes de loi appliqués et les condamnations civiles ».

725.12 **Qualification du jugement.** Dans un premier temps le dispositif mentionne, vis-à-vis des différentes parties privées, la qualification du jugement (contradictoire, contradictoire à signifier, par défaut, par itératif défaut) et les circonstances dans lesquelles l'audience s'est tenue (audience publique ou tenue à huis clos...), ainsi que s'il est rendu à charge d'appel ou non[2].

POUR EXEMPLE

« Statuant publiquement et en premier ressort, contradictoirement à l'égard de Madame/Monsieur T... P... et par jugement contradictoire à signifier à l'égard de Madame/Monsieur V... S... »

725.13 **Sur l'action publique.** Le dispositif aborde alors l'action publique et mentionne en premier lieu, les réponses faites aux exceptions de procédure, demande de constat d'une prescription, demande d'expertise ou de complément d'information.

Si le tribunal s'estime insuffisamment informé, il ordonne « avant dire droit » toute mesure d'investigation qu'il estime utile en particulier une expertise. Il peut commettre l'un de ses membres pour procéder à un supplément d'information[3][4]. Dans ces cas il fixe la date à laquelle l'affaire sera rappelée. D'usage c'est le président de la composition qui est désigné et se charge de la mesure d'investigation.

En matière de comparution immédiate, le tribunal peut renvoyer le dossier au procureur de la République, s'il estime que la complexité de l'affaire nécessite des investigations complémentaires[5]. Il peut également renvoyer à une audience ultérieure[6] en prescrivant l'expertise ou le complément d'enquête qu'il estime utile.

Si le tribunal s'estime en état de juger, il se prononce sur la culpabilité, puis sur la peine. Il le fait par chef de prévention. De nombreuses décisions rappellent que le jugement doit préciser en vertu de quels textes telle peine est prononcée[7]. L'article 485, alinéa 3, du code de procédure pénale est cependant plus précis encore puisqu'il exige que le « dispositif » énonce : « [...] les textes de loi appliqués »[8]. Dans la pratique, les textes de loi appliqués ne sont pas visés au dispositif, ce dont la jurisprudence s'accommode dès lors qu'il n'est pas soutenu qu'existe une incertitude quant aux infractions retenues, aux textes appliqués et aux peines prononcées. Ceci, même en matière de poursuites sur le fondement de textes spécifiques : l'omission dans le dispositif, des dispositions répressives appliquées ne saurait donner ouverture à cassation dès lors qu'il n'existe aucune incertitude ni sur les infractions poursuivies, ni sur les peines encourues, les textes d'incrimination et de répression ayant en l'espèce été visés par l'arrêt attaqué et l'article L. 480-5 du code de l'urbanisme ayant été expressément mentionné dans les citations à comparaître devant la cour d'appel[9]. Si le tribunal estime que le fait poursuivi ne constitue aucune infraction à la loi

1. Crim. 14 juin 2017, n° 14-88.076, NP.
2. En principe l'appel est ouvert contre les jugements devant le tribunal correctionnel – en revanche, en matière de police, l'appel n'est en principe possible que lorsque l'amende encourue est celle prévue pour les contraventions de la cinquième classe (soit 1 500 euros) ou à l'encontre des jugements prononçant, soit une amende d'un montant supérieur à celle encourue pour les contraventions de la deuxième classe, (soit 150 euros), soit une suspension du permis de conduire (C. pr. pén., art. 546) – l'appel est ouvert contre un jugement du tribunal correctionnel qui disqualifie un délit en contravention. Le délai de recours ne court pas lorsque le jugement entrepris comporte une mention erronée sur sa qualification, à moins que l'acte de notification de ce jugement n'ait indiqué la voie de recours qui était effectivement ouverte : Civ. 2e, 3 juin 1999, n° 97-15.511, P II, n° 108.
3. C. pr. pén., art. 463.
4. Sauf en matière de comparution immédiate (C. pr. pén., art. 397-2), le tribunal ne peut désigner le juge d'instruction de son siège pour procéder à ce supplément d'information.
5. Bien qu'il ait été jugé que le tribunal saisi par la comparution immédiate du prévenu apprécie souverainement si l'affaire est en état d'être jugée ou s'il y a lieu, comme le lui permet l'article 397 du code de procédure pénale de renvoyer le dossier au procureur de la République lorsqu'il estime que la complexité de l'affaire nécessite des « investigations supplémentaires approfondies » : Crim. 26 avr. 1994, n° 93-84.880, P n° 149 : il apparaît nécessaire ne serait-ce que pour permettre au parquet de connaître les investigations souhaitées, de spécifier celles-ci dans le jugement.
6. Néanmoins : C. pr. pén., art. 397-3 en cas de détention du prévenu, le jugement au fond doit être rendu dans les deux mois qui suivent le jour de la première comparution devant le tribunal.
7. C. pr. pén., art. 485, al. 3 – Les textes de loi doivent être indiqués dans la décision, sans qu'il y ait lieu d'en reproduire le libellé, mais leur omission dans le dispositif n'entraîne pas la nullité de la décision dès lors qu'aucune incertitude ne subsiste quant à l'infraction retenue et à la légalité des peines infligées : Crim. 24 févr. 1988, n° 87-90.341, P n° 94.
8. Crim. 5 janv. 1974, n° 73-90.952, P n° 3, « Si regrettable qu'elle soit au regard des prescriptions de l'article 485, l'omission de viser, dans le dispositif de l'arrêt, les textes répressifs appliqués, ne saurait donner ouverture à cassation lorsqu'il n'existe aucune incertitude quant aux infractions retenues contre le prévenu, aux textes dont il a été fait application, ainsi qu'aux peines qui lui ont été infligées ».
9. Crim. 15 sept. 2015, n° 14-88.048, P n° 835, *D.* 2016, Pan. 1727, obs. Pradel.

pénale, ou que ce fait n'est pas établi, ou qu'il n'est pas imputable au prévenu, ou qu'un doute existe en faveur de celui-ci, le jugement « prononce la relaxe » ou « renvoie des fins de la poursuite »[1].

Dans l'hypothèse de relaxes partielles, il peut être conseillé pour une meilleure compréhension de la décision, de regrouper les déclarations de culpabilité d'un côté, les relaxes de l'autre.

Il peut être de bonne pratique de mentionner d'abord la ou les relaxes avant d'aborder la ou les déclarations de culpabilité.

Si le tribunal retient en revanche la culpabilité du prévenu, il prononce une exemption de peine, si le prévenu bénéficie d'une cause légale d'exemption[2], ou le déclare coupable et le dispense de peine, en application des dispositions de l'article 132-59 du code pénal[3]. Il peut enfin le déclarer coupable, mais ajourner sous l'une des formes prévues par la loi, le prononcé de la peine, conformément aux dispositions des articles 132-60 à 132-70-3 du code pénal, 747-3 et 747-4 du code de procédure pénale (l'article C. pr. pén., art. 469-1 n'ayant pas été modifié malgré la création de nouvelles formes d'ajournement par la loi du 15 août 2014).

La loi prévoit en outre qu'un certain nombre d'avertissements doivent être donnés et mentionnés lorsque certaines peines ou modalités d'exécution de peines sont prononcées (suivi socio-judiciaire, sursis simple, sursis avec mise à l'épreuve, sursis assorti de l'obligation d'accomplir un TIG)[4].

Il convient d'être particulièrement attentif au sort du condamné détenu et de son titre de détention[5]. L'obligation de motiver spécialement le prononcé d'une peine d'emprisonnement sans sursis sera à nouveau soulignée.

Il faut être précis sur d'éventuelles peines complémentaires.

725.14 **Sur l'action douanière.** Lorsque l'administration des douanes et des droits indirects intervient à l'audience au sujet des infractions commises au code des douanes, en particulier en matière d'exportation ou d'importation en contrebande de marchandises et spécialement de stupéfiants, son action est propre et à visée fiscale. Il peut donc être recommandé d'évoquer ici plutôt « l'action douanière » ou « l'action fiscale » qu'une action civile.

725.15 **Sur l'action civile.** Il ne sera pas donné de détail dans le cadre de cet ouvrage sur le jugement sur intérêts civils et en particulier sur les règles parfois complexes d'indemnisation du préjudice corporel[6].

Lorsque le tribunal se prononce sur l'action civile, il doit statuer sur d'éventuelles exceptions qui auraient été soulevées, puis sur la recevabilité, puis sur le fond.

La recevabilité acquise, il déclare le prévenu responsable du préjudice subi par la partie civile. Tout au plus doit-on rappeler que le jugement doit répondre point par point aux demandes indemnitaires qui ont été formulées par la ou les parties civiles, es-nom ou ès-qualités (en particulier des parents administrateurs légaux pour leurs enfants mineurs, ceux-ci retrouvant la plénitude de leur droit d'agir en justice une fois majeurs) et les autres intervenants et que de manière classique l'évaluation du dommage doit être effectuée de manière à ce qu'il n'en résulte pour la victime, ni perte, ni profit.

S'agissant des mineurs, il est conseillé de mentionner au dispositif du jugement qu'une copie de la décision sera adressée au juge des tutelles mineurs (le juge aux affaires familiales) dont dépend le domicile dudit mineur. En écho, il est possible de signaler ici qu'en vertu d'un avis, la chambre criminelle a indiqué que hors le cas de tutelle avec conseil de famille, les représentants légaux d'un mineur ayant subi un préjudice résultant de faits volontaires ou non qui présentent le caractère matériel d'une infraction, doivent recueillir l'autorisation du juge aux affaires familiales, en sa qualité de juge des tutelles des mineurs, préalablement à l'acceptation de l'offre d'indemnisation prévue par l'article 706-5-1 du code de procédure pénale, dès lors qu'elle emporte pour le mineur renonciation à un droit[7].

S'agissant des incapables majeurs, il sera également rappelé qu'il résulte des dispositions de l'article 706-113 du code de procédure pénale, que le curateur d'une personne majeure protégée doit être avisé des poursuites et des décisions de condamnation dont cette personne fait l'objet[8]. Il y a donc lieu

1. C. pr. pén., art. 470 et 470-1.
2. C. pr. pén., art. 468.
3. C. pr. pén., art. 469-1.
4. Pour le cas d'un suivi socio-judiciaire : C. pén., art. 131-36-1 – pour le cas d'un sursis simple : C. pén., art. 132-29 – pour le cas d'emprisonnement avec sursis probatoire : C. pén., art. 132-40 – v. s[s] n°s 733.11 s.
5. C. pr. pén., art. 471, al. 1 et 2 – pour un rappel, les mandats de dépôt et d'arrêt sont possibles dans tous les cas de comparution immédiate, quelle que soit la durée de la peine prononcée : C. pr. pén., art. 397-4, al. 3 – pour tous les autres cas, ces mandats ne peuvent être délivrés, suivant décision spéciale et motivée, que lorsque la peine est au moins égale à une année d'emprisonnement : C. pr. pén., art. 465.
6. Sur la réparation du préjudice corporel : G. Mor, L. Clerc-Renaud, *Réparation du préjudice corporel*, 3e éd., « Encyclopédie Delmas », 2020.
7. Cass., avis, 25 mars 2013, n° 12-70.019, P n° 6, n° 15007 ; *BICC* n° 783, 1er juin 2013 ; *D.* 2013. 907 ; *AJ fam.* 2013. 309, obs. H. Mornet ; *RTD civ.* 2013. 347, obs. J. Hauser.
8. Crim. 27 nov. 2012, n° 11-88.678, P n° 258 ; *AJ fam.* 2013. 62, obs. T. Verheyde ; *AJ pénal* 2013. 169, obs. J.-B. Perrier.

de faire suivre un exemplaire du jugement à ce représentant du majeur incapable et à mentionner sur la minute que cette modalité a été respectée.

La juridiction se prononce le cas échéant sur une demande d'expertise, précisant le nom et l'adresse de la personne concernée, le nom et la qualité de l'expert commis et détaillant sa mission. Elle fixe un délai pour le dépôt du rapport, se prononçant sur l'avance des frais en les mettant à la charge de la victime, sauf si celle-ci bénéficie de l'aide juridictionnelle.

POUR EXEMPLE

« Dit que Monsieur V... T... fera l'avance des frais d'expertise et devra consigner la somme de......... euros à la régie d'avances et de recettes du tribunal judiciaire de L... avant le... en garantie des frais d'expertise. Désigne le président du tribunal correctionnel pour surveiller les opérations d'expertise. »

C'est à ce stade qu'il peut condamner le prévenu au paiement d'une indemnité provisionnelle à la victime.

POUR EXEMPLE

« Condamne Monsieur T... P... et la compagnie..., son assureur, cette dernière dans les limites de sa garantie, à payer à Monsieur V... T... (la partie civile) la somme de... euro à titre d'indemnité provisionnelle. »

Le jugement statue sur d'éventuelles demandes de restitution[1].

Il se prononce sur la demande qui a pu être faite au titre de l'article 475-1 du code de procédure pénale (frais irrépétibles, c'est-à-dire qui ne sont pas pris en charge à d'autres titres : préjudice corporel, moral, prix de la douleur... C'est le cas principalement des honoraires d'avocat, des frais de déplacements, de correspondance...).

En cas de pluralité de parties civiles il doit se prononcer pour chacune d'entre elles.

Il relève d'éventuelles interventions de tiers (assureur, organisme social...) et statue ou sursoit à statuer sur leurs demandes[2].

Il n'omet pas, s'il y a lieu, la déclaration de jugement commun ou l'opposabilité du jugement à tel organisme.

Il mentionne que l'avis prévu par l'article 706-15 du code de procédure pénale., aux fins de saisine éventuelle de la Civi, a pu être donné ou n'a pas pu être donné à la victime[3]. Contrairement aux termes de la circulaire du 14 mai 2001[4] qui prévoyait par ailleurs la remise à la partie civile présente et l'envoi à la partie civile absente d'un formulaire résumant la procédure devant la Civi, il ne paraît possible de mentionner que l'avis a été donné que dans la seule hypothèse d'une partie civile présente à l'audience (à l'instar de ce qui se passe en matière d'avertissement sur les règles du sursis) ou au conseil la représentant.

POUR EXEMPLE

« Dit que la partie civile présente (ou représentée), a été avisée, conformément aux dispositions de l'article 706-15 du code de procédure pénale, de la possibilité de saisir (le cas échéant, sous certaines conditions) la commission d'indemnisation des victimes dans le délai d'un an à compter du présent avis (ou la partie civile absente n'a pu recevoir à l'audience l'avis prévu par l'article 706-15 du code de procédure pénale ou la partie civile absente au moment où la décision a été rendue n'a pu recevoir l'avis prévu par l'article 706-15 du code de procédure pénale). »

S'il renvoie sur intérêts civils, pour tout ou partie des demandes, il fixe la date et l'heure à laquelle l'affaire sera à nouveau appelée[5][6]. Il sera rappelé que depuis la modification de l'article 464 du code de procédure pénale, issue de la loi du 15 juin 2000[7], le tribunal peut, même d'office, renvoyer sur intérêts civils, même s'il n'ordonne aucune mesure d'instruction, simplement pour permettre à la partie civile de justifier de ses demandes.

En application de l'article 800-1 du code de procédure pénale les frais de justice correctionnelle sont à la charge de l'État, sans recours contre les condamnés. Les frais à la charge du condamné sont, hors des cas particuliers, forfaitairement fixés à la somme de 127 euros pour les décisions rendues au fond, 31 euros pour celles avant dire droit ou statuant sur un incident[8].

1. C. pr. pén., art. 479, 480, 481, 482, 484.
2. Les juges ne peuvent se dispenser de prononcer, au jour de leur décision, la réparation du préjudice dont ils constatent dès à présent la réalité : Crim. 10 mai 1979, n° 78-90.373, P n° 171 ; *D.* 1980. IR 60 – Les juges ne peuvent refuser de prendre en considération, pour déterminer l'assiette du recours de l'organisme social, les chefs de préjudice dès à présent susceptibles d'évaluation : Crim. 24 avr. 1981, n° 80-91.297, P n° 122.
3. AUSSI : C. pr. pén., art. 706-5 ; c'est en effet à compter de cet avis que court le délai pour saisir la CIVI.
4. Circ. CRIM 2001-07 F1/14-05-2001, 20 déc. 2000 présentation les dispositions de la loi du 15 juin 2000 renforçant la protection de la présomption d'innocence et les droits des victimes relatives aux victimes, *BOMJ,* n° 82, 1er avr.-30 juin 2001, NOR : JUSD0130065C (v. modèle de formulaire en annexe 3).
5. C. pr. pén., art. 464.
6. Crim. 7 nov. 1977, n° 77-90.185, P n° 333 ; *D.* 1978. IR 319 : en l'espèce « Il appartient aux juges de fixer un terme à l'issue duquel l'affaire sera à nouveau appelée ».
7. L. n° 2000-516, 15 juin 2000 renforçant la protection de la présomption d'innocence et les droits des victimes, *JO* 16 juin, p. 9038.
8. CGI, art. 1018 A (v. ss n° 724.91).

SECTION 2
RÉDACTION

725.21 Rédaction du jugement. Dans la pratique des décisions qui ne sont pas spécialement motivées, le jugement va être mis en forme par le greffier au vu de l'attendu stéréotypé apparaissant dans le logiciel Cassiopée.

Ce qui va donner pour une décision de relaxe :

POUR EXEMPLE

« Attendu qu'il ressort des éléments du dossier et des débats qu'il convient de relaxer X... pour les faits qualifiés de [...] ».

Et pour une décision de condamnation :

POUR EXEMPLE

« Attendu qu'il résulte des éléments du dossier et des débats que les faits reprochés à Y... sont établis ; qu'il convient de l'en déclarer coupable et d'entrer en voie de condamnation. »

Un certain nombre de magistrats attendent l'écoulement du délai d'appel ou plus précisément attendent de savoir si un appel est relevé de la décision avant de la motiver. Cette pratique doit une nouvelle fois être critiquée, ne serait-ce que par référence à la décision précitée de la Cour européenne[1], ou à celle de la commission qui l'avait précédé[2], posant le principe que le justiciable doit connaître les raisons qui ont amené le juge à choisir telle ou telle solution, afin de pouvoir les contester.

Précisons encore que la CEDH a jugé qu'il convenait de tenir compte de la diversité des moyens soulevés par un plaideur, des différences entre les États contractants en matière de dispositions légales, coutumes, conceptions doctrinales, présentation et rédaction des décisions, ce qui l'amène à analyser chaque situation soumise à son appréciation à la lumière des circonstances de l'espèce[3].

Enfin, si l'article 6, § 1, oblige les tribunaux à motiver leurs décisions, il ne peut se comprendre comme exigeant une réponse détaillée à chaque argument[4]. L'étendue de ce devoir peut varier selon la nature de la décision[5].

Dans la mesure du possible, le président d'audience doit communiquer sa motivation au greffe correctionnel, rapidement après l'audience au cours de laquelle la décision a été rendue pour permettre aux parties d'en relever appel en connaissance de cause. Dans l'hypothèse d'un délibéré, il délivrera sa motivation suffisamment en amont de la date de celui-ci pour en permettre une mise en forme adéquate et le cas échéant opérer toutes les rectifications d'erreurs utiles.

725.22 Élaboration de la minute. Selon l'article 486 du code de procédure pénale, le jugement, rédigé en minute et daté, doit être signé par le président ou, en cas d'empêchement, par l'un des deux juges, et par le greffier. La minute est ensuite déposée au greffe du tribunal, théoriquement, dans les trois jours au plus tard du prononcé du jugement. C'est au greffier en chef d'assurer la conservation des minutes et la délivrance des grosses et des expéditions. Inutile de préciser ici que la charge de travail des services correctionnels exclut, en pratique, et toutes juridictions confondues, le respect de ce délai. En tout état de cause, les formalités prescrites par l'article 486 du code de procédure pénale ne le sont pas à peine de nullité. Dès lors, le dépôt tardif de la minute d'un jugement ne peut entraîner la nullité de celui-ci quand il n'a été causé, de ce fait, aucun préjudice au prévenu[6]. Il résulte des articles 486 et 512 du code de procédure pénale que la minute d'un arrêt doit être déposée au greffe, revêtue de la signature du président et de celle du greffier, dans les trois jours du prononcé de la décision. Lorsque l'inobservation de cette prescription n'a pas porté de préjudice au prévenu, celui-ci ne peut, de cette irrégularité, se faire un grief à l'appui d'un pourvoi. Tel est le cas lorsque le prévenu, ayant été informé de la date à laquelle l'arrêt devait être rendu, a été en mesure d'avoir sur-le-champ connaissance de la décision[7].

Il se déduit des dispositions de l'article 216 du code de procédure pénale que la minute de l'arrêt de la chambre de l'instruction ne doit être signée, en ce qui concerne le greffier, que par la personne ayant assisté la juridiction lors du prononcé de l'arrêt, et non, le cas échéant, par chacune des personnes ayant assuré cette fonction au cours des débats[8], solution évidemment transposable en matière correctionnelle.

725.23 Tardiveté de la remise d'une copie de la décision : QPC et CEDH. La question prioritaire de constitutionnalité ainsi formulée : « L'article 486 du code de procédure pénale, tel qu'interprété par la Cour de cassation qui permet au juge répressif de mettre valablement son jugement à disposition du

1. CEDH 24 juill. 2007, *Baucher c/France*, req. n° 53640-00 ; *D.* 2007. 2305 ; *AJ pénal* 2007. 529.
2. Comm. EDH, 9 déc. 1986, *Kaufman c/Belgique*, DR 50/98.
3. CEDH 9 déc. 1994, *Hiro Balani c/Espagne*, req. n° 18064/91, § 27.
4. CEDH 19 avr. 1994, *Van de Hurk c/Pays Bas*, req. n° 16034/90, § 61.
5. CEDH 15 févr. 2007, *Boldea c/Roumanie*, req. n° 19997/02, § 28 ; *Dr. pénal* 2008. Chron. 3, obs. E. Dreyer.
6. Crim. 12 mai 1971, n° 70-92.821, P n° 153.
7. Crim. 27 nov. 1984, n° 83-93.475, P n° 370.
8. Crim. 26 mai 2010, n° 10-81.163, P n° 94 ; *D.* 2010. 2558, obs. L. Priou-Alibert, note J. Pradel ; *AJ pénal* 2010. 409.

prévenu après l'expiration du délai imparti à ce dernier par l'article 500-1 du code de procédure pénale pour exercer son droit à se désister de son appel principal et rendre ainsi caduc les appels incidents, dont celui du ministère public, viole-t-il les articles 1er, 6, 9 et 16 de la Déclaration des droits de l'Homme et du citoyen de 1789 et l'article 1er de la Constitution de 1958 qui garantissent le respect des droits de la défense, le droit à un recours juridictionnel effectif et l'égalité des justiciables devant la loi ? », n'a pas été jugée comme présentant un caractère sérieux par la chambre criminelle.

Ella a refusé de saisir le Conseil constitutionnel, considérant que l'article 486, alinéa 2, du code de procédure pénale, tel qu'interprété de façon constante par la Cour de cassation, qui juge que ses dispositions, selon lesquelles la minute doit être déposée au greffe du tribunal trois jours au plus tard après le prononcé du jugement, ne sont pas prescrites à peine de nullité[1], seul objet de la question prioritaire de constitutionnalité, ne porte pas en soi atteinte aux principes constitutionnels invoqués[2].

Reprenant sa jurisprudence antérieure et déjà ancienne[3], la Cour européenne des droits de l'homme a de nouveau jugé, à l'unanimité, que la communication tardive à une personne condamnée pénalement en première instance des motifs de sa condamnation portait atteinte aux droits de la défense et au droit à un procès équitable (Conv. EDH, art. 6, § 1 et 3 b)[4].

725.24 **Signatures et dépôt.** La minute du jugement est datée et mentionne les noms des magistrats qui l'ont rendu ; la présence du ministère public à l'audience doit y être constatée ; elle est signée par le président et le greffier : « [...] Après avoir été signée par le président et le greffier [...] »[5]. Il faut remarquer qu'à la fin du jugement la loi n'exige pas le report du nom du président ou celui du greffier qui figure dans l'en-tête. L'article 486 du code de procédure pénale n'exige pas que le nom du greffier, qui a assisté les magistrats au cours de la procédure, soit mentionné. Il suffit pour le désigner que sa signature figure au bas de l'acte[6].

La loi entend au sens de « greffier » tout fonctionnaire ayant prêté son concours à l'audience en cette qualité, et par exemple, la mention de l'assistance de la cour d'appel par un fonctionnaire faisant fonction de greffier lors des débats, et par un greffier lors du prononcé de l'arrêt, implique la capacité de chacun d'eux[7]. Dans l'hypothèse où plusieurs greffiers se sont succédé durant l'audience, seule est exigée sur la minute, la signature de celui qui a assisté la cour d'appel lors du prononcé de l'arrêt.

Dans certaines juridictions où l'édition des décisions est très tardive, il peut se produire que le greffier de l'audience ne soit plus présent lors de la mise en forme effective du jugement : mutation, départ à la retraite, décès..., autant de causes, qui s'il n'y est pas remédié, invalident purement et simplement le jugement. Et, en l'espèce, il n'est évidemment pas possible de faire signer un greffier n'ayant absolument pas assisté aux débats ou encore de croire que l'on valide la décision en mentionnant : « greffier absent, n'a pas signé ».

Deux jurisprudences semblent devoir être citées sur cette difficulté. Aux termes de la première[8], si les juridictions répressives peuvent interpréter leurs décisions lorsque des difficultés s'élèvent sur le sens de celles-ci, il leur est interdit d'en restreindre ou d'en étendre les dispositions et de modifier ainsi la chose jugée. L'absence de signature du greffier sur la minute affecte la validité de la décision et ne saurait être réparée sous le couvert d'interprétation ou de rectification suivant la procédure prévue par l'article 710 du code de procédure pénale. Aux termes de la seconde[9], qui concerne certes la cour d'assises, mais semble avoir une portée générale, le greffier doit signer avec le président la minute des arrêts rendus par la cour d'assises ainsi que le procès-verbal des débats. La seule mention par le président de ce que le greffier n'a pu signer les arrêts incidents, l'arrêt pénal et le procès-verbal des débats « en raison d'un congé maladie et de son état invalidant ne permettant pas sa signature » est insuffisante, en l'absence de toute précision, notamment, sur la date à laquelle le greffier est devenu indisponible pour permettre à la Cour de cassation de s'assurer de l'existence d'un événement de force majeure seul susceptible de conférer, faute de signature du greffier, authenticité aux actes en cause. Ainsi, il semble possible d'envisager qu'un jugement rendu le 3 janvier et édité le 17 septembre suivant, mais mentionnant « jugement édité le 17 septembre, après le décès de M. X... greffier, décédé le 12 juin » puisse ne pas voir sa validité affectée. La pratique reste plutôt de faire suivre les jugements édités non signés aux greffiers dans leurs nouvelles affectations.

L'absence de la signature du président ou du greffier sur la minute, affecte la validité de la décision qui ne satisfait pas en elle-même aux conditions

1. Crim. 21 mars 1995, n° 93-81.642, P n° 115 – Crim. 24 juin 2009, n° 09-81.119, P n° 134 ; *D.* 2009. 2040 ; *AJ pénal* 2009. 410.
2. Crim. 3 févr. 2015, n° 14-83.654, NP.
3. CEDH 24 juill. 2007, req. n° 53640/00, *Baucher c/France*.
4. CEDH 9 sept. 2021, req. n° 31051/16, *Garcia Y Rodriguez c/France*.
5. C. pr. pén., art. 486, al. 2.
6. Crim. 15 déc. 1965, n° 65-90.734, P n° 276.
7. Crim. 16 mai 1995, n° 93-83.690, P n° 175.
8. Crim. 20 nov. 2007, n° 07-84.166, P n° 286.
9. Crim. 12 sept. 2007, nos 07-80.618, 07-81.925, P n° 202.

essentielles de son existence légale, et dans une telle hypothèse, la cassation est inévitable[1].

La minute est théoriquement déposée au greffe du tribunal dans les trois jours au plus tard du prononcé du jugement. Ce dépôt est mentionné sur le registre spécialement tenu au greffe à cet effet.

En cas d'empêchement du président, mention en est faite sur la minute qui est signée par celui des juges qui donne lecture du jugement[2].

La minute d'un arrêt étant signée par un conseiller qui a participé aux débats et au délibéré, il se déduit de cette seule circonstance d'une part que la lecture de la décision a été donnée par ce magistrat à l'audience ultérieure tenue dans une autre composition où l'arrêt a été rendu, ainsi que le permet l'article 485, dernier alinéa, du code de procédure pénale, d'autre part que le président était empêché[3]. Hypothèse inverse : l'arrêt rendu par l'un des conseillers ayant assisté aux débats et participé au délibéré se trouve finalement signé par le président de la composition. Un arrêt est venu dire en ce cas, que ne méconnaît pas l'article 486, al. 3 du code de procédure pénale l'arrêt qui mentionne qu'en l'absence du président empêché, il en a été donné lecture par l'un des conseillers ayant assisté aux débats et participé au délibéré et qu'il a été signé par le président, dès lors que la signature de la minute par le conseiller qui en donne lecture n'est prévues par le texte précité qu'en cas d'empêchement du président pour cette signature, non allégué en l'espèce[4].

En tout état de cause, les formalités prescrites par l'article 486 du code de procédure pénale ne le sont pas à peine de nullité. Dès lors, le dépôt tardif de la minute d'un jugement ne peut entraîner la nullité de celui-ci quand il n'a été causé, de ce fait, aucun préjudice au prévenu[5].

Pour autant, on signalera une décision importante qui ne semble pas avoir été remise en cause, et qui a décidé que ne satisfaisait pas en lui-même aux conditions essentielles de son existence légale, et spécialement aux prescriptions de l'article 486, alinéa 1er, du code de procédure pénale, un jugement qui ne mentionne pas le nom des magistrats composant le tribunal correctionnel et se borne à énoncer qu'il a été rendu par le président en l'absence de deux juges assesseurs dont la présence aux débats et au délibéré n'est pas mentionnée, et sans qu'il soit fait référence aux dispositions de l'article 485, alinéa 3, du même code. La cour d'appel ne saurait suppléer aux mentions légales et rejeter l'exception de nullité du jugement en constatant que, d'après les notes d'audience tenues lors des débats, le tribunal était composé des magistrats dont s'agit. La cour d'appel doit en ce cas, par application de l'article 520 du code de procédure pénale, annuler, évoquer et statuer sur le fond[6].

725.25 Signature numérique ou électronique. D'ores et déjà, et depuis une loi du 12 mai 2009[7], le code de procédure pénale prévoit que tous les actes qu'il mentionne, qu'il s'agisse d'actes d'enquête ou d'instruction ou de décisions juridictionnelles, peuvent être revêtus d'une signature numérique ou électronique, selon des modalités qui sont précisées[8] par décret en Conseil d'État[9].

Issus du décret du 18 juin 2010[10], les articles R. 249-9 à R. 249-12 du code de procédure pénale précisent ces dispositions et renvoient à un arrêté du garde des Sceaux fixant notamment les caractéristiques de l'appareil sécurisé garantissant l'intégrité de la signature numérique[11]. À la date de publication de cette nouvelle édition, ces dispositions ne se sont guère concrétisées dans les juridictions[12].

725.26 Déroulé type du dispositif correctionnel. Sous réserve de particularismes d'espèces, le déroulé type du dispositif semble pouvoir se présenter de manière alternative sous la forme suivante :

POUR EXEMPLE

« Par ces motifs :

Statuant publiquement et en premier ressort,

Contradictoirement (ou par jugement contradictoire à signifier, par jugement de défaut ou itératif

1. Crim. 27 juin 2017, n° 16-86.666, NP. Crim. 19 mai 2015, n° 14-83.936, NP.
2. C. pr. pén., art. 486.
3. Crim. 28 oct. 1992, n° 91-85.793, P n° 348 ; *JCP* 1993. IV. 425.
4. Crim. 20 mars 2019, n° 17-85.664, P.
5. Crim. 12 mai 1971, n° 70-92.821, P n° 153.
6. Crim. 5 oct. 1994, n° 93-81.724, P n° 40.
7. L. n° 2009-526, 12 mai 2009 de simplification et de clarification du droit et d'allègement des procédures, *JO* 13 mai, p. 7920.
8. Circ. 19 juill. 2010 relative à la présentation des dispositions de nature pénales de la loi n° 2009-526 du 12 mai 2009 de simplification et de clarification du droit et d'allègement des procédures et du décret n° 2010-671 du 18 juin 2010 relatif à la signature électronique et numérique en matière pénale et modifiant certaines dispositions de droit pénal et de procédure pénale, *BOMJ* 2010-05, 30 juill. ; NOR : JUSD1019268C.
9. C. pr. pén., art. 801-1 ; créé par L. n° 2009-526, 12 mai 2009, art. 131.
10. Décr. n° 2010-671, 18 juin 2010 relatif à la signature électronique et numérique en matière pénale et modifiant certaines dispositions de droit pénal et de procédure pénale, *JO* 20 juin, p. 11183.
11. Arr. 21 juin 2011 relatif à la signature électronique ou numérique en matière pénale *JO* 25 juin, p. 10796, NOR : EFIP1114597A, codifié aux art. A. 53-2 s.
12. POUR une étude complète sur les enjeux numériques : H. Boulakras, « La procédure pénale numérique (PPN) : promesses, apports et réalisations », *Dr. pénal*, 2020, Et. n° 9.

défaut) à l'égard de Madame/Monsieur......... (prévenu/e),

Et contradictoirement (le cas échéant) à l'égard de Madame/Monsieur......... (partie civile),

(En cas de comparution immédiate et le cas échéant)

Compte tenu de la complexité de l'affaire, renvoie le dossier à Monsieur/Madame le/a procureur/e de la République et ordonne le maintien en détention provisoire de Madame/Monsieur......... (prévenu/e) jusqu'à sa comparution devant Madame/Monsieur le/a juge d'instruction de ce siège le......... (même jour), conformément aux dispositions de l'article 397-2, alinéas 2 et 3, du code de procédure pénale.

(Le cas échéant)

Ordonne un supplément d'information et commet Madame/Monsieur........., le/a président/e de ce tribunal (ou Madame/Monsieur........., assesseur/e) pour y procéder, conformément aux dispositions de l'article 463 du code de procédure pénale (397-2, alinéa 1, du code de procédure pénale en matière de comparution immédiate).

(Le cas échéant)

Avant dire droit sur l'action publique, ordonne une expertise confiée à Madame/Monsieur......... (prénom, nom, spécialité, adresse de l'expert/e, « inscrit/e sur la liste de la cour d'appel/Cour de cassation » ou non inscrit/e, ayant préalablement prêté/e serment d'apporter son concours à la justice en son honneur et en sa conscience) avec mission de :

.... (énoncé de la mission, point par point) ;

....

Dit que l'expert/e commis/e devra déposer son rapport au greffe de ce tribunal dans le délai de......... à compter du jour de la saisine ;

Dit que les frais d'expertise seront avancés par le Trésor public ou dit que Madame/Monsieur......... (partie civile) fera l'avance des frais d'expertise et devra consigner la somme de......... euros à la régie d'avances et de recettes du tribunal judiciaire de......... avant le......... en garantie des frais d'expertise.

Désigne Madame/Monsieur le/a président/e du tribunal correctionnel aux fins de surveiller les opérations d'expertise ;

Renvoie l'examen de la présente affaire à l'audience du......... à......... heures (seulement si une date a été fixée en accord avec le parquet ; il est procédé de même lorsque le/la prévenu/e a refusé d'être jugé immédiatement en comparution immédiate) ;

(Le cas échéant)

Vu l'article 397-3 du code de procédure pénale (comparution immédiate), ordonne le placement (ou le maintien) de Madame/Monsieur......... (prévenu/e) sous contrôle judiciaire ou en détention provisoire. Dans l'hypothèse d'un placement en détention : décerne mandat de dépôt.

(Le cas échéant)

Sursoit à statuer sur les demandes de la partie civile.

Réserve les dépens. »

OU

« 1°) sur l'action publique

Ayant joint l'incident au fond et rejeté l'exception de nullité (le cas échéant) ;

Constate que (le cas échéant) l'intéressé/e a pu s'expliquer contradictoirement sur son état de récidive/sur la requalification des faits de......... en faits de......... ;

Renvoie Madame/Monsieur......... (prévenu/e) des fins de la poursuite (le cas échéant concerne tout ou partie de la prévention) ;

Déclare Madame/Monsieur......... (prévenu/e) coupable des (autres) faits qui lui sont reprochés.

Condamne Madame/Monsieur......... (prévenu/e) à la peine de......... pour le (s) délit(s) de......... ;

Condamne Madame/Monsieur......... (prévenu/e) à la peine de......... pour la(es) contravention(s) de......... (le cas échéant, une peine par contravention. L'absence de ressource du/de la prévenu/e n'est pas un motif légal de dispense de peine) ;

Faits prévus et réprimés par les articles.........

(Le cas échéant)

Vu l'article 397-4 du code de procédure pénale (comparution immédiate), après délibération spéciale et à titre de mesure de sûreté place (ou maintien) le/a prévenu/e en détention provisoire, ou Vu l'article 464-1 du code de procédure pénale ordonne le maintien de Madame/Monsieur......... (prévenu/e) en détention.

(Dans l'hypothèse d'un placement en détention)

décerne mandat de dépôt.

(En cas de sursis simple)

Le/a président/e, en application de l'article 132-29 du code pénal, ayant averti le/a condamné/e, que s'il/elle commet une nouvelle infraction, il/elle pourra faire l'objet d'une nouvelle condamnation susceptible d'entraîner l'exécution de la première condamnation sans confusion avec la seconde et qu'il encourra les peines de la récidive dans les termes des articles 132-8 à 132-16 du code pénal (si le/a prévenu/e est absent/e : l'avertissement prévu par l'article 132-29 du code pénal n'a pu être donné).

(En cas de peine d'emprisonnement avec sursis probatoire ou comportant l'obligation d'accomplir un TIG) Le/a président/e, en application de l'article 132-40 du code pénal, ayant averti le/a condamné/e que s'il/elle commettait une nouvelle infraction, il/elle pourra faire l'objet d'une condamnation susceptible d'entraîner l'exécution des peines antérieures sans confusion entre elles ou avec la dernière peine prononcée et qu'il encourra les peines de la récidive dans les termes des articles 132-8 à 132-16 du code pénal (si le/a prévenu/e est absent/e : l'avertissement prévu par l'article 132-40 du code pénal n'a pu être donné).

(idem)

Le/a président/e a également informé le/a condamné/e des sanctions dont il/elle sera passible s'il/elle vient à se soustraire aux mesures ordonnées et de la possibilité qu'il/elle aura, à l'inverse, de voir déclarer sa condamnation non avenue en observant une parfaite conduite ;

(En cas de prononcé d'une contrainte pénale)

Le/a président/e a notifié au prévenu présent les obligations et interdictions qui lui incombent ainsi que les conséquences qui résulteraient de leur violation, en application des dispositions de l'article 131-4-1 du code pénal.

(En cas de condamnation à une peine de suivi socio-judiciaire)

Le/a président/e, en application de l'article 131-36-1 du code pénal, a averti le condamné des obligations qui résultaient de sa condamnation à un suivi socio-judiciaire et des conséquences qu'entraînerait leur inobservation (si le/a prévenu/e est absent : l'avertissement prévu par l'article 131-36-1 du code pénal n'a pu être donné). En particulier, le/a prévenu/e a été avisé/e qu'il/elle aurait à subir une peine de......... d'emprisonnement en cas de non-respect de ses obligations.

Le/a président/e, en application de l'article 131-36-4 du même code, a averti le/a condamné/e qu'aucun traitement ne pourra être entrepris sans son consentement, mais que, s'il/elle refuse les soins qui lui seront proposés, l'emprisonnement prononcé en application du troisième alinéa de l'article 131-36-1 pourra être mis à exécution.

(*Ibid.* en cas d'absence du/de la prévenu/e).

(De même, lorsque la juridiction de jugement prononce une injonction de soins et que la personne a été également condamnée à une peine privative de liberté non assortie du sursis)

Le/a président/e, conformément aux dispositions de l'article 131-36-4 du code pénal, informe le/a condamné/e qu'il/elle aura la possibilité de commencer un traitement pendant l'exécution de cette peine.

(*Ibid.* en cas d'absence du/de la prévenu/e).

2°) sur l'action civile

Reçoit la constitution de partie civile de Madame/Monsieur.........

(ou déclare irrecevable la constitution de partie civile de Madame/Monsieur.........) ;

Déclare Madame/Monsieur.........(prévenu/e) responsable du préjudice subi par Madame/Monsieur......... (partie civile, es-nom ou ès-qualités),

(Le cas échéant)

Ordonne la restitution de......... objet du scellé n°......... dans la procédure n°......... à Madame/Monsieur......... (partie civile, prévenu, tiers).

(Le cas échéant)

Ordonne une expertise......... (nature) confiée à Madame/Monsieur......... (nom, spécialité et adresse de l'expert/e, « inscrit/e sur la liste de la cour d'appel/Cour de cassation » ou non inscrit/e, ayant préalablement prêté/e serment d'apporter son concours à la justice en son honneur et en sa conscience) avec mission de :

.... (v. ci-dessus expertise sur l'action publique) ;

....

(Le cas échéant et sur demande)

Condamne Madame/Monsieur......... (prévenu/e) à payer à Madame/Monsieur......... (partie civile) une indemnité provisionnelle d'un montant de......... euros.

(et/ou)

Renvoie l'examen des demandes de la partie civile à l'audience sur intérêts civils du......... à......... heures. »

OU POUR UN AUTRE EXEMPLE

« Condamne Madame/Monsieur......... (prévenu/e) à payer la somme de......... euros à Madame/Monsieur......... (partie civile).

Déclare le présent jugement opposable à Madame/Monsieur......... (parties intervenantes) ;

(Le cas échéant)

Dit que la partie civile présente (ou représentée), a été avisée, conformément aux dispositions de l'article 706-15 du code de procédure pénale, de la possibilité de saisir (le cas échéant, sous certaines conditions) la commission d'indemnisation des victimes dans le délai d'un an à compter du présent avis (ou la partie civile absente n'a pu recevoir à l'audience l'avis prévu par l'article 706-15 du code de procédure pénale ou la partie civile absente au moment où la décision a été rendue n'a pu recevoir l'avis prévu par l'article 706-15 du code de procédure pénale) ou le service d'aide au recouvrement des victimes d'infraction.

(Le cas échéant)

Condamne Madame/Monsieur......... (prévenu/e) à payer à la partie civile la somme de......... euros sur le fondement des dispositions de l'article 475-1 du code de procédure pénale.

Vu les articles 473 et suivants du code de procédure pénale, la présente décision est assujettie à un droit fixe de procédure d'un montant de 127 euros dont est redevable le condamné (ou, de manière plus claire : Les condamnés/ées présents/es sont informés/ées qu'en cas de paiement du droit fixe de procédure dans le délai d'un mois à compter de la date où ils/elles ont eu connaissance du jugement, ils/elles bénéficient d'une diminution de 20 % ramenant le droit fixe de procédure à 72 euros).

Le présent jugement ayant été signé par le/a président/e et le/a greffier/ère. »

725.27 **Somme allouée au titre de l'article 475-1 du code de procédure pénale.** Le jugement ne doit pas omettre de mentionner la somme demandée par la partie civile sur le fondement des dispositions de l'article 475-1 du code de procédure pénale et celle qui a été allouée par la juridiction. Il est important sur ce plan-là aussi, que la juridiction correctionnelle puisse unifier les pratiques et homogénéiser les montants accordés au fil des différentes espèces, trop souvent variables selon les compositions[1].

Il sera rappelé que la solidarité édictée par l'article 480-1 du code de procédure pénale pour les restitutions et dommages et intérêts n'est pas applicable au paiement des frais non-recouvrables, en sorte que seule la mention d'une condamnation in solidum peut figurer sur le jugement ou l'arrêt, en ce qui concerne les sommes allouées au titre de l'article 475-1 du code de procédure pénale[2].

1. V. s[s] n° 222.181.
2. Crim. 29 juin 2016, n° 14-86.372, P n° 209, préc. Solution ré-affirmée par Crim. 25 janv. 2023, n° 21-86.481, NP.

CHAPITRE

726. Portée et conservation de la décision

SECTION 0
ORIENTEUR

726.00 Sommaire du chapitre.

726.01 Principaux textes applicables.

TEXTES SOURCES

• C. pr. pén., art. 485, 486, 543, 648, 649

TEXTES *IN EXTENSO*

• **C. pr. pén., art. 485**

* V. s[s] n° 721.01.

• **C. pr. pén., art. 486**

* V. s[s] n° 721.01.

• **C. pr. pén., art. 543**

* V. s[s] n° 721.01.

• **C. pr. pén., art. 648**

* V. s[s] n° 721.01.

• **C. pr. pén., art. 649**

* V. s[s] n° 721.01.

726.02 Jurisprudence de référence.

• **Crim. 28 juin 2023,** n° 21-87.417 P

* V. s[s] n° 726.23.

« Aucune disposition légale ou réglementaire ne prévoit que la note du déroulement des débats doive être communiquée aux parties en cours d'instance. »

SECTION 1
MINUTE

726.11 Mention des noms des magistrats composant le tribunal. La minute est essentielle à l'authentification de la décision de justice. Ni les notes d'audience, ni les dossiers des parties ne sauraient y suppléer. Ne satisfait pas en lui-même aux conditions essentielles de son existence légale, et spécialement aux prescriptions de l'article 486, alinéa 1er, du code de procédure pénale un jugement qui ne mentionne pas le nom des magistrats composant le tribunal correctionnel et se borne à énoncer qu'il a été rendu par le président en l'absence de deux juges assesseurs dont la présence aux débats et au délibéré n'est pas mentionnée, et sans qu'il soit fait référence aux dispositions de l'article 485, alinéa 3, du même code. La cour d'appel ne saurait suppléer aux mentions légales et rejeter l'exception de nullité du jugement en constatant que, d'après les notes d'audience tenues lors des débats, le tribunal était composé des magistrats dont s'agit. La cour d'appel doit en ce cas, par application de l'article 520 du code de procédure pénale, annuler, évoquer et statuer sur le fond[1 2].

La question de l'occultation du nom des magistrats et greffiers a été examinée *supra* (v. s[s] n° 722.27).

726.12 Impossibilité de remédier à une absence de signature. Si les juridictions répressives peuvent interpréter leurs décisions lorsque des difficultés s'élèvent sur le sens de celles-ci, il leur est interdit d'en restreindre ou d'en étendre les dispositions et de modifier ainsi la chose jugée. Est, dès lors, écartée à bon droit comme se heurtant à ce principe, la requête, présentée sur le fondement de l'article 710 du code de procédure pénale, par le procureur général, tendant à ce que soit rectifiée l'erreur contenue dans un précédent arrêt dont la minute ne comportait pas la signature du greffier. Selon le requérant, l'erreur aurait consisté dans la mention, contenue dans le dispositif, du prononcé d'une

1. Crim. 31 janv. 1994, n° 93-81.724, P n° 40.
2. Pour plus de développements sur ce point, v. s[s] n°s 942.11 s.

peine complémentaire d'un mois de suspension du permis de conduire alors que les notes d'audience qui, elles, étaient signées du président et du greffier, mentionnaient que la prévenue avait été condamnée à un an de suspension de son permis de conduire. En effet, l'absence de signature du greffier sur la minute affecte la validité de la décision et ne saurait être réparée sous le couvert d'interprétation ou de rectification suivant la procédure prévue par l'article 710 du code de procédure pénale[1].

726.13 **Inscription de faux.** Le dispositif qui constitue les jugements et arrêts, fait foi jusqu'à inscription de faux, cette autorité ne peut être détruite par de simples notes d'audience dont l'objet est seulement d'assurer aux cours d'appel la connaissance des débats oraux[2]. Cette jurisprudence est régulièrement confirmée. Le dispositif d'un jugement fait foi jusqu'à inscription de faux et son autorité ne peut être remise en cause par les notes d'audience et les mentions portées sur la cote du dossier[3].

Les juridictions sont sans pouvoir pour modifier, en suivant la procédure de l'article 710 du code de procédure pénale, les peines prononcées telles qu'elles sont portées sur la minute qui, signée du président et du greffier, fait foi jusqu'à inscription de faux[4]. Le dispositif qui constitue les jugements et arrêts, fait foi jusqu'à inscription de faux, cette autorité ne peut être détruite par de simples notes d'audience dont l'objet est seulement d'assurer aux cours d'appel la connaissance des débats oraux[5].

Ni les notes d'audience, ni un acte subséquent par rapport à la décision, ne peuvent permettre de revenir sur celle-ci telle qu'elle apparaît au dispositif de la minute signée du président et du greffier[6].

SECTION 2
NOTES D'AUDIENCES

726.21 **Définition et contenu.** Le greffier tient note du déroulement des débats et principalement, sous la direction du président, des déclarations des témoins ainsi que des réponses du prévenu.

Les notes d'audience sont signées par le greffier. Elles sont visées par le président, au plus tard dans les trois jours qui suivent chaque audience[7]. Dans un certain nombre de juridictions, les notes d'audiences sont signées immédiatement en fin d'audience, par le greffier et le président, avant même la rédaction du jugement. Ceci peut s'avérer prudent, à condition que soit assurée la fiabilité de leurs mentions et que, quel que soit l'horaire d'achèvement de l'audience, ses acteurs soient en capacité de la vérifier, car toute contradiction flagrante entre une mention du jugement et une autre de la note d'audience fragilise évidemment la procédure.

Pourtant fréquentes, des notes d'audiences qui ne sont ni visées par le président, ni signées par le greffier, sont par suite dépourvues de force probante et ne peuvent donc suppléer les mentions de l'arrêt[8].

Une note d'audience existe donc pour chaque dossier évoqué. En tous cas en première instance, car la chambre criminelle a pu juger qu'aucune nullité ne saurait résulter de ce qu'il n'a été tenu aucune note d'audience devant la cour d'appel, l'objet des notes d'audience étant seulement d'assurer aux cours d'appel la connaissance des débats oraux de première instance[9]. La tenue de notes d'audience n'est pas pour autant prohibée devant les cours d'appel.

La note d'audience comporte le nom des parties et de leurs avocats et doit intégrer tout changement, notamment d'adresse ou de situation personnelle, intervenu entre le moment de la citation et celui de la comparution pour permettre l'édition d'un jugement complet et précis qui ne connaisse pas de difficulté d'exécution. Elle est sensée retracer la procédure suivie, les incidents éventuels, mentionne le rapport du président, les explications des parties, le cas échéant, l'audition et la plaidoirie pour la partie civile, les réquisitions du parquet, la décision. L'article 453 du code de procédure pénale lui-même n'est guère précis sur ce que la note d'audience doit contenir et ceux des événements de l'audience qui peuvent ne pas y figurer. Pour certains auteurs, « le greffier doit tenir note du déroulement des débats. Cela comprend les divers incidents survenus au cours des débats, les constitutions de partie civile, les auditions, les conclusions déposées par la défense, etc. »[10]. En réalité, et spécifiquement sur ce dernier élément que constituent des conclusions, c'est l'article 459 du même code qui impose au greffier de mentionner le dépôt des conclusions régulièrement visées aux notes d'audience[11].

Prises traditionnellement de manière manuscrite, mais de plus en plus souvent tapées directement sur

1. Crim. 20 nov. 2007, n° 07-84.166, P n° 286.
2. Crim. 23 mai 1967, n° 66-93.857, P n° 160.
3. Par ex. : Crim. 7 déc. 2005, n° 05-80.273, NP.
4. Crim. 23 oct. 1969, n° 69-92.689, P n° 265.
5. Crim. 23 mai 1967, n° 66-93.857, P n° 160.
6. Crim. 12 mai 2009, n° 08-88.025, NP.
7. C. pr. pén., art. 453 – ÉGAL[T] : art. 486.
8. Crim. 14 nov. 2013, n° 12-87.991, P n° 226. *AJ pénal* 2014. 296, obs. J. Lasserre Capdeville.
9. Crim. 6 août 1997, n° 96-82.378, NP ; Crim. 16 oct. 2013, n°s 03-83.910, 05-82.121, 12-81.532, NP ; Crim. 27 mars 2018, n° 17-80.994, NP.
10. M. Redon, Répertoire de droit pénal et de procédure pénale Dalloz 2018.
11. C. pr. pén., art. 459, al. 2.

ordinateur dès lors que logiciel Cassiopée en permet l'édition et que l'École nationale des greffes (ENG) encourage les greffiers en formation, à leur prise au clavier, les notes d'audience « à la française », n'ont pas la précision de la sténotypie « à l'américaine ». Elles ne sont pas un relevé intégral des événements et des propos de l'audience, ce qui en limite parfois l'utilité.

Ainsi l'article 453, n'impose-t-il pas de mention qui échappe au domaine purement verbal – sauf à considérer que ces éléments ressortent du "déroulement des débats" -, et l'on ne peut que regretter l'absence de notation du para-verbal lors de la très grande majorité des audiences : il pourra ne rien être noté de l'intonation, du rythme, de l'intensité, de la gestuelle, des regards, des silences... et parfois jusqu'aux pleurs ou sourires – ce qui différencie sans doute, dans nombre de cas, la prise de note du greffier d'audience de la rédaction du procès-verbal par le greffier d'instruction. C'est aussi, que la procédure est orale dans un cas et écrite dans l'autre.

Dans tous les cas des notes d'audience qui ne sont ni visées par le président ni signées par le greffier, et qui sont par suite dépourvues de force probante, ne sauraient suppléer l'absence, dans l'arrêt, de mention constatant l'existence d'une demande de renvoi présentée par le prévenu à l'ouverture des débats et leur bonne tenue seule peut leur donner une importance en cas de contestation des conditions dans lesquelles s'est tenu le procès [1].

Si la pratique du donné acte n'est guère d'usage devant les juridictions correctionnelles, à l'inverse de la procédure criminelle, rien n'interdit que soit acté, à la demande de l'une des parties, et après autorisation du président (et non par une demande directe faite au greffier), tel événement utile à l'avancée du débat. Il sera ainsi pertinent de noter qu'une exception de nullité est soulevée par une des parties qui n'a pas conclu par écrit sur ce point. Il est évidemment incontournable de noter qu'une requalification éventuelle a été contradictoirement évoquée à l'audience, ou encore un état de récidive légale relevé, après que chacun a pu s'exprimer au sujet de cette circonstance aggravante personnelle. De jurisprudence ancienne, il est encore admis que le ministère public puisse se faire donner acte, au cours de l'instruction à l'audience, de toute déclaration du prévenu ou des témoins imputant à un tiers un fait susceptible de poursuites [2].

726.22 Question prioritaire de constitutionnalité. Les dispositions précitées, en ce qu'elles imposent la rédaction d'une note d'audience devant le tribunal, mais pas devant la cour, concernent donc un relevé non-intégral des événements et propos échangés lors de l'audience, dans le cadre d'une procédure dont l'oralité est le maître mot. Elles devaient tôt ou tard faire l'objet d'une question prioritaire de constitutionnalité, ce d'autant que l'article 453 n'avait pas été modifié depuis l'entrée en vigueur du code de procédure pénale.

Une telle question a été transmise à la chambre criminelle sous cette forme : « L'article 453 du code de procédure pénale est-il conforme à la Constitution (DDHC 1789, art. 16) et aux principes du procès équitable, de la loyauté des débats et d'égalité, dégagés par la jurisprudence du Conseil, dès lors que la preuve des échanges entre les parties et la formation de jugement à l'audience est subjectivement rapportée par le greffier de manière synthétique et non-intégrale dans un système où l'oralité des débats est le principe ? »

Il aurait été possible de considérer qu'elle ne présentait pas de caractère sérieux, le greffier, technicien de la procédure ayant prêté serment, assistant les magistrats lors des audiences correctionnelles et de police et tenant note du déroulement des débats, sans que le texte ne cantonne ses écritures aux seules déclarations des témoins et réponses du prévenu ; les parties pouvant demander au président de faire noter telle ou telle déclaration ainsi que déposer des conclusions, visées par le président et le greffier dont ce dernier doit mentionner le dépôt aux notes d'audience en vertu de l'article 459 du code de procédure pénale, les droits fondamentaux peuvent paraître suffisamment garantis.

Cependant saisi de cette question prioritaire de constitutionnalité, l'article 453 du code de procédure pénale étant susceptible de méconnaître le droit à un procès équitable et les droits de la défense, dans la mesure où ses dispositions n'imposent pas au greffier de retranscrire intégralement les débats qui se déroulent lors d'une audience devant le tribunal correctionnel, le prévenu pouvant paraître dans l'impossibilité de démontrer que le procès ne s'est pas déroulé dans le respect des formes prescrites, le Conseil constitutionnel, a déclaré le premier alinéa de l'article 453 du code de procédure pénale, dans sa rédaction issue de l'ordonnance n° 58-1296 du 23 décembre 1958 modifiant et complétant le code de procédure pénale, conforme à la Constitution [3].

1. Crim. 14 nov. 2013, n° 12-87.991, P n° 226 ; *AJ pénal* 2014. 296, obs. J. Lasserre Capdeville.
2. Crim. 13 déc. 1860, *DP* 1861. 5. 129 ; Crim. 5 janv. 1893, P n° 5 ; Crim. 21 juin 1950, *D.* 1950. 501.
3. Cons. const 20 sept. 2019, n° 2019-801 QPC – ÉGAL^{T} : Crim. 25 juin 2019, n° 19-90.022, NP. « QPC : conformité à la Constitution des notes d'audiences établies par le greffier lors des débats devant le tribunal correctionnel », *D. actu.* 4 oct. 2019, D. Goetz.

Il a en effet considéré que si aucune disposition légale n'impose une retranscription intégrale des débats tenus lors de l'audience (point 5), toute partie à une audience correctionnelle peut établir par tout moyen la preuve de l'irrégularité de la procédure suivie lors de cette audience correctionnelle, le cas échéant par la voie de l'inscription de faux. D'autre part, l'article 459 du code de procédure pénale permet de déposer devant le tribunal correctionnel des conclusions faisant état d'une telle irrégularité. Selon ce même article, le dépôt de ces conclusions est obligatoirement mentionné dans les notes d'audience et le tribunal est tenu d'y répondre dans son jugement. En outre, les parties à l'audience peuvent demander auprès du président du tribunal correctionnel qu'il leur soit donné acte dans les notes d'audience de propos tenus ou d'incidents (paragraphe 6).

Il a par ailleurs écarté le grief tiré de la méconnaissance, par cet article, du principe d'égalité devant la justice car « les dispositions contestées n'instituent, par elles-mêmes, aucune différence de traitement dans la tenue des notes d'audience entre les personnes poursuivies devant le tribunal correctionnel » (paragr. 9).

726.23 Pratique et communication des notes d'audience. Sous les réserves précédemment énoncées, il ne peut être contesté que la qualité des notes d'audience dépend de celle du greffier et du président – il serait sans doute possible d'écrire « de l'ensemble des acteurs de l'audience », représentant du ministère public et avocats compris – et que d'une relation parfaite de la scène judiciaire à des transformations lexicales ou des oublis qui en dénaturent le sens, il est possible de reconnaître une grande diversité des pratiques.

Il sera conseillé aux présidents d'audiences correctionnelles et de police de convenir avec leur(s) greffier(s) de ce qui doit faire partie des notes d'audience et de ce qui peut en être omis, sauf invitation expresse du président à mentionner tel ou tel point. Il est sans doute aussi important que dans les grands services, les pratiques des uns et des autres soient unifiées.

Enfin, sur une problématique relativement récente résultant de la demande de certains avocats de se voir délivrer une copie des notes d'audience, notamment à l'issue de chaque journée de procès dans les affaires se poursuivant sur plusieurs jours, la chambre criminelle a jugé qu'aucune disposition légale ou réglementaire ne prévoit que la note du déroulement des débats doive être communiquée aux parties en cours d'instance[1].

726.24 Portée. De principe, les constatations faites par les juges dans leur décision, dans l'exercice et les limites de leurs attributions, de faits matériels accomplis par eux font foi jusqu'à inscription de faux et les énonciations des notes d'audience ne sauraient faire échec à de telles constatations[2]. Autrement formulé, le dispositif d'un jugement faisant foi jusqu'à inscription de faux, son autorité ne peut être détruite par de simples notes d'audience[3] ou encore, le demandeur fait vainement état des notes d'audience pour contester la régularité de l'arrêt attaqué dont les mentions font foi jusqu'à inscription de faux[4].

Les énonciations de l'arrêt attaqué, qui font foi jusqu'à inscription de faux, et que les notes d'audience ne sauraient contredire, mettent la Cour de cassation en mesure de s'assurer que le prévenu a été informé, dès après le rapport du président, de son droit, au cours des débats, de faire des déclarations, de répondre aux questions qui lui sont posées ou de se taire[5]. Les juges ne peuvent, pour recevoir une demande en rectification d'erreur matérielle, se fonder sur les notes d'audience contraires au dispositif de la décision[6].

Il a également été jugé, que, pour annuler le jugement, l'arrêt retient qu'il n'est pas mentionné dans les notes d'audience du tribunal, et ceci contrairement au jugement, que le prévenu ait été averti de la nécessité de recueillir son accord pour être jugé immédiatement alors qu'il faisait l'objet d'une procédure de comparution immédiate, ni qu'il ait donné expressément son accord, que les juges ajoutent que ce défaut d'information fait nécessairement grief au prévenu ; mais attendu qu'en statuant ainsi, alors qu'il résulte des énonciations du jugement, qui a valeur d'acte authentique, que les formalités prévues par l'article 397, alinéa 1, du code de procédure pénale ont été accomplies, la cour d'appel a méconnu les textes susvisés et le principe ci-dessus rappelé[7].

C'est dire une nouvelle fois l'importance non seulement de la motivation des décisions, mais également de l'énoncé, dans le jugement ou l'arrêt, des conditions de déroulement de l'audience ou encore des demandes formulées par les parties.

Il peut toutefois être recouru aux notes d'audience si les parties contestent un point du déroulement de la procédure dont la mention figure dans ces notes, sans avoir été reprise dans le jugement ou l'arrêt.

Ainsi, il n'importe que l'arrêt ne mentionne pas que la formalité du rapport a été accomplie, dès lors

1. Crim. 28 juin 2023, nº 21-87.417 P.

2. Crim. 17 juill. 1980, nº 79-93.039, P nº 228.
3. Crim. 17 juin 2003, nº 02-82.003, P nº 124 ; *D.* 2003. 2284 ; *AJ pénal* 2003. 27, obs. J. L.-H.
4. Crim. 27 janv. 2009, nº 08-81.180, NP – Crim. 9 avr. 2014, nº 14-80.499, NP.
5. Crim. 9 nov. 2016, nº 15-83.761, NP.
6. Crim. 23 mai 1967, nº 66-93.857, P nº 160, *Gaz. Pal.* 1967. 2. 173.
7. Crim. 12 avr. 2016, nº 16-81.015, P nº 128.

qu'il résulte des notes d'audience qu'avant qu'il procède à l'interrogatoire des prévenus, « M. le président a été entendu en son rapport »[1]. La note d'audience peut attester que la question de la requalification des faits a bien été débattue contradictoirement dans le respect des droits de la défense[2]. À défaut d'avoir été mentionnée par le jugement, qui n'y répond pas, la demande de partage des conséquences civiles des infractions poursuivies est constatée par une mention sur les notes d'audience tenues par le greffier et signées par le président en application de l'article 453 du code de procédure pénale[3].

Les notes d'audience peuvent même avoir une importance majeure, si l'on observe deux décisions de la chambre criminelle ayant jugé que :

- si l'arrêt attaqué ne mentionne pas l'audition, par la chambre spéciale des mineurs, de M. X..., père des prévenus, présent à l'audience des débats, les notes d'audience régulièrement établies, signées par le président et le greffier, mettent la Cour de cassation en mesure de s'assurer que l'intéressé a été entendu, conformément aux dispositions des articles 13[4], alinéa 1, de l'ordonnance du 2 février 1945 et R. 311-7 du code de l'organisation judiciaire[5] ;

- que si l'arrêt attaqué ne précise pas que le président a informé les prévenus de leur droit au silence, mention de ce que cette information a bien été donnée avant interrogatoire au fond est contenue dans les notes d'audience ; que la cassation n'est pas encourue dès lors que ces notes, signées du greffier et visées par le président, complètent les énonciations de l'arrêt[6].

En revanche, on rappellera qu'en cas de discordance entre le jugement et les notes d'audience[7] une cour d'appel saisie en rectification d'erreur matérielle par le ministère public, ne saurait retenir que la peine de cinq ans d'emprisonnement est mentionnée dans les notes d'audience, que cette sanction est « logique et cohérente au regard de la gravité » des faits, « de l'existence d'une précédente condamnation, de la durée de la peine requise par le parquet » ainsi que « des motifs sévères du jugement et de l'orientation du détenu par les services pénitentiaires » et la substituer à la peine de cinq mois d'emprisonnement prononcée par jugement, sans méconnaître la portée de l'article 710 du code de procédure pénale[8].

1. Crim. 27 sept. 2011, n° 10-85.668, NP.
2. Crim. 2 févr. 2011, n° 10-83.861, NP ; Crim. 27 avr. 2011, n° 10-86.125, NP.
3. Crim. 26 juin 2018, n° 17-83.196, NP.
4. Ord. n° 45-174, 2 févr. 1945, art. 13 ; mod. par L. n° 2016-1547, 18 nov. 2016, art. 29.
5. Crim. 18 oct. 2017, n° 16-87.123, P ; *AJ pénal* 2017. 559, obs. J. Ficara.
6. Crim. 30 janv. 2018, n° 17-81.167, NP.
7. V. s[s] n° 113.211.
8. Crim. 17 déc. 2002, n° 02-84.134, P n° 232 ; *D.* 2003. 252.

SECTION 3
DÉLIVRANCE DES ACTES

726.31 Délivrance des actes aux parties. En matière criminelle, correctionnelle et de police, hors les cas prévus par l'article 114 du code de procédure pénale, il peut être délivré aux parties :

1° Sur leur demande, expédition de la plainte ou de la dénonciation des ordonnances définitives, des arrêts, des jugements, des ordonnances pénales et des titres exécutoires prévus à l'article 529-2, alinéa 2, du code de procédure pénale ;

2° Avec l'autorisation du procureur de la République ou du procureur général selon le cas, expédition de toutes les autres pièces de la procédure, notamment, en ce qui concerne les pièces d'une enquête terminée par une décision de classement sans suite. Toutefois, cette autorisation n'est pas requise lorsque des poursuites ont été engagées ou qu'il est fait application des articles 41-1 à 41-3 et que la copie est demandée pour l'exercice des droits de la défense ou des droits de la partie civile[9].

726.32 Délivrance des actes aux tiers. Les dispositions qui prévoyaient qu'en matière criminelle, correctionnelle ou de police, aucune expédition autre que celle des arrêts, jugements, ordonnances pénales définitifs et titres exécutoires ne peut être délivrée à un tiers sans une autorisation du procureur de la République ou du procureur général, selon le cas, notamment en ce qui concerne les pièces d'une enquête terminée par une décision de classement sans suite ont été abrogées[10].

Elles ont été remplacées par celles des articles R. 166 s. du code de procédure pénale[11] qui dispose notamment qu'en matière pénale, peut être délivrée à des tiers, sans autorisation préalable, la copie :

1° Des arrêts de la Cour de cassation ;

2° Des décisions des juridictions de jugement du premier ou du second degré, lorsqu'elles sont définitives et ont été rendues publiquement à la suite d'un débat public.

Le procureur de la République ou le procureur général peut toutefois s'opposer, par décision spécialement motivée, à la délivrance de la copie d'une décision mentionnée au 2° de l'article R. 166 :

9. C. pr. pén., art. R. 155.
10. C. pr. pén., art. R. 156 abrogé par Décr.n° 2020-797, 29 juin 2020.
11. C. pr. pén., art. R. 166 s., issus décr. n° 2020-797, 29 juin 2020, *JO* 30 juin, n° 1.

1° S'il s'agit d'une condamnation effacée par l'amnistie, la réhabilitation ou la révision ;

2° S'il s'agit d'une condamnation prescrite ;

3° S'il apparaît que la copie est demandée dans l'intention de nuire.

Le procureur de la République ou le procureur général peut également décider que la copie ne pourra être délivrée qu'après l'occultation des éléments ou des motifs de la décision qui n'ont pas à être divulgués[1].

Le procureur de la République ou le procureur général peut, par décision motivée et alors même qu'aucune demande n'a encore été formulée, décider l'occultation des éléments permettant d'identifier les personnes physiques mentionnées dans la décision, lorsqu'elles sont parties ou tiers, si leur divulgation est de nature à porter atteinte à la sécurité ou au respect de la vie privée de ces personnes ou de leur entourage. En tout état de cause, il est procédé à cette occultation lorsqu'elle a été décidée, pour ces personnes, en application des articles R. 111-12 ou R. 111-13 du code de l'organisation judiciaire.

Le procureur de la République ou le procureur général peut également, dans les mêmes conditions, décider l'occultation de certains motifs ou éléments d'identification si leur divulgation est susceptible de porter atteinte aux intérêts fondamentaux de la Nation ou au secret en matière commerciale ou industrielle[2].

L'article R. 169 du même code prévoit diverses hypothèses d'occultation du nom des personnes ayant concouru au déroulement de la procédure en cas de délivrance de ces décisions à des tiers. L'article R. 171, concerne les voies de recours ouvertes contre la décision du procureur de communiquer ou non la pièce demandée.

Un nouveau décret est venu réglementer la mise à la disposition du public des décisions des juridictions judiciaires et administratives mentionnées aux articles 23-2 et 23-4 de l'ordonnance n° 58-1067 du 7 novembre 1958 portant loi organique sur le Conseil constitutionnel, et prévoit que les décisions des juridictions administratives spécialisées entrant dans son champ sont transmises au Conseil constitutionnel qui en assure l'occultation tandis qu'il crée un régime transitoire de transmission au Conseil constitutionnel de certaines décisions des juridictions judiciaires entrant dans son champ avant leur mise à la disposition du public, conformément aux dispositions du décret du 29 juin 2020 précité[3].

1. C. pr. pén., art. R. 167.
2. C. pr. pén., art. 168.

726.33 Open-Data et Open-Access. Nous écrivions dans une précédente édition que les dispositions ci-dessus seraient sans doute appelées à évoluer au regard de l'*open-data*[4] et le propos aurait pu être complété par l'action des « Legaltech », accusées par certains de siphonner la production judiciaire depuis l'entrée en vigueur effective des dispositions de la loi pour une République numérique, elle-même modifiée par la loi du 23 mars 2019 de programmation pour la justice[5]. La loi de 2016 prévoyait en effet, que sans préjudice des dispositions particulières qui régissent l'accès aux décisions de justice et leur publicité, les décisions rendues par les juridictions judiciaires sont mises à la disposition du public à titre gratuit dans le respect de la vie privée des personnes concernées, cette mise à disposition du public étant précédée d'une analyse du risque de ré-identification des personnes.

Saisies du refus de délivrance par les greffes, deux juridictions ont rapidement rappelé que les services du greffe ont l'obligation de délivrer copie de toute décision judiciaire publique à tous requérants français ou étrangers en veillant à leur anonymisation[6][7]. L'affirmation de ce principe, peu contestable sur le plan juridique, laisse cependant entier le problème de la disponibilité de greffes en sous-effectifs pour fournir à de nouveaux acteurs du droit, parfois rapidement qualifié de « prédictif », l'intégralité de leur matière première.

La création par la loi de programmation de deux nouveaux articles prenant place au sein du code de l'organisation judiciaire, pose néanmoins les règles en la matière[8].

L'article L. 111-13 du COJ, qui couvre le champ de l'*Open-Data*, dispose en effet, que sous réserve des dispositions particulières qui régissent l'accès

3. Décr. n° 2022-1317, 13 oct. 2022, relatif à la mise à disposition du public des décisions rendues par les juridictions judiciaires et les juridictions administratives spécialisées sur des questions prioritaires de constitutionnalité, *JO* 14 oct., n° 15.
4. L. Cadiet (dir.), *L'open data des décisions de justice. Rapport remis à Madame la garde des Sceaux*, nov. 2017, La Documentation française, 2018.
5. L. n° 2019-222, 23 mars 2019 de programmation 2018-2022 et de réforme pour la justice, art. 33.
6. Paris pôle 2, ch. 1, 18 déc. 2018, n° 17/22211 et Douai, 21 janv. 2019, n° 18/06657 – ÉGAL^T : circulaire 19 déc. 2018 conjointe DSJ, DACS, DACG, NOR JUSB1833465N, et F. Mélin, « Demande de copie des décisions judiciaires par des tiers : rappel des règles par une circulaire », *D. actu.*, 22 janv. 2019 – ÉGAL^T : Paris, 25 juin 2019, n° 19/04407, Dalloz jurisprudence.
7. A. Bolzele, « Accès aux décisions judiciaires et *legaltech* », *D. actu.*, 20 févr. 2019.
8. B. Lamon, « Jurisprudence en Open Data : pas si compliqué », *D. actu.*, 18 janv. 2018 ; B. Cassar, « La distinction entre l'*open data* et l'accès aux décisions de justice », *D. actu.* 19 juill. 2019.

aux décisions de justice et leur publicité, les décisions rendues par les juridictions judiciaires sont mises à la disposition du public à titre gratuit sous forme électronique. Les nom et prénoms des personnes physiques mentionnées dans la décision, lorsqu'elles sont parties ou tiers, sont occultés préalablement à la mise à la disposition du public. Lorsque sa divulgation est de nature à porter atteinte à la sécurité ou au respect de la vie privée de ces personnes ou de leur entourage, est également occulté tout élément permettant d'identifier les parties, les tiers, les magistrats et les membres du greffe[1].

Les données d'identité des magistrats et des membres du greffe ne peuvent faire l'objet d'une réutilisation ayant pour objet ou pour effet d'évaluer, d'analyser, de comparer ou de prédire leurs pratiques professionnelles réelles ou supposées. La violation de cette interdiction est punie des peines prévues aux articles 226-18,226-24 et 226-31 du code pénal, sans préjudice des mesures et sanctions prévues par la loi n° 78-17 du 6 janvier 1978 relative à l'informatique, aux fichiers et aux libertés.

Les articles L. 321-1 à L. 326-1 du code des relations entre le public et l'administration sont également applicables à la réutilisation des informations publiques figurant dans ces décisions.

Un décret en Conseil d'État fixe, pour les décisions de premier ressort, d'appel ou de cassation, les conditions d'application du présent article.

L'article L. 111-13, qui concerne lui les tiers et donc l'*Open-Access*, énonce que ces tiers peuvent se faire délivrer copie des décisions de justice par le greffe de la juridiction concernée conformément aux règles applicables en matière civile ou pénale et sous réserve des demandes abusives, en particulier par leur nombre ou par leur caractère répétitif ou systématique.

Les éléments permettant d'identifier les personnes physiques mentionnées dans la décision, lorsqu'elles sont parties ou tiers, sont occultés si leur divulgation est de nature à porter atteinte à la sécurité ou au respect de la vie privée de ces personnes ou de leur entourage.

Un décret en Conseil d'État fixe, pour les décisions de premier ressort, d'appel ou de cassation, les conditions d'application du présent article[2].

1. ÉGAL^T : C. just. adm., art. L. 10.
2. Décr. n° 2020-356, 27 mars 2020 portant création d'un traitement automatisé de données à caractère personnel dénommé « DataJust », *JO* 29 mars 2020, n° 20 et Décr. n° 2020-797, 29 juin 2020 relatif à la mise à la disposition du public des décisions des juridictions judiciaires et administratives, *JO* 30 juin, n° 1.

726.34 Droits d'expédition et de copie. En matière pénale, la délivrance, lorsqu'elle est autorisée, de reproductions de pièces de procédures autres que les décisions est rémunérée à raison de 0,46 euro par page. S'il a été procédé à la numérisation de la procédure, la copie peut être délivrée sous forme numérisée ; elle est alors rémunérée à raison de 5 euros par support numérique, quel que soit le nombre de pages figurant sur ce support.

Toutefois, la délivrance de la première reproduction de chaque acte, sous support papier ou sous support numérique, est gratuite lorsqu'elle est demandée soit par l'avocat de la partie, soit par la partie elle-même si celle-ci n'est pas représentée par un avocat.

Lorsqu'il s'agit d'une procédure d'information dont le dossier a fait l'objet d'une numérisation, la copie délivrée en application du quatrième alinéa de l'article 114 du code de procédure pénale l'est sous forme numérique, sauf décision contraire du juge d'instruction.

Les copies réalisées sont tenues à la disposition du demandeur au greffe de la juridiction, ou, à sa demande, lui sont adressées à ses frais par voie postale[3].

SECTION 4
CONSERVATION ET PROCÉDURE EN CAS DE PERTE OU DE DESTRUCTION DE PIÈCES

726.41 Conservation et procédure en cas de perte ou destruction de pièces en matière criminelle. La minute est conservée au tribunal sous la responsabilité du greffier en chef.

Lorsque, par suite d'une cause extraordinaire, des minutes d'arrêts ou de jugements rendus en matière criminelle, correctionnelle ou de police, et non encore exécutés, ou des procédures en cours et leurs copies établies conformément à l'article 81 du code de procédure pénale ont été détruites, enlevées ou se trouvent égarées ou qu'il n'a pas été possible de les rétablir, il est procédé ainsi qu'il suit[4].

S'il existe une expédition ou copie authentique du jugement ou de l'arrêt, elle est considérée comme minute et en conséquence remise par tout officier public ou tout dépositaire au greffe de la juridiction qui a rendu la décision, sur l'ordre qui lui en est donné par le président de cette juridiction. Cet ordre lui sert de décharge[5].

Lorsqu'il n'existe plus en matière criminelle d'expédition ni de copie authentique de l'arrêt, mais

3. C. pr. pén., art. R. 165.
4. C. pr. pén., art. 648.
5. C. pr. pén., art. 649.

s'il existe encore la déclaration de la cour et du jury mentionnée sur la feuille de questions, comme il est dit à l'article 364, il est procédé, d'après cette déclaration, au prononcé d'un nouvel arrêt [1].

Lorsque la déclaration de la cour et du jury ne peut plus être représentée ou lorsque l'affaire a été jugée par contumace et qu'il n'en existe aucun acte par écrit, l'instruction est recommencée à partir du point où les pièces se trouvent manquer.

Il en est de même en toute autre matière, lorsqu'il n'existe plus d'expédition ni de copie authentique de la décision [2].

Il a pu être jugé que la photocopie d'un arrêt de condamnation, certifiée conforme à l'original par le greffier, et mentionnant que ledit arrêt avait été signé par le président et le greffier, suffit à écarter le moyen qui manque en fait, selon lequel il n'était pas établi que l'arrêt ait été signé par le président, n'apportant pas en lui-même la preuve de sa régularité et devant être considéré comme inexistant [3].

726.42 Conservation et procédure en cas de perte ou destruction de pièces en matière correctionnelle. Il résulte des dispositions des articles 648 à 651 du code de procédure pénale que, lorsque, par suite d'une cause extraordinaire, la minute d'un arrêt rendu en matière correctionnelle et non exécuté a été détruite et qu'il n'existe pas d'expédition ou de copie authentique pouvant y suppléer, la procédure est recommencée à partir du point où les pièces se trouvent manquer. Méconnaît ses obligations la cour d'appel qui, saisie à nouveau des poursuites contre un prévenu, par suite de la destruction ou de la disparition de la minute de l'arrêt frappé de pourvoi qu'elle a antérieurement rendu, oppose aux parties poursuivantes l'autorité de la chose jugée ou la prescription, alors au demeurant que l'existence d'un pourvoi et la mise en œuvre d'une procédure de reconstitution suspend la prescription [4].

Les articles 648 et 651 du code de procédure pénale qui imposent, en cas de disparition des pièces d'une procédure, que l'instruction soit recommencée à partir du point où les pièces se trouvent manquer, impliquent nécessairement la suspension de l'accomplissement de la prescription [5].

Au plan pratique, le tribunal correctionnel saisi d'un dossier incomplet se doit, non pas de renvoyer le parquet à mieux se pourvoir, ou en cas de saisine en suite d'une ordonnance de renvoi du juge d'instruction, ordonner le renvoi à celui-ci, et encore moins prononcer la relaxe. Se fondant sur les dispositions précitées, il a l'obligation de désigner l'un de ses membres aux fins de procéder à la recherche des pièces égarées (par exemple auprès des services d'enquête disposant éventuellement d'une copie...), afin qu'il procède à la reconstitution intégrale du dossier. Si, au final, cette reconstitution n'est pas complète, il appartiendra à la juridiction de décider si elle dispose de suffisamment d'éléments pour juger et le cas échéant déclarer coupable le ou les prévenus. La défense arguera souvent d'une atteinte à ses droits mais par hypothèse le jugement ne pouvant intervenir qu'à partir des pièces figurant effectivement à la procédure, il ne semble pas que cet argument soit pertinent. D'ailleurs, la chambre criminelle a déjà eu l'occasion d'expliciter que si l'existence d'une pièce pouvait être attestée par d'autres, il n'y avait pas lieu à application des dispositions précitées : « Les dispositions édictées par les articles 648 et suivants du code de procédure pénale ne sont applicables que s'il n'a pas été possible de rétablir les pièces détruites, enlevées ou égarées. Tel n'est pas le cas d'une commission rogatoire dont l'original ne figure pas au dossier de la procédure mais dont l'existence est attestée par la référence explicite qui en est faite dans des décisions du juge mandant autorisant pour les besoins de son exécution la prolongation de la garde à vue de certaines personnes » [6].

Sera enfin cité ici un arrêt déjà ancien aux termes duquel la cour d'appel qui constate la disparition, dans le dossier qui lui est soumis, des pièces de l'information préparatoire dont l'existence ou la régularité n'ont pas été contestées dans les conditions prévues par l'article 385 du code de procédure pénale doit, en vertu de l'effet dévolutif de l'appel, non pas renvoyer le ministère public à reconstituer le dossier mais, si elle ne s'estime pas en mesure de juger l'affaire, ordonner un supplément d'information confié à l'un de ses membres [7].

1. C. pr. pén., art. 650.
2. C. pr. pén., art. 650.
3. Crim. 4 mai 1994, n° 93-84.886, NP.
4. Crim. 29 mai 1997, n°s 96-80.261, 96-82.691, P n° 215 ; *Procédures* 1997, n° 242, note J. Buisson.
5. Crim. 26 sept. 2000, n° 99-86.348, P n° 278 ; *D.* 2001. Somm. 521, obs. J. Pradel.
6. Crim. 10 mars 1993, n° 91-80.936, P n° 106.
7. Crim. 6 avr. 1993, n°s 90-80.511, 92-86.374, P n° 145.

TITRE

73. Prononcé de la décision

SECTION 0

Orienteur

73.00 Sommaire du titre

CHAPITRE

731. Nature de la décision et composition du tribunal

SECTION 0 ORIENTEUR

731.00 **Sommaire du chapitre.**

731.01 **Principaux textes applicables.**

TEXTES SOURCES

• C. pr. pén., art. 462 à 472, 474, 474-1, 475-1, 478 à 482, 484 à 486

TEXTE *IN EXTENSO*

• **CGI, art. 1018 A** [mod. par L. n° 2021-1900, 30 déc. 2021, art. 130 (V)]

Les décisions des juridictions répressives, à l'exception de celles qui ne statuent que sur les intérêts civils, sont soumises à un droit fixe de procédure dû par chaque condamné.

Ce droit est de :

1° 31 euros pour les ordonnances pénales en matière contraventionnelle ou correctionnelle ;

2° 31 euros pour les autres décisions des tribunaux de police et des juridictions de proximité et celles des juridictions qui ne statuent pas sur le fond ;

3° 127 euros pour les décisions des tribunaux correctionnels. Toutefois, ce droit est porté à 254 euros si le condamné n'a pas comparu personnellement, dès lors que la citation a été délivrée à personne ou qu'il est établi que le prévenu a eu connaissance de la citation, sauf s'il est jugé en son absence dans les conditions prévues par les premier et deuxième alinéas de l'article 411 du code de procédure pénale. Cette majoration ne s'applique pas si le condamné s'acquitte volontairement du montant du droit fixe de procédure dans un délai d'un mois à compter de la date où il a eu connaissance de la décision ;

4° 169 euros pour les décisions des cours d'appel statuant en matière correctionnelle et de police ;

5° 527 euros pour les décisions des cours d'assises.

Il est de 211 euros pour les décisions de la Cour de cassation statuant en matière criminelle, correctionnelle ou de police.

Lorsque la personne a été condamnée pour conduite sous l'influence de substances ou plantes classées comme stupéfiants en application de l'article L. 235-1 du code de la route ou du 3° des articles 221-6-1, 222-19-1 ou 222-20-1 du code pénal, les droits fixes de procédure prévus au présent article sont augmentés d'une somme, fixée par arrêté du ministre de la Justice, égale au montant, arrondi à la dizaine inférieure, des indemnités maximales prévues pour les différentes analyses toxicologiques permettant d'établir la présence de stupéfiants dans le sang.

Les décisions rendues sur le fond s'entendent des jugements et arrêts des cours et tribunaux qui statuent sur l'action publique et qui ont pour effet, si aucune voie de recours n'est ouverte ou n'est exercée, de mettre fin à la procédure.

Ce droit n'est pas dû lorsque le condamné est mineur.

Ce droit est recouvré sur chaque condamné comme en matière d'amendes et de condamnations pécuniaires par les comptables publics compétents. Les personnes condamnées pour un même crime ou pour un même délit sont tenues solidairement au paiement des droits fixes de procédure.

Ce droit est aussi recouvré, comme en matière criminelle ou correctionnelle, en cas de décision de non-lieu ou de relaxe sur la partie civile qui a mis en mouvement l'action publique.

Le présent article est applicable sur l'ensemble du territoire national.

731.03 **Bibliographie indicative.**

Article. J. Bossan, « La dématérialisation de la procédure pénale », *D.* 2012. 627.

SECTION 1 NATURE DE LA DÉCISION

731.11 **Distinction mesure d'administration judiciaire et jugement.** Est qualifié d'acte ou de mesure d'administration judiciaire, celui qui est relatif au fonctionnement de la juridiction, est insusceptible de recours, à l'exception du pourvoi en cassation ouvert en cas d'excès de pouvoir et ne tranche pas définitivement le litige.

En ce qui concerne la matière correctionnelle, une décision de renvoi de l'examen de l'affaire à une date ultérieure ou une décision de jonction ou de disjonction, sont des mesures d'administration judiciaire. L'ambiguïté peut résulter du fait que si la plupart du temps elles vont résulter d'une simple mention sur la cote du dossier, elles peuvent aussi faire l'objet d'un jugement, notamment lorsqu'un renvoi est discuté entre les parties.

Un jugement sera également formalisé lorsqu'il aura été débattu d'un placement, d'un maintien ou d'une mainlevée d'un contrôle judiciaire, d'une assignation à résidence sous surveillance électronique ou d'une détention provisoire.

La prescription de l'action publique est également concernée par le fait que la remise de cause ou renvoi soit effectuée ou non par jugement[1].

731.12 **Jugements avant dire droit.** Pour être des jugements à part entière, qui tranchent une question de droit sans pour autant mettre fin au litige, les jugements avant dire droit méritent bien cette terminologie. Ils vont avoir pour objet une mesure d'investigation (audition de témoin, prise d'une série de photographie, expertise sur le fond par exemple aux fins de détermination d'une incapacité totale de travail ou sur la personnalité d'un prévenu ou complément d'expertise...).

731.13 **Date du prononcé.** Le jugement est rendu soit à l'audience même à laquelle ont eu lieu les débats, soit à une date ultérieure. Dans ce dernier cas, le président informe les parties présentes du jour où le jugement sera prononcé[2]. Sera rappelée ici l'obligation déontologique de rendre les décisions à leur date[3]. La date choisie doit être suffisamment proche pour respecter le souhait légitime des parties d'être fixées sur leur sort et suffisamment éloigné de l'audience de plaidoirie pour que le greffe correctionnel ait pu mettre la décision en forme. Le prononcé doit intervenir en début d'audience.

Si la plupart des décisions « à juge unique » sont rendues le jour même de l'audience au cours de laquelle les faits sont évoqués, il en va autrement des affaires plus complexes, généralement abordées en audience collégiale.

Aucun texte ne fixe la durée « raisonnable » du délibéré, qui se différenciera bien sûr selon que l'affaire évoquée ne concerne que des personnes libres ou compte un ou plusieurs détenus.

1. V. s[s] n°s 633.11 s.
2. C. pr. pén., art. 462.
3. CSM, *Recueil des obligations déontologiques des magistrats*, Dalloz, 2010, obligation e. 9.

SECTION 2
COMPOSITION DU TRIBUNAL RENDANT LA DÉCISION

731.21 **Identité de composition.** De principe, ce sont les magistrats qui ont assisté aux débats et délibéré en commun qui rendent la décision[4].

Dans le cas prévu par l'alinéa premier de l'article 398 (collégialité), la lecture de la décision peut cependant être faite par (l'un des trois juges) même en l'absence des autres magistrats du siège[5]. Il peut être opportun d'indiquer alors, pour éviter toutes confusions, que le délibéré est rendu « au nom de la collégialité ».

731.22 **Indifférence de la permanence du parquet et du greffe.** Il avait pu être jugé que le ministère public doit en principe être présent à la lecture du jugement que celui-ci soit rendu par la juridiction ou la décision soit lue par l'un des membres de ladite formation en application des dispositions de l'article 485, dernier alinéa, du code de procédure pénale[6]. Mais une jurisprudence ultérieure est venue dire, que si les articles 32, 486 et 510 du code de procédure pénale exigent que le ministère public, partie nécessaire au procès pénal, soit présent à chaque audience des juridictions de jugement, il résulte de l'article 592 du même code que, à l'instar des magistrats composant la juridiction, il est présumé avoir assisté à toutes les audiences de la cause, dès lors qu'il a été entendu en ses réquisitions à celle des débats ; que, selon l'alinéa 2 de ce texte, la nullité de la décision n'est encourue qu'à défaut de cette audition ; qu'il n'importe que la minute ne mentionne pas la présence du ministère public à l'audience du prononcé de l'arrêt[7]. En tout état de cause, il n'importe que le magistrat du parquet qui assiste au délibéré soit le même que celui qui a assisté à l'audience des débats.

Par ailleurs, la présence du ministère public n'est assurément plus obligatoire, lorsque le tribunal correctionnel a fait application des dispositions de l'article 464 du code de procédure pénale, dans sa rédaction issue de la loi du 15 juin 2000[8], et a renvoyé l'affaire à une audience ultérieure afin qu'il

4. V. s[s] n°s 722.21 s.
5. C. pr. pén., art. 485, al. 3.
6. Crim. 11 févr. 1991, n° 90-80.414, P n° 66 ; *RSC* 1992. 117, obs. A. Braunschweig.
7. Crim. 16 juill. 1996, n° 96-80.168, NP.
8. L. n° 2000-516, 15 juin 2000 renforçant la protection de la présomption d'innocence et les droits des victimes, *JO* 16 juin, p. 9038.

soit statué sur la seule action civile[1]. À cette audience, le tribunal est composé du seul président siégeant à juge unique.

Le greffier présent lors du délibéré peut ne pas être celle ou celui qui a assisté aux débats, mais l'absence de tout greffier vicierait l'audience.

SECTION 3
IRRESPONSABILITÉ DES JUGES DU SEUL FAIT DE LEURS DÉCISIONS

731.31 **Immunité.** La jurisprudence est constante pour considérer qu'il découle du principe constitutionnel qui garantit l'indépendance des magistrats du siège, ainsi que celui du secret du délibéré, qu'une décision de justice ne peut être considérée comme constitutive par elle-même d'un crime ou d'un délit. Ni les magistrats qui l'ont rendue, ni le magistrat du ministère public qui a librement développé les observations qu'il estimait convenables au bien de la justice ne sont susceptibles d'être inculpés des infractions que leur impute un plaideur insatisfait de la décision. En ce cas, il n'y a lieu à désignation de juridiction[2].

Elle a ainsi encore pu juger que les agissements reprochés à un juge d'instruction, d'une part relevaient uniquement de l'accomplissement d'actes autorisés par la loi dans le cadre d'une activité juridictionnelle, d'autre part n'avaient pas porté une atteinte arbitraire à la liberté physique d'aller et de venir du plaignant, écartant dans la même décision l'accusation de faux et usage de faux en écriture publique ou privé et de harcèlement moral[3].

Comme le souligne le commentateur de cette dernière décision, ce positionnement qui alternativement repose sur le simple exercice de l'activité juridictionnelle, l'autorisation de la loi, ou la possibilité de contester les décisions des juges par l'exercice des voies de recours doit trouver sa limite dans l'hypothèse, en l'espèce peu fréquente, d'un magistrat qui sciemment transgresserait la loi dans la décision qu'il prend – ce qui pourrait *a minima* constituer la source d'une responsabilité disciplinaire – ou dans ses préalables – on pense à la recherche des preuves – ce qui clairement ne devrait pas permettre de l'exclure du champ des dispositions répressives.

1. Crim. 18 déc. 2001, n° 01-81.045, P n° 274.
2. Crim. 19 nov. 1981, n° 81-94.556, P n° 308 ; *Gaz. Pal.* 1981, 1, 245, note Doucet ; Crim. 9 déc. 1981, n° 81-94.848, P n° 327 ; Crim. 9 mars 1983, n° 83-90.963, P n° 75, *D.* 1983. 352, note Jeandidier.
3. Crim. 29 janv. 2020, n° 19-81.616, *Dr. pénal* 2020, Comm., 108, obs. P. Conte.

CHAPITRE

732. Lecture du jugement

SECTION 0 Orienteur

732.00 **Sommaire du chapitre.**

732.01 **Principaux textes applicables.**

TEXTES SOURCES

• C. pr. pén., art. 462 à 472, 474, 474-1, 475-1, 478 à 482, 484 à 486

TEXTE *IN EXTENSO*

• **CGI, art. 1018 A**

* V. s^s n° 731.01.

732.03 **Bibliographie indicative.**

* V. s^s n° 731.03

SECTION UNIQUE Différentes modalités de lecture du jugement

732.11 **Principe de la lecture.** Il est donné lecture du jugement par le président ou par l'un des juges [1].

Bien que la réalité juridictionnelle française soit toute autre, cette formulation pourrait s'entendre comme obligeant à la lecture du jugement et non simplement de son dispositif. Par une décision célèbre, condamnant la France, la CEDH a d'ailleurs jugé que : « La seule lecture à l'audience du dispositif du jugement du tribunal correctionnel avant l'expiration du délai d'appel a porté atteinte aux droits de la défense du requérant... faute d'avoir pu obtenir le jugement complet avant l'expiration du délai d'appel, le requérant avait donc pour seule issue d'interjeter appel sans connaître aucun élément de la motivation retenue par le tribunal correctionnel... partant il y a violation de l'article 6, § 1 et 3, b) de la convention » [2].

Il sera dit (v. s^s n° 732.17) que la chambre criminelle s'est toujours refusée à censurer la seule lecture du dispositif.

732.12 **Lecture du délibéré par le président.** En principe, la décision est annoncée par le président de la composition. En aucun cas le jugement ne peut être rendu, même après un délibéré de plusieurs semaines et une décision motivée, par le greffier d'audience ou par simple dépôt au greffe. C'est nécessairement un magistrat qui a participé aux débats qui rend la décision, même si le code de procédure pénale ne prévoit pas la nécessité, en matière collégiale, que les trois juges ayant assisté à l'instruction, aux réquisitions et aux plaidoiries, soient pareillement présents lors du délibéré [3].

Le consentement du prévenu à ce que le délibéré soit rendu par la voie de la visioconférence n'est pas requis [4]. Par ailleurs il a été jugé qu'il résulte de l'article 706-71, alinéas 2 et 5, du code de procédure pénale que la possibilité accordée au prévenu, notamment, de s'entretenir confidentiellement avec son avocat, ne s'applique qu'à l'audience des débats et non à celle à laquelle est prononcée la décision annoncée [5].

732.13 **Possible lecture par l'un des membres de la composition ayant assisté aux débats.** Il a déjà été développé les conditions dans lesquelles l'arti-

1. C. pr. pén., art. 485.
2. CEDH 24 juill. 2007, *Baucher c/France*, req. n° 53640/00 ; *D.* 2007. 2305, obs. M. Léna ; *AJ pénal* 2007. 529, obs. C. Porteron.
3. C. pr. pén., art. 485, al. 4.
4. Crim. 20 févr. 2019, n° 18-80.777, P n° 46. *D. actu.*, H. Diazle, 7 mars 2019, v. s^s n° 221.84.
5. Crim. 20 juin 2017, n° 16-83.436, NP.

cle 485 du code de procédure pénale permet à l'un quelconque des membres de la composition ayant assisté aux débats de lire le jugement (« [...] *le président ou par l'un des juges* ») ou l'arrêt rendu[1]. Facteur de souplesse, cette disposition ouvre également la possibilité à l'un des membres de la collégialité, de signer le cas échéant, pour le président empêché. En cause d'appel, comme en première instance, il est donné lecture de la décision par le président ou par l'un des juges et cette lecture peut être faite même en l'absence des autres magistrats du siège[2].

Les mentions de l'article 485 ne paraissent pas interdire que la lecture de la décision et sa signature incombent à un magistrat à titre temporaire ou honoraire seul dès lorsqu'il a participé à la décision collégiale. La question peut être posée pour un avocat assesseur exceptionnel mais n'a, semble-t-il, pas donné lieu à jurisprudence de la chambre criminelle.

Si cette lecture par un seul des membres de la collégialité est possible, encore faut-il que *résulte du jugement ou de l'arrêt* la certitude que le magistrat ayant rendu la décision appartenait bien à la composition initiale. Aux termes de l'article 592 du code de procédure pénale, sont déclarées nulles les décisions rendues par les juges qui n'ont pas assisté à toutes les audiences sur le fond et il convient d'entendre par là les audiences au cours desquelles la cause a été instruite, plaidée ou jugée[3].

732.14 Explication orale du jugement. La pratique parfois observée d'une motivation verbale de la décision doit être abordée avec prudence. Il convient en effet que les « motifs » évoqués verbalement et « à chaud » correspondent parfaitement à la motivation écrite qui sera le cas échéant ultérieurement rendue. Qu'en revanche des explications soient données sur le sens de la décision et sa portée ne peut que contribuer à donner une image rassurante de la justice pénale.

On peut rappeler ici que le conseil supérieur de la magistrature lui-même rappelle que le président d'audience a un devoir général d'explication[4].

732.15 Question de la présence des parties. La décision est nécessairement rendue en présence du ministère public, mais il n'est donc pas nécessaire compte tenu du principe d'indivisibilité du parquet, que ce soit le même substitut que celui de l'audience des débats qui assiste au prononcé de la décision.

La partie civile, dont on a vu qu'elle pouvait ou non être assistée d'un conseil, sera présente ou non. Il convient avant le prononcé que l'appel des parties et de leurs avocats se fasse à haute et intelligible voix pour que chacun soit à même de recevoir la décision et toutes explications complémentaires. Ces précisions sont également importantes si l'on veut que le greffier d'audience puisse clairement mentionner dans le jugement définitif à qui les avis obligatoires ont pu être donnés ou pas.

S'agissant du prévenu, la problématique est la même. Une difficulté peut toutefois se faire jour pour les prévenus détenus, ayant assisté aux débats mais non extraits au jour du délibéré, élément connu de la juridiction[5]. Il a en revanche été jugé qu'il ne saurait être fait grief à la cour d'appel d'avoir prononcé contradictoirement, dès lors qu'il ne résulte pas de la procédure que les juges aient été informés de ce que Najim X... ayant interjeté appel d'un jugement du tribunal correctionnel du 19 juin 1996, cité à personne le 17 mars 1997 pour l'audience du 5 mai 1997, avait été incarcéré, pour autre cause, le 16 avril 1997, ni que celui-ci ait fait connaître qu'il était empêché de comparaître pour une cause indépendante de sa volonté[6]. Plus sévèrement, que le demandeur ne saurait se faire un grief de ce que l'arrêt attaqué ne précise pas le motif pour lequel il n'a pas été extrait pour comparaître le 1er juillet 1998, dès lors qu'aucune disposition légale n'impose la comparution d'un prévenu détenu à l'audience à laquelle la décision est rendue[7].

En cas de décès de l'une des parties entre l'audience des débats et le jour où le délibéré est rendu, il peut être conseillé de motiver néanmoins la décision, surtout si des parties civiles sont susceptibles de poursuivre l'exécution à l'encontre des ayants droit.

732.16 Caractère public de la lecture du jugement. La logique voudrait que l'intégralité du jugement soit lue à l'audience de délibéré, dès lors que le dispositif est la conséquence directe des motifs de la décision. Toutefois, si des arrêts très anciens retenaient cette option[8], le code de procédure pénale décide depuis quelques dizaines d'années, et en considération manifeste des temps d'audience que requéraient des lectures intégrales, que cette lecture peut être limitée au seul dispositif en matière correctionnelle et de police[9]. Il a même pu être jugé que la lecture du seul dispositif d'un jugement ou arrêt à l'audience même à laquelle ont eu lieu les

1. V. ss no 722.21.
2. Crim. 31 mai 2017, no 15-86.947, NP.
3. Crim. 13 oct. 1988, no 87-83.736, P no 346.
4. CSM, *Recueil des obligations déontologiques des magistrats*, Dalloz, 2010, obligation e. 10.
5. V. ss nos 712.51 s.
6. Crim. 4 juin 1998, no 97-84.603, NP.
7. Crim. 16 juin 1999, no 98-84.578, NP.
8. Crim. 23 avr. 1829 – Crim. 19 août 1830.
9. C. pr. pén., art. 485, al. 4 ; art. mod. par L. no 85-1407, 30 déc. 1985, art. 43-I, art. 43-II, art. 94.

débats ne saurait impliquer l'inexistence de sa motivation au moment du prononcé[1].

On notera, s'agissant des décisions de cours suprêmes, que la Cour européenne des droits de l'Homme a pu juger que, si par les termes dont il use en sa seconde phrase – « le jugement sera rendu publiquement », « jugement shall be pronounced publicly » – l'article 6, § 1 donne à penser qu'il prescrit la lecture du jugement à haute voix alors que le texte français emploie le participe « rendu » (*given*) là où la version anglaise se sert du mot « pronounced » (prononcé), ce léger écart ne suffit pas à dissiper l'impression qui se dégage de la disposition en cause : « rendu publiquement » – et non « rendu public » – peut très bien passer pour l'équivalent de « prononcé publiquement ». La cour ne croit pas devoir opter pour une interprétation littérale. Elle estime qu'il échet, dans chaque cas particulier, d'apprécier à la lumière des particularités de la procédure dont il s'agit, la forme de publicité du « jugement » prévue par le droit interne dans l'État en cause. Le but poursuivi en la matière par l'article 6, § 1 – assurer le contrôle du pouvoir judiciaire par le public pour la sauvegarde du droit à un procès équitable – n'est pas moins bien réalisé, en tout cas pour l'instance en cassation, par un dépôt au greffe, permettant à chacun d'avoir accès au texte intégral de l'arrêt, que par la lecture en audience publique – parfois limitée au dispositif – d'une décision de rejet ou de cassation. Le défaut de prononcé public de l'arrêt de la Cour de cassation n'a donc pas enfreint la convention en l'espèce[2].

Toutefois, cet exemple concerne une procédure civile et non pénale.

732.17 Lecture du dispositif. La lecture peut donc être limitée au dispositif[3]. Elle doit alors être la plus claire possible, puisque ne comprenant pas les motifs de la décision, elle sera constituée de l'énoncé quelque peu mécanique de la décision sur la culpabilité puis, le cas échéant, de celui des peines principales et complémentaires, et des avertissements légaux, prévenu par prévenu. Il peut être conseillé de débuter par les relaxes, puis par les condamnations prises, soit *crescendo*, soit *decrescendo* par ordre de gravité.

Une demanderesse au pourvoi ne saurait se faire un grief de ce que seul le dispositif de l'arrêt attaqué a été lu à l'audience, dès lors qu'il résulte des articles 462, 485 et 486 du code de procédure pénale que le président peut se limiter à cette lecture, qui n'implique pas que l'arrêt n'est pas motivé, et déposer au greffe, dans le délai prévu par ce dernier texte, la minute de la décision[4].

732.18 Sanction d'une absence de lecture publique. Si, par dérogation aux dispositions de l'article 199[5] alinéa 1er du code de procédure pénale selon lesquelles les débats se déroulent et l'arrêt est rendu en chambre du conseil, l'article 199, alinéa 2, du même code, issu de l'article 12 de la loi du 5 mars 2007[6], prévoit la publicité en matière de détention provisoire pour les personnes mises en examen majeures, l'inobservation de cette dernière formalité ne saurait donner ouverture à cassation que s'il en résulte une atteinte aux intérêts de la partie concernée[7]. Il semble pouvoir être déduit de cette décision, qu'en l'absence de preuve d'un grief, la nullité pour défaut de lecture publique du jugement n'est plus encourue.

732.19 Ordre logique. Le président d'audience ou le magistrat chargé de lire le jugement ou son dispositif aura eu soin d'appeler les parties et leurs avocats ou de s'enquérir de savoir si un des avocats présents représente l'une des parties. La lecture débute par la décision sur l'action publique, puis le cas échéant, celle sur l'action civile. Il est important de procéder à cette lecture de manière à permettre aux parties, ministère public compris, de noter le sens de la décision rendue. Si un justiciable en personne se présente, il est nécessaire d'expliciter en langage ordinaire la part de la décision qui l'intéresse directement.

Suivent toute une série d'avertissements légaux qui seront donnés uniquement si la ou les personnes auxquelles ils sont destinés sont présentes.

1. Crim. 9 janv. 1989, nº 88-81.787, P nº 5.
2. CEDH 8 déc. 1983, *Pretto c/Italie*, req. nº 7984/77, § 25 s.
3. C. pr. pén., art. 485, al. 4.
4. Crim. 9 janv. 1989, nº 88-81.787, P nº 5 – Crim. 4 mai 2017, nº 16-85.255, NP.
5. C. pr. pén., art. 199 ; mod. par L. nº 2016-731, 3 juin 2016, art. 59.
6. L. nº 2007-291, 5 mars 2007, préc.
7. Crim. 25 juill. 2007, nº 07-83.550, P nº 187 ; *D.* 2007. 2306, obs. C. Girault ; *AJ pénal* 2007. 484, obs. G. Royer ; *RSC* 2008. 933, obs. R. Finielz.

CHAPITRE

733. Avertissements obligatoires

SECTION 0
ORIENTEUR

733.00 **Sommaire du chapitre.**

733.01 **Principaux textes applicables.**

TEXTES SOURCES

• C. pr. pén., art. 462 à 472, 474, 474-1, 475-1, 478 à 482, 484 à 486

TEXTES *IN EXTENSO*

• **CGI, art. 1018 A**

* V. s[s] n° 731.01.

SECTION 1
AVERTISSEMENTS SUR L'ACTION PUBLIQUE – PEINES

733.11 **Présence ou absence du destinataire de l'avertissement.** Au-delà de la complexité précédemment soulignée[1], il faut rappeler que la loi prévoit que les parties reçoivent de multiples avertissements mais qu'ils seront donnés ou pas à la personne concernée, selon qu'elle sera ou non présente au jour du délibéré. Dans tous les cas il est de toutes façons obligatoire ou opportun de signaler que l'absence de telle partie n'a pas permis de lui donner l'avertissement concerné. Cet avis doit être fait à la personne et la seule présence de son avocat, même muni d'un pouvoir de représentation, ne semble pas permettre de considérer qu'il puisse être satisfait aux obligations légales.

Ceci explique qu'aucun jugement n'est définitivement édité au jour même de l'annonce du délibéré. Le greffier d'audience devra noter de manière alternative soit que tel avertissement a été donné, soit qu'il n'a pas pu l'être en raison de l'absence par exemple du prévenu. Ces mentions sont importantes en ce qu'elles notifient au prévenu certaines des obligations liées à la peine prononcée (par exemple, en matière de sursis probatoire), ou les conditions de saisine du premier président aux fins d'une indemnisation de la détention provisoire subie alors qu'intervient une décision de relaxe, ou font encore partir un délai, par exemple pour l'action de la partie civile devant la Civi ou le Sarvi.

Il est possible de mentionner dans les jugements contradictoires à signifier que la personne concernée « est avisée par le présent jugement de la possibilité de... », le point de départ d'un éventuel délai étant alors fixé au jour de la signification, hypothèse sur laquelle néanmoins la jurisprudence ne semble pas avoir eu à se prononcer à ce jour.

733.12 **Réduction en matière de peine d'amende.** En matière correctionnelle ou de police, toute personne condamnée peut s'acquitter du montant du droit fixe de procédure dû en application de l'article 1018 A[2] du code général des impôts[3], ainsi que, le cas échéant, du montant de l'amende à laquelle elle a été condamnée, dans un délai d'un mois à compter de la date à laquelle le jugement a été prononcé.

Lorsque le condamné règle le montant du droit fixe de procédure ou le montant de l'amende dans le

1. V. s[s] n°s 724.71 s.

2. CGI, art. 1018 A et v. s[s] n° 724.91.

3. V. s[s] n° 724.01.

délai d'un mois à compter de la date à laquelle le jugement a été prononcé, ces montants sont diminués de 20 % sans que cette diminution puisse excéder 1 500 euros[1]. La diminution de 20 % s'applique aux amendes prononcées par le tribunal de police, concernait la juridiction de proximité, s'applique aussi à celles prononcées par le tribunal pour enfants, le tribunal correctionnel ou par la cour d'appel ainsi que par toute autre juridiction répressive à l'encontre d'une personne reconnue coupable d'une contravention ou d'un délit, qu'il s'agisse d'une décision contradictoire, contradictoire à signifier, par défaut ou encore d'une ordonnance pénale, aux amendes homologuées en CRPC, aux amendes forfaitaires majorées.

Dans le cas où une voie de recours est exercée contre les dispositions pénales de la décision, il est procédé, sur demande de l'intéressé, à la restitution des sommes versées[2].

Lorsque le tribunal prononce une condamnation à une peine d'amende en matière correctionnelle ou de police, le président avise donc le condamné de cette possible réduction, de même que le paiement de l'amende ne fait pas obstacle à l'exercice des voies de recours.

Les avis prévus par l'article 707-3 peuvent également être délivrés au condamné par le greffier de la juridiction ou le greffier du bureau de l'exécution des peines[3].

Les articles R. 55 et suivants du code de procédure pénale précisent les conditions d'application de ces dispositions.

Il convient d'observer tout d'abord qu'aucune disposition ne prévoit que le prévenu soit avisé du montant des droits fixes de procédure qu'il aura à régler. Leur existence est d'ailleurs rarement annoncée aux intéressés lors de l'audience. Cependant, dans la mesure où ils doivent être avertis d'une possible réduction qui les englobe avec l'amende, il est logique de donner cette information à chaque prévenu, ce qui évitera également certaines incompréhensions au moment du règlement.

Le président du tribunal correctionnel doit donc être particulièrement attentif à donner des explications claires sur ce point qui peut être fort opportunément abordé par le BEX en sortie d'audience, à supposer que ce bureau soit ouvert lorsque la décision est rendue[4].

Dans ce cas cette information doit être exacte et complète et il faut savoir que les droits fixes de procédure prévus à l'article 1018 A du code général des impôts sont, conformément aux dispositions du neuvième alinéa de cet article, augmentés d'une somme de 210 euros, correspondant au montant, arrondi à la dizaine inférieure, de l'indemnité maximale prévue par le 10° de l'article R. 118 du présent code pour les analyses toxicologiques permettant d'établir la présence de stupéfiants dans le sang, en cas de condamnation pour conduite après usage de substances ou plantes classées comme stupéfiants ou pour atteinte involontaire à la vie ou à l'intégrité physique de la personne par un conducteur ayant fait usage de substances ou plantes classées comme stupéfiants, prononcée en application de l'article L. 235-1 du code de la route ou du 3° des articles 221-6-1, 222-19-1 ou 222-20-1 du code pénal[5].

Il faut noter également, en termes d'exécution de la peine d'amende, que les dispositions ci-dessus sont également applicables au condamné qui a été autorisé à s'acquitter du paiement du montant de l'amende en plusieurs versements étalés dans le temps, dans des délais et selon des modalités déterminés par les services compétents du Trésor public[6]. Rien n'exclut non plus que la juridiction de jugement elle-même, accorde au visa d'un motif grave d'ordre médical, familial, professionnel ou social, un fractionnement du paiement de l'amende sur le fondement des dispositions de l'article 132-28 du code pénal.

Les précisions concernant cette réduction de l'amende doivent donc être dites à l'audience au prévenu présent mais aussi figurer dans le jugement. Il convient de veiller à ce que cet avertissement suive immédiatement le prononcé de l'amende dans le dispositif et ne se retrouve pas malencontreusement rejeté en fin de jugement après les peines complémentaires éventuelles.

733.13 Amende en matière de défaut d'assurance. La difficulté à se faire comprendre est accrue lorsque l'amende prononcée vient sanctionner un défaut d'assurance. Dans cette hypothèse en effet, les amendes prononcées pour violation de l'obligation d'assurance prévue par l'article L. 211-1, y compris les amendes qu'une mesure de grâce aurait substituées à l'emprisonnement, sont affectées d'une majoration de 50 % *perçue, lors de leur recouvrement*, au profit du Fonds de garantie institué par l'article L. 420-1[7]. Or, la diminution de 20 % pour paiement dans le mois de la décision est applicable.

1. C. pr. pén., art. 707-2 et 707-3.
2. C. pr. pén., art. 707-2.
3. C. pr. pén., art. 707-3.
4. V. s^s n° 734.16.
5. C. pr. pén., art. A. 38-6 ; créé par arr. 29 févr. 2012, art. 1er.
6. C. pr. pén., art. 707-4.
7. C. assur., art. L. 211-27.

Aucune disposition légale ne prévoit l'obligation pour le président de la juridiction d'aviser le prévenu de cette majoration de l'amende lors du délibéré.

Il s'agit bien pourtant pour le président de la juridiction ou le greffier du BEX d'expliquer au prévenu que, condamné par exemple à 1 000 euros pour défaut d'assurance, il devra s'acquitter de 1 500 euros, total de 1 500 euros sur lequel il pourra obtenir 20 % de remise s'il règle dans le mois... ce qui avouons-le n'est pas simple.

Une autre question récurrente est celle de l'assiette de calcul de la réduction lorsque plusieurs délits font encourir des amendes au prévenu. La question a pu en effet se poser de la portée de la majoration de 50 % du montant de l'amende en matière de défaut d'assurance, lorsque (et pour cause de non-cumul) plusieurs délits font encourir des amendes au prévenu. Par exemple, pour défaut d'assurance, conduite malgré solde de points nul et blessures involontaires, si le total de l'amende prononcée est de 2 000 euros, c'est sur ce total que s'appliquera la majoration et non sur la part relative au seul défaut d'assurance que d'ailleurs le tribunal ne distinguera pas.

Un début de réponse à ce problème figure dans la circulaire relative au renforcement de la lutte contre la délinquance routière du 28 juillet 2004[1] : « La majoration de 50 % du montant de l'amende prononcé au profit du Fonds de garantie :

L'article L. 211-26 du code des assurances qui est devenu l'article L. 211-27 (1° du II de l'article 59 de la loi du 9 mars 2004) prévoit l'affectation d'une majoration de 50 % de l'amende prononcée pour le délit de défaut d'assurance au profit du Fonds de garantie institué par l'article L. 421-1 du code des assurances.

Pour la détermination de la base de calcul de la majoration il convient d'appliquer l'article 132-3 du code pénal selon lequel : "[...] Chaque peine prononcée est réputée commune aux infractions en concours dans la limite du maximum légal applicable à chacune d'elles".

En conséquence :

le montant de la majoration est calculé à partir du montant de l'amende prononcée par le juge, quand bien même cette amende viendrait réprimer plusieurs faits délictueux visés dans la prévention ;

toutefois, si le montant de l'amende prononcée par le juge est supérieur au montant de l'amende encourue pour le délit de défaut d'assurance (exemple : CEA, délit de fuite, et défaut d'assurance. Le montant maximum de l'amende encourue est de 30 000 euros) la majoration se calcule sur 3 750 euros (montant maximum de l'amende encourue pour le délit de défaut d'assurance).

Il peut être observé qu'avant la réforme du milieu des années 80, la situation était identique, l'ancien article L. 211-8 du code des assurances réprimait le défaut d'assurance par un délit puni d'une peine d'emprisonnement et d'une peine d'amende "de 100 à 60 000 francs" et l'alinéa 2 de cet article prévoyait déjà l'affectation de la majoration de 50 % au profit du Fonds de garantie. L'élément nouveau, réside dans le fait que le délit de défaut d'assurance peut être poursuivi par la voie de la procédure simplifiée de l'ordonnance pénale, ce qui est de nature à en faciliter le traitement et le calcul de la majoration de 50 % au profit du Fonds de garantie ».

733.14 **Jours-amende.** Alors que les jours-amendes bénéficient de la réduction de 20 %, lorsque l'amende est payée dans le délai d'un mois prévu par l'article 707-2, indépendamment de la date d'exigibilité résultant de l'application des dispositions de l'article 131-25 du code pénal, qu'il s'agisse d'une décision contradictoire, d'une décision contradictoire à signifier ou d'une décision par défaut[2], les textes ne prévoient pas expressément que l'avertissement sur cette possible minoration soit donné à l'audience. Il va de soi qu'il convient d'y procéder.

733.15 **Avertissement relatif au sursis simple.** La juridiction qui prononce une peine peut, dans les cas et selon les conditions prévus aux articles 132-29 et suivants du code pénal, ordonner qu'il sera sursis à son exécution[3].

Le président de la juridiction, après le prononcé de la peine assortie du sursis simple, avertit le condamné, lorsqu'il est présent, des conséquences qu'entraînerait une condamnation pour une nouvelle infraction qui serait commise dans les délais prévus par les articles 132-35 et 132-37[4]. Il l'avise aussi de la possibilité qu'il aura, à l'inverse, de voir déclarer sa condamnation non avenue en observant une parfaite conduite.

Il convient donc que le président du tribunal maîtrise suffisamment le domaine de l'exécution des peines pour qu'il puisse utilement renseigner le prévenu sur ce qu'il encourt en cas de nouvelle condamnation dans les cinq ans du caractère définitif de sa peine, soit le prononcé d'une nouvelle peine et la révocation de celle qui était affectée d'un sursis, et *a contrario*, sur le caractère non avenu de celle-ci.

1. Circ. relative au renforcement de la lutte contre la délinquance routière, CRIM 2004-08 E1/28-07-2004, *BOMJ*, n° 95, 1er juill.-30 sept. 2004, NOR : JUSD043044C, point 2.2.3.

2. C. pr. pén., art. R. 55, 4°.
3. V. ss n° 716.161.
4. C. pén., art. 132-29.

Il sera conseillé de ne pas entrer dans les subtilités des révocations partielles...

De jurisprudence ancienne, les dispositions relatives à l'avertissement donné au condamné concernant les conditions de révocation du sursis qui lui a été accordé ne sont pas prescrites à peine de nullité[1]. Par ailleurs, aucune disposition légale n'impose, en l'absence du condamné, que l'avis prévu par l'article 132-29 du code pénal soit donné à son avocat[2].

733.16 Avertissement en matière de sursis probatoire. Après le prononcé de l'emprisonnement assorti du sursis probatoire, le président de la juridiction notifie au condamné, lorsqu'il est présent, les obligations qu'il aura à respecter durant le délai de probation et l'avertit des conséquences qu'entraînerait une condamnation pour une nouvelle infraction commise au cours dudit délai ou un manquement aux mesures de contrôle et aux obligations particulières qui lui sont imposées. Il l'informe de la possibilité qu'il aura de voir déclarer sa condamnation non avenue s'il observe une conduite satisfaisante[3].

Le sursis probatoire comprenant l'obligation d'accomplir un TIG obéit aux règles du sursis probatoire qui sont pour l'essentiel celles de l'ancien sursis avec mise à l'épreuve[4][5]. La mise en place de formulaires de notification des obligations homogènes et semblables d'un président de juridiction à l'autre est un impératif. La fourniture de notices explicatives est recommandée. Il s'agit bien ici d'une part, d'une obligation de notifier à l'intéressé ses obligations, raccourcissant d'autant son délai de prise en charge post-sentential, que d'autre part, des conséquences d'une mauvaise exécution de sa peine.

Ici encore, le président de la juridiction correctionnelle devra maîtriser *a minima* les règles du sursis probatoire et les conditions de sa mise en œuvre pour d'une part, ne pas donner une information qui pourrait être erronée et d'autre part assurer un relais efficace avec les services chargés de la probation, qu'il s'agisse d'ailleurs des services pénitentiaires ou d'une association déjà intervenue au titre d'un contrôle judiciaire préalable[6].

Le jugement doit mentionner que ces avertissements légaux ont été donnés - ou qu'ils n'ont pu l'être faute de présence du condamné-.

Dans une espèce où les obligations sur sursis avec mise à l'épreuve n'avaient pu être notifiées aux prévenus absents, la chambre criminelle a pu répondre d'une part, que le défaut de notification au condamné, par le président de la juridiction, des obligations devant être respectées pendant la durée du sursis avec mise à l'épreuve, en méconnaissance des prescriptions de l'article 132-40, alinéa 2, du code pénal, a pour seule sanction l'inopposabilité de ces obligations au condamné jusqu'à leur notification régulière à l'intéressé, par le juge de l'application des peines ou le service pénitentiaire d'insertion et de probation, selon les modalités prévues par l'article R. 59 du code de procédure pénale, et que, d'autre part, l'avertissement prévu par l'article 132-40 précité n'est pas prescrit à peine de nullité[7].

733.17 Avertissements en matière de suivi socio-judiciaire. Le président de la juridiction après le prononcé de la décision, avertit le condamné des obligations qui en résultent et des conséquences qu'entraînerait leur inobservation[8]. L'un des enjeux pour le condamné étant d'avoir à subir une peine privative de liberté en cas de non-respect de ses obligations[9], il est possible de conseiller de mentionner dans le jugement, qu'en particulier, le prévenu a été avisé qu'il aurait à subir une peine d'emprisonnement d'une durée de... en cas de non-respect de ses obligations.

Mais encore le président aura soin, en application des dispositions de l'article 131-36-4 du même code, d'avertir le condamné qu'aucun traitement ne pourra être entrepris sans son consentement, mais que, s'il refuse les soins qui lui seront proposés, l'emprisonnement prononcé en application du troisième alinéa de l'article 131-36-1 du code pénal pourra être mis à exécution.

Enfin, lorsque la juridiction prononce une injonction de soins, de droit sauf motivation contraire[10], et que la personne a été également condamnée à une peine privative de liberté non assortie du sursis, le président, conformément aux dispositions de l'article 131-36-4 du code pénal, informera le condamné qu'il aura la possibilité de commencer un traitement pendant l'exécution de cette peine.

Il n'est pas inutile de mentionner le cas échéant dans le jugement que les avertissements prévus par tel ou tel article n'ont pu, en l'absence du prévenu lui être donné. Aucun texte en effet ne prévoit la possibilité de remplir ces obligations en adressant de tels avertissements à l'avocat présent même muni d'un pouvoir de représentation express.

Concernant les effets d'une absence de notification régulière de l'avertissement en question, il a été jugé récemment par la chambre criminelle que, s'il

1. Crim. 27 oct. 1905, *DP* 1907. 1. 157.
2. Crim. 13 sept. 2006, n° 06-81.022, P n° 222 ; *D.* 2006. 2549 ; *AJ pénal* 2006. 459.
3. C. pén., art. 132-40.
4. C. pén., art. 132-40 s.
5. V. s[s] n° 716.211.
6. C. pr. pén., art. 471.
7. Crim. 18 oct. 2017, n° 16-87.123, P n° 232.
8. C. pén., art. 131-36-1, *in fine*.
9. C. pén., art. 131-36-1, al. 3.
10. C. pén., art. 131-36-4.

ne résulte d'aucune des mentions de l'arrêt attaqué et du jugement qu'il confirme, ni d'aucun visa de l'article 131-36-4 du code pénal, que l'avertissement prescrit par ce texte a été donné à M. X..., la cassation n'est cependant pas encourue, dès lors qu'aucune mise à exécution de l'emprisonnement fixé en application de l'article 131-36-1 du même code ne pourra intervenir, en raison du refus, par le condamné, de commencer ou de poursuivre le traitement proposé dans le cadre d'une injonction de soins, sans que l'avertissement omis par le président de la juridiction de jugement lui ait été préalablement notifié par le juge de l'application des peines [1].

733.18 Avertissement et convocation en cas de peine privative de liberté prononcée à l'égard d'un prévenu libre présent à l'audience. Si le tribunal n'a pas prononcé un mandat de dépôt à effet différé en application du 3° du I de l'article 464-2, en cas de condamnation d'une personne non incarcérée à une peine d'emprisonnement inférieure ou égale à un an ou pour laquelle la durée de détention restant à subir est inférieure ou égale à un an, il est remis au condamné qui est présent à l'issue de l'audience un avis de convocation à comparaître, dans un délai qui ne saurait excéder trente jours, devant le juge de l'application des peines en vue de déterminer les modalités d'exécution de la peine. Le condamné est également avisé qu'il est convoqué aux mêmes fins devant le service pénitentiaire d'insertion et de probation dans un délai qui ne saurait être supérieur à quarante-cinq jours. Le présent alinéa est applicable au condamné exécutant une peine sous le régime de la semi-liberté, du placement à l'extérieur ou de la détention à domicile sous surveillance électronique.

L'avis de convocation devant le juge de l'application des peines précise que, sauf exercice par le condamné des voies de recours, la peine prononcée contre lui sera mise à exécution en établissement pénitentiaire s'il ne se présente pas, sans excuse légitime, devant ce magistrat.

Ces dispositions sont également applicables lorsque la personne est condamnée à une peine d'emprisonnement assortie du sursis probatoire. Toutefois, dans cette hypothèse, le condamné n'est convoqué que devant le service pénitentiaire d'insertion et de probation qui se trouve ainsi saisi de la mesure [2].

La convocation trouve ses limites lorsque le prévenu ne réside pas sur le ressort de la juridiction de condamnation. Il n'est en effet pas possible au greffe de disposer de « l'agenda » de tous les juges de l'application des peines ou des services pénitentiaires de France et l'on retombe alors dans la simple annonce à l'intéressé qu'il sera convoqué à son adresse déclarée par le juge et le service dont dépend son domicile. D'où l'intérêt majeur de s'assurer de la réalité de cette adresse, un certain nombre de prévenus oubliant parfois de signaler qu'ils s'apprêtent à déménager... ce qui posera inévitablement des difficultés d'exécution.

733.19 Avertissement en matière de peine « préfixée ». Depuis la loi du 9 mars 2004, lorsqu'elle prononce une ou plusieurs des peines prévues par les articles 131-5-1, 131-6 ou 131-8, la juridiction peut fixer la durée maximum de l'emprisonnement ou le montant maximum de l'amende dont le juge de l'application des peines pourra ordonner la mise à exécution en tout ou partie, dans des conditions prévues par l'article 712-6 du code de procédure pénale, si le condamné ne respecte pas les obligations ou interdictions résultant de la ou des peines prononcées. Le président de la juridiction en avertit le condamné après le prononcé de la décision. L'emprisonnement ou l'amende que fixe la juridiction ne peuvent excéder les peines encourues pour le délit pour lequel la condamnation est prononcée ni celles prévues par l'article 434-41 du code pénal. Lorsqu'il est fait application des dispositions du présent alinéa, les dispositions de l'article 434-41 ne sont alors pas applicables [3].

En clair, la juridiction qui prononce une peine de stage [4], l'une des peines privatives ou restrictives de liberté [5] de l'article 131-6 du même code ou encore une peine de travail d'intérêt général [6] peut d'emblée dire quelle sera la sanction de l'inexécution. Ce système complexe paraît peu usité. Il est vrai qu'il peut notamment, s'agissant du travail d'intérêt général entretenir une confusion avec le sursis-TIG dont le condamné sait également dès son prononcé quelle peine il devra exécuter (la part affectée du sursis) s'il n'accomplit pas le travail d'intérêt général.

733.20 Confiscation et restitution : un avertissement obligatoire aux tiers ? Le jugement ne doit pas omettre de mentionner de la manière la plus précise (numéro et intitulé des scellés) ceux des objets saisis qui font l'objet d'une confiscation et ceux qui sont restitués à l'une ou l'autre des parties. Il n'est jamais inutile de rappeler aux justiciables que la confiscation est définitive et que l'objet sera vendu au profit de l'État.

1. Crim. 11 avr. 2018, n° 16-85.310, NP.
2. C. pr. pén., art. 474, mod. par L. n° 2019-222, 23 mars 2019, art. 74.
3. C. pén., art. 131-9, mod. par L. n° 2019-222, 23 mars 2019, art. 71 (V) et L. n° 2020-936, 30 juill. 2020, art. 16.
4. C. pén., art. 131-5-1, mod. par L. n° 2021-1539, 30 nov. 2021, art. 31.
5. Exactement dénommées peines privatives ou restrictives de liberté par l'article 131-6, ces peines sont encore appelées dans l'ancienne terminologie des peines privatives ou restrictives de droits par certains articles (131-9, 132-31...).
6. C. pén., art. 131-8.

L'évolution considérable de la jurisprudence concernant les confiscations nécessite avant toute chose la précision explicite de la nature du bien saisi, puisque les exigences de motivation énoncées par la chambre criminelle en dépendent[1]. La formule annonçant « la confiscation de l'ensemble des scellés » est à bannir de l'énoncé du délibéré comme de la rédaction du jugement.

Comme cela a déjà été développé *supra*[2], et hormis le cas où la confiscation, qu'elle soit en nature ou en valeur, porte sur un bien qui, dans sa totalité, constitue l'objet ou le produit de l'infraction, le juge, en ordonnant une telle mesure, doit apprécier le caractère proportionné de l'atteinte portée au droit de propriété de l'intéressé lorsqu'une telle garantie est invoquée ou procéder à cet examen d'office lorsqu'il s'agit d'une confiscation de tout ou partie du patrimoine. Il lui incombe en conséquence, après s'être assuré du caractère confiscable du bien en application des conditions légales, de préciser la nature et l'origine de ce bien ainsi que le fondement de la mesure et, le cas échéant, de s'expliquer sur la nécessité et la proportionnalité de l'atteinte portée au droit de propriété du prévenu[3].

La jurisprudence ayant également eu à se prononcer sur le respect des droits des tiers propriétaires ou titulaires de droits sur le bien confisqué, il paraît nécessaire que figure dans la décision dans l'hypothèse où cette question se pose, une mention indiquant que ledit propriétaire ou titulaire de droit a bien été avisé de la date de l'audience et mis en capacité de faire valoir ses arguments sur la perspective d'une éventuelle confiscation.

S'agissant enfin d'un point régulièrement et vainement débattu devant les juridictions correctionnelles, il sera rappelé qu'en l'état des textes, il n'est pas possible de purger un disque dur des seuls clichés ou films pédo-pornographiques pour le restituer en raison de ses autres contenus (photos personnelles, justificatifs administratifs ou comptables...), ou de faire démilitariser des armes saisies afin de les restituer à leur propriétaire.

SECTION 2
AVERTISSEMENTS SUR L'ACTION PUBLIQUE – INSCRIPTION AU FIJAIS

733.31 Avertissement en matière d'inscription au Fijais. Lorsque la personne est présente à l'audience, l'information relative à son inscription dans le fichier des auteurs d'infractions sexuelles ou violentes et la notification de ses obligations et la notification de ses obligations sont faites par le président de la juridiction ou le greffier ou l'agent du greffe qu'il désigne. Toutefois, il n'est pas procédé lors de l'audience à la notification de ses obligations à la personne placée ou maintenue en détention en application de la condamnation justifiant son inscription au fichier. Dans ce cas c'est le greffe de l'établissement pénitentiaire qui procédera à ces formalités.

À défaut, la notification est faite par le procureur de la République, ou par un agent placé sous son autorité ou un délégué du procureur de la République désignés par lui, ou par lettre recommandée avec demande d'avis de réception. S'il apparaît que l'adresse de la personne est inconnue, le procureur de la République fait inscrire cette personne au fichier des personnes recherchées[4].

SECTION 3
AVERTISSEMENTS SUR L'ACTION PUBLIQUE – AUTRES AVIS

733.41 Avertissement quant à une éventuelle récidive et ses conséquences. En suite de la suppression par la loi du 15 août 2014, des termes « commise en état de récidive légale » dans l'article 132-20-1 du code pénal, le président, n'a plus à avertir le condamné présent des conséquences qu'entraînerait pour lui une condamnation pour une nouvelle infraction commise en état de récidive légale.

L'avis doit simplement, en vertu du même texte, relever que le prévenu a été avisé des conséquences qu'entraînerait « une condamnation pour une nouvelle infraction ». Cet avis semble pouvoir n'être que verbal.

733.42 Avertissement non prévu par la loi : les voies de recours. Tous les jugements correctionnels, qui sont rendus en premier ressort, sont susceptibles de faire l'objet de la voie de recours ordinaire qu'est l'appel.

Le plus étonnant de ce « dispositif » du jugement correctionnel, est qu'il ne prévoit aucunement que le prévenu et les parties civiles soient avisés des conditions dans lesquelles ils peuvent relever appel de la décision. Certes en présence d'avocats, ces professionnels informeront leurs clients. Mais pour les prévenus non assistés, il y a là une curieuse lacune dans notre droit.

1. Il sera à nouveau renvoyé à l'ouvrage de L. Ascensi, *Droit et pratique des saisies et confiscations pénales*, 3e éd., « Dalloz référence », 2023.
2. V. ss nos 716.82 s., 716.291 s.
3. Crim. 30 juin 2021, no 20-81.724, NP.
4. C. pr. pén., art. R. 53-8-9 mod. par Décr. no 2021-682, 27 mai 2021, *JO* 30 mai, no 24.

La jurisprudence a déjà jugé en matière d'instruction, qu'aucune disposition légale n'impose que les conditions de forme et de délai de l'appel soient portées à la connaissance de la personne concernée[1], tandis qu'elle a dit par ailleurs sur les décisions de fond, hormis le cas où le jugement signifié a été rendu par itératif défaut, aucune disposition légale ou conventionnelle n'exige que les modalités d'exercice du droit d'appel soient portées à la connaissance de la personne concernée[2], dès lors que l'absence d'information donnée par le tribunal sur le point de départ et le délai d'appel ne prive pas le prévenu de la faculté d'exercer un recours effectif[3],

Il peut être néanmoins de bonne pratique de préciser oralement à l'audience la possibilité d'un appel sur la décision, en particulier pour « désamorcer » le mécontentement d'un prévenu ou d'une partie civile sur le contenu d'un délibéré, et éviter toute relance d'un débat sur le jugement qui n'a plus lieu d'être devant la juridiction de première instance une fois son délibéré vidé.

Par l'admission d'une curieuse distorsion entre les décisions civiles et les décisions pénales, la chambre criminelle a même pu écrire, dans une décision déjà ancienne, que les dispositions du code de procédure civile concernant l'indication, dans les exploits de signification, des voies de recours possibles et du délai dans lequel celles-ci peuvent être exercées, sont étrangères à la procédure pénale. Seules les prescriptions combinées des articles 488, 550 et suivants du code de procédure pénale sont applicables[4].

Tout président d'audience sait pourtant combien l'annonce de la possibilité « de faire appel » est de nature à calmer un certain nombre de prévenus qui ne comprennent ou ne veulent pas comprendre, la déclaration de culpabilité qui vient de tomber et plus souvent encore, la nature ou le *quantum* de la peine infligée.

Il semble pouvoir être recommandé, notamment dans les procès difficiles, de donner cette information à l'issue de la lecture de la décision, aussi bien d'ailleurs à destination des prévenus récalcitrants, que par égard pour les victimes qui doivent savoir que le caractère définitif de la décision les concernant n'est pas nécessairement acquis.

733.43 Non-transmission de deux QPC. Aux questions : « L'article 485, alinéa 3, du code de procédure pénale, en ce qu'il n'impose pas, en matière correctionnelle, qu'après lecture du jugement de condamnation, le prévenu présent, non assisté d'un avocat, soit informé du délai pour interjeter appel, et le prive d'une garantie reconnue à l'accusé par l'article 370 du code de procédure pénale, est-il contraire au double degré de juridiction, au droit à un recours juridictionnel effectif, au droit à un procès équitable garantissant l'équilibre des droits des parties et au principe d'égalité devant la justice constitutionnellement garantis par les articles 6 et 16 de la Déclaration des droits de l'Homme et du citoyen de 1789 et 34 de la Constitution ? » ;

Et : « L'article 498 du code de procédure pénale, en ce qu'il prévoit que le délai d'appel de dix jours court à compter du prononcé du jugement contradictoire, sans imposer que le prévenu soit informé, au moment du prononcé, du délai pour interjeter appel, alors même qu'il n'aurait pas été assisté d'un avocat, et le prive d'une garantie reconnue à l'accusé par l'article 370 du code de procédure pénale, est-il contraire au double degré de juridiction, au droit à un recours juridictionnel effectif, au droit à un procès équitable garantissant l'équilibre des droits des parties et au principe d'égalité devant la justice constitutionnellement garantis par les articles 6 et 16 de la Déclaration des droits de l'Homme et du citoyen de 1789 et 34 de la Constitution ? » ; la chambre criminelle a répondu qu'elles n'étaient pas nouvelles et ne présentaient pas, à l'évidence, un caractère sérieux en ce que les dispositions légales critiquées ne privent pas le prévenu de la faculté d'exercer un recours effectif devant la cour d'appel et qu'il n'est porté aucune atteinte aux droits de la défense dès lors que l'intéressé a toujours pu se faire assister par un avocat, notamment en application de l'article 417, alinéa 2, du code de procédure pénale[5]. On peut juger l'argumentation un peu spécieuse dès lors que le prévenu a aussi parfaitement le droit de ne pas se faire assister...

SECTION 4
DÉCISIONS ET AVIS SUR L'ACTION CIVILE

733.51 Possible prononcé de l'exécution provisoire des dispositions civiles. Le tribunal peut ordonner le versement provisoire, en tout ou partie, des dommages-intérêts alloués[6]. En réalité les hypothèses sont ici plurielles. Soit le tribunal n'a pas encore liquidé le préjudice, mais il estime qu'une provision peut raisonnablement être allouée et il conviendra qu'il la fixe alors avec suffisamment de maîtrise pour éviter qu'elle ait à être remboursée en cas d'évaluation du préjudice total à une somme moin-

1. Crim. 24 mai 2011, n° 10-87.892, P n° 103.
2. Crim. 2 mai 2002, n° 01-85.766, NP.
3. Crim. 20 mai 2015, n° 14-80.171, NP.
4. Crim. 30 juin 1976, n° 75-91.701, P n° 237.
5. Crim. 6 août 2014, n° 14-80.171, NP.
6. C. pr. pén., art. 464, al. 2.

dre, soit il aura déjà évalué la globalité du préjudice dont il décidera d'accorder le paiement en tout ou partie « nonobstant appel ou opposition ».

733.52 Possible renvoi sur intérêts civils. Dans la plupart des hypothèses, le tribunal renverra cependant à l'audience sur intérêts civils, au cours de laquelle un juge seul statuera sur les différents chefs de demande. Cette solution s'impose d'ailleurs non seulement lorsqu'une expertise est prescrite, mais encore lorsque des pièces sont produites *in extremis* à l'audience, ou lorsque manquent des justificatifs ou lorsque d'une manière générale, aucun débat contradictoire n'a pu s'engager suffisamment devant la juridiction correctionnelle sur la nature et le montant des sommes réclamées.

733.53 Problématique des frais engagés par la partie civile. Le tribunal condamne l'auteur de l'infraction ou la personne condamnée civilement en application de l'article 470-1 du code de procédure pénale à payer à la partie civile la somme qu'il détermine, au titre des frais non payés par l'État et exposés par celle-ci. Le tribunal tient compte de l'équité ou de la situation économique de la partie condamnée. Il peut, même d'office, pour des raisons tirées des mêmes considérations, dire qu'il n'y a pas lieu à cette condamnation.

Les dispositions du présent article sont également applicables aux organismes tiers payeurs intervenant à l'instance[1].

Ce dispositif a été validé par le Conseil constitutionnel saisi d'une QPC[2] qui a en revanche déclaré non-conforme à la Constitution la première version de l'article 800-2 du code de procédure pénale, aux motifs que : « Lorsque l'action publique a été mise en mouvement par la partie civile, les dispositions de l'article 800-2 réservent à la personne poursuivie qui a fait l'objet d'un non-lieu, d'une relaxe ou d'un acquittement la possibilité de demander une indemnité au titre des frais exposés pour sa défense ; qu'en revanche, elles privent de la faculté d'obtenir le remboursement de tels frais l'ensemble des parties appelées au procès pénal qui, pour un autre motif, n'ont fait l'objet d'aucune condamnation ; que, dans ces conditions, les dispositions de l'article 800-2 du code de procédure pénale portent atteinte à l'équilibre du droit des parties dans le procès pénal ; que, par suite, elles sont contraires à la Constitution ».

En l'état actuel des textes, qui ne concernent que les juges du fond, et ne sont donc pas applicables devant la Cour de cassation[3], la partie civile peut donc demander la condamnation du prévenu à lui payer le montant des frais qu'elle a engagés pour sa défense et qui ne sont pas pris en charge par l'État.

L'article 475-1 du code de procédure pénale ne saurait en revanche permettre à la juridiction correctionnelle de condamner le civilement responsable à verser à la partie civile une somme correspondant aux frais non recouvrables qu'elle a dû exposer[4].

Les sommes allouées à la partie civile au titre de l'article 475-1 du code de procédure pénale ne sont pas des dommages-intérêts et ne sont donc pas soumises aux dispositions des articles 47 et 50 de la loi du 25 janvier 1985. Justifie sa décision la cour d'appel qui condamne le prévenu, déclaré responsable d'une infraction, en état de liquidation judiciaire, à payer ces mêmes sommes à la partie civile sur le fondement de l'article 475-1 du code précité[5].

Aucune disposition légale ne permet d'exclure *a priori* le bénéfice de l'article 475-1 pour les personnes morales, les institutionnels ou encore dépositaires de l'autorité publique victimes, même assistées par leur administration d'origine, notamment les secrétariats généraux pour l'administration de la police (SGAP).

733.54 Avertissements à donner aux victimes – Possibilité de saisir la Civi. Lorsqu'une juridiction condamne l'auteur d'une infraction mentionnée aux articles 706-3 et 706-14 du code de procédure pénale à verser des dommages-intérêts à la partie civile, elle informe cette dernière de la possibilité de saisir la commission d'indemnisation des victimes d'infraction[6].

La généralité de ce texte qui ne distingue pas selon les ressources dont peuvent bénéficier les victimes et qui sont une condition de recevabilité de leur action devant la Civi dans un certain nombre d'hypothèses[7], nécessite que l'avis en question soit donné de manière systématique, mais qu'il soit tempéré par le président d'audience afin de ne pas susciter chez un certain nombre de plaignants des espoirs qui ne peuvent qu'être déçus.

Peut être proposée une formulation comme :

« Dit que la partie civile présente (ou représentée), a été avisée, conformément aux dispositions de l'article 706-15 du code de procédure pénale, de la possibilité de saisir (le cas échéant, sous certaines

1. C. pr. pén., art. 475-1.
2. Cons. const. 21 oct. 2011, n° 2011-190 QPC, art., non-conforme 800-2, conforme 475-1 du C. pr. pén., *frais irrépétibles devant les juridictions pénales,* NON-CONFORMITÉ PARTIELLE – EFFET DIFFÉRÉ, *JO* 22 oct., p. 17969 ; *Rec.*, p. 522 ; *D.* 2012. 1638, obs. V. Bernaud et N. Jacquinot ; *AJ pénal* 2012. 168, obs. J.-B. Perrier.
3. Crim. 3 mars 1993, n° 92-83.293, P n° 96.
4. Crim. 12 oct. 1982, n° 81-94.489, P n° 212.
5. Crim. 15 janv. 1998, n° 96-85.526, P n° 20.
6. C. pr. pén., art. 706-15.
7. C. pr. pén., art. 706-14.

conditions) la commission d'indemnisation des victimes dans le délai d'un an à compter du présent avis ou la partie civile absente n'a pu recevoir à l'audience l'avis prévu par l'article 706-15 du code de procédure pénale ou la partie civile absente au moment où la décision a été rendue n'a pu recevoir l'avis prévu par l'article 706-15 du code de procédure pénale ».

Le logiciel Cassiopée lui préférait initialement :

« Informe la partie civile de sa possibilité de saisir la commission d'indemnisation des victimes d'infractions du tribunal judiciaire de......... pour obtenir une indemnisation sous réserve des conditions prévues par les articles 706-3 et 706-14 du code de procédure pénale, dans le délai d'un an à compter du présent jugement ».

733.55 **Sarvi – Définition et avis.** Les articles 706-15-1 et 706-15-2 du code de procédure pénale sont relatifs au service d'aide au recouvrement des victimes d'infraction (Sarvi).

Toute personne physique qui, s'étant constituée partie civile, a bénéficié d'une décision définitive lui accordant des dommages et intérêts en réparation du préjudice qu'elle a subi du fait d'une infraction pénale, mais qui ne peut pas obtenir une indemnisation en application des articles 706-3 ou 706-14 du code de procédure pénale, peut solliciter une aide au recouvrement de ces dommages et intérêts ainsi que des sommes allouées en application des articles 375 ou 475-1 du même code.

Cette aide peut être sollicitée y compris si l'auteur de l'infraction fait l'objet d'une obligation d'indemnisation de la victime dans le cadre d'une peine de sanction-réparation, d'un sursis avec mise à l'épreuve ou d'une décision d'aménagement de peine ou de libération conditionnelle[1].

En l'absence de paiement volontaire des dommages et intérêts ainsi que des sommes allouées en application des articles 375 ou 475-1 par la personne condamnée dans un délai de deux mois suivant le jour où la décision concernant les dommages et intérêts est devenue définitive, la partie civile peut saisir le Fonds de garantie des victimes des actes de terrorisme et d'autres infractions d'une demande d'aide au recouvrement.

À peine de forclusion, la demande d'aide au recouvrement doit être présentée dans le délai d'un an à compter du jour où la décision est devenue définitive. Toutefois, le Fonds de garantie peut relever la victime de la forclusion pour tout motif légitime. En cas de refus opposé par le fonds, la victime peut être relevée de la forclusion par le président du tribunal judiciaire statuant par ordonnance sur requête. À peine d'irrecevabilité, la requête est présentée dans le mois suivant la décision de refus.

La victime est tenue de communiquer au fonds tout renseignement de nature à faciliter le recouvrement de créance.

Agissant seule ou conjointement avec le débiteur, la victime peut renoncer à l'assistance au recouvrement. Toutefois, les frais de gestion et les frais de recouvrement exposés par le Fonds demeurent exigibles[2].

En cas de condamnation à des dommages et intérêts, lorsque les articles 706-15-1 et 706-15-2 sont applicables, la personne condamnée présente à l'issue de l'audience est informée qu'en l'absence de paiement volontaire dans un délai de deux mois à compter du jour où la décision sera devenue définitive, le recouvrement pourra, si la victime le demande, être exercé par le Fonds de garantie des victimes des actes de terrorisme et d'autres infractions et qu'une majoration des dommages et intérêts, permettant de couvrir les dépenses engagées par le fonds au titre de sa mission d'aide, sera perçue par le fonds, en sus des frais d'exécution éventuels, dans les conditions déterminées à l'article L. 422-9 du code des assurances[3].

Il peut être suggéré une formulation comme suit :

« Informe les parties civiles des conditions dans lesquelles elles peuvent saisir la Civi dans un délai d'un an du présent jugement, et si elles ne sont pas éligibles à la Civi, de leur possibilité de saisir le Sarvi, si le prévenu ne procède pas au paiement des dommages-intérêts auxquels il a été condamné dans le délai de 2 mois à compter du jour où la décision est devenue définitive ».

Initialement le logiciel Cassiopée mentionnait :

« Informe la partie civile de sa possibilité de saisir le Service d'aide au recouvrement des victimes d'infractions pour obtenir une indemnisation sous réserve des conditions prévues par les articles 706-15-1 et suivants du code de procédure pénale, dans le délai débutant 2 mois après que le présent jugement soit devenu définitif et s'achevant un an après cette date ».

733.56 **Sarvi – Fonctionnement.** Dans un délai de deux mois à compter de la réception de la demande d'aide au recouvrement formulée en application de l'article 706-15-1 du code de procédure pénale, le Fonds de garantie accorde à la partie civile le paiement intégral des dommages et intérêts et des sommes allouées en application des articles 375 ou 475-1 du même code si leur montant total est inférieur ou égal à 1 000 euros.

1. C. pr. pén., art. 706-15-1.
2. C. pr. pén., art. 706-15-2.
3. C. pr. pén., art. 474-1.

Si le montant total des dommages et intérêts et des sommes allouées en application des articles 375 ou 475-1 du même code est supérieur à 1 000 euros, le fonds accorde dans le même délai une provision correspondant à 30 % du montant desdits dommages et intérêts et sommes dans la limite d'un plafond de 3 000 euros. Toutefois, le montant de cette provision ne peut pas être inférieur à 1 000 euros.

Le Fonds de garantie est subrogé dans les droits de la victime dans les conditions prévues par le premier alinéa de l'article 706-11 du même code. Pour les sommes à recouvrer supérieures à la provision versée, le Fonds de garantie dispose d'un mandat[1].

Le Fonds de garantie peut exercer toutes voies de droit utiles pour obtenir des personnes responsables du dommage causé par l'infraction ou tenues à un titre quelconque d'en assurer la réparation totale ou partielle le paiement des dommages et intérêts et des sommes allouées en application des articles 375 ou 475-1 du code de procédure pénale.

Le Fonds de garantie peut se faire communiquer les renseignements nécessaires à l'exercice de sa mission d'aide au recouvrement dans les conditions prévues par le dernier alinéa de l'article 706-11 du même code[2].

Les sommes à recouvrer par le Fonds de garantie sont majorées d'une pénalité, au titre des frais de gestion, égale à un pourcentage des dommages et intérêts et des sommes allouées en application des articles 375 ou 475-1 du code de procédure pénale. Ce pourcentage est fixé par arrêté du ministre chargé des assurances.

Lorsque l'auteur de l'infraction a fait l'objet d'une obligation d'indemnisation de la victime dans le cadre d'une peine de sanction-réparation, d'un sursis avec mise à l'épreuve ou d'une décision d'aménagement de peine ou de libération conditionnelle, la partie de la somme recouvrée sous le contrôle du procureur de la République ou du juge de l'application des peines et dans le respect des conditions fixées par ce dernier ou par son délégué ne sera assortie d'aucune pénalité au titre des frais de gestion.

Le fonds recouvre par ailleurs les frais d'exécution éventuellement exposés[3].

1. C. assur., art. L. 422-7.

2. C. assur., art. L. 422-8.
3. C. assur., art. L. 422-9.

CHAPITRE

734. Volonté d'une mise en œuvre immédiate – Rôle du BEX

SECTION 0
ORIENTEUR

734.00 Sommaire du chapitre.

734.01 Principaux textes applicables.

TEXTES SOURCES

• C. pr. pén., art. 462 à 472, 474, 474-1, 475-1, 478 à 482, 484 à 486

TEXTE *IN EXTENSO*

• **CGI, art. 1018 A**

* V. s^s n° 731.01.

SECTION UNIQUE
VOLONTÉ D'UNE MISE EN ŒUVRE IMMÉDIATE – RÔLE DU BUREAU DE L'EXÉCUTION DES PEINES (BEX)

734.11 Origine. Dans le souci d'une prise en charge immédiate des personnes condamnées, dès le prononcé du jugement les concernant, sans attendre que le jugement soit mis en forme, les pièces d'exécution établies et adressées aux services compétents, l'expérimentation des bureaux de l'exécution ou BEX, c'est-à-dire des bureaux de l'exécution des peines, a débuté en 2004. Depuis janvier 2007, le dispositif est censé avoir été généralisé, tant au niveau des tribunaux que des chambres correctionnelles.

La loi du 15 août 2014 [1], a toutefois prévu, un an après sa promulgation, le rétablissement comme suit de l'article 709-1 du code de procédure pénale : « Dans chaque tribunal de grande instance et dans chaque cour d'appel, il est institué un bureau de l'exécution des peines, dont la composition, les missions et les modalités de fonctionnement sont précisées par décret.

Ce bureau est notamment chargé de remettre à toute personne condamnée présente à l'issue de l'audience du tribunal correctionnel un relevé de condamnation pénale mentionnant les peines qui ont été prononcées ».

734.12 Définition. Aux termes d'un guide pratique édité par la DSJ et la sous-direction des greffes en mars 2006, les bureaux de l'exécution des peines constituent « les postes avancés au service de l'exécution des peines, un circuit court entre le prononcé des peines et leur exécution ». L'expression a été reprise dans le *Guide des bonnes pratiques entre le BEX, le Service de l'application des peines (SAP) et le Service pénitentiaire d'insertion et de probation (Spip)*, édité en juillet 2007.

Leur généralisation à l'ensemble des TGI aurait dû être complètement réalisée au 31 décembre 2006, mais on peut relever qu'à l'occasion de la discussion de la loi du 27 mars 2012 [2] : « Toutefois, en fonction des moyens humains disponibles dans les juridictions, le fonctionnement des BEX est le plus souvent limité à une partie des audiences,

1. L. n° 2014-896 relative à l'individualisation des peines et renforçant l'efficacité des sanctions pénales, *JO* 17 août, p. 13647, art. 4.
2. L. n° 2012-409, 27 mars 2012 de programmation relative à l'exécution des peines, la nécessité de les développer notamment quant aux horaires d'ouverture était encore soulignée, ann., I, B, 3°, *JO* 28 mars, p. 5592.

principalement les audiences correctionnelles à juge unique, les comparutions sur reconnaissance préalable de culpabilité et la notification des ordonnances pénales. La possibilité d'assurer une exécution rapide et effective des peines prononcées renforcera la confiance de la population dans le fonctionnement efficace de la justice. Il est donc essentiel de généraliser les bureaux de l'exécution des peines (pour les majeurs comme pour les mineurs) à toutes les juridictions, y compris au sein des cours d'appel, et à toutes les audiences en élargissant leurs plages horaires d'ouverture.

À ce titre, les besoins des juridictions sont évalués à 207 emplois de greffiers et d'agents de catégorie C. Des travaux seront également nécessaires dans certaines juridictions pour aménager les bureaux d'exécution des peines et leur permettre d'abriter les permanences des éducateurs de la protection judiciaire de la jeunesse. Des crédits d'investissement à hauteur de 15,4 M € sont programmés à ce titre ».

734.13 **Mission.** Le bureau de l'exécution des peines (BEX) a pour mission de lier prononcé de la condamnation et mise à exécution. Le condamné est invité dès sa sortie de l'audience à se présenter au BEX qui met en œuvre les premiers éléments d'exécution de la sentence : convocation devant le juge de l'application des peines ou/et le service pénitentiaire d'insertion et de probation, notification de la suspension ou de l'annulation d'un permis, notification des obligations résultant de l'inscription au Fijais, voire paiement immédiat de l'amende et des droits fixes de procédure...

Ainsi, le code de procédure pénale précise-t-il que lorsque la condamnation est rendue en présence du prévenu et que celui-ci n'est pas incarcéré, un greffier peut être chargé de recevoir ce dernier à l'issue de l'audience, le cas échéant en présence de son avocat, pour lui expliquer la décision dont il a fait l'objet. Il peut également à cette occasion :

1° Lui délivrer une convocation devant le juge de l'application des peines et le cas échéant devant le service pénitentiaire d'insertion et de probation, en cas de condamnation à une peine d'emprisonnement ferme pour laquelle la détention restant à subir est inférieure ou égale à un an conformément aux dispositions du premier alinéa de l'article 474, sauf s'il a été décerné un mandat de dépôt à effet différé ;

2° Lui délivrer une convocation devant le service pénitentiaire d'insertion et de probation en cas de condamnation à une peine d'emprisonnement assorti du sursis probatoire, ou à une peine de travail d'intérêt général, conformément aux dispositions du troisième alinéa de l'article 474 ; toutefois, en raison de la peine prononcée ou de la personnalité du condamné, celui-ci peut être convoqué devant le juge de l'application des peines ;

3° Lui préciser les modalités pratiques selon lesquelles il peut s'acquitter du paiement de l'amende, en cas de condamnation à une peine amende ou une peine de jours-amende après l'avoir le cas échéant avisé de la diminution de 20 % de l'amende en cas de paiement volontaire dans le délai d'un mois, sans que ce paiement fasse obstacle à l'exercice des voies de recours, si les avis prévus par l'article 707-3 n'ont pas été délivrés au condamné par le président ou le greffier de la juridiction ;

4° Lui délivrer une convocation devant le service chargé de mettre en œuvre cette sanction en cas de condamnation à la peine de stage de sensibilisation à la sécurité routière ou la peine de stage.

5° Lui délivrer une convocation devant le procureur de la République lorsque le tribunal a prononcé un mandat de dépôt à effet différé en application du 3° du I ou en application du III de l'article 464-2, sauf lorsque la date d'incarcération a été donnée au condamné à l'issue de l'audience ;

6° Lui délivrer une convocation devant le service pénitentiaire d'insertion et de probation et, s'il y a lieu, devant le juge de l'application des peines en application des articles D. 49-84 et D. 49-85 pour la mise à exécution de la peine de détention à domicile sous surveillance électronique ;

7° Lui délivrer une convocation devant le service pénitentiaire d'insertion et de probation et devant le juge de l'application des peines pour la mise en œuvre de la mesure d'aménagement de peine décidée par le tribunal en application des articles 132-25 et 132-26 du code pénal.

Pour la mise en œuvre des dispositions du présent article, le juge de l'application des peines ou son greffier ainsi que le directeur du service pénitentiaire d'insertion et de probation communiquent préalablement au bureau de l'exécution des peines les dates auxquelles les condamnés peuvent être convoqués devant ce magistrat ou ce service.

Si le condamné réside dans un autre ressort que celui de la juridiction ayant prononcé la condamnation, les convocations prévues aux 1°, 2°, 6° et 7° du présent article sont délivrées par le juge de l'application des peines territorialement compétent conformément aux dispositions de l'article D. 147-10.

Le non-respect des délais d'un mois et de quarante-cinq jours prévus par l'article 474 ne constitue pas une cause de nullité des convocations du condamné devant le juge de l'application des peines ou devant le service pénitentiaire d'insertion et de probation[1].

1. C. pr. pén., art. D. 48-2 ; mod. par décr. n° 2020-81, 3 févr. 2020, art. 3, *JO* 4 févr. 2020, n° 1.

Lorsque les convocations prévues par les 1°, 2°, 4° et 5° de l'article D. 48-2 n'ont pas été remises à la personne condamnée à l'issue de l'audience ou par le bureau de l'exécution des peines, ces convocations lui sont adressées ultérieurement dans les meilleurs délais et par tout moyen[1].

734.14 Articulation parquet, juge de l'application des peines, services pénitentiaires. Pour l'application des dispositions du 1° de l'article D. 48-2 du code de procédure pénale, le juge de l'application des peines indique au procureur de la République, en concertation avec le directeur du service pénitentiaire d'insertion et de probation, et en regard de l'organisation de ce service et de celui de l'application des peines, s'il souhaite que, de manière générale, les personnes soient convoquées :

1° En premier lieu devant le juge de l'application des peines, puis devant le service pénitentiaire d'insertion et de probation ;

2° En premier lieu devant le service pénitentiaire d'insertion et de probation, puis devant le juge de l'application des peines ;

3° Devant le seul juge de l'application des peines, la convocation devant le service pénitentiaire d'insertion et de probation étant le cas échéant faite, par ce juge, après la présentation du condamné devant lui.

Dans les cas prévus par le 1° et le 2°, le ministère public informe en même temps de la décision de condamnation le juge de l'application des peines et le service pénitentiaire d'insertion et de probation.

Pour la détermination de l'ordre des convocations, il peut être distingué selon le *quantum* des peines prononcées, la nature des faits et les antécédents du condamné[2].

734.15 Déroulement de la procédure. Il est possible de distinguer six phases : l'acheminement du dossier, l'accueil du public, l'enregistrement du dispositif et l'édition du relevé de condamnation, l'information du condamné, l'exécution immédiate sous réserve de l'accord du condamné, la transmission finale des relevés de condamnations pénales (RCP) aux différents services concernés : comptable du trésor, greffe correctionnel, service de l'exécution des peines, JAP et SPIP ou association habilitée...

Un tel dispositif suppose à l'évidence de fortes concertations entre le parquet, le service de l'application des peines et le SPIP, de même que la définition de principes forts dans les relations que ces différents acteurs peuvent avoir avec les partenaires de l'institution : Barreau, associations intervenant dans le champ judiciaire, services de police et de gendarmerie, Trésorerie...

734.16 Difficultés. La principale difficulté des BEX résulte de l'absence de personnels suffisants et en particulier aux heures où se tiennent ou bien se prolongent des audiences pénales, la plupart du temps lourdement composées. Le BEX fait encore trop souvent l'objet de suppression de personnels lors de l'absence de greffier dans un autre service jugé prioritaire.

L'ouverture du BEX jusqu'à 18 heures, ne tient compte ni du fait qu'un certain nombre de délibérés de dossiers évoqués précédemment ne seront rendus qu'après cette heure, ni de la prolongation de l'audience.

La couverture du poste par un seul fonctionnaire ne lui permet pas de recevoir l'affluence de prévenus jugés dans différents dossiers dont les délibérés ont été rendus simultanément (et le tribunal ne peut s'interrompre pour délibérer après chaque dossier), ni plusieurs prévenus d'une même affaire. De fait, l'intervention du BEX est souvent limitée dans les dossiers les plus lourds ce qui demeure paradoxal.

Trop peu de permanences conjointes sont organisées au sein des BEX entre fonctionnaires des services judiciaires, conseillers pénitentiaires d'insertion et de probation, voire membres d'une association d'aide aux victimes. Les locaux sont généralement peu adaptés.

La saisine du BEX à partir de dossiers le plus souvent vides ou incomplets, ne comprenant ni B1, ni copie d'éventuelles expertises ou d'enquête de personnalité, ni résumé des faits n'est ni satisfaisante, ni efficace.

Le dispositif actuel, ne répond qu'imparfaitement à la prise en charge immédiate des condamnés lorsqu'ils ne demeurent plus dans le ressort du tribunal prononçant la condamnation.

Enfin des complications ont pu naître sur la notion même de saisine du service pénitentiaire d'insertion et de probation dès le prononcé de la sanction et le passage au BEX, et des précisions devraient être données sur ce point[3].

734.17 Difficultés des accueils collectifs. Dans certaines juridictions, un accueil collectif des sortants d'audiences a été mis en place par les SPIP afin que les personnes soient informées de la nature et des missions de ce service, sur la peine prononcée et le mode de prise en charge. Cette modalité, intéressante dans l'efficacité immédiate qu'elle engendre

1. C. pr. pén., art. D 48-2-3, mod. par décr. n° 2020-81, 3 févr. 2020, art. 6, *JO* 4 févr. 2020, n° 1.
2. C. pr. pén., art. D. 48-2-1, créé par décr. n° 2010-1276, 27 oct. 2010, art. 2.
3. S. Dindo, « Sursis avec mise à l'épreuve : la peine méconnue. Une analyse des pratiques de la probation en France », DAP/bureau PMJ1, mai 2011, p. 69.

ne paraît pas transposable dans toutes les juridictions notamment les plus importantes en taille. Surtout, une circulaire est venue préciser qu'en aucun cas cet accueil collectif ne pouvait se substituer à l'accueil individuel qui doit être également assuré dans les meilleurs délais pour garantir une mise en œuvre effective de la prise en charge[1].

734.18 **Prospective.** Nous avions relevé en annexe de la loi de programmation relative à l'exécution des peines le développement suivant[2] : « Généraliser les bureaux de l'exécution des peines. Prévus à l'article D. 48-4 du code de procédure pénale, créé par le décret n° 2004-1364 du 13 décembre 2004 modifiant le code de procédure pénale et relatif à l'application des peines pris en application de la loi n° 2004-204 du 9 mars 2004 portant adaptation de la justice aux évolutions de la criminalité, les bureaux de l'exécution des peines (BEX) permettent la mise à exécution des peines dès la sortie de l'audience. Selon les peines prononcées, ils permettent le paiement de l'amende, le retrait du permis de conduire suspendu ou annulé et la remise d'une convocation devant le juge de l'application des peines ou le service pénitentiaire d'insertion et de probation. L'efficacité des BEX est reconnue. Toutefois, en fonction des moyens humains disponibles dans les juridictions, le fonctionnement des BEX est le plus souvent limité à une partie des audiences, principalement les audiences correctionnelles à juge unique, les comparutions sur reconnaissance préalable de culpabilité et la notification des ordonnances pénales.

La possibilité d'assurer une exécution rapide et effective des peines prononcées renforcera la confiance de la population dans le fonctionnement efficace de la justice. Il est donc essentiel de généraliser les BEX (pour les majeurs comme pour les mineurs) à toutes les juridictions, y compris au sein des cours d'appel, et à toutes les audiences, en élargissant leurs plages horaires d'ouverture. À ce titre, les besoins des juridictions sont évalués à 207 ETPT de greffiers et d'agents de catégorie C.

Des travaux seront également nécessaires dans certaines juridictions pour aménager les BEX et leur permettre d'abriter les permanences des éducateurs de la protection judiciaire de la jeunesse. Des crédits d'investissement à hauteur de 15,4 millions d'euros sont programmés à ce titre ».

Est-il nécessaire de dire que l'ensemble de ces besoins n'a pas été satisfait ?

734.19 **Prise en compte des victimes – Information.** Lorsqu'il n'existe pas de bureau d'aide aux victimes au sein de la juridiction et que la condamnation est rendue en présence de la partie civile, un greffier peut être chargé de recevoir cette dernière à l'issue de l'audience, assistée le cas échéant par son avocat, pour l'informer notamment des modalités pratiques lui permettant d'obtenir le paiement des dommages et intérêts qui lui ont été alloués et, s'il y a lieu, des démarches devant être effectuées pour saisir le service d'aide au recouvrement des victimes d'infractions ou la commission d'indemnisation des victimes d'infractions ainsi que du délai dans lequel elles doivent intervenir.

Le greffier informe également la partie civile de sa possibilité de saisir le juge délégué aux victimes[3]. Le plus étonnant ici demeure la mention de l'existence de ce juge qui n'a pratiquement aucune réalité dans la quasi-totalité des juridictions.

L'article D. 48-4 du code de procédure pénale qui prévoyait que ces dispositions, lorsqu'il n'existe pas de bureau d'aide aux victimes au sein de la juridiction, pouvaient être mises en œuvre dans le cadre du bureau de l'exécution des peines[4] ou du service d'accueil unique du justiciable (Sauj) mis progressivement en place dans chaque juridiction a été abrogé.

1. Circ. DAP, 19 mars 2008 relative aux missions et aux méthodes d'intervention des services pénitentiaires d'insertion et de probation, *BOMJ*, 30 avr. 2008, n° 4, NOR : JUSK0840001C.
2. L. n° 2012-409, 27 mars 2012 de programmation relative à l'application des peines, ann., I, B, 3°, *JO* 28 mars, p. 5592.
3. C. pr. pén., art. D. 48-3, mod. par Décr. n° 2014-1582, 23 déc. 2014, art. 18.
4. C. pr. pén., art. D. 48-4, mod. par Décr. n° 2012-681, 7 mai 2012, abrogé par Décr.n° 2014-1582, 23 déc. 2014.

LIVRE

8. LA DÉTENTION, LE CONTRÔLE JUDICIAIRE ET L'ASSIGNATION À RÉSIDENCE AVEC SURVEILLANCE ÉLECTRONIQUE

SECTION 0
ORIENTEUR

8.00 **Sommaire du livre.**

TITRE

81. La détention provisoire

SECTION 0

Orienteur

81.00 Sommaire du titre.

CHAPITRE

811. Tribunal correctionnel et détention provisoire : position de la question

SECTION 0
ORIENTEUR

811.00 **Sommaire du chapitre.**

811.01 **Principaux textes applicables.**

TEXTES SOURCES

• C. pr. pén., art. prélim., 115, 135-2, 137, 137-1-1, 139 à 141-2, 141-4, 142-5 à 142-12, 144, 145, 145-1, 145-4, 148 à 148-2, 148-6, 148-7, 149, 179, 186-5, 213, 469, 519, 706-45, 706-71, 706-113, 714, 716, 716-4, 718, 803, 803-7

• C. pr. pén., art. R. 57-5, R. 57-5-1, R. 57-5-2, R. 57-6-5, R. 57-8-7, R. 57-8-8, R. 57-8-16, R. 57-8-17, R. 57-8-21 à R. 57-8-23

• C. pr. pén., art. D. 32-1, D. 47-19, D. 403

• C. civ., art. 9-1

• DDHC, art. 9

• Conv. EDH, art. 5, § 3 et 6, § 2

• DUDH, art. 11-1

TEXTES *IN EXTENSO*

• **C. pr. pén., art. prélim.** [mod. par L. n° 2021-1729, 22 déc. 2021, art. 3]

I. – La procédure pénale doit être équitable et contradictoire et préserver l'équilibre des droits des parties.

Elle doit garantir la séparation des autorités chargées de l'action publique et des autorités de jugement.

Les personnes se trouvant dans des conditions semblables et poursuivies pour les mêmes infractions doivent être jugées selon les mêmes règles.

II. – L'autorité judiciaire veille à l'information et à la garantie des droits des victimes au cours de toute procédure pénale.

III. – Toute personne suspectée ou poursuivie est présumée innocente tant que sa culpabilité n'a pas été établie. Les atteintes à sa présomption d'innocence sont prévenues, réparées et réprimées dans les conditions prévues par la loi.

Elle a le droit d'être informée des charges retenues contre elle et d'être assistée d'un défenseur.

Si la personne suspectée ou poursuivie ne comprend pas la langue française, elle a droit, dans une langue qu'elle comprend et jusqu'au terme de la procédure, à l'assistance d'un interprète, y compris pour les entretiens avec son avocat ayant un lien direct avec tout interrogatoire ou toute audience, et, sauf renonciation expresse et éclairée de sa part, à la traduction des pièces essentielles à l'exercice de sa défense et à la garantie du caractère équitable du procès qui doivent, à ce titre, lui être remises ou notifiées en application du présent code.

Les mesures de contraintes dont la personne suspectée ou poursuivie peut faire l'objet sont prises sur décision ou sous le contrôle effectif de l'autorité judiciaire. Elles doivent être strictement limitées aux nécessités de la procédure, proportionnées à la gravité de l'infraction reprochée et ne pas porter atteinte à la dignité de la personne.

Il doit être définitivement statué sur l'accusation dont cette personne fait l'objet dans un délai raisonnable.

Au cours de la procédure pénale, les mesures portant atteinte à la vie privée d'une personne ne peuvent être prises, sur décision ou sous le contrôle effectif de l'autorité judiciaire, que si elles sont, au regard des circonstances de l'espèce, nécessaires à la manifestation de la vérité et proportionnées à la gravité de l'infraction.

Toute personne condamnée a le droit de faire examiner sa condamnation par une autre juridiction.

En matière criminelle et correctionnelle, aucune condamnation ne peut être prononcée contre une personne sur le seul fondement de déclarations qu'elle a faites sans avoir pu s'entretenir avec un avocat et être assistée par lui.

En matière de crime ou de délit, le droit de se taire sur les faits qui lui sont reprochés est notifié à toute personne suspectée ou poursuivie avant tout recueil de ses observations et avant tout interrogatoire, y compris pour obtenir des renseignements sur sa personnalité ou pour prononcer une mesure de sûreté, lors de sa première présentation devant un service d'enquête, un magistrat, une juridiction ou toute personne ou tout service mandaté par l'autorité judiciaire. Aucune condamnation ne peut être prononcée sur le seul fondement de déclarations faites sans que ledit droit ait été notifié.

Le respect du secret professionnel de la défense et du conseil, prévu à l'article 66-5 de la loi n° 71-1130 du 31 décembre 1971 portant réforme de certaines professions judiciaires et juridiques, est garanti au cours de la procédure pénale dans les conditions prévues par le présent code.

• **C. pr. pén., art. 115**

Les parties peuvent à tout moment de l'information faire connaître au juge d'instruction le nom de l'avocat choisi par elles ; si elles désignent plusieurs avocats, elles doivent faire connaître celui d'entre eux auquel seront adressées les convocations et notifications ; à défaut de ce choix, celles-ci seront adressées à l'avocat premier choisi.

Sauf lorsqu'il s'agit de la première désignation d'un avocat par une partie ou lorsque la désignation intervient au cours d'un interrogatoire ou d'une audition, le choix effectué par les parties en application de l'alinéa précédent doit faire l'objet d'une déclaration au greffier du juge d'instruction. La déclaration doit être constatée et datée par le greffier qui la signe ainsi que la partie concernée. Si celle-ci ne peut signer, il en est fait mention par le greffier. Lorsque la partie ne réside pas dans le ressort de la juridiction compétente, la déclaration au greffier peut être faite par lettre recommandée avec demande d'avis de réception.

Lorsque la personne mise en examen est détenue, le choix effectué par elle en application du premier alinéa peut également faire l'objet d'une déclaration auprès du chef de l'établissement pénitentiaire. Cette déclaration est constatée et datée par le chef de l'établissement qui la signe ainsi que la personne détenue. Si celle-ci ne peut signer, il en est fait mention par le chef de l'établissement. Ce document est adressé sans délai, en original ou en copie et par tout moyen, au greffier du juge d'instruction. La désignation de l'avocat prend effet à compter de la réception du document par le greffier.

Lorsque la personne mise en examen est détenue, le choix peut également résulter d'un courrier désignant un avocat pour assurer sa défense. La déclaration prévue au deuxième alinéa doit alors être faite par l'avocat désigné ; celui-ci remet au greffier une copie, complète ou partielle, du courrier qui lui a été adressé, et qui est annexée par le greffier à la déclaration. La personne mise en examen doit confirmer son choix dans les quinze jours selon l'une des modalités prévues aux deuxième et troisième alinéas. Pendant ce délai, la désignation est tenue pour effective.

• **C. pr. pén., art. 135-2** [mod. par Ord. n° 2019-964, 18 sept. 2019, art. 35]

Si la personne faisant l'objet d'un mandat d'arrêt est découverte après le règlement de l'information, il est procédé selon les dispositions du présent article.

Le procureur de la République du lieu de l'arrestation est avisé dès le début de la rétention de la personne par les services de police ou de gendarmerie. Pendant cette rétention, il est fait application de l'article 133-1. La rétention ne peut durer plus de vingt-quatre heures.

La personne est conduite dans les meilleurs délais et au plus tard dans les vingt-quatre heures de son arrestation devant le procureur de la République du tribunal judiciaire dans le ressort duquel siège la juridiction de jugement saisie des faits. Après avoir vérifié son identité et lui avoir notifié le mandat, ce magistrat la présente devant le juge des libertés et de la détention.

Le juge des libertés et de la détention peut, sur les réquisitions du procureur de la République, soit placer la personne sous contrôle judiciaire, soit ordonner son placement en détention provisoire jusqu'à sa comparution devant la juridiction de jugement, par ordonnance motivée conformément aux dispositions de l'article 144, rendue à l'issue d'un débat contradictoire organisé conformément aux dispositions des quatrième à neuvième alinéas de l'article 145. Si la personne est placée en détention, les délais prévus par les quatrième et cinquième alinéas de l'article 179 et par les huitième et neuvième alinéas de l'article 181 sont alors applicables et courent à compter de l'ordonnance de placement en détention. La décision du juge des libertés et de la détention peut faire, dans les dix jours de sa notification, l'objet d'un appel devant la chambre des appels correctionnels si la personne est renvoyée devant le tribunal correctionnel et devant la chambre de l'instruction si elle est renvoyée devant la cour d'assises.

Si la personne a été arrêtée à plus de deux cents kilomètres du siège de la juridiction de jugement et qu'il n'est pas possible de la conduire dans le délai de vingt-quatre heures devant le procureur de la République mentionné au troisième alinéa, elle est conduite devant le juge des libertés et de la détention du lieu de son arrestation, qui vérifie son identité, lui notifie le mandat et reçoit ses éventuelles déclarations après l'avoir avertie qu'elle est libre de ne pas en faire. Ce magistrat met alors le mandat à exécution en faisant conduire la personne à la maison d'arrêt et il en avise le procureur de la République du tribunal judiciaire dans le ressort duquel siège la juridiction de jugement. Celui-ci ordonne le transfèrement de la personne, qui doit comparaître devant lui dans les quatre jours de la notification du mandat ; ce délai est porté à six jours en cas de transfèrement entre un département d'outre-mer et la France métropolitaine ou un autre département d'outre-mer. Il est alors procédé conformément aux dispositions des troisième et quatrième alinéas. La comparution devant le procureur de la République et celle devant le juge des libertés et de la détention du tribunal judiciaire mentionnées au troisième alinéa peuvent aussi être réalisées, dans les délais précités, selon les modalités prévues à l'article 706-71, sauf si la personne le refuse ; la personne ne peut toutefois pas refuser le recours à ces modalités si son transport paraît devoir être évité en raison de risques graves de trouble à l'ordre public ou d'évasion. Il n'y a alors pas lieu d'ordonner le transfèrement de la personne.

La présentation devant le juge des libertés et de la détention prévue par le quatrième alinéa n'est pas nécessaire si, dans les délais prévus pour cette présentation, la personne peut comparaître devant la juridiction de jugement saisie des faits.

Les dispositions du présent article sont également applicables aux mandats d'arrêt délivrés après l'ordonnance de règlement. Elles ne sont toutefois pas applicables lorsque, postérieurement à la délivrance du mandat d'arrêt décerné au cours de l'instruction ou après son règlement, la personne a été condamnée à une peine privative de liberté, soit en matière correctionnelle par un jugement contradictoire ou réputé contradictoire, soit en matière criminelle par un arrêt rendu par défaut ; elles ne sont de même pas applicables lorsque le mandat a été délivré à la suite d'une telle condamnation. Dans ces cas, sans qu'il soit nécessaire de la présenter devant le juge des libertés et de la détention, la personne arrêtée est placée en détention provisoire jusqu'à l'expiration des délais de recours et, en cas de recours, jusqu'à sa comparution devant la juridiction de jugement, sans préjudice de son droit de former des demandes de mise en liberté.

• **C. pr. pén., art. 137**

La personne mise en examen, présumée innocente, reste libre. Toutefois, en raison des nécessités de l'instruction ou à titre de mesure de sûreté, elle peut être astreinte à une ou plusieurs obligations du contrôle judiciaire. Lorsque celles-ci se révèlent insuffisantes au regard de ces objectifs, elle peut, à titre exceptionnel, être placée en détention provisoire.

• **C. pr. pén., art. 137-1-1** [mod. par Ord. n° 2019-964, 18 sept. 2019, art. 35]

Le juge des libertés et de la détention peut être suppléé en cas de vacance d'emploi, d'absence ou d'empêchement, par un magistrat du siège du premier grade ou hors hiérarchie désigné par le président du tribunal judiciaire. En cas d'empêchement de ces magistrats, le président du tribunal judiciaire peut désigner un magistrat du second grade.

Pour l'organisation du service de fin de semaine ou du service allégé pendant la période au cours de laquelle les magistrats bénéficient de leurs congés annuels, le juge des libertés et de la détention d'un tribunal judiciaire peut être désigné afin d'exercer concurremment ces fonctions dans, au plus, deux autres tribunaux judiciaires du ressort de la cour d'appel ; cette désignation est décidée par ordonnance du premier président prise à la demande des présidents de ces juridictions et après avis du président du tribunal judiciaire concerné ; elle en précise le motif et la durée, ainsi que les tribunaux pour lesquels elle s'applique ; la durée totale d'exercice concurrent des fonctions de juge des libertés et de la détention dans plusieurs tribunaux judiciaires ne peut excéder quarante jours au cours de l'année judiciaire.

La désignation prévue à l'alinéa précédent peut également être ordonnée, selon les mêmes modalités et pour une durée totale, intermittente ou continue, qui ne peut excéder quarante jours, lorsque, pour cause de vacance d'emploi ou d'empêchement, aucun magistrat n'est susceptible, au sein d'une juridiction, d'exercer les fonctions de juge des libertés et de la détention.

• **C. pr. pén., art. 144**

La détention provisoire ne peut être ordonnée ou prolongée que s'il est démontré, au regard des éléments précis et circonstanciés résultant de la procédure, qu'elle constitue l'unique moyen de parvenir à l'un ou plusieurs des objectifs suivants et que ceux-ci ne sauraient être atteints en cas de placement sous contrôle judiciaire ou d'assignation à résidence avec surveillance électronique :

1° Conserver les preuves ou les indices matériels qui sont nécessaires à la manifestation de la vérité ;

2° Empêcher une pression sur les témoins ou les victimes ainsi que sur leur famille ;

3° Empêcher une concertation frauduleuse entre la personne mise en examen et ses coauteurs ou complices ;

4° Protéger la personne mise en examen ;

5° Garantir le maintien de la personne mise en examen à la disposition de la justice ;

6° Mettre fin à l'infraction ou prévenir son renouvellement ;

7° Mettre fin au trouble exceptionnel et persistant à l'ordre public provoqué par la gravité de l'infraction, les circonstances de sa commission ou l'importance du préjudice qu'elle a causé. Ce trouble ne peut résulter du seul retentissement médiatique de l'affaire. Toutefois, le présent alinéa n'est pas applicable en matière correctionnelle.

• **C. pr. pén., art. 144-1** [mod. par L. n° 2021-403, 8 avr. 2021, art. unique]

La détention provisoire ne peut excéder une durée raisonnable, au regard de la gravité des faits reprochés à la personne mise en examen et de la complexité des investigations nécessaires à la manifestation de la vérité.

Sans préjudice des dispositions de l'article 803-8 garantissant le droit de la personne d'être détenue dans des conditions respectant sa dignité, le juge d'instruction ou, s'il est saisi, le juge des libertés et de la détention doit ordonner la mise en liberté immédiate de la personne placée en détention provisoire, selon les modalités prévues à l'article 147, dès que les conditions prévues à l'article 144 et au présent article ne sont plus remplies.

• **C. pr. pén., art. 145** [mod. par L. n° 2021-1729, 22 déc. 2021, art. 14]

Le juge des libertés et de la détention saisi par une ordonnance du juge d'instruction tendant au placement en détention de la personne mise en examen fait comparaître cette personne devant lui, assistée de son avocat si celui-ci a déjà été désigné, et procède conformément aux dispositions du présent article.

Au vu des éléments du dossier et après avoir, s'il l'estime utile, recueilli les observations de l'intéressé, ce magistrat fait connaître à la personne mise en examen s'il envisage de la placer en détention provisoire.

S'il n'envisage pas de la placer en détention provisoire, ce magistrat, après avoir le cas échéant ordonné le placement de la personne sous contrôle judiciaire, procède conformément aux deux derniers alinéas de l'article 116 relatifs à la déclaration d'adresse.

S'il envisage d'ordonner la détention provisoire de la personne, il l'informe que sa décision ne pourra intervenir qu'à l'issue d'un débat contradictoire et qu'elle a le droit de demander un délai pour préparer sa défense.

Si cette personne n'est pas déjà assistée d'un avocat, le juge l'avise qu'elle sera défendue lors du débat par un avocat de son choix ou, si elle ne choisit pas d'avocat, par un avocat commis d'office. L'avocat choisi ou, dans le cas d'une commission d'office, le bâtonnier de l'ordre des avocats en est avisé par tout moyen et sans délai. Si l'avocat choisi ne peut se déplacer, il est remplacé par un avocat commis d'office. Mention de ces formalités est faite au procès-verbal.

Le juge des libertés et de la détention statue après un débat contradictoire au cours duquel il entend le ministère public qui développe ses réquisitions prises conformément au troisième alinéa de l'article 82 puis les observations de la personne mise en examen et, le cas échéant, celles de son avocat. Si la personne mise en examen à laquelle a été notifié son droit de se taire sur les faits qui lui sont reprochés est majeure, le débat contradictoire a lieu et le juge statue en audience publique. Toutefois, le ministère public, la personne mise en examen ou son avocat peuvent s'opposer à cette publicité si l'enquête porte sur des faits mentionnés aux articles 706-73 et 706-73-1 ou si celle-ci est de nature à entraver les investigations spécifiques nécessitées par l'instruction, à porter atteinte à la présomption d'innocence ou à la sérénité des débats ou à nuire à la dignité de la personne ou aux intérêts d'un tiers. Le juge statue sur cette opposition en audience de cabinet par ordonnance motivée, après avoir recueilli les observations du ministère public, de la personne mise en examen et de son avocat. S'il fait droit à cette opposition ou si la personne mise en examen est mineure, le débat a lieu et le juge statue en audience de cabinet.

Toutefois, le juge des libertés et de la détention ne peut ordonner immédiatement le placement en détention lorsque la personne mise en examen ou son avocat sollicite un délai pour préparer sa défense.

Dans ce cas, il peut, au moyen d'une ordonnance motivée par référence aux dispositions de l'alinéa précédent et non susceptible d'appel, prescrire l'incarcération de la personne pour une durée déterminée qui ne peut en aucun cas excéder quatre jours ouvrables. Dans ce délai, il fait comparaître à nouveau la personne et, que celle-ci soit ou non assistée d'un avocat, procède comme il est dit au sixième alinéa. S'il n'ordonne pas le placement de la personne en détention provisoire, celle-ci est mise en liberté d'office.

Pour permettre au juge d'instruction de procéder à des vérifications relatives à la situation personnelle du mis en examen ou aux faits qui lui sont reprochés, lorsque ces vérifications sont susceptibles de permettre le placement de l'intéressé sous contrôle judiciaire ou sous assignation à résidence avec surveillance électronique, le juge des libertés et de la détention peut également décider d'office de prescrire par ordonnance motivée l'incarcération provisoire du mis en examen pendant une durée déterminée qui ne saurait excéder quatre jours ouvrables jusqu'à la tenue du débat contradictoire. A défaut de débat dans ce délai, la personne est mise en liberté d'office. L'ordonnance mentionnée au présent alinéa peut faire l'objet du recours prévu à l'article 187-1.

L'incarcération provisoire est, le cas échéant, imputée sur la durée de la détention provisoire pour l'application des articles 145-1 et 145-2. Elle est assimilée à une détention provisoire au sens de l'article 149 du présent code et de l'article 24 du code pénal (article abrogé, cf. article 716-4 du code de procédure pénale).

• **C. pr. pén., art. 145-1** [mod. par L. n° 2016-731, 3 juin 2016, art. 7]

En matière correctionnelle, la détention provisoire ne peut excéder quatre mois si la personne mise en examen n'a pas déjà été condamnée pour crime ou délit de droit commun soit à une peine criminelle, soit à une peine d'emprisonnement sans sursis d'une durée supérieure à un an et lorsqu'elle encourt une peine inférieure ou égale à cinq ans.

Dans les autres cas, à titre exceptionnel, le juge des libertés et de la détention peut décider de prolonger la détention provisoire pour une durée qui ne peut excéder quatre mois par une ordonnance motivée conformément aux dispositions de l'article 137-3 et rendue après un débat contradictoire organisé conformément aux dispositions du sixième alinéa de l'article 145, l'avocat ayant été convoqué selon les dispositions du deuxième alinéa de l'article 114. Cette décision peut être renouvelée selon la même procédure, sous réserve des dispositions de l'article 145-3, la durée totale de la détention ne pouvant excéder un an. Toutefois, cette durée est portée à deux ans lorsqu'un des faits constitutifs de l'infraction a été commis hors du territoire national ou lorsque la personne est poursuivie pour trafic de stupéfiants, association de malfaiteurs, proxénétisme, extorsion de fonds ou pour une infraction commise en bande organisée et qu'elle encourt une peine égale à dix ans d'emprisonnement.

À titre exceptionnel, lorsque les investigations du juge d'instruction doivent être poursuivies et que la mise en liberté de la personne mise en examen causerait pour la sécurité des personnes et des biens un risque d'une particulière gravité, la chambre de l'instruction peut prolonger pour une durée de quatre mois la durée de deux ans prévue au présent article. La chambre de l'instruction, devant laquelle la comparution personnelle du mis en examen est de droit, est saisie par ordonnance motivée du juge des libertés et de la détention selon les modalités prévues par le dernier alinéa de l'article 137-1, et elle statue conformément aux dispositions des articles 144,144-1,145-3, 194, 197, 198, 199, 200, 206 et 207.

• **C. pr. pén., art. 145-4** [mod. par L. n° 2016-1547, 18 nov. 2016, art. 108]

Lorsque la personne mise en examen est placée en détention provisoire, le juge d'instruction peut prescrire à son encontre l'interdiction de communiquer pour une période de dix jours. Cette mesure peut être renouvelée, mais pour une nouvelle période de dix jours seulement. En aucun cas l'interdiction de communiquer ne s'applique à l'avocat de la personne mise en examen.

Sous réserve des dispositions qui précèdent, toute personne placée en détention provisoire peut, avec l'autorisation du juge d'instruction, recevoir des visites sur son lieu de détention ou téléphoner à un tiers.

À l'expiration d'un délai d'un mois à compter du placement en détention provisoire, le juge d'instruction ne peut refuser de délivrer un permis de visite ou d'autoriser l'usage du téléphone que par une décision écrite et spécialement motivée au regard des nécessités de l'instruction, du maintien du bon ordre et de la sécurité ou de la prévention des infractions.

Cette décision est notifiée par tout moyen et sans délai au demandeur. Ce dernier peut la déférer au président de la chambre de l'instruction, qui statue dans un délai de cinq jours par une décision écrite et motivée non susceptible de recours. Lorsqu'il infirme la décision du juge d'instruction, le président de la chambre de l'instruction délivre le permis de visite ou l'autorisation de téléphoner.

Après la clôture de l'instruction, les attributions du juge d'instruction sont exercées par le procureur de la République selon les formes et conditions prévues au présent article. Il en est de même dans tous les autres cas où une personne est placée en détention provisoire.

À défaut de réponse du juge d'instruction ou du procureur de la République à la demande de permis de visite ou de téléphoner dans un délai de vingt jours, la personne peut également saisir le président de la chambre de l'instruction.

Lorsque la procédure est en instance d'appel, les attributions du procureur de la République sont confiées au procureur général.

• **C. pr. pén., art. 147-1** [mod. par L. n° 2019-222, 23 mars 2019, art. 86]

En toute matière et à tous les stades de la procédure, sauf s'il existe un risque grave de renouvellement de l'infraction, la mise en liberté d'une personne placée en détention provisoire peut être ordonnée, d'office ou à la demande de l'intéressé, lorsqu'une expertise médicale établit que cette personne est atteinte d'une pathologie engageant le pronostic vital ou que son état de santé physique ou mentale est incompatible avec le maintien en détention.

En cas d'urgence, la mise en liberté peut être ordonnée au vu d'un certificat médical établi par le médecin responsable de la structure sanitaire dans laquelle cette personne est prise en charge ou par le remplaçant de ce médecin.

La décision de mise en liberté peut être assortie d'un placement sous contrôle judiciaire ou d'une assignation à résidence avec surveillance électronique.

L'évolution de l'état de santé de la personne peut constituer un élément nouveau permettant qu'elle fasse l'objet d'une nouvelle décision de placement en détention provisoire, selon les modalités prévues au présent code, dès lors que les conditions de cette mesure prévues à l'article 144 sont réunies.

• **C. pr. pén., art. 148** [mod. par L. n° 2016-731, 3 juin 2016, art. 75]

En toute matière, la personne placée en détention provisoire ou son avocat peut, à tout moment, demander sa mise en liberté, sous les obligations prévues à l'article 147. Toutefois, à peine d'irrecevabilité, aucune demande de mise en liberté ne peut être formée tant qu'il n'a pas été statué par le juge des libertés et de la détention, dans les délais prévus au troisième alinéa du présent article, sur une précédente demande. Cette irrecevabilité s'applique de plein droit sans qu'elle soit constatée par ordonnance du juge d'instruction.

La demande de mise en liberté est adressée au juge d'instruction, qui communique immédiatement le dossier au procureur de la République aux fins de réquisitions.

Sauf s'il donne une suite favorable à la demande, le juge d'instruction doit, dans les cinq jours suivant la communication au procureur de la République, la transmettre avec son avis motivé au juge des libertés et de la détention. Ce magistrat statue dans un délai de trois jours ouvrables, par une ordonnance comportant l'énoncé des considérations de droit et de fait qui constituent le fondement de cette décision par référence aux dispositions de l'article 144. Toutefois, lorsqu'il n'a pas encore été statué sur l'appel d'une précédente ordonnance de refus de mise en liberté, les délais précités ne commencent à courir qu'à compter de la décision rendue par la juridiction compétente. Lorsqu'il a été adressé plusieurs demandes de mise en liberté, il peut être répondu à ces différentes demandes dans les délais précités par une décision unique.

La mise en liberté, lorsqu'elle est accordée, peut être assortie de mesures de contrôle judiciaire.

Faute par le juge des libertés et de la détention d'avoir statué dans le délai fixé au troisième alinéa, la personne peut saisir directement de sa demande la chambre de l'instruction qui, sur les réquisitions écrites et motivées du procureur général, se prononce dans les vingt jours de sa saisine faute de quoi la personne est mise d'office en liberté sauf si des vérifications concernant sa demande ont été ordonnées. Le droit de saisir dans les mêmes conditions la chambre de l'instruction appartient également au procureur de la République.

• **C. pr. pén., art. 148-1**

La mise en liberté peut aussi être demandée en tout état de cause par toute personne mise en examen, tout prévenu ou accusé, et en toute période de la procédure.

Lorsqu'une juridiction de jugement est saisie, il lui appartient de statuer sur la liberté provisoire ; avant le renvoi en cour d'assises et dans l'intervalle des sessions d'assises, ce pouvoir appartient à la chambre d'accusation.

En cas de pourvoi et jusqu'à l'arrêt de la Cour de cassation, il est statué sur la demande de mise en liberté par la juridiction qui a connu en dernier lieu de l'affaire au fond. Si le pourvoi a été formé contre un arrêt de la cour d'assises, il est statué sur la détention par la chambre d'accusation.

En cas de décision d'incompétence et généralement dans tous les cas où aucune juridiction n'est saisie, la chambre d'accusation connaît des demandes de mise en liberté.

• **C. pr. pén., art. 148-1-1**

Lorsqu'une ordonnance de mise en liberté d'une personne placée en détention provisoire est rendue par le juge des libertés et de la détention ou le juge d'instruction contrairement aux réquisitions du procureur de la République, cette ordonnance est immédiatement notifiée à ce magistrat. Pendant un délai de quatre heures à compter la notification de l'ordonnance au procureur de la République, et sous réserve de l'application des dispositions du dernier alinéa du présent article, la personne mise en examen ne peut être remise en liberté et cette décision ne peut être adressée pour exécution au chef de l'établissement pénitentiaire.

Le procureur de la République peut interjeter appel de l'ordonnance devant le greffier du juge des libertés et de la détention ou du juge d'instruction, en saisissant dans le même temps le premier président de la cour d'appel d'un référé-détention, conformément aux dispositions de l'article 187-3 ; l'appel et le référé-détention sont mentionnés sur l'ordonnance. La personne mise en examen et son avocat en sont avisés en même temps que leur est notifiée l'ordonnance, qui ne peut être mise à exécution, la personne restant détenue tant que n'est pas intervenue la décision du premier président de la cour d'appel et, le cas échéant, celle de la chambre de l'instruction. La personne mise en examen et son avocat sont également avisés de leur droit de faire des observations écrites devant le premier président de la cour d'appel. Faute pour le procureur de la République d'avoir formé un référé-détention, dans un délai de quatre heures à compter de la notification de l'ordonnance de mise en liberté, celle-ci, revêtue d'une mention du greffier indiquant l'absence de référé-détention, est adressée au chef d'établissement pénitentiaire et la personne est mise en liberté sauf si elle est détenue pour une autre cause.

Si le procureur de la République, ayant pris des réquisitions de maintien en détention, estime néanmoins ne pas avoir à s'opposer à la mise en liberté immédiate de la personne, et sans préjudice de son droit de former ultérieurement appel dans le délai prévu par l'article 185, il retourne l'ordonnance au magistrat qui l'a rendue en mentionnant sur celle-ci qu'il ne s'oppose pas à sa mise à exécution. La personne est alors mise en liberté, si elle n'est pas détenue pour une autre cause.

• **C. pr. pén., art. 148-2** [mod. par L. n° 2021-1729, 22 déc. 2021, art. 14]

Toute juridiction appelée à statuer, en application des articles 141-1 et 148-1, sur une demande de mainlevée totale ou partielle du contrôle judiciaire ou sur une demande de mise en liberté se prononce après avoir entendu le ministère public, le prévenu, auquel est préalablement notifié son droit de se taire sur les faits qui lui sont reprochés, ou son avocat ; le prévenu non détenu et son avocat sont convoqués, par lettre recommandée, quarante-huit heures au moins avant la date de l'audience. Si la personne a déjà comparu devant la juridiction moins de quatre mois auparavant, le président de cette juridiction peut en cas de demande de mise en liberté refuser la comparution personnelle de l'intéressé par une décision motivée qui n'est susceptible d'aucun recours.

Lorsque la personne n'a pas encore été jugée en premier ressort, la juridiction saisie statue dans les dix jours ou les vingt jours de la réception de la demande, selon qu'elle est du premier ou du second degré. Lorsque la personne a déjà été jugée en premier ressort et qu'elle est en instance d'appel, la juridiction saisie statue dans les deux mois de la demande. Lorsque la personne a déjà été jugée en second ressort et qu'elle a formé un pourvoi en cassation, la juridiction saisie statue dans les quatre mois de la demande.

Toutefois, lorsqu'au jour de la réception de la demande il n'a pas encore été statué soit sur une précédente demande de mise en liberté ou de mainlevée de contrôle judiciaire, soit sur l'appel d'une précédente décision de refus de mise en liberté ou de mainlevée du contrôle judiciaire, les délais prévus ci-dessus ne commencent à courir qu'à compter de la décision rendue par la juridiction compétente. Faute de décision à l'expiration des délais, il est mis fin au contrôle judiciaire ou à la détention provisoire, le prévenu, s'il n'est pas détenu pour une autre cause, étant d'office remis en liberté.

La décision du tribunal est immédiatement exécutoire nonobstant appel ; lorsque le prévenu est maintenu en détention, la cour se prononce dans les vingt jours de l'appel, faute de quoi le prévenu, s'il n'est pas détenu pour autre cause, est mis d'office en liberté.

• **C. pr. pén., art. 148-6**

Toute demande de mainlevée ou de modification du contrôle judiciaire ou de mise en liberté doit faire l'objet d'une déclaration au greffier de la juridiction d'instruction saisie du dossier ou à celui de la juridiction compétente en vertu de l'article 148-1.

Elle doit être constatée et datée par le greffier qui la signe ainsi que le demandeur ou son avocat. Si le demandeur ne peut signer, il en est fait mention par le greffier.

Lorsque la personne ou son avocat ne réside pas dans le ressort de la juridiction compétente, la déclaration au greffier peut être faite au moyen d'une lettre recommandée avec demande d'avis de réception.

• **C. pr. pén., art. 148-7**

Lorsque la personne mise en examen, le prévenu ou l'accusé est détenu, la demande de mise en liberté peut aussi être faite au moyen d'une déclaration auprès du chef de l'établissement pénitentiaire.

Cette déclaration est constatée et datée par le chef de l'établissement pénitentiaire qui la signe, ainsi que le demandeur. Si celui-ci ne peut signer, il en est fait mention par le chef de l'établissement.

Ce document est adressé sans délai, en original ou en copie et par tout moyen, soit au greffier de la juridiction saisie du dossier, soit à celui de la juridiction compétente selon les distinctions de l'article 148-1.

• **C. pr. pén., art. 149**

Sans préjudice de l'application des dispositions des deuxième et troisième alinéas de l'article L. 781-1 du code de l'organisation judiciaire, la personne qui a fait l'objet d'une détention provisoire au cours d'une procédure terminée à son égard par une décision de non-lieu, de relaxe ou d'acquittement devenue définitive a droit, à sa demande, à réparation intégrale du préjudice moral et matériel que lui a causé cette détention. Toutefois, aucune réparation n'est due lorsque cette décision a pour seul fondement la reconnaissance de son irresponsabilité au sens de l'article 122-1 du code pénal, une amnistie postérieure à la mise en détention provisoire, ou la prescription de l'action publique intervenue après la libération de la personne, lorsque la personne était dans le même temps détenue pour une autre cause, ou lorsque la personne a fait l'objet d'une détention provisoire pour s'être librement et volontairement accusée ou laissé accuser à tort en vue de faire échapper l'auteur des faits aux poursuites. À la demande de l'intéressé, le préjudice est évalué par expertise contradictoire réalisée dans les conditions des articles 156 et suivants. Lorsque la décision de non-lieu, de relaxe ou d'acquittement lui est notifiée, la personne est avisée de son droit de demander réparation, ainsi que des dispositions des articles 149-1 à 149-3 (premier alinéa).

• **C. pr. pén., art. 179** [mod. par L. n° 2016-731, 3 juin 2016, art. 59]

Si le juge estime que les faits constituent un délit, il prononce, par ordonnance, le renvoi de l'affaire devant le tribunal correctionnel. Cette ordonnance précise, s'il y a lieu, que le prévenu bénéficie des dispositions de l'article 132-78 du code pénal.

L'ordonnance de règlement met fin à la détention provisoire, à l'assignation à résidence avec surveillance électronique ou au contrôle judiciaire. S'il a été décerné, le mandat d'arrêt conserve sa force exécutoire ; s'ils ont été décernés, les mandats d'amener ou de recherche cessent de pouvoir recevoir exécution, sans préjudice de la possibilité pour le juge d'instruction de délivrer un mandat d'arrêt contre le prévenu.

Toutefois, le juge d'instruction peut, par ordonnance distincte spécialement motivée, maintenir le prévenu en détention, sous assignation à résidence avec surveillance électronique ou sous contrôle judiciaire jusqu'à sa comparution devant le tribunal. L'ordonnance de maintien en détention provisoire est motivée par référence aux 2°, 4°, 5° et 6° de l'article 144.

Le prévenu en détention est immédiatement remis en liberté si le tribunal correctionnel n'a pas commencé à examiner au fond à l'expiration d'un délai de deux mois à compter de la date soit de l'ordonnance de renvoi ou, en cas d'appel, de l'arrêt de renvoi non frappé de pourvoi, de l'arrêt déclarant l'appel irrecevable, de l'ordonnance de non-admission rendue en application du dernier alinéa de l'article 186 ou de l'arrêt de la chambre criminelle rejetant le pourvoi, soit de la date à laquelle il a été ultérieurement placé en détention provisoire.

Toutefois, si l'audience sur le fond ne peut se tenir avant l'expiration de ce délai, le tribunal peut, à titre exceptionnel, par une décision mentionnant les raisons de fait ou de droit faisant obstacle au jugement de l'affaire, ordonner la prolongation de la détention pour une nouvelle durée de deux mois. La comparution personnelle du prévenu est de droit si lui-même ou son avocat en font la demande. Cette décision peut être renouvelée une fois dans les mêmes formes. Si le prévenu n'a toujours pas été jugé à l'issue de cette nouvelle prolongation, il est remis immédiatement en liberté.

Lorsqu'elle est devenue définitive, l'ordonnance mentionnée au premier alinéa couvre, s'il en existe, les vices de la procédure.

• **C. pr. pén., art. 179-1**

Toute ordonnance renvoyant la personne mise en examen devant le tribunal de police ou le tribunal correctionnel informe celle-ci qu'elle doit signaler auprès du procureur de la République, jusqu'au jugement définitif de l'affaire, tout changement de l'adresse déclarée lors de sa mise en examen, par lettre recommandée avec demande d'avis de réception. L'ordonnance l'informe également que toute citation, notification ou signification faite à la dernière adresse déclarée sera réputée faite à sa personne.

• **C. pr. pén., art. 179-2** [mod. par L. n° 2019-222, 23 mars 2019, art. 56]

Le juge d'instruction peut préciser dans l'ordonnance de renvoi la date d'audience devant le tribunal de police ou le tribunal correctionnel lorsque cette date lui a été préalablement communiquée par le procureur de la République. Cette ordonnance doit alors comporter les mentions prévues aux deuxième à dernier alinéas de l'article 390.

Cette ordonnance dispense alors le procureur de délivrer une citation en application du même article 390.

• **C. pr. pén., art. 213** [mod. par L. n° 2016-731, 3 juin 2016, art. 65]

Si la chambre de l'instruction estime que les faits constituent un délit ou une contravention, elle prononce le renvoi de l'affaire, dans le premier cas devant le tribunal correctionnel, dans le second cas devant le tribunal de police ou devant la juridiction de proximité. L'article 184 est applicable.

Le prévenu détenu est immédiatement remis en liberté et le contrôle judiciaire prend fin. Toutefois, la chambre de l'instruction peut faire application, par un arrêt spécialement motivé, des dispositions prévues aux troisième et quatrième alinéas de l'article 179.

En cas de renvoi devant le tribunal de police ou devant la juridiction de proximité, le prévenu détenu est immédiatement remis en liberté ; le contrôle judiciaire prend fin.

• **C. pr. pén., art. 469**

Si le fait déféré au tribunal correctionnel sous la qualification de délit est de nature à entraîner une peine criminelle, le tribunal renvoie le ministère public à se pourvoir ainsi qu'il avisera.

Il peut, le ministère public entendu, décerner, par la même décision, mandat de dépôt ou d'arrêt contre le prévenu.

Les dispositions des deux alinéas précédents sont également applicables si le tribunal correctionnel, dans sa composition prévue par le troisième alinéa de l'article 398, estime, au résultat des débats, que le fait qui lui était déféré sous la qualification de l'un des délits visés à l'article 398-1 est de nature à entraîner une peine prévue pour un délit non visé par cet article.

Lorsqu'il est saisi par le renvoi ordonné par le juge d'instruction ou la chambre de l'instruction, le tribunal correctionnel ne peut pas faire application, d'office ou à la demande des parties, des dispositions du premier alinéa, si la victime était constituée partie civile et était assistée d'un avocat lorsque ce renvoi a été ordonné. Toutefois, le tribunal correctionnel saisi de poursuites exercées pour un délit non intentionnel conserve la possibilité de renvoyer le ministère public à se pourvoir s'il résulte des débats que les faits sont de nature à entraîner une peine criminelle parce qu'ils ont été commis de façon intentionnelle.

• **C. pr. pén., art. 519**

Si le jugement est annulé parce que la cour estime que le fait est de nature à entraîner une peine criminelle, la cour d'appel se déclare incompétente. Elle renvoie le ministère public à se pourvoir ainsi qu'il avisera.

Elle peut, le ministère public entendu, décerner par la même décision, mandat de dépôt ou d'arrêt contre le prévenu.

• **C. pr. pén., art. 706-71** [mod. par L. n° 2023-22, 24 janv. 2023, art. 12]

Aux fins d'une bonne administration de la justice, il peut être recouru au cours de la procédure pénale, si le magistrat en charge de la procédure ou le président de la juridiction saisie l'estime justifié, dans les cas et selon les modalités prévus au présent article, à un moyen de télécommunication audiovisuelle.

Lorsque les nécessités de l'enquête ou de l'instruction le justifient, l'audition ou l'interrogatoire d'une personne ainsi que la confrontation entre plusieurs personnes peuvent être effectués en plusieurs points du territoire de la République ou entre le territoire de la République et celui d'un État membre de l'Union européenne dans le cadre de l'exécution d'une décision d'enquête européenne et se trouvant reliés par des moyens de télécommunications garantissant la confidentialité de la transmission. Dans les mêmes conditions, la présentation aux fins de prolongation de la garde à vue ou de la retenue judiciaire peut être réalisée par l'utilisation de moyens de télécommunication audiovisuelle. Il est dressé un procès-verbal des opérations qui ont été effectuées. Ces opérations peuvent faire l'objet d'un enregistrement audiovisuel ou sonore, les dispositions des troisième à huitième alinéas de l'article 706-52 sont alors applicables.

Les dispositions de l'alinéa précédent prévoyant l'utilisation d'un moyen de télécommunication audiovisuelle sont applicables devant la juridiction de jugement pour l'audition des témoins, des parties civiles et des experts. Elles sont également applicables, avec l'accord du procureur de la République et de l'ensemble des parties, pour la comparution du prévenu devant le tribunal correctionnel si celui-ci est détenu.

Ces dispositions sont également applicables à l'audition ou à l'interrogatoire par un juge d'instruction d'une personne détenue, au débat contradictoire préalable au placement en détention provisoire d'une personne détenue pour une autre cause, au débat contradictoire prévu pour la prolongation de la détention provisoire, y compris l'audience prévue à l'avant-dernier alinéa de l'article 179, aux audiences relatives au contentieux de la détention provisoire devant la chambre de l'instruction ou la juridiction de jugement, à l'interrogatoire de l'accusé par le président de la cour d'assises en application de l'article 272, à la comparution d'une personne à l'audience au cours de laquelle est rendu un jugement ou un arrêt qui avait été mis en délibéré ou au cours de laquelle il est statué sur les seuls intérêts civils, à l'interrogatoire par le procureur ou le procureur général d'une personne arrêtée en vertu d'un mandat d'amener, d'un mandat d'arrêt, d'un mandat d'arrêt européen, d'une demande d'arrestation provisoire, d'une demande d'extradition ou d'une demande d'arrestation aux fins de remise, à la présentation au juge des libertés et de la détention, au premier président de la cour d'appel ou au magistrat désigné par lui en application des articles 627-5, 695-28, 696-11 et 696-23 si la personne est détenue pour une autre cause, ou à l'interrogatoire du prévenu devant le tribunal de police si celui-ci est détenu pour une autre cause. Lorsqu'il s'agit d'une audience au cours de laquelle il doit être statué sur le placement en détention provisoire ou la prolongation de la détention provisoire, la personne détenue peut, lorsqu'elle est informée de la date de l'audience et du fait que le recours à ce moyen est envisagé, refuser l'utilisation d'un moyen de télécommunication audiovisuelle, sauf si son transport paraît devoir être évité en raison des risques graves de trouble à l'ordre public ou d'évasion ; il en est de même lorsqu'il doit être statué sur l'appel portant sur une décision de refus de mise en liberté ou sur la saisine directe de la chambre de l'instruction en application du dernier alinéa de l'article 148 ou de l'article 148-4 par une personne détenue en matière criminelle depuis plus de six mois dont la détention n'a pas déjà fait l'objet d'une décision de prolongation et n'ayant pas personnellement comparu, sans recourir à un moyen de communication audiovisuelle, devant la chambre de l'instruction depuis au moins six mois.

Elles sont de même applicables devant la commission d'indemnisation des victimes d'infractions, devant le premier président de la cour d'appel statuant sur les demandes de réparation d'une détention provisoire, devant la Commission nationale de réparation des détentions, devant la commission d'instruction des demandes en révision et en réexamen et devant la cour de révision et de réexamen.

Pour l'application des dispositions des alinéas précédents, si la personne est assistée par un avocat ou par un interprète, ceux-ci peuvent se trouver auprès du magistrat, de la juridiction ou de la commission compétents ou auprès de l'intéressé. Dans le premier cas, l'avocat doit pouvoir s'entretenir avec ce dernier, de façon confidentielle, en utilisant le moyen de télécommunication audiovisuelle. Dans le second cas, une copie de l'intégralité du dossier doit être mise à sa disposition dans les locaux de détention sauf si une copie de ce dossier lui a déjà été remise. Si ces dispositions s'appliquent au cours d'une audience, celle-ci doit se tenir dans des conditions qui garantissent le droit de la personne à présenter elle-même ses observations.

Lorsqu'une personne est détenue, la notification d'une expertise par une juridiction doit se faire par l'utilisation d'un moyen de télécommunication audiovisuelle, sauf décision contraire motivée ou s'il doit être procédé concomitamment à un autre acte.

En cas de nécessité, résultant de l'impossibilité pour un interprète de se déplacer, l'assistance de l'interprète au cours d'une audition, d'un interrogatoire ou d'une confrontation peut également se faire par l'intermédiaire de moyens de télécommunications.

Un décret en Conseil d'État précise, en tant que de besoin, les modalités d'application du présent article.

• **C. pr. pén., art. 706-113** [mod. par L. n° 2021-1729, 22 déc. 2021, art. 14]

Sans préjudice de l'application des articles 706-112-1 à 706-112-3, lorsque la personne fait l'objet de poursuites, le procureur de la République ou le juge d'instruction en avise le curateur ou le tuteur ainsi que le juge des tutelles. Il en est de même si la personne fait l'objet d'une alternative aux poursuites consistant en la réparation du dommage ou en une médiation, d'une composition pénale ou d'une comparution sur reconnaissance préalable de culpabilité ou si elle est entendue comme témoin assisté.

Le curateur ou le tuteur peut prendre connaissance des pièces de la procédure dans les mêmes conditions que celles prévues pour la personne poursuivie.

Si la personne est placée en détention provisoire, le curateur ou le tuteur bénéficie de plein droit d'un permis de visite.

Le procureur de la République ou le juge d'instruction avise le curateur ou le tuteur des décisions de non-lieu, de relaxe, d'acquittement, d'irresponsabilité pénale pour cause de trouble mental, ou de condamnation dont la personne fait l'objet.

Le curateur ou le tuteur est avisé de la date d'audience. Lorsqu'il est présent à l'audience, il est entendu par la juridiction en qualité de témoin.

• **C. pr. pén., art. 714** [mod. par Ord. n° 2022-48, 30 mars 2022, art. 6]

Les personnes mises en examen, prévenues et accusées soumises à la détention provisoire la subissent dans une maison d'arrêt ou un établissement pour peines, dans les conditions prévues par les dispositions des articles L. 112-3, L. 211-1 et L. 211-2 du code pénitentiaire.

• **C. pr. pén., art. 716** [mod. par Ord. n° 2022-48, 30 mars 2022, art. 6]

Conformément aux dispositions de l'article L. 213-2 du code pénitentiaire, les personnes mises en examen, prévenues et accusées soumises à la détention provisoire sont placées en cellule individuelle, sauf dans les cas prévus par les dispositions de l'article L. 213-5 du même code.

• **C. pr. pén., art. 716-4** [mod. par L. n° 2016-731, 3 juin 2016, art. 12]

Quand il y a eu détention provisoire à quelque stade que ce soit de la procédure, cette détention est intégralement déduite de la durée de la peine prononcée ou, s'il y a lieu, de la durée totale de la peine à subir après confusion. Il en est de même, s'agissant d'une détention provisoire ordonnée dans le cadre d'une procédure suivie pour les mêmes faits que ceux ayant donné lieu à condamnation, si cette procédure a été ultérieurement annulée.

Les dispositions de l'alinéa précédent sont également applicables à la privation de liberté subie en exécution d'un mandat d'amener ou d'arrêt, à l'incarcération subie hors de France en exécution d'un mandat d'arrêt européen ou sur la demande d'extradition et à l'incarcération subie en application du septième alinéa de l'article 712-17, de l'article 712-19, de l'article 728-67 et de l'article 747-3.

Quand il y a eu détention provisoire à quelque stade que ce soit de la procédure, cette détention est également intégralement déduite de la durée de la période de sûreté dont la peine est, le cas échéant, accompagnée nonobstant l'exécution simultanée d'autres peines d'emprisonnement.

• **C. pr. pén., art. 718**

Les personnes détenues peuvent travailler pour leur propre compte avec l'autorisation du chef d'établissement.

• **C. pr. pén., art. 803**

Nul ne peut être soumis au port des menottes ou des entraves que s'il est considéré soit comme dangereux pour autrui ou pour lui-même, soit comme susceptible de tenter de prendre la fuite.

Dans ces deux hypothèses, toutes mesures utiles doivent être prises, dans les conditions compatibles avec les exigences de sécurité, pour éviter qu'une personne menottée ou entravée soit photographiée ou fasse l'objet d'un enregistrement audiovisuel.

• **C. pr. pén., art. 803-6** [L. n° 2014-535, 27 mai 2014, art. 5]

Toute personne suspectée ou poursuivie soumise à une mesure privative de liberté en application d'une disposition du présent code se voit remettre, lors de la notification de cette mesure, un document énonçant, dans des termes simples et accessibles et dans une langue qu'elle comprend, les droits suivants, dont elle bénéficie au cours de la procédure en application du présent code :

1° Le droit d'être informée de la qualification, de la date et du lieu de l'infraction qui lui est reprochée ;

2° Le droit, lors des auditions ou interrogatoires, de faire des déclarations, de répondre aux questions qui lui sont posées ou de se taire ;

3° Le droit à l'assistance d'un avocat ;

4° Le droit à l'interprétation et à la traduction ;

5° Le droit d'accès aux pièces du dossier ;

6° Le droit qu'au moins un tiers ainsi que, le cas échéant, les autorités consulaires du pays dont elle est ressortissante soient informés de la mesure privative de liberté dont elle fait l'objet ;

7° Le droit d'être examinée par un médecin ;

8° Le nombre maximal d'heures ou de jours pendant lesquels elle peut être privée de liberté avant de comparaître devant une autorité judiciaire ;

9° Le droit de connaître les modalités de contestation de la légalité de l'arrestation, d'obtenir un réexamen de sa privation de liberté ou de demander sa mise en liberté.

La personne est autorisée à conserver ce document pendant toute la durée de sa privation de liberté.

Si le document n'est pas disponible dans une langue comprise par la personne, celle-ci est informée oralement des droits prévus au présent article dans une langue qu'elle comprend. L'information donnée est mentionnée sur un procès-verbal. Une version du document dans une langue qu'elle comprend est ensuite remise à la personne sans retard.

• **C. pr. pén., art. 803-7**

Lorsqu'une juridiction ordonne la mise en liberté immédiate d'une personne dont la détention provisoire est irrégulière en raison du non-respect des délais ou formalités prévus par le présent code, elle peut, dans cette même décision, placer la personne sous contrôle judiciaire si cette mesure est indispensable pour assurer l'un des objectifs énumérés à l'article 144.

Lorsque, hors les cas prévus au premier alinéa du présent article, le procureur de la République ordonne la libération d'une personne dont la détention provisoire est irrégulière en raison du non-respect des délais ou des formalités prévus par le présent code, il peut saisir sans délai le juge des libertés et de la détention de réquisitions tendant au placement immédiat de la personne concernée sous contrôle judiciaire si cette mesure est indispensable pour assurer l'un des objectifs énumérés à l'article 144.

• **C. pr. pén., art. 803-8,** [mod. par L. n° 2021-1729, 22 déc. 2021, art. 11]

I. – Sans préjudice de sa possibilité de saisir le juge administratif en application des articles L. 521-1, L. 521-2 ou L. 521-3 du code de justice administrative, toute personne détenue dans un établissement pénitentiaire en application du présent code qui considère que ses conditions de détention sont contraires à la dignité de la personne humaine peut saisir le juge des libertés et de la détention, si elle est en détention provisoire, ou le juge de l'application des peines, si elle est condamnée et incarcérée en exécution d'une peine privative de liberté, afin qu'il soit mis fin à ces conditions de détention indignes.

Si les allégations figurant dans la requête sont circonstanciées, personnelles et actuelles, de sorte qu'elles constituent un commencement de preuve que les conditions de détention de la personne ne respectent pas la dignité de la personne, le juge déclare la requête recevable et, le cas échéant, informe par tout moyen le magistrat saisi du dossier de la procédure du dépôt de la requête. Cette décision doit intervenir dans un délai de dix jours à compter de la réception de la requête.

Toutefois, à peine d'irrecevabilité, aucune nouvelle requête ne peut être formée tant qu'il n'a pas été statué, dans les délais prévus au présent article, sur une précédente requête ou, si celle-ci a été jugée infondée, tant qu'un élément nouveau ne modifie pas les conditions de détention.

Si le juge estime la requête recevable, il procède ou fait procéder aux vérifications nécessaires et recueille les observations de l'administration pénitentiaire dans un délai compris entre trois jours ouvrables et sept jours à compter de la décision prévue au deuxième alinéa du présent I.

Si le juge estime la requête fondée, il fait connaître à l'administration pénitentiaire, dans un délai de dix jours à compter de la décision prévue au même deuxième alinéa, les conditions de détention qu'il estime contraires à la dignité de la personne humaine et il fixe un délai compris entre dix jours et un mois pour permettre de mettre fin, par tout moyen, à ces conditions de détention. Avant la fin de ce délai, l'administration pénitentiaire informe le juge des mesures qui ont été prises. Le juge ne peut enjoindre à l'administration pénitentiaire de prendre des mesures déterminées et celle-ci est seule compétente pour apprécier les moyens devant être mis en œuvre. Elle peut, à cette fin, transférer la personne dans un autre établissement pénitentiaire, sous réserve, s'il s'agit d'une personne prévenue, de l'accord du magistrat saisi du dossier de la procédure.

II. – Si, à l'issue du délai fixé en application du dernier alinéa du I, le juge constate, au vu des éléments transmis par l'administration pénitentiaire concernant les mesures prises et de toute vérification qu'il estime utile, qu'il n'a pas été mis fin aux conditions indignes de détention, il rend, dans un délai de dix jours, l'une des décisions suivantes :

1° Soit il ordonne le transfèrement de la personne dans un autre établissement pénitentiaire ;

2° Soit, si la personne est en détention provisoire, il ordonne sa mise en liberté immédiate, le cas échéant sous contrôle judiciaire ou sous assignation à résidence avec surveillance électronique ;

3° Soit, si la personne est définitivement condamnée et si elle est éligible à une telle mesure, il ordonne une des mesures prévues au III de l'article 707.

Le juge peut toutefois refuser de rendre l'une des décisions prévues aux 1° à 3° du présent II au motif que la personne s'est opposée à un transfèrement qui lui a été proposé par l'administration pénitentiaire en application du dernier alinéa du I, sauf s'il s'agit d'un condamné et si ce transfèrement aurait causé, eu égard au lieu de résidence de sa famille, une atteinte excessive au droit au respect de sa vie privée et de sa vie familiale.

III. – Les décisions prévues au présent article sont motivées. Les décisions du juge prévues au dernier alinéa du I et au II sont prises au vu de la requête et des observations de la personne détenue ou, s'il y a lieu, de son avocat, des observations écrites de l'administration pénitentiaire et de l'avis écrit du procureur de la République ainsi que, le cas échéant, si le juge l'estime nécessaire, de l'avis du juge d'instruction. Le requérant peut demander à être entendu par le juge, assisté s'il y a lieu de son avocat. Dans ce cas, le juge doit également entendre le ministère public et le représentant de l'administration pénitentiaire si ceux-ci en font la demande. Ces auditions peuvent être réalisées selon un moyen de télécommunication audiovisuelle en application de l'article 706-71.

Les décisions prévues aux deuxième et dernier alinéas du I et au II du présent article peuvent faire l'objet d'un appel devant le président de la chambre de l'instruction ou devant le président de la chambre de l'application des peines de la cour d'appel. Cet appel est interjeté dans un délai de dix jours à compter de la notification de la décision ; l'affaire doit être examinée dans un délai d'un mois. Lorsqu'il est formé dans le délai de vingt-quatre heures, l'appel du ministère public est suspensif ; l'affaire doit alors être examinée dans un délai de quinze jours, faute de quoi l'appel est non avenu.

À défaut de respect des délais prévus au présent article, la personne détenue peut saisir directement le président de la chambre de l'instruction ou le président de la chambre de l'application des peines.

IV. – Les modalités d'application du présent article sont précisées par décret en Conseil d'État.

Ce décret précise notamment :

1° Les modalités de saisine du juge des libertés et de la détention ou du juge de l'application des peines ;

2° La nature des vérifications que le juge peut ordonner en application de l'avant-dernier alinéa du I, sans préjudice de sa possibilité d'ordonner une expertise ou de se transporter sur les lieux de détention ;

3° Dans quelle mesure, à compter de la décision prévue au dernier alinéa du même I, le juge administratif, s'il a été saisi par la personne condamnée, n'est plus compétent pour ordonner son transfèrement dans un autre établissement pénitentiaire.

• **C. pr. pén., art. D. 32-1-1** [Décr. nº 2016-1455, 28 oct. 2016, art. 6]

Le juge d'instruction qui saisit le juge des libertés et de la détention en application des dispositions du quatrième alinéa de l'article 137-1 aux fins de placement en détention provisoire de la personne mise en examen remplit une notice individuelle comportant des renseignements relatifs aux faits ayant motivé la poursuite de la personne, à ses antécédents judiciaires et à sa personnalité, qui est destinée, en cas de placement en détention, au chef de l'établissement pénitentiaire.

S'il ordonne le placement de la personne en détention provisoire, le juge des libertés et de la détention transmet au chef d'établissement, outre le titre de détention qu'il délivre, cette notice individuelle revêtue de son visa, après l'avoir complétée s'il l'estime nécessaire.

Les documents mentionnés à l'alinéa précédent peuvent être, le cas échéant, transmis au chef d'établissement par le juge d'instruction si le dossier de la procédure est retourné à ce magistrat avant la mise à exécution du titre de détention.

Lorsque le juge des libertés et de la détention ordonne le placement en détention après avoir été directement saisi par le procureur de la République en application des dispositions du deuxième alinéa de l'article 137-4, il remplit lui-même la notice individuelle prévue au premier alinéa du présent article.

• **C. pr. pén., art. D. 47-19**

Le magistrat saisi du dossier de la procédure peut refuser de délivrer ou retirer le permis de visite au tuteur ou au curateur dans le cas prévu par l'article 706-114, si cette personne est la victime de l'infraction ou s'il existe des raisons plausibles de présumer qu'elle est coauteur ou complice de l'infraction.

• **C. pr. pén., art. R. 57-5**

Pour l'application du présent titre, le magistrat saisi du dossier de la procédure désigne, selon le cas, le juge d'instruction ou le juge des enfants, le juge des libertés et de la détention, le procureur de la République, le président de la chambre de l'instruction, le président de la cour d'assises, le procureur général près la cour d'appel et le procureur général près la Cour de cassation.

• **C. pr. pén., art. R. 57-5-1**

La mise à l'isolement judiciaire d'une personne majeure peut être décidée à tout moment de la procédure d'information par le juge d'instruction.

Lorsqu'il saisit le juge des libertés et de la détention aux fins d'un placement en détention provisoire ou du renouvellement de la mesure, le juge d'instruction peut indiquer dans son ordonnance qu'il souhaite que la personne soit soumise ou maintenue à l'isolement judiciaire.

• **C. pr. pén., art. R. 57-5-2**

La mise à l'isolement judiciaire peut être décidée par le juge des libertés et de la détention lorsqu'il statue sur le placement en détention provisoire d'une personne ou sur la prolongation de cette détention.

• **C. pr. pén., art. R. 57-6-5** [mod. par Décr. n° 2022-479, 30 mars 2022, art. 8]

Les modalités de délivrance des permis de communiquer aux avocats et les règles applicables aux relations des personnes détenues avec leur défenseur sont déterminées par les dispositions des articles R. 313-14, R. 313-15 et R. 313-16 du code pénitentiaire.

• **C. pr. pén., art. R. 57-8-7** [mod. par décr. n° 2022-479, 30 mars 2022, art. 8]

Les personnes détenues prévenues exercent leur droit au maintien des liens avec l'extérieur sous le contrôle de l'autorité judiciaire, dans les conditions déterminées par les dispositions du titre IV du livre III du code pénitentiaire, notamment :

1° celles du chapitre Ier, pour ce qui concerne les visites ;

2° celles du chapitre II, pour ce qui concerne les rapprochements familiaux ;

3° celles du chapitre V, pour ce qui concerne les correspondances écrites et les communications téléphoniques.

• **C. pr. pén., art. D. 403** [mod. par décr. n° 2022-855, 7 juin 2022]

Les modalités de délivrance des permis de visite mentionnés par les dispositions de l'article L. 341-5 du code pénitentiaire, ainsi que les conditions dans lesquelles ces permis peuvent être refusés, notamment dans l'intérêt d'une personne victime, d'un enfant mineur, ou pour la bonne exécution d'une interdiction judiciaire de contact, sont déterminées par les dispositions de la section 1 du chapitre IV du titre IV du livre III du même code.

• **C. civ., art. 9-1**

Chacun a droit au respect de la présomption d'innocence. Lorsqu'une personne est, avant toute condamnation, présentée publiquement comme coupable de faits faisant l'objet d'une enquête ou d'une instruction judiciaire, le juge peut, même en référé, sans préjudice de la réparation du dommage subi, prescrire toutes mesures, telles que l'insertion d'une rectification ou la diffusion d'un communiqué, aux fins de faire cesser l'atteinte à la présomption d'innocence, et ce aux frais de la personne, physique ou morale, responsable de cette atteinte.

• **DDHC, art. 9**

Tout citoyen étant présumé innocent jusqu'à ce qu'il ait été déclaré coupable, s'il est jugé indispensable de l'arrêter, toute rigueur qui ne serait pas nécessaire pour s'assurer de sa personne doit être sévèrement réprimée par la loi.

• **Conv. EDH, art. 5, § 3**

Toute personne arrêtée ou détenue, dans les conditions prévues au paragraphe 1. c) du présent article, doit être aussitôt traduite devant un juge ou un autre magistrat habilité par la loi à exercer des fonctions judiciaires et a le droit d'être jugée dans un délai raisonnable, ou libérée pendant la procédure. La mise en liberté peut être subordonnée à une garantie assurant la comparution de l'intéressé à l'audience.

• **Conv. EDH, art. 6, § 2**

Toute personne accusée d'une infraction est présumée innocente jusqu'à ce que sa culpabilité ait été légalement établie.

• **DUDH, art. 11-1**

1. Toute personne accusée d'un acte délictueux est présumée innocente jusqu'à ce que sa culpabilité ait été légalement établie au cours d'un procès public où toutes les garanties nécessaires à sa défense lui auront été assurées.

811.02 Jurisprudence de référence.

> Si le respect de la présomption d'innocence interdit aux juges, lorsqu'ils se prononcent sur une question relative à la liberté, de présenter la personne détenue comme étant coupable des faits qui lui sont reprochés, il leur appartient, pour motiver concrètement la nécessité de la détention, de se référer aux indices, éléments de preuve et faits relevés dans la procédure à l'égard de la personne concernée

• **Crim. 11 déc. 2018,** n° 18-85.460, P. n° 208

* V. ss n° 811.13.

« Qu'en effet, si les juridictions d'instruction, lorsqu'elles se prononcent sur une demande de mise en liberté, sur la prolongation de la détention provisoire ou le maintien en détention d'une personne mise en examen, ne sauraient présenter la personne détenue comme étant coupable des faits qui lui sont reprochés, il leur appartient, pour motiver concrètement la nécessité de la détention et l'insuffisance d'autres mesures de sûreté, de se référer aux indices, éléments de preuve et faits constants relevés dans la procédure à l'égard de la personne concernée, sans contrevenir au principe de la présomption d'innocence, tel que réaffirmé, notamment, par l'article préliminaire du code de procédure pénale et par la directive européenne 2016/343 du Parlement européen et du Conseil, du 9 mars 2016. »

811.03 Bibliographie indicative.

Encyclopédies. Rép. pén., *V° Détention provisoire et contrôle judiciaire*, par P. Dourneau-Josette ; *V° Le juge des libertés et de la détention*, par P. Dourneau-Josette ; *V° La chambre de l'instruction*, par F.-L. Coste – J.-Cl. Pr. pén., « Contrôle judiciaire et détention provisoire – Détention provisoire », par D. Caron ; « Chambre de l'instruction – Contentieux de la détention provisoire et du contrôle judiciaire », par H. Angevin.

Thèses. M. Bonnot, *La liberté individuelle et les mesures d'exception sous le second Empire*, thèse, Paris, 1908 – R. Chazelle, *Des garanties données ou à donner au droit naturel de la liberté dans la détention préventive*, thèse, Strasbourg, 1922 – C. Flamand, *De la détention préventive et de la liberté provisoire*, thèse, Paris, 1877 – L. Gely, *La détention préventive*, thèse, Montpellier, 1910 – Johnsen, *La détention préventive dans l'antiquité*, thèse, Aix, 1959 – L. Marchessaud, *De la détention préventive*, thèse, Poitiers, 1900.

Articles. A.-L. Bergère, « Le juge des libertés et de la détention, entre indépendance statutaire et dépendances matérielles », *AJ pénal* 2019. 120 – E. Bonis-Garçon, « La détention provisoire pour manquement au contrôle judiciaire », *JCP* 2002. I. 159 – J. Bossan, « La visioconférence en procédure pénale après la loi du 23 mars 2019, Considérations sur le pragmatisme contemporain », *RSC* 2019. 567 – B. Brahmy, « L'accès aux soins dans les établissements pénitentiaires. Le rôle du contrôle général des lieux de privation de liberté », *AJ pénal* 2010. 314 – J.-C. Bryon, « Des dispositions de la loi n° 70-643 du 17 juillet 1970 tendant à accorder une indemnisation en cas de non-lieu ou d'acquittement en raison de la détention provisoire subie », *RSC* 1971. 577 – J.-P. Céré, « La loi n° 2002-1138 du 9 septembre 2002 et l'amélioration du fonctionnement et de la sécurité des établissements pénitentiaires », *D.* 2002. Chron. 3224 ; « Le nouveau droit pénitentiaire et le respect du droit européen. Esquisse de comparaison », *AJ pénal* 2009. 476 ; « Virage ou mirage pénitentiaire, à propos de la loi du 24 novembre 2009 », *JCP* 2009. Ét. 552 ; « Le droit pénitentiaire rénové. À propos des décrets des 23 et 30 déc. 2010 », Aperçu rapide, *JCP* 2011. 68 ; « Le procès équitable et le droit de la prison », *Rev. pénit.* 2007. 95 ; « Le détenu malade : le traitement du droit européen », *AJ pénal* 2010. 325 ; « Le contrôle des conditions matérielles de détention. Une protection efficace du droit européen ? », *AJ pénal* 2018. 336 – C. Cohen, « Détention provisoire, le remède introuvable », *Gaz. Pal.* 23-24 juill. 2004, p. 2 – D.-N. Commaret, « La commission nationale d'indemnisation en matière de détention provisoire », *RSC* 1999. 845 – P. Conte, « Pour en finir avec une présentation caricaturale de la présomption d'innocence », *Gaz. Pal.* 2-3 juin 1995, Tribune libre p. 2 – F.-L. Coste, « Statut de la parole et présomption d'innocence », *AJ pénal* 2004. 402 – A. Derbey et S. Raoult, « Détention provisoire, aveu et théâtralité judiciaire : quelles leçons tirer du rapport de l'ORDCS ? », *AJ pénal* 2019. 22 –S. Detraz, « La prétendue présomption d'innocence », *Dr. pénal* 2004. Étude 3 – J.-G. Diemer, « La commission nationale d'indemnisation », *Gaz. Pal.* 1990. Doctr. 279 – R. Farthouat, « La présomption d'innocence », *Justice* n° 10, p. 55 – J. Ficara, « De nouveaux dispositifs de lutte contre la surpopulation carcérale ? », *AJ pénal* 2018. 347 – A. Giudicelli, « L'indemnisation des personnes injustement détenues ou condamnées », *RSC* 1998. 14 – Ch. Guéry, « Une détention provisoire exceptionnelle... mais souhaitable », *AJ pénal* 2004. 238 ; « Détention provisoire et culpabilité », *D.* 2006. Point de vue 1556 ; « Le nouveau juge des libertés et de la détention : premiers problèmes pratiques », *Gaz. Pal.* 8-9 sept. 2000, p. 179 ; « Le juge des libertés et de la détention : un juge qui cherche à mériter son nom », *D.* 2004. Chron. 583 ; « L'erreur matérielle du juge des libertés et de la détention », *JCP* 2006. I. 104 ; « La détention provisoire en cas de renvoi du dossier d'information pour régularisation de la procédure », *AJ pénal* 2015. 450 – G. Guidicelli-Delage, « La responsabilité des magistrats et de l'État en matière pénale », *Justice* janv.-mars 1997, p. 25 – A. Jégo, « Les conséquences de la surpopulation en détention », *AJ pénal* 2018. 344 – J.-P. Karsenty, « Aperçu de la jurisprudence de la Commission nationale de réparation des détentions », *BICC* 1er mai 2003 ; « La réparation des détentions », *JCP* 2003. I. 108 – A. Kensey, « La détention avant jugement : derniers éléments statistiques », *AJ pénal* 2019. 406 – A. Kensey, M. Narcy, « Les caractéristiques socio-démographiques des personnes sous PSE (2000-2006) », *Cah. d'études pénitentiaires et criminologiques* mars 2008, n° 21 – B. Lavielle, F. Lebur, « Le juge des libertés et de la détention : béni oui-oui ou terminator ? », *Gaz. Pal.* 27-28 juill. 2001, p. 3 ; *RSC* 2006. 183 – P. Le Monnier de Gouville, « La mutation du juge des libertés et de la détention », *AJ pénal* 2019. 131 – H. Matsopoulos, « Les innovations dans la conduite de l'information judiciaire : une urgence pour 2010 ! Commentaire de la loi n° 2007-291 du 5 mars 2007 tendant à renforcer l'équilibre de la procédure pénale », *Dr. pénal* 2007. Étude 5 – D. Miranda « Détention provisoire et surpopulation carcérale » *AJ pénal* 2018. 341 – L. Nicolas-Vullierme, « Le délai raisonnable, ou la mesure du temps », *LPA* 3 janv. 2005, p. 3 – R. Parizot, « Présomption d'innocence versus marqueurs de culpabilité : quel équilibre ? » *RSC* 2019. 127 – E. Péchillon, « Le droit des unités hospitalières spécialement aménagées : la création progressive de zones pénitentiaires dans les hôpitaux psychiatriques », *AJ pénal* 2010. 322 ; « Regard d'un administrativiste sur la loi du 24 novembre 2009 », *AJ pénal* 2009. 473 – M. Peretti, « Le bracelet électronique, boulet moderne ou outil d'insertion », *AJ pénal* 2007. 468 – E. Pisier, « La responsabilité de l'État à raison d'une détention provisoire et la loi du 17 juillet 1970 », *AJDA* 1971. 571 – P. Poncela, « La loi pénitentiaire du 24 novembre 2009 », *RSC* 2010. 190 – C. Sévely-Fournié, « Répression et motivation. Réflexions sur la motivation des arrêts et jugements des juridictions répressives », *RSC* 2009. 793 – A. Simon, « Les incohérences de la mise en liberté médicale ou la confirmation des incertitudes quant à la nature de la détention provisoire », *RSC* 2016. 219 – A. Touffait, L. Averseng, « Détention provisoire et responsabilité de l'État », *D.* 1979. Chron. 261 – À. Varinard, « Le détenu provisoire », *Rev. pénit.* 2003. 659.

Rapport. Commission Justice pénale et droits de l'Homme, *La mise en état des affaires pénales*, « Rapports », Documentation française, 1991.

> Sur la crise sanitaire de la Covid-19

Articles. A. Botton, « Les droits et libertés fondamentaux à l'épreuve de l'ordonnance n° 2020-303 du 25 mars 2020 », Blog du Club des juristes, 30 mars 2020 – J. Buisson, « Covid-19 – Incidence sur les règles de la procédure pénale », *Procédures* 2020, comm. 100 – P. de Combles de Nayves, « Présentation de l'ordonnance réformant la procédure pénale face à l'épidémie de Covid-19 », *AJ pénal* 2020. 172 – V-O Dervieux, Ph. Laumosne, « Justice pénale de l'essentiel, L'ordonnance n° 2020-303 du 25 mars 2020 et la procédure pénale », *AJ pénal* 2020. 179 – H. Matsopoulou « Les principes directeurs du procès pénal à l'épreuve de l'épidémie de covid-19 – À propos de l'ordonnance n° 2020-303 du 25 mars 2020 portant adaptation de règles de procédure pénale », *JCP* 2020, 687 – S. Pellé, « La justice pénale à l'heure du coronavirus : l'urgence ou le miroir de notre procédure pénale ? », *D.* 2020. 777 – J.-B. Perrier, « La procédure pénale en urgence sanitaire », *Gaz. Pal.* 31 mars 2020, p. 18 – C. Ribeyre, « La procédure pénale à l'épreuve de l'état d'urgence sanitaire », *Droit pénal* 2020, étude 3 – M. Touillier « L'adaptation de la procédure pénale au malheur des temps, Brèves considérations distanciées sur l'ordonnance n° 2020-303 du 25 mars 2020 portant adaptation de règles de procédure pénale sur le fondement de la loi d'urgence pour faire face à l'épidémie de Covid-19 », *AJ pénal* 2020. 186.

SECTION UNIQUE
PRINCIPES

811.11 Détention provisoire en dehors de l'instruction préparatoire. Il est clair que le présent titre n'a pas vocation à traiter de la détention provisoire au sein de l'instruction préparatoire [1]. Il n'a pas plus vocation à traiter de la détention au sens de l'exécution d'une peine d'emprisonnement ferme définitive [2]. Il convient toutefois de préciser que la détention provisoire se définit par la *période de détention ordonnée par un ou plusieurs juges avant jugement définitif.* Le détenu condamné en première instance qui attend de passer en appel ou pendant le délai d'appel est toujours en « détention provisoire ». De même celui qui se trouve dans le délai de pourvoi ou dans l'attente de l'évocation de celui-ci devant la Cour de cassation [3].

La question de la détention provisoire intéresse également la juridiction correctionnelle lorsqu'une décision de détention provisoire est prise avant le jugement. Ce sera souvent le cas en matière de comparution immédiate [4].

En droit interne, la personne jugée et qui a fait appel se trouve toujours en détention provisoire et c'est encore le cas, d'une façon plus générale, dans toutes les situations où elle n'est pas définitivement condamnée.

Mais seul sera traité dans le présent titre ce qui concerne le *prononcé d'une détention provisoire envisagée comme telle* [5].

811.12 Détention provisoire : un préjugement ? La question théorique se pose de la même façon quel que soit le juge qui ordonne le placement ou le maintien de la personne en détention, qu'il s'agisse donc du juge des libertés et de la détention ou du tribunal correctionnel lui-même. Cette notion de préjugement est largement liée au rôle central que joue la peine d'emprisonnement dans le droit pénal moderne, y compris après l'entrée en vigueur du nouveau code pénal.

Placer quelqu'un en détention provisoire, c'est en effet le conduire à exécuter avant d'être définitivement condamné ce qui risque de devenir plus tard une peine. On peut dire toutefois que plus le procès avance, et moins la question du préjugement apparaît scandaleuse. C'est sans doute pourquoi la CEDH fait s'arrêter la notion de détention provisoire à la condamnation de première instance : pour la Cour de Strasbourg, la détention provisoire prend fin après le premier jugement de condamnation [6]. Il n'en demeure pas moins que la détention provisoire reste le mode d'entrée majeur en prison et bien souvent l'annonce du prononcé d'une peine privative de liberté.

811.13 Détention provisoire et atteinte à la présomption d'innocence. La présomption d'innocence est proclamée par la Déclaration des droits de l'Homme et du citoyen du 26 août 1789 [7], dans la Déclaration universelle des droits de l'Homme élaborée en 1948 [8] et dans la convention européenne des droits de l'homme [9].

1. Ch. Guéry, *Droit et pratique de l'instruction préparatoire*, 11e éd., « Dalloz action », 2022, nos 433.00 s.
2. M. Janas, B. Lavielle et X. Lameyre, *Le Guide des peines*, 5e éd., Dalloz, 2012, nos 132.41, 722.56 et 411.124 – B. Bouloc, *Droit de l'exécution des peines*, 6e éd., « Précis dalloz », 2020 – M. Herzog-Evans, *Droit de l'exécution des peines*, 6e éd., « Dalloz action », 2022.
3. *Contra* sur la détention provisoire prend fin après le premier jugement de condamnation : CEDH 27 juin 1968, *Wemhoff c/RFA*, req. n° 2122/64 – CEDH 28 mars 1990, *B. c/Autriche*, req. n° 11968/86, § 38 ; *RSC* 1990. 829, obs. L.-E. Pettiti.
4. SUR la spécificité des questions relatives à la détention provisoire lors de la comparution d'un prévenu suivant la procédure de comparution immédiate, v. ss nos 421.11 s.
5. SUR la peine prononcée par le tribunal correctionnel, même s'il s'agit d'une détention provisoire en raison du caractère non définitif de la condamnation, v. ss livre 7.
6. CEDH 27 juin 1968, *Wemhoff c/RFA*, req. n° 2122/64, préc. – CEDH 28 mars 1990, *B. c/Autriche*, req. n° 11968/86, préc., § 38.
7. DDHC, 26 août 1789, art. 9 – V. aussi ss nos 522.11 s.
8. DUDH, 1948, art. 11-1.
9. Conv. EDH, art. 6, § 2.

Depuis la loi du 15 juin 2000[1], elle trouve aussi sa consécration dans l'article préliminaire du code de procédure pénale : « toute personne suspectée ou poursuivie est présumée innocente tant que sa culpabilité n'a pas été établie. Les atteintes à sa présomption d'innocence sont prévenues, réparées et réprimées dans les conditions prévues par la loi ».

L'article 137 du code de procédure pénale le rappelle encore : « la personne mise en examen, présumée innocente, reste libre ».

Au départ, la présomption d'innocence comporte une facette technique incontournable. Elle signifie que la charge de la preuve appartient à l'accusation. Pour la Cour européenne des droits de l'Homme, elle est liée aussi au principe selon lequel le doute profite à l'accusé[2].

La rédaction de l'article 144 du code de procédure pénale, qui présente les critères de détention[3], semble porter atteinte au principe puisque la rédaction prend parfois comme postulat que l'infraction *a été commise* : placer en détention une personne pour éviter le renouvellement de l'infraction, c'est supposer qu'elle l'a commise, alors qu'elle n'a pas été encore jugée. La Cour de Strasbourg a d'ailleurs pu juger, en ce qui concerne la crainte de la récidive, que la référence aux antécédents ne peut suffire à justifier un refus de mise en liberté[4]. Et elle a également posé en principe que les juridictions nationales doivent fournir les éléments d'explication concrets qui justifient en quoi la personnalité du requérant rendait plausible le danger de réitération de l'infraction[5]. Le critère supposant la nécessité de mettre fin à l'infraction se situe dans la même logique. Mais certaines obligations de contrôle judiciaire sont rédigées d'une façon similaire : l'article 138, 12° prévoit que le juge peut interdire à la personne mise en examen de « *se livrer à certaines activités de nature professionnelle ou sociale* [...] *lorsque l'infraction a été commise dans l'exercice ou à l'occasion de l'exercice de cette activité* ». La chambre criminelle a jugé que si les juridictions d'instruction, lorsqu'elles se prononcent sur une demande de mise en liberté, sur la prolongation de la détention provisoire ou le maintien en détention d'une personne mise en examen, ne sauraient présenter la personne détenue comme étant coupable des faits qui lui sont reprochés, il leur appartient, pour motiver concrètement la nécessité de la détention et l'insuffisance d'autres mesures de sûreté, de se référer aux indices, éléments de preuve et faits constants relevés dans la procédure à l'égard de la personne concernée, sans contrevenir au principe de la présomption d'innocence, tel que réaffirmé, notamment, par l'article préliminaire du Code de procédure pénale et par la directive européenne 2016/343 du Parlement européen et du Conseil, du 9 mars 2016[6].

L'article 3 et l'article 4 § 1, de la directive UE 2016/343, mentionnés par l'arrêt rendu le 11 décembre 2018 par la chambre criminelle, ont été interprétés par la Cour de justice de l'Union en ce sens qu'ils ne s'opposent pas à l'adoption de décisions préliminaires de nature procédurale, telle une décision de maintien d'une mesure de détention provisoire prise par une autorité judiciaire, qui se fondent sur des soupçons ou des éléments de preuve à charge, pourvu que ces décisions ne présentent pas la personne détenue comme étant coupable. En revanche, cette directive ne régit pas les conditions dans lesquelles les décisions de détention provisoire peuvent être adoptées[7]. La CJUE a dit encore que les dispositions de la directive 2016/343 du 9 mars 2016 « doivent être interprétés en ce sens que les exigences découlant de la présomption d'innocence ne s'opposent pas à ce que, lorsque la juridiction compétente examine les raisons plausibles permettant de soupçonner que le suspect ou la personne poursuivie a commis l'infraction reprochée, afin de se prononcer sur la légalité d'une décision de détention provisoire, cette juridiction procède à une mise en balance des éléments de preuve à charge et à décharge qui lui sont soumis et qu'elle motive sa décision non seulement en faisant apparaître les éléments retenus, mais aussi en se prononçant sur les objections du défenseur de la personne concernée, pourvu que cette décision ne présente pas la personne détenue comme étant coupable. »[8] Par ailleurs, l'article 6 de la directive UE 2016/343 du 9 mars 2016, ainsi que les articles 6 et 47 de la Charte des droits fondamentaux de l'Union européenne ne sont pas applicables à une législation nationale (droit bulgare) qui subordonne la remise en liberté d'une personne placée en détention provisoire à l'établissement, par cette personne, de l'existence de circonstances nouvelles justifiant cette remise en liberté[9].

1. L. n° 2000-516, 15 juin 2000 renforçant la protection de la présomption d'innocence et les droits des victimes, *JO* 16 juin, p. 9038.
2. Comm. EDH, D. 7950/77 – Comm. EDH, D. 9037/80 – Comm. EDH, 16 avr. 1986, *Amosi Salabiaku c/France*, D. 10519/83, DR 46. 105.
3. V. s[s] n°s 812.12 s.
4. CEDH 17 mars 1997, *Muller c/France*, req. n° 21802/93, S 44, *Rec.* 1997-II ; *RSC* 1997. 685, obs. L.-E. Pettiti ; *RSC* 1998. 165, obs. L.-E. Pettiti ; *RSC* 1998. 384, obs. R. Koering-Joulin.
5. CEDH 3 oct. 2013, *Vosgien c/France*, req. n° 12430/11 ; *AJ pénal* 2014. 36, obs. S. Lavric.
6. Crim. 11 déc. 2018, n° 18-85.460, P n° 208, *JCP* 2019, 74 et 137, obs J.-B. Perrier.
7. CJUE 1re ch. 19 sept. 2018, aff. C-310/18-PPU, *D.* 2018 p. 1809.
8. CJUE, 1re ch. 28 nov. 2019, aff. C-653/19-PPU, *D.* 2019 p. 2355.
9. CJUE, 1re ch. 28 nov. 2019, aff. C-653/19-PPU, *D.* 2019 p. 2355.

811.14 **Proportionnalité.** La question a été posée de savoir si le juge d'instruction et le juge des libertés et de la détention ne devaient pas, dans le cadre de l'instruction préparatoire, évaluer *a priori* les risques qu'une personne soit condamnée à une peine d'emprisonnement avant de prendre une mesure qui soit « techniquement » justifiée par les critères de l'article 144 du code de procédure pénale[1].

Le même questionnement peut habiter le JLD saisi dans le cadre de la comparution immédiate ou le tribunal, dans ce même cadre, ou lorsqu'il doit répondre à une demande de mise en liberté. La Cour constitutionnelle allemande a décidé que la détention ne pourrait être ordonnée lorsqu'elle serait *hors de proportion* avec l'importance de l'affaire et avec la peine ou la mesure de rééducation et de sûreté *qui pourrait être prononcée.*

L'article préliminaire du code de procédure pénale, issu de la loi du 15 juin 2000, dispose que : « les mesures de contraintes dont cette personne peut faire l'objet sont prises sur décision ou sous le contrôle effectif de l'autorité judiciaire. Elles doivent être strictement limitées aux nécessités de la procédure, proportionnées à la gravité de l'infraction reprochée et ne pas porter atteinte à la dignité de la personne ». Il n'est pas totalement déraisonnable au-delà de l'existence ou de l'inexistence dans la procédure des critères de placement en détention, de se situer aussi par rapport à la peine à laquelle risque d'être condamnée la personne.

La loi n° 2019-222 du 23 mars 2019 a ajouté à ce même article préliminaire un alinéa selon lequel au cours de la procédure pénale, les mesures portant atteinte à la vie privée d'une personne ne peuvent être prises, sur décision ou sous le contrôle effectif de l'autorité judiciaire, que si elles sont, au regard des circonstances de l'espèce, nécessaires à la manifestation de la vérité et *proportionnées à la gravité de l'infraction.*

811.15 **Détention provisoire et culpabilité.** La chambre criminelle n'admettait pas qu'à l'occasion du contentieux relatif à la liberté, la personne mise en examen demande que soient appréciées les charges pesant sur elle, et les chambres de l'instruction pouvaient se contenter d'invoquer, dans ces hypothèses, la règle de l'unique objet[2]. Depuis un arrêt important du 14 octobre 2020[3], la chambre criminelle a modifié sa jurisprudence. Elle a jugé que la chambre de l'instruction, à chacun des stades de la procédure, doit s'assurer que les conditions légales de la détention provisoire sont réunies, et *notamment de l'existence d'indices graves ou concordants rendant vraisemblable la participation de la personne mise en examen aux faits reprochés.* Elle a cassé un arrêt de chambre de l'instruction qui avait refusé d'examiner, dans le cadre de l'appel du placement en détention provisoire et de la contestation par l'appelant d'une quelconque participation aux faits, l'existence d'indices graves ou concordants de sa participation, comme auteur ou complice, à l'omission des infractions qui lui étaient reprochées. Elle a, peu de temps après[4], estimé que la chambre de l'instruction, devait à chacun des stades de la procédure, s'assurer, *même d'office,* que les conditions légales des mesures de sûreté étaient réunies, en constatant expressément l'existence de tels indices. Elle a néanmoins estimé, par une décision du 14 avril 2021[5], que la décision de condamnation rendue par une cour d'assises rendait suffisamment compte de l'existence contre l'intéressé d'indices ou de charges, et par une autre décision rendue la veille de la précédente qu'une chambre de l'instruction pouvait se contenter de de faire référence à son arrêt de mise en accusation, « sauf élément nouveau », pour s'assurer ainsi de l'existence des conditions légales de détention.

Il résulte de cette jurisprudence que le tribunal saisi après une instruction préparatoire d'une demande de mise en liberté, et donc après ordonnance de renvoi devenue définitive, peut ne pas répondre à l'argumentation du mis en cause, « sauf élément nouveau ». Après condamnation en premier ressort, et donc en cause d'appel, il semble que la jurisprudence du 14 avril 2021 soit reconductible même si elle concernait une cour d'assises. L'argument est le même : l'intéressé a été condamné en premier ressort sur la base de preuves appréciées par la juridiction de jugement, seule la juridiction d'appel pouvant revenir sur ce point sur l'existence de ces preuves.

Il n'existe pas en revanche à notre connaissance de jurisprudence sur la question de la nécessité pour la juridiction correctionnelle, saisie dans un autre cadre de la question de la détention (par exemple en réponse à une demande de mise en liberté formée par une personne placée en détention dans le cadre de la comparution immédiate avant le jugement au fond), de répondre ou non à des conclusions déposées faisant valoir l'inanité des charges. Il nous est toujours apparu qu'il devait être répondu à de

1. Ch. Guéry et P. Chambon, *Droit et pratique de l'instruction préparatoire*, 11e éd., « Dalloz action », 2022, n° 431.13.
2. Crim. 25 juin 1959, P n° 334 ; *JCP* 1959. II. 11288, concl. Gerthoffer, obs. R. Vouin – Crim. 23 nov. 1977, n° 77-92.506, P n° 364 – récemment : Crim. 4 janv. 2012, n° 11-87.516, NP.
3. Crim. 14 oct. 2020, n° 20-82.961, P ; *D.* 2020. 2014 ; *JCP* 2020.
4. Crim. 27 janv. 2021, n° 20-85.990, P 10 et 23 ; *D.* 2021. 183 ; *JCP* 2021. 226 ; *AJ pénal* 2021. 154, obs. J. Boudot ; *Procédures* 2021, comm. 113, obs. A.-S. Chavent-Leclère ; *RSC* 2021. 135, obs. P.-J. Delage.
5. Crim. 14 avr. 2021, n° 21-80.865, P ; *JCP* 2021. 520.

telles demandes même si la notion d'indices graves ou concordants serait ici impropre.

811.16 Exclusion de la saisine de la Cour de cassation pour avis. L'article 706-64[1] du code de procédure pénale qui autorise, depuis la loi du 15 novembre 2001[2], les juridictions pénales à saisir la Cour de cassation en application de l'article L. 151-1 [devenu L. 441-1 et L. 441-3] du code de l'organisation judiciaire, pour une demande d'avis exclut cette possibilité lorsqu'il y a dans le dossier une personne en détention provisoire.

811.17 Paradoxe en matière de QPC. L'état de détention d'un ou de plusieurs prévenus exclut que le dossier dans lequel une question prioritaire de constitutionnalité est posée, puis transmise, fasse l'objet d'un renvoi à une date ultérieure. Or, la QPC peut intéresser justement les dispositions relatives à la détention provisoire[3]. Ne faut-il pas voir là une imperfection de la procédure applicable ? Mais comment la résoudre ? La Cour de cassation a donné un début de réponse à cette question[4]. Une chambre de l'instruction n'avait pas immédiatement statué sur la question mais avait statué dans un premier temps sur la détention, contrainte par le bref délai imposé par les textes (en l'espèce les quinze jours de l'appel).

La chambre criminelle rappelle que si, lorsque la question est transmise, il n'est pas sursis à statuer jusqu'à réception de la question par la Cour de cassation ou, s'il a été saisi, du Conseil constitutionnel, quand l'instance a pour objet de mettre fin à une mesure privative de liberté, *il appartient cependant à la chambre de l'instruction de statuer sur la transmission de la question prioritaire de constitutionnalité par priorité et sans délai*. Il appartenait à la chambre de l'instruction de statuer sur la transmission de la question et sur le fond dans les délais impartis en matière de détention. Si le Conseil constitutionnel, saisi par la Cour de cassation, donnait raison au demandeur, quelles en seraient les conséquences sur la détention ? Le Conseil constitutionnel indique que « ni cette disposition, ni l'autorité de la chose jugée, ne saurait priver le justiciable de la faculté d'introduire une nouvelle instance pour qu'il puisse être tenu compte de la décision du Conseil constitutionnel »[5]. Dans le cas qui nous intéresse ici, si la chambre de l'instruction a rejeté au fond et transmis la question, puis que le Conseil constitutionnel donne raison au demandeur, celui-ci devrait poser une autre demande de mise en liberté, en invoquant la décision obtenue.

1. C. pr. pén., art. 706-64 ; créé par L. n° 2001-1062, 15 nov. 2001, art. 55 ; mod. par L. n° 2009-1436, 24 nov. 2009, art. 93.
2. L. n° 2001-1062, 15 nov. 2001 relative à la sécurité quotidienne, *JO* 16 nov., p. 18215.
3. V. s[s] n° 624.42.
4. Crim. 2 sept. 2010, n° 10-84.027, P n° 128 ; *AJ pénal* 2010. 557, obs. J.-B. Perrier.
5. C. Maugüé et J.-H. Stahl, *La question prioritaire de constitutionnalité*, 3e éd., « Connaissance du droit », Dalloz, 2017 ; 1re éd., 2011, p. 129.

CHAPITRE

812. Critères et durée de la détention provisoire

SECTION 0
ORIENTEUR

812.00 **Sommaire du chapitre.**

812.01 **Principaux textes applicables.**

TEXTES SOURCES

• C. pr. pén., art. prélim., 115, 135-2, 137, 137-1-1, 139 à 141-2, 141-4, 142-5 à 142-12, 144, 145, 145-1, 145-4, 148 à 148-2, 148-6, 148-7, 149, 179, 186-5, 213, 469, 509-1, 519, 706-45, 706-71, 706-113, 714, 716, 716-4, 718, 803, 803-7

• C. pr. pén., art. R. 57-5, R. 57-5-1, R. 57-5-2, R. 57-6-5, R. 57-8-7, R. 57-8-8, R. 57-8-16, R. 57-8-17, R. 57-8-21 à R. 57-8-23

• C. pr. pén., art. D. 32-1, D. 47-19, D. 403

• C. civ., art. 9-1

• DDHC, art. 9

• Conv. EDH, art. 5, § 3 et 6, § 2

• DUDH, art. 11-1

TEXTES *IN EXTENSO*

* V. s[s] n° 811.01

• **C. pr. pén., art. 509-1** [mod. par L. n° 2019-222, 23 mars 2019, art. 62]

Le prévenu doit comparaître devant la chambre des appels correctionnels dans un délai de quatre mois à compter soit de l'appel, si le prévenu est détenu, soit de la date à laquelle le prévenu a été ultérieurement placé en détention provisoire, en application de la décision rendue en premier ressort.

Toutefois, si l'audience sur le fond ne peut se tenir avant l'expiration de ce délai, le président de la chambre peut, à titre exceptionnel, par une décision mentionnant les raisons de fait ou de droit faisant obstacle au jugement de l'affaire, ordonner la prolongation de la détention pour une nouvelle durée de quatre mois. La comparution personnelle du prévenu est de droit si lui-même ou son avocat en font la demande. Cette décision peut être renouvelée une fois dans les mêmes formes.

Lorsqu'un des faits constitutifs de l'infraction a été commis hors du territoire national ou lorsque la personne est poursuivie pour une infraction mentionnée aux articles 706-73 et 706-73-1, le délai mentionné aux deux premiers alinéas du présent article est porté à six mois.

Si le prévenu n'a pas comparu devant la cour d'appel avant l'expiration des délais prévus au présent article, il est remis immédiatement en liberté s'il n'est pas détenu pour une autre cause.

812.02 **Jurisprudence de référence.**

> La durée de la détention provisoire doit s'apprécier au regard de la nature de l'infraction et de la motivation des décisions

• **CEDH 27 juin 1968,** *Wemhoff c/ Allemagne*, req. n° 2122/64

* V. s[s] n°s 812.15, 812.42, 812.43.

« Il incombe en premier lieu aux autorités judiciaires nationales de veiller à ce que, dans un cas donné, la durée de la détention provisoire d'un accusé ne dépasse pas la limite du raisonnable. À cette fin, il leur faut examiner toutes les circonstances de nature à révéler ou écarter l'existence d'une véritable exigence d'ordre public justifiant, eu égard à la présomption d'innocence, une exception à la règle de respect de la liberté individuelle et en rendre compte dans leurs décisions relatives aux demandes d'élargissement. C'est essentiellement sur la base des motifs figurant dans lesdites décisions ainsi que des faits non controuvés figurant dans lesdites décisions que la Cour doit déterminer s'il y a eu ou non-violation de l'article 5-3 de la convention. »

812.03 **Bibliographie indicative.**

* V. s[s] n° 811.03.

SECTION 1
CRITÈRES POUVANT JUSTIFIER LA DÉTENTION PROVISOIRE DEVANT LE TRIBUNAL CORRECTIONNEL

812.11 L'article 144 du code de procédure pénale[1]**.** Après la modification apportée par la loi du 24 novembre 2009[2], l'article 144 du code de procédure pénale comporte un alinéa et sept paragraphes, ainsi rédigés : « La détention provisoire ne peut être ordonnée ou prolongée que s'il est démontré, au regard des éléments précis et circonstanciés résultant de la procédure, qu'elle constitue l'unique moyen de parvenir à l'un ou plusieurs des objectifs suivants et que ceux-ci ne sauraient être atteints en cas de placement sous contrôle judiciaire ou d'assignation à résidence avec surveillance électronique :

1° Conserver les preuves ou les indices matériels qui sont nécessaires à la manifestation de la vérité ;

2° Empêcher une pression sur les témoins ou les victimes ainsi que sur leur famille ;

3° Empêcher une concertation frauduleuse entre la personne mise en examen et ses coauteurs ou complices ;

4° Protéger la personne mise en examen ;

5° Garantir le maintien de la personne mise en examen à la disposition de la justice ;

6° Mettre fin à l'infraction ou prévenir son renouvellement ;

7° Mettre fin au trouble exceptionnel et persistant à l'ordre public provoqué par la gravité de l'infraction, les circonstances de sa commission ou l'importance du préjudice qu'elle a causé. Ce trouble ne peut résulter du seul retentissement médiatique de l'affaire. Toutefois, le présent alinéa n'est pas applicable en matière correctionnelle. »

812.12 Cas où les critères de l'article 144 du code de procédure pénale doivent être appliqués. Les critères de détention lors de l'instruction préparatoire et ceux applicables devant la juridiction de jugement sont-ils les mêmes ? Toute la détention provisoire pendant la phase de l'instruction préparatoire est concernée par l'application de l'article 144 du code de procédure pénale, mais ce n'est pas le cas de toutes les occasions où le tribunal correctionnel intervient.

Dans le cadre de la *comparution immédiate* tout d'abord, les articles 396 et 397-3 font tous deux références à l'article 144 du code de procédure pénale. Le premier concerne la possibilité pour le JLD saisi en raison de l'impossibilité de réunion du tribunal le jour même, de délivrer mandat de dépôt. Le second est relatif à la possibilité ouverte à la juridiction de jugement, lorsque le prévenu demande un délai pour préparer sa défense, de le placer sous contrôle judiciaire, sous assignation à résidence ou en détention provisoire jusqu'à sa comparution.

Le maintien en détention ordonné à l'issue d'une procédure de comparution immédiate en application de l'article 397-2 du code de procédure pénale, qui a pour effet de maintenir la personne poursuivie sous main de justice jusqu'à sa comparution, le jour même, devant un juge d'instruction, échappe aux prescriptions de l'article 144 du même code[3]. Le moyen qui portait sur la nécessité d'un débat sur l'opportunité du prononcé de ce maintien manquait en fait puisque ce débat avait eu lieu. La décision ne justifie en conséquence aucunement l'absence de débat sur cette opportunité qui paraît, bien au contraire, plus que souhaitable.

Il en est de même dans le cadre de la comparution à délai différé prévue par l'article 397-1-1 du code de procédure pénale qui renvoie à l'article 396 qui évoque l'article 144 du même code.

Dans le cadre de la *période postérieure à la fin d'une information judiciaire*, le JLD, saisi par le procureur de la République du lieu de l'arrestation, peut, sur les réquisitions du procureur de la République, soit placer la personne sous contrôle judiciaire, soit ordonner son placement en détention provisoire jusqu'à sa comparution devant la juridiction de jugement, par ordonnance motivée conformément aux dispositions de l'article 144, rendue à l'issue d'un débat contradictoire organisé conformément aux dispositions des quatrième à neuvième alinéas de l'article 145.

Quant au tribunal correctionnel, lorsqu'il est saisi dans le cadre de la comparution immédiate, sa décision est rendue suivant les modalités prévues par les articles 137-3 et 464-1 et motivés par référence aux dispositions des 1° à 6° de l'article 144 du code de procédure pénale[4].

Lorsqu'il est saisi d'une demande de mise en liberté sur le fondement de l'article 148-1, le tribunal vise en général encore les critères de l'article 144 bien qu'aucune règle stricte ne puisse être énoncée[5].

812.13 L'ordre public ne peut justifier le placement en détention provisoire. Lorsque les textes renvoient à l'article 144 du code de procédure pénale,

1. C. pr. pén., art. 144 ; mod. par L. n° 2009-1436, 24 nov. 2009, art. 93.
2. L. n° 2009-1436, 24 nov. 2009 pénitentiaire, *JO* 25 nov., p. 20192, art. 144.
3. Crim. 5 févr. 2019 n° 18-86.405, P n° 32, *AJ pénal* 2019. 212 obs E. Clément, *D.* 2019. 259 ; *Procédures* 2019, comm. 134.
4. C. pr. pén., art. 397-3.
5. V. s^s n° 814.57.

le renvoi ne s'effectue qu'aux alinéas 1 à 6. Ceci *exclut le recours au critère de l'ordre public* qui figure au 7e alinéa de cet article. Le critère de l'ordre public n'est plus applicable en matière correctionnelle que ce soit devant le juge d'instruction ou devant une autre juridiction.

Toutefois, pour une raison qui tient sans doute plus à un défaut de coordination qu'à une véritable volonté de déroger à ce principe, l'article 135-2 du code de procédure pénale continue à renvoyer à l'article 144 sans autre précision [1].

812.14 Nécessité de mettre fin à l'infraction ou d'éviter son renouvellement. Ce critère est d'une utilisation usuelle et plusieurs facteurs sont souvent relevés. La nature de l'infraction est parfois citée comme susceptible par elle-même de susciter un renouvellement des faits. Tel est le cas par exemple de la dépendance toxicomaniaque souvent relevée comme un trait susceptible de susciter la répétition. Il convient de se montrer particulièrement prudent devant cette conception qui permettrait d'établir des catégories d'infractions susceptibles de se renouveler en fonction de leur nature. Mais le second facteur, le plus déterminant, est sans aucun doute le casier judiciaire de l'intéressé. La prévision de l'avenir se lit-elle dans le passé ? En tout cas, la répétition des infractions est un signe de la possibilité de leur renouvellement. Il n'est pas concevable toutefois de refuser au prévenu toute possibilité de changer de vie à un moment ou l'autre de son existence. La chambre criminelle a jugé que justifie sa décision, sans porter atteinte à la présomption d'innocence, la cour d'appel qui rejette la demande de mise en liberté du demandeur, faisant état d'une condamnation de l'intéressé par arrêt d'une cour d'appel à trois ans d'emprisonnement avec mandat de dépôt et à une interdiction définitive du territoire français, décision frappée d'un pourvoi en cassation [2]. La Cour européenne des droits de l'Homme a admis dans son arrêt *Toth c/ Autriche* du 12 décembre 1991 [3] que l'existence de condamnations précédentes pour des délits similaires peut conduire les autorités à redouter raisonnablement que l'inculpé ne se livre à de nouveaux agissements délictueux.

Mais elle a aussi rappelé dans l'arrêt *Muller c/ France* du 17 mars 1997, que la seule référence aux antécédents ne peut suffire à justifier le refus de mise en liberté [4]. Ceci est d'autant plus remarquable que dans les différentes décisions de l'espèce, la référence aux risques de renouvellement n'était qu'un critère parmi d'autres.

Muller était poursuivi pour avoir commis en 1988 divers vols à main armée. Il fut détenu du 13 décembre 1988 jusqu'à l'automne 1992, moment de son procès devant la cour d'assises. Après avoir rappelé que les risques de collusion entre les personnes impliquées avaient dû cesser le jour du renvoi du requérant et de ses complices devant la cour d'assises, rappelé que le risque de fuite ne peut s'apprécier sur la seule base de la gravité de la peine encourue, la Cour énonce que « la seule référence aux antécédents ne peut suffire à justifier le refus de mise en liberté ». Elle en avait déjà décidé ainsi dans son arrêt *Clooth c/ Belgique* du 12 décembre 1991 [5].

812.15 Garanties de représentation de la personne en justice. Le motif anglo-saxon pouvant justifier par excellence le placement ou le maintien en détention provisoire est celui des risques de fuite qui figure dans notre code de procédure pénale sous le nom de « garanties de représentation ».

Les risques de fuite sont appréciés au regard de la gravité de l'infraction et des garanties, souvent financières, de la personne, le cautionnement étant un mode de sûreté privilégié dans le droit anglo-saxon, beaucoup plus que dans la tradition française. Il est souvent facile de prétendre que telle personne ne présente pas de garanties suffisantes de représentation devant la justice française. On trouve souvent ce critère énoncé à propos d'individus qui n'ont pas de domicile fixe ou qui sont étrangers. Si la situation est parfois délicate dans ces hypothèses, il est impossible de prétendre que le fait de ne pas avoir de domicile en France doit forcément amener une juridiction quelle qu'elle soit à privilégier le placement en détention provisoire [6].

Il existe quelques signes plus objectifs qui peuvent laisser penser que la personne risque de ne pas se présenter devant la justice : il en est ainsi lorsqu'elle a déjà tenté d'échapper à sa responsabilité pénale, en ne répondant pas à diverses convocations ou lorsqu'un mandat d'amener ou d'arrêt a été nécessaire pour pouvoir l'entendre, ou que la majorité des condamnations rendues contre elle l'a été par jugement de défaut ou contradictoire à signifier.

La Cour de cassation a décidé qu'il n'importait que la peine encourue ne figure pas au nombre des cas prévus par l'article 144 du code de procédure pénale dès lors qu'elle n'était retenue par les juges que comme l'un des éléments de fait rendant la

1. SUR le cadre d'utilisation de l'article 135-2, v. s^s n°s 813.11 s.
2. Crim. 12 oct. 2016, n° 16-84.711, P n° 264 ; *JCP* 2016. 1244.
3. CEDH 12 déc. 1991, *Toth c/ Autriche*, req. n° 11894/85, § 70 ; *RSC* 1992. 367, obs. L.-E. Pettiti.
4. CEDH 17 mars 1997, *Muller c/ France*, req. n° 21802/93, *Rec.* 1997-II ; *RSC* 1997. 685, obs. L.-E. Pettiti ; *RSC* 1998. 165, obs. L.-E. Pettiti ; *RSC* 1998. 384, obs. R. Koering-Joulin.
5. CEDH 12 déc. 1991, *Clooth c/ Belgique*, req. n° 12718/87, § 40 ; *RSC* 1992. 366, obs. L.-E. Pettiti.
6. SUR le principe de proportionnalité, v. s^s n° 811.14.

détention nécessaire pour garantir le maintien de l'inculpé à la disposition de la justice[1].

La Cour européenne des droits de l'Homme a quant à elle émis un avis beaucoup plus précis en déclarant que le risque de fuite *ne peut s'apprécier uniquement sur la base de la gravité de la peine encourue*[2].

Dans l'affaire *Neumeister* du 27 juin 1968, la Cour décide que le risque de fuite s'apprécie en fonction du caractère de l'intéressé, de sa moralité, de son domicile, de sa profession, de ses ressources, de ses liens de famille[3].

Dans l'arrêt *Stögmüller* du 10 novembre 1969, la Cour ajoute à ces éléments celui de l'importance de la peine envisageable et l'intolérance particulière de l'accusé pour la détention[4]. Encore, les circonstances de l'arrestation, des transferts de fonds, des voyages et des relations du requérant à l'étranger peuvent accréditer l'idée d'un tel danger[5]. Mais lorsque la détention ne se prolonge qu'en raison de la crainte de voir l'intéressé prendre la fuite, il échet de l'élargir s'il peut fournir des garanties adéquates de représentation par exemple le versement d'une caution[6].

812.16 **Nécessité d'éviter une concertation frauduleuse.** L'article 144 du code de procédure pénale dispose également que la détention peut être nécessaire pour éviter une concertation frauduleuse entre auteurs et complices de l'infraction. Ce critère est largement utilisé dans le cadre de l'instruction préparatoire, lorsqu'une enquête est en train de se réaliser, dans laquelle il est préférable que l'un des prévenus ne puisse interférer. Ce critère est d'une application moins évidente devant la juridiction correctionnelle puisque, si le dossier est présenté devant la juridiction de jugement, c'est qu'il est en état d'être jugé. Il peut pourtant être utilisé puisque les personnes peuvent se concerter jusqu'à l'audience sur le fond. Pourtant, l'article 179 du code de procédure pénale, qui donne la liste des critères de maintien en détention, n'en fait plus mention. Il est donc assez curieux qu'il demeure dans les alinéas auxquels renvoient les articles 135-2, 396, 397-3 du code de procédure pénale.

812.17 **Nécessité d'éviter des pressions sur les témoins ou victimes.** La plupart des infractions correctionnelles, mais pas toutes, comportent des victimes. L'utilisation de ce critère doit donc être appréciée *in concreto*, en évitant l'idée selon laquelle ce risque de pression pourrait exister quelle que soit l'importance, quel que soit le contexte, quelles que soient les déclarations des uns et des autres dans une affaire pénale. Si un certain nombre de cas nécessitent que le juge ne prenne pas le risque de laisser le prévenu en situation de pouvoir exercer des pressions, il en est bien d'autres où ce risque est purement hypothétique. Certaines situations peuvent se contenter d'un contrôle judiciaire, voire désormais d'une assignation à résidence avec placement sous surveillance électronique.

812.18 **Autres critères.** Les autres critères de l'article 144 du code de procédure pénale trouvent peu souvent l'occasion d'une application devant le tribunal correctionnel.

La préservation des preuves n'est plus d'actualité, puisque l'affaire n'est pas l'objet d'une information. Ce critère peut toutefois trouver à s'appliquer dans l'hypothèse où la juridiction ordonnerait, dans le cadre d'une saisine sur comparution immédiate, un supplément d'information.

De même, il est rare que la juridiction de jugement ordonne une détention provisoire en motivant sur la nécessaire protection du prévenu.

812.19 **Conformité de la législation française à la convention européenne des droits de l'Homme.** Selon l'article 55 de la Constitution, la convention européenne des droits de l'homme a un statut juridique supérieur à celui de la loi française. Son article 5, § 1, prévoit que : « Nul ne peut être privé de sa liberté sauf dans les cas suivants et selon les règles légales : [...] c) s'il est arrêté ou détenu en vue d'être conduit devant l'autorité judiciaire compétente, lorsqu'il y a des raisons plausibles de soupçonner qu'il a commis une infraction ou qu'il y a des motifs raisonnables de croire à la nécessité de l'empêcher de commettre une infraction ou de s'enfuir après l'accomplissement de celle-ci. »

Les raisons plausibles se suffisent à elles-mêmes pour pouvoir justifier le placement en détention au moins pendant un temps.

C'est pourquoi la chambre criminelle estime que « le code de procédure pénale institue des garanties supérieures à la convention »[7], puisque le code de

1. Crim. 6 mars 1986, n° 85-96.526, P n° 94 ; *JCP* 1986. II. 315 – Crim. 21 août 1990, n° 90-83.745, P n° 304.
2. CEDH 26 juin 1991, *Letellier c/ France*, req. n° 12369/86 ; *D.* 1992. 328, obs. J.-F. Renucci ; *RSC* 1991. 805, obs. L.-E. Pettiti – CEDH 27 août 1992, *Tomasi c/ France*, req. n° 12850/87, § 98 ; *AJDA* 1993. 105, chron. J.-F. Flauss ; *D.* 1993. 383, obs. J.-F. Renucci ; *RSC* 1993. 33, obs. F. Sudre ; *RSC* 1993. 142, obs. L.-E. Pettiti – CEDH 26 janv. 1993, *W. c/ Suisse*, req. n° 14379/88, § 33 ; *RSC* 1994. 362, obs. R. Koering-Joulin.
3. CEDH 27 juin 1968, *Neumeister c/ Autriche*, req. n° 1936/63, série A, n° 8.
4. CEDH 10 nov. 1969, *Stögmüller c/ Autriche*, req. n° 1602/62, série A, n° 9, p. 39, § 4.
5. CEDH 10 nov. 1969, *Matznetter c/ Autriche*, req. n° 2178/64, § 11.
6. CEDH 27 juin 1968, *Wemhoff c/ Allemagne*, req. n° 2122/64, § 15, série A n° 7.
7. Crim. 6 mars 1986, nos 85-94.597, 85-96.526, P n° 94 ; *D.* 1986. 315, note M. Mayer.

procédure pénale prévoit qu'en dehors des raisons plausibles de soupçonner qu'une personne a commis une infraction, il doit y avoir application d'au moins l'un des critères prévus par l'article 144 du code de procédure pénale.

La Cour de cassation affirme, depuis un arrêt du 6 mars 1986[1], que l'article 5, § 1, de la convention européenne des droits de l'homme s'applique à la détention provisoire. Le contrôle de conformité ne diffère pas de celui du contrôle de l'application du code de procédure pénale, dès lors que les règles posées par ce dernier sont considérées comme plus rigoureuses[2].

SECTION 2
DURÉE DE LA DÉTENTION PROVISOIRE

§ 1
Renvoi par le magistrat instructeur

812.21 Ordonnance de renvoi devant le tribunal correctionnel. Les règles de durée de l'instruction préparatoire ne s'appliquent plus après le renvoi de l'affaire devant le tribunal correctionnel.

Les articles 145-1 et 145-2 du code de procédure pénale fixent une durée limitée de la détention provisoire, en matière correctionnelle et criminelle, en fonction de la nature de l'infraction et des antécédents de la personne mise en examen. Mais l'ordonnance de règlement met fin à cette réglementation qui demeure particulière à l'instruction préparatoire.

Le dessaisissement des juridictions d'instruction par l'ordonnance ou l'arrêt de renvoi devant le tribunal correctionnel met fin de plein droit à la détention[3] provisoire[4].

812.22 Ordonnance de maintien en détention provisoire. Toutefois, lors de son renvoi devant le tribunal correctionnel, le prévenu peut être maintenu en état de détention provisoire jusqu'à sa comparution devant ce tribunal par une ordonnance distincte spécialement motivée d'après les éléments de l'espèce, par référence à certains critères de l'article 144[5].

Mais la période ouverte par l'ordonnance de maintien en détention, si elle est considérée comme de la détention provisoire au regard de son imputation sur la peine, n'est plus concernée par les règles de prolongation.

La chambre criminelle a eu l'occasion de trancher cette question à plusieurs reprises à propos des dispositions de l'alinéa 2 de l'article 11 de l'ordonnance du 2 février 1945, limitant à deux mois, en matière correctionnelle, la détention provisoire des mineurs âgés d'au moins seize ans lorsque la peine encourue n'est pas supérieure à sept ans d'emprisonnement[6]. Ces dispositions ne sont applicables que jusqu'à l'ordonnance de règlement. À compter de cette décision, seules sont applicables, conformément à l'article 9 de l'ordonnance précitée, les dispositions de l'article 179 du code de procédure pénale[7]. Dès lors, même si l'hypothèse semble marginale compte tenu des délais d'instruction, un tel mineur peut faire l'objet d'une détention provisoire devant le juge d'instruction durant deux mois, puis d'un maintien en détention de deux mois également dans l'attente de son jugement. Désormais, la loi a inscrit ce principe dans l'article 186-5 du code de procédure pénale, issu de la loi du 3 juin 2016, qui dispose que : « Les délais relatifs à la durée de la détention provisoire prévus aux articles 145-1 à 145-3 ne sont plus applicables lorsque le juge d'instruction a rendu son ordonnance de renvoi devant la juridiction de jugement, même en cas d'appel formé contre cette ordonnance. »

§ 2
Imputation sur la peine

812.31 Principe de l'imputation de la détention provisoire sur la peine. L'article 716-4[8] du code de procédure pénale dispose, dans sa dernière version issue de la loi du 3 juin 2016 : « Quand il y a eu détention provisoire à quelque stade que ce soit de la procédure, cette détention est intégralement déduite de la durée de la peine prononcée ou, s'il y a lieu, de la durée totale de la peine à subir après confusion. Il en est de même, s'agissant d'une détention provisoire ordonnée dans le cadre d'une procédure suivie pour les mêmes faits que ceux ayant donné lieu à condamnation, si cette procédure a été ultérieurement annulée.

1. Crim. 6 mars 1986, n°s 85-94.597, 85-96.526, préc.
2. Sur le contrôle de l'article 5, § 3, de la convention européenne des droits de l'Homme, v. s^{s} n° 812.45.
3. Crim. 15 mars 1994, n° 93-85.906, P n° 96.
4. C. pr. pén., art. 179, al. 2 ; art. 213, al. 2.
5. C. pr. pén., art. 179, al. 3.
6. Dispositions reprises par CJPM, art. L. 334-4 et L. 334-5.
7. Crim. 13 oct. 1992, n° 92-82.414, P n° 319 ; *JCP* 1993. IV. 182 ; *Dr. pénal* 1993, n° 51 – Crim. 18 juin 1997, n° 97-82.008, P n° 244 – AUSSI : Fort-de-France, ch. acc., 16 févr. 2000, RG n° 31/2000, *BICC* 518, n° 937 – Crim. 19 sept. 2001, n° 01-84.787, P n° 186 – Crim. 23 nov. 2005, n° 05-85.359, P n° 309 ; *AJ pénal* 2006. 86, obs. C. Girault.
8. C. pr., art. 716-4 ; mod. par L. n° 2016-731, 3 juin 2016, art. 12.

Les dispositions de l'alinéa précédent sont également applicables à la privation de liberté subie en exécution d'un mandat d'amener ou d'arrêt, à l'incarcération subie hors de France en exécution d'un mandat d'arrêt européen ou sur la demande d'extradition et à l'incarcération subie en application du septième alinéa de l'article 712-17, de l'article 712-19, de l'article 728-67 et de l'article 747-3.

Quand il y a eu détention provisoire à quelque stade que ce soit de la procédure, cette détention est également intégralement déduite de la durée de la période de sûreté dont la peine est, le cas échéant, accompagnée nonobstant l'exécution simultanée d'autres peines d'emprisonnement ».

Le séjour d'un mineur dans un établissement où il a été placé par ordonnance de garde provisoire conformément aux articles 10[1] et 11[2] de l'ordonnance du 2 février 1945[3] n'est pas assimilable à la détention provisoire et ne saurait être imputé sur la peine d'emprisonnement prononcée par la suite contre le mineur[4].

812.32 Confusion de plusieurs peines. En cas de confusion de plusieurs peines, cette déduction doit s'appliquer à la détention provisoire subie à raison de l'une quelconque des peines confondues[5]. Le séjour d'un mineur dans un établissement où il a été placé par ordonnance de garde provisoire conformément aux articles 10[6] et 11[7] de l'ordonnance du 2 février 1945 n'est pas assimilable à la détention provisoire et ne saurait être imputé sur la peine d'emprisonnement prononcée par la suite contre le mineur.

812.33 Détention provisoire subie à l'étranger. L'article 716-4 du code de procédure pénale n'exclut pas de son domaine d'application la détention provisoire subie à l'étranger pour des faits jugés en France, mais prévoit au contraire, en termes généraux, que quand il y a eu détention provisoire à quelque stade que ce soit de la procédure, cette détention est intégralement déduite de la durée de la peine prononcée, et il n'y a donc pas lieu à renvoi au Conseil constitutionnel de la question relative à ces dispositions[8].

La chambre criminelle a ensuite jugé qu'il se déduit de l'article 716-4 du code de procédure pénale que la détention provisoire subie à l'étranger pour des faits jugés en France est intégralement déduite de la durée de la peine prononcée[9]. La loi du 3 juin 2016 a modifié l'article 716-4 en y ajoutant son dernier alinéa qui dispose que « quand il y a eu détention provisoire à quelque stade que ce soit de la procédure, cette détention est également intégralement déduite de la durée de la période de sûreté dont la peine est, le cas échéant, accompagnée nonobstant l'exécution simultanée d'autres peines d'emprisonnement ».

§ 3
Délai raisonnable

812.41 Délai raisonnable dans le code de procédure pénale[10]. Depuis la loi du 30 décembre 1996, l'article 144-1 du code de procédure pénale dispose que la détention provisoire ne peut excéder un délai raisonnable, au regard de la gravité des faits et des investigations nécessaires. Plusieurs arrêts de cassation sont intervenus mais simplement parce qu'il n'avait pas été répondu aux moyens des mémoires qui faisaient état d'un dépassement de la durée raisonnable de la détention.

Suivant le même raisonnement que pour l'article 5, § 3, de la convention européenne des droits de l'homme, la Cour de cassation ne contrôle pas la durée de la détention mais seulement s'il est répondu aux arguments présentés. Surtout, l'article 144-1 ne s'applique pas après que l'instruction a pris fin.

La loi du 8 avril 2021[11] a ajouté un alinéa à l'article 144-1 aux termes duquel, sans préjudice des dispositions de l'article 803-8 garantissant le droit de la personne d'être détenue dans des conditions respectant sa dignité, le juge d'instruction ou, s'il est saisi, le juge des libertés et de la détention doit ordonner la mise en liberté immédiate de la personne placée en détention provisoire, selon les modalités prévues à l'article 147, dès que les condi-

1. Ord. n° 45-174, 2 févr. 1945, art. 10 ; mod. par L. n° 2016-1547, 18 nov. 2016, art. 29.
2. Ord. n° 45-174, 2 févr. 1945, art. 11 ; mod. par L. n° 2011-939, 10 août 2011, art. 38.
3. Ord. n° 45-174, 2 févr. 1945 relative à l'enfance délinquante, *JO* 4 févr., p. 530.
4. Lyon, 30 août 1948, *D.* 1950. 28, note Vouin.
5. Crim. 26 févr. 1974, n° 73-91.611, P n° 80.
6. Ord. n° 45-174, 2 févr. 1945 : mod. par L. n° 2016-1547, 18 nov. 2016, art. 29.
7. Ord. n° 45-174, 2 févr. 1945 : mod. par L. n° 2011-939, 10 août 2011, art. 38.
8. Crim. 5 oct. 2011, n° 11-90.087, P n° 196 ; *D.* 2011. 2811, note N. Maziau ; *JCP* 2011. 1320.
9. Crim. 13 mars 2013, n° 12-83.024, P n° 64 ; *D.* 2013. 915 ; *AJ pénal* 2013. 425, obs. J. Lasserre Capdeville ; *JCP* 2013. 470, *Dr. pénal* 2013, comm. 84, V. Peltier.
10. C. pr. pén., art. 144-1.
11. L. n° 2021-403, 8 avr. 2021 tendant à garantir le droit au respect de la dignité en détention, *JO* 9 avr., n° 3 ; *Dr. pénal* 2021, alerte 24, W. Roumier ; *AJ pénal* 2021. 169, obs. M. Léna ; *D.* 2021. 736, obs. A. Ponseille et M. Afroukh ; *JCP* 2021. 458, aperçu rapide par M. Giacopelli ; *Dr. pénal* 2021, alerte 38, W. Roumier ; *RSC* 2021. 469, obs. J.-B. Perrier ; *Procédures* 2021, alerte 12, focus par M. Giacopelli. V. s[s] n° 814.81.

tions prévues à l'article 144 et au présent article ne sont plus remplies.

812.42 Durée raisonnable (Conv., EDH, art. 5, § 3). La convention indique seulement, dans son article 5, § 3, que : « Toute personne arrêtée ou détenue dans les conditions prévues au § 1, c) du présent article doit être aussitôt traduite devant un juge ou un autre magistrat habilité par la loi à exercer des fonctions judiciaires et a le droit d'être jugée dans un délai raisonnable ou libérée pendant la procédure. La mise en liberté peut être subordonnée à une garantie assurant la comparution de l'intéressé à l'audience. »[1]

La Cour européenne des droits de l'Homme estime qu'il est impossible de traduire le délai raisonnable de l'article 5, § 3 en « un nombre fixe de jours, de semaines, de mois ou d'années ou en des durées variant suivant la gravité de l'infraction »[2]. Selon la jurisprudence de la Cour, la persistance de raisons plausibles de soupçonner la personne arrêtée d'avoir accompli une infraction est une condition *sine qua non* de la régularité de la détention[3] mais au bout d'un certain temps, elle ne suffit plus : d'autres motifs doivent alors être recherchés qui pourraient légitimer la prolongation de la détention provisoire[4].

La jurisprudence de la Cour relative à la durée raisonnable s'est développée tant sur la base du délai de détention provisoire[5] que sur celle du caractère raisonnable de la durée de la procédure[6]. La Cour apprécie toujours ces délais « *suivant les circonstances de la cause* » et s'attache en ce qui concerne la nature du litige, à son degré de complexité et à l'enjeu de la procédure pour le requérant. Elle porte aussi son attention au comportement des parties privées et examine notamment le rôle qu'elles ont pu tenir dans l'allongement de la procédure, et plus particulièrement en matière pénale :

- les changements répétés d'avocat ;
- la formulation de faits nouveaux qu'il a fallu contrôler ;
- la non-comparution ou de la fuite ;
- le retard mis à indiquer le nom de témoins dont on désire l'audition ;
- l'utilisation intégrale des voies de recours.

En ce qui concerne le comportement des autorités compétentes, la Cour relève également leur rôle dans l'allongement de la procédure et plus particulièrement en matière pénale :

- la durée inhabituelle de l'instruction ;
- l'absence prolongée d'interrogatoire ou de confrontation ;
- le retard à clore l'instruction ;
- le retard à renvoyer un inculpé en jugement ;
- l'irrégularité de la citation d'un témoin ;
- la non-utilisation par une juridiction de son pouvoir d'ordonner une pièce d'une importance capitale ; et plus généralement de longues périodes d'« inactivité » ou de « stagnation »[7].

812.43 Jurisprudence de la CEDH sur le délai raisonnable de l'article 5, § 3 de la convention. La convention européenne des droits de l'homme n'a pas fixé de délai au-delà duquel une détention ou une procédure seraient obligatoirement contraires à l'exigence de délai raisonnable. La Cour elle-même décide que : [la situation doit] « s'apprécier dans chaque cas suivant les circonstances de la cause, lesquelles sont d'une extrême variété [...] il incombe en premier lieu aux autorités judiciaires nationales de veiller à ce que, dans un cas donné, la durée de la détention provisoire ne dépasse pas la limite du raisonnable. À cette fin, il leur faut examiner toutes les circonstances de nature à révéler ou écarter l'existence d'une exigence d'ordre public, justifiant, eu égard à la présomption d'innocence, une exception à la règle du respect de la liberté individuelle, et en rendre compte dans leurs décisions relatives aux demandes d'élargissement. »[8]

C'est là qu'interviennent les critères de placement ou de prolongation de la détention examinés ci-dessus : la détention provisoire ne se prolonge de manière raisonnable que si elle se fonde sur des motifs sérieux. Nous avons dit que, selon la Cour, la persistance de raisons plausibles de soupçonner la personne arrêtée d'avoir commis une infraction est une condition *sine qua non* de la régularité de son maintien en détention mais au bout d'un certain temps elle ne suffit plus : la cour doit établir si les autres motifs adoptés par les autorités judiciaires continuent à légitimer la privation de liberté. Quand ceux-ci se révèlent « pertinents et suffisants », la cour recherche

1. V. aussi s[s] n° 521.41.
2. CEDH 10 nov. 1969, *Stögmüller*, req. n° 1602/62.
3. CEDH 10 nov. 1969, *Stögmüller*, préc., § 4.
4. CEDH 10 nov. 1969, *Stögmüller*, préc., § 4 – AUSSI : CEDH 27 juin 1968, *Wemhoff*, req. n° 2122/64, préc., § 12 – SUR CES POINTS : L.-E. Pettiti, *RSC* 1991. 805.
5. Conv. EDH, art. 5, § 3.
6. Conv. EDH, art. 6, § 1.
7. SUR CES POINTS : M.-A. Eissen, « La durée des procédures civiles et pénales dans la jurisprudence de la Cour européenne des droits de l'Homme », *BICC* 1er oct. 1995, p. 3.
8. CEDH 27 juin 1968, *Wemhoff c/ RFA*, req. n° 2122/64, préc. – CEDH 26 janv. 1993, *W... c/ Suisse*, req. n° 14379/88 ; § 33 ; *RSC* 1994. 362, obs. R. Koering-Joulin : dans laquelle une détention de quatre ans et trois jours n'est pas considérée comme déraisonnable au sens de l'article 5, § 3, de la convention – alors que la France était condamnée deux ans et sept mois de détention : CEDH 26 juin 1991, *Letellier c/ France*, req. n° 12369/86 ; *D.* 1992. 328, obs. J.-F. Renucci – et à deux ans et dix mois de détention : CEDH 27 nov. 1991, *Kemmache c/ France*, req. n°s 12325/86, 14992/89.

de surcroît si les autorités nationales ont apporté une « diligence particulière à la procédure judiciaire ». Parmi les critères utilisés le plus fréquemment par la Cour, on retrouve la complexité de l'affaire, la gravité de l'infraction, le risque de suppression des preuves, le risque de fuite, la dangerosité de l'inculpé[1] ... Ainsi, par exemple, dans l'arrêt *I.A. c/ France* du 23 septembre 1998[2], la cour souligne la pauvreté de la motivation des juridictions françaises pour justifier qu'une détention provisoire dure plus de cinq ans. Les critères peuvent être opérants en début de procédure mais perdre de leur force avec le temps : « Viole l'article 5, § 3 de la convention, la détention du requérant d'une durée de 4 ans deux mois et dix jours, les motifs de risque de fuite et de préservation de l'ordre public et de risque de renouvellement de l'infraction ainsi que de collusion entre les coaccusés ayant perdu en grande partie de leur pertinence et leur suffisance au fil du temps, et l'examen de la conduite de la procédure révélant que la longueur de la détention incriminée a pour cause un manque de diligence des juridictions d'instruction et n'est imputable, pour l'essentiel, ni à la complexité de l'affaire, cependant certaine, ni au comportement du requérant. »[3]

Par cinq arrêts du 26 janvier 2012[4], la Cour a condamné la France au sujet de détentions allant de quatre ans et huit mois à cinq ans et dix mois. Selon la Cour, ce type de détention « apparaît *prima facie* déraisonnable et doit être accompagnée de justifications particulièrement fortes ».

Dans une décision du 22 mai 2012[5], la Grande Chambre rappelle que le caractère raisonnable de la durée d'une détention provisoire ne peut être apprécié de manière abstraite : la nécessité de maintenir la privation de liberté ne peut s'apprécier en fonction du seul élément de la gravité de la peine encourue ; la continuation d'une détention ne saurait servir à anticiper sur une peine privative de liberté ; la poursuite de l'incarcération ne se justifie, dans un cas donné, que si des indices concrets révèlent une véritable exigence d'intérêt public prévalant, malgré la présomption d'innocence, sur la règle du respect de la liberté individuelle.

La France est ensuite et encore condamnée dans l'affaire *Vosgien* le 3 octobre 2013[6] du fait de l'insuffisance des motivations des décisions sur la détention pour un temps de détention de quatre ans et trois mois. Dans cette affaire, on note que le risque de fuite n'a pas été assez motivé au regard des données concrètes du dossier (garanties proposées par le requérant, dont la remise de son passeport, une promesse d'embauche et une attestation de résidence dans le ressort de la cour d'assises) et que le risque de récidive a été estimé pour partie non fondé dès lors que la précédente condamnation était sans rapport avec les faits faisant l'objet de la procédure[7].

812.44 Contrôle formel de la chambre criminelle. La chambre criminelle voit dans le respect de l'article 5, § 3, de la convention européenne des droits de l'homme, une question de pur fait qui échappe à son contrôle. Il n'existe donc pas de décision d'invalidation d'une détention fondée sur sa durée non raisonnable. La chambre criminelle contrôle seulement le point de savoir si les juges du fond ont répondu à la question du délai si celle-ci a été soulevée[8].

Par ailleurs, la sanction de la violation de l'article 5, § 3, est la remise en liberté mais n'a pas de conséquence sur la validité de la procédure[9].

Quand la violation de l'article 5, § 3, de la convention européenne des droits de l'homme est invoquée, la chambre de l'instruction doit en effet, à

1. SUR LES AFFAIRES concernant la France : CEDH 26 juin 1991, *Letellier c/ France*, req. n° 12369/86 ; *D.* 1992. 328, obs. J.-F. Renucci ; *RSC* 1991. 805, obs. L.-E. Pettiti – CEDH 27 nov. 1991, *Kemmache c/ France*, req. n°s 12325/86, 14992/89, § 45 ; *D.* 1992. 329, obs. J.-F. Renucci ; *RSC* 1992. 143, obs. L.-E. Pettiti – CEDH 20 mars 2001, *Bouchet c/ France*, req. n° 33591/96, *BICC* 535, n° 495 – CEDH 9 nov. 1999, *Debboud c/ France*, req. n° 37786/97 ; *BICC* 506, n° 1 ; *D.* 2000. 180, obs. J.-F. Renucci ; *RSC* 2000. 239, obs. F. Massias – CEDH 31 juill. 2001, *Zannouti c/ France*, req. n° 42211/98, § 43 – CEDH 6 janv. 2004, *Rouille c/ France*, req. n° 50268/99 ; *D.* 2004. Somm. 989, obs. H. Mehdi – CEDH 31 mai 2005, *Dumont-Maliverg c/ France*, req. n°s 57547/00, 68591/01, *BICC* 623, n° 1380 – CEDH 13 sept. 2005, *Gosselin c/ France*, req. n° 66224/01 – CEDH 26 sept. 2006, *Bernard c/ France*, req. n° 27678/02 – AUSSI SUR CES AFFAIRES : Ch. Guéry et P. Chambon, *Droit et pratique de l'instruction préparatoire*, 9e éd., « Dalloz action », 2015, n° 144.
2. CEDH 23 sept. 1998, *I.A. c/ France*, req. n° 28213/95, *Rec.* 1998-VII, p. 2978 ; *RSC* 1999. 384, obs. R. Koering-Joulin.
3. CEDH 9 nov. 1999, *Debboub alias Husseini Ali c/ France*, req. n° 37786/97, préc. – CEDH 28 sept. 1999, *Debboub* et *Civet*, req. n° 29340/95, *RSC* 2000. 239, obs. F. Massias.
4. CEDH 26 janv. 2012, *Berasategi c/ France*, req. n° 29095/09 ; *D.* 2012. 362 ; *AJ pénal* 2012. 231, obs. S. Lavric.
5. CEDH, gr. ch., 22 mai 2012, *Idalov c/ Russie*, req. n° 5826/03 ; *RSC* 2012. 687, obs. J.-P. Marguénaud.
6. CEDH 3 oct. 2013, *Vosgien c/ France*, req. n° 12430/11 ; *JCP* 2013. 1230, Libre propos D. Marais ; *AJ pénal* 2014. 36, obs. S. Lavric.
7. POUR UNE DÉTENTION PROVISOIRE supérieure à 4 ans mais fondée sur des motifs pertinents et suffisants : CEDH 18 oct. 2012, *Rossi c/ France*, req. n° 60468/08, *D. actu.* 7 nov. 2012, obs. M. Bombled.
8. Crim. 19 févr. 1986, n° 86-90.186, P n° 66 – Crim. 5 nov. 1987, n° 87-83.502, P n° 391 – Crim. 26 juill. 1989, n° 89-82.918, P n° 299 – Crim. 20 janv. 1993, n° 92-85.534, P n° 32 – Crim. 9 mai 1994, n° 94-81.196, P n° 173 – Crim. 18 mai 1998, n° 98-81.085, P n° 167 ; *Gaz. Pal.* 21/22 oct. 1998, p. 26 – Crim. 10 juill. 2002, n° 02-83.452, NP – Crim. 20 nov. 2002, n° 02-86.157, NP.
9. Crim. 3 févr. 1993, n° 92-83.443, P n° 57 ; *JCP* 1994. II. 22197, note P. Chambon – Crim. 4 mai 1994, n° 93-84.547, P n° 166 ; *JCP* 1994. II. 22349, note P. Chambon.

peine de nullité, répondre dans son arrêt aux articulations du mémoire[1]. Doit ainsi être cassé l'arrêt de la chambre d'accusation qui, saisie d'une demande de mise en liberté, ne répond pas au mémoire de l'inculpé qui soutenait que faute d'avoir été jugé dans un délai raisonnable il devait être remis en liberté en application de l'article 5, § 3, de la convention européenne des droits de l'homme[2].

812.45 Champ d'application de l'article 5, § 3, de la CEDH. La détention provisoire au sens de la convention s'entend de la détention avant la première condamnation[3]. Par la suite, la détention entre dans le cadre de l'article 5, § 1, a), de la convention même si la chambre criminelle a cassé et annulé l'arrêt de condamnation[4]. Durant le temps passé entre l'arrêt d'assises et l'arrêt de la chambre criminelle, l'accusé est détenu « après condamnation par un tribunal compétent » et non « en vue d'être conduit devant l'autorité judiciaire compétente » malgré l'effet rétroactif en droit français de ladite annulation.

Cette théorie a été adoptée par la chambre criminelle de la Cour de cassation dans un arrêt du 18 novembre 1998[5] : « Attendu qu'après déclaration du bien-fondé de l'accusation dirigée contre lui, un accusé ne peut, dans l'attente de la décision de la Cour de cassation, saisie de son pourvoi contre l'arrêt de la cour d'assises, bénéficier des dispositions de l'article 5, § 3 de la convention européenne des droits de l'homme qui accordent à toute personne arrêtée ou détenue le droit d'être jugée dans un délai raisonnable ou libérée pendant la procédure ; que ce n'est qu'après une cassation ne laissant rien subsister de la déclaration de culpabilité, qu'il recouvre l'usage de ce droit jusqu'à ce qu'il ait été à nouveau jugé au fond ; qu'il en résulte qu'en cas de pourvoi, une chambre d'accusation, saisie d'une demande de mise en liberté formée en application de l'article 148-1, alinéa 3, du code de procédure pénale, n'est pas autorisée à libérer un accusé sur le fondement des dispositions conventionnelles précitées. »

En conséquence, l'article 5, § 3 de la convention européenne des droits de l'homme ne peut être invoqué en cause d'appel d'un jugement correctionnel.

Après la décision de jugement c'est l'article 5, § 1, a) qui est susceptible de s'appliquer, qui autorise la privation de liberté d'un individu « s'il est détenu régulièrement après condamnation par un tribunal compétent ». Cette jurisprudence est régulièrement réaffirmée : pour écarter le grief pris de l'atteinte portée au délai raisonnable prévu par l'article 5, § 3, de la convention européenne des droits de l'homme, une chambre de l'instruction a relevé notamment que ces dispositions concernent les seules personnes détenues avant jugement. En prononçant ainsi, la chambre de l'instruction a justifié sa décision[6].

Par ailleurs la violation d'une disposition relative à la durée, qu'il s'agisse de la détention ou de la procédure, n'est pas sanctionnée par la nullité de celle-ci[7] : après avoir rappelé la réalité des faits reprochés aux prévenus mais portés devant la cour d'appel dix ans plus tard, une cour d'appel avait énoncé que la procédure n'a pas suivi un cours normal, en ce que des périodes d'inactivité sont imputables à l'autorité judiciaire qui n'a, à aucun moment, pris en compte la situation des prévenus, que cette situation est contraire à l'article 6, § 1, de la convention européenne des droits de l'homme et qu'il convient d'annuler la procédure, en faisant droit aux conclusions de la défense. En statuant ainsi, la cour d'appel a méconnu les textes précités et le principe ci-dessus rappelé[8].

812.46 Contrôle du délai raisonnable par la Cour de cassation[9]. Depuis la loi du 30 décembre 1996, l'article 144-1 du code de procédure pénale dispose que la détention provisoire ne peut excéder un délai raisonnable, au regard de la gravité des faits et des investigations nécessaires. Plusieurs arrêts de cassation sont intervenus mais simplement parce qu'il n'avait pas été répondu aux moyens des mémoires qui faisaient état d'un dépassement de la durée raisonnable de la détention[10].

Suivant le même raisonnement que pour l'article 5, § 3, de la convention européenne des droits de l'homme, la Cour de cassation ne contrôle pas la durée de la détention mais seulement s'il est répondu aux arguments présentés. Surtout, l'article 144-1 ne s'applique pas après que l'instruction a pris fin.

1. Crim. 19 févr. 1986, n° 86-90.186, P n° 66 – Crim. 23 déc. 1986, n° 86-95.501, P n° 386 – Crim. 20 janv. 1993, n° 92-85.534, P n° 32 – Crim. 9 mai 1994, n° 94-81.196, P n° 173.
2. Crim. 19 févr. 1986, n° 86-90.186, préc. – Crim. 5 nov. 1987, n° 87-83.502, P n° 391 – Crim. 26 juill. 1989, n° 89-82.918, P n° 299 – Crim. 20 janv. 1993, n° 92-85.534, P n° 32 – Crim. 9 mai 1994, n° 94-81.196, P n° 173 – Crim. 18 mai 1998, n° 98-81.085, P n° 167.
3. V. s[s] n° 811.12.
4. CEDH 23 sept. 1998, *I.A. c/ France*, req. n° 28213/95, *Rec.* 1998-VII ; *RSC* 1999. 384, obs. R. Koering-Joulin.
5. Crim. 18 nov. 1998, n° 98-86.561, P n° 306 ; *BICC* 1er mars 1999, n° 237 ; *D.* 1999. 97, note J. Pradel.
6. Crim. 17 oct. 2012, n° 12-85.139, P n° 219 ; *D.* 2012. 2741.
7. Crim. 3 févr. 1993, n° 92-83.443, P n° 57 – Civ. 2e, 9 févr. 2012, n° 11-17.212, P II, n° 25 – Crim. 24 avr. 2013, n° 12-82.863, P n° 100 ; *D.* 2013. 1139 ; *D.* 2013. 1993, obs. J. Pradel.
8. Crim. 24 avr. 2013, n° 12-82.863, P n° 100 ; *D.* 2013. 1139.
9. C. pr. pén., art. 144-1 ; mod. par L. n° 2000-516, 15 juin 2000, art. 132.
10. Crim. 23 avr. 1997, n° 97-80.720, P n° 142 – Crim. 22 juill. 1997, n°s 97-82.854, 97-82.777, P n° 277 ; *Dr. pénal* 1997, n° 162 – Crim. 2 sept. 1997, n° 97-83.234, P n° 291 ; *Dr. pénal* 1997, n° 162 – A. Maron, « La détention nouvelle est arrivée », *Dr. pénal* 1998. Chron. 1.

CHAPITRE

813. Détention provisoire et juge des libertés et de la détention

SECTION 0

ORIENTEUR

813.00 **Sommaire du chapitre.**

813.01 **Principaux textes applicables.**

TEXTES SOURCES

- C. pr. pén., art. prélim., 115, 135-2, 137, 137-1-1, 139 à 141-2, 141-4, 142-5 à 142-12, 144, 145, 145-1, 145-4, 148 à 148-2, 148-6, 148-7, 149, 179, 186-5, 213, 469, 519, 706-45, 706-71, 706-113, 714, 716, 716-4, 718, 803, 803-7
- C. pr. pén., art. R. 15-42, R. 15-45, R. 57-5, R. 57-5-1, R. 57-5-2, R. 57-6-5, R. 57-8-7, R. 57-8-8, R. 57-8-16, R. 57-8-17, R. 57-8-21 à R. 57-8-23
- C. pr. pén., art. D. 32-1, D. 47-19, D. 403
- C. civ., art. 9-1
- DDHC, art. 9
- Conv. EDH, art. 5, § 3 et 6, § 2
- DUDH, art. 11-1

TEXTES *IN EXTENSO*

* V. s[s] n° 811.01

813.02 **Jurisprudence de référence.**

> Le juge des libertés et de la détention qui a placé le prévenu en détention provisoire ne peut participer à l'audience du tribunal qui ne fait que renvoyer l'affaire mais statue sur le maintien en détention de l'intéressé

- **Crim. 23 sept. 2010,** n° 10-81.245, P n° 140

* V. s[s] n° 813.35

« Sur le moyen unique de cassation, pris de la violation des articles 395, 396 et 397-1 du code de procédure pénale :

Attendu qu'il résulte de l'arrêt attaqué et des pièces de procédure que, le 1er janvier 2010, en raison de l'impossibilité de réunir le tribunal le jour même, Mme Y, poursuivie selon la procédure de comparution immédiate des chefs de vol aggravé et d'infractions à la législation sur les stupéfiants, a été traduite devant le juge des libertés et de la détention, Mme X, qui l'a placée en détention provisoire ; que la prévenue a comparu le 4 janvier devant la juridiction composée de trois magistrats, parmi lesquels siégeait Mme X ; qu'à cette date, les premiers juges ont renvoyé l'affaire au 1er février, après avoir ordonné une expertise psychiatrique ainsi que le maintien en détention de Mme Y ; qu'appel de ce jugement a été interjeté par la prévenue ;

Attendu que, pour annuler le jugement, l'arrêt retient qu'en application de l'article 137-1 du code de procédure pénale, de portée générale, le juge des libertés et de la détention ne peut participer au jugement des affaires pénales dont il a connu ;

Attendu qu'en prononçant ainsi, la cour d'appel a fait l'exacte application du texte précité ;

D'où il suit que le moyen ne peut être admis [...] »

> Délai raisonnable de l'article 135-2

En l'absence de précision de l'article 135-2 du code de procédure pénale sur le délai dans lequel doit statuer la cour, saisie d'un appel de la décision de placement en détention provisoire d'une personne arrêtée en vertu d'un mandat d'arrêt postérieurement au règlement de l'information, encourt la censure l'arrêt qui qualifie d'excessif le délai de 25 jours s'étant écoulé entre l'acte d'appel et son examen par la chambre correctionnelle.

• **Crim. 24 sept. 2019,** n° 19-84.067, P.

* V. s^s n° 813.22

« Vu les articles 135-2 et 179 du code de procédure pénale ;

Attendu qu'il est procédé à l'égard d'une personne faisant l'objet d'un mandat d'arrêt découverte après règlement de l'information, conformément aux dispositions du premier de ces textes qui renvoie, lorsque la personne est placée en détention, aux délais prévus par les quatrième et cinquième alinéas de l'article 179 pour son jugement sur le fond ; que s'agissant du délai dans lequel doit intervenir le jugement sur l'appel du placement de cette personne en détention, ces textes n'en prévoyant expressément aucun, la cour doit statuer dans un délai raisonnable ;

Attendu qu'il résulte de l'arrêt attaqué et des pièces de procédure que par jugement de défaut du 1er juin 2017, M. U a été déclaré coupable et condamné à la peine de huit ans d'emprisonnement et à une interdiction définitive du territoire français, outre l'inscription au fichier judiciaire automatisé des auteurs d'infractions terroristes, la confiscation des biens saisis et des scellés avec maintien des effets du mandat d'arrêt émis par le juge d'instruction le 10 octobre 2016 ; qu'il a été retenu dans le cadre de la mise à exécution du mandat d'arrêt, suite à son arrestation à Sallanches le 16 mai 2019, présenté devant le juge des libertés et de la détention de Bonneville le 16 mai 2019, lequel a pris une ordonnance d'incarcération provisoire, puis présenté devant le procureur de la République de Paris, qui lui a notifié le 17 mai 2019 le mandat d'arrêt pris à son encontre dans la présente procédure, le juge des libertés et de la détention de Paris, ordonnant le même jour sa mise en détention provisoire ; qu'il a relevé appel de cette décision le 24 mai suivant ;

Attendu que, pour constater l'irrégularité de la détention provisoire et ordonner sa remise en liberté, l'arrêt retient que dans le cadre de l'information, l'article 194 du code de procédure pénale prévoit qu'en matière de détention provisoire, la chambre de l'instruction doit se prononcer dans les plus brefs délais et au plus tard dans les dix jours de l'appel lorsqu'il s'agit d'une ordonnance de placement en détention et dans les quinze jours dans les autres cas ; que les juges ajoutent que c'est cette caractérisation du bref délai qui est soumise à l'appréciation de la cour ; qu'ils en concluent qu'entre la date du 24 mai 2019, jour de l'appel formé par l'avocat du prévenu et le 19 juin 2019, date à laquelle l'affaire a été soumise à l'examen de la chambre, il s'est écoulé une durée de 25 jours, excédant ce principe de brièveté des délais pour statuer ;

Mais attendu qu'en se déterminant ainsi, alors que les dispositions de l'article 194 du Code de procédure pénale ne concernent que la procédure devant la chambre de l'instruction et qu'en vertu des dispositions de l'article 135-2 du même code, seules applicables, qui renvoient, pour le jugement au fond, à certaines dispositions de l'article 179 dudit code, les juges ne pouvaient qualifier d'excessif le délai de 25 jours s'étant écoulé entre l'acte d'appel et son examen par la chambre correctionnelle, cette dernière a méconnu le sens et la portée des textes susvisés et le principe ci-dessus rappelé ;

D'où il suit que la cassation est encourue ;

Avant de faire appel à l'avocat de permanence, le JLD doit constater qu'il s'était trouvé dans l'impossibilité de joindre l'avocat désigné par le mis en examen ou avait relevé l'empêchement de ce dernier »

> L'avocat choisi par le mis en examen doit être avisé du débat contradictoire préalable au placement en détention provisoire après révocation du contrôle judiciaire

• **Crim. 13 févr. 2019,** n° 18-86.559, P n° 33

* V. s^s n° 813.31

« Vu les articles 145 et 141-2 du Code de procédure pénale ;

Attendu qu'il se déduit de ces textes que l'avocat choisi par le mis en examen doit être avisé des actes de la procédure, notamment d'un débat contradictoire sur l'éventuel placement en détention provisoire de son client après révocation de son contrôle judiciaire antérieurement ordonné ;

Attendu qu'il résulte de l'arrêt attaqué, de l'ordonnance qu'il confirme et des pièces de la procédure que, mis en examen pour vol qualifié et placé sous mandat de dépôt, le 2 novembre 2016, M. L. a été libéré sous contrôle judiciaire, le 21 décembre 2017 ; qu'en raison de la révocation de ce contrôle, il a de nouveau été placé en détention provisoire, à compter du 4 octobre 2018, par ordonnance du juge des libertés et de la détention dont il a interjeté appel ;

Attendu que pour écarter l'exception de nullité de l'ordonnance du juge des libertés et de la détention ordonnant la révocation du contrôle judiciaire de M. L. et son placement en détention provisoire, l'arrêt énonce que l'absence au débat contradictoire préalable à cette décision de l'avocat désigné par le mis en examen pour l'assister tout au long de la procédure n'a pas porté atteinte aux droits de la défense, ce dernier ayant été assisté par un avocat de permanence, qui a pu consulter la procédure, s'entretenir avec lui, n'a formulé aucune remarque particulière et n'a pas sollicité un délai supplémentaire pour préparer sa défense ;

Mais attendu qu'en statuant ainsi, sans constater que le juge des libertés et de la détention, avant de faire appel à l'avocat de permanence, s'était trouvé dans l'impossibilité de joindre l'avocat désigné par le mis en examen ou avait relevé l'empêchement de ce dernier, la chambre de l'instruction a méconnu les textes susvisés et le principe ci-dessus rappelé ;

D'où il suit que la cassation est encourue »

813.03 **Bibliographie indicative.**

* V. s^s n° 811.03.

813.05 **Les différents cas.** Le juge des libertés et de la détention (JLD) peut placer un prévenu en détention provisoire dans différentes hypothèses : soit lorsqu'il intervient en vertu de l'article 135-2 du code de procédure pénale après le renvoi du juge d'instruction avec mandat d'arrêt[1], soit lorsqu'il intervient dans le cadre de la procédure de comparution immédiate ou à délai différé parce qu'il est saisi par le ministère public, aucune audience n'étant susceptible d'accueillir le prévenu le jour même, soit encore dans le cadre de la procédure de comparution immédiate si le prévenu viole le contrôle judiciaire ou l'assignation à résidence à laquelle il a été astreint[2].

1. V. s^s n°s 813.11 s.
2. V. s^s n°s 813.21 s.

SECTION 1

MANDAT D'ARRÊT EXÉCUTÉ ENTRE LA CLÔTURE DE L'INFORMATION ET LE JUGEMENT

813.11 Arrestation à moins de 200 kilomètres de la juridiction ayant délivré le mandat d'arrêt. Aux termes de l'article 135-2 du code de procédure pénale, si la personne faisant l'objet d'un mandat d'arrêt est découverte après le règlement de l'information, le procureur de la République du lieu de l'arrestation est avisé dès le début de la rétention de la personne par les services de police ou de gendarmerie.

Pendant cette rétention, il est fait application des dispositions des articles 63-2 et 63-3, c'est-à-dire que la personne peut faire prévenir l'un de ses proches et a droit à être vue par un médecin. La rétention ne peut durer plus de vingt-quatre heures.

La personne est conduite dans les meilleurs délais et au plus tard dans les vingt-quatre heures de son arrestation devant le procureur de la République du tribunal de grande instance dans le ressort duquel siège la juridiction de jugement saisie des faits.

Après avoir vérifié son identité et lui avoir notifié le mandat, le procureur de la République du tribunal de grande instance présente la personne devant le juge des libertés et de la détention.

Le juge des libertés et de la détention peut, sur les réquisitions du procureur de la République, soit placer la personne sous contrôle judiciaire, soit ordonner son placement en détention provisoire jusqu'à sa comparution devant la juridiction de jugement, par ordonnance motivée conformément aux dispositions de l'article 144 du code de procédure pénale, rendue à l'issue d'un débat contradictoire organisé conformément aux dispositions des quatrième à neuvième alinéas de l'article 145.

Si la personne est placée en détention, les délais prévus par les quatrième et cinquième alinéas de l'article 179 et par les huitième et neuvième alinéas de l'article 181 sont alors applicables et courent à compter de l'ordonnance de placement en détention.

La décision du juge des libertés et de la détention peut faire, dans les dix jours de sa notification, l'objet d'un appel devant la chambre des appels correctionnels si la personne est renvoyée devant le tribunal correctionnel et devant la chambre de l'instruction si elle est renvoyée devant la cour d'assises.

Lorsqu'une personne faisant l'objet d'un mandat d'arrêt est découverte après le règlement de l'information et avant toute condamnation à une peine privative de liberté, elle doit être présentée au juge des libertés et de la détention qui statue sur son éventuel placement en détention provisoire[1].

813.12 Arrestation à plus de 200 kilomètres de la juridiction ayant délivré le mandat d'arrêt. Si la personne a été arrêtée à plus de 200 kilomètres du siège de la juridiction de jugement et qu'il n'est pas possible de la conduire dans le délai de vingt-quatre heures devant le procureur de la République mentionné au troisième alinéa, elle est conduite devant le juge des libertés et de la détention du lieu de son arrestation, qui vérifie son identité, lui notifie le mandat et reçoit ses éventuelles déclarations après l'avoir avertie qu'elle est libre de ne pas en faire.

Le magistrat met alors le mandat à exécution en faisant conduire la personne à la maison d'arrêt et il en avise le procureur de la République du tribunal de grande instance dans le ressort duquel siège la juridiction de jugement.

Le juge des libertés et de la détention ordonne le transfèrement de la personne, qui doit comparaître devant lui dans les quatre jours de la notification du mandat ; ce délai est porté à six jours en cas de transfèrement entre un département d'outre-mer et la France métropolitaine ou un autre département d'outre-mer. Il est alors procédé conformément aux dispositions des troisième et quatrième alinéas.

La présentation devant le juge des libertés et de la détention prévue par les dispositions ci-dessus n'est pas nécessaire si, dans les délais prévus pour cette présentation, la personne peut comparaître devant la juridiction de jugement saisie des faits.

La situation a cependant changé depuis l'entrée en vigueur de la loi du 3 juin 2016[2] qui a modifié l'alinéa 4 de l'article 135-2[3] du code de procédure pénale afin de rendre facultatif le transfèrement d'une personne interpellée en exécution d'un mandat d'amener ou d'arrêt à plus de 200 kilomètres de la juridiction mandante.

La comparution est en effet désormais possible par le moyen de la visioconférence à partir du moment où la personne y consent. Le texte de cet alinéa est désormais le suivant : « La comparution devant le procureur de la République et celle devant le juge des libertés et de la détention du tribunal de grande instance mentionnées au troisième alinéa peuvent aussi être réalisées, avec l'accord de la personne et dans les délais précités, selon les modalités prévues à l'article 706-71. Il n'y a alors pas lieu d'ordonner le transfèrement de la per-

1. Crim. 22 janv. 2013, n° 12-87.199, P n° 21 ; *AJ pénal* 2013. 286, obs. J.-B. Perrier ; *JCP* 2013. 265.
2. L. n° 2016-731, 3 juin 2016 renforçant la lutte contre le crime organisé, le terrorisme et leur financement, et améliorant l'efficacité et les garanties de la procédure pénale, *JO* 4 juin, n° 1.
3. C. pr. pén., art. 135-2 ; mod. par L. n° 2016-731, 3 juin 2016, art. 63 et 86.

sonne. » La circulaire de la chancellerie du 17 juin 2016[1] énonce que la mise en œuvre de cette nouvelle disposition nécessitera que le JLD du lieu d'arrestation recueille, au moment de la notification du mandat, le consentement de la personne pour comparaître par visioconférence devant le procureur de la République et le JLD de la juridiction saisie des faits et, le cas échéant, communique cette information à ces derniers.

SECTION 2
MANDAT D'ARRÊT EXÉCUTÉ APRÈS LA CLÔTURE DE L'INFORMATION

813.21 Extension de la procédure de l'article 135-2 du code de procédure pénale aux mandats d'arrêt délivrés après l'ordonnance de règlement. Les dispositions de l'article 135-2 du code de procédure pénale sont également applicables aux mandats d'arrêt délivrés après l'ordonnance de règlement. Elles ne sont toutefois pas applicables lorsque, postérieurement à la délivrance du mandat d'arrêt décerné au cours de l'instruction ou après son règlement, la personne a été condamnée à une peine privative de liberté, soit en matière correctionnelle par un jugement contradictoire ou réputé contradictoire, soit en matière criminelle par un arrêt rendu par défaut ; elles ne sont de même pas applicables lorsque le mandat a été délivré à la suite d'une telle condamnation. Dans ces cas, sans qu'il soit nécessaire de la présenter devant le juge des libertés et de la détention, la personne arrêtée est placée en détention provisoire jusqu'à l'expiration des délais de recours et, en cas de recours, jusqu'à sa comparution devant la juridiction de jugement, sans préjudice de son droit de former des demandes de mise en liberté.

Justifie sa décision la chambre de l'instruction qui, pour déclarer sans objet les appels de l'ordonnance de placement en détention et l'ordonnance non avenue, énonce que le titre de détention applicable n'est pas l'ordonnance de prise de corps, mais le mandat d'arrêt antérieur à l'ordonnance de règlement pris par le juge d'instruction, qui n'a jamais été levé et qui est désormais directement applicable, sans présentation devant le juge des libertés et de la détention, dès lors que, pour les faits ayant donné lieu à la délivrance du mandat d'arrêt, l'intéressé a été condamné par défaut à une peine privative de liberté[2].

Il résulte tant des dispositions du 7e alinéa de l'article 135-2 du code de procédure pénale que de celles du dernier alinéa de l'article 465 du même code que les dispositions des alinéas 2 et 3 du premier de ces textes ne sont pas applicables à l'exécution d'un mandat d'arrêt décerné à la suite d'une condamnation en matière correctionnelle à une peine privative de liberté par une décision contradictoire ou réputée contradictoire. Dans ce cas, sans qu'il soit nécessaire de la présenter devant le juge des libertés et de la détention, la personne arrêtée est placée en détention provisoire jusqu'à l'expiration des délais de recours et, en cas de recours, jusqu'à sa comparution devant la juridiction de jugement, sans préjudice de son droit de former des demandes de mise en liberté[3].

Il peut être sursis à la notification d'un mandat d'arrêt lorsque la personne concernée est détenue pour autre cause : encourt la censure l'arrêt de la chambre de l'instruction qui annule l'ordonnance de placement en détention provisoire aux motifs que la notification à la personne concernée de la décision des autorités étrangères accordant l'extension de la remise pour l'exécution dudit mandat devait entraîner, si un placement en détention provisoire était envisagé, la mise en œuvre immédiate des dispositions de l'article 135, alinéa 2, relatives à la présentation au procureur de la République puis au JLD[4].

813.22 Exécution d'un mandat d'arrêt après condamnation par défaut. Lorsqu'une personne a été condamnée par défaut avec maintien des effets du mandat d'arrêt émis par le juge d'instruction et qu'elle est par la suite présentée devant un juge des libertés et de la détention qui ordonne sa mise en détention provisoire, il n'existe pas de délai précis prévu par le code de procédure pénale pour qu'il soit statué sur cet appel. Dans une affaire, la cour d'appel avait, sur le fondement de l'article 194 du code de procédure pénale ordonné la remise en liberté de la personne en estimant que la chambre de l'instruction devait se prononcer « dans les plus brefs délais et au plus tard dans les dix jours de l'appel ». La Cour de cassation juge que l'article 179 du Code de procédure pénale qui enferme dans un délai de 10 jours l'audience statuant sur l'appel de l'ordonnance de détention provisoire ne s'applique pas en cas d'exécution d'un mandat d'arrêt. Seules sont applicables les dispositions de l'article 135-2,

1. Circ. 17 juin 2016 de présentation des dispositions générales de procédure pénale immédiatement applicables de la loi n° 2016-731 du 3 juin 2016 renforçant la lutte contre le crime organisé, le terrorisme et leur financement, et améliorant l'efficacité et les garanties de la procédure pénale, *BOMJ* n° 2016-06, 30 juin 2016, NOR : JUSD1616979C, n° 4.5.1.

2. Crim. 9 juill. 2014, n° 14-82.838, P n° 172 ; *JCP* 2014. 947 ; *D.* 2014. 1591.
3. Crim. 11 juin 2013, n° 13-81.998, P n° 134 ; *AJ pénal* 2013. 618, obs. L. Ascenci.
4. Crim. 7 nov. 2007, n° 07-85.200, P n° 268 ; *D.* 2008. AJ 21.

qui renvoient à celles de 179 du Code de procédure pénale qui ne prévoient aucun délai.

En pratique, le délai de 25 jours pour statuer sur une ordonnance de détention provisoire est considéré comme raisonnable[1].

Il résulte des dispositions des articles 465, 1er alinéa, et 471, alinéa 2, du Code de procédure pénale qu'après la mise à exécution, sur mandat d'arrêt, de la peine d'emprisonnement ferme prononcée à son encontre, et le maintien en détention ordonné par la cour d'appel à l'issue de la première audience au fond, le prévenu se trouve placé sous le régime de la détention provisoire dans la limite de la durée de la peine prononcée en première instance, et que le renvoi de l'affaire à une audience ultérieure ne nécessite dès lors pas que la détention soit prolongée par une décision spéciale et motivée[2].

SECTION 3
VIOLATION DU CONTRÔLE JUDICIAIRE

813.31 Violation du contrôle judiciaire après le renvoi par le juge d'instruction. Avant la loi du 9 mars 2004, le tribunal correctionnel était seul compétent pour statuer sur l'éventuelle révocation du contrôle judiciaire après le renvoi par le juge d'instruction. Mais depuis l'entrée en vigueur de cette loi, avant la comparution devant la juridiction de jugement, c'est le juge des libertés et de la détention qui possède ce pouvoir.

Aux termes de l'article 135-2 du code de procédure pénale, après une première phase devant le procureur de la République du lieu de l'arrestation, qui vérifie son identité, le prévenu est présenté au juge des libertés et de la détention du lieu d'arrestation. Ce dernier peut : « Sur les réquisitions du procureur de la République, soit placer la personne sous contrôle judiciaire, soit ordonner son placement en détention provisoire jusqu'à sa comparution devant la juridiction de jugement, par ordonnance motivée conformément aux dispositions de l'article 144, rendue à l'issue d'un débat contradictoire organisé conformément aux dispositions des quatrième à neuvième alinéas de l'article 145. »

Il est ici renvoyé aux formes dans lesquelles se tient le débat contradictoire devant le JLD saisi dans le cadre d'une instruction préparatoire. Il convient toutefois de souligner que *le tribunal correctionnel lorsqu'il est saisi est toujours compétent pour révoquer le contrôle judiciaire*. En effet, l'article 141-2 du code de procédure pénale, en disposant dans son dernier alinéa que « si la personne se soustrait aux obligations du contrôle judiciaire alors qu'elle est renvoyée devant la juridiction de jugement, le procureur de la République peut, hors le cas prévu par l'article 272-1 [convocation préalable devant le président de la cour d'assises], saisir le juge des libertés et de la détention pour que celui-ci décerne mandat de dépôt ou d'amener à son encontre. Ce magistrat est également compétent pour ordonner, conformément aux dispositions de l'article 135-2, le placement en détention provisoire de l'intéressé », a entendu ouvrir une *possibilité complémentaire* au ministère public.

La loi du 9 mars 2004 a seulement permis au parquet, dans les cas qu'il estimerait urgent, de saisir le JLD d'une demande de mandat ou de détention provisoire. La juridiction de jugement n'est pas privée de ce droit lorsque l'intéressé comparaît à l'audience et que la violation du contrôle judiciaire est constatée. Il convient également de souligner qu'avant de faire appel à l'avocat de permanence, le JLD doit constater qu'il s'était trouvé dans l'impossibilité de joindre l'avocat désigné par le mis en examen ou avait relevé l'empêchement de ce dernier[3]. Si cette décision a été rendue dans le cadre d'une détention pendant une instruction préparatoire, le principe peut être étendu à la totalité des décisions que peut rendre le JLD dès lors que la personne a désigné un avocat.

813.32 Comparution immédiate. L'article 396, alinéa 3, du code de procédure pénale dispose que le juge des libertés et de la détention : « Peut placer le prévenu en détention provisoire jusqu'à sa comparution devant le tribunal. L'ordonnance prescrivant la détention est rendue suivant les modalités prévues par l'article 137-3, premier alinéa, et doit comporter l'énoncé des considérations de droit et de fait qui constituent le fondement de la décision par référence aux dispositions des 1° à 6° de l'article 144. Cette décision énonce les faits retenus et saisit le tribunal ; elle est notifiée verbalement au prévenu et mentionnée au procès-verbal dont copie lui est remise sur-le-champ. Le prévenu doit comparaître devant le tribunal au plus tard le troisième jour ouvrable suivant. À défaut, il est mis d'office en liberté »[4].

813.33 Comparution à délai différé. Dans le cadre de la comparution à délai différé prévue par l'article 397-1-1 du code de procédure pénale, le procureur de la République peut, si le prévenu est assisté par un avocat choisi par lui ou désigné par le bâtonnier, ordonner sa comparution devant le JLD afin qu'il statue sur le contrôle judiciaire, l'assigna-

1. Crim. 24 sept. 2019, n° 19-84.067, P, *D.* 2019. 1839.
2. Crim. 4 déc. 2019, n° 19-86.128, P, JCP 2019, 1371, *D.* 2019. 2417.
3. Crim. 13 févr. 2019, n° 18-86.559, P n° 33,
4. V. ss nos 423.11 s.

tion à résidence avec surveillance électronique ou la détention provisoire, après avoir recueilli les observations éventuelles du prévenu ou de son avocat.

Le prévenu doit comparaître devant le tribunal au plus tard dans un délai de deux mois, à défaut de quoi il est mis fin d'office au contrôle judiciaire, à l'assignation à résidence avec surveillance électronique ou à la détention provisoire.

813.34 Violation du contrôle judiciaire ordonné dans le cadre de la procédure de comparution immédiate ou de la comparution à délai différé. Si l'intéressé viole les obligations du contrôle judiciaire ou relatives à la surveillance électronique dont il est l'objet, le procureur de la République peut, hors le cas prévu par l'article 272-1 du code de procédure pénale, saisir le juge des libertés et de la détention pour que celui-ci décerne mandat d'arrêt ou d'amener à son encontre. Le JLD a également alors la possibilité de placer la personne en détention provisoire conformément aux dispositions de l'article 135-2. Il en est de même dans le cadre de la procédure de comparution à délai différé.

813.35 Impartialité. L'article 137-1, alinéa 3 du code de procédure pénale prévoit que le JLD ne peut, à peine de nullité, participer au jugement des affaires pénales dont il a connu.[1]

Le juge des libertés et de la détention qui a placé le prévenu en détention provisoire ne peut participer à l'audience du tribunal qui ne fait que renvoyer l'affaire mais statue sur le maintien en détention de l'intéressé[2].

813.36 Le juge des libertés et de la détention et la notification du droit de se taire. Saisi par la chambre criminelle de la Cour de cassation à la suite de l'évolution de sa jurisprudence sur la question relative à la place des indices graves ou concordants dans le cadre des mesures de sûreté, le Conseil constitutionnel, dans une décision du 5 mars 2021[3], relève en premier lieu que, s'il appartient uniquement au juge des libertés et de la détention, de se prononcer sur la justification d'un placement en détention provisoire, il ne peut décider une telle mesure privative de liberté, qui doit rester d'application exceptionnelle, que par une ordonnance motivée, énonçant les considérations de droit et de fait qui en constituent le fondement par référence à l'une des causes limitativement énumérées aux 1° à 6° de l'article 144 du Code de procédure pénale. L'office confié au juge des libertés et de la détention par l'article 396 du même code peut le conduire à porter une appréciation des faits retenus à titre de charges par le procureur de la République dans sa saisine. En second lieu, lorsqu'il est invité par le juge des libertés et de la détention à présenter ses observations, le prévenu peut être amené à reconnaître les faits qui lui sont reprochés. En outre, le fait même que ce magistrat invite le prévenu à présenter ses observations peut être de nature à lui laisser croire qu'il ne dispose pas du droit de se taire. Or, si la décision du juge des libertés et de la détention est sans incidence sur l'étendue de la saisine du tribunal correctionnel, en particulier quant à la qualification des faits retenus, les observations du prévenu sont susceptibles d'être portées à la connaissance de ce tribunal lorsqu'elles sont consignées dans l'ordonnance du juge des libertés et de la détention ou le procès-verbal de comparution.

Ainsi, en ne prévoyant pas que le prévenu traduit devant le juge des libertés et de la détention *doit être informé de son droit de se taire, les dispositions contestées portent atteinte à ce droit*. Il déclare en conséquence les dispositions contestées contraires à la Constitution.

Cette décision a été rendue dans un cadre bien particulier, celui de la saisine du JLD dans le cadre d'une procédure de comparution immédiate.

Par une décision du 18 juin 2021[4], le Conseil constitutionnel a également dit que l'article *148-2 du Code de procédure n'était pas conforme à la Constitution* en raison de l'absence de notification du droit de se taire dans l'hypothèse de comparution de la personne devant une juridiction pour obtenir la main-levée de son contrôle judiciaire ou de son placement en détention.

S'agissant du rôle du JLD dans le *cadre de l'instruction préparatoire*, le Conseil a jugé par une décision du 30 septembre 2021[5] qu'en ne prévoyant pas que la personne mise en examen doit être informée de son droit de se taire, les dispositions contestées méconnaissent les exigences de l'article 9 de la Déclaration des droits de l'Homme et du citoyen de 1789. Comme l'abrogation immédiate des dispositions déclarées inconstitutionnelles entraînerait des conséquences manifestement excessives, le Conseil a reporté au 31 mars 2022 la date de l'abrogation. Par ailleurs, les mesures prises avant la publication de la décision ne peuvent être contestées sur le

1. V. aussi s[s] n° 211.171.
2. Crim. 23 sept. 2010, n° 10-81.245, P n° 140.
3. Cons. const. 5 mars 2021, n° 2020-886 QPC, *JO* 5 mars, n° 96 ; *D.* 2021. 473 ; *JCP* 2021. 308 ; *Procédures* 2021, comm. 118 ; *Dr. pénal 2021*, alerte 31, W. Roumier ; *RSC* 2021. 483, obs. A. Botton.
4. Cons. const. 18 juin 2021, n° 2021-920 QPC, *JO* 19 juin, n° 61 ; *Procédures* 2021, comm. 238 ; *JCP* 2021. 709 ; *Dr. pénal* 2021, alerte 65, W. Roumier.
5. Cons. const. 30 sept. 2021, n° 2021-935 QPC, *D.* 2021. 1767, *JO* 1 1er oct., n° 75 ; *Dr. pénal* 2021, comm. 212, obs. A. Maron et M. Haas ; *Procédures* 2021, comm. 301, A.-S. Chavent-Leclère ; *AJ pénal* 2021. 540 ; *ibid.* 2021. 540, obs. S. Fucini.

fondement de cette inconstitutionnalité. En revanche, afin de faire cesser l'inconstitutionnalité constatée à compter de la publication de la décision, le Conseil a jugé que, jusqu'à l'entrée en vigueur d'une nouvelle loi ou jusqu'à la date de l'abrogation des dispositions en application du sixième alinéa de l'article 145 du Code de procédure pénale, de son droit de se taire. Par une décision du même jour il a statué de la même façon sur la question relative à la notification du droit de se taire lorsque, dans la procédure de convocation par procès-verbal, le prévenu est traduit devant le JLD afin qu'il statue sur un éventuel placement sous contrôle judiciaire ou sous assignation à résidence avec surveillance électronique avant la comparution devant le tribunal correctionnel[1].

La loi du 22 décembre 2021[2] a ajouté à l'article préliminaire un alinéa ainsi rédigé « En matière de crime ou de délit, le droit de se taire sur les faits qui lui sont reprochés est notifié à toute personne suspectée ou poursuivie avant tout recueil de ses observations et avant tout interrogatoire, y compris pour obtenir des renseignements sur sa personnalité ou pour prononcer une mesure de sûreté, lors de sa première présentation devant un service d'enquête, un magistrat, une juridiction ou toute personne ou tout service mandaté par l'autorité judiciaire. Aucune condamnation ne peut être prononcée sur le seul fondement de déclarations faites sans que ledit droit ait été notifié. »

Les articles 145 et 148-2 du Code de procédure pénale ont également été modifiés.

1. Cons. const. 30 sept. 2021, n° 2021-934 QPC, *JO* 1er oct.
2. L. n° 2021-1729, 22 déc. 2021 pour la confiance dans l'institution judiciaire, *JO* 23 déc., n° 2.

CHAPITRE

814. Détention provisoire et tribunal correctionnel

SECTION 0 ORIENTEUR

814.00 Sommaire du chapitre.

814.01 Principaux textes applicables.

TEXTES SOURCES

- C. pr. pén., art. prélim., 115, 135-2, 137, 137-1-1, 139 à 141-2, 141-4, 142-5 à 142-12, 144, 145, 145-1, 145-4, 148 à 148-2, 148-6, 148-7, 149, 179, 179-2,186-5, 213, 469, 519, 706-45, 706-71, 706-113, 714, 716, 716-4, 718, 803, 803-7
- C. pr. pén., art. R. 15-42, R. 15-45, R. 57-5, R. 57-5-1, R. 57-5-2, R. 57-6-5, R. 57-8-7, R. 57-8-8, R. 57-8-16, R. 57-8-17, R. 57-8-21 à R. 57-8-23
- C. pr. pén., art. D. 32-1, D. 47-19, D. 403
- C. civ., art. 9-1
- DDHC, art. 9
- Conv. EDH, art. 5, § 3 et 6, § 2
- DUDH, art. 11-1

TEXTES *IN EXTENSO*

* V. s[s] n° 811.01.

814.02 Jurisprudence de référence.

> La juridiction de jugement saisie d'une demande de mise en liberté sur la base de l'article 148-1 du code de procédure pénale doit rejeter la demande par une décision spécialement motivée par les éléments de l'espèce ainsi que l'exige l'article 145 du même code et pour des cas limitativement énumérés par l'article 144 dudit code

- **Crim. 15 sept. 1979,** n° 79-92.183, P n° 258

* V. s[s] n° 814.51.

« Attendu d'autre part que pour rejeter les demandes de mises en liberté, après avoir rappelé les faits de proxénétisme reproches aux prévenus et souligne leur extrême gravité qui avait motivé la sévérité des condamnations prononcées contre eux, la cour d'appel énonce que ces faits sont de nature à troubler l'ordre public ;

Que plusieurs témoins entendus a l'audience du tribunal correctionnel y ont rétracté leurs précédentes dépositions faites à plusieurs reprises devant la police ou le juge d'instruction, ce qui est de nature à démontrer les pressions faites sur eux et qui ne manqueraient pas de s'exercer encore plus profondément si les prévenus, plus spécialement C... René, dont certains témoins avaient indiqué la peur qu'il leur inspirait, étaient remis en liberté ; que, compte tenu de l'importance des peines encourues,

Il serait à craindre que certains d'entre eux aient la tentation de se soustraire à l'action de la justice, plus spécialement C... René déjà condamne à plusieurs reprises ;

Attendu qu'en l'état de ces énonciations et constatations ;

La Cour de cassation est en mesure de s'assurer que la cour d'appel a rejeté les demandes de mise en liberté des prévenus dans les conditions prévues par l'article 148-1 du code de procédure pénale par une décision spécialement motivée d'après les éléments de l'espèce ainsi que l'exige l'article 145 du même code ;

Et pour des cas limitativement énumérés par l'article 144 dudit code ;

Qu'il s'ensuit que le moyen ne saurait être accueilli ;

Et attendu que l'arrêt est régulier en la forme ;

Rejette les pourvois de C... René et C... Alain. »

> La cour d'appel qui annule un jugement ayant statué sur une demande de mise en liberté, se doit, en application de l'article 520 du code de procédure pénale, de le déclarer nul et, étant dans l'obligation d'évoquer, se trouve dès lors saisie de la demande de mise en liberté sur laquelle il lui appartient de statuer faute de quoi le prévenu serait remis d'office en liberté

• **Crim. 18 juill. 1985,** n° 84-95.325, P n° 268

* V. s^{s} n° 814.143.

Statuant sur le pourvoi forme par Gabriel A., contre un arrêt de la cour d'appel de Caen, chambre correctionnelle, en date du 9 novembre 1984 qui, dans les poursuites exercées contre lui pour vols avec arme, falsification de chèques et usage de chèques falsifiés, a rejeté sa demande de mise en liberté ;

« Vu le mémoire produit ;

Sur le moyen unique de cassation, pris de la violation des articles 148-1, 148-2, 591 et 593 du code de procédure pénale, ensemble violation des droits de la défense ;

En ce que l'arrêt attaque a annulé le jugement du 26 octobre 1984 et, évoquant, a refusé d'ordonner la mise en liberté immédiate du prévenu ;

Alors que l'article 148-2 du code de procédure pénale pose que la juridiction du premier degré saisie d'une demande de mise en liberté en vertu de l'article 148-1 du même code doit statuer sur cette demande dans les dix jours, après audition du ministère public, du prévenu ou de son conseil, faute de quoi le prévenu est mis d'office en liberté ;

Qu'un jugement rendu en violation de ces prescriptions est nul et est censé n'avoir, par conséquent, jamais existé ;

Qu'il en résulte qu'un tel jugement n'est pas de nature à interrompre le délai de dix jours prévu par la loi et que la cour d'appel, lorsqu'un tel jugement lui est déféré, ne peut que constater sa nullité et, si le délai de dix jours est expiré au moment ou elle statue,

Ordonner la mise en liberté d'office du prévenu ;

Qu'en l'espèce,

La cour d'appel, saisie d'un appel contre le jugement du 26 octobre 1984 rejetant la demande de mise en liberté du prévenu sans que ni celui-ci, ni son conseil n'aient été entendus, devait donc, après avoir constaté la nullité du jugement qui lui était déféré,

Ordonner la mise en liberté du prévenu puisqu'a la date de l'arrêt,

Le délai de dix jours était expiré ;

Attendu qu'il résulte de l'arrêt attaque qu'après avoir annulé le jugement rejetant la demande de mise en liberté formée par A au motif que les premiers juges avaient méconnu les droits de la défense pour s'être prononcés sans avoir entendu le prévenu ni son conseil,

La cour d'appel a évoqué la cause et rejeté à son tour la demande de mise en liberté ;

Attendu qu'en statuant ainsi, elle a fait l'exacte application de la loi ;

Qu'ayant à connaître d'une décision entachée d'une irrégularité non réparée, elle se devait,

En application de l'article 520 du code de procédure pénale, de la déclarer nulle ;

Qu'étant dans l'obligation d'évoquer elle se trouvait dès lors saisie de la demande de mise en liberté sur laquelle il lui appartenait de se prononcer faute de quoi le prévenu eut été remis d'office en liberté ;

Et attendu que l'arrêt est régulier en la forme ;

Rejette le pourvoi condamne le demandeur aux dépens. »

> La juridiction saisie d'une demande de mise en liberté pour raisons médicales et qui ordonne une expertise médicale et maintien le prévenu en détention, rend une décision au sens de l'article 148-2 du code de procédure pénale

• **Crim. 7 mars 1991,** n° 90-87.728, P n° 116

* V. s^{s} n° 814.54.

« Attendu que la chambre d'accusation a été saisie le 21 septembre 1990, sur le fondement de l'article 148-1 du code de procédure pénale, par l'inculpé détenu en vertu du mandat de dépôt du juge d'instruction du 28 mai 1989, d'une demande de mise en liberté, pour raisons médicales ; que par un arrêt en date du 9 octobre 1990, non frappé de pourvoi, cette juridiction a ordonné une expertise médicale et a prononcé, en l'état, le maintien en détention de l'inculpé ; que par l'arrêt attaqué, après dépôt du rapport d'expertise, la chambre d'accusation a rejeté la requête du 21 septembre 1990 ;

Attendu qu'en cet état, le demandeur fait vainement grief à la chambre d'accusation de n'avoir pas statué dans le délai de 20 jours imparti par la loi, dès lors que les juges avaient statué le 9 octobre 1990, fût-ce provisoirement, sur la demande et avaient ordonné le maintien en détention ; que le moyen doit, dès lors, être écarté ;

Et attendu que la chambre d'accusation s'est prononcée par une décision motivée par des considérations de droit et de fait, dans les conditions prévues par les articles 144 et 145 du code de procédure pénale ;

Et attendu que l'arrêt est régulier en la forme ;

REJETTE le pourvoi. »

> Dès lors qu'il a été relevé appel de l'ordonnance de renvoi rendue par le juge d'instruction, la juridiction correctionnelle, tant qu'il n'a pas été statué sur la recevabilité de cet appel par la chambre d'accusation, n'est pas valablement saisie et ne saurait se prononcer sur la détention provisoire du prévenu

• **Crim. 22 avr. 1992,** n° 92-81.427, P n° 170

* V. s^{s} n° 814.44.

« Vu lesdits articles ;

Attendu que, dès lors que, malgré les prescriptions de l'article 186 du code de procédure pénale, le prévenu a relevé appel de l'ordonnance du juge d'instruction le renvoyant devant le tribunal correctionnel, seule la chambre d'accusation, en l'absence d'ordonnance de non-admission de l'appel prise par son président, est compétente pour se prononcer sur la recevabilité dudit appel ;

Attendu qu'il appert de l'arrêt attaqué et des pièces de procédure que Maxime T... a été, par ordonnance du juge d'instruction du 6 janvier 1992, renvoyé devant le tribunal correctionnel pour infraction à la législation sur les stupéfiants et, par ordonnance distincte du même jour, maintenu en détention jusqu'à sa comparution devant la juridiction de jugement ; que le prévenu ayant relevé appel de l'ordonnance de renvoi, le président de la chambre d'accusation a rendu le 24 janvier 1992 une ordonnance de non-admission de cet appel ;

Attendu que le 16 janvier 1992, Maxime T... a présenté une demande de mise en liberté au tribunal correctionnel qui, par jugement du 23 janvier 1992, s'est déclaré incompétent pour prononcer sur la demande ; que la cour d'appel, par l'arrêt attaqué, a estimé au contraire que le Tribunal était valablement saisi, dès lors que le prévenu était irrecevable à interjeter appel d'une ordonnance de renvoi ; qu'elle a en conséquence annulé le jugement, puis, évoquant, ordonné la mise en liberté de Maxime T... ;

Mais attendu que le tribunal correctionnel s'est prononcé alors qu'aucune décision n'avait été rendue ni par le président de la chambre d'accusation en application du dernier alinéa de l'article 186 précité, ni par ladite chambre sur la recevabilité de l'appel formé par Maxime T... contre l'ordonnance de renvoi ;

Qu'en raison de l'effet suspensif dudit appel, la juridiction correctionnelle ne pouvait se considérer comme valablement saisie tant qu'il n'avait pas été régulièrement statué sur celui-ci ;

D'où il suit qu'en jugeant comme elle l'a fait, la cour d'appel a méconnu le principe ci-dessus rappelé et que la cassation est encourue ;

Par ces motifs :

CASSE ET ANNULE [...]. »

> En réponse à une demande de mise en liberté formée au cours des débats, la juridiction de jugement ne se prononce pas au regard des critères fixés par l'article 144 dudit code mais doit notamment rechercher si, en fonction des éléments de l'espèce, une telle mesure n'est pas de nature à nuire au bon déroulement du procès, à la manifestation de la vérité ou à la mise à exécution, en cas de condamnation, de la sanction prononcée

• **Crim. 24 sept. 1998,** n°s 97-84.017, 97-84.030, P n° 234

* V. s[s] n° 814.57.

« Vu les mémoires produits ;

Sur le premier moyen de cassation présenté pour Philippe Y..., pris de la violation des articles 144 et suivants, 148-1, 215, 215-1, 316, alinéa 2, et 593 du code de procédure pénale, 6. 2 de la convention européenne des droits de l'homme, des principes généraux du droit, défaut de motifs, manque de base légale :

En ce que, statuant par arrêt incident en date du 26 mai 1997 (quatrième arrêt incident), la cour d'assises a rejeté la demande de mise en liberté de Philippe Y... ;

Aux motifs que si l'article 148-1 du code de procédure pénale prévoit que la mise en liberté peut être demandée en tout état de cause par tout accusé et en toute période de la procédure, c'est à la condition que cette mise en liberté ne soit pas contraire au but poursuivi par le législateur qui a institué pour la procédure criminelle un mode particulier de comparution à l'audience ; qu'en l'espèce, si les accusés Philippe Y..., Jean Vincent A... et Jean-Pierre B... étaient remis en liberté, ils pourraient pendant le temps du procès, en fonction de l'évolution des débats, mettre au point leur défense avec certains témoins qui resteraient à entendre ; que, de plus, si, à l'issue des débats, les accusés étaient déclarés coupables et condamnés à une lourde peine de prison, ils pourraient profiter de leur liberté pour échapper à l'exécution de la sanction étant donné que la cour d'assises n'a pas les moyens juridiques de décerner alors mandat de dépôt à l'égard des condamnés ; qu'une mesure de contrôle judiciaire s'avère insuffisante à cet effet ;

Alors que la liberté de la personne poursuivie est la règle et que, dès lors, l'ordonnance de prise de corps ne saurait faire obstacle par principe à la mise en liberté de l'accusé par la cour d'assises ;

Alors que les arrêts incidents ne peuvent préjuger du fond et qu'en faisant état pour rejeter la demande de mise en liberté du demandeur de la possibilité pour la cour d'assises de prononcer à son encontre, à l'issue des débats, une lourde peine de prison, la Cour a violé le principe susvisé et méconnu le principe de la présomption d'innocence ;

Alors que les arrêts incidents des cours d'assises doivent être motivés à peine de nullité ; que si aux termes de l'article 144 du code de procédure pénale, en matière criminelle, la détention provisoire peut être ordonnée ou prolongée lorsqu'elle constitue l'unique moyen d'empêcher une pression sur les témoins, en se bornant à faire état par des motifs vagues et généraux sans aucune référence aux circonstances de l'espèce, de la possibilité qu'auraient les accusés de « mettre au point leur défense avec les témoins qui resteraient à entendre », la cour d'assises n'a pas donné de base légale à sa décision ;

Attendu que, pour rejeter la demande de mise en liberté présentée par Philippe Y..., la cour d'assises se prononce par les motifs reproduits au moyen ;

Attendu qu'en statuant ainsi, les juges ont fait l'exacte application de la loi ;

Qu'en effet si, pendant la durée du procès criminel, la détention de l'accusé est de droit en exécution de l'ordonnance de prise de corps, l'article 148-1 du code de procédure pénale lui permet, au cours des débats, de solliciter sa mise en liberté ; que, toutefois, la cour d'assises, pour apprécier la possibilité d'y faire droit, ne se prononce pas au regard des critères fixés par l'article 144 dudit code mais doit notamment rechercher si, en fonction des éléments de l'espèce, souverainement appréciés par elle, une telle mesure n'est pas de nature à nuire au bon déroulement du procès, à la manifestation de la vérité ou à la mise à exécution, en cas de condamnation, de la sanction prononcée ;

D'où il suit que le moyen n'est pas fondé. »

> L'article 179, alinéa 5, du code de procédure pénale, est applicable seulement devant la juridiction de jugement, et non devant la chambre de l'instruction. Le délai de comparution devant le tribunal correctionnel prévu par l'article 179, alinéa 4, du même code ne commence à courir que du jour où l'ordonnance de renvoi est devenue définitive

• **Crim. 19 mars 2014,** nº 13-88.586, P nº 91

* V. s[s] nº 814.15.

Vu les articles 179 et 213 du code de procédure pénale ;

« Attendu qu'il se déduit de ces textes que, saisie par le mis en examen, maintenu en détention par une ordonnance distincte, de l'appel de la seule ordonnance le renvoyant devant le tribunal correctionnel, la chambre de l'instruction qui, dans le délai de deux mois qui lui est imparti, déclare cet appel irrecevable et ordonne le maintien en détention provisoire de l'appelant n'a ni à en fixer la durée ni à en ordonner la prolongation à l'issue d'un délai de deux mois, ce délai, tel qu'il est prévu par l'article 179, alinéa 4, susvisé, ne commençant à courir qu'à partir du jour où l'ordonnance de renvoi est devenue définitive ;

Attendu que le pourvoi en cassation, formé contre l'arrêt du 15 octobre 2013 par lequel la chambre de l'instruction a déclaré irrecevable l'appel de l'ordonnance de renvoi formé par M. X... et ordonné son maintien en détention, a été rejeté par arrêt du 5 février 2014, date à partir de laquelle cette ordonnance est devenue définitive ;

Attendu que, pour prolonger de deux mois la détention de M. X..., l'arrêt attaqué, rendu le 13 décembre 2013, avant qu'il n'ait été statué sur le pourvoi ci-dessus rappelé, énonce qu'en application des articles 148-1 et 179, alinéa 5, du code de procédure pénale, il revient à la chambre de l'instruction, dernière juridiction ayant eu à se prononcer sur le fond, d'ordonner cette prolongation ;

Mais attendu qu'en se déterminant ainsi, au visa de l'alinéa 5 de l'article 179 du code de procédure pénale, applicable seulement devant la juridiction de jugement, et alors que, l'ordonnance de renvoi n'étant pas encore devenue définitive, le délai de comparution du prévenu devant le tribunal correctionnel prévu par l'alinéa 4 du même article n'avait pas commencé à courir, la chambre de l'instruction a méconnu les textes susvisés et le principe ci-dessus énoncé ;

D'où il suit que la cassation est encourue ; que, n'impliquant pas qu'il soit à nouveau statué sur le fond, elle aura lieu sans renvoi, ainsi que le permet l'article L. 411-3 du code de l'organisation judiciaire. »

> La décision de la cour d'appel de renvoyer la procédure au ministère public, aux fins de régularisation, dans les cas prévus par l'article 385, alinéa 2, du code de procédure pénale, n'impliquant pas son dessaisissement, il lui appartient, si le jugement est annulé pour violation ou omission non réparée de formes prescrites par la loi à peine de nullité, d'évoquer, de renvoyer au fond à une audience ultérieure, en application de l'article 520 du même code, et de prononcer, le cas échéant, sur le maintien en détention du prévenu

• **Crim. 3 mars 2015,** nº 14-88.472, P nº 39

* V. s[s] nº 814.143.

« Vu les articles 175, 179, 184, 385, alinéa 2, 512 et 520 du code de procédure pénale ;

Attendu que la décision de la cour d'appel de renvoyer la procédure au ministère public, aux fins de régularisation, dans les cas prévus par l'article 385 alinéa 2 du code de procédure pénale, n'impliquant pas son dessaisissement, il lui appartient, si le jugement est annulé pour violation ou omission non réparée de formes prescrites par la loi à peine de nullité, d'évoquer, de renvoyer au fond à une audience ultérieure, en application de l'article 520 du même code, et de prononcer, le cas échéant, sur le maintien en détention du prévenu ;

Attendu qu'il résulte de l'arrêt attaqué et des pièces de procédure, que M. X..., renvoyé par ordonnance du juge d'instruction devant le tribunal, des chefs susvisés, a interjeté appel du jugement le retenant dans les liens de la prévention et le maintenant en détention ; que, faisant droit aux exceptions soulevées par le prévenu, l'arrêt, constatant que l'ordonnance de renvoi n'avait pas été rendue conformément aux dispositions de l'article 184 du code de procédure pénale, en ce que l'avis de fin d'information et le réquisitoire définitif n'avaient pas été portés à la connaissance du mis en examen, a renvoyé la procédure au ministère public pour régularisation ; que les juges ont annulé le jugement en ce qu'il concernait M. X... et, considérant qu'ils se trouvaient ainsi dessaisis, sans pouvoir évoquer l'affaire, et que le titre de détention du prévenu avait cessé de produire effet, ordonné la mise en liberté de celui-ci ;

Mais attendu qu'en statuant ainsi, la cour d'appel a méconnu les textes susvisés et le principe ci-dessus rappelé ;

D'où il suit que la cassation est encourue ;

Par ces motifs :

CASSE ET ANNULE [...]. »

> L'article 16 de l'ordonnance du 25 mars 2020 s'interprète comme prolongeant, sans intervention judiciaire, pour les durées qu'il prévoit, tout titre de détention venant à expiration, mais à une seule reprise au cours de chaque procédure

En prévoyant la prolongation de plein droit des titres de détention, pour les durées prévues à l'article 16 de l'ordonnance, le Gouvernement n'a pas excédé les limites de la loi d'habilitation nº 2020-290 du 23 mars 2020.

L'article 11 de la loi du 23 mars 2020, en ce qu'il pourrait ne pas préciser suffisamment les modalités de l'intervention du juge judiciaire lors de l'allongement des délais de détention, pose, au regard de l'article 66 de la Constitution, une question sérieuse, justifiant le renvoi des questions prioritaires de constitutionnalité des demandeurs au Conseil constitutionnel. Le grief pris de la violation de l'article 66 de la Constitution par l'article 16 de l'ordonnance est irrecevable, en application de la théorie de la « loi-écran ».

L'article 16 de l'ordonnance n'est compatible avec l'article 5 de la Convention européenne des droits de l'homme et la prolongation qu'il prévoit n'est régulière que si la juridiction qui aurait été compétente pour prolonger la détention prend, dans un délai rapproché courant à compter de la date d'expiration du titre ayant été prolongé de plein droit, une décision par laquelle elle se prononce sur le bien-fondé du maintien en détention. Ce délai ne peut être supérieur à un mois en matière délictuelle et à trois mois en matière criminelle ainsi qu'en cas d'appel d'une décision de condamnation.

• **Crim. 26 mai 2020,** n° 20-81.910, P

* V. s^s n° 814.33

« Sur le moyen pris en ses première et deuxième branches

9. L'article 16 de l'ordonnance n° 2020-303 du 25 mars 2020, prise en application de l'article 11 de la loi du 23 mars 2020 précité, dispose :

« En matière correctionnelle, les délais maximums de détention provisoire ou d'assignation à résidence sous surveillance électronique, prévus par les dispositions du code de procédure pénale, qu'il s'agisse des détentions au cours de l'instruction ou des détentions pour l'audiencement devant les juridictions de jugement des affaires concernant des personnes renvoyées à l'issue de l'instruction, sont prolongés de plein droit de deux mois lorsque la peine d'emprisonnement encourue est inférieure ou égale à cinq ans et de trois mois dans les autres cas, sans préjudice de la possibilité pour la juridiction compétente d'ordonner à tout moment, d'office, sur demande du ministère public ou sur demande de l'intéressé, la mainlevée de la mesure, le cas échéant avec assignation à résidence sous surveillance électronique ou sous contrôle judiciaire lorsqu'il est mis fin à une détention provisoire. Ce délai est porté à six mois en matière criminelle et, en matière correctionnelle, pour l'audiencement des affaires devant la cour d'appel.

Les prolongations prévues à l'alinéa précédent sont applicables aux mineurs âgés de plus de seize ans, en matière criminelle ou s'ils encourent une peine d'au moins sept ans d'emprisonnement.

Les prolongations prévues par le présent article ne s'appliquent qu'une seule fois au cours de chaque procédure ».

10. Pour faire face au risque sanitaire majeur provoqué par l'épidémie de covid-19, le Gouvernement a adopté, par décrets, plusieurs mesures afin de limiter sa propagation, dont une mesure de strict confinement de la population. L'article 4 de la loi du 23 mars 2020, précitée, a déclaré l'état d'urgence sanitaire pour une durée de deux mois sur l'ensemble du territoire national. Par un nouveau décret, les mesures prises antérieurement ont été réitérées. C'est dans ce contexte qu'a été adoptée l'ordonnance du 25 mars 2020, dont l'article 16 doit être interprété.

11. Il convient de déterminer si l'expression « délais maximums de détention provisoire » désigne la durée totale de la détention susceptible d'être subie après l'ultime prolongation permise par le code de procédure pénale ou si elle désigne la durée au terme de laquelle le titre de détention cesse de produire effet en l'absence de décision de prolongation.

12. Dès l'entrée en vigueur du texte, cette question a suscité des difficultés majeures d'interprétation, qui ont entraîné des divergences d'analyse par les juridictions de première instance comme d'appel.

13. L'expression « délais maximums de détention provisoire », mentionnée à l'article 16 de l'ordonnance, ne figure pas aux articles 145-1, 145-2, 179, 181, 509-1 et 380-3-1 du code de procédure pénale prévoyant la prolongation de la détention provisoire. Les termes « durée maximale » ou « délai maximal » de la détention provisoire apparaissent dans la jurisprudence de la Cour de cassation et désignent alors la durée totale de la détention. Mais, à l'inverse, les articles 145-1 et 145-2 précités énoncent des maximums de détention provisoire dans des hypothèses où la détention peut être prolongée au-delà de ces maximums.

14. Les autres dispositions de l'article 16 ou les autres articles de l'ordonnance ne permettent pas davantage d'interpréter de façon évidente, dans un sens ou dans l'autre, les termes de « délais maximums ». Ainsi l'alinéa 3 de l'article 16, aux termes duquel « Les prolongations prévues par le présent article ne s'appliquent qu'une seule fois au cours de chaque procédure » garde son utilité même si l'on interprète l'expression « délais maximums » comme visant la durée totale de la détention puisqu'il implique alors que si la prolongation de droit a été appliquée pour augmenter la durée totale de la détention provisoire pendant l'instruction, elle ne peut plus l'être à nouveau pour augmenter la durée totale de la détention provisoire pour l'audiencement.

15. À l'inverse, l'article 19 de l'ordonnance, qui permet au juge, sous certaines conditions, d'organiser un débat sans comparution de la personne détenue et selon une procédure écrite ne suffit pas à exclure l'interprétation selon laquelle l'ordonnance aurait prévu de différer les débats institués par le code de procédure pénale en vue de la prolongation de la détention provisoire. En effet, en application de l'article 16, la prolongation de plein droit ne peut intervenir qu'à une reprise dans chaque procédure, de sorte qu'en raison de l'incertitude sur la durée de l'état d'urgence sanitaire, il pouvait apparaître nécessaire de prévoir une procédure simplifiée de prolongation pour les détentions provisoires dont le terme aurait déjà fait l'objet d'une prolongation de plein droit.

16. Dès lors, l'expression « délais maximums de détention provisoire » ne permet pas, à elle seule, de déterminer la portée de l'article 16.

17. En revanche, il convient d'observer que la prolongation de « plein droit » des délais maximums de détention provisoire ne peut être interprétée que comme signifiant l'allongement de ces délais, pour la durée mentionnée à l'article 16, sans que ne soit prévue l'intervention d'un juge.

18. Or, il serait paradoxal que l'article 16 ait prévu que l'allongement de la durée totale de la détention s'effectue sans intervention judiciaire tandis que l'allongement d'un titre de détention intermédiaire serait subordonné à une décision judiciaire.

19. Il convient d'en déduire que l'article 16 s'interprète comme prolongeant, sans intervention judiciaire, pour les durées qu'il prévoit, tout titre de détention venant à expiration, mais à une seule reprise au cours de chaque procédure.

20. Au surplus, cette lecture de l'article 16 n'est pas en contradiction avec l'article 1er, III, 2°, de la loi n° 2020-546 du 11 mai 2020 complétant ses dispositions qui a introduit un article 16-1 dans l'ordonnance mettant fin aux prolongations de plein droit prévues à l'article 16 et dont il résulte que celles-ci s'appliquaient soit à une échéance intermédiaire, soit à la dernière échéance possible de la détention provisoire.

21. Dès lors, les deux premières branches du moyen ne sont pas fondées.

Sur le moyen pris en sa troisième branche

22. Il y a lieu d'examiner si, ainsi interprété, l'article 16 excède les limites de l'article 11, I, 2°) d) de la loi d'habilitation du 23 mars 2020.

23. Afin, d'une part, de faire face aux conséquences de la propagation de l'épidémie de covid-19 et de tenir compte des mesures prises pour limiter cette propagation, d'autre part, de limiter la propagation de l'épidémie parmi les personnes participant aux procédures en cause, l'article 11 précité a autorisé le Gouvernement à adapter le déroulement et la durée des détentions provisoires pour permettre l'allongement des délais de détention et la prolongation de ces mesures selon une procédure écrite.

24. Il s'ensuit que le Gouvernement a pu prévoir, sans excéder les limites de la loi d'habilitation, la prolongation de plein droit des titres de détention au cours de l'instruction ou lors de l'audiencement, à une reprise, pour les durées prévues à l'article 16.

25. Le grief n'est dès lors pas fondé.

Sur le moyen pris en sa quatrième branche

26. L'ordonnance précitée a prévu l'allongement des délais de détention sur le fondement de l'article 11 de la loi du 23 mars 2020.

27. Par arrêt de ce jour, la chambre criminelle a renvoyé au Conseil constitutionnel la question prioritaire de constitutionnalité relative à cet article.

28. En conséquence, il n'appartient pas à la Cour de cassation d'apprécier la conformité à la Constitution de l'article 16 de l'ordonnance prise en application de ladite loi.

29. Cette branche est dès lors irrecevable.

Mais sur le moyen pris en ses cinquième et sixième branches

Vu les articles 5 de la Convention européenne des droits de l'homme et 181 du code de procédure pénale :

30. Il résulte du premier de ces textes que lorsque la loi prévoit, au-delà de la durée initiale qu'elle détermine pour chaque titre concerné, la prolongation d'une mesure de détention provisoire, l'intervention du juge judiciaire est nécessaire comme garantie contre l'arbitraire.

31. Selon le second, l'accusé détenu en raison des faits pour lesquels il est renvoyé devant la cour d'assises est immédiatement remis en liberté s'il n'a pas comparu devant celle-ci à l'expiration d'un délai d'un an à compter soit de la date à laquelle la décision de mise en accusation est devenue définitive s'il était alors détenu, soit de la date à laquelle il a été ultérieurement placé en détention provisoire. Toutefois, si l'audience sur le fond ne peut débuter avant l'expiration de ce délai, la chambre de l'instruction peut, à titre exceptionnel, par une décision rendue conformément à l'article 144 du code de procédure pénale et mentionnant les raisons de fait ou de droit faisant obstacle au jugement de l'affaire, ordonner la prolongation de la détention provisoire pour une nouvelle durée de six mois en matière criminelle,

32. Il convient de s'interroger sur le point de savoir si les dispositions de l'article 16 de l'ordonnance sont conformes à l'article 5 de la Convention européenne des droits de l'homme, étant rappelé qu'à ce jour, la France n'a pas exercé le droit de dérogation, prévu à l'article 15 de ladite Convention.

33. D'une part, l'article 16 maintient, de par le seul effet de la loi et sans décision judiciaire, des personnes en détention, au delà de la durée du terme fixé dans le mandat de dépôt ou l'ordonnance de prolongation, retirant ainsi à la juridiction compétente le pouvoir d'apprécier, dans tous les cas, s'il y avait lieu d'ordonner la mise en liberté de la personne détenue.

34. D'autre part, ce même texte conduit à différer, à l'égard de tous les détenus, l'examen systématique, par la juridiction compétente, de la nécessité du maintien en détention et du caractère raisonnable de la durée de celle-ci.

35. Or, l'exigence conventionnelle d'un contrôle effectif de la détention provisoire ne peut être abandonnée à la seule initiative de la personne détenue ni à la possibilité pour la juridiction compétente d'ordonner, à tout moment, d'office ou sur demande du ministère public, la mainlevée de la mesure de détention.

36. Aussi l'article 16 de l'ordonnance ne saurait-il être regardé comme compatible avec l'article 5 de la Convention européenne des droits de l'homme et la prolongation qu'il prévoit n'est-elle régulière que si la juridiction qui aurait été compétente pour prolonger la détention rend, dans un délai rapproché courant à compter de la date d'expiration du titre ayant été prolongé de plein droit, une décision par laquelle elle se prononce sur le bien-fondé du maintien en détention.

37. Même en tenant compte des circonstances de fait exceptionnelles résultant du contexte épidémique, lorsque la personne n'a pas encore été jugée en première instance, un tel délai, au sens de l'article 5 précité, ne peut être supérieur à un mois en matière délictuelle et à trois mois en matière criminelle. Ce délai ne peut être supérieur à trois mois après condamnation en première instance, les faits reprochés à l'intéressé ayant alors déjà été examinés au fond par une juridiction.

38. Dans cet office, il appartient au juge d'exercer le contrôle qui aurait été le sien s'il avait dû statuer sur la prolongation de la détention provisoire, et ce dans le cadre d'un débat contradictoire tenu, le cas échéant, selon les modalités prévues par l'article 19 de l'ordonnance.

39. Ce contrôle judiciaire a eu lieu lorsque, en première instance ou en appel, la juridiction compétente, saisie de la question de la prolongation de plein droit de la détention provisoire, a, dans le respect de l'article 5 de la Convention européenne des droits de l'homme et dans le plein exercice de son office de gardien de la liberté individuelle, statué sur la nécessité de cette mesure dans le délai visé au paragraphe 37.

40. Il doit être considéré également que ce contrôle a eu lieu lorsque, dans le délai visé au paragraphe 37, la juridiction compétente a statué sur la nécessité de la détention, d'office ou lors de l'examen d'une demande de mise en liberté.

41. Dans les autres cas, si l'intéressé n'a pas, entre-temps, fait l'objet d'un nouveau titre de détention, il incombe au juge d'effectuer ce contrôle dans les délais énoncés au paragraphe 37, à moins que, dans ce délai, il n'ait déjà exercé son contrôle en application de l'article 16-1, alinéa 5, de l'ordonnance du 25 mars 2020, introduit par la loi du 11 mai 2020.

42. A défaut d'un tel contrôle et sauf s'il est détenu pour autre cause, l'intéressé doit être immédiatement remis en liberté.

43. En l'espèce, l'arrêt, après avoir relevé qu'il n'y avait pas lieu d'examiner le bien-fondé de la prolongation de la détention, énonce que la saisine de la chambre de l'instruction est devenue sans objet, le délai de comparution devant la cour d'assises ayant été prolongé de six mois de plein droit.

44. En prononçant ainsi, la chambre de l'instruction a méconnu les textes susvisés et les principes ci-dessus rappelés.

45. En effet, saisie par requête du procureur général aux fins de prolongation de la détention provisoire, il lui appartenait de statuer sur la nécessité du maintien en détention de l'accusé, qui sollicitait d'ailleurs sa mise en liberté dans son mémoire.

46. La cassation est dès lors encourue. »

814.03 **Bibliographie indicative.**

* V. s^s n° 811.03.

SECTION 1
DÉTENTION PROVISOIRE ENTRE L'ORDONNANCE DE RENVOI ET LE JUGEMENT DU TRIBUNAL CORRECTIONNEL

§ 1
Maintien en détention provisoire par le juge d'instruction

A.
Droit commun

814.11 **Histoire.** Lorsque le juge d'instruction renvoie une personne devant le tribunal correctionnel et que celle-ci est en détention provisoire au moment de l'ordonnance de renvoi, il peut la maintenir en détention provisoire.

Le terme « maintien » est spécifiquement celui qui se rapporte à cette phase procédurale précise. Avant la loi du 6 août 1975[1], l'ordonnance de maintien en détention provisoire cessait de produire ses effets à l'expiration d'un délai de quatre mois. Ce délai a été réduit à deux mois par la loi de 1975.

Vingt-cinq ans plus tard, pour éviter les abus résultant de renvois successifs sans délai maximum, la loi du 15 juin 2000 a précisé ainsi les choses : « Le prévenu en détention est immédiatement remis en liberté si le tribunal correctionnel n'a pas commencé à examiner au fond à l'expiration d'un délai de deux mois à compter de la date de l'ordonnance de renvoi. Toutefois, si l'audience sur le fond ne peut se tenir avant l'expiration de ce délai, le tribunal peut, à titre exceptionnel, par une décision mentionnant les raisons de fait ou de droit faisant obstacle au jugement de l'affaire, ordonner la prolongation de la détention pour une nouvelle durée de deux mois. La comparution personnelle du prévenu est de droit si lui-même ou son avocat en font la demande. Cette décision peut être renouvelée une fois dans les mêmes formes. Si le prévenu n'a pas été jugé à l'issue de cette nouvelle prolongation, il est remis immédiatement en liberté. Lorsqu'elle est devenue définitive, l'ordonnance mentionnée au troisième alinéa couvre, s'il en existe, les vices de la procédure. »[2]

En résumé, tout prévenu correctionnel qui a fait l'objet d'une instruction et qui est renvoyé détenu devant la juridiction de jugement doit être jugé dans un délai maximum de six mois à compter de l'ordonnance de renvoi.

Il en est de même lorsque le renvoi devant le tribunal correctionnel est effectué, non par le juge d'instruction mais par la chambre de l'instruction qui a été saisie d'un appel[3].

814.12 **Champ d'application des délais de détention provisoire.** La loi du 3 juin 2016 a introduit dans le code de procédure pénale un article 186-5 selon lequel les délais relatifs à la durée de la détention provisoire prévus aux articles 145-1 à 145-3 ne sont plus applicables lorsque le juge d'instruction a rendu son ordonnance de renvoi devant la juridiction de jugement, même en cas d'appel formé contre cette ordonnance. Par un arrêt du 24 janvier 2018[4] la chambre criminelle a jugé que « lorsqu'une chambre de l'instruction, par une décision devenue définitive, infirme l'ordonnance de mise en accusation et renvoie le dossier au juge d'instruction, les dispositions de l'article 145-2 du code de procédure pénale étant de nouveau applicables, la détention doit être prolongée au plus tard dans les six mois suivant la date à laquelle expirait le délai de détention en cours au moment de l'ordonnance de règlement ». En application de l'article 186-5 du code de procédure pénale, les délais relatifs à la durée de la détention provisoire prévus aux articles 145-1 à 145-3 du même code ne sont plus applicables lorsque le juge d'instruction a rendu son ordonnance de renvoi devant la juridiction de jugement, même en cas d'appel formé contre cette ordonnance, ce texte ne distinguant pas selon que la chambre a ou non prescrit un supplément d'information[5].

814.13 **Constitutionnalité de l'article 179 du code de procédure pénale.** Il n'y a pas lieu de renvoyer au Conseil constitutionnel la QPC relative à la conformité de l'article 179 du code de procédure pénale à l'article 16 de la Déclaration des droits de

1. L. n° 75-701, 6 août 1975 modifiant et complétant certaines dispositions de procédure pénale, *JO* 7 août, p. 8035.
2. C. pr. pén., art. 179.
3. Crim. 2 déc. 1971, n° 71-92.789, P n° 336 ; *D.* 1972. 190 ; *JCP* 1972. II. 17062, note P. Chambon.
4. Crim. 24 janv. 2018, n° 17-86.586, P n° 21 : *JCP* 2018, 245 ; *RSC* 2018 p. 463, obs F. Cordier.
5. Crim. 10 avr. 2018, n° 18-80.371, P n° 70 ; *AJ pénal* 2018. 370 – Crim. 18 déc. 2019, n° 19-86.338, P, *JCP* 2020, 61.

l'Homme et du citoyen, en ce qu'elle ne revêt pas un caractère sérieux, dès lors que la défense peut soumettre son argumentation au juge, par des observations, avant que celui-ci ne prenne sa décision sur un éventuel maintien en détention de la personne renvoyée devant le tribunal correctionnel[1].

814.14 Computation des délais : avant les décisions intervenues en 2014. Avant 2014, on estimait que le délai prenait effet immédiatement, dans tous les cas, même si l'ordonnance était frappée d'appel[2]. S'agissant d'un délai computé en mois, l'affaire renvoyée le 1er janvier devait être jugée au plus tard le 1er mars[3]. Mais s'agissant d'un délai de procédure et non de détention, il s'agissait du 1er mars à 24 heures et non à 0 heure[4]. En outre, la prorogation prévue par l'article 801 du code de procédure pénale était applicable, s'agissant d'un délai de procédure.

814.15 Computation des délais : décisions intervenues en 2014. Par plusieurs arrêts rendus les 5 février et 19 mars 2014, la chambre criminelle a estimé qu'il se déduisait des articles 179 et 388 du code de procédure pénale que le tribunal correctionnel ne pouvait statuer sur une procédure qu'autant que l'ordonnance de renvoi qui l'en saisit était devenue définitive[5]. L'article 179, alinéa 5, du code de procédure pénale, est applicable seulement devant la juridiction de jugement, et non devant la chambre de l'instruction.

Le délai de comparution devant le tribunal correctionnel prévu par l'article 179, alinéa 4, du même code ne commence à courir que du jour où l'ordonnance de renvoi est devenue définitive. En conséquence, le délai de deux mois ne commence à courir qu'à compter du dixième jour après la notification de l'ordonnance si aucun appel n'est intervenu, et après que l'arrêt de la chambre de l'instruction soit définitif dans le cas contraire. Cette modification de jurisprudence a surtout une incidence très importante sur les décisions des juridictions correctionnelles : d'une part, le délai de deux mois pendant lequel le dossier « détenu » devait être audiencé est désormais de deux mois et dix jours, d'autre part et surtout, en cas d'appel, il n'est pas utile de s'inquiéter sur le fait que la chambre de l'instruction statue dans un délai de deux mois qui ne lui est pas applicable. Cette jurisprudence a également une incidence sur les demandes de mise en liberté déposées. La loi du 3 juin 2016 a confirmé cette jurisprudence : le prévenu en détention est immédiatement remis en liberté si le tribunal correctionnel n'a pas commencé à examiner l'affaire au fond à l'expiration d'un délai de deux mois à compter de la date soit de l'ordonnance de renvoi ou, en cas d'appel, de l'arrêt de renvoi non frappé de pourvoi, de l'arrêt déclarant l'appel irrecevable, de l'ordonnance de non-admission rendue en application du dernier alinéa de l'article 186 ou de l'arrêt de la chambre criminelle rejetant le pourvoi, soit de la date à laquelle il a été ultérieurement placé en détention provisoire.

814.16 « Prolongation » de la détention. Lorsque le tribunal ne peut statuer au fond dans le délai de deux mois il peut non pas « maintenir » en détention mais *prolonger* la détention pour une nouvelle durée de deux mois.

Après une seconde prolongation, l'affaire doit être « jugée ». En pratique, les parquets citent en respectant le premier délai de deux mois et lorsque l'affaire ne peut pas être jugée, le tribunal peut « prolonger » la détention d'un nouveau délai maximum de deux mois, utilisable à deux reprises. Il ne semble pas que l'usage d'une mauvaise terminologie à savoir celle de « maintien » en détention puisse avoir de quelconques conséquences dès lors que l'affaire est renvoyée dans le délai imparti par la loi.

Dans le cas où le tribunal omet de prolonger la détention, le mandat de dépôt devient en revanche caduc et la personne doit être remise en liberté[6].

Si le prévenu comparaît plus de deux mois après l'ordonnance de renvoi, les juges ne peuvent plus prolonger une détention devenue irrégulière par la caducité du titre qui lui sert de support[7]. La Cour de cassation relève d'office le moyen et annule l'arrêt qui n'aurait pas tiré les conséquences d'une absence de décision ou d'un jugement irrégulier[8]. Il pourra être conseillé aux services de l'audiencement de prévoir l'examen d'une affaire comportant au moins un détenu, dans le délai de six semaines de l'ORTC. Une grève des personnels pénitentiaires

1. Crim. 15 févr. 2011, n° 10-90.122, P n° 24 ; *D.* 2011. Actu. 754.
2. Crim. 2 déc. 1971, n° 71-92.789, préc. – Crim. 18 août 2010, n° 10-83.656, P n° 125 ; *AJ pénal* 2010. 512.
3. Crim. 7 nov. 1989, n° 89-85.005, P n° 395 ; *JCP* 1990. IV. 54 – Crim. 11 déc. 2001, n° 01-83.440, P n° 260 ; *D.* 2002. IR 371 (v. ss n° 811.02).
4. Crim. 11 déc. 2001, n° 01-83.440, préc.
5. Crim. 5 févr. 2014, nos 13-87.897, 13-87.372, P nos 37, 36 ; *D.* 2014. 426 ; *JCP* 2014. 196 ; *AJ pénal* 2014. 244, note C. Renaud-Duparc ; *AJ pénal* 2014. 305 – Crim. 19 mars 2014, n° 13-88.586, P n° 91 ; *D.* 2014. 425 ; *AJ pénal* 2014. 244, obs. C. Renaud-Duparc ; *AJ pénal* 2014. 306, obs. J.-B. Perrier ; *RSC* 2014. 386, obs. D. Boccon-Gibod ; *JCP* 2014. 480 (v. ss n° 811.01).
6. Crim. 16 sept. 1972, n° 72-92.755, P n° 264 – Crim. 13 mars 1978, n° 77-92.579, P n° 92 ; *D.* 1978. IR 343, obs. G. Roujou de Boubée ; *RSC* 1979. 110, obs. J.-H. Robert – Crim. 26 mars 1985, n° 84-95.476, P n° 125 – Crim. 7 nov. 1989, n° 89-85.005, P n° 395 ; *JCP* 1990. IV. 54 – Crim. 15 janv. 2003, n° 02-86.951, NP.
7. Crim. 7 nov. 1989, n° 89-85.005, P n° 395.
8. Crim. 1er oct. 1975, n° 74-90.796, P n° 199 – Crim. 14 juin 1976, n° 76-91.477, P n° 211.

empêchant une extraction, un refus d'être extrait, un oubli d'extraction, *etc.*, peuvent en effet toujours se produire. Dans ce délai, il est encore possible de solliciter une nouvelle extraction avant l'expiration du délai initial de deux mois, et d'éviter ainsi une prolongation.

814.17 **Notion de comparution.** La comparution se prolonge pendant toute la durée des débats pour ne se terminer qu'avec le prononcé du jugement[1].

Si l'audience se poursuit sur plusieurs journées, il n'est pas nécessaire qu'il soit statué sur la détention chaque soir. La circulaire du 31 décembre 1970[2] le certifie d'ailleurs expressément en indiquant que : « La comparution n'est pas un événement instantané consistant dans la venue du prévenu à l'audience, mais un fait qui se prolonge pendant toute la durée des débats même s'ils s'étendent sur plusieurs audiences et jusqu'à clôture de ceux-ci par un jugement. » Un jugement qui rejette une exception tendant à faire constater que la juridiction de jugement n'est pas valablement saisie, ne mettant pas fin aux débats, n'a pas mis fin à la détention provisoire qui se prolonge pendant toute la durée des débats[3].

814.18 **Délibéré.** La juridiction n'a pas à statuer sur la détention lorsqu'une affaire est mise en délibéré. Il se déduit des dispositions des articles 179 et 464-1 du code de procédure pénale que la comparution d'un prévenu détenu devant une juridiction correctionnelle se prolonge pendant toute la durée des débats et, si l'affaire a été mise en délibéré, jusqu'à la clôture de ceux-ci par la juridiction de jugement... Cette comparution ne fait cesser de plein droit la détention provisoire qu'au prononcé dudit jugement lequel doit alors statuer sur le maintien en détention par une décision spécialement motivée[4]. Le mandat de dépôt reste exécutoire jusqu'à la fin du délibéré[5].

814.19 **Motivation.** L'avant dernier alinéa de l'article 179 du code de procédure pénale précise que la décision de prolongation de détention prise par le tribunal correctionnel doit mentionner les « raisons de fait et de droit faisant obstacle au jugement de l'affaire ». Si l'ordonnance de maintien en détention provisoire, prise par le magistrat instructeur, doit être motivée par référence aux 2°, 4°, 5° et 6° de l'article 144 du code de procédure pénale, la motivation de la prolongation qui peut intervenir ensuite est, quant à elle, consacrée *à l'explication des raisons qui font que l'affaire ne peut encore être jugée.* En pratique, il ne semble pas que la différence soit toujours faite et on voit des juridictions motiver une prolongation par référence aux seules garanties de représentation. C'est en fait une double motivation qui devrait être obligatoire : la première pour justifier le renvoi, la seconde pour motiver le maintien en détention provisoire. La motivation de la nécessité de la détention étant par ailleurs obligatoire en cas de demande de mise en liberté[6].

814.20 **Ordonnance de renvoi et date d'audience.** Le juge d'instruction peut préciser dans l'ordonnance de renvoi la date d'audience devant le tribunal de police ou le tribunal correctionnel lorsque cette date lui a été préalablement communiquée par le procureur de la République. Cette ordonnance doit alors comporter les mentions prévues aux deuxième à dernier alinéas de l'article 390.

Cette ordonnance dispense alors le procureur de délivrer une citation en application du même article 390[7].

B.
Urgence sanitaire

814.31 **Urgence sanitaire : décisions du Conseil d'État : référé.** Le Conseil d'État, saisi par plusieurs organisations professionnelles, a rendu en référé, le 3 avril 2020, des décisions de rejet[8]. La Haute juridiction administrative a jugé notamment que, malgré la prolongation de plein droit, le détenu et son avocat continuaient de disposer du droit d'adresser des demandes de mise en liberté et que cette disposition n'était applicable qu'une seule fois par procédure. En adoptant de telles mesures et en retenant des allongements de deux, trois ou six mois, dans les limites imparties par la loi d'habilitation, l'ordonnance contestée ne peut être regardée, eu égard à l'évolution de l'épidémie, à la situation sanitaire et aux conséquences des mesures prises pour lutter contre la propagation du Covid-19 sur le fonctionnement des juridictions, sur l'action des auxiliaires de justice et sur l'activité des administrations, en particulier des services de police et de l'administration pénitentiaire, comme d'ailleurs sur l'ensemble de la société française, comme portant une atteinte manifestement illégale aux libertés fondamentales. Il en va de même pour ce qui

1. Crim. 16 sept. 1972, n° 72-92.755, P n° 264 ; *D.* 1973. 330, note Ph. le Tourneau.
2. Circ. 31 déc. 1970 *[*], D.* 1971. Lég. 37.
3. Crim. 23 août 2017, n° 17-83.643, NP.
4. Crim. 25 juin 1986, n° 85-95.498, P n° 226 ; *D.* 1987. Somm. 78.
5. Crim. 7 mai 1985, n° 85-90.018, P n° 171 – Crim. 25 juin 1986, n° 85-95.498, P n° 226.
6. V. s[s] n° 814.57.
7. C. pr. pén., art. 179-2
8. CE 3 avr. 2020, ord., n°s 439877, 439887, 439890, 439898 et 439894, *Droit pénal* 2020, comm. 103 ; *JCP* A 2020, 2129, obs. H. Pauliat ; *JCP* 2020, 656, apercu rapide par B. Bonnet ; *Procédures* n° 6, Juin 2020, comm. 114, N. Chifflot.

concerne l'allongement des délais, résultant de l'article 17 de l'ordonnance n° 2020-303 du 25 mars 2020 pour les cas de comparution immédiate et de comparution à délai différé.

814.32 Urgence sanitaire : décisions du Conseil constitutionnel. Par une courte décision du 3 juillet 2020[1], le Conseil constitutionnel a dit que la loi d'habilitation de mai 2020 n'était pas contraire à la constitution aux motifs que les dispositions contestées n'excluent pas toute intervention d'un juge lors de la prolongation d'un titre de détention provisoire venant à expiration durant la période d'application de l'état d'urgence sanitaire. Elles ne portent donc atteinte ni par elles-mêmes, ni par les conséquences qui en découlent nécessairement, aux exigences de l'article 66 de la Constitution imposant l'intervention d'un juge dans le plus court délai possible en cas de privation de liberté. L'inconstitutionnalité alléguée par les requérants ne pourrait résulter que de l'ordonnance prise sur le fondement de ces dispositions.

Mais, par une décision du 29 janvier 2021[2] le Conseil constitutionnel, saisi le 4 novembre 2020 par la Cour de cassation d'une question prioritaire de constitutionnalité relative à la conformité aux droits et libertés que la Constitution garantit de l'article 16 de l'ordonnance n° 2020-303 du 25 mars 2020 portant adaptation de règles de procédure pénale sur le fondement de la loi n° 2020-290 du 23 mars 2020 d'urgence pour faire face à l'épidémie de covid-19 a censuré ces dispositions, permettant la prolongation de plein droit des détentions provisoires durant la première période de l'état d'urgence sanitaire. Le Conseil constitutionnel a relevé que les dispositions contestées visent à éviter que les difficultés de fonctionnement de la justice provoquées par les mesures d'urgence sanitaire prises pour lutter contre la propagation de l'épidémie de Covid-19 conduisent à la libération de personnes placées en détention provisoire, avant que l'instruction puisse être achevée ou une audience de jugement organisée. Elles poursuivent ainsi l'objectif de valeur constitutionnelle de sauvegarde de l'ordre public et de recherche des auteurs d'infraction. Toutefois, le Conseil constitutionnel a constaté, d'une part, que ces dispositions maintiennent en détention, de manière automatique, toutes les personnes dont la détention provisoire, précédemment décidée par le juge judiciaire, devait s'achever parce qu'elle avait atteint sa durée maximale ou que son éventuelle prolongation nécessitait une nouvelle décision du juge. Il a souligné, d'autre part, que ces détentions sont prolongées pour des durées de deux ou trois mois en matière correctionnelle et de six mois en matière criminelle. Il a relevé, enfin, que si les dispositions contestées réservent, durant la période de maintien en détention qu'elles instaurent, la possibilité pour la juridiction compétente d'ordonner la mise en liberté à tout moment, d'office ou sur demande du ministère public ou de l'intéressé, elles ne prévoient, durant cette période, aucune intervention systématique du juge judiciaire. Quant à l'article 16-1 de l'ordonnance du 23 mars 2020, il ne prévoit de soumettre au juge judiciaire, dans un délai de trois mois après leur prolongation en application des dispositions contestées, que les seules détentions provisoires qui ont été prolongées pour une durée de six mois. Le Conseil constitutionnel en a conclu que les dispositions contestées maintiennent de plein droit des personnes en détention provisoire sans que l'appréciation de la nécessité de ce maintien soit obligatoirement soumise, à bref délai, au contrôle du juge judiciaire. Il a jugé que l'objectif poursuivi par les dispositions contestées n'est pas de nature à justifier que l'appréciation de la nécessité du maintien en détention soit, durant de tels délais, soustraite au contrôle systématique du juge judiciaire. Il a précisé que, au demeurant, l'intervention du juge judiciaire pouvait, le cas échéant, faire l'objet d'aménagements procéduraux. N'étant plus applicables, les dispositions en cause ont été immédiatement abrogées.

814.33 Urgence sanitaire : décisions de la chambre criminelle du 26 mai 2020. Dans plusieurs arrêts rendus le 26 mai 2020[3], parfois qualifiés d'historiques[4], la chambre criminelle de la Cour de cassation a jugé d'une part que l'expression « délais maximum de détention provisoire », ne permet pas, à elle seule, de déterminer la portée de l'article 16 et que les autres articles de l'ordonnance ne permettent pas davantage d'interpréter de façon évidente, dans un sens ou dans un autre, les termes de « délais maximums », d'autre part et en revanche que l'expression « prolongation de plein droit » des délais maximums de détention provisoire ne peut être interprétée que comme signifiant l'allongement de ces délais, pour la durée mentionnée à l'article 16, sans que ne soit prévue l'intervention d'un juge ;

Sur ce point elle conclut qu'il serait paradoxal que l'article 16 ait prévu que l'allongement de la durée totale de la détention s'effectue sans intervention judiciaire tandis que l'allongement d'un titre de détention intermédiaire serait subordonné à une

1. Cons. const. 3 juill. 2020, n° 2020-851/852 QPC.
2. Cons. const. 29 janv. 2021, n° 2020-878-QPC, *D.* 2021. 184 ; *ibid.* 2021. 82.
3. Crim. 26 mai 2020, n° 20-81.910, P – Crim. 26 mai 2020, n° 20-81.971, P, *D.* 2020. 1109 ; *D.* 2020. 1274, obs J.-B. Perrier.
4. J.-B. Perrier, *D.* 2020. 1274.

décision judiciaire prise en application de l'article 19 de l'ordonnance et en déduit finalement que « l'article 16 doit être interprété comme prolongeant, sans intervention judiciaire, pour les durées qu'il prévoit, tout titre de détention venant à expiration, et ce à une reprise au cours de chaque procédure ». Elle juge ensuite que cet article n'est pas en contradiction avec l'article 1er, III, 2° de la loi n° 2020-546 du 11 mai 2020 prorogeant l'état d'urgence sanitaire et complétant ses dispositions, qui a introduit un article 16-1 dans l'ordonnance, mettant fin aux prolongations de plein droit prévues à l'article 16 et dont il résulte qu'elles s'appliquaient soit à une échéance intermédiaire, soit à la dernière échéance possible de la détention provisoire[1].

Par voie de conséquence, dans les deux affaires soumises à son examen, la chambre criminelle écarte les griefs par lequel les demandeurs aux pourvois reprochaient aux chambres de l'instruction d'avoir interprété l'article 16 dans le même sens.

En revanche, après avoir observé que la France n'avait pas exercé le droit de dérogation à l'article 15 de la convention européenne des droits de l'homme, elle a constaté que, d'une part, l'article 16 conduit à maintenir en détention, de par le seul effet de la loi et sans décision judiciaire, des personnes détenues, au-delà de la durée du terme du titre de détention et retire ainsi à la juridiction compétente le pouvoir d'apprécier, dans tous les cas, s'il y avait lieu d'ordonner la mise en liberté de la personne détenue, au regard des critères prévues par le code de procédure pénale, d'autre part, ce même texte conduit à différer, à l'égard de tous les détenus, l'examen systématique, par la juridiction compétente, de la nécessité du maintien en détention et du caractère raisonnable de la durée de celle-ci. L'exigence conventionnelle d'un contrôle effectif de la détention provisoire ne peut être abandonnée à la seule initiative de la personne détenue, ni à la possibilité, pour la juridiction compétente d'ordonner, à tout moment, d'office ou sur demande du ministère public, la mainlevée de la mesure de détention.

Elle en déduit que l'article 16 de l'ordonnance n'est compatible avec l'article 5 de la Convention européenne des droits de l'homme et la prolongation qu'il prévoit n'est régulière que si la juridiction qui aurait été compétente pour prolonger la détention rend, dans un délai rapproché courant à compter de la date d'expiration du titre ayant été prolongé de plein droit, une décision par laquelle elle se prononce sur le bien-fondé du maintien en détention. Cette juridiction doit intervenir dans un délai qui court à compter du jour où le titre aurait dû être prolongé. Ce délai ne peut être supérieur à un mois en matière délictuelle et à trois mois en matière criminelle avant jugement. Ce délai ne peut davantage être supérieur à trois mois après condamnation en première instance, quelle que soit la gravité de l'infraction. Cette décision de maintien en détention doit être prise, comme l'aurait été une décision de prolongation, dans le cadre d'un débat contradictoire, tenu, le cas échéant, selon les modalités allégées prévues par l'article 19 de l'ordonnance tant que cet article demeure applicable (soit, jusqu'à un mois après la cessation de l'état d'urgence).

La chambre criminelle a précisé dans quels cas cette intervention n'était pas nécessaire : lorsqu'un contrôle du juge a été déjà réalisé. C'est le cas lorsque, en première instance ou en appel, la juridiction compétente, saisie de la question de la prolongation de plein droit de la détention provisoire, a, statué sur la nécessité du maintien de cette mesure dans le délai précité. Cette hypothèse vise le cas où la juridiction a ordonné la prolongation de la détention et celui où, sans l'ordonner, elle a constaté sa prolongation de plein droit mais a néanmoins examiné la nécessité du maintien en détention. De la même manière, cette intervention n'est pas nécessaire lorsque la juridiction a, dans les délais précités, statué sur la nécessité du maintien en détention, d'office ou lors de l'examen d'une demande de mise en liberté et enfin lorsqu'elle est intervenue dans le cadre fixé par l'article 16-1 de l'ordonnance du 25 mars 2020, créé par la loi du 11 mai 2020.

La chambre criminelle précise qu'à défaut d'un tel contrôle exercé selon les modalités et dans les délai précisés, l'intéressé doit être immédiatement remis en liberté, sauf s'il est détenu pour autre cause. En l'espèce, les intéressés, détenus dans deux affaires criminelles dans lesquels le délai de trois mois n'était pas expiré, n'ont pas été remis en liberté. A noter que n'ont pas été inclus dans la possibilité d'un délai de trois mois les délits terroristes qui relèvent néanmoins d'une détention initiale de six mois depuis la loi du 3 juin 2016 (C. pr. pén., art 706-23-4). La ministre de la justice a

1. La loi n° 2020-546 du 11 mai 2020 prorogeant l'état d'urgence sanitaire et complétant ses dispositions a créé un article 16-1, ayant pour effet de mettre un terme à la prolongation de plein droit des délais de détention provisoire prévue à l'article 16. En effet, à compter du 11 mai 2020, la prolongation de plein droit n'est plus applicable aux titres de détention dont l'échéance intervient à compter de cette date et les détentions ne peuvent être prolongées que par une décision de la juridiction compétente prise après un débat contradictoire intervenant, le cas échéant, selon les modalités prévues à l'article 19. La loi a ensuite prévu une situation particulière pour les titres de détention en cours, résultant des règles de droit commun du Code de procédure pénale, dont l'échéance intervenait avant le 11 juin 2020. Dans cette hypothèse, la juridiction compétente a disposé d'un délai d'un mois à compter de cette échéance pour se prononcer sur sa prolongation, sans qu'il en résulte la mise en liberté de la personne, dont le titre de détention est prorogé jusqu'à cette décision. Cette prorogation s'impute sur la durée de la prolongation décidée par la juridiction.

rapidement fait connaître qu'aucun détenu terroriste n'était visé par ces remises en liberté.

814.34 Urgence sanitaire : décisions postérieures de la chambre criminelle. Après les décisions de principe du 26 mai 2020 la chambre criminelle a rendu plusieurs décisions. Elle a ainsi jugé qu'il résulte des articles 5 de la Convention européenne des droits de l'Homme et 145-2 du Code de procédure pénale que, d'une part lorsque la loi prévoit, au-delà de la durée initiale qu'elle détermine pour chaque titre concerné, la prolongation d'une mesure de détention provisoire, l'intervention du juge judiciaire est nécessaire comme garantie contre l'arbitraire, d'autre part, en matière criminelle, la personne mise en examen ne peut être maintenue en détention au-delà d'un an. Toutefois, sous réserve des dispositions de l'article 145-3 du Code de procédure pénale, le juge des libertés et de la détention peut, à l'expiration de ce délai, prolonger la détention pour une durée qui ne peut être supérieure à six mois par une ordonnance motivée conformément aux dispositions de l'article 137-3 dudit code et rendue après un débat contradictoire.

Encourt la cassation, l'arrêt qui, pour confirmer l'ordonnance du juge des libertés et de la détention prolongeant de plein droit la détention provisoire du mis en examen énonce que l'article 16 de l'ordonnance du 25 mars 2020 portant adaptation des règles de procédure pénale s'applique de plein droit aux détentions provisoires en cours à la date de la publication de l'ordonnance précitée jusqu'à la date de cessation de l'état d'urgence sanitaire dès lors que, saisie de la question de la prolongation de la détention provisoire, il appartenait à la chambre de l'instruction de statuer sur la nécessité du maintien en détention de la personne mise en examen. La cassation, qui intervient sans renvoi, n'entraîne toutefois pas la mise en liberté immédiate du mis en examen dès lors qu'il résulte des pièces de la procédure que le juge des libertés et de la détention s'est prononcé, après tenue d'un débat contradictoire, dans les trois mois de la date d'expiration du titre ayant été prolongé de plein droit, sur le bien-fondé du maintien en détention[1].

De même, encourt la cassation l'arrêt de la chambre de l'instruction qui confirme l'ordonnance de prolongation de plein droit de la détention provisoire, prononcé sur le fondement de l'article 16 de l'ordonnance du 25 mars 2020, alors que, saisie de la question de la prolongation de la détention provisoire, la chambre de l'instruction devait statuer sur la nécessité du maintien en détention de la personne mise en examen[2]. Mais il ne saurait être fait grief au juge des libertés et de la détention, saisi d'une demande de prolongation de la détention provisoire pendant la période d'application de l'article 16 de l'ordonnance n° 2020-303 du 25 mars 2020, de n'avoir pas constaté la prolongation de plein droit prévue par cet article et d'avoir statué sur le bien-fondé de ladite prolongation après débat contradictoire, dès lors que, d'une part, la prolongation de plein droit ne constitue qu'une faculté à laquelle le juge peut renoncer au profit du plein exercice de son office de gardien de la liberté individuelle, sans avoir à attendre d'être saisi à cette fin dans le délai imparti par les arrêts de la chambre criminelle du 26 mai 2020 d'autre part, il était de l'intérêt du détenu de voir sa situation examinée le plus rapidement possible[3].

Par ailleurs, lorsque la loi accorde, au-delà de la durée initiale qu'elle détermine pour le titre concerné, un délai supplémentaire pour qu'il soit statué sur la prolongation de la détention provisoire, un tel délai doit être regardé comme compatible avec l'article 5 de la Conv. européenne des droits de l'homme, l'intervention du juge judiciaire étant nécessaire comme garantie contre l'arbitraire, s'il reste suffisamment bref. Tel est le cas du délai d'un mois alloué par l'article 16-1, alinéa 2, de l'ordonnance du 25 mars 2020, à la juridiction compétente pour se prononcer, en application du Code de procédure pénale, sur la prolongation des seuls titres de détention expirant entre la date où les prolongations de plein droit autorisées n'ont plus été applicables et le 11 juin 2020, dans le seul but d'assurer, pendant cette période de transition, un retour au fonctionnement normal des juridictions[4].

Ces jurisprudences qui ont pu concerner les JLD dans certaines de leurs attributions n'ont pas trouvé d'application devant la juridiction correctionnelle qui n'était pas concernée par ces « prolongations de plein droit ».

§ 2
Demandes de mise en liberté

A.
Formes de la demande

814.41 Demande de mise en liberté à toute période de la procédure. En matière correctionnelle, si l'ordonnance ou l'arrêt de renvoi met fin de plein droit à la détention provisoire, celle-ci peut néan-

1. Crim. 29 sept. 2020 n° 20-82.564, P ; *D.* 2020. 1893 ; *Procédures* 2020, comm. 206 ; *JCP* 2020. 1215.
2. Crim. 1er sept. 2020, n° 20-82.938, P ; *JCP* 2020. 1074 ; *D.* 2020. 1796 ; *AJ pénal* 2020. 594, obs. D. Miranda.
3. Crim. 1er sept. 2020, n° 20-82.146, P ; *JCP* 2020. 1074 ; *D.* 2020. 1796.
4. Crim. 29 sept. 2020, n° 20-83.539, P ; *JCP* 2020. 1215.

moins être maintenue par une décision spéciale et motivée[1].

Toutefois, tant que la décision n'est pas définitive, le prévenu peut solliciter sa mise en liberté. Tout accusé dont la condamnation n'est pas définitive peut demander sa mise en liberté en toute période de la procédure. Dès lors encourt la cassation l'arrêt de la chambre de l'instruction qui déclare irrecevable une demande de mise en liberté alors qu'en raison de l'appel du ministère public, la condamnation prononcée contre le demandeur n'était pas définitive tant que la juridiction compétente ne s'était pas prononcée sur la recevabilité de cet appel[2]. Il s'agit là d'un droit fondamental, proclamé par l'article 148 du code de procédure pénale : « En toute matière, la personne placée en détention provisoire ou son avocat peut, à tout moment, demander sa mise en liberté, sous les obligations prévues à l'article précédent » et l'article 148-1 : « La mise en liberté peut aussi être demandée en tout état de cause par toute personne mise en examen, tout prévenu ou accusé, et en toute période de la procédure ».

814.42 **Déclaration au greffier de la juridiction compétente.** Les articles 148-6 et 148-7 du code de procédure pénale posent le cadre dans lequel la demande de mise en liberté doit être déposée, qu'il s'agisse d'une demande intervenant dans le cadre de l'instruction ou après.

Toute demande de mainlevée ou de modification du contrôle judiciaire ou de mise en liberté doit faire l'objet d'une déclaration au greffier de la juridiction d'instruction saisie du dossier ou à celui de la juridiction compétente en vertu de l'article 148-1. Elle doit être constatée et datée par le greffier qui la signe ainsi que le demandeur ou son avocat.

Si le demandeur ne peut signer, il en est fait mention par le greffier.

Lorsque la personne ou son avocat ne réside pas dans le ressort de la juridiction compétente, la déclaration au greffier peut être faite au moyen d'une lettre recommandée avec demande d'avis de réception[3].

Des dispositions particulières régissent le cas de la personne placée en détention provisoire, l'article 148-6 du code de procédure pénale évoquant aussi bien les demandes de mainlevée de contrôle judiciaire que de mise en liberté. Selon l'article 148-6 du code de procédure pénale, toute demande de mise en liberté doit faire l'objet d'une déclaration au greffier de la juridiction d'instruction saisie du dossier ou à celui de la juridiction compétente en vertu de l'article 148-1 du même code. L'envoi ou le dépôt d'un mémoire ne satisfait pas à cette exigence. N'encourt en conséquence pas la censure l'arrêt d'une chambre de l'instruction qui dit n'y avoir lieu à mise en liberté d'office d'un accusé, dès lors que la demande de mise en liberté sur laquelle il n'aurait pas été statué dans le délai légal a été présentée par un mémoire déposé au greffe par l'avocat de l'intéressé, peu important que la mention « par déclaration au greffe » figure sur la première page dudit mémoire[4].

814.43 **Déclaration auprès du chef de l'établissement pénitentiaire.** L'article 148-7 du code de procédure pénale dispose que lorsque la personne mise en examen, le prévenu ou l'accusé est détenu, la demande de mise en liberté peut aussi être faite au moyen d'une déclaration auprès du chef de l'établissement pénitentiaire. Cette déclaration est constatée et datée par le chef de l'établissement pénitentiaire qui la signe, ainsi que le demandeur. Si celui-ci ne peut signer, il en est fait mention par le chef de l'établissement.

Toutefois, lorsque la personne est détenue, la jurisprudence de la Cour de cassation admet également que la demande puisse être formulée devant une juridiction de jugement examinant le fond de l'affaire soit par *conclusions, soit par déclaration verbale* constatée par le greffier d'audience[5].

Lorsque la déclaration prévue par l'article 148-6, alinéa 3, du code de procédure pénale n'a pas été adressée directement au greffier de la juridiction compétente pour statuer sur la demande de mise en liberté, le délai imparti à ladite juridiction pour se prononcer ne court qu'à compter du lendemain du jour où le greffier a attesté avoir reçu la déclaration[6]. Pour dire n'y avoir lieu de prendre en considération le dépassement du délai prévu par l'article 148-2 du code de procédure pénale, une cour d'appel a retenu qu'il appartient au demandeur de désigner la juridiction de laquelle il souhaite obtenir sa mise en liberté et qu'il saisit donc et qu'il ne peut se prévaloir des erreurs de transmission ou errements dans la recherche de la juridiction compétente par les greffes, dès lors qu'elles sont imputables à une désignation erronée de sa part[7].

1. C. pr. pén., art. 179 et 213.
2. Crim. 24 avr. 2003, n° 01-88.554, P n° 89 ; *JCP* 2003. IV. 2124.
3. C. pr. pén., art. 148-6.
4. Crim. 4 janv. 2022, n° 21-85.822, P.
5. Crim. 16 juin 1998, n° 97-85.622, P n° 192, dit arrêt *Papon ; D.* 1998. 183 ; *RSC* 1998. 785, obs. J.-P. Dintilhac – Crim. 23 mai 2001, n° 01-81.934, P n° 132 ; *D.* 2001. 1996.
6. Crim. 3 juin 2014, n° 14-82.042, P n° 143 ; *D.* 2014. 1275 ; *JCP* 2014. 788.
7. Crim. 12 juin 2014, n° 14-82.233, P n° 149 ; *D.* 2014. 1328 ; *AJ pénal* 2015. 48, obs. L. Ascensi ; *RSC* 2014. 591, obs. J. Danet.

Est justifiée la décision d'irrecevabilité de l'appel du rejet d'une demande de mise en liberté dès lors qu'il ne peut être reproché au greffe pénitentiaire de ne pas considérer qu'un courrier manifeste clairement l'intention de faire appel lorsque celui-ci comporte des demandes distinctes [1]. Mais si le courrier réceptionné au greffe de l'établissement pénitentiaire le 16 novembre 2020, par lequel le demandeur a manifesté son intention d'interjeter appel, ne peut, à lui seul, constituer la déclaration prévue par l'article 503 du Code de procédure pénale, l'appelant détenu n'ayant pas été conduit à ce greffe dans un délai lui permettant d'exercer utilement la voie de recours, s'est trouvé dans l'impossibilité de s'y conformer de sorte que compte tenu de ces circonstances, la lettre d'intention d'appel reçue au greffe de l'établissement pénitentiaire a produit les mêmes effets qu'une déclaration d'appel » [2].

814.44 Juridiction compétente. Les diverses éventualités qui peuvent se présenter sont réglées par l'article 148-1, alinéa 2, du code de procédure pénale : « Lorsqu'une juridiction de jugement est saisie, il lui appartient de statuer sur la liberté provisoire ». Il en résultait, jusqu'aux décisions rendues en début d'année 2014, puis la loi du 3 juin 2016 [3], que le tribunal correctionnel était compétent après le renvoi de l'affaire, dès la date de ce renvoi. Toutefois, si appel avait été interjeté de l'ordonnance de renvoi, le tribunal correctionnel était incompétent pour connaître d'une demande de mise en liberté, tant que la chambre de l'instruction n'avait pas statué sur l'appel [4].

Depuis les décisions rendues en février et mars 2014 [5], le point de départ du délai de deux mois est reporté au jour où la décision devient définitive, c'est-à-dire dix jours après sa notification. Si un appel est interjeté, le délai ne court pas avant que soit rendu l'arrêt de la chambre de l'instruction, et si un pourvoi est interjeté, avant que le caractère définitif de la décision ne soit acquis : dans tous les cas, le délai de comparution devant le tribunal correctionnel prévu par l'article 179, alinéa 4, du code de procédure pénale, ne commence à courir que du jour où l'ordonnance de renvoi est devenue définitive. On a vu que la loi du 3 juin 2016 avait consacré cette jurisprudence [6].

L'ordonnance de renvoi devant le tribunal correctionnel n'est pas attributive, mais seulement indicative de juridiction [7].

Le tribunal correctionnel peut se déclarer incompétent, soit parce que le fait poursuivi constitue non un délit, mais un crime [8], soit parce que le délit a été commis dans un autre arrondissement [9], soit parce que le fait constitue dès l'origine une contravention [10].

Dans l'un et l'autre cas, l'ordonnance de renvoi et le jugement d'incompétence définitifs, créent un conflit négatif de juridiction qui nécessite un règlement de juges (arrêts précités).

Toutefois, la loi du 9 mars 2004 [11] a complété l'article 469 [12] du code de procédure pénale par un alinéa ainsi rédigé : « lorsqu'il est saisi par le renvoi ordonné par le juge d'instruction ou la chambre de l'instruction, le tribunal correctionnel ne peut pas faire application, d'office ou à la demande des parties, des dispositions du premier alinéa, si la victime était constituée partie civile et assistée d'un avocat lorsque ce renvoi a été ordonné. Toutefois, le tribunal correctionnel, saisi de poursuites exercées pour un délit non intentionnel conserve la possibilité de renvoyer le ministère public à mieux se pourvoir s'il résulte des débats que les faits sont de nature à entraîner une peine criminelle parce qu'ils ont été commis de façon intentionnelle ».

Les dispositions de l'alinéa 4 de l'article 469 du code de procédure pénale ne sont applicables qu'aux procédures dans lesquelles l'ordonnance de renvoi est intervenue à compter du 1er octobre 2004 [13]. Lorsque l'arrêt de la Cour de cassation qui a saisi la chambre de l'instruction comme cour de renvoi n'a pas réglé de juges par avance, celle-ci ne peut renvoyer l'affaire que devant une juridiction de jugement de son ressort [14].

814.45 Convocation de l'avocat. L'article 803-1 du même code qui permet l'envoi de la convocation à un avocat soit par lettre recommandée, soit par télécopie avec récépissé, soit enfin par envoi adressé par un moyen de télécommunication à son adresse électronique dont il est conservé une trace écrite, n'exige pas dans cette dernière hypothèse que figure

1. Crim. 25 mai 2022, n° 22-81.572, P, *Procédures* 2022, comm. 209, A.-S. Chavent-Leclère.
2. Crim. 8 avr. 2021, n° 21-80.843,NP.
3. L. n° 2016-731, 3 juin 2016, préc.
4. Crim. 16 avr. 1985, n° 84-95.518, P n° 138 – Crim. 22 avr. 1992, n° 92-81.427, P n° 170.
5. V. s^s n° 814.15.
6. V. s^s n° 814.15.
7. Crim. 27 juin 1811, P n° 5 – Crim. 12 févr. 1964, P n° 38 – Crim. 6 févr. 1895, P n° 54.
8. Crim. 12 déc. 1861, P n° 53 – Crim. 10 sept. 1891, P n° 183 – Crim. 20 juin 1974, n° 73-92.526, P n° 2311 – Crim. 16 sept. 1978, n° 77-93.459, P n° 249 – Crim. 27 avr. 1988, n° 88-82.312, P n° 185.
9. Crim. 6 avr. 1894, P n° 87.
10. Crim. 19 mai 1981, n° 81-91.707, P n° 165.
11. L. n° 2004-204, 9 mars 2004, préc.
12. C. pr. pén., art. 469 ; mod. par L. n° 2004-204, 9 mars 2004, art. 124.
13. Crim. 4 janv. 2006, n° 05-84.231, P n° 8 ; *D.* 2006. IR 393 – DANS LE MÊME SENS, alors que le prévenu voulait invoquer la légitime défense, ce qu'il ne peut pas faire sur la base d'une infraction non intentionnelle : Crim. 24 mars 2009, n° 08-84.849, P n° 60 ; *D.* 2009. 2140, obs. R. Mesa.
14. Crim. 27 juin 2012, n° 12-82.660, P n° 161 ; *JCP* 2012. 932.

au dossier un justificatif de la remise à son destinataire[1].

B. Audience

1° Droit commun

814.51 Comparution personnelle. Aux termes de l'article 148-2 du code de procédure pénale toute juridiction appelée à statuer, en application des articles 141-1 et 148-1, sur une demande de mainlevée totale ou partielle du contrôle judiciaire ou sur demande de mainlevée totale ou partielle du contrôle judiciaire ou sur une demande de mise en liberté se prononce après audition du ministère public, du prévenu ou de son avocat[2] ; le prévenu non détenu et son avocat sont convoqués, par lettre recommandée, quarante-huit heures au moins avant la date de l'audience. La présence du détenu est donc *de droit à l'audience sans qu'il ait besoin de demander sa comparution personnelle.*

Si la personne a déjà comparu devant la juridiction moins de quatre mois auparavant, le président de cette juridiction peut en cas de demande de mise en liberté refuser la comparution personnelle de l'intéressé par une décision motivée qui n'est susceptible d'aucun recours. L'audience est limitée à la question de la détention provisoire : en permettant aux inculpés de demander leur mise en liberté, les articles 148-1 et 148-2 du code de procédure pénale leur attribuent un droit exceptionnel, qui ne comporte aucune extension et limite la saisine de la juridiction à la seule question de la détention[3]. Il ne peut faire juger des questions étrangères à leur unique objet[4]. Si une juridiction de jugement, appelée à statuer sur une demande de mise en liberté formée en application de l'article 148-1, alinéa 2, du Code de procédure pénale, ne peut connaître de questions étrangères à la détention, unique objet de sa saisine, une telle restriction ne peut être opposée au prévenu qui conteste la régularité du titre en vertu duquel il est détenu[5].

814.52 Délais d'audiencement. Le second alinéa de l'article 148-2 du code de procédure pénale prévoit que : « Lorsque la personne n'a pas encore été jugée en premier ressort, la juridiction saisie statue dans les dix jours ou les vingt jours de la réception de la demande, selon qu'elle est du premier ou du second degré. Lorsque la personne a déjà été jugée en premier ressort et qu'elle est en instance d'appel, la juridiction saisie statue dans les deux mois de la demande. Lorsque la personne a déjà été jugée en second ressort et qu'elle a formé un pourvoi en cassation, la juridiction saisie statue dans les quatre mois de la demande. »

814.53 Précédente demande de mise en liberté. L'article 148-2 du code de procédure pénale pose une règle particulière lorsque plusieurs demandes de mise en liberté sont déposées successivement par la même personne dans le même dossier : lorsqu'au jour de la réception de la demande il n'a pas encore été statué soit sur une précédente demande de mise en liberté ou de mainlevée de contrôle judiciaire, soit sur l'appel d'une précédente décision de refus de mise en liberté ou de mainlevée du contrôle judiciaire, les délais prévus ci-dessus ne commencent à courir qu'à compter de la décision rendue par la juridiction compétente[6].

La juridiction peut également statuer en une seule fois sur plusieurs demandes successives dès lors qu'il est prononcé sur la première de ces demandes dans le délai légal. Dans cette hypothèse, le tribunal sera évidemment particulièrement attentif à la mention et à l'articulation, dans son jugement, des différentes demandes auxquelles il répondra.

814.54 Absence de prolongation de délai. Lorsque la chambre de l'instruction est saisie d'un appel de demande de mise en liberté, ou d'une demande directe pendant le cours de l'instruction fondée sur les articles 148 ou 148-4 du code de procédure pénale, il est prévu qu'elle puisse ordonner des vérifications complémentaires. Le délai pour statuer au fond en est augmenté d'autant.

La même disposition n'est pas prévue par l'article 148-2 du code de procédure pénale, s'agissant d'une demande de mise en liberté postérieure à la fin de l'information. La juridiction ne peut ainsi ordonner une expertise aux fins de vérifications complémentaires sur la demande[7].

Il convient toutefois de souligner que la Cour de cassation a admis qu'une chambre d'accusation, saisie d'une demande de mise en liberté pour raisons médicales, formée dans les conditions prévues par l'article 148-1 du code de procédure pénale, ait ordonné dans le délai prévu par la loi une expertise, puis prononcer le rejet de la demande, alors même que le délai légal était expiré[8].

1. Crim. 24 juill. 2019, nº 19-83.412, P, *Procédures* 2019, comm. 265, A.-S. Chavent-Leclère.
2. Crim. 15 sept. 1986, nº 86-93.535, P nº 255.
3. Crim. 15 sept. 1979, nº 79-92.183, P nº 258.
4. Crim. 7 févr. 1990, nº 89-83.615, P nº 67.
5. Crim. 6 déc. 2017, nº 17-85.716, P nº 280.
6. Crim. 24 sept. 1987, nºs 87-83.976, 87-83.998, P nº 312 – Crim. 5 nov. 2002, nº 02-85.887, NP, *AJ pénal* 2013. 223, obs. J.-B. Perrier.
7. Crim. 28 févr. 1984, nº 84-90.018, P nº 78.
8. Crim. 7 mars 1991, nº 90-87.728, P nº 116 ; *Dr. pénal* 1991, nº 188, note A. Maron (v. ss nº 811.01).

Il ne faut pas faire de confusion dans la lecture de ces deux arrêts. Ce n'est pas le fait que les vérifications complémentaires aient porté sur l'état de santé du prévenu qui est déterminant : le cas sur lequel la Cour de cassation s'est prononcée en 1984 était exactement identique. La différence est ailleurs : dans l'affaire jugée en 1984, la chambre d'accusation avait, avant dire droit, ordonné une expertise médicale. La chambre criminelle constate que « sur une demande de mise en liberté, elle [la chambre de l'instruction] doit se prononcer dans le délai que fixe le deuxième alinéa dudit article 148-2 ; que, faute de décision sur la demande à l'expiration de ce délai, il est mis fin à la détention provisoire ».

Dans l'affaire de 1991, la chambre de l'instruction avait *ordonné le maintien en détention et ordonné une expertise médicale.* Là est toute la nuance. Le maintien en détention ordonné est la décision que nécessite l'article 148-2 du code de procédure pénale. Il en est d'ailleurs de même lorsque la juridiction rend une décision d'incompétence, qui répond elle aussi aux exigences de l'article 148-2[1]. Cette jurisprudence nous paraît donc tout à fait transposable à d'autres cas, y compris si les vérifications nécessaires ne portent pas sur l'état de santé de la personne. En tout état de cause, ces décisions sont parfaitement applicables devant le tribunal correctionnel ou la cour d'appel.

En revanche, encourt la cassation, l'arrêt de la cour d'appel qui ordonne la mise en liberté d'office en énonçant que la juridiction ne dispose pas au dossier des éléments lui permettant de rendre une décision spéciale et motivée, alors que le délai pour statuer n'étant pas expiré, elle avait encore la possibilité de renvoyer l'affaire aux fins de production du dossier[2].

Le fait que le jugement ait été annulé n'implique pas l'absence de jugement dans le délai légal de dix jours[3] : annuler un jugement, c'est statuer.

814.55 **Défaut de respect des délais.** Faute de décision à l'expiration des délais ouverts à la juridiction pour répondre, il est mis fin au contrôle judiciaire ou à la détention provisoire. Le prévenu, s'il n'est pas détenu pour une autre cause, est d'office remis en liberté[4][5]. Cet alinéa est beaucoup plus utilisé pendant l'instruction préparatoire, certains détenus déposant très fréquemment des demandes, mais il peut aussi être utilisé après le renvoi devant le tribunal correctionnel.

814.56 **Désistement.** Il peut arriver que le prévenu détenu ait déposé une demande de mise en liberté dont il entend, généralement sur les conseils de son avocat, se désister au jour de sa comparution. Il importe dans ce cas pour le tribunal de procéder à un rapide tour de parole, sur la demande (prévenu, ministère public, avocat, prévenu), de constater le désistement, et il ne semble même pas nécessaire d'ordonner le maintien en détention comme le font certaines juridictions.

814.57 **Motivation.** L'article 148-1 du code de procédure pénale ne pose aucun principe précis s'agissant de la motivation de la juridiction saisie dont il est dit seulement qu'elle doit « statuer ». On ne trouve nulle part de règle précise relative aux exigences de motivation dans ce cas de figure. Une jurisprudence renvoie à l'exigence d'une décision spécialement motivée en arguant du texte de l'article 148 qui renvoie à celui de l'article 145[6]. On aurait préféré trouver ces éléments dans l'article 148-1 du code de procédure pénale puisque l'article 148 ne concerne que la phase d'instruction préparatoire.

Quant à l'article 145, il renvoie à l'article 144 du code de procédure pénale sans précision particulière relative à ses alinéas[7]. On peut citer quelques arrêts qui évoquent, le plus souvent incidemment, cette nécessité de motivation par référence aux critères de l'article 144.

Dans une décision qu'il faut interpréter *a contrario*, la chambre criminelle décide que la demande qui invite la chambre d'accusation à ordonner, consécutivement à un non-lieu, la remise en liberté immédiate d'une personne détenue provisoirement ne saisit pas cette juridiction du contentieux de la détention, dès lors qu'elle est fondée sur les dispositions de l'article 212 du code de procédure pénale et non sur celles de l'article 148-1 du même code. S'ils décident de renvoyer l'intéressé devant une juridiction de jugement, les juges peuvent, dès lors, écarter cette demande sans avoir à motiver leur décision par des considérations de fait et de droit répondant aux exigences des articles 144 et suivants du code de procédure pénale[8].

On peut lire encore *a contrario* une décision de la Cour qui décide que pour apprécier la possibilité de faire droit à une demande de mise en liberté d'un accusé, la cour d'assises ne se prononce pas au regard des critères fixés par l'article 144 du code de procédure pénale, mais doit notamment rechercher

1. Crim. 15 mars 2000, n° 99-88.158, P n° 116.
2. Crim. 20 août 1992, n° 91-84.067, P n° 280 ; *JCP* 1993. II. 22087, note P. Chambon.
3. Crim. 6 sept. 1988, n° 88-81.627, P n° 318.
4. C. pr. pén., art. 148-2.
5. Crim. 20 juin 1989, n° 89-82.056, P n° 263 ; *RSC* 1989. 366, note A. Braunschweig.
6. Crim. 16 déc. 1971, n° 71-92.341, P n° 358 ; *D.* 1972. 318, note Lescure et J.-H. Robert – Crim. 15 sept. 1979, n° 79-92.183, P n° 258 – Crim. 7 août 1990, n° 90-83.294, P n° 296 ; *D.* 1991. Somm. 210, obs. J. Pradel.
7. V. s^s n° 812.12.
8. Crim. 22 sept. 1998, n° 98-83.568, P n° 232.

si, en fonction des éléments de l'espèce, souverainement appréciés par elle, une telle mesure, n'est pas de nature à nuire *au bon déroulement du procès, à la manifestation de la vérité ou à la mise à exécution en cas de condamnation de la sanction prononcée* [1]. Cet arrêt est par ailleurs important puisqu'il montre que les demandes de mise en liberté fondées sur l'article 148-1 du code de procédure pénale n'exigent pas toutes une réponse trouvant ses références dans l'article 144 [2] ! C'est dire le flou extrême qui gouverne la matière. En effet, l'article 148-1 est applicable aussi bien à un moment où l'information est terminée et le dossier en attente de son audiencement devant la cour d'assises, et il est alors assez naturel que les critères de l'article 144 soient pertinents, qu'au moment même où l'accusé devant la cour d'assises, mais aussi le prévenu devant le tribunal correctionnel peuvent souhaiter être remis en liberté au cours des débats.

Dans un arrêt un peu plus ancien, la Cour de cassation indiquait que n'encourt pas la cassation l'arrêt de la chambre d'accusation qui, pour rejeter une nouvelle demande de mise en liberté, fait référence pour le détail de l'exposé des faits à celui résultant de deux précédents arrêts de la même juridiction, tous deux devenus définitifs, les juges s'étant par ailleurs attachés à justifier, par une décision spécialement motivée, conforme aux exigences des articles 144 et 145 du code de procédure pénale, le maintien de l'inculpé en détention provisoire [3].

On trouve encore trace de ces références dans un arrêt du 16 décembre 1971 [4] : « [...] la Cour de cassation est en mesure de s'assurer que la cour d'appel a rejeté la demande de liberté du prévenu dans les conditions prévues par l'article 148 du code de procédure pénale par une décision spécialement motivée d'après les éléments de l'espèce, ainsi que l'exige l'article 145 du même code et pour des cas limitativement énumérés par l'article 144 dudit code ».

En conclusion, on peut estimer que la référence aux critères de l'article 144 du code de procédure pénale est indispensable dès lors que le prévenu ou l'accusé n'a pas encore comparu devant la juridiction qui doit le juger. S'il fait une demande devant cette juridiction, les critères de référence éventuels doivent être recherchés autour de ceux utilisés dans l'arrêt rendu par la Cour de cassation le 24 septembre 1998 : la mise en liberté est-elle de nature à nuire au bon déroulement du procès, à la manifestation de la vérité ou à la mise à exécution en cas de condamnation de la sanction prononcée [5]. Ne porte pas atteinte à la présomption d'innocence une cour d'appel qui, pour rejeter une demande de mise en liberté, fait état d'une condamnation non définitive prononcée à l'encontre du demandeur. La motivation mentionnait que « la cour se doit de rappeler la particulière gravité des faits commis par le requérant s'agissant d'une participation à un trafic international de stupéfiants, portant sur de la résine de cannabis et de la cocaïne » [6].

Depuis l'entrée en vigueur de la loi du 15 août 2014, modifiée par celle du 23 mars 2019, « En toute matière et à tous les stades de la procédure, sauf s'il existe un risque grave de renouvellement de l'infraction, la mise en liberté d'une personne placée en détention provisoire peut être ordonnée, d'office ou à la demande de l'intéressé, lorsqu'une expertise médicale établit que cette personne est atteinte d'une pathologie engageant le pronostic vital ou que son état de santé physique ou mentale est incompatible avec le maintien en détention. La mise en liberté des personnes détenues admises en soins psychiatriques sans leur consentement ne peut être ordonnée en application du présent article.

En cas d'urgence, la mise en liberté peut être ordonnée au vu d'un certificat médical établi par le médecin responsable de la structure sanitaire dans laquelle cette personne est prise en charge ou par le remplaçant de ce médecin.

La décision de mise en liberté peut être assortie d'un placement sous contrôle judiciaire ou d'une assignation à résidence avec surveillance électronique.

L'évolution de l'état de santé de la personne peut constituer un élément nouveau permettant qu'elle fasse l'objet d'une nouvelle décision de placement en détention provisoire, selon les modalités prévues au présent code, dès lors que les conditions de cette mesure prévues à l'article 144 sont réunies » [7]. Ce texte est applicable en toute matière et donc également devant le tribunal correctionnel même si les occurrences de mise en liberté d'une personne placée en détention provisoire sont moins nombreuses que pendant l'instruction préparatoire. En omettant de répondre aux conclusions par lesquelles l'appelant faisait valoir, en se fondant sur des éléments propres à sa situation personnelle, se disant en l'espèce atteint de la maladie de Crohn, que ses conditions de détention étaient susceptibles de mettre sa santé en danger et constituaient ainsi un traitement inhumain ou dégradant, la chambre

1. Crim. 24 sept. 1998, n°s 97-84.017, 97-84.030, P n° 234.
2. EN CE SENS : Crim. 15 déc. 1999, n°s 99-81.432, 99-81.431, P n° 310.
3. Crim. 7 nov. 1988, n° 88-85.172, P n° 376.
4. Crim. 16 déc. 1971, n° 71-92.341, P n° 358.
5. Crim. 24 sept. 1998, n°s 97-84.017, 97-84.030, P n° 234 (v. s^s^ n° 811.01).
6. Crim. 12 oct. 2016, n° 16-84.711, P n° 264 ; *JCP* 2016. 1244.
7. C. pr. pén., art. 147-1.

de l'instruction n'a pas justifié sa décision[1]. Par ailleurs, ne justifie pas sa décision de maintien en détention provisoire la chambre de l'instruction qui n'a pas fait vérifier par des investigations complémentaires au sens de l'article 194 du code de procédure pénale si, contrairement à ce qu'affirmait un certificat médical, l'état de santé du mis en examen était compatible avec sa détention[2]. Dans cette affaire, qui a entraîné la première cassation sur le fondement de l'article 147-1 du code de procédure pénale, l'intéressé produisait un certificat médical attestant qu'une hospitalisation était nécessaire, rendant impossible son incarcération. En revanche, lorsque la chambre de l'instruction a ordonné une expertise qui ne conclut pas à l'impossibilité d'un maintien en détention, la chambre criminelle, logiquement, confirme les décisions entreprises[3].

814.58 Absence de motivation spéciale. La motivation spéciale portant sur le caractère insuffisant des obligations de contrôle judiciaire et de l'Arse cesse d'être applicable lorsque le juge d'instruction a renvoyé la personne poursuivie devant la juridiction de jugement[4]. Les dispositions de l'article 137-3 du code de procédure pénale, dans sa rédaction issue de la loi n° 2021-1729 du 22 décembre 2021, selon lesquelles, en matière correctionnelle, les décisions du juge des libertés et de la détention prolongeant la détention provisoire au-delà de huit mois ou rejetant une demande de mise en liberté concernant une détention de plus de huit mois doivent également comporter l'énoncé des considérations de fait sur le caractère insuffisant des obligations de l'assignation à résidence avec surveillance électronique mobile, prévue au troisième alinéa de l'article 142-5 et à l'article 142-12-1 du même code, ou du dispositif électronique prévu à l'article 138-3, lorsque cette mesure peut être ordonnée au regard de la nature des faits reprochés, ne sont plus applicables lorsque le juge d'instruction a rendu son ordonnance de renvoi devant la juridiction de jugement[5].

La motivation relative à la durée d'achèvement de la procédure, prévue à l'article 145-3 du code de procédure pénale, n'est pas non plus, en toute logique, applicable[6].

814.59 Tribunal correctionnel saisi d'une demande de mise en liberté pendant les débats. Une jurisprudence concernant la cour d'assises devrait pouvoir trouver sa transposition devant le tribunal correctionnel : « Pour apprécier la possibilité de faire droit à une demande de mise en liberté d'un accusé, la cour d'assises ne se prononce pas au regard des critères fixés par l'article 144 du code de procédure pénale, mais doit notamment rechercher si, en fonction des éléments de l'espèce, souverainement appréciés par elle, une telle mesure, n'est pas de nature à nuire au bon déroulement du procès, à la manifestation de la vérité ou à la mise à exécution en cas de condamnation de la sanction prononcée. »[7]

Cela pourrait être le cas dès lors que le procès dure plusieurs jours et que l'article 148-1 du code de procédure pénale, ne pose sur ce point aucune limite.

2°
Urgence sanitaire

814.61 Urgence sanitaire : délais d'audiencement des affaires comportant un détenu. La divergence d'interprétation relative à l'article 16 de l'ordonnance du 25 mars 2020 a *surtout concerné la période antérieure à l'ordonnance de renvoi devant la juridiction de jugement*. Dès lors que cette ordonnance est intervenue sans que le délai dont il s'agit ait déjà été prolongée, la durée d'audiencement devant la juridiction de jugement était étendue par le texte, de deux mois ou de trois mois selon le quantum de la peine encourue. Devant la cour d'appel ce délai est porté à six mois en matière correctionnelle, pour l'audiencement des affaires devant la cour d'appel.

814.62 Urgence sanitaire : délais d'audiencement des demandes de mises en liberté. Selon l'article 4 de l'ordonnance n° 2020-303 du 25 mars 2020 portant adaptation de règles de procédure pénale sur le fondement de la loi n° 2020-290 du 23 mars 2020 d'urgence pour faire face à l'épidémie de covid-19, les délais d'audiencement des demandes de mise en liberté sont augmentés d'un mois

1. Crim. 28 sept. 2016, n° 16-84.384, P n° 252 ; *D. actu.* 12 oct. 2016, obs. D. Goetz ; *Procédures* 2016, comm. 375, A. S. Chavent-Leclère.
2. Crim. 18 oct. 2016, n° 16-84.764, P n° 268 ; *Dr. pénal* 2017, comm. 12, A. Maron et M. Haas ; *RSC* 2016. 809 ; *AJ pénal* 2017. 91, obs. J. Falxa.
3. NOT. : Crim. 3 oct. 2012, n° 12-85.054, P n° 209 ; *D. actu.* 2 nov. 2012, obs. O. Martineau – POUR UN EXEMPLE de mise en œuvre de la liberté pour cause médicale : Rouen, ord. JI, 15 juin 2015, *AJ pénal* 2015. 377, obs. M. Herzog-Evans – POUR UNE CRITIQUE de la nouvelle disposition, qualifiée de « progrès boiteux » : A. Simon « Les incohérences de la mise en liberté médicale ou la confirmation des incertitudes quant à la nature de la détention provisoire », *RSC* 2016. 219.
4. Crim. 2 sept. 1997, n° 97-83.234, P n° 291 – Crim. 6 mai 2002, n° 02-81.391, P n° 98.
5. Crim. 6 déc. 2022, n° 22-85.686, *AJ pénal* 2023. 37, obs. J. Hennebois.
6. Crim. 5 janv. 1999, n° 98-86.368, P n° 1 ; *Dr. pénal* 1999. Chron. 20, C. Marsat.
7. Crim. 24 sept. 1998, n°s 97-84.017, 97-84.030, préc. – Crim. 15 déc. 1999, n°s 99-81.432, 99-81.431, P n° 310.

ainsi que les délais d'audiencement des appels sur des décisions rendues en cette matière.

814.63 **Urgence sanitaire : voie de recours.** Aux termes de l'article 4 de l'ordonnance n° 2020-303 du 25 mars 2020 portant adaptation de règles de procédure pénale sur le fondement de la loi n° 2020-290 du 23 mars 2020 d'urgence pour faire face à l'épidémie de covid-19[1], les délais fixés par les dispositions du code de procédure pénale pour l'exercice d'une voie de recours été doublés sans pouvoir être inférieurs à dix jours.

S'agissant de la forme de ces recours, ceux-ci ont pu être faits par lettre recommandée avec accusé de réception. Il en fut de même pour le dépôt des mémoires ou de conclusions.

Par dérogation aux articles 502 l'appel a pu être formés par lettre recommandée avec accusé de réception ou par courriel à l'adresse électronique communiquée à cette fin par la juridiction de première instance ou d'appel.

C. Voies de recours

814.71 **Caractère exécutoire de la décision.** Le dernier alinéa de l'article 148-2 du code de procédure pénale dispose que « La décision du tribunal est immédiatement exécutoire nonobstant appel ; lorsque le prévenu est maintenu en détention, la cour se prononce dans les vingt jours de l'appel, faute de quoi le prévenu, s'il n'est pas détenu pour autre cause, est mis d'office en liberté ».

814.72 **Appel sur une décision ayant statué sur une demande de mise en liberté.** Aux termes de l'article 501 du code de procédure pénale, lorsque le tribunal statue sur une demande de mise en liberté conformément aux articles 148-1 et 148-2 ainsi que lorsqu'il statue sur une demande de mainlevée ou de modification de contrôle judiciaire ou de l'assignation à résidence avec surveillance électronique, l'appel doit être formé dans un délai de vingt-quatre heures.

814.73 **Appel sur décision de maintien en détention.** Une décision de maintien en détention provisoire, qui ne saurait être assimilée à un rejet de demande de mise en liberté, n'est susceptible d'appel que dans le délai [de dix jours] prévu par l'article 498 alinéa 1er du code de procédure pénale. En effet, s'il résulte des dispositions de l'article 501 du code de procédure pénale que, lorsque le tribunal statue sur une demande de mise en liberté conformément aux articles 148-1 et 148-2, ainsi que lorsqu'il statue sur une demande de mainlevée ou de modification de contrôle judiciaire ou de l'assignation à résidence avec surveillance électronique, l'appel doit être formé dans un délai de vingt-quatre heures, ce qui constitue une exception au délai de droit commun de dix jours prévu par l'article 498 du code de procédure pénale, tel n'est pas le cas lorsque le tribunal correctionnel a maintenu un prévenu en détention provisoire après avoir renvoyé l'affaire[2].

814.74 **Mise en liberté due à une erreur de procédure – Placement sous contrôle judiciaire.** L'article 803-7[3], issu de la loi du 3 juin 2016[4], est applicable en cas de remise en liberté consécutive à une irrégularité de fond commise devant une juridiction correctionnelle. Il dispose que « lorsqu'une juridiction ordonne la mise en liberté immédiate d'une personne dont la détention provisoire est irrégulière en *raison du non-respect des délais ou formalités prévus par le présent code*, elle peut, dans cette même décision, placer la personne sous contrôle judiciaire si cette mesure est indispensable pour assurer l'un des objectifs énumérés à l'article 144. » Cet alinéa premier permet à la juridiction saisie de placer l'intéressé sous contrôle judiciaire. C'est ce que fait d'ailleurs parfois la chambre criminelle de la Cour de cassation. L'alinéa 2 vise le cas où la liberté est ordonnée par le parquet. Désormais, « lorsque, hors les cas prévus au premier alinéa du présent article, le procureur de la République ordonne la libération d'une personne dont la détention provisoire est irrégulière en raison du non-respect des délais ou des formalités prévus par le présent code, il peut saisir sans délai le juge des libertés et de la détention de réquisitions tendant au placement immédiat de la personne concernée sous contrôle judiciaire si cette mesure est indispensable pour assurer l'un des objectifs énumérés à l'article 144. » Seul le juge des libertés et de la détention apparaît ici compétent pour le placement sous contrôle judiciaire. Il résulte de l'alinéa 2 de l'article 803-7 du code de procédure pénale que le procureur de la République ne peut saisir le juge des libertés et de la détention de réquisitions tendant au placement sous contrôle judiciaire d'une personne remise en liberté par suite d'une irrégularité de procédure que lorsqu'il a lui-même pris l'initiative de cette remise en liberté. Lorsque la mise en liberté d'une personne irrégulièrement détenue résulte d'un arrêt de la Cour de cassation, le procureur de la République ne peut saisir le juge des libertés et de la détention de réquisitions aux fins de placement sous

1. *JO* 26 mars, n° 3.

2. Crim. 20 juill. 2011, n° 11-83.098, P n° 161 ; *AJ pénal* 2011. 528, obs. L. Ascenci.

3. C. pr. pén., art. 803-7 ; créé par L. n° 2016-731, 3 juin 2016, art. 75.

4. L. n° 2016-731, 3 juin 2016, préc.

contrôle judiciaire, mesure que seul le juge d'instruction peut alors ordonner en application de l'article 139 du code de procédure pénale. En outre, la chambre de l'instruction, saisie de l'appel du ministère public contre une ordonnance du juge des libertés et de la détention se déclarant incompétent pour placer l'intéressé sous contrôle judiciaire, ne peut elle-même ordonner cette mesure[1].

D. Conditions indignes de détention

814.81 **Les conditions de détention, conditions de la détention.** Depuis l'arrêt rendu le 30 janvier 2020 par la CEDH[2] concernant trente-deux requérants incarcérés dans divers établissements pénitentiaires en métropole ou Outre-mer et condamnant la France sur le fondement des articles 3 et 13 de la Convention et recommandant à l'État français d'envisager l'adoption de mesures générales afin de garantir aux détenus des conditions de détention conformes à l'article 3 de la Convention, la chambre criminelle a initié une jurisprudence aux termes de laquelle le juge judiciaire a l'obligation de garantir à la personne placée dans des conditions indignes de détention un recours préventif et effectif permettant de mettre un terme à la violation. En tant que gardien de la liberté individuelle, il lui incombe de veiller à ce que la détention provisoire soit, en toutes circonstances, mise en œuvre dans des conditions respectant la dignité des personnes et de s'assurer que cette privation de liberté est exempte de tout traitement inhumain et dégradant. Elle a ensuite « inventé » une procédure telle qu'elle pourrait être appliquée devant la chambre de l'instruction[3].

Dans sa décision du 2 octobre 2020[4], le Conseil constitutionnel a jugé qu'il résulte des dispositions du Préambule de la Constitution de 1946 et des articles 9 et 16 de la Déclaration de 1789 qu'il appartient aux autorités judiciaires ainsi qu'aux autorités administratives de veiller à ce que la privation de liberté des personnes placées en détention provisoire soit, en toutes circonstances, mise en œuvre dans le respect de la dignité de la personne. Il appartient, en outre, aux autorités et juridictions compétentes de prévenir et de réprimer les agissements portant atteinte à la dignité de la personne placée en détention provisoire et d'ordonner la réparation des préjudices subis. Enfin, il incombe au législateur de garantir aux personnes placées en détention provisoire la possibilité de saisir le juge de conditions de détention contraires à la dignité de la personne humaine, afin qu'il y soit mis fin.

Le législateur est intervenu dans la loi du 8 avril 2021[5] complété par un décret du 15 septembre 2021[6] insérant dans le Code de procédure pénale un article 803-8, très largement inspiré de la jurisprudence précitée, ouvrant le droit pour toute personne détenue dans un établissement pénitentiaire qui considère que ses conditions de détention sont contraires à la dignité de la personne humaine de saisir le juge des libertés et de la détention, si elle est en détention provisoire, ou le juge de l'application des peines, si elle est condamnée et incarcérée en exécution d'une peine privative de liberté, afin qu'il soit mis fin à ces conditions de détention indignes.

La procédure mise en place par cette loi suppose que le détenu use d'une voie particulière. La requête doit même porter la mention « Requête portant sur les conditions de détention ». Le détenu ne peut présenter ces observations à l'occasion d'une demande de mise en liberté ou d'une prolongation de sa détention de sorte que le tribunal correctionnel n'est pas compétent pour en connaître. Les décisions peuvent toutefois faire l'objet d'un appel devant le président de la chambre de l'instruction ou devant le président de la chambre d'application des peines de la cour d'appel.

Par un arrêt du 20 octobre 2021[7], la chambre criminelle a apporté d'indispensables précisions sur l'application de la loi dans le temps de la loi du 8 avril

1. Crim. 5 août 2020, nº 20-82.087, *D.* 2020. 1624 ; *JCP* 2020, 951, *AJ Pénal* 2020. 476, obs P. Mallet.
2. CEDH 30 janv. 2020, *J.M.B. a. c/France,* req. nº 9671/15, *D.* 2020. 644, obs. A.-B. Caire ; *D. actu.* 6 févr. 2020 ; E. Senna, « Conditions de détention indignes : la France condamnée par la CEDH », *AJ pénal* 2020. 122 ; J.-P. Céré « Surpopulation carcérale : l'arrêt "quasi pilote" de la CEDH », *AJ pénal* 2020. 122 ; Ch. Roux, « Prisons françaises et CEDH : les référés placés "en préventive" », *Dr. administratif* mars 2020, alerte 31, « La surpopulation carcérale française enfin condamnée à Strasbourg » ; *JCP* 2020. 154, obs. B. Pastre-Belda.
3. Crim. 8 juill. 2020, nº 20-81.739, P – Crim. 8 juill. 2020, nº 20-81.731, NP, *Dr. pénal* 2020, comm. 146, A. Maron et M. Haas ; *ibid.* 2020, comm. 177, A Maron et M. Haas ; *D.* 2020. 1462 ; *ibid* 2020. 1622 ; *ibid.* 2020. 1774, note J. Falxa ; *AJ pénal* 2020. 377, obs. E. Noël ; *ibid.* 2020. 404, note J. Frinchaboy ; *JCP* 2020. 1075, obs. V. Peltier ; *Procédures* 2020, comm. 177 ; A.-S. Chavent-Leclère ; *RSC* 2021. 517, obs. D. Zerouki-Cottin – AUSSI : J.-M. Larralde, « Des conditions d'hébergement et de vie dignes pour les personnes privées de leur liberté », *RSC* 2020. 245.
4. Cons. const. 2 oct. 2020, nº 2020-858/859 QPC.
5. L. nº 2021-403, 8 avr. 2021 tendant à garantir le droit au respect de la dignité en détention, *JO* 9 avr., nº 3 ; *Dr. pénal* 2021, alerte 24, W. Roumier ; *AJ pénal* 2021. 169, obs. M. Léna ; *D.* 2021. 736, obs. A. Ponseille et M. Afroukh ; *JCP* 2021. 458, aperçu rapide par M. Giacopelli ; *Dr. pénal* 2021, alerte 38, W. Roumier ; *RSC* 2021. 469, obs. J.-B. Perrier ; *Procédures* 2021, alerte 12, focus par M. Giacopelli.
6. Décr. nº 2021-1194, 15 sept. 2021 relatif au recours prévu à l'article 803-8 du Code de procédure pénale et visant à garantir le droit au respect de la dignité en détention, *JO* 16 sept., nº 22.
7. Crim. 20 oct. 2021, nº 21-84.498, P ; *D.* 2021. 1923 ; *JCP* 2021. 1234 ; *AJ pénal* 2021. 583, obs. J. Falxa.

2021. D'une part, elle relève que sa jurisprudence, initiée par les arrêts du 8 juillet 2020, précités, répondait à l'absence de dispositions de droit interne organisant un recours préventif et effectif destiné à mettre fin à des conditions de détention indignes. D'autre part, elle constate que le législateur a entendu instituer un recours autonome et exclusif permettant à toute personne détenue qui estime subir des conditions de détention contraires à sa dignité, de saisir le juge judiciaire, afin qu'il y soit mis fin. Elle conclut que la création de ce recours prive de son objet la faculté ouverte de manière générale par la Cour de cassation en raison de la carence de la loi.

Elle précise toutefois que cette conclusion qu'il convient de tirer des nouvelles dispositions ne préjuge pas de ce que la Cour de cassation pourrait décider si elle était amenée à contrôler l'effectivité du nouveau recours au regard des exigences de la Convention européenne des droits de l'Homme. Ainsi, les moyens régulièrement soulevés avant le 1er octobre 2021 devant la chambre de l'instruction saisie dans le cadre du contentieux de la détention provisoire, doivent continuer à être examinés au regard des principes dégagés le 8 juillet 2020, sauf à méconnaître l'effectivité du droit à un recours dans les affaires considérées.

Elle a également jugé que la comparution personnelle du requérant en matière de conditions de détention contraires à la dignité n'est de droit que devant le juge des libertés et de la détention au stade de l'examen de recevabilité[1].

SECTION 2
CAS OÙ LE TRIBUNAL CORRECTIONNEL PLACE UN PRÉVENU EN DÉTENTION PROVISOIRE

814.91 Hypothèses – Plan. Il s'agit là du cas où c'est le tribunal lui-même qui place le prévenu en détention provisoire. Lorsque le tribunal tranche au fond et prononce une peine, l'intéressé est toujours en « détention provisoire », selon la définition traditionnelle, tant que celle-ci n'est pas définitive. Il ne s'agit pas pour autant d'un placement en détention provisoire.

Ce cas se présente principalement dans le cadre de la procédure de comparution immédiate (§ 3). Il peut encore se produire lorsque pour des faits d'une gravité certaine, la juridiction de jugement assortie le prononcé de la peine d'un mandat de dépôt alors même que le prévenu n'a jamais été placé en détention provisoire ou qu'il n'en a effectué qu'une courte période (§ 1). Il se rencontre également dans l'hypothèse posée par l'article 469 du code de procédure pénale (§ 2).

Rien n'exclut que de manière tout à fait exceptionnelle, un tribunal correctionnel siégeant par exemple plusieurs jours, soit saisi de réquisitions de placement en détention durant un procès au cours duquel il est craint par exemple que le prévenu se soustraie à son jugement ou renouvelle les faits pour lesquels il comparaît.

§ 1
Peine encourue d'au moins un an ferme

814.101 Article 465 du code de procédure pénale. Aux termes du premier alinéa de l'article 465 du code de procédure pénale, dans le cas visé à l'article 464, premier alinéa, s'il s'agit d'un délit de droit commun ou d'un délit d'ordre militaire prévu par le livre III du code de justice militaire et si la peine prononcée est au moins d'une année d'emprisonnement sans sursis, le tribunal peut, par décision spéciale et motivée, lorsque les éléments de l'espèce justifient une mesure particulière de sûreté, décerner mandat de dépôt ou d'arrêt contre le prévenu. Le seul défaut de respect par le tribunal de l'exigence de motivation prévue par l'article 465 du code de procédure pénale n'a pas pour effet de priver le titre de détention décerné de sa légalité[2].

§ 2
Peine encourue de nature criminelle

814.111 Article 469 du code de procédure pénale. L'article 469[3] du code de procédure pénale, modifié par la loi du 9 mars 2004[4] dispose que si le fait déféré au tribunal correctionnel sous la qualification de délit est de nature à entraîner une peine criminelle, le tribunal renvoie le ministère public à se pourvoir ainsi qu'il avisera. Il peut, après avoir entendu le ministère public, décerner, par la même décision, un mandat de dépôt ou d'arrêt contre le prévenu. Il s'agit là d'un placement en détention provisoire et le mandat de dépôt délivré est nécessairement criminel[5]. Il appartient au juge de relever d'office et en tout état de la procédure ce moyen[6]. Il en est de même de la juridiction du second degré[7].

1. Crim. 13 sept. 2022, nº 22-83.885, *Procédures* 2022, comm. 256, A.-S. Chavent-Leclère ; *Dr. pénal* 2022, comm. 189 A. Maron et M. Haas,
2. Crim. 29 nov. 2016, nº 16-85.550, P.
3. C. pr. pén., art. 469 ; mod. par L. nº 2004-204, 9 mars 2004, art. 124.
4. L. nº 2004-204, 9 mars 2004, préc.
5. Crim. 26 juill. 1988, nº 88-83.008, P nº 307.
6. Crim. 1er févr. 2005, nº 04-85.351, P nº 32 ; *D.* 2005. IR 856.
7. Crim. 3 janv. 1970, nº 69-93.254, P nº 4 – Crim. 3 févr. 1988, nº 87-82.336, P nº 55 – Crim. 4 janv. 1990, nº 89-82.636, P nº 1 – Crim. 1er févr. 2005, nº 04-85.351, P nº 32.

Le mandat de dépôt délivré conserve ses effets jusqu'à ce qu'il ait été statué sur la compétence et la prévention par la chambre de l'instruction désignée suivant la procédure de règlement de juges[1]. En effet, dès lors que le tribunal correctionnel a été saisi par ordonnance du juge d'instruction ou arrêt de la chambre de l'instruction, il résulte de sa décision un conflit négatif de compétence. Le tribunal correctionnel dispose des mêmes pouvoirs lorsque, saisi dans sa composition prévue par le troisième alinéa de l'article 398 du code de procédure pénale, c'est-à-dire en juge unique, il estime, au résultat des débats, que le fait qui lui était déféré sous la qualification de l'un des délits visés à l'article 398-1 est de nature à entraîner une peine prévue pour un délit non visé par cet article. L'application de l'article 469 dans ce dernier cas est quasiment inexistante.

814.112 Audition du ministère public[2]. La chambre criminelle a jugé que les dispositions de l'alinéa 2 de l'article 469 du code de procédure pénale, selon lesquelles le ministère public doit être entendu avant que la juridiction correctionnelle prenne une éventuelle décision de mandat de dépôt, ne sont pas applicables devant la chambre des appels correctionnels : lorsque la cour d'appel ne fait que maintenir les effets d'un mandat de dépôt régulièrement décerné contre le prévenu, elle n'est pas tenue d'entendre le ministère public sur cette mesure ; en effet, les dispositions de l'article 469, alinéa 2, ne s'appliquent que devant la juridiction qui décerne le titre de détention.

814.113 Restrictions aux règles d'utilisation de l'article 469 du code de procédure pénale. Depuis la loi du 10 mars 2004, lorsqu'il est saisi par le renvoi ordonné par le juge d'instruction ou la chambre de l'instruction, le tribunal correctionnel ne peut pas faire application, d'office ou à la demande des parties, des dispositions du premier alinéa, *si la victime était constituée partie civile et était assistée d'un avocat lorsque ce renvoi a été ordonné.*

L'article 469 du code de procédure pénale trouve son pendant dans les dispositions de l'article 186-3 qui instituent un droit d'appel de l'ordonnance de renvoi devant le tribunal correctionnel en faveur des parties pour contester la qualification correctionnelle. Si elles ne le font pas au moment de l'instruction, l'article 469, alinéa 4, trouve alors application. Cet alinéa n'est applicable qu'aux procédures pour lesquelles l'ordonnance de renvoi est postérieure au 1er octobre 2004[3].

Toutefois, le tribunal correctionnel saisi de poursuites exercées pour un délit non intentionnel conserve la possibilité de renvoyer le ministère public à se pourvoir s'il résulte des débats que les faits sont de nature à entraîner une peine criminelle parce qu'ils ont été commis de façon intentionnelle. La juridiction correctionnelle saisie d'une infraction non intentionnelle conserve alors la possibilité de se déclarer incompétente s'il apparaît que les faits étaient de nature criminelle parce qu'ils ont été commis de façon intentionnelle[4].

En application des dispositions de l'article 469, alinéa 4, du code de procédure pénale, les parents des victimes sont irrecevables à soulever l'incompétence de la juridiction correctionnelle, dès lors que leur fille, victime directe, était constituée partie civile et assistée d'un avocat lorsque le renvoi fut ordonné et qu'elle avait ainsi la faculté d'interjeter appel de l'ordonnance en application de l'article 186-3 du code de procédure pénale[5].

Cette affaire avait également donné lieu à un autre arrêt de rejet de transmission de QPC, la chambre criminelle ayant jugé que : « Les questions posées ne présentent pas un caractère sérieux au regard des principes constitutionnels invoqués, en ce que les dispositions de l'article 469, alinéa 4, du code de procédure pénale qui interdisent aux parties civiles de soulever l'incompétence du tribunal correctionnel lorsque des faits de nature criminelle ont été correctionnalisés par le juge d'instruction, à condition que la victime ait été constituée au moment du renvoi et qu'elle ait été assistée par un avocat, se combinent avec celles de l'article 186-3, alinéa 1, dudit code qui permettent aux parties civiles d'interjeter appel de cette ordonnance si elles n'acquiescent pas à cette correctionnalisation et en ce que des considérations d'intérêt général imposent, pour une bonne administration de la justice, que d'autres parties civiles que la victime directe ne puissent faire obstacle à l'application de ces principes en déclinant la compétence du tribunal correctionnel. »[6]

814.114 Non-application de l'article 469 dans le cadre de la procédure de comparution immédiate. Le tribunal correctionnel, saisi selon le mode de la comparution immédiate, ne peut estimer que la

1. Crim. 7 mai 1991, nº 91-81.225, P nº 196 – Crim. 7 déc. 1992, nº 92-81.892, P nº 404 – Crim. 27 sept. 2005, nº 05-84.234, P nº 236 ; *RSC* 2006. 106, obs. A. Giudicelli.
2. C. pr. pén., art. 469.
3. Crim. 4 janv. 2006, nº 05-84.231, P nº 8 ; *D.* 2006. IR 393 ; *RSC* 2006. 637, obs. A. Giudicelli – Crim. 23 mai 2006, nº 05-86.375, P nº 143 ; *AJ pénal* 2006. 416, obs. G. Roussel.
4. Crim. 24 mars 2009, nº 08-84.849, P nº 60 ; *RSC* 2009. 590, obs. Y. Mayaud ; *RSC* 2009. 855, obs. R. Finielz ; *D.* 2009. AJ 1207, note M. Léna ; *D.* 2009. Chron. 2140, obs. R. Mesa ; *AJ pénal* 2009. 318, obs. G. Roussel ; *Procédures* 2009. 210, note J. Buisson.
5. Crim. 20 nov. 2013, nº 12-85.185, P nº 236 ; *RSC* 2013. 808, note Y. Mayaud.
6. Crim. 4 avr. 2013, nº 12-85.185, NP, *D.* 2013. 1219, note M. Benillouche.

complexité de l'affaire nécessite des investigations complémentaires approfondies, et renvoyer la procédure au ministère public en application de l'article 397-2 du code de procédure pénale en vue de saisir le juge d'instruction, au motif que les violences reprochées auraient entraîné une mutilation ou une infirmité permanente. Les dispositions de l'article 469 du code de procédure pénale ne sont pas applicables en l'espèce et le tribunal ne peut ainsi statuer sur sa compétence ni décerner mandat de dépôt[1].

§ 3 Comparution immédiate

814.121 Mesure de sûreté en comparution immédiate. Dans le cas où le tribunal, saisi selon la procédure de comparution immédiate a ordonné un renvoi, il peut, aux termes de l'article 397-3 du code de procédure pénale « placer ou maintenir le prévenu en détention provisoire par décision spécialement motivée. La décision prescrivant la détention est rendue suivant les modalités prévues par les articles 135, 137-3, premier alinéa et 464-1 et est motivée par référence aux dispositions des 1° à 6° de l'article 144. Elle est exécutoire par provision ».

Le tribunal doit rendre une décision comportant l'énoncé des considérations de droit et de fait qui constituent le fondement de la décision par référence aux dispositions des 1° à 6° de l'article 144 du code de procédure pénale, c'est-à-dire tous les critères pouvant justifier une détention provisoire, à l'exception de celui tiré d'un trouble causé à l'ordre public[2].

L'article 143-1 du code de procédure pénale n'étant pas applicable à la comparution immédiate, le *quantum* de peine encouru de trois années est inopérant[3]. Pendant le délai nécessaire à la désignation de la juridiction compétente en application de la procédure de règlement de juges, la personne peut déposer une demande de mise en liberté selon la procédure déjà évoquée.

§ 4 Procédure

814.131 Notification des droits de la personne détenue. Depuis l'entrée en vigueur de la loi du 27 mai 2014[4], la personne placée en détention provisoire par le tribunal correctionnel se voit remettre un document énonçant, en des termes simples et accessibles et dans une langue qu'il comprend les droits suivants, dont elle bénéficie au cours de la procédure en application du présent code :

1° Le droit d'être informée de la qualification, de la date et du lieu de l'infraction qui lui est reprochée ;

2° Le droit, lors des auditions ou interrogatoires, de faire des déclarations, de répondre aux questions qui lui sont posées ou de se taire ;

3° Le droit à l'assistance d'un avocat ;

4° Le droit à l'interprétation et à la traduction ;

5° Le droit d'accès aux pièces du dossier ;

6° Le droit qu'au moins un tiers ainsi que, le cas échéant, les autorités consulaires du pays dont elle est ressortissante soient informés de la mesure privative de liberté dont elle fait l'objet ;

7° Le droit d'être examinée par un médecin ;

8° Le nombre maximal d'heures ou de jours pendant lesquels elle peut être privée de liberté avant de comparaître devant une autorité judiciaire ;

9° Le droit de connaître les modalités de contestation de la légalité de l'arrestation, d'obtenir un réexamen de sa privation de liberté ou de demander sa mise en liberté.

La personne est autorisée à conserver ce document pendant toute la durée de sa privation de liberté.

Si le document n'est pas disponible dans une langue comprise par la personne, celle-ci est informée oralement des droits prévus au présent article dans une langue qu'elle comprend. L'information donnée est mentionnée sur un procès-verbal. Une version du document dans une langue qu'elle comprend est ensuite remise à la personne sans retard.

La remise d'un tel document n'est pas prévue à l'occasion de la prolongation de la détention provisoire et en tout état de cause, l'absence de remise d'un tel document lors du placement en détention serait sans incidence sur la régularité de cette décision[5].

814.132 Droit de former des demandes de mise en liberté pendant la procédure de règlement de juges[6]**.** Pendant le délai nécessaire à la désignation de la juridiction compétente en application de la procédure de règlement de juges, la personne peut déposer une demande de mise en liberté selon la procédure déjà évoquée.

814.133 Utilisation des moyens de télécommunication audiovisuelle. Aux termes de l'article 706-71 du code de procédure pénale les dispositions relatives à la visioconférence sont également applicables, avec l'accord du procureur de la République

1. Crim. 27 mai 2003, n° 02-85.619, P n° 107 ; *D.* 2003. IR 1877 ; *JCP* 2003. IV. 2373.
2. SUR ces critères, v. s[s] n°s 812.12 s.
3. Crim. 5 oct. 2011, n° 11-85.499, NP, *AJ pénal* 2011. 16 ; *Dr. pénal* 2012. Ét. 6, obs. J. Ficara et J.-H. Robert (sur cet arrêt et la problématique, v. s[s] n° 421.21).
4. L. n° 2014-535, 27 mai 2014, préc.
5. C. pr. pén., art 803-6. Crim. 14 oct. 2014, n° 14-85.555, P n° 204 ; *AJ pénal* 2015. 95, obs. D. Brach-Thiel.
6. C. pr. pén., art. 469 et 519.

et de l'ensemble des parties, pour la comparution du prévenu devant le tribunal correctionnel si celui-ci est détenu. Toutefois, lorsqu'il s'agit d'une audience au cours de laquelle il doit être statué sur le placement en détention provisoire ou la prolongation de la détention provisoire, la personne détenue peut refuser l'utilisation d'un moyen de télécommunication audiovisuelle, sauf si son transport paraît devoir être évité en raison des risques graves de trouble à l'ordre public ou d'évasion La loi du 3 juin 2016 a précisé que la personne détenue ne pouvait faire connaître son refus qu'au moment où elle était informée de la date de l'audience et du fait que le recours à ce moyen était envisagé. Il se déduit de cette disposition, qui trouve son fondement dans le souci d'une bonne administration de la justice, que l'intéressé ne peut plus revenir sur ce choix ultérieurement[1]. La loi n° 2019-222 du 23 mars 2019 a modifié l'article 706-71. Son alinéa premier dispose qu'aux fins d'une bonne administration de la justice, il peut être recouru au cours de la procédure pénale, si le magistrat en charge de la procédure ou le président de la juridiction saisie l'estime justifié, dans les cas et selon les modalités prévues au présent article, à un moyen de télécommunication audiovisuelle. Mais, en réalité, cet alinéa n'élargit pas le champ d'application du texte dès lors qu'il prévoit que cette visioconférence n'est possible que « dans les cas et les modalités prévues au présent article ». Issu de la même loi, un nouvel article 706-71-1 vient préciser que lorsque le recours à un moyen de télécommunication audiovisuelle n'est possible qu'avec l'accord de la personne, cette dernière fait connaître son accord dans les cinq jours suivant le moment où elle est informée de la date de l'audience et du fait que le recours à ce moyen est envisagé.

Lorsque le recours à un tel moyen n'est pas possible parce que la personne le refuse, cette dernière doit faire connaître son refus au moment où elle est informée de la date de l'audience et du fait que le recours à ce moyen est envisagé.

La personne qui a accepté le recours à un moyen de télécommunication audiovisuelle conformément aux dispositions du premier alinéa ou qui ne s'y est pas opposée dans les cas prévus au deuxième alinéa ne peut pas ensuite le refuser.

Lorsque le renvoi du débat contradictoire procède du seul refus de la personne mise en examen détenue de comparaître avec l'utilisation d'un moyen de communication audiovisuelle, les prescriptions de l'article 114 du code de procédure pénale relatives aux modalités de convocation de l'avocat, auxquelles renvoie l'article 145-2 du même code, ne s'imposent plus, la seule exigence étant que l'avocat soit informé des date et heure auxquelles le débat a été renvoyé[2].

814.134 **Utilisation des moyens de télécommunication audiovisuelle : constitutionnalité.** Le Conseil constitutionnel a été saisi le 27 juin 2019 par la chambre criminelle de la Cour de cassation d'une question prioritaire de constitutionnalité relative à la conformité aux droits et libertés que la Constitution garantit du troisième alinéa de l'article 706-71 du code de procédure pénale, dans sa rédaction résultant de l'ordonnance n° 2016-1636 du 1er décembre 2016 relative à la décision d'enquête européenne en matière pénale.

Il a jugé[3] qu'en prévoyant que, lorsque l'audience porte sur une demande de mise en liberté, l'intéressé ne peut s'opposer à ce que sa comparution personnelle s'effectue par le biais d'un moyen de télécommunication audiovisuelle, les dispositions contestées visent à éviter les difficultés et les coûts occasionnés par les extractions judiciaires. Elles contribuent ainsi à la bonne administration de la justice et au bon usage des deniers publics.

Toutefois, le Conseil constitutionnel relève que, en matière criminelle, en application de l'article 145-2 du code de procédure pénale, la première prolongation de la détention provisoire peut n'intervenir qu'à l'issue d'une durée d'une année. Il en résulte qu'une personne placée en détention provisoire pourrait se voir privée, pendant une année entière, de la possibilité de comparaître physiquement devant le juge appelé à statuer sur la détention provisoire. Il juge pour ce motif que, compte tenu de l'importance de la garantie qui s'attache à la présentation physique de l'intéressé devant la juridiction compétente pour connaître de la détention provisoire et en l'état des conditions dans lesquelles s'exerce le recours à ces moyens de télécommunication, les dispositions contestées portent une atteinte excessive aux droits de la défense.

Par décision du 4 février 2020[4], la chambre criminelle a transmis une QPC portant sur le texte aujourd'hui applicable. Le Conseil constitutionnel, comme on pouvait s'y attendre, a également sanctionné ces dispositions[5], identiques dans leur rédaction à celles censurées précédemment. Elle a renvoyé au l'application de ce principe.

1. Crim. 29 nov 2017, n° 17-85.300, P n° 274 ; *D.* 2017. 2480.

2. Crim. 20 juin 2017, n° 17-82.306, P n° 167.
3. Cons. const. 20 sept. 2019, n° 2019-802-QPC, *D.* 2019. 1762 ; *JCP* 2019, 1011 ; *Droit pénal* 2019, alerte 58, veille par W Roumier.
4. Crim. 4 févr. 2020, n° 19-86.945, P. JCP 2020, 266.
5. Cons. const. 30 avr. 2020, n° 2020-836 QPC, *JO* 2 mai, n° 40 ; *D.* 2020. 983 ; *AJ pénal* 2020. 373, obs. J.-B. Perrier.

L'article 706-71 du Code de procédure pénale a été modifié par la loi n° 2020-1672 du 24 décembre 2020[1] qui a ajouté aux cas de comparution obligatoire le cas où il doit être statué sur l'appel « portant sur une décision de refus de mise en liberté ou sur la saisine directe de la chambre de l'instruction en application du dernier alinéa de l'article 148 ou de l'article 148-4 par une personne détenue en matière criminelle depuis plus de six mois dont la détention n'a pas déjà fait l'objet d'une décision de prolongation et n'ayant pas personnellement comparu, sans recourir à un moyen de communication audiovisuelle, devant la chambre de l'instruction depuis au moins six mois. »

Les règles applicables en matière correctionnelle ne sont pas concernées.

SECTION 3
DÉTENTION PROVISOIRE APRÈS LE JUGEMENT DU TRIBUNAL CORRECTIONNEL

814.141 **Hypothèses.** Il s'agit ici d'évoquer les demandes de mise en liberté déposées après jugement en premier ressort du tribunal correctionnel, non définitif, et les pourvois en cassation après arrêt de la cour d'appel. Mais la procédure devant la cour d'appel peut aussi être modifiée par la situation de détenu provisoire de la personne.

814.142 **Demandes de mise en liberté devant la cour d'appel.** Dès lors qu'une juridiction du premier degré a condamné une personne et que celle-ci est en détention, elle peut toujours solliciter son élargissement, tant que la décision n'est pas définitive et notamment lorsqu'elle a déjà formé appel. Elle peut également le faire après condamnation par la cour d'appel et alors qu'elle a formé un pourvoi en cassation. C'est encore l'article 148-2 du code de procédure pénale, modifié sur ce point par la loi du 9 septembre 2002, qui s'applique ici. Il dispose sur ce point que : « lorsque la personne a déjà été jugée en premier ressort et qu'elle est en instance d'appel, la juridiction saisie statue dans les deux mois de la demande. Lorsque la personne a déjà été jugée en second ressort et qu'elle a formé un pourvoi en cassation, la juridiction saisie statue dans les quatre mois de la demande ».

La « juridiction saisie », au sens de la phrase précitée sera ici la cour d'appel, qui dispose donc, selon les cas, de deux ou de quatre mois pour juger. En effet, aux termes de l'alinéa 3 de l'article 148-1 du code de procédure pénale, en cas de pourvoi et jusqu'à l'arrêt de la Cour de cassation, il est statué sur la demande de mise en liberté par la juridiction qui a connu en dernier lieu de l'affaire au fond[2]. Si le pourvoi a été formé contre un arrêt de la cour d'assises, il est statué sur la détention par la chambre de l'instruction.

814.143 **Annulation du jugement ayant rejeté la demande de mise en liberté.** La cour d'appel qui annule le jugement qui a rejeté la demande de mise en liberté *doit évoquer et statuer sur le fond,* explique la chambre criminelle[3]. Ceci répond en effet aux exigences de l'article 520 du code de procédure pénale selon lequel « si le jugement est annulé pour violation ou omission non réparée de formes prescrites par la loi à peine de nullité, la cour évoque et statue sur le fond »[4]. Cela constitue pour la cour d'appel une obligation[5].

Dans l'arrêt du 18 juillet 1985[6], le tribunal correctionnel n'avait pas respecté les conditions de forme régissant l'audience sur demande de mise en liberté. En l'espèce, il n'avait entendu, ni le prévenu, ni son conseil et rejeté la demande de mise en liberté. Une telle violation apparaissait de façon flagrante en contradiction avec les dispositions de l'article 148-2 du code de procédure pénale. Le prévenu formait donc appel et obtenait gain de cause auprès de la cour qui ne pouvait que constater l'irrégularité affectant le jugement et prononcer sa nullité. Mais la cour évoquait et se trouvait alors saisi de la demande de mise en liberté qu'elle rejetait immédiatement, en toute conformité avec l'obligation posée par l'article 520.

La violation d'une formalité importante, relative à la détention provisoire, peut ainsi très bien être sanctionnée pour la forme, sans que la personne ne retrouve pour autant la liberté, situation que nous rencontrons aussi dans d'autres domaines[7].

La décision de la cour d'appel de renvoyer la procédure au ministère public, aux fins de régularisation, dans les cas prévus par l'article 385, alinéa 2, du code de procédure pénale, n'impliquant pas son dessaisissement, il lui appartient, si le jugement est annulé pour violation ou omission non réparée de formes prescrites par la loi à peine de nullité,

1. L. n° 2020-1672, 24 déc. 2020 relative au Parquet européen, à la justice environnementale et à la justice pénale spécialisée, *JO* 26 déc., n° 4, art. 27, III.

2. Crim. 13 nov. 1979, n° 79-93.608, P n° 315 – Crim. 26 juill. 1983, n° 83-92.266, P n° 227 ; *D.* 1984. IR 45 – Crim. 23 déc. 1986, n° 86-95.420, P n° 385 – Crim. 7 mai 1987, n° 87-80.821, P n° 187 – Crim. 26 oct. 1993, n° 93-82.574, P n° 310.
3. Crim. 18 juill. 1985, n° 84-95.325, P n° 268.
4. Crim. 17 nov. 1993, n° 93-83.531, P n° 343.
5. Sur ces points, v. s^{s} n°s 942.11 s.
6. V. s^{s} n° 811.01.
7. SUR les effets de la cassation sur certains arrêts de chambre de l'instruction statuant en matière de détention provisoire : Ch. Guéry, *Droit et pratique de l'instruction préparatoire*, 11e éd., « Dalloz action », 2022.

d'évoquer, de renvoyer au fond à une audience ultérieure, en application de l'article 520 du même code, et de prononcer, le cas échéant, sur le maintien en détention du prévenu[1].

Il en résulte que doit être cassé l'arrêt qui renvoie la procédure au ministère public aux fins de régularisation, annule le jugement et constate que le titre de détention du prévenu a cessé de produire effet et ordonne sa mise en liberté. En d'autres termes, la cour d'appel peut maintenir en détention provisoire même en cas d'annulation d'un jugement. Mais la chambre criminelle a aussi jugé qu'il en était de même lors du constat par la juridiction de première instance d'un renvoi à l'instruction pour inobservation des formalités de l'article 184 du code de procédure pénale : l'inobservation des délais constatée, dont se déduisait une absence de conformité aux prescriptions de l'article 184 du code de procédure pénale, autorisait la juridiction de jugement à procéder comme il est dit à l'article 385, alinéa 2, du même code et, restant saisie, à maintenir le prévenu en détention selon les prévisions de l'article 179 dudit code[2].

814.144 Incidence de la détention provisoire sur les délais ouverts à la cour d'appel pour statuer. En matière de comparution immédiate, la cour doit statuer dans les quatre mois de l'appel du jugement rendu sur le fond interjeté par le prévenu détenu, faute de quoi celui-ci, s'il n'est pas détenu pour autre cause, est mis d'office en liberté. Il n'y a pas d'autre sanction du non-respect du délai que la mise en liberté de la personne[3].

814.145 Délais ouverts à la cour d'appel pour statuer en cas de prévenu détenu. La loi du 23 mars 2019 a prévu de nouveaux délais impératifs en cause d'appel lorsqu'une personne est détenue. Selon l'article 509-1 du code de procédure pénale, le prévenu doit comparaître devant la chambre des appels correctionnels dans un délai de quatre mois à compter soit de l'appel, si le prévenu est détenu, soit de la date à laquelle le prévenu a été ultérieurement placé en détention provisoire, en application de la décision rendue en premier ressort. Toutefois, si l'audience sur le fond ne peut se tenir avant l'expiration de ce délai, le président de la chambre peut, à titre exceptionnel, par une décision mentionnant les raisons de fait ou de droit faisant obstacle au jugement de l'affaire, ordonner la prolongation de la détention pour une nouvelle durée de quatre mois. La comparution personnelle du prévenu est de droit si lui-même ou son avocat en font la demande. Cette décision peut être renouvelée une fois dans les mêmes formes. Lorsqu'un des faits constitutifs de l'infraction a été commis hors du territoire national ou lorsque la personne est poursuivie pour une infraction mentionnée aux articles 706-73 et 706-73-1, le délai mentionné aux deux premiers alinéas du présent article est porté à six mois. Si le prévenu n'a pas comparu devant la cour d'appel avant l'expiration des délais prévus au présent article, il est remis immédiatement en liberté s'il n'est pas détenu pour une autre cause.

Justifie sa décision en exposant les raisons de fait et de droit faisant obstacle au jugement de l'affaire dans le délai légal le président de la chambre des appels correctionnels qui, en application de l'article 509-1 du Code de procédure pénale, après renvoi demandé par le prévenu qui exigeait d'être jugé en présence de son avocat alors que celui-ci participait à un mouvement de grève des barreaux, conclut que ces raisons de fait faisant obstacle au jugement de l'affaire dans le délai légal, il y a lieu, à titre exceptionnel, d'ordonner, pour une durée n'excédant pas 4 mois, la prolongation de la détention de l'intéressé dont les domiciliations évolutives ne permettent pas de garantir la représentation[4]. En effet, le juge qui, dans le cadre des dispositions de l'article 509-1 du Code de procédure pénale, prolonge, à titre exceptionnel, la détention provisoire d'un prévenu, n'a pas à motiver sa décision au regard des conditions fixées par les articles 137 et 144 du même code. Le même arrêt précise que l'exception de nullité de la citation devant le tribunal correctionnel ne peut, en cause d'appel, être soulevée que devant la juridiction statuant au fond, et non devant le président de la chambre des appels correctionnels statuant dans les limites de l'article 509-1 du Code de procédure pénale.

814.146 Article 519 du code de procédure pénale. Cet article vise le cas où le jugement rendu par le tribunal correctionnel est annulé par la cour d'appel parce que celle-ci estime que le fait est de nature à entraîner une peine criminelle. La cour se déclare alors incompétente et renvoie le ministère public à se pourvoir ainsi qu'il avisera. Elle peut, le ministère public entendu, décerner par la même décision, mandat de dépôt ou d'arrêt contre le prévenu. Il s'agit bien là de la délivrance d'un nouveau titre de détention : la cour d'appel qui annule le jugement qui lui est déféré au motif que les faits seraient constitutifs d'un crime ne peut se borner à ordonner le maintien en détention du prévenu et doit,

1. Crim. 3 mars 2015, n° 14-88.472, P n° 39 ; *AJ pénal* 2015. 371, obs. D. Aubert.
2. Crim. 9 avr. 2014, n° 14-80.470, NP – AUSSI : Ch. Guéry, « La détention provisoire en cas de renvoi du dossier d'information pour régularisation de la procédure », *AJ pénal* 2015, 407.
3. Crim. 13 janv. 1992, n° 91-86.058, P n° 8.
4. Crim. 21 avr. 2020, n° 20-80.950, P, *D.* 2020. 984 ; *Droit pénal* n° 6, Juin 2020, comm. 125 ; *AJ pénal* 2020. 361, obs E. Clément.

après avoir entendu le ministère public en ses réquisitions, décerner un nouveau titre de détention [1].

La mention de l'obligation de l'audition du ministère public ne doit pas être confondue avec le cas qui concerne l'appel du jugement rendu après application par le tribunal correctionnel de l'article 469 du code de procédure pénale [2].

814.147 **Pluralité de demandes** [3]. Aux termes de l'article 148-2, alinéa 3, du code de procédure pénale, lorsqu'au jour de la réception de la demande de mise en liberté déposée devant la juridiction correctionnelle, il n'a pas encore été statué soit sur une précédente demande de mise en liberté ou de mainlevée de contrôle judiciaire, soit sur l'appel d'une précédente décision de refus de mise en liberté ou de mainlevée du contrôle judiciaire, les délais prévus pour statuer sur la demande de mise en liberté ne commencent à courir qu'à compter de la décision rendue par la juridiction compétente. Faute de décision à l'expiration des délais, il est mis fin au contrôle judiciaire ou à la détention provisoire, le prévenu, s'il n'est pas détenu pour une autre cause, étant d'office remis en liberté.

Le délai imparti à la juridiction par l'article 148-2 du code de procédure pénale n'est reporté que lorsqu'il n'a pas été statué sur une précédente demande et non sur une demande postérieure [4].

Mais l'appel contre une décision ayant renvoyé l'examen de l'affaire à une audience ultérieure et ayant maintenu en détention le prévenu ne peut être assimilé à une demande de mise en liberté, notamment au regard de la prorogation des délais impartis au tribunal pour statuer, prévue par l'article 148-2, alinéa 3, du code de procédure pénale [5].

SECTION 4
DÉTENTION PROVISOIRE ET PEINE

814.151 **Principe d'imputation de la détention provisoire sur la peine.** Lorsqu'il y a eu détention provisoire, quel que soit le moment de la procédure où elle a eu lieu, celle-ci est décomptée de la peine qu'a prononcée le jugement ou l'arrêt de condamnation, ou s'il y a lieu de la durée totale de la peine à subir après confusion. Il en est de même, s'agissant d'une détention provisoire ordonnée dans le cadre d'une procédure suivie pour les mêmes faits que ceux ayant donné lieu à condamnation, si cette procédure a été ultérieurement annulée.

Les dispositions de l'alinéa précédent sont également applicables à la privation de liberté subie en exécution d'un mandat d'amener ou d'arrêt, à l'incarcération subie hors de France en exécution d'un mandat d'arrêt européen ou sur la demande d'extradition et à l'incarcération subie en application du septième alinéa de l'article 712-17, de l'article 712-19, de l'article 728-67 et de l'article 747-3 [6].

Il y a donc déduction de toute période de rétention, à l'exception bien entendu de celle passée avant intervention de l'autorité judiciaire, y compris si celle-ci n'est pas considérée comme détention provisoire au sens propre dans le cadre de l'instruction préparatoire. Il en est ainsi par exemple de la période passée en détention sur mandat d'amener ou dans l'attente d'une extradition, qui ne forme pas le point de départ d'une détention provisoire mais sera décomptée sur la peine.

Pour illustration, on peut citer ici une décision dans laquelle M. X... avait été condamné par arrêt du 30 avril 2008 de la cour d'appel de Chambéry à la peine d'un an d'emprisonnement des chefs d'escroqueries et tentatives, faux administratifs et usage, transport et mise en circulation de fausse monnaie suite à la dénonciation officielle de ces faits par les autorités judiciaires suisses. L'intéressé avait saisi la cour d'appel d'une requête en application de l'article 710 du code de procédure pénale afin que soit déduite de la durée de la peine prononcée, la détention provisoire subie en Suisse du 6 mai au 1er décembre 2003 à raison des faits jugés en France. Pour rejeter ladite requête, l'arrêt avait énoncé que M. X... n'avait pas été détenu en Suisse en exécution d'un mandat d'arrêt européen ou sur la base d'une demande d'extradition mais qu'il avait été détenu provisoirement en Suisse pour des faits commis en Suisse qui ont fait l'objet d'une dénonciation officielle aux autorités judiciaires françaises, les juges ajoutant que les conditions de l'article 716-4 du code de procédure pénale n'étaient pas réunies.

La chambre criminelle les censure pour s'être déterminés ainsi : « alors que la détention provisoire est intégralement déduite de la durée de la peine prononcée, la cour d'appel a méconnu le texte susvisé et le principe ci-dessus énoncé » [7].

En cas de confusion de plusieurs peines, cette déduction doit s'appliquer à la détention provisoire subie à raison de l'une quelconque des peines confondues [8]. L'article 142-11 du code de procédure

1. Crim. 8 févr. 1989, nº 88-86.875, P nº 60.
2. V. s^s^ nº 814.112.
3. C. pr. pén., art. 148-2, al. 3.
4. Crim. 5 nov. 2002, nº 02-85.587, NP.
5. Crim. 4 mai 2011, nº 10-84.461, P nº 94 ; *D.* 2011. 1352 ; *AJ pénal* 2011. 470, obs. J. Lassere Capdeville (v. s^s^ nº 811.01).
6. C. pr. pén., art. 716-4 ; mod. par L. nº 2013-711, 5 août 2013, art. 24 ; puis mod. par L. nº 2016-731, 3 juin 2016, art. 12.
7. Crim. 13 mars 2013, nº 12-83.024, P nº 64 ; *D.* 2013. 915.
8. Crim. 26 févr. 1974, nº 73-91.611, P nº 80.

pénale prévoit également que l'assignation à résidence sous surveillance électronique est assimilable à une détention provisoire pour l'imputation de sa durée sur celle d'une peine privative de liberté[1].

814.152 **Mise à exécution d'une peine ferme.** La mise à exécution d'une peine d'emprisonnement a pour conséquence de suspendre les effets d'un mandat de dépôt délivré pour autre cause[2]. Les règles régissant la détention provisoire demeurent toutefois applicables : « tant qu'il n'a pas été mis fin à la détention provisoire, les règles régissant cette mesure demeurent applicables, même lorsque la personne concernée exécute, dans le même temps, une peine privative de liberté »[3].

Cette règle contraint le magistrat instructeur et le JLD à prolonger la détention provisoire même si l'intéressé exécute par ailleurs une peine ferme (si l'on veut qu'il soit détenu dans le cadre de l'information judiciaire). Elle peut aussi avoir des conséquences devant la juridiction correctionnelle : ainsi, les règles relatives à la comparution de la personne devant le tribunal correctionnel dans un délai de deux mois lorsqu'elle est renvoyée détenue par le juge d'instruction sont elles maintenues si le prévenu exécute par ailleurs une peine d'emprisonnement ferme. Cette règle, souvent sans effet, peut retrouver toute son importance si la peine ferme arrive à échéance et que les règles relatives à la détention provisoire n'ont pas été respectées.

Sur l'articulation détention provisoire/peine d'emprisonnement ferme, insuffisamment maîtrisée par certaines juridictions et dont l'administration pénitentiaire semble parfois elle-même hésiter à l'appliquer avec rigueur, la chambre criminelle a eu l'occasion de rappeler que la durée de la détention provisoire qui, aux termes de l'article 716-4 du code de procédure pénale, doit être intégralement déduite de la durée de la peine prononcée, ne s'étend pas à la période pendant laquelle le détenu exécutait simultanément une peine d'emprisonnement résultant d'une autre condamnation[4].

SECTION 5
INDEMNISATION DE LA DÉTENTION

814.161 **Cadre fixé par la loi du 15 juin 2000.** L'article 149 du code de procédure pénale modifié par l'ordonnance du 8 juin 2006 dispose : « Sans préjudice de l'application des dispositions des articles L. 141-2 et L. 141-3 du code de l'organisation judiciaire, la personne qui a fait l'objet d'une détention provisoire au cours d'une procédure terminée à son égard par une décision de non-lieu, de relaxe ou d'acquittement devenue définitive a droit, à sa demande, à réparation intégrale du préjudice moral et matériel que lui a causé cette détention. Toutefois, aucune réparation n'est due lorsque cette décision a pour seul fondement la reconnaissance de son irresponsabilité au sens de l'article 122-1 du code pénal, une amnistie postérieure à la mise en détention provisoire, ou la prescription de l'action publique intervenue après la libération de la personne, lorsque la personne était dans le même temps détenue pour une autre cause, ou lorsque la personne a fait l'objet d'une détention provisoire pour s'être librement et volontairement accusée ou laissé accuser à tort en vue de faire échapper l'auteur des faits aux poursuites. À la demande de l'intéressé, le préjudice est évalué par expertise contradictoire réalisée dans les conditions des articles 156 et suivants. Lorsque la décision de non-lieu, de relaxe ou d'acquittement lui est notifiée, la personne est avisée de son droit de demander réparation, ainsi que des dispositions des articles 149-1 à 149-3 (premier alinéa). »

En dehors des exclusions précitées, le demandeur a droit à réparation intégrale de son préjudice personnel, moral et matériel[5]. La loi du 8 juin 2006 portant refonte du code de l'organisation judiciaire a transposé les dispositions de l'article L. 781-1 dans deux articles nouveaux : L. 141-1 et L. 141-2.

814.162 **Application à la détention provisoire ordonnée par le JLD ou le tribunal correctionnel.** Bien que le texte de l'article 149 du code de procédure pénale soit, encore une fois, insérée dans la partie du code de procédure pénale consacrée à l'instruction préparatoire, sa rédaction même « la personne qui a fait l'objet d'une détention provisoire au cours d'une procédure terminée à son égard par une décision de non-lieu, de relaxe ou d'acquittement devenue définitive... » montre que toute détention provisoire peut être réparée et que peu importe qui l'a ordonnée. Là encore, il convient de distinguer le placement en détention provisoire qui peut être seul indemnisé, de la condamnation par une juridiction de premier degré, infirmée par la suite, qui ne peut ouvrir droit à réparation.

1. V. s[s] n° 833.29.
2. Crim. 30 janv. 1991, n° 90-83.464, P n° 52.
3. Crim. 22 nov. 2005, n° 05-86.295, P n° 303 ; *AJ pénal* 2006. 26, note C. Saas ; *Dr. pénal* 2006, n° 34, note J. Buisson ; *RSC* 2006. 348, note D.-N. Commaret (pour un extrait, v. s[s] n° 811.01).
4. Crim. 14 févr. 2012, n° 11-84.397, P n° 47 ; *D.* 2012. 743 (v. s[s] n° 811.01).

5. D. Karsenty, « Aperçu de la jurisprudence de la Commission nationale de réparation des détentions », *BICC* 1er mai 2003 ; « La réparation des détentions », *JCP* 2003. I. 108 – AUSSI : Ch. Guéry, *Droit et pratique de l'instruction préparatoire*, 11e éd., « Dalloz action », 2022, n°s 438.00 s.

TITRE

82. Le contrôle judiciaire

SECTION 0

ORIENTEUR

82.00 Sommaire du titre.

CHAPITRE

821. Obligations du contrôle judiciaire

SECTION 0
ORIENTEUR

821.00 **Sommaire du chapitre.**

821.01 **Principaux textes applicables.**

TEXTES SOURCES

• C. pr. pén., art. 24-14 à 24-24, 137, 137-2, 138, 138-3,142, 179, 471, 569, 696-48 à 696-65

TEXTES *IN EXTENSO*

• **C. pr. pén., art. 137**

* V. s^s n° 731.01.

• **C. pr. pén., art. 24-14** [créé par Décr. n° 2020-1161, 23 sept. 2020, art. 2]

La décision de placement sous contrôle judiciaire assorti, sur le fondement de l'article 138-3, à l'encontre d'une personne majeure, d'une interdiction de se rapprocher de la victime et du port d'un bracelet anti-rapprochement est prise par ordonnance motivée rendue, selon les cas :

1° Par le juge d'instruction, au vu des réquisitions écrites du procureur de la République dont il est donné lecture à la personne mise en examen, et après avoir entendu les observations de cette personne et celles de son avocat ;

2° Par le juge des libertés et de la détention, qui statue soit au vu des réquisitions écrites du procureur de la République dont il est donné lecture à la personne mise en examen et après avoir entendu les observations de cette personne et celles de son avocat, soit après un débat contradictoire conformément à l'article 145.

Il est donné lecture de la décision à la personne mise en examen.

Elle peut également être décidée, sans débat contradictoire ou recueil préalable des observations de la personne et de son avocat, par ordonnance statuant sur une demande de mise en liberté ou décidant d'une mise en liberté d'office. La décision fixe les conditions d'exécution de la mesure, et notamment les distances de pré-alerte et d'alerte séparant la victime de la personne placée sous contrôle judiciaire dans les conditions prévues à l'article R. 24-18. Elle est notifiée à la personne ainsi placée sous contrôle judiciaire.

• **C. pr. pén., art. 24-15** [créé par Décr. n° 2020-1161, 23 sept. 2020, art. 2]

Le juge ne peut faire application des dispositions de l'article 138-3 que s'il lui apparaît que les interdictions prévues par les 3° et 9° de l'article 138 sont, à elles seules, insuffisantes pour prévenir le renouvellement de l'infraction.

Dans ce cas, l'interdiction de se rapprocher de la victime et l'obligation de porter un bracelet anti-rapprochement ne peuvent être ordonnées que si sont également prononcées, en application des 3° et 9° de l'article 138, l'interdiction de se rendre dans certains lieux déterminés, dans lesquels réside, travaille, ou se trouve habituellement la victime, et l'interdiction de recevoir ou de rencontrer la victime ainsi que d'entrer en relation avec elle, de quelque façon que ce soit.

• **C. pr. pén., art. 24-16** [créé par Décr. n° 2020-1161, 23 sept. 2020, art. 2]

Afin d'assurer l'effectivité de l'interdiction prévue au 1° de l'article 138-3, le dispositif anti-rapprochement prévu au 2° du même article assure la géolocalisation de la personne porteuse du bracelet et de la personne protégée à laquelle a été attribué un dispositif de téléprotection, ainsi que la mise en lien de ces deux procédés avec un téléopérateur.

Pour vérifier à distance l'identité de ces personnes, il peut être recouru à d'autres procédés de surveillance électronique permettant une authentification biométrique vocale.

Les procédés mentionnés au présent article sont homologués par arrêté du garde des Sceaux, ministre de la Justice.

• **C. pr. pén., art. 24-17** [créé par Décr. n° 2020-1161, 23 sept. 2020, art. 2]

Le magistrat chargé de la mesure peut à tout moment désigner un médecin afin que celui-ci vérifie que la mise en œuvre du bracelet anti-rapprochement ne présente pas d'inconvénient pour la santé de la personne. Cette désignation est de droit à la demande de la personne ou de son conseil. Le certificat médical est versé au dossier judiciaire.

• **C. pr. pén., art. 24-18** [créé par Décr. n° 2020-1161, 23 sept. 2020, art. 2]

La distance d'alerte séparant la victime de la personne placée sous contrôle judiciaire, exprimée en nombre entier de kilomètres, ne peut être inférieure à un kilomètre, ni supérieure à dix kilomètres. La distance de pré-alerte est égale au double de la distance d'alerte.

Pour déterminer la distance d'alerte, le juge concilie la nécessité de protection de la victime avec le respect de la dignité, de l'intégrité et de la vie privée, familiale et professionnelle de la personne porteuse du bracelet. Il veille à ce que la mise en œuvre du dispositif n'entrave pas son insertion sociale, en tenant notamment compte de la localisation respective des domiciles et lieux de travail de cette personne et de la victime, de leurs modes de déplacements, et de la typologie de leur lieu de vie, rural ou urbain.

Afin de garantir le respect des droits et libertés visés à l'alinéa précédent, le juge qui a prononcé la mesure peut préciser dans sa décision que le porteur du bracelet est autorisé à être présent à des heures et dans des lieux qu'il détermine, y compris si ces lieux venaient à être intégrés du fait des déplacements de la personne ou de la victime dans une zone d'alerte ou de pré-alerte.

• **C. pr. pén., art. 24-19** [créé par Décr. n° 2020-1161, 23 sept. 2020, art. 2]

La mesure d'interdiction de rapprochement assortie de l'obligation de porter un bracelet électronique anti-rapprochement est ordonnée pour une durée qui ne peut excéder six mois. Elle peut être prolongée pour une même durée selon les modalités prévues aux quatre premiers alinéas de l'article R. 24-14 et si la condition prévue par le premier alinéa de l'article R. 24-15 est toujours remplie, sans que sa durée totale dépasse deux ans.

Lorsque la personne renvoyée devant le tribunal correctionnel ou la cour d'assises est maintenue ou demeure sous contrôle judiciaire conformément aux articles 179 et 181, ou que le placement sous contrôle judiciaire a été ordonné en application des articles 394, 396, 397-1-1 ou 397-3, la durée totale de la mesure, compte tenu s'il y a lieu de celle exécutée au cours de l'instruction, ne peut excéder deux ans, sans qu'il soit nécessaire d'en ordonner la prolongation tous les six mois et sous réserve de la possibilité pour l'intéressé d'en demander la mainlevée.

• **C. pr. pén., art. 24-20** [créé par Décr. n° 2020-1161, 23 sept. 2020, art. 2]

La personne placée sous contrôle judiciaire avec interdiction de se rapprocher de la victime et port d'un bracelet anti-rapprochement est avisée des informations suivantes :

1° La pose du bracelet comportant un émetteur prévu à l'article 138-3 ne peut être effectuée sans son consentement, mais le fait de la refuser constitue une violation de ses obligations pouvant donner lieu à la révocation de son contrôle judiciaire et à son placement en détention provisoire ;

2° La méconnaissance de la distance de pré-alerte donne lieu à un contact par les personnes habilitées chargées du contrôle à distance l'avertissant de son rapprochement de la victime et du risque de méconnaissance de la distance d'alerte ; cette méconnaissance ne peut en aucun cas donner lieu à révocation du contrôle judiciaire

3° Le fait de se rapprocher volontairement de la victime, ou de provoquer son rapprochement, en méconnaissance de la distance d'alerte constitue une violation de l'interdiction qui lui est faite pouvant donner lieu à la révocation de son contrôle judiciaire et à son placement en détention provisoire ;

4° En cas de nécessité, les personnes habilitées chargées du contrôle à distance du dispositif électronique mobile anti-rapprochement prennent l'attache de la personne protégée pour assurer sa mise en sécurité et, selon le besoin et les procédures établies, alertent les forces de police et de gendarmerie, afin d'assurer sa protection ;

5° Le fait, par la personne porteuse d'un bracelet anti-rapprochement, de ne pas s'assurer du rechargement périodique du dispositif, afin de garantir son fonctionnement à tout moment, constitue une violation des obligations auxquelles elle est astreinte pouvant donner lieu à la révocation de son contrôle judiciaire et à son placement en détention provisoire.

• **C. pr. pén., art. 24-21** [créé par Décr. n° 2020-1161, 23 sept. 2020, art. 2]

Les distances mentionnées à l'article R. 24-18 sont portées par tout moyen à la connaissance de la personne protégée, à laquelle est attribué un dispositif de téléprotection. Elle est également avisée qu'en cas de nécessité, les téléopérateurs chargés du contrôle à distance du bracelet anti-rapprochement prennent son attache pour assurer sa mise en sécurité. Elle est avisée qu'elle peut à tout moment contacter directement le téléopérateur.

Les personnes habilitées chargées du contrôle à distance contactent, selon le besoin et les procédures établies, les forces de police et de gendarmerie, ainsi que la personne protégée afin d'assurer sa protection.

• **C. pr. pén., art. 24-22** [créé par Décr. n° 2020-1161, 23 sept. 2020, art. 2]

Si l'interdiction de rapprochement imposée à la personne mise en examen conduit, du fait notamment de rapprochements imputables tant à ses déplacements qu'à ceux de la victime, à un nombre important d'alertes portant une atteinte excessive à son droit au respect de sa vie privée et familiale, elle peut, ainsi que la victime, à tout moment de la mesure, demander à ce que les distances d'alerte et de pré-alerte soient révisées, ou qu'il soit mis fin à l'obligation de port du bracelet. Le juge d'instruction statue alors selon les modalités de l'article 140. Cette décision peut être également prise d'office par le juge d'instruction.

Lorsque la personne a été renvoyée devant la juridiction de jugement, ou que le placement sous contrôle judiciaire a été ordonné en application des articles 394, 396, 397-1-1 ou

397-3, la décision est prise par le juge des libertés et de la détention, qui statue selon les mêmes modalités.

• **C. pr. pén., art. 24-23** [créé par Décr. n° 2020-1161, 23 sept. 2020, art. 2]

Le personnel de l'administration pénitentiaire assure la pose du bracelet anti-rapprochement. Il peut être assisté des personnes habilitées dans les conditions fixées aux articles R. 61-36 à R. 61-42. Lors de la pose du bracelet, il est procédé aux tests de mise en service et à l'information de la personne sur les modalités pratiques de fonctionnement du dispositif.

Si la personne porte déjà un dispositif anti-rapprochement en application de l'article 515-11-1 du code civil, les dispositions du premier alinéa du présent article ne sont pas applicables. L'information de la personne sur les modalités pratiques de fonctionnement du dispositif peut cependant être renouvelée. Dès que la décision du juge pénal est mise en œuvre, par son enregistrement dans le traitement prévu aux articles R. 61-43 à R. 61-51, la mainlevée de la mesure prononcée en application de l'article 515-11-1 du code civil est acquise de plein droit conformément à l'article 1136-23 du code de procédure civile.

Le personnel de l'administration pénitentiaire assure la dépose du bracelet anti-rapprochement dans les mêmes conditions que celles de sa pose.

• **C. pr. pén., art. 24-24** [créé par Décr. n° 2020-1161, 23 sept. 2020, art. 2]

Lorsqu'il est fait application de l'article 138-3 dans le cadre d'une assignation à résidence sous surveillance électronique ou d'une assignation à résidence sous surveillance électronique mobile, les dispositions des articles R. 24-14 à R. 24-23 sont applicables.

• **C. pr. pén., art. 137-2** [mod. par ord. n° 2019-964, 18 sept. 2019, art. 35 (VD)]

Le juge des libertés et de la détention peut être suppléé en cas de vacance d'emploi, d'absence ou d'empêchement, par un magistrat du siège du premier grade ou hors hiérarchie désigné par le président du tribunal judiciaire. En cas d'empêchement de ces magistrats, le président du tribunal judiciaire peut désigner un magistrat du second grade.

Pour l'organisation du service de fin de semaine ou du service allégé pendant la période au cours de laquelle les magistrats bénéficient de leurs congés annuels, le juge des libertés et de la détention d'un tribunal judiciaire peut être désigné afin d'exercer concurremment ces fonctions dans, au plus, deux autres tribunaux judiciaires du ressort de la cour d'appel ; cette désignation est décidée par ordonnance du premier président prise à la demande des présidents de ces juridictions et après avis du président du tribunal judiciaire concerné ; elle en précise le motif et la durée, ainsi que les tribunaux pour lesquels elle s'applique ; la durée totale d'exercice concurrent des fonctions de juge des libertés et de la détention dans plusieurs tribunaux judiciaires ne peut excéder quarante jours au cours de l'année judiciaire.

La désignation prévue à l'alinéa précédent peut également être ordonnée, selon les mêmes modalités et pour une durée totale, intermittente ou continue, qui ne peut excéder quarante jours, lorsque, pour cause de vacance d'emploi ou d'empêchement, aucun magistrat n'est susceptible, au sein d'une juridiction, d'exercer les fonctions de juge des libertés et de la détention.

• **C. pr. pén., art. 138** [mod. par L. n° 2020-936, 30 juill. 2020, art. 4]

Le contrôle judiciaire peut être ordonné par le juge d'instruction ou par le juge des libertés et de la détention si la personne mise en examen encourt une peine d'emprisonnement correctionnel ou une peine plus grave.

Ce contrôle astreint la personne concernée à se soumettre, selon la décision du juge d'instruction ou du juge des libertés et de la détention, à une ou plusieurs des obligations ci-après énumérées :

1° Ne pas sortir des limites territoriales déterminées par le juge d'instruction ou le juge des libertés et de la détention ;

2° Ne s'absenter de son domicile ou de la résidence fixée par le juge d'instruction ou le juge des libertés et de la détention qu'aux conditions et pour les motifs déterminés par ce magistrat ;

3° Ne pas se rendre en certains lieux ou ne se rendre que dans les lieux déterminés par le juge d'instruction ou le juge des libertés et de la détention ;

3° *bis* Ne pas participer à des manifestations sur la voie publique dans des lieux déterminés par le juge d'instruction ou le juge des libertés et de la détention ;

4° Informer le juge d'instruction ou le juge des libertés et de la détention de tout déplacement au-delà de limites déterminées ;

5° Se présenter périodiquement aux services, associations habilitées ou autorités désignés par le juge d'instruction ou le juge des libertés et de la détention qui sont tenus d'observer la plus stricte discrétion sur les faits reprochés à la personne mise en examen ;

6° Répondre aux convocations de toute autorité, de toute association ou de toute personne qualifiée désignée par le juge d'instruction ou le juge des libertés et de la détention et se soumettre, le cas échéant, aux mesures de contrôle portant sur ses activités professionnelles ou sur son assiduité à un enseignement ainsi qu'aux mesures socio-éducatives destinées à favoriser son insertion sociale et à prévenir le renouvellement de l'infraction ;

7° Remettre soit au greffe, soit à un service de police ou à une brigade de gendarmerie tous documents justificatifs de l'identité, et notamment le passeport, en échange d'un récépissé valant justification de l'identité ;

8° S'abstenir de conduire tous les véhicules, certains véhicules ou un véhicule qui ne soit pas équipé, par un professionnel agréé ou par construction, d'un dispositif homologué d'antidémarrage par éthylotest électronique et, le cas échéant, remettre au greffe son permis de conduire contre récépissé ; toutefois, le juge d'instruction ou le juge des libertés et de la détention peut décider que la personne mise en examen pourra faire usage de son permis de conduire pour l'exercice de son activité professionnelle ;

9° S'abstenir de recevoir ou de rencontrer certaines personnes spécialement désignées par le juge d'instruction ou le juge des libertés et de la détention, ainsi que d'entrer en relation avec elles, de quelque façon que ce soit ;

10° Se soumettre à des mesures d'examen, de traitement ou de soins, même sous le régime de l'hospitalisation, notamment aux fins de désintoxication. Une copie de l'ordonnance de placement sous contrôle judiciaire est adressée par le juge d'instruction au médecin ou au psychologue qui doit suivre la personne mise en examen. Les rapports des expertises réalisées pendant l'enquête ou l'instruction sont adressés au médecin ou au psychologue, à leur demande ou à l'initiative du juge d'instruction. Celui-ci peut également leur adresser toute autre pièce utile du dossier ;

11° Fournir un cautionnement dont le montant et les délais de versement, en une ou plusieurs fois, sont fixés par le juge d'instruction ou le juge des libertés et de la détention, compte tenu notamment des ressources et des charges de la personne mise en examen ;

12° Ne pas se livrer à certaines activités de nature professionnelle ou sociale, à l'exclusion de l'exercice des mandats électifs et des responsabilités syndicales, lorsque l'infraction a été commise dans l'exercice ou à l'occasion de l'exercice de ces activités et lorsqu'il est à redouter qu'une nouvelle infraction soit commise. Lorsque l'activité concernée est celle d'un avocat, le conseil de l'ordre, saisi par le juge d'instruction ou le juge des libertés et de la détention, a seul le pouvoir de prononcer cette mesure à charge d'appel, dans les conditions prévues à l'article 24 de la loi n° 71-1130 du 31 décembre 1971 portant réforme de certaines professions judiciaires et juridiques ; le conseil de l'ordre statue dans les quinze jours ;

12° *bis* Ne pas exercer une activité impliquant un contact habituel avec des mineurs lorsqu'il est à redouter qu'une nouvelle infraction soit commise ;

13° Ne pas émettre de chèques autres que ceux qui permettent exclusivement le retrait de fonds par le tireur auprès du tiré ou ceux qui sont certifiés et, le cas échéant, remettre au greffe les formules de chèques dont l'usage est ainsi prohibé ;

14° Ne pas détenir ou porter une arme et, le cas échéant, remettre au greffe contre récépissé les armes dont elle est détentrice ;

15° Constituer, dans un délai, pour une période et un montant déterminés par le juge d'instruction ou le juge des libertés et de la détention, des sûretés personnelles ou réelles ;

16° Justifier qu'elle contribue aux charges familiales ou acquitte régulièrement les aliments qu'elle a été condamnée à payer conformément aux décisions judiciaires et aux conventions judiciairement homologuées portant obligation de verser des prestations, subsides ou contributions aux charges du mariage ;

17° En cas d'infraction commise soit contre son conjoint, son concubin ou son partenaire lié par un pacte civil de solidarité, soit contre ses enfants ou ceux de son conjoint, concubin ou partenaire, résider hors du domicile ou de la résidence du couple et, le cas échéant, s'abstenir de paraître dans ce domicile ou cette résidence ou aux abords immédiats de celui-ci, ainsi que, si nécessaire, faire l'objet d'une prise en charge sanitaire, sociale ou psychologique ; les dispositions du présent 17° sont également applicables lorsque l'infraction est commise par l'ancien conjoint ou concubin de la victime, ou par la personne ayant été liée à elle par un pacte civil de solidarité, le domicile concerné étant alors celui de la victime. Pour l'application du présent 17°, le juge d'instruction recueille ou fait recueillir, dans les meilleurs délais et par tous moyens, l'avis de la victime sur l'opportunité d'astreindre l'auteur des faits à résider hors du logement du couple. Sauf circonstances particulières, cette mesure est prise lorsque sont en cause des faits de violences susceptibles d'être renouvelés et que la victime la sollicite. Le juge d'instruction peut préciser les modalités de prise en charge des frais afférents à ce logement. Lorsqu'est prononcée l'une des obligations prévues au 9°, au présent 17° ou au 17° *bis*, le juge d'instruction ou le juge des libertés et de la détention se prononce, par une décision motivée, sur la suspension du droit de visite et d'hébergement de l'enfant mineur dont la personne mise en examen est titulaire ;

17° *bis* Respecter l'interdiction de se rapprocher d'une victime de violences commises au sein du couple prévue à l'article 138-3 et contrôlée par un dispositif électronique mobile anti-rapprochement ;

18° Respecter les conditions d'une prise en charge sanitaire, sociale, éducative ou psychologique, destinée à permettre sa réinsertion et l'acquisition des valeurs de la citoyenneté ; cette prise en charge peut, le cas échéant, intervenir au sein d'un établissement d'accueil adapté dans lequel la personne est tenue de résider.

Les modalités d'application du présent article, en ce qui concerne notamment l'habilitation des personnes contribuant au contrôle judiciaire sont déterminées en tant que de besoin par un décret en Conseil d'État.

• **Article 138-3** [créé par L. n° 2019-1480, 28 déc. 2019, art. 11]

En cas d'infraction punie d'au moins trois ans d'emprisonnement commise contre son conjoint, son concubin ou le partenaire lié à elle par un pacte civil de solidarité, y compris lorsqu'ils ne cohabitent pas, ou commise par l'ancien conjoint ou concubin de la victime ou par le partenaire ayant été lié à elle par un pacte civil de solidarité, le juge peut, à la demande ou avec le consentement exprès de la victime, qui peut être recueilli par tout moyen :

1° Interdire à la personne placée sous contrôle judiciaire de se rapprocher de la victime à moins d'une certaine distance fixée par la décision ;

2° Et, afin d'assurer le respect de l'interdiction prévue au 1°, astreindre cette personne au port, pendant toute la durée du placement, d'un bracelet intégrant un émetteur permettant à tout moment de déterminer à distance sa localisation sur l'ensemble du territoire national et si elle s'approche de la victime à qui a été attribué un dispositif électronique permettant également sa localisation.

La personne placée sous contrôle judiciaire est avisée que la pose du bracelet ne peut être effectuée sans son consentement mais que le fait de la refuser constitue une violation des obligations qui lui incombent et peut donner lieu à la révocation de la mesure et à son placement en détention provisoire. Ce dispositif est homologué par le ministre de la justice. Sa mise en œuvre doit garantir le respect de la dignité, de l'intégrité et de la vie privée de la personne et ne pas entraver son insertion sociale.

Les dispositions du présent article sont précisées par décret en Conseil d'État. Ce décret en Conseil d'État, pris après avis de la Commission nationale de l'informatique et des libertés, autorise la mise en œuvre d'un traitement automatisé de données à caractère personnel assurant le contrôle à distance de la localisation de la personne placée sous contrôle judiciaire et de la victime ; ces dispositions peuvent étendre les finalités du traitement prévu à l'article 763-13. Les personnes contribuant à ce contrôle à distance, qui ne peut conduire à imposer la présence de la personne placée sous contrôle judiciaire dans certains lieux, peuvent être des personnes privées habilitées dans des conditions prévues par ce décret.

• **C. pr. pén., art. 139**

La personne mise en examen est placée sous contrôle judiciaire par une ordonnance du juge d'instruction qui peut être prise en tout état de l'instruction.

Le juge d'instruction peut, à tout moment, imposer à la personne placée sous contrôle judiciaire une ou plusieurs obligations nouvelles, supprimer tout ou partie des obligations comprises dans le contrôle, modifier une ou plusieurs de ces obligations ou accorder une dispense occasionnelle ou temporaire d'observer certaines d'entre elles.

• **C. pr. pén., art. 140**

La mainlevée du contrôle judiciaire peut être ordonnée à tout moment par le juge d'instruction, soit d'office, soit sur les réquisitions du procureur de la République, soit sur la demande de la personne après avis du procureur de la République.

Le juge d'instruction statue sur la demande de la personne dans un délai de cinq jours, par ordonnance motivée.

Faute par le juge d'instruction d'avoir statué dans ce délai, la personne peut saisir directement de sa demande la chambre de l'instruction qui, sur les réquisitions écrites et motivées du procureur général, se prononce dans les vingt jours de sa saisine. À défaut, la mainlevée du contrôle judiciaire est acquise de plein droit, sauf si des vérifications concernant la demande de la personne ont été ordonnées.

• **C. pr. pén., art. 141-1**

Les pouvoirs conférés au juge d'instruction par les articles 139 et 140 appartiennent, en tout état de cause, à la juridiction compétente selon les distinctions de l'article 148-1.

• **C. pr. pén., art. 141-2** [mod. par L. nº 2016-731, 3 juin 2016, art. 86]

Si la personne mise en examen se soustrait volontairement aux obligations du contrôle judiciaire, le juge d'instruction peut décerner à son encontre mandat d'arrêt ou d'amener. Il peut également, dans les conditions prévues au quatrième alinéa de l'article 137-1, saisir le juge des libertés et de la détention aux fins de placement en détention provisoire. Quelle que soit la peine d'emprisonnement encourue, le juge des libertés et de la détention peut décerner, à l'encontre de cette personne, un mandat de dépôt en vue de sa détention provisoire, sous réserve des dispositions de l'article 141-3.

Si la personne se soustrait aux obligations du contrôle judiciaire alors qu'elle est renvoyée devant la juridiction de jugement, le procureur de la République peut, hors le cas prévu par l'article 272-1, saisir le juge des libertés et de la détention pour que celui-ci décerne mandat d'arrêt ou d'amener à son encontre. Ce magistrat est également compétent pour ordonner, conformément aux dispositions du placement en détention provisoire de l'intéressé. Les articles 141-4 et 141-5 sont applicables ; les attributions confiées au juge d'instruction par ces mêmes articles sont alors exercées par le procureur de la République.

• **C. pr. pén., art. 141-4** [mod. par L. nº 2019-1480, 28 déc. 2019, art. 11]

Les services de police et les unités de gendarmerie peuvent, d'office ou sur instruction du juge d'instruction, appréhender toute personne placée sous contrôle judiciaire à l'encontre de laquelle il existe une ou plusieurs raisons plausibles de soupçonner qu'elle a manqué aux obligations qui lui incombent au titre des 1°, 2°, 3°, 8°, 9°, 14°, 17° et 17° *bis* de l'article 138. La personne peut alors, sur décision d'un officier de police judiciaire, être retenue vingt-quatre heures au plus dans un local de police ou de gendarmerie afin que soit vérifiée sa situation et qu'elle soit entendue sur la violation de ses obligations.

Dès le début de la mesure, l'officier de police judiciaire informe le juge d'instruction.

La personne retenue est immédiatement informée par l'officier de police judiciaire ou, sous le contrôle de celui-ci, par un agent de police judiciaire, dans une langue qu'elle comprend, de la durée maximale de la mesure, de la nature des obligations qu'elle est soupçonnée d'avoir violées et du fait qu'elle bénéficie :

1° Du droit de faire prévenir un proche et son employeur ainsi que, si elle est de nationalité étrangère, les autorités consulaires de l'État dont elle est ressortissante, conformément à l'article 63-2 ;

2° Du droit d'être examinée par un médecin, conformément à l'article 63-3 ;

3° Du droit d'être assistée par un avocat, conformément aux articles 63-3-1 à 63-4-3 ;

4° S'il y a lieu, du droit d'être assistée par un interprète ;

5° Du droit, lors des auditions, après avoir décliné son identité, de faire des déclarations, de répondre aux questions qui lui sont posées ou de se taire.

Les pouvoirs conférés au procureur de la République par les articles 63-2 et 63-3 sont exercés par le juge d'instruction.

La retenue s'exécute dans des conditions assurant le respect de la dignité de la personne. Seules peuvent être imposées à la personne retenue les mesures de sécurité strictement nécessaires.

La personne retenue ne peut faire l'objet d'investigations corporelles internes au cours de sa rétention par le service de police ou par l'unité de gendarmerie.

L'article 64 est applicable à la présente mesure de retenue.

À l'issue de la mesure, le juge d'instruction peut ordonner que la personne soit conduite devant lui, le cas échéant pour qu'il saisisse le juge des libertés et de la détention aux fins de révocation du contrôle judiciaire.

Le juge d'instruction peut également demander à un officier ou un agent de police judiciaire d'aviser la personne qu'elle est convoquée devant lui à une date ultérieure.

Le présent article est également applicable aux personnes placées sous assignation à résidence avec surveillance électronique.

• **C. pr. pén., art. 142** [mod. par L. n° 2016-1691,9 déc. 2016, art. 62]

Lorsque la personne mise en examen est astreinte à fournir un cautionnement ou à constituer des sûretés, ce cautionnement ou ces sûretés garantissent :

1° La représentation de la personne mise en examen, du prévenu ou de l'accusé à tous les actes de la procédure et pour l'exécution du jugement, ainsi que, le cas échéant, l'exécution des autres obligations qui lui ont été imposées ;

2° Le paiement dans l'ordre suivant :

a) De la réparation des dommages causés par l'infraction et des restitutions, ainsi que de la dette alimentaire lorsque la personne mise en examen est poursuivie pour le défaut de paiement de cette dette ;

b) Des amendes.

La décision du juge d'instruction ou du juge des libertés et de la détention, détermine les sommes affectées à chacune des deux parties du cautionnement ou des sûretés. Le juge d'instruction ou le juge des libertés et de la détention peut toutefois décider que les sûretés garantiront dans leur totalité le paiement des sommes prévues au 2° ou l'une ou l'autre de ces sommes.

Lorsque les sûretés garantissent, en partie ou en totalité, les droits d'une ou plusieurs victimes qui ne sont pas encore identifiées ou qui ne sont pas encore constituées parties civiles, elles sont établies, dans des conditions précisées par décret en Conseil d'État, au nom d'un bénéficiaire provisoire agissant pour le compte de ces victimes et, le cas échéant, du Trésor.

Un décret en Conseil d'État fixe le montant au-delà duquel le cautionnement ne peut être effectué en espèces, sauf décision contraire du juge des libertés et de la détention ou du juge d'instruction.

• **C. pr. pén., art. 179** [mod. par L. n° 2016-731, 3 juin 2016, art. 59]

Si le juge estime que les faits constituent un délit, il prononce, par ordonnance, le renvoi de l'affaire devant le tribunal correctionnel. Cette ordonnance précise, s'il y a lieu, que le prévenu bénéficie des dispositions de l'article 132-78 du code pénal.

L'ordonnance de règlement met fin à la détention provisoire, à l'assignation à résidence avec surveillance électronique ou au contrôle judiciaire. S'il a été décerné, le mandat d'arrêt conserve sa force exécutoire ; s'ils ont été décernés, les mandats d'amener ou de recherche cessent de pouvoir recevoir exécution, sans préjudice de la possibilité pour le juge d'instruction de délivrer un mandat d'arrêt contre le prévenu.

Toutefois, le juge d'instruction peut, par ordonnance distincte spécialement motivée, maintenir le prévenu en détention, sous assignation à résidence avec surveillance électronique ou sous contrôle judiciaire jusqu'à sa comparution devant le tribunal. L'ordonnance de maintien en détention provisoire est motivée par référence aux 2°, 4°, 5° et 6° de l'article 144.

Le prévenu en détention est immédiatement remis en liberté si le tribunal correctionnel n'a pas commencé à examiner au fond à l'expiration d'un délai de deux mois à compter de la date soit de l'ordonnance de renvoi ou, en cas d'appel, de l'arrêt de renvoi non frappé de pourvoi, de l'arrêt déclarant l'appel irrecevable, de l'ordonnance de non-admission rendue en application du dernier alinéa de l'article 186 ou de l'arrêt de la chambre criminelle rejetant le pourvoi, soit de la date à laquelle il a été ultérieurement placé en détention provisoire.

Toutefois, si l'audience sur le fond ne peut se tenir avant l'expiration de ce délai, le tribunal peut, à titre exceptionnel, par une décision mentionnant les raisons de fait ou de droit faisant obstacle au jugement de l'affaire, ordonner la prolongation de la détention pour une nouvelle durée de deux mois. La comparution personnelle du prévenu est de droit si lui-même ou son avocat en font la demande. Cette décision peut être renouvelée une fois dans les mêmes formes. Si le prévenu n'a toujours pas été jugé à l'issue de cette nouvelle prolongation, il est remis immédiatement en liberté.

Lorsqu'elle est devenue définitive, l'ordonnance mentionnée au premier alinéa couvre, s'il en existe, les vices de la procédure.

• **C. pr. pén., art. 471** [mod. par L. n° 2019-222, 23 mars 2019, art. 81]

Nonobstant appel, le prévenu détenu qui n'a pas été condamné à une peine d'emprisonnement sans sursis est mis en liberté immédiatement après le jugement.

Il en est de même en cas de condamnation à une peine d'emprisonnement, lorsque la détention provisoire a été ordonnée ou maintenue en application de l'article 464-1 ou de l'article 465, premier alinéa, aussitôt que la durée de la détention a atteint celle de la peine prononcée.

Le contrôle judiciaire prend fin sauf si le tribunal en décide autrement lorsqu'il prononce une condamnation à l'emprisonnement sans sursis ou assorti du sursis probatoire. Si un cautionnement a été fourni, les dispositions des premier et deuxième alinéas de l'article 142-2 et du deuxième alinéa de l'article 142-3 sont applicables.

Les sanctions pénales prononcées en application des articles 131-4-1 à 131-11 et 132-25 à 132-70 du code pénal peuvent être déclarées exécutoires par provision.

Si le tribunal a ordonné le maintien du contrôle judiciaire et que la personne se soustrait aux obligations qui lui sont imposées, les dispositions du deuxième alinéa de l'article 141-2 sont applicables. Lorsque le jugement est exécutoire et que le condamné est placé sous le régime du sursis probatoire, le tribunal correctionnel ou le juge de l'application des peines peut désigner, pour veiller au respect des obligations, la personne physique ou morale qui était chargée de suivre l'intéressé dans le cadre du contrôle judiciaire. Cette personne est en ce cas chargée des missions confiées au service pénitentiaire d'insertion et de probation mentionnées à l'article 132-44 du code pénal.

• **C. pr. pén., art. 509-1** [créé par L. n° 2019-222, 23 mars 2019, art. 62]

Le prévenu doit comparaître devant la chambre des appels correctionnels dans un délai de quatre mois à compter soit de l'appel, si le prévenu est détenu, soit de la date à laquelle le prévenu a été ultérieurement placé en détention provisoire, en application de la décision rendue en premier ressort.

Toutefois, si l'audience sur le fond ne peut se tenir avant l'expiration de ce délai, le président de la chambre peut, à titre exceptionnel, par une décision mentionnant les raisons de fait ou de droit faisant obstacle au jugement de l'affaire, ordonner la prolongation de la détention pour une nouvelle durée de quatre mois. La comparution personnelle du prévenu est de droit si lui-même ou son avocat en font la demande. Cette décision peut être renouvelée une fois dans les mêmes formes.

Lorsqu'un des faits constitutifs de l'infraction a été commis hors du territoire national ou lorsque la personne est poursuivie pour une infraction mentionnée aux articles 706-73 et 706-73-1, le délai mentionné aux deux premiers alinéas du présent article est porté à six mois.

Si le prévenu n'a pas comparu devant la cour d'appel avant l'expiration des délais prévus au présent article, il est remis immédiatement en liberté s'il n'est pas détenu pour une autre cause.

• **C. pr. pén., art. 569** [mod. par L. n° 2019-222, 23 mars 2019, art. 81]

Pendant les délais du recours en cassation et, s'il y a eu recours, jusqu'au prononcé de l'arrêt de la Cour de cassation, il est sursis à l'exécution de l'arrêt de la cour d'appel, sauf en ce qui concerne les condamnations civiles, et à moins que la cour d'appel ne confirme le mandat décerné par le tribunal en application de l'article 464-1 ou de l'article 465, premier alinéa, ou ne décerne elle-même mandat sous les mêmes conditions et selon les mêmes règles.

Le contrôle judiciaire et l'assignation à résidence avec surveillance électronique prennent fin, sauf si la cour d'appel en décide autrement, lorsqu'elle prononce une condamnation à l'emprisonnement sans sursis ou assorti du sursis probatoire. Lorsqu'un cautionnement a été fourni, les dispositions des premier et deuxième alinéas de l'article 142-2 et du deuxième alinéa de l'article 142-3 sont applicables.

En cas d'acquittement, d'exemption de peine ou de condamnation soit à l'emprisonnement assorti du sursis simple ou du sursis probatoire, soit à l'amende, le prévenu détenu est, nonobstant pourvoi, mis en liberté immédiatement après l'arrêt.

Il en est de même en cas de condamnation à une peine d'emprisonnement, lorsque la détention provisoire a été ordonnée ou maintenue dans les conditions prévues par l'alinéa 1er aussitôt que la durée de la détention aura atteint celle de la peine prononcée.

Le troisième alinéa de l'article 498-1 est applicable en cas de pourvoi en cassation formé contre un arrêt de condamnation rendu dans les conditions prévues à l'article 410.

• **C. pr. pén., art. 696-48** [créé par L. n° 2015-993, 17 août 2015, art. 2]

Le présent chapitre détermine les règles applicables, en vue de garantir la comparution en justice et de promouvoir, le cas échéant, le recours à des mesures alternatives à la détention provisoire pour la personne ne résidant pas dans l'État membre de la procédure pénale qui la concerne, à la reconnaissance et au suivi, dans un État membre de l'Union européenne, des décisions de placement sous contrôle judiciaire prononcées par une autorité judiciaire française, ainsi qu'à la reconnaissance et à l'exécution en France de décisions équivalentes prononcées par les autorités compétentes d'un autre État membre de l'Union européenne.

L'État sur le territoire duquel a été prononcé le placement d'une personne sous contrôle judiciaire est appelé État d'émission. L'État auquel sont demandés la reconnaissance et le contrôle sur son territoire des mesures ordonnées est appelé État d'exécution.

• **C. pr. pén., art. 696-49** [créé par L. n° 2015-993, 17 août 2015, art. 2]

Pour la préparation et au cours de l'exécution des décisions prises en application du présent chapitre, les autorités compétentes de l'État d'émission et de l'État d'exécution, sauf impossibilité pratique, se consultent notamment pour déterminer si l'État d'exécution consent à la transmission d'une décision de placement sous contrôle judiciaire en application du 2° de l'article 696-52.

• **C. pr. pén., art. 696-50** [L. n° 2015-993, 17 août 2015, art. 2]

Les obligations auxquelles une personne peut être astreinte à se soumettre dans l'État d'exécution sont les suivantes :

1° L'obligation pour la personne d'informer une autorité spécifique de tout changement de résidence ;

2° L'interdiction de se rendre dans certains lieux ou dans certaines zones définies de l'État d'émission ou de l'État d'exécution ;

3° L'obligation de rester en un lieu déterminé, le cas échéant durant des périodes déterminées ;

4° Les restrictions quant à la possibilité de quitter le territoire de l'État d'exécution ;

5° L'obligation de se présenter à des heures précises devant une autorité spécifique ;

6° L'obligation d'éviter tout contact avec certaines personnes ayant un lien avec l'infraction ou les infractions qui auraient été commises ;

7° Le cas échéant, les autres obligations, notifiées au secrétariat général du Conseil de l'Union européenne, que l'État d'exécution est disposé à contrôler.

• **C. pr. pén., art. 696-51** [L. n° 2015-993, 17 août 2015, art. 2]

En application du 7° de l'article 696-50, peuvent également être suivies en France, dans les mêmes conditions, les obligations énumérées à l'article 138.

• **C. pr. pén., art. 696-52** [L. n° 2015-993, 17 août 2015, art. 2]

Une décision de placement sous contrôle judiciaire peut donner lieu à une transmission à l'autorité compétente d'un autre État membre de l'Union européenne lorsque :

1° La personne concernée réside de manière habituelle, dans des conditions régulières, sur le territoire de l'État d'exécution et, ayant été informée des mesures concernées, consent à y retourner ;

2° La personne concernée demande que la décision de placement sous contrôle judiciaire s'exécute dans un autre État membre que celui dans lequel elle réside de manière habituelle, dans des conditions régulières, et l'autorité compétente de cet État consent à la transmission de la décision de placement sous contrôle judiciaire la concernant.

• **C. pr. pén., art. 696-53** [L. n° 2015-993, 17 août 2015, art. 2]

Toute décision de placement sous contrôle judiciaire prise en application du présent chapitre aux fins de reconnaissance et de contrôle sur le territoire de la République ou sur celui d'un autre État membre est accompagnée d'un certificat précisant notamment :

1° La désignation de l'État d'émission et de l'État d'exécution ;

2° La désignation de l'autorité compétente ayant ordonné le placement sous contrôle judiciaire ;

3° La désignation de l'autorité compétente dans l'État d'émission pour le suivi de ces mesures de contrôle judiciaire ;

4° L'identité de la personne placée sous contrôle judiciaire, l'adresse de son ou de ses derniers domiciles connus dans l'État d'émission, dans l'État d'exécution ou dans un autre État ;

5° Les motifs de la transmission de la décision de placement sous contrôle judiciaire au regard de l'article 696-52 ;

6° Les langues que comprend la personne placée sous contrôle judiciaire ;

7° La date, le lieu et les circonstances dans lesquels les infractions auraient été commises ainsi que la nature et la qualification juridique des faits ;

8° La date de la décision de placement sous contrôle judiciaire, celle à laquelle elle est devenue exécutoire, ainsi que, le cas échéant, l'existence d'un recours engagé contre cette décision à la date à laquelle est transmis le certificat ;

9° Les obligations auxquelles est soumise la personne faisant l'objet de la décision de placement sous contrôle judiciaire, ainsi que, le cas échéant, la durée d'application et l'existence d'une possible prorogation de cette décision ;

10° Le cas échéant, la durée probable pendant laquelle ces mesures de contrôle devraient être nécessaires eu égard aux circonstances de l'affaire connues au moment de la transmission de la décision de placement sous contrôle judiciaire ;

11° Le cas échéant, les motifs spécifiques des obligations prévues par la décision de placement sous contrôle judiciaire.

Le certificat est signé par l'autorité compétente de l'État d'émission qui atteste l'exactitude des informations y étant contenues.

• **C. pr. pén., art. 696-54** [L. n° 2015-993, 17 août 2015, art. 2]

Le retrait du certificat vaut retrait de la demande de reconnaissance et d'exécution et fait obstacle à la mise à exécution de la décision de placement sous contrôle judiciaire en application du présent chapitre.

• **C. pr. pén., art. 696-55** [L. n° 2015-993, 17 août 2015, art. 2]

La transmission de la copie certifiée conforme de la décision de placement sous contrôle judiciaire, du certificat ainsi que de toutes les correspondances et pièces les concernant s'effectue directement entre les autorités compétentes de l'État d'émission et celles de l'État d'exécution, par tout moyen laissant une trace écrite et dans des conditions permettant au destinataire d'en vérifier l'authenticité.

Lorsqu'un État a désigné une ou plusieurs autorités centrales pour assurer la réception de ces transmissions, des copies de la décision de placement sous contrôle judiciaire, du certificat ainsi que de toutes les correspondances et pièces les concernant sont également adressées, si l'État le demande, à l'autorité ou aux autorités centrales désignées.

• **C. pr. pén., art. 696-56** [L. n° 2015-993, 17 août 2015, art. 2]

Les autorités judiciaires compétentes pour décider du placement sous contrôle judiciaire en application des dispositions du présent code sont également compétentes pour placer une personne sous contrôle judiciaire dans un autre État membre de l'Union européenne et transmettre cette décision aux fins de reconnaissance et d'exécution dans cet État, conformément au présent chapitre.

• **C. pr. pén., art. 696-57** [L. n° 2015-993, 17 août 2015, art. 2]

La consultation de l'autorité compétente de l'État d'exécution, prévue à l'article 696-49, est effectuée par les autorités judiciaires compétentes pour demander ou ordonner le placement sous contrôle judiciaire.

• **C. pr. pén., art. 696-58** [L. n° 2015-993, 17 août 2015, art. 2]

L'autorité judiciaire ayant ordonné le placement sous contrôle judiciaire ou le ministère public transmet une copie certifiée conforme de la décision de placement sous contrôle judiciaire, le certificat prévu à l'article 696-53, ainsi qu'une traduction de ce certificat, soit dans l'une des langues officielles de l'État d'exécution, soit dans l'une de celles des institutions de l'Union européenne acceptées par cet État.

• **C. pr. pén., art. 696-59** [L. n° 2015-993, 17 août 2015, art. 2]

L'autorité qui a ordonné le placement sous contrôle judiciaire reste compétente pour assurer le suivi des mesures ordonnées tant qu'elle n'a pas été informée de la reconnaissance de cette décision par l'autorité compétente de l'État d'exécution.

Elle reste également compétente si elle est informée que la personne concernée ne peut être retrouvée sur le territoire de l'État d'exécution.

• **C. pr. pén., art. 696-60** [L. n° 2015-993, 17 août 2015, art. 2]

Pour autant que le suivi n'a pas commencé dans l'État d'exécution, l'autorité qui a ordonné le placement sous contrôle judiciaire peut décider de retirer le certificat lorsqu'elle estime, au vu de l'adaptation qui serait apportée par l'État d'exécution aux obligations prévues par la décision de placement sous contrôle judiciaire ou de la durée maximale de suivi des obligations dans cet État, ne pas devoir maintenir la demande aux fins de reconnaissance et d'exécution. Ce retrait intervient dans le délai de dix jours suivant la réception des informations relatives à cette adaptation ou à cette durée maximale du contrôle judiciaire.

• **C. pr. pén., art. 696-61** [L. n° 2015-993, 17 août 2015, art. 2]

Pour autant que le suivi n'a pas commencé dans l'État d'exécution, l'autorité judiciaire qui a ordonné le placement sous contrôle judiciaire peut décider de retirer le certificat lorsqu'elle est informée par l'autorité compétente de l'État d'exécution qu'en cas de délivrance d'un mandat d'arrêt européen par suite de l'inobservation dans l'État d'exécution des mesures de contrôle ordonnées, la remise de la personne concernée devrait être refusée.

Si elle décide de procéder au retrait du certificat, l'autorité judiciaire en informe l'autorité compétente de l'État d'exécution dans les meilleurs délais, au plus tard dans les dix jours suivant la réception de l'information ayant motivé ce retrait.

• **C. pr. pén., art. 696-62** [L. n° 2015-993, 17 août 2015, art. 2]

Lorsqu'elle a informé l'autorité judiciaire qu'elle reconnaît la décision de placement sous contrôle judiciaire, l'autorité compétente de l'État d'exécution devient seule compétente pour assurer le suivi sur son territoire des obligations ordonnées par cette décision.

• **C. pr. pén., art. 696-63** [L. n° 2015-993, 17 août 2015, art. 2]

L'autorité qui a ordonné le placement sous contrôle judiciaire redevient compétente pour assurer l'exécution de cette décision dans les cas suivants :

1° Lorsque la personne concernée établit sa résidence régulière habituelle dans un autre État que l'État d'exécution ;

2° Lorsque, après avoir été informée de l'adaptation, en application de la législation de l'État d'exécution, d'une ou plusieurs obligations de la décision de placement sous contrôle judiciaire qu'elle a ordonnée, l'autorité judiciaire a notifié à l'autorité compétente de l'État d'exécution sa décision de retirer le certificat ;

3° Lorsque la décision de placement sous contrôle judiciaire a été modifiée par l'autorité judiciaire et que l'autorité compétente de l'État d'exécution refuse d'assurer le suivi des obligations ainsi modifiées ;

4° Lorsque la législation de l'État d'exécution prévoit une durée maximale d'exécution de la décision de placement sous contrôle judiciaire et que l'autorité judiciaire qui a ordonné le placement sous contrôle judiciaire, avisée de cette durée maximale, a décidé de retirer le certificat et a notifié ce retrait à l'autorité compétente de l'État d'exécution ou lorsque, n'ayant pas retiré le certificat, ce délai a expiré ;

5° Lorsque l'autorité compétente de l'État d'exécution a informé l'autorité judiciaire compétente de sa décision de mettre un terme au suivi des mesures ordonnées au motif que les avis qui lui avaient été adressés sur l'éventuelle nécessité d'une prolongation du contrôle judiciaire ou sur les manquements aux obligations de la personne concernée sont restés sans réponse de la part de l'autorité judiciaire compétente.

Lorsqu'un transfert de compétence du suivi des mesures ordonnées est susceptible d'intervenir en application du présent article, les autorités judiciaires compétentes et celles de l'État d'exécution se consultent mutuellement afin d'éviter, dans toute la mesure possible, toute interruption dans le suivi de ces mesures.

• **C. pr. pén., art. 696-64** [L. n° 2015-993, 17 août 2015, art. 2]

L'autorité judiciaire qui a ordonné le placement sous contrôle judiciaire peut, avant l'expiration de la durée d'exécution du contrôle judiciaire prévue par la législation de l'État d'exécution, d'office ou à la demande de l'autorité compétente de cet État, aviser cette autorité qu'elle n'a pas donné mainlevée de la décision de placement sous contrôle judiciaire et qu'il est nécessaire de prolonger le suivi des mesures de contrôle initialement ordonnées.

L'autorité judiciaire qui a ordonné le placement sous contrôle judiciaire répond dans les meilleurs délais à toute demande d'information de l'autorité compétente de l'État d'exécution sur la nécessité du maintien des mesures ordonnées.

Dans les cas mentionnés aux deux premiers alinéas, elle précise également la durée pendant laquelle le suivi des mesures ordonnées sera probablement encore nécessaire.

• **C. pr. pén., art. 696-65** [L. n° 2015-993, 17 août 2015, art. 2]

Les autorités judiciaires françaises restent compétentes pour prendre toute décision ultérieure au placement sous contrôle judiciaire, notamment pour ordonner toute modification ou mainlevée des obligations ou pour révoquer la mesure.

Lorsqu'elles modifient ou ordonnent la mainlevée des obligations ou en cas de recours contre toute décision de placement sous contrôle judiciaire, elles en avisent sans délai l'autorité compétente de l'État d'exécution et peuvent faire application des dispositions prévues aux articles 696-60 et 696-63 en cas d'adaptation des mesures modifiées ou de refus de suivi des mesures de contrôle modifiées par l'autorité compétente de l'État d'exécution.

• **C. pr. pén., art. 706-45**

Le juge d'instruction peut placer la personne morale sous contrôle judiciaire dans les conditions prévues aux articles 139 et 140 en la soumettant à une ou plusieurs des obligations suivantes :

1° Dépôt d'un cautionnement dont le montant et les délais de versement, en une ou plusieurs fois, sont fixés par le juge d'instruction ;

2° Constitution, dans un délai, pour une période et un montant déterminés par le juge d'instruction, des sûretés personnelles ou réelles destinées à garantir les droits de la victime ;

3° Interdiction d'émettre des chèques autres que ceux qui permettent le retrait de fonds par le tireur auprès du tiré ou ceux qui sont certifiés ou d'utiliser des cartes de paiement ;

4° Interdiction d'exercer certaines activités professionnelles ou sociales lorsque l'infraction a été commise dans l'exercice ou à l'occasion de l'exercice de ces activités et lorsqu'il est à redouter qu'une nouvelle infraction soit commise ;

5° Placement sous contrôle d'un mandataire de justice désigné par le juge d'instruction pour une durée de six mois renouvelable, en ce qui concerne l'activité dans l'exercice ou à l'occasion de laquelle l'infraction a été commise.

Pour les obligations prévues aux 1° et 2°, les dispositions des articles 142 à 142-3 sont applicables.

Les interdictions prévues aux 3° et 4° ne peuvent être ordonnées par le juge d'instruction que dans la mesure où elles sont encourues à titre de peine par la personne morale poursuivie. La mesure prévue au 5° ne peut être ordonnée par le juge d'instruction si la personne morale ne peut être condamnée à la peine prévue par le 3° de l'article 131-39 du code pénal.

En cas de violation du contrôle judiciaire, les articles 434-43 et 434-47 du code pénal sont, le cas échéant, applicables.

821.03 Bibliographie indicative.

Encyclopédie. Rép. pén., V° *Détention provisoire et contrôle judiciaire*, par P. Dourneau-Josette.

Articles. G. Beaussonie, « Loi n° 2015-993 du 17 août 2015 portant adaptation de la procédure pénale au droit de l'Union européenne », *RSC* 2015. 940 – O. Cahn, « Nouvelle étape dans l'adaptation de la procédure pénale au droit de l'Union européenne », *JCP* 2015. 1018 – C. Cardet, « Quelle consécration pour le contrôle judiciaire socio-éducatif dans la loi du 15 juin 2000 », *RSC* 2001. 537 ; « L'incontrôlable contrôle judiciaire socio-éducatif », *D.* 2002. Chron. 1221 ; « La mise en œuvre du placement sous surveillance électronique », *D.* 2003. Chron. 1782 – A. Darsonville, « Loi du 28 décembre 2019 : une approche pluri-disciplinaire dans la lutte contre les violences au sein de la famille », *AJ pénal* 2020. 60 – J. Faget, « Contrôle judiciaire et travail social », *RSC* 1985. 319 – M. Giacopelli, « Information de l'administration par l'autorité judiciaire et protection des mineurs », *JCP* 2016. 533 – F. Lauféron, « Le financement des associations socio-judiciaires : comment sortir de l'impasse ? », *AJ pénal* 2016. 519 – R. Lévy, P.-V. Tournier, A. Pitoun, A. Kensey, « Le placement sous surveillance électronique : bilan de la phase d'expérimentation », *Questions pénales* juin 2003, XVI. 3 – W. Roumier, « Loi contre les violences au sein de la famille : une mise en œuvre globalement satisfaisante », *Dr. pénal* 2020, alerte 88.

SECTION 1
CADRE GÉNÉRAL

821.11 Domaine d'application[1]**.** L'article 138 du code de procédure pénale énonce que le contrôle judiciaire peut être ordonné par le juge d'instruction ou par le juge des libertés et de la détention si la personne mise en examen encourt une peine d'emprisonnement ou une peine plus grave[2].

Toutefois, comme cela est le cas pour la détention provisoire, si le cadre général du contrôle judiciaire figure dans les articles sur l'instruction préparatoire, le contrôle judiciaire peut être ordonné dans bien d'autres occurrences. En fait, il peut l'être à chaque fois que le juge, en l'espèce le JLD, ou le tribunal peut placer la personne en détention provisoire[3].

1. C. pr. pén., art. 138.
2. C. pr. pén., art. 138, al. 1er.
3. Pour chacune de ces opportunités, v. ss nos 813.05 s.

821.12 Personne morale. Les personnes morales peuvent aussi être placées sous contrôle judiciaire depuis l'entrée en vigueur du nouveau code pénal.

Les obligations qui peuvent leur être imposées sont spécifiques et limitées. Il s'agit du dépôt d'un cautionnement, de la constitution de sûretés réelles ou personnelles, de l'interdiction d'émettre des chèques, de l'interdiction d'exercer certaines activités professionnelles ou sociales, et le placement sous contrôle d'un mandataire de justice[4].

821.13 Motivation. Dans le cadre de l'instruction préparatoire, la chambre criminelle a eu l'occasion de sanctionner des chambres de l'instruction ayant confirmé une ordonnance de placement sous contrôle judiciaire « sans s'expliquer sur les circonstances justifiant, en raison des nécessités de l'instruction ou à titre de mesure de sûreté, le placement » de la personne sous contrôle judiciaire[5].

821.14 Principe de proportionnalité. Dans un arrêt du 12 janvier 2017[6], la CEDH a rejeté le recours intenté par la banque UBS AG qui estimait que le cautionnement qui lui avait été imposé par le magistrat instructeur, d'un montant de 1 100 000 000 euros était contraire aux articles 5 § 3, 6 § 1 et 2, 7, 13 et 14 de la convention européenne des droits de l'homme, ainsi que l'article 1er du protocole n° 1. La Cour juge, d'une part, que le cautionnement constitue une mesure provisoire qui ne préjuge pas de l'issue du litige et n'entraîne pas transfert de propriété, le montant versé au titre du cautionnement étant restitué à l'issue de la procédure si la personne n'est pas condamnée [...] ; d'autre part, en l'espèce, le montant du cautionnement a été évalué par les juges d'instruction comme par la chambre de l'instruction, de manière particulièrement motivée, en fonction des résultats des investigations, des faits reprochés, de l'ampleur des infractions poursuivies et du préjudice possible, ainsi que de l'amende encourue en cas de condamnation, mais aussi expressément à la lumière des ressources de la banque requérante [...]. Elle rejette donc le recours intenté contre l'État français.

La cour d'appel qui a rejeté la requête en mainlevée du cautionnement ordonné dans le cadre du contrôle judiciaire et la demande de restitution des biens saisis, sans s'expliquer, d'une part, sur la nécessité actuelle de la mesure de cautionnement,

4. L. n° 2001-504, 12 juin 2001 tendant à renforcer la prévention et la répression des mouvements sectaires portant atteinte aux droits de l'Homme et aux libertés fondamentales, *JO* 13 juin, p. 9337.
5. Crim. 8 août 1995, n° 95-82.561, P n° 264 – Crim. 23 janv. 1996, n° 95-85.553, NP, *Dr. pénal* 1996, n° 115.
6. CEDH *UBS AG c/France*, 12 janv. 2017, n° 29778/15, *AJ pénal* 2017.

d'autre part, à supposer que les biens saisis ne constituent pas en totalité, en nature ou en valeur, le produit de l'infraction, sur l'atteinte disproportionnée alléguée au droit au respect des biens par le maintien des saisies pénales, n'a pas justifié sa décision [1].

821.15 Exclusion de la saisine de la Cour de cassation pour avis. L'article 706-64 du code de procédure pénale qui autorise, depuis la loi du 15 novembre 2001 [2], les juridictions pénales à saisir la Cour de cassation en application de l'article L. 151-1 du code de l'organisation judiciaire, pour une demande d'avis exclut cette possibilité lorsqu'il y a dans le dossier une personne placée sous contrôle judiciaire.

SECTION 2
OBLIGATIONS DE NE PAS FAIRE

821.21 Classification. On peut classer les obligations du contrôle judiciaire en deux catégories : les obligations de faire [3] et de ne pas faire [4]. Le tribunal peut choisir librement dans les obligations qui ne doivent pas, sauf exception [5], être forcément en relation avec la nature de l'infraction commise. Le juge ou le tribunal peut ordonner une ou plusieurs mesures de contrainte. Les articles R. 16 à R. 18 fixent les modalités d'application des obligations imposées au mis en examen. Ces modalités doivent être précisées par le juge si elles ne résultent pas de la loi. De nombreuses spécificités concernent les mineurs mais ne seront pas étudiées dans le cadre de cet ouvrage.

§ 1
Énumération limitative

821.31 Énumération limitative. L'énumération fixée par l'article 138 du code de procédure pénale est limitative et le juge ne saurait y ajouter une obligation qui ne s'y trouve pas.

Les obligations de ne pas faire sont les suivantes :

821.32 Interdiction de ne pas sortir des limites territoriales. Ne pas sortir des limites territoriales déterminées par le juge d'instruction ou le juge des libertés et de la détention. L'interdiction de quitter le territoire n'est pas contraire au protocole additionnel n° 4 et à l'article 9 de la convention européenne des droits de l'homme [6].

821.33 Interdiction de certains lieux.

– Ne s'absenter de son domicile ou de la résidence fixée par le juge d'instruction ou le juge des libertés et de la détention qu'aux conditions et pour les motifs déterminés par ce magistrat [7].

Jusqu'à l'entrée en vigueur de la loi du 24 novembre 2009 [8], l'article 138 du code de procédure pénale prévoyait que l'obligation prévue au 2° pouvait être exécutée, avec l'accord de l'intéressé recueilli en présence de son avocat, sous le régime du placement sous surveillance électronique. Le dispositif du bracelet électronique était en effet subordonné à un placement sous contrôle judiciaire. Ce n'est plus le cas depuis l'entrée en vigueur de la loi précitée.

L'article 93 de la loi pénitentiaire a en effet supprimé l'avant dernier alinéa de l'article 138. Ce sont désormais les articles 142-5 à 142-13 qui s'appliquent [9].

– Ne pas se rendre en certains lieux ou ne se rendre que dans les lieux déterminés par le juge d'instruction ou le juge des libertés et de la détention [10].

821.34 Interdiction de conduire tous ou certains véhicules. S'abstenir de conduire tous les véhicules, certains véhicules ou un véhicule qui ne soit pas équipé, par un professionnel agréé ou par construction, d'un dispositif homologué d'antidémarrage par éthylotest électronique et, le cas échéant, remettre au greffe son permis de conduire contre récépissé. Toutefois, le juge d'instruction ou le juge des libertés et de la détention peut décider que la personne mise en examen pourra faire usage de son permis de conduire pour l'exercice de son activité professionnelle [11].

821.35 Interdiction de fréquenter certaines personnes. S'abstenir de recevoir ou de rencontrer certaines personnes spécialement désignées par le juge d'instruction ou le juge des libertés et de la détention, ainsi que d'entrer en relation avec elles, de quelque façon que ce soit [12]. Les obligations récentes mises en place par le législateur dans le cadre des violences familiales font l'objet d'un paragraphe particulier [13].

821.36 Interdiction de se livrer à certaines activités professionnelle ou sociale. Ne pas se livrer à certaines activités de nature professionnelle ou

1. Crim. 19 déc. 2018, n° 18-85.712, P n° 218 ; *JCP* 2019, 74.
2. L. n° 2001-1062, 15 nov. 2001 relative à la sécurité quotidienne, *JO* 16 nov., p. 18215.
3. V. s^s n°s 821.51 s.
4. V. s^s n°s 821.31 s.
5. V. s^s n° 821.41.
6. C. pr. pén., art. 138, 1°.
7. C. pr. pén., art. 138, 2°.
8. L. n° 2009-1436, 24 nov. 2009, préc.
9. V. s^s n°s 831.11 s.
10. C. pr. pén., art. 138, 3°.
11. L. n° 2016-1547, 18 nov. 2016, préc.
12. C. pr. pén., art. 138, 9°.
13. V. s^s n° 821.61.

sociale, à l'exclusion de l'exercice des mandats électifs et des responsabilités syndicales, lorsque l'infraction a été commise dans l'exercice ou à l'occasion de l'exercice de ces activités et lorsqu'il est à redouter qu'une nouvelle infraction soit commise[1].

La loi du 14 avril 2016 a inséré dans l'article 138 du code de procédure pénale une nouvelle interdiction. Apparaît désormais un article 12° *bis* ainsi rédigé : « Ne pas exercer une activité impliquant un contact habituel avec des mineurs lorsqu'il est à redouter qu'une nouvelle infraction soit commise ». La nouveauté introduite par la loi du 14 avril 2016 permet de prévoir l'interdiction de contact habituel avec des mineurs *y compris lorsque l'infraction n'a pas été commise dans l'exercice ou à l'occasion de l'exercice de ces activités*. C'est le cas par exemple lorsqu'un instituteur commet des attouchements sur ses propres enfants, et donc hors du cadre de sa profession.

821.37 Interdiction d'émettre de chèques. Ne pas émettre de chèques autres que ceux qui permettent exclusivement le retrait de fonds par le tireur auprès du tiré ou ceux qui sont certifiés et, le cas échéant, remettre au greffe les formules de chèques dont l'usage est ainsi prohibé[2].

821.38 Interdiction de détenir ou porter une arme. Ne pas détenir ou porter une arme et, le cas échéant, remettre au greffe contre récépissé les armes dont elle est détentrice[3].

§ 2
Spécificité de l'interdiction d'exercer certaines activités professionnelles

821.41 Infraction commise dans l'exercice de ces activités et risque de renouvellement. L'interdiction d'exercer certaines activités professionnelles ne peut être prononcée que lorsque l'infraction a été commise dans l'exercice de ces activités ou à leur occasion et doit faire l'objet d'une motivation spécifique. Il s'agissait de la seule obligation de l'article 138 du code de procédure pénale instaurant un lien entre la nature de l'infraction et l'interdiction prononcée avant les dispositions portant sur les violences au sein de la famille[4]. Le risque actuel de commission d'une nouvelle infraction doit également être caractérisé.

Justifie sa décision, au regard des dispositions de l'article 138 alinéa 2, 12°, du code de procédure pénale, la chambre de l'instruction qui pour interdire à une personne mise en examen des chefs de corruption de mineur et agressions sexuelles aggravées, d'exercer des activités professionnelles en lien avec les mineurs, retient que les faits reprochés ont été commis à l'occasion de son activité de moniteur d'équitation, sur des jeunes filles de moins de quinze ans et dans deux centres équestres distincts, et qu'il existe un risque de commission d'une nouvelle infraction.

En revanche, pour confirmer les dispositions de l'ordonnance interdisant à la personne mise en examen de se livrer à toute activité en relation avec l'instruction et la préparation des projets de modification des plans d'occupation des sols et plans locaux d'urbanisme, une chambre de l'instruction s'était bornée à énoncer que cette interdiction était en adéquation avec les faits reprochés à l'intéressée. En statuant ainsi, sans caractériser le risque actuel de commission d'une nouvelle infraction, la cour a méconnu l'article 138, alinéa 2, 12°. Justifie sa décision la chambre de l'instruction qui confirme l'ordonnance du juge d'instruction modifiant les obligations du contrôle judiciaire avec interdiction de gérer toute société, de droit ou de fait, élargissement les obligations du contrôle judiciaire pour interdire à la personne mise en examen non seulement de gérer une société, mais également de diriger ou administrer, de droit ou de fait, toute activité, association ou entreprise de nature commerciale, industrielle, agricole, artisanale ou libérale ; dès lors que les infractions reprochées ont été commises dans l'exercice d'une activité de gestion d'une entreprise, quelle qu'en soit la forme juridique et l'objet [5]

En application de l'article 138, 12°, du code de procédure pénale, toute personne placée sous contrôle judiciaire peut se voir interdire l'exercice d'une activité de nature professionnelle ou sociale lorsque l'infraction a été commise dans l'exercice ou à l'occasion de l'exercice de cette activité et lorsqu'il est à redouter qu'une nouvelle infraction soit commise. Doit être approuvée, la décision de la chambre de l'instruction qui prononce cette mesure à l'égard d'un imam dès lors qu'une fonction religieuse, fût-elle bénévole, entre dans le cadre de cette disposition et que les conditions posées par le § 2 de l'article 9 de la Convention de sauvegarde des droits de l'homme et des libertés fondamentales sont remplies[6].

821.42 Activité d'avocat. L'interdiction d'exercer une activité professionnelle ou sociale n'affecte pas la capacité civile. Lorsque l'activité en cause était celle d'un avocat, le juge d'instruction était seulement tenu d'en informer le conseil de l'ordre, mais non de prendre son avis préalable.

1. SUR les spécificités de l'interdiction d'exercer certaines activités professionnelles, v. s[s] n°s 821.41 s.
2. C. pr. pén., art. 138, 13°.
3. C. pr. pén., art. 138, 14°.
4. V. s[s] n° 821.61.
5. Crim. 24 mai 2018, n° 18-81.240, P n° 101, *JCP* 2018, 770.
6. Crim. 4 nov. 2021, n° 21-85.144, P.

Mais la loi du 15 juin 2000[1] a prévu que lorsque l'activité concernée est celle d'un avocat, c'est le conseil de l'ordre, saisi par le juge d'instruction, qui a seul pouvoir pour prononcer cette mesure à charge d'appel. Il est le seul à pouvoir y mettre fin. Le conseil de l'ordre doit statuer dans les quinze jours de sa saisine. L'exception légale concernant les mandats électifs ne vise que les fonctions électives publiques.

Les dispositions de l'article 138 alinéa 2, 12°, du code de procédure pénale permettant l'interdiction d'exercer certaines activités professionnelles ne sont pas incompatibles avec celles de la convention européenne des droits de l'homme lorsqu'au surplus la Cour caractérise le lien entre la profession de la personne mise en examen, les infractions reprochées et le risque de réitération de l'infraction.

Lorsque l'activité concernée est celle d'un avocat, le conseil de l'ordre, saisi par le juge d'instruction ou le juge des libertés et de la détention, a seul le pouvoir de prononcer cette mesure à charge d'appel, dans les conditions prévues à l'article 24 de la loi n° 71-1130 du 31 décembre 1971 portant réforme de certaines professions judiciaires et juridiques ; le conseil de l'ordre statue dans les quinze jours. Le conseil de l'ordre a seul le pouvoir de prononcer une mesure d'interdiction provisoire de l'exercice de la profession d'un avocat placé sous contrôle judiciaire, ainsi que d'y mettre fin[2].

821.43 Activité en lien avec des mineurs. La loi du 14 avril 2016 a inséré dans l'article 138 du code de procédure pénale une nouvelle interdiction. Apparaît désormais un article 12° *bis* ainsi rédigé : « Ne pas exercer une activité impliquant un contact habituel avec des mineurs lorsqu'il est à redouter qu'une nouvelle infraction soit commise ». La nouveauté introduite par la loi du 14 avril 2016 permet de prévoir l'interdiction de contact habituel avec des mineurs *y compris lorsque l'infraction n'a pas été commise dans l'exercice ou à l'occasion de l'exercice de ces activités*. C'est le cas par exemple lorsqu'un instituteur commet des attouchements sur ses propres enfants, et donc hors du cadre de sa profession.

SECTION 3
OBLIGATIONS DE FAIRE

821.51 Obligation d'informer et de se présenter aux autorités. Informer le juge d'instruction ou le juge des libertés et de la détention de tout déplacement au-delà de limites déterminées[3].

Se présenter périodiquement aux services, associations habilitées ou autorités désignés par le juge d'instruction ou le juge des libertés et de la détention qui sont tenus d'observer la plus stricte discrétion sur les faits reprochés à la personne mise en examen[4].

821.52 Obligation de répondre aux convocations. Répondre aux convocations de toute autorité, de toute association ou de toute personne qualifiée désignée par le juge d'instruction ou le juge des libertés et de la détention et se soumettre, le cas échéant, aux mesures de contrôle portant sur ses activités professionnelles ou sur son assiduité à un enseignement ainsi qu'aux mesures socio-éducatives destinées à favoriser son insertion sociale et à prévenir le renouvellement de l'infraction[5].

821.53 Obligation de remettre tous documents justificatifs d'identité. Remettre soit au greffe, soit à un service de police ou à une brigade de gendarmerie tous documents justificatifs de l'identité, et notamment le passeport, en échange d'un récépissé valant justification de l'identité[6].

821.54 Obligation de se soumettre à des mesures d'examen ou de soins. Se soumettre à des mesures d'examen, de traitement ou de soins, même sous le régime de l'hospitalisation, notamment aux fins de désintoxication[7].

821.55 Obligation de fournir un cautionnement. Fournir un cautionnement dont le montant et les délais de versement, en une ou plusieurs fois, sont fixés par le juge d'instruction ou le juge des libertés et de la détention, compte tenu notamment des ressources et des charges de la personne mise en examen[8].

821.56 Obligation de constituer des sûretés personnelles ou réelles. Constituer, dans un délai, pour une période et un montant déterminés par le juge d'instruction ou le juge des libertés et de la détention, des sûretés personnelles ou réelles. Les sûretés réelles ou personnelles ne peuvent garantir que les droits de la victime[9].

821.57 Obligation de contribuer aux charges familiales. Justifier que la personne mise en examen contribue aux charges familiales ou acquitte régulièrement les aliments qu'elle a été condamnée à payer conformément aux décisions judiciaires et aux conventions judiciairement homologuées portant

1. L. n° 2000-516,15 juin 2000, préc.
2. C. pr. pén., art. 138, 12°.
3. C. pr. pén., art. 138, 4°.
4. C. pr. pén., art. 138, 5°.
5. C. pr. pén., art. 138, 6°.
6. C. pr. pén., art. 138, 7°.
7. C. pr. pén., art. 138, 10°.
8. C. pr. pén., art. 138, 11°.
9. C. pr. pén., art. 138, 15°.

obligation de verser des prestations, subsides ou contributions aux charges du mariage[1].

821.58 Obligation de résider hors du domicile ou de la résidence du couple. En cas d'infraction commise soit contre son conjoint, son concubin ou son partenaire lié par un pacte civil de solidarité, soit contre ses enfants ou ceux de son conjoint, concubin ou partenaire, résider hors du domicile ou de la résidence du couple et, le cas échéant, s'abstenir de paraître dans ce domicile ou cette résidence ou aux abords immédiats de celui-ci, ainsi que, si nécessaire, faire l'objet d'une prise en charge sanitaire, sociale ou psychologique ; les dispositions du présent 17° sont également applicables lorsque l'infraction est commise par l'ancien conjoint ou concubin de la victime, ou par la personne ayant été liée à elle par un pacte civil de solidarité, le domicile concerné étant alors celui de la victime[2].

821.59 Obligation de respecter les conditions d'une prise en charge sanitaire, sociale, éducative ou psychologique. La loi du 3 juin 2016[3] a ajouté une obligation[4] tenant à devoir « respecter les conditions d'une prise en charge sanitaire, sociale, éducative ou psychologique, destinée à permettre sa réinsertion et l'acquisition des valeurs de la citoyenneté ; cette prise en charge peut, le cas échéant, intervenir au sein d'un établissement d'accueil adapté dans lequel la personne est tenue de résider ».

SECTION 4
OBLIGATIONS LIÉES AUX VIOLENCES AU SEIN DE LA FAMILLE

821.61 Bracelet anti-rapprochement (BAR). La loi du 28 décembre 2019[5] visant à agir contre les violences au sein de la famille a ajouté un 17° *bis* à l'article 138 du Code de procédure pénale prévoyant l'obligation de respecter l'interdiction de se rapprocher d'une victime de violences commises au sein du couple prévue à l'article 138-3 et contrôlée par un dispositif électronique mobile anti-rapprochement, communément appelé BAR. Elle a créé un nouvel article 138-3 du Code de procédure pénale qui prévoit qu'en cas d'infraction punie d'au moins trois ans d'emprisonnement commise contre son conjoint, son concubin ou le partenaire lié à elle par un pacte civil de solidarité, y compris lorsqu'ils ne cohabitent pas, ou commise par l'ancien conjoint ou concubin de la victime ou par le partenaire ayant été lié à elle par un pacte civil de solidarité, le juge peut, à la demande ou avec le consentement exprès de la victime, qui peut être recueilli par tout moyen :

- interdire à la personne placée sous contrôle judiciaire de se rapprocher de la victime à moins d'une certaine distance fixée par la décision ;
- et, afin d'assurer le respect de cette interdiction, astreindre cette personne au port, pendant toute la durée du placement, d'un bracelet intégrant un émetteur permettant à tout moment de déterminer à distance sa localisation sur l'ensemble du territoire national et si elle s'approche de la victime à qui a été attribué un dispositif électronique permettant également sa localisation.

821.62 Consentement de la personne placée sous contrôle judiciaire. La personne placée sous contrôle judiciaire est avisée que la pose du bracelet ne peut être effectuée sans son consentement mais que le fait de la refuser constitue une violation des obligations qui lui incombent et peut donner lieu à la révocation de la mesure et à son placement en détention provisoire. Ce dispositif est homologué par le ministre de la justice. Sa mise en œuvre doit garantir le respect de la dignité, de l'intégrité et de la vie privée de la personne et ne pas entraver son insertion sociale.

821.63 Injonctions complémentaires. L'article 4 de la loi du 30 juillet 2020[6] visant à protéger les victimes de violences conjugales a ajouté une possibilité d'injonction pour le juge d'instruction ou le JLD saisi de violences familiales. Le 17° de l'article 138 du Code de procédure pénale prévoit qu'en cas d'infraction commise soit contre son conjoint, son concubin ou son partenaire lié par un pacte civil de solidarité, soit contre ses enfants ou ceux de son conjoint, concubin ou partenaire, résider hors du domicile ou de la résidence du couple et, le cas échéant, s'abstenir de paraître dans ce domicile ou cette résidence ou aux abords immédiats de celui-ci, ainsi que, si nécessaire, faire l'objet d'une prise en charge sanitaire, sociale ou psychologique ; les dispositions du 17° sont également applicables lorsque l'infraction est commise par l'ancien conjoint ou concubin de la victime, ou par la personne ayant été liée à elle par un pacte civil de solidarité, le domicile concerné étant alors celui de la victime. Lorsqu'est prononcée l'une des obligations prévues au 9°, au présent 17° ou au 17° *bis*, le juge d'instruction ou le juge des libertés et de la détention se prononce, par une décision motivée, sur la suspension du droit de visite et d'hébergement de l'enfant mineur dont la personne mise en examen est titulaire.

1. C. pr. pén., art. 138, 16°.
2. C. pr. pén., art. 138, 17°.
3. L. n° 2016-731, 3 juin 2016, préc.
4. C. pr. pén., art. 138, 18°.
5. L. n° 2019-1480, 28 déc. 2019 visant à agir contre les violences au sein de la famille, *JO* 29 déc., n° 2.
6. L. n° 2020-936, 30 juill. 2020 visant à protéger les victimes de violences conjugales, *JO* 31 juill., n° 2.

821.64 Obligations du contrôle judiciaire. Les obligations du contrôle judiciaire visées au 9° et au 17° *bis* sont les suivantes :

- 9° s'abstenir de recevoir ou de rencontrer certaines personnes spécialement désignées par le juge d'instruction ou le juge des libertés et de la détention, ainsi que d'entrer en relation avec elles, de quelque façon que ce soit ;

- 17° *bis* respecter l'interdiction de se rapprocher d'une victime de violences commises au sein du couple prévue à l'article 138-3 et contrôlée par un dispositif électronique mobile anti-rapprochement.

Selon la circulaire du 3 août 2020[1], l'objectif est « d'éviter à la victime de devoir saisir en urgence le juge aux affaires familiales pour obtenir la suspension de ces droits dans l'attente de la décision pénale de condamnation, et d'assurer une protection immédiate de la victime et de sa famille ».

821.65 Effets sur l'autorité parentale conjointe. Dès lors que tous les parents sont titulaires de l'ensemble des attributs attachés à l'autorité parentale, la suspension des droits de visite et d'hébergement doit pouvoir être ordonnée, y compris en l'absence de jugement préalable.

821.66 Mise en œuvre du BAR. Le décret du 23 septembre 2020[2] a précisé les modalités de mise en œuvre du dispositif électronique mobile anti-rapprochement. Il a également créée un traitement de données à caractère personnel visant à assurer le contrôle à distance des personnes placées sous ce dispositif électronique en exécution d'une décision prise en application des articles 138 et 138-3 du Code de procédure pénale, des articles 132-45 et 132-45-1 du code pénal ou de l'article 515-11-1 du code civil. Il a créé les articles 24-14 à 24-24 du code de procédure pénale. La décision de placement sous contrôle judiciaire assorti, sur le fondement de l'article138-3, à l'encontre d'une personne majeure, d'une interdiction de se rapprocher de la victime et du port d'un bracelet anti-rapprochement est prise par ordonnance motivée rendue par le juge d'instruction, au vu des réquisitions écrites du procureur de la République dont il est donné lecture à la personne mise en examen, et après avoir entendu les observations de cette personne et celles de son avocat. Il s'agit donc d'un véritable débat contradictoire qui peut aussi se tenir chez le JLD le cas échéant[3]. Toutefois, ce placement peut être effectué sans débat contradictoire ou recueil préalable des observations de la personne et de son avocat, lorsque le juge répond par ordonnance statuant sur une demande de mise en liberté ou décidant d'une mise en liberté d'office. Le juge ne peut faire application des dispositions de l'article 138-3 que s'il lui apparaît que les interdictions prévues par les 3° et 9° de l'article 138 sont, à elles seules, insuffisantes pour prévenir le renouvellement de l'infraction. Dans ce cas, l'interdiction de se rapprocher de la victime et l'obligation de porter un bracelet anti-rapprochement ne peuvent être ordonnées que si sont également prononcées, en application des 3° et 9° de l'article 138, l'interdiction de se rendre dans certains lieux déterminés, dans lesquels réside, travaille, ou se trouve habituellement la victime, et l'interdiction de recevoir ou de rencontrer la victime ainsi que d'entrer en relation avec elle, de quelque façon que ce soit.

La distance d'alerte séparant la victime de la personne placée sous contrôle judiciaire, exprimée en nombre entier de kilomètres, ne peut être inférieure à un kilomètre, ni supérieure à dix kilomètres. La distance d'alerte séparant la victime de la personne placée sous contrôle judiciaire, exprimée en nombre entier de kilomètres, ne peut être inférieure à un kilomètre, ni supérieure à dix kilomètres. La distance de pré-alerte est égale au double de la distance d'alerte. Pour déterminer la distance d'alerte, le juge concilie la nécessité de protection de la victime avec le respect de la dignité, de l'intégrité et de la vie privée, familiale et professionnelle de la personne porteuse du bracelet. Il veille à ce que la mise en œuvre du dispositif n'entrave pas son insertion sociale, en tenant notamment compte de la localisation respective des domiciles et lieux de travail de cette personne et de la victime, de leurs modes de déplacements, et de la typologie de leur lieu de vie, rural ou urbain. Afin de garantir le respect des droits et libertés visés à l'alinéa précédent, le juge qui a prononcé la mesure peut préciser dans sa décision que le porteur du bracelet est autorisé à être présent à des heures et dans des lieux qu'il détermine, y compris si ces lieux venaient à être intégrés du fait des déplacements de la personne ou de la victime dans une zone d'alerte ou de pré-alerte.

Ce dispositif peut également être utilisé dans le cadre d'une assignation à résidence.

1. Circ. CRIM-2020-17-H2, 3 août 2020 de présentation des dispositions relatives à l'affectation des détenus et à l'exécution des peines privatives de libertés de l'ordonnance n° 2020-303 du 25 mars 2020 portant adaptation de règles de procédure pénale sur le fondement de la loi du 23 mars 2020 d'urgence pour faire face à l'épidémie de covid-19, *BO* 31 août, NOR : JUSD2008432C.
2. Décr. n° 2020-1161, 23 sept. 2020 relatif à la mise en œuvre d'un dispositif électronique mobile anti-rapprochement, *JO* 24 sept., n° 17 ; V. C. pr. pén., art. R. 24-14 à R. 24-24, v. s^s n° 821.01 – AUSSI : Circ. 22 sept. 2020 relative à la politique pénale en matière de lutte contre les violences conjugales, *BOMJ* n° 2020-09, 30 sept., NOR : n° JUSD2025172C ; *JCP* 2020. 1138.
3. C. pr. pén., art. 24-14. 4 et 24-15.

Enfin, un décret du 24 décembre 2021 [1] a créé un nouvel article D. 1-11-2 du code de procédure pénale qui prévoit qu'avant toute libération ou cessation, même temporaire, de l'incarcération d'une personne détenue poursuivie ou condamnée pour des infractions commises au sein du couple relevant de l'article 132-80 du code pénal, l'autorité judiciaire compétente, après en avoir avisé la victime, apprécie, conformément aux articles 144-2 et 712-16-2 du code de procédure pénale :

« 1° Si doit être prononcée une interdiction de contact avec la victime ou de paraître en certains lieux prévues par l'article 138 du présent code ou par les 9°, 11°, 12°, 13°, 18° et 18° *bis* de l'article 132-45 du code pénal ;

2° Si l'effectivité de cette interdiction doit être renforcée par le recours à un dispositif de téléprotection en application de l'article 41-3-1 du présent code ou à un dispositif mobile anti-rapprochement en application des articles 138-3 du présent code ou 132-45-1 du code pénal. »

Ces dispositions sont entrées en vigueur le 1er février 2022.

SECTION 5
FINALITÉ DU CONTRÔLE JUDICIAIRE

821.71 **Finalité du contrôle judiciaire.** Parmi les dix-huit obligations de contrôle judiciaire prévues par la loi, certaines ont pour objet de garantir la bonne marche de l'information en faisant obstacle aux concertations frauduleuses entre personnes mises en examen et aux pressions sur les témoins, en interdisant à la personne de se rendre en certains lieux, ou en l'obligeant à s'abstenir de recevoir ou rencontrer des personnes déterminées par le juge [2].

D'autres obligations sont relatives aux garanties de représentation en justice de la personne ou en d'autres termes les mesures nécessaires pour prévenir sa fuite. Il en est ainsi des obligations tendant à limiter ou à contrôler ses déplacements [3], celles qui l'obligent à se présenter périodiquement à certains services ou à répondre aux convocations de certaines autorités [4], ou encore à remettre certains documents ou à s'abstenir de conduire certains véhicules [5], ou à fournir une caution.

Enfin, certaines visent à assurer le non-renouvellement de l'infraction [6] en interdisant d'exercer certaines activités professionnelles, d'émettre des chèques, de détenir ou porter une arme... Il faut y ajouter les mesures prises en vue de la garantie des intérêts de la victime ou de la famille [7].

821.72 **Contrôle judiciaire socio-éducatif.** Très prisé il y a quelques années, il semble que le contrôle judiciaire socio-éducatif soit en déclin. Il consiste pour le juge ou le tribunal à user de l'article 138 alinéa 2, 5° et 6°, en ordonnant à la personne de se présenter devant toute personne désignée et de répondre à ses convocations en se soumettant aux mesures de contrôle portant sur les activités professionnelles ou l'assiduité à un enseignement du prévenu. Le service saisi peut être une association de contrôle judiciaire, le SEAT, la POP selon les tribunaux.

1. Décr. n° 2021-1820, 24 déc. 2021 relatif aux mesures de surveillance applicables lors de leur libération aux auteurs d'infractions commises au sein du couple, *JO* 28 déc. 2021, n° 45.

2. C. pr. pén., art. 138, 3° et 9°.
3. C. pr. pén., art. 138, 1° à 4°, 17°18°.
4. C. pr. pén., art. 138, 5° et 6°.
5. C. pr. pén., art. 138, 7° et 8°.
6. C. pr. pén., art. 138, 10°, 12°, 13°, 14°.
7. C. pr. pén., art. 138, 15°, 16°, 17°.

CHAPITRE

822. Contrôle judiciaire : placement, modifications, mainlevée, maintien, révocation

SECTION 0 ORIENTEUR

822.00 **Sommaire du chapitre.**

822.01 **Principaux textes applicables.**

TEXTES SOURCES

• C. pr. pén., art. 137, 137-2, 138, 142, 179, 471, 569, 696-48 à 696-65

TEXTES *IN EXTENSO*

* V. s[s] n° 821.01.

822.02 **Jurisprudence de référence.**

> Le JLD, saisi d'une demande de révocation d'un contrôle judiciaire, peut seulement décider s'il y a lieu ou non de le révoquer et de placer le mis en examen en détention provisoire, mais ne peut modifier les obligations du contrôle judiciaire

• **Crim. 19 sept. 2017,** n° 17-84.165, P n° 225

* V. s[s] n° 822.26.

« Attendu qu'en énonçant que le juge des libertés et de la détention, saisi par le juge d'instruction aux fins de révocation d'un contrôle judiciaire dont les modalités avaient été fixées par ce magistrat, n'avait pas le pouvoir de modifier ces dernières, la chambre de l'instruction a fait une exacte application des articles 139 et 141-2 du code de procédure pénale ;

Qu'en effet, dans ce cas, et à la différence de la possibilité que lui confère l'article 137-2 du code de procédure pénale lorsqu'il est saisi d'une demande de placement en détention provisoire ou de prolongation de cette mesure, le juge des libertés et de la détention a le seul pouvoir de décider souverainement s'il y a lieu ou non de révoquer le contrôle judiciaire et de placer la personne mise en examen en détention provisoire, sa décision étant elle-même susceptible d'appel devant la chambre de l'instruction (…) ;

La mesure de contrôle judiciaire pouvant être ordonnée dans le cadre de l'article 394 du code de procédure pénale (comparution préalable sur procès-verbal) n'est pas limitée dans le temps en cas de renvoi de l'affaire au-delà du délai d'audiencement initial de six mois. »

• **Crim. 07 sept. 2021,** n° 21-83.643, P

* V. s[s] n° 822.11.

« Vu les articles 394 et 397-3 du code de procédure pénale :

9. Selon le premier de ces textes, si le procureur de la République, lorsqu'il invite la personne déférée à comparaître devant le tribunal dans un délai qui ne peut être supérieur à six mois, estime nécessaire de soumettre cette personne à une ou plusieurs obligations du contrôle judiciaire, il saisit à cette fin le juge des libertés et de la détention devant lequel il traduit immédiatement la personne poursuivie.

10. Le second prévoit que dans un tel cas, le tribunal peut, conformément aux dispositions de l'article 141-1 du code de procédure pénale, maintenir la personne poursuivie sous contrôle judiciaire.

11. Il en résulte que la durée du contrôle judiciaire n'est pas limitée lorsque le maintien de cette mesure a été ordonné par la juridiction saisie devant laquelle la personne poursuivie a comparu pour la première fois dans ce délai de six mois. »

822.03 **Bibliographie indicative.**
* V. s[s] n° 821.03.

SECTION 1
PLACEMENT SOUS CONTRÔLE JUDICIAIRE

822.11 **Placement sous contrôle judiciaire dans le cadre de la procédure de convocation par procès-verbal (CPPV).** Selon l'article 394 du code de procédure pénale, lorsque le ministère public délivre, par procès-verbal, une convocation à comparaître devant le tribunal correctionnel et qu'il estime nécessaire de soumettre le prévenu à une ou plusieurs obligations du contrôle judiciaire, il peut le traduire sur-le-champ devant le juge des libertés et de la détention, qui statue en chambre du conseil avec l'assistance d'un greffier. Ce magistrat, après audition du prévenu, son avocat ayant été avisé et entendu en ses observations, s'il le demande, prononce cette mesure dans les conditions et suivant les modalités prévues par les articles 138 et 139 du code de procédure pénale. Cette décision est notifiée verbalement au prévenu et consignée au procès-verbal dont copie lui est remise sur-le-champ.

Lorsque le contrôle judiciaire est ordonné par le juge dans le cadre de la procédure de comparution par procès-verbal, il n'existe pas de possibilité de recours, l'appel contre une telle décision n'étant prévu ni par l'article 394 du Code de procédure pénale ni par aucune autre disposition[1].

Pourtant, le Conseil constitutionnel a jugé que les dispositions de l'article 394 du code de procédure pénale étaient conformes aux droits et libertés que la Constitution garantit[2]. Il résulte en effet des dispositions de l'article 394 telles qu'interprétées par la Cour de cassation, que le prévenu convoqué par procès-verbal ne peut former appel de la décision du juge des libertés et de la détention de le placer sous contrôle judiciaire ou sous assignation à résidence avec surveillance électronique. Toutefois, selon le Conseil constitutionnel, en premier lieu, en application des dispositions combinées des articles 140, 141-1 et 142-8 du code de procédure pénale, le prévenu ainsi placé sous contrôle judiciaire ou sous assignation à résidence avec surveillance électronique peut, à tout moment, saisir le tribunal correctionnel d'une demande de mainlevée ou de modification de ces mesures. À cette occasion, il peut notamment faire valoir l'irrégularité de l'ordonnance du juge des libertés et de la détention ayant ordonné la mesure. Conformément aux dispositions de l'article 148-2 du même code, le tribunal correctionnel statue sur cette demande de mainlevée ou de modification dans les dix jours de la réception de la demande. La décision rendue est susceptible d'appel. Dès lors, si la personne convoquée par procès-verbal ne peut faire appel de l'ordonnance du juge des libertés et de la détention qui l'a placée sous contrôle judiciaire ou sous assignation à résidence avec surveillance électronique, elle dispose d'autres moyens de procédure lui permettant de contester utilement et dans des délais appropriés les dispositions de cette ordonnance.

En second lieu, il résulte de la jurisprudence constante de la Cour de cassation que le procureur de la République peut faire appel de la décision du juge des libertés et de la détention refusant de placer un prévenu convoqué par procès-verbal sous contrôle judiciaire ou sous assignation à résidence. Toutefois, à la différence du prévenu, le ministère public ne peut saisir le tribunal correctionnel lorsque le juge des libertés et de la détention n'a pas fait droit à sa demande. En conséquence, la différence de traitement contestée ne procède pas de discriminations injustifiées et sont assurées au prévenu des garanties égales, notamment quant au respect du principe des droits de la défense. Les dispositions contestées ne méconnaissent pas non plus en tout état de cause le droit à un recours juridictionnel effectif. Les griefs tirés de la méconnaissance des exigences constitutionnelles précitées doivent donc être écartés.

La mesure de contrôle judiciaire pouvant être ordonnée dans le cadre de l'article 394 du code de procédure pénale (comparution préalable sur procès-verbal) n'est pas limitée dans le temps en cas de renvoi de l'affaire au-delà du délai d'audiencement initial de six mois[3]. Si le texte impose que l'audiencement du dossier soit assuré dans les six mois, il peut faire l'objet d'un renvoi et le délai de six mois prévu par l'article 394 n'est que celui imparti pour saisir la juridiction. En cas de renvoi, la décision du tribunal sur le contrôle judiciaire va se substituer à celle du juge des libertés et de la détention et les dispositions générales sur le contrôle judicaire vont s'appliquer[4].

1. Crim. 11 juill. 2018, n° 18-82791, P n° 131.
2. Cons. const. 31 janv. 2019, n° 2018-758-QPC, *D.* 2019. 203 ; *Droit pénal* 2019, alerte 15, veille par W Roumier.
3. Crim. 7 sept. 2021, n° 21-83.643, P, *AJ pénal* 2022. 215, obs J.-P. Vicentini.
4. Sur les difficultés pratiques dans le cas où une décision contraire aurait été retenue V. J-P Vicentini « Convocation par procès-verbal et durée du contrôle judiciaire », *AJ pénal* 2022. 215.

822.12 Placement sous contrôle judiciaire dans le cadre de la procédure de comparution immédiate. Le juge des libertés et de la détention, saisi sur la base de l'article 396 du code de procédure pénale, d'une demande de placement en détention provisoire, dans le cas où la réunion du tribunal est impossible le jour même[1], ou saisi dans le cadre de la procédure pour comparution différée prévue par l'article 397-1-1 du code de procédure pénale peut estimer qu'une mesure de détention n'est pas nécessaire et soumettre l'intéressé, jusqu'à sa comparution devant le tribunal, à une ou plusieurs obligations du contrôle judiciaire.

La date et l'heure de l'audience, fixées dans les délais prévus à l'article 394, sont alors notifiées à l'intéressé soit par le juge ou par son greffier, si ces informations leur ont été préalablement données par le procureur de la République, soit, dans le cas contraire, par le procureur ou son greffier. Toutefois, si les poursuites concernent plusieurs personnes dont certaines sont placées en détention, la personne reste convoquée à l'audience où comparaissent les autres prévenus détenus[2].

SECTION 2
MODIFICATION DU CONTRÔLE JUDICIAIRE

822.21 Occurrences. Le contrôle judiciaire peut être ordonné à chaque fois que le JLD, le tribunal ou la chambre des appels correctionnels peut placer la personne en détention provisoire[3].

822.22 Décision de modification par le juge d'instruction. Le juge d'instruction peut à tout moment, imposer à la personne placée sous contrôle judiciaire une ou plusieurs obligations nouvelles, supprimer tout ou partie des obligations comprises dans le contrôle, modifier une ou plusieurs de ces obligations ou accorder une dispense occasionnelle ou temporaire d'observer certaines d'entre elles[4]. Cela s'explique parce que le juge d'instruction suit une affaire et n'a pas besoin d'être saisi par quiconque pour prendre une éventuelle décision de modification ou pour mettre fin au contrôle judiciaire.

Seul le tribunal correctionnel ou la chambre des appels correctionnels peut en conséquence être saisie d'une demande de modification de contrôle judiciaire ou de mainlevée. Bien entendu, la chambre de l'instruction qui statue sur l'appel d'une ordonnance de refus de mainlevée, ou d'une ordonnance de placement, ayant tous les pouvoirs du juge d'instruction, peut modifier les mesures du contrôle judiciaire.

Il n'en est pas de même pour le juge des libertés et de la détention ou la juridiction de jugement qui ne peuvent prendre de telles décisions que lorsqu'ils sont saisis.

822.23 Saisine du juge des libertés et de la détention. Le juge des libertés et de la détention (JLD) ne peut être saisi d'une demande de modification de contrôle judiciaire dans le cadre de l'instruction. C'est en effet le juge d'instruction qui est compétent pour répondre à de telles demandes, et l'appel est porté devant la chambre de l'instruction. On ne voit pas non plus sur quel texte le JLD pourrait être saisi d'une demande de modification de contrôle judiciaire. En revanche, il peut être saisi d'une demande de révocation de ce contrôle judiciaire[5].

La chambre criminelle a eu à préciser quels étaient alors les pouvoirs du JLD : en énonçant que le juge des libertés et de la détention, saisi par le juge d'instruction aux fins de révocation d'un contrôle judiciaire dont les modalités avaient été fixées par ce magistrat, n'avait pas le pouvoir de modifier ces dernières, la chambre de l'instruction a fait une exacte application des articles 139 et 141-2 du code de procédure pénale. En effet, dans ce cas, et à la différence de la possibilité que lui confère l'article 137-2 du code de procédure pénale lorsqu'il est saisi d'une demande de placement en détention provisoire ou de prolongation de cette mesure, le juge des libertés et de la détention a le seul pouvoir de décider souverainement s'il y a lieu ou non de révoquer le contrôle judiciaire et de placer la personne mise en examen en détention provisoire, sa décision étant elle-même susceptible d'appel devant la chambre de l'instruction. Si le JLD, saisi d'une demande de placement en détention provisoire, prend une décision de placement sous contrôle judiciaire, c'est le juge d'instruction ou en cas de renvoi la juridiction de jugement saisie qui est compétente pour décider d'une éventuelle modification. Seul le tribunal correctionnel ou la chambre des appels correctionnels peut en conséquence être saisie d'une demande de modification de contrôle judiciaire ou de mainlevée. Bien entendu, la chambre de l'instruction qui statue sur l'appel d'une ordonnance de refus de mainlevée, ou d'une ordonnance de placement, ayant tous les pouvoirs du juge d'instruction, peut modifier les mesures du contrôle judiciaire.

822.24 Formes de la demande. Elles sont identiques à celles examinées ci-dessus relatives à la demande de mise en liberté puisque toute demande

1. SUR cette procédure, v. s[s] n° 423.11.
2. C. pr. pén., art. 396, al. 4.
3. V. s[s] n°s 813.05 s.
4. C. pr. pén., art. 139, al. 2.
5. SUR la révocation, v. s[s] n°s 822.41 s.

de mainlevée ou de modification du contrôle judiciaire ou de mise en liberté doit faire l'objet d'une déclaration au greffier de la juridiction d'instruction saisie du dossier ou à celui de la juridiction compétente en vertu de l'article 148-1.

La demande de modification doit être constatée et datée par le greffier qui la signe ainsi que le demandeur ou son avocat. Si le demandeur ne peut signer, il en est fait mention par le greffier.

Lorsque la personne ou son avocat ne réside pas dans le ressort de la juridiction compétente, la déclaration au greffier peut être faite au moyen d'une lettre recommandée avec demande d'avis de réception[1].

Il se déduit des dispositions des articles préliminaire et 148-6 du code de procédure pénale que, lorsqu'elle est détenue dans une autre procédure, la personne mise en examen placée sous contrôle judiciaire, qui fait une demande de mainlevée ou de modification de ce contrôle, doit pouvoir effectuer la déclaration au greffe prévue par le second de ces textes, soit par lettre recommandée avec demande d'avis de réception, soit par l'intermédiaire d'une requête transmise par le chef de l'établissement pénitentiaire.

822.25 **Droit de se taire.** On a vu plus haut[2] l'évolution jurisprudentielle puis législative, relative au droit de se taire. Si la possibilité de se taire doit être notifiée à la personne qui comparaît devant le tribunal correctionnel sur une demande de mise en liberté, il en est de même pour toute mesure coercitive et donc, s'agissant du contrôle judiciaire. Les sanctions de la violation sont minimes et identiques à celles relatives à la détention.

Par une décision du 18 juin 2021[3], le Conseil constitutionnel a dit que l'article 148-2 du Code de procédure pénale n'était pas conforme à la Constitution en raison de l'absence de notification du droit de se taire. Il s'agit de l'hypothèse de comparution de la personne devant une juridiction pour obtenir la main-levée de son contrôle judiciaire ou de son placement en détention. Par une décision du 30 septembre 2021[4], il a dit que les dispositions de l'article 394 du Code de procédure pénale, selon lesquelles le prévenu est entendu par le JLD avant d'être le cas échéant placé sous contrôle judiciaire, dans sa rédaction résultant de la loi du 23 mars 2019 et de réforme pour la justice, sont contraires à la Constitution. En effet, il revient au juge des libertés et de la détention d'apprécier si les charges retenues contre le prévenu justifient qu'il soit placé sous contrôle judiciaire ou assigné à résidence. D'autre part, lorsqu'il est entendu par ce magistrat, le prévenu peut être amené, en réponse aux questions qui lui sont posées, à reconnaître les faits qui lui sont reprochés. En outre, le fait même que le juge des libertés et de la détention invite le prévenu à présenter ses observations peut être de nature à lui laisser croire qu'il ne dispose pas du droit de se taire.

822.26 **Pouvoirs du JLD saisi d'une demande de révocation du contrôle judiciaire.** Bien que cette décision ait été rendue dans le cadre de l'instruction préparatoire, il faut rappeler que les pouvoirs du juge des libertés et de la détention sont strictement délimités par la loi. Ainsi, il ne peut, lorsqu'il est saisi par le juge d'instruction d'une demande de révocation de cette mesure, refuser cette révocation en modifiant les obligations de ce contrôle[5].

Un JLD avait cru pouvoir faire appel à un avocat d'office pour assurer la défense d'une personne mise en examen qui comparaissait devant lui pour une révocation éventuelle de son contrôle judiciaire. La chambre de l'instruction avait validé cette méthode en jugeant que cette décision n'avait pas porté atteinte aux droits de la défense mais la chambre criminelle en a décidé autrement en estimant qu'il n'était pas établi que le juge des libertés et de la détention, s'était, avant de faire appel à l'avocat de permanence, trouvé dans l'impossibilité de joindre l'avocat désigné par le mis en examen ou avait relevé l'empêchement de ce dernier[6].

822.27 **Contrôle judiciaire et indices contre la personne.** L'évolution de la chambre criminelle s'agissant de l'objet d'une audience portant sur la détention provisoire au regard de l'existence d'indices contre la personne a été analysée ci-dessus[7]. La problématique est la même lorsqu'il s'agit d'une audience lors de laquelle la personne sollicite la mainlevée du placement. Mais la chambre de l'instruction, saisie d'une demande de modification d'une obligation du contrôle judiciaire, ne remettant pas en cause le principe de celui-ci (en l'espèce demande de diminution du cautionnement), n'est pas conduite à prononcer, prolonger ou

1. C. pr. pén., art. 148-6.
2. V. s^{s} n° 615.101 s.
3. Cons. const. 18 juin 2021, n° 2021-920 QPC, *JO* 19 juin, n° 61 ; *Procédures* 2021, comm. 238 ; *JCP* 2021. 709 ; *Dr. pénal* 2021, alerte 65, W. Roumier.
4. Cons. const. 30 sept. 2021, n° 2021-935 QPC, *D.* 2021. 1767, *JO* 1er oct., n° 75 ; *Dr. pénal* 2021, comm. 212, obs. A. Maron et M. Haas ; *Procédures* 2021, comm. 301, A.-S. Chavent-Leclère ; *AJ pénal* 2021. 540 ; *ibid.* 2021. 540, obs. S. Fucini.
5. Crim. 19 sept. 2017, n° 17-84.165, P n° 225, *AJ Pénal* 2017. 544, obs D. Miranda ; *JCP* 2017, 1129 ; *Droit pénal* 2017, comm. 170.
6. Crim. 13 févr. 2019, n° 18-86.559, P n° 33, *D.* 2019. 385 ; *Procédures* 2019, comm. 126, A.-S. Chavent-Leclère ; *AJ Pénal* 2019. 215, obs. D. Miranda ; *RSC* 2019. 426 F. Cordier.
7. V. s^{s} n° 811.15.

maintenir une mesure de sûreté. Elle n'a donc pas à s'assurer de l'existence d'indices graves ou concordants rendant vraisemblable que le demandeur ait pu participer, comme auteur ou comme complice, à la commission des faits reprochés [1].

SECTION 3
MAINTIEN SOUS CONTRÔLE JUDICIAIRE

822.31 Maintien sous contrôle judiciaire après jugement. Le contrôle judiciaire prend fin, sauf si le tribunal en décide autrement, lorsqu'il prononce une condamnation à l'emprisonnement sans sursis ou assorti du sursis avec mise à l'épreuve [2].

Si le tribunal a ordonné le maintien du contrôle judiciaire et que la personne se soustrait aux obligations qui lui sont imposées, les dispositions du deuxième alinéa de l'article 141-2 sont applicables.

Lorsque le jugement est exécutoire et que le condamné est placé sous le régime de la mise à l'épreuve, le tribunal correctionnel ou le juge de l'application des peines peut désigner, pour veiller au respect des obligations, la personne physique ou morale qui était chargée de suivre l'intéressé dans le cadre du contrôle judiciaire [3]. Une telle innovation issue de la loi du 9 juillet 2010, permet évidemment de conserver, par exemple, l'association habilitée qui suivait le contrôle judiciaire comme maître d'œuvre de la mesure de sursis avec mise à l'épreuve et d'éviter au condamné un changement d'interlocuteur.

SECTION 4
RÉVOCATION DU CONTRÔLE JUDICIAIRE

822.41 Inexécution des obligations pendant l'information judiciaire. La personne mise en examen qui s'est volontairement soustraite aux obligations du contrôle judiciaire peut être placée en détention provisoire, et cela quelle que soit la durée de la peine encourue, même si celle-ci est inférieure au plancher légal [4].

Lorsque la détention provisoire est ordonnée à la suite d'une révocation de contrôle judiciaire, à l'encontre d'une personne antérieurement placée en détention provisoire pour les mêmes faits, la durée cumulée des détentions ne peut excéder de plus de quatre mois la durée maximale de la détention prévue respectivement aux articles 145-1 et 145-2. Lorsque la peine encourue est inférieure à celle mentionnée à l'article 143-1, la durée totale des détentions ne peut excéder quatre mois [5].

En matière correctionnelle, l'ordonnance de règlement met fin au contrôle judiciaire [6]. Il en est de même de l'arrêt de renvoi correctionnel [7]. Toutefois, le juge d'instruction par une ordonnance distincte spécialement motivée, peut maintenir le prévenu sous contrôle judiciaire [8].

822.42 Révocation après ordonnance de renvoi et maintien sous contrôle judiciaire. Aux termes de l'article 141-2, alinéa 2, du code de procédure pénale, si la personne se soustrait aux obligations du contrôle judiciaire alors qu'elle est renvoyée devant la juridiction de jugement, le procureur de la République peut, hors le cas prévu par l'article 272-1, saisir le juge des libertés et de la détention pour que celui-ci décerne mandat d'arrêt ou d'amener à son encontre.

Le juge des libertés et de la détention est également compétent pour ordonner, conformément aux dispositions de l'article 135-2 du code de procédure pénale, le placement en détention provisoire de l'intéressé. L'article 272-1 règle la situation en matière criminelle. Il convient de noter que cet article, dont on trouve l'équivalent dans l'article D. 3225 en matière d'Arse ouvre une *simple possibilité au ministère public* et n'ôte pas à la juridiction correctionnelle le pouvoir traditionnel qui est le sien, consacré par ailleurs par l'article 142-12, de révoquer le contrôle judiciaire.

822.43 Appel. Lorsque le tribunal statue sur une demande de mainlevée ou de modification du contrôle judiciaire l'appel doit être formé dans un délai de 24 heures, aux termes de l'article 501 du code de procédure pénale.

1. Crim. 11 août 2021, n° 21-83.183, P ; *JCP* 2021. 901.
2. C. pr. pén., art. 471, al. 3.
3. C. pr. pén., art. 471, al. 5.
4. C. pr. pén., art. 141-2 et 144.
5. C. pr. pén., art. 141-3.
6. C. pr. pén., art. 179, al. 2.
7. C. pr. pén., art. 213, al. 2.
8. C. pr. pén., art. 179, al. 3.

CHAPITRE

823. Contrôle judiciaire européen

SECTION 0
ORIENTEUR

823.00 **Sommaire du chapitre.**

823.01 **Principaux textes applicables.**

TEXTES SOURCES

• C. pr. pén., art. 137, 137-2, 138, 142, 179, 471, 569, 696-48 à 696-65

TEXTES *IN EXTENSO*

• **C. pr. pén., art. 137**
* V. s[s] n° 811.01.

• **C. pr. pén., art. 137-2**
* V. s[s] n° 821.01.

• **C. pr. pén., art. 138**
* V. s[s] n° 821.01.

• **C. pr. pén., art. 139**
* V. s[s] n° 821.01.

• **C. pr. pén., art. 140**
* V. s[s] n° 821.01.

• **C. pr. pén., art. 141-1**
* V. s[s] n° 821.01.

• **C. pr. pén., art. 141-2**
* V. s[s] n° 821.01.

• **C. pr. pén., art. 141-4**
* V. s[s] n° 821.01.

• **C. pr. pén., art. 142**
* V. s[s] n° 821.01.

• **C. pr. pén., art. 179**
* V. s[s] n° 821.01.

• **C. pr. pén., art. 471**
* V. s[s] n° 821.01.

• **C. pr. pén., art. 569**
* V. s[s] n° 821.01.

• **C. pr. pén., art. 696-48 à 696-65**
* V. s[s] n° 821.01.

• **C. pr. pén., art. 706-45**
* V. s[s] n° 821.01.

823.03 **Bibliographie indicative.**

Encyclopédie. Rép. pén., *V° Détention provisoire et contrôle judiciaire*, par P. Dourneau-Josette.

Articles. C. Cardet, « Quelle consécration pour le contrôle judiciaire socio-éducatif dans la loi du 15 juin 2000 », *RSC* 2001. 537 ; « L'incontrôlable contrôle judiciaire socio-éducatif », *D.* 2002. Chron. 1221.

SECTION UNIQUE
CADRE D'APPLICATION

823.11 **Transposition de la décision cadre du 23 octobre 2009 (Loi du 17 août 2015).** La loi du 17 août 2015 [1] a introduit dans le code de procédure pénale, dans le titre X consacré à l'entraide judiciaire internationale, un chapitre VI intitulé « Dispositions tendant à transposer la décision-cadre 2009/829/JAI [2] du Conseil, du 23 octobre 2009 », concernant l'application, entre les États membres de l'Union européenne, du principe de reconnaissance mutuelle aux décisions relatives à des mesures de contrôle en tant qu'alternative à la détention provisoire.

L'article 696-48 du code de procédure pénale dispose que : « Le présent chapitre détermine les règles applicables, en vue de garantir la comparution en justice et de promouvoir, le cas échéant, le recours

1. L. n° 2015-993, 17 août 2015 portant adaptation de la procédure pénale au droit de l'Union européenne, *JO* 18 août, p. 14331.
2. Décision-cadre 2009/829/JAI, Conseil, 23 oct. 2009 concernant l'application, entre les États membres de l'Union européenne, du principe de reconnaissance mutuelle aux décisions relatives à des mesures de contrôle en tant qu'alternative à la détention provisoire, *JOUE L* 294/20, 11 nov., p. 20.

à des mesures alternatives à la détention provisoire pour la personne ne résidant pas dans l'État membre de la procédure pénale qui la concerne, à la reconnaissance et au suivi, dans un État membre de l'Union européenne, des décisions de placement sous contrôle judiciaire prononcées par une autorité judiciaire française, ainsi qu'à la reconnaissance et à l'exécution en France de décisions équivalentes prononcées par les autorités compétentes d'un autre État membre de l'Union européenne. L'État sur le territoire duquel a été prononcé le placement d'une personne sous contrôle judiciaire est appelé État d'émission. L'État auquel sont demandés la reconnaissance et le contrôle sur son territoire des mesures ordonnées est appelé État d'exécution. »

Certaines dispositions relatives à la reconnaissance et au suivi sur le territoire de la République des décisions de contrôle judiciaire ordonnées par les autorités compétentes des autres États membres de l'Union européenne ne seront pas traitées dans le cadre du présent ouvrage, consacré seulement aux audiences correctionnelles.

823.12 Compétence. Les autorités judiciaires compétentes pour décider du placement sous contrôle judiciaire sont également compétentes pour placer une personne sous contrôle judiciaire dans un autre État membre de l'Union européenne et transmettre cette décision aux fins de reconnaissance et d'exécution dans cet État[1].

La consultation de l'autorité compétente de l'État d'exécution, prévue à l'article 696-49 du code de procédure pénale, est effectuée par les autorités judiciaires compétentes pour demander ou ordonner le placement sous contrôle judiciaire[2]. En l'occurrence, il peut donc s'agir soit du magistrat instructeur, soit du JLD, soit du tribunal correctionnel, soit encore de la chambre de l'instruction.

Cette autorité ou le ministère public transmet une copie certifiée conforme de la décision de placement sous contrôle judiciaire, le certificat prévu à l'article 696-53 du même code, ainsi qu'une traduction de ce certificat, soit dans l'une des langues officielles de l'État d'exécution, soit dans l'une de celles des institutions de l'Union européenne acceptées par cet État[3]. L'article 70 de la loi du 23 mars 2019 a complété l'article 230-19 du Code de procédure pénale afin de prévoir l'inscription de ces décisions d'interdiction au fichier des personnes recherchées. Ces ajouts concernent également les décisions de protection prises par des États membres de l'Union reconnues et ayant force exécutoire en France, conformément au règlement 606/2013[4] relatif à la reconnaissance mutuelle des mesures de protection en matière civile.

823.13 Transfert de compétence à l'État d'exécution. L'autorité qui a ordonné le placement sous contrôle judiciaire reste compétente pour assurer le suivi des mesures ordonnées tant qu'elle n'a pas été informée de la reconnaissance de cette décision par l'autorité compétente de l'État d'exécution. Elle reste également compétente si elle est informée que la personne concernée ne peut être retrouvée sur le territoire de l'État d'exécution[5].

Pour autant que le suivi n'a pas commencé dans l'État d'exécution, l'autorité qui a ordonné le placement sous contrôle judiciaire peut décider de retirer le certificat lorsqu'elle estime, au vu de l'adaptation qui serait apportée par l'État d'exécution aux obligations prévues par la décision de placement sous contrôle judiciaire ou de la durée maximale de suivi des obligations dans cet État, ne pas devoir maintenir la demande aux fins de reconnaissance et d'exécution. Ce retrait intervient dans le délai de dix jours suivant la réception des informations relatives à cette adaptation ou à cette durée maximale du contrôle judiciaire[6].

Elle peut aussi décider de retirer le certificat lorsqu'elle est informée par l'autorité compétente de l'État d'exécution qu'en cas de délivrance d'un mandat d'arrêt européen par suite de l'inobservation dans l'État d'exécution des mesures de contrôle ordonnées, la remise de la personne concernée devrait être refusée. Si elle décide de procéder au retrait du certificat, l'autorité judiciaire en informe l'autorité compétente de l'État d'exécution dans les meilleurs délais, au plus tard dans les dix jours suivant la réception de l'information ayant motivé ce retrait[7].

C'est lorsqu'elle a informé l'autorité judiciaire qu'elle reconnaît la décision de placement sous contrôle judiciaire, que l'autorité compétente de l'État d'exécution devient seule compétente pour assurer le suivi sur son territoire des obligations ordonnées par cette décision[8].

1. C. pr. pén., art. 696-56 ; créé par L. n° 2015-993, 17 août 2015, art. 2.
2. C. pr. pén., art. 696-57 ; créé par L. n° 2015-993, 17 août 2015, art. 2.
3. C. pr. pén., art 696-58 ; créé par L. n° 2015-993, 17 août 2015, art. 2.
4. Règl. 606/2013, Parlement et Conseil, 12 juin 2013 relatif à la reconnaissance mutuelle des mesures de protection en matière civile, *JOUE L* 181, 29 juin, p. 4.
5. C. pr. pén., art 696-59 ; créé par L. n° 2015-993, 17 août 2015, art. 2.
6. C. pr. pén., art 696-60 ; créé par L. n° 2015-993, 17 août 2015, art. 2.
7. C. pr. pén., art 696-61 ; créé par L. n° 2015-993, 17 août 2015, art. 2.
8. C. pr. pén., art 696-62 ; créé par L. n° 2015-993, 17 août 2015, art. 2.

823.14 **Décisions ultérieures au placement.** Les autorités judiciaires françaises restent compétentes pour prendre toute décision ultérieure au placement sous contrôle judiciaire, notamment pour ordonner toute modification ou mainlevée des obligations ou pour révoquer la mesure.

Lorsqu'elles modifient ou ordonnent la mainlevée des obligations ou en cas de recours contre toute décision de placement sous contrôle judiciaire, elles en avisent sans délai l'autorité compétente de l'État d'exécution et peuvent faire application des dispositions prévues aux articles 696-60 et 696-63 en cas d'adaptation des mesures modifiées ou de refus de suivi des mesures de contrôle modifiées par l'autorité compétente de l'État d'exécution [1].

823.15 **Durée.** L'autorité judiciaire qui a ordonné le placement sous contrôle judiciaire peut, avant l'expiration de la durée d'exécution du contrôle judiciaire prévue par la législation de l'État d'exécution, d'office ou à la demande de l'autorité compétente de cet État, aviser cette autorité qu'elle n'a pas donné mainlevée de la décision de placement sous contrôle judiciaire et qu'il est nécessaire de prolonger le suivi des mesures de contrôle initialement ordonnées.

L'autorité judiciaire qui a ordonné le placement sous contrôle judiciaire répond dans les meilleurs délais à toute demande d'information de l'autorité compétente de l'État d'exécution sur la nécessité du maintien des mesures ordonnées. Dans les cas mentionnés aux deux premiers alinéas, elle précise également la durée pendant laquelle le suivi des mesures ordonnées sera probablement encore nécessaire [2].

Il n'existe pas en France de limite à la durée du contrôle judiciaire de telle sorte que le système mis en place ne trouve à s'appliquer que dans le sens où la France est l'État requérant : il convient d'avoir connaissance de l'existence dans l'État d'exécution d'une obligation de prolongation du suivi.

823.16 **Retour de compétence à l'État d'émission.** L'autorité qui a ordonné le placement sous contrôle judiciaire redevient compétente pour assurer l'exécution de cette décision dans les cas suivants :

1° Lorsque la personne concernée établit sa résidence régulière habituelle dans un autre État que l'État d'exécution ;

2° Lorsque, après avoir été informée de l'adaptation, en application de la législation de l'État d'exécution, d'une ou plusieurs obligations de la décision de placement sous contrôle judiciaire qu'elle a ordonnée, l'autorité judiciaire a notifié à l'autorité compétente de l'État d'exécution sa décision de retirer le certificat ;

3° Lorsque la décision de placement sous contrôle judiciaire a été modifiée par l'autorité judiciaire et que l'autorité compétente de l'État d'exécution refuse d'assurer le suivi des obligations ainsi modifiées ;

4° Lorsque la législation de l'État d'exécution prévoit une durée maximale d'exécution de la décision de placement sous contrôle judiciaire et que l'autorité judiciaire qui a ordonné le placement sous contrôle judiciaire, avisée de cette durée maximale, a décidé de retirer le certificat et a notifié ce retrait à l'autorité compétente de l'État d'exécution ou lorsque, n'ayant pas retiré le certificat, ce délai a expiré ;

5° Lorsque l'autorité compétente de l'État d'exécution a informé l'autorité judiciaire compétente de sa décision de mettre un terme au suivi des mesures ordonnées au motif que les avis qui lui avaient été adressés sur l'éventuelle nécessité d'une prolongation du contrôle judiciaire ou sur les manquements aux obligations de la personne concernée sont restés sans réponse de la part de l'autorité judiciaire compétente.

Lorsqu'un transfert de compétence du suivi des mesures ordonnées est susceptible d'intervenir en application du présent article, les autorités judiciaires compétentes et celles de l'État d'exécution se consultent mutuellement afin d'éviter, dans toute la mesure possible, toute interruption dans le suivi de ces mesures [3].

1. C. pr. pén., art 696-65 ; créé par L. n° 2015-993, 17 août 2015, art. 2.
2. C. pr. pén., art 696-64.
3. C. pr. pén., art. 696-63.

TITRE

83. L'assignation à résidence avec surveillance électronique

SECTION 0

ORIENTEUR

83.00 **Sommaire du titre.**

CHAPITRE

831. Principes

SECTION 0 ORIENTEUR

831.00 **Sommaire du chapitre.**

831.01 **Principaux textes applicables.**

TEXTES SOURCES

• C. pr. pén., art. 135-2, 137, 142-5 à 142-12-1, 145, 145-2, 148, 148-2, 148-6, 201, 213, 221-3, 272-1, 394, 396, 397-3, 397-7, 471, 495-8, 495-10, 501, 695-34 à 695-36, 696-19 à 696-21, 706-64, 723-8

• C. pr. pén., art. D. 32-4, D. 32-5, D. 32-10, D. 32-14, D. 32-17, D. 32-20, D. 32-25

TEXTES *IN EXTENSO*

• **C. pr. pén., art. 135-2**

* V. s^{s} n° 731.01.

• **C. pr. pén., art. 137**

* V. s^{s} n° 731.01.

• **C. pr. pén., art. 142-5** [mod. par L. n° 2019-222, 23 mars 2019, art. 54]

L'assignation à résidence avec surveillance électronique peut être ordonnée, d'office ou à la demande de l'intéressé, par le juge d'instruction ou par le juge des libertés et de la détention si la personne mise en examen encourt une peine d'emprisonnement correctionnel d'au moins deux ans ou une peine plus grave.

Cette mesure oblige la personne à demeurer à son domicile ou dans une résidence fixée par le juge d'instruction ou le juge des libertés et de la détention et de ne s'en absenter qu'aux conditions et pour les motifs déterminés par ce magistrat.

Cette obligation est exécutée sous le régime du placement sous surveillance électronique, à l'aide du procédé prévu par l'article 723-8. Elle peut également être exécutée sous le régime du placement sous surveillance électronique mobile, à l'aide du procédé prévu par l'article 763-12, si la personne est mise en examen pour une infraction punie de plus de sept ans d'emprisonnement et pour laquelle le suivi socio-judiciaire est encouru. Les articles 723-9 et 723-12 ainsi que, le cas échéant, les articles 763-12 et 763-13 sont applicables, le juge d'instruction exerçant les compétences attribuées au juge de l'application des peines.

La personne peut être en outre astreinte aux obligations et interdictions prévues par l'article 138.

La personne mise en examen est avisée que l'installation du dispositif prévu à l'article 723-8 ne peut être effectuée sans son consentement mais que le fait de refuser cette installation constitue une violation des obligations qui lui incombent et peut donner lieu à la révocation de l'assignation à résidence avec surveillance électronique et à son placement en détention provisoire.

• **C. pr. pén., art. 142-6** [mod. par L. n° 2021-1729, 22 déc. 2021, art. 5]

L'assignation à résidence avec surveillance électronique est décidée par ordonnance motivée du juge d'instruction ou du juge des libertés et de la détention, qui statue après un débat contradictoire conformément à l'article 145 ou au vu des réquisitions écrites du procureur de la République, dont il est donné lecture à la personne mise en examen, et après avoir entendu ses observations et celles de son avocat.

Elle peut également être décidée, sans débat contradictoire ou recueil préalable des observations de la personne et de son avocat, par ordonnance statuant sur une demande de mise en liberté ou décidant d'une mise en liberté d'office.

Le juge statue après avoir fait vérifier la faisabilité technique de la mesure par le service pénitentiaire d'insertion et de probation, qui peut être saisi à cette fin à tout moment de l'instruction.

En matière correctionnelle, cette saisine est obligatoire dans les cas suivants :

1° Si elle est demandée par une personne détenue ou son avocat un mois avant la date à laquelle la détention peut être prolongée, sauf décision de refus spécialement motivée du juge d'instruction ;

2° Avant la date à laquelle la détention peut être prolongée lorsque la personne encourt une peine d'emprisonnement inférieure ou égale à cinq ans, sauf décision de refus spécialement motivée du juge ;

3° Avant la date de la seconde prolongation de la détention lorsque la personne encourt une peine d'emprisonnement inférieure ou égale à cinq ans. Sauf s'il envisage un placement sous contrôle judiciaire, le juge ne peut refuser le placement de la personne sous assignation à résidence sous surveillance électronique qu'en cas d'impossibilité liée à la personnalité ou à la situation matérielle de la personne.

S'il est interjeté appel d'une ordonnance prolongeant la détention provisoire sans que les dispositions des quatrième à avant-dernier alinéas aient été respectées, le service pénitentiaire d'insertion et de probation doit être saisi par le président de la chambre de l'instruction.

• **C. pr. pén., art. 142-7** [mod. par L. nº 2019-222, 23 mars 2019, art. 54]

L'assignation à résidence est ordonnée pour une durée qui ne peut excéder six mois. Au cours de l'instruction, elle peut être prolongée pour une même durée selon les modalités prévues au premier alinéa de l'article 142-6, sans que la durée totale du placement dépasse deux ans.

Lorsque la personne renvoyée devant le tribunal correctionnel ou la cour d'assises est maintenue ou demeure sous assignation à résidence conformément aux articles 179 et 181, la durée totale de la mesure, compte tenu de celle exécutée au cours de l'instruction, ne peut excéder deux ans, sans qu'il soit nécessaire d'en ordonner la prolongation tous les six mois et sous réserve de la possibilité pour l'intéressé d'en demander la mainlevée.

• **C. pr. pén., art. 142-8**

Le deuxième alinéa de l'article 139 et les articles 140 et 141-3 sont applicables à l'assignation à résidence avec surveillance électronique.

La personne qui ne respecte pas les obligations résultant de l'assignation à résidence avec surveillance électronique peut faire l'objet d'un mandat d'arrêt ou d'amener et être placée en détention provisoire, conformément à l'article 141-2.

• **C. pr. pén., art. 142-9**

Avec l'accord préalable du juge d'instruction, les horaires de présence au domicile ou dans les lieux d'assignation peuvent, lorsqu'il s'agit de modifications favorables à la personne mise en examen ne touchant pas à l'équilibre de la mesure de contrôle, être modifiés par le chef d'établissement pénitentiaire ou le directeur du service pénitentiaire d'insertion et de probation qui en informe le juge d'instruction.

• **C. pr. pén., art. 142-10**

En cas de décision de non-lieu, relaxe ou acquittement devenue définitive, la personne placée sous assignation à résidence avec surveillance électronique a droit à la réparation du préjudice subi selon les modalités prévues par les articles 149 à 150.

• **C. pr. pén., art. 142-11**

L'assignation à résidence avec surveillance électronique est assimilée à une détention provisoire pour l'imputation intégrale de sa durée sur celle d'une peine privative de liberté, conformément à l'article 716-4.

• **C. pr. pén., art. 142-12**

Les juridictions d'instruction et de jugement peuvent prononcer, comme mesure alternative à la détention provisoire, une assignation à résidence avec surveillance électronique dans les cas prévus par les articles 135-2, 145, 148, 201, 221-3, 272-1, 397-3, 695-34 et 696-19. Cette mesure peut être levée, maintenue, modifiée ou révoquée par les juridictions d'instruction et de jugement selon les mêmes modalités que le contrôle judiciaire en application des articles 148-2, 148-6, 213, 272-1, 695-35, 695-36, 696-20 et 696-21.

• **C. pr. pén., art. 142-12-1**

Par dérogation aux dispositions de l'article 142-5, l'assignation à résidence exécutée sous le régime du placement sous surveillance électronique mobile peut être ordonnée lorsque la personne est mise en examen pour des violences ou des menaces, punies d'au moins cinq ans d'emprisonnement, commises :

1° Soit contre son conjoint, son concubin ou son partenaire lié par un pacte civil de solidarité ;

2° Soit contre ses enfants ou ceux de son conjoint, concubin ou partenaire.

Le présent article est également applicable lorsque l'infraction est commise par l'ancien conjoint ou concubin de la victime ou par la personne ayant été liée à elle par un pacte civil de solidarité, le domicile concerné étant alors celui de la victime.

• **C. pr. pén., art. 145**

* V. s[s] nº 731.01.

• **C. pr. pén., art. 148**

* V. s[s] nº 731.01.

• **C. pr. pén., art. 148-2**

* V. s[s] nº 731.01.

• **C. pr. pén., art. 148-6**

* V. s[s] nº 731.01.

• **C. pr. pén., art. 201**

La chambre de l'instruction peut, dans tous les cas, à la demande du procureur général, d'une des parties ou même d'office, ordonner tout acte d'information complémentaire qu'elle juge utile.

Elle peut également, dans tous les cas, le ministère public entendu, prononcer d'office la mise en liberté de la personne mise en examen.

Elle peut ordonner le placement en détention provisoire ou sous contrôle judiciaire de la personne mise en examen. En cas d'urgence, le président de la chambre de l'instruction ou le conseiller désigné par lui peut décerner mandat d'amener, d'arrêt ou de recherche. Il peut également ordonner l'incarcération provisoire de la personne pendant une durée déterminée qui ne peut en aucun cas excéder quatre jours ouvrables jusqu'à la réunion de la chambre de l'instruction.

• **C. pr. pén., art. 213**

* V. s[s] nº 731.01.

• **C. pr. pén., art. 221-3** [mod. par L. nº 2015-993, 17 août 2015, art. 11]

I. – Lorsqu'un délai de trois mois s'est écoulé depuis le placement en détention provisoire de la personne mise en examen, que cette détention est toujours en cours et que l'avis de fin d'information prévu par l'article 175 n'a pas été délivré, le président de la chambre de l'instruction peut, d'office ou à la demande du ministère public ou de la personne mise en examen, décider de saisir cette juridiction afin que celle-ci examine l'ensemble de la procédure. En cas de demande du ministère public ou d'une partie, il statue dans les huit jours de la réception de cette demande. Cette décision n'est pas susceptible de recours.

La chambre de l'instruction statue après une audience à laquelle les avocats de l'ensemble des parties et des témoins assistés sont convoqués. La chambre de l'instruction ou son président peut ordonner la comparution des personnes mises en examen et des témoins assistés, d'office ou à la demande des parties. Si un mis en examen placé en détention provisoire demande à comparaître, le président ne peut refuser sa comparution que par une décision motivée. La comparution peut être réalisée selon les modalités prévues à l'article 706-71.

Si la personne mise en examen est majeure, les débats se déroulent et l'arrêt est rendu en audience publique. Toutefois, le ministère public, la personne mise en examen ou la partie civile ou leurs avocats peuvent, avant l'ouverture des débats, s'opposer à cette publicité si celle-ci est de nature à entraver les investigations spécifiques nécessitées par l'instruction, à porter atteinte à la présomption d'innocence ou à la sérénité des débats ou à nuire à la dignité de la personne ou aux intérêts d'un tiers, ou si l'enquête porte sur des faits mentionnés aux articles 706-73 et 706-73-1. La chambre statue sur cette opposition, après avoir recueilli les observations du ministère public et des parties, par un arrêt rendu en chambre du conseil qui n'est susceptible d'un pourvoi en cassation qu'en même temps que l'arrêt portant sur la demande principale. Si la chambre fait droit à cette opposition ou si la personne mise en examen est mineure, les débats ont lieu et l'arrêt est rendu en chambre du conseil. Il en est de même si la partie civile s'oppose à la publicité, dans les seuls cas où celle-ci est en droit de demander le huis clos lors de l'audience de jugement.

Le président de la chambre de l'instruction peut également ordonner d'office, après avoir recueilli les observations du ministère public et des parties, que les débats se déroulent en chambre du conseil si la publicité est de nature à entraver les investigations spécifiques nécessitées par l'instruction ou à nuire à la dignité de la personne ou aux intérêts d'un tiers. Le président de la chambre de l'instruction statue par une ordonnance rendue en chambre du conseil qui n'est susceptible de pourvoi en cassation qu'en même temps que l'arrêt rendu à l'issue des débats.

Deux jours ouvrables au moins avant la date prévue pour l'audience, les parties peuvent déposer des mémoires consistant soit en des demandes de mise en liberté, soit en des demandes d'actes, y compris s'il s'agit d'une demande ayant été précédemment rejetée en application de l'article 186-1, soit en des requêtes en annulation, sous réserve des articles 173-1 et 174, soit en des demandes tendant à constater la prescription de l'action publique.

II. – La chambre de l'instruction, après avoir le cas échéant statué sur ces demandes, peut :

1° Ordonner la mise en liberté, assortie ou non du contrôle judiciaire, d'une ou plusieurs des personnes mises en examen, même en l'absence de demande en ce sens ;

2° Prononcer la nullité d'un ou plusieurs actes dans les conditions prévues par l'article 206 ;

3° Évoquer et procéder dans les conditions prévues par les articles 201, 202, 204 et 205 ;

4° Procéder à une évocation partielle du dossier en ne procédant qu'à certains actes avant de renvoyer le dossier au juge d'instruction ;

5° Renvoyer le dossier au juge d'instruction afin de poursuivre l'information, en lui prescrivant le cas échéant de procéder à un ou plusieurs actes autres que ceux relatifs à la détention provisoire ou au contrôle judiciaire, dans un délai qu'elle détermine ;

6° Désigner un ou plusieurs autres juges d'instruction pour suivre la procédure avec le juge ou les juges d'instruction déjà saisis, conformément à l'article 83-1 ;

7° Lorsque cette décision est indispensable à la manifestation de la vérité et à la bonne administration de la justice et qu'il n'est pas possible de procéder aux désignations prévues au 6°, procéder au dessaisissement du juge d'instruction et à la désignation, aux fins de poursuite de la procédure, d'un ou plusieurs juges d'instruction de la juridiction d'origine ou d'une autre juridiction du ressort ;

8° Ordonner le règlement, y compris partiel, de la procédure, notamment en prononçant un ou plusieurs non-lieux à l'égard d'une ou plusieurs personnes.

L'arrêt de la chambre de l'instruction doit être rendu au plus tard trois mois après la saisine par le président, à défaut de quoi les personnes placées en détention sont remises en liberté.

Six mois après que l'arrêt est devenu définitif, si une détention provisoire est toujours en cours, et sauf si l'avis de fin d'information prévu par l'article 175 a été délivré, le président de la chambre de l'instruction peut à nouveau saisir cette juridiction dans les conditions prévues par le présent article.

• **C. pr. pén., art. 272-1**

Si l'accusé, après avoir été convoqué par la voie administrative au greffe de la cour d'assises, ne se présente pas, sans motif légitime d'excuse, au jour fixé pour être interrogé par le président de la cour d'assises, ce dernier peut, par décision motivée, décerner mandat d'arrêt.

Pendant le déroulement de l'audience de la cour d'assises, la cour peut également, sur réquisition du ministère public, décerner mandat de dépôt ou d'arrêt si l'accusé se soustrait aux obligations du contrôle judiciaire ou s'il apparaît que la détention est l'unique moyen d'assurer sa présence lors des débats ou d'empêcher des pressions sur les victimes ou les témoins. Dès le début de l'audience, la cour peut aussi, sur les réquisitions du ministère public, ordonner le placement de l'accusé sous contrôle judiciaire afin d'assurer sa présence au cours des débats ou empêcher des pressions sur les victimes ou les témoins. Les dispositions du présent alinéa sont également applicables aux personnes renvoyées pour délits connexes.

À tout moment, la personne peut demander sa mise en liberté devant la cour.

• **C. pr. pén., art. 394** [mod. par L. nº 2021-1729, 22 déc. 21, art. 14]

Le procureur de la République peut inviter la personne déférée à comparaître devant le tribunal dans un délai qui ne peut être inférieur à dix jours, sauf renonciation expresse de l'intéressé en présence de son avocat, ni supérieur à six mois. Il lui notifie les faits retenus à son encontre ainsi que le lieu, la date et l'heure de l'audience. Il informe également le prévenu qu'il doit comparaître à l'audience en possession des justificatifs de ses revenus ainsi que de ses avis d'imposition ou de non-imposition. Cette notification, mentionnée au procès-verbal dont copie est remise sur-le-champ au prévenu, vaut citation à personne.

L'avocat choisi ou le bâtonnier est informé, par tout moyen et sans délai, de la date et de l'heure de l'audience ; mention de cet avis est portée au procès-verbal. L'avocat ou la personne déférée lorsqu'elle n'est pas assistée d'un avocat peut, à tout moment, consulter le dossier.

Si le procureur de la République estime nécessaire de soumettre le prévenu jusqu'à sa comparution devant le tribunal à une ou plusieurs obligations du contrôle judiciaire ou de le placer sous assignation à résidence avec surveillance électronique, il le traduit sur-le-champ devant le juge des libertés et de la détention, statuant en chambre du conseil avec l'assistance d'un greffier. Ce magistrat peut, après audition du prévenu préalablement informé de son droit de se taire sur les faits qui lui sont reprochés, son avocat ayant été avisé et entendu en ses observations, s'il le demande, prononcer l'une de ces mesures dans les conditions et suivant les modalités prévues par les articles 138, 139,142-5 et 142-6. Cette décision est notifiée verbalement au prévenu et mentionnée au procès-verbal dont copie lui est remise sur-le-champ. Si le prévenu placé sous contrôle judiciaire ou sous assignation à résidence avec surveillance électronique se soustrait aux obligations qui lui sont imposées, les dispositions du deuxième alinéa de l'article 141-2 sont applicables, ainsi que celles de l'article 141-4 ; les attributions confiées au juge d'instruction par cet article sont alors exercées par le procureur de la République.

• **C. pr. pén., art. 396** [mod. par L. nº 2021-1729, 22 déc. 2021, art. 14]

Dans le cas prévu par l'article précédent, si la réunion du tribunal est impossible le jour même et si les éléments de l'espèce lui paraissent exiger une mesure de détention provisoire, le procureur de la République peut traduire le prévenu devant le juge des libertés et de la détention, statuant en chambre du conseil avec l'assistance d'un greffier.

Le juge, après avoir fait procéder, sauf si elles ont déjà été effectuées, aux vérifications prévues par le huitième alinéa de l'article 41, statue sur les réquisitions du ministère public aux fins de détention provisoire. Après avoir informé le prévenu de son droit de se taire, il recueille ses observations éventuelles ou celles de son avocat. L'ordonnance rendue n'est pas susceptible d'appel.

Il peut placer le prévenu en détention provisoire jusqu'à sa comparution devant le tribunal. L'ordonnance prescrivant la détention est rendue suivant les modalités prévues par l'article 137-3, premier alinéa, et doit comporter l'énoncé des considérations de droit et de fait qui constituent le fondement de la décision par référence aux dispositions des 1° à 6° de l'article 144. Cette décision énonce les faits retenus et saisit le tribunal ; elle est notifiée verbalement au prévenu et mentionnée au procès-verbal dont copie lui est remise sur-le-champ. Le prévenu doit comparaître devant le tribunal au plus tard le troisième jour ouvrable suivant. A défaut, il est mis d'office en liberté.

Si le juge estime que la détention provisoire n'est pas nécessaire, il peut soumettre le prévenu, jusqu'à sa comparution devant le tribunal, à une ou plusieurs obligations du contrôle judiciaire ou le placer sous assignation à résidence avec surveillance électronique. La date et l'heure de l'audience, fixées dans les délais prévus à l'article 394, sont alors notifiées à l'intéressé soit par le juge ou par son greffier, si ces informations leur ont été préalablement données par le procureur de la République, soit, dans le cas contraire, par le procureur ou son greffier. Toutefois, si les poursuites concernent plusieurs personnes dont certaines sont placées en détention, la personne reste convoquée à l'audience où comparaissent les autres prévenus détenus. L'article 397-4 ne lui est pas applicable. Si le prévenu placé sous contrôle judiciaire ou sous assignation à résidence avec surveillance électronique se soustrait aux obligations qui lui sont imposées, les dispositions du deuxième alinéa de l'article 141-2 sont applicables.

• **C. pr. pén., art. 397-3**

Dans tous les cas prévus par le présent paragraphe, le tribunal peut, conformément aux dispositions de l'article 141-1, placer ou maintenir le prévenu sous contrôle judiciaire. Cette décision est exécutoire par provision. Si le prévenu placé sous contrôle judiciaire se soustrait aux obligations qui lui sont imposées, les dispositions du deuxième alinéa de l'article 141-2 sont applicables.

Dans les cas prévus par les articles 395 et suivants, le tribunal peut également placer ou maintenir le prévenu en détention provisoire par décision spécialement motivée. La décision prescrivant la détention est rendue suivant les modalités prévues par les articles 135, 137-3, premier alinéa et 464-1 et est motivée par référence aux dispositions des 1° à 6° de l'article 144. Elle est exécutoire par provision.

Lorsque le prévenu est en détention provisoire, le jugement au fond doit être rendu dans les deux mois qui suivent le jour de sa première comparution devant le tribunal. Faute de décision au fond à l'expiration de ce délai, il est mis fin à la détention provisoire. Le prévenu, s'il n'est pas détenu pour une autre cause, est mis d'office en liberté.

Lorsqu'il a été fait application des dispositions du deuxième alinéa de l'article 397-1, le délai prévu à l'alinéa précédent est porté à quatre mois.

• **C. pr. pén., art. 397-7** [mod. par L. nº 2021-1729, 22 déc. 2021, art. 7]

Si le procureur de la République estime que les faits pour lesquels la personne est déférée devant lui en application de l'article 393 doivent faire l'objet, en raison de leur gravité ou de leur complexité, d'une information relevant de la compétence d'un pôle de l'instruction alors qu'il n'existe pas de tel pôle au sein du tribunal judiciaire et que les éléments de l'espèce lui paraissent exiger une mesure de détention provisoire, il peut requérir le placement sous contrôle judiciaire, sous assignation à résidence avec surveillance électronique ou en détention provisoire de cette personne jusqu'à sa comparution devant le juge d'instruction compétent en faisant application du dernier alinéa de l'article 394 ou de l'article 396. Si la personne est placée en détention provisoire, elle doit comparaître devant le juge d'instruction du pôle de l'instruction au plus tard le cinquième jour ouvrable suivant. A défaut, elle est mise d'office en liberté.

• **C. pr. pén., art. 471**

* V. s[s] n° 821.01.

• **C. pr. pén., art. 495-8** [mod. par L. n° 2019-222, 23 mars 2019, art. 74]

Le procureur de la République peut proposer à la personne d'exécuter une ou plusieurs des peines principales ou complémentaires encourues ; la nature et le quantum de la ou des peines sont déterminés conformément aux articles 130-1 et 132-1 du code pénal.

Lorsqu'est proposée une peine d'emprisonnement, sa durée ne peut être supérieure à trois ans ni excéder la moitié de la peine d'emprisonnement encourue. Le procureur peut proposer qu'elle soit assortie en tout ou partie du sursis. Il peut également proposer qu'elle fasse l'objet d'une des mesures d'aménagement énumérées par l'article 712-6. Si le procureur de la République propose une peine d'emprisonnement ferme, il précise à la personne s'il entend que cette peine soit immédiatement mise à exécution ou si la personne sera convoquée devant le juge de l'application des peines pour que soient déterminées les modalités de son exécution, notamment la semi-liberté, le placement à l'extérieur ou la détention à domicile sous surveillance électronique.

Lorsqu'est proposée une peine d'amende, son montant ne peut être supérieur à celui de l'amende encourue. Elle peut être assortie du sursis.

Le procureur de la République peut proposer que la peine d'emprisonnement proposée révoquera tels ou tels sursis précédemment accordés. Il peut également proposer le relèvement d'une interdiction, d'une déchéance ou d'une incapacité résultant de plein droit de la condamnation, en application du second alinéa de l'article 132-21 du code pénal, ou l'exclusion de la mention de la condamnation du bulletin n° 2 ou n° 3 du casier judiciaire en application des articles 775-1 et 777-1 du présent code.

Les déclarations par lesquelles la personne reconnaît les faits qui lui sont reprochés sont recueillies, et la proposition de peine est faite par le procureur de la République, en présence de l'avocat de l'intéressé choisi par lui ou, à sa demande, désigné par le bâtonnier de l'ordre des avocats, l'intéressé étant informé que les frais seront à sa charge sauf s'il remplit les conditions d'accès à l'aide juridictionnelle. La personne ne peut renoncer à son droit d'être assistée par un avocat. L'avocat doit pouvoir consulter sur-le-champ le dossier.

La personne peut librement s'entretenir avec son avocat, hors la présence du procureur de la République, avant de faire connaître sa décision. Elle est avisée par le procureur de la République qu'elle peut demander à disposer d'un délai de dix jours avant de faire connaître si elle accepte ou si elle refuse la ou les peines proposées.

Le procureur de la République peut, avant de proposer une peine conformément aux dispositions du cinquième alinéa du présent article, informer par tout moyen la personne ou son avocat des propositions qu'il envisage de formuler.

• **C. pr. pén., art. 495-10** [mod. par L. n° 2019-222, 23 mars 2019, art. 59, 60]

Lorsque la personne demande à bénéficier, avant de se prononcer sur la proposition faite par le procureur de la République, du délai prévu à l'avant-dernier alinéa de l'article 495-8, le procureur de la République peut la présenter devant le juge des libertés et de la détention pour que celui-ci ordonne son placement sous contrôle judiciaire, à l'assignation à résidence avec surveillance électronique ou, à titre exceptionnel et si l'une des peines proposées est égale ou supérieure à deux mois d'emprisonnement ferme et que le procureur de la République a proposé sa mise à exécution immédiate, son placement en détention provisoire, selon les modalités prévues par le dernier alinéa de l'article 394 ou les articles 395 et 396, jusqu'à ce qu'elle comparaisse de nouveau devant le procureur de la République. Cette nouvelle comparution doit intervenir dans un délai compris entre dix et vingt jours à compter de la décision du juge des libertés et de la détention. A défaut, il est mis fin au contrôle judiciaire, à l'assignation à résidence avec surveillance électronique ou à la détention provisoire de l'intéressé si l'une de ces mesures a été prise.

• **C. pr. pén., art. 501**

Lorsque le tribunal statue sur une demande de mise en liberté conformément aux articles 148-1 et 148-2 ainsi que lorsqu'il statue sur une demande de mainlevée ou de modification de contrôle judiciaire ou de l'assignation à résidence avec surveillance électronique, l'appel doit être formé dans un délai de vingt-quatre heures.

• **C. pr. pén., art. 706-64**

Les juridictions pénales, à l'exception des juridictions d'instruction et de la cour d'assises, peuvent solliciter l'avis de la Cour de cassation en application de l'article L. 151-1 du code de l'organisation judiciaire. Toutefois, aucune demande d'avis ne peut être présentée lorsque, dans l'affaire concernée, une personne est placée en détention provisoire, sous assignation à résidence avec surveillance électronique ou sous contrôle judiciaire.

• **C. pr. pén., art. 723-8** [mod. par L. n° 2019-222, 23 mars 2019, art. 74, 82]

Le contrôle de l'exécution de la mesure est assuré au moyen d'un procédé permettant de détecter à distance la présence ou l'absence du condamné dans le seul lieu désigné par le juge de l'application des peines pour chaque période fixée. La mise en oeuvre de ce procédé peut conduire à imposer à la personne assignée le port, pendant toute la durée de la détention à domicile sous surveillance électronique, d'un dispositif intégrant un émetteur.

Le procédé utilisé est homologué à cet effet par le ministre de la justice. La mise en oeuvre doit garantir le respect de la dignité, de l'intégrité et de la vie privée de la personne.

Le condamné est avisé que l'installation sur sa personne du dispositif prévu au premier alinéa ne peut être réalisée sans son consentement, mais que le fait de refuser cette installation constitue une violation des obligations qui lui incombent et peut donner lieu à la mise à exécution de l'emprisonnement prévue à l'article 713-44 ou au retrait de la mesure d'aménagement prévu à l'article 723-13.

• **C. pr. pén., art. D. 32-4** [mod. par Décr. n° 2022-546, 13 avr. 2022, art. 4]

Lorsqu'il est saisi d'une Dans le cas prévu par le dernier alinéa de l'article 142-6, cette saisine est faite par le président de la chambre de l'instruction. demande de placement sous assignation à résidence avec surveillance électronique ou lorsqu'il envisage de prononcer une telle mesure, le juge d'instruction ou le juge des libertés et de la détention ou, en cas d'appel, le président de la chambre de l'instruction peut charger le service pénitentiaire d'insertion et de probation :

1° De s'assurer de la disponibilité du dispositif technique décrit à l'article R. 57-11 ou R. 61-22 ainsi que de la faisabilité technique du projet ;

2° De vérifier la situation familiale, matérielle et sociale de la personne mise en examen, notamment aux fins de déterminer les horaires et les lieux d'assignation.

La saisine aux fins des vérifications mentionnées au 1° ci-dessus est obligatoire dans les cas prévus par les 1° à 3° de l'article 142-6 ; toutefois, dans les cas prévus par les 1° et 2° de cet article, le juge d'instruction peut prendre une décision spécialement motivée disant ne pas procéder à cette saisine. Cette décision, qui ne peut faire l'objet d'un recours, peut figurer dans l'ordonnance du juge saisissant le juge des libertés et de la détention aux fins de prolongation de la détention provisoire.

• **C. pr. pén., art. D. 32-5**

Lorsque le lieu d'assignation devant être désigné n'est pas le domicile de la personne mise en examen, l'accord écrit émanant soit du propriétaire, soit du ou des titulaires du contrat de location des lieux où pourra être installé le récepteur, est recueilli par le service pénitentiaire d'insertion et de probation.

Ce recueil n'est toutefois pas nécessaire si cet accord figure déjà au dossier de la procédure.

• **C. pr. pén., art. D. 32-10**

L'ordonnance de placement sous assignation à résidence avec surveillance électronique est motivée conformément aux dispositions de l'article 142-6.

Elle précise le domicile ou la résidence dans laquelle la personne est assignée ainsi que les jours et horaires d'assignation et les motifs pour lesquels la personne est autorisée à s'absenter de ce domicile ou de cette résidence.

Elle précise également, le cas échéant, les autres obligations et interdictions prévues par l'article 138 auxquelles la personne est astreinte.

• **C. pr. pén., art. D. 32-14** [mod. par Décr. n° 2022-855, 7 juin 2022, art. 2]

L'inscription dans un registre nominatif de la personne placée sous assignation à résidence avec surveillance électronique, ainsi que la pose et la dépose du dispositif que doit porter la personne assignée, sont assurées par le personnel de l'administration pénitentiaire dans les conditions déterminées par les dispositions de l'article D. 632-2 du code pénitentiaire.

Conformément aux dispositions de l'article D. 632-4 du même code, le contrôle et le suivi de la mesure sont assurés par le service pénitentiaire d'insertion et de probation dans les conditions déterminées par les dispositions de l'article R. 622-8 du même code.

• **C. pr. pén., art. D. 32-17**

L'accord préalable du juge d'instruction prévu par l'article 142-9 pour que les horaires de présence au domicile ou dans les lieux d'assignation soient modifiés par le chef d'établissement pénitentiaire ou par le directeur du service pénitentiaire d'insertion et de probation, dès lors qu'il s'agit de modifications favorables à la personne mise en examen ne touchant pas à l'équilibre de la mesure de contrôle, est mentionné dans l'ordonnance décidant de l'assignation à résidence.

Si cet accord est donné postérieurement au prononcé de la mesure, il figure dans un document distinct qui est adressé sans délai au chef d'établissement pénitentiaire ou au directeur du service pénitentiaire d'insertion et de probation.

Le juge peut à tout moment de la procédure décider de retirer cet accord. Il doit alors en informer sans délai le chef d'établissement pénitentiaire ou le directeur du service pénitentiaire d'insertion et de probation.

• **C. pr. pén., art. D. 32-20**

Conformément aux dispositions des articles 141-2 et 142-8, si la personne mise en examen se soustrait volontairement aux obligations de l'assignation à résidence avec surveillance électronique, le juge d'instruction peut décerner à son encontre le mandat d'arrêt ou d'amener.

Le juge de l'instruction peut également, dans les conditions prévues au quatrième alinéa de l'article 137-1, saisir le juge des libertés et de la détention aux fins de placement en détention provisoire.

Quelle que soit la peine d'emprisonnement encourue, le juge des libertés et de la détention peut décerner, à l'encontre de cette personne, un mandat de dépôt en vue de sa détention provisoire, sous réserve des dispositions des articles 141-3 et D. 32-21.

En cas de violation des obligations prévues par les 9° et 17° de l'article 138, les dispositions de l'article 141-4 sont applicables, ainsi que celles du second alinéa de l'article 141-2 et celles du dernier alinéa de l'article 394.

• **C. pr. pén., art. D. 32-25**

Si la personne se soustrait aux obligations de l'assignation à résidence avec surveillance électronique alors qu'elle est renvoyée devant la juridiction de jugement, le procureur de la République peut saisir le juge des libertés et de la détention pour que celui-ci décerne le mandat d'arrêt ou d'amener à son encontre. Ce magistrat est également compétent pour ordonner, conformément aux dispositions de l'article 135-2, le placement en détention provisoire de l'intéressé.

• **C. pr. pén., art. D. 32-25-1** [créé par Décr. n° 2021-1820, 24 déc. 2021, art. 3]

Lorsque la personne renvoyée devant la juridiction de jugement est condamnée à une peine d'emprisonnement ferme assorti d'un mandat de dépôt à effet différé prononcé avec exécution provisoire, les obligations de l'assignation à résidence sous surveillance électronique ou sous surveillance électronique mobile demeurent applicables jusqu'à ce que la personne soit incarcérée, au plus tard avant l'expiration du délai d'appel de dix jours. La dépose du dispositif de surveillance électronique par le personnel de l'administration pénitentiaire intervient alors au moment de l'incarcération.

Si la personne est condamnée, avec exécution provisoire, à la peine de détention à domicile sous surveillance électronique ou à une peine d'emprisonnement ferme aménagée sous la forme d'une détention à domicile sous surveillance électronique, ces obligations demeurent applicables jusqu'à ce que la peine soit effective, au plus tard avant l'expiration du délai d'appel de dix jours.

Les dispositions du présent article sont applicables lorsque la personne renvoyée devant la juridiction fait l'objet d'un dispositif électronique mobile anti-rapprochement prévu aux articles 138-3 du présent code et qu'elle est condamnée, avec exécution provisoire, soit à une peine d'emprisonnement ferme avec mandat de dépôt à effet différé, soit à la peine de détention à domicile sous surveillance électronique ou à une peine d'emprisonnement aménagée par la juridiction ou à un sursis probatoire comportant ce dispositif en application de l'article 132-45-1 du code pénal.

Les dispositions du présent article sont également applicables lorsque ces mesures ont été prononcées en application des articles 394,396 ou 397-1-1 du présent code.

831.03 **Bibliographie indicative.**

Encyclopédies. Rép. pén., V° *Détention provisoire et contrôle judiciaire*, par P. Dourneau-Josette – J.-Cl. Pr. pén., « Assignation à résidence sous surveillance électronique », par E. Camous.

Articles. A. Kensey, M. Narcy, « Les caractéristiques socio-démographiques des personnes sous PSE (2000-2006) », *Cah. d'études pénitentiaires et criminologiques* mars 2008, n° 21 – B. Lavielle, « L'assignation à résidence sous surveillance électronique ou de la difficulté d'être son propre gardien », *Gaz. Pal.* 18-20 juill. 2010, p. 7 – C. Lazergue, « L'électronique au service de la politique criminelle : du placement sous surveillance électronique statique (PSE) au placement sous surveillance électronique mobile (PSEM) », *RSC* 2006. 183 – H. Matsopoulou, « Les innovations dans la conduite de l'information judiciaire : une urgence pour 2010 ! – Commentaire de la loi n° 2007-291 du 5 mars 2007 tendant à renforcer l'équilibre de la procédure pénale », *Dr. pénal* 2007. Ét. 5 – M. Peretti, « Le bracelet électronique, boulet moderne ou outil d'insertion ? », *AJ pénal* 2007. 468.

SECTION 1
CONDITIONS

831.11 **Origines (Loi du 24 novembre 2009).** La loi du 24 novembre 2009[1], dite loi pénitentiaire, a introduit dans le code de procédure pénale l'assignation à résidence avec surveillance électronique comme *mesure autonome* prenant la suite du placement sous contrôle judiciaire avec bracelet électronique.

L'assignation à résidence sous surveillance électronique consiste à interdire à une personne de sortir d'un lieu déterminé hors les cas autorisés par la décision de justice prise à cet effet.

L'article 137 du code de procédure pénale situe l'assignation à résidence comme une mesure de contrainte située entre le contrôle judiciaire et la détention provisoire : « Toute personne mise en examen, présumée innocente, demeure libre. Toutefois, en raison des nécessités de l'instruction ou à titre de mesure de sûreté, elle peut être astreinte à une ou plusieurs obligations du contrôle judiciaire ou, si celles-ci se révèlent insuffisantes, être assignée à résidence avec surveillance électronique. À titre exceptionnel, si les obligations du contrôle judiciaire ou de l'assignation à résidence avec surveillance électronique ne permettent pas d'atteindre ces objectifs, elle peut être placée en détention provisoire. »

Ce sont les articles 142-5[2] à 142-13 qui régissent la matière ainsi que les articles D. 32-3[3] à D. 32-31 issus quant à eux du décret 1er avril 2010.

L'article 142-5 du code de procédure pénale posait la base du dispositif en affirmant que l'assignation à résidence avec surveillance électronique pouvait être ordonnée, avec l'accord ou à la demande de l'intéressé (cet accord a toutefois disparu depuis l'entrée en vigueur de la loi du 23 mars 2019[4]), par le juge d'instruction ou par le juge des libertés et de la détention dans certaines conditions. On verra que le tribunal correctionnel peut également prendre cette décision.

D'abord envisagée comme un mode d'exécution de la détention provisoire, puis comme une obligation entrant dans le cadre du prononcé d'un contrôle judiciaire depuis la loi du 9 septembre 2002, celle de ne sortir de son domicile que pour les motifs déterminés par le juge d'instruction, l'assignation à résidence avec surveillance électronique est désormais une mesure *sui generis* qui, si elle emprunte encore certains des attributs à la détention provisoire (imputation sur la peine prononcée, indemnisation possible en cas de non-lieu ou de relaxe...) n'est pas à proprement parler une mesure d'exécution d'une peine d'emprisonnement.

831.12 **Conditions.** Lorsque la décision d'assignation à résidence avec surveillance électronique est prise dans le cadre de l'information judiciaire par le juge d'instruction ou le JLD, la peine encourue doit être *au moins de deux ans d'emprisonnement*. Si

1. L. n° 2009-1436, 24 nov. 2009 pénitentiaire, *JO* 25 nov., p. 20192.
2. C. pr. pén., art. L. 142-5 ; créé par L. n° 2009-1436, 24 nov. 2009, art. 71.
3. C. pr. pén., art. D. 32-3 ; mod. par décr. n° 2010-355, 1er avr. 2010, art. 1er.
4. V. ss n° 831.22.

c'est un placement sous surveillance mobile qui est envisagé, la peine encourue doit alors être *de plus de sept ans*.

831.13 ***Quantum* de la peine encourue.** Comme en matière de détention provisoire, le *quantum* de la peine encourue ne doit intégrer ni la récidive ni les circonstances d'atténuation de la peine.

831.14 **Personne morale.** La nature de l'assignation à résidence avec surveillance électronique rend inconcevable son prononcé dans le cas où le prévenu serait une personne morale.

SECTION 2
PROCÉDURE

831.21 **Procédure.** L'article 142-6 du code de procédure pénale disposait que : « L'assignation à résidence avec surveillance électronique est décidée par ordonnance motivée du juge d'instruction ou du juge des libertés et de la détention, qui statue après un débat contradictoire conformément à l'article 145. »

Le même article prévoit que le débat contradictoire n'est pas utile lorsque le magistrat statue sur une demande de mise en liberté. L'article D. 32-7 du code de procédure pénale fixait le contenu de ce débat contradictoire en précisant que : « Le juge entend le procureur de la République qui développe ses réquisitions, puis les observations de la personne mise en examen et, le cas échéant, celles de son avocat. Si la personne est majeure, ce débat contradictoire a lieu et le juge statue en audience publique. Toutefois, selon les modalités et dans les cas prévus par le sixième alinéa de l'article 145, le juge peut décider que ce débat aura lieu et que la décision sera rendue en audience de cabinet. » Cet article a été abrogé par un décret du 24 mai 2019[1].

Depuis la loi du 23 mars 2019, le procureur de la République peut ne pas être présent à ce débat contradictoire dès lors qu'il a fait parvenir des réquisitions écrites. Ces réquisitions sont alors lues par le juge d'instruction ou le JLD au cours du débat contradictoire (C. pr. pén., art 142-6 al. 1).

831.22 **Suppression de l'accord de la personne.** Le recueil du consentement de l'intéressé était une condition *sine qua non* à la mise en place de l'assignation à résidence avec surveillance électronique. Ce consentement ne pouvait être recueilli qu'en présence de l'avocat ou celui-ci dûment convoqué[2]. Le prévenu en détention provisoire peut également solliciter sa mise en liberté sous ce régime. Son consentement pouvait alors résulter de la mention expresse figurant dans la demande. Le consentement du prévenu ne faisait pas, en tout état de cause, l'objet d'un formalisme particulier. Selon l'article D. 32-9 du code de procédure pénale il pouvait résulter d'une mention expresse figurant dans le corps de la demande de mise en liberté ou exprimé par le conseil de l'intéressé.

L'accord de l'intéressé a été supprimé par la loi du 23 mars 2019[3]. Depuis le 1 juin 2019, le juge peut ordonner cette mesure d'office et sans avoir à recueillir cet accord.

Le décret du 24 mai 2019, intégré aux articles D. 32-4 et suivants du Code de procédure pénale[4], précise les modalités de mise en œuvre de l'Arse. La personne doit être informée au moment de son placement sous Arse de ce que, dans le cas où elle ne respecterait pas les obligations qui lui sont imposées, l'assignation à résidence pourra être révoquée et elle pourra être placée en détention provisoire[5]. Elle est aussi informée que la pose du bracelet comportant un émetteur prévu à l'article R. 57-11 du Code de procédure pénale ne peut être effectuée sans son consentement, mais le fait de refuser la pose de ce dispositif constitue une violation de ses obligations, pouvant donner lieu à la révocation de la mesure et à son placement en détention provisoire. Ces informations font l'objet d'une mention dans le procès-verbal du débat contradictoire prévu par le premier alinéa de l'article 142-6, ou de la présentation de la personne devant le magistrat prévue par cet alinéa. L'article D. 32-13 du même code précise que si l'Arse est ordonnée à l'occasion d'une mise en liberté, ces informations figurent dans l'ordonnance.

831.23 **Durée de l'assignation à résidence sous surveillance électronique.** Aux termes de l'article 142-7 du code de procédure pénale, l'assignation à résidence sous surveillance électronique ne peut excéder *six mois mais peut être renouvelée*[6]. La durée totale ne peut dépasser deux ans.

831.24 **Effets.** La mesure de l'assignation à résidence avec surveillance électronique oblige la personne à demeurer à son domicile ou dans une résidence fixée

1. Décr. n° 2019-508, 24 mai 2019 pris pour l'application des dispositions pénales de la loi n° 2019-222 du 23 mars 2019 de programmation 2018-2022 et de réforme pour la justice, relatives à l'instruction, à l'exercice des voies de recours et à l'exécution des peines, *JO* 25 mai, n° 4.
2. C. pr. pén., art. D. 32-8.
3. L. n° 2019-222, 23 mars 2019 de programmation 2018-2022 et de réforme pour la justice, *JO* 24 mars, n° 2.
4. Les dispositions des articles D. 32-7 à D. 32-9 du Code de procédure pénale, et du dernier alinéa de l'article D. 32-26 applicable aux mineurs, qui prévoyaient les modalités de cet accord ont été abrogées par le décret n° 2019-508 du 24 mai 2019.
5. C. pr. pén., art. D. 32-11.
6. Sur la prolongation, v. s[s] n° 833.11.

par le juge d'instruction ou le juge des libertés et de la détention et de ne s'en absenter qu'aux conditions et pour les motifs déterminés par ce magistrat.

831.25 **Deux modes d'exécution.** L'obligation à résidence peut être exécutée sous le régime du placement avec surveillance électronique, à l'aide du procédé prévu par l'article 723-8 du code de procédure pénale. Il s'agit alors d'un procédé statique.

L'obligation à résidence peut également être exécutée sous le régime du placement sous surveillance électronique mobile, à l'aide du procédé prévu par l'article 763-12 du même code, si la personne est mise en examen pour une infraction punie de plus de sept ans d'emprisonnement et pour laquelle le suivi socio-judiciaire est encouru.

831.26 **Lieu d'assignation.** Le texte prévoit que la personne peut être assignée dans tout lieu que le juge estime adéquat. Il peut s'agir du domicile ou de la résidence habituelle de la personne ou de tout autre lieu dès lors que le propriétaire en serait d'accord.

831.27 **Non-respect.** Dans le cas où la personne ne respecte pas les obligations résultant de l'assignation à résidence avec surveillance électronique peut faire l'objet d'un mandat d'arrêt ou d'amener et être placée en détention provisoire[1].

SECTION 3

QUAND LE TRIBUNAL CORRECTIONNEL PEUT-IL ORDONNER UNE ARSE ?

831.31 **Domaine d'application.** C'est l'article 142-12 du code de procédure pénale qui prévoit que les juridictions d'instruction et de jugement peuvent prononcer, comme mesure alternative à la détention provisoire, une assignation à résidence avec surveillance électronique dans les cas prévus par les articles 135-2, 145, 148, 201, 221-3, 272-1, 397-3, 695-34 et 696-19.

Cette mesure peut être levée, maintenue, modifiée ou révoquée par les juridictions d'instruction et de jugement selon les mêmes modalités que le contrôle judiciaire en application des articles 148-2, 148-6, 213, 272-1, 695-35, 695-36, 696-20 et 696-21.

En conséquence, le juge ou le tribunal correctionnel peut l'ordonner dans les trois situations suivantes, les autres articles concernant les attributions de la chambre de l'instruction :

– le JLD lorsqu'il est saisi après le règlement de l'information si la personne a été arrêtée sur mandat d'arrêt, conformément à l'article 135-2 du code de procédure pénale ;

– le tribunal correctionnel, saisi d'une demande de mise en liberté sur la base de l'article 148-1 du code de procédure pénale ;

– le tribunal correctionnel, saisi selon la procédure de comparution immédiate, lorsqu'un renvoi lui est demandé, selon les termes de l'article 397-3 du code de procédure pénale.

On aurait pu penser que cet article n'avait d'intérêt que si la liste donnée était limitative. Or, dans les articles figurant en toute fin de la loi, modifiant les textes du code de procédure pénale, on trouve plusieurs autres articles qui sont modifiés. Il en est ainsi de l'article 394 qui autorise le procureur de la République à saisir le JLD pour qu'il place la personne en assignation à résidence avec surveillance électronique dans le cas de mise en place d'une convocation par procès-verbal ; de l'article 396 qui autorise désormais le JLD saisi d'une demande de placement en détention provisoire selon la procédure de comparution immédiate, à placer la personne sous contrôle judiciaire ou assignation à résidence avec surveillance électronique ; de l'article 397-7 qui offre la même opportunité au JLD saisi dans un tribunal non-pôle dans l'attente de la saisine de la juridiction du pôle lorsque le procureur estime qu'une information doit être ouverte ; de l'article 495-10 qui offre la même opportunité au JLD mais cette fois-ci dans le cadre de la comparution sur reconnaissance préalable de culpabilité, lorsque la personne demande à bénéficier, avant de se prononcer sur la proposition faite par le procureur de la République, du délai de dix jours ouvert par l'article 495-8[2].

831.32 **Mandat de dépôt à durée différée. Détention à domicile.** Lorsque la personne renvoyée devant la juridiction de jugement est condamnée à une peine d'emprisonnement ferme assorti d'un mandat de dépôt à effet différé prononcé avec exécution provisoire, les obligations de l'assignation à résidence sous surveillance électronique ou sous surveillance électronique mobile *demeurent applicables jusqu'à ce que la personne soit incarcérée, au plus tard avant l'expiration du délai d'appel de dix jours.* La dépose du dispositif de surveillance électronique par le personnel de l'administration pénitentiaire intervient alors au moment de l'incarcération.

Si la personne est condamnée, avec exécution provisoire, à la peine de détention à domicile sous surveillance électronique ou à une peine d'emprisonnement ferme aménagée sous la forme d'une détention à domicile sous surveillance électronique, ces obligations demeurent applicables *jusqu'à ce que*

1. C. pr. pén., art. 142-8, D. 32-20.

2. V. s[s] n° 431.62.

la peine soit effective, au plus tard avant l'expiration du délai d'appel de dix jours.

Ces dispositions sont applicables lorsque la personne renvoyée devant la juridiction fait l'objet d'un dispositif électronique mobile anti-rapprochement prévu aux articles 138-3 du présent code et qu'elle est condamnée, avec exécution provisoire, soit à une peine d'emprisonnement ferme avec mandat de dépôt à effet différé[1].

Elles sont également applicables lorsque ces mesures ont été prononcées en application des articles 394, 396 ou 397-1-1 [2].

831.33 **Appel.** Aux termes de l'article 501 du code de procédure pénale, lorsque le tribunal statue sur une demande de mise en liberté conformément aux articles 148-1 et 148-2, ainsi que lorsqu'il statue sur une demande de mainlevée ou de modification du contrôle judiciaire ou de l'assignation à résidence avec surveillance électronique, l'appel doit être formé dans un délai de 24 heures.

831.34 **Exclusion de la saisine de la Cour de cassation pour avis.** L'article 706-64 du code de procédure pénale qui autorise, depuis la loi du 15 novembre 2001[3], les juridictions pénales à saisir la Cour de cassation en application de l'article L. 151-1 du code de l'organisation judiciaire, pour une demande d'avis exclut cette possibilité lorsqu'il y a dans le dossier un détenu ou une personne placée sous contrôle judiciaire.

La loi du 24 novembre 2009 a également ajouté un alinéa à l'article 706-64 ajoutant l'assignation à résidence avec surveillance électronique[4].

1. C. pr. pén., art D. 32-25-1.
2. C. pr. pén., art D. 32-25-1.
3. L. n° 2001-1062, 15 nov. 2001, préc.
4. V. s[s] n°s 832.11 s.

CHAPITRE

832. Mise en place de l'assignation à résidence

SECTION 0 ORIENTEUR

832.00 **Sommaire du chapitre.**

832.01 **Principaux textes applicables.**

TEXTES SOURCES

• C. pr. pén., art. 135-2, 137, 142-5 à 142-12-1, 145, 145-2, 148, 148-2, 148-6, 201, 213, 221-3, 272-1, 394, 396, 397-3, 397-7, 471, 495-8, 495-10, 501, 695-34 à 695-36, 696-19 à 696-21, 706-64, 723-8

• C. pr. pén., art. D. 32-4, D. 32-5, D. 32-10, D. 32-14, D. 32-17, D. 32-20, D. 32-25

TEXTES *IN EXTENSO*

• **C. pr. pén., art. 135-2**

* V. s[s] n° 731.01.

• **C. pr. pén., art. 137**

* V. s[s] n° 731.01.

• **C. pr. pén., art. 142-5 à 142-12-1**

* V. s[s] n° 831.01.

• **C. pr. pén., art. 145**

* V. s[s] n° 731.01.

• **C. pr. pén., art. 145-2**

En matière criminelle, la personne mise en examen ne peut être maintenue en détention au-delà d'un an. Toutefois, sous réserve des dispositions de l'article 145-3, le juge des libertés et de la détention peut, à l'expiration de ce délai, prolonger la détention pour une durée qui ne peut être supérieure à six mois par une ordonnance motivée conformément aux dispositions de l'article 137-3 et rendue après un débat contradictoire organisé conformément aux dispositions du sixième alinéa de l'article 145, l'avocat ayant été convoqué conformément aux dispositions du deuxième alinéa de l'article 114. Cette décision peut être renouvelée selon la même procédure.

La personne mise en examen ne peut être maintenue en détention provisoire au-delà de deux ans lorsque la peine encourue est inférieure à vingt ans de réclusion ou de détention criminelles et au-delà de trois ans dans les autres cas. Les délais sont portés respectivement à trois et quatre ans lorsque l'un des faits constitutifs de l'infraction a été commis hors du territoire national. Le délai est également de quatre ans lorsque la personne est poursuivie pour plusieurs crimes mentionnés aux livres II et IV du code pénal, ou pour trafic de stupéfiants, terrorisme, proxénétisme, extorsion de fonds ou pour un crime commis en bande organisée.

À titre exceptionnel, lorsque les investigations du juge d'instruction doivent être poursuivies et que la mise en liberté de la personne mise en examen causerait pour la sécurité des personnes et des biens un risque d'une particulière gravité, la chambre de l'instruction peut prolonger pour une durée de quatre mois les durées prévues au présent article. La chambre de l'instruction, devant laquelle la comparution personnelle du mis en examen est de droit, est saisie par ordonnance motivée du juge des libertés et de la détention selon les modalités prévues par le dernier alinéa de l'article 137-1, et elle statue conformément aux dispositions des articles 144, 144-1, 145-3, 194, 197, 198, 199, 200, 206 et 207. Cette décision peut être renouvelée une fois sous les mêmes conditions et selon les mêmes modalités.

Les dispositions du présent article sont applicables jusqu'à l'ordonnance de règlement.

• **C. pr. pén., art. 148**

* V. s[s] n° 731.01.

• **C. pr. pén., art. 148-2**

* V. s[s] n° 731.01.

• **C. pr. pén., art. 148-6**

* V. s[s] n° 731.01.

• **C. pr. pén., art. 201**

* V. s[s] n° 831.01.

• **C. pr. pén., art. 213**

* V. s[s] n° 731.01.

• **C. pr. pén., art. 221-3**

* V. s[s] n° 831.01.

• **C. pr. pén., art. 272-1**

* V. s[s] n° 831.01.

• **C. pr. pén., art. 394**

* V. s[s] n° 831.01.

• **C. pr. pén., art. 396**

* V. s[s] n° 831.01.

• **C. pr. pén., art. 397-3**

* V. s[s] n° 831.01.

• **C. pr. pén., art. 397-7**

* V. s[s] n° 831.01.

• **C. pr. pén., art. 471**

* V. s[s] n° 821.01.

• **C. pr. pén., art. 495-8**

* V. s[s] n° 831.01.

• **C. pr. pén., art. 495-10**

* V. s[s] n° 831.01.

• **C. pr. pén., art. 501**

* V. s[s] n° 831.01.

• **C. pr. pén., art. 695-34**

La mise en liberté peut être demandée à tout moment à la chambre de l'instruction selon les formes prévues aux articles 148-6 et 148-7.

L'avocat de la personne recherchée est convoqué, par lettre recommandée avec demande d'avis de réception, quarante-huit heures au moins avant la date de l'audience. La chambre de l'instruction statue après avoir entendu le ministère public ainsi que la personne recherchée ou son avocat, dans les plus brefs délais et au plus tard dans les quinze jours de la réception de la demande, par un arrêt rendu dans les conditions prévues à l'article 199. Toutefois, lorsque la personne recherchée n'a pas encore comparu devant la chambre de l'instruction, les délais précités ne commencent à courir qu'à compter de la première comparution devant cette juridiction.

La chambre de l'instruction peut également, lorsqu'elle ordonne la mise en liberté de la personne recherchée et à titre de mesure de sûreté, astreindre l'intéressé à se soumettre à une ou plusieurs des obligations énumérées aux articles 138 et 142-5.

Préalablement à sa mise en liberté, la personne recherchée doit signaler à la chambre de l'instruction ou au chef de l'établissement pénitentiaire son adresse.

Elle est avisée qu'elle doit signaler à la chambre de l'instruction, par nouvelle déclaration ou par lettre recommandée avec demande d'avis de réception, tout changement de l'adresse déclarée.

Elle est également avisée que toute notification ou signification faite à la dernière adresse déclarée sera réputée faite à sa personne.

Mention de cet avis, ainsi que de la déclaration d'adresse, est portée soit au procès-verbal, soit dans le document qui est adressé sans délai, en original ou en copie, par le chef d'établissement pénitentiaire à la chambre de l'instruction.

• **C. pr. pén., art. 695-35**

La mainlevée ou la modification du contrôle judiciaire ou de l'assignation à résidence sous surveillance électronique peut être ordonnée à tout moment par la chambre de l'instruction dans les conditions prévues à l'article 199, soit d'office, soit sur les réquisitions du procureur général, soit à la demande de la personne recherchée après avis du procureur général.

La chambre de l'instruction statue dans les quinze jours de sa saisine.

• **C. pr. pén., art. 695-36**

Si la personne recherchée se soustrait volontairement aux obligations du contrôle judiciaire ou de l'assignation à résidence sous surveillance électronique ou si, après avoir bénéficié d'une mise en liberté non assortie du contrôle judiciaire ou de l'assignation à résidence sous surveillance électronique, il apparaît qu'elle entend manifestement se dérober à l'exécution d'un mandat d'arrêt européen, la chambre de l'instruction peut, sur les réquisitions du ministère public, décerner mandat d'arrêt à son encontre.

Les dispositions de l'article 74-2 sont alors applicables, les attributions du procureur de la République et du juge des libertés et de la détention prévues par cet article étant respectivement confiées au procureur général et au président de la chambre de l'instruction ou un conseiller par lui désigné.

Lorsque l'intéressé a été appréhendé, l'affaire doit être examinée par la chambre de l'instruction dans les plus brefs délais et au plus tard dans les dix jours de sa mise sous écrou.

La chambre de l'instruction confirme, s'il y a lieu, la révocation du contrôle judiciaire ou de l'assignation à résidence sous surveillance électronique et ordonne l'incarcération de l'intéressé.

Le ministère public et la personne recherchée sont entendus, cette dernière assistée, le cas échéant, de son avocat et, s'il y a lieu, en présence d'un interprète.

Le dépassement du délai mentionné au deuxième alinéa entraîne la mise en liberté d'office de l'intéressé.

• **C. pr. pén., art. 696-19**

La mise en liberté peut être demandée à tout moment à la chambre de l'instruction selon les formes prévues aux articles 148-6 et 148-7.

L'avocat de la personne réclamée est convoqué, par lettre recommandée avec demande d'avis de réception, quarante-huit heures au moins avant la date de l'audience. La chambre de l'instruction statue après avoir entendu le ministère public ainsi que la personne réclamée ou son avocat, dans les plus brefs délais et au plus tard dans les vingt jours de la réception de la demande, par un arrêt rendu dans les conditions prévues à l'article 199. Si la demande de mise en liberté a été formée par la personne réclamée dans les quarante-huit heures de la mise sous écrou extraditionnel, le délai imparti à la chambre de l'instruction pour statuer est réduit à quinze jours.

La chambre de l'instruction peut également, lorsqu'elle ordonne la mise en liberté de la personne réclamée et à titre de mesure de sûreté, astreindre l'intéressé à se soumettre à une ou plusieurs des obligations énumérées aux articles 138 et 142-5.

Préalablement à sa mise en liberté, la personne réclamée doit signaler à la chambre de l'instruction ou au chef de l'établissement pénitentiaire son adresse. Elle est avisée qu'elle doit signaler à la chambre de l'instruction, par nouvelle déclaration ou par lettre recommandée avec demande d'avis de réception, tout changement de l'adresse déclarée. Elle est également avisée que toute notification ou signification faite à la dernière adresse déclarée sera réputée faite à sa personne.

Mention de cet avis, ainsi que de la déclaration d'adresse, est portée soit au procès-verbal, soit dans le document qui est adressé sans délai, en original ou en copie par le chef de l'établissement pénitentiaire à la chambre de l'instruction.

• C. pr. pén., art. 696-20

La mainlevée du contrôle judiciaire, de l'assignation à résidence sous surveillance électronique ou la modification de ceux-ci peut être ordonnée à tout moment par la chambre de l'instruction dans les conditions prévues à l'article 199, soit d'office, soit sur les réquisitions du procureur général, soit à la demande de la personne réclamée après avis du procureur général.

La chambre de l'instruction statue dans les vingt jours de sa saisine.

• C. pr. pén., art. 696-21

Si la personne réclamée se soustrait volontairement aux obligations du contrôle judiciaire ou de l'assignation à résidence sous surveillance électronique ou si, après avoir bénéficié d'une mise en liberté non assortie du contrôle judiciaire ou de l'assignation à résidence sous surveillance électronique, il apparaît qu'elle entend manifestement se dérober à la demande d'extradition, la chambre de l'instruction peut, sur les réquisitions du ministère public, décerner mandat d'arrêt à son encontre.

Les dispositions de l'article 74-2 sont alors applicables, les attributions du procureur de la République et du juge des libertés et de la détention prévues par cet article étant respectivement confiées au procureur général et au président de la chambre de l'instruction ou un conseiller par lui désigné.

Lorsque l'intéressé a été appréhendé, l'affaire doit venir à la première audience publique ou au plus tard dans les dix jours de sa mise sous écrou.

La chambre de l'instruction confirme, s'il y a lieu, la révocation du contrôle judiciaire ou de l'assignation à résidence sous surveillance électronique ou de la mise en liberté de l'intéressé.

Le ministère public et la personne réclamée sont entendus, cette dernière assistée, le cas échéant, de son avocat et, s'il y a lieu, en présence d'un interprète.

Le dépassement du délai mentionné au deuxième alinéa entraîne la mise en liberté d'office de l'intéressé.

• C. pr. pén., art. 706-64

* V. s^s n° 831.01.

• C. pr. pén., art. 723-8

* V. s^s n° 831.01.

• C. pr. pén., art. D. 32-4 à D. 32-25

* V. s^s n° 831.01.

832.03 Bibliographie indicative.

* V. s^s n° 831.03.

SECTION 1
AVANT LA MISE EN PLACE

832.11 Mesures préalables. L'assignation à résidence suppose un certain nombre de vérifications préalables. Le magistrat qui l'envisage doit d'abord saisir le service pénitentiaire d'insertion et de probation, ou l'association habilitée, de s'assurer de la disponibilité du dispositif technique et de la faisabilité technique du projet et de vérifier la situation familiale, matérielle et sociale de la personne mise en examen, notamment aux fins de déterminer les horaires et les lieux d'assignation [1].

Le service saisi doit aussi s'assurer du consentement du titulaire du contrat de location ou du propriétaire si le lieu d'assignation devant être désigné n'est pas le domicile de la personne mise en examen [2]. Ces contraintes techniques sont plus faciles à préparer pour le juge d'instruction que pour la juridiction correctionnelle dont la décision est collégiale et qui ne peut rien anticiper. L'évolution technique rend cette étude de faisabilité beaucoup plus simple qu'au début de la mise en place du PSE. En effet, dans les lieux susceptibles d'être couverts par le GPS, seule une prise électrique est nécessaire à la mise en place du dispositif.

832.12 Faisabilité de la mesure. Depuis l'introduction du bracelet électronique ce sont les services dits du SPIP, c'est-à-dire le service pénitentiaire d'insertion et de probation qui s'occupent de la faisabilité de la mesure et qui sont prévus pour poursuivre cette tâche [3]. Cette enquête n'est pas légalement obligatoire mais peut être capitale pour l'effectivité de la mise en place de l'Arse. En effet, il importe de s'assurer de conditions techniques : domicile du prévenu équipé d'une ligne téléphonique adéquate ou lieu couvert par le réseau de télécommunication satellite dans le cas d'installation d'un boîtier GPRS, accord du maître des lieux, disponibilité de bracelets, vérification de la situation familiale, matérielle et sociale...

832.13 Avis médical. La personne qui va être placée sous assignation à résidence avec surveillance électronique doit être informée de la possibilité qui lui est offerte de demander qu'un médecin vérifie que le dispositif en place ne présente pas d'inconvénients pour sa santé. Une requête peut être formulée en ce sens à tout moment [4]. Le magistrat peut également l'ordonner d'office.

832.14 Délai d'installation. L'article D. 32-14, alinéa 3, du code de procédure pénale dispose que « la pose du dispositif de surveillance électronique est effectuée, dans un délai de cinq jours au plus tard à compter de l'ordonnance de placement sous assignation à résidence sous surveillance électronique ». Il n'en va différemment que lorsque la personne est détenue. Dans ce cas, le dispositif doit être installé avant sa libération.

1. C. pr. pén., art. D. 32-4.
2. C. pr. pén., art. D. 32-5.
3. C. pr. pén., art. D. 32-4.
4. C. pr. pén., art. D. 32-6 et D. 32-12.

SECTION 2
MISE EN PLACE

832.21 **Aménagements.** L'article 142-2, alinéa 2, du code de procédure pénale dispose que la personne assignée à résidence avec surveillance électronique peut être autorisée à s'en absenter aux conditions et pour les motifs déterminés par le magistrat ayant prononcé cette mesure. Contrairement aux conditions prévues pour le placement avec surveillance électronique post-sentenciel, aucune contrainte n'est imposée au juge.

Dans le cas de violences perpétrées au sein du couple, l'article D. 32-30 du code de procédure pénale autorise le juge à attribuer à la victime, avec son accord, un dispositif de télé-protection permettant d'alerter les autorités publiques en cas de transgression des obligations par le mis en examen ou le prévenu.

832.22 **Adjonction possible d'obligations de contrôle judiciaire.** Aux termes du dernier alinéa de l'article 142-5, la mesure d'assignation à résidence peut être complétée par une ou plusieurs obligations de contrôle judiciaire.

832.23 **Délégataires.** L'article 142-9 du code de procédure pénale dispose que : « Avec l'accord préalable du juge d'instruction, les horaires de présence au domicile ou dans les lieux d'assignation peuvent, lorsqu'il s'agit de modifications favorables à la personne mise en examen ne touchant pas à l'équilibre de la mesure de contrôle, être modifiés par le chef d'établissement pénitentiaire ou le directeur du service pénitentiaire d'insertion et de probation qui en informe le juge d'instruction. »

Comme les autres articles, et en l'absence de précisions contraires, il peut être étendu à la juridiction de jugement, ce qui paraît d'une grande utilité au regard du formalisme de réunion de la formation de jugement.

Selon l'article D. 32-17 du code de procédure pénale l'accord donné par le juge d'instruction aux fins de délégation des modifications d'horaires doit figurer dans le corps de l'ordonnance d'assignation à résidence sous surveillance électronique. Dans l'hypothèse où cette délégation est accordée ultérieurement, cet accord figure dans un document distinct. Celui-ci est adressé sans délai au chef d'établissement pénitentiaire ou au directeur du service pénitentiaire d'insertion. La juridiction de jugement doit donc établir un document, peu importe son intitulé, dans lequel cette précision est apportée. Il n'y a que deux délégataires possibles : le *chef d'établissement pénitentiaire* et le *directeur du service pénitentiaire d'insertion et de probation*. Il convient de rappeler que cet aménagement ne peut aller que dans un sens favorable à l'intéressé. Le service délégataire est tenu d'informer sans délai le juge d'instruction des modifications d'horaires opérées[1].

Aux termes de l'article D. 32-18, alinéa 2, du code de procédure pénale le juge d'instruction peut annuler cette modification d'horaire. Cela apparaît plus complexe pour une juridiction de jugement, qui ne demeure pas saisie après la décision, dans l'attente de la nouvelle comparution de la personne. Ceci pourrait constituer un frein à de telles décisions de délégations, dont le juge d'instruction doit être également conscient au moment d'un éventuel maintien sous assignation à résidence lors du renvoi du dossier. Au quotidien, cette délégation ne semble pas pratiquée par les juridictions de jugement.

832.24 **Assignation à résidence avec surveillance électronique simple.** La personne faisant l'objet d'une assignation à résidence avec surveillance électronique doit porter pendant toute la durée du placement un appareil intégrant un émetteur, habituellement nommé bracelet électronique, permettant de détecter si la personne est absente ou présente du lieu où elle est assignée[2]. La surveillance est exercée par l'administration pénitentiaire. La personne, si elle est libre, doit en effet se rendre à la maison d'arrêt où sera paramétré et installé le bracelet. Dans certains cas, ce placement aura lieu dans les locaux du SPIP. Il n'y a pas de véritable « placement sous écrou », mais seulement un enregistrement, et donc aucune réincarcération immédiate en cas de violation. La décision d'assignation à résidence avec surveillance électronique « précise le domicile ou la résidence dans laquelle la personne est assignée et les motifs pour lesquelles la personne est autorisée à s'absenter de ce domicile ou de cette résidence »[3]. Elle mentionne également les personnes qui ont la charge de vérifier le bon respect des obligations et interdictions imposées par la décision. Elle peut porter également mention de l'adjonction d'une ou plusieurs obligations de contrôle judiciaire, qui doivent être précisées dans le corps même de l'ordonnance[4].

832.25 **Assignation à résidence avec surveillance électronique mobile.** Lorsqu'une telle assignation à résidence est possible, le prévenu doit porter en plus du bracelet un support GPS permettant à l'administration pénitentiaire de connaître à tout moment où se trouve l'intéressé et s'il pénètre ou non dans un lieu interdit.

1. C. pr. pén., art. D. 32-18.
2. C. pr. pén., art. 142-5, al. 3.
3. C. pr. pén., art. D. 32-10.
4. C. pr. pén., art. D. 32-10, al. 1.

832.26 **Contrôle.** L'article 142-5, alinéa 4, du code de procédure pénale renvoie aux dispositions des articles 723-9 à 723-12 du même code qui concernent le contrôle exercé par le JAP.

Par extension ce contrôle est exercé par le juge d'instruction pendant l'information et sans doute par le JLD ou le tribunal correctionnel dans le cas où ces autorités judiciaires auraient prononcé cette mesure.

Le contrôle à distance du placement sous surveillance électronique est assuré par des fonctionnaires de l'administration pénitentiaire qui sont autorisés à se rendre sur les lieux de l'assignation pour demander à rencontrer la personne. Ce contrôle peut également être exercé par les services de police et de gendarmerie.

832.27 **Arse prononcée par le JLD : débat contradictoire.** Aux termes de l'article 142-6 du Code de procédure pénale, dans sa version antérieure à l'entrée en vigueur, le 1er juin 2019, des dispositions de la loi n° 2019-222 du 23 mars 2019 « l'assignation à résidence avec surveillance électronique est décidée par ordonnance motivée du juge d'instruction ou du juge des libertés et de la détention, qui statue après un débat contradictoire conformément à l'article 145 ». Le Conseil constitutionnel a jugé le 21 mars 2019 que « le placement sous une telle assignation décidée en même temps que la mise en liberté d'office d'une personne placée en détention provisoire vise à faire bénéficier l'intéressé d'une mesure que le législateur a estimée moins rigoureuse » et que cette mesure n'était pas contraire à la Constitution[1]. Lors de ce débat, il était précisé que « le juge entend le procureur de la République qui développe ses réquisitions, puis les observations de la personne mise en examen et, le cas échéant, celles de son avocat. Si la personne est majeure, ce débat contradictoire a lieu et le juge statue en audience publique. Toutefois, selon les modalités et dans les cas prévus par le sixième alinéa de l'article 145, le juge peut décider que ce débat aura lieu et que la décision sera rendue en audience de cabinet » (C. pr. pén., art. D. 32-7). Depuis la loi du 23 mars 2019, le procureur de la République peut ne pas être présent à ce débat contradictoire dès lors qu'il a fait parvenir des réquisitions écrites. Ces réquisitions sont alors lues par le juge d'instruction ou le JLD au cours du débat contradictoire (C. pr. pén., art 142-6 al 1).

832.28 **Mise en liberté sous Arse sous condition préalable de pose du dispositif de surveillance.** Le juge des libertés et de la détention qui ordonne une mise en liberté sous Arse, peut décider que son ordonnance est prise sous condition suspensive d'installation du dispositif prévu à l'article 723-8 et que la mise en liberté de la personne est subordonnée à la pose bracelet comportant un émetteur prévu à l'article R. 57-11[2]. Dans ce cas, l'ordonnance indique que cette pose ne peut être effectuée sans le consentement de la personne, mais que si celle-ci la refuse, l'ordonnance sera caduque. la pose du dispositif par le personnel de l'administration pénitentiaire ne sera pas effectuée dans un délai de cinq jours au plus tard à compter de l'ordonnance de placement sous Arse. Le bracelet sera installé sur la personne avant sa libération, au sein de l'établissement pénitentiaire[3].

1. Cons. const. 21 mars 2019, n° 2018-768-QPC, *D.* 2019. 584.
2. C. pr. pén., art. D 32-13.
3. C. pr. pén., art. D 32-14.

CHAPITRE

833. Prolongation, modification et fin de l'assignation à résidence

SECTION 0

ORIENTEUR

833.00 **Sommaire du chapitre.**

833.01 **Principaux textes applicables.**

TEXTES SOURCES

• C. pr. pén., art. 135-2, 137, 142-5 à 142-12-1, 145, 145-2, 148, 148-2, 148-6, 201, 213, 221-3, 272-1, 394, 396, 397-3, 397-7, 471, 495-8, 495-10, 501, 695-34 à 695-36, 696-19 à 696-21, 706-64, 723-8

• C. pr. pén., art. D. 32-4, D. 32-5, D. 32-10, D. 32-14, D. 32-17, D. 32-20, D. 32-25

TEXTES *IN EXTENSO*

• **C. pr. pén., art. 135-2**

* V. s^{s} n° 731.01.

• **C. pr. pén., art. 137**

* V. s^{s} n° 731.01.

• **C. pr. pén., art. 142-5**

* V. s^{s} n° 831.01.

• **C. pr. pén., art. 145**

* V. s^{s} n° 731.01.

• **C. pr. pén., art. 145-2**

* V. s^{s} n° 831.01.

• **C. pr. pén., art. 148**

* V. s^{s} n° 731.01.

• **C. pr. pén., art. 148-2**

* V. s^{s} n° 731.01.

• **C. pr. pén., art. 148-6**

* V. s^{s} n° 731.01.

• **C. pr. pén., art. 201**

* V. s^{s} n° 831.01.

• **C. pr. pén., art. 213**

* V. s^{s} n° 731.01.

• **C. pr. pén., art. 221-3**

* V. s^{s} n° 831.01.

• **C. pr. pén., art. 272-1**

* V. s^{s} n° 831.01.

• **C. pr. pén., art. 394, 396, 397-3, 397-7**

* V. s^{s} n° 831.01.

• **C. pr. pén., art. 471**

* V. s^{s} n° 821.01.

• **C. pr. pén., art. 495-8 et 495-10**

* V. s^{s} n° 831.01.

• **C. pr. pén., art. 501**

* V. s^{s} n° 831.01.

• **C. pr. pén., art. 695-34 à 696-36**

* V. s^{s} n° 832.01.

• **C. pr. pén., art. 696-19 à 696-21**

* V. s^{s} n° 832.01.

• **C. pr. pén., art. 706-64**

* V. s^{s} n° 831.01.

• **C. pr. pén., art. 723-8**

* V. s^{s} n° 831.01.

• **C. pr. pén., art. D. 32-4 à D. 32-25**

* V. s^{s} n° 831.01.

833.03 **Bibliographie indicative.**

* V. s^{s} n° 831.03.

SECTION 1
PROLONGATION DE L'ARSE

833.11 Un principe de prolongation abandonné. Le texte sur l'assignation à résidence avec surveillance électronique a été rédigé avec l'idée principale que c'est le juge d'instruction ou le JLD qui allaient les ordonner. Peu de choses sont précisées qui concernent le tribunal correctionnel. Ainsi, la prolongation de l'assignation à résidence après l'ordonnance de renvoi ne faisait pas l'objet de précision. Plusieurs problèmes se posaient :

- Le tribunal correctionnel doit-il prolonger l'assignation à résidence ?
- Quelle est la date à retenir comme point de départ de la prolongation ?

Se posait principalement la question de savoir, si le dossier n'est pas évoqué dans le délai de six mois, si la juridiction de jugement devait prolonger l'Arse. Certains auteurs estimaient même qu'il fallait prendre comme point de départ la précédente prolongation réalisée par le juge d'instruction.

La fiche « Focus » de la chancellerie mentionnait que la chambre de l'instruction était compétente pour renouveler la mesure d'Arse après que l'ordonnance de mise en accusation ait été rendue. Le tribunal correctionnel se voit attribuer, logiquement, la même compétence s'agissant d'une ordonnance de renvoi devant lui. Certaines juridictions du fond avaient néanmoins statué autrement.

La loi du 23 mars 2019 a précisé le cas de la nécessité ou non de prolonger la mesure après le renvoi du dossier devant la juridiction de jugement. L'article 142-7 du code de procédure pénale précise que lorsque la personne renvoyée devant le tribunal correctionnel ou la cour d'assises est maintenue ou demeure sous assignation à résidence, la durée totale de la mesure, compte tenu de celle exécutée au cours de l'instruction, ne peut excéder deux ans, sans qu'il soit nécessaire d'en ordonner la prolongation tous les six mois et sous réserve de la possibilité pour l'intéressé d'en demander la mainlevée.

Cette précision vient mettre un terme aux jurisprudences discordantes précitées. Cette disposition a été validée par le Conseil constitutionnel dans sa décision du 21 mars 2019[1].

833.12 Droit d'appel. C'est par extrapolation que l'on estimera que le ministère public et le prévenu disposent d'un droit d'appel de la décision prescrivant le renouvellement ou au contraire disant n'y avoir lieu à telle prolongation. La partie civile ne dispose d'aucun droit en la matière. Mais nous avons dit que, désormais, le tribunal correctionnel ne prolonge plus l'Arse.

1. Cons. const. 21 mars 2019, n° 2018-768-QPC, *D.* 2019. 584.

833.13 Urgence sanitaire : prolongation de plein droit de l'Arse. L'article 16 de l'ordonnance n° 2020-303 du 25 mars 2020 portant adaptation de règles de procédure pénale sur le fondement de la loi n° 2020-290 du 23 mars 2020 d'urgence pour faire face à l'épidémie de covid-19[2] a prévu qu'en matière correctionnelle, les délais maximum d'assignation à résidence sous surveillance à électronique, prévus par les dispositions du code de procédure pénale, qu'il s'agisse des détentions au cours de l'instruction ou des détentions pour l'audiencement devant les juridictions de jugement des affaires concernant des personnes renvoyées à l'issue de l'instruction, sont prolongés de plein droit de deux mois lorsque la peine d'emprisonnement encourue est inférieure ou égale à cinq ans et de trois mois dans les autres cas, sans préjudice de la possibilité pour la juridiction compétente d'ordonner à tout moment, d'office, sur demande du ministère public ou sur demande de l'intéressé, la mainlevée de la mesure, le cas échéant avec assignation à résidence sous surveillance électronique ou sous contrôle judiciaire lorsqu'il est mis fin à une détention provisoire. Ce délai est porté à six mois en matière criminelle et, en matière correctionnelle, pour l'audiencement des affaires devant la cour d'appel.

SECTION 2
MODIFICATION ET FIN DE L'ARSE

833.21 Juge d'instruction. Le juge d'instruction saisi d'une demande de mainlevée de l'assignation à résidence avec surveillance électronique se prononce sans qu'il soit tenu de convoquer la personne concernée ainsi que son avocat et de procéder à leur audition[3]. Il répond par ordonnance motivée susceptible d'appel. S'il ordonne mainlevée de la mesure il en avertit immédiatement l'administration pénitentiaire.

833.22 Juridiction de jugement. La procédure applicable devant la juridiction de jugement est la même que celle précédemment exposée pour la détention provisoire et le contrôle judiciaire, s'agissant de la forme de la demande et des délais ouverts à la juridiction pour statuer, selon qu'elle est du premier ou du second ressort[4]. Mais la juridiction ne peut se prononcer qu'après qu'un débat ait eu lieu, à la différence de ce qui vient d'être indiqué pour l'instruction préparatoire.

La personne citée et son avocat sont obligatoirement convoqués par lettre recommandée quarante-

2. *JO* 26 mars, n° 3.
3. C. pr. pén., art. 140.
4. V. s^s^ n° 814.44.

huit heures au moins avant la date de l'audience. Il en est ainsi en cas de demande de mainlevée totale ou d'une modification ayant pour effet d'amoindrir la contrainte. Il convient en effet de faire la même appréciation que dans le cas de demande de modification ou de mainlevée de contrôle judiciaire. La simple demande de modification (lieu de pointage par exemple pour le contrôle judiciaire) n'entraîne aucune exigence formelle ce qui n'est pas le cas pour la demande de modification entraînant un affaiblissement de la charge du prévenu (périodicité du pointage par exemple).

L'article D. 32-16 4° du code de procédure pénale prévoit le cas particulier de dispense occasionnelle ou temporaire d'observer certaines obligations, par exemple dans le cas d'une hospitalisation.

833.23 Exception à la nécessité du débat. L'article 148-2 du code de procédure pénal autorise la juridiction, qu'il s'agisse de la chambre de l'instruction saisie ou de la juridiction de jugement à se passer de débat lorsque la personne a comparu devant elle moins de quatre mois auparavant. Elle peut alors passer outre cette comparution par une décision motivée qui n'est pas susceptible de recours.

833.24 Absence de modification d'office. À la différence du juge d'instruction saisi d'un dossier d'information, la juridiction de jugement ne peut modifier les contraintes relatives à une assignation à résidence que lorsqu'elle est *saisie*. Elle ne peut donc d'office, et en l'absence de tout incident porté devant elle, modifier les obligations résultant de cette assignation.

833.25 Voies de recours. L'appel contre une décision de refus de mainlevée totale ou partielle d'une assignation à résidence avec surveillance électronique doit être formé dans un délai de vingt-quatre heures[1].

833.26 Droit à réparation. L'article 142-10 du code de procédure pénale prévoit que la personne ayant été placée sous assignation à résidence avec surveillance électronique et ayant bénéficié d'une décision de non-lieu, relaxe ou acquittement, a droit à la réparation du préjudice subi selon les modalités prévues par les articles 149 à 150 du code de procédure pénale. Ces derniers articles concernent la situation de la personne détenue déclarée non coupable[2].

833.27 Assignation à résidence avec surveillance électronique et arrêt d'appel. L'article 569 du code de procédure pénale, dans son deuxième alinéa, prévoit la possibilité pour la cour d'appel prononçant une peine d'emprisonnement sans sursis de maintenir les effets de l'assignation à résidence avec surveillance électronique. Cette mention ne figure pas à l'article 471 du code de procédure pénale lorsqu'il s'agit d'une décision du tribunal correctionnel.

833.28 Révocation de l'assignation à résidence avec surveillance électronique. Tout comme le contrôle judiciaire, l'assignation à résidence avec surveillance électronique est susceptible de révocation. Cela peut être le cas lorsque le prévenu n'a pas respecté les obligations horaires qui lui étaient imposées ou lorsqu'il s'est rendu dans un lieu qui lui était interdit. En pratique le contrôleur transmet un rapport d'incident à l'autorité judiciaire. La question se pose de savoir si l'assignation à résidence peut être révoquée lorsque ce sont seulement les obligations de contrôle judiciaire, complétant la mesure d'astreinte, qui ont été violées. Mais en fait la révocation peut alors de toutes les façons se faire sur la base de la violation de ces obligations de contrôle judiciaire.

Aux termes de l'article D. 32-1-25 du code de procédure pénale, si la personne se soustrait aux obligations de l'assignation à résidence avec surveillance électronique alors qu'elle est renvoyée devant la juridiction de jugement, le procureur de la République peut saisir le juge des libertés et de la détention pour que celui-ci décerne le mandat d'arrêt ou d'amener à son encontre. Ce magistrat est également compétent pour ordonner, conformément aux dispositions de l'article 135-2 le placement en détention provisoire de l'intéressé. Ce texte doit être analysé de la même façon que l'article 141-2[3] dont il est d'ailleurs une copie conforme. En conséquence, il s'agit d'une possibilité ouverte au ministère public n'empêchant pas le tribunal correctionnel saisi de prononcer une telle révocation. Cette possibilité lui est expressément ouverte par l'article 142-12 selon lequel la mesure d'assignation à résidence sous surveillance électronique peut « être levée, maintenue, modifiée ou révoquée par les juridictions d'instruction et de jugement selon les mêmes modalités que le contrôle judiciaire... ».

Il convient de noter par ailleurs que l'assignation à résidence avec surveillance électronique peut être ordonnée lorsque la peine d'emprisonnement encourue est au minimum de trois ans, durée inférieure au plancher du placement en détention provisoire. Toutefois, tout comme pour la violation du contrôle judiciaire, l'article 141-3 du code de procédure pénale dispose que l'intéressé qui ne respecte pas cette assignation à résidence peut alors être placé en détention provisoire quel que soit le *quantum* encouru. Mais l'article D. 32-21 précise

1. C. pr. pén., art. 501.
2. V. s^s n°s 814.162 s.
3. V. s^s n° 813.31.

alors que « lorsque la peine encourue est inférieure à celle mentionnée à l'article 143-1, la durée totale des détentions ne peut excéder quatre mois ».

833.29 Imputation du temps d'assignation à résidence sous surveillance électronique sur la peine. L'assignation à résidence sous surveillance électronique est assimilée, selon l'article 142-11 du code de procédure pénale, à une détention provisoire pour l'imputation intégrale de sa durée sur celle d'une *peine privative de liberté*, conformément à l'article 716-4.

En revanche, cette durée n'est pas imputée sur la *détention provisoire* qui succéderait à une assignation révoquée. L'imputation de la durée de l'assignation à résidence sous surveillance électronique sur la peine fait que les prévenus la préfèrent parfois au contrôle judiciaire, ce qui n'est pas forcément le cas de certains juges. On a même vu un prévenu saisir une chambre de l'instruction qui l'avait placé sous contrôle judiciaire d'une demande de placement sous Arse. La demande, singulière, n'apparaît pas irrecevable.

LIVRE

9. LES RECOURS

SECTION 0

ORIENTEUR

9.00 **Sommaire du livre.**

TITRE

91. Les voies de recours : principes

SECTION 0
ORIENTEUR

91.00 **Sommaire du titre.**

91.05 **Voies de réformation et voies de rétractation.** Lorsque la procédure pénale prévoit de refaire juger une affaire en son entier par une juridiction différente, on évoque une voie de réformation. L'appel et le recours en révision sont des voies de réformation. En revanche, lorsqu'il est prévu que la même juridiction puisse être saisie pour revenir le cas échéant sur une décision prononcée, il s'agit alors d'une voie de rétractation ; c'est l'opposition[1].

91.06 **Voies de recours et l'ordre public.** L'exercice des voies de recours est d'ordre public et il appartient aux juridictions de jugement de s'assurer du respect des conditions de forme, sans avoir à provoquer préalablement les explications des parties[2]. Outre qu'elles peuvent donc être relevées d'office, ces irrégularités peuvent être présentées pour la première fois devant la Cour de cassation[3].

1. Qui, seule, subsiste comme voie de rétractation après la suppression de la purge de la contumace par la loi du 9 mars 2004.
2. Crim. 25 mai 2004, n° 03-86.245, P n° 135 ; *AJ pénal* 2004. 327 – Crim. 9 janv. 2007, n° 06-84.738, P n° 3 ; *D.* 2007. 579 ; *AJ pénal* 2007. 136, obs. C. Saas ; *RSC* 2007. 324, obs. R. Filniez.
3. Crim. 17 déc. 1958, P n° 755 – Crim. 27 nov. 1963, n° 63-92.583, P n° 333 – Crim. 21 déc. 1965, n° 65-93.189, P n° 282 – Crim. 14 déc. 1966, n° 65-90.677, P n° 291 – Crim. 28 févr. 1968, n° 67-92.517, P n° 68 – Crim. 15 oct. 1984, n° 83-91.514, P n° 300 – Crim. 23 mars 1993, n° 91-81.203, P n° 126 – Crim. 17 sept. 2008, n° 08-80.598, P n° 188 ; *D.* 2008. 2507, obs. C. Girault ; *D.* 2009. 44, Chron. P. Chaumont et E. Degorce ; *AJ pénal* 2008. 456, ét. C. Saas.

CHAPITRE

911. Décisions susceptibles d'appel

SECTION 0

ORIENTEUR

911.00 Sommaire du chapitre.

911.01 Principaux textes applicables.

TEXTES SOURCES

- C. pr. pén., art. 459, 481, 496, 497, 506, 507, 508, 570
- L. 29 juill. 1881, art. 59

TEXTES *IN EXTENSO*

• **C. pr. pén., art. 459**

Le prévenu, les autres parties et leurs avocats peuvent déposer des conclusions.

Ces conclusions sont visées par le président et le greffier ; ce dernier mentionne ce dépôt aux notes d'audience.

Le tribunal qui est tenu de répondre aux conclusions ainsi régulièrement déposées doit joindre au fond les incidents et exceptions dont il est saisi, et y statuer par un seul et même jugement en se prononçant en premier lieu sur l'exception et ensuite sur le fond.

Il ne peut en être autrement qu'au cas d'impossibilité absolue, ou encore lorsqu'une décision immédiate sur l'incident ou sur l'exception est commandée par une disposition qui touche à l'ordre public.

• **C. pr. pén., art. 481** [mod. par L. n° 2016-731, 3 juin 2016, art. 84]

Si le tribunal estime que les objets placés sous la main de la justice sont utiles à la manifestation de la vérité ou susceptibles de confiscation, il surseoit à statuer jusqu'à sa décision sur le fond.

Dans ce cas, le jugement n'est susceptible d'aucun recours.

Le tribunal peut refuser la restitution lorsque celle-ci présente un danger pour les personnes ou les biens ou lorsque le bien saisi est l'instrument ou le produit direct ou indirect de l'infraction.

• **C. pr. pén., art. 496**

Les jugements rendus en matière correctionnelle peuvent être attaqués par la voie de l'appel.

L'appel est porté à la cour d'appel.

• **C. pr. pén., art. 497**

La faculté d'appeler appartient :

1° Au prévenu ;

2° À la personne civilement responsable quant aux intérêts civils seulement ;

3° À la partie civile, quant à ses intérêts civils seulement ;

4° Au procureur de la République ;

5° Aux administrations publiques, dans les cas où celles-ci exercent l'action publique ;

6° Au procureur général près la cour d'appel.

• **C. pr. pén., art. 506** [mod. par L. n° 2020-1672, 24 déc. 2020, art. 26]

Pendant les délais d'appel et durant l'instance d'appel, il est sursis à l'exécution du jugement, sous réserve des dispositions des articles 464 (deuxième et troisième alinéas), 464-1, 464-2, 471, 507, 508 et 708.

• **C. pr. pén., art. 507**

Lorsque le tribunal statue par jugement distinct du jugement sur le fond, l'appel est immédiatement recevable si ce jugement met fin à la procédure.

Dans le cas contraire et jusqu'à l'expiration des délais d'appel, le jugement n'est pas exécutoire et le tribunal ne peut statuer au fond.

Si appel n'a pas été interjeté ou si, avant l'expiration du délai d'appel, la partie appelante n'a pas déposé au greffe la requête prévue à l'alinéa suivant, le jugement est exécutoire et le tribunal statue au fond.

La partie appelante peut déposer au greffe, avant l'expiration des délais d'appel, une requête adressée au président de la chambre des appels correctionnels et tendant à faire déclarer l'appel immédiatement recevable.

• **C. pr. pén., art. 508**

Le greffier avise le président du tribunal du dépôt de cette requête. Le jugement n'est pas exécutoire et le tribunal ne peut statuer au fond tant qu'il n'a pas été prononcé sur ladite requête.

Dès que le greffier a reçu l'appel et la requête il fait parvenir celle-ci au président de la chambre des appels correctionnels ainsi qu'une expédition du jugement et de l'acte d'appel.

Le président statue sur la requête, par ordonnance non motivée, dans les huit jours de la réception de ce dossier.

S'il rejette la requête, le jugement est exécutoire et le tribunal se prononce au fond ; aucun recours n'est recevable contre l'ordonnance du président et l'appel n'est alors jugé qu'en même temps que l'appel formé contre le jugement sur le fond.

Si, dans l'intérêt de l'ordre public ou d'une bonne administration de la justice, le président fait droit à la requête, il fixe la date à laquelle l'appel sera jugé.

La cour doit statuer dans le mois qui suit l'ordonnance du président, sans que puisse être soulevée devant elle une exception tirée de ce que l'appel formé contre la décision entreprise ne serait pas suspensif ; l'exécution du jugement est suspendue dans ce dernier cas jusqu'à ce qu'intervienne l'arrêt de la cour.

• **C. pr. pén., art. 570** [mod. par L. n° 2022-52, 24 janv. 2022, art. 9]

Lorsque le tribunal ou la cour d'appel statue par jugement ou arrêt distinct de l'arrêt sur le fond, le pourvoi en cassation est immédiatement recevable si cette décision met fin à la procédure. Si le président de la chambre criminelle constate qu'une décision a été à tort considérée par la partie intéressée comme mettant fin à la procédure, il apprécie si le pourvoi doit néanmoins être reçu dans l'intérêt de l'ordre public ou d'une bonne administration de la justice, ou si, au contraire, il ne doit pas être reçu, et rend d'office à cet effet une ordonnance d'admission ou de non-admission.

Dans le cas où la décision n'a pas mis fin à la procédure et jusqu'à l'expiration des délais de pourvoi, l'arrêt n'est pas exécutoire et la cour d'appel ne peut statuer au fond.

Si aucun pourvoi n'a été interjeté ou si, avant l'expiration du délai du pourvoi, la partie demanderesse au pourvoi n'a pas déposé au greffe la requête prévue par l'alinéa suivant, le jugement ou l'arrêt est exécutoire et le tribunal ou la cour d'appel statue au fond. Il en est de même, nonobstant les dispositions de l'alinéa suivant, en cas d'arrêt rendu soit sur appel d'une ordonnance du juge d'instruction en application des articles 81, neuvième alinéa, 82-1, deuxième alinéa, 156, deuxième alinéa, ou 167, avant-dernier alinéa, soit en raison du défaut, par le juge d'instruction, d'avoir rendu une telle ordonnance. Dans ces cas, si la procédure a été néanmoins transmise à la Cour de cassation, le président de la chambre criminelle ordonne qu'il en soit fait retour à la juridiction saisie.

Le demandeur en cassation peut déposer au greffe, avant l'expiration des délais de pourvoi, une requête adressée au président de la chambre criminelle de la Cour de cassation et tendant à faire déclarer son pourvoi immédiatement recevable.

• **L. 29 juill. 1881, art. 59**

Le pourvoi devra être formé, dans les trois jours au greffe de la cour ou du tribunal qui aura rendu la décision. Dans les vingt-quatre heures qui suivront, les pièces seront envoyées à la Cour de cassation, qui jugera d'urgence dans les dix jours à partir de leur réception.

L'appel contre les jugements ou le pourvoi contre les arrêts des cours d'appel qui auront statué sur les incidents et exceptions autres que les exceptions d'incompétence ne sera formé, à peine de nullité, qu'après le jugement ou l'arrêt définitif et en même temps que l'appel ou le pourvoi contre ledit jugement ou arrêt.

Toutes les exceptions d'incompétence devront être proposées avant toute ouverture du débat sur le fond : faute de ce, elles seront jointes au fond et il sera statué sur le tout par le même jugement.

911.02 Jurisprudence de référence.

> Est recevable l'appel contre un jugement qui, ayant déclaré irrégulières les citations délivrées aux prévenues et renvoyé le ministère public à se pourvoir, met fin à la procédure au sens de l'article 507 du code de procédure pénale

• **Crim. 12 juin 1968,** n° 67-92.268, P n° 189

* V. s^s n° 911.22.

« Attendu que, saisis d'une poursuite en citation directe exercée par le procureur de la République contre R... femme N..., C... femme I...,

Et R... femme M..., du chef de proxénétisme,

Les premiers juges ont déclaré irrégulières les citations délivrées aux prévenues et renvoyé le ministère public à se pourvoir ainsi qu'il appartiendra ;

Attendu qu'une telle décision qui dessaisissait le tribunal de la poursuite avait mis fin à la procédure ; que,

Par suite,

L'appel du ministère public était immédiatement recevable,

Aux termes de l'article 507 du code de procédure pénale, ainsi que l'a justement déclaré l'arrêt attaqué ;

D'où il suit que les moyens ne sauraient être accueillis. »

> S'il ne met pas fin à la procédure, un jugement qui condamne le prévenu et admet le principe de sa responsabilité civile mais ordonne une mesure d'instruction complémentaire aux fins de fixer le montant du préjudice subi par la victime, n'est pas au sens de l'article 507 du code de procédure pénale un jugement distinct du jugement sur le fond

• **Crim. 13 nov. 1984,** n° 80-94.376, P n° 344

* V. s^s n° 911.22.

« Attendu que s'il ne met pas fin à la procédure, un jugement qui condamne le prévenu et admet le principe de sa responsabilité civile mais ordonne une mesure d'instruction complémentaire aux fins de fixer le montant du préjudice subi par la victime de l'infraction, n'est pas au sens de l'article 507 du code de procédure pénale, un jugement distinct du jugement sur le fond ;

Que, dès lors, la procédure prévue par ledit article et par l'article 508 du même code n'est pas applicable ;

Attendu que par jugement du tribunal correctionnel de Paris, Teresa G... a été condamnée pour des faits de vol commis au préjudice de son employeur, la société SGF... ;

Qu'estimant qu'il ne possédait pas les éléments nécessaires pour évaluer le préjudice subi par cette société qui s'est constituée partie civile,

Le tribunal a ordonné une expertise comptable à cette fin et renvoyé l'examen de la cause à une audience ultérieure ;

Attendu que, sur le seul appel de la partie civile, la cour d'appel a, par l'arrêt attaqué,

Déclaré cet appel irrecevable aux motifs que le jugement entrepris, ordonnant une mesure d'information et portant renvoi de la cause à date fixe, ne met pas fin à la procédure ;

Que, cependant, aucune requête tendant à faire déclarer l'appel immédiatement recevable, n'a été déposée dans les conditions prévues par l'article 507 du code de procédure pénale ;

Mais attendu qu'en statuant ainsi la cour d'appel a méconnu le sens et la portée de ce texte et du principe ci-dessus rappelé ;

D'où il suit que la cassation est encourue de ce chef ;

Par ces motifs :

CASSE ET ANNULE [...]. »

> Il peut être immédiatement interjeté appel du jugement qui ordonne un sursis à statuer, mais renvoie la cause à une date déterminée et ne met pas fin à la procédure, à condition qu'il soit fait application des articles 507 et 508 du Code de procédure pénale

• **Crim. 5 nov. 1991,** n° 91-82.347, P n° 395

* V. s[s] n° 911.48.

« Vu lesdits articles, ensemble l'article 59 de la loi du 29 juillet 1881 ;

Attendu qu'aux termes de l'article 59 de la loi du 29 juillet 1881, l'appel contre les jugements statuant en matière d'infractions à ladite loi sur les incidents et exceptions autres que les exceptions d'incompétence ne peut être formé, à peine de nullité, qu'après le jugement rendu sur le fond et en même temps que l'appel contre ledit jugement ; qu'il n'y est dérogé qu'en cas d'application des articles 507 et 508 du code de procédure pénale ;

Attendu qu'il appert de l'arrêt attaqué que, dans les poursuites engagées contre X..., président du B..., pour diffamations publiques envers des particuliers, sur plainte avec constitution de partie civile de la société anonyme Y..., de la société coopérative HLM Z... et d'A..., ces derniers ont, ainsi que le ministère public, interjeté appel du jugement du tribunal correctionnel du Mans du 19 novembre 1990 ordonnant qu'il soit sursis à statuer "dans l'attente de la suite qui sera donnée à l'information ouverte pour escroquerie sur plainte avec constitution de partie civile du B..." et disant que "l'affaire sera de nouveau évoquée à l'audience du 28 octobre 1991 pour que soit fait le point sur l'état d'avancement de cette information" ;

Attendu que, pour confirmer cette décision, la cour d'appel énonce "qu'il y a tout lieu de penser qu'au jour du renvoi l'affaire pourra faire l'objet éventuellement d'un autre renvoi" et qu'il convient dès lors d'analyser le sursis accordé en un sursis indéfini et illimité rendant l'appel immédiatement recevable ;

Mais attendu qu'en statuant ainsi, alors que, d'une part, par suite de la remise de la cause à une date déterminée, le jugement n'avait pas mis fin à la procédure, et que, d'autre part, il ne résulte ni de l'arrêt attaqué ni des pièces de cette procédure que le président de la chambre des appels correctionnels ait été saisi d'une requête en application des articles 507 et 508 du code de procédure pénale, les juges du second degré ont méconnu les principes ci-dessus rappelés ;

Qu'il s'ensuit que l'arrêt encourt la cassation de ce chef sans qu'il y ait lieu à renvoi, la juridiction d'appel n'ayant pas été régulièrement saisie ;

Par ces motifs :

CASSE ET ANNULE [...]. »

> L'appel du ministère public d'un jugement distinct du jugement sur le fond est immédiatement irrecevable s'il n'a pas déposé la requête prévue à l'article 507 du code de procédure pénale

• **Crim. 22 nov. 1994,** n° 94-83.744, P n° 369

* V. s[s] n° 911.31.

« Attendu qu'aux termes de l'article 507 du code de procédure pénale lorsque le tribunal statue par un jugement distinct du jugement sur le fond, l'appel n'est immédiatement recevable que si ce jugement met fin à la procédure ; que, dans le cas contraire, la partie appelante doit déposer au greffe, avant l'expiration des délais d'appel, une requête adressée au président de la chambre des appels correctionnels et tendant à faire déclarer l'appel immédiatement recevable ; que ces dispositions impératives s'appliquent au ministère public comme à toute autre partie et sont d'ordre public. »

911.03 **Bibliographie indicative.**

Encyclopédie. Rép. pén., *V° Appel*, par J.-M. Coulon.

Articles. J. Brouchot, « Les voies de recours contre les décisions pénales distinctes des décisions sur le fond », *JCP* 1964. I. 1828 – M. Meurisse, « L'appel des jugements incidents en matière correctionnelle et de police », *JCP* 1967. I. 2066.

SECTION 1
PRINCIPES SUR LES JUGEMENTS SUSCEPTIBLES D'APPEL

911.11 **Principe général.** Aux termes des dispositions de la convention européenne des droits de l'homme[1] : « Toute personne déclarée coupable d'une infraction pénale par un tribunal a le droit de faire examiner par une juridiction supérieure la déclaration de culpabilité ou la condamnation.

1. Conv. EDH art. 2, § 1.

L'exercice de ce droit, y compris les motifs pour lesquels il peut être exercé, sont régis par la loi. »

Il en est de même selon le Pacte international de New York relatif aux droits civils et politiques du 19 décembre 1966[1]. Selon la Cour de cassation : « dans tous les cas où la loi n'a pas attribué expressément à une juridiction le pouvoir de statuer en dernier ressort, la faculté d'appel subsiste à l'égard de ses décisions et peut utilement être exercée »[2].

911.12 Article 496 du code de procédure pénale. Il est d'une grande simplicité : « Les jugements rendus en matière correctionnelle peuvent être attaqués par la voie de l'appel. L'appel est porté à la cour d'appel ». Il faut donc rechercher plus avant dans le code ou la jurisprudence les cas où un jugement du tribunal correctionnel pourrait, par exception, ne pas être susceptible d'appel. L'article 496 pose, selon la Cour de cassation, une règle générale qui doit recevoir application à moins qu'il n'y soit dérogé par une disposition expresse de la loi[3]. Un jugement interprétatif est ainsi susceptible d'appel, alors du moins qu'il altère, par addition ou retranchement, le jugement interprété[4]. Est recevable l'appel interjeté par la personne visée par cette mesure, contre les dispositions d'un jugement qui ordonne l'hospitalisation d'office d'une personne dont les juges déclarent qu'elle a commis les faits reprochés mais qu'elle était irresponsable pénalement[5].

911.13 Jugements sur le fond et jugements distincts des jugements sur le fond[6]. Aux termes de l'article 507 du code de procédure pénale : « Lorsque le tribunal statue par jugement distinct du jugement sur le fond, l'appel est immédiatement recevable si ce jugement met fin à la procédure. » Dans le cas contraire et jusqu'à l'expiration des délais d'appel, le jugement n'est pas exécutoire et le tribunal ne peut statuer au fond.

Le jugement sur le fond est communément défini comme celui dans lequel le tribunal prend parti sur l'imputabilité des faits au prévenu.

Les autres jugements ne statuent pas sur la responsabilité pénale du prévenu mais peuvent ordonner des vérifications complémentaires, statuer sur une remise de cause ou une exception préjudicielle.

Les articles 507 et 570 du code de procédure pénale font une distinction entre les jugements sur le fond et les autres mais aussi selon que le jugement sur le fond met ou non fin à la procédure. En effet, dans ce dernier cas seulement l'appel est immédiatement recevable[7].

En fait, on convient généralement que *le jugement sur le fond est celui qui met fin à la procédure*. Certains jugements sont rendus toutefois sans que le fond de l'affaire ait été abordé mais ils n'en mettent pas moins fin à la procédure, et sont en conséquence immédiatement susceptibles d'appel. Tel est le cas du jugement d'incompétence ou d'irrecevabilité.

La distinction entre le jugement qui met fin à la procédure et les autres apparaît également en ce qui concerne le pourvoi en cassation, immédiatement recevable lorsque le tribunal ou la cour d'appel statue par jugement ou arrêt distinct de l'arrêt sur le fond, si cette décision met fin à la procédure[8]. C'est donc bien la question de savoir si le jugement met fin à la procédure qui est déterminante.

Pour autant, il existe des jugements qui ne mettent pas fin à la procédure et n'en sont pas moins considérés comme portant sur le fond : c'est le cas principalement du jugement ayant statué sur la culpabilité et ordonné une expertise pour évaluer les intérêts civils. L'appel de ce jugement est immédiatement recevable sans que la partie ait l'obligation de déposer la requête d'admission immédiate dans les conditions prévues à l'article 507 du code de procédure pénale[9].

Les décisions juridictionnelles statuant en matière de détention provisoire sont également susceptibles d'appel sans que la recevabilité de ce recours soit soumise à la procédure prévue par les articles 507 et 508[10].

911.14 Décisions non susceptibles d'appel. Quelques décisions rendues par la juridiction du premier degré ne sont pas susceptibles d'appel, ni immédiatement, ni même après dépôt d'une requête. Il en est ainsi notamment :

– de la décision du juge des libertés et de la détention dans le cadre de la procédure de comparution immédiate lorsqu'il décide de placer la personne en détention provisoire dans l'attente de son jugement[11] ;

– de la décision du tribunal correctionnel estimant qu'il convient de surseoir à statuer sur une

1. Pacte international de New York relatif aux droits civils et politiques du 19 décembre 1966, art. 14, § 5.
2. Crim. 29 déc. 1964, n° 64-91.912, P n° 350.
3. Crim. 17 mars 1977, n° 76-93.148, P n° 102 ; *RSC* 1978. 118, obs. J.-H. Robert.
4. Agen, 31 oct. 1946, *D.* 1947. 35.
5. Crim. 3 févr. 2010, n° 09-82.472, P n° 17 ; *Dr. pénal* 2010, n° 52, note A. Maron et M. Haas ; *D.* 2010. 942, note S. Detraz ; *AJ pénal* 2010. 244, obs. G. Royer.
6. C. pr. pén., art. 507.
7. C. pr. pén., art. 507.
8. C. pr. pén., art. 570.
9. Crim. 20 nov. 1969, n° 69-91.182, P n° 309 – Crim. 13 nov. 1984, n° 80-94.376, P n° 344 ; *D.* 1985. IR 158 (v. s^s n° 911.01) – Crim. 27 janv. 1993, n° 92-82.136, P n° 45.
10. Crim. 8 juin 1999, n° 98-82.484, P n° 122.
11. C. pr. pén., art. 396 – V. s^s n° 423.31.

demande de restitution en application de l'article 481 du code de procédure pénale ;

- d'une décision du tribunal correctionnel ordonnant la jonction de procédures entre elles [1] ;

- de la décision par laquelle le tribunal correctionnel saisi par le ministère public ou sur renvoi d'une juridiction d'instruction, de poursuites exercées pour une infraction non intentionnelle au sens des deuxième, troisième et quatrième alinéas de l'article 121-3 du code pénal, après relaxe du prévenu, renvoie l'affaire avant de statuer sur la réparation du dommage causé à la victime et résultant des faits à l'origine de la poursuite, lorsqu'il apparaît que des tiers responsables doivent être mis en cause [2] [3].

SECTION 2
JUGEMENT SUSCEPTIBLE D'APPEL IMMÉDIAT

911.21 **Rappel du principe.** Lorsque le tribunal statue par jugement distinct du jugement sur le fond, l'appel est immédiatement recevable si ce jugement met fin à la procédure.

911.22 **Jurisprudence ayant qualifié de jugement sur le fond ou mettant fin à la procédure, susceptibles d'appel immédiat.** La chambre criminelle juge que sont susceptibles d'appel immédiat :

- le jugement statuant sur la culpabilité et la peine mais ordonnant une mesure d'instruction complémentaire aux fins de fixer le montant du préjudice subi par la victime [4] ;

- le jugement statuant sur un incident contentieux en matière d'exécution d'une peine [5] ;

- le jugement qui statue sur la culpabilité mais ajourne la peine [6] ;

- le jugement statuant sur une demande de mise en liberté [7] ;

- le jugement recevant une exception d'incompétence, qui met fin à la procédure sans être un « jugement sur le fond » [8] ;

- le jugement de sursis à statuer de durée illimitée ou ordonnant un renvoi sans date, qui met fin à la procédure sans être un « jugement sur le fond » [9] ;

- le jugement déclarant irrecevable une partie civile [10] ;

- le jugement estimant la citation irrégulière, qui met fin à la procédure sans être un jugement sur le fond [11] ;

- le jugement donnant acte au prévenu de son désistement d'opposition [12] ;

- le jugement annulant la procédure [13] ;

- le jugement qui constate l'amnistie et renvoie pour qu'il soit statué sur l'action civile [14] ;

- le jugement aux termes duquel le tribunal correctionnel renvoie le dossier au procureur de la République sur le fondement de l'article 397-2, alinéa 2, du code de procédure pénale, qui ne s'applique qu'aux procédures de convocation par procès-verbal et de comparution immédiate, alors qu'il était saisi par la citation directe du procureur de la République [15] ;

- le jugement qui annule non seulement les actes relatifs à la garde à vue subie par le prévenu lors de l'enquête de flagrance mais également l'ensemble de la procédure de comparution immédiate et qui a ordonné la mise en liberté de l'intéressé [16] ;

- est encore recevable l'appel formé par le procureur de la République contre le jugement du tribunal correctionnel qui, saisi selon la procédure de la comparution immédiate, a prononcé la nullité de la garde à vue et des actes subséquents et a renvoyé le dossier à ce magistrat, dès lors que ce renvoi avait été fait non en vue de la saisine d'un juge d'instruction, mais ensuite de l'annulation des pièces de la procédure [17].

1. Crim. 12 oct. 1998, n° 98-84.163, P n° 251.
2. C. pr. pén., art. 470-1, R. 41-2, R. 50.
3. Crim. 24 janv. 1996, n° 93-83.414, P n° 38.
4. Crim. 20 nov. 1969, n° 69-91.182, P n° 309 – Crim. 13 nov. 1984, n° 80-94.376, P n° 344 – Crim. 27 janv. 1993, n° 92-82.136, P n° 45.
5. Crim. 29 déc. 1964, n° 64-91.912, P n° 350 – Crim. 17 mars 1977, n° 76-93.148, P n° 102.
6. Crim. 14 juin 1983, n° 83-90.196, P n° 180 – Crim. 14 juin, 1983, n° 83-90.196, P n° 180.
7. Crim. 25 juin 1979, n° 79-91.260, P n° 221.
8. Crim. 5 nov. 1957, P n° 228 – Crim. 5 juill. 1983, n° 82-92.737, P n° 215 – Crim. 9 juill. 1984, n° 84-90.804, P n° 256 ; *D.* 1985. 78, note J.-H. Robert ; *Gaz. Pal.* 1985. 1. 200 ; *RSC* 1985. 607.
9. Crim. 29 avr. 1964, n° 62-92.630, P n° 135 ; *JCP* 1964. II. 13912, note R. Meurisse – Crim. 14 juin 1967, n° 66-93.765, P n° 179 – Crim. 22 oct. 1984, n° 84-90.844, P n° 311 – Crim. 14 janv. 1992, n° 88-84.493, P n° 11 ; *D.* 1992. Somm. 319, obs. J. Pradel – Crim. 20 juill. 1993, n° 92-84.370, P n° 249.
10. Crim. 16 oct. 1962, P n° 273.
11. Crim. 12 juin 1968, n° 67-92.268, P n° 189 ; *JCP* 1969. II. 15850, note M. Sacotte.
12. Crim. 14 juin 1977, n° 79-92.747, P n° 214 ; *D.* 1977. IR 367 ; *RSC* 1978. 373 – Crim. 11 janv. 2012, n° 11-83.446, P n° 7.
13. Crim. 6 avr. 1992, n° 91-83.375, P n° 141 – Crim. 21 oct. 1992, n°s 87-92.132, 89-84.678, P n° 332.
14. Crim. 22 sept. 1998, n° 97-81.964, P n° 230.
15. Crim. 15 févr. 2000, n° 99-81.290, P n° 66 ; *D.* 2006. 2547 ; *AJ pénal* 2007. 34, obs. J. Leblois-Happe ; *Dr. pénal* 2000. Chron. 33, obs. C. Marsat.
16. Crim. 6 sept. 2006, n° 06-82.303, P n° 207 ; *D.* 2006. 2547 ; *AJ pénal* 2007. 34, obs. J. Leblois-Happe.
17. Crim. 23 févr. 2011, n° 10-84.922, P n° 39.

SECTION 3
JUGEMENT NE METTANT PAS FIN À LA PROCÉDURE – PROCÉDURE D'ADMISSION D'APPEL IMMÉDIAT

§ 1
Dépôt de la requête

911.31 Impossibilité d'appel immédiat. Les jugements qui ne mettent pas fin à la procédure ne sont pas susceptibles d'appel immédiat. L'appel sera examiné en principe en même temps que la décision sur le fond. Mais en vertu du dernier alinéa de l'article 507 du code de procédure pénale la partie appelante peut déposer au greffe, avant l'expiration des délais d'appel, une requête adressée au président de la chambre des appels correctionnels et tendant à faire déclarer l'appel immédiatement recevable. Le dépôt de la requête s'impose aussi bien au ministère public qu'aux autres parties[1].

911.32 La requête ne peut étendre l'appel. La requête adressée au président de la chambre des appels correctionnels et tendant à faire déclarer l'appel immédiatement recevable ne peut élargir l'étendue de l'appel, la saisine de la cour étant fixée par l'acte d'appel lui-même[2].

§ 2
Décision sur la requête

911.41 Délai pour statuer après dépôt de la requête. Le président statue dans les huit jours sur la requête à partir de la réception du dossier. Cette disposition n'est pas prévue à peine de nullité. La cour ne peut être saisie de l'affaire qu'autant que le président de la chambre des appels correctionnels a rendu une ordonnance d'admission[3]. En cas d'admission, une fois l'ordonnance ayant admis l'appel immédiat rendu, la cour dispose, aux termes de l'article 508 du code de procédure pénale, d'un mois pour statuer mais ce délai ne comporte aucune sanction[4]. En revanche, s'il rejette la requête, le jugement est exécutoire.

911.42 Suspension de l'exécution du jugement. L'exécution de la décision dont il est fait appel est suspendue pendant le délai de huit jours ouvert au président de la chambre des appels correctionnels pour statuer. Le supplément d'information exécuté, malgré le dépôt de cette requête, en exécution du jugement attaqué doit être annulé[5].

911.43 Ordonnance non motivée. L'ordonnance du président de la chambre des appels correctionnels n'a pas à être motivée. Elle ne revêt aucune forme particulière et il est même admis qu'elle peut prendre la forme d'une mention au pied de la requête comportant la date et la qualité du signataire[6].

911.44 Absence de recours. L'ordonnance du président des appels correctionnels n'est pas susceptible de recours[7]. Toutefois, la chambre criminelle se réserve la possibilité de contrôler les « conditions essentielles de son existence légale »[8], voire la compétence du président[9], jurisprudence traditionnelle que l'on retrouve par exemple dans le contrôle par la Cour de cassation des excès de pouvoirs que peut commettre le président de la chambre de l'instruction lorsqu'il rend certaines ordonnances non susceptibles de recours : « Excède ses pouvoirs le président de la chambre des appels correctionnels qui déclare non admis, aux motifs que cette voie de recours est devenue sans objet, aucune peine ne restant à exécuter en France, l'appel d'un jugement ayant substitué, en application de l'article 728-4 du code de procédure pénale, une peine prévue par la loi française à une peine prononcée à l'étranger, alors que l'appelant était en droit de soumettre la décision des premiers juges à l'examen de la cour d'appel, peu important qu'il ait été mis fin à l'exécution de la peine. »[10]

911.45 Effets de l'absence de requête. Lorsque l'appelant d'un jugement ne mettant pas fin à la procédure n'a pas déposé la requête prévue par l'article 507, alinéa 4, du code de procédure pénale, et qu'en conséquence, le président de la chambre des appels correctionnels n'a pas rendu d'ordonnance d'admission dans les conditions prévues par l'article 508 du même code, la juridiction d'appel n'est pas valablement saisie des recours[11].

1. Crim. 29 déc. 1971, n° 71-91.256, P n° 367 – Crim. 20 déc. 1988, n°s 87-80.881, 87-80.882, 87-91.620, P n° 436 – Crim. 25 févr. 1991, n° 90-81.497, P n° 91 – Crim. 22 nov. 1994, n° 94-83.744, P n° 369 (v. s^{s} n° 912.01) – Crim. 2 sept. 2004, n° 04-83.871, P n° 195 ; *D.* 2004. IR 3112 – Crim. 8 déc. 2004, n° 04-85.877, P n° 311 ; *AJ pénal* 2005. 74, obs. J. Coste ; *JCP* 2005. IV. 1300.
2. Crim. 23 janv. 1990, n° 89-84.517, P n° 40.
3. Crim. 24 juill. 1962, P n° 253.
4. Crim. 17 nov. 1993, n° 93-83.531, P n° 343 ; *Dr. pénal* 1994, n° 54. note A. Maron.
5. Crim. 19 mai 1980, n° 79-93.161, P n° 148 ; *D.* 1981. 177, note W. Jeandidier ; *Gaz. Pal.* 1981. Somm. 3.
6. Crim. 4 nov. 1987, n° 87-83.119, P n° 384 ; *D.* 1988. IR 9 ; *Gaz. Pal.* 1988. 1. 231.
7. Crim. 20 mars 1973, n° 72-90.870, P n° 138.
8. Cass., ord. prem. présid., 9 juin 1987, n° 87-83.119, P n° 237.
9. Crim. 4 nov. 1987, n° 87-83.119, préc.
10. Crim. 25 nov. 2009, n° 09-84.522, P n° 196.
11. Crim. 24 juill. 1962, P n° 253 – Crim. 20 déc. 1988, n°s 87-80.881, 87-80.882, 87-91.620, P n° 436.

Le président de la chambre des appels correctionnels ne peut sans excéder ses pouvoirs, statuer d'office sur l'appel d'une décision ne mettant pas fin à la procédure alors qu'il n'est pas saisi par l'appelant d'une requête tendant à voir déclarer son recours immédiatement recevable[1]. La nullité est alors d'ordre public et la Cour de cassation la relève d'office. L'absence de requête en admission immédiate n'a pas pour effet de rendre caduc l'appel mais seulement d'en permettre l'examen en même temps que celui de l'appel formé contre la décision rendue sur le fond[2].

911.46 **Presse.** L'article 59 de la loi du 29 juillet 1881 dispose : « L'appel contre les jugements [...] qui auront statué sur les incidents et exceptions autres que les exceptions d'incompétence, ne sera formé, à peine de nullité, qu'après le jugement [...] définitif et en même temps que l'appel contre ledit jugement. »

Mais l'appel d'un jugement avant dire droit rendu en matière de presse ne peut être réalisé qu'en même temps que celui sur le jugement rendu au fond, soit dans le même acte, soit dans un acte séparé ; dans le cas contraire, le jugement incident devient définitif[3], même si l'acte d'appel concernant le jugement incident a été dressé le lendemain de celui concernant le jugement au fond[4]. Il en va toutefois différemment s'il a été fait usage des articles 507 et 508 du code de procédure pénale : « Attendu qu'aux termes de l'article 59 de la loi du 29 juillet 1881, l'appel contre les jugements statuant en matière d'infractions à ladite loi sur les incidents et exceptions autres que les exceptions d'incompétence ne peut être formé, à peine de nullité, qu'après le jugement rendu sur le fond et en même temps que l'appel contre ledit jugement ; qu'il n'y est dérogé qu'en cas d'application des articles 507 et 508 du code de procédure pénale. »

911.47 **Remise de cause.** Seuls les jugements sont susceptibles d'appel. La remise de cause, ou renvoi, par simple mention au dossier ne constitue pas un jugement mais une « mesure d'ordre » qui n'est pas susceptible de recours[5]. Une demande de remise de cause constitue un incident extrinsèque au fond du procès, auquel il peut être répondu par une décision de refus mentionnée dans la décision au fond[6].

911.48 **Procédure après jugement sur le fond en cas de non-recevabilité ou de non-présentation de la requête.** Si le jugement qui ne met pas fin à la procédure n'est pas frappé d'appel, il ne pourra l'être en même temps que le jugement au fond. En effet, l'appel serait alors irrecevable car tardif. Pour que l'appelant puisse faire juger le bien-fondé de la décision en cause, il doit donc former appel. Mais celui-ci ne sera évoqué que lors de l'appel au fond.

Ainsi, dans un arrêt du 17 mars 1980, la chambre criminelle rappelle que la cour d'appel n'est pas tenue de répondre aux conclusions du prévenu, reprenant devant elle des exceptions de nullité définitivement écartées par un jugement incident passé en force de chose jugée dès lors qu'il n'a pas fait l'objet d'un acte d'appel, joint à celui concernant le jugement sur le fond[7]. La chambre criminelle a, depuis, confirmé cette jurisprudence[8]. Le fait, pour l'appelant d'un jugement distinct du jugement sur le fond et ne mettant pas fin à la procédure, de ne pas user de la faculté de déposer la requête prévue à l'article 507, alinéa 4, du code de procédure pénale ne dispense pas les juges saisis de l'appel contre le jugement au fond, de se prononcer en même temps sur l'appel formé contre la première décision[9]. Les juges d'appel statuent alors en premier lieu sur l'exception soulevée[10]. Si la personne ne fait pas appel sur le fond, celui du jugement avant dire droit est caduc et doit être déclaré irrecevable[11].

SECTION 4

JURISPRUDENCE SUR LES JUGEMENTS NON SUSCEPTIBLES D'APPEL IMMÉDIAT, SAUF RÉCEPTION DE LA REQUÊTE

911.51 **Jugements non susceptibles d'appel immédiat, sauf réception de la requête.** Constituent des jugements qui ne sont pas susceptibles d'appel immédiat, sauf réception de la requête :

1. Crim. 28 avr. 1987, n° 87-80.201, P n° 169 ; *Gaz. Pal.* 1988. 1. Somm. 8, obs. J.-P. Doucet.
2. Crim. 24 juill. 1962, P n° 253 – Crim. 26 juin 1975, n° 73-93.066, P n° 167 – Crim. 10 mars 1987, n° 86-90.547, P n° 115 – Crim. 28 avr. 1987, n° 87-80.201, P n° 169 – Crim. 31 mai 1988, n° 88-82.449, P n° 233.
3. Crim. 3 mai 1972, n° 71-92.011, P n° 151.
4. Crim. 12 févr. 1976, n° 73-93.598, P n° 58 ; *Gaz. Pal.* 1976. 2. 457.
5. Crim. 24 mai 1890, *DP* 1890. 1. 450 – Crim. 8 déc. 1938, P n° 237 – Crim. 6 août 1997, n° 96-81.268, P n° 282 ; *Dr. pénal* 1998. Chron. 12, obs. V. Lesclous et C. Marsat.
6. Crim. 1er déc. 1949, P n° 327 – Crim. 14 juin 1988, n° 87-84.020, P n° 272.
7. Crim. 17 mars 1980, n° 78-90.347, P n° 92.
8. Crim. 5 nov. 1991, n° 91-82.347, P n° 395 (v. s^s n° 911.01).
9. Crim. 26 févr. 2008, n° 07-86.436, P n° 48 ; *D.* 2008. AJ 854 ; *AJ pénal* 2008. 239, obs. G. Royer.
10. Crim. 8 déc. 2004, n° 04-80.977, P n° 312 ; *AJ pénal* 2005. 74, obs. J. Coste ; *JCP* 2005. IV. 1299 – Crim. 14 févr. 2006, n° 05-81.838, P n° 37 ; *D.* 2006. IR 880 – Crim. 26 févr. 2008, n° 07-86.436, P n° 48 ; *D.* 2008. AJ 854 ; *AJ pénal* 2008. 239, obs. G. Royer.
11. Crim. 28 juin 1983, n° 82-90.994, P n° 200 – Crim. 26 mai 1988, n° 87-84.265, P n° 225.

– le jugement avant dire droit *rejetant une exception d'incompétence*[1] ;

– le jugement avant dire droit *rejetant une exception de prescription*[2] ;

– le jugement *écartant l'exception d'autorité de la chose jugée*[3],

– le jugement rejetant une *exception d'immunité parlementaire*[4] ;

– le jugement ordonnant un *supplément d'information* ou refusant une *contre-expertise*[5] ;

– le jugement *n'annulant pas toute la procédure mais ou un plusieurs actes de l'enquête*[6] ;

– le jugement de la formation correctionnelle en juge unique *renvoyant à la collégialité* en cas de saisine d'une infraction ne relevant pas de sa compétence[7 8] ;

– la décision de renvoyer le dossier au procureur de la République, lorsqu'il a été saisi par la voie de la comparution immédiate et que la complexité de l'affaire lui paraît mériter de plus amples investigations[9] ;

– le jugement ordonnant un sursis à statuer et renvoyant l'affaire à une date déterminée[10] ;

– la décision de mise en délibéré[11] ;

– le jugement qui fixe le montant de la consignation que les parties civiles doivent déposer au greffe[12 13].

1. Crim. 26 juin 1975, n° 73-93.066, P n° 167 ; *D.* 1975. IR 185.
2. Crim. 29 janv. 1958, P n° 98 – Crim. 21 févr. 1961, P n° 107 – Crim. 6 janv. 1970, n° 69-92.912, P n° 9.
3. Crim. 8 déc. 2004, n° 04-80.977, P n° 312.
4. Crim. 9 juill. 1984, n° 84-90.804, P n° 256 ; *D.* 1985. 78, note J.-H. Robert ; *RSC* 1985. 607, obs. J.-H. Robert.
5. Crim. 27 nov. 1947, P n° 228 – Crim. 28 déc. 1959, P n° 586 – Douai, 15 avr. 1964, *D.* 1964. 613 – Crim. 29 déc. 1971, n° 71-92.527, P n° 371.
6. Crim. 29 déc. 1971, n° 71-91.256, P n° 367 – Crim. 20 déc. 1988, n°s 87-80.881, 87-80.882, 87-91.620, P n° 436 – Crim. 25 févr. 1991, n° 90-81.497, P n° 91 – Crim. 21 oct. 1992, n°s 87-92.132, 89-84.678, P n° 332 – Crim. 22 nov. 1994, n° 94-83.744, P n° 369.
7. C. pr. pén., art. 398-2.
8. Crim. 16 mai 2000, n° 99-86.681, P n° 218 ; *D.* 2000. IR 188 – Crim. 2 sept. 2004, n° 04-83.871, P n° 195 ; *D.* 2004. IR 3112 – Crim. 8 déc. 2004, n° 04-85.877, P n° 311 ; *AJ pénal* 2005. 74, obs. J. Coste ; *JCP* 2005. IV. 1300.
9. Crim. 29 oct. 2008, n° 08-84.623, P n° 188 ; *AJ pénal* 2009. 39, obs. L. Ascensi.
10. Crim. 5 nov. 1991, n° 91-82.347, P n° 395.
11. Nancy, 23 sept. 1987, *JCP* 1988. II. 21024, note P. Chambon.
12. C. pr. pén., art. 392-1.
13. Crim. 26 nov. 1997, n° 96-84.570, P n° 402 ; *D.* 1998. IR 33.

CHAPITRE

912. Personne pouvant interjeter appel

SECTION 0 ORIENTEUR

912.00 **Sommaire du chapitre.**

912.01 **Principaux textes applicables.**

TEXTES SOURCES

- C. pr. pén., art. 388-1, 482, 497, 706-11
- C. for., art. L. 161-24
- C. voirie rout., art. L. 116-4, L. 116-5
- C. douanes, art. 343
- LPF, art. L. 235
- CSP, art. L. 32122-1, L. 3122-4, L. 3355-5
- C. assur., art. L. 421-1, L. 421-4, L. 422-1

TEXTES *IN EXTENSO*

• **C. pr. pén., art. 388-1** [mod. par L. n° 2019-222, 23 mars 2019, art. 62]

La personne dont la responsabilité civile est susceptible d'être engagée à l'occasion d'une infraction d'homicide ou de blessures involontaires qui a entraîné pour autrui un dommage quelconque pouvant être garanti par un assureur doit préciser le nom et l'adresse de celui-ci, ainsi que le numéro de sa police d'assurance. Il en est de même pour la victime lorsque le dommage qu'elle a subi peut être garanti par un contrat d'assurance. Ces renseignements sont consignés dans les procès-verbaux d'audition.

Lorsque des poursuites pénales sont exercées, les assureurs appelés à garantir le dommage sont admis à intervenir et peuvent être mis en cause devant la juridiction répressive, même pour la première fois en cause d'appel ; ils doivent se faire représenter par un avocat.

En ce qui concerne les débats et les voies de recours, les règles concernant les personnes civilement responsables et les parties civiles sont applicables respectivement à l'assureur du prévenu et à celui de la partie civile sous réserve des dispositions de l'alinéa ci-dessus, du deuxième alinéa de l'article 385-1, de l'article 388-2 et du dernier alinéa de l'article 509.

• **C. pr. pén., art. 482**

Le jugement qui rejette une demande de restitution est susceptible d'appel de la part de la personne qui a formé cette demande.

Le jugement qui accorde la restitution est susceptible d'appel de la part du ministère public et de la part du prévenu, de la personne civilement responsable, ou de la partie civile à qui cette décision ferait grief.

La cour ne peut être saisie qu'après que le tribunal a statué au fond.

• **C. pr. pén., art. 497**

* V. s[s] n° 911.01.

• **C. pr. pén., art. 706-11** [mod. par L. n° 2019-222, 23 mars 2019, art. 81]

Le fonds est subrogé dans les droits de la victime pour obtenir des personnes responsables du dommage causé par l'infraction ou tenues à un titre quelconque d'en assurer la réparation totale ou partielle le remboursement de l'indemnité ou de la provision versée par lui, dans la limite du montant des réparations à la charge desdites personnes. Le recours du fonds ne peut s'exercer contre l'Agence de gestion et de recouvrement des avoirs saisis et confisqués.

Le fonds peut exercer ses droits par toutes voies utiles, y compris par voie de constitution de partie civile devant la juridiction répressive et ce, même pour la première fois, en cause d'appel. Lorsqu'il se constitue partie civile par lettre recommandée, le fonds peut demander le remboursement des sommes mises à sa charge sans limitation de plafond.

Les administrations ou services de l'État et des collectivités publiques, les organismes de sécurité sociale, les organismes qui assurent la gestion des prestations sociales, les établissements financiers et les entreprises d'assurance sont tenus de réunir et de communiquer au fonds les renseignements dont ils disposent ou peuvent disposer et qui sont utiles à la mise en œuvre de son action récursoire. Les renseignements ainsi recueillis ne peuvent être utilisés à d'autres fins que celles prévues au présent article ou à l'article L. 422-8 du code des assurances. Leur divulgation est interdite.

Lorsque l'auteur de l'infraction a fait l'objet d'une obligation d'indemnisation de la victime dans le cadre d'une peine de sanction-réparation, d'un sursis probatoire ou d'une décision d'aménagement de peine ou de libération conditionnelle et que la victime a été indemnisée par le fonds, soit en application du présent titre, soit du titre XIV *bis*, cette obligation doit alors être exécutée au bénéfice du fonds de garantie dans l'exercice de son recours subrogatoire et de son mandat de recouvrement au profit de la victime.

• **C. for., art. L. 161-24**

Lorsque les faits constatés lui paraissent constitutifs d'une contravention, si l'amende forfaitaire ne peut s'appliquer et si la transaction pénale n'est pas appropriée, le directeur régional de l'Administration chargée des Forêts peut, dans le mois qui suit la clôture des opérations :

1° Adresser au procureur de la République la procédure accompagnée d'une proposition d'avertissement ou de classement sous condition de régularisation ;

2° Après en avoir informé le procureur de la République, qui peut s'y opposer :

a) Faire citer le contrevenant devant le tribunal compétent dans les formes prévues au présent chapitre et aux articles 550 et suivants du code de procédure pénale ;

b) Adresser au juge compétent des réquisitions à fin d'ordonnance selon la procédure simplifiée prévue aux articles 524 à 528-2 de ce code.

Lorsqu'il a engagé l'action pénale, le directeur régional de l'Administration chargée des forêts peut exercer toutes les voies de recours ouvertes au ministère public, sans préjudice du droit du procureur de la République et du procureur général à les exercer concurremment.

• **C. voirie rout., art. L. 116-4**

Les infractions à la police de la conservation du domaine public routier peuvent être poursuivies à la requête du directeur départemental de l'Équipement ou du chef du service technique intéressé. Ceux-ci peuvent faire citer les prévenus et les personnes civilement responsables par des agents de l'Administration.

• **C. voirie rout., art. L. 116-5**

Lorsque les infractions concernent la voirie nationale, les fonctions de ministère public près le tribunal de police peuvent être remplies par le directeur départemental de l'Équipement ou par l'agent désigné par lui pour le suppléer ; devant le tribunal correctionnel et la cour d'appel, le directeur départemental de l'Équipement ou son délégué peut exposer l'affaire ou être entendu à l'appui de ses conclusions.

• **C. douanes, art. 343**

1. L'action pour l'application des peines est exercée par le ministère public.

2. L'action pour l'application des sanctions fiscales est exercée par l'Administration des douanes ; le ministère public peut l'exercer accessoirement à l'action publique.

3. Dans les procédures dont les agents des douanes ont été saisis en application des I et II de l'article 28-1 du code de procédure pénale, le ministère public exerce l'action pour l'application des sanctions fiscales.

Sur autorisation du ministère public, cette action peut être exercée par l'Administration des douanes et, dans ce cas, l'article 350 du présent code est applicable.

Dans ces mêmes procédures, l'Administration des douanes exerce l'action en paiement des droits et taxes compromis ou éludés, prévue à l'article 377 *bis*. À cette fin, elle est informée de la date de l'audience par l'autorité judiciaire compétente.

• **LPF, art. L. 235**

Les infractions en matière de contributions indirectes et de législations édictant les mêmes règles en matière de procédure et de recouvrement sont poursuivies devant le tribunal correctionnel, qui prononce la condamnation.

L'Administration instruit et défend sur l'instance portée devant le tribunal. En cas d'infraction touchant à la fois au régime fiscal et au régime économique de l'alcool, le service désigné par décret est seul chargé des poursuites.

Dans les procédures dont les agents des douanes ont été saisis en application des I et II de l'article 28-1 du code de procédure pénale, le ministère public exerce l'action publique et l'action pour l'application des sanctions fiscales. Sur autorisation du ministère public, l'action pour l'application des sanctions fiscales peut être exercée par l'Administration des Douanes et, dans ce cas, le 3° de l'article L. 247 et l'article L. 248 sont applicables.

Dans ces mêmes procédures, l'Administration des Douanes exerce l'action en paiement des droits et taxes compromis ou éludés, prévue par l'article 1804 B du code général des impôts.

• **CSP, art. L. 3122-1**

Les victimes de préjudices résultant de la contamination par le virus d'immunodéficience humaine causée par une transfusion de produits sanguins ou une injection de produits dérivés du sang réalisée sur le territoire de la République française sont indemnisées dans les conditions définies ci-après.

Une clause de quittance pour solde valant renonciation à toute instance et action contre un tiers au titre de sa contamination ne fait pas obstacle à la présente procédure.

La réparation intégrale des préjudices définis au premier alinéa est assurée par l'Office national d'indemnisation des accidents médicaux, des affections iatrogènes et des infections nosocomiales mentionné à l'article L. 1142-22. Un conseil d'orientation, composé notamment de représentants des associations concernées, est placé auprès du conseil d'administration de l'office.

Les personnes qui ont à connaître des documents et informations fournis à l'office sont tenues au secret professionnel, dans les conditions et sous les peines prévues aux articles 226-13 et 226-14 du code pénal.

• **CSP, art. L. 3122-4**

L'office est subrogé, à due concurrence des sommes versées dans les droits que possède la victime contre la personne responsable du dommage ainsi que contre les personnes tenues à un titre quelconque d'en assurer la réparation totale ou partielle dans la limite du montant des prestations à la charge desdites personnes. Toutefois, l'office ne peut engager d'action au titre de cette subrogation que lorsque le dommage est imputable à une faute.

L'office peut intervenir devant les juridictions de jugement en matière répressive même pour la première fois en cause d'appel en cas de constitution de partie civile de la victime ou de ses ayants droit contre le ou les responsables des préjudices définis à l'alinéa premier de l'article L. 3122-1. Il intervient alors à titre principal et peut user de toutes les voies de recours ouvertes par la loi.

Si les faits générateurs du dommage ont donné lieu à des poursuites pénales, le juge civil n'est pas tenu de surseoir à statuer jusqu'à décision définitive de la juridiction répressive.

• **CSP, art. L. 3355-5**

En cas de poursuites pour une infraction pouvant entraîner la fermeture temporaire ou définitive d'un débit de boissons, le ministère public effectue les diligences prévues au dernier alinéa de l'article 706-37 du code de procédure pénale.

Lorsque la personne titulaire de la licence ou propriétaire du débit de boissons n'est pas poursuivie, les mesures de fermeture temporaire ou définitive ne peuvent être prononcées que s'il est établi que cette personne a été citée à la diligence du ministère public avec indication de la nature des poursuites exercées et de la possibilité pour le tribunal de prononcer lesdites mesures.

La personne mentionnée à l'alinéa précédent peut présenter ou faire présenter par un avocat ses observations à l'audience. Si elle use de cette faculté, elle peut interjeter appel de la décision prononçant la fermeture temporaire ou définitive du débit de boissons.

• **C. assur., art. L. 421-1** [mod. par L. n° 2016-1547, 18 nov. 2016, art. 35 (V)]

I. – Le fonds de garantie des assurances obligatoires de dommages indemnise, dans les conditions prévues aux 1 et 2 du présent I, les victimes ou les ayants droit des victimes des dommages nés d'un accident survenu en France dans lequel est impliqué un véhicule au sens de l'article L. 211-1.

1. Le fonds de garantie indemnise les dommages résultant d'atteintes à la personne :

a) Lorsque le responsable des dommages est inconnu ;

b) Lorsque le responsable des dommages n'est pas assuré, sauf par l'effet d'une dérogation légale à l'obligation d'assurance.

2. Le fonds de garantie indemnise les dommages aux biens, dans les conditions et limites fixées par un décret en Conseil d'État :

a) Lorsque le responsable des dommages est inconnu, sous réserve que l'accident ait causé une atteinte à la personne ;

b) Lorsque le responsable des dommages est identifié mais n'est pas assuré, sauf par l'effet d'une dérogation légale à l'obligation d'assurance.

Dans le cas d'un accident impliquant un véhicule expédié d'un État membre de la Communauté européenne vers la France et survenant dans les trente jours suivant l'acceptation de la livraison du véhicule par l'acheteur, le fonds de garantie est tenu d'intervenir au titre du b des 1 et 2, quel que soit l'État membre sur le territoire duquel survient l'accident.

II. – Le fonds de garantie indemnise également, dans les conditions prévues aux 1 et 2 du présent II, les victimes ou les ayants droit des victimes de dommages nés d'un accident de la circulation causé, dans les lieux ouverts à la circulation publique, par une personne circulant sur le sol ou un animal.

1. Le fonds de garantie indemnise les dommages résultant d'atteintes à la personne :

a) Lorsque la personne responsable du dommage est inconnue ou n'est pas assurée ;

b) Lorsque l'animal responsable du dommage n'a pas de propriétaire ou que son propriétaire est inconnu ou n'est pas assuré.

2. Le fonds de garantie indemnise les dommages aux biens, dans les conditions et limites fixées par décret en Conseil d'État :

a) Lorsque la personne responsable du dommage est identifiée mais n'est pas assurée ;

b) Lorsque la personne responsable du dommage est inconnue, sous réserve que l'accident ait causé une atteinte à la personne ;

c) Lorsque le propriétaire de l'animal responsable du dommage n'est pas assuré.

III. – Lorsque le fonds de garantie intervient au titre des I et II, les indemnités doivent résulter soit d'une décision juridictionnelle exécutoire, soit d'une transaction ayant reçu l'assentiment du fonds de garantie.

Lorsque le fonds de garantie intervient au titre des I et II, il paie les indemnités allouées aux victimes ou à leurs ayants droit qui ne peuvent être prises en charge à aucun autre titre lorsque l'accident ouvre droit à réparation. Les versements effectués au profit des victimes ou de leurs ayants droit et qui ne peuvent pas donner lieu à une action récursoire contre le responsable des dommages ne sont pas considérés comme une indemnisation à un autre titre.

IV. – Le fonds de garantie est également chargé de gérer et de financer, pour les rentes allouées au titre des accidents survenus avant le 1er janvier 2013, les majorations de rentes prévues à l'article 1er de la loi n° 74-1118 du 27 décembre 1974 relative à la revalorisation de certaines rentes allouées en réparation du préjudice causé par un véhicule terrestre à moteur et portant diverses dispositions d'ordre civil et à l'article 1er de la loi n° 51-695 du 24 mai 1951 portant majoration de certaines rentes viagères et pensions, au titre des états justificatifs certifiés. Les créances relatives aux majorations de rentes visées au présent alinéa se prescrivent dans un délai de quatre ans à partir du premier jour de l'année suivant celle au cours de laquelle les droits ont été acquis. Le fonds peut contrôler sur pièces et sur place l'exactitude des renseignements fournis par les organismes débirentiers.

La gestion de cette mission par le fonds fait l'objet d'une comptabilité séparée des autres missions, selon des modalités fixées par arrêté du ministre chargé de l'économie.

V. – Le fonds de garantie peut financer, selon des modalités et dans des limites fixées par décret en Conseil d'État, des actions visant à réduire le nombre des accidents de la circulation et à prévenir l'absence d'assurance de responsabilité civile automobile.

Le fonds de garantie peut également mener directement, selon des modalités fixées par décret en Conseil d'État, des actions visant à limiter les cas de défaut d'assurance de responsabilité civile automobile. Pour mener ces actions, le fonds de garantie est autorisé à conserver pendant une durée de sept ans les informations communiquées par l'organisme d'information mentionné à l'article L. 451-1 relatives aux véhicules terrestres à moteur ne répondant pas à l'obligation d'assurance mentionnée à l'article L. 211-1.

VI. – Le fonds de garantie est l'organisme chargé des missions mentionnées aux articles L. 424-1 à L. 424-7.

• **C. assur., art. L. 421-4** [mod. par L. n° 2013-1279, 29 déc. 2013, art. 62]

Le fonds de garantie est alimenté par des contributions des entreprises d'assurance, des automobilistes assurés et des responsables d'accidents d'automobiles non bénéficiaires d'une assurance.

• **C. assur., art. L. 422-1** [mod. par L. n° 2019-1479, 28 déc. 2019, art. 166 (V)]

Pour l'application de l'article L. 126-1, la réparation intégrale des dommages résultant d'une atteinte à la personne est assurée par l'intermédiaire du fonds de garantie des victimes des actes de terrorisme et d'autres infractions.

Ce fonds, doté de la personnalité civile, est alimenté par un prélèvement sur les contrats d'assurance de biens dans les conditions suivantes.

Ce prélèvement est assis sur les primes ou cotisations des contrats d'assurance de biens qui garantissent les biens situés sur le territoire national et relevant des branches 3 à 9 de l'article R. 321-1, dans sa rédaction en vigueur à la date de publication de la loi n° 2013-1279 du 29 décembre 2013 de finances rectificative pour 2013, et souscrits auprès d'une entreprise mentionnée à l'article L. 310-2.

Le montant de la contribution, compris entre 0 € et 6,50 €, est fixé par arrêté du ministre chargé des assurances.

Cette contribution est perçue par les entreprises d'assurance suivant les mêmes règles et sous les mêmes garanties et sanctions que la taxe sur les conventions d'assurance prévue à l'article 991 du code général des impôts. Elle est recouvrée mensuellement par le fonds de garantie.

Il est subrogé dans les droits que possède la victime contre la personne responsable du dommage.

Le fonds est également alimenté par des versements prévus au II de l'article 728-1 du code de procédure pénale. Lorsque ces versements sont effectués, la victime est alors directement indemnisée par le fonds à hauteur, le cas échéant, des versements effectués et, à hauteur de ces versements, l'avant-dernier alinéa du présent article n'est pas applicable.

912.02 Jurisprudence de référence.

> L'irrecevabilité du pourvoi, pour des raisons liées à la fuite du requérant, s'analyse en une sanction disproportionnée eu égard à la place primordiale que les droits de la défense occupent dans une société démocratique

• **CEDH 23 nov. 1993,** *Poitrimol*, req. n° 14032/88

* V. s^s n° 912.12.

« 37. Selon la jurisprudence de la chambre criminelle de la Cour de cassation, suivie en l'espèce, le condamné qui n'a pas déféré à un mandat de justice décerné contre lui ne saurait se faire représenter pour se pourvoir en cassation. Le requérant ne pouvait introduire valablement son recours sans se constituer prisonnier dans une maison d'arrêt[1].

La Cour estime que l'irrecevabilité du pourvoi, pour des raisons liées à la fuite du requérant, s'analysait elle aussi en une sanction disproportionnée, eu égard à la place primordiale que les droits de la défense et le principe de la prééminence du droit occupent dans une société démocratique. »

> La partie civile dont le désistement présumé a été constaté par jugement assimilé à un jugement par défaut peut exercer un recours contre une telle décision

• **Crim. 3 juin 2004,** n° 03-87.092, P n° 146

* V. s^s n° 912.35.

« Attendu qu'il résulte de l'arrêt attaqué et des pièces de procédure que, par jugement en date du 27 janvier 2003, le tribunal correctionnel de Melun a, d'une part, condamné Pierre X..., pour abus de confiance aggravé, à 3 mois d'emprisonnement avec sursis, d'autre part constaté le désistement présumé de Rodolphe Y..., partie civile, en application de l'article 425 du code de procédure pénale ;

Que, le 15 avril 2003, ce dernier a fait appel de ce jugement qui lui avait été signifié le 8 avril précédent ;

Attendu que la cour d'appel, après avoir déclaré l'appel recevable, a prononcé sur les intérêts civils ;

Attendu qu'en cet état, et dès lors que la partie civile dont le désistement présumé a été constaté par jugement assimilé à un jugement par défaut peut exercer un recours contre une telle décision, soit par la voie de l'opposition, en application de l'article 425, alinéa 3, du code de procédure pénale, soit par celle de l'appel, sur le fondement des articles 497 et 499 du code précité, l'arrêt attaqué, qui n'avait pas à rechercher si le défaut de la partie civile en première instance n'impliquait pas son intention de se désister, n'encourt pas les griefs allégués ;

D'où il suit que le moyen ne saurait être admis ;

Et attendu que l'arrêt est régulier en la forme ;

REJETTE le pourvoi. »

> Le ministère public n'est recevable à intervenir à l'instance en qualité d'appelant que dans le cas où l'infraction en matière de contribution indirecte est punie d'une peine d'emprisonnement

• **Crim. 12 janv. 2005,** n° 04-80.841, P n° 14

* V. s^s n° 912.52.

« Vu l'article L. 235, alinéa 2, du livre des procédures fiscales, ensemble l'article 802 du code de procédure pénale ;

Attendu que, selon le premier de ces textes, les infractions en matière de contributions indirectes sont poursuivies à la seule diligence de l'Administration fiscale ; que le ministère public n'est recevable à intervenir à l'instance en qualité d'appelant que dans le cas où l'infraction poursuivie est punie d'une peine d'emprisonnement ;

1. C. pr. pén., art. 583.

Attendu qu'il résulte de l'arrêt attaqué que les prévenues ont été poursuivies devant le tribunal correctionnel à la seule initiative de l'Administration fiscale pour des infractions à la législation sur les contributions indirectes réprimées par les articles 1791 et 1791 *bis* du code général des impôts et pour lesquelles elles n'encouraient que des amendes et pénalités fiscales ; que les juges du second degré ont reçu l'appel du ministère public qui a pris des réquisitions tant sur les incidents que sur le fond de l'affaire ;

Mais attendu qu'en cet état, alors que l'appel du procureur de la République était irrecevable et que les réquisitions prises, au soutien de cet appel, portaient atteinte aux intérêts des prévenues, la cour d'appel a méconnu les textes susvisés ;

D'où il suit que la cassation est encourue ;

Par ces motifs, et sans qu'il soit besoin d'examiner les autres moyens proposés,

CASSE ET ANNULE [...]. »

> Le procureur de la République peut faire appel d'un jugement conforme à ses réquisitions

• **Crim. 24 janv. 2007,** n° 06-82.052, P n° 15

* V. s[s] n° 912.21.

« Vu les mémoires produits en demande et en défense ;

Sur le premier moyen de cassation, pris de la violation l'article 6 de la convention européenne des droits de l'homme, des articles 32, 33, 497 et 593 du code de procédure pénale, défaut de motifs, manque de base légale :

En ce que l'arrêt attaqué a déclaré recevable l'appel du procureur de la République formé à l'encontre d'un jugement conforme aux réquisitions développées à l'audience par le représentant de son parquet ;

Aux motifs que la faculté d'appeler appartient au procureur de la République sans autre restriction que celle de délai ; que l'appel du procureur de la République est à ce titre recevable en l'espèce, qu'elle ait été la nature des réquisitions développées oralement par son substitut à l'audience de première instance ;

Alors, d'une part, que le ministère public près le tribunal de grande instance étant indivisible, le procureur de la République ne peut, faute d'intérêt, contester par la voie de l'appel une décision conforme aux réquisitions qu'il a prises à l'audience par l'intermédiaire d'un substitut, le droit du ministère public d'interjeter appel ne pouvant, dans cette hypothèse, être exercé que par le procureur général près la cour d'appel ; qu'en conséquence, en déclarant recevable l'appel du procureur de la République interjeté à l'encontre du jugement conforme aux réquisitions développées à l'audience, la cour d'appel a violé les articles 32, 33 et 497 du code de procédure pénale ;

Alors, d'autre part, que le principe de l'égalité des armes tel qu'il résulte de l'exigence d'un procès équitable, au sens de l'article 6 de la convention européenne des droits de l'homme, impose que les parties au procès pénal disposent des mêmes droits ; qu'il doit en être ainsi, spécialement, du droit à l'exercice des voies de recours ; que la personne poursuivie ne pouvant critiquer en appel une décision conforme à ses demandes, en déclarant recevable la demande du procureur de la République de réformer la décision de relaxe pourtant prononcée en première instance conformément à ses réquisitions, la cour d'appel a violé les textes et principes précités ; que la cassation devra intervenir sans renvoi sur l'action publique ;

Attendu qu'en déclarant recevable l'appel du ministère public contre un jugement conforme à ses réquisitions, la cour d'appel a fait l'exacte application de l'article 497 du code de procédure pénale, sans méconnaître les dispositions conventionnelles invoquées, aucune disposition légale ne réservant au procureur général, dans une telle hypothèse, l'usage de cette voie de recours ;

D'où il suit que le moyen ne peut qu'être écarté. »

> Saisie de l'appel de l'Administration des Douanes du jugement ayant retenu, sur l'action fiscale du ministère public exercée concurremment à l'action publique, la culpabilité des prévenus du chef du délit douanier reproché, la cour d'appel, qui avait l'obligation d'évoquer, après annulation du jugement, en ce qu'il avait omis de statuer sur les sanctions fiscales encourues, a méconnu l'étendue de sa saisine ainsi que le sens et la portée des textes susvisés

• **Crim. 16 juin 2011,** n° 10-86.808, P n° 138

* V. s[s] n° 912.51.

« Vu l'article 343 du code des douanes, ensemble les articles 509 et 520 du code de procédure pénale ;

Attendu, d'une part, que selon l'article 343, alinéa 2, du code des douanes, l'action pour l'application des sanctions fiscales est exercée à titre principal par l'Administration des Douanes et peut l'être par le ministère public accessoirement à l'action publique ;

Attendu, d'autre part, que, aux termes de l'article 509 du code de procédure pénale, l'affaire est dévolue à la cour d'appel dans les limites fixées par l'acte d'appel et la qualité de l'appelant ;

Attendu qu'il résulte de l'arrêt attaqué et des pièces de procédure et que M. Moussa A... et Mme Angélique R... ont été renvoyés par ordonnance du juge d'instruction devant la juridiction correctionnelle des chefs d'infractions à la législation sur les stupéfiants et délit douanier d'importation en contrebande de marchandises prohibées ; que l'Administration des Douanes n'est pas intervenue aux débats devant les premiers juges, lesquels ont cependant retenu la culpabilité des prévenus pour le délit douanier reproché, sans statuer sur les pénalités douanières encourues ; que l'Administration des Douanes a interjeté appel des dispositions fiscales dudit jugement ;

Attendu que, pour déclarer cet appel irrecevable, l'arrêt retient que l'Administration des douanes n'était pas représentée à l'audience devant le tribunal au cours de laquelle aucune réquisition n'a été prise sur l'action douanière ;

Mais attendu qu'en prononçant ainsi, alors que, saisie de l'appel de l'Administration des douanes du jugement ayant retenu, sur l'action fiscale du ministère public exercée concurremment à l'action publique, la culpabilité des prévenus du chef du délit douanier reproché, la cour d'appel, qui avait l'obligation d'évoquer, après annulation du jugement, en ce qui qu'il avait omis de statuer sur les sanctions fiscales encourues, a méconnu l'étendue de sa saisine ainsi que le sens et la portée des textes susvisés ;

D'où il suit que la cassation est encourue de ce chef ;

Par ces motifs :

CASSE ET ANNULE [...]. »

912.03 **Bibliographie indicative.**

Encyclopédie. Rép. pén., *V° Appel*, par J.-M. Coulon.

Articles. J.-C. Berr, « Les pouvoirs de l'Administration douanière à nouveau sous le scalpel du Conseil constitutionnel », *D.* 2012. 449 – P. Filippi, « Les spécificités de la poursuite des infractions douanières », *AJ pénal* 2009. 213.

912.05 **Énumération de l'article 497 du code de procédure pénale.** L'article 497 du code de procédure pénale dispose que la faculté d'appeler appartient :

1° Au prévenu ;

2° À la personne civilement responsable quant aux intérêts civils seulement ;

3° À la partie civile, quant à ses intérêts civils seulement ;

4° Au procureur de la République ;

5° Aux administrations publiques, dans les cas où celles-ci exercent l'action publique ;

6° Au procureur général près la cour d'appel.

L'article 497 du code de procédure pénale détermine de façon limitative les personnes qui peuvent appeler d'un jugement rendu en matière correctionnelle[1].

912.06 **Exigence d'avoir été partie en première instance.** La condition d'avoir été partie en première instance ne découle pas clairement des dispositions de l'article 497 du code de procédure pénale mais est clairement posée par la jurisprudence[2]. À vrai dire, le problème se pose uniquement pour une partie civile, un civilement responsable, ou encore un tiers sollicitant une restitution. Le principe est valable même lorsque l'autorité judiciaire a pu commettre une erreur en n'avertissant pas une victime : l'article 391 du code de procédure pénale, qui dispose que toute personne ayant porté plainte est avisée de la date de l'audience, n'édicte pas une prescription dont l'inobservation entraîne une nullité. Par suite, son inobservation ne permet pas de se constituer partie civile pour la première fois en cause d'appel[3].

Selon le même principe, l'intervention ou la mise en cause en appel d'une personne qui n'était pas partie ou appelée en première instance est impossible, même après annulation ou évocation[4].

912.07 **Intérêt à agir.** D'une façon générale, les parties ne peuvent faire appel que dans la mesure où elles y ont un intérêt.

SECTION 1
PRÉVENU

912.11 **Possibilité de faire appel de tous les jugements.** Le prévenu peut faire appel de *tous les jugements susceptibles d'appel dès lors qu'il ne s'agit pas d'un jugement de relaxe* pour lequel il n'aurait aucun intérêt à le faire. Il peut faire appel des dispositions pénales et civiles d'un jugement. Le prévenu peut interjeter appel du jugement de débouté d'opposition qui fait corps et se confond avec le jugement frappé d'opposition. Cet appel doit être considéré comme dirigé en même temps contre le jugement de défaut antérieur. Ainsi, encourt la cassation l'arrêt qui estime dans ce cas que la décision de défaut est devenue définitive[5].

912.12 **Condamné n'ayant pas obéi à un mandat de justice.** Selon une ancienne jurisprudence, le prévenu qui se dérobait à la justice et contre lequel un mandat avait été délivré ne pouvait se faire représenter pour interjeter appel[6] à l'exception du cas où il aurait fait connaître en cette occasion, sa nouvelle adresse[7]. Il fut également décidé que l'appel n'était pas irrecevable si le prévenu était en capacité de démontrer l'impossibilité absolue de se mettre à la disposition de la justice[8]. Par ailleurs, il fut jugé que la déclaration d'appel doit être faite au greffier de la juridiction qui a rendu la décision attaquée, et doit être signée par le greffier et par l'appelant lui-même, ou par un avoué ou par un avocat ou par un fondé de pouvoir spécial : aucune disposition expresse de la loi ne déroge à l'application de ces conditions de formes, prévues à l'article 502 du code de procédure pénale, lorsque le condamné se dérobe à l'exécution d'un mandat de justice décerné contre lui[9].

Mais cette jurisprudence a été mise à mal par la Cour européenne des droits de l'Homme dans l'affaire *Poitrimol*[10]. La cour de Strasbourg a eu l'occasion par la suite de condamner encore la France, en 2004, en déclarant que, contrevient aux dispositions de l'article 6, § 3, de la convention la

1. Crim. 10 janv. 1984, n° 83-94.291, P n° 12 ; *D.* 1984. IR 334, obs. J.-H. Robert ; *RSC* 1985. 121, obs. J.-H. Robert.
2. Crim. 7 nov. 1956, P n° 716.
3. Crim. 5 mars 1964, n° 63-92.263, P n° 82. Crim. 20 avr. 2017, n° 16-83.199, P n° 112, *AJ pénal* 2017. 298, obs. Royer.
4. Crim. 13 févr. 1958, P n° 155.
5. Crim. 26 juin 1989, n° 89-82.119, P n° 272 – Crim. 21 oct. 1991, n° 90-87.585, P n° 363.
6. Crim. 5 juin 1989, n° 88-85.545, P n° 232.
7. Crim. 13 mai 1985, n° 84-95.278, P n° 180.
8. Crim. 21 mai 1981, n° 80-91.169, P n° 168.
9. Crim. 24 nov. 1999, n° 97-85.694, P n° 273 ; *D.* 2000. IR 56 ; *Dr. pénal* 2000, n° 37, note M. Véron.
10. CEDH 23 nov. 1993, *Poitrimol c/ France*, req. n° 14032/88, *D.* 1994. Somm. 187, obs. J. Pradel.

juridiction qui relève que le prévenu qui se dérobe à l'exécution d'un mandat d'arrêt n'est pas admis à se faire représenter devant le juge pénal, que ce soit pour y exercer des voies de recours ou pour comparaître en justice[1].

La Cour de cassation ne modifiait pourtant pas sa jurisprudence dans un premier temps[2], avant d'opérer finalement un revirement.

La Haute juridiction *ne pose plus de condition à l'exercice du droit d'appel pour celui qui fait l'objet d'un mandat d'arrêt* : méconnaît le sens et la portée de l'article 502 du code de procédure pénale qui, pour déclarer irrecevable l'appel formé par un avocat au nom d'un prévenu contre lequel le tribunal correctionnel avait décerné mandat d'arrêt, énonce que ce dernier, qui ne s'est pas soumis à un mandat de justice, n'est pas en droit de se faire représenter pour exercer la voie de recours[3]. Il en est de même en ce qui concerne le pourvoi en cassation : « En l'absence de dispositions expresses de la loi dérogeant, en cas de délivrance d'un mandat de justice, à l'application des conditions de forme prévues par l'article 576 du code de procédure pénale, le pourvoi est recevable. »[4] Si la Cour de cassation a aussi jugé que le droit d'intervention de la personne qui, n'ayant jamais été entendue pendant l'instruction, fait l'objet d'un mandat d'arrêt, n'a pas pour effet d'en faire une partie à la procédure[5], c'est pour une autre raison : la seule délivrance d'un mandat n'a plus pour effet de mettre la personne en examen.

1. CEDH 27 avr. 2004, *Maat c/ France*, req. n° 39001/97, *AJ pénal* 2004. 246, obs. J. Leblois-Happe – DANS LE MÊME SENS, à propos de la possibilité pour le prévenu de faire valoir des nullités devant la juridiction malgré son renvoi après information judiciaire : CEDH 5e sect., *Abdelali c/ France*, 11 oct. 2012, req. n° 43353/07, *D.* 2012. 2452 ; *JCP* 2012. 1425, note L. Milan – Ch. Guéry, « Déclin et renaissance de l'article 385 al. 3 du code de procédure pénale », *Dr. pénal* 2013. Ét. 7.
2. Crim. 19 janv. 1994, n° 93-80.163, P n° 27 – Crim. 15 févr. 1994, n° 93-82.199, P n° 66 – Crim. 8 mars 1995, n° 94-85.990, P n° 94 ; *BICC* 1995. 413, n° 744 ; *Dr. pénal* 1995, n° 166, note A. Maron.
3. Crim. 24 nov. 1999, n° 97-85.694, P n° 273 ; *D.* 2000. IR 56 ; *Dr. pénal* 2000, n° 37, note M. Véron.
4. Crim. 30 juin 1999, n° 98-80.923, P n° 167 ; *RSC* 1999. 839.
5. Crim. 14 mai 2002, n° 02-80.721, P n° 111 – Crim. 17 déc. 2002, n° 02-86.679, P n° 230 ; *D.* 2003. 467 ; *JCP* 2003. IV. 1256 ; *Gaz. Pal.* 10-11 sept. 2003. 16, note Y. Monnet – Crim. 19 janv. 2010, n° 09-84.818, P n° 9 ; *AJ pénal* 2010. 252 ; *RSC* 2010. 131, obs. Y. Mayaud – Crim. 28 avr. 2011, n° 10-87.750, P n° 86 ; *D.* 2011. 1563 ; *D.* 2011. 2231, obs. J. Pradel – Crim. 20 nov. 2012, n° 12-83.934, NP – AUSSI : J. Buisson et S. Guinchard, *Procédure pénale*, 9e éd., « Manuel », LexisNexis, 2013, nos 1863 s. – B. Bouloc, *Procédure pénale*, 28e éd., « Précis », Dalloz, 2022, n° 868 s. – Ch. Guéry, *Droit et pratique de l'instruction*, 11e éd., « Dalloz action », 2022, nos 311.22, 411.23 – J. et L. Boré, *La cassation en matière pénale*, 4e éd., « Dalloz action », 2017.

Cette jurisprudence n'est donc pas contradictoire avec celle précédemment citée[6]. En tout état de cause, la situation de la personne domiciliée à l'étranger et qui a fait l'objet d'un mandat d'arrêt a été notablement modifiée[7].

SECTION 2
MINISTÈRE PUBLIC

912.21 Procureur de la République. Le procureur de la République dispose d'un droit d'appel général en ce qui concerne l'action publique y compris contre un jugement conforme à ses réquisitions de relaxe[8] ou de condamnation[9]. S'agissant de l'action fiscale accessoire à l'action publique, le ministère public est également recevable en son appel. Toutefois, lorsque seule l'action fiscale a été exercée en première instance par l'Administration des Douanes, le procureur de la République est sans qualité pour interjeter appel[10]. *Le procureur ne peut interjeter appel sur l'action civile.* Mais lorsque la partie civile forme un appel principal contre les dispositions civiles d'un jugement de relaxe, le ministère public peut valablement former un appel incident qui, s'il est sans effet sur les intérêts civils, a pour effet de saisir la cour d'appel de l'action publique[11]. Les dispositions de l'article 14, § 5, du Pacte international relatives aux droits civils et politiques et l'article 2, alinéa 1, du protocole annexe n° 7 de la convention européenne des droits de l'homme n'excluent pas que le ministère public, partie au procès pénal, puisse relever appel, y compris des décisions de relaxe, rendues par les juridictions répressives[12].

912.22 Procureur général. Le procureur général dispose d'un droit d'appel qui est distinct de celui du procureur de la République. La chambre criminelle avait estimé que : « Ne sont pas incompatibles avec le principe du procès équitable découlant de l'article 6 de la convention européenne des droits de l'homme les dispositions des articles 497, 500 et 505 du code de procédure pénale qui, en matière correctionnelle, accordent un droit d'appel non seulement à toutes les parties à l'instance pénale, mais aussi au procureur général. »[13]

6. SUR les droits de la personne faisant l'objet d'un mandat d'arrêt, v. ss n° 913.75.
7. V. not. Ch Guéry, « Le mandat d'arrêt contre une personne domiciliée à l'étranger », *AJ pénal* 2022, 255. V. aussi ss n° 613.37.
8. Crim. 17 janv. 1991, n° 90-83.051, P n° 29.
9. Crim. 24 janv. 2007, n° 06-82.052, P n° 15 ; *AJ pénal* 2007. 144 (v. ss n° 911.01).
10. Crim. 20 févr. 1997, n° 95-84.764, P n° 73.
11. Crim. 21 sept. 2004, n° 04-81.887, P n° 214 ; *D.* 2004. 2761.
12. Crim. 29 juin 1999, n° 97-84.166, P n° 158.
13. Crim. 29 févr. 2000, n° 98-87.642, P n° 86.

À la suite d'une décision de la Cour européenne des droits de l'Homme, le droit d'appel du parquet général a été limité dans sa durée et ramené à vingt jours à la place de deux mois[1].

Par ailleurs, la loi du 24 novembre 2009 a supprimé l'exigence d'une signification aux parties de l'appel formé par le procureur général d'un jugement en matière correctionnelle. Désormais le procureur général doit faire appel par déclaration au greffe du tribunal et non plus signifier son appel aux parties.

SECTION 3
PARTIE CIVILE

912.31 **Appel sur ses intérêts civils.** Le droit d'appel de la partie civile est *limité à ses intérêts civils*[2]. Il n'est pas soumis aux règles limitatives de la procédure civile[3]. La faculté pour la partie civile d'interjeter appel dans l'instance pénale quant à ses intérêts civils est un droit spécifique, général et absolu, qu'elle peut exercer contre une décision prononçant l'annulation de la citation directe par laquelle elle a saisi la juridiction de première instance[4].

La partie civile peut ainsi interjeter appel :

- d'une décision d'incompétence du tribunal correctionnel[5] ;

- d'une décision déclarant sa constitution irrecevable[6].

Sur le seul appel de la partie civile la cour ne peut se déclarer incompétente au motif que les faits seraient de nature criminelle, l'action publique n'étant plus en cause[7]. La cour doit seulement *qualifier les faits au point de vue des intérêts civils* et se prononcer sur l'indemnisation de la partie civile[8]. Sont irrecevables les conclusions de la partie civile appelante tendant à ce que la juridiction correctionnelle se déclare incompétente aux motifs que les faits poursuivis revêtiraient, selon elle, une qualification criminelle[9].

912.32 **Appel d'un jugement de relaxe par la partie civile.** La chambre criminelle jugeait traditionnellement que, sur le seul appel par la partie civile d'un jugement de relaxe, la cour d'appel devait rechercher si le fait qui lui était déféré constituait ou non une infraction pénale, déterminer s'il existait un lien de causalité avec le dommage allégué pour décider s'il y avait lieu de lui allouer des dommages-intérêts[10].

L'évolution de la jurisprudence de la Cour européenne des droits de l'Homme a amené la Cour de cassation à modifier sa jurisprudence : désormais, le dommage dont la partie civile, seule appelante d'un jugement de relaxe, peut obtenir réparation de la part de la personne relaxée résulte simplement de la faute civile démontrée à partir des faits objets de la poursuite et dans la limite de ceux-ci[11]. Il n'est donc plus question de rechercher si « les faits poursuivis sont constitutifs d'une infraction pénale ». Elle a ainsi affirmé, dans un arrêt du 5 février 2014, *que* « c'est à tort que pour allouer des dommages et intérêts [à la partie civile] l'arrêt retient que [le mis en cause] pouvait se voir imputer des faits présentant "la matérialité du délit d'abus de confiance" celui-ci ayant été définitivement relaxé de ce chef »[12][13].

912.33 **Appel du jugement de refus de retrait de l'autorité parentale.** La faculté de relever appel dont bénéficie la partie civile lui est offerte même dans les cas où la réparation du dommage échappe à la compétence de la juridiction pénale[14]. L'article 378 du code civil institue non pas une peine accessoire frappant le condamné, mais une mesure de protection de ses enfants, d'ordre purement civil. Le représentant légal des enfants victimes de violences parentales, constitué partie civile en leur nom, a dès lors, en application de l'article 497 du code de

1. V. s[s] n° 521.21.
2. C. pr. pén., art. 497, 3°.
3. Crim. 2 mars 1981, n° 80-93.370, P n° 77 ; *D.* 1983. IR 24, obs. G. Roujou de Boubée.
4. Crim. 29 juin 2016, n° 15-81.904, NP.
5. Crim. 10 mai 1994, n° 92-81.850, P n° 177.
6. Crim. 29 avr. 1996, n° 95-82.081, P n° 167.
7. Crim. 4 mars 1981, n° 80-94.035, P n° 80.
8. Crim. 22 mars 1995, n° 94-82.818, P n° 118.
9. Crim. 2 mars 2004, n° 03-83.353, P n° 54.
10. Crim. 26 sept. 1989, n° 89-80.281, P n° 328 – Crim. 28 nov. 1989, n° 88-86.499, P n° 441 (v. s[s] n° 912.01) – IL EN EST AINSI même si la cour est incompétente pour accorder des réparations civiles en raison de la compétence des juridictions de l'ordre administratif : Crim. 30 oct. 2006, n° 05-86.997, P n° 257 ; *AJ pénal* 2007. 91, obs. C. Girault.
11. Crim. 5 févr. 2014, n° 12-80.154, P n° 35 ; *JCP* 2014. Actu. 195, obs. J.-Y. Maréchal ; *D.* 2014. 807, note L. Saenko ; *D.* 2014. Chron. 1414, obs. C. Moreau ; *D.* 2014. 1673, obs. S. Detraz ; *Dr. pénal* 2014. Ét. 10, obs. A. Bonnet ; *Dr. pénal* 2014, n° 46, note A. Maron et M. Haas.
12. SUR cette jurisprudence qui a été ensuite consacrée et développée, v. s[s] n° 932.92.
13. Crim. 11 mars 2014, n° 12-88.131, P n° 70 ; *D.* 2014. 1673, obs. S. Detraz ; *D.* 2014. 1188, note H. Dantras-Bioy ; *JCP* 2014. 480 ; *JCP* 2014. 653, note J. Pradel ; *AJ pénal* 2014. 422 ; *Dr. pénal* 2014, n° 80, note A. Maron et M. Haasd – Crim. 24 juin 2014, n° 13-84.478, P n° 159 ; *D.* 2014. 1453 ; *D.* 2014. 1673, obs. S. Detraz.
14. Crim. 30 avr. 2002, n° 01-85.219, P n° 89 ; *D.* 2003. 30, obs. J. Pradel – Crim. 5 nov. 2002, n° 02-80.287, NP – Crim. 20 juin 2006, n° 05-87.415, P n° 189 ; *AJ pénal* 2006. 409, obs. G. Royer – Crim. 30 oct. 2006, n° 05-86.997, P n° 157 ; *D.* 2006. 3009 ; *AJ pénal* 2007. 91, obs. C. Girault.

procédure pénale, la faculté de relever appel du refus opposé à sa demande de retrait de l'autorité parentale, qui a fait grief à leurs intérêts civils[1]. Il résulte des dispositions de l'article 497 que la partie civile qui n'a pas fait appel du jugement ayant déclaré sa constitution irrecevable ne saurait intervenir devant la juridiction du second degré et y faire plaider par un avocat[2].

912.34 Désistement présumé de la partie civile en première instance – Possibilité d'appel. La partie civile régulièrement citée devant la juridiction du premier degré, qui ne comparaît pas ou n'est pas représentée à l'audience, est considérée comme se désistant de sa constitution de partie civile, aux termes de l'article 425 du code de procédure pénale[3].

Le jugement constatant le désistement présumé de la partie civile lui est signifié par voie d'huissier. Ce jugement est assimilé à un jugement par défaut, susceptible d'opposition dans les conditions des articles 489 à 495 du code de procédure pénale.

La question s'est posée de savoir si la partie civile dont le désistement présumé a été constaté en première instance pouvait toutefois faire appel de cette décision ? La chambre criminelle de la Cour de cassation a répondu par l'affirmative : « Dès lors que la partie civile dont le désistement présumé a été constaté par jugement assimilé à un jugement par défaut peut exercer un recours contre une telle décision, soit par la voie de l'opposition, en application de l'article 425, alinéa 3, du code de procédure pénale, soit par celle de l'appel, sur le fondement des articles 497 et 499 du code précité, l'arrêt attaqué, qui n'avait pas à rechercher si le défaut de la partie civile en première instance n'impliquait pas son intention de se désister, n'encourt pas les griefs allégués. »[4] En revanche, la chambre criminelle a rappelé que les juridictions répressives ne sont compétentes pour connaître de l'action civile en réparation du dommage né d'une infraction qu'accessoirement à l'action publique. Il en résulte que ces juridictions ne peuvent se prononcer sur l'action civile qu'autant qu'il a été préalablement statué au fond sur l'action publique[5]. Il s'en déduit que, lorsqu'elle est saisie du seul appel de la partie civile formé à l'encontre d'un jugement ayant constaté l'extinction de l'action publique et débouté l'intéressée de ses demandes, la cour d'appel n'est compétente pour prononcer sur le droit à réparation de la partie civile à partir et dans la limite des faits objets de la poursuite, que si elle a préalablement constaté que c'est à tort que les premiers juges ont déclaré l'action publique éteinte[6].

912.35 Constitutionnalité de la limitation de l'appel de la partie civile. Certaines contestations ont été soulevées relative à l'article 497 3° du code de procédure pénale qui ne permet à la partie civile de relever appel que sur ses seuls intérêts civils.

La Cour de cassation a refusé de transmettre la question prioritaire de constitutionnalité déposée en estimant cette question non sérieuse dans la mesure où la cour d'appel, saisie par le seul recours de la partie civile, si elle ne peut prononcer de peine à l'encontre du prévenu définitivement relaxé, l'action publique n'étant exercée que par le ministère public ou les fonctionnaires auxquels elle est confiée par la loi, est tenue de rechercher si les faits déférés constituent une infraction pénale avant de se prononcer sur les demandes de réparation de la partie civile[7].

Le même jour, la chambre criminelle a rendu une autre décision, sur une autre QPC, en estimant que les textes qui interdisent à la partie civile de remettre en cause la décision de première instance relative à la culpabilité du prévenu, en raison de l'effet dévolutif de l'appel, ne font pas obstacle à la réparation intégrale du dommage causé à la partie civile, la cour d'appel devant rechercher, sur le seul appel de la partie civile du jugement déclarant l'action publique éteinte par l'effet de la prescription, si les faits déférés constituent une infraction pénale, les qualifier et se prononcer sur l'action civile[8].

Saisi par la suite d'une question prioritaire de constitutionnalité portant sur l'article 497, alinéa 3 du code de procédure pénal, le Conseil constitutionnel a jugé que ce texte n'était contraire à aucune norme constitutionnelle. La partie civile n'est pas dans une situation identique à celle de la personne poursuivie ou à celle du ministère public et l'interdiction qui lui est faite d'appeler seule d'un jugement correctionnel dans ses dispositions statuant au fond sur l'action publique, ne méconnaît pas le principe d'égalité devant la justice. Le Conseil ajoute que la partie civile a la faculté de relever appel quant à ses intérêts civils et qu'en ce cas, selon la portée donnée par la Cour de cassation au 3° de l'arti-

1. Crim. 23 sept. 2008, n° 08-80.489, P n° 195 ; *D.* 2008. AJ 2774 ; *AJ pénal* 2009. 40 ; *AJ fam.* 2009. 32.
2. Crim. 20 sept. 2006, n° 05-85.869, P n° 233 ; *AJ pénal* 2006. 512.
3. AUSSI : v. s[s] n°s 222.122 s.
4. Crim. 3 juin 2004, n° 03-87.092, P n° 146 (v. s[s] n° 912.01).
5. Crim. 5 janv. 2017, n° 15-82.562, P n° 5 ; *JCP* 2017. 204 – À PROPOS DE LA SITUATION d'une personne se constituant à l'audience où sera constaté le désistement de la partie civile principale, par application de l'article 425 du code de procédure pénale : *Dr. pénal* 2017, comm. 153.
6. Crim. 1er avr. 2020, n° 19-80.069, P.
7. Crim. 16 juill. 2010, n° 10-81.659, P ; *D.* 2010. 1944.
8. Crim. 16 juill. 2010, n° 10-90.085, P ; *D.* 2010. 1944 ; *D. actu.* 3 sept. 2010, obs. S. Lavric – AUSSI : Crim. 17 janv. 2012, n° 11-83.916, NP, *D.* 2013. 457, obs. E. Dreyer.

cle 497 du Code de procédure pénale, elle est en droit, nonobstant la relaxe du prévenu en première instance, de reprendre, contre lui, devant la juridiction pénale d'appel, sa demande en réparation du dommage que lui ont personnellement causé les faits à l'origine de la poursuite. Ainsi, le moyen tiré de la méconnaissance du droit à un recours effectif manque en fait[1].

La terminologie adoptée n'est désormais plus la même[2], mais le Conseil constitutionnel, saisi d'une autre demande, a encore affirmé que l'interdiction faite à la partie civile d'appeler seule d'un jugement correctionnel dans ses dispositions statuant au fond sur l'action publique ne méconnaît pas le principe d'égalité devant la justice. Le Conseil a en conséquence jugé que les dispositions de l'article 497, alinéa 3, du code de procédure pénale ne méconnaissent pas le droit à un recours effectif et sont conformes à la Constitution[3].

912.36 Victime de terrorisme. La loi n° 2019-222 du 23 mars 2019 de programmation 2018-2022 et de réforme pour la justice, a introduit un article 706-16-1 dans le code de procédure pénale. Selon ce dernier, lorsqu'elle est exercée devant les juridictions répressives, l'action civile portant sur une infraction qui constitue un acte de terrorisme ne peut avoir pour objet que de mettre en mouvement l'action publique ou de soutenir cette action. Elle ne peut tendre à la réparation du dommage causé par cette infraction. L'action civile en réparation de ce dommage ne peut être exercée que devant une juridiction civile, séparément de l'action publique. Le juge pénal n'est donc plus compétent en matière de réparation des victimes du terrorisme[4].

Par plusieurs décisions rendues le 15 février 2022, la chambre criminelle a précisé le cadre du préjudice dans le cadre des infractions de terrorisme. Dans cette matière comme dans toute autre, ne peut être victime d'une action terroriste que la personne ayant subi un préjudice susceptible de découler de la qualification retenue. La victime d'une action terroriste est celle qui a été exposée à un risque de mort ou d'atteinte grave de façon immédiate, mais aussi de façon médiate. « C'est dans l'appréciation de ce risque médiat à l'aune d'un critère d'indissociabilité que se trouvent les principaux apports des arrêts »[5].

La chambre criminelle a ainsi jugé qu'« il ressort des circonstances qu'elle a retenues que l'action dans laquelle Mme [K] [C] s'est engagée pour interrompre la commission ou empêcher le renouvellement d'atteintes intentionnelles graves aux personnes, auxquelles elle s'est ainsi elle-même exposée, est indissociable de ces infractions, de sorte que le préjudice pouvant en résulter pour elle peut être en relation directe avec ces dernières »[6] et que « les circonstances qu'elle a retenues, desquelles il ressort que Mme [D] s'est blessée en tentant de fuir le lieu d'une action criminelle ayant pour objet de tuer indistinctement un grand nombre de personnes, à laquelle, du fait de sa proximité, elle a pu légitimement se croire exposée, initiative indissociable de l'action criminelle qui l'a déterminée, suffisent à caractériser la possibilité du préjudice allégué et de la relation directe de celui-ci avec les assassinats et tentatives, objet de l'information »[7] et enfin qu'« il ressort des circonstances [...] que l'action dans laquelle [le témoin courageux] s'est engagé pour interrompre la commission ou empêcher le renouvellement d'atteintes intentionnelles graves aux personnes auxquelles il s'est lui-même ainsi exposé, est indissociable de ces infractions, de sorte que le préjudice pouvant en résulter pour lui peut être en relation directe avec ces dernières »[8]. L'exposition de la victime à un risque de mort ou de blessure grave s'est progressivement imposée comme le critère de la causalité directe en matière d'attentat terroriste, notamment de masse. Cette notion géographique mise en œuvre par un arrêt du 11 avril

1. Cons. const., 31 janv. 2014, n° 2013-363 QPC : *JO* 2 févr. 2014, p. 1989 ; *JCP* G 2014, 424, A. Gallois ; *Procédures* 2014, comm. 86, J. Buisson.
2. V. s[s] n°s 912.31 et 932.92.
3. Cons. const., 31 janv. 2014, n° 2013-363 QPC, art. conforme 497 3° du C. pr. pén., *droit d'appel des jugements correctionnels par la partie civile*, CONFORMITÉ – NON LIEU À STATUER, *JO* 2 févr., p. 1989 ; *D.* 2014. 280 ; *JCP* 2014. 424, note A.-J. Gallois ; *AJ pénal* 2014. 136 ; *D.* 2014. 280 ; *D.* 2014. 651, note A. Botton.
4. La compétence est celle du tribunal judiciaire de Paris (COJ, art. L. 217-6). Sur les changements introduits par la loi du 23 mars 2019 en la matière, v. Y. Mayaud, V° « Terrorisme. Poursuites et indemnisation », Rép. pén., n°s 380 s. ; J. Knetsch, « L'indemnisation des victimes d'actes de terrorisme. État des lieux et perspectives après la loi du 23 mars 2019 », in S. Pellé (dir.), *Quelles mutations pour la justice pénale du XXIe siècle ? À partir de la loi n° 2019-222 du 23 mars 2019 de programmation 2018-2022 et de réforme pour la justice*, « Thèmes et commentaires », Dalloz 2020, p. 169 ; R Parizot, « Les spécificités de l'action civile en matière terroriste », *RSC* 2020. 699 – V. aussi s[s] n° 222.56 s.
5. J. Alix, « La Cour de cassation redessine les contours de la constitution de partie civile des victimes d'attentat terroriste », *AJ pénal* 2022. 143, note s[s] Crim. 15 févr. 2022, n° 21-80.670, P 10.
6. Crim. 15 févr. 2022, n° 21-80.670, P 10 ; *D.* 2022. 354 ; *AJ pénal* 2022. 143, obs. J. Alix.
7. Crim. 15 févr. 2022, n° 21-80.265, P 14 ; *D.* 2022. 354 ; *AJ pénal* 2022. 143, obs. J. Alix.
8. Crim. 15 févr. 2022, n° 21-80.264, *AJ pénal* 2022. 143, obs. J. Alix. Sur ce point, écrit Julie Alix, les arrêts renforcent la cohérence entre le droit pénal de fond qui fait de la légitime défense d'autrui une cause d'irresponsabilité pénale et la procédure pénale. Sous ces deux aspects, l'aide apportée contre un terroriste bénéficie à celui qui l'apporte, notamment lorsque de l'action courageuse est né un préjudice.

2018[1] ayant confirmé l'arrêt d'une cour d'appel qui avait énoncé que « M. X... ne s'est pas trouvé dans la trajectoire des tirs terroristes visant la brasserie "La Belle Equipe" mais a été le témoin malheureux de ces faits, comme d'autres personnes passant sur les voies publiques près des différents bars ou restaurants parisiens dont les clients ont été la cible des attaques perpétrées ce soir là par les occupants du véhicule noir » en concluant « qu'en l'état de ces énonciations, la chambre de l'instruction, qui a constaté que les circonstances sur lesquelles la constitution de partie civile s'appuyait ne permettaient pas d'admettre comme possible la relation directe du préjudice allégué avec les infractions commises, a justifié sa décision ». Si les victimes prises pour cibles demeurent évidemment recevables à se constituer partie civile, la chambre criminelle y ajoute certaines victimes médiates, en l'espèce, les victimes dont le préjudice résulte de leur action contre le terroriste, et celles dont le préjudice est causé par leur réaction à l'attentat.

SECTION 4
CIVILEMENT RESPONSABLE

912.41 **Qualité à agir.** Dès lors qu'il a été cité en cette qualité devant le tribunal correctionnel, le civilement responsable peut interjeter appel de sa condamnation. Son intervention pour la première fois en appel est irrecevable[2]. Cet appel, tout comme celui de la partie civile, ne peut remettre en cause la décision pénale et est limité à la question des intérêts civils de l'appelant. Mais l'appelant est recevable à contester le principe même de la responsabilité du prévenu, même en l'absence d'appel de celui-ci[3].

912.42 **Intérêt à agir.** Une personne déclarée civilement responsable par un jugement a un intérêt à agir et a la faculté d'appeler de la décision de première instance, même si celle-ci, à défaut de citation, lui est inopposable[4]. Le commettant régulièrement cité en qualité de civilement responsable a également intérêt à relever appel d'un jugement qui, bien qu'ayant omis de se prononcer sur les demandes dirigées contre lui, a évalué l'étendue du dommage causé et fixé le montant des remboursements dus aux organismes sociaux[5].

Le Conseil constitutionnel a été saisi d'une QPC portant sur l'article 543 du Code de procédure pénale qui prévoit l'application devant le tribunal de police des articles 475-1 à 486 concernant les frais de justice et dépens, la restitution des objets placés sous la main de la justice et la forme des jugements. Par sa décision du 5 avril 2019, le Conseil constitutionnel avait déclaré contraire à la Constitution le premier alinéa de l'article 800-2 du Code de procédure pénale et reporté son abrogation au 31 mars 2020 mais le législateur n'est pas intervenu. En conséquence, la personne poursuivie pénalement est dans l'impossibilité, depuis cette date, d'obtenir du tribunal de police, en cas de relaxe, une indemnité au titre des frais non payés par l'État et exposés par celle-ci pour sa défense. Dans ces conditions, le Conseil a jugé[6] que les dispositions contestées portaient atteinte à l'équilibre des droits des parties dans le procès pénal et, par suite, doivent être déclarées contraires à la Constitution. Le Conseil a toutefois reporté au 31 décembre 2021 la date de l'abrogation des dispositions contestées. Néanmoins, afin de faire cesser l'inconstitutionnalité constatée, il a dit qu'il y a lieu de juger que jusqu'à l'entrée en vigueur d'une nouvelle loi et, au plus tard, jusqu'au 31 décembre 2021, toute juridiction prononçant un non-lieu, une relaxe, un acquittement ou toute décision autre qu'une condamnation ou une déclaration d'irresponsabilité pénale peut, à la demande de l'intéressé, accorder à la personne poursuivie pénalement ou civilement responsable une indemnité qu'elle détermine au titre des frais non payés par l'État et exposés par celle-ci. Il en est de même, pour la personne civilement responsable, en cas de décision la mettant hors de cause. La loi du 22 décembre 2021[7] a ajouté la personne civilement responsable à l'énumération de l'alinéa premier de l'article 800-2.

SECTION 5
ADMINISTRATION PUBLIQUE

912.51 **Administration des douanes.** L'Administration des Douanes exerce une action publique d'une nature particulière et se fait représenter par ses propres agents (agent poursuivant des douanes) sans que la production d'un pouvoir spécial soit nécessaire[8] ; elle peut exercer l'action fiscale dans les mêmes conditions que le ministère public. Si

1. Crim. 11 avr. 2018, nº 17-82.818.
2. Crim. 7 nov. 1956, P nº 716.
3. Crim. 13 déc. 1982, nº 80-91.114, P nº 282.
4. Crim. 13 déc. 1982, nº 80-91.114, P nº 282.
5. Crim. 18 oct. 1983, nº 82-92.151, P nº 251.
6. Cons. const., 26 mai 2021, nº 2021-910, *Dr. pénal* 2021, alerte 57, W. Roumier ; *Procédures* 2021, comm. 208.
7. L. nº 2021-1729, 22 déc. 2021 pour la confiance dans l'institution judiciaire, *JO* 23 déc., nº 2.
8. C. douanes, art. 343 – Crim. 2 avr. 1998, nº 96-83.781, P nº 129 – Crim. 26 nov. 1998, nº 97-84.336, P nº 320 – Crim. 19 nov. 2003, nº 02-80.352, P nº 217 ; *RSC* 2004. 658, obs. H. Matsopoulou – Crim. 31 mai 2006, nº 05-84.301, P nº 154 ; *RSC* 2007. 551, obs. H. Matsopoulou.

l'appel du procureur de la République vise en même temps les condamnations pénales et les pénalités douanières la cour se trouve saisie de l'ensemble et l'Administration peut, sans être représentée, faire déposer des conclusions [1]. Il convient de noter que le code des douanes a été particulièrement touché par les décisions du Conseil constitutionnel. La retenue douanière a été invalidée, tout comme le fût la garde à vue, par une décision du 22 septembre 2010 relative à la retenue douanière [2]. Mais d'autres articles ont également été déclarés contraires à la Constitution : ainsi, l'article 389 par décision du 2 décembre 2011 [3], les articles 374 et 376 par décision du 13 janvier 2012 [4], tandis que l'article 65 était validé par décision du 27 janvier 2012 [5].

Est recevable l'appel de l'Administration des Douanes pour l'application des sanctions fiscales, bien qu'elle n'ait pas constitué de représentant devant le tribunal correctionnel, lorsque l'action fiscale a été exercée par le ministère public accessoirement à l'action publique [6]. Dans sa note sous cet arrêt, J.-H. Robert propose : « Il est temps que le ministre de la Justice et celui de l'Économie rédigent ensemble un Petit manuel de droit douanier à l'usage des juges et procureurs, dans lequel l'explication de l'article 343 du code des douanes occuperait une grande place, avec dessins et tableaux ».

L'article 343 du code des douanes dispose en effet que : « L'action pour l'application des sanctions fiscales est exercée par l'Administration des Douanes ; le ministère public peut l'exercer accessoirement à l'action publique. »

1. Crim. 30 juin 1981, n° 80-93.920, P n° 222.
2. Cons. const., 22 sept. 2010, n° 2010-32 QPC, art., conforme 323 1° et 2°, non conforme 323 3°, du C. douanes, *retenue douanière*, NON-CONFORMITÉ PARTIELLE – EFFET DIFFÉRÉ, *JO* 23 sept., p. 17291 ; *Rec.*, p. 241 ; *RF compt.* juin 2011. p. 22, note C.-J. Berr ; *D.* 2010. Point de vue 2301, obs. C.-J. Berr ; *D.* 2010. Entretien 2352, obs. J. Pannier ; *RSC* 2011. 139, obs. A. Giudicelli ; *RSC* 2011. 165, obs. B. de Lamy ; *RSC* 2011. Chron. 193, obs. Ch. Lazerges.
3. Cons. const., 2 déc. 2011, n° 2011-203 QPC, art. non conforme 389 du C. douanes, *vente des biens saisis par l'administration douanière*, NON-CONFORMITÉ TOTALE – EFFET DIFFÉRÉ, *JO* 3 déc., p. 20015 ; *Rec.*, p. 572 ; *D.* 2011. Actu. 2929.
4. Cons. const., 13 janv. 2013, n° 2011-208 QPC, art. non conformes 374 et 376 du Code des douanes, *confiscation de marchandises saisies en douane*, NON-CONFORMITÉ TOTALE – EFFET DIFFÉRÉ, *JO* 14 janv., p. 752 ; *Rec.*, p. 75 ; *D.* 2012. Actu. 158 ; *D.* 2012. 449, point de vue C.-J. Berr ; *AJ pénal* 2012. 232, obs. G. Roussel.
5. Cons. const., 27 janv. 2012, n° 2011-214 QPC, art. conforme 65 du C. douanes, *droit de communication de l'administration des douanes*, CONFORMITÉ, *JO* 28 janv., p. 1676 ; *Rec.*, p. 94 ; *D.* 2012. Actu. 289 ; *D.* 2012. 449, note Berr.
6. Crim. 16 juin 2011, n° 10-86.808, P n° 138 ; *Dr. pénal* 2011, n° 123, note J.-H. Robert ; *AJ pénal* 2011. 529, obs. G. Roussel.

Lorsque le procureur représente l'Administration des Douanes en première instance, *celle-ci peut interjeter appel bien qu'elle n'ait pas été présente devant le tribunal*, même si le parquet ne se pourvoit pas. Si en revanche le ministère public ne représente que l'action publique, l'Administration est irrecevable à former appel contre le jugement. Dans l'espèce ayant donné lieu à l'arrêt rendu le 16 juin 2011 [7] par la Cour de cassation, la juridiction de jugement était saisie à la fois de l'action publique et de l'action fiscale (trafic de stupéfiants et importation de marchandises prohibées). Le parquet n'avait pas pris de réquisitions spécifiques à l'action fiscale. La juridiction avait reconnu les prévenus coupables du délit douanier mais avait omis de prononcer les sanctions fiscales. L'Administration des douanes fit appel mais vit la cour lui opposer son absence en premier ressort. À tort puisqu'elle aurait dû annuler le jugement, évoquer et statuer à nouveau sur l'action fiscale. L'Administration douanière a également la possibilité de dessaisir le tribunal de l'action fiscale, pourtant exercée par le ministère public accessoirement à l'action publique, puis de citer à nouveau les prévenus du chef d'infraction douanière [8]. Lorsque l'Administration des Douanes renonce à développer ses conclusions devant le tribunal correctionnel et annonce qu'elle citera ultérieurement les prévenus de trafic de stupéfiants, le jugement rendu sur cette prévention de droit commun interrompt la prescription de l'action fiscale exercée du chef des délits douaniers, au motif qu'ils sont connexes [9]. Une cour d'appel saisie du seul appel de l'Administration peut, sans violer l'article 515, alinéa 2, du code de procédure pénale, aggraver sa situation [10].

En effet, l'Administration des Douanes qui exerce son action fiscale peut, sans méconnaître l'article 515 du code de procédure pénale, demander en appel le prononcé d'une amende fiscale plus élevée que celle que son représentant avait sollicitée devant le premier juge [11]. L'action fiscale ne peut être assimilée à l'action civile. Encourt la censure l'arrêt de la cour d'appel qui se dit non saisie de la demande de confiscation formée par le ministère public, alors que son appel portait sur l'action douanière, qu'il exerçait par application de l'article 343 3°, du code

7. Crim. 16 juin 2011, n° 10-86.808, préc.
8. Crim. 8 sept. 2010, n° 09-80.244, NP, *Dr. pénal* 2010, n° 140.
9. Crim. 8 sept. 2010, n° 09-80.244, NP, *Dr. pénal* 2010, n° 140, note J.-H. Robert.
10. Crim. 7 sept. 2011, n° 10-87.434, NP, *Dr. pénal* 2011, n° 151 – Crim. 11 juill. 2012, n° 11-86.617, P n° 165 ; *AJ pénal* 2013. 48, obs. J. Lasserre Capdeville.
11. Crim. 14 déc. 2011, n° 11-81.267, NP, *Dr. pénal* 2012, n° 41, note J.-H. Robert.

des douanes et dont relevaient notamment les mesures de confiscation[1].

Selon l'article 498 du Code de procédure pénale, le délai d'appel ne commence à courir, pour l'administration des douanes qui n'a été ni présente ni représentée à l'audience où le jugement a été prononcé et qui n'a pas été informée du jour de ce prononcé, qu'à partir de la signification du jugement. Encourt la cassation l'arrêt qui déclare irrecevable l'appel de cette administration au motif qu'il est tardif pour avoir été interjeté hors délai, huit mois après le prononcé du jugement alors que le jugement n'avait pas été signifié à l'administration des douanes[2].

912.52 Administrations des forêts et de la chasse. Certaines administrations disposent d'un droit d'appel. Il en est ainsi de l'Administration des forêts dont l'appel est recevable contre un jugement[3], même rendu conformément aux réquisitions du parquet[4], de l'Administration de la chasse ou en matière de conservation du domaine routier[5].

912.53 Administration fiscale. En matière d'infractions aux lois sur les contributions indirectes, hors le cas où une peine privative de liberté est encourue, l'exercice de l'action fiscale appartient exclusivement à l'Administration fiscale[6] ; l'appel de cette administration contre une décision n'ayant pas fait entièrement droit à ses conclusions défère à la cour d'appel la cause dans son ensemble[7]. Dans ce domaine, le ministère public n'est recevable à intervenir à l'instance en qualité d'appelant que dans le cas où l'infraction poursuivie est punie d'une peine d'emprisonnement[8]. L'Administration fiscale peut se constituer partie civile pour la première fois en appel[9].

912.54 Agent judiciaire de l'État. Lorsque l'intervention de l'État a été régulièrement admise par le tribunal correctionnel, l'agent judiciaire de l'État (anc^t agent judiciaire du Trésor) devient partie à l'instance. Il dispose d'un droit d'appel propre lui permettant de déférer la décision aux juges du second degré dans la limite de ses intérêts, même si la partie civile, aux droits de laquelle il est subrogé, n'a pas usé de cette voie de recours[10].

SECTION 6
ASSUREUR

912.61 Intervention possible, pour la première fois, en cause d'appel. Aux termes de l'article 388-1, alinéa 2, du code de procédure pénale institué par la loi du 8 juillet 1983[11], lorsque des poursuites pénales sont exercées, les assureurs appelés à garantir le dommage sont admis à intervenir et peuvent être mis en cause devant la juridiction répressive, *même pour la première fois en cause d'appel*[12]. Toute personne condamnée par une juridiction répressive de première instance sans avoir été partie au procès a le droit, en application de l'article préliminaire du code de procédure pénale et de l'article 6 de la convention européenne des droits de l'homme, de faire examiner sa condamnation par une juridiction supérieure.

Est ainsi recevable l'appel de l'assureur qui, n'étant pas intervenu de lui-même devant les premiers juges, ni été appelé en la cause, a été condamné à payer des dommages-intérêts à la partie civile[13]. Il résulte de l'article 388-1 du code de procédure pénale qu'en cas de poursuites exercées du chef d'homicide ou de blessures involontaires, peuvent être mis en cause les assureurs appelés à garantir un dommage quelconque subi à l'occasion de cette infraction, y compris des dommages matériels occasionnés par une contravention poursuivie concomitamment et consistant dans l'inobservation de prescriptions réglementaires[14].

Justifie sa décision une cour d'appel devant laquelle n'étaient pas invoquées les dispositions de l'article L. 121-31 du code de la consommation, devenu l'article L. 242-9 dudit code, selon lequel le client qui s'est constitué partie civile est recevable à demander devant la juridiction répressive une somme égale au montant des paiements effectués ou des effets souscrits, n'en a pas fait application mais a souverainement apprécié, dans la limite des

1. Crim. 19 févr. 2014, nº 13-82.065, P nº 44 ; *RSC* 2014. 573, obs. S. Detraz.
2. Crim. 5 nov. 2014, nº 13-87.670, P nº 227.
3. C. for., art. L. 161-24 (anc. L. 153-8) – Crim. 4 juill. 1978, nº 77-92.437, P nº 219.
4. Crim. 17 janv. 1991, nº 90-83.051, P nº 29 ; *D.* 1992. Somm. 95, obs. J. Pradel ; *Gaz. Pal.* 1992. 2. Somm. 292.
5. C. voirie rout., art. L. 116-4 et L. 116-5.
6. LPF, art. L. 235 – Crim. 4 juin 1998, nº 97-80.620, P nº 186.
7. Crim. 14 mars 1994, nº 93-80.897, P nº 95.
8. Crim. 12 janv. 2005, nº 04-80.841, P nº 14 ; *AJ pénal* 2005. 119 (v. s^s nº 912.01).
9. Crim. 8 nov. 2017, nº 17-82.968, P nº 249 ; *D.* 2018. 1611, obs. J. Pradel ; *Dr. pénal* 2018, comm. 15, obs. J.-H. Robert ; *RSC* 2018. 693, obs. S. Detraz.
10. Crim. 8 déc. 1970, nº 70-90.878, P nº 326 – Crim. 23 juin 1993, nº 92-86.295, P nº 220.
11. L. nº 83-634, 13 juill. 1983 portant droits et obligations des fonctionnaires, *JO* 14 juill., p. 2174, dite loi Le Pors.
12. Crim. 24 juin 1992, nº 91-86.882, P nº 254.
13. Crim. 7 oct. 2003, nº 02-88.383, P nº 181 ; *RSC* 2004. 131 ; *Dr. pénal* 2004, nº 13.
14. Crim. 11 juill. 2017, nº 16-82.904, P nº 193 ; *D.* 2017. 1532 ; *JCP* 2017. 986 ; *Dr. pénal* 2017, comm. 153, A. Maron et M. Haas.

conclusions des parties, l'indemnité propre à réparer le dommage né de l'infraction au code de la consommation qui était poursuivie[1]. L'article L. 242-9, prévoit en effet qu'« à l'occasion des poursuites pénales exercées contre le vendeur, le prestataire de services ou le démarcheur, le consommateur qui s'est constitué partie civile est recevable à demander devant la juridiction répressive une somme égale au montant des paiements effectués ou des effets souscrits, sans préjudice de tous dommages et intérêts ».

912.62 **Qualification de l'infraction.** L'assureur est également recevable, dans la mesure de ses intérêts civils, à remettre en cause devant la cour d'appel, ce qui a été jugé en première instance notamment quant à la qualification de l'infraction pénale[2]. Mais l'assureur du prévenu est sans qualité pour exercer devant la juridiction pénale, une action récursoire contre la personne responsable de l'accident qui a obtenu la garde ou la conduite du véhicule contre le gré du propriétaire[3].

912.63 **Assureur appelé en cause non comparant.** Est recevable l'appel de l'assureur, appelé en cause mais non comparant devant le tribunal, dès lors que le jugement lui a été déclaré opposable en application de l'article 383-3 du code de procédure pénale ; l'appel de l'assureur doit être notifié à l'assuré, mais l'omission de cette formalité prévue dans l'intérêt de l'assuré ne rend pas l'appel de l'assureur irrecevable[4]. En raison de l'impossibilité, pour la victime salariée, d'exercer l'action en réparation du dommage résultant d'un accident du travail contre l'employeur, la juridiction correctionnelle ne peut se prononcer ni sur les intérêts civils, ni sur la garantie de l'assureur, et par exemple, trancher la question d'une exception de non-garantie opposée par l'assureur[5]. Le délai d'appel de l'assureur non intervenant court du jour de la signification du jugement[6]. Il résulte de la combinaison des articles L. 113-2 et L. 113-8 du code des assurances que la juridiction répressive, saisie, avant toute défense au fond, d'une demande de nullité du contrat d'assurance ayant pour effet d'exonérer totalement l'assureur de son obligation de garantie à l'égard des tiers, doit se prononcer sur cette exception, peu important que le juge civil ait été préalablement saisi d'une demande de nullité du même contrat, dès lors que ce juge ne s'est pas définitivement prononcé[7]. Il résulte de l'article L. 211-13 du code des assurances que lorsque l'offre de l'assureur n'a pas été faite dans les délais impartis à l'article L. 211-9, le montant de l'indemnité offerte par l'assureur ou allouée par le juge à la victime produit un intérêt de plein droit au double du taux de l'intérêt légal, à compter de l'expiration du délai et jusqu'au jour de l'offre ou du jugement devenu définitif. Encourt en conséquence la cassation, l'arrêt qui limite l'assiette de cette pénalité au solde restant dû après déduction des provisions déjà versées et imputation de la créance des organismes sociaux[8].

SECTION 7
AUTRES INTERVENANTS AU PROCÈS POUVANT INTERJETER APPEL

912.71 **Tiers.** Les tiers à la procédure n'ont pas, en général, de droit de recours pour défaut d'intérêt à agir. Mais en matière de restitution d'objets placés sous main de justice, l'article 482 du code de procédure pénale dispose que le jugement qui rejette une demande de restitution est susceptible de recours de la part de la personne qui a formé cette demande, et que le jugement qui accorde une telle demande est susceptible d'appel de la part du ministère public, du prévenu, de la personne civilement responsable, ou de la partie civile à qui cette décision fait grief. Le tiers lui-même peut former un recours dès lors que sa demande est rejetée. Le témoin ne peut interjeter appel que lorsqu'il a été condamné pour refus de comparaître ou de prêter serment dans les conditions des articles 440 et 441 du code de procédure pénale.

912.72 **Caisses de sécurité sociale.** Elles sont considérées comme des parties intervenantes au procès. Elles ne disposent pas en conséquence du droit de mettre en œuvre l'action publique, sauf bien sûr lorsqu'elles sont directement victimes, par exemple d'une escroquerie. Leur action suppose celui de la victime[9] et leur intervention est recevable jusqu'à ce que le ministère public prenne ses réquisitions. Elle est donc irrecevable pour la première fois en cause d'appel[10]. Mais lorsque l'intervention

1. Crim. 25 oct. 2016, n° 15-83.624, P n° 274 ; *Dr. pénal* n° 12, déc. 2016, comm. 178, A. Maron et M. Haas.
2. Crim. 26 mars 1992, n° 91-83.263, P n° 128 – Crim. 20 janv. 1993, n° 92-81.825, P n° 27.
3. Crim. 27 mai 2014, n° 13-80.849, P n° 137 ; *D.* 2014. 1202.
4. Crim. 10 avr. 1986, n° 85-93.805, P n° 123 – Crim. 3 nov. 1988, n° 86-91.143, P n° 368.
5. Crim. 5 févr. 2002, n° 01-82.368, P n° 17 ; *D.* 2002. 1176 ; *RDSS* 2002. 540, obs. P.-Y. Verkindt.
6. Crim. 15 déc. 1987, n° 86-96.862, P n° 461.
7. Crim. 25 oct. 2016, n° 15-86.713, P n° 273 ; *D.* 2016. 2212 ; *Dr. pénal* 2016, comm. 180, A. Maron et M. Haas.
8. Crim. 27 sept. 2016, n° 15-83.309, P n° 249 ; *D.* 2016. 2612, note M. Bouchet ; *D.* 2017. 24, obs. P. Brun, O. Gout et C. Quézel-Ambrunaz ; *Dr. pénal* 2016, comm. 179, A. Maron et M. Haas.
9. Crim. 11 juill. 1977, n° 75-90.831, P n° 262.
10. Crim. 26 nov. 1991, n° 90-83.008, P n° 437 ; *D.* 1992. IR 57 – Crim. 4 nov. 1992, n° 91-84.370, P n° 358 – Crim. 6 oct. 1993, n° 92-86.729, P n° 277 – Crim. 18 mai 2005, n° 04-83.920, NP.

d'une Caisse de Sécurité sociale a été régulièrement admise par le tribunal, cette caisse dispose d'un droit propre qui lui permet de déférer la décision aux juges du second degré dans la limite de ses intérêts, nonobstant l'acquiescement de la victime à la décision de première instance, et de remettre ainsi en question ses rapports avec le prévenu[1].

912.73 **Tiers payeur.** Il dispose, à condition qu'il ait été partie lors de l'audience devant le tribunal correctionnel d'un droit d'appel indépendant de celui de la partie civile. Cela lui permet en appel de solliciter le remboursement de dépenses postérieures au jugement de première instance[2]. Il peut aussi faire constater la garantie due par l'assureur du prévenu responsable[3].

912.74 **Fonds de garantie.** Sont subrogés dans les droits du créancier contre le responsable ou son assureur :

- le Fonds de garantie des assurances obligatoires de dommages (FGAO)[4],

- le Fonds de garantie au profit des victimes d'actes de terrorisme et d'autres infractions (FGTI)[5],

- le Fonds d'indemnisation des victimes de l'amiante (FIVA)[6],

- l'Office national d'indemnisation des accidents médicaux (Oniam)[7].

Ils peuvent intervenir même pour la première fois, en cause d'appel[8]. Il résulte des dispositions de l'article L. 422-1 du code des assurances et de l'article 706-11 du code de procédure pénale que l'intervention devant les juridictions répressives du fonds n'est pas subordonnée à l'existence d'une instance engagée par la victime ou ses ayants droit[9].

912.75 **Intervenant au procès pénal.** L'intervenant au procès pénal, qu'il soit volontaire ou forcé, peut interjeter appel des jugements correctionnels. Est recevable l'appel du propriétaire d'un fonds de commerce ou du titulaire de la licence en cas de poursuites pour proxénétisme contre le jugement ayant ordonné des mesures relatives au fonds[10]. Le propriétaire d'un débit de boissons ou la personne titulaire de la licence, peut interjeter appel d'une décision de fermeture temporaire ou définitive de ce débit, bien qu'elle n'ait pas été elle-même poursuivie[11][12].

1. Crim. 28 nov. 1989, n° 89-81.771, P n° 450.
2. Crim. 4 janv. 1980, n° 79-90.687, P n° 6.
3. Crim. 16 févr. 1994, n° 92-85.828, P n° 70.
4. C. assur., art. L. 421-1 à L. 421-8.
5. C. assur., art. L. 422-1 à L. 422-6.
6. L. n° 200-1257, 23 déc. 2000, art. 53, VI ; art. mod. par L. n° 2016-41, 26 janv. 2016, art. 199.
7. CSP, art. L. 3122-4 ; mod. par L. n° 2004-809, 13 août 2004, art. 71.
8. Crim. 6 nov. 1984, n° 82-94.284, P n° 333 ; *D.* 1985. IR 158 – POUR LE FONDS de garantie contre les actes de terrorisme : L. n° 86-1020, 9 sept. 1986, art. 9, complétée par L. n° 87-602, 30 juill. 1987, art. 103 – POUR LE FONDS pour le VIH : L. n° 91-1406, 31 déc. 1991, et décr. n° 93-906, 12 juill. 1993, CSP, art. L. 3122-1 s. – POUR LE FONDS de garantie contre les accidents de circulation et de chasse : C. assur., art. L. 421-1 s.
9. Crim. 2 juin 1993, n° 92-85.871, P n° 197 – Crim. 31 mai 2000, n° 99-84.507, P n° 209 ; *D.* 2000. 219.
10. Crim. 11 juill. 1979, n° 78-91.899, P n° 246.
11. CSP, art. L. 3355-5 – C. pr. pén., art. 706-38.
12. V. s^s n° 223.154.

CHAPITRE

913. Conditions de l'appel

SECTION 0
ORIENTEUR

913.00 Sommaire du chapitre.

913.01 Principaux textes applicables.

TEXTES SOURCES

• C. pr. pén., art. 411, 412, 498, 498-1, 499, 500, 500-1, 501, 502, 503, 503-1, 504, 505, 505-1, 506

• C. com., art. L. 622-4, L. 641-9

TEXTES *IN EXTENSO*

• C. pr. pén., art. 411

Quelle que soit la peine encourue, le prévenu peut, par lettre adressée au président du tribunal et qui sera jointe au dossier de la procédure, demander à être jugé en son absence en étant représenté au cours de l'audience par son avocat ou par un avocat commis d'office. Ces dispositions sont applicables quelles que soient les conditions dans lesquelles le prévenu a été cité.

L'avocat du prévenu, qui peut intervenir au cours des débats, est entendu dans sa plaidoirie et le prévenu est alors jugé contradictoirement.

Si le tribunal estime nécessaire la comparution personnelle du prévenu, il peut renvoyer l'affaire à une audience ultérieure en ordonnant cette comparution. Le procureur de la République procède alors à une nouvelle citation du prévenu.

Le prévenu qui ne répondrait pas à cette nouvelle citation peut être jugé contradictoirement si son avocat est présent et entendu. Le tribunal peut également, le cas échéant, après avoir entendu les observations de l'avocat, renvoyer à nouveau l'affaire en faisant application des dispositions de l'article 410-1.

Lorsque l'avocat du prévenu qui a demandé à ce qu'il soit fait application des dispositions du présent article n'est pas présent au cours de l'audience, le prévenu est, sauf renvoi de l'affaire, jugé par jugement contradictoire à signifier.

• C. pr. pén., art. 412

Si la citation n'a pas été délivrée à la personne du prévenu, et s'il n'est pas établi qu'il ait eu connaissance de la citation, la décision, au cas de non-comparution du prévenu, est rendue par défaut, sauf s'il est fait application des dispositions de l'article 411.

Dans tous les cas, si un avocat se présente pour assurer la défense du prévenu, il doit être entendu s'il en fait la demande. Le jugement est alors contradictoire à signifier, sauf s'il a été fait application de l'article 411.

Dans tous les cas, le tribunal peut, s'il l'estime nécessaire, renvoyer l'affaire à une audience ultérieure, en faisant le cas échéant application des dispositions de l'article 410-1.

• C. pr. pén., art. 498

Sans préjudice de l'article 505, l'appel est interjeté dans le délai de dix jours à compter du prononcé du jugement contradictoire.

Toutefois, le délai d'appel ne court qu'à compter de la signification du jugement quel qu'en soit le mode :

1° Pour la partie qui, après débat contradictoire, n'était pas présente ou représentée à l'audience où le jugement a été prononcé, mais seulement dans le cas où elle-même ou son représentant n'auraient pas été informés du jour où le jugement serait prononcé ;

2° Pour le prévenu qui a été jugé en son absence, mais après audition d'un avocat qui s'est présenté pour assurer sa défense, sans cependant être titulaire d'un mandat de représentation signé du prévenu ;

3° Pour le prévenu qui n'a pas comparu dans le cas prévu par le cinquième alinéa de l'article 411, lorsque son avocat n'était pas présent.

Il en est de même dans les cas prévus par les articles 410 et 494-1, sous réserve des dispositions de l'article 498-1.

• **C. pr. pén., art. 498-1**

Pour un jugement de condamnation à une peine d'emprisonnement ferme ou à une peine d'emprisonnement assortie d'un sursis partiel, rendu dans les conditions prévues à l'article 410 et qui n'a pas été signifié à personne, le délai d'appel ne court à compter de la signification du jugement faite à domicile, à étude d'huissier de justice [devenu commissaire de justice] ou à parquet que sous réserve des dispositions du deuxième alinéa. Le jugement est exécutoire à l'expiration de ce délai.

S'il ne résulte pas soit de l'avis constatant la remise de la lettre recommandée ou du récépissé prévus aux articles 557 et 558, soit d'un acte d'exécution quelconque ou de l'avis donné conformément à l'article 560, que le prévenu a eu connaissance de la signification, l'appel, tant en ce qui concerne les intérêts civils que la condamnation pénale, reste recevable jusqu'à l'expiration des délais de prescription de la peine, le délai d'appel courant à compter de la date à laquelle le prévenu a eu connaissance de la condamnation.

Si la personne a été écrouée en exécution de la condamnation après l'expiration du délai de dix jours prévu par le premier alinéa et qu'elle forme appel conformément aux dispositions du deuxième alinéa, elle demeure toutefois détenue, sous le régime de la détention provisoire et sans préjudice de son droit de former des demandes de mise en liberté, jusqu'à l'audience devant la cour d'appel.

Les dispositions du présent article sont également applicables en cas d'itératif défaut.

• **C. pr. pén., art. 499**

Si le jugement est rendu par défaut ou par itératif défaut, le délai d'appel ne court qu'à compter de la signification du jugement, quel qu'en soit le mode.

• **C. pr. pén., art. 500**

En cas d'appel d'une des parties pendant les délais ci-dessus, les autres parties ont un délai supplémentaire de cinq jours pour interjeter appel.

• **C. pr. pén., art. 500-1** [mod. par L. n° 2016-731, 3 juin 2016, art. 93]

Sauf lorsqu'il intervient moins de deux mois avant la date de l'audience devant la cour d'appel, le désistement par le prévenu ou la partie civile de son appel principal entraîne la caducité des appels incidents, y compris celui du ministère public si ce désistement intervient dans les formes prévues pour la déclaration d'appel. Constitue un appel incident l'appel formé dans le délai prévu par l'article 500, ainsi que l'appel formé, à la suite d'un précédent appel, dans les délais prévus par les articles 498 ou 505, lorsque l'appelant précise qu'il s'agit d'un appel incident. Dans tous les cas, le ministère public peut toujours se désister de son appel formé après celui du prévenu en cas de désistement de celui-ci. Le désistement d'appel est constaté par ordonnance du président de la chambre des appels correctionnels.

• **C. pr. pén., art. 501**

Lorsque le tribunal statue sur une demande de mise en liberté conformément aux articles 148-1 et 148-2 ainsi que lorsqu'il statue sur une demande de mainlevée ou de modification de contrôle judiciaire ou de l'assignation à résidence avec surveillance électronique, l'appel doit être formé dans un délai de vingt-quatre heures.

• **C. pr. pén., art. 502** [mod. par L. n° 2019-222, 23 mars 2019, art. 62]

La déclaration d'appel doit être faite au greffier de la juridiction qui a rendu la décision attaquée.

La déclaration indique si l'appel porte sur la décision sur l'action publique ou sur la décision sur l'action civile ou sur les deux décisions. Si l'appel concerne la décision sur l'action publique, la déclaration indique s'il porte sur l'ensemble de la décision ou s'il est limité aux peines prononcées, à certaines d'entre elles ou à leurs modalités d'application. Si la décision sur l'action publique a déclaré le prévenu coupable de plusieurs infractions, l'appel sur cette décision précise s'il concerne l'ensemble des infractions ou certaines d'entre elles. Si la déclaration ne comporte aucune de ces précisions, l'appel est considéré comme portant sur l'intégralité de la décision. Le prévenu qui a limité la portée de son appel sur l'action publique aux peines prononcées dans les conditions prévues au présent alinéa peut, selon les modalités prévues au premier alinéa, revenir sur cette limitation dans un délai d'un mois à compter de la déclaration d'appel ; si l'affaire est audiencée en appel avant ce délai d'un mois, il peut revenir sur cette limitation au moment de l'audience. Le prévenu qui n'a pas limité la portée de son appel lors de la déclaration d'appel peut toujours le faire ultérieurement, jusqu'à l'audience de jugement.

Elle doit être signée par le greffier et par l'appelant lui-même, ou par un avocat, ou par un fondé de pouvoir spécial ; dans ce dernier cas, le pouvoir est annexé à l'acte dressé par le greffier. Si l'appelant ne peut signer, il en sera fait mention par le greffier.

Elle est inscrite sur un registre public à ce destiné et toute personne a le droit de s'en faire délivrer une copie.

• **C. pr. pén., art. 503**

Lorsque l'appelant est détenu, l'appel peut être fait au moyen d'une déclaration auprès du chef de l'établissement pénitentiaire.

Cette déclaration est constatée, datée et signée par le chef de l'établissement pénitentiaire. Elle est également signée par l'appelant ; si celui-ci ne peut signer, il en est fait mention par le chef de l'établissement.

Ce document est adressé sans délai, en original ou en copie, au greffe de la juridiction qui a rendu la décision attaquée ; il est transcrit sur le registre prévu par le troisième alinéa de l'article 502 annexé à l'acte dressé par le greffier.

• **C. pr. pén., art. 503-1**

Lorsqu'il est libre, le prévenu qui forme appel doit déclarer son adresse personnelle. Il peut toutefois lui substituer l'adresse d'un tiers chargé de recevoir les citations, rectifications et significations qui lui seront destinées s'il produit l'accord de ce dernier. Cette déclaration est faite par l'avocat du prévenu si c'est celui-ci qui forme l'appel.

À défaut d'une telle déclaration, est considérée comme adresse déclarée du prévenu celle figurant dans le jugement rendu en premier ressort.

Le prévenu ou son avocat doit signaler auprès du procureur de la République, jusqu'au jugement définitif de l'affaire, tout changement de l'adresse déclarée par lettre recommandée avec demande d'avis de réception.

Toute citation, notification ou signification faite à la dernière adresse déclarée est réputée faite à sa personne et le prévenu qui ne comparaît pas à l'audience sans excuse reconnue valable par la cour d'appel est jugé par arrêt contradictoire à signifier.

Si le prévenu, détenu au moment de l'appel, est remis en liberté avant l'examen de son affaire par la cour d'appel, il doit faire la déclaration d'adresse prévue par le présent article préalablement à sa mise en liberté auprès du chef de la maison d'arrêt.

• **C. pr. pén., art. 504**

Une requête contenant les moyens d'appel peut être remise dans les délais prévus pour la déclaration d'appel au greffe du tribunal ; elle est signée de l'appelant ou d'un avocat inscrit à un barreau ou d'un avoué ou d'un fondé de pouvoir spécial.

La requête, ainsi que les pièces de la procédure sont envoyées par le procureur de la République au parquet de la cour dans le plus bref délai.

Si le prévenu est en état d'arrestation, il est également, dans le plus bref délai, et par ordre du procureur de la République, transféré dans la maison d'arrêt du lieu où siège la cour d'appel.

• **C. pr. pén., art. 505**

En cas de jugement de condamnation, le procureur général peut également former son appel dans le délai de vingt jours à compter du jour du prononcé de la décision.

Sans préjudice de l'application des articles 498 à 500, les autres parties ont alors un délai de cinq jours pour interjeter appel incident. Même en l'absence d'appel incident, la cour d'appel peut, en cas d'appel formé par le seul procureur général en application du présent article, prononcer une peine moins importante que celle prononcée par le tribunal correctionnel.

• **C. pr. pén., art. 505-1** [mod. par L. n° 2016-731, 3 juin 2016, art. 93]

Lorsqu'il est fait appel après expiration des délais prévus aux articles 498, 500 ou 505, lorsque l'appel est devenu sans objet, qu'il a été formé sans respecter les formalités prévues à l'article 502 ou qu'il a été formé hors les cas mentionnés à l'article 546 ou lorsque l'appelant s'est désisté de son appel, le président de la chambre des appels correctionnels rend d'office une ordonnance de non-admission de l'appel qui n'est pas susceptible de voies de recours.

• **C. pr. pén., art. 506**

* V. s^s^ n° 911.01

• **C. com., art. L. 622-4**

Dès son entrée en fonction, l'administrateur est tenu de requérir du débiteur ou, selon le cas, de faire lui-même tous actes nécessaires à la conservation des droits de l'entreprise contre les débiteurs de celle-ci et à la préservation des capacités de production.

L'administrateur a qualité pour inscrire au nom de l'entreprise tous hypothèques, nantissements, gages ou privilèges que le débiteur aurait négligé de prendre ou de renouveler.

• **C. com., art. L. 641-9** [mod. par L. n° 2022-172, 14 févr. 2022, art. 5]

I. – Le jugement qui ouvre ou prononce la liquidation judiciaire emporte de plein droit, à partir de sa date, dessaisissement pour le débiteur de l'administration et de la disposition de ses biens composant le patrimoine engagé par l'activité professionnelle, même de ceux qu'il a acquis à quelque titre que ce soit tant que la liquidation judiciaire n'est pas clôturée. Les droits et actions du débiteur concernant son patrimoine sont exercés pendant toute la durée de la liquidation judiciaire par le liquidateur.

Toutefois, le débiteur peut se constituer partie civile dans le but d'établir la culpabilité de l'auteur d'un crime ou d'un délit dont il serait victime.

Le débiteur accomplit également les actes et exerce les droits et actions qui ne sont pas compris dans la mission du liquidateur ou de l'administrateur lorsqu'il en a été désigné.

II. – Lorsque le débiteur est une personne morale, un mandataire peut être désigné, en cas de nécessité, au lieu et place des dirigeants sociaux par ordonnance du président du tribunal sur requête de tout intéressé, du liquidateur ou du ministère public.

III. – Lorsque le débiteur est une personne physique, il ne peut exercer, au cours de la liquidation judiciaire, aucune des activités mentionnées au premier alinéa de l'article L. 640-2. Toutefois, le débiteur entrepreneur individuel à responsabilité limitée peut poursuivre l'exercice d'une ou de plusieurs de ces activités, si celles-ci engagent un patrimoine autre que celui visé par la procédure.

IV. – Lorsque le débiteur relève du statut défini à la section 3 du chapitre VI du titre II du livre V, les conditions d'exercice d'une nouvelle activité mentionnée au premier alinéa de l'article L. 640-2 sont définies au titre VIII *bis* du présent livre.

913.02 Jurisprudence de référence.

> L'impossibilité absolue d'être présent à l'audience du prononcé d'un jugement contradictoire diffère le point de départ du délai d'appel au jour de la signification de la décision

• **Crim. 29 févr. 1988,** n°s 87-81.337, 87-81.338, P n° 100

* V. s^s^ n° 913.115.

« Sur le moyen unique de cassation, pris de la violation de l'article 498 du code de procédure pénale ;

Vu ledit article ;

Attendu que si le délai d'appel court à compter du prononcé du jugement contradictoire, même si la partie dûment avertie n'était pas présente à l'audience à laquelle le jugement a été prononcé, ce n'est qu'à la condition que cette partie ne justifie pas de circonstances l'ayant mise dans l'impossibilité absolue d'être présente à la lecture de la décision et d'exercer son recours en temps utile ;

Attendu que pour déclarer irrecevable l'appel interjeté par Wilfrid X... le 2 décembre 1986, les juges du second degré, après avoir relevé que le susnommé avait comparu détenu à l'audience du tribunal correctionnel le 16 septembre 1986 et avait été informé à l'issue du débat contradictoire que le jugement serait rendu le 30 septembre 1986, énoncent que si à cette date le prévenu n'était pas présent, n'ayant pas été extrait de la maison d'arrêt, et s'il n'est pas établi qu'il était représenté par un avocat, son épouse avait répondu à sa place pour la lecture du jugement ; que les juges en déduisent que l'appel formé plus de dix jours après le prononcé de la décision contradictoire est tardif ;

Mais attendu qu'en statuant ainsi, alors que le prévenu justifiait d'un empêchement l'ayant mis dans l'impossibilité absolue d'assister au prononcé du jugement et que le délai d'appel ne pouvait courir qu'à compter de la signification de la décision, la cour d'appel a méconnu le principe ci-dessus rappelé ;

Que, dès lors, la cassation est encourue. »

> L'irrecevabilité du pourvoi, pour des raisons liées à la fuite du requérant, s'analyse en une sanction disproportionnée eu égard à la place primordiale que les droits de la défense occupent dans une société démocratique

• **CEDH 23 nov. 1993,** *Poitrimol*, req. n° 14032/88

* V. s^s n° 913.75.

« 37. Selon la jurisprudence de la chambre criminelle de la Cour de cassation, suivie en l'espèce, le condamné qui n'a pas déféré à un mandat de justice décerné contre lui ne saurait se faire représenter pour se pourvoir en cassation. Le requérant ne pouvait introduire valablement son recours sans se constituer prisonnier dans une maison d'arrêt[1].

La Cour estime que l'irrecevabilité du pourvoi, pour des raisons liées à la fuite du requérant, s'analysait elle aussi en une sanction disproportionnée, eu égard à la place primordiale que les droits de la défense et le principe de la prééminence du droit occupent dans une société démocratique. »

> La partie ayant formulé son recours dans des conditions irrégulières, peut le réitérer dans les formes légales avant l'expiration du délai qui lui est imparti

• **Crim. 1er avr. 2003,** n° 03-80.406, P n° 81

* V. s^s n° 913.32.

« Attendu que, pour déclarer irrecevable l'appel de la même ordonnance formée par déclaration du procureur de la République au greffe le 15 novembre 2002, l'arrêt énonce qu'ayant, en application des articles 148-1-1 et 187-3 du code de procédure pénale, interjeté appel de l'ordonnance de mise en liberté contraire à ses réquisitions dans le délai de quatre heures à compter de sa notification en vue de saisir le premier président de la cour d'appel d'un référé-détention, le procureur de la République ne pouvait à nouveau faire appel de la même décision dans le délai prévu par l'article 185 du code de procédure pénale, qui ne s'applique que si le ministère public estime ne pas devoir s'opposer à la mise en liberté immédiate de la personne ;

Mais attendu qu'en prononçant ainsi, alors que l'appel du ministère public, relevé le 13 novembre 2002 par une simple mention sur l'ordonnance, irrégulier en la forme, ne privait pas le procureur de la République du droit d'exercer régulièrement son recours dans les conditions prévues aux articles 185 et 502 du code de procédure pénale, la chambre de l'instruction a méconnu le sens et la portée des textes susvisés ;

D'où il suit que la cassation est encourue ;

Par ces motifs,

CASSE ET ANNULE [...]. »

> L'article 502 n'exige aucun pouvoir spécial de l'avocat qui interjette appel au nom de la partie qu'il représente, quel que soit le barreau dont il relève

• **Crim. 9 nov. 2004,** n° 04-84.236, P n° 275

* V. s^s n° 913.71.

« Vu l'article 502 du code de procédure pénale ;

Attendu qu'il résulte de ce texte que l'avocat qui fait une déclaration d'appel, quel que soit le barreau dont il relève, n'est pas tenu de produire un pouvoir spécial ;

Attendu qu'il appert de l'arrêt attaqué et des pièces de la procédure que, par acte du 22 janvier 2004, Me Ader, avocat au barreau de Paris, ayant reçu mandat de Me Reviron, avocat au barreau d'Aix-en-Provence, conseil désigné par Christian X..., partie civile, a déclaré relever appel, pour le compte de ce dernier, de l'ordonnance de non-lieu rendue le 14 janvier 2004 par le juge d'instruction ;

Attendu que, pour déclarer son appel irrecevable, l'arrêt retient que Me Ader n'a été ni désigné, ni mandaté à cette fin par la partie civile ;

Mais attendu qu'en prononçant ainsi, la chambre de l'instruction, qui a subordonné la recevabilité du recours à des conditions non prévues par la loi, a méconnu le sens et la portée du texte susvisé et du principe ci-dessus énoncé ;

D'où il suit que la cassation est encourue. »

> L'indication donnée par le prévenu au procureur de la République, à l'occasion de l'exécution d'un mandat d'arrêt, de sa volonté d'interjeter appel du jugement constitue une simple déclaration d'intention et non une modalité d'exercice de cette voie de recours

• **Crim. 6 mai 2008,** n° 07-86.304, P n° 101

* V. s^s n°s 913.31, 913.41.

« Attendu qu'il résulte de l'arrêt attaqué et des pièces de procédure que, par jugement rendu par défaut, en date du 19 mars 2007, le tribunal correctionnel a condamné Akim X... à trente mois d'emprisonnement et décerné mandat d'arrêt ; que, le 27 mars 2007, le greffier de cette juridiction a enregistré un appel de cette décision, formé au moyen d'un courrier envoyé en télécopie le même jour par l'avocat du prévenu ; que, par ailleurs, interrogé, le 13 avril 2007, par le procureur de la République, pour l'exécution du mandat d'arrêt, l'intéressé, avisé de son droit de former opposition au jugement ou d'en interjeter appel, a indiqué qu'il interjetait appel ;

Attendu que, pour déclarer irrecevable l'appel interjeté, le 27 mars 2007, par l'avocat du prévenu, l'arrêt retient qu'il ne l'a pas été dans les formes prescrites par l'article 502 du code de procédure pénale ; Attendu qu'en statuant ainsi, les juges

1. C. pr. pén., art. 583.

ont justifié leur décision au regard de l'article précité ; Que, d'une part, ce texte, qui exige que la déclaration d'appel soit faite au greffier de la juridiction qui a rendu la décision et signée du greffier et du demandeur ou de son avocat, ne prive pas le prévenu d'un recours, mais le soumet seulement à des conditions de forme et de délai et n'est pas incompatible avec les textes conventionnels invoqués ; Que, d'autre part, l'indication donnée par le prévenu au procureur de la République, à l'occasion de l'exécution d'un mandat d'arrêt, de sa volonté d'interjeter appel du jugement constitue une simple déclaration d'intention et non une modalité d'exercice de cette voie de recours ; Qu'enfin, aucun texte n'impose au greffier d'examiner la recevabilité d'un appel et, à supposer cet acte irrégulier, d'inviter l'avocat du prévenu à le réitérer dans les formes prescrites par la loi.

D'où il suit que le moyen doit être écarté ;

Et attendu que l'arrêt est régulier en la forme ;

REJETTE le pourvoi. »

> Lorsque la notification prévue par l'article 183 du code de procédure pénale est effectuée par lettre recommandée, le délai d'appel court du jour de l'expédition de ladite lettre. La date de cet envoi résulte de la mention portée par le greffier en marge de l'ordonnance lors de la mise sous pli, laquelle fait foi jusqu'à preuve contraire susceptible de résulter du cachet de la poste apposé lors de la remise effective du pli recommandé à ce service

• **Crim. 28 oct. 2008,** n° 08-82.524, P n° 216

* V. s^{s} n° 913.93.

« Sur le moyen unique de cassation, pris de la violation des articles 183, 186 et 593 du code de procédure pénale, défaut de motifs, violation de la loi, excès de pouvoirs ; "en ce que par l'ordonnance attaquée, le président de la chambre de l'instruction a déclaré irrecevable l'appel interjeté par la partie civile, BNP Paribas, contre une ordonnance du juge d'instruction ayant prononcé un non-lieu à statuer ; aux motifs que l'ordonnance a été rendue le 22 février 2007 par le juge d'instruction du tribunal de grande instance d'Aix-en-Provence ; que la notification de cette décision a été faite le 22 février 2007 ; que la déclaration d'appel a été faite le 6 mars 2007 au greffe du tribunal de grande instance d'Aix-en-Provence ; que cet appel n'a pas été formé dans le délai de dix jours prévu par l'article 186 quatrième alinéa du code de procédure pénale ; qu'en effet, l'ordonnance en date du 22 février 2007 a été notifiée le même jour et l'appel est en date du 6 mars 2007" ; "alors qu'il résulte de l'article 186 du code de procédure pénale, que le président de la chambre de l'instruction ne peut constater l'irrecevabilité d'un appel par une ordonnance insusceptible de voies de recours que dans les cas prévus à l'alinéa 6 de ce même article ; que l'appel par la partie civile d'une ordonnance du juge d'instruction doit être exercé dans les dix jours qui suivent la date d'envoi de la lettre recommandée notifiant cette ordonnance ; qu'il est acquis aux débats que la lettre recommandée notifiant l'ordonnance du juge d'instruction à la partie civile avait pour date d'expédition le lundi 26 février 2007 et que dès lors le délai de dix jours pour interjeter appel partait au lendemain de cette date et venait à expiration le jeudi 8 mars 2007 et qu'ainsi l'appel interjeté le 6 mars par la BNP Paribas, partie civile, avait été interjeté dans le délai légal et devait être considéré comme recevable ; que le président de la chambre de l'instruction, en déclarant cependant l'appel de BNP Paribas irrecevable, a, excédant ses pouvoirs, violé les textes susvisés" ; Vu les articles 183 et 186 du code de procédure pénale ; Attendu que le président de la chambre de l'instruction ne tient de l'article 186, dernier alinéa, du code de procédure pénale le pouvoir de rendre une ordonnance de non-admission d'appel que lorsque l'appel a été formé après l'expiration du délai prévu au quatrième alinéa de ce texte ; Attendu que, pour déclarer irrecevable, comme tardif, l'appel relevé par la demanderesse, le 6 mars 2007, de l'ordonnance de non-lieu, l'ordonnance attaquée énonce que la décision du juge d'instruction a été notifiée à la partie civile et à son avocat le jour de son prononcé, le 22 février 2007 ; Mais attendu qu'en prononçant ainsi, alors qu'il résulte de l'examen des pièces de la procédure que l'expédition de la lettre recommandée, qui constitue le point de départ du délai de dix jours, n'est intervenue que le 26 février 2007, date de remise du pli recommandé à la poste, le président de la chambre de l'instruction a excédé ses pouvoirs ; D'où il suit que la cassation est encourue. »

> Le désistement d'appel du ministère public peut être rétracté et ne dessaisit pas le juge d'appel tant que sa régularité n'a pas été constatée et qu'il n'en a pas été donné acte

• **Crim. 27 juin 2007,** n° 07-81.464, P n° 176

* V. s^{s} n° 913.144.

« Sur le moyen unique de cassation, pris de la violation des articles 500-1 et 591 du code de procédure pénale :

Vu lesdits articles ;

Attendu que, si aucune disposition légale n'interdit au ministère public de se désister de son appel principal, ce désistement peut être rétracté et ne dessaisit pas le juge d'appel tant que sa régularité n'a pas été constatée et qu'il n'en a pas été donné acte ;

Attendu qu'il résulte de l'arrêt attaqué qu'Alfredo X... a, par jugement du 25 octobre 2005, été relaxé du chef d'agressions sexuelles ; que, le 26 octobre suivant, le procureur de la République a interjeté appel de cette décision ; que, le 10 juillet 2006, il s'est désisté de cet appel ; que, devant la cour d'appel, le représentant du ministère public a déclaré qu'il maintenait ledit appel ; que la cour d'appel a néanmoins constaté le désistement intervenu et en a donné acte ;

Mais attendu qu'en prononçant ainsi, alors que le représentant du parquet général était revenu sur le désistement formulé par le procureur de la République, avant que la cour d'appel n'en ait donné acte, ladite juridiction a méconnu le principe ci-dessus rappelé ;

D'où il suit que la cassation est encourue ;

Par ces motifs :

CASSE ET ANNULE [...]. »

> L'huissier, qui délivre une citation à la dernière adresse déclarée du prévenu appelant, est tenu d'effectuer les diligences prévues par les articles 555, 556, 557 et 558, alinéas 2 et 4, du code de procédure pénale, que l'intéressé demeure ou non à l'adresse dont il a fait le choix, cette

citation étant réputée faite à sa personne. Dans le cas contraire, la cour d'appel n'est pas légalement saisie

• **Crim. 2 mars 2011,** n° 10-81.945, P n° 43

* V. s[s] n° 913.61.

« Vu les articles 503-1, 555, 556, 557, 558, alinéas 2 et 4, du code de procédure pénale ;

Attendu qu'il résulte de la combinaison de ces textes, que l'huissier qui délivre une citation à la dernière adresse déclarée du prévenu appelant, conformément à l'article 503-1 du code de procédure pénale, est tenu d'effectuer les diligences prévues par les articles 555, 556, 557, 558, alinéas 2 et 4, dudit code, que l'intéressé demeure ou non à l'adresse dont il a fait le choix, cette citation étant réputée faite à personne ;

Attendu qu'il résulte de l'arrêt attaqué et des pièces de procédure que M. X..., lorsqu'il a interjeté appel de la décision du tribunal, a déclaré comme adresse "Pierre et Vacances 97180 Sainte-Anne" ; que l'huissier, après avoir indiqué dans un procès-verbal de perquisition que "j'ai appris que M. X... est actuellement en France, sans aucune précision sur son adresse", a délivré une citation à parquet ;

Attendu que, pour statuer par arrêt contradictoire à signifier, l'arrêt énonce que le prévenu a été régulièrement cité à sa dernière adresse déclarée dans l'acte d'appel, qu'il n'a pas comparu ni fourni d'excuse et que la citation remise à parquet est réputée faite à sa personne, conformément à l'article 503-1 du code de procédure pénale ;

Mais attendu qu'en prononçant ainsi, alors qu'il appartenait à l'huissier d'effectuer les diligences prévues par les alinéas 2 et 4 de l'article 558 du code de procédure pénale, la cour d'appel, qui n'était pas légalement saisie, a méconnu le sens et la portée des textes susvisés ;

D'où il suit que la cassation est encourue. »

> Fait l'exacte application des dispositions de l'article 503-1 du code de procédure pénale, la cour d'appel qui, pour statuer par décision contradictoire à signifier à l'encontre d'un prévenu appelant non comparant, retient que l'huissier, qui a délivré la citation à l'adresse déclarée par celui-ci, a effectué les diligences prévues par les alinéas 2 et 4 de l'article 558 du code de procédure pénale, en se transportant à cette adresse et, en l'absence de l'intéressé, lui a envoyé une lettre recommandée avec avis de réception en l'invitant à retirer la copie de l'acte à l'étude dans les plus brefs délais

• **Crim. 27 sept. 2011,** n° 11-80.252, P n° 185

* V. s[s] n° 913.63.

« Sur le premier moyen de cassation proposé par Me Blondel pour M. X..., pris de la violation de l'article 503-1 du code de procédure pénale, violation de l'article 593 du même code, ensemble violation de l'article préliminaire du code de procédure pénale, méconnaissance des exigences de la défense et violation de l'article 6 § 1 de la convention européenne des droits de l'homme :

En ce que l'arrêt attaqué est un arrêt contradictoire à signifier en ce qui concerne le prévenu M. X... qui a été déclaré coupable d'une série d'infractions et condamné à la peine de trois ans d'emprisonnement, un mandat d'arrêt ayant été décerné à son encontre ;

Aux motifs qu'appelant principal, régulièrement cité à l'étude, l'accusé de réception ayant été retourné avec une signature conforme, il est établi que M. X..., qui ne comparait pas devant la cour a eu connaissance de la citation en sorte qu'il sera statué à son encontre par un arrêt contradictoire à signifier selon les prévisions de l'article 503-1 du code de procédure pénale ;

Alors qu'est particulièrement énigmatique la formule selon laquelle le prévenu aurait été cité régulièrement "à l'étude" et l'est mêmement l'observation selon laquelle l'accusé de réception a été retourné avec une signature conforme cependant que le prévenu n'ayant jamais signé le moindre accusé de réception étant observé que son conseil Me A... n'a pas été avisée ; qu'en l'état de ces données troublantes, la méconnaissance des textes et du principe cités au moyen est avérée ;

Attendu qu'il résulte de l'arrêt attaqué et des pièces de procédure que, lorsqu'il a interjeté appel du jugement, M. X... a déclaré comme adresse "..." ; que, le 26 mai 2010, l'huissier de justice chargé de lui remettre la citation à comparaître à l'audience de la cour d'appel du 6 octobre 2010, après s'être transporté à l'adresse déclarée par le prévenu, lui a, en son absence, envoyé une lettre recommandée avec avis de réception, en l'informant de ce qu'il devait retirer dans les plus brefs délais la copie de l'acte à l'étude ;

Attendu qu'en statuant par décision contradictoire à signifier, par les motifs repris au moyen, et dès lors que l'huissier a effectué les diligences prévues par les alinéas 2 et 4 de l'article 558 du code de procédure pénale, la cour d'appel a fait l'exacte application de l'article 503-1 du code de procédure pénale ;

D'où il suit que le moyen ne saurait être accueilli. »

> Il résulte de la combinaison des articles 425 et 426 du Code de procédure pénale que la partie civile, qui est présumée s'être désistée de l'action qu'elle avait engagée devant la juridiction pénale en ne comparaissant pas à l'audience, ne peut exercer la même action devant cette juridiction sans avoir contesté, par la voie de l'appel ou de l'opposition, la décision ayant constaté le désistement

• **Crim. 28 nov. 2018,** n° 18-80.465, P, n° 200

* V s[s] n° 913.122

« [...] Vu les articles 425 et 426 du code de procédure pénale ;

Attendu qu'il résulte de la combinaison de ces textes que la partie civile, qui est présumée s'être désistée de l'action qu'elle avait engagée devant la juridiction pénale en ne comparaissant pas à l'audience, ne peut exercer la même action devant cette juridiction sans avoir contesté, par la voie de l'appel ou de l'opposition, la décision ayant constaté le désistement ;

Attendu qu'il résulte de l'arrêt attaqué et des pièces de procédure que Mme Lisa K. a fait délivrer, le 12 janvier 2016, une citation directe à M. Eric R., pour des faits d'abandon de famille, commis du 1 octobre 2014 au 31 janvier 2016, qu'à l'audience de fixation de la consignation en date du 15 février 2016, le tribunal correctionnel a constaté le désistement présumé de la partie civile poursuivante, qui n'était ni présente, ni représentée, que, le 18 février 2016, la partie civile a fait citer M. R. devant la juridiction correctionnelle pour des faits d'abandon de famille, commis du 1er octobre 2014 au 29 février 2016, que le tribunal correctionnel de Bobigny, après avoir ordonné le versement d'une consignation et renvoyé l'affaire à une audience ultérieure, a, par jugement du 3 octobre 2016 et après versement de cette consignation, déclaré le prévenu coupable d'abandon de famille, entre le 1 octobre 2014 et le 31 juillet 2015, l'a condamné à un an d'emprisonnement, a délivré mandat d'arrêt à son encontre, et a statué sur les intérêts civils ; que le prévenu et le ministère public ont formé appel de cette décision ;

Attendu que pour rejeter l'exception d'irrecevabilité de la citation directe délivrée, l'arrêt énonce que l'audience, qui s'est tenue le 15 février 2016, était destinée à la fixation de la consignation due par la partie civile, qu'en l'absence de cette partie, cette consignation n'a pas été fixée, que l'action publique n'était donc pas engagée sur les faits visés dans la citation directe, qu'en outre, il n'est pas établi que le jugement rendu le 15 février 2016, constatant, au visa de l'article 425 du code de procédure pénale, le désistement présumé de la partie civile poursuivante, ait été signifié à cette dernière, que, dès lors, il ne s'agissait pas d'une décision définitive, que ce présumé désistement de la partie civile constaté dans un jugement non définitif ne pouvait avoir pour effet de rendre irrecevable une nouvelle citation directe de la partie civile pour les mêmes faits ;

Mais attendu qu'en statuant ainsi, la cour d'appel a méconnu les textes susvisés et les principes ci-dessus rappelés ;

D'où il suit que la cassation est encourue […] »

> Si l'huissier ne trouve personne à l'adresse donnée par le prévenu lorsque celui-ci a formé appel, il n'a pas à vérifier s'il y demeure effectivement et doit simplement l'informer du fait que la citation doit être retirée à son étude. Il appartient à l'intéressé de faire preuve de diligence en retirant au plus tôt la lettre de l'huissier de justice l'invitant à se présenter à son étude. Ces règles ne méconnaissent pas le droit à un procès équitable

• **Cass., ass. plén., 3 mars 2023,** n° 22-81.097, B

* V s n° 913.62

« 8. Il résulte de l'article 503-1 du code de procédure pénale que le prévenu libre qui forme appel doit déclarer son adresse personnelle ou celle d'un tiers consentant, chargé de recevoir les citations et significations qui lui seront destinées. Toute citation, notification ou signification faite à la dernière adresse déclarée est réputée l'être à sa personne et le prévenu qui ne comparaît pas à l'audience sans excuse reconnue valable par la cour d'appel est jugé par arrêt contradictoire à signifier.

9. La Cour de cassation en déduit que, s'il ne trouve personne à l'adresse déclarée par le prévenu, l'huissier de justice doit, sans vérifier que l'intéressé y demeure effectivement, effectuer les diligences prévues aux alinéas 2 ou 4 de l'article 558 du code de procédure pénale et en faire mention dans son acte, cette citation étant alors réputée faite à personne (Crim. 2 mars 2011, n° 10-81.945, P, n° 43).

10. Elle juge également que, si l'huissier de justice a choisi d'aviser l'intéressé par l'envoi d'une lettre recommandée avec demande d'avis de réception à l'adresse déclarée, conformément à l'alinéa 2 de l'article 558 précité, il importe peu que cette lettre ait été ou non remise à son destinataire, que le prévenu ait ou non signé l'avis de réception (Crim. 17 janv. 2012, n° 11-84.778, P, n° 13 ; Crim. 5 oct. 2011, n° 10-88.851, P, n° 194).

11. Il en résulte que la qualification d'arrêt contradictoire à signifier est attachée à l'envoi sans délai par l'huissier de justice de la lettre recommandée avec demande d'avis de réception informant l'intéressé qu'il doit retirer dans les plus brefs délais la copie de l'exploit signifié à l'étude, la correcte exécution de cette diligence à l'adresse déclarée faisant présumer, sauf cas de force majeure, la connaissance effective par l'intéressé de la citation.

12. Les dispositions spéciales de l'article 503-1 du code de procédure pénale, qui exigent du prévenu appelant l'élection d'un domicile, dérogent ainsi à celles de l'article 558 dudit code qui, d'une part, imposent à l'huissier de justice, avant toute citation, de vérifier l'exactitude du domicile de l'intéressé, d'autre part, prévoient que l'exploit déposé à son étude ne produit les effets d'une citation à personne que si l'avis de réception a été signé par l'intéressé.

13. Cette différence, quant aux modalités de signification de la citation à comparaître, entre le prévenu cité devant le tribunal correctionnel ou le tribunal de police et le prévenu appelant, repose sur leur situation objectivement différente, le premier pouvant légitimement ignorer qu'une procédure pénale a été diligentée à son encontre alors qu'il est attendu du second, en raison de son rôle dans la saisine de la juridiction, qu'il fasse preuve de diligence.

14. Dès lors, l'alinéa 6 de l'article 558 du code de procédure pénale, selon lequel la citation à comparaître ne pourra produire les effets d'une citation à personne si le délai entre le jour où l'avis de réception a été signé par l'intéressé et le jour indiqué pour la comparution devant la cour d'appel est inférieur à celui fixé par l'article 552 du même code, n'est pas applicable au prévenu appelant.

15. Par ailleurs, hormis le cas où l'exploit est une signification de jugement rendu par itératif défaut, aucune disposition du code de procédure pénale n'exige que l'huissier de justice mentionne dans l'acte de signification la nature de l'acte signifié.

16. En l'espèce, pour prononcer par arrêt contradictoire à signifier, l'arrêt constate que Mme [P], appelante, citée à adresse déclarée selon acte d'huissier de justice déposé à l'étude, n'a pas comparu et n'est pas représentée.

17. En statuant ainsi, la cour d'appel, qui n'était pas tenue de constater explicitement dans sa décision l'accomplissement des diligences de l'huissier de justice qui résultent des mentions figurant sur l'exploit, a justifié sa décision.

18. Il ressort en effet des pièces de procédure, et notamment de l'acte d'huissier de justice du 8 janvier 2016, selon lequel l'avis de signification prévu à l'article 558, alinéa 2, du code de procédure pénale a été envoyé à l'adresse déclarée de l'appelante, « dans le délai imparti, conformément à la loi », cette mention n'étant contredite par aucune autre pièce, que cet avis a été adressé sans délai.

19. Les griefs ne peuvent, dès lors, être accueillis.

Sur le second moyen, pris en ses deuxième, troisième et quatrième branches,

Réponse de la Cour

22. Les dispositions de l'article 503-1 du code de procédure pénale permettent aux prévenus appelants ayant déclaré une adresse exacte d'être effectivement atteints par l'exploit, dans un temps très proche de la signification de l'acte à l'étude, tout en faisant échec à la mauvaise foi ou à la négligence de ceux d'entre eux qui déclarent une adresse inexacte ou ne retirent pas la lettre recommandée qui leur a été envoyée.

23. Elles ne font pas obstacle à la liberté du prévenu appelant de changer ultérieurement d'adresse puisque celui-ci peut, à tout moment, jusqu'au jugement définitif de l'affaire, déclarer une nouvelle adresse, à la condition d'en informer le procureur de la République, par lettre recommandée avec demande d'avis de réception.

24. Elles ne privent pas l'appelant de la faculté d'invoquer l'existence d'un événement de force majeure, telle une remise tardive de la lettre recommandée en raison d'une défaillance du système postal, qui l'aurait mis dans l'impossibilité de prendre connaissance, en temps utile, de l'avis de signification de l'exploit d'huissier de justice.

25. Ces dispositions, qui ne méconnaissent ni les droits de la défense ni le droit à un procès équitable, participent d'une bonne administration de la justice.

26. En l'espèce, la Cour de cassation, qui exerce le contrôle des pièces de procédure, est en mesure de s'assurer que la citation a été délivrée à Mme [P] le 8 janvier 2016 pour une audience fixée au 20 janvier suivant, et que l'huissier de justice lui a envoyé sans délai une lettre recommandée dont elle a signé l'avis de réception le 18 janvier 2016.

27. Il s'ensuit qu'il appartenait à Mme [P], qui avait formé appel du jugement du tribunal correctionnel la condamnant et pouvait raisonnablement s'attendre à être citée à comparaître devant la cour d'appel, de faire preuve de diligence afin de retirer au plus vite l'acte d'huissier de justice et, si elle estimait n'être pas en mesure de comparaître à la date fixée, de solliciter un renvoi de l'affaire afin de préparer sa défense, ou encore, durant le temps du délibéré, de présenter une demande en vue de la réouverture des débats, en invoquant une cause d'empêchement légitime, demandes sur lesquelles les juges auraient été tenus de se prononcer par une décision motivée.

24. En conséquence, l'application, qui a été faite en l'espèce de l'article 503-1 du code de procédure pénale, n'a pas méconnu le droit à un procès équitable de Mme [P].

25. Dès lors, les griefs ne peuvent être accueillis. »

913.03 Bibliographie indicative.

Encyclopédies. Rép. pén., *V° Appel*, par J.-M. Coulon.

Articles. F. Chapar, « L'appel incident des jugements rendus par défaut et des jugements réputés contradictoires », *D.* 1963. 127 – V. Lesclous et C. Marsat, « Qui peut interjeter appel au nom de l'Administration fiscale ? », *Dr. pénal* 1997. 6 – H. Petit, « Remarques sur le droit d'appel incident du ministère public », *Gaz. Pal.* 1962. 2. Doctr. 61.

> Sur la crise sanitaire de la Covid-19

Articles. A. Botton, « Les droits et libertés fondamentaux à l'épreuve de l'ordonnance n° 2020-303 du 25 mars 2020 », Blog du Club des juristes, 30 mars 2020 – J. Buisson, « Covid-19 – Incidence sur les règles de la procédure pénale », *Procédures* 2020, comm. 100 – P. de Combles de Nayves, « Présentation de l'ordonnance réformant la procédure pénale face à l'épidémie de Covid-19 », *AJ pénal* 2020. 172 – V-O Dervieux, Ph. Laumosne, « Justice pénale de l'essentiel, L'ordonnance n° 2020-303 du 25 mars 2020 et la procédure pénale », *AJ pénal* 2020. 179 – H. Matsopoulou « Les principes directeurs du procès pénal à l'épreuve de l'épidémie de covid-19 – À propos de l'ordonnance n° 2020-303 du 25 mars 2020 portant adaptation de règles de procédure pénale », *JCP* 2020, 687 – S. Pellé, « La justice pénale à l'heure du coronavirus : l'urgence ou le miroir de notre procédure pénale ? », *D.* 2020. 777 – J.-B. Perrier, « La procédure pénale en urgence sanitaire », *Gaz. Pal.* 31 mars 2020, p. 18 – C. Ribeyre, « La procédure pénale à l'épreuve de l'état d'urgence sanitaire », *Dr. pénal* 2020, étude 3 – M. Touillier « L'adaptation de la procédure pénale au malheur des temps, Brèves considérations distanciées sur l'ordonnance n° 2020-303 du 25 mars 2020 portant adaptation de règles de procédure pénale sur le fondement de la loi d'urgence pour faire face à l'épidémie de Covid-19 », *AJ pénal* 2020. 186.

Section 1
Formes de l'appel – Généralités

913.11 L'acte d'appel fait foi jusqu'à inscription de faux. L'acte d'appel fait foi jusqu'à inscription de faux des mentions et énonciations qui y sont contenues, notamment du nom des parties appelantes[1]. C'est à bon droit qu'une cour d'appel dénie la qualité d'appelantes à des personnes qui, ne figurant pas sur l'acte d'appel, sont désignées dans un acte rectificatif établi sous la seule signature du greffier après l'expiration du délai de recours[2].

Les mentions rectificatives portées sur un acte d'appel doivent avoir date certaine et être approuvées par le greffier et le déclarant. Ainsi, une cour d'appel ne peut déclarer recevable l'appel sur les intérêts civils dès lors que la mention que l'appel portait également sur les dispositions civiles a été ajoutée postérieurement par le greffier sur la déclaration d'appel initiale sans qu'il ait approuvé cette mention[3].

913.12 Ordre public. Les formes et les délais d'appel sont d'ordre public[4]. Les juges sont fondés à les relever sans avoir à provoquer préalablement les explications des parties sur ce point[5]. En conséquence, les moyens qui en sont tirés peuvent être

1. Crim. 26 juill. 1955, P n° 363 – Crim. 16 nov. 1994, n° 93-85.007, P n° 364 ; *Dr. pénal* 1995, n° 50, note A. Maron.
2. Crim. 16 nov. 1994, n° 93-85.007, préc.
3. Crim. 10 sept. 2003, n° 02-84.181, P n° 156 ; *JCP* 2003. IV. 2882 – Sur les mentions rectificatives, v. s[s] n° 913.36.
4. Crim. 28 févr. 1968, n° 67-92.517, P n° 68.
5. Crim. 25 mai 2004, n° 03-86.245, P n° 135 ; *JCP* 2004. IV. 2511 ; *AJ pénal* 2004. 327.

soumis pour la première fois à la Cour de cassation qui peut aussi les soulever d'office[1].

913.13 **Application de la loi dans le temps.** La loi qui modifie les dispositions relatives à la forme de l'appel est applicable aux instances en cours. Mais les dispositions relatives au délai d'appel, touchant le fond du droit, ne s'appliquent qu'aux décisions prononcées après leur entrée en vigueur[2].

913.14 **Irrecevabilité de l'appel.** Jusqu'à la loi du 9 mars 2004[3], seule la chambre des appels correctionnels pouvait constater l'irrecevabilité de l'appel, lors de l'audience.

Depuis cette loi, modifiée par celle du 3 juin 2016[4], l'article 505-1[5] du code de procédure pénale dispose que : « Lorsqu'il est fait appel après expiration des délais prévus aux articles 498, 500 ou 505, lorsque l'appel est devenu sans objet, qu'il a été formé sans respecter les formalités prévues à l'article 502 ou qu'il a été formé hors les cas mentionnés à l'article 546 ou lorsque l'appelant s'est désisté de son appel, le président de la chambre des appels correctionnels rend d'office une ordonnance de non-admission de l'appel qui n'est pas susceptible de voies de recours. » Si le président de la chambre correctionnelle peut d'office prononcer la non-admission des appels formés hors délai, devenus sans objet ou dont le demandeur s'est désisté, il ne saurait sans excès de pouvoir prononcer la non-admission d'un appel irrecevable pour toute autre cause, cette faculté étant réservée à la seule formation de jugement de la cour d'appel[6]. Cette jurisprudence est devenue obsolète en raison de l'extension du texte.

Nous écrivions dans une précédente édition de cet ouvrage qu'il convenait d'être vigilant car les dispositions nées de la loi du 9 mars 2004 ne permettaient pas au président de la chambre des appels correctionnels de procéder à ce filtre dans tous les cas. Nous citions les violations supposées de l'article 502[7] du code de procédure pénale qui demeuraient de la compétence exclusive de la chambre des appels correctionnels dans sa collégialité. La loi du 3 juin 2016[8] a, heureusement, mis fin à ce système et désormais le président peut se prononcer d'office lorsque l'appel « a été formé sans respecter les formalités prévues à l'article 502 ou hors les cas mentionnés à l'article 546 ».

Il résulte de la combinaison des articles 505-1 et 568 du Code de procédure pénale que le prévenu a 5 jours francs, après celui où l'ordonnance du président de la chambre des appels correctionnels constatant le désistement d'appel lui a été signifiée, pour se pourvoir devant la Cour de cassation contre cette décision. En l'espèce, l'ordonnance de désistement n'a pas été signifiée aux prévenus mais elle leur a seulement été notifiée par lettre recommandée avec avis de réception. En l'absence de signification régulière, les pourvois en cassation qui ont été formés après l'expiration du délai légal sont recevables[9].

913.15 **Non-admission de l'appel. Excès de pouvoir.** Si, selon l'article 505-1 du code de procédure pénale, l'ordonnance de non-admission d'appel du président de la chambre des appels correctionnels, prévue par ce texte, n'est pas susceptible de recours, il en est autrement lorsque son examen fait apparaître un excès de pouvoir. Excède ses pouvoirs le président de la chambre des appels correctionnels qui, pour dire n'y avoir lieu à admettre un appel, énonce à tort que celui-ci est *tardif*[10]. Il en est de même lorsqu'il déclare l'appel non admis aux motifs que cette voie de recours est devenue sans objet, aucune peine ne restant à exécuter en France, l'appel d'un jugement ayant substitué, en application de l'article 728-4[11] du code de procédure pénale, une peine prévue par la loi française à une peine prononcée à l'étranger, alors que l'appelant était en droit de soumettre la décision des premiers juges à l'examen de la cour d'appel, peu important qu'il ait été mis fin à l'exécution de la peine[12].

La chambre criminelle a jugé qu'il avait pas lieu de renvoyer au Conseil constitutionnel une question prioritaire de constitutionnalité relative à l'article 505-1 du Code de procédure pénale dès lors que cet article, qui s'applique à tous les justiciables et répond au souci d'une bonne administration de la

1. Crim. 23 mars 1993, n° 91-81.203, P n° 126.
2. Crim. 6 juin 1977, n° 75-92.200, P n° 204.
3. L. n° 2004-204, 9 mars 2004 portant adaptation de la justice aux évolutions de la criminalité, *JO* 10 mars, p. 4567.
4. L. n° 2016-731, 3 juin 2016 renforçant la lutte contre le crime organisé, le terrorisme et leur financement, et améliorant l'efficacité et les garanties de la procédure pénale, *JO* 4 juin, n° 1.
5. C. pr. pén., art. 505-1 ; créé par L. n° 2004-204, 9 mars 2004, art. 139 ; mod. par L. n° 2016-731, 3 juin 2016, art. 93.
6. Crim. 11 oct. 2011, n° 11-85.042, P n° 199 ; *JCP* 2011. 1320.
7. C. pr. pén., art. 502 ; mod. par L. n° 2011-94, 25 janv. 2011, art. 32 ; mod. par L. n° 2016-731, 3 juin 2016, art. 93.
8. L. n° 2016-731, 3 juin 2016 renforçant la lutte contre le crime organisé, le terrorisme et leur financement, et améliorant l'efficacité et les garanties de la procédure pénale, *JO* 4 juin, n° 1.
9. Crim. 12 oct. 2021, n° 20-83.360, P.
10. Crim. 2 avr. 2008, n° 08-80.067, P n° 92 ; *AJ pénal* 2008. 377, obs. C. Duparc ; *RSC* 2008. 637, obs. A. Giudicelli ; *Dr. pénal* 2008, n° 103 (1re esp.), note A. Maron et M. Haas – Crim. 3 avr. 2012, n° 11-85.410, NP.
11. C. pr. pén., art. 728-4 ; créé par L. n° 2004-204, 9 mars 2004, art. 162.
12. Crim. 25 nov. 2009, n° 09-84.522, P n° 196.

justice, ne vise que certains cas d'irrecevabilité précisément définis et que la décision du président de la chambre des appels correctionnels peut faire l'objet d'un recours pour excès de pouvoir[1]. Si, l'article 505-1 du Code de procédure pénale, l'ordonnance de non-admission d'appel du président de la chambre des appels correctionnels, prévue par ce texte, n'est pas susceptible de recours, il en est autrement lorsque son examen fait apparaître un excès de pouvoir. En l'espèce, pour dire n'y avoir lieu d'admettre l'appel d'un jugement, le président de la chambre des appels correctionnels énonce que cet appel est tardif. Cette décision doit être annulée dès lors que le coprévenu de l'appelant a interjeté appel du même jugement, dans le délai légal et que toutes les parties admises à former un appel principal disposaient d'un délai de quinze jours à dater du jugement[2].

SECTION 2
ACTE D'APPEL

§ 1
Généralités

913.21 Formes de l'appel[3] : dispositions en vigueur avant la loi du 23 mars 2019. L'article 502 du code de procédure pénale dispose que la déclaration d'appel doit être faite au greffier de la juridiction qui a rendu la décision attaquée. Elle doit être signée par le greffier et par l'appelant lui-même, ou par un avoué près la juridiction qui a statué, ou par un avocat, ou par un fondé de pouvoir spécial ; dans ce dernier cas, le pouvoir est annexé à l'acte dressé par le greffier. Si l'appelant ne peut signer, il en sera fait mention par le greffier. Elle est inscrite sur un registre public à ce destiné et toute personne a le droit de s'en faire délivrer une copie. La loi du 3 juin 2016[4] a introduit une modification importante puisqu'il est désormais possible dans la déclaration d'appel, de réduire le champ du recours aux dispositions relatives à la peine, ou même à ses seules modalités d'application. L'article 203 du code d'instruction criminelle, devenu l'article 502 du code de procédure pénale ne prescrit pas à peine de nullité que la déclaration d'appel ait lieu dans le local affecté au greffe du tribunal qui a rendu le jugement ; il exige seulement que l'acte constatant l'appel soit reçu dans le délai légal par l'officier public compétent[5]. C'est à tort qu'une cour d'appel admet la validité d'un appel formé au greffe d'un autre tribunal en se fondant sur la distance qui sépare les deux tribunaux et l'importance des frais de voyage qui constitueraient un cas de force majeure[6].

Dans un arrêt du 14 janvier 2014[7], la chambre criminelle a rappelé que l'article 502 du code de procédure pénale était également applicable s'agissant d'un appel du ministère public dans une espèce dans laquelle le procureur de la République avait souhaité interjeter appel d'un jugement rendu par un tribunal de police, et avait adressé, dans les délais, par télécopie, une déclaration d'appel au greffe, qui ne fut signée par un substitut qu'en dehors des délais. La signature par le substitut de l'acte d'appel, intervenant après l'expiration du délai de dix jours, ne pouvait régulariser la procédure.

L'appel ne peut pas être interjeté par lettre recommandée. La décision déclarant l'appel irrecevable est justifiée dès lors que, d'une part, la formalité de la déclaration de l'appel auprès du greffe de la juridiction qui a rendu la décision, datée et signée par l'appelant et le greffier est prévue pour attester de la réalité de ce recours, d'autre part, il ne peut être dérogé à celle-ci qu'en cas d'impossibilité, non démontrée en l'espèce, de s'y conformer[8].

La formalité de la déclaration de l'appel auprès du greffe de la juridiction qui a rendu la décision, datée et signée par l'appelant et le greffier, qui atteste ainsi de la réalité de ce recours, et à laquelle il ne peut être dérogé qu'en cas d'impossibilité de s'y conformer, n'est pas contraire à l'article 6 de la Convention européenne des droits de l'homme[9].

913.22 Formes de l'appel[10] : dispositions en vigueur depuis la loi du 23 mars 2019. L'article 502 du code de procédure pénale a été profondément remanié par la loi du 23 mars 2019. Si la déclaration doit toujours être faite au greffier de la juridiction qui a rendu la décision attaquée, elle doit porter des précisions inconnues de l'état du droit antérieur.

Tout d'abord, la déclaration indique si l'appel porte sur la décision sur l'action publique ou sur la décision sur l'action civile ou sur les deux décisions.

Ensuite, si l'appel concerne la décision sur l'action publique, la déclaration indique s'il porte sur l'ensemble de la décision ou s'il est limité aux

1. Crim. 23 mars 2016, n° 15-85.294, NP.
2. Crim. 12 juin 2014, n° 13-85.593, NP.
3. C. pr. pén., art. 502.
4. L. n° 2016-731, 3 juin 2016, préc.
5. Paris, 15 déc. 1924, *DP* 1925. 2. 53 – Crim. 3 déc. 1958, *D.* 1959. Somm. 43.
6. Crim. 8 avr. 1937, *DH* 1937. 304.
7. Crim. 14 janv. 2014, n° 12-84.592, P n° 6 ; *D.* 2014. 147 ; *JCP* 2014. 135 ; *AJ pénal* 2014. 185, obs. J.-B. Perrier ; *Procédures* 2014, comm. 77, A.-S. Chavent-Leclère.
8. Crim. 10 juin 2015, n° 14-83.859, NP.
9. Crim. 3 sept. 2014, n° 14-81.265, NP.
10. C. pr. pén., art. 502.

peines prononcées, à certaines d'entre elles ou à leurs modalités d'application. Tant le prévenu que le ministère public peuvent user de cette possibilité.

Le texte prévoit encore que si la décision sur l'action publique a déclaré le prévenu coupable de plusieurs infractions, l'appel sur cette décision précise s'il concerne l'ensemble des infractions ou certaines d'entre elles. Dans le cas où ces précisions ne seraient pas portées sur l'acte d'appel, celui-ci est alors considéré comme portant sur l'intégralité de la décision.

Enfin, le prévenu qui a limité la portée de son appel sur l'action publique aux peines prononcées dans les conditions prévues au texte peut, selon les modalités prévues au premier alinéa, revenir sur cette limitation dans un délai d'un mois à compter de la déclaration d'appel ; si l'affaire est audiencée en appel avant ce délai d'un mois, il peut revenir sur cette limitation au moment de l'audience. C'est lorsque la limitation de la portée de l'appel sur l'action publique aux peines prononcées n'a pas été faite par l'avocat du prévenu ou par le prévenu en présence de son avocat, que le prévenu peut revenir sur cette limitation à l'audience.

Si la déclaration ne comporte aucune de ces précisions, l'appel est considéré comme portant sur l'intégralité de la décision.

On peut penser que, si les appels ont été formés, à titre principal, par plusieurs parties, la limitation de l'appel faite par certaines d'entre elles sera sans effet si les autres n'ont pas limité leurs appels, la cour étant saisi de l'ensemble des appels. En revanche, si une partie a limité son appel, l'appel d'une autre partie interjeté à titre incident ne pourra étendre la saisine de la cour.

L'article D. 45-22 précise que lorsque le prévenu déclare limiter la portée de son appel sur l'action publique aux peines prononcées conformément au deuxième alinéa de l'article 502, le formulaire de la déclaration d'appel faite en application des articles 502 (lorsque l'appel est fait au greffe de la juridiction par une personne libre) ou 503 (lorsqu'il est fait au chef d'établissement pénitentiaire par une personne détenue) doit comporter une mention informant celui-ci de son droit de demander, au plus tard dans un délai d'un mois à compter de l'acte d'appel et selon les modalités prévues au premier et troisième alinéas de l'article 502 ou au premier et deuxième alinéa de l'article 503, de revenir sur cette limitation.

Cette mention précise que si la limitation de la portée de l'appel sur l'action publique aux peines prononcées n'a pas été faite par l'avocat du prévenu ou par le prévenu en présence de son avocat, le prévenu pourra également revenir sur cette limitation à l'audience.

Le même article indique également que lorsque la déclaration d'appel est faite par le prévenu en personne, elle précise si elle a été faite en présence ou non de son avocat. L'article D. 45-25 du code de procédure pénale prévoit qu'une copie de la déclaration d'appel doit être remise à l'appelant et que la déclaration d'appel et le dossier de la procédure peuvent alors, sauf en cas d'urgence, être transmis à la cour d'appel à l'issue du délai d'un mois, avec s'il y a lieu la déclaration complémentaire revenant sur la limitation de l'appel ou demandant un examen collégial.

L'article D. 46 du code de procédure pénale, qui prévoit que la déclaration d'appel formée par une personne détenue en application de l'article 503 est transmise le jour même ou le premier jour ouvrable suivant par le chef de l'établissement pénitentiaire au greffe de la juridiction qui a rendu la décision attaquée, a été complété afin de préciser que ces délais de transmission s'appliquaient également en cas de déclaration complémentaire de la personne qui, dans le délai d'un mois à la suite de son appel, indique revenir sur la limitation de celui-ci.

913.23 **Formes de l'appel : application dans le temps des dispositions de la loi du 23 mars 2019.** L'article 502 du code de procédure pénale, dans sa rédaction issue de la loi n° 2019-222 du 23 mars 2019, entrée en vigueur le 1er juin 2019, prévoit que le prévenu, qui n'a pas limité la portée de son appel lors de la déclaration d'appel, peut toujours le faire ultérieurement, et jusqu'à l'audience de jugement.

La chambre criminelle juge que, si l'article 112-3 du code pénal prévoit que les recours sont soumis aux règles de forme en vigueur au jour où ils sont exercés, il en est de même de leur limitation.

Dès lors l'article 502, dans sa version précitée, est applicable lorsque la limitation de la portée de l'appel a été faite lors d'une audience postérieure à l'entrée en vigueur de cette loi [1].

913.24 **Refus de transmission d'une QPC.** La chambre criminelle de la Cour de cassation a refusé de renvoyer une question prioritaire de constitutionnalité rédigée en ces termes : « Les articles 186, alinéa 4, et 502 du code de procédure pénale sont ils contraires au droit à un recours effectif, garanti par l'article 16 de la Déclaration des droits de l'Homme et du citoyen de 1789, en ce qu'ils obligent le justiciable à se rendre physiquement au greffe de la juridiction qui a rendu la décision pour y faire enregistrer sa déclaration d'appel et en ce qu'ils ne prévoient pas que les conditions de forme et de délai

1. Crim. 14 avr. 2021, n° 20-82.529, P ; *D.* 2021. 745 ; *JCP* 2021, 520.

de l'appel doivent être préalablement portées à la connaissance de la personne concernée ? »

Son refus de transmission a été motivé par le fait la question, ne portant pas sur l'interprétation d'une disposition constitutionnelle dont le Conseil constitutionnel n'aurait pas eu l'occasion de faire application, n'est ni nouvelle, ni sérieuse : « Dès lors que l'article contesté vise à permettre au greffier d'attester de la réalité de l'appel, la personne concernée exerçant son recours en se présentant elle-même ou en mandatant son avocat ou un fondé de pouvoir spécial ; que ce choix du législateur est fondé sur un texte de portée claire, auquel la chambre criminelle a apporté une interprétation permettant une dérogation au principe en cas d'impossibilité, pour la personne concernée, de se conformer à l'obligation légale ; que les règles posées par l'article 502 du code de procédure pénale sont accessibles au justiciable, soit, s'il estime devoir assurer seul sa défense, par lui-même, soit sur indication de son avocat, choisi ou commis d'office. »[1]

913.25 **Urgence sanitaire : voie de recours.** Pendant la crise sanitaire du printemps 2020, aux termes de l'article 4 de l'ordonnance n° 2020-303 du 25 mars 2020 portant adaptation de règles de procédure pénale sur le fondement de la loi du 23 mars 2020[2], les recours ont pu être exercés par lettre recommandée avec accusé de réception. Il en fut de même pour le dépôt des mémoires ou de conclusions.

Par dérogation aux articles 502 l'appel a pu être formé par lettre recommandée avec accusé de réception. ou par courriel à l'adresse électronique communiquée à cette fin par la juridiction de première instance ou d'appel.

§ 2
Prévenu libre

913.31 **Jurisprudence.** Est irrecevable l'appel interjeté par lettre ou par télégramme adressés au procureur de la République, alors même que ce magistrat aurait déposé cette lettre ou ce télégramme au greffe et que le greffier aurait dressé acte du dépôt[3]. Il a été jugé qu'il importait peu que la déclaration n'ait pas lieu dans les locaux du greffe[4].

Un agent technique de bureau assermenté a qualité pour recevoir une déclaration d'appel : l'irrégularité invoquée à ce propos n'est pas susceptible d'être opposée à la partie appelante, à laquelle elle n'est pas imputable[5].

Aucune disposition légale n'interdit à une partie d'interjeter appel par deux déclarations successives, dès lors qu'elles interviennent dans le délai légal et ne portent pas sur les mêmes dispositions du jugement attaqué[6].

Un fax ne répond pas au formalisme, exigé par l'article 502 du code de procédure pénale ; la déclaration du prévenu au procureur ne constitue qu'une « déclaration d'intention » et non un acte d'appel[7].

L'appel par lettre recommandée adressée au greffier est également irrecevable[8].

N'est pas régulier au regard des prescriptions légales le « donné acte », par la juridiction du second degré, de la formulation d'un appel à l'occasion d'une audience[9].

La déclaration d'appel faite au nom d'une personne décédée est nulle[10].

Le fait que le demandeur se soit vu interdire de paraître dans la ville, siège de la juridiction d'instruction, ne le prive pas de la faculté d'exercer son recours par avoué, avocat, ou fondé de pouvoir spécial[11].

Le défaut de transcription d'une déclaration d'appel sur le registre prévu par l'article 502 du code de procédure pénale n'affecte pas la validité de l'acte mais a pour seul effet de retarder, jusqu'à l'accomplissement de cette formalité, le point de départ du délai supplémentaire de cinq jours, accordé par l'article 500 du même code aux autres parties pour interjeter appel. Doit être rejeté le moyen pris de l'irrecevabilité de l'appel formé par le ministère public au motif qu'il n'a pas été transcrit sur le registre prévu à cet effet[12].

913.32 **Réitération d'appel irrégulier.** La partie ayant formulé son recours dans des conditions

1. Crim. 5 juin 2012, n° 11-88.744, NP.
2. L. n° 2020-290, 23 mars 2020 d'urgence pour faire face à l'épidémie de covid-19, *JO* 26 mars, n° 3.
3. Cass., ch. réun., 10 févr. 1909, *DP* 1911. 1. 217, note Le Poittevin.
4. Crim. 3 déc. 1958, P n° 709.
5. Crim. 8 déc. 1976, n° 76-90.090, P n° 352.
6. Crim. 19 déc. 2000, n° 00-80.479, P n° 382 ; *D.* 2001. IR 522.
7. Crim. 6 mai 2008, n° 07-86.304, P n° 101 ; *RSC* 2008. 928, obs. R. Finielz ; *D.* 2008. *AJ* 1485 ; *AJ pénal* 2008. 333 ; *Dr. pénal* 2008, n° 103 (2e esp.), note A. Maron et M. Haas ; *Dr. pénal* 2009. Chron. 1, obs. D. Guérin (v. ss n° 913.01).
8. Crim. 29 nov. 1983, n° 82-90.287, P n° 320 – Crim. 5 oct. 1988, n° 87-82.529, NP, *Gaz. Pal.* 1989. 1. Somm. 209.
9. Crim. 2 nov. 1960, P n° 493.
10. Crim. 10 janv. 1984, n° 83-94.291, P n° 12 ; *D.* 1984. IR 334, obs. J.-H. Robert ; *RSC* 1985. 121, obs. J.-H. Robert.
11. Crim. 28 sept. 2004, n° 04-84.569, NP, *Dr. pénal* 2005, n° 17, note A. Maron.
12. Crim. 4 déc. 2007, n° 07-81.830, P n° 294 ; *AJ pénal* 2008. 93, obs. S. Lavric ; *Dr. pénal* 2008, n° 56, note A. Maron.

irrégulières, peut le réitérer dans les formes légales avant l'expiration du délai qui lui est imparti[1].

913.33 Énonciations contenues dans l'acte d'appel. Elles sont capitales pour déterminer l'étendue de l'effet dévolutif de l'appel. Les limitations et restrictions relatives à la portée de l'appel doivent résulter des termes mêmes de l'acte d'appel[2][3].

913.34 Précisions relatives à la décision attaquée. L'acte d'appel doit précisément indiquer la décision qui fait l'objet du recours mais les juges doivent statuer sur l'appel dont ils sont saisis, dès lors que la déclaration permet d'identifier la décision entreprise. Lorsqu'il a été rendu plusieurs jugements le même jour, le défaut de précision entraîne la nullité de l'appel[4]. Mais l'omission de l'indication de la date du jugement n'entraîne aucune nullité si l'identification du jugement résulte de la présence d'une copie de la décision figurant au dossier et de la précision de la date dans la citation délivrée par le procureur général[5]. Il en est de même en cas d'erreur sur la date de l'ordonnance attaquée dès lors qu'il ne fait aucun doute sur son existence[6]. On a vu plus haut que d'aures précisions sont nécessaires depuis l'entrée en vigueur de la loi du 23 mars 2019[7].

913.35 Exception : outre-mer. La loi du 27 juin 1983[8] a introduit des particularités dans le code de procédure pénale relative aux îles Europa, Tromelin, Glorieuses, Juan de Nova, Bassas-de-India, Clipperton, Nouvelle-Calédonie et dépendances, Polynésie française, Wallis-et-Futuna.

Si l'appelant réside hors de l'île où la juridiction qui a rendu la décision attaquée a son siège, la déclaration d'appel prévue à l'article 502 du code de procédure pénale peut être adressée au greffier de la juridiction par lettre signée de l'appelant. Dès réception de la lettre de l'appelant, le greffier dresse l'acte d'appel et y annexe cette lettre. Dans le délai des articles 498, 500 et 846, l'appelant est tenu de confirmer son appel à la mairie ou à la gendarmerie la plus proche de sa résidence[9] ; à défaut son appel est irrecevable[10]. L'envoi d'une télécopie ne suffit pas[11].

913.36 Mention rectificative. Les mentions rectificatives portées sur un acte d'appel doivent avoir date certaine et être approuvées par le greffier et le déclarant. Méconnaît ce principe la cour d'appel qui, après avoir statué au vu d'un acte d'appel limité aux dispositions pénales d'un jugement, est saisie à nouveau et déclare recevable l'appel portant sur les dispositions civiles du jugement au vu du même acte d'appel sur lequel a été rajoutée la mention manuscrite « et civiles », non datée et non approuvée[12].

913.37 Requête. Selon l'article 504[13] du code de procédure pénale, une requête contenant les moyens d'appel peut être remise dans les délais prévus pour la déclaration d'appel au greffe du tribunal ; elle est signée de l'appelant ou d'un avocat inscrit à un barreau ou d'un avoué ou d'un fondé de pouvoir spécial. La requête, ainsi que les pièces de la procédure sont envoyées par le procureur de la République au parquet de la cour dans le plus bref délai. Cette requête est un acte purement facultatif.

§ 3
Prévenu détenu

913.41 Prévenu en détention. Aux termes de l'article 503 du code de procédure pénale, lorsque l'appelant est détenu, l'appel peut être fait au moyen d'une déclaration auprès du chef de l'établissement pénitentiaire. Cette déclaration est constatée, datée et signée par le chef de l'établissement pénitentiaire. Faute d'annoncer clairement son objet, un courrier ne peut constituer la déclaration prévue par l'article 148-6 du Code de procédure pénale[14]. Toutefois, « le courrier réceptionné au greffe de l'établissement pénitentiaire le 16 novembre 2020, par lequel le demandeur a manifesté son intention d'interjeter appel, ne pouvait, à lui seul, constituer la déclaration prévue par l'article 503 du Code de procédure pénale, l'appelant détenu n'ayant pas été conduit à ce greffe dans un délai lui permettant d'exercer utilement la voie de recours, s'est trouvé dans l'impossibilité de s'y conformer de sorte que compte tenu de ces circonstances, la lettre d'intention d'appel reçue au greffe de l'établissement pénitentiaire a produit les mêmes effets qu'une déclaration

1. Crim. 1er avr. 2003, n° 03-80.406, P n° 81 ; *D.* 2003. 1603 (v. s^s n° 913.01).
2. Crim. 18 mars 1980, n° 79-91.439, P n° 93 – Crim. 8 oct. 2003, n° 02-81.471, P n° 184.
3. V. s^s chap. 932.
4. Crim. 23 mars 1993, n° 91-81.203, P n° 126 ; *D.* 1994. Somm. 186.
5. Crim. 13 févr. 1989, n° 88-85.908, P n° 65 ; *D.* 1989. IR 109.
6. Crim. 13 déc. 2011, n° 11-87.038, NP, *Dr. pénal* 2012, n° 146, note J.-H. Robert.
7. V. s^s n° 913.22.
8. L. n° 83-520, 27 juin 1983 rendant applicables le code pénal, le code de procédure pénale et certaines dispositions législatives dans les territoires d'outre-mer, *JO* 28 juin, p. 1926, art. 7, 8 et 37.
9. C. pr. pén., art. 847.
10. Crim. 2 oct. 2002, n° 01-87.694, P n° 178.
11. Crim. 13 sept. 2005, n° 04-83.143, P n° 223.
12. Crim. 10 sept. 2003, n° 02-84.181, P n° 156.
13. C. pr. pén., art. 503, mod. par L. n° 2011-94, 25 janv. 2011, art. 32.
14. Crim. 23 janv. 2013, n° 12-86.986, P, n° 26.

d'appel »[1]. Par ailleurs, Il ne peut être reproché au greffe pénitentiaire de ne pas considérer qu'un courrier, que lui a adressé un détenu, manifeste clairement l'intention de faire appel lorsque ce courrier comporte des demandes distinctes[2].

La déclaration est également signée par l'appelant ; si celui-ci ne peut signer, il en est fait mention par le chef de l'établissement.

Ce document est adressé sans délai, en original ou en copie, au greffe de la juridiction qui a rendu la décision attaquée ; il est transcrit sur le registre prévu par le troisième alinéa de l'article 502 annexé à l'acte dressé par le greffier. La formalité prévue à l'article 503 est substantielle et l'appelant ne peut la remplacer par l'envoi d'une lettre recommandée[3]. La déclaration d'appel envoyée par télécopie est recevable[4]. La seule déclaration verbale d'intention est irrecevable[5]. L'appelant, détenu à l'étranger, s'il se trouve dans l'impossibilité d'user de la faculté prévue par l'article 503 du code de procédure pénale, peut mandater un avoué, un avocat ou un fondé de pouvoir spécial pour interjeter appel, aucune disposition légale ou conventionnelle n'imposant qu'il soit informé de cette faculté[6]. Il se déduit des articles 503 et 556 à 559 du code de procédure pénale que, sauf à avoir été transféré ou libéré entre-temps, l'appelant ne peut être valablement cité qu'à l'établissement pénitentiaire où il est détenu et où il a fait appel sans avoir déclaré une autre adresse[7]. Dans le cas où l'appelant est cité à une autre adresse que celle de cet établissement la cour d'appel n'est pas valablement saisie. Il appartient donc aux juridictions de second degré de se montrer particulièrement vigilantes sur cette question.

913.42 **Portée générale de l'article 503 du code de procédure pénale.** L'article 503 du code de procédure pénale a une portée générale à l'égard de tout appelant détenu et s'applique à la partie civile lorsque celle-ci se trouve en état de détention[8].

913.43 **Prévenu en état d'arrestation.** Le prévenu en état d'arrestation est, dans le plus bref délai, et par ordre du procureur de la République, transféré dans la maison d'arrêt du lieu où siège la cour d'appel[9].

SECTION 3

DÉCLARATION D'ADRESSE

§ 1

Principe

913.51 **Prévenu libre.** Lorsqu'il est libre, le prévenu qui forme appel doit déclarer son adresse personnelle, aux termes de l'article 503-1[10] du code de procédure pénale, issu de la loi du 9 mars 2004. Cette formalité, qui vaut aussi pour la personne mise en examen renvoyée devant la juridiction de jugement, est particulièrement importante. En effet, ses effets sont déterminants sur la nature du jugement prononcé : toute citation, notification ou signification faite à l'adresse déclarée est réputée faite à personne et le jugement est contradictoire à signifier même si la personne ne comparait pas. Est jugé par défaut, conformément aux dispositions de l'article 412 du code de procédure pénale, le prévenu appelant non comparant, qui n'a pas été personnellement touché par la citation délivrée à l'adresse déclarée dans l'acte d'appel, dès lors que celui-ci est antérieur au 1er octobre 2004, date d'entrée en vigueur de l'article 503-1 du même code[11]. Il résulte de l'article 503-1 du code de procédure pénale que l'huissier de justice doit délivrer la citation devant la cour d'appel à l'adresse déclarée par le prévenu appelant et que la cour d'appel, étant légalement saisie par l'acte d'appel, doit constater l'irrégularité de la citation et inviter le ministère public à faire citer l'intéressé à son adresse déclarée[12].

Toutefois, il peut lui substituer l'adresse d'un tiers chargé de recevoir les citations, rectifications et significations qui lui seront destinées s'il produit l'accord de ce dernier. Cette déclaration est faite par l'avocat du prévenu si c'est celui-ci qui forme l'appel. À défaut d'une telle déclaration, est considérée comme adresse déclarée du prévenu celle figurant dans le jugement rendu en premier ressort.

Le prévenu ou son avocat doit signaler auprès du procureur de la République, jusqu'au jugement défi-

1. Crim. 8 avr. 2021, Crim. 8 avr. 2021, n° 21-80.843, NP.
2. Crim. 25 mai 2022, n° 22-81.572, B.
3. Crim. 12 juill. 1962, P n° 245 – Crim. 29 nov. 1983, n° 82-90.287, P n° 320.
4. Crim. 4 avr. 2007, n° 07-80.929, P n° 107 ; *AJ pénal* 2007. 288.
5. Crim. 25 nov. 1970, n° 70-90.569, P n° 308 – Crim. 6 mai 2008, n° 07-86.304, P n° 101 ; *D.* 2008. *AJ* 1485 ; *AJ pénal* 2008. 333 (v. ss n° 913.01).
6. Crim. 22 juill. 2004, n° 04-83.307, NP, *RSC* 2005. 103, obs. A. Giudicelli.
7. Crim. 25 mars 2015, n° 14-80.127, P n° 67 ; *AJ pénal* 2015. 498, obs. G. Pitti ; *Dr. pénal* 2015, n° 75, obs. A. Maron et M. Haas.
8. Crim. 10 févr. 1977, n° 76-90.979, P n° 56.
9. C. pr. pén., art. 504, al. 3.
10. C. pr. pén., art. 503-1 ; créé par L. n° 2004-204, 9 mars 2004, art. 123 – AUSSI, sur les déclarations d'adresse, v. ss nos 411.42 s.
11. Crim. 27 juin 2006, n° 05-85.701, P n° 198 ; *AJ pénal* 2006. 457.
12. Crim. 24 juin 2015, n° 14-81.452, P n° 164.

nitif de l'affaire, tout changement de l'adresse déclarée par lettre recommandée avec demande d'avis de réception. Toute citation, notification ou signification faite à la dernière adresse déclarée est réputée faite à sa personne et le prévenu qui ne comparaît pas à l'audience sans excuse reconnue valable par la cour d'appel est jugé par *arrêt contradictoire à signifier*. Selon l'article 503-1 du code de procédure pénale, toute citation faite à la dernière adresse déclarée par le prévenu appelant est réputée faite à sa personne. La seule obligation incombant à l'huissier qui ne l'y trouve pas est de se conformer aux dispositions des alinéas 2 ou 4 de l'article 558 du même code, et de l'indiquer dans l'acte de signification. L'huissier n'a donc pas à vérifier l'exactitude de ce domicile. Toutefois, la juridiction ne peut être valablement saisie que lorsque la citation a été délivrée à l'exacte adresse déclarée par l'appelant. Tel n'est pas le cas lorsque la citation omet de préciser la domiciliation du prévenu chez un tiers (la citation ne précisait pas que l'appelant résidait chez sa mère) [1].

Est valablement saisie et statue par décision contradictoire à signifier en application de l'article 503-1 du code de procédure pénale, la juridiction qui a vérifié que l'huissier de justice, en l'absence du destinataire à son adresse déclarée, a effectué les diligences prévues par l'article 558 du code de procédure pénale, peu important qu'il n'ait pas été fait retour du récépissé prévu par l'alinéa 4 de ce texte [2] Selon Paul Mallet « désormais, comme il n'est plus nécessaire que le prévenu appelant ait été effectivement touché par les diligences de l'huissier, et sauf à considérer une procédure d'inscription en faux contre les mentions de l'huissier, il existe donc une présomption irréfragable de validité d'une citation à comparaître délivrée à une adresse déclarée » [3]. Dès lors que le demandeur, qui n'a pas comparu et ne s'est pas fait représenter, ne justifie pas avoir avisé le procureur de la République, conformément aux prescriptions de l'article 503-1 du Code de procédure pénale, d'un changement de son adresse déclarée, c'est à bon droit que la cour d'appel a statué par décision contradictoire à signifier [4]

913.52 Prévenu détenu au moment de l'appel et remis en liberté avant l'examen de l'affaire. Si le prévenu, détenu au moment de l'appel, est remis en liberté avant l'examen de son affaire par la cour d'appel, il doit faire la déclaration d'adresse prévue par l'article 503-1 du code de procédure pénale préalablement à sa mise en liberté auprès du chef de la maison d'arrêt et ce n'est qu'à défaut d'une telle déclaration que sera considérée comme son adresse déclarée celle figurant dans le jugement rendu en premier ressort [5].

913.53 Prévenu détenu lors de l'audience de cour d'appel. Si la personne était détenue lors de l'audience de la cour d'appel sans que cette dernière en soit avertie, ladite détention étant la cause du changement d'adresse, la cour peut rendre un jugement contradictoire à signifier dès lors que l'huissier a effectué les vérifications Ces dispositions s'appliquent même si l'appelant a été placé sous mandat de dépôt dans une information distincte, comme cela résulte d'un arrêt rendu le 21 juin 2011 [6]. Dans une décision du 3 mars 2015 [7], la chambre criminelle énonce « Attendu qu'en cet état, la cour d'appel a fait l'exacte application des dispositions invoquées, dès lors qu'il appartenait à M. D... d'informer le procureur de la République, conformément aux prescriptions de l'article 503-1, alinéa 3, du code de procédure pénale, du changement de l'adresse déclarée lors de son appel ». Il appartient au prévenu appelant d'informer le procureur de la République, par lettre recommandée avec demande d'accusé de réception, du changement d'adresse déclarée lors de son appel, y compris lorsqu'il se trouve, lors de la citation en détention provisoire pour une autre cause [8].

Le prévenu ne saurait se faire un grief de ce que, pour confirmer le jugement, la cour d'appel ait statué en son absence par arrêt contradictoire à signifier, dès lors qu'il n'établit pas avoir été dans l'impossibilité de l'aviser de son incarcération en Bolivie, circonstance inconnue des juges qui n'ont fait qu'appliquer les dispositions de l'article 503-1 du Code de procédure pénale [9].

913.54 Défaut de déclaration d'adresse. À défaut de déclaration de l'adresse personnelle de l'appelant ou de celle d'un tiers chargé de recevoir les citations, doit être considérée comme adresse déclarée du prévenu celle figurant dans le jugement rendu en premier ressort, à laquelle il appartient à l'huissier de justice requis d'effectuer les diligences prévues par l'article 558, alinéas 2 et 4, du Code de procédure pénale. À défaut, le prévenu qui ne comparaît pas ne peut être jugé par arrêt contradictoire à

1. Crim. 30 mars 2021, nº 20-85.836, P.
2. Crim. 15 juin 2021 nº 20-84.271, P, *AJ pénal* 2021. 426, obs. P. Mallet.
3. P. Mallet, « Citation à comparaître délivrée à adresse déclarée : présomption irréfragable de validité », *AJ pénal* 2021. 426.
4. Crim. 17 déc. 2014, nº 13-87.631, NP.
5. Crim. 7 juin 2011, nº 10-86.153, P nº 118 ; *D.* 2012. 171, Chron. C. Roth, A. Leprieur et M.-L. Divialle.
6. Crim. 21 juin 2011, nº 10-84.301, P nº 142 ; *D.* 2012. 171, chron. C. Roth, A. Leprieur et M.-L. Divialle.
7. Crim. 3 mars 2015, nº 14-81.817, NP – AUSSI : Crim. 15 juin 2016, nº 14-88.404, P nº 182, *Dr. pénal* 2016, comm. 133, A. Maron et M. Haas.
8. Crim. 15 juin 2016, nº 14-88.404, P nº 182 ; *Dr. pénal* 2016, nº 133, obs. A. Maron et M. Haas
9. Crim. 16 déc. 2015, nº 15-81.059, NP.

signifier. En l'espèce, le prévenu a relevé appel d'un jugement de condamnation et il n'a pas déclaré son adresse personnelle ou celle d'un tiers pour satisfaire aux prescriptions de l'article 503-1 du Code de procédure pénale. Après cassation de l'arrêt intervenu sur son appel, quoiqu'une adresse soit mentionnée dans le jugement, l'huissier de justice, en vue de la citation devant la cour de renvoi, s'est présenté à une autre adresse où il n'est pas parvenu à remettre l'acte à la personne du prévenu. La décision qualifiée de contradictoire à signifier encourt la cassation dès lors que l'intéressé n'a pas été cité à l'adresse figurant sur le jugement et que n'ont pas été accomplies les diligences prévues par l'article 558, alinéas 2 et 4, du Code de procédure pénale[1].

Pour statuer par arrêt contradictoire à signifier, un arrêt se borne à énoncer que « le prévenu, qui n'a pas signé l'accusé de réception de la lettre recommandée adressée par l'huissier, ne comparaît pas, ni personne pour lui ». Cette décision encourt la cassation dès lors que le prévenu appelant n'avait pas été cité à l'adresse devant être considérée comme celle déclarée et que, de surcroît, il ressortait des pièces de procédure qu'il ne résidait pas à l'adresse à laquelle la citation lui avait été délivrée. La cour d'appel devait constater l'irrégularité de la citation et inviter le ministère public à faire citer l'intéressé à l'adresse mentionnée dans le jugement[2].

§ 2
Jurisprudence sur les effets de la déclaration d'adresse

913.61 Prévenu non comparant non excusé. Lorsque le prévenu n'a pas été cité à l'adresse qu'il avait déclarée conformément aux dispositions de l'article 503-1 du code de procédure pénale, la cour d'appel n'est pas légalement saisie à l'égard de celui-ci et excède ses pouvoirs en statuant sur son affaire par un arrêt contradictoire à signifier. Le prévenu non comparant et non excusé ne peut reprocher à la juridiction correctionnelle de l'avoir jugé par arrêt contradictoire à signifier dès lors qu'il lui appartenait d'informer le procureur de la République du changement de l'adresse déclarée lors de son appel, au moyen d'une lettre recommandée avec demande d'avis de réception, quand bien même il avait été incarcéré entre temps[3]. Est régulièrement cité, par un acte valant citation faite à personne, le prévenu cité à l'adresse déclarée dans l'acte d'appel, cette adresse fût-elle erronée[4].

Encourt la cassation l'arrêt de la cour d'appel qui reçoit l'opposition d'un prévenu et met à néant un précédent arrêt justement qualifié de contradictoire à signifier, par lequel la cour d'appel avait statué en l'absence du prévenu non excusé, régulièrement cité à l'adresse déclarée dans l'acte d'appel[5]. Méconnaît les dispositions de l'article 503-1 du code de procédure pénale, la cour d'appel qui pour statuer par défaut énonce que les dispositions de l'article 503-1, alinéa 4, ne concernent que l'appelant qui n'aurait pas respecté l'obligation de signaler tout changement d'adresse déclarée[6].

Il en est de même de la cour d'appel qui déclare recevable l'opposition formée à une précédente décision, alors que le prévenu, qui n'avait pas fait de déclaration d'adresse, avait été cité à celle figurant dans le jugement[7].

Doit être confirmé l'arrêt de la cour d'appel qui statue par décision contradictoire à signifier alors même que l'avocat de l'intéressé avait sollicité le renvoi de l'audience par courrier dans la mesure où il apparaît que l'avocat n'avait pas de nouvelles de son client[8].

Selon l'article 503-1 du code de procédure pénale, le prévenu libre cité à la dernière adresse déclarée et qui ne comparaît pas devant la cour d'appel ne peut être jugé par arrêt contradictoire qu'en l'absence d'excuse valable. Une cour d'appel, saisie de l'appel d'un prévenu cité à sa dernière adresse déclarée ne saurait, en conséquence, statuer par arrêt contradictoire à signifier sur ce recours sans constater l'absence d'excuse valable à la non-comparution du prévenu dès lors que la citation délivrée à ladite adresse indique que celui-ci se trouvait actuellement dans un centre hospitalier[9].

Mais lorsque, pour statuer par arrêt contradictoire à signifier, la cour d'appel énonce que le prévenu n'a pas comparu ni fourni d'excuse valable bien qu'ayant été régulièrement cité à l'adresse déclarée dans l'acte d'appel, la décision encourt la cassation dès lors qu'il appartenait à l'huissier n'ayant trouvé personne à l'adresse déclarée, et sans

1. Crim. 26 mars 2014, n° 13-81.353, NP.
2. Crim. 7 juin 2016, n° 15-85.942, NP.
3. Crim. 2 oct. 2007, n° 07-80.581, P n° 232 ; *AJ pénal* 2007. 542 – CONFIRMÉ PAR : Crim. 21 juin 2011, n° 10-84.301, P n° 142 ; *D.* 2012. 171, Chron. C. Roth, A. Leprieur et M.-L. Divialle.
4. Crim. 18 mars 2008, n° 07-87.358, NP, *Dr. pénal* 2008, n° 91 (2e esp.), note A. Maron et M. Haas.
5. Crim. 21 mai 2008, n° 08-80.735, P n° 127 ; *AJ pénal* 2008. 381.
6. Crim. 6 déc. 2005, n° 05-82.448, P n° 323 ; *D.* 2006. IR 320.
7. Crim. 22 mai 2007, n° 07-82.263, P n° 134 ; *AJ pénal* 2007. 387.
8. Crim. 15 févr. 2006, n° 05-85.608, P n° 45 ; *D.* 2006. IR 744.
9. Crim. 26 mars 2008, n° 07-86.789, NP, *Dr. pénal* 2008, n° 91 (4e esp.), note A. Maron et M. Haas.

avoir à vérifier que l'intéressé y demeurait effectivement, d'effectuer les diligences prévues par les alinéas 2 et 4 de l'article 558 du code de procédure pénale, et que la cour d'appel n'était donc pas légalement saisie[1].

913.62 Défaut de citation à l'adresse déclarée. Encourt la cassation l'arrêt qualifié de contradictoire à signifier au motif que le prévenu a été régulièrement cité à la dernière adresse déclarée par lui, où il s'est avéré ne plus demeurer dès lors que la cour d'appel n'était pas légalement saisie, faute de citation à l'adresse déclarée[2]. Si la citation à comparaître à l'audience de la cour d'appel a été délivrée à une autre adresse que celle déclarée, le prévenu n'ayant pas comparu, encourt la cassation l'arrêt confirmant néanmoins le jugement par arrêt contradictoire à signifier alors que le prévenu n'avait pas été cité à l'adresse déclarée en dernier lieu dans l'acte d'appel et que, de surcroît, le courrier du centre hospitalier ne permettait pas d'établir qu'il avait eu connaissance de la citation[3].

913.63 Obligations mises à la charge de l'huissier. La jurisprudence de la chambre criminelle est plus rigoureuse sur les diligences mises à la charge de l'huissier : initialement, elle estimait qu'aucune diligence n'était imposée à l'huissier après qu'il a constaté que la personne n'est pas domiciliée à l'adresse déclarée sinon opérer cette simple vérification[4]. Cette absence de diligences particulières avait même été estimée non incompatible avec le principe du droit au procès équitable résultant de l'article 6 de la convention européenne des droits de l'homme[5].

Mais la chambre criminelle a jugé, par un arrêt du 16 septembre 2008[6], que doit être jugé par défaut « le prévenu appelant non comparant cité à parquet après que l'huissier chargé de délivrer l'acte à l'adresse déclarée lors de l'appel s'est borné à mentionner "identification difficile, rien sur annuaire" ». Il appartenait donc à l'huissier de faire une recherche d'adresse, ce que la chambre confirmait dans une autre décision du 17 décembre 2008[7]. Faute de vérification effective, par l'huissier, de l'adresse déclarée, la cour d'appel ne peut faire application de l'article 503-1 du même code[8]. Ceci amenait alors la juridiction à statuer par défaut, ce qui était contraire à l'intention du législateur.

Dans un arrêt du 2 mars 2011[9], la chambre criminelle expose plus clairement que l'huissier qui délivre une citation à la dernière adresse du prévenu appelant, conformément à l'article 503-1 du code de procédure pénale, est tenu d'effectuer les diligences prévues par les articles 555, 556, 557, 558, alinéas 2 et 4 dudit code, que l'intéressé demeure ou non à l'adresse dont il a fait choix, cette citation étant réputée faite à personne. Dès lors que l'huissier ne parvient pas à remettre l'acte à l'intéressé lui-même ou à une personne présente à l'adresse déclarée, il doit signifier l'acte à son étude et accomplir les formalités prévues par l'article 558, alinéas 2 et 4, à l'adresse déclarée ; en l'absence de ces diligences, la citation n'est pas régulière et la cour d'appel n'est pas légalement saisie. En d'autres termes, lorsque la personne n'est pas trouvée à son adresse déclarée, *l'huissier doit non seulement procéder à la vérification de cette adresse mais aussi envoyer à cette adresse une lettre recommandée avec accusé de réception* faisant connaître à son destinataire qu'il doit retirer à son étude un exploit le concernant, ou lui laisser un avis de passage l'invitant à retirer l'acte à son étude ou lui envoyer copie de cet acte par lettre simple.

La chambre criminelle devait par la suite confirmer cet arrêt[10], puis sous une forme approbative : « Fait l'exacte application de l'article 503-1 du code de procédure pénale la cour d'appel qui statue par arrêt contradictoire à signifier après avoir relevé que l'huissier s'est transporté à l'adresse déclarée dans son acte d'appel par le prévenu non comparant lui a, en son absence, envoyé une lettre recommandée avec avis de réception l'informant de ce qu'il devait retirer, dans les plus brefs délais, copie de l'acte à l'étude »[11].

1. Crim. 26 juin 2013, n° 12-80.792, P n° 162.
2. Crim. 26 juin 2013, n° 13-80.463, P n° 163.
3. Crim. 6 janv. 2015, n° 13-88.100, NP.
4. Crim. 25 avr. 2006, n° 06-80.599, P n° 107 ; *D.* 2006. IR 1565 ; *AJ pénal* 2006. 317 ; *RSC* 2006. 852, note R. Finielz – Crim. 19 mars 2008, n° 07-85.149, NP, *Dr. pénal* 2008, n° 91 (3e esp.), note A. Maron et M. Haas – Crim. 21 mai 2008, n° 08-80.735, P n° 127 ; *AJ pénal* 2008. 381 – Crim. 7 janv. 2009, n° 08-83.210, NP, *Dr. pénal* 2009, n° 41, note A. Maron et M. Haas – Crim. 13 mai 2009, n° 08-81.165, NP, *RSC* 2009. 862.
5. Crim. 23 sept. 2009, n° 08-87.406, P n° 158 ; *AJ pénal* 2009. 508.
6. Crim. 16 sept. 2008, n° 08-81.351, P n° 184 ; *AJ pénal* 2008. 472.
7. Crim. 17 déc. 2008, n° 08-83.699, P n° 260 ; *AJ pénal* 2009. 83.
8. Crim. 13 mai 2009, n° 08-81.165, NP, *RSC* 2009. 862, obs. R. Finielz.
9. Crim. 2 mars 2011, n° 10-81.945, P n° 43 ; *D.* 2011. 754 ; *D.* 2011. 1855, obs. M.-L. Divialle ; *AJ pénal* 2011. 299, obs. C. Renaud-Duparc ; *Dr. pénal* 2011, n° 54, note A. Maron et M. Haas ; *Dr. et proc.* 2011. 156, note L. Choquet ; *RSC* 2012. 873, obs. D. Boccon-Gibod (v. ss n° 913.01).
10. Crim. 30 mars 2011, n° 10-87.198, P n° 66 ; *D.* 2011. 1221 ; *D.* 2012. 171, chron. C. Roth, A. Leprieur et M.-L. Divialle – Crim. 14 févr. 2012, n° 11-83.556, P n° 40 ; *JCP* 2012. 484 – Crim. 26 juin 2013, n° 12-80.792, P n° 162.
11. Crim. 27 sept. 2011, n° 11-80.252, P n° 185 ; *D.* 2012. 2917, obs. G. Roujou de Boubée, T. Garé, M.-H. Gozzi, S. Mirabail et T. Potaszkin ; *AJ pénal* 2012. 289, obs. L. Priou-Alibert ; *Dr. pénal* 2011, n° 161, note A. Maron et M. Haas – Crim. 19 mars 2014, n° 13-81.850, P°87 ; *JCP* G 2014, 717, L. Griffon.

Mais dès lors que l'huissier s'est transporté à l'adresse déclarée et, constatant l'absence du prévenu, a effectué les diligences prévues aux alinéas 2 et 4 de l'article 558[1] du code de procédure pénale, il importe peu que la personne citée ait ou non signé l'accusé de réception[2]. De même peu importe que l'avis de passage comporte la mention selon laquelle la citation a été déposée en l'étude de l'huissier ou que la signature soit conforme ou non[3]. Dès lors que l'arrêt contradictoire a été signifié à l'adresse déclarée par l'intéressé au moment où il a formé appel et dont il n'avait pas signalé de changement, et que l'huissier instrumentaire a accompli la diligence prévue à l'alinéa 2 de l'article 558 du code de procédure pénale, en l'absence de condamnation à une peine d'emprisonnement ferme, cette signification est réputée faite à sa personne[4]. Si le délai d'appel de dix jours court à compter de la signification du jugement, quel qu'en soit le mode, il se déduit de l'article 557 du code de procédure pénale que la lettre simple que l'huissier peut envoyer au destinataire de l'acte doit, comme la lettre recommandée avec demande d'avis de réception qu'elle remplace, être expédiée sans délai[5]. Il résulte de la combinaison des articles 558 et 553 du Code de procédure pénale, ensemble l'article 503-1 du même code, que l'huissier de justice qui ne trouve personne au domicile de celui que l'exploit concerne informe sans délai celui-ci, soit par lettre recommandée, soit par avis de passage ou lettre simple accompagnés d'un récépissé à retourner signé, et qu'en l'absence de retour dudit récépissé et de comparution à l'audience, la juridiction n'est pas valablement saisie[6].

Statue à bon droit par arrêt contradictoire à signifier, la cour d'appel qui énonce que le prévenu, cité à l'étude d'huissier ne comparaît pas et que son avocat se présente sans pouvoir. Cette décision est justifiée dès lors qu'il résulte des pièces de procédure que l'huissier, qui s'est transporté à l'adresse déclarée par le prévenu dans son acte d'appel et qui, n'y ayant trouvé personne, a vérifié l'exactitude du domicile et déposé l'acte à son étude et lui a envoyé à cette même adresse une lettre recommandée avec demande d'avis de réception, a accompli les diligences prévues par l'alinéa 2 de l'article 558 du Code de procédure pénale, conformément à l'article 503-1 du même code, la citation étant réputée faite à personne[7].

L'assemblée plénière de la Cour de cassation a jugé le 3 mars 2023[8] que le prévenu qui a formé appel contre sa condamnation doit s'attendre à être convoqué devant la cour d'appel. Dès lors, si l'huissier ne trouve personne à l'adresse donnée par le prévenu lorsque celui-ci a formé appel, il n'a pas à vérifier s'il y demeure effectivement et doit simplement l'informer du fait que la citation doit être retirée à son étude. Il appartient à l'intéressé de faire preuve de diligence en retirant au plus tôt la lettre de l'huissier de justice l'invitant à se présenter à son étude. Ces règles ne méconnaissent pas le droit à un procès équitable Dans cette affaire, une personne condamnée pénalement pour avoir aménagé un terrain en violation des règles d'urbanisme, a formé appel de cette décision et donné pour adresse une boîte postale. L'huissier de justice l'a informée, par l'envoi d'une lettre à cette boîte postale, qu'elle devait se présenter dans les plus brefs délais à son étude afin d'y retirer un acte qui l'avisait de la date à laquelle allait se tenir l'audience d'appel. A l'audience, l'intéressée n'était ni présente ni représentée. La cour d'appel étant entrée en voie de condamnation, elle a formé un pourvoi en cassation dans lequel elle a soutenu ne pas avoir été régulièrement avisée de la date de l'audience et qu'elle devait donc être rejugée. Cette affaire a ensuite connu un développement rare : la Cour de cassation a déclaré ce pourvoi irrecevable au motif qu'il avait été formé hors délai, la Cour européenne des droits de l'homme a été saisie mais le Gouvernement français a fait une « déclaration unilatérale » et a reconnu, dans cette affaire, que la décision d'irrecevabilité du pourvoi de la demanderesse portait atteinte au droit à un procès équitable garanti par l'article 6, § 1 de la Convention européenne des droits de l'homme. La Cour de révision et de réexamen a jugé qu'un réexamen était possible et c'est dans ces conditions que l'affaire venait devant l'assemblée plénière de la Cour de cassation. Cette dernière a jugé que lorsque l'huissier informe le prévenu par lettre recommandée avec demande d'avis de réception, il doit le faire sans délai. L'envoi de cette lettre suffit à rendre la procédure régulière. Reste que le prévenu pourra invoquer un événement de force majeure qui l'aura mis dans l'impossibilité de prendre connaissance, en temps utile, de la lettre de l'huissier de justice.

1. C. pr. pén., art. 558 ; mod. par L. n° 2009-526, 12 mai 2009, art. 132.
2. Crim. 5 oct. 2011, n° 10-88.851, P n° 194 ; *JCP* 2011. 1320.
3. Crim. 27 sept. 2011, n° 11-80.252, P n° 185 ; *D.* 2012. 2917, obs. G. Roujou de Boubée, T. Garé, M.-H. Gozzi, S. Mirabail et T. Potaszkin ; *AJ pénal* 2012. 289, obs. L. Priou-Alibert.
4. Crim. 13 mai 2014, n° 13-83.247, P n° 130.
5. Crim. 7 mai 2014, n° 13-84.570, P n° 128 ; *D.* 2014. 1096 ; *AJ pénal* 2014. 478, obs. J. Lasserre Capdeville ; *Procédures* 2014, comm. 180, A.-S. Chavent-Leclère.
6. Crim. 20 févr. 2019, n° 18-82.254, *AJ pénal* 2019. 273, obs. Mallet ; *Procédures* 2019, n° 136, obs. A.-S. Chavent-Leclère.
7. Crim. 6 avr. 2016, n° 15-82.607, NP.
8. Cass., ass. plén., 3 mars 2023, n° 22-81.097, B ; *JCP* 2023, act. 305 ; *D.* 2023. 504.

C'est le cas, par exemple, lorsque la lettre recommandée ne lui a pas été remise en raison d'une défaillance du système postal. Ces règles ne méconnaissent ni les droits de la défense, ni le droit à un procès équitable. Au contraire, elles participent d'une bonne administration de la justice en permettant au prévenu d'être effectivement informé de la date de son audience ; de faire échec à la mauvaise foi ou à la négligence de ceux qui déclarent une adresse inexacte ; de tenir compte du comportement de ceux qui ne retirent pas la lettre recommandée qui leur a été envoyée. Au cas d'espèce, après s'être assurée que, concrètement, les formalités imposées par la loi avaient été respectées afin que la prévenue soit informée et que la mise en œuvre de ces règles de procédure n'avait pas porté atteinte au droit à un procès équitable de celle-ci, la Cour de cassation a rejeté le pourvoi formé.

913.64 **Citation à l'étranger.** Lorsque la personne prévenue, appelante d'un jugement de condamnation, habite à l'étranger, si elle ne comparait pas et n'est pas représentée, et qu'il n'est pas établi qu'elle a eu connaissance de la citation délivrée en application de l'article 562 du code de procédure pénale, la décision est rendue par défaut, l'article 503-1, alinéa 4 dudit code ne trouvant pas à s'appliquer[1]. Pour la première fois, la chambre criminelle juge que l'article 503-1 n'est pas applicable en cas de citation d'un prévenu résidant à l'étranger et qui n'est pas représenté à l'audience. On peut rappeler que l'article 552 du code de procédure pénale prévoit par ailleurs qu'il résulte des dispositions combinées des articles 552, 553 et 562 du code de procédure pénale que le délai de citation à comparaître devant une juridiction, délivrée à une personne à l'étranger, ne court qu'à compter de la remise effective de celle-ci[2].

SECTION 4
PERSONNE POUVANT FORMALISER L'ACTE D'APPEL

913.71 **Avocat appelant.** L'article 502 du code de procédure pénale n'exige aucun pouvoir spécial de l'avocat qui interjette appel au nom de la partie qu'il représente[3]. Traditionnellement, l'avocat d'un barreau extérieur devait être muni d'un pouvoir pour relever appel[4]. Désormais, un avocat peut relever appel d'un jugement rendu par une juridiction autre que celle où il a établi sa résidence professionnelle[5]. Mais s'il résulte des dispositions des articles 115 et 502 du code de procédure pénale combinées, que l'avocat qui fait une déclaration d'appel n'est pas tenu de produire un pouvoir spécial, il ne peut exercer ce recours, au stade de l'instruction, que si la partie concernée a préalablement fait choix de cet avocat et en a informé la juridiction d'instruction[6].

913.72 **Personne morale.** Est régulière une déclaration d'appel formée par un avocat d'une personne morale, sans que soit mentionné l'organe qui la représentait[7]. La cour d'appel a rejeté, à bon droit, l'exception d'irrecevabilité de l'appel formé par une société dès lors que, d'une part, les dispositions de l'article 551 du Code de procédure pénale ne sont pas applicables en l'espèce, et que, d'autre part, satisfait aux exigences de l'article 502 du Code de procédure pénale la déclaration d'appel formée par l'avocat d'une personne morale, sans que soit mentionné l'organe qui la représente[8]

La personne morale à but lucratif qui, ayant fait délivrer une citation directe devant le tribunal correctionnel, a omis de justifier de ses ressources en joignant son bilan et son compte de résultat, demeure recevable à apporter ces justifications devant la cour d'appel au soutien de son appel du jugement ayant sanctionné sa carence en déclarant sa citation irrecevable[9].

913.73 **Administrateur judiciaire.** L'administrateur judiciaire a la possibilité de faire tous les actes nécessaires à la conservation des droits de l'entreprise en redressement judiciaire contre les débiteurs de celle-ci, et peut valablement interjeter appel au nom de la société, serait-il dépourvu de pouvoir de représentation en justice[10].

913.74 **Liquidateur judiciaire.** Le recours contre une décision ayant statué sur les intérêts civils par un condamné déclaré en liquidation judiciaire est irrecevable s'il est formé sans le concours du *liquida-*

1. Crim. 12 mars 2019, nº 18-86.409, NP, *RSC* 2019. 432, obs. F. Cordier.
2. Crim. 6 oct. 2010, P nº 153 – Crim. 28 oct. 2014, nº 13-86.114, NP.
3. Crim. 4 déc. 1979, nº 78-91.635, P nº 345 – Crim. 5 nov. 1997, nº 96-86.380, P nº 377.
4. Crim. 15 juin 1982, nº 82-90.189, P nº 160.
5. Crim. 20 mars 1990, nº 89-87.172, P nº 123 – Crim. 13 juin 1990, nº 89-84.710, P nº 242 – Crim. 9 nov. 2004, nº 04-84.236, P nº 275 ; *JCP* 2005. IV. 1054 ; *AJ pénal* 2005. 76, obs. J. Coste ; *Dr. pénal* 2005, nº 28, note A. Maron.
6. Crim. 9 janv. 2007, nº 06-84.738, P nº 3 ; *D.* 2007. AJ 579 ; *AJ pénal* 2007. 136, obs. C. Saas ; *RSC* 2007. 324, obs. R. Finielz ; *Dr. pénal* 2007, nº 65, note A. Maron – RÉAFFIRMÉ PAR : Crim. 16 sept. 2014, nº 13-82.758, P nº 186 ; *AJ pénal* 2014. 531, note Ch. Guéry.
7. Crim. 10 mars 1999, nº 97-86.546, P nº 35 ; *D.* 1999. IR 119 ; *Procédures* 1999, nº 159, note J. Buisson ; *Dr. pénal* 1999. Chron. 21, obs. C. Marsat – REVENANT SUR : Crim. 4 avr. 1995, nº 93-81.064, P nº 143 – Crim. 17 mars 1998, nº 97-80.009, P nº 101.
8. Crim. 30 oct. 2013, nº 12-86.707, NP.
9. Crim. 1er sept. 2020, nº 19-84.600, P ; *JCP* 2020, 1074.
10. C. com., art. L. 622-4.

teur, dès lors que le jugement qui prononce la liquidation judiciaire emporte, de plein droit, à partir de sa date, dessaisissement pour le débiteur de l'administration et de la disposition de ses biens, les droits et actions concernant son patrimoine étant exercés, pendant toute la durée de la liquidation judiciaire, par le liquidateur[1]. Il résulte de l'article L. 641-9, I, du code de commerce, modifié par la loi n° 2005-845 du 26 juillet 2005[2], que le débiteur en liquidation judiciaire ne peut se constituer partie civile que dans le but de déclencher ou de soutenir l'action publique, le liquidateur disposant seul de la faculté d'exercer l'action civile afin d'assurer la défense des intérêts patrimoniaux de ce dernier. Ce principe s'applique lorsque sont en cause les seuls intérêts civils, mais également lorsque la constitution de partie civile est associée à l'action publique[3].

913.75 **Prévenu en fuite.** Traditionnellement, la chambre criminelle estimait qu'un prévenu en fuite ne pouvait interjeter appel qu'en personne[4]. Il n'était pas en droit de se faire représenter pour former un pourvoi en cassation[5]. Mais la CEDH a condamné la France dans l'arrêt *Poitrimol* le 23 novembre 1993[6].

Désormais, il n'y a plus de condition à l'exercice du droit d'appel pour celui qui fait l'objet d'un mandat d'arrêt : méconnaît le sens et la portée de l'article 502 du code de procédure pénale qui, pour déclarer irrecevable l'appel formé par un avocat au nom d'un prévenu contre lequel le tribunal correctionnel avait décerné mandat d'arrêt, énonce que ce dernier, qui ne s'est pas soumis à un mandat de justice, n'est pas en droit de se faire représenter pour exercer la voie de recours[7]. Il en est de même en ce qui concerne le pourvoi en cassation : « En l'absence de dispositions expresses de la loi dérogeant, en cas de délivrance d'un mandat de justice, à l'application des conditions de forme prévues par l'article 576 du code de procédure pénale, le pourvoi est recevable. »[8] [9]

913.76 **Mandataire spécial.** Aux termes de l'article 502 du code de procédure pénale, l'appel peut aussi être interjeté par un fondé de pouvoir spécial. La preuve de l'existence, au moment de la déclaration d'appel, du pouvoir spécial et de son dépôt au greffe doit résulter des énonciations de l'acte d'appel et de ses annexes[10].

Est nul l'acte d'appel signé par un avocat agissant au vu d'une lettre signée par l'épouse du prévenu et non par celui-ci[11]. En revanche, les personnels travaillant au sein d'une administration n'ont pas besoin de pouvoir spécial pour faire appel ; il en est ainsi des fonctionnaires des impôts territorialement compétents pour suivre l'action fiscale devant les juridictions répressives[12] et des agents de poursuite des douanes et, sur leurs instructions, leurs subordonnés[13]. Est recevable l'appel du maire d'une commune formé par la directrice du service juridique de la ville, dès lors que le pouvoir ainsi donné, visant à formaliser au greffe un appel dont l'objet avait été déterminé par le maire lui-même, est une simple délégation de signature n'entraînant pas transfert de compétence[14].

913.77 **Ministère public.** Le ministère public, qui veille au respect de l'application de la loi et à l'exécution des décisions de justice, dispose d'un droit général d'appel des décisions prononcées par la juridiction correctionnelle[15]. Dans ce cas d'espèce, X... avait saisi le tribunal correctionnel d'une requête, en application de l'article 710 du code de procédure pénale, aux fins d'annulation du titre exécutoire portant liquidation de l'astreinte ordonnée par jugement définitif du tribunal correctionnel, en date du 28 juin 2004, ainsi que de ladite astreinte. Le tribunal correctionnel avait fait droit à cette requête

1. Crim. 22 mars 2000, n° 99-80.769, P n° 129 : jurisprudence prise sous l'égide de l'article 152 de la loi, 25 janv. 1985, mais demeurant d'actualité après les réformes successives : C. com., art. L. 641-9.
2. Cet article a encore été modifié par L. n° 2022-172, 14 févr. 2022 en faveur de l'activité professionnelle indépendante, *JO* 15 févr., n° 2.
3. Crim. 24 juin 2020, n° 18-85.540, P ; *Procédures* 2020, comm. 157.
4. Crim. 7 nov. 1989, n° 89-85.339, P n° 397.
5. Crim. 10 mars 1993, n° 91-80.936, P n° 106.
6. CEDH 23 nov. 1993, *Poitrimol c/ France*, req. n° 14032/88, *D.* 1994. 187, obs. J. Pradel ; *RSC* 1994. 362, obs. R. Koering-Joulin ; *Dr. pénal* 1994, n° 97 ; *JDI* 1994. 821, obs. Decaux et Tavernier (v. s[s] n° 912.12).
7. Crim. 24 nov. 1999, n° 97-85.694, P n° 273 ; *Dr. pénal* 2000, n° 37, note A. Maron ; *Dr. pénal* 1999. Chron. 13, obs. C. Marsat.
8. Crim. 30 juin 1999, n° 98-80.923, P n° 167 ; *RSC* 1999. 839.
9. AUSSI : v. s[s] n° 912.12.
10. Crim. 24 janv. 1956, P n° 88 ; *D.* 1956. 306 – Crim. 13 nov. 1962, P n° 315 – Crim. 9 mars 1972, n° 70-91.390, P n° 92 ; *D.* 1972. 675 – Crim. 4 janv. 1988, n° 86-92.515, P n° 1 – Crim. 25 mai 2004, n° 03-86.245, P n° 135 ; *JCP* 2004. IV. 2511 ; *AJ pénal* 2004. 327.
11. Besançon, 22 nov. 1983, *Gaz. Pal.* 1984. 1. Somm. 11.
12. Crim. 11 févr. 1991, n° 89-84.703, P n° 65 – Crim. 4 juin 1998, n° 97-80.620, P n° 186 ; *RTD com.* 1999. 522, obs. B. Bouloc – MAIS est irrecevable le recours formé par l'Administration fiscale alors que l'acte d'appel ne porte pas la signature de celui qu'il désigne comme comparant au nom de cette administration : Crim. 26 sept. 1995, n° 94-83.084, P n° 285 ; *Dr. pénal* 1997. Chron. 2, obs. V. Lesclous et C. Marsat.
13. Crim. 2 juill. 1997, n° 96-84.813, P n° 263 ; *Dr. pénal* 1997. Chron. 6, obs. V. Lesclous et C. Marsat ; *RSC* 1998. 126, obs. A. Giudicelli.
14. Crim. 4 févr. 2004, n° 01-85.964, P n° 34 ; *D.* 2004. 735 ; *AJ pénal* 2004. 160.
15. Crim. 24 mars 2015, n° 14-84.154, P n° 62 ; *RDI* 2015. 487, obs. G. Roujou de Boubée ; *AJ pénal* 2015. 372, obs. D. Cholet.

et le ministère public avait relevé appel de cette décision. L'arrêt de la cour d'appel avait retenu le jugement dont appel s'était prononcé sur un incident contentieux relatif à l'exécution d'une sentence pénale ; que, bien que le titre exécutoire contesté par M. X... ait été émis par le préfet de la Gironde, le litige était pour partie de nature pénale dès lors que l'arrêté préfectoral autorisant la liquidation de l'astreinte avait été pris pour assurer l'exécution d'une condamnation réprimant une infraction commise en matière d'urbanisme. Il avait donc jugé l'appel du ministère public recevable.

La chambre criminelle décide que : « Si c'est à tort que les juges d'appel énoncent que l'astreinte a été prise pour assurer l'exécution d'une condamnation pénale, alors qu'elle l'a été pour garantir l'exécution d'une mesure à caractère réel destinée à faire cesser une situation illicite, l'appel du procureur de la République n'en est pas moins recevable ; qu'en effet, le ministère public, qui veille au respect de l'application de la loi et à l'exécution des décisions de justice, dispose d'un droit général d'appel des décisions prononcées par la juridiction correctionnelle. »

913.78 **Procureur général**[1]. En cas de jugement de condamnation, le procureur général peut également former son appel dans le délai de vingt jours à compter du jour du prononcé de la décision. Sans préjudice de l'application des articles 498 à 500 du code de procédure pénale, les autres parties ont alors un délai de cinq jours pour interjeter appel incident. Même en l'absence d'appel incident, la cour d'appel peut, en cas d'appel formé par le seul procureur général en application du présent article, prononcer une peine moins importante que celle prononcée par le tribunal correctionnel.

Jusqu'à l'entrée en vigueur de la loi du 24 novembre 2009[2], le délai d'appel du procureur général était beaucoup plus important puisqu'il était de deux mois. La chambre criminelle estimait alors que cette disparité n'était pas contraire aux exigences posées par la convention européenne des droits de l'homme en matière de procès équitable, dès lors que le prévenu bénéficiait également d'un droit d'appel et disposait d'un délai qui, quoique plus bref que celui accordé au procureur général, lui permettait d'exercer son droit utilement[3]. Mais la Cour de cassation a estimé dans un arrêt du 17 septembre 2008, que le délai d'appel du procureur général contre les jugements du tribunal correctionnel, plus long que celui reconnu aux parties, violait le principe de l'égalité des armes[4], après que la France ait été condamnée par la Cour européenne des droits de l'Homme[5].

913.79 **Jurisprudence relative à l'appel du parquet général.** Il résultait de l'article 505[6] du code de procédure pénale que le procureur général formait son appel en le signifiant par acte d'huissier au prévenu et au civilement responsable[7]. Si le prévenu était sans domicile connu, la signification était faite à parquet[8]. Si la personne résidait à l'étranger, les dispositions de l'article 562 du code de procédure pénale étaient applicables et elle était citée au parquet du procureur de la République ; la date à retenir pour apprécier la validité de l'appel était alors la date de la signification, sans qu'il y ait lieu de rechercher à quelle date a eu lieu la remise de la copie de l'exploit au destinataire[9].

Mais depuis la loi du 24 novembre 2009, il n'y a plus aucune particularité s'agissant de l'appel du procureur général qui se forme au greffe de la juridiction. Les formalités de signification ont été supprimées. Seul le délai de vingt jours désormais applicable est dérogatoire au droit commun.

Si le libellé de l'acte ne mentionne pas que l'appel émane du procureur général, la personne visée par l'appel ne saurait se faire un grief de cette imprécision, dès lors qu'instruite, avant l'expiration du délai d'appel du procureur général, d'un appel interjeté par le ministère public, elle a ainsi été mise à même de préparer sa défense[10]. Est irrecevable l'appel formé à l'audience par le procureur général[11]. La mention de l'appel du « ministère public » s'applique à l'appel formé par le procureur général, du moment qu'il résulte de la procédure que c'est bien lui qui a relevé appel dans le délai de l'article 505 du code de procédure pénale[12].

1. C. pr. pén., art. 505.
2. L. n° 2009-1436, 24 nov. 2009, préc.
3. Crim. 27 juin 2000, n° 99-87.460, P n° 243 ; *D.* 2000. IR 221 ; *D.* 2001. Somm. 514, obs. J. Pradel.
4. Crim. 17 sept. 2008, n° 08-80.598, P n° 188 ; *AJ pénal* 2008. 456, obs. C. Saas ; *D.* 2008. AJ 2507, obs. C. Girault ; *D.* 2009. Chron. 44, obs. P. Chaumont et E. Degorce – Crim. 10 févr. 2009, n° 08-83.837, P n° 30 ; *RSC* 2009. 921, obs. J.-F. Renucci ; *D.* 2009. AJ 814, obs. C. Girault ; *AJ pénal* 2009. 234, obs. C. Saas ; *Procédures* 2009, n° 171, note J. Buisson.
5. CEDH 3 oct. 2006, *Ben Naceur c/ France*, req. n° 63879/00, *D.* 2006. IR 2625 ; *D.* 2007. Pan. 979, obs. J. Pradel ; *JCP* 2006. I. n° 5, obs. F. Sudre ; *RSC* 2008. 153, obs. J.-P. Marguénaud et D. Roets – CEDH 22 mai 2008, *Gacon c/ France*, req. n° 1092/04, *RSC* 2008. 635, obs. A. Giudicelli ; *RSC* 2008. 692, Chron. J.-P. Marguénaud et D. Roets.
6. C. pr. pén., art. 500 ; mod. par L. n° 2009-1436, 24 nov 2009, art. 73.
7. Crim. 30 janv. 1969, *D.* 1969. 559, note J.-H. Robert.
8. Crim. 4 févr. 1959, P n° 53.
9. Crim. 5 févr. 1974, n° 73-92.243, P n° 53 ; *D.* 1974. IR 66.
10. Crim. 20 avr. 1961, P n° 214.
11. Crim. 30 janv. 1969, n° 68-92.456, P n° 58.
12. Crim. 11 déc. 1963, n° 62-93.567, P n° 357 – Crim. 29 juill. 1968, n° 68-90.331, P n° 241.

SECTION 5
APPEL PRINCIPAL – DÉLAI

§ 1
Principe

913.81 **Différence entre appel principal et appel incident.** L'article 500 du code de procédure pénale dispose qu'en cas d'appel d'une des parties pendant les délais offerts pour interjeter appel, les autres parties ont un délai supplémentaire de cinq jours pour le faire. Il s'agit donc d'un délai de réflexion complémentaire offert à la partie qui doit se déterminer après l'appel principal d'une autre partie. La validité de l'appel incident est subordonnée à celle de l'appel principal[1]. Mais le second appel dans l'ordre des interventions n'est pas pour autant systématiquement un appel incident[2].

913.82 **Durée du délai d'appel principal.** L'appel doit être, aux termes de l'article 498 du code de procédure pénale, interjeté dans un délai de dix jours. Ce délai court à compter du jugement contradictoire ou de la signification du jugement quel qu'en soit le mode dans certains cas[3].

913.83 **Exception à la durée de dix jours[4].** En matière de demande de mise en liberté ou de mainlevée ou de modification de contrôle judiciaire, le délai d'appel contre le jugement n'est que de vingt-quatre heures. Il en est de même, depuis la loi du 24 novembre 2009, lorsque le tribunal statue sur l'assignation à résidence avec surveillance électronique.

913.84 **Mesures d'instruction sur les intérêts civils.** Les dispositions de l'article 10, alinéa 2, du code de procédure pénale, selon lesquelles « lorsqu'il a été statué sur l'action publique, les mesures d'instruction ordonnées par le juge pénal sur les seuls intérêts civils obéissent aux règles de la procédure civile », sont étrangères aux conditions de recevabilité des voies de recours, et en particulier aux modalités de computation des délais d'appel[5].

913.85 **Application de la loi dans le temps.** Les lois modifiant les dispositions relatives aux *formes* de l'appel sont applicables immédiatement aux procédures en cours. Mais les procédures continuent à être régies par le *délai* d'appel prévu par la loi en vigueur au moment où la décision a été rendue[6].

1. Crim. 21 déc. 1965, n° 65-93.189, P n° 282 – Crim. 8 juill. 1970, n° 70-90.376, P n° 228.
2. V. s[s] n°s 913.121, 913.143.
3. C. pr. pén., art. 501.
4. C. pr. pén., art. 501.
5. Crim. 29 mars 1990, n° 87-83.236, P n° 137.

913.86 **Urgence sanitaire : voie de recours.** Aux termes de l'article 4 de l'ordonnance n° 2020-303 du 25 mars 2020 portant adaptation de règles de procédure pénale sur le fondement de la loi n° 2020-290 du 23 mars 2020 d'urgence pour faire face à l'épidémie de covid-19[7], les délais fixés par les dispositions du code de procédure pénale pour l'exercice d'une voie de recours ont été doublés sans pouvoir être inférieurs à dix jours.

§ 2
Point de départ du délai

913.91 **Jugement contradictoire.** Le délai court à compter du jugement contradictoire, aux termes de l'article 498 du code de procédure pénale. Conformément aux règles gouvernant cette matière, le jugement est contradictoire à l'égard du représentant du ministère public ou de l'administration qui exerce l'action publique, qui doit forcément être présent à l'audience[8], du prévenu présent à l'audience ou qui, par lettre adressée au président du tribunal et jointe au dossier de la procédure, a demandé à être jugé en son absence en étant représenté au cours de l'audience par son avocat ou un avocat commis d'office[9], des parties, présentes ou représentées, qui, lors de la mise de l'affaire en délibéré, ont été informées de la date du prononcé de la décision[10] ; de la partie civile ou de la personne civilement responsable, lorsqu'ils sont présents ou représentés.

Dans le cas particulier de la déclaration de culpabilité mais de l'ajournement de la peine, le prévenu qui devait être présent lors de l'audience, est informé de la date du prononcé de la décision. Le jugement est donc contradictoire[11].

Pour déclarer irrecevable l'appel formé par la prévenue d'un jugement de condamnation prononcé plusieurs mois auparavant, l'arrêt retient qu'aux termes de l'article 498 du Code de procédure pénale, l'appel est interjeté dans le délai de dix jours à compter du prononcé du jugement contradictoire. Cette décision est justifiée dès lors que la prévenue a

6. POUR l'entrée en vigueur de la loi du 6 août 1975, instituant l'article 801 du code de procédure pénale : Crim. 9 juin 1976, n° 76-90.684, P n° 202 – Crim. 6 juin 1977, n° 75-92.200, P n° 204.
7. L. n° 2020-290, 23 mars 2020 d'urgence pour faire face à l'épidémie de covid-19, *JO* 26 mars, n° 3.
8. Il en est ainsi même si le représentant de l'Administration n'est pas physiquement présent à l'audience : Crim. 20 oct. 1993, n° 92-85.999, P n° 302.
9. C. pr. pén., art. 411 – Crim. 27 nov. 1978, n° 77-93.395, P n° 330.
10. C. pr. pén., art. 462, al. 2.
11. Crim. 14 juin 1983, n° 83-90.196, P n° 180 – Crim. 4 nov. 1988, n° 88-80.761, P n° 370.

été informée, en application de l'article 462 du Code de procédure pénale, de la date à laquelle le jugement serait prononcé. Les articles 462 et 498 du Code de procédure pénale ne portent pas atteinte à l'exigence d'un procès équitable dès lors que le délai d'appel est prorogé lorsqu'un obstacle insurmontable a mis la partie concernée dans l'impossibilité d'exercer son recours en temps utile. Aucun texte légal ou conventionnel n'impose aux premiers juges d'informer les parties des modalités d'exercice des voies de recours[1].

L'erreur du tribunal qui a déclaré, à tort, son jugement contradictoire à signifier et celle du ministère public qui a fait procéder à cette signification sont sans incidence sur le point de départ du délai d'appel[2]. Toutefois, lorsque les juges statuent, lors de l'audience de prononcé de la peine, pour la première fois sur l'intervention des parties civiles dans les conditions de l'article 421 du code de procédure pénale, cette circonstance nouvelle impose alors la signification du jugement[3].

913.92 Constitutionnalité de l'article 498 du Code de procédure pénale. Par deux décisions très proches dans le temps, la chambre criminelle a refusé de transmettre des questions prioritaires de constitutionnalité portant sur l'article 498 du Code de procédure pénale. Elle a d'une part jugé[4] que cet article ne peut encourir le grief d'inconstitutionnalité par le seul motif que le Code de procédure civile édicte des règles différentes. D'autre part, le principe d'égalité ne s'oppose pas à ce que le législateur règle de façon différente des situations différentes alors que la partie civile a fait le choix d'exercer l'action civile devant le juge pénal et que ce dernier doit se prononcer avec célérité pour des considérations d'ordre public. Elle a aussi estimé[5] que ce texte, qui fixe le délai d'appel à dix jours du prononcé du jugement contradictoire, ne prive pas les parties de la possibilité d'exercer un recours effectif devant la cour d'appel, et permet l'exercice, également effectif, des droits de la défense. La prorogation du délai, prévue par l'article 801 du Code de procédure pénale, s'applique au délai d'appel fixé par l'article 498 du Code de procédure pénale, et l'appel qui n'aurait pu être formé dans ce délai peut être déclaré recevable si le demandeur justifie de circonstances l'ayant mis dans l'impossibilité absolue d'exercer son recours en temps utile.

913.93 Signification du jugement. Pour que le délai d'appel court dès la signification, celle-ci doit avoir été faite conformément aux prescriptions des articles 556 et suite du code de procédure pénale[6]. Une signification entachée de nullité ne saurait faire courir ce délai[7]. La date d'expédition de la lettre recommandée notifiant une décision, qui constitue le point de départ du délai d'appel, est fixée au jour de la remise du pli recommandé à la poste dont la preuve résulte de récépissés postaux, et non, lorsqu'il diffère, au jour indiqué par le greffier en marge du dossier[8]. La signification à parquet est régulière[9]. Une décision d'irrecevabilité de l'appel est justifiée dès lors que la signification à parquet qui a fait courir le délai d'appel était régulière, l'huissier ayant effectué les diligences nécessaires pour s'assurer que la personne visée par l'exploit ne résidait plus à l'adresse indiquée et était apparemment sans domicile connu, au sens des articles 558, alinéa 1er, 559 et 559-1 du Code de procédure pénale, seuls applicables en l'espèce[10].

Si l'huissier, au lieu d'envoyer la lettre recommandée au destinataire absent, sans délai, attend quatre jours, le délai d'appel ne court que du jour où les formalités légales ont été accomplies[11]. *La signification tardive a pour seul effet de retarder le point de départ du délai d'appel*[12]. Il n'est pas prévu que l'acte de signification mentionne les modalités d'exercice des voies de recours[13]. Lorsque le jugement a été régulièrement signifié, dans les conditions prévues par l'article 556 du code de procédure pénale, au domicile du prévenu non condamné à une peine d'emprisonnement ferme, le délai d'appel court, en application des dispositions de l'article 498 du même code, à compter de la date de signification, sans qu'il y ait lieu de prendre en considération la signature portée sur l'avis de réception de la lettre recommandée[14].

L'article 498, qui fait courir le délai d'appel à compter de la signification, ne limite pas à la décision intervenue sur l'action publique les effets

1. Crim. 14 avr. 2015, n° 13-87.226, NP.
2. Crim. 4 nov. 1988, n° 88-80.761, P n° 370.
3. Crim. 7 févr. 1996, n° 95-82.546, P n° 63.
4. Crim. 1er avr. 2014, n° 14-90.002, NP.
5. Crim. 17 juin 2014, n° 13-87.226 QPC, NP.
6. Crim. 22 déc. 1964, n° 64-90.746, P n° 343 – Crim. 11 juill. 1973, n° 73-91.097, P n° 323 – Crim. 31 janv. 1983, nos 82-90.356, P n° 39 ; *D.* 1983. IR 244.
7. Crim. 27 juin 2000, n° 00-80.069, P n° 245 ; *D.* 2000. 259.
8. Crim. 28 oct. 2008, n° 08-82.524, P n° 216 ; *AJ pénal* 2008. 516.
9. Crim. 23 mars 1981, n° 80-93.583, P n° 102 ; *JCP* 1981. IV. 205 ; *RSC* 1982. 632, obs. J.-H. Robert.
10. Crim. 20 mai 2015, n° 14-82.842, NP.
11. Crim. 31 janv. 1983, n° 82-90.356, P n° 39 ; *D.* 1983. IR 244.
12. Crim. 26 sept. 1988, n° 87-81.162, P n° 323 ; *Gaz. Pal.* 1989. 1. Somm. 180 – Crim. 10 nov. 1992, n° 92-84.714, P n° 372.
13. Crim. 25 nov. 1997, n° 96-86.315, P n° 398 – Crim. 16 déc. 1992, n° 91-86.629, P n° 425.
14. Crim. 21 nov. 2006, n° 06-84.231, P n° 290 ; *AJ pénal* 2007. 37.

d'une signification effectuée à la requête du ministère public et concerne également la décision sur les intérêts civils[1]. Ainsi, doit être déclaré irrecevable, tant sur l'action civile que sur l'action publique, l'appel du condamné effectué plus de dix jours après la signification du jugement par acte d'huissier à la requête de la partie civile ; peu importe que la signification faire à la requête du ministère public soit intervenue ultérieurement[2].

L'article 498 du code de procédure pénale, dans son alinéa 2, énumère trois hypothèses dans lesquelles le délai d'appel *ne court qu'à compter de la signification du jugement quel qu'en soit le mode :*

1°) Partie non présente ou représentée à l'audience où le jugement a été rendu. Le premier cas concerne la partie qui, après débat contradictoire, n'était pas présente ou représentée à l'audience où le jugement a été prononcé, mais seulement dans le cas où elle-même ou son représentant n'auraient pas été informés du jour où le jugement serait prononcé. On sait en effet que si le prévenu ou son avocat a été informé de la date où la décision serait rendue, celle-ci est contradictoire et n'a pas à être signifiée, sauf cas de force majeure[3]. L'avis donné par le président de la juridiction doit être constaté dans les notes d'audience ou figurer dans la décision[4].

En cas de renvois successifs ayant pour objet de proroger le délibéré, lorsque le président a, conformément aux dispositions de l'article 462, alinéa 2, du code de procédure pénale, avisé les parties ou leurs conseils de la date à laquelle la décision serait rendue, les délais d'appel courent à compter du prononcé de celle-ci[5]. Lorsque la partie, présente ou représentée lors des débats et avisée de la mise en délibéré, ne comparaît pas aux audiences ultérieures au cours desquelles le délibéré est prorogé à date fixe, la décision enfin rendue n'a pas à lui être signifiée : en effet, la mise en délibéré et la prorogation de ce délibéré, - fût-ce en l'absence des parties ou de leurs représentants - ne peuvent conférer à la décision un caractère autre que celui qui lui a été légalement attribué au moment de l'ouverture des débats[6].

Il résulte des dispositions combinées des articles 394, 410 et 498 du code de procédure pénale que le délai d'appel ne court qu'à compter de la signification du jugement lorsque le prévenu, non comparant et non excusé, a été convoqué par procès-verbal[7]. Lorsque le prévenu était présent à l'appel des causes mais non comparant lors des débats et du prononcé de la décision, le délai d'appel ne court qu'à compter de la signification du jugement[8].

2°) Prévenu jugé en son absence après audition de son avocat sans mandat. Le second cas est celui du prévenu qui a été jugé en son absence, mais après audition d'un avocat qui s'est présenté pour assurer sa défense, sans cependant être titulaire d'un mandat de représentation signé du prévenu. On sait en effet que si l'avocat qui se présente est muni d'un mandat de représentation la décision ne sera pas contradictoire à signifier mais contradictoire.

3°) Prévenu et avocat non comparants alors que le prévenu a demandé à être jugé en son absence. Enfin, le troisième cas est celui du « prévenu qui n'a pas comparu dans le cas prévu par le cinquième alinéa de l'article 411, lorsque son avocat n'était pas présent ». L'article 411 permet au prévenu, quelle que soit la peine encourue, par lettre adressée au président du tribunal et qui sera jointe au dossier de la procédure, de demander à être jugé en son absence en étant représenté au cours de l'audience par son avocat ou par un avocat commis d'office.

Le cinquième alinéa de l'article 411 prévoit expressément le cas de l'avocat du prévenu qui a demandé à ce qu'il soit fait application des dispositions du présent article, qui n'est pas présent au cours de l'audience. Dans ce cas, le prévenu est, sauf renvoi de l'affaire, jugé par jugement contradictoire à signifier.

913.94 Appel d'un jugement portant sur une exception de nullité non jointe au fond. Méconnait l'article 498 du Code de procédure la cour d'appel qui juge qu'une décision rejetant une exception de nullité rendue, au cours des débats, par le tribunal avait acquis un caractère définitif et que l'appel des prévenus était en conséquence irrecevable alors que le tribunal s'était prononcé, dans le dispositif du jugement, à la fois sur l'exception et sur le fond, et qu'en conséquence, l'appel formé par les prévenus, en ce qu'il portait sur le rejet de l'exception qu'ils avaient soulevée, était recevable[9].

913.95 Contradictoire à signifier - Peine d'emprisonnement. Aux termes de l'article 498-1[10]

1. Crim. 15 janv. 1975, n° 73-92.531, P n° 16.
2. Crim. 2 mars 2004, n° 03-83.315, P n° 55 ; *JCP* 2004. IV. 1818.
3. V. s^s n° 913.115.
4. Crim. 9 nov. 1978, n° 78-90.323, P n° 307.
5. Crim. 13 déc. 1982, n° 81-94.372, P n° 283.
6. Crim. 18 mai 1994, n° 93-85.164, P n° 188 – Crim. 7 févr. 1996, n° 95-81.751, P n° 65.
7. Crim. 29 janv. 1997, n° 96-82.923, NP, *Procédures* 1997, n° 163, note J. Buisson.
8. Crim. 26 avr. 2006, n° 05-85.389, P n° 113 ; *AJ pénal* 2006. 313, obs. C. Girault.
9. Crim. 17 nov. 2015, n° 14-83.355, NP.
10. C. pr. pén., art. 498-1 ; créé par L. n° 2004-204, 9 mars 2004, art. 133 ; mod. par L. n° 2005-1549, 12 déc. 2005, art. 39 ; mod. par L. n° 2008-644, 1er juill. 2008, art. 6.

du code de procédure pénale, innovation de la loi du 9 mars 2004, *s'il s'agit d'un jugement de condamnation à une peine d'emprisonnement avec ou sans sursis* et *s'il ne résulte pas*, soit de l'avis constatant remise de la lettre recommandée ou du récépissé prévus aux articles 557 et 558, soit d'un acte d'exécution quelconque, ou de l'avis donné conformément à l'article 560, *que le prévenu a eu connaissance de la signification*, l'appel tant en ce qui concerne les intérêts civils que la condamnation pénale reste recevable *jusqu'à l'expiration des délais de prescription de la peine* (deux ans pour les contraventions et cinq ans pour les délits).

Si la personne a été écrouée en exécution de la condamnation après l'expiration du délai de dix jours prévue par le premier alinéa et qu'elle forme appel conformément aux dispositions du deuxième alinéa de l'article 498-1, elle demeure toutefois détenue, sous le régime de la détention provisoire et sans préjudice de son droit de former des demandes de mise en liberté, jusqu'à l'audience devant la cour d'appel[1]. Autrement dit, pour un jugement ayant prononcé une peine d'emprisonnement dont une partie est ferme, le délai d'appel ne court qu'à compter de la signification à personne de la décision et s'achève au plus tard à l'expiration des délais de prescription de la peine.

913.96 **Partie jugée par défaut.** Le troisième alinéa de l'article 498[2] dispose : « Il en est de même dans les cas prévus par les articles 410 et 494-1, sous réserve des dispositions de l'article 498-1 ».

L'article 412 du code de procédure pénale fixe le cadre dans lequel la décision est rendue par défaut. Le jugement par défaut doit en effet être signifié au prévenu.

L'article 499 du code de procédure pénale dispose : « Si le jugement est rendu par défaut ou par itératif défaut, le délai d'appel ne court qu'à compter de la signification du jugement, quel qu'en soit le mode. » Si, suivant l'article 499 du code de procédure pénale, dans le cas d'un jugement par défaut le délai d'appel court à compter de la signification du jugement, quel qu'en soit le mode, c'est à la condition que cette signification ait été faite conformément aux prescriptions des articles 555 et suite concernant les obligations des huissiers[3]. Encourt la cassation l'arrêt jugeant l'appel irrecevable alors que le jugement qualifié à tort de contradictoire n'ayant pas été signifié dans les formes prescrites par ces textes, le délai d'appel n'avait pas couru[4]. C'est à tort qu'une cour d'appel déclare irrecevable comme tardif l'appel formé par le prévenu, alors que, si l'acte d'huissier portant signification à domicile est daté du vendredi 5 novembre 1999, il résulte des mentions portées sur le pli recommandé joint à cet acte que la lettre recommandée, dont l'envoi est prescrit « sans délai », n'a été expédiée que le lundi 8 novembre 1999[5]. Il incombe au prévenu d'avertir le parquet de tout changement de l'adresse indiquée dans l'acte d'opposition[6], serait-ce à la suite d'une incarcération pour autre cause et en outre, il résulte des dispositions de l'article 499 du code de procédure pénale que le délai pour faire appel d'un jugement d'itératif défaut court, à compter de la signification qui en est faite, quel qu'en soit le mode[7]. En cas de signification faite en mairie, la circonstance que l'avis de réception ait été ou non signé par l'intéressé n'exerce par elle-même aucune influence sur la validité de la signification[8]. Si, selon l'article 499 du code de procédure pénale, le délai d'appel de dix jours court, pour le prévenu condamné par défaut, à compter de la signification du jugement, quel qu'en soit le mode, c'est à la condition que cette signification ait été faite conformément aux prescriptions des articles 555 et suivants du code de procédure pénale.

913.97 **Point de départ du délai d'appel de la partie civile.** Lorsque le jugement est contradictoire à son égard, le point de départ du délai d'appel de la partie civile est le jour de son prononcé Dès lors que n'a pas été établie l'existence d'un obstacle de nature à mettre la partie civile dans l'impossibilité d'exercer son recours en temps utile, l'appel tardif est irrecevable[9].

Quand il est rendu par défaut à son égard, il court à compter de la signification du jugement[10].

913.98 **Signification à l'étranger.** Il résulte des dispositions combinées des articles 498 et 562 du code de procédure pénale que le délai d'appel de dix jours d'un jugement signifié à l'étranger ne court qu'à compter de la remise de l'acte effectuée dans les conditions prévues par la convention internationale

1. C. pr. pén., art. 498-1, al. 3.
2. C. pr. pén., art. 498 ; mod. par L. n° 2009-1436, 24 nov. 2009, art. 73.
3. Crim. 7 janv. 1969, n° 67-93.176, P n° 12 ; *JCP* 1969. II. 15928, note P. Chambon – Crim. 7 mai 2014, n° 13-84.570, P n° 128 ; *D. actu.* 26 mai 2014, obs. S. Fucini ; *AJ pénal* 2014. 478, obs. J. Lasserre Capdeville ; *Procédures* 2014, 180, obs. A.-S. Chavent-Leclère.
4. Crim. 22 mars 2016, n° 15-84.835, P n° 94.
5. Crim. 22 mai 2002, n° 01-84.459, NP.
6. SUR les règles de l'opposition, v. s^{s} n°s 914.11 s.
7. Crim. 24 juin 1992, n° 91-87.044, P n° 258.
8. Crim. 6 janv. 1970, n° 69-92.037, P n° 10 ; *RSC* 1970. 664, obs. J.-H. Robert.
9. Crim. 17 déc. 2013, n° 12-87.467, P n° 260 ; *D.* 2014. 15 ; *JCP* 2014. 138 ; *AJ pénal* 2014. 190, obs. G. Royer.
10. Crim. 10 déc. 2002, n° 02-85.563, P n° 222.

applicable[1], et non à compter de la date de la signification à parquet[2].

913.99 Majeur protégé. Le droit à un procès équitable et le droit d'accès à un juge impliquent que le tuteur d'une personne majeure protégée soit avisé tant des poursuites pénales dirigées contre cette personne que de la décision de condamnation dont elle fait l'objet. À défaut d'une telle information, le délai d'appel ne saurait commencer à courir[3]. L'article 706-113 du Code de procédure pénale dispose que, sans préjudice de l'application des articles 706-112-1 (garde à vue) à 706-112-3 (audition libre, perquisition) lorsque la personne fait l'objet de poursuites, le procureur de la République ou le juge d'instruction en avise le curateur ou le tuteur ainsi que le juge des tutelles.

Dans le cas où la victime d'un accident de la circulation est placée sous tutelle, l'avis que doit lui délivrer, en application de l'article R. 421-5[4] du code des assurances, l'assureur souhaitant invoquer la nullité du contrat doit être adressé à son tuteur. Fait en conséquence l'exacte application des articles L. 211-20[5] et R. 421-5[6] du code des assurances, 440[7] et suivants du code civil et 385-1 du code de procédure pénale la cour d'appel qui, pour dire que l'exception de nullité soulevée par l'assureur est inopposable à la victime d'un accident de la circulation et au Fonds de garantie, que l'assureur est irrecevable en son exception de nullité et qu'il sera tenu d'indemniser la victime de son entier préjudice, retient que l'assureur n'avait pas avisé le Fonds de garantie et le tuteur de la victime en même temps et dans les mêmes formes. En effet, lorsque l'assureur entend, par application des articles 385-1 et 388-1 du code de procédure pénale, soulever la nullité du contrat d'assurance souscrit par son assuré, il doit aviser par LRAR le Fonds de garantie et la victime ou ses ayants droit. À défaut, il s'interdit d'invoquer l'opposabilité aux victimes de son exception de garantie.

913.100 Défaut de traduction du jugement. La chambre criminelle a cassé l'arrêt d'une chambre de l'application des peines qui avait conclu à l'irrecevabilité de l'appel d'un condamné étranger, jugé tardif, contre la décision d'un juge de l'application des peines ordonnant la révocation totale de son sursis probatoire[8]. Le jugement comme sa notification n'ayant pas été traduits, le défaut de traduction n'avait pas fait courir le délai d'appel. Selon Virginie Peltier[9] cet arrêt « tranche avec les décisions précédentes dans la mesure où les articles préliminaire et 803-5 du Code de procédure pénale visent essentiellement les phases pré-sentencielle et sentencielle. De fait, même si les textes garantissent à l'intéressé un droit « jusqu'au terme de la procédure », ils visent en définitive essentiellement le jugement sur l'action publique, comme en témoignent les dispositions réglementaires organisant le droit à un interprète (C. pr. pén., art. D. 594-1 et D. 594-2 : droit à un interprète lors de l'audition. - C. pr. pén., art. D. 594-3 : droit à un interprète lors de l'entretien avec un avocat visant « tout interrogatoire ou toute audience » dans « les locaux des services d'enquête, des juridictions et des établissements pénitentiaires, dans des conditions garantissant la confidentialité de l'entretien » « au cours de la garde à vue ou de toute mesure privative de liberté dont le régime est, en tout ou partie, défini par renvoi aux dispositions [...] sur la garde à vue » ou « préalablement à l'audition par un magistrat ou à la comparution devant une juridiction », par exemple) ». En tout état de cause, cette décision apparaît transposable à la matière correctionnelle.

§ 3
Computation du délai

913.111 Premier jour du délai. Le texte ne précise pas la façon de computer le délai de dix jours. La jurisprudence est constante pour énoncer qu'il résulte de l'article 498 du code de procédure pénale que le jour du jugement ou de la signification doit être écarté, et que le délai prend fin le dixième jour à minuit, le recours formé le onzième jour étant ainsi tardif[10]. Mais le délai d'appel expire le dixième jour à minuit, et non à l'heure de fermeture du greffe. Il en résulte que si l'appelant qui forme appel le onzième jour apporte la preuve de sa volonté d'inscrire un appel avant minuit la veille, son appel sera recevable. Il incombe en tout cas à l'appelant d'en apporter la preuve[11]. Le premier jour du délai est donc le lendemain du prononcé de la décision pour les jugements contradictoires[12] et le lendemain de la

1. Crim. 18 juin 1996, n° 95-80.668, P n° 256 – Crim. 4 mai 2004, n° 04-80.817, P n° 104 ; *D.* 2004. 1769 ; *AJ pénal* 2004. 289, obs. J. Leblois-Happe.
2. Crim. 4 mai 2004, n° 04-80.817, préc.
3. Crim. 16 janv. 2008, n° 07-81.611, NP, *RSC* 2008. 366, obs. R. Finielz.
4. C. assur., art. R. 421-5.
5. C. assur., art. L. 211-20.
6. C. assur., art. R. 421-5.
7. C. civ., art. 440.
8. Crim. 23 mars 2022, n° 21-83.064, B ; *JCP* 2022, 681, obs. V. Peltier.
9. V. Peltier, « De la nécessité de traduire la notification à un condamné étranger de la révocation de son sursis probatoire », *JCP* 2022, 681.
10. Crim. 13 juill. 1960, P n° 372 ; *D.* 1970. Somm. 181 – Crim. 30 janv. 1973, n° 72-92.400, P n° 46 ; *RSC* 1973. 916.
11. Crim. 8 mars 1978, n° 77-91.968, P n° 90.
12. Crim. 31 mars 1952, P n° 90.

signification en ce qui concerne les jugements à signifier[1]. En cas de pluralité de parties défaillantes ou non comparantes, le délai d'appel ne court, pour chacune d'elles, qu'à compter de la délivrance de la signification du jugement la concernant[2].

913.112 **Dernier jour du délai**[3]. Lorsqu'un délai expire normalement un samedi, dimanche ou jour férié, il est prorogé jusqu'au premier jour ouvrable suivant. Il en est ainsi du délai pour former appel[4], y compris en matière de presse[5]. La loi du 30 juin 2004[6], relative à la solidarité pour l'autonomie des personnes âgées et des personnes handicapées, n'a pas modifié l'article L. 222-1 du code du travail [devenu L. 3133-1] aux termes duquel le lundi de la Pentecôte est un jour férié. Encourt la cassation l'arrêt de la chambre de l'instruction qui, pour refuser de proroger au premier jour ouvrable suivant le délai d'appel venu à expiration ce jour-là, retient que les services du greffe étaient ouverts[7].

913.113 **Notification par télécopie ou mail.** Aux termes de l'article 803-1 du code de procédure pénale, lorsqu'il est prévu qu'une notification à un avocat doit être faite par lettre recommandée avec accusé de réception, elle peut être également faite par télécopie avec récépissé ou par un envoi adressé par un moyen de télécommunication à l'adresse électronique de l'avocat et dont il est conservé une trace écrite. Le point de départ du délai pour interjeter appel d'une ordonnance de non-lieu est le jour où la télécopie a été adressée à l'avocat de la partie civile[8].

913.114 **Notification à la personne.** Aux termes de l'article 803-1 II, du Code de procédure pénale, lorsque ce code prévoit que des avis, convocations ou documents sont adressés à une personne par l'autorité judiciaire par tout moyen, par lettre simple, par lettre recommandée ou par lettre recommandée avec demande d'avis de réception, l'envoi peut être effectué par voie électronique, à la condition que la personne y ait préalablement consenti par une déclaration expresse recueillie au cours de la procédure. Cet accord précise le mode de communication électronique accepté par la personne. Il est conservé au dossier une trace écrite de cet envoi.

913.115 **Force majeure.** Si l'appelant s'est trouvé, par un événement de force majeure ou par un obstacle invincible et indépendant de sa volonté, dans l'impossibilité absolue de se conformer aux délais prévus par le code de procédure pénale, le point de départ peut être reporté. Les exemples concernent surtout les détenus pour autre cause qui n'avaient pas été extraits à la date à laquelle la décision avait été rendue[9]. Il peut en être ainsi encore pour l'appelant hospitalisé[10]. Mais une grève postale inopinée ayant empêché l'acheminement d'une lettre adressée par l'appelant à son mandataire n'est pas un cas de force majeure[11]. En revanche, constitue une circonstance insurmontable le refus par le greffier d'enregistrer l'acte d'appel[12]. Dès lors que n'a pas été établie l'existence d'un obstacle de nature à mettre la partie civile dans l'impossibilité d'exercer son recours en temps utile, l'appel tardif est irrecevable[13].

La cour d'appel doit répondre aux conclusions de l'appelant qui invoque de telles circonstances[14]. La demande d'aide juridictionnelle ne saurait interrompre ou suspendre les délais des voies de recours[15]. Encourt la cassation l'arrêt d'une cour d'appel qui statue alors que le prévenu avait sollicité, avant la date de l'audience, l'attribution de l'aide juridictionnelle, peu important que la juridiction ait été ou non avisée de la demande d'aide juridictionnelle[16].

SECTION 6
APPEL INCIDENT – DÉLAIS

913.121 **Qu'est-ce qu'un appel incident ?** Si le texte de l'article 500 du code de procédure pénale offre aux parties qui étaient admises à interjeter appel principal, *un délai complémentaire de cinq jours*

1. Crim. 30 janv. 1973, nº 72-92.400, P nº 46.
2. Crim. 7 juin 1988, nº 87-83.240, P nº 256.
3. C. pr. pén., art. 801.
4. C. pr. pén., art. 801 – Crim. 22 mai 1978, nº 77-92.690, P nº 160.
5. Crim. 27 janv. 1992, nº 91-86.458, P nº 30.
6. L. nº 2004-626, 30 juin 2004 relative à la solidarité pour l'autonomie des personnes âgées et des personnes handicapées, *JO* 1er juill., p. 11944.
7. Crim. 10 mai 2006, nº 05-86.744, P nº 124 ; *AJ pénal* 2006. 371.
8. Crim. 28 sept. 2004, nº 03-87.437, P nº 225 ; *AJ pénal* 2004. 449, obs. J. Coste.
9. Crim. 27 juill. 1970, nº 69-91.110, P nº 246 – Crim. 17 mars 1986, nº 85-92.999, P nº 107 – Crim. 29 févr. 1988, nºs 87-81.337, 87-81.338, P nº 100 (v. ss nº 913.01).
10. Crim. 18 janv. 1962, *D.* 1962. 548, note J.-H. Robert ; *JCP* 1962. II. 12884 – Crim. 22 nov. 1978, nº 78-91.653, P nº 326.
11. Crim. 24 juill. 1967, nº 67-90.469, P nº 233 ; *D.* 1967. Somm. 114.
12. Crim. 10 nov. 1953, *D.* 1954. 565.
13. Crim. 17 déc. 2013, nº 12-87.467, P nº 260 ; *D.* 2014. 15 ; *JCP* 2014. 138 ; *AJ pénal* 2014. 190, obs. G. Royer.
14. Crim. 22 févr. 1978, nº 77-91.423, P nº 68 ; *Gaz. Pal.* 1978. 2. 477, note P.-L. G.
15. Crim. 30 juin 1987, nº 86-94.196, P nº 271.
16. Crim. 21 nov. 2017, nº 17-81.591, *D.* 2017. 2428 ; *D.* 2018. 196, chron. B. Laurent, G. Barbier, E. Pichon, L. Ascensi et G. Guého ; *AJ pénal* 2018. 156, obs. J. Andrei.

pour former un appel après qu'une autre partie l'ait régularisé, le texte ne définit pas exactement ce qu'est un appel incident.

C'est dans l'article 500-1, qui traite du désistement d'appel, que l'on trouve une définition plus précise : « Constitue un appel incident l'appel formé dans le délai prévu par l'article 500, ainsi que l'appel formé, à la suite d'un précédent appel, dans les délais prévus par les articles 498 ou 505, lorsque l'appelant précise qu'il s'agit d'un appel incident. » En conséquence l'appel incident n'est pas celui qui est formé en second ! C'est forcément celui qui est formé dans le délai ouvert par l'article 500 du code de procédure pénale, et il faut entendre par là celui formé après l'expiration du délai de dix jours. Si l'appel est formé dans le délai de dix jours, il n'est incident que si la partie le précise. Si elle ne le précise pas, il s'agit également d'un appel principal. Cette clarification est importante et n'est pas sans conséquence[1].

913.122 Qui est titulaire du droit d'appel incident ? Le texte ne prévoit pas d'exclusion. Toute partie admise à agir par voie d'action principale est en conséquence titulaire du droit d'appel incident. C'est le cas du ministère public[2], du prévenu condamné qu'il soit intimé (visé par l'appel) ou non[3], de la partie civile[4] y compris sur l'appel d'une autre partie civile...

Il importe de préciser ainsi que le titulaire de l'appel incident n'a pas forcément été visé par l'appel principal. Le ministère public peut ainsi, sur l'appel d'un prévenu condamné, former appel incident en incluant un coprévenu relaxé[5]. Un condamné peut former appel à la suite de celui d'un coprévenu bien que n'étant pas intimé[6].

Lorsqu'une partie a interjeté appel dans les délais de l'article 498 du code de procédure pénale, toutes les autres parties qui auraient été admises à former appel principal ont, en application de l'article 500 du même code, un délai supplémentaire de cinq jours pour interjeter appel incident. Il en est ainsi même à l'égard des autres parties dont le délai d'appel a eu un autre point de départ que celui de l'appelant principal[7].

Mais l'article 500 est une disposition de droit strict qui ne saurait être étendue à des cas autres que ceux qu'il vise expressément ; les seules hypothèses où il est appelé à jouer sont celles où l'appel est formé dans les délais fixés par les articles 498 et 499 du code de procédure pénale[8].

913.123 Computation du délai de l'appel incident. « En cas d'appel d'une des parties pendant les délais ci-dessus, les autres parties ont un délai supplémentaire de cinq jours pour interjeter appel », selon les termes de l'article 500 du code de procédure pénale.

Comme pour l'appel principal[9], la computation de l'appel incident dépend de la nature du jugement. Si le jugement est contradictoire, la jurisprudence estime que le délai d'appel incident prend la suite immédiate du délai d'appel principal, de sorte que le délai est alors de quinze jours à compter du prononcé du jugement[10]. Cette solution n'est pas aussi évidente qu'il y paraît. En effet, il était possible d'imaginer que le délai de l'appel incident partait de l'appel principal lorsque celui-ci intervenait après le cinquième jour. Ainsi, un appel principal le huitième jour aurait pu entraîner un appel incident de cinq jours à compter du huitième. Mais la solution entraînait des complications insolubles. En effet, un appel principal le second jour ne pouvait priver les autres parties de leur délai initial de dix jours pour faire appel principal. Le délai supplémentaire ouvert par le législateur pour faire appel incident n'aurait pas eu de sens en l'espèce, si l'on n'avait pas ajouté au délai légal des dix jours le délai supplémentaire de cinq jours, et ce quelle que soit la date où intervient l'appel principal. Mais le délai pour former appel incident n'est *ouvert qu'une fois* quel que soit le nombre des appels[11]. Pour le jugement à signifier, le délai d'appel incident court à compter de l'appel principal[12]. C'est à tort que les juges, pour déclarer l'appel de la partie civile irrecevable comme tardif, énoncent qu'il a été interjeté au-delà du délai de dix jours pour former un appel principal et au-delà du délai supplémentaire de cinq jours courant à compter de l'appel des prévenus, alors que, dans le cas visé à l'article 500 du Code de procédure pénale, où l'une des parties a interjeté appel pendant le délai de dix jours prévu par l'article 498 du Code de procé-

1. V. s^s^ n° 913.125.
2. Paris, 1er mars 1965, *D.* 1965. 695.
3. Crim. 14 janv. 1970, n° 69-93.389, P n° 24.
4. Crim. 19 nov. 1926, *DH* 1927. 38.
5. Crim. 31 mai 1952, P n° 90.
6. Crim. 14 janv. 1970, n° 69-93.389, préc.
7. Crim. 8 nov. 1995, n° 95-81.301, P n° 340 ; *Dr. pénal* 1996, n° 53, note A. Maron.
8. Crim. 18 janv. 1962, *D.* 1963. 548, note J.-H. Robert – Crim. 23 nov. 1965, n° 65-91.031, P n° 245 ; *D.* 1966. Somm. 71 – Crim. 8 juill. 1970, n° 70-90.376, P n° 228 ; *D.* 1970. Somm. 181.
9. V. s^s^ n°s 913.81 s.
10. Crim. 23 nov. 1965, n° 65-91.031, préc. – Crim. 7 juin 1990, n° 89-81.287, P n° 231 – Crim. 6 janv. 2009, n° 08-84.141, P n° 2 ; *RSC* 2009. 415, obs. R. Finielz ; *AJ pénal* 2009. 139 ; *Dr. pénal* 2009, n° 56, note A. Maron et M. Haas.
11. Crim. 16 mars 1964, n° 64-90.031, P n° 96 ; *Gaz. Pal.* 1964. 2. 59 – Crim. 21 déc. 1965, n° 65-93.189, P n° 282 ; *D.* 1966. Somm. 71.
12. Crim. 2 nov. 1967, n° 66-92.754, P n° 276 ; *D.* 1968. 378, note J.-H. Robert.

dure pénale, il est imparti pour faire appel incident, à toutes les parties qui auraient été admises à former un appel principal, un délai global de quinze jours après celui où le jugement entrepris a été rendu contradictoirement[1]. Les dispositions relatives aux formes et délais d'appel sont impératives et d'ordre public et leur inobservation entraîne une nullité qui peut être invoquée pour la première fois devant la Cour de cassation ou même suppléée d'office[2]

Les principes ont été réaffirmés : il résulte des articles 498 et 500 du code de procédure pénale que le délai global de quinze jours imparti aux parties qui auraient été admises à former un appel principal court, pour former un appel incident, du jour où le jugement entrepris, rendu contradictoirement, a été prononcé. Les dispositions relatives aux formes et délais d'appel sont impératives et d'ordre public et leur inobservation entraîne une nullité qui peut être invoquée pour la première fois devant la Cour de cassation ou même soulevée d'office[3]. Dès lors qu'ils ne sont pas limités, les actes d'appel régulièrement formés par les parties civiles dans le délai d'appel supplémentaire de 5 jours, prévu par l'article 500 du Code de procédure pénale, remettent en cause toutes les dispositions civiles du jugement, ainsi que le prévoit l'article 509 du même code, sans que les limites de l'acte d'appel du prévenu aient d'incidence sur l'étendue du recours des parties civiles[4].

913.124 Absence de signification de l'appel incident. L'appel incident du parquet n'a pas à être signifié. Aucune disposition légale ou conventionnelle n'impose au procureur de la République de signifier son appel incident au prévenu, appelant principal, celui-ci pouvant, en se renseignant au greffe, savoir si un appel incident a été interjeté et utiliser, s'il le juge utile, son droit de désistement[5].

913.125 Recevabilité de l'appel incident. La recevabilité de l'appel incident est subordonnée à la recevabilité de l'appel principal : ainsi, la nullité de l'appel principal entraîne celle de l'appel incident[6]. Il en est de même en cas d'appel principal tardif, l'appel incident est lui-même irrecevable[7]. Il est donc particulièrement important pour la partie formant appel dans le délai de dix jours, et intervenant en second, de préciser qu'elle forme appel principal et en tout cas de ne pas mentionner que son appel est incident. Dans le cas contraire, la recevabilité de son appel est à la merci de celle de l'appel principal formé.

913.126 Absence d'appel incident pour le procureur général. Le procureur général ne fait pas partie des personnes pouvant, au sens de l'article 500 du code de procédure pénale, disposer d'un délai complémentaire pour faire appel[8].

L'article 500 se limitait, jusqu'à la loi du 24 novem-bre 2009, à énoncer le principe d'un délai plus important pour le procureur général, et avant cette loi, de deux mois. On en concluait que cet appel n'ouvrait pas la voie incidente aux parties qui avaient implicitement acquiescé au jugement dont elles n'avaient pas interjeté appel dans les délais légaux[9].

Depuis la loi du 24 novembre 2009, en cas d'appel du procureur général, sans préjudice de l'application des 498 à 500, les autres parties ont alors un délai de cinq jours pour interjeter appel incident. Même en l'absence d'appel incident, la cour d'appel peut, en cas d'appel formé par le seul procureur général en application du présent article, prononcer une peine moins importante que celle prononcée par le tribunal correctionnel.

913.127 Appelant détenu. Le prévenu en détention peut former appel par déclaration auprès du chef de l'établissement pénitentiaire[10][11]. Dans ce cas, le délai d'appel incident court à compter de la transcription par le greffe de la juridiction qui a rendu la décision attaquée, à laquelle cet appel a été transmis ; ce n'est qu'à partir de cet instant que court le délai d'appel incident du ministère public[12]. Le défaut de transcription d'une déclaration d'appel sur le registre prévu par l'article 502 du code de procédure pénale n'affecte pas la validité de l'acte mais a pour seul effet de retarder, jusqu'à l'accomplissement de cette formalité, le point de départ du délai supplémentaire de cinq jours, accordé par

1. Crim. 7 juin 2017, n° 16-82.235, NP.
2. Crim. 9 déc. 2015, n° 14-87.390, NP.
3. Crim. 22 mars 2017, n° 16-80.050, P n° 81 ; *D.* 2017. 763 ; *D.* 2017. 1676, obs. J. Pradel ; *D.* 2017. 2501, obs. G. Roujou de Boubée, T. Garé, C. Ginestet, M.-H. Gozzi, S. Mirabail et E. Tricoire ; *JCP* 2017. 529.
4. Crim. 8 déc. 2021, n° 20-86.224, *Dr. pénal* 2022, comm. 35, A Maron et M. Haas ; *AJ pénal* 2022. 48.
5. Crim. 2 sept. 2004, n° 04-80.804, P n° 194 ; *D.* 2004. IR 2544 ; *JCP* 2004. IV. 3080 ; *AJ pénal* 2004. 408, obs. J. Coste ; *Dr. pénal* 2005, n° 15, note A. Maron.
6. Crim. 21 déc. 1965, n° 65-93.189, P n° 282 – Crim. 8 juill. 1970, n° 70-90.376, P n° 228 – Crim. 23 mars 1993, n° 91-81.203, P n° 126 ; *BICC* juin 1993, n° 730.
7. Crim. 15 janv. 1970, n° 69-91.650, P n° 28 – Crim. 8 juill. 1970, n° 70-90.376, préc.
8. L'article 500 renvoie aux délais exposés ci-dessus tandis que l'appel du procureur général est prévu plus loin, à l'article 505.
9. Crim. 29 févr. 2000, n° 98-87.642, P n° 86.
10. C. pr. pén., art. 503.
11. V. s^s n° 913.41.
12. Crim. 30 janv. 1969, n° 68-92.456, P n° 58 ; *D.* 1969. 559, note J.-H. Robert – Crim. 5 sept. 2006, n° 05-86.559, P n° 203 ; *AJ pénal* 2006. 457.

l'article 500 du même code aux autres parties pour interjeter appel[1].

Il se déduit des articles 503 et 559 du code de procédure pénale que, sauf à avoir été transféré ou libéré entre-temps, l'appelant ne peut être valablement cité qu'à l'établissement pénitentiaire où il est détenu et où il a fait appel sans avoir déclaré une autre adresse. Méconnaît ces dispositions la cour d'appel qui statue par défaut au vu d'une citation délivrée à une adresse erronée et en l'absence de comparution de l'appelant, alors qu'il lui appartenait de constater l'irrégularité de la citation et d'inviter le ministère public à faire citer celui-ci[2].

913.128 Force majeure justifiant la recevabilité de l'appel principal. Lorsque l'appelant principal s'est trouvé, par un événement de force majeure ou par un obstacle invincible et indépendant de sa volonté, dans l'impossibilité absolue de se conformer aux délais prévus par le code de procédure pénale, le point de départ peut être reporté[3]. C'est l'appelant qui a, sur ce point, la charge de la preuve[4]. Présente ce caractère une hospitalisation qui ne permet pas au demandeur d'exprimer normalement sa volonté[5], ou un prévenu placé en hospitalisation d'office pendant tout le délai d'appel[6]. Mais, dans cette hypothèse, la Cour de cassation a jugé que l'appel principal n'ayant pas été formé dans les délais prévus par la loi, l'appel incident devait être déclaré irrecevable, solution paraissant très sévère, puisque celui qui souhaitait former appel incident n'est pour rien dans les conditions dans lesquelles l'appelant principal n'a pu former cet appel dans les délais prévus par la loi[7].

913.129 Territoires d'outre-mer. L'article 846 du code de procédure pénale, qui concerne les dispositions applicables en Polynésie française, dans les îles Wallis-et-Futuna et en Nouvelle-Calédonie, précise que le délai supplémentaire prévu à l'article 500 est porté à quinze jours pour les parties qui résident hors de l'île où siège la juridiction permanente qui a rendu la décision attaquée.

SECTION 7
ACQUIESCEMENT

913.131 Acquiescement tacite. Il consiste bien entendu à ne pas exercer de voie de recours et ne mérite pas de plus amples développements. La jurisprudence utilise couramment cette expression : « Saisis des seuls appels du ministère public et du prévenu, les juges du second degré ne peuvent réformer au profit de la partie civile intimée, mais non appelante, un jugement auquel elle a tacitement acquiescé »[8], mais elle signifie seulement que la partie n'a pas usé des droits de recours qui lui étaient ouverts.

913.132 Acquiescement implicite. Il pourrait consister à exécuter la décision de première instance et à ainsi manifester son accord avec elle. Mais la jurisprudence n'a jamais retenu ce type d'acquiescement et a considéré qu'en matière pénale, l'acquiescement par exécution, ou autrement, pendant les délais de recours n'emporte aucune déchéance[9]. Les dispositions de l'article 425 du code de procédure pénale, qui prévoient que la partie civile régulièrement citée qui ne comparaît pas ou n'est pas représentée à l'audience est considérée comme se désistant de sa constitution de partie civile, sont sans application en cause d'appel, le procès étant déjà lié[10]. Il résulte des articles 425 et 426 du Code de procédure pénale que la partie civile, qui est présumée s'être désistée de l'action qu'elle avait engagée devant la juridiction pénale en ne comparaissant pas à l'audience, ne peut exercer la même action devant cette juridiction sans avoir contesté, par la voie de l'appel ou de l'opposition, la décision ayant constaté le désistement[11].

913.133 Acquiescement explicite du prévenu. L'acquiescement du prévenu aux dispositions civiles d'un jugement le concernant, doit, s'il n'est exprès, résulter d'actes manifestant sans équivoque la volonté d'exécuter la décision et il n'existe aucune présomption de désistement résultant de la défaillance d'une partie[12].

1. Crim. 4 déc. 2007, n° 07-81.830, P n° 294 ; *AJ pénal* 2008. 93, obs. S. Lavric ; *Dr. pénal* 2008, n° 56, note A. Maron.
2. Crim. 25 mars 2015, n° 14-80.127, P n° 67 ; *AJ pénal* 2015. 498, obs. G. Pitti ; *Dr. pénal* 2015, n° 75, note A. Maron et M. Haas.
3. V. s^s^ n° 913.115.
4. Crim. 2 nov. 1960, P n° 493.
5. Crim. 18 janv. 1962, P n° 46 ; *D.* 1962. 548, note J.-H. Robert ; *JCP* 1962. II. 12884, note P. Chambon – Crim. 27 oct. 2004, n° 04-85.037, P n° 258 ; *D.* 2004. IR 3191 ; *AJ pénal* 2005. 27 ; *RSC* 2005. 102, obs. A. Giudicelli ; *Procédures* 2005, n° 18, note J. Buisson.
6. Crim. 27 oct. 2004, n° 04-85.037, P n° 258 ; *D.* 2004. 3191 ; *AJ pénal* 2005. 27 ; *RSC* 2005. 103, obs. A. Giudicelli.
7. Crim. 18 janv. 1962, P n° 46.
8. Crim. 5 juin 1997, n° 96-83.302, P n° 225.
9. Crim. 22 nov. 1884, P n° 320 – Crim. 4 juill. 1896, P n° 223 – Crim. 15 déc. 1987, n° 86-96.862, P n° 461.
10. Crim. 13 avr. 1983, n° 82-91.007, P n° 99 – Crim. 11 mars 1992, n° 91-82.162, P n° 109 – Crim. 23 sept. 2003, n° 03-81.056, P n° 168.
11. Crim. 28 nov. 2018, n° 18-80.465, P n° 200 ; *JCP* 2019, 16 ; *Dr. pénal* 2019, comm. 12, A Maron et M. Haas ; *D.* 2018. 2365, Zoom par D. Berlin.
12. SUR la non-comparution du prévenu à l'audience : Crim. 4 janv. 1966, n° 65-90.601, P n° 1 – POUR un contrat d'assurance déclaré nul par décision civile et le FGA qui ne s'opposait pas à la demande de l'assureur : Crim. 13 oct. 1987, n° 86-94.320, P n° 350.

913.134 Acquiescement explicite de la partie civile. Il est possible mais est sans effet sur l'appel des organismes sociaux régulièrement intervenus en première instance[1]. Il en est de même pour son désistement d'appel[2].

913.135 Acquiescement par le ministère public. La possibilité pour le ministère public d'acquiescer à un jugement, c'est-à-dire d'aliéner l'action publique dont il est dépositaire, est traditionnellement contestée. Toutefois, la possibilité nouvelle qui lui est offerte par l'article 500-1 du code de procédure pénale de se désister de son appel formé après celui du prévenu ouvre une brèche sérieuse dans ce principe.

SECTION 8
DÉSISTEMENT D'APPEL

913.141 Formes. Aucune forme n'a été prévue par le code de procédure pénale. Il en résulte que celui-ci peut résulter d'une déclaration même verbale, dont il est donné acte dans l'arrêt[3]. Il ne se présume pas et ne peut être déduit de la défaillance de l'appelant[4].

913.142 Entier désistement. La cour d'appel ne peut tenir compte d'un désistement assorti de réserves[5].

913.143 Effets du désistement[6]. Aux termes de l'article 500-1[7] du code de procédure pénale : « Sauf lorsqu'il intervient moins de deux mois avant la date de l'audience devant la cour d'appel, le désistement par le prévenu ou la partie civile de son appel principal entraîne la caducité des appels incidents, y compris celui du ministère public si ce désistement intervient dans les formes prévues pour la déclaration d'appel. Constitue un appel incident l'appel formé dans le délai prévu par l'article 500, ainsi que l'appel formé, à la suite d'un précédent appel, dans les délais prévus par les articles 498 ou 505, lorsque l'appelant précise qu'il s'agit d'un appel incident. Dans tous les cas, le ministère public peut toujours se désister de son appel formé après celui du prévenu en cas de désistement de celui-ci. Le désistement d'appel est constaté par ordonnance du président de la chambre des appels correctionnels. »

Alors que l'appel incident n'était, jusqu'à l'entrée en vigueur de la loi du 3 juin 2016[8], rendu caduc que lorsque le désistement de l'appel principal intervenait dans le mois suivant la déclaration d'appel, l'article 500-1 du code de procédure pénale pose, depuis cette loi, en principe, cette caducité des appels incidents en cas de désistement du prévenu ou de la partie civile *dans les deux mois avant la date de l'audience.*

Avant la loi du 15 juin 2000[9], il était jugé que le désistement de l'appel principal n'entraînait pas l'irrecevabilité de l'appel incident formé par une autre partie qui subsistait avec son entier effet dévolutif. Il en était notamment ainsi de l'appel incident du ministère public[10]. Il était jugé que lorsque le désistement intervenait en application d'une loi d'amnistie, il avait pour effet de conférer un caractère définitif à la décision rendue sur l'action publique, et donc de rendre caduc l'appel incident du ministère public[11]. La solution est désormais différente : *le désistement d'appel principal entraîne la caducité des appels incidents dès lors qu'il intervient dans le mois de l'appel [désormais les deux mois].* Si le désistement d'appel intervient après le mois de l'appel, il n'a plus aucun effet sur l'appel incident qui subsiste. Seul le désistement, par le prévenu ou par la partie civile, de son appel principal, porté à la connaissance du greffe dans le délai d'un mois à compter de l'appel, entraîne la caducité des appels incidents, y compris celui du ministère public, tel n'est pas le cas d'une déclaration au greffe, enregistrée plus d'un mois après l'appel[12].

Il est donc particulièrement important de distinguer appel principal et appel incident car un second appel principal subsistera après désistement d'un premier appel principal. Seuls les appels incidents relatifs au premier appel deviennent alors caducs.

Lorsque le désistement d'appel du prévenu intervient en dehors du délai prévue par l'article 500-1 du code de procédure pénale, aucune nullité n'est encourue, dès lors que, par l'effet de l'appel du prévenu, portant sur toutes les dispositions du jugement, la cour était saisie de l'action civile, et que

1. Crim. 28 nov. 1989, n° 89-81.771, P n° 450.
2. V. s[s] n° 913.146.
3. Crim. 11 déc. 1956, P n° 824.
4. Crim. 13 avr. 1983, n° 82-91.007, P n° 99 – Crim. 11 mars 1992, n° 91-82.162, P n° 109.
5. Crim. 28 nov. 1989, n° 89-81.003, P n° 442.
6. C. pr. pén., art. 500-1.
7. C. pr. pén., art. 500-1 ; mod. par L. n° 2016-731, 3 juin 2016, art. 93.
8. L. n° 2016-731, 3 juin 2016 renforçant la lutte contre le crime organisé, le terrorisme et leur financement, et améliorant l'efficacité et les garanties de la procédure pénale, *JO* 4 juin, n° 1.
9. L. n° 2000-516, 15 juin 2000 renforçant la protection de la présomption d'innocence et les droits des victimes, *JO* 16 juin, p. 9038.
10. Crim. 19 janv. 1994, n° 93-80.792, P n° 26 ; *D.* 1994. Somm. 185, obs. J. Pradel.
11. Crim. 4 mai 1999, n° 98-83.365, P n° 86.
12. Crim. 16 mars 2005, n° 04-86.135, P n° 92 ; *D.* 2005. IR 1176 ; *JCP* 2005. IV. 2070.

les parties civiles, avant qu'il ait été statué sur le désistement du prévenu, restaient admises à s'exprimer devant la cour d'appel et à y présenter des demandes sur le fondement de l'article 475-1 du code de procédure pénale, lequel n'opère aucune distinction selon que les parties civiles sont appelantes ou intimées. Le sort de l'appelant peut également être aggravé puisque l'appel incident du ministère public n'est pas caduc[1]. C'est à bon droit qu'une cour d'appel énonce qu'en raison de la caducité de l'appel incident de la partie civile, les dispositions civiles du jugement sont devenues définitives, cette dernière n'étant plus partie à l'instance d'appel, même pour corroborer l'action publique et ne pouvant, dès lors, intervenir devant la juridiction du second degré. Cette décision est justifiée dès lors que la partie civile avait la possibilité d'interjeter un appel principal des dispositions civiles du jugement[2].

Sur les nouvelles dispositions issues de la loi du 23 mars 2019, relatives à la limitation de l'appel, v. s[s] n° 913.22.

913.144 Désistement d'appel du ministère public. Depuis la loi du 15 juin 2000[3], le ministère public peut se désister de son appel lorsque le prévenu, qui avait formé appel avant lui, se désiste du sien. Par ailleurs, aucune disposition légale n'interdit au ministère public de se désister de son appel principal[4].

Mais si aucune disposition légale n'interdit au ministère public de se désister de son appel principal, ce désistement ne devient irrévocable que lorsqu'il en a été donné acte par l'autorité compétente : en conséquence, dès lors que le représentant du parquet général est revenu sur le désistement d'appel formulé par le procureur de la République avant que la cour d'appel n'en ait donné acte, ladite juridiction ne peut constater le désistement intervenu et en donner acte[5]. Le ministère public, en l'absence de disposition légale l'y autorisant, ne peut se désister de l'appel qu'il a formé contre une ordonnance du juge des libertés et de la détention ou du juge d'instruction[6].

L'appel incident du ministère public, est caduc dans le cas où l'appelant principal se désiste dans le mois de son appel. Au-delà, le ministère public peut également se désister dès lors qu'il a formé appel après le premier appelant. Encourt la cassation l'arrêt donnant acte au prévenu de son désistement d'appel et statuant sur l'appel du ministère public, pourtant qualifié d'incident[7]. Dès lors que le ministère public a formé son appel dans le délai prévu par l'article 498 du code de procédure pénale sans préciser qu'il s'agissait d'un appel incident, le demandeur au pourvoi ne peut soutenir que cet appel aurait dû être déclaré caduc sur le fondement de l'article 500-1 du code de procédure pénale, en conséquence du désistement d'appel de la partie civile[8].

L'article 500-1 du code de procédure pénale qui prévoit la possibilité pour le ministère public de se désister de son appel formé après celui du prévenu en cas de désistement de celui-ci ne distingue pas entre le parquet de première instance et le parquet général[9]. La volonté du ministère public de se désister de son appel ne saurait se déduire de ce que, appelant d'un jugement de relaxe prononcé par le tribunal correctionnel, il en a demandé la confirmation alors qu'il n'a fait qu'user de la liberté de parole que lui confère l'article 33 du code de procédure pénale[10]. Les prévenus, qui n'avaient pas interjeté appel du jugement, acquiesçant ainsi aux décisions qu'il contient, sont sans intérêt à critiquer les dispositions de l'arrêt constatant le désistement du ministère public, qui ne leur font pas grief[11].

913.145 Infractions de presse. La chambre criminelle a considéré qu'une cour d'appel avait rejeté, à juste raison, l'exception de désistement d'action soulevée par un prévenu, poursuivi comme auteur du délit de provocation ou incitation à la haine envers un groupe de personnes en raison de leur ethnie, qui arguait de l'article 49[12] de la loi du 29 juillet 1881[13] selon lequel « dans tous les cas de poursuites correctionnelles ou de simple police, le désistement du plaignant ou de la partie poursuivante arrêtera la poursuite commencée », en invoquant le fait que le ministère public n'avait pas interjeté appel de la décision de relaxe prononcée en faveur des autres coprévenus, et auxquels il était

1. Crim. 19 janv. 2022, n° 20-86.255, B ; *AJ pénal* 2022. 91, obs. F. Engel ; *JCP* 2022, 207 ; *D.* 2022. 168 ; *ibid.* 355 ; *Procédures* 2022, comm. 78.
2. Crim. 18 déc. 2013, n° 12-85.053, NP.
3. L. n° 2000-516, 15 juin 2000, préc.
4. Crim. 27 juin 2007, n° 07-81.464, P n° 176 ; *D.* 2007. AJ 2164, obs. M. Léna ; *AJ pénal* 2007. 482, obs. G. Royer (v. s[s] n° 913.01) – Crim. 12 sept. 2012, n° 11-87.281, P n° 185.
5. Crim. 27 juin 2007, n° 07-81.464, *ibid.*
6. Crim. 21 nov. 2017, n° 17-85.319, P ; *D.* 2017. 2480 ; *JCP* 2017. 1375.
7. Crim. 23 mars 2004, n° 03-82.802, P n° 73 ; *D.* 2004. IR 1349 ; *JCP* 2004. IV. 2057 ; *Dr. pénal* 2004, n° 120, note A. Maron.
8. Crim. 10 sept. 2002, n° 01-85.716, NP.
9. Crim. 21 juin 2006, n° 05-86.688, P n° 191 ; *D.* 2006. IR 2273 ; *RSC* 2007. 329, obs. R. Finielz ; *Procédures* 2006, n° 248.
10. Crim. 16 mai 2012, n° 11-83.834, P n° 123 ; *D.* 2012. 1405 ; *D.* 2012. 2118, obs. J. Pradel ; *JCP* 2012. 794.
11. Crim. 16 janv. 2019, n° 17-84.924, P n° 15 ; *D.* 2019. 130.
12. L. 29 juill. 1881, art. 49.
13. L. 29 juill. 1881 sur la liberté de la presse, *JO* 30 juill., p. 4201.

reproché en première instance de s'être rendus complices de l'infraction principale. La chambre criminelle a jugé que le choix du parquet de ne pas interjeter appel contre certains des individus initialement mis en cause, et qui avaient été renvoyés des fins de la poursuite par le tribunal correctionnel, ne pouvait s'analyser en un désistement[1] tel que résultant de l'article 49 de la loi du 29 juillet 1881.

Par ailleurs, « Si le désistement n'est assujetti à aucune forme particulière, il n'en suppose pas moins l'existence d'une renonciation par laquelle le plaignant manifeste sans équivoque sa volonté d'abandonner l'action. » En l'espèce, l'absence de la partie civile à l'audience reste équivoque quant aux raisons, et ne saurait valoir renonciation explicite de sa part. La partie civile était donc fondée à faire opposition au jugement ayant constaté son désistement implicite[2].

Le désistement de la partie civile, même limité à certains passages incriminés, emporte désistement de l'action en son entier, l'acte initial de poursuite en matière de diffamation fixant de manière irrévocable la nature et l'étendue de la poursuite[3]. On sait qu'en vertu des dispositions de l'article 49 de la loi de 1881, dans tous les cas de poursuites correctionnelles ou de simple police, le désistement du plaignant ou de la partie poursuivante arrête la poursuite commencée. Tout désistement, dès qu'il en a été donné acte, met fin aux poursuites et éteint l'action à l'égard de tous auteurs, coauteurs ou complices des faits diffamatoires. Le désistement partiel entraîne une extinction entière de l'action.

913.146 Désistement d'appel de la partie civile. Le désistement d'appel de la partie civile a une incidence sur les autres appels lorsque la loi subordonne la poursuite à la plainte de la partie lésée. C'est le cas principalement pour certaines infractions à la loi sur la presse ; ainsi en matière de diffamation[4]. Mais dans les autres domaines, le désistement de la partie civile est sans effet sur l'appel des organismes sociaux régulièrement intervenus en première instance alors que la victime était partie civile[5].

913.147 Rétractation de désistement. Tant que la régularité du désistement n'a pas été appréciée et qu'il n'en a pas été donné acte, le désistement peut être rétracté, parce qu'il n'a pu, jusque-là, dessaisir la juridiction saisie de la poursuite[6]. Un désistement peut être rétracté et ne dessaisit pas le juge d'appel tant que sa régularité n'a pas été constatée et qu'il n'en n'a pas été donné acte. Cette décision est justifiée dès lors que le désistement d'appel n'avait pas été constaté par une ordonnance du président de la chambre des appels correctionnels, ainsi que le prévoient les dispositions de l'article 505-1 du Code de procédure pénale[7].

Il se déduit de l'article 500-1 du Code de procédure pénale que le prévenu ne peut plus rétracter son désistement d'appel après qu'il a été constaté par ordonnance du président de la chambre des appels correctionnels. Aucune disposition n'impose que l'ordonnance du président de la chambre des appels correctionnels constatant un désistement d'appel, qui est insusceptible de recours sauf excès de pouvoir, soit notifiée, et une telle décision produit effet dès sa signature[8].

913.148 Absence d'exigence de l'accord de la personne contre laquelle l'action est dirigée. Devant les juridictions pénales, et tant qu'il n'a pas été statué au fond, le désistement de l'action civile est régi par les seuls articles 2, 425 et 426 du code de procédure pénale qui n'exigent, pour qu'il en soit donné acte, aucun accord de la personne contre qui cette action civile a été dirigée[9].

913.149 Ordonnance du président de la chambre des appels correctionnels. La loi du 9 mars 2004 permet au président de la chambre des appels correctionnels de constater le désistement d'appel par ordonnance[10]. Auparavant, les affaires venaient toutes devant la chambre qui constatait le désistement.

1. Crim. 7 juin 2011, n° 10-85.179, NP, *D.* 2012. 765, obs. E. Dreyer ; *RSC* 2011. 904, obs. J.-F. Renucci.
2. Montpellier, 12 mai 2011, RG n° 10/011571.
3. Crim. 6 mars 2018, n° 17-80.526, P+B ; *Procédures* 2018, comm. 158, A.-S. Chavent-Leclère.
4. Crim. 30 avr. 1954, P n° 150 ; *D.* 1954. 585, rapp. Patin.
5. Crim. 19 déc. 1961, P n° 53.
6. Crim. 7 déc. 1971, n° 70-92.619, P n° 338 – Crim. 26 avr. 1994, n° 92-84.095, P n° 150 – Crim. 28 mars 1995, n° 94-84.677, P n° 129.
7. Crim. 28 mai 2013, n° 12-86.319, P n° 117.
8. Crim. 8 déc. 2021, n° 21-83.563, P ; *Dr. pénal* 2022, comm. 34, A. Maron et M. Haas ; *AJ pénal* 2022. 48.
9. Crim. 28 mars 1955, P n° 179 – Crim. 14 juin 1983, n° 81-95.088, P n° 179 – Crim. 4 juill. 1983, n° 82-94.063, P n° 211.
10. V. s[s] n° 913.14.

CHAPITRE

914. Opposition

SECTION 0

ORIENTEUR

914.00 Sommaire du chapitre.

914.01 Principaux textes applicables.

TEXTES SOURCES

• C. pr. pén., art. 133-5, 489 à 494-1, 495-4, 512

TEXTES *IN EXTENSO*

• C. pén., art. 133-5

Les condamnés par contumace dont la peine est prescrite ne sont pas admis à purger la contumace.

NOTA : Dans sa décision n° 2018-712 QPC du 8 juin 2018, le Conseil constitutionnel a déclaré les mots « ou par défaut » et « ou à former opposition », figurant à l'article 133-5 du code pénal, dans sa rédaction issue de la loi n° 92-683 du 22 juillet 1992 portant réforme des dispositions générales du code pénal, contraires à la Constitution. La déclaration d'inconstitutionnalité de l'article 1er prend effet dans les conditions fixées au paragraphe 16 de cette décision, soit à compter du 9 juin 2018.

• C. pr. pén., art. 489

Le jugement par défaut est non avenu dans toutes ses dispositions, si le prévenu forme opposition à son exécution.

Il peut toutefois limiter cette opposition aux dispositions civiles du jugement.

• C. pr. pén., art. 490

L'opposition est portée à la connaissance du ministère public, à charge par lui d'en aviser la partie civile par lettre recommandée avec demande d'avis de réception.

• C. pr. pén., art. 490-1

Lorsque l'opposant est détenu, l'opposition peut être faite au moyen d'une déclaration auprès du chef de l'établissement pénitentiaire.

Cette déclaration est constatée, datée et signée, par le chef de l'établissement pénitentiaire. Elle est également signée par le demandeur. Si celui-ci ne peut signer, il en est fait mention par le chef d'établissement.

Ce document est adressé sans délai, en original ou en copie et par tout moyen, au ministère public près la juridiction qui a rendu la décision attaquée.

• C. pr. pén., art. 491

Si la signification du jugement a été faite à la personne du prévenu, l'opposition doit être formée dans les délais ci-après, qui courent à compter de cette signification : dix jours si le prévenu réside en France métropolitaine, un mois s'il réside hors de ce territoire.

• C. pr. pén., art. 492

Si la signification du jugement n'a pas été faite à la personne du prévenu, l'opposition doit être formée dans les délais ci-après, qui courent à compter de la signification du jugement faite à domicile, à étude d'huissier de justice [devenu commissaire de justice] ou à parquet : dix jours si le prévenu réside dans la France métropolitaine, un mois s'il réside hors de ce territoire.

Toutefois, s'il s'agit d'un jugement de condamnation et s'il ne résulte pas, soit de l'avis constatant remise de la lettre recommandée ou du récépissé prévus aux articles 557 et 558, soit d'un acte d'exécution quelconque, ou de l'avis donné conformément à l'article 560, que le prévenu a eu connaissance de la signification, l'opposition tant en ce qui concerne les intérêts civils que la condamnation pénale reste recevable.

Dans les cas visés à l'alinéa précédent, le délai d'opposition court à compter du jour où le prévenu a eu cette connaissance.

NOTA : Dans sa décision n° 2018-712 QPC du 8 juin 2018, le Conseil constitutionnel a déclaré les mots « jusqu'à l'expiration des délais de prescription de la peine », figurant au deuxième alinéa de l'article 492 du code de procédure pénale, dans sa rédaction résultant de la loi n° 2008-644 du 1er juillet 2008 créant de nouveaux droits pour les victimes et améliorant l'exécution des peines, contraires à la Constitution. La déclaration d'inconstitutionnalité de l'article 1er prend effet dans les conditions fixées au paragraphe 16 de cette décision, soit à compter du 9 juin 2018.

• **C. pr. pén., art. 493**

La personne civilement responsable et la partie civile peuvent former opposition à tout jugement par défaut à leur encontre, dans les délais fixés à l'article 491, lesquels courent à compter de la signification du jugement, quel qu'en soit le mode.

• **C. pr. pén., art. 493-1** [L. n° 2016-731, 3 juin 2016, art. 84]

En l'absence d'opposition, les biens confisqués par défaut deviennent la propriété de l'État à l'expiration du délai de prescription de la peine.

• **C. pr. pén., art. 494**

L'opposition est non avenue si l'opposant ne comparaît pas à la date qui lui est fixée soit par la notification à lui faite verbalement et constatée par procès-verbal au moment où l'opposition a été formée, soit par une nouvelle citation, délivrée à la personne de l'intéressé, conformément aux dispositions des articles 550 et suivants.

Toutefois, en cas de condamnation à une peine privative de liberté sans sursis, le tribunal peut ordonner le renvoi de l'affaire à une prochaine audience sans qu'il y ait lieu à délivrance de nouvelles citations et donner l'ordre à la force publique de rechercher et de conduire l'opposant devant le procureur de la République du siège du tribunal qui, soit le fait comparaître à l'audience de renvoi, soit le met en demeure de s'y présenter.

Si l'opposant est trouvé en dehors du ressort du tribunal, il est conduit devant le procureur de la République du lieu de l'arrestation qui le met en demeure de se présenter à l'audience de renvoi.

Dans tous les cas, le procureur de la République dresse procès-verbal de ses diligences et l'opposant ne peut être retenu plus de vingt-quatre heures.

Si les recherches ordonnées sont demeurées sans effet, le tribunal déclare l'opposition non avenue sans nouveau renvoi.

Il en est de même si l'opposant, régulièrement mis en demeure, ne comparaît pas.

• **C. pr. pén., art. 494-1**

Dans les cas prévus par les premier à cinquième alinéas de l'article 494 et si des circonstances particulières le justifient, le tribunal peut, par décision spécialement motivée, modifier le jugement frappé d'opposition, sans possibilité d'aggravation de la peine.

• **C. pr. pén., art. 495-4**

En cas d'opposition formée par le ministère public ou par le prévenu, l'affaire est portée à l'audience du tribunal correctionnel. En cas d'opposition formée par le prévenu sur les seules dispositions civiles ou par la partie civile, le tribunal statue conformément à l'avant-dernier alinéa de l'article 464. Le jugement rendu par défaut, sur l'opposition du prévenu, est susceptible d'opposition dans les conditions prévues aux articles 489 à 494-1.

Jusqu'à l'ouverture des débats, le prévenu peut renoncer expressément à son opposition. L'ordonnance pénale reprend alors sa force exécutoire et une nouvelle opposition n'est pas recevable.

• **C. pr. pén., art. 512** [mod. par L. n° 2020-1672, 24 déc. 2020, art. 26]

Les règles édictées pour le tribunal correctionnel sont applicables devant la cour d'appel, y compris les dispositions de l'avant-dernier alinéa de l'article 464, sous réserve des dispositions suivantes.

914.02 Jurisprudence de référence.

> L'article 489, alinéa 1, du code de procédure pénale n'interdit pas à la juridiction appelée à statuer sur l'opposition du prévenu comparant, de s'approprier explicitement, pour justifier sa décision de condamnation, les motifs de son précédent arrêt, aux termes desquels elle avait caractérisé en tous ses éléments le délit reproché

• **Crim. 26 févr. 1997,** n° 96-82.754, P n° 79

* V. ss n° 914.72.

« Vu le mémoire produit ;

Sur le premier moyen de cassation, pris de la violation des articles 489, 545, 591 et 593 du code de procédure pénale :

En ce que l'arrêt attaqué, rendu sur opposition, a condamné Éric X... à 6 mois d'emprisonnement avec sursis pour coups et blessures volontaires ;

Aux motifs qu'"à l'audience Éric X... a confirmé sa version des faits, en précisant qu'il avait adressé une lettre discutable à la fille d'Annie-Claude Y..., non pas 2 ans, mais 5 ans plus tôt et qu'il ignorait pourquoi la plaignante était en colère contre lui" (*cf.* arrêt attaqué, p. 4, 1er alinéa) ; que, "sous ces précisions, la Cour se réfère à son arrêt du 24 mars 1995 pour l'exposé des faits et les motifs qui l'ont conduite à retenir la culpabilité du prévenu" (*cf.* arrêt attaqué, p. 4, 2e alinéa) ; que, "compte tenu de sa personnalité et des circonstances des agissements dont il est coupable, les dispositions du jugement relatives aux pénalités méritent confirmation" (*cf.* arrêt attaqué, p. 4, 3e alinéa) ;

Alors que l'arrêt par défaut est non avenu dans toutes dispositions, si le prévenu forme opposition à son exécution ; qu'en renvoyant, pour tout ce qui a trait aux circonstances de la prévention et à la culpabilité d'Éric X..., à l'arrêt du 24 mars 1995, lequel était, du fait de l'opposition qu'Éric X... a régularisée contre lui, non avenu, la cour d'appel a privé sa décision de motifs ;

Attendu que les énonciations de l'arrêt attaqué mettent la Cour de cassation en mesure de s'assurer que la cour d'appel s'est explicitement approprié les motifs de sa précédente décision, rendue par défaut, aux termes desquels elle avait caractérisé en tous ses éléments constitutifs, tant matériels qu'intentionnels, le délit reproché ;

Qu'elle a ainsi justifié sa décision, sans encourir le grief allégué ;

D'où il suit que le moyen doit être écarté. »

> Il résulte des articles 489 et 494 du code de procédure pénale que le prévenu, qui comparaît sur son opposition valablement formée à un arrêt rendu par défaut, ne peut faire l'objet d'une décision d'itératif défaut fondée sur sa non-comparution à une audience ultérieure

• **Crim. 16 nov. 2005,** n° 04-87.377, P n° 298

* V. s^s n° 914.76.

« Vu les articles 489 et 494 du code de procédure pénale ;

Attendu qu'il résulte de ces textes que le prévenu, qui comparaît sur son opposition valablement formée à un arrêt rendu par défaut, ne peut faire l'objet d'une décision d'itératif défaut fondée sur sa non-comparution à une audience ultérieure ;

Attendu que, pour déclarer non avenue l'opposition formée par Khalid X... à l'arrêt du 2 juillet 2003 l'ayant condamné par défaut, pour infraction à la législation sur les stupéfiants, à 1 an d'emprisonnement, les juges constatent que l'intéressé n'a pas comparu à l'audience du 15 octobre 2004 ;

Mais attendu qu'en prononçant ainsi, alors qu'il résulte des mentions de l'arrêt attaqué et des pièces de procédure que le prévenu, invité à se présenter à l'audience du 28 avril 2004, a comparu à cette date à laquelle l'affaire a été renvoyée contradictoirement au 15 octobre 2004, la cour d'appel a méconnu les textes susvisés et le principe ci-dessus rappelé ;

D'où il suit que la cassation est encourue. »

> Est recevable l'opposition formée par le prévenu par l'intermédiaire d'un mandataire muni d'un pouvoir spécial

• **Crim. 11 sept. 2007,** n° 06-87.864, P n° 197

* V. s^s n° 914.23.

« Vu l'article 489 du code de procédure pénale ;

Attendu qu'est recevable l'opposition formée par le prévenu par l'intermédiaire d'un mandataire muni d'un pouvoir spécial ;

Attendu qu'il résulte des énonciations de l'arrêt attaqué qu'Hortense X..., condamnée par défaut, le 31 août 2004, pour infraction à la législation sur les stupéfiants et contre laquelle un mandat d'arrêt a été décerné, a donné à son avocat mandat pour former opposition au jugement et la représenter à l'audience ; que le tribunal a déclaré cette opposition irrecevable ;

Attendu que, pour confirmer le jugement entrepris, l'arrêt énonce, notamment, par motifs adoptés, que le prévenu a le devoir de participer loyalement à son procès en comparaissant personnellement lors de son opposition et en déclarant un domicile réel ;

Mais attendu qu'en prononçant ainsi, la cour d'appel a méconnu le texte susvisé et le principe ci-dessus énoncé ;

D'où il suit que la cassation est encourue. »

> Pour qu'une juridiction correctionnelle puisse statuer par itératif défaut à l'égard d'un opposant, il est nécessaire que celui-ci ait été informé de la date d'audience, soit par la notification à lui faite verbalement et constatée par procès-verbal au moment où l'opposition a été formée, soit par une nouvelle citation délivrée à sa personne

• **Crim. 26 mars 2008,** n° 07-81.960, P n° 75

* V. s^s n° 914.75.

« Vu l'article 494 du code de procédure pénale ;

Attendu que, selon ce texte, lorsque l'opposant à une décision de défaut, non avisé régulièrement par procès-verbal ni cité à personne, ne comparaît pas, la juridiction saisie doit rendre une nouvelle décision de défaut, laquelle est susceptible d'opposition ;

Attendu qu'il résulte de l'arrêt attaqué et des pièces de procédure que Catherine X..., épouse Y..., a formé opposition à l'arrêt de la cour d'appel d'Aix-en-Provence, prononcé par défaut le 30 janvier 2006, qui, pour dénonciation calomnieuse, l'a condamnée à trois mois d'emprisonnement avec sursis et 1 500 euros d'amende, et a prononcé sur les intérêts civils ;

Attendu que, pour déclarer l'opposition non avenue et statuer par itératif défaut, l'arrêt énonce que la prévenue ne comparaît pas, ni personne en son nom, à l'audience à laquelle il est statué sur ladite opposition ; que les juges ajoutent qu'à l'adresse déclarée, l'huissier, ne l'ayant pas trouvée, a dressé un procès-verbal de perquisition et délivré une citation à parquet général ;

Mais attendu qu'en procédant ainsi, alors que Catherine X..., épouse Y..., n'a pas été régulièrement avisée de la date d'audience par procès-verbal ni citée à personne, la cour d'appel a méconnu le texte susvisé et le principe ci-dessus énoncé ;

D'où il suit que la cassation est encourue. »

914.03 **Bibliographie indicative.**

Encyclopédies. Rép. pén., *V° Appel*, par J.-M. Coulon ; *V° Jugement*, par M. Léna.

Contributions. F. Clerc, « Jugement par défaut et défense sociale », *in Mél. Ancel*, t. II, Pedone, 1975, p. 203.

Articles. J. Goulesque, « Les effets de l'opposition avant son jugement », *RSC* 1969. 720 – Ch. Hugon, « L'obligation de se constituer prisonnier pour former opposition passe le cap du contrôle de la Cour européenne », *D.* 2003. 2400 – Ch. Lapp, « La divisibilité du jugement pénal et son effet sur le droit d'opposition », *RSC* 1951. 149 – Lemercier, « Observations sur deux institutions communes à la procédure civile et à la procédure pénale, le défaut et l'appel », *JCP* 1965. I. 1909 – D. Poncet, « Le jugement par défaut devant les juridictions pénales, quelques considérations de droit comparé », *RSC* 1979. 1 – Richard, « Les pièges de l'opposition en matière répressive », *Gaz. Pal.* 1956. 2. Doctr. 51 – A. Vitu, « La réglementation de l'appel et de l'opposition en matière répressive dans le code de procédure pénale », *JCP* 1959. I. 1486.

SECTION 1
DÉFINITION ET DOMAINE

914.11 **Définition.** L'opposition est une voie de rétractation nécessairement portée devant la juridiction ayant rendu la décision de défaut.

914.12 **Impartialité – Procès équitable.** L'identité de composition de la juridiction se prononçant sur l'opposition à une précédente décision rendue par défaut n'est pas contraire à l'exigence du tribunal impartial édictée par l'article 6 § 1 de la convention européenne des droits de l'homme[1]. La Cour européenne des droits de l'Homme a estimé qu'il n'y avait pas d'atteinte à l'impartialité dans le fait de rejuger un prévenu dont le cas avait déjà été évoqué devant la même juridiction : « les juges ne sont en aucune manière liés par leur première décision, ils reprennent à son point de départ l'ensemble de l'affaire, toutes les questions soulevées par celle-ci restant ouvertes et faisant cette fois l'objet d'un débat contradictoire à la lumière de l'information plus complète que peut leur fournir la comparution personnelle de l'intéressé »[2].

914.13 **Intérêt à agir.** La partie qui exerce l'opposition doit justifier d'un intérêt à agir qu'il s'agisse de la partie civile[3] ou du prévenu, notamment en cas de décision de relaxe[4].

914.14 **Opposition à ordonnance pénale.** Aux termes de l'article 495-4[5] du code de procédure pénale, dans sa mouture antérieure à la loi du 13 décembre 2011[6], en cas d'opposition formée par le ministère public ou le prévenu à une ordonnance pénale, l'affaire est portée à l'audience du tribunal correctionnel. Le jugement rendu par défaut, sur l'opposition du prévenu, n'est pas susceptible d'opposition. C'est ce que confirmait la jurisprudence[7]. Elle estimait que seul le pourvoi en cassation était ouvert contre un jugement rendu en dernier ressort par défaut, sur opposition à une ordonnance pénale.

La loi du 13 décembre 2011[8] a renversé la proposition. Désormais, le jugement rendu par défaut, sur l'opposition du prévenu, est susceptible d'opposition dans les conditions prévues aux articles 489 à 494-1. Par ailleurs, en cas d'opposition formée par le prévenu sur les seules dispositions civiles ou par la partie civile, le tribunal statue conformément à l'avant-dernier alinéa de l'article 464.

La procédure de l'ordonnance pénale permet au procureur de la République de faire juger certains délits et contraventions de manière simplifiée et rapide, par un juge unique qui rend sa décision sans tenir une audience et donc sans entendre la personne poursuivie. Celle-ci a toutefois le droit de faire opposition à la décision ainsi rendue, afin de pouvoir s'expliquer devant un tribunal. Elle peut confier à un avocat le soin d'y procéder. Il n'est pas nécessaire qu'elle lui remette alors un pouvoir spécial : la seule qualité d'avocat permet de former régulièrement opposition, que l'ordonnance ait été rendue en matière de délit ou de contravention[9].

SECTION 2
CONDITIONS DE FORME

914.21 **Ordre public.** Les formes et les délais de l'opposition à une condamnation prononcée par défaut sont d'ordre public et les irrégularités peuvent en conséquence être invoquées pour la première fois devant la Cour de cassation ou relevées d'office[10].

914.22 **Absence de forme particulière.** L'opposition ne requiert pas de forme particulière, ce qui est tout à fait exceptionnel en procédure pénale. L'opposition doit seulement être portée à la connaissance du ministère public. L'opposition peut en conséquence être faite par tout moyen du moment que l'opposant se constitue la preuve de son acte. Il peut par exemple faire opposition en adressant une lettre recommandée au procureur de la République.

914.23 **Mandataire.** Est recevable l'opposition à un arrêt de défaut formée par le prévenu par l'intermédiaire d'un mandataire muni d'un pouvoir spécial. Méconnaît ce principe l'arrêt qui déclare irrecevable l'opposition formée par un avocat, alors que celui-ci était muni d'un pouvoir spécial pour former ce recours et qu'au surplus la date de l'audience avait été notifiée à cet avocat également mandaté pour représenter l'opposante devant le tribunal[11]. La partie civile peut également se faire représenter pour former opposition[12].

914.24 **Information du ministère public et des parties civiles.** L'opposition est portée à la connaissance du ministère public, à charge par lui d'en

1. Crim. 25 juill. 1989, n° 88-87.658, P n° 296 ; *D.* 1990. Somm. 226, obs. J. Pradel – Crim. 23 oct. 1996, n° 95-85.585, P n° 370.
2. CEDH 10 juin 1996, *Thomann c/Suisse*, req. n° 17602/91, *Rec.* 1996-II, n° 11, p. 806 ; *D.* 1997. Somm. 207, obs. J.-F. Renucci ; *RSC* 1997. 471, obs. Koering-Joulin.
3. Crim. 29 oct. 1990, n° 87-81.568, P n° 360.
4. Crim. 24 mars 1987, n° 86-93.009, P n° 138.
5. C. pr. pén., art. 495-4 ; mod. par L. n° 2011-1862, 13 déc. 2011, art. 26.
6. L. n° 2011-1862, 13 déc. 2011 relative à la répartition des contentieux et à l'allègement de certaines procédures juridictionnelles, *JO* 14 déc., p. 21105.
7. Crim. 25 mai 2011, n° 10-87.135, P n° 108.
8. L. n° 2011-1862, 13 déc. 2011, préc.
9. Crim. 4 avr. 2023, n° 22-86.375, B.
10. Crim. 17 déc. 1958, P n° 755 – Crim. 15 oct. 1984, n° 83-91.514, P n° 300.
11. Crim. 11 sept. 2007, n° 06-87.864, P n° 197 ; *D.* 2007. 2912, note D. Boccon Gibod ; *D.* 2007. 2357, note C. Lacroix ; *D.* 2008. Chron. 114, obs. S. Menotti ; *JCP* 2007. II. 10200, note E. Vergès ; *JCP* 2008. I. 120, n° 16, obs. A. Maron ; *Gaz. Pal.* 14 juin 2008, note Y. M. ; *AJ pénal* 2008. 25, obs. C. Girault (v. s^s n° 914.01) – AUSSI : Crim. 30 oct. 2002, n° 02-80.189, P n° 198.
12. Crim. 18 janv. 1990, n° 89-82.298, P n° 33.

aviser la partie civile par lettre recommandée avec demande d'avis de réception[1].

L'article 490 n'impose pas, à peine de nullité, le recours au ministère d'huissier pour dénoncer l'opposition ; elle peut être déclarée soit directement au magistrat du ministère public lui-même, soit à toute autorité qualifiée pour en dresser procès-verbal et rendre compte[2]. En pratique, le prévenu condamné par défaut ne le sait fréquemment pas et c'est à l'occasion d'une autre infraction ou d'un simple contrôle, qu'il en est averti. Il fait alors opposition par déclaration aux services d'enquête. L'opposition ne requiert pas, contrairement à l'appel, que l'intéressé se déplace au greffe de la juridiction.

L'article 492 du code de procédure pénale ne distingue pas, quant aux effets de la signification d'un jugement par défaut, suivant qu'elle a été faite par la partie civile ou par la partie publique ; il n'exige pas qu'elle ait été faite par l'une et l'autre ; par suite, le délai d'opposition doit courir, à l'égard tant du ministère public que de la partie civile, du jour de la connaissance légale du jugement par défaut donnée au défaillant par la signification à lui faite par la requête de l'une ou l'autre des parties[3]. Lorsque le prévenu est détenu, il peut former opposition par déclaration auprès du chef de l'établissement pénitentiaire[4].

914.25 Délais pour former opposition – Jugement non signifié au prévenu. Si la signification du jugement n'a pas été faite à la personne du prévenu, l'opposition doit être formée dans les délais ci-après, qui courent à compter de la signification du jugement faite à domicile, à étude d'huissier de justice ou à parquet : *dix jours si le prévenu réside dans la France métropolitaine, un mois s'il réside hors de ce territoire*[5]. Vaut citation à personne la notification au mandataire muni d'un pouvoir spécial de la date à laquelle il sera statué sur l'opposition[6]. En ce qui concerne le civilement responsable et la partie civile, le point de départ du délai est celui de la signification du jugement, quel qu'en soit le mode[7].

914.26 Jurisprudence. L'opposition à un jugement sur intérêts civils qui n'est pas un « jugement de condamnation » ne peut être formée que dans les délais prévus par l'alinéa premier de l'article 492 du code de procédure pénale, c'est-à-dire dans les dix jours de la signification[8].

L'arrestation du prévenu, faite en pays étranger, sur une demande d'extradition en vertu d'un mandat d'arrêt et d'une décision de condamnation qui le frappe, régulièrement signifiée à domicile, constitue un acte d'exécution qui marque le point de départ du délai d'opposition prévu par l'article 492, alinéa 2[9].

La demande de remise de cause présentée par le prévenu qui, condamné par défaut, comparaît sur l'appel interjeté par une autre partie contre le jugement de condamnation, ne constitue pas un acte d'exécution au sens de l'article 492, alinéa 2, et ne fait pas courir le délai d'opposition de dix jours.

Encourt la cassation l'arrêt qui ne retient que cette seule circonstance pour rejeter la demande d'un prévenu tendant au sursis à statuer sur les appels de la partie civile et du ministère public jusqu'à l'expiration du délai légal d'opposition, sans s'assurer que l'intéressé avait eu connaissance de la signification du jugement, faite à parquet, dans les formes prescrites par l'article 560 du code de procédure pénale[10]. Dès lors que le prévenu a déclaré avoir eu connaissance du jugement lors de sa signification faite par lettre recommandée dont l'accusé de réception n'a pas été signé, et avoir donné des instructions à son avocat pour qu'il fasse opposition, l'opposition est tardive si elle est effectuée plus de dix jours après que le condamné a eu connaissance de la signification[11].

Doit être cassé l'arrêt qui déclare irrecevable comme tardive l'opposition faite par le prévenu à un précédent arrêt de condamnation rendu par défaut, en retenant comme point de départ du délai pour exercer cette voie de recours la délivrance d'une citation directe par les parties civiles, de laquelle il ne résulte pas que le prévenu ait eu connaissance de la signification de la décision par défaut[12]. S'il est établi que le condamné n'a pas eu connaissance de la signification, l'opposition est recevable jusqu'à l'expiration des délais de prescription de la peine, délais commençant à courir à compter de l'expiration du délai d'appel de dix jours[13]. Est justifiée la décision jugeant irrecevable l'opposition du prévenu à un jugement de condamnation par défaut, en raison de sa tardiveté, en reconnaissant dans les agissements du prévenu des actes d'exécution du jugement de condamnation, au sens du 2e alinéa de

1. C. pr. pén., art. 490.
2. Crim. 19 janv. 1961, *D.* 1961. 255.
3. Crim. 24 juill. 1937, *DH* 1937. 572 – Crim. 22 avr. 1958, *D.* 1958. 499.
4. C. pr. pén., art. 490-1.
5. C. pr. pén., art. 492, al. 1er.
6. Crim. 30 oct. 2002, n° 02-80.189, P n° 198 ; *D.* 2003. 179.
7. C. pr. pén., art. 493.
8. Crim. 10 févr. 1970, n° 69-91.219, P n° 59 ; *D.* 1970. Somm. 142 – Crim. 17 janv. 1973, n° 72-92.072, P n° 22 – Crim. 26 mars 1998, n° 97-80.141, P n° 119.
9. Crim. 15 déc. 1960, P n° 591 ; *D.* 1961. Somm. 47.
10. Crim. 4 mai 1994, n° 93-85.852, P n° 170.
11. Crim. 30 mars 1999, n° 98-81.271, P n° 61 ; *Dr. pénal* 1999. Chron. 30, obs. C. Marsat.
12. Crim. 29 nov. 2005, n° 05-80.468, P n° 311.
13. Crim. 16 févr. 1981, n° 80-92.499, P n° 59 ; *RSC* 1982. 367, obs. J.-H. Robert.

l'article 492 du code de procédure pénale, dont il résulte que l'intéressé avait eu connaissance de la signification du jugement[1].

L'opposition à un arrêt signifié à parquet effectuée près d'un an après l'exécution de la condamnation est irrecevable car tardive ; les dispositions de l'article 492 qui ne privent pas le prévenu d'un recours mais soumettent celui-ci à des conditions de forme et de délai ne sont pas incompatibles avec l'article 6 de la convention européenne des droits de l'homme[2].

914.27 Effets de l'opposition. Le délai pour former opposition *suspend l'exécution du jugement*. Il n'en va autrement que lorsqu'un *mandat d'arrêt* a été délivré contre le prévenu. Dans ce cas, il est exécuté sauf si le tribunal en accorde la mainlevée par décision spéciale et motivée[3]. Les sanctions exécutoires par provision ne sont pas non plus suspendues (retrait ou suspension de permis de conduire[4], interdiction d'émettre des chèques[5], provision accordée à la partie civile[6] ...).

Par ailleurs, le jugement est exécutoire dix jours ou un mois après la signification de celui-ci, selon que l'intéressé réside en France métropolitaine ou hors de ce territoire, quel que soit le mode de signification du jugement. Saisi d'une question prioritaire de constitutionnalité par la chambre criminelle[7], le Conseil constitutionnel[8] a retenu qu'en privant la personne condamnée par défaut de la possibilité, lorsque la peine est prescrite, de former opposition, lorsqu'elle n'a pas eu connaissance de sa condamnation avant cette prescription et alors que des conséquences restent attachées à une peine même prescrite, les dispositions contestées portent une atteinte excessive aux droits de la défense et au droit à un recours juridictionnel effectif. Il en a déduit que les articles 492 du code de procédure pénale (les mots « jusqu'à l'expiration des délais de prescription de la peine ») et 133-5 du code pénal (les mots « ou par défaut » et « ou à former opposition ») étaient en partie non conformes à la Constitution, et ce, avec effet immédiat. En conséquence, la personne condamnée par défaut peut contester le jugement par la voie de l'opposition au-delà du délai de prescription de la peine.

1. Crim. 10 déc. 2019, n° 18-83.851, P ; *D.* 2019. 2412.
2. Crim. 17 mai 2000, n° 99-85.132, P n° 197.
3. C. pr. pén., art. 465.
4. C. route, art. L. 224-13.
5. C. mon. fin., art. L. 163-6.
6. C. pr. pén., art. 464, al. 3.
7. Crim. 4 avr. 2018, n° 17-85164, NP.
8. Cons. const. 8 juin 2018, n° 2018-712 QPC ; *D.* 2018. 1209, et les obs. ; *AJ pénal* 2018. 424, obs. A. Oudoul ; Dr. pénal 2018, Etude 19, L. Griffon-Yarza.

SECTION 3
CHOIX ENTRE OPPOSITION ET APPEL

914.31 Jugement par défaut. La partie à l'encontre de laquelle le jugement a été rendu par défaut, a la faculté de choisir entre la voie de l'opposition et celle de l'appel. Le témoin défaillant condamné ne dispose que de la voie de l'opposition[9].

§ 1
Prévenu faisant appel ou opposition

914.41 Option du prévenu pour l'appel. Si le prévenu choisit de faire appel, il se ferme sans retour la voie de l'opposition qu'il ne pourra plus exercer y compris s'il se désistait de son appel[10]. De même, le prévenu qui comparaît devant la cour sur l'appel d'une autre partie est censé renoncer à son droit d'opposition, dès lors qu'il accepte d'être jugé immédiatement au fond[11].

914.42 Option du prévenu pour l'opposition. La cour d'appel ne sera saisie qu'en cas d'appel après que la juridiction de premier degré ait statué sur l'opposition.

914.43 Appel du ministère public et opposition du prévenu. Lorsque le prévenu fait opposition à un jugement frappé d'appel par le ministère public, le tribunal saisi de l'opposition est tenu de *surseoir à statuer sur cette opposition* tant qu'il n'a pas été prononcé sur l'appel[12].

914.44 Appel du seul ministère public. La chambre des appels correctionnels se trouve dans l'obligation de *surseoir à statuer jusqu'à l'expiration du délai d'opposition*, tant sur l'action civile que sur l'action publique[13]. Toutefois, en cas d'appel du ministère public ou de la partie civile d'un jugement de relaxe rendu par défaut, rien ne s'oppose, en revanche, à ce que la cour statue sans attendre dès lors que l'opposition du prévenu serait irrecevable faute d'intérêt[14].

914.45 Autres parties. Les droits d'appel et d'opposition demeurent indépendants, de sorte

9. C. pr. pén., art. 326, 440, 536.
10. Crim. 11 juin 1963, n° 62-92.709, P n° 207 – Crim. 7 févr. 1984, n° 83-91.104, P n° 44.
11. Crim. 28 nov. 1996, n° 95-85.916, P n° 440.
12. Crim. 11 mars 2003, n° 02-82.509, P n° 63 ; *D.* 2003. IR 1203 ; *JCP* 2003. IV. 1813.
13. Crim. 13 nov. 1973, n° 72-93.512, P n° 413 ; *D.* 1974. 219, note A.-M. H. – Crim. 20 févr. 1975, n° 74-90.281, P n° 62 ; *D.* 1975. IR 70.
14. Crim. 5 oct. 1994, n° 93-84.277, P n° 319 ; *Dr. pénal* 1994, n° 273, note A. Maron – Crim. 25 juin 2008, n° 08-80.410, P n° 168 ; *AJ pénal* 2008. 427.

qu'aucun texte n'exige une signification au prévenu défaillant préalablement à l'appel. En conséquence, les parties jugées contradictoirement sont tenues de déclarer leur appel dans le délai légal malgré le défaut du prévenu[1].

914.46 Jugement par défaut sur les seuls intérêts civils. Le délai d'opposition prévu par l'alinéa 2 de l'article 492 du code de procédure pénale, qui court jusqu'à l'expiration des délais de prescription de la peine, ne peut s'appliquer aux jugements ne statuant que sur l'action civile et la cour d'appel ne peut alors surseoir à statuer[2].

914.47 Opposition à arrêt de la cour d'appel. L'opposition n'est pas seulement prévue à l'encontre des jugements rendus par défaut, mais concerne aussi les arrêts rendus par la cour d'appel. L'article 512 du code de procédure pénale le rend applicable par le renvoi général opéré, sauf les exceptions prévues, aux procédures applicables devant la juridiction du premier degré.

§ 2
Prévenu faisant appel et opposition

914.51 Opportunité. Le prévenu peut à la fois faire appel et opposition.

914.52 Conséquences sur la saisine de la chambre des appels correctionnels. Lorsque le prévenu fait à la fois opposition et appel, la juridiction du second degré ne peut statuer immédiatement sur l'appel, même pour en apprécier la recevabilité. Elle ne connaîtra de l'appel que si l'opposition est déclarée irrecevable par le tribunal ou si le prévenu y a renoncé[3]. Lorsque la juridiction décide un sursis à statuer, elle ne peut se dispenser de fixer le terme à l'issue duquel l'affaire sera de nouveau renvoyée devant elle[4].

Si le tribunal correctionnel reçoit le prévenu en son opposition et statue à nouveau, la cour d'appel doit déclarer qu'il n'y a pas lieu de statuer sur l'appel, ce recours étant devenu sans objet. L'irrecevabilité d'une opposition n'a pas à être soulevée *in limine litis*, cette question n'étant pas une exception de procédure[5].

914.53 La cour d'appel peut-elle statuer sur l'appel de la partie civile ou du civilement responsable lorsque le prévenu peut encore faire opposition ? La jurisprudence traditionnelle de la chambre criminelle va dans le sens du sursis à statuer : le principe même de la responsabilité civile étant subordonné à l'existence du délit, il s'ensuit que les juges du second degré, aussi longtemps qu'ils n'ont pu prononcer sur la poursuite exercée contre le prévenu, n'ont pas davantage le pouvoir de statuer à l'égard du civilement responsable. La cour d'appel ne peut statuer à l'égard dudit prévenu tant que reste ouverte à celui-ci devant les premiers juges la voie de l'opposition[6]. Dans un arrêt du 8 octobre 1985[7], la Cour de cassation estime qu'il ne peut en être ainsi que *si un tel sursis n'a pas pour conséquence d'interrompre le cours de la justice*. Dans cette espèce, la chambre des appels correctionnels avait sursis à statuer jusqu'à « l'expiration du délai d'opposition du prévenu au motif que la responsabilité du commettant ne saurait, devant les juridictions pénales, être mise en jeu sur le fondement d'une infraction pour laquelle la culpabilité du prévenu n'a pas été consacrée d'une manière définitive ». Si le cours de la justice est interrompu, c'est en raison du renvoi sans date. Cette jurisprudence ne change donc rien au principe dès lors que le renvoi n'est pas fait à date indéterminée.

SECTION 4
OPPOSITION DE LA PARTIE CIVILE OU DU CIVILEMENT RESPONSABLE

914.61 Article 493 du code de procédure pénale. L'article 493 du code de procédure pénale dispose que la personne civilement responsable et la partie civile peuvent former opposition à tout jugement par défaut à leur encontre, dans les délais fixés à l'article 491, lesquels courent à compter de la signification du jugement, quel qu'en soit le mode.

914.62 Jurisprudence. La partie civile, à la différence du prévenu, peut toujours se faire représenter devant la juridiction répressive ; l'article 493 du code de procédure pénale, qui ne soumet son opposition à aucune formalité spéciale, ne fait pas obstacle à ce que cette voie de recours soit exercée par le ministère d'un avoué, mandataire légal de

1. Crim. 12 mai 1976, n° 75-92.208, P n° 153 ; *D.* 1976. IR 185 ; *Gaz. Pal.* 1976. 2. 531.
2. Crim. 10 févr. 1970, n° 69-91.219, P n° 59 – Crim. 17 janv. 1973, n° 72-92.072, P n° 22.
3. Crim. 27 mai 1961, *D.* 1961. 626, note J.-H. Robert ; *JCP* 1961. II. 12389 – SUR LA JURIDICTION tenue de statuer sur l'appel : Crim. 1er avr. 1968, n° 68-90.574, P n° 116 – Crim. 4 mai 1994, n° 93-85.852, P n° 170 ; *Dr. pénal* 1994, n° 172 – Crim. 11 mars 2003, n° 02-82.509, P n° 63 ; *D.* 2003. 1203.
4. Crim. 7 nov. 1977, n° 77-90.185, P n° 333.
5. Crim. 3 nov. 1999, n° 98-86.019, P n° 240 ; *Dr. pénal* 2000. Chron. 23, obs. C. Marsat.
6. Crim. 9 févr. 1954, P n° 64 – Crim. 6 mars 1958, P n° 233 – Crim. 8 mai 1963, n° 62-90.839, P n° 169 – Crim. 17 déc. 1970, n° 70-90.584, P n° 344 – Crim. 22 févr. 1973, n° 72-91.322, P n° 94 – Crim. 20 févr. 1975, n° 74-90.281, P n° 62.
7. Crim. 8 oct. 1985, n° 85-91.788, P n° 298.

cette partie[1]. L'opposition de la partie civile à un jugement rendu par défaut à son égard, prononçant l'annulation de certains actes de procédure, est recevable dans la mesure où cette décision fait grief à ses intérêts ; tel n'est pas le cas lorsqu'elle a repris l'exercice de l'action civile devant le juge d'instruction et a, par là même, acquiescé au jugement de défaut[2]. L'action civile et l'action publique étant indépendantes, le juge saisi d'une opposition par une partie civile d'un jugement ayant contradictoirement relaxé un prévenu doit statuer au fond sur cette opposition[3].

SECTION 5
JUGEMENT RENDU SUR OPPOSITION

914.71 **Jugement par défaut non avenu.** Le jugement par défaut est *non avenu dans toutes ses dispositions* si le prévenu forme opposition à son exécution, aux termes de l'article 489 du code de procédure pénale. Dans une formulation un peu désuète, le jugement sur opposition, déclare celle-ci recevable et « met à néant » le précédent jugement. Toutefois, il peut limiter cette opposition aux dispositions civiles du jugement. Il ne peut en revanche le limiter aux seules dispositions pénales du jugement[4]. Il n'appartient pas au juge saisi de l'opposition de se prononcer sur la régularité du jugement rendu par défaut[5]. La condamnation prononcée par un jugement de défaut est non avenue par le fait de l'opposition.

Mais les énonciations du jugement par défaut subsistent lorsque ce jugement est confirmé sur l'opposition ; le jugement définitif rendu sur celle-ci se lie, en effet, et s'identifie avec le jugement par défaut qu'il fait revivre[6]. Le juge saisi de l'opposition ne peut se prononcer sur la régularité du précédent jugement rendu par défaut et déclarer en conséquence une opposition irrecevable en retenant que le prévenu aurait dû être jugé par arrêt contradictoire à signifier[7]. C'est l'une des conséquences de *l'effet extinctif de l'opposition* qui replace les parties en l'état antérieur au jugement. Un autre de ces effets consiste pour le tribunal à pouvoir augmenter la peine prononcée dans le jugement initial : le principe de l'interdiction de la *reformatio in pejus* ne s'applique pas à la procédure d'opposition.

Il se déduit des articles 489 et 520 du Code de procédure pénale que, lorsque le prévenu a fait opposition à un jugement rendu par défaut à son égard, précédemment frappé d'appel par le ministère public et qui a donné lieu à un arrêt également rendu par défaut à l'encontre duquel il a aussi fait opposition, la cour ainsi saisie doit déclarer la première opposition sans objet, annuler l'arrêt et évoquer[8].

914.72 **Motivation.** Bien que le jugement ou l'arrêt rendu sur opposition ait fait litière de la décision antérieure, la chambre criminelle de la Cour de cassation a admis que la nouvelle décision se réfère expressément à l'ancienne. Ce fut le cas pour un arrêt qui avait renvoyé pour la prévention et la détermination de la culpabilité d'un prévenu à l'arrêt frappé d'opposition : les énonciations de l'arrêt attaqué mettent la Cour de cassation en mesure de s'assurer que la cour d'appel s'est explicitement approprié les motifs de sa précédente décision, rendue par défaut, aux termes desquels elle avait caractérisé en tous ses éléments constitutifs, tant matériels qu'intentionnels, le délit reproché. Elle a ainsi justifié sa décision[9].

914.73 **Conséquences civiles.** Si le prévenu ne limite pas l'effet de son opposition aux seules dispositions civiles, le jugement par défaut est non avenu en toutes ses dispositions. Doit être cassé l'arrêt qui constate que les dispositions civiles du jugement frappé d'opposition sont devenues définitives[10]. L'opposition du prévenu à l'exécution d'un jugement prononcé par défaut, dès lors qu'elle met à néant ce jugement non avenu en toutes ses dispositions, tant pénales que civiles, ne saurait laisser subsister la condamnation du civilement responsable, nécessairement subordonnée à celle de l'auteur de l'infraction[11]. La nécessité d'un avis préalable à l'audience donné à l'ensemble des victimes s'impose donc.

914.74 **Prescription de l'action publique – Prescription de la peine.** L'opposition fut-elle déclarée irrecevable, à un jugement par défaut, interrompt la prescription de la peine et constitue le point de départ d'un nouveau délai de prescription de l'action publique, la poursuite ayant repris son cours[12].

1. Crim. 18 janv. 1990, n° 89-82.298, P n° 33.
2. Crim. 29 oct. 1990, n° 87-81.568, P n° 360.
3. Crim. 28 janv. 1985, n° 83-93.342, P n° 43.
4. Crim. 16 mai 2006, n° 05-85.080, P n° 135 ; *AJ pénal* 2006. 367, obs. C. Saas.
5. Crim. 12 sept. 2007, n° 07-81.985, P n° 204 ; *AJ pénal* 2007. 493.
6. Crim. 17 févr. 1938, *DH* 1938. 311.
7. Crim. 16 mai 2006, n° 05-85.080, préc.
8. Crim. 24 sept. 2019, n° 19-84.072, P ; *D. actu.* 21 oct. 2019, obs. L. Priou-Alibert ; *JCP* 2019, 1085.
9. Crim. 26 févr. 1997, n° 96-82.754, P n° 79 (v. s^s n° 914.01).
10. Crim. 16 mai 2006, n° 05-85.080, préc.
11. Crim. 4 avr. 1995, n° 93-82.357, P n° 145.
12. Com. 23 mars 1993, n° 90-19.082, P IV, n° 117 ; *Gaz. Pal.* 1994. 1. 29, note G. Vigneron – Crim. 20 sept. 1994, n° 91-83.264, P n° 299 – Crim. 20 mai 2003, n° 02-85.403, P n° 100 ; *D.* 2003. IR 2285 ; *JCP* 2003. IV. 2267 – Crim. 20 mai 2009, n° 09-81.339, P n° 102 ; *AJ pénal* 2009. 417, obs. C. Saas.

914.75 **Opposition non avenue – Itératif défaut.** Aux termes de l'article 494 du code de procédure pénale l'opposition est non avenue *si l'opposant ne comparaît pas* à la date qui lui est fixée soit par la notification à lui faite verbalement et constatée par procès-verbal au moment où l'opposition a été formée, soit par une nouvelle citation délivrée à la personne de l'intéressée, conformément aux dispositions des articles 550 et suivants. Pour qu'une juridiction correctionnelle puisse statuer par itératif défaut à l'égard de l'opposant, il est nécessaire, soit que la date d'audience lui ait été notifiée et que cette notification ait été constatée par procès-verbal au moment de l'opposition, soit qu'une nouvelle citation lui ait été délivrée[1].

En revanche, lorsque l'opposant à une décision de défaut, non avisé régulièrement par procès-verbal ni cité à personne ne comparaît pas, la juridiction saisie doit rendre une nouvelle décision de défaut, laquelle est susceptible d'opposition[2]. La comparution exigée par l'article 494, alinéa 1er, du code de procédure pénale, s'entend *soit de celle de l'opposant lui-même, soit de celle de son avocat*[3]. Vaut citation à personne la convocation notifiée à l'opposant à un arrêt par défaut, sur instructions du procureur général et dans les délais de l'article 552 du code de procédure pénale, par le chef de l'établissement pénitentiaire où il est incarcéré, et précisant la date et l'heure à laquelle la cour d'appel statuera sur son opposition.

En cas de non-comparution, la cour d'appel fait l'exacte application des dispositions combinées des articles 390-1 et 494, alinéa 1er, du code de procédure pénale, en déclarant l'opposition non avenue[4]. Les dispositions de l'article 6, § 3, de la convention européenne des droits de l'homme n'ont pas été méconnues lorsque la cour d'appel déclare une opposition non avenue, sans renvoyer l'affaire à une autre audience, dès lors que, n'ayant déposé aucune demande en ce sens, le prévenu n'a pas comparu à la date qui lui était fixée en application des dispositions de l'article 494 alinéa 1er du code de procédure pénale, par la notification, à lui faite verbalement, et constatée par procès-verbal au moment où cette opposition avait été formée[5]. Le prévenu qui a formé opposition à un jugement de défaut et qui n'a pas immédiatement reçu notification de la date à laquelle il sera statué sur ce recours doit être cité à sa dernière adresse connue à la date du mandement de citation. Si tel n'a pas été le cas, le tribunal doit constater l'irrégularité de la citation et inviter le ministère public à faire délivrer une nouvelle citation régulière. Il ne peut statuer au fond, que ce soit par itératif défaut ou par un nouveau jugement de défaut[6].

Le droit au procès équitable et le droit de tout accusé à l'assistance d'un défenseur, s'opposent à ce qu'un prévenu non comparant et non excusé, soit jugé sans attendre l'avocat présent à l'audience pour assurer sa défense ; ainsi, c'est à tort que l'arrêt attaqué énonce que, ni la présence de l'avocat du prévenu à l'audience, ni les écritures déposées par lui ne permettent d'écarter les dispositions de l'article 494, alinéa 1er, du code de procédure pénale[7].

Contrevient aux dispositions de l'article 6 § 3 de la convention européenne des droits de l'homme la juridiction qui relève que le prévenu qui se dérobe à l'exécution d'un mandat d'arrêt n'est pas admis à se faire représenter devant le juge pénal, que ce soit pour y exercer des voies de recours ou pour comparaître en justice[8][9].

914.76 **Absence du prévenu à l'audience du renvoi.** Si le prévenu est présent à l'audience dont la date lui avait été notifiée pour voir statuer sur son opposition mais que l'affaire est contradictoirement renvoyée, on aurait pu penser que le jugement rendu en son absence à la date fixée pour le renvoi serait un jugement d'itératif défaut. Ce n'est pas en ce sens qu'a statué la chambre criminelle : « Le prévenu, qui comparaît sur son opposition valablement formée à un arrêt rendu par défaut, ne peut faire l'objet d'une décision d'itératif défaut fondée sur sa non-comparution à une audience ultérieure. »[10]

La juridiction doit en conséquence rejuger l'affaire par décision contradictoire à signifier.

1. Crim. 23 déc. 1986, nº 86-95.642, P nº 390.
2. Crim. 8 juin 1989, nº 88-80.027, P nº 247 ; *JCP* 1990. II. 21512, note Y. Picod – Crim. 5 déc. 1989, nº 89-85.577, P nº 465 – Crim. 28 avr. 1993, nº 92-85.555, P nº 159 ; *JCP* 1993. IV. 1979 ; *Dr. pénal* 1993, nº 174, note A. Maron – Crim. 26 mars 2008, nº 07-81.960, P nº 75 ; *AJ pénal* 2008. 287, obs. M. Nord-Wagner (v. ss nº 914.01).
3. Crim. 2 sept. 2003, nº 02-86.538, P nº 149 ; *D.* 2003. IR 2606 ; *JCP* 2003. IV. 2803 – Crim. 11 sept. 2007, nº 06-87.864, P nº 197 ; *D.* 2007. 2912, concl. D. Boccon-Gibod ; *JCP* 2007. II. 10200, note E. Vergès (v. ss nº 914.01).
4. Crim. 21 févr. 1991, nº 90-80.769, P nº 89.
5. Crim. 28 mai 2002, nº 01-87.577, NP.
6. Crim. 29 nov. 2017, nº 17-81.574, P nº 276.
7. Crim. 19 févr. 2003, nº 01-88.361, P nº 45 ; *D.* 2003. IR 806 ; *JCP* 2003. IV. 1604.
8. CEDH 27 avr. 2004, *Maat c/France*, req. nº 39001/97 ; *AJ pénal* 2004. 246, obs. J. Leblois-Happe – MAIS LORSQUE le mandat est antérieur au jugement frappé d'opposition, la Cour européenne estime que l'obligation de se constituer prisonnier pour pouvoir former opposition ne constitue pas une entrave au droit d'accès au tribunal : CEDH 16 mai 2002, *Karatas et Sari c/France*, req. nº 38396/97 ; *JCP* 2002. I. 157 ; *D.* 2003. 2400, note Ch. Hugon.
9. SUR l'itératif défaut, v. aussi ss nº 712.71.
10. Crim. 16 nov. 2005, nº 04-87.377, P nº 298 ; *D.* 2006. 100 (v. ss nº 914.01).

914.77 **Renvoi et ordre de recherche.** Aux termes du second alinéa de l'article 494 du code de procédure pénale, en cas de condamnation à une *peine privative de liberté sans sursis*, le tribunal peut ordonner le renvoi de l'affaire à une prochaine audience sans qu'il y ait lieu à délivrance de nouvelles citations et donner l'ordre à la force publique de rechercher et de conduire l'opposant devant le procureur de la République du siège du tribunal qui, soit le fait comparaître à l'audience de renvoi, soit le met en demeure de s'y présenter. Les alinéas suivants prévoient les différentes situations possibles : si l'opposant est trouvé en dehors du ressort du tribunal, il est conduit devant le procureur de la République du lieu de l'arrestation qui le met en demeure de se présenter à l'audience de renvoi.

Dans tous les cas, le procureur de la République dresse procès-verbal de ses diligences et l'opposant ne peut être retenu plus de vingt-quatre heures. En revanche, si les recherches ordonnées sont demeurées sans effet, le tribunal déclare l'opposition non avenue sans nouveau renvoi. Il en est de même si l'opposant, régulièrement mis en demeure, ne comparaît pas. Le recours à la procédure de l'article 494, alinéa 2, est laissé à l'appréciation souveraine des juges du fond[1].

914.78 **Modification de la décision malgré l'itératif défaut.** Depuis la loi du 30 décembre 1985[2], le tribunal correctionnel, saisi sur opposition et constatant un itératif défaut peut néanmoins modifier la décision dans un sens profitable au prévenu. L'article 494-1[3] du code de procédure pénale dispose en effet que : « Dans les cas prévus par les premier à cinquième alinéas de l'article 494 et si des circonstances particulières le justifient, le tribunal peut, par décision spécialement motivée, modifier le jugement frappé d'opposition, sans possibilité d'aggravation de la peine. »

Les dispositions de cet article ne s'appliquent qu'au cas où l'opposition est, conformément aux prévisions des alinéas 1 à 5 de l'article 494 du même code, déclarée non avenue[4]. L'application de ce texte est laissée à l'appréciation du tribunal. La chambre criminelle a eu l'occasion toutefois de rappeler que la juridiction *doit* statuer en ce sens si la première condamnation est illégale : en laissant subsister la condamnation du prévenu à 1 000 francs d'amende pour la contravention de conduite sans permis, alors que ladite contravention, commise le 19 juillet 1992, se trouvait amnistiée par application de l'article 1er de la loi du 3 août 1995[5], la cour d'appel, à qui il appartenait de faire application de l'article 494-1, a méconnu le sens et la portée de ce texte[6]. Une autre décision a également été rendue dans un cas de dépassement du maximum encouru[7].

1. Crim. 22 nov. 1988, n° 88-82.505, NP.
2. L. n° 85-1407, 30 déc. 1985 portant diverses dispositions de procédure pénale et de droit pénal, *JO* 31 déc., p. 15505.
3. C. pr. pén., art. 494-1 ; créé par L. n° 85-1407, 30 déc. 1985, art. 47 et 94.
4. Crim. 8 juin 1989, n° 88-80.027, P n° 247 ; *JCP* 1990. II. 21512, note Y. Picod – Crim. 18 oct. 1990, n° 90-84.638, P n° 348.
5. L. n° 95-884 du 3 août 1995 portant amnistie, *JO* 6 août, p. 11804.
6. Crim. 19 mars 1997, n° 96-85.716, NP.
7. Crim. 18 oct. 1990, n° 90-84.638, préc.

TITRE

92. La procédure devant la chambre des appels correctionnels

SECTION 0

ORIENTEUR

92.00 **Sommaire du titre.**

CHAPITRE

921. Composition de la chambre des appels correctionnels

SECTION 0 ORIENTEUR

921.00 Sommaire du chapitre.

921.01 Principaux textes applicables.

TEXTES SOURCES

• C. pr. pén., art. 398-1, 406, 461-1 à 461-4, 464, 486-1 à 486-5, 503-1, 510-1, 511, 547, 592, D. 45-22 à D. 45-26

• COJ, art. L. 312-3

TEXTES *IN EXTENSO*

• **C. pr. pén., art. 398-1** [mod. par L. nº 2023-22, 24 janv. 2023, art. 9]

Sont jugés dans les conditions prévues au troisième alinéa de l'article 398 les délits suivants, lorsqu'ils sont punis d'une peine inférieure ou égale à cinq ans d'emprisonnement :

1° Les délits ci-après mentionnés, prévus aux dispositions suivantes du code pénal :

– les violences prévues aux articles 222-11, 222-12, 222-13 et 222-14-5 ;

– les appels ou messages malveillants et agressions sonores prévus à l'article 222-16 ;

– les menaces prévues aux articles 222-17 à 222-18-3 ;

– les atteintes involontaires à l'intégrité de la personne prévues aux articles 222-19-1, 222-19-2, 222-20-1 et 222-20-2 ;

– l'exhibition sexuelle prévue à l'article 222-32 ;

– la cession ou l'offre illicite de stupéfiants à une personne en vue de sa consommation personnelle prévues à l'article 222-39 ;

– le délit de risques causés à autrui prévu à l'article 223-1, lorsqu'il est commis à l'occasion de la conduite d'un véhicule ;

– le délit de recours à la prostitution prévu à l'article 225-12-1 ;

– les atteintes à la vie privée et à la représentation de la personne prévues aux articles 226-1 à 226-2-1, 226-3-1, 226-4 à 226-4-2 et 226-8 ;

– les abandons de famille, les violations des ordonnances prises par le juge aux affaires familiales en cas de violences et les atteintes à l'exercice de l'autorité parentale prévus aux articles 227-3 à 227-11 ;

– le vol, la filouterie, et le détournement de gage ou d'objet saisi prévus aux articles 311-3 et 311-4, 313-5, 314-5 et 314-6 ;

– le recel prévu à l'article 321-1 ;

– les destructions, dégradations et détériorations ne présentant pas de danger pour les personnes et l'installation illicite sur un terrain communal prévues aux articles 322-1 à 322-4-1 ;

– les destructions, dégradations et détériorations involontaires par explosion ou incendie prévues à l'article 322-5 ;

– les menaces de destruction, de dégradation ou de détérioration et les fausses alertes prévues aux articles 322-12 à 322-14 ;

– les délits d'accès et de maintien frauduleux dans un système de traitement automatisé de données prévus au premier alinéa de l'article 323-1 ;

– l'intrusion dans un établissement d'enseignement scolaire prévue aux articles 431-22 à 431-25 ;

– les menaces et actes d'intimidation commis contre les personnes exerçant une fonction publique prévus à l'article 433-3 ;

– les outrages et rébellions prévus aux articles 433-5 à 433-10 ;

– l'opposition à l'exécution de travaux publics ou d'utilité publique prévue à l'article 433-11 ;

– les usurpations de fonctions, de signes, de titres et l'usage irrégulier de qualité prévus aux articles 433-12 à 433-18 ;

– les atteintes à l'état civil des personnes prévues aux articles 433-18-1 à 433-21-1 ;

– le délit de fuite prévu à l'article 434-10 ;

– les délits de prise du nom d'un tiers ou de fausse déclaration relative à l'état civil d'une personne prévus à l'article 434-23 ;

– les atteintes au respect dû à la justice prévues aux articles 434-24, 434-26, 434-35, 434-35-1 et 434-38 à 434-43-1 ;

– les faux prévus aux articles 441-1 à 441-3, 441-5 et 441-6 à 441-8 ;

– la vente à la sauvette prévue aux articles 446-1 et 446-2 ;

– les sévices graves ou actes de cruauté envers les animaux prévus aux articles 521-1 et 521-2 ;

2° Les délits prévus par le code de la route ;

3° Les délits en matière de chèques prévus aux articles L. 163-2, L. 163-3 et L. 163-7 du code monétaire et financier ;

4° Les délits en matière de réglementations relatives aux transports prévus aux quatre premières parties du code des transports ;

5° Les délits de port ou transport d'armes de la catégorie D figurant sur une liste fixée par un décret en Conseil d'État prévus par l'article L. 317-8 du code de la sécurité intérieure ;

6° Les délits prévus par le code de l'environnement en matière de chasse, de pêche en eau douce, de protection du patrimoine naturel, ainsi que par le titre VIII du livre V du même code ;

7° Les délits prévus par le code forestier et par le code de l'urbanisme ;

7° *bis* (Abrogé)

8° Les délits prévus par le code de la construction et de l'habitation ;

9° Les délits prévus par le code rural et de la pêche maritime en matière de garde et de circulation des animaux et de pêche maritime ;

10° Les délits prévus aux articles L. 335-2, L. 335-3 et L. 335-4 du code de la propriété intellectuelle, lorsqu'ils sont commis au moyen d'un service de communication au public en ligne ;

10° *bis* Les délits prévus à l'article L. 3136-1 du code de la santé publique, à l'article 1er de la loi n° 2021-689 du 31 mai 2021 relative à la gestion de la sortie de crise sanitaire ainsi qu'aux articles 9 et 16 de la loi n° 2021-1040 du 5 août 2021 relative à la gestion de la crise sanitaire ;

11° Le délit d'usage de stupéfiants prévu à l'article L. 3421-1 du code de la santé publique ainsi que le délit prévu à l'article 60 *bis* du code des douanes.

Pour l'appréciation du seuil de cinq ans d'emprisonnement mentionné au premier alinéa du présent article, il n'est pas tenu compte des aggravations résultant de l'état de récidive ou des dispositions des articles 132-76, 132-77 ou 132-79 du code pénal.

Sont également jugés dans les conditions prévues au troisième alinéa de l'article 398 du présent code les délits pour lesquels une peine d'emprisonnement n'est pas encourue, à l'exception des délits de presse.

Toutefois, le tribunal statue obligatoirement dans les conditions prévues par le premier alinéa de l'article 398 lorsque le prévenu est en état de détention provisoire lors de sa comparution à l'audience ou lorsqu'il est poursuivi selon la procédure de comparution immédiate. Il statue également dans les conditions prévues par le premier alinéa de l'article 398 pour le jugement des délits prévus au présent article lorsque ces délits sont connexes à d'autres délits non prévus par cet article.

• **C. pr. pén., art. 406** [mod. par L. n° 2014-535, 27 mai 2014, art. 8]

Le président ou l'un des assesseurs, par lui désigné, après avoir, s'il y a lieu, informé le prévenu de son droit d'être assisté par un interprète, constate son identité et donne connaissance de l'acte qui a saisi le tribunal. Il informe le prévenu de son droit, au cours des débats, de faire des déclarations, de répondre aux questions qui lui sont posées ou de se taire. Il constate aussi s'il y a lieu la présence ou l'absence de la personne civilement responsable, de la partie civile, des témoins, des experts et des interprètes.

• **C. pr. pén., art. 503-1**

* V. ss n° 913.01

• **C. pr. pén., art. 510** [mod. par L. n° 2020-1672, 24 déc. 2020, art. 26]

La chambre des appels correctionnels est composée d'un président de chambre et de deux conseillers.

Toutefois, lorsque le jugement attaqué a été rendu selon les modalités prévues au troisième alinéa de l'article 398 ou selon celles prévues à l'avant-dernier alinéa de l'article 464, la chambre des appels correctionnels est composée d'un seul de ces magistrats exerçant les pouvoirs confiés au président de chambre, sauf si le prévenu est en détention provisoire pour les faits qui lui sont reprochés ou si l'appelant demande expressément que l'affaire soit examinée par une formation collégiale ; cette demande peut être formée pendant un délai d'un mois à compter de la déclaration d'appel. La chambre des appels correctionnels ainsi composée ne peut alors prononcer une peine d'emprisonnement ferme d'une durée supérieure à cinq ans. Elle peut toutefois, si ce renvoi lui paraît justifié en raison de la complexité des faits ou en raison de l'importance de la peine susceptible d'être prononcée, décider, d'office ou à la demande des parties ou du ministère public, de renvoyer l'affaire devant la chambre des appels correctionnels siégeant en formation collégiale.

Les fonctions du ministère public sont exercées par le procureur général ou par l'un de ses avocats généraux ou de ses substituts ; celles du greffe par un greffier de la cour d'appel.

• **C. pr. pén., art. 511**

Le nombre et le jour des audiences correctionnelles sont fixés à la fin de chaque année judiciaire pour l'année judiciaire suivante par une décision conjointe du premier président et du procureur général prise après avis de l'assemblée générale de la cour d'appel.

En cas de nécessité, cette décision peut être modifiée dans les mêmes conditions en cours d'année.

En cas d'impossibilité de parvenir à une décision conjointe, le nombre et le jour des audiences correctionnelles sont fixés par le seul premier président.

• **C. pr. pén., art. 547**

L'appel des jugements de police est porté à la cour d'appel.

Cet appel est interjeté dans les délais prévus par les articles 498 à 500.

L'appel est suivi et jugé dans la même forme que les appels des jugements correctionnels. La cour est cependant composée du seul président de la chambre des appels correctionnels, siégeant à juge unique.

Les articles 502 à 504, alinéas 1er et 2, sont applicables à l'appel des jugements de police.

• **C. pr. pén., art. 592**

Ces décisions sont déclarées nulles lorsqu'elles ne sont pas rendues par le nombre de juges prescrit ou qu'elles ont été rendues par des juges qui n'ont pas assisté à toutes les audiences de la cause. Lorsque plusieurs audiences ont été consacrées à la même affaire, les juges qui ont concouru à la décision sont présumés avoir assisté à toutes ces audiences.

Ces décisions sont également déclarées nulles lorsqu'elles ont été rendues sans que le ministère public ait été entendu.

Sont, en outre, déclarées nulles les décisions qui, sous réserve des exceptions prévues par la loi, n'ont pas été rendues ou dont les débats n'ont pas eu lieu en audience publique.

• **C. pr. pén., art. D. 45-22** [mod. par décr. n° 2020-91, 6 févr. 2020, art. 5]

Lorsque le prévenu déclare limiter, conformément au deuxième alinéa de l'article 502, la portée de son appel sur l'action publique aux peines prononcées, à certaines d'entre elles ou à leurs modalités d'application, le formulaire de la déclaration d'appel faite en application des articles 502 ou 503 doit comporter une mention informant l'appelant de son droit de revenir sur cette limitation, par une déclaration complémentaire, dans le mois suivant l'acte d'appel et selon les modalités prévues au premier et troisième alinéas de l'article 502 ou au premier et deuxième alinéas de l'article 503.

Cette mention précise que si la limitation de la portée de l'appel sur l'action publique aux peines prononcées n'a pas été faite par l'avocat du prévenu ou par le prévenu en présence de son avocat, le prévenu pourra également revenir sur cette limitation à l'audience.

Lorsque la déclaration d'appel est faite par le prévenu en personne, elle précise si elle a été faite en présence ou non de son avocat.

La limitation de l'appel du prévenu conformément au premier alinéa est sans effet si le ministère public forme appel sur l'ensemble de la décision rendue sur l'action publique, y compris lors d'un appel incident. Si le prévenu revient sur la limitation de son appel dans le délai d'un mois, les parties disposent d'un nouveau délai de cinq jours pour former appel incident.

• **C. pr. pén., art. D. 45-23** [créé par décr. n° 2019-508, 24 mai 2019, art. 4]

Lorsque le prévenu, la partie civile ou la personne civilement responsable forme appel, à titre principal ou incident, contre un jugement qui a été rendu par le tribunal correctionnel composé de son seul président et que l'appel doit être examiné par la chambre des appels correctionnels de la cour d'appel composée de son seul président en application du deuxième alinéa de l'article 510, le formulaire de la déclaration d'appel faite en application des articles 502 ou 503 doit comporter une mention informant la partie appelante de son droit de demander, conformément au deuxième alinéa de l'article 510, par une déclaration complémentaire dans le mois suivant l'acte d'appel et selon les modalités prévues au premier et troisième alinéas de l'article 502 ou au premier et deuxième alinéas de l'article 503, que l'appel soit examiné par une formation collégiale.

Si cette mention ne figure pas dans la déclaration d'appel, le président de la chambre des appels correctionnels de la cour d'appel doit, en début d'audience, informer la partie appelante de son droit de demander le renvoi de l'affaire à une formation collégiale.

• **C. pr. pén., art. D. 45-24** [créé par décr. n° 2019-508, 24 mai 2019, art. 4]

Si l'appel est formé par le ministère public, celui-ci peut également indiquer dans sa déclaration d'appel ou dans un délai d'un mois après cette déclaration qu'il demande que l'appel soit examiné par une formation collégiale.

• **C. pr. pén., art. D. 45-25** [créé par décr. n° 2019-508, 24 mai 2019, art. 4]

Dans les cas prévus par les articles D. 45-22 et D. 45-23, une copie de la déclaration d'appel est remise à l'appelant.

Dans les cas prévus par les articles D. 45-22, D. 45-23 et D. 45-24, la déclaration d'appel et le dossier de la procédure peuvent, sauf en cas d'urgence, être transmis à la cour d'appel à l'expiration d'un délai d'un mois à compter de l'acte d'appel, avec, s'il y a lieu, la déclaration complémentaire revenant sur la limitation de l'appel ou demandant un examen collégial.

• **C. pr. pén., art. D. 45-26** [créé par décr. n° 2020-81, 3 févr. 2020, art. 6]

La déclaration d'appel formée par une personne détenue en application de l'article 503 est transmise le jour même ou le premier jour ouvrable suivant par le chef de l'établissement pénitentiaire au greffe de la juridiction qui a rendu la décision attaquée.

Il en est de même d'une déclaration complémentaire faite par la personne détenue dans le mois suivant son appel en application des articles D. 45-22 ou D. 45-23.

• **C. pr. pén., art. D. 46** [mod. par décr. n° 2020-81, 3 févr. 2020, art. 6]

Lorsque la chambre des appels correctionnels décerne un mandat de dépôt à effet différé, le procureur général dispose des mêmes prérogatives que le procureur de la République.

Si la date fixée pour l'incarcération est portée à la connaissance du condamné à l'issue de l'audience, il délivre l'ordre de mise à exécution de ce mandat prévu par l'article D. 48-2-5.

Dans le cas contraire, il peut saisir le procureur de la République du tribunal judiciaire dans le ressort duquel réside le condamné pour mise à exécution du mandat.

• **COJ, art. L. 312-3**

Les avocats dans l'ordre du tableau peuvent être appelés à suppléer les conseillers pour compléter la cour d'appel.

Toutefois, la formation de jugement de la cour d'appel ne peut comprendre, en matière pénale, une majorité de juges non professionnels.

921.02 **Jurisprudence de référence.**

> Encourt la cassation l'arrêt qui énonce qu'il a été lu par un conseiller, alors que ce magistrat n'entrait pas dans la composition de la cour d'appel à cette audience

• **Crim. 4 oct. 1989,** n° 88-87.435, P n° 339

* V. s^s n° 921.11.

« Attendu que tout jugement ou arrêt doit établir la régularité de la composition de la juridiction qui l'a rendu ;

Attendu que l'arrêt attaqué énonce qu'il a été lu à l'audience du 22 novembre 1988 par M. Chauvel, conseiller, alors que la cour d'appel était composée à ladite audience de Mme Cadenat, de M. Guillou et de M. Vimont, avocat appelé à compléter la juridiction en l'absence de tout autre magistrat disponible ;

Mais attendu qu'en l'état de ces mentions contradictoires la Cour de cassation n'est pas en mesure de s'assurer de la régularité de la composition de la juridiction ;

D'où il suit que la cassation est encourue ;

Par ces motifs, et sans qu'il y ait lieu d'examiner le premier et le troisième moyens de cassation :

CASSE ET ANNULE [...]. »

> Il résulte des articles 510 et 592 du code de procédure pénale que la chambre des appels correctionnels est composée, même lorsqu'elle statue sur les seuls intérêts civils, d'un président de chambre et de deux conseillers, qui doivent assister à toutes les audiences au cours desquelles la cause est instruite, plaidée ou jugée ; ces règles sont d'ordre public, les parties ne pouvant y renoncer

• **Crim. 1er févr. 2000,** n° 99-80.533, P n° 50

* V. s^s n°s 921.21 et 921.26.

« Vu les articles 510 et 592 du code de procédure pénale ;

Attendu qu'il résulte de ces textes que la chambre des appels correctionnels est composée, même lorsqu'elle statue sur les seuls intérêts civils, d'un président de chambre et de deux conseillers, qui doivent assister à toutes les audiences au cours desquelles la cause est instruite, plaidée ou jugée ; que ces règles sont d'ordre public, les parties ne pouvant y renoncer ;

Attendu que l'arrêt attaqué mentionne qu'un conseiller rapporteur a entendu seul les plaidoiries, les avocats ne s'y étant pas opposés, et qu'il en a rendu compte à la cour d'appel dans son délibéré ;

Mais attendu qu'en cet état, la juridiction du second degré a violé les textes susvisés ;

Que la cassation est, dès lors, encourue ;

Par ces motifs, et sans qu'il y ait lieu d'examiner le second moyen de cassation proposé ;

CASSE ET ANNULE [...]. »

> Lorsque le jugement attaqué a été rendu à juge unique, il en est de même en cause d'appel sauf si l'appelant demande expressément que l'affaire soit examinée par une formation collégiale. Le demandeur ne peut invoquer son défaut d'information lorsqu'il était assisté à l'audience par un avocat

• **Crim. 1er sept. 2020,** n° 19-87.829, P

* V. s^s n° 921.24.

« 5. Les dispositions de l'article 510, issues de la loi n° 2019-222 du 23 mars 2019, sont applicables à la répression des infractions commises avant leur entrée en vigueur au 1er juin 2019, s'agissant de dispositions fixant les modalités des poursuites et les formes de la procédure.

6. Il en résulte que lorsque le jugement attaqué a été rendu selon les modalités prévues au troisième alinéa de l'article 398 ou selon celles prévues au troisième alinéa de l'article 464, la chambre des appels correctionnels est composée d'un seul de ces magistrats exerçant les pouvoirs confiés au président de chambre, sauf si l'appelant demande expressément que l'affaire soit examinée par une formation collégiale.

7. L'article D. 45-23 du code de procédure pénale précise que le président de la chambre des appels correctionnels de la cour d'appel doit, en début d'audience, informer la partie appelante de son droit de demander le renvoi de l'affaire à une formation collégiale, lorsque celle-ci n'a pu en être informée dans le formulaire de la déclaration d'appel.

8. Cependant, le demandeur ne saurait se faire un grief de ce qu'il n'a pas reçu cette information, dès lors qu'il était assisté de son avocat à l'audience du 20 novembre 2019.

9. Ainsi, le moyen n'est pas fondé. »

921.03 **Bibliographie indicative.**

Encyclopédies. Rép. pén., *V° Appel*, n°s 99 s., par J.-M. Coulon – J.-Cl. Pr. pén., « Cour d'appel en matière correctionnelle », par D. Guirimand.

SECTION 1
DISPOSITIONS GÉNÉRALES

921.11 **Dispositions d'ordre public.** Les règles relatives à la composition des juridictions sont d'ordre public et, en conséquence, les arrêts rendus par la chambre des appels correctionnels doivent contenir la preuve de la composition régulière de la juridiction dont il émane[1].

921.12 **Nullité de l'arrêt.** L'article 592 du code de procédure pénale dispose que les jugements et arrêts rendus en dernier ressort par les juridictions de jugement sont déclarés nuls lorsqu'ils ne sont pas rendus par le nombre de juges prescrit ou rendus par des juges qui n'ont pas assisté à toutes les audiences de la cause. Doit être cassé l'arrêt d'une cour d'appel qui constate qu'il a été rendu par un seul magistrat[2]. De même, doit être cassé l'arrêt qui énonce qu'il a été lu par un conseiller, alors que ce magistrat n'entrait pas dans la composition de la cour à l'audience[3]. Surtout, la censure peut être ordonnée

1. Crim. 4 oct. 1989, n° 88-87.435, P n° 339 (v. s^s n° 921.01).
2. Crim. 12 juin 1956, P n° 457 : cette jurisprudence n'est plus tout à fait exacte aujourd'hui.
3. Crim. 4 oct. 1989, n° 88-87.435, P n° 339 – Crim. 20 déc. 2000, n° 00-86.219, P n° 384.

si la décision ne comporte pas les indications nécessaires à pouvoir contrôler la composition de la juridiction [1]. Ces décisions sont également déclarées nulles lorsqu'elles ont été rendues sans que le ministère public ait été entendu. Sont, en outre, déclarées nulles les décisions qui, sous réserve des exceptions prévues par la loi, n'ont pas été rendues ou dont les débats n'ont pas eu lieu en audience publique. L'article 592 n'est pas applicable lorsque la cause a seulement été renvoyée à une audience ultérieure [2]. Il n'est pas non plus applicable lorsque c'est un jugement avant dire droit ayant ordonné un supplément d'information qui a été rendu lors de la première audience [3]. Les décisions rendues en dernier ressort par les juridictions de jugement sont déclarées nulles lorsqu'elles ont été rendues par des juges qui n'ont pas assisté à toutes les audiences de la cause, et, dès lors que l'un des conseillers ne faisait plus partie de la juridiction au moment de la prorogation du délibéré, l'arrêt ne satisfait pas, en la forme, aux conditions essentielles de son existence légale [4].

921.13 Présomption de régularité. Dès qu'un magistrat a été nommé et installé dans ses fonctions de président ou de conseiller à la cour, il doit être considéré comme ayant une aptitude légale à les exercer [5].

Lorsque plusieurs audiences ont été consacrées à la même affaire, les juges qui ont concouru à la décision sont présumés avoir assisté à toutes ces audiences. Mais la présomption prévue par l'article 592 du code de procédure pénale ne s'appliquant pas lorsque l'un des juges a été remplacé à l'une des audiences par suite d'un empêchement, la composition différente de la cour d'appel aux deux audiences d'une cause entraîne la nullité de l'arrêt lorsqu'il ne résulte pas de ses mentions qu'à la seconde audience les débats, après un nouveau rapport, ont été entièrement recommencés devant la nouvelle formation chargée d'en délibérer [6].

Dès lors que le procès-verbal des débats constate la publicité de la première audience, il y a présomption, à défaut de constatation contraire, que la publicité s'est prolongée pendant toute l'affaire [7].

Lorsque l'arrêt ne précise pas la composition de la cour lors des débats et du délibéré, mais énonce seulement que l'arrêt a été rendu « la cour autrement composée », la présomption instituée par l'article 592 ne joue pas [8]. De même, doit également être cassé l'arrêt faisant état, pour l'audience des débats et celle du prononcé de la décision, de deux compositions différentes, sans mentionner une reprise des débats, ni indiquer qu'il a été fait usage des dispositions de l'article 485 du code de procédure pénale permettant la lecture de la décision par un seul des magistrats ayant concouru à celle-ci [9].

921.14 Nombre et jour des audiences [10]. L'article 511 du code de procédure pénale dispose que : « le nombre et le jour des audiences correctionnelles sont fixés à la fin de chaque année judiciaire pour l'année judiciaire suivante par une décision conjointe du premier président et du procureur général prise après avis de l'assemblée générale de la cour d'appel. En cas de nécessité, cette décision peut être modifiée dans les mêmes conditions en cours d'année. En cas d'impossibilité de parvenir à une décision conjointe, le nombre et le jour des audiences correctionnelles sont fixés par le seul premier président ».

SECTION 2
MAGISTRATS DU SIÈGE

921.21 Composition. Collégialité. Juge unique. Dispositions applicables avant la loi du 23 mars 2019. Initialement composée de cinq magistrats du siège, la chambre des appels correctionnels a été réduite à trois magistrats par le décret du 25 juin 1934 [11]

La chambre criminelle a décidé que la procédure pénale relevant du domaine de la loi selon l'article 34 de la Constitution, la méconnaissance éventuelle des dispositions réglementaires du code de l'organisation judiciaire est sans incidence sur la régularité de la composition de la chambre correctionnelle d'une cour d'appel, et ne pouvait entraîner la nullité des décisions rendues [12]. On retrouve ici un certain nombre de règles applicables à la première instance.

Ainsi, il est prévu par l'article L. 312-3 [13] du code de l'organisation judiciaire que les avocats, dans

1. Cass. 20 juin 1946, P n° 144 – Crim. 26 juin 1963, n° 63-12.000, P n° 229 – Crim. 7 févr. 1968, *[*]*, P n° 61 – Crim. 15 nov. 1973, n° 72-93.425, P n° 420 – Crim. 24 mai 2011, n°s 10-81.054, 10-87.002, P n° 105.
2. Crim. 30 oct. 1962, P n° 300 ; *D.* 1963. Somm. 34 – Crim. 1er févr. 1972, n° 71-91.328, P n° 40.
3. Crim. 20 janv. 1992, n° 91-81.939, P n° 19.
4. Crim. 23 janv. 2019, n° 18-82.047, P n° 24 ; *Procédures* 2019, comm. 135, obs. A.-S. Chavent-Leclère ; *JCP* 2019. 201.
5. Crim. 24 nov. 1960, P n° 550.
6. Crim. 26 sept. 2006, n° 05-87.568, P n° 238 ; *AJ pénal* 2006. 458.
7. Crim. 14 déc. 1988, n° 88-81.236, P n° 431.
8. Crim. 9 févr. 1988, n° 87-82.786, P n° 64.
9. Crim. 3 juill. 1987, n° 86-96.831, P n° 286.
10. V. AUSSI s^{s} n°s 111.41 s.
11. Décr.-loi, 25 juin 1934 organisation judiciaire, *JO* 26 juin, p. 6314.
12. Crim. 3 avr. 1996, n° 95-81.756, P n° 153.
13. COJ, art. L. 312-3 ; mod. par L. n° 2011-94, 25 janv. 2011, art. 32.

l'ordre du tableau, peuvent être appelés à suppléer les conseillers pour compléter la cour d'appel.

Il est précisé également que la formation de jugement de la cour d'appel ne peut comprendre, en matière pénale, une majorité de juges non professionnels. Seul un avocat faisant partie du barreau institué auprès de la juridiction qui statue a qualité pour siéger[1]. La décision de la cour d'appel qui mentionne qu'un des conseillers assesseurs empêchés a été remplacé par l'avocat le plus ancien, sans que l'arrêt constate le barreau d'appartenance de cet avocat, ni l'empêchement de tous les magistrats de la cour d'appel, en l'absence de contestation des avocats des parties, suffit à établir la régularité de la composition de la cour d'appel[2]. Dès lors que l'arrêt attaqué énonce que la chambre correctionnelle de la cour d'appel était composée de trois conseillers, le premier nommé étant dit « faire fonction de président », il s'en déduit que celui-ci a été régulièrement appelé à présider en l'empêchement du président titulaire et que se trouvent respectées les dispositions édictées par l'article 510[3].

Avant la loi du 23 mars 2019, il n'existait que de rares exceptions au principe de collégialité. Aux termes de l'article 510 du code de procédure pénale, la chambre des appels correctionnels est composée d'un président de chambre et de deux conseillers. Le principe de la collégialité était, également applicable lorsque la chambre des appels correctionnels statuait sur les seuls intérêts civils alors même que, depuis la loi du 9 mars 2004[4], le tribunal correctionnel est composé du seul président siégeant à juge unique lorsqu'il statue uniquement sur les intérêts civils[5] [6]. La chambre criminelle a rappelé que ces règles étaient d'ordre public et que les parties ne pouvaient y renoncer. Il résulte des articles 510 et 592 du Code de procédure pénale que la chambre des appels correctionnels, même lorsqu'elle statue sur les seuls intérêts civils, est composée d'un président de chambre et de deux conseillers, qui doivent assister à toutes les audiences au cours desquelles la cause est instruite, plaidée ou jugée ; ces règles étant d'ordre public, les parties ne peuvent y renoncer[7].

921.22 Juge unique. Appel d'une décision du tribunal de police. La cour est composée du seul président de la chambre des appels correctionnels, siégeant à juge unique lors de l'appel d'un jugement de police[8]. Il en était ainsi que le jugement ait été rendu par le tribunal de police ou la juridiction de proximité[9]. Méconnaît cette disposition l'arrêt qui mentionne que la cour d'appel était composée de trois magistrats[10]. Lorsqu'elle est composée, par application de l'article 547 du code de procédure pénale, de son seul président de chambre, la chambre des appels correctionnels peut, en cas d'empêchement de ce magistrat, être présidée par le conseiller qui a été désigné pour le remplacer par le premier président de la cour d'appel[11].

921.23 Juge unique. Appel d'une décision rendue par le tribunal correctionnel siégeant à juge unique. Loi du 23 mars 2019. Jusqu'à l'entrée en vigueur de la loi du 23 mars 2019, l'article 510 du code de procédure pénale indiquait seulement que la chambre des appels correctionnels était composée d'un président de chambre et de deux conseillers et que les fonctions du ministère public étaient exercées par le procureur général ou par l'un de ses avocats généraux ou de ses substituts ; celles du greffe par un greffier de la cour d'appel.

Depuis l'entrée en vigueur de la loi précitée, cet article a été complété par un alinéa qui expose que toutefois, lorsque le jugement attaqué a été rendu selon les modalités prévues au troisième alinéa de l'article 398 ou selon celles prévues au troisième alinéa de l'article 464, la chambre des appels correctionnels est composée d'un seul de ces magistrats exerçant les pouvoirs confiés au président de chambre, sauf si le prévenu est en détention provisoire pour les faits qui lui sont reprochés ou si l'appelant demande expressément que l'affaire soit examinée par une formation collégiale. La chambre des appels correctionnels ainsi composée ne peut alors prononcer une peine d'emprisonnement ferme d'une durée supérieure à cinq ans. Elle peut toutefois, si ce renvoi lui paraît justifié en raison de la complexité des faits ou en raison de l'importance de la peine susceptible d'être prononcée, décider, d'office ou à la demande des parties ou du ministère public, de renvoyer l'affaire devant la chambre des appels correctionnels siégeant en formation collégiale. C'est donc l'introduction d'une véritable juridiction

1. Crim. 3 juin 1991, n° 89-86.573, P n° 235.
2. Crim. 13 juin 1996, n° 95-85.020, P n° 254.
3. Crim. 24 oct. 1988, n° 87-91.203, P n° 360 – Crim. 27 juin 1990, n° 89-85.602, P n° 266.
4. L. n° 2004-204, 9 mars 2004 portant adaptation de la justice aux évolutions de la criminalité, *JO* 10 mars, p. 4567.
5. C. pr. pén., art. 464, al. 4.
6. Crim. 1er févr. 2000, n° 99-80.533, P n° 50 ; *Dr. pénal* 2000, comm. 92, note A. Maron – Crim. 5 mai 2009, n° 08-84.658, NP – Crim. 22 mars 2016, n° 15-83.834, P n° 95 – Crim. 28 nov. 2017, n° 17-80.416, P+B ; *JCP* 2017. 1372, Veille par Ph. Collet.
7. Crim. 5 déc. 2017, n° 17-80.688, P ; *D.* 2017. 2537 ; *JCP* 2018, 106 ; *Dr. pénal* 2018, comm. 18, A. Maron et M. Haas ; *RSC* 2018. 125, obs. R. Parizot ; *Procédures* 2018, comm 56, A.-S. Chavent-Leclère.
8. C. pr. pén., art. 547.
9. Crim. 14 juin 2006, n° 05-84.266, P n° 180 ; *AJ pénal* 2006. 417 ; *AJ pénal* 2006. 457 – Crim. 11 oct. 2006, n° 05-84.946, P n° 249.
10. Crim. 14 juin 2006, n° 05-84.266, préc.
11. Crim. 5 oct. 2004, n° 04-84.056, P n° 231 ; *AJ pénal* 2005. 32, obs. J. Coste.

à juge unique en cause d'appel. En effet, le troisième alinéa de l'article 398 renvoie aux jugements des délits énumérés à l'article 398-1 du code de procédure pénale dont la liste a d'ailleurs été élargie par la loi du 23 mars 2019[1].

Le texte ne renvoie pas à l'article 398-1 du code de procédure pénale ; en conséquence, ce n'est pas la qualification du délit qui détermine la compétence du juge d'appel mais seulement le fait que le prévenu ait été jugé en juge unique en premier ressort. Ainsi, lorsque la qualification entre dans le champ de la compétence du juge unique défini par l'article 398-1 mais que le tribunal a pris l'affaire en formation collégiale, soit parce que le prévenu était alors en détention, soit parce que l'affaire a été poursuivie en comparution immédiate, soit parce que l'affaire présentait une complexité justifiant la collégialité, l'appel ne pourra être évoqué en juge unique.

Il convient de noter que lorsque la juridiction statue dans cette composition elle ne peut pas prononcer de peine supérieure à cinq ans d'emprisonnement ferme. La compétence du juge unique en appel sera cependant exclue si le prévenu est en détention provisoire pour les faits qui lui sont reprochés, ou si l'appelant demande expressément que l'affaire soit examinée par une formation collégiale.

Comme c'est le cas en premier ressort, le juge unique peut, si ce renvoi lui paraît justifié en raison de la complexité des faits ou en raison de l'importance de la peine susceptible d'être prononcée, décider, d'office ou à la demande des parties ou du ministère public, de renvoyer l'affaire devant la chambre des appels correctionnels siégeant en formation collégiale.

Selon l'article D. 45-23 du code de procédure pénale, issu du décret n° 2019-508 du 24 mai 2019, lorsqu'il est formé appel par une partie contre un jugement qui a été rendu par le tribunal correctionnel composé de son seul président et que l'appel doit être examiné par la chambre des appels correctionnels de la cour d'appel composée de son seul président en application du deuxième alinéa de l'article 510, le formulaire de la déclaration d'appel faite en application des articles 502 ou 503 doit comporter une mention informant celle-ci de son droit de demander, *au plus tard dans un délai d'un mois à compter de l'acte d'appel* et selon les modalités prévues au premier et troisième alinéas de l'article 502 ou au premier et deuxième alinéa de l'article 503, que l'appel soit examiné par une formation collégiale. Si cette mention ne figure pas dans la déclaration d'appel, le président de la chambre des appels correctionnels de la cour d'appel doit, en début d'audience, informer la partie de son droit de demander le renvoi de l'affaire à une formation collégiale. Le ministère public est également tenu par un délai d'un mois[2]. Lorsqu'un jugement a été rendu par le tribunal correctionnel statuant à juge unique, la chambre des appels correctionnels est composée d'un seul conseiller, sauf si le prévenu est en détention provisoire pour les faits qui lui sont reprochés ou si l'appelant demande expressément que l'affaire soit examinée par une formation collégiale. Encourt dès lors la cassation l'arrêt de la cour d'appel statuant à juge unique alors que le prévenu avait expressément demandé que son affaire soit examinée par une formation collégiale [3]

Par ailleurs, l'article 512 du code de procédure pénale qui prévoit, sous réserve des dérogations prévues par les articles suivants, que les règles édictées pour le tribunal correctionnel sont applicables devant la cour d'appel, a été complété par la loi du 23 mars 2019 afin de préciser qu'étaient également applicables les dispositions de l'alinéa 3 de l'article 464. Cet alinéa dispose que le tribunal correctionnel « a aussi la faculté, s'il ne peut se prononcer en l'état sur la demande en dommages-intérêts, d'accorder à la partie civile une provision, exécutoire nonobstant opposition ou appel ». Il faut lire la circulaire et les travaux parlementaires pour s'apercevoir que le législateur a commis une erreur de renvoi qui devrait pouvoir être réparée promptement : ce n'est pas l'alinéa 3 qui était visé mais le suivant, selon lequel, en cas de renvoi de l'affaire pour statuer sur l'action civile, l'examen du dossier s'effectue à juge unique, par la juridiction composée de son seul président, la présence du ministère public étant facultative. Les intérêts civils relèvent donc désormais du juge unique que ce soit en premier ou en second ressort.

L'article 510 du code de procédure pénale n'a été modifié par la loi du 24 décembre 2020[4] qu'en rapport avec le renvoi à l'article 464, qui est passé du 3e alinéa à l'avant-dernier.

921.24 Juge unique en appel : application de la loi dans le temps. Selon la circulaire du 27 mai 2019[5], « Il convient de considérer que les disposi-

1. Sur le développement du juge unique, v. aussi s^s n° 113.91.

2. C. pr. pén., art. D. 45.24.
3. Crim. 14 déc. 2022, n° 22-80.249, B ; *Dr. pénal* 2023, comm. 28, A. Maron et M. Haas ; *Procédures* 2023, comm. 53, A.-S. Chavent-Leclère.
4. L. n° 2020-1672, 24 déc. 2020 relative au Parquet européen, à la justice environnementale et à la justice pénale spécialisée, *JO* 26 déc., n° 4.
5. Circ. CRIM, 27 mai 2019 relative à la présentation des dispositions de procédure pénale de la loi n° 2019-222 du 23 mars 2019 de programmation 2018-2022 et de réforme pour la justice relatives au jugement applicables au 1er juin 2019 (CRIM/2019-13/H2/27.05.2019, n° 1.3 2).

tions de la loi du 23 mars 2019 prévoyant l'examen en appel à juge unique des délits jugés à juge unique en première instance, sauf si la personne est détenue ou demande la collégialité, constituent une loi de procédure pénale fixant les modalités des poursuites et les formes de la procédure, relative en l'espèce à la composition d'une juridiction, relevant du 2° de l'article 112-2 du code pénal, et qui est donc immédiatement applicable aux procédures en cours, et non une loi de compétence et d'organisation judiciaire relevant du 1° de cet article, qui ne s'applique pas si est déjà intervenu un jugement sur le fond en première instance ».

Il en résulte qu'à compter du 1er juin 2019, tous les dossiers ayant été jugés en juge unique en première instance doivent être examinés en appel par un juge unique, sauf si l'appelant est détenu ou demande un examen par la collégialité.

Puisque, par définition, l'appel ayant été formé avant le 1er juin 2019, l'appelant n'a pas été en mesure de demander à ce moment un examen par la collégialité, et que le formulaire de déclaration d'appel n'a pu, conformément au nouvel article D. 45-23, informer la personne de son droit de faire cette demande pendant un délai d'un mois, cette demande pourra être faite à l'audience, et le président devra en informer l'appelant.

Il conviendra en pratique, pour les dossiers déjà audiencés devant des formations collégiales, que le président de la chambre demande en début d'audience à l'appelant s'il sollicite le recours à la collégialité, et en cas de réponse négative, qui devra être mentionnée dans la décision, l'affaire devra être jugée sans les conseillers assesseurs ».

La circulaire du 2 août 2019 souligne, quant à elle, que si les appels des jugements rendus à juge unique doivent être en principe examinés à juge unique depuis le 1er juin 2919, comme le rappelle la circulaire du 27 mai 2019, ils devront toutefois être examinés par la formation collégiale de la cour s'ils portent sur des délits qui, à compter du 1er septembre, ne relèvent plus de la compétence du juge unique[1]. Cette position a été confortée par la chambre criminelle.

Les dispositions de l'article 510 issues de la loi n° 2019-222 du 23 mars 2019, sont applicables à la répression des infractions commises avant son entrée en vigueur, s'agissant de dispositions fixant les modalités de poursuite et les formes de procédure. Il en résulte que lorsque le jugement de première instance a été rendu par un juge unique, la chambre des appels correctionnels est composée par un seul de ses magistrats, sauf demande expresse de l'appelant tendant à l'examen de l'affaire en collégialité[2]. L'intéressé doit être avisé de ce droit en début d'audience lorsque cette mention ne figure pas dans le formulaire de déclaration d'appel (C. pr. pén., art. D. 45-23). Cependant, le demandeur ne saurait de faire un grief de ce qu'il n'a pas reçu cette information dès lors qu'il était assisté d'un avocat au cours de l'audience. Dès lors que le tribunal correctionnel a siégé en formation collégiale pour statuer sur une infraction ne figurant pas dans la liste prévue par l'article 398-1 du code de procédure pénale, la cour d'appel, bien que siégeant le 25 juin 2019 soit après la date d'entrée en vigueur de la loi n° 2019-222 du 23 mars 2019 ayant modifié les dispositions de l'article 510 du code de procédure pénale, ne pouvait statuer à juge unique, bien que n'ait été en cause, du fait de l'appel de la seule partie civile, que l'action civile[3].

En statuant à juge unique sur l'appel d'un jugement du tribunal correctionnel, le juge d'appel a justifié sa décision dès lors que les dispositions de l'article 510 du C. pr. pén., issues de la loi n° 2019-222 du 23 mars 2019, sont applicables à la répression des infractions commises avant leur entrée en vigueur, s'agissant de dispositions fixant les modalités des poursuites et les formes de la procédure[4]. En tout état de cause, la juridiction du second degré qui statue sur appel d'un jugement rendu en formation collégiale ne peut statuer à juge unique[5]. S'il est en effet possible de juger en collégialité des affaires initialement jugées en juge unique en premier ressort, il n'est pas possible de juger en appel, à juge unique, une affaire jugée en collégialité en première instance.

921.25 **Présence du conseiller rapporteur.** Aux termes de l'article 513 du code de procédure pénale, l'appel est jugé à l'audience sur le rapport oral d'un conseiller. Celui-ci doit donc obligatoirement faire partie de la formation juridictionnelle qui rend la décision[6]. Aux fins de vérifier le respect de cette règle, le nom du conseiller ayant procédé au rapport doit figurer dans l'arrêt. Il résulte de l'article 513 que le conseiller qui a présenté le rapport dans une affaire correctionnelle soumise à la cour d'appel doit faire partie de la formation qui rend la décision[7]. L'inobservation de cette règle porte atteinte aux intérêts de toutes les parties[8].

1. Circ. n° JUSD1923026C, 2 août 2019 : *BOMJ* n° 2019-08, 30 août 2019.
2. Crim. 1er sept. 2020, n° 19-87.829, P.
3. Crim. 1er sept. 2020, n° 19-85.495, NP.
4. Crim. 10 nov. 2020, n° 19-86.750, P ; *JCP* 2020, 1416 ; *D.* 2020. 2292.
5. Crim. 15 déc. 2020, n° 20-81.563, P ; *Procédures* 2021, comm. 45 ; A.-S. Chavent-Leclère.
6. Crim. 1er mars 1982, n° 81-91.515, P n° 62.
7. Crim. 1er mars 1982, n° 81-91.515, préc.
8. Crim. 1er mars 1982, n° 81-91.515, préc.

921.26 Présence à toutes les audiences de la cause. Les membres de la chambre des appels correctionnels doivent assister à toutes les audiences au cours desquelles la cause est instruite, plaidée ou jugées, y compris lorsqu'il s'agit des seuls intérêts civils[1] : ces règles sont d'ordre public, les parties ne pouvant y déroger.

921.27 Auditeurs de justice et stagiaires. Il n'existe pas de spécificité par rapport à ce qui a pu être indiqué pour la juridiction de première instance[2].

SECTION 3
MAGISTRATS DU MINISTÈRE PUBLIC

921.31 Composition. Aux termes du second alinéa de l'article 510 du code de procédure pénale, les fonctions de ministère public sont exercées par le procureur général ou par un de ses avocats généraux ou de ses substituts.

Étant indivisible, le ministère public peut être représenté dans la même cause par des magistrats différents, à la même audience, ou à des audiences distinctes[3].

921.32 Présomption de présence. Si les articles 32, 486 et 510 du code de procédure pénale exigent que le ministère public, partie nécessaire au procès pénal, soit présent à chaque audience des juridictions de jugement, il résulte de l'article 592 du même code qu'à l'instar des magistrats composant la juridiction, il est présumé avoir assisté à toutes les audiences de la cause, dès lors qu'il a été entendu en ses réquisitions à celle des débats[4]. Il n'importe que la minute ne mentionne pas la présence du ministère public au prononcé[5].

921.33 Intérêts civils. La présence du ministère public à l'audience de la juridiction correctionnelle statuant sur intérêts civils n'est pas obligatoire[6][7]. Elle l'était avant l'entrée en vigueur de la loi du 15 juin 2000[8].

1. Crim. 1er févr. 2000, n° 99-80.533, P n° 50 ; *D.* 2000. IR 87 ; *Dr. pénal* 2000, n° 92, note A. Maron.
2. V. ss nos 211.41 s.
3. Crim. 2 déc. 1959, P n° 524.
4. Crim. 26 mars 1996, n° 93-84.306, P n° 134 – Crim. 4 sept. 1996, n° 93-83.764, P n° 313 ; *Procédures* 1997, n° 16, note J. Buisson.
5. Crim. 26 mars 1996, n° 93-84.306, préc. – Crim. 4 sept. 1996, n° 93-83.764, préc.
6. C. pr. pén., art. 464.
7. Crim. 18 déc. 2001, n° 01-81.045, P n° 274 – Crim. 25 févr. 2003, n° 01-88.320, P n° 54 ; *D.* 2003. 948.
8. L. n° 2000-516, 15 juin 2000 renforçant la protection de la présomption d'innocence et les droits des victimes, *JO* 16 juin, p. 9038.

SECTION 4
GREFFE

921.41 Fonction. Les fonctions de greffier sont exercées par un greffier de la cour d'appel[9] ou par une personne en faisant fonction[10]. La mention de l'assistance de la cour d'appel par un fonctionnaire faisant fonction de greffier lors des débats, et par un greffier lors du prononcé de l'arrêt implique, d'une part, la capacité de chacun d'eux, d'autre part, la signature, seule requise, de la minute par celui qui a assisté au prononcé de la décision[11].

921.42 Mention de la présence du greffier dans la décision. La mention de la présence du greffier de la chambre des appels correctionnels doit être précisée dans l'arrêt. Selon la chambre criminelle le greffier, qui a assisté à l'audience à laquelle la décision a été prononcée, a également assisté aux débats[12]. La mention de l'assistance d'un greffier différent lors des audiences des débats et du prononcé de la décision implique que la minute, lorsqu'elle ne porte pas le nom du signataire, a été signée par le greffier présent lors du prononcé[13].

SECTION 5
INCOMPATIBILITÉS

921.50 Renvoi. Les éléments principaux sur les incompatibilités ont été examinés *supra* (v. ss nos 211.71 s.). Ne sont présentées ici que des situations spécifiques à la chambre des appels correctionnels.

921.51 Absence d'incompatibilité. Il existe une abondante jurisprudence en la matière voici les éléments les plus significatifs. Il n'y a pas incompatibilité :

- pour un magistrat ayant participé à un arrêt de la chambre d'accusation confirmant une ordonnance du magistrat instructeur ayant rejeté une demande d'actes dès lors que cette décision n'a pas porté sur la valeur des charges et qui fait partie ensuite de la chambre des appels correctionnels saisie de l'affaire[14] ;
- pour un magistrat ayant participé à un arrêt de la chambre d'accusation rejetant une requête en annulation de pièces de l'information et qui fait partie ensuite de la chambre des appels correctionnels saisie de l'affaire[15] ;

9. C. pr. pén., art. 510.
10. Crim. 14 janv. 1975, n° 74-92.742, P n° 15.
11. Crim. 16 mai 1995, n° 93-83.690, P n° 175.
12. Crim. 7 juill. 1993, n° 92-83.713, NP.
13. Crim. 5 déc. 1996, n° 95-85.960, P n° 453.
14. Crim. 19 févr. 1998, n° 96-83.423, P n° 74.
15. Crim. 9 nov. 1995, n° 94-84.204, P n° 346.

- pour un magistrat ayant participé à un arrêt de la chambre d'accusation (de l'instruction) statuant sur une détention provisoire et qui fait partie ensuite de la chambre des appels correctionnels saisie de l'affaire[1] ; y compris pour celui qui a ordonné, selon les dispositions de l'article 137-1[2] du code de procédure pénale (juge délégué), le placement en détention du prévenu, et qui, ensuite, fait partie de la chambre des appels correctionnels saisie de l'affaire[3] ; cette jurisprudence importante a été rappelée récemment pour trois magistrats qui siégeaient à la chambre des appels correctionnels après avoir composé la chambre de l'instruction qui, au cours de l'information, avait confirmé l'ordonnance du juge des libertés et de la détention plaçant l'intéressé en détention provisoire : le simple fait qu'un juge ait pris, avant le procès, une décision relative à la détention provisoire ne peut, en soi, suffire à justifier que soit contestée son impartialité[4] ;

- pour un magistrat ayant eu à se prononcer sur un litige civil opposant le prévenu et la partie civile et qui fait partie ensuite d'une chambre des appels correctionnels[5] ;

- pour un magistrat ayant statué une première fois par défaut et statuant sur l'opposition, hypothèse très fréquente[6] ;

- pour un magistrat ayant déjà participé au jugement du même prévenu dans une autre affaire[7].

Le prévenu n'est pas recevable à mettre en cause l'impartialité des magistrats composant la chambre des appels correctionnels, en invoquant l'article 6 de la convention européenne des droits de l'homme, dès lors qu'il n'a pas usé de la possibilité d'en obtenir le respect en récusant ces magistrats en application de l'article 668 du Code de procédure pénale ou en présentant une requête en suspicion légitime sur le fondement de l'article 662 du même code[8].

921.52 Incompatibilité reconnue : chambre de l'instruction et chambre des appels correctionnels. En dehors du cas spécifique tranché par l'arrêt du 28 mars 2012[9], ne peut pas faire partie de la composition de la chambre des appels correctionnels le magistrat :

- ayant participé à un arrêt de la chambre de l'instruction dans lequel il a été discuté et statué sur des faits ayant provoqué pour partie le renvoi des prévenus devant le tribunal correctionnel[10] ;

- ayant participé à un arrêt de la chambre d'accusation (de l'instruction) infirmant une ordonnance de non-lieu et renvoyant la personne devant la juridiction de jugement[11].

Il apparaît clairement dans les différentes espèces exposées ci-dessus que c'est *la prise de position sur les charges pesant sur la personne* qui est déterminante. La Cour européenne des droits de l'Homme a considéré, dans une affaire concernant la France, que les membres d'une chambre de l'instruction qui, pour se prononcer sur la détention provisoire d'une personne mise en examen, ont relevé des éléments de culpabilité à sa charge, ne peuvent ensuite sans méconnaître l'article 6, § 1, de la convention européenne, faire partie de la chambre des appels correctionnels saisie du fond de l'affaire[12].

921.53 Incompatibilité reconnue : chambres différentes de la cour d'appel, même faits. Un magistrat qui, à l'occasion d'une instance commerciale en dommages-intérêts pour résiliation fautive de la location-gérance d'un fonds de commerce, a porté une appréciation sur les éléments de preuve produits par le locataire évincé, ne peut sans méconnaître l'exigence d'impartialité, participer ensuite à la chambre correctionnelle appelée à juger ce preneur poursuivi pour escroquerie au jugement à raison des mêmes faits et éléments de preuve[13].

921.54 Incompatibilité reconnue : premier et second degrés de juridiction. Un magistrat ne peut successivement et dans la même affaire siéger en première instance puis en appel que ce soit en qualité de président d'audience ou d'assesseur[14]. Ainsi, le magistrat qui a présidé le tribunal correctionnel ayant prononcé une peine d'emprisonnement avec sursis ne peut ensuite siéger à la chambre des appels correctionnels saisie d'une requête en dispense de révocation de sursis[15].

921.55 Incompatibilité reconnue : magistrat du parquet puis du siège. La participation au jugement

1. Crim. 6 nov. 1986, n° 85-95.597, P n° 328 – Crim. 19 févr. 1998, n° 96-83.423, préc.
2. C. pr. pén., art. 137-1 ; créé par L. n° 93-2, 4 janv. 1993, art. 235 ; mod. par L. n° 2000-1354, 30 déc. 2000, art. 13 ; mod. par L. n° 2004-204, 9 mars 2004, art. 120 et 121 ; mod. par L. n° 2007-291, 5 mars 2007, art. 10 ; mod. par L. n° 2016-1547, 18 nov. 2016, art. 17.
3. Crim. 2 févr. 2000, n° 98-87.352, P n° 55.
4. Crim. 28 mars 2012, n° 11-85.225, P n° 85 ; *D.* 2012. 1130 ; *RSC* 2012. 617, obs. A. Giudicelli ; *RSC* 2012. 929, obs. J.-F. Renucci.
5. Crim. 6 févr. 1989, n° 86-96.875, P n° 46.
6. Crim. 25 juill. 1989, n° 88-87.658, P n° 296 – Crim. 23 oct. 1996, n° 95-85.585, P n° 370.
7. Crim. 15 mars 1994, n° 93-81.110, P n° 97.
8. Crim. 5 avr. 2018, n° 17-83.166, P ; *D.* 2018. 851 ; *JCP* 2018. 573.
9. V. s[s] n° 211.141.
10. Crim. 1er déc. 1987, n° 86-92.556, P n° 439.
11. Crim. 6 nov. 1986, n° 85-93.055, P n° 328 – Crim. 27 juin 1996, n° 96-80.079, P n° 279.
12. CEDH 22 avr. 2010, *Chesne c/France*, req. n° 29808/06 ; *D.* 2010. 1215, obs. S. Lavric ; *AJ pénal* 2010. 346, obs. L. Ascenci ; *RSC* 2010. 690, obs. D. Roets.
13. Crim. 8 avr. 2009, n° 08-83.923, P n° 73 ; *D.* 2009. Pan. 2244, obs. J. Pradel ; *AJ pénal* 2009. 451, obs. C. Saas.
14. Crim. 26 sept. 1996, n° 96-80.057, P n° 333.
15. Crim. 27 févr. 1991, n° 90-84.091, P n° 99.

d'une affaire d'un magistrat en ayant connu précédemment en qualité de représentant du ministère public, contrevient à l'exigence de l'article 6 de la convention européenne des droits de l'homme relative au tribunal indépendant et impartial[1].

SECTION 6
INTRODUCTION DES CITOYENS ASSESSEURS EN COUR D'APPEL – DISPOSITIONS ABROGÉES

921.61 Citoyens assesseurs (Loi du 10 août 2011) – Renvoi. L'expérimentation du dispositif d'introduction des citoyens assesseurs en cour d'appel a été arrêtée au 30 avril 2013[2] et la plupart des dispositions législatives issues de la loi du 10 août 2011[3] qui étaient applicables à titre expérimental depuis le 1er janvier 2012 dans au moins deux cours d'appel et jusqu'au 1er janvier 2014 dans au plus dix cours d'appel ; les articles 399-1 à 399-11 ont disparu du code de procédure pénale à cette dernière date[4].

921.62 Article 10-1 ancien du code de procédure pénale. L'article 10-1 ancien du code de procédure pénale disposait que les citoyens peuvent également être appelés comme citoyens assesseurs : « 1° À compléter le tribunal correctionnel et la chambre des appels correctionnels dans les cas prévus aux articles 399-2 et 510-1. »

921.63 Compétence en fonction de la nature de l'infraction. Les délits pour lesquels le tribunal correctionnel intervenait en formation citoyenne étaient énumérés à l'article 399-2 du code de procédure pénale[5].

L'article 510-1 du même code disposait que lorsque l'appel portait sur des infractions relevant des articles 399-2 ou 399-3[6], la chambre des appels correctionnels était composée, outre de son président et des deux conseillers, *de deux citoyens assesseurs désignés conformément aux articles 10-1 à 10-13*[7].

L'article 510-1 renvoyait également aux articles 399-4 : la chambre des appels correctionnels statuant en formation citoyenne statuait sur la qualification des faits, la culpabilité du prévenu et la peine ; sur toute autre question les décisions étaient prises par les seuls magistrats, et 399-5 : si, dans une même affaire, tous les prévenus poursuivis pour un délit mentionné à l'article 399-2 étaient jugés par défaut, le tribunal examinait l'affaire dans sa composition prévue au premier alinéa de l'article 398.

921.64 Incompatibilités. Les citoyens assesseurs qui avaient connu du dossier devant le tribunal correctionnel dans sa formation citoyenne ne pouvaient examiner la même affaire en appel[8].

921.65 Procédure. L'article 512-1 ancien du code de procédure pénale rendait applicable à la cour d'appel statuant avec des citoyens assesseurs les articles 461-1 à 461-4 et 486-1 à 486-5 du code de procédure pénale. Il s'agissait de l'exposé préliminaire que devait faire le président d'audience ou le conseiller rapporteur, ce qui, au second degré, n'apporte pas autant de nouveautés qu'au premier[9], de la lecture des dépositions des témoins à charge ou à décharge non comparants et des conclusions d'expertise[10], de la possibilité pour les citoyens assesseurs de poser des questions après avoir demandé la parole au président[11]. Il s'agissait ensuite des formalités relatives au délibéré et des décisions de la compétence exclusive des seuls magistrats[12].

921.66 Interruption du processus d'extension, puis de l'expérimentation. Introduit dans le ressort des cours d'appel de Toulouse et Dijon depuis le 1er janvier 2012, l'expérience devait être étendue dans dix autres cours d'appel au 1er janvier 2013 mais l'arrêté du 13 juin 2012[13] a mis fin à l'extension de l'expérimentation des dispositions prévoyant la participation de citoyens assesseurs au fonctionnement de la justice pénale, dans l'attente d'une évaluation. Cette évaluation opérée par le rapport[14] déposé en février 2013 par MM. Salvat et Boccon-Gibod, a abouti à l'arrêté du 18 mars 2013[15], précité[16].

1. Crim. 26 avr. 1990, n° 88-84.586, P n° 162.
2. Arr. 18 mars 2013 mettant fin à l'expérimentation des dispositions prévoyant la participation de citoyens assesseurs au fonctionnement de la justice pénale, *JO* 22 mars, p. 4897, NOR : JUSD1306459A.
3. L. n° 2011-939, 10 août 2011 sur la participation des citoyens au fonctionnement de la justice pénale et le jugement des mineurs, *JO* 11 août, p. 13744.
4. sur la loi du 10 août 2011 v. s[s] n°s 113.41 s.
5. V. s[s] n° 113.62.
6. Cet article concernait les contraventions.
7. SUR la désignation des citoyens assesseurs, v. s[s] n° 113.73.
8. C. pr. pén., art. 510-1 ancien *in fine*.
9. C. pr. pén., art. 461-2, anc.
10. C. pr. pén., art. 461-3, anc.
11. C. pr. pén., art. 461-4, anc.
12. C. pr. pén., art. 486-2 à 486-5, anc.
13. Arr. 13 juin 2012 précisant l'étendue de l'expérimentation des dispositions prévoyant la participation de citoyens assesseurs au fonctionnement de la justice pénale, *JO* 23 juin, p. 10336, NOR : JUSD1225929A.
14. X. Salvat, D. Boccon-Gibod, *L'expérimentation des citoyens assesseurs dans les ressorts des cours d'appel de Dijon et Toulouse : rapport à Madame la garde des Sceaux, ministre de la Justice,* Ministère de la Justice, « Rapports publics », La Documentation française, févr. 2013, 170 p.
15. Arr. 18 mars 2013 mettant fin à l'expérimentation des dispositions prévoyant la participation de citoyens assesseurs au fonctionnement de la justice pénale, *JO* 22 mars, p. 4897, NOR : JUSD1306459A.
16. V. s[s] n° 921.61.

CHAPITRE

922. Audience devant la chambre des appels correctionnels

SECTION 0 ORIENTEUR

922.00 Sommaire du chapitre.

922.01 Principaux textes applicables.

TEXTES SOURCES

• C. pr. pén., art. 389, 460, 503-1, 512 à 520-1

TEXTES *IN EXTENSO*

• C. pr. pén., art. 389

L'avertissement, délivré par le ministère public, dispense de citation, s'il est suivi de la comparution volontaire de la personne à laquelle il est adressé.

Il indique le délit poursuivi et vise le texte de loi qui le réprime.

Lorsqu'il s'agit d'un prévenu détenu, le jugement doit constater le consentement de l'intéressé à être jugé sans citation préalable.

• C. pr. pén., art. 460

L'instruction à l'audience terminée, la partie civile est entendue en sa demande, le ministère public prend ses réquisitions, le prévenu, et, s'il y a lieu, la personne civilement responsable, présentent leur défense.

La partie civile et le ministère public peuvent répliquer. Le prévenu ou son avocat auront toujours la parole les derniers.

• C. pr. pén., art. 503-1

* V. s^{s} n° 913.01.

• C. pr. pén., art. 512

* V. s^{s} n° 913.01.

• C. pr. pén., art. 513

L'appel est jugé à l'audience sur le rapport oral d'un conseiller ; le prévenu est interrogé.

Les témoins cités par le prévenu sont entendus dans les règles prévues aux articles 435 à 457. Le ministère public peut s'y opposer si ces témoins ont déjà été entendus par le tribunal. La cour tranche avant tout débat au fond.

Après que l'appelant ou son représentant a sommairement indiqué les motifs de son appel, les parties en cause ont la parole dans l'ordre prévu par l'article 460.

Le prévenu ou son avocat auront toujours la parole les derniers.

• C. pr. pén., art. 514

Si la cour estime que l'appel est tardif ou irrégulièrement formé, elle le déclare irrecevable.

Si elle estime que l'appel, bien que recevable, n'est pas fondé, elle confirme le jugement attaqué.

• C. pr. pén., art. 515

La cour peut, sur l'appel du ministère public, soit confirmer le jugement, soit l'infirmer en tout ou en partie dans un sens favorable ou défavorable au prévenu.

La cour ne peut, sur le seul appel du prévenu, du civilement responsable, de la partie civile ou de l'assureur de l'une de ces personnes, aggraver le sort de l'appelant.

La partie civile ne peut, en cause d'appel, former aucune demande nouvelle ; toutefois elle peut demander une augmentation des dommages-intérêts pour le préjudice souffert depuis la décision de première instance.

• **C. pr. pén., art. 515-1**

Lorsque le tribunal, statuant sur l'action civile, a ordonné le versement provisoire, en tout ou en partie, des dommages-intérêts alloués, cette exécution provisoire peut être arrêtée, en cause d'appel, par le premier président statuant en référé si elle risque d'entraîner des conséquences manifestement excessives. Le premier président peut subordonner la suspension de l'exécution provisoire à la constitution d'une garantie, réelle ou personnelle, suffisante pour répondre de toutes restitutions ou réparations.

Lorsque l'exécution provisoire a été refusée par le tribunal statuant sur l'action civile ou lorsque l'exécution provisoire n'a pas été demandée, ou si, l'ayant été, le tribunal a omis de statuer, elle peut être accordée, en cas d'appel, par le premier président statuant en référé.

• **C. pr. pén., art. 516**

Si le jugement est réformé parce que la cour estime qu'il n'y a ni crime, ni délit, ni contravention, ou que le fait n'est pas établi ou qu'il n'est pas imputable au prévenu, elle renvoie celui-ci des fins de la poursuite.

Dans ce cas, si le prévenu acquitté demande des dommages-intérêts, dans les conditions prévues à l'article 472, il porte directement sa demande devant la cour d'appel.

• **C. pr. pén., art. 517**

Si le jugement est réformé parce que la cour estime que le prévenu bénéficie d'une cause légale d'exemption de peine, elle se conforme aux dispositions de l'article 468.

• **C. pr. pén., art. 518**

Si le jugement est annulé parce que la cour estime que le fait ne constitue qu'une contravention, elle prononce la peine et statue, s'il y a lieu, sur l'action civile.

• **C. pr. pén., art. 519**

Si le jugement est annulé parce que la cour estime que le fait est de nature à entraîner une peine criminelle, la cour d'appel se déclare incompétente. Elle renvoie le ministère public à se pourvoir ainsi qu'il avisera.

Elle peut, le ministère public entendu, décerner par la même décision, mandat de dépôt ou d'arrêt contre le prévenu.

• **C. pr. pén., art. 520**

Si le jugement est annulé pour violation ou omission non réparée de formes prescrites par la loi à peine de nullité, la cour évoque et statue sur le fond.

• **C. pr. pén., art. 520-1**

En cas d'appel d'une ordonnance rendue en application de l'article 495-11, la cour évoque l'affaire et statue sur le fond sans pouvoir prononcer une peine plus sévère que celle homologuée par le président du tribunal ou le juge délégué par lui, sauf s'il y a appel formé par le ministère public.

922.02 Jurisprudence de référence.

> Un nouveau rapport est nécessaire lorsque, depuis l'audience où un rapport a été fait, il a été accompli, hors la présence de la Cour, des actes de procédure qui doivent servir de base à la décision à intervenir

• **Crim. 29 avr. 1969,** n° 68-90.238, P n° 146

* V. s[s] n° 922.65.

« Vu lesdits articles ;

Attendu que le rapport prescrit par l'article 513 du code de procédure pénale est une formalité substantielle ayant pour objet de faire connaître aux juges d'appel les éléments de la cause sur laquelle ils doivent statuer ; que son accomplissement doit être expressément constaté à peine de nullité ;

Attendu que le rapport prescrit par l'article 513 du code de procédure pénale est une formalité substantielle ayant pour objet de faire connaître aux juges d'appel les éléments de la cause sur laquelle ils doivent statuer ; que son accomplissement doit être expressément constaté à peine de nullité ;

Attendu qu'il résulte tant de l'arrêt attaqué que de la procédure que P..., prévenu de subordination de témoins, ainsi que plusieurs autres prévenus poursuivis pour faux témoignage au cours d'une enquête civile, ont comparu le 2 novembre 1967 devant la cour d'appel ; qu'à cette audience le rapport a été fait par le conseiller Jouvenet et que les prévenus présents ont été interrogés ; que cependant la Cour, constatant l'absence pour cause de maladie de la prévenue femme Motreuil, a ordonné qu'il serait procédé à son interrogatoire à son domicile par l'un des conseillers de la Cour, conformément à l'article 416 du code de procédure pénale ; que cet interrogatoire a eu lieu le 29 novembre 1967 et que la prévenue a maintenu les déclarations qu'elle avait faites devant les premiers juges ;

Attendu que l'affaire en cet état est revenue devant la cour d'appel à l'audience du 30 novembre 1967 ; qu'après que les débats se furent déroulés, l'affaire a été mise en délibéré, et l'arrêt a été rendu le 14 novembre 1967 ; que ledit arrêt adopte les motifs des premiers juges dont il résulte notamment que la femme Motreuil a reconnu avoir commis un faux témoignage sous la menace de l'expulser que lui avait faite P..., son propriétaire ;

Attendu qu'il résulte des énonciations de cet arrêt que le conseiller Jouvenet a fait son rapport à l'audience du 2 novembre 1967 ; qu'aucune mention n'indique qu'un nouveau rapport ait été fait postérieurement à la mesure d'instruction ordonnée par la Cour afin de porter à la connaissance des juges les déclarations de la femme M... lors de son interrogatoire du 29 novembre ;

Attendu qu'un nouveau rapport devient nécessaire toutes les fois que, depuis l'audience où un rapport a été fait, il a été accompli hors la présence de la Cour, des actes de procédure qui doivent servir de base à la décision à intervenir ;

D'où il suit que l'arrêt attaqué a été rendu en violation de l'article 513 du code de procédure pénale ;

Par ces motifs, et sans qu'il y ait lieu de statuer sur le second moyen ;

CASSE ET ANNULE [...]. »

> La cour d'appel ne peut passer outre, sans s'en expliquer, à la défaillance d'un témoin dont elle avait ordonné précédemment la comparution

• **Crim. 25 mai 1992,** n° 91-81.116, P n° 208

* V. s[s] n° 922.84.

« Sur le premier moyen de cassation pris de la violation de l'article 6 de la convention européenne de sauvegarde des droits de l'Homme et des libertés fondamentales, violation des droits de la défense :

En ce que la cour d'appel n'a pas entendu Y..., témoin à charge dont les déclarations initiales ont été à plusieurs reprises rétractées ;

Alors qu'aux termes de l'article 6 de la convention européenne de sauvegarde des droits de l'Homme et des libertés fondamentales, toute personne a droit à ce que sa cause soit entendue équitablement ; qu'un tel droit est substantiel quand les charges pesant sur la personne poursuivie du chef d'attentat à la pudeur sans violence commis sur mineur de 15 ans par l'un de ces mineurs ne résultant que des déclarations d'un témoin à charge à plusieurs reprises rétractées, les accusations de la partie civile prétendant avoir été victime d'un attentat à la pudeur ne pouvant à elles seules être retenues comme preuve de la culpabilité du prévenu, de sorte qu'en s'abstenant d'entendre le jeune Y... et de le confronter à la partie civile et au prévenu, la Cour a privé ce dernier d'un procès équitable ;

Vu ledit article ;

Attendu qu'aux termes de l'article 6.1 de la convention européenne de sauvegarde des droits de l'Homme et des libertés fondamentales, toute personne a droit à ce que sa cause soit entendue équitablement ;

Attendu que X... a été renvoyé devant la juridiction de jugement pour avoir, courant 1988, commis des attentats à la pudeur sans contrainte ni violence ni surprise sur les personnes de Y... et de Z..., mineurs de 15 ans comme étant nés respectivement le 23 juillet 1974 et le 17 janvier 1975 ;

Attendu que sur l'appel des parties civiles et du ministère public du jugement de relaxe des premiers juges, la juridiction du second degré, à la demande de l'une des parties civiles, a notamment ordonné la comparution de Y... et de Z... ; que ce dernier a seul comparu ;

Attendu qu'il résulte des énonciations de l'arrêt attaqué que pour retenir X... dans les liens de la prévention, la cour d'appel s'est principalement fondée sur les déclarations initiales, ultérieurement rétractées, de Y... avec lequel ni Z..., qui les a en partie accréditées, ni le prévenu, qui a toujours nié les faits, n'ont été confrontés à aucun stade de la procédure ;

Mais attendu qu'en ne s'expliquant pas sur l'impossibilité de procéder à l'audition contradictoire de ce témoin, essentielle aux droits de la défense, la cour d'appel a méconnu le texte susvisé ;

Par ces motifs, et sans qu'il y ait lieu d'examiner le second moyen :

CASSE ET ANNULE [...]. »

> La cour d'appel peut motiver le refus d'audition d'un témoin nouveau, non cité par le prévenu en première instance

• **Crim. 21 nov 1996,** n° 95-85.995, P n° 420

* V. s^s n° 922.83.

« Attendu que, pour rejeter la demande d'audition d'un témoin présentée pour la première fois en cause d'appel par Patrick Lorbat, qui avait comparu en première instance, l'arrêt attaqué relève "que le nom de ce témoin n'apparaît dans aucune pièce du dossier et n'a jamais été cité par aucun des mis en cause" ;

Que les juges ajoutent "qu'aucun élément de fait précis n'est avancé pour justifier de l'intérêt de cette demande d'audition et de son éventuelle contribution à la manifestation de la vérité" ;

Attendu qu'en l'état de ces énonciations, et dès lors que le prévenu n'avait pas fait citer le témoin devant les premiers juges, ainsi que le lui permettaient les articles 435 et 444 du code de procédure pénale, la cour d'appel, qui a usé, sans méconnaître les dispositions de l'article 6, § 3, d), de la convention européenne de sauvegarde des droits de l'Homme et des libertés fondamentales, de la faculté dont elle dispose en vertu de l'article 513 du code de procédure pénale, a justifié sa décision ;

D'où il suit que le moyen ne peut qu'être écarté. »

> Il appartient au prévenu et non au parquet général de faire citer un témoin dont il souhaite l'audition

• **Crim. 28 mai 2003,** n° 02-85.398, NP

* V. s^s n° 922.82.

« Attendu que les prévenus ont sollicité, par conclusions, que la cour d'appel ordonne la citation par le parquet général d'un témoin à décharge ; que, pour refuser de faire droit à cette demande, les juges du second degré énoncent qu'en application de l'article 513, alinéa 3, du code de procédure pénale, il appartient aux prévenus, et non au parquet général, de faire citer les témoins qu'ils souhaitent faire entendre devant la cour d'appel ;

Attendu qu'en prononçant ainsi, la cour d'appel a fait l'exacte appréciation du texte précité ;

D'où il suit que le moyen ne saurait être accueilli ;

Et attendu que l'arrêt est régulier en la forme ;

REJETTE les pourvois. »

> La cour d'appel doit motiver les raisons pour lesquelles elle refuse l'audition d'un témoin cité par le prévenu

• **Crim. 13 févr. 2008,** n° 07-81.097, P n° 142

* V. s^s n° 922.84.

« Vu l'article 513 du code de procédure pénale ;

Attendu que, selon ce texte, les témoins cités par le prévenu doivent être entendus dans les règles prévues aux articles 435 à 457 dudit code, le ministère public pouvant s'y opposer si ces témoins ont déjà été entendus par le tribunal ;

Attendu qu'il résulte des énonciations de l'arrêt attaqué que Daniel X... a fait citer Me Y... devant la cour d'appel pour être entendu en qualité de témoin ; que les juges ont rejeté la demande d'audition sans donner les raisons de ce refus ;

Mais attendu qu'en cet état, alors que le témoin n'avait pas été entendu par le tribunal, la cour d'appel a méconnu le sens et la portée du texte susvisé ;

Que la cassation est encourue de ce chef. »

> Les juges d'appel ne sont pas tenus d'entendre de nouveau les témoins déjà entendus en première instance et apprécient souverainement l'utilité d'une telle mesure

• **Crim. 25 juin 2003,** n° 02-83.290, NP

* V. s^s n° 922.82.

« Attendu que, pour rejeter la demande d'audition d'une personne, citée à titre de témoin, les juges du second degré énoncent que ce témoin a déjà été entendu en cette qualité devant le tribunal correctionnel à la requête du prévenu et qu'il n'apparaît pas qu'une nouvelle audition de celui-ci soit utile à la manifestation de la vérité ;

Attendu qu'en cet état, et dès lors que les juges d'appel ne sont pas tenus d'entendre de nouveau les témoins qui ont déjà déposé en première instance et apprécient souverainement l'utilité d'une telle mesure, la cour d'appel a justifié sa décision sans méconnaître les dispositions de l'article 6.3 d de la convention européenne des droits de l'homme ;

D'où il suit que les moyens ne peuvent être admis. »

> Doit être cassé l'arrêt qui rejette la demande d'audition de témoin au motif qu'ils n'ont pas assisté aux faits alors que ces témoins n'avaient pas été entendus par le tribunal en première instance

• **Crim. 23 juin 2004,** n° 04-81.051, P n° 166

* V. s^s n° 922.81.

« Vu l'article 513, alinéa 2, du code de procédure pénale ;

Attendu que, selon ce texte, les témoins cités par le prévenu doivent être entendus dans les règles prévues aux articles 435 à 457 dudit code, le ministère public pouvant s'y opposer si ces témoins ont déjà été entendus par le tribunal ;

Attendu que, pour rejeter la demande présentée par Guy X..., tendant à l'audition de trois témoins cités par son avocat, l'arrêt énonce que ces derniers "n'ont pas assisté aux faits litigieux" ;

Mais attendu qu'en prononçant ainsi, alors que ces témoins n'avaient pas été entendus par le tribunal, la cour d'appel a méconnu le sens et la portée du texte susvisé ;

D'où il suit que la cassation est encourue ;

Par ces motifs,

CASSE ET ANNULE [...]. »

> Les témoins cités par le prévenu doivent être entendus dans les règles prévues aux articles 435 à 457 du code de procédure pénale, le ministère public pouvant s'y opposer si ces témoins ont déjà été entendus par le tribunal

• **Crim. 30 nov. 2004,** n° 04-82.461, P n° 300

* V. s^s n° 922.81.

« Vu l'article 513, alinéa 2, du code de procédure pénale ;

Attendu que, selon ce texte, les témoins cités par le prévenu doivent être entendus dans les règles prévues aux articles 435 à 457 dudit code, le ministère public pouvant s'y opposer si ces témoins ont déjà été entendus par le tribunal ;

Attendu que, pour rejeter la demande présentée par Grégory X..., tendant à l'audition de trois des témoins régulièrement cités par lui, l'arrêt énonce qu'ils "ont déjà été entendus dans la procédure" ;

Mais attendu qu'en prononçant ainsi, alors que ces témoins n'avaient pas été entendus par le tribunal, la cour d'appel a méconnu le sens et la portée du texte susvisé ;

D'où il suit que la cassation est encourue ;

Par ces motifs, et sans qu'il soit besoin d'examiner le second moyen de cassation proposé :

CASSE ET ANNULE [...]. »

> La composition différente de la cour d'appel aux deux audiences d'une cause entraîne la nullité de l'arrêt lorsqu'il ne résulte pas de ses mentions qu'à la seconde audience les débats, après un nouveau rapport, ont été entièrement recommencés devant la nouvelle formation chargée d'en délibérer

• **Crim. 26 sept. 2006,** n° 05-87.568, P n° 238

* V. s^s n° 922.65.

« Vu l'article 513 du code de procédure pénale, ensemble l'article 592 du même code ;

Attendu que, d'une part, si, lorsque plusieurs audiences ont été consacrées à la même affaire, les juges qui ont concouru à la décision sont présumés avoir assisté à toutes les audiences, cette présomption de régularité, prévue par le second de ces textes, ne trouve pas à s'appliquer lorsque l'un des juges a été remplacé à l'une des audiences par suite d'un empêchement ;

Attendu que, d'autre part, il résulte des dispositions du premier d'entre eux que le rapport oral qui est présenté dans une affaire correctionnelle soumise à la cour d'appel doit être effectué devant la formation juridictionnelle chargée d'en délibérer ;

Attendu qu'aucune des pièces de procédure soumises à la Cour de cassation ne lui permet de s'assurer, dans le silence de l'arrêt attaqué, que Mme F..., désignée par ordonnance du premier président de la cour d'appel du 10 octobre 2005, en raison de l'empêchement d'un des conseillers, pour siéger à l'audience du 14 octobre 2005, où l'affaire a été débattue et jugée, participait à l'audience de remise de cause du 30 septembre 2005, date à laquelle le rapport a été effectué par le président ;

Mais attendu qu'en ne faisant pas la preuve de sa régularité à cet égard, l'arrêt ne satisfait pas aux conditions prévues par les textes susvisés ;

D'où il suit que la cassation est encourue de ce chef. »

> Les juges qui ne se prononcent que sur les intérêts civils ne sont pas tenus de donner à l'intimé ou à son conseil la parole en dernier

• **Crim. 12 janv. 2010,** n° 09-82.171, P n° 4

* V. s^s n° 922.95.

« Sur le moyen unique de cassation, pris de la violation des articles préliminaire, 459, 460, 513, 591 et 593 du code de procédure pénale, 6, § 1 de la convention européenne des droits de l'homme, défaut de motifs, manque de base légale ;

En ce qu'il résulte des mentions de l'arrêt attaqué que le ministère public a eu la parole en dernier ;

Alors que le principe selon lequel le prévenu ou son avocat doivent toujours être entendus en dernier, qui constitue une des garanties essentielles des droits de la défense, est applicable à toute procédure intéressant la défense et se terminant par un jugement ou un arrêt, en sorte qu'il convient de le respecter même lorsque ne restent en cause que les intérêts civils, et qu'il a été définitivement statué sur l'action publique ; que la cour d'appel, qui a donné la parole en dernier au ministère public après que les avocats des prévenus eurent développé leurs conclusions, a méconnu le principe susvisé ;

Attendu qu'il résulte de l'arrêt attaqué et des pièces de procédure que Monique Y..., partie civile, a seule relevé appel du jugement qui, après avoir condamné Jean-Pierre et Maxime X... pour infractions à la législation sur le démarchage à domicile, abus de faiblesse, falsification de chèques et usage, avait déclaré irrecevable sa constitution de partie civile ; qu'après avoir entendu successivement, à l'audience publique du 29 janvier 2009, l'un des conseillers en son rapport, les avocats de l'appelante puis des intimés en leurs observations orales à l'appui de leurs conclusions et le ministère public, qui a déclaré s'en rapporter, la cour d'appel a mis l'affaire en délibéré ;

Attendu qu'en cet état, et dès lors que l'action publique était éteinte par la chose jugée et que les demandeurs ne justifient d'aucun grief, L'arrêt n'encourt pas la censure ;

D'où il suit que le moyen ne peut être admis ;

Et attendu que l'arrêt est régulier en la forme. »

> La notification du droit de se taire doit intervenir avant le débat sur d'éventuelles nullités

• **Crim. 16 oct. 2019,** n° 18-86.614, P

* V. s^s n° 922.33.

« Vu les articles 406 et 512 du code de procédure pénale ;

Attendu qu'en application du premier de ces textes, devant le tribunal correctionnel, le président ou l'un des assesseurs par lui désigné, après avoir constaté son identité et donné connaissance de l'acte qui a saisi le tribunal, informe le prévenu de son droit, au cours des débats, de faire des déclarations, de répondre aux questions qui lui sont posées ou de se taire ; que la méconnaissance de l'obligation d'informer le prévenu du droit de se taire lui fait nécessairement grief ;

Que, selon le second, ces dispositions sont applicables devant la chambre des appels correctionnels ;

Attendu qu'il résulte de l'arrêt attaqué et des pièces de procédure que le 13 mars 2017, dans le cadre d'une enquête sur commission rogatoire, la gendarmerie a mis en place un dispositif destiné à l'interpellation d'un convoi soupçonné de transporter des produits illicites ; que M. K. a été identifié comme le conducteur d'un véhicule Fiat Doblo ; qu'une première tentative d'interception a échoué et que le véhicule a fait des embardées et slalomé sur la chaussée pour empêcher tout dépassement et se soustraire à l'interpellation ; qu'en arrivant au péage de Thillois, M. K. a percuté un véhicule, forcé la barrière du péage et poursuivi sa route en direction d'un centre commercial à contresens de circulation ; que les gendarmes ont décidé de le stopper en le percutant ; que le véhicule s'est arrêté et que M. K. a été interpellé ; qu'il a été renvoyé devant la juridiction correctionnelle des chefs de délit de fuite, dégradation ou destruction aggravée du bien d'autrui, refus d'obtempérer aggravé ; que le tribunal correctionnel a déclaré M. K. coupable et l'a condamné à dix mois d'emprisonnement ; que le prévenu et le ministère public ont interjeté appel de la décision ;

Attendu qu'il résulte des mentions de l'arrêt attaqué que M. K., qui a comparu en qualité de prévenu, assisté de son avocat, à l'audience de la cour d'appel du 19 septembre 2018, n'a été informé du droit de faire des déclarations, de répondre aux questions qui lui sont posées ou de se taire qu'après que son avocat a soutenu une demande de nullité et que le ministère public a présenté ses réquisitions sur cette demande ;

Mais attendu qu'en statuant ainsi, alors que les débats avaient débuté dès l'examen de cette demande, la cour d'appel a méconnu le sens et la portée des textes susvisés.

D'où il suit que la cassation est encourue. »

> En l'absence de l'information exigée par l'article 406 précité, une atteinte aux intérêts du prévenu, au sens des articles 802 et 171 du code de procédure pénale, est nécessairement caractérisée. En cas de notification tardive, une telle atteinte est également caractérisée lorsque le prévenu prend la parole avant d'avoir reçu cet avertissement

• **Crim. 23 nov. 2021,** n° 20-80.675, B

* V. s^s n° 922.33.

« 5. Selon l'article 406 du code de procédure pénale, le président ou l'un des assesseurs par lui désigné, après avoir constaté son identité et donné connaissance de l'acte qui a saisi le tribunal correctionnel, informe le prévenu de son droit, au cours des débats, de faire des déclarations, de répondre aux questions qui lui sont posées ou de se taire.

6. Ces dispositions sont applicables devant la chambre des appels correctionnels par l'effet des dispositions de l'article 512 du même code.

7. Aux termes de l'article 802 du code de procédure pénale, en cas de violation des formes prescrites par la loi à peine de nullité ou d'inobservation des formalités substantielles, toute juridiction, y compris la Cour de cassation, qui est saisie d'une demande d'annulation ne peut prononcer la nullité que lorsque celle-ci a eu pour effet de porter atteinte aux intérêts de la partie qu'elle concerne.

8. En l'absence de l'information exigée par l'article 406 précité, cette atteinte est nécessairement caractérisée (Crim. 8 juill. 2015, n° 14-85.699, P n° 178).

9. En cas de notification tardive, cette atteinte est également caractérisée lorsque le prévenu prend la parole avant d'avoir reçu cet avertissement.

10. L'arrêt attaqué mentionne que le président a constaté la présence du prévenu, que le conseiller rapporteur a vérifié son identité, puis a rappelé les faits et la prévention.

11. Il expose qu'avant tout débat sur le fond, l'avocat du prévenu a soulevé des nullités et a déposé des conclusions, et que ni un autre avocat ni le ministère public n'ont fait d'observation, enfin, que l'incident a été joint au fond.

12. Il ajoute que le conseiller rapporteur a informé le prévenu de son droit, au cours des débats, de faire des déclarations, de répondre aux questions qui lui sont posées ou de se taire puis a présenté le rapport de l'affaire.

13. Si c'est à tort qu'il a été procédé à cette notification à M. [P] après les débats tenus sur l'exception de nullité, l'arrêt n'encourt néanmoins pas la censure.

14. En effet, il ne résulte pas des pièces de procédure que l'intéressé ait pris la parole à ce stade des débats. »

922.03 Bibliographie indicative.

Encyclopédies. Rép. pén., *V° Appel*, n°s 99 s., par J.-M. Coulon – J.-Cl. Pr. pén., « cour d'appel en matière correctionnelle », par D. Guirimand.

SECTION 1 UNE PROCÉDURE EN PRINCIPE IDENTIQUE À CELLE SUIVIE DEVANT LE TRIBUNAL CORRECTIONNEL

922.10 **Plan.** Le principe est que la procédure est identique à celle qui se tient devant le tribunal correctionnel. On en verra quelques exemples (§ 1), avant de consacrer quelques développements au droit de se taire (§ 2), puis à l'enregistrement des audiences (III).

§ 1 Principe d'une procédure identique

922.21 **Énoncé de principe de l'article 512 du code de procédure pénale.** Aux termes de l'article 512 du code de procédure pénale, dans sa mouture issue de la loi du 24 décembre 2020[1] « Les règles édictées pour le tribunal correctionnel sont applicables devant la cour d'appel, y compris les dispositions de l'avant-dernier alinéa de l'article 464, sous réserve des dispositions suivantes. ». C'est ainsi que la quasi-totalité des règles appliquées en première instance sont identiques en cause d'appel. Il en est ainsi par exemple des dispositions relatives à la *publicité*, à la *police de l'audience*, aux *débats*, à *l'administration de la preuve*, à la *discussion des parties*. Il existe toutefois des exceptions, notamment en matière de notes d'audience et d'application de l'article 425 du code de procédure pénale (v. ci-après).

Les règles spécifiques sont contenues dans les articles 513 à 520-1 du code de procédure pénale. Plus que de véritables exceptions, il s'agit de dispositions spécifiques à l'appel.

922.22 **Notes d'audience.** Aucune nullité ne saurait résulter de ce qu'il n'a été tenu aucune note d'audience devant la cour d'appel, l'objet des notes d'audience prévues par l'article 453 du code de procédure pénale étant seulement d'assurer aux cours d'appel la connaissance des débats oraux de première instance[2].

Mais les notes régulièrement dressées peuvent compléter les énonciations de l'arrêt et par exemple établir la prestation de serment d'un témoin[3], le nom du conseiller rapporteur[4] ou reproduire l'audition des témoins non mentionnée dans l'arrêt[5].

Les notes d'audience ne peuvent toutefois aller à l'encontre des constatations faites par les juges mentionnées dans l'arrêt[6].

922.23 **Absence de présomption de désistement**[7]**.** L'article 425 du code de procédure pénale, selon lequel la partie civile régulièrement citée qui ne comparaît pas ou n'est pas représentée à l'audience est considérée comme se désistant de sa constitution de partie civile, est sans application en cause d'appel, nonobstant les termes de l'article 512[8]. Ces règles sont en effet inconciliables avec l'effet dévolutif de l'appel. Il en va autrement en cas d'évocation après annulation d'un jugement ayant mis fin à la procédure sans statuer au fond[9].

922.24 **Principe de requalification.** Le principe, tiré de l'article préliminaire du code de procédure pénale et de l'article 6 de la convention européenne des droits de l'homme, en vertu duquel, s'il appartient aux juges répressifs de restituer aux faits dont ils sont saisis leur véritable qualification, c'est à la condition que le prévenu ait été en mesure de se défendre sur la nouvelle qualification envisagée, s'applique également aux cours d'appel[10]. Le changement de qualification peut avoir d'autres conséquences lorsque des formalités procédurales particulières sont attachées à la nouvelle qualification. Ainsi, la chambre criminelle a-t-elle cassé le 23 septembre 2015 la décision d'une cour d'appel qui avait requalifié des faits de harcèlement sexuel en agression sexuelle sans ordonner l'expertise médicale prévue par les articles 706-47 et 706-47-1 du code de procédure pénale[11].

922.25 **Visioconférence.** Les dispositions de l'article 706-71 du code de procédure pénale autorisant le recours à la visioconférence pour la comparution du prévenu détenu devant le tribunal correctionnel s'étendent à la cour d'appel, en application de l'article 512 du même code[12]. Si l'article 706-71 du Code de procédure pénale prévoit l'accord de la

1. L. n° 2020-1672, 24 déc. 2020 relative au Parquet européen, à la justice environnementale et à la justice pénale spécialisée, *JO* 26 déc., n° 4.
2. Crim. 19 août 1875, P n° 269 – Crim. 31 mai 1961, P n° 283.
3. Crim. 16 nov. 1994, n° 94-80.660, P n° 366.
4. Crim. 20 mars 1961, P n° 178.
5. Crim. 6 mars 1973, n° 72-92.684, P n° 111.
6. Crim. 17 juill. 1980, n° 79-93.039, P n° 228.
7. C. pr. pén., art. 425.
8. Crim. 24 juill. 1967, n° 67-90.061, P n° 228 – Crim. 27 avr. 1968, n° 67-91.540, P n° 127 ; *D.* 1968. Somm. 100 – Crim. 17 juill. 1973, n° 73-91.037, P n° 329 – Crim. 13 avr. 1983, n° 82-91.007, P n° 99 – Crim. 11 mars 1992, n° 91-82.162, P n° 109 – Crim. 21 févr. 2001, n° 00-85.636, NP – Crim. 23 sept. 2003, n° 03-81.056, P n° 168 ; *JCP* 2003. IV. 2917.
9. Douai, 31 mai 1995, *Gaz. Pal.* 1995. 2. Chron. crim. 569.
10. Crim. 3 mars 2004, n° 03-84.388, P n° 56 ; *D.* 2004. IR 1231 ; *JCP* 2004. IV. 1967 ; *Dr. pénal* 2004, n° 138, note A. Maron.
11. Crim. 23 sept. 2015, n° 14-84.842, P n° 207 ; *D.* 2015. 1953 ; *D.* 2016. 1727, obs. J. Pradel ; *RSC* 2015. 855, obs. Y. Mayaud ; *Rev. pénit.* 2016. 237, obs. P. Dulière, P.-F. Ettori, J. Labrot et S. Gros.
12. Crim. 25 mai 2016, n° 16-81.217, FS-P+B ; *D.* 2016. 1201.

personne poursuivie et détenue lors de sa comparution, par le moyen de la visioconférence, à l'occasion des débats devant la juridiction, un tel accord n'est pas requis lors du prononcé, par le même moyen, de la décision mise en délibéré, à l'occasion duquel aucune déclaration ou explication n'est immédiatement requise de la part du condamné [1].

L'ordonnance n° 2020-303 du 25 mars 2020 portant adaptation de règles de procédure pénale sur le fondement de la loi n° 2020-290 du 23 mars 2020 d'urgence pour faire face à l'épidémie de covid-19 [2] a dérogé aux règles de droit commun concernant l'utilisation de la visioconférence. L'article 5 de cette ordonnance a en effet prévu que « par dérogation à l'article 706-71 du code de procédure pénale, il peut être recouru à un moyen de télécommunication audiovisuelle devant l'ensemble des juridictions pénales, autres que les juridictions criminelles, *sans qu'il soit nécessaire de recueillir l'accord des parties.*

En cas d'impossibilité technique ou matérielle de recourir à un tel moyen, le juge peut décider d'utiliser tout autre moyen de communication électronique, *y compris téléphonique*, permettant de s'assurer de la qualité de la transmission, de l'identité des personnes et de garantir la confidentialité des échanges entre les parties et leurs avocats. Le juge s'assure à tout instant du bon déroulement des débats et le greffe dresse le procès-verbal des opérations effectuées. »

§ 2
Droit de se taire

922.31 Articles 406 et 512 du Code de procédure pénale. L'article 512 du code de procédure pénale est applicable aux textes postérieurs à son entrée en vigueur. Ainsi, la chambre criminelle a-t-elle eu l'occasion de dire qu'en application de l'article 406 du même code, dans sa rédaction issue de la loi du 27 mai 2014 [3], devant le tribunal correctionnel, le président ou l'un des assesseurs, par lui désigné, informe le prévenu de son droit, au cours des débats, de faire des déclarations, de répondre aux questions qui lui sont posées ou de se taire.

La méconnaissance de l'obligation d'informer le prévenu du droit de se taire lui fait nécessairement grief. Les dispositions de l'article 512 sont applicables devant la chambre des appels correctionnels [4]. Le principe a été repris par la suite et sa méconnaissance fait nécessairement grief [5], y compris lorsqu'il n'a pas été statué au fond, l'appel ayant été déclaré irrecevable [6].

L'article 406 du code de procédure pénale qui est applicable devant la chambre des appels correctionnels et qui impose que le président de la juridiction ou l'un de ses assesseurs informe le prévenu de son droit de se taire, n'opère pas de distinction entre les personnes morales et les personnes physiques [7]. Mais il ne saurait être fait grief à une cour d'appel d'avoir méconnu l'article 406 du code de procédure pénale, en n'informant pas la personne comparant devant elle du droit de se taire, dès lors que cette disposition ne trouve pas à s'appliquer lorsque la juridiction correctionnelle est saisie, en application des articles 148-1 et suivants du code de procédure pénale, d'une demande de mise en liberté [8]. En présence d'une pluralité de prévenus à l'instance, il ne peut être fait grief de ce que les mentions de l'arrêt ne permettent pas de savoir si chaque prévenu a reçu nominativement et séparément cette information. Ainsi, « une information collective suffit » [9]. Les dispositions de l'article 406 du code de procédure pénale relatives au droit de se taire devant les juridictions pénales, qui ont pour objet d'empêcher qu'une personne prévenue d'une infraction ne contribue à sa propre incrimination, ne sont pas applicables devant la juridiction correctionnelle lorsque celle-ci est appelée à se prononcer uniquement sur les peines [10].

Ne saurait entraîner la cassation le défaut de notification du droit de se taire avant l'audience consacrée à l'examen de l'affaire au fond dès lors que l'information des droits conformément à l'article 406 du Code de procédure pénale avait été régulièrement effectuée à l'égard des prévenus lors de l'ouverture des débats, peu important que par arrêt ait été ensuite ordonnée une réouverture des débats afin que les prévenus s'expliquent sur des éléments produits à la demande de la cour d'appel [11].

1. Crim. 20 févr. 2019, n° 18-80.777, P n° 46.
2. L. n° 2020-290, 23 mars 2020 d'urgence pour faire face à l'épidémie de covid-19, *JO* 26 mars, n° 3.
3. L. n° 2014-535, 27 mai 2014 portant transposition de la directive 2012/13/UE du Parlement européen et du Conseil, du 22 mai 2012, relative au droit à l'information dans le cadre des procédures pénales, *JO* 28 mai, p. 8864.
4. Crim. 8 juill. 2015, n° 14-85.699, P n° 178 ; *D.* 2015. 1600.
5. Crim. 24 mai 2016, n° 15-82.516, P n° 156 ; *D.* 2016. 1202 ; *Gaz. Pal.* 19 juill. p. 62, obs. F. Fourment ; *Dr. pénal* 2016 comm. 117, obs. A. Maron et M. Haas ; *Procédures* 2016, comm. 271, obs. A.-S. Chavent-Leclère.
6. Crim. 7 nov. 2017, n° 17-80.574, NP.
7. Crim. 24 mai 2016, n° 15-82.516, P n° 156, préc.
8. Crim. 6 sept. 2016, n° 16-83.907, P n° 231 ; *Dr. pénal* 2016, comm. 162, A. Maron et M. Haas.
9. Crim. 27 juin 2018, n° 17-85.959, P n° 126.
10. Crim. 17 nov. 2021, n° 21-80.567, B ; *JCP* 2022, 208.
11. Crim. 16 juin 2021, n° 19-86.630, F-P ; *Dr. pénal* 2021, comm. 150, A. Maron et M. Haas.

922.32 Généralisation du droit de se taire. La loi du 22 décembre 20213 a ajouté à l'article préliminaire un alinéa ainsi rédigé « En matière de crime ou de délit, le droit de se taire sur les faits qui lui sont reprochés est notifié à toute personne suspectée ou poursuivie avant tout recueil de ses observations et avant tout interrogatoire, y compris pour obtenir des renseignements sur sa personnalité ou pour prononcer une mesure de sûreté, lors de sa première présentation devant un service d'enquête, un magistrat, une juridiction ou toute personne ou tout service mandaté par l'autorité judiciaire. Aucune condamnation ne peut être prononcée sur le seul fondement de déclarations faites sans que ledit droit ait été notifié. » On notera que, si cette généralisation n'a pas d'effet particulier sur les audiences, la dernière phrase de cet alinéa complémentaire énonce qu'aucune condamnation ne peut être prononcée sur le seul fondement de déclarations faites sans que ledit droit ait été notifié. Il conviendra donc d'attendre pour savoir si, dans tous les cas, cette sanction, qui apparaît bien inférieur aux annulations des audiences tenues sans que le droit de se taire n'ait été notifié, constituera le nouveau principe.

922.33 La notification du droit de se taire doit intervenir avant le débat sur d'éventuelles nullités. Dans une décision rendue le 16 octobre 2019[1], la chambre criminelle a apporté une importante précision s'agissant du moment où la notification du droit de se taire doit intervenir. En l'espèce, une cour d'appel n'avait notifié ce droit qu'après qu'un premier débat sur une nullité de procédure est intervenue. L'arrêt est cassé car la notification doit suivre immédiatement l'interrogatoire dit d'identité. En effet, la personne peut être amenée à prendre la parole dans le cadre de la discussion d'une question de nullité de procédure qu'il s'agisse d'une requête de sa part ou d'un autre prévenu. C'est avant qu'elle doit donc être informée de ses droits.

922.34 Retard dans la notification. Dans une décision du 23 novembre 2021,[2] la chambre criminelle a amodié sa jurisprudence qui ne faisait pas, jusqu'à cette date, de différence entre absence de notification et notification tardive. Dans cet arrêt la chambre criminelle énonce qu'en l'absence de l'information exigée par l'article 406 précité, l'atteinte aux droits de la défense est nécessairement caractérisée tandis qu'en cas de notification tardive, cette atteinte est également caractérisée lorsque le prévenu prend la parole avant d'avoir reçu cet avertissement. En l'espèce, l'arrêt mentionnait qu'avant tout débat sur le fond, l'avocat du prévenu a soulevé des nullités et a déposé des conclusions, et que ni un autre avocat ni le ministère public n'ont fait d'observation, et que l'incident a été joint au fond. Il ajoute que le conseiller rapporteur a informé le prévenu de son droit, au cours des débats, de faire des déclarations, de répondre aux questions qui lui sont posées ou de se taire puis a présenté le rapport de l'affaire. La Cour juge que si c'est à tort qu'il a été procédé à cette notification à M. [P] après les débats tenus sur l'exception de nullité, l'arrêt n'encourt néanmoins pas la censure car il ne résulte pas des pièces de procédure que l'intéressé ait pris la parole à ce stade des débats.

§ 3
Enregistrement sonore ou audiovisuel

922.41 Nouvelles règles posées par la loi du 22 décembre 2021 : l'enregistrement. La loi du 22 décembre 2021[3] a inséré dans la loi du 29 juillet 1881 un article 38 *quater* permettant certains enregistrements d'audience. L'enregistrement sonore ou audiovisuel d'une audience peut ainsi être autorisé, pour un *motif d'intérêt public d'ordre pédagogique, informatif, culturel ou scientifique*, en vue de sa diffusion. La demande d'autorisation d'enregistrement et de diffusion est adressée au ministre de la justice. L'autorisation est délivrée, après avis du ministre de la justice, par le premier président de la cour d'appel concernant les cours d'appel et les juridictions de l'ordre judiciaire de leur ressort. Lorsque l'audience n'est pas publique, l'enregistrement est subordonné à l'accord préalable et écrit des parties au litige. Lorsqu'un majeur bénéficiant d'une mesure de protection juridique est partie à l'audience, qu'elle soit publique ou non, l'enregistrement est subordonné à l'accord préalable du majeur apte à exprimer sa volonté ou, à défaut, de la personne chargée de la mesure de protection juridique. Lorsqu'un mineur est partie à l'audience, qu'elle soit publique ou non, l'enregistrement est subordonné à l'accord préalable du mineur capable de discernement ainsi qu'à celui de ses représentants légaux ou, le cas échéant, de l'administrateur *ad hoc* désigné. Selon le même article, les modalités de l'enregistrement ne portent atteinte ni au bon déroulement de la procédure et des débats, ni au libre exercice de leurs droits par les parties et les personnes enregistrées, dont la confidentialité des échanges entre l'avocat et son client. Le magistrat chargé de la police de l'audience peut, à tout

1. Crim. 16 oct. 2019, n° 18-86.614, P+B ; *JCP* 2019, 1295, obs. Ph. Collet ; *Dr. pénal* 2019, comm. 211, A. Maron et M. Haas ; *Procédures* 2019, comm. 331, A.-S. Chavent-Leclère ; *AJ pénal* 2019. 616, obs. C-A Vaz-Fernandez,
2. Crim. 23 nov. 2021, n° 20-80.675, B.
3. L. n° 2021-1729, 22 déc. 2021 pour la confiance dans l'institution judiciaire, *JO* 23 déc., n° 2.

moment, suspendre ou arrêter l'enregistrement. Cette décision constitue une mesure d'administration judiciaire insusceptible de recours.

Le décret n° 2022-462 du 31 mars 2022[1] précise les conditions d'application de l'article 38 quater de la loi du 29 juillet 1881 sur la liberté de la presse, dans sa rédaction issue de l'article 1er de la loi n° 2021-1729 du 22 décembre 2021 pour la confiance dans l'institution judiciaire, qui crée un nouveau régime dérogatoire à l'interdiction de principe d'enregistrement et de diffusion des audiences fixée par l'article 38 *ter* (L. 29 juill. 1881, art. 38 *quater*). Les modalités de l'enregistrement devront respecter le bon déroulement des débats et l'exercice des droits des personnes. Le président d'audience pourra suspendre ou arrêter l'enregistrement s'il estime que ces conditions ne sont pas remplies. Seules les audiences non publiques requerront l'accord des parties qui disposeront d'un délai de quinze jours pour se rétracter.

922.42 Nouvelles règles posées par la loi du 22 décembre 2021 : la diffusion. La diffusion, intégrale ou partielle, de l'enregistrement n'est possible qu'après que l'affaire a été définitivement jugée et doit être réalisée dans des conditions ne portant atteinte ni à la sécurité, ni au respect de la vie privée des personnes enregistrées, ni au respect de la présomption d'innocence. Cette diffusion est accompagnée d'éléments de description de l'audience et d'explications pédagogiques et accessibles sur le fonctionnement de la justice. Les modalités d'application de cet article doivent être précisées par décret en Conseil d'État. Ce décret, du 31 mars 2022[2], énonce que la diffusion devra respecter la présomption d'innocence, le droit à la vie privée et la sécurité des personnes concernées et ne sera possible que lorsque l'affaire aura été définitivement jugée. Toutes les personnes filmées, professionnels comme justiciables, devront donner leur consentement pour la diffusion de leur image. Les mineurs, les majeurs protégés et les personnes qui n'ont pas donné leur autorisation à la diffusion des images (parties, magistrats, avocats, etc.) devront être occultés. Le ministère de la justice sera saisi pour avis mais la décision d'autoriser l'enregistrement sera prise par le premier président de la cour d'appel concernée après avis du parquet. Aucune diffusion ne sera plus possible 5 ans après l'audience, sauf à ce que les protagonistes ne puissent pas être identifiés au nom du droit à l'oubli.

922.43 Captation sonore au profit des parties civiles. Selon l'article 802-3 du code de procédure pénale, issu de la loi du 24 décembre 2020[3], lorsque l'une au moins des infractions poursuivies entre dans une catégorie d'infractions pour le jugement desquelles la juridiction dispose, en application des dispositions du code de procédure pénale, d'une compétence territoriale concurrente et spécialisée s'étendant sur le ressort de plusieurs tribunaux judiciaires ou sur l'ensemble du territoire, le premier président de la cour d'appel peut décider, dans l'intérêt de la bonne administration de la justice, en raison de la disproportion entre, d'une part, les capacités d'accueil physique de la juridiction et, d'autre part, le nombre des parties civiles, que le déroulement de l'audience fera l'objet, selon des modalités précisées par arrêté du ministre de la justice, d'une captation sonore permettant sa diffusion en différé, par un moyen de télécommunication garantissant la confidentialité de la transmission, aux parties civiles qui en ont fait la demande. Le président de la juridiction pénale peut toutefois ordonner l'interdiction de la diffusion de tout ou partie des débats afin de garantir leur sérénité ou de prévenir un trouble à l'ordre public. Un arrêté postérieur a prévu les modalités pratiques de cette procédure[4]. Les décrets des 25 avril 2022[5] et 20 juillet 2022[6] ont apporté quelques précisions en disposant par exemple que lorsque cela paraît nécessaire, le déroulement d'une audience pénale peut être diffusé dans plusieurs salles d'audience, y compris s'il s'agit d'une juridiction spécialisée dont la compétence territoriale est étendue, dans les salles de la juridiction dans le ressort de laquelle les faits ont été commis, ce qui permet aux victimes et au public d'assister au procès sans avoir besoin de se déplacer[7]. La salle d'audience de la juridiction dans laquelle a lieu la retransmission peut être située hors des locaux habituels de cette juridiction, dans tout lieu de la ville où cette juridiction a son siège, ce qui permet de recourir à des salles suffisamment gran-

1. D. n° 2022-462, 31 mars 2022 : *JO* 1er avr. 2022 ; *JCP* 2022, 470 ; V. « Filmer l'audience : transparence ou justice-spectacle ? » : *JCP* G 2021, act. 829, entretien avec A. de Saint Remy.
2. D. n° 2022-462, 31 mars 2022 : *JO* 1er avr. 2022 ; *JCP* 2022, 470 ; V. « Filmer l'audience : transparence ou justice-spectacle ? » : *JCP* G 2021, act. 829, entretien avec A. de Saint Remy.
3. L. n° 2020-1672, 24 déc. 2020 relative au Parquet européen, à la justice environnementale et à la justice pénale spécialisée, *JO* 26 déc., n° 4.
4. A. 23 juill. 2021, pris pour l'application de l'article 802-3 du Code de procédure pénale, *JO* 31 juill. 2021, n° 36 ; *Procédures* n° 10, oct. 2021, comm. 280.
5. Décr. n° 2022-656, 25 avr. 2022 renforçant la prise en compte des intérêts des victimes au cours de la procédure pénale, *JO* 26 avr., n° 30.
6. D. n° 2022-1021, 20 juill. 2022 précisant les dispositions des articles D. 45-1-4-1, D. 45-2-1 *bis* et D. 45-37-8 du code de procédure pénale : *JO* 21 juill. 2022, n° 16 ; *Dr. pénal* 2022, alerte 67 ; W. Roumier.
7. C. pr. pén., art. D. 45-1-4-1 s.

des pour accueillir les victimes et le public. Ces dispositions sont applicables devant la chambre des appels correctionnels et c'est alors le premier président de la cour d'appel qui prend les décisions [1].

SECTION 2
AUDIENCEMENT

922.51 **Acte de saisine de la cour.** L'objectif de l'appel est déterminé par l'acte d'appel et la qualité de l'appelant [2]. La citation devant la cour n'a donc pour seul objet que de faire connaître aux parties la date de l'audience [3]. Les dispositions de l'article 551 du code de procédure pénale qui régissent les mentions qui doivent figurer sur la citation [4] ne sont pas applicables [5]. La citation permet toutefois de déterminer la nature de l'arrêt rendu : contradictoire, contradictoire à signifier ou défaut. Il y a nullité de la citation, au sens de l'article 551, alinéa 3, du code de procédure pénale lorsque l'acte ne précise pas le lieu, l'heure et la date de l'audience [6].

922.52 **Citation des parties.** Les parties doivent toutes être citées à la requête du procureur général en cause d'appel, quel que soit l'appelant, même si seuls les intérêts civils restent en cause [7]. Il en est de même après cassation avec renvoi [8]. La chambre criminelle a ainsi cassé un arrêt civil ayant déclaré X... irrecevable en sa constitution de partie civile pour ne pas avoir appelé en la cause la caisse primaire d'assurance-maladie en déclaration de jugement commun, alors qu'il appartenait au ministère public de citer celle-ci devant la juridiction de renvoi [9].

Toutefois, cette règle ne met pas obstacle à ce que les parties puissent faire délivrer des citations dans le but d'interrompre une éventuelle prescription de l'action publique [10]. Il en va notamment ainsi lorsque la prescription est courte, et principalement en matière de presse. Faute d'avoir agi, la partie civile ne pourra invoquer une prétendue suspension de l'action publique [11].

922.53 **Incidence de l'obligation de citation des parties.** La cour d'appel saisie du seul appel de la partie civile ne peut statuer en l'absence de comparution des parties sur la voie de recours exercée que si les parties ont été citées à comparaître à la requête du procureur général. Encourt dès lors la cassation l'arrêt qui confirme le jugement entrepris sur les intérêts civils, tout en constatant que les parties, non comparantes, n'ont pas été citées, le procureur général s'étant borné à aviser la partie civile de la date d'audience [12].

922.54 **Avertissement délivré par le ministère public** [13]. L'article 389 du code de procédure pénale dispose que l'avertissement, délivré par le ministère public, dispense de citation, s'il est suivi de la comparution volontaire de la personne à laquelle il est adressé. Cet article est applicable à la procédure en cause d'appel par le renvoi général de l'article 513. Il ne vaut citation que s'il est effectivement suivi de la comparution volontaire de l'intéressé [14]. La cour d'appel saisie ne peut donc statuer sur l'appel du prévenu lorsque celui-ci, qui a fait l'objet d'un avertissement à comparaître, ne comparaît cependant pas devant ladite cour à la date indiquée [15].

922.55 **Transfert du prévenu détenu.** Dès l'acte d'appel, le prévenu est transféré dans le plus bref délai et sur ordre du procureur, à la maison d'arrêt où siège la cour, aux termes de l'article 504 du code de procédure pénale.

922.56 **Délais de comparution.** Jusqu'à l'entrée en vigueur de la loi du 23 mars 2019, il n'existait pas de délais dans lesquelles la chambre des appels correctionnels devait rendre sa décision en dehors du cas où l'appel était interjetée par une personne détenue ayant comparu suivant la procédure de comparution immédiate. L'article 509-1 du code de procédure pénale institue des délais d'audiencement en appel lorsque le prévenu est détenu.

Depuis le 1er juin 2019, le prévenu doit comparaître devant la chambre des appels correctionnels *dans un délai de quatre mois* à compter soit de l'appel, si le prévenu est détenu, soit de la date à laquelle le prévenu a été ultérieurement placé en détention provisoire, en application de la décision rendue en premier ressort. Si l'audience sur le fond ne peut se tenir avant l'expiration de ce délai, le président de la chambre peut, à titre exceptionnel, par une décision mentionnant les raisons de fait ou de droit faisant obstacle au jugement de l'affaire, ordonner la prolongation de la détention pour une nouvelle durée de quatre mois, décision renouvelable une fois. Lorsque l'un des faits constitutifs de l'infraction a

1. C. pr. pén., art. D. 45-29.
2. V. ss nos 932.11 s.
3. Crim. 27 mai 1986, no 85-90.049, P no 177.
4. V. ss no 941.41.
5. Crim. 10 avr. 1995, no 94-82.026, P no 153.
6. Crim. 5 mai 1987, no 86-95.262, P no 179.
7. Crim. 18 déc. 1952, P no 317 – Crim. 6 nov. 1962, P no 303 – Crim. 11 mai 2004, no 03-83.364, P no 116 : ou après cassation avec renvoi.
8. Crim. 21 janv. 1987, no 84-91.636, P no 33.
9. Crim. 21 janv. 1987, no 84-91.636, préc.
10. Crim. 27 avr. 1982, no 80-92.919, P no 103 ; *D.* 1983. IR 68 – Crim. 2 déc. 1986, no 86-91.698, P no 364.
11. Crim. 2 déc. 1986, no 86-91.698, P no 364.
12. Crim. 19 févr. 1998, no 97-81.272, P no 71.
13. C. pr. pén., art. 389.
14. Crim. 27 avr. 1981, no 80-95.107, P no 125.
15. Crim. 29 nov. 1988, no 88-82.808, P no 401.

été commis hors du territoire national ou lorsque la personne est poursuivie pour une infraction mentionnée aux articles 706-73 et 706-73-1, le délai mentionné aux deux premiers alinéas du présent article est porté à six mois. Si le prévenu n'a pas comparu devant la cour d'appel avant l'expiration de ces délais, il est remis immédiatement en liberté s'il n'est pas détenu pour une autre cause. Avec le président de la chambre de l'instruction dans une autre occurrence[1], le président de la chambre des appels correctionnels peut donc désormais exercer, à juge unique, un pouvoir de prolongation de la détention provisoire. La durée totale de la détention ne peut être supérieure à un an (quatre mois, prolongés de quatre mois, puis encore de quatre mois), voire de dix-huit mois lorsque l'infraction a été commis hors du territoire national ou lorsque la personne est poursuivie pour une infraction de délinquance organisée. Il convient toutefois de souligner que l'article 509-1 n'indique pas que le prévenu doit être jugé dans les délais qu'il fixe, mais seulement qu'il doit comparaître.

On peut imaginer que l'essentiel de la jurisprudence rendue à propos du délai de quatre mois ouvert à la cour d'appel pour statuer dans le cadre de la procédure de comparution immédiate est transposable à cette matière[2]. Ainsi, le dépassement du délai de quatre mois ne saurait entraîner la nullité de la procédure ni mettre fin aux poursuites[3]. Le non-respect de ce délai entraîne, là encore, comme seule conséquence, la remise en liberté de la personne.

922.57 **Urgence sanitaire : l'ordonnance du 25 mars 2020.** L'ordonnance n° 2020-303 du 25 mars 2020 portant adaptation de règles de procédure pénale sur le fondement de la loi n° 2020-290 du 23 mars 2020 d'urgence pour faire face à l'épidémie de covid-19[4]a allongé les délais impartis à la chambre de l'instruction ou à une juridiction de jugement pour statuer sur tout recours formé en matière de détention provisoire, contrôle judiciaire ou Arse. Selon l'article 18 de l'ordonnance, tous ces délais ont été allongés d'un mois pendant la période d'urgence sanitaire.

SECTION 3
AUDIENCE – RAPPORT

922.61 **Le rapport : une formalité substantielle.** Selon la jurisprudence de la chambre criminelle le rapport prévu à l'article 513 du code de procédure pénale, qui a pour objet d'exposer publiquement aux membres de la chambre des appels correctionnels, tous les éléments de l'affaire soumise aux premiers juges est une formalité substantielle dont l'accomplissement constitue un préliminaire indispensable avant tout débat, soit qu'il s'agisse de juger le fond du procès, soit qu'il s'agisse de prononcer sur une nullité de procédure ou sur une question préjudicielle[5]. Il en est ainsi même si l'action civile reste seule en cause[6]. Encourt en conséquence la cassation l'arrêt d'une cour d'appel, qui ne portant aucune mention du rapport, ni le nom du rapporteur, et se bornant à faire état de la lecture par le président du dispositif du jugement, ne fait pas la preuve de la régularité au regard de l'article 513[7].

922.62 **Auteur du rapport.** L'article 513 du code de procédure pénale dispose que l'appel est jugé à l'audience sur le rapport oral d'un conseiller. Il est toutefois admis que le président peut y procéder lui-même[8], ce qui semble la pratique la plus courante. En revanche, il convient d'être vigilant sur la rédaction de l'arrêt qui doit porter le nom du rapporteur[9], celui-ci ayant dû participer au délibéré[10].

922.63 **Teneur du rapport.** Peu importe le caractère succinct du rapport, celui-ci étant laissé à l'appréciation et à la conscience du magistrat désigné[11], dès lors qu'il n'en est pas résulté une atteinte aux droits de la partie concernée[12]. Si la neutralité du rapport paraît de bon aloi, rien n'interdit au rapporteur d'exprimer son avis[13].

922.64 **Rapport tardif.** Peu importe également que le rapport ait été tardif si, en vertu de l'article 802 du code de procédure pénale, cette irrégularité n'a pas eu pour effet de porter atteinte aux intérêts du demandeur[14].

922.65 **Présomption d'accomplissement de la formalité.** La formalité du rapport doit être réputée

1. C. pr. pén., art. 380-3-1.
2. V. s[s] n° 424.124.
3. Crim. 13 janv. 1992, n° 91-86.058, P n° 8 ; *RSC* 1993. 129, obs. Braunschweig.
4. L. n° 2020-290, 23 mars 2020 d'urgence pour faire face à l'épidémie de covid-19, *JO* 26 mars, n° 3.
5. Crim. 28 mars 1924, *DH* 1924. 315 – Crim. 4 août 1938, *DH* 1938. 352 – Crim. 4 juill. 1962, P n° 234 – Crim. 7 mars 1963, n° 62-93.629, P n° 111 – Crim. 15 déc. 1976, n° 75-91.816, P n° 366 – Crim. 6 nov. 1984, n° 83-93.301, P n° 334.
6. Crim. 10 juin 1948, P n° 152 – Crim. 3 juill. 1975, n° 74-93.232, P n° 178 – Crim. 16 juin 1993, n° 92-83.457, P n° 213.
7. Crim. 12 juin 1989, n° 88-85.495, P n° 249 – Crim. 3 nov. 2004, n° 03-84.859, P n° 265 ; *JCP* 2005. IV. 1053 ; *AJ pénal* 2005. 73, obs. J. Coste.
8. Crim. 21 mai 1963, n° 62-93.122, P n° 178.
9. Crim. 24 nov. 1959, *D.* 1960. Somm. 23.
10. Crim. 19 mai 1981, n° 80-94.532, P n° 163.
11. Crim. 12 févr. 1959, P n° 106.
12. Crim. 9 janv. 1978, n° 77-92.241, P n° 10.
13. Crim. 20 déc. 1983, n° 83-94.077, P n° 350.
14. Crim. 28 nov. 1977, n° 75-92.339, P n° 372.

accomplie et aucune nullité n'est encourue lorsque l'arrêt énonce qu'un conseiller a été entendu ; peu importe que les mots « sur son rapport » aient été omis, si ce magistrat n'a pu intervenir qu'en qualité de rapporteur[1].

922.66 Nouveau rapport nécessaire. Un nouveau rapport est parfois nécessaire. Il en est ainsi dès lors que des actes de procédure qui doivent servir de base à la décision à intervenir ont été accomplis depuis la précédente audience[2] par exemple dans le cas de supplément d'information[3]. Il en est ainsi également si un magistrat de la composition change en cours d'audience : dans cette hypothèse, l'arrêt doit préciser si la formalité du rapport oral de l'affaire correctionnelle a bien été renouvelée pour le nouveau magistrat siégeant à l'audience à laquelle l'affaire a été débattue et jugée[4]. Il en est encore ainsi dans le cas où la cour a ordonné l'audition d'un prévenu à domicile[5].

Il ne faut pas confondre cette dernière jurisprudence avec le fait que lors du premier jugement, cette audition ait pu être ordonnée sans rapport du conseiller : l'article 513 du code de procédure pénale, en subordonnant le jugement de l'appel en matière correctionnelle au rapport préalable de l'un des juges de la cause, n'a eu en vue que le fond même de la prévention ou les questions préjudicielles pour la solution desquelles la connaissance du fond peut être nécessaire ; c'est ainsi que les arrêts ordonnant l'audition du prévenu en son domicile en raison de son état de santé[6] n'ont pas à être rendus sur le rapport d'un conseiller[7]. Or, l'audition du prévenu à domicile peut être ordonnée après l'évocation du fond, mais aussi immédiatement si sa situation particulière est connue. C'est lors du jugement après cette audition que ce rapport sera indispensable. Il n'est toutefois pas nécessaire dans cette hypothèse de donner lecture du procès-verbal d'audition du prévenu[8].

922.67 Inutilité d'un nouveau rapport. Un nouveau rapport n'est pas utile dans les situations suivantes :

- lorsqu'il s'agit de statuer sur un incident qui s'est produit à l'audience même de la cour d'appel[9] ;
- après l'intervention d'un arrêt avant dire droit dans le cas où un incident ou une exception est soulevé en début d'audience (demande de renvoi, demande de huis clos, jonction d'un incident au fond...)[10] ;
- après l'intervention d'un arrêt avant dire droit à la suite d'une décision ordonnant la comparution d'un témoin[11] ou un transport sur les lieux[12], en fait à chaque fois qu'il a été accompli en présence de toute la cour des actes de procédure devant servir à la décision ;
- lorsque le rapport a été fait à une première audience où le prévenu n'a pas comparu s'il comparaît à une audience ultérieure de la même cause[13] ;
- lorsque le prévenu fait défaut en son opposition[14] ;
- avant de prendre une décision relative à la publicité des débats, « incident extrinsèque au fond du procès »[15].

922.68 Rapport superflu. Un rapport renouvelé bien qu'il ait été inutile ne porte pas atteinte aux droits des parties et ne saurait emporter une quelconque nullité[16].

922.69 Exception jointe au fond. Dès lors que les juges d'appel joignent au fond l'exception déjà soulevée en première instance et prise de la nullité de la procédure antérieure dont ils sont saisis, avant toute défense au fond, le rapport fait après cette décision de jonction porte nécessairement, comme les débats qui suivent, à la fois sur la forme et sur le fond[17].

SECTION 4
AUDIENCE – INSTRUCTION

§ 1
Interrogatoire du prévenu

922.71 Droit de se taire. Le « prévenu est interrogé » aux termes de l'article 513 du code de procédure pénale. Il n'y a pas de différence entre cet

1. Crim. 25 nov. 1937, *DP* 1940. I. 31.
2. Crim. 4 août 1938, *DH* 1938. 352 – Crim. 29 avr. 1969, n° 68-90.238, P n° 146 – Crim. 20 févr. 1957, P n° 172.
3. Crim. 22 avr. 1921, P n° 177.
4. Crim. 13 nov. 1952, P n° 254 – Crim. 26 sept. 2006, n° 05-87.568, P n° 238.
5. Crim. 29 avr. 1969, n° 68-90.238, P n° 146 (v. s[s] n° 922.01).
6. C. pr. pén., art. 416.
7. Crim. 21 mai 1968, n° 67-93.112, P n° 166.
8. Crim. 22 juin 1971, n° 70-92.914, P n° 202.
9. Crim. 16 oct. 1968, n° 67-91.992, P n° 255 – Crim. 15 juin 1976, n° 75-90.299, P n° 215 ; *D.* 1976. IR 214.
10. Crim. 27 févr. 1936, *DH* 1936. 198 – Crim. 28 févr. 1952, P n° 61 – Crim. 27 avr. 1968, n° 67-92.795, P n° 125 – Crim. 28 nov. 1968, n° 67-92.519, P n° 321 – Crim. 1er févr. 1988, n° 86-95.678, P n° 47 ; *D.* 1988. IR 85 – Crim. 6 nov. 1989, n° 88-86.854, P n° 389.
11. Crim. 4 juill. 1962, P n° 234.
12. Crim. 21 déc. 1972, n° 72-91.238, P n° 398.
13. Crim. 2 avr. 1979, n° 78-92.534, P n° 130.
14. Crim. 9 janv. 1973, n° 72-91.972, P n° 11.
15. Crim. 3 mai 1928, *DP* 1929. I. 56 – Crim. 8 juill. 1943, *DA* 1943. 66.
16. Crim. 9 janv. 1973, n° 72-91.972, P n° 11.
17. Crim. 1er févr. 1988, n° 86-95.678, P n° 47.

interrogatoire sur le fond et celui du tribunal correctionnel, en premier ressort.

Le président doit également, comme il le fait en premier ressort, faire application de l'article 406 du code de procédure pénale, et avertir le prévenu qu'il peut être assisté par un interprète. Après avoir constaté son identité et donné connaissance de l'acte qui a saisi la cour, il informe le prévenu de son droit, au cours des débats, de faire des déclarations, de répondre aux questions qui lui sont posées ou de se taire. Il constate aussi s'il y a lieu la présence ou l'absence de la personne civilement responsable, de la partie civile, des témoins, des experts et des interprètes.

922.72 **Nullité.** L'absence d'interrogatoire n'est une cause de nullité que si elle porte atteinte aux droits de la défense[1]. Il est porté atteinte à ces intérêts lorsque l'arrêt, qui ne mentionne, ni l'interrogatoire du prévenu, ni l'assistance de son avocat, laisse incertain le point de savoir si le prévenu a été appelé à se défendre au cours des débats[2]. Il en est de même si l'arrêt ne constate pas que le prévenu a été mis en mesure de se défendre sur une circonstance aggravante résultant des débats et ne figurant pas dans la prévention[3]. En revanche, il ne peut y avoir atteinte à ses intérêts lorsqu'il est établi que le prévenu a été amené à présenter ses observations au cours du débat oral[4] [5].

Sur l'évolution du droit de se taire, v. s[s] n°s 922.71 s.

§ 2
Audition des témoins

922.81 **Exigence de motivation en cas de refus.** Dès lors que l'arrêt attaqué mentionne expressément que la cour d'appel a été saisie d'une requête tendant à l'audition d'un témoin et qu'aucune réponse n'a été donnée à cette demande, les juges du second degré n'ont pas justifié leur décision[6].

922.82 **Témoin non entendu en premier ressort.** L'audition des témoins présente quant à elle une particularité. En effet, l'article 513 du code de procédure pénale dispose que : « les témoins cités par le prévenu sont entendus dans les règles prévues aux articles 435 à 457. Le ministère public peut s'y opposer si ces témoins ont déjà été entendus par le tribunal. La cour tranche avant tout débat au fond. »

La cour d'appel peut donc s'opposer à l'audition de témoins qui ont déjà été entendus par la juridiction du premier degré. C'est une règle très ancienne[7]. Dans le cas contraire, *elle ne peut s'y opposer*[8] *si ces témoins ont été cités en première instance*[9].

Doit être cassé l'arrêt qui rejette la demande d'audition de témoins au motif qu'ils n'ont pas assisté aux faits alors que ces témoins n'avaient pas été entendus par le tribunal en première instance[10]. Il en est de même de la décision de la cour qui rejette l'audition d'un expert comme témoin, non entendu en première instance, en énonçant que l'audition est inutile, cette personne n'ayant eu à connaître des faits ni comme témoin, ni comme expert[11].

Est également inopérant pour justifier le refus d'entendre les témoins régulièrement cités par le prévenu et non entendus par le tribunal, le motif tiré de ce que, n'ayant été formulée qu'au cours des débats, il n'avait pu être procédé ainsi qu'il est prescrit par l'article 436 du code de procédure pénale[12]. La cour d'appel est tenue de procéder à l'audition de la victime citée en qualité de témoin qui n'a pas été entendue par le tribunal, dès lors qu'elle ne constate pas de difficultés particulières rendant matériellement impossible cette audition. Elle ne saurait se contenter d'énoncer que le droit au procès équitable avait été mis en œuvre en première instance, qu'il n'y avait pas d'obligation à procéder à la confrontation entre un prévenu et celui qui a dénoncé l'infraction et que la plainte de M. B... n'était pas le seul élément duquel résultait la mise en cause du prévenu, ces derniers motifs qui, en ce qu'ils portent sur le caractère non exclusif des déclarations du témoin parmi les éléments à charge, étant par ailleurs inopérants à ce stade de la

1. Crim. 29 avr. 1971, n° 71-90.557, P n° 129.
2. Crim. 13 juill. 1955, P n° 351.
3. Crim. 5 déc. 1978, n° 78-91.826, P n° 346 ; *D.* 1979. 50, note S. Kehrig ; *Gaz. Pal.* 1979. 1. 149, note L.-E. Pettiti – Crim. 4 mars 1998, n° 96-86.326, P n° 85.
4. Crim. 29 avr. 1971, n° 71-90.557, P n° 129.
5. SUR les autres précisions relatives à l'interrogatoire du prévenu, v. s[s] n°s 545.21 s.
6. Crim. 20 sept. 2011, n° 11-81.314, P n° 183 ; *AJ pénal* 2012. 47, obs. M. Pronier ; *JCP* 2011. 1384 ; *RSC* 2012. 198, note J. Danet ; *D.* 2011. 2542, obs. M. Léna ; *D.* 2012. Chron. 171, obs. C. Roth, A. Leprieur et M.-L. Divialle – Crim. 26 oct. 2011, n° 11-80.683, P n° 21 ; *JCP* 2011. 1384 ; *RSC* 2012. 198, note J. Danet.
7. Crim. 30 oct. 1890, P n° 212 – Crim. 13 déc. 1890, P n° 253 – Crim. 20 oct. 1892, *DP* 1894. 1. 140 – Crim. 13 janv. 1916, *DP* 1921. 1. 63.
8. Crim. 23 juin 2004, n° 04-81.051, P n° 166 ; *D.* 2004. IR 2196 ; *JCP* 2004. IV. 2690 ; *AJ pénal* 2004. 412, obs. J. Leblois-Harpe ; *RSC* 2004. 965, obs. J.-F. Renucci – Crim. 30 nov. 2004, n° 04-82.461, P n° 300.
9. Récemment : Crim. 29 juin 2022, n° 21-85.470, B ; *JCP* 2022, 992. POUR le cas de l'audition de témoins nouveaux, v. s[s] n° 922.83.
10. Crim. 23 juin 2004, n° 04-81.051, préc. – Crim. 30 nov. 2004, n° 04-82.461, P n° 300 ; *JCP* 2005. IV. 1301.
11. Crim. 3 juin 2009, n° 08-83.665, P n° 109 ; *AJ pénal* 2009. 370 ; *Procédures* 2009, n° 377, note J. Buisson.
12. Crim. 29 mars 2006, n° 05-80.027, P n° 93 ; *D.* 2006. IR 1184 ; *AJ pénal* 2006. 318.

procédure[1]. Les juges d'appel ont l'obligation d'accéder à la demande de citation de témoins formulée par la défense dès lors que ceux-ci n'ont pas été entendus en première instance, peu importe qu'ils n'aient pas été cités en première instance, l'article 513 susvisé ne prévoyant pas une telle restriction »[2].

922.83 Témoin déjà entendu ou non cité. Lorsque les témoins ont déjà été entendus, l'appréciation de la cour d'appel est souveraine[3]. Justifie sa décision, la cour d'appel qui, pour passer outre à la défaillance d'un témoin cité par la défense, retient que son audition n'est pas utile, ses déclarations écrites figurant au dossier et correspondant aux autres témoignages[4]. Il résulte des dispositions de l'article 444, alinéa 3, du Code de procédure pénale que la cour d'appel n'est pas tenue de motiver spécialement son refus d'entendre comme témoin une personne présente à l'ouverture des débats sans avoir été régulièrement citée, la décision d'autoriser cette audition étant laissée à son appréciation[5].

Il appartient au prévenu et non au parquet général de faire citer un témoin dont il souhaite l'audition[6]. Justifie sa décision la cour d'appel qui rejette la demande présentée par l'avocat, aux fins d'exécution d'un complément d'information consistant dans l'audition du coauteur des faits et de deux témoins, dès lors que l'intéressé n'a pas usé de la faculté, qui lui était offerte par l'article 513, alinéa 2, du code de procédure pénale, de faire citer devant la juridiction du second degré des témoins en vue de leur audition[7]. Lorsque seule l'action civile est dévolue à la cour d'appel, les dispositions de l'article 513, alinéa 2, du C. pr. pén. ne sont pas applicables et l'opportunité de procéder à l'audition d'un témoin, compte tenu des indications qui lui sont données par les parties, relève de l'appréciation souveraine des juges[8].

La Cour européenne des droits de l'Homme a estimé, dans un arrêt *Destrehem c/ France* du 18 mai 2004[9], que violait l'article 6, § 1 et § 3, d) de la convention l'arrêt qui, pour entrer en voie de condamnation à l'encontre du prévenu, s'était fondé sur les mêmes témoignages qui avaient conduit à une relaxe dudit prévenu en première instance, sans procéder à une nouvelle audition des témoins. Il convient donc d'être vigilant sur ce point. L'article 513 précise expressément que la cour tranche avant tout débat au fond.

922.84 Témoin nouveau. La cour d'appel peut, si elle le juge utile ou nécessaire, *ordonner l'audition de témoins nouveaux*, qui n'ont point déposé en première instance[10]. Mais l'audition de nouveaux témoins en cause d'appel est toujours facultative et le refus de les entendre est suffisamment motivé par l'arrêt qui déclare n'y avoir lieu à un supplément d'information[11]. Faute d'avoir usé devant les premiers juges de la prérogative qu'il tient des articles 435 ou 444, alinéa 3, du code de procédure pénale, un prévenu ne saurait faire grief à une cour d'appel d'avoir, en refusant, par des motifs exempts d'insuffisance, la demande qu'il lui présentait de l'audition d'un témoin, méconnu le principe du procès équitable et les droits de la défense[12].

922.85 Audition contradictoire des témoins à charge. Il résulte de l'article 6, § 3, de la convention européenne des droits de l'homme que tout prévenu a le droit d'interroger ou faire interroger les témoins à charge et d'obtenir la convocation des témoins à décharge dans les mêmes conditions que les témoins à charge[13]. La Cour européenne en a déduit que ne bénéficiait pas d'un procès équitable l'accusé qui n'avait jamais eu, non plus que son conseil, une occasion suffisante d'interroger un témoin[14]. Ce principe oblige la chambre des appels correctionnels à ordonner, lorsqu'elle en est requise, l'audition contradictoire des témoins à charge qui n'ont pas été confrontés avec le prévenu au cours de la procédure[15]. Les juges ne peuvent passer outre à une telle demande qu'à la condition de s'expliquer sur les raisons de l'impossibilité de confronter[16] et si le témoin a déjà été entendu par la juridiction du premier degré. Le fait que le témoin ait été entendu dans le cadre de l'enquête préliminaire, de flagrance, ou dans le cours de l'instruction n'est pas suffi-

1. Crim. 1er juin 2016, n° 15-83.059, P n° 169 ; *AJ pénal* 2016. 545, obs. J. Lasserre Capdeville.
2. Crim. 29 juin 2022, n° 21-85.470, B ; *AJ pénal* 2022. 441, obs. F. Engel.
3. Crim. 25 juin 2003, n° 02-83.290, NP (v. ss n° 922.01).
4. Crim. 4 mars 2008, n° 07-87.356, P n° 54 ; *AJ pénal* 2008. 245.
5. Crim. 4 juin 2019, n° 18-84.720, P n° 101 ; *JCP* 2019, 767.
6. Crim. 28 mai 2003, n° 02-85.398, NP (v. ss n° 922.01).
7. Crim. 25 févr. 2014, n° 13-81.508, P n° 49 ; *D.* 2014. 609 ; *JCP* 2014. 344.
8. Crim. 20 oct. 2021, n° 19-86.294, B ; *JCP* 2021, 1234.
9. CEDH 18 mai 2004, *Destrehem c/ France*, req. n° 56651/00.
10. Crim. 20 oct. 1892, *DP* 1894. 1. 140 – Crim. 1er févr. 1994, n° 90-84.235, NP.
11. Crim. 9 févr. 1924, P n° 70 – Crim. 5 nov. 1975, n° 75-90.457, P n° 237.
12. Crim. 19 sept. 1989, n° 88-84.172, P n° 321 – Crim. 21 nov. 1996, n° 95-85.995, P n° 420.
13. V. ss nos 223.21, 223.43 et 223.45.
14. CEDH 19 déc. 1990, *Delta c/ France*, req. n° 11444/85 ; *D.* 1991. Somm. 213, obs. J. Pradel ; *JCP* 1992. I. 3601, n° 24 ; *RSC* 1991. 393, obs. L.-E. Pettiti.
15. Crim. 12 janv. 1989, n° 88-81.592, P n° 13 – Crim. 8 févr. 1990, n° 89-81.832, P n° 70 ; *D.* 1990. IR 109 – Crim. 13 juin 1991, nos 90-86.981, 90-86.980, 90-86.352, 90-81.489, P n° 252 ; *JCP* 1992. II. 21920, note J.-Y. Lassalle ; *RSC* 1991. 789, obs. A. Braunschweig.
16. Crim. 25 mai 1992, n° 91-81.116, P n° 208 (v. ss n° 922.01).

sant[1]. La cour d'appel ne saurait passer outre, sans s'en expliquer, à la défaillance d'un témoin dont elle avait ordonné précédemment la comparution[2]. La cour d'appel doit motiver les raisons pour lesquelles elle refuse l'audition d'un témoin cité par le prévenu. Peu importe à cet égard qu'il s'agisse d'un témoin à charge ou d'un témoin à décharge[3]. Les juges d'appel ne peuvent, sans s'en expliquer, passer outre la demande de renvoi de l'affaire sollicitée dans le but d'obtenir la convocation et l'interrogation d'un témoin à décharge[4]. En effet, le refus de faire droit à une demande d'audition contradictoire des *témoins à décharge* doit être également motivé[5]. En revanche peut être refusée l'audition d'un témoin lorsque des recherches le concernant sont restées vaines[6], lorsque la demande d'audition ne précise pas suffisamment son objet et son utilité[7], ou lorsqu'il existe des risques de pression ou de représailles sur ce témoin[8], ou de menaces sur la partie civile[9].

Dans son arrêt rendu en grande chambre le 15 décembre 2011[10], la Cour de Strasbourg rappelle que : « Premièrement, l'absence d'un témoin doit être justifiée par un motif sérieux ; deuxièmement, lorsqu'une condamnation se fonde uniquement ou dans une mesure déterminante sur des dépositions faites par une personne que l'accusé n'a pu interroger ou faire interroger, ni au stade de l'instruction, ni pendant les débats, les droits de la défense peuvent se trouver restreints d'une manière incompatible avec les garanties de l'article 6. »

Elle rappelle encore que la non-comparution d'un témoin à un procès peut s'expliquer par diverses raisons : cause de peur, décès du témoin... Lorsque le témoin a peur, la Cour invite à distinguer : « Lorsque la peur du témoin est imputable à l'accusé ou à des personnes agissant pour son compte, on peut comprendre que le juge autorise la lecture de sa déposition au procès sans le contraindre à comparaître ni permettre à l'accusé ou à ses représentants de le soumettre à un contre-interrogatoire, ce quand bien même cette déposition constituerait la preuve unique ou déterminante contre l'accusé. Permettre à un accusé ayant cherché à intimider des témoins de tirer profit de ses manœuvres serait incompatible avec les droits des victimes et des témoins. On ne saurait attendre d'un tribunal qu'il laisse pareils procédés saper le processus judiciaire. Par conséquent, un accusé qui a agi de la sorte doit être réputé avoir renoncé à son droit garanti par l'article 6, § 3, d) d'interroger les témoins en question. Il faut en juger de même lorsque les menaces ou manœuvres qui sont à l'origine de la peur de comparaître du témoin proviennent de personnes agissant pour le compte, ou au su et avec l'approbation, de l'accusé »[11].

Dans l'hypothèse où la peur n'est pas imputable aux actions de l'accusé : « Le juge doit mener les investigations appropriées pour déterminer, premièrement, si cette peur est fondée sur des motifs objectifs et, deuxièmement, si ces motifs objectifs reposent sur des éléments concrets. »[12]

Enfin, la juridiction de jugement doit examiner les autres possibilités qui lui sont ouvertes : « Avant de pouvoir dispenser un témoin de comparaître au motif qu'il craint de se présenter au procès, le juge doit estimer établi que toutes les autres possibilités, telles que l'anonymat ou d'autres mesures spéciales, seraient inadaptées ou impossibles à mettre en œuvre. »[13]

Le refus peut également être fondé, conformément à la jurisprudence de la CEDH, sur le fait que l'audition du témoin n'est pas le seul élément à charge existant contre le prévenu : c'est ce que fait par exemple la chambre criminelle dans un arrêt du 3 décembre 2003 en exposant : « qu'en l'état de ces motifs, et dès lors que la déclaration de culpabilité ne repose pas sur les seules déclarations de Jan Z..., la cour d'appel a justifié sa décision sans méconnaître les dispositions conventionnelles invoquées »[14].

La cour d'appel peut refuser l'audition du témoin en énonçant les circonstances de nature à mettre obstacle à la confrontation et à lui enlever toute force probante à la suite des artifices utilisés par le *prévenu pour empêcher son identification*[15]. L'absence

1. Crim. 12 janv. 1989, n° 88-81.592, P n° 13 ; *D.* 1989. IR 58 ; *D.* 1989. Somm. 174, obs. J. Pradel ; *RSC* 1989. 350.
2. Crim. 25 mai 1992, n° 91-81.116, préc.
3. Crim. 27 juin 2001, n° 00-87.414, P n° 164 ; *RSC* 2002. 339, obs. J.-F. Renucci – Crim. 13 févr. 2008, n° 07-81.097, P n° 142 ; *D.* 2008. 1805, note J.-L. Lennon ; *AJ pénal* 2008. 197 ; *RSC* 2008. 984, obs. J.-F. Renucci.
4. Crim. 20 sept. 2011, n° 11-81.314, P n° 183 ; *D.* 2011. 2542, obs. M. Léna ; *D.* 2012. 171, obs. C. Roth ; *JCP* 2011. 1246 ; *Dr. pénal* 2011, n° 143, note Y. Leroy.
5. Crim. 18 juill. 1990, n° 90-80.588, NP, *Gaz. Pal.* 1991. 2. 107 – Crim. 22 mars 1989, n° 88-84.580, P n° 144.
6. Crim. 3 févr. 1993, n° 92-83.443, P n° 57 ; *JCP* 1993. II. 22197.
7. Crim. 27 oct. 1993, n° 93-80.113, P n° 319.
8. Crim. 8 févr. 1990, n° 89-81.832, P n° 70 ; *D.* 1990. IR 109 ; *Gaz. Pal.* 1990. 2. 541.
9. Crim. 26 oct. 1994, n° 93-84.493, P n° 343.
10. CEDH 15 déc. 2011, *Al-Khawaja et Tahery c/ Royaume-Uni*, req. n°s 26766/05, 22228/06, § 119 ; *D.* 2012. 586, note J.-F. Renucci ; *RSC* 2012. 245, obs. D. Roets ; *Dr. pénal* 2012. Chron. 3, obs. E. Dreyer.
11. CEDH 15 déc. 2011, *Al-Khawaja et Tahery c/ Royaume-Uni*, § 123.
12. CEDH 15 déc. 2011, *Al-Khawaja et Tahery c/ Royaume-Uni*, § 124.
13. CEDH 15 déc. 2011, *Al-Khawaja et Tahery c/ Royaume-Uni*, § 125.
14. Crim. 3 déc. 2003, n° 02-87.139, NP – AUSSI : Crim. 22 mars 1989, n° 88-84.580, P n° 144 – Crim. 24 oct. 1989, n° 89-81.492, P n° 373.
15. Crim. 21 janv. 1991, n° 90-81.264, P n° 32 ; *D.* 1991. Somm. 213, obs. J. Pradel.

d'auditions de témoins ne soulève aucun problème sur le terrain de l'article 6 de la convention lorsque la condamnation ne s'appuyait pas sur leurs dires[1].

Dans une décision du 15 septembre 2022[2], la Cour de justice de l'Union européenne a précisé que l'article 8, § 1, de la directive 2016/343/UE du 9 mars 2016[3], et l'article 3, § 1, de la directive 2013/48/UE du 22 octobre 2013[4], doivent être interprétés en ce sens que lorsque, en vue d'assurer le respect du droit de la personne poursuivie d'assister à son procès et de son droit d'accéder à un avocat, la juridiction nationale procède à une audition supplémentaire d'un témoin à charge, dans la mesure où, pour des raisons indépendantes de leur volonté, la personne poursuivie et son avocat n'ont pas pu assister à la précédente audition de ce témoin, il est suffisant que la personne poursuivie et son avocat puissent librement interroger ledit témoin, pour autant que, préalablement à cette audition supplémentaire, la personne poursuivie et son avocat se soient vu communiquer une copie du procès-verbal de la précédente audition du même témoin. Dans ces conditions, il n'est pas nécessaire de réitérer, dans son intégralité, l'audition qui s'est tenue en l'absence de la personne poursuivie et de son avocat en invalidant les actes de procédure accomplis lors de celle-ci.

922.86 Principes sur l'audition des témoins par la cour d'appel. Des éléments ci-dessus énoncés, il faut déduire que :

- l'audition d'un témoin cité en première instance mais non entendu par la juridiction correctionnelle est obligatoire en cause d'appel dès lors qu'il est à nouveau cité ;
- l'audition d'un témoin cité en première instance et entendu par la juridiction correctionnelle peut être refusée par décision motivée de la chambre des appels correctionnels ;
- l'audition d'un témoin cité pour la première fois en cause d'appel peut être refusée par décision motivée.

922.87 Audition des témoins sollicitée par la partie civile. La chambre criminelle a eu l'occasion d'affirmer que l'article 513 du code de procédure pénale ne concernait que les *témoins cités par le prévenu* alors que le pourvoi soulignait que lorsqu'un témoin n'a pas été entendu par la juridiction du premier degré, la cour d'appel ne peut refuser son audition[5]. Le refus de ces auditions doit toutefois être motivé[6].

922.88 Témoin anonyme. Ne méconnaît pas les dispositions de l'article 6 § 3 de la convention européenne des droits de l'homme, la cour d'appel qui utilise la faculté dont elle dispose en vertu de l'article 513 du code de procédure pénale et rejette l'exception présentée par le prévenu concernant l'audition par les juges du témoin anonyme à l'origine de la procédure aux motifs que les éléments de l'information étaient suffisamment précis et que l'absence d'identification de ce témoin ne préjudiciait pas à la défense[7]. Il convient de rappeler, à cet égard, que l'utilisation de dépositions anonymes pour asseoir une condamnation n'est pas en toutes circonstances incompatible avec la convention[8].

Toutefois, il y a violation de l'article 6 § 3 lorsque ce type de témoignage constitue la seule base de la condamnation[9]. Par ailleurs, si le témoin anonyme appartient aux forces de police de l'État, un témoignage anonyme ne peut être admis que dans des circonstances exceptionnelles[10]. Il est souhaitable que, dans l'intérêt d'une bonne administration de la justice, les déclarations anonymes soient examinées par un juge qui connaisse l'identité du témoin, qui contrôle les raisons justifiant l'anonymat et qui puisse exprimer son avis quant à la crédibilité du témoin[11].

922.89 Le témoignage comme fondement d'une condamnation. L'article 6 de la convention euro-

1. CEDH 19 déc. 1989, *Kamasinski c/ Autriche*, req. n° 9783/82, § 89 et 91.
2. CJUE, 8e ch.,15 sept. 2022, aff. C-347/21, *D.* 2022. 1599.
3. Dir. 2016/343/UE, Parlement et Conseil, 9 mars 2016, portant renforcement de certains aspects de la présomption d'innocence et du droit d'assister à son procès dans le cadre des procédures pénales, *JOUE L* 65/1, 11 mars 2016.
4. Dir. 2013/48/UE, Parlement et Conseil, 22 oct. 2013, relative au droit d'accès à un avocat dans le cadre des procédures pénales et des procédures relatives au mandat d'arrêt européen, au droit d'informer un tiers dès la privation de liberté et au droit des personnes privées de liberté de communiquer avec des tiers et avec les autorités consulaires, *JOUE L* 294/1, 6 nov. 2013.
5. Crim. 14 mai 2003, n° 02-84.428, NP.
6. Crim. 26 nov. 2002, n° 02-84.428, P n° 211.
7. Crim. 10 nov. 1999, n° 98-88.021, NP.
8. CEDH 26 mars 1996, *Doorson c/ Pays-Bas*, req. n° 20524/92, § 69, *Rec.* 1996-II ; *Justices* 1997. 205, obs. G. Cohen-Jonathan et J.-F. Flauss – CEDH 23 avr. 1997, *Van Mechelen a. c/ Pays Bas*, req. nos 21363/93, 21364/93, 21427/93 22056/93, § 52, *Rec.* 1997-III ; *D.* 1998. Somm. 359, obs. J.-F. Renucci ; *JCP* 1998. I. 107, obs. F. Sudre ; *RG proc.* 1998. 248, obs. J.-F. Flauss (aussi : v. ss nos 545.11 s.).
9. CEDH 20 sept. 1993, *Saidi c/ France*, req. n° 14647/89, § 44.
10. CEDH 23 avr. 1997, *Van Mechelen a. c/ Pays-Bas*, req. nos 21363/93, 21364/93, 21427/93 22056/93, § 56 à 66, préc.
11. CEDH 27 mai 2008, *Ünel c/ Turquie*, req. n° 35686/02, § 31 ; *Dr. pénal* 2009. Chron. 4, obs. Dreyer – CEDH 13 janv. 2009, *Taxquet c/ Belgique*, req. n° 926/05, § 64 ; *D.* 2009. 1058, note J.-F. Renucci ; *D.* 2009. 48, note J. Pradel ; *JCP* 2009. I. 143, n° 9, obs. F. Sudre ; *AJ pénal* 2011. 35, obs. C. Renaud-Duparc ; *RSC* 2009. 657, obs. J.-P. Marguénaud ; *Dr. pénal* 2009. Chron. 4, obs. E. Dreyer ; *Procédures* 2009, n° 116, note N. Fricero ; *Procédures* 2009, n° 172, note J. Buisson.

péenne des droits de l'homme n'autorise les juridictions à fonder une condamnation sur les dépositions d'un témoin à charge que l'accusé ou son conseil n'ont pu interroger à aucun stade de la procédure, que dans les limites suivantes : premièrement, lorsque le défaut de confrontation est dû à l'impossibilité de localiser le témoin, il doit être établi que les autorités compétentes ont activement recherché celui-ci aux fins de permettre cette confrontation ; deuxièmement, le *témoignage* litigieux ne peut en tout état de cause constituer le seul élément sur lequel repose la condamnation. Violent en conséquence les articles 6 § 1 et 6 § 3, d), les juridictions répressives qui statuant sur opposition du requérant l'ont condamné sur le fondement exclusif de déclarations de témoins qu'il n'a pu, à aucun stade de la procédure, ni interroger, ni faire interroger[1].

SECTION 5
ORDRE DE PAROLE

922.91 **Règles**[2]. L'article 513 du code de procédure pénale dispose qu' : « Après que l'appelant ou son représentant a sommairement indiqué les motifs de son appel, les parties en cause ont la parole dans l'ordre prévu par l'article 460. Le prévenu ou son avocat auront toujours la parole les derniers. »

L'article 460, auquel il est renvoyé, dispose quant à lui que : « L'instruction à l'audience terminée, la partie civile est entendue en sa demande, le ministère public prend ses réquisitions, le prévenu, et, s'il y a lieu, la personne civilement responsable, présentent leur défense. La partie civile et le ministère public peuvent répliquer. Le prévenu ou son avocat auront toujours la parole les derniers. »

922.92 **Motifs sommaires de l'appel.** La chambre criminelle a jugé qu'aucun texte n'imposait que figure, dans les arrêts de cour d'appel, la mention selon laquelle, conformément à l'article 513 du code de procédure pénale, l'appelant ou son représentant a sommairement indiqué les motifs de son recours : « contrairement à ce qui est soutenu au moyen, aucune disposition légale n'impose que figure dans l'arrêt attaqué la mention selon laquelle l'appelant ou son représentant a sommairement indiqué les motifs de son appel »[3].

1. CEDH 13 nov. 2003, *Rachdad c/ France*, req. nº 71846/01 ; *BICC* 599, nº 4 ; *AJ pénal* 2004. 76, obs. J. Leblois-Harpe ; *D.* 2004. Somm. 988, obs. J.-F. Renucci ; *RSC* 2004. 441, obs. F. Massias.
2. C. pr. pén., art. 513 et 460.
3. Crim. 30 avr. 2002, nº 01-84.958, P nº 94.

922.93 **Pratique judiciaire.** Sous l'égide de la loi ancienne[4], lorsque le prévenu était appelant, c'est son avocat qui le premier présentait ses observations avant que le ministère public ne réplique. La parole était alors encore rendue à la défense, mais d'une manière symbolique, la plaidoirie ayant été prononcée. Désormais, si la partie appelante prend la parole en premier, ce n'est que pour « sommairement indiquer les motifs de son appel ». La situation devant la juridiction du second degré est alors la même qu'en premier recours. Quelle que soit la qualité de l'appelant, l'ordre de prise de parole est : partie civile, ministère public, défense[5]. Encourt la cassation l'arrêt qui constate que le ministère public a eu la parole le dernier[6].

922.94 **Audition du ministère public.** La présence du ministère public est obligatoire à l'audience de la chambre des appels correctionnels. Dès lors que le ministère public est mentionné dans l'arrêt comme ayant été présent à la dernière audience il est présumé avoir assisté à toutes les audiences de la cause[7]. La cassation de l'arrêt qui ne constate pas que le ministère public a été entendu est encourue dès lors que l'action publique est en cause[8]. En revanche, elle ne l'est pas si la cour d'appel était seulement saisie de l'action civile[9]. Il en est de même si elle était seulement saisie de l'action fiscale[10]. L'arrêt qui mentionne qu'à l'audience des débats, à laquelle était présent un substitut du procureur général, les « parties en cause ont eu la parole dans l'ordre prévu par les articles 513 et 460 du code de procédure pénale » implique que le ministère public a été entendu en ses réquisitions[11].

922.95 **La défense doit avoir la parole en dernier.** Comme en première instance, le respect du principe selon lequel le prévenu ou son avocat doit toujours

4. Antérieurement à l'entrée en vigueur de la loi nº 2000-516, 15 juin 2000, entrée en vigueur sur ce point le 1er janvier 2001.
5. L'ancien texte énonçait : « *Les parties en cause ont la parole dans l'ordre suivant : d'abord, les parties appelantes, puis les parties intimées ; s'il y a plusieurs parties appelantes ou intimées, elles sont entendues dans l'ordre fixé par le président. Le prévenu ou son avocat auront toujours la parole les derniers.* »
6. Crim. 10 juill. 1979, nº 78-92.929, P nº 243 ; *Gaz. Pal.* 1980. 1. Somm. 171.
7. Crim. 25 oct. 1967, nº 66-90.768, P nº 269 – Crim. 4 sept. 1996, nº 93-83.764, P nº 313.
8. Crim. 11 mai 1978, nº 77-92.495, P nº 150 – Crim. 11 oct. 1979, nº 79-90.098, P nº 276 ; *Gaz. Pal.* 1980. 1. Somm. 165.
9. Crim. 8 nov. 1977, nº 76-91.795, P nº 338 ; *Gaz. Pal.* 1978. 2. 341.
10. Crim. 21 nov. 1977, nº 76-91.777, P nº 358 ; *Gaz. Pal.* 1978. 1. 259.
11. Crim. 4 févr. 1997, nº 96-81.227, P nº 45.

avoir la parole le dernier s'impose à peine de nullité[1]. L'arrêt de la cour d'appel doit comporter les éléments propres à attester du respect de cette obligation[2]. Selon l'article 513, alinéa 4, du code de procédure pénale, le prévenu ou son avocat auront toujours la parole les derniers et cette règle s'applique également à la personne redevable pécuniairement d'une amende[3].

Il en est ainsi y compris si la procédure se déroule en chambre du conseil[4]. Ainsi, les dispositions de l'article 513, dernier alinéa, du code de procédure pénale ne sont pas respectées lorsqu'il ressort des mentions de l'arrêt attaqué qu'à l'audience des débats, après jonction d'un incident au fond et présentation du rapport, ont été entendus l'avocat de l'Administration des Douanes, partie poursuivante, le représentant du ministère public, les avocats des prévenus et des civilement responsables, puis à nouveau, l'avocat de l'Administration des Douanes en ses observations complémentaires, sans faire état de l'audition du prévenu ou de son conseil[5]. Dans le cas où un incident a été joint au fond, la censure n'est pas encourue quand il résulte de la décision que les débats s'étant poursuivis, la défense a eu la parole en dernier avant que la cour d'appel ne se prononce sur l'ensemble de l'affaire[6]. En revanche le principe s'applique si l'incident n'a pas été joint au fond[7]. Il n'importe, au regard des droits de la défense que ce soit le prévenu lui-même ou son avocat qui ait eu la parole le dernier[8]. Dès lors qu'il ne résulte d'aucune mention de l'arrêt civil que l'accusé ou son avocat, ainsi que le ministère public, aient été entendus en leurs observations, conclusions ou moyens de défense, la violation de cette formalité substantielle, qui porte atteinte aux droits de la défense, entraîne la nullité de l'arrêt civil[9].

S'il résulte des mentions de l'arrêt attaqué qu'à l'audience des débats, le prévenu a été entendu sur les motifs de son appel et en son interrogatoire, le ministère public a pris ses réquisitions, et que le prévenu n'a pas eu la parole en dernier, en raison de son état d'énervement, l'affaire étant mise en délibéré, la cour d'appel méconnaît l'article 513 et sa décision doit être cassée[10]. Aux termes des articles 513 et 460 du code de procédure pénale, qui s'appliquent lors de l'audience devant la cour d'appel saisie des seuls intérêts civils sauf en ce qui concerne l'ordre de parole, lorsqu'une partie est représentée par un avocat, ce dernier doit être entendu[11].

Lorsque le représentant de la personne morale prévenue est également prévenu dans la même affaire et a la parole en dernier, il exerce nécessairement ce droit en sa double qualité[12].

Si la société assureur de la prévenue, et non celle-ci, a eu la parole en dernier, aucune atteinte n'a été portée aux intérêts de la prévenue dès lors qu'il n'est pas établi que l'assureur, qui ne soulevait aucune exception de non-garantie, ait eu des intérêts contraires à ceux de celle-ci[13].

922.96 **Exception.** Les juges qui, saisis du seul appel de la partie civile contre une décision qui a condamné le prévenu et l'a déboutée de ses demandes, se prononcent uniquement sur les intérêts civils, ne sont pas tenus de donner à l'intimé ou à son conseil la parole en dernier, ainsi que le prescrit l'article 513, alinéa 4, du code de procédure pénale[14]. Mais la parole doit être donnée en dernier à la défense dès lors qu'est prononcée une solidarité fiscale et de la contrainte par corps, mesures à caractère pénal prévues par les articles L. 272 du livre des procédures fiscales et 1745[15] du code général des impôts[16].

1. Crim. 14 déc. 1989, n° 89-82.912, P n° 482.
2. Crim. 2 déc. 1992, n° 91-86.698, P n° 399.
3. Crim. 7 nov. 2017, n° 17-80.831, P ; *D.* 2017. 2305 ; *JCP* 2017. 1317 ; *AJ pénal* 2017. 553, obs. J.-P. Céré ; *Rev. pénit.* 2005. 473, obs. E. Vergès.
4. Crim. 21 oct. 1997, n° 96-85.363, P n° 343.
5. Crim. 5 févr. 2003, n° 01-88.747, NP.
6. Crim. 20 mai 1992, n° 91-86.976, P n° 199 – Crim. 5 mai 1997, n° 85-82.685, P n° 166 ; *Dr. pénal* 1998. Chron. 3, obs. V. Lesclous et C. Marsat – Crim. 27 févr. 2002, n° 01-83.119, P n° 51 ; *RSC* 2002. 810, obs. B. Bouloc.
7. Crim. 5 janv. 2005, n° 04-82.437, P n° 8 ; *JCP* 2005. IV. 1503 – Crim. 12 janv. 2005, n° 04-83.030, P n° 16 ; *AJ pénal* 2015. 378, obs. G. Pitti ; *JCP* 2005. IV. 1504.
8. Crim. 22 mai 1996, n° 95-80.129, P n° 214 ; *Gaz. Pal.* 1996. 2. 166.
9. Crim. 23 mai 2012, n° 11-80.742, P n° 133 ; *JCP* 2012. 794.
10. Crim. 26 juin 2013, n° 12-82.534, NP.
11. Crim. 11 mai 2021, n° 19-86.308, NP, *D.* 2021. 965 ; *JCP* 2021, 644 ; *Dr. pénal 2021*, comm. 152, A. Maron et M. Haas.
12. Crim. 9 janv. 2018, n° 17-80.200, P n° 5 ; *AJ pénal* 2018. 144, obs. Chopin ; *Dr. pénal* 2018, n° 58, obs. E. Bonis.
13. Crim. 19 oct. 2021, n° 21-80.146, B ; *JCP* 2021, 1234.
14. Crim. 14 nov. 1989, n° 88-81.817, P n° 416 – Crim. 4 nov. 1992, n° 92-80.832, NP, *Dr. pénal* 1993, n° 56 – Crim. 7 sept. 1999, n° 98-86.127, P n° 180 – Crim. 12 janv. 2010, n° 09-82.171, P n° 4 ; *AJ pénal* 2010. 250, obs. G. Royer ; *Procédures* 2010, n° 132, note A.-S. Chavent-Leclere.
15. CGI, art. 1745 ; mod. par ord. n° 2005-1512, 7 déc. 2005, art. 14.
16. Crim. 20 sept. 2000, n° 99-81.392, P n° 272 ; *D.* 2000. IR 282 ; *D.* 2001. Somm. 519, obs. J. Pradel.

CHAPITRE

923. Arrêt de la chambre des appels correctionnels

SECTION 0 ORIENTEUR

923.00 Sommaire du chapitre.

Renvoi. Sur les différentes décisions, quant au fond, de la chambre des appels correctionnels v. s^s titre 94.

923.01 Principaux textes applicables.

TEXTES SOURCES

• C. pr. pén., art. 485, 485-1, 486, 593

TEXTES *IN EXTENSO*

• **C. pr. pén., art. 485**

Tout jugement doit contenir des motifs et un dispositif.

Les motifs constituent la base de la décision.

Le dispositif énonce les infractions dont les personnes citées sont déclarées coupables ou responsables ainsi que la peine, les textes de loi appliqués, et les condamnations civiles.

Il est donné lecture du jugement par le président ou par l'un des juges ; cette lecture peut être limitée au dispositif. Dans le cas prévu par l'alinéa premier de l'article 398, elle peut être faite même en l'absence des autres magistrats du siège.

• **C. pr. pén., art. 485-1** [créé par L. n° 2019-222, 23 mars 2019, art. 74 et 109-XIX]

En cas de condamnation, sans préjudice des dispositions prévoyant la motivation spéciale de certaines peines, notamment des peines non aménagées d'emprisonnement ferme, la motivation doit également porter sur le choix de la peine au regard des dispositions des articles 132-1 et 132-20 du code pénal, sauf s'il s'agit d'une peine obligatoire ou de la confiscation du produit ou de l'objet de l'infraction. Les obligations particulières du sursis probatoire n'ont pas à être motivées.

• **C. pr. pén., art. 486**

La minute du jugement est datée et mentionne les noms des magistrats qui l'ont rendu ; la présence du ministère public à l'audience doit y être constatée.

Après avoir été signée par le président et le greffier, la minute est déposée au greffe du tribunal dans les trois jours au plus tard du prononcé du jugement. Ce dépôt est mentionné sur le registre spécialement tenu au greffe à cet effet.

En cas d'empêchement du président, mention en est faite sur la minute qui est signée par celui des juges qui donne lecture du jugement.

• **C. pr. pén., art. 593**

Les arrêts de la chambre de l'instruction, ainsi que les arrêts et jugements en dernier ressort sont déclarés nuls s'ils ne contiennent pas des motifs ou si leurs motifs sont insuffisants et ne permettent pas à la Cour de cassation d'exercer son contrôle et de reconnaître si la loi a été respectée dans le dispositif.

Il en est de même lorsqu'il a été omis ou refusé de prononcer soit sur une ou plusieurs demandes des parties, soit sur une ou plusieurs réquisitions du ministère public.

923.03 Bibliographie indicative.

Encyclopédies. Rép. pén., *V° Appel*, n°s 99 s., par J.-M. Coulon – J.-Cl. Pr. pén., « cour d'appel en matière correctionnelle », par D. Guirimand.

SECTION 1 ARRÊT DE LA CHAMBRE DES APPELS CORRECTIONNELS

923.11 Conditions de forme des arrêts[1]**.** Aux termes de l'article 485 du code de procédure pénale, l'arrêt comporte des motifs et un dispositif mentionnant les infractions dont les prévenus sont déclarés coupables, ainsi que la peine, les textes de loi appliqués, et les condamnations civiles. Si regrettable qu'elle soit, au regard des prescriptions de ce

1. C. pr. pén., art. 485.

texte, l'omission de viser, dans le dispositif de l'arrêt, les textes répressifs appliqués ne saurait donner ouverture à cassation, dès lors qu'il n'existe aucune incertitude quant aux infractions retenues contre le prévenu, aux textes dont il lui a été fait application ainsi qu'aux peines lui ayant été infligées[1]. Cette jurisprudence a été répétée : l'omission, dans le dispositif, des dispositions répressives appliquées ne saurait donner ouverture à cassation dès lors qu'il n'existe aucune incertitude ni sur les infractions poursuivies ni sur les peines encourues, les textes d'incrimination et de répression ayant en l'espèce été visés par l'arrêt attaqué, et l'article L. 480-5 du code de l'urbanisme ayant été expressément mentionné dans les citations à comparaître devant la cour d'appel[2].

Méconnaît l'article 485 du code de procédure pénale, l'arrêt qui, sans préciser les pénalités prononcées sur l'action publique et celles sur l'action fiscale, se borne à énoncer qu'il « condamne le prévenu pour chacune des infractions retenues au minimum des amendes prévues par les textes applicables à la matière »[3].

923.12 Indication du texte de loi appliqué. L'obligation d'indiquer dans le jugement de condamnation le texte de loi appliqué ne s'entend que de la loi qui édicte la peine, et non des dispositions réglementaires ayant servi à caractériser l'infraction[4].

923.13 Prononcé de la décision. Une fois les débats terminés, après en avoir délibéré, la cour rend son arrêt. En matière correctionnelle ou de police, la clôture des débats ne peut résulter que du jugement ou de l'arrêt[5].

923.14 Empêchement du président. Selon l'article 486, alinéa 3, du code de procédure pénale, en cas d'empêchement du président, mention en est faite sur la minute qui est signée par celui des juges qui donne lecture du jugement. Il n'y a pas lieu d'annuler l'arrêt qui mentionne les noms des trois magistrats de la cour d'appel ayant participé aux débats et au délibéré et indique qu'au jour du prononcé le dispositif a été lu par l'un d'eux, conformément à ce texte[6]. Si la minute de l'arrêt est signée par le conseiller qui en a régulièrement donné lecture, il est présumé, en l'absence de mention contraire, que c'est en l'empêchement du magistrat qui a présidé aux débats et au délibéré[7].

923.15 Nom des magistrats ayant rendu la décision. Aux termes de l'article 486, alinéa 1er, du code de procédure pénale, la minute du jugement est datée et mentionne les noms des magistrats qui l'ont rendu ; la présence du ministère public à l'audience doit y être constatée. Cet article n'exige pas que le nom du greffier, qui a assisté les magistrats au cours de la procédure, soit mentionné[8].

Il suffit que la signature du greffier ayant assisté la cour lors du prononcé de l'arrêt figure au bas de la décision avec celle du président[9].

923.16 Mention de la présence du ministère public à l'audience. La présence du ministère public à l'audience est obligatoire. Cette présence s'impose non seulement lorsque la décision est rendue par la formation de jugement qui a, d'une part débattue l'affaire et d'autre part en a délibéré, mais aussi lorsque la décision est lue par l'un des membres de la formation en application de l'article 485 dernière alinéa du code de procédure pénale[10]. Celui-ci dispose en effet qu' : « *Il est donné lecture du jugement par le président ou par l'un des juges ; cette lecture peut être limitée au dispositif.* » Dans le cas prévu par l'alinéa premier de l'article 398, elle peut être faite même en l'absence des autres magistrats du siège.

La décision doit non seulement constater que le ministère public a été présent à l'audience, mais qu'il a eu la parole pour ses réquisitions[11].

Si le nom des magistrats ayant rendu la décision doit figurer dans l'arrêt, tel n'est pas le cas du nom du représentant du ministère public[12]. L'omission du nom du ministère public ne constitue pas la violation d'une formalité substantielle et ne méconnaît pas la garantie du droit à un tribunal indépendant et impartial, l'article 6 § 1 de la convention européenne des droits de l'homme ne visant que les juges, et non le représentant du ministère public[13].

La chambre criminelle a été confrontée à la question de l'obligation ou non pour le ministère public d'être présent à l'audience de la chambre des appels correctionnels statuant sur intérêts civils

1. Crim. 24 nov. 1986, n° 85-94.140, P n° 352 – Crim. 24 févr. 1988, n° 87-90.341, P n° 94.
2. Crim. 15 sept. 2015, n° 14-88.048, P n° 200 ; *D.* 2016. Pan. 1727, obs. J. Pradel.
3. Crim. 10 nov. 1970, n° 70-91.387, P n° 295 ; *D.* 1971. Somm. 83.
4. Crim. 17 nov. 1928, *DP* 1929. 1. 63 – Crim. 7 févr. 1945, *D.* 1945. 254.
5. Crim. 23 avr. 1981, n° 79-94.600, P n° 118.
6. Crim. 6 nov. 2001, n° 01-83.151, NP.
7. Crim. 21 nov. 1989, n° 88-85.870, P n° 429 – Crim. 28 oct. 1992, n° 91-85.793, P n° 348 ; *JCP* 1993. IV. 425.
8. Crim. 15 déc. 1965, n° 65-90.734, P n° 276.
9. Crim. 15 déc. 1965, n° 65-90.734, préc. – Crim. 26 juill. 1989, n° 88-84.186, P n° 301 – Crim. 5 déc. 1996, n° 95-85.960, P n° 453 – Crim. 19 mai 2015, n° 14-83.936, P n° 115,
10. Crim. 23 juin 1992, n° 91-84.308, P n° 250 – Crim. 18 janv. 1995, n° 94-81.296, P n° 27.
11. Crim. 9 mars 1965, n° 64-91.005, P n° 68.
12. Crim. 6 mai 1996, n° 95-81.766, P n° 187.
13. Crim. 26 févr. 1970, n° 69-92.346, P n° 81.

lorsqu'elle est saisie en application de l'article 380-5 du code de procédure pénale, c'est-à-dire sur pourvoi sur le seul arrêt civil rendu par une cour d'assises.

Elle a estimé qu'en application des dispositions des articles 464 et 512 dudit code, la présence du ministère public n'est pas obligatoire devant cette juridiction lorsque les débats ne portent plus que sur les intérêts civils [1].

SECTION 2
MOTIVATION

923.21 Motifs suffisants permettant à la Cour de cassation d'exercer son contrôle. Aux termes de l'article 593 du code de procédure pénale, les arrêts de la chambre de l'instruction, ainsi que les arrêts et jugements en dernier ressort sont déclarés nuls s'ils ne contiennent pas des motifs ou si leurs motifs sont insuffisants et ne permettent pas à la Cour de cassation d'exercer son contrôle et de reconnaître si la loi a été respectée dans le dispositif. Il en est de même lorsqu'il a été omis ou refusé de prononcer soit sur une ou plusieurs demandes des parties, soit sur une ou plusieurs réquisitions du ministère public. Si ces dispositions sont conformes à celles qui sont également applicables devant le tribunal correctionnel, force est de constater que la proximité plus grande de la chambre des appels correctionnels avec la chambre criminelle de la Cour de cassation, exclut l'absence de motivation encore trop souvent observée en première instance.

L'appréciation souveraine par les juges du fond des faits et circonstances de la cause échappe au contrôle de la Cour de cassation [2]. Quant à l'appréciation par le juge des circonstances qui peuvent dépouiller de tout caractère de criminalité les faits imputés, elle n'est souveraine qu'autant qu'elle n'est pas en contradiction avec les faits constatés par la décision elle-même [3]. Ainsi, doit être annulé pour contradiction entre les motifs et le dispositif, équivalant à un défaut de motifs, l'arrêt qui alloue des dommages-intérêts à la partie civile, après avoir déclaré que le dommage n'est qu'éventuel et que réparation pourra en être demandée le cas échéant [4].

923.22 Non-réponse à conclusion. Comme devant les autres juridictions, la non-réponse aux conclusions régulièrement déposée et qui constituent un système de défense, doit être cassée [5]. Mais les juges n'ont l'obligation que de répondre aux moyens péremptoires qui sont de nature à influer sur la solution du litige [6].

923.23 Motivation de la peine d'emprisonnement ferme. Avant l'entrée en vigueur de la loi du 23 mars 2019, en matière correctionnelle, selon les dispositions combinées des articles 132-19 [7] et 132-24 [8] du code pénal, le choix d'une peine d'emprisonnement sans sursis devait être spécialement motivé en fonction des circonstances de l'infraction et de la personnalité de son auteur [9].

L'article 74 de la loi du 23 mars 2019 précitée, qui a modifié les dispositions de l'article 132-19, alinéa 4, du code pénal a créé un nouvel article 485-1 du code de procédure pénale relatif à la motivation des peines prononcées par le tribunal correctionnel. Il résulte de ce dernier article, qui renvoie aux dispositions de l'article 132-1 du code pénal, qu'en cas de condamnation, sans préjudice des dispositions prévoyant la motivation spéciale de certaines peines, notamment des peines non aménagées d'emprisonnement ferme, le choix de toute peine correctionnelle doit être motivé en tenant compte des circonstances de l'infraction, de la personnalité de son auteur ainsi que de sa situation matérielle, familiale et sociale. Il ressort de l'alinéa 4 de l'article 132-19 précité, qui renvoie à l'article 464-2 du code de procédure pénale, que, le tribunal, qui prononce une peine d'emprisonnement sans sursis non aménagée, doit spécialement motiver sa décision au regard des faits de l'espèce et de la personnalité de leur auteur ainsi que de sa situation matérielle, familiale et sociale afin de justifier, d'une part, les raisons pour lesquelles il estime devoir prononcer une peine d'emprisonnement sans sursis, d'autre part, le cas échéant, celles pour lesquelles il considère que cette peine ne peut être aménagée. Il se déduit de l'ensemble de ces dispositions que le juge qui prononce, en matière correctionnelle, une peine d'emprisonnement ferme doit, quels que soient le quantum et la décision prise quant à son éventuel aménagement, motiver ce choix en faisant apparaître qu'il a tenu compte des faits de l'espèce, de la personnalité de leur auteur, ainsi que de sa situation matérielle, familiale et sociale. Il lui appartient d'établir, au regard de ces éléments, que la gravité de l'infraction et la personnalité de son auteur rendent cette peine

1. Crim. 28 mars 2018, n° 16-84.872, P.
2. Crim. 21 mars 1990, n° 88-84.011, P n° 125.
3. Crim. 6 juin 1946, *D.* 1946. 306, rapp. Pépy – Crim. 20 juill. 1955, *D.* 1955. 699.
4. Crim. 3 juin 1935, *DP* 1938. I. 118.
5. Crim. 19 oct. 1934, *DH* 1934. 543 – Crim. 26 déc. 1960, P n° 612.
6. Crim. 9 mai 1994, n° 94-81.196, P n° 173 – Crim. 20 juin 2000, n° 99-81.235, P n° 236 ; *RSC* 2001. 151, obs. B. Bouloc.
7. C. pén., art. 132-19 ; mod. par L. n° 2014-896, 15 août 2014, art. 3 ; mod. par L. n° 2016-731, 3 juin 2016, art. 110.
8. C. pén., art. 132-24 ; mod. par L. n° 2014-896, 15 août 2014, art. 3.
9. Crim. 6 févr. 1995, n° 94-82.731, P n° 48.

indispensable et que toute autre sanction est manifestement inadéquate [1].

923.24 Excès de pouvoir. Commet un excès de pouvoir la cour d'appel qui, après avoir condamné le prévenu à une indemnité à la partie civile, ordonne l'attribution à celle-ci d'une somme placée sous main de justice pour assurer le paiement partiel de cette indemnité, alors qu'il n'appartient pas au juge correctionnel d'assurer l'exécution des condamnations pénales [2]. De même, commet un excès de pouvoir l'arrêt qui condamne une partie au paiement d'une indemnité provisionnelle au profit d'une partie civile, alors que ce paiement n'était pas demandé par ladite partie civile qui n'avait pas interjeté appel [3].

923.25 Adoption de motifs. L'adoption de motifs d'un jugement suffit à justifier la décision rendue sur appel lorsque les conclusions prises devant la cour se trouvaient déjà implicitement rejetées par les motifs du jugement [4].

923.26 Note en délibéré. En l'absence de procédure de clôture des débats en matière correctionnelle, rien n'interdit aux parties de déposer des conclusions pendant le délibéré et il appartient alors à la cour d'apprécier souverainement si les arguments qui y sont développés sont péremptoires et justifient donc une réouverture des débats [5].

923.27 Substitution de motif par la Cour de cassation. La Cour de cassation peut substituer un motif de pur droit à un motif erroné ou inopérant de l'arrêt attaqué et rejeter le moyen dirigé contre ce dernier motif [6].

SECTION 3
LECTURE DE L'ARRÊT

923.31 Article 485 du code de procédure pénale. Il est donné lecture du jugement par le président ou par l'un des juges et cette lecture peut être limitée au dispositif, aux termes de l'article 485 du code de procédure pénale, dans son dernier alinéa. Dans le cas prévu par l'alinéa premier de l'article 398, c'est-à-dire lorsque le tribunal correctionnel ou la cour siège en formation collégiale, elle peut être faite même en l'absence des autres magistrats du siège. Ces dispositions sont applicables tant devant le tribunal correctionnel [7], que devant la cour d'appel.

923.32 Lecture de l'arrêt. Jurisprudence. Il n'importe que l'un des conseillers n'ait pas été présent à la lecture de la décision dès lors que l'arrêt a été lu en audience publique, par un membre de la cour, en présence du ministère public et du greffier. Il résulte en effet, des dispositions combinées de l'article 485 [8], dans sa rédaction issue de la loi du 30 décembre 1985 [9], et des articles 398 et 512 du code de procédure pénale, qu'en cause d'appel, comme en première instance, il est donné lecture de la décision par le président ou l'un des juges et que cette lecture peut être faite même en l'absence des autres magistrats du siège [10].

Ne met pas la Cour de cassation en mesure d'exercer son contrôle sur la régularité de la composition de la juridiction ayant statué l'arrêt qui n'indique pas qu'il ait été fait application pour la lecture de la décision, des dispositions de l'article 485, alinéa 4, et qui fait état, pour l'audience des débats et celle du prononcé de la décision, de deux compositions différentes [11]. L'omission de viser, dans le dispositif de l'arrêt attaqué, les textes répressifs appliqués, ne saurait donner ouverture à cassation, dès lors qu'il ne résulte des mentions de l'arrêt aucune incertitude quant aux infractions retenues contre le prévenu et aux textes dont il lui a été fait application [12].

923.33 Lecture du seul dispositif. La lecture du seul dispositif d'un jugement ou arrêt à l'audience même à laquelle ont eu lieu les débats ne saurait impliquer l'inexistence de sa motivation au moment du prononcé [13].

SECTION 4
DÉPÔT DE LA MINUTE AU GREFFE

923.41 Dépôt tardif de la minute d'un jugement [14]. Le dépôt tardif de la minute d'un jugement ne peut entraîner la nullité de celui-ci lorsque le prévenu n'en a subi aucun préjudice [15], selon l'article 486 du code de procédure pénale.

1. Crim. 11 mai 2021, n° 20-83.507, P.
2. Crim. 28 mai 1970, n° 68-93.364, P n° 173 ; *D.* 1971. 20, note Vray.
3. Crim. 24 mai 1960, P n° 280.
4. Crim. 4 janv. 1939, *DH* 1939. 212.
5. Crim. 1er avr. 1998, n° 97-83.734, P n° 125 (sur les notes en délibéré, aussi : v. ss n° 711.41).
6. Crim. 16 nov. 1971, n° 71-90.611, P n° 308.
7. V. ss nos 732.13 s.
8. C. pr. pén., art. 485 ; mod. par L. n° 85-1407, 30 déc. 1985, art. 43-I, art. 43-II, art. 94.
9. L. n° 85-1407, 30 déc. 1985 portant diverses dispositions de procédure pénale et de droit pénal, *JO* 31 déc., p. 15505.
10. Crim. 9 févr. 1987, n° 86-92.864, P n° 61 – Crim. 11 avr. 1988, n° 87-84.040, P n° 145 – Crim. 17 juin 1992, n° 91-83.979, P n° 243.
11. Crim. 13 oct. 1988, n° 87-83.736, P n° 346.
12. Crim. 15 févr. 2012, n° 11-84.607, P n° 48 ; *D.* 2012. 817, obs. M. Bombled ; *JCP* 2012. 484.
13. Crim. 9 janv. 1989, n° 88-81.787, P n° 5.
14. C. pr. pén., art. 486.
15. Crim. 27 nov. 1984, n° 83-93.475, P n° 370.

TITRE

93. Les effets de l'appel

SECTION 0

ORIENTEUR

93.00 Sommaire du titre.

CHAPITRE

931. Effet suspensif de l'appel

SECTION 0 ORIENTEUR

931.00 Sommaire du chapitre.

931.01 Principaux textes applicables.

TEXTES SOURCES

• C. pr. pén., art. 464, 464-1, 471, 505, 506, 515-1, 708, 763-5

• C. route, art. L. 224-13

• C. mon. fin., art. L. 163-6

TEXTES *IN EXTENSO*

• C. pr. pén., art. 464

Si le tribunal estime que le fait constitue un délit, il prononce la peine.

Il statue, s'il y a lieu, sur l'action civile, et peut ordonner le versement provisoire, en tout ou partie, des dommages-intérêts alloués.

Il a aussi la faculté, s'il ne peut se prononcer en l'état sur la demande en dommages-intérêts, d'accorder à la partie civile une provision, exécutoire nonobstant opposition ou appel.

Après avoir statué sur l'action publique, le tribunal peut, d'office ou à la demande du procureur de la République ou des parties, renvoyer l'affaire à une date ultérieure pour statuer sur l'action civile, même s'il n'ordonne pas de mesure d'instruction, afin de permettre à la partie civile d'apporter les justificatifs de ses demandes. Ce renvoi est de droit lorsqu'il est demandé par les parties civiles. Le tribunal doit alors fixer la date de l'audience à laquelle il sera statué sur l'action civile. La présence du ministère public à cette audience n'est pas obligatoire. À cette audience, le tribunal est composé du seul président siégeant à juge unique.

Les dispositions du présent article sont applicables lorsque le tribunal correctionnel, dans sa composition prévue par le premier alinéa de l'article 398, estime, au résultat des débats, que le fait qui lui était déféré constitue un délit visé par l'article 398-1.

• C. pr. pén., art. 464-1

À l'égard du prévenu détenu, le tribunal peut, en tout état de cause, par décision spéciale et motivée, lorsque les éléments de l'espèce justifient la prolongation d'une mesure particulière de sûreté, maintenir la détention. Pour l'exécution de cette décision, le mandat continue à produire ses effets.

• C. pr. pén., art. 464-2 [créé par L. n° 2019-222, 23 mars 2019, art. 74]

I. – Lorsque la durée totale de l'emprisonnement ferme prononcé, y compris en tenant compte le cas échéant de la révocation de sursis, est inférieure ou égale à un an, le tribunal correctionnel doit :

1° Soit ordonner que l'emprisonnement sera exécuté sous le régime de la détention à domicile sous surveillance électronique, de la semi-liberté ou du placement à l'extérieur, selon des modalités déterminées par le juge de l'application des peines ;

2° Soit, s'il ne dispose pas des éléments lui permettant de déterminer la mesure d'aménagement adaptée, ordonner que le condamné soit convoqué devant le juge de l'application des peines et le service pénitentiaire d'insertion et de probation conformément aux dispositions de l'article 474, afin que puisse être prononcé une mesure mentionnée au 1° du présent I conformément à l'article 723-15 ;

3° Soit, si l'emprisonnement est d'au moins six mois, décerner un mandat de dépôt à effet différé, en ordonnant que le condamné soit convoqué dans un délai qui ne saurait excéder un mois devant le procureur de la République afin que ce dernier fixe la date à laquelle il sera incarcéré dans un établissement pénitentiaire ; le procureur de la République peut également donner connaissance au condamné de la date d'incarcération à l'issue de l'audience. Dans ce cas, il n'est pas fait application des articles 723-15 et suivants ;

4° Soit, dans les cas prévus aux articles 397-4,465 et 465-1, décerner mandat de dépôt ou mandat d'arrêt contre le condamné.

Dans les cas prévus aux 3° et 4° du présent I, le tribunal doit spécialement motiver sa décision, au regard des faits de l'espèce et de la personnalité de leur auteur ainsi que de sa situation matérielle, familiale et sociale, afin de justifier les raisons pour lesquelles il estime devoir prononcer une peine d'emprisonnement sans sursis et celles pour lesquelles il considère que cette peine ne peut être aménagée.

II. – Lorsque la durée totale de l'emprisonnement ferme prononcé, y compris en tenant compte le cas échéant de la révocation de sursis, est supérieure à un an, le tribunal correctionnel doit spécialement motiver sa décision, au regard des faits de l'espèce et de la personnalité de leur auteur ainsi que de sa situation matérielle, familiale et sociale, afin de justifier les raisons pour lesquelles il estime devoir prononcer une peine d'emprisonnement sans sursis.

III. – Le 3° du I est également applicable lorsque la durée totale de l'emprisonnement ferme prononcé par le tribunal correctionnel est supérieure à un an.

IV. – Lorsqu'il décerne un mandat de dépôt à effet différé, le tribunal correctionnel peut, dans les cas prévus aux articles 397-4,465 et 465-1, assortir ce mandat de l'exécution provisoire.

• **C. pr. pén., art. 471** [mod. par L. n° 2019-222, 23 mars 2019, art. 10]

Nonobstant appel, le prévenu détenu qui n'a pas été condamné à une peine d'emprisonnement sans sursis est mis en liberté immédiatement après le jugement.

Il en est de même en cas de condamnation à une peine d'emprisonnement, lorsque la détention provisoire a été ordonnée ou maintenue en application de l'article 464-1 ou de l'article 465, premier alinéa, aussitôt que la durée de la détention a atteint celle de la peine prononcée.

Le contrôle judiciaire prend fin sauf si le tribunal en décide autrement lorsqu'il prononce une condamnation à l'emprisonnement sans sursis ou assorti du sursis avec mise à l'épreuve. Si un cautionnement a été fourni, les dispositions des premier et deuxième alinéas de l'article 142-2 et du deuxième alinéa de l'article 142-3 sont applicables.

Les sanctions pénales prononcées en application des articles 131-4-1 à 131-11 et 132-25 à 132-70 du code pénal peuvent être déclarées exécutoires par provision.

Si le tribunal a ordonné le maintien du contrôle judiciaire et que la personne se soustrait aux obligations qui lui sont imposées, les dispositions du deuxième alinéa de l'article 141-2 sont applicables. Lorsque le jugement est exécutoire et que le condamné est placé sous le régime de la mise à l'épreuve, le tribunal correctionnel ou le juge de l'application des peines peut désigner, pour veiller au respect des obligations, la personne physique ou morale qui était chargée de suivre l'intéressé dans le cadre du contrôle judiciaire. Cette personne est en ce cas chargée des missions confiées au service pénitentiaire d'insertion et de probation mentionnées à l'article 132-44 du code pénal.

• **C. pr. pén., art. 505**

* V. s^s n° 913.01.

• **C. pr. pén., art. 506**

* V. s^s n° 913.01.

• **C. pr. pén., art. 515-1**

* V. s^s n° 922.01

• **C. pr. pén., art. 708**

L'exécution de la ou des peines prononcées à la requête du ministère public a lieu lorsque la décision est devenue définitive.

Toutefois, le délai d'appel accordé au procureur général par les articles 505 et 548 ne fait point obstacle à l'exécution de la peine, quelle que soit sa nature.

L'exécution d'une peine de police ou d'une peine correctionnelle non privative de liberté peut être suspendue ou fractionnée pour motifs graves d'ordre médical, familial, professionnel ou social. La décision est prise soit par le ministère public, soit, sur la proposition du ministère public, par le tribunal correctionnel, par le tribunal de police ou la juridiction de proximité statuant en chambre du conseil, selon que l'exécution de la peine doit être suspendue pendant moins ou plus de trois mois. La suspension ou le fractionnement de la peine de suspension de permis de conduire n'est toutefois pas possible en cas de délits ou de contraventions pour lesquels la loi ou le règlement prévoit que cette peine ne peut pas être limitée à la conduite en dehors de l'activité professionnelle.

Lorsque l'exécution fractionnée d'une peine d'amende, de jours-amende ou de suspension du permis de conduire a été décidée par la juridiction de jugement en application de l'article 132-28 du code pénal, cette décision peut être modifiée dans les conditions prévues à l'alinéa précédent.

• **C. pr. pén., art. 763-5**

En cas d'inobservation des obligations mentionnées aux articles 131-36-2 et 131-36-3 du code pénal ou de l'injonction de soins, le juge de l'application des peines peut, d'office ou sur réquisitions du procureur de la République, ordonner, par décision motivée, la mise à exécution de l'emprisonnement prononcé par la juridiction de jugement en application du troisième alinéa de l'article 131-36-1 du code pénal. Cette décision est prise selon les dispositions prévues à l'article 712-6.

En cas d'inobservation des obligations ou de l'injonction de soins, les dispositions de l'article 712-17 sont applicables.

Constitue pour le condamné une violation des obligations qui lui ont été imposées le fait de refuser de commencer ou de poursuivre le traitement prescrit par le médecin traitant et qui lui a été proposé dans le cadre d'une injonction de soins.

L'accomplissement de l'emprisonnement pour inobservation des obligations du suivi socio-judiciaire ne dispense pas le condamné de l'exécution du suivi socio-judiciaire. En cas de nouveau manquement par le condamné à ses obligations, le juge de l'application des peines peut de nouveau ordonner la mise à exécution de l'emprisonnement pour une durée qui, cumulée avec la durée de l'emprisonnement exécuté, ne saurait excéder celle fixée par la juridiction de condamnation.

• **C. route, art. L. 224-13** [mod. par L. n° 2019-222, 23 mars 2019, art. 98]

Les peines complémentaires de suspension, d'annulation ou d'interdiction de délivrance du permis de conduire ainsi que d'interdiction de se présenter à l'examen du permis de conduire peuvent être déclarées exécutoires par provision, à titre de mesure de protection.

• **C. mon. fin., art. L. 163-6**

Dans tous les cas prévus aux articles L. 163-2 à L. 163-4-1 et L. 163-7, le tribunal peut prononcer l'interdiction des droits civiques, civils et de famille prévue par l'article 131-26 du code pénal ainsi que l'interdiction, pour une durée de cinq ans au plus, d'exercer une activité professionnelle ou sociale, en application des dispositions des articles 131-27 et 131-28 du code pénal.

Dans les mêmes cas, il peut interdire au condamné, pour une durée de cinq ans, d'émettre des chèques autres que ceux qui permettent exclusivement le retrait de fonds par le tireur auprès du tiré ou ceux qui sont certifiés. Cette interdiction peut être déclarée exécutoire par provision. Elle est assortie d'une injonction adressée au condamné d'avoir à restituer aux banquiers qui les avaient délivrées les formules en sa possession et en celle de ses mandataires. Le tribunal peut ordonner, aux frais du condamné, la publication par extraits de la décision portant interdiction dans les journaux qu'il désigne et selon les modalités qu'il fixe.

En conséquence de l'interdiction, tout banquier informé de celle-ci par la Banque de France doit s'abstenir de délivrer au condamné et à ses mandataires des formules de chèques autres que celles mentionnées à l'alinéa précédent.

931.02 Jurisprudence de référence.

> Toute partie civile, constituée devant le tribunal correctionnel, peut faire appel d'un jugement qui, après avoir statué sur l'action publique, a, à tort, renvoyé à une audience ultérieure l'examen de la recevabilité de sa constitution. En l'absence d'un tel appel, la partie civile ne saurait reprocher à la cour d'appel statuant sur l'action civile de lui opposer l'autorité de la chose jugée sur l'action publique. L'application immédiate d'une règle de procédure, résultant d'une interprétation nouvelle de la Cour de cassation, non prévisible pour la partie doit être écartée dès lors qu'elle aboutit à la priver d'un procès équitable.

• **Crim. 15 févr. 2022**, n° 20-86.486, P

* V. s[s] n° 931.23

« [...] 15. Les moyens posent en substance la question de savoir si la relaxe du prévenu par la cour d'appel, saisie de la seule action publique, peut être opposée à la partie civile dans l'hypothèse où le tribunal correctionnel a renvoyé à une audience ultérieure sa décision sur l'action civile, y compris sur la recevabilité de la constitution de partie civile.

16. La réponse à cette question implique de rechercher si la partie civile pouvait faire appel d'un tel jugement.

Sur la recevabilité de l'appel des parties civiles du jugement du tribunal correctionnel du 23 décembre 2016

17. Il se déduit des articles 3 et 464 du code de procédure pénale que lorsque le tribunal correctionnel soulève d'office l'irrecevabilité de la constitution d'une partie civile ou est saisi, par les parties ou le ministère public, d'une telle contestation, en application de l'article 423 du code de procédure pénale, il ne peut statuer sur la recevabilité desdites constitutions qu'accessoirement à la décision qu'il rend sur le fait délictueux et par le jugement qui prononce sur l'action publique.

18. En cas d'appel sur l'action publique par le prévenu ou le ministère public, la méconnaissance de cette règle d'ordre public porte nécessairement atteinte, au sens de l'article 497 du code de procédure pénale, aux intérêts de la partie civile, laquelle se trouve privée de la possibilité de participer au débat sur l'action publique devant la cour d'appel et de mettre celle-ci en mesure, après évocation, de statuer également sur son action civile.

19. Il s'ensuit que toute partie civile, constituée devant le tribunal correctionnel, peut faire appel d'un jugement qui, après avoir statué sur l'action publique, a, à tort, renvoyé à une audience ultérieure l'examen de la recevabilité de sa constitution.

20. Dès lors, en l'absence d'un tel appel, la partie civile ne saurait reprocher à la cour d'appel statuant sur l'action civile de lui opposer l'autorité de la chose jugée sur l'action publique.

21. En l'espèce, en premier lieu, pour ne pas faire droit aux demandes d'indemnisation de M. [Z] autres que celle consécutive au délit d'emploi d'un étranger non muni d'une autorisation de travail, l'arrêt énonce qu'en l'absence d'appel de la partie civile contre le jugement du 23 décembre 2016, ses dispositions civiles sont devenues définitives, la victime constituée en première instance mais non appelante du jugement n'étant plus partie au procès et ne pouvant comparaître à l'audience ou s'y faire représenter.

22. Les juges ajoutent que la partie civile ne peut dès lors utilement se prévaloir d'une inopposabilité de l'arrêt rendu le 23 novembre 2017, ce dernier disposant à l'égard de tous de l'autorité de chose jugée et s'imposant au juge de l'indemnisation.

23. En second lieu, pour déclarer irrecevable la constitution de partie civile de l'association [1], les juges énoncent que M. [D] n'a été reconnu coupable du chef d'aucune des infractions visées à l'article 2-22 du code de procédure pénale.

24. La cour d'appel a ainsi énoncé à bon droit que les parties civiles auraient dû faire appel du jugement du tribunal correctionnel.

Mais sur l'absence d'application immédiate des règles précitées aux demandeurs au pourvoi

Vu l'article 6, § 1, de la Convention de sauvegarde des droits de l'homme et des libertés fondamentales :

25. Il se déduit de ce texte que l'application immédiate d'une règle de procédure, résultant d'une interprétation nouvelle de la Cour de cassation, non prévisible pour la partie civile, doit être écartée dès lors qu'elle aboutit à la priver d'un procès équitable, en lui interdisant l'accès au juge.

26. L'application immédiate des principes visés aux paragraphes 19 et 20, énoncés pour la première fois par la Cour de cassation dans le présent arrêt, et qui ne résultent pas de façon évidente de la lettre des articles 3, 464 et 497 du code de procédure pénale, aboutirait en l'espèce à priver les parties civiles d'un procès équitable, en leur interdisant l'accès au juge.

27. En effet, faute d'appel du jugement du tribunal correctionnel, la cour d'appel n'étant saisie que de l'action publique, les parties civiles n'ont pu intervenir en cause d'appel ni se constituer partie civile devant cette juridiction.

28. Elles ont par la suite été privées de leur droit de discuter devant la juridiction correctionnelle, alors saisie de l'action publique, de la question de l'existence des délits.

29. Cette discussion ne pourra avoir lieu non plus devant la juridiction civile dès lors que la Cour de cassation juge que, devant le juge civil, l'autorité de la chose jugée au pénal sur le civil s'attache à ce qui a été définitivement, nécessairement et certainement décidé par le juge pénal sur l'existence du fait qui forme la base commune de l'action civile et de l'action pénale, sur sa qualification ainsi que sur la culpabilité de celui à qui le fait est imputé (Civ. 1er, 24 oct. 2012, nº 11-20.442, P I, nº 209).

30. Il s'ensuit qu'il convient de ne pas faire une application immédiate des principes posés aux paragraphes 19 et 20.

31. Dès lors, l'arrêt encourt l'annulation en application du principe énoncé au paragraphe 25.

32. Il appartiendra à la cour d'appel de renvoi de statuer sur la recevabilité des constitutions de partie civile puis, le cas échéant, de rechercher l'existence d'une faute civile du prévenu définitivement relaxé, cette faute devant être démontrée à partir et dans la limite des faits objet de la poursuite. »

SECTION 1
PRINCIPE DE L'EFFET SUSPENSIF DE L'APPEL

931.11 Principe de l'effet suspensif de l'appel (énonciation par l'article 506 du code de procédure pénale). L'article 506 du code de procédure pénale dans sa rédaction issue de la loi du 24 décembre 2020[1] dispose que : « Pendant les délais d'appel et durant l'instance d'appel, il est sursis à l'exécution du jugement, sous réserve des dispositions des articles 464 (deuxième et troisième alinéas), 464-1, 464-2, 471, 507, 508 et 708. »

Le principe est donc affirmé : durant les délais d'appel et pendant l'instance en appel, il est en principe sursis à l'exécution du jugement, c'est-à-dire que *l'exécution de la peine est suspendue, tant sur le plan de l'action publique que sur le plan de l'action civile*[2]. La chambre criminelle a jugé qu'il n'y avait pas lieu de renvoyer au Conseil constitutionnel la question prioritaire de constitutionnalité relative à l'article 471 du code de procédure pénale qui n'impose pas de délai pour statuer à la cour d'appel saisie de l'appel au fond du prévenu détenu. En effet, se trouvant placé sous le régime de la détention provisoire, l'appelant détenu peut solliciter, à tout moment et en tout état de la procédure, sa remise en liberté, la cour d'appel devant statuer dans le délai de deux mois. En outre, pour respecter l'un des principes de l'article préliminaire et les exigences de l'article 144-1 du code précité, les autorités judiciaires, sous le contrôle de la Cour de cassation, doivent veiller à ce que le jugement au fond du prévenu n'excède pas un délai raisonnable[3].

931.12 Action publique. L'exécution de la ou des peines prononcées à la requête du ministère public a lieu lorsque la décision est devenue définitive, aux termes de l'article 708 du code de procédure pénale. Est définitive une décision dont les délais de recours sont expirés si un recours n'a pas été exercé. Toutefois, le délai d'appel accordé au procureur général par les articles 505 et 548 ne fait point obstacle à l'exécution de la peine, quelle que soit sa nature. L'appel du prévenu ou du ministère public entraîne le sursis à exécution du jugement en celles de ses dispositions qui constatent la nullité de l'ordonnance de renvoi[4].

931.13 Action civile. En principe, l'appel a également un effet suspensif sur les dispositions civiles : les dispositions civiles du jugement ne peuvent recevoir exécution tant que la cour n'a pas statué. Il en est ainsi même en cas d'appel irrégulier ou tardif puisque la cour d'appel est seule juge de la recevabilité de cet appel[5].

SECTION 2
EXCEPTIONS AU PRINCIPE

§ 1
Exceptions visées par l'article 506 du Code de procédure pénale

931.21 Exceptions au principe de l'effet suspensif[6]. Comme cela a été déjà énoncé, l'article 506 du code de procédure pénale fixe à la fois le principe du sursis à l'exécution du jugement et les exceptions en renvoyant aux « dispositions des articles 464 (deuxième et troisième alinéas), 464-1, 464-2, 471, 507, 508 et 708 ». Cet article exclut par cette énumération l'appel suspensif du procureur de la République[7], sauf texte spécial.

931.22 Exception au principe de l'effet suspensif sur l'action civile. L'article *464 du code de procédure pénale* prévoit que le tribunal peut ordonner le versement provisoire en tout ou en partie des dommages-intérêts alloués ou s'il ne peut se prononcer en l'état sur la demande en dommages-

1. L. nº 2020-1672, 24 déc. 2020 relative au Parquet européen, à la justice environnementale et à la justice pénale spécialisée, *JO* 26 déc., nº 4.
2. Cette règle n'est pas valable pour les mineurs.
3. Crim. 4 oct. 2016, nº 16-84.578, P nº 258 ; *JCP* 2016. 1244.
4. Crim. 25 juin 1984, nº 83-94.199, P nº 240.
5. Crim. 23 déc. 1957, P nº 865.
6. C. pr. pén., art. 506.
7. Crim. 13 mars 1978, nº 77-92.579, P nº 92 ; *D.* 1978. IR 343, obs. G. Roujou de Boubée.

intérêts, accorder à la partie civile une provision exécutoire nonobstant opposition ou appel.

Lorsque le tribunal, statuant sur l'action civile, a ordonné le versement provisoire, en tout ou en partie, des dommages-intérêts alloués, cette exécution provisoire peut être arrêtée, en cause d'appel, par le premier président statuant en référé, si elle risque d'entraîner des conséquences manifestement excessives. Le premier président peut subordonner la suspension de l'exécution provisoire à la constitution d'une garantie, réelle ou personnelle, suffisante pour répondre de toutes restitutions ou réparations. Aux termes du second alinéa de l'article 515-1 du code de procédure pénale, lorsque l'exécution provisoire a été refusée par le tribunal statuant sur l'action civile ou lorsque l'exécution provisoire n'a pas été demandée, ou si, l'ayant été, le tribunal a omis de statuer, elle peut être accordée, en cas d'appel, par le premier président statuant en référé. L'ordonnance rendue à cette occasion n'est pas susceptible de pourvoi devant la chambre criminelle de la Cour de cassation[1].

La compétence du juge de l'application des peines pour définir les modalités de la réparation des dommages causés par l'infraction, en application de l'article 132-45 du code pénal, n'exclut pas, lorsque le prévenu a interjeté appel des seules dispositions civiles de la décision, que le premier président soit saisi, en application de l'article 515-1, alinéa 2, du code de procédure pénale, d'une demande tendant à ce que la condamnation civile soit assortie de l'exécution provisoire[2].

931.23 Impossibilité d'un renvoi sur la recevabilité de la constitution de partie civile. Selon l'alinéa 4 de l'article 464, après avoir statué sur l'action publique, le tribunal peut, d'office ou à la demande du procureur de la République ou des parties, renvoyer l'affaire à une date ultérieure pour statuer sur l'action civile, même s'il n'ordonne pas de mesure d'instruction, afin de permettre à la partie civile d'apporter les justificatifs de ses demandes. Ce renvoi est de droit lorsqu'il est demandé par les parties civiles. Le tribunal doit alors fixer la date de l'audience à laquelle il sera statué sur l'action civile. La présence du ministère public à cette audience n'est pas obligatoire. A cette audience, le tribunal est composé du seul président siégeant à juge unique. Dans une décision du 15 février 2022, la chambre criminelle a jugé qu'il se déduit des articles 3 et 464 du code de procédure pénale que lorsque le tribunal correctionnel soulève d'office l'irrecevabilité de la constitution d'une partie civile ou est saisi, par les parties ou le ministère public, d'une telle contestation, en application de l'article 423 du code de procédure pénale, il ne peut statuer sur la recevabilité desdites constitutions qu'accessoirement à la décision qu'il rend sur le fait délictueux et par le jugement qui prononce sur l'action publique. En cas d'appel sur l'action publique par le prévenu ou le ministère public, la méconnaissance de cette règle d'ordre public porte nécessairement atteinte, au sens de l'article 497 du code de procédure pénale, aux intérêts de la partie civile, laquelle se trouve privée de la possibilité de participer au débat sur l'action publique devant la cour d'appel et de mettre celle-ci en mesure, après évocation, de statuer également sur son action civile. Il s'ensuit que toute partie civile, constituée devant le tribunal correctionnel, peut faire appel d'un jugement qui, après avoir statué sur l'action publique, a, à tort, renvoyé à une audience ultérieure l'examen de la recevabilité de sa constitution. Dès lors, en l'absence d'un tel appel, la partie civile ne saurait reprocher à la cour d'appel statuant sur l'action civile de lui opposer l'autorité de la chose jugée sur l'action publique[3].

Pour Sébastien Fucini, « l'affirmation d'un droit d'appel de la partie civile contre un jugement qui omet de statuer sur la recevabilité de la constitution de partie civile dans le même jugement qui se prononce sur l'action publique est nouvelle et semble aller à l'encontre de la lettre de l'article 464 du code de procédure pénale visé par la chambre criminelle. En effet, si cet article prévoit, en son alinéa 2, que le tribunal statue, s'il y a lieu, sur l'action civile, il ajoute également, à son alinéa 4 inséré par la loi n° 2000-516 du 15 juin 2000 renforçant la protection de la présomption d'innocence et les droits des victimes, qu'« après avoir statué sur l'action publique, le tribunal peut, d'office ou à la demande du procureur de la République ou des parties, renvoyer l'affaire à une date ultérieure pour statuer sur l'action civile ». En d'autres termes, le code prévoit expressément cette possibilité de renvoi sur l'action civile... » Mais comme cet auteur l'a lui-même souligné, la chambre criminelle procède à une distinction entre la recevabilité de la constitution de partie civile et l'action civile elle-même : le tribunal doit se prononcer sur la recevabilité de la constitution de partie civile avant de renvoyer à une audience ultérieure. En conséquence, si le tribunal omet de statuer sur la recevabilité de la constitution de partie civile avant de procéder au renvoi sur les intérêts civils, la partie civile, qui ne s'est pas vu reconnaître la qualité de partie, peut interjeter appel de la décision sur

1. Crim. 13 avr. 1983, n° 82-91.662, P n° 101 ; *RSC* 1984. 99, obs. J.-H. Robert.
2. Grenoble, 21 nov. 1995, *Dr. pénal* 1997, n° 42, note A. Maron.
3. Crim. 15 févr. 2022, n° 20-86.486, P ; *D.* 2022. 354 ; *AJ pénal* 2022. 213 ; *JCP* 2022, 356.

l'action publique, pour lui permettre de soutenir l'action publique et de soumettre ses demandes sur les intérêts civils, au besoin, si le tribunal correctionnel n'a pas déjà statué, en évoquant. Si cette voie de recours n'est pas exercée, la partie civile ne peut reprocher au tribunal, qui statue sur les intérêts civils après une décision de relaxe de la cour d'appel, de lui opposer l'autorité de la chose jugée au pénal pour s'opposer à l'indemnisation du préjudice résultant d'une infraction pour laquelle le prévenu a été relaxé. La Cour juge aussi que l'application immédiate des principes, énoncés pour la première fois par la Cour de cassation, qui ne résultent pas de façon évidente de la lettre des articles 3, 464 et 497 du code de procédure pénale, aboutirait en l'espèce à priver les parties civiles d'un procès équitable, en leur interdisant l'accès au juge. En conséquence, ces principes ne seront applicables qu'aux recours contre les décisions rendues après la date de l'arrêt.

931.24 Maintien en détention. L'article *464-1 du code de procédure pénale* dispose que « pour l'exécution de cette décision (le maintien en détention), le mandat continue à produire ses effets ». L'appel n'a pas d'effet suspensif à l'égard des dispositions du jugement qui, par application de l'article 464-1, ordonne le maintien en détention du prévenu[1]. À défaut de nouvelle décision la concernant, la détention ordonnée par le tribunal en application de l'article 464-1 se prolonge jusqu'à expiration de la peine prononcée[2].

On peut toutefois douter que cet article puisse être utilisé si le tribunal se dessaisit, notamment lorsqu'il annule l'ordonnance de renvoi[3][4].

931.25 Mandat de dépôt à effet différé. La loi du 23 mars 2019 a ajouté à l'article 506 du code de procédure pénale l'article *464-2 du même code*, créé par la même loi, prévoyant notamment la possibilité pour le tribunal correctionnel, dans certains cas de décerner un mandat de dépôt à effet différé[5]. Le texte précise, *in fine*, que, lorsqu'il décerne un mandat de dépôt à effet différé, le tribunal correctionnel peut, dans les cas prévus aux articles 397-4, 465 et 465-1, assortir ce mandat de l'exécution provisoire.

931.26 Exécution provisoire de peines complémentaires ou alternatives. Dans d'autres domaines, la juridiction de jugement peut assortir sa décision de l'exécution provisoire. Il en est ainsi notamment en matière de prononcé des peines complémentaires de suspension, annulation ou interdiction de délivrance du permis de conduire[6], ou en ce qui concerne l'interdiction d'émettre des chèques dans les cas prévus aux articles L. 163-2 à L. 163-4-1 et L. 163-7 du code monétaire et financier[7]. Selon les dispositions de *l'article 471* auquel renvoie l'article 506 : « Les sanctions pénales prononcées en application des articles 131-5 à 131-11 et 132-25 à 132-70 du code pénal peuvent être déclarées exécutoires par provision. »

La liste est longue : jours amendes, stage de citoyenneté, travail d'intérêt général, les 16 interdictions de l'article 131-6[8], les injonctions de soins, fermeture d'établissement, immobilisation et confiscation de l'article 131-10 et toutes les mesures de personnalisation des peines prévues aux articles 132-25 et suivants : semi-liberté, fractionnement, condamnation avec sursis simple, sursis probatoire ou obligation d'accomplir un TIG... Si le principe posé par l'article 471 du code de procédure pénale est que « nonobstant appel, le prévenu détenu qui n'a pas été condamné à une peine d'emprisonnement sans sursis est mis en liberté immédiatement après le jugement » et qu'il en est de même en cas de condamnation à une peine d'emprisonnement, lorsque la détention provisoire a été ordonnée ou maintenue en application de l'article 464-1 ou de l'article 465, premier alinéa, aussitôt que la durée de la détention a atteint celle de la peine prononcée, il n'en reste pas moins que : « Les sanctions pénales prononcées en application des articles 131-5 à 131-11 et 132-25 à 132-70 du code pénal peuvent être déclarées exécutoires par provision. »[9]

931.27 Jugement avant dire droit. Dans le cadre *des articles 507 et 508 du code de procédure pénale*, lorsque le tribunal correctionnel rend un jugement avant dire droit, sur un incident ou une exception, sans trancher le fond, le jugement devient exécutoire dès lors qu'une requête sollicitant la possibilité d'un appel immédiat n'a pas été déposée et reçue[10]. Le dépôt de la requête prolonge l'effet suspensif jusqu'à la décision du président de la chambre des appels correctionnels, et s'il y est fait droit, l'effet suspensif se prolonge jusqu'à l'arrêt de la cour.

931.28 Délai d'appel du procureur général. Le délai d'appel accordé au procureur général par les articles 505 et 548 ne fait point obstacle à l'exécution de la peine, quelle que soit sa nature, selon les

1. Crim. 25 juin 1984, n° 83-94.199, P n° 240.
2. Crim. 26 sept. 1986, n° 86-90.330, P n° 258.
3. V. s[s] n° 613.47.
4. Ch. Guéry, « La détention provisoire en cas de renvoi du dossier d'information pour régularisation de la procédure », *AJ pénal* 2015. 450.
5. Sur cette possibilité, v. s[s] n° 831.32.
6. C. route, art. L. 224-13.
7. C. mon. fin., art. L. 163-6.
8. L'une porte un numéro 5 *bis*.
9. Crim. 2 nov. 2005, n° 05-82.004, P n° 274 ; *AJ pénal* 2006. 121, obs. C. Saas.
10. SUR CES QUESTIONS, v. s[s] n°s 911.31 s.

dispositions de l'article 708 du code de procédure pénale.

La chambre criminelle avait jugé que le délai plus long, dont bénéficie le parquet général pour faire appel, n'était pas contraire à l'exigence d'un procès équitable posé par l'article 6 § 1 de la convention européenne des droits de l'homme, dès lors que le prévenu bénéficiait également d'un droit d'appel et d'un délai lui permettant de l'exercer utilement[1].

Mais cette opinion a été infirmée par une décision de la CEDH, rendue le 3 octobre 2006[2]. La Cour a en effet estimé que le principe de l'égalité des armes avait été méconnu dans une telle hypothèse, en retenant que le prévenu, qui n'avait pas bénéficié d'un délai d'appel incident à la suite de l'appel du procureur général, avait été mis dans une position de net désavantage par rapport au ministère public. Le législateur est alors intervenu et a fait passer le délai d'appel de deux mois à vingt jours.

§ 2 Autres exceptions

931.31 Procédure de comparution immédiate. En certaines matières, le tribunal correctionnel peut placer ou maintenir l'intéressé en détention nonobstant son appel. Ainsi, l'article 397-4 du code de procédure pénale, dans le cadre de la procédure de comparution immédiate, lui confère la faculté de placer ou maintenir le prévenu en détention provisoire, sous contrôle judiciaire, ou assignation à résidence avec surveillance électronique par décision spécialement motivée, dès lors que le prévenu ne consent pas à être jugé immédiatement, ou si l'affaire ne paraît pas en état d'être jugée[3 4].

En cas d'appel, la cour doit statuer dans les quatre mois de l'appel du jugement, faute de quoi le prévenu est remis en liberté d'office. Il en est désormais de même à chaque fois qu'il y a un détenu dans la procédure[5]. Les textes n'ayant pas prévu, en cas de dépassement du délai qu'ils fixent, d'autres conséquences que la liberté d'office, leur méconnaissance ne peut entacher la procédure de nullité, ni mettre fin aux poursuites[6].

931.32 Condamnation à l'emprisonnement. Si en dehors de la procédure de comparution immédiate, la peine prononcée est au moins d'une année d'emprisonnement sans sursis, le tribunal peut, par décision spéciale et motivée, décerner mandat de dépôt ou d'arrêt contre le prévenu[7]. Le mandat de dépôt (ou d'arrêt) continue à produire effet même si la cour, sur appel, réduit la peine à moins d'une année d'emprisonnement. De même, le tribunal prononçant contre le prévenu détenu une peine d'emprisonnement supérieure à la détention provisoire effectuée peut ordonner le maintien en détention de l'intéressé par une décision spécialement motivée ; cette décision de maintien en détention est immédiatement exécutoire nonobstant appel. À défaut d'une telle décision, le prévenu sera remis en liberté.

931.33 Pouvoirs du juge d'application des peines[8]. Aux termes de l'article 763-5 du code de procédure pénale, en cas d'inobservation des obligations mentionnées aux articles 131-6-2 et 131-6-3 du code pénal (suivi socio-judiciaire) ou de l'injonction de soins, le juge de l'application des peines peut, d'office ou sur réquisitions du procureur de la République, ordonner, par décision motivée, la mise à exécution de l'emprisonnement prononcé par la juridiction de jugement en application du troisième alinéa de l'article 131-36-1 du code pénal. On sait en effet que la juridiction de jugement fixe également la durée maximum de l'emprisonnement encouru par le condamné en cas d'inobservation des obligations qui lui sont imposées. Cette décision est prise selon les dispositions prévues à l'article 712-6 c'est-à-dire après débat contradictoire.

1. Crim. 27 juin 2000, n° 99-87.460, P n° 243 ; *D.* 2001. 514, obs. J. Pradel.
2. CEDH 3 oct. 2006, *Ben Naceur c/France*, req. n° 63879/00 ; *D.* 2006. IR 2625 ; *D.* 2007. Pan. 979, obs. J. Pradel ; *RSC* 2008. 140, obs. J.-P. Marguénaud et D. Roets.
3. C. pr. pén., art. 397-3.
4. V. s^s n°s 424.61 s.
5. V. s^s n° 922.56.
6. Crim. 13 janv. 1992, n° 91-86.058, P n° 8.
7. C. pr. pén., art. 465.
8. C. pr. pén., art. 763-5.

CHAPITRE

932. Effet dévolutif de l'appel

SECTION 0
ORIENTEUR

932.00 **Sommaire du chapitre.**

932.01 **Principaux textes applicables.**

TEXTES SOURCES

- C. pr. pén., art. 497, 506, 509, 515
- C. assur., art. L. 421-5
- C. douanes, art. 343

TEXTES *IN EXTENSO*

- **C. pr. pén., art. 497**

* V. s^s n° 911.01.

- **C. pr. pén., art. 506**

* V. s^s n° 913.01.

- **C. pr. pén., art. 509** [mod. par L. n° 2019-222, 23 mars 2019, art. 62]

L'affaire est dévolue à la cour d'appel dans la limite fixée par l'acte d'appel et par la qualité de l'appelant ainsi qu'il est dit à l'article 515.

Lorsque la limitation de la portée de l'appel sur l'action publique aux peines prononcées n'a pas été faite par l'avocat du prévenu ou par le prévenu en présence de son avocat, le prévenu peut revenir sur cette limitation à l'audience.

L'appel de l'assureur produit effet à l'égard de l'assuré en ce qui concerne l'action civile. Il est, dans un délai de trois jours, notifié à l'assuré par lettre recommandée avec demande d'avis de réception adressée par l'assureur.

- **C. pr. pén., art. 515**

* V. s^s n° 922.01.

- **C. assur., art. L. 421-5**

Le Fonds de garantie peut intervenir même devant les juridictions répressives et même pour la première fois en cause d'appel, en vue notamment de contester le principe ou le montant de l'indemnité réclamée, dans toutes les instances engagées entre les victimes d'accidents ou leurs ayants droit, d'une part, les responsables ou leurs assureurs, d'autre part. Il intervient alors à titre principal et peut user de toutes les voies de recours ouvertes par la loi.

- **C. douanes, art. 343**

* V. s^s n° 912.01.

932.02 **Jurisprudence de référence.**

> La partie civile peut présenter une demande d'augmentation de son préjudice dès lors que le chef de dommage avait été soumis au débat en première instance

- **Crim. 13 déc. 1983,** n° 81-93.393, P n° 339

* V. s^s n° 932.181.

« Vu lesdits articles ;

Attendu que le préjudice causé par une infraction doit être déterminé au jour de la décision et que les dispositions de l'article 515, alinéa 4, du code de procédure pénale, prohibant en cause d'appel les demandes nouvelles, ne sauraient interdire à la partie civile d'élever le montant de sa demande pour un chef de dommage déjà soumis au débat en première instance ;

Attendu qu'appelée à statuer sur la réparation des conséquences dommageables d'un accident dont Z... reconnu coupable de blessures involontaires sur la personne de la dame Y..., avait été déclaré entièrement responsable, la cour d'appel a été saisie de conclusions de la partie civile sollicitant, au titre de l'incapacité permanente partielle, l'allocation de dommages-intérêts supérieurs à ceux qui avaient été réclamés en première instance ;

Attendu que pour déclarer cette demande irrecevable, les juges d'appel, après avoir rappelé les termes de l'article 515 du code de procédure pénale, énoncent que la situation exposée par la dame Y..., employée municipale en qualité de cuisinière, n'a pas évolué ni connu de développement depuis avril 1980 ;

Qu'après une mise en disponibilité, l'administration communale l'a invitée le 13 octobre 1978 à faire valoir ses droits à la retraite, que cette situation administrative ne pouvait donc être ignorée de l'intéressé au moment où elle déposait ses conclusions de 1978 ou de 1980 ;

Mais attendu que, dans les conclusions par elle déposées devant le tribunal, la dame Y... avait invoqué l'incidence fonctionnelle de l'accident qui l'avait empêchée de reprendre l'exercice de sa profession ;

Qu'ainsi ce chef de dommage se trouvait déjà dans le débat et que la demande présentée à ce titre devant la cour d'appel ne pouvait être considérée comme nouvelle même si la partie civile, détaillant de façon plus précise les conséquences dommageables de cette incapacité, en proposait une évaluation différente ;

D'où il suit qu'un déclarant irrecevable la demande de la dame Y..., la cour d'appel a méconnu le sens et la portée de l'article susvisé, et que la cassation est encourue de ce chef. »

> Selon l'article 470-1 du code de procédure pénale en cas de relaxe du prévenu, la juridiction répressive n'est compétente pour accorder, en application des règles de droit civil, réparation de tous les dommages résultant des faits qui ont fondé la poursuite que lorsque le tribunal a été saisi à l'initiative du ministère public ou sur renvoi d'une juridiction d'instruction de poursuites exercées pour homicide ou blessures involontaires

• **Crim. 22 mars 1990,** n° 89-81.443, P n° 127

* V. s[s] n° 932.33.

« I – Sur les moyens pris en leur critique de la décision relative à la responsabilité de Patrick C... ;

Attendu que Patrick C... a été cité directement par Christelle B... devant le tribunal correctionnel, pour blessures involontaires ; que cette juridiction l'ayant déclaré coupable, il a relevé appel de sa décision ; qu'appel a, en outre, été interjeté à son encontre par le ministère public ;

Attendu que les juges du second degré ayant prononcé la relaxe de Patrick C... en l'absence de faute ayant une relation de causalité avec l'accident dont a été victime Christelle B..., celle-ci est irrecevable à les critiquer d'avoir, par une application erronée des règles de droit civil, rejeté sa demande de réparation du préjudice subi ;

Qu'en effet, selon l'article 470-1 du code de procédure pénale en cas de relaxe du premier, la juridiction répressive n'est compétente pour accorder, en application des règles de droit civil, réparation de tous les dommages résultant des faits qui ont fondé la poursuite que lorsque le tribunal a été saisi à l'initiative du ministère public ou sur renvoi d'une juridiction d'instruction de poursuites exercées pour homicide ou blessures involontaires ;

Que tel n'était pas le cas en l'espèce ; que les moyens, dès lors, doivent être écartés. »

> Lorsque le jugement frappé d'appel a déclaré irrecevable la constitution de partie civile de la victime qui a saisi le tribunal par citation directe, la cour d'appel, dans l'hypothèse où elle infirme cette décision, doit statuer tant sur l'action publique que sur l'action civile, alors même que seule la partie civile aurait usé de cette voie de recours

• **Crim. 29 avr. 1996,** n° 95-82.081, P n° 167

* V. s[s] n° 932.111.

« Sur le premier moyen de cassation, pris de la violation des articles 515, 520 et 591 du code de procédure pénale, ensemble violation des droits de la défense :

En ce que l'arrêt infirmatif attaqué a, sur le seul appel de la partie civile, annulé le jugement déféré et, évoquant, a déclaré Jacques X... coupable de l'infraction à la loi n° 93-23 du 8 janvier 1993 qui lui était reprochée par la citation de la partie civile ;

Alors que, en l'absence d'appel du ministère public, la Cour ne peut, sur le seul appel de la partie civile, aggraver le sort de l'appelant ; qu'en l'espèce, où le ministère public n'a pas relevé appel du jugement ayant déclaré l'action civile irrecevable, la cour d'appel ne pouvait ni statuer sur l'action publique dont elle n'était pas saisie, ni déclarer Jacques X... coupable des faits qui lui étaient reprochés et le condamner à une amende ; qu'ainsi, en l'absence d'appel du ministère public, la déclaration de culpabilité et la condamnation prononcées à l'encontre de Jacques X... sont illégales ;

Attendu qu'il résulte de l'arrêt attaqué que la société Pompes Funèbres ajacciennes a fait directement citer devant le tribunal correctionnel Jacques X... pour infraction à la législation dans le domaine funéraire ;

Que le prévenu a soulevé une exception fondée sur l'article 5 du code de procédure pénale ; que les premiers juges ont accueilli cette exception et déclaré irrecevable la constitution de partie civile de la victime ;

Attendu que, sur le seul appel de cette dernière, les juges du second degré, après avoir écarté l'exception qui lui était opposée par le prévenu, évoquent et statuent sur la culpabilité, la peine et les réparations civiles ;

Attendu qu'en prononçant ainsi, la cour d'appel n'a pas encouru le grief allégué ;

Qu'en effet, lorsque le jugement frappé d'appel a déclaré irrecevable la constitution de partie civile de la victime qui a saisi le tribunal correctionnel par citation directe, la cour d'appel, dans l'hypothèse où elle infirme cette décision, doit statuer tant sur l'action publique que sur l'action civile, alors même que seule la partie civile aurait usé de cette voie de recours ;

D'où il suit que le moyen ne saurait être accueilli. »

> Saisis de l'appel d'un condamné contre un jugement qui, sur requête du juge de l'application des peines tendant à la révocation de deux sursis avec mise à l'épreuve, a ordonné la révocation d'un seul de ces sursis, les juges du second degré peuvent, sur ce seul appel, décider de révoquer le sursis qui ne l'avait pas été par le tribunal, tout en écartant la révocation ordonnée par lui, dès lors que, loin d'aggraver le sort de l'appelant, une telle décision lui est favorable

• **Crim. 5 mai 1998,** n° 97-82.391, P n° 148

* V. s^{s} n° 932.53.

« Attendu qu'il résulte de l'arrêt attaqué que, par jugement en date du 16 septembre 1991, le tribunal correctionnel de Lyon a condamné Farid X... à la peine de 6 mois d'emprisonnement avec sursis et mise à l'épreuve pendant 3 ans ; que, le 30 juillet 1992, l'intéressé a été condamné par le tribunal correctionnel de Valenciennes à 4 ans d'emprisonnement dont 1 an avec sursis et mise à l'épreuve pendant 3 ans, ledit sursis ayant été révoqué à concurrence de 2 mois en 1995 ;

Que, par requête en date du 24 juillet 1996, le juge de l'application des peines a saisi le tribunal correctionnel afin que soit ordonnée en totalité l'exécution des peines d'emprisonnement précitées ;

Que le tribunal a rejeté la requête en ce qui concerne le sursis accordé le 16 septembre 1991 et ordonné la révocation totale du sursis assortissant, à concurrence de 10 mois compte tenu de la révocation partielle déjà intervenue, la peine prononcée le 30 juillet 1992 ;

Attendu que, statuant sur l'appel interjeté contre cette décision, les juges du second degré ont estimé qu'il convenait de révoquer les sursis en cause dans de moindres proportions ; qu'après avoir justement relevé qu'en l'état de la révocation partielle décidée en 1995, le sursis accordé le 30 juillet 1992 ne pouvait désormais être révoqué qu'en totalité tant en vertu des dispositions de l'article 742-2 ancien du code de procédure pénale que de celles, combinées, des articles 742, alinéa 2, nouveau de ce code et 132-47 du code pénal, les juges ont rejeté la requête du juge de l'application des peines en ce qu'elle tendait à la révocation de ce sursis et ordonné la révocation du sursis accordé le 16 septembre 1991, à hauteur de 2 mois ;

Attendu qu'en prononçant ainsi la cour d'appel n'a méconnu aucun des textes visés au moyen ;

Que, contrairement à ce qui est soutenu par celui-ci, il résulte des mentions de l'arrêt attaqué, qui font foi jusqu'à inscription de faux, que l'appel a été interjeté tant par Farid X... que par le ministère public ;

Qu'en tout état de cause les juges du second degré, qui se trouvaient saisis, par l'effet dévolutif de l'appel interjeté par l'intéressé, de toutes les questions de droit et de fait soumises aux premiers juges, pouvaient, sur ce seul appel, décider de révoquer un sursis qui ne l'avait pas été par le tribunal tout en écartant la révocation ordonnée par lui, dès lors que loin d'aggraver le sort du condamné, une telle décision lui était favorable ;

D'où il suit que le moyen ne peut être accueilli ;

Et attendu que l'arrêt est régulier en la forme ;

REJETTE le pourvoi. »

> Sur le seul appel de la partie civile d'un jugement déclarant l'action publique éteinte par l'effet de la prescription, les juges du second degré ne peuvent prononcer une peine, la décision des premiers juges sur l'action publique, ayant acquis force de chose jugée au regard de l'action publique

• **Crim. 29 mars 2000,** n° 99-81.701, NP

* V. s^{s} n° 932.91.

« Sur le moyen unique de cassation, pris de la violation des articles 509 et 515 du code de procédure pénale, 485, 593 du même code ;

En ce que la cour d'appel de Chambéry saisie du seul appel de la SARL Centre Récréatif et Sportif de Vereitre, partie civile, d'un jugement du tribunal correctionnel de Thonon-les-Bains ayant déclaré éteinte l'action publique dirigée contre Ralph X... pour un prétendu délit d'abus de biens sociaux dont Ralph X... était prévenu, à la suite d'une plainte avec constitution de partie civile de la société Centre Récréatif et Sportif de Vereitre ayant donné lieu à une ordonnance de renvoi, (ledit jugement ayant en outre débouté la partie civile de ses demandes en raison de la prescription de l'action publique), a, après avoir entendu les parties, ordonné la réouverture des débats afin que celles-ci s'expliquent sur le point de savoir si l'appel de la partie civile quant aux intérêts civils ne saisissait pas également la Cour de l'action publique, dès lors que le tribunal n'avait pas statué au fond, mais s'était borné à déclarer l'action publique éteinte, et également ordonné la réouverture des débats afin que le ministère public fasse, le cas échéant, citer Ralph X... en tant qu'intimé sur l'action publique ;

Aux motifs que si, aux termes de l'article 497 du code de procédure pénale, la partie civile n'a la faculté d'appeler que quant à ses intérêts civils, il apparaît qu'il n'en est ainsi qu'à l'égard des dispositions par lesquelles les premiers juges ont statué au fond ; qu'il a été ainsi jugé que, si ces derniers se sont bornés à statuer sur la compétence, les juges du second degré sont saisis par le seul appel de la partie civile, non seulement de ses intérêts civils, mais aussi de l'action publique qui a continué de subsister et sont tenus de statuer sur les deux actions et qu'il en est de même lorsque le tribunal n'a statué que sur la validité de la poursuite ; qu'en l'espèce, le tribunal correctionnel n'a pas statué au fond ; qu'il s'est borné à statuer sur la prescription de l'action publique et que la Cour ne peut statuer sur l'appel de la partie civile et donc sur la recevabilité de l'action civile devant la juridiction répressive puis sur son bien-fondé, sans examiner si l'action publique est ou non éteinte ; qu'il apparaît par suite, en l'état de la jurisprudence ci-dessus évoquée que l'appel de la partie civile sur ses seuls intérêts civils a effet sur l'action publique et saisit la Cour tant de l'action publique que de l'action civile ;

Alors, d'une part que, l'affaire n'est dévolue à la cour d'appel que dans les limites fixées non seulement par l'acte d'appel mais également par la qualité de l'appelant ; que si l'appel de la partie civile, limité par définition à ses seuls intérêts civils, peut produire néanmoins dans certains cas exceptionnels, des effets sur l'action publique, il n'en est ainsi que dans la mesure où les juges du fond n'ont pas statué au fond et n'ont statué que sur la compétence ou la validité de la poursuite ; que le jugement qui constate la prescription de l'action publique consacre l'extinction d'un droit et statue par là même sur un problème de fond, de telle sorte que l'appel de la seule partie civile ne saurait remettre en cause le jugement sur l'action publique ;

Alors, d'autre part que, dans les cas exceptionnels où l'appel de la partie civile peut produire des effets sur la compétence ou la validité de la procédure, les juges du fond ne peuvent statuer sur l'action publique qu'après avoir préalablement infirmé le jugement sur le seul appel de la partie civile ; dans la mesure où c'est l'infirmation du jugement qui entraîne la possibilité pour les juges du second degré de statuer sur l'action publique, même en cas d'inaction du ministère public ;

Vu l'article 509 du code de procédure pénale, ensemble l'article 6 dudit code ;

Attendu que si, sur le seul appel de la partie civile d'un jugement déclarant l'action publique éteinte par l'effet de la prescription, les juges du second degré sont tenus d'apprécier les faits, de les qualifier et de condamner, s'il y a lieu, le prévenu à des dommages-intérêts envers la partie civile, ils ne peuvent, en revanche, prononcer une peine, la décision des premiers juges ayant acquis force de chose jugée au regard de l'action publique ;

Attendu que la société Centre récréatif et sportif de Vereitre, partie civile, a seule relevé appel du jugement qui a déclaré l'action publique prescrite et l'a déboutée de ses demandes après l'avoir reçue en sa constitution de partie civile ;

Que, pour statuer tant sur l'action publique que sur l'action civile, l'arrêt attaqué énonce que si l'appel de la partie civile ne remet pas en cause la chose jugée sur l'action publique, il en va autrement lorsque les premiers juges n'ont statué que sur la validité de la poursuite, ce qui est le cas en l'espèce ;

Mais attendu qu'en se déterminant ainsi, alors que les juges de première instance ne s'étaient pas prononcés sur la validité de la poursuite mais sur une cause d'extinction de l'action publique, la cour d'appel a méconnu les textes susvisés et le principe sus-énoncé ;

Qu'il s'ensuit que la cassation est encourue. »

> S'il appartient aux juges répressifs de restituer aux faits dont ils sont saisis leur véritable qualification, c'est à la condition de n'y rien ajouter, sauf acceptation expresse par le prévenu d'être jugé sur des faits non compris dans la poursuite

• **Crim. 27 avr. 2000,** n° 99-83.648, P n° 171

* V. s^s n° 932.185.

« Vu l'article 388 du code de procédure pénale ;

Attendu que s'il appartient aux juges répressifs de restituer aux faits dont ils sont saisis leur véritable qualification, c'est à la condition de n'y rien ajouter, sauf acceptation expresse par le prévenu d'être jugé sur des faits non compris dans la poursuite ;

Attendu que l'arrêt attaqué a condamné Charles X... du chef d'abus de confiance après avoir requalifié certains faits poursuivis initialement sous la prévention de recels d'abus de confiance, pour avoir détourné des chèques et des sommes au préjudice de son employeur et de diverses personnes ;

Mais attendu qu'il ne résulte d'aucune mention de l'arrêt attaqué ni des pièces de procédure que Charles X... ait accepté d'être jugé du chef d'abus de confiance alors que les éléments constitutifs de ce délit, différents de ceux du recel, n'étaient pas compris dans la poursuite ;

Que, dès lors, en statuant comme elle l'a fait, la cour d'appel a méconnu le texte susvisé ;

D'où il suit que la cassation est encourue. »

> Saisi par le ministère public d'un jugement déclarant le prévenu coupable et ajournant le prononcé de la peine, la chambre des appels correctionnels doit non seulement se prononcer sur la culpabilité mais sur la peine

• **Crim. 18 juin 2002,** n° 02-80.524, NP

* V. s^s n° 932.16.

« Vu le mémoire produit ;

Sur le moyen unique de cassation, pris de la violation des articles 469-1, 509, 591 à 593 du code de procédure pénale ;

Vu lesdits articles ;

Attendu que les juges du second degré, lorsqu'ils sont saisis de l'appel, par le ministère public, d'un jugement déclarant le prévenu coupable d'une infraction et ajournant le prononcé de la peine, ne sauraient, sans méconnaître l'étendue de leur saisine, statuer sur la seule culpabilité en laissant au tribunal le soin de fixer la peine ; qu'il leur appartient de se prononcer sur la peine sans égard pour la date à laquelle le tribunal avait prévu de le faire ;

Attendu que, par l'arrêt attaqué du 7 décembre 2001 statuant sur les appels de Bernard X... et du ministère public contre un jugement du tribunal correctionnel qui avait déclaré le premier coupable du délit de violences et ajourné le prononcé de la peine au 21 juin 2001, la cour d'appel s'est bornée à confirmer le jugement entrepris sur la déclaration de culpabilité, ce qui laissait implicitement mais nécessairement au tribunal le soin de statuer sur la peine ;

Mais attendu qu'en prononçant ainsi, les juges ont méconnu le principe ci-dessus rappelé ;

D'où il suit que la cassation est encourue. »

> L'affaire est dévolue à la cour d'appel dans la limite fixée par l'acte d'appel et la qualité de l'appelant. Les limitations et restrictions doivent ressortir nettement de l'acte d'appel

• **Crim. 8 oct. 2003,** n° 02-81.471, P n° 184

* V. s^s n° 932.22.

« Vu l'article 509 du code de procédure pénale ;

Attendu qu'aux termes de cet article, la cause est dévolue à la cour d'appel dans les limites fixées par l'acte d'appel et par la qualité de l'appelant ; que les limitations et restrictions doivent ressortir nettement des termes mêmes de l'acte d'appel ;

Attendu que, dans les poursuites exercées contre Jean-Luc Y..., du chef d'abus de biens sociaux, commis au préjudice de la société Y..., venant aux droits des sociétés Z... et A..., la société X..., après avoir attrait cette société devant le tribunal correctionnel, s'est constituée partie civile contre le prévenu tant à titre personnel que pour exercer l'action sociale ; que sa constitution de partie civile ayant été déclarée irrecevable, elle a interjeté appel de la décision ;

Attendu que, de la rédaction dudit acte, la cour d'appel déduit que la société X... a interjeté appel en son seul nom et pour son seul compte et qu'il y a lieu de déclarer irrecevables les demandes formées par elle pour le compte de la société Y... ;

Mais attendu qu'en statuant ainsi, alors qu'il ne résultait d'aucune mention de l'acte d'appel que la partie civile ait entendu limiter l'objet et les effets de son appel, la cour d'appel a méconnu le texte susvisé et le principe ci-dessus énoncé ;

D'où il suit que la cassation est encourue de ce chef. »

> Lorsque le ministère public exerce l'action fiscale accessoirement à l'action publique, son appel remet en cause tant l'une que l'autre de ces actions

• **Crim. 24 mars 2004,** n° 03-83.367, NP

* V. s^s^ n° 932.43.

« Sur le moyen unique de cassation, pris de la violation des articles 6 et 11 de la convention européenne de sauvegarde des droits de l'Homme, de l'article 66 de la Constitution, des articles 111-4, 121-1, 121-3, 222-36, 222-37, 222-41 du code pénal, 414, 417 et 419 du code des douanes, 2, 497, 509, 515, 591 et 593 du code de procédure pénale ;

En ce que l'arrêt infirmatif attaqué, statuant sur le seul appel formé par le ministère public d'un jugement de relaxe, a pénalement condamné la demanderesse des chefs d'infraction à la législation sur les stupéfiants et de contrebande ;

Aux motifs que la Cour relève qu'il ressort de la procédure qu'Annie X... a reconnu avoir demandé plusieurs fois à Y..., qui ne lui inspirait pas confiance, si la marchandise qu'elle allait transporter n'était pas de la drogue et qu'elle avait même insisté pour le savoir ; qu'elle admet ainsi qu'elle pensait qu'il pouvait s'agir d'un tel produit ; qu'elle a, cependant, laissé remplir à Caracas sa valise par un inconnu, sans demander à en voir l'intérieur, ne voulant pas y toucher selon ses propres dires, même en constatant que celle-ci pesait plus lourd que prévu ; la Cour estime ainsi, à la différence des premiers juges, qu'il est établi qu'Annie X... avait conscience de pouvoir transporter des produits stupéfiants, étant observé que sa connaissance des problèmes des étrangers arrivant en France, ne pouvait que renforcer chez elle cette conscience, en raison de l'origine géographique de la substance concernée et de l'intervention dans cette affaire, selon ses propres affirmations, de Nigérians, notamment Z..., alors qu'elle a déclaré au juge d'instruction qu'elle savait par le biais de ses activités bénévoles qu'il existait au Nigéria des filières de drogue ; il y a, dès lors, lieu d'infirmer le jugement déféré sur l'action publique, seule en cause d'appel, et de déclarer Annie X... coupable des délits visés à la prévention dont l'élément intentionnel est suffisamment caractérisé ; la Cour considère qu'en raison de la gravité des faits, seule une peine d'emprisonnement est de nature à sanctionner de façon appropriée les délits commis pour Annie X... ; cependant, la prévenue n'ayant pas été condamnée dans les cinq années précédant les faits à une peine d'emprisonnement ou de réclusion pour délit ou crime de droit commun, la Cour assortira, pour partie, la peine d'emprisonnement qui sera prononcée du sursis, comme indiqué au dispositif ; en outre, elle ordonnera la confiscation des scellés, ceux-ci ayant permis la commission de l'infraction ou en étant le produit (arrêt attaqué p. 7 et 8) ;

1) alors que, d'une part, en cas de poursuites mixtes, le seul appel du parquet sur l'action pénale de droit commun, ne défère pas à la Cour la connaissance de l'action des douanes en l'absence d'appel spécifique de cette Administration ; qu'en l'état de la relaxe totale prononcée par les premiers juges, la cour n'a pu légalement retenir la demanderesse dans les liens de la prévention douanière de contrebande ;

2) alors que, d'autre part, l'élément intentionnel d'une infraction à la législation sur les stupéfiants ne peut en aucun cas être déduit d'un défaut de vigilance de la part du prévenu ; qu'en se déterminant comme elle l'a fait à la faveur d'une analogie avec les infractions d'imprudence, la Cour n'a pas caractérisé l'élément moral propre aux infractions intentionnelles seules visées à la prévention ;

3) alors, en tout état de cause, que les faits de la prévention n'étant pas détachables de l'engagement militant de la demanderesse en faveur des étrangers en situation difficile, le défaut de vigilance prêtée à la demanderesse ne permettait pas à la cour d'appel de pénaliser une activité altruiste dans des conditions disproportionnées au regard des droits fondamentaux en cause ;

Attendu qu'il résulte de l'arrêt attaqué qu'Annie X... a été renvoyée devant le tribunal correctionnel pour infractions à la législation sur les stupéfiants et contrebande de marchandises prohibées ; que, seul le ministère public a interjeté appel du jugement ayant relaxé la prévenue des chefs précités, l'Administration des Douanes, représentée en première instance, n'ayant exercé aucun recours ;

Attendu que la cour d'appel a infirmé le jugement et condamné la prévenue pour l'ensemble des faits reprochés dont le délit douanier précité ;

Attendu, d'une part, qu'en statuant ainsi, et dès lors que l'appel du ministère public ayant exercé l'action fiscale accessoirement à l'action publique, conformément à l'article 343, alinéa 2, du code des douanes, a remis en cause tant l'une que l'autre de ces actions, la juridiction du second degré n'a pas méconnu l'effet dévolutif de l'appel en déclarant la prévenue coupable de contrebande de marchandises prohibées ;

Attendu, d'autre part, que les énonciations de l'arrêt attaqué mettent la Cour de cassation en mesure de s'assurer que la cour d'appel a, sans insuffisance ni contradiction, répondu aux chefs péremptoires des conclusions dont elle était saisie et caractérisé en tous leurs éléments, tant matériels qu'intentionnel, les délits dont elle a déclaré la prévenue coupable ;

D'où il suit que le moyen, qui n'est pas fondé en sa première branche et se borne, en ses autres branches, à remettre en question l'appréciation souveraine, par les juges du fond, des faits et circonstances de la cause, ainsi que des éléments de preuve contradictoirement débattus, ne saurait être admis ;

Et attendu que l'arrêt est régulier en la forme ;

REJETTE le pourvoi. »

> Les dispositions de l'article 515, alinéa 2, du code de procédure pénale interdisant d'aggraver le sort de l'appelant ne font pas obstacle à ce que le prévenu relaxé en pre-

mière instance puisse saisir la juridiction du second degré, statuant sur le seul appel de la partie civile ayant mis en mouvement l'action publique, d'une demande tendant à faire constater que la poursuite exercée est abusive et qu'elle lui cause un préjudice ouvrant droit à réparation

• **Crim. 27 mai 2004,** n° 03-81.080, P n° 140

* V. s^s^ n° 932.81.

« Sur le second moyen de cassation, pris de la violation des articles 515 et 472 du code de procédure pénale ;

Attendu que, statuant sur le seul appel, par les parties civiles, du jugement ayant relaxé Philippe Z..., qui n'avait pas formé en première instance de demande sur le fondement de l'article 472 du code de procédure pénale, l'arrêt attaqué déboute ces parties civiles de leurs prétentions et les condamne à payer des dommages-intérêts à l'intimé en application du texte précité ;

Attendu qu'en cet état, la cour d'appel a fait l'exacte application des articles 472, 515 et 516 du code de procédure pénale ;

Qu'en effet, les dispositions de l'article 515, alinéa 2, ne font pas obstacle à ce que le prévenu relaxé en première instance puisse saisir la juridiction du second degré, statuant sur le seul appel de la partie civile ayant mis en mouvement l'action publique, d'une demande tendant à faire constater que la poursuite exercée est abusive et qu'elle lui cause un préjudice ouvrant droit à réparation ;

Qu'il n'importe que, devant les premiers juges, le prévenu n'ait pas sollicité de dommages-intérêts sur le fondement de l'article 472 du code précité ;

D'où il suit que le moyen ne saurait être accueilli. »

> Une constitution de partie civile, irrecevable en première instance, ne peut être régularisée en cause d'appel

• **Crim. 14 mars 2007,** n° 06-84.320, P n° 81

* V. s^s^ n° 932.15.

« Vu les articles 496 et 591 du code de procédure pénale ;

Attendu que la règle du double degré de juridiction fait obstacle à ce qu'une constitution de partie civile irrecevable en première instance soit régularisée en cause d'appel ;

Attendu qu'il ressort de l'arrêt attaqué que, dans les poursuites exercées contre Jean-Richard X... du chef d'abus de confiance, pour détournement de fonds notamment au préjudice de la copropriété de l'immeuble du 192, rue Lecourbe à Paris, le tribunal, après avoir déclaré le prévenu coupable de cette infraction, a, par jugement du 20 octobre 2005, déclaré irrecevable la constitution de partie civile du syndicat des copropriétaires, représenté par son syndic, au motif que la délibération de l'assemblée générale du 1er décembre 1998, le mandatant pour porter plainte et se constituer partie civile ès qualités, précisait « que l'opportunité de cette action sera déterminée en conseil syndical en fonction de l'évolution du dossier » et qu'aucun procès-verbal du conseil syndical postérieur à cette résolution n'était produit ;

Attendu que, pour infirmer le jugement, déclarer recevable la constitution de partie civile de la copropriété et lui allouer des dommages-intérêts, l'arrêt relève qu'une régularisation est intervenue en cause d'appel, l'assemblée générale du 9 janvier 2006 ayant habilité le syndic à se constituer partie civile devant la cour d'appel, au nom et pour le compte du syndicat des copropriétaires, aux fins d'obtenir la réparation du préjudice subi ;

Mais attendu qu'en prononçant ainsi, la cour d'appel a méconnu le principe ci-dessus rappelé et les textes susvisés ;

D'où il suit que la cassation est encourue de ce chef. »

• **Cons. const. 31 janv. 2014,** n° 2013-363 QPC

* V. s^s^ n° 932.91.

« Vu la Constitution ; Vu l'ordonnance n° 58-1067 du 7 novembre 1958 modifiée portant loi organique sur le Conseil constitutionnel ; Vu le code de procédure pénale ; Vu le règlement du 4 février 2010 sur la procédure suivie devant le Conseil constitutionnel pour les questions prioritaires de constitutionnalité ; Vu l'arrêt de la Cour de cassation n° 12186 du 16 juillet 2010 ;

Sur l'article 497 du code de procédure pénale :

1. Considérant qu'aux termes de l'article 497 du code de procédure pénale : La faculté d'appeler appartient :

« 1° Au prévenu ;

« 2° À la personne civilement responsable quant aux intérêts civils seulement ;

« 3° À la partie civile, quant à ses intérêts civils seulement ;

« 4° Au procureur de la République ;

« 5° Aux administrations publiques, dans les cas où celles-ci exercent l'action publique ;

« 6° Au procureur général près la cour d'appel » ;

2. Considérant que, selon le requérant, en limitant le droit d'appel de la partie civile à ses seuls intérêts civils, les dispositions contestées méconnaissent le principe d'égalité devant la justice et le droit à un recours effectif ;

3. Considérant que la question prioritaire de constitutionnalité porte sur le 3° de l'article 497 du code de procédure pénale ;

4. Considérant, qu'aux termes de l'article 16 de la Déclaration DHC : « Toute société dans laquelle la garantie des droits n'est pas assurée, ni la séparation des pouvoirs déterminée, n'a point de Constitution » ; qu'il ressort de cette disposition qu'il ne doit pas être porté d'atteintes substantielles au droit des personnes intéressées d'exercer un recours effectif devant une juridiction ; qu'aux termes de son article 6, la loi « doit être la même pour tous, soit qu'elle protège, soit qu'elle punisse » ; que, si le législateur peut prévoir des règles de procédure différentes selon les faits, les situations et les personnes auxquelles elles s'appliquent, c'est à la condition que ces différences ne procèdent pas de distinctions injustifiées et que soient assurées aux justiciables des garanties égales, notamment quant au respect du principe des droits de la défense, qui implique en particulier l'existence d'une procédure juste et équitable garantissant l'équilibre des droits des parties ; qu'en outre, en vertu de l'article 9 de la Déclaration de 1789, tout homme est présumé innocent jusqu'à ce qu'il ait été déclaré coupable ;

5. Considérant qu'aux termes de l'article 1 du code de procédure pénale : « L'action publique pour l'application des peines est mise en mouvement et exercée par les magistrats ou par les fonctionnaires auxquels elle est confiée par la loi. – Cette action peut aussi être mise en mouvement par la partie lésée, dans les conditions déterminées par le présent code » ;

que le premier alinéa de son article 2 dispose : « L'action civile en réparation du dommage causé par un crime, un délit ou une contravention appartient à tous ceux qui ont personnellement souffert du dommage directement causé par l'infraction » ;

6. Considérant que les dispositions contestées sont applicables à l'exercice du droit d'appel des jugements rendus en matière correctionnelle ; qu'elles limitent le droit d'appel de la partie civile à ses seuls intérêts civils ; qu'il en résulte notamment que, en cas de décision de relaxe rendue en première instance, les juges du second degré saisis du seul appel de la partie civile doivent statuer uniquement sur la demande de réparation de celle-ci ; qu'ils ne peuvent ni déclarer la personne initialement poursuivie coupable des faits pour lesquels elle a été définitivement relaxée ni prononcer une peine à son encontre ;

7. Considérant qu'il résulte par ailleurs de l'article 497 du code de procédure pénale que l'appel du ministère public conduit à ce qu'il soit à nouveau statué sur l'action publique, mais est sans effet sur les intérêts civils ; que l'appel du prévenu peut concerner l'action publique comme l'action civile ;

8. Considérant, d'une part, que la partie civile n'est pas dans une situation identique à celle de la personne poursuivie ou à celle du ministère public ; qu'il en est notamment ainsi, s'agissant de la personne poursuivie, au regard de l'exercice des droits de la défense et, s'agissant du ministère public, au regard du pouvoir d'exercer l'action publique ; que, par suite, l'interdiction faite à la partie civile d'appeler seule d'un jugement correctionnel dans ses dispositions statuant au fond sur l'action publique, ne méconnaît pas le principe d'égalité devant la justice ; que, d'autre part, la partie civile a la faculté de relever appel quant à ses intérêts civils ; qu'en ce cas, selon la portée donnée par la Cour de cassation au 3° de l'article 497 du code de procédure pénale, elle est en droit, nonobstant la relaxe du prévenu en première instance, de reprendre, contre lui, devant la juridiction pénale d'appel, sa demande en réparation du dommage que lui ont personnellement causé les faits à l'origine de la poursuite ; que, par suite, le moyen tiré de la méconnaissance du droit à un recours effectif manque en fait ;

9. Considérant que les dispositions contestées, qui ne sont contraires ni à la présomption d'innocence ni à aucun autre droit ou liberté que la Constitution garantit, doivent être déclarées conformes à la Constitution (...)

Décide :

Art. 1. – Le 3° de l'article 497 du code de procédure pénale est conforme à la Constitution (...). »

> Le dommage dont la partie civile, seule appelante d'un jugement de relaxe, peut obtenir réparation de la part de la personne relaxée résulte de la faute civile démontrée à partir et dans la limite des faits objet de la poursuite

• **Crim. 5 févr. 2014,** n° 12-80.154, P n° 35

* V. s^s n° 932.92.

« (...) Les moyens étant réunis ;

Attendu qu'il résulte de l'arrêt attaqué et des pièces de procédure que M. X... a été poursuivi devant le tribunal correctionnel du chef d'abus de confiance pour avoir détourné des Fonds destinés à la rémunération de salariés d'un groupement associatif en employant ceux-ci, à des fins personnelles, pendant leur temps de travail ; que les premiers juges, après l'avoir relaxé, ont déclaré irrecevable en ses demandes la partie civile qui a, seule, relevé appel ;

Attendu que, si c'est à tort que, pour allouer des dommages-intérêts au groupement associatif, l'arrêt retient que M. X... pouvait se voir imputer des faits présentant « la matérialité du délit d'abus de confiance », celui-ci ayant été définitivement relaxé de ce chef, l'arrêt n'encourt cependant pas la censure dès lors qu'il résulte de ses constatations que M. X..., en ayant eu recours, pendant leur temps de travail, à des salariés rémunérés par la partie civile, qui ne l'y avait pas autorisé, a commis une faute qui a entraîné, pour le groupement associatif, un préjudice direct et personnel ouvrant droit à réparation, pour un montant que les juges ont souverainement évalué, dans les limites des conclusions dont ils étaient saisis ;

Qu'en effet, le dommage dont la partie civile, seule appelante d'un jugement de relaxe, peut obtenir réparation de la part de la personne relaxée résulte de la faute civile démontrée à partir et dans la limite des faits objet de la poursuite ;

D'où il suit que les moyens ne sauraient être admis [...]. »

> La cour d'appel statuant après relaxe sur le seul appel de la partie civile, doit caractériser la faute dans tous ses éléments, y compris l'élément intentionnel

• **Crim. 17 févr. 2016,** n° 15-80.634, P n° 52

* V. s^s n° 932.92.

Attendu qu'il résulte de l'arrêt attaqué que, pendant leur vie commune, M. L... a utilisé pour financer diverses dépenses de nature personnelle, la carte bancaire que Mme B..., sa compagne, lui avait confiée pour effectuer des achats répondant aux besoins du ménage utilisé ;

Attendu que la cour d'appel, statuant, après la relaxe prononcée en première instance, sur le seul appel de la partie civile, retient notamment, pour débouter celle-ci de sa demande d'indemnisation, qu'il subsiste un doute raisonnable quant à l'existence d'une intention frauduleuse de la part de M. L... à l'occasion de cette utilisation de la carte bancaire de Mme B... ;

Attendu qu'en l'état de ces motifs, d'où il résulte qu'aucune faute civile, à l'origine du préjudice invoqué, n'est démontrée à partir et dans la limite des faits objet de la poursuite, la cour d'appel a justifié sa décision.

> Il se déduit des articles 2 et 497 du code de procédure pénale que le dommage dont la partie civile, seule appelante d'un jugement de relaxe, peut obtenir réparation doit résulter d'une faute démontrée à partir et dans la limite des faits objet de la poursuite ; que si les juges répressifs, saisis des seuls intérêts civils, peuvent, après avoir mis l'auteur présumé de la faute en mesure de s'expliquer sur le nouveau fondement envisagé, donner à la faute civile le fondement adéquat, différent de celui sur lequel reposait la qualification des infractions initialement poursuivies, c'est à la condition de ne pas prendre en considération des faits qui n'étaient pas compris dans les poursuites

• **Crim. 7 déc. 2016,** n° 16-80.083, P

* V. s^s n° 932.92.

Vu les articles 2 et 497 du code de procédure pénale, ensemble l'article 6, § 1, de la convention européenne des droits de l'homme ;

Attendu qu'il se déduit de ces textes que le dommage dont la partie civile, seule appelante d'un jugement de relaxe, peut obtenir réparation doit résulter d'une faute démontrée à partir et dans la limite des faits objet de la poursuite ; que si les juges répressifs, saisis des seuls intérêts civils, peuvent, après avoir mis l'auteur présumé de la faute en mesure de s'expliquer sur le nouveau fondement envisagé, donner à la faute civile le fondement adéquat, différent de celui sur lequel reposait la qualification des infractions initialement poursuivies, c'est à la condition de ne pas prendre en considération des faits qui n'étaient pas compris dans les poursuites ;

Attendu qu'il résulte de l'arrêt attaqué et des pièces de procédure que M. R..., poursuivi des chefs d'abus de faiblesse et escroquerie pour avoir, entre le 10 novembre 2009 et le 17 mai 2011, fait usage à des fins personnelles des ressources de sa mère, Mme Paulette R..., par des prélèvements sur les comptes bancaires de celle-ci, a été relaxé par le tribunal correctionnel, aux motifs que la partie civile, alors sous la tutelle de son fils, n'ayant plus la disposition de ses moyens de paiement, ne pouvait être amenée par celui-ci à s'abstenir ou à commettre un acte qui lui soit préjudiciable ou à remettre des fonds ; que la société chargée de la tutelle de Mme R... a seule fait appel au nom de la majeure protégée ;

Attendu que, pour condamner M. R... à indemniser le préjudice subi par sa mère, la cour d'appel retient qu'il a été désigné tuteur de cette dernière de novembre 2009 au 21 avril 2011, date de son remplacement du fait de sa mauvaise gestion, qu'il a admis avoir utilisé à son profit, durant l'exercice de cette tutelle, diverses sommes déposées sur les comptes bancaires de sa mère, précisant avoir ainsi récupéré la part de ce qu'il a personnellement investi depuis 2004, et avoir eu besoin d'argent, car il percevait une faible retraite, après avoir exercé les fonctions d'aide familiale non déclarées dans l'exploitation agricole de ses parents ;

Mais attendu qu'en prenant ainsi en considération la qualité de tuteur de M. R... pour retenir une opération de détournement de fonds et non de remise, alors que cette qualité n'était pas visée dans l'acte de poursuite, la cour d'appel a méconnu les textes susvisés et le principe ci-dessus rappelé.

> Doit être cassé l'arrêt d'une cour d'appel qui, saisie du seul appel du procureur de la République, entend l'avocat d'une des parties civiles en sa plaidoirie

• **Crim. 29 mars 2017,** n° 15-86.434, P

* V. s[s] n° 932.62.

« Sur le premier moyen de cassation, pris de la violation des articles 509, 591 et 593 du code de procédure pénale ;

en ce que la cour d'appel a entendu la partie civile, non appelante du jugement ;

alors que la victime, partie civile, non appelante d'un jugement de condamnation, n'est plus partie à l'instance et ne peut pas être entendue en cette qualité, lorsque les dispositions civiles du jugement sont définitives ; qu'en donnant la parole à l'avocat de la partie civile non appelante d'un jugement frappé d'appel par le seul ministère public, et en l'entendant en sa plaidoirie, la cour d'appel a méconnu le sens et la portée des dispositions de l'article 509 du Code de procédure pénale ;

Vu l'article 509 du Code de procédure pénale, ensemble l'article 513, alinéa 3, du même code ;

Attendu qu'aux termes du premier de ces textes, l'affaire est dévolue à la cour d'appel dans la limite fixée par l'acte d'appel et la qualité de l'appelant ; qu'il se déduit du second que seuls le ministère public et les parties en cause ont la parole devant ladite cour ;

Attendu que, par jugement du 18 juin 2013, les demandeurs ont été condamnés à diverses peines pour une partie des faits qui leur étaient reprochés ainsi qu'à payer des dommages et intérêts à deux parties civiles constituées ; que, devant la cour d'appel, saisie du seul appel du procureur de la République, l'avocat de l'une des parties civiles a été entendu en sa plaidoirie ;

Mais attendu qu'en procédant ainsi, alors que lorsque les dispositions civiles du jugement sont devenues définitives, la partie civile, constituée en première instance, qui n'est plus partie en appel, ne peut comparaître à l'audience ou s'y faire représenter et ne peut être entendue qu'en qualité de témoin, la cour d'appel a méconnu le sens et la portée des textes susvisés et des principes ci-dessus énoncés ;

D'où il suit que la cassation est encourue de ce chef ;

Par ces motifs, et sans qu'il y ait lieu d'examiner le second moyen de cassation proposé :

CASSE et ANNULE. »

> Une partie civile non appelante peut être entendue comme témoin devant la cour d'appel. Elle ne saurait cependant être alors assistée d'un avocat

• **Crim. 29 mars 2017,** n° 16-82.484, P

* V. s[s] n° 932.62.

(...) Vu les articles 437 et 513 du Code de procédure pénale, ensemble l'article 509 du même code ;

Attendu qu'il se déduit de l'ensemble de ces textes que, lorsque les dispositions civiles du jugement sont devenues définitives, la partie civile constituée en première instance, qui n'est plus partie en appel, ne peut être entendue qu'en qualité de témoin et ne saurait, dès lors, être assistée d'un avocat ;

Attendu qu'il résulte de l'arrêt attaqué et des pièces de procédure que M. Gilles X..., poursuivi devant le tribunal correctionnel du chef de harcèlement moral sur la personne de Mme Annie Y..., qui était alors son épouse, a été relaxé et que celle-ci, qui s'était constituée partie civile, a été déboutée de ses demandes ; que seul le procureur de la République a relevé appel du jugement ; que la juridiction du second degré, après avoir entendu en qualité de témoin Mme Y..., « assistée de son conseil », a infirmé la décision entreprise et est entrée en voie de condamnation contre le prévenu ;

Mais attendu qu'en procédant ainsi, alors que, si le témoin était dispensé de prêter serment en application de l'article 448, 5°, du Code de procédure pénale, il ne pouvait être assisté d'un avocat, la cour d'appel a méconnu le sens et la portée des textes susvisés et le principe ci-dessus énoncé ;

D'où il suit que la cassation est encourue de ce chef (...).

> Si la responsabilité civile du prévenu reconnu définitivement coupable de contravention de violences est acquise, le lien de causalité entre ces violences et les préjudices dont la partie civile demande réparation reste en discussion, dans la limite des faits constatés qui constituent le soutien nécessaire de la condamnation pénale

• **Crim. 5 déc. 2017,** n° 17-80.688, P

* V. s^s n° 932.183.

« Vu le principe de l'autorité, au civil, de la chose jugée au pénal ;

Attendu qu'en application de ce principe, si la responsabilité civile du prévenu reconnu définitivement coupable de contravention de violences est acquise, le lien de causalité entre ces violences et les préjudices dont la partie civile demande réparation reste en discussion, dans la limite des faits constatés qui constituent le soutien nécessaire de la condamnation pénale ;

Attendu qu'il résulte de l'arrêt attaqué et des pièces de procédure que M. Mohammed X... et M. Abdelaziz Y... ont été renvoyés devant le tribunal de police, du chef de contravention de violences, à la suite d'une rixe survenue le 24 février 2012, le tribunal retenant la culpabilité des deux prévenus et ordonnant, avant dire droit, une mesure d'expertise médicale ; que, par arrêt du 20 décembre 2013, la cour d'appel a confirmé le jugement en toutes ses dispositions ; qu'à la suite du dépôt du rapport d'expertise, le même tribunal de police, statuant sur les intérêts civils, a, notamment, condamné M. X... à indemniser M. Y... des préjudices résultant d'une fracture de la main droite ; que MM. X... et Y... ont interjeté appel ;

Attendu que, pour condamner M. X... à payer à M. Y... diverses sommes en réparation de ses préjudices, l'arrêt retient qu'il résulte du précédent arrêt de la cour que M. X... et M. Y... ont tous deux été déclarés coupables de violences réciproques, leurs constitutions de partie civile étant déclarées recevables et bien fondées et que, dans ces circonstances, il a été définitivement exclu un partage de responsabilité, si bien que M. X... ne saurait actuellement contester le lien de causalité entre les lésions subies par M. Y... et son préjudice ou alléguer une faute de la victime ;

Mais attendu qu'en s'interdisant de rechercher, comme cela lui était demandé par M. X..., si la fracture de la main droite subie par M. Y... lors de l'altercation ne résultait pas d'un coup de poing porté par lui à M. X..., et non des violences dont celui-ci avait été définitivement déclaré coupable, la cour d'appel a méconnu le principe ci-dessus rappelé ;

D'où il suit que la cassation est encourue. »

> Les droits de la partie civile ne peuvent être exercés que par les personnes justifiant d'un préjudice résultant de l'ensemble des éléments constitutifs de l'infraction visée à la poursuite

• **Crim. 21 nov. 2018,** n° 17-81.096, P n° 193

* V. s^s n° 932.93

« Attendu que, pour déclarer irrecevables les constitutions de partie civile de la société M. H et de l'association M H, l'arrêt énonce que si celles-ci ont bien subi un préjudice causé par le retentissement médiatique que les infractions ont engendré, retentissement qui a eu un impact négatif sur l'image mais surtout sur les résultats du club, ce préjudice n'est pas en lien direct avec les infractions d'escroquerie reprochées, mais avec le défaut d'exécution de bonne foi du contrat de travail liant chaque joueur au M.H, manquement qui a donné lieu à des licenciements et des départs conventionnellement conclus de certains membres de l'équipe, seules éprouvant un préjudice résultant directement de l'infraction d'escroquerie les personnes déterminées par les manoeuvres frauduleuses à verser des fonds ;

Attendu que si c'est à tort que, pour déclarer irrecevables les constitutions de partie civile de la société M. H et de l'association M. H, l'arrêt énonce, notamment, que leur préjudice est indirect en ce qu'il prend sa source dans la relation contractuelle qui les unit aux prévenus, alors que l'existence d'une relation contractuelle entre l'auteur des faits et la partie civile n'est pas en elle-même de nature à exclure la recevabilité de la constitution de cette dernière, l'arrêt n'encourt toutefois pas la censure ;

Qu'en effet, les droits de la partie civile ne peuvent être exercés que par les personnes justifiant d'un préjudice résultant de l'ensemble des éléments constitutifs de l'infraction visée à la poursuite ; que tel n'est pas le cas du préjudice découlant du comportement consistant, pour des participants à une compétition sportive, à s'entendre pour en fausser le résultat, ce comportement n'étant que l'un des faits constitutifs de l'infraction d'escroquerie.

D'où il suit que le moyen ne peut qu'être écarté.

Et attendu que l'arrêt est régulier en la forme ; »

> Lorsqu'elle est saisie du seul appel de la partie civile formé à l'encontre d'un jugement ayant constaté l'extinction de l'action publique et débouté l'intéressée de ses demandes, la cour d'appel n'est compétente pour prononcer sur le droit à réparation de la partie civile à partir et dans les limites des faits objet de la poursuite, que si elle a préalablement constaté que c'est à tort que les premiers juges ont déclaré l'action publique éteinte

• **Crim. 1er avr. 2020,** n° 19-80.069, P

* V. s^s n° 932.93

« Vu l'article 3 du code de procédure pénale.

14. Selon ce texte, les tribunaux répressifs ne sont compétents pour connaître de l'action civile en réparation du dommage né d'une infraction qu'accessoirement à l'action publique.

15. Il s'en déduit que, lorsqu'elle est saisie du seul appel de la partie civile formé à l'encontre d'un jugement ayant constaté l'extinction de l'action publique et débouté l'intéressée de ses demandes, la cour d'appel n'est compétente pour prononcer sur le droit à réparation de la partie civile à partir et dans la limite des faits objets de la poursuite, que si elle a préalablement constaté que c'est à tort que les premiers juges ont déclaré l'action publique éteinte.

16. Pour déclarer recevable l'action civile de la C... et condamner M. P... à lui payer 6 545 673,40 euros à titre de dommages et intérêt, l'arrêt retient que nonobstant l'absence d'appel du ministère public ou du prévenu sur l'action publique, la C... tenait des dispositions de l'article 497, 3°, du code de procédure pénale, le droit de voir rechercher par la juridiction répressive si les faits poursuivis étaient susceptibles d'engager la responsabilité de leur auteur et de lui ouvrir droit à réparation.

17. Les juges ajoutent qu'exercée devant la juridiction pénale avant que soit énoncée cette extinction des pour-

suites, l'action civile de la C... ne saurait être atteinte par la prescription et la juridiction répressive demeure compétente pour en connaître.

18. Ils concluent que le jugement entrepris sera confirmé en ce qu'il a déclaré la constitution de partie civile de la C... recevable, mais infirmé en ce qu'il l'a déboutée de sa demande en réparation, de sorte qu'il appartient à la cour d'apprécier les faits dans le cadre de la prévention pour se déterminer sur le mérite des demandes civiles présentées par la C...

20. En se déterminant ainsi, sans s'être préalablement prononcée sur l'extinction de l'action publique du fait de l'autorité de la chose jugée retenue par les premiers juges, la cour d'appel a méconnu le texte susvisé et le principe ci-dessus rappelé.

21. La cassation est par conséquent encourue. »

> Il résulte des articles 2 du code de procédure pénale et 1382, devenu 1240, du code civil que lorsque plusieurs fautes ont concouru à la production du dommage, la responsabilité de leurs auteurs se trouve engagée dans une mesure dont l'appréciation appartient souverainement aux juges du fond. Est de nature à constituer une telle faute le fait, pour la victime, de ne pas avoir pris les précautions utiles pour éviter le dommage. Encourt par conséquent la cassation l'arrêt qui, pour condamner un prévenu au paiement de dommages-intérêts correspondant à l'intégralité du préjudice subi, énonce que, dans les rapports entre voleur et victime, la circonstance selon laquelle le propriétaire d'un bien n'aurait pas pris toutes les mesures utiles pour éviter d'être dépossédé ne s'analyse pas en une faute de nature à limiter son droit à indemnisation

• **Crim. 20 oct. 2020,** n° 19-84.641, P

* V s^s^ n° 932.133

« Vu les articles 2 du code de procédure pénale et 1382, devenu 1240 du code civil :

7. Il résulte de ces textes que lorsque plusieurs fautes ont concouru à la production du dommage, la responsabilité de leurs auteurs se trouve engagée dans une mesure dont l'appréciation appartient souverainement aux juges du fond. Est de nature à constituer une telle faute le fait, pour la victime, de ne pas avoir pris les précautions utiles pour éviter le dommage.

8. Pour déclarer la prévenue entièrement responsable du préjudice subi et la condamner au paiement de dommages-intérêts correspondant à l'intégralité du préjudice matériel, l'arrêt attaqué énonce que, dans les rapports entre voleur et victime, la circonstance selon laquelle le propriétaire d'un bien n'aurait pas pris toutes les mesures utiles pour éviter d'être dépossédé ne s'analyse pas en une faute de nature à limiter son droit à indemnisation.

9. En se déterminant ainsi, la cour d'appel a méconnu les textes susvisés et le principe ci-dessus énoncé. »

932.03 Bibliographie indicative.

Articles. P.-D. de Boisvilliers, « La règle de l'interdiction d'aggraver le sort du prévenu », *RSC* 1993. 694 ; « La règle de l'interdiction d'aggraver le sort de la partie civile et de la partie civilement responsable », *RSC* 1994. 237 – Ph. Bonfils, L'action civile 60 ans après, *Dr. pénal* 2019, dossier 5 – J. Bourgais, « Action civile après relaxe du prévenu : sanctionner à tout prix ? », *D.* 2021. 2219 – F. Dreifuss-Netter, « L'action civile des victimes d'infractions, une action peu civile... », *D.* 2022. 1402 – F. Ehrhard, « L'interdiction de la "*reformatio in pejus*" », *RSC* 1939. 469 – A. et Ch. Guéry, « De la difficulté pour le juge pénal d'appeler un chat un chat (Requalification stricte et requalification élargie : pouvoirs et devoirs du tribunal correctionnel) », *Dr. pénal* 2005. Ét. 6 et 7 – Ch. Guéry, « Du cap à la péninsule, Les pouvoirs de requalification du juge pénal », *Dr. pénal* 2012. Ét. 7 et 8.

932.05 Absence de différence entre appel principal et appel incident en ce qui concerne l'effet dévolutif de l'appel. Les conditions relatives à la formation de l'appel principal et de l'appel incident ont été examinées *supra* (V. s^s^ n° 913.82 s.). En ce qui concerne l'effet dévolutif, il n'y a aucune différence entre les deux sortes d'appel[1].

SECTION 1
PRINCIPE DE L'EFFET DÉVOLUTIF DE L'APPEL

932.11 Les principes de l'effet dévolutif de l'appel[2]. L'affaire est dévolue à la cour d'appel dans les *limites fixées par l'acte d'appel* et par *la qualité de l'appelant*, aux termes de l'article 509 du code de procédure pénale.

L'article 509 renvoie également à l'article 515 du même code qui dispose que « la cour peut, sur l'appel du ministère public, soit confirmer le jugement, soit l'infirmer en tout ou en partie dans un sens favorable ou défavorable au prévenu », mais que si elle est saisie sur le seul appel du prévenu, du civilement responsable, de la partie civile ou de l'assureur de l'une de ces personnes, elle ne peut aggraver le sort de l'appelant.

L'affaire est dévolue à la cour d'appel dans la limite fixée par l'acte d'appel et la qualité de l'appelant, selon l'article 509 du code de procédure pénale. Méconnaît ce texte la cour d'appel qui, saisie des dispositions civiles et pénales d'un jugement ayant déclaré le prévenu coupable, ayant reçu la constitution de partie civile de la victime et renvoyé à une audience ultérieure l'examen des chefs de demande de celle-ci, se borne à confirmer le jugement, alors qu'il lui appartenait de statuer elle-même sur les demandes de la partie civile[3].

932.12 Saisine de la chambre des appels correctionnels. Les juges de la chambre des appels correctionnels ne peuvent statuer en dehors des limites de l'appel[4]. Si un jugement contient des dispositions

1. Crim. 7 juin 1990, n° 89-81.287, P n° 231 – Crim. 21 sept. 2004, n° 04-81.887, P n° 214.
2. C. pr. pén., art. 509 et 515.
3. Crim. 16 juin 2009, n° 09-80.278, P n° 122 ; *AJ pénal* 2009. 452, obs. C. Duparc ; *Dr. pénal* 2009, n° 128, note A. Maron et M. Haas ; *Procédures* 2009, n° 332, note J. Buisson.
4. Crim. 13 mai 1971, n° 70-91.166, P n° 156.

distinctes et s'il n'y a appel que de certaines d'entre elles, la cour ne peut réformer celles dont elle n'est pas saisie[1]. L'appel dirigé contre une disposition du jugement correctionnel ne produit aucun effet à l'égard des autres dispositions de ce jugement, le juge du second degré n'étant saisi que par l'acte d'appel, et sa juridiction étant limitée par les termes de cet acte aux dispositions du jugement qui lui ont été déférées[2].

932.13 Identité des parties, de la cause et de l'objet. Les trois grands principes qui gouvernent la matière sont ceux de l'identité des parties, de cause et d'objet : il ne peut être dévolu à la cour plus qu'il n'a été jugé en première instance et l'appel concerne les personnes déjà présentes en premier ressort (sauf exception, v. s^s^ n°s 932.152 s.). Ni la partie civile[3], ni le civilement responsable[4], ni les caisses de sécurité sociale[5] ne peuvent intervenir en cause d'appel s'ils n'étaient pas parties en première instance. De même, une partie en première instance ne peut changer de qualité en appel : n'est pas recevable à se constituer partie civile en son nom personnel, pour la première fois en cause d'appel, un mandataire liquidateur qui s'était constitué partie civile devant le tribunal correctionnel mais en qualité de liquidateur des sociétés[6].

932.14 Impossibilité pour la partie civile non appelante d'intervenir devant la cour d'appel. Une partie civile, dont les demandes n'ont pas été satisfaites en première instance et qui n'est pas appelante, ne peut ni être reçue en qualité de partie intervenante devant la cour d'appel saisie de la seule action publique, ni se constituer de nouveau partie civile devant cette juridiction[7][8].

932.15 Impossibilité pour la partie irrecevable en première instance de régulariser sa situation en cause d'appel. Un syndicat de copropriétaires avait été déclaré irrecevable en première instance au motif que la délibération de l'assemblée générale le mandatant précisait que l'opportunité de cette action sera déterminée en conseil syndical en fonction de l'évolution du dossier et qu'aucun procès-verbal du conseil syndical postérieur à cette résolution n'était produit. L'arrêt attaqué constatait la régularisation après la production d'un procès-verbal pris après le jugement et accueillait la constitution de partie civile du syndicat. Mais la chambre criminelle casse l'arrêt au motif que la règle du double degré de juridiction fait obstacle à ce qu'une constitution de partie civile irrecevable en première instance soit régularisée en cause d'appel[9].

932.16 Cas particulier de l'appel sur jugement d'ajournement. Dans le cas où le tribunal a statué sur la culpabilité du prévenu mais a ajourné le prononcé de la peine, il faut distinguer selon les appelants.

Dans le cas où seul le prévenu a formé appel, la cour ne peut aggraver son sort. La chambre des appels correctionnels doit en conséquence ordonner le renvoi pour permettre à la juridiction du premier degré de statuer avant de le faire elle-même[10]. En revanche, lorsque le ministère public est appelant, la juridiction du second degré doit se prononcer sur la peine, sans égard pour la date à laquelle le tribunal avait prévu de le faire[11]. Il appartient également de statuer sur les intérêts civils. L'appel du prévenu sur le seul jugement prononçant la peine interdit à la cour d'appel de se prononcer à nouveau sur la culpabilité[12].

932.17 Frais de justice. Doit être rejeté le pourvoi de la partie prenante faisant grief à l'arrêt attaqué d'avoir, sur son seul recours, réduit la somme allouée par le premier juge, dès lors que l'interdiction d'aggraver le sort de l'appelant sur son seul appel n'est pas applicable en matière de taxation de frais de justice criminels, correctionnels et de police[13].

SECTION 2

APPEL LIMITÉ PAR LES MENTIONS DE L'ACTE D'APPEL

932.21 Mécanisme. L'affaire étant dévolue à la cour d'appel dans les limites de l'acte d'appel, l'appelant a la faculté de limiter son objet, selon l'article 509 du code de procédure pénale. Les autres parties peuvent toutefois l'étendre par la voie de l'appel incident.

1. Crim. 10 juill. 1963, n° 62-91.595, P n° 251 – Crim. 11 févr. 1965, n° 64-91.951, P n° 45 – Crim. 23 avr. 1975, n° 74-92.242, P n° 105.
2. Crim. 5 févr. 1963, n° 59-93.540, P n° 64.
3. Crim. 13 déc. 1990, n° 89-87.032, P n° 431.
4. Crim. 29 janv. 1997, n° 96-81.476, P n° 42.
5. Crim. 5 mars 1964, n° 63-92.263, P n° 82 – Crim. 29 mai 1984, n° 83-92.103, P n° 196 – Crim. 26 nov. 1991, n° 90-83.008, P n° 437.
6. Crim. 26 janv. 2005, n° 04-82.334, P n° 30 ; *Procédures* 2005, n° 106.
7. Crim. 1er sept. 2009, n° 09-81.913, P n° 147 ; *D.* 2009. 2429 ; *D.* 2010. Chron. 47, obs. E. Degorce ; *AJ pénal* 2009. 455 ; *Procédures* 2010, n° 49, note J. Buisson.
8. Aussi, v. s^s^ n° 932.62.
9. Crim. 14 mars 2007, n° 06-84.320, P n° 81 ; *D.* 2007. 1205 ; *D.* 2007. 2184, obs. P. Capoulade et C. Atias ; *AJ pénal* 2007. 233.
10. Crim. 7 oct. 1992, n° 92-81.284, P n° 308.
11. Crim. 28 févr. 1991, n° 90-82.555, P n° 101 – Crim. 7 oct. 1992, n° 92-81.284, P n° 308 – Crim. 4 oct. 1995, n° 94-86.057, P n° 294 – Crim. 18 juin 2002, n° 02-80.524, NP.
12. Crim. 19 avr. 2000, n° 99-84.052, P n° 155.
13. Crim. 3 juin 2008, n° 07-87.883, P n° 136 ; *AJ pénal* 2008. 468, obs. C. Saas ; *Dr. pénal* 2008, n° 136, note A. Maron et M. Haas ; *Dr. pénal* 2008. Chron. 1, obs. D. Guérin.

932.22 Nécessité de mention dans l'acte lui-même. La Cour de cassation affirme que *seules les mentions de l'acte d'appel peuvent limiter son effet dévolutif*.

Des mentions marginales non approuvées qui ne font pas partie de l'acte lui-même, une correspondance ultérieure avec le greffier, ne sont pas valables [1].

Les limitations et restrictions doivent résulter nettement des termes mêmes de l'acte [2]. Les mentions superflues voire erronées de la citation, simple acte d'ajournement à la date fixée ne limitent pas non plus l'appel [3]. Des mentions rectificatives apportées sans date certaine et non approuvées par le déclarant et le greffier sont sans effet [4]. L'énonciation dans l'acte d'appel, à la suite de l'indication de la date du jugement, d'une partie seulement de son dispositif, ne suffit pas à démontrer la volonté de limitation, pas plus que le rappel de la condamnation pénale seule ne peut être interprété comme limitant l'appel à l'action publique, en l'absence d'une volonté clairement exprimée [5]. Si une partie civile a agi en première instance en son nom personnel et en qualité d'administrateur légal des biens d'un mineur, l'emploi du terme « partie civile » dans l'acte d'appel ne peut être interprété comme une limitation de l'appel à ses seules demandes personnelles [6]. Encourt la censure l'arrêt de la cour d'appel qui retient que l'appel d'une société, qui s'était constituée partie civile devant le tribunal tant à titre personnel que pour exercer l'action sociale, est limité à son action personnelle, alors qu'il ne résultait d'aucune mention de l'acte d'appel que la partie civile ait entendu limiter l'objet et les effets de son recours [7]. Les mentions figurant dans la requête visant à l'admission de l'appel immédiatement sont sans effet [8]. De même, l'assignation devant la cour a pour seul objet de faire connaître aux parties la date à laquelle l'affaire sera appelée à l'audience, la saisine de la cour et son étendue émanant de l'acte d'appel [9].

Le même principe prévaut s'agissant de l'appel du parquet. L'étendue de l'appel du ministère public ne peut être limitée par les termes de sa requête ou de son « rapport » d'appel, document explicitant le recours et adressé par le parquet au parquet général [10] [11]. Il en est de même de ses réquisitions [12]. La cour d'appel, saisie du seul appel du ministère public, limité aux dispositions d'un jugement concernant les modalités d'exécution de la peine ne peut condamner le prévenu à une peine d'emprisonnement. Dans cette espèce, le prévenu avait été condamné par le tribunal correctionnel à six mois d'emprisonnement à exécuter sous le régime de la semi-liberté et le ministère public avait interjeté appel de cette décision, mais en limitant son appel aux modalités d'exécution de la peine. Les juges du second degré avaient condamné le prévenu à dix-huit mois d'emprisonnement, statuant ainsi en dehors des limites de l'acte d'appel [13]. De même, l'appel de l'Administration des Douanes peut être limité aux seules dispositions civiles du jugement ; la cour ne saurait alors statuer sur l'action publique pour l'application de sanctions fiscales, qui se distingue de l'action civile que cette administration tient de l'article 377 *bis* du code des douanes [14].

932.23 Absence de précision dans l'acte. Si l'acte d'appel ne porte pas de mention particulière, l'appel doit être considéré comme général et s'étendant à toutes les dispositions pénales et civiles du jugement [15]. L'appel du ministère public, qui ne comporte aucune restriction, saisit la juridiction de l'intégralité de l'action publique, même si, qualifié d'incident dans son intitulé, il a été relevé après l'appel de la partie civile [16]. En cas de contestation, il appartient à la cour d'appel de déterminer elle-même au vu des actes d'appel l'étendue de sa saisine [17]. Mais la chambre criminelle exerce son contrôle : dans un arrêt du 8 octobre 2003 [18], elle raisonne ainsi :

1. Crim. 7 avr. 1976, n° 75-91.866, P n° 104 ; *D.* 1976. IR 142 ; *Gaz. Pal.* 1976. 2. 797.
2. Crim. 12 nov. 1974, n° 74-91.229, P n° 324 – Crim. 8 oct. 2003, n° 02-81.471, P n° 184 ; *JCP* 2003. IV. 2883 (v. s^s n° 932.01).
3. Crim. 21 janv. 1991, n° 90-80.261, P n° 35 – Crim. 18 févr. 1991, n° 89-86.513, P n° 84.
4. Crim. 10 sept. 2003, n° 02-84.181, P n° 156.
5. Crim. 22 juill. 1970, n° 69-93.137, P n° 241.
6. Crim. 18 mars 1980, n° 79-91.439, P n° 93.
7. Crim. 8 oct. 2003, n° 02-81.471, P n° 184 ; *D.* 2003. 2695, obs. A. Lienhard ; *D.* 2004. 194, Chron. Y. Mayaud ; *AJ pénal* 2003. 67, obs. P. R.
8. Crim. 23 janv. 1990, n° 89-84.517, P n° 40.
9. Crim. 28 mars 1968, n° 67-91.350, P n° 113.
10. Crim. 3 nov. 1964, n° 64-91.612, P n° 284 ; *D.* 1965. 63 ; *JCP* 1964. II. 13966, rapp. Combaldieu ; *RSC* 1965. 432 – Crim. 26 mars 1974, n° 73-92.152, P n° 128 – Crim. 20 févr. 1978, n° 76-93.547, P n° 61.
11. V. s^s n° 932.32.
12. Crim. 30 janv. 1985, n° 79-92.608, P n° 51.
13. Crim. 8 juin 2006, n° 06-82.700, P n° 165.
14. Crim. 8 janv. 1998, n° 97-80.512, P n° 8.
15. Crim. 2 mars 1961, *D.* 1961. 295 – Crim. 27 oct. 1971, n° 71-90.754, P n° 284 – Crim. 12 nov. 1974, n° 74-91.229, P n° 324.
16. Crim. 21 sept. 2004, n° 04-81.887, P n° 214 ; *D.* 2004. 2761.
17. Crim. 30 janv. 1973, n° 72-92.968, P n° 48 – Crim. 6 févr. 1997, n° 95-83.452, P n° 52 – Crim. 14 mai 1992, n° 91-82.362, P n° 192 ; *D.* 1993. Somm. 83, obs. Pannier – Crim. 22 mars 1995, n° 94-82.818, P n° 118 – Crim. 18 janv. 1996, n° 95-80.695, P n° 34 – Crim. 25 mai 2004, n° 03-86.735, P n° 133 ; *JCP* 2004. IV. 2579 – Crim. 21 sept. 2004, n° 04-81.887, P n° 214 ; *D.* 2004. 2761.
18. Crim. 8 oct. 2003, n° 02-81.471, P n° 184 ; *D.* 2003. 2695, obs. A. Lienhard ; *D.* 2004. 194, chron. Y. Mayaud ; *JCP* 2003. IV. 2883 ; *AJ pénal* 2003. 67, obs. P. R. ; *Rev. sociétés* 2004. 155, note B. Bouloc ; *RTD com.* 2004. 171, obs. B. Bouloc (v. s^s n° 932.01).

« Attendu que, de la rédaction dudit acte, la cour d'appel déduit que la société X... a interjeté appel en son seul nom et pour son seul compte et qu'il y a lieu de déclarer irrecevables les demandes formées par elle pour le compte de la société Y... ; Mais attendu qu'en statuant ainsi, alors qu'il ne résultait d'aucune mention de l'acte d'appel que la partie civile ait entendu limiter l'objet et les effets de son appel, la cour d'appel a méconnu le texte susvisé et le principe ci-dessus énoncé. »

L'absence de précision dans l'acte d'appel doit donc conduire la juridiction du second degré à s'estimer saisie de l'ensemble des raisons pour lesquelles la partie civile s'était constituée, en l'espèce à titre personnel et pour exercer l'action sociale [1].

932.24 **Impossibilité pour la cour de restreindre l'étendue de la saisine.** Lorsqu'il est spécifié que le prévenu interjette appel d'un jugement en ses dispositions pénales, civiles et financières, la cour d'appel ne peut en déduire que cette voie de recours est limitée à la poursuite douanière à l'exclusion des intérêts civils, dès lors que le tribunal avait été saisi d'une action civile fondée sur un délit de violation du secret professionnel [2].

932.25 **Objet de l'appel : les modifications apportées par la loi du 23 mars 2019.** L'article 502 du code de procédure pénale a été profondément remanié par la loi du 23 mars 2019 [3]. L'appel doit désormais mentionner quel est son objet. Selon le nouveau texte, la déclaration indique si l'appel porte sur la décision sur l'action publique ou sur la décision sur l'action civile ou sur les deux décisions.

Si l'appel concerne la décision sur l'action publique, la déclaration indique s'il porte sur l'ensemble de la décision ou s'il est limité aux peines prononcées, à certaines d'entre elles ou à leurs modalités d'application.

Si la décision sur l'action publique a déclaré le prévenu coupable de plusieurs infractions, l'appel sur cette décision précise s'il concerne l'ensemble des infractions ou certaines d'entre elles. Dans le cas où ces précisions ne seraient pas portées sur l'acte d'appel, celui-ci est alors considéré comme portant sur l'intégralité de la décision.

Le prévenu qui a limité la portée de son appel sur l'action publique aux peines prononcées dans les conditions prévues au texte peut, selon les modalités prévues au premier alinéa, revenir sur cette limitation dans un délai d'un mois à compter de la déclaration d'appel [4].

932.26 **Limitation de l'appel lors de l'audience.** La limitation de la demande de l'appelant peut être énoncée lors de l'audience de la chambre des appels correctionnels. Elle s'analyse alors en un désistement partiel [5].

932.27 **Rectification d'erreur matérielle.** Les articles 509 et 515 du code de procédure pénale ne sont pas applicables en cas de rectification d'erreur matérielle ; dès lors, il n'y a pas lieu de casser l'arrêt qui infirme un jugement rectificatif concernant plusieurs condamnés mais dont un seul avait fait appel [6].

932.28 **Renvoi après cassation.** Lorsque l'affaire est renvoyée après arrêt de cassation, elle est dévolue à la cour de renvoi dans les limites fixées par l'acte de pourvoi [7]. Sous réserve des dispositions devenues définitives pour ne pas avoir été censurées par la Cour de cassation, la cour de renvoi, saisie de l'appel initialement formé, non seulement par le prévenu, mais aussi par le ministère public, peut aggraver la peine prononcée par le tribunal. Mais encourt la cassation l'arrêt qui statue sur deux chefs de prévention ayant fait l'objet, devant la première cour d'appel, de décisions de relaxe qui, en l'absence de pourvoi du ministère public, ont acquis l'autorité de la chose jugée [8].

En effet le prévenu qui forme un pourvoi sur une décision l'ayant partiellement relaxé, limite forcément ce pourvoi aux seules dispositions qui le condamnent. La cassation de l'arrêt « dans toutes ses dispositions » n'a donc pas pour effet de soumettre à la cour d'appel de renvoi les faits pour lesquels l'intéressé avait été relaxé, distraits par essence de son pourvoi.

SECTION 3
APPEL LIMITÉ PAR LA QUALITÉ DE L'APPELANT

§ 1
Appel du ministère public

932.31 **Principe.** L'appel est également délimité par la qualité de l'appelant, aux termes de l'article 509 du code de procédure pénale. Le ministère public doit, lorsque le jugement contient des dispo-

1. SUR le contrôle exercé par la Cour de cassation : Crim. 18 mars 1980, n° 79-91.439, P n° 93 – Crim. 18 janv. 1996, n° 95-80.695, P n° 34 – Crim. 21 sept. 2004, n° 04-81.887, P n° 214 ; *D.* 2004. 2761.
2. Crim. 12 déc. 1988, n° 88-81.478, P n° 417 ; *D.* 1989. IR 49 ; *Gaz. Pal.* 1989. 1. Somm. 180.
3. V. AUSSI s^s n° 913.22.
4. V. s^s n° 913.22.
5. Crim. 27 oct. 1971, n° 71-90.754, P n° 284.
6. Crim. 17 juin 2003, n° 02-82.003, P n° 124 ; *D.* 2003. IR 2284 ; *JCP* 2003. IV. 2451 ; *AJ pénal* 2003. 27 ; *Dr. pénal* 2003, n° 117, note A. Maron.
7. Crim. 6 mars 2007, n° 06-84.160, P n° 67 ; *D.* 2007. 1273 ; *AJ pénal* 2007. 283, obs. C. Saas.
8. Crim. 8 juill. 2015, n° 14-84.084, P n° 834 ; *Dr. pénal* 2015, comm. 148, obs. A. Maron et M. Haas.

sitions spéciales et distinctes, préciser à l'encontre de quelles dispositions il se pourvoit[1]. Le principe selon lequel la cour d'appel ne peut se prononcer que sur les dispositions soumises à appel s'applique également au ministère public : ainsi, lorsque le prévenu a été condamné en première instance et que le ministère public, seul appelant, limite son appel aux peines prononcées, la déclaration de culpabilité est définitive[2]. Il résulte des articles 502 et 509 du Code de procédure pénale que, lorsque le ministère public a limité son appel d'une décision de condamnation aux peines prononcées et que le prévenu n'a pas lui-même relevé appel de la décision sur sa culpabilité, la cour d'appel n'est pas saisie de cette décision sur la culpabilité, qui est revêtue de l'autorité de la chose jugée. Il s'en déduit que, si celle-ci est à nouveau présentée devant elle, la cour d'appel ne peut statuer sur l'exception de nullité de l'acte de poursuite qui avait été écartée pour les juges du premier degré avant qu'ils ne prononcent sur la culpabilité du prévenu[3].

Sauf indications expressément formulées dans la déclaration d'appel, le recours principal ou incident du ministère public, qui est sans effet sur les intérêts civils, saisit la juridiction de l'intégralité de l'action publique[4]. Lorsqu'il y a un appel incident du ministère public sur les dispositions pénales d'un jugement, la cour d'appel se trouve saisie de la cause entière quant à l'action publique. Aucune disposition légale ne réserve l'appel au procureur général près la cour d'appel et doit donc être déclaré parfaitement recevable l'appel du ministère public contre un jugement conforme à ses réquisitions[5].

932.32 **Effets.** L'article 515 du code de procédure pénale prévoit, dans son premier alinéa, que la cour peut, sur l'appel du ministère public, soit confirmer le jugement, soit l'infirmer en tout ou en partie dans un sens favorable ou défavorable au prévenu. Il en résulte que la peine prononcée peut être plus douce ou plus sévère sans que les réquisitions du ministère public ne limitent les possibilités ouvertes à la juridiction du second degré[6]. Le rapport d'appel ne saurait lier, ni le parquet général, ni la cour[7]. Il peut être joint à la procédure pour être soumis au débat contradictoire[8].

Sur appel du ministère public, la cour d'appel doit d'office vérifier sa compétence, et se déclarer incompétente s'il résulte de ses constatations et du titre même de la poursuite que les faits constitueraient non un délit, mais un crime[9].

932.33 **Limitation de l'appel à l'action publique.** L'appel du ministère public ne peut concerner l'action civile[10]. Dès lors les juges du second degré ne peuvent modifier le sort d'une partie civile non appelante[11]. Mais à défaut de limitation apportée dans l'acte d'appel du ministère public, la cour d'appel doit statuer sur les infractions poursuivies, mais aussi sur ce qui concerne le civilement responsable[12]. Le seul appel du ministère public n'autorise pas la partie civile qui a mis l'action publique en mouvement en première instance à conclure à l'application des règles du droit civil au cas de confirmation de la relaxe par la cour d'appel[13].

Sur le seul appel du ministère public, la cour qui infirme un jugement de relaxe ne saurait allouer une réparation civile[14]. L'affaire est dévolue à la cour d'appel dans la limite fixée par l'acte d'appel et par la qualité de l'appelant, les limitations et restrictions devant ressortir nettement des termes mêmes de l'acte d'appel. Encourt dès lors la cassation la décision considérant que l'appel du ministère public s'étend à une relaxe partielle alors que celui-ci a spécifié que son appel incident était formé dans les limites indiquées par l'appelant dans la déclaration

1. Crim. 11 févr. 1965, n° 64-91.951, P n° 45 ; *D.* 1965. 426, note J. Mazard – Crim. 23 avr. 1975, n° 74-92.242, P n° 105.
2. Crim. 10 mars 2004, n° 02-85.285, P n° 64 ; *D.* 2005. Pan. 686, obs. J. Pradel ; *JCP* 2004. IV. 1963.
3. Crim. 26 nov. 2019, n° 18-84.956, P ; *D.* 2019. 2304 ; *JCP* 2019, 1371 ; *AJ pénal* 2020. 91, obs. J.-B. Thierry ; *Procédures* 2020, comm. 48.
4. Crim. 21 sept. 2004, n° 04-81.887, P n° 214 ; *D.* 2004. IR 2761 ; *JCP* 2004. IV. 3185 – Crim. 19 févr. 2014, n° 13-82.065, P n° 44 ; *JCP* 2014. 344.
5. Crim. 24 janv. 2007, n° 06-82.052, P n° 15 ; *AJ pénal* 2007. 144.
6. Crim. 3 nov. 1964, n° 64-91.612, P n° 284 ; *RSC* 1965. 432 ; *D.* 1965. 63 ; *JCP* 1964. II. 13966, rapp. Combaldieu.
7. Crim. 20 févr. 1978, n° 76-93.547, P n° 61 ; *D.* 1978. IR 316 ; *Gaz. Pal.* 1978. 2. Somm. 379.
8. Crim. 15 janv. 1979, n° 78-90.153, P n° 23 ; *D.* 1979. IR 551.
9. PAR EX. : Crim. 16 déc. 1959, P n° 557 – Crim. 20 nov. 1969, n° 69-92.068, P n° 308 – Crim. 3 janv. 1970, n° 69-93.254, P n° 4 – Crim. 26 févr. 1970, n° 69-90.567, P n° 80 – Crim. 20 juin 1974, n° 73-92.526, P n° 231 – Crim. 7 nov. 1974, n° 73-93.011, P n° 319 – Crim. 16 nov. 1982, n° 82-92.518, P n° 257 – Crim. 3 févr. 1988, n° 87-82.336, P n° 55 – Crim. 31 mai 1988, n° 88-82.449, P n° 233 – Crim. 4 janv. 1990, n° 89-82.636, P n° 1 – Crim. 1er févr. 2005, n° 04-85.351, P n° 32.
10. Crim. 15 févr. 1966, n° 65-91.970, P n° 43 – Crim. 17 janv. 1967, n° 66-90.399, P n° 23 – Crim. 24 juin 1971, n° 70-92.147, P n° 208 – Crim. 21 nov. 1972, n° 71-91.942, P n° 347 – Crim. 10 févr. 1976, n° 75-90.562, P n° 51 – Crim. 12 mai 1981, n° 80-91.021, P n° 153.
11. Crim. 19 mars 1991, n° 90-81.621, P n° 132.
12. Crim. 25 mars 1922, P n° 129 – Crim. 10 avr. 1946, P n° 109 – Crim. 12 mars 1958, P n° 248 – Crim. 10 juin 1959, P n° 303 – Crim. 5 févr. 1963, n° 59-93.540, P n° 64.
13. Crim. 22 mars 1990, n° 89-81.443, P n° 127.
14. Crim. 11 déc. 1957, P n° 826 ; *RSC* 1958. 640 – Crim. 18 juill. 1975, n° 74-93.147, P n° 189 ; *D.* 1975. IR 194.

d'appel principal et que la cour d'appel a ainsi dénaturé la portée de l'acte d'appel du ministère public[1].

932.34 Limitation de l'appel à certains prévenus. L'appel du ministère public peut être limité à certaines dispositions du jugement et notamment à certains prévenus et pas d'autres[2]. L'appel peut aussi être cantonné à certains délits notamment lorsqu'il y a relaxe pour certains délits et pas d'autres. La cour d'appel ne peut en ce cas réformer les jugements de première instance ayant condamné ou relaxé d'autres personnes que celles qui sont visées par l'acte d'appel ou pour d'autres faits que ceux dont appel. Par exemple, encourt la cassation l'arrêt qui, dans des poursuites pour l'émission de chèques sans provision et tentative d'escroquerie, prononce une condamnation de ce chef alors que les appels du ministère public et du prévenu étaient cantonnés aux faits d'émission de chèques sans provision[3]. L'appel limité à l'action publique ne remet pas en cause les dispositions civiles du jugement qui, ainsi, deviennent définitives même en cas de relaxe ultérieurement prononcée par la cour[4].

Lorsque seul le ministère public fait appel d'un jugement de condamnation, la cour doit néanmoins statuer sur l'exception de nullité soulevée par le prévenu-intimé, exception qui avait été régulièrement soulevée en première instance[5].

932.35 Aggravation possible de la situation du prévenu même en l'absence de réquisitions en ce sens du ministère public. La cour d'appel peut aggraver la peine, même lorsque le ministère public, à l'audience, requiert la confirmation du jugement[6].

§ 2
Appel des administrations publiques

932.41 Administration des impôts. L'Administration des impôts, constituée partie civile au sens de l'article L. 232 du livre des procédures fiscales dans une information ouverte sur sa plainte par le procureur de la République, est sans qualité pour remettre en question, en l'absence de recours du ministère public, ce qui a été jugé sur l'action publique. Doit, en conséquence, être déclaré irrecevable l'appel relevé par l'Administration des impôts d'une ordonnance de non-lieu, à défaut d'appel du ministère public[7]. En cas de relaxe, l'Administration des impôts ne peut relever appel sans le recours du ministère public[8]. Il se déduit des articles L. 227 et L. 232 du livre des procédures fiscales et 1741[9] du code général des impôts que l'administration fiscale, non appelante d'un jugement statuant sur des faits de fraude fiscale qui a reçu sa constitution de partie civile, peut intervenir à l'instance d'appel aux seules fins de corroborer l'action publique en cas de recours formé par le ministère public[10]. Il résulte encore des dispositions des articles L. 232 du livre des procédures fiscales et 1745 du code général des impôts que, lorsque l'administration fiscale intervient devant la juridiction répressive en qualité de partie civile dans une poursuite pour fraude fiscale exercée, sur sa plainte, par le ministère public, elle ne peut obtenir le prononcé de la solidarité avec le redevable légal de l'impôt fraudé que si le prévenu fait l'objet d'une condamnation pénale et se trouve ainsi sans qualité à remettre en cause les dispositions d'une décision prononçant une relaxe[11].

932.42 Contributions indirectes. En cette matière, l'action nommée « action pour l'application des sanctions fiscales » n'appartient au ministère public que lorsque *l'infraction peut entraîner une peine privative de liberté*. Pour les autres infractions, il appartient exclusivement à l'Administration fiscale de poursuivre devant le tribunal correctionnel ce type d'infraction[12]. En cette matière, l'appel du ministère public est irrecevable[13]. Encourt la censure l'arrêt qui a reçu l'appel du ministère public, alors que cet appel était irrecevable et que les réquisitions prises au soutien de cet appel, tant sur les incidents que sur le fond, portaient atteinte aux intérêts des prévenus[14].

932.43 Administration des douanes. Une infraction douanière donne naissance à deux actions :

1. Crim. 29 juin 2022, nº 21-82.318, B ; *D.* 2022. 1263 ; *JCP* 2022, 992.
2. Crim. 10 juill. 1963, nº 62-91.595, P nº 251 – Crim. 23 avr. 1975, nº 74-92.242, P nº 105 ; *D.* 1975. IR 113 – Crim. 2 mars 1976, nº 75-91.126, P nº 75 ; *D.* 1976. IR 125.
3. Crim. 25 oct. 1993, nº 92-82.980, P nº 308.
4. Crim. 12 juin 1956, P nº 454.
5. Crim. 7 déc. 1999, nº 99-82.473, P nº 290 ; *Dr. pénal* 2000. Chron. 23, obs. C. Marsat.
6. Crim. 3 nov. 1964, nº 64-91.612, P nº 284 ; *RSC* 1965. 432 ; *D.* 1965. 63 ; *JCP* 1964. II. 13966, rapp. Combaldieu – Crim. 30 janv. 1985, nº 79-92.608, P nº 51 – Crim. 5 févr. 1985, nº 84-93.230, P nº 56.
7. Crim. 24 sept. 1998, nº 97-81.123, P nº 237 – Crim. 20 sept. 2000, nº 99-81.810, P nº 273.
8. Crim. 29 févr. 1996, nºs 93-82.692, 93-84.616, 2 esp., P nº 100.
9. CGI, art. 1741 ; mod. par L. nº 2017-1837, 30 déc. 2017, art. 106.
10. Crim. 29 juin 2016, nº 15-85.759, P nº 207 ; *AJ pénal* 2016. 493, obs. P. de Combles de Nayves.
11. Crim. 31 janv. 2018, nº 17-80.104, P nº 27, *RSC* 2018. 695, obs. S. Detraz.
12. Crim. 4 mars 1991, nº 90-81.998, P nº 107 – Crim. 14 mars 1994, nº 93-80.897, P nº 95.
13. Crim. 27 févr. 1979, nº 78-91.314, P nº 86.
14. Crim. 12 janv. 2005, nº 04-80.841, P nº 14 ; *AJ pénal* 2005. 119.

l'action publique, pour l'application des peines, qui n'est exercée que par le ministère public, et l'action fiscale, exercée à titre principal par l'Administration des Douanes mais qui peut être exercée par le ministère public, accessoirement à l'action publique.

La cour d'appel, saisie de poursuites sur la seule initiative de l'Administration, exerçant l'action fiscale, ne peut prononcer pour un délit douanier une peine d'emprisonnement, même si le ministère public a relevé appel incident et requis à l'audience [1].

Lorsque le ministère public exerce l'action fiscale accessoirement à l'action publique, conformément aux dispositions de l'article 343 2° du code des douanes, son appel remet en cause tant l'une que l'autre de ces actions et *autorise l'Administration des Douanes à intervenir, même pour la première fois, en cause d'appel* [2].

Le ministère public qui a ouvert une information pour une infraction douanière et qui n'a pas relevé appel de l'ordonnance du juge d'instruction portant renvoi de ce chef devant la juridiction correctionnelle, a nécessairement exercé l'action fiscale accessoirement à l'action publique, par application des dispositions de l'article 343 du code des douanes, et il s'ensuit que l'appel relevé par l'Administration des Douanes de la décision du tribunal correctionnel qui, dans les poursuites ainsi engagées, n'a condamné les prévenus qu'à des sanctions pénales, ne peut être déclaré irrecevable au motif que cette administration n'était pas représentée en première instance [3].

L'action fiscale exercée par l'Administration des douanes est une action publique qui est indépendante du droit d'obtenir, même en cas de relaxe, le paiement des sommes fraudées ou indûment obtenues procédant des dispositions de l'article 377 *bis* du code des douanes et qui a seul le caractère d'une action civile [4].

Si, en revanche, l'Administration des Douanes limite son appel aux dispositions relatives au paiement des sommes fraudées ou indûment obtenues, conformément aux dispositions de l'article 377 *bis* du code des douanes, la cour ne peut se prononcer sur l'application des sanctions fiscales trouvant son fondement dans les dispositions de l'article 343 2° dudit code [5].

Une cour d'appel ne saurait, sans encourir la censure, alors qu'elle est saisie des seules dispositions pénales d'un jugement à raison d'infractions à la législation sur les stupéfiants, étendre l'annulation de la procédure aux poursuites exercées simultanément par l'Administration des Douanes pour infraction douanière et qui ont fait l'objet d'une décision passée en force de chose jugée [6].

En cas de poursuites mixtes (citation directe de la seule Administration des douanes jointe à une poursuite initiée par le parquet), sur le seul appel du ministère public, l'action fiscale est définitivement jugée [7].

Méconnaît l'article 509 du code de procédure pénale la cour d'appel qui, saisie du seul appel de l'Administration des Douanes et droits indirects, limité aux dispositions fiscales du jugement l'ayant débouté de ses demandes après relaxe des prévenus du chef d'infraction à la législation sur les contributions indirectes, infirmant ledit jugement, a condamné ces derniers à une amende pénale [8]. La juridiction répressive, même en cas de relaxe, ne peut, lorsqu'elle est saisie d'une demande de l'Administration des Douanes, dispenser le redevable du paiement des droits éludés [9].

Le juge pénal, s'il estime l'infraction établie, doit condamner le prévenu aux amendes fiscales et aux confiscations prévues par le code des douanes, qui ont un caractère mixte, à la fois civil et pénal, ainsi qu'au paiement des droits fraudés. Il en résulte que l'Administration, dont l'action fiscale ne se confond pas avec l'action civile, est recevable à demander au juge la condamnation aux amendes et confiscations douanières d'un prévenu déclaré en liquidation judiciaire à titre personnel, sans avoir à produire sa créance entre les mains du syndic. Cependant, l'Administration doit produire à la procédure collective en ce qui concerne le paiement des droits fraudés [10].

§ 3
Appel du prévenu

932.51 Impossibilité d'aggraver le sort de l'appelant sur seul appel du prévenu. Aux termes de l'article 515, alinéa 2, du code de procédure pénale, la cour ne peut, sur le seul appel du prévenu, du civilement responsable, de la partie civile ou de l'assureur de l'une de ces personnes, aggraver le sort de l'appelant. On appelle ce principe l'interdiction

1. Crim. 16 janv. 1995, n° 94-80.720, P n° 20.
2. Crim. 21 mars 1996, n° 94-83.620, P n° 128 – Crim. 24 mars 2004, n° 03-83.367, NP (v. s^s n° 932.01).
3. Crim. 18 déc. 1986, n° 85-94.904, P n° 379.
4. Crim. 6 févr. 1997, n° 95-83.452, P n° 52 – Crim. 8 janv. 1998, n° 97-84.996, P n° 9.
5. Crim. 6 févr. 1997, n° 95-83.452, préc.
6. Crim. 16 déc. 1991, n°s 91-85.906, 91-86.552, P n° 478.
7. Crim. 21 janv. 1991, n° 90-83.162, P n° 33.
8. Crim. 21 oct. 2009, n° 08-83.723, P n° 174 ; *AJ pénal* 2010. 139, obs. G. Roussel ; *Procédures* 2010, n° 83, note J. Buisson.
9. Crim. 20 mars 1995, n° 94-82.476, P n° 113.
10. Crim. 11 mai 1995, n° 94-84.639, P n° 173 – Crim. 6 févr. 1997, n° 95-83.452, préc.

de la *reformatio in pejus*. Il trouve sa source dans l'avis donné par le Conseil d'État le 12 novembre 1806. Il en est autrement lorsque le ministère public fait appel principal ou incident[1]. On peut dire qu'en pratique, ce principe de la *reformatio in pejus* joue rarement au bénéfice du prévenu, car le ministère public fait généralement appel incident dès lors que le prévenu a interjeté un appel principal, pour permettre à la cour de retrouver une plénitude de pouvoirs, et justement d'aggraver éventuellement le sort de l'appelant. Il faut savoir que la régulation du nombre des appels portés devant la juridiction du second degré est aussi dépendante de la « sévérité » de celle-ci, qui ne peut s'exprimer que si le parquet forme appel incident. Méconnaissent les dispositions de l'article 515, alinéa 2, du code de procédure pénale les juges du second degré qui, sur le seul appel du prévenu et en l'absence de recours du ministère public, se déclarent incompétents aux motifs que les faits poursuivis seraient de nature criminelle, alors que le prévenu n'a pas déposé de déclinatoire de compétence[2].

Peut également être évoqué à ce stade, une décision rendue au visa de la convention européenne des droits de l'homme, retenant qu'aux termes de l'article 2 du protocole n° 7 à la même convention, toute personne déclarée coupable d'une infraction pénale par un tribunal a le droit de faire examiner par une juridiction supérieure la déclaration de culpabilité ou la condamnation. L'exercice de ce droit ne saurait constituer un motif d'aggravation de la peine prononcée par les premiers juges. Encourt la censure l'arrêt qui, pour condamner à quatre ans d'emprisonnement une personne déclarée coupable d'agressions sexuelles aggravées, énonce que : « *la gravité des faits est renforcée par l'attitude du prévenu qui a choisi d'imposer aux victimes un second procès non pour discuter de l'ampleur de la sanction mais du principe de sa culpabilité, qu'il sait pourtant indiscutable, et au-delà par le choix de son mode de défense* »[3].

Le 1er avril 2022, le Conseil constitutionnel a rejeté une question prioritaire de constitutionnalité portant sur l'article 609 du code de procédure pénale[4]. Il était reproché à cet article de permettre à la cour d'appel saisie sur renvoi après cassation d'aggraver la peine antérieurement prononcée, même dans le cas où la cassation est intervenue sur le seul pourvoi du prévenu. Mais le Conseil a jugé d'une part, que ces dispositions n'avaient ni pour objet ni pour effet de limiter la possibilité pour la personne condamnée de former un pourvoi en cassation et d'obtenir l'annulation de la décision attaquée, d'autre part, que, dans le cas où elle obtient cette annulation, la personne condamnée est replacée, dans les limites du pourvoi et de la cassation, dans la situation où elle se trouvait avant le prononcé de la décision. La circonstance que cette juridiction puisse aggraver la peine antérieurement prononcée dans le cas où le ministère public avait fait appel de la décision de première instance est ainsi sans incidence sur l'effectivité du pourvoi en cassation.

932.52 Prohibition de l'aggravation sur l'action civile. Si le prévenu est le seul appelant, la cour d'appel ne peut pas non plus aggraver sa situation au regard de l'action civile. Elle ne peut augmenter les sommes accordées par le tribunal à une partie civile ou augmenter celles allouée à une partie civile non appelante[5]. La cour d'appel ne peut pas aggraver sa part de responsabilité dans les conséquences dommageables d'un délit de blessures involontaires[6]. Mais elle ne peut remettre en cause l'existence d'une faute imputable au prévenu dès lors que la condamnation pénale est devenue définitive[7]. De même, en l'absence d'appel de la partie civile d'un jugement ayant omis de statuer sur sa demande, les juges du second degré, saisis des seuls appels du prévenu et du ministère public, limités aux dispositions pénales de la décision, ne peuvent condamner le prévenu à des réparations civiles[8].

932.53 Notion d'aggravation. Les comparaisons entre peines ne sont pas toujours évidentes. Le bon sens conduit à considérer qu'une peine de même nature de *quantum* plus élevé aggrave à l'évidence le sort du prévenu. Mais il importe de préciser ce qu'il en est dans le cas d'un *quantum* plus élevé prononcé avec sursis par rapport à une condamnation plus basse mais ferme. Le principe est le suivant : pour apprécier une peine d'emprisonnement, *seule est à prendre en compte la durée de la peine prononcée, indépendamment de ses modalités d'exécution*[9]. La chambre criminelle a eu ainsi l'occasion de juger qu'en substituant à une peine de treize mois d'emprisonnement avec sursis une peine de trois mois d'empri-

1. V. ss nos 932.32 s.
2. Crim. 19 juill. 1966, n° 66-91.823, P n° 203.
3. Crim. 24 janv. 2007, nos 03-85.061, 06-84.330, P n° 17 ; *AJ pénal* 2007. 131, obs. C. Girault.
4. Cons. const. 1er avr. 2022, n° 2022-985-QPC, *D.* 2022. 656 ; *Procédures* 2022, comm. 158.
5. Crim. 13 févr. 1974, n° 73-90.831, P n° 63 ; *D.* 1974. IR 73 – Crim. 8 juin 1988, n° 87-85.092, P n° 263 – Crim. 13 déc. 1990, n° 87-83.532, P n° 436 ; *Gaz. Pal.* 1991. 2. Somm. 281 – Crim. 5 juin 1997, n° 96-83.302, P n° 225.
6. Crim. 22 févr. 1990, n° 88-86.498, P n° 87.
7. Crim. 22 mars 1990, n° 89-81.443, P n° 127 ; *D.* 1990. IR 140 ; *Gaz. Pal.* 1990. 2. Somm. 533 – Crim. 2 avr. 1997, n° 96-83.683, P n° 130.
8. Crim. 6 déc. 2005, n° 04-87.661, P n° 314.
9. Crim. 21 nov. 2001, n° 01-82.335, P n° 242 ; *D.* 2002. IR 251.

sonnement sans sursis, une cour d'appel n'aggrave pas le sort du prévenu[1], dès lors que le sursis n'affecte pas la durée de la peine mais constitue seulement une dispense provisoire d'exécuter la peine. Si en droit, la règle juridique posée est indiscutable, il n'en est peut-être pas de même pour la personne qui échange une peine d'emprisonnement possible à un emprisonnement certain...

A contrario, aucune peine d'emprisonnement ne peut être allongée même si le sursis est accordé[2]. Le même constat peut être fait lorsqu'une amende est prononcée : on ne peut ainsi passer de 3 000 euros d'amende à une peine de 4 000 euros, fut-elle assortie du sursis[3]. En effet, pour apprécier la gravité de la peine prononcée, seul est à prendre en considération le montant de l'amende indépendamment de ses modalités d'exécution. La solution retenue pour la peine d'amende rejoint ainsi celle appliquée à la peine d'emprisonnement. L'emprisonnement précède le jour-amende dans la hiérarchie des peines correctionnelles. Par conséquent, encourt la cassation l'arrêt de condamnation à un emprisonnement de 3 mois avec sursis, prononcé par la cour d'appel saisie du seul appel du prévenu, alors que le tribunal avait prononcé une peine de jours-amende [4]

De même, l'ajout d'une amende est impossible y compris en contrepartie d'une diminution de l'emprisonnement[5]. Aucune peine complémentaire ne peut être ajoutée[6]. Une interdiction de séjour ne peut être prononcée en plus[7]. La juridiction d'appel ne peut pas révoquer un sursis avec mise à l'épreuve dont la révocation n'avait pas été ordonnée par la juridiction de premier degré[8].

Elle peut, en revanche, tant que le *quantum* de la peine d'emprisonnement n'est pas modifié, transformer un sursis simple en sursis avec mise à l'épreuve[9] et, bien évidemment, substituer une amende à une peine d'emprisonnement[10]. La cour d'appel peut aussi décider de révoquer le sursis qui ne l'avait pas été par le tribunal, tout en écartant la révocation ordonnée par lui, dès lors que, loin d'aggraver le sort de l'appelant, une telle décision lui est favorable[11].

En cas d'ajournement du prononcé de la peine, sur le seul appel du prévenu, la cour aggraverait son sort en prononçant une peine avant l'expiration du délai fixé par le tribunal ; elle doit donc attendre l'expiration de ce délai pour se prononcer sur la peine et sur les éventuelles condamnations civiles[12]. Si ce délai est expiré, la cour doit se prononcer sur la peine et les intérêts civils[13].

932.54 Limitation de l'appel du prévenu aux seuls intérêts civils. Si le prévenu a limité son appel aux seuls intérêts civils, il ne peut évidemment contester sa responsabilité pénale. En conséquence, il ne peut non plus discuter le principe de sa responsabilité civile mais seulement son étendue[14]. Suivant le même principe, la cour ne peut prononcer une exonération totale de responsabilité[15]. Cet appel ne peut pas profiter à la personne civilement responsable si elle est non appelante : à son égard, la décision du tribunal fixant le montant des dommages-intérêts est passée en force de chose jugée[16]. À défaut d'appel de la partie civile, la décision du tribunal mettant hors de cause le civilement responsable est passée en force de chose jugée quant à la réparation des conséquences dommageables de l'infraction[17].

932.55 Limitation de l'appel du prévenu à l'action publique. Cette limitation peut alors avoir des effets singuliers : la relaxe d'un prévenu en cause d'appel, sur son recours limité aux dispositions pénales du jugement, est sans influence sur les réparations civiles dont le principe a été retenu par les premiers juges. À défaut d'appel dudit prévenu en ce qui concerne les dispositions civiles du jugement, celles-ci demeurent en leur principe et la cour, saisie dans le même temps de l'appel de la partie civile, est

1. Crim. 13 juin 1968, nº 68-90.940, P nº 193 – Crim. 23 janv. 1973, nº 72-91.671, P nº 27 – Crim. 31 mars 1993, nº 91-84.172, préc.
2. Crim. 13 juin 1968, nº 68-90.940, préc. – Crim. 31 mars 1993, nº 91-84.172, P nº 137.
3. Crim. 16 mars 2021, nº 20-82.174, P ; *D.* 2021. 576 ; *Dr. pénal* 2021, comm. 100, E. Bonis.
4. Crim. 14 févr. 2023, nº 21-85.689, B ; *Dr pénal* 2023, comm. 78, E. Bonis.
5. Crim. 5 juin 1962, P nº 217.
6. Crim. 16 mars 1964, nº 64-90.031, P nº 96 ; *Gaz. Pal.* 1964. 2. 59.
7. Crim. 21 déc. 1965, nº 65-93.189, P nº 282.
8. Crim. 9 avr. 1991, nº 91-80.935, P nº 168.
9. Crim. 4 avr. 2002, nº 01-84.625, P nº 78 ; *JCP* 2002. IV. 1895 ; *RSC* 2002. 811, obs. B. Bouloc.
10. Crim. 26 juin 1957, P nº 524.
11. Crim. 5 mai 1998, nº 97-82.391, P nº 148 ; *RSC* 1999. 318, obs. B. Bouloc.
12. Crim. 18 mars 1987, nº 87-80.250, P nº 129 ; *D.* 1987. IR 89 – Crim. 12 avr. 1988, nº 87-90.609, P nº 147 ; *D.* 1988. IR 357 ; *Gaz. Pal.* 1988. 2. Somm. 431 – Crim. 7 oct. 1992, nº 92-81.284, P nº 308 ; *D.* 1993. IR 279.
13. Crim. 27 mars 1984, nº 83-92.422, P nº 129 ; *RSC* 1985. 123 ; *RSC* 1985. 606 – Crim. 23 mars 1987, nº 85-96.719, P nº 131.
14. Crim. 6 nov. 1956, P nº 706 – Crim. 28 mars 1966, nº 65-90.979, P nº 114 – Crim. 15 mai 1968, nº 67-90.511, P nº 158 ; *JCP* 1968. II. 15671, note R. Meurisse – Crim. 22 juill. 1970, nº 69-93.137, P nº 241 – Crim. 14 juin 1976, nº 75-92.393, P nº 210 – Crim. 27 oct. 1976, nº 76-90.062, P nº 302.
15. Crim. 31 janv. 1957, P nº 103 – Crim. 2 avr. 1997, nº 96-83.683, P nº 130.
16. Crim. 12 mars 1958, P nº 24 – Crim. 26 oct. 1971, nº 70-91.570, P nº 283.
17. Crim. 12 mars 1958, P nº 24 – Crim. 19 janv. 1977, nº 75-92.984, P nº 23.

tenue de statuer sur l'évaluation de son dommage. Il en est également ainsi en cas d'appel du seul ministère public[1]. Saisie du seul appel du prévenu, la cour d'appel peut passer outre au désistement d'appel dont il se prévaut, dès lors que ce désistement est assorti de réserves[2]. On a vu plus haut que le prévenu pouvait, depuis l'entrée en vigueur de la loi du 23 mars 2019, limiter son appel à certains des chefs de poursuite[3].

932.56 **Absence d'effet de l'appel sur le coprévenu non appelant.** Sur le seul appel du prévenu, suivi de l'appel incident des parties civiles limité à ce prévenu, les juges d'appel ne peuvent réviser la condamnation prononcée contre les coprévenus dont la situation ne leur est pas soumise[4]. Ceux-ci ne demeurent tenus solidairement au paiement des dommages-intérêts que pour la somme définitivement fixée à leur égard par le tribunal[5]. Saisis des appels du ministère public et d'un seul prévenu, les juges du second degré ne peuvent, en l'absence d'appel de la partie civile, condamner un coprévenu à des dommages-intérêts alors que celui-ci avait été relaxé en première instance, peu important l'appel du ministère public qui ne concerne pas l'action civile[6].

932.57 **Appel du ministère public.** Dès lors que le ministère public a fait appel, la cour peut, soit confirmer le jugement, soit l'infirmer en tout ou en partie dans un sens favorable ou défavorable au prévenu.

932.58 **Action publique subordonnée à la plainte de la victime.** La victime, non appelante d'un jugement, n'a pas la qualité de partie à l'instance d'appel, même si l'exercice de l'action publique est subordonné à sa plainte : les dispositions de l'article 48 de la loi du 29 juillet 1881, qui subordonnent la poursuite des délits de diffamation et d'injure envers un membre de l'une ou l'autre Chambre à la plainte de la personne intéressée, ne dérogent pas à celles de l'article 509 du code de procédure pénale, selon lesquelles l'affaire est dévolue à la cour d'appel dans la limite de l'acte d'appel et par la qualité de l'appelant et n'impliquent pas la présence de la victime en instance d'appel[7].

§ 4
Appel de la partie civile

A.
Conditions d'appel

932.61 **Principe.** Le droit d'appel de la partie civile est spécifique, général et absolu ; il n'est pas soumis aux règles limitatives de la procédure civile[8].

Sur le seul appel de la partie civile d'un jugement déclarant l'action publique éteinte par l'effet de la prescription, les juges du second degré ne peuvent prononcer une peine, la décision des premiers juges ayant acquis force de chose jugée au regard de l'action publique[9].

L'appel de la partie civile ne peut avoir d'incidence sur une autre partie civile ou une partie intervenante non appelante[10].

La partie civile peut faire appel de toutes les décisions mettant en jeu ses intérêts civils, mais seulement ceux-ci.

Elle ne peut faire appel de la sanction pénale prononcée ou de la relaxe.

Sont irrecevables les conclusions de la partie civile appelante tendant à ce que la juridiction correctionnelle se déclare incompétente aux motifs que les faits poursuivis revêtiraient, selon elle, une qualification criminelle[11]. Faute de préjudice direct, l'auteur d'une infraction ne peut se constituer partie civile contre ceux qui l'auraient incité à commettre celle-ci[12]. La règle du double degré de juridiction fait obstacle à ce que la partie civile, quelle que soit la raison pour laquelle elle n'a pas été partie au jugement de première instance, intervienne pour la première fois en cause d'appel[13].

932.62 **La partie civile en appel.** La partie civile qui n'a pas fait appel du jugement ayant déclaré sa constitution de partie civile irrecevable, ne saurait intervenir devant la juridiction du second degré et y faire plaider par avocat. Deux arrêts importants ont été rendus le 29 mars 2017. Le premier proclame que, lorsque les dispositions civiles du jugement sont devenues définitives, la partie civile, constituée en première instance, qui n'est plus partie en appel,

1. Crim. 26 avr. 1972, n° 71-91.120, P n° 143 – Crim. 15 oct. 1980, n° 78-93.130, P n° 260.
2. Crim. 28 nov. 1989, n° 89-81.003, P n° 442.
3. V. s[s] n°s 913.22 et 932.25.
4. Crim. 8 nov. 1972, n° 71-91.309, P n° 327 – Crim. 18 juill. 1975, n° 74-93.147, P n° 189.
5. Crim. 10 juin 1959, P n° 304 ; *RSC* 1959. 860, obs. J.-H. Robert – Crim. 19 nov. 1984, n° 84-90.347, P n° 349.
6. Crim. 18 juill. 1975, n° 74-93.147, P n° 189.
7. Crim. 1er sept. 2009, n° 09-81.913, P n° 147 ; *D.* 2009. 2429 ; *D.* 2010. Chron. 47, obs. E. Degorce ; *AJ pénal* 2009. 455 ; *Procédures* 2010, n° 49, note J. Buisson.
8. Crim. 2 mars 1981, n° 80-93.370, P n° 77 ; *D.* 1983. IR 74, obs. G. Roujou de Boubée.
9. Crim. 25 oct. 2006, n°s 05-86.993, 05-85.508, P n° 253.
10. Crim. 10 janv. 1962, P n° 28 – Crim. 6 sept. 1980, n° 79-93.443, P n° 236 – Crim. 22 juill. 1981, n° 80-92.572, P n° 235 – Crim. 25 oct. 1983, n° 82-90.223, P n° 263 – Crim. 21 sept. 2004, n° 03-87.848, NP.
11. Crim. 2 mars 2004, n° 03-83.353, P n° 54 (v. s[s] n° 932.91).
12. Crim. 21 sept. 2016, n° 16-82.082, P n° 246 ; *Dr. pénal* 2016, comm. 161, obs. A. Maron et M. Haas.
13. Crim. 20 avr. 2017, n° 16-83.199, P n+112 ; *AJ pénal* 2017. 298, obs. G. Royer.

ne peut comparaître à l'audience ou s'y faire représenter et ne peut être entendue qu'en qualité de témoin[1]. Dans cette affaire, il était fait grief à la cour d'appel, saisie du seul appel, par le ministère public, des dispositions pénales du jugement, d'avoir entendu l'avocat de la victime constituée partie civile en première instance. La chambre criminelle a cassé l'arrêt attaqué, au motif que « la partie civile, constituée en première instance, qui n'est plus partie en appel, ne peut comparaître à l'audience ou s'y faire représenter et ne peut être entendue qu'en qualité de témoin ». Dans la deuxième espèce, jugée le même jour, la chambre criminelle estime que, lorsque les dispositions civiles du jugement sont devenues définitives, la partie civile constituée en première instance, qui n'est plus partie en appel, ne peut être entendue qu'en qualité de témoin et ne saurait, dès lors, être assistée d'un avocat[2].

Dans cette affaire, la cour d'appel était saisie du seul appel du ministère public d'un jugement de relaxe, ayant par voie de conséquence débouté la partie civile de ses demandes. Elle casse l'arrêt, en ce que ses mentions faisaient apparaître que la victime, citée en qualité de témoin à la diligence du procureur général, avait été entendue alors qu'elle était assistée de son conseil et ce, quand bien même cette assistance fût passive. Il en résulte que lorsque la victime a perdu la qualité de partie civile, elle a perdu la qualité de partie et ne peut être assistée en cause d'appel par un avocat. Lorsque les dispositions civiles de l'arrêt ayant fait l'objet d'une cassation partielle sont devenues définitives, la partie civile, qui n'est plus partie au procès, ne peut comparaître ou se faire représenter, en cette qualité, à l'audience de la juridiction désignée pour statuer sur renvoi après cassation[3]. Un arrêt du 1er avril 2020 [4] de la chambre criminelle est venu rappeler que, selon l'article 3 du code de procédure pénale, « les tribunaux répressifs ne sont compétents pour connaître de l'action civile en réparation du dommage né d'une infraction qu'accessoirement à l'action publique ». L'action civile conserve ainsi un caractère accessoire et les juridictions pénales ne peuvent connaître de celle-ci lorsque l'action publique se trouve éteinte du fait de l'autorité de la chose jugée.

L'action civile en réparation du dommage causé par une infraction appartient à tous ceux qui ont personnellement souffert du dommage directement causé par l'infraction. Tel est le cas de l'État français qui, par suite de la commission du délit de blanchiment de fraude fiscale, a été amené à conduire des investigations spécifiques générées par la recherche, par l'administration fiscale, des sommes sujettes à l'impôt, recherche rendue complexe en raison des opérations de blanchiment. En revanche, ne peuvent donner lieu à réparation les frais liés aux investigations judiciaires, lesquels restent à la charge de l'État et sans recours contre le condamné[5].

932.63 Évocation. Lorsque la partie civile, présente en première instance, n'a pas fait appel alors que le prévenu et/ou le ministère public ont fait appel et que la cour annule et évoque l'affaire, « l'évocation prononcée en vertu des dispositions de l'article 520 du code de procédure pénale permet aux juges du second degré de remplir directement dans la limite de leur saisine par les actes d'appel la mission des premiers juges ». Si elle évoque, la cour doit donc statuer sur l'action publique et sur l'action civile[6]. Mais, en cas d'appel formé par quatre des huit prévenus ayant fait l'objet de condamnations pénales et civiles prononcées par les premiers juges, la Cour, en évoquant, ne peut ordonner la solidarité des condamnations civiles qu'à l'égard des seuls appelants[7].

Ne méconnaît pas les dispositions de l'article 515, alinéa 2, du code de procédure pénale, la juridiction du second degré qui, sur le seul appel d'une partie civile dont l'action avait été déclarée recevable en première instance, mais rejetée au fond, dit cette même action irrecevable. Dans une telle hypothèse en effet, la partie civile, à qui aucun droit à réparation n'avait été reconnu par les premiers juges, ne subit pas un sort moins favorable[8].

932.64 Effets de l'appel de la partie civile. Méconnaît les dispositions de l'article 509 du code de procédure pénale, la juridiction qui, sur les seuls appels de coprévenus et du ministère public à l'encontre de ceux-ci et d'une prévenue relaxée, condamne cette dernière tant sur l'action publique que sur l'action civile, alors qu'en l'absence d'appel de la partie civile, le jugement la déboutant à l'égard de la prévenue avait acquis un caractère définitif[9].

Les juges du second degré, saisis du seul appel de la partie civile, ne peuvent prononcer aucune peine

1. Crim. 29 mars 2017, n° 15-86.434, P n° 95 ; *D.* 2017. 763 ; *JCP* 2017. 609 ; *Dr. pénal* 2017, comm. 81.
2. Crim. 29 mars 2017, n° 16-82.484, P n° 94 ; *D.* 2017. 763 ; *JCP* 2017. 609 ; *Dr. pénal* 2017, comm. 81.
3. Crim. 11 avr. 2018, n° 17-83.024, P n° 72 ; *JCP* 2018. 573.
4. Crim. 1er avr ; 2020, n° 19-80.069, P ; *D. actu.* 27 mai 2020, obs. H. Diaz ; *D.* 2020. 1823, obs. B. Auroy.
5. Crim. 30 juin 2021, n° 20-83.355, 16-80.657, B ; *JCP* 2021, 901.
6. AUSSI : Crim. 10 janv. 1974, n° 73-90.560, P n° 17 – Crim. 23 juin 1981, n° 80-91.090, P n° 216.
7. Crim. 27 mai 1988, n° 86-94.075, P n° 229.
8. Crim. 30 janv. 1963, n° 61-93.142, P n° 58.
9. Crim. 28 nov. 2006, nos 01-87.169, 05-85.085, P n° 298 ; *Dr. pénal* 2007, nos 29 et 32, note A. Maron ; *Dr. pénal* 2007. Chron. 1, obs. O. Mouysset.

contre le prévenu définitivement relaxé du fait de l'absence de recours du ministère public[1].

L'appel du ministère public étant sans effet sur les intérêts civils, méconnaissent les dispositions de l'article 515 du code de procédure pénale, les juges d'appel qui, saisis des seuls appels du ministère public et de la partie civile, tout en confirmant les peines prononcées en première instance, se déclarent incompétents sur l'action civile au motif que le préjudice ne serait pas la conséquence directe de l'infraction[2].

Lorsque les dispositions civiles d'un jugement deviennent définitives, et il en est ainsi dans le cas où seul le ministère public interjette appel d'une décision de relaxe, la victime perd sa qualité procédurale de partie civile et ne peut donc plus, à ce titre, comparaître à l'audience ou s'y faire représenter. La victime ne peut plus alors être entendue à l'audience que comme témoin et ne peut plus alors être assistée d'un avocat[3]. Il résulte des articles 509 et 515 du code de procédure pénale que, sur le seul appel de la partie civile, la cour d'appel ne peut modifier le jugement dans un sens défavorable à l'appelante[4].

B. Omission de statuer sur la constitution d'une partie civile

932.71 **Solutions retenues.** Il arrive que le tribunal correctionnel omette de statuer sur une constitution de partie civile présentée devant la juridiction du premier degré. Dans cette hypothèse, que peut faire la cour d'appel ? Pour la chambre criminelle, la solution est identique à celle présentée ci-dessus. *À défaut d'appel de la partie civile, les juges ne sont saisis que de la seule action publique.* Ainsi, la chambre criminelle a cassé le 6 décembre 2005, un arrêt de cour d'appel ayant estimé qu'une partie civile, dont la constitution avait été omise dans le jugement rendu, et qui avait par ailleurs présenté devant le tribunal une requête en rectification d'erreur matérielle déclarée irrecevable, pouvait faire valoir sa demande devant la cour d'appel, alors que seuls les prévenus et le ministère public avaient relevé appel du jugement. Au visa de l'article 509 du code de procédure pénale, la Cour de cassation rappelle que l'affaire est dévolue à la cour d'appel dans la limite fixée par l'acte d'appel et par la qualité de l'appelant. Le conseiller rapporteur estimait pourtant qu'appliquer à la lettre le principe dévolutif de l'appel avait dans cette hypothèse des conséquences absurdes : la cour d'appel annulerait la décision de première instance pour le motif que le tribunal avait omis de statuer sur une demande et ne pourrait la réparer !

De fait, la chambre criminelle avait antérieurement statué en sens contraire en estimant que la cour d'appel a statué à bon droit sur les intérêts civils malgré l'omission commise par les premiers juges en le seul dispositif de leur jugement[5]. Elle estimait à l'époque que la cour d'appel devait annuler, évoquer et remplir directement la mission des premiers juges et par suite, même en l'absence d'appel de la partie civile, prononcer sur l'action civile. Elle l'avait déjà jugé dans un arrêt précédent[6]. Mais la chambre criminelle a, par la suite, amorcé un virage et rappelé : « Si l'évocation prononcée par la cour d'appel, en vertu des dispositions de l'article 520 du code de procédure pénale, permet aux juges du second degré de remplir directement la mission des premiers juges, elle ne saurait cependant, lorsque ces derniers ont déjà statué au fond, faire échec aux principes qui, découlant des articles 509 et 515 du même code, régissent l'effet dévolutif de l'appel. »[7] C'est ce dernier principe qui est appliqué dans l'affaire jugée le 6 décembre 2005.

Désormais, la cour d'appel, saisie par exemple par le ministère public dans une affaire où le tribunal correctionnel a omis de statuer sur une constitution de partie civile, doit :

- annuler le jugement ;
- évoquer ;
- statuer à nouveau sur l'action pénale ;
- déclarer irrecevable à défaut d'appel la constitution de partie civile de la victime oubliée...

Heureusement, la chambre criminelle a admis que lorsqu'une juridiction pénale omet de statuer sur la demande de la partie civile, celle-ci est recevable à saisir une juridiction civile, dès lors qu'aucune juridiction pénale n'est plus saisie[8]. Cette jurisprudence a été répétée : lorsque la cour d'appel statue sur l'appel d'un jugement ayant omis de prononcer sur une action civile, elle doit annuler ce jugement, évoquer et statuer à nouveau conformément à l'article 520 du Code de procédure pénale, en remplissant la mission des premiers juges et par suite, prononcer sur l'action civile[9]. Il résulte des articles 10 du code de procédure pénale, dans sa

1. Crim. 30 mars 2005, n° 03-84.621, P n° 103 ; *JCP* 2005. IV. 2069.
2. Crim. 15 févr. 1966, n° 65-91.970, P n° 43.
3. Crim. 18 juin 2014, n° 13-86.361, P n° 157 – Crim. 18 juin 2014, n° 13-86.526, P n° 154 ; *D.* 2014. Somm. 1382, obs. A. Donnier ; *JCP* 2014. 283.
4. Crim. 18 mars 2014, n° 12-83.274, P n° 81 ; *D.* 2014. 779.
5. Crim. 12 mars 1984, n° 82-93.863, P n° 98.
6. Crim. 23 juin 1981, n° 90-91.090, P n° 216.
7. Crim. 27 mai 1988, n° 86-94.075, P n° 229 ; *D.* 1988. IR 194.
8. POUR un cas où l'on objectait à la malheureuse victime oubliée par la juridiction pénale la règle *electa una via* : Crim. 10 mars 2005, n° 03-14.661, P n° 65.
9. Crim. 10 nov. 2020, n° 19-80.962, P ; *JCP* 2020, 1416.

rédaction issue de la loi du 23 mars 2019, et 710 et 711 du même code, que lorsque la juridiction répressive a omis de se prononcer sur une ou plusieurs demandes de la partie civile régulièrement constituée, celle-ci ne peut obtenir qu'il soit statué sur ces demandes qu'en ressaisissant cette juridiction[1].

C.
La cour d'appel saisie du seul appel de la partie civile

932.81 **Prohibition de l'aggravation du sort de la partie civile sur son seul appel.** La cour ne peut, sur le seul appel de la partie civile aggraver son sort. Ainsi, la cour d'assises, statuant en appel sur l'action civile, ne peut sur le seul appel de l'accusé, du civilement responsable ou de la partie civile aggraver le sort de l'appelant[2]. Elle peut le faire seulement si le prévenu a également fait appel[3]. Les dispositions de l'article 515, alinéa 2, du code de procédure pénale ne font pas obstacle à ce que le prévenu, relaxé en première instance, puisse saisir la juridiction du second degré, statuant sur le seul appel de la partie civile ayant mis en mouvement l'action publique, d'une demande tendant à faire constater que la poursuite exercée est abusive et qu'elle lui cause un préjudice ouvrant droit à réparation[4]. Le seul appel de la partie civile ne permet pas de réduire le montant de l'indemnité, soumise au recours du tiers payant, comme l'organisme de sécurité sociale[5]. La disqualification d'un délit en contravention n'aggrave pas le sort de la partie civile, dès lors que la disqualification opérée est sans influence sur l'étendue de la créance indemnitaire[6].

932.82 **Appel de la partie civile et du prévenu.** La cour d'appel ne peut, sur le seul appel de la partie civile, modifier le jugement dans un sens défavorable à celle-ci, mais elle peut le faire si le prévenu a également fait appel[7]. La cour d'appel ne peut ainsi diminuer le montant des dommages-intérêts alloués en première instance[8]. Lorsqu'ils sont saisis des appels d'un prévenu et de la partie civile, les juges du second degré ne peuvent réviser dans un sens défavorable à celle-ci les condamnations civiles prononcées en première instance à l'encontre d'un autre prévenu qui n'a pas interjeté appel[9]. La cour d'appel ne peut pas non plus remettre en jeu la décision de faire courir les intérêts légaux de la condamnation à partir du jour du jugement[10].

D.
Relaxe sur l'action publique

932.91 **Relaxe sur l'action publique : solution traditionnelle obsolète.** La décision de relaxe sur l'action publique n'a pas d'effet sur l'action civile. Les actions pénale et civile sont en effet indépendantes. L'action de la victime échappe largement au droit commun de la responsabilité civile. La chambre criminelle rappelle que « l'exercice de l'action civile devant les juridictions pénales est un droit exceptionnel qui, en raison de sa nature, doit être strictement renfermé dans les limites fixées par le code de procédure pénale[11].

Aucune sanction ne peut plus être prononcée contre l'intimé mais la juridiction du second degré a l'obligation de statuer sur l'action civile en appréciant les faits et en condamnant s'il y a lieu le prévenu relaxé envers la partie civile[12]. Saisie du seul appel de la partie civile, la cour d'appel ne peut se déclarer incompétente par le motif que les faits

1. Crim. 9 mars 2021, nº 19-86.568, P ; *D.* 2021. 527.
2. Crim. 22 janv. 2020, nº 19-80.122, *Dr. pén.* 2020, comm. 86, obs. A. Maron et M. Haas.
3. Crim. 8 déc. 1960, P nº 578 – Crim. 7 févr. 1961, P nº 75 – Crim. 30 juin 2009, nº 08-85.954, P nº 139 ; *AJ pénal* 2009. 419 ; *Procédures* 2009, nº 369, note J. Buisson – Crim. 14 mai 2019, nº 17-87.259, P nº 91 ; *D.* 2019. 1108 ; *JCP* 2019, 702.
4. Crim. 27 mai 2004, nº 03-81.080, P nº 140 ; *D.* 2005. Pan. 690, obs. J. Pradel ; *JCP* 2004. IV. 2425 ; *RSC* 2005. 105, obs. A. Giudicelli (v. s^{s} nº 932.01) – REVENANT SUR : Crim. 2 févr. 1988, nº 87-81.377, P nº 50 – Crim. 19 juin 1989, nº 88-85.534, P nº 260 – Crim. 8 oct. 2003, nº 02-86.992, P nº 183 ; *JCP* 2003. IV. 2971.
5. Crim. 29 janv. 1991, nº 90-80.442, P nº 48.
6. Crim. 16 oct. 1975, nº 74-91.103, P nº 217.
7. Crim. 7 févr. 1961, P nº 75 – Crim. 12 déc. 1962, P nº 372 – Crim. 23 janv. 1963, nº 62-92.311, P nº 39 – Crim. 4 janv. 1966, nº 65-90.601, P nº 1 – Crim. 24 juin 1971, nº 70-92.147, P nº 208 – Crim. 21 nov. 1972, nº 72-91.652, P nº 347.
8. Crim. 21 nov. 1972, nº 72-91.652, préc.
9. Crim. 30 oct. 1968, nº 67-93.297, P nº 276.
10. Crim. 4 juin 1980, nº 79-92.822, P nº 173.
11. Crim. 25 sept. 2007, nº 05-88.324, P nº 220 ; *D.* 2007. 2671, et 2008. 109, chron. D. Caron et S. Ménotti ; *AJ pénal* 2008. 83, obs. C. Saas ; *RSC* 2008. 108, obs. A. Giudicelli. AUSSI : F. Dreifuss-Netter, « L'action civile des victimes d'infractions, une action peu civile. », *D.* 2022. 1402.
12. Crim. 26 janv. 1944, *DA* 1944. 108 – Crim. 7 août 1951, *D.* 1951. 671 – Crim. 1er juill. 1953, P nº 225 – Crim. 7 févr. 1956, *D.* 1956. Somm. 129 – Crim. 24 janv. 1979, nº 78-90.409, P nº 35 – Crim. 2 déc. 1980, nº 79-91.096, P nº 326 – Crim. 18 avr. 1983, nº 82-92.804, P nº 105 – Crim. 10 mai 1984, nº 83-90.554, P nº 165 – Crim. 26 sept. 1989, nº 89-80.281, P nº 328 – Crim. 28 nov. 1989, nº 88-86.499, P nº 441 – Crim. 18 juin 1991, nº 90-85.886, P nº 262 ; *RSC* 1992. 115, obs. A. Braunschweig – Crim. 13 avr. 1992, nº 91-84.616, P nº 158 – Crim. 5 oct. 1994, nº 93-82.082, P nº 315 – Crim. 22 oct. 1997, nº 96-85.970, P nº 345 – Crim. 27 mai 1999, nº 98-82.978, P nº 109 ; *Dr. pénal* 2000. Chron. 10, obs. C. Marsat – Crim. 18 janv. 2005, nº 04-85.078, P nº 18 ; *D.* 2005. 201, obs. J. Leblois-Happe – Crim. 22 nov. 2005, nº 05-84.826, P nº 302 ; *D.* 2006. IR 176 ; *JCP* 2005. IV. 3733.

seraient de la compétence de la juridiction criminelle, l'action publique n'étant plus en cause[1]. En conséquence, la juridiction du second degré ne peut apprécier la validité des actes relatifs à l'action publique, le jugement de relaxe étant devenu définitif[2].

Elle ne peut non plus, pour les mêmes raisons, statuer sur une exception de nullité[3]. Peu importe à cet égard que cette exception ait été soulevée devant le tribunal[4]. Mais la cour d'appel, saisie de l'appel de la partie civile contre une décision de relaxe, a l'obligation de statuer sur les exceptions de nullité de la citation ayant mis l'action publique en mouvement, soutenues devant les premiers juges et reprises devant elle. Encourt dès lors la censure l'arrêt qui déclare irrecevable l'exception de nullité de la citation présentée par les prévenus au motif que la cour d'appel n'est plus saisie de l'action publique en raison de la relaxe définitive prononcée en première instance : en effet, il s'agissait ici de mettre en cause la nullité d'une citation en vue de faire *déclarer irrecevable l'action civile* intentée à l'encontre des prévenus[5]. Un prévenu est sans intérêt à critiquer l'arrêt en ce qu'il a dit que le délit de mise en danger d'autrui avait été « également commis », la cour d'appel, saisie de la seule action civile, n'ayant prononcé ni sur la culpabilité, ni sur la peine, mais seulement sur la réparation des préjudices résultant des blessures causées à la partie civile[6].

La cour ne peut non plus revenir sur la compétence de la juridiction répressive[7]. S'ils ne portent pas atteinte à la décision intervenue sur l'action publique, les juges d'appel peuvent substituer leur appréciation souveraine des faits à celle des premiers juges[8].

Sur le seul appel de la partie civile d'un jugement déclarant l'action publique éteinte par l'effet de la prescription, les juges du second degré sont tenus d'apprécier les faits, de les qualifier et de condamner, s'il y a lieu, le prévenu à des dommages-intérêts envers la partie civile, ils ne peuvent en revanche, prononcer une peine, la décision des premiers juges sur l'action publique, qui ne porte pas sur la validité proprement dite de la poursuite, ayant acquis force de chose jugée au regard de l'action publique[9].

Si en matière de diffamation, la relaxe du prévenu a pour fondement la preuve de la vérité des faits diffamatoires, les juges du second degré saisis de l'appel de la partie civile sont dans l'obligation de réexaminer la portée de cette preuve pour condamner s'il y a lieu le prévenu à des dommages-intérêts en faveur de la partie civile[10]. L'arrêt statuant sur le seul appel de la partie civile d'un jugement prononçant une relaxe du chef de vol, qui se borne, pour condamner le prévenu, sur le plan civil, à constater qu'il a commis des négligences graves envers la partie civile sans caractériser les éléments constitutifs du vol ni le lien direct de ce délit avec le préjudice réparé, encourt la cassation[11]. Même dans les cas où la réparation du dommage peut échapper à la compétence du juge judiciaire, les juges du second degré, saisis du seul appel de la partie civile contre un jugement relaxant le prévenu, sont tenus de rechercher si les faits leur étant déférés constituent une infraction pénale[12]. Toutefois, si la partie civile n'a la faculté d'appeler que quant à ses intérêts civils, il n'en est ainsi qu'à l'égard des dispositions par lesquelles les premiers juges ont statué au fond.

Cette jurisprudence avait pour intérêt de permettre concilier la faculté d'appeler reconnue à la partie civile, quant à ses intérêts civils seulement, avec le principe selon lequel le dommage ouvrant droit à réparation ne pouvait qu'être la conséquence directe d'une infraction.

Le problème est que les juges devaient rechercher l'existence d'une infraction alors même que le prévenu avait été relaxé : « Si les juges du second degré, saisis du seul appel de la partie civile, ne peuvent prononcer aucune peine contre le prévenu définitivement relaxé, ils n'en demeurent pas moins tenus, au regard de l'action civile, de rechercher si les faits poursuivis sont constitutifs d'une infraction pénale qui engage la responsabilité de son auteur et

1. Crim. 17 févr. 1960, P n° 92 – Crim. 4 mars 1981, n° 80-94.035, P n° 80 – Crim. 22 mars 1995, n° 94-82.818, P n° 118 – Crim. 2 mars 2004, n° 03-83.353, P n° 54 ; *JCP* 2004. IV. 1817.
2. Crim. 22 oct. 1986, n° 85-93.876, P n° 297 ; *Gaz. Pal.* 1987. 1. Somm. 189 – Crim. 20 nov. 1990, n° 89-80.909, P n° 391 – Crim. 8 avr. 1991, n° 90-80.079, P n° 165.
3. Crim. 20 nov. 1990, n° 89-80.909, P n° 391 ; *D.* 1991. Somm. 209, obs. J. Pradel – Crim. 8 avr. 1991, n° 90-80.079, P n° 165.
4. Crim. 8 avr. 1991, n° 90-80.079, préc.
5. Crim. 28 avr. 2009, n° 08-85.219, P n° 75 ; *D.* 2009. Pan. 2245, obs. J. Pradel ; *AJ pénal* 2009. 314, obs. J. Lasserre Capdeville.
6. Crim. 13 janv. 2009, n° 08-84.485, NP, *AJ pénal* 2009. 268, obs. C. Porteron.
7. sur l'appel du prévenu limité aux dispositions civiles : Crim. 25 juin 2008, n° 07-87.515, P n° 165 ; *AJ pénal* 2008. 472 ; *Dr. pénal* 2008, n° 147, obs. A. Maron et M. Haas.
8. Crim. 9 nov. 1960, P n° 512 – Crim. 6 févr. 1962, P n° 77 – Crim. 24 janv. 1979, n° 78-90.409, P n° 35 – Crim. 12 mai 1981, n° 80-91.021, P n° 153 – Crim. 28 nov. 1989, n° 88-86.499, P n° 441 – Crim. 18 oct. 1995, n° 94-83.119, P n° 312.
9. Crim. 29 mars 2000, n° 99-81.701, NP – Crim. 25 oct. 2006, n° 05-86.993, P n° 253 ; *D.* 2006. 2790, obs. A. Lienhard ; *RSC* 2007. 313, obs. D. Rebut.
10. Crim. 14 sept. 1985, n° 84-95.125, P n° 284.
11. Crim. 5 oct. 1994, n° 93-82.082, P n° 315 ; *D.* 1995. 146, obs. J. Pradel.
12. Crim. 30 oct. 2006, n° 05-86.997, P n° 257 ; *D.* 2006. IR 3069 ; *AJ pénal* 2007. 91, obs. C. Girault.

de prononcer en conséquence sur la demande de réparation des parties civiles. »[1] Certains ont vu dans cette jurisprudence la consécration d'une violation de la présomption d'innocence[2].

La chambre criminelle avait, quant à elle, estimé que cette jurisprudence ne méconnaissait pas le principe de la présomption d'innocence[3] parce que les juges ne pouvaient pas déclarer le prévenu relaxé coupable de l'infraction poursuivie, sous peine d'être cassé, et parce que la relaxe prononcée par les premiers juges n'ayant pas acquis l'autorité de chose jugée à l'égard de la partie civile, celle-ci provoquait par le seul exercice de son droit d'appel une nouvelle discussion souveraine sur la cause de son dommage. La Cour de cassation avait ainsi, à plusieurs reprises, refusé de transmettre des QPC contestant la nature de l'office du juge du second degré tel que résultant de la combinaison des articles 497, 509 et 515 du code de procédure pénale, au motif que : « Le principe de la présomption d'innocence n'est pas remis en cause par l'obligation faite au juge pénal saisi du seul appel de la partie civile de rechercher si les faits objet de la prévention caractérisent une faute conférant à cette dernière le droit d'obtenir du prévenu définitivement relaxé réparation du préjudice en découlant. »[4]

Saisi malgré tout, à la suite d'un retard pris par la chambre criminelle, à répondre à une nouvelle QPC, à propos de la constitutionnalité de l'article 497, alinéa 3, du code de procédure pénale, qui dispose que la partie civile peut interjeter appel d'un jugement correctionnel « quant à ses intérêts civils seulement » le Conseil constitutionnel a, dans une décision du 31 janvier 2014[5], estimé que l'interdiction faite à la partie civile d'appeler seule d'un jugement correctionnel dans ses dispositions statuant au fond sur l'action publique ne méconnaît pas le principe d'égalité devant la justice. La partie civile ne se trouve pas dans la même situation procédurale que le prévenu ou le ministère public. Par ailleurs, la partie civile a la faculté de former appel quant à ses intérêts civils, y compris en cas de relaxe du prévenu. Le Conseil a en conséquence jugé que les dispositions contestées ne méconnaissent pas le droit à un recours effectif et sont conformes à la Constitution. C'est la jurisprudence de la CEDH qui a entraîné un bouleversement des données[6].

932.92 Relaxe sur l'action publique : jurisprudence de la CEDH[7]. La CEDH avait déjà estimé qu'une procédure de réparation pouvait entrer dans le champ d'application de l'article 6, § 2, de la convention si la décision sur l'action civile devait renfermer une déclaration imputant, à la personne relaxée, une responsabilité pénale[8].

Le 12 avril 2012, la CEDH a condamné la France pour violation de l'article 6 § 1 et § 2 de la convention européenne des droits de l'homme[9] les juges ayant accordé des dommages-intérêts aux sociétés Matra et Hachette, sur la base d'un délit d'abus de biens sociaux reproché à J.-L. Lagardère qui était décédé. La Cour relevait qu'on « ne saurait admettre que les juridictions pénales appelées à juger l'action civile se prononcent pour la toute première fois sur la culpabilité pénale d'un prévenu décédé »[10]. La Cour de Strasbourg estime que les juges du second

1. Crim. 22 oct. 1997, n° 96-85.970, P n° 345 – Crim. 27 mai 1999, n° 98-82.978, P n° 109 – Crim. 18 janv. 2005, n° 04-85.078, P n° 18 ; *D.* 2005. 664 ; *AJ pénal* 2005. 201, obs. J. Leblois-Happe. – Crim. 30 mars 2005, n° 03-84.621, P n° 103 – Crim. 22 nov. 2005, n° 05-84.826, P n° 302 – Crim. 1er juin 2010, n° 09-87.159, P n° 96 ; *D.* 2010. 1792 ; *D.* 2010. 2468, obs. F.-G. Trébulle ; *D.* 2010. 2732, obs. G. Roujou de Boubée, T. Garé et S. Mirabail ; *AJ pénal* 2010. 393, obs. J. Lasserre Capdeville – Crim. 18 déc. 2012, n° 12-81.268, NP, *D.* 2014. 807, note L. Saenko ; *D.* 2014. 1414, Chron. B. Laurent, C. Roth, G. Barbier, P. Labrousse et C. Moreau ; *AJ pénal* 2014. 422, obs. C. Renaud-Duparc – Crim. 7 nov. 2012, n° 11-87.955, NP.
2. NOT. : S. Detraz, « La juridiction pénale saisie de la seule action civile : une situation en voie de généralisation », *Procédures* 2008. Ét. 10.
3. Crim. 18 mai 2011, nos 10-87.622, 10-88.512, NP, *D.* 2014. 651, note A. Botton ; *AJ pénal* 2014. 136, obs. C. Lacroix.
4. Crim. 26 sept. 2012, n° 12-84.796, P n° 199 – Crim. 18 mai 2011, n° 10-88.512 QPC, NP – Crim. 16 nov. 2011, n° 10-87.622, NP – Crim. 5 oct. 2011, n° 10-88.512, NP, *D.* 2014. 651, note A. Botton ; *AJ pénal* 2014. 136, obs. C. Lacroix – Crim. 1er juin 2011, n° 11-80.305 NP, *D.* 2014. 807, note L. Saenko ; *D.* 2014. 1414, Chron. B. Laurent, C. Roth, G. Barbier, P. Labrousse et C. Moreau ; *AJ pénal* 2014. 422, obs. C. Renaud-Duparc.
5. Cons. const., 31 janv. 2014, n° 2013-363 QPC, art. conforme 497 3° du C. pr. pén., *droit d'appel des jugements correctionnels par la partie civile*, CONFORMITÉ – NON LIEU À STATUER, *JO* 2 févr., p. 1989 ; *D.* 2014. 280 ; *JCP* 2014. 424, note A.-J. Gallois ; *AJ pénal* 2014. 136 ; *D.* 2014. 280 ; *D.* 2014. 651, note A. Botton.
6. POUR une application dans l'affaire dite du Carlton de Lille : Crim. 28 févr. 2018, n° 16-85.518, NP, *RSC* 2018. 139, obs. N. Jeanne ; *AJ pénal* 2018. 315, obs. A. Darsonville.
7. CEDH 12 avr. 2012, *Lagardère c/ France*, req. nos 18851/07.
8. CEDH 3e sect., 11 févr. 2003, *Y... c/ Norvège* et *Ringvold c/ Norvège*, req. nos 34964/97, 56568/00 ; *RSC* 2004. 441, obs. F. Massias – CEDH 1re sect., 15 mai 2008, *Orr c/ Norvège*, req. n° 31283/04.
9. CEDH 5e sect., 12 avr. 2012, *Lagardère c/ France*, req. n° 18851/07 ; *D.* 2012. 1708, obs. O. Bachelet ; *D.* 2012. 1708, note J.-F. Renucci ; *JCP* 2012. Doctr. 724, Mot de la semaine A. Dethomas ; *JDI* 2012. Chron. 8 ; *Dr. pénal* 2013. Chron. 4, n° 23, E. Dreyer ; *AJ pénal* 2012. 421, obs. S. Lavric ; *RSC* 2012. 558, obs. H. Matsopoulou ; *RSC* 2012. 695, obs. D. Roets ; *Rev. sociétés* 2012. 517, obs. H. Matsopoulou ; *Dr. pénal* 2013. Chron. 4, n° 23, obs. E. Dreyer ; A. Dethomas, préc. ; *AJDA* 2012. 1726, obs. B. Burgogue-Larsen.
10. CEDH 5e sect., 12 avr. 2012, *Lagardère c/ France*, req. nos 18851/07, § 55.

degré, en constatant dans un arrêt statuant pourtant sur les seuls intérêts civils, que les « éléments constitutifs du délit d'abus de biens sociaux étaient caractérisés » laissé « le sentiment qu'il est coupable, alors que sa culpabilité n'a pas été préalablement légalement établie ». Dans cette analyse qui porte tant sur le langage que sur le raisonnement, il ne fait « aucun doute [...] qu'elle a déclaré le père du requérant coupable des faits reprochés, alors même que l'action publique était éteinte du fait de son décès et que sa culpabilité n'avait jamais été établie par un tribunal de son vivant ».

932.93 Évolution de la jurisprudence de la chambre criminelle : les arrêts rendus en 2014. La chambre criminelle de la Cour de cassation a, par la suite, modifié sa jurisprudence sur la question. Désormais, elle juge que le dommage dont la partie civile, seule appelante d'un jugement de relaxe, peut obtenir réparation de la part de la personne relaxée résulte simplement de la faute civile démontrée à partir des faits objets de la poursuite et dans la limite de ceux-ci[1]. Il n'est donc plus question de rechercher « si les fais poursuivis sont constitutifs d'une infraction pénale ». C'est désormais par le seul canal de la faute, et non plus de l'infraction, que les faits peuvent être réparés. Dans ce très important arrêt du 5 février 2014, la chambre criminelle invalide la motivation de la cour d'appel en estimant que : « C'est à tort que pour allouer des dommages et intérêts [à la partie civile] l'arrêt retient que [le mis en cause] pouvait se voir imputer des faits présentant la matérialité du délit d'abus de confiance celui-ci ayant été définitivement relaxé de ce chef. » L'arrêt n'encourt toutefois pas la censure dans la mesure où il s'est attaché à démontrer l'existence « d'une faute qui a entraîné, un préjudice direct et personnel ouvrant droit à réparation. »

Dans un arrêt du 11 mars 2014[2] la chambre criminelle estime à nouveau que « le dommage dont la partie civile, seule appelante d'un jugement de relaxe, peut obtenir réparation de la personne relaxée résulte de la faute civile démontrée à partir et dans la limite des faits, objets de la poursuite ». Ce dernier arrêt est d'ailleurs au visa de l'article 1382 (devenu 1240) du code civil. Après que la loi du 10 juillet 2000[3] ait rompu l'unité des fautes pénales et civiles, notamment en affirmant que : « l'absence de faute pénale non intentionnelle [...] ne fait pas obstacle à l'exercice d'une action devant les juridictions civiles [...] »[4], il s'agit donc, selon certains auteurs, d'un nouveau cas de consécration de dualité de ces fautes[5]. Mais les faits sur lesquels la partie civile se fonde pour justifier sa qualité de partie civile doivent correspondre à un délit pénal : « En somme, l'action civile se souvient de l'infraction, même s'il est devenu interdit de l'évoquer pour en démontrer l'existence. »[6] C'est pourquoi l'arrêt rendu en mars 2014 est un arrêt de rejet[7].

Dans un arrêt du 24 juin 2014[8], la chambre criminelle rappelle encore que la faute civile dont le constat permet d'engager la responsabilité civile de la personne relaxée doit être « démontrée à partir et dans la limite des faits objet de la poursuite ». Les faits doivent donc faire partie de la saisine *in rem* de la juridiction. L'art du juge dans l'utilisation du langage prend là toute sa place : ainsi, dans le cas d'espèce jugé en juin 2014, la faute civile relevée consistait, à avoir « omis de remettre des espèces, provenant des caisses des magasins exploités par les sociétés (parties civiles), à l'agence bancaire détenant leurs comptes », paraphrase habile d'un détournement qui aurait pu être nommé, si le prévenu n'avait pas été relaxé « vol » ou « abus de confiance ».

Les explications sur le revirement de jurisprudence de la chambre criminelle figurent dans le Rapport de la Cour de cassation 2014 : « Il ne s'agit donc plus, pour les juges répressifs du second degré, saisis du seul appel de la partie civile, de rechercher si les faits reprochés au prévenu relaxé renferment les éléments constitutifs d'une infraction, mais d'apporter la démonstration que le dommage résulte directement d'une faute civile, de nature délictuelle ou quasi-délictuelle, voire contractuelle. Cette faute, qui constitue la condition préalable de la condamnation du prévenu relaxé à réparer le dommage subi par la partie civile, dès lors qu'elle doit être démon-

1. Crim. 5 févr. 2014, n° 12-80.154, P n° 35 ; *D.* 2014. 807, note L. Saenko ; *D.* 2014. Chron. 1414, obs. C. Moreau ; *D.* 2014. 1673, obs. S. Detraz ; *JCP* 2014. Actu. 195, obs. J.-Y. Maréchal ; *Dr. pénal* 2014. Ét. 10, obs. A. Bonnet ; *Dr. pénal* 2014, n° 46, note A. Maron et M. Haas.
2. Crim. 11 mars 2014, n° 12-88.131, P n° 70 ; *D.* 2014. 1673, obs. S. Detraz ; *D.* 2014. 1188, note H. Dantras-Bioy ; *JCP* 2014. 480 ; *JCP* 2014. 653, note J. Pradel ; *Dr. pénal* 2014. Comm. 80, obs. A. Maron et M. Haas.
3. L. n° 2000-647, 10 juill. 2000 tendant à préciser la définition des délits non intentionnels, *JO* 11 juill., p. 10484.
4. C. pr. pén., art. 4-1.
5. V. note ss J. Pradel, *JCP* 2014. 653.
6. V. J. Pradel, préc.
7. Un enseignant avait été placé en garde à vue pour des violences inexistantes commises sur un élève à la suite d'une vengeance d'une ancienne compagne. Il s'était suicidé en sortant des locaux de police. Sa compagne, poursuivie sur la base des dispositions de l'article 434-11 du code pénal avait été relaxée, l'abstention volontaire d'apporter le témoignage de l'innocence d'une personne supposant que cette dernière soit « *détenue provisoirement ou jugée pour crime ou délit* ». Les éléments de la faute civile ne coïncident pas avec ceux du délit de l'article 434-11 du code pénal et la réparation du préjudice prouvé par la partie civile s'avère impossible.
8. Crim. 24 juin 2014, n° 13-84.478, P n° 159 ; *D.* 2014. 1453 ; *D.* 2014. 1673, obs. S. Detraz.

trée à partir et dans la limite des faits objets de la poursuite, est circonscrite aux seuls faits retenus au soutien de la qualification initiale. » Il résulte de la décision rendue par la chambre criminelle le 11 mars 2014 que la faute civile ne peut être plus large que la faute résultant de l'infraction ; elle doit découler des faits entrant dans les prévisions du texte d'incrimination fondant les poursuites.

932.94 **Evolution de la jurisprudence (suite).** La jurisprudence est abondante depuis. La chambre criminelle a dit que, saisi du seul appel d'un jugement de relaxe formé par la partie civile, le juge répressif ne peut énoncer que les faits qui lui sont déférés constituent une infraction pénale, sans méconnaître le principe de la présomption d'innocence garanti par l'article 6, § 2 de la convention européenne des droits de l'homme[1].

À plusieurs reprises, la chambre criminelle a confirmé des arrêts de cour d'appel ayant caractérisé l'existence d'une faute civile à partir du comportement analysé « *à partir et dans la limite des faits objets de la poursuite* » : par exemple, en matière d'escroquerie, le fait d'utiliser de faux documents démontrant que le prévenu appartenait à la même entreprise que celle chargée des travaux, pour déterminer les victimes à s'engager et à verser des fonds[2] ou le fait de tenter de tromper un magistrat saisi dans le cadre d'une instance civile en produisant un audit interne qui ne reflétait pas la réalité économique de la société et en refusant de verser les pièces bancaires ainsi que le bilan qui auraient révélé un découvert[3].

Dans un arrêt du 13 octobre 2015[4], elle énonce encore que « Méconnaît le principe de la présomption d'innocence, et dès lors encourt la censure, l'arrêt qui, pour allouer des dommages-intérêts à la partie civile appelante d'un jugement de relaxe, énonce que les faits qui lui sont déférés constituent une infraction pénale et prononce des déclarations de culpabilité. »

Puis, le 3 novembre 2015[5] : « Saisie, après un jugement de relaxe, des seuls intérêts civils, la cour d'appel, qui doit se borner à établir, le cas échéant, une faute civile commise par le prévenu, ne peut le faire que dans la limite des faits objet de la poursuite. Il s'en déduit que la réparation du dommage qu'elle fixe doit se rapporter à la seule période visée par la prévention, vérification devant être faite que celle-ci n'est pas, en tout ou en partie, atteinte par la prescription de l'action publique. »[6]

Il résulte de cette jurisprudence que la chambre criminelle censure les arrêts qui allouent à la partie civile des dommages et intérêts réparant un préjudice qui n'est pas causé par une faute civile établie à partir et dans la limite des faits objets de la poursuite ou qui méconnaissent le principe de la présomption d'innocence en énonçant que les faits qui lui sont déférés constituent une infraction pénale. En revanche, elle rejette les pourvois dès lors que l'arrêt déboute la partie civile de sa demande en réparation lorsqu'« aucune faute civile, à l'origine du préjudice invoqué, n'est démontrée à partir et dans la limite des faits objets de la poursuite ».

Dans une décision du 17 février 2016[7], la chambre criminelle, dans un cas d'espèce où un homme avait réalisé des achats personnels pour un montant estimé à plus de 11 000 euros, au moyen de la carte bancaire que sa concubine lui avait confiée aux fins de payer les dépenses du ménage et qui avait été relaxé parce qu'il subsistait un doute raisonnable quant à l'existence d'une intention frauduleuse de la part du prévenu, a rejeté le pourvoi. Elle juge ainsi : « Attendu que la cour d'appel, statuant, après la relaxe prononcée en première instance, sur le seul appel de la partie civile, retient notamment, pour débouter celle-ci de sa demande d'indemnisation, qu'il subsiste un doute raisonnable quant à l'existence d'une intention frauduleuse de la part de M. L... à l'occasion de cette utilisation de la carte bancaire de Mme B...

Attendu qu'en l'état de ces motifs, d'où il résulte qu'aucune faute civile, à l'origine du préjudice invoqué, n'est démontrée à partir et dans la limite des faits objet de la poursuite, la cour d'appel a justifié sa décision. »

Dans une décision du 4 mai 2016[8], la Cour de cassation a cassé l'arrêt d'une cour d'appel qui avait déclaré irrecevable l'action civile au motif que certaines conditions matérielles du délit d'escroquerie, en l'occurrence la remise de l'objet convoité par l'escroc et le moyen frauduleux, n'étaient pas réunies. Elle juge que « le fait de recourir à un prête-nom pour obtenir un prêt sur la base d'un dossier contenant des documents falsifiés est constitutif de manœuvres frauduleuses susceptibles d'établir une

1. Crim. 13 oct. 2015, n° 14-82.272, P ; *D.* 2015. 2129 ; *JCP* 2015. 1283.
2. Crim. 25 mars 2015, n° 14-80.420, NP.
3. Crim. 11 mars 2015, n° 13-87.558, NP.
4. Crim. 13 oct. 2015, n° 14-82.272, P n° 276.
5. Crim. 3 nov. 2015, 14-80.844, P n° 410.
6. AUSSI : Crim. 20 oct. 2015, n° 14-81.663, NP – Crim. 12 nov. 2015, n° 14-81.260, NP – Crim. 1er déc. 2015, n° 13-87.111, NP – Crim. 13 janv. 2016, n° 14-86.647, NP – Crim. 19 mai 2016, n° 15-81.491, P n° 152 ; *D.* 2016. 1139 ; *RTD com.* 2016. 571, obs. L. Saenko.
7. Crim. 17 févr. 2016 n° 15-80.634, P n° 52 ; *D. actu.* 10 mars 2016, obs. S. Fucini ; *D.* 2016. 2572 ; *JCP* 2017. 81 ; *AJ pénal* 2016. 436, obs. J. Gallois ; *Dr. pénal* 2016, comm. 67, obs. A. Maron et M. Haas.
8. Crim. 4 mai 2016, n° 15-81.244, P n° 137 ; *JCP* 2016. 717 ; *AJ pénal* 2016. 436, obs. J. Gallois.

directement atteinte, au-delà des victimes personnes physiques, qu'aux intérêts de la nation, d'autre part, aucun des préjudices allégués ne découle de l'ensemble des éléments constitutifs desdites infractions[1].

932.97 La notion d'« infraction susceptible d'être poursuivie à la date des faits ». La cour d'appel, saisie par la seule partie civile d'un appel d'un jugement de relaxe, ne peut retenir l'existence d'une faute civile que si les faits retenus pour l'établir non seulement entrent dans les prévisions du texte pénal visé à la prévention mais aussi relèvent d'une infraction susceptible d'être poursuivie à la date des faits. Tel n'est pas le cas lorsque les faits poursuivis n'entrent dans les prévisions d'une infraction que par l'effet d'une jurisprudence postérieure qui n'était pas prévisible[2].

L'arrêt attaqué n'encourt pas la censure, dès lors que la Cour de cassation, par l'arrêt invoqué par le demandeur comme un revirement de jurisprudence non prévisible et appliqué par la cour d'appel, a seulement précisé les contours du délit d'abus de confiance d'une manière qui était prévisible au sens de la jurisprudence de la Convention européenne des droits de l'homme, après s'être, par plusieurs arrêts antérieurs, engagée dans le sens d'une conception dématérialisée de l'objet détourné.

Ce report est expressément fondé sur l'article 7 de la Convention européenne des droits de l'homme, dont il résulte que tout justiciable doit pouvoir savoir, à partir du libellé de la disposition pertinente, au besoin à l'aide de l'interprétation qui en est donnée par les tribunaux et, le cas échéant, après avoir recouru à des conseils éclairés, quels actes et omissions engagent sa responsabilité pénale et quelle peine il encourt de ce chef. Pour la chambre criminelle, ce report implique nécessairement que la nouvelle interprétation ait été imprévisible

La CEDH considère, en effet, que le principe de légalité des délits et des peines consacré par l'article 7 de la Convention implique la non-rétroactivité d'une interprétation jurisprudentielle plus sévère et imprévisible.[3]

932.98 Jurisprudence de la chambre criminelle : presse. En matière de presse, le princie est le même : le dommage dont la partie civile, seule appelante d'un jugement de relaxe, peut obtenir réparation, doit résulter d'une faute démontrée à partir et dans la limite des faits objet de la poursuite[4]. En l'espèce, la cour d'appel avait jugé que les propos incriminés ne contenaient pas l'imputation d'un fait précis seule susceptible de caractériser une diffamation mais avait retenu la qualification d'injures. La Cour casse cette décision au motif que la cour d'appel n'était pas saisie de cette infraction. Pour Emmanuel Dreyer, cette décision « permet de souligner toute l'hypocrisie d'une telle solution : certes, les faits ne peuvent être qualifiés pénalement mais ils conservent sur l'action civile leur régime pénal. L'interdiction de requalifier les faits qui s'impose sur l'action publique s'impose également sur l'action civile lorsqu'elle est seule exercée. Les débats sur l'action civile sont bien enfermés dans les limites de la qualification pénale initiale même s'il n'est pas possible d'en déduire une quelconque déclaration de culpabilité. Il faut reconnaître l'existence de l'infraction initialement poursuivie, sans le dire, pour en allouer réparation ; à défaut, aucune réparation ne peut être accordée, même si une faute, voire une autre infraction, apparaît avec évidence au terme de ce nouvel examen des faits »[5].

La chambre criminelle juge qu'il se déduit de la loi du 29 juillet 1881 que l'action de la partie civile à l'encontre de la personne relaxée du chef d'une infraction de presse ne peut être fondée que sur cette loi et des articles 2 et 497 du code de procédure pénale que le dommage, dont la partie civile, seule appelante d'un jugement de relaxe, peut obtenir réparation, doit résulter d'une faute démontrée à partir et dans la limite des faits objet de la poursuite[6]. Les juges doivent donc apprécier l'existence de cette faute sur la seule base de la loi du 29 juillet 1881. Selon l'auteur précité[7] « cette référence au texte spécial d'incrimination fait réapparaître l'infraction derrière la faute et remet donc en cause la pertinence d'une telle interprétation jurisprudentielle ».

L'autorité de la chose jugée attachée aux dispositions relatives à l'action publique ne fait pas obstacle au droit, pour la partie civile, seule appelante d'une décision de relaxe, d'obtenir, au cas où une faute civile est démontrée à partir et dans la limite des faits objet de la poursuite, que soit ordonnée par la cour d'appel, statuant sur les seuls intérêts civils, en

1. Crim. 12 mars 2019 nº 18-80.911, P nº 53 ; *D.* 2019. 591 ; *Procédures* 2019, comm. 167, note A.-S. Chavent ; *AJ pénal* 2019. 396, obs. C. Lacroix.
2. Crim. 30 juin 2021, nº 20-81.570, P ; *D.* 2021. 1497, obs. M. F ; *JCP* 2021, 901.
3. CEDH 10 oct. 2006, req. nº 40403/02, *Pessino c/ France*, *D.* 2007. 124, note D. Roets, 399, obs. G. Roujou de Boubée ; *AJDA* 2007. 1257, note E. Carpentier et J. Trémeau ; *RDI* 2006. 491, obs. G. Roujou de Boubée, 2007. 196, obs. P. Soler-Couteaux.
4. Crim. 30 mars 2021, nº 20-83.992, NP, *RSC* 2022. 81, obs. E. Dreyer ; *Légipresse* 2021. 200 et les obs.
5. E. Dreyer, « Régime de l'appel en matière de presse », *RSC* 2022. 81, obs. s^s Crim. 30 mars 2021, nº 20-83.992, NP.
6. Crim. 25 févr. 2020, nº 18-85.418, NP, *Légipresse* 2020. 148 et les obs. ; *Gaz. Pal.* 19 mai 2020, nº 19, p. 33, obs. F. Fourment ; *RSC* 2021. 113, note crit. E. Dreyer.
7. E. Dreyer, « Actualité du droit de réponse », *RSC* 2021. 113, note s^s Crim. 25 févr. 2020, nº 18-85.418, NP.

faute civile ouvrant droit à la réparation des préjudices des parties civiles ».

932.95 Différence de qualification ou faits différents ? Dans une décision du 7 décembre 2016, la chambre criminelle souligne qu'il se déduit des articles 2 et 497 du code de procédure pénale, et de l'article 6 § 1 de la convention européenne des droits de l'homme, que le dommage dont la partie civile, seule appelante d'un jugement de relaxe, peut obtenir réparation, doit résulter d'une faute démontrée à partir et dans la limite des faits objet de la poursuite et si les juges répressifs, saisis des seuls intérêts civils, peuvent, après avoir mis l'auteur présumé de la faute en mesure de s'expliquer sur le nouveau fondement envisagé, donner à la faute civile le fondement adéquat, différent de celui sur lequel reposait la qualification des infractions initialement poursuivies, c'est à la condition de ne pas prendre en considération des faits qui n'étaient pas compris dans les poursuites[1]. La réparation du dommage qu'elle fixe doit se rapporter à la seule période visée par la prévention, vérification devant être faite que celle-ci n'est pas, en tout ou en partie, atteinte par la prescription de l'action publique[2]. Les juges du second degré ne peuvent, sur le seul appel de la partie civile d'un jugement déclarant l'action publique éteinte par l'effet de la prescription, prononcer une peine, la décision des premiers juges ayant acquis force de chose jugée au regard de l'action publique[3].

Encourt encore la cassation l'arrêt qui, sur le seul appel d'une banque, partie civile, d'un jugement prononçant sur intérêts civils après relaxe d'une personne poursuivie pour blanchiment du produit d'abus de confiance commis par l'employé de cette banque au préjudice de ses clients, condamne la personne relaxée à lui verser des dommages-intérêts au motif qu'elle a mis des comptes bancaires ouverts au nom de tiers à la disposition du préposé de la banque afin de lui permettre de dissimuler à son employeur le montant de prétendues commissions, de tels faits n'étant pas visés dans la poursuite[4].

932.96 Notion de « préjudice résultant de l'ensemble des éléments constitutifs de l'infraction visée à la poursuite ». Dans une affaire très médiatique, la chambre criminelle a jugé que les droits de la partie civile ne peuvent être exercés que par les personnes justifiant d'un préjudice résultant de l'ensemble des éléments constitutifs de l'infraction visée à la poursuite ; tel n'est pas le cas du préjudice découlant du comportement consistant, pour des participants à une compétition sportive, à s'entendre pour en fausser le résultat, ce comportement n'étant que l'un des faits constitutifs de l'infraction d'escroquerie[5]. En l'espèce, dans ce cas ayant concerné quelques joueurs de hand-ball connus qui avaient parié sur le résultat de leurs prestations, si la société de paris sportifs pouvait démontrer un préjudice découlant des faits, en ce qu'ils avaient permis à certains parieurs de profiter de ce trucage et avaient déterminé ladite société à verser des gains résultant d'une altération du jeu, l'existence d'un préjudice directement causé aux clubs posait difficulté. Il s'agissait en effet d'une atteinte à l'image du club, en raison du retentissement médiatique, ou encore de la perte de points dans le championnat et des licenciements. La cour d'appel avait déclaré irrecevables leurs constitutions de partie civile. Elle avait estimé que leur préjudice était indirect en ce qu'il prenait sa source dans la relation contractuelle qui unissait les clubs aux prévenus. Ce raisonnement est rejeté par la chambre criminelle qui expose que « l'existence d'une relation contractuelle entre l'auteur des faits et la partie civile n'est pas en elle-même de nature à exclure la recevabilité de la constitution de cette dernière ». Mais la Cour rappelle que « les droits de la partie civile ne peuvent être exercés que par les personnes justifiant d'un préjudice résultant de l'ensemble des éléments constitutifs de l'infraction visée à la poursuite » et ajoute que « tel n'est pas le cas du préjudice découlant du comportement consistant, pour des participants à une compétition sportive, à s'entendre pour en fausser le résultat, ce comportement n'étant que l'un des faits constitutifs de l'infraction d'escroquerie ». Le préjudice ne découlait pas de l'infraction d'escroquerie, mais seulement de l'un de ses éléments constitutifs.

Dans l'affaire de l'attentat sur la promenade des anglais, à Nice, la Cour de cassation a jugé qu'est irrecevable à se constituer partie civile la commune qui invoque un préjudice matériel de même qu'un préjudice résultant de l'atteinte à son image à la suite de la réalisation d'un attentat sur son territoire dès lors que, d'une part, l'information résultant de ces faits a été ouverte des seuls chefs d'infractions à la législation sur les armes, de crimes contre la vie ou l'intégrité des personnes et de participation à un groupement en vue de la préparation d'un ou plusieurs crimes d'atteintes aux personnes, toutes infractions en relation avec une entreprise terroriste, cette dernière n'étant susceptible d'avoir porté

1. Crim. 7 déc. 2016 n° 16-80.083, P ; *D.* 2016. 2572 ; *JCP* 2017. 81.
2. Crim. 3 nov. 2015, n° 14-80.844, P n° 237.
3. Crim. 26 janv. 2021, n° 20-81.042, NP, *RSC* 2022. 81, obs. E. Dreyer.
4. Crim. 19 mai 2016, n° 15-81.491, P n° 152.
5. Crim. 21 nov. 2018, n° 17-81.096, P n° 193 ; *JCP* 2018, 1341 ; *AJ pénal* 2019. 89, obs. G Beaussonie ; *Dr. pén.* 2019, comm. 13, note A. Maron et M. Haas.

seraient de la compétence de la juridiction criminelle, l'action publique n'étant plus en cause[1]. En conséquence, la juridiction du second degré ne peut apprécier la validité des actes relatifs à l'action publique, le jugement de relaxe étant devenu définitif[2].

Elle ne peut non plus, pour les mêmes raisons, statuer sur une exception de nullité[3]. Peu importe à cet égard que cette exception ait été soulevée devant le tribunal[4]. Mais la cour d'appel, saisie de l'appel de la partie civile contre une décision de relaxe, a l'obligation de statuer sur les exceptions de nullité de la citation ayant mis l'action publique en mouvement, soutenues devant les premiers juges et reprises devant elle. Encourt dès lors la censure l'arrêt qui déclare irrecevable l'exception de nullité de la citation présentée par les prévenus au motif que la cour d'appel n'est plus saisie de l'action publique en raison de la relaxe définitive prononcée en première instance : en effet, il s'agissait ici de mettre en cause la nullité d'une citation en vue de faire *déclarer irrecevable l'action civile* intentée à l'encontre des prévenus[5]. Un prévenu est sans intérêt à critiquer l'arrêt en ce qu'il a dit que le délit de mise en danger d'autrui avait été « également commis », la cour d'appel, saisie de la seule action civile, n'ayant prononcé ni sur la culpabilité, ni sur la peine, mais seulement sur la réparation des préjudices résultant des blessures causées à la partie civile[6].

La cour ne peut non plus revenir sur la compétence de la juridiction répressive[7]. S'ils ne portent pas atteinte à la décision intervenue sur l'action publique, les juges d'appel peuvent substituer leur appréciation souveraine des faits à celle des premiers juges[8].

Sur le seul appel de la partie civile d'un jugement déclarant l'action publique éteinte par l'effet de la prescription, les juges du second degré sont tenus d'apprécier les faits, de les qualifier et de condamner, s'il y a lieu, le prévenu à des dommages-intérêts envers la partie civile, ils ne peuvent en revanche, prononcer une peine, la décision des premiers juges sur l'action publique, qui ne porte pas sur la validité proprement dite de la poursuite, ayant acquis force de chose jugée au regard de l'action publique[9].

Si en matière de diffamation, la relaxe du prévenu a pour fondement la preuve de la vérité des faits diffamatoires, les juges du second degré saisis de l'appel de la partie civile sont dans l'obligation de réexaminer la portée de cette preuve pour condamner s'il y a lieu le prévenu à des dommages-intérêts en faveur de la partie civile[10]. L'arrêt statuant sur le seul appel de la partie civile d'un jugement prononçant une relaxe du chef de vol, qui se borne, pour condamner le prévenu, sur le plan civil, à constater qu'il a commis des négligences graves envers la partie civile sans caractériser les éléments constitutifs du vol ni le lien direct de ce délit avec le préjudice réparé, encourt la cassation[11]. Même dans les cas où la réparation du dommage peut échapper à la compétence du juge judiciaire, les juges du second degré, saisis du seul appel de la partie civile contre un jugement relaxant le prévenu, sont tenus de rechercher si les faits leur étant déférés constituent une infraction pénale[12]. Toutefois, si la partie civile n'a la faculté d'appeler que quant à ses intérêts civils, il n'en est ainsi qu'à l'égard des dispositions par lesquelles les premiers juges ont statué au fond.

Cette jurisprudence avait pour intérêt de permettre concilier la faculté d'appeler reconnue à la partie civile, quant à ses intérêts civils seulement, avec le principe selon lequel le dommage ouvrant droit à réparation ne pouvait qu'être la conséquence directe d'une infraction.

Le problème est que les juges devaient rechercher l'existence d'une infraction alors même que le prévenu avait été relaxé : « Si les juges du second degré, saisis du seul appel de la partie civile, ne peuvent prononcer aucune peine contre le prévenu définitivement relaxé, ils n'en demeurent pas moins tenus, au regard de l'action civile, de rechercher si les faits poursuivis sont constitutifs d'une infraction pénale qui engage la responsabilité de son auteur et

1. Crim. 17 févr. 1960, P nº 92 – Crim. 4 mars 1981, nº 80-94.035, P nº 80 – Crim. 22 mars 1995, nº 94-82.818, P nº 118 – Crim. 2 mars 2004, nº 03-83.353, P nº 54 ; *JCP* 2004. IV. 1817.
2. Crim. 22 oct. 1986, nº 85-93.876, P nº 297 ; *Gaz. Pal.* 1987. 1. Somm. 189 – Crim. 20 nov. 1990, nº 89-80.909, P nº 391 – Crim. 8 avr. 1991, nº 90-80.079, P nº 165.
3. Crim. 20 nov. 1990, nº 89-80.909, P nº 391 ; *D.* 1991. Somm. 209, obs. J. Pradel – Crim. 8 avr. 1991, nº 90-80.079, P nº 165.
4. Crim. 8 avr. 1991, nº 90-80.079, préc.
5. Crim. 28 avr. 2009, nº 08-85.219, P nº 75 ; *D.* 2009. Pan. 2245, obs. J. Pradel ; *AJ pénal* 2009. 314, obs. J. Lasserre Capdeville.
6. Crim. 13 janv. 2009, nº 08-84.485, NP, *AJ pénal* 2009. 268, obs. C. Porteron.
7. sur l'appel du prévenu limité aux dispositions civiles : Crim. 25 juin 2008, nº 07-87.515, P nº 165 ; *AJ pénal* 2008. 472 ; *Dr. pénal* 2008, nº 147, obs. A. Maron et M. Haas.
8. Crim. 9 nov. 1960, P nº 512 – Crim. 6 févr. 1962, P nº 77 – Crim. 24 janv. 1979, nº 78-90.409, P nº 35 – Crim. 12 mai 1981, nº 80-91.021, P nº 153 – Crim. 28 nov. 1989, nº 88-86.499, P nº 441 – Crim. 18 oct. 1995, nº 94-83.119, P nº 312.
9. Crim. 29 mars 2000, nº 99-81.701, NP – Crim. 25 oct. 2006, nº 05-86.993, P nº 253 ; *D.* 2006. 2790, obs. A. Lienhard ; *RSC* 2007. 313, obs. D. Rebut.
10. Crim. 14 sept. 1985, nº 84-95.125, P nº 284.
11. Crim. 5 oct. 1994, nº 93-82.082, P nº 315 ; *D.* 1995. 146, obs. J. Pradel.
12. Crim. 30 oct. 2006, nº 05-86.997, P nº 257 ; *D.* 2006. IR 3069 ; *AJ pénal* 2007. 91, obs. C. Girault.

réparation du préjudice résultant directement de cette faute, l'insertion de la réponse dans les conditions prévues par l'alinéa 8 de l'article 13 de la loi du 29 juillet 1881[1].

932.99 Constitutionnalité. L'article 12 de la loi du 6 août 2012[2], qui énonce qu'en raison de l'abrogation de l'article 222-33 du code pénal résultant de la décision du Conseil constitutionnel n° 2012-240 QPC du 4 mai 2012[3], lorsque le tribunal correctionnel ou la chambre des appels correctionnels constate l'extinction de l'action publique, la juridiction demeure compétente, sur la demande de la partie civile formulée avant la clôture des débats, pour accorder, en application des règles du droit civil, réparation de tous les dommages résultant des faits qui ont fondé la poursuite, commande que la juridiction saisie procède à l'examen tant des agissements fautifs imputés par les victimes à l'intéressé, qu'à l'évaluation des préjudices invoqués susceptibles d'en résulter[4].

Il se déduit des articles 2, 509 et 515 du code de procédure pénale que la cour d'appel, saisie du seul appel de la partie civile, est compétente, même dans le cas où la réparation du dommage ressortirait à la compétence exclusive de la juridiction administrative, pour dire si le prévenu définitivement relaxé a commis une faute civile à partir et dans la limite des faits objet de la poursuite[5]. Dans ce cas d'espèce, une cour d'appel avait accueilli une exception d'incompétence en énonçant que l'agent public n'est personnellement responsable des conséquences dommageables des actes qui lui sont imputés que si ceux-ci présentent le caractère d'une faute personnelle détachable du service. Mais cet élément n'est pas de nature à entrer en ligne de compte dans la détermination de la compétence de la juridiction.

932.100 Analyse doctrinale. Selon certains auteurs, la chambre criminelle aurait, dans sa décision du 14 novembre 2017 citée au paragraphe précédent, adopté une approche « dans une lignée exactement inverse de celle retenue deux ans plus tôt. Car, même en l'absence d'intention frauduleuse de l'agent, il ne faisait ici aucun doute que l'individu avait commis une faute au sens civil du terme, résultant des faits dont le juge était saisi »[6]. Selon Julie Galois, « avec cette nouvelle approche, il appert que la faute soi-disant civile fondant l'action civile exercée devant le juge répressif doit nécessairement découler des faits visés par le texte d'incrimination, sans pour autant pouvoir qualifier l'infraction sous peine de heurter le principe de la présomption d'innocence[7], mais être tout de même constituée en tous ses éléments, matériel comme moral ! »[8]

Dans une note critique sous cet arrêt, A. Maron et M. Haas semblent rallier le camp de ceux ayant considéré, dès la décision du 14 mars 2014, que la nouvelle rédaction n'entraînait qu'une modification de terminologie et non de fond : « L'arrêt aujourd'hui rapporté va plus loin encore, dans l'assimilation entre la "faute civile" qui, après relaxe, permet condamnation, sur les intérêts civils et la faute pénale, au point que l'on peut se demander si, nonobstant l'évolution terminologique qui ne serait plus que de façade, la jurisprudence n'en est pas revenue à la solution antérieure au "revirement" de février 2014, voire si l'assimilation entre la faute civile et la faute pénale n'est pas encore plus poussée qu'elle ne l'était.

Non seulement en effet il faut que les faits qui fondent la faute civile entrent dans les prévisions du texte qui avait fondé les poursuites, que la faute "soit démontrée à partir et dans la limite des faits objet de la poursuite" – éléments matériel et légal de l'infraction – mais encore l'arrêt aujourd'hui rapporté semble approuver la recherche de "l'intention frauduleuse" – l'élément intentionnel –. À part ça, on nous dira encore qu'il ne s'agit que d'une faute civile... »

E.
Situations particulières

932.111 Appel de la partie civile d'un jugement ayant déclaré irrecevable sa constitution de partie civile ayant saisi le tribunal correctionnel par voie de citation directe. Lorsque le jugement frappé d'appel a déclaré irrecevable la constitution de partie civile de la victime qui a saisi le tribunal correctionnel par citation directe, la cour d'appel, dans l'hypothèse où elle infirme cette décision, *doit statuer tant sur l'action publique que sur l'action civile,* alors même que seule la partie civile aurait usé de cette voie de

1. Crim. 3 nov. 2020, n° 19-85.276 P ; *D.* 2020. 2174 ; *AJ pénal* 2021. 36, obs. N. Verly ; *Légipresse* 2020. 588 et les obs. ; *ibid.* 2021. 112, étude E. Tordjman et O. Lévy ; *RSC* 2021. 113, note crit. E. Dreyer.
2. L. n° 2012-954, 6 août 2012 relative au harcèlement sexuel, *JO* 7 août, p. 12921.
3. Cons. const. 4 mai 2012, n° 2012-240 QPC, art. non conforme 222-33 du C. pén., *définition du délit de harcèlement sexuel,* NON-CONFORMITÉ TOTALE, *JO* 5 mai 2012, p. 8015, n° 150 ; *Rec.*, p. 233 ; *RJS* 7/12 n° 615 ; *SSL* n° 1538, p. 2.
4. Crim. 14 nov. 2017, n° 17-80.934, P+B ; *JCP* 2017. 1375 ; *D.* 2017. 2370.
5. Crim. 14 nov. 2017, n° 17-80.934, P+B ; *D.* 2017. 2370 ; *JCP* 2017. 1375.
6. J. Gallois, préc.
7. Crim. 5 févr. 2014, n° 12-80.154, préc.
8. EN CE SENS AUSSI : S. Fucini, obs. *D. actu.* 10 mars 2016.

recours[1]. En effet, si la faculté d'appeler n'appartient à la partie civile que quant aux dispositions relatives à ses intérêts civils, cette restriction aux effets de son appel n'a pas lieu *lorsqu'il n'a été statué que sur la validité de la poursuite*[2].

932.112 **Appel de la partie civile lorsque le tribunal correctionnel ne s'est prononcé que sur la compétence.** Dans le cas où, sans statuer au fond sur les faits qui donnaient lieu à l'action civile, les juges du premier degré se sont bornés à se prononcer sur la compétence, les juges d'appel se trouvent, sur le seul recours de la partie civile, saisis non seulement des intérêts civils, mais aussi de l'action publique qui a continué à subsister[3]. Ils sont donc tenus de statuer aussi bien sur l'action publique que sur l'action civile.

Depuis la loi du 9 mars 2004[4], les articles 186-3[5] et 469[6] du code de procédure pénale interdisent à la partie civile, sous certaines conditions, de contester une qualification correctionnelle, dès lors qu'elle ne l'a pas fait à la fin de l'information judiciaire.

F.
Retrait de l'autorité parentale

932.121 **Retrait de l'autorité parentale.** L'article 378 du code civil[7] institue non pas une peine accessoire frappant le condamné, mais une mesure de protection de ses enfants, d'ordre purement civil. Le représentant légal des enfants victimes de violences parentales, constitué partie civile en leur nom, a dès lors, en application de l'article 497 du code de procédure pénale, la faculté de relever appel du refus opposé à sa demande de retrait de l'autorité parentale, qui fait grief à leurs intérêts civils[8].

G.
Réparation intégrale du préjudice

932.131 **Principe.** Si le droit pour la victime d'obtenir réparation du préjudice subi existe dès que le dommage a été causé, l'évaluation de ce préjudice doit être faite par le juge à la date où il se prononce[9] en tenant compte de tous les éléments connus à cette date[10].

Le préjudice résultant d'une infraction doit être réparé dans son intégralité, sans perte ni profit pour aucune des parties[11].

Aucune disposition de la loi ne permet de réduire, en raison d'une négligence de la victime, le montant des réparations dues à celle-ci par l'auteur d'une infraction intentionnelle contre les biens, le délinquant étant tenu à la réparation de l'entier préjudice causé et ne pouvant être admis à tirer un profit quelconque de l'infraction[12]. Dans cette affaire, la cour d'appel, après avoir confirmé la déclaration de culpabilité de Jacques B... pour avoir escroqué la somme de 541 099 francs au préjudice de la C..., avait fixé le montant de la réparation à la somme de 100 000 francs aux motifs que la banque avait concouru à son propre préjudice en acceptant d'escompter des traites pour le compte de sociétés en règlement judiciaire sans s'informer préalablement, ni interroger l'administrateur judiciaire. Il en va bien sûr différemment en cas d'infractions involontaires, lorsque la victime a concouru à l'existence de son préjudice et qu'il convient de statuer sur un partage des responsabilités civiles. L'arrêt qui caractérise un préjudice d'affection causé par les conséquences pathologiques du deuil, distinct du préjudice résultant de l'atteinte à l'intégrité psychique consécutive au décès d'un frère, réparé au titre des souffrances endurées et du déficit fonctionnel permanent, n'indemnise pas deux fois le même préjudice[13].

Encourt la cassation l'arrêt qui rejette la demande de remise en état formée par les parties civiles au motif que la mesure a déjà été prononcée sur l'action publique dès lors qu'aucune disposition du Code de l'urbanisme ne s'oppose à ce que la remise en état soit ordonnée cumulativement au titre de

1. Crim. 5 juill. 1983, n° 82-92.737, P n° 215 – Crim. 12 oct. 1993, n° 92-84.409, P n° 284 – Crim. 29 avr. 1996, n° 95-82.081, P n° 167 (v. s[s] n° 932.01).
2. Crim. 20 nov. 1958, P n° 685 – Crim. 17 mars 1981, n° 79-94.121, P n° 96 – Crim. 27 janv. 1992, n° 90-87.501, P n° 29 ; *RSC* 1993. 118, obs. J. Beaume – Crim. 19 déc. 1995, n° 95-80.850, P n° 390 – Crim. 6 févr. 2001, n° 00-84.692, P n° 34 ; *D.* 2001. 1669.
3. Crim. 26 juin 1975, n° 73-93.066, P n° 167 – Crim. 10 mai 1994, n° 92-81.850, P n° 177 ; *D.* 1994. 167.
4. L. n° 2004-204, 9 mars 2004 portant adaptation de la justice aux évolutions de la criminalité, *JO* 10 mars, p. 4567.
5. C. pr. pén., 186-3 ; mod. par L. n° 2004-204, 9 mars 2004, art. 124 ; mod. par L. n° 2007-291, 5 mars 2007, art. 7 ; mod. par L. n° 2016-731, 3 juin 2016, art. 87.
6. C. pr. pén., 469 ; mod. par L. n° 2004-204, 9 mars 2004, art. 124.
7. Modifié à de nombreuses reprises et pour la dernière fois par L. n° 2020-936, 30 juill. 2020 visant à protéger les victimes de violences conjugales, *JO* 31 juill., n° 2, art. 4.
8. Crim. 23 sept. 2008, n° 08-80.489, P n° 195 ; *D.* 2008. AJ 2724 ; *AJ pénal* 2009. 40 ; *AJ fam.* 2009. 32.
9. Crim. 13 nov. 2013, n° 12-84.838, P n° 233 ; *D.* 2013. 2695 ; *JCP* 2013. 1377.
10. Crim. 12 sept. 2018, n° 17-82.122, NP, *D.* 2018. 2217.
11. Crim. 12 sept. 2018, n° 17-82.122, NP, *D.* 2018. 2217 – Crim. 17 déc. 2019, n° 18-85.191, P ; *D. actu,* 27 janv. 2020, obs. L. Priou-Alibert ; *D.* 2020. 9 – Crim. 14 janv. 2020, n° 19-82.145, P ; *D.* 2020. 85 ; *RSC* 2020. 114, obs. N. Jeanne.
12. Crim. 1er mars 2000, n° 99-80.094, NP, *D.* 2007. 973, obs. J. Pradel ; *AJ pénal* 2006. 447, obs. G. Royer ; *ibid.* 2006. 456, obs. G. Royer ; *RSC* 2007. 114, obs. A. Giudicelli.
13. Crim. 2 avr. 2019, n° 18-81.917, P n° 65 : *D.* 2019. 696.

l'action publique et au titre de l'action civile et que la demande était formulée à titre de réparation du préjudice subi par les parties civiles [1]

932.132 **Appréciation du montant.** La cour d'appel, pour évaluer le préjudice subi par une caisse primaire de sécurité sociale, en raison d'une fraude à la sécurité sociale, ne peut se déterminer par des motifs fondés sur le caractère hypothétique du mode de calcul proposé par la partie civile pour évaluer le montant de son préjudice, alors que l'affirmation d'un tel préjudice résultait de la déclaration de culpabilité de la prévenue et qu'il lui appartenait, dans l'exercice de son pouvoir souverain d'appréciation, d'en rechercher l'étendue pour le réparer dans son intégralité [2]. Ne justifie pas sa décision la cour d'appel qui retient que l'intéressé ne peut prétendre à une indemnisation calculée sur le salaire à temps plein qu'il aurait perçu sans l'accident dès lors que, antérieurement à celui-ci, il travaillait à temps partiel, sans rechercher s'il n'avait pas été privé de la chance d'occuper un emploi à temps plein par la survenance de l'accident [3]. Méconnaît les articles 2 et 3 du code de procédure pénale et l'article 1382 (devenu 1240) du code civil, la cour d'appel qui, après avoir déclaré le prévenu, en sa qualité de gérant de fait, coupable d'abus de biens sociaux au préjudice d'une société coopérative, notamment pour avoir perçu, en sa qualité de directeur administratif et financier, des salaires exorbitants au regard des possibilités financières de l'entreprise, l'a condamné à payer à la partie civile la somme de 113 578 euros correspondant à l'intégralité des salaires perçus, alors que le préjudice subi ne pouvait être supérieur à l'excès de rémunération versée [4].

Le montant d'une réparation doit être calculé hors taxe dans la mesure où il est constaté que la victime ne procèdera pas effectivement à la remise en état [5]. En l'espèce, en excluant du dommage résultant de l'infraction le montant correspondant à une somme dont elle a constaté que la victime ne la dépenserait pas et qui ne constitue pas un gain dont elle sera privée, la cour d'appel n'a fait qu'user de son pouvoir d'apprécier souverainement, dans la limite des conclusions des parties, l'indemnité propre à réparer le préjudice né du délit.

932.133 **Pluralité des fautes.** Il résulte de l'article 1382 (devenu 1240) du code civil que, lorsque plusieurs fautes ont concouru à la production du dommage, la responsabilité de leurs auteurs se trouve engagée dans une mesure dont l'appréciation appartient souverainement aux juges du fond. Pour condamner le prévenu définitivement relaxé à réparer le préjudice (corporel) de la partie civile, une cour d'appel avait retenu que le prévenu a donné des coups de pagaie à la victime sur son flanc gauche et à la tête au cours d'une altercation, constitutifs de violence volontaire avec arme. « En statuant ainsi, sans rechercher [...] si la victime n'avait pas commis des fautes ayant concouru à la réalisation de son dommage, de nature à justifier une exclusion ou une atténuation de la responsabilité du prévenu, la cour d'appel n'a pas justifié sa décision » au regard de l'article 2 du code de procédure pénale et l'article précité [6]. Il résulte des articles 2 du code de procédure pénale et 1382, devenu 1240 du code civil que lorsque plusieurs fautes ont concouru à la production du dommage, la responsabilité de leurs auteurs se trouve engagée dans une mesure dont l'appréciation appartient souverainement aux juges du fond. Est de nature à constituer une telle faute le fait, pour la victime, de ne pas avoir pris les précautions utiles pour éviter le dommage [7]. Cette solution a été dégagée ici en matière de vol.

Par ailleurs, une personne, ayant concouru à la commission d'une infraction, ne saurait invoquer un préjudice personnel et direct résultant des faits délictueux auxquels elle a participé [8].

932.134 **Préjudice d'angoisse de mort imminente. Préjudice d'attente et d'inquiétude.** Par deux arrêts rendus en chambre mixte, la Cour de cassation consacre la spécificité du préjudice d'angoisse de mort imminente de la victime directe et celle du préjudice d'attente et d'inquiétude des proches et met un terme aux divergences jurisprudentielles quant à leur autonomie.

Le préjudice d'angoisse de mort imminente est lié à la conscience de la victime de sa mort et à la « douleur née de l'effroi de la représentation de sa propre fin » [9]. La Cour de cassation juge que « sans indemniser deux fois le même préjudice [...] la cour d'appel, tenue d'assurer la réparation intégrale du

1. Crim. 8 déc. 2020, n° 19-84.245, P ; *JCP* 2021, 16.
2. Crim. 10 déc. 2013, n° 13-80.954, P n° 250 ; *JCP* 2041. 138.
3. Crim. 18 févr. 2014, n° 12-87.629, P n° 43 ; *D.* 2014. 2362, obs. M. Bacache, A. Guégan-Lécuyer et S. Porchy-Simon.
4. Crim. 7 déc. 2016, n° 15-86.731, P ; *JCP* 2017. 81 ; *Rev. sociétés* 2017. 167, note B. Bouloc ; *RTD com.* 2017. 216, obs. B. Bouloc.
5. Crim. 27 mai 2021, n° 20-81.804, P ; *Procédures* n 2021, comm. 204, A.-S. Chavent-Leclère ; *JCP* 2021, 710.
6. Crim. 16 juin 2015, n° 13-88.263, P n° 148 ; *D.* 2015. 1370.
7. Crim. 20 oct. 2020, n° 19-84.641, NP, *AJ pénal* 2020. 584, obs. G. Beaussonie ; *Procédures* 2021, comm. 23 ; *JCP* 2020, 1286 ; *D. actualité*, 23 juin 2020, obs. H. Diaz ; *RSC* 2020. 699, obs. R. Parisot.
8. SUR L'IRRECEVABILITÉ des constitutions de partie civile de sociétés d'audit et d'expertise comptable : Crim. 30 mars 2021, n° 20-84.472, B ; *RSC* 2021. 353, obs. H. Matsopoulou.
9. P. Jourdain, « Les préjudices d'angoisse », *JCP* 2015. 739.

dommage sans perte ni profit pour la victime, a réparé, d'une part, les souffrances endurées du fait des blessures, d'autre part, de façon autonome, l'angoisse d'une mort imminente »[1].

L'arrêt du 23 mars 2022[2] définit ce qu'est un préjudice d'attente et d'inquiétude : « les proches d'une personne, qui apprennent que celle-ci se trouve ou s'est trouvée exposée, à l'occasion d'un évènement, individuel ou collectif, à un péril de nature à porter atteinte à son intégrité corporelle, éprouvent une inquiétude liée à la découverte soudaine de ce danger et à l'incertitude pesant sur son sort. La souffrance, qui survient antérieurement à la connaissance de la situation réelle de la personne exposée au péril et qui naît de l'attente et de l'incertitude, est en soi constitutive d'un préjudice directement lié aux circonstances contemporaines de l'évènement. Ce préjudice, qui se réalise ainsi entre la découverte de l'évènement par les proches et leur connaissance de son issue pour la personne exposée au péril, est, par sa nature et son intensité, un préjudice spécifique qui ouvre droit à indemnisation lorsque la victime directe a subi une atteinte grave ou est décédée des suites de cet évènement »[3].

Ce préjudice « que subissent les victimes par ricochet ne se confond pas [...] avec le préjudice d'affection, et ne se rattache à aucun autre poste de préjudice indemnisant ces victimes, mais constitue un préjudice spécifique qui est réparé de façon autonome »[4]. Par ces décisions, la Cour de cassation met fin à une différence de jurisprudence entre les différentes chambres de la Cour[5].

§ 5
Appel du civilement responsable

932.141 Appel autonome du civilement responsable. Le civilement responsable dispose d'un droit d'appel autonome qui ne dépend pas de celui éventuellement exercé par le prévenu. L'appel interjeté par un prévenu ne peut profiter à la personne civilement responsable non appelante, à l'égard de laquelle la décision du tribunal fixant le montant des dommages-intérêts est passée en force de chose jugée[6]. Il se déduit de l'article 500 du Code de procédure pénale que l'irrecevabilité de l'appel principal du prévenu rend irrecevable l'appel incident du ministère public et des parties civiles. Encourt dès lors la cassation l'arrêt qui, après avoir déclaré irrecevable l'appel interjeté par la demanderesse en qualité de représentante légale de son fils devenu majeur au moment de l'exercice de cette voie de recours, déclare recevables les appels incidents du ministère public et des parties civiles[7].

932.142 Appel du civilement responsable limité aux intérêts civils. L'appel du civilement responsable est limité aux intérêts civils. Il saisit la cour d'appel de l'action civile dans son intégralité[8]. Le civilement responsable ne peut discuter la condamnation à des mesures de publicité de la décision, lorsque celles-ci constituent des peines complémentaires infligées en réalité aux préposés seuls poursuivis pénalement.

932.143 Jurisprudence. La cour d'appel ne peut modifier, sur le seul appel du civilement responsable, ce qui a été jugé sur l'action publique.

Elle peut en revanche modifier les condamnations civiles dont la responsabilité a été mise à la charge de cette partie, et même la décharger de cette responsabilité[9]. Lorsque la cour d'appel est saisie des recours du prévenu sur les intérêts civils seulement et du recours du civilement responsable, le jugement est devenu définitif sur l'action publique, mais demeure soumise aux débats la question de la faute éventuelle de la victime qui est susceptible d'influer sur l'étendue de la réparation mise à la charge du prévenu[10].

Une personne déclarée civilement responsable par les premiers juges a intérêt à agir et a la faculté d'appeler de cette décision même si le jugement, à défaut de citation, lui est inopposable. En ce cas, toute évocation est impossible, et les juges d'appel ne peuvent statuer en considérant que le défaut de citation est couvert par l'exercice de l'appel[11]. Le commettant régulièrement cité en qualité de civilement responsable d'une infraction commise par son préposé n'est pas dépourvu d'intérêt à relever appel du jugement qui, bien qu'ayant omis par erreur de se prononcer sur les demandes dirigées contre lui, a

1. Cass., ch. mixte, 23 mars 2022, n° 20-15.624, B ; *AJ pénal* 2022. 262, obs. C. Lacroix.
2. Cass., ch. mixte, 23 mars 2022, n° 20-17.072, B ; *AJ pénal* 2022. 262, obs. C. Lacroix.
3. POUR UNE CRITIQUE de cette dernière condition : S. Porchy-Simon, « Vingt fois sur le métier remettez votre ouvrage », *D.* 2017. Chron. 2265 ; C. Lacroix, « Préjudice d'angoisse de mort imminente, préjudice d'attente et d'inquiétude des proches : reconnaissance de l'autonomie », *AJ pénal* 2022. 262.
4. Cass., ch. mixte, 23 mars 2022, n° 20-17.072, B ; *AJ pénal 2022*. 262, obs. C. Lacroix.
5. POUR LE RAPPEL de ces divergences, C. Lacroix, « Préjudice d'angoisse de mort imminente, préjudice d'attente et d'inquiétude des proches : reconnaissance de l'autonomie », *AJ pénal* 2022. 262.
6. Crim. 28 juin 1939, P n° 144 – Crim. 12 mars 1958, P n° 243.
7. Crim. 29 mai 2013, n° 12-83.326, P n° 123.
8. Crim. 6 nov. 1956, P n° 706 – Crim. 15 mai 1968, n° 67-90.511, P n° 158 – Crim. 27 oct. 1976, n° 76-90.062, P n° 302.
9. Crim. 31 oct. 1956, P n° 69.
10. Crim. 15 mai 1968, n° 67-90.511, P n° 158.
11. Crim. 13 déc. 1982, n° 80-91.114, P n° 282.

évalué l'étendue du dommage et fixé le montant des remboursements dus à l'organisme de sécurité sociale intervenant. En effet, le civilement responsable a intérêt à relever appel afin de faire réduire l'évaluation du dommage causé, et d'éviter de se voir opposer ultérieurement l'autorité de la chose jugée au cas où il serait attrait devant la juridiction civile en vue d'être condamné à réparer le dommage[1].

§ 6
Appel de l'assureur

932.151 Dispositions dérogatoires de l'article 509 du code de procédure pénale. L'article 509 du code de procédure pénale dispose que l'appel de l'assureur produit effet à l'égard de l'assuré en ce qui concerne l'action civile. Il s'agit là d'une *exception remarquable au principe de l'effet relatif des voies de recours*. Cet appel est, dans le délai de trois jours, notifié à l'assuré par lettre recommandée avec demande d'avis de réception adressée par l'assureur. Cette formalité n'est pas prévue à peine d'irrecevabilité de l'appel[2]. La notification de l'appel est prévue dans le seul intérêt de l'assuré ; la partie civile ne peut se prévaloir de l'inobservation de cette formalité[3]. Mais, faute d'avoir mis en cause l'assureur de la victime devant la juridiction répressive, dans les formes et délais prévus à l'article 388-1, alinéa 2, et 388-2 du code de procédure pénale, le prévenu et son assureur ne sauraient se faire un grief du refus, par la cour d'appel, de surseoir à statuer dans l'attente de cette mise en cause[4].

932.152 Absence de caractère définitif de la décision sur les intérêts civils. Du fait de l'appel de l'assureur, le jugement ne devient pas définitif en ce qui concerne l'action civile[5].

L'appel de l'assureur produit effet, en ce qui concerne l'action civile, à l'égard de l'assuré appelant mais défaillant[6]. Il produit le même effet sur l'assuré non appelant[7]. Ainsi, l'appel de l'assureur, même en l'absence de recours de l'assuré, d'une part, fait obstacle à ce que le jugement devienne définitif à l'égard de ce dernier, et d'autre part, permet à l'assureur de soumettre aux juges d'appel tous les moyens de défense que l'assuré aurait pu faire valoir lui-même[8]. L'assureur peut ainsi, dans la mesure de ses intérêts civils, remettre en cause devant la cour d'appel ce qui a été jugé en première instance, notamment quant à la qualification de l'infraction[9]. Il est aussi recevable à proposer une exception tirée de l'incompétence des juridictions de l'ordre judiciaire pour connaître de l'action civile dirigée contre son assuré[10]. Les juges du second degré peuvent aussi, sur les appels du civilement responsable, du prévenu et de son assureur, diminuer le montant des indemnités mises solidairement à la charge des appelants et du prévenu au profit des parties civiles, dès lors que l'appel de l'assureur produit effet, en ce qui concerne l'action civile, à l'égard de l'assuré lui-même ou, en matière de conduite de véhicule automobile, à l'égard de toute personne (le préposé du prévenu, dans le cas de l'espèce) qui, conduisant le véhicule assuré avec l'autorisation du propriétaire ou du souscripteur du contrat, était personnellement revêtue de la qualité d'assuré[11]. Doit être censurée la décision d'une cour d'appel qui, étant saisie par l'assureur du prévenu, avait déclaré irrecevable, à l'endroit de cet assureur seulement, la demande des ayants droit d'une victime d'un accident du travail, et maintenu à l'égard du prévenu - qui n'avait pas interjeté appel -, les condamnations civiles prononcées irrégulièrement à son encontre en première instance, s'agissant d'une réparation échappant au droit commun[12].

Le second alinéa de l'article 509 du code de procédure pénale ne déroge au principe de l'effet relatif des voies de recours qu'au profit de l'assuré. Il en résulte que l'arrêt, qui déclare que l'appel du prévenu, limité à l'action civile et formé dans le délai légal, doit produire effet a l'égard de son assureur, encourt la cassation[13]. Si c'est à tort qu'une cour d'appel, après avoir jugé que des sommes avaient été allouées à tort par le tribunal correctionnel en réparation du préjudice subi par les victimes d'une infraction, énonce qu'il n'appartient pas à la cour statuant en matière pénale de se prononcer sur la répétition de l'indu sollicitée par l'assureur du prévenu, l'arrêt n'encourt pas la censure dès lors que l'obligation de rembourser résultait de plein droit de la réformation de la décision de

1. Crim. 18 oct. 1983, n° 82-92.151, P n° 251.
2. Crim. 3 nov. 1988, n° 86-91.143, P n° 368.
3. Crim. 10 avr. 1986, n° 85-93.805, P n° 123 ; *Gaz. Pal.* 1986. 2. 744.
4. Crim. 29 févr. 2000, n° 85-93.805, P n° 87.
5. Crim. 3 nov. 1988, n° 86-91.143, P n° 368 – Crim. 7 mars 1989, n° 88-85.156, P n° 106.
6. Crim. 21 juin 1988, n° 87-85.437, P n° 280.
7. Crim. 19 avr. 1988, n° 87-84.200, P n° 165 ; *Gaz. Pal.* 1988. 2. Somm. 431 – Crim. 20 janv. 1993, n° 92-81.825, P n° 27 – Crim. 29 sept. 1993, n° 92-85.713, P n° 270.
8. Crim. 7 mars 1989, n° 88-85.156, P n° 106.
9. Crim. 26 mars 1992, n° 91-83.263, P n° 128 – Crim. 20 janv. 1993, n° 92-81.825, P n° 27.
10. Crim. 2 déc. 2003, n° 02-85.254, P n° 226 ; *D.* 2004. 539 ; *D.* 2005. 403, obs. J. Penneau ; *AJ pénal* 2004. 118, obs. A. Pitoun ; *RSC* 2004. 344, obs. Y. Mayaud ; *RSC* 2004. 671, obs. A. Giudicelli.
11. Crim. 19 avr. 1988, n° 87-84.200, P n° 165.
12. Crim. 3 nov. 1988, n° 86-91.143, P n° 368.
13. Crim. 19 juin 1996, n° 95-83.726, P n° 262.

première instance ayant indûment accordé des réparations aux parties civiles [1].

C'est par une appréciation souveraine des éléments contradictoirement débattus qu'une cour d'appel retient qu'un assureur avait renoncé à se prévaloir d'une cause de nullité du contrat en adressant un courrier à l'avocat de la victime d'un accident de la circulation dans laquelle elle reconnaissait au vu d'un procès-verbal de gendarmerie mentionnant explicitement la cause de nullité du contrat que le droit à indemnisation de ladite victime était intégral [2].

932.153 **Appel du prévenu – Absence d'incidence sur l'assureur.** La disposition de l'article 509, alinéa 2, [3] ne vaut que dans l'hypothèse de l'appel de l'assureur. Méconnaît, dès lors, l'effet dévolutif du recours d'un prévenu la cour d'appel qui déclare que ledit recours, limité à l'action civile, doit produire effet à l'égard de l'assureur du prévenu [4].

932.154 **Intervention de l'assureur pour la première fois en cause d'appel.** Si l'assureur intervient pour la première fois en cause d'appel, il peut, avant de discuter le fond, soulever une exception de non-garantie [5]. Il peut aussi invoquer l'exception prise de la fausse déclaration intentionnelle de l'assuré [6].

§ 7
Appel du Fonds de garantie ou d'indemnisation

932.161 **Intervention possible pour la première fois en cause d'appel.** Les différents Fonds de garantie ou d'indemnisation peuvent intervenir devant les juridictions répressives, et même pour la première fois en cause d'appel, en vue, notamment, de contester le principe ou le montant de l'indemnité réclamée, dans toutes les instances engagées entre les victimes d'accidents ou leurs ayants droit, d'une part, et les responsables ou leurs assureurs, d'autre part. Il intervient alors à titre principal et peut user de toutes les voies de recours ouvertes par la loi [7]. Le Fonds de garantie des assurances obligatoires de dommages, anciennement nommé Fonds de garantie automobile, qui agit à titre principal, peut user de la voie de l'appel, chaque fois qu'il y a intérêt, et notamment pour contester le principe ou le montant de l'indemnité réclamée, ou pour contester le défaut d'assurance d'un prévenu [8].

932.162 **Fonds de garantie : jurisprudence.** Le Fonds de garantie peut ainsi, même en l'absence d'un appel du prévenu, demander une modification du partage de responsabilité décidé par le tribunal [9]. Le défaut d'appel soit de la partie civile, soit du prévenu, ne peut modifier l'appel du fonds [10] tandis que logiquement l'appel du Fonds de garantie ne saurait avoir pour effet, en l'absence d'appel du prévenu, de modifier le jugement dans un sens défavorable à la partie civile qui a également interjeté appel [11]. Une cour d'appel ne saurait sans encourir la censure, lorsqu'un prévenu a été déclaré coupable en première instance de défaut d'assurance, dire que le Fonds de garantie n'a pas qualité pour remettre en cause les effets civils de cette déclaration de culpabilité [12].

Les dispositions de l'article 515 du code de procédure pénale, en présence des seuls appels du prévenu ou du civilement responsable, ne peuvent affecter en rien les rapports existant entre le Fonds de garantie, d'une part, et les victimes d'accidents corporels ou leurs ayants cause, ou encore les responsables, d'autre part, dès lors que le Fonds de garantie automobile peut intervenir devant les juridictions répressives en vue de contester le principe ou le montant de l'indemnité réclamée par la victime [13]. Lorsque ni le prévenu, ni la partie civile n'ont exercé de recours, la réformation éventuelle du jugement se limite aux rapports existant, d'une part, entre le Fonds de garantie et la victime, laquelle ne pourrait agir à l'encontre du fonds que dans les limites de la nouvelle condamnation, et, d'autre part, entre le fonds et le prévenu [14].

Si la juridiction saisie d'un appel du Fonds de garantie ne peut, en l'absence du recours du prévenu lui-même, diminuer le montant des indemnités mises par le tribunal à la charge dudit prévenu au profit de la partie civile, elle n'en doit pas moins, à la demande du fonds et en vue de régler les rapports de cet organisme avec la victime, statuer de nouveau sur le préjudice de celle-ci [15]. L'indemnité allouée

1. Crim. 25 mars 2014, n° 12-84.668, P n° 92 ; *D.* 2014. 826 ; *Dr. pénal* 2014. Comm. 81, A. Maron et M. Haas.
2. Crim. 4 juin 2013, n° 12-84.557, P n° 125 ; *Dr. pénal* 2013. Comm. 133, A. Maron et M. Haas.
3. V. s^{s} n° 932.143.
4. Crim. 19 juin 1996, n° 95-83.726, préc.
5. Crim. 22 avr. 1986, n° 85-94.303, P n° 135.
6. Crim. 29 mai 1986, n° 85-92.471, P n° 183.
7. C. assur., art. L. 421-5.
8. Crim. 15 oct. 1975, n° 74-93.064, P n° 216 – Crim. 28 avr. 1987, n° 85-92.490, P n° 172 – Crim. 12 mai 1987, n° 86-90.193, P n° 193.
9. Crim. 17 janv. 1973, n° 72-92.337, P n° 19.
10. Crim. 6 nov. 1984, n° 82-94.284, P n° 333.
11. Crim. 8 déc. 1960, P n° 578 – Crim. 1er févr. 1982, n° 80-90.537, P n° 33 – Crim. 20 juin 1991, n° 90-81.146, P n° 269.
12. Crim. 28 avr. 1987, n° 85-92.490, P n° 172.
13. Crim. 7 mars 1963, n° 62-92.752, P n° 110.
14. Crim. 7 mars 1963, n° 62-92.752, préc. – Crim. 14 mars 1963, n° 61-93.785, P n° 121.
15. Crim. 20 juin 1991, n° 90-80.756, P n° 268 – Crim. 20 juin 1991, n° 90-81.146, P n° 269.

par les premiers juges à la partie civile est définitivement fixée à l'égard du prévenu non appelant, mais elle peut être réduite à l'égard du Fonds de garantie, seul appelant[1]. Il doit être statué sur l'appel du Fonds de garantie même si la condamnation prononcée contre le prévenu par un jugement de défaut reste susceptible d'opposition, dès lors que si les rapports entre la partie civile et le prévenu ne peuvent être remis en cause par l'appel du Fonds de garantie, il n'en est pas de même des rapports du fonds et de la partie civile, tels qu'ils découlent du jugement commun contradictoirement rendu en leur présence[2].

§ 8
Appel du tiers payeur ou intéressé

932.171 Tiers intéressé. Sur le fondement de l'article 6 § 1 de la convention européenne des droits de l'homme, la chambre criminelle a censuré l'arrêt d'une cour d'appel ayant retenu qu'était irrecevable l'appel du propriétaire d'un objet ayant servi à masquer une fraude douanière et dont la confiscation a été ordonnée, aux motifs que l'appelant n'a ni la qualité de prévenu, ni de partie civile ou de civilement responsable exigée par l'article 497 du code de procédure pénale, et qu'il n'est pas intervenu en première instance[3].

932.172 Tiers payeur. Le tiers payeur est la personne ou l'organisme qui a été appelé à indemniser, en tout ou en partie, la victime d'un dommage corporel. Le tiers payeur, dont l'intervention régulière a été admise par les premiers juges, est partie à instance et dispose d'un droit propre d'appel lui permettant de déférer la décision aux juges du second degré, dans la limite de ses intérêts, même si la partie aux droits de laquelle il est subrogé n'a pas usé de cette voie de recours[4]. Les caisses de sécurité sociale, régulièrement intervenues à l'instance, ont la faculté d'interjeter appel de façon autonome, indépendamment de la position adoptée par la partie civile[5]. Même non appelantes, elles peuvent prétendre, au remboursement des dépenses engagées depuis le jugement, à raison du dommage causé par l'infraction[6].

932.173 Conséquences de l'appel d'un organisme social pour la partie civile. La cour d'appel, saisie du seul recours de l'organisme social doit examiner ses demandes, sans s'arrêter à la considération que le surcroît de remboursements qu'elle serait conduite à ordonner aurait pour effet de réduire l'indemnité complémentaire allouée à la victime. En effet, le montant de l'indemnité allouée à la victime est devenu définitif du fait du non-appel de cette dernière, mais la cour *a le devoir d'imputer, sur la somme fixée en réparation du préjudice subi par la victime, le montant des remboursements accordés aux organismes de sécurité sociale*[7].

SECTION 4
APPEL LIMITÉ AUX FAITS SOUMIS AU TRIBUNAL CORRECTIONNEL

932.181 Prohibition de l'introduction de faits nouveaux. La saisine de la cour ne s'étend pas aux faits non soumis au tribunal[8]. Mais la saisine de la cour est déterminée par la saisine du tribunal et non par le jugement : si le tribunal a omis de statuer sur des faits dont il était saisi, la cour doit réparer cette omission en statuant sur les faits omis[9].

932.182 Possibilité de qualifier différemment les faits soumis à la cour. La prohibition de statuer sur des faits nouveaux ne s'étend pas aux *circonstances du fait principal se rattachant à lui et propres à le caractériser*[10][11]. C'est le cas principalement pour les circonstances aggravantes qui ne constituent pas des faits nouveaux mais des circonstances du fait principal. La cour d'appel est compétente pour statuer sur la prévention, alors même que le fait objet de la poursuite a reçu des débats une modification, notamment quant à ses conséquences, dès lors qu'elle ne statue pas sur un fait nouveau entièrement distinct de celui visé par l'acte de poursuite[12]. La chambre criminelle avait eu l'occasion de juger, à propos de la circonstance aggravante de récidive

1. Crim. 14 mars 1963, n° 61-93.785, préc. – Crim. 28 avr. 1970, n° 69-93.060, P n° 146 – Crim. 24 oct. 1972, n° 72-90.451, P n° 301 – Crim. 8 oct. 1975, n° 73-93.619, P n° 210 – Crim. 15 oct. 1975, n° 74-93.064, P n° 216 – Crim. 1er févr. 1982, n° 80-90.537, P n° 33 – Crim. 6 nov. 1984, n° 82-94.284, P n° 333.
2. Crim. 22 févr. 1973, n° 72-91.322, P n° 94.
3. Crim. 29 nov. 2000, n° 99-85.366, P n° 356 ; *D.* 2001. 746 ; *RSC* 2001. 374, obs. B. Bouloc ; *RSC* 2001. 410, obs. D.-N. Commaret.
4. Crim. 23 juin 1993, n° 92-86.295, P n° 220.
5. Crim. 15 juin 1976, n° 75-91.782, P n° 213.
6. Crim. 4 mai 1971, n° 69-91.837, P n° 134 – Crim. 4 janv. 1980, n° 79-90.687, P n° 6.
7. Crim. 10 janv. 1962, P n° 28.
8. Crim. 21 mars 1979, n° 78-92.998, P n° 115.
9. Crim. 16 mars 1960, P n° 151 – Crim. 22 juill. 1964, n° 63-90.033, P n° 245.
10. Crim. 10 janv. 1974, n° 72-91.584, P n° 18 – Crim. 10 mars 1977, n° 75-91.224, P n° 92 ; *D.* 1977. IR 371.
11. SUR le pouvoir de requalification du tribunal correctionnel, v. ss nos 551.11 s. – SUR le pouvoir de requalification de la cour d'appel, v. ss nos 941.41 s.
12. Crim. 9 nov. 1950, P n° 250 – Crim. 10 janv. 1974, n° 72-91.584, P n° 18.

que, lorsqu'elle n'avait été visée pour la première fois que dans la citation à comparaître devant la cour d'appel, elle ne pouvait être retenue par la cour si le prévenu n'avait pas été mis en mesure de se défendre sur ce point[1].

Depuis la loi du 12 décembre 2005, l'article 132-16-5 du code pénal dispose que : « L'état de récidive légale peut être relevé d'office par la juridiction de jugement même lorsqu'il n'est pas mentionné dans l'acte de poursuites, dès lors qu'au cours de l'audience la personne poursuivie en a été informée et qu'elle a été mise en mesure d'être assistée d'un avocat et de faire valoir ses observations. »[2] [3]

932.183 Prohibition de principe des demandes nouvelles. Aux termes de l'article 515, alinéa 3, du code de procédure pénale, la partie civile ne peut, en cause d'appel, former aucune demande nouvelle, mais il lui est toutefois loisible de solliciter une *augmentation des dommages-intérêts pour le préjudice souffert depuis le jugement de première instance*. Le Conseil constitutionnel a inscrit cette règle sous l'égide du double degré de juridiction et du principe de l'égalité devant la justice[4]. Si cette interdiction est étendue à toutes les parties, elle n'est pas d'ordre public et *l'irrecevabilité des demandes nouvelles ne peut être soulevée d'office par les juges d'appel*[5]. Elle ne peut être pour les mêmes raisons proposée pour la première fois devant la Cour de cassation[6].

La demande est nouvelle, lorsqu'elle se fonde sur une *cause* différente[7] ou lorsque son *objet* est différent[8].

La demande est nouvelle lorsqu'elle est formée au nom d'une *personne* qui n'était pas partie en première instance[9].

Est nouvelle la demande formée par une caisse de sécurité sociale qui avait omis de réclamer le remboursement de prestations servies avant le jugement[10] ou qui, régulièrement assignée en première instance, avait déclaré n'avoir aucune créance à faire valoir et qui avait conclu à sa mise hors de cause[11].

La partie civile qui s'est bornée à mentionner « pour mémoire » dans ses conclusions présentées devant les premiers juges un chef de dommage dont elle a souffert, ne peut en solliciter réparation pour la première fois devant la cour d'appel[12] mais ne constitue pas une demande nouvelle la demande de dommages-intérêts chiffrée pour la première fois en cause d'appel, dans les cas où la juridiction du premier degré n'a pu statuer, n'étant pas saisie par la partie civile de conclusions chiffrées[13].

Est recevable la demande de la partie civile qui avait déjà invoqué l'incidence fonctionnelle d'un accident, et qui devant la cour d'appel, détaille ce chef de préjudice de façon modifiée, ou en propose une évaluation différente, dès lors que le chef de dommage avait déjà été soumis au débat de première instance : « Une juridiction statuant sur l'évaluation du dommage éprouvé par la victime d'une infraction ne peut, sans méconnaître l'autorité de la chose jugée, refuser de tenir compte d'un élément de préjudice dont l'existence a été reconnue dans le dispositif d'une décision antérieure devenue définitive. »[14] Les dispositions de l'article 515, alinéa 3, du code de procédure pénale, prohibant en cause d'appel les demandes nouvelles, ne sauraient interdire à la partie civile d'élever le montant de sa demande pour un chef de dommage déjà soumis au premier juge[15]. De même, le principe de l'autorité de la chose jugée ne fait pas obstacle à ce que les juges du second degré, statuant sur le seul appel de la partie civile d'un jugement ayant définitivement condamné le prévenu pour défaut d'assurance et fait droit à l'exception de non garantie de l'assureur mis en cause, recherchent, en application des règles du droit civil, si la garantie de ce dernier est due[16]. Enfin, la chambre criminelle a récemment jugé, au visa du principe de l'autorité de la chose jugée au pénal sur le civil, que si la responsabilité civile du prévenu reconnu définitivement coupable de contravention de violences est acquise, le lien de causalité entre ces violences et les préjudices dont la

1. Crim. 20 mars 1996, n° 95-83.060, P n° 123 – Crim. 3 avr. 1996, n° 95-84.638, P n° 154.
2. Cassation lorsque le procès-verbal des débats d'une cour d'assises n'en fait pas mention : Crim. 16 janv. 2008, n° 07-83.218, P n° 11 ; *D.* 2008. 487 ; *AJ pénal* 2008. 138 – Crim. 17 févr. 2010, n° 09-84.193, P n° 33 ; *AJ pénal* 2010. 284, obs. J. Lasserre Capdeville.
3. Sur les autres difficultés de requalification par la cour d'appel, et notamment la requalification du délit en contravention et la requalification du délit en crime, v. s^s n°s 941.43 et 941.44.
4. Cons. const., 20 janv. 1981, n° 80-127 DC, art., non conformes 66, 92, 94 et 100, al. 2, de la loi, *loi renforçant la sécurité et protégeant la liberté des personnes*, NON-CONFORMITÉ PARTIELLE, *JO* 22 janv., p. 308 ; *JCP* 1981. II. 19701, note C. Franck.
5. Crim. 20 juill. 1976, n° 75-90.109, P n° 259 ; *D.* 1976. IR 249 ; *Gaz. Pal.* 1976. 2. Somm. 304 – Crim. 7 févr. 1984, n° 82-92.131, P n° 42 – Crim. 8 juin 1988, n° 87-85.092, P n° 263 – Crim. 18 oct. 1988, n° 84-94.959, P n° 349 – Crim. 18 sept. 1996, n° 95-84.134, P n° 318.
6. Crim. 3 mars 1977, n° 74-92.884, P n° 86 – Crim. 18 oct. 1988, n° 84-94.959, P n° 349 – Crim. 18 sept. 1996, n° 95-84.134, P n° 318.
7. Crim. 20 févr. 1963, n° 62-90.595, P n° 83.
8. Crim. 24 févr. 1960, P n° 110.
9. Crim. 5 mars 1964, n° 63-92.263, P n° 82.
10. Crim. 4 déc. 1963, n° 63-91.050, P n° 347.
11. Crim. 29 mai 1984, n° 82-93.231, P n° 198.
12. Crim. 22 mars 1973, n° 72-92.265, P n° 145.
13. Crim. 6 févr. 1957, P n° 122.
14. Crim. 13 déc. 1983, n° 81-93.393, P n° 339 (v. s^s n° 932.01).
15. Crim. 18 mars 2014, n° 12-83.274, P n° 81 ; *D.* 2014. 779 ; *JCP* 2014. 480.
16. Crim. 11 juill. 2017, n° 16-82.904, P+B ; *JCP* 2017. 986 ; *Dr. pénal* 2017, comm. 153, A. Maron et M. Haas.

partie civile demande réparation reste en discussion, dans la limite des faits constatés qui constituent le soutien nécessaire de la condamnation pénale. En s'interdisant de rechercher, comme cela lui était demandé par M. B..., si la fracture de la main droite subie par M. R... lors de l'altercation ne résultait pas d'un coup de poing porté par lui à M. B..., et non des violences dont celui-ci avait été définitivement déclaré coupable, la cour d'appel a méconnu le principe ci-dessus rappelé[1].

N'est pas nouvelle la demande formée pour la première fois en appel *alors que le tribunal avait statué par un seul jugement sur l'exception d'incompétence et sur le fond sans mettre la partie civile en mesure de compléter sa demande*[2].

N'est pas nouvelle la demande tendant à élever le montant des dommages-intérêts sollicités en première instance alors qu'une telle demande ne tendait qu'à opérer une juste réévaluation de ceux-ci en cause d'appel[3].

Ne constitue pas une demande nouvelle la demande par laquelle, pour la première fois en cause d'appel, la partie civile demande l'application des règles de droit civil prévue par l'article 470-1 du code de procédure pénale, une telle demande ayant pour objet, comme l'action civile originaire, la réparation du dommage résultant des faits poursuivis[4]. La deuxième chambre civile de la Cour de cassation a opéré un revirement de jurisprudence, en décidant que le principe de concentration des moyens ne s'étend pas à la simple faculté que la partie civile tire de l'article 470-1 du Code de procédure pénale de présenter au juge pénal une demande visant à obtenir, selon les règles du droit civil, réparation de tous les dommages résultant des faits ayant fondé la poursuite. Une partie civile qui n'a pas usé de cette faculté peut donc saisir le juge civil d'une demande de dommages et intérêts[5]. Est recevable la demande tendant aux mêmes fins que celle soumise aux premiers juges, mais reposant sur un fondement juridique différent[6].

Ne donne pas de base légale à sa décision la cour d'appel qui écarte, comme nouvelles, des demandes de réparation des préjudices fonctionnels temporaire et permanent, demandes formées en application de l'article 25 de la loi du 21 décembre 2006, alors que, devant les premiers juges, la partie civile avait demandé que soient réparés, au titre de son préjudice d'agrément, l'ensemble des troubles dans ses conditions d'existence[7].

932.184 Augmentation des dommages-intérêts. La partie civile qui a obtenu en première instance le montant intégral des dommages-intérêts réclamés ne peut, en cause d'appel, demander une augmentation de ce montant, sauf à démontrer l'existence d'un préjudice souffert depuis la décision de première instance[8]. La chambre criminelle évoque un « *préjudice nouveau se rattachant directement aux faits dont il est la conséquence et le développement* »[9]. Une partie civile qui a conclu en première instance à la réparation du préjudice résultant d'une incapacité permanente partielle peut demander en appel une indemnisation du préjudice économique ou physiologique[10]. La demande de complément d'indemnité ne peut concerner une période antérieure à la décision de jugement[11]. La cour d'appel a cette possibilité y compris en l'absence d'appel de la partie civile[12]. Une cour d'appel ne saurait, sans dépasser les limites de sa compétence, accueillir la demande des héritiers de la victime d'un délit de blessures involontaires en réparation du dommage personnel que leur aurait causé le décès de leur auteur, cet événement étant survenu en cours de procédure, mais postérieurement à la déclaration de culpabilité définitivement prononcée sur le fondement de l'infraction initialement poursuivie[13]. La victime, constituée partie civile en première instance, non appelante, peut demander une augmentation des dommages et intérêts pour le préjudice subi depuis la première décision mais l'arrêt civil de la cour d'assises, statuant en appel, qui accorde à une partie civile des dommages et intérêts sans préciser qu'ils réparent un préjudice souffert depuis la décision de première instance encourt la cassation[14].

1. Crim. 5 déc. 2017, nº 17-80.688, F-P+B ; *D.* 2017. 2537 ; *JCP* 2018, 106 ; *Procédures* 2018, comm. 56, A.-S. Chavent-Leclère, préc. (v. s^{s} nº 921.21).
2. Crim. 17 juin 1992, nº 91-84.213, P nº 241 – Crim. 23 juin 1993, nº 92-85.106, P nº 219 – Crim. 25 mai 2005, nº 04-86.930, P nº 156 ; *D.* 2005. IR 1802 ; *JCP* 2005. IV. 2549.
3. Crim. 30 juin 2009, nº 08-86.096, NP, *Procédures* 2009, nº 370, note J. Buisson.
4. Crim. 11 mars 1986, nº 85-91.048, P nº 98 ; *Gaz. Pal.* 1986. 2. 719 – Crim. 20 oct. 1986, nº 85-92.876, P nº 291.
5. Civ. 3e, 15 nov. 2018, nº 17-18.656, P III, nº 75 ; *Procédures* 2019, étude 3, A Cerf et T Le Bars ; V. AUSSI Civ. 2e, 6 déc. 2018, nº 17-27.086, NP.
6. Crim. 29 juin 1999, nº 98-81.962, P nº 164.
7. Crim. 7 oct. 2008, nº 07-87.792, P nº 202 ; *D.* 2008. AJ 2797 ; *AJ pénal* 2009. 36, obs. C. Duparc.
8. Crim. 18 sept. 2007, nº 07-80.684, P nº 209 ; *AJ pénal* 2007. 492.
9. Crim. 13 juill. 1967, nº 66-20.211, P nº 217 – Crim. 6 févr. 1974, nº 73-91.384, P nº 56 ; *D.* 1974. Somm. 33 – Crim. 17 mars 1993, nº 92-83.595, P nº 119 – Crim. 22 mars 1995, nº 94-82.818, P nº 118 – Crim. 18 sept. 2007, nº 07-80.684, P nº 209 ; *AJ pénal* 2007. 492.
10. Crim. 18 oct. 1993, nº 92-84.261, P nº 296.
11. Crim. 28 mai 1973, nº 72-92.299, P nº 240.
12. Crim. 13 juill. 1967, nº 66-20.211, P nº 217 – Crim. 4 mai 1971, nº 69-91.837, P nº 134 ; *Gaz. Pal.* 1971. 1. 367.
13. Crim. 27 nov. 1962, P nº 341.
14. Crim. 22 janv. 2020, nº 19-80.122, P ; *JCP* 2020, 196 ; *Procédures* 2020, comm. 72, A.-S. Chavent-Leclère.

932.185 Demande nouvelle et argument nouveau – Distinction. Les parties peuvent soumettre à la cour d'appel des arguments nouveaux mais, s'agissant des exceptions, il est le plus souvent indispensable qu'elles aient été présentées avant toute défense au fond c'est-à-dire déjà devant le tribunal correctionnel[1]. N'est pas nouvelle au sens de l'article 515 du code de procédure pénale la demande faite par la partie civile pour la première fois en cause d'appel aux fins d'application de l'article 1384 du code civil sur la responsabilité du gardien, dans la mesure où il s'agit d'un moyen nouveau au soutien d'une prévention qui demeure unique[2].

932.186 Incidence sur les tiers payeurs. En cas d'accident imputable à un tiers, l'omission, par la victime constituée partie civile, d'invoquer certains chefs de préjudice, ne peut mettre obstacle au droit des tiers payeurs, dont la demande ne peut être qualifiée de nouvelle, d'obtenir que l'ensemble du dommage résultant de l'infraction, à l'exclusion du préjudice à caractère personnel, soit pris en compte pour déterminer le montant de l'indemnité dans la limite de laquelle ils peuvent exercer leur recours[3].

932.187 Le prévenu peut-il accepter d'être jugé sur des faits nouveaux qui n'ont pas été soumis à la juridiction du premier degré ? La chambre criminelle use souvent d'une formule selon laquelle : « S'il appartient aux juges répressifs de restituer aux faits dont ils sont saisis leur véritable qualification, c'est à la condition de n'y rien ajouter, sauf acceptation expresse par le prévenu d'être jugé sur des faits non compris dans la poursuite. »[4]

Les faits que l'on va retenir sont alors des faits non compris dans la poursuite. Informé par la cour de l'intention d'y faire appel, le prévenu doit non seulement avoir la parole, comme c'est le cas dans l'hypothèse de « requalification stricte », mais donner son accord à être jugé. Par exemple, dans l'arrêt du 27 avril 2000, il s'agit d'une requalification de recel d'abus de confiance en abus de confiance. Les faits ne sont pas les mêmes et il faut l'accord de la personne pour qu'elle soit jugée sur-le-champ. Il peut s'agir parfois de la seule modification d'alinéa, au sein du même article, lorsque le cas avait été tranché par l'ordonnance de renvoi du juge d'instruction. Ainsi, saisie par l'ordonnance de renvoi, du délit d'extorsion de signature à l'aide la menace de révélations ou d'imputations diffamatoires, prévu par l'article 400, alinéa 2, du code pénal, la cour d'appel ne saurait retenir à l'encontre du prévenu le délit d'extorsion de signature par force, violence ou contrainte, dès lors que, ces éléments ayant été exclus par l'ordonnance de renvoi, la cour d'appel ne constate pas que le prévenu ait été mis en mesure de se défendre sur ces faits demeurés étrangers à la cause[5]. Le prévenu qui accepte d'être jugé pour provocation à un crime ou délit n'accepte pas d'être jugé pour provocation à un acte de terrorisme[6]. En d'autres terme, les actes de terrorisme sont des crimes ou délits qui doivent être accomplis en relation avec une entreprise individuelle ou collective ayant pour but de troubler gravement l'ordre public par l'intimidation ou la terreur. Cette relation doit être visée dans l'acte de poursuite, ou acceptée par le prévenu qui comparaît volontairement, pour être incluse dans la saisine de la juridiction de jugement devant connaître d'un acte de provocation. Par ailleurs, dans le cas d'espèce, si le prévenu avait accepté la requalification de l'infraction de menace en délit de provocation à commettre un crime ou un délit, tel n'était pas le cas s'agissant de la provocation directe à commettre un acte de terrorisme. Il résulte de ces éléments, malgré quelques avis divergents, que l'article 388 est applicable en cause d'appel.

1. SUR les exceptions de nullité, v. s[s] titre 61 ; sur les autres exceptions, s[s] titre 62.
2. Paris, 18 avr. 1985, *Gaz. Pal.* 1985. 2. 501 – Crim. 11 mars 1986, n° 85-91.048, P n° 98 – Crim. 20 oct. 1986, n° 85-92.876, P n° 291.
3. Crim. 11 juill. 1990, n° 89-80.898, P n° 285.
4. Crim. 12 mai 1970, n° 69-92.964, P n° 161 – Crim. 6 mai 1971, n° 70-93.160, P n° 140 – Crim. 15 juin 1977, n° 76-93.274, P n° 223 – Crim. 2 nov. 1978, n° 77-91.635, P n° 293 – Crim. 26 janv. 1982, n° 81-92.141, P n° 32 – Crim. 27 avr. 2000, n° 99-83.648, P n° 171 (v. s[s] n° 932.01).
5. Crim. 26 janv. 1982, n° 81-92.141, P n° 32.
6. Crim. 10 janv. 2023, n° 20-85.968, B ; *JCP* 2023, act 309, obs E. Dreyer.

TITRE

94. Les décisions de la chambre des appels correctionnels

SECTION 0

ORIENTEUR

94.00 **Sommaire du titre.**

CHAPITRE

941. Infirmation, confirmation, changement de qualification

SECTION 0 ORIENTEUR

941.00 **Sommaire du chapitre.**

941.01 **Principaux textes applicables.**

TEXTES SOURCES

• C. pr. pén., art. 464, 468, 505-1, 514, 515 à 519

• C. civ., art. 2052, 2053

TEXTES *IN EXTENSO*

• **C. pr. pén., art. 464**

* V. s^s n° 931.01.

• **C. pr. pén., art. 468**

Si le prévenu bénéficie d'une cause légale d'exemption de peine, le tribunal le déclare coupable et l'exempte de peine. Il statue, s'il y a lieu, sur l'action civile, ainsi qu'il est dit aux deuxième et troisième alinéas de l'article 464.

• **C. pr. pén., art. 505-1** [mod. par L. n° 2016-731, 3 juin 2016, art. 93]

* V. s^s n° 913.01

• **C. pr. pén., art. 514 à 519**

* V. s^s n° 922.01

• **C. civ., art. 2052** [mod. par L. n° 2016-1547, 18 nov. 2016, art. 10]

La transaction fait obstacle à l'introduction ou à la poursuite entre les parties d'une action en justice ayant le même objet.

941.02 **Jurisprudence de référence.**

> Les dispositions de l'article 515, alinéa 2, ne font pas obstacle à ce que le prévenu relaxé en première instance puisse saisir la juridiction du second degré, statuant sur le seul appel de la partie civile ayant mis en mouvement l'action publique, d'une demande tendant à faire constater que la poursuite exercée est abusive et qu'elle lui cause un préjudice ouvrant droit à réparation

• **Crim. 27 mai 2004,** n° 03-81.080, P n° 140

* V. s^s n° 941.22.

« Sur le second moyen de cassation, pris de la violation des articles 515 et 472 du code de procédure pénale ;

Attendu que, statuant sur le seul appel, par les parties civiles, du jugement ayant relaxé Philippe Z..., qui n'avait pas formé en première instance de demande sur le fondement de l'article 472 du code de procédure pénale, l'arrêt attaqué déboute ces parties civiles de leurs prétentions et les condamne à payer des dommages-intérêts à l'intimé en application du texte précité ;

Attendu qu'en cet état, la cour d'appel a fait l'exacte application des articles 472, 515 et 516 du code de procédure pénale ;

Qu'en effet, les dispositions de l'article 515, alinéa 2, ne font pas obstacle à ce que le prévenu relaxé en première instance puisse saisir la juridiction du second degré, statuant sur le seul appel de la partie civile ayant mis en mouvement l'action publique, d'une demande tendant à faire constater que la poursuite exercée est abusive et qu'elle lui cause un préjudice ouvrant droit à réparation ;

Qu'il n'importe que, devant les premiers juges, le prévenu n'ait pas sollicité de dommages-intérêts sur le fondement de l'article 472 du code précité ;

D'où il suit que le moyen ne saurait être accueilli ;

Et attendu que l'arrêt est régulier en la forme ;

REJETTE les pourvois. »

> Les arrêts rendus par les cours d'appel ne peuvent être annulés que par la voie de l'opposition ou du pourvoi en cassation et, en conséquence, une cour d'appel ne peut rétracter l'arrêt qu'elle a rendu

• **Crim. 27 sept. 2016,** n° 16-80.642, P

* V. s^s n° 941.51.

« Vu les articles 489 et suivants, 567 et suivants du Code de procédure pénale ;

Attendu que les arrêts rendus par les cours d'appel ne peuvent être annulés que par la voie de l'opposition ou du pourvoi en cassation ; qu'une cour d'appel ne peut en conséquence rétracter l'arrêt qu'elle a rendu ;

Attendu qu'il résulte de l'arrêt attaqué et des pièces de procédure qu'à la suite d'un accident du travail ayant causé le décès de Juan A..., la société de droit espagnol Vias y Renovacion a été déclarée coupable d'homicide involontaire et responsable des préjudices subis par les parties civiles ; que, prononçant sur les intérêts civils, la cour d'appel, après avoir ordonné la réouverture des débats sur le préjudice économique en invitant la veuve de la victime à justifier des revenus du couple et de ses revenus personnels avant l'accident, par arrêt du 16 avril 2015, a constaté l'absence de production des pièces et l'a déboutée de sa demande ; que Mme X... a présenté une requête en rétractation d'arrêt ;

Attendu que, pour prononcer le rabat de l'arrêt et ordonner le renvoi de l'affaire, l'arrêt relève qu'à la suite d'un dysfonctionnement du service du greffe de la cour, les magistrats de la chambre correctionnelle n'ont pas eu connaissance des pièces communiquées par l'avocat de la partie civile ; que les juges ajoutent que ce défaut de connaissance, non imputable à l'intéressée, a eu une influence déterminante sur l'arrêt rendu le 16 avril 2015 ;

Mais attendu qu'en statuant ainsi, la cour d'appel a méconnu le sens et la portée des textes susvisés et le principe ci-dessus rappelé. »

SECTION 1
IRRECEVABILITÉ DE L'APPEL

941.11 Irrecevabilité prononcée par le président de la chambre des appels correctionnels. Aux termes de l'article 505-1 [1] du code de procédure pénale, modifié par la loi du 3 juin 2016 [2] : « Lorsqu'il est fait appel après expiration des délais prévus aux articles 498, 500 ou 505, lorsque l'appel est devenu sans objet, qu'il a été formé sans respecter les formalités prévues à l'article 502 ou qu'il a été formé hors les cas mentionnés à l'article 546 ou lorsque l'appelant s'est désisté de son appel, le président de la chambre des appels correctionnels rend d'office une ordonnance de non-admission de l'appel qui n'est pas susceptible de voies de recours. » [3].

Il résulte de la combinaison des articles 505-1 et 568 du Code de procédure pénale que le prévenu a 5 jours francs, après celui où l'ordonnance du président de la chambre des appels correctionnels constatant le désistement d'appel lui a été signifiée, pour se pourvoir devant la Cour de cassation contre cette décision. En l'absence d'une signification régulière, les pourvois en cassation qui ont été formés après l'expiration du délai légal sont recevables. Si l'ordonnance de non-admission d'appel du président de la chambre des appels correctionnels n'est pas susceptible de recours, il en est autrement lorsque son examen fait apparaître un excès de pouvoir. Aux termes de l'article 500-1 du Code de procédure pénale, le désistement par le prévenu ou la partie civile de son appel principal entraîne la caducité des appels incidents, y compris celui du ministère public. Il s'en déduit que lorsque le ministère public se désiste de son appel principal, ce désistement n'entraîne pas la caducité des appels incidents [4].

941.12 Irrecevabilité prononcée par la chambre des appels correctionnels. Le fait que le président de la chambre des appels correctionnels n'ait pas exercé son rôle de filtre n'empêche pas la cour d'appel, dans sa formation de jugement, de pouvoir estimer que l'appel est tardif ou irrégulièrement formé. Elle le déclare alors irrecevable [5]. Si elle est saisie de multiples appels, elle ne peut se dispenser de répondre aux conclusions des parties qui, même si elles sont irrecevables en leurs recours, n'en demeurent pas moins intimées sur l'appel des autres parties à la procédure [6].

SECTION 2
CONFIRMATION DU JUGEMENT

941.21 Article 514 du code de procédure pénale. Selon l'alinéa 2 de l'article 514 du code de procédure pénale, si elle estime que l'appel, bien que recevable, n'est pas fondé, la chambre des appels correctionnels confirme le jugement attaqué. En fait, la chambre des appels correctionnels peut tout à la fois confirmer le jugement attaqué en ce qui concerne la culpabilité du ou des prévenus et modifier le *quantum* de la peine prononcée. Il s'agit alors d'une confirmation sur la culpabilité et d'une infirmation sur le surplus. Elle peut encore confirmer le jugement par substitution de motifs.

941.22 Incidence de la confirmation du jugement de relaxe sur la demande de dommages-intérêts. Dans un premier temps, la chambre criminelle avait estimé que sur le seul appel de la partie civile ayant mis l'action publique en mouvement, la cour d'appel qui a confirmé le jugement de relaxe ne peut condamner la partie civile sur le fondement de l'article 472 du code de procédure pénale à des

1. C. pr. pén., art. 505-1 ; mod. par L. n° 2016-731, 3 juin 2016, art. 93.
2. L. n° 2016-731, 3 juin 2016 renforçant la lutte contre le crime organisé, le terrorisme et leur financement, et améliorant l'efficacité et les garanties de la procédure pénale, *JO* 4 juin, n° 1.
3. V. s^s n° 913.14.
4. Crim. 12 oct. 2021, n° 20-83.360, B ; *JCP* 2021. 1234.
5. C. pr. pén., art. 514, al. 1er.
6. Crim. 17 janv. 1996, n° 95-80.854, P n° 27.

dommages-intérêts en faveur du prévenu, puisqu'il n'y a pas eu infirmation du jugement. La lettre de l'article 516 semble en effet ouvrir cette possibilité uniquement lorsque le jugement est réformé [1].

Mais dans un arrêt du 27 mai 2004 [2], elle estime : « Que les dispositions de l'article 515, alinéa 2, ne font pas obstacle à ce que le prévenu relaxé en première instance puisse saisir la juridiction du second degré, statuant sur le seul appel de la partie civile ayant mis en mouvement l'action publique, d'une demande tendant à faire constater que la poursuite exercée est abusive et qu'elle lui cause un préjudice ouvrant droit à réparation ; qu'il n'importe que, devant les premiers juges, le prévenu n'ait pas sollicité de dommages-intérêts sur le fondement de l'article 472 du code précité. » La décision d'octroi de dommages et intérêts doit néanmoins, et comme il est dit à l'article 472, être précédée de la relaxe du prévenu [3]. L'article 472 est applicable lorsque la relaxe est prononcée après que la prescription de l'action publique a été constatée [4]

La chambre des appels correctionnels peut également élever le montant des réparations allouées au prévenu relaxé sur le seul appel de la partie civile dès lors que le prévenu a allégué une aggravation du préjudice postérieure au jugement et se rattachant directement à l'abus de constitution de partie civile dont elle était la conséquence et le développement [5]. Toutefois, la cour d'appel doit prendre garde que l'article 472 n'est applicable que lorsque la partie civile a elle-même mis en mouvement l'action publique [6]. Par une décision du 26 mai 2021 [7], le Conseil constitutionnel a censuré les dispositions de l'article 536 du Code de procédure pénale relatif à la procédure devant le tribunal de police, faisant droit à l'argumentation des requérants qui soutenaient qu'en excluant la possibilité pour une personne directement citée devant le tribunal de police et renvoyée des fins de la poursuite de demander, au cours de cette même instance, la condamnation de la partie civile au paiement de dommages-intérêts pour abus de constitution de partie civile, ces dispositions créeraient deux différences de traitement inconstitutionnelles. Considérant que l'abrogation immédiate des dispositions contestées entraînerait des conséquences manifestement excessives, le Conseil en a reporté les effets au 31 décembre 2021. Jusqu'à l'entrée en vigueur d'une nouvelle loi et, au plus tard, jusqu'au 31 décembre 2021, lorsque la partie civile a elle-même mis en mouvement l'action publique, le tribunal de police statue par le même jugement sur la demande en dommages-intérêts formée par la personne relaxée contre la partie civile pour abus de constitution de partie civile.

1. Crim. 22 juin 1987, n° 86-93.019, P n° 258 – Crim. 2 févr. 1988, n° 87-81.377, P n° 50 – Crim. 19 juin 1989, n° 88-85.534, P n° 260 – Crim. 8 oct. 2003, n° 02-86.992, P n° 183.
2. Crim. 27 mai 2004, n° 03-81.080, P n° 140 ; *D.* 2004. 1933 ; *D.* 2005. 684, obs. J. Pradel ; *RSC* 2005. 104, obs. A. Giudicelli (v. s[s] n° 941.01).
3. Crim. 17 janv. 2021, n° 11-82.072, P, *D actu* 30 janv. 2012, obs. M. Léna.
4. Crim. 16 janv. 2018, n° 16-87.699, P.
5. Crim. 18 oct. 1993, n° 92-84.261, P n° 296 – Crim. 18 oct. 1995, n° 94-83.119, P n° 151.
6. Renvoi par un arrêt de la chambre de l'instruction : Crim. 6 oct. 2010, n° 09-88.002, P n° 312 ; *AJ pénal* 2011. 132, obs. J. Pradelle.
7. Cons. const., 26 mai 2021, n° 2021-909 QPC, *Dr. pénal* 2021, alerte 56, W. Roumier ; *D.* 2021. 1031 ; *Procédures* 2021, comm. 210, A.-S. Chavent-Leclère.

SECTION 3

INFIRMATION DU JUGEMENT

941.31 Les différentes possibilités (article 515 du code de procédure pénale) [8]. L'article 515 du code de procédure pénale comporte des enseignements essentiels sur les possibilités ouvertes à la cour d'appel en fonction de l'identité du ou des appelants. Sur l'appel du ministère public, elle peut soit confirmer le jugement, soit l'infirmer en tout ou en partie dans un sens favorable ou défavorable au prévenu. En revanche, la cour ne peut, sur le seul appel du prévenu, du civilement responsable, de la partie civile ou de l'assureur de l'une de ces personnes, aggraver le sort de l'appelant. La partie civile ne peut, en cause d'appel, former aucune demande nouvelle ; toutefois elle peut demander une augmentation des dommages-intérêts pour le préjudice souffert depuis la décision de première instance [9].

941.32 Réformation et relaxe. Aux termes de l'article 516 du code de procédure pénale, si le jugement est réformé parce que la cour estime qu'il n'y a ni crime, ni délit, ni contravention, ou que le fait n'est pas établi ou qu'il n'est pas imputable au prévenu, elle renvoie celui-ci des fins de la poursuite. Dans ce cas, si le prévenu acquitté demande des dommages-intérêts, dans les conditions prévues à l'article 472 du code de procédure pénale, il porte directement sa demande devant la cour d'appel. Il s'agit du cas où la partie civile a elle-même mis en mouvement l'action publique.

941.33 Réformation pour cause d'exemption de peine. Si le jugement est réformé parce que la cour estime que le prévenu bénéficie d'une cause légale d'exemption de peine, elle se conforme à l'article 468 du code de procédure pénale [10]. En ce cas, la

8. C. pr. pén., art. 515.
9. V. s[s] n°s 932.182 s.
10. C. pr. pén., art. 517.

juridiction statue, s'il y a lieu, sur l'action civile, ainsi qu'il est dit aux deuxième et troisième alinéas de l'article 464 dudit code.

SECTION 4
REQUALIFICATION PAR LA CHAMBRE DES APPELS CORRECTIONNELS

941.41 Prohibition des faits nouveaux et demandes nouvelles. La cour d'appel est saisie de la même cause qu'en premier ressort. Elle ne saurait ajouter à la prévention des faits nouveaux[1]. Elle ne saurait non plus statuer sur des demandes nouvelles[2]. En revanche, elle peut requalifier les faits qui lui sont soumis, pourvu qu'ils soient compris dans les poursuites.

941.42 Requalification par le tribunal correctionnel. La chambre des affaires correctionnelles peut apporter des modifications à la qualification en passant d'un délit à un autre délit[3].

La chambre des appels correctionnels a, comme la juridiction de première instance, non seulement le pouvoir mais le droit et le devoir de rechercher, même d'office, si le fait qui lui est déféré, échappant à la disposition pénale visée à la citation ou dans l'ordonnance de renvoi, n'est pas susceptible d'une autre qualification[4]. Mais, pour retenir une circonstance aggravante non visée dans la prévention, la cour doit mettre le prévenu en mesure de se défendre sur cet élément nouveau[5]. Il en était ainsi notamment en matière de récidive avant que la loi ne consacre le principe[6]. L'état de récidive non mentionné dans l'acte de renvoi ne peut être relevé d'office que si le président a mis en mesure l'accusé ou son avocat de présenter leurs observations à ce sujet avant réquisitoire et plaidoiries[7].

941.43 Requalification des faits en contravention. Aux termes de l'article 518 du code de procédure pénale, si le jugement est annulé parce que la cour estime que le fait poursuivi ne constitue qu'une contravention, la cour prononce la peine, et statue, s'il y a lieu, sur l'action civile.

La cour d'appel, qui a aussi vocation à juger des appels des jugements rendus par les tribunaux de police[8], a qualité pour procéder aux disqualifications qui peuvent résulter des débats, sous la seule réserve de respecter les prescriptions de l'article 515 du même code, au cas où l'appel émane du prévenu seul[9]. Si la loi donne à la cour le pouvoir de disqualifier le fait délictuel poursuivi en contravention, elle doit semblablement, si l'infraction a été déférée à tort au juge de police alors qu'elle constitue un délit, juger au fond sous cette qualification rectifiée[10].

Aux termes de l'article 549, alinéa 2, du code de procédure pénale, la cour d'appel, saisie de l'appel d'un jugement d'incompétence du tribunal de police ou de la juridiction de proximité, si elle constate que le fait poursuivi constitue un délit, prononce la peine et statue, s'il y a lieu, sur les dommages-intérêts. L'arrêt par lequel une cour d'appel se borne à confirmer un jugement d'incompétence du tribunal de police, alors qu'elle relève que les faits poursuivis constituent un délit, méconnaît les dispositions de l'article 549[11]. Un arrêt du 15 décembre 1998[12] est parfois présenté à tort comme signifiant que la cour d'appel ne peut évoquer si le tribunal de police a été initialement saisi de faits constituant en réalité un délit. C'est en fait parce que le tribunal de police n'avait pas été saisi par les citations qui étaient nulles que la Cour de cassation casse l'arrêt de la cour d'appel qui avait évoqué l'affaire.

941.44 Requalification des faits en crime. Si le jugement est annulé parce que la cour estime que le fait est de nature à entraîner une peine criminelle, la cour d'appel se déclare incompétente[13]. Elle renvoie le ministère public à se pourvoir ainsi qu'il avisera. Elle peut, le ministère public entendu, décerner par la même décision, mandat de dépôt ou d'arrêt contre le prévenu. La cour doit, sur l'appel du ministère public, même en l'absence de réquisitions en ce sens, vérifier sa propre compétence, et se déclarer incompétente, même d'office, s'il résulte de ses constatations et du titre même de la poursuite que les faits constitueraient, non un délit, mais un crime[14]. Il importe peu que par un précédent arrêt, la cour

1. V. s[s] n°s 932.172 s.
2. V. s[s] n°s 932.181 s.
3. V. s[s] n°s 551.11 s.
4. Crim. 15 juin 1977, n° 76-93.274, P n° 223 – Crim. 2 nov. 1978, n° 77-91.635, P n° 293.
5. V. s[s] n°s 552.31 s.
6. Crim. 5 déc. 1978, n° 78-91.826, P n° 346 ; *D.* 1979. 50, note S. Kehrig ; *Gaz. Pal.* 1979. 149, note L.-E. Pettiti – Crim. 4 mars 1998, n° 96-86.326, P n° 85 – Crim. 11 févr. 1981, n° 80-92.614, P n° 56 ; *JCP* 1981. IV. 146 – DÉSORMAIS : C. pén., art. 132-16-5.
7. Crim. 16 janv. 2008, n° 07-83.218, P n° 11 ; *D.* 2008. 487 ; *AJ pénal* 2008. 138 – Crim. 17 févr. 2010, n° 09-84.193, P n° 33 ; *Dr. pénal* 2010, n° 67, note M. Véron ; *AJ pénal* 2010. 284, obs. J. Lasserre Capdeville.
8. C. pr. pén., art. 547.
9. Crim. 5 mai 1960, P n°s 244, 245.
10. Crim. 12 oct. 1994, n° 93-85.703, P n° 326.
11. Crim. 2 mai 2001, n° 00-85.493, P n° 103.
12. Crim. 15 déc. 1998, n° 96-82.166, P n° 341.
13. C. pr. pén., art. 519.
14. Crim. 3 févr. 1988, n° 87-82.336, P n° 55 – Crim. 4 janv. 1990, n° 89-82.636, P n° 1 – Crim. 20 juin 2001, n° 00-88.258, NP – Crim. 1er févr. 2005, n° 04-85.351, P n° 32 ; *D.* 2005. IR 856.

d'appel ait ordonné une expertise psychiatrique de la personne poursuivie, cette décision prononcée avant dire droit ne revêtant aucune autorité de chose jugée quant à la compétence[1]. Les dispositions de l'article 469, alinéa 4, du code de procédure pénale, ne sont applicables que si la victime des faits poursuivis est constituée partie civile lorsque ce renvoi est ordonné[2].

Toutefois, depuis l'entrée en vigueur de l'article 469, alinéa 4, du code de procédure pénale, on sait que : « Lorsqu'il est saisi par le renvoi ordonné par le juge d'instruction ou la chambre de l'instruction, le tribunal correctionnel ne peut pas faire application, d'office ou à la demande des parties, des dispositions du premier alinéa, si la victime était constituée partie civile et était assistée d'un avocat lorsque ce renvoi a été ordonné. Toutefois, le tribunal correctionnel saisi de poursuites exercées pour un délit non intentionnel conserve la possibilité de renvoyer le ministère public à se pourvoir s'il résulte des débats que les faits sont de nature à entraîner une peine criminelle parce qu'ils ont été commis de façon intentionnelle. »

Ce texte est applicable au second degré de juridiction par le renvoi général opéré par l'article 512 du code de procédure pénale. Il est donc devenu plus rare que la cour d'appel annule un jugement correctionnel qui n'aurait pas constaté que les faits poursuivis constituaient en réalité un crime. Néanmoins, il peut encore arriver que la cour d'appel use de l'article 519 :

- lorsque la partie civile n'était pas constituée ou assistée d'un avocat lors du renvoi du dossier d'information devant le tribunal correctionnel[3] ;
- lorsque le tribunal correctionnel était saisi de poursuites exercées pour un délit non intentionnel[4] ;
- lorsque les faits ont été dévolus au tribunal correctionnel sans information préalable.

En application des dispositions de l'article 469, alinéa 4, du code de procédure pénale, les parents de la partie civile sont irrecevables à soulever l'incompétence de la juridiction correctionnelle au motif que les faits déférés sous la qualification de délits seraient de nature à entraîner une peine criminelle, dès lors que la victime directe était constituée partie civile et assistée d'un avocat lorsque le renvoi a été ordonné, et qu'elle avait alors la faculté d'interjeter appel de l'ordonnance[5]. Ce principe est régulièrement rappelé : la disqualification d'un crime en délit ne peut être contesté qu'au stade de l'appel de l'ordonnance de renvoi devant le tribunal correctionnel par la personne mise en examen ou la partie civile constituée et assistée d'un avocat.[6] Dans les autres cas, la juridiction de jugement ne peut se contredire : ainsi, pour déclarer le prévenu coupable du délit d'agressions sexuelles aggravées, l'arrêt attaqué énonce qu'il a imposé des relations sexuelles avec pénétration sur son épouse ; en prononçant ainsi, alors que les faits commis par le prévenu caractérisent le crime de viol, relevant de la cour d'assises, la cour d'appel a méconnu la compétence de la juridiction correctionnelle[7].

941.45 Audition du ministère public en cas d'application des dispositions de l'article 519 du code de procédure pénale – Maintien en détention ou délivrance d'un nouveau mandat. Il existe deux cas de figure différents :

- soit la chambre des appels correctionnels ne fait que confirmer un jugement d'incompétence rendu par le tribunal correctionnel ; dans ce cas elle maintient les effets du mandat de dépôt délivré et n'a pas à entendre le ministère public sur la mesure de détention[8] ;
- soit le tribunal correctionnel avait retenu sa compétence et la cour d'appel, si elle infirme le jugement, ne peut se borner à maintenir les effets du mandat de dépôt initial et est tenue, après avoir entendu le ministère public en ses réquisitions, de délivrer un nouveau titre de détention[9]. L'audition préalable du représentant du parquet est alors obligatoire[10].

941.46 Confirmation en cas de transaction. Les transactions entre les parties ayant, aux termes de l'article 2052 du code civil, l'autorité de chose jugée en dernier ressort[11], une cour d'appel ne peut, dans des poursuites pour homicides involontaires à l'occasion d'un accident de la circulation, confirmer les condamnations civiles, prononcées en première instance, alors qu'après le jugement, les parties civiles ont transigé avec l'assureur du prévenu[12]. D'une façon générale, en l'état d'une transaction

1. Crim. 1er févr. 2005, nº 04-85.351, préc.
2. Crim. 27 mars 2008, nº 07-85.076, P ; *D.* 2008, 1719, obs. D. Caron – Crim. 21 juin 2011, nº 10-85.671, P ; *AJ pénal* 2011, 527, obs. J. Lasserre-Capdeville.
3. V. ss nº 814.113.
4. C. pr. pén., art. 469 *in fine* – V. ss nº 814.113.
5. Crim. 20 nov. 2013, nº 12-85.185, P nº 236 ; *RSC* 2013. 808, Chron. Y. Mayaud ; *JCP* 2013. 1377.
6. Crim. 8 févr. 2023, nº 22-80.885, P, *Procédures* 2023, comm. 121, A.-S. Chavent-Leclère.
7. Crim. 14 sept. 2022, nº 21-86.866, NP, *RSC* 2022. 836, obs Y. Mayaud.
8. Crim. 3 sept. 1985, nº 85-93.058, P nº 281 – Crim. 25 mai 2005, nos 04-86.363, 04-87.102, P nº 161 ; *D.* 2005. IR 1803 ; *JCP* 2005. IV. 2560.
9. Crim. 8 févr. 1989, nº 88-86.875, P nº 60.
10. Crim. 3 sept. 1985, nº 85-91.501, P nº 281.
11. Le texte ne le dit plus expressément depuis l'entrée en vigueur de la loi nº 2016-1547 du 18 novembre 2016 de modernisation de la justice du XXIe siècle, *JO* 19 nov., nº 1.
12. Crim. 7 oct. 2003, nº 03-80.670, P nº 180.

intervenue entre le prévenu et la partie civile et ayant l'autorité de la chose jugée par application de l'article 2052, la cour d'appel ne peut confirmer les dispositions du jugement portant condamnation du prévenu au versement de dommages-intérêts en faveur de la partie civile, au motif qu'elle n'est saisie d'aucun désistement d'instance, sans rechercher la portée de la transaction conclue, alors qu'il ressort de cet acte que la partie civile a renoncé à toute demande et que les juges ne sont saisis d'aucune contestation se référant à l'article 2053 du code civil[1].

941.47 Requalification et principe de l'impossibilité de réformation *in pejus*. La chambre des appels correctionnels ne peut aggraver la qualification si le prévenu est le seul appelant. Elle ne le peut non plus si la partie civile est la seule appelante, puisque l'action publique n'est plus en cause[2]. C'est ainsi que le changement de qualification envisagé ne peut amener la juridiction du second degré à infliger une peine supérieure à celle prononcée par le tribunal[3]. Ainsi, sur le seul appel du prévenu d'un jugement le déclarant coupable d'un délit, la cour ne saurait se déclarer incompétente, en estimant que les faits constituent un crime.

941.48 Modification de la date des faits. La chambre criminelle a eu l'occasion de statuer sur la question de la cause de l'accusation et non plus sur sa nature[4]. En l'espèce une plaignante avait déposé une plainte en 2015 pour des faits d'agression sexuelle qui auraient été commis par le compagnon de sa tante dans la nuit du 1er, 2 ou 3 décembre 2011. L'intéressé a été condamné de ce chef en premier ressort et en appel, cette dernière juridiction relevant que les faits avaient été commis dans la nuit du 6 au 7 juin 2013. Le pourvoi faisait valoir que la personne n'avait ni accepté de comparaître ni été invitée à s'expliquer sur la modification de la prévention. Après avoir dit que la date des faits n'était pas une condition de validité de la saisine, la chambre criminelle[5] énonce que lorsque « le fait poursuivi n'a pas été commis à la date visée par la prévention, mais à une autre date qu'elle détermine, elle en demeure saisie » et que « le fait n'étant alors pas distinct de celui visé par la prévention, il n'y a pas lieu de recueillir l'accord de la personne poursuivie pour être jugée sur ce fait commis à une autre date ». Mais « les juges ne peuvent retenir, pour entrer en voie de condamnation, une date autre que celle visée par la prévention, sans que le prévenu ait été invité à s'expliquer sur cette modification ». Il convient toutefois de bien distinguer cette situation de celle dans laquelle la juridiction est amenée à déclarer le prévenu coupable en dehors de la période de prévention visée par l'acte de saisine pour des faits autres que ceux visés[6].

SECTION 5
INTERDICTION DU RABAT D'ARRÊT

941.51 Principe du rabat d'arrêt. Les arrêts rendus par les cours d'appel ne peuvent être annulés que par la voie de l'opposition ou du pourvoi en cassation. Méconnaît dès lors le sens et la portée des articles 489 et suivants et 567 et suivants du code de procédure pénale la cour d'appel qui, pour rabattre une décision de débouté d'une partie civile rendue par elle, constate qu'à la suite d'un dysfonctionnement du service du greffe de la cour, les magistrats de la chambre correctionnelle n'avaient pas eu connaissance des pièces communiquées par l'avocat de cette partie civile et que ce défaut de connaissance, non imputable à celle-ci, avait eu une influence déterminante sur l'arrêt[7]. La procédure de rabat d'arrêt a été créée par la Cour de cassation pour revenir sur certaines décisions qu'elle avait commise, faute de procédure pour y remédier. Il ne saurait en être de même pour une cour d'appel dès lors qu'il existe une voie de recours : le pourvoi en cassation.

1. Crim. 29 avr. 1996, n° 95-85.038, P n° 166.
2. Crim. 4 mars 1981, n° 80-94.035, P n° 80 – Crim. 25 nov. 1992, n° 92-80.199, P n° 388.
3. V. s[s] n° 552.34.
4. Dans l'arrêt *Mattoccia c/ Italie*, rendu le 25 juillet 2000 (req. n° 23969/94, § 5), la Cour européenne des droits de l'homme précise que la cause de l'accusation ce sont les faits matériels tandis la nature de l'accusation c'est la qualification donnée à ces faits. Entrent incontestablement dans les faits matériels la date ou le lieu.
5. Crim. 15 mars 2023, n° 21-87.389, B ; *AJ pénal* 2023. 174, obs. Ch. Guéry.
6. Crim. 14 oct. 2015, n° 14-84.747 – Crim. 9 nov. 2016, n° 15-82.744, NP – Crim. 20 avr. 2017, n° 16-81.452, P n° 114 – Crim. 25 oct. 2017, n° 16-85.248 – Crim. 16 mai 2018, n° 17-81.311, NP – Crim. 12 juin 2019, n° 18-82.680, NP. Crim. 9 sept. 2020, n° 19-83.416, NP.
7. Crim. 27 sept. 2016, n° 16-80.642, P ; *Dr. pénal* 2016, comm. 163, obs. A. Maron et M. Haas.

CHAPITRE

942. Évocation

SECTION 0
ORIENTEUR

942.00 Sommaire du chapitre.

942.01 Principaux textes applicables.

TEXTES SOURCES

• C. pr. pén., art. 520, 520-1

• C. pr. pén., art. D. 47-25

TEXTES *IN EXTENSO*

• C. pr. pén., art. 520

* V. s^s n° 922.01.

• C. pr. pén., art. 520-1

* V. s^s n° 921.01.

• C. pr. pén., art. D. 47-25

Lorsqu'en cas d'appel la chambre des appels correctionnels constate que le prévenu a été jugé sans que l'expertise prévue par l'article 706-115 ait été réalisée, hors les cas où elle est facultative ou a été jugée inutile en application des dispositions des articles D. 47-22 ou D. 47-23, elle ordonne qu'il soit procédé à cette expertise.

La chambre renvoie alors l'affaire à une audience ultérieure, puis, au vu du résultat de l'expertise et conformément aux dispositions de l'article 520, annule le jugement, évoque et statue sur le fond.

942.02 Jurisprudence de référence.

> Si les dispositions de l'article 520 du code de procédure pénale permettent à la cour d'appel de remplir directement la mission des premiers juges, l'évocation ne saurait cependant, lorsque les premiers juges ont statué au fond, faire échec aux principes qui, découlant des articles 509 et 515 du même code, régissent l'effet dévolutif de l'appel

• **Crim. 27 mai 1988,** n° 86-94.075, P n° 229

* V. s^s n° 942.33.

« Vu le mémoire produit ;

Sur le premier moyen de cassation, pris de la violation des articles 520 et 593 du code de procédure pénale, défaut de motifs, manque de base légale :

En ce que l'arrêt attaqué, après que la cour d'appel eut évoqué le litige sur l'action civile dans un précédent arrêt du 11 avril 1984, a condamné solidairement MM. Y..., Z... et X... à payer à la société B 8 Diffusion une somme de 685 291 francs ;

Alors que la cour d'appel, quand elle évoque conformément à l'article 520 du code de procédure pénale, se trouve tenue de remplir directement le rôle des premiers juges ; que, même en l'absence d'appel de tous les prévenus, elle se trouve investie, comme les premiers juges, du pouvoir de statuer à leur égard ; que la cour de Metz, statuant sur l'appel formé par quatre prévenus sur les huit ayant fait l'objet des condamnations pénales et civiles prononcées en première instance, a, sur l'action civile, infirmé ce jugement en ce qu'il avait ordonné une expertise et condamné solidairement l'ensemble des huit prévenus à verser une provision à la partie civile, puis, après avoir évoqué le litige, a condamné solidairement trois des prévenus qui avaient formé appel, à réparer le préjudice subi par la victime ; qu'ayant évoqué le litige, la cour de Metz se trouvait pourtant tenue de remplir la mission des premiers juges et se trouvait donc investie du pouvoir de statuer sur le plan civil à l'encontre de l'ensemble des huit prévenus, y compris à l'égard de ceux qui n'avaient pas fait appel ; que, pour en avoir décidé autrement, elle a violé les textes visés au moyen ;

Attendu qu'il résulte de l'arrêt attaqué que huit prévenus ont été condamnés par le tribunal correctionnel pour avoir volé, recelé ou été complice de vols de marchandises provenant d'un même magasin ; que certains d'entre eux seulement ont relevé appel de cette décision et que par arrêt du 11 avril 1984 devenu définitif la cour d'appel a confirmé les dispositions pénales du jugement et, évoquant sur l'action civile, a ordonné une expertise pour déterminer l'étendue du préjudice de la victime ;

Attendu que par l'arrêt attaqué la cour d'appel a condamné solidairement les seuls appelants à dédommager la partie civile ;

Attendu qu'en cet état le grief formulé au moyen n'est pas fondé ; qu'en effet si l'évocation prononcée par la cour d'appel, en vertu des dispositions de l'article 520 du code de procédure pénale, permet aux juges du second degré de remplir directement la mission des premiers juges, elle ne saurait cependant, lorsque ces derniers ont déjà statué au fond, faire échec aux principes qui, découlant des articles 509 et 515 du même code, régissent l'effet dévolutif de l'appel ;

Qu'ainsi le moyen doit être écarté ;

Sur le second moyen de cassation, (sans intérêt) ;

Et attendu que l'arrêt est régulier en la forme ;

REJETTE le pourvoi. »

> Lorsque le prévenu n'a pas été cité devant le tribunal correctionnel qui a statué, le jugement lui est inopposable et la cour d'appel ne peut évoquer

• **Crim. 5 juin 1991,** n° 90-83.361, P n° 239

* V. s^s n° 942.23.

« Vu lesdits articles ;

Attendu que si les dispositions de l'article 520 du code de procédure pénale font obligation à la cour d'appel d'évoquer le fond lorsque le jugement est annulé pour violation ou omission des formes prescrites par la loi, il en va différemment lorsque le prévenu n'a pas été cité devant la juridiction qui a statué et que le jugement lui est ainsi inopposable, ce qui prohibe toute évocation ;

Attendu qu'il résulte de l'arrêt attaqué et des pièces de la procédure, qu'André X..., poursuivi pour une contravention au code de la route, a été cité à comparaître à l'audience du tribunal correctionnel du Mans, le 9 novembre 1989 à 9 heures ; qu'à cette même date, le tribunal de police du Mans a retenu sa saisine alors que le prévenu n'avait pas été cité devant lui, et l'a condamné à diverses peines ;

Attendu que sur appel de cette décision, les seconds juges ont annulé le jugement du tribunal de police et après avoir évoqué l'affaire, ont statué au fond et condamné André X... ;

Mais attendu qu'en statuant ainsi, alors que le prévenu n'avait pas été cité devant le tribunal de police, ce qui rendait inopposable à son égard le jugement entrepris, la cour d'appel qui aurait dû annuler cette décision pour ce motif et renvoyer le ministère public à se pourvoir, a méconnu le texte et le principe susvisés ;

D'où il suit que la cassation est encourue de ce chef ;

Par ces motifs, et sans qu'il y ait lieu de statuer sur le second moyen de cassation proposé par le demandeur :

CASSE ET ANNULE [...]. »

> La cour d'appel qui constate la nullité de la garde à vue ne peut se borner à ordonner le retrait des pièces annulées mais doit évoquer et statuer au fond

• **Crim. 21 nov. 2000,** n° 00-83.693, P n° 344

* V. s^s n° 942.13.

« Sur le moyen unique de cassation, pris de la violation de l'article 520 du code de procédure pénale :

Vu ledit article ;

Attendu que les dispositions de l'article 520 du code de procédure pénale, qui obligent les juges d'appel à évoquer le fond lorsque le jugement est annulé pour violation ou omission non réparée des formes prescrites par la loi à peine de nullité, ne sont pas limitatives et s'étendent aux cas où l'irrégularité s'attache à l'enquête et affecte l'acte par lequel le tribunal a été saisi ;

Attendu que, sur appel par le ministère public, d'un jugement du tribunal correctionnel ayant, à la requête de l'avocat du prévenu, annulé des pièces de l'enquête de flagrant délit, les juges du second degré ont constaté la nullité de la garde à vue de Mathieu X... et des actes accomplis au cours de cette mesure ; qu'ils se sont bornés à ordonner le retrait, de la procédure, des pièces annulées et le dépôt de celles-ci au greffe ;

Mais attendu qu'en prononçant ainsi alors qu'il lui appartenait d'user du pouvoir d'évoquer qu'elle tient de l'article 520 du code de procédure pénale et de statuer au fond, la cour d'appel a méconnu le texte susvisé et le principe ci-dessus énoncé ;

D'où il suit que la cassation est encourue ;

Par ces motifs :

CASSE ET ANNULE [...]. »

> Il résulte de l'article 520 du code de procédure pénale que la cour d'appel est tenue dans tous les cas, sauf celui d'incompétence, d'évoquer et de statuer au fond non seulement lorsqu'elle annule un jugement correctionnel pour violation des formes prescrites par la loi à peine de nullité, mais encore lorsqu'il a été mal jugé sur un incident

• **Crim. 7 déc. 2010,** n° 10-87.339, P n° 194

* V. s^s n° 942.41.

« Vu les mémoires produits en demande et en défense ;

Sur le moyen unique de cassation, pris de la violation de l'article 520 du code de procédure pénale ;

Vu ledit article ;

Attendu qu'il résulte de l'article 520 du code de procédure pénale, dont les dispositions ne sont pas limitatives, que la cour d'appel est tenue dans tous les cas, sauf celui d'incompétence, d'évoquer et de statuer au fond, non seulement lorsqu'elle annule un jugement correctionnel pour violation des formes prescrites par la loi à peine de nullité, mais encore lorsqu'il a été mal jugé sur un incident ;

Attendu qu'il résulte de l'arrêt attaqué que, saisis de l'appel du ministère public contre le jugement du tribunal correctionnel ayant, en application de l'article 395 du code de procédure pénale, annulé les procès-verbaux de comparution immédiate de MM. X., Y., Z. et A., poursuivis des chefs d'infractions à la législation sur les stupéfiants, et ordonné leur remise en liberté au motif que ces derniers auraient dû comparaître devant la juridiction de jugement à l'issue de leur garde à vue, et non de manière différée après leur placement en détention provisoire par le juge des libertés et de la détention, les juges du second degré, afin qu'il soit statué au fond, ont renvoyé la procédure devant le tribunal correctionnel dont ils venaient de réformer la décision en se fondant sur le principe du double degré de juridiction ;

Mais attendu qu'en se déterminant ainsi, alors qu'elle était tenue d'annuler le jugement, d'évoquer en application de l'article 520 du code de procédure pénale, dont les dispositions ne sont pas contraires à la convention européenne des droits de l'Homme, et de statuer elle-même sur le fond de la poursuite, la cour d'appel a méconnu le texte susvisé et le principe ci-dessus rappelé ;

D'où il suit que la cassation est encourue. »

> L'inconstitutionnalité de l'article 520 du code de procédure pénale n'est pas une question sérieuse dès lors que si la disposition qu'elle vise impose à la cour d'appel d'évoquer et de statuer sur le fond après annulation du jugement, c'est dans tous les cas et par un arrêt susceptible d'un pourvoi en cassation

• **Crim. 15 févr. 2011,** n° 10-90.123, P n° 26

* V. s^s n° 942.25.

« Statuant sur la question prioritaire de constitutionnalité transmise par un arrêt de la cour d'appel de Chambéry, chambre correctionnelle, en date du 10 novembre 2010, dans la procédure suivie du chef d'infractions au code de l'urbanisme contre : – M. Sergio X..., reçu le 17 novembre 2010 à la Cour de cassation ;

Attendu que la juridiction a transmis à la Cour de cassation la question prioritaire de constitutionnalité suivante : "L'article 520 du code de procédure pénale porte-t-il atteinte au droit à un procès équitable garanti par la Constitution en ce qu'il prive la personne poursuivie d'un double degré de juridiction qui porte sur le fond d'une poursuite pénale ?" ;

Attendu que les dispositions législatives contestées sont applicables à la procédure et n'ont pas déjà été déclarées conformes à la Constitution dans les motifs et le dispositif d'une décision du Conseil constitutionnel ;

Mais attendu que la question, ne portant pas sur l'interprétation d'une disposition constitutionnelle dont le Conseil constitutionnel n'aurait pas encore eu l'occasion de faire application, n'est pas nouvelle ;

Et attendu que la question posée ne présente pas un caractère sérieux dès lors que, si la disposition qu'elle vise impose à la cour d'appel d'évoquer et de statuer sur le fond après annulation du jugement, c'est dans tous les cas et par un arrêt susceptible d'un pourvoi en cassation, et qu'il n'est ainsi porté atteinte ni au droit du prévenu à un recours juridictionnel effectif ni à son droit à un procès équitable garantis par l'article 16 de la Déclaration des droits de l'Homme et du citoyen ;

D'où il suit qu'il n'y a pas lieu de la renvoyer au Conseil constitutionnel ;

Par ces motifs :

DIT N'Y AVOIR LIEU DE RENVOYER au Conseil constitutionnel la question prioritaire de constitutionnalité. »

> La cour d'appel n'est tenue d'évoquer les points du litige relatif à l'action civile qui n'ont pas été tranchés par les premiers juges que lorsque le renvoi devant ces derniers les exposerait à se contredire sur ce qu'ils avaient décidé

• **Crim. 15 juin 2011,** n° 10-87.312, P n° 126

* V. s^s n° 942.36.

« Attendu qu'il résulte de l'arrêt attaqué et des pièces de procédure que les premiers juges ont relaxé M. Y..., chauffeur-routier, du chef d'homicide involontaire et, faisant application de l'article 470-1 du code de procédure pénale, l'ont déclaré, avec son employeur, la société des transports Philipp, entièrement et solidairement responsable des conséquences de l'accident mortel de la circulation dont a été victime M. Pascal Z... ; qu'ils ont alloué des provisions aux parties civiles et renvoyé l'affaire à une date ultérieure pour qu'il soit statué sur les demandes de celles-ci ; que toutes les parties et le ministère public ont interjeté appel ;

Attendu qu'après avoir infirmé le jugement en ses dispositions pénales et déclaré M. Y... coupable d'homicide involontaire, l'arrêt, sur l'action civile, déclare l'employeur entièrement responsable du prévenu sur le fondement de l'article 1384 du code civil et ordonne le renvoi de la procédure devant le tribunal ;

Attendu qu'en cet état l'arrêt n'encourt pas les griefs allégués ;

Qu'en effet, d'une part, la cour d'appel n'est tenue d'évoquer les points du litige relatif à l'action civile, qui n'ont pas été tranchés par les premiers juges, que lorsque le renvoi devant ces derniers les exposerait à se contredire sur ce qu'ils avaient décidé et que, d'autre part, si les dispositions de la loi du 5 juillet 1985 relatives à l'indemnisation des victimes d'accidents de la circulation sont d'ordre public, elles n'excluent pas celles de l'article 1384 du code civil relatives à la responsabilité du fait d'autrui ;

D'où il suit que le moyen, nouveau et comme tel irrecevable en sa deuxième branche et qui manque en fait en sa quatrième branche, ne peut être admis ;

Et attendu que l'arrêt est régulier en la forme ;

REJETTE les pourvois. »

> La décision de la cour d'appel de renvoyer la procédure au ministère public, aux fins de régularisation, dans les cas prévus par l'article 385, alinéa 2, du code de procédure pénale, n'impliquant pas son dessaisissement, il lui appartient, si le jugement est annulé pour violation ou omission non réparée de formes prescrites par la loi à peine de nullité, d'évoquer, de renvoyer au fond à une audience ultérieure, en application de l'article 520 du même code, et de prononcer, le cas échéant, sur le maintien en détention du prévenu

• **Crim. 3 mars 2015,** n° 14-88.472, P n° 39

« Vu les articles 175, 179, 184, 385, alinéa 2, 512 et 520 du code de procédure pénale ;

Attendu que la décision de la cour d'appel de renvoyer la procédure au ministère public, aux fins de régularisation, dans les cas prévus par l'article 385, alinéa 2, du code de procédure pénale, n'impliquant pas son dessaisissement, il lui appartient, si le jugement est annulé pour violation ou omission non réparée de formes prescrites par la loi à peine de nullité, d'évoquer, de renvoyer au fond à une audience ultérieure, en application de l'article 520 du même code, et de prononcer, le cas échéant, sur le maintien en détention du prévenu ;

Attendu qu'il résulte de l'arrêt attaqué et des pièces de procédure, que M. X..., renvoyé par ordonnance du juge d'instruction devant le tribunal, des chefs susvisés, a interjeté appel du jugement le retenant dans les liens de la prévention et le maintenant en détention ; que, faisant droit aux exceptions soulevées par le prévenu, l'arrêt, constatant que l'ordonnance de renvoi n'avait pas été rendue conformément aux dispositions de l'article 184 du code de procédure pénale, en ce que l'avis de fin d'information et le réquisitoire définitif n'avaient pas été portés à la connaissance du mis en examen, a renvoyé la procédure au ministère public pour régularisation ; que les juges ont annulé le jugement en ce qu'il concernait M. X... et, considérant qu'ils se trouvaient ainsi dessaisis, sans pouvoir évoquer l'affaire, et que le titre de détention du prévenu avait cessé de produire effet, ordonné la mise en liberté de celui-ci ;

Mais attendu qu'en statuant ainsi, la cour d'appel a méconnu les textes susvisés et le principe ci-dessus rappelé ;

D'où il suit que la cassation est encourue ;

Par ces motifs :

CASSE ET ANNULE [...]. »

> L'expertise médicale d'une personne majeure sous curatelle doit obligatoirement précéder l'audience de jugement afin d'évaluer son degré de discernement au moment des faits

• **Crim. 16 déc. 2020,** n° 19-83.619, P

* V. s^s n° 942.47

« Vu l'article 706-115 du Code de procédure pénale :

9. En déclarant la prévenue coupable et en prononçant une peine à son encontre, sans avoir préalablement ordonné une mesure d'expertise afin de déterminer son degré de discernement au moment des faits, alors qu'elle avait bénéficié d'une mesure de protection juridique sur une partie de la période visée à la prévention, la cour d'appel a méconnu le texte susvisé.

10. La cassation est donc encourue [...]. »

942.03 **Bibliographie indicative.**

Articles. M. Meurisse, « L'évocation en procédure pénale en cas d'incompétence *ratione loci* ou *ratione materiae* », *Gaz. Pal.* 1966. 2. Doctr. 31 – V. Zencker, « Les usages de l'évocation par la Chambre des appels correctionnels », *RSC* 2014. 745.

SECTION 1
DÉFINITION ET DOMAINE D'APPLICATION

§ 1
Principe

942.11 **Définition.** L'évocation consiste, pour la chambre des appels correctionnels, à statuer sur le fond après avoir annulé un jugement du tribunal correctionnel (ou de police). L'affaire n'est donc pas renvoyée devant les premiers juges.

942.12 **Domaine d'application**[1]. Aux termes de l'article 520 du code de procédure pénale, si le jugement est annulé pour violation ou omission non réparée de formes prescrites par la loi à peine de nullité, la cour évoque et statue sur le fond[2]. L'évocation ne survient donc que dans l'hypothèse d'une annulation, et dans ce cas la cour d'appel ne peut confirmer le jugement annulé[3]. Peu importe que le jugement ait ou non tranché le fond[4]. La chambre criminelle de la Cour de cassation, considérant que les termes de l'article 520 ne sont pas limitatifs, a par ailleurs développé une jurisprudence relative à l'évocation sur réformation[5].

942.13 **Évocation obligatoire.** La jurisprudence tire des termes de l'article 520 l'obligation pour la cour d'appel d'évoquer et de statuer au fond chaque fois qu'il y a lieu à application de ce texte[6]. Elle ne peut librement renvoyer au premier juge. Elle ne peut pas se contenter d'ordonner le retrait de pièces annulées et d'en ordonner le dépôt au greffe[7]. Il n'y a pas d'évocation sans différence de point de vue entre cour d'appel et juridiction du premier degré ; il n'y a pas d'évocation en cas de confirmation totale[8]. Lorsqu'elle annule le jugement du tribunal correctionnel, la cour ne saurait, après évocation, confirmer le jugement annulé[9]. Saisie de l'appel de l'Administration des Douanes du jugement ayant retenu, sur l'action fiscale du ministère public exercée concurremment à l'action publique, la culpabilité des prévenus du chef du délit douanier reproché, la cour d'appel a l'obligation d'évoquer, après annulation du jugement, en ce qu'il avait omis de statuer sur les sanctions fiscales encourues[10]. Mais saisie du seul appel de la partie civile d'un jugement relaxant le prévenu, la cour d'appel ne peut statuer à nouveau sur l'action publique[11].

1. C. pr. pén., art. 520.

2. Crim. 18 juill. 1985, n° 84-95.325, P n° 268 – Crim. 31 mai 1989, n° 88-83.151, P n° 228.
3. Crim. 31 mars 2010, n° 09-82.795, P n° 58 ; *AJ pénal* 2010. 400, obs. C. Duparc.
4. Crim. 16 févr. 1972, n° 71-90.104, P n° 60 – Crim. 26 avr. 1972, n° 70-93.153, P n° 144 – Crim. 18 juill. 1985, n° 84-95.325, P n° 268 – Crim. 31 mai 1989, n° 88-83.151, P n° 228.
5. V. s^s n°s 942.44 s.
6. Crim. 16 févr. 1972, n° 71-90.104, P n° 60 – Crim. 18 juill. 1985, n° 84-95.325, P n° 268 – Crim. 2 févr. 1988, n° 87-81.147, P n° 52 – Crim. 31 mai 1989, n° 88-83.151, P n° 228.
7. Crim. 30 nov. 1987, n° 86-95.467, P n° 433 – Crim. 26 juill. 1989, n° 89-82.795, P n° 297 – Crim. 4 sept. 1990, n° 89-86.408, P n° 307 – Crim. 13 juin 1994, n° 94-80.839, P n° 231 – Crim. 21 nov. 2000, n° 00-83.693, P n° 344 (v. s^s n° 942.01).
8. Crim. 8 août 1981, n° 81-92.535, P n° 239 – Crim. 25 juin 1984, n° 83-94.199, P n° 240.
9. Crim. 19 déc. 1995, n° 95-80.727, P n° 385 ; *JCP* 1996. IV. 693.
10. Crim. 16 juin 2011, n° 10-86.808, P n° 138 ; *JCP* 2011. 893 ; *AJ pénal* 2011. 529, obs. G. Roussel.
11. Crim. 31 mars 2010, n° 09-85.376, P n° 59 ; *D.* 2010. 1287 ; *AJ pénal* 2010. 400, obs. C. Duparc (v. s^s n° 922.84).

§ 2
Exceptions et limites

942.21 Exception au principe du double degré de juridiction. Dès lors que la cour d'appel évoque, la juridiction du premier degré n'est plus saisie. Puisqu'il n'y a pas de renvoi après annulation, la doctrine enseigne habituellement qu'il s'agit d'une exception au principe du double degré de juridiction.

942.22 Exception en matière d'incompétence – Limites. L'évocation est prohibée lorsque le jugement est *annulé pour incompétence*, les juges d'appel ne pouvant remplir l'office de premiers juges incompétents. Il en est ainsi en matière d'incompétence territoriale[1]. Pour autant, l'évocation n'est pas prohibée dans tous les cas d'incompétence. En effet, la cour d'appel doit aussi évoquer lorsque les premiers juges se sont *à tort déclarés incompétents*[2].

Si l'exception d'incompétence territoriale de la juridiction de proximité peut être soulevée pour la première fois en cause d'appel, celle-ci doit évoquer, lorsqu'elle est elle-même compétente, après annulation du jugement[3]. L'impossibilité d'évoquer en cas d'incompétence n'est donc effective que lorsque la cour d'appel est elle-même incompétente pour juger l'affaire. Dans le cas où elle est compétente, elle doit évoquer après annulation et juger. Lorsque la cour d'appel annule, sur le seul appel du ministère public, un jugement d'incompétence et évoque, elle doit, même en l'absence d'appel de la partie civile, statuer tant au pénal qu'au civil[4]. Par ailleurs, bien que la partie civile n'ait la faculté d'appeler que quant à ses intérêts civils, il n'en est ainsi qu'à l'égard des dispositions par lesquelles les premiers juges ont statué au fond. Dans le cas où, sans statuer au fond sur les faits donnant lieu à l'action civile, ils se sont bornés à prononcer sur la compétence, les juges du second degré se trouvent, par le seul appel de la partie civile, saisis non seulement de ses intérêts civils, mais aussi de l'action publique qui a continué de subsister et sont tenus, dès lors, de statuer aussi bien sur l'action publique que sur l'action civile[5].

942.23 Exception en matière d'inopposabilité du jugement de première instance. Lorsque le prévenu n'a pas été régulièrement informé de la date d'audience en première instance, le jugement lui est inopposable : si les dispositions de l'article 520 du code de procédure pénale font obligation à la cour d'appel d'évoquer le fond lorsque le jugement est annulé pour violation ou omission des formes prescrites par la loi, il en va différemment lorsque le *prévenu n'a pas été cité* devant la juridiction qui a statué et que le jugement lui est ainsi inopposable, ce qui prohibe toute évocation[6]. Il en est ainsi également lorsqu'il existe une erreur dans la date de l'audience n'ayant pas permis au prévenu de comprendre à quelle date exactement sa comparution était souhaitée[7].

942.24 Évocation implicite. Quand un jugement est annulé pour violation ou omission non réparée des formes prescrites par la loi, l'évocation peut n'être qu'implicite[8].

942.25 L'évocation n'est pas contraire à la Constitution. Saisie d'une question prioritaire de constitutionnalité relative à la constitutionnalité de l'article 520 du code de procédure pénale, la chambre criminelle a estimé que la question ne présentait pas de caractère sérieux : « Ne présente pas un caractère sérieux la question prioritaire de constitutionnalité prise de ce que les dispositions de l'article 520 du code de procédure pénale priveraient la personne poursuivie du double degré de juridiction dès lors que ce mécanisme doit intervenir dans tous les cas après annulation du jugement et que l'arrêt rendu sur évocation est susceptible de pourvoi en cassation. Dans ces conditions, il n'est porté atteinte ni au droit à un recours juridictionnel effectif, ni au droit à un procès équitable garanti par l'article 16 de la Déclaration des droits de l'Homme et du citoyen. »[9]

On a vu que le Conseil constitutionnel avait pourtant déclaré non-conforme à la constitution les dispositions de l'article 207, alinéa 3, du code de procédure pénale, ouvrant la possibilité à la chambre de l'instruction, de se réserver le contentieux de la détention provisoire. Mais si l'article 207 ouvrait un « pouvoir discrétionnaire de priver une personne

1. Crim. 6 déc. 1951, *D.* 1952. 90 ; *RSC* 1952. 464 – Crim. 10 août 1963, n° 63-92.003, P n° 269 – Crim. 4 janv. 1978, n° 76-92.446, P n° 6 ; *Gaz. Pal.* 1978. 2. 397 – Crim. 8 août 1981, n° 81-92.535, P n° 239.
2. Crim. 10 mai 1994, n° 92-81.850, P n° 177.
3. Crim. 20 oct. 2009, n° 09-81.721, P n° 172 ; *AJ pénal* 2010. 31, obs. J. Lasserre Capdeville ; *Procédures* 2010, n° 99, note J. Buisson.
4. Crim. 8 juill. 1964, n° 63-93.043, P n° 226.
5. Crim. 26 juin 1975, n° 73-93.066, P n° 167.
6. Crim. 17 nov. 1987, n° 86-94.186, P n° 414 – Crim. 5 juin 1991, n° 90-83.361, P n° 239 (v. s^s n° 942.01) – MÊME SOLUTION en matière de presse : Crim. 28 déc. 1950, P n° 297 – Crim. 30 avr. 1968, n° 66-92.207, P n° 133 – Crim. 9 nov. 1992, n° 91-82.688, P n° 362 – Crim. 28 déc. 1950, P n° 297.
7. Lyon 14 mars 2014, 9e ch, RG n° 13-02.316, *AJ pénal* 2014. 250, obs. P. de Combles de Nayves.
8. Crim. 27 avr. 1971, n° 70-92.384, P n° 123 ; *D.* 1971. Somm. 110 – Crim. 7 mars 1972, n° 71-90.817, P n° 83 ; *D.* 1972. 366 – Crim. 9 nov. 1977, n° 76-93.624, P n° 342 – Crim. 15 nov. 1978, n° 77-93.181, P n° 316 – Crim. 12 mars 1984, n° 82-93.863, P n° 98 – Crim. 26 juill. 1989, n° 89-82.795, P n° 297.
9. Crim. 15 févr. 2011, n° 10-90.123, P n° 26 ; *D.* 2001. 307, obs. C. Girault ; *Dr. pénal* 2011, n° 57, note A. Maron et M. Haas (v. s^s n° 942.01).

mise en examen [...] des garanties prévues par les articles 144-1, 147, 148 et du droit à un double degré de juridiction », tel n'est pas le cas de l'article 520 puisque l'évocation est obligatoire et l'égalité de tous préservée. En revanche, l'évocation est directement en contradiction avec le principe du double degré de juridiction puisque, au lieu de renvoyer l'affaire au juge initial après avoir annulé les actes viciés, la cour d'appel statue elle-même[1]. Elle est justifiée le plus souvent par deux raisons : la célérité de la procédure, l'évocation permettant de statuer dès que le dossier vient devant la cour d'appel, sans attendre un autre audiencement de première instance, puis un autre éventuel recours ; la contradiction qui résulterait d'un retour devant les premiers juges après infirmation partielle ou annulation de leur décision.

942.26 Évocation et détention provisoire. La décision de la cour d'appel de renvoyer la procédure au ministère public, aux fins de régularisation, dans les cas prévus par l'article 385, alinéa 2, du code de procédure pénale, n'impliquant pas son dessaisissement, il lui appartient, si le jugement est annulé pour violation ou omission non réparée de formes prescrites par la loi à peine de nullité, d'évoquer, de renvoyer au fond à une audience ultérieure, en application de l'article 520 du même code, et de prononcer, le cas échéant, sur le maintien en détention du prévenu[2].

942.27 Évocation et droit européen. Aux termes des réserves formulées par la France lors de la ratification du protocole n° 7 de la convention européenne des droits de l'homme, l'examen de la décision de condamnation par une juridiction supérieure peut se limiter à un contrôle de l'application de la loi, tel que le recours en cassation[3]. En conséquence, l'article 520 du code de procédure pénale ne méconnaît pas les dispositions de l'article 2-1 du protocole n° 7 selon lesquelles le condamné peut faire apprécier une seconde fois en fait, par une juridiction supérieure, la déclaration de culpabilité et la condamnation prononcées contre lui[4].

942.28 Règlement de juges. Si, par une décision devenue définitive, la cour d'appel n'a pas évoqué et a renvoyé devant le premier juge et si, à son tour, le tribunal se déclare incompétent pour statuer, il en résulte un conflit négatif de juridiction, lequel doit donner lieu à règlement de juges[5].

SECTION 2

ÉVOCATION SUR ANNULATION DU JUGEMENT AYANT STATUÉ AU FOND

942.31 Évocation sur annulation du jugement ayant statué au fond : jurisprudence. La jurisprudence ne distingue pas si les irrégularités se réfèrent au jugement, à l'instruction ou aux actes mêmes en vertu desquels le tribunal avait été saisi.

S'agissant des nullités de l'information, elles sont, sauf exception[6], purgées par l'ordonnance de renvoi. Il n'y a donc plus beaucoup d'annulations de jugement ayant statué sur une nullité de l'information. Sous l'égide des textes antérieurs, il avait été jugé que lorsqu'une cour d'appel annulait les pièces d'une procédure d'information jusque et y compris le jugement du tribunal correctionnel, ou lorsqu'elle annulait le réquisitoire définitif et l'ordonnance de renvoi devant la juridiction correctionnelle, en motivant cette annulation par la violation des formes prescrites par les textes à peine de nullité, elle devait évoquer et statuer sur le fond, tant sur l'action publique que sur l'action civile[7].

En ce qui concerne l'enquête préliminaire ou de flagrance, la cour d'appel peut l'annuler et doit alors évoquer et statuer au fond[8]. Il en est ainsi en cas de constat de la nullité d'une garde à vue et des actes accomplis lors de cette mesure[9]. Fait exacte application de l'article 520 du code de procédure pénale, la cour d'appel qui, saisie des appels de certains prévenus et du ministère public a, sur exception de nullité régulièrement soulevée par la défense, annulé en son entier la procédure d'information, y compris l'ordonnance de renvoi, et le jugement déféré en leurs seules dispositions concernant les prévenus appelants, puis a évoqué et, au vu de l'enquête préliminaire et des débats, a statué au

1. V. s[s] n°s 942.42 s.
2. Crim. 3 mars 2015, n° 14-88.472, P n° 39 ; *AJ pénal* 2015. 371, obs. D. Aubert (v. s[s] n° 222.392) – sur cette question aussi : Ch. Guéry, « La détention provisoire en cas de renvoi du dossier d'information pour régularisation de la procédure », *AJ pénal* 2015. 407.
3. Crim. 19 déc. 1990, n° 90-83.175, P n° 443.
4. Crim. 26 févr. 1997, n° 96-82.850, NP.
5. Crim. 13 janv. 1972, n° 71-93.154, P n° 22 – Crim. 6 mars 1990, n° 89-84.508, P n° 108.
6. V. s[s] n°s 613.51 s.
7. Crim. 18 mars 1910, *DP* 1912. 1. 139 – Crim. 1er juill. 1922, P n° 203 – Crim. 7 janv. 1965, n° 63-93.032, P n° 6 ; *D.* 1965. 114, note J. M. – Crim. 25 juill. 1972, n° 72-91.748, P n° 254 – Crim. 10 janv. 1974, n° 73-90.560, P n° 17 – Crim. 20 oct. 1986, n° 85-91.746, P n° 295 – Crim. 17 nov. 1993, n° 93-83.531, P n° 343 – Crim. 13 juin 1994, n° 94-80.839, P n° 231.
8. Crim. 21 nov. 2000, n° 00-83.693, P n° 344 – Crim. 15 oct. 2003, n° 03-82.683, P n° 193 – Crim. 18 févr. 2004, n° 03-84.694, NP – Crim. 3 avr. 2007, n° 06-87.264, P n° 104 ; *D.* 2007. 2141, note J. Pradel ; *D.* 2008. 1854, obs. A. Gouttenoire et Ph. Bonfils ; *AJ pénal* 2007. 287, obs. G. Royer.
9. Crim. 21 nov. 2000, n° 00-83.693, P n° 344, préc.

fond, déclarant lesdits prévenus coupables des faits reprochés[1].

942.32 Application jurisprudentielle de l'article 520 du code de procédure pénale. La jurisprudence a appliqué l'article 520 du code de procédure pénale :

- au jugement non rendu en chambre du conseil, alors que la loi l'imposait[2] ;

- lorsque le tribunal était irrégulièrement composé[3], ou lorsque le jugement ne mentionne pas les noms des magistrats l'ayant rendu[4] ;

- lorsqu'une irrégularité affecte l'acte par lequel le tribunal compétent est saisi, notamment en cas de non-respect des délais de délivrance de citation[5]. Cette extension n'est possible qu'au cas où l'irrégularité affecte la convocation du prévenu devant la juridiction et non l'acte de saisine que constitue en l'espèce l'ordonnance de renvoi rendue par le juge d'instruction[6].

La cour d'appel, même si elle n'est saisie que du recours de la partie civile, doit statuer aussi bien sur l'action publique que sur l'action civile[7]. Mais si l'irrégularité n'appartient pas à la catégorie de celles qui peuvent être couvertes par une défense au fond, l'action publique n'a pas été mise en mouvement, le tribunal n'est pas saisi et la cour ne peut se substituer à lui. Il en est ainsi en cas de nullité de la citation due au défaut d'avis de l'inspecteur des installations classées en matière de pollution des eaux[8] ou à l'absence de visa des textes applicables en matière de presse[9] ;

- lorsque le tribunal n'a pas constaté la publicité d'une audience[10] ;

- lorsque la cour d'appel statue sur l'appel d'un prévenu ou de la partie civile d'un jugement déclaré à tort contradictoire à son égard par les premiers juges alors qu'il était par défaut[11] ;

- lorsque le tribunal avait déclaré à tort l'opposition recevable[12] ;

- lorsque la cour d'appel statue sur l'appel par le ministère public d'un jugement déclaré à tort comme rendu par « itératif défaut » alors que le prévenu, détenu et régulièrement cité, n'avait pas été extrait pour l'audience ; dans ce dernier cas, si l'action de la victime a été régulièrement engagée en première instance, la cour d'appel doit remplir directement la mission des premiers juges et par suite, même en l'absence d'appel de la partie civile, statuer tant sur l'action publique que sur l'action civile[13] ;

- lorsque le tribunal avait qualifié un jugement de contradictoire, bien que le prévenu n'ait pas signé l'accusé de réception de la lettre recommandée transmise par l'huissier pour informer du dépôt de la citation en mairie[14] ;

- lorsque le tribunal s'est dessaisi à tort de la poursuite[15] ;

- lorsque la cour déclare irrecevable une exception de nullité d'une procédure d'instruction que les premiers juges avaient accueillie[16] ;

- lorsque le tribunal a déclaré à tort l'irrecevabilité de la constitution de partie civile[17] ;

- lorsque le tribunal correctionnel a omis d'appliquer une loi nouvelle[18] ;

- lorsque le tribunal correctionnel a appliqué à tort une loi nouvelle plus sévère accordant une qualification criminelle à des faits de nature correctionnelle[19] ;

- lorsque le tribunal correctionnel a omis de statuer sur un chef de prévention[20] ;

- lorsque le tribunal correctionnel a omis de statuer sur une demande des parties civiles[21] ;

1. Crim. 4 sept. 1990, n° 89-86.408, P n° 307.
2. Crim. 9 févr. 1960, P n° 76.
3. Crim. 1er févr. 1950, P n° 30.
4. Crim. 14 mai 1990, n° 89-83.945, P n° 191 – Crim. 31 janv. 1994, n° 93-81.724, P n° 40.
5. Crim. 12 nov. 1965, n° 65-92.165, P n° 234 – Crim. 10 nov. 1976, n° 76-90.943, P n° 322 ; *D.* 1977. 467, rapp. J.-H. Robert – Crim. 27 avr. 2004, n° 04-80.645, P n° 97 ; *JCP* 2004. IV. 2426 – Crim. 12 avr. 2005, n° 05-80.870, P n° 120 ; *D.* 2005. IR 376 ; *JCP* 2005. IV. 2269.
6. Crim. 22 mars 2017, n° 16-80.050, P ; *D.* 2017. 763.
7. Crim. 12 oct. 1993, n° 92-84.409, P n° 284.
8. Crim. 23 févr. 1983, n° 81-93.729, P n° 65.
9. Crim. 28 déc. 1950, *D.* 1951. 114.
10. Crim. 22 nov. 1955, P n° 504 – Amiens, 8 févr. 1962, *D.* 1962. 379.
11. Crim. 22 janv. 1963, n° 62-92.242, P n° 32 – Crim. 11 mai 1977, n° 76-91.964, P n° 170 – Crim. 18 janv. 1995, n° 94-80.898, P n° 24.
12. Crim. 3 nov. 1999, n° 98-86.019, P n° 240 ; *Dr. pénal* 2000. Chron. 23, obs. C. Marsat.
13. Crim. 23 juin 1981, n° 80-91.090, P n° 216.
14. Crim. 31 janv. 1990, n° 89-84.819, P n° 53.
15. Crim. 12 juin 1968, n° 67-92.268, P n° 189 ; *JCP* 1969. II. 15850, note M. Sacotte – Crim. 11 juin 1974, n° 72-90.388, P n° 210 – Crim. 5 juin 1980, n° 80-90.842, P n° 178 ; *D.* 1981. IR 248 ; *JCP* 1981. II. 19581 ; *Gaz. Pal.* 1981. 1. 6, note Marchi – Crim. 23 févr. 1983, n° 81-93.729, P n° 65 – Crim. 4 oct. 1993, n° 93-82.512, P n° 274 – Crim. 31 mai 1989, n° 88-83.151, P n° 228 – Crim. 20 févr. 2007, n° 06-84.607, P n° 50 ; *D.* 2007. AJ 1142 ; *AJ pénal* 2007. 283, obs. C. Saas ; *RSC* 2007. 838, obs. R. Finielz.
16. Crim. 3 avr. 2007, n° 06-89.315, P n° 103 ; *D.* 2007. AJ 1206 ; *AJ pénal* 2007. 428, note J. Leblois-Happe ; *RSC* 2007. 834, obs. R. Finielz.
17. Crim. 8 juin 1971, n° 69-92.311, P n° 182 – Crim. 17 févr. 1976, n° 75-91.821, P n° 59 – Crim. 15 nov. 1978, n° 77-93.181, P n° 316 – Crim. 28 mars 1990, n° 89-84.509, P n° 136 ; *D.* 1990. IR 139.
18. Crim. 13 juin 1972, n° 71-91.429, P n° 198.
19. Crim. 29 juin 1960, P n° 348.
20. Crim. 9 nov. 1977, n° 76-93.624, P n° 342.
21. Crim. 12 mars 1984, n° 82-93.863, P n° 98 – Crim. 10 janv. 1974, n° 73-90.560, *P* n° 17 ; *D.* 1974. IR 37 ; *JCP* 1974. II. 17824, note P. Chambon – Crim. 16 déc. 1992, n° 91-84.157, P n° 427.

– lorsque le tribunal n'a pas énoncé ou a laissé incertaines les infractions dont les personnes citées ont été déclarées coupables[1] ;

– lorsque le tribunal a déclaré à tort l'action prescrite[2] ;

– au jugement dans lequel les premiers juges n'ont pas respecté le délai de renvoi de l'affaire leur étant soumise selon la procédure de comparution immédiate, en méconnaissance de l'article 397-1 du code de procédure pénale[3] ;

– lorsque le tribunal n'a pas respecté les prescriptions du code de l'urbanisme avant d'ordonner une démolition[4] ;

– lorsque le tribunal n'a pas respecté les règles de l'ajournement du prononcé de la peine[5] ;

– lorsque le tribunal n'a statué que sur la culpabilité et renvoyé le prononcé de la peine à une date ultérieure ; les juges d'appel ne sauraient, sans ignorer les règles de leur saisine, statuer sur la seule culpabilité, en laissant au tribunal le soin de fixer la peine[6]. Le tribunal ne peut alors statuer sur la peine[7] ;

– lorsque la cour d'appel constate que le jugement est entaché d'un défaut de motifs[8].

942.33 Article 520 du code de procédure pénale et identité de personnes. La cour d'appel ne peut se prononcer à l'égard d'une partie qui ne se trouvait pas en cause de première instance[9], en vertu de l'article 520 du code de procédure pénale. La décision de la cour, après annulation et évocation, ne peut être prise que dans le cadre de l'effet dévolutif strict des appels, à l'égard des seules parties présentes à la procédure[10]. Mais peu importe en revanche que la partie ait ou non formé appel, il en est ainsi notamment pour les caisses de sécurité sociale dès lors que les appels du prévenu ou de la partie civile ne comportent pas de restriction[11].

942.34 Loi du 29 juillet 1881 sur la presse. L'article 520 n'est pas limitatif et son application n'est pas exclue en cas de poursuites pour infraction à la loi du 29 juillet 1881[12], particulièrement en cas de méconnaissance de son article 59, alinéas 2 et 3[13]. Il en est de même lorsque les juges ont recherché d'office la vérité des faits diffamatoires[14], ou lorsque le tribunal saisi d'une poursuite pour diffamation publique a refusé d'entendre les témoins cités par le prévenu au titre de la bonne foi[15].

942.35 Effets de l'évocation sur annulation. La cour d'appel, après avoir annulé le jugement et évoqué se trouve saisie de l'affaire dans son ensemble. Si le jugement a déclaré nul l'exploit introductif d'instance, la cour d'appel est tenue de statuer tant sur l'action publique que sur l'action civile, peu important qu'il n'y ait appel que de la partie civile, du ministère public ou du prévenu[16]. C'est par une exacte application de l'article 520 du code de procédure pénale qu'une cour d'appel, saisie par l'effet des appels des prévenus, après avoir constaté que le jugement ne comportait pas de motivation, en a prononcé l'annulation, puis a évoqué et statué au fond, tant sur l'action publique que sur l'action civile, en l'absence de la partie civile, non appelante et non comparante[17].

942.36 Action civile : l'évocation suppose la contradiction. Dans un arrêt du 15 juin 2011, la chambre criminelle affirme que la cour d'appel n'est tenue d'évoquer les points du litige relatif à l'action civile qui n'ont pas été tranchés par les premiers juges que lorsque le renvoi devant ces derniers les exposerait à se contredire sur ce qu'ils avaient décidé[18].

Dans cette affaire, le tribunal correctionnel avait relaxé M. Y..., chauffeur routier, du chef d'homicide involontaire et fait application des dispositions de l'article 470-1 du code de procédure pénale, en déclarant M. Y... et la société de transport responsables sur le plan civil. Il avait renvoyé l'affaire à une date ultérieure pour statuer sur les demandes civiles.

La cour d'appel infirmait le jugement, déclarait M. Y... coupable d'homicide involontaire, déclarait l'employeur responsable du prévenu et ordonnait le renvoi de la procédure devant le tribunal. C'est parce

1. Crim. 5 nov. 1970, n° 69-91.154, P n° 291 ; *D.* 1971. 90, note J.-H. Robert.
2. Crim. 24 janv. 1962, P n° 60 ; *RSC* 1962. 766, obs. J.-H. Robert – Crim. 27 mars 2002, n°s 00-81.712, 00-88.111, P n° 70.
3. Crim. 28 avr. 1998, n° 96-81.539, P n° 141.
4. Crim. 3 mai 1974, n° 74-90.637, P n° 158.
5. Crim. 31 mai 1989, n° 88-83.151, P n° 228 – Crim. 14 juin 1993, n° 92-81.604, P n° 207.
6. Crim. 28 févr. 1991, n° 90-82.555, P n° 101 ; *RSC* 1991. 603, obs. A. Braunschweig.
7. Crim. 22 févr. 1988, n° 86-92.466, P n° 83 – Crim. 12 avr. 1988, n° 87-90.609, P n° 147.
8. Crim. 2 déc. 1964, n° 64-90.450, P n° 319.
9. Crim. 21 mars 1979, n° 78-92.998, P n° 115 – Crim. 8 nov. 1983, n° 81-93.797, P n° 292 ; *Gaz. Pal.* 1984. 2. 609, note G. Daverat.
10. Crim. 14 juin 1951, P n° 169 – Crim. 13 févr. 1958, P n° 155 – Crim. 2 mars 1976, n° 75-91.126, P n° 75 – Crim. 13 déc. 1982, n° 80-91.114, P n° 282 – Crim. 27 mai 1988, n° 86-94.075, P n° 229.
11. Crim. 11 mai 1956, P n° 369 – Crim. 9 déc. 1964, n° 64-90.611, P n° 334.
12. L. 29 juill. 1881 sur la presse, *JO* 30 juill., p. 4201.
13. Crim. 12 juill. 1983, n° 82-91.814, P n° 221 ; *D.* 1984. IR 47.
14. Crim. 21 oct. 1964, n° 63-91.523, P n° 273.
15. Crim. 9 juill. 1970, n° 68-93.459, P n° 235.
16. Crim. 5 juill. 1983, n° 82-92.737, P n° 215.
17. Crim. 6 janv. 2015, n° 13-88.036, P n° 1 ; *D.* 2015. 1738, obs. J. Pradel ; *JCP* 2015. 158 ; *Dr. pénal* 2015, comm. 24, A. Maron et M. Haas.
18. Crim. 15 juin 2011, n° 10-87.312, P n° 126 ; *D.* 2011. 1825, obs. M. Lena.

que la décision de responsabilité civile n'était pas contradictoire avec celle de la juridiction de première instance, que la cour peut ici renvoyer devant le tribunal correctionnel qui n'aura pas à se déjuger. En effet, lorsque le tribunal a statué en première instance sur l'action civile en sa totalité, il ne peut être à nouveau saisi de ce chef.

Mais, dans l'espèce rapportée, bien que la Cour de cassation casse parce que les dispositions de la loi du 5 juillet 1985 relatives à l'indemnisation des victimes des accidents de la circulation qui sont d'ordre public, n'excluent pas celles de l'article 1384 du code civil relatives à la responsabilité du fait d'autrui, elle estime que la juridiction du premier degré, saisie à nouveau du montant de l'action civile, ne s'expose pas à se contredire. La cour d'appel peut renvoyer devant le tribunal correctionnel pour liquidation du préjudice dès lors que ce renvoi n'expose les premiers juges à se contredire : « Attendu qu'il ne peut être fait grief aux juges du second degré d'avoir renvoyé les parties devant le tribunal pour que soit liquidé, après expertise, le préjudice de la victime, dès lors que la cour d'appel n'est tenue d'évoquer les points du litige relatif à l'action civile qui n'ont pas été tranchés par les premiers juges que lorsque le renvoi devant ces derniers les exposerait à se contredire sur ce qu'ils ont décidé. »[1] Le même principe a été réaffirmé dans une décision rendue le 2 novembre 2016 : « Méconnaît ce principe où la cour d'appel qui, saisie de l'appel d'un jugement ayant déclaré un prévenu coupable des faits qui lui étaient reprochés et responsable du préjudice subi par la partie civile, renvoyant l'affaire sur les intérêts civils à une audience ultérieure, confirme le jugement en ses dispositions relatives à la culpabilité, et, évoquant sur l'action civile, condamne le prévenu à payer à la partie civile diverses sommes en réparation de son préjudice. »[2]

SECTION 3
ÉVOCATION SUR RÉFORMATION OU ANNULATION D'UN JUGEMENT SUR INCIDENT

942.41 Fondement de la jurisprudence. Lorsque le tribunal correctionnel a statué par un jugement ne tranchant pas le fond, mais qui est toutefois susceptible d'appel, la chambre criminelle a retenu qu'en cas de réformation, la cour d'appel doit procéder à l'évocation et statuer au fond. Il s'agit d'éviter à la juridiction du premier degré d'avoir à statuer contrairement au premier avis rendu. La chambre criminelle rappelle régulièrement qu'il résulte de l'article 520 du code de procédure pénale que la cour d'appel est tenue dans tous les cas, sauf celui d'incompétence, d'évoquer et de statuer au fond non seulement lorsqu'elle annule un jugement correctionnel pour violation des formes prescrites par la loi à peine de nullité, mais encore *lorsqu'il a été mal jugé sur un incident*[3]. Il en est de même si le jugement, annulé en ce qu'il a statué sur une des exceptions proposées par le prévenu, est confirmé sur le surplus[4].

942.42 Évocation sur réformation ou annulation d'un jugement sur incident : jurisprudence. Lorsque le tribunal a statué au fond, en première instance, sur l'action civile accessoirement à l'action publique, le premier juge ne peut, après infirmation de sa décision, être à nouveau saisi de ce chef et se trouver ainsi exposé à se mettre en opposition avec le jugement rendu par lui. La cour d'appel se trouve alors saisie de la cause en son entier, même sur le seul appel d'une partie civile[5]. De même, sur le seul appel du parquet, la cour devra statuer même sur l'action civile dès lors que le jugement est annulé[6]. Ce type de difficultés surgit souvent à propos des partages de responsabilité ou des déclarations d'irrecevabilité de constitutions de partie civile ou de condamnations par la cour d'appel de personnes civilement responsables mises hors de cause en première instance[7].

942.43 Autres applications de l'article 520 du code de procédure pénale. L'article 520 est également applicable :

– lorsque le tribunal a annulé à tort l'ordonnance de renvoi délivrée par le juge d'instruction[8] ;

1. Crim. 7 janv. 2014 n° 12-87.928, NP – AUSSI : Crim. 21 oct. 2015, n° 14-80.298, NP.
2. Crim. 2 nov. 2016, n° 15-83.473, P n° 279 ; *D.* 2016. 2284 ; *JCP* 2016. 1388.
3. Crim. 7 déc. 2010, n° 10-87.339, P n° 194 ; *D.* 2011. 307, obs. C. Girault ; *D.* 2011. 2231, obs. J. Pradel – Crim. 2 mars 2011, n° 10-86.940, P n° 47 ; *D.* 2011. 821, obs. S. Lavric.
4. Crim. 1er déc. 1949, P n° 321.
5. Crim. 17 févr. 1976, n° 75-91.821, P n° 59 ; *D.* 1976. IR 99 – Crim. 5 juill. 1976, n° 75-93.347, P n° 246 ; *D.* 1976. IR 239.
6. Crim. 8 juill. 1964, n° 63-93.043, P n° 226.
7. Crim. 9 oct. 1969, n° 67-92.665, P n° 246 ; *D.* 1969. 688 – Crim. 23 oct. 1969, n° 69-90.788, P n° 263 – Crim. 27 avr. 1971, n° 70-92.384, P n° 123 – Crim. 10 oct. 1972, n° 71-93.225, P n° 274 – Crim. 10 oct. 1973, n° 73-91.345, P n° 348 ; *D.* 1975. 84, note A. M.-H. – Crim. 24 oct. 1973, n° 73-90.410, P n° 374 – Crim. 9 oct. 1974, n° 72-93.329, P n° 283 – Crim. 30 janv. 1975, n° 73-90.341, P n° 37 – Crim. 18 janv. 1983, n° 82-91.345, P n° 21 – Crim. 23 juin 1990, n° 89-84.517, P n° 40 – Crim. 16 déc. 1992, n° 91-84.157, P n° 427 – Crim. 7 déc. 2010, n° 10-87.339, P n° 194 ; *D.* 2011. 307, obs. C. Girault ; *D.* 2011. 2231, obs. J. Pradel.
8. Jurispr. anc. : Crim. 3 mai 1989, n° 88-85.472, P n° 177 – Crim. 13 juin 1994, n° 94-80.839, P n° 231 – contredite ▶

- lorsque le tribunal a ordonné à tort un sursis à statuer sur une exception[1] ;

- lorsque le tribunal a ordonné un sursis à statuer sans date de renvoi[2] ;

- lorsque la cour infirme un jugement ordonnant une expertise[3] ;

- lorsque la cour infirme un jugement rejetant une audition de témoin[4] ;

- lorsque la cour infirme un jugement ayant renvoyé un dossier à l'Administration, en matière économique et financière, pour envisager une transaction[5] ;

- lorsque la cour d'appel annule un jugement ayant fait droit à une exception de nullité des poursuites présentée dans une procédure de détention d'armes irrégulière et portant sur la nullité de la saisie desdites armes[6] ;

- lorsque le tribunal a alloué une provision avant de se prononcer sur la culpabilité[7] ;

- lorsque le tribunal a ordonné une disjonction des poursuites et un supplément d'information : les dispositions de l'article 520 du code de procédure pénale doivent s'appliquer lorsque la juridiction du second degré, statuant sur un incident, est en opposition avec les premiers juges ; en ordonnant, après évocation, le renvoi de l'affaire à une audience ultérieure, les juges n'ont fait qu'user de la faculté discrétionnaire dont ils disposent à cet égard[8].

942.44 Effets de l'évocation sur réformation. Lorsqu'elle annule ou infirme un jugement ayant statué sur un incident, la cour doit statuer au fond sur la cause en son entier, y compris si l'appel n'a été interjeté que par une partie civile. Lorsque le jugement frappé d'appel a déclaré irrecevable comme contraire à la chose jugé, la constitution de partie civile de la victime qui a saisi le tribunal correctionnel par citation directe, la cour d'appel, qui infirme cette décision, doit statuer tant sur l'action publique que sur l'action civile, alors même que seule la partie civile aurait usé de cette voie de recours[9].

▶ par : Crim. 20 oct. 1998, n° 97-81.276, P n° 266 ; *JCP* 1999. IV. 1324 – réaffirmée par : Crim. 2 mars 2011, n° 10-86.940, P n° 47 ; *D.* 2011. 821, obs. S. Lavric ; *D.* 2011. 1849, Chron. C. Roth, A. Leprieur et Marie-Lucie Divialle ; *AJ pénal* 2011. 252, obs. L. Ascensi ; *RSC* 2011. 421, obs. J. Danet ; *JCP* 2011. 342.

1. Crim. 29 mars 1962, P n° 158 – Crim. 16 mai 1968, n° 68-90.871, P n° 161 – Crim. 5 juill. 1976, n° 75-93.347, P n° 246 – Crim. 11 déc. 1989, n° 89-85.368, P n° 472.
2. Crim. 26 avr. 2000, n° 99-85.520, NP.
3. Crim. 7 oct. 1964, n° 64-90.262, P n° 257 ; *RSC* 1965. 433.
4. Crim. 14 nov. 1935, P n° 128.
5. Crim. 8 janv. 1974, n° 72-92.457, P n° 5.
6. Crim. 3 janv. 1964, n° 63-92.790, P n° 3.
7. Crim. 21 juin 1961, P n° 304.
8. Crim. 23 janv. 1990, n° 89-84.517, P n° 40.

942.45 Évocation et effet dévolutif de l'appel. La chambre criminelle rappelle que si l'évocation prononcée par la cour d'appel, en vertu des dispositions de l'article 520 permet aux juges du second degré de remplir directement la mission des premiers juges, elle ne saurait cependant, lorsque ces derniers ont déjà statué au fond, faire échec aux principes qui, découlant des articles 509 et 515 du code de procédure pénale, régissent l'effet dévolutif de l'appel. Il en est ainsi dans le cas où certains prévenus seulement ont formé appel[10]. La règle de l'évocation doit en effet ici *se combiner avec la prohibition de l'aggravation du sort d'une partie sur son seul appel.* La règle de l'évocation ne saurait, en particulier, porter atteinte à l'autorité de la chose jugée s'attachant aux parties du dispositif devenu définitif. Il n'en est ainsi que lorsque la juridiction du premier degré n'a pas statué sur le fond en son entier. Mais il ne peut être soutenu que la situation de l'appelant est aggravée sur son seul appel dès lors que la cour se trouve dans l'obligation de statuer au fond[11]. Il en résulte également que, saisie des seuls appels des prévenus et du ministère public, la cour d'appel ne peut modifier, au profit des parties civiles, un jugement contre lequel elles n'ont pas formé appel[12].

942.46 Évocation et procédure de comparution sur reconnaissance préalable de culpabilité. L'article 520-1 du code de procédure pénale, issu de la loi n° 2004-204 du 9 mars 2004, dispose que : « En cas d'appel d'une ordonnance rendue en application de l'article 495-11, la cour évoque l'affaire et statue sur le fond sans pouvoir prononcer une peine plus sévère que celle homologuée par le président du tribunal ou le juge délégué par lui, sauf s'il y a appel formé par le ministère public. »

Il s'agit en fait de la reprise des principes généraux, même si l'appel du ministère public est rare en cette matière puisque par hypothèse, c'est lui qui a proposé les peines à la juridiction de jugement. L'ordonnance dont il est question dans l'article 495-11 du code de procédure pénale est celle par laquelle le président du tribunal de grande instance homologue la ou les peines proposées.

942.47 Expertise préalable à l'évocation – Majeur protégé. Aux termes de l'article D. 47-25[13] du code de procédure pénale issu du décret du 23 novem-

9. Crim. 11 mai 2010, n° 09-85.130, NP, *AJ pénal* 2010. 498, obs. P. de Combles de Nayves.
10. Crim. 27 mai 1988, n° 86-94.075, P n° 229 ; *D.* 1988. IR 194 (v. s[s] n° 942.01).
11. Crim. 7 juill. 1949, P n° 231.
12. Crim. 4 nov. 2021, n° 20-87.028, B ; *D.* 2021. 2047 ; *JCP* 2021, 1297.
13. C. pr. pén., art. D. 47-25 ; issu décr. n° 2007-1658, 23 nov. 2007, art. 1er.

bre 2007[1], lorsqu'en cas d'appel la chambre des appels correctionnels constate que le prévenu, majeur protégé, a été jugé sans que l'expertise prévue par l'article 706-115 ait été réalisée, hors les cas où elle est facultative ou a été jugée inutile en application des dispositions des articles D. 47-22 ou D. 47-23, elle ordonne qu'il soit procédé à cette expertise. La chambre renvoie alors l'affaire à une audience ultérieure, puis, au vu du résultat de l'expertise et conformément aux dispositions de l'article 520 du code de procédure pénale, annule le jugement, évoque et statue sur le fond. L'expertise médicale d'une personne majeure sous curatelle doit obligatoirement précéder l'audience de jugement afin d'évaluer son degré de discernement au moment des faits. L'omission de procéder à une telle mesure, si au moment de la date de prévention le prévenu était sous curatelle, porte une atteinte substantielle à ses droits de la défense et entraîne la nullité de la peine prononcée[2]. Il s'agissait d'une affaire dans laquelle la personne n'était plus sous protection au moment du jugement ce qui dispensait de la nécessité de donner un avis à un curateur qui n'existait plus mais l'expertise est exigée dès lors qu'il s'agit d'évaluer le degré de discernement de la personne au moment des faits. De surcroît, l'article D. 47-21 du Code de procédure pénale précise explicitement que l'expertise a pour objet de déterminer si l'intéressé était ou non atteint au moment des faits d'un trouble psychique ou neuropsychique ayant aboli ou altéré son discernement ou ayant aboli ou entravé le contrôle de ses actes, afin de permettre à la juridiction saisie d'appliquer les dispositions de l'article 122-1 du code pénal. Cette nullité ne nécessite pas la démonstration d'un grief.

Le même principe vaut pour le défaut d'assistance du majeur protégé par un avocat. Lorsqu'en cas d'appel la chambre des appels correctionnels constate que le prévenu a été jugé sans être assisté par un avocat conformément aux dispositions de l'article 706-116, son président fait désigner par le bâtonnier un avocat, l'intéressé étant informé que les frais seront à sa charge sauf s'il remplit les conditions d'accès à l'aide juridictionnelle. La chambre renvoie alors l'affaire à une audience ultérieure à laquelle le prévenu sera assisté par un avocat, puis, conformément aux dispositions de l'article 520, annule le jugement, évoque et statue sur le fond[3].

Curieusement, les textes ne prévoient pas le même dispositif en cas d'absence à la procédure du tuteur ou curateur. Un arrêt rappelle pourtant que méconnaît le sens et la portée de l'article 706-113 du code de procédure pénale la cour d'appel qui condamne la prévenue alors que son curateur n'avait été informé, ni des poursuites, ni du jugement de condamnation prononcé à son encontre et qu'il n'avait pas été avisé de la date d'audience[4]. Il ne fait aucune difficulté qu'il soit sur ce point procédé de la même manière que dans les cas sus-évoqués.

1. Décr. n° 2007-1658, 23 nov. 2007 modifiant le code de procédure pénale (troisième partie : Décrets) et relatif à la poursuite, à l'instruction et au jugement des infractions commises par des majeurs protégés, *JO* 25 nov., p. 19251.
2. Crim. 16 déc. 2020, n° 19-83-619, P ; *JCP*, I 2021, comm. 46, A.-S. Chavent-Leclère.
3. C. pr. pén., art. D. 47-26.
4. Crim. 29 janv. 2013, n° 12-82.100, P n° 32 ; *D.* 2013. 366 – SUR L'OBLIGATION d'aviser le curateur ou le tuteur d'une personne majeure protégée des poursuites dont elle fait l'objet, de la date de l'audience et des décisions de condamnation, DANS LE MÊME SENS QUE : Crim. 27 nov. 2012, n° 11-88.678, P n° 258 ; *AJ pénal* 2013. 169, obs. J.-B. Perrier.

Principales abréviations utilisées

	signifie
[*]	références non identifiées en ligne
a.	et autres
Actu.	Actualités, rubrique dans des hebdomadaires et des mensuels, papier et en ligne
Arr.	arrêté
Agrasc	Agence de gestion et de recouvrement des avoirs saisis et confisqués
AJ pénal	*Actualité juridique pénal*
AJDA	*Actualité juridique droit administratif*
AJDI	*Actualité juridique droit immobilier*
AJ fam.	*Actualité juridique famille*
al.	alinéa(s)
anc.	ancien(ne)
anc^{t}	anciennement
ARPEJ	Autorité de régulation et de programmation des extractions judiciaires
Arse	Assignation à résidence sous surveillance électronique
art.	article(s)
arr.	arrêté
Assoc.	Association
B 2	Bulletin n° 2 du casier judiciaire
BEX	Bureau d'exécution des peines
BICC	*Bulletin d'information de la Cour de cassation*
BLD	*Bulletin législatif Dalloz*
BOMJ	*Bulletin officiel du ministère de la justice*
c/	contre
C. assur.	Code des assurances
C. civ.	Code civil
C. com.	Code de commerce
C. consom.	Code de la consommation
C. douanes	Code des douanes
C. élect.	Code électoral
C. envir.	Code de l'environnement
C. for.	Code forestier
C. mon. fin.	Code monétaire et financier
C. pén.	Code pénal
C. pr. pén.	Code de procédure pénale
C. route	Code de la route
C. trav.	Code du travail
Cass., ass. plén.	Cour de cassation, assemblée plénière
Cass., ch. mixte	Cour de cassation, chambre mixte
CE	Conseil d'État
CEA	conduite sous l'emprise d'un état alcoolique
CEDH	Cour européenne des droits de l'Homme
CEDH, g^{de} ch.	Cour européenne des droits de l'Homme, grande chambre
Ceseda	Code de l'entrée et du séjour des étrangers et du droit d'asile
CGCT	Code général des collectivités territoriales
CGI	Code général des impôts
CGPPP	Code général de la propriété des personnes publiques
Chron.	chronique, rubrique dans des hebdomadaires et des mensuels, papier et en ligne
CIF	Commission des infractions fiscales
Circ.	circulaire
Civ. 1re, 2e, 3^{e}	Cour de cassation, chambres civiles

Civi	Commission d'indemnisation des victimes
CJCE/CJUE	Cour de justice des communautés européennes/de l'Union européenne
CJIP	Convention judiciaire d'intérêt public
CJM	Code de justice militaire
CJNA	Casier judiciaire national automatisé
CNB	Conseil national du barreau
COJ	Code de l'organisation judiciaire
Com.	Cour de cassation, chambre commerciale
Comm.	commentaire, rubrique dans des hebdomadaires et des mensuels, papier et en ligne
Cons. const.	Conseil constitutionnel
conv.	convention
Conv. EDH	Convention européenne des droits de l'Homme
COPJ	Convocation par officier de police judiciaire
CPPV	Comparution par procès-verbal
Crim.	Cour de cassation, chambre criminelle
CRPC	Comparution sur reconnaissance préalable de culpabilité
CSP	Code de la santé publique
CSM	Conseil supérieur de la magistrature
CSS	Code de la sécurité sociale
D.	*Recueil Dalloz*
D. actu.	*Dalloz actualités, en ligne*
DC	Décision de conformité du Conseil constitutionnel
D. PI/IT	*Dalloz Droit de la propriété intellectuelle et du numérique*
DP	*Recueil périodique et critique mensuel Dalloz* (années antérieures à 1941)
DDHC	Déclaration des droits de l'Homme et du citoyen
DUDH	Déclaration universelle des droits de l'Homme
Décr.	décret
Déf. des droits	Défenseur des droits
dern.	dernier
Dir.	directive
Doc. fr.	*La Documentation française*
DP	*Dalloz périodique*
Dr. pénal	*Droit pénal*
DSJ	Direction des services judiciaires
éd.	édition
ét.	étude, rubrique dans des hebdomadaires et des mensuels, papier et en ligne
ex.	exemple(s)
fasc.	fascicule, Juris-Classeur
Faed ou Fnaed	Fichier (national) automatisé des empreintes digitales
Fijais ou Fjnais	Fichier judiciaire (national) automatisé des auteurs d'infractions sexuelles
Fnaeg	Fichier national automatisé des empreintes génétiques
Gaz. Pal.	*Gazette du Palais*
IR	Informations rapides, rubrique dans le *recueil Dalloz* et d'autres hebdomadaires et des mensuels, papier et en ligne
ITT	incapacité totale de travail
Jaf	Juge aux affaires familiales
Jap	Juge de l'application des peines
J.-Cl.	*Juris-Classeur*
J.-Cl. pén.	*Juris-Classeur Pénal*
J.-Cl. pr. pén.	*Juris-Classeur Procédure pénale*
JCP	*Juris-Classeur périodique Semaine juridique,* édition générale
Jirs	Juridictions inter-régionales spécialisées
JLD	Juge des libertés et de la détention
JO	*Journal officiel*
JOCE	*Journal officiel des Communautés européennes*
JOUE	*Journal officiel de l'Union européenne*
JU	Jjuge unique
Judevi	Juge des victimes
Junalco	Juridiction nationale chargée de la lutte contre la criminalité organisée
JurisData	*Juris-Data* (base de données juridique)
L.	loi
Lebon	*Recueil du Conseil d'État*
LO	loi organique
LPA	*Les Petites affiches*
LPF	*Livre des procédures fiscales*
LRAR	Lettre recommandée avec accusé de réception
min.	ministre, ministère
Mél.	*Mélanges*
mod.	modifié

nos numéro(s)
not. notamment
nouv. nouveau
NP Arrêt non publié au *Bulletin de la Cour de cassation* ou au *Recueil Lebon* disponible sur *Légifrance*

obs. observations
ord. ordonnance
OPJ Officier de police judiciaire
ORTC Ordonnance de renvoi devant le tribunal correctionnel

P Arrêt publié au *Bulletin de la Cour de cassation*
p. page(s)
PNF Parquet national financier
préc. précité
prélim. préliminaire
prop. proposition

Questions pénales *Questions pénales* (bulletin d'information du Cesdip)
QPC Question prioritaire de constitutionnalité du Conseil constitutionnel

rapp. rapport
RDSS *Revue de droit sanitaire et social*
réd. rédaction
Règl. règlement
rép. min. réponse ministérielle
Rép. civ. *Encyclopédie Dalloz, Répertoire de droit civil*
Rép. pén. *Encyclopédie Dalloz, Répertoire de droit pénal*
Rép. pr. civ. *Encyclopédie Dalloz, Répertoire de procédure civile*
req. requête
Rev. pénit. *Revue pénitentiaire et de droit pénal*
Rev. sociétés *Revue des sociétés*
RFDA *Revue française de droit administratif*
RG répertoire général, registre unique informatisé tenu par le greffe
RG proc. *Revue générale des procédures*
RSC *Revue de science criminelle et de droit pénal comparé*
RTD civ. *Revue trimestrielle de droit civil*
RTD com. *Revue trimestrielle de droit commercial*

s. suivant(e)(s)
Sarvi Service d'aide au recouvrement des victimes d'infraction
sect. section
Soc. Cour de cassation, chambre sociale
Somm. sommaire
SPIP Service pénitentiaire d'insertion et de probation
ss sous
sursis-Tig Sursis assorti de l'obligation d'accomplir un travail d'intérêt général

t. tome
T. confl. Tribunal des conflits
T. corr. Tribunal correctionnel
TCE Traité instituant la Communauté européenne
TCM Tribunal correctionnel des mineurs
TFUE Traité sur le fonctionnement de l'Union européenne
TGI Tribunal de grande instance
TIG travail d'intérêt général
TJ Tribunal judiciaire
TTR Traitement en temp réel

v. voir
vol. volume

Index des principales décisions citées de la Cour européenne des droits de l'homme

Index des principales décisions citées de la Cour de justice de l'Union européenne

Index thématique alphabétique

B

G

I

M

QPC (par matière)

Qualification

PHOTOCOMPOSITION
SCM • 31000 Toulouse

719811 (I) OSB-P 40 g SCM (CDR)
Achevé d'imprimer en septembre 2023 par L.E.G.O. S.p.A. Lavis (TN)
Dépôt légal : Octobre 2023
Imprimé en Italie